CU00734155

Comprehensive Dictionary
English - Turkish
Turkish - English

Büyük Sözlük
İngilizce - Türkçe
Türkçe - İngilizce

MILET
PUBLISHING

Milet Publishing Ltd.
6 North End Parade
London W14 OSJ
www.milet.com

Deniz Meriç, Ali Bayram, Gordon Jones, Şükrü Meriç,
Birsen Çankaya, Peter Thursfield

This UK edition published by Milet Publishing Ltd. in 2005
First published in 1988 by Fono Yayınları

Copyright©Milet Publishing Ltd.

ISBN 1 84059 0831

ÖNSÖZ

Elinizdeki İNGİLİZCE BÜYÜK SÖZLÜĞÜN gözden geçirilmiş, genişletilmiş ve güncelleştirilmiş bu son baskısında, kitabın her bir bölümü taranarak toplam on bir bin yeni madde eklenmiştir. Böylece sözlüğümüz Dünya'nın en geniş kapsamlı dönüşümlü Türkçe-İngilizce sözlüğü haline gelmiştir.

Karşılıkları bakımından çok güvenilir bir kaynak olan sözlükte İngilizce sözcüklerin okunuşu da en uygun, en doğru ve en kolay anlaşılır bir yöntemle verilmiştir.

KISALTMALAR

Bilim Kısaltmaları

anat.	anatomi / anatomy
ask.	askeri / military
balk.	balıkbilim / ichthyology
bas.	baskı, basımcılık / printing
biliş.	bilişim, bilgisayar / computer
bitk.	bitkibilim (botanik) / botany
biy.	biyoloji / biology
coğ.	coğrafya / geography
çev.	çevrebilim, ekoloji / ecology
demy.	demiryolu / railway, railroad
den.	denizcilik / nautical, naval
dilb.	dilbilgisi, dilbilim / grammar, linguistics
din.	dinsel / religious
ed.	edebiyat / literature
eko.	ekonomi / economics
elek.	elektrik, elektronik / electricity, electronics
fel.	felsefe / philosophy
fiz.	fizik / physics
fot.	fotoğrafçılık / photography
giy.	giyim (kuşam) / clothing
gökb.	gökbilim (astronomi) / astronomy
hav.	havacılık / aviation
hayb.	hayvanbilim / zoology
hek.	hekimlik / medicine
huk.	hukuk / law
inş.	inşaat mühendisliği / civil engineering
isk.	iskambil / card game
kim.	kimya / chemistry
mad.	madencilik / mining
mak.	makine / machinery
mant.	mantık / logic
mat.	matematik / mathematics
mek.	mekanik / mechanics
met.	metalurji / metallurgy
metr.	meteoroloji / meteorology
mim.	mimarlık / architecture
min.	mineraloji / mineralogy
mutf.	mutfak, aşçılık / cookery
müz.	müzik / music
okl.	okul / school
opt.	optik / optics
orm.	ormancılık / forestry
oto.	otomobil, otomotiv / automobile
pol.	politika / politics
ruhb.	ruhbilim / psychology
san.	sanayi / industry
sin.	sinema / cinematography
sp.	spor / sport
şek.	şeker / sugar
tek.	teknik / technical
teks.	tekstil / textiles
tic.	ticaret / commerce
tiy.	tiyatro / theatre
topb.	toplumbilim (sosyoloji) / sociology
trh.	tarih / history
trm.	tarım / agriculture
yerb.	yerbilim (jeoloji) / geology
yol.	yol (yapımı) / road (construction)

Nitelik Veren Kısaltmalar

Aİ.	Amerikan İngilizcesi / American English
arg.	argo / slang
ats.	atasözü / proverb
bkz	bakınız / see
ç.	çoğul / plural
ç. dili	çocuk dili / children's language
esk.	eski / old
gen.	genellikle / usually
hkr.	hakaret yollu / derogatory
İİ.	İngiliz İngilizcesi / British English
kab.	kaba / vulgar
kon.	konuşma dili / colloquial
mec.	mecazi / figurative
ört.	örtmeceli / euphemistic
övg.	övgü yollu / approving, appreciative
özl.	özellikle / especially
res.	resmi / formal
şak.	şaka yollu / jocular
yörs.	yöresel / dialect

Sözcük Türü Kısaltmaları

a.	ad (isim) / noun
adl.	adıl (zamir) / pronoun
bağ.	bağlaç / conjunction
be.	belirteç (zarf) / adverb
e.	eylem (fiil) / verb
ilg.	ilgeç / preposition
önk.	önek / prefix
s.	sıfat / adjective
ünl.	ünlem / exclamation
+	addan önce / before noun

Diğer Kısaltmalar

sb	somebody
sth	something

OKUNUŞLAR

Bu sözlükte okura kolaylık olması düşüncesiyle, uluslararası sesçil abece ya da başka bir yöntem yerine, söz konusu sese en yakın sesi gösteren bir Türk harfi kullanılmıştır. Aşağıda, koyu bir tonla verilen bu harflerin sağında yerini tuttuğu uluslararası sesçil abecenin harfi, altında ise bu sesin tanımı verilmiştir.

/ı / -   /↔/
Ağız Türkçedeki /ı/ sesini çıkarmak için açıldığından biraz daha fazla açılarak /ı/ denirse bu ses çıkartılmış olur.

Örn: **about** /ı'baut/,   **banana** / bı'na:nı / ,   butter / 'batı /

/e / -   /æ/
Ağız /a/ demek için açılmışken /e/ sesi çıkarılırsa bu ses elde edilmiş olur.

Örn: **bad** / bed/,   **cat** / ket/,   **sat** / set/

/ö: / -   /↔:/
Yukarıdaki /ı / sesinin uzun biçimi olan bu ses Türkçedeki uzun /ö/ sesine çok yakındır.

Örn: **urge** /ö:c/,   **bird** / bö:d/,   **fur** / fö:/

/o/ -   / /
Ağız /a/ demek için açılmışken /o/ sesi çıkarılırsa bu ses elde edilmiş olur.

Örn: **on** /on/,   **dog** / dog/,   **want** /wont/

/t/ _   /T/
Dilin ucu, üst dişlerin uç kısmına hafifçe dokunur durumdan ayrılırken / t/ denecek olursa bu ses çıkarılmış olur.

Örn: **thing** /ting/,   **method** /'metıd/,   **tooth** / tu:t/

/d/ _   /Δ/
Dilin ucu, üst dişlerin uç kısmına hafifçe dokunur durumdan ayrılırken / d/ denecek olursa bu ses çıkarılmış olur.

Örn: **this** /dis/,   **father** /'fa:dı/,   **smooth** /smu:d/

Bunlara ekleyeceğimiz Türkçede olmayan bir diğer ses de /**w**/ sesidir. Uluslararası sesçil abecede de aynı biçimde gösterilen bu ses, /duvak/ ve /duvar/'daki gibi dudakları yuvarlayarak söylenen /v/ sesine benzer.

Ünlüleri izleyen üst üste iki nokta (:), o sesin uzun okunacağını gösterir. Sözgelimi **car** /ka:/'daki /a:/ sesi, 'ağlamak' ve 'talim' sözcüklerindeki /a/'lar gibi biraz uzun okunur.

A

A /ı, ey/ *tanımlık* (herhangi) bir

à bas /a ba/ *ünl.* kahrolsun

a cappella /a:kı'pelı/ *be.* çalgısız, müzik aleti olmaksızın

à la carte /elı'ka:t/ *s. be.* alakart, yemek listesine göre

à la mode /e lı 'mo:d/ *s.* modaya uygun

a posteriori /eyposteri'o:ray/ *s.* sonsal

a priori /ey pray'o:ray/ *s.* apriori, önsel

A, a /ey/ *a.* İngiliz abecesinin ilk harfi; *müz.* la perdesi, la notası *not to know A from B* kara cahil olmak, elifi görünce mertek sanmak

A.D. /ey'di:/ *a.* MS, milattan sonra

A1 /ey'wan/ *s.* birinci sınıf; süper, harika, bomba gibi

aardvark /'a:dva:k/ *a.* karıncayiyen

aarie /eri/ *a.* kuş yuvası

Aaron's /'eırınz/ : *Aaron's beard* sarı kantoron *Aaron's rod bitk.* sığırkuyruğu

ab initio /ebi'nişiou/ *be.* başlangıçtan itibaren, baştan

aba /'ebı/ *a. teks.* aba

abaca /'ebıkı/ *a.* abaka, manila kendiri

aback /ı'bek/ *be. den.* geriye, arkaya; *den.* ters yönde *be taken aback* afallamak, apışıp kalmak

abactor /ebek'tı/ *a.* davar hırsızı

abacus /'ebıkıs/ *a.* abaküs, çörkü, sayıboncuğu; *mim.* abaküs, başlık tablası

abaddon /ı'bedın/ *a.* cehennem; ölüler diyarı

abaft /ı'ba:ft/ *be. den.* kıça; kıçta

abalone /ebı'louni/ *a. hayb.* denizkulağı

abampere /ebem'pıı/ *a.* abamper, on amper

abandon /ı'bendın/ *e.* terk etmek, bırakmak; bırakmak, vazgeçmek ¤ *a.* kendini bırakma, aldırışsızlık, coşku *abandon oneself to* kendini -e kaptırmak, -e dalmak

abandoned /ı'bendınd/ *s.* metruk, ıssız, terk edilmiş; ahlaksız *be found abandoned* terk edilmiş durumda bulunmak

abandonment /ı'bendınmınt/ *a.* terk; ıssızlık

abase /ı'beys/ *e.* küçük düşürmek, aşağılamak, gururunu kırmak; değerini düşürmek *abase oneself* kendini küçük düşürmek, küçük düşmek

abasement /ı'beysmınt/ *a.* alçaltma, alçalma, aşağılama, küçük düşürme

abash /ı'beş/ *e.* utandırmak, bozmak, mahcup etmek

abashed /ı'beşt/ *s.* utanmış, mahcup; şaşırmış

abate /ı'beyt/ *e.* azalmak, hafiflemek, dinmek, kesilmek; azaltmak, hafifletmek; (fiyat) indirmek, kırmak; *huk.* yürürlükten kaldırmak

abatement /ı'beytmınt/ *a.* azaltma, hafifletme; indirim, tenzilat; iptal, ilga

abattoir /'ebıtwa:/ *a. İİ.* salhane, mezbaha, kesimevi

abaxial /ebek'siyıl/ *s.* eksenden uzak

abbacy /'ebısi/ *a.* manastır başkanlığı, başpapazlık, başrahibelik

abbess /'ebis/ *a.* başrahibe

abbey /'ebi/ *a.* manastır, keşişhane; manastır kilisesi

abbot /'ebıt/ *a.* başrahip

abbreviate /ı'bri:vieyt/ *e.* kısaltmak; *mat.* sadeleştirmek

abbreviation /ıbri:vi'eyşın/ *a.* kısaltma

ABC /eybi:'si:/ *a.* alfabe, abece *ABC weapons* nükleer bakteriyolojik ve kimyasal silahlar

abdicate /'ebdikeyt/ *e.* tahttan çekilmek; (hakkından) vazgeçmek, el çekmek, bırakmak

abdication /ebdi'keyşın/ *a.* tahttan vazgeçme, el çekme, terk

abdomen /'ebdımın/ *a. hayb.* karın

abdominal /eb'dominıl/ *s. hayb.* karın ile ilgili, karın+ *abdominal cavity* karın boşluğu

abduct /eb'dakt/ *e.* (birini) zorla kaçırmak

abduction /eb'dakşın/ *a.* adam kaçırma

abductor /eb'daktı/ *a.* kaçıran kimse; dışarı çeken kas

abeam /ı'bi:m/ *be. den.* omurgaya dik açıda, apazlama

abecedarian /eybisi'deriyın/ *a.* okumayı yeni öğrenen kimse, acemi

abed /ı'bed/ *be.* yatakta

abele /ı'bi:l/ *a. bitk.* akçakavak

abend /ı'bend/ *a. biliş.* anormal bitiş, olağandışı bitiş ¤ *e.* beklenmedik bir biçimde bitmek

aberglaube /abıg'laubı/ *a.* batıl itikat

aberrant /e'berınt/ *s.* doğru yoldan ayrılmış, sapkın; atipik, kurala uymayan

aberration /ebı'reyşın/ *a.* doğru yoldan ayrılma, sapkınlık; *hek.* kısa süreli bellek kaybı; *gökb.* sapınç, aberasyon

abet /ı'bet/ *e.* (suça) katılmak, yardakçılık etmek, yardım etmek, suçortaklığı yapmak *aid and abet* yardakçılık etmek, suçortaklığı yapmak

abetment /ı'betmınt/ *a.* suça teşvik, kışkırtma

abettor /ı'betı/ *a.* kışkırtıcı, suçortağı, müşevvik

abeyance /ı'beyıns/ *a.* askıya alma, erteleme; *huk.* belirsizlik *in abeyance* askıda, sürüncemede, karara bağlanmamış

abhor /ıb'ho:/ *e.* nefret etmek, tiksinmek, iğrenmek; karşı gelmek, muhalif olmak

abhorrence /ıb'horıns/ *a.* nefret, tiksinti, iğrenme; iğrenç şey

abhorrent /ıb'horınt/ *s.* nefret uyandırıcı, tiksindirici, iğrenç; karşıt, zıt, aykırı; korkunç, dehşet verici

abide /ı'bayd/ *e.* kalmak; oturmak, ikamet etmek; katlanmak, çekmek, tahammül etmek *abide by* uymak, bağlı kalmak, sadık kalmak; katlanmak, kabul etmek

abiding /ı'bayding/ *s.* sonsuz, ebedi; saygılı, hürmetkâr

abietic /ebi'etik/ *s.* abiyetik *abietic acid* abiyetik asit, çam asidi

ability /ı'biliti/ *a.* yetenek, kabiliyet; güç, iktidar; ustalık, beceri; yeterlik, ehliyet *to the best of my ability* elimden geldiğince

abiogenesis /eybayou'cenısis/ *a.* abiyogenez, kendiliğinden doğma

abject /'ebcekt/ *s.* umutsuz, sefil, perişan, acınası, berbat; alçak, iğrenç, aşağılık *in abject poverty* sefalet içinde

abjectly /'ebcektli/ *be.* alçakça, sefilce, rezilane

abjectness /'ebcektnis/ *a.* alçaklık, adilik, miskinlik

abjuration /ebcu'reyşın/ *a.* yeminle vazgeçme, feragat etme

abjure /ıb'cuı/ *e.* vazgeçtiğine dair yemin etmek, yeminle vazgeçmek, tövbe etmek

ablation /ıb'leyşın/ *a. hek.* bedenden alma, kesip çıkarma; *yerb.* ablasyon, zamanla aşınma; (buzul) yüzden erime

ablative /'eblıtiv/ *a. dilb.* ismin -den hali, çıkma durumu, çıkma hali

ablaut /'eblaut/ *a. dilb.* ünlü atlaması

ablaze /ı'bleyz/ *s.* alevler içinde, tutuşmuş, yanmakta; heyecanlı, ateşli

able /'eybıl/ *s.* güçlü, yetenekli, muktedir; becerikli, hünerli *be able to* -ebilmek, -abilmek

able-bodied /eybıl'bodid/ *s.* bedence güçlü ve sağlıklı *able-bodied seaman* gemici, tayfa

abloom /ı'blu:m/ *s.* çiçekli, çiçek açmış

ablush /ı'blaş/ *s.* yüzü kızarmış

ablution /ı'blu:şın/ *a.* yıkanma; aptes, gusül

ably /'eybli/ *be.* beceriyle, başarıyla, ustalıkla

abnegate /'ebnigeyt/ *e.* yadsımak, inkâr etmek; vazgeçmek, feragat etmek

abnegation /ebni'geyşın/ *a.* yadsıma, inkâr

abnormal /eb'no:mıl/ *s.* anormal, düzgüzüs, gayri tabii; aşırı, ölçüsüz

abnormality /ebno:'meliti/ *a.* anormallik *abnormality psychology* düzgsüzlük ruhbilimi

abnormally /eb'no:mıli/ *be.* anormal bir şekilde, aşırı ölçüde

aboard /ı'bo:d/ *ilg. be.* (bir taşıtın) içinde, içine *aboard a bus* otobüste *all aboard!* herkes gemiye!; herkes trene! *go aboard a train* trene binmek

abode /ı'boud/ *a.* oturma, ikamet; ev, ikametgâh, konut *of no fixed abode* yersiz yurtsuz

abolish /ı'boliş/ *e.* yürürlükten kaldırmak, durdurmak; sona erdirmek

abolition /ebı'lişın/ *a.* yürürlükten kaldırma, ortadan kaldırma

abolitionist /ebı'lişınist/ *a.* köleliğin kaldırılması yanlısı

A-bomb /'eybom/ *a.* atom bombası

abominable /ı'bominıbıl/ *s.* iğrenç, tiksindirici; adi, bayağı; *kon.* berbat, felaket, rezil *abominable snowman kon.* yeti, kar adamı

abominably /ı'bominıbıli/ *be.* çok fena bir şekilde, iğrenç bir biçimde

abominate /ı'bomineyt/ *e.* tiksinmek, iğrenmek, nefret etmek

abomination /ıbomi'neyşın/ *a.* iğrenme, nefret; iğrenç şey

aboriginal /ebı'ricınıl/ *a.* yerli ¤ *s.* ilkel, iptidai

aborigine /ebı'ricini/ *a.* yerli, bir yerin yerlisi; Avustralya yerlisi

abort /ı'bo:t/ *e.* çocuk düşürmek; çocuk aldırmak; erken doğum yapmak; ölü çocuk doğurmak; (plan, iş, vb.) bitirmeden durdurmak (zorunda kalmak); başarısızlıkla bitmek; *biliş.* yarıda kesmek

abortion /ı'bo:şın/ *a.* çocuk düşürme, ölü çocuk doğurma; *hek.* düşük; *biliş.* yarıda kesme, durdurma *have an abortion* düşük yapmak

abortionist /ı'bo:şınist/ *a.* kürtajcı, yasadışı düşük yapan; kürtaj yanlısı

abortive /ı'bo:tiv/ *s.* prematüre; sonuçsuz, boş, beyhude; gelişmemiş; başarısız

abortively /ı'bo:tivli/ *be.* etkisiz/sonuçsuz kalacak biçimde, başarıszca, bir sonuca varmadan

aboulia /ı'bu:liı/ *a.* irade yitimi

abound /ı'baund/ *e.* çok sayıda olmak, çok sayıda bulunmak, bol olmak, dolu olmak, kaynamak

about /ı'baut/ *ilg.* hakkında, üzerine; şuraya buraya, çevresinde; ötesinde, berisinde; üstünde, yanında; yakınında, buralarda, şuralarda ¤ *be.* ötede beride, şurada burada; öteye beriye; yakınlarda, buralarda; aşağı yukarı, yaklaşık; aksi yöne, geriye; hemen hemen, neredeyse *be about to* -mek üzere olmak *how about ...* -e ne dersin?, -den ne haber?, ya ...? *what about ...* -e ne dersin?, -den ne haber?, ya ...?

about-face /ıbaut'feys/ *a.* geriye dönüş

above /ı'bav/ *ilg.* yukarısına, üstüne; yukarısında, üstünde; -den yüksek, üstün; -den daha fazla, daha çok ¤ *be.* yukarıda, tepede; yukarıdaki; rütbe/yetki açısından üstün ¤ *s.* yukarıda geçen, önceden anılan *above all* her şeyden önce, en önemlisi *above ground level* yer seviyesi üzerinde *above sea level* deniz seviyesi üzerinde *above the average*

ortalamanın üstünde

aboveboard /ıbav'bo:d/ *s.* doğru, dürüst, hilesiz, apaçık

abracadabra /ebrıkı'debrı/ *a.* abrakadabra, büyü sözü; *hkr.* zırva, saçmalık

abradant /ı'breydınt/ *a.* aşındırıcı

abrade /ı'breyd/ *e.* aşındırmak, yemek; pürüzünü almak

abrasion /ı'breyjın/ *a.* aşınma, yenme, yıpranma, abrazyon; aşıntı, aşınmış ya da aşındırılmış kısım; sıyrık *abrasion resistance* aşınma direnci *abrasion resistant* aşınmaya dayanıklı *abrasion test* aşınma deneyi *abrasion proof* aşınmaya dayanıklı

abrasive /ı'breysiv/ *s.* aşındıran, aşındırıcı, törpüleyici; kaba, kırıcı ¤ *a.* aşındırıcı madde, taşlama malzemesi, parlatma malzemesi, zımpara *abrasive belt* aşındırıcı kayış *abrasive paper* zımpara kâğıdı

abreact /ebri'ekt/ *e.* (duyguları) dışa vurarak rahatlamak, derdini döküp rahatlamak

abreaction /ebri'ekşın/ *a.* dışa vurarak rahatlama, ferahlama

abreast /ı'brest/ *be.* yan yana, bir hizada; haberdar, uyanık *keep abreast of* ayak uydurmak, gerisinde kalmamak

abridg(e)ment /ı'bricmınt/ *a.* (oyun, öykü, kitap, vb.) kısaltma, özetleme; kısaltılmış oyun/öykü/kitap; özet

abridge /ı'bric/ *e.* (yazı ya da konuşmayı) kısaltmak, özetlemek

abridged /ı'bricd/ *s.* kısaltılmış, özetlenmiş *abridged edition* kısaltılmış baskı

abroad /ı'bro:d/ *be.* yurtdışında, yurtdışına; geniş bir alanda, her yerde, her tarafta

abrogate /'ebrıgeyt/ *e.* yürürlükten kaldırmak, son vermek, iptal etmek; engel olmak, müdahale etmek

abrogation /ebrı'geyşın/ *a.* yürürlükten kaldırma, iptal

abrupt /ı'brapt/ *s.* beklenmedik, ani; (karakter, davranış) kaba, terbiyesiz; *dilb.* süreksiz

abruptly /ı'braptli/ *be.* ansızın, birdenbire

abruptness /ı'braptnıs/ *a.* acele; sertlik, terslik

abscess /'ebses/ *a.* çıban, apse, irinşiş
abscissa /eb'sisı/ *a. mat.* apsis, yatay konaç
abscission /eb'sijın/ *a.* kesme, kesilme, bitme
abscond /ıb'skond/ *e.* gizlice kaçıp gitmek, sıvışmak
absconder /ıb'skondı/ *a.* kaçak, firari
absence /'ebsıns/ *a.* bulunmama, olmama, yokluk, bulunmayış; bulunmayış süresi, devamsızlık; yokluk, eksiklik; dalgınlık *absence of current* akım yokluğu *absence of harmonic waves* harmonik dalga yokluğu *absence of interaction* etkileşim yokluğu *absence of light* ışık yokluğu *in the absence of* -ın yokluğunda
absent /'ebsınt/ *s.* yok, namevcut; dalgın, ilgisiz ¤ /ıb'sent/ *e.* (oneself ile) gelmemek, uzak durmak, hazır bulunmamak *absent without leave ask.* izinsiz görevden ayrılan kimse
absentee /ebsın'ti:/ *a.* gelmeyen kimse, devamsız
absenteeism /ebsın'ti:izım/ *a.* (işe, göreve) (mazeretsiz) gelmeme, devamsızlık
absent-minded /ebsınt'mayndid/ *s.* dalgın, unutkan
absent-mindedness /ebsınt'mayndidnis/ *a.* dalgınlık, unutkanlık
absinth(e) /eb'sint/ *a.* pelin otu, acı pelin; apsent, pelinli bir içki
absolute /'ebsılu:t/ *s.* tam, mükemmel; sonsuz, kayıtsız şartsız, mutlak, kesin; mutlak, saltık; saf, katıksız *absolute address biliş.* mutlak adres, gerçek adres *absolute alcohol* mutlak alkol, saf alkol *absolute altitude* mutlak yükseklik *absolute assembler biliş.* mutlak çevirici *absolute atomic weight* atom ağırlığı *absolute ceiling hav.* mutlak tavan *absolute coding biliş.* mutlak kodlama *absolute density* mutlak yoğunluk *absolute electrometer* mutlak elektrometre, saltık elektrikölçer *absolute error biliş.* mutlak hata *absolute humidity* mutlak nem, saltık nem *absolute majority* salt çoğunluk *absolute monarchy* kayıtsız şartsız monarşi, mutlak monarşi *absolute nonsense* tam bir saçmalık *abso-*

lute permittivity mutlak geçirgenlik *absolute potential kim.* mutlak potansiyel *absolute pressure gauge* mutlak manometre *absolute ruler* mutlak hükümdar *absolute temperature* mutlak sıcaklık, saltık sıcaklık *absolute unit* mutlak birim, saltık birim *absolute value* mutlak değer, salt değer *absolute viscosity* mutlak viskozite, saltık akışmazlık *absolute zero* mutlak sıfır, saltık sıfır
absolutely /'ebsılu:tli/ *be.* tümüyle, tamamıyla; *kon.* kesinlikle, tamamen *absolutely convergent* mutlak yakınsak, salt yakınsak
absoluteness /'ebsılu:tnis/ *a.* kesinlik; saltlık, mutlakıyet; bağımsızlık, bütünlük
absolution /ebsı'lu:şın/ *a.* aklanma, beraat; (özellikle Hıristiyanlık'ta) günahın bağışlanması
absolutism /'ebsılu:tizım/ *a.* mutlakıyet, saltçılık, kesinlik
absolutist /'ebsılu:tist/ *a.* mutlakıyetçi, saltçı
absolve /ıb'zolv/ *e.* temize çıkarmak, aklamak; suçunu bağışlamak; günahını bağışlamak
absonant /'ebsınınt/ *s.* ahenksiz, kulağı tırmalayan
absorb /ıb'so:b/ *e.* soğurmak, emmek, içine çekmek, absorbe etmek; tüketmek, sarf etmek; (in, by ile) (zihni) meşgul etmek
absorbency /ıb'so:bınsi/ *a.* emicilik, soğurganlık
absorbent /ıb'so:bınt/ *s.* emici, soğurgan *absorbent cotton* hidrofil pamuk
absorber /ıb'so:bı/ *a.* emici, yutucu
absorbing /ıb'so:bing/ *s.* emici, soğurgan; çok ilginç, sürükleyici *absorbing capacity* emme gücü, emicilik *absorbing power* emme gücü, soğurma gücü, emicilik *absorbing rod* kontrol çubuğu, denetim çubuğu
absorption /ıb'so:pşın/ *a.* emme, soğurma, soğurum, içine çekme, absorpsiyon *absorption band* absorpsiyon bandı, soğurum kuşağı *absorption circuit* soğurma devresi *absorption coefficient* emme katsayısı, soğurma katsayısı *absorption curve* emme eğrisi, absorpsiyon

eğrisi **absorption dynamometer** emme dinamometresi **absorption edge** absorpsiyon kenarı, soğurum kıyısı **absorption factor** soğurum katsayısı, absorpsiyon katsayısı **absorption loss** absorpsiyon kaybı, soğurum yitimi **absorption modulation** soğurma modülasyonu **absorption spectrum** absorpsiyon spektrumu, soğurum izgesi **absorption tower** *kim.* soğurma kulesi, emme kulesi **absorption wavemeter** absorpsiyon ondometresi, emme dalgaölçeri

absorptive /ıb'so:ptiv/ *s.* emici, soğurucu **absorptive power** boya alış gücü

absorptivity /ıb'so:ptiviti/ *a.* emicilik, soğurganlık

abstain /ıb'steyn/ *e.* uzak durmak, kaçınmak, çekinmek **abstaining vote** çekimser oy

abstainer /ıb'steynı/ *a.* içki içmeyen, yeşilaycı

abstemious /ıb'sti:miıs/ *s.* aşırı yiyip içmekten sakınan, perhizkâr; kanaatkâr

abstemiously /ıb'sti:miısli/ *be.* kanaatkârhane, az yiyip içerek

abstention /ıb'stenşın/ *a.* çekinme, kaçınma; çekimserlik

abstergent /ıb'stö:cnınt/ *e.* silmek, silerek temizlemek

abstinence /'ebstinıns/ *a.* (hoşlanılan şeylerden, özellikle içkilerden) uzak durma, geri durma, kaçınma, sakınma

abstinent /'ebstinınt/ *s.* sakınan, çekinen, perhizkâr

abstract /'ebstrekt/ *s.* soyut, abstre; kuramsal, teorik ¤ *a.* özet; soyut resim/heykel vb. ¤ /ıb'strekt/ *e.* soyutlamak; çıkarmak, ayırmak, çekmek; damıtmak; özetlemek **abstract mathematics** soyut matematik **abstract noun** *dilb.* soyut ad, soyut isim **abstract symbol** soyut simge

abstracted /ıb'strektid/ *s.* soyut; dalgın, zihni meşgul

abstractedness /ıb'strekditnıs/ *a.* soyutluk; dalgınlık

abstraction /ıb'strekşın/ *a.* soyutlama; ayırma, çıkarma; dalgınlık

abstractly /ıb'strektli/ *be.* soyut olarak; dalgınlıkla

abstruse /ıb'stru:s/ *s.* anlaşılması güç, anlamı gizli olan, çapraşık

abstruseness /ıb'stru:snıs/ *a.* muğlaklık, çapraşıklık, çetrefillik

absurd /ıb'sö:d, ıb'zö:d/ *s.* saçma, anlamsız, akılsızca, gülünç, absürd

absurdity /ıb'sö:diti/ *a.* anlamsızlık, saçmalık

absurdly /ıb'sö:dli/ *be.* saçma bir şekilde

absurdness /ıb'sö:dnıs/ *a.* anlamsızlık, saçmalık

abundance /ı'bandıns/ *a.* bolluk, çokluk, bereket; miktar **live in abundance** bolluk içinde yaşamak, refah içinde yaşamak

abundant /ı'bandınt/ *s.* bol, çok; bereketli

abundantly /ı'bandıntli/ *be.* bol bol

abuse /ı'byu:z/ *e.* küfür etmek, çirkin sözler söylemek; kötüye kullanmak, suiistimal etmek ¤ /ı'byu:s/ *a.* sövgü, küfür, sövüp sayma, kötüye kullanma, suiistimal

abusive /ı'byu:siv/ *s.* sövgü dolu, küfürbaz, ağzı bozuk **abusive language** küfürlü sözler

abusively /ı'byu:sivli/ *be.* yolsuz olarak, küfürle, kabaca

abut /ı'bat/ *e.* dayanmak, yaslanmak; bitişik olmak

abutment /ı'batmınt/ *a.* mesnet, dayanak; *inş.* kemer ayağı, köprü ayağı, kenar ayak

abutting /ı'bating/ *s.* bitişik, komşu; yaslanan, dayanan

abysm /ı'bizım/ *a.* uçurum, derinlik

abysmal /ı'bizmıl/ *s.* berbat, çok kötü; çok derin, dipsiz, sınırsız

abyss /ı'bis/ *a.* cehennem çukuru, dibi olmayan çukur, abis, tamu **the abyss of time** ebediyet **an abyss of ignorance** kara cehalet

abyssal /ı'bisıl/ *s.* abisal

acacia /ı'keyşı/ *a. bitk.* akasya, salkım ağacı **acacia gum** akasya zamkı, arapzamkı

academic /ekı'demik/ *s.* akademik; pratiğe dayanmayan, soyut, kuramsal ¤ *a.* (üniversitede) öğretim görevlisi **academic discussion** bilimsel tartışma **academic freedom** bilimsel özgürlük, üniversite özerkliği **academic year** öğretim yılı

academician /ıkedı'mişın/ *a.*

akademisyen, akademi üyesi
academy /ı'kedımi/ *a.* bilim adamları topluluğu; akademi, yüksekokul *Academy Award* Akademi Ödülü *academy of arts* güzel sanatlar akademisi *academy of music* Konservatuvar
acanthite /ı'kentit/ *a. min.* akantit
acanthus /ı'kentıs/ *a.* kenger, ayıyoncası; *mim.* akant, kengeryaprağı
acaricide /ı'kerisayd/ *a.* kene öldürücü ilaç
acarid /'ekırid/ *a.* kene, sakırga
acaroid /'ekıroyd/ *s.* akaroit, kenemsi, keneye benzer *acaroid gum* akaroit reçinesi, kene reçinesi *acaroid resin* akaroit reçinesi, kene reçinesi
accede /ık'si:d/ *e.* (to ile) kabul etmek, razı olmak, onaylamak; iş başına gelmek, iktidara gelmek; uluslararası anlaşmaya imza koymak, muahede yapmak
acceder /ık'si:dı/ *a.* razı olan, kabul eden, muvafakat eden
accelerando /ekselı'rendou/ *be. müz.* accelerando, gittikçe hızlanan tempoyla
accelerate /ık'selıreyt/ *e.* hızlandırmak, çabuklaştırmak, ivdirmek; hızlanmak, süratlenmek
accelerated /ık'selıreytıd/ *s.* hızlı, hızlandırılmış *accelerated ageing* hızlandırılmış yaşlandırma *accelerated filtration* hızlandırılmış süzme *accelerated particle* hızlandırılmış tanecik *accelerated tanning* hızlandırılmış sepileme *accelerated test* hızlandırılmış deney
accelerating /ık'selıreyting/ *s.* hızlandırıcı ¤ *a.* hızlandırma *accelerating admixture* hızlandırıcı karışım *accelerating chamber* hızlandırma odası *accelerating electrode* *elek.* hızlandırma elektrotu *accelerating potential* hızlandırıcı potansiyel *accelerating pump* *oto.* hızlandırma pompası, karbüratör pompası, kapış pompası *accelerating voltage* *elek.* hızlandırma gerilimi
acceleration /ıkselı'reyşın/ *a.* hızlandırma; *fiz.* ivme, hız artması *acceleration along the path* *hav.* uçuş yolu boyunca ivme *acceleration due to gravity* yerçekimi ivmesi *acceleration*

lane sürat şeridi *acceleration time* *biliş.* hızlanma zamanı, ivme süresi
accelerative /ıkselı'reytiv/ *s.* hızlanabilen
accelerator /ık'selıreytı/ *a.* hızlandırıcı; gaz pedalı *accelerator pedal* gaz pedalı
acceleratory /ık'selıreytıri/ *s.* hızlandırıcı
accelerometer /ekselı'romitı/ *a.* akselerometre, ivmeölçer
accent /'eksınt/ *a.* ağız, söyleyiş, aksan; vurgu; vurgu işareti ¤ /ık'sent/ *e.* aksan vermek, vurgulamak; üzerinde durmak, vurgulamak
accentuate /ık'sençueyt/ *e.* vurgulu okumak, vurgulamak; önem vermek, üzerinde durmak, vurgulamak
accentuation /ek'sençueyşın/ *a.* vurgulama; vurgu işareti koyma
accept /ık'sept/ *e.* (verilen ya da önerilen bir şeyi isteyerek) almak, kabul etmek; onaylamak, kabullenmek, razı olmak
acceptability /ık'septıbıliti/ *a.* geçerlilik, kabul edilebilme
acceptable /ık'septıbıl/ *s.* kabul edilebilir; uygun, makbul *acceptable quality level* kabul edilebilir kalite seviyesi, benimsenir nitelik düzeyi
acceptance /ık'septıns/ *a.* kabul, kabul etme, kabul edilme; uygun olma, uygun bulunma *acceptance flight* kabul uçuşu *acceptance number* kabul sayısı, benimseme sayısı *acceptance sampling* numune ile mal kabulü *acceptance test* kabul testi
acceptation /eksep'teyşın/ *a.* kabul; anlam
acceptor /ık'septı/ *a.* akseptör, alıcı *acceptor circuit* alıcı devre
access /'ekses/ *a.* giriş, yol, geçit; kullanma hakkı, ulaşma, giriş; *biliş.* erişim *access arm* *biliş.* erişim kolu *access category* *biliş.* erişim ulamı, erişim sınıfı *access gallery* giriş galerisi *access hatchway* *den.* ambar ağzı *access mechanism* *biliş.* erişim mekanizması *access method* *biliş.* erişim yöntemi *access permission* *biliş.* erişim izni *access ramp* giriş rampası, rampa *access right* *biliş.* erişim hakkı *access road* giriş yolu, yaklaşım yolu, irtibat yolu *access shaft* giriş bacası *access time* *biliş.* erişim

süresi **difficult of access** yanına varılması zor, ulaşılması zor **easy of access** yanına varılabilir, ulaşılması kolay

accessibility /ıksesı'bıliti/ *a.* erişilebilirlik, erişilirlik

accessible /ık'sesıbıl/ *s.* yanına varılabilir, ulaşılabilir; kolay bulunur, elde edilebilir; erişilebilir, erişilir **accessible register** *biliş.* erişilebilir yazmaç

accession /ık'seşın/ *a.* ulaşma, erme, varma; göreve gelme; artma, çoğalma; katılma, ek, zam **accession to power** iktidara gelme **accession to the throne** tahta çıkma

accessory /ık'sesıri/ *s.* tali, yardımcı, ikincil, ikinci derecede ¤ *a.* aksesuar, eklenti, donantı; *huk.* suçortağı, yardakçı **accessory apparatus** yardımcı aygıt **accessory box** malzeme kutusu **accessory gear box** aksesuar dişli kutusu **accessory mineral** *yerb.* kayaç mineral, eklenti **accessory verb** yardımcı eylem

accidence /'eksidıns/ *a. dilb.* ilinek; bükün, büküm

accident /'eksidınt/ *a.* kaza; arıza, engebe; tesadüf, rastlantı **by accident** kazara, tesadüfen **accident insurance** kaza sigortası **accident preventer** kaza önleyici tertibat **accident prevention** kaza önleme **accident protection** kazalardan korunma

accidental /eksi'dentl/ *s.* rastlantısal, tesadüfi, arızi **accidental error** arızi hata

accidentally /eksi'dentli/ *be.* kazara, istemiyerek; tesadüfen, rasgele

accident-prone /'eksidıntproun/ *s.* başına sık sık kaza gelen, netameli

acclaim /ı'kleym/ *e.* alkışlamak; bağırarak ilan etmek ¤ *a.* alkış, yürekten onaylama

acclamation /eklı'meyşın/ *a.* alkış, alkışlama

acclimate /ı'klaymeyt/ *e.* iklime alıştırmak, ortama alıştırmak

acclimation /ekli'meyşın/ *a.* iklime alıştırma, ortama alışma, iklimuyum

acclimatization /ıklaymıtay'zeyşın/ *a.* iklime alışma, ortama alışma, iklimuyum

acclimatize /ı'klaymıtayz/ *e.* iklime alıştırmak, ortama alıştırmak

acclivity /ı'kliviti/ *a.* yokuş, bayır

accolade /'ekıleyd/ *a.* övgü, alkış

accommodate /ı'komıdeyt/ *e.* (yer) sağlamak, vermek; yerleştirmek, barındırmak; (birbirine) uydurmak, bağdaştırmak; (yeni koşullara uymak için alışkanlıklarını, yaşam biçimini, vb.) değiştirmek **accommodate oneself** koşullara uymak, kendini alıştırmak

accommodating /ı'komıdeyting/ *s.* yardımcı, yardımsever; (koşullara uymak amacıyla) değişmeye hazır, değişime açık

accommodation /ıkomı'deyşın/ *a.* uyma, uydurma; yerleşme; *opt.* uyum; yatacak yer, kalacak yer; uzlaştırma, halletme, çözme; rahatlık, kolaylık **accommodation capacity** konaklama kapasitesi, ağırlama kapasitesi **accommodation ladder** *den.* borda kamara iskelesi **accommodation train** birçok istasyonda duran yolcu treni, dilenci katarı

accompaniment /ı'kampınimınt/ *a.* eşlik eden şey; *müz.* eşlik

accompanist /ı'kampınist/ *a. müz.* akompanist

accompany /ı'kampıni/ *e.* eşlik etmek, birlikte gitmek, refakat etmek; aynı zamanda olagelmek, birlikte oluşmak, eşlik etmek; *müz.* eşlik etmek

accomplice /ı'kamplis/ *a.* suçortağı, yardakçı

accomplish /ı'kampliş/ *e.* başarmak, tamamlamak, üstesinden gelmek, başarıyla sonuçlandırmak

accomplished /ı'kamplişt/ *s.* becerikli, hünerli

accomplishment /ı'kamplişmınt/ *a.* başarma, yapma, ifa, başarıyla sonuçlandırma, başarıyla tamamlama; beceri, başarı, hüner

accord /ı'ko:d/ *e.* (with ile) uymak, birbirini tutmak, bağdaşmak ¤ *a.* anlaşma, uzlaşma **accord with** ahenkli olmak, uygun olmak **of one's own accord** istenmeden, kendiliğinden, gönüllü **with one accord** hep birlikte, uzlaşarak

accordance /ı'ko:dıns/ *a.* uyum, uygunluk; uzlaşma, anlaşma **in accordance with** -e göre, gereğince

according to /ı'ko:ding tu/ *ilg.* -e göre, -e

uygun olarak

accordingly /ı'ko:dingli/ *be.* o doğrulukta, ona göre, öyle; bundan dolayı, onun için, bu yüzden

accordion /ı'ko:diın/ *a. müz.* akordeon **accordion door** *inş.* akordeon kapı **accordion pleating** akordiyon pli, akordeon pli **accordion pleats** akordiyon pli, akordeon pli

accost /ı'kost/ *e.* (özellikle bir yabancının) yanına gidip konuşmak

accouchement /ı'ku:şman/ *a.* loğusalık; doğum

account /ı'kaunt/ *a.* rapor, hikâye, tanım; önem, değer, itibar; avantaj, kâr; hesap, pusula; (kişisel) hesap; banka hesabı; hesap görme, hesaplaşma ¤ *e.* olarak görmek, gözüyle bakmak *a good account of* hakkında tatminkâr/olumlu bir rapor *an account to settle* görülecek hesap, kuyruk acısı *account book* hesap defteri *account for* açıklamak, hesap vermek, nedenini açıklamak, izahat vermek *accounts payable* borçlu hesaplar, ödenecek hesaplar *accounts receivable* alacaklı hesaplar *by all accounts* herkesin dediğine bakılırsa *call to account* hesap sormak *give a good account of oneself* kendini göstermek, iyi bir izlenim bırakmak *keep an account of* hesabını tutmak *not on any account* hiçbir şekilde, kesinlikle *of great account* çok önemli *of no account* çok önemsiz *on account* hesaba mahsuben, hesaptan düşerek *on account of* -den ötürü, için, yüzünden *on no account* hiçbir şekilde, kesinlikle, asla *on that account* ondan dolayı, bundan dolayı *take account of* göz önüne almak, hesaba katmak *take into account* göz önüne almak, hesaba katmak *turn sth to good account* yararlanmak

accountability /ı'kauntıbıliti/ *a.* sorumluluk

accountable /ı'kauntıbıl/ *s.* (to/for ile) -den sorumlu

accountancy /ı'kauntınsi/ *a.* muhasebecilik, saymanlık

accountant /ı'kauntınt/ *a.* sayman, muhasip, muhasebeci

accounting /ı'kaunting/ *a.* muhasebe, hesap tutma *accounting department*

muhasebe bölümü *accounting journal* *biliş.* muhasebe günlüğü

accouter /ı'ku:tı/ *e.* askeri giyecek vermek

accouterments /ı'ku:tırmınts/ *a.* donatı, teçhizat

accredit /ı'kredit/ *e.* elçi göndermek; yetki vermek

accredited /ı'kreditid/ *s.* resmen tanınmış

accrescent /e'kresınt/ *s.* artan, çoğalan

accrete /ı'kri:t/ *e.* katmak, eklemek; katılmak, eklenmek

accretion /ı'kri:şın/ *a.* büyüme, gelişme; ek, ilave

accrual /ı'kru:ll/ *a.* büyüme, artış

accrue /ı'kru:/ *e.* artmak, çoğalmak *accrued expense* tahakkuk etmiş masraf *accrued interest* tahakkuk etmiş faiz

acculturation /ı'kalçıreyşın/ *a.* kültürleşme

accumulate /ı'kyu:myuleyt/ *e.* toplamak, biriktirmek, yığmak; birikmek, çoğalmak, yığılmak

accumulation /ıkyu:myu'leyşın/ *a.* biriktirme, toplama, yığma; birikme, toplanma, yığılma *accumulation of energy* enerji birikimi *accumulation of heat* ısı birikimi *accumulation point* *mat.* yığılma noktası

accumulative /ı'kyu:mılıtiv/ *s.* biriktirici, toplayıcı; birikmiş, toplanmış

accumulator /ı'kyu:myuleytı/ *a.* toplayıcı; akümülatör, akü, akımsaklar *accumulator acid* akümülatör asidi *accumulator box* akümülatör kutusu *accumulator case* akü kabı, akü kutusu *accumulator grid* akümülatör ızgarası *accumulator register* *biliş.* biriktirici yazmaç, birikeç *accumulator vehicle* akülü taşıt

accuracy /'ekyırısi/ *a.* doğruluk, kesinlik, incelik, tamlık *accuracy control character* *biliş.* doğruluk denetim karakteri *accuracy of calculation* hesap doğruluğu *accuracy of measurement* ölçmede doğruluk, ölçme hassaslığı *accuracy of reading* okuma doğruluğu

accurate /'ekyırıt/ *s.* kesin, doğru, yanlışsız, ince, tam *accurate measurement* hassas ölçüm

accurately /'ekyırıtli/ *be.* doğru olarak,

kusursuzca
accursed /ı'kö:st/ *s.* lanetlenmiş, lanetli
accusation /ekyu'zeyşın/ *a.* suçlama, itham
accusative /ı'kyu:zıtiv/ *a. dilb.* -i hali, belirtme durumu, yükleme hali
accuse /ı'kyu:z/ *e.* suçlamak
accused /ı'kyu:zd/ *a.* sanık
accusing /ı'kyu:zing/ *s.* suçlayıcı
accustom /ı'kastım/ *e.* alıştırmak *accustom oneself* alışmak
accustomed /ı'kastımd/ *s.* (to ile) alışkın; alışılmış, her zamanki *be accustomed to doing* yapmaya alışık olmak
ace /eys/ *a.* (iskambil) birli, as; (tavla) bir, yek; *kon.* as, yıldız; *kon.* (pilot, sürücü, vb.) usta *have an ace up one's sleeve* elinde kozu olmak *have an ace in the hole* elinde kozu olmak *within an ace of* az kalsın, kıl payı
acentric /eysen'trik/ *s.* merkezsiz, merkezi olmayan
acephalous /ı'sefılıs/ *s.* başsız
acerb /ı'sö:b/ *s.* acı, ekşi
acerbate /'esıbeyt/ *e.* acılaştırmak, ekşileştirmek
acerbity /ı'sö:biti/ *a.* acılık, ekşilik, burukluk
acetabulum /esi'tebyulım/ *a. anat.* hokka çukuru
acetaldehyde /'esiteldıhayd/ *a.* asetaldehit
acetamide /esi'temayd/ *a.* asetamit
acetanilide /esi'tenilayd/ *a.* asetanelit
acetate /'esiteyt/ *a.* asetat *acetate fibre* asetat elyafı *acetate film* asetat film *acetate of iron* demir asetat *acetate of lead* kurşun asetat *acetate rayon* asetat ipeği *acetate silk* asetat ipeği *acetate wire* asetat teli
acetic /ı'si:tik/ *a.* asetik *acetic acid* asetik asit, sirke asidi *acetic aldehyde* asetik aldehit *acetic ether* asetik eter
acetify /ı'setifay/ *e.* ekşitmek; ekşimek
acetin /ı'setin/ *a.* asetin
acetone /'esitoun/ *a.* aseton *acetone-soluble* asetonla çözünür
acetous /'esitıs/ *a.* asetik, sirke gibi
acetyl /'esitayl/ *a.* asetil *acetyl chloride* asetil klorür *acetyl value* asetil değeri
acetylate /ı'setileyt/ *e.* asetillemek

acetylation /ı'setileyşın/ *a.* asetilleme
acetylene /ı'setili:n/ *a. kim.* asetilen *acetylene black* asetilen siyahı *acetylene burner* asetilen beki *acetylene gas* asetilen gazı *acetylene generator* asetilen jeneratörü *acetylene hose* asetilen hortumu *acetylene lamp* asetilen lambası *acetylene plant* asetilen tesisi *acetylene welding* asetilen kaynağı
ache /eyk/ *e.* ağrımak ¤ *a.* ağrı, sancı
achene /ı'ki:n/ *a. bitk.* aken
achievable /ı'çi:vıbıl/ *s.* yapılabilir, gerçekleştirilebilir
achieve /ı'çi:v/ *e.* başarmak, yapmak, gerçekleştirmek; ulaşmak, elde etmek, kazanmak
achievement /ı'çi:vmınt/ *a.* başarma, yapma; başarı, eser *achievement test* başarı testi
Achilles /ı'kili:z/ *a.* Aşil, Akhilleus *Achilles heel* insanın zayıf tarafı, zaaf *Achilles tendon anat.* Aşil kirişi
achlamydeous /'eklımidi:ıs/ *s. bitk.* çanak ve taçyaprakları olmayan
achondroplasia /eykondrou'pleyzıı/ *a. hek.* cücelik
achromatic /ekrı'metik/ *s.* akromatik, renksemez *achromatic colours* akromatik renkler *achromatic lens* akromatik mercek
achromatism /ı'kroumıtizım/ *a.* akromatizm, renksemezlik
achromatopsia /ı'kroumıtopsıı/ *a. hek.* renkkörlüğü
acicular /ı'sikyulı/ *s.* iğne görünüşlü, iğnemsi *acicular cast iron* iğne biçimli font, iğnemsi dökme demir
acid /'esid/ *a. kim.* asit; *arg.* LSD ¤ *s.* ekşi, asit gibi, asitli; kırıcı, iğneleyici, acı *acid-base equilibrium* asit-baz dengesi *acid bath* asit banyosu *acid brittleness met.* asit gevrekliği *acid car demy.* asit vagonu *acid carboy* asit damacanası *acid chloride* asit klorür *acid concentration* asit konsantrasyonu *acid content* asit içeriği, asit muhtevası *acid dye* asit boya *acid dyestuff* asit boyarmadde *acid-fast* aside dayanıklı *acid former* asit oluşturucu *acid forming* asit oluşturan *acid-free* asitsiz *acid fume*

asit buharı *acid liquor* asit banyosu *acid of vinegar* sirke asidi *acid proof* aside karşı dayanıklı *acid radical* asit kökü *acid rain* asit yağmuru *acid resistance* aside dayanıklılık *acid-resisting* aside dayanıklı *acid salt* asit tuzu *acid shock dyeing* asidik şok boyama *acid-soluble* asitle çözünür *acid steam ager* asitli buharlama makinesi *acid steel* asit çelik *acid test* asit deneyi *acid tower* asit kulesi *acid treatment* asitle muamele *acid value* asit değeri *acid vapour* asit buharı

acidic /ı'sidik/ *s.* asitli *acidic rocks* asitli kayalar *acidic strength* asit gücü

acidifiable /ı'sidifayıbıl/ *s.* asitlenebilir

acidification /ısidifi'keyşın/ *a.* asitleme

acidifier /ı'sidifayı/ *a.* asitleyici

acidify /ı'sidifay/ *e.* asitlemek; asitlenmek

acidimeter /esi'dimitı/ *a.* asitölçer

acidimetry /esi'dimitri/ *a.* asitölçüm

acidity /ı'siditi/ *a.* asidite, asitlik, ekşilik

acidosis /esi'dousis/ *a. hek.* asidoz

acidulate /ı'sidyuleyt/ *e.* asitlemek

acidulous /ı'sidyulıs/ *s.* mayhoş

aciform /ı'sifo:m/ *s.* iğnemsi

ack-ack /'ekek/ *a.* uçaksavar ateşi

acknowledge /ık'nolic/ *e.* doğruluğunu kabul etmek, onaylamak, teslim etmek; (gerçek ya da yasal olduğunu) kabul etmek, tanımak; (birini gülümseyerek, selamlayarak) tanıdığını belirtmek, fark etmek, hoşnutlukla tanımak; aldığını bildirmek

acknowledged /ık'nolicd/ *s.* kabul edilen, tanınan

acknowledgement /ık'nolicmınt/ *a.* onay, tasdik, kabul; teşekkür; alındığını bildirme *in acknowledgement of* -in karşılığı olarak

aclinic /ı'klinik/ *s.* aklinik

acme /'ekmi/ *a.* doruk, zirve

acne /'ekni/ *a.* sivilce

acock /'ıkok/ *be.* eğri, eğik, kalkık

acolyte /'ekılayt/ *a.* rahip yardımcısı; yardımcı

aconite /'ekınayt/ *a.* itboğan, kaplanboğan

aconitine /ekı'nitin/ *a.* akonitin

acorn /'eyko:n/ *a. bitk.* meşe palamudu *acorn nut* tırtıllı somun, taçlı somun *acorn tube* akorn tüp

acoustic(al) /ı'ku:stik(l)/ *s.* akustik *acoustic absorption* akustik absorpsiyon, sesin soğurulması *acoustic attenuation* akustik zayıflama *acoustic baffle* akustik ekran *acoustic capacity* akustik güç *acoustic delay line* akustik geciktirme hattı *acoustic delay* akustik gecikme *acoustic device* akustik aygıt *acoustic distortion* akustik distorsiyon *acoustic engineering* akustik mühendisliği *acoustic feedback* akustik geribesleme, ses geribeslemesi *acoustic filter* akustik filtre *acoustic frequency* akustik frekans *acoustic impedance* akustik empedans *acoustic inertia* akustik atalet *acoustic insulation* akustik yalıtım *acoustic memory* akustik bellek *acoustic mine ask.* akustik mayın *acoustic modem biliş.* akustik modem *acoustic ohm fiz.* akustik ohm *acoustic oscillation* akustik titreşim *acoustic phonetics* akustik sesbilgisi *acoustic perspective* akustik perspektif *acoustic power* akustik güç *acoustic pressure* akustik basınç *acoustic radiator elek.* akustik radyatör *acoustic reactance* akustik reaktans *acoustic refraction* akustik kırılma *acoustic resistance* akustik direnç *acoustic shadow* akustik gölge *acoustic storage biliş.* akustik bellek *acoustic thermometer* akustik termometre *acoustic velocity* akustik hız, ses hızı

acoustics /ı'ku:stiks/ *a.* akustik, yankıbilim; akustik, ses dağılım biçimi, yankıdüzen

acquaint /ı'kweynt/ *e.* (with ile) bilgi vermek, haberdar etmek, bildirmek *acquainted one with* karşı uyarmak, farkına vardırmak *acquaint oneself with* öğrenmek, aşinalık peyda etmek *be acquainted (with)* (-den) haberi olmak, bilgisi olmak, bilmek; (ile) tanışmak

acquaintance /ı'kweyntıns/ *a.* tanıdık, bildik; aşinalık, bilgi *make sb's acquaintance* (biriyle) tanışmak

acquaintanceship /ı'kweyntınsşip/ *a.* tanışıklık, aşinalık

acquest /ı'kwest/ *a.* ele geçen şey, kazanım; *huk.* verasetten dışında edinilen mülk

acquiesce /ekwi'es/ *e.* kabullenmek, razı olmak, ses çıkarmamak

acquiescence /ekwi'esıns/ *a.* kabullenme, razı olma

acquiescently /ekwi'esıntli/ *be.* uysallıkla, razı olarak

acquire /ı'kwayı/ *e.* kazanmak, elde etmek, edinmek *acquired taste* zamanla anlaşılan/sevilen şey

acquired /ık'wayıd/ *s.* kazanılmış, edinsel, akize *acquired characteristics* doğuştan olmayıp sonradan kazanılan özellikler *acquired immunity* kazanılmış bağışıklık

acquirement /ı'wayımınt/ *a.* kazanç, iktisap

acquisition /ekwi'zişın/ *a.* kazanma, edinme, elde etme, edinim; kazanç, edinti

acquisitive /ı'kwizitiv/ *s.* açgözlü, mal düşkünü

acquit /ı'kwit/ *e.* (birini) suçsuz çıkarmak, beraat ettirmek, temize çıkarmak, aklamak; ayrıcalık tanımak, muaf tutmak *be acquitted* beraat etmek, temize çıkmak *acquit oneself* görevini yapmak *acquit oneself well* yüz akı ile yapmak

acquittal /ı'kwitl/ *a.* beraat, aklanma, aklama

acquittance /ı'kwitıns/ *a.* zimmetten kurtulma

acre /'eykı/ *a.* 4047 metre karelik bir arazi ölçüsü, İngiliz dönümü *acres and acres* bir sürü

acreage /'eykıric/ *a.* arazi alanı, dönüm miktarı

acrid /'ekrid/ *s.* acı, keskin, ekşi, sert

acridine /'ekrid:n/ *a.* akridin

acriflavine /ekri'fleyvin/ *a.* akriflavin

acrimonious /ekri'mounıs/ *s.* acı, sert, haşin, ters

acrimony /'ekrimıni/ *a.* acılık, sertlik, terslik

acrobat /'ekrıbet/ *a.* akrobat, cambaz

acrobatic /ekrı'betik/ *s.* akrobatik *acrobatic flying* akrobatik uçuş

acrobatics /ekrı'betiks/ *a.* cambazlık, akrobasi

acrolein /ı'krouliın/ *a.* akrolein, propenal

acromion /ı'kroumiyın/ *a.* anat.

akromyon

acronym /'ekrınim/ *a.* kısaad, sözcüklerin baş harflerinden oluşan sözcük

acropolis /ı'kropılis/ *a.* akropol

across /ı'kros/ *be.* karşıdan karşıya, bir yandan bir yana, ortasından, içinden; çaprazlama, çapraz ¤ *ilg.* bir yanından öteki yanına; üstünde, üzerinde; öbür yanında/yakasında, karşısında

acrostic /ı'krostik/ *a.* akrostiş

acrylic /ı'krilik/ *s.* akrilik *acrylic acid* akrilik asit *acrylic fiber* akrilik lif, akrilik elyaf *acrylic glass* akrilik cam, pleksiglas *acrylic resin* akrilik reçine

acrylonitrile /ekrilou'naytrayl/ *a.* akrilonitril

act /ekt/ *e.* hareket etmek, davranmak; (rol) oynamak; etki yapmak, etkilemek; *hkr.* rol yapmak, etkilemek, numara yapmak; harekete geçmek ¤ *a.* yapılan şey, iş, davranış, edim; kanun, yasa; *tiy.* perde, sahne; *hkr. kon.* numara, rol, ayak *act a part* rol yapmak *act out* (düşünce/korku vb.) davranışlarla belirtmek, davranışlarla göstermek, hareketlerle anlatmak *act up kon.* kötü davranmak, problem yaratmak, sorun çıkarmak, dert açmak *act upon* -e göre davranmak, -e göre hareket etmek *act of God* doğal afet, tabii afet *get in on sb's act kon.* birinin davranışından kendine pay çıkarmak, avantaj sağlamak *in the (very) act (of doing sth)* tam yaparken, suçüstü *put on an act hkr. kon.* poz yapmak, hava atmak

actable /'ektıbıl/ *s. tiy.* sahneye konabilir

actant /'ektınt/ *a. dilb.* eyleyen

actantial /'ektınşınıl/ *s. dilb.* eyleyensel *actantial role* eyleyensel işlev, eyleyensel rol

acting /'ekting/ *s.* yerine bakan, vekâlet eden, vekil ¤ *a.* oyunculuk (sanatı)

actinic /ek'tinik/ *s.* aktinik *actinic efficiency* aktinik verim *actinic radiation* aktinik radyasyon, aktinik ışınım *actinic rays* aktinik ışınlar

actinide /'ektinayd/ *a.* aktinit

actinism /'ektinizm/ *a.* aktinizm

actinium /ek'tiniım/ *a.* aktinyum

actinolite /ek'tinılayt/ *a.* aktinolit, ışıntaşı

actinometer /ekti'nomitı/ *a.* aktinometre

actinometry /ekti'nomitri/ a. aktinometri
actinomorphic /ektinou'mo:fik/ a. bitk. aktinomorfik
actinon /'ektinon/ a. aktinon
action /'ekşın/ a. hareket, faaliyet; iş, eylem, davranış, hareket; çalışma şekli, hareket biçimi; etki, kuvvet; (kitap ya da oyun için) olaylar dizisi; askeri harekât, savaş; *huk.* dava *action and reaction* etki-tepki *action committee* faaliyet komitesi *action of the bowels* büyük aptes *course of action* hareket tarzı *put out of action* bozmak, çalışmaz duruma getirmek *take action* harekete geçmek
actionable /'ekşınıbıl/ s. huk. dava edilebilir
activate /'ektiveyt/ e. etkinleştirmek, aktifleştirmek, harekete geçirmek, etkili hale getirmek, çalıştırmak
activated /'ektiveytid/ s. aktif, etkin *activated adsorption* aktif adsorpsiyon, etkin yüze tutma, etkin yüzerme *activated carbon* aktif kömür, etkin kömür *activated charcoal* aktif odunkömürü, etkin odunkömürü *activated sludge* aktif çamur *activated water* aktif su, etkin su
activation /ekti'veyşın/ a. canlandırma, etkinleştirme, harekete geçirme, aktivasyon *activation analysis* aktivasyon analizi, etkinleşme çözümlemesi, etkilenim çözümlemesi *activation curve* aktivasyon eğrisi *activation energy* aktivasyon enerjisi, etkinleşme erkesi *activation potential* aktivasyon potansiyeli
activator /'ektiveytı/ a. aktivatör, aktifleştirici
active /'ektiv/ s. aktif, hareketli, enerjik, canlı; belli etkileri olan, belli biçimde etkileyen; *dilb.* etken, aktif ¤ a. dilb. etken çatı *active antenna* aktif anten *active area* etkin alan, aktif alan *active balance* alacaklı bakiye *active centre* aktif merkez *active circulation* tedavüldeki para *active component* aktif bileşen *active current* etkin akım, aktif akım *active deposit* radyoaktif birikinti *active electrode* aktif elektrot *active energy* aktif enerji *active filter* aktif filtre *active hydrogen* aktif hidrojen *active lattice* aktif kafes *ac-*

tive level aktif seviye *active loudspeaker* aktif hoparlör *active mass* kim. aktif kütle *active material* aktif madde *active network* elek. aktif şebeke *active nitrogen* aktif azot *active officer* muvazzaf subay *active oxygen* aktif oksijen, etkin oksijen *active potential* aktif gerilim *active power* aktif güç, etkin güç *active power relay* aktif güç rölesi *active satellite* aktif uydu *active solvent* aktif çözücü *active substance* aktif madde *active surface* aktif yüzey *active transducer* aktif transdüktör, etkin güç çevirici *active verb* dilb. etken eylem, etken fiil *active voice* dilb. etken çatı *active volcano* etkin yanardağ, sönmemiş yanardağ *active voltage* elek. aktif gerilim, etkin gerilim
activism /'ektivizım/ a. fel. aktivizm, etkincilik
activist /'ektivist/ a. aktivist
activity /'ektiviti/ a. hareket, faaliyet; etki, tesir; etkinlik, faaliyet *activity coefficient* aktiflik katsayısı, etkinlik katsayısı *activity ratio* biliş. etkinlik oranı
actor /'ektı/ a. erkek oyuncu, aktör; bir olayda yer alan kimse
actress /'ektris/ a. kadın oyuncu, aktris
actual /'ekçuıl/ s. gerçek, hakiki, asıl, asli *in actual fact* aslında, gerçekte *actual address* biliş. gerçek adres *actual cathode* gerçek katot *actual code* biliş. gerçek kod *actual cost* gerçek maliyet *actual current* aktif akım *actual decimal point* biliş. gerçek ondalık noktası *actual frequency* efektif frekans *actual ground zero* hav. gerçek yer düzeyi *actual key* biliş. gerçek anahtar *actual monitor* çıkış monitörü *actual output* gerçek verim *actual power* gerçek güç
actuality /ekçu'eliti/ a. gerçeklik, gerçek; gerçek, gerçek olan şey
actualization /'ekçuılayzeyşın/ a. edimselleşme, gerçekleşme
actualize /'ekçuılayz/ e. gerçekleştirmek
actualizer /'ekçuılayzı/ a. gerçekleştirici
actually /'ekçuli/ be. gerçekten, hakikaten, aslında; gerçekten, bilfiil
actuary /'ekçuıri/ a. aktüer, sigorta hesap uzmanı
actuate /'ekçueyt/ e. harekete geçirmek,

tahrik etmek
actuating /'ekçueyting/ a. tahrik, harekete geçirme *actuating cam* tahrik kamı *actuating current* tahrik cereyanı *actuating mechanism* tahrik mekanizması *actuating shaft* tahrik mili *actuating spring* tahrik yayı
actuator /'ekçueytı/ a. harekete getirici, çalıştırıcı
acuity /ı'kyu:ti/ a. keskinlik, sivrilik, duyarlılık, keskin duyululuk *acuity of colour image elek.* renkli görüntü keskinliği
acumen /'ekyumın/ a. çabuk kavrayış, yerinde ve doğru karar alma
acuminate /'ıkyu:mineyt/ e. sivriltmek; sivrilmek ¤ s. hayb. bitk. sivri
acupuncture /'ekyupankçı/ a. akupunktur
acute /'ıkyu:t/ s. (duyum ve düşünce) keskin, kuvvetli, güçlü, duyarlı; şiddetli, çok fazla; *hek.* akut, had, ilerlemiş; *mat.* (açı) dar; *dilb.* tiz *acute angle* dar açı *acute triangle* dar üçgen, dar açılı üçgen
acutely /ı'kyu:tli/ be. zekâ ile; şiddetle
acuteness /ı'kyu:tnıs/ a. zekâ
acyclic /ey'sayklik/ s. asiklik *acyclic machine* asiklik makine, çevrimsiz makine
acyl /'eysayl/ a. açil
acylation /eysay'leyşın/ a. açilleme
ad /ed/ a. kon. ilan, reklam *ad hoc* belirli bir amaç için hazırlanmış; önceden tasarlanmış *ad infinitum* sonu olmayarak, sonsuz bir biçimde *ad interim* geçici *ad libitum* istenildiği kadar, istenildiği gibi *ad nauseam* kusturacak kadar
ad valorem /'edvı'lo:rem/ be. (vergi) değeri üzerinden
adage /'edic/ a. özdeyiş, atasözü
adagio /ı'da:cou/ be. a. müz. adacyo
Adam /'edım/ a. Âdem *Adam's ale* su *Adam's apple* anat. gırtlak çıkıntısı *not to know sb from Adam* birini hiç tanımamak
adamant /'edımınt/ s. dik başlı, sert, inatçı
adamantine /edı'mentayn/ s. elmas gibi, adamantin
adapt /ı'dept/ e. (to, for ile) uyarlamak, uydurmak, adapte etmek
adaptability /ıdeptı'bilıti/ a. uyum

yeteneği
adaptable /ı'deptıbıl/ s. kolayca uyum sağlayan, uyumlu
adaptation /edıp'teyşın/ a. uyarlama, uyarlanma, adaptasyon; uyum, uygunluk; uyarlanmış şey
adapter /ı'deptı/ a. uyarlayıcı; adaptör, uyarlaç *adapter transformer* ara transformatörü, uydurucu dönüştüreç
adaptive /ı'deptiv/ s. uyarlanabilir; uyarlama ile ilgili *adaptive system biliş.* bağdaşır sistem, bağdaşır dizge
add /ed/ e. (to ile) eklemek, ilave etmek; (to, up ile) toplamak, toplamını almak; (that ile) ayrıca söylemek, belirtmek *add time biliş.* toplama süresi *add up kon.* toplamını bulmak; bir anlamı olmak, akla yatkın olmak
addend /'edend/ a. toplanan
addendum /ı'dendım/ a. (konuşma/kitap vb. sonunda) ek, ilave, eklenecek şey
adder /'edı/ a. hayb. engerek; toplayıcı, toplama devresi, toplama çevrimi *adder-subtracter* toplayıcı-çıkarıcı
adderwort /'edıwö:t/ a. kurtpençesi
addict /'edikt/ a. (özellikle uyuşturucuya) düşkün kimse, müptela kimse, tiryaki, bağımlı ¤ /ı'dikt/ e. alışmak, düşkün olmak *addict oneself* düşkün olmak, tiryaki olmak *addict to* -e alıştırmak *alcohol addict* alkol düşkünü, alkol bağımlısı *drug addict* uyuşturucu müptelası, uyuşturucu bağımlısı
addicted /ı'diktid/ s. düşkün, müptela *be addicted (to)* (-e) alışmak, bağımlı olmak, tutkun olmak, tiryakisi olmak
addiction /ı'dikşın/ a. alışkanlık, tutkunluk, bağımlılık, tiryakilik
addictive /ı'diktiv/ s. (uyuşturucu, sigara, içki, vb.) alışkanlık oluşturan, bağımlılık yaratan, tiryaki eden
adding /'eding/ a. ekleme *adding machine* hesap makinesi
addition /ı'dişın/ a. ekleme, katma; *mat.* ekleme; toplam alma, toplama; eklenme, ilave *in addition* ayrıca, üstelik, bundan başka *in addition to* ek olarak, ilaveten *addition agent* katkı maddesi *addition compound* katılma bileşiği *addition polymerization* katılma polimerizasyonu *addition reaction* katılma tepkimesi *addition record*

biliş. eklenen kayıt, eklenen tutanak *addition sign* toplama işareti *addition table biliş.* toplama çizelgesi *addition without carry biliş.* eldesiz toplama

additional /ı'dişınıl/ *s.* ek, ilave, ekstra *additional air* ilave hava *additional building* ek bina *additional character biliş.* ek karakter *additional charge* ek ücret *additional expenses* ek masraflar, munzam masraflar *additional fuel tank* ek yakıt deposu *additional load* ek yük *additional machine* ek makine, yardımcı makine *additional postage* taksa *additional press* şek. ikinci pres, son pres

additive /'editiv/ *a.* katkı, katkı maddesi ¤ *s.* eklenecek, katılacak *additive process* katılma işlemi *additive property* additif özellik, eklenik özellik *additive reactions* additif reaksiyonlar

addle /'edl/ *e.* (kafasını) bozmak, şaşırtmak; (yumurtayı) kokuşturmak, çürütmek ¤ *s.* (yumurta) cılk; aklı karışmış

addlebrain /'edılbreyn/ *a.* akılsız kafa, boş kafa

addle-headed /'edılhedid/ *s.* kuş beyinli, ahmak

add-on /ed-on/ *s.* eklenen, ek *add-on cooler* ek soğutucu *add-on memories biliş.* eklenebilir bellekler

address /ı'dres/ *a.* adres; söylev, konuşma, nutuk ¤ *e.* (mektup vb. üstüne) adres yazmak; söylev vermek, konuşma yapmak, hitap etmek; (to ile) (kendini) işe adamak, bir şeye adamak *address bus biliş.* adres taşıtı, adres ana yolu *address computation biliş.* adres hesaplaması *address format biliş.* adres biçimi, adres düzeni *address generation biliş.* adres üretme *address mapping biliş.* adres dönüştürme, adres arama *address modification biliş.* adres değiştirme *address part biliş.* adres kısmı, adres parçası *address register biliş.* adres yazmacı, adres yazacı *address space biliş.* adres yüzeyi *address track biliş.* adres izi

addressability /ıdresı'bıliti/ *a.* adreslenebilirlik

addressable /ı'dresıbıl/ *s.* adreslenebilir *addressable cursor biliş.*

adreslenebilir kürsör, adreslenebilir imleç *addressable unit biliş.* adreslenebilir birim

addressee /edre'si:/ *a.* alacak kişi, alıcı, gönderilen kişi, gönderilen

addresser /ıd'resı/ *a.* hitap eden kimse; imza eden kimse; gönderen

addressing /ıd'resing/ *a. biliş.* adresleme

addressograph /ı'dresougra:f/ *a.* adres makinesi

adduce /ı'dyu:s/ *e.* (for ile) örnek vermek, kanıt göstermek, gerekçe göstermek

adenine /'edınin/ *a. kim.* adenin

adenoidal /edın'oydıl/ *s. anat.* beze biçiminde; lenf dokusu gibi

adenoids /'edinoydz/ *a. anat.* lenf bezleri

adenoma /edi'noumı/ *a. hek.* adenoma

adenosine /e'denısi:n/ *a. kim.* adenozin

adept /'edept/ *s.* (at, in ile) usta, becerili, yetenekli, üstat

adequacy /'edikwısi/ *a.* yeterlilik, kifayet; yetenek, ehliyet

adequate /'edikwit/ *s.* (for ile) yeterli, kâfi; (to ile) uygun, elverişli, yeterli

adequately /'edikwitli/ *be.* layıkıyla

adequateness /'edikwitnıs/ *a.* yeterlilik

adhere /ıd'hiı/ *e.* yapışmak

adherence /ıd'hiırıns/ *a.* yapışma, yapışıklık; (to ile) bağlılık, sadakat

adherent /ıd'hiırınt/ *a.* yapışık; yapışkan; yandaş, taraftar

adhesion /ıd'hi:jın/ *a.* yapıştırma, yapışma, yapışım, adezyon *adhesion test* adezyon testi, yapışım deneyi

adhesive /ıd'hi:siv/ *a. s.* yapışkan, yapışıcı *adhesive bond* yapıştırıcı bağ *adhesive force* yapışma gücü *adhesive label* yapışkan etiket *adhesive plaster* plaster, yapışkan bant *adhesive power* yapışma gücü *adhesive tape* yapışkan bant, izole bant *adhesive varnish* yapışkan vernik

adhesiveness /ıd'hi:sivnıs/ *a.* yapıştırıcılık

adhibit /ıd'hibit/ *e.* içeri almak; (ilaç vb.) kullanmak; (etiket vb) yapıştırmak

adiabatic /ediı'betik/ *s.* adiyabatik *adiabatic calorimeter* adiyabatik kalorimetre, adiyabatik ısınölçer *adiabatic change* adiyabatik değişim *adiabatic chart* adiyabatik grafik *adiabatic compression* adiyabatik sıkıştırma

adiabatic cooling adiyabatik soğutma **adiabatic curve** adiyabatik eğri **adiabatic equation** adiyabatik denklem **adiabatic expansion** adiyabatik genleşme **adiabatic gradient** adiyabatik gradyan, adiyabatik eğim **adiabatic heat drop** adiyabatik ısı düşüşü **adiabatic process** adiyabatik işlem **adiabatic wind** adiyabatik rüzgâr

adiathermic /edıı'tö:mik/ s. ısı geçirmez

adieu /ı'dyu:/ ünl. allahaısmarladık, elveda

adios /edi'os/ ünl. allahaısmarladık, elveda

adipose /'edipous/ s. yağlı **adipose tissue** anat. yağdoku

adit /'edit/ a. maden galerisi **adit entrance/mouth** galeri girişi, galeri ağzı

adjacency /ı'ceysınsi/ a. bitişiklik, yakınlık

adjacent /ı'ceysınt/ s. çok yakın, bitişik, komşu **adjacent angles** mat. komşu açılar **adjacent beam** bitişik kiriş, komşu kiriş **adjacent channel interference** komşu kanal karışması

adjectival /ecik'tayvıl/ s. dilb. sıfat cinsinden **adjectival construction** sıfat tamlaması **adjectival noun** isim olarak kullanılan sıfat

adjective /'eciktiv/ a. dilb. sıfat, niteleç

adjoin /ı'coyn/ e. bitiştirmek; eklemek, katmak; bitişik olmak, çok yakın olmak

adjoining /ı'coyning/ s. bitişik, yan yana

adjourn /ı'cö:n/ e. ertelemek, ara vermek; ertelenmek

adjournment /ı'cö:nmınt/ a. ertelenme, tehir

adjudge /ı'cac/ e. hüküm vermek

adjudicate /ı'cu:dikeyt/ e. karar vermek, hüküm vermek, hükmetmek

adjudication /ıdcu:di'keyşın/ a. hüküm verme; hüküm

adjudicator /ıdcu:dikeytı/ a. hakem, yargıcı

adjunct /'ecankt/ a. ilave, ek

adjure /ı'cuı/ e. yalvarıp yakarmak

adjust /ı'càst/ e. ayarlamak; uydurmak, uyarlamak; uyum göstermek, uymak

adjustable /ı'càstıbıl/ s. ayarlı, ayarlanabilen **adjustable pitch airscrew** ayarlanabilir adımlı pervane **adjustable pliers** ayarlanabilir pense **adjustable reamer** ayarlı rayba **adjust-**

able resistor ayarlanabilir direnç **adjustable spanner** kurbağacık, ayarlı anahtar **adjustable speed motor** ayarlanır devirli motor **adjustable thermometer** ayarlı termomtre **adjustable transformer** ayarlanır transformatör, ayarlanabilir dönüştüreç **adjustable variable speed** ayarlı değişken hız **adjustable wrench** kurbağacık, İngiliz anahtarı

adjuster /ı'càstı/ a. ayarlayıcı; dispeççi

adjusting /ı'càsting/ a. ayar, ayarlama **adjusting bolt** ayar cıvatası **adjusting button** ayar düğmesi **adjusting cam** ayar kamı **adjusting eye** ayar gözü, ayar deliği **adjusting flange** ayar flanşı **adjusting fork** ayar çatalı **adjusting knob** ayar düğmesi **adjusting lever** ayar kolu, ayar levyesi **adjusting nut** ayar somunu **adjusting pin** ayar pimi **adjusting plug** ayar tapası **adjusting ring** ayar bileziği, ayar halkası **adjusting rod** ayar çubuğu **adjusting screw** ayar vidası **adjusting slide** ayarlayıcı sürgü **adjusting washer** ayar rondelası **adjusting wrench** ayar anahtarı **adjusting yoke** ayar çatalı

adjustment /ı'càstmınt/ a. ayar, ayarlama, düzeltme; biy. adaptasyon **adjustment indicator** ayar göstergesi **adjustment knob** ayar butonu, düğme **adjustment of a curve** eğri ayarı **adjustment of height** yükseklik ayarı **adjustment of lengths** uzunluk ayarı **adjustment of width** genişlik ayarı **adjustment screw** ayar vidası **adjustment spring** ayar yayı

adjutant /'ecıtınt/ a. yardımcı, muavin **adjutant general** komutana bilgi veren ve emirlerini orduya tebliğ eden general **adjutant stork** Hindistanda bulunan bir çeşit iri leylek

adjuvant /edcıvınt/ s. yardım eden

ad-lib /ed'lib/ e. kon. kafadan uyduruvermek, doğaçlamak

adman /ed'men/ a. ilancı, ilancılıkla uğraşan kimse

admeasure /ed'mejı/ e. ölçmek

administer /ıd'ministı/ e. idare etmek, yönetmek; vermek, sağlamak

administration /ıdmini'streyşın/ a. idare, yönetim; hükümet

administrative /ıd'ministrıtiv/ s. yönetsel, yönetimsel, idari *administrative data processing* biliş. yönetsel bilgi işlem

administrator /ıd'ministreytı/ a. idareci, yönetici

admirable /'edmırıbıl/ s. takdire değer, çok iyi, çok güzel

admirably /'edmırıbli/ be. beğenilecek biçimde, takdire layık şekilde, çok güzel

admiral /'edmırıl/ a. amiral *admiral butterfly* bir cins kelebek

admiralty /'edmırılti/ a. amirallik; deniz kuvvetleri komutanlığı *admiralty gunmetal* gemici topmetali

Admiralty /'edmırılti/ a. *İl.* Amirallik Dairesi *Admiralty brass* bahriye pirinci, gemici pirinci

admiration /edmi'reyşın/ a. takdir, hayranlık

admire /ıd'mayı/ e. takdir etmek, hayran olmak

admirer /ıd'mayırı/ a. hayran

admiringly /ıd'mayıringli/ be. beğenerek, hayranlıkla, takdirle

admissibility /ıd'misıbıliti/ a. makul oluş, kabul edilebilme

admissible /ıd'misıbıl/ s. akla uygun, makul; kabul edilebilir, izin verilebilir; emniyetli *admissible load* kabul edilir yük, emniyetli yük

admission /ıd'mişın/ a. giriş, girme; kabul, girme izni; (özellikle kötü bir şeyi) kabul etme, doğru olarak kabul etme, itiraf *admission cam* emme kamı *admission channel* besleme kanalı *admission free* duhuliyesiz, giriş ücreti olmayan *admission of air* hava prizi *admission pipe* emme borusu *admission port* emme aralığı, emme deliği *admission pressure* emme basıncı *admission stroke* emme zamanı *admission ticket* giriş bileti *admission tube* emme borusu *admission valve* emme supabı

admit /ıd'mit/ e. (özellikle kötü bir şeyi) kabul etmek, gerçeği kabullenmek, itiraf etmek; içeriye bırakmak, girmesine izin vermek; izin vermek, olanak tanımak *admit of* imkân vermek

admittance /ıd'mitıns/ a. giriş izni, giriş hakkı; admitans, alım

admittedly /ıd'mitidli/ be.. herkesin kabul edeceği gibi, kuşkusuz

admix /ed'miks/ e. karışmak; katmak, katıp karıştırmak

admixture /ıd'miksçı/ a. karıştırma, karışım, harman *admixture for concrete* beton katkı maddesi

admonish /ıd'moniş/ e. uyarmak, hafifçe azarlamak, kulağını bükmek

admonition /edmı'nişın/ a. uyarı, ihtar, nasihat

admonitory /ıd'monitıri/ s. uyarı niteliğinde

ado /ı'du:/ a. gürültü, patırtı, yaygara, tantana *without much/more/further ado* oyalanmadan, yaygara koparmadan

adobe /ı'doubi/ a. kerpiç *adobe soil* kerpiç toprak

adolescence /edı'lesıns/ a. ergenlik

adolescent /edı'lesınt/ s. a. ergen, yeniyetme

adopt /ı'dopt/ e. (başkasının çocuğunu) evlat edinmek; kabul etmek; edinmek, benimsemek; seçmek *adopted child* evlatlık, manevi evlat

adoption /ı'dopşın/ a. evlat edinme; benimseme, kabullenme

adoptive /ı'doptiv/ s. evlatlık edinen, üvey *adoptive child* evlatlık, manevi evlat *adoptive parents* manevi ana baba

adorable /ı'do:rıbıl/ s. çok güzel, tapılası; *kon.* sevimli, çekici, şirin

adoration /edı'reyşın/ a. aşırı sevgi, aşk, tapma; dinsel tapma, tapınma

adore /ı'do:/ e. tapmak; *kon.* bayılmak, çok sevmek, tapmak

adorn /ı'do:n/ e. süslemek, bezemek, güzelleştirmek; ballandırmak, abartmak, şişirmek

adornment /ı'do:nmınt/ a. süs, ziynet

adrenal /ı'dri:nl/ a. s. böbreküstü bezi *adrenal gland* böbreküstü bezi

adrenalin(e) /ı'drenılin/ a. *hek.* adrenalin

adrift /ı'drift/ be. s. akıntı ve rüzgârla sürüklenmiş, başıboş *cut adrift* akıntıya bırakmak *cut oneself adrift* olayların gidişine kapılmak, kendini bırakmak *turn sb adrift* yüzüstü bırakmak

adroit /ı'droyt/ s. eli çabuk, becerikli,

zeki, usta

adroitly /ı'droytli/ *be.* hünerle

adroitness /ı'droytnıs/ *a.* hüner, beceri

adscititious /edsi'tişıs/ *s.* ek, katma, ilave

adsorb /ıd'so:b/ *e.* yüze çekmek, yüze tutunmak, yüzermek

adsorbate /ıd'so:beyt/ *s.* adsorbat, yüze tutunan

adsorbed /ıd'so:bd/ *s.* adsorbe edilmiş **adsorbed ion** adsorbe edilmiş iyon

adsorbent /ıd'so:bınt/ *s.* adsorban, yüze tutan

adsorption /ıd'so:pşın/ *a.* yüze tutma, adsorpsiyon **adsorption chromatography** adsorpsiyon kromatografisi **adsorption degree** adsorpsiyon derecesi **adsorption heat** yüze tutma ısısı, adsorpsiyon ısısı **adsorption isotherm** adsorpsiyon izotermi **adsorption potential** adsorpsiyon potansiyeli **adsorption power** yüze tutma kuvveti, adsorpsiyon kuvveti

adsorptive /ıd'so:ptiv/ *s.* emici, soğuran

adulate /'eculeyt/ *e.* aşırı derecede övmek, yaltaklanmak, pohpohlamak, dalkavukluk etmek

adulation /ecu'leyşın/ *a.* aşırı övgü, yaltaklanma, çanak yalama, dalkavukluk

adulatory /edyu'leytıri/ *s.* aşırı övgü niteliğinde olan, yaltaklanma mahiyetinde

adult /'edalt, ı'dalt/ *a. s.* yetişkin **adult education** yetişkin eğitimi

adulterate /ı'daltıreyt/ *e.* (with ile) değerini düşürmek, saflığını bozmak

adulteration /ıdaltı'reyşın/ *a.* karıştırma, katıştırma

adulterer /ı'daltırı/ *a.* zina yapan erkek

adulteress /ı'daltris/ *a.* zina yapan kadın

adulterine /ı'daltırin/ *s.* kalp, bozuk, mağşuş; piç, gayri meşru

adulterous /ı'daltırıs/ *s.* zina yapan

adultery /ı'daltıri/ *a.* zina

adulthood /ı'dalthud/ *a.* yetişkinlik

adumbrate /'edambreyt/ *e.* ima etmek, anıştırmak

adumbration /edam'breyşın/ *a.* ima, anıştırma

adust /ı'dast/ *s.* yanık, kavruk, kurumuş

advance /ıd'va:ns/ *e.* (on/upon/against ile) ilerlemek, ileri gitmek; gelişmek, ilerlemek; öne almak, daha önceki bir tarihe almak ¤ *a.* ilerleme, ileri gitme, gelişme; (of ile) avans, öndelik **advance guard** öncü kuvvet **advance heading** *mad.* ayak kılavuzu **in advance** peşin, zamanından önce; önünde

advanced /ıd'va:nst/ *s.* ilerlemiş, ileri, gelişmiş, modern **advanced gas-cooled reactor** ileri gaz soğutmalı reaktör **advanced ignition** *oto.* erken ateşleme **advanced technology** ileri teknoloji **advanced for one's years** yaşına göre daha olgun

advancement /ıd'va:nsmınt/ *a.* yükselme, ilerleme; terfi

advances /ıd'va:nsiz/ *a.* yaranma ya da dostluk kazanma girişimleri **make advances** arkadaş olmaya çalışmak, gözüne girmeye çalışmak, asılmak

advancing /ıd'va:nsing/ *s.* ilerleyen

advantage /ıd'va:ntic/ *a.* avantaj, üstünlük; yarar, çıkar, menfaat, avantaj **have the advantage of** elinde ... avantajı bulunmak, avantajına sahip olmak **take advantage of** yararlanmak, faydalanmak, kazanç sağlamak

advantageous /edvın'teycıs/ *s.* avantajlı, yararlı, kârlı

advantageously /edvın'teycısli/ *be.* yayarlı bir biçimde, üstün bir durumda

advection /ıd'vekşın/ *a. metr.* adveksiyon **advection fog** *metr.* adveksiyon sisi

advective /ıd'vektiv/ *s. metr.* advektif

advent /'edvent/ *a.* varış, geliş

adventitious /edven'tişıs/ *s.* arızi, dıştan gelen, sonradan olan **adventitious root** ek kök **adventitious sound** ses türemesi

adventure /ıd'vençı/ *a.* serüven, macera

adventurer /ıd'vençırı/ *a.* maceraperest, serüvenci

adventuresome /ıd'vençısım/ *s.* cesur, atılgan, gözü pek

adventurous /ıd'vençırıs/ *s.* serüven seven, maceraperest; serüven dolu, maceralı

adverb /'edvö:b/ *a. dilb.* zarf, belirteç **adverb of manner** niteleme belirteci, nitelik zarfı **adverb of place** yer belirteci, yer zarfı **adverb of quantity** ölçü belirteci, ölçü belirteci **adverb of**

time zaman belirteci, zaman zarfı
adverbial /ed'vö:bııl/ *s.* zarfa ait, belirteçsel; tümleyen
adverbially /ed'vö:bııli/ *be.* belirteç olarak, zarf şeklinde
adversary /'edvısıri/ *a.* düşman, hasım, rakip
adversative /ıd'vö:sıtiv/ *s.* muhalefet belirten
adverse /'edvö:s/ *s.* ters, karşı, karşıt, zıt *adverse weather lamp oto.* sis lambası
adversely /ed'vö:sli/ *be.* karşıt olarak
adverseness /ed'vö:snıs/ *a.* terslik, zıtlık
adversity /ed'vö:siti/ *a.* güçlük, sıkıntı, şanssızlık
advert /'edvö:t/ *a. İİ. kon.* reklam, ilan *advert to* -dan bahsetmek
advertise /'edvıtayz/ *e.* bildirmek, duyurmak, ilan etmek; tanıtmak, reklamını yapmak; satılığa çıkarmak; (for ile) ilanla aramak
advertisement /ıd'vö:tismınt/ *a.* reklam, ilan
advertiser /'edvıtayzı/ *a.* ilancı, reklamcı, tanıtımcı
advertising /'edvıtayzing/ *a.* ilan, duyurma; reklamcılık *advertising agency* reklam ajansı *advertising agent* reklam ajansı *advertising campaign* reklam kampanyası *advertising department* reklam bölümü
advice /ıd'vays/ *a.* tavsiye, salık; öğüt, nasihat *advice center* danışma merkezi *take medical advice* doktora başvurmak *take my advice* sözümü dinle, beni dinle
advisable /ıd'vayzıbıl/ *s.* makul, akla yatkın, mantıklı
advisableness /ıd'vayzıbılnıs/ *a.* uygunluk, mantıklılık
advise /ıd'vayz/ *e.* tavsiye etmek, salık vermek; öğütlemek; bildirmek, haber vermek *ill-advised* akılsız, önlemsiz *well-advised* akıllı, tedbirli
advisedly /ıd'vayzidli/ *be.* akıllıca
advisement /ıd'vayzmınt/ *a.* danışma, müşavere
adviser /ıd'vayzı/ *a.* danışman, müşavir
advisory /ıd'vayzıri/ *s.* öğüt veren, tavsiye niteliğinde *advisory board* danışma kurulu *advisory committee* danışma kurulu *advisory council* danışma konseyi *advisory route hav.* tavsiyeli yol
advocacy /'edvıkısi/ *a.* yan tutma, taraftarlık, savunma
advocate /'edvıkeyt/ *e.* savunmak ¤ /'edvıkit/ *a. huk.* avukat; savunucu, taraftar, yandaş
adynamia /edi'neymiı/ *a. hek.* kuvvetsizlik
adytum /'edıtım/ *a.* (tapınakda) iç oda
adze /edz/ *a.* keser ¤ *e.* keserle kesmek
aedile /'i:dayl/ *a.* eski Roma'da bayındırlık memuru
aegis /'i:cis/ *a.* kalkan, siper
aeolian /i:'oulyın/ *s.* rüzgâr nedeniyle oluşan *aeolian deposit* rüzgâr yığıntısı, rüzgârın bıraktığı birikinti *aeolian harp* rüzgâr kuvvetiyle çalınan harp *aeolian soil* rüzgâr yığıntısı toprak
aeolotropic /i:ılou'tropik/ *s.* anizotrop
aeon /i:ın/ *a.* ölçülemeyecek kadar uzun zaman
aerate /'eıreyt/ *e.* havalandırmak
aerating /eı'reyting/ *a.* havalandırma *aerating tube* havalandırma borusu
aeration /eı'reyşın/ *a.* havalandırma *aeration drainage* havalandırma drenajı
aerator /eı'reytı/ *a.* havalandırıcı
aerial /'eıriıl/ *a. İİ.* anten ¤ *s.* havaya ilişkin, havai, hava + *aerial advertising* uçakla yapılan reklam *aerial barrage* hava baraj ateşi *aerial cable* havai kablo, anten kablosu *aerial cableway* kablolu hava hattı *aerial camera* hava kamerası *aerial combat* hava savaşı *aerial corridor* hava koridoru *aerial defence* hava savunması *aerial gain* anten kazancı *aerial impedance* anten empedansı *aerial line* hava hattı *aerial map* hava haritası *aerial mast* anten direği *aerial mine ask.* hava mayını *aerial navigation* hava seyrüseferi *aerial perspective* havai perspektif *aerial photograph* hava fotoğrafı *aerial photography* hava fotoğrafçılığı *aerial railway* teleferik *aerial root* havada yetişen kök, havai kök *aerial ropeway* teleferik *aerial seeding* havadan tohumlama *aerial stem* havai gövde *aerial survey* hava haritacılığı *aerial tower* anten kulesi *aerial triangulation*

hava nirengisi **aerial view** havadan görünüş **aerial wire** havai hat, anten teli

aeriform /'eırifo:m/ *s.* gaz halinde

aerify /'eırifay/ *e.* havalandırmak; havayla doldurmak, içine hava karıştırmak; gaz haline getirmek

aerobatic /eırou'betik/ *s.* havada akrobasiyle ilgili

aerobatics /eırou'betiks/ *a.* akrobasi, havada akrobasi, cambazlık uçuşları

aerobe /'eıroub/ *a.* aerob

aerobic /'eıroubik/ *s.* aerobik

aerobics /'eıroubiks/ *a.* aerobik **do aerobics** aerobik yapmak   •

aerodrome /'eırıdroum/ *a.* meydan, alan, küçük havaalanı **aerodrome beacon** *hav.* alan farı, meydan bikını **aerodrome control radar** *hav.* alan kontrol radarı **aerodrome control tower** *hav.* alan kontrol kulesi **aerodrome hazard beacon** *hav.* alan tehlike farı **aerodrome lighting** *hav.* alan aydınlatması **aerodrome meteorological office** *hav.* alan meteoroloji istasyonu **aerodrome proximity light** *hav.* meydan yaklaşma farı **aerodrome traffic** *hav.* alan trafiği

aerodynamic /eırouday'nemik/ *s.* aerodinamik **aerodynamic balance** aerodinamik denge **aerodynamic body** *oto.* aerodinamik gövde **aerodynamic centre** aerodinamik merkez **aerodynamic moment** aerodinamik moment

aerodynamics /eırouday'nemiks/ *a.* aerodinamik (bilimi)

aerodyne /'eıroudayn/ *a. hav.* aerodin

aerofoil /'eıroufoyl/ *a. hav.* uçak kanadı, kanat şekli

aerogram /'eırıgrem/ *a.* aerogram, telsiz telgraf

aerograph /'eı'rıgra:f/ *a. metr.* aerograf

aerography /eı'rogrıfi/ *a. metr.* aerografi

aerolite /'eırılayt/ *a.* aerolit, göktaşı

aerologist /eı'rolıcist/ *a. metr.* aerolojist, havabilimci

aerology /eı'rolıci/ *a. metr.* aeroloji, havabilim

aeromechanics /eıroumi'keniks/ *a.* aeromekanik

aerometer /eı'romıtı/ *a.* aerometre, havaölçer, yoğunlukölçer

aeronaut /'eırıno:t/ *a.* balon pilotu

aeronautical /eırı'no:tikıl/ *s.* havacılık ile ilgili **aeronautical engineer** hava mühendisi **aeronautical engineering** hava mühendisliği

aeronautics /eırı'no:tiks/ *a.* havacılık

aeroplane /'eırıpleyn/ *a.* uçak

aerosol /'eırısol/ *a.* aerosol, havada asıltı **aerosol spray** *trm.* böcek öldürücü püskürteç

aerospace /'eırıspeys/ *a.* atmosfer ve dışındaki boşluk **aerospace industry** uzay gemileri ve bunların teçhizatlarını imal eden sanayi kolu

aerosphere /'eırısfıı/ *a.* havaküre

aerostat /'eırıstet/ *a. hav.* havadan hafif uçak

aerostatic /eırı'stetik/ *s.* aerostatik

aerostatics /eırı'stetiks/ *a.* aerostatik

aerotechnics /eırı'tekniks/ *a.* aeroteknik

aerotherapeutics /eırı'terıpyu:tiks/ *a. hek.* hava veya gazlarla tedavi

aesthetic /i:s'tetik/ *s.* estetik

aesthetics /i:s'tetiks/ *a.* estetik

afar /ı'fa:/ *be.* uzak, uzakta **from afar** uzaktan **off afar** uzakta

affability /efı'bılıtı/ *a.* nezaket, tatlılık

affable /'efıbıl/ *s.* içten, cana yakın, sokulgan

affably /'efıbli/ *be.* nezaketle

affair /ı'feı/ *a.* olay; iş, sorun, mesele; (birbiriyle evli olmayan iki kimse arasında) cinsel ilişki, aşk ilişkisi

affect /ı'fekt/ *e.* etkilemek, tesir etmek; üzmek; numara yapmak, gibi davranmak, poz yapmak

affectation /efek'teyşın/ *a. hkr.* yapmacık davranış, gösteriş

affected /ı'fektid/ *s. hkr.* yapmacık, sahte

affectedly /ı'fektidli/ *be.* yapmacık bir tavırla, sahte tavırlarla

affectedness /ı'fektidnis/ *a.* yapmacıklık, sahte tavır

affecting /ı'fekting/ *s.* derinden etkileyici, dokunaklı

affectingly /ı'fektingli/ *be.* dokunaklı bir şekilde

affection /ı'fekşın/ *a.* sevgi, düşkünlük; şefkat

affectionate /ı'fekşınit/ *s.* sevgi gösteren, şefkatli, müşfik, sevecen

affectionately /ı'fekşınitli/ *be.* sevgi ile

affective /ı'fektiv/ *s.* dokunaklı; duygusal *affective language* *dilb.* duygusal dil

affiance /ı'fayıns/ *a.* nişan

affidavit /'efideyvit/ *a.* yazılı ve yeminli ifade

affiliate /ı'filieyt/ *e.* (with/to ile) birleştirmek, üye etmek; birleşmek, üye olmak *affiliated company* bağlı şirket, filyal, konzern

affiliation /ıfili'eyşın/ *a.* yakın ilişki

affine /'efayn/ *e.* afine etmek ¤ *s. mat.* afin *affine transformation* *mat.* afin dönüşüm

affinity /ı'finiti/ *a.* (between/with ile) akrabalık, yakın ilgi, yakınlık; (for/to/between ile) güçlü ilgi, çekim, eğilim, yakınlık; afinite *affinity to dyes teks.* boyanabilirlik, boya alma yeteneği

affirm /ı'fö:m/ *e.* doğrulamak, bildirmek; tekrarlamak, tekrar söylemek

affirmable /ı'fö:mıbl/ *s.* doğrulanabilir, onaylanabilir

affirmation /efı'meyşın/ *a.* doğrulama, onay; yemin yerine geçen söz; *dilb.* olumluluk, olumlama

affirmative /ı'fö:mıtiv/ *a. s. dilb.* olumlu *affirmative sentence* olumlu tümce, olumlu cümle *in the affirmative* olumlu olarak

affirmatively /ı'fö:mıtivli/ *be.* olumlu olarak, doğrulayarak

affix /ı'fiks/ *e.* bağlamak, iliştirmek, tutturmak, eklemek, yapıştırmak ¤ /'efiks/ *a.* önek, sonek

afflatus /ı'fleytıs/ *a.* esin, ilham

afflict /ı'flikt/ *e.* üzmek, acı vermek, sıkıntı vermek

affliction /ı'flikşın/ *a.* acı, üzüntü, sıkıntı; acı, üzüntü, sıkıntı veren şey

afflictive /ı'fliktiv/ *s.* üzücü, acı verici

affluence /'efluıns/ *a.* zenginlik, varlık, varsıllık

affluent /'efluınt/ *s.* zengin, varlıklı, hali vakti yerinde *affluent society* gönençli toplum

afford /ı'fo:d/ *e.* satın almaya gücü yetmek, çıkışmak; (bir şeyi yapmaya, karşılamaya, vermeye) gücü yetmek, durumu el vermek; zamanı olmak; sağlamak, vermek *I can't afford it* gücüm yetmez, kesem elvermez

afforest /ı'forist/ *e.* ağaçlandırmak, ormanlaştırmak

afforestation /ıfori'steyşın/ *a.* ağaçlandırma, ormanlaştırma

affranchise /ı'frençayz/ *e.* azat etmek, serbest bırakmak

affranchisement /ı'frençayzmınt/ *a.* azat etme, serbest bırakma

affray /ı'frey/ *a.* kavga, gürültü

affright /ı'frayt/ *a.* korku

affront /ı'frant/ *e.* (özellikle kalabalık bir yerde birine) hakaret etmek, aşağılamak, duygularını incitmek, kırmak

affusion /ı'fyu:jın/ *a.* dökme, dökülme

afield /ı'fi:ld/ : *far afield* uzakta, özellikle evden uzakta

afire /ı'fayı/ *s.* tutuşmuş, yanan

aflame /ı'fleym/ *s. be.* yanan, tutuşan, tutuşmuş, alevler içinde

afloat /ı'flout/ *s. be.* yüzen, yüzmekte, su üzerinde duran, batmayan; gemide; denizde; (söylenti) dolaşan

afoot /ı'fut/ *s. be.* olup bitmekte; dönmekte

afore /ı'fo:/ *be. ilg.* daha önce, daha önceki

aforementioned /ı'fo:menşınd/ *s.* önceden anılan, sözü geçen

aforesaid /ı'fo:sed/ *s.* daha önce söylenilen, adı geçen

afoul /ı'foul/ *s.* takılmış, dolaşmış

afraid /ı'freyd/ *s.* (that/of ile) korkmuş, - den korkan *be afraid of* -den korkmak *I'm afraid ...* korkarım (ki), maalesef

afresh /ı'freş/ *be.* bir kez daha, yeniden

African /'efrikın/ *a. s.* Afrikalı

afrit /'efri:t/ *a.* ifrit

afro /'efrou/ *a.* afro saç, uzun ve kıvırcık saç

aft /a:ft/ *be. den.* kıçta, kıç tarafında; kıça doğru

after /'a:ftı/ *ilg.* -den sonra; -ın ardından, arkasından, peşinden; ... nedeniyle/yüzünden, -den sonra; -e rağmen; -in peşinde/arayışında; hakkında ¤ *be.* sonra, daha sonra, -den sonra ¤ *bağ.* -den sonra ¤ *s.* sonraki, izleyen; *den.* kıça yakın *after all* neticede, her şeye rağmen, yine de, bütün olan bitenden sonra *after-sales service* satış sonrası servis *after you!*

önce siz buyurun! **be after** eğilim göstermek, istemek; peşinde olmak
afterbirth /'a:fuıbö:t/ *a. hek.* plasenta, döleşi
afterbleach /'a:fuıbli:ç/ *e.* sonradan beyazlatmak
afterburner /'a:fuıbö:nı/ *a. hav.* art yakıcı
afterburning /'a:fuıbö:ning/ *a. hav.* son yakma
afterclap /'a:fuıklep/ *a.* beklenmedik olay
aftercooler /'a:fuıcu:lı/ *a.* son soğutucu
afterdamp /'a:fuıdemp/ *a.* grizu patlamasından kalan zehirli gazlar
afterdeck /'a:fuıdek/ *a. den.* kıç güvertesi
afterdinner /'a:fuıdinı/ *s.* yemekten sonra gelen
aftereffect /'a:fuırifekt/ *a.* daha sonradan ortaya çıkan etki
afterfinish /'a:fuıfiniş/ *a.* son apre
afterglow /'a:fuıglou/ *a.* akşam kızıllığı, güneş batışı kızıllığı; görüntü tutulması, görüntü hatırlama
aftergrass /'a:fuıgra:s/ *a.* ilk hasat sonrası çıkan otlar
afterhours /'a:fuıauız/ *a.* mesai saatleri dışındaki zaman
afterlife /'a:fuılayf/ *a.* öbür dünya, ahret; ömrün geri kalan kısmı
aftermath /'a:fuımet/ *a.* kötü sonuç, kötü yan etki; ilk üründen sonra büyüyen otlar
aftermost /'a:fuımoust/ *s.* en geri, en son
afternoon /'a:fuı'nu:n/ *a. s.* öğleden sonra
afterpains /'a:fuıpeynz/ *a. hek.* doğum sonrası sancılar
afterpart /'a:fuıpa:t/ *a. den.* kıç taraf
afterpiece /'a:fuıpi:s/ *a.* asıl oyundan sonraki oyun
afterproduct /'a:fuıprodakt/ *a. şek.* son ürün, son şeker
afters /'a:fuız/ *a.* (yemek sonrası alınan) tatlı
aftersails /'a:fuıseylz/ *a. den.* kıç direk yelkenleri
afterseason /'a:fuısi:zın/ *a.* mevsim sonu
aftershave (lotion) /'a:fuışeyv ('louşın)/ *a.* aftırşeyv, tıraş losyonu
aftershock /'a:fuışok/ *a.* (deprem sonrası) art sarsıntı, artçı şok
aftertaste /'a:fuıteyst/ *a.* ağızda kalan tat
afterthought /'a:fuıto:t/ *a.* akla sonradan gelen fikir

aftertime /'a:fuıtaym/ *a.* gelecek
aftertreatment /'a:fuıtri:tmınt/ *a.* son işlem, son işleme
afterwards /'a:fuıwıdz/ *be.* sonradan, sonra, daha sonra
afterwing /'a:fuıwing/ *a. hav.* arka kanat
aga /'a:gı/ *a.* ağa
again /ı'gen, ı'geyn/ *be.* bir daha, tekrar, yine, yeniden, gene; bundan başka, ayrıca **again and again** sık sık, ikide bir, tekrar tekrar, defalarca **now and again** bazen, arada sırada **once/yet again** bir kez daha **time and again** sık sık, ikide bir
against /ı'genst, ı'geynst/ *ilg.* -e karşı; -e doğru; -e zıt yönde, -e karşı; -e aykırı, karşı; -e değecek şekilde **against all risks** bütün risklere karşı **against the light** ışığa karşı
agalloch /ı'gelık/ *a.* ödağacı
agamous /'egımıs/ *s. bitk.* eşeysiz
agape /ı'geyp/ *s.* afallamış, şaşırmış ¤ *a.* sevgi, muhabbet
agar(-agar) /'eygı(-eygı)/ *a.* agaragar, jeloz
agaric /'egırik/ *a. bitk.* katranköpüğü
agate /'egit/ *a.* akik, yüzük taşı **agate mortar** akik havan
agateware /'egitveı/ *a.* renkli emay
agave /ı'geyvi/ *a.* agav
age /eyc/ *a.* yaş; çağ; yaş, yaşlılık; rüşt; *kon.* çok uzun zaman, asır ¤ *e.* yaşlanmak, ihtiyarlamak; eskimek; yaşlandırmak, ihtiyarlatmak; eskitmek; (şarap, vb.) yıllanmak; yıllandırmak **at an advanced age** ileri yaşlarda; yaşını başını almış **at the age of** ... yaşında **age limit** yaş sınırı, yaş limiti **be of age** reşit olmak **come of age** rüştünü ispat etmek **over age** yaşı geçkin **under age** yaşı tutmayan, yaşça küçük **for ages** uzun süredir **from age to age** çağdan çağa, çağlar boyu **age group** yaş grubu
aged /eycd/ *s.* ihtiyar, çok yaşlı; ... yaşında; (içki) yıllanmış
age-harden /'eyc-ha:dın/ *e. tek.* yaşlanmayla sertleştirmek **age-hardening** yaşlanma sertleşmesi
ageing /'eycing/ *a.* yaşlanma; yaşlandırma; buharlama **ageing apparatus** yaşlandırma aygıtı **ageing furnace** yaşlandırma fırını **ageing tem-**

perature yaşlandırma sıcaklığı
ageless /'eyclıs/ *s.* eskimez, yaşlanmaz
agelong /'eyclong/ *s.* uzun zaman süren, yüzyıllar süren
agency /'eycınsi/ *a.* acenta; aracılık, acentelik *through the agency of* aracılığı ile, sayesinde
agenda /ı'cendı/ *a.* yapılacak işler, gündem
agendum /ı'cendım/ *a.* gündem *agendum call card* biliş. gündem çağrı kartı
agent /'eycınt/ *a.* acenta, temsilci, ajan; vasıta, aracı, etmen; ajan
agent provocateur /ejon prıvokı'tö:/ *a.* kışkırtıcı ajan, ajan provokatör
aggiornamento /adcorna'mento/ *a.* modernleşme
agglomerate /ı'glomırit/ *a. yerb.* aglomera, yığışım
agglomeration /ı'glomıreyşın/ *a.* toplanma, yığışma
agglutinant /ı'glu:tinınt/ *s.* yapıştırıcı
agglutinate /ı'glu:tineyt/ *e.* yapıştırmak, birleştirmek
agglutination /ıglu:ti'neyşın/ *a.* yapıştırma; aglütinasyon
agglutinative /ı'glu:tinıtiv/ *s.* yapıştırma işlemine ait; gram bitişken
aggrandize /'egrındayz/ *e.* büyütmek, artırmak
aggrandizement /ı'grendizmınt/ *a.* büyütme, agrandisman
aggravate /'egrıveyt/ *e.* ağırlaştırmak, kötüleştirmek, ciddileştirmek; *kon.* kızdırmak, sinir etmek
aggravation /egrı'veyşın/ *a.* kötüleştirme, ağırlaştırma
aggregate /'egrigit/ *s.* toplam, toplu, bütün ¤ /'egrigeyt/ *e.* toplamak, birleştirmek, bir araya getirmek; toplanmak ¤ *a.* agrega
aggregation /egri'geyşın/ *a.* toplama, birleştirme
aggress /ı'gres/ *e.* saldırmak
aggression /ı'greşın/ *a.* nedensiz kavga, çatışma, saldırı
aggressive /ı'gresiv/ *a. hkr.* saldırgan, kavgacı; girişken, atılgan, gözü pek; (silah) saldırı amacıyla yapılmış *aggressive water* saldırgan su
aggressor /ı'gresı/ *a.* saldırgan kimse/ülke

aggrieve /ı'gri:v/ *e.* gücendirmek, incitmek, kırmak
aggrieved /ı'gri:vd/ *s.* incinmiş, kırılmış, üzüntülü, haksızlığa uğramış
aghast /ı'ga:st/ *s.* donakalmış, şaşırmış, çok korkmuş, dehşet içinde
agile /'ecayl/ *s.* atik, çevik, hareketli
agility /ı'ciliti/ *a.* çeviklik, atiklik
aging /'eycing/ *a.* yaşlanma; yıllanma, eskime
agio /'eciou/ *a.* acyo
agiotage /'ecıtic/ *a.* acyotaj
agitate /'eciteyt/ *e.* sallamak, çalkalamak; üzmek, altüst etmek, acı vermek; (politik ya da sosyal nedenlerle) yaygara koparmak; ortalığı karıştırmak; kamuoyunu kışkırtmak; başkaldırmak
agitation /eci'teyşın/ *a.* sallama, çalkalama; heyecan, acı, üzüntü; (politik, sosyal) kışkırtma, tahrik
agitato /eci'ta:tou/ *s.* heyecanlı, hareketli, coşkun
agitator /'eciteytı/ *a.* (özellikle politik açıdan) tahrikçi, kışkırtan kimse; karıştırıcı, çalkalayıcı, malaksör
agitprop /'ecitprop/ *a.* propaganda ve kışkırtma
agleam /ı'gli:m/ *s.* ışıltılı
aglet /'eglit/ *a.* (ayakkabı bağındaki) demir uç
aglow /ı'glou/ *s.* parlak, ışıltılı
agname /'egneym/ *a.* lakap
agnate /'egneyt/ *a.* (baba tarafından) akraba
agnation /eg'neyşın/ *a.* (erkek tarafından) akrabalık
agnostic /eg'nostik/ *a. s.* agnostik, bilinemezci
agnosticism /eg'nostisizım/ *a. fel.* agnostisizm, bilinemezcilik
ago /ı'gou/ *be.* önce
agog /ı'gog/ *s. kon.* heyecanlanmış, coşmuş; istekli, ümitli, hevesli *all agog to (do)* (-mek için) sabırsızlanan, heyecanlı
agonic /ı'gonik/ *s.* köşesiz *agonic line* agonik çizgi
agonize /'egınayz/ *e. kon.* aşırı heyecan ve acı çekmek
agonizing /'egınayzing/ *s.* işkenceli, acı veren
agony /'egıni/ *a.* şiddetli acı, aşırı ıstırap,

sancı

agora /'egırı/ *a.* eski Yunanistan'da (pazar/meydan gibi) halkın toplanma yeri

agoraphobia /egırı'foubiı/ *a.* agorafobi, alan korkusu

agraphia /ı'grefiı/ *a. hek.* agrafi

agrarian /ı'greiriın/ *s.* tarımsal, tarıma ilişkin *agrarian geography* tarım coğrafyası

agree /ı'gri:/ *e.* anlaşmak, mutabık kalmak; (to ile) (düşünce/görüş vb. için) kabul etmek, razı olmak; uymak, bağdaşmak *agree to* bir konuda mutabık kalmak, anlaşmak, kabul etmek *agree with* bir kimse ile mutabık kalmak

agreeable /ı'gri:ıbıl/ *s.* hoşa giden, hoş; (to ile) anlaşmaya hazır, uygun, mutabık, razı

agreeableness /ı'gri:ıbılnıs/ *a.* tatlılık, hoşluk

agreeably /ı'gri:ıbli/ *be.* hoş bir biçimde

agreed /ı'gri:d/ *s.* hemfikir

agreement /ı'gri:mınt/ *a.* anlaşma, uyuşma, mutabakat; anlaşma, ittifak

agribusiness /'egribizniz/ *a.* tarım ve tarım ticareti

agricultural /egri'kalçırıl/ *s.* tarımsal, zirai *agricultural belt* tarımsal kuşak *agricultural chemistry* tarım kimyası *agricultural cooperative* tarım kooperatifi *agricultural engineer* tarım mühendisi, ziraat mühendisi *agricultural engineering* tarım mühendisliği, ziraat mühendisliği *agricultural implement* tarım aleti, tarım makinesi *agricultural insecticide* tarımsal böcek öldürücü *agricultural labour* tarım işi, tarla işi *agricultural labourer* tarım işçisi, ziraat işçisi *agricultural land* tarım arazisi *agricultural machine* tarım makinesi *agricultural pollution* tarımsal artıkların çevreyi kirletmesi *agricultural produce* tarım ürünleri *agricultural production* tarımsal üretim *agricultural products* tarımsal ürünler *agricultural technique* tarım tekniği *agricultural tractor* ziraat traktörü

agriculture /'egrikalçı/ *a.* tarım, ziraat

agriculturist /egri'kalçırist/ *a.* tarımcı, tarım uzmanı

agrimony /'egrimıni/ *a.* kasıkotu

agrimotor /'egrimoutı/ *a.* ziraat traktörü

agrology /ı'grolıci/ *a.* toprak bilimi

agronomic(al) /ı'gronımikıl/ *s.* bilimsel tarımla ilgili

agronomics /egrı'nomiks/ *a.* bilimsel tarım

agronomist /ı'gronımist/ *a.* bilimsel tarım uzmanı

agronomy /ı'gronımi/ *a.* tarımbilim, bilimsel tarım

aground /ı'graund/ *s. be.* (gemi) karaya oturmuş, batık, batmış

ague /'eygyu:/ *a.* sıtma ateşi; sıtma, malarya

aguish /'eygyu:iş/ *s.* sıtmalı, sıtma getiren, nöbetli

ah /a:/ *ünl.* ah!, of!, uf!

aha /a:'ha:/ *ünl.* hah!, ya!, oh!, tamam!

ahead /ı'hed/ *s. be.* önde, önden, ileri doğru, ileriye; önde, ilerde; gelecekte, ileride, ileriki *get ahead* başarmak, öne geçmek, önde olmak

ahem /ı'hem/ *ünl.* hım!

ahoy /ı'hoy/ *ünl.* hey!, hop!, yahu!

aid /eyd/ *e.* el uzatmak, yardım etmek ¤ *a.* yardım, destek; yardımcı, yardım eden şey ya da kimse

aide /eyd/ *a.* yardımcı, muavin, yaver

aide-de-camp /'eyddı'ka:mp/ *a.* yaver, emir subayı

aide-mémoire /eydmem'wa:/ *a.* anımsatıcı not

AIDS /eydz/ *a.* Aids

aigrette /'eygret/ *a.* kuş tepeliği, sorguç

aikido /'aykidou/ *a.* aikido

ail /eyl/ *e.* hasta olmak, zayıflamak, güçsüzleşmek

ailanthus /ey'lentıs/ *a. botk.* aylandız, kokar ağaç

aileron /'eylıron/ *a. hav.* kanatçık, eleron *aileron angle* kanatçık açısı *aileron controls* goşisman kumandaları *aileron cord* kanatçık veteri *aileron deflection* kanatçık sapması *aileron fulcrum* kanatçık ekseni *aileron pushrod* kanatçık çubuğu *aileron rib* kanatçık siniri *aileron spar* kanatçık lonjeronu *aileron tab* kanatçık fletneri

ailing /'eyling/ *s.* keyifsiz, rahatsız

ailment /'eylmınt/ *a.* rahatsızlık, keyifsizlik, hastalık

aim /eym/ *e.* (at/for ile) nişan almak, hedef almak; amaçlamak, hedef almak ¤ *a.* nişan alma, hedef alma; amaç, erek, gaye, hedef **aiming** /'eyming/ *a. ask.* nişan, nişan alma **aiming circle** *ask.* nişan dairesi **aimless** /'eymlis/ *s.* amaçsız, gayesiz, başıboş **ain't** /eynt/ *e.* am not, is not, are not, has not, have not sözcüklerinin kısa biçimi **air** /ei/ *a.* hava, atmosfer; gökyüzü, hava; genel durum, hava ¤ *e.* (havalandırarak) kurutmak; havalandırmak; hava atmak **air accumulator** hava akümülatörü **air adjusting screw** *oto.* rölanti ayar vidası **air admission** hava girişi **air bag** pnömatik yastık **air base** *hav.* hava üssü **air bearing** havalı yatak **air bladder** hava kesesi **air blast** ani rüzgâr; havayla patlatma **air bleed** hava memesi, hava deliği **air box** hava kutusu **air brake valve** hava freni supabı **air brake** hava freni, havalı fren **air brick** delikli tuğla **air bridge** hava köprüsü **air bubble** hava kabarcığı **air capacitor** havalı kondansatör **air carrier** hava taşıyıcısı **air castle** hayal edilen şey, hulya **air chamber** hava odacığı **air chisel** hava basınçlı kalem **air cleaner** hava filtresi, hava süzgeci **air column** hava sütunu **air compressor** hava kompresörü **air conditioned** havalandırmalı **air conditioner** klima cihazı, iklimleme aygıtı **air conditioning** havalandırma, iklimleme **air cooler** hava soğutucu **air cooling** havayla soğutma **air-core transformer** hava göbekli transformatör **air corridor** *hav.* hava koridoru **air crossing** hava köprüsü **air current** hava akımı **air cushion vehicle** hava yastıklı taşıt, hoverkraft, aeroglisör **air cushion** hava yastığı **air defence** hava savunması **air dielectric** hava dielektriği **air distance** kuş uçuşu mesafe **air dome** buhar şişesi, hava domu **air door** havalandırma kapısı **air dried** havada kurutulmuş **air drilling hammer** delici havalı çekiç **air drop** havadan atmak, paraşütle atmak **air drying** hava ile kurutma, havada kurutma **air duct** hava kanalı, hava borusu **air ejector** hava ejektörü **air engine** hava motoru

air-entrained concrete hava kabarcıklı beton **air entrainer** hava boşluğu yapan katkı **air entraining agent** hava boşluğu yapan katkı **air equivalent** hava eşdeğeri **air filter** hava filtresi, hava süzgeci **air fleet** hava filosu **air force** hava kuvveti **air frame** uçak çatkısı **air-fuel mixture** hava-yakıt karışımı **air-fuel ratio** hava-yakıt oranı **air furnace** hava fırını **air gap** hava aralığı **air gun** hava tüfeği **air hammer** havalı çekiç **air heater** hava ısıtıcısı **air heating** hava ile ısıtma; havayı ısıtma **air hole** hava deliği **air hose** hava hortumu, hava borusu **air hostess** uçak hostesi **air humidification** hava nemlendirme **air humidifier** hava nemlendirici **air humidity** hava nemi **air injection** pnömatik püskürtme **air inlet** hava girişi, hava alığı **air insulation** hava izolasyonu, hava yalıtımı **air intake** hava girişi **air jacket** hava gömleği **air jet** hava memesi; hava jeti **air lane** hava geçidi **air layer** hava tabakası **air leakage** *mad.* hava kaçağı **air level** havalandırma katı **air mail** uçak postası **air map** hava haritası **air mass** hava kütlesi **air nozzle** hava memesi **air one's views** fikirlerini açmak **air outlet** hava çıkışı **air passage** hava pasajı **air permeability** hava geçirgenliği **air photo** hava fotoğrafı **air pilot** *hav.* hava pilotu **air pocket** hava boşluğu, hava habbesi **air pollution** hava kirliliği **air position indicating radar** hava durum gösterge radarı **air post** uçak postası **air power** hava kuvvetlerinin gücü **air pressure at ground level** yer düzeyinde hava basıncı **air pressure brake** hava basınçlı fren **air pressure recorder** hava basıncı kaydedicisi **air pressure** hava basıncı **air pump** hava pompası **air purifier** hava filtresi **air quality** hava niteliği **air quantity** hava niceliği, hava miktarı **air quenching** *met.* havada su verme **air raid** hava saldırısı **air relief cock** havalandırma musluğu **air reservoir** hava deposu, hava tankı **air resistance** hava direnci **air rifle** tek saçma atan havalı tüfek **air route traffic control centre** hava rotası trafik kontrol merkezi **air route** *hav.* hava rotası *air-sea rescue* denizdeki kimseyi havadan kurtarma *air separator* hava ayırıcı *air shaft* mad. hava kuyusu *air sick* uçak tutmuş *air sickness* hava tutması, uçak tutması *air silencer* hava susturucusu *air speed indicator* sürat saati *air speed* hava sürati, havaya nazaran sürat *air stream* hava akımı *air suction hose* hava emiş hortumu *air suction pipe* hava emiş borusu *air suction ventilator* emmeli vantilatör *air surveying* hava haritacılığı *air suspension* havalı süspansiyon, pnömatik süspansiyon *air swirl* hava girdabı *air taxi* uçak taksi *air temperature* hava sıcaklığı *air terminal* hav. uçak terminali *air traffic control* hava trafik kontrolü *air traffic* hav. hava trafiği *air trajectory* hava yörüngesi *air transport* hava ulaşımı, hava taşıtı *air trap* hava sifonu *air tube* iç lastiği *air tunnel* aerodinamik tünel *air turbine* hava türbini *air valve* hava supabı *air vent* hava boşaltma deliği *air void* hava boşluğu *air wall* hava duvarı *air warfare* hava çarpışması *air washer* hava yıkayıcı *by air* uçakla, havayoluyla *into thin air* kon. tümüyle gözden uzak *off the air* radyoda yayında değil *on the air* radyoda yayınlanmakta

airbase /'eıbeys/ *a.* hava üssü

airborne /'eıbo:n/ *s.* (tohum, vb.) havadan savrulan/atılan; havada, uçan; *ask.* hava+, havadan taşınan *airborne dust* asılı toz *airborne early warning* havadan erken uyarı *airborne equipment* uçakla taşınan teçhizat *airborne radar* hava radarı *airborne radioactivity* hava radyoaktivitesi *airborne troops* hava indirme kıtaları

airbrush /'eıbraş/ *a.* havalı boya tabancası

airbus /'eıbas/ *a.* uçak

air-condition /'eıkındişın/ *e.* havayı temizlemek, havalandırmak

air-conditioned /'eıkındişınd/ *s.* klimalı

air-cooled /'eıku:ld/ *s.* hava soğutmalı *air-cooled engine* hava soğutmalı motor

aircraft /'eıkra:ft/ *a.* uçak, helikopter, planör, hava taşıtı *aircraft carrier* hav. uçak gemisi *aircraft construction*

uçak inşaatı *aircraft electronics* uçak elektroniği *aircraft engine* uçak motoru *aircraft engineer* uçak mühendisi *aircraft equipment* uçak teçhizatı, uçak donatısı *aircraft factory* uçak fabrikası *aircraft fuel* uçak yakıtı *aircraft hangar* uçak hangarı *aircraft industry* uçak sanayi, uçak endüstrisi *aircraft intercommunication system* hav. uçak dahili konuşma sistemi *aircraft interphone system* hav. uçak dahili telefon sistemi *aircraft shed* hav. uçak hangarı *aircraft station* hav. uçak istasyonu *aircraft tyre* hav. uçak lastiği

aircrew /'eıkru:/ *a.* uçak mürettebatı

airdrome /'eıdroum/ *a.* havaalanı, havalimanı

airdrop /'eıdrop/ *a.* havadan paraşütle insan/yiyecek/malzeme vb. atma

Airedale /'eıdeyl/ *a.* iri teriyer türü

airfield /'eıfi:ld/ *a.* uçak pisti, havaalanı *airfield light* hav. alan ışığı *airfield lighting* hav. alan ışıklandırması *airfield traffic* hav. alan trafiği

airflow /'eıflou/ *a.* hava akımı *airflow angle* hava akımı açısı

airfoil /'eıfoyl/ *a.* erfoyil, kanat, aerodinamik profil

airforce /'eıfo:s/ *a.* hava kuvvetleri

air-free /'eıfri:/ *s.* havasız

airglow /'eıglou/ *a.* gök aydınlığı

air-harden /'eıha:dın/ *e.* havada sertleştirmek *air-hardening* havada sertleşme, havada sertleştirme *air-hardening lime* havada sertleşmiş kireç *air-hardening steel* havada sertleşmiş çelik

airhostess /'eıhoustis/ *a.* hostes

airily /'eırili/ *be.* ciddi olmayarak, havai bir biçimde, gırgırına

airiness /'eırinis/ *a.* havadarlık; hafiflik

airing /'eıring/ *a.* havalandırma

airlane /'eıleyn/ *a.* hava geçidi

airless /'eılis/ *s.* havasız, boğucu *airless injection* oto. havasız püskürtme

airlift /'eılift/ *a.* uçakla taşıma, havadan taşıma ¤ *e.* uçakla taşımak, havadan taşımak

airline /'eılayn/ *a.* havayolu, havayolu işletmesi *airline reservation system* hav. havayolları yerayırtım sistemi

airliner /'eılaynı/ *a.* büyük yolcu uçağı

airlock /'eılok/ a. hava valfı; hava geçirmez kabin/oda

airmail /'eımeyl/ a. uçak postası; havayolu taşımacılığı *airmail letter* uçak postası *via airmail* uçakla

airman /'eımın/ a. havacı, pilot

airmanship /eımın'şip/ a. havacılık

air-operated /'eıopıreytid/ s. pnömatik

airplane /'eıpleyn/ a. Aİ. uçak *airplane carrier* uçak gemisi *airplane engine* uçak motoru *airplane hangar* uçak hangarı *airplane park* uçak parkı

airport /'eıpo:t/ a. havaalanı, havalimanı *airport of departure* hav. kalkış havaalanı *airport of destination* hav. varılacak havaalanı *airport tax* havaalanı vergisi

airproof /'eıpru:f/ e. hava geçirmez yapmak ¤ s. hava geçirmez, hava sızdırmaz

air-raid /'eıreyd/ a. hava saldırısı *air-raid shelter* sığınak

airs /eız/ a. hava, havalar, gösteriş *give oneself airs* havalara girmek, tafra atmak *put on airs* havalara girmek, hava atmak

airscrew /'eıskru:/ a. pervane *airscrew blade* hav. pervane pali *airscrew spinner* hav. pervane göbek somunu

air-seasoned /'eısi:zınd/ s. havada kurutulmuş

airship /'eışip/ a. hava gemisi *airship hangar* hav. hava gemisi hangarı

airsick /'eısik/ s. uçak tutmuş, uçmaktan midesi bulanmış

airsickness /eı'siknıs/ a. uçak tutması

airspace /'eıspeys/ a. hava sahası; hava aralığı

air-spaced /'eıspeyst/ s. hava izoleli

airspeed /'eıspi:d/ a. hava sürati, hava hızı *airspeed indicator* hava hızı göstergesi

airstrip /'eıstrip/ a. (özellikle savaş zamanında kullanılan) küçük havaalanı, uçak pisti

air-suspended /'eısıspendid/ s. pnömatik süspansiyonlu

airtight /'eıtayt/ s. hava geçirmez, hava sızdırmaz

airtightness /eı'taytnıs/ a. hava sızdırmazlık, hava geçirmezlik

air-to-air /eı-tı-'eı/ s. havadan havaya

air-to-air communication havadan havaya haberleşme *air-to-air missile* havadan havaya füze

air-to-ground /eı-tı-'graund/ s. havadan yere *air-to-ground missile* ask. havadan yere füze

air-to-sea /eı-tı-si:/ s. havadan denize

air-to-surface /eı-tı-'sö:fis/ s. havadan satha *air-to-surface missile* ask. havadan yüzeye füze

air-to-underwater /eı-tı-'andıwotı/ s. havadan su içine *air-to-underwater missile* ask. havadan su içine füze

airway /'eıwey/ a. havayolu *airway beacon* hav. havayolu farı, havayolu bikını

airworthiness /eı'wö:dinıs/ a. uçuşa elverişlilik

airworthy /'eıwö:di/ s. (uçak, vb.) uçuşa hazır, uçuşa elverişli

airy /'eıri/ s. havadar; havasal; hkr. havalı, havai, boş, işe yaramaz; neşeli, havai

aisle /ayl/ a. (kilise, sinema, tiyatro, vb.) geçit, iki sıra koltuk arasında uzanan yol, ara yol; koridor

aitchbone /'eyçboun/ a. sığır budu

ajar /ı'ca:/ s. yarı açık, aralık

akimbo /ı'kimbou/ be. s. eller belde, dirsekler dışa doğru bakar durumda

akin /ı'kin/ s. (to ile) benzer, yakın

alabaster /'elıba:stı/ a. kaymaktaşı, albatr

alack /ı'lek/ ünl. eyvah!

alackaday /ılekı'dey/ ünl. yazık!, eyvah!

alacrity /ı'lekriti/ a. çeviklik, atiklik, canlılık

alalia /e'leyliı/ a. konuşma yeteneği yitimi

alanine /'elıni:n/ a. alanin

alarm /ı'la:m/ a. korku, dehşet; tehlike işareti, alarm; alarm aygıtı ¤ e. korkutmak, dehşete düşürmek; (tehlikeden) haberdar etmek *alarm bell* alarm çanı, tehlike çanı *alarm clock* çalar saat *alarm relay* alarm rölesi *false alarm* sahte tehlike çanı; asılsız haber *give the alarm* alarm vermek

alarming /ı'la:ming/ s. korkunç, endişe verici

alarmingly /ı'la:mingly/ be. korkunç derecede

alarmist /ı'la:mist/ a. yaygaracı

alas /ı'les/ ünl. ah!, vah!, yazık!, tüh!, eyvah!

albatross /'elbɪtros/ *a. hayb.* albatros
albedo /el'biːdou/ *a. gökb.* albedo, aklık, aklık derecesi
albeit /oːl'biːit/ *bağ.* gerçi, her ne kadar, ise de, -e rağmen
albescent /el'besınt/ *s.* beyazlaşan, aklaşan
albinism /'elbinizım/ *a.* akşınlık, abraşlık, albinizm
albino /el'biːnou/ *a.* albino, akşın, çapar
albite /'elbayt/ *a.* albit
album /'elbɪm/ *a.* albüm; uzunçalar, albüm
albumen /'elbyumin/ *a.* albümin; yumurta akı
albumin /'elbyumin/ *a.* albümin
albuminate /el'byuːmineyt/ *a.* albüminat
albuminoid /el'byuːminoyd/ *s.* albüminoit
albuminous /el'byuːminıs/ *s.* albüminli
alburnum /el'böːnım/ *a.* canlı odun, kabuk altı katmanı
alchemic(al) /el'kemik(ıl)/ *s.* simya ile ilgili
alchemist /'elkimist/ *a.* simyacı
alchemy /'elkımi/ *a.* simya ilmi
alcohol /'elkıhol/ *a.* alkol; alkollü içki *alcohol fuel* alkollü yakıt *rubbing alcohol* tuvalet ispirtosu
alcoholic /elkı'holik/ *s.* alkollü, alkol içeren ¤ *a.* alkolik, ayyaş *alcoholic fermentation* alkollü mayalanma
alcoholism /'elkıholizım/ *a.* alkolizm
alcoholometer /elkıho'lomitı/ *a.* alkolölçer
alcoholometry /elkıho'lometri/ *a.* alkolometri, alkolölçüm
alcoholysis /elkıho'lisis/ *a.* alkoliz
alcove /'elkouv/ *a.* duvarda oyuk, yataklık, yüklük
aldehyde /'eldihayd/ *a.* aldehit
alder /'oːldı/ *a.* kızılağaç
alderman /'oːldımın/ *a.* kent meclisi üyesi
aldoform /el'dofoːm/ *a.* formaldehit
aldol /'eldol/ *a.* aldol
aldose /'eldous/ *a.* aldoz
aldoxime /el'doksiːm/ *a.* aldoksim
ale /eyl/ *a.* bira
aleatoric /eylıı'torik/ *s.* şansa bağlı
alee /ı'liː/ *s. be. den.* rüzgâr altı, boca
alehouse /'eylhhaus/ *a.* birahane

alembic /ı'lembik/ *a.* imbik
aleph /'aːlif/ *a.* elif *aleph null* alef sıfır *aleph zero* alef sıfır
aleph-bet /'alef'bet/ *a.* İbrani alfabesi
Aleppo /ı'lepou/ *a.* Halep *Aleppo boil* Halep çıbanı, şark çıbanı *Aleppo gall* Halep mazısı *Aleppo pine orm.* Halep çamı
alert /ı'löːt/ *s.* dikkatli, tetik, uyanık ¤ *a.* tehlikeye karşı uyarı, alarm işareti ¤ *e.* alarma geçmek, hazır olmak; uyarmak, ikaz etmek *on the alert (for)* (içi) alarm durumunda, tetikte
alertness /ı'löːtnıs/ *a.* açıkgözlük, atiklik
alexia /ı'leksiı/ *a.* aleksi, okuma yeteneği yitimi
alfalfa /el'felfı/ *a.* kabayonca, alfalfa
alfresco /el'freskou/ *s.* açık havada; açık hava
alga /'elgı/ *a.* (ç. "algae" /'elciː/) suyosunu, alg
algebra /'elcibrı/ *a. mat.* cebir
algebraic /elci'breyk/ *s. mat.* cebirsel *algebraic equation mat.* cebirsel denklem *algebraic expression mat.* cebirsel terim *algebraic function mat.* cebirsel fonksiyon, cebirsel işlev *algebraic symbol mat.* cebirsel işaret, cebirsel simge
algesia /el'ciːziı/ *a.* aljezi
algin /'elcin/ *a.* algin, aljin
alginate /'elcineyt/ *a.* alginat, aljinat
algorithm /'elgıridım/ *a.* algoritma *algorithm translation biliş.* algoritmik çeviri
algorithmic /elgı'ridmik/ *s.* algoritmik *algorithmic language biliş.* algoritmik dil
alias /'eyliıs/ *be.* (özellikle suçlu bir kimse için) diğer adıyla, namı diğer ¤ *a.* (özellikle suçlu bir kimse için) takma isim, sahte isim
alibi /'elibay/ *a.* suçun işlenmesi sırasında başka yerde olduğunu kanıtlama; mazeret, özür
alicyclic /eli'sayklik/ *s. kim.* alisiklik
alidade /'elideyd/ *a.* alidat
alien /'eyliın/ *s.* yabancı, başka bir ülkeye ait; farklı, değişik; zıt, karşıt, ters ¤ *a.* yabancı, yabancı uyruklu kimse *alien subjects* yabancı uyruklu yurttaşlar
alienable /'eylyınıbıl/ *s.* satılabilir, ferağı mümkün *undesirable alien*

istenmeyen yabancı
alienate /'eylyıneyt/ *e.* soğutmak, yabancılaştırmak
alienation /eylıı'neyşın/ *a.* (from ile) yabancılaşma, soğuma, uzaklaşma; bir yere/ortama ait olmama duygusu; elinden alma
alienator /'eyliıneytı/ *a.* mülkü başkasına feragat ve temlik eden kimse; aşktan vazgeçiren, yabancılaştıran
alienist /'eylyınist/ *a.* psikiyatr
aliform /'elifo:m/ *s.* kanat şeklinde olan
alight /ı'layt/ *e.* inmek, konmak ¤ *s.* tutuşmuş, alev almış, yanan; ışıl ışıl *alight on one's feet* ayağa kalkmak *alighting gears hav.* iniş takımları
align /ı'layn/ *e.* düzene sokmak, sıraya dizmek, hizaya getirmek; sıraya dizilmek, hizaya gelmek *align oneself with* ile anlaşmak, -in yanında olmak *align with* ile aynı hizaya sokmak; ile anlaşmaya vardırmak, -e uydurmak
aligner /ı'laynı/ *a.* ayar aleti, ayar gönyesi
alignment /ı'laynmınt/ *a.* sıraya dizme, düzenleme, hiza, sıra; (aynı duygu, ya da görüşü paylaşan insanlar ya da ülkeler için) gruplara ayrılma, düzene girme; grup, düzen
alike /ı'layk/ *s.* aynı, benzer ¤ *be.* benzer şekilde, aynı şekilde
aliment /'elimınt/ *a.* yiyecek, gıda
alimentary /eli'mentıri/ *s.* sindirimsel; beslenmeyle ilgili; besleyici *alimentary canal* sindirim borusu
alimentation /elimen'teyşın/ *a.* beslenme
alimony /'elimıni/ *a. huk.* (boşandıktan sonra ödenen) nafaka
aline /ı'layn/ *e. bkz.* align
alinement /ı'laynmınt/ *a. bkz.* alignment
aliphatic /eli'fetik/ *s. kim.* alifatik
aliquant /'elikwınt/ *s. mat.* tümbölmez, bir sayıyı kalansız bölemeyen sayı
aliquot /'elikwot/ *s. mat.* tümbölen, bir sayıyı tam bölen sayı
alive /ı'layv/ *s.* yaşayan, canlı, diri; yaşam dolu, canlı, hareketli; elektrikli *alive and kicking arg.* hâlâ canlı, capcanlı *alive to* uyanık, duyarlı, farkında, haberdar *alive with* (canlı şeylerle) dolu, kaplı, kaynayan *alive with bees* arı dolu
alizarin /ı'lizırin/ *a.* alizarin, kökboyası, kökkırmızısı

alkali /'elkılay/ *a. kim.* alkali *alkali cellulose* alkali selüloz *alkali fastness* alkali haslığı, baz haslığı *alkali metals* alkali metaller *alkali resistant* alkaliye karşı dayanıklı
alkalimeter /elkı'limitı/ *a.* alkaliölçer
alkalimetry /elkı'limitri/ *a.* alkaliölçüm, alkalimetri
alkaline /'elkılayn/ *s.* alkalik, kalevi *alkaline cleaner* alkalik temizleyici *alkaline cleaning* alkalik temizleme *alkaline earth* alkali toprak *alkaline earth metals* toprak alkali metaller *alkaline etching* alkalik dağlama *alkaline fluid* alkalik sıvı *alkaline lye* alkalik çözelti *alkaline soils* alkali toprak *alkaline solution* alkali çözelti
alkalinity /elkı'liniti/ *a.* alkalilik
alkalinize /elkı'linayz/ *e.* alkalileştirmek
alkaloid /'elkıloyd/ *a.* alkaloit
alkane /'elkeyn/ *a.* alkan
alkanet /'elkınet/ *a.* sığırdili
alkene /'elki:n/ *a.* alken
alkyl /'elkil/ *a.* alkil
alkylation /elki'leyşın/ *a.* alkilasyon
alkyne /'elkayn/ *a.* alkin
all /o:l/ *s.* tüm, bütün; her; hepsi ¤ *be.* tümüyle, bütünüyle, tamamen; her iki taraf ¤ *adl.* her şey, herkes, her biri *all along* öteden beri, başından beri *all but* hemen hemen, neredeyse *all in kon.* turşu gibi, çok yorgun, bitkin; her şey dahil, her şey içinde *all-in aggregate* tuvenan agregat *all in all kon.* neticede, sonuçta, her şeyi göz önünde bulundurunca *all-in ballast* tuvenan balast *all metal* komple metal *all out kon.* tüm gücüyle, bütün çabasıyla *all over* her yer, her taraf; her yerde, her tarafta; her tarafına, her yerine, her yerinde; bitmiş; *kon.* tam, aynen, tıpkı *all pass filter* bütün frekansları geçiren filtre *all right* iyi durumda, iyi, zarar görmemiş; *kon.* idare eder, fena değil; peki, tamam, olur *all silk* saf ipek, has ipek *all terrain vehicle oto.* arazi vasıtası *all that kon.* o kadar çok, öylesine *all the better* daha iyi *all the same kon.* yine de *all there* aklı başında *all wave* tam dalga, tüm dalga *all wave receiver* tüm dalgaları alıcı *all weather* her havaya elverişli *all wheel*

drive oto. bütün tekerlekleri müteharrik **all wing type airplane** hav. tamamen kanat uçak **all wood** komple ağaç **all wool** tamamen yünlü

Allah /'elı/ a. Allah

allanite /'elınayt/ a. min. allanit

allay /ı'ley/ e. (korku, kızgınlık, şüphe, vb.) azaltmak, dindirmek, yatıştırmak

all-clear /o:l'klıı/ a. tehlike geçti işareti

allegation /eli'geyşın/ a. suçlama, itham, ileri sürme, sav, iddia

allege /ı'lec/ e. (kanıt olmadan) iddia etmek, ileri sürmek

alleged /ı'lecd/ s. ileri sürülen, iddia edilen; sanılan, şüpheli

allegedly /ı'lecidli/ be. sözde

allegiance /ı'li:cıns/ a. (ülkeye, lidere, düşünceye, vb.) bağlılık, sadakat

allegorical /eli'gorikıl/ s. alegorik, mecazi, kinayeli

allegorically /eli'gırikıli/ be. alegorik olarak

allegorist /eli'gorist/ a. alegori/kinaye yazarı

allegorize /'eligırayz/ e. alegorilerle anlatmak

allegory /'eligıri/ a. alegori, kinaye

allegretto /eli'gretou/ be. müz. allegretto

allegro /ı'legrou/ s. be. müz. allegro

alleluia /eli'lu:yı/ a. ünl. bkz. hallelujah

allergen /'elıcen/ a. hek. alerjen

allergic /ı'lö:cik/ s. alerjik; kon. sinir olan, nefret eden, sevmeyen, gıcık olan

allergy /'elıci/ a. alerji; kon. hoşlanmama, sevmeme, nefret, gıcık

alleviate /ı'li:vieyt/ e. hafiflemek, yatışmak, azalmak, dinmek; hafifletmek, yatıştırmak, azaltmak, dindirmek

alleviation /ıli:vi'eyşın/ a. hafifleme, yatışma

alley /'eli/ a. (binalar arası) dar sokak, geçit, patika, ara yol; (bowling) yol **alley cat** sokak kedisi

alleyway /'eliwey/ a. patika, dar yol; dar geçit

all-fired /o:l fayıd/ s. aşırı, müthiş, korkunç, son derece

alliaceous /eliey'şıs/ s soğangillerden; soğan/sarmısak veya soğan gibi olan yahut kokan; sarmısaklı

alliance /ı'layıns/ a. (evlilik yoluyla) aile birliği, akrabalık, dünürlük; (ülkeler arası) anlaşma, uyuşma, ittifak; bağlılık, birlik, birleşme

allied /'elayd, ı'layd/ s. müttefik; birbirine bağlı, bağlaşık; aynı türden

alligator /'eligeytı/ a. hayb. Amerika ve Çin'de yaşayan bir tür timsah **alligator clip** krokodil pensi **alligator cracking** timsah sırtı çatlama **alligator pear** perse ağacı veya meyvesi

alliterate /ı'litıreyt/ e. aliterasyon yapmak

alliteration /ılitı'reyşın/ a. ed. aliterasyon, ses yinelemesi

alliterative /ı'litıreytiv/ s. aynı sesin tekrar edildiği parça veya cümleciğe ait

allocate /'elıkeyt/ e. ayırmak; pay etmek, tahsis etmek; ödenek ayırmak

allocation /elı'keyşın/ a. ayırma, tahsis, ödenek ayırma; ödenek, pay

allocution /elı'kyu:şın/ a. söylev, nutuk

allomeric /ı'lomırik/ s. allomer

allomorph /'elımo:f/ a. dilb. alomorf

allomorphous /elı'mo:fıs/ s. allomorf, allomorfik

allopath /'eloupet/ a. hek. alopat

allopathic /'eloupetik/ s. hek. zıt tedavi kullanan

allopathically /'eloupetikli/ be. zıt tedavi yöntemiyle

allopathy /ı'lopıti/ a. hek. alopati

allophone /'elıfeyn/ a. dilb. alofon

allot /ı'lot/ e. pay etmek, bölüştürmek; ayırmak, tahsis etmek

allotment /ı'lotmınt/ a. paylaştırma, bölüştürme; (yer ya da para olarak) tahsisat, ödenek, hisse, pay; ekim için kiralanan arazi

allotrope /'elıtroup/ a. alotrop, allotrop, eşözdek

allotropic /elı'tropik/ s. alotropik, allotropik

allotropy /ı'lotrıpi/ a. alotropi, allotropi, eşözdeklik, ayrı biçimlenme

allow /ı'lau/ e. bırakmak, izin vermek; sağlamak, mümkün kılmak **allow for** göz önüne almak, hesaba katmak

allowable /ı'lauıbıl/ s. bırakılabilir, izin verilebilir; emniyetli **allowable load** kabul edilebilir yük, izin verilen yük **allowable stress** kabul edilebilir gerilme, emniyet gerilmesi

allowance /ı'lauıns/ a. ödenek, tahsisat;

Al. cep harçlığı; göz yumma, tolerans, müsamaha, izin; özel bir araç için ayrılan, sağlanan para; pay *make allowance for* göz önünde tutmak *allowance for cash* indirim, ıskonto *tax allowance* vergi indirimi

alloy /'eloy/ *a.* metal alaşımı ¤ *e.* alaşım yapmak *alloy cast-iron* met. alaşımlı dökme demir *alloy junction* alaşım kavşak

alloyed /'eloyd/ *s.* alaşımlı *alloyed cast steel* met. alaşımlı dökme çelik *alloyed transistor* alaşım transistor

all-purpose /o:l'pö:pıs/ *s.* çok maksatlı, her amaca uygun, kullanışlı *all-purpose glue* çok maksatlı yapıştırıcı *all-purpose tyre* çok maksatlı lastik

all-round /o:l'raund/ *s.* çok yönlü, çok meziyetli *all-round fastness* üniversal haslık, her tür haslık

allspice /'o:lspays/ *a.* yenibahar

all-star /o:l'sta:/ *s.* (film, oyun, vb.) ünlü yıldızlar tarafından oynanan

all-steel /o:l'sti:l/ *s.* tamamı çelik

all-terrain /o:lte'reyn/ *s.* her türlü arazide gidebilen

all-time /o:l'taym/ *s.* diğerlerinden üstün; tümgün, fultaym

allude /ı'lu:d/ *e.* (to ile) dokundurmak, ima etmek *alluded to* adı geçen, zikredilmiş olan

allure /ı'luı/ *a.* çekicilik, cazibe ¤ *e.* baştan çıkarmak, cezbetmek, ayartmak

allurement /ı'lyuırımınt/ *a.* büyüleme

alluring /ı'lyuıring/ *s.* cazip, akıl çelici, çekici

alluringly /ı'lyuıringli/ *be.* aklını başından alarak, imrendirerek, büyüleyerek

allusion /ı'lu:jın/ *a.* dokundurma, ima, kinaye

allusive /ı'lu:siv/ *s.* dokundurmalı, imalı

alluvial /ı'lu:viıl/ *s.* alüvyonlu, lığlı *alluvial coast* alüvyonlu sahil, lığlı kıyı *alluvial cone* birikinti konisi *alluvial deposit* alüvyon, lığ *alluvial fan* birikinti yelpazesi *alluvial ore deposit* mad. alüvyonlu maden yatağı *alluvial plain* birikinti ovası *alluvial soil* alüvyonlu toprak *alluvial soils* alüvyonlu topraklar

alluvion /ı'lu:viın/ *a.* sel, su basması; alüvyon, lığ

alluvium /ı'lu:viım/ *a.* alüvyon, lığ

ally /ı'lay/ *e.* (with/to ile) birleşmek; birleştirmek ¤ /'elay/ *a.* (özellikle savaşta) müttefik ülke; dost, arkadaş

alma mater /'elmı 'ma:tı/ *a.* öğrenim görülen okul

almanac /'o:lmınek/ *a.* almanak

almandine /'elmındin/ *a.* almandin, seylantaşı

almighty /o:l'mayti/ *s.* her şeye kadir; *kon.* çok büyük, müthiş, süper *the Almighty* Allah

almond /'a:mınd/ *a.* badem ağacı; badem *almond oil* bademyağı *almond shaped* badem şeklinde *almond tree* badem ağacı

almoner /'a:mını/ *a.* yardım dağıtan görevli

almost /'o:lmoust/ *be.* hemen hemen, az kalsın, neredeyse *almost periodical* hemen hemen periyodik

alms /a:mz/ *a.* sadaka

almshouse /'a:mzhaus/ *a.* yaşlılarevi; darülaceze, düşkünler yurdu

almsman /'a:mzmın/ *a.* düşkün, muhtaç

almucantar /elmı'kentı/ *a.* almukantarât, yükseklik dairesi, yükseklik paraleli

aloe /'elou/ *a. bitk.* sarısabır

aloeswood /elouz'wud/ *a.* kartal ağacı

aloft /ı'loft/ *be.* yukarı, yukarıda, yukarıya

alogia /ı'lociyı/ *a. hek.* konuşamazlık

alone /ı'loun/ *s. be.* tek başına, yalnız; yalnız, sadece

along /ı'long/ *ilg.* boyunca; kenarında, kıyısında ¤ *be.* ileri, ileriye; yanına, yanında, birlikte; burada, buraya; orada, oraya *be along* gelmek *along with* ile birlikte *Come along!* Hadi canım! *get along* ileri gitmek, ilerlemek; geçinmek, uyuşmak *Get along with you! kon.* Hadi ordan! *Go along!* Hadi git *take along* yanına almak, beraberinde götürmek

alongshore /ılong'şo:/ *be.* kıyı boyunca

alongside /ılong'sayd/ *ilg.* yanına, yanında; ile yan yana; gemi bordasına, gemi bordasında

aloof /ı'lu:f/ *s. be.* soğuk, ilgisiz, uzak

aloofness /ı'lu:fnıs/ *a.* uzaklık, araya mesafe koyma

alopecia /elı'pi:şı/ *a.* saç dökülmesi, kellik, alopesi

aloud /ı'laud/ *be.* yüksek sesle
alp /elp/ *a.* yüksek dağ
alpaca /el'pekı/ *a. hayb.* alpaka; alpaka yünü *alpaca hair* alpaka yünü *alpaca yarn* alpaka ipliği
alpenglow /'elpınglou/ *a.* tepe parıltısı, bazı günler güneşin doğuşunda ve batışında dağların tepelerine vuran pembe ışık
alpenstock /'elpınstok/ *a.* demir uçlu dağcı bastonu
alpha /'elfı/ *a.* Yunan abecesinin ilk harfi, alfa *alpha and omega* başlangıç ve bitiş, ilk ve son, baş ve son *alpha-beta brass* alfa-beta pirinci *alpha brass* met. alfa pirinci *alpha cellulose* alfa selüloz *alpha chamber* alfa hücresi *alpha counter* alfa sayacı *alpha decay* alfa çözünmesi, alfa bozunumu *alpha detector* alfa parçacıkları detektörü *alpha disintegration* alfa çözünmesi, alfa bozunumu *alpha iron* met. alfa demiri *alpha particle* alfa parçacığı, alfa taneciği *alpha plus* çok iyi, mükemmel *alpha radiation* alfa radyasyonu, alfa ışınımı *alpha rays* alfa ışınları *alpha-ray spectrometer* alfa ışını spektrometresi
alphabet /'elfıbet/ *a.* alfabe, abece
alphabetic(al) /elfı'betik(ıl)/ *s.* alfabetik, abecesel *alphabetic character biliş.* alfabetik karakter *alphabetic code biliş.* alfabetik kod *alphabetic coding biliş.* alfabetik kodlama *alphabetic data biliş.* abecesel veri, alfabetik veri *alphabetic index* alfabetik indeks, abecesel dizin *alphabetic order* alfabetik sıra, abecesel sıra *alphabetic string biliş.* abecesel dizgi, alfabetik karakter katarı, abecesel damga dizgisi *alphabetic word biliş.* alfabetik sözcük, abecesel sözcük
alphabetically /elfı'betikıli/ *be.* alfabetik olarak
alphameric /elfı'merik/ *s. biliş.* alfamerik *alphameric code biliş.* alfamerik kod
alphamerics /elfı'meriks/ *a. biliş.* harfler ve sayılar
alphanumeric /elfınyu:'merik/ *s. biliş.* alfasayısal *alphanumeric code biliş.* alfasayısal kod *alphanumeric coded biliş.* alfasayısal kodlu *alphanumeric*

data *biliş.* alfasayısal veri
alphanumerics /elfınyu:'meriks/ *a. biliş.* harfler ve sayılar
alpine /'elpayn/ *s.* Alp dağlarına ya da diğer yüksek dağlara ilişkin; çok yüksek *alpine climate* alp iklimi *alpine folding* alp kıvrımı
already /o:l'redi/ *be.* zaten, çoktan; evvelce, daha önce; şimdiden
alright /o:l'rayt/ *be. bkz.* all right
Alsatian /el'seyşn/ *a.* Alsas çoban köpeği
also /'o:lsou/ *be.* da, dahi, hem, hem de, yine, ayrıca, aynı zamanda, yanı sıra
also-ran /'o:lsouren/ *a.* tabela yapamayan at; başarısızlığa uğrayan kimse
altar /'o:ltı/ *a.* sunak, mihrap, kurban taşı *altar boy* papaz yardımcısı çocuk *altar piece* mihrabın arkasındaki resim *altar rail* mihrabın önündeki parmaklık *lead to the altar* dünya evine girmek, evlenmek
altazimuth /el'tezimıt/ *a.* altazimut
alter /'o:ltı/ *e.* değişmek, başka türlü olmak; değiştirmek; iğdiş etmek, hadım etmek
alterable /'o:tırıbıl/ *s.* değişebilir, değişik *alterable memory biliş.* değişebilir bellek
alteration /o:ltı'reyşın/ *a.* değiştirme, değişme; değişim, değişiklik *alteration switch elek.* dönüştürme anahtarı, değiştirme anahtarı
alterative /'o:ltırıtiv/ *s.* değiştiren; değişen; (ilaç) iyileştiren
altercate /'o:ltıkeyt/ *e.* kavga etmek, atışmak
altercation /o:ltı'keyşın/ *a.* kavga, çekişme, anlaşmazlık
alter-ego /'eltır i:gou/ *a.* canciğer arkadaş; *ruhb.* bir kimsenin ikinci kişiliği
alternate /o:l'tö:nit/ *s.* (iki şey için) değişimli, değişerek oluşan, bir o, bir öteki; almaşık, münavebeli, değişimli, her iki günde bir ¤ /'o:ltıneyt/ *e.* (with/between ile) birbiri ardına gelmek, bir sıra takip etmek, münavebeli olarak birbirini takip etmek ya da ettirmek *alternate angles mat.* terseş açılar *alternate-exterior angles* dışters açılar *alternate key biliş.* seçenek anahtar *alternate route hav.* yedek rota; *biliş.*

seçenek yol **alternate routing** yedek haberleşme yolu **alternate track** biliş. seçenek iz, yedek iz

alternately /oːlˈtöːnitli/ be. nöbetleşe, sıra ile; birbiri ardınca

alternating /oːlˈtöːneyting/ s. birbirini izleyen, münavebeli **alternating current** elek. alternatif akım, dalgalı akım **alternating load** alternatif yük **alternating series** mat. alterne seri, almaşık derney **alternating stress** mek. alternatif gerilme **alternating voltage** elek. alternatif gerilim

alternation /oːltɪˈneyşın/ a. birbirini izleme, almaş, münavebe

alternative /oːlˈtöːnıtiv/ s. iki şıktan birini seçme olanağını gösteren, seçimli, diğer, başka ¤ a. seçenek, iki şıktan biri, alternatif **alternative airfield** hav. yedek hava meydanı

alternatively /olˈtöːnıtivli/ be. ayrıca, ikinci bir yol olarak

alternator /ˈoːltɪneytɪ/ a. tek. dalgalı elektrik akımı veren üreteç, alternatör

although /oːlˈdou/ bağ. -e karşın, ise de, -dığı halde, olmakla beraber, olmasına rağmen

altigraph /ˈeltigraːf/ a. yazıcı altimetre

altimeter /ˈeltimiːtɪ/ a. yükseltiölçer, altimetre

altitude /ˈeltityuːd/ a. yükseklik; irtifa, rakım, yükselti **altitude above sea level** deniz seviyesinden yükseklik **altitude control** yükseklik kontrolü **altitude engine** yükseklik motoru **altitude recorder** yazıcı altimetre, yükselti yazıcı

alto /ˈeltou/ a. müz. alto

altocumulus /eltouˈkyuːmyulıs/ a. metr. altokümülüs

altogether /oːltɪˈgedɪ/ be. tamamen, tümüyle, bütün bütün; her şeye rağmen, neticede, yine de

alto-relievo /eltouriˈliːvou/ a. yüksek kabartma

altostratus /eltouˈstreytıs/ a. metr. altostratus

altruism /ˈeltruːizım/ a. özgecilik, diğerkâmlık, kendinden önce başkalarını düşünme

altruist /ˈeltruist/ a. özgeci, diğerkâm

altruistic /eltruˈistik/ s. özverili, fedakâr

alum /ˈelım/ a. şap **alum mordant** şap mordanı **alum stone** şaptaşı

alumed /ˈelımd/ s. şaplı

alumina /ıˈluːminı/ a. alüminyum oksit, alümin

aluminate /ıˈluːmineyt/ a. alüminat

aluminium /elyuˈminiım/ a. kim. alüminyum **aluminium alloy** alüminyum alaşımı **aluminium cable** alüminyum kablo **aluminium casting** alüminyum döküm **aluminium-coat** alüminyum kaplamak **aluminium coated** alüminyum kaplı **aluminium foil** alüminyum varak **aluminium paint** alüminyum boya **aluminium powder** alüminyum tozu **aluminium sheet** alüminyum levha **aluminium solder** alüminyum kaynağı **aluminium tube** alüminyum tüp

aluminization /ıluːminayˈzeyşın/ a. alüminyum ile kaplama

aluminize /ıˈluːminayz/ e. alüminyum ile kaplamak

aluminized /ıˈluːminayzd/ s. alüminyum kaplı **aluminized screen** alüminyumlu ekran

aluminothermics /ıluːminouˈtöːmiks/ a. alüminotermi

aluminous /ıˈluːminıs/ s. şaplı **aluminous cement** alüminli çimento

alumna /ıˈlamnı/ a. (ç. "-nae") eski kız mezun

alumnus /ıˈlamnıs/ a. (ç. "-ni") eski erkek mezun

Alundum /ıˈlandım/ a. Alundum

alunite /ˈelyunayt/ a. min. şaptaşı

alveolar /elˈviılı/ s. dişyuvasına ait

alveolate /elˈviılit/ s. petekli, delikli

alveolus /elˈviılıs/ a. (ç. "alveoli") alveol, diş yuvası

alvine /ˈelvin/ s. bağırsakla ilgili

always /ˈoːlwiz, ˈoːlweyz/ be. her zaman, daima, hep; sonuna dek, daima, durmadan, hep

alyssum /ˈelisım/ a. deliotu

Alzheimer's disease /ˈeltshaymız diˈziːz/ a. Alzheimer hastalığı

am /ım, em/ e. ("to be" fiilinin "I" öznesiyle kullanılan biçimi) -im, -ım, -um, -üm

amadou /ˈemıduː/ a. kav

amain /ıˈmeyn/ be. şiddetle, var

kuvvetiyle
amalgam /ı'melgım/ *a.* malgama, cıvalı alaşım
amalgamate /ı'melgımeyt/ *e.* (with ile) birleşmek, katılmak; birleştirmek, katmak
amalgamation /ı'melgı'meyşın/ *a.* karışma; karışım, alaşım
amanuensis /ımenyu'ensis/ *a.* (ç. "amanuenses") kâtip, yazman
amaracus /ı'marıkıs/ *a.* mercanköşk otu
amaranth /'emırınt/ *a. bitk.* horozibiği
amaranthine /emı'rentayn/ *s.* mor
amaryllis /emı'rilis/ *a.* nergiszambağı
amass /ı'mes/ *e.* (mal/para/güç, vb.) bir araya getirmek, toplamak, yığmak, biriktirmek; bir araya gelmek
amateur /'emıtı/ *a.* amatör; deneyimsiz kimse ¤ *s.* amatör; beceriksiz *amateur band* amatör bandı *amateur movie camera* amatör film kamerası
amateurish /'emıtıriş/ *s. hkr.* amatörce, beceriksiz, acemi, kalitesiz
amative /'emıtiv/ *s.* aşkla ilgili
amativeness /'emıtivnis/ *a.* âşıklık, sevda
amatol /'emıtol/ *a.* amatol, amonyum nitrattan yapılan patlayıcı bir madde
amatory /'emıtıri/ *s.* âşıkane, şehvetli
amaurosis /emo:'rousis/ *a. hek.* amoroz
amaze /ı'meyz/ *e.* şaşırtmak, hayrete düşürmek *be amazed* şaşırmak, hayrete düşmek
amazement /ı'meyzmınt/ *a.* hayret, şaşkınlık
amazing /ı'meyzing/ *s.* şaşırtıcı, hayrete düşürücü
amazingly /ı'meyzingli/ *be.* şaşılacak derecede
ambage /'embic/ *a.* dolambaçlı yol
ambary /em'ba:ri/ *a. bitk.* kendir otu
ambassador /em'besıdı/ *a.* büyükelçi
ambassadorial /em'besıdırıl/ *s.* elçi/elçilik ile ilgili
ambassadress /em'besıdris/ *a.* sefire
amber /'embı/ *a.* kehribar; kehribar rengi
ambergris /'embıgri:s/ *a.* esmeramber
ambidexter /embi'dekstı/ *a.* her iki elini de aynı beceriyle kullanabilen kimse
ambidexterity /embi'dekstriti/ *a.* iki elini de aynı şekilde kullanabilme

ambidextrous /embi'dekstrıs/ *s.* iki elini aynı biçimde kullanabilen
ambience /'embiıns/ *a.* bir yerin havası, ortam, çevre, ambiyans
ambient /'embiınt/ *s.* çevredeki, çevreleyen, kuşatan, çevre+ *ambient air* ortam havası, çevre havası *ambient light* ortam ışığı, çevre ışığı *ambient noise* çevre gürültüsü, bozucu gürültü *ambient temperature* çevre sıcaklığı
ambiguity /embi'gyu:iti/ *a.* belirsizlik, muğlaklık; birden fazla anlama gelebilen söz
ambiguous /em'bigyuıs/ *s.* belirsiz, şüpheli, muğlak, çapraşık; birden fazla anlama gelebilen
ambiguously /em'bigyuısli/ *be.* muğlak olarak
ambiguousness /em'bigyuısnıs/ *a.* muğlaklık
ambipolar /embi'poulı/ *a.* ambipolar *ambipolar diffusion* ambipolar difüzyon, ikikutupsal yayınım
ambit /'embit/ *a.* alan, saha; çevre, ortam
ambition /em'bişın/ *a.* hırs, tutku; istek, şiddetle istenen şey
ambitious /em'bişıs/ *s.* hırslı, tutkulu; çok istekli, tutkun, başarma isteği olan, azimli
ambitiously /em'bişısli/ *be.* ihtirasla, hevesle
ambitiousness /em'bişısnıs/ *a.* ihtiras, heves
ambivalent /em'bivılınt/ *s.* (towards/about ile) zıt/çelişik duygular taşıyan, kararsız
amble /'embıl/ *e.* (about/around ile) yavaş yavaş yürümek; (at) rahvan gitmek ¤ *a. kon.* rahvan, rahat yürüyüş
ambler /'emblı/ *a.* rahvan yürüyen at
ambo /'embou/ *a. mim.* vaiz kürsüsü
ambrosia /em'brouziı/ *a.* leziz şey
ambrosial /em'brouziıl/ *s.* nefis, enfes, mükemmel
ambsace /'eymzeys/ *a.* hep yek, çift yek; talihsizlik, şanssızlık
ambulance /'embyulıns/ *a.* ambulans, cankurtaran
ambulant /'embyulınt/ *s.* seyyar, gezici
ambulate /em'byuleyt/ *e.* gezmek, dolaşmak

ambulation /embyu'leyşın/ *a.* gezme, dolaşma

ambulatory /'embyulıtıri/ *a.* kemerli yol

ambuscade /embı'skeyd/ *a.* pusu, tuzak

ambush /'embuş/ *e.* pusuya düşürmek, tuzak kurmak ¤ *a.* pusu, tuzak; pusuya yatılan yer

ameliorate /ı'mi:lıreyt/ *e.* düzeltmek, iyileştirmek, ıslah etmek

amelioration /ı'mi:lıı'reyşın/ *a.* düzeltme, iyileştirme, ıslah

amen /a:'men/ *ünl.* âmin

amenability /ı'mi:nıbılıti/ *a.* uysallık; sorumluluk

amenable /ı'mi:nıbıl/ *s.* uysal, yumuşak başlı; sorumlu; uygun, uyumlu, aklı başında

amend /ı'mend/ *e.* düzeltmek; ıslah etmek

amendable /ı'mendıbıl/ *s.* tadil edilebilir, düzeltilebilir

amendatory /ı'mendıtıri/ *s.* ıslah edici, düzeltici

amendment /ı'mendmınt/ *a.* değişiklik, düzeltme; (yasa ya da kurallar) değiştirme, ıslah *amendment file biliş.* iyileştirme kütüğü *amendment record biliş.* iyileştirme tutanağı *amendment tape biliş.* iyileştirme bandı

amends /ı'mendz/ *a.* tazminat, telafi *make amends* tazmin etmek, telafi etmek

amenity /ı'mi:niti/ *a.* rahatlık, konfor, tesis, rahatlık sağlayan şey; tatlılık, hoşluk

amerce /ı'mö:s/ *e.* keyfi/yasadışı para cezasına çarptırmak

American /ı'merikın/ *a. s.* Amerikalı, Amerikan *American Indian* Amerikan yerlisi

Americanism /ı'merikınizım/ *a.* Amerikan İngilizcesi; Amerikancılık, Amerikanizm

americium /emı'risiım/ *a.* amerisyum

amethyst /'emitist/ *a.* ametist, mortaş; kırmızımsı mavi, mor renk

amiability /emiı'biliti/ *a.* sevimlilik, yumuşak başlılık, iyi huyluluk

amiable /'eymiıbıl/ *s.* sevimli, iyi huylu, yumuşak başlı, samimi

amiably /'eymiıbli/ *be.* tatlılıkla

amianthus /emi'entıs/ *a.* amyant

amicability /emiıkı'biliti/ *a.* dostluk, arkadaşlık, samimiyet

amicable /'emikıbıl/ *s.* dostça, dostane *amicable numbers mat.* bağdaşık sayılar

amicably /'emikıbıli/ *be.* dostça

amid /ı'mid/ *ilg.* ortasında, arasında

amide /'emayd/ *a.* amit

amidol /'emidol/ *a.* amidol

amidships /ı'midşips/ *be.* gemi içinde/ortasında

amigo /ı'mi:gou/ *a.* arkadaş, dost, yoldaş

amine /ı'mi:n/ *a.* amin

aminoacid /ımi:nou'esid/ *a. kim.* aminoasit

aminophenol /ımaynou'fi:nol/ *a.* aminofenol

amiss /ı'mis/ *s. be.* kötü, yanlış, kusurlu *take sth amiss* (özellikle yanlış anlama sonucu) bir şeye öfkelenmek, gücenmek

amitosis /emi'tousis/ *a.* amitoz

amity /'emiti/ *a.* dostluk, arkadaşlık

ammeter /'emitı/ *a.* amperölçer, ampermetre, akımölçer

ammine /'emi:n/ *a.* ammin

ammonal /'emınıl/ *a.* ammonal

ammonia /ı'mouniı/ *a.* amonyak *ammonia nitrogen* amonyak azotu *ammonia synthesis* amonyak sentezi *ammonia water* amonyak suyu

ammoniac /ı'mouniek/ *s.* amonyakla ilgili

ammonite /'emınayt/ *a.* ammonit

ammonium /ı'mouniım/ *a.* amonyum

ammunition /emyu'nişın/ *a.* cephane, mühimmat *ammunition dump ask.* mühimmat deposu

amnesia /em'ni:ziı/ *a. hek.* amnezi, bellek kaybı, bellek yitimi

amnesty /'emnısti/ *a.* genel af

amnion /'emniın/ *a.* amnios

amoeba /ı'mi:bı/ *a. biy.* amip

amoebic /ı'mi:bik/ *a. biy.* amibik

amok /ı'mok/ *be.* çılgın, sapıtmış, deli gibi *run amok* cinnet getirmek, sapıtmak

among /ı'mang/ *ilg.* ortasında, arasında; -den biri, içinde, arasında; aralarında, arasında

amongst /ı'mangst/ *ilg. bkz.* among

amoral /ey'morıl/ *s.* ahlakdışı, ahlaksız

amorality /eymo'reliti/ *a.* ahlaksızlık

amorist /'emırist/ *a.* âşık; aşk yazarı, aşk hakkında yazan yazar

amorous /'emırıs/ *s.* sevdalı, cinsel aşka eğilimli

amorously /'emırısli/ *be.* âşıkane

amorousness /'emırısnıs/ *a.* âşıklık

amorphism /ı'mo:fizım/ *a.* amorfluk, şekilsizlik

amorphous /ı'mo:fıs/ *s.* şekilsiz, amorf, özelliksiz, biçimsiz

amortization /ımo:tay'zeyşın/ *a.* amortisman; sönüm, itfa

amortize /ı'mo:tayz/ *e.* amortize etmek; sönümlemek, itfa etmek

amount /ı'maunt/ *a.* miktar; tutar *amount brought forward tic.* nakli yekûn *amount to* olmak, etmek, varmak *total amount* tutar

amour /ı'muı/ *a.* aşk (macerası)

amour-propre /emuı'proprı/ *a.* izzetinefis, onur

amp /emp/ *a. kon.* amper; amplifikatör, amfi

amperage /'empıric/ *a.* amperaj

ampere /'empiı/ *a.* amper *ampere-hour* amper-saat *ampere-turn* amper-sarım

ampersand /'empısend/ *a.* "ve" anlamındaki & işareti

amphetamine /em'fetımi:n/ *a.* amfetamin

amphibian /em'fibiın/ *s. a.* ikiyaşayışlı, amfibik (hayvan); *ask.* yüzergezer, amfibik (araç) *amphibian helicopter* amfibi helikopter, yüzeruçar helikopter *amphibian tank* amfibi tank *amphibian vehicle* amfibi vasıta, yüzergezer

amphibious /em'fibiıs/ *s. hayb.* ikiyaşayışlı, amfibik; *ask.* yüzergezer, amfibik, hem karada hem suda gidebilen *amphibious landing* amfibik çıkartma *amphibious tank* amfibik tank, yüzergezer tank *amphibious truck* amfibik kamyon, yüzergezer kamyon *amphibious vehicle* amfibik araç, yüzergezer araç

amphibole /'emfiboul/ *a. min.* amfibol

amphibolite /em'fibılayt/ *a. yerb.* amfibolit

amphiprotic /emfi'proutik/ *s. kim.* amfiprotik

amphitheatre /'emfitiıtı/ *a.* amfiteatr, amfi

amphora /'emfırı/ *a.* amfor, iki kulplu eski bir tür testi

amphoteric /emfi'terik/ *s.* amfoter

ample /'empıl/ *s.* gerektiğinden çok, bol, yeterli; geniş, büyük

ampleness /'empılnıs/ *a.* bolluk, genişlik

amplification /emplifi'keyşın/ *a.* büyültme, genişletme *amplification factor* amplifikasyon katsayısı

amplifier /'emplifayı/ *a. tek.* amplifikatör, yükselteç

amplify /'emplifay/ *e.* (on/upon ile) genişletmek, ayrıntılandırmak; (ses, vb.) gücünü artırmak, yükseltmek

amplitude /'emplityu:d/ *a.* bolluk, genişlik; *fiz.* genlik *amplitude characteristic* genlik karakteristiği *amplitude distortion* genlik bozulması *amplitude filter* genlik süzgeci *amplitude limiter* genlik sınırlayıcısı *amplitude modulation* genlik modülasyonu *amplitude response* genlik yanıtı, genlik responsu *amplitude selection* genlik seçimi

amply /'empli/ *be.* bol bol, fazlasıyla

ampoule /'empu:l/ *a. hek.* ampul

ampulla /em'puli/ *a.* şişe; kabarcık

amputate /'empyuteyt/ *e.* (bir organı) kesmek

amputation /empyu'teyşın/ *a.* amputasyon, bir organın kesilmesi

amputee /empyu'ti:/ *a.* bacağı veya kolu kesilen kişi

amuck /ı'mak/ *be. bkz.* amok

amulet /'emyulit/ *a.* muska, nazarlık

amuse /ı'myu:z/ *e.* eğlendirmek

amusement /ı'myu:zmınt/ *a.* eğlence

amusing /ı'myu:zing/ *s.* hoş, eğlendirici

amusingly /ı'myu:zingli/ *be.* hoş bir şekilde, eğlendirici bir şekilde

amygdalate /ı'migdılit/ *s.* badem gibi

amygdalic /ı'migdılik/ *s.* bademden yapılmış *amygdalic acid* badem asidi

amygdalin /ı'migdılin/ *s.* amigdalin

amygdaloid /ı'migdılayd/ *a. yerb.* bademcik taşı ¤ *s.* badem biçiminde

amyl /'emil/ *a.* amil

amylaceous /emi'leyşıs/ *s.* nişastalı

amylase /'emileyz/ *a.* amilaz

amylene /'emili:n/ *a.* amilen

amylum /'emilım/ *a.* nişasta

an /ın, en/ *bkz.* a

anabatic /enıbetik/ s. (hava, rüzgâr, akıntı) anabatik, yukarı hareket eden
anabolism /ı'nebılizım/ a. anabolizma
anachronism /ı'nekrınizım/ a. kişi ya da nesnelerin ait olmadıkları bir zaman diliminde gösterilmesi, çağaşım
anaconda /enı'kondı/ a. hayb. anakonda
anaemia /ı'ni:miı/ a. hek. kansızlık, anemi
anaemic /ı'ni:mik/ s. kansız, anemili, anemik
anaerobe /e'neıroub/ a. havasız yerde yetişip yaşayabilen mikroorganizma
anaerobic /eneı'roubik/ s. havasız yerde yetişip yaşayabilen
anaesthesia /enis'ti:zıı/ a. anestezi, uyuşturum, duyum yitimi
anaesthetic /enis'tetik/ s. anestetik, uyuşturucu
anaesthetist /ı'ni:stitist/ a. narkozcu
anaesthetize /ı'ni:stitayz/ e. anestezi yapmak, narkoz vermek, duyumsuzlaştırmak
anaglyph /'enıglif/ a. anaglif
anagram /'enıgrem/ a. (name-mean gibi) çevrik sözcük, evirmece
anal /'eynıl/ s. anat. anüse ilişkin, anal
analcime /e'nelsim/ a. analsim
analectic /enılek'tik/ s. seçme, seçilmiş
analgesia /enıl'ci:zıı/ a. hek. analjezi, ağrı duymazlığı
analgesic /enıl'ci:zik/ a. s. hek. ağrı dindirici, analjezik
analog /'enılog/ a. analog, örneksel *analog adder* biliş. örneksel toplayıcı, analog toplayıcı *analog channel* biliş. örneksel kanal, analog kanal *analog computer* biliş. örneksel bilgisayar, analog bilgisayar *analog data* biliş. örneksel veri, analog veri *analog device* biliş. örneksel aygıt, analog aygıt *analog representation* biliş. örneksel gösterim, analog gösterim *analog-digital convertor* biliş. örneksel-sayısal çevirici, analog-sayısal dönüştürücü
analogous /ı'nelıgıs/ s. (to/with ile) benzer, yakın, paralel; biy. aynı işlevi gören ancak farklı evrim kökenli olan *analogous pole* elek. analog kutup
analogue /'enılog/ a. bir şeyin benzeri olan şey —
analogy /ı'nelıci/ a. benzerlik;

örnekseme, analoji; karşılaştırma
analphabetic /enelfı'betik/ s. okuması yazması olmayan, ümmi
analysand /ı'nelisend/ a. psikanalize tabi tutulan hasta
analyse /'enılayz/ e. analiz etmek, çözümlemek, tahlil etmek
analyser /'enılayzı/ a. analizör, çözümleç
analysis /ı'nelisis/ a. çözümleme, analiz etme, analiz, tahlil *analysis of variance* varyans analizi, değişki çözümlemesi
analyst /'enılist/ a. (özellikle kimyasal) analiz yapan kimse, analist; Aİ. psikanalist, ruhçözümcü
analytical /enı'litikıl/ s. çözümsel, analitik *analytical balance* analitik terazi, hassas terazi *analytical chemist* analitik kimyager *analytical chemistry* analitik kimya, çözümsel kimya *analytical finding* analitik bulgu *analytical function* analitik fonksiyon, çözümsel işlev *analytical geometry* analitik geometri, çözümsel geometri *analytical laboratory* tahlil laboratuvarı *analytical reagent* kim. analitik ayıraç
analytically /enı'litikıli/ be. çözüm yolu ile, analitik olarak
analyzable /enı'layzıbıl/ s. çözümlenebilir, analiz edilebilir
analyze /'enılayz/ e. Aİ. çözümlemek, analiz etmek, tahlil etmek
analyzer /'enılayzı/ a. analizör, çözümleç
anamnesis /enem'ni:sis/ a. anımsama, hatıra getirme; hastanın geçmişi, bir hastanın önceden geçirdiği hastalıklar
anamorphic /enı'mo:fik/ s. anamorfoz *anamorphic image* anamorfoz görüntü *anamorphic lens* anamorfozör, anamorfozcu mercek, sıkıştırmaç
anamorphosis /enı'mo:fizım/· a. opt. anamorfoz
anaphrodisiac /enefrı'diziek/ a. s. cinsel arzuyu azaltan (ilaç)
anarchic /e'na:kik/ s. anarşik, anarşiye ilişkin
anarchism /'enıkizım/ a. anarşizm, başsızlık, kargaşacılık
anarchist /'enıkist/ a. s. anarşist
anarchy /'enıki/ a. anarşi, kargaşa
anastigmatic /enıstig'metik/ s. anastigmat *anastigmatic lens*

anastigmat mercek

anatase /'enıteyz/ *a. min.* anataz

anathema /ı'netımı/ *a.* aforoz, lanetleme; aforozlu/lanetli kimse

anathematize /ı'netımıtayz/ *e.* aforoz etmek, lanetlemek

anatomical /enı'tomikıl/ *s.* anatomik, yapıbilimsel, yapısal

anatomically /enı'tomikıli/ *be.* anatomik olarak

anatomist /ı'netımist/ *a.* anatomi uzmanı, anatomist

anatomize /ı'netımayz/ *e.* teşrih etmek, açımlamak

anatomy /ı'nımi/ *a.* anatomi, yapıbilim

ancestor /'ensıstı/ *a.* ata

ancestral /en'sestrıl/ *s.* atalara ilişkin, atadan kalma

ancestry /'ensıstri/ *a.* soy; atalar

anchor /'enkı/ *a.* çapa, demir, lenger; güven veren şey/kimse, güven kaynağı ¤ *e. den.* çapa atmak, demirlemek, lenger atmak; sıkıca tutturmak, sıkıca bağlamak; sıkıca bağlanmak, tutmak **anchor bolt** tespit cıvatası, ankraj bulonu **anchor chain** tespit cıvatası, ankraj bulonu **anchor lining** *den.* demir yastığı **anchor man** erkek televizyon sunucusu **anchor pin** tespit pimi **anchor plate** ankraj plakası **anchor ring** *mat.* lenger halkası, simit yüzeyi **anchor screw** tespit vidası **anchor stock** *den.* çipo **anchor tower** *elek.* tespit kulesi **anchor wall** ankraj duvarı **anchor woman** bayan televizyon sunucusu

anchorable /'enkırıbıl/ *s.* demirlenebilir

anchorage /'enkıric/ *a.* demirleme yeri; ankraj, tespit **anchorage bolt** bağlama cıvatası

anchovy /'ençıvi/ *a. hayb.* hamsi

anchusa /en'kyu:sı/ *a.* sığırdili, öküzdili

ancient /'eynşınt/ *s.* çok eski; Romalılar ve Yunanlılar zamanına ait, eski

ancillary /en'silıri/ *s. tek.* yardımcı, yan **ancillary equipment** yardımcı ekipman, yardımcı donatı

ancon /'enkon/ *a.* ankon

and /ınd, ın, end/ *bağ.* ve; ile; ve; sonra, daha sonra; ve bu yüzden, bundan dolayı; (come/go/try, vb.'den sonra to yerine) de, da **and all** *arg.* ve benzerleri **and how** hem de ne biçim **and so forth** ve benzerleri, vesaire **and so on** ve benzerleri, vesaire

andante /en'denti/ *be. müz.* andante

andantino /enden'ti:nou/ *be. müz.* andantino

andesine /'endizi:n/ *a.* andezin

andesite /'endizayt/ *a. yerb.* andezit, ankarataşı

andiron /'endayın/ *a.* ocağın demir ayaklığı

androgynous /en'drocinıs/ *s.* erselik, ikicinslikli, ikieşeyli

android /'endroyd/ *a.* androit

Andromeda /en'dromidı/ *a. gökb.* Andromeda

anecdotal /enik'doutıl/ *s.* fıkra biçiminde

anecdote /'enikdout/ *a.* kısa öykü, fıkra, anekdot

anechoic /eni'kouik/ *s.* yankısız **anechoic room** yankımasız oda, ekosuz oda

anemia /ı'ni:mii/ *a.* kansızlık, anemi

anemic /ı'ni:mik/ *s.* kansız, anemik

anemograph /ı'nemougra:f/ *a.* anemograf, yelyazar

anemography /eni'mogrıfi/ *a.* anemografi

anemology /eni'molıci/ *a. metr.* anemoloji, rüzgâr bilgisi

anemometer /eni'momıtı/ *a.* anemometre, yelölçer, rüzgârölçer

anemometry /eni'momitri/ *a.* anemometri

anemone /ı'nemıni/ *a. bitk.* anemon çiçeği

anemoscope /ı'nemıskoup/ *a. metr.* anemoskop

anent /ı'nent/ *ilg.* dair, ilgili

aneroid /'enıroyd/ *s.* aneroit, sıvısız **aneroid altimeter** *metr.* aneroit altimetre **aneroid barometer** *metr.* aneroit barometre, kuru basınçölçer **aneroid calorimeter** aneroit kalorimetre, aneroit ısınölçer **aneroid thermometer** kadranlı termometre

anethole /'enitoul/ *a. kim.* anetol

aneurism /'enyırizım/ *a. hek.* anevrizma

anew /ı'nyu:/ *be.* yeniden, yeni bir biçimde

anfractuosity /enfrekçuositi/ *a.* girintili çıkıntılı olma

anfractuous /en'frekçuıs/ *s.* iğribüğrü,

girintili çıkıntılı, kıvrıntılı, kıvrımlı

angary /'engıri/ *a. huk.* angarya

angel /'eyncıl/ *a.* melek; melek gibi insan **angel food cake** beyaz ve hafif bir çeşit pasta

angelfish /'eyncılfiş/ *a.* maymunbalığı

angelic /en'celik/ *s.* melek gibi **angelic acid** angelik asit

angelica /en'celikı/ *a. bitk.* melekotu

anger /'engı/ *a.* öfke, kızgınlık, hiddet ¤ *e.* öfkelendirmek, kızdırmak, hiddetlendirmek

angina /en'caynı/ *a. hek.*anjin **angina pectoris** *hek.* göğüs anjini

angiosperm /'enciıspö:m/ *a. bitk.* kapalı tohumlu bitki

angle /'engıl/ *a.* açı; *kon.* bakış açısı; korniyer, köşebent ¤ *e.* açı yapmak, açı oluşturmak; bir şeyi belli bir açıdan bakarak yansıtmak/anlatmak; oltayla balık avlamak **angle arm** dirsekli kol **angle bead** *inş.* köşe çubuğu, köşe çıtası **angle bisector** *mat.* açıortay **angle brace** çapraz takviye **angle bracket** köşeli mesnet **angle brick** köşe tuğlası **angle cutter** açı freze bıçağı **angle dozer** köşeli tesviye makinesi **angle iron** köşebent, L demiri **angle modulation** açı modülasyonu **angle noise** açı gürültüsü **angle of advance** avans açısı **angle of approach lights** yaklaşma açısı ışıkları **angle of attack** hücum açısı **angle of bank** *hav.* yatış açısı, yalpa açısı **angle of beam** huzme açısı **angle of contact** değme açısı **angle of deflection** sapma açısı **angle of departure** ayrılış açısı **angle of deviation** sapma açısı **angle of dip** eğim açısı **angle of dive** *hav.* pike açısı, dalış açısı **angle of elevation** yükseliş açısı **angle of friction** sürtünme açısı, sürtünüm açısı **angle of incidence** gelme açısı **angle of inclination** eğim açısı **angle of intersection** kesişme açısı **angle of lag** gecikme açısı **angle of lead** avans açısı, öndelik açısı **angle of minimum deviation** *opt.* minimum sapma açısı **angle of observation** gözlem açısı **angle of pitch** *hav.* hatve açısı, adım açısı, yunuslama açısı **angle of polarization** polarizasyon açısı, polarma açısı **angle of radiation** radyasyon

açısı, ışınım açısı **angle of reflection** yansıma açısı **angle of refraction** kırılma açısı **angle of repose** duruş açısı, yatırılma açısı, doğal kayma açısı **angle of roll** *hav.* yatış açısı, yalpa açısı **angle of rupture** kopma açısı, kırılma açısı **angle of shear** makaslama açısı **angle of sight** görüş açısı **angle of slip** kayma açısı **angle of slope** şev açısı, etek açısı **angle of twist** burulma açısı, bükülme açısı **angle of vision** görüş açısı **angle shot** *sin.* açı çekimi

angled /'engıld/ *s.* açılı, köşeli

angler /'englı/ *a.* olta ile balık tutan kimse; fenerbalığı

angleworm /'engılwö:m/ *a.* yem olarak kullanılan solucan

angling /'engling/ *a.* olta balıkçılığı

Anglo-Saxon /englou'seksın/ *s. a.* Anglosakson

angora /eng'go:rı/ *a.* tiftik dokuma **angora rabbit hair** Ankara tavşanı yünü **angora wool** tiftik, moher

angrily /'engrili/ *be.* kızgınlıkla, öfkeyle

angry /'engri/ *s.* kızgın, öfkeli, dargın; (hava) fırtınalı

angstrom /'engstrım/ *a.* angstrom

anguish /'engwiş/ *a.* şiddetli ıstırap, elem, keder, acı

anguished /'engwişt/ *s.* ıstıraplı, acılı, kederli

angular /'engyulı/ *s.* açısal; köşeli, açılı; sivri; zayıf, bir deri bir kemik; arkadaşlık kurması zor **angular acceleration** açısal ivme **angular advance** açısal avans **angular aggregate** köşeli agregat **angular aperture** açısal açıklık **angular correlation** açısal korelasyon **angular deviation** açısal sapma **angular displacement** açısal yer değiştirme **angular distribution** açısal dağılım **angular frequency** açısal frekans, açısal sıklık **angular height** açısal yükseklik **angular impulse** açısal impuls, açısal itki **angular measure** açısal ölçü **angular momentum** açısal moment, açısal devinirlik **angular motion** deveran, dönme **angular polarization** açısal polarizasyon, açısal kutuplanma **angular rotation** açısal dönme **angular speed** açısal hız **angu-**

lar unconformity açısal diskordans, açısal uyumsuzluk *angular velocity* açısal hız

angularity /engyu'leriti/ *a.* açılı olma; köşeli olma

anhelation /enhi'leyşın/ *a.* nefes darlığı

anhydride /en'haydrayd/ *a.* anhidrit

anhydrous /en'haydrıs/ *s.* susuz

anil /'enil/ *a.* çivitotu

anile /'enayl/ *s.* kocakarı gibi, bunamış

aniline /'enilin/ *a.* anilin *aniline dye* anilin boya

anima /en'ımı/ *a.* ruh, can

animadversion /enimed'vö:şın/ *a.* eleştiri, kınama

animadvert /enimed'vö:t/ *e.* eleştirmek

animal /'enimıl/ *a.* hayvan; kaba kişi ¤ *s.* hayvansal, hayvani; bedensel, vücutla ilgili *animal breeding* hayvan besleme *animal charcoal* hayvan kömürü *animal fat* hayvansal yağ *animal heat* vücut sıcaklığı *animal husbandry trm.* hayvan yetiştirme *animal improvement trm.* hayvan ıslahı *animal kingdom* hayvanlar âlemi *animal magnetism* cinsel çekicilik *animal product trm.* hayvansal ürün *animal psychology* hayvan psikolojisi *animal spirits* canlılık, hayatiyet *animal starch* glikojen *animal waste trm.* hayvansal artık *animal worship* hayvana tapma

animalcule /eni'melkyu:l/ *a.* hayvancık

animalism /'enimılizım/ *a.* hayvanilik

animalization /enimılay'zeyşın/ *a.* hayvanlaştırma

animalize /'enimılayz/ *e.* yüne benzetmek

animate /'enimit/ *s.* (bitki ve hayvan) canlı, yaşayan ¤ /'enimeyt/ *e.* canlandırmak, hayat vermek

animated /'enimeytid/ *s.* canlı, hareketli *animated cartoon sin.* çizgi film *animated viewer sin.* hareketli vizyonöz, devinimli bakımlık

animation /eni'meyşın/ *a.* canlılık, yaşam, ruh, heyecan; animasyon, canlandırma

animato /eni'ma:tou/ *be. müz.* animato

animator /'enimeytı/ *a.* ressam, canlandırıcı

animism /'enimizım/ *a.* animizm

animistic /eni'mistik/ *s.* animistik

animosity /eni'mositi/ *a.* (against/between ile) kin, düşmanlık

animus /'enimıs/ *a.* düşmanlık; maksat, niyet

anion /'enayın/ *a.* anyon *anion exchange* anyon değişimi

anionic /enay'onik/ *s.* anyonik *anionic current* anyon akımı *anionic detergents* anyonik deterjanlar *anionic exchanger* anyon değiştirici

anise /e'ni:s/ *a. bitk.* anason

aniseed /'enisi:d/ *a. bitk.* anason tohumu, anason

anisette /eni'zet/ *a.* anasonlu içki, rakı

anisole /'enisoul/ *a.* anizol

anisometric /enaysou'metrik/ *s.* anizometrik

anisotonic /enaysou'tounik/ *s.* anizotonik

anisotropic /enaysou'tropik/ *s.* anizotrop, eşyönsüz *anisotropic coma elek.* anizotrop koma *anisotropic conductivity* anizotrop iletkenlik *anisotropic liquid* anizotrop sıvı *anisotropic pressure* anizotrop basınç

anisotropy /enay'sotrıpi/ *a.* anizotropi, eşyönsüzlük

ankle /'enkıl/ *a.* ayak bileği eklemi; ayak bileği *ankle bone* aşık kemiği *ankle boot* yarım çizme, bot *ankle shoes* atkılı ayakkabı *ankle strap* ayakkabı atkısı

anklet /'enklit/ *a.* halhal; soket, kısa çorap

ankylosis /enki'lousis/ *a.* ankiloz

anna /'enı/ *a.* (Hint parası) rupinin on altıda biri

annalist /'enılist/ *a.* tarihçi, kronik yazarı

annals /'enılz/ *a.* tarihsel olaylar; yıllık olaylar

anneal /ı'ni:l/ *e. met.* tavlamak, tav vermek *annealed cast iron* tavlanmış dökme demir

annealing /ı'ni:ling/ *a. met.* tavlama *annealing furnace* tavlama fırını *annealing oven* tavlama fırını

annelid /'enılid/ *s. hayb.* halkalı ¤ *a.* halkalı kurt

annex /ı'neks/ *e.* (to ile) kontrol altına almak, istila etmek, müsadere etmek, toprağına katmak

annexation /enek'seyşın/ *a. huk.* müsadere, ilhak

annexe /'eneks/ a. ek yapı, müştemilat, ek

annihilable /ı'nayılıbıl/ s. imha edilebilir, fesh ve iptal edilebilir

annihilate /ı'nayıleyt/ e. yok etmek, imha etmek; iptal etmek

annihilation /ınayı'leyşın/ a. yok etme, imha *annihilation radiation* anilasyon radyasyonu, yokoluş ışınımı

anniversary /eni'vö:sıri/ a. yıldönümü

anno Domini /'enou 'dominay/ a. milattan sonra

annotate /'enıteyt/ e. (kitaba) açıklayıcı notlar koymak, çıkmalar yapmak

annotation /enou'teyşın/ a. çıkma, not, haşiye *annotation symbol* biliş. açıklayıcı simge

annotator /enouteytı/ a. yorumcu, tefsirci

announce /ı'nauns/ e. anons etmek, bildirmek, duyurmak; (that ile) bildirmek, ilan etmek, duyurmak

announcement /ı'naunsmınt/ a. ilan, anons, bildiri, duyuru

announcer /ı'naunsı/ a. spiker

annoy /ı'noy/ e. kızdırmak, sinirlendirmek; can sıkmak, baş ağrıtmak

annoyance /ı'noyıns/ a. can sıkma, baş ağrıtma; baş belası, sıkıntı/üzüntü kaynağı

annoying /ı'noying/ s. sinirlendirici, can sıkıcı

annual /'enyuıl/ s. yıllık, yılda bir kez, her yıl ¤ a. bir mevsim ya da bir yıl yaşayan bitki, bir yıllık bitki; yıllık *annual aberration* gökb. yıllık aberasyon, yıllık sapınç *annual parallax* gökb. yıllık paralaks, yıllık ıraklık açısı · *annual plant* bitk. biryıllık bitki *annual precipitation* metr. yıllık yağış *annual rainfall* metr. yıllık yağış *annual ring* bitk. yıl halkası, yaş halkası *annual runoff/throughput* yıllık akım

annually /'enyuıli/ be. her sene, yılda bir

annuitant /ı'nyu:itınt/ a. yıllıkçı, yıllık (ödenek) alan kimse

annuity /ı'nyu:iti/ a. bir kimseye verilen sabit yıllık maaş, yıllık emekli maaşı

annul /ı'nal/ e. (evlilik, anlaşma, yasa, vb.) bozmak, yürürlükten kaldırmak, feshetmek, iptal etmek

annular /'enyulı/ s. halka biçiminde, halkalı, halka+ *annular eclipse* gökb. dairesel tutulma *annular spring* halka yay *annular tube* bitk. halkalı damar *annular valve* dairesel supap *annular vault* kemerli tonos, halka tonos

annulate /'enyulit/ s. halkalı

annulated /'enyuleytıd/ s. halkalı

annulation /'enyuleyşın/ a. halkalanma

annulet /'enyulit/ a. halkacık

annulment /ı'nalmınt/ a. (evlilik, yasa, vb.) iptal, fesih, yürürlükten kaldırma, ilga

annulose /'enyulous/ s. halka şeklinde

annulus /'enyulıs/ a. halka

annunciate /ı'nansieyt/ e. ilan etmek, bildirmek

annunciation /ınansi'eyşın/ a. ilan, bildiri

annunciator /ı'nansieytı/ a. işaret cihazı, alarm cihazı, uyarı aygıtı

anode /'enoud/ a. anot, artıuç *anode aperture* anot açıklığı *anode battery* anot bataryası *anode bend* anot bükümü *anode breakdown voltage* anot kritik voltajı *anode circuit* anot devresi *anode current* anot akımı *anode dark space* anot karanlık bölgesi *anode detector* anot detektörü *anode dissipation* anot dağılması *anode drop* anot düşüşü *anode efficiency* anot verimi *anode fall* anot düşüşü *anode glow* anot kızıllığı, anot ışıltısı *anode impedance* anot empedansı *anode input power* anot giriş gücü *anode load impedance* anot yük empedansı *anode modulation* anot modülasyonu *anode potential* anot potansiyeli *anode rays* anot ışınları *anode resistance* anot direnci *anode saturation* anot doyması *anode stopper* anot durdurucusu *anode strap* anot kuşağı *anode terminal* anot terminali *anode voltage* anot gerilimi

anodic /ı'nodik/ s. anotsal, anodik *anodic cleaning* anodik temizleme *anodic coating* anodik kaplama *anodic etching* anodik dağlama *anodic oxidation* anodik oksidasyon *anodic treatment* anotlama, anotsal işlem

anodize /'enıdayz/ e. anotlamak *anodizing process* anotlama işlemi

anodyne /'enıdayn/ a. s. ağrı kesici

anoint /ı'noynt/ e. yağlamak; kutsal yağ

sürmek

anointment /ı'noyntmınt/ *a.* yağlama, yağlanma

anomalistic /ınomı'listik/ *s.* anomalistik **anomalistic month** *gökb.* anomalistik ay, ayrıksı ay **anomalistic year** *gökb.* anomal yıl, ayrıksı yıl

anomalous /ı'nomılıs/ *s.* normal olmayan, anormal

anomaly /ı'nomıli/ *a.* anomali, anormallik; *gökb.* anomali, ayrıklık

anon /ı'non/ *be.* yakında

anonymity /enı'nimiti/ *a.* yazarı bilinmeyiş, gerçek ismini saklama

anonymous /ı'nonimıs/ *s.* anonim, adsız, adı bilinmeyen, yazarı bilinmeyen *re-main anonymous* adı bilinmemek

anonymously /ı'nonimısli/ *be.* imadı bilinmeden, isimsiz olarak

anopheles /ı'nofili:z/ *a. hayb.* anofel

anorak /'enırek/ *a.* anorak, parka

anorexia /eno'reksiı/ *a. hek.* iştahsızlık

anorthic /en'o:tik/ *s.* anortik

anorthite /en'o:tayt/ *a.* anortit

anorthosite /en'o:tısayt/ *a. yerb.* anortozit

anosmia /en'ozmiı/ *a. hek.* anozmi

another /ı'nadı/ *s.* başka ¤ *adl.* bir başkası; başkası, başka birisi; diğeri, öbürü *one another* birbirini

anoxia /en'oksiı/ *a. hek.* oksijensizlik, oksijen yetersizliği

anserine /'ensırayn/ *s.* kazlarla ilgili; kaz kafa, mankafa

answer /'a:nsı/ *a.* yanıt, cevap, karşılık; ters karşılık, sert yanıt; karşılık, misilleme; çözüm ¤ *e.* yanıtlamak, cevap vermek, karşılık vermek; tanımlamak, uymak, eşit olmak; yeterli olmak, tatmin edici olmak *answer back* terbiyesizce cevap vermek, kaba bir şekilde karşılık vermek *answer for -* den sorumlu olmak; ödemek; karşılığını vermek; cezasını çekmek *answer print* birinci kopya, ilk eşlem *answer signal* cevap sinyali *answer the door* kapıya bakmak *answer the phone* telefona bakmak *answering machine Aİ.* telesekreter

answerable /'a:nsırıbıl/ *s.* (to/for ile) sorumlu, yükümlü

answerback /'a:nsıbek/ *a.* karşılık

answerback code karşılık kodu **answerback unite** karşılık birimi

answerless /'a:nsılıs/ *s.* cevapsız, yanıtsız

answerphone /'a:nsıfoun/ *a. İİ.* telesekreter

ant /ent/ *a. hayb.* karınca *ant lion hayb.* karınca aslanı

antacid /ent'esid/ *a.* asit giderici, antiasit

antagonism /en'tegınizım/ *a.* düşmanlık, kin

antagonist /en'tegınist/ *a.* hasım, rakip

antagonistic /entegı'nistik/ *s.* muhasım, zıt, muhalif

antagonistically /entegı'nistikıli/ *be.* muhalefet ederek, karşı çıkarak

antagonize /en'tegınayz/ *e.* düşman etmek

antarctic /en'ta:ktik/ *s.* güney kutbuyla ilgili *the Antarctic* Güney Kutbu ve çevresi, Antarktika *antarctic circle* güney kutbu dairesi, güney eksenucu çemberi

Antares /en'teıri:z/ *a. gökb.* Antares, Akrep Yüreği

antasthmatic /en'tezmetik/ *s. tıb.* astımı tedavi eden

ante /'entı/ *a.* (pokerde) bop *raise the ante* bopu artırmak

ante- /'entı/ *önk.* ön, önce, önünde *ante meridiem* öğleden önce, sabah

anteater /'enti:tı/ *a. hayb.* karıncayiyen

antebellum /enti'belım/ *s.* savaştan önceki

antecedence /enti'si:dıns/ *a.* önce olma, öncelik

antecedent /enti'si:dınt/ *s.* önce gelen, önceki ¤ *a.* bir olaydan önce olan olay; *dilb.* adılın yerini tutan ad, öncül

antechamber /'entiçeymbı/ *a.* küçük oda, bekleme odası; ön yanma odası

antedate /'entideyt/ *e.* eski tarih atmak; önce gelmek, önce olmak

antefix /'entifiks/ *a. mim.* antefiks, yüz tuğlası

antelope /'entiloup/ *a. hayb.* antilop

antenatal /enti'neytl/ *s.* doğum öncesi

antenna /en'tenı/ *a. hayb.* duyarga, anten; *Aİ.* anten *antenna array* anten dizisi *antenna capacitance* anten kapasitesi *antenna changeover switch* anten komütatörü *antenna cir-*

cuit anten devresi *antenna coil* anten bobini *antenna cord* anten kordonu *antenna coupling* anten kuplajı *antenna downlead* anten iniş teli *antenna effect* anten etkisi *antenna efficiency* anten verimi *antenna gain* anten kazancı *antenna inductance* anten endüktansı *antenna input* anten girişi *antenna mast* anten direği *antenna power* anten gücü *antenna power gain* anten güç kazancı *antenna resistance* anten direnci *antenna rotator* anten döndürücüsü *antenna shortening capacitor* anten kısaltma kondansatörü *antenna socket* anten yuvası *antenna terminal* anten bağlantı ucu *antenna tuning* anten ayarı *antenna yard* anten sereni

anterior /en'tiːrıı/ *s.* (zaman) önceki, daha eski; *tek.* ön, öne yakın olan

anteroom /'entiruːm/ *a. mim.* içinden başka odaya geçilen oda

anthelion /ent'hiːliın/ *a.* ışıkla halka, hale, güneşin ışığında bulut üzerinde görülen renkli halka

anthem /'entım/ *a.* şükran ve sevinç duası *national anthem* ulusal marş

anthemion /en'tiːmiın/ *a. mim.* antemiyon

anther /'entı/ *a. bitk.* başçık

ant-hill /'enthil/ *a.* karınca yuvası

anthocyanin /entou'sayınin/ *a.* antosiyanin

anthological /entı'locikıl/ *s.* antolojik

anthologist /entı'locist/ *a.* antoloji yazarı

anthology /en'tolıci/ *a.* antoloji, seçki

anthracene /'entrısiːn/ *a.* antrasen *anthracene oil* antrasen yağı

anthracite /'entrısayt/ *a.* antrasit, parlak kömür

anthraquinone /entrıkvi'noun/ *a.* antrakinon *anthraquinone dyes* antrakinon boyaları

anthrax /'entreks/ *a. hek.* şarbon, karakabarcık

anthrone /'entroun/ *a. kim.* antron

anthropocentric /entrıpou'sentrik/ *s.* antroposentrik

anthropoid /'entrıpoyd/ *s.* insan benzeri, insansı, maymunsu

anthropological /entrıpı'locikıl/ *s.* antropolojik

anthropologist /entrı'policist/ *a.* antropolog, insanbilimci

anthropology /entrı'polıci/ *a.* antropoloji, insanbilim

anthropometric /entrıpı'metrik/ *s.* antropometrik

anthropometry /entrıpı'metri/ *a.* antropometri

anthropomorphism /entrıpı'moːfizım/ *a.* insanbiçimcilik, antropomorfizm

anthropomorphous /entrıpı'moːfıs/ *s.* insan şeklinde

anthropophagi /entrou'poficay/ *a.* yamyamlar

anthropophagy /entrı'pofici/ *a.* yamyamlık

anti- /'enti/ *önk.* karşı, zıt, ters, aksi *anti-acid coat* asitlere dayanıklı örtü *anti-baby pill* doğum kontrol hapı, gebelik önleyici hap *anti-hero* olumsuz nitelikleri olan baş kahraman *anti-incrustant* kazan taşı önleyici *anti-interference* antiparazit, parazit giderici *anti-Semite* Yahudi aleyhtarı *anti-Semitic* Yahudilerin aleyhinde olan *anti-Semitism* Yahudi düşmanlığı

antiaircraft /'entieıkraːft/ *a. s.* uçaksavar *antiaircraft gun* uçaksavar topu

antibacterial /'entibektiırıl/ *s.* antibakteriyal, bakterilere karşı etkili

antiballistic /'entibılistik/ *s.* antibalistik *antiballistic missile* antibalistik füze

antibiotic /entibay'otik/ *a.* antibiyotik, diricikkıran

antibody /'entibodi/ *a.* antikor

antic /'entik/ *a.* soytarılık, maskaralık, tuhaflık

anticatalyst /enti'ketılist/ *a.* antikatalizör, negatif katalizör, karşıtezgen

anticathode /enti'ketoud/ *a.* antikatot, karşıt katot

antichlor /'entiklo:/ *a.* antiklor, klor giderici

antichrist /'entikrist/ *a.* sahte İsa, Deccal

antichristian /enti'krisçın/ *s. a.* Hıristiyanlığa karşı çıkan, Hıristiyan düşmanı

anticipate /en'tisipeyt/ *e.* ummak, beklemek; olacağını sezmek ve önceden eyleme geçmek; birinden daha önce davranmak; vaktinden önce söylemek/yazmak

anticipation /entisi'peyşın/ *a.* umma, bekleme, bekleyiş, önceden sezme

anticipatory /en'tisipıtıri/ *s.* önceden yapılan

anticlerical /enti'klerikıl/ *s.* papaz sınıfına karşı olan

anticlimax /enti'klaymeks/ *a.* ani düşüş; ani değişiklik; heyecan verici şey

anticlinal /enti'klaynıl/ *s. yerb.* antiklinal, yukaçla ilgili *anticlinal valley* antiklinal vadisi, kemer koyağı

anticline /'entiklayn/ *a. yerb.* yukaç

anticlockwise /enti'klokwayz/ *be. s.* saat yelkovanının döndüğü yönün tersine

anticoagulant /entikou'egyulınt/ *a.* antikoagülan, pıhtılaşma önleyici

anticoincidence /entikou'insidıns/ *a.* antikoensidans *anticoincidence circuit* antikoensidans devre, çakışmasız devre *anticoincidence element* biliş. çakışmasız öğe *anticoincidence operation* biliş. çakışmazlık işlemi

anticonvulsant /entikın'valsınt/ *a.* çırpınmayı önleyen ilaç

anticorrosion /entikı'roujın/ *a.* antikorozyon, yenimönleme, karşıyenim

anticorrosive /entikı'rousiv/ *s.* antikorozif, yenimönler

anticosecant /entikou'si:kınt/ *a. mat.* ark kosekant, eşkesenlik yayı

anticosine /enti'kousayn/ *a. mat.* ark kosünüs, eşdikmelik yayı

anticotangent /entikou'tencınt/ *a. mat.* ark kotanjant, eşteğetlik yayı

antics /'entiks/ *a.* maskaralık, soytarılık

anticyclone /enti'saykloun/ *a.* antisiklon, yüksek basınç merkezi

anticyclonic /entisay'klonik/ *s. metr.* antisiklonik

antiderivative /entidi'rıvıtiv/ *a. mat.* terstürev, belgisiz tümlev

antidotal /enti'doutıl/ *s.* panzehire ait

antidote /'entidout/ *a.* panzehir, karşıtağı

antifebrile /enti'fi:brayl/ *a.* ateş düşürücü

antiferromagnetic /entiferou'megnetik/ *s.* antiferromanyetik

antiferromagnetism /entiferou'megnitizım/ *a.* antiferromanyetizma

antifouling /enti'fouling/ *s.* çürüme önleyici

antifreeze /'entifri:z/ *a.* antifriz, donmaönler

antifreezing /'entifri:zing/ *s.* donma önleyici

antifriction /enti'frikşın/ *a. fiz.* antifriksiyon, sürtünmesizlik *antifriction bearing* antifriksiyon yatağı, sürtünmesiz yatak *antifriction metal* antifriksiyon metal, sürtünmesiz metal

antigen /'enticın/ *a. biy.* antijen, bağıştıran

antihalation /antihı'leyşın/ *a. fot.* antihalo, ağılönler

antihero /'entihiırou/ *a.* olumsuz özellikleri olan kahraman

antihistamine /enti'histımi:n/ *a.* antihistamin

antiknock /enti'nok/ *a. oto.* vuruntu önleyici *antiknock value* oto. detonasyon direnci, vuruntu direnci

antilepton /enti'leptın/ *a. fiz.* antilepton

antilogarithm /enti'logıridım/ *a.* antilogaritma

antilogy /en'tilıci/ *a.* karşıtlık, tezat

antimacassar /entimı'kesı/ *a.* koltuk örtüsü

antimalarial /entimı'leıriıl/ *s.* sıtmaya karşı kullanılan

antimatter /'entimetı/ *a. fiz.* anti madde, karşıt özdek

antimonial /enti'mouniıl/ *s.* antimuanlı

antimony /'entimıni/ *a.* antimon, antimuan

antimonyl /'entimınil/ *a.* antimonil

antineutrino /entinyu:'tri:nou/ *a.* antinötrino

antineutron /enti'nyu:tron/ *a. fiz.* antinötron, karşıtnötron

antinode /'entinoud/ *a.* dalga karnı

antinomian /enti'noumiın/ *a.* edepsiz kişi, ahlaksız kişi

antinomianism /enti'noumiınizım/ *a.* ahlaksızlık

antinomy /en'tinımi/ *a.* antinomi, çatışkı

antinovel /'entinovıl/ *a.* duygusal ağırlıklı roman

antioxidant /enti'oksidınt/ *a.* oksit giderici, pas önleyici

antiparallel /enti'perılel/ *s.* tersparalel, terskoşut

antiparticle /'entipa:tikıl/ *a. fiz.* antipartikül, karşıtparçacık

antipasto /enti'pa:stou/ *a.* meze

antipathetic /entipı'tetik/ s. hoşlanılmayan, beğenilmeyen, antipatik, sevimsiz, soğuk

antipathy /en'tipıti/ a. hoşlanmama, beğenmeme, antipati, sevmezlik

antipersonnel /entipö:sı'nel/ s. ask. antipersonel, insanlara karşı kullanılan

antiperspirant /enti'pö:spırınt/ a. ter kesici ilaç

antiphlogistic /entiflı'cistik/ a. iltihabı azaltan

antiphonal /en'tifınıl/ s. karşılıklı okuma ile ilgili

antiphony /en'tifıni/ a. antifoni, karşılıklı okunan ilahi

antiphrasis /en'tifrısis/ a. kon. bir sözcüğün zıt anlamda kullanılması

antipodal /en'tipıdıl/ s. yeryüzünün aksi tarafında olan; bir şeyin taban tabana zıddı

antipode /'entipoud/ a. antipot

antipodes /en'tipıdi:z/ a. yeryüzünün aksi tarafında bulunan yer; taban tabana zıtlık

antipope /'entipoup/ a. meşru papaya karşı çıkan papa

antiproton /'entiprouton/ a. antiproton

antipyretic /entipay'retik/ s. a. hek. ateş düşürücü

antiquarian /enti'kwéırıın/ s. antika (ile ilgili) ¤ a. antikacı

antiquary /'entikwıri/ a. antika meraklısı

antiquate /'entikweyt/ e. eskitmek

antiquated /'entikweytid/ s. antika olmuş, eski, modası geçmiş; yaşı ilerlemiş, yaşlı

antique /en'ti:k/ s. antik; eski moda; antika ¤ a. Eski Yunan ya da Roma sanatı; antika eşya

antiqueness /en'ti:knıs/ a. antikalık, eskilik

antiquity /en'tikwiti/ a. eski çağlar, eski yapıtlar

antirachitic /entirı'kitik/ a. raşitizme karşı ilaç

antiresonance /enti'rezınıns/ a. antirezonans **antiresonance frequency** antirezonans frekansı

antirrhinum /enti'raynım/ a. aslanağzı

antirust /enti'rast/ s. pas önleyici

antiscorbutic /entisko:'byu:tik/ a. skorbüt hastalığını önleyen ilaç

antisepsis /enti'sepsis/ a. antisepsi, mikrop öldürme özelliği

antiseptic /enti'septik/ a. s. antiseptik, arıtkan

antiseptically /enti'septikıli/ be. antiseptik suretiyle, arıtılmış olarak, mikropsuz bir şekilde

antiserum /enti'siırım/ a. aşı, antiserum

antislavery /enti'sleyvıri/ s. köleliğe karşı

antisocial /enti'souşıl/ s. topluma zararlı ya da düşman; toplumdan kaçan, antisosyal; bencil

antispasmodic /entispez'modik/ a. antispazmodik

antistatic /enti'stetik/ s. antistatik **antistatic antenna** antistatik anten **antistatic fluid** antistatik sıvı **antistatic mat** biliş. antistatik altlık

antisymmetric /entisi'metrik/ s. antisimetrik, tersbakışımlı

antisymmetry /entisi'metri/ a. antisimetri, tersbakışım

antitank /'entitenk/ a. s. ask. tanksavar **antitank gun** ask. tanksavar topu

antithesis /en'titisis/ a. tezat, karşıtlık; antitez, karşısav

antithetic /enti'tetik/ s. karşıt olan, tezatlı

antithetically /enti'tetikıli/ be. tezat oluşturarak

antitoxic /enti'toksik/ s. antitoksik

antitoxin /enti'toksin/ a. antitoksin

antitrade /'entitreyd/ s. metr. (rüzgâr) alize rüzgârlarına ters yönde esen

antitrades /'entitreydz/ a. metr. ters alize rüzgârları

antitrust /enti'trast/ s. antitröst, tröst karşıtı

antitype /'entitayp/ a. meydana geleceği önceden ima edilen olay

antler /'entlı/ a. geyik boynuzu

antlered /'entlıd/ s. boynuzlu

Antlia /'entliı/ a. gökb. Pompa (takımyıldızı)

antonomastical /entını'mestikıl/ s. sıfatla tesmiye usulü ile yapılan

antonym /'entınim/ a. dilb. zıt/karşıt anlamlı sözcük

antrum /'entrım/ a. anat. oyuk, antrum

anus /'enıs/ a. anat. anüs, makat

anvil /'envil/ a. örs; anat. (içkulaktaki) örskemiği

anviltop /envil'top/ a. ucu sivri fırtına

bulutu

anxiety /eng'zayıtı/ *a.* korku, endişe, tasa, kaygı; endişe kaynağı/nedeni; şiddetli istek

anxious /'enkşıs/ *s.* korkulu, tedirgin, meraklı; korkuya yol açan, tedirginliğe neden olan; çok istekli, çok arzulu *sit in the anxious seat* diken üzerinde oturmak

anxiously /'enkşısli/ *be.* endişe ile, istekle

anxiousness /'enkşısnıs/ *a.* endişe, huzursuzluk

any /'eni/ *s.* herhangi bir, bir; hiç; mümkün olduğunca çok; her ¤ *adl.* birisi, biri, kimse; herhangi birisi ¤ *be.* birazcık olsun, biraz da olsa, azıcık; hiç *any longer* artık, daha fazla *any more* artık, daha fazla *any more than* -den daha fazla *in any case* ne olursa olsun

anybody /'enibodi/ *adl.* herkes, kim olursa; herhangi birisi; birisi, kimse, hiç kimse *anybody else* başka biri

anyhow /'enihau/ *be.* gelişigüzel, rasgele; her şeye rağmen, yine de ¤ *ünl.* neyse

anyone /'eniwan/ *adl. bkz.* anybody

anyplace /'enipleys/ *be.* herhangi bir yer

anything /'eniting/ *adl.* (herhangi) bir şey; hiçbir şey; her şey, ne olsa *anything but* olmasın da ne olursa olsun *anything else* başka bir şey *like anything* kon. deli gibi, çılgınca

anyway /'eniwey/ *be. kon.* her durumda, ne olursa olsun, yine de; neyse, her neyse

anywhere /'eniweı/ *be.* hiçbir yerde; hiçbir yere; her yerde; her yere; neresi olursa olsun; nereye olursa olsun; nerede olursa olsun *anywhere else* başka bir yere; başka bir yerde

anywise /'eniwayz/ *be.* her nasıl olursa

aorist /'eyırist/ *a. dilb.* geniş zaman, aorist

aorta /ey'o:tı/ *a.* aort, ana atardamar

aortic /ey'o:tik/ *s.* aortla ilgili

apace /ı'peys/ *be.* çabuk, süratle

apart /ı'pa:t/ *be.* ayrı, uzakta; parçalar halinde, bölüm bölüm, parça parça ¤ *s.* ayrılmış, ayrı, bağsız; farklı düşüncede, düşünce olarak farklı, uyuşmayan *apart from* -den başka, bir yana

apartheid /ı'pa:theyt/ *a.* (özellikle G. Afrika Cumhuriyeti'nde uygulanan) ırk ayrımı

apartment /ı'pa:tmınt/ *a. İİ.* lüks daire; *Aİ.* apartman dairesi *apartment house Aİ.* apartman

apathetic /epı'tetik/ *s.* duygusuz, duyarsız; ilgisiz

apathy /'epıti/ *a.* duygusuzluk, duyarsızlık; ilgisizlik

apatite /'epıtayt/ *a. yerb.* apatit

ape /eyp/ *a. hayb.* (kuyruksuz) maymun; *hkr.* taklitçi, başkalarını taklit eden kişi ¤ *e.* taklit etmek, taklidini yapmak *ape man* insana benzeyen primat

apeak /ı'pi:k/ *be. den.* dikey olarak, apiko

aperient /ı'pıırıınt/ *s. a.* müshil, laksatif

aperiodic /eypııri'odik/ *s.* aperiyodik, dönemsiz *aperiodic antenna* aperiyodik anten

aperitif /ıperı'ti:f/ *a.* aperitif

aperture /'epıçı/ *a.* açık, delik, boşluk, açıklık; fotoğraf makinesi açıklığı *aperture angle* açıklık açısı *aperture number fot.* açıklık sayısı *aperture size* göz açıklığı, delik açıklığı

apery /'eypıri/ *a.* taklitçilik

apetalous /ey'petılıs/ *s.* (çiçek) yapraksız

APEX /'eypeks/ *a.* bileti yolculuktan belirli bir süre önce indirimli alma *APEX fare* önceden alındığı için indirimli olan bilet ücreti *APEX ticket* önceden alındığı için indirimli olan yolculuk bileti

apex /'eypeks/ *a.* zirve, doruk, en yüksek nokta, tepe; (güç, başarı) zirve, doruk; apeks, günerek

aphasia /ı'feyzıı/ *a. hek.* afazi, söz yitimi

aphelion /ep'hi:lıın/ *a. gökb.* günöte

aphid /'eyfid/ *a. hayb.* yaprakbiti, fidanbiti

aphonia /ı'founıı/ *a. hek.* afoni, ses kısılması

aphorism /'efırızım/ *a.* atasözü, özdeyiş, vecize

aphoristic(al) /efı'ristik(ıl)/ *s.* darbımesel niteliğinde

aphotic /ı'fotik/ *s.* ışıksız

aphrodisiac /efrı'diziek/ *a. s.* afrodizyak

aphyllous /ı'filıs/ *s.* yapraksız

apian /'eypıın/ *s.* arılarla ilgili

apiarian /eypi'eırıın/ *s.* arılarla ilgili; arıcılıkla ilgili

apiarist /'eypiırist/ *a.* arıcı

apiary /'eypiıri/ *a.* kovanlık, arı kovanlarının bulunduğu yer

apical /'eypikıl/ *s.* tepe ile ilgili, tepede bulunan **apical angle** tepe açısı

apiculture /'eypikalçı/ *a.* arıcılık

apiece /ı'pi:s/ *be.* her biri için, her biri, her birine, adam başı; tanesi

apish /'eypiş/ *s. hkr.* maymun gibi; salak; taklitçi

apishly /'eypişli/ *be.* maymun gibi; taklit ederek

apishness /'eypişnıs/ *a.* taklitçilik

aplanatic /eplı'netik/ *s.* aplanatik, sapınçsız **aplanatic lens** aplanatik mercek, sapınçsız mercek **aplanatic refraction** aplanatik kırılma, sapınçsız kırılma **aplanatic surface** aplanatik yüzey, sapınçsız yüzey

aplasia /ı'pleyziı/ *a. hek.* bir uzvun tam gelişmemesi

aplomb /ı'plom/ *a.* kendine güven, tutarlılık, denge

apnoea /ep'niı/ *a.* soluk almanın dinmesi

apocalypse /ı'pokılips/ *a.* kıyamet, dünyanın sonu; kıyamet günü olacakları bildirme

apocalyptic(al) /ıpokı'liptik(ıl)/ *s.* vahye ait

apocalyptically /ıpokı'liptikıli/ *be.* vahiy şeklinde, vahiy ifade ederek

apochromatic /epıkrı'metik/ *s.* apokromatik

apocopate(d) /ı'pokıpeyt(ıd)/ *s.* son harfi veya sesi kaldırılmış (kelime)

apocope /ı'pokıpi/ *a.* kelime sonundan bir veya birkaç harfi kaldırma

apocryphal /ı'pokrifıl/ *s.* apokrifaya ait

apodal /'epıdıl/ *s.* ayaksız hayvanlarla ilgili

apodictic /epı'diktik/ *s.* sabit, belli, itiraz kaldırmaz, müsellem

apodosis /ı'podısis/ *a.* şart cümlesinin ikinci kısmı, ceza

apoenzyme /epou'enzaym/ *a.* apoenzim

apogee /'epıci:/ *a.* en yüksek ya da en uzak nokta, doruk, zirve; gücün/başarının zirvesi, zirve, doruk; *gökb.* yeröte

apogeotropism /epıci'otrıpizım/ *a.* bitkinin topraktan yükseğe büyüme eğilimi

apologetic(al) /ıpolı'cetik(ıl)/ *s.* özür dileyen; özür dilemeye hazı; (söz/yazı ile) savunan

apologetically /ıpolı'cetikıli/ *be.* özür dileyerek, özür dilercesine

apologetics /ıpolı'cetiks/ *a.* dinsel inançları savunan ilahiyat dalı

apologia /epı'louciı/ *a.* kendini mazur göstermek için yazılan yazı, savunma, müdafaa

apologist /ı'polıcist/ *a.* yazılı veya sözlü olarak bir şahıs veya fikri savunan kimse, müdafi, apolojist

apologize /ı'polıcayz/ *e.* özür dilemek

apologue /'epılog/ *a.* ahlaki hikâye, öğretici masal, kıssadan hisse çıkarılan hikâye

apology /ı'polıci/ *a.* özür, mazeret, tarziye; (yazılı/sözlü) savunma

apophasis /ı'pofısis/ *a. kon.* bir konu hakkında konuşmaya yanaşmama

apophyllite /ı'pofilayt/ *a. min.* apofillit

apoplectic /epı'plektik/ *s.* kolay kızdırılan; felçle ilgili

apoplexy /'epıpleksi/ *a. hek.* felç, inme; beyin kanaması

aport /ı'po:t/ *be. den.* sol tarafa, sol tarafta, iskeleye, iskelede

aposiopesis /epousayı'pi:sis/ *a.* sözünü birdenbire yarıda bırakma

apostasy /ı'postısi/ *a.* din değiştirme; parti değiştirme

apostate /ı'posteyt/ *a.* din değiştiren kimse; parti/inanç değiştiren kimse

apostatize /ı'postıtayz/ *e.* dininden dönmek; inançlarından vazgeçmek

apostil /ı'postil/ *a.* haşiye, derkenar

apostle /ı'posıl/ *a.* İsa'nın 12 havarisinden biri, havari; dönme, döneklik

apostleship /ı'posılşip/ *a.* havarilik

apostolate /ı'postılit/ *a.* havarilik makamı ve görevi

apostolic /epı'stolik/ *s.* on iki havariden birine ait

apostolically /epı'stolikıli/ *be.* havarilere has bir şekilde

apostrophe /ı'postrıfı/ *a. dilb.* kesme işareti, apostrof

apostrophize /ı'postrıfayz/ *e.* bir söylevde hazır bulunmayan bir şahsa hitap etmek

apothecary /ı'potikıri/ *a.* eczacı **apothe-**

caries' measure eczacı ölçüsü
apothecaries' weight eczacı tartısı
apothegm /'epıtem/ *a.* vecize
apothem /'epıtem/ *a.* iç yarıçap, yanal yükseklik
apotheosis /ıpoti'ousis/ *a.* ilahlaştırma, tanrılaştırma
apotropaic /epoutrı'peyik/ *s.* kötülüğe karşı koruyucu
appal /ı'po:l/ *e.* şoka uğratmak, sarsmak
appalling /ı'po:ling/ *s.* korkunç, ürkünç; *kon.* berbat, rezil, korkunç
appallingly /ı'po:lingli/ *be.* dehşete düşürecek kadar
apparatus /epı'reytıs/ *a.* alet, cihaz, aygıt, aparat, teçhizat
apparel /ı'perıl/ *a.* giyim kuşam, elbise, kıyafet
apparent /ı'perınt/ *s.* kolaylıkla görülür, anlaşılır, açık, ortada, belli, aşikâr; görünüşteki, sahte *apparent altitude gökb.* görünür yükseklik, zahiri yükseklik *apparent density* görünen yoğunluk *apparent diameter* görünür çap, zahiri çap *apparent motion* zahiri hareket, görünür devim *apparent noon gökb.* gerçek öğle *apparent porosity* görünen gözeneklilik *apparent power* zahiri güç, görünür güç *apparent solar time gökb.* gerçek güneş zamanı *apparent time* zahiri zaman
apparently /ı'perıntli/ *be.* görünüşe göre, anlaşılan
apparentness /ı'perıntnıs/ *a.* açıklık, ortada oluş
apparition /epı'rişın/ *a.* hayalet
appeal /ı'pi:l/ *a. huk.* yüksek mahkemeye yapılan rica, temyiz; rica, yalvarma; başvuru, müracaat; çekim, cazibe, çekicilik ¤ *e. huk.* davayı bir üst mahkemeye götürmek, istinaf etmek; başvuruda bulunmak, rica etmek; dilemek; yalvarmak; cezbetmek, çekmek, sarmak, hoşuna gitmek *appeal to the law* yasaya başvurmak *appeal to the country* halkın oyuna başvurmak, seçime gitmek
appealing /ı'pi:ling/ *s.* çekici, hoş, tatlı; duygulandırıcı, dokunaklı
appear /ı'piı/ *e.* gözükmek, görünmek, ortaya çıkmak; varmak, gelmek; gibi görünmek, izlenimini vermek;

bulunmak, var olmak
appearance /ı'piırıns/ *a.* ortaya çıkma, göze görünme; görünüş, görünüm *keep up the appearance* durumu idare etmek, zevahiri kurtarmak, olmamış gibi göstermek *make appearance* arzı endam etmek, boy göstermek
appeasable /ı'pi:zıbıl/ *s.* teskin olunabilir, yatıştırılabilir, bastırılabilir
appease /ı'pi:z/ *e.* gidermek, dindirmek, yatıştırmak; tatmin etmek, doyurmak
appeasement /ı'pi:zmınt/ *a.* yatıştırma, dindirme
appellant /ı'pelınt/ *a.* başvuran kişi; temyiz eden kişi ¤ *s.* başvuru ile ilgili; temyiz ile ilgili
appellate /ı'pelit/ *s.* davaların yeniden görülmesine ait *appellate court* temyiz mahkemesi
appellation /epi'leyşın/ *a.* ad, isim, unvan
appellative /ı'pelıtiv/ *a.* cins isim; lakap, unvan ¤ *s.* cins isme ait; tanımlayıcı
appellee /epe'li:/ *a.* dava temyizinde davalı
append /ı'pend/ *e.* sonuna ilave etmek, eklemek
appendage /ı'pendic/ *a.* daha büyük ya da önemli bir şeye eklenmiş şey, ek
appendant /ı'pendınt/ *s.* asılı, muallakta; ait, ilişkin, bağlı
appendectomy /ıpin'dektımi/ *a.* apandisit ameliyatı
appendicitis /ıpendi'saytis/ *a. hek.* apandisit, ekbağırsak yangısı
appendix /ı'pendiks/ *a.* (yazı/kitap vb. sonundaki) ek, ek bölüm; *hek.* apandis, ekbağırsak
apperceive /epı'si:v/ *e.* kavramak, idrak etmek
apperception /epı'sepşın/ *a.* idrak, kavrama
appertain /epı'teyn/ *e.* (to ile) ait olmak
appertaining /epı'teyning/ *s.* ait olan, ilgili, alâkadar
appetence /'epitıns/ *a.* iştah, arzu; eğilim, istidat
appetent /'epitınt/ *s.* after veya of ile arzulu, istekli, iştahlı
appetite /'epitayt/ *a.* iştah; istek, arzu, şehvet *sharpen the appetite* iştahını kabartmak, iştah açmak *whet the appetite* iştahını kabartmak, iştah açmak

appetizer /'epitayzı/ a. iştah açıcı yiyecek, meze, çerez

appetizing /'epitayzing/ s. iştah açıcı, iştahlandıran

applaud /ı'plo:d/ e. alkışlamak; beğenmek, onaylamak, benimsemek

applause /ı'plo:z/ a. alkış

apple /'epıl/ a. elma *apple butter* elma marmeladı *apple borer* elma kurdu *apple charlotte* elma pudingi *apple corer* elma oyacağı *apple fritters* elmalı börek *apple juice* elma suyu *apple of the eye* gözbebeği *apple polisher Aİ.* yağcı *apple sauce* elma püresi; zırva, saçmalık

applecart /'epılka:t/ a. seyyar satıcı arabası *upset the applecart* pişmiş aşa soğuk su katmak, içine etmek

applejack /'epılcek/ a. elma rakısı

apple-pie /'epıl-pay/ a. elmalı börek *in apple-pie order* çok düzenli

appliance /ı'playıns/ a. alet, gereç, araç

applicability /eplikı'biliti/ a. uygulanabilme, tatbik edilebilme

applicable /ı'plikıbıl/ s. uygun, uygulanabilir; etkileyebilecek kadar uygun

applicant /'eplikınt/ a. başvuran kişi, aday, istekli

application /epli'keyşın/ a. kullanma, uygulama, uygulamaya koyma; (to ile) yararlı/uygun olma; talepte bulunma, talep; başvuru; dikkat, özen; (merhem, vb.) sürme; ilaç, merhem *application form* başvuru formu *application package biliş.* uygulama paketi *application point* etki noktası, uygulama noktası *application program* uygulama programı *application programmer biliş.* uygulama programcısı *application system biliş.* uygulama sistemi, uygulama dizgesi *application virtual machine biliş.* uygulama görünümlü makine *applications software biliş.* uygulama yazılımı *applications study biliş.* uygulama incelemesi

applicator /'eplikeytı/ a. aplikatör *applicator roll teks.* aktarma valsi, aktarma merdanesi

applied /ı'playd/ s. uygulamalı, tatbiki *applied chemistry* uygulamalı kimya *applied force* uygulanan kuvvet *ap-plied load* tatbik yükü *applied mathematics* uygulamalı matematik *applied mechanics* uygulamalı mekanik *applied power* uygulanan güç *applied pressure* uygulanan basınç, uygulanan gerilim *applied research* uygulamalı araştırma *applied shock* uygulanan şok

appliqué /ı'pli:key/ a. aplike

apply /ı'play/ e. uygulamak, uygulamaya koymak, kullanmak; başvuruda bulunmak, başvurmak; (üstüne) sürmek, koymak, yaymak; çaba göstermek, özen göstermek, (kendini) vermek, uğraştırmak; etkili olmak, -le ilgili olmak *apply a match* kibritle tutuşturmak *apply oneself to something* kendini bir şeye vermek

appoggiatura /ıpocı'tuırı/ a. müz. adi notanın yanına eklenen ufak nota

appoint /ı'poynt/ e. atamak, tayin etmek; düzenlemek; kararlaştırmak, saptamak; kurmak

appointee /ıpoyn'ti:/ a. atanan kimse, tayin edilmiş kimse

appointive /ı'poyntiv/ s. tayine bağlı, tayinle doldurulan

appointment /ı'poyntmınt/ a. atama, tayin; randevu; iş, görev

apportion /ı'po:şın/ e. paylaştırmak, bölüştürmek

apportionment /ı'po:şınmınt/ a. pay; paylaştırma, bölme, taksim, hisselere ayırma

apposable /ı'pouzıbıl/ s. diğer parmakların uçlarına dokunabilen (baş parmak)

appose /ı'pouz/ e. yan yana koymak; yapıştırmak

apposite /'epızit/ s. uygun, münasip, yerinde

appositely /'epızitli/ be. uygun bir şekilde

appositeness /'epızitnıs/ a. uygunluk, yerinde oluş

apposition /epı'zişın/ a. koşuntu, appozisyon

appraisal /ı'peyzıl/ a. değer biçme, kıymet takdir etme

appraise /ı'preyz/ e. değer biçmek

appraisement /ı'preyzmınt/ a. değer biçme; tahmin

appraiser /ı'preyzı/ a. muhammin
appreciable /ı'pri:şıbıl/ s. fark edilir, kayda değer
appreciate /ı'pri:şieyt/ e. takdir etmek, değerini bilmek; değerlenmek, değeri artmak; anlamak; farkında olmak
appreciation /ıpri:şi'eyşın/ a. değerlendirme, takdir; minnettarlık; teşekkür; değer artışı
appreciative /ı'pri:şıtiv/ s. minnettar, değer bilen; anlayan, beğenen
apprehend /epri'hend/ e. anlamak, kavramak; tutuklamak
apprehensible /epri'hensibıl/ s. anlaşılabilir, idrak olunabilir, fark olunabilir
apprehension /epri'henşın/ a. tutuklama; anlayış, kavrayış; korku, endişe, kuruntu
apprehensive /epri'hensiv/ s. korkan, endişeli, kaygılı; kuruntulu
apprehensively /epri'hensivli/ be. vesveseli olarak
apprehensiveness /epri'hensivnıs/ a. endişe, vesvese
apprentice /ı'prentis/ a. çırak; deneyimsiz acemi kişi, toy kimse ¤ e. (to ile) çırak olarak göndermek; çırak yapmak
apprenticeship /ı'prentisşip/ a. çıraklık; çıraklık süresi, dönemi
apprise /ı'prayz/ e. bildirmek, söylemek
apprizement /ı'prayzmınt/ a. paha biçme; haber verme
apprizer /ı'prayzı/ a. muhammin
approach /ı'prouç/ e. yaklaşmak, yakınlaşmak; ilerlemek, ilerleme kaydetmek; düşünmeye/üzerinde durmaya/ilgilenmeye/uğraşmaya başlamak; (about ile) konuyu açmak ¤ a. yaklaşma, yakınlaşma; geçit, giriş yolu; konu açma; yakınlık kurma için konu açma; ele alış biçimi, yaklaşım, yöntem; benzerlik approach angle hav. yaklaşma açısı approach beacon hav. yaklaşma bikını approach control hav. yaklaşma kontrolü approach lighting hav. yaklaşma ışıkları approach road yaklaşım yolu approach route hav. yaklaşma rotası approach speed yaklaşma hızı
approachable /ı'prouçıbıl/ s.

yaklaşılabilir, yanaşılabilir
approbate /'eprıbeyt/ e. resmen tasvip etmek, onaylamak
approbation /eprı'beyşın/ a. onaylama, onay, tasvip; takdir, beğenme
appropriable /ı'proupriyıbıl/ s. istimlak edilebilir
appropriate /ı'prouprieyt/ e. (for ile) ayırmak, tahsis etmek; ört. kendine mal etmek, kendine ayırmak; çalmak ¤ /ı'prouprııt/ s. uygun
appropriately /ı'prouprieytli/ be. uygun bir şekilde
appropriateness /ı'prouprieytnıs/ a. uygunluk, yerinde oluş
appropriation /ıproupri'eyşın/ a. tahsisat; ayırma, tahsis etme; mal etme
approval /ı'pru:vıl/ a. onama, onaylama, uygun bulma, tasvip; resmi izin, onay on approval muhayyer olarak, beğenilmediği takdirde geri verilmek şartıyla
approve /ı'pru:v/ e. onaylamak, onamak, uygun bulmak, tasvip etmek
approved /ı'pru:vd/ s. tasdikli, kabul edilmiş
approvingly /ı'pru:vingli/ be. onayarak, onaylayarak, uygun bularak
approximate /ı'proksimit/ s. hemen hemen doğru ama tam değil, yaklaşık ¤ /ı'proksimeyt/ e. yakınlaşmak, yaklaşık olmak approximate method yaklaşık yöntem, yaklaşık metot
approximately /ı'proksimitli/ be. yaklaşık olarak, aşağı yukarı
approximation /ıproksi'meyşın/ a. yaklaşma, tahmin
appurtenance /ı'pö:tinıns/ a. ek, eklenti, ilave
appurtenances /ı'pö:tinınsız/ a. müştemilat; aksam
appurtenant /ı'pö:tinınt/ s. bağlı, merbut, tabi, ait
apraxia /ı'preksiı/ a. hek. apraksi, işlev yitimi
apricot /'eyprikot/ a. kayısı; kayısı rengi
April /'eypril/ a. nisan April fool kendisine nisan 1 şakası yapılan kimse April fool's day nisan 1
apron /'eyprın/ a. önlük; hav. apron; tiy. ön sahne apron conveyor mafsallı konveyör, levhalı konveyör

aproned /'eyprınd/ s. önlüklü

apropos /eprı'pou/ s. uygun, yerinde, münasip

apse /eps/ a. mim. absida, apsit

apsis /ep'sis/ a. gökb. gezegenin yerçekimi merkezine en uzak ve en yakın noktaları; elipsin tepeleri

apt /ept/ s. uygun, yerinde, münasip; eğilimli, yatkın; zeki, çabuk kavrayan

aptera /'eptırı/ a. kanatsız böcekler

apterous /'eptırıs/ s. kanatsız

apteryx /'eptıriks/ a. hayb. apteriks

aptitude /'eptityu:d/ a. uygunluk; doğal yetenek **aptitude test** Aİ. yetenek testi

aptly /'eptli/ be. uygun bir şekilde, yerinde

aptness /'eptnıs/ a. uygunluk, münasiplik

Apus /'eypıs/ a. gökb. Cennetkuşu (takımyıldızı)

aqua /'ekwı/ a. su **aqua fortis** kezzap, nitrik asit **aqua regia** kral suyu, altın suyu, nitrohidroklorik asit **aqua vitae** alkol, ispirto, sert içki

aquacade /'ekwıkeyd/ a. müzik eşliğinde su revüsü

aquaculture /'ekwıkalçı/ a. su içinde yetiştirme, su kültürü

aquafarm /'ekwıfa:m/ a. balık yetiştirme havuzu

aqualung /'ekwılang/ a. dalgıç oksijen tüpü

aquamarine /ekwımı'ri:n/ a. deniz yeşili zümrüt

aquanaut /'ekwıno:t/ a. su altında yaşayarak araştırma yapan bilgin

aquaplane /'ekwıpleyn/ a. su kayağı

aquaplaning /ekwı'pleyning/ a. oto. ıslak yolda kayma, kızaklama

aquarelle /ekwı'rel/ a. suluboya resim

aquarium /ı'kweıriım/ a. akvaryum **aquarium reactor** akvaryum reaktör

Aquarius /ı'kweıriıs/ a. Kova burcu; Kova takımyıldızı

aquatic /ı'kwotik/ s. suda yaşayan; suda olan, suyla ilgili **aquatic sports** su sporları

aquatint /'ekwıtint/ a. leke baskı

aqueduct /'ekwidakt/ a. sukemeri

aqueous /'eykwiıs/ s. suyla ilgili, sulu, sudan **aqueous humor** gözde bulunan bir sıvı **aqueous solution** sulu çözelti

aquiculture /'eykwikalçı/ a. madensel sularda bitki yetiştirme usulü

aquifer /'ekwifı/ a. yerb. akifer, sutaşır

Aquila /'ekwilı/ a. gökb. Kartal (takımyıldızı)

aquiline /'ekwilayn/ s. kartal gibi, kartal benzeri; (insan burnu) kartal gagası gibi, gaga gibi

ar(e) /ı, eı/ a. ar: 100 metre karelik bir alan ölçü birimi

Ara /'a:rı/ a. gökb. Sunak (takımyıldızı)

arabesque /erı'besk/ a. mim. arabesk, girişik bezeme

Arabic /'erıbik/ s. Arap ¤ a. Arapça **Arabic numeral** (1-2-3 şeklinde) sayı, rakam

arabinose /ı'rebinouz/ a. arabinoz

arable /'erıbıl/ s. (toprak) tarıma uygun, sürülüp işlenebilir, ekilebilir

arachnid /ı'reknid/ a. hayb. örümceğimsi

arachnoid /ı'reknoyd/ a. örümceksi

aragonite /ı'regınayt/ a. min. aragonit

arbalest /'a:bılist/ a. ortaçağda kullanılan eski tip yay

arbiter /'a:bıtı/ a. iki taraf arasındaki bir sorun hakkında kesin karar verme yetkisi olan yansız kimse, hakem, son söz sahibi

arbitrage /'a:bitra:j/ a. tic. arbitraj

arbitrament /a:'bitrımınt/ a. karar verme hakkı/yetkisi; hüküm, karar

arbitrarily /'a:bitrırili/ be. keyfi olarak, isteğe göre **arbitrarily sectioned file** biliş. isteğe göre kesimlenmiş dosya

arbitrariness /'a:bitrırinıs/ a. keyfi hareket

arbitrary /'a:bitrıri/ s. isteğe göre, keyfi, seçmeli; rasgele seçilmiş, nedensiz seçilmiş **arbitrary constant** mat. keyfi sabit **arbitrary sequence computer** biliş. rasgele sıralı bilgisayar

arbitrate /'a:bitreyt/ e. hakemlik etmek; hakeme başvurmak

arbitration /a:bi'treyşın/ a. anlaşmazlığın çözümü için hakeme başvurma **arbitration court** huk. hakem mahkemesi

arbitrator /'a:bitreytı/ a. yansız aracı, hakem, yargıcı

arbor /'a:bı/ a. bkz. arbour

arbor vitae /'a:bo:-vi:tay/ a. bitk. mazı

arboreal /a:'bo:riıl/ s. ağaçla ilgili, ağaç gibi olan, ağaçsıl, ağaçlarda yaşayan

arboreous /a:'bo:riıs/ s. ağaç gibi; ağaçlı, ağaçlık
arborescence /a:bı'resıns/ a. ağaca benzeme, ağaç şekli
arborescent /a:bı'resınt/ s. ağaç gibi, ağaca benzeyen
arboretum /a:bı'ri:tım/ a. bilimsel amaçlarla ağaç yetiştirilen alan
arboriculture /'a:bırikalçı/ a. trm. ağaççılık
arboriform /'a:bırifo:m/ s. ağaç şeklinde
arbour /'a:bı/ a. çardak, gölgelik, kameriye
arbutus /a:'byu:tıs/ a. mayıs çiçeği; kocayemiş
arc /a:k/ a. mat. kaviš, yay, eğmeç; elek. ark **arc cosecant** mat. ark kosekant, eşkesenlik yayı **arc cosine** mat. ark kosinüs, eşdikmelik yayı **arc cotangent** mat. ark kotanjant, eşteğetlik yayı **arc crater** ark krateri **arc deflector** elek. ark saptırıcı, ark deflektörü **arc discharge** elek. ark deşarjı, ark boşalımı **arc discharge tube** elek. ark deşarj tüpü **arc drop** elek. ark düşüşü **arc duration** elek. ark süresi **arc extinction** elek. ark sönümü **arc furnace** ark fırını **arc lamp** ark lambası **arc rectifier** elek. ark redresörü **arc resistance** elek. ark direnci **arc secant** ark sekant, kesenlik yayı **arc sine** mat. ark sinüs, dikmelik yayı **arc spectrum** ark spektrumu, yay izgesi **arc suppressor** elek. ark söndürücü **arc tangent** mat. ark tanjant, teğetlik yayı **arc tube** elek. ark tüpü **arc weld** met. ark kaynağı yapmak **arc welding** ark kaynağı
arcade /a:'keyd/ a. sıra kemerler; pasaj, çarşı
arcane /a:'keyn/ s. gizli, saklı
arcanum /a:'keynım/ a. sır, muamma
arch /a:ç/ a. kemer; yay, eğmeç ¤ e. üzerinde kemer oluşturmak; (sırtını vb.) kabartmak ¤ s. cin gibi, muzip, kurnaz; cilveli, nazlı **arch brick** kemer tuğlası **arch bridge** kemerli köprü **arch buttress** kemervari payanda **arch dam** kemer baraj **arch of triumph** zafer takı **arch stone** kemer taşı **arch supporter** ayak kemerine destek, kavis
archaeological /a:kiı'locikıl/ s. arkeolojik, kazıbilimsel

archaeologist /aki'olıcist/ a. arkeolog, kazıbilimci
archaeology /a:ki'olıci/ a. arkeoloji, kazıbilim
archaic /a:'keyik/ s. geçmişe ait, eski; artık kullanılmayan, modası geçmiş
archaism /'a:kiizım/ a. artık kullanılmayan söz veya terim,
archangel /'a:keyncıl/ a. başmelek; bitk. melekotu, ancelika, inciliye
archangelic /a:ken'celik/ s. baş meleğe ait
archbishop /a:ç'bişıp/ a. başpiskopos
archbishopric /'a:çbişıprik/ a. başpiskoposluk (makamı/bölgesi)
archdeacon /'a:çdi:kın/ a. başdiyakon
archdeaconry /'a:çdi:kınri/ a. din. başdiyakozluk
archdiocese /a:ç'dayısi:s/ a. başpiskoposun idaresi altındaki bölge
archducal /'a:çdyu:kıl/ s. arşidüke ait
archduchess /'a:çdaçis/ a. arşidüşes
archduchy /'a:çdaçi/ a. arşidükün idaresi altındaki bölge
archduke /'a:çdyu:k/ a. arşidük
arched /a:çt/ s. kemerli **arched beam** kemerli kiriş **arched culvert** kemerli menfez **arched floor** kemer döşeme **arched roof** kemer çatı
archenemy /'a:çenimi/ a. baş düşman; şeytan
archeological /a:kio'locikıl/ s. arkeolojik, kazıbilimsel
archeology /a:ki'olıci/ a. arkeoloji
Archer /'a:çı/ a. gökb. Yay
archer /'a:çı/ a. okçu
archery /'a:çıri/ a. okçuluk
archetype /'a:kitayp/ a. asıl numune, ilk örnek, orijinal model veya numune
archfiend /a:ç'fi:nd/ a. şeytan
archie /'a:çi/ a. İl. arg. uçaksavar topu
archimandrite /a:ki'mendrayt/ a. bir veya birkaç manastırı idare eden rahip, yüksek rütbeli papaz
Archimedes /a:ki'mi:di:z/ a. mak. Arşimet burgusu **Archimedes' screw** mak. Arşimet burgusu **Archimedes' principle** fiz. Arşimet kanunu, Arşimet yasası
archipelago /a:ki'pelıgou/ a. coğ. takımadalar, takımadalar bölgesi
architect /'a:kitekt/ a. mimar

architectonic /a:kitek'tonik/ *s.* mimarlığa ait, yapı veya plan çizmeye ait; yapı tekniği bakımından

architectural /a:ki'tekçırıl/ *s.* mimari, mimariye ilişkin *architectural protection biliş.* yapısal koruma

architecture /'a:kitekçı/ *a.* mimari, mimarlık; yapı, inşaat

architrave /'a:kitreyv/ *a.* baştaban, sütun baştabanı

archival /a:'kayvıl/ *s.* arşive ait

archive /'a:kayv/ *a.* arşiv, belgelik *archive attribute biliş.* arşiv niteliği

archives /'a:kayvz/ *a.* arşiv, belgelik; arşiv odası, arşiv binası, arşiv

archiving /'a:kayving/ *a. biliş.* arşivleme

archivist /'a:kivist/ *a.* arşivci

archly /'a:çli/ *be.* şaka ile, kurnazca

archness /'a:çnis/ *a.* şakacılık, kurnazlık

archon /'a:kon/ *a.* hükümdar

archpriest /'a:çpri:st/ *a.* başpapaz

archway /'a:çwey/ *a.* kemer altı yolu, kemerli geçit

Arctic /'a:ktik/ *a.* Kuzey Kutbu *Arctic Circle* Kuzey Kutbu dairesi, kuzey eksenucu çemberi *Arctic Ocean* Kuzey Buz Denizi *Arctic Zone* Arktik Kuşak

arctic /'a:ktik/ *s.* arktik, kuzey kutbu ile ilgili *arctic air metr.* arktik hava *arctic climate metr.* arktik iklim *arctic fox* kutup tilkisi

Arcturus /a:k'tyuırıs/ *a. gökb.* Arktürüs

arcuate /'a:kyu:it/ *s.* kavisli, bükülmüş, eğri

arcuation /a:kyu'eyşın/ *a.* eğrilik, kavis; kemerli inşaat

ardency /'a:dınsi/ *a.* ateşlilik; şevk

ardent /'a:dınt/ *s.* ateşli, gayretli, coşkulu, hevesli

ardently /'a:dıntli/ *be.* gayretle, şevkle, istekle

ardour /'a:dı/ *a.* gayret, çaba, istek, ateş, heyecan, heves, azim

arduous /'a:dyuıs/ *s.* çok çaba isteyen, güç, yorucu, çetin

arduously /'a:dyuısli/ *be.* gayretle, güçlükle

arduousness /'a:dyuısnıs/ *a.* güç oluş, çetinlik

are /a:, ı/ *e.* -sin, -iz, -siniz, -dirler ¤ /eı/ *a.* ar, yüz metre karelik bir alan ölçüsü

area /'eırıı/ *a.* alan, saha; belirli bir alan, bölge; yüzölçümü; (bilimsel açıdan, vb.) alan, saha *area code* alan kodu *area of precipitation* yağış alanı *area ratio* alan oranı *area search biliş.* alan araştırması

areaway /'eırııwey/ *a.* geçit

areca /'erikı/ *a.* birkaç çeşit hurma ağacı

arena /ı'ri:nı/ *a.* arena, oyun alanı

arenaceous /eri'neyşıs/ *s.* kumlu

areola /ı'rıılı/ *a.* ayla, meme başını çevreleyen renkli halka

arete /ı'reyt/ *a.* sarp dağ geçidi

argali /'a:gıli/ *a.* argali, yaban koyunu

Argand diagram /'a:gend/ *a. mat.* Argand diyagramı

argent /'a:cınt/ *a.* gümüş

argentiferous /a:cın'tifırıs/ *s.* içinde gümüş bulunan

argentine /'a:cıntayn/ *s.* gümüş+, gümüşten, gümüş gibi

argentite /'a:cıntayt/ *a. min.* argantit

argil /'a:cil/ *a.* kil, balçık

argillaceous /a:ci'leyşıs/ *s.* killi *argillaceous marn* killi marn *argillaceous rock* killi kaya *argillaceous sandstone* killi kumtaşı *argillaceous schist* killi şist *argillaceous sediment* killi çökelti *argillaceous slate* killi şist

argilliferous /a:ci'lifırıs/ *s.* killi, balçıklı

arginine /'a:cinayn/ *a. kim.* arginin

argol /'a:gol/ *a.* şarap tortusu

argon /'a:gon/ *a.* argon *argon laser* argon lazeri

argosy /'a:gısi/ *a.* 16 ve 17. yüzyılda büyük ticaret gemisi; 16 ve 17. yüzyılda hazine yüklü büyük ticaret gemisi filosu

argot /'a:gou/ *a.* argo, belirli bir topluluğun kullandığı dil

argue /'a:gyu:/ *e.* tartışmak, atışmak; kanıtlamaya çalışmak *argue against* karşı çıkmak *argue for* lehinde olmak, savunmak

argument /'a:gyumınt/ *a.* tartışma, münakaşa, anlaşmazlık; üzerinde konuşma, düşünme, tartışma; tez, düşünce; karşısındakileri ikna etmek için ileri sürülen kanıtlar ya da konular; bir kitabın savunduğu düşüncelerin özeti

argumentation /a:gyumen'teyşın/ *a.* tartışma, münakaşa; yargılama, muhakeme

argumentative /a:gyu'menutiv/ *s.* tartışmayı seven, tartışmacı, münakaşacı

argumentum ad hominem /a:gyu'mentum ed 'hominem/ *a.* tartışmada karşı tarafın söz ve hareketlerini kendi görüşünü savunmada delil olarak kullanma

argyle /'a:gayl/ *s.* iki ya da daha fazla renkli baklava desenli örgü/dokuma kumaştan

aria /'a:rıı/ *a. müz.* arya, şan solosu

arid /'erid/ *s.* kuru, sıcaktan kavrulmuş, çatlamış, kurak, çorak, kupkuru; tatsız, yavan, kuru, cansız; ilgi çekmeyen, sıkıcı *arid climate metr.* kurak iklim

aridity /ı'riditi/ *a.* kuruluk, kuraklık, çoraklık; yavanlık, tatsızlık, cansızlık

ariel /'eırııl/ *a. hayb.* Arap ceylanı

Aries /'eıri:z/ *a.* Koç burcu; Koç (takımyıldızı)

aright /ı'rayt/ *be.* doğru olarak, hatasız bir şekilde

aril /'eril/ *a. bitk.* bazı tohumların etrafında bulunan kese şeklinde ince zar

arioso /a:ri'ouzou/ *a. müz.* arya tarzında

arise /ı'rayz/ *e.* kalkmak; doğrulmak; ortaya çıkmak, doğmak, görünmek, yükselmek; baş göstermek

aristocracy /eri'stokrısi/ *a.* aristokrasi, soylular yönetimi

aristocrat /'erıstıkret/ *a.* soylu, aristokrat; bir şeyin en iyi örneği, en kaliteli örnek

aristocratic /erıstı'kretik/ *s.* aristokrasiye ait, asil, çok kibar

aristocratically /erıstı'kretikıli/ *be.* aristokratça

arithmetic /ı'ritmıtik/ *a. s.* aritmetik; ölçme, sayma, hesap; aritmetiksel *arithmetic address biliş.* aritmetik adres *arithmetic check biliş.* aritmetik sağlama *arithmetic data biliş.* aritmetik veri *arithmetic instruction biliş.* aritmetik komut *arithmetic mean mat.* aritmetik ortalama *arithmetic progression mat.* aritmetik dizi, eşartanlı dizi *arithmetic register biliş.* aritmetik yazmaç *arithmetic sequence unit biliş.* aritmetik kontrol birimi *arithmetic series mat.* aritmetik seri, eşartanlı derney *arithmetic shift* aritmetik

kaydırma *arithmetic unit biliş.* aritmetik birim

arithmetical /ırit'metikıl/ *s.* aritmetiksel *arithmetical operation* aritmetik işlem

arithmetically /ırit'metikıli/ *be.* aritmetik yoluyla

arithmetician /ırıtmı'tişın/ *a.* aritmetikçi

ark /a:k/ *a.* Nuh'un gemisi

arkose /'a:kous/ *a. yerb.* arkoz

arm /a:m/ *a.* kol; giysi kolu; koltuk kolu; güç, erk, yetke, otorite; dal, şube, kol *arm in arm* kol kola *arm of the law* güvenlik kuvvetleri, kanunun pençesi *arm of a balance* terazi kolu *with open arms* memnuniyetle, kucak açarak

arm /a:m/ *a.* silah; askerlik hizmeti, askerlik; askeri kuvvetlerin bir kolu ¤ *e.* silahlandırmak, savaşa hazırlamak

armada /a:'madı/ *a.* donanma, deniz kuvvetleri

armadillo /a:mı'dilou/ *a. hayb.* armadillo

armament /'a:mımınt/ *a.* silahlanma; silahlandırma, donatım, teçhizat; hazır savaş kuvvetleri; bir ülkenin toplam silah gücü, silahlı kuvvetler

armamentarium /a:mımen'teırıım/ *a.* tedavi usul ve araçlarının tümü

armature /'a:mıtyuı/ *a. elek.* armatür, endüvi, rotor, döneç; zırh *armature coil elek.* endüvi bobini *armature core* endüvi nüvesi, endüvi demiri *armature current elek.* endüvi akımı *armature gap elek.* endüvi aralığı *armature reactance elek.* endüvi reaktansı *armature reaction elek.* endüvi reaksiyonu *armature slot elek.* endüvi oluğu, endüvi oyuğu *armature winding elek.* endüvi sarımı

armband /'a:mbend/ *a.* pazıbent

armchair /'a:mçeı/ *a.* koltuk

armed /a:md/ *s.* silahlı *armed forces* silahlı kuvvetler

armful /'a:mful/ *a.* kucak dolusu

armhole /'a:mhoul/ *a.* kolevi

armiger /'a:mıcı/ *a.* şövalyenin silahtarı

armillary /'a:milıri/ *s.* halkamsı, bilezik gibi

arming /'a:ming/ *a.* silahlanma; silah, teçhizat

armistice /'a:mistis/ *a.* ateşkes

armlet /'a:mlit/ *a.* kısa kol; pazıbent

armor /'a:mı/ a. *Aİ. bkz.* armour

armored /'a:mıd/ s. zırhlı

armorer /'a:mırı/ a. zırh/silah yapan kişi

armorial /'a:mıriıl/ s. hanedanlık armasına ait

armour /'a:mı/ a. zırh; *ask.* zırhlı güçler *armour piercing ask.* zırh delici *armour plate* zırh levha

armoured /'a:mıd/ s. zırhlı *armoured cable* blendajlı kablo *armoured car* zırhlı araba *armoured concrete* betonarme *armoured face conveyor* zırhlı konveyör *armoured pipe* zırhlı boru *armoured vehicle* zırhlı araç

armoury /'a:mıri/ a. cephane, silah deposu

armpit /'a:mpit/ a. koltuk altı

arms /a:mz/ a. savaş silahları *arms length* kol boyu *arms race* silahlanma yarışı *arms reach* elin yetişeceği mesafe *be within arms reach* yakın olmak, elinin altında olmak *keep one at arms length* bir kimseyi uzak tutmak, yüz vermemek

army /'a:mi/ a. ordu, kara ordusu; herhangi bir amaçla bir araya toplanmış insan kalabalığı, ordu *army commander* orgeneral *army worm* sürü halinde yürüyen ve her şeyi yiyip bitiren bir çeşit tırtıl *join the army* askere gitmek, asker olmak

arnica /'a:nikı/ a. *bitk.* arnika, öküzgözü

aroma /ı'roumı/ a. koku, aroma, güzel koku; belirli bir nitelik ya da ortam

aromatic /erı'metik/ s. aromatik, ıtırlı, güzel kokulu

aromatize /ı'roumıtayz/ e. kokulandırmak, baharat kokusu vermek

around /ı'raund/ *ilg.* çevresine, çevresinde; orada burada, oraya buraya, ötesinde berisinde, sağında solunda, sağına soluna; yakınlarında, yakınında, dolayında, civarında ¤ *be.* çevrede, ortalıkta; aşağı yukarı, yaklaşık; arkaya, geriye; yakınlarda, civarda, buralarda; ötede beride, öteye beriye; her yanına; çevresine, çevrede

arousal /ı'rouzıl/ a. uyandırma, canlandırma

arouse /ı'rauz/ e. uyandırmak; canlandırmak, harekete geçirmek, uyandırmak

arpeggio /a:'peciou/ a. *müz.* arpej

arquebus /'a:kwibıs/ a. eski tür bir silah

arrack /'erık/ a. rakı

arraign /ı'reyn/ e. suçlamak; mahkemeye vermek

arraignment /ı'reynmınt/ a. *huk.* davayı sanığa tebliğ etme

arrange /ı'reync/ e. dizmek, düzeltmek; kararlaştırmak, planlamak; saptamak; ayarlamak, düzenlemek

arrangement /ı'reyncmınt/ a. hazırlık; düzen; anlaşma, uzlaşma; *müz.* aranjman; düzenlenmiş şey

arrant /'erınt/ s. kötü şöhret sahibi, adı çıkmış

arrantly /'erıntli/ be. kötü bir şekilde

arras /'erıs/ a. nakışlı duvar veya kapı halısı; sahneye asılan ve dekorun bir parçasanı oluşturan perde

array /ı'rey/ e. düzenlemek, dizmek, tanzim etmek, tertip etmek; süslemek; giydirip kuşatmak, donatmak ¤ a. önemli birlik, sıra, askeri nizam; giyim kuşam, süs, donanım; görkem, tantana, debdebe; saf, sıra *array element biliş.* dizi elemanı, dizi öğesi

arrayal /ı'reyıl/ a. dizme; giydirme

arrear /ı'rii/ a. arka kısım

arrearage /ı'riıric/ a. geri kalma; borç bakiyesi

arrears /ı'riız/ s. gecikmiş borç; gecikmiş ve yapılmayı bekleyen iş *be in arrears* borcu vaktinde ödeyememek

arrest /ı'rest/ e. tutuklamak; durdurmak, kesmek, bitirmek, önünü almak; dikkatini çekmek, cezbetmek *arrest point met.* kesilme noktası, duraksama noktası

arriere-pensée /aryerpanse/ a. art fikir, gizli düşünce veya maksat

arris /'erıs/ a. *inş.* pervaz kenarı, sivri kenar *arris tile inş.* mahya kiremidi

arrival /ı'rayvl/ a. geliş, varış; gelen kimse, varan kimse *arrival rate biliş.* varış oranı

arrive /ı'rayv/ e. gelmek, varmak, dönmek; ulaşmak, yetişmek, bir ereğe ulaşmak; başarı kazanmak, başarmak, üstesinden gelmek; doğmak; gelip çatmak, gelmek

arrogance /'erıgıns/ a. kibir, gurur, kendini beğenme, küstahlık, kurum, ukalalık

arrogant /'erıgınt/ *s.* kibirli, gururlu, kendini beğenmiş, küstah, ukala

arrogate /'erıgeyt/ *e.* haksız yere iddia etmek

arrogation /erı'geyşın/ *a.* haksız iddia

Arrow /'erou/ *a. gökb.* Okçuk (takımyıldızı)

arrow /'erou/ *a.* ok; yön belirtmekte kullanılan ok işareti

arrowhead /'erouhed/ *a.* ok başı, temren

arrowroot /'erouru:t/ *a.* ararot

arrowy /'erouwi/ *s.* ok gibi; hızlı

arroyo /ı'royou/ *a.* kuru vadi

arse /a:s/ *a. İİ. kab. arg.* göt; gıcık kimse, kıl, sinir, uyuz

arsenal /'a:sınıl/ *a.* cephanelik, tophane, silah deposu

arsenate /'a:sıneyt/ *a.* arsenat

arsenic /'a:sınik/ *a. kim.* arsenik, sıçanotu ¤ /a:'senik/ *s.* arsenikli, arsenik + *arsenic acid* arsenik asit

arsenide /'a:sınayd/ *a.* arsenür

arsenious /a:'si:nııs/ *s.* arsenikli

arsenite /'a:sinayt/ *a.* arsenit

arsenous /'a:sinıs/ *s.* arseniğe ait, arsenikli

arsine /'a:si:n/ *a.* arsin

arson /'a:sın/ *a.* kundakçılık, yangın çıkarma

arsonist /'a:sınist/ *a.* kundakçı

art /a:t/ *a.* sanat; sanat ürünü, sanat yapıtı; deneyim, çalışma ya da gözlemle kazanılmış herhangi bir beceri, ustalık; yöntem, usul, yol yordam *art director* sanat yönetmeni *Bachelor of Arts* Edebiyat Fakültesi mezunu *fine arts* güzel sanatlar *liberal arts* toplumsal bilimler *Master of Arts* lisansüstü öğretim görmüş Edebiyat Fakültesi mezunu

arterial /a:'tırııl/ *s.* atardamarla ilgili; (kan) yürekten gönderilen, atardamarla taşınan; (yol, demiryolu, vb.) ana, merkez *arterial highway* anayol, ana cadde *arterial road* anayol

arteriosclerosis /a:tıırıouskli'rousis/ *a. hek.* damar sertliği, arterioskleroz

artery /'a:tırı/ *a. hek.* atardamar, arter; ana yol, merkez yol

artesian well /a:ti:zıın'wel/ *a.* artezyen kuyusu, basınçlı su kuyusu

artful /'a:tfıl/ *s.* aldatıcı, kandırıcı, hileci, kurnaz; akıllıca düşünülmüş, akıllıca yapılmış, beceriyle yapılmış

artfully /'a:tfıli/ *be.* maharetle, ustaca

artfulness /'a:tfılnıs/ *a.* maharet, ustalık

arthritic(al) /a:'tritik(l)/ *s.* eklemle ilgili; eklem iltihabı ile ilgili

arthritis /a:'traytis/ *a. hek.* kireçlenme, eklem yangısı

artichoke /'a:tiçouk/ *a.* enginar *Jerusalem artichoke* yerelması

article /'a:tikıl/ *a.* eşya, parça; makale, yazı; *dilb.* artikel, tanımlık; madde, fıkra *leading article* başyazı *articles of apprenticeship* usta ile çırak arasında anlaşma *articles of association* şirket sözleşmesi *articles of faith* din ve iman şartları *articles of war* harp nizamnamesi

articular /a:'tikyulı/ *s.* eklemsel

articulate /a:'tikyulit/ *s.* açık seçik, anlaşılır; düşünce ve duygularını rahatça dile getirebilen; eklemli, boğumlu, mafsallı ¤ /a:'tikyuleyt/ *e.* açık seçik konuşmak, tane tane söylemek; eklemlerle birleştirmek

articulated /a:'tikyuleytid/ *a. oto.* mafsallı *articulated joint* mafsallı bağlantı *articulated shaft* mafsallı mil *articulated vehicle* oto. mafsallı araç

articulation /a:tikyu'leyşın/ *a. dilb.* boğumlanma; eklem, mafsal

artifact /'a:tifekt/ *a.* insan eliyle yapılmış şey

artifice /'a:tifis/ *a.* hüner, beceri

artificer /a:'tifisı/ *a.* sanatkâr; mucit; askeri teknisyen

artificial /a:ti'fişıl/ *s.* yapay, yapma, suni; takma; yapmacık, yalancı *artificial ageing* yapay yaşlanma *artificial antenna* suni anten, yapay anten *artificial daylight* yapay gün ışığı *artificial ear* suni kulak, yapay kulak *artificial fertilizer* suni gübre *artificial fiber* teks. yapay lif, sentetik lif *artificial harbour* suni liman *artificial horizon* hav. suni ufuk, yapay ufuk *artificial incubation* trm. suni kuluçka *artificial insemination* trm. suni tohumlama, yapay tohumlama *artificial intelligence* biliş. yapay zekâ, yapay us, yapay anlayış *artificial lake* yapma göl *artificial lan-*

guage yapay dil *artificial leather* suni deri, yapay deri *artificial light* suni ışık, yapay ışık *artificial light film* suni ışık filmi, yapay ışık filmi *artificial lighting* yapay aydınlatma *artificial line* suni hat, yapay hat *artificial magnet* suni mıknatıs, yapay mıknatıs *artificial manure* suni gübre *artificial marble* suni mermer *artificial pollination* trm. yapay tozlaşma *artificial radioactivity* yapay radyoaktivite, yapay ışımetkinlik *artificial rain* suni yağmur *artificial regeneration* suni gençleştirme *artificial resin* yapay reçine, sentetik reçine *artificial respiration* suni solunum *artificial satellite* yapay uydu *artificial selection* trm. suni seleksiyon, yapay seleksiyon *artificial silk* yapay ipek, suni ipek, reyon *artificial stone* suni taş *artificial suede* yapay süet, suni süet *artificial sunlight* yapay güneş ışığı *artificial ventilation* suni havalandırma, yapay havalandırma

artificiality /a:tifişi'elıti/ *a.* yapmacık tavırlar, sunilik, sahtelik

artificially /a:ti'fişıli/ *be.* sahte olarak, suni olarak, yapmacıkla

artillery /a:'tilıri/ *a. ask.* top; *ask.* topçu birliği; topçuluk

artilleryman /a:'tilırimın/ *a.* topçu neferi

artisan /a:ti'zen/ *a.* zanaatçı, esnaf

artist /'a:tist/ *a.* sanatçı; ressam; işinde çok başarılı kimse, usta

artiste /a:'ti:st/ *a.* sahne sanatçısı, dansöz, şantöz

artistic /a:'tistik/ *s.* artistik

artistry /'a:tistri/ *a.* sanatsal nitelik, yetenek, beceri

artless /'a:tlis/ *s.* yapaylıktan uzak, doğal; içten, basit, yalın, sade, saf

artlessness /'a:tlisnis/ *a.* saflık, sadelik, doğallık

arty /'a:ti/ *s.* sanat konusunda hava atan

arundinaceous /ırandi'neyşıs/ *s.* kamış/saz gibi

as /ız, ez/ *be.* aynı derecede, o kadar ¤ *bağ.* -dığı sırada, -ken; -dığı için, -den dolayı, çünkü, mademki; -dığı halde, -e karşın *as ... as* ... kadar *as follows* aşağıdaki gibi *as for* -e gelince *as from* -den itibaren *as if* sanki; -mış gibi, -mışçasına *as is* kon. olduğu gibi, hiçbir

değişiklik yapmadan *as it is* gerçekte, hakikatte *as it were* bir yerde, bir bakıma *as long as* -mek koşuluyla, sürece, -dikçe, yeter ki; *Al.* mademki, -ken *as of* -den itibaren, -den başlayarak *as regards* konusunda, ile ilgili olarak; -e göre *as though* sanki; -mış gibi, -mışçasına *as to* ... konusunda, ile ilgili olarak; -e göre *as usual* her zamanki gibi *as well* de, da *as well as* gibi, kadar *as yet* şu ana kadar, şimdiye dek; şimdilik

asafetida /esı'fetidı/ *a.* şeytantersi, çadıruşağı otu

asap /eyesey'pi:/ *be.* mümkün olduğunca erken, mümkün mertebe çabuk

asbestos /es'bestıs/ *a.* asbest, amyant, taşpamuğu, kayalifi *asbestos cement* inş. asbestli çimento *asbestos fibre* amyant lifi, asbest lifi *asbestos packing* amyantlı salmastra *asbestos paper* asbest kâğıdı, amyant kâğıdı *asbestos wool* asbest yünü

ascarid /'eskırid/ *a.* askarit, solucan, bağırsak solucanı

ascend /ı'send/ *e.* yükselmek; çıkmak, tırmanmak *ascend the throne* tahta çıkmak

ascendable /ı'sendıbıl/ *s.* çıkılır, çıkılabilir

ascendancy /ı'sendınsi/ *a.* üstünlük, nüfuz, güç

ascendent /ı'sendınt/ *s.* yükselen; egemen, nüfuzlu *be in the ascendent* yıldızı parlamak, gücü ve popülaritesi artmak

ascending /ı'sending/ *s.* yükselen *ascending node* çıkış düğümü *ascending sort* biliş. artan sıralama, yükselen sıralama

ascension /ı'senşın/ *a.* yükselme; gökb. gökcisminin yükselişi

ascent /ı'sent/ *a.* yükselme, tırmanma, ilerleme, gitme; yukarı doğru giden yol, yokuş, yamaç

ascertain /esı'teyn/ *e.* doğrusunu bulmak, araştırmak

ascertainable /esı'teynıbıl/ *s.* soruşturulabilir, araştırılabilir

ascertainment /esı'teynmınt/ *a.* soruşturma, tahkik

ascetic /ı'setik/ *s.* kendini her türlü dünyevi zevkten/işten soyutlamış

asceticism /ı'setisizım/ a. çilecilik, zahitlik

ascites /ı'saytiːz/ a. hek. sıskalık, karında sıvı toplanması

ascorbic acid /ı'skoːbik/ a. askorbik asit

ascribable /ı'skraybıbıl/ s. atfolunabilir, isnat edilebilir, yüklenebilir

ascribe /ı'skrayb/ e. (to ile) atfetmek, -e yormak

ascription /ı'skripşın/ a. yükleme, isnat, atıf

aseity /ey'siːti/ a. kendiliğinden oluşma

asepsis /ı'sepsis/ a. hek. mikropsuzluk, asepsi

aseptic /ı'septik/ s. aseptik, mikropsuz

asexual /ey'sekşuıl/ s. cinsiyetsiz, eşeysiz; cinselliğe ilgi duymayan, soğuk *asexual reproduction* eşeysiz üreme

ash /eş/ a. kül; dişbudak ağacı *ash content* kül miktarı *ash hoist* kül vinci *ash hole* kül yeri, külhan *ash pan* küllük *ash pit* fırın küllüğü *ash removal* kül alma *reduce to ashes* yakıp kül etmek

ashamed /ı'şeymd/ s. utanmış, mahcup, üzülmüş *be ashamed* utanmak, mahcup olmak

ashen /'eşın/ s. kül renginde, kül renkli, soluk gri; külden oluşan, küllü

ashes /'eşiz/ a. yakılmış cesedin külleri

ashlar /'eşlı/ a. yontma taş, kesme yapı taşı *ashlar stone work* kesme taş duvar

ashless /'eşlıs/ s. külsüz

ashore /ı'şoː/ be. kıyıda, karada; kıyıya, karaya

ashpit /'eşpit/ a. kül çukuru, çöp çukuru

ashtray /'eştrey/ a. kül tablası, küllük

ashy /'eşi/ s. küllü; kül rengi

Asian /'eyşın/ a. s. Asya'ya ait, Asyalı, Asya +

Asiatic /eyşi'etik/ a. s. bkz. Asian

aside /ı'sayd/ be. kenara, yana, yan tarafa, (bir) yana; bir yana ¤ a. alçak sesle konuşma, fısıltı *aside from* -den başka *call aside* bir tarafa çağırmak *draw aside* bir tarafa çekmek

asinine /'esinayn/ s. aptalca, saçma, ahmakça

asininity /esi'niniti/ a. eşeklik, aptallık

ask /aːsk/ e. sormak; (for ile) istemek, rica etmek, talep etmek; (for/to ile) çağırmak, davet etmek *ask for* sormak, aramak, talep etmek, istemek *ask for it* hak etmek, bela aramak *ask for trouble* bela aramak, kaşınmak *ask in* içeriye davet etmek

askance /ı'skens/ be. kuşkuyla, güvensizlikle, şüpheyle, beğenmeyerek, işkillenerek *look askance* yan yan bakmak, göz ucuyla bakmak

askew /ı'skyuː/ be. yanlamasına, eğri olarak

aslant /ı'slaːnt/ s. bir yana doğru, eğri

asleep /ı'sliːp/ s. uykuda; (kol, bacak, vb.) uyuşmuş, uyuşuk, duygusuz, hissiz *fall asleep* uykuya dalmak

aslope /ı'sloup/ s. yatık, eğri

asocial /ey'souşıl/ s. asosyal, toplumdan kaçan; bencil, egoist, menfaatperest

asp /esp/ a. engerek yılanı

asparagine /ı'sperıciːn/ a. asparajin

asparagus /ı'sperıgıs/ a. bitk. kuşkonmaz

aspartic acid /ı'spaːtik/ a. aspartik asit

aspect /'espekt/ a. görünüş, görünüm; yüz ifadesi; bakım, yön, yan; dışa bakan yan, cephe; coğ. bakı, maruziyet *aspect ratio* elek. görüntü oranı, görünüş oranı

aspen /'espın/ a. titrek kavak, toz ağacı

aspergill /'espıcil/ a. den. kutsal su dökme kabı

asperity /e'speriti/ a. sertlik, haşinlik, kabalık; acı söz, davranış, kötü söz; pürüzlü yüzey, düzgün olmayan yüzey; pürüzlü, düzgün olmama; sert hava, kötü hava

asperse /ı'spöːs/ e. iftira etmek, lekelemek, çamur atmak

aspersion /ı'spöːşın/ a. kara çalma, karalama, iftira, leke sürme *cast aspersions on* iftira etmek, çamur atmak

aspersive /ı'spöːsiv/ s. iftira kabilinden, onur kırıcı, karalayıcı

asphalt /'esfelt/ a. asfalt ¤ e. asfaltlamak, asfalt kaplamak *asphalt block* asfalt blok *asphalt cement* asfalt çimentosu *asphalt concrete* asfalt betonu *asphalt distributor* asfalt distribütörü *asphalt jelly* asfalt jeli *asphalt macadam* asfalt makadam *asphalt mastic* mastik asfalt *asphalt paint* asfalt boya *asphalt primer* asfaltlı astar *asphalt shingle* bitümlü kiremit

asphaltic /es'feltik/ s. asfaltlı

asphaltite /es'feltayt/ *a. yerb.* asfaltit

asphodel /'esfıdel/ *a.* çirişotu

asphyxia /es'fiksıı/ *a. hek.* asfeksi, oksijensizlikten boğulma

asphyxiate /es'fiksieyt/ *e.* boğmak, boğarak öldürmek; boğulmak; boğularak ölmek *be asphyxiated* boğulmak, oksijensiz kalmak

asphyxiation /es'fiksieyşın/ *a.* havasızlıktan boğulma

aspic /'espik/ *a.* garnitür olarak alınan bir çeşit jelatin

aspidistra /espi'distrı/ *a. bitk.* zambakgillerden bir süs bitkisi, aspidistra

aspirant /ıspayırınt, 'espirınt/ *a.* (bir şey) uman, ümit eden, bekleyen

aspirate /'espireyt/ *e.* emmek, içine çekmek

aspiration /espi'reyşın/ *a.* tutku, istek; emme, içine çekme *aspiration psychrometer metr.* aspiratörlü psikrometre

aspirator /'espireytı/ *a.* aspiratör, emmeç

aspire /ı'spayı/ *e.* çabalarını ve ümitlerini bir amaca yöneltmek, çok istemek, arzu etmek

aspirin /'esprin/ *a.* aspirin

aspiring /ıs'payıring/ *s.* gözü ilerde olan, gayesi olan

aspiringly /ıs'payıringli/ *be.* yüksek emeller peşinde koşarak, büyük hevesle

asquint /ı'skwint/ *s.* şaşı, yan bakan

ass /es/ *a.* eşek; *kon.* aptal, salak; *Aİ. arg.* göt *make an ass of oneself* kendini küçük düşürmek, rezil olmak

assail /ı'seyl/ *e.* sözlerle ya da yumruklarla saldırmak, dil uzatmak; (işe) girişmek *assail sb with blows* yumrukla saldırmak *assail sb with questions* soru yağmuruna tutmak

assailable /ı'seylıbıl/ *s.* saldırılabilir, hücum edilebilir

assailant /ı'seylınt/ *a.* saldırgan

assassin /ı'sesin/ *a.* suikastçı, katil

assassinate /ı'sesineyt/ *e.* suikast yapmak, öldürmek

assassination /ısesi'neyşın/ *a.* suikast, cinayet

assault /ı'so:lt/ *e.* aniden ve vahşice saldırmak ¤ *a.* ani saldırı, hücum, atak,

tecavüz *assault and battery huk.* müessir fiil *assault boat* hücumbot *assault troops* hücum kıtası *indecent assault* zorla ırza geçme

assay /ı'sey/ *e.* tahlil etmek; denemek, tecrübe etmek ¤ *a.* analiz, tahlil; deneme, tecrübe *assay balance* hassas terazi

assemblage /ı'semblic/ *a.* toplama; montaj

assemble /ı'sembıl/ *e.* bir araya toplamak; toplanmak, birleşmek; bir araya koymak, düzenlemek; kurmak, takmak, monte etmek; *biliş.* çevirmek

assembler /ı'semblı/ *a. biliş.* çevirici *assembler language biliş.* çevirici dili

assembly /ı'sembli/ *a.* özel bir amaçla bir araya toplanmış insanlar, topluluk; toplantı; montaj, takma, kurma *assembly language biliş.* çevirici dili *assembly line* montaj hattı *assembly list biliş.* çevirme listesi, çevirme dizelgesi *assembly man* meclis üyesi; montaj işçisi *assembly plan* montaj planı *assembly program biliş.* çevirme programı *assembly room* toplantı salonu *assembly routine biliş.* çevirme yordamı, çevirici yordam *assembly system biliş.* çevirme sistemi, çevirme dizgesi *assembly unit biliş.* birleştirme birimi, birleştirici birim

assemblyman /ı'semblimın/ *a.* meclis üyesi, eyalet meclisi üyesi

assent /ı'sent/ *e.* (herhangi bir konu vb. üzerinde) anlaşmak, anlaşmaya varmak, uzlaşmak ¤ *a.* anlaşma, uzlaşma

assert /ı'sö:t/ *e.* iddia etmek, bildirmek, açıklamak; hak iddia etmek, hakkını savunmak, sözlerle savunmak; olduğunu göstermek, belirtmek, üzerine basarak belirtmek

assertion /ı'sö:şın/ *a.* iddia, açıklama, bildiri

assertive /ı'sö:tiv/ *s.* iddia eden, zorlayan, hakkını savunan, iddialı, kendine güvenen

assertively /ı'sö:tivli/ *be.* ısrarla, direnerek, kendine güvenle

assertoric /ısö:'torik/ *s.* (yargıyı değil) gerçeği belirten

assess /ı'ses/ *e.* değer biçmek; vergi koymak

assessable /ɪ'sesɪbɪl/ s. değer biçilebilen
assessment /ɪ'sesmɪnt/ a. değer biçme; vergilendirme; biçilen değer
assessor /ɪ'sesɪr/ a. vergi tahakkuk memuru; yargıç yardımcısı
asset /'eset/ a. servet, varlık, mal; yararlı, değerli şey, değerli nitelik, beceri **assets and liabilities** aktif ve pasif **concealed assets** gizli rezerv, örtülü alacaklar
asseverate /ɪ'sevɪreyt/ e. iddia etmek, katiyetle bildirmek
asseveration /ɪsevɪ'reyşɪn/ a. iddia, beyan, söz
asshole /'eshoul/ a. arg. AE. göt, büzük, anüs
assiduity /esi'dyuːiti/ a. çalışkanlık, gayret
assiduous /ɪ'sidyuɪs/ s. dikkatli ve sürekli ilgisi olan, sebatkâr
assign /ɪ'sayn/ e. pay olarak vermek, ayırmak, tahsis etmek; (mal, hak, vb.) vermek, devretmek; bir işe koymak, görev vermek, iş vermek; saptamak, belirlemek; biliş. atamak, değer vermek **assigned frequency** atanan frekans, anma frekansı
assignable /ɪ'saynɪbɪl/ s. ayrılabilir, verilebilir; devredilebilir
assignation /esig'neyşɪn/ a. atama; devretme; randevu
assignee /esay'niː/ a. huk. kendisine mal/hak devredilen kimse, devralan kimse
assignment /ɪ'saynmɪnt/ a. kişiye verilmiş ya da kişinin gönderileceği/verileceği iş, görev; ayırma, tahsis etme; biliş. atama, değer verme
assimilate /ɪ'simileyt/ e. herhangi bir grubun üyesi olmak, içine girmek, bir sistem içinde erimek, bir parçası olmak, kaynaşmak; özümlemek, sindirmek; kendine mal etmek; benzetmek; benzemek
assimilation /ɪsimi'leyşɪn/ a. özümseme, sindirim, asimilasyon
assimilative /ɪ'similɪtiv/ s. benzeten, benzetici
assist /ɪ'sist/ e. yardım etmek, desteklemek **assist at** hazır bulunmak
assistance /ɪ'sistɪns/ a. yardım, destek

assistant /ɪ'sistɪnt/ a. yardımcı, asistan
assize /ɪ'sayz/ a. yargılama, muhakeme
associate /ɪ'souşieyt/ e. birleştirmek; birleşmek; arkadaşlık etmek; düşünmek ¤ /ɪ'souşiɪt/ a. ortak çalışma arkadaşı, arkadaş; (hakları sınırlı) üye **associated emission** bağlantılı salım, ortak salım
association /ɪsousi'eyşɪn/ a. kurum, birlik, dernek; ortaklık, işbirliği; kafada birleştirme, düşünsel olarak bir araya getirme; çağrışım **association football** futbol **association of ideas** çağrışım
associative /ɪ'souşiɪtiv/ s. birleşmeli, asosyatif **associative faculty** çağrışım yeteneği **associative memory** biliş. yardımcı bellek, çağrışımsal bellek
assonance /'esɪnɪns/ a. asonans, yarım uyak
assonant /'esɪnɪnt/ s. yarım kafiyeli
assort /ɪ'soːt/ e. ayırmak, tasnif etmek
assorted /ɪ'soːtid/ s. çeşitli
assortment /ɪ'soːtmɪnt/ a. karışım, tasnif, çeşit
assuage /ɪ'sweyc/ e. azaltmak, hafifletmek; yatıştırmak, teskin etmek
assuasive /ɪ'sweysiv/ s. hafifletici, dindirici, yatıştırıcı
assume /ɪ'syuːm/ e. gerçek saymak, varsaymak, farz etmek; ele geçirmek, üstlenmek, yerine getirmek; almak, takınmak
assumed /ɪ'syuːmd/ s. var sayılan, farz olunan; takma **assumed decimal point** biliş. varsayılan ondalık noktası
assuming /ɪ'syuːming/ s. kibirli, mağrur
assumption /ɪ'sampşɪn/ a. üzerine alma; sanı, farz, zan; azamet, kibir
assumptive /ɪ'samptiv/ s. doğru sanılan; varsayılan, farz olunan, farazi
assurance /ɪ'şuɪrɪns/ a. kendine güven, özgüven; garanti, teminat, güvence, söz; sigorta
assure /ɪ'şuɪ/ e. inandırmaya çalışmak, güven vermek, garanti etmek; iknaya çalışmak; inandırmak; sigortalamak; kesinleştirmek, garanti etmek, sağlamlaştırmak, temin etmek
assured /ɪ'şuɪd/ s. kendine güvenen, kendinden emin
assuredly /ɪ'şuɪridli/ be. elbette, mutlaka, muhakkak

assurer /ı'şuırı/ *a.* sigortacı
assurgent /ı'sö:cınt/ *s. bitk.* yükselen, yukarı doğru kıvrılan
assuring /ı'şuıring/ *s.* emniyet veren, inandırıcı, güvence veren
astable /ey'steybıl/ *s.* kararsız, sabit olmayan
astatic /e'stetik/ *s.* astatik *astatic galvanometer fiz.* astatik galvanometre *astatic microphone* astatik mikrofon, yöneltmesiz mikrofon
astatine /'estıti:n/ *a.* astatin
aster /'estı/ *a.* yıldızçiçeği
asterisk /'estırisk/ *a.* asterisk, yıldız (imi)
asterism /'estırizım/ *a. gökb.* yıldız kümesi; kimi kristalleşmiş madenlerin içinde yıldız şeklinin belirmesi özelliği, yıldızlanma
astern /ı'stö:n/ *be. den.* kıçında, kıç tarafında
asteroid /'estıroyd/ *a.* asteroit, küçük gezegen
asthenia /es'ti:nıı/ *a. hek.* asteni, dermansızlık
asthenic /es'tenik/ *s. hek.* astenik, kuvvetsiz
asthma /'esmı/ *a. hek.* astım
asthmatic /es'metik/ *a. s.* astımlı
astigmatic /estig'metik/ *s. hek.* astigmat *astigmatic focus* astigmat odak *astigmatic lens* astigmat mercek
astigmatism /ı'stigmıtizım/ *a. hek.* astigmatizm, astigmatlık
astir /ı'stö:/ *s.* hareket halinde, harekette
astonish /ı'stoniş/ *e.* şaşırtmak, hayrete düşürmek
astonishing /ı'stonişing/ *s.* şaşırtıcı, hayret verici
astonishment /ı'stonişmınt/ *a.* şaşkınlık, büyük şaşkınlık
astound /ı'staund/ *e.* hayretler içinde bırakmak
astounding /ı'staunding/ *s.* şaşırtıcı, hayret verici
astraddle /ı'stredıl/ *be.* ata binmiş gibi, bacakları birbirinden ayrı
astragal /'estrıgıl/ *a.* dışbükey pervaz
astragalus /e'stregılıs/ *a.* topuk kemiği
astrakhan /estrı'ken/ *a. teks.* astragan
astral /'estrıl/ *s.* yıldızlara değgin
astray /ı'strey/ *s. be.* doğru yoldan

sapmış, yolunu şaşırmış *go astray* yolunu şaşırmak, doğru yoldan çıkmak, sapıtmak, azmak
astride /ı'strayd/ *be.* bacakları iki yana açık olarak
astringe /ı'strinc/ *e.* sıkmak, sıkıştırmak
astringency /ı'strincınsi/ *a.* sıkıştırıcılık, büzme, sıkma, daraltma
astringent /ı'strincınt/ *s.* kan durdurucu, kanamayı kesici; sert, haşin, acı
astrobiology /estroubay'olıci/ *a.* astrobiyoloji
astrodome /'estrıdoum/ *a.* astrodom, uzay gözlem kubbesi
astrodynamics /estrouday'nemiks/ *a. hav.* astrodinamik
astrogate /'estrıgeyt/ *e.* uzay aracı kullanmak
astroid /estroyd/ *a. mat.* astroid, yıldız eğrisi
astrolabe /'estrıleyb/ *a. gökb.* usturlap
astrologer /ı'strolıcı/ *a.* astrolog, müneccim, yıldız falcısı
astrological /estrı'locikıl/ *s.* astrolojik
astrology /ı'strolı ci/ *a.* astroloji, müneccimlik, yıldız falcılığı
astrometry /ı'strommitri/ *a. gökb.* astrometri, gökölçüm
astronaut /'estrıno:t/ *a.* astronot, uzayadamı
astronautics /estrı'no:tiks/ *a.* uzay uçuş bilgisi, uzaycılık
astronavigation /estrounevi'geyşın/ *a. hav.* uzay seyrüseferi, uzay gemisi kullanma
astronomer /ı'stronımı/ *a.* astronom, gökbilimci
astronomical /estrı'nomikıl/ *s.* gökbilimsel, astronomik; *kon.* aşırı, astronomik, çok büyük *astronomical clock gökb.* astronomi saati, gökbilim saati *astronomical telescope gökb.* gök teleskopu, gök ırakgörürü, gökgözler *astronomical theodolite gökb.* astronomik teodolit *astronomical twilight gökb.* astronomi tanı, gökbilim tanı *astronomical unit gökb.* astronomik birim, gök birimi
astronomy /ı'stronımi/ *a.* astronomi, gökbilim
astrophysical /estrou'fizikıl/ *s.* astrofizik+, gökfiziği ile ilgili

astrophysicist /estrou'fizisist/ *a.* astrofizikçi, gökfizikçisi

astrophysics /estrou'fiziks/ *a.* astrofizik, gökfiziği

astute /ı'styu:t/ *s.* kurnaz, faka basmaz, cin gibi; akıllı, zeki

astuteness /ı'styu:tnıs/ *a.* kurnazlık, dirayet

asunder /ı'sandı/ *s.* ayrı, parçalara ayrılmış

asylum /ı'saylım/ *a.* sığınak, barınak; politik sığınma, iltica; akıl hastanesi, tımarhane **give sb asylum** (birine) sığınma hakkı tanımak **right of asylum** sığınma hakkı

asymmetric(al) /eysi'metrik(l)/ *s.* asimetrik, bakışımsız **asymmetric carbon atom** asimetrik karbon atomu **asymmetric synthesis** *kim.* asimetrik sentez **asymmetrical conductivity** asimetrik iletkenlik, bakışımsız iletkenlik **asymmetrical sideband** asimetrik yanbant **asymmetrical sideband transmission** asimetrik yanbant iletimi

asymmetry /e'simitri/ *a.* asimetri, bakışımsızlık

asymptote /'esimtout/ *a. mat.* asimptot, sonuşmaz, kavuşmaz

asymptotic /esim'totik/ *s. mat.* asimptotik, kavuşmaz

asynchronous /e'sinkrınıs/ *s.* eşzamanlı olmayan, zamanuyumsuz, asenkron **asynchronous communication** *biliş.* eşzamansız iletişim, zamanuyumsuz iletişim **asynchronous communications adaptor** *biliş.* eşzamansız iletişim adaptörü **asynchronous computer** *biliş.* eşzamansız bilgisayar, zamanuyumsuz bilgisayar **asynchronous input** *biliş.* uyumsuz girdi **asynchronous machine** *biliş.* eşzamansız makine, zamanuyumsuz makine **asynchronous operation** *biliş.* eşzamansız işletim, zamanuyumsuz işletim **asynchronous transmission** *biliş.* eşzamansız gönderim, zamanuyumsuz gönderim **asynchronous working** *biliş.* eşzamansız çalışma, zamanuyumsuz çalışma

asyndetic /esin'detik/ *s. biliş.* bağlantısız

asyndeton /e'sindıton/ *a.* bağlaçsızlık, cümlenin bölümleri arasında bağlaç kullanmama

at /ıt; et/ *ilg.* -de, -da; -e, -a, -ye, -ya **at all** hiç, hiç de, hiçbir şekilde **for all** -e rağmen, -e karşın **in all** topu topu, hepsi, toplam **Not at all** bir şey değil, estağfurullah, rica ederim

atactic /ey'tektik/ *s. kim.* ataktik

ataraxia /etı'reksiı/ *a.* ataraksiya

atavic /ıtevik/ *s.* eski atalarla ilgili, atalara ait, atacıl

atavism /'etıvizım/ *a.* atacılık, atavizm

atavistic /etı'vistik/ *s.* atalara ait

ataxia /ı'teksiı/ *a. hek.* ataksi, beden işlevlerinde düzensizlik

atelier /'etılieı/ *a.* atölye

at-grade /ıt'greyd/ *a.* eşdüzey

atheism /'eytiizım/ *a.* ateizm, tanrıtanımazlık

atheist /'eytiist/ *a.* tanrıtanımaz, ateist

athenaeum /etı'niım/ *a.* bilim ve edebiyat kulübü; genel kitaplık, okuma odası

atherosclerosis /etırouskliı'rousis/ *a. hek.* damar tıkanması

athirst /ı'töst/ *s.* hevesli, istekli

athlete /'etli:t/ *a.* atlet, sporcu **athlete's foot** *hek.* madura ayağı, ayak parmağı arasındaki deri çatlağı

athletic /et'letik/ *s.* atletik, atletizmle ilgili; bedence güçlü, atletik

athleticism /et'letisizım/ *a.* atletizm, sporculuk

athletics /et'letiks/ *a.* atletizm

at-home /ıt'houm/ *a.* ev toplantısı, kabul günü

athwart /ı'tvö:t/ *be.* enine, çaprazlama

athwartships /ı'two:tşips/ *be. den.* alabandadan alabandaya

atilt /ı'tilt/ *s. be.* eğilmiş (olarak)

atingle /ıtingıl/ *s.* sızlayan, titreyen

atlas /'etlıs/ *a.* atlas

atman /'a:tmın/ *a.* (Hindu dininde) nefes; can, ruh; hayatın ilkesi

atmolysis /et'molisis/ *a. kim.* atmoliz

atmometer /et'momıtı/ *a.* atmometre, evaporimetre

atmosphere /'etmısfıı/ *a.* atmosfer, havaküre, gazyuvarı; hava; çevre, ortam, hava, atmosfer

atmospheric /etmıs'ferik/ *s.* atmosferle ilgili, atmosferik **atmospheric conditions** *metr.* atmosfer koşulları **atmospheric corrosion** atmosfer korozyonu, hava yenimi *atmospheric electricity* atmosfer elektriği *atmospheric engine* hava motoru *atmospheric layer* atmosfer tabakası *atmospheric moisture* hava nemi, hava rutubeti *atmospheric nitrogen* hava azotu *atmospheric pressure* atmosferik basınç, hava basıncı *atmospheric radio wave* atmosferik radyo dalgası

atmospherics /etmıs'feriks/ *a. elek.* atmosferik parazitler

atoll /'etol/ *a. coğ.* atol, mercan çemberi

atom /'etım/ *a.* atom; birazcık, nokta kadar *atom bomb* atom bombası *atom model* atom modeli *atom physics* atom fiziği *atom reactor* atom pili, nükleer reaktör *atom theory* atom teorisi

atomic /ı'tomik/ *s.* atomik, atomal *atomic absorption* atomal soğurma *atomic absorption coefficient* atomal soğurma katsayısı *atomic absorption spectroscopy* atom soğurma spektroskopisi *atomic bomb* atom bombası *atomic bond kim.* atomik bağ *atomic clock* atomik saat, atom saati *atomic configuration* atomik konfigürasyon, atomik biçimlenim *atomic core* atom gövdesi, atom çekirdeği *atomic disintegration* atomik bozunma *atomic distance kim.* atomik uzaklık *atomic energy* atom enerjisi, atom erkesi *atomic fallout* radyoaktif kalıntı *atomic field* atomik alan *atomic frequency* atom frekansı *atomic heat* atomik ısı *atomic hydrogen* atomik hidrojen *atomic mass* atom kütlesi *atomic mass number* atom kütle sayısı *atomic mass unit* atomik kütle birimi *atomic migration* atom göçü *atomic nucleus fiz.* atom çekirdeği *atomic number* atom numarası, atom sayısı *atomic orbital* atomik orbital, atomik yörünge *atomic polarization* atomik polarma *atomic radius* atom yarıçapı *atomic refraction* atomik kırılma *atomic scattering* atomik saçılma *atomic spectrum* atom spektrumu, atom izgesi *atomic structure* atom yapısı *atomic susceptibility* atom duyarlığı *atomic time* atomik zaman, atom zamanı *atomic transmutation* atomik transmutasyon, atomik

dönüşüm *atomic units* atomik birimler *atomic volume* atom hacmi *atomic weapons ask.* atom silahları *atomic weight* atom ağırlığı *atomic weight unit* atom ağırlığı birimi

atomicity /etı'misiti/ *a.* atomluluk

atomics /ı'tomiks/ *a.* nükleer fizik

atomism /'etımizım/ *a.* atomculuk

atomist /'etımist/ *a.* atomcu, atomculuk kuramına benimseyen kimse

atomization /etı'mayzeyşın/ *a.* atomizasyon

atomize /'etımayz/ *e.* püskürtmek, tozlaştırmak

atomizer /'etımayzı/ *a.* atomizör

atonal /ey'tounıl/ *s. müz.* atonal

atonality /eytou'neliti/ *a. müz.* atonalite

atone /ı'toun/ *e.* gönlünü almak, karşılığını ödemek, -i telafi etmek

atonement /ı'tounmınt/ *a.* tazminat; özür dileme

atonic /ey'tonik/ *s. hek.* atonik, dermansız, takatsız

atony /'etıni/ *a. hek.* atoni, dermansızlık

atop /ı'top/ *be.* üstte, tepede *atop of* üstünde, üstüne

atremble /ıtrembıl/ *s.* titreyen, korkan

atrip /ı'trip/ *s. den.* dipten kopmuş, salpa olmuş

atrium /'eytriım/ *a. anat.* atriyum

atrocious /ı'troşıs/ *s.* acımasız, zalim; ayıplanacak, adi, aşağılık; *kon.* çok kötü, berbat, felaket, rezil

atrociously /ı'troşısli/ *be.* zalimlikle, gaddarcasına, hunharca

atrociousness /ı'troşısnis/ *a.* zulüm, gaddarlık, vahşet, iğrençlik

atrocity /ı'trousiti/ *a.* büyük kötülük, acımasızlık, zulüm; *kon.* berbat/rezil şey

atrophy /'etrıfi/ *a. hek.* atrofi, dumur, körelme

atropine /'etrıpi:n/ *a.* atropin

attach /ı'teç/ *e.* bağlamak, iliştirmek, bitiştirmek, takmak; *huk.* ödenmemiş bir borç için el koymak/tutuklamak *attach to* katmak, dahil etmek, almak *be attached to* -e düşkün olmak

attaché /ıteşey/ *a.* ataşe *attaché case* evrak çantası *commercial attaché* ticari ataşe

attached /ı'teçt/ *s.* bağlı; ilgili *attached*

processor biliş. bağlı işlemci, bağlı işlem birimi

attachment /ı'teçmınt/ a. bağlama, iliştirme, bitiştirme, takma; katma, alma; bağlantı, bağ; parça, ek; düşkünlük, tutkunluk; arkadaşlık, dostluk; huk. elkoyma, alıkoyma

attack /ı'tek/ e. saldırmak, hücum etmek; basmak; yazı ya da sözlerle saldırmak, aleyhinde konuşmak/yazmak; zarar vermek, bozmak; bir şeye büyük bir heves ve ilgiyle girişmek, yumulmak ¤ a. saldırı, hücum; (on ile) aleyhte yazı ya da sözler; başlama, başlangıç, girişim; hek. (of ile) kriz, nöbet

attain /ı'teyn/ e. ulaşmak, erişmek, elde etmek

attainable /ı'teynıbıl/ s. ulaşılabilir, erişilebilir

attainment /ı'teynmınt/ a. ulaşma, erişme; beceri, hüner, marifet

attar /'etı/ a. gülyağı, gülsuyu **attar of roses** gülyağı

attemper /ı'tempı/ e. yumuşatmak, sertliğini gidermek

attempt /ı'tempt/ e. kalkışmak, girişmek, yeltenmek, çalışmak, denemek ¤ a. deneme, girişim, teşebbüs

attend /ı'tend/ e. (to ile) dikkatini vermek, dinlemek; bulunmak, -e gitmek, katılmak, hazır bulunmak; (on/upon) ilgilenmek, bakmak, hizmet etmek **attended time** biliş. hizmet zamanı

attendance /ı'tendıns/ a. bakma, hizmet etme, bakım, hizmet, ilgilenme; hazır bulunma, katılma, devam etme, düzenli olarak gitme; bulunan kişilerin sayısı, mevcut sayısı

attendant /ı'tendınt/ s. bağlı, ilişkili; hizmetli, görevli ¤ a. bakıcı, yardımcı, hizmetçi; görevli memur

attention /ı'tenşın/ a. dikkat, özen; bakım, ilgi; ask. hazır ol durumu **call attention to** -e dikkat çekmek **draw attention to** -e dikkat çekmek **pay attention (to)** dikkatini vermek, kulak vermek, dinlemek, önem vermek **rivet one's attention** dikkatini bir noktaya vermek, konsantre olmak

attentive /ı'tentiv/ s. dikkatli, özenli; ince, nazik, kibar; yardımcı

attentively /ı'tentivli/ be. dikkatle

attentiveness /ı'tentivnis/ a. dikkat,

uyanıklık; özen, ihtimam; incelik, nezaket

attenuant /ıtenyuwınt/ s. hafifletici, sulandırıcı

attenuate /ı'tenyuıt/ e. inceltmek, hafifletmek; azaltmak; zayıflatmak; seyreltmek

attenuation /ıtenyu'eyşın/ a. inceltme, hafifletme; azaltma; zayıflatma **attenuation coefficient** zayıflama katsayısı **attenuation compensation** zayıflama düzeltimi **attenuation constant** zayıflama sabiti

attenuator /ı'tenyueytı/ a. zayıflatıcı

attest /ı'test/ e. bildirmek, beyan etmek, açıklamak; huk. (mahkemede doğruyu söylenmesi için) yemin ettirmek; kanıtı olmak, kanıtlamak

attestation /ete'steyşın/ a. kanıtlama, tasdik; yemin

attic /'etik/ a. çatı odası, tavan arası

attire /ı'tayı/ e. giydirmek, süslemek, donatmak ¤ a. elbise, giysi, üst baş, kıyafet

attirement /ı'tayımınt/ a. giysi, giyim kuşam

attitude /'etityu:d/ a. duruş; tavır, davranış, tutum; görüş, düşünce, yargı, fikir **attitude of mind** düşünce biçimi **strike an attitude** tavrını ortaya koymak, tavır takınmak

attitudinize /eti'tyu:dinayz/ e. tavır takınmak, çalım satmak

attorn /ı'tö:n/ e. huk. yeni ev sahibinin kiracısı olmaya razı olmak; devretmek, transfer etmek

attorney /ı'tö:ni/ a. Al. avukat **attorney general** başsavcı

attorneyship /ı'tö:nişip/ a. vekalet, avukatlık

attract /ı'trekt/ e. cezbetmek, çekmek

attractable /ı'trektıbıl/ s. çekilebilir, cezbedilebilir

attraction /ı'trekşın/ a. çekici şey; çekim; çekicilik, cazibe

attractive /ı'trektiv/ s. çekici; alımlı, cazip, güzel, hoş, ilginç

attractiveness /ı'trektivnis/ a. çekicilik, cazibe, zarafet

attributable /ı'tribyu:tıbıl/ s. yüklenebilir, atfolunabilir

attribute /'etribyu:t/ a. doğal özellik,

nitelik; simge, sembol ¤ /ı'tribyu:t/ e. (to ile) -in sonucu olduğuna inanmak, bağlamak, yormak, vermek; atfetmek

attribution /etri'byu:şın/ a. yükleme, yorma, bağlama; sıfat, nitelik; özellik

attributive /ı'tribyutiv/ s. niteleyici

attrited /ı'traytid/ s. sürtünmeyle aşınmış

attrition /ı'trişın/ a. sürtünme, aşınma, yenme

attune /ı'tyu:n/ e. (to ile) alıştırmak, ayak uydurmak

atwitter /ı'twitı/ s. heyecanlı, telaşlı, içi içine sığmayan

atypical /ey'tipikıl/ s. değişik, başka, tipik olmayan

au fait /au'fey/ s. bilen, haberdar

au fond /ou fo:n/ be. esasen, aslında

au gratin /ou 'greten/ s. ograten

au pair /ou'peı/ a. yaptığı ev işlerine karşılık bir aile yanında kalan kız

aubade /ou'ba:d/ a. sabah şarkısı

aubergine /'oubıji:n/ a. İİ. patlıcan

auburn /'o:bın/ a. s. kestanerengi; (saç) kumral

auction /'o:kşın/ e. açık artırma ile satmak ¤ a. açık artırma ile satış, açık artırma, mezat **auction bridge** artırmalı briç (oyunu) **auction off** açık artırmayla satmak, haraç mezat satmak **by auction** açık artırma ile **public auction** açık artırma **put up to auction** mezada çıkarmak **sell by auction** açık artırma ile satmak

auctioneer /o:kşı'nii/ a. açık artırmacı, mezatçı, mezat tellalı ¤ a. açık artırma ile satmak, mezada çıkarmak

audacious /o:'deyşıs/ s. yürekli, cesaretli, korkusuz, gözü pek, atılgan; saygısız, küstah, kaba, yüzsüz, arsız

audaciously /o:'deyşısli/ be. küstahça

audaciousness /o:'deyşısnıs/ a. küstahlık

audacity /o:'desiti/ a. yüreklilik, cesurluk, korkusuzluk; saygısızlık, küstahlık, kabalık, yüzsüzlük

audibility /o:'dibıliti/ a. işitilebilirlik, duyulabilme

audible /'o:dibıl/ s. duyulabilir, işitilir **audible feedback** biliş. işitilir geribesleme

audibly /'o:dibli/ be. işitilebilecek şekilde, duyulacak şekilde

audience /'o:diıns/ a. dinleyiciler, izleyiciler, seyirciler; resmi görüşme, huzura kabul; *huk.* (mahkemede) konuşma özgürlüğü **audience chamber** kabul salonu **give an audience to** huzura kabul etmek **have an audience with** huzura kabul olunmak

audient /'o:diınt/ s. işiten, duyan

audio /'o:diou/ s. ses +, işitme +, işitsel **audio amplifier** *elek.* odyoamplifikatör, işitsel yükselteç **audio frequency** ses frekansı **audio-response** sesli yanıt, işitsel yanıt

audiofrequency /o:diou'fri:kwınsi/ a. ses frekansı **audiofrequency amplifier** ses frekans amplifikatörü, işitsel yükselteç **audiofrequency condenser** ses frekans kondansatörü **audiofrequency feedback** ses frekans geribeslemesi **audiofrequency filter** ses frekans filtresi **audiofrequency noise** ses frekans gürültüsü **audiofrequency oscillator** ses frekans osilatörü **audiofrequency peak limiter** *elek.* ses frekansı tepe sınırlayıcı **audiofrequency transformer** *elek.* ses frekans transformatörü

audiology /o:di'olıci/ a. işitme duyusunu inceleyen bilim dalı

audiometer /o:di'omitı/ a. odyometre, işitimölçer

audiomixer /o:di'omiksı/ a. ses reji masası, kumanda masası, seslendirme masası

audiophile /'o:dioufayl/ s. teyp vb.'den müzik dinleme meraklısı

audiotape /'o:diouteyp/ a. ses bandı, ses şeridi, ses kuşağı

audiotypist /'o:dioutaypist/ a. dinleyerek daktilo yazan kimse

audio-visual /o:diou'vizyuıl/ s. görsel-işitsel

audit /'o:dit/ a. (yıllık) hesap denetimi ¤ e. resmi hesap bilanço kontrolü yapmak, hesapları denetlemek **audit total** *biliş.* denetim toplamı **audit trail** *biliş.* denetleme yolu, denetim izi

audition /o:'dişın/ a. (şarkıcı, oyuncu, vb.) yetenek denemesi; duyma gücü, işitme gücü, duyma, işitme

auditive /o:'ditiv/ s. işitmeyle ilgili

auditon /o:'dişn/ a. duyma, işitme; ses sınavı **auditon limit** işitme sınırı

auditor /'o:ditı/ a. murakıp, denetçi

auditorium /o:di'to:rüm/ *a.* oditoryum, dinleme salonu, konferans salonu

auditorship /'o:dinşip/ *a.* hesap kontrolörlüğü, denetçilik

auditory /'o:dinri/ *s.* işitme+, işitsel *auditory canal anat.* kulak yolu

augend /'o:cend/ *a. mat.* toplanacak sayı

auger /'o:gı/ *a.* matkap, delgi, burgu *auger bit* ağaç burgusu, el burgusu

aught /o:t/ : *for aught I care* umurumda değil, bana ne

augite /'o:gayt/ *a. min.* augit

augment /o:g'ment/ *e.* artırmak, çoğaltmak, değerlendirmek; artmak, çoğalmak, değerlenmek

augmentable /o:g'mentıbıl/ *s.* artırılabilir

augmentation /o:gmen'teyşın/ *a.* artırma, büyütme; artış

augmentative /o:g'mentıtiv/ *s.* artıran, çoğaltan

augmenter /o:g'mentı/ *a. biliş.* artırıcı

augur /'o:gı/ *e.* -e alamet olmak

augural /'o:gırıl/ *s.* kâhinliğe ait, kehanetle ilgili

augury /'o:gyuri/ *a.* kehanet; fal, alamet

august /o:'gast/ *s.* saygın, soylu, ulu, görkemli, heybetli, yüce

August /'o:gıst/ *a.* ağustos

augustness /o:'gastnis/ *a.* yücelik, görkem, azamet

auk /o:k/ *a. hayb.* deniz kuşu türü

auld /o:ld/ *s.* "old" sözcüğünün İskoçça biçimi

aulic /'o:lik/ *s.* saraya ait

aunt /a:nt/ *a.* teyze, hala, yenge; (herhangi bir) teyze

auntie /'a:nti/ *a. kon. bkz.* aunt

aunty /'a:nti/ *a. kon. bkz.* aunt

aura /'o:rı/ *a.* hava, gizemli ortam; izlenim, hava

aural /'o:rıl/ *s.* işitme+, kulak+, işitsel

aureate /'o:rieyt/ *s.* altın renginde, yaldızlı; parlak, mükemmel

aureole /'o:rioul/ *a.* ayla, ağıl, hale

aureomycin /o:riou'maysin/ *a.* aureomisin

auric /'o:rik/ *s.* altınla ilgili

auricle /'o:rikıl/ *a.* kulakkepçesi; *anat.* (kalp) kulakçık

auricled /o:rikıld/ *s.* kulaklı; *bitk.* çift yaprakçıklı

auricula /ı'rikyulı/ *a.* ayıkulağı

auricular /o:'rikyulı/ *s.* kulağa söylenmiş, gizli

auriferous /o:'rifırıs/ *s. tek.* altın içeren, altınlı

Auriga /o:'raygı/ *a. gökb.* Auriga, Arabacı

aurora /ı'ro:rı/ *a.* seher, fecir, gün ağarması *aurora australis gökb.* güney ışığı *aurora borealis gökb.* kuzey ışığı *aurora polaris gökb.* kutup ışığı

auroral /o:'ro:rıl/ *s.* güneşin doğuşuna ait

aurous /o:rıs/ *s.* içinde altın bulunan, altınlı; *kim.* tek valanslı altından oluşmuş

aurum /'o:rım/ *a. kim.* altın

auscultate /'o:skılteyt/ *e. hek.* stetoskop ile dinlemek

auscultation /o:skıl'teyşın/ *a. hek.* stetoskop ile dinleme

ausforming /'ausfo:ming/ *a. met.* ostenit işleme, osişleme

auspicate /o:spikeyt/ *e.* (uğur getireceğine inanılan törenlerle) açmak, açış töreni yapmak

auspice /'o:spis/ *a.* kuş falı

auspices /'o:spisiz/ *a.* yardım, destek, iyilik

auspicial /o:spişıl/ *s.* kehanetle ilgili; uğurlu, hayırlı

auspicious /o:'spişıs/ *s.* hayırlı, uğurlu

auspiciously /o:'spişısli/ *be.* hayırlı bir şekilde, uğurlu olarak

auspiciousness /o:'spişısnıs/ *a.* uğur, hayır

Aussie /'ozi/ *a. kon.* Avustralyalı

austempering /o:s'tempıring/ *a. met.* ostenit menevişleme, osmenevişleme

austen(it)ize /o:stı'n(it)ayz/ *e. met.* ostenitlemek

austenite /'o:stınayt/ *a. met.* ostenit

austenitic /o:stı'nitik/ *a. met.* ostenitli *austenitic steel met.* ostenitli çelik

austenitizing /o:stı'nitayzing/ *a. met.* ostenitleme

austere /o'stiı/ *s.* çetin, zor, güç, rahatsız; ciddi, katı; özdenetimli; sade, süssüz, yalın

austerely /o'stiıli/ *be.* sertçe, haşin olarak

austerity /o'steriti/ *a.* sertlik, güçlük, zorluk; ciddiyet, katılık; azla yetinme, idareli geçinme

austral /'o:strıl/ *s.* güney

autacoid /o:tıkoyd/ *a.* hormon
autarchy /'o:ta:ki/ *a.* özerklik
autarky /'o:ta:ki/ *a.* otarşi
authentic /o:'tentik/ *s.* gerçek, hakiki, doğru; özgün, orijinal; *kon.* içten, samimi
authentically /o:'tentikıli/ *be.* güvenilir şekilde, aslına uygun olarak
authenticate /o:'tentikeyt/ *e.* gerçekliğini kanıtlamak, doğruluğunu kanıtlamak; belgelemek
authentication /o:ten'tikeyşın/ *a.* doğruluğunu kanıtlama, belgeleme
authenticity /o:ten'tisiti/ *a.* gerçek olma özelliği, orijinallik, doğruluk; *kon.* içten samimi
author /'o:tı/ *a.* yazar; bir şeye kaynak olan/oluşturan kişi, yaratıcı, yapan
authoress /'o:tıris/ *a.* (bayan) yazar
authoritarian /o:tori'teırıın/ *s. a.* yetkeci, otoriter, erkil, zorgulu
authoritative /o:'toritıtiv/ *s.* otoriter, sözünü geçirir; yetkili; güvenilir, inanılır
authoritatively /o:'toritıtivli/ *be.* yetkili olarak; güvenilebilecek şekilde, aslına uygun olarak
authoritativeness /o:'toritıtivnis/ *a.* yetki, salahiyet; güvenilir olma, aslına uygunluk
authority /o:'toriti/ *a.* otorite, yetkili; otorite, yetke; bilirkişi, uzman, otorite
authorization /o:tıray'zeyşın/ *a.* izin, ruhsat; onama, uygun görme
authorize /'o:tırayz/ *e.* izin vermek; yetki vermek, yetkilendirmek
authorized /'o:tırayzd/ *s.* yetkili; resmi *authorized library biliş.* yetkili kitaplık *authorized program biliş.* yetkili program
authorship /'o:tışip/ *a.* yazarlık
autism /'o:tizım/ *a. hek.* otizm, içe kapanış
autistic /o:'tistik/ *s.* otistik, içine kapalı
auto /'o:tou/ *a.* otomobil, araba
autobahn /'o:tıba:n/ *a.* otoyol, otoban
autobiographical /o:tıbayı'grefikıl/ *s.* otobiyografik
autobiography /o:tıbay'ogrıfı/ *a.* otobiyografi, özyaşamöyküsü, özgeçmiş
autobus /o:tı'bas/ *a.* otobüs
autocar /'o:touka:/ *a.* otokar
autocatalysis /o:toukı'telisis/ *a.*

otokataliz, öztezleştirme
autochthon /o:'toktın/ *a.* bir yerin yerlisi
autochthonous /o:'toktınıs/ *s.* yerli
autoclave /'o:tıkleyv/ *a.* otoklav, basınçlı kap
autocracy /o:'tokrısi/ *a.* otokrasi, saltıkçı yönetim, saltıkçılık; otokrasiyle yönetilen ülke/grup/vb
autocrat /'o:tıkret/ *a.* otokrat, saltıkçı; despot, zorba
autocratic(al) /o:tı'kretik(ıl)/ *s.* zorba
autocycle /'o:tousaykıl/ *a.* moped, motorlu bisiklet
autodiagnosis /o:toudayı'gnousis/ *a. hek.* kendi hastalığını teşhis
autoeroticism /o:toui'rotisizım/ *a.* özkösnüllük, özuyarım, kendi kendini cinsel olarak uyarma
autogamous /o:'tıgemıs/ *s. bitk.* kendi tozu ile tozaklanan
autogamy /o:'togımi/ *a.* kendi tozu ile tozaklanma
autogenesis /o:tou'cenisis/ *a.* otogenez
autogenetic /o:touci'netik/ *s.* otogenetik
autogenous /o:'tocinıs/ *s.* otojen *autogenous welding* otojen kaynak
autogiro /o:tou'cayrou/ *a.* otojir
autograft /'o:tıgra:ft/ *a. hek.* otogref
autograph /'o:tıgra:f/ *a.* (ünlü) birinin imzası ¤ *e.* (kitap, vb.) imzalamak
autogyro /o:tou'cayrou/ *a. hav.* otojir
autohypnosis /o:touhip'nousis/ *a.* kendi kendini hipnotize etme
autoimmunization /o:tımyunizeyşın/ *a.* özbağışıklık, yaradılıştan bir hastalığa karşı bağışıklığı olma
autoinfection /o:touin'fekşın/ *a. hek.* otoenfeksiyon
autoinoculation /o:touinokyu'leyşın/ *a. hek.* otoentoksikasyon
autointoxication /o:touintoksi'keyşın/ *a. hek.* otoentoksikasyon
autoionization /o:touayınay'zeyşın/ *a. fiz.* kendiliğinden iyonlaşma
autoloader /'o:touloudı/ *a. biliş.* oto-yükleyici, özyükleyici
autolysis /o:'tolisis/ *a.* otoliz
automat /'o:tımet/ *a.* otomat
automate /'o:tımeyt/ *e.* otomatikleştirmek, makineleştirmek *automated production management biliş.* otomatikleştirilmiş üretim yönetimi

automatic /ɔ:tɪ'metik/ *s.* otomatik, özdevinimli; kendiliğinden; olması kesin *automatic advance* otomatik avans *automatic alarm* otomatik alarm *automatic amplitude control* *elek.* otomatik genlik kontrolü *automatic bias* otomatik öngerilim *automatic brake* otomatik fren *automatic brightness control* *elek.* otomatik parlaklık kontrolü *automatic calling unit* otomatik çağırma birimi *automatic camera* otomatik kamera *automatic carriage* *biliş.* otomatik taşıyıcı *automatic check* *biliş.* otomatik denetim *automatic choke* *oto.* otomatik jikle *automatic chrominance control* *elek.* otomatik renk ayırımı kontrolü *automatic circuit breaker* otomatik devre kesici *automatic clutch* *oto.* otomatik debriyaj, otomatik kavrama *automatic coding* *biliş.* otomatik kodlama, özdevimli kodlama *automatic colour control* *elek.* otomatik renk kontrolü *automatic computer* *biliş.* otomatik bilgisayar *automatic control* otomatik kontrol *automatic controller* *biliş.* otomatik denetleyici *automatic current limiter* *elek.* otomatik akım sınırlayıcı *automatic current regulator* *elek.* otomatik akım regülatörü *automatic cutout* *elek.* otomatik enterüptör, otomatik devre kesici *automatic data processing* *biliş.* otomatik bilgi işlem *automatic dialling unit* *biliş.* otomatik çevirme birimi *automatic diaphragm* *fot.* otomatik diyafram *automatic dictionary* *biliş.* otomatik sözlük, özdevimli sözlük *automatic direction finder* otomatik yön bulucu *automatic error correction* *biliş.* otomatik hata düzeltme *automatic exchange* otomatik santral, otomatik telefon santralı *automatic feed* otomatik besleme *automatic feeder* otomatik besleyici *automatic fire alarm* otomatik yangın alarmı *automatic flight control unit* *hav.* otomatik uçuş kontrol birimi *automatic focusing* otomatik ayar, otomatik odaklama *automatic frequency control* *elek.* otomatik frekans kontrolü *automatic fuse* *elek.* otomatik sigorta *automatic gain control* *elek.* otomatik kazanç ayarı *automatic gear*

change *oto.* otomatik vites değiştirme *automatic gearbox* *oto.* otomatik vites kutusu *automatic ground controlled approach* *hav.* otomatik yerden kontrollü yaklaşma *automatic hardware dump* *biliş.* otomatik donanım dökümü *automatic ignition* *oto.* otomatik ateşleme *automatic interrupt* *biliş.* otomatik kesilme *automatic landing system* *hav.* otomatik iniş sistemi *automatic lathe* *mak.* otomatik torna tezgâhı *automatic loom* *teks.* otomatik tezgâh *automatic modulation control* *elek.* otomatik modülasyon kontrolü *automatic noise limiter* *elek.* otomatik gürültü sınırlayıcı *automatic phase control* *elek.* otomatik faz kontrolü *automatic picture transmission* *elek.* otomatik resim iletimi *automatic pile driver* otomatik şahmerdan *automatic pilot* otomatik pilot *automatic pistol* otomatik tabanca *automatic programming* otomatik programlama *automatic punch* *biliş.* otomatik delgi *automatic remote control* uzaktan otomatik kumanda *automatic restart* *biliş.* otomatik yeniden başlatma *automatic rifle* otomatik tüfek *automatic routine* *biliş.* otomatik yordam *automatic safety belt* *oto.* otomatik emniyet kemeri *automatic scanning* otomatik tarama *automatic selectivity* otomatik seçicilik *automatic sensitivity control* otomatik duyarlık kontrolü *automatic sequencing* *biliş.* otomatik sıralama *automatic shutdown* *biliş.* otomatik kapanma *automatic stop* *biliş.* otomatik durdurma *automatic switch* *elek.* otomatik şalter, otomatik anahtar *automatic switchover* *biliş.* otomatik yedeğe geçme, özdevimli atlama *automatic tape punch* *biliş.* otomatik şerit delici *automatic telephone* otomatik telefon *automatic teller machine* *biliş.* otomatik vezne makinesi *automatic timer* *oto.* otomatik zamanlayıcı *automatic tracking* otomatik hedef izleme *automatic transmission* *oto.* otomatik şanzıman, otomatik vites *automatic tripping device* otomatik deklanşör *automatic tuning* otomatik ayar *automatic verifier* *biliş.* otomatik gerçekleyici *auto-*

matic voltage regulator elek. otomatik gerilim regülatörü *automatic volume control* otomatik ses kontrolü *automatic volume expansion* otomatik volüm genişletme *automatic warning system demy.* otomatik uyarı sistemi *automatic weapon ask.* otomatik silah *automatic welding machine* otomatik kaynak makinesi *automatic zoom* otomatik zoom, otomatik kaydırma

automatically /oːtı'metikıli/ *be.* otomatik olarak *automatically cleared failure biliş.* otomatik temizlenen arıza *automatically corrected error biliş.* otomatik düzeltilen hata

automation /oːtı'meyşın/ *a. tek.* otomasyon, özdevinim, özedim

automatism /oː'tomıtizım/ *a.* otomatizm

automaton /oː'tomıton/ *a.* otomat

automobile /'oːtımıbiːl/ *a. Al.* otomobil, araba

automorphic /'oːtımoːfik/ *s. min.* otomorf, özbiçimli

automotive /oːtı'moutiv/ *s.* otomotiv

autonomic /oːtınomik/ *s.* özgür, erkin, muhtar; sempatik sinir sistemine ait

autonomous /oː'tonımıs/ *s.* özerk, otonom

autonomy /oː'tonımi/ *a.* özerklik, otonomi

autopathic /oː'tıpetik/ *s. hek.* nedensiz gibi görünen hastalıkla ilgili

autopilot /oːtı'paylıt/ *a. hav.* otomatik pilot

autoplastic /oːtı'plestik/ *s.* otoplastik

autoplasty /'oːtıplesti/ *a. hek.* otoplasti

autopsy /oː'topsi/ *a.* otopsi

autoreverse /oːtouri'vöːs/ *a.* otomatik geriye dönme

autosuggestion /oːtousı'cesçın/ *a. hek.* kendi kendine telkin

autotherapy /oːtıterıpi/ *a. hek.* kendi kendine tedavi

autotoxemia /oːtıtoksimiı/ *a. tıb.* kendi vücudunda oluşan zehirli maddelerden zehirlenme

autotransformer /oːtoutrens'foːmı/ *a. elek.* ototransformatör, özdönüştüreç

autotroph /oːtı'trof/ *a.* kendibeslek bitki, ototrof

autotrophic /oːtı'trofik/ *s.* kendibeslek, ototrof

autotrophy /oːtı'trofi/ *a.* kendibesleklik, ototrofi

autotype /'oːtıtayp/ *a.* ototipi

autoxidation /oːtoksi'deyşın/ *a.* otoksidasyon

autumn /'oːtım/ *a.* sonbahar, güz

autumnal /oː'tamnıl/ *s.* güz +, sonbahar *autumnal equinox gökb.* sonbahar noktası, güz ılımı

auxiliary /oːg'zilyıri/ *s. a.* yardımcı, yedek *auxiliary anode* yardımcı anot *auxiliary antenna* yardımcı anten *auxiliary axle oto.* yardımcı dingil *auxiliary brake oto.* yardımcı fren *auxiliary circuit elek.* yardımcı devre *auxiliary coil elek.* yardımcı bobin *auxiliary condenser elek.* yardımcı kondansatör *auxiliary current elek.* yardımcı akım *auxiliary drive gear* yardımcı tahrik dişlisi *auxiliary electrode mat.* yardımcı elektrot *auxiliary equation mat.* yardımcı denklem *auxiliary equipment* yardımcı donanım *auxiliary eyepiece* yardımcı oküler *auxiliary filter* yardımcı filtre *auxiliary frame* yardımcı şasi *auxiliary fuel pump* yardımcı yakıt pompası *auxiliary fuel tank* yedek yakıt deposu *auxiliary grid elek.* yardımcı ızgara *auxiliary ignition oto.* yardımcı ateşleme *auxiliary jet oto.* yardımcı jigle *auxiliary lens* ek objektif, ek mercek *auxiliary lift motor* yardımcı kaldırma motoru *auxiliary memory biliş.* yardımcı bellek *auxiliary operation biliş.* yardımcı işlem *auxiliary parachute hav.* yardımcı paraşüt *auxiliary power unit* yardımcı güç kaynağı *auxiliary processor biliş.* yardımcı işlemci *auxiliary product teks.* yardımcı madde *auxiliary pump* yardımcı pompa *auxiliary relay elek.* yardımcı röle *auxiliary resistance elek.* yardımcı direnç *auxiliary rotor* yardımcı rotor *auxiliary routine biliş.* yardımcı yordam *auxiliary shaft* yardımcı mil, yardımcı şaft *auxiliary spar hav.* yardımcı lonjeron *auxiliary staff* yardımcı personel, geçici personel *auxiliary storage/store biliş.* yardımcı bellek *auxiliary transmission oto.* yardımcı transmisyon *auxiliary valency kim.* yardımcı değerlik *auxiliary ventilation* tali havalandırma,

ikincil havalandırma **auxiliary verb** *dilb.*
yardımcı fiil **auxiliary winding** *elek.*
yardımcı sargı **auxiliary wing** *hav.*
yardımcı kanat

auxin /'o:ksin/ *a.* oksin

auxochrome /'o:ksıkroum/ *a.* oksokrom

avail /ı'veyl/ *e.* (of ile) kendisine yarar sağlamak, yararlanmak ¤ *a.* kullanış, sonuç, avantaj, yarar **avail oneself of** -den yararlanmak **of no avail** boşu boşuna

availability /ıveylı'bilıti/ *a.* kullanılırlık, elverişlilik, elde edilebilme **availability ratio** *biliş.* kullanılırlık oranı, kullanılabilirlik oranı

available /ı'veylıbıl/ *s.* elde edilebilir, bulunabilir, mevcut, elde; kullanılabilir; görüşmeye uygun, meşgul değil, müsait **available capacity** kullanılabilir kapasite **available heat** kullanılabilir ısı, etkili ısı **available machine time** *biliş.* kullanılabilir makine zamanı **available power** *fiz.* kullanılabilir güç **available soil moisture** *trm.* elverişli toprak nemi **available time** *biliş.* kullanılabilen süre, hazır süre **available water supply** sağlanmış su, yararlanılan su

avalanche /'evıla:nş/ *a.* çığ **avalanche current** *elek.* çığ akımı **avalanche debris** *yerb.* çığ yığıntısı **avalanche impedance** *elek.* çığ empedansı **avalanche noise** *elek.* çığ gürültüsü **avalanche voltage** *elek.* çığ gerilimi

avant-garde /evo:ng'ga:d/ *s.* avangard, öncü, yenilikçi

avarice /'evıris/ *a.* para tutkusu, servet tutkusu, açgözlülük

avaricious /evı'rişıs/ *s.* para canlısı, açgözlü

avariciously /evı'rişısli/ *be.* hırsla, cimrilikle, pintilikle

avariciousness /evı'rişısnis/ *a.* harislik, cimrilik, pintilik

avast /ı'va:st/ *ünl.* *den.* dur!, durdur!

avaunt /ı'vou:nt/ *ünl.* defol!, git

ave /'a:vı/ *ünl.* selam!, merhaba!; güle güle!

avenaceous /evıneyşıs/ *s.* yulaf gibi, yulafa benzer

avenge /ı'venc/ *e.* öcünü almak **avenge oneself on** -den öç almak

aventurine /ı'ventyurin/ *a.* yıldıztaşı

avenue /'evinyu:/ *a.* iki yanı ağaçlı yol, bulvar; geniş cadde, bulvar; bir sonuca götüren yol **leave no avenue unexplored** her yolu denemek, her çareye başvurmak

aver /ı'vö:/ *e.* iddia etmek, söylemek; kanıtlamak

average /'evıric/ *a.* *mat.* ortalama; ortalama düzey, ortalama; *den.* avarya, hasar ¤ *s.* ortalama; orta, sıradan, vasat ¤ *e.* ortalamasını almak; ortalaması ... olmak **average acceleration** ortalama ivme **average available discharge** ortalama faydalı akım **average current** *elek.* ortalama akım **average density** ortalama yoğunluk **average deviation** ortalama sapma **average discharge** ortalama akım **average error** ortalama hata, ortalama yanılgı **average flow** ortalama akım **average performance** ortalama verimlilik **average picture level** ortalama görüntü düzeyi **average sample** ortalama numune **average size** ortalama büyüklük **average value** ortalama değer **average velocity** ortalama hız **average voltage** ortalama gerilim **average wind** ortalama rüzgâr **average year** ortalama yıl

averse /ı'vö:s/ *s.* (to ile) karşı, muhalif, isteksiz

averseness /ı'vö:snis/ *a.* çekingenlik, çekinme

aversion /ı'vö:şın/ *a.* (to ile) hoşlanmama, sevmeme, nefret; nefret edilen şey **pet aversion** nefret edilen şey, iğrenç şey

avert /ı'vö:t/ *e.* olmasını önlemek, önüne geçmek, önlemek; başka yöne çevirmek

avian /'eyviın/ *s.* kuşlara ait

aviary /'eyviıri/ *a.* büyük kuş kafesi; kuşhane

aviate /eyvieyt/ *e.* uçak kullanmak

aviation /eyvi'eyşın/ *a.* havacılık; havacılık endüstrisi **aviation fuel** uçak yakıtı, havacılıkta kullanılan yakıt **aviation gasoline** uçak benzini

aviator /'eyvieytı/ *a.* pilot

aviculture /'eyvikalçı/ *a.* kuş yetiştiriciliği

avid /'evid/ *s.* gayretli, hevesli, istekli

avidity /ı'viditi/ *a.* gayret, hırs, istek

avigation /ˈevigeyşın/ a. uçak kullanma tekniği, pilotluk

avionics /ˈeyviˈoniks/ a. havacılık elektroniği

avitaminosis /ˈeyvaytımiˈnousis/ a. vitaminsizlikten ileri gelen hastalık

avocado /evıˈka:dou/ a. bitk. avokado, amerikaarmudu

avocation /evıˈkeyşın/ a. hobi, uğraş; iş, meslek

avocet /ˈevıset/ a. hayb. avoset, kılıç gagalı

Avogadro /evıˈga:drou/ a. Avogadro **Avogadro's constant** Avogadro sabitesi, Avogadro değişmezi **Avogadro's law** fiz. Avogadro yasası **Avogadro's number** Avogadro sayısı, Avogadro değişmezi

avoid /ıˈvoyd/ e. kaçmak, kurtulmak; kaçınmak, uzak durmak, sakınmak, yanaşmamak; önlemek, engel olmak

avoidance /ıˈvoydıns/ a. kaçınma, sakınma

avouch /ıˈvauç/ e. teyit ve tasdik etmek, kesinlikle söylemek, iddia etmek; garanti etmek, sorumluluğu üzerine almak

avow /ıˈvau/ e. itiraf etmek, açıkça söylemek

avowal /ıˈvauıl/ a. itiraf

avowedly /ıˈvaudli/ be. açıkça, alenen

avulsion /ıvalşın/ a. koparma, sökme; huk. bir ırmağın yolunu değiştirmesi gibi doğal bir nedenle bir mülkün başka bir mülk sahibinin tarafına geçmesi

await /ıˈweyt/ e. beklemek

awake /ıˈweyk/ e. uyanmak; uyandırmak; harekete geçirmek; harekete geçmek ¤ s. uyanık, uyanmış; (to ile) bilinçli, bilincinde, farkında

awaken /ıˈweykın/ e. uyanmak; uyandırmak

awakening /ıˈweykıning/ a. uyanış; (to) bilinçlenme **rude awakening** hayal kırıklığı

award /ıˈwo:d/ e. huk. mahkeme kararı ile vermek; vermek; ödül olarak vermek, ödüllendirmek ¤ a. huk. karar, hüküm; ödül, mükâfat; kredi

aware /ıˈweı/ s. farkında, haberdar **be aware of** farkında olmak, anlamak, haberi olmak

awareness /ıˈweınıs/ a. farkında olma, haberdarlık

awash /ıˈwoş/ s. su düzeyinde; dalgalarla sürüklenen **be awash** sular altında olmak, suyla kaplı olmak **be awash with** ile dolu olmak

away /ıˈwey/ be. uzağa, uzakta; -den, -dan; buradan; başka yönde; ... mesafede/uzaklıkta; emin bir yerde/yere; gidecek/bitecek/sona erecek şekilde; sürekli, durmadan ¤ s. sp. deplasmanda oynanan **Away with you!** Defol

awe /o:/ a. korku ve merakla karışık saygı

aweather /ıwedı/ be. den. rüzgâr yönünde/yönüne

awesome /ˈo:sım/ s. korku veren, korkunç, dehşetli

awestruck /ˈo:strak/ s. korkulu, meraklı

awful /ˈo:fıl/ s. müthiş, korkunç; kon. berbat, rezil

awfully /ˈo:fıli/ be. kon. çok, aşırı, o biçim, müthiş, acayip

awhile /ıˈwayl/ be. kısa bir süre için, biraz

awkward /ˈo:kwıd/ s. beceriksiz, sakar, hantal; iyi yapılmamış, kullanımı zor, kullanışsız; (insan) anlaşılması zor, uyumsuz, dik başlı; utandırıcı, mahcup edici, uygunsuz **awkward customer** zor kişi, aksi kişi, kıl (adam/kadın)

awkwardly /ˈo:kwıdli/ be. acemicesine, beceriksizce

awkwardness /ˈo:kwıdnıs/ a. beceriksizlik, sakarlık

awl /o:l/ a. biz, tığ

awn /o:n/ a. kılçık, diken

awning /ˈo:ning/ a. tente, güneşlik

awnless /ˈo:nlıs/ s. kılçıksız

awry /ıˈray/ s. eğri; ters **go awry** ters gitmek, yolunda gitmemek

ax /eks/ a. e. Aİ. bkz. axe

axe /eks/ a. balta ¤ e. balta ile kesmek; kon. kaldırmak; azaltmak, kısmak, atmak **get the axe** işten çıkarılmak, kovulmak; önlenmek, durdurulmak, kaldırılmak

axial /ˈeksiıl/ s. eksenel, aksiyal, eksen + **axial bearing** eksenel yatak **axial compressor** eksenel kompresör **axial fan** aksiyal vantilatör **axial-flow** aksiyal akışlı **axial-flow fan** aksiyal akımlı vantilatör **axial-flow turbine** aksiyal türbin **axial pitch** eksenel hatve **axial plane** eksen düzlemi, eksenel düzlem **axial pressure** eksensel basınç **axial pump** *mad.* aksiyal tulumba, eksenel tulumba **axial ratio** eksenel oran **axial stress** eksenel gerilme **axial symmetry** *mat.* eksenel simetri, eksenel bakışım **axial turbine** *mak.* dik türbin

axil /'eksil/ *a. bitk.* koltuk, ağaç dalı ile sapı arasındaki köşe

axilla /ek'silı/ *a. anat.* koltuk altı

axillary /'eksileri/ *s. anat. bot.* koltuk altına ait

axiom /'eksiım/ *a.* belit, aksiyom

axiomatic /eksiı'metik/ *s.* aksiyomla ilgili, belitsel **axiomatic theory** *mat.* aksiyomatik teori, belitsel kuram

axis /'eksis/ *a.* eksen; dingil; *opt.* optik eksen, gözekseni; *bitk.* sap ya da filiz **axis bearing** dingil yatağı **axis friction** dingil sürtünmesi **axis of abscissas** *mat.* apsis ekseni, yatay konaç ekseni **axis of equator** ekvator ekseni, ekvator çizgisi **axis of inertia** *fiz.* atalet ekseni **axis of revolution** dönme ekseni **axis of rotation** dönme ekseni **axis of symmetry** simetri ekseni, bakışım ekseni **axis of the bore** *ask.* namlu ekseni **axis of the earth** *coğ.* yerekseni **axis of the ordinate** *mat.* ordinat ekseni **axis of trunnions** muylu ekseni **axis pressure** dingil basıncı

axle /'eksıl/ *a.* (araba, tekerlek) mil, dingil **axle bearing** aks yatağı, dingil yatağı **axle box** dingil kutusu, aks kovanı **axle cap** dingil kapağı **axle casing** aks kovanı, dingil kovanı **axle end** dingil ucu **axle friction** dingil sürtünmesi **axle grease** dingil gresi **axle guide** dingil çatalı **axle hole** dingil deliği **axle housing** aks kovanı, aks mahfazası **axle journal** dingil ucu **axle latch** aks tespit mandalı **axle load** dingil ağırlığı **axle lock** dingil kilidi **axle nut** dingil somunu **axle pressure** dingil basıncı **axle shaft** *oto.* aks mili, dingil **axle sleeve** aks kovanı **axle spring** dingil yayı **axle suspension** dingil süspansiyonu **axle tree** araba dingili **axle tube** aks kovanı, dingil kovanı **axle wrench** dingil anahtarı

axon(e) /'ekson/ *a. anat.* akson

ay /ay/ *a. bkz.* aye

aye /ay/ *a.* lehte oy, kabul oyu, evet oyu ¤ *be.* evet

azeotropic /eyzıı'tropik/ *s.* eşkaynar, azeotrop **azeotropic distillation** eşkaynar damıtma, azeotrop damıtma

azide /'eyzayd/ *a.* azit

azimuth /'ezimıt/ *a. gökb.* semt, azimut, güney açısı **azimuth angle** *hav.* yan açısı **azimuth circle** *gökb.* azimut çemberi **azimuth diagram** azimut diyagramı

azimuthal /ezi'matıl/ *s.* azimutla ilgili **azimuthal chart** *gökb.* azimut haritası **azimuthal quantum number** *fiz.* azimut kuantum sayısı

azine /'eyzi:n/ *a.* azin

azobenzene /eyzou'benzi:n/ *a.* azobenzen

azoic /ı'zouik/ *s.* azoik **azoic dyes** azoik boyalar

azure /'ejı/ *a. s.* gök mavisi; lacivert taşı

azurite /'ezurayt/ *a.* azurit

azym /ezim/ *a.* mayasız ekmek

B

B, b /bi:/ *a.* İngiliz abecesinin ikinci harfi; *müz.* si notası; (not olarak) iyi **B flat** *arg.* tahtakurusu

baa /ba:/ *e.* melemek ¤ *a.* meleme

baas /ba:s/ *a.* Güney Afrika'da patron

babbit /'bebit/ *a.* vaytmetal **babbit metal** babit alaşımı, babit metali

babble /'bebıl/ *e.* gevezelik etmek, saçma sapan mırıldanmak; (out ile) (sır) söylemek; tekdüze ses çıkarmak ¤ *a.* karmaşık/aptalca/çocukça konuşma; uğultu, gürültü; anlaşılması güç konuşma; şırıltı

babbler /'beblı/ *a.* geveze kimse, boşboğaz; çağlayan

babe /beyb/ *a.* bebek; *Aİ. kon.* yavru, bebek, fıstık, piliç

Babel /'beybıl/ *a.* Babil

baboo /'ba:bu:/ *a.* Hindistanda efendi

baboon /bı'bu:n/ *a. hayb.* köpek maymunu, babun

babushka /bı'bu:şkı/ *a.* eşarp

baby /'beybi/ *a.* bebek; (hayvan) yavru;

bir grubun en genç üyesi; *AÎ. kon.* yavru, bebek, fıstık ¤ *e. kon.* bebek muamelesi yapmak *baby bottle* biberon, emzik *baby carriage* çocuk arabası *baby farmer* bebek bakıcısı *baby grand* kısa kuyruklu piyano *baby snatcher* çocuk kaçıran kimse; kendinden çok küçük yaşta biriyle evlenen kimse *baby spot sin.* küçük projektör, küçük ışıldak *be left holding the baby* kabak başına patlamak

babyhood /'beybihud/ *a.* bebeklik

babyish /'beybiiş/ *s.* bebeksi

Babylon /'bebilın/ *a.* Babil

baby-minder /'beybimayndı/ *a. İİ.* çocuk bakıcısı

baby-sit /'beybisit/ *e.* çocuk bakıcılığı yapmak

baby-sitter /'beybisitı/ *a.* çocuk bakıcısı

baccalaureate /bekı'lo:riıt/ *a.* bakalorya *baccalaureate sermon* mezuniyet törenlerinde yapılan dinsel ayin

baccarat /'bekırı/ *a.* bakara

baccate /'bekeyt/ *s. bitk.* çilek türünden etli ve çekirdeksiz meyve gibi

bacchanal /'bekınl/ *a. s.* ayyaş

bach /beç/ *e.* bekâr hayatı yaşamak

bachelor /'beçılı/ *a.* bekâr erkek; üniversite mezunu *Bachelor of Arts degree* edebiyat fakültesi diploması *Bachelor of Science degree* fen fakültesi diploması *bachelor's-button bitk.* peygamber çiçeği

bachelorhood /'beçılıhud/ *a.* bekârlık

bacillary /bı'silıri/ *s.* basil ile ilgili

bacillus /bı'silıs/ *a.* basil, çomaksı bakteri; *kon.* bakteri

back /bek/ *a.* sırt; arka; (futbol) bek; belkemiği; tekne, küçük havuz ¤ *be.* eski yerine, eski yerinde, geri; geriye doğru, geriye, arkaya, geride, arkada; uzak, geri; önce; geçmişte, geçmişe; geri; yine; karşılığında, karşılık olarak ¤ *s.* arka, arkadaki; (para) önceden borç olan, önceki ¤ *e.* geriye gitmek; geriye doğru götürmek, arkaya götürmek; desteklemek, destek olmak, arka çıkmak; üzerine para koymak; bahse girmek, -e oynamak *back and forth* ileri geri *back cloth* astar, baskı astarı *back conduction elek.* geri iletim *back contact elek.* geri kontak *back country* taşra, geri kalmış bölge *back current elek.* geri akım *back door* arka kapı *back-door* gizli, el altından yapılan *back down* hatalı olduğunu kabul etmek, boyun eğmek *back flow* tersine akış, ters akış *back number* (dergi, gazete, vb.) bir önceki sayı; *hkr.* çağdışı şey/kimse *back out* sözünü tutmamak, vazgeçmek, caymak *back pay* geri ödeme; ödenmesi gecikmiş ücret *back pressure* karşıbasınç *back pressure turbine* karşıbasınç türbini *back projection* geriden gösterim *back rest* arkalık *back room* arka oda *back saw* tırtıl testere, sıçankuyruğu testere *back scratcher* kaşağı *back seat* arka koltuk; ikinci mevki *back-seat driver* sürücüye müdahale eden kişi *back shaft mak.* arka mil *back shift mad.* bakım-onarım vardiyası *back sight ask.* gez; geri rasat *back talk* ters karşılık, küstahça karşılık *back the oars* siya etmek *back the sails* yelkenleri faça etmek *back to back* arka arkaya, sırt sırta *back up* desteklemek, arka çıkmak; yedeklemek, kopya çıkarmak *get on sb's back* sinir etmek, kızdırmak *give back* geri vermek *look back* geçmişi düşünmek *put sb's back up kon.* gıcık etmek *turn one's back on* sırtını çevirmek *with one's back to the wall kon.* büyük güçlük içinde

backache /'bekeyk/ *a.* sırt ağrısı

backbencher /'bek'bençı/ *a.* kıdemsiz parlamento üyesi

backbite /'bekbayt/ *e. hkr.* arkasından konuşmak, yokken kötülemek, arkasından dedikodusunu yapmak, çekiştirmek

backbiter /'bekbaytı/ *a.* dedikoducu kimse

backbiting /'bekbayting/ *a. hkr.* dedikoduculuk, arkasından konuşma, kötüleme

backboard /'bekbo:d/ *a.* arka tahtası, arkalık

backbone /'bekboun/ *a.* belkemiği, omurga; en büyük destek, belkemiği; sağlam karakter *to the backbone* adamakıllı, sapına kadar

backbreaking /'bekbreyking/ *s.* (iş) çok zor, yorucu

backchat /'bekçet/ *a.* ters karşılık, küstahlık

backdate /bek'deyt/ *e.* eski bir tarih atmak, daha önceki bir tarihten geçerli kılmak

backdown /'bekdaun/ *a.* cayma, vazgeçme

backdrop /'bekdrop/ *a.* (sahnede) arka perde

backed /bekt/ *s.* arkası olan, yardım edilmiş; astarlanmış, kaplı

backer /'bekı/ *a.* arka, destekçi; yarışta bir ata oynayan kimse

backfill /'bekfil/ *a.* dolgu

backfilling /'bekfiling/ *a.* doldurma **backfilling longwall** *mad.* rambleli uzunayak, dolgulu uzunayak

backfire /bek'fayı/ *e.* (plan, vb.) geri tepmek, olumsuz sonuç vermek ¤ *a.* geri tepme

backgammon /'bekgemın/ *a.* tavla

background /'bekgraund/ *a.* geçmiş, artyetişim; arka plan; fon, zemin **educational background** öğrenim geçmişi **keep in the background** arka planda kalmak

backhand /'bekhend/ *a.* (tenis) bekhend

backhanded /bek'hendid/ *s.* elin tersi öne doğru olduğu halde yapılan **backhanded compliment** eleştiri niteliğinde iltifat

backhander /'bekhendı/ *a.* rüşvet

backheating /bek'hi:ting/ *a. elek.* geri ısıtma

backhouse /'bekhaus/ *a.* binanın dışındaki tuvalet

backing /'beking/ *a.* geri çekilme; destek, yardım, arka; fon müziği; arka kaplama, arka parça **backing plate** takviye plakası, takoz plakası **backing store** *biliş.* yardımcı bellek

backlash /'bekleş/ *a.* geriye doğru yapılan ani hareket; büyüyen, güçlenen bir inanca karşı oluşan güçlü tepki; boşluk, laçkalık

backlight /bek'layt/ *a.* arka ışığı

backlog /'beklog/ *a.* geciktirilmiş, ihmal edilmiş işler

backmost /'bekmoust/ *s.* en geri, en arka

backpedal /bek'pedl/ *e.* bisiklette pedalı ters yöne çevirmek; *kon.* geri çekilmek ya da sözünü geri almak, sözden dönmek

backscratch /'bekskreç/ *e.* birbirini yağlamak

backside /'beksayd/ *a. kon.* kıç, popo

backslide /'bekslayd/ *e.* kötü yola sapmak

backslider /'bekslaydı/ *a.* kötü yola sapan kimse

backspace /'bekspeys/ *e. biliş.* geriye almak, geriletmek **backspace character** *biliş.* geriletme karakteri

backspacer /'bekspeysı/ *a.* (daktiloda) geri tuşu

backstage /bek'steyc/ *a.* kulis, perde arkası

backstairs /'beksteız/ *a.* arka merdiven, hizmet merdiveni

backstay /'bekstey/ *a. den.* patrisa

backstitch /'bekstiç/ *a.* iğneardı dikiş ¤ *e.* iğneardı dikiş dikmek

backstop /'bekstop/ *a.* topun kaçmasını önlemek için kullanılan ağ/parmaklık

backstream /'bekstrim/ *a.* ters akıntı, anafor

backstroke /'bekstrouk/ *a.* sırtüstü yüzme; ters vuruş

backswept /'bekswept/ *a. hav.* geriye doğru eğik; (saç) arkaya taralı

backsword /'bekso:d/ *a.* tek yüzlü kılıç

backtrack /'bektrek/ *e.* geldiği yoldan geri dönmek; fikrini değiştirmek

backup /'bekap/ *a.* yedek; destek, yardım; trafik sıkışıklığı ¤ *s.* yedek; *müz.* eşlik eden **backup copy** *biliş.* yedek kopya **backup lamp/light** *oto.* geri gidiş lambası **backup storage** *biliş.* yedekleme belleği, güvenlik belleği **backup system** *biliş.* yedek sistem, yedek dizge, güvenlik dizgesi

backward /'bekwıd/ *s.* geriye/başlangıca/geçmişe doğru yönelmiş; geri, geri kalmış, gelişmemiş; çekingen, kendinden emin olmayan; *Al. bkz.* backwards **backward channel** *biliş.* geriye doğru kanal, geriye oluk **backward diode** *elek.* ters diyot **backward recovery** *biliş.* geriye doğru kurtarma **backward scatter** geri saçılma **backward wave oscillator** geriyürüyen dalga osilatörü **backward wave** geriyürüyen dalga

backwardation /bekwı'deyşın/ *a. eko.*

depor

backwardly /'bekwıdli/ *be.* geriye doğru

backwardness /'bekwıdnıs/ *a.* gerilik, geç kavrama

backwards /'bekwıdz/ *be.* geriye, arkaya, arka tarafa; geçmişe; ters olarak *know sth backwards* bir şeyi çok iyi bilmek

backwash /'bekwoş/ *a.* geriye gelen dalga

backwater /'bekwo:tı/ *a.* durgun yer, birikinti su, azmak; dümen suyu

backwoods /'bekwu:dz/ *a.* balta girmemiş orman, meskun yerlerden uzak veya ağaçlardan yarı temizlenmiş yerler

backwoodsman /'bekwu:dzmın/ *a.* ormanda yaşayan kimse; kaba ve basit adam

backyard /bek'ya:d/ *a.* avlu

bacon /'beykın/ *a.* domuz pastırması, beykın *bacon and eggs* beykınlı yumurta *bring home the bacon* ailesini geçindirmek, evin ekmeğini kazanmak

bacpack /'bekpek/ *a.* sırt torbası

bacteria /bek'tiırıı/ *a.* bakteriler

bacterial /bek'tiırııl/ *s.* bakteriyel *bacterial crown gall trm.* kök uru, kök tümörü

bactericidal /bektiırı'saydıl/ *s.* bakteri yok edici

bactericide /bek'tiırisayd/ *a.* bakterisit

bacteriological /bektiırıı'locikıl/ *s.* bakteriyolojik

bacteriologist /bektiırı'olıcist/ *a.* bakteriyolog

bacteriology /bektiırı'olıci/ *a.* bakteriyoloji

bacteriolysis /bektiırıyolısis/ *a.* bakterioliz, minican kırımı, bakterilerin yok edilmesi

bacteriophage /bek'tiırııfeyc/ *a.* bakteriyofaj

bacterioscopy /bektiırıyoskıpi/ *a.* bakteriyoskopi, mikroskopla bakterileri inceleme

bacterium /bek'tiırıım/ *a.* (ç. "bacteria") bakteri

bacteroid /'bektıroyd/ *s.* bakterimsi

bacteroidal /'bektıroydıl/ *s.* bakteriye ait

baculine /baskyılin/ *s.* değnekli, değnekle

sağlanan

bad /bed/ *s.* kötü; bozuk, çürük; geçersiz; yaramaz; ahlaksız; zararlı; sağlıksız; mutsuz, neşesiz; ciddi, sert, şiddetli; *kon.* talihsiz; yanlış, hatalı, bozuk; (para) sahte, değersiz; (dil) kaba *bad air mad.* kötü hava *bad conductor* kötü iletken *bad debt* şüpheli alacak *bad language* küfürlü dil *bad money* kalp para *bad name* kötü şöhret *feel bad about* üzülmek, utanmak *get a bad name* saygınlığını yitirmek, adı çıkmak *go bad* fenalaşmak; bozulmak, kokmak, çürümek *go from bad to worse* gittikçe kötüleşmek *go to the bad* kötü yola düşmek *have a bad name* saygınlığını yitirmek, adı çıkmak *in a bad way* çok hasta; başı dertte

badderlocks /'bedıloks/ *a.* denizkadayıfı

baddie /'bedi/ *a.* (filmde) kötü adam

baddish /'bediş/ *s.* oldukça kötü

badge /bec/ *a.* rozet, nişan, işaret

badger /'becı/ *a. hayb.* porsuk ¤ *e.* başının etini yemek

badinage /'bedina:j/ *a.* takılma, şaka

badlands /'bedlendz/ *a. Aİ.* çorak arazi

badly /'bedli/ *be.* kötü bir şekilde; çok *be badly off* fakir olmak, parasız olmak, eli darda olmak *do badly* kötü gitmek *be in badly with/over* başı belada olmak

badman /'bedmen/ *a.* eşkıya

badminton /'bedmintın/ *a. sp.* tenis benzeri bir oyun, badminton

badmouth /'bedmaut/ *e. arg.* kötülemek, yerden yere vurmak

badness /'bednis/ *a.* kötülük; elverişsizlik

bad-tempered /bed'tempıd/ *s.* huysuz, ters

baffle /'befıl/ *a.* akustik ekran, hoparlör ekranı; deflektör ¤ *e.* şaşırtmak, kafasını karıştırmak *baffle loud-speaker* ekranlı hoparlör *it baffles de-scription* kelimeler yetersiz kalır

baffling /'befling/ *s.* şaşırtıcı, aldatıcı

bag /beg/ *a.* çanta; torba; çuval ¤ *e.* çantaya koymak, torbaya doldurmak; *kon.* (hayvan) öldürmek/yakalamak, avlamak; *arg.* yürütmek *bag and bag-gage* pılı pırtıyı toplayarak *bag con-veyor* çuval konveyörü *bag filter* torba filtre *be left holding the bag* kabak başına patlamak; avucunu yalamak *give sb the bag* kovmak, sepet havası çalmak *hold the bag* kabak başında patlamak *in the bag* kon. çantada keklik *That's just my bag!* Bu benim sorunum!

bagasse /bı'ges/ *a.* bagas

bagatelle /begı'tel/ *a.* önemsiz şey; bilardoya benzer bir oyun

bagel /beygıl/ *a.* simit

baggage /'begic/ *a.* bagaj *baggage car* yük vagonu, furgon *baggage room* hav. bagaj kompartımanı

bagging /'beging/ *a.* çuval bezi *bagging scale* çuvala doldurma baskülü

baggy /'begi/ *s. kon.* bol, sarkık, asılı, düşük

bagnio /'ba:nyou/ *a.* genelev; hamam

bagpipe(s) /'begpayps/ *a.* gayda

bags /begz/ *a.* çok miktar; *esk.* pantolon, şalvar *bags of kon.* bir çuval, bir ton, yığınla, bok gibi

bah /ba:/ *ünl.* tüü!, tüh!

bail /beyl/ *a.* kefil; kefalet; kefaletle tahliye ¤ *e.* kefaletle serbest bırakmak; kefaletle serbest bıraktırmak *bail out* kefaletle serbest bıraktırmak; su alan tekneden su boşaltmak; mali destek vererek kurtarmak; *Aİ.* uçaktan paraşütle atlayıp kurtulmak *go bail* kefalet etmek

bailable /'beylıbıl/ *s. huk.* kefil olunabilir

bailee /bey'li:/ *a. huk.* emanetçi

bailey /'beyli/ *a.* şatonun dış avlusu

bailiff /'beylif/ *a.* mübaşir; çiftlik kâhyası; şerif yardımcısı

bailiwick /'beyliwik/ *a. huk.* yetki bölgesi

bailment /'beylmınt/ *a. huk.* kefalet

bailor /'beylı, bey'lo:/ *a. huk.* teminatı veren mudi

bailsman /'beyzmın/ *a. huk.* kefil

bainite /'beynayt/ *a. met.* beynit

bainsmarie /benzmı'ri:/ *a.* benmari, iki katlı tencere

bairn /bein/ *a.* çocuk

bait /beyt/ *a.* yem; dikkati çeken/istek uyandıran şey ¤ *e.* oltaya ya da tuzağa yem koymak; kasten kızdırmak

baize /beyz/ *a.* yeşil masa çuhası, çuha

bake /beyk/ *e.* fırınlamak, fırında pişirmek; sıcaktan katılaşmak, sertleşmek; *kon.* sıcaktan pişmek *baked potatoes* fırında patates, kumpir

bakehouse /'beykhaus/ *a.* fırın

bakelite /'beykılayt/ *a.* bakalit

baker /'beykı/ *a.* fırıncı *baker's dozen* on üç

bakery /'beykıri/ *a.* fırın

baking /'beyking/ *a.* fırında pişirme ¤ *s.* kızgın *baking oven* pişirme ocağı *baking powder* maya tozu *baking soda* sodyum bikarbonat, karbonat *baking temperature* pişirme sıcaklığı

baksheesh /'bekşi:ş/ *a.* bahşiş

balalaika /belı'laykı/ *a.* balalayka

balance /'belıns/ *a.* denge; terazi; bakiye, kalıntı ¤ *e.* düşünmek, göz önünde bulundurmak, kıyaslamak; dengelemek; dengeli olmak *balance arm* terazi kolu *balance brought* forward nakli yekûn *balance coil elek.* dengeleme bobini, balans bobini *balance crane* karşı ağırlıklı vinç *balance cylinder* dengeleme silindiri *balance due* zimmet bakiyesi, vadesi gelmiş bakiye *balance error biliş.* denge hatası *balance of an account* hesap bakiyesi *balance of payments* ödemeler dengesi *balance of powers* kuvvetler dengesi *balance of trade* ticaret dengesi *balance pipe* dengeleme borusu, denge borusu *balance piston* denge pistonu *balance rope* denge halatı *balance sheet* bilanço *balance spring* denge yayı *balance weight* balans ağırlığı, denge ağırlığı, karşı ağırlık *balance wheel* denge tekerleği, nazım çark, volan, düzenteker *credit balance* alacak bakiyesi, matlup bakiyesi *debit balance* zimmet bakiyesi, borç bakiyesi *hang in the balance* muallakta olmak *in the balance* belirsiz *on balance* her şeyi göz önüne alarak *strike a balance* uzlaşmak *trial balance* geçici mizan, küçük mizan

balanced /'belınst/ *s.* dengeli, aklı başında *balanced amplifier elek.* dengeli amplifikatör *balanced armature loudspeaker* dengeli armatürlü hoparlör *balanced bridge* dengeli köprü *balanced circuit* dengeli devre *balanced converter* dengeli konvertisör *balanced core* dengeli göbek *balanced currents elek.* dengeli akımlar **balanced detector** dengeli detektör **balanced electronic voltmeter** *elek.* dengeli elektronik voltmetre **balanced error** *biliş.* dengelenmiş hata **balanced filter** dengeli filtre **balanced hoisting** dengeli çıkarma **balanced input** dengeli girdi **balanced line** *elek.* dengeli hat **balanced load** dengeli yük **balanced mixer** *elek.* dengeli karıştırıcı **balanced modulator** dengeli modülatör **balanced network** *elek.* dengeli şebeke **balanced oscillator** *elek.* dengeli osilatör **balanced output** dengeli çıkış **balanced plough** *trm.* terazili pulluk **balanced pulley** dengeli makara **balanced solution** *kim.* dengeli çözelti **balanced stock** dengeli stok

balancing /'belınsing/ *s.* dengeleyici ¤ *a.* dengeleme **balancing antenna** dengeleyici anten **balancing battery** *elek.* tampon batarya **balancing circuit** *elek.* dengeleme devresi **balancing cylinder** dengeleme silindiri **balancing impedance** dengeleyici empedans **balancing wheel** kasnak, avara kasnak

balata /'belıtı/ *a.* balata

balaustine /bılo:stin/ *s.* nar ile ilgili, nara benzer ¤ *a.* kurutulmuş nar çiçeği

balcony /'belkını/ *a.* balkon

bald /bo:ld/ *s.* kel, dazlak; sade, süssüz, yalın

baldachin /'boldıkin/ *a. mim.* baldaken

balderdash /'bo:ldıdeş/ *a.* zırva, boş laf, saçma sapan söz

baldfaced /bo:ld'feyst/ *s.* yüzsüz, küstah

baldhead /'bo:ldhed/ *a.* kel kimse, dazlak kimse

balding /'bo:lding/ *s.* saçı dökülen, kelleşen

baldly /'bo:ldli/ *be.* açık açık, dobra dobra, sözünü esirgemeden

baldness /'boldnıs/ *a.* kellik, dazlaklık; *mec.* açıklık, çıplaklık

baldric /'bo:ldrik/ *a.* kılıç kayışı

bale /beyl/ *a.* balya, denk ¤ *e.* balya yapmak, denk yapmak **bale out** paraşütle uçaktan atlamak **baling machine** *trm.* balya makinesi

balefire /'beylfayı/ *a.* şenlik ateşi; işaret ateşi

baleful /'beylfıl/ *s.* nefret/kötülük dolu, şeytani

balefully /'beylfıli/ *be.* uğursuzca, kötülükle, habasetle

balefulness /'beylfılnis/ *a.* uğursuzluk, kötülük, habaset

balk /bo:k/ *a.* kiriş, hatıl; engel; tarlanın sürülmemiş kısmı ¤ *e.* engel olmak, engellemek, önünü kesmek; (güç ya da nahoş bir konuda anlaşmaya) yanaşmamak, duraksamak

ball /bo:l/ *a.* top; küre; yumak; balo **ball and chain** ayak kösteği, pranga **ball and socket** bilyalı mafsal **ball bearing** bilyalı yatak, rulmanlı yatak **ball cage** bilyalı kafes **ball cartridge** tüfek fişeği, bilyalı fişek **ball cock** bilyalı valf, bilyalı şamandıra **ball coupling** bilyalı bağlantı **ball head** yuvarlak mafsal başı, küremsi uç **ball joint** bilyalı mafsal, küresel mafsal **ball mill** bilyalı değirmen **ball nut** yuvarlak somun **ball of massecuite** *şek.* lapa topağı **ball of the foot** ayak parmaklarının kökü **ball peen hammer** *inş.* perçin çekici, topuzlu çekiç, fındık başlı çekiç **ball pin** yuvarlak başlı pim **ball point hammer** yuvarlak başlı çekiç **ball point pen** tükenmezkalem **ball race** bilya yuvası **ball socket** bilya yuvası **ball up** şaşırtmak; berbat etmek **ball valve** küre supap, bilyalı supap **ball winding** *teks.* yumak sarma **ball winding machine** *teks.* yumak sarma makinesi **have a ball** *arg.* çok iyi vakit geçirmek **keep the ball rolling** bir şeye devam etmek, sürdürmek **play ball** *kon.* birlikte çalışmak, imece yapmak

ballad /'belıd/ *a.* balad, türkü; şiirsel öykü

balladmonger /'belıdmangı/ *a.* şarkı satan kimse

balladry /'belldri/ *a.* balad türünde şiirler

ballast /'belıst/ *a.* safra, ağırlık; balast, kırmataş **ballast resistor** *elek.* balast direnci

ballcock /'bo:lkok/ *a.* (sifon, su deposu, vb.) şamandıra

ballerina /belı'ri:nı/ *a.* balerin

ballet /'beley/ *a.* bale

balling /bo:ling/ *a.* yumak yapma **balling machine** *teks.* yumak sarma makinesi

ballista /bı'listı/ *a.* mancınık

ballistic /bı'listik/ s. balistik, atışlı **ballistic curve** balistik eğri **ballistic galvanometer** balistik galvanometre **ballistic magnetometer** balistik manyetometre **ballistic missile** ask. balistik füze **ballistic pendulum** fiz. balistik sarkaç, atışlı sarkaç

ballistics /bı'listiks/ a. balistik, atış bilgisi, atışbilim

ballonet /belı'net/ a. baloncuk

balloon /bı'lu:n/ a. balon; balon şişe ¤ e. balon gibi şişmek **balloon framing** balon çerçeve **balloon shed** hav. balon hangarı **balloon sickness** çok yüksek irtifalarda oluşan hastalık **balloon tyre** oto. balon lastik

ballot /'belıt/ a. oy pusulası; gizli oylama **ballot box** oy sandığı **ballot paper** oy pusulası

ballpoint /'bo:lpoynt/ a. tükenmezkalem

ballroom /'bo:lrum/ a. balo salonu

balls /bo:lz/ a. kab. taşak ¤ ünl. Saçma!, Hassiktir! **balls up** İl. kab. arg. içine sıçmak

bally /'beli/ s. be. yaman, çok, müthiş, korkunç

ballyhoo /beli'hu:/ a. gürültü, patırtı; kötü propaganda, reklam

balm /ba:m/ a. belesan yağı; melisa, oğulotu; merhem **balm of Gilead** belesan, belsen, pelesenk yağı

balmy /'ba:mi/ s. (hava) yumuşak, ılık, şeker gibi; Al. arg. kaçık, deli, çatlak, üşütük

balneology /belni'olıci/ a. hek. banyo ile tedavi

baloney /bı'louni/ a. arg. zırva

balsa /'bo:lsı/ a. orm. balsa

balsam /'bo:lsım/ a. belesan; bitk. kınaçiçeği **balsam apple** kudret narı **balsam of fir** Kanada balsamı **balsam of Peru** Peru balsamı **balsam tolu** kim. Tolu balsamı

balsamic /bo:l'semik/ s. balsamsı, balsam gibi; güzel kokulu, balsamlı; rahatlatıcı, dinlendirici, yatıştırıcı

baluster /'belıstı/ a. inş. tırabzan direği

balustered /'belıstıd/ s. parmaklıklı, korkuluklu

balustrade /belı'streyd/ a. korkuluk, parmaklık, tırabzan parmaklığı

bambino /bem'bi:nou/ a. bebek, çocuk; İsa'yı temsil eden çocuk resmi

bamboo /bem'bu:/ a. bitk. bambu, hintkamışı

bamboozle /bem'bu:zıl/ e. arg. kazıklamak, üçkâğıda getirmek

ban /ben/ e. (özellikle yasa ile) yasaklamak ¤ a. (on ile) yasak, yasaklama

banal /bı'na:l/ s. hkr. adi, bayağı, banal, sıradan

banality /bı'neliti/ a. adilik, banallık

banana /bı'na:nı/ a. muz **banana plug** elek. fiş banan, tekli fiş **banana republic** muz cumhuriyeti

band /bend/ a. bağ, şerit, kayış, bant, kuşak; renk şeridi; grup; müz. grup, topluluk ¤ e. (together ile) birleşmek, birlik olmak **band brake** çemberli fren **band clutch** bantlı debriyaj **band conveyor** bantlı konveyör, bantlı taşıyıcı, kayışlı taşıyıcı **band edge** bant kenarı, kuşak kıyısı **band elimination filter** bantsöndüren filtre **band expansion factor** bant genleşme katsayısı **band-pass** bant geçirimi, kuşak geçirimi **band-pass filter** bantgeçiren filtre **band-pass tuning** elek. bantgeçiren akort **band saw** şerit testere **band seeding** trm. şeritvari ekim **band selector** elek. bant seçici **band spectrum** fiz. bant spektrumu, kuşak izgesi **band switch** elek. bant anahtarı **band switching** elek. bant değiştirme, bant komütasyonu **band width** bant genişliği, kuşak genişliği

bandage /'bendic/ a. sargı ¤ e. sarmak, bağlamak

bandanna /ben'denı/ a. desenli büyük mendil

bandbox /'benboks/ a. şapka kutusu

bandeau /'bendou/ a. saç bağı, saç filesi

banderole /'bendıroul/ a. bandrol; den. flandıra

bandit /'bendit/ a. haydut

banditry /'benditri/ a. haydutluk

bandmaster /'bendma:stı/ a. bando şefi

bandoleer /bendı'liı/ a. ask. fişeklik, palaska

bandsman /'bendzmın/ a. müzik topluluğu üyesi

bandstand /'bendstend/ a. müzik topluluğu için yapılmış yüksek yer, sahne

bandwagon /'bendwegın/ : *jump on the bandwagon* sidik yarıştırmak, sürüye uymak

bandy /'bendi/ *e.* lafa laf koymak, çabuk çabuk konuşarak ağız dalaşı yapmak, verip veriştirmek ¤ *s.* (bacak) çarpık

bandy-legged /'bendi-legd/ *s.* çarpık bacaklı

bane /beyn/ *a.* felaket, kötülük, zarar, ziyan

baneful /'beynful/ *s.* öldürücü, zehirli; muzır

banefully /'beynfıli/ *be.* zehirli bir şekilde, öldürücü bir şekilde

banefulness /'beynfılnis/ *a.* zehirlilik, öldürücülük

bang /beng/ *a.* patlama, gürültü, güm; heyecan, zevk ¤ *e.* şiddetle çarpmak; vurmak, ses çıkartacak biçimde çarpmak; bas bas bağırmak, gürültü yapmak, tantana yapmak; *kab. arg.* sikmek; sikişmek ¤ *be. kon.* tam *bang up* deliğe tıkmak, kodese tıkmak

banger /'bengı/ *a. İİ. kon.* sosis; havai fişek; külüstür otomobil, hurda araba, taka

bangle /'bengıl/ *a.* bilezik, halka; halhal

bang-on /beng'on/ *ünl. kon.* çok doğru, kesinlikle aynen

bangs /'bengz/ *a.* perçem, kâkül, kırkma

banian /'benyın/ *a.* Hintli tüccar; flanel ceket

banish /'beniş/ *e.* (from ile) sürgün etmek, sürmek, sürgüne yollamak; düşünmemek, aklından çıkarmak

banisher /'benişı/ *a.* sürgüne gönderen kimse

banishment /'benişmınt/ *a.* sürgün

banister /'benistı/ *a.* tırabzan, merdiven parmaklığı

banjo /'bencou/ *a. müz.* banço

banjoist /'bencouist/ *a.* banco çalan kimse

bank /benk/ *a.* banka; nehir/göl kıyısı, kenar; tümsek; yığın, küme; kum yığını; bayır; (oyun) banko; *hav.* yatış ¤ *e.* bankaya para yatırmak *bank acceptance* banka kabulü, banka akseptansı *bank account* banka hesabı *bank bill* banknot *bank creel teks.* cağlık, çözgü sehpası *bank discount* banka

ıskontosu *bank gravel* teras çakılı *bank holiday İİ.* resmi tatil *bank rate* banka faiz oranı *bank statement* banka hesap durumu *bank on* -e güvenmek, bel bağlamak *bank up* yığmak; yığılmak

bankable /'benkıbıl/ *s.* bankaca geçerli

bankbook /'benkbuk/ *a.* banka defteri, banka cüzdanı

banker /'benkı/ *a.* bankacı; çeşitli kumar oyunlarında kasa olan kişi, kasa

banking /'benking/ *a.* bankacılık *banking indicator hav.* yatış göstergesi

banknote /'benknout/ *a.* banknot, kâğıt para

bankrupt /'benkrapt/ *s. a.* müflis, batkın, iflas etmiş ¤ *e.* iflas ettirmek *go bankrupt* iflas etmek, batmak

bankruptcy /'benkraptsi/ *a.* batkı, iflas *declare bankruptcy* iflas ilan etmek *fraudulent bankruptcy* hileli iflas

banner /'benı/ *a.* bayrak; pankart; manşet

banns /benz/ *a.* kilisede resmen yapılan evlilik ilanı

banquet /'benkwit/ *a.* ziyafet, şölen

banshee /ben'şi:/ *a.* ölüm perisi

bantam /bentım/ *a.* ispenç, çakşırlı tavuk *bantam tube* bantam tüp, minyatür lamba

bantamweight /'bentımweit/ *a. sp.* horoz sıklet

banter /'bentı/ *e.* şakalaşmak, laklak etmek, dalga geçmek ¤ *a.* hafif konuşma, sohbet, laklak

banterer /'bentırı/ *a.* şakacı

bantling /'bentling/ *a.* çocuk, yumurcak

banyan /'benyın/ *a.* banyan ağacı

banzai /ben'zay/ *ünl.* Allah uzun ömürler versin

baobab /'beyoubeb/ *a.* baobap ağacı

baptism /'beptizım/ *a.* vaftiz; vaftiz töreni *baptism of fire* ilk kötü deneyim; savaşta düşmanla ilk karşılaşma

baptistery /'beptistri/ *a.* (kilisede) vaftiz bölümü

baptize /'beptayz/ *e.* vaftiz etmek; vaftiz ederek isim vermek

bar /ba:/ *a.* demir ya da tahta parmaklık; engel, bariyer; sırık, çubuk; kalıp, parça; ince ışık demeti; üniformalarda rütbe belirten metal çubuklar; bar ¤ *e.*

parmaklıklarla örtmek, kapatmak; hapsetmek, kapatmak ya da dışarıda bırakmak; engellemek, kısıtlamak; izin vermemek, yasaklamak ¤ *ilg.* dışında, hariç **admit to the bar** baroya kabul etmek **behind bars** hapiste, demir parmaklıklar arkasında **bar chart** çubuk grafiği, sütun grafiği, çubuk çizenek **bar code** *biliş.* çubuk kod **bar diagram** çubuk grafiği, çubuk çizenek **bar graph** çubuk grafik, çubuk çizenek **bar line** ölçü çizgisi **bar magnet** *fiz.* çubuk mıknatıs **bar none** istisnasız **bar of soap** sabun kalıbı **bar screen** çubuklu elek **bar suspension** *oto.* çubuk süspansiyon

barb /baːb/ *a.* ok ucu; olta kancası

barbarian /baːˈbeɪriːn/ *a.* barbar, vahşi, uygarlaşmamış kimse

barbaric /baːˈberik/ *s.* barbar, vahşi; zalim, acımasız

barbarically /baːˈberikɪli/ *be.* barbarca

barbarise /ˈbaːbɪrayz/ *e.* barbarlaştırmak; barbarlaşmak

barbarism /ˈbaːbɪrizɪm/ *a.* barbarlık

barbarity /baːˈberiti/ *a. hkr.* acımasızlık, kıyıcılık, vahşilik, barbarlık

barbarous /ˈbaːbɪrɪs/ *s.* uygarlaşmamış, görgüsüz, kaba, barbar; acımasız, zalim; (söz ve davranışta) saldırgan

barbarously /ˈbaːbɪrɪsli/ *be.* barbarca

barbarousness /ˈbaːbɪrɪsnɪs/ *a.* barbarlık

barbate /ˈbaːbeyt/ *s.* kıllı, sakallı

barbecue /ˈbaːbikyuː/ *a.* açık hava ızgarası, ızgara, barbekü; açıkta ızgara yemeklerin yendiği toplantı ¤ *e.* açık havada ızgarada yemek pişirmek

barbed /baːbd/ *s.* dikenli, kancalı **barbed wire** dikenli tel

barbel /ˈbaːbɪl/ *a.* karakeçi balığı

barbell /ˈbaːbel/ *a.* halter

barber /ˈbaːbɪ/ *a.* berber

barberry /ˈbaːbɪri/ *a.* amberbaris, sarıçalı

barbershop /ˈbaːbɪşop/ *a.* berber dükkânı

barbet /ˈbaːbit/ *a.* kaniş

barbette /baːˈbet/ *a. den.* taret, top siperi

barbican /ˈbaːbikɪn/ *a.* gözleme kulesi

barbiturate /baːˈbiçurit/ *a.* barbitürat, yatıştırıcı

barbituric /baːbiˈtyuɪrik/ *s.* barbitürik **barbituric acid** barbitürik asit

barbule /ˈbaːbyuːl/ *a.* büyük tüy kenarındaki küçük tüy

barcarolle /ˈbaːkɪroul/ *a. müz.* Venedik gondolcularının şarkısı

bard /baːd/ *a.* ozan, şair

bardic /ˈbaːdik/ *s.* şairane

bare /beɪ/ *s.* çıplak; yalın, süssüz; boş, tamtakır ¤ *e.* açmak, açığa çıkartmak, gözle görülür hale getirmek; soymak **bare cable** *elek.* çıplak kablo **bare chance** zayıf olasılık **bare conductor** *elek.* çıplak iletken **bare drive** *biliş.* çıplak disk sürücü **bare electrode** çıplak elektrot **bare fallow** *trm.* çıplak nadas, kara nadas **bare finish** *teks.* tüysüz apre **bare living** kıt kanaat geçinme **bare particle** *fiz.* çıplak parçacık **bare root** *trm.* yalın kök **bare spot** *teks.* tüysüz yer, tüysüz kısım **bare stock** *trm.* çotuk **bare wasteland** *trm.* kellik, çorak yer **bare wire** çıplak tel

bareback /ˈbeɪbek/ *s.* ata eyersiz binen, çıplak ata binen ¤ *be.* eyersiz olarak, eyer olmadan

barefaced /beɪˈfeyst/ *s. hkr.* yüzü açık; yüzsüz, utanmaz, arsız **barefaced tenon** hampaylı zıvana, düz zıvana

barefoot /ˈbeɪfut/ *s. be.* yalınayak

barefooted /ˈbeɪfutɪd/ *s.* yalınayak

barehanded /beɪˈhendid/ *s.* silahsız

bareheaded /beɪˈhedid/ *s.* başı açık

barelegged /beɪˈlegid/ *s.* çıplak bacaklı

barely /ˈbeɪli/ *be.* ancak, zar zor, güçbela

baresark /ˈbeɪsaːk/ *a.* zırhsız asker

barfly /ˈbaːflay/ *a.* bar kuşu

bargain /ˈbaːgin/ *a.* pazarlık, anlaşma, uyuşma; kelepir; ucuz şey ¤ *e.* pazarlık etmek; uyuşmak, anlaşmak; (for ile) hesaba katmak **bargain counter** indirimli eşya tezgâhı **bargain day** indirimli satış günü **bargain on** güvenmek, itimat etmek **bargain price** ucuz fiyat, indirimli fiyat **drive a hard bargain** sıkı pazarlık etmek **into the bargain** ek olarak, ayrıca, üstelik, caba **strike a bargain** uzlaşmak

bargainer /ˈbaːginɪ/ *a.* pazarlık eden kimse

barge /baːc/ *a.* mavna, salapurya ¤ *e.* çarpmak, toslamak; (into ile) (konuşmayı) kesmek, bölmek, müdahale etmek; (in ile) hızla içeri

dalmak **barge board** *inş.* saçak pervazı
bargee /ba:'ci:/ *a.* mavnacı
bargeman /'ba:cmın/ *a.* mavnacı
bargepole /'ba:cpoul/ *a.* uzun avara
gönderi **not to touch with a bargepole**
ilişki kurmak istememek, uzak durmak
baric /'berik/ *s. kim.* baryumlu
barite /'beırayt/ *a.* barit
baritone /'beritoun/ *a. müz.* bariton
barium /'beıriım/ *a. kim.* baryum
bark /ba:k/ *e.* (at ile) havlamak; (out ile)
bağırarak söylemek; tabaklamak ¤ *a.*
havlama; ağaç kabuğu; *den.* barka
bark beetle *trm.* kabuk böceği **bark up
the wrong tree** *kon.* yanlış kapı çalmak
His bark is worse than his bite *kon.*
Osurdu mu mangalda kül bırakmaz
barkeeper /'ba:ki:pı/ *a.* barmen
barker /'ba:kı/ *a.* bağıran kimse; çığırtkan
barkhan /ba:'ka:n/ *a. coğ.* barkan
barky /'ba:ki/ *s.* kabuklu; kabuksu
barley /'ba:li/ *a.* arpa **barley meal** arpa
unu **barley sugar** *şek.* arpa şekeri
pearl barley frenk arpası **wall barley**
duvar arpası
barleycorn /'ba:liko:n/ *a.* arpa (tanesi)
barm /ba:m/ *a.* bira mayası
barmaid /'ba:meyd/ *a.* bayan barmen,
barmeyd
barman /'ba:mın/ *a.* barmen
barmy /'ba:mi/ *s. arg. İl.* aptal, üşütük,
çatlak, kaçık, manyak
barn /ba:n/ *a.* ambar; ağıl, ahır; büyük ve
sevimsiz bina; *fiz.* barn **barn owl** peçeli
baykuş
barnacle /'ba:nıkıl/ *a.* (kayalara, gemi
diplerine yapışan) bir tür midye;
yapışkan kişi
barnstorm /'ba:nsto:m/ *e.* taşrada temsil
vermek
barnstormer /'ba:nsto:mı/ *a.* taşrada
temsil veren oyuncu
barnyard /'ba:nya:d/ *a.* çiftlik avlusu
barogram /'berıgrem/ *a. metr.* barogram
barograph /'berıgra:f/ *a. metr.* barograf,
yükseltiyazar
barometer /bı'romıtı/ *a.* barometre,
basınçölçer **barometer scale** *metr.*
barometre taksimatı
barometric /berı'metrik/ *s.* barometrik
barometric altitude *hav.* barometrik
yükseklik **barometric column** *metr.*

barometrik kolon **barometric error**
metr. barometre hatası **barometric
gradient** *metr.* barometrik gradyan,
barometrik eğim **barometric leveling**
barometrik nivelman **barometric pres-
sure** barometrik basınç **barometric tail
pipe** *şek.* barometrik boru **barometric
tendency** *metr.* barometrik tandans
barometric tube *şek.* barometrik boru
barometry /berı'metri/ *a. metr.*
barometri, basınçölçüm
baron /'berın/ *a. İl.* baron; *Al.* çok etkili
ve önemli işadamı
baronage /'berınic/ *a.* İngiliz baronlar
sınıfı; baronluk
baroness /'berınis/ *a.* barones; soylu
kadın
baronet /'berınit/ *a.* baronet
baronetage /'berınitic/ *a.* baronetlik
baronetcy /'berınitsi/ *a.* baronet payesi
baronial /bı'rouniıl/ *s.* barona ait
barony /'berıni/ *a.* baronluk
baroque /bı'rok/ *s. a.* barok
baroscope /'berıskoup/ *a. metr.*
baroskop
barostat /'beroustet/ *a.* barostat
barouche /bı'ru:ş/ *a.* fayton
barracks /'berıks/ *a.* kışla
barracuda /berı'kyu:dı/ *a. hayb.* iskarmos
(balığı)
barrage /'bera:j/ *a.* baraj, bent, su bendi;
yaylım ateşi; (soru, vb.) yağmur **bar-
rage balloon** baraj balonu
barrator /'berıtı/ *a.* baratarya suçunu
işleyen kimse
barratrous /'berıtrıs/ *s.* kasten suç
işleyen
barratry /'berıtri/ *a.* baratarya
barred /ba:d/ *s.* parmaklıklı; çizgili; yollu
barrel /'berıl/ *a.* fıçı, varil; *kon.* büyük
miktar, fıçı dolusu; namlu **barrel buoy**
den. fıçı şamandıra **barrel cleaning**
met. fıçıda temizleme **barrel organ**
latarna **barrel plating** *met.* fıçıda
kaplama **barrel printer** *biliş.* tambur
yazıcı **barrel roll** *hav.* fıçı tono **barrel
roof** *inş.* kemer çatı, yarı dairesel çatı
barrel vault *mim.* beşik tonoz **over a
barrel** *kon.* sıkışık/zor bir durumda
barren /'berın/ *s.* (dişi hayvan) kısır;
(bitki) meyve vermeyen, ürün
vermeyen, verimsiz; (toprak) çorak

verimsiz, kıraç; işe yaramaz, sonuç vermez, boş, yararsız

barrenly /'berınli/ *be.* kısır bir şekilde

barrenness /'berınnıs/ *a.* kısırlık; çoraklık

barret /'berit/ *a.* bere

barrette /bı'ret/ *a.* saç tokası

barricade /'berikeyd/ *a.* barikat, engel ¤ *e.* barikat kurmak, barikatla kapatmak/engellemek

barricader /'berikeydı/ *a.* barikat yapan kimse

barrier /'berıı/ *a.* engel; duvar, çit, korkuluk **barrier layer** engel katmanı **barrier reef** *yerb.* set resifi

barring /'ba:ring/ *ilg.* haricinde, dışında, hariç; ... olmazsa

barrister /'berıstı/ *a.* avukat, dava vekili

barroom /'ba:ru:m/ *a.* meyhane, bar

barrow /'berou/ *a.* bir ya da iki tekerlekli el arabası

barstool /'ba:stu:l/ *a.* bar taburesi

bartender /'ba:tendı/ *a.* barmen, bartender, miço

barter /'ba:tı/ *a.* takas, değiş tokuş ¤ *e.* (for, with ile) takas etmek, değiş tokuş etmek

barycenter /'berisentı/ *a. fiz.* kütle merkezi, kütle özeği

barycentric /'berisentrik/ *s.* barisentrik

baryon /'berion/ *a. fiz.* baryon **baryon number** *fiz.* baryon sayısı

barysphere /'berisfıı/ *a.* barisfer

baryta /bı'raytı/ *a.* baryum monoksit

baryte /bı'rayti/ *a. min.* barit

basal /'beysıl/ *s.* taban+, temel+, esasa ait **basal metabolism** bazal metabolizma

basalt /'beso:lt/ *a.* bazalt

bascule /'beskyu:l/ *a.* baskül; kapak **bascule bridge** baskül köprü

base /beys/ *a.* temel, alt kısım, bir şeyin üzerinde durduğu kısım, taban; başlangıç noktası, baş, esas; *ask.* üs; merkez; merkez şube; *mat.* doğru, düzlem; öz, içerik, esas; *kim.* baz ¤ *s.* aşağılık, adi, alçak, alçakça; sahte, kalp ¤ *e.* (on/upon ile) ... üzerine kurmak, -e dayandırmak **base address** *biliş.* taban adresi **base colour** ana renk; zemin rengi **base course** temel tabakası **base fitting** altlık parçası, altlık **base fuse** *ask.* dip tapa **base hospital** askeri

hastane **base language** *biliş.* taban dili **base line** ölçmek için esas tutulan çizgi ya da miktar; *sp.* kenar çizgisi, futbolda saha kenarı **base metal** ana metal, adi metal **base moulding** *inş.* kaide kornişi **base number** *biliş.* taban sayısı **base of a column** sütun tabanı **base of operations** hareket üssü **base page** *biliş.* taban sayfası **base plate** altlık, taban levhası **base register** *biliş.* taban yazmacı **base resistant** bazlara dirençli **base spreading resistance** *elek.* baz içi direnci **base time** *biliş.* taban zaman, temel zaman

baseball /'beysbo:l/ *a. sp.* beysbol; beysbol topu

baseboard /'beysbo:d/ *a. inş.* sıvadibi, süpürgelik

baseborn /'beysbo:n/ *s.* piç; alçak, zalim

baseburner /'beysbö:nı/ *a.* yakıtını otomatik olarak alan soba/ısıtıcı

baseless /'beyslıs/ *s.* asılsız, temelsiz

baselessly /'beyslısli/ *be.* asılsızca

baselessness /beyslisnis/ *a.* asılsızlık, mesnetsizlik, dayanaksızlık

baseline /'beyslayn/ *a.* baz çizgisi, temel çizgi, ana çizgi

basely /'beysli/ *be.* alçakça

basement /'beysmınt/ *a.* bodrum katı, bodrum

baseness /'beysnıs/ *a.* alçaklık

bash /beş/ *e. kon.* şiddetle vurmak ¤ *a. kon.* yumruk; deneme **have a bash (at)** *İl.* bir denemek, el atmak, girişmek

bashaw /bı'şo:/ *a.* paşa

bashful /'beşfıl/ *s.* çekingen, utangaç, sıkılgan

bashfully /'beşfıli/ *be.* utangaçlıkla

bashfulness /'beşfılnıs/ *a.* utangaçlık

bashi-bazouk /beşibı'zu:k/ *a.* başıbozuk

basic /'beysik/ *s.* temel, ana, esas; bazal, bazik, bazlı **basic coding** *biliş.* temel kodlama **basic frequency** ana frekans, temel frekans **basic instruction** *biliş.* temel komut **basic language** *biliş.* temel dil **basic linkage** *biliş.* temel bağlaç **basic operating system** *biliş.* temel işletim sistemi, temel işletim dizgesi **basic pitch** *hav.* ana hatve **basic salt** bazik tuz **basic slag** bazik cüruf **basic solvent** bazik solvent, bazik çözücü

basically /'beysikıli/ *be.* temel olarak, esasında

basics /'beysiks/ *a.* bir şeyin en basit ama en önemli kısımları

basil /'bezıl/ *a.* fesleğen

basilica /bı'zilikı/ *a. mim.* bazilika

basilisk /'bezılisk/ *a.* şahmaran, nefes veya bakışında öldürme gücü olduğuna inanılan söylencesel ejderha; dev kertenkele

basin /'beysın/ *a.* leğen; geniş kâse, kap, çanak, tas; havuz; lavabo, yalak; *coğ.* havza

basinet /'besinit, -net/ *a.* çelik miğfer

basis /'beysis/ *a.* temel, esas

bask /ba:sk/ *e.* tadını çıkarmak, hoşlanmak, mutlu olmak; güneşlenmek

basket /'ba:skit/ *a.* sepet, sele; (basketbol) file; (basketbol) basket, sayı *basket centrifuge* sepet santrifüj *basket coil elek.* sepet bobin *basket fern* eğreltiotu *basket woman* seyyar satıcı kadın

basketball /'ba:skitbo:l/ *a. sp.* basketbol

basketry /'ba:skitri/ *a.* sepetçilik

basketwork /'ba:skitwö:k/ *a.* sepet örgüsü

bas-relief /'besrili:f/ *a.* yarım kabartma, alçak kabartma

bass /bes/ *a. hayb.* levrek

bass /beys/ *a. müz.* bas; *kon.* basgitar *bass boost elek.* bas yükseltme *bass clef* fa anahtarı *bass compensation* bas dengeleme *bass control elek.* bas ayarı, kalınlık ayarı *bass drum* bas davul *bass frequency fiz.* bas frekans, alçak frekans *bass viol* kontrbas *bass voice* bas, basso

basset /'besit/ *a.* cüce bacak, uzun bedenli ve kısa bacaklı bir cins av köpeği

bassinet /besi'net/ *a.* sepet örgü bebek beşiği, tahta beşik; sepet/tahta çocuk arabası

basso /'besou/ *a. müz.* basso, bas

bassoon /bı'su:n/ *a. müz.* fagot

basswood /'beswud/ *a.* ıhlamur ağacı

bast /best/ *a.* sak kabuğu *bast fibre teks.* sak lifi *bast silk teks.* ham ipek

bastard /'ba:stıd, 'bestıd/ *a.* piç; *arg.* alçak, puşt, it; *arg.* adam, herif; *kon.* hıyar ¤ *s.* çizgi dışı, yasa dışı, alışılmamış, kurallara aykırı *bastard cut file* saman eğesi

bastardize /'bestıdayz/ *e.* kötüleştirmek, çarpıtmak, saptırmak, bozmak, yozlaştırmak; *arg.* piç etmek

bastardly /'ba:stıdli/ *s.* gayri meşru olarak doğan; bayağı, adi, değersiz; hileli, sahte

bastards /'bestıdz/ *a. şek.* esmer şeker

bastardy /'ba:stıdi/ *a.* piçlik

baste /beyst/ *e.* teyellemek; (pişen etin üzerine) erimiş yağ dökmek

bastinado /besti'neydou/ *a.* falaka

basting /'beysting/ *a.* teyelleme *basting thread teks.* teyel ipliği

bastion /'bestıın/ *a.* kale burç

bat /bet/ *a. hayb.* yarasa; *sp.* kriket/beysbol sopası; *sp.* pinpon raketi; kalın sağlam sopa, değnek; vurma, vuruş, darbe ¤ *e.* sopa ile vurmak *off one's own bat kon.* kendi başına; kendisine söylenmeden *not bat an eyelid kon.* kılını kıpırdatmamak, tınmamak, şaşırmamak

batch /beç/ *a.* yığın, grup, alay; parti; bir fırın dolusu ekmek; parça, kısım *batch furnace met.* yığım fırını *batch processing biliş.* toplu işlem, yığın işlem *batch terminal biliş.* yığın terminal *batch terminal simulation biliş.* yığın terminal simülasyonu *batch total biliş.* yığın toplam

batching /'beçing/ *a. biliş.* yığınlama; *teks.* kumaş sarma *batching roller teks.* top sarma roliği

bate /beyt/ *e.* azaltmak, indirmek *with bated breath* soluk soluğa

bath /ba:t/ *a.* küvet; banyo yapma, banyo, yıkanma; banyo suyu; banyo odası, banyo; ilaçlı su, banyo; havuz ¤ *e. İİ.* banyo yapmak, yıkanmak; banyo yaptırmak, yıkamak *Bath metal* tombak *bath salts* banyo tuzu *bath towel* hamam havlusu, banyo havlusu *take a bath* banyo yapmak, yıkanmak

bathe /beyd/ *e.* yüzmek; suya/ilaca sokmak, yıkamak, banyo etmek; ıslatmak, suya batırmak; yıkanmak ¤ *a. İİ. kon.* yüzme

bathhouse /'ba:thaus/ *a.* hamam

bathing /'beyding/ *a.* yıkanma, yüzme *bathing beach* plaj *bathing costume*

kadın mayosu **bathing suit** kadın mayosu **bathing trunks** erkek mayosu
batholith /'betɪlit/ *a.* batolit, dipsiz kayaç
bathometer /bɪ'tomɪtɪ/ *a.* batometre, iskandil aleti
bathos /'beytos/ *a.* çok yüksek düşünce/biçim vb.'nin birdenbire kötüleşmesi; alışılagelmiş konuları işleme
bathrobe /'ba:troub/ *a.* bornoz
bathroom /'ba:trum/ *a.* *İİ.* banyo; *Aİ.* tuvalet
baths /'ba:dz/ *a.* kaplıca, ılıca; hamam
bathtub /'ba:ttab/ *a.* banyo küveti, banyo teknesi
bathyal /'betɪıl/ *s. yerb.* batiyal
bathymetry /bɪ'timitri/ *a.* batimetri
bathyscapha /'betiskeyf/ *a.* batiskaf
bathysphere /'betisfiɪ/ *a.* batisfer
batik /'betik/ *a. teks.* batik **batik dyeing** *teks.* batik boyama **batik printing** *teks.* batik baskı **batik resist** *teks.* batik rezerve
batiste /be'ti:st/ *a. teks.* batist
batman /'betmɪn/ *a. İİ.* emir eri
baton /'beton/ *a. müz.* baton; cop; sopa
batrachian /bɪ'treykiɪn/ *a.* kurbağa ¤ *s.* kurbağa +
bats /'bets/ *s. arg.* deli, çılgın, kaçık, üşütük
batsman /'betsmɪn/ *a.* (kriket) vurucu
battalion /bɪ'teliɪn/ *a. ask.* tabur
batten /'betɪn/ *a.* tiriz; takoz; lata ¤ *e.* tiriz çekmek; (keten) temizlemek **batten door** çakma kapı
batter /'betɪ/ *a.* süt, yağ ve un karışımı hamur, pasta hamuru ¤ *e.* bam güm vurmak; yumruklamak; hırpalamak; paçavraya çevirmek, yıpratmak, hor kullanmak
battery /'betɪri/ *a. ask.* batarya; batarya, akü, pil; takım, seri, dizi; *huk.* müessir fiil, dövme **battery acid** akü asidi **battery backup** *biliş.* batarya yedeği **battery box/case** akümülatör kabı, akümülatör kutusu **battery charger lamp** redresör lambası **battery charger** akü şarj aygıtı **battery charging clips** batarya şarj pensesi, doldurma maşası **battery charging rectifier** akü şarj redresörü **battery clamp** batarya pensesi **battery clip**

akü maşası **battery-coil ignition** *oto.* akülü ateşleme **battery plate** akü plakası **battery pole** akü kutbu **battery switch** batarya anahtarı **battery terminal** akümülatör kutbu, akü kutup başı **battery tester** akü kontrol aygıtı **battery tray** akü tablosu
batting /'beting/ *a.* tabaka halinde pamuk; *sp.* sopayla vurma
battle /'betl/ *a.* savaş, muharebe; çarpışma, vuruşma; savaşım, mücadele ¤ *e.* savaşmak, çarpışmak; mücadele etmek **a pitched battle** kıyasıya savaş, amansız mücadele **battle cruiser** ağır kruvazör **battle cry** savaş narası **battle fatigue** savaşın bıraktığı ruhsal çöküntü **join battle** savaşmak
battleax(e) /'betɪleks/ *a.* cenk baltası, teber; *arg.* huysuz kocakarı
battledore /'betɪldo:/ *a.* çamaşır tokmağı
battlefield /'betlfi:ld/ *a.* savaş alanı
battlements /'betlmɪnts/ *a. ask.* mazgallı siperler
battleship /'betlşip/ *a.* savaş gemisi
battue /be'tu:/ *a.* sürgün avı, sürek avı
batty /'beti/ *s. arg.* deli, üşütük, kaçık, çatlak
bauble /'bo:bıl/ *a.* ucuz mücevher; incik boncuk; gösterişli/değersiz şey, geçici şey
baud /bo:d/ *a. tek.* baud
baulk /bo:k/ *a. e. bkz.* balk
bauxite /'bo:ksayt/ *a.* boksit, alüminyumtaşı
bawd /bo:d/ *a.* genelev patroniçesi, mama
bawdily /'bo:dili/ *be.* açık saçık bir biçimde, müstencen bir şekilde
bawdiness /'bo:dinıs/ *a.* açık saçıklık, müstehcenlik
bawdry /'bo:dri/ *a.* müstehcen söz
bawdy /'bo:di/ *s.* seksle ilgi; açık saçık; terbiyesiz
bawdyhouse /'bo:dihaus/ *a.* genelev
bawl /bo:l/ *e.* bas bas bağırmak
bay /bey/ *a. bitk.* defne; körfez, koy; bölme, bölüm, kısım; çıkma, cumba; havlama, uluma; doru at ¤ *s.* (at) doru ¤ *e.* havlamak, ulumak **bay horse** doru at **bay leaf** defne yaprağı **bay salt** kaba tuz **bay tree** defne ağacı **bay window**

inş. cumba **wild bay tree** fil burnu, yaban defnesi

bayberry /'beyberi/ *a.* defne vb ağaçların meyvesi; mum ağacı

bayonet /'beyınit/ *a.* süngü, kasatura; ampulün duya giren kısmı ¤ *e.* süngülemek **bayonet coupling** süngülü kavrama, somunlu kavrama **bayonet lampholder** *elek.* süngülü duy **bayonet socket** *elek.* süngülü duy

bazaar /bı'za:/ *a.* çarşı, pazar; kermes, yardım amacıyla düzenlenen satışlar

bazooka /bı'zu:kı/ *a. ask.* bazuka, roketatar

bdellium /'deliım/ *a.* kokulu reçine; kokulu reçine ağacı; Mekke pelesenk ağacı

be /bi, bi:/ *e.* ("I" öznesiyle "am"; tekil öznelerle "is"; çoğul öznelerle "are" biçiminde çekimlenir. "Am" ve "is"in geçmiş zaman biçimi "was", "are"'ınki ise "were"'dür. Miş'li geçmiş zaman biçimi ise tekdir: "been") olmak, var olmak, bulunmak; -dir, -dır; -di, -dı

beach /bi:ç/ *a.* kıyı, sahil, kıyı şeridi; kumsal; plaj ¤ *e.* (kayık, vb.) sahile çekmek, karaya çıkarmak; sahile çıkmak, karaya çıkmak **beach wear** plaj elbisesi **on the beach** kızağa çekilmiş; işsiz, açıkta

beachcomber /'bi:çkoumı/ *a.* lodosçu, sahilde topladığı enkazla geçinen kimse

beachhead /'bi:çhed/ *a. ask.* köprübaşı, çıkarma yapılan sahil

beacon /'bi:kın/ *a.* işaret ateşi; deniz feneri; havaalanlarındaki işaret ışıkları; yol gösterici

bead /bi:d/ *a.* tespih tanesi, boncuk; hava kabarcığı; damla; *ask.* arpacık; *inş.* boncuktan kenar süsü ¤ *e.* boncukla süslemek, boncukla kaplamak; boncuk dizmek **beads** tespih, kolye **bead moulding** boncuk desenli pervaz **tell one's beads** tespih çekmek **draw a bead on** nişan almak

beaded /'bi:did/ *s.* boncuklu; ökçeli

beading /'bi:ding/ *a.* boncuk işi; boncuklu kenar süsü

beadle /'bi:dıl/ *a.* tören asasını taşıyan görevli

beadroll /'bi:droul/ *a.* liste, katalog

beadsman /'bi:dzmın/ *a.* dua okuyucu

beady /'bi:di/ *s.* boncuklu; boncuk gibi **beady eyes** yuvarlak ve parlak gözler, boncuk gibi gözler **beady liquor** köpüklü içki

beagle /'bi:gıl/ *a.* tazı

beak /bi:k/ *a.* gaga

beaked /bi:kt/ *s.* gagalı

beaker /'bi:kı/ *a.* büyük bardak; deney şişesi, beherglas

beakless /'bi:klıs/ *s.* gagasız

beaklike /'bi:klayk/ *s.* gagamsı

beam /bi:m/ *a.* ışık, ışın, ışık demeti; tek yönde yollanan radyo dalgaları, sinyal, dalga; sevimli ve içten bakış, gülüş; putrel, kiriş, hatıl, mertek, direk; terazi kolu; ışık, ışın, demet, huzme; *den.* kemere; *teks.* levent ¤ *e.* ışıldamak, parlamak, parıldamak; gülümsemek; (radyo/televizyon) dalgaları göndermek, iletmek; levende sarmak **beam alignment** *elek.* huzme ayarı **beam angle** *elek.* demet açısı, huzme açısı **beam antenna** huzme anten **beam array** *elek.* huzme anten dizisi **beam bender** *fiz.* iyon tutucu, iyon tuzağı **beam convergence** *opt.* huzme yaklaştırma **beam current** *elek.* huzme akımı **beam deflection** *elek.* huzme saptırma **beam dyeing** *teks.* levent boyama **beam dyeing apparatus** *teks.* çözgü levendi boyama aparatı **beam-foil spectroscopy** *fiz.* ışın-yaprak spektroskopisi **beam forming electrode** *elek.* huzme biçimlendirici elektrot **beam hole** *fiz.* huzme deliği **beam interferometer** *fiz.* huzmeli interferometre, demetli girişimölçer **beam jitter** huzme titremesi **beam modulation** huzme modülasyonu **beam power valve** *elek.* ışınlı güç tüpü **beam splitter prism** ışık bölücü prizma **beam store** *biliş.* ışın bellek **beam suppression** *elek.* huzme bastırma **beam tetrode** *elek.* ışınlı tetrot **beam transmission** *elek.* yönelik yayın, huzme iletimi **beam trap** *elek.* ışın tutucu **beam width** demet genişliği **beam with overhang** çıkmalı kiriş

beaming /'bi:ming/ *s.* parlak, sevinçle parlayan (yüz)

beamish /'bi:miş/ *s.* sevinç gösteren

beamy /'bi:mi/ *s.* ışık saçan

bean /bi:n/ *a.* fasulye; (bakla, bezelye,

kahve, vb.) tane, çekirdek; *arg.* beyin, kafa; *arg.* metelik **full of beans** *kon.* hayat dolu, yerinde duramayan, fıkır fıkır **spill the beans** *kon.* baklayı ağzından çıkarmak

beanpole /ˈbiːnpoul/ *a.* fasulye sırığı; sırık, uzun boylu kimse

bear /beɪ/ *a.* ayı; spekülatör, vurguncu ¤ *e.* taşımak, götürmek; taşımak, kaldırmak, çekmek; (duygu, vb.) aklında olmak, taşımak, beslemek; uygun olmak, yakışık almak, uymak; doğurmak, dünyaya getirmek; (meyve/ürün) vermek dayanmak, çekmek, katlanmak, kaldırmak, tahammül etmek; sahip olmak, taşımak, bulundurmak; borsada spekülasyon yapmak **bear down** yenmek; güç kullanmak, çaba harcamak; doğurmak için çaba harcamak **bear garden** hayvanat bahçesi **bear market** fiyatların düştüğü piyasa **bear on/upon** ile ilgili olmak **bear out** desteklemek, doğrulamak **bear the market** fiyatları düşürmek **bear up** dayanmak, cesareti elden bırakmamak; *II.* neşelenmek; *II.* neşelendirmek; desteklemek, yardım etmek **bear with** sabır göstermek, katlanmak

bearable /ˈbeɪrɪbıl/ *s.* katlanılır, çekilir, dayanılır

bearably /ˈbeɪrɪbli/ *be.* dayanılabilir şekilde

bearberry /ˈbeɪbıri/ *a.* ayı üzümü

beard /biːd/ *a.* sakal; püskül ¤ *e.* sakalını yolmak; sakalına yapışmak **beard grass** *bitk.* sıçan kuyruğu

bearded /ˈbiːdid/ *s.* sakallı **bearded needle** *teks.* yaylı iğne

beardless /ˈbiːdlis/ *s.* sakalsız

bearer /ˈbeɪrı/ *a.* taşıyan, hamil; tabut taşıyan kişi; meyve veren ağaç, bitki

bearing /ˈbeɪring/ *a.* bedenin duruşu, duruş, duruş biçimi; ilgi, ilişki, ilinti; taşıma, dayanma, katlanma; doğurma, doğum; meyve verme, ürün verme; rulman, yatak; kerteriz, rota **bearing alloy** yatak alaşımı **bearing area** taşıma alanı **bearing axle** istinat mili **bearing block** yükleme bloğu **bearing body** yatak gövdesi **bearing bore** yatak iç çapı **bearing boring machine** yatak tornası **bearing box** yatak mahfazası

bearing bracket yatak mesnedi **bearing brass** *met.* yatak pirinci **bearing bronze** *met.* yatak tuncu **bearing bushing** yatak burcu **bearing cage** yatak kafesi, yatak kovanı **bearing cap** yatak kepi, yatak kapağı **bearing capacity** taşıma gücü **bearing carrier** yatak kovanı, yatak hamili **bearing casing** yatak kovanı, yatak mahfazası **bearing compass** kerteriz pusulası **bearing cone** yatak konu, yatak göbeği, iç yatak **bearing end** yatak ucu **bearing felt** yatak keçesi **bearing friction** yatak sürtünmesi **bearing housing** yatak mahfazası **bearing locknut** yatak kontra somunu **bearing lubrication** yatak yağlanması **bearing metal** yatak metali **bearing oil** yatak yağı **bearing packing** yatak salmastrası **bearing pile** taşıyıcı kazık **bearing pin** yatak pimi **bearing plate** mesnet levhası, yatak plakası **bearing power** taşıma gücü **bearing pressure** yatak basıncı **bearing projector** kerteriz projektörü **bearing retainer** yatak tutucusu **bearing runout** yatak gezinti boşluğu **bearing shaft** yatak şaftı **bearing shell** yatak kovanı, yatak kabuğu **bearing sleeve** yatak manşonu **bearing spindle** yatak mili **bearing stress** taşıma gerilmesi **bearing surface** taşıma yüzeyi, yatak yüzeyi **bearing wall** taşıyıcı duvar **bearing washer** yatak rondelası **lose one's bearings** pusulayı şaşırmak **take a bearing** kerteriz etmek

bearish /ˈbeɪriş/ *s.* ayıya benzer; ayı gibi, hödük **bearish operation** borsa spekülasyonu

bearskin /ˈbeɪskin/ *a.* ayı postu

beast /biːst/ *a.* (dört ayaklı) hayvan; *hkr.* kaba kimse, hayvan **beast of burden** yük hayvanı **beast of prey** yırtıcı hayvan

beastliness /ˈbiːstlınıs/ *a.* hayvanlık, kabalık, hınzırlık

beastly /ˈbiːstli/ *s. hkr.* sevilmeyen, istenilmeyen, beğenilmeyen; *kon.* kötü, berbat, rezil

beat /biːt/ *e.* dövmek; vurmak, dövmek; çırpmak; çalkalamak; (kalp, nabız) atmak; yenmek ¤ *a.* vurma, vuruş; yürek atışı; *müz.* ritm, tempo; devriye bölgesi ¤ *s. arg.* çok yorgun, leşi çıkmış; *kon.* hippi *beat a retreat* geri çekilmek *beat about* endişeyle aramak; rota değiştirmek *beat about/around the bush* lafı ağzında gevelemek, bin dereden su getirmek *beat all hollow* tamamen yenmek *beat down kon.* indirmek, azaltmak; fiyatı indirmeye ikna etmek *beat frequency elek.* darbe frekansı, vuru frekansı *beat generation* asi gençlik *beat it arg.* siktir git!, defol! *beat ones brain* kafa patlatmak *beat out* (ateş) vurarak söndürmek *beat the air* havanda su dövmek *beat time* tempo tutmak *beat to windward den.* orsasına seyretmek *beat up kon.* döverek yaralamak, pataklamak *beat up recruits* acemi asker toplamak

beaten /'bi:tn/ *s.* (metal) vurularak biçimlendirilmiş, dövme; (yol) ayak izleriyle belirginleşmiş; yenik, mağlup *beaten gold* dövme altın, varak altın *off the beaten track* herkesçe bilinmeyen

beater /'bi:tı/ *a.* mikser, çırpıcı; vurucu, dövücü, tokmak

beatific /biı'tifik/ *s.* mutlu kılan; şen, neşeli, neşe saçan

beatify /bi'etifay/ *e.* mutlu etmek

beating /'bi:ting/ *a.* dövme, vuruş; dayak, kötek; yenilgi, mağlubiyet *beating machine* dövme makinesi

beatitude /bi'etityu:d/ *a.* mutlak saadet, salt mutluluk

beatnik /'bi:tnik/ *a.* hippi

beau /bou/ *a.* (ç. "beaus/beaux") âşık, sevgili; kavalye; züppe erkek *beau ideal* ideal güzellik; kusursuzluk

beaut /byu:t/ *s.* mükemmel, harika

beauteous /'byu:tiıs/ *s.* güzel, dilber

beautician /byu:'tişın/ *a.* güzellik uzmanı

beautiful /'byu:tifıl/ *s.* güzel; *kon.* çok iyi, harika

beautifully /'byu:tifli/ *be.* güzel bir şekilde

beautify /'byu:tifay/ *e.* güzelleştirmek

beauty /'byu:ti/ *a.* güzellik; güzel şey/kişi; *kon.* çok iyi kişi/şey *beauty parlour* güzellik salonu *beauty shop* güzellik salonu *beauty sleep* güzellik uykusu *beauty spot* güzelliğiyle bilinen yer

beaux-arts /bou'za:/ *a.* güzel sanatlar

beaver /'bi:vı/ *a.* kunduz; *teks.* kunduz kürkü, kastor

beavertail /'bi:vıteyl/ *a.* kunduz kuyruğu *beavertail antenna* kunduz kuyruğu anten *beavertail beam* kunduz kuyruğu ışın

bebop /'bi:bop/ *a.* bir tür caz müziği

becalm /bi'ka:m/ *e.* yatıştırmak, teskin etmek

becalmed /bi'ka:md/ *s.* (yelkenli tekne) rüzgârsızlıktan yol alamayan *be becalmed* rüzgârsızlıktan yol alamamak

because /bi'koz/ *bağ.* çünkü, -dığı için *because of* ... yüzünden, -den dolayı

bechamel /beyşımel/ *a.* beşamel

bechance /bi'ça:ns/ *e.* vaki olmak, başa gelmek

beck /bek/ *a.* dere, çay

becket /'bekit/ *a.* sancak bağı, iskota bağı; makara bülbülü

beckon /'bekın/ *e.* parmak işaretiyle çağırmak, el etmek

becloud /bi'klaud/ *e.* bulutlandırmak

become /bi'kam/ *e.* olmak; uymak, gitmek, yakışmak; (of ile) -e olmak; başına gelmek

becoming /bi'kaming/ *s.* uygun, üzerine yakışan; yakışık alır, yerinde, doğru

becomingly /bi'kamingli/ *be.* uygun bir şekilde

bed /bed/ *a.* yatak, karyola; (ırmak, vb.) yatak; tarh; çiçeklik; taban, temel ¤ *e.* yerleştirmek, oturtmak; üzerinde yetiştirmek, üzerinde ekim yapmak *bed and board* kalacak yer ve yiyecek *bed joint* yatay derz *bed linen teks.* çarşaf ve yastık kılıfı *bed plate* altlık, taban levhası, taban plakası *confined to bed* yatağa düşmüş *go to bed* yatmak *make a bed* yatak yapmak *put to bed* yatırmak *railroad bed* demiryolu yatağı

bedaub /bi'do:b/ *e.* bulaştırmak, kirletmek; aşırı derecede süslemek

bedazzle /bi'dezıl/ *e.* gözünü kamaştırmak

bedbug /'bedbag/ *a.* tahtakurusu

bedclothes /'bedkloudz/ *a.* yatak takımı

bedded /'bedid/ *s. yerb.* tabakalı, katmanlı *bedded ore mad.* tabakalaşmış cevher, katmanlı töz

bedding /'beding/ *a.* yatak; yatak takımı; tabakalaşma, katmanlaşma; gelembe, hayvan yatağı **bedding plane** *yerb.* tabakalaşma yüzeyi, katmanlaşma yüzeyi

bedeck /bi'dek/ *e.* (with ile) süslemek

bedevil /bi'devıl/ *e.* bozmak; şaşırtmak, kafasını karıştırmak

bedevilment /bi'devilmınt/ *a.* eziyet etme, ıstırap çektirme; şaşırtma, bozma, engelleme

bedew /bi'diu/ *e.* çiğ taneleri ile ıslatmak, nemlendirmek

bedfellow /bedfelou/ *a.* yatak arkadaşı

bedlam /'bedlım/ *a. kon.* gürültülü patırtılı yer, çıfıt çarşısı

bedlamite /bedlımayt/ *a.* akıl hastası, deli, kaçık

bedless /bedlıs/ *s.* yataksız, karyolasız

bedlike /bedlayk/ *s.* yatak gibi, yatağa benzer

bedpan /'bedpen/ *a.* oturak, lazımlık

bedpost /'bedpoust/ *a.* karyola direği

bedraggle /bidregıl/ *e.* kirletmek, bulaştırmak, ıslatmak

bedraggled /bi'dregıld/ *s.* üstü başı darmadağınık, pejmürde, dağınık

bedrench /bidrenç/ *e.* sırılsıklam etmek

bedridden /'bedridn/ *s.* yatalak

bedrock /'bedrok/ *a. yerb.* yerli kayaç, ana kaya

bedroll /'bedroul/ *a.* portatif yatak, sırtta taşınabilir yatak

bedroom /'bedrum, 'bedru:m/ *a.* yatak odası

bedside /'bedsayd/ *a. s.* yatak başucu, hastaya bakan kimsenin yeri

bed-sitter /bed'sitı/ *a.* bekâr odası

bedspread /'bedspred/ *a.* süslü yatak örtüsü

bedstead /'bedsted/ *a.* karyola

bedtime /'bedtaym/ *a.* yatma vakti

bee /bi:/ *a.* arı **a bee in one's bonnet** *kon.* fikri sabit, saplantı **bee gloves** *trm.* arıcı eldiveni **bee veil** *trm.* arı maskesi

beebread /'bi:bred/ *a.* arı yemi, oğul yemi

beech /bi:ç/ *a. bitk.* kayın ağacı

beef /bi:f/ *a.* sığır eti; *arg.* dırdır, şikâyet ¤ *e.* (about ile) *arg.* dırdır etmek **beef tea** sığır eti suyu

beefburger /'bi:fbö:gı/ *a.* hamburger

beefeater /'bi:fi:tı/ *a.* İngiltere'de kraliyet muhafız askeri; sığır eti yiyen kimse; *arg.* İngiliz

beefiness /'bi:finis/ *a.* şişmanlık, iri yarılık

beefsteak /'bi:fsteyk/ *a.* biftek

beefy /'bi:fi/ *s. kon.* güçlü, kuvvetli, iri yarı

beehive /'bi:hayv/ *a.* arı kovanı

beekeeper /'bi:ki:pı/ *a. trm.* arıcı

beekeeping /'bi:ki:ping/ *a. trm.* arıcılık

beeline /'bi:layn/ *a.* kestirme yol **make a beeline for** dosdoğru gitmek, hemen gitmek, kestirmeden gitmek

been /bi:n, bin/ *e. bkz.* be

beer /bіı/ *a.* bira **beer barrel** bira fıçısı **small beer** hafif bira; önemsiz kimse; değersiz şey

beery /'bіıri/ *s.* bira gibi; biradan sarhoş

beestings /'bi:stingz/ *a. trm.* ağız, ağız sütü

beeswax /'bi:zweks/ *a.* balmumu ¤ *e.* balmumu sürmek

beeswing /'bi:zwing/ *a.* şarap tortusu, bekletilmiş şarapların üzerinde oluşan ince kaymak katmanı

beet /bi:t/ *a. kon.* pancar; şekerpancarı **beet dump** *şek.* pancar yükleme yeri **beet field** pancar tarlası **beet flume** pancar kanalı **beet fly** pancar sineği **beet greens** pancar yaprağı **beet grower** pancar üreticisi **beet hoe** pancar çapası **beet juice** pancar şerbeti **beet knife** pancar bıçağı **beet leaf bug** pancar yaprak piresi **beet leaf miner** pancar sineği **beet leaf washer** pancar yaprağı yıkama makinesi **beet leaf** pancar yaprağı **beet leaves** pancar yaprakları **beet lifter and collector** pancar sökme ve toplama makinesi **beet lifter** pancar sökme makinesi **beet pulp** pancar küspesi **beet rust** pancar pası **beet screw conveyor** pancar helezonu **beet seed** pancar tohumu **beet slices** *şek.* kıymık **beet slicing machine** pancar kıyma makinesi **beet sugar factory** pancar şekeri fabrikası **beet sugar industry** pancar şekeri endüstrisi **beet sugar** pancar şekeri **beet syrup** pancar şurubu, pancar şerbeti **beet tail** pancar kuyruğu **beet top** pancar başı **beet topper** pancar başı kesme bıçağı **beet variety** pancar çeşidi **beet washer** pancar yıkama makinesi **beet washing station** pancar yıkama istasyonu **beet wheel** pancar dolabı

beetle /'biːtl/ *a.* kanatlılardan herhangi bir böcek; *kon.* iri kara böcek; tokmak, şahmerdan ¤ *e.* dövmek, tokmaklamak **beetle calender** beetle kalenderi **beetle machine** beetle makinesi

beetle-browed /'biːtl braud/ *s.* sarkık kaşlı; çatık kaşlı

beetroot /'biːtruːt/ *a. bitk.* pancar

befall /bi'foːl/ *e.* (kötü bir şey) olmak, başına gelmek

befit /bi'fit/ *e.* uygun olmak, münasip olmak

befitting /bi'fiting/ *s.* uygun

befog /bi'fog/ *e.* sisle kapamak; şaşırtmak

befool /bi'fuːl/ *e.* aldatmak, kandırmak

before /bi'foː/ *be.* önce, daha önce, önceden ¤ *ilg.* önünde; -den önce ¤ *bağ.* -meden önce **before Christ (BC)** milattan önce (MÖ) **before-cited** yukarıda anılan **before-mentioned** yukarıda sözü edilen **before the wind** rüzgâr yönünde

beforehand /bi'foːhend/ *be.* önceden

beforetime /bi'foːtaym/ *be.* eskiden

befoul /bi'faul/ *e.* kirletmek, pisletmek

befriend /'bi'frend/ *e.* arkadaşça davranmak, dostça davranmak, yardım etmek

befuddle /bi'fadıl/ *e.* sarhoş etmek, sersemletmek

beg /beg/ *e.* dilenmek; dilemek, istemek, rica etmek; yalvarmak **beg off** mazeret beyan etmek

beget /bi'get/ *e.* babası olmak, vücuda getirmek; neden olmak

begetter /bi'getı/ *a.* baba, vücuda getiren kimse

beggar /'begı/ *a.* dilenci; *kon.* ahbap, herif, tip ¤ *e.* yoksullaştırmak, fakirleştirmek, süründürmek **Beggars can't be choosers** Dilenciye hıyar vermişler eğridir diye beğenmemiş **lucky beggar** şanslı köftehor

beggardom /'begıdım/ *a.* dilencilik

beggarly /'begıli/ *s.* çok az/yetersiz

beggary /'begıri/ *a.* aşırı yoksulluk **reduce to beggary** yoksullaştırmak, fakirleştirmek

begin /bi'gin/ *e.* başlamak; başlatmak **to**

begin with evvela, bir kere, ilk neden olarak

beginner /bi'ginı/ *a.* yeni başlayan, acemi

beginning /bi'gining/ *a.* başlangıç, başlangıç noktası; köken

begird /bi'göːd/ *e.* kuşatmak

begone /bi'gon/ *ünl.* defol!, yaylan!

begonia /bi'gounyı/ *a.* begonya

begrime /bi'graym/ *e.* kirletmek, pisletmek

begrudge /bi'grac/ *e.* istemeyerek vermek; çok görmek, içine oturmak

begrudgingly /bi'gracingli/ *be.* kıskanarak

beguile /bi'gayl/ *e.* (into ile) aldatmak, kandırmak; büyülemek, çekmek, cezbetmek

beguilement /bi'gaylmınt/ *a.* aldatma, kandırma

behalf /bi'haːf/ *a.* taraf, leh **on behalf of** - in adına, yararına

behave /bi'heyv/ *e.* davranmak, hareket etmek; nazik davranmak **behave oneself** terbiyesini takınmak **well-behaved** terbiyeli

behaviour /bi'heyvıı/ *a.* davranış, hareket, tavır

behaviourism /bi'heyvyırizım/ *a. ruhb.* davranışçılık

behead /bi'hed/ *e.* başını kesmek, kafasını uçurmak

behemoth /bi'hiːmot/ *a.* behemot

behest /bi'hest/ *a.* emir, buyruk

behind /bi'haynd/ *ilg.* arkasında, gerisinde, ardında; ardında; arkasında, desteğinde, yanında; arkasında, gerisinde ¤ *be.* arkaya, arkada; arkada; geride, geç ¤ *a. kon.* kıç **behind one's back** birisinin arkasından, gıyabında

behindhand /bi'hayndhend/ *s. be.* geç, gecikmiş, geç kalmış, arkada

behold /bi'hould/ *e.* farkına varmak, görmek

behoof /bi'huːf/ *a.* fayda, yarar; menfaat, çıkar

behove /bi'hou/ *e.* yakışık almak; gerekmek, icap etmek

beige /beyj/ *a. s.* bej

being /'biːing/ *a.* varlık, yaşam, mevcudiyet, oluş; varlık, yaratık, mahluk

bejewel /bi'cu:ıl/ *e.* mücevherle donatmak

bel /bel/ *a. elek.* bel

belabour /bi'leybı/ *e.* dil uzatmak, alaya almak; kuruntu yapmak, çok fazla üzerinde durmak

belated /bi'leytid/ *s.* gecikmiş

belatedly /bi'leytidli/ *be.* gecikerek, gecikmeyle

belay /bi'ley/ *e. den.* suga etmek, volta etmek, sarıp bağlamak *belaying pin den.* armodor çeliği, bağlama direği

belch /bel/ *e.* geğirmek; püskürtmek

beldam(e) /'beldım/ *a.* kocakarı

beleaguer /bi'li:gı/ *e.* kuşatmak, muhasara etmek

bel-esprit /bel espri:/ *a.* (*ç.* "beaux esprit" /boz espri/) şakacı kimse, esprili kimse

belfry /'belfri/ *a.* çan kulesi

belie /'bi'lay/ *e.* yanıltmak; gizlemek, maskelemek

belief /bi'li:f/ *a.* güven, inanç, itimat; inanç, iman

believable /bi'li:vıbıl/ *s.* inanılır

believe /bi'li:v/ *e.* inanmak; güvenmek; sanmak, zannetmek, varsaymak *believe in* varlığına inanmak; -e inancı olmak, inanmak; yararına inanmak

believer /bi'li:vı/ *a.* inanan, iman eden kimse

belittle /bi'litl/ *e.* küçümsemek, küçük görmek

bell /bel/ *a.* çan, zil *bell-and-spigot joint* muflonlu bağlantı, kovanlı bağlantı, geçme *bell buoy den.* çanlı şamandıra *bell chuck* kovan aynası *bell crank lever* dirsekli manivela *bell crank* manivela, mafsal *bell curve* çan eğrisi *bell distribution* çan dağılımı *bell dome* çan kulesi *bell founder* çan dökümcüsü *bell metal met.* çan metali *bell-shaped* çan biçimli *bell tower* çan kulesi *bell transformer* zil transformatörü

belladonna /belı'donı/ *a.* güzelavratotu

bellbottoms /'belbotımz/ *a.* İspanyol paça pantolon

bellboy /'belboy/ *a.* otel uşağı

belle /bel/ *a.* çekici ve gözde kadın, dilber

belles-lettres /bel 'letr/ *a.* edebiyat

bellflower /'belflauı/ *a.* çançiçeği

bellicose /'belikous/ *s.* kavgacı, huysuz, aksi

belligerence /bi'licırıns/ *a.* tartışmacılık, münakaşacılık; savaşçılık

belligerency /bi'licırınsi/ *a.* dövüşkenlik; savaş durumu

belligerent /bi'licırınt/ *s.* (ülke) savaşmakta, savaş halinde; (insan) kavgacı, kavgaya hazır, kızgın, sinirli

bellman /'belmın/ *a.* çan çalan tellal

bellow /'belou/ *e.* böğürmek *bellow wool teks.* karın bölgesi yünü

bellows /'belouz/ *a.* körük

bellwether /'belvedı/ *a.* kösemen, boynunda çan asılı koç

belly /'beli/ *a. kon.* göbek; mide *belly button kon.* göbek deliği *belly flop* suya karın üstü dalış *belly landing hav.* iniş tertibatı kullanmayarak iniş, gövde üzerine iniş *belly laugh* gürültülü kahkahalarla gülme *belly tank hav.* havada atılabilir benzin deposu, gövde deposu

bellyache /'belieyk/ *a.* karın ağrısı; *arg.* dırdır, şikâyet ¤ *e. arg.* dırdır etmek

bellyband /'belibend/ *a.* karın kuşağı, kolan

bellyful /'beliful/ *a. kon.* çok fazla, gereğinden fazla

belong /bi'long/ *e.* uygun olmak, yararlı olmak; doğru yerde olmak, yerinde olmak *belong to* -e ait olmak; bağlı olmak, üyesi olmak

belongings /bi'longingz/ *a.* birinin kişisel eşyaları

beloved /bi'lavd/ *s. a.* sevgili, canım, aziz

below /bi'lou/ *be.* aşağı, aşağıda, altta; (toprak, deniz, vb.) altında, yer altında ¤ *ilg.* -in altında; -den aşağı, -den düşük/az ¤ *s.* aşağıdaki, alttaki *below par* başa baştan aşağı, paritenin altında

belt /belt/ *a.* kemer, kuşak; kayış; bölge, yöre, kuşak ¤ *e.* kemerle bağlamak, kuşakla bağlamak; kemerle dövmek; *kon.* (elle) çok sert biçimde vurmak, çakmak, patlatmak; *arg. İİ.* çok hızlı gitmek, jet gibi gitmek, uçmak *belt buckle* toka *belt clamp* kayış kelepçesi *belt conveyor* bantlı konveyör, bantlı taşıyıcı, kayışlı taşıyıcı *belt drive* kayışla tahrik, kayışla işletme, kayışla döndürme *belt driven* kayışla tahrikli *belt fastener* kayış kancası *belt fork* kayış çatalı *belt highway* çevre yolu *belt line* çevre yolu *belt pulley* kasnak *belt shifter* kayış avara kolu *belt slip* kayış kayması *belt stretcher* kayış mengenesi *belt striker* kayış çatalı *belt tension* kayış gerilimi *belt tightener* kayış gerici *belt up arg.* çenesini kapatmak, kesmek *cartridge belt* fişeklik *cotton belt* pamuk üretme bölgesi *hit below the belt sp.* belden aşağı vurmak *shoulder belt* omuz kayışı *sword belt* kılıç kayışı *tighten one's belt kon.* kemerleri sıkmak

belted /'beltid/ *s.* kuşaklı

belting /'belting/ *a.* kayış (tertibatı)

beltway /'beltwey/ *a. Aİ.* çevre yolu

belvedere /belvidiı/ *a. mim.* belvedere

bemean /bi'mi:n/ *e.* değerini düşürmek

bemire /bi'mayı/ *e.* kirletmek, çamura batırmak

bemoan /bi'moun/ *e.* kederlenmek, üzülmek, sızlanmak

bemuse /bi'myu:z/ *e.* aklını karıştırmak

bemused /bi'myu:zd/ *s.* aklı karışık, şaşkın, iyi düşünemeyen

ben /ben/ *a.* iç oda

bench /benç/ *a.* sıra, oturma sırası, bank; yargıç kürsüsü; yargıç; yargıçlar kurulu; tezgâh *bench clamp inş.* işkence *bench drill* masa matkabı *bench lathe* küçük torna tezgâhı *bench plane* tezgâh rendesi, büyük rende *bench stop* tırnak, tezgâh tırnağı *bench type lathe* masa tipi torna *bench vice* tezgâh mengenesi *bench work* tezgâh işi

bencher /'bençı/ *a.* avukatlar barosunun yönetim kurulu üyesi; baro yönetim kurulu üyesi

benchmark /'bençma:k/ *a.* röper, röper noktası, referans işareti *benchmark problem biliş.* değerlendirme problemi, hedef işareti sorunu *benchmark routine biliş.* hedef işareti yordamı *benchmark testing biliş.* hedef işaretini sınama

bend /bend/ *e.* eğmek, bükmek; eğilmek, bükülmek; yöneltmek, çevirmek *a.* eğme, bükme; dönemeç, viraj *bend to(wards)* aklı yatmak *on bended knee* yalvararak, ayaklarına kapanarak *round the bend kon.* deli, çılgın

bendable /bendıbıl/ *s.* eğilir, eğrilir, bükülür, döndürülebilir

bender /'bendı/ *a.* âlem, cümbüş

bending /'bending/ *a.* eğme, bükme *bending claw* kıskaç *bending iron* eğme demiri, boynuz *bending load* eğilme yükü *bending machine mak.* eğme makinesi *bending moment fiz.* eğilme momenti, bükücü moment *bending roller mak.* bükme merdanesi *bending strength* eğilme mukavemeti, eğilme dayancı *bending stress* eğilme gerilmesi *bending test* eğilme deneyi *bending vibrations fiz.* bükülüm titreşimleri

beneath /bi'ni:t/ *ilg.* altında; altına ¤ *be.* altta, alta *beneath ones dignity* -e yakışmaz

benedictine /beni'dikti:n/ *a.* sert bir likör türü

benediction /beni'dikşın/ *a.* kutsama

benefaction /beni'fekşın/ *a.* iyilik, yardım, bağış, ihsan; sadaka, yardım, hayır

benefactor /'benifektı/ *a.* yardımsever, hayırsever, iyilikçi

benefactress /'benifektrıs/ *a.* hayır sahibi kadın

benefice /'benifis/ *a.* maaşlı papazlık makamı

beneficence /bi'nefisıns/ *a.* iyilik, lütuf, ihsan

beneficent /bi'nefisınt/ *s.* hayır sahibi, iyilikçi, hayırsever

beneficial /beni'fişıl/ *s.* yararlı, faydalı, hayırlı *beneficial association* hayır kurumu

beneficiary /beni'fişıri/ *a.* (miras, kazanç, vb.) elde eden kimse, mirasçı; kâr eden kimse

benefit /'benifit/ *a.* yarar, fayda, çıkar, kâr, kazanç; avantaj; işsizlik ve sağlık ödeneği ¤ *e.* yaramak, yararı olmak *benefit from/by* -den yararlanmak

benevolence /bi'nevılıns/ *a.* hayırseverlik, yardımseverlik

benevolent /bi'nevılınt/ *s.* iyilikçi, hayırsever, yardımsever

benevolently /bi'nevılıntli/ *be.* yardımseverlikle

benighted /bi'naytid/ *s.* bilgisiz, cahil

benign /bi'nayn/ *s.* halim selim, iyi huylu, tatlı, sevecen; (hastalık) tehlikesiz, bulaşıcı olmayan; (ur) tehlikesiz, iyicil

benignant /bi'nignınt/ *s.* merhametli, müşfik

benison /'benisın/ *a.* kutsama, takdis

bennet /'benit/ *a.* karanfil kökü *herb* **bennet** karanfil otu

bent /bent/ *s. İİ. arg.* namussuz; rüşvetçi, yiyici; çatlak, üşütük; ibne, homo ¤ *a.* eğilim; yetenek *be bent on/upon doing* yapmaya kararlı olmak *bent on/upon* -e kararlı

benthonic /ben'tonik/ *s.* bentonik, dip canlılarına ilişkin

benthos /'bentos/ *a.* bentos, dip canlıları

bentonite /bentınayt/ *a. yerb.* bentonit

bentwood /'bentwud/ *a.* bükülmüş ağaç

benumb /bi'nam/ *e.* uyuşturmak

benzaldehyde /ben'zeldihayd/ *a.* benzaldehit

benzanilide /ben'zenilayd/ *a.* benzanilit

benzene /'benzi:n/ *a.* benzen

benzidine /'benzidi:n/ *a.* benzidin

benzil /'benzayl/ *a.* benzil

benzine /'benzi:n/ *a.* benzin

benzoate /'benzoueyt/ *a.* benzoat

benzoic /ben'zouik/ *s.* benzoik

benzoin /'benzoyn/ *a.* aselbent

benzol /'benzol/ *a.* benzol

benzophenone /benzoufi'noun/ *a.* benzofenon

benzoquinone /benzoukwi'noun/ *a.* benzokinin

benzoyl /'benzouil/ *a.* benzoil

benzyl /'benzil/ *a.* benzil

bequeath /bi'kwi:d/ *e.* miras olarak bırakmak

bequest /bi'kwest/ *a.* miras, kalıt

berate /bi'reyt/ *e.* azarlamak, haşlamak

berberine /'bö:bıri:n/ *a.* berberin

bereave /bi'ri:v/ *e.* elinden almak, yoksun bırakmak

bereavement /bi'ri:vmınt/ *a.* büyük kayıp, matem

bereft /bi'reft/ *s.* (of ile) -sız, -siz, -den yoksun

beret /'berey/ *a.* bere

berg /bö:g/ *a.* buzdağı

bergamot /'bö:gımot/ *a. bitk.* bergamot *bergamot oil* bergamot yağı

beriberi /beri'beri/ *a.* beriberi

berk /bö:k/ *a. İİ. hkr. arg.* aptal, salak, öküz

berkelium /bö:'ki:liım/ *a.* berkelyum

berm /bö:m/ *a.* banket

Bermuda shorts /bı'myu:dı şo:ts/ *a.* uzun şort, dize kadar uzanan şort

berry /'beri/ *a.* (çilek, kiraz, vb.) küçük, yumuşak meyve

berserk /bö:'sö:k/ *s.* öfkeden deliye dönmüş, çılgın

berth /bö:t/ *a.* (rıhtımda) palamar yeri; (tren ya da gemide) ranza, yatak; *kon.* iş ¤ *e.* (tekne) (bağlanmak için) limana girmek; limana sokmak

beryl /'beril/ *a.* beril

beryline /'berilayn/ *s.* zümrüt nevinden

beryllia /be'riliı/ *a.* berilyum oksit

beryllium /be'riliım/ *a.* berilyum

beseech /bi'si:ç/ *e.* yalvarmak, rica etmek, istemek

beseecher /bi'si:çı/ *a.* yalvaran kimse, rica eden kimse

beseem /bi'si:m/ *e.* uygun olmak, yakışık almak

beset /bi'set/ *e.* dört bir yandan saldırmak/çevirmek ve saldırıya hazırlanmak; sıkıştırmak, rahat bırakmamak

besetting /bi'seting/ *s.* yakayı bırakmayan; sürekli tehdit eden

beside /bi'sayd/ *ilg.* yanında, yanına; kıyasla, -in yanında *beside oneself* çılgın gibi *beside the point* konunun dışında

besides /bi'saydz/ *be.* bunun yanı sıra, ayrıca, bununla birlikte, üstelik, bir de ¤ *ilg.* -den başka, -e ilaveten

besiege /bi'si:c/ *e. ask.* dört bir yandan sarmak, çevirmek; sıkıştırmak, rahat vermemek; rahatsız etmek, bunaltmak, sıkmak

besmear /bi'smiı/ *e.* bulaştırmak, kirletmek

besmirch /bi'smö:ç/ *e.* kirletmek

besom /'bi:zım/ *a.* çalı süpürgesi

besot /bi'sot/ *e.* sarhoş etmek, sersemletmek

besotted /bi'sotid/ *s.* sarhoş olmuş, kendini kaybetmiş, sersemlemiş, aptallaşmış

bespangle /bi'spengıl/ *e.* pullarla süslemek, allayıp pullamak

bespatter /bi'spetı/ *e.* çamur sıçratmak

bespeak /bi'spi:k/ *e.* ısmarlamak, sipariş vermek; ayırtmak, tutmak; istemek, rica etmek *bespeak sb's help* yardım etmek
bespread /bispred/ *f.* örtmek, yaymak, sürmek
besprinkle /bi'sprinkıl/ *e.* serpmek, saçmak
Bessemer /'besimı/ *a.* Besemer *Bessemer iron* met. Bessemer demiri *Bessemer pig iron* met. Bessemer fontu *Bessemer steel* met. Bessemer çeliği
best /best/ *s.* en iyi ¤ *be.* en iyi (biçimde); en, en çok, en fazla ¤ *a.* en iyi (taraf/yan/kısım); birinin elinden gelen, yapabileceğinin en iyisi *at best* olsa olsa, taş çatlasa *best man* sağdıç
bestead /bisted/ *e.* yardım etmek, işine yaramak, hizmet etmek
bestial /'bestııl/ *s. hkr.* kaba, hayvanca, hayvan gibi; acımasız, zalim
bestiality /besti'eliti/ *a.* kabalık, hayvanlık, acımasızlık, zalimlik; insan-hayvan arasındaki cinsel ilişki
bestir /bi'stö:/ *e.* harekete geçirmek *bestir oneself* harekete geçmek
bestow /bi'stou/ *e.* vermek, bağışlamak, sunmak
bestowal /bi'stouıl/ *a.* bağış, armağan
bestrew /bi'stru:/ *e.* saçmak, dağıtmak
bestride /bi'strayd/ *e.* bacaklarını ayırarak binmek/oturmak
bestseller /best'selı/ *a.* en çok satılan kitap/vb
bet /bet/ *a.* bahis, iddia; bahis olarak yatırılan para ¤ *e.* bahse girmek; üzerine oynamak *I bet kon.* bahse girerim ki, eminim ki
beta /'bi:tı/ *a.* beta *beta brass* met. beta pirinci *beta decay* fiz. beta çözünmesi *beta detector* fiz. beta detektörü *beta disintegration* fiz. beta parçalanması, beta çözünmesi *beta emitter* fiz. beta emitörü, beta salımlayıcısı *beta particle* fiz. beta parçacığı *beta rays* fiz. beta ışınları *beta spectrometre* fiz. beta ışını spektrometresi *beta thickness gauge* fiz. beta kalınlık ölçeri
betaine /'bi:tıi:n/ *a.* betain
betake /bi'teyk/ *:* *betake oneself* gitmek
betatron /'bi:tıtron/ *a. fiz.* betatron *betatron oscillations* fiz. betatron

salınımları
betel /'bi:tıl/ *a.* betel ağacının yaprağı *betel nut* betel cevizi
bethel /'betıl/ *a.* kutsal yer
bethink /bi'tink/ *e.* düşünmek, göz önünde bulundurmak
betide /bi'tayd/ *e.* olmak, başına gelmek
betimes /bi'taymz/ *be.* vaktinde, erkenden
betoken /bi'toukın/ *e.* göstermek, belirtisi olmak
betony /'betıni/ *a.* nane familyasından birkaç çeşit bitki
betray /bi'trey/ *e.* ihanet etmek; (özellikle sır) açıklamak, söylemek, yaymak, ele vermek; ele vermek, ortaya koymak, belirtmek
betrayal /bi'treyıl/ *a.* ihanet; ele verme
betroth /bi'troud/ *e.* evlilik sözü vermek, söz kesmek, nişanlanmak
betrothal /bi'troudıl/ *a.* nişan
betrothed /bi'troudd/ *a. s.* nişanlı
better /'betı/ *s. be.* daha iyi ¤ *a.* bahse giren kimse ¤ *e.* gelişmek, daha iyi bir hale gelmek; geliştirmek, daha iyi bir hale getirmek *had better* iyi olur *one's better half* birisinin karısı/kocası, eş *get the better of* hakkından gelmek, yenmek
betterment /'betımınt/ *a.* iyileşme, düzelme; şerefiye
between /bi'twi:n/ *ilg.* arasında; aralarında ¤ *be.* arada *between you and me* laf aramızda, aramızda kalsın *few and far between kon.* nadir, seyrek
betwixt /bi'twikst/ *be.* arada, ortada *betwixt and between* ikisi ortası, ne o ne bu
bevatron /'bevıtron/ *a. fiz.* bevatron
bevel /'bevıl/ *e.* eğim vermek, şev vermek ¤ *a.* şev, eğim, eğrilik *bevel gear* konik dişli, ayna dişli *bevel seat* konik yatak *bevel square* eğri gönye *bevel wheel mak.* konik çark
bevelled /'bevıld/ *s.* şevli, eğri, konik *bevelled gear* ayna mahruti dişli, konik dişli
beverage /'bevıric/ *a.* içecek, meşrubat
bevy /'bevi/ *a.* kuş sürüsü; kadın grubu, kız grubu
bewail /bi'weyl/ *e.* ağlamak, dövünmek,

hayıflanmak
beware /bi'weɪ/ *e.* (of ile) sakınmak, dikkat etmek, korunmak
bewilder /bi'wildɪ/ *e.* şaşırtmak, sersem etmek
bewilderment /bi'wildɪmɪnt/ *a.* şaşkınlık, hayret
bewitch /bi'wiç/ *e.* büyü yapmak; büyülemek
bewitching /bi'wiçing/ *s.* çekici, cazibeli
bey /bey/ *a.* bey
beyond /bi'yond/ *ilg.* ötesinde, ötesine; -den başka, -ın dışında; -den daha geç/sonra ¤ *be.* öteye, ötede, ileri
bezel /'bezɪl/ *a.* façeta, kaş
bezique /bi'ziːk/ *a.* bezik
biangular /bayengyılı/ *s.* iki açılı
biannual /bay'enyuɪl/ *s.* yılda iki kere olan
bias /'bayıs/ *a. elek.* bayas, öngerilim; eğilim, meyil; önyargı ¤ *s.* verev, çapraz ¤ *e.* önyargılı kılmak, önyargıyla hareket ettirmek **bias binding** çapraz şerit, verev bant **bias voltage** *elek.* öngerilim voltajı
bias(s)ed /'bayıst/ *s.* önyargılı, taraf tutan
biaxial /bay'eksiɪl/ *s.* çift eksenli **biaxial crystal** çift eksenli kristal
bib /bib/ *a.* bebek önlüğü
bibber /'bibɪ/ *a.* ayyaş, alkolik
bibcock /'bibkok/ *a.* ucu aşağı doğru kıvrık olan musluk, eğri ağızlı musluk
bibelot /'biblou/ *a.* biblo
Bible /'baybıl/ *a.* İncil, Kutsal Kitap
bibliographer /bibli'ogrıfı/ *a.* bibliyograf, bibliyografya uzmanı
bibliographic(al) /bibliou'grefik(l)/ *s.* bibliyografik, kaynakçasal
bibliography /bibli'ogrıfı/ *a.* kaynakça, bibliyografi
bibliomania /bibliou'meyniı/ *a.* bibliyomani, kitap toplama merakı
bibliomaniac /bibliou'meyniık/ *a.* bibliyoman, kitap delisi
bibliophile /'bibliıfayl/ *a.* kitapsever, kitap hastası
bibliotheca /bibliou'tiːkı/ *a.* kütüphane; kitap kataloğu
bibulous /'bibyulıs/ *s.* ayyaş, içkici, emici, suyu çekici
bicameral /bay'kemırıl/ *s.* iki meclisli
bicarb /'bayka:b/ *a. kon.* sodyum

bikarbonat
bicarbonate /bay'ka:bınit/ *a.* bikarbonat **bicarbonate of soda** sodyum bikarbonat
bicentenary /baysen'ti:nıri/ *a.* iki yüzüncü yıldönümü
bicephalous /bay'sefılıs/ *s.* iki başlı
biceps /'bayseps/ *a.* pazı, iki başlı kol kası
bichloride /bay'klo:rayd/ *a.* biklorit
bichromate /bay'kroumeyt/ *a.* bikromat
bicker /'bıkı/ *e.* (incir çekirdeğini doldurmayacak kadar önemsiz konularda) tartışmak, atışmak
bicoloured /'baykalıd/ *s.* ikirenkli
bicomponent /'baykompounınt/ *s.* bikomponent, iki komponentli **bicomponent fibre** *teks.* bikomponent lif, iki komponentli lif **bicomponent yarn** *teks.* bikomponent iplik
biconditional /baykın'dişınıl/ *a. mat.* ikikoşullu
bicuspid /bay'kaspid/ *s. anat.* iki uçlu (diş vb.)
bicycle /'baysikıl/ *a.* bisiklet ¤ *e.* bisiklete binmek, bisikletle gezmek **bicycle chain** bisiklet zinciri **bicycle fork** bisiklet çatalı **bicycle lock** bisiklet kilidi
bicyclist /'baysiklist/ *a.* bisiklet sürücüsü
bid /bid/ *a.* fiyat teklifi, teklif; bir iş karşılığında istenen ücret; *isk.* deklarasyon; girişim, kalkışma ¤ *e.* dilemek, demek; buyurmak, emretmek; çağırmak, davet etmek; (fiyat) teklif etmek, değer biçmek; önerilerde bulunarak/teklifler yaparak destek almaya çalışmak; *isk.* deklarasyon yapmak **bid farewell** veda etmek **bid up** açık artırmada fiyat artırmak
biddable /bidıbıl/ *s.* yumuşak başlı, söz dinleyen, uslu, itaatli
bidder /'bıdı/ *a.* teklif veren kimse; (briçte) deklarasyon yapan kimse
bidding /'biding/ *a.* buyruk, emir, buyurma, emretme; buyurulan şey, emredilen iş, deklarasyon
biddy /'bidi/ *a.* tavuk, piliç
bide /bayd/ *e.* (uygun zamanı) sabırla beklemek **bide ones time** fırsat kollamak
bidet /'bi:dey/ *a.* bide
bidirectional /baydi'rekşınıl/ *s.* biliş.

ikiyönlü **bidirectional flow** *biliş.*
ikiyönlü akış **bidirectional lines** *biliş.*
ikiyönlü hatlar **bidirectional microphone** ikiyönlü mikrofon **bidirectional operation** *biliş.* ikiyönlü işlem **bidirectional printer** *biliş.* ikiyönlü yazıcı **bidirectional printing** *biliş.* ikiyönlü yazma

biennial /bay'eniıl/ *s.* iki yılda bir olan; (bitki) iki yıl ömürlü, iki yıllık

bier /bıı/ *a.* cenaze teskeresi

biff /bif/ *e.* vurmak, yumruklamak

bifilar /bay'faylı/ *s.* çift telli **bifilar micrometer** çift telli mikrometre **bifilar resistor** çift sarımlı telli direnç **bifilar suspension** çift telli süspansiyon **bifilar winding** çift telli sargı

bifocal /bay'foukıl/ *s.* bifokal, çift odaklı

bifocals /bay'foukılz/ *a.* çift odaklı gözlük

bifoliate /bay'foulieyt/ *s.* iki yapraklı

bifurcate /'bayfıkeyt/ *e.* çatallanmak, iki kola ayrılmak

bifurcation /bayfı'keyşın/ *a.* çatallanma, iki kola ayrılma

big /big/ *s.* büyük, iri, kocaman; önemli; *kon.* popüler, ünlü, büyük **big close-up** *sin.* baş plan, yakın plan, büyük plan, yakın çekim, baş çekimi **big deal** *arg.* o da bir şey mi; ne olacak yani, hıh; yok ya **big end bearing** biyel yatağı **big end** *mak.* biyel başı **big game** büyük av **big money** çok para, büyük para **big shot** kodaman **big wheel** kodaman **big with** gebe, yüklü **that's big of you** *kon.* çok cömertsin, büyüklük gösteriyorsun

bigamist /'bigımist/ *a.* iki eşli kimse

bigamous /'bigımıs/ *s.* ikieşli, ikievli

bigamy /'bigımi/ *a.* ikieşlilik, bigami

bighead /'bighed/ *a. kon.* ukala dümbeleği, kendini bir şey sanan kişi

bigheaded /'big'hedid/ *s.* kibirli, kendini beğenmiş

bight /bayt/ *a. den.* halat bedeni; koy, küçük körfez

bigness /'bignıs/ *a.* büyüklük

bigot /'bigıt/ *a. hkr.* dar kafalı, bağnaz

bigoted /'bigıtid/ *s. hkr.* dar kafalı, fanatik, yobaz, bağnaz

bigotry /'bigıtri/ *a. hkr.* dar kafalılık, fanatiklik, yobazlık, bağnazlık

bigwig /'bigwig/ *a. kon.* önemli kimse, kodaman

bike /bayk/ *a. kon.* bisiklet; motosiklet ¤

e. kon. bisiklete binmek, bisikletle gezmek

bikini /bi'ki:ni/ *a.* bikini

bilabial /bay'leybiıl/ *s. dilb.* çiftdudaksıl

bilateral /bay'letırıl/ *s.* iki yönlü, iki yanlı, ikili **bilateral amplifier** iki yönlü amplifikatör **bilateral antenna** iki yönlü anten **bilateral impedance** iki yönlü empedans **bilateral symmetry** iki taraflı simetri, iki yanlı bakışım

bilberry /'bilbıri/ *a. bitk.* yabanmersini

bile /bayl/ *a.* safra, öd; huysuzluk, sinirlilik, aksilik **bile acid** safra asidi

bilge /bilc/ *a. den.* sintine, karina; fıçı karnı; *arg.* aptalca konuşma, zırva, saçmalık **bilge keel** *den.* yalpa omurgası **bilge pump** *den.* sintine tulumbası **bilge turn** *den.* sintine dönümü **bilge water** *den.* sintine suyu **bilge well** *den.* sintine kuyusu

bilgy /'bilci/ *s.* sintine suyu gibi kokan

bilinear /bay'liniı/ *s. mat.* bilineer, ikidoğrusal

bilingual /bay'lingwıl/ *s.* ikidilli; iki dilde yazılan/söylenen

bilious /'biliıs/ *s.* safra ile ilgili; aksi, huysuz; çirkin, nahoş

bill /bil/ *a.* kuş gagası, gaga; *coğ.* denize uzanan kara parçası, burun; yasa tasarısı; hesap pusulası, hesap, fatura; afiş, ilan, el ilanı; *Aİ.* kâğıt para; tahvil, poliçe **bill of lading** konşimento **foot the bill** *kon.* ödemek, para sökülmek

billboard /'bilbo:d/ *a.* ilan tahtası

billet /'bilit/ *a.* kışla, baraka; kütük; demir çubuk, çelik çubuk; takoz **billet mill** ham demir haddesi

billiards /'bilyıdz/ *a.* bilardo **billiard cloth** *teks.* bilardo çuhası

billion /'bilyın/ *a. Aİ.* milyar; *İİ.* trilyon

billow /'bilou/ *a.* büyük dalga ¤ *e.* dalgalanmak; kabarmak

billy goat /'bili gout/ *a.* erkek keçi, teke

bimetal /bay'metıl/ *a.* bimetal

bimetalism /bay'metılizım/ *a.* çift metal para sistemi

bimetallic /baymi'telik/ *s.* bimetalik **bimetallic strip thermometer** çift metal şeritli termometre **bimetallic strip** bimetalik şerit, ikimetalli şerit

bimbo /'bimbou/ *a.* çekici ancak aptal kadın

bimolecular /baymı'lekyulı/ s. bimoleküler, çift moleküllü

bimonthly /bay'mantli/ be. s. iki ayda bir, iki ayda bir olan, iki aylık; ayda iki kere

bimorph /'baymo:f/ a. bimorf

bin /bin/ a. teneke, kutu, bidon; çöp kutusu; arg. tımarhane; depo, silo

binary /'baynıri/ s. çift, ikili **binary alloy** met. ikili alaşım **binary arithmetic** ikili aritmetik **binary cell** biliş. ikili sayı hücresi, ikili göze **binary chain** biliş. ikili sayı zinciri **binary chop** biliş. ikili parçalama **binary code** biliş. ikili kod **binary coded character** biliş. ikili kodlu karakter **binary coded decimal** biliş. ikili kodlu ondalık **binary coded decimal code** biliş. ikili kodlu ondalık kod **binary coded decimal notation** biliş. ikili kodlu onlu yazım **binary coded decimal representation** biliş. ikili kodlu onlu yazım **binary coded digit** biliş. ikili kodlu sayı **binary coded notation** biliş. ikili kodlu yazım **binary compound** ikili bileşik **binary counter** ikili sayıcı **binary device** biliş. ikili aygıt **binary digit** biliş. ikili sayı **binary dump program** biliş. ikili sayı döküm programı **binary element** biliş. ikili öğe **binary format** biliş. ikili format **binary loader** biliş. ikili yükleyici **binary notation** biliş. ikili yazım **binary number system** ikili sayı sistemi, ikili sayı dizgesi **binary number** ikili sayı **binary numeral** biliş. ikili rakam **binary operation** biliş. ikili işlem **binary point** biliş. ikili noktası **binary register** biliş. ikili yazmaç **binary row** biliş. ikili satırı **binary search** biliş. ikili arama **binary signalling** ikili sinyalizasyonu **binary star** çiftli yıldız **binary subtraction** mat. ikili çıkarma **binary system** mat. ikili sistem, ikili sayı sistemi **binary-to-decimal conversion** biliş. ikili-onlu dönüşümü **binary-to-hexadecimal conversion** biliş. ikili-onaltılı dönüşümü **binary-to-octal conversion** biliş. ikili-sekizli dönüşümü **binary variable** ikili değişken

bind /baynd/ e. bağlamak; yarayı sarmak; ciltlemek; yasa gücü ile zorunlu kılmak, yasal olarak bağlamak; zorunlu bırakmak; bir araya getirmek, birleştirmek, yapıştırmak; yapışmak, tutmak **bind out** çırak vermek **bind**

over İİ. göz hapsine mahkûm etmek **bind up** sargı ile bağlamak

binder /'bayndı/ a. bağlayan, bağlayıcı; ciltçi, mücellit; cilt makinesi; dosya, klasör; inş. bağlantı hatılı

bindery /'bayndıri/ a. ciltevi, mücellithane

binding /'baynding/ a. ciltçilik, ciltleme işi; kitap kapağı; kenar süsü ¤ s. uyulması gereken, bağlayıcı **binding agent** bağlayıcı, yapıştırıcı, binder **binding energy** fiz. bağlanma enerjisi, bağlanma erkesi **binding joist** bağlantı kirişi **binding nut** kilit somunu **binding piece** bağ kuşak, ağaç kuşak **binding screw** mak. bağlama vidası **binding wire** elek. bağ teli

bindweed /'bayndwi:d/ a. kahkahaçiçeği

bine /bayn/ a. (sarmaşık) sap

binge /'binc/ a. arg. eğlence, âlem, cümbüş

bingo /'bingou/ a. bingo oyunu

binnacle /'binıkıl/ a. den. pusula dolabı

binocular /bi'nokyulı/ s. binoküler, çiftgözmercekli **binocular vision** binoküler görüş, iki gözle görme

binoculars /bi'nokyulız/ a. dürbün

binomial /bay'noumiıl/ a. mat. ikiterimli **binomial coefficient** mat. ikiterimli katsayısı **binomial distribution** binom dağılımı, ikiterimli dağılım **binomial equation** mat. ikiterimli denklemi **binomial series** mat. ikiterimli serisi, ikiterimli derneyi **binomial theorem** ikiterimli teorem, Newton ikiterimlisi

binominal /bay'nominıl/ a. biy. iki isimli, çift isimli

biochemical /bayou'kemikıl/ s. biyokimyasal

biochemist /bayou'kemist/ a. biyokimyacı

biochemistry /bayou'kemistri/ a. biyokimya

bioclimatology /bayouklaymı'tolıci/ a. biyoklimatoloji, biyolojik/dirimsel iklimbilim

biodegradable /bayoudi'greydıbıl/ s. bakterilerle ayrışabilen

biodegradation /bayoudegrı'deyşın/ a. teks. biyolojik bozunma

biogenesis /bayou'cenisis/ a. biyogenez

biogeography /bayouci'ogrıfi/ a. biyojeografi, canlılar coğrafyası

biographer /bay'ogrıfı/ a. biyografi yazarı

biographic(al) /bayıou'geafik(ıl)/ *s.* biyografik

biography /bay'ogrıfi/ *a.* yaşamöyküsü, biyografi

biological /bayı'locikıl/ *s.* biyolojik **biological degradation** biyolojik bozunma **biological half-life** *fiz.* biyolojik yarıömür **biological hole** *fiz.* biyolojik delik **biological warfare** biyolojik savaş **biological weapons** biyolojik silahlar

biologist /bay'olıcist/ *a.* biyolog, dirimbilimci

biology /bay'olıci/ *a.* biyoloji, yaşambilim, dirimbilim

bioluminescence /bayoulu:mi'nesıns/ *a.* biyoluminesans

biolysis /bay'olisis/ *a.* biyoliz, organizmaların ayrılıp dağılması

biome /'bayoum/ *a. çev.* biyom, canlı topluluğu

biometrical /bayı'metrikıl/ *s.* biyometrik

biometry /bay'omitri/ *a.* biyometri

bionic /bay'onik/ *s. kon.* insanüstü güçleri olan, biyonik

bionics /bay'oniks/ *a.* biyonik

bionomics /bayı'nomiks/ *a.* ekoloji

biophysics /bayou'fiziks/ *a.* biyofizik

biopsy /'bayopsi/ *a.* biyopsi

bioscopy /bay'oskıpi/ *a. hek.* biyoskopi

biosphere /'bayısfıı/ *a.* biyosfer

biostrome /'bayıstroum/ *a. yerb.* biyostrom, taşıl döşek

biosynthesis /bayou'sintisis/ *a. kim.* biyosentez

biotic /bay'otik/ *s.* biyotik

biotin /'bayıtın/ *a.* biyotin

biotite /'bayıtayt/ *a. min.* biyotit, karamika

bipartisan /baypa:ti'zen/ *s.* iki partili, iki partinin üyelerinden oluşan, çift partili

bipartite /bay'pa:tayt/ *s.* iki parçalı, ikili; iki partili

biped /'bayped/ *s. a.* ikiayaklı (yaratık)

biplane /'baypleyn/ *a.* çifte kanatlı (dört kanatlı) uçak

bipolar /bay'poulı/ *s. elek.* çiftkutuplu, ikikutuplu, bipolar **bipolar format** *biliş.* bipolar format **bipolar transistor** *elek.* bipolar transistor, çift kutuplu transistor

biquadratic /baykwo'dretik/ *s. mat.* dördüncü kuvvetten olan

birch /bö:ç/ *a. bitk.* huş ağacı ¤ *e.* vurmak, dövmek; kamçılamak

bird /bö:d/ *a.* kuş; *kon.* insan, kişi, tip; *İİ. kon.* kadın, kız **bird cage** kuş kafesi **bird call** kuş ıslığı **bird catcher** kuş tutan kimse **bird dog** av köpeği **bird fancier** kuş meraklısı **bird grass** kuş otu **bird in the hand** çantada keklik **bird of night** baykuş **bird watcher** kuş gözlemi yapan kimse **bird's nest** kuş yuvası **Birds of a feather flock together** Tencere yuvarlanmış kapağını bulmuş **early bird** *kon.* erken kalkan/gelen kimse **give the bird** yuhalamak **kill two birds with one stone** *kon.* bir taşla iki kuş vurmak **old bird** ihtiyar kurt

bird-brained /'bö:dbreynd/ *s. kon.* kuş beyinli

birdie /'bö:di/ *a.* küçük kuş

birdlime /'bö:dlaym/ *a.* ökse, tuzak

birdman /'bö:dmen/ *a.* kuş avcısı, kuşçu; pilot

bird's-eye /'bö:dz-ay/ *a.* yavşanotu, veronika **bird's-eye view** kuşbakışı görünüm; bir konunun genel görünümü

birefringence /bayri'frincıns/ *a. fiz.* çiftkırılım

biro /'bayırou/ *a.* tükenmezkalem

birth /bö:t/ *a.* doğum; doğurma, dünyaya getirme; soy, sop, aile kökeni; başlangıç, doğuş **birth control** doğum kontrolü

birthday /'bö:tdey/ *a.* doğum günü

birthmark /'bö:tma:k/ *a.* doğum lekesi

birthplace /'bö:tpleys/ *a.* doğum yeri

birthrate /'bö:treyt/ *a.* doğum oranı

birthright /'bö:trayt/ *a.* doğuştan kazanılan ulusal hak, vatandaşlık hakkı

biscuit /'biskit/ *a.* bisküvi; *Aİ.* çörek, pasta

bisect /bay'sekt/ *e.* iki eşit parçaya bölmek

bisection /bay'sekşın/ *a.* ikiye bölme

bisector /bay'sektı/ *a. mat.* açıortay

bisectrix /bay'sektriks/ *a. mat.* açıortay

bisexual /bay'sekşuıl/ *s.* çift cinsiyetli, ikieşeyli, erdişi, erselik; her iki cinse de ilgi duyan, biseksüel

bishop /'bişıp/ *a.* piskopos; (satranç) fil ¤ *e.* piskopos olarak atamak

bishopric /'bişıprik/ *a.* piskoposluk

bismuth /'bizmıt/ *a.* bizmut

bison /'baysın/ *a. hayb.* bizon
bissextile /bi'sekstayl/ *a. s.* artık yıl
bistable /bay'steybıl/ *s.* iki kararlı
bistro /'bi:strou/ *a.* küçük bar/lokanta
bisulphate /bay'salfeyt/ *a.* bisülfat
bisulphide /bay'salfayd/ *a.* bisülfür
bisulphite /bay'salfayt/ *a.* bisülfit
bit /bit/ *a.* gem; delgi, keski, matkap; uç; *biliş.* bit, ikil, ikili öğe; parça, lokma, kırıntı, miktar; kısa süre *a bit kon.* biraz *bit brace* el matkabı *bit bucket biliş.* bit kova, ikil kova *bit by bit kon.* yavaş yavaş, ufak ufak *bit density biliş.* bit yoğunluğu, ikil yoğunluğu *bit driver biliş.* bit sürücüsü, ikil sürücüsü *bit location biliş.* bit yeri, ikil yeri *bit organization biliş.* bit organizasyonu, ikil örgütlenmesi *bit parallel biliş.* bit düzeyinde koşut *bit pattern biliş.* bit paterni, ikil örüntüsü *bit position biliş.* bit konumu, ikil konumu *bit rate biliş.* bit oranı, ikil oranı *bit serial biliş.* bit düzeyinde seri, ikil dizi *bit stock* pafta kolu *bit stream biliş.* bit akıntısı, ikil akıntısı *bit string biliş.* bit dizgisi, ikil dizgisi *bit test biliş.* bit testi *bit time biliş.* bit zamanı, ikil süresi *bit track biliş.* bit izi, ikil izi *bits and pieces kon.* ıvır zıvır, ufak şeyler *bits per inch biliş.* inç başına bit miktarı *bits per second biliş.* saniyedeki bit miktarı *not a bit* hiç de değil, asla
bitch /biç/ *a.* dişi köpek, kancık; *hkr.* karı, kancık, orospu ¤ *e. kon.* dırdır etmek, kafa şişirmek *son of a bitch kab.* orospu çocuğu, alçak, puşt
bitchy /'biçi/ *s.* zor beğenir, müşkülpesent; her şeyde kusur bulan, gıcık, kıl
bite /bayt/ *e.* ısırmak; (böcek, yılan, vb.) sokmak; (balık) zokayı yutmak; hoşa gitmemek, rahatsız etmek, sıkmak; tutmak, kavramak ¤ *a.* ısırık, ısırma, sokma; ısırılarak kopartılan parça, ısırık, lokma; *kon.* yiyecek, lokma; keskinlik; acılık *bite off more than one can chew* başından büyük işe girişmek *bite sb's head off kon.* kabaca konuşmak, ters ters cevap vermek *bite the dust kon.* yere düşmek, yenilmek
biting /'bayting/ *s.* acı verici, acıtıcı, zalim
bitter /'bitı/ *s.* acı, keskin, sert; (soğuk,

rüzgâr, vb.) sert, şiddetli, iliklere işleyen; acı, kötü, üzücü ¤ *a. İİ.* acı bira *bitter almond oil* acıbademyağı *bitter beer* acı bira *to the bitter end* en sonuna kadar, ölesiye
bittern /'bitın/ *a.* balabankuşu
bitterness /'bitınis/ *a.* acılık, keskinlik; sertlik, şiddet
bittersweet /bitıswit/ *s.* hem acı hem tatlı olan ¤ *a.* yabanyasemini
bitty /'biti/ *s.* parçalı, kısım kısım, bölüm bölüm; *Aİ.* çok az
bitumen /'biçumın/ *a.* bitüm, yersakızı
bituminization /bi'çu:minayzeyşın/ *a.* bitümleme
bituminize /bi'çu:minayz/ *e.* bitümlemek; ziftlemek *bituminized paper* bitümlü kâğıt
bituminous /bi'çu:minıs/ *s.* bitümlü; ziftli *bituminous coal yerb.* bitümlü kömür *bituminous coating* bitümlü kaplama *bituminous concrete* bitümlü beton *bituminous emulsion* bitümlü emülsiyon *bituminous fabric* bitümlü muşamba *bituminous felt* bitümlü keçe *bituminous filler* bitümlü dolgu *bituminous grout* bitümlü harç *bituminous joint filler* bitümlü derz dolgusu *bituminous paint* bitümlü boya *bituminous pavement* bitümlü yol kaplaması *bituminous schist* bitümlü şist
biunique /bayyu'ni:k/ *s. mat.* birebir
biuniquely /bayyu'ni:kli/ *be.* birebir
biuniqueness /bayyu'ni:knis/ *a.* birebirlik
bivalent /bay'veylınt/ *s.* iki değerlikli, iki valanslı
bivalve /'bayvelv/ *a.* yumuşakçalardan çift kabuklu hayvan
bivouac /'bivuek/ *a. ask.* çadırsız asker kampı ¤ *e.* geceyi açık havada çadırsız geçirmek
biweekly /bay'wi:kli/ *s. be.* iki haftada bir, iki haftalık; haftada iki kere; haftada iki kere olan/çıkan
bizarre /bi'za:/ *s.* acayip, garip, tuhaf
blab /bleb/ *e. kon.* sır vermek, ispiyonlamak; boşboğazlık etmek
blabber /'blebı/ *e. hkr.* çok aptalca konuşmak, kafa ütülemek ¤ *a.* boşboğaz kimse
black /blek/ *s.* siyah, kara; (kahve) sütsüz, sade; siyahi, kara derili; çok

kirli; kötü, uğursuz; çok kızgın, sinirli; şeytani; (mizah) kara ¤ *a.* siyah renk; siyah giysi; zenci ¤ *e.* karartmak, siyaha boyamak; (göz) morartmak; kara listeye almak **black after white** *elek.* beyazdan sonra siyah **black and blue** çürük, morarmış **black and white** yazı; basılı şey; siyah beyaz resim **black-anneal** *met.* kara tavlamak **black aphid** siyah yaprakbiti **black art** büyü **black beetle** hamamböceği **black belt** *sp.* siyah kuşak **black birch** *orm.* kara huş, kara kayın **black body** *fiz.* kara cisim, siyah cisim **black book** kara liste kitabı **black box** *hav.* kara kutu **black coffee** sütsüz kahve **black diamond** *mad.* siyah elmas, karbonado, karaelmas **black earth** *yerb.* çernozyom, kara toprak **black eye** siyah göz; morarmış göz **black face** zenci rolüne girmiş beyaz adam; siyah baskı **black flag** siyah flama, korsan flaması **black frost** *metr.* kuru soğuk, kuru ayaz **black game** siyah keklik **black grouse** kayın tavuğu **black-hearted** kötü kalpli **black hole** hapishane koğuşu **black horehound** kara yerpırasası **black lead** grafit, kurşun tozu **black-leg of sugar beet** pancar kök yanıklığı **black letter** gotik harf **black level** *elek.* siyah düzeyi **black magic** kara büyü **black mark** kara leke **black market** karaborsa **black marketeer** karaborsacı **black mass** şeytana ibadet ayini **black medic** kelebek otu, karayonca **black monk** Benediktin papazı **black out** karartma yapmak, karartmak; bayılmak **black peak** *elek.* siyah tepe **black pepper** karabiber **black powder** *mad.* karabarut **black power** zencilerin politik ve ekonomik eşitlik inancı **black sheep** yüzkarası, kara koyun **black sheet iron** *met.* kara sac **black shirt** faşist **black spot** siyah nokta, kara nokta, karayollarında çok sık kaza olan yer, ölüm noktası **black spruce** *orm.* kara ladin **black strap molasses** son melas, kalan melas **black tea** siyah çay **black thorn** karadiken, karaçalı **black tie** siyah papyon kravat; smokin **black walnut** karaceviz **in black and white** kâğıt üzerinde, yazılı olarak

blackball /'blekbo:l/ *e.* aleyhinde oy kullanmak
blackberry /'blekbıri/ *a. bitk.* böğürtlen
blackbird /'blekbö:d/ *a. hayb.* karatavuk
blackboard /'blekbo:d/ *a.* karatahta, tahta
blackcock /'blekkok/ *a.* siyah erkek keklik
blackcurrant /'blekkarınt/ *a. bitk.* kuşüzümü
blackdamp /'blekdemp/ *a. mad.* kör nefes, kör soluk
blacken /'blekın/ *e.* karartmak; kararmak; karalamak, leke sürmek, kirletmek
blackguard /'blekga:d/ *a.* edepsiz kimse
blackhead /'blekhed/ *a.* deride oluşan siyah nokta
blacking /'bleking/ *a.* ayakkabı boyası
blackish /'blekiş/ *s.* siyahımsı
blackjack /'blekcek/ *a. isk.* yirmi bir oyunu; *Aİ.* cop
blackleg /'blekleg/ *a. İİ. hkr.* greve katılmayan kişi, grev kırıcı
blacklist /'bleklist/ *a.* kara liste ¤ *e.* kara listeye almak
blackmail /'blekmeyl/ *a.* şantaj ¤ *e.* şantaj yapmak
blackmailer /'blekmeylı/ *a.* şantajcı
blackness /'bleknis/ *a.* siyahlık
blackout /'blekaut/ *a.* karartma; bayılma, baygınlık
Blackshirt /'blekşö:t/ *a.* İtalyan Faşist Parti Üyesi, Karagömlekli
blacksmith /'bleksmit/ *a.* nalbant, demirci
blackthorn /'blekto:n/ *a.* karaçalı, karadiken
blacktop /'blektop/ *a.* asfalt (yol)
blacky /'bleki/ *a.* zenci
bladder /'bledı/ *a.* sidiktorbası, mesane; kese; iç lastik
blade /bleyd/ *a.* (bıçak, jilet, vb.) ağız, yalman, çalım; *hav.* pervane kanadı; kürek palası; buğday gibi otsu bitkilerin geniş yassı yaprakları **blade angle** *hav.* pale açısı **blade bone** kürekkemiği **blade face** *hav.* pale yüzeyi **blade width** *hav.* pale genişliği
blah /bla:/ *s.* alelade, sıradan
blain /bleyn/ *a.* çıban, şiş
blamable /'bleymıbl/ *s.* azarlanabilir

blame /bleym/ *e.* sorumlu tutmak, suçlamak ¤ *a.* suç; sorumluluk; kınama
blamed /bleymd/ *s.* kahrolası
blameful /'bleymful/ *s.* kabahatli, suçlu
blameless /'bleymlis/ *s.* suçsuz, kusursuz, kabahatsiz, masum
blamelessness /'bleymlisnıs/ *a.* suçsuzluk, masumluk
blameworthy /'bleymwö:di/ *s.* kusurlu, ayıp, ayıplanmaya layık
blanch /bla:nç/ *e.* beyazlatmak, ağartmak; (with/at ile) (yüzünün rengi) solmak
blancmange /blı'monj/ *s.* yumuşak başlı, terbiyeli ¤ *a.* pelte, paluze
bland /blend/ *s.* uysal, yumuşak başlı, ince, ağırbaşlı; (besin) fazla tatlı olmayan, hafif
blandish /'blendiş/ *e.* yağ çekmek
blandishment /'blendişmınt/ *a.* yağcılık
blank /blenk/ *s.* (kâğıt, kaset, vb.) boş; (çek) açık; anlamsız, boş ¤ *a.* boşluk, boş alan; üzerinde ilgili kişi tarafından doldurulmak üzere boşluklar bulunan kâğıt; işlenmemiş parça **blank cartridge** *ask.* kurusıkı fişek **blank character** *biliş.* boşluk karakteri **blank cheque** açık çek **blank endorsement** açık ciro **blank flange** kör flanş **blank groove** boş oluk **blank out** *biliş.* silmek, karartmak **blank test** kör deney **blank vat** *teks.* kör tüp **blank verse** serbest nazım, uyaksız şiir **draw a blank** *kon.* başarısız olmak
blankbook /'blenkbuk/ *a.* not defteri
blanket /'blenkit/ *a.* battaniye ¤ *e.* battaniye ile örtmek; örtbas etmek; içine almak, kapsamak ¤ *s.* geniş kapsamlı, bütün olasılıkları içeren **born on the wrong side of the blanket** evlilikdışı doğmuş çocuk, piç **blanket insurance** genel sigorta **blanket mortgage** genel ipotek **blanket policy** genel yangın sigortası poliçesi **blanket powers** genel yetki, tam yetki
blankly /'blenkli/ *be.* boş boş, ifadesiz bir şekilde
blankness /'blenknis/ *a.* boşluk, anlamsızlık
blanquette /blon'ket/ *a.* mantarlı yahni
blare /bleı/ *e.* bağırmak, ötmek, cırlamak ¤ *a.* cızırtı, zırıltı, rahatsız edici ses

blarney /'bla:ni/ *a. kon.* övme, yağ çekme, dil dökme, piyazlama ¤ *e.* yaltaklanmak, piyazlamak, tatlı dille kandırmak
blase /'bla:zey/ *s.* zevk ve eğlenceden bıkmış, kanıksamış; ilgisiz, bezigin
blaspheme /bles'fi:m/ *e.* tanrıya ve kutsal şeylere karşı saygısızca ve kötü konuşmak, küfretmek, sövmek
blasphemy /'blesfimi/ *a.* tanrıya ve kutsal şeylere sövme, küfür
blast /bla:st/ *a.* (rüzgâr, fırtına, vb.) ani patlama, esinti; patlama, infilak; nefesli çalgı sesi, zırıltı; şiddetli hava akımı; soğuktan/rüzgârdan yaprakların yanması ¤ *e.* (kaya, taş) havaya uçurmak; bombalamak, ateş açmak; lanetlemek, kargışlamak; öldürmek, mahvetmek, yok etmek **blast furnace** yüksek fırın **blast hole** *mad.* lağım deliği **blast powder** lağım barutu **blast off** (uzay aracı) havalanmak, fırlamak
blasted /'bla:stid/ *s.* lanet olası, kahrolası; yıldırım çarpmış; yok olmuş, ölmüş, yıkılmış
blaster /'bla:stı/ *a. mad.* barutçu, patlatman
blasting /bla:sting/ *a.* patlama ¤ *s.* patlayıcı **blasting agent** patlayıcı **blasting cartridge** patlatma kartuşu, lokum **blasting gelatine** patlayıcı jelatin **blasting timer** patlatma zamanlayıcısı
blast-off /'bla:st of/ *a.* (uzay aracı, roket, vb.) havalanma, fırlatılma
blatant /'bleytınt/ *s.* kaba, utanmaz, arsız, terbiyesiz, küstah
blatherskite /'bledıskeyt/ *a.* mangalda kül bırakmayan kimse
blaze /bleyz/ *a.* ateş, parlama, alev; parlak ışık; büyük/tehlikeli yangın; aniden öfkelenme, öfkeden parlama; *trm.* akıtma, sakar ¤ *e.* alev alev yanmak, tutuşmak; parlamak; (haber) yaymak **blaze a/the trail** baş çekmek; iz sürmek
blazer /'bleyzı/ *a.* spor ceket, blazer
blazing /'bleyzing/ *s.* cayır cayır yanan; *kon.* aşikâr, gün gibi ortada
bleach /bli:ç/ *e.* beyazlatmak, ağartmak, kasarlamak; beyazlamak, ağarmak ¤ *a.* beyazlatıcı madde, ağartma maddesi; çamaşır suyu

bleachery /'bli:çırı/ *a.* kasar dairesi, kasar atölyesi

bleaching /bli:çing/ *a.* ağartma, beyazlatma ¤ *a.* ağartıcı, beyazlatıcı *bleaching agent* ağartma maddesi, kasar maddesi, beyazlatma maddesi *bleaching bath* beyazlatma banyosu, açma banyosu, ağartma banyosu *bleaching boiler* kasarlama kazanı *bleaching J-box* teks. ağartma J-kutusu, ağartma çizmesi *bleaching lime* kireçkaymağı *bleaching powder* kireçkaymağı, ağartma tozu, kasarlama tozu *bleaching soda* kasar sodası *bleaching works* kasar dairesi, kasar atölyesi

bleak /bli:k/ *s.* soğuk, tatsız, nahoş

bleary /'bliıri/ *s.* (göz) kızarmış, sulanmış

bleat /bli:t/ *e.* melemek; *kon.* mırıldanmak, sızlanmak

bleb /bleb/ *a.* kabarcık

bleed /bli:d/ *e.* kanamak; (for ile) yüreği kan ağlamak, içi sızlamak, acımak; (parasını) yemek, yolmak, söğüşlemek; *kon.* âdet görmek, kanaması olmak; boşaltmak; sızdırmak, kaçırmak; akmak, sızmak; boyası akmak, boya kusmak *bleed sb white* soyup soğana çevirmek

bleeder /'bli:dı/ *a.* hemofili hastası; şantajcı; havalandırma deliği *bleeder pipe* boşaltma borusu, tahliye borusu *bleeder valve* akıtma vanası *bleeder well* boşaltma kuyusu

bleeding /'bli:ding/ *a.* kanama; havasını alma ¤ *s. arg.* kahrolası, lanet *bleeding heart* bitk. şebboy

bleep /bli:p/ *a.* sinyal, bip sesi, korna sesi ¤ *e.* sinyal vermek, sinyalle/kornayla çağırmak

blemish /'blemiş/ *e.* güzelliğini bozmak, lekelemek, çirkinleştirmek ¤ *a.* güzelliği bozan leke/kusur/bozukluk

blench /blenç/ *e.* (korkudan) irkilmek

blend /blend/ *e.* karıştırmak; (çay, tütün, içki, vb.) harmanlamak; birbirine uymak, gitmek; bütün hale gelmek ¤ *a.* karışım; harman

blende /blend/ *a. min.* blend

blended /'blendıd/ *s.* karışık *blended fabric* teks. karışık kumaş *blended feeds* trm. karışık yemler *blended yarn*

teks. karışık iplik, melanj iplik

blender /'blendı/ *a.* karıştırıcı, mikser, blender

bless /bles/ *e.* kutsamak, takdis etmek; hayırdua etmek

blessed /'blesid/ *s.* kutsal; mutlu, huzurlu

blessing /'blesing/ *a.* kutsama, takdis; lütuf, iyilik, kayra; şükran duası; onay, onaylama, cesaretlendirme

blight /blayt/ *a.* bitki hastalığı; kötü etki ¤ *e.* bozmak, kötü etkilemek

blimp /blimp/ *a.* keşif balonu

blind /blaynd/ *s.* kör; anlayışsız, kavrayışsız; dikkatsiz, düşüncesiz, denetimsiz; nedensiz, amaçsız; görünmez; (uçuş) kör; (yol) çıkmaz ¤ *e.* kör etmek, körleştirmek; kör etmek, görmez/anlamaz hale getirmek ¤ *a.* güneşlik, perde *be blind to* gözü hiçbir şey görmemek, görememek, takdir edememek *blind alley* çıkmaz sokak *blind approach beacon system* hav. kör yaklaşma bikın sistemi *blind arcade* sağır sıra kemerler *blind archway* körkemer *blind date* kon. (kız ve erkek) ilk buluşma/görüşme *blind drain* trm. kuru dren *blind drunk* kon. körkütük sarhoş *blind entry* hileli yevmiye maddesi *blind flange* kör flanş *blind floor* inş. kördöşeme *blind flying* hav. kör uçuş *blind hole* mak. kör delik *blind impulse* ani ve düşüncesiz içgüdü/davranış *blind landing* hav. kör iniş *blind leading the blind* kılavuzu karga olanın burnu boktan kurtulmaz *blind man's buff* körebe *blind shaft* mad. dahili kuyu, içkuyu *blind spot* hek. (gözdeki) kör nokta; sürücünün arka tarafındaki görülmesi zor kısım, kör nokta; bilinmeyen nokta, anlaşılmayan nokta, zayıf nokta *blind valley* coğ. kör vadi, kör koyak *none so blind* uyarılara kulaklarını tıkamış, başını kuma gömmüş *turn a blind eye (to)* -e göz yummak, görmezlikten gelmek

blindfold /'blayndfould/ *e.* (birinin gözlerini) bir şeyle bağlamak ¤ *a.* göz bağı

blindfolded /'blayndfouldid/ *s.* gözü bağlı

blindly /'blayndli/ *be.* kör gibi, körü körüne

blink /blink/ e. göz kırpmak, göz kırpıştırmak; (ışık) yanıp sönmek ¤ a. göz kırpma **blink microscope** opt. pırıldaklı mikroskop

blinker /'blinkı/ a. pırıldak **blinker plate** duman deflektörü

blinkers /'blinkız/ a. at gözlüğü

blip /blip/ a. bip sesi

bliss /blis/ a. çok büyük mutluluk

blissful /'blisful/ s. mutlu, mesut

blister /'blistı/ a. su toplamış kabarcık, kabartı ¤ e. su toplamak, kabarcıklanmak, kabarmak; (ayakkabı) vurmak; kabartmak, kabarmasına neden olmak; dayak atmak, döverek cezalandırmak **blistering language** acı söz, tekdir

blithe /blayd/ s. mutlu, neşeli, kaygısız

blithely /blaydli/ be. mutlu bir şekilde, neşeyle, kaygısızca

blitz /blits/ a. ani saldırı, ani hava saldırısı; arg. hummalı faaliyet, sıkı çalışma dönemi

blizzard /'blizıd/ a. kar fırtınası, tipi

bloat /blout/ e. tuzlamak ve tütsülemek; şişirmek, kabartmak

bloated /'bloutid/ s. davul gibi şişmiş; olması gerekenden büyük, normalden fazla, şişirilmiş

blob /blob/ a. küçük damla; küçük yuvarlak, küçük kütle

bloc /blok/ a. blok: bir amaç için birleşmiş siyasal parti/politikacı/ülke grubu

block /blok/ a. kütük/kaya/taş parçası, blok; bir bütün olarak düşünülen miktar; bas. klişe, kalıp; binalar dizisi, blok; blok, birlik; cellat kütüğü; arsa parçası; tıkayan şey, engel; tıkama, tıkanıklık; makara, palanga ¤ e. tıkamak, önünü kesmek, önlemek, engellemek, kapamak; kalıplamak **block and tackle** makara takımı, palanga takımı **block brake** pabuçlu fren, çeneli fren **block buster** kuvvetli patlayıcı madde **block cancel character** biliş. blok iptal karakteri, öbek unut karakteri **block caving** mad. blok göçertme metodu, kütle göçertme yöntemi **block chain** mak. makaralı zincir **block check character** biliş. blok çek karakteri, öbek sınama karakteri **block condenser**

elek. tıkama kondansatörü **block copy** biliş. blok kopyası, öbek kopyası **block diagram** blok diyagram, dikdörtgen çizge **block gap** biliş. blok aralığı, öbek aralığı **block gauge** aralık mastarı **block grant** program yardımı **block header** blok başlığı, öbek başlığı **block ignore character** biliş. blok ihmal karakteri, öbek unut karakteri **block insurance** blok sigorta **block length** biliş. blok uzunluğu, öbek uzunluğu **block letters** büyük matbaa harfleri **block mark** biliş. blok işareti, öbek işareti **block multiplex** biliş. blok çoklamalı, öbek çoklamalı **block of flats** apartman **block out** örtmek, kapamak **block pavement** blok kaplama **block policy** toplu poliçe **block polymerization** blok polimerizasyon **block position** biliş. blok konumu, öbek konumu **block printing** teks. el baskısı **block radiator** blok radyatör **block search** biliş. belirli bir karakter ya da sözcük aramak **block sort(ing)** biliş. blok sıralama, öbek sıralama **block-structured language** biliş. blok yapılı dil, öbek yapılı dil **block transaction** blok halinde satım **block transfer** biliş. blok aktarma, öbek aktarma

blockade /blo'keyd/ a. abluka

blockage /'blokic/ a. tıkanma, tıkanıklık, blokaj; tıkayıcı şey

blocked /blokt/ s. bloke; bloklanmış, öbeklenmiş **blocked account** bloke hesap, dondurulmuş mevduat **blocked cheque** bloke çek **blocked credit** bloke kredi **blocked currency** bloke para **blocked exchange** bloke yabancı para

blockhead /'blokhed/ s. kon. dangalak, mankafa, aptal

blockhouse /'blokhaus/ a. korugan

blocking /'bloking/ a. bloke etme, blokaj **blocking capacitor** elek. tıkama kondansatörü, kesme kondansatörü **blocking choke** elek. durdurma bobini **blocking factor** biliş. bloklama faktörü, öbekleme çarpanı **blocking oscillator** elek. blokaj osilatörü, tıkamalı osilatör

bloke /blouk/ a. İİ. kon. herif, adam

blond /blond/ a. s. (erkek) sarışın; (saç) sarı

blonde /blond/ a. s. (bayan) sarışın; (saç) sarı

blondin /'blondin/ a. mak. kablolu vinç

blood /blad/ a. kan; akrabalık, kan bağı, soy; mizaç, huy **blood bank** kan bankası **blood brother** kan kardeşi **blood feud** kan davası **blood group** kan grubu **blood poisoning** kan zehirlenmesi **blood pressure** kan basıncı, tansiyon **blood sausage** kan sucuğu **blood sport** kanlı spor, zevk için hayvan öldürme **blood sugar** kan şekeri **blood transfusion** kan nakli **blood type** kan grubu **blood vessel** kan damarı **fresh blood** taze kan, yeni eleman **His blood is on his own head** Vebali kendi boynuna **in cold blood** soğukkanlılıkla, acımasızca ve kasten **make sb's blood boil** tepesini attırmak, kudurtmak **make sb's blood run cold** tüylerini diken diken etmek, ödünü koparmak **new blood** taze kan, yeni eleman **run in the blood** mayasında olmak

bloodbath /'bladba:t/ a. kıyım, katliam, topluluğıyım

bloodcurdling /'bladkö:dling/ s. tüyler ürpertici, korkunç

bloodhound /'bladhaund/ a. kan tazısı

bloodless /'bladlis/ s. kansız; öldürücü olmayan, kansız; ruhsuz, cansız, ilgisiz; insanca duygulardan yoksun, kansız

bloodshed /'bladşed/ a. öldürme, kan dökme

bloodshot /'bladşot/ s. (gözü) kanlanmış

bloodstain /'bladsteyn/ a. kan lekesi

bloodstone /'bladstoun/ a. kantaşı

bloodstream /'bladstri:m/ a. kan dolaşımı

bloodsucker /'bladsakı/ a. hkr. kon. asalak, parazit, kan emici, sülük

bloodthirsty /'bladtö:sti/ s. kana susamış

bloodwood /'bladwud/ a. bakam, bakkam (ağacı)

bloody /'bladi/ s. kanla kaplı, kanlanmış, kanlı; kanlı, kan dökülen ¤ s. be. İİ. arg. kahrolası, lanet olası, lanet, Allahın cezası; müthiş, acayip, fazlasıyla, süper, o biçim **bloody well** kesinlikle, pekâlâ, gayet iyi

—bloody-minded /bladi'mayndid/ s. İİ. arg. dik kafalı, gıcık, uyuz, kıl

bloom /blu:m/ a. çiçek; en güzel çağ/dönem; ham demir; demir kütüğü ¤ e. çiçek açmak, çiçeklenmek; çiçek vermek; (ürün) zenginleşmek; verimleşmek; sağlıklı ve güzel görünmek, sağlıklı bir renge kavuşmak; gelişmek

bloomer /'blu:mı/ a. İİ. arg. büyük yanılgı/hata, gaf

blooming /'blu:ming/ s. çok **blooming mill** met. haddehane

blossom /'blosım/ a. çiçek, ağaç çiçeği ¤ e. çiçek açmak, çiçeklenmek; gelişmek, oluşmak, çiçeklenmek; (kız) büyümek; gelişmek, yetişmek, olgunlaşmak; canlanmak, neşelenmek, açılmak

blot /blot/ a. leke, mürekkep lekesi; ayıp davranış, kusur, leke, kara ¤ e. lekelemek, kirletmek; kurutma kâğıdıyla temizlemek; (out ile) gizlemek, kapatmak **blot one's copybook** kon. adını lekelemek, sicilini kirletmek **blotting paper** kurutma kâğıdı

blotch /bloç/ a. deride oluşan leke ya da kırmızı nokta; mürekkep lekesi; boya lekesi **blotch print** teks. geniş yüzey baskısı

blotter /'blotı/ a. bir parça kurutma kâğıdı; Aİ. kayıt defteri, not defteri

blouse /blauz/ a. bluz

blow /blou/ e. (rüzgâr) esmek; üflemek; (rüzgâr, hava akımı) uçurmak, sürüklemek; üfleyerek/hava vererek biçimlendirmek; üflemek, üfleyerek çalmak, öttürmek; çabuk çabuk solumak; (sigorta, vb.) atmak, yanmak (sigorta, vb.) attırmak, yakmak; kon. çarçur etmek; lanetlemek, kargışlamak ¤ a. esinti, rüzgâr; üfleme; darbe; vuruş; çalım, böbürlenme **blow down** devirmek, yere yatırmak; istim boşaltmak **blow hot and cold (about)** kon. bir iyi davranmak bir kötü davranmak, oyun oynamak **blow hot and cold** daldan dala konmak **blow in** arg. çıkıp gelmek, damlamak; (petrol kuyusu) üretime başlamak **blow one's brains out** kurşun sıkıp beynini patlatmak **blow one's own trumpet/horn** kon. kendisini övmek **blow one's top/stack** kon. tepesi atmak **blow out** sönmek; üfleyerek söndürmek; (lastik) patlamak; havaya uçmak; havaya uçurmak *blow over* unutulmak *blow sb up* azarlamak, paylamak *blow sb's cover* kimliğini ortaya çıkarmak *blow sth up* önemini abartmak; (fotoğraf, vb.) büyütmek *blow up* parlamak, birden kızmak; patlak vermek; şişirmek; patlatmak, havaya uçurmak; patlamak, havaya uçmak *blown oil* havalandırılmış yağ *come to blows* yumruk yumruğa gelmek

blow-by-blow /bloubay'blou/ *s.* en ince ayrıntısına kadar, ayrıntılarıyla

blowdry /'bloudray/ *a.* saç kurutma makinesi ile kurutma ¤ *e.* saç kurutma makinesi ile kurutmak

blower /'blouı/ *a.* körük, vantilatör

blowfly /'blouflay/ *a.* göksinek, et sineği

blowhole /'blouhoul/ *a.* hava deliği

blowing-up /'blouing-ap/ *a.* patlama

blowlamp /'bloulemp/ *a.* pürmüs lambası

blowout /'blouaut/ *a. arg.* cümbüş, âlem; *oto.* lastik patlaması; patlak, lastikteki patlak, delik; patlama *blowout coil elek.* üfleme bobini, ark söndürme bobini *blowout magnet elek.* söndürme mıknatısı

blowpipe /'bloupayp/ *a.* (zehirli ok/taş vb. atmakta kullanılan) boru, üfleç; *tek.* hamlaç, üfleç, şalümo

blowtorch /'blouto:ç/ *a.* pürmüs lambası

blow-up /'blou-ap/ *a.* patlama, infilak; agrandisman, büyültme

blowy /'bloui/ *s.* rüzgârlı

blubber /'blabı/ *a.* balina türü balıkların yağı; ağlama, zırlama, zırıltı ¤ *e.* hüngür hüngür ağlamak, zırlamak

blue /blu:/ *s.* mavi; *kon.* üzgün, hüzünlü, kederli, umutsuz ¤ *a.* mavi (renk) ¤ *e.* çivitlemek *blue anneal met.* mavi tavlamak *blue blood* doğuştan soyluluk *blue brittleness met.* mavi gevreklik *blue chip* değerli şirket hissesi *blue chip securities* değerli menkul kıymetler *blue chip stocks* değerli pay senetleri *blue-eyed boy* gözbebeği (erkek) *blue film* seks filmi *blue jacket* denizci, bahriyeli *blue mould* mavi yiyecek küfü *blue peter den.* hareket flaması *blue ribbon program biliş.* mavi şeritli program *blue sky law* yatırımcıları değersiz menkul kıymet

alımında koruyan yasa *blue stain orm.* mavi kereste lekesi, maviçürük *blue vitriol* göztaşı, bakır sülfat *bolt from the blue kon.* beklenmedik/nahoş şey, şok *once in a blue moon kon.* kırk yılda bir *out of the blue* damdan düşme, damdan düşer gibi

bluebeard /'blu:bııd/ *a.* mavisakal

bluebell /'blu:bel/ *a. bitk.* çançiçeği

blueberry /'blu:bıri/ *a.* dağ mersini

bluebottle /'blu:botl/ *a.* iri mavimsi sinek

blue-collar /blu:'kolı/ *s.* ağır işçi sınıfına ilişkin *blue-collar worker* işçi, bedensel iş gören işçi

blueing /blu:ing/ *a.* çivitleme *blueing bath teks.* çivitleme banyosu *blueing salt met.* mavileme tuzu

blue-pencil /blu:'pensıl/ *e. kon.* sansürden geçirmek, makaslamak

blueprint /'blu:print/ *a.* mavi kopya, ozalit; ayrıntılı tasarı, plan *blueprint apparatus* ozalit makinesi

blues /'blu:z/ *a.* hüzünlü müzik, blues; hüzün, keder, efkâr *get the blues* morali bozulmak

bluff /blaf/ *s.* kaba saba, basit ¤ *e.* blöf yapmak; (into ile) blöf yaparak kandırmak/ikna etmek ¤ *a.* blöf, kurusıkı; uçurum

blunder /'blandı/ *a.* büyük hata, yanlış, gaf, falso ¤ *e.* aptalca hata yapmak, gaf yapmak, pot kırmak, çam devirmek; yalpalayarak/sendeleyerek kör gibi yürümek

blunderbuss /'blandıbas/ *a.* karabina

blunger /'blancı/ *a.* karma makinesi

blunt /blant/ *s.* keskin olmayan, kör; körelmiş; kaba; dobra dobra, açık ¤ *e.* köreltmek, körleştirmek *blunt drill mad.* kör burgu

blur /blö:/ *a.* net görülmeyen şey, hayal meyal, karaltı; leke; bulanıklık ¤ *e.* net görülmesini zorlaştırmak, bulandırmak; bulanmak

blurb /blö:b/ *a.* kitap tanıtım yazısı

blurred /bö:d/ *s. fot.* flu, bulanık

blurt /blö:t/ *e.* (out ile) ağzından kaçırmak

blush /blaş/ *e.* utanmak, kızarmak, utançtan kızarmak ¤ *a.* utanma, utanıp kızarma *at first blush* ilk bakışta *blush to the roots of one's hair* kulaklarına kadar kızarmak

bluster /'blʌstı/ *e.* kabadayılık taslamak, bağıra çağıra konuşmak, atıp tutmak; (rüzgâr) sert esmek ¤ *a.* kabadayılık, yıldırıcı konuşma; sert esinti; rüzgâr/dalga sesi

blustery /'blʌstıri/ *s.* (hava) rüzgârlı

boa /'bouı/ *a. hayb.* boa yılanı

boar /bo:/ *a. hayb.* (damızlık) erkek domuz; yabandomuzu

board /bo:d/ *a.* tahta, kalas, kereste; (satranç, dama, vb.) oyun tahtası; ekmek tahtası; ilan tahtası, not tahtası, pano; yemek; yönetim kurulu; karatahta; sofra, yemek; mukavva, karton ¤ *e.* tahta döşemek, tahtayla kaplamak; (taşıta) binmek; yolcu almak; pansiyoner olarak almak/kalmak; borda etmek **above board** açık ve dürüst **be on the board** yönetim kurulunda olmak **board and lodging** pansiyon, yiyecek ve yatacak, iaşe ve ibate **board foot** kereste ölçü birimi **board measure** kereste ölçüsü **board meeting** yönetim kurulu toplantısı **board minutes** yönetim kurulu tutanağı **board of administration** idare heyeti **board of creditors** alacaklılar heyeti **board of customs and excise** gümrük ve dolaylı vergiler idaresi **board of directors** yönetim kurulu, idare meclisi **board of managers** idare heyeti, yönetim kurulu **board room** yönetim kurulu odası **go by the board** başarısızlıkla sonuçlanmak, yatmak, batmak, boşa gitmek **sweep the board** ne var ne yoksa kazanmak **take on board** kabul etmek

boarder /'bo:dı/ *a.* pansiyoner; yatılı öğrenci

boarding /'bo:ding/ *a.* tahta kaplama, tahta parmaklık; yiyecek, içecek **boarding card** biniş kartı **boarding lounge** *hav.* biniş bekleme salonu **boarding machine** *teks.* kalıp makinesi **boarding point** *hav.* kalkış noktası **boarding school** yatılı okul

boardinghouse /'bo:dinghaus/ *a.* pansiyon

boards /bo:dz/ *a.* kitabın kapakları; sahne

boardwalk /'bo:dwo:k/ *a.* tahta kaldırım

boast /boust/ *a.* övünme, böbürlenme; övünç kaynağı ¤ *e.* böbürlenerek konuşmak/söylemek, böbürlenmek, övünmek; -e sahip olacak kadar şanslı olmak

boastful /'boustfıl/ *s. hkr.* övüngen, kendini beğenmiş

boat /bout/ *a.* sandal, kayık; tekne; gemi; kayık tabak ¤ *e.* sandalla gezmek, kayıkla gezmek **boat chock** *den.* kalastra **boat house** kayıkhane **boat load** gemi yükünün ağırlığı **boat shed** kayıkhane **in the same boat** aynı durumda, aynı topun ağzında **rock the boat** *kon.* farklı görüşlerle durumu bir grup insan için zorlaştırmak

boater /'boutı/ *a.* hasır şapka, kanotiye

boatman /'boutmın/ *a.* kayıkçı

boatswain /'bousın/ *a. den.* porsun, lostromo **boatswain's pipe** *den.* kumanda düdüğü, fisket

bob /bob/ *e.* aşağı yukarı hareket etmek, inip çıkmak, sallanmak; aşağı yukarı hareket ettirmek, sallamak ¤ *a.* reverans; *kon.* şilin

bobbin /'bobin/ *a.* bobin, makara

bobby /'bobi/ *a. İİ. kon.* polis

bobsleigh /'bobsley/ *a.* kar kızağı

bod /bod/ *a. İİ. kon.* adam, herif

bode /boud/ *e.* işaret etmek, belirtisi olmak

bodice /'bodis/ *a.* korsa

bodily /'bodili/ *s.* bedensel ¤ *be.* bütün olarak, bütün halinde, hep birlikte, tümüyle

bodkin /'bodkin/ *a. teks.* şerit tığı

body /'bodi/ *a.* beden, vücut; gövde; ceset; kitle; heyet, kurul; nesne, madde; *oto.* karoser, gövde **body corporate** hükmi şahıs **body of the ship** gemi teknesi **body sheet** *oto.* karoser sacı **keep body and soul together** kıt kanaat geçinmek

bodybuilding /'bodibilding/ *a.* vücut geliştirme

body-centred /bodi-sentıd/ *s.* gövde merkezli **body-centred cube** hacim merkezli küp **body-centred lattice** gövde merkezli kafes **body-centred structure** gövde merkezli yapı

bodyguard /'bodiga:d/ *a.* koruyucu, muhafız, fedai

bodywork /'bodiwö:k/ *a.* (taşıt) karoser

boffin /'bɒfin/ *a. İİ. kon.* bilim adamı
bog /bɒg/ *a.* bataklık; *İİ. arg.* hela, kenef
¤ *e.* bataklığa gömülmek **bog down** batağa batmak, çamura gömülmek; çıkmaza girmek **bog (iron) ore** *mad.* topraksı limonit
bogey /'bougi/ *a.* öcü; düşsel korku; sümük
boggle /'bɒgıl/ *e.* ürkütmek, şaşırtmak, korkutmak; kuşku/korku vb. yüzünden duraksamak
boggy /'bɒgi/ *s.* batak, çamurlu
bogie /'bɒgi/ *a. demy.* boji **bogie engine** *mak.* bojili lokomotif **bogie frame** *mak.* boji şasisi **bogie truck** *mak.* boji
bogtrotter /'bɒgtrɒtı/ *a.* bataklık arazide oturan kimse
bogus /'bougıs/ *s. hkr.* yapmacık, sahte, düzme **bogus check** hayali çek, sahte çek
bohemian /bou'hi:miın/ *a. s.* bohem
boil /bɒyl/ *e.* kaynatmak, haşlamak, pişirmek; kaynamak, haşlanmak, pişmek ¤ *a.* kaynama, kaynatma; kaynama noktası; çıban **boil away** kaynayıp gitmek; yok olmak, uçup gitmek **boil down** kaynayarak suyunu çekmek, özü kalana kadar kaynamak; kısaltmak, özetlemek **boil down to** *kon.* anlamına gelmek, olmak **boil off** kaynatarak gidermek; (ipeğin) zamkını gidermek **boil over** kaynayıp taşmak; galeyana gelmek, dolmuşa gelmek, öfkesini tutamamak **boil sth down to sth** kısaltmak, özetlemek **boil up** tehlikeli bir boyuta ulaşmak, kızışmak **boiled salt** rafine tuz **bring to a boil** kaynatmak **come to the boil** kaynamaya başlamak **go off the boil** kaynaması durmak
boilable /'bɒylıbıl/ *s.* kaynatılabilir
boiler /'bɒylı/ *a.* kazan **boiler capacity** kazan kapasitesi **boiler cleansing compound** kazantaşı çözücüsü **boiler coal** kazan kömürü **boiler composition** kazantaşından koruma maddesi **boiler covering** kazan kaplaması **boiler feeder** kazan besleme pompası **boiler feeding** kazan besleme **boiler feeding pump** kazan besleme pompası **boiler feeding water** kazan besleme suyu **boiler fittings** kazan

armatürleri **boiler furnace** kazan ocağı **boiler house** kazan dairesi **boiler loading** kazan yüklenmesi **boiler nipple** kazan nipeli **boiler pressure** kazan basıncı **boiler room** kazan dairesi **boiler scale** kazantaşı **boiler section** kazan dilimi **boiler sludge/slurry** kazan çamuru **boiler suit** işçi tulumu **boiler tube** kazan borusu
boiling /'bɒyling/ *a.* kaynama, kaynatma ¤ *s.* kaynayan **boiling fastness** *teks.* kaynatma haslığı **boiling hot** *kon.* çok sıcak, cehennem gibi **boiling house** *şek.* pişirme istasyonu **boiling off** zamkını giderme **boiling-off agent** zamk giderme maddesi **boiling-off bath** zamk giderme banyosu **boiling-off loss** kaynatma kaybı, pişirme kaybı **boiling plant** kaynatma tesisi **boiling point** kaynama noktası; herhangi bir duygunun doruk anı, patlama noktası **boiling temperature** kaynama sıcaklığı, kaynama ısısı **boiling tub** kaynatma kazanı, pişirme kazanı **boiling water reactor** *fiz.* kaynar su reaktörü
boisterous /'bɒystırıs/ *s.* kabaca, gürültülü, şen şakrak; (hava) kötü, sert
bold /bould/ *s.* cesur, yürekli, gözü pek, atılgan; *hkr.* küstah, kaba, arsız, densiz; (görünüş) keskin hatlı **bold as brass** suratı kasap süngeriyle silinmiş
boldface /'bouldfeys/ *a. bas.* siyah harf
bole /boul/ *a.* ağaç gövdesi
bolero /bı'leırou/ *a.* bolero (dansı/müziği); /'bɒlırou/ bolero, önü açık kısa kadın ceketi
bolide /'boulayd/ *a. gökb.* ateştopu, bolit
boll /boul/ *a.* tohum kabuğu, tohum zarfı **boll weevil** pamuk kurdu
bollard /'bɒlıd/ *a.* iskele babası; kısa kalın direk
bollocking /'bɒlıking/ *a. İİ. arg.* azar, zılgıt, giydirme
bollocks /'bɒlıks/ *a. ünl. İİ. kab. arg.* taşaklar; saçma, zırva
bolometer /bou'lɒmıtı/ *a.* bolometre, ışınımölçer
bolometric /boulı'metrik/ *s.* bolometrik
boloney /bı'louni/ *a. arg.* zırva, palavra, boş laf, hikâye
bolshy /'bɒlşi/ *s. İİ. kon. hkr.* kurulu

toplum düzenine karşı; yardımı esirgeyen

bolster /ˈboulstı/ *a.* uzun yuvarlak yastık, destek ¤ *e.* (up ile) desteklemek, cesaretlendirmek

bolt /boult/ *a.* cıvata, bulon; sürme, sürgü; kilit dili; tüfek mekanizması; yıldırım; (kumaş, vb.) top; kaçış, kaçma ¤ *e.* (at) korkudan aniden kaçmak, irkilmek; *kon.* acele etmek, çabuk hareket etmek; (yemek) çiğnemeden yutmak, abur cubur yemek; iki parçayı cıvatayla tutturmak, bağlamak (kapı) sürgülemek, kilitlemek; kilitlenmek; un elemek; *trm.* tohuma kalkmak ¤ *be.* dimdik ve kıpırdamadan *bolt cutter* cıvata keskisi *bolt head* cıvata başı *bolt washer* cıvata rondelası *bolting resistant* tohuma kalkmayan *bolting silk teks.* ipek gaze bezi *like a bolt out of/from the blue* tepeden inme

bolter /ˈboultı/ *a. trm.* tohuma kalkmış pancar

boltrope /ˈboultroup/ *a. den.* gıradin, gıradin halatı

bomb /bom/ *a.* bomba; (the ile) atom bombası ¤ *e.* bombalamak *be making a bomb* büyük kâr sağlamak *bomb bay hav.* bomba salanı *bomb calorimeter* patlamalı kalorimetre *bomb rack ask.* bomba salanı, bomba askısı *like a bomb kon.* bomba gibi, çok iyi

bombard /bomˈbaːd/ *e.* bombalamak, bombardıman etmek; (soru, vb.) yağmuruna tutmak

bombardment /bomˈbaːdmınt/ *a.* bombardıman *bombardment airplane hav.* bombardıman uçağı

bombast /ˈbombest/ *a. hkr.* tumturaklı söz

bombazine /bombıziːn/ *a. teks.* bombazen

bomber /ˈbomı/ *a.* bombardıman uçağı *bomber aircraft* bombardıman uçağı

bombing /ˈbombing/ *a. ask.* bombardıman, bombalama *bombing airplane hav.* bombardıman uçağı

bomb-proof /bomˈpruːf/ *s.* bombaya dayanıklı, bomba geçmez

bombshell /ˈbomşel/ *a.* bomba mermisi; *kon.* kötü sürpriz

bombsight /ˈbomsayt/ *a. ask.* bombalama vizörü

bombsite /ˈbomsayt/ *a.* bombalanan yer

bona fide /bounıˈfaydi/ *s. be.* gerçek, gerçekten *bona fide current transaction* gerçek cari işlem

bonanza /bıˈnenzı/ *a.* çok kârlı iş/şey; zengin maden damarı

bond /bond/ *a.* bono, senet; tahvil; kefalet; muhabbet, hoşlanma, karşılıklı sevgi, bağ; birbirine yapışma ¤ *e.* yapıştırmak, birleştirmek; yapışmak, birleşmek; (duvar) örmek; malı gümrük antreposuna koymak *bond angle kim.* bağ açısı *bond certificate* muvakkat tahvil *bond corporate* şirket tahvilatı *bond creditor* tahvil teminatlı alacaklı *bond debt* tahvil borcu *bond discount* tahvil ıskontosu *bond distance kim.* bağ mesafesi, bağ uzunluğu *bond dividend* tahville ödenen kâr payı *bond energy fiz.* bağ enerjisi, bağ erkesi *bond equivalent yield* tahvil eşit verim *bond fund* tahvil fonu *bond holder* tahvilat hamili *bond indenture* tahvil sözleşmesi *bond issue* tahvil çıkarma, tahvil ihracı *bond length* bağ mesafesi, bağ uzunluğu *bond market* tahvil piyasası *bond order* bağ sırası *bond paper* kaliteli kâğıt *bond payable account* ödenecek tahvilat hesabı *bond premium* tahvil primi *bond rating* tahvil sıralaması *bond register* tahvil defteri *bond stone inş.* bağ taşı *bond strength* bağ şiddeti, bağ yeğinliği *bond to bearer* hamiline muharrer tahvil *bond valuation* tahvil değerlemesi, tahvilat kıymetinin hesaplanması *bond yield* tahvil faizi ve verim oranı

bondage /ˈbondic/ *a.* kölelik

bonded /ˈbondid/ *s.* antrepolanmış *bonded debt* rehinli tahvil *bonded docks* gümrük ambarı *bonded fabric teks.* dokusuz kumaş *bonded goods* gümrüklenmemiş mallar, antrepolanmış mallar *bonded imports* antrepolanmış ithal malları *bonded note* antrepo kaydı *bonded pile carpet teks.* yapıştırma havlı halı *bonded port* gümrüksüz mal antrepolanan liman *bonded warehouse* gümrük antreposu *bonded zone* gümrüksüz mal antrepolanan bölge

bonder /ˈboundı/ *a. inş.* bağlantı taşı,

örgü taşı
bonderize /'boundırayz/ e. bonderlemek
bondholder /'bondhouldı/ a. tahvil sahibi
bonding /'bonding/ a. birbirine bağlanma
bonding strength bağlama kuvveti
bondsman /'bondzmın/ a. kefil
bone-dry /boun'dray/ s. kon. kupkuru
bone-idle /boun'aydl/ s. hkr. tembel, uyuşuk
bone /boun/ a. kemik; kılçık ¤ e. kemiklerini ayıklamak **bone china** ince porselen **bone idle** sultani tembel **bone of contention** tartışma nedeni **bone oil** kemik yağı **cut to the bone** iyice kısmak/azaltmak **feel in one's bones** emin olmak, inanmak, içine doğmak **have a bone to pick with** ile görülecek bir hesabı olmak, ile paylaşacak kozu olmak **skin and bone** bir deri bir kemik **work one's fingers to the bone** işten baş kaldıramamak
boneblack /'bounblek/ a. kemik kömürü
bonesetter /'bounsetı/ a. çıkıkçı
bonfire /'bonfayı/ a. şenlik ateşi
bongo /'bongou/ a. müz. bongo
bonhomie /'bonımi/ a. iyi huyluluk, cana yakınlık
bonk /bonk/ a. arg. sikiş ¤ e. arg. sikişmek
bonkers /'bonkız/ s. arg. İİ. kaçık, kontak, üşütük
bonnet /'bonit/ a. başlık, bone; Aİ. kaput, kaporta, motor kapağı **bonnet lock** oto. kaporta kilidi
bonny /'boni/ s. sağlıklı, gürbüz, güzel; yeterli, iyi
bonus /'bounıs/ a. ikramiye; prim; kâr payı; zam **bonus account** tasarruf hesabı **bonus request** temettü ihtiyatı **bonus series** iştirak serisi **bonus share** kâr dağıtımı **bonus stock** müesseselere verilen hisse senedi
bony /'bouni/ s. kemikli, kılçıklı; sıska, zayıf
boo /bu:/ a. ünl. yuh ¤ e. yuhalamak
boob /bu:b/ a. kon. gaf, aptalca hata; Aİ. enayi, budala ¤ e. kon. aptalca hata yapmak, gaf yapmak; çuvallamak
boobs /bu:bz/ a. arg. memeler
booby /'bu:bi/ a. kon. salak, aptal, enayi **booby prize** en kötü yarışmacıya verilen ödül **booby trap** bubi tuzağı;

şaka, sürpriz
book /buk/ a. kitap; defter; deste, paket; kayıt; kon. telefon rehberi ¤ e. (yer) ayırtmak; deftere geçirmek, kaydetmek; (in ile) varışını/geldiğini bildirmek; (up ile) ayırmak, tutmak, rezerve etmek **be in sb's bad/black books** gözünden düşmek **book credit** açık kredi **book debts** defterlerin arz ettiği alacaklar **book entries** defter kayıtları **book inventory** muhasebe içi envanter **book of account** muhasebe defteri **book of authorized signature** imza sirküleri **book of final entry** son giriş kayıtları defteri **book of original entry** ilk giriş kayıtları defteri **book profit** defterlerin arz ettiği kâr, muhasebe kârı **book surplus** defter fazlalığı **book value** defter değeri, muhasebe değeri **by the book** kitabına uyarak, kurallara göre **in sb's good books** kon. birinin gözünde değerli **play it by the book** atını/eşeğini sağlam kazığa bağlamak **put sb in one's black books** kara listeye almak **suit/fit one's book** işine gelmek **take a leaf out of sb's book** -den örnek almak; gibi davranmak
bookable /'bukıbıl/ s. (yer, vb.) ayırtılabilir
bookbinder /'bukbayndı/ a. ciltçi, mücellit
bookbindery /'bukbayndıri/ a. ciltçilik; ciltevi
bookbinding /'bukbaynding/ a. ciltçilik; ciltevi
bookcase /'bukkeys/ a. kitaplık
bookend /'bukend/ a. kitap dayağı, kitap desteği
bookie /'buki/ a. kon. bkz. bookmaker
booking /'buking/ a. rezervasyon, yer ayırtma; (ucltere) kaydetme **booking clerk** İİ. gişe memuru **booking notice** kayıt notu, deftere geçirme notu **booking office** İİ. gişe, bilet gişesi **booking records** muhasebe kayıtları **make a booking** önceden yer ayırtmak, rezervasyon yaptırmak
bookish /'bukiş/ s. kitabi
bookkeeper /'bukki:pı/ a. sayman, muhasebeci, muhasip
bookkeeping /'bukki:ping/ a. saymanlık, muhasebecilik, muhasebe, defter tutma **bookkeeping by double entry** ikili

usulde defter tutma **bookkeeping by single entry** basit usulde defter tutma **bookkeeping cycle** muhasebe devri **bookkeeping department** muhasebe bölümü **bookkeeping entry** muhasebe kaydı **bookkeeping system** muhasebe sistemi

booklet /'buklit/ a. kitapçık, broşür

bookmaker /'bukmeykı/ a. (at yarışı vb. de) bahis paralarını toplayan kimse, bahisçi

bookmark /'bukma:k/ a. kitapta kalınan sayfayı belirtmek için sayfa arasına konan herhangi bir şey

bookmobile /'bukmoubi:l/ a. gezici kütüphane aracı

bookseller /'bukselı/ a. kitapçı

bookshelf /'bukşelf/ a. kitap rafı

bookshop /'bukşop/ a. kitabevi, kitapçı dükkânı

bookstall /'buksto:l/ a. kitap/dergi vb. satan küçük büfe

bookstore /'buksto:/ a. Aİ. kitabevi

bookworm /'bukwö:m/ a. kitap hastası, kitap kurdu

Boolean /'bu:lıın/ s. Boole **Boolean algebra** mat. Boole cebiri **Boolean function** mat. Boole fonksiyonu **Boolean lattice** mat. Boole kafesi, Boole örgüsü **Boolean operation** Boole işlemi **Boolean operator** biliş. Boole işleci **Boolean ring** mat. Boole halkası **Boolean value** biliş. Boole değeri

boom /bu:m/ a. gümbürtü, uğultu; akarsuların iki yakasına gerilen ve geçişi önleyen kalın zincir; hızlı büyüme, artış, yükseliş; (mikrofon, vinç) kol, bum; den. bumba, seren; ekonomik canlılık, piyasadaki canlılık ¤ e. gümbürdemek, uğuldamak; (önem, değer, vb.) hızlı biçimde artmak, çoğalmak, gelişmek, canlanmak; yükselmek, fırlamak **boom town** hızla kalkınan kent, mantar kent

boomerang /'bu:mıreng/ a. bumerang

boon /'bu:n/ a. iyilik, nimet, rahatlık; ihsan, bağış **boon companion** samimi arkadaş, yakın arkadaş

boor /buı, bo:/ a. hkr. kaba/yontulmamış kimse, ayı

boost /bu:st/ e. itmek, alttan yukarıya ittirmek; artırmak, yükseltmek; kon. canlandırmak; voltajı yükseltmek; desteklemek ¤ a. alttan ittirme; artış, yükselme; teşvik, yardım, destek, cesaretlendirme **boost charge** hızlı şarj, yüksek şarj **boost transformer** elek. düzenleyici transformatör

booster /'bu:stı/ a. itici; kon. destekçi, hayran, destekleyen; tek. güçlendirici, buster, sürvaltör; bir ilacın etkinliğini arttıran madde; itme; destek; artış **booster amplifier** elek. yardımcı amplifikatör **booster battery** elek. yardımcı akü, güçlendirici batarya **booster coil** ilk hareket bobini **booster diode** elek. gerilim yükseltme diyodu, verim diyodu **booster fan** yardımcı vantilatör **booster light** doldurma ışığı, destek ışığı, doldurma ışık **booster pump** yardımcı pompa

boot /bu:t/ a. çizme, bot, potin; oto. İl. bagaj; kon. tekme; kon. sepetleme, işten atma ¤ e. kon. tekmelemek; sepetlemek, kovmak; bilgisayara işletim sistemi/programı yüklemek **boot out** kapı dışarı etmek **get the boot** pabucu eline verilmek, kovulmak **give sb the boot** pabucunu eline vermek **grow/get too big for one's boots/britches** yumurtadan çıkıp kabuğunu beğenmemek **have one's heart in one's boots** ödü kopmak **lick sb's boots** kon. hkr. çanak yalamak, yalakalık yapmak, yağ çekmek **put the boot in** tekmeyi patlatmak **The boot is on the other foot** kon. Eski çamlar bardak oldu **to boot** üstüne üstlük **too big for one's boots** kon. burnu havada, kendini beğenmiş, kendini bir şey sanan

bootee /'bu:ti:/ a. bebek patiği; kadın botu

booth /bu:d/ a. satış pavyonu; kulübe, baraka; çardak; gişe

bootlace /'bu:tleys/ a. ayakkabı bağı

bootleg /'bu:tleg/ s. (içki) yasadışı, kaçak ¤ e. yasadışı içki yapmak/satmak/bulundurmak

bootstrap /'bu:tstrep/ a. biliş. kendini yükleme, özyükleme **bootstrap loader** biliş. ilk yükleyici, özyükleyici

booty /'bu:ti/ a. ganimet, yağma; çalınmış eşya

booze /bu:z/ a. kon. içki ¤ e. kon. kafayı

çekmek
booze-up /'bu:zap/ *a.* içki âlemi
boozer /'bu:zı/ *a. kon.* içkici, ayyaş; *İİ.* meyhane
boracic /bı'resik/ *s.* borik, boraksli, borasik *boracic acid kim.* borik asit
borane /'bo:reyn/ *a.* boran
borate /'bo:reyt/ *a.* borat
borax /'bo:reks/ *a.* boraks *borax bead kim.* boraks incisi
borazon /'bo:rızon/ *a.* borazon
border /'bo:dı/ *a.* kenar; sınır; *biliş.* kenarlık ¤ *e.* sınırlandırmak, sınır koymak, sınır olmak; ile ortak sınıra sahip olmak, sınırdaş olmak *border beam* kenar kirişi *border line* sınır hattı *border trade* sınır ticareti
bordereau /bo:dı'rou/ *a.* bordro
borderline /'bo:dılayn/ *a.* sınır çizgisi, sınır ¤ *s.* belirsiz, ortada
bore /bo:/ *e.* delmek, oymak; sondaj yapmak ¤ *a.* delik, oyuk; sondaj (çukuru); kalibre, çap, iç çap, kutur; *hkr.* can sıkıcı kimse, karın ağrısı, baş belası ¤ *a.* büyük gel dalgası, met dalgası ¤ *e.* (canını) sıkmak *be bored stiff* can sıkıntısından patlamak *bore the pants off* canından bezdirmek
boredom /'bo:dım/ *a.* can sıkıntısı
borehole /'bo:houl/ *a.* sondaj deliği, yoklama deliği
borer /'bo:rı/ *a.* burgu, matkap; lağım mili
boresight /'bo:sayt/ *a. ask.* nişan hattı kontrol tertibatı, nişan kontrol aleti
boric acid /bo:rik 'esid/ *a.* borik asit
boring /'bo:ring/ *s.* can sıkıcı, sıkıcı; delici ¤ *a.* delme; sondaj deliği *boring bar mak.* sondaj çubuğu, matkap mili, çap kılavuzu *boring dust mad.* lağım tozu *boring head mak.* matkap başı, matkap aynası *boring machine* delme makinesi *boring mill mak.* sondaj mili *boring rig* sondaj tesisatı *boring rope* delme halatı *boring tower mad.* delme kulesi
born /bo:n/ *s.* doğmuş; doğuştan, kökenden, doğma *not born yesterday* eski kulağı kesiklerden *was/were born* doğmak
borneol /'bo:niol/ *a.* borneol
bornite /'bo:nayt/ *a. min.* bornit
boron /'bo:ron/ *a.* bor *boron chamber*

fiz. bor hücresi, boron hücresi *boron counter fiz.* bor sayacı *boron steel met.* bor çeliği
borough /'barı/ *a.* İngiltere'de Parlamentoya üye gönderen kent
borrow /'borou/ *e.* ödünç almak, borç almak ¤ *a.* golf topunun yoldan sapması *borrow at interest* faizle borç almak *borrow pit* ariyet çukuru *borrow trouble* tasasını çekmek
borrowed /'boroud/ *s.* borç alınan *borrowed capital* borçlanılmış sermaye *borrowed funds* borç alınan paralar
borrower /'borouı/ *a.* borç alan, borçlu, istikraz eden
borrowing /'borouing/ *a.* ödünç alma, borç alma, istikraz; alıntı *borrowing nation* borç alan ülke *borrowings* borçlanılan miktar
bort /bo:t/ *a. mad.* siyah elmas, karbonado, karaelmas
bosh /boş/ *a.* zırva, boş laf
bosom /'buzım/ *a.* göğüs; sine, koyun ¤ *s.* yakın, çok yakın, samimi *bosom friend* can ciğer kuzu sarması *take sb to one's bosom* bağrına basmak
boss /bos/ *a. kon.* patron, işveren; göbek; çıkıntı, yumru; damlataşı; kabara ¤ *e. kon.* -e emirler yağdırmak, patronluk etmek, yönetmek
bossage /'bosıc/ *a. inş.* bosaj
boss-eyed /'bosayd/ *s. İİ. arg.* şaşı
bossy /'bosi/ *s. kon. hkr.* emretmeyi seven, buyurgan
botanical /bı'tenikıl/ *s.* bitkibilimsel, botanik; bitkilerden sağlanan, bitkisel
botanist /'botınist/ *a.* bitkibilimci, botanikçi
botanize /'botınayz/ *e.* bitkileri incelemek
botany /'botıni/ *a.* bitkibilim, botanik
botch /boç/ *e. kon.* bir şeyi kötü yapmak, içine etmek, baştan savma onarmak, yüzüne gözüne bulaştırmak ¤ *a. kon.* kötü yapılmış iş, baştan savma yapılmış şey
both /bout/ *s.* her iki, iki ¤ *adl.* her ikisi (de) *both ... and* hem ... hem (de)
bother /'bodı/ *a.* sıkıntı, zahmet, zorluk; *kon.* kavga, kargaşa, huzursuzluk ¤ *e.* canını sıkmak, rahatsız etmek; (with/about ile) zahmet etmek, zahmete girmek, rahatsız olmak

bottle /'botıl/ *a.* şişe ¤ *e.* şişelemek, şişeye koymak *bottle bobbin teks.* roket bobin *bottle cap* şişe kapağı *bottle gourd* sukabağı *bottle green* koyu yeşil *bottle up* içine atmak, dışa vurmamak, bastırmak, duygularını saklamak *bottled beer* şişe birası *bring up on the bottle* biberonla beslemek

bottle-feed /'botlfid/ *e.* biberonla beslemek, mamayla beslemek

bottleneck /'botlnek/ *a.* dar geçit; darboğaz; ayak bağı

bottle-opener /'botloupnı/ *a.* şişe açacağı

bottom /'botım/ *a.* dip; alt; son; kıç, popo; etek; çıkış sebebi neden; *den.* karina ¤ *e.* dibe ulaşmak, dibe dokunmak; (out ile) en düşük seviyeye ulaşmak, iyice düşmek/azalmak *bet one's bottom dollar kon.* kesinlikle emin olmak *bottom belt conveyor mad.* alttan taşıyıcı *bottom bend elek.* anot bükümü *bottom clearance mak.* diş dibi boşluğu *bottom dead center* alt ölü nokta *bottom discharge* alttan boşaltma *bottom dump truck* alttan boşaltmalı kamyon *bottom dumping mad.* alttan dökme *bottom ice* taban buzu *bottom mordant teks.* ön mordan *bottom plate* taban plakası *bottom price* en düşük fiyat *bottom printing teks.* ön baskı, alt baskı, zemin baskı *bottom sprocket sin.* alt dişli tambur, son dişli tambur, alıcı dişli *bottom view* alttan görünüş *bottom weir trm.* dip savak *bottom yeast* alt maya *from the bottom of one's heart* kalbinin ta derinliklerinden, tüm içtenliğiyle *get the bottom of* içyüzünü kavramak, esasını anlamak *from top to bottom* tepeden tırnağa kadar *knock the bottom out of* temelinden sarsmak; foyasını meydana çıkarmak

bottomless /'botımlis/ *s.* dipsiz, altsız; anlaşılmaz, gizemli

bottomry /'botımri/ *a.* gemi ödüncü *bottomry bond* deniz ödünç senedi *bottomry debt* deniz ödüncü

botulism /'botyulizım/ *a. hek.* botülizm

bouclé /'bu:kley/ *a. teks.* buklet

boudoir /'bu:dwa:/ *a.* bir kadının odası; özel oturma odası

bough /bau/ *a.* ağacın ana dallarından biri

bought /bo:t/ *s. bkz.* buy

boulder /'bouldı/ *a.* iri taş parçası *boulder clay coğ.* sürüntü kili *boulder period* buz çağı

boulevard /'bu:lva:d/ *a.* bulvar

bounce /bauns/ *e.* zıplamak; zıplatmak; zıplamak, sıçramak, hoplamak; *kon.* (çek) karşılıksız olduğu için geri çevrilmek, karşılıksız çıkmak ¤ *a.* zıplama, hoplama, sıçrama *bounce back* kendini toparlamak, toparlanmak, iyileşmek, iyiye gitmek, şoku atmak

bouncer /'baunsı/ *a. kon.* (otel/gazino vb. yerlerde) fedai, goril

bouncing /'baunsing/ *s.* (bebek) sağlıklı

bouncy /'baunsi/ *s.* yaşam dolu, canlı, istekli, hevesli, yerinde duramayan; (top) iyi zıplayan

bound /baund/ *s.* bağlı, bağlanmış; kesin; yükümlü, mecbur; ciltli; kesin niyetli, azimli, kafasına takmış ¤ *a.* sıçrama, hoplama, zıplama; sınır, hudut ¤ *e.* sınırlamak, sınır koymak, sınırlarını belirlemek; hoplamak, zıplamak, sıçramak; sekmek *beyond the bounds of* --in sınırlarını aşmış *bound for* -e gitmek üzere *bound up in* ile meşgul, çok ilgili *bound up with* -e bağlı, ile ilgili *out of bounds (to)* resmen yasak *within bounds* resmen serbest; kontrol altında *within the bounds of possibility* mümkün mertebe

boundary /'baundıri/ *a.* sınır, hudut *boundary condition mat.* sınır koşulu *boundary layer* sınır tabakası *boundary light hav.* meydan farı *boundary line* sınır çizgisi *boundary value problem mat.* sınır değer problemi

boundless /'baundlis/ *s.* sınırsız, sonsuz

bounteous /'bauntiıs/ *s.* eli açık, cömert; cömertçe verilmiş

bountiful /'bauntiful/ *s.* cömert, eli açık; bol

bounty /'baunti/ *a.* cömertlik, eli açıklık; cömertçe verilmiş şey; ikramiye, prim, ödenek, bağış *bounty on exportation* ihracat primi

bouquet /bou'key/ *a.* buket; (şarap) koku

bourgeois /'buıjwa:/ *a. s.* kentsoylu, burjuva; kapitalist, anamalcı; *hkr.*

maddiyatçı

bourgeoisie /buɪjwa:'zi:/ *a.* orta sınıf, kentsoylu sınıfı; kapitalist sınıf

bourse /buɪs/ *a.* borsa

bout /baut/ *a.* kısa dönem, devre; kriz, nöbet; boks maçı

boutique /bu:'ti:k/ *a.* butik

bovine /'bouvayn/ *s.* inek/öküz gibi, inek/öküz ...; *hkr.* uyuşuk, hantal

bow /bau/ *e.* reverans yapmak, başıyla selamlamak; (başını) eğmek; eğilmek ¤ *a.* reverans, başla selamlama; *den.* pruva, baş; (ok için) yay; *müz.* yay; kemer, kavis; fiyonk, fiyonk biçiminde düğüm; *den.* pruva, baş **bow and scrape** yağ çekmek, yaltaklanmak **bow compass** kavis kompası, nokta pergeli **bow out (of)** bırakmak, ayrılmak, çekilmek **bow tie** papyon, papyon kravat **bow to** kabul etmek, boyun eğmek, uymak **bow window** *mim.* kavisli cumba

bow-legged /'baulegd/ *s.* çarpık bacaklı

bowels /'bauɪlz/ *a.* bağırsak; iç kısımlar, iç

bower /'bauɪ/ *a.* *den.* göz demiri; kameriye, çardak **bower anchor** *den.* göz demiri

bowl /boul/ *a.* kâse, tas, çanak; bovling topu ¤ *e.* (kriket/bovling) topu atmak; bovling oynamak; yuvarlamak; *kon.* (along ile) hızla geçip gitmek **bowl classifier** *mad.* çanaklı klasifikatör, çanaklı kümeleyici **bowl over** çarpıp düşürmek, yere yuvarlamak; çok şaşırtmak, hayrete düşürmek

bowler /'boulɪ/ *a.* melon şapka; (kriket) topu atan oyuncu **bowler hat** melon şapka

bowline /'boulin/ *a.* *den.* borina halatı, borina izbarço

bowling /'bouling/ *a.* bovling oyunu

bowser /'bauzɪ/ *a.* benzin pompası

bowstring /'boustring/ *a.* yay kirişi

box /boks/ *a.* kutu; sandık; kasa; kovan; mahfaza; (mahkeme) kürsü; *tiy.* loca; kulübe; (the ile) *İİ.* *kon.* televizyon ¤ *e.* kutulamak, kutuya koymak; sandığa koymak; yumruk atmak, yumruklaşmak; boks yapmak **box annealing** *met.* kutu fırında tavlama **box baffle** kutu ekran, hoparlör kutusu **box diagram** kutu şeklindeki diyagram **box frame** *inş.* pencere kasası, sandıklı çerçeve **box furnace** *met.* kutu fırın **box girder** sandık kiriş **box loom** *teks.* çok mekikli tezgâh **box office** *sin.* *tiy.* bilet gişesi **box pleat** *teks.* çift plise **box spanner** geçme anahtar, lokmalı anahtar **box up** sandığa koymak **box wrench** lokmalı anahtar, geçme anahtar

boxer /'boksı/ *a.* boksör; boksör, buldok benzeri bir köpek

boxing /'boksing/ *a.* *sp.* boks **Boxing Day** Noeli izleyen gün **boxing spanner** lokmalı anahtar, geçme anahtar, kovan anahtar

boxwood /'bokswud/ *a.* şimşir tahtası

boy /boy/ *a.* erkek çocuk, oğlan; oğul ¤ *ünl.* *Aİ.* *kon.* Vay canına!, Üf!, Vay be! **boy scout** erkek izci

boycott /'boykot/ *a.* boykot ¤ *e.* boykot etmek

boyfriend /'boyfrend/ *a.* erkek arkadaş, sevgili

boyhood /'boyhud/ *a.* (erkek) çocukluk çağı

bra /bra:/ *a.* sutyen

brace /breys/ *a.* payanda, destek, köşebent, bağ; matkap kolu; *den.* prasya; büyük parantez, kaşlı ayraç, ayraç; dişlere takılan tel, diş teli ¤ *e.* güçlendirmek, kuvvetlendirmek, desteklemek; (kendisini kötü bir şeye) hazırlamak **brace and bit** el matkabı **brace bit** matkap, delgi **brace drill** matkap kolu **in a brace of shakes** göz açıp kapayıncaya kadar

bracelet /'breyslit/ *a.* bilezik

bracelets /'breyslit/ *a.* *kon.* kelepçe, bilezik

braces /breysiz/ *a.* pantolon askısı

bracing /'breysing/ *s.* (özellikle hava) temiz, taze, canlandırıcı, güzel, dinçleştiren ¤ *a.* payandalama, destekleme

bracken /'brekın/ *a.* *bitk.* kartallı eğreltiotu

bracket /'brekit/ *a.* kol, destek, dirsek; ayraç, parantez; *ask.* çatal, makas; grup ¤ *e.* parantez içine almak; birbirine ait kılmak

brackish /'brekiş/ *s.* (su) hafif tuzlu, tuzlumsu, acı

brad /bred/ a. karfiçe çivisi, parke çivisi, başsız çivi

bradawl /'bredo:l/ a. biz

brag /breg/ e. hkr. övünmek, böbürlenmek

Bragg /breg/ a. Bragg **Bragg angle** fiz. Bragg açısı **Bragg curve** fiz. Bragg eğrisi **Bragg law** fiz. Bragg yasası **Bragg method** fiz. Bragg yöntemi **Bragg rule** fiz. Bragg kuralı

braid /breyd/ a. saç örgüsü; şerit, kordon ¤ e. örmek

braided /'breydid/ s. şeritli, şeritlerle süslü **braided cable** elek. örgülü kablo

brail /breyl/ a. den. istinga, yelken ipi

braille /breyl/ a. körler için kabartma yazı

brain /breyn/ a. beyin; zekâ, akıl; kon. zeki kimse, beyin ¤ e. beynini dağıtarak öldürmek, beynini patlatmak; kon. kafasına patlatmak **brain drain** beyin göçü **brain drain tax** beyin göçü vergisi **brain wave** parlak fikir

brainchild /'breynçayld/ a. kon. parlak düşünce, parlak buluş

brainless /'breynlis/ s. hkr. beyinsiz, kafasız

brainstorm /'breynsto:m/ a. kon. II. aniden kafanın çalışmaması, sersemlik; Al. ani parlak fikir

brainwash /'breynwoş/ e. kon. hkr. beynini yıkamak

brainwashing /'breynwoşing/ a. kon. hkr. beyin yıkama

brainwave /'breynweyv/ a. II. kon. (aniden akla gelen) parlak fikir

brainy /'breyni/ s. kon. akıllı, zeki, kafalı

braise /breyz/ e. kapalı kapta ve ağır ateşte pişirmek

brake /breyk/ a. fren; keten tarağı ¤ e. frenleyip durdurmak/yavaşlatmak; fren yapmak, frenlemek **brake backing plate** oto. fren destek plakası **brake band** oto. fren kuşağı **brake bar** oto. fren çubuğu **brake cable** oto. fren kablosu **brake cam** oto. fren kamı **brake camshaft** oto. fren kam mili **brake circuit** fren devresi **brake compensator** oto. fren dengeleyicisi **brake cone** fren konisi **brake control** fren kumandası **brake cylinder** fren silindiri **brake disc** fren diski **brake drum** fren kampanası, fren tamburu, fren çanağı

brake dynamo fren dinamosu **brake dynamometer** fren dinamometresi **brake equalizer** oto. fren dengeleyicisi **brake fading** fren zayıflaması **brake flange** oto. fren flanşı **brake fluid** oto. fren hidrolik yağı **brake hose** fren hortumu **brake hub** fren göbeği **brake lag** oto. fren gecikmesi, fren tutma süresi **brake lamp** oto. fren stop lambası, fren lambası **brake lever** oto. fren levyesi **brake light** oto. fren lambası **brake lining** oto. fren balatası **brake mean effective pressure** mak. fren ortalama etkili basıncı **brake operating lever** oto. fren kumanda kolu **brake parachute** hav. fren paraşütü **brake pedal** oto. fren pedalı **brake piston** oto. fren pistonu **brake plate** oto. fren levhası, fren plakası **brake power** fren gücü **brake pressure** fren basıncı **brake pulley** fren kasnağı **brake regulator** fren regülatörü **brake resistance** fren direnci **brake ring** fren halkası **brake rod** fren çubuğu **brake shaft** fren aksı **brake shoe** fren pabucu, fren çarığı **brake spindle** fren mili **brake spring** oto. fren yayı **brake test** fren testi, fren deneyi **brake valve** oto. fren supabı **brake van** demy. şefdötren vagonu, fren vagonu **brake wheel** fren çarkı, fren tekeri

braking /'breyking/ a. frenleme **braking airscrew** hav. frenleme pervanesi **braking distance** oto. frenleme mesafesi **braking efficiency** fren verimi **braking equipment** frenleme teçhizatı **braking force** frenleme gücü **braking moment** frenleme momenti

bramble /'brembıl/ a. bitk. böğürtlen çalısı

bran /bren/ a. kepek **bran molasses** kepekli melas

branch /bra:nç/ a. dal, ağaç dalı; (akarsu, yol, demiryolu, vb.) kol; dal, şube, kol, bölüm ¤ e. (ağaç) dallanmak; dallara/kollara/bölümlere ayrılmak **branch accounting** şube muhasebesi **branch bank** banka şubesi **branch banking** şube bankacılığı **branch circuit** elek. şube devre **branch current** şube akımı **branch instruction** biliş. dallanma komutu **branch line** şube hattı **branch manager** şube müdürü

branch of service *ask.* sınıf **branch office** şube **branch out** dal budak salmak **branch out into** işi genişletmek **branch point** *biliş.* dallanma noktası **branch road** *Aİ.* yan yol **branch store** satış şubesi

branched /braːnçt/ *s.* dallı **branched vein** *mad.* dallı filon, dallı damar

branching /'braːnçing/ *a.* dallanma **branching enzyme** dallanma enzimi **branching ratio** *fiz.* dallanma oranı

brand /brend/ *e.* dağlamak, damgalamak; (kötü olaylar, vb.) iz bırakmak, derinden etkilemek, damgalamak; damga vurmak, damgalamak, ... damgası vurmak ¤ *a.* marka, alameti farika, sembol **brand choice** marka seçimi **brand conscious market** marka bilincine sahip piyasa **brand name** marka adı **brand new** yepyeni, hiç kullanılmamış, gıcır gıcır

branded /'brendıd/ *s.* markalı

brandish /'brendiş/ *e.* sağa sola sallamak, savurmak

brandy /'brendi/ *a.* brendi

brash /breş/ *a.* kırpıntı; kırık taş, kırık buz ¤ *s. hkr.* saygısız, küstah; toy, acemi, aceleci

brass /braːs/ *a.* pirinç; pirinçten yapılmış eşya; *arg.* küstahlık, cüret, yüzsüzlük **brass band** bando, mızıka **brass knuckles** *Aİ.* muşta **brass pipe** pirinç boru **brass plate** pirinç levha **brass plating** pirinç kaplama **brass tube** pirinç boru **get down to brass tacks** *kon.* esas meseleye gelmek, sadede gelmek **It doesn't matter a brass farthing** Vız gelip tırıs gider

brasserie /'bresıri/ *a.* bira ve yiyecek satan lokanta

brassiere /'breziı/ *a.* sutyen

brassy /'braːsi/ *s.* pirinç renkli; sesi pirinç çalgılarınkine benzeyen; utanmaz, cazgır

brat /bret/ *a. hkr.* yumurcak

braunite /'braunayt/ *a.* braunit

bravado /brı'vaːdou/ *a.* budalaca cesaret, cüret, kabadayılık

brave /breyv/ *s.* cesur, yiğit, kahraman ¤ *e.* cesaretle karşılamak **brave as a lion** aslan yürekli

bravery /'breyvırı/ *a.* cesaret, yiğitlik, kahramanlık

bravo /'braːvou/ *ünl.* Bravo!, Aferin!

brawl /broːl/ *a.* kavga, dalaş, dövüş, ağız dalaşı ¤ *e.* kavga etmek, dalaşmak, ağız dalaşı etmek

brawn /broːn/ *a.* kas; kas gücü

brawny /'broːni/ *s.* kaslı

bray /brey/ *e.* anırmak; ezmek, dövmek ¤ *a.* anırma, anırtı

braze /breyz/ *e.* pirinçle lehimlemek

brazen /'breyzın/ *s.* pirinçten, tunçtan; arsız, yüzsüz, şımarık, küstah **brazen it out** pişkinlikle karşılamak, yüzsüzlüğe vurmak

brazier /'breyzyı/ *a.* mangal; pirinç işçisi

brazil /brı'zil/ *a.* bakkam ağacı, kızılağaç

Brazil /brı'zil/ *a.* Brezilya **Brazil nut** Brezilya kestanesi **Brazil wood** bakkam ağacı, kızılağaç

breach /briːç/ *a.* (yasa) uymama, çiğneme, yerine getirmeme, savsama, ihlal; gedik, yarık, oyuk; breş ¤ *e.* gedik açmak, yarmak **breach of confidence** itimadı suiistimal **breach of contract** sözleşmenin ihlali, sözleşmeye uymama **breach of duty** görevin ihmali **breach of promise** evlilik sözünü tutmama **breach of the law** yasayı çiğneme, kanunu ihlal

bread /bred/ *a.* ekmek; rızk; geçim, kazanç, ekmek; *kon.* para **bread and butter** ekmek parası, geçim yolu **know which side one's bread is buttered** *kon.* çıkarının nerede olduğunu bilmek, kan alacak damarı bilmek **take the bread out of sb's mouth** ekmeğini elinden almak

breadcrumb /'bredkram/ *a.* ekmek kırıntısı

breadline /'bredlayn/ *a.* bedava yemek kuyruğu **on the breadline** çok yoksul

breadth /bredt, brett/ *a.* genişlik; en

breadwinner /'bredwinı/ *a.* (ailenin) geçimini sağlayan kişi

break /breyk/ *e.* kırılmak, parçalanmak, kopmak; kırmak, parçalamak, koparmak; bozmak, kullanılmaz duruma getirmek; bozulmak; aniden ve sert biçimde oluşmak, olagelmek, birdenbire olmak (yüzey) yarmak, açmak, çatlatmak; uymamak, tutmamak, çiğnemek, yerine getirmemek; kontrol altına almak, kontrol etmek, dizginlemek; daha iyi yapmak, daha iyisini gerçekleştirmek, (rekor) kırmak mahvetmek, yıkmak; (kötü bir haberi) yaymak, söylemek, bildirmek, vermek (bir eylem, vb.'ni) kesmek, durdurmak, ara vermek, mola vermek; bitmek, sona ermek, sonu gelmek, sonlanmak; (aniden) gelmek, doğmak, görünmek, oluşmak, patlamak; çözmek; iflas etmek, batmak ¤ *a.* kırma, kırılma; kırık; açıklık, kırık; ara, mola, teneffüs, dinlenme; ani değişim, değişiklik; tan, şafak vakti; *kon.* şans, fırsat **break a contract** sözleşmeye uymamak, anlaşmayı ihlal etmek **break away** (birinden) kaçmak; kopmak, ayrılmak, bağını kesmek **break down** parçalamak, yıkmak; parçalanmak; yenmek, üstün gelmek, bastırmak; yenilmek, bastırılmak; bozulmak, arızalanmak; başarısızlığa uğramak, başarısız olmak; kendini kaybetmek, kontrolünü kaybetmek **break even** ne kâr ne zarar etmek **break in** söze karışmak, lafı bölmek, lafının içine etmek; zorlayıp girmek; alıştırmak **break in on** kesmek **break into** zorla girmek; (konuşma, vb.) kesmek; birden başlamak **break of** (tedaviyle) -den vazgeçirmek **break off** kesmek, bitirmek, son vermek, koparmak; koparmak; kopmak **break out** kaçmak, firar etmek; çıkmak, patlak vermek, birden başlamak **break out in a cold sweat** soğuk terler dökmek **break sb's back** canını çıkarmak, belini bükmek **break sb's heart** kalbini kırmak **break short** kısa kesmek **break sth down** gidermek, yenmek; tahlil etmek, kısımlara ayırmak, ayrıntılara inmek **break sth off** koparmak, kesmek, ayrılmak **break sth to pieces** paramparça etmek **break sth up** durdurmak (çoğu zaman zorla), dağıtmak, bastırmak **break the back of sth** *kon.* en önemli/zor kısmını bitirmek, kolaylamak **break the bank** keseye dokunmak **break through** ortaya çıkmak, görünmek; yeni bir buluş yapmak, hamle yapmak; muhalefete rağmen ilerlemek **break up** parçalamak; parçalanmak; sona ermek, bitmek; sona erdirmek, bitirmek;

ayrılmak, dağılmak; acı çekmek; acı çektirmek; *İİ.* (okul/öğrenci) tatile girmek **break-up value** elden çıkarma değeri **break with** ile bağını koparmak, ilişkisini kesmek, bozuşmak **take a short break** birkaç günlük bir tatile çıkmak

breakage /'breykic/ *a.* kırma, kırılma; kırık, çatlak

breakaway /'breykıwey/ *a.* kaçma, kaçış, firar; ayrılma, kopma; kaçak, kaçan/kopan/ayrılan kimse

breakdown /'breykdaun/ *a.* arıza, bozukluk, bozulma; (sinirsel) bozukluk, çöküntü, çökme; inceleme, analiz, tahlil, döküm **breakdown truck** *İİ.* oto kurtarma aracı, kurtarıcı **breakdown voltage** dayanma gerilimi, çöküm gerilimi, parlama gerilimi **have a nervous breakdown** sinir krizi geçirmek **nervous breakdown** sinir bozukluğu

breaker /'breykı/ *a.* kırıcı, ezici; kırma makinesi; *mad.* konkasör, kırıcı; *elek.* devre kesici; *coğ.* çatlayan dalga

breakeven /breyk'i:vın/ *a. eko.* toplam maliyet ve gelirin eşitliği **breakeven analysis** maliyet-gelir eşitleme analizi **breakeven chart** ölü nokta grafiği **breakeven point** sıfır kâr noktası, başa baş noktası

breakfast /'brekfıst/ *a.* kahvaltı ¤ *e.* kahvaltı etmek **have breakfast** kahvaltı etmek

break-in /'breykin/ *a.* meskene tecavüz, zorla girme

breaking /'breyking/ *a.* kırma, kırılma **breaking bulk** numune için ambalajı kırma **breaking joint** şaşırtmalı geçme **breaking length** *teks.* kopma uzunluğu **breaking limit** kırılma sınırı **breaking load** kırılma yükü, koparma yükü, sınır yük, azami yük **breaking plant** kırma tesisi **breaking point** kırılma noktası **breaking scutcher** *teks.* sak kırma makinesi **breaking strength** kırılma mukavemeti, kopma mukavemeti, kırılma dayancı, kopma dayancı **breaking stress** kırılma gerilmesi **breaking tension** kopma gerilimi **breaking test** kırma deneyi

breakneck /'breyknek/ *s.* çok hızlı/tehlikeli

breakpoint /'breykpoynt/ *a. biliş.* ara

verme noktası, mola noktası, kesim noktası **breakpoint instruction** biliş. ara verme komutu, kesim noktası komutu **breakpoint switch** biliş. ara verme noktası anahtarı, kesim noktası anahtarı **breakpoint symbol** biliş. ara verme simgesi, kesim noktası simgesi

breakthrough /'breyktru:/ a. (düşmana yapılan) ani saldırı, hücum, ani atak; ani ve önemli gelişme/ilerleme/yenilik/buluş

breakup /'breykap/ a. (arkadaşlık, evlilik, birlik, vb.) sona erme, son; bölüm, parsel

breakwater /'breykwo:tı/ a. dalgakıran, mendirek

breast /brest/ a. meme, göğüs; gönül, sine **beat one's breast** dizini dövmek **breast drill** göğüs matkabı **breast wall** inş. göğüs yüksekliğinde duvar **make a clean breast of** bütün gerçeği söylemek, itiraf etmek, içini dökmek

breast-feed /'brestfi:d/ e. (bebek) ana sütüyle beslemek, memeyle beslemek, emzirmek

breasthook /'bresthu:k/ a. den. çatal, yatırma paraçolu

breastrope /'brestroup/ a. den. göğüs halatı, göğüs paleti

breaststroke /'breststrouk/ a. kurbağalama yüzüş

breastsummer /'brestsamı/ a. inş. taşıyıcı kiriş

breastwork /'brestwö:k/ a. göğüs siperi

breath /bret/ a. soluk, nefes, soluklanma; hafif rüzgâr, esinti; küçük bir hareket/işaret/iz **all in one breath** bir nefeste, bir solukta **hold one's breath** nefesini tutmak; heyecanla beklemek **out of breath** nefes nefese **save one's breath** çenesini yormamak **take one's breath away** nefesini kesmek, heyecanlandırmak **under one's breath** kısık sesle, fısıltıyla **waste one's breath** boşa nefes tüketmek **with every (other) breath** ikide bir

breathalyse /'bretılayz/ e. sürücüye alkol muayenesi yapmak

breathalyser /'bretılayzı/ a. kon. alkol muayenesi yapmakta kullanılan aygıt

breathe /bri:d/ e. solumak, soluk almak, nefes almak; fısıldamak; (koku, duygu, vb.) vermek, hissettirmek, aşılamak **breathe in** soluk almak, solumak;

dikkat ve ilgiyle dinlemek **hardly have time to breathe** başını kaşıyacak vakti olmamak **not breathe a word about** ser verip sır vermemek **breathe one's last** son nefesini vermek

breather /'bri:dı/ a. kon. mola, ara; hava deliği, hava borusu, havalandırıcı **breather pipe** havalandırma borusu

breathing /'bri:ding/ a. soluk alma, teneffüs etme

breathless /'bretlis/ s. soluk soluğa kalmış; soluk kesici

breathtaking /'bretteyking/ s. soluk kesici; heyecanlı

breccia /'breçiı/ a. yerb. breş, köşeli yığışım

breech /bri:ç/ a. kıç, dip; ask. top kuyruğu, kama payı boşluğu **breech-loading** ask. kuyruktan dolma

breeches /'briçiz/ a. golf pantolon

breechloader /'bri:çloudı/ a. ask. kuyruktan dolma silah

breed /bri:d/ e. (hayvan) doğurmak, yavrulamak; damızlık olarak beslemek, yetiştirmek; yetiştirmek, büyütmek, eğitmek; neden olmak, başlangıcı olmak ¤ a. cins, soy; çeşit, tür

breeder /'bri:dı/ a. hayvan yetiştiricisi; fiz. üretim reaktörü, üretken reaktör

breeze /bri:z/ a. meltem, esinti; arg. çok kolay iş, çocuk oyuncağı; cüruf ¤ e. kon. çıkıp gelmek, çıkıp gitmek; (through ile) kolayca geçmek, atlatmak **breeze block** cüruf briketi **in a breeze** arg. kolayca, bir solukta **shoot the breeze** Aİ. arg. laflamak, laklak etmek, çene çalmak

breezy /'bri:zi/ s. esintili, meltemli; neşeli, canlı, şen şakrak

brethren /'bredrın/ a. kardeşler; din kardeşleri

brevier /brı'viı/ a. sekiz puntoluk harf

brevity /'breviti/ a. kısalık, özlük

brew /bru:/ e. (bira) yapmak; (çay/kahve) hazırlamak, yapmak, demlemek; (kötü bir şey) hazırlamak, kurmak, tezgâhlamak; (kötü bir şey) patlamak üzere olmak, eli kulağında olmak; hazır olmak, demlenmek ¤ a. mayalandırarak yapılan içki

brewer /'bru:ı/ a. biracı, bira yapan kişi **brewer's grains** bira posası **brewer's**

yeast bira mayası
brewery /'bru:ıri/ *a.* bira fabrikası
briar /'brayı/ *a. bkz.* brier
bribe /brayb/ *e.* rüşvet vermek ¤ *a.* rüşvet
bribery /'braybıri/ *a.* rüşvetçilik, rüşvet
bric-a-brac /'brikıbrek/ *a.* ufak süslemeler, ıvır zıvır
brick /brik/ *a.* tuğla; tuğla biçiminde herhangi bir şey ¤ *e.* tuğla ile örmek *drop a brick İİ. kon.* çam devirmek, pot kırmak *brick arch* tuğla kemer *brick bat* tuğla parçası *brick course* tuğla dizisi *brick field* tuğla harmanı *brick-gullet den.* brik-gulet, kabasorta uskuna *brick kiln* tuğla fırını, tuğla ocağı *brick mason inş.* tuğla duvarcısı, tuğla örücüsü *brick masonry* tuğla inşaat *brick nogging inş.* tuğla hımışı *brick pavement* tuğla kaldırım *brick paving* tuğla kaplama *brick pier inş.* tuğla payanda *brick plant* tuğla fabrikası *brick trowel inş.* büyük mala, sürgü *brick up* tuğlalarla doldurmak/kaplamak *brick veneer inş.* tuğla kaplama *brick wall inş.* tuğla duvar *like a ton of bricks kon.* hışımla, deli gibi
bricklayer /'brikleyı/ *a. inş.* duvarcı, tuğla örme ustası
bricklaying /'brikleying/ *a. inş.* tuğla duvar örme
brickwork /'brikwö:k/ *a.* tuğla işi
brickworks /'brikwö:ks/ *a.* tuğla fabrikası
brickyard /'brikya:d/ *a.* tuğla fabrikası
bridal /'braydl/ *s.* gelinle ilgili; düğün ile ilgili
bride /brayd/ *a.* gelin
bridegroom /'braydgru:m/ *a.* damat, güvey
bridesmaid /'braydzmeyd/ *a.* gelinin nedimesi
bridge /bric/ *a.* köprü; *den.* kaptan köprüsü; burun köprüsü; gözlük köprüsü; (telli çalgılarda) köprü; (diş) köprü; *isk.* briç ¤ *e.* köprü kurmak, köprüyle birleştirmek *bridge-canal* kanal köprü *bridge circuit elek.* köprü devresi *bridge crane* köprü vinci *bridge feedback elek.* köprü geribeslemesi *bridge neutralizing elek.* köprü nötrleştirmesi *bridge oscillator elek.* köprülü osilatör *bridge pier*

köprü ayağı *bridge rectifier elek.* köprü redresör *bridge wire detonator mad.* köprülü kapsül, köprülü kapçık
bridging /'bricing/ *a.* köprüleme *bridging amplifier elek.* köprüleme amplifikatörü, dinleme amplifikatörü *bridging connection elek.* köprülü bağlantı *bridging gain elek.* köprüleme kazancı *bridging joist inş.* köprü döşeme kirişi *bridging loss elek.* köprüleme kaybı, köprüleme yitimi
bridle /'braydıl/ *a.* at başlığı, yular; palamar ¤ *e.* (at) dizginlemek, dizgin takmak, yular takmak; tutmak, dizginlemek; kızmak *bridle joint inş.* boyunduruk geçme *bridle one's tongue* gem vurmak
brief /bri:f/ *s.* kısa ¤ *a.* özet; *huk.* dava özeti; talimat, bilgi ¤ *e.* gerekli bilgiyi vermek; son talimatı vermek *in brief* kısaca, özetle, kısacası
briefcase /'bri:fkeys/ *a.* evrak çantası
briefing /'bri:fing/ *a.* brifing
briefly /'bri:fli/ *be.* kısaca
briefs /bri:fs/ *a.* külot, don
brier /'brayı/ *a.* yabangülü; dikenli çalı; funda
brig /brig/ *a.* iki direkli yelkenli tekne, brik; *Aİ. kon.* askeri cezaevi
brigade /bri'geyd/ *a. ask.* tugay; ekip, takım *fire brigade* itfaiye
brigadier /brigı'dıı/ *a.* tugay komutanı, tuğbay, tümgeneral
brigandage /'brigındic/ *a.* haydutluk, eşkıyalık, kanunsuzluk
bright /brayt/ *s.* parlak; aydınlık; akıllı, zeki, parlak; umut verici, parlak; neşeli, canlı *bright and early* sabahın köründe *bright annealing met.* parlak tavlama *bright dipping met.* parlak daldırma *bright-line spectrum fiz.* parlak çizgili spektrum *bright plating met.* parlak kaplama
brighten /'braytn/ *e.* parlamak, canlanmak; parlatmak; canlandırmak
brightener /'braytını/ *a. met.* parlaklaştırıcı
brightening /'braytıning/ *a.* parlatma, avivaj *brightening agent* parlatma maddesi *brightening fastness teks.* avivaj haslığı
brightly /'braytli/ *be.* pırıl pırıl, ışıl ışıl

brightness /'braytnis/ *a.* parlaklık
brightness control *elek.* parlaklık ayarı **brightness temperature** parlaklık sıcaklığı

brights /'brayts/ *a. oto.* ön farlar, uzak farları

brilliant /'briliınt/ *s.* ışıl ışıl, pırıl pırıl, parlak; görkemli; hayranlık uyandırıcı, zeki; nefis, harika ¤ *a.* pırlanta

brilliantine /'brilyınti:n/ *a.* briyantin

brim /brim/ *a.* (bardak, kap, vb.) ağız; şapka siperi, siperlik ¤ *e.* ağzına kadar dolmak, ağzına kadar dolu olmak **brim over** taşmak

brimful /'brimful/ *s.* ağzına kadar dolu, taşmak üzere, ağzına kadar •

brimmed /'brimd/ *s.* kenarlı

brimstone /'brimstoun/ *a.* kükürt

brindled /'brindıld/ *s.* benekli, çizgili

brine /brayn/ *a.* tuzlu su, salamura **brine cooling** tuzlu suda soğutma

bring /bring/ *e.* getirmek; neden olmak **bring about** ortaya çıkarmak **bring an action** aleyhine dava açmak **bring back** geri getirmek; hatırlatmak **bring damage** zarar vermek **bring down** (vurup) düşürmek; indirmek; (fiyat) indirmek; (fiyat) indirtmek; sürdürmek, devamını sağlamak **bring down on** (kötü bir şey) olmasına neden olmak, başına getirmek **bring forward** ileri sürmek, ortaya atmak, önermek; öne almak, erken bir tarihe almak; nakli yekûn yapmak **bring in** kazanç getirmek, kâr getirmek, kazandırmak; öne almak, erken bir tarihe almak; kazanmak; sunmak, tanıtmak, öne sürmek; *huk.* hüküm vermek, karar vermek; karakola getirmek, karakola teslim etmek **bring in a bill** yasa tasarısı sunmak **bring in money** irat getirmek **bring into** başlatmak **bring into line** haddini bildirmek **bring off** üstesinden gelmek, alt etmek **bring on** istenmedik bir işe yol açmak **bring out** üretmek, yapmak; ortaya çıkarmak, görülmesini sağlamak; (konuşması için) yüreklendirmek, cesaret vermek; bir amaç için çalışmayı durdurtmak, grev yaptırmak **bring prices down** fiyatları indirmek **bring round** ayıltmak **bring sb down** düşmesine neden olmak; fiyat düşürmeye razı etmek **bring sb in** tutuklamak; gözaltına almak; işe karıştırmak **bring sb out** utangaçlığını yenmesine yardım etmek; grev yaptırmak **bring sb round** ayıltmak, kendine getirmek; kandırmak, razı etmek **bring sb to book** birinden hesap sormak **bring sb up** yetiştirmek, büyütmek **bring sth about** meydana getirmek, neden olmak **bring sth down** indirmek, azaltmak **bring sth in** öne sürmek **bring sth into focus** açıklamak **bring sth off** başarıyla sonuçlandırmak **bring sth on** neden olmak, meydana getirmek **bring sth out** yayınlamak, basmak; piyasaya sürmek; açıklamak, belirtmek; geliştirmek **bring sth to light** bir şeyi meydana çıkarmak, ışığa çıkarmak **bring sth up** ileri sürmek **bring through** -den kurtarmak, tedavi etmek **bring to light** ortaya çıkarmak **bring up** (çocuk) büyütmek, yetiştirmek; (konu, vb.) ortaya atmak; kusmak; aniden durdurmak, durmasına neden olmak

bringing-up /bringing'ap/ *a.* çocuk yetiştirme

brink /brink/ *a.* bir kayalığın ya da yüksek bir yerin kenarı, kenar; (kötü bir şeyin) eşiğinde olma, kenarında olma

briny /'brayni/ *s.* tuzlu, salamuralı

briquette /bri'ket/ *a.* briket ¤ *e.* briketlemek

brisance /'bri:zıns/ *a. ask.* brizan, parçalama gücü

brisk /brisk/ *s.* çabuk ve aktif, çevik, canlı, hareketli

brisket /'briskit/ *a.* (hayvan) göğüs eti

bristle /'brisıl/ *a.* kısa, sert saç, kıl ¤ *e.* (tüy, kıl, saç, vb.) diken diken olmak

bristly /'brisli/ *s.* (saç, kıl, vb.) sert, diken diken

British /'britiş/ *s.* Britanya ile ilgili, Britanyalı, İngiliz **British gum** *teks.* İngiliz zamkı

brittle /'britl/ *s.* kolay kırılır, kırılgan, gevrek; narin, nazik; atılgan, çabuk bozulan, gücenen **brittle fracture** gevrek kırılma

brittleness /'britılnis/ *a.* kırılganlık, gevreklik

broach /brouç/ *a.* matkap, delgi; şiş ¤ *e.* (konu) açmak; delmek; şişlemek

broad /bro:d/ s. geniş, enli; ... genişliğinde; sınırsız, geniş, engin; genel, yüzeysel; açık, belli *as broad as it is long* Ayvaz kasap hep bir hesap *broad ax(e)* dülger baltası, geniş ağızlı balta *broad bean* bakla *broad gauge* geniş hatlı demiryolu *broad gauge railway demy.* geniş hatlı demiryolu *broad jump sp. Aİ.* uzun atlama *broad money supply* geniş para arzı *broad repeater biliş.* genel yayın aktarıcısı

broadband /bro:dbend/ a. elek. genişbant *broadband amplifier elek.* genişbant amplifikatörü *broadband antenna elek.* genişbant anteni *broadband noise elek.* genişbant gürültüsü

broadcast /'bro:dka:st/ a. radyo/televizyon yayını ¤ e. (radyo/televizyon) yayın yapmak; yayınlamak; yaymak, bildirmek *broadcast band* yayın bandı *broadcast channel* yayın kanalı *broadcast receiver* yayın alıcısı *broadcast sowing trm.* serpme ekim *broadcast station* yayın istasyonu *broadcast transmitter* yayın vericisi

broadcaster /'bro:dka:stı/ a. radyo istasyonu; radyo spikeri

broadcasting /'bro:dka:sting/ a. radyo veya televizyon ile yayın yapma, yayın

broadcloth /'bro:dklot/ a. çift enli kumaş, geniş kumaş; ince ve çift enli bir tür yünlü kumaş

broaden /'bro:dn/ e. genişlemek; genişletmek *broaden one's horizons* ufkunu genişletmek

broadminded /bro:d'mayndid/ s. diğer düşüncelere saygılı, hoşgörülü, serbest fikirli

broadside /'bro:dsayd/ a. saldırı; den. borda, alabanda; borda ateşi

broadtail /'bro:dteyl/ a. karagül kuzusunun siyah kıvırcık kürkü

brocade /brı'keyd/ a. brokar

brocatelle /brokı'tel/ a. teks. brokatel

broccoli /'brokıli/ a. karnabahara benzer bir bitki, karalahana

brochure /'brouşı/ a. broşür, kitapçık

brogue /broug/ a. kalın ve dayanıklı ayakkabı; İrlanda aksanı

broil /broyl/ e. (tavuk, et, balık, vb.) kızartmak, ızgara yapmak; çok sıcak olmak, kaynamak, yanmak

broiler /'broylı/ a. (ızgaralık) piliç; kon. çok sıcak bir gün, cehennem

broke /brouk/ s. kon. züğürt, meteliksiz

broken /'broukın/ s. kırık; uyulmamış, çiğnenmiş, tutulmamış; (yazı/konuşma) bozuk; yarım kalmış, bölünmüş; ezik, kolu kanadı kırık; engebeli, bozuk, taşlı *broken account* kesilen hesap *broken cloud metr.* yer yer açık bulut *broken cross rates* bozuk çapraz kurlar *broken glass* kırıntı cam *broken line mat.* kırık çizgi *broken sky metr.* parçalı gökyüzü *broken stone* kırmataş

brokenhearted /broukın'ha:tid/ s. kalbi kırık, umutsuzluğa kapılmış

brokenly /'broukınli/ be. parça parça; kesik

broker /'broukı/ a. komisyoncu, simsar, tellal, aracı *broker agent* aracı, mutavassıt *broker's account* simsarlar hesabı *broker's loan* simsar istikrazı *broker's order* gemi süvarisinin emri *broker's return* mal listesi

brokerage /'broukıric/ a. simsarlık, komisyonculuk; simsarlık ücreti, komisyon *brokerage commission* tellaliye, simsariye, komisyon *brokerage journal* komisyoncunun yevmiyesi

brolly /'broli/ a. İİ. kon. şemsiye

bromate /'broumeyt/ a. bromat

bromic /'broumik/ s. bromik *bromic acid* bromik asit

bromide /'broumayd/ a. bromür

bromine /'broumi:n/ a. bromin, brom

bronchitis /brong'kaytis/ a. hek. bronşit

brontosaurus /brontı'so:rıs/ a. hayb. brontozor

bronze /bronz/ a. bronz, tunç; bronz rengi ¤ e. bronzlaştırmak; bronzlaşmak *bronze gauze teks.* bronz gaze *bronze printing* bronz baskı

brooch /brouç/ a. broş, süs iğnesi

brood /bru:d/ a. (kuş) yavruları ¤ e. kuluçkaya yatmak; (over/about ile) arpacı kumrusu gibi düşünmek, kara kara düşünmek; (over ile) kuşatmak, sarmak *brood mare trm.* damızlık kısrak

brooder /'bru:dı/ a. trm. ana makinesi, civciv büyütme makinesi

broodiness /'bru:dinis/ a. trm. gurk olma

broody /'bru:di/ *s.* kuluçkaya yatmak isteyen; düşünceye dalan, derin derin düşünen *broody hen trm.* gurk tavuk

brook /bruk/ *a.* dere, çay ¤ *e.* dayanmak, çekmek, tahammül etmek, izin vermek, kabul etmek

broom /bru:m/ *a.* süpürge

broomstick /'bru:mstik/ *a.* süpürge sopası, sapı

broth /brot/ *a.* et suyu, çorba

brothel /'brotıl/ *a.* genelev

brother /'bradı/ *a.* erkek kardeş; aynı grubun erkek üyesi, kardeş; din kardeşi *brothers in arms* silah arkadaşları

brother-in-law /'bradırinlo:/ *a.* kayınbirader; enişte; bacanak

brotherhood /'bradıhud/ *a.* kardeşlik; birlik, camia, topluluk

brow /brau/ *a.* kaş; alın; tepe, yamaç

browbeat /'broubi:t/ *e.* (into ya da out of ile) sert bakış ya da sözlerle gözünü korkutmak, yıldırmak, göz dağı vermek, -e zorlamak

brown /braun/ *a. s.* kahverengi ¤ *e.* esmerleşmek; esmerleştirmek, kızartmak *be in a brown study* dalıp gitmek, derin düşüncelere dalmak *brown coal* linyit, yağız kömür *brown paper* ambalaj kâğıdı *brown sugar* esmer şeker

browse /brauz/ *e.* (geyik, keçi, vb.) otlamak; (kitap) gözden geçirmek, karıştırmak

brucine /'bru:si:n/ *a.* brüsin

bruise /bru:z/ *a.* çürük, bere, ezik, yara ¤ *e.* çürütmek, berelemek, ezmek; çürümek *bruising mill* ufalama değirmeni

brunch /branç/ *a. kon.* geç kahvaltı/erken öğle yemeği

brunette /bru:'net/ *a.* esmer kadın

brunt /brant/ *a.* asıl yük, ağırlık, darbe *bear the brunt of* (saldırı, vb.'in) en ağır kısmına karşı koymak

brush /braş/ *a.* fırça; fırçalama; çalı; çalılık; tilki kuyruğu; sürtünme, temas ¤ *e.* fırçalamak; hafifçe değmek, sürtünmek; temizlemek *brush aside/away* bir kenara itmek, boş vermek, boşlamak *brush atomizer* fırçalı püskürtücü *brush cleaning* fırçalı temizleme *brush cylinder teks.*

fırça silindiri *brush discharge* saçaklı deşarj, saçaklı boşalım *brush dyeing teks.* fırçayla boyama *brush guard* fırça siperi *brush holder* fırça taşıyıcı *brush off* reddetmek, ilişkiyi kesmek *brush pasture trm.* çalılık mera *brush printing teks.* fırça baskısı, fırçayla baskı *brush sprayer* fırçalı püskürtücü *brush sth aside* bir kenara itmek, değer vermemek *brush up* (bilgi) tazelemek, yenilemek, geliştirmek *have a brush with sb* sürtüşmek, dalaşmak, kapışmak

brushing /'braşing/ *a.* süprüntü, çöp

brush-off /'braşof/ *a. kon.* (the ile) olumsuz yanıt, tersleme, sepetleme

brusque /bru:sk/ *s.* kaba saba, ters

brussels sprout /brasılz'spraut/ *a. bitk.* brükselllahanası

brutal /'bru:tl/ *s.* acımasız, insanlıktan uzak, hayvanca; (gerçek) acı

brutalize /'bru:tılayz/ *e.* duygusuzlaştırmak, vahşileştirmek, acımasızlaştırmak; acımasızca davranmak

brute /bru:t/ *a.* hayvan; kaba kimse, hayvan, ayı ¤ *s.* hayvan gibi, hayvani *brute force* kaba kuvvet, beden kuvveti

brutish /'bru:tiş/ *s. hkr.* hayvani, hayvanlara yakışır, kaba

bubble /'babıl/ *a.* kabarcık, hava, gaz ya da su kabarcığı; fokurtu; boş, geçici şey, hava, balon ¤ *e.* kabarcıklar çıkarmak, köpürmek; kaynamak, fokurdamak; (over, with ile) coşmak, taşmak *bubble cap kim.* kabarcık fincanı *bubble chamber fiz.* kabarcık odası *bubble company* dolandırıcı şirket *bubble gum* balonlu çiklet *bubble memory biliş.* kabarcık bellek, köpük bellek *bubble point* kabarcık noktası *bubble sextant* hava kabarcıklı sekstant *bubble sort biliş.* kabarcık sıralama *burst like a bubble* sabun köpüğü gibi sönmek

bubbly /'babli/ *s.* kabarcıklı, kabarcık dolu; neşeli, coşkulu, fıkır fıkır

buck /bak/ *a.* erkek geyik/tavşan/sıçan; *hayb.* antilop; *kon.* sorumluluk; *Aİ. kon.* bir dolar ¤ *e.* (at, vb.) dört ayağı üzerinde zıplamak; (binicisini) üzerinden atmak *buck transformer elek.* düzenleyici transformatör *buck*

up *kon.* geliştirmeye çalışmak; acele etmek; canlanmak, neşelenmek **pass the buck to** sorumluluğu/suçu -e yüklemek

bucket /'bakit/ *a.* kova; tulumba pistonu; su dolabı gözü; kepçe ¤ *e.* (down ile) *İİ. kon.* şakır şakır yağmur yağmak, bardaktan boşanırcasına yağmak *a drop in the bucket* devede kulak *bucket chain dredger* kovalı tarak *bucket conveyor* kovalı konveyör *bucket dredger* kovalı tarak makinesi *bucket elevator mad.* kepçeli elevatör, kovalı yükseltici *bucket excavator* kepçeli ekskavatör *bucket ladder excavator* kepçeli tarak ekskavatörü *bucket seat* çanak koltuk *bucket shop* borsa hisseleri üzerinde vurgun yapan yolsuz işyeri *bucket wheel excavator* küreme tekerli ekskavatör, küreme tekerli kazaratar *kick the bucket kon.* nalları dikmek

buckle /'bakıl/ *a.* toka, kopça; eğim, kırım, çıkıntı ¤ *e.* toka ya da kopça ile tutturmak, kopçalamak; eğilmek, bükülmek, çarpılmak, yamulmak; eğmek, bükmek, yamultmak *buckle down kon.* (to ile) (işe) dört elle sarılmak *buckle to* kendini vermek, sıkı çalışmak

buckler /'baklı/ *a.* küçük kalkan, siper

buckling /'bakling/ *a. mek.* flambaj, buruşma, burkulma *buckling load* flambaj yükü, burkulma yükü *buckling stress* flambaj gerilmesi, burkulma gerilmesi

buckram /'bakrım/ *a. teks.* tela

buckskin /'bakskin/ *a. teks.* güderi

bud /bad/ *a.* gonca, tomurcuk ¤ *e.* tomurcuklanmak; gonca vermek

Buddhism /'budizım/ *a.* Budizm

Buddhist /'budist/ *a.* Budist

budding /'bading/ *s.* gelişmekte olan, ilerleme kaydeden ¤ *a. trm.* tomurcuklanma; göz aşısı, yaprak aşısı *budding knife trm.* aşı bıçağı

buddy /'badi/ *a. kon.* arkadaş, kafadar, ahbap; lan, ulan

budge /bac/ *e.* yerinden oynatmak, kıpırdatmak; kıpırdamak, yerinden oynamak

budgerigar /'bacıriga:/ *a.* muhabbetkuşu

budget /'bacit/ *a.* bütçe; bütçede yer alan para miktarı, bütçe ¤ *e.* bütçe yapmak *balance the budget* bütçeyi ayarlamak, dengelemek *budget accountant* bütçe muhasibi *budget deficit* bütçe açığı *budget documents* bütçe dokümanları, bütçe vesikaları *budget period* bütçe devresi *budget program* bütçe programı *budget surplus* bütçe fazlası

budgetary /'bacitıri/ *s.* bütçesel, bütçeye ait *budgetary accounts* bütçe hesapları *budgetary control* bütçe kontrolü

budgie /'baci/ *a.* muhabbetkuşu

buff /baf/ *a.* öküz derisi; devetüyü rengi; *kon.* düşkün, meraklı, hasta ¤ *e.* parlatmak, cilalamak, perdahlamak *in the buff* anadan doğma

buffalo /'bafılou/ *a. hayb.* bufalo, manda

buffer /'bafı/ *a.* tampon; tampon görevi gören kişi ya da şey *buffer action* tampon etkisi *buffer amplifier* tampon amplifikatörü *buffer area biliş.* tampon alanı *buffer battery* tampon batarya *buffer memory biliş.* tampon bellek, yastık bellek *buffer pool biliş.* tampon alanı, ara bellek yeri *buffer solution* tampon çözelti *buffer spring* tampon yayı *buffer stock* tampon stok *buffer storage biliş.* tampon bellek *buffer storage device biliş.* tampon bellek aygıtı *buffer storage locations biliş.* bellek aygıt yerleri *buffer store biliş.* tampon bellek *buffer strip cropping trm.* tampon şerit ekimi *buffer zone* tampon bölge

buffered /'bafıd/ *s.* tamponlu *buffered computer biliş.* tamponlanmış bilgisayar *buffered device biliş.* tamponlu aygıt *buffered input/output biliş.* tamponlanmış girdi/çıktı *buffered transfer biliş.* tamponlu aktarım

buffering /'bafıring/ *a.* tamponlama

buffet /'bafit/ *e.* tokatlamak, yumruk atmak, vurmak ¤ /'bufey/ *a.* büfe

buffoon /bı'fu:n/ *a.* soytarı, maskara

buffoonery /bı'fu:nıri/ *a.* maskaralık, soytarılık

bug /bag/ *a. Aİ.* böcek; *kon.* mikrop, virüs; *kon.* gizli dinleme aygıtı; aptalca ya da geçici heves, merak, ilgi, saplantı;

bir şeyin hastası, meraklısı; *kon.* hata ya da güçlük, arıza; tahtakurusu; *biliş.* hata, yanlış ¤ *e. kon.* gizli dinleme aygıtı yerleştirmek; *Aİ.* gıcık etmek, uyuz etmek

bugger /'bagı/ *a. İİ. kon.* adamcağız, hayvancağız; *İİ. kon.* baş belası, karın ağrısı, bela; *arg. kab.* salak, kıl, gıcık, sinir; *kab. arg.* oğlancı, götçü ¤ *e.* oğlancılık etmek; sinirlendirmek, öfkelendirmek ¤ *ünl. İİ. kon.* Kahretsin!, Hay ...! *bugger about İİ. arg.* salakça davranmak; gıcık etmek, sorun olmak *bugger off İİ. kab. arg.* siktir olup gitmek *Bugger off!* Siktir git! *bugger up İİ. kab. arg.* içine sıçmak

buggered /'bagıd/ *s.İİ. kab. arg.* leşi çıkmış, gebermiş

buggery /'bagıri/ *a.* anal seks, götçülük

buggy /'bagi/ *a.* tek atla çekilen hafif araba; *Aİ.* çocuk arabası ¤ *s.* böcekli, böcek dolu; *Aİ. arg.* kaçık, üşütük

bughouse /'baghaus/ *a. Aİ. arg.* tımarhane

bugle /'byu:gıl/ *a.* borazan *bugle call* boru sesi

bugler /'byu:glı/ *a.* borazancı

build /bild/ *e.* kurmak, yapmak, inşa etmek; oluşturmak, geliştirmek ¤ *a.* beden yapısı, yapı *build a fire* ateş yakmak *build in* sabit/gömme olarak yerleştirmek *build (on)upon sand* buz üstüne yazı yazmak *build up* gelişmek; büyümek; güçlenmek; geliştirmek; büyütmek; güçlendirmek *build up one's health* sağlığına kavuşmak *build up a business* iş kurmak

builder /'bildı/ *a.* inşaatçı, müteahhit *builder's certificate* inşaat şahadetnamesi

building /'bilding/ *a.* yapı, inşaat; inşaatçılık, inşa etme *building act* bina inşaat kanunu *building area* iskân sahası, yerleşme alanı *building bylaw* bina inşaat nizamnamesi *building code* bina mevzuatı, yapı yasaları *building component* yapı bileşeni *building construction* bina yapımı *building contractor* müteahhit, inşaatçı, üstenci *building density* inşaat yoğunluğu, yapı yoğunluğu *building description* bina tasviri *building expenses* inşaat masrafları

building expert inşaat uzmanı, yapı uzmanı *building fund* inşaat fonu *building height* yapı yüksekliği *building license* inşaat ruhsatı, yapı oluru *building line* cephe hattı, önyüz çizgisi *building lot* inşaat sahası, yapı alanı *building maintenance* bina bakımı *building material* yapı gereci, inşaat malzemesi *building paper* katranlı mukavva, katranlı karton *building permit* inşaat ruhsatı, yapı oluru *building plot* imar parseli, yapı yerbölümü *building regulation* bina talimatnamesi, bina nizamnamesi *building regulations* inşaat nizamı, yapım kuralları *building rentals* dükkân kiraları *building research* yapı araştırması *building scheme* yapı tasarımı *building site inş.* şantiye, inşaat sahası, yapım alanı *building society* inşaat şirketi, yapı kooperatifi *building stone inş.* yapıtaşı, inşaat taşı *building tax* bina vergisi *building trade* inşaat sanayi, yapı sanayi, inşaat sektörü *building zone* yapı bölgesi

buildup /'bildap/ *a.* gelişme, büyüme, çoğalma, artış

built-in /bilt'in/ *s.* gömme, ankastre *built-in antenna* iç anten *built-in check biliş.* otomatik kontrol, yapı-içi denetimi *built-in cupboard inş.* gömme dolap *built-in function biliş.* hazır fonksiyon, hazır işlev *built-in furniture inş.* gömme mobilya, sabit mobilya *built-in procedure biliş.* hazır prosedür, hazır yordam

built-up /bilt'ap/ *s.* bayındır, mamur *built-up area* meskûn yer, yerleşik alan *built-up beam* bileşik kiriş, mürekkep kiriş *built-up column inş.* çatma sütun

bulb /balb/ *a.* çiçek soğanı; ampul *bulb barometer fiz.* hazneli barometre *bulb holder elek.* ampul duyu, lamba duyu

bulbous /'balbıs/ *s.* soğanlı, soğan gibi, şişman ve yuvarlak *bulbous plants trm.* soğanlı bitkiler

bulge /balc/ *a.* şişkinlik; şiş, çıkıntı; ani artış ¤ *e.* şişmek, kabarmak; bel vermek

bulgy /'balci/ *s.* çıkıntılı, şişkin

bulk /balk/ *a.* oylum, hacim; hantal gövde; en önemli kısım, esas kısım; yük, kargo ¤ *s.* dökme, ambalajsız, toptan *bulk buying* toptan alım *bulk cargo* havaleli mal, ambalajsız mal *bulk carrier* dökme mal taşıyan gemi *bulk cement* dökme çimento *bulk cost* ambalajsız maliyet *bulk density kim.* yığın yoğunluğu *bulk discount* toptan indirimi *bulk flotation* kolektif flotasyon, bileşik yüzdürme *bulk food trm.* dökme yem *bulk freight hav.* yığma kargo *bulk goods* havaleli mal, ambalajsız mal *bulk modulus fiz.* kübik esneklik modülü *bulk sample* kütle numune, kütle örnek *bulk shipment* dökme sevk *bulk storage biliş.* yığınsal bellek *bulk yarn teks.* hacimli iplik, tekstüre iplik *buy in bulk* toptan satın almak *in bulk* büyük miktarda, toptan

bulkhead /'balkhed/ *a. den.* perde, gemi bölmesi

bulky /'balki/ *s.* iri cüsseli, hantal, iri yarı, büyük, iri; çok yer kaplayan, hacimli, havaleli *bulky goods* havaleli mal, hacimli mal

bull /bul/ *a. hayb.* boğa; çam yarması; erkek fil; borsacı; *arg.* aynasız, polis; *arg.* saçma, zırva; spekülatör, vurguncu *a bull in a china shop kon.* kıçıyla dünyayı deviren kimse, sakar *bull market* iyimser piyasa, borsa fiyatlarının yükselmesi *bull pine orm.* çıralı çam, akçam *bull speculation* değer yükselişi üzerinden spekülasyon *bull the market* borsa piyasasını yükseltmek *bull wheel mak.* sondaj çarkı *not know a "B" from a bull's foot* elifi görüp mertek sanmak *take the bull by the horns kon.* güçlüklere cesaretle karşı koymak, gözünü daldan budaktan esirgememek

bulldog /'buldog/ *a. hayb.* buldok

bulldoze /'buldouz/ *e.* buldozerlemek; zorla kabul ettirmeye çalışmak; zorla/tehditle kabul ettirmek, boyun eğdirmek

bulldozer /'buldouzı/ *a.* buldozer, yoldüzer

bullet /'bulit/ *a.* kurşun, mermi

bulletin /'bulıtin/ *a.* ilan, bildiri, tebliğ; belleten, bülten *bulletin board* ilan tahtası *bulletin of application* intibak bülteni

bulletproof /'bulitpru:f/ *s.* kurşun geçirmez

bullfight /'bulfayt/ *a.* boğa güreşi

bullfighter /'bulfaytı/ *a.* boğa güreşçisi

bullfighting /'bulfayting/ *a.* boğa güreşi

bullheaded /bul'hedid/ *s.* dik başlı

bullhorn /'bulho:n/ *a.* megafon

bullion /'bulyın/ *a.* (altın/gümüş) külçe

bullionist /'bulyınist/ *a.* külçeci

bullock /'bulık/ *a. trm.* enenmiş boğa, iğdiş edilmiş boğa/öküz

bullring /'bulring/ *a.* arena

bull's-eye /'bulzay/ *a.* nişan tahtasının ortası, hedef merkezi; *den.* küçük pencere, lomboz; *inş.* tepe camı, aydınlık camı *bull's eye arch inş.* daire kemer *bull's-eye squall metr.* fırtına gözü, fırtına ortasındaki durgun bölge

bullshit /'bulşit/ *a. arg.* saçmalık, zırva *bullshit!* Hassiktir!, Saçma!

bully /'buli/ *e.* kabadayılık etmek, zorbalık etmek ¤ *a.* kabadayı, zorba

bulrush /'bulraş/ *a.* saz, hasırotu

bulwark /'bulwık/ *a.* siper, istihkâm

bum /bam/ *a. kon.* kıç; *Aİ. arg.* serseri; serserilik, başıboşluk; işini boktan yapan kimse ¤ *e. kon.* otlanmak; (around ile) başıboş dolaşmak, serserilik etmek, göt gezdirmek

bumble /'bambıl/ *e.* (on/about ile) *kon.* mırıldanmak, homurdanmak

bumblebee /'bambılbi:/ *a.* yabanarısı

bumboat /'bambout/ *a. den.* bombot

bump /bamp/ *e.* çarpmak, vurmak, toslamak; çarpışmak; sarsıla sarsıla gitmek ¤ *a.* vurma, çarpma, darbe; çarpma sesi, gümbürtü; şişlik, yumru, şiş ¤ *be.* güm diye; aniden *bump into kon.* rastlamak, tesadüf etmek *bump off arg.* gebertmek, temizlemek, ortadan kaldırmak *bump up kon.* artırmak, yükseltmek *bump one's head* kafasını çarpmak

bumper /'bampı/ *a.* tampon; *kon.* bereketli şey *bumper house* kapalı gişe, izleyiciyle dolu tiyatro *bumper car* çarpışan araba *bumper guard* tampon mahmuzu *bumper sticker* tampon çıkartması

bumpkin /'bampkin/ *a. hkr. kon.* hödük, kıro

bumptious /'bampşıs/ *s. hkr.* (başkalarının düşüncelerine) saygısız, kaba

bumpy /'bʌmpi/ s. yamru yumru, çıkıntılı, tümsekli, bozuk; *kon.* iyi kötü, şöyle böyle; düzensiz, bozuk tempolu *bumpy landing hav.* sert iniş

bun /bʌn/ a. kurabiye, çörek; (saç) topuz *have a bun in the oven* orta katta kiracısı olmak

buna /'bu:nı/ a. *teks.* buna

bunch /bʌnç/ a. demet, deste, salkım; *kon.* grup ¤ e. demet yapmak, bir araya toplamak; bir araya toplanmak *bunched cost* götürü maliyet, götürü masraf *bunched income* toplu gelir, götürü gelir

bunchy /'bʌnçi/ s. demet halinde; kabarık, şişkin

bunco /'bʌnkou/ e. dolandırmak, kazıklamak

bund /bʌnd/ a. bent, toprak set; rıhtım

bundle /'bʌndl/ a. bohça, çıkın; deste, tomar; paket; *kon.* bir yığın ¤ e. paldır küldür gitmek; paldır küldür yollamak, acele ettirmek; tıkıştırmak, sokuşturmak *bundle of rights* yasal haklar *bundle off* alelacele göndermek, postalamak, sepetlemek *bundle sb up* sarıp sarmalamak

bung /bʌng/ a. tapa, tıkaç ¤ e. *İl. kon.* fırlatmak, atmak *bung up kon.* tıkamak

bungalow /'bʌngılou/ a. tek katlı ev, bungalov

bungle /'bʌngıl/ e. yüzüne gözüne bulaştırmak, bozmak

bunion /'bʌnyın/ a. *hek.* ayak baş parmağında oluşan ağrılı şişlik

bunk /bʌnk/ a. ranza; kuşet, yatak; *arg.* zırva, saçmalık ¤ e. ranzada yatmak *bunk off İl. arg.* sıvışmak, tüymek; (okul) kırmak, asmak *do a bunk İl. arg.* tüymek, sıvışmak, kaçmak

bunker /'bʌnkı/ a. kömür ambarı, kömürlük; *ask.* yeraltı sığınağı *bunker fuel* gemi yakıtı

bunkum /'bʌnkım/ a. saçma, zırva, palavra

bunny /'bʌni/ a. tavşan, tavşancık

Bunsen /'bʌnsın/ a. Bunsen *Bunsen burner* Bunsen beki *Bunsen photometer fiz.* Bunsen fotometresi

bunt /bʌnt/ a. *bitk.* sürme, yanık

bunting /'bʌnting/ a. *teks.* bayraklık kumaş

buoy /boy/ a. şamandıra; cankurtaran simidi ¤ e. (up ile) su yüzünde tutmak, yüzdürmek; desteklemek, güçlendirmek *life buoy* cankurtaran simidi *buoy dues* şamandıra ücreti *buoy rope* şamandıra halatı *buoy up* moral vermek, neşelendirmek

buoyancy /'boyınsi/ a. su yüzünde durabilme, yüzme özelliği, batmama; (sıvının) kaldırma gücü, yüzme, yüzme yeteneği; kendini hemen toparlama, moral kazanma, neşelenme; ekonomik canlılık

buoyant /'boyınt/ s. batmaz, yüzen; neşeli, kaygısız

bur /bö:/ a. tohumun dikenli kabuğu; ağaç yumrusu; kozalak ¤ e. (yün) pıtrağını çıkarmak

buran /bu:'ra:n/ a. *metr.* buran

burble /'bö:bıl/ e. mırıldanmak; şırıldamak, çağlamak

burden /'bö:dın/ a. ağır yük, yük, hamule ¤ e. yüklemek; sıkıntı vermek *burden costs* dolaylı giderler *burden of proof* ispat külfeti, kanıtlama zorunluluğu, beyyine külfeti *burden rate* genel masraf oranı

burdock /'bö:dok/ a. dulavratotu

bureau /'byuırou/ a. *İl.* kapaklı yazı masası/sıra; *Aİ.* komodin, çekmeceli dolap; resmi daire; büro, yazıhane *bureau on change* döviz bürosu

bureaucracy /byuı'rokrısi/ a. bürokrasi, kırtasiyecilik

bureaucrat /'byuırıkret/ a. bürokrat, yazçizci

bureaucratic /byuırı'kretik/ s. bürokratik

burette /byu'ret/ a. büret, damlaç

burgee /'bö:ci:/ a. *den.* çatal gidon, gidon

burglar /'bö:glı/ a. (ev/dükkân vb. soyan) hırsız *burglar alarm* hırsız alarmı

burglarize /'bö:glırayz/ e. *Aİ.* hırsızlık yapmak, soymak

burglary /'bö:glıri/ a. ev soyma, hırsızlık *burglary insurance* hırsızlık sigortası

burgle /'bö:gıl/ e. (ev, vb.) soymak

burial /'beriıl/ a. defin, gömme *burial expenses* defin masrafları

buried /'berid/ s. gömülü *buried cable* gömülü kablo *buried drain trm.* yeraltı dreni *buried soil trm.* örtülü toprak

burin /'byuırin/ a. hakkâk kalemi

burl /bö:l/ *a. teks.* nope; *orm.* yumru

burlap /'bö:lep/ *a. teks.* çuval bezi

burlesque /'bö:lesk/ *a.* alaya alma, taşlama, yerme ¤ *e.* taklit ederek alay etmek, yermek

burley /'bö:li/ *s.* ince yapraklı tütün

burly /'bö:li/ *s.* iriyarı, yapılı

burn /bö:n/ *e.* yanmak; yakmak; yanmak, yanıp tutuşmak ¤ *a.* yanık *burn away* yakıp kül etmek; yanıp kül olmak *burn cut mad.* kanada orta çekmesi *burn down* yakıp kül etmek; yanıp kül olmak *burn one's boats kon.* geriye dönüş olanaklarını ortadan kaldırmak, köprüleri atmak *burn one's bridges kon.* geriye dönüş olanaklarını ortadan kaldırmak, köprüleri atmak *burn one's fingers kon.* aptallığının cezasını çekmek *burn out* yakıp kül etmek; sönmek; söndürmek; (motor, vb.) yanmak; (motor, vb.) yakmak *burn sb or sth to a crisp* kömür gibi yakmak *burn sb's ears arg.* azarlamak, fırça atmak, haşlamak *burn the candle at both ends kon.* gecesini gündüzünü katarak kendisini helak etmek *burn the midnight oil kon.* gece yarılarına kadar çalışmak *burn up* daha canlı yanmak; (yangınla) yakıp yok etmek; fazla ısıdan yok olmak, yanıp gitmek; *arg.* tam gaz gitmek; *Aİ. arg.* tepesini attırmak, kudurtmak, çileden çıkarmak; *Aİ. arg.* fırça atmak, haşlamak *burn with a low blue flame* ateş püskürmek, barut kesilmek *get one's fingers burnt* bir şeyden ağzı yanmak *Money burns a hole in one's pocket* Para cepte durmaz, Para harcanmak içindir

burner /'bö:nı/ *a.* brülör, bek, yakmaç

burning /'bö:ning/ *s.* yanan, alevler içinde; yakıcı, kızgın; ivedi, çözüm bekleyen, acil, önemli ¤ *a.* yakma, yanma *burning behaviour* yanma davranışı *burning glass* büyüteç *burning oil* gazyağı *burning point* yanma noktası *burning ratio* yanma oranı *burning test teks.* yakma deneyi *burning voltage elek.* yanma gerilimi

burnish /'bö:niş/ *e.* cilalamak, parlatmak, perdahlamak

burnisher /'bö:nişı/ *a.* cilacı; perdah kalemi

burnishing /'bö:nişing/ *a. met.* mıskala

vurma, fıçıda parlatma *burnishing compound met.* mıskala vurma bileşiği

burnt /bö:nt/ *s.* yanmış *A burnt child dreads the fire* Sütten ağzı yanan ayranı üfleyerek içer *burnt lime* yanmış kireç *burnt offering* yakılarak tanrılara sunulan kurban; pişirirken kasten yakılan yemek

burp /bö:p/ *e. kon.* geğirmek; (bebeği) geğirtmek, gazını çıkarmak ¤ *a.* geğirme

burr /bö:/ *a.* çapak, kenar pürüzü *stick like a burr* kene gibi yapışmak

burrow /'barou/ *a.* tavşan çukuru, oyuk, çukur, yuva, in ¤ *e.* (çukur) kazmak; kazarak ilerlemek; yaslanmak; yaslamak

bursar /'bö:sı/ *a.* sayman, muhasebeci; burslu öğrenci

burst /bö:st/ *e.* patlamak; patlatmak; dolup taşmak ¤ *a.* patlama *burst in* birden içeri dalmak *burst in on* yarıda kesmek, yarıda bıraktırmak, kesintiye uğratmak *burst into* aceleyle girmek; birden -e başlamak, -e boğulmak *burst into flames* ateş almak *burst into laughter* kahkahayı basmak *burst into tears* gözlerinden yaş boşanmak, gözyaşlarını tutamamak *burst mode biliş.* patlama modu *burst out* aniden söylemek, patlamak *bursting charge ask.* paralama hakkı *bursting strength* patlama gücü; patlama dayanıklılığı, patlama mukavemeti

bury /'beri/ *e.* gömmek, defnetmek; gizlemek, saklamak *bury/hide one's head in the sand* başını kuma gömmek *bury the hatchet kon.* kavgayı unutup yeniden dost olmak, barış görüş olmak

bus /bas/ *a.* otobüs; *biliş.* ana yol, taşıt ¤ *e.* otobüsle gitmek; otobüsle götürmek *bus cable biliş.* ana yol kablosu, taşıt kablosu *bus driver* otobüs şoförü; *elek.* toplu uyarıcı, toplu eksitatör; *biliş.* ana yol sürücüsü *bus priority structure biliş.* ana yol öncelik yapısı *bus station* otobüs terminali *bus stop* otobüs durağı *bus system biliş.* ana yol sistemi, ana yol dizgesi *bus terminal* şehirlerarası otobüs terminali

bush /buş/ *a.* çalı, çalılık; kovan, yatak burcu, yatak kovanı; halka, bilezik;

rakor; burç, zıvana; *den.* purinçina; (the ile) (özellikle Afrika ve Avustralya'da) vahşi bölge **beat about the bush** *kon.* lafı gevelemek, bin/kırk dereden su getirmek
bushed /buşt/ *s.* yorgun, bitkin **be bushed** hoşaf gibi olmak
bushel /'buşıl/ *a.* kile
bushhammer /'buşhemı/ *a.* taşçı tokmağı
Bushman /'buşmın/ *a.* Güney Afrika'da yerli kabilesi üyesi
bushy /'buşi/ *s.* (saç, vb.) gür, çalı gibi; çalılık, çalılarla kaplı
business /'biznis/ *a.* iş; ticaret, tecim; işyeri, firma; iş, konu, olay, sorun, şey **business address** iş adresi **business administration** iş idaresi **business allowance** yolluk ve temsil harcamaları **business applications** *biliş.* yönetimsel uygulamalar **business bargain** iş pazarlığı **business capacity** işletme kapasitesi **business capital** işletme sermayesi **business card** kartvizit **business circle** iş çevresi **business college** ekonomi okulu, iş idaresi okulu **business combination** işletmelerin birleşmesi **business computer** *biliş.* iş bilgisayarı **business computing** *biliş.* iş bilgi işlemi **business concern** ticari işletme, ticari firma **business consultant** işletme danışmanı **business corporation** ticari şirket, ticari ortaklık **business cycles** konjonktür hareketleri, konjonktür dalgalanmaları **business data** ticari veriler **business data processing** *biliş.* iş bilgi işlemi, yönetimsel bilgi işlem **business directory** ticaret rehberi **business disturbance** işlerin aksaması **business economics** işletme ekonomisi, işletme yönetimi **business enterprise** ticari teşebbüs **business expenses** işletme masrafları **business firm** ticari firma **business hours** iş saatleri, çalışma saatleri, mesai saatleri **business income** ticari gelir **business information system** *biliş.* iş bilişim sistemi, iş bilişim dizgesi **business letter** iş mektubu, ticari mektup **business line** iş telefonu **business lunch** iş yemeği **business machine** büro makinesi **business**

management işletme yönetimi **business manager** müdür, yönetici, amir **business name** ticari unvan, ticaret unvanı **business oriented language** *biliş.* işe yönelik dil **business papers** ticari senetler **business people** işadamları **business prediction** iş tahmini **business programming** *biliş.* yönetimsel programlama **business promotion** ticari gelişme **business quarter** iş merkezi, kent merkezi, iş özeği **business research** işletme araştırması **business risk** iş riski **business school** ticaret okulu **business sector** ticaret sektörü **business stagnation** işlerde kesatlık **business stamp** firma damgası **business statement** iş durumu **business tax** iş vergisi **business transaction** ticari muamele **business travel** iş seyahati **business trip** iş gezisi **business trust** işletmeler tröstü **business year** iş yılı **have no business to do sth** bir şey yapmaya hakkı olmamak **mean business** ciddi olmak, şaka yapmamak **Mind your own business** *kon.* Sen kendi işine bak **None of your business** *kon.* Seni ilgilendirmez
businesslike /'biznislayk/ *s.* sistemli, başarılı, sağduyulu
businessman /'biznismın/ *a.* işadamı **businessman's investment** ticari yatırım
businesswoman /'bizniswumın/ *a.* işkadını
busk /bask/ *e.* çalgı çalarak dilencilik yapmak, sokakta çalmak
busker /'baskı/ *a.* sokak çalgıcısı
bust /bast/ *e. kon.* kırmak, parçalamak; iflas etmek, batmak; iflas ettirmek, batırmak; tutuklamak; basmak, baskın yapmak ¤ *a.* büst; (kadın) göğüsler; (kadın) göğüs çevresi ölçüsü; *arg.* fiyasko; *kon.* tutuklama; *kon.* baskın **bust a gut** eşek gibi çalışmak **bust one's ass** kıçını yırtmak, çok çalışmak **go bust** *kon.* iflas etmek, topu atmak
busted /'bastid/ *s.* kırık; bozuk; patlak; iflas etmiş, topu atmış
buster /'bastı/ *a.* sert güney rüzgârı
bustle /'basıl/ *e.* telaş etmek, acele hareket etmek, koşuşmak, koşuşturmak ¤ *a.* telaş, koşuşma, keşmekeş

bust-up /'bʌstʌp/ *a.* çıngar, kavga; *Aİ.* bitme, sona erme
busy /'bizi/ *s.* meşgul; hareketli; işlek ¤ *e.* (with ile) meşgul etmek *be as busy as a beaver/bee* başını kaşıyacak vakti olmamak *be as busy as Grand Central Station* karınca yuvası gibi kaynamak
busybody /'bizibodi/ *a. hkr.* her şeye burnunu sokan kimse, işgüzar, kel kâhya
but /bʌt, bat/ *bağ.* ama; ama, ancak; ki ¤ /bat/ *ilg.* -den başka
butadiene /byu:tı'dayi:n/ *a.* bütadiyen
butane /'byu:teyn/ *a.* bütan gazı
butanol /'byu:tınol/ *a.* butanol
butch /buç/ *s. İİ. arg.* erkeksi ¤ *a. İİ. arg.* erkeksi kadın, erkek fatma
butcher /'buçı/ *a.* kasap; katil, cani, kasap, insan kasabı ¤ *e.* (hayvan) kesmek; gereksiz yere kan dökmek, öldürmek, doğramak
butcher's (shop) /'buçız (şop)/ *a.* manav (dükkânı)
butchery /'buçiri/ *a.* kasaplık; insan kasaplığı
butene /'byu:ti:n/ *a.* büten
butler /'batlı/ *a.* baş kâhya
butt /bat/ *e.* toslamak; (in ile) *kon.* müdahale etmek, kesmek ¤ *a.* alay konusu olan kimse; fıçı; sigara izmariti; *arg.* göt; dipçik *butt hinge* pomel menteşe, fransız menteşe *butt joint* düz ek *butt log orm.* dip tomruğu, gövdenin birinci tomruğu *butt weld* alın kaynağı, alın bağlantısı
butte /byu:t/ *a. yerb.* şahit tepe, tanıktepe
butter /'batı/ *a.* tereyağı ¤ *e.* tereyağı sürmek *butter muslin* ince muslin *Butter wouldn't melt in his mouth kon.* Saman altından su yürütür *butter sb up* yağ çekmek, yağlamak mec.
buttercup /'batıkap/ *a. bitk.* düğünçiçeği
butterfly /'batıflay/ *a.* kelebek *butterfly circuit elek.* kelebek devre *butterfly nut* kelebek somun *butterfly resonator elek.* kelebek rezonatör *butterfly screw* kelebek vida *butterfly valve* kelebek supap *have butterflies in one's stomach kon.* (bir şeye başlamadan önce) heyecanlanmak, üç buçuk atmak

buttermilk /'batımilk/ *a. trm.* yayık ayranı
butternut /'batınat/ *a.* akceviz
butterscotch /'batıskoç/ *a.* şeker ve tereyağı ile yapılan bir tür tatlı
buttery /'batıri/ *s.* tereyağlı
buttock /'batık/ *a.* but, kaba et
button /batın/ *a.* düğme; elektrik düğmesi, düğme, buton; *Aİ.* rozet ¤ *e.* (up ile) düğmelemek; düğmelenmek *button headed screw* yuvarlak başlı vida *button microphone* buton mikrofon *button one's lips* ağzına kilit vurmak *button up arg.* sessiz olmak, sesi kesmek; *kon.* başarıyla tamamlamak; *ünl.* Kes sesini!
buttonedup /batnd'ap/ *s. kon.* (iş) başarıyla yapılmış; sessiz, ağzı var dili yok; tutuk, çekingen
buttonhole /'batınhoul/ *a.* ilik, düğme iliği; *İİ.* yakaya takılan çiçek ¤ *e. kon.* durdurup dinlemeye zorlamak *buttonhole machine teks.* ilik makinesi *buttonhole stitch teks.* ilik dikiş
buttress /'batris/ *a.* payanda, destek; yardımcı, destekçi, güçlendirici ¤ *e.* desteklemek, güçlendirmek
butyl /'byu:tayl/ *a.* butil
butylene /'byu:tili:n/ *a.* butilen
butyric acid /byu:'tirik esid/ *a.* butirik asit
butyrin /'byu:tirin/ *a.* bütirin
buxom /'baksım/ *s.* (kadın) etli butlu, dolgun
buy /bay/ *e.* satın almak; *kon.* inanmak, yutmak, kabul etmek ¤ *a.* alım, satın alma *buy at first hand* birinci elden satın almak *buy back* geri satın almak *buy for account* vadeli satın almak *buy for cash* peşin satın almak *buy for ready money* peşin satın almak *buy forward* önceden satın almak, stok yapmak *buy into* alışveriş yapmak, müşterisi olmak *buy off* rüşvetle elde etmek; ... işini almak *buy on credit* veresiye satın almak *buy on instalments* taksitle satın almak *buy oneself in* hisse almak *buy order* satın alma siparişi *buy out* hissesini satın almak; işini satın almak *buy retail* perakende satın almak *buy sb off* rüşvetle elde etmek, para vererek kurtulmak *buy sb/sth out* işini/hisselerini satın almak *buy sth in* stok tutmak *buy sth on hire*

purchase taksitle satın almak, veresiye almak **buy sth on the never** taksitle satın almak, veresiye almak **buy sth up** tümünü satın almak, kapatmak **buy time** *kon.* vakit geçirmek, geciktirmek, zaman kazanmak **buy up** tümünü satın almak

buyer /'bayı/ *a.* alıcı, müşteri **buyer's market** alıcı piyasası **buyer's monopoly** alıcı tekeli **buyer's option** alıcı opsiyonu **buyer-up** istifçi **buyers' market** alıcı piyasası **buyers' strike** alıcıların grevi

buying /'baying/ *a.* satın alma **buying allowances** satın alma tahsisatı **buying-in** resen alım **buying order** alış emri **buying-out** resen satış **buying plan** mubayaa planı **buying power** satın alma gücü **buying price** satın alma fiyatı **buying rate** alış kuru

buzz /baz/ *e.* vızıldamak; (for ile) sinyalle çağırmak ¤ *a.* vızıltı; sinyal; *kon.* telefonla arama, telefon etme **buzz off!** *İİ. kon.* bas git!, çek arabanı!, defol git! **buzz saw** daire testere

buzzard /'bazıd/ *a. İİ.* bir tür şahin; *Aİ.* akbaba

buzzer /'bazı/ *a.* sinyal veren alet, zil, elektrik zili; sinyal

by /bay/ *ilg.* yanında, yakınında; yanından; yoluyla, -dan; -e kadar; ile, vasıtasıyla; tarafından; -e göre; -e bakarak, -şinden, -inden hakkı için, aşkına; (ölçü ve sayılarda) -le, -la, -e, -a; boyunca; -den, -dan; (all) ¤ *be.* geçerek, geçip; yakında; *Aİ. kon.* evde, eve; bir kenara **by and by** *kon.* birazdan, az sonra **by and large** genel olarak, genelde **by hook or by crook** allem edip kallem edip **by leaps and bounds** çarçabuk **by oneself** kendi kendine, tek başına **by shank's mare** tabanvayla **by the sweat of one's brow** alın teriyle **by the way** *kon.* aklıma gelmişken, bu arada

ye /bay/ *ünl. kon.* hoşça kal; güle güle

ye-bye /bay'bay/ *ünl.* güle güle; allahaısmarladık, hoşça kal

y-election /'bayilekşın/ *a.* ara seçim

ygone /'baygon/ *s.* geçmiş, eski **let bygones be bygones** *kon.* geçmişteki kötü şeyleri unutmak, eski defterleri kapatmak

bylaw /'baylo:/ *a. İİ.* yerel yasa; *Aİ.* yönetmelik, tüzük

bypass /'baypa:s/ *a.* yan yol, yan geçit; tali boru, ikincil boru, aşma borusu; baypas ¤ *e.* uğramadan geçmek; atlamak, boş vermek, pas geçmek **bypass capacitor** sızdırma kondansatörü **bypass road** baypas, yangeçit **bypass transformer** *elek.* köprüleme transformatörü **bypass valve** baypas supabı

bypath /'baypa:t/ *a.* yanyol

byproduct /'bayprodakt/ *a.* yan ürün

byre /'bayı/ *a. trm.* inek ahırı

by-road /'bayroud/ *a.* ara yol

bystander /'baystendı/ *a.* olaya katılmayıp seyirci kalan

by-street /'baystri:t/ *a.* ara sokak, yan sokak

byte /bayt/ *a. biliş.* bayt **byte addresses** *biliş.* bayt adresleri **byte multiplex** *biliş.* bayt çoklama **byte per second** *biliş.* saniyedeki bayt sayısı **byte track** *biliş.* bayt izi

byway /'baywey/ *a.* az kullanılan/az bilinen dar yol patika, sapa yol

byword /'baywö:d/ *a.* sembol, simge; deyiş, atasözü **become a byword** dillere destan olmak

C

C, c /si:/ *a.* İngiliz abecesinin üçüncü harfi; Romen rakamlarından 100; (not olarak) orta; *arg.* yüz dolarlık banknot, yüz kâğıt

cab /keb/ *a.* taksi; fayton; sürücü yeri, makinist yeri, operatör yeri ¤ *e.* taksi/araba ile gitmek **cab driver** taksi şoförü **cab rank** taksi kuyruğu, taksi sırası

cabal /kı'bel/ *a.* entrika, dolap; klik, hizip ¤ *e.* entrika çevirmek, dolap çevirmek

cabaret /'kebırey/ *a.* kabare **cabaret performer** kabare artisti

cabbage /'kebic/ *a. bitk.* lahana; *İİ. kon.* uyuşuk kimse, ruh

cabbagehead /'kebiched/ *a. bitk.* bir baş lahana; ahmak herif, eşek

cabbala /kı'ba:lı/ *a.* kabala

cabby /'kebi/ *a. kon.* taksi şoförü

cabin /'kebin/ *a. kon.* kamara; tahta kulübe; pilot kabini *cabin boy* kamarot *cabin class* ikinci mevki *cabin crew* kabin mürettebatı *cabin cruiser* kamaralı büyük tekne *cabin scooter* kabinli skuter *cabin supercharger hav.* kabin süperşarjeri

cabinet /'kebinit/ *a.* camlı ve raflı dolap; kabin; kabine, bakanlar kurulu; küçük özel oda *cabinet council* kabine toplantısı *cabinet crisis* hükümet krizi *cabinet drier* kurutma dolabı *cabinet file* doğramacı eğesi *cabinet meeting* kabine toplantısı *Cabinet Minister* kabinede görevli bakan *cabinet scraper* sistire, mobilyacı sistiresi

cabinet-maker /'kebinıtmeykı/ *a.* ince iş yapan marangoz

cabinet-making /'kebinıtmeyking/ *a.* ince marangozluk

cable /'keybıl/ *a.* tel kablo; elektrik, telgraf ve telefon kablosu; telgraf mesajı, telgraf; palamar ¤ *e.* telgrafla yollamak, telgraf havalesi çekmek; kablo döşemek *cable armour elek.* kablo zırhı *cable assembly* komple kablo, kablo takımı *cable box elek.* kablo kutusu *cable car* teleferik *cable clamp elek.* kablo kelepçesi *cable colour code elek.* kablo renk kodu *cable coupler elek.* kablo kuplörü *cable crane* kablo vinci *cable distribution box elek.* kablo dağıtım kutusu *cable drum* kablo makarası *cable filler elek.* kablo doldurucu *cable grip elek.* kablo çorabı *cable joint elek.* kablo eki, ek *cable manhole elek.* kablo ek odası, menhol *cable pulling device* kablo çekme tertibatı *cable rack elek.* kablo rakı, rak *cable railway demy.* kablolu demiryolu, halatlı vargel *cable rate* telgraf ücret tarifesi *cable reel elek.* kablo makarası *cable release fot.* deklanşör kablosu *cable roller* kablo çekme makarası *cable sheath* kablo kılıfı *cable splice* kablo eki *cable stretcher* kablo germe aleti *cable suspender* kablo askı çengeli *cable television* kablolu televizyon *cable terminal* kablo ucu *cable transfer* telgraf havalesi *cable vault* kablo mecrası *cable wax* kablo mumu *cable winch* kablolu vinç

cablegram /'keybılgrem/ *a.* telgraf mesajı

cableway /'keybılwey/ *a.* teleferik

cabling /'keybling/ *a. elek.* kablaj

cabman /'kebmın/ *a.* taksi şoförü

caboodle /kıbu:dıl/ *a.* kalabalık *the whole caboodle* cümbür cemaat

caboose /kı'bu:s/ *a.* gemi mutfağı

cabotage /'kebıta:j/ *a.* kabotaj

cabriolet /'kebrilley/ *a.* üstü açılan araba; fayton

cacao /kı'ka:ou/ *a.* kakao; kakao ağacı *cacao bean* kakao tanesi *cacao butter* kakao yağı

cacao-tree /kıka:ou'-tri:/ *a.* kakao ağacı

cachalot /'keşılot/ *a. hayb.* kaşalot, ispermeçet balinası

cache /'keş/ *a.* zula, gizli yer; zuladaki mallar, gizli yerde saklanan şey ¤ *e.* gizlemek, zula etmek *cache memory biliş.* önbellek, tampon bellek

cachet /'keşey/ *a.* kaşe, mühür; damga

cachexia /kı'keksiı/ *a. hek.* beden zayıflığı, kaşeksi, erimişlik, zafiyet

cachinnate /'kekineyt/ *e.* yüksek sesle gülmek, kahkaha ile gülmek

cachou /'keşu:/ *a.* bir tür güzel kokulu ağız pastili

cackle /'kekıl/ *e.* (tavuk) gıdaklamak; kıkırdamak, kıkır kıkır gülmek ¤ *a.* gıdaklama; kıkırtı, gülüş; *kon.* saçma konuşma, zırva *cackle at* gürültülü konuşmak, anlamsız konuşmak *cut the cackle İİ. arg.* kapa çeneni; kes; sadede gelelim

cacique /ke'si:k/ *a.* Kızılderili kabile reisi

cacodyl /'kekıdayl/ *a.* kakodil

cacography /ke'kogrıfi/ *a.* kötü el yazısı

cacophonous /ke'kofınıs/ *s.* kakofonik

cacophony /ke'kofıni/ *a.* kakofoni, kakışma, ses kakışması, ses uyumsuzluğu

cactus /'kektıs/ *a. bitk.* kaktüs, atlasçiçeği

cacuminal /ke'kyu:minıl/ *s.* üstdamaksıl

cad /ked/ *a.* terbiyesiz kimse, aşağılık kimse

cadastral /kı'destrıl/ *s.* kadastroya ait *cadastral surveying* kadastro etüdü

cadaver /kı'deyvı/ *a.* kadavra

cadaverous /kı'devırıs/ *s.* kadavra gibi

caddy /'kedi/ *a.* çay kutusu *cadd*

spoon çay kaşığı

cadence /'keydıns/ *a.* ritim; (özellikle şiir okurken) sesin alçalıp yükselmesi

cadenced /'keydınst/ *s.* ahenkli, ritmik

cadenza /kı'denzı/ *a.* kadenz, durgu

cadet /kı'det/ *a.* harp okulu ya da polis koleji öğrencisi; küçük kardeş

cadge /kec/ *e. kon. hkr.* otlakçılık etmek, otlanmak

cadger /'kecı/ *a. kon. hkr.* otlakçı, anaforcu

cadmium /'kedmiım/ *a.* kadmiyum

cadre /'ka:dı/ *a.* kadro; hücre **cadre party** kadro partisi

caducity /kı'dyu:sıti/ *a.* bunaklık; fanilik, geçicilik

caducous /kı'dyu:kıs/ *s.* hükümsüz, geçici

caecum /'si:kım/ *a.* körbağırsak

Caesar /'si:zı/ *a.* Sezar

caesarean /si'zeırıın/ *a. hek.* sezaryen **caesarean operation** sezaryen ameliyatı

caesium /'si:ziım/ *a.* sezyum

cafeteria /kefı'tiırıı/ *a.* (selfservis) kafeterya, yemekhane

café /'kefey/ *a.* kafe, kafeterya

caffeine /'kefi:n/ *a.* kafein

caffeine-free /'kefi:n-fri:/ *s.* kafeinsiz

caftan /'keften/ *a.* kaftan

cage /keyc/ *a.* kafes; *mad.* asansör ¤ *e.* kafese koymak **cage aerial/antenna** kafes anten **cage coil** *elek.* kafes bobin **cage hoisting** *mad.* kafesle çıkarma **cage rotor** kafes rotor **cage winding** *elek.* kafes sargı; *mad.* kafesle çıkarma

cageling /'keycling/ *a.* kafese kapatılmış kuş

cagey /'keyci/ *s.* ağzı sıkı, ketum; tedbirli, ihtiyatlı

cagoule /kı'gu:l/ *a.* başlıklı yağmurluk/rüzgârlık

caisson /kı'su:n/ *a.* keson, sandık, sututmalık

cajole /kı'coul/ *e.* (into/out of ile) kandırmak, ikna etmek

cake /keyk/ *a.* pasta, kek; kalıp, topak ¤ *e.* kalıplaşmak; kabuk bağlamak, katılaşmak **a piece of cake** *kon.* çocuk oyuncağı, basit iş **caked with dust** toz içinde **caked with filth** kir bağlamış **cakes and ale** eğlence, cümbüş **go**

like hot cakes peynir ekmek gibi gitmek/satılmak **have one's cake and eat it** aynı şeyden birbirine zıt çıkarlar sağlamak **sell like hot cakes** kapış kapış satılmak **take the cake** kaymağını kendine ayırmak, yağlı kuyruğa konmak

calabash /'kelıbeş/ *a. bitk.* sukabağı

calaboose /'kelıbu:s/ *a.* cezaevi

calamary /'kelımıri/ *a.* kalamar

calamine /'kelımayn/ *a.* kalamin, tutya taşı

calamitous /kı'lemitıs/ *s.* felaketli, belalı

calamity /kı'lemiti/ *a.* felaket, afet **calamity howler** felaket tellalı **Calamity Jane** zavallı kimse, Allahın garibi

calamus /'kelımıs/ *a.* hintkamışı

calandria /kı'lendriı/ *a. şek.* borulu radyatör

calash /kı'leş/ *a.* kaleska

calcaneus /kel'keyniıs/ *a.* topuk kemiği

calcareous /kel'keırııs/ *s.* kalkerli, kireçli **calcareous spar** kalsit

calceolaria /kelsiı'leyrıı/ *a.* çantaçiçeği

calcic /'kelsik/ *s.* kalsiyumlu, kireçli

calcify /'kelsifay/ *e.* kireçlenmek; kireçlendirmek

calcination /kelsi'neyşın/ *a.* yakma, kireçleştirme

calcine /'kelsayn/ *e.* yakarak kireçleştirmek, kalsine etmek

calcining /'kelsayning/ *a.* kavurma **calcining furnace** *met.* kavurma fırını

calcite /'kelsayt/ *a. min.* kalsit

calcium /'kelsiım/ *a.* kalsiyum

calc-tufa /'kelktu:fı/ *a. yerb.* kireçli süngertaşı

calculable /'kelkyulıbl/ *s.* hesaplanabilir

calculate /'kelkyuleyt/ *e.* hesaplamak, hesap etmek; planlamak, tasarlamak **calculate on** -e bel bağlamak, güvenmek **calculate upon** beklemek, ummak, sanmak, tahmin etmek

calculating /'kelkyuleyting/ *s.* kurnaz **calculating machine** hesap makinesi

calculation /kelkyu'leyşın/ *a.* hesap, hesaplama **calculation and cast records** hesaplama ve maliyet kayıtları **calculation of premiums** prim hesaplanması **calculation of probabilities** olasılık hesabı **calculation sheet** hesap cetveli calculative /'kelkyulıtiv/ s. hesaba ait

calculator /'kelkyuleytı/ a. hesap yapan kişi; hesap makinesi; hesap cetveli **calculator terminal biliş.** hesaplayıcı terminal

calculus /'kelkyulıs/ a. mat. hesap

caldera /kel'deırı/ a. yerb. kaldera

calefacient /keli'feyşınt/ s. a. sıcaklık yapan, sıcaklık veren

calefaction /keli'fekşın/ a. ısıtma, ısınma

calendar /'kelindı/ a. takvim; yıllık, almanak; kütük, sicil; liste; katalog; muhakeme günü **calendar month** takvim ayı **calendar year** takvim yılı

calender /'kelindı/ a. tek. perdah makinesi, kalender ¤ e. kalenderlemek, perdahlamak **calender finish** teks. kalender apresi **calender roll** teks. kalender silindiri **calendered paper** bas. perdahlı kâğıt

calends /kelındz/ a. ayın ilk günü **on the Greek calends** balık kavağa çıkınca

calenture /'kelıntyuı/ a. şiddetli humma

calf /ka:f/ a. buzağı, dana; baldır **calf leather** videla, dana derisi **calf love** çocukluk aşkı **kill the fatted calf** dönüşünü kutlamak, kurban kesmek

caliber /'kelibı/ a. Aİ. bkz. calibre

calibrate /'kelibreyt/ e. ayar etmek; çapını ölçmek

calibrated /'kelibreytıd/ s. ayarlı, ölçülü, taksimatlı

calibration /keli'breyşın/ a. ayarlama, çaplama, kalibrasyon, bölmelendirme **calibration condenser** elek. ayarlama kondansatörü **calibration curve** kalibrasyon eğrisi **calibration instrument** çap ölçme aygıtı

calibre /'kelibı/ a. kalite; kalibre, çap

calico /'kelikou/ a. patiska, pamuk bezi

californium /keli'fo:nıım/ a. kaliforniyum

calina /'kelinı/ a. metr. kalina

caliph /'kelif/ a. halife

caliphate /'kelifeyt/ a. halifelik

calk /ko:k/ bkz. caulk

call /ko:l/ e. seslenmek, bağırmak; uğramak; aramak; çağırmak; farz etmek, varsaymak, demek; ... diye hitap etmek, ... adını vermek ¤ a. bağırış, sesleniş, çığlık, çağrı; rağbet; isk. deklare; çağrı, resmi çağrı, davet; telefonla arama; kısa ziyaret, uğrama;

sp. hakem kararı; gereksinim, ihtiyaç; ödeme daveti, apel; satın alma hakkı **call (sb) back** daha sonra aramak **call account** apel hesabı **call at** ziyaret etmek, uğramak **call attention to** dikkat çekmek **call box** İİ. telefon kulübesi **call boy** otel uşağı **call button** zil düğmesi **call by** (geçerken) uğramak **call circuit** elek. çağırma devresi **call collect** ödemeli telefon etmek **call date** tahvilin itfa tarihi **call direction code** biliş. çağrı yönlendirme kodu **call down** azarlamak **call for** çağırmak, gelmesini istemek; gerekmek, istemek; uğrayıp almak, gidip almak **call forth** ortaya çıkarmak **call girl** tele-kız **call house** umumhane, genelev **call in** yardıma çağırmak; iadesini istemek; ödenmesini talep etmek; tedavülden çekmek, toplamak **call in question** doğruluğundan kuşku duymak **call indicator** çağırma göstergesi **call instruction** biliş. çağırma komutu, çağrı komutu **call letters** çağrı harfleri **call loan** vadesiz borç **call money** vadesiz ödünç para **call number** telefon numarası **call off** iptal etmek; geri çağırmak, uzak tutmak **call office** telefon idaresi **call (on)upon** uğramak, ziyaret etmek; talep etmek **call (on)upon sb for sth** birinden bir şey istemek, ricada bulunmak **call one's attention** dikkatini çekmek **call option** satın alma opsiyonu **call out** (resmi olarak) yardıma çağırmak; greve çağırmak **call premium** itfa primi **call price** itfa fiyatı **call sb on the carpet** ağzının payını vermek **call sb to account** hesap istemek, hesap sormak **call sb up** telefon etmek; askere çağırmak **call sb's bluff** blöfe meydan okumak **call sth off** iptal etmek **call to mind** akla getirmek, hatırlatmak **call to witness** tanıklığa davet etmek **call up** İİ. kon. (askere) çağırmak; telefon etmek, aramak; hatırlatmak **call upon** ödenmesini talep etmek **call word** biliş. çağrı sözcüğü, çağrı kelimesi **close call/shave/thing** kötü bir şeyden ucuz kurtulma, kıl payı kurtulma **not be able to call one's time one's own** başını kaşıyacak vakti olmamak **on call** hazır, amade, çalışmaya hazır **there's no call**

to -meye gerek yok **within call** seslenildiğinde duyulabilecek uzaklıkta

callable /'ko:lıbıl/ s. istenebilen **callable bond** ihbarlı tahvil **callable preferred stock** geri satın alma haklı hisse senedi

callboy /'ko:lboy/ a. otel uşağı; tele-oğlan

callbox /'ko:boks/ a. telefon kulübesi

called /ko:ld/ s. denilen, adındaki; ödenmesi istenmiş

caller /'ko:lı/ a. kısa ziyaret yapan kimse, uğrayan kimse, ziyaretçi, misafir; telefonla arayan kimse, arayan

calligraphy /kı'ligrıfı/ a. güzel el yazısı (sanatı); hattatlık, kaligrafi

calling /'ko:ling/ a. istek, heves, tutku; meslek, ticari unvan; çağrı, davet **calling card** kartvizit **calling sequence** biliş. çağırma sırası, çağrı sırası

callipers /'kelipız/ a. çap pergeli, kalınlık pergeli; kompas; bacaklara takılan metal destek

callisthenics /kelis'teniks/ a. beden eğitimi, jimnastik

callosity /ke'losıtı/ a. nasır

callous /'kelıs/ s. nasırlı; katı, duygusuz

callow /'kelou/ s. hkr. acemi, çaylak, deneyimsiz, toy, kuş

callus /'kelıs/ a. nasır

calm /ka:m/ a. (hava) sakinlik; (deniz) durgunluk; sakinlik, rahat, huzur ¤ s. (hava) rüzgârsız; (deniz) durgun, dalgasız; sakin, rahat, huzurlu ¤ e. sakinleştirmek **calm down** sakinleşmek, yatışmak; sakinleştirmek, yatıştırmak **calms of Cancer** metr. Yengeç dönencesi limanlığı **calms of Capricorn** metr. Oğlak dönencesi limanlığı

calmly /ka:mli/ be. sakince, sükunetle, soğukkanlılıkla

calmness /'ka:mnıs/ a. sakinlik, durgunluk; soğukkanlılık

calomel /'keloumel/ a. min. kalomel

calorie /'kelıri/ a. kalori

calorific /kelı'rifik/ s. kalorifik **calorific effect** kalorifik etki, ısıl etki **calorific intensity** kalorifik şiddet, ısıl yeğinlik **calorific value** kalorifik değer, ısıldeğer

calorimeter /kelı'rimitı/ a. kalorimetre, ısıölçer **calorimeter bomb** fiz. kalorimetre bombası

calorimetry /kelı'rimetri/ a. kalorimetri, ısıölçüm

calorisator /kelı'rizeytı/ a. şek. kalorizatör

calorize /kelı'rayz/ e. met. kalorize etmek, alüminyum emdirmek

calque /kelk/ a. öyküntü, aktarma çeviri

caltrop /'keltrıp/ a. domuzyağı; boğadikeni

calumet /'kelyumet/ a. barış çubuğu

calumniate /kı'lamnieyt/ e. iftira etmek

calumniation /kılamni'eyşın/ a. iftira

calumniator /kı'lamnieytı/ a. iftiracı

calumnious /kı'lamnııs/ s. iftira türünden

calumny /'kelımni/ a. iftira

calve /ka:v/ e. buzağılamak

calx /kelks/ a. kalsiyum oksit, metal veya mineralin ısıtılmasından arta kalan kül

calypso /kı'lipsou/ a. müz. kalipso

calyx /'keyliks/ a. çanak, kaliks

cam /kem/ a. kam, eksantrik **cam angle** eksantrik açısı **cam follower** itecek, supap iteceği **cam gear** eksantrik dişlisi **cam journal** kam muylusu, eksantrik muylusu **cam lever** kam levyesi **cam plate** distribütör tablası, dağıtıcı tablası **cam profile** kam profili

camaraderie /kemı'ra:dıri/ a. dostluk, arkadaşlık

camber /'kembı/ a. kavis, eğrilik, yatıklık; oto. kamber, tekerlek yatıklığı **camber angle** oto. kamber açısı **camber arch** inş. kambur kemer

cambered /'kembıd/ s. kavisli **cambered wing** hav. kavisli kanat

cambist /'kembist/ a. kambiyocu; kambiyo el kitabı

cambistry /'kembistri/ a. kambiyo etüdü

cambium /'kembiım/ a. orm. kambiyum, büyütkendoku

Cambodian /kem'boudyın/ a. s. Kamboçyalı

Cambrian /'kembriın/ a. yerb. Kambriya dönemi

cambric /'keymbrik/ a. teks. patiska

camcorder /'kemko:dı/ a. portatif kamera

camel /'kemıl/ a. deve; den. gemi yüzdürme aracı, gemi yüzdürme dubası **camel's hair** teks. devetüyü **camel's hair yarn** teks. devetüyü ipliği

camelback /'kemılbek/ a. oto. dış lastik sırt kauçuğu

cameleer /kemi'lıı/ *a.* deveci

camellia /kı'mi:lıı/ *a. bitk.* kamelya

cameo /'kemiou/ *a.* işlemeli akik

camera /'kemırı/ *a.* fotoğraf makinesi; kamera, alıcı *in camera* gizlice, özel olarak *camera alignment elek.* kamera yerleştirmesi, kamera yer ayarı *camera angle sin.* kamera açısı, açı *camera aperture fot.* diyafram açıklığı *camera cable elek.* kamera kablosu *camera car* şaryo, kaydırma arabası, kamera arabası *camera crane* kamera vinci *camera crew* kamera ekibi *camera dolly* şaryo, kaydırma arabası, kamera arabası *camera lens* kamera merceği, alıcı merceği *camera shooting* filme alma, film çekme, çekim *camera stand* kamera ayağı *camera support* kamera desteği *camera tube elek.* kamera tüpü, kamera lambası

cameraman /'kemrımen/ *a.* kameraman, alıcı yönetmeni

camiknickers /'keminikız/ *a.* kadın iç çamaşırı

camion /'kemiın/ *a.* kamyon

camomile /'kemımayl/ *a. bitk.* papatya; papatya çayı *camomile tea* papatya çayı

camouflage /'kemıfla:j/ *a.* kamuflaj ¤ *e.* kamufle etmek *camouflage of earnings* örtülü kazanç

camp /kemp/ *a.* kamp ¤ *e.* kamp yapmak ¤ *s. arg.* homo, ibne ya da sevici; kadınsı *camp fever* tifo, karahumma *camp girl* kız izci

campaign /kem'peyn/ *a.* kampanya ¤ *e.* kampanya yapmak

campaigner /kem'peynı/ *a.* kampanyaya katılan kimse

campanile /kempı'ni:li/ *a.* çan kulesi

campanula /'kım'penyulı/ *a.* çançiçeği

camper /'kempı/ *a.* kampçı; kamp arabası

camp-fire /'kempfayı/ *a.* kamp ateşi

camphor /'kemfı/ *a.* kâfur, kâfuru *camphor tree* kâfur ağacı

camping /'kemping/ *a.* kamping *camping ground/site* kamp yeri

campus /'kempıs/ *a.* kampüs, yerleşke

camshaft /'kemşa:ft/ *a.* kam mili, eksantrik mili, kam şaftı

can /kın, ken/ *e.* -ebilmek, -abilmek

can /ken/ *a.* kap, kutu; teneke kutu; konserve kutusu; konserve; *arg.* kodes; buat, kutu ¤ *e.* konserve yapmak, konservelemek; *arg.* (müzik) kaydetmek *can opener* konserve açacağı *carry the can kon.* suçu üstlenmek *take the can* ceremeyi çekmek

Canada /'kenıdı/ *a.* Kanada *Canada balsam* Kanada balsamı

Canadian /kı'neydyın/ *s.* Kanada ile ilgili ¤ *a.* Kanadalı *Canadian football* Kanada futbolu *Canadian French* Kanada Fransızcası

canaille /kı'na:l/ *a.* ayaktakımı

canal /kı'nel/ *a.* kanal *canal toll* kanal geçiş ücreti, mururiye, geçmelik

canalization /kenılay'zeyşın/ *a.* kanal açma

canalize /'kenılayz/ *e.* (akarsuyu) derinleştirmek, genişletmek, kanal açmak; suyu bir yöne aktarmak, bir yöne akıtmak; belirli bir sonuca götürmek, kanalize etmek, yönlendirmek

canapé /'kenıpey/ *a.* kanape

canard /ke'na:d/ *a.* uydurma haber, asılsız haber

canary /kı'neıri/ *a.* kanarya

canasta /kı'nestı/ *a.* kanasta

cancan /'kenken/ *a.* kankan

cancel /'kensıl/ *e.* kaldırmak, iptal etmek, feshetmek, bozmak; eşitlemek, denkleştirmek, dengelemek; çizmek, üstünü çizmek; *mat.* kısaltmak *cancel an order* siparişi geri almak *cancel character biliş.* iptal karakteri, unut karakteri *cancel entry* iptal maddesi

cancellation /kensı'leyşın/ *a.* iptal, bozma, fesih; *mat.* kısaltma *cancellation clause* iptal etme maddesi *cancellation law mat.* kısaltma yasası *cancellation of contract* mukavelenin feshi *cancellation of the check* çekin iptali

cancelled /'kensıld/ *s.* çizilmiş, iptal edilmiş *cancelled check* iptal edilmiş çek; ödenmiş çek *cancelled stamp* iptal edilmiş pul

cancelling /'kensıling/ *a.* iptal etme, feshetme *cancelling machine* iptal etme makinesi

cancer /'kensı/ *a.* Yengeç Burcu; *hek.*

kanser

cancerous /'kensırıs/ *s. hek.* kanserli

candela /ken'di:lı/ *a.* kandela

candid /'kendid/ *s.* içten, samimi, dürüst; (kamera) gizli **candid camera** gizli kamera

candidacy /'kendidısi/ *a.* adaylık

candidate /'kendidit/ *a.* aday, namzet; sınava giren kimse

candied /'kendid/ *s.* şekerlenmiş, şekerleme biçimine konmuş

candle /'kendıl/ *a.* mum **candle power** *fiz.* mumgücü **candle wick** fitil **not hold a candle to** eline su dökememek **the game is not worth the candle** astarı yüzünden pahalı

candleberry /'kendılbıri/ *a.* mumağacı

candle-end /kendıl'end/ *a.* mum artığı

candlefoot /'kendılfut/ *a. elek.* mum-fut

candleholder /'kendlhouldı/ *a.* şamdan

candlelight /'kendılayt/ *a.* mum ışığı

candlestick /'kendılstik/ *a.* şamdan

candlewick /'kendılwik/ *a.* fitil

candour /'kendı/ *a.* içtenlik, açık yüreklilik, dürüstlük, samimiyet

candy /'kendi/ *a.* şeker, şekerleme ¤ *e.* şekerlemek; kristallenmek, kristalleşmek **candy store** şekerci dükkânı

candyfloss /'kendiflos/ *a.* pamukhelva, ketenhelva

cane /keyn/ *a.* kamış; sopa, değnek; baston; şekerkamışı ¤ *e.* değnekle dövmek **cane sugar** kamış şekeri **cane sugar mill** kamış şekeri fabrikası

canework /'keynwö:k/ *a.* kamış işi, kamış örgüsü

canine /'keynayn/ *s.* köpek ve benzeri hayvanlarla ilgili **canine tooth** köpekdişi

canister /'kenistı/ *a.* teneke kutu **canister shot** şarapnel

canker /'kenkı/ *a.* pamukçuk; buğdaypası

cannabis /'kenıbis/ *a.* kenevir, kendir; haşiş, esrar, marihuana

canned /kend/ *s.* konserve **canned food** konserve yiyecek **canned meat** konserve et

canner /'kenı/ *a.* konserve fabrikası; konserveci

cannery /'kenıri/ *a.* konserve fabrikası

cannibal /'kenıbıl/ *a.* yamyam; *hayb.*

kendi türünün etini yiyen hayvan

cannibalism /'kenibılizım/ *a.* yamyamlık

cannibalize /'kenibılayz/ *e.* çıkma parça takmak

cannon /'kenın/ *a. ask.* büyük top; ateşli silah; (bilardoda) karambol ¤ *e.* hızla vurmak, çarpmak; topa tutmak, bombardıman etmek; karambol yapmak

cannonball /'kenınbo:l/ *a.* top, savaş topu, gülle; (futbol) füze, çok sert şut

cannon-bone /kenın'boun/ *a.* incik kemiği

cannot /'kenıt, 'kenot/ *e. bkz.* can

cannula /'kenyulı/ *a.* sonda, kanül

canny /'keni/ *s.* dikkatli, açıkgöz, kurnaz, uyanık

canoe /kı'nu:/ *a.* kano

canoeist /kı'nu:ist/ *a.* kanocu

canon /'kenın/ *a.* Hıristiyan kilisesi yasası; katedral rahibi; genel kural, ilke **canon law** fıkıh

canonical /kı'nonikıl/ *s. mat.* doğal, kanonik **canonical form** *mat.* kanonik form, doğal biçim

canonist /'kenınist/ *a.* kilise hukukçusu

canonize /'kenınayz/ *e.* aziz saymak, takdis etmek, kutsamak

canoodle /kı'nu:dl/ *e. arg.* öpüp okşamak, yemek

canopy /'kenıpi/ *a.* gölgelik, tente; örtü; *hav.* kanopi, kapak **canopy of heaven** gök kubbe

canorous /kı'no:rıs/ *s.* ahenkli, uyumlu

can't /ka:nt/ *e.* -emez, -amaz, -emiyor, -amıyor

cant /kent/ *a.* ikiyüzlülük, yapmacık konuşma; argo ¤ *e.* ikiyüzlülük etmek; yapmacıklı konuşmak

cantaloup(e) /'kentılu:p/ *a.* kantalup kavunu

cantankerous /ken'tenkırıs/ *s. kon.* huysuz, hırçın, aksi, geçimsiz

cantata /ken'ta:tı/ *a.* kantat

canted /'kentid/ *s.* eğimli **canted shot** *elek.* eğik plan, eğik çekim

canteen /ken'ti:n/ *a.* kantin; matara; *İl.* çatal-bıçak-kaşık takımı

canter /'kentı/ *e.* eşkin gitmek

canticle /'kentikl/ *a.* kantik, ilahi

cantilever /'kentili:vı/ *a.* dirsek, destek, konsol **cantilever beam** konsol kiriş **cantilever bridge** *inş.* konsol köprü *cantilever slab* konsol plak

canton /'kɛntɒn/ *a.* kanton

cantonment /kɛn'tuːnmɪnt/ *a.* konak, karargâh

cantor /'kɛntɔː/ *a.* kantor *Cantor set mat.* Cantor kümesi

canvas /'kɛnvɪs/ *a.* çadır bezi, yelken bezi; çadır; tuval; kanava, kanaviçe

canvass /'kɛnvɪs/ *e.* (siyasi görüş vb. için) anket yapmak, kamuoyu yoklaması yapmak

canvasser /'kɛnvɪsı/ *a.* sipariş toplayan, oy toplayan; inceleyen, soruşturan

canyon /'kɛnyın/ *a.* kanyon, derin vadi, kapız

caoutchouc /'kauçuːk/ *a.* kauçuk

cap /kɛp/ *a.* kasket, başlık, takke, kep; kapak; *den.* destemora ¤ *e.* kaplamak, örtmek; (önceki bir şeyi) geliştirmek *cap in hand* süklüm püklüm *cap it all* üstüne üstlük *cap nut* başlık somunu *cap screw* başlık vidası *cap stone inş.* taş başlık, tepelik, taç *If the cap fits, wear it* Yarası olan gocunsun *set one's cap at* kancayı takmak

capability /keypı'biliti/ *a.* yeteneklilik, yetenek, kabiliyet, iktidar, ehliyet

capable /'keypıbıl/ *s.* yetenekli, muktedir, ehliyetli; -e açık; yatkın; eğilimli *capable to compete* rekabet edebilir

capacious /kı'peyşıs/ *s.* geniş, ferah

capacitance /kı'pesitıns/ *a.* kapasitans, kapasite *capacitance bridge* kapasite köprüsü *capacitance coefficient* kapasite katsayısı *capacitance coupling* kapasitif kuplaj *capacitance relay* kapasite rölesi

capacitate /kı'pesiteyt/ *e.* yetenekli kılmak, y etki vermek

capacitive /kı'pesitiv/ *s.* kapasitif *capacitive coupling* kapasitif kuplaj *capacitive diagram* kapasitif diyagram *capacitive feedback* kapasitif geribesleme *capacitive load* kapasitif yük *capacitive potentiometer* kapasitif potansiyometre *capacitive reactance* kapasitif reaktans *capacitive transducer* kapasitif güç çevirici *capacitive window* kapasitif pencere

capacitor /kı'pesitı/ *a.* kondansatör *capacitor colour code* kondansatör renk kodu *capacitor loudspeaker* elektrostatik hoparlör *capacitor microphone* kondansatörlü mikrofon *capacitor modulator* kondansatör modülatör *capacitor pickup* kondansatör pikap *capacitor store biliş.* kapasitif depolama birimi

capacity /kı'pesiti/ *a.* kapasite, sığa; yetenek, kapasite; sıfat, durum, mevki; yeterlik, ehliyet *capacity cost* tam kapasite maliyeti *capacity plan* kapasite planı *capacity planning biliş.* kapasite planlama, sığa tasarlama *capacity ratio* kapasite nispeti *capacity reactance* kapasite reaktansı, sığa reaktansı

capapie /kepı'piː/ *be.* tepeden tırnağa

cape /keyp/ *a.* coğ. burun; pelerin, harmani *cape chisel* saplama kalemi, yassı keski

caper /'keypı/ *e.* hoplamak, sıçramak, oynaşmak ¤ *a.* hoplama, sıçrama; *bitk.* kebere, gebreotu, kapari

capercaillie /kepı'keyli/ *a.* çalıhorozu

capias /'keypies/ *a.* tutuklama emri

capillarity /kepi'lerıti/ *a.* kapilarite

capillary /kı'pilıri/ *s.* kılcal, kapiler ¤ *a.* kılcal damar *capillary activity* kapiler aktivite, kılcal etkinlik *capillary attraction* kapiler çekme *capillary condensation* kılcal yoğunlaşma, kapiler kondensasyon *capillary correction metr.* kılcal düzeltme *capillary electrometer* kılcal elektrometre, kapiler elektrometre *capillary elevation* kapiler yükselme *capillary energy* kapiler enerji *capillary moisture* kapiler nem, kılcal nem *capillary potential* kapiler potansiyel *capillary pressure* kapiler basınç, kılcal basınç *capillary pulling force* kapiler çekme kuvveti *capillary repulsion* kapiler itme *capillary rise* kapiler yükselme *capillary saturation* kapiler doygunluk *capillary siphoning* kapiler sifonlama *capillary suction* kapiler emme *capillary tube* kılcal boru, kapiler boru *capillary water* kapiler su *capillary zone* kapiler bölge

capital /'kepitıl/ *a.* başkent; anamal, kapital, sermaye; *kon.* para; büyük harf; sütun başlığı ¤ *s.* cezası ölüm olan; (harf) büyük; ana, önemli, önde gelen; kusursuz, muhteşem; sermaye ile ilgili

capital account sermaye hesabı **capital accumulation** sermaye birikimi **capital assets** sabit varlıklar, sermaye kıymetleri **capital bonus** sermaye temettüü **capital budget** yatırım bütçesi **capital centralization** sermaye temerküzü **capital coefficient** sermaye katsayısı **capital consumption** sermaye tüketimi **capital dividend** sermaye temettüü **capital expenditure** sermaye harcaması **capital flight** sermayenin kaçışı **capital flow** sermaye akımı **capital formation** sermaye teşekkülü **capital gain** sermaye kazancı **capital gains tax** sermaye kazançları vergisi **capital goods** sermaye malları **capital grant** proje yardımı **capital import** sermaye ithali **capital in kind** ayni sermaye **capital inflow** sermaye girişi **capital-intensive** sermaye yoğun **capital investment** sermaye yatırımı **capital-labour ratio** sermaye-emek oranı **capital letter** büyük harf **capital levy** sermaye vergisi **capital liability** uzun vadeli borç, sabit borç **capital loss** sermaye kaybı **capital market board** sermaye piyasası kurulu **capital market law** sermaye piyasası kanunu **capital market** sermaye piyasası **capital movement** sermaye hareketi **capital outflow** sermaye çıkışı **capital outlay** sermaye masrafı **capital-output coefficient** sermaye-hasıla katsayısı **capital-output ratio** sermaye-hasıla oranı **capital paid in** ödenmiş sermaye **capital punishment** ölüm cezası **capital rating** sermaye değerliliğin saptanması **capital rationing** sermaye kısıtlaması **capital receipts** ödenmiş sermaye **capital rent** arazi geliri **capital reserve** kapital ihtiyatı, sermaye ihtiyatı **capital resources** sermaye kaynakları **capital-rich country** sermayece zengin ülke **capital-saving** sermayeden tasarruf edici **capital stock** hisse senedi sermayesi, öz sermaye **capital stock tax** menkul kıymetler vergisi **capital structure** sermaye yapısı **capital sum** öz sermaye toplamı **capital surplus** sermaye fazlası, sermaye üstesi **capital transaction** sermaye işlemi **capital value** sermaye değeri

capitalism /'kepitılizım/ a. kapitalizm, anamalcılık

capitalist /'kepitılist/ a. kapitalist, anamalcı, sermayedar

capitalistic /kepitıl'istik/ s. kapitalist **capitalistic economy** kapitalist ekonomi

capitalization /kepitılay'zeyşın/ a. kapitalizasyon, sermayelendirme, sermayeye katma; sermaye miktarı **capitalization rate** kapitalizasyon oranı

capitalize /'kepitılayz/ e. sermaye olarak kullanmak; büyük harf ile yazmak; kendi yararına kullanmak **capitalized** kapitalize, aktifleştirilmiş **capitalized expenses** aktifleştirilen masraflar **capitalized surplus** sermayeye eklenen kâr **capitalized value** kapitalize değer, sermaye değeri

capitation /kepi'teyşın/ a. baş vergisi

Capitol /'kepitıl/ a. Kapitol

capitulate /kı'piçuleyt/ e. (düşmana şartlı) teslim olmak

capitulation /kıpiçu'leyşın/ a. şartlı teslim olma, kapitülasyon

caporal /kepı'ra:l/ a. bir tür Fransız tütünü

capped /kept/ s. kep veya bereli

capping /'keping/ a. den. küpeşte kapağı; mad. demir başlık

capric acid /'keprik 'esid/ a. kim. kaprik asit

caprice /kı'pri:s/ a. kapris, şımarıklık; kapriçyo

capricious /kı'prişıs/ s. kaprisli; dönek, değişken

capriciousness /kı'prişısnıs/ a. kaprislilik

Capricorn /'kepriko:n/ a. Oğlak burcu

capriole /'keprioul/ e. sıçramak, zıplamak

caproic acid /kı'prouik 'esid/ a. kaproik asit

caprylic acid /'keprilik 'esid/ a. kaprilik asit

capsicum /'kepsikım/ a. bitk. (dolmalık/uzun) biber

capsize /kep'sayz/ e. alabora olmak; alabora etmek

capstan /'kepstın/ a. bocurgat, ırgat, vinç **capstan head** den. palamar babası, ırgat babası **capstan lathe** revolver başlı torna

capsule /'kepsyu:l/ *a.* kapsül; *hek.* kaşe; *kim.* çanak

captain /'keptın/ *a. den.* kaptan; kaptan, takım başı; *ask.* yüzbaşı ¤ *e.* kaptanlık etmek, kumanda etmek, yönetmek *captain of industry* endüstride söz sahibi kişi *captain's entry* kaptanın beyannamesi *captain's protest* kaptanın ihbarı *captain's report* kaptan raporu

captainship /'keptinşip/ *a.* yüzbaşılık, kaptanlık

caption /'kepşın/ *a.* manşet, başlık, yazı; altyazı

captious /'kepşıs/ *s.* müşkülpesent, zor beğenir; yanıltıcı, aldatıcı

captivate /'keptiveyt/ *e.* büyülemek, çekmek

captivation /kepti'veyşın/ *a.* büyüleme, cezbetme

captive /'keptiv/ *s.* tutsak, esir; tutsak edilmiş, kapatılmış ¤ *a.* tutsak, esir *captive audience* dinlemeye mecbur edilen kimse, esir alınan kimse *hold captive* esir tutmak *take captive* esir almak, tutsak etmek

captivity /kep'tiviti/ *a.* tutsaklık, esaret

captor /'keptı/ *a.* tutsak eden kişi, esir alan kişi

capture /'kepçı/ *e.* tutmak, yakalamak, tutsak etmek, esir etmek; egemen olmak, almak, zapt etmek; özelliğini yitirmeden korumak, aynen almak ¤ *a.* esir alma; esir alınma; ganimet *captured river coğ.* müsadere edilen akarsu, kapılan akarsu

car /ka:/ *a.* otomobil, araba; *demy.* vagon; asansör kabini *car aerial oto.* oto anteni *car antenna oto.* oto anteni *car body* otomobil karoseri, oto gövdesi *car bumper* tampon *car ferry* araba vapuru *car heater oto.* oto kaloriferi, oto ısıtıcı *car mechanic oto.* otomobil tamircisi *car pool* araba parkı

caracal /'kerıkel/ *a. hayb.* karakulak

carafe /kı'ref/ *a.* cam sürahi

caramel /'kerımıl/ *a.* karamela; karaşerbet

caramelize /'kerımılayz/ *e. şek.* karamelleştirmek, karamel yapmak; karamelleşmek

carat /'kerıt/ *a.* kırat, ayar

caravan /'kerıven/ *a.* kervan; çingene arabası; karavan

caravanner /'kerıvenı/ *a.* kervanla seyahat eden kimse

caravanserai /kerı'vensıray/ *a.* kervansaray

caravel /'kerıvıl/ *a.* karavela

caraway /'kerıwey/ *a.* karaman kimyonu

carbamate /'ka:bımeyt/ *a.* karbamat

carbamic acid /ka:'bemik 'esid/ *a. kim.* karbamik asit

carbamide /'ka:bımayd/ *a.* karbamit, üre

carbanion /ka:'benayın/ *a.* karbanyon

carbazole /'ka:bızoul/ *a.* karbazol

carbide /'ka:bayd/ *a. kim.* karbür

carbine /'ka:bayn/ *a.* karabina

carbinol /'ka:binoul/ *a.* karbinol

carbocyclic /ka:bou'sayklik/ *s.* karbosiklik, homosiklik

carbohydrase /ka:bou'haydreys/ *a.* karbohidraz

carbohydrate /ka:bou'haydreyt/ *a.* karbonhidrat

carbolic acid /ka:'bolik 'esid/ *a.* fenik asit

carbon /'ka:bın/ *a. kim.* karbon; karbon kâğıdı, kopya kâğıdı; karbon kâğıdı ile çıkarılan kopya; *elek.* karbon çubuk, karbon kömür *carbon arc* karbon arkı *carbon brush elek.* karbon fırçası, kömür fırçası *carbon contact elek.* karbon kontağı *carbon content* karbon miktarı, karbon niceliği *carbon copy* karbon kopyası *carbon cycle* karbon çevrimi *carbon dating* karbon tarih saptama yöntemi *carbon demand* karbon talebi, karbon istemi *carbon deposit oto.* karbon kiri, is *carbon dioxide* karbondioksit *carbon electrode* karbon elektrot *carbon fibre* karbon lifi *carbon filament* karbon filaman, kömür teli *carbon microphone* karbon mikrofon *carbon monoxide* karbonmonoksit *carbon paper* karbon kâğıdı *carbon residue* karbon artığı *carbon resistor* karbon direnç *carbon silk* karbon ipeği *carbon steel met.* karbon çeliği

carbonaceous /ka:bı'neyşıs/ *s.* karbonlu

carbonado /k:bı'neyd/ *a. mad.* siyah elmas, karbonado, karaelmas

carbonate /'ka:bıneyt/ *a.* karbonat ¤ *e.* karbonatlamak

carbonation /ka:bı'neyşın/ *a.* karbonatlama *carbonation juice* şek. karbonatlama şerbeti *carbonation tank* şek. karbonatlama kazanı
carbonic /ka:'bonik/ *s. kim.* karbonik *carbonic acid* karbonik asit *carbonic acid compressor* karbonik asit kompresörü
Carboniferous /ka:bı'nifırıs/ *a. yerb.* Karbon dönemi
carboniferous /ka:bı'nifırıs/ *s.* karbonlu, kömürlü
carbonization /ka:bınay'zeyşın/ *a.* kömürleşme, kömürleştirme
carbonize /'ka:bınayz/ *e.* kömürleştirmek
carbonized /'ka:bınayzd/ *s.* karbonlu *carbonized anode elek.* karbonlu anot *carbonized filament* kömürlü filaman, karbonlu filaman
carbonizing /'ka:bınayzing/ *a.* karbonizasyon *carbonizing agent* karbonizasyon maddesi *carbonizing bath* karbonizasyon banyosu *carbonizing machine* karbonizasyon makinesi *carbonizing plant teks.* karbonizasyon tesisi *carbonizing stain teks.* karbonizasyon lekesi
carbonyl /'ka:bınil/ *a. kim.* karbonil
Carborundum /ka:bı'randım/ *a. kim.* karborundum
carboxyl /ka:'boksil/ *a.* karboksil
carboxylase /ka:'boksileyz/ *a.* karboksilaz
carboxylic acid /ka:bok'silik esid/ *a.* karboksilik asit
carboy /'ka:boy/ *a.* damacana, cam balon
carbuncle /'ka:bankıl/ *a.* şirpençe, çıban
carburate /'ka:byureyt/ *e.* karbürlemek
carburation /'ka:byureyşın/ *a.* karbürleme
carburettor /ka:byu'retı/ *a.* karbüratör *carburettor bowl oto.* karbüratör çanağı *carburettor choke oto.* karbüratör jiklesi *carburettor engine oto.* karbüratörlü motor *carburettor float oto.* karbüratör şamandırası *carburettor icing* karbüratör buzlanması *carburettor pump oto.* karbüratör pompası *carburettor throttle oto.* karbüratör gaz kelebeği *carburettor valve oto.* karbüratör supabı
carburization /ka:byuray'zeyşın/ *a.* karbonlama

carburize /'ka:byurayz/ *e.* karbonlamak
carburized steel /'ka:byurayzd sti:l/ *a. met.* karbonlanmış çelik
carbylamine /ka:bili'mi:n/ *a.* karbilamin
carcase /'ka:kıs/ *a.* gövde; *inş.* iskelet
carcass /'ka:kıs/ *a.* yemek için kesilmiş hayvanın ölüsü, hayvan ölüsü; *hkr. arg.* ceset, leş; *hkr. kon.* bir şeyin döküntü parçaları, döküntü artık, leş, hurda; eski ya da bitmemiş tekne iskeleti
carcinogenic /ka:sını'cenik/ *s.* kansere yol açan
carcinoma /ka:si'noumı/ *a.* kanser, kötücül ur
card /ka:d/ *a.* oyun kâğıdı, iskambil kâğıdı, kart; kart, ziyaret kartı, kartvizit; kart, kartpostal; *kon.* gırgır, şamatacı, matrak kimse; *sp.* karşılaşma programı; tarak ¤ *e.* taramak *card back biliş.* kart sırtı *card basket* kartvizit kutusu *card bed biliş.* kart yatağı, kart yolu *card cage biliş.* kart kafesi *card code biliş.* kart kodu *card column biliş.* kart kolonu, kart sütunu *card deck biliş.* kart destesi *card face biliş.* kart yüzü *card feed biliş.* kart besleme donanımı, kart besleyici *card field biliş.* kart alanı *card fluff biliş.* kart tüylenmesi *card format biliş.* kart formatı, kart biçimi, kart deseni *card hopper biliş.* kart tutucu *card image biliş.* kart görüntüsü *card index* kart fihristi, kartotek *card jam biliş.* kart sıkışması *card loader biliş.* kart yükleyici *card of account* hesap şeması *card-programmed calculating biliş.* kart-programlı hesaplama *card punch biliş.* kart delici *card punching biliş.* kart delgileme *card reader biliş.* kart okuyucu *card reproducer biliş.* kart çoğaltıcı makine, kart çoğaltıcısı *card row biliş.* kart satırı *card sensing biliş.* kart algılama *card sharper isk.* hile yapan kimse *card stacker biliş.* kart yığıcı *card system biliş.* kart sistemi, kart dizgesi *card table* kumar masası *card-to-card biliş.* karttan-karta *card-to-disk converter biliş.* kart-disk dönüştürücü *card-to-magnetic tape converter biliş.* karttan manyetik banda dönüştürücü *card-to-tape biliş.* karttan banda *card-to-tape converter biliş.* karttan teybe dönüştürücü *card track biliş.* kart yatağı, kart yolu *card verifi-*

cation biliş. kart denetimi *card verifier biliş.* kart denetici *card wreck biliş.* kart sıkışması *have a card up one's sleeve kon.* gizli bir planı olmak, gizli niyeti olmak *house of cards İİ. kon.* başarı olasılığı çok az olan plan *lay one's cards on the table* gizlisi saklısı olmamak, açık ve dürüst olmak *on the cards kon.* olası, muhtemel *play one's cards well* en iyi şekilde hareket etmek, kartlarını iyi oynamak *put one's cards on the table* gizlisi saklısı olmamak, açık ve dürüst olmak

cardamine /ka:'demini/ *a.* acı tere

cardan joint /'ka:den coynt/ *a.* kardan mafsalı, kardan kavraması

cardan shaft /'ka:den şaft/ *a.* kardan şaftı, kardan mili

cardboard /'ka:dbo:d/ *a.* kalın karton, mukavva ¤ *s.* mukavvadan yapılmış, mukavva; gerçek olmayan, doğal olmayan, sahte, yapay

carded /'ka:did/ *s. teks.* taranmış *carded wool teks.* taranmış yün *carded wool yarn teks.* ştrayhgarn yün ipliği

carder /'ka:dı/ *a.* tarakçı; tarak makinesi, tarak tezgâhı

cardiac /'ka:diek/ *s. hek.* kalp ya da kalp hastalıklarıyla ilgili

cardialgia /ka:di'eljı/ *a.* kalp ağrısı

cardigan /'ka:digın/ *a.* hırka, örgü ceket

cardinal /'ka:dınıl/ *s.* en önemli, baş, ana, esas ¤ *a.* kardinal *cardinal number mat.* asıl sayı, sayal sayı, nicelik sayısı *cardinal points* anayönler *cardinal principles* ana ilkeler *cardinal sound* asal ses *cardinal utilitarianism* kardinal faydacılık *cardinal vowel* asal ünlü *cardinal winds metr.* ana rüzgârlar

carding /'ka:ding/ *a. teks.* tarama, taraklama *carding engine teks.* tarak makinesi

cardiogram /'ka:diougrem/ *a.* kardiyogram

cardioid /'ka:dioyd/ *a. mat.* kardioit, yürek eğrisi *cardioid condenser fiz.* kardiyot kondansatör *cardioid microphone elek.* kardiyot mikrofon

cardiology /ka:di'olıci/ *a.* kardiyoloji

cardphone /'ka:dfoun/ *a.* kartlı telefon, telefon kartıyla çalışan umumi telefon

care /keı/ *a.* kaygı, üzüntü; bakım, ilgi; koruma, sorumluluk; dikkat, özen ¤ *e.* aldırmak, umursamak, önemsemek; istemek, hoşlanmak, sevmek *care about* hoşlanmak, beğenmek; ilgilenmek; kaygılanmak, umurunda olmak *care for* bakmak, ilgilenmek; istemek; sevmek, hoşlanmak *for all I care* bana sorarsan *Have a care! kon.* daha dikkatli ol!, dikkat et! *(in) care of* (gönderi) eliyle *take care of* -e dikkat etmek, -e bakmak, ilgilenmek; icabına bakmak, işini bitirmek, dövmek; öldürmek *Take care of yourself* Kendine iyi bak! *under the care of* bakımı altında, himayesinde *Who cares?* Kimin umurunda?

careen /kı'ri:n/ *e.* karina etmek, karinaya basmak

career /kı'rıı/ *a.* meslek yaşamı, kariyer ¤ *e.* son süratle gitmek ¤ *s.* profesyonel

careerist /kı'rıırist/ *a.* kariyer yapmayı amaçlayan kimse

carefree /'keıfri:/ *s.* kaygısız, tasasız; *hkr.* sorumsuz

careful /'keıfıl/ *s.* dikkatli; dikkatle yapılmış; özenli; *kon.* cimri, sıkı

carefully /'keıfıli/ *be.* dikkatle, özenle

carefulness /'keıfulnıs/ *a.* dikkat, özen

careless /'keılıs/ *s.* dikkatsiz; dikkatsizce/baştan savma yapılmış; aldırışsız, ilgisiz

carelessly /'keıljsli/ *be.* dikkatsizce, dikkat etmeden, gelişigüzel

carelessness /'keılisnıs/ *a.* dikkatsizlik, ihmal

caress /kı'res/ *e.* okşamak; öpmek ¤ *a.* okşama; öpme

caressing /kı'resing/ *s.* şefkatli

caret /'kerit/ *a.* ters V işareti

caretaker /'keıteykı/ *a.* hademe, odacı; ev bekçisi *caretaker government* geçici hükümet

careworn /'keıwo:n/ *s.* üzgün, dertli

carfare /'ka:feı/ *a.* bilet ücreti

cargo /'ka:gou/ *a.* yük, kargo, hamule *cargo battens* yük tirizleri *cargo boat* yük gemisi, şilep *cargo book* yük kayıt defteri *cargo carrier* yük gemisi *cargo glider* römork, treyler *cargo hold* yük ambarı *cargo parachute* yük paraşütü *cargo plan* yük planı *cargo plane* kargo uçağı **cargo policy** kargo poliçesi **cargo prepaid** navlunu peşin ödenmiş **cargo steamer** şilep

Caribbean /keri'bi:ın/ *a.* Karayib Denizi

caribou /'keribu:/ *a. hayb.* karibu

caricature /'kerikıçuı/ *a.* karikatür

caricaturist /'kerikıtuırist/ *a.* karikatürist

caries /'keıri:z/ *a.* yenirce

carina /kı'ri:nı/ *a.* omurga

caring /'kering/ *s.* yardımsever, şefkatli

carious /'keıriıs/ *s. hek.* (diş, vb.) çürük, çürümüş

carline /'ka:lin/ *a.* hat, yol

carload /'ka:loud/ *a.* vagon yükü; araba yükü

carman /'ka:mın/ *a.* kamyon sürücüsü; arabacı; taşımacı, nakliyeci

carmine /'ka:mayn/ *a.* parlak kırmızı

carnage /'ka:nic/ *a.* kıyım, katliam, kırım

carnal /'ka:nıl/ *s.* şehevi, cinsel, bedensel **carnal knowledge** cinsel ilişki

carnality /ka:'nelıtı/ *a.* şehvet

carnallite /'ka:nılayt/ *a. min.* karnalit

carnassial /'ka:nesiıl/ *a.* köpekdişi

carnation /ka:'neyşın/ *a. bitk.* karanfil

carnauba wax /ka:'naubı weks/ *a.* Brezilya balmumu

carnet /'ka:ney/ *a.* gümrük geçiş belgesi

carnival /'ka:nivıl/ *a.* karnaval, şenlik

carnivora /ka:'nivırı/ *a.* etobur hayvanlar

carnivore /'ka:nivo:/ *a.* etobur hayvan

carnivorous /ka:'nivırıs/ *s.* etobur, etçil

carnotite /'ka:nıtayt/ *a. min.* karnotit

carob /'kerıb/ *a.* keçiboynuzu, harnup

carol /'kerıl/ *a.* Noel şarkısı, neşeli şarkı

Carolingian /kerou'linciın/ *a.* Şarlman hanedanı

carom /'kerım/ *a.* karambol

carotene /'kerıti:n/ *a.* karoten

carotid /kı'rotid/ *a.* karotis

carouse /kı'rouz/ *e.* içki âlemi yapmak

carousel /kerı'sel/ *a. Al.* atlıkarınca

carp /ka:p/ *e. hkr. kon.* mızmızlanmak, dırdır etmek ¤ *a. hayb.* sazanbalığı

carpal /'ka:pıl/ *a.* el bileği kemiği

carpel /'ka:pel/ *a.* karpel, meyve yaprağı

carpenter /'ka:pıntı/ *a.* marangoz, doğramacı, dülger **carpenter's hammer** marangoz çekici **carpenter's level** kabarcıklı düzeç, tesviyeruhu **carpenter's pencil** marangoz kalemi **carpen-**

ter's plane marangoz rendesi **carpenter's rule** marangoz cetveli **carpenter's vice** marangoz mengenesi

carpentry /'ka:pıntri/ *a.* marangozluk, doğramacılık

carpet /'ka:pit/ *a.* halı, kilim; *tek.* yol ¤ *e.* halı döşemek; kaplamak **be on the carpet** zılgıt yemek **sweep (sth) under the carpet** *kon.* gizli tutmak, saklamak **carpet bag** heybe **carpet finishing machine** *teks.* halı apre makinesi **carpet loom** *teks.* halı tezgâhı **carpet printing machine** *teks.* halı basma makinesi **carpet sweeper** halı süpürgesi, gırgır **carpet wool** *teks.* halı yünü **carpet yarn** *teks.* halı ipliği

carping /'ka:ping/ *a.* yersiz eleştiri

carpus /'ka:pıs/ *a.* el bileği

carriage /'keric/ *a.* araba, at arabası; *İİ.* vagon; taşıma, nakliye; nakliye ücreti; makinenin oynak parçası, şaryo; duruş, yürüyüş biçimi **carriage by sea** deniz taşımacılığı **carriage collect** taşıma ücreti varışta ödenecek **carriage contract** nakliye sözleşmesi **carriage control tape** *biliş.* yazıcı denetim bandı **carriage forward** navlun alıcıya ait **carriage freight** nakliye masrafları **carriage note** yük senedi **carriage paid** nakliyesiz, navlun satıcıya ait **carriage return** *biliş.* satırbaşı, şaryo dönüşü **carriage spring** *demy.* vagon yayı

carriageway /'kericwey/ *a.* taşıt yolu

carried /'kerid/ *s.* nakledilmiş **carried forward** nakli yekûn **carried interest** alınan faiz

carrier /'keriı/ *a.* nakliyeci, taşıyıcı; (hastalık) taşıyıcı; *ask.* kariyer, uçak gemisi; kurye, ulak; torna fırdöndüsü **carrier bag** saplı naylon çanta **carrier pigeon** posta güvercini **carrier current** *elek.* taşıyıcı akım, kuran partör **carrier current relay** *elek.* taşıyıcı akım rölesi **carrier filter** taşıyıcı süzgeci **carrier frequency** *elek.* taşıyıcı frekans **carrier gas** taşıyıcı gaz **carrier line** taşıyıcı hattı **carrier mobility** taşıyıcı devingenliği, taşıyıcı hareket yeteneği **carrier noise** taşıyıcı gürültüsü **carrier repeater** *elek.* taşıyıcı repetörü **carrier rocket** taşıyıcı roket **carrier shift** *elek.* taşıyıcı kayması **carrier suppression** taşıyıcı bastırma **carrier system**

taşıyıcı sistemi *carrier wave* *elek.*
taşıyıcı dalga *carrier's policy* nakliye
senedi *carrier's receipt* taşıma senedi,
nakliye senedi

carriers /'keriːz/ *a.* taşıyıcı firma

carrion /'keriːn/ *a.* leş; kokmuş et *carrion beetle* *hayb.* leşböceği *carrion crow* leşkargası

carrot /'kerɪt/ *a.* havuç; *kon.* mükâfat

carroty /'kerɪti/ *s.* havuç renginde

carry /'keri/ *e.* taşımak, götürmek; ağırlığını çekmek, taşımak; *kon.* desteklemek, yardım etmek, arka çıkmak; bulundurmak; geçirmek, bulaştırmak, yaymak; içermek, taşımak, kapsamak desteğini kazanmak; onaylamak, kabul edilmek; onaylamak, kabul ettirmek; ulaşmak; erişmek ¤ *a.* taşıma; menzil; *biliş.* elde sayısı, elde *carry a message* haber taşımak *carry a motion* bir teklifi onaylatmak *carry a torch* abayı yakmak *carry an election* seçim kazanmak *carry an item* bir maddeyi nakletmek *carry authority* yetki sahibi olmak *carry back* geçmişe götürmek *carry balance forward* bakiyeyi nakletmek *carry coals to Newcastle* tereciye tere satmak *carry consequences* sonucu kabullenmek *carry down* hesap açmak için bakiyeyi nakletmek *carry forward* nakli yekûn yapmak, virman yapmak, yeni sayfaya nakletmek *carry forward to credit* alacağa kaydetmek *carry forward to debt* borca kaydetmek *carry forward to new account* yeni hesaba nakletmek *carry insurance* sigortalı olmak *carry interest* faiz getirmek *carry into effect* uygulamaya koymak *carry off* kazanmak; başarılı olmak *carry on a lawsuit* davacı olmak *carry on business* iş yapmak *carry on with* sürdürmek *carry on with sb* biriyle mercimeği fırına vermek *carry on* sürdürmek, yürütmek, devam etmek; *kon.* heyecan yaratmak; (with ile) *kon.* cinsel ilişkisi olmak *carry out* bitirmek, yerine getirmek, tamamlamak; başarmak *carry over* nakletmek *carry sb away* coşturmak, büyülemek, kendinden geçirmek *carry sth off* başarmak *carry sth out* yapmak, yerine getirmek; tamamlamak *carry the*

day kazanmak, tam başarı sağlamak *carry the weight of the world on one's shoulders* dünyanın yükünü omuzlarında taşımak *carry through* bitirmek, tamamlamak, yerine getirmek; varlığını sürdürmek; ayakta tutmak *carry time* *biliş.* elde sayısı zamanı, elde zamanı *get carried away* heyecanlanmak, kendini kaptırmak, aşka gelmek

carryall /'keriɔːl/ *a.* kaptıkaçtı; yolcu çantası

carryback /'keribek/ *a.* müdevver zarar, aktarılan zarar

carrycot /'kerikot/ *a.* *İİ.* portbebe, taşınır bebek yatağı

carrying /'keriing/ *a.* nakliye, taşıma *carrying agent* nakliyeci, taşımacı *carrying capacity* yük taşıma kapasitesi *carrying company* nakliye şirketi *carrying trade* nakliyecilik, taşımacılık *carrying value* defter kıymeti, mukayyet değer *carrying wing* *hav.* taşıyıcı kanat

carryings-on /'keriingzon/ *a.* kaba davranış, aşırı davranış, taşkınlık

carryover /'keriouvı/ *a.* müdevver zarar, nakli yekûn

carsick /'kaːsik/ *s.* kendisini araba tutan, arabada hasta olan

carsickness /'kaːsiknıs/ *a.* araba tutması

cart /kaːt/ *a.* at arabası; el arabası ¤ *e.* taşımak, götürmek *cart note* nakliye senedi *put the cart before the horse* yemeğe tatlıdan başlamak, ata et, ite ot vermek

cartage /'kaːtic/ *a.* taşıma ücreti, navlun; arabayla taşıma

carte-blanche /kaːt'blaːnç/ *a.* açık kart *give sb a carte blanche* açık bono vermek

cartel /kaː'tel/ *a.* kartel

cartelization /kaːtılay'zeyşın/ *a.* kartelleşme

cartelize /'kaːtılayz/ *e.* kartelleşmek; kartel oluşturmak

carter /'kaːtı/ *a.* arabacı

Cartesian /kaː'tiːziın/ *s.* Dekart (ile ilgili) *Cartesian coordinates* *mat.* Dekart koordinatları *Cartesian linguistics* Dekartçı dilbilim *Cartesian produc* *mat.* Dekart çarpımı

cart-horse /'ka:tho:s/ *a.* yük beygiri

cartilage /'ka:tılic/ *a.* kıkırdak

cartilaginous /ka:ti'lecinıs/ *s.* kıkırdaklı, kıkırdak gibi

carting /'ka:ting/ *a.* nakliye ücreti

cartographer /ka:'togrıfı/ *a.* kartograf, haritacı

cartography /ka:'togrıfı/ *a.* kartografi, haritacılık

cartomancy /'ka:toumensi/ *a.* iskambil falcılığı

carton /'ka:tn/ *a.* mukavva kutu, karton kutu

cartoon /ka:'tu:n/ *a.* karikatür; çizgi film *cartoon film sin.* çizgi film, miki filmi

cartoonist /ka:'tu:nist/ *a.* karikatürcü, karikatürist

cartridge /'ka:tric/ *a.* fişek; *müz.* pikap kafası; kartuş, kaset *cartridge belt* palaska *cartridge brass* fişek pirinci *cartridge case* hartuç sandığı, fişek kutusu, kovan *cartridge clip* fişek şeridi *cartridge fuse elek.* kartuş sigorta *cartridge paper* fişek kartonu *cartridge pen* hartuçlu kalem

cartwheel /'ka:twi:l/ *a.* araba tekerleği

cartwright /'ka:trayt/ *a.* araba yapımcısı

carve /ka:v/ *e.* oymak; kesmek, dilimlemek; (up ile) bölmek, paylaştırmak

carver /'ka:vı/ *a.* et bıçağı

carving /'ka:ving/ *a.* oyma; oymacılık *carving chisel* oymacı kalemi

carwash /'ka:woş/ *a.* oto yıkama

caryatid /keri'etid/ *a.* karyatit, heykel sütun, yontudikeç

caryopsis /keri'opsis/ *a. bitk.* karyops, buğdaysı meyve

casaba /kı'sa:bı/ *a.* bir tür kış kavunu

cascade /ke'skeyd/ *a.* çağlayan, şelale; *elek.* kaskat, kademeli dizi ¤ *e.* çağlamak, taşmak *cascade amplifier elek.* kaskat amplifikatör *cascade connection elek.* kaskat bağlama *cascade control* kaskat kontrol *cascade converter elek.* kaskat konvertisör *cascade particle fiz.* kaskat tanecik *cascade shower fiz.* kozmik ışın sağanağı, çağlayan sağanağı *cascaded carry biliş.* kademeli elde

case /keys/ *a.* hal, durum; olay; sorun; *huk.* dava; kutu, sandık, mahfaza; çanta; kasa; *dilb.* ad durumu, durum; kılıf; kasa, harf kasası ¤ *e.* kutulamak *case depth* doku kalınlığı *case ending* ad durumunu belirten ek, isim çekim eki, takı *case grammar* durum dilbilgisi *case-hardened met.* yüzeyden sertleştirmek, doku sertleştirmek *case hardened steel met.* sementasyon çeliği, doku sertleştirilmiş çelik *case hardening met.* sementasyon, doku sertleştirimi *case hardness met.* doku sertliği *case rack bas.* hurufat kasası *case shot* şarapnel *case study* örnekolay, örnek olay incelemesi *in any case* ne olursa olsun *in no case* hiçbir surette *(just) in case* ne olur ne olmaz *in case of* -dığı takdirde, ... durumunda, ... olursa *lower case* küçük harf *upper case* büyük harf

casein /'keysi:ın/ *a.* kazein

caseinogen /keysi'inıcın/ *a.* kazeinojen

casemate /'keysmeyt/ *a.* kazamat

casement /'keysmınt/ *a. inş.* kanatlı pencere; pencere kanadı; *teks.* perdelik pamuklu kumaş

caseous /'keysiıs/ *s.* peynir ile ilgili

cash /keş/ *a.* nakit para, peşin para; *kon.* para, mangır ¤ *e.* paraya çevirmek, bozdurmak *cash a check* çek bozdurmak *cash account* kasa hesabı *cash against bill of lading* konşimento karşılığı ödeme *cash against documents* belge karşılığı ödeme *cash and carry* peşin ödeyip alma; peşinle çalışan işyeri; peşin (alınan) *cash asset* nakit aktif *cash at bank* bankadaki para, bankada bulunan nakit *cash audit* kasa kontrolü, nakit kontrolü *cash balance* kasa mevcudu, kasa bakiyesi, nakit bakiye *cash basis* nakit esası *cash before delivery* teslimden önce ödeme *cash before shipment* yüklemeden önce ödeme *cash book* kasa defteri, cari hesap defteri *cash budget* nakit bütçesi *cash cheque* çizgili olmayan çek *cash count* kasa sayımı *cash cover* kuvertür, karşılık *cash credit* para olarak verilen kredi *cash crop* ihracat ürünü, ihracat için üretilen mahsul *cash delivery* teslimat, tediye *cash desk* kasa, vezne *cash discount* peşin indirimi, peşin ödeme indirimi *cash dispenser* bankamatik

cash dividend nakdi temettü **cash down** peşin para **cash flow** nakit akımı, nakit girişi **cash fund** kasa fonu, nakit fon **cash gift** nakit para hediyesi **cash in (on sth)** kazanç sağlamak, yararlanmak **cash in advance** peşin ödeme **cash in hand** kasa mevcudu, elde bulunan para **cash in transit** nakil halindeki para **cash in** kazanç sağlamak, yararlanmak, faydalanmak **cash inflow** para girişi **cash items** kasayı oluşturan senetler **cash journal** kasa yevmiyesi **cash letter of credit** kredi mektubu **cash letter** transit çeki **cash market** nakit piyasası **cash on delivery** ödemeli, tesliminde ödenecek **cash on documents** belge karşılığı peşin **cash on hand** eldeki nakit, mevcut para, kasa mevcudu **cash order** nakit siparişi **cash outflow** para çıkışı **cash outlay** nakdi masraf **cash payment** peşin ödeme **cash price** peşin fiyat **cash purchase** peşin alış **cash ratio** disponibilite oranı **cash receipt journal** kasa tahsilat yevmiyesi **cash records** kasa kayıtları **cash register** otomatik kasa, yazarkasa **cash report** nakit raporu **cash reserve** nakit rezervi **cash resource** nakit kaynağı **cash sale** peşin satış, vadesiz satış **cash statement** periyodik kasa özeti **cash surrender value** nakit değeri, satın alma değeri **cash terms** peşin fiyatlar **cash value** peşin kıymet **cash voucher** kasa fişi, ödeme makbuzu **cash with order** ödemeli sipariş

cashbook /'keşbuk/ a. kasa defteri **cashbook journal** kasa yevmiyesi

cashew /'keşu:/ a. bitk. maun, akaju ağacı **cashew nut** akaju cevizi

cashier /ke'şıı/ a. kasiyer, kasadar **cashier's account** kasiyer hesabı **cashier's check** banka kasiyer çeki **cashier's desk** kasa, vezne **cashier's office** kaza, vezne

cashless /'keşlis/ s. parasız

cashmere /'keşmıı/ a. kaşmir **cashmere wool** teks. kaşmir yünü

cashomat /'keşoumet/ a. bankamatik

casing /'keysing/ a. mahfaza, zarf, örtü; kaplama, çerçeve

casino /kı'si:nou/ a. gazino

cask /ka:sk/ a. fıçı, varil

casket /'ka:skit/ a. küçük kutu; Aİ. tabut

Caspian /'kespiın/ s. Hazar+ **Caspian Sea** Hazar Denizi

casque /kesk/ a. başlık, miğfer

cassation /ke'seyşın/ a. iptal, fesih

cassava /kı'sa:vı/ a. bitk. manyok

casserole /'kesıroul/ a. güveç

cassette /kı'set/ a. kaset **cassette television** elek. kasetli televizyon

cassiopeium /kesiou'pi:ım/ a. lutesyum

cassiterite /kı'sitırayt/ a. yerb. kasiterit

cassock /'kesık/ a. papaz cüppesi

cast /ka:st/ e. fırlatmak, atmak; atmak, çıkarmak, değiştirmek; (oy) vermek; dökmek, saçmak; rol vermek; dökmek, döküm yapmak ¤ a. atma, atış; kalıp, döküm; oynayanlar, oyuncular; çeşit, tür; alçı ¤ s. atılmış; dökme **cast a slur (on)** namusuna leke sürmek **cast bronze** dökme bronz **cast doubt on** gölge düşürmek **cast in the eye** şaşılık **cast in the same mold** aynı hamurla yoğrulmuş **cast iron** met. font, pik demir, dökme demir **cast nail** dökme çivi **cast of mind** düşünce biçim, kafa **cast off the rope** den. halatı mola etmek **cast off** çıkarmak; kurtulmak; ilişkisini kesmek; (ilmek) iğneden çıkarmak; den. mola etmek; bas. yazının basılı uzunluğunu tahmin etmek **cast steel** dökme çelik **cast sth in sb's teeth** yüzüne vurmak, başına kakmak **cast stone** suni taş **cast-in-situ pile** inş. yerinde dökme kazık

castanet /kestı'net/ a. kastanyet

castaway /'ka:stıwey/ a. deniz kazazedesi

caste /ka:st/ a. sınıf, kast

castellan /'kestilın/ a. kale kumandanı

castellated /'kestileytid/ s. kuleli, mazgallı **castellated nut** taçlı somun, tepeli somun

caster /'ka:stı/ a. mobilya tekerleği

castigate /'kestigeyt/ e. ağır biçimde cezalandırmak; azarlamak, paylamak

castigation /kesti'geyşın/ a. cezalandırma

casting /'ka:sting/ a. döküm; oyuncu seçme **casting shrinkage** met. döküm firesi **casting vote** başkanın oyu **casting-out-nines** biliş. modulo dokuz, dokuzları atma

cast-iron /ka:st'ayın/ *s.* dökme demirden yapılmış; *kon.* güçlü, sağlam, dayanıklı, demir gibi

castle /'ka:sıl/ *a.* şato, kale; (satranç) kale *build castles in the air/Spain* olmayacak duaya amin demek *castle nut* çentikli somun, taçlı somun

castoff /'ka:stof/ *a. kon.* istenmeyen giysi, döküntü

castor /'ka:stı/ *a.* tuzluk; biberlik; şekerlik; eşya tekerleği, nakil tekerleği *castor oil* hintyağı *castor sugar* pudraşeker

castrate /ke'streyt/ *e.* hadım etmek, iğdiş etmek, enemek

castration /kes'treyşın/ *a.* hadım etme, eneme, kısırlaştırma

casual /'kejuıl/ *s.* rastlantısal, tesadüfi; ciddi olmayan, hafif, sudan; günlük, resmi olmayan; (işçi) geçici olarak işe alınmış *casual labourer* gündelikçi, geçici işçi *casual leave* mazeret izni *casual wear* günlük elbise

casually /'kejuli/ *be.* rasgele, kayıtsızca, dikkatsizce

casualty /'kejuılti/ *a.* kazazede, yaralı; *ask.* zayiat, kayıp *casualty department* yaralı koğuşu, ilkyardım, acil *casualty insurance* hasar sigortası, kaza sigortası *casualty ward* yaralı koğuşu, ilkyardım, acil

cat /ket/ *a.* kedi; *den.* griva palangası *cat burglar* hırsız *cat's eye* (ışık vurunca parlayan) reflektör, kedigözü; aynülhir *cat's paw* alet, maşa *cat's whisker* dedektör ibresi *grin like a Cheshire cat* pişmiş kelle gibi sırıtmak *have not a cat in hell's chance* hiç şansı olmamak *let the cat out of the bag kon.* baklayı ağzından çıkarmak, ağzından kaçırmak *like a cat on a hot tin roof* sinirli, gergin, huzursuz *like a cat on hot bricks* sinirli, gergin, huzursuz *like a cat with nine lives* dokuz canlı *like cat and dog* kedi köpek gibi *like something the cat brought/dragged in* dağınık, kirli *like the cat that stole the cream* kendini beğenmiş *not room to swing a cat* avuç içi kadar yer, daracık yer *play cat and mouse with* kedinin fareyle oynadığı gibi oynamak *put the cat among the pigeons* (beklenmedik

sözle/davranışla) sorun çıkarmak, olay çıkarmak *rain cats and dogs kon.* şakır şakır yağmur yağmak, bardaktan boşanırcasına yağmak *see which way the cats jumps* gidişata göre davranmak *think one is the cat's pyjamas/whiskers arg.* kendini beğenmek, kendini bir şey sanmak

catabolism /kı'tebılizım/ *a.* katabolizma

catachresis /ketı'kri:sis/ *a.* kaydırma

cataclasis /ketı'kleysis/ *a. yerb.* kataklasis, kaya ezilmesi

cataclastic /ketı'klestik/ *a. yerb.* kataklastik, ezik

cataclysm /'ketıklizım/ *a.* afet

catacomb /'ketıku:m/ *a.* yeraltı mezarı, katakomp

catafalque /'ketıfelk/ *a.* katafalk

Catalan /'ketılın/ *s.* Katalonyalı

catalepsis /ketı'lepsis/ *a.* katalepsi, istencin yitimi

catalog /'ketılog/ *Aİ. bkz.* catalogue

catalogue /'ketılog/ *a.* katalog; liste ¤ *e.* kataloglamak; listelemek, listeye almak

catalpa /kı'telpı/ *a.* katalpa

catalyse /'ketılayz/ *e. kim.* katalizlemek

catalysis /kı'telisis/ *a. kim.* kataliz, tezleştirme

catalyst /'ketılist/ *a. kim.* katalizör, tezgen *catalyst poisoning* katalizör zehirlenmesi

catalytic /ketı'litik/ *s.* katalitik *catalytic cracking* katalitik kırma *catalytic reaction* katalitik reaksiyon

catalyzer /'ketılayzı/ *a. kim.* katalizör, tezgen

catamaran /ketımı'ren/ *a.* katamaran

catamite /'ketımayt/ *a.* ibne, oğlan

catamount /'ketımaunt/ *a. hayb.* dağ kedisi

cataphoresis /ketıfı'ri:sis/ *a.* kataforez

cataplasm /'ketıplezım/ *a.* yakı

catapult /'ketıpalt/ *a.* sapan; mancınık; katapult ¤ *e.* (sapanla) fırlatmak

cataract /'ketırekt/ *a.* büyük çağlayan, çavlan; nehrin en akıntılı yeri; *hek.* katarakt, aksu

catarrh /kı'ta:/ *a. hek.* nezle, soğuk algınlığı

catarrhal /kı'ta:rıl/ *s.* nezle ile ilgili

catastrophe /kı'testrıfı/ *a.* yıkım, felaket, facia

catastrophic(al) /ketı'strofikıl/ *s.* felaket gibi, felaket getiren

catbird /'ketbö:d/ *a.* alaycı kuş

catcall /'ketko:l/ *e.* yuhalanmak, ıslıklanmak; yuhalamak

catch /keç/ *e.* tutmak, yakalamak; avlamak, yakalamak, tutmak; ansızın bulmak, birdenbire fark etmek, görmek, yakalamak; takılmak; yetişmek, yakalamak; (hastalık) yakalanmak, kapmak, almak; çarpmak, vurmak; (ilgi/dikkat vb.) çekmek; bir an gözüne çarpmak, bir an için duymak; yanmaya başlamak, alev almak; çalışmak, işlemek, çalışmaya başlamak; duymak, anlamak, kavramak ¤ *a.* topu tutma, yakalama, top tutma; tutulan, yakalanan şeyin miktarı; *kon.* bityeniği; kilit dili *be caught in the middle/cross-fire* iki ateş arasında kalmak *catch a cold* üşütmek, nezle olmak *catch all party* toplayıcı parti *catch fire* tutuşmak *catch it* zılgıtı yemek *catch on* popüler olmak, ünlü olmak, gözde olmak; anlamak, kavramak, öğrenmek *catch phrase* slogan *catch sb out* hile ya da kurnazlıkla yenmek, aldatmak *catch out* yanlışını ortaya çıkarmak; aldatıp hata yaptırmak, tuzağa düşürmek; zor durumda bırakmak *catch sb's eye* gözüne takılmak *catch up (with)* aynı düzeye gelmek, yetişmek, yakalamak *catch up (on)* arayı kapatmak, tamamlamak, zaman açığını gidermek *get caught in the middle/cross-fire* iki ateş arasında kalmak

catch-all /'keço:l/ *a.* öteberi torbası; *şek.* şerbet tutucu

catch-as-catch-can /keçızkeç'ken/ *a.* kıran kırana

catcher /'keçı/ *a.* yakalayıcı

catching /'keçing/ *s. kon.* bulaşıcı *catching diode* *elek.* tutucu diyot, limitör diyot

catchment /'keçmınt/ *a.* havza *catchment area/basin* havza, beslenme bölgesi, kapma havzası, tutma havzası

catchpenny /'keçpeni/ *s.* ucuz, işporta malı ¤ *a.* işporta malı, ucuz mal, gösterişli kalitesiz mal

catchweight /'keçweyt/ *a.* serbest kilo

catchword /'keçwö:d/ *a.* replik; slogan, savsöz

catchy /'keçi/ *s.* akılda kolay kalan; hileli, aldatıcı

catechu /'ketitşu:/ *a.* hinthelvası otu

categorial /keti'go:rııl/ *s.* ulamsal, kategoriye ait

categorical /keti'gorikıl/ *s.* kesin, koşulsuz, kati, kategorik

categorize /'ketigırayz/ *e.* sınıflandırmak; vasıflandırmak

category /'ketigıri/ *a.* ulam, sınıf, kategori

catena /kı'ti:nı/ *a.* zincirleme seri

catenary /kı'ti:nıri/ *a.* zincir eğrisi

catenate /'ketineyt/ *e.* (zincir gibi) dizi olarak bağlamak

catenoid /'ketınoyd/ *a. mat.* zincir yüzeyi

cater /'keytı/ *e.* yiyecek ve içecek sağlamak *cater for* yiyecek sağlamak; gerekli olanı sağlamak; göz önünde bulundurmak, dikkate almak

caterer /'keytırı/ *a.* yiyecek sağlayan kimse

catering /'keytırin/ *a.* yemek tedariki, yiyecek temini

caterpillar /'ketıpılı/ *a. hayb.* tırtıl; paletli traktör

cat-eyed /'ketayd/ *s.* karanlıkta görebilen

caterwaul /'ketıwo:l/ *e.* kediler gibi bağrışmak; kediler gibi kavga etmek

catfish /'ketfiş/ *a. hayb.* yayınbalığı

catgut /'ketgat/ *a.* kiriş; katgüt

catharsis /kı'ta:sis/ *a.* katarsis, arınma; ishal, amel

cathead /'kethed/ *a. den.* griva mataforası

cathedral /kı'ti:drıl/ *a.* katedral, başkilise

Catherine-wheel /'ketrin-wi:l/ *a.* çarkıfelek

catheter /'ketıtı/ *a. hek.* sonda

cathetometer /ketıtı'mi:tı/ *a.* katetometre, düşeyölçer

cathode /'ketoud/ *a.* katot, eksiuç *cathode bias* katot öngerilimi *cathode coating* katot kaplaması *cathode copper* katot bakırı *cathode coupled* katot kuplajlı *cathode coupling* katot kuplajı *cathode current* katot akımı *cathode dark space* *elek.* katot karanlık bölgesi *cathode deposit* katot birikintisi *cathode disintegration* katot parçalanması *cathode drop* katot düşüşü *cathode efficiency* katot verimi *cathode emission* katot emisyonu *cathode follower* katot çıkışlı amplifikatör **cathode glow** katot parlaklığı, katot ışıltısı **cathode grid** katot ızgarası **cathode heating time** katot ısınma süresi **cathode ray** katot ışını **cathode ray tube** katot ışınlı tüp **cathode spot** katot noktası **cathode sputtering** katot tozlanması **cathode voltage** katot gerilimi

cathodic /ke'todik/ s. katodik **cathodic etching** katodik gravür **cathodic evaporation** katodik buharlaştırma **cathodic sputtering** met. katodik fışkırtma

Catholic /'ketɪlik/ a. s. Katolik

catholic /'ketɪlik/ s. (beğeni, ilgi, vb.) genel, yaygın, geniş

catholyte /'ketɪlayt/ a. katolit

cation /'ketayın/ a. katyon **cation exchange** katyon alışverişi

cationic /ketay'onik/ s. fiz. katyonik **cationic surface active agent** katyonik yüzeyetkin madde

catlick /'ketlik/ a. kon. yalapşap temizlik

catnap /'ketnep/ a. kon. kısa hafif uyku, şekerleme, kestirme

catsup /'ketsıp/ a. ketçap, domates sosu

cattish /'ketiş/ s. kedi gibi

cattle /'ketl/ a. büyükbaş hayvan, sığır, davar **cattle breeding** hayvan yetiştirme, hayvancılık **cattle car** sığır vagonu **cattle leader** burun halkası **cattle lifter** sığır hırsızı **cattle plague** sığır vebası **cattle ranch** sığır otlağı **cattle range** sığır otlağı **cattle tax** hayvan vergisi

catty /'keti/ s. kon. hkr. nefret dolu, sinsi

catwalk /'ketwo:k/ a. iskele, geçit kalası; podyum

Caucasian /ko:'keyzyın/ a. Kafkasyalı

caucus /'ko:kıs/ a. parti yönetim kurulu

caudal /'ko:dıl/ s. kuyrukla ilgili

caudate /'ko:deyt/ s. kuyruklu

cauldron /'ko:ldrın/ a. kazan

cauliflower /'koliflauı/ a. bitk. karnabahar

cauline /'ko:lin/ s. sap ile ilgili, sap+

caulk /ko:k/ e. kalafatlamak

caulker /'ko:kı/ a. kalafatçı

causal /'ko:zıl/ s. nedensel, neden gösteren

causality /ko:'zeliti/ a. nedensellik

causation /ko:'zeyşın/ a. neden olma; neden, sebep

causative /'ko:zıtiv/ s. neden olan; dilb. ettirgen **causative verb** ettirgen fiil, ettirgen eylem **causative voice** ettirgen çatı

cause /ko:z/ a. neden, sebep; huk. dava; amaç, hedef, ilke ¤ e. -e neden olmak, yol açmak, sebep olmak **cause a loss** zarar vermek **cause and effect** sebep ve sonuç **cause of damage** hasar nedeni **cause of loss** zarar nedeni **cause of return** iade nedeni

cause célèbre /kouz se'lebrı/ a. kamuoyunun ilgisini çeken dava

causeless /'ko:zlıs/ s. nedensiz, sebepsiz

causerie /'kouzıri/ a. söyleşi, sohbet

causeway /'ko:zwey/ a. geçit, geçit yol, set

caustic /'ko:stik/ s. kim. yakıcı, aşındırıcı, kostik **caustic alkali** kostik alkali **caustic ammonia** amonyum hidroksit **caustic lime** sönmemiş kireç **caustic potash** potasyum hidroksit **caustic soda** sudkostik, sodyum hidroksit

causticity /ko:'stisıti/ a. yakıcılık, aşındırıcılık

causticize /ko:'stisayz/ e. kostiklemek

cauterization /ko:tıray'zeyşın/ a. dağlama, yakma

cauterize /ko:tırayz/ e. dağlamak, yakmak

caution /'ko:şın/ a. huk. uyarı, ihtar; dikkat, sakınma ¤ e. uyarmak, ikaz etmek **caution money** teminat akçesi, depozito

cautionary /'ko:şınıri/ s. uyaran, uyarıcı, ders veren

cautious /'ko:şıs/ s. dikkatli, tedbirli, sakıngan

cavalcade /kevıl'keyd/ a. süvari alayı

cavalier /kevı'lıı/ s. hkr. düşüncesiz, saygısız; laubali

cavalry /'kevılri/ a. ask. süvari

cavalryman /'kevılrimın/ a. süvari

cavatina /kevı'ti:nı/ a. kavatin

cave /keyv/ a. mağara, in **cave bear** mağara ayısı **cave in** (çatı, vb.) çökmek, yıkılmak

caveat /'keyviet/ a. hukuki işlemleri durdurma **caveat emptor** sorumluluk müşteriye ait **caveat venditor**

sorumluluk satıcıya ait

caved area /keyvd 'eıriı/ *a. mad.* göçük alan

caveman /'keyvmen/ *a.* mağara adamı; kaba kimse, ayı

cavendish /'kevindiş/ *a.* yumuşatılıp tatlılaştırılmış tütün

cavern /'kevın/ *a.* büyük ve derin mağara

cavernous /'kevınıs/ *s.* mağaraları olan; mağara gibi

cavetto /kı'vetou/ *a. mim.* oyuk pervaz **cavetto vault** aynalı tonoz

caviar /'kevia:/ *a.* havyar

cavil /'kevil/ *e.* kusur bulmak

caviller /'kevilı/ *a.* itirazcı kimse

cavitation /kevi'teyşın/ *a.* kavitasyon, boşluk oluşumu

cavity /'keviti/ *a.* boşluk, oyuk, çukur **cavity resonator** *elek.* boşluk rezonatörü

cavort /kı'vo:t/ *e. kon.* hoplayıp sıçramak, zıplamak, tepinmek

cavy /'keyvi/ *a.* kobay

caw /ko:/ *e.* gaklamak

cayenne pepper /keyen'pepı/ *a. bitk.* arnavutbiberi

cayman /'keymın/ *a.* (ç. "-mans") (büyük) timsah

cease /si:s/ *e.* durdurmak, kesmek; durmak, kesilmek ¤ *a.* durma; inkıta **cease fire** ateş kesmek **without cease** sürekli, durmaksızın

cease-fire /si:s'fayı/ *a. ask.* ateşkes

ceaseless /'si:slis/ *s.* sürekli, aralıksız

cedar /'si:dı/ *a. bitk.* sedir, dağservisi **Himalayan cedar** cin ağacı

cede /si:d/ *e.* bırakmak, vermek, teslim etmek

cedent /'si:dınt/ *s.* terk eden, sedan

cedilla /si'dilı/ *a.* çengel işareti

ceil /si:l/ *e.* tavan yapmak

ceiling /'si:ling/ *a.* tavan; *hav.* azami irtifa **ceiling beam** tavan kirişi **ceiling board** tavan tahtası **ceiling credit** tavan kredi **ceiling floor** asma tavan **ceiling hook** tavan kancası **ceiling joist** tavan kirişi **ceiling price** azami fiyat, tavan fiyat

celandine /'selındayn/ *a.* sarı çiçekli bitki **greater celandine** kırlangıçotu **lesser celandine** basurotu

celebrate /'selibreyt/ *e.* kutlamak; övmek

celebrated /'selibreytid/ *s.* ünlü, bilinen, meşhur

celebration /seli'breyşın/ *a.* kutlama; tören

celebrity /si'lebriti/ *a.* ünlü kişi; ün, şöhret

celeriac /si'leriek/ *a.* kereviz

celerity /si'leriti/ *a.* hız, sürat

celery /'selıri/ *a. bitk.* kereviz

celestial /si'lestiıl/ *s.* gökle ilgili, göksel; kutsal **celestial body** *gökb.* gökcismi **Celestial City** Kutsal Kudüs **celestial Empire** eski Çin İmparatorluğu **celestial equator** *gökb.* gök ekvatoru, gök eşleği **celestial globe** *gökb.* gök yuvarlağı **celestial mechanics** gök mekaniği **celestial meridian** gök öğleni **celestial navigation** uzay seyrüseferi **celestial pole** gökkutbu **celestial sphere** gökküresi

celestine /'selistin/ *a. min.* selestin

celiac /'si:liek/ *s.* karın boşluğuna ait

celibacy /'selibısi/ *a.* dinsel nedenlerden dolayı evlenmeme, bekârlık

celibate /'selibit/ *s. a.* (özellikle papaz) dinsel inançlardan ötürü evlenmemiş, bekâr

cell /sel/ *a.* hücre; *biy.* hücre, göze; pil **cell constant** *kim.* hücre sabiti **cell division** *biy.* hücre bölünmesi **cell filter** hücreli filtre **cell tester** akü test voltmetresi **cell wall** *bitk.* hücre çeperi

cellar /'selı/ *a.* mahzen, kiler; *biliş.* aşağı itmeli bellek

cellarage /'selıric/ *a.* bodrum; mahzen kirası

cellarer /'selırı/ *a.* manastır kilercisi

cellist /'çelist/ *a. müz.* viyolonselist

cello /'çelou/ *a. müz.* viyolonsel

cellobiose /selou'bayouz/ *a.* selobiyoz

cellophane /'selıfeyn/ *a.* selofan

cellose /'selouz/ *a.* selobiyoz

cellular /'selyulı/ *s.* hücresel, gözesel; hücreli, gözeli **cellular radiator** petekli radyatör **cellular silica** hücreli silis, gözeli silis

cellule /'selyu:l/ *a.* hücrecik, gözecik

celluloid /'selyuloyd/ *a.* selüloit **celluloid based** selüloit tabanlı

cellulose /'selyulous/ *a.* selüloz

Celsius /'selsiıs/ *a. s.* santigrat **Celsius scale** Celsius derecesi, Celsius ölçeği

Celt /kelt/ *a.* Kelt
celtic /'keltik/ *s.* Keltler ile ilgili ¤ *a.* Keltçe
cembalo /'çembılou/ *a.* çembalo, klavsen
cement /si'ment/ *a.* çimento; tutkal, macun, dolgu, çiriş ¤ *e.* çimentolamak; birleştirmek, yapıştırmak *cement block* çimento bloku *cement-bound macadam* çimento makadam *cement conveyor* çimento taşıyıcısı *cement floor* çimento döşeme *cement grouting* çimento enjeksiyonu *cement gun* çimento tabancası *cement mixer* çimento karıştırıcısı *cement mortar* çimento harcı *cement pipe* çimento künk, büz *cement plaster* çimentolu sıva *cement silo* çimento silosu *cement stone* çimento taşı *cement stucco* çimentolu sıva *cement work* *inş.* çimento işi
cementation /si:men'teyşın/ *a.* çimentolama; yapıştırma; sementasyon *cementation furnace* sementasyon fırını, katılama fırını
cemented /sı'mentid/ *s.* yapışık
cementite /si'mentayt/ *a. met.* sementit
cemetery /'semitri/ *a.* gömütlük, mezarlık
ceneme /'si:ni:m/ *a.* boşbirim, anlatımbirim, senem
cenotaph /'senıta:f/ *a.* simgesel mezar
Cenozoic /si:nou'zoik/ *s. yerb.* Senozoyik
cense /sens/ *e.* tütsülemek
censer /'sensı/ *a.* buhurluk, buhurdan
censor /'sensı/ *a.* sansürcü ¤ *e.* sansürden geçirmek
censorious /sen'so:rııs/ *s.* tenkitçi, devamlı kusur bulan
censorship /'sensışip/ *a.* sansür
censurable /'senşırıbıl/ *s.* eleştirilebilir
censure /'senşı/ *e.* kınamak, sertçe eleştirmek ¤ *a.* kınama, sert eleştiri
census /'sensıs/ *a.* nüfus sayımı, sayım *census-taker* sayım görevlisi
cent /sent/ *a.* doların yüzde biri değerindeki para, sent *per cent* yüzde
centage /'sentic/ *a.* yüzde oranı
centaur /'sento:/ *a.* sentor: yarı insan yarı at biçimindeki yaratık
centaury /'sento:ri/ *a.* kantaron
centenarian /senti'neıriın/ *a.* yüz yaşında ya da yüz yaşının üstünde kimse
centenary /sen'ti:nıri/ *a.* yüzüncü yıldönümü

centennial /sen'teniıl/ *s.* yüz yılda bir olan
center /'sentı/ *a. e. Aİ. bkz.* centre
centesimal /sen'tesimıl/ *s.* yüzüncü
centi- /'senti/ *ilg.* santi
Centigrade /sen'tigreyd/ *a.* santigrat
centigram /'sentigrem/ *a.* santigram
centiliter /'sentili:tı/ *a.* santilitre
centime /'sonti:m/ *a.* santim
centimetre /'sentimi:tı/ *a.* santimetre
centimetric /'sentimetrik/ *s.* santimetrik *centimetric wave* santimetrik dalga
centipede /'sentipi:d/ *a. hayb.* kırkayak, çıyan
central /'sentrıl/ *s.* merkezi; ana, temel; kolayca ulaşılan, uygun *central angle* merkez açı, özeksel açı *central arch* orta kemer *central bank* merkez bankası *central battery* merkez bataryası *central city* kent merkezi *central control room elek.* ana kumanda odası, ana denetim odası *central control unit biliş.* merkezi denetim birimi *central control* merkezi kontrol *central electrode* (buji) orta elektrotu *central exchange rate* esas döviz kuru *central force* merkezi kuvvet, özeksel kuvvet *central heating* merkezi ısıtma (tesisatı), kalorifer *central idea* anafikir *central information* merkezi enformasyon *central-limit theorem* merkezi limit teoremi, özeksel erey savı *central locking* merkezi kilitleme *central lubrication* merkezi yağlama *central nervous system* merkezi sinir sistemi *central office* merkez, merkez büro *Central Powers* İttifak Devletleri *central pay office* merkez kasası *central planning economy* merkezi planlama ekonomisi *central point* merkezi nokta, özeksel nokta *central processing unit biliş.* merkezi işlem birimi, ana işlem birimi *central processor biliş.* merkezi işlemci, merkezi işlem birimi *central rate* esas kur *central refuge* orta refüj *central reserve* orta şerit *central terminal biliş.* merkez terminal
centralism /'sentrılizım/ *a.* merkezcilik, merkeziyetçilik
centralist /'sentrılist/ *a.* merkezci, merkeziyetçi

centralization /sentrılay'zeyşın/ *a.* merkezileştirme, merkezcilik

centralize /'sentrılayz/ *e.* merkezileştirmek; merkezileşmek

centralized /'sentrılayzd/ *s.* merkezi *centralized administration* merkezi yönetim *centralized data processing* biliş. merkezileştirilmiş bilgi işlem, özekçil bilgi işlem *centralized lubrication system* merkezi yağlama sistemi

centre /'sentı/ *a.* merkez; orta; punta ¤ *e.* bir merkezde toplamak, merkezlemek; bir merkezde toplanmak, merkezleşmek; merkeze yerleştirmek, ortaya koymak *centre arch* orta kemer *centre bit* punta matkabı *centre castle* orta kasara *centre circle* orta yuvarlak *centre court* orta alan *centre electrode* oto. buji orta elektrotu, buji göbek teli *centre forward* santrfor *centre frequency* orta frekans, merkez frekans *centre gauge* punta mastarı *centre half* santrhaf *centre hole* punta deliği, merkez deliği *centre line* orta çizgi; merkez hattı *centre of attraction* çekim merkezi *centre of buoyancy* kaldırma gücü merkezi *centre of curvature* eğrilik merkezi, eğrilik özeği *centre of drag* metr. sürükleme merkezi *centre of flotation* den. su kesimi merkezi *centre of gravity* ağırlık merkezi, ağırlık özeği *centre of gyration* dönme merkezi *centre of high pressure* yüksek basınç merkezi *centre of impact* orta vuruş noktası *centre of inertia* atalet merkezi *centre of interest* ilgi merkezi *centre of lift* kaldırma merkezi *centre of mass* kütle merkezi *centre of oscillation* salınım merkezi, titreşim merkezi *centre of pressure* basınç merkezi *centre of projection* izdüşüm merkezi *centre of rotation* dönme merkezi *centre of similarity* mat. benzerlik merkezi, benzerlik özeği *centre of trade* ticaret merkezi *centre party* merkez parti *centre point* merkez nokta, orta, göbek *centre punch* nokta zımbası, punta zımbası *centre square* merkez gönyesi *centre-feed tape* biliş. merkezden beslemeli bant, ortadan ilerletmeli şerit *centre-periphery* merkez-çevre

centreboard /'sentıbo:d/ *a.* işler omurga, salma omurga

centric(al) /'sentrik(ıl)/ *s.* merkezi

centrifugal /sentri'fyu:gıl/ *s.* merkezkaç, santrifüj ¤ *a.* santrifüj *centrifugal air cleaner* oto. santrifüj hava filtresi *centrifugal basket* santrifüj sepeti *centrifugal brake* santrifüj fren *centrifugal clutch* santrifüjlü debriyaj, merkezkaç debriyaj *centrifugal compressor* santrifüj kompresör *centrifugal drum* santrifüj tamburu, santrifüj sepeti *centrifugal dryer* santrifüj kurutma makinesi *centrifugal fan* santrifüj vantilatör, merkezkaç vantilatör *centrifugal filter* santrifüj filtre *centrifugal force* merkezkaç kuvvet, özekkaç kuvvet *centrifugal governor* santrifüjlü regülatör *centrifugal machine* santrifüj *centrifugal mill* santrifüj değirmen *centrifugal power* merkezkaç kuvvet *centrifugal pump* santrifüj pompa, merkezkaç pompa *centrifugal regulator* santrifüjlü regülatör *centrifugal running* santrifüj şurubu *centrifugal separator* santrifüj ayırıcı, merkezkaç ayırıcı *centrifugal switch* elek. santrifüj anahtar, santrifüj düğme

centrifugation /sentrifyu:'geyşın/ *a.* santrifüjleme

centrifuge /'sentrifyu:c/ *e.* santrifüjlemek

centring /'sentring/ *a.* puntalama, merkezleme; kemer kalıbı, kubbe kalıbı *centring control* elek. merkezleme kontrolü

centripetal /sen'tripitıl/ *s.* merkezcil, özekçil *centripetal force* merkezcil kuvvet, özekçil kuvvet

centroid /'sentroyd/ *a.* kitle merkezi

centuple /'sentyupıl/ *s.* yüz misli, yüz katı

centurion /sen'tyuıriın/ *a.* yüz kişilik bölük komutanı

century /'sençıri/ *a.* yüzyıl, asır

cephalic /ke'felik/ *s.* başa ait

cephalin /'sefilin/ *a. kim.* sefalin

cephalopod /'sefıloupod/ *a.* kafadanbacaklı

cephalous /'sefılıs/ *s.* ... başlı

ceramic /si'remik/ *s.* seramikle ilgili, seramik *ceramic amplifier* seramik amplifikatör *ceramic capacitor* seramik kondansatör *ceramic filter* seramik filtre *ceramic magnet* seramik mıknatıs **ceramic microphone** seramik mikrofon **ceramic photocell** seramik fotosel **ceramic reactor** seramik reaktör **ceramic transducer** seramik güç çevirici

ceramics /si'remiks/ *a.* seramik, çömlek; seramikçilik, çömlekçilik

ceramist /'serımist/ *a.* seramikçi

Cerberus /'sa:bırıs/ *a.* cehennemin kapısını bekleyen üç başlı köpek

cereal /'siirııl/ *a.* tahıl, hububat

cerebellum /seri'belım/ *a. anat.* beyincik **cerebellum hemisphere** beyin yarımyuvarı

cerebral /'seribrıl/ *s. hek.* beyinle ilgili; *dilb.* üstdamaksıl (ses) **cerebral haemorrhage** beyin kanaması

cerebration /seri'breyşın/ *a.* beynin çalışması

cerebrum /sı'ri:brım/ *a. hek.* beyin

cerecloth /'siiklot/ *a.* mumlu bez

cerement /'siimınt/ *a.* kefen

ceremonial /seri'mounyıl/ *s.* törensel, törenle ilgili, resmi ¤ *a.* seremoni, tören, merasim

ceremonious /seri'mouniıs/ *s.* törensel, resmi; merasime düşkün

ceremony /'serimıni/ *a.* tören, merasim; resmiyet

ceresin /'serisin/ *a. kim.* serezin

cerise /sı'ri:z/ *s.* kiraz kırmızısı

cerium /'siiriım/ *a. kim.* seryum

cermet /'sö:mit/ *a.* sermet

cerotic acid /si'rotik 'esid/ *a.* serotik asit, kerotik asit

certain /'sö:tn/ *s.* kesin, muhakkak; emin, kuşkusuz; belirli, kesin; bazı, kimi, belirli **make certain** garantiye almak, emin olmak

certainly /'sö:tnli/ *be.* kesinlikle; tabii, elbette

certainty /'sö:tnti/ *a.* kesinlik, kuşkusuzluk; kesin olan şey

certifiable /sö:ti'fayıbıl/ *s.* onaylanabilir, doğrulanabilir

certificate /sı'tifikıt/ *a.* sertifika, belge, vesika; tasdikname; ruhsat; diploma **certificate account** tasarruf hesabı **certificate check** tasdikli çek **certificate of analysis** analiz raporu, ekspertiz raporu **certificate of baptism** vaftiz belgesi **certificate of debt** borç senedi **certificate of delivery** teslim sertifikası, teslim pusulası **certificate of deposit** mevduat sertifikası **certificate of free circulation** serbest dolaşım belgesi **certificate of incorporation** kuruluş izni **certificate of indebtedness** borç senedi **certificate of inspection** muayene belgesi **certificate of insurance** sigorta sertifikası **certificate of necessity** ihtiyaç belgesi, lüzum müzekkeresi **certificate of origin** menşe şahadetnamesi, köken belgesi **certificate of quality** kalite sertifikası **certificate of register** gemi tasdiknamesi **certificate of transfer** devir belgesi **certificate of weight** tartı listesi, tartı pusulası

certificated /sı'tifikeytid/ *s.* onaylı, onaylanmış **certificated bankrupt** resmi iflas **certificated engineer** yüksek mühendis

certification /sa:tifi'keyşın/ *a.* belgeleme, onay; ruhsat, belge **certification teller** çeki kabul eden veznedar

certified /'sö:tifayd/ *s.* onaylı, tasdikli **certified accountant** yeminli muhasebeci **certified bankrupt** resmi iflas, belgelenmiş iflas **certified check** vizeli çek, tasdikli çek **certified copy** onaylı suret, tasdikli suret **certified engineer** yüksek mühendis **certified invoice** tasdikli fatura, gümrük faturası **certified mail** taahhütlü posta **certified transfer** belgeli devir

certify /'sö:tifay/ *e.* doğrulamak, doğruluğunu belirtmek, onaylamak; (özellikle bir incelemeden, testten sonra) açıklamak, bildirmek, ilan etmek (belirli bir kursu/eğitim sürecini vb. tamamlayan birine) belge vermek, sertifika vermek; *kon.* deli olduğunu resmen açıklamak, deli raporu vermek

certifying /'sö:tifaying/ *s.* onaylayan **certifying officer** onaylayan memur, ita amiri

certitude /'sö:tityu:d/ *a.* kesinlik, katiyet, kuşkusuzluk, bir şeyden emin olma

cerulean /si'ru:lyın/ *s.* gök mavisi

cerumen /si'ru:men/ *a.* kulak kiri

ceruse /'siiru:s/ *a.* üstübeç

cerussite /'siirısayt/ *a. min.* serüzit

cervical /sö:'vaykıl/ *s.* boyna ait

cervine /'sö:vayn/ *s.* geyik ile ilgili

cervix /'sö:viks/ *a. anat.* rahim boynu, serviks

cesarean /si'zeıriın/ *a. bkz.* caesarean

cesium /'si:zıım/ *a.* sezyum

cessation /se'seyşın/ *a.* durma, duruş, ara verme, mola

cesser /'sesı/ *a.* mühlet bitimi, sona erme

cession /'seşın/ *a. huk.* (mal, hak vs.) feragat, bırakma, terk, devir, vazgeçme *cession of portfolio* portföy devri

cessionary /'seşınıri/ *a.* sesyoner, terk eden

cesspipe /'sespayp/ *a.* kanalizasyon borusu, lağım borusu

cesspit /'sespit/ *a.* foseptik, lağım çukuru

cesspool /'sespu:l/ *a.* lağım, lağım çukuru, foseptik; mazgal; çok pis yer, çöplük gibi yer

cestode /'sestoud/ *a.* bağırsak şeridi

cetacean /si'teyşın/ *a.* memeli deniz hayvanı

cetane /'si:teyn/ *a.* setan *cetane number* *oto.* setan sayısı

ceteris paribus /'ketıris 'pa:ribus/ *be.* seteris paribus

chad /çed/ *a. biliş.* kırpıntı *chad tape* *biliş.* kırpıntılı bant, kırpıntılı şerit

chafe /çeyf/ *e.* ısınmak için (ellerini, vb.) birbirine sürtmek; sürtünmekten yara olmak/yapmak; sıkılmak, sinir olmak, illet olmak

chafer /'çeyfı/ *a. hayb.* mayısböceği

chaff /ça:f/ *a.* kepek; tahılın dış kabuğu; (hayvan yemi olarak) saman *chaff cutter* saman bıçağı, saman kesici *separate the wheat/grain from the chaff* sapı samandan ayırmak

chaffer /'çefı/ *e.* sıkı pazarlık etmek

chaffinch /'çefinç/ *a. hayb.* sarıasma kuşu, sarıcık

chagrin /'çegrin/ *a.* hayal kırıklığı

chain /çeyn/ *a.* zincir; (olay, dükkân, dağ, vb. için) zincir ¤ *e.* zincirlemek, zincirle bağlamak, zincire vurmak; *ört.* elini kolunu bağlamak *chain and bucket* kovalı zincir *chain armour* zincir zırhı *chain banking* zincirleme bankacılık, çok şubeli bankacılık *chain belt* zincir kayışı *chain block* zincir palangası *chain bridge* zincirli asma köprü *chain bucket* zincirli kova *chain cable* *den.*

zincir gomina *chain code* *biliş.* zincir kodu *chain compressor* *den.* ırgat kastanyolası *chain conveyor* zincirli konveyör, zincirli taşıyıcı *chain coupling* zincirli kavrama *chain discount* kademeli ıskonto *chain drill* zincirli matkap makinesi *chain drive* zincirle tahrik *chain driven* zincir tahrikli *chain drum* zincir kasnağı *chain grate* zincir ızgara *chain guard* zincir mahfazası, zincir korkuluğu *chain harrow* zincirli tırmık *chain hoist* zincirli vinç, palanga *chain hook* *den.* salyafora kancası *chain letter* zincirleme mektup *chain link* zincir baklası *chain locker* *den.* zincir dolabı *chain loom* *teks.* zincirli tezgâh *chain mail* bir tür hafif zırh *chain pipe* *den.* zincir güverte loçası *chain pump* zincirli pompa *chain reaction* zincirleme tepkime, zincirleme reaksiyon *chain rope* *den.* salyafora haladı *chain rule* *mat.* zincir kuralı *chain saw* elektrikli testere, zincir testere *chain-smoke* sürekli sigara içmek, birini söndürmeden diğerini yakmak *chain-smoker* peş peşe sigara içen kimse *chain stitch* zincir dikişi *chain store* mağazalar zinciri *chain tightener* zincir gerici *chain tongs* zincir boru anahtarı *chain up* zincirle bağlamak *chain wheel* zincir çarkı, zincir dişlisi *chain wrench* zincirli boru anahtarı *in chains* mahkûm, tutsak, esir

chained /çeynt/ *s.* zincirlenmiş *chained list* *biliş.* zincirlenmiş liste, zincirlenmiş dizelge *chained record* *biliş.* zincirlenmiş kayıt

chaining /'çeyning/ *a.* zincirleme *chaining search* *biliş.* zincirleme arama

chainless /'çeynlıs/ *s.* zincirsiz *chainless mercerizing machine* *teks.* zincirsiz merserizasyon makinesi

chair /çeı/ *a.* iskemle, sandalye; başkanlık makamı; profesörlük makamı, kürsü; (the ile) elektrikli sandalye; (tren rayı) kalası tutturan metal nesne ¤ *e.* (toplantı) başkan olmak, yönetmek, başkanlık yapmak; (saygı sevgi gösterisi olarak) omuzlarda taşımak *be in the chair* başkanlık etmek, başkanlık makamında oturmak *chair back* sandalye arkalığı *chair car* salonlu vagon **chair form** kim. koltuk biçimi **chair person** başkan **chair sb off** sandalye ile birlikte omuzda taşımak **leave the chair** başkanlığı bırakmak

chairlift /'çeılift/ a. telesiyej

chairman /'çeımın/ a. başkan, yönetici; toplantı başkanı **chairman of the board** yönetim kurulu başkanı

chairmanship /'çeımınşip/ a. başkanlık, riyaset, yöneticilik; yöneticilik hakları ve nitelikleri

chairoplane /'çeırıpleyn/ a. zincirli atlıkarınca, zincirli döner salıncak

chaise /çeyz/ a. hafif gezinti arabası

chaise longue /'şeyz 'long/ a. şezlong

chalaza /kı'leyzı/ a. iç göbek

chalcedony /kel'sedıni/ a. min. kalseduan, kadıköytaşı

chalcographer /kel'kogrıfı/ a. bakır hakkâkı

chalcopyrite /kelkı'payrayt/ a. min. kalkopirit

chalet /'şeley/ a. küçük köşk, şale; deniz kıyısında yazlık kulübe, bungalov; çoban barakası

chalice /'çelis/ a. kutsal şarap bardağı, kadeh; bitk. kadeh biçiminde gonca

chalk /ço:k/ a. kireçtaşı; tebeşir ¤ e. tebeşirle çizmek **as different as chalk and cheese** kon. birbirlerine tamamen zıt **chalk line** tebeşir çırpısı **chalk up** kon. (puan) toplamak, sayı yapmak

chalkstone /'ço:kstoun/ a. hek. nıkris uru

chalky /'ço:ki/ s. kireçli; tebeşirli **chalky sandstone** inş. kireçli kumtaşı

challenge /'çelinc/ e. meydan okumak; (düelloya, kavgaya, vb.) davet etmek; doğruluğunu/yasallığını sorgulamak; karşı çıkmak ¤ a. meydan okuma, karşılaşmaya davet; karşı çıkma; uğraştırıcı şey **challenge cup** çalenç kupası **challenge trophy** çalenç

challengeable /'çelincıbıl/ s. meydan okunabilir

challenger /'çelincı/ a. meydan okuyan kimse

challenging /'çelincing/ s. emek isteyen, zahmetli, çetin, zor; ilginç, yeniliklerle dolu, mücadele gerektiren; kışkırtıcı, büyülü, davetkâr

halybeate /kı'libiıt/ s. demirli, içinde demir tuzları olan

chamber /'çeymbı/ a. oda; meclis, oda, kamara; özel bir amaç için ayrılmış oda; kapalı bölüm, odacık; İngiliz yasama meclisi; yargıcın özel odası, yargıcın oturum dışı konularda çalıştığı oda; mahkeme, komisyon; fişek yatağı **chamber blasting** mad. odalı patlatma **chamber counsel** müşavir avukat **chamber drying** teks. kompartıman kurutması **chamber music** oda müziği **chamber of arbitrage** hakem heyeti **Chamber of Commerce** Ticaret Odası **chamber of commerce** ticaret odası **chamber of commerce and industry** ticaret ve sanayi odası **chamber of industry** sanayi odası **chamber of shipping** armatörler birliği

chamberlain /'çeymbılin/ a. saray nazırı, mabeyinci

chambermaid /'çeymbımeyd/ a. oda hizmetçisi

chameleon /kı'mi:liın/ a. hayb. bukalemun

chamfer /'çemfı/ a. oluk, yiv, şev; pah ¤ e. oluk açmak, yiv açmak **chamfer plane** pah rendesi

chamfered /'çemfıd/ s. oluklu, yivli; pahlı

chamois /'şemwa:/ a. dağ keçisi **chamois leather** güderi

champ /çemp/ a. kon. şampiyon ¤ e. ısırmak, çiğnemek **champ at the bit** (at) gemini ısırmak; kabına sığmamak, sinirden dişlerini sıkmak

champagne /şem'peyn/ a. şampanya

champion /'çempiın/ a. şampiyon; savunucu, destekleyici ¤ e. desteklemek, savunmak

championship /'çempiınşip/ a. şampiyona; şampiyonluk

chance /ça:ns/ a. şans, talih; ihtimal, olasılık; fırsat, olanak; risk ¤ e. rastlantı sonucu oluşmak, şans eseri olmak, tesadüfen olmak; göze almak, denemek, riske girmek ¤ s. tesadüfi, rastlantısal, planlanmamış **by chance** tesadüfen, şans eseri **chance failure** arızi yetersizlik, arızi kifayetsizlik **chance it** kon. bir denemek, şansını bir denemek **chance on/upon** tesadüfen karşılaşmak, rastlamak **chances are** kon. muhtemelen **on the (off) chance** ... ümidiyle **the chance of a lifetime** hayatının fırsatı

chancellor /'çɑːnsılı/ a. bakan; şansölye, başbakan; rektör
chancre /'şenkı/ a. şankr, frengi çıbanı
chancy /'çɑːnsi/ s. kon. riskli
chandelier /şendı'lıı/ a. avize
chandelle /şendel/ a. hav. şandel
chandler /'çɑːndlı/ a. mumcu
change /çeync/ e. değişmek; değiştirmek; üstünü değiştirmek; (döviz) bozdurmak ¤ a. değişme, değiştirme; değişiklik; bozuk para; para üstü *change colour* kızarıp bozarmak *change cubicle* soyunma kabini *change down* araba sürerken vitesi düşürmek *change dump biliş.* değişme dökümü *change file biliş.* değişme dosyası, değişme kütüğü *change hands* el değiştirmek *change horses in midstream* dereyi geçerken at değiştirmek *change into* -e dönüşmek; -e dönüştürmek *change machine* para bozdurma makinesi *change of address* adres değiştirme *change of course* rota değişimi *change of money* sarraflık *change of occupation* meslek değişikliği *change of price* fiyat değişikliği *change of proprietor* sahip değişmesi *change of quotation* kur değişmesi *change of residence* ikamet değişikliği *change of state* hal değişimi *change of temperature* ısı değişikliği *change of wind metr.* rüzgâr değişimi *change record biliş.* değişme kaydı *change speed gear oto.* vites dişlisi, hız dişlisi *change speed motor* devri değişir motor *change tape biliş.* değişme bandı *change the record* plağı değiştirmek *change up* araba sürerken vitesi yükseltmek *get no change out of* ağzından hiç laf alamamak
changeable /'çeyncıbıl/ s. değişebilir, kararsız; *teks.* yanardöner, janjan *changeable effect teks.* yanardöner görünüm, janjan efekti
changeover /'çeyncouvı/ a. etkinlik/sistem değişikliği
changing /'çeyncing/ a. değişim, değişme, değiştirme *changing room* soyunma odası
channel /'çenıl/ a. kanal; oluk; mecra, mahreç ¤ e. çevirmek, yöneltmek,

yönlendirmek; kanal açmak *channel adapter biliş.* kanal uyarlayıcısı, oluk uyarlayıcısı *channel bar* U-demiri *channel command word biliş.* kanal komut sözcüğü, oluk komut sözcüğü *channel effect* kanal etkisi *channel erosion* kanal erozyonu *channel expansion* kanal genişlemesi *channel flow* kanal akımı *channel frequency* kanal frekansı *channel interference elek.* kanal karışması, oluk karışması *channel iron* U-demiri *channel program biliş.* kanal programı *channel sampling mad.* oluk numune alma, oluk örnek alma *channel selector elek.* kanal seçici *channel separation* kanal ayırımı *channel status table biliş.* kanal durumu tablosu *channel synchronizer biliş.* kanal eşzamanlayıcısı, oluk eşzamanlayıcısı *channel-to-channel connection biliş.* kanaldan kanala bağlantı *channel tuning elek.* kanal seçimi, oluk seçme *channel width elek.* kanal genişliği, oluk genişliği
channelling /'çenıling/ a. fiz. kanallama, oluklanım; trm. kanal açma
chant /çɑːnt/ a. (dinsel) şarkı; zamanında ve sürekli yinelenen sözcükler ¤ e. ilahi söylemek; zamanında ve sürekli sözcükler yinelemek
chanterelle /çentı'rel/ a. sarı renkli bir tür mantar
chanticleer /çenti'klıı/ a. horoz
chanty /'çɑːnti/ a. kulübe, baraka
chaos /'keyos/ a. karışıklık, kargaşa, kaos
chaotic /key'otik/ s. karmakarışık, altüst
chap /çep/ a. kon. arkadaş, adam, ahbap; (ciltte) çatlak ¤ e. (cilt) çatlamak; çatlatmak
chapel /'çepıl/ a. küçük kilise; ibadet yeri
chaperon /'şepıroun/ a. şaperon
chapfallen /'çepfoːlın/ s. kederli
chaplain /'çeplin/ a. (okul, ordu, vb.'de) papaz, vaiz
chappy /'çepi/ s. çatlak, yarık
chapter /'çeptı/ a. (kitap, yazı, vb.) bölüm
char /çɑː/ e. yanıp simsiyah olmak, kömürleşmek; kömürleştirmek ¤ a. İİ. kon. gündelikçi, temizlikçi kadın
character /'kerıktı/ a. nitelik, özellik;

kişilik, karakter, doğa; *kon.* kişi, insan, karakter; (kitapta, oyunda, vb.) kişi, karakter, kahraman; *kon.* gırgır kimse, şamatacı; dürüstlük, ahlaklılık *be in character* (davranış) birinin karakterine uymak *be out of character* (davranış) birinin karakterine uymamak *character actor* karakter oyuncusu *character-at-a-time printer biliş.* karakter yazıcı *character boundary biliş.* karakter sınırı *character check biliş.* karakter denetimi *character code biliş.* karakter kodu *character defect* karakter zayıflığı *character density biliş.* karakter yoğunluğu *character element biliş.* karakter öğesi *character emitter biliş.* karakter yayıcı *character fill biliş.* karakter doldurma *character modifier biliş.* karakter değiştiricisi *character oriented biliş.* karaktere yönelik *character part* karakter rolü *character printer biliş.* karakter yazıcı *character rate biliş.* karakter oranı, karakter hızı *character reader biliş.* karakter okuyucu *character recognition biliş.* karakter tanıma *character register biliş.* karakter yazmaç *character repertoire biliş.* karakter repertuvarı, karakter dağarcığı *character set biliş.* karakter seti, karakter takımı *character string biliş.* karakter dizgisi *character subset biliş.* karakter alttakımı

characteristic /kerıktı'ristik/ *s.* tipik, karakteristik ¤ *a.* özellik *characteristic curve* karakteristik eğri *characteristic equation mat.* karakteristik denklem *characteristic function* karakteristik fonksiyon *characteristic impedance elek.* karakteristik empedans *characteristic overflow biliş.* karakteristik taşması *characteristic polynomial mat.* karakteristik polinom *characteristic radiation fiz.* karakteristik radyasyon *characteristic root* karakteristik kök *characteristic spectrum* karakteristik spektrum *characteristic underflow biliş.* karakteristik altadüşmesi *characteristic value mat.* karakteristik değer, gizdeğer *characteristic vector mat.* karakteristik vektör, gizyöney

characterization /kerıktıray'zeyşın/ *e.* nitelendirme, karakterize etme

characterize /'kerıktırayz/ *e.* nitelendirmek, tanımlamak; -in ayırıcı özelliği olmak

characterless /'kerıktılis/ *s.* karaktersiz

charade /şı'ra:d/ *a.* saçmalık, zırva

charades /şı'ra:dz/ *a.* sessiz sinema oyunu

charbroil /'ça:broyl/ *e.* kızartmak

charcoal /'ça:koul/ *a.* mangalkömürü; odunkömürü *charcoal drawing* karakalem resim

chard /ça:d/ *a.* pazı

charge /ça:c/ *e.* fiyat istemek; (birinin borcuna) kaydetmek, (hesabına) yazmak; saldırmak, hücum etmek, atılmak; görevlendirmek, buyurmak, tembihlemek; suçlamak; şarj etmek, doldurmak; dolmak ¤ *a.* istenen/ödenen fiyat; bakım, denetim, sorumluluk; (bir şeyden ya da birisinden) sorumlu kimse; görev, sorumluluk; emir, buyruk, talimat; suçlama, itham; saldırı; patlayıcı miktarı; şarj *charge account* veresiye hesabı *charge capacity* şarj kapasitesi *charge carrier* yük taşıyıcı *charge coefficient* yük katsayısı *charge distribution* yük dağılımı *charge exchange* yük alışverişi *charge goods to one's account* veresiye alınan malları hesaba kaydetmek *charge indicator* şarj göstergesi *charge-mass ratio fiz.* yük-kütle oranı *charge note* masraf pusulası, masraf hesabı *charge off* hesabı kapatmak, kayıttan silmek, hesaptan çıkarmak *charge sale* kredili satış, veresiye satış *charge sb an arm and a leg* anasının nikâhını istemek *charge sth to a credit card* kredi kartına kaydettirmek *charge sth up (to sb)* hesaba geçirmek *charge temperature met.* yük sıcaklığı *charge the jury* jüriyi bilgilendirmek *charge ticket* muhasebeci ajandası *charge to debit* zimmete geçirmek *charge transfer* şarj transferi *charges forward* malın tesliminde ödemeli *in charge of* -den sorumlu, -in sorumlusu *no charge* bedava, ücretsiz

chargeable /'ça:cıbıl/ *s.* hesabına geçirilebilir, ödenebilir; itham edilebilir, suçlanabilir

charger /'ça:cı/ *a.* şarj redresörü,

doldurma cihazı

chargé d'affaires /şa:jeyde'feɪ/ *a.* maslahatgüzar, işgüder

charging /'ça:cing/ *a.* şarj, doldurma **charging current** *elek.* şarj akımı, doldurma akımı **charging generator** şarj dinamosu **charging hole** doldurma deliği, doldurma ağzı **charging panel** *oto.* şarj tablosu **charging platform** doldurma platformu **charging rate** (akü) şarj oranı, şarj hızı **charging rectifier** *elek.* akü şarj redresörü **charging resistance** (akü) şarj direnci **charging station** şarj istasyonu, doldurma merkezi **charging time** şarj süresi, doldurma süresi **charging voltage** yükleme gerilimi

chariot /'çeriɪt/ *a.* (savaşta/yarışta kullanılan) iki tekerlikli at arabası

charisma /kɪ'rizmɪ/ *a.* karizma, büyüleyim

charismatic /keriz'metik/ *s.* karizmatik, büyüleyici **charismatic authority** karizmatik otorite

charitable /'çeriɪtɪbɪl/ *s.* sevecen, şefkatli; iyiliksever, hayırsever, yardımsever, eli açık

charitableness /'çeriɪtɪbɪlnɪs/ *a.* cömertlik, yardımseverlik

charity /'çeriɪti/ *a.* hayırseverlik; sadaka; hayır kurumu

charlatan /'şa:lɪtn/ *a. hkr.* şarlatan, üçkâğıtçı

charley horse /'ça:li ho:s/ *a.* adale kasılması, kramp

charlock /'ça:lok/ *a.* yabani hardal

charlotte /'şa:lɪt/ *a.* meyveli/kremalı tatlı

charm /ça:m/ *a.* çekicilik, alım, cazibe; nazarlık, muska; büyü, sihir ¤ *e.* hayran bırakmak, büyülemek, cezbetmek; korumak **charm price** cazip fiyat

charmeuse /şa:'mu:z/ *a.* şarmöz

charming /'ça:ming/ *s.* çekici, büyüleyici, hoş

chart /ça:t/ *a.* harita; grafik, çizim; *den.* portolon, deniz haritası ¤ *e.* haritasını çizmek **chart of accounts** hesap cetveli, hesap şeması

charter /ça:tɪ/ *a.* ferman, beyanname; kiralama, tutma; patent, berat; şirket statüsü; ayrıcalık, imtiyaz; tüzük, nizamname; kontrat, sözleşme ¤ *e.* patent vermek; kiralamak, tutmak **charter airplane** *hav.* kiralanmış uçak, dolmuş uçak **charter bill of lading** çarter konşimentosu **charter contract** çarter sözleşmesi **charter flight** çarter uçuşu, kiralık uçakla uçuş **charter for attributes** kalite kontrolünde kullanılan bir nevi grafik **charter of accounts** hesap şeması **charter party** navlun mukavelesi, gemi kira sözleşmesi **charter service** *hav.* kiralık uçak servisi

chartered /'ça:tid/ *s.* mukaveleli **chartered accountant** mukaveleli muhasip **chartered bank** imtiyazlı banka **chartered company** ayrıcalıklı şirket

charterer /'ça:tɪrɪ/ *a.* gemi kiralayan

chartering /'ça:tɪring/ *a.* gemi kiralama

charwoman /'ça:wumɪn/ *a.* gündelikçi kadın, temizlikçi kadın

chary /'çeɪri/ *s.* dikkatli, tedbirli, sakıngan

chase /çeys/ *e.* peşine düşmek, kovalamak; kovmak; koşuşturmak; oluk açmak; oymak ¤ *a.* takip, kovalama; av; oluk, yiv; oyma **in chase of** peşinde **give chase** peşine düşmek **wild goose chase** boşuna gayret/zahmet

chaser /'çeysɪ/ *a.* hafif içki; diş açma bıçağı, vida dişi kalemi, keski

chasm /'kezɪm/ *a.* derin yarık; uçurum, büyük ayrılık

chassis /'şesi/ *a.* şasi **chassis cross member** *oto.* şasi traversi

chaste /çeyst/ *s.* temiz, erden, iffetli; yalın, süssüz, basit, sade

chasten /'çeysɪn/ *e.* yola getirmek, uslandırmak, aklını başına getirmek

chastise /çe'stayz/ *e.* acımasızca cezalandırmak, pataklamak; acımasızca suçlamak

chastisement /'çestizmɪnt/ *a.* dayak, kötek

chastity /'çestiti/ *a.* erdenlik, bekâret, iffet, namusluluk

chat /çet/ *e.* sohbet etmek, laklak etmek, muhabbet etmek ¤ *a.* sohbet, muhabbet, hoşbeş **chat up** konuşarak tavlamaya çalışmak

chateau /'şetou/ *a.* şato

chatelaine /'şetɪleyn/ *a.* şato sahibi kadın; şato kâhyası kadın

chattel /'çetɪl/ *a.* taşınabilir eşya, menkul eşya **chattel goods** menkul eşya **chat-**

tel mortgage taşınır mal rehini, menkul rehini **chattel paper** taşıma belgesi

chatter /'çetı/ e. çene çalmak, sohbet etmek, gevezelik etmek; (diş, vb.) takırdamak ¤ a. çene çalma, sohbet, gevezelik, laklak; takırdama, takırtı

chatterbox /'çetıboks/ a. kon. geveze

chatterer /'çetırı/ a. geveze, farfaracı

chatty /'çeti/ s. kon. geveze, çenebaz

chauffeur /'şoufı, şou'fö:/ a. özel şoför

chaulmoogra oil /ço:l'mu:grı oyl/ a. şolmgra yağı

chauvinism /'şouvinizım/ a. şovenizm; bağnaz ulusçuluk

chauvinist /'şouvinist/ a. s. şoven

chauvinistic /şouvi'nistik/ s. şoven, aşırı ulusçu

cheap /çi:p/ s. ucuz; kolay, basit; değersiz, kalitesiz, adi; eli sıkı, cimri ¤ be. ucuza, ucuz olarak; kon. adice **as cheap as dirt** ölü fiyatına, sudan ucuz **cheap labour** ucuz emek **cheap money** ucuz para **cheap workforce** ucuz işgücü **dirt cheap** kon. kelepir, sudan ucuz **feel cheap** kon. utanmak **hold (sth) cheap** kıymetini bilmemek, hor görmek **make oneself cheap** başkalarının önünde kendisini küçük düşürmek **on the cheap** kon. ucuza

cheapen /'çi:pın/ e. ucuzlamak; ucuzlatmak, itibarını düşürmek, alçaltmak

cheapjack /'çi:pcek/ a. seyyar satıcı

cheapness /'çi:pnıs/ a. ucuzluk

cheapskate /'çi:pskeyt/ a. hkr. pinti, cimri

cheat /çi:t/ e. aldatmak, kazıklamak, dolandırmak; kandırmak, aldatmak; hile yapmak; (sınavda) kopya çekmek; atlatmak, kaçınmak, kurtulmak; kon. (karısını/kocasını) aldatmak ¤ a. dolandırıcı, dalavereci, hileci, kazıkçı; hile, aldatma, dolandırıcılık, dalavere, kazık, dolap **cheat death** kefeni yırtmak

check /çek/ a. kontrol, denetim; zapt, tutma, dizginleme; Aİ. doğru işareti; inceleme, karşılaştırma, kontrol; emanet makbuzu, fiş; ekose desen/kumaş; Aİ. (lokanta, vb.'de) hesap, fiş; (satranç) şah çekme, şah, kiş; (kumar) fiş; Aİ. çek ¤ e. kontrol etmek, gözden geçirmek, denetlemek, bakmak; doğruluğunu araştırmak, incelemek; durdurmak, önlemek, engellemek, engel olmak, tutmak; Aİ. yanına doğru işareti koymak; (bagaj, palto, vb.) emanete vermek, vestiyere vermek; (satranç) şah çekmek **check account** cari hesap, çek hesabı **check and balance** denge ve fren **check back** soruşturmak **check bank** çek keşide eden banka **check bit** biliş. çek biti, denetim ikili **check book** çek defteri **check bore hole** kontrol sondajı **check card** çek kartı **check character** biliş. denetim karakteri **check clearing** çek takası **check counter** kasa **check currency** vadesiz mevduat **check desk** muhasebe departmanı **check digit** biliş. denetim sayısı, sağlama sayısı **check figure** çekteki rakam **check files** çek dosyaları **check flight** hav. kontrol uçuşu, deneme uçuşu **check gauge** ana mastar **check in at the airport** havaalanında uçak defterine kaydolmak **check in** (otel ya da havaalanında) gelişini bildirmek, adını kaydettirmek **check indicator instruction** biliş. denetim göstergesi komutu **check indicator** biliş. denetim göstergesi **check list** kontrol listesi **check mark** puantaj **check number** biliş. denetim sayısı **check nut** kontra somun **check off** işaret koymak **check out** hesabı ödeyerek otelden ayrılmak; kon. araştırıp doğru olup olmadığını bulmak; kon. araştırılıp incelendikten sonra doğru bulunmak **check over** kontrol etmek **check plot** kontrol parseli **check point** kontrol noktası **check problem** biliş. denetim problemi **check rail** demy. karşı ray, kılavuz ray, emniyet rayı **check rate** çek döviz kuru **check record** çek kaydı **check register** çek defteri; biliş. denetim yazmacı **check room** emanet eşya bürosu; vestiyer **check sb/sth out** araştırmak **check serial number** çek seri numarası **check sth off** kontrol işareti koymak **check sum** biliş. denetim toplamı **check symbol** biliş. denetim simgesi **check to bearer** hamiline çek **check to order** nama çek **check total** biliş. denetim toplamı **check trading** banka çekini müşteriye satma **check up on** kon. araştırmak, soruşturmak

check valve çek valfı, tek yönlü supap **check weighman** *mad.* tartı kontrol memuru, baskülcü **check word** *biliş.* denetim sözcüğü

checkback /'çekbek/ *a.* soruşturma, araştırma

checkbook /'çekbuk/ *a.* çek defteri

checked /'çekt/ *s.* (sesler için) engelli, kapalı; *teks.* ekose, kareli **checked vowel** engelli ünlü

checker /'çekı/ *a.* kontrolör, denetçi

checkers /'çekız/ *a. AÎ.* dama

check-in /'çekin/ *a.* giriş, kayıt

checking /'çeking/ *a.* denetim, kontrol **checking account** çek hesabı **checking program** *biliş.* denetim programı **checking routine** *biliş.* denetim yordamı

checklist /'çeklist/ *a.* kontrol listesi

checkmate /'çekmeyt/ *e.* (satranç) mat etmek; yenilgiye uğratmak, bozguna uğratmak, yenmek ¤ *a.* (satranç) mat; bozgun, yenilgi, hizmet

checkout /'çekaut/ *a.* ödeme yeri, kasa; *biliş.* hata bulma, hata ayıklama, düzeltme **checkout routine** *biliş.* hata bulma yordamı

checkpoint /'çekpoynt/ *a.* trafik kontrol noktası **checkpoint dump** *biliş.* denetim noktasında döküm alma **checkpoint procedures** *biliş.* denetim noktası yöntemleri

checkpointing /'çekpoynting/ *a. biliş.* denetim noktası koyma

checkroom /'çekrum/ *a. AÎ.* vestiyer

checkup /'çekap/ *a. kon.* çekap, sağlık yoklaması

cheddar /'çedı/ *a.* çedar peyniri

cheek /çi:k/ *a.* yanak; *kon.* yüzsüzlük, arsızlık, küstahlık **cheek by jowl** al takke ver külah **cheek pouch** avurt **have a cheek** cüret etmek, küstahlaşmak

cheekbone /'çi:kboun/ *a.* elmacıkkemiği

cheekiness /'çi:kinıs/ *a.* yüzsüzlük, arsızlık

cheeky /'çi:ki/ *s. kon.* küstah, arsız, yüzsüz

cheep /çi:p/ *a.* cıvıltı ¤ *e.* cıvıldamak

cheer /'çiı/ *a.* alkış, bağırış; neşe, keyif ¤ *e.* bağırarak ya da alkışlayarak yüreklendirmek; alkışlamak, destekleyici şekilde bağırmak; umutlandırmak, yardım etmek, desteklemek, yüreklendirmek **cheer on** tezahürat yapmak **cheer up** *kon.* neşelenmek, sevinmek; neşelendirmek, sevindirmek **good cheer** nefis yemek ve içkiler

cheerful /'çiıfıl/ *s.* neşeli, şen, keyifli **as cheerful/happy as a lark** şen, şakrak

cheerfulness /'çiıfulnıs/ *a.* neşelilik, neşe

cheerio /çiıri'ou/ *ünl. Îİ. kon.* hoşça kal!; güle güle!

cheerleader /'çiıli:dı/ *a.* amigo

cheerless /'çiılis/ *s.* sıkıcı, üzücü; keyifsiz, neşesiz

cheers /çiız/ *ünl. Îİ. kon.* şerefe!; (telefonda) hoşça kal!

cheery /'çiıri/ *s.* keyifli, neşeli

cheese /çi:z/ *a.* peynir; *teks.* çapraz bobin **cheese head screw** silindirik başlı vida **cheese hoop** *trm.* peynir kalıbı **cheese mite** *trm.* peynir kurdu, peynir akarı **cheese rake** *trm.* peynir tarağı **cheese straws** peynirli çörek

cheesecake /'çi:zkeyk/ *a.* peynirli kek

cheesecloth /'çi:zklot/ *a.* tülbent

cheesemaking /çi:z'meyking/ *a. trm.* peynircilik

cheesemonger /'çi:zmangı/ *a.* peynirci

cheetah /'çi:tı/ *a. hayb.* çita

chef /şef/ *a.* şef, aşçıbaşı

chela /'ki:lı/ *a.* kıskaç ¤ /'çeylı/ *a.* mürit

chelate /'ki:leyt/ *a. kim.* çelat

chelation /ki:'leyşın/ *a. kim.* çelatlama, kıskaçlama

chelonian /ki'lounyın/ *a.* kaplumbağa

chemical /'kemikıl/ *s.* kimyasal ¤ *a.* kimyasal madde **chemical adsorption** kimyasal adsorpsiyon, kimyasal yüzerme **chemical affinity** kimyasal afinite, kimyasal ilgi **chemical analysis** kimyasal analiz, kimyasal çözümleme **chemical binding effect** kimyasal bağlanma etkisi **chemical brightening** kimyasal parlaklaştırma **chemical change** kimyasal değişme **chemical combination** kimyasal bileşme **chemical composition** kimyasal bileşim **chemical compound** kimyasal bileşik **chemical decomposition** kimyasal ayrışma **chemical element** kimyasal element, kimyasal öğe **chemical en**

ergy kimyasal enerji **chemical equation** kimyasal denklem **chemical equilibrium** kimyasal denge **chemical equivalent** kimyasal eşdeğer **chemical finish(ing)** teks. apre **chemical hygrometer** metr. kimyasal higrometre **chemical kinetics** kimyasal kinetik, kimyasal hızbilim **chemical lead** saf kurşun **chemical oxygen demand** kimyasal oksijen gereksinimi **chemical polishing** kimyasal parlatma **chemical potential** kimyasal potansiyel **chemical properties** kimyasal özellikler **chemical radical** kimyasal radikal **chemical reaction** kimyasal tepkime, kimyasal reaksiyon **chemical shift** kimyasal kayma **chemical symbol** kimyasal sembol, kimyasal simge **chemical treatment** kimyasal işlem **chemical warfare** ask. kimyasal savaş **chemical weeding** trm. kimyasal ot mücadelesi **chemically pure** kimyaca arı, kimyaca saf

chemise /şi'mi:z/ a. kombinezon **chemise dress** kadın elbisesi

chemisette /şemi:'zet/ a. bluz

chemisorption /kemi'so:pşın/ a. kemisorpsiyon, kimyasal tutunma

chemist /'kemist/ a. kimyager, kimyacı; eczacı

chemist's (shop) /'kemist (şop)/ a. eczane

chemistry /'kemistri/ a. kimya **chemistry of sugar** şeker kimyası

chemotherapy /'kemouterıpi/ a. kemoterapi

chenille /şı'ni:l/ a. tüylü saçak veya kordon

cheque /çek/ a. çek

chequebook /'çekbuk/ a. çek defteri

chequer /'çekı/ a. ekose deseni ¤ e. damalı yapmak, ekose desenli yapmak

chequerboard /'çekıbo:d/ a. dama tahtası

chequered /'çekıd/ s. kareli, ekose, damalı

cherish /'çeriş/ e. sevmek, şefkat göstermek; hatırasında yaşatmak **cherish/nurse a serpent/viper in one's bosom** koynunda yılan beslemek

chernozem /'çö:nouzem/ a. trm. çernozyom toprağı, kara toprak

cheroot /'şı'ru:t/ a. puro

cherry /'çeri/ a. kiraz; kiraz ağacı; kiraz rengi **cherry coal** mad. yarı yağlı kömür **cherry pie** kirazlı turta **cherry red** kıpkırmızı **cherry stone** kiraz çekirdeği

chersonese /'kö:sıni:s/ a. yarımada

chert /çö:t/ a. yerb. silisli şist

cherub /'çerıb/ a. melek; güzel, masum yüzlü çocuk

chervil /'çö:vil/ a. frenkmaydanozu

chess /çes/ a. satranç **chess problem** satranç problemi

chessboard /'çesbo:d/ a. satranç/dama tahtası

chessman /'çesmen/ a. satranç taşı

chest /çest/ a. sandık, kutu; göğüs, bağır, sine **chest of drawers** çekmeceli dolap **chest pack parachute** hav. göğüs paraşütü **get (sth) off one's chest** derdini açmak

chestnut /'çesnat/ a. kestane; kestane rengi; kestane ağacı; kon. bayatlamış espri/hikâye **chestnut tree wood** kestane ağacı kerestesi

chesty /'çesti/ s. iri göğüslü

cheval glass /şı'vel gla:s/ a. boy aynası

cheviot /'çi:viıt/ a. teks. şevyot **cheviot wool** teks. şevyot yünü

chevron /'şevrın/ a. V biçiminde süs; kol şeridi, sırma **chevron molding** zikzak desenli silme

chew /çu:/ e. çiğnemek; derin derin düşünmek ¤ a. çiğneme; çiğnenen tütün **bite off more than one can chew** kon. çiğneyebileceğinden fazlasını koparmak, yapamıyacağı işe kalkışmak **chew over** kon. hakkında düşünmek **chew the cud** düşünüp taşınmak **chew the rag/fat** çene çalmak

chewinggum /'çu:inggam/ a. çiklet, sakız

chic /şi:k/ s. şık ¤ a. şıklık

chicane /şi'keyn/ a. şike, hile

chichi /'şi:şi:/ s. gösterişli, süslü

chick /çik/ a. civciv; yavru kuş; kon. güzel kız, piliç, yavru

chicken /'çikin/ a. piliç, tavuk; piliç eti; kon. korkak **chicken broth** tavuk suyu **chicken out** hkr. kon. korkup vazgeçmek **chicken pox** hek. suçiçeği **chicken run** kümes bahçesi **count**

***one's chickens before they're
hatched*** ayıyı vurmadan postunu
satmak, dereyi görmeden paçaları
sıvamak ***go to bed with the chickens***
tavuk gibi erken yatmak
chickenfeed /'çikinfi:d/ *a. kon.* çok az
para, üç kuruş para
chickenhearted /çikin'ha:tid/ *s.* korkak,
yüreksiz, tabansız, tavşan yürekli
chickenlivered /çikin'llivıd/ *s.* korkak,
ödlek, tabansız, tavşan yürekli
chickpea /'çikpi:/ *a.* nohut
chicory /'çikıri/ *a. bitk.* hindiba
chid /çid/ *e.* azarlamak
chide /çayd/ *e.* azarlamak
chief /çi:f/ *a.* başkan, baş, amir, şef; reis;
arg. patron ¤ *s.* baş; en önemli, ana
chief clerk büro şefi; mağaza şefi
Chief Constable Emniyet Müdürü
chief depot merkez deposu ***chief en-
gineer*** başmühendis ***chief executive***
başkan ***chief house*** ana ticaretevi
chief justice başyargıç ***chief office***
merkez ***chief part*** başrol ***chief pilot***
hav. baş pilot
chiefly /'çi:fli/ *be.* başlıca
chieftain /'çi:ftin/ *a.* reis, lider, kafile
başkanı
chieftaincy /'çi:fınsi/ *a.* kabile reisliği,
başkanlık
chiffon /'şifon/ *a.* şifon, ipek tül
chiffonier /şifı'niı/ *a.* şifoniyer
chilblain /'çilbleyn/ *a.* mayasıl, egzama,
soğuk şişliği
child /çayld/ *a.* çocuk; deneyimsiz, toy,
çaylak; ürün, sonuç, çocuk ***child bear-
ing*** doğum ***child benefit*** çocuk yardımı
child care çocuk bakımı ***child lan-
guage*** çocuk dili ***child prodigy*** harika
çocuk ***child's bicycle*** çocuk bisikleti
child's play çocuk oyuncağı
childbearing /'çayldbeıring/ *a.* çocuk
doğurma, doğum yapma, çocuk sahibi
olma
childbed /'çayldbed/ *a.* loğusalık ***child-
bed fever*** loğusa humması
childbirth /'çaylbö:t/ *a.* çocuk doğurma,
doğum
childhood /'çayldhud/ *a.* çocukluk,
çocukluk dönemi
childish /'çayldiş/ *s.* çocuksu, çocuk gibi;
hkr. çocukça, saçma

childishness /'çayldişnıs/ *a.* çocuksuluk,
çocukçalık
childless /'çayldlıs/ *s.* çocuksuz
childlike /'çayldlayk/ *s.* çocuksu
children /'çildrın/ *a.* çocuklar ***children
insurance*** çocuk sigortası ***children's
wear*** *teks.* çocuk giyimi
chile /'çili/ *a. Aİ. bkz.* chilli
Chile /'çili/ *a.* Şili ***Chile saltpetre*** Şili
güherçilesi, sodyum nitrat
chili /'çili/ *a. Aİ. bkz.* chilli
chill /çil/ *s.* soğuk ¤ *a.* titreme, ürperti;
soğuk algınlığı; soğukluk, soğuk ¤ *e.*
soğumak; soğutmak; ürpertmek,
korkutmak ***chilled roll*** sert döküm
silindir, kokil döküm silindir
chilli /'çili/ *a. bitk.* kırmızıbiber
chilliness /'çilinis/ *a.* soğukluk
chilling /'çiling/ *s.* soğuk
chilly /'çili/ *s.* soğuk, serin
chime /çaym/ *a.* zil/çan sesi ¤ *e.* (saat,
zil, vb.) çalmak ***chime in*** *kon.* söze
karışmak, lafa girmek
chimney /'çimni/ *a.* baca; gaz lambası
şişesi; *yerb.* yanardağ ağzı, krater
chimney cap baca külahı, baca
şapkası ***chimney draft/draught*** baca
çekişi ***chimney rock*** *yerb.* peribacası
chimneypot /'çimnipot/ *a.* baca başlığı
chimneysweep /'çimniswi:p/ *a.* baca
temizleyicisi
chimp /çimp/ *a. kon.* şempanze
chimpanzee /çimpen'zi:/ *a. hayb.*
şempanze
chin /çin/ *a.* çene ***Keep your chin up***
kon. Yılma!, Korkma! ***take it on the
chin*** metanetle karşılamak ***take sth on
the chin*** sineye çekmek ***up to the chin***
boğazına kadar
chin-chin /çin'çin/ *ünl.* selam!, merhaba;
şerefe!
china /'çaynı/ *a.* çini, porselen, seramik
China bark kınakına ***china clay*** kaolin,
arıkil
chinatown /'çaynıtaun/ *a.* Çin mahallesi
chinaware /'çaynıweı/ *a.* çin işi,
çini/porselen eşya
chinch /çinç/ *a.* tahtakurusu
chinchilla /çin'çilı/ *a.* çinçilla
chine /çayn/ *a.* belkemiği
chine /çayn/ *a. anat.* belkemiği; *hayb.*
omurgakemiği; *mutf.* sırttan çıkarılan et

Chinese /çay'ni:z/ *a.* Çinli; Çince *Chinese arborvitae* doğu mazısı *Chinese binary* biliş. sütun ikili *Chinese binary code* biliş. sütun ikili kod *Chinese cabbage* Çin lahanası *Chinese lantern* körüklü fener *Chinese oak silk* teks. tusah ipeği *Chinese raw silk* Çin ham ipeği

chiné /'şi:ney/ *s. teks.* benekli, desenli

Chink /çink/ *a. arg. hkr.* Çinli

chink /çink/ *a.* şıngırtı, şangırtı; yarık, çatlak

chinook /çi'nu:k/ *a. metr.* şinuk

chinstrap /'çinstrep/ *a.* miğfer kayışı

chintz /çints/ *a.* şintz *chintz calender* teks. şintz kalenderi *chintz effect* teks. parlatma efekti *chintz finish* teks. parlatma apresi

chinwag /'çinweg/ *a.* gevezelik, çene ¤ *e.* gevezelik etmek, çene çalmak

chip /çip/ *a.* küçük parça, kırıntı, yonga; iz, çentik, çizik, yarık; (kumar) fiş; *İİ.* patates kızartması; *Aİ.* cips; *kon.* mikroçip; biliş. yonga, çip ¤ *e.* yontmak, çentmek, küçük bir parça koparmak; yontulmak, çentilmek; (patates, vb.) doğramak *a chip off the old block* hık demiş burnundan düşmüş *chip basket* hasır sepet *chip breaker* talaş kalemi, yonga bıçağı *chip hat* hasır şapka *chip in (with sth)* söze karışmak; biraz para katarak iştirak etmek *chip in* kon. söze karışmak, lafa girmek; (para) katmak *chip-pan* fritöz *have a chip on one's shoulder* öfkesi burnunun ucunda olmak *pass/cash in one's chips* ecel şerbetini içmek *when the chips are down* kon. işler rayına oturunca

chipmunk /'çipmank/ *a. hayb.* küçük Amerika sincabı

chipper /'çipı/ *e.* sohbet etmek

chipping /'çiping/ *a.* çakıltaşı

chiromancy /'kayıroumensi/ *a.* el falı

chiropodist /ki'ropıdist/ *a.* pedikürist, ayak bakım uzmanı

chiropody /ki'ropıdi/ *a.* ayak bakımı

chirp /çö:p/ *a.* cıvıltı ¤ *e.* cıvıldamak

chirpy /'çö:pi/ *s. kon.* neşeli, şen şakrak, cıvıl cıvıl *as chirpy as a cricket* cıvıl cıvıl

chirrup /'çirıp/ *a.* cıvıltı ¤ *e.* cıvıldamak

chisel /'çizıl/ *a.* keski, iskarpela ¤ *e.* oymak, yontmak; *kon.* dolandırmak; *arg.* (out of ile) kazıklamak *chisel bit* düz matkap ağzı, keski ucu *chisel steel* keski çeliği *chisel-tooth saw* dairesel ağaç bıçkısı

chit /çit/ *a. kon.* küçük çocuk; *hkr.* küstah, saygısız ve yaygaracı kadın

chitchat /'çitçet/ *a. kon.* sohbet, muhabbet, laklak

chitterling /'çitıling/ *a.* bumbar

chivalrous /'şivılrıs/ *s.* şövalyelikle ilgili; yiğit, yürekli, kahraman; ince, kibar, mert, cömert, yardımsever

chivalry /'şivılri/ *a.* şövalyelik; yiğitlik, yüreklilik, kahramanlık; incelik, kibarlık

chive /çayv/ *a. bitk.* frenksoğanı; bıçak

chivvy /'çivi/ *e.* ikna etmek, teşvik etmek, gaza getirmek

chloric /'klo:rik/ *s.* klorik

chloride /'klo:rayd/ *a.* klorür *chloride of lime* kalsiyum klorür, kireçkaymağı

chlorinate /'klo:rineyt/ *e.* klorlamak

chlorinated /'klo:rineytid/ *s.* klorlu *chlorinated lime* klorlu kireç *chlorinated rubber* klorlu kauçuk

chlorination /klo:rin'eyşın/ *a.* klorlama *chlorination plant* klorlama tesisi

chlorine /'klo:ri:n/ *a.* klor *chlorine bleaching* teks. klor ağartması *chlorine resistant* teks. klora dayanıklı *chlorine war gas* ask. klor savaş gazı

chlorite /'klo:rayt/ *a.* klorit *chlorite bleaching* teks. klorit ağartması

chloroform /'klorıfo:m/ *a.* kloroform

chlorophyll /'klo:rıfil/ *a.* klorofil

chlorosis /klo:'rousis/ *a. bitk.* sarılık

choc-ice /'çokays/ *a. İİ.* çikolata kaplı dondurma

chock /çok/ *a.* takoz ¤ *e.* takoz koymak; tıkamak

chock-a-block /çokı'blok/ *s. kon.* tıka basa dolu, tıklım tıklım *chock-a-block full with* ağzına kadar dolu

chock-full /çok'ful/ *s. kon.* ağzına kadar dolu

chocolate /'çoklit/ *a.* çikolata

choice /çoys/ *a.* seçme; seçim, seçenek, tercih; seçilen/seçilmiş kişi/şey ¤ *s.* seçkin, çok iyi, kaliteli *Hobson's choice* tek seçenek, tek çare *take one's choice* beğendiğini almak

choiceness /'çoysnıs/ *a.* seçkinlik

choir /'kwayı/ *a.* koro; koro üyelerinin yeri **choir master** koro yönetmeni **choir stalls** koro yeri

choke /çouk/ *e.* boğmak; boğulmak; tıkamak; tıkanmak; tıka basa doldurmak ¤ *a.* boğma; boğulma; *İl. arg.* kodes **choke back** (duygularını) frenlemek, zapt etmek **choke down** aceleyle, boğulacak gibi yutmak, yemek; (duygularını) frenlemek, zapt etmek **choke off** *arg.* (birisini) ekmek, atlatmak, kurtulmak; (duygularını) frenlemek **choke coil** *elek.* şok bobini, tıkama bobini **choke coupling** *elek.* şok kuplajı **choke damp** *mad.* kör nefes, kör soluk **choke feed** *elek.* şok bobinli besleme **choke modulation** *elek.* şok modülasyonu

choler /'kolı/ *a.* safra, öd

cholera /'kolırı/ *a.* kolera

choleric /'kolırik/ *s.* sinirli

cholesterol /kı'lestırol/ *a.* kolesterol

chondrite /'kondrayt/ *a. min.* kondrit, kumlu göktaşı

chondrule /'kondru:l/ *a. gökb.* kondrul, gökkumu

choose /çu:z/ *e.* seçmek; uygun görmek, yeğlemek; karar vermek

chooser /'çu:zı/ *a.* seçen kimse

choosy /'çu:zi/ *s.* güç beğenen, titiz, müşkülpesent

chop /çop/ *e.* (balta, vb. ile) kesmek, yarmak; kıymak, doğramak, dilmek; *arg.* (plan, vb.) baltalamak ¤ *a.* balta vb. vuruşu; vuruş, darbe; (deniz) çırpıntı; pirzola, külbastı ¤ *a.* damga, mühür; kalite, derece; aynı kalitede mallar; çene **chop and change** (yön, düşünce, vb.) durmadan değiştirmek/değişmek **chop off** kesmek, budamak **chop up** doğramak, kıymak **first chop** birinci sınıf, kaliteli **get the chop** *kon.* işten atılmak, sepetlenmek; baltalanmak, durdurulmak

chop-chop /'çopçop/ *be. kon.* çabucak, hemencecik

chophouse /'çophaus/ *a.* et lokantası

chopper /'çopı/ *a.* balta; satır; *arg.* helikopter; *arg.* motosiklet; *fiz.* çapar, dilici

choppers /'çopız/ *a. arg.* dişler

chopping /'çoping/ *s.* iri yapılı ¤ *a.* kesme, yarma; kıyma; değişme, değişiklik **chopping board** et tahtası **chopping knife** et baltası

choppy /'çopi/ *s.* (deniz) çırpıntılı, dalgalı; (rüzgâr) değişken

chopstick /'çopstik/ *a.* Çinlilerin kullandığı yemek çubuğu

choral /'ko:rıl/ *s.* koro ile ilgili **choral society** koro

chorale /ko'ra:l/ *a.* koral

chord /ko:d/ *a.* tel; *müz.* tel; *müz.* akor; *mat.* kiriş; kanat genişliği **strike a cord** (bir anıyı) hatırlatmak, aklına getirmek **touch the right chord** zayıf yönünden yararlanmak

chore /ço:/ *a.* angarya; ufak gündelik işler

chorea /ko'rıı/ *a.* kora

choreographer /kori'ogrıfı/ *a.* koreograf, bale direktörü

choreography /kori'ogrıfi/ *a.* koreografi, dans sanatı

choric /'korik/ *s.* koro ile ilgili

chorister /'koristı/ *a.* koro üyesi; koro şefi

chortle /'ço:tıl/ *e.* gülmek, kıkırdamak ¤ *a.* kahkaha

chorus /'ko:rıs/ *a.* koro; nakarat; uğultu ¤ *e.* aynı anda şarkı söylemek/konuşmak

chough /çaf/ *a.* kızılca karga

chow /çau/ *a.* Çin köpeği; *kon.* yiyecek

chrestomathy /kre'stomıti/ *a.* krestomati

Christ /krayst/ *a.* İsa ¤ *ünl. kon.* Hay Allah! Vay canına! Amanın! Eyvah!

christen /'krisın/ *e.* vaftiz etmek; ad koymak; *kon.* ilk kez kullanmak

Christendom /'krisındım/ *a.* Hıristiyan âlemi

christening /'krisıning/ *a.* vaftiz

Christian /'krişçın/ *a. s.* Hıristiyan; dürüst, merhametli **Christian area** miladi tarih **Christian name** ön ad, vaftiz adı **Christian science** hastalığın yalnızca insan kafasında olduğuna inanan bir mezhep

Christianity /kristi'eniti/ *a.* Hıristiyanlık

Christianize /'kristyınayz/ *e.* Hıristiyanlaştırmak

Christmas /'krismıs/ *a.* Noel **merry Christmas** iyi Noeller **Christmas bonus** Noel ikramiyesi **Christmas card** Noel tebrik kartı **Christmas carol** Noel

şarkısı *Christmas Day* Noel yortu günü *Christmas Eve* Noel arifesi *Christmas pudding* Noel erikli pudingi *Christmas tree* Noel ağacı
Christmassy /'krismısi/ *s.* Noel'e özgü, Noel'e ait
chroma /'kroumı/ *a.* renk parlaklığı *chroma control elek.* renk kontrolü
chromate /'kroumeyt/ *a. kim.* kromat
chromatic /krou'metik/ *s.* kromatik, renkser *chromatic aberration* kromatik sapınç, renk sapması *chromatic scale* kromatik gam *chromatic sensitivity* renk duyarlığı
chromaticity /kroumı'tisiti/ *a. elek.* kromatiklik, renkserlik *chromaticity flicker elek.* renk titremesi
chromatics /krou'metiks/ *a.* kromatik, renk bilgisi
chromatography /kroumı'togrıfi/ *a. kim.* kromatografi
chrome /kroum/ *a.* krom *chrome-plate* krom kaplama
chrominance /'krouminıns/ *a.* krominans, renklilik *chrominance demodulator elek.* krominans demodülatörü *chrominance information elek.* krominans bilgisi, renklilik bilgisi *chrominance modulator elek.* krominans modülatörü *chrominance signal elek.* krominans sinyali, renklilik sinyali *chrominance subcarrier opt.* krominans alt taşıyıcısı, renklilik alt taşıyıcısı
chromite /'kroumayt/ *a. min.* kromit
chromium /'kroumiım/ *a.* krom *chromium-plate* kromlamak, krom kaplamak
chromize /'kroumayz/ *e. met.* kromlamak
chromogen /'kroumıcın/ *a.* kromogen, kromojen
chromophore /'kroumıfo:/ *a.* kromofor, renkyapan
chromosome /'kroumısoum/ *a. biy.* kromozom
chromosphere /'kroumısfıı/ *a.* kromosfer, renkyuvarı
chronic /'kronik/ *s.* süreğen, müzmin, kronik; *İİ. kon.* berbat, rezil, çok kötü *chronic inflation* kronik enflasyon *chronic unemployment* kronik işsizlik
chronicle /'kronikıl/ *a.* kronik,

vakayiname ¤ *e.* kroniğini çıkarmak
chronicler /'kroniklı/ *a.* tarihçi
chronogram /'kronougrem/ *a.* kronogram
chronograph /'kronougra:f/ *a.* kronograf
chronological /'kronı'locikıl/ *s.* kronolojik, zamandizinsel *chronological age* takvim yaşı *chronological sketch* kronolojik kroki
chronologically /kronı'locikıli/ *be.* kronolojik olarak
chronologize /krı'nolıcayz/ *e.* kronolojik olarak düzenlemek
chronology /krı'nolıci/ *a.* kronoloji, zamandizin
chronometer /krı'nomıtı/ *a.* kronometre, süreölçer
chronometry /krı'nomıtri/ *a.* kronometri
chrysalis /'krisılis/ *a. biy.* krizalit
chrysanthemum /kri'sentimım/ *a. bitk.* kasımpatı, krizantem
chub /çab/ *a.* tatlı su kefalı
chubby /'çabi/ *s. kon.* tombul, dobişko
chuck /çak/ *e. kon.* atmak, fırlatmak; *arg.* dışarı atmak, sepetlemek; *arg.* vazgeçmek, bırakmak, terk etmek ¤ *a.* torna aynası *chuck out kon.* dışarı atmak, sepetlemek, kovmak; fırlatıp atmak, kurtulmak, başından atmak *chuck sth in/up* işini bırakmak, bir şeyi yapmaktan vazgeçmek
chucker-out /çakır'aut/ *a.* fedai
chuckle /'çakıl/ *e.* kıkırdamak, kıkır kıkır gülmek ¤ *a.* kıkırdama
chuffed /çaft/ *s.* memnun
chug /çag/ *a. oto.* vuruntu sesi, pat pat ¤ *e.* (motor) pat pat etmek, teklemek
chum /çam/ *a. kon.* iyi arkadaş, ahbap
chummy /'çami/ *s. kon.* samimi, arkadaş canlısı
chump /çamp/ *a.* odun, takoz; *kon.* salak, aptal; pirzola, kemikli et
chunk /çank/ *a.* iri parça, yığın, külçe; *kon.* büyük miktar
chunky /'çanki/ *s.* bodur ve tıknaz, gebeş
church /çö:ç/ *a.* kilise *Church of England* Anglikan kilisesi *church wedding* kilise nikâhı
churchyard /'çö:çya:d/ *a.* kilise mezarlığı
churl /çö:l/ *a. hkr.* hödük, ayı, hayvan
churlish /'çö:liş/ *s. hkr.* kaba, ters, aksi
churn /çö:n/ *a.* yayık ¤ *e.* sütü yayıkta

çalkalamak, tereyağı yapmak; (sıvı) köpürtmek; (deniz) çalkalanmak **churn drilling** *mad.* halatlı sondaj, halatlı delme **churn out** *kon.* ˌbol miktarda üretmek

chute /şu:t/ *a.* küçük çağlayan; oluk, kaydırma oluğu, kanal; *kon.* paraşüt **chute trap** oluk sürgüsü

chutney /'çatni/ *a.* Hint salçası, bir tür acı sos

chutzpa(h) /'hutspı/ *a.* cüret, küstahlık

chyle /kayl/ *a.* keylüs, kilüs

cicada /si'ka:dı/ *a.* ağustosböceği, orakböceği

cicatrice /'sikıtris/ *a.* sikatris

cicatrize /'sikıtrayz/ *e.* iyileşmek; iyileştirmek

cicero /'sisırou/ *a. bas.* katrat

cicerone /sisı'rouni/ *a.* turist rehberi

cider /'saydı/ *a. İİ.* elma şarabı, elma şırası

cigar /si'ga:/ *a.* puro **cigar box** puro kutusu **cigar case** puro tabakası **cigar cutter** puro makası **cigar lighter** sigara yakacağı, çakmak

cigaret /sigı'ret/ *a. Aİ. bkz.* cigarette

cigarette /sigı'ret/ *a.* sigara **cigarette case** sigara tabakası **cigarette · end** izmarit **cigarette holder** sigara ağızlığı **cigarette machine** sigara makinesi

cilia /'siliı/ *a.* kirpikler

ciliary /'siliıri/ *s.* kirpiksi

ciliated /'silieytıd/ *s.* kirpikli

cilice /'silis/ *a.* yapağıdan dokunmuş kumaş

cinch /sinç/ *a. kon.* kolay iş, çocuk oyuncağı; kesin şey, garanti

cinchona /sin'kounı/ *a.* kınakına

cincture /'sinkçı/ *a.* kuşak, kemer, pervaz

cinder /'sindı/ *a.* kor, köz, dışık, kül **cinder concrete** cüruflu beton

Cinderella /sindı'relı/ *a.* Sinderella

cine camera /'sini 'kemırı/ *a.* kamera

cineaste /'siniest/ *a.* sinema meraklısı

cinema /'sinimı/ *a.* sinema

Cinemascope /'sinimıskoup/ *a. sin.* Sinemaskop

cinematic /sini'metik/ *s.* sinematik

cinematograph /sini'metıgra:f/ *a. sin.* sinematograf, sinema makinesi **cine-**

matograph film *sin.* sinematograf film

cinematographic /sinimetı'grefik/ *s. sin.* sinematografik

cinematography /sinimı'togrıfi/ *a. sin.* sinematograf, sinemacılık

Cinerama /sinı'ra:mı/ *a. sin.* Sinerama, Cinerama

cinerary /'sinırıri/ *s.* kül ile ilgili

cinerator /'sinıreytı/ *a.* ölülerin yakıldığı fırın

cinnabar /'sinıba:/ *a.* zincifre, sülüğen

cinnamon /'sinımın/ *a.* tarçın

cinque /sink/ *a.* (iskambil) beşli

cinquefoil /'sinkfoyl/ *a.* beşparmakotu, kurtpençesi

cipher /'sayfı/ *a.* sıfır; şifre **cipher code** şifre kodu **cipher key** şifre anahtarı **cipher message** şifreli mesaj **cipher telegram** şifreli telgraf

circa /'sö:kı/ *ilg.* tahminen, dolayında, yaklaşık

circadian /sö:'keydiın/ *s.* yirmi dört saatlik

Circassian /sö:'kesiın/ *a.* Çerkez

Circe /'sö:si/ *a.* Kirke

circle /'sö:kıl/ *a.* çember, daire; halka; çevre; (tiyatro, vb.) balkon ¤ *e.* çember içine almak, daire içine almak; daire biçiminde hareket etmek, çember çizmek; çevresini dolaşmak **circle brick** kemer tuğlası **circle of confusion** *opt.* bulanıklık dairesi, bulanıklık tekeri **circle of convergence** *mat.* yakınsaklık dairesi **circle of curvature** *mat.* eğrilik çemberi **circle of poverty** yoksulluk çemberi **circle of trade** iş sahası **come full circle** dönüp dolaşıp aynı yere gelmek **square the circle** olmayacak bir şeye kalkışmak, olmayacak duaya amin demek

circlet /'sö:klit/ *a.* (taç, bilezik, kolye, vb.) halka şeklinde süs eşyası, halkacık

circuit /'sö:kit/ *a.* dolaşma, devir, tur; çevre; halka, daire; elektrik devresi; gezi, tur, ziyaret; ring seferi, tur; *fiz.* devre, çevrim **circuit analyser** devre analizörü **circuit board** devre levhası **circuit breaker** *elek.* şalter, devre kesici **circuit changer** *elek.* devre değiştirici **circuit cheater** *elek.* suni devre **circuit diagram** *elek.* devre şeması **circuit efficiency** *elek.* devre verimi **circuit element** *elek.* devre

elemanı **circuit fault** *elek.* devre hatası **circuit noise** *elek.* devre gürültüsü **circuit switching** *biliş.* devre anahtarlaması **circuit tester** *elek.* devre test aygıtı
circuitous /sö:'kyu:itıs/ *s.* dolambaçlı, kıvrımlı, dönemeçli
circular /'sö:kyulı/ *s.* dairesel; dolambaçlı ¤ *a.* genelge **circular antenna** dairesel anten, çember anten **circular arch** *inş.* daire kemer **circular cone** *mat.* dairesel koni **circular diffusion battery** *şek.* yuvarlak difüzyon bataryası **circular function** dairesel fonksiyon **circular knitting machine** *teks.* yuvarlak örgü makinesi **circular letter** sirküler, genelge **circular letter of credit** kredi mektubu **circular lever** küresel düzeç **circular magnetization** dairesel mıknatıslanma **circular motion** dairesel hareket **circular note** tamim, sirküler nota; sirküler mektubu **circular permutation** *mat.* dairesel permütasyon, çembersel devşirim **circular pit** dairesel kuyu, çembersel kuyu **circular pitch** dairesel diş açıklığı **circular plane** yuvarlak rende **circular polarization** dairesel kutuplanma **circular ring** dairevi halka **circular saw** daire testere, disk testere **circular shift** *biliş.* dairesel kaydırma **circular skirt** kloş etek **circular stair** *inş.* dairesel merdiven, sarmal merdiven **circular surface** dairesel yüzey **circular time base** dairesel zaman tabanı **circular vault** *inş.* dairevi kemer **circular waveguide** dairesel dalga kılavuzu **circular window** göz pencere, daire biçimli pencere
circularization /sö:kyulıray'zeyşın/ *a.* tamim etme
circularize /'sö:kyulırayz/ *e.* tamim etmek; sirküler yollamak
circulate /'sö:kyuleyt/ *e.* dolaşmak; dolaştırmak; yaymak; yayılmak
circulating /'sö:kyuleyting/ *s.* devreden, dolaşan **circulating asset** döner kıymet **circulating capital** işletme sermayesi, döner sermaye **circulating decimal** devirli ondalık kesir **circulating medium** dolaşım aracı, tedavül vasıtası **circulating pipe** sirkülasyon borusu, dolaşım borusu **circulating**

pump dolaşım pompası, devridaim pompası **circulating register** *biliş.* çevrimsel yazmaç **circulating signal** *fiz.* dolanan sinyal **circulating storage** *biliş.* çevrimsel bellek
circulation /sö:kyu'leyşın/ *a.* dolaşım, kan dolaşımı; dolaşma, yayılma; tiraj, baskı sayısı **circulation capital** döner sermaye **circulation of elites·** elit dolaşımı **circulation of goods certificate** dolaşım belgesi **circulation of liquor** banyo sirkülasyonu **circulation system lubrication** *oto.* devridaimli yağlama, dolaşımlı yağlama **circulation water** dolaşım suyu
circulator /'sö:kyuleytı/ *a.* devir ettirici
circulatory /sö:kyu'leytıri/ *s.* dolaşımla ilgili **circulatory system** *hek.* dolaşım sistemi
circumambulate /sö:kım'embyuleyt/ *e.* etrafını dolaşmak
circumcise /'sö:kımsayz/ *e.* sünnet etmek
circumcision /sö:kım'sijın/ *a.* sünnet
circumference /sı'kamfırıns/ *a.* *mat.* çember, çevre
circumferential /sıkamfı'renşıl/ *s.* çevresel
circumflex /'sö:kımfleks/ *a.* düzeltme işareti, uzatma imi **circumflex accent** ünlem vurgusu
circumjacent /sö:kım'ceysınt/ *s.* etraftaki, çevredeki
circumlocution /sö:kımlı'kyu:şın/ *a.* dolambaçlı söz, yuvarlak ifade
circumnavigate /sö:kım'nevigeyt/ *e.* etrafını dolaşmak
circumnavigation /sö:kımnevi'geyşın/ *a.* etrafını dolaşma
circumnavigator /sö:kım'nevigeytı/ *a.* (gemiyle) dünya turu yapan kimse
circumpolar /sö:kım'poulı/ *s.* dolaykutupsal, kutup çevresinde olan **circumpolar star** *gökb.* batmayan yıldız
circumscribe /sö:kım'skrayb/ *e.* çevresini çizmek; sınırlamak
circumscription /sö:kım'skripşın/ *a.* çevresine çizgi çizme, kuşatma
circumspect /'sö:kımspekt/ *s.* dikkatli, önemli
circumspection /sö:kım'spekşın/ *a.*

dikkatlilik, sakınganlık

circumstance /'sö:kımstens/ *a.* durum, koşul, hal, şart

circumstances /'sö:kımstensiz/ *a.* durumlar, koşullar; mali durum *in/under no circumstances* asla, hiçbir şekilde

circumstantial /'sö:kımstenşıl/ *s.* duruma bağlı, koşullara bağlı; durumla ilgili; ayrıntılı, tafsilatlı *circumstantial evidence* ikincil kanıt, ikinci derecede kanıt

circumstantiate /sö:kım'stenşieyt/ *e.* ayrıntılarıyla açıklamak

circumvent /sö:kım'vent/ *e.* -den kaçmak, kaçınmak; atlatmak, kurtulmak

circumvention /sö:kım'venşın/ *a.* tuzağa düşürme

circus /'sö:kıs/ *a.* sirk; *İİ.* alan, meydan

cirque /sö:k/ *a. yerb.* sirk, buzyalağı *cirque glacier* sirk buzulu, buzyalağı buzulu *cirque lake* sirk gölü, buzyalağı gölü

cirrhosis /si'rousis/ *a. hek.* siroz

cirrocumulus /sirou'kyu:myulıs/ *a. metr.* sirokumulus, yumakbulut

cirrostratus /sirou'stra:tıs/ *a. metr.* sirrostratüs, tülbulut

cirrus /'sirıs/ *a.* sirrus, saçakbulut, tüybulut

cissoid /'sisoyd/ *a. mat.* sissoid, sarmaşık eğrisi

cissy /'sisi/ *a. bkz.* sissy

cistern /'sistın/ *a.* sarnıç *cistern barometer* hazneli barometre

citadel /'sitıdl/ *a.* kale, hisar

citation /say'teyşın/ *a. huk.* geldiri, celpname; alıntı, iktibas

cite /sayt/ *e. huk.* mahkemeye çağırmak; celpname göndermek; bahsetmek, adından söz etmek; örnek olarak vermek/göstermek

citify /'sitifay/ *e.* kentleştirmek

citizen /'sitizın/ *a.* vatandaş, yurttaş

citizenship /'sitizınşip/ *a.* vatandaşlık, yurttaşlık

citric acid /sitrik'esid/ *a.* sitrik asit

citron /'sitrın/ *a.* ağaçkavunu

citronella /sitrı'nelı/ *a.* limon out; limon yağı

citrus /'sitrıs/ *s.* turunçgillerle ilgili

city /'siti/ *a.* kent, şehir *city council* şehir meclisi *city father* kent yöneticisi *city hall* belediye, belediye binası *city man* işadamı, ticaretle uğraşan kişi *city manager* belediye başkanı *city planning* şehir planlama *city state* site kent, şehir devleti *city tour* şehir turu *the City* Londra'nın iş merkezi

civet(cat) /'sivit/ *a.* misk kedisi

civic /'sivik/ *a.* şehirle ilgili, kentsel; yurttaşlıkla ilgili *civic centre* kent merkezi

civics /'siviks/ *a.* yurttaşlık bilgisi

civil /'sivıl/ *s.* sivil; uygar, medeni; kibar, nazik; *huk.* medeni hukukla ilgili *civil aviation* sivil havacılık *civil case* hukuk davası *civil code* medeni kanun *civil commotion* halk ayaklanması *civil corporation* ticaret şirketi *civil defence* sivil savunma *civil engineer* inşaat mühendisi *civil engineering* inşaat mühendisliği *civil establishment* memurlar *civil government* sivil idare *civil law* medeni hukuk *civil liberties* insan hakları *civil life* sivil yaşam *civil list* kraliyet bütçesi *civil marriage* medeni nikâh *civil rights* vatandaşlık hakları *civil rights movement* yurttaşlık hakları hareketi *civil servant* devlet memuru *civil service* devlet memurluğu, devlet hizmeti; devlet memurları *civil society* sivil toplum *civil society approach* sivil toplumculuk *civil state* medeni hal *civil suit* hukuk davası *civil war* iç savaş *civil year* mali yıl *civil-spoken* nazik, terbiyeli

civilian /si'viliın/ *a. s.* sivil *civilian life* sivil yaşam *civilian population* sivil halk

civility /si'viliti/ *a.* incelik, nezaket, kibarlık

civilization /sivılay'zeyşın/ *a.* uygarlık, medeniyet; uygarlaştırma; uygarlaşma; *kon.* modern toplum

civilize /'sivılayz/ *e.* uygarlaştırmak; adam etmek, kibarlaştırmak

civilized /'sivılayzd/ *s.* medeni, uygar

civvies /'siviz/ *a.* sivil elbise

clack /klek/ *e.* tıkırdamak; tıkırdatmak; gevezelik etmek ¤ *a.* tıkırtı; kapak, supap, valf

clad /ked/ *s.* örtülü, bürünmüş,

kaplanmış

cladding /'kleding/ *a. met.* plakaj, giydirme

claim /kleym/ *e.* hak talep etmek; almak, sahip çıkmak; iddia etmek ¤ *a.* istek, talep; hak; iddia *claim assessor* hasar müfettişi *claim statistics* hasar istatistiği *claims department* hasar servisi *claims on foreigners* yabancılardan alacaklar *claims outstanding* muallak hasarlar

claimable /'kleymıbıl/ *s.* hak talep edilebilir

claimant /'kleymınt/ *a. huk.* talep sahibi, müddei, davacı

clairvoyance /kleı'voyıns/ *a.* geleceği görebilme gücü

clairvoyant /kleı'voyınt/ *a. s.* geleceği görebilen

clam /klem/ *a. hayb.* deniztarağı ¤ *e.* deniztarağı toplamak *clam up arg.* gıkını çıkarmamak, susmak

clamant /'kleymınt/ *s.* gürültülü

clamber /'klembı/ *e.* tırmanmak

clammy /'klemi/ *s.* nemli, yapışkan ve soğuk

clamor /'klemı/ *Aİ. bkz.* clamour

clamorous /'klemırıs/ *s.* gürültülü, patırtılı, yaygaracı

clamour /'klemı/ *a.* gürültü, patırtı, yaygara ¤ *e.* yaygara koparmak

clamp /klemp/ *a.* mengene, kenet, kıskaç ¤ *e.* mengeneyle sıkıştırmak *clamp bolt* kelepçe cıvatası *clamp-on* kenetlenme *clamp down (on sth)* yasaklamak *clamp down* (on ile) *kon.* daha sıkı/ciddi olmak; sınır koymak

clampdown /'klempdaun/ *a. kon.* resmi kısıtlama, sınırlama, önleme

clamping /'klemping/ *a.* bağlama, kenetleme *clamping circuit elek.* tespit devresi *clamping diode elek.* kenetleyici diyot *clamping ring* kelepçe halkası *clamping screw* sıkma vidası

clamshell /'klemşel/ *a.* çift çeneli kova, çift çeneli kepçe *clamshell bucket* yükleme kepçesi *clamshell dredge* çeneli kazıcı

clan /klen/ *a.* klan, oymak, kabile, boy; *kon.* büyük aile

clandestine /klen'destin/ *s.* gizli, el altından yapılan, gizli kapaklı

clang /kleng/ *e.* çınlamak, tınlamak; çınlatmak, tınlatmak ¤ *a.* çınlama, tınlama

clanger /'klengı/ *a. İİ. kon.* büyük hata, gaf *drop a clanger* pot kırmak, çam devirmek, gaf yapmak

clank /klenk/ *a.* şakırtı, şıkırtı ¤ *e.* şakırdamak; şakırdatmak

clannish /'kleniş/ *s.* (grup) ayrılıkçı; kabileye ait

clansman /'klenzmın/ *a.* klan üyesi kimse

clap /klep/ *e.* (el) çırpmak; alkışlamak; dostça vurmak; *kon.* koyuvermek; gönderivermek; postalamak ¤ *a.* alkış, alkışlama; gürleme; yavaş vurma; (the ile) *arg.* belsoğukluğu

clapboard /'klepbo:d/ *a.* fıçı tahtası; kaplama tahtası

clapper /'klepı/ *a.* alkışlayan, şakşakçı; çan dili, çan tokmağı; kaynana zırıltısı; (kuşlar için) korkuluk *like the clappers* çok hızlı, koşar adım, rüzgâr gibi

clapping /'kleping/ *a.* alkış sesi, alkış

clapstick /'klepstik/ *a. sin.* şakşak

claptrap /'kleptrep/ *a. kon.* zırva, saçmalık, hikâye, boş laf

claret /'klerit/ *a.* kırmızı Bordo şarabı

clarification /klerifi'keyşın/ *a.* arıtma, temizleme; aydınlatma, açıklama

clarifier /'klerifayı/ *a.* durultucu

clarify /'klerifay/ *e.* açıklamak, açıklık getirmek, aydınlatmak; açıklanmak, anlaşılır olmak, aydınlanmak; arıtmak

clarinet /kleri'net/ *a. müz.* klarnet

clarinettist /kleri'netist/ *a.* klarnetçi

clarion /'kleriın/ *a.* boru sesi, yüksek ses; boru

clarity /'kleriti/ *a.* açık seçiklik, anlaşılırlık, berraklık, açıklık

Clark cell /kla:k 'sel/ *a.* Clark pili

clary /'kleıri/ *a.* adaçayı

clash /kleş/ *e.* çarpışmak, çatışmak; (renk) uymamak, gitmemek; çatışmak, aynı zamana denk gelmek; gürültü yapmak ¤ *a.* gürültü, patırtı; çatışma

clasp /kla:sp/ *a.* toka, kopça; kavrama, sıkı sıkı tutma ¤ *e.* tokalamak, kopçalamak; sıkıca tutmak, kavramak *clasp knife* sustalı çakı *clasp one's hands* ellerini kavuşturmak

class /kla:s/ *a.* toplumsal sınıf, sınıf,

zümre, tabaka; (okul) sınıf; ders; çeşit, tür, sınıf ¤ *e.* sınıflandırmak *class book* okul kitabı; yoklama defteri *class code* biliş. sınıf kodu, tür kodu *class conflict* sınıf çatışması *class consciousness* sınıf bilinci *class distinction* sınıf farkı *class for itself* kendi için sınıf *class hatred* sınıf nefreti *class in itself* kendiliğinden sınıf *class interval* sınıf aralığı, bölüm aralığı *class of insurance* sigorta sınıfı *class of risk* riziko sınıfı *class price* en yüksek fiyat *class struggle* sınıf mücadelesi *class war* sınıf mücadelesi

classic /'klesik/ *s.* klasik, birinci sınıf; klasik, bilinen, tipik ¤ *a.* klasik yapıt, klasik *classic education* hümanist eğitim

classical /'klesikıl/ *s.* klasik *classical democratic theory* klasik demokratik kuram *classical economists* klasik ekonomistler *classical elitism* klasik elitizm *classical music* klasik müzik *classical organizational theory* klasik örgüt kuramı *classical school for economics* klasik iktisat okulu *classical theory* klasik teori

classicism /'klesisizım/ *a.* klasisizm

classicist /'clesisist/ *a.* klasik biçim yanlısı

classification /klesifi'keyşın/ *a.* sınıflama, bölümleme, tasnif, sınıflandırma *classification fee* tasnif ücreti *classification of accounts* hesapların tasnifi *classification of runnings* şek. yeşil ve beyaz şurubunu ayırma *classification society* gemi klasman şirketi

classified /'klesifayd/ *s.* sınıflandırılmış, bölümlenmiş, tasnif edilmiş; (askeri bilgi, vb.) gizli *classified ad* küçük gazete ilanı *classified stock* sınıflandırılmış hisse senedi *classified trial balance* tasnifli muvakkat mizan

classifier /'klesifayı/ *a. mad.* klasifikatör, kümeleyici

classify /'klesifay/ *e.* sınıflandırmak, gruplandırmak, tasnif etmek

classless /'kla:slıs/ *s.* (toplum) sınıfsız, sınıf farkı olmayan; hiçbir özel ya da toplumsal sınıfa bağlı olmayan, sınıfsız *classless society* sınıfsız toplum

classmate /'kla:smeyt/ *a.* sınıf arkadaşı

classroom /'kla:srum/ *a.* sınıf, derslik

classy /'kla:si/ *s. kon.* şık

clastic /'klestik/ *s.* klastik *clastic sediment yerb.* klastik tortu, kırıntı tortu

clatter /'kletı/ *e.* tangırdamak; tangırdatmak ¤ *a.* tangırtı

clause /klo:z/ *a. dilb.* cümlecik, yantümce; *huk.* madde, fıkra, şart, koşul, kayıt *clause of statement* bildirme tümcesi *clauses of comparison* karşılaştırma cümlecikleri *clauses of concession* uzlaştırma cümlecikleri *clauses of purpose* maksat cümlecikleri, amaç cümlecikleri *clauses of reason* neden cümlecikleri, sebep cümlecikleri *clauses of result* sonuç bildiren yan cümlecikler, netice cümlecikleri

claustral /'klo:strıl/ *s.* manastır ile ilgili

claustrophobia /klo:strı'foubiı/ *a.* kapalı yer korkusu, klostrofobi

clavichord /'kleviko:d/ *a.* klavsen

clavicle /'klevikıl/ *a.* köprücükkemiği

clavier /'kleviı/ *a.* klavye

claw /klo:/ *a.* pençe; kıskaç ¤ *e.* pençelemek, tırmalamak *claw clutch/coupling* kurtağızlı kavrama, tırnaklı kavrama *claw coat* frak *claw hammer* çatal çekiç, tırnak çekici *claw hatchet* çatallı balta

clay /kley/ *a.* kil, balçık *clay blanket* kil örtü *clay concrete* kil betonu, toprak betonu *clay content* kil muhtevası *clay core* kil çekirdek *clay dam* kil baraj *clay embankment* kil dolgu, kil imla *clay fraction* kil fraksiyonu *clay grouting* kil enjeksiyonu *clay layer* kil tabakası, kil katmanı *clay mineral* kil minerali *clay mortar* kil harcı, toprak harç *clay mud* kil çamuru *clay pipe* toprak künk *clay pit* kil ocağı *clay schist/slate* killi şist *clay seam* kil damarı *clay soil* killi toprak *clay stratum* kil tabakası, kil katmanı *clay tile* künk

clayey /'kleyi/ *s.* killi, balçıklı

clean /kli:n/ *s.* temiz; kullanılmamış, yeni; namuslu, masum, temiz; düzgün; adil, kurallara uygun; net; başarılı; *kon.* boş ¤ *e.* temizlemek; temizlenmek; (hayvan) iç organlarını çıkartmak, sakatını çıkartmak, içini temizlemek ¤ *be. kon.*

tam anlamıyla, bütünüyle ¤ *a.* temizleme, temizlik *clean and jerk* silkme *clean bill of exchange* belgesiz kambiyo senedi *clean bill of lading* temiz konşimento *clean bill* eksiksiz poliçe *clean credit* açık kredi *clean exchange rate system* müdahale edilmeyen döviz kuru sistemi *clean letter of credit* belgesiz akreditif *clean out* temizlemek; *kon.* soyup soğana çevirmek; ayıklamak, seçmek *clean up* temizlemek, tertemiz yapmak; *kon.* çok kâr etmek, vurgun vurmak *come clean kon.* suçunu itiraf etmek; gerçeği söylemek ₁

clean-bred /kliː'bred/ *s.* safkan

clean-cut /kliːn'kat/ *s.* biçimli, düzgün; belirli, belirgin, açık seçik, kesin; iyi ve temiz görünümlü

cleaner /'kliːnɪ/ *a.* temizlik işçisi, temizlikçi; temizleyici

cleaner's /'kliːnɪz/ *a.* temizleyici dükkânı

clean-handed /kliːn'hendid/ *s.* suçsuz, günahsız

cleaning /'kliːning/ *a.* temizleme *cleaning brush* temizleme fırçası *cleaning door* temizleme kapağı *cleaning fluid* temizleme sıvısı *cleaning supplies* temizlik malzemesi

clean-limbed /kliːn'limd/ *s.* çakı gibi, dalyan gibi

cleanliness /'klenlinis/ *a.* temizlik

cleanly /'klenli/ *s.* temiz, temizliğe dikkat eden ¤ /'kliːnli/ *be.* temiz bir biçimde

cleanse /klenz/ *e.* (yara, vb.) temizlemek

cleanser /'klenzı/ *a.* temizleyici, temizlik maddesi

cleansing /'klenzing/ *s.* temizleyici+

clear /kliɪ/ *s.* açık, parlak, berrak; açık, anlaşılır, net, belirgin; anlayışlı, kolayca kavrayan; emin, kararlı; suçsuz, belasız; açık, engelsiz, tehlikesiz, boş; masum, temiz; arı, saf, lekesiz açık, belirgin, ortada, aşikâr; (ücret, vb.) net ¤ *e.* temizlemek, açmak; temizlemek; temizlemek, ortadan kaldırmak; temize çıkarmak, aklamak; değmeden geçmek, aşmak; (resmen) temiz çıkmak, uygun olmak resmi izin vermek, geçiş/çıkış izini vb. vermek; (borç) temizlemek, ödemek ¤ *be.* açıkça, net bir şekilde; tamamen; uzağa, uzakta; dışarı *clear air turbu-*

lence açık hava türbülansı *clear away* (bir yeri) temizlemek, toplamak *clear band biliş.* yazılmayan bant, temiz bant, temiz alan *clear days* ilk ve son günlerin sayılmadığı süre *clear fluctuation system* müdahale edilmeyen dalgalanma sistemi *clear ice metr.* cam buz *clear lumber orm.* kusursuz kereste *clear off kon.* tabanları yağlamak, sıvışmak, tüymek *clear out kon.* sıvışmak, tüymek, kaçmak; (istenmeyen eşyayı) toplayıp atmak; tertemiz etmek, tepeden tırnağa temizlemek *clear rinsing* durulama *clear span* serbest açıklık *clear sth out* boşaltıp temizlemek *clear sth up* temizlemek; aydınlatmak, çözümlemek *clear syrup şek.* beyaz şurup *clear the air* sürtüşmeyi gidermek, tatsızlığı ortadan kaldırmak *clear the line* telefonu meşgul etmemek, hattı açık tutmak *clear up* düzenlemek, toparlamak, düzene sokmak; açıklamak, bir yanıt bulmak; düzelmek, iyiye gitmek, yoluna girmek *in the clear kon.* dertten beladan uzak

clearance /'kliɪrıns/ *a.* (gemi, vb.) geçiş izni; temizleme; açıklık yer; kliring, takas; tazmin ödeme; sabıka kaydı belgesi, temiz kâğıdı; (uçak/gemi) ayrılma hakkı *clearance angle* boşluk açısı *clearance sale* tasfiye satışı, likidasyon

clear-cut /kliɪ'kat/ *s.* biçimli, düzgün; açık ve net *clear-cut area orm.* tıraşlama sahası *clear-cut strip orm.* tıraşlama şeridi *clear-cutting orm.* tıraşlama kesimi

clear-headed /kliɪ'hedid/ *s.* anlayışlı, mantıklı

clearing /'kliɪring/ *a.* kayran, ormanda ağaçsız alan; kliring, takas *clearing account* geçici ve ara hesap, kliring hesabı *clearing agreement* kliring anlaşması *clearing bank* ciro bankası *clearing cistern* durultma sarnıcı *clearing debtors* kliring borçluları *clearing house* takas odası *clearing member* takas odası üyesi *clearing of account* ciro işlemleri *clearing office* takas bürosu; takas odası *clearing pool* arıtma havuzu *clearing system* kliring yöntemi

clearly /'kliːli/ *be.* açık bir biçimde, açık seçik, açıkça; şüphesiz, kesinlikle, düpedüz

clearness /'kliːnıs/ *a.* açıklık

clearout /'kliːraut/ *a. kon.* tepeden tırnağa temizleme

clear-sighted /kliː'saytid/ *s.* keskin gözlü, keskin görüşlü; ileriyi görebilen, mantıklı

clearstarch /'kliːsta:ç/ *e.* kolalamak

cleat /kliːt/ *a.* koçboynuzu; kama, takoz

cleavage /'kliːvic/ *a.* yarma; yarık, çatlak; bölünme; *kon.* memelerin arasındaki boşluk; *yerb.* dilinme, dilinim; *fiz.* klivaj, yarılım

cleave /kliːv/ *e.* yarmak, bölmek

cleaver /'kliːvı/ *a.* kasap satırı

clef /klef/ *a. müz.* anahtar

cleft /kleft/ *a. s.* yarık, çatlak *be caught in a cleft stick* açmaza düşmek *cleft graft trm.* kalem aşısı

cleistogamy /klay'stogımi/ *a.* açılmamış bir çiçeğin kendi kendine döllenmesi

clematis /'klemıtis/ *a.* akasma, yabanasması

clemency /'klemınsi/ *a.* acıma, merhamet; (hava) yumuşaklık

clement /'klemınt/ *s.* merhametli, yufka yürekli; (hava) yumuşak

clench /klenç/ *e.* (diş, el, vb.) sıkmak, sımsıkı kapamak; sıkıca kavramak

clerestory /'kliːsto:ri/ *a.* asma kat

clergy /'klö:ci/ *a.* ruhban sınıfı, rahipler sınıfı

clergyman /'klö:cimın/ *a.* papaz, rahip

cleric /'klerik/ *a.* papaz, rahip

clerical /'klerikıl/ *s.* rahiplerle ilgili, rahiplere özgü; daire/büro işleriyle ilgili *clerical costs* personel giderleri *clerical error* yazı hatası *clerical work* büro işi

clerk /kla:k/ *a.* yazman, kâtip; tezgâhtar, satıcı

clerkship /'kla:kşip/ *a.* kâtiplik, yazmanlık

clever /'klevı/ *s.* akıllı, zeki; usta, becerikli; parlak *clever clever kon.* akıllı geçinen, bilgiçlik taslayan *clever dick hkr. arg.* ukala dümbeleği *too clever by half hkr. kon.* fazla akıllı, sivri, anasının gözü

cleverness /'klevınıs/ *a.* akıllılık

clevis /'klevis/ *a.* kenet demiri, çatal

clew /kluː/ *a.* yumak, topak, kuka; *den.* yelkenin uskuta yakası; *İl.* ip ucu, emare *clew line* kuntra uskuta *not have a clew* hiçbir fikri olmamak

cliché /'kliːşey/ *a. hkr.* basmakalıp söz, beylik laf

click /klik/ *a.* tıkırtı, çıtırtı; kastanyola; *dilb.* şaklama ¤ *e.* tıkırdamak; tıkırdatmak; *kon.* anlaşılmak, çakılmak; *kon.* başarılı olmak, tutulmak *click beetle* taklaböceği *click language* şaklamalı dil

client /'klayınt/ *a.* müşteri, alıcı; *huk.* müvekkil *client account* müşteri hesabı

clientele /kliːın'tel/ *a.* müşteriler, müşteri

cliff /klif/ *a.* uçurum, yar, yalıyar, falez

cliffhanger /'klifhengı/ *a. kon.* büyük çekişme, heyecanlı yarış; (radyo/tv) en heyecanlı yerinde kesilen dizi, arkası yarın

climactic /klay'mektik/ *s.* (heyecan, vb.) doruğa ulaştıran

climate /'klaymit/ *a.* iklim; ortam, hava *climate risk* iklim sigortası

climatic /klay'metik/ *s.* iklimsel *climatic change* iklim değişimi *climatic zone metr.* iklim bölgesi

climatology /klaymı'tolıci/ *a.* klimatoloji, iklimbilim

climax /'klaymeks/ *a.* en heyecanlı bölüm; orgazm ¤ *e.* en heyecanlı noktaya ulaşmak, doruğa ulaşmak

climb /klaym/ *e.* tırmanmak, çıkmak; yükselmek ¤ *a.* tırmanış, tırmanma; yokuş *climb down kon.* alttan almak; (el ve ayaklarla tutunarak) inmek *climb on sb's bandwagon* gözde olan tarafa geçmek *climb the wall(s)* aklı başından gitmek

climbable /'klaymıbıl/ *s.* tırmanılabilir

climber /'klaymı/ *a.* tırmanıcı; dağcı; *kon.* toplumda yükselmek isteyen kişi

climbing /'klayming/ *a.* tırmanma; dağcılık *climbing speed hav.* tırmanma hızı

clinch /klinç/ *a.* sarılma, kucaklaşma ¤ *e.* perçinlemek; *kon.* halletmek, çözümlemek; sarılmak, kucaklaşmak *clinch bolt* sıkıştırma perçini *clinch nail* kenet çivisi, perçin çivisi

cling /kling/ *e.* yapışmak, sıkı sıkı tutmak, bırakmamak

clinging /'klinging/ s. (giysi) yapışan, sıkan, dar; çok bağlı, kopamayan, yapışan

clingy /'klingi/ s. yapışkan

clinic /'klinik/ a. klinik

clinical /'klinikıl/ s. klinik; soğuk, ilgisiz, umursamaz *clinical thermometer* tıbbi termometre

clinicar /'klinika:/ a. gezici klinik

clinician /kli'nişın/ a. klinisyen

clink /klink/ e. çınlamak, tınlamak; çınlatmak, tınlatmak ¤ a. çınlama, tınlama; *arg.* kodes

clinker /'klinkı/ a. klinker; dışık, cüruf ¤ e. cüruf oluşturmak *clinker asphalt* klinker asfalt *clinker-built* den. bindirme kaplamalı, bindirmeli (gemi) *clinker tongs* cüruf kıskacı *clinkering coal* mad. cüruflu kömür, dışıklı kömür

clinometer /klay'nomitı/ a. inş. klinometre, eğimölçer

Clio /'klayou/ a. Klio

clip /klip/ a. ataş; toka; klips; şarjör; kesme, kırılma; *kon.* darbe; kırkma, kırpma ¤ e. (ataş, vb. ile) tutturmak, iliştirmek; kesmek, kırkmak; *kon.* vurmak *clip angle* irtibat köşebendi *clip-joint* kazıkçı müessese

clippie /'klipi/ a. bayan otobüs biletçisi

clipper /'klipı/ a. sürat teknesi; kliper tipi uçak, hava gemisi; hızlı at

clippers /'klipız/ a. saç kesme makası; tırnak makası; kırpma makası *nail clippers* tırnak makası

clipping /'kliping/ a. kesilen şey, kesik; *Aİ.* kupür; kırpma, kısaltma *clipping circuit* elek. kırpıcı devre, kesici devre *clipping time* trm. koyun kırkma zamanı

clique /kli:k/ a. hkr. klik, hizip

cliquish /'kli:kiş/ s. hizipçi

clit /klit/ a. Aİ. arg. klitoris, bızır

clitoris /'klitıris/ a. klitoris, dılak, bızır

cloaca /klou'eykı/ a. lağım

cloak /klouk/ a. pelerin; perde, paravana ¤ e. gizlemek, örtmek, saklamak

cloak-and-dagger /klouk-ın-'degı/ s. casusluk ile ilgili

cloakroom /'kloukrum/ a. vestiyer; ört. tuvalet

clobber /'klobı/ e. kon. pataklamak, marizlemek; yenmek, haklamak; sürekli ve acımasız saldırılar yapmak

clock /klok/ a. masa saati, duvar saati; *kon.* hız göstergesi; hızölçer ¤ e. saat tutarak süresini ölçmek *around/round the clock* gece gündüz *clock counter* biliş. saat sayacı *clock face* saat kadranı *clock frequency* biliş. saat frekansı, saat sıklığı *clock generator* biliş. saat üreteci *clock in* işe başlamak; işe geliş saatini kaydetmek, kart basmak *clock out* işten çıkmak; işten çıkış saatini kaydetmek, kart basmak *clock pulse* saat darbesi, saat atışı *clock radio* saatli radyo *clock rate* biliş. saat oranı *clock signal generator* biliş. saat işareti üreteci *clock signal* biliş. saat işareti *clock track* biliş. saat izi *clock up* kon. (uzaklık, puan, vb.) kaydetmek, katetmek *watch the clock* hkr. kon. dört gözle iş bitimini beklemek

clock-watcher /'klokwoçı/ a. hkr. kon. dört gözle çıkış saatini bekleyen kimse

clockwise /'klokwayz/ s. be. saat yelkovanı yönünde

clockwork /'klokwö:k/ a. saati çalıştıran düzenek, saat mekanizması *like clockwork* kon. saat gibi, tıkır tıkır

clod /klod/ a. (kil, vb.) toprak; kon. aptal, salak

clodhopping /'klodhoping/ s. kaba, hödük, dangıl dungul

clodhopper /'klodhopı/ a. kon. hödük, andavallı, kıro

clog /klog/ a. nalın, takunya ¤ e. tıkamak; tıkanmak

cloister /'kloystı/ a. kemerli yol; manastır

cloistered /'kloystıd/ s. manastıra kapanmış; dünyadan uzak; ot gibi

clone /kloun/ a. klon

clonus /'klounıs/ a. klonüs, ihtilaç

clop /klop/ a. nal sesi

cloqué /'klokey/ a. s. klog, kabarcıklı krep

close /klouz/ e. kapatmak; kapanmak; eylemi durmak; eylemini durdurmak; birleşmek; birleştirmek; son vermek ¤ a. son, bitim, sonuç, nihayet ¤ /klous/ s. yakın; yakın, samimi; sık, az aralıklı; dar, sınırlı; dikkatli, titiz; (hava) sıkıntılı, boğucu; havasız, kapalı; az farklı, hemen hemen eşit; ketum, ağzı sıkı; eli

sıkı, cimri, hasis; (para, kredi, vb.)
bulunması zor, kıt; aslına uygun, sadık,
doğru ¤ *be.* yakın, yakından, yakına ¤
a. katedral alanı; kilise avlusu; mezarlık
geçidi *close a bank account* banka
hesabını kapamak *close an account*
hesabı kapatmak *close call kon.* kıl
payı kurtuluş *close company* kapalı
şirket *close corporation* kapalı ortaklık
close coupling sabit bağlantı *close
down* kapamak, tasfiye etmek;
kapanmak *close fit* dar kalıp *close in*
sarmak, kuşatmak; (günler) kısalmak
close in on (kuşatmak/saldırmak için) -
e yaklaşmak *close of the exchange*
borsa kapanışı *close of the year* yıl
sonu *close on kon.* hemen hemen
close out Aİ. tasfiye etmek *close
packing kim.* sık istiflenme, sıkdizim
close price ara fiyat *close season* av
yasağı dönemi *close shave kon.* kıl
payı kurtuluş *close shot fot.* yakın plan,
göğüs çekimi *close the books*
defterleri kapatmak *close the market*
piyasayı kapatmak *close thing kon.* kıl
payı kurtuluş *close timbering mad.*
yığma tahkimat, yığma bağ *close up*
kapatmak, tıkamak, engellemek;
yaklaşmak *close with İİ.* uzlaşmak,
anlaşmaya varmak; kabul etmek,
onaylamak *close writing* özet yazı
closed /klouzd/ *s.* kapalı *closed ac-
count* kapalı hesap *closed bearing*
kapalı yatak *closed bidding* kapalı
usulle teklif *closed book* birinin
anlamadığı/bilmediği şey *closed cell*
kapalı hücre, kapalı göze *closed cir-
cuit elek.* kapalı devre *closed circuit
television* kapalı devre televizyon
closed coil armature elek. kapalı sargı
bobini *closed core transformer elek.*
kapalı çekirdekli transformatör *closed
cycle* kapalı devre, kapalı çevrim
closed diplomacy kapalı diplomasi
closed drain trm. kapalı dren,
toprakaltı dreni *closed economy*
kapalı ekonomi *closed ended ques-
tion* kapalı uçlu soru *closed list* kapalı
dizelge *closed loop* kapalı devre,
kapalı döngü *closed magnetic circuit*
kapalı manyetik devre *closed market*
kapalı piyasa *closed path mat.* kapalı
yol *closed political system* kapalı

siyasal sistem *closed routine biliş.*
kapalı yordam *closed set mat.* kapalı
küme *closed shop* yalnız sendika
üyelerini çalıştıran işyeri *closed square
mat.* kapalı kare, kapalı dördül *closed
subroutine biliş.* kapalı altyordam
closed surface mat. kapalı yüzey
closed syllable kapalı hece *closed
user group biliş.* kapalı kullanıcı grubu
closed vowel kapalı ünlü
closefisted /klous'fistid/ *s. arg.* cimri,
pinti
close-grained /klous-'greynd/ *s.* sık
taneli, ince taneli
close-hauled /klous-'ho:ld/ *be. den.*
borina, orsasına; alabildiğine orsa
close-knit /klous'nit/ *s.* kopmaz bağlarla
birbirine bağlanmış, çok yakın, ayrılmaz
closely /'klousli/ *be.* yakından
closeness /'klousnıs/ *a.* yakınlık; sıklık;
darlık
close-set /klous'set/ *s.* birbirine yakın
closet /'klozit/ *a. Aİ.* gömme dolap;
tuvalet; küçük oda
close-up /'klousap/ *a.* yakından çekilen
fotoğraf, omuz plan, göğüs plan, omuz
çekimi
closing /'klouz/ *a.* kapama *closing
agreement* kapatma anlaşması *clos-
ing date* kapanış tarihi *closing entry*
kapanış maddesi, kapanış kaydı *clos-
ing of an account* hesabı kapatma
closing of the bankruptcy iflasın
kapanması *closing price* kapanış fiyatı
closing quotation kapanış borsa
cetveli *closing speech* kapanış
konuşması; son konuşma, son istek
closing the ledger defteri kebiri
kapatma *closing time* kapanış zamanı
closing trial balance kati mizan
closure /'kloujı/ *a.* kapatma; kapanma,
son; tartışmayı kesip oylamaya koyma
closure entry kapanış maddesi
clot /klot/ *a.* pıhtı; *kon.* aptal, salak,
sersem ¤ *e.* pıhtılaşmak
cloth /klot/ *a.* kumaş; bez; örtü *cloth
batch teks.* kumaş topu *cloth beam
teks.* kumaş roliği *cloth binding* bez
cilt *cloth-bound* bez ciltli, bez kaplı
cloth breaking machine teks. apre
kırma makinesi *cloth cutting machine
teks.* kumaş kesme makinesi *cloth ex-*

pander *teks.* kumaş açıcı **cloth feeding apparatus** *teks.* kumaş besleme aygıtı **cloth finishing** *teks.* kumaş apresi **cloth-finishing press** *teks.* kumaş apre presi **cloth fulling** *teks.* kumaş dinkleme **cloth guider** *teks.* kumaş sevk aparatı **cloth humidifying machine** *teks.* kumaş nemlendirme makinesi **cloth looking machine** *teks.* kumaş kontrol makinesi **cloth milling** *teks.* kumaş dinkleme **cloth printing** *teks.* kumaş baskısı **cloth roller** *teks.* kumaş roliği **cloth shearing machine** *teks.* kumaş tıraşlama makinesi **cloth singeing machine** *teks.* kumaş yakma makinesi **cloth supply** *teks.* kumaş besleme, kumaş verme **cloth take-up machine** *teks.* kumaş sarma makinesi **cloth waste** *teks.* kumaş telefi

clothe /kloud/ *e.* giydirmek; örtmek, kaplamak

clothes /kloudz, klouz/ *a.* giysi, elbise **clothes hanger** elbise askısı **clothes moth** güve **clothes peg** çamaşır mandalı **clothes press** çamaşır dolabı, elbise dolabı

clotheshorse /'kloudzho:s/ *a. İİ.* çamaşır kurutma askısı

clothesline /'kloudzlayn/ *a.* çamaşır ipi

clothier /'kloudıı/ *a.* kumaşçı

clothing /'klouding/ *a.* giyecek, giyim, kıyafet **clothing industry** *teks.* giyim endüstrisi, konfeksiyon sanayii

cloud /klaud/ *a.* bulut; karaltı, gölge; küme; korku ya da üzüntü kaynağı olan şey ¤ *e.* bulutlanmak; bulandırmak, karıştırmak **be on cloud nine** ağzı kulaklarına varmak **cloud altitude** bulut yüksekliği **cloud base** *metr.* bulut tabanı **cloud ceiling** *metr.* bulut yüksekliği, bulut tavanı **cloud chamber** sis odası **cloud chart** *metr.* bulut haritası **cloud cover** *metr.* bulut örtüsü **cloud gap** *metr.* bulut aralığı, bulut boşluğu **cloud height** *metr.* bulut yüksekliği **cloud layer** *metr.* bulut tabakası **cloud map** *metr.* bulut haritası **cloud mirror** *metr.* bulut aynası **cloud point** *fiz.* sislenim noktası **cloud searchlight** *metr.* bulut ışıldağı **cloud symbols** *metr.* bulut sembolleri, bulut simgeleri **cloud temperature** bulanıklık noktası **cloud top** *metr.* bulut üst sınırı

on cloud nine *kon.* sevinçten havalara uçmuş **under a cloud** bir şeyden şüphelenerek

cloudburst /'klaudbö:st/ *a.* ani bastıran şiddetli yağmur, sağanak

clouded /'kloudid/ *s.* bulutlu; bulanık

cloudiness /'kloudinis/ *a. metr.* bulutluluk

cloudless /'klaudlıs/ *s.* bulutsuz

cloudy /'klaudi/ *s.* bulutlu; bulanık

clout /klaut/ *a. kon.* darbe, yumruk; nüfuz, torpil ¤ *e. kon.* vurmak, patlatmak, yapıştırmak, çakmak

clove /klouv/ *a.* karanfil; sarmısak dişi

clover /'klouvı/ *a.* yonca **clover leaf junction** yonca yaprağı (kavşak) **in clover** *kon.* refah içinde, hali vakti yerinde, zengin

cloverleaf /'klouvıli:f/ *a.* yonca yaprağı **cloverleaf antenna** *elek.* yonca yaprağı anten

clown /klaun/ *a.* palyaço; *hkr.* soytarı, şaklaban, maskara ¤ *e.* soytarılık etmek, maskaralık etmek

clownery /'klaunıri/ *a.* soytarılık; fars

cloy /kloy/ *e.* bıkkınlık vermek, gına getirmek, içini bayıltmak, usandırmak, bıktırmak

cloying /'kloying/ *s.* iğrenç

club /klab/ *a.* kulüp, dernek; sopa, değnek; golf sopası; *isk.* sinek ¤ *e.* sopa ile vurmak/dövmek **club car** salonlu vagon **club fee** kulüp aidatı **club foot** yumru ayak **club of the rich nations** zenginler kulübü **club together** masrafı paylaşmak **join the club** *arg.* Al benden de o kadar!, Aynen!

clubfooted /klab'futid/ *s.* yumru ayaklı

clubby /'klabi/ *s.* girişken, girgin

clubhouse /'klabhaus/ *a.* (spor, vb.) kulüp binası

clubman /'klabmın/ *a.* kulüp üyesi

cluck /klak/ *a.* gıdaklama ¤ *e.* gıdaklamak **clucking hen** kuluçka tavuk

clue /klu:/ *a.* ipucu; anahtar; iz, işaret **not have a clue** *kon.* anlayamamak, hiçbir şey bilmemek, hiçbir fikri olmamak **clue in** *kon.* ipucu vermek **clued up** *kon.* (bir konuda) çok bilgisi olan, anlayan

clump /klamp/ *a.* küme, yığın; ayak sesi,

ayak patırtısı; tok ses ¤ *e.* ağır ve gürültülü adımlarla yürümek

clumsiness /'klamzinis/ *a.* hantallık; sakarlık

clumsy /'klamzi/ *s. hkr.* beceriksiz, sakar; biçimsiz

cluster /'klastı/ *a.* salkım, demet; küme, grup ¤ *e.* kümelenmek, toplanmak, birikmek; kümelemek, toplamak, biriktirmek *cluster gear* grup dişlisi *cluster sampling* küme örneklemesi

clutch /klaç/ *e.* kavramak, sıkıca tutmak, sarmak ¤ *a.* kavrama, tutma; pençe; debriyaj, kavrama *clutch brake oto.* kavrama freni, debriyaj freni *clutch case oto.* debriyaj karteri, kavrama kutusu *clutch coupling oto.* kavrama bağlantısı *clutch cover oto.* debriyaj kapağı, kavrama kapağı *clutch disc oto.* debriyaj diski, kavrama diski *clutch facing oto.* debriyaj balatası, kavrama tabanı *clutch fork oto.* debriyaj çatalı, kavrama çatalı *clutch housing oto.* debriyaj mahfazası, kavrama kapağı *clutch lever oto.* debriyaj levyesi, debriyaj kolu, kavrama kolu *clutch lining oto.* debriyaj balatası, kavrama tabanı *clutch operating lever oto.* debriyaj kumanda kolu *clutch pedal oto.* debriyaj pedalı, kavrama pedalı *clutch release bearing oto.* debriyaj ayırma yatağı *clutch release fork oto.* debriyaj çatalı, kavrama çatalı *clutch release plate oto.* debriyaj ayırma plakası *clutch release sleeve oto.* debriyaj ayırma bileziği *clutch shaft oto.* debriyaj mili, kavrama mili *clutch thrust bearing oto.* debriyaj baskı bilyası *clutch thrust spring oto.* debriyaj yayı, kavrama yayı *in the clutches of* -in elinde

clutter /'klatı/ *e.* karmakarışık etmek, dağıtmak, darmadağın etmek ¤ *a.* karışıklık, darmadağınlık; saçıştırılmış şeyler

clyster /'klistı/ *a.* lavman, tenkiye

co-occurrence /kouı'karıns/ *a.* birlikte bulunma, birliktelik

co-op /'kouop/ *a. kon.* kooperatif

co-opt /kou'opt/ *e.* üye olarak kabul etmek

co-star /'kousta:/ *a.* baş rol oyuncularından biri

coach /kouç/ *a.* at arabası, fayton; *İİ.* yolcu otobüsü; yolcu vagonu; özel öğretmen; *sp.* antrenör, koç, çalıştırıcı ¤ *e.* çalıştırmak, yetiştirmek *coach horse* araba atı *coach house* hangar, garaj

coaching /'kauçing/ *a.* araba ile gezme; özel ders

coachman /'kouçmın/ *a.* arabacı

coachwork /'kouçwö:k/ *a.* karoser

coaction /kou'ekşın/ *a.* birbirini etkileme; baskı, zorlama

coagulable /kou'egyulıbıl/ *s.* pıhtılaşır, pıhtılaşabilir

coagulant /kou'egyulınt/ *a.* pıhtılaştırıcı madde

coagulate /kou'egyuleyt/ *e.* koyulaşmak, pıhtılaşmak; pıhtılaştırmak

coagulation /kouegyu'leyşın/ *a.* pıhtılaşma, koagülasyon *coagulation liquid* pıhtılaştırma sıvısı

coagulum /kou'egyulım/ *a.* pıhtı

coal /koul/ *a.* kömür; kor *carry coals to Newcastle kon.* denize su taşımak, gereksiz yere eşya götürmek *coal bunker* kömürlük *coal chute* kömür kaydırma oluğu *coal cutter* kömür kesici *coal depot* kömür stok sahası *coal district* kömür havzası, kömür bölgesi *coal drawing* kömür çıkarma *coal dressing* kömür hazırlama *coal dust* kömür tozu *coal face mad.* kömür alnı *coal field* kömür yatağı *coal formation mad.* kömür oluşumu *coal gas mad.* kömür gazı *coal grinding mad.* kömür öğütme *coal hopper mad.* kömür hunisi *coal measure yerb.* kömür tabakası, kömür katmanı *coal mine* kömür madeni *coal pile* kömür yığını *coal seam mad.* kömür damarı *coal tar* kömür katranı *haul over the coals kon.* fırça çekmek, haşlamak *heap coals of fire on sb's head* taş atana ekmek/gül atmak *take coals to Newcastle kon.* denize su taşımak, gereksiz yere eşya götürmek

coalbunker /'koulbankı/ *a.* kömürlük

coaler /'koulı/ *a.* kömür gemisi, kömür vagonu

coalesce /kouı'les/ *e.* birleşmek, bütünleşmek

coalescence /kouı'lesıns/ *a.* birleşme, bütünleşme

coalescent /kouı'lesınt/ *s.* birleşmek üzere olan

coalfield /'koulfi:ld/ *a.* kömür yatağı

coalition /kouı'lişın/ *a.* koalisyon, birleşme **coalition partner** koalisyon ortağı

coalmine /'koulmayn/ *a.* kömür madeni

coaming /'kouming/ *a.* mezarna, ambar ağzı

coarse /ko:s/ *s.* kaba, terbiyesiz; bayağı, adi; işlenmemiş, kaba **coarse aggregate** kalın agregat **coarse concrete** kaba beton **coarse crushing** *mad.* kaba kırma **coarse emery** kalın zımpara **coarse file** kaba eğe **coarse grain** iri tane, kaba tane **coarse grained** kaba taneli, iri taneli **coarse gravel** kaba çakıl, iri çakıl **coarse pitch** *hav.* kalın hatve, kalın adım **coarse sand** kaba kum **coarse silt** kaba silt **coarse thread** kalın diş **coarse wheat** *trm.* yemlik buğday

coarsen /'ko:sın/ *e.* kabalaştırmak; kabalaşmak; irileştirmek

coarseness /'ko:sınıs/ *a.* kabalık; irilik

coast /koust/ *a.* kıyı, sahil; *Aİ.* kızakla kayılabilecek yokuş; *Aİ.* yokuştan kızakla kayma ¤ *e.* kıyı boyunca gitmek; yokuş aşağı inmek; vites boşta gitmek **coast guards** sahil muhafaza **the coast is clear** *kon.* ortalık sakin, tehlike geçti

coastal /'koustıl/ *s.* kıyı ile ilgili **coastal current** *coğ.* kıyı akıntısı **coastal dune** kıyı kumulu **coastal fishing** *coğ.* kıyı balıkçılığı **coastal navigation** kabotaj **coastal reflection** karadan yansıma **coastal refraction** sahil kırılması **coastal town** liman kenti **coastal waters** karasuları

coaster /'koustı/ *a. den.* koster; bardak altlığı, altlık; *Aİ.* kızak **coaster brake** pedal freni

coastguard /'koustga:d/ *a.* sahil koruma; sahil koruma görevlisi

coasting /'kousting/ *a.* kıyı seyri, kabotaj **coasting trade** kabotaj, sahil ticareti **coasting vessel** sahil gemisi

coastline /'koustlayn/ *a.* kıyı, sahil şeridi

coastwise /'koustwayz/ *be.* kıyı boyunca **coastwise shipping** kabotaj

coat /kout/ *a.* ceket; palto; mont; post; tabaka, kat; örtü, kat, tabaka ¤ *e.* kaplamak, örtmek **coat hanger** elbise askısı **coat of arms** arma **coat stand** portmanto **coat tail** frak kuyruğu

coated /'koutid/ *s. elek.* kaplanmış, kaplı **coated cathode** *elek.* kaplamalı katot **coated chippings** kaplanmış mucur, kaplanmış mıcır **coated electrode** örtülü elektrot **coated filament** *elek.* kaplı filaman, sıvalı filaman **coated lens** *fiz.* kaplanmış mercek **coated macadam** kaplanmış makadam **coated seed** *trm.* kaplama tohum

coati /kou'a:ti/ *a. hayb.* koati

coating /'kouting/ *a.* kaplama, örtme; kat, tabaka, astar; *teks.* elbiselik kumaş, paltoluk kumaş **coating doctor** *teks.* kaplama raklesi, sürme raklesi **coating finish** *teks.* rakleyle apre **coating metal** *met.* örtü metali **coating thickness** *met.* örtü kalınlığı

coauthor /kou'o:tı/ *a.* ortak yazar

coax /kouks/ *e.* tatlılıkla ikna etmek; tatlılıkla elde etmek

coaxial /kou'eksiıl/ *s.* koaksiyal, eksendeş **coaxial antenna** *elek.* koaksiyal anten **coaxial cable** *elek.* koaksiyal kablo **coaxial cavity** *elek.* koaksiyal boşluk **coaxial filter** koaksiyal filtre **coaxial line** *elek.* koaksiyal hat **coaxial plug** *elek.* koaksiyal fiş, eksendeş fiş **coaxial relay** *elek.* koaksiyal röle **coaxial transistor** *elek.* koaksiyal transistor **coaxial wavemeter** *elek.* koaksiyal ondometre

cob /kob/ *a.* mısır koçanı

cobalt /'koubo:lt/ *a.* kobalt **cobalt-plate** kobalt kaplamak

cobble /'kobıl/ *e.* kaldırım taşı döşemek ¤ *a.* arnavut kaldırım taşı

cobbler /'koblı/ *a.* ayakkabı tamircisi; *hkr.* sakar işçi

cobblers /'koblız/ *a. İİ. arg.* aptalca konuşma, saçmalık, zırva

cobblestone /'kobılstoun/ *a.* arnavut kaldırım taşı **cobblestone pavement** arnavut kaldırımı

cobra /'kobrı/ *a. hayb.* kobra

cobweb /'kobweb/ *a.* örümcek ağı **cobweb theorem** örümcek ağı teoremi

coca /'koukı/ *a. bitk.* koka

cocaine /kou'keyn/ *a.* kokain

coccus /'kokıs/ a. koküs

cochineal /'koçini:l/ a. kırmız, koşnil *cochineal insect* kırmızböceği

cochlea /'koklıı/ a. koklea, kulak salyangozu

cock /kok/ a. horoz; tetik; musluk; saman yığını; *İl. arg.* ahbap; *kab. arg.* yarak; *arg.* zırva, saçmalık, aptallık; *kon.* cüret ¤ *e.* (silah) kurmak, tetiğe almak; (kulak, vb.) dikilmek, kalkmak, kabarmak; dikmek, kaldırmak, kabartmak; (şapka, vb.) yana yatırmak, yan giymek; (saman) yığmak *cock an/one's ear(s)* kulak kabartmak *cock-and-bull story* kurt masalı, palavra, martaval *cock chafer* mayısböceği *cock fighting* horoz dövüşü *cock horse* tahta at, oyuncak at *cock of the walk kon.* grup lideri, horoz, borusu öten kişi *cock up İl. arg.* içine etmek, içine sıçmak, berbat etmek *go off at half cock kon.* çok erken ve hazırlıksız başlamak *live like fighting cocks kon.* krallar gibi yaşamak

cockade /ko'keyd/ a. kokart, şapka arması

cockatoo /kokı'tu:/ a. hayb. Avustralya tepeli papağanı, taçlı papağan

cockboat /'kokbout/ a. küçük sandal

cockchafer /'kokçeyfı/ a. mayısböceği *cockchafer grub* mayısböceği kurtçuğu

cockcrow /'kokkrou/ a. horoz ötüşü; şafak, sabahın ilk saatleri

cockerel /'kokırıl/ a. yavru horoz

cockeyed /kok'ayd/ s. kon. hkr. aptal, salak, saçma; yamuk, yan, yatık

cockfight /'kokfayt/ a. horoz döğüşü

cockhorse /kok'ho:s/ a. oyuncak at, tahta at

cockle /'kokıl/ a. bir tür midye ¤ *e.* kırışmak, buruşmak; kırıştırmak, buruşturmak *warm the cockles of sb's heart kon.* (birinin) gönlünü hoş etmek, sevindirmek, mutlu etmek

Cockney /'kokni/ a. s. (Doğu) Londralı

cockpit /'kokpit/ a. horoz dövüşü yapılan küçük alan; kokpit, pilot kabini, uçuş kabini; yarış arabasında sürücü yeri

cockroach /'kokrouç/ a. hayb. hamamböceği

cockscomb /'kokskoum/ a. horoz ibiği, ibik

cockshy /'kokşay/ a. nişan tahtası

cockspur /'kokspö:/ a. horoz mahmuzu

cocksure /kok'şuı/ s. kon. hkr. ukala, kendini beğenmiş

cocktail /'kokteyl/ a. kokteyl

cock-up /'kok-ap/ a. İl. arg. kargaşa, boktan durum

cocky /'koki/ s. kon. hkr. ukala, kendini beğenmiş

coco /'koukou/ a. hindistancevizi ağacı

cocoa /'koukou/ a. bitk. kakao

coconut /'koukınat/ a. bitk. hindistancevizi *coconut butter* hindistancevizi yağı *coconut milk* hindistancevizi sütü

cocoon /kı'ku:n/ a. koza *cocoon opener teks.* koza açıcı

cocotte /ko'kot/ a. yosma

cod /kod/ a. morina balığı *cod liver oil* balıkyağı

coda /'koudı/ a. müz. koda, final

coddle /'kodl/ e. ağır ateşte kaynatmak; üzerine titremek, şımartmak, çok üstüne düşmek

code /koud/ a. şifre; kod; kural, kaide; yasa, kanun ¤ *e.* şifrelemek, şifreyle yazmak; kodlamak *code area biliş.* kod alanı *code conversion biliş.* kod dönüşümü *code converter biliş.* kod çevirici *code dependent system biliş.* koda bağımlı sistem *code-directing character biliş.* kodlu yönetme karakteri *code element biliş.* kod öğesi *code error biliş.* kod hatası *code hole biliş.* kod deliği *code line biliş.* kod satırı *code number* kod numarası *code position biliş.* kod konumu *code segment biliş.* kod kesimi *code sensitivity biliş.* kod duyarlığı *code set biliş.* kod takımı *code translation biliş.* kod dönüşümü *code value biliş.* kod değeri

codebtor /kou'detı/ a. müşterek borçlu

coded /'koudid/ s. kodlu, kodlanmış *coded character set biliş.* kodlu karakter takımı *coded decimal biliş.* kodlu ondalık *coded representation biliş.* kodlu gösterim *coded stop biliş.* kodlu durdurma

codeine /'koudi:n/ a. kodein

coder /'koudı/ a. biliş. kodlayıcı

codex /'koudeks/ a. eski ya da kutsal bir

kitabın orijinali
codger /'kocı/ *a.* antika adam
codicil /'koudisil/ *a. huk.* vasiyetnameye yapılan ek, vasiyetname zeyli
codification /koudifi'keyşın/ *a.* kodlama
codify /'koudifay/ *e.* düzenlemek, kodlamak
coding /'kouding/ *a.* kodlama *coding check* biliş. kodlama denetimi *coding form* biliş. kodlama formu, kodlama kâğıdı *coding language* kodlama dili *coding sheet* biliş. kodlama kâğıdı
codling /'kodling/ *a.* morina yavrusu ¤ *a.* ham elma
codriver /'koudrayvı/ *a.* şoför muavini
codswallop /'kodzwolıp/ *a. esk. arg.* saçmalık, zırva
coed /kou'ed/ *a. Aİ. kon.* karma okulda kız öğrenci ¤ *s.* (okul) karma eğitim yapan, karma
coeducation /kouecu'keyşın/ *a.* karma eğitim
coefficient /koui'fişınt/ *a.* katsayı, emsal *coefficient of absorption* fiz. absorpsiyon katsayısı, soğurum katsayısı *coefficient of correlation* korelasyon katsayısı *coefficient of determination* determinasyon katsayısı *coefficient of elasticity* esneklik katsayısı *coefficient of expansion* genleşme katsayısı *coefficient of friction* sürtünme katsayısı, sürtünüm çarpanı *coefficient of heat transmission* ısı iletim katsayısı *coefficient of induction* fiz. endüksiyon katsayısı *coefficient of linear expansion* doğrusal genleşme katsayısı *coefficient of loading* yükleme katsayısı *coefficient of permeability* permeabilite katsayısı *coefficient of reflection* fiz. yansıma katsayısı *coefficient of roughness* pürüzlülük katsayısı *coefficient of thermal conduction* ısıl iletim katsayısı *coefficient of thermal expansion* fiz. ısıl genleşme katsayısı *coefficient of utilization* fiz. kullanma faktörü, kullanma katsayısı *coefficient of viscosity* viskozite katsayısı
coelenterate /'si'lentıreyt/ *a.* selentere
coeliac /'si:liek/ *s. anat.* karın boşluğu ile ilgili
coelostat /'si:lıstet/ *a. gökb.* kolostot

coenzyme /kou'enzaym/ *a.* koenzim
coequal /kou'i:kwıl/ *s. a.* eş, denk
coerce /kou'ö:s/ *e.* zorlamak, mecbur etmek; baskı yapmak
coercible /kou'ö:sibl/ *s.* zorunlu, mecburi
coercion /kou'ö:şın/ *a.* zorlama, baskı
coercive /kou'ö:siv/ *s.* zorlayıcı, zorla yapılan ¤ *a.* zora başvurma
coeval /kou'i:vıl/ *s.* yaşıt, akran
coexist /kouig'zist/ *e.* bir arada olmak, aynı anda var olmak; (karşıt siyasetli ülkeler) bir arada barış içinde yaşamak
coexistent /kouig'zistınt/ *s.* birlikte var olan
cofactor /kou'fektı/ *a. mat.* kofaktör, eşçarpan
coffee /'kofi/ *a.* kahve *coffee bar* kahve salonu *coffee bean* kahve çekirdeği *coffee break* kahve molası *coffee grounds* kahve telvesi *coffee house* çayevi, kahvehane *coffee maker* kahve makinesi *coffee mill* kahve değirmeni *coffee set* kahve takımı *coffee table* çay masası
coffeepot /'kofipot/ *a.* cezve
coffer /'kofı/ *a.* sandık, çekmece, kasa, kutu *coffer work* inş. dolma moloz duvar
cofferdam /'kofıdem/ *a.* batardo
coffin /'kofin/ *a.* tabut; radyoaktif madde taşıma kabı *nail in sb's coffin* kon. birinin mahvına neden olacak şey
cofunction /kou'fankşın/ *a. mat.* kofonksiyon, eşişlev
cog /kog/ *a.* çark dişi, diş; dişli çark ¤ *e.* (zar) tutmak; hile yapmak *a cog in the machine* büyük bir şirketin sıradan bir çalışanı, çarkın sadece bir dişi *cog the dice* zar tutmak
cogency /'koucınsi/ *a.* telkin gücü, ikna yeteneği
cogent /'koucınt/ *s.* ikna edici, inandırıcı, telkin edici
cogently /'koucıntli/ *be.* ikna ederek
cogged /kogd/ *s.* dişli
cogger /'kogı/ *a. mad.* dolgucu
cogging /'koging/ *a.* doldurma *cogging mill* kaba hadde, çelik haddesi
cogitate /'kociteyt/ *e.* (bir şey üzerinde) dikkatle ve ciddi olarak düşünmek, enine boyuna iyice düşünmek
cogitation /koci'teyşın/ *a.* iyice düşünme,

enine boyuna düşünme

cognac /'kɔnyek/ a. konyak

cognate /'kɔgneyt/ s. aynı kökenli, aynı soydan gelen, akraba **cognate languages** akraba diller

cognation /kɔg'neyşın/ a. aynı kökten gelme, akrabalık

cognition /kɔg'nişın/ a. bilme, kavrama, idrak

cognitive /'kɔgnitiv/ s. bilişsel, bilmeye, kavramaya ya da idrak etmeye ilişkin

cognizable /'kɔgnizıbıl/ s. kavranabilir, idrak edilir

cognizance /'kɔgnizıns/ a. kavrama, idrak

cognizant /'kɔgnizınt/ s. farkında olan, haberdar

cognoscente /kɔnyou'şenti/ a. ehil, erbap

cognoscible /kɔg'nɔsıbıl/ s. kavranır, anlaşılır

cognovit /kɔg'nouvit/ a. ikrar, itirafname

cogwheel /'kɔgwi:l/ a. dişli, çark

cohabit /kou'hebit/ e. birlikte yaşamak; karı koca gibi yaşamak

cohabitation /kouhebi'teyşın/ a. birlikte yaşama

coheir /kou'eı/ a. ortak, mirasçı

cohere /kou'hiı/ e. yapışmak, birleşmek; uyuşmak, tutarlı olmak, birbirini tutmak

coherence /kou'hiırıns/ a. yapışma; birbirini tutma

coherent /kou'hiırınt/ s. uygun, tutarlı, birbirini tutan; kolayca anlaşılan; yapışıcı; eşevreli, koherent **coherent light** fiz. koherent ışık, eşevreli ışık **coherent oscillator** elek. koherent osilatör, eşevreli osilatör **coherent scattering** fiz. koherent saçılma, eşevreli saçılma

coherer /kou'hiırı/ a. elek. koherer

cohesion /kou'hi:jın/ a. yapışma, birbirini tutma; kohezyon **cohesion strength** kohezyon gücü

coif /koyf/ a. takke, külah

coiffeur /kwo'fö:/ a. kuaför

coiffure /kwo:fyuı/ a. kuaförlük

coil /koyl/ e. dolanmak, kangal haline gelmek; dolamak ¤ a. kangal; bobin; tutam; gebeliği önleyici alet **coil aerial** elek. çerçeve anten **coil antenna** elek. çerçeve anten **coil assembly** elek.

bobin takımı, komple bobin **coil clutch** mak. yaylı kavrama **coil ignition** oto. bobinli ateşleme **coil loading** elek. bobin yükleme **coil spring** oto. helis yay, helezoni yay **coil winding** elek. bobin sarımı **coil wire** elek. bobinaj teli

coin /koyn/ a. madeni para, sikke ¤ e. para basmak; (sözcük, vb.) uydurmak, icat etmek **be coining money** para kazanmak, para basmak, para kırmak **pay sb in his own coin** kon. birisine onun başkalarına davrandığı gibi davranmak **the other side of the coin** madalyanın öbür yüzü **coin-box telephone** kumbaralı telefon **coin counting machine** madeni para sayma makinesi **coin money** para kesmek/kırmak

coinage /'koynic/ a. madeni para basma; madeni para; (yeni sözcük, vb.) uydurma, icat

coincide /kouin'sayd/ e. aynı zamana rastlamak, çatışmak; (düşünce, vb.) uymak, uyuşmak

coincidence /kou'insidıns/ a. rastlantı, tesadüf; uygunluk **coincidence circuit** elek. çakışma devresi, koinsidens devresi **coincidence element** biliş. eşdeğerlik öğesi **coincidence gate** elek. çakışma kapısı

coincident /kou'insidınt/ s. tesadüfi

coincidental /kouinsi'dentl/ s. rastlantısal, tesadüfi

coiner /'koynı/ a. para basan kimse; kalpazan

coinsurance /kouin'şuırıns/ a. ortak sigorta, müşterek sigorta

coir /koyı/ a. hindistancevizi lifi

coital /'kouitıl/ s. cinsel birleşme ile ilgili

coition /kou'işın/ a. bkz. coitus

coitus /'koytıs/ a. cinsel birleşme

coke /kouk/ a. kokkömürü; arg. kokain; kon. koka kola **coke breeze** kok tozu, kok mıcırı **coke furnace** mad. kok fırını **coke oven** kok fırını

coking /'kouking/ a. koklaştırma **coking coal** kok kömürü **coking duff** kok tozu **coking plant** kok fabrikası

col /kɔl/ a. boyun, vadi, geçit

cola /'koulı/ a. kola **cola nut** kola cevizi

colander /'kalındı/ a. kevgir, süzgeç

colchicum /'kɔlçikım/ a. safran

cold /kould/ *s.* soğuk; soğuk, itici; üşümüş; frijit, soğuk ¤ *a.* soğuk hava, soğuk; soğuk algınlığı *(out) cold* bilinçsiz, kendini kaybetmiş *(out) in the cold kon.* açıkta, istenmeyen *cold air metr.* soğuk hava *cold asphalt* soğuk asfalt *cold bleaching teks.* soğuk ağartma *cold casting* soğuk döküm *cold cathode elek.* soğuk katot *cold chisel* soğuk keski, demirci keskisi *cold climate test* soğuk iklim deneyi *cold comfort* züğürt tesellisi *cold deformation* soğuk deformasyon, soğuk bozunum *cold die quenching met.* soğuk kalıplı suverme *cold drawing met.* soğuk çekme *cold drawn met.* soğuk çekilmiş *cold dyeing* soğuk boyama *cold electrode elek.* soğuk elektrot *cold emission elek.* soğuk emisyon, otoemisyon, alan salımı *cold feet kon.* yüreksizlik, korkaklık *cold fish* soğuk kimse, buzdolabı, soğuk nevale *cold frame trm.* yastık *cold front metr.* soğuk cephe *cold galvanizing met.* soğuk galvanizleme, elektrikli galvanizleme *cold iron saw mak.* soğuk testere, daire testere *cold light* ısısız ışık *cold-mirror reflector* soğuk yansıtıcı *cold neutron fiz.* soğuk nötron *cold phosphating met.* soğuk fosfatlama *cold pressing met.* soğuk presleme *cold quenching met.* soğuk suverme *cold reduced met.* soğuk indirimli *cold reduction met.* soğuk indirim *cold retention dyeing teks.* soğuk bekletmeli boyama *cold roll met.* soğuk hadde *cold rolled met.* soğuk çekilmiş, soğuk haddeli *cold rolling* soğuk hadde *cold saw* soğuk testere, daire testere *cold shortness met.* soğuk tezlik *cold shoulder kon.* (the ile) sırt çevirme, soğuk davranma *cold start biliş.* ilk çalıştırma *cold-start lamp elek.* soğuk startlı lamba *cold storage* soğuk hava deposu *cold test* soğuk test *cold wall furnace met.* soğuk duvarlı fırın *cold war* soğuk savaş *cold water retting teks.* soğuk suda havuzlama *cold water rinsing teks.* soğuk suda çalkalama *cold wave metr.* soğuk dalgası *cold work* soğuk iş, soğuk işleme *cold work steel met.* soğuk iş çeliği, soğuk işlemlik çelik *cold work tool steel met.* soğuk işlemlik takım çeliği *cold worked met.* soğuk işlenik, soğuk işlenmiş *cold working met.* soğuk işleme *get cold feet* gözü yememek

cold-blooded /kould'bladid/ *s.* (hayvan) soğukkanlı; *hkr.* duygusuz, acımasız; *kon.* sürekli üşüyen, soğuğa çok duyarlı

cold-hearted /kould'ha:tid/ *s. hkr.* soğuk, duygusuz, itici, kaba, acımasız

coldness /'kouldnıs/ *a.* soğukluk

cold-shoulder /kould'şouldı/ *e.* soğuk davranmak

cole /koul/ *a.* kolza

coleoptera /koli'optırı/ *a.* kınkanatlılar

coleslaw /'koulslo:/ *a.* lahana salatası

colic /'kolik/ *a. hek.* kolik, buruntu, sancı

colitis /ko'laytis/ *a.* kolit

collaborate /kı'lebıreyt/ *e.* birlikte çalışmak, işbirliği yapmak; *hkr.* düşmanla işbirliği yapmak

collaboration /kılebı'reyşın/ *a.* işbirliği

collaborationist /kılebı'reyşınist/ *a.* işbirlikçi

collaborator /kı'lebıreytı/ *a.* iş arkadaşı; işbirlikçi

collage /'kola:j/ *a.* kolaj, kolaj resim

collagen /'kolıcın/ *a.* kolajen

collapse /kı'leps/ *e.* çökmek; çöktürmek; katlamak; katlanmak; başarısızlığa uğramak, suya düşmek; düşmek, yığılmak, bayılmak; güçten düşmek, çökmek; yıkılmak ¤ *a.* çöküş, yıkılış, çökme, yıkılma; ani düşüş, yıkım; başarısızlık; güçten düşme

collapsible /kı'lepsıbıl/ *s.* katlanabilir, açılır kapanır

collar /'kolı/ *a.* yaka; tasma; bilezik; halka, rakor ¤ *e. kon.* yakalamak; araklamak, yürütmek *be hot under the collar* barut kesilmek *collar beam* çatı ara kirişi, en kirişi *collar stud* yaka düğmesi

collarbone /'kolıboun/ *a. anat.* köprücükkemiği

collate /kı'leyt/ *e.* karşılaştırmak; sıraya koymak, dizmek, düzenlemek

collateral /kı'letırıl/ *s.* yan yana, paralel; yardımcı, ikincil, ek; aynı soydan gelen ¤ *a.* soydaş *collateral accounts* karşılık hesapları *collateral circumstances* munzam şartlar *collateral se-*

curity karşılıklı teminat, munzam teminat *collateral trust bonds* karşılıklı teminatlı tahviller
collateralize /ko'letɪrɪlayz/ *e.* teminat altına almak
collator /ko'leytɪ/ *a. biliş.* dizici
colleague /'koli:g/ *a.* meslektaş
collect /kı'lekt/ *e.* toplamak, biriktirmek; toplanmak, birikmek; toparlamak; uğrayıp almak *collect call* ödemeli konuşma *collect on delivery* ödemeli olarak
collected /kı'lektid/ *s.* kendine hâkim, sakin
collectible /kı'lektıbıl/ *s.* tahsil edilebilir
collecting /kı'lekting/ *a.* toplama, devşirme ¤ *s.* toplayıcı, devşirici *collecting agent* tahsildar *collecting bank* tahsil bankası *collecting drain* toplayıcı dren *collecting grid elek.* toplayıcı ızgara *collecting power* tahsil yetkisi *collecting tank* depo, tank
collection /kı'lekşın/ *a.* toplama; toplanma; koleksiyon, derlem, biriktiri; iane, toplanan para; yığın; posta kutusunu boşaltma *collection clerk* tahsilat memuru *collection commission* tahsil komisyonu *collection correspondent* tahsil muhabiri *collection department* tahsilat servisi *collection item* tahsil senedi *collection ledger* tahsilat defteri *collection manager* tahsilat müdürü *collection of dues* aidatın tahsili *collection of duties* gümrük resminin tahsili *collection of payments* ödemelerin tahsili *collection percentage* tahsil edilen miktar *collection period* tahsilat dönemi *collection procedure* tahsil usulü *collection teller* tahsilat veznedarı
collective /kı'lektiv/ *s.* toplu, ortaklaşa, kolektif ¤ *a.* kolektif şirket *collective agreement* toplusözleşme *collective behaviour* ortak davranış, toplu davranış *collective consciousness* ortak bilinç *collective consignment* ortak kargo *collective consumption* ortak tüketim, toplu tüketim *collective farm* kolhoz, ortaklaşa çiftlik *collective interests* ortak yararlar *collective noun dilb.* topluluk adı *collective order* kolektif emir *collective ownership*

ortak mülkiyet, ortak iyelik *collective policy* müşterek poliçe *collective security* ortak güvenlik *collective unconsciousness* ortak bilinçaltı
collectively /kı'lektivli/ *be.* toplu olarak
collectivism /kı'lektivizım/ *a.* kolektivizm, ortaklaşacılık
collectivist /kı'lektivist/ *a.* kolektivist, ortaklaşacı
collectivity /kolek'tivıti/ *a.* bütünlük
collector /kı'lektı/ *a.* vergi toplayan kişi, tahsildar; koleksiyoncu; kolektör, toplaç, toplayıcı *collector capacitance elek.* kolektör kapasitesi *collector current elek.* kolektör akımı, toplaç akımı *collector cutoff elek.* kolektör kesimi *collector dissipation elek.* kolektör kaybı *collector efficiency elek.* kolektör verimi *collector junction elek.* kolektör kavşağı *collector of taxes* vergi tahsildarı *collector resistance elek.* kolektör direnci *collector ring elek.* kolektör bileziği *collector voltage elek.* kolektör gerilimi
colleen /'koli:n/ *a.* kız
college /'kolic/ *a.* yüksekokul, fakülte; heyet, birlik
collegiate /kı'li:ciıt/ *s.* üniversite öğrencilerine özgü *collegiate school* ortaokul ve lise
collet /'kolit/ *a.* halka, yüksük, bilezik
collide /kı'layd/ *e.* çarpışmak; çatışmak, zıt olmak, zıt görüşte olmak
collie /'koli/ *a. hayb.* İskoç çoban köpeği
collier /'koliı/ *a.* kömür işçisi; kömür gemisi
colliery /'kolyıri/ *a.* kömür ocağı, kömür madeni
colligative /kı'ligıtiv/ *s.* koligatif, bağlaşık
collimation /koli'meyşın/ *a.* yönlendirme, kolimasyon *collimation error* kolimasyon hatası
collimator /'kolimeytı/ *a. opt.* yönlendirici, kolimator
collinear /ko'liniı/ *s.* doğrudaş, aynı doğru üzerindeki *collinear points mat.* doğrusal noktalar, doğrudaş noktalar
collision /kı'lijın/ *a.* çarpışma; çatışma, düşünce ayrılığı *collision cross section fiz.* çarpışma kesidi *collision density fiz.* çarpışma yoğunluğu *collision excitation fiz.* çarpışma uyarımı

çarpışma eksitasyonu *collision frequency* *fiz.* çarpışma frekansı, çarpışma sıklığı *collision ionization* *fiz.* çarpışma iyonlaşması *collision mat den.* usturmaça

collocate /'koloukeyt/ *e.* düzenlemek

collocation /kolou'keyşın/ *a.* düzenleme, sıraya koyma; *dilb.* eşdizimlilik

collocutor /'kolıkyu:tı/ *a.* muhatap

collodion /kı'loudiın/ *a.* kolodyum *collodion cotton* teks. kolodyum pamuğu

collogue /kı'loug/ *e.* entrika hazırlamak

colloid /'koloyd/ *a.* koloit, asıltı *colloid mill* koloit değirmeni *colloid rectifier* koloitli redresör

colloidal /ko'loydıl/ *s.* koloidal, asıltılı, tutkalsı *colloidal chemistry* koloit kimyası *colloidal electrolyte* koloidal elektrolit *colloidal fuel* koloidal yakacak *colloidal solution* koloidal çözelti *colloidal state* koloidal hal

collop /'kolıp/ *a.* kızartmalık ince et dilimi

colloquial /kı'loukwiıl/ *s.* konuşma diline özgü *colloquial speech* gündelik dil

colloquialism /kı'loukwiılizım/ *a.* konuşma diline özgü söz/sözcük/ifade; konuşma dili

colloquium /kı'loukwiım/ *a.* kolokyum

colloquy /'kolıkwi/ *a.* karşılıklı konuşma, diyalog

collotype /'koloutayp/ *a. bas.* ışık baskısı

collude /kı'lu:d/ *e.* dolap çevirmek, tezgâh hazırlamak, gizlice anlaşmak

collusion /kı'lu:jın/ *a.* gizli anlaşma, dolap, tezgâh, muvazaa

collusive /kı'lu:siv/ *s.* gizli anlaşma

collyrium /kı'liıriım/ *a.* göz damlası

collywobbles /'koliwobılz/ *a. kon.* heyecan ya da korkudan oluşan hafif karın ağrısı

cologarithm /kou'logıridım/ *a. mat.* kologaritma, eştersüstel

cologne /kı'loun/ *a.* kolonya

colon /'koulın/ *a.* iki nokta üst üste (:) ¤ *a. anat.* kolon

colonel /'kö:nıl/ *a.* albay

colonelcy /'kö:nılsi/ *a.* albaylık

colonial /kı'louniıl/ *s.* sömürgeyle ilgili; sömürgeci *colonial administration* sömürge yönetimi *colonial bond* sömürge tahvili *colonial produce* sömürge ürünü *colonial trade*

sömürge ticareti

colonialism /kı'louniılizım/ *a.* sömürgecilik

colonic /kou'lonik/ *s.* kolon ile ilgili, kolik

colonist /'kolınist/ *a.* sömürgeci

colonization /kolınay'zeyşın/ *a.* sömürge kurma

colonize /'kolınayz/ *e.* kolonileştirmek, sömürgeleştirmek

colonizer /'kolınayzı/ *a.* sömürge oluşturan ülke

colonnade /kolı'neyd/ *a. inş.* sıra sütunlar, sıra direkler

colony /'kolıni/ *a.* sömürge; koloni; yabancı bir ülkede yaşayan millet; *biy.* koloni

colophony /kı'lofıni/ *a.* kolofan

color /'kalı/ *Aİ.. bkz.* colour

colorant /'kalırınt/ *a. teks.* renklendirici

coloration /kalı'reyşın/ *a. teks.* renklendirme

coloratura /kolırı'tuırı/ *a.* koloratür *coloratura soprano* koloratür soprano

colorimeter /kalı'rimitı/ *a.* renkölçer, kolorimetre

colorimetry /kalı'rimetri/ *a.* renkölçüm, kolorimetri

colossal /kı'losıl/ *s.* büyük, kocaman, devasa, muazzam

colossus /kı'losıs/ *a.* dev

colour /'kalı/ *a.* renk; renk duyumu; boya; ten rengi; canlılık, hareketlilik ¤ *e.* boyamak, renklendirmek; renk değiştirmek; yüzü kızarmak; etkilemek *colour balance fot.* renk dengesi *colour bar* ırk ayrımı *colour blending* renk karışımı *colour blind* renk körü *colour blindness* renk körlüğü *colour breakup elek.* renk çözülmesi *colour burst elek.* renk patlaması *colour cast elek.* renk üstünlüğü *colour cell elek.* renk hücresi *colour centre elek.* renk merkezi *colour change* renk değişimi *colour chart* renk kataloğu *colour chemistry* renk kimyası *colour code* renk kodu *colour coder elek.* renk kodlayıcı *colour combination* renk kombinasyonu *colour contamination elek.* renk bulaşması *colour contrast* renk kontrastı *colour control elek.* renk kontrolü *colour correction* renk düzeltme *colour decoder elek.* renk çözücü *colour deviation* renk sapması *colour difference signal elek.* renk ayırım sinyali *colour disc elek.* renk diski *colour discharge printing teks.* renkli aşındırma baskı *colour doctor teks.* boya raklesi *colour embossing* renkli kabartma *colour error* renk hatası *colour fastness* renk haslığı *colour fidelity* renk doğruluğu, renk sadakatı *colour film* renkli film *colour filter* renk filtresi, renk süzgeci *colour harmony* renk harmonisi, renk uyumu *colour hue* renk nüansı *colour index gökb.* renk ölçeği *colour indicator* renk göstergesi *colour killer elek.* renkönleyici *colour kinescope* renkli kineskop, renkli saptayıcı *colour line* ırk ayrımı *colour matching* renk uyuşumu *colour measuring instrument* renk ölçme aleti *colour mixture* renk karışımı *colour negative* renk negatifi *colour negative film* renkli negatif film *colour photography* renkli fotoğrafçılık *colour picture signal elek.* renkli resim sinyali *colour picture tube elek.* renkli görüntü lambası *colour positive film* renkli pozitif film *colour printing* renkli baskı *colour problem* ırkçılık sorunu *colour reaction* renk reaksiyonu *colour receiver elek.* renkli alıcı *colour reference signal elek.* renk referans sinyali *colour resist teks.* renkli rezerve *colour scale* renk ölçeği, renk skalası *colour sense* renk duyusu *colour sensitivity* renk duyarlığı *colour separation* renk ayrımı *colour sequence* renk sırası *colour sergeant* çavuş *colour stain* renk lekesi *colour subcarrier elek.* renk alttaşıyıcı *colour synchronizing signal elek.* renk senkronizasyon sinyali *colour television elek.* renkli televizyon *colour television camera elek.* renkli televizyon kamerası *colour temperature* renk sıcaklığı *colour temperature meter* renk sıcaklık ölçeri *colour test* renk testi *colour test pattern elek.* renkli ayar resmi *colour threshold fiz.* renk eşiği *colour triangle fiz.* renk üçgeni *colour tube elek.* renkli alıcı lambası *colour value* renk değeri *oil colours* yağlıboya *show one's true colours* açığa vurmak *wa-*

ter colours suluboya
colourant /'kalırınt/ *a.* boyarmadde
colouration /kalı'reyşın/ *a.* renklendirme
coloured /'kalıd/ *s.* renkli; *ört.* beyaz ırktan olmayan *coloured cloth teks.* renkli kumaş *coloured discharge teks.* renkli aşındırma *coloured embossing* renkli kabartma *coloured enamel* renkli emay *coloured filter* renk filtresi, renk süzgeci
colourfast /'kalıfa:st/ *s.* boyası çıkmaz, solmaz
colourful /'kalıfıl/ *s.* renkli, rengârenk; canlı, parlak, renkli, hareketli
colouring /'kalıring/ *a.* boya, gıda boyası; boyama, renklendirme; ten rengi *colouring agent* boya maddesi *colouring power* boyama gücü
colourless /'kalılıs/ *s.* renksiz; solgun; sıkıcı, itici, donuk, renksiz
colours /'kalız/ *a.* bayrak; (okul/takım/kulüp vb.) simgesel giysi/takı/şapka vb. *in its true colours* olduğu gibi, aynen *lower one's colours* teslim bayrağını çekmek, direnmekten vazgeçmek, yelkenleri suya indirmek *with flying colours* büyük başarıyla
colt /koult/ *a.* tay; sıpa; *kon.* acemi, toy, çaylak; kolt tabanca
coltsfoot /'koultsfut/ *a.* öksürükotu
columbine /'kolımbayn/ *a.* hasekiküpesi
columbite /kı'lambayt/ *a. min.* kolumbit
column /'kolım/ *a.* sütun; (gazete) sütun; köşe yazısı; (insan, araç, hayvan, vb.) dizi, kuyruk *column base inş.* sütun kaidesi *column binary biliş.* sütun ikili *column binary card biliş.* sütun ikili delikli kart *column indicator biliş.* kolon göstergesi *column matrix mat.* sütun matris, dikeç dizeyi *column split biliş.* kolon ayırıcı, sütun ayırıcı
columnar /kı'lamnı/ *s.* sütuna benzer, sütunlar halinde olan *columnar basalt* sütunlu bazalt *columnar journal* kolonlu yevmiye defteri *columnar system* kolonlu sistem, sütun sistemi
columnist /'kolımnist/ *a.* sütun yazarı, köşe yazarı
colza /'kolzı/ *a.* kolza *colza oil* kolza yağı
coma /'koumı/ *a. hek.* koma, baygınlık;

bitk. püskül; *gökb.* kuyrukluyıldız saçı **go into a coma** komaya girmek

comatose /'koumıtous/ *s.* komada, bilinçsiz

comb /koum/ *a.* tarak; tarama; bal peteği; horoz ibiği ¤ *e.* taramak; (bir yeri) aramak, taramak **comb honey** petek balı **comb nephoscope** *metr.* taraklı nefoskop

combat /'kombet/ *e.* mücadele etmek, savaşmak ¤ *a.* mücadele, savaşım; çarpışma, savaş **combat car** savaş arabası **combat plane** savaş uçağı **combat sport** dövüş sporu **combat training** savaş eğitimi **combat troops** savaş birlikleri **combat unit** savaş birliği

combatant /'kombıtınt/ *a.* kavgacı kimse; savaşçı kimse

combative /'kombıtiv/ *s.* kavgacı

comber /'koumı/ *a. teks.* tarak **comber waste** *teks.* tarakaltı, döküntü

combination /kombi'neyşın/ *a.* birleştirme; birleşme; bileşim, terkip; birlik; sepetli motosiklet; şifreli bir kilidi açan harf ya da sayılar; *mat.* kombinasyon **combination chuck** *mak.* üniversal torna bağlama aynası **combination colour** karışım rengi **combination line** *fiz.* kombinezon çizgisi, birleştirim çizgisi **combination lock** şifreli kilit **combination sound** birleşik ses

combinational /kombi'neyşınıl/ *s.* bileşimli, bileşimsel **combinational logic** *biliş.* bileşimli mantık

combinatorial /kombinı'to:rııl/ *s. mat.* kombinasyonal, katışımsal

combinatory /kım'baynetouri/ *s.* birleşmiş, birleşik, kaynaşmış, bağlamlı, bağlamsal **combinatory variant** birleşimsel değişke, bağlamsal değişke

combine /kım'bayn/ *e.* birleşmek; birleştirmek ¤ *a.* uzlaşma, birlik; kartel, birlik, tröst; *trm.* biçerdöver **combine harvester** biçerdöver

combined /kım'baynd/ *s.* birleşik, karışık, kombine **combined arms** karma birlikler **combined bill of lading** kombine konşimento **combined bleaching** *teks.* kombine ağartma, kombine beyazlatma **combined carbon** kombine karbon, kombine kömür

combined head *biliş.* birleşik kafa, okuma/yazma kafası **combined milling** *teks.* kombine dinkleme **combined policy** kombine poliçe **combined print** (film) bileşik kopya **combined transport** birleşik nakliye, birleşik taşıma **combined transport bill of lading** birleşik nakliye konşimentosu **combined transport document** birleşik nakliye belgesi **combined voyage** kombine seyahat

combings /'koumingz/ *a. teks.* tarantı

combo /'kombou/ *a. kon.* küçük caz topluluğu

combustibility /kımbastı'bılıti/ *a.* yanma, yanabilme

combustible /kım'bastibıl/ *s.* yanabilir, kolayca tutuşabilir, yanıcı

combustion /kım'basçın/ *a.* yanma, tutuşma **combustion chamber** yanma hücresi, yanma odası, ateşleme odası **combustion efficiency** yanma verimi **combustion energy** yanma enerjisi **combustion engine** *oto.* yanmalı motor **combustion gases** yanıcı gazlar **combustion heat** yanma ısısı **combustion pressure** yanma basıncı **combustion residue** yanma artığı

come /kam/ *e.* gelmek; ulaşmak; gelip çatmak; olmak; başlamak; elde edilmek, üretilmek, gelmek; görünmek; *arg.* orgazma varmak, boşalmak, (beli) gelmek ¤ *a. arg.* bel, meni **come a cropper** naneyi yemek **come about** olmak **come across** karşılaşmak, rastlamak; *kon.* etkileyici olmak, iyi etki yapmak **come again** *kon.* ne dedin!, buyur! **come along** ilerlemek, gelişmek, gitmek; (sağlık) iyiye gitmek; olmak, ortaya çıkmak; izlemek, takip etmek; *ünl. kon.* haydi çabuk! **come apart** kopuvermek, dağılıvermek **come at/for** üstüne üstüne gelmek **come away** *İİ.* terk etmek, ayrılmak, çekilmek; kopuvermek **come away empty-handed** eli boş dönmek **come back** geri gelmek; yeniden gözde olmak; hatırına gelmek, aklına gelmek **come by** elde etmek, sahip olmak; kazara ya da tesadüfen edinmek; karşılaşmak, rastlamak **come clean** açığa vurmak **come down** (geçmişten bugüne) gelmek; ucuzlamak; *arg.*

(uyuşturucunun etkisi geçtikten sonra) ayılmak; gözden düşmek, saygınlığını yitirmek; düşmek, yıkılmak, çökmek; (büyük şehirden küçük bir yere) gelmek, inmek *come down in the world* yoksullaşmak, gerilemek, düşmek *come down on* üstelemek, zorlamak; cezalandırmak; acımasızca azarlamak *come down to earth* gerçeğe dönmek, gerçekçi olmak *come down with* kon. (hastalık) kapmak *come in* gözde olmak, moda olmak; (oyun, yarış, vb.'de) gelmek; seçilmek, başa geçmek; varmak, gelmek; olmak *come in for* (suç, vb.) maruz kalmak *come in on* kon. katılmak, yer almak *come into* miras olarak almak; başlamak *come it a bit (too) strong* kon. abartmak, saptırmak *come of* - den gelmek; ortaya çıkmak *come of age* reşit olmak *come off* kopmak; olmak, gerçekleşmek; başarmak, başarılı olmak; (film, oyun, vb.) gösterimden çıkarılmak, kalkmak *come off it* kon. ünl. Bırak numarayı!, Saçmalama!, Bırak bu ayakları!, Hadi canım sen de! *Come on!* Haydi!, Hadi!; Yok canım! *come on* görünmek; ortaya çıkmak; kon. ele alınmak; kon. başlamak; gelişmek, ilerlemek, gitmek; (sağlık) iyiye gitmek; takip etmek, izlemek; karşılaşmak, rastlamak *come out against* karşı çıkmak *come out of one's shell* kabuğundan çıkmak *come (out) right* yoluna girmek, iyi sonuçlanmak *come out with* kon. atılıvermek *come over* (bir yerden) gelmek; uğramak; taraf/görüş değiştirmek; bastırmak, sıkmak, rahatsız etmek *come round* ayılmak, kendine gelmek; düşünce/taraf değiştirmek, dönmek; barışmak; gelmek, olmak; yön değiştirmek; normalden fazla yol gitmek; sakinleşmek, yatışmak; uğramak *come through* gelmek; -den sonra hayatta kalmak, yaşamak; atlatmak *come to* gelmek; ulaşmak, varmak; birden aklına gelmek; ayılmak, kendine gelmek *come to a dead end* çıkmaza girmek *come to an agreement* anlaşmaya varmak *come true* gerçekleşmek *come under* ... tarafından idare

edilmek/yönetilmek/denetlemek; karşılaşmak, uğramak *come unstuck* zor duruma düşmek *come up* ele alınmak, gündeme gelmek; kon. (piyango, vb.'de) çekilmek; olmak; yükselmek, itibar kazanmak; yaklaşmak *come up against* karşı karşıya kalmak, karşılaşmak *come up roses* güllük gülistanlık olmak *come up to* denk olmak, eşit olmak *come up with* kon. düşünmek, üretmek, bulmak *come what may* ne pahasına olursa olsun *come within an inch/ace of doing sth* bir şey yapmaya ramak kalmak *how come* kon. nasıl olur, nasıl oldu da *to come* gelecekteki, gelecek

comeatable /kʌmˈetıbıl/ *s.* varılır, ulaşılabilir

comeback /ˈkʌmbek/ *a.* dönüş, geri dönüş; akıllıca ve çabuk yanıtlama, karşılık

comedian /kıˈmiːdiın/ *a.* komedyen; *kon.* şamatacı, gırgır kimse

comedienne /kımiːdiˈen/ *a.* (bayan) komedyen

comedown /ˈkʌmdaun/ *a. kon.* düşme, saygınlığını yitirme; düş kırıklığı

comedy /ˈkomidi/ *a.* komedi, güldürü

come-hither /kʌmˈhidı/ *s. kon.* seksi, çekici, davetkâr

comeliness /ˈkʌmlinis/ *a.* güzellik, alımlılık

comely /ˈkʌmli/ *s.* güzel, hoş, iç açıcı, çekici

come-on /ˈkʌmon/ *a.* alıcılara verilen armağan, ikram; *arg.* baştan çıkarıcı bakış, davet

comer /ˈkʌmı/ *a.* gelen kimse

comestible /kıˈmestibıl/ *s.* yenilebilir

comet /ˈkomit/ *a.* kuyrukluyıldız, komet

come-uppance /kʌmˈapıns/ *a. kon.* hak edilmiş ceza

comfort /ˈkʌmfıt/ *a.* rahatlık, ferahlık; refah, konfor; avuntu, teselli; yardım, destek ¤ *e.* rahatlatmak, ferahlatmak, avutmak, teselli etmek

comfortable /ˈkʌmfıtıbıl/ *s.* rahat; konforlu; huzurlu

comforter /ˈkʌmfıtı/ *a.* rahatlatıcı şey; yorgan; emzik

comfortless /ˈkʌmfıtlıs/ *s.* konforsuz; huzursuz

comfrey /'kamfri/ *a.* karakafes, eşekkulağı

comfy /'kamfi/ *s. kon.* rahat, konforlu

comic /'komik/ *s.* komik, gülünç; komedi +, komediyle ilgili ¤ *a.* resimli mizah dergisi; *kon.* komedyen **comic actor** komedi oyuncusu **comic opera** operakomik **comic paper** mizah dergisi **comic strip** karikatür şeklinde öykü dizisi, çizgi resimli öykü **comic writer** komedi yazarı

comical /'komikıl/ *s.* gülünç, komik, tuhaf

comicality /komi'kelıti/ *a.* komiklik

comically /'komikıli/ *be.* komik bir biçimde

comics /'komiks/ *a.* resimli mizah dergileri; karikatür öyküsü

coming /'kaming/ *a.* gelme, geliş, varış ¤ *s.* gelen, gelmekte olan, gelecek; *kon.* başarılı, ilerleyen

comity /'komiti/ *a.* kibarlık, nezaket

comma /'komı/ *a.* virgül

command /kı'ma:nd/ *e.* buyurmak, emretmek; komuta etmek, kumanda etmek, yönetmek; hâkim olmak; hak etmek, layık olmak ¤ *a.* buyruk, emir, komut; kontrol, komuta, kumanda, yönetim; yetki; hâkimiyet **command car** komutanlık aracı **command chain** *biliş.* komut zinciri **command control program** *biliş.* komut denetim programı **command democracy** güdümlü demokrasi **command economy** güdümlü ekonomi **command list** *biliş.* komut listesi, komut dizelgesi **command module** kumanda kapsülü **command processor** *biliş.* komut işlemcisi **word of command** halka duyurulan resmi emir, ferman

commandant /komın'dent/ *a.* komutan

commandeer /komın'dıı/ *e. ask.* el koymak, haczetmek

commander /kı'ma:ndı/ *a.* komutan, kumandan; deniz yarbayı **commander-in-chief** başkomutan

commandment /kı'ma:ndmınt/ *a.* "on emir"den biri

commando /kı'ma:ndou/ *a. ask.* komando

commemorate /kı'memıreyt/ *e.* anmak, anısını kutlamak; anısı olmak, anısına olmak

commemoration /kımemı'reyşın/ *a.* anmak; anma töreni

commemorative /kımemı'rıtiv/ *s.* anmaya yarayan, anımsatıcı, hatıra + **commemorative plaque** anı plaketi

commence /kı'mens/ *e.* başlamak

commencement /kı'mensmınt/ *a.* başlangıç, başlama; diploma töreni

commend /kı'mend/ *e.* övmek, takdir etmek; emanet etmek

commendable /kı'mendıbıl/ *s.* övgüye layık, övülmeye değer

commendation /komın'deyşın/ *a.* övgü, övme, takdir; resmi takdirname, onurlandırma, ödül

commensurability /kı'mensırıbıliti/ *a.* ölçekdeşlik, aynı birimle ölçülebilme

commensurable /kı'menşırıbıl/ *s.* orantılı; ölçekdeş, aynı birimle ölçülebilen

commensurate /kı'menşırit/ *s.* uygun, oranlı, eşit

comment /'koment/ *a.* yorum ¤ *e.* yorum yapmak

commentary /'komıntıri/ *a.* açıklama, yorum; (maç, vb.) anlatma, nakil

commentate /'komınteyt/ *e.* (maç, vb.) anlatmak

commentator /'komınteytı/ *a.* (maç, vb.) anlatıcı

commerce /'komö:s/ *a.* tecim, ticaret, alım satım **commerce network** ticaret ağı

commercial /kı'mö:şıl/ *s.* tecimsel, ticari; kâr amaçlı, ticari ¤ *a.* televizyon/radyo reklamı **commercial account** çek hesabı **commercial affairs** ticari işler **commercial agent** ticaret acentası **commercial art** grafik sanatı **commercial attaché** ticaret ataşesi **commercial aviation** ticari havacılık **commercial bank** ticaret bankası **commercial beet** *şek.* şeker yapımı için yetiştirilen pancar **commercial bill** ticari senet, kambiyo senedi **commercial bill of exchange** ticari poliçe **commercial bills** kambiyo senetleri **commercial book** ticari senet **commercial capitalism** ticaret kapitalizmi **commercial car** ticari araba **commercial cause** ticari dava **commercial centre** ticaret merkezi **commercial code** ticari kanunu *commercial company* ticari şirket *commercial correspondence* ticari yazışma *commercial cost* ticari maliyet *commercial counsellor* ticaret müşaviri *commercial course* ticari kur *commercial court* ticaret mahkemesi *commercial credit* ticari kredi *commercial custom* ticari teamül *commercial deposits* ticari mevduat *commercial dispute* ticari anlaşmazlık *commercial documents* ticari vesaik *commercial draft* ticari poliçe *commercial education* ticaret öğretimi *commercial enterprise* ticari teşebbüs *commercial exchange* ticaret borsası *commercial export* ticari ihracat *commercial film* reklam filmi *commercial friend* iş arkadaşı *commercial geography* ticari coğrafya *commercial industry* ticari sanayi *commercial invoice* ticari fatura *commercial law* ticaret hukuku *commercial letter of credit* akreditif *commercial loan* ticari kredi *commercial manager* ticaret müdürü *commercial monopoly* ticari tekel *commercial occupations* alım satım işleri *commercial operation* ticari işlem *commercial paper* kıymetli ticari belge *commercial partnership* ticaret şirketleri *commercial plane* sivil uçak, yolcu uçağı *commercial pledge* ticari rehin *commercial policy* ticaret politikası, ticaret siyaseti *commercial practice* ticari teamül *commercial register* ticaret sicili *commercial samples* ticari numuneler *commercial school* ticaret okulu *commercial ties* ticari bağlar *commercial transaction* ticari işlem *commercial traveller* satış elemanı, pazarlamacı *commercial treaty* ticaret anlaşması *commercial value* ticari değer *commercial vehicle* ticari araç *commercial weight* *teks.* ticari ağırlık *commercial year* ticari yıl

commercialism /kımö:şılizım/ *a.* ticari anlayış; ticari terim

commercialization /kımö:şılay'zeyşın/ *a.* ticarileştirme

commercialize /kı'mö:şılayz/ *e.* ticarileştirmek, ticari nitelik vermek; sırf kâr gayesi gütmek, kazanç peşinde koşmak; piyasaya sürmek

commie /'komi/ *a. kon. hkr.* komünist

commination /komi'neyşın/ *a.* uyarı, tehdit

comminute /'kominyu:t/ *e.* ufalamak, ezmek; mülkü taksim etmek

comminution /komi'nyu:şın/ *a.* ufalama, ezme; ufalanma, ezilme

commiserate /kı'mizıreyt/ *e.* (with ile) acısını paylaşmak, teselli etmek; acımak, merhamet duymak

commiseration /kımizı'reyşın/ *a.* acısını paylaşma, derdine ortak olma

commissar /komi'sa:/ *a.* komiser

commissary /'komisıri/ *a.* vekil; komiser

commission /kı'mişın/ *a.* iş, görev; yetki; kurul, heyet, komisyon, yarkurul; komisyon, yüzde; *ask.* terfi belgesi ¤ *e.* görev vermek, görevlendirmek; (gemiyi) hizmete sokmak; *ask.* terfi belgesi vermek; sipariş etmek *commission agent* komisyoncu acenta *commission broker* borsa bankeri *commission business* komisyon işi *commission house* komisyon evi, komisyoncu kurum *commission merchant* komisyoncu *commission of bankruptcy* konkordato

commissionaire /kımişı'neı/ *a.* (sinema, otel, vb.'de) kapıcı

commissioner /kı'mişını/ *a.* komisyon üyesi; hükümet temsilcisi; (devlet dairesinde) yetkili memur, şube müdürü; *arg.* bahisçi, bahis toplayıcısı

commit /kı'mit/ *e.* yapmak, işlemek, kalkışmak; teslim etmek; (kendini) sorumlu kılmak; üstlenmek; vaat etmek *commit to memory* ezberlemek

commitment /kı'mitmınt/ *a.* taahhüt, üstlenme, söz; sorumluluk; bağlılık; teslim etme *commitment fee* taahhüt komisyonu

committal /kı'mitl/ *a.* (birini) tutukevine/akıl hastanesine gönderme, teslim

committed /kı'mitid/ *s.* kendini adamış

committee /kı'miti/ *a.* komisyon, heyet, komite, yarkurul *committee man* komisyon üyesi erkek *committee of inspection* iflas masası *committee stage* komisyon aşaması *committee woman* komisyon üyesi kadın

commix /ko'miks/ *e.* birbirine karıştırmak

commixture /ko'miksçı/ *a.* karıştırma

commode /kɪ'moud/ *a.* komodin, şifoniyer

commodification /kɪ'modifikeyşın/ *a.* metalaştırma, nesneleştirme

commodious /kɪ'moudyıs/ *s.* geniş, ferah

commodity /kɪ'moditi/ *a.* eşya, mal; ürün **commodity agreement** mal anlaşması **commodity broker** mal simsarı **commodity collateral loan** mal karşılığı kredi **commodity composition** mal bileşimi **commodity credit** ayni kredi **commodity draft** mal poliçesi **commodity duties** mal gümrük vergileri **commodity exchange** emtia borsası **commodity fetishism** meta fetişizmi **commodity fund** emtia fonu **commodity futures** gelecekte teslim mal sözleşmesi **commodity grade** mal gradı, mal kalite derecesi **commodity loan** emtia karşılığı borç **commodity market** emtia piyasası **commodity money** mal para **commodity output** mal çıktısı **commodity stockpile** mal stoku **commodity terms of trade** mal ticaret hadleri **commodity transactions** mal işlemleri **commodity value** gerçek değer

commodore /'komıdo:/ *a.* tuğamiral; ticari gemi filosu, kaptanı, komodor; yelken kulübü başkanı

common /'komın/ *s.* ortak, müşterek, genel; sıradan; toplumsal, kamusal, topluma ait, ortak; çok rastlanan, yaygın, bilinen, çok kullanılan; *hkr.* bayağı, adi, kaba ¤ *a.* halka açık yeşil alan, park **common area** *biliş.* ortak alan **common average** basit ortalama **common brick** adi tuğla **common capital stock** adi hisse senedi **common carrier bill of lading** genel taşımacı konşimentosu **common carrier** taşımacı, taşıyıcı **common customs tariff** ortak gümrük tarifesi **common data base** *biliş.* ortak veri tabanı **common denominator** *mat.* ortak payda **common divisor** *mat.* ortakbölen **common external tariff** müşterek dış gümrük tarifesi **common factor** *mat.* ortak çarpan **common fraction** *mat.* bayağı kesir **common fund** ortak fon **common gender** ortak cins **common good** amme menfaati

common ground ortak düzlem **common hardware** *biliş.* ortak donanım **common language** ortak dil **common law** yazısız hukuk, örf ve âdet hukuku **common law corporation** anonim şirket **common logarithm** *mat.* bayağı logaritma, bayağı tersüstel **common market** ortak pazar **common marriage** resmi nikâhsız birlikte yaşama **common mica** *mad.* akmika, muskovit **common mode** *elek.* ortak mod **common multiple** *mat.* ortakkat **common noun** *dilb.* cins adı, cins ismi, tür adı **common pleas** medeni hukuk mahkemesi **common program** *biliş.* ortak program **common property** ortak mal **common purse** genel fon, genel sandık **common rafter** *inş.* çatı merteği **common rights** insan hakları **common risk** müşterek riziko **common room** öğretmenler odası **common salt** mutfak tuzu **common school** devlet okulu **common seal** şirket mühürü, şirket kaşesi **common sense knowledge** sağduyu bilgisi **common sense** sağduyu **common software** *biliş.* ortak yazılım **common stock dividends** adi hisse senedi temettüleri **common stock fund** adi hisse senedi fonu **common stock outstanding** ödenmemiş adi hisse senedi **common stock** adi hisse senedi **common storage area** *biliş.* ortak bellek alanı **common wall** ana duvar, esas duvar **common-base** *elek.* ortak bazlı **common-emitter** *elek.* ortak emitörlü, emitör montajlı **common-frequency broadcasting** *elek.* ortak frekanslı yayın

Commons /'komınz/ *a.* avam, halk tabakası; (the ile) Avam Kamarası; (okulda) erzak, kumanya **House of Commons** Avam Kamarası

commonalty /'komınılti/ *a.* avam, halk, sıradan insanlar, vatandaşlar

commoner /'komını/ *a.* halk tabakasından olan kimse

commonly /'komınli/ *be.* genellikle, çoğunlukla, ekseriya; *hkr.* adi/bayağı bir şekilde

commonness /'komınnıs/ *a.* bayağılık, adilik

commonplace /'komınpleys/ *s.* alelade,

sıradan, basit; *hkr.* beylik, basmakalıp

commonweal /'komınwi:l/ *a.* kamu yararı

commonwealth /'komınwelt/ *a.* ulus; cumhuriyet *The Commonwealth* İngiliz Uluslar Topluluğu

commotion /'kı'mouşın/ *a.* kargaşa, karışıklık, ayaklanma

communal /'komyunıl/ *s.* halka ait, toplumsal; ortaklaşa kullanılan, ortak *communal aerial/antenna* ortak anten, toplayıcı anten, toplu anten

commune /'komyu:n/ *a.* (komünist ülkelerde) çalışanlar grubu, komün; komün yaşamı süren grup, komün ¤ /kı'myu:n/ *e.* görüş alışverişinde bulunmak, söyleşmek

communicable /kı'myu:nikıbıl/ *s.* bulaşıcı; (görüş, vb.) yayılan

communicate /kı'myu:nikeyt/ *e.* (haber, bilgi, görüş, düşünce, vb.) geçirmek, nakletmek, iletmek, bildirmek, açıklamak; (with ile) görüş alışverişi yapmak, iletişim kurmak; birleşmek

communication /kımyu:ni'keyşın/ *a.* iletişim, haberleşme, komünikasyon; ileti, haber, mesaj, mektup *communication centre* haberleşme merkezi *communication cord* (trende) imdat freni *communication devices* iletişim aygıtları *communication engineering* ulaştırma mühendisliği, haberleşme mühendisliği *communication line biliş.* iletişim hattı *communication net* iletişim ağı, haberleşme ağı *communication officer* haberleşme subayı *communication technology* iletişim teknolojisi, haberleşme teknolojisi *communication trench ask.* ulaşım hendeği

communications /kımyu:ni'keyşın/ *a.* iletişim, haberleşme, komünikasyon *communications gap* iletişim eksikliği, iletişim kopukluğu *communications executive biliş.* iletişim yöneticisi *communications network* haberleşme şebekesi, iletişim ağı *communications satellite* haberleşme uydusu

communicative /kı'myu:nikıtiv/ *s.* konuşkan, geveze, boşboğaz

communion /kı'myu:niın/ *a.* görüş alışverişi; duygu/düşünce vb. paylaşma

communiqué /kı'myu:nikey/ *a.* bildiri,

tebliğ

communism /'komyunizım/ *a.* komünizm

communist /'komyunist/ *a. s.* komünist *communist manifest* komünist manifesto

communistic /komyu'nistik/ *s.* komünist+

community /kı'myu:niti/ *a.* halk, toplum; topluluk; ortak iyelik, ortaklaşalık *community antenna television elek.* ortak antenli televizyon *community development* toplum kalkınması *community investment* kamu yararına yatırım *community of assets* mal ortaklığı *community of interest* müşterek menfaat *community ownership* ortak mülkiyet *community property* ortak mülkiyet

commutable /kı'myu:tıbıl/ *s.* değiştirilebilir, dönüştürülebilir

commutate /'komyuteyt/ *e.* çevirmek, değiştirmek *commutating capacitor elek.* komütasyon kondansatörü *commutating pole elek.* komütasyon kutbu

commutation /komyu:'teyşın/ *a.* cezayı hafifletme; cezayı değiştirme; değişme, akım çevirme, komütasyon *commutation factor elek.* komütasyon katsayısı

commutative /'komyuteytiv/ *s.* değişmeli, komütatif

commutator /'komyuteytı/ *a.* komütatör, çevirici *commutator bar elek.* komütatör çubuğu *commutator segment* komütatör dilimi

commute /kı'myu:t/ *e.* (cezayı) hafifletmek; ev ile iş arasında gidip gelmek; değiş tokuş etmek

commuter /kı'myu:tı/ *a.* abonman sahibi

compact /kım'pekt/ *s.* sık, sıkı, yoğun; özlü, kısa; sıkıca paketlenmiş; az yer kaplayan, küçük ¤ /'kompekt/ *a.* pudra kutusu, pudriyer; küçük otomobil; antlaşma, sözleşme ¤ *e.* sıkıştırmak, pekiştirmek, yoğunlaştırmak; anlaşmak, anlaşma yapmak, sözleşme yapmak *compact disc elek.* kompakt disk

compactibility /kım'pektıbiliti/ *a.* sıkışabilirlik

compacting /kım'pekting/ *a.* sıkıştırma

compaction /kım'pekşın/ *a.* sıkıştırma, kompaksiyon

compactness /kım'pektnıs/ *a.* tıkızlık,

yoğunluk
companion /kım'peniın/ *a.* arkadaş, yoldaş; yardımcı; kılavuz, el kitabı; eş, diğer parça; *den.* kaporta **companion hatch** kaporta ağzı
companionable /kım'peniınıbıl/ *s.* arkadaş canlısı, sokulgan
companionate /kım'penyınit/ *s.* arkadaşça
companionship /kım'peniınşip/ *a.* arkadaşlık, dostluk, yoldaşlık
company /'kampıni/ *a.* şirket; arkadaşlık, eşlik; arkadaş, dost; misafir; arkadaşlar, arkadaş çevresi; birlik, grup; *den.* tayfa; *ask.* bölük **company car** şirket arabası **company director** şirket yönetim kurulu üyesi **company law** şirketler hukuku **company management** şirket yönetimi **company meeting** şirket toplantısı **company of public ownership** halka açık anonim şirket **company promoter** şirket temsilcisi **company secretary** şirket sekreteri **company shares** şirket hisseleri **company store** şirket satış mağazası **company union** işçi sendikası **company with share capital** sermaye şirketleri
comparable /'kompırıbıl/ *s.* karşılaştırılabilir, mukayese edilebilir **comparable price index** karşılaştırılabilir fiyat indeksi
comparative /kım'perıtiv/ *s.* karşılaştırmalı, mukayeseli; göreli, göreceli, nispi ¤ *a. dilb.* üstünlük derecesi **comparative advantage** karşılaştırmalı üstünlük **comparative analysis** karşılaştırmalı analiz **comparative anatomy** karşılaştırmalı anatomi **comparative balance sheet** mukayeseli bilanço, karşılaştırmalı bilanço **comparative cost** mukayeseli maliyet, mukayeseli masraf, karşılaştırmalı maliyet **comparative degree** artıklık derecesi, üstünlük derecesi **comparative disadvantage** karşılaştırmalı dezavantaj **comparative dyeing** karşılaştırma boyaması **comparative grammar** karşılaştırmalı gramer, karşılaştırmalı dilbilgisi **comparative linguist** karşılaştırmalı dilbilimci **comparative linguistics** karşılaştırmalı dilbilim **comparative literature** karşılaştırmalı edebiyat **com-**

parative mythology karşılaştırmalı söylenbilim **comparative philology** karşılaştırmalı metinbilim **comparative price** mukayeseli fiyat, karşılaştırmalı fiyat **comparative statement** mukayeseli hesap çizelgesi
comparatively /kım'perıtivli/ *be.* bir dereceye kadar; oldukça; karşılaştırmalı olarak
comparativism /kım'perıtivizım/ *a.* karşılaştırmacılık
comparator /kım'perıtı/ *a.* komparatör, karşılaştırıcı **comparator check** *biliş.* karşılaştırma denetimi
compare /kım'peı/ *e.* karşılaştırmak, mukayese etmek; benzetmek; (with ile) kıyaslanmak, mukayese edilmek **compare between limits** *biliş.* sınırlar arasında karşılaştırmak
comparison /kım'perisın/ *a.* karşılaştırma, mukayese; benzerlik **comparison bridge** *elek.* karşılaştırma köprüsü **comparison of actions** eylemlerin karşılaştırılması **comparison of adverbs** zarfların karşılaştırılması, zarflarda derece **comparison test** karşılaştırma testi
compartment /kım'pa:tmınt/ *a.* bölme, daire; (tren) kompartıman **glove compartment** *oto.* torpido gözü, torpido
compartmentalize /kompa:t'mentılayz/ *e.* bölümlere ayırmak
compass /'kampıs/ *a.* pusula; pergel; sınır, alan, erim ¤ *e.* çevrelemek, kuşatmak **compass bearing** *den.* pusula kerterizi **compass brick** *inş.* dairesel duvar tuğlası **compass card** *den.* pusula kartı **compass error** *den.* pusula hatası **compass needle** pusula iğnesi, pusula ibresi **compass plane** dışa oluklu rende **compass rose** rüzgârgülü **compass saw** delik testeresi **compass window** yuvarlak kemerli pencere
compassion /kım'peşın/ *a.* acıma, merhamet, acısını paylaşma, şefkat, sevecenlik
compassionate /kım'peşınit/ *s.* sevecen, merhametli, müşfik
compatibility /kımpetı'bıliti/ *a.* bağdaşabilirlik, bağdaşırlık, uyarlık
compatible /kım'petıbıl/ *s.* bir arada olabilir, uyuşabilir, bağdaşabilir, uyum

içinde, uyan, uygun, uyumlu
compatriot /kım'petriıt/ *a.* yurttaş, hemşeri
compeer /kom'piı/ *a.* akran, eş
compel /kım'pel/ *e.* zorlamak, zorunda bırakmak, gerektirmek
compendious /kım'pendiıs/ *s.* kısa, öz
compendium /kım'pendiım/ *a.* kısaltma, özet
compensate /'kompınseyt/ *e.* tazminat ödemek; karşılamak, bedelini vermek, acısını telafi etmek *compensated semiconductor elek.* dengeli yarıiletken *compensated wattmeter elek.* dengeli vatmetre
compensating /'kompınseyting/ *a.* dengeleme ¤ *s.* dengeleyici *compensating circuit elek.* dengeleme devresi *compensating coil* dengeleme bobini *compensating error* dengeleyici hata *compensating resistance elek.* dengeleme direnci, tamamlama direnci *compensating roller* rakkas silindir, rakkas vals, ayak uydurma silindiri *compensating winding* dengeleme sargısı
compensation /kompın'seyşın/ *a.* bedel, tazminat; yerini doldurma, telafi *compensation agreement* takas anlaşması *compensation fund* telafi fonu *compensation import permit* takas ithal hakkı *compensation insurance* tazminat sigortası *compensation pendulum* dengeleme sarkacı *compensation plate* denge levhası *compensation premium* takas primi *compensation transaction* takas işlemi
compensative /kım'pensıtiv/ *s.* telafi edici
compensator /kompen'seytı/ *a.* kompansatör, denkleştirgen
compensatory /kım'pensıtıri/ *s.* telafi edici, tazmin edici *compensatory balance* tazmin edici bakiye, telafi eden bakiye *compensatory customs duty* telafi edici gümrük vergisi *compensatory duty* telafi edici gümrük resmi *compensatory financing facility* telafi edici finansman kolaylığı *compensatory tariff reduction* telafi edici gümrük vergisi indirimi
compere /'kompeı/ *a.* sunucu ¤ *e.*

sunuculuk yapmak
compete /kım'pi:t/ *e.* yarışmak, rekabet etmek *compete head to head* başa baş yarışmak, başa baş rekabet etmek
competence /'kompitıns/ *a.* yetenek, beceri, ustalık; yetki *competence motivation* yeterli olma güdüsü
competency /'kompitınsi/ *a.* yeterlik, ehliyet; yetenek, güç
competent /'kompitınt/ *s.* yetenekli, becerili, usta; doyurucu, çok iyi; yetkili
competition /kompi'tişın/ *a.* yarışma, müsabaka; rekabet, çekişme; deneme, sınama *competition price* rekabet fiyatı *competition superiority* rekabet üstünlüğü
competitive /kım'petitiv/ *s.* rekabete dayanan; rekabetçi *competitive advantage* rekabet üstünlüğü *competitive devaluation* rekabet devalüasyonu *competitive economy* rekabet ekonomisi *competitive examination* seçme sınavı *competitive market* rekabet piyasası *competitive power* rekabet gücü *competitive price* rekabet fiyatı *competitive rates of interest* rekabetçi faiz oranları
competitiveness /kım'petitivnıs/ *a.* rekabet yeteneği
competitor /kım'petitı/ *a.* yarışmacı; rakip *competitor analysis* rakip analizi
compère /'kompeı/ *a. İl.* sunucu ¤ *e. İl.* sunuculuk yapmak, sunmak
compilation /kompi'leyşın/ *a.* derleme *compilation time biliş.* derleme süresi
compile /kım'payl/ *e.* derlemek *compiled module format biliş.* derlenmiş modül biçimi
compiler /kım'paylı/ *a.* derleyici *compiler building system biliş.* derleyici yapımı sistemi, derleyici yapımı dizgesi *compiler diagnostics biliş.* derleyici hata bulucuları *compiler-level language biliş.* derleyici düzeyli dil *compiler manager biliş.* derleyici yöneticisi *compiler program biliş.* derleyici program *compiler system biliş.* derleyici sistemi, derleyici dizgesi *compiler validation system biliş.* derleyici gerçekleme sistemi, derleyici gerçekleme dizgesi
compiling /kım'payling/ *a.* derleme ¤ *s.*

derleyici **compiling routine** *biliş.* derleme yordamı
complacence /kım'pleysıns/ *a.* memnuniyet
complacency /kım'pleysınsi/ *a.* kendi kendine yetme, halinden memnun olma, gönül rahatlığı
complacent /kım'pleysınt/ *s.* kendi kendine yeten, halinden memnun, rahat, keyfi yerinde
complain /kım'pleyn/ *e.* şikâyet etmek, yakınmak; dava etmek; ihbar etmek
complainant /kım'pleynınt/ *a.* davacı, şikâyetçi
complaint /kım'pleynt/ *a.* yakınma, şikâyet; resmi şikâyet; hastalık, rahatsızlık, şikâyet
complaisance /kım'pleyzıns/ *a.* hoşgörü
complaisant /kım'pleyzınt/ *s.* müşfik, lütufkâr, hoşgörülü
complement /'komplimınt/ *a.* tamamlayıcı, tamamlayıcı şey; tümleç; tam kadro ¤ /'kompliment/ *e.* tamamlamak
complementarity /komplimen'terıti/ *a.* tümleme
complementary /kompli'mentıri/ *s.* tamamlayan, tamamlayıcı, bütünleyen, bütünleyici **complementary angle** tümler açı **complementary colour** komplementar renk, tamamlayıcı renk **complementary distribution** bütünleyici dağılım **complementary economy** tamamlayıcı ekonomi **complementary event** *mat.* tümleyen olay **complementary goods** tamamlayıcı mallar **complementary insurance** ilave sigorta **complementary operation** *biliş.* tamamlayıcısını alma işlemi **complementary protocol** tamamlayıcı protokol
complementation /komplimen'teyşın/ *a. mat.* tümleme
complementing /'komplimenting/ *a. biliş.* tamamlayıcısını alma, tamamlayıcısını bulma
complete /kım'pli:t/ *s.* tam, eksiksiz; tamam, bitmiş ¤ *e.* tamamlamak, bitirmek **complete aspect** bitmişlik görünüşü **complete audit** tam teftiş, kapsamlı denetim **complete carry** *biliş.* tam taşıma, tam elde **complete com-**

bustion tam yanma **complete convertibility** tam çevrilebilirlik **complete operation** *biliş.* tam işlem **complete radiator** *fiz.* siyah cisim, tam ışınlayıcı **complete revolution** *mat.* tam devir, tümel dönme **complete routine** *biliş.* tam yordam
completely /kım'pli:tli/ *be.* tamamen, bütünüyle, tam anlamıyla **completely knocked down** parçalar halinde
completion /kım'pli:şın/ *a.* tamamlama, bitirme, yerine getirme **completion time** son bitirme tarihi
complex /'kompleks/ *s.* birçok parçadan oluşmuş, çok parçalı; karmaşık, karışık ¤ *a.* kompleks **complex conjugate** *mat.* karmaşık eşlenik **complex fraction** *mat.* kompleks kesir, tamsayılı üleşke **complex goods** karmaşık mallar **complex ion** *kim.* kompleks iyon **complex number** *mat.* kompleks sayı, karmaşık sayı **complex of inferiority** aşağılık kompleksi, aşağılık duygusu **complex salt** kompleks tuz, karmaşık tuz **complex sentence** bileşik cümle, girişik tümce, karmaşık tümce **complex term** karmaşık öğe; karmaşık terim **complex verb** birleşik fiil **complex wave** *fiz.* karmaşık dalga
complexion /kım'plekşın/ *a.* ten, ten rengi; karakter, doğa, tutum
complexity /kım'pleksiti/ *a.* güçlük, zorluk, karmaşıklık
compliance /kım'playıns/ *a.* uyma, itaat, razı olma, rıza; baş eğme, uysallık
compliant /kım'playınt/ *s.* yumuşakbaşlı, uysal, itaatkâr; uyumlu
complicacy /'komplikısi/ *a.* karmaşıklık
complicate /'komplikeyt/ *e.* karıştırmak, güçleştirmek
complicated /'komplikeytid/ *s.* karışık, komplike; zor
complication /kompli'keyşın/ *a.* karışıklık; yeni sorun, durumu güçleştiren şey
complicity /kım'plisiti/ *a.* suçortaklığı, yardakçılık
compliment /'komplimınt/ *a.* övgü, iltifat, kompliman ¤ /'kompliment/ *e.* övmek, tebrik etmek, iltifat etmek, kompliman yapmak **fish for compliments** kompliman peşinde koşmak,

kompliman almaya çalışmak *pay sb a compliment* kompliman yapmak *compliments* selamlar, saygılar, iyi dilekler *with my compliments* saygılarımla, en iyi dileklerimle
complimentary /kompli'mentıri/ *s.* övgü niteliğinde, hayranlık belirtici, övücü; bedava, parasız, şirketten; fahri, onursal
complot /'komplot/ *a.* komplo, suikast
comply /kım'play/ *e.* (with ile) uymak; razı olmak
component /kım'pounınt/ *a.* (makine, vb.) parça, bileşen *component density biliş.* bileşen yoğunluğu
compose /kım'pouz/ *e.* birleştirmek, oluşturmak, meydana getirmek; yazmak; bestelemek, beste yapmak; yatıştırmak, sakinleştirmek
composed /kım'pouzd/ *s.* kompoze
composedly /kım'pouzıdli/ *be.* sakin
composedness /kım'pouzıdnıs/ *a.* sakinlik
composer /kım'pouzı/ *a.* besteci
composing /kım'pouzing/ *a.* birleştirme *composing galley bas.* gale *composing machine bas.* dizgi makinesi *composing room* dizgievi, dizgi odası *composing stick bas.* kumpas
composite /'kompızit/ *s.* çok parçalı, bileşik, karışık, karma, kompoze *composite beam* bileşik kiriş, mürekkep kiriş *composite cable elek.* kompozit kablo, karma kablo *composite circuit elek.* bileşik devre *composite colour signal elek.* bileşik renk sinyali *composite conductor elek.* bileşik iletken *composite demand* bileşik talep *composite filter* bileşik süzgeç *composite number mat.* bileşik sayı *composite supply* müşterek talep *composite symbol biliş.* bileşik simge, karma simge *composite synchronization signal elek.* bileşik senkronizasyon sinyali, bileşik eşleme sinyali *composite video signal elek.* bileşik resim sinyali
composition /kompı'zişın/ *a.* beste; bestecilik; bileşim; kompozisyon; düzenleme, tertip; konkordato, anlaşma *composition for stamp duty* damga harcı *composition of trade* ticaretin

bileşimi
compositor /kım'pozitı/ *a.* dizgici, dizici, mürettip
compos mentis /kompos 'mentis/ *s.* aklı başında
compost /'kompost/ *a.* çürümüş organik maddeli gübre, kompost
composure /kım'poujı/ *a.* soğukkanlılık, kendine hâkimiyet, kontrol
compote /'kompout/ *a.* komposto, hoşaf
compound /kım'paund/ *e.* katmak, eklemek, artırmak; birleştirmek; davadan vazgeçmek; bileşik faiz hesaplamak ¤ /'kompaund/ *a.* bileşim, terkip; *dilb.* bileşik sözcük ¤ *s.* bileşik, karışık *compound adjective* bileşik sıfat, sıfat tamlaması *compound arch inş.* kompoze kiriş, bileşik kiriş *compound circuit elek.* bileşik devre *compound coil elek.* bileşik bobin *compound connected transistor elek.* bileşik bağlantılı transistor *compound creditors* borcu azar azar kapatmak *compound curve* sepetkulpu eğrisi *compound customs duty* bileşik gümrük vergisi *compound discount* bileşik ıskonto, mürekkep ıskonto *compound duty* gümrük resmi *compound entry* bileşik yevmiye maddesi *compound excitation elek.* bileşik uyartım, seri-paralel uyartım *compound eye* bileşik göz *compound fraction mat.* bileşik kesir *compound fracture* açık kırık *compound fruit* bileşik meyve *compound function mat.* bileşik fonksiyon, bileşke işlevi *compound girder* bileşik kiriş, kompoze kiriş, mürekkep kiriş *compound interest* bileşik faiz *compound interest method* bileşik faiz yöntemi *compound journal* bileşik yevmiye maddesi *compound microscope fiz.* bileşik mikroskop (iki mercekli) *compound motor elek.* kompaund motor, bileşik motor *compound noun* bileşik isim, bileşik ad *compound nucleus fiz.* bileşik çekirdek *compound pendulum fiz.* bileşik sarkaç *compound sentence* bileşik cümle, bileşik tümce *compound signal* bileşik sinyal *compound tariff* karma gümrük tarifesi, bileşik gümrük tarifesi *compound tense* bileşik zaman *compound verb* birleşik fiil *compound*

winding *elek.* bileşik sargı *compound word* bileşik kelime, bileşik sözcük *compound wound* *elek.* bileşik sargılı

comprador /komprı'do:/ *a.* işbirlikçi, komprador

comprehend /kompri'hend/ *e.* anlamak, kavramak

comprehensible /kompri'hensıbıl/ *s.* anlaşılabilir, makul

comprehension /kompri'henşın/ *a.* anlama, kavrama; (okulda) kavrama testi

comprehensive /kompri'hensiv/ *s.* etraflı, geniş, ayrıntılı; *İİ.* (eğitim) çok yönlü *comprehensive insurance* toplu sigorta *comprehensive school* sanat okulu, çok amaçlı okul *comprehensive motor policy* genel trafik sigortası poliçesi *comprehensive search* *biliş.* kapsamlı arama

compress /kım'pres/ *e.* basmak, sıkıştırmak, bastırmak; birkaç sözcükle anlatmak, özetlemek ¤ /'kompres/ *a.* *hek.* kompres

compressed /kım'prest/ *s.* sıkıştırılmış, basınçlı; özet, kısa *compressed air* sıkıştırılmış hava, basınçlı hava *compressed air brake* *oto.* basınçlı hava freni *compressed asphalt* sıkıştırılmış asfalt *compressed gas* sıkıştırılmış gaz *compressed yeast* pres edilmiş maya

compressibility /kım'presıbıliti/ *a.* kompresibilite, sıkışırlık *compressibility curve* kompresibilite eğrisi, sıkışırlık eğrisi *compressibility test* kompresibilite deneyi, sıkışırlık deneyi

compressible /kım'presıbıl/ *s.* sıkışabilir, sıkıştırılabilir

compression /kım'preşın/ *a.* sıkıştırma, basınç, tazyik, kompresyon; özetleme *compression chamber* sıkıştırma odası *compression gauge* kompresyon ölçme aygıtı *compression-ignition engine* *oto.* dizel motoru, patlamasız motor *compression load* sıkışma yükü, basınç yükü *compression pressure* *oto.* kompresyon basıncı, sıkıştırma basıncı *compression ratio* kompresyon oranı, sıkıştırma oranı *compression ring* *oto.* kompresyon segmanı, sıkıştırma bileziği *compression spring* baskı yayı

compression strain *mad.* sıkma gerinimi *compression stress* sıkışma gerilmesi *compression stroke* *oto.* kompresyon kursu, sıkıştırma kursu *compression test* sıkıştırma deneyi

compressive /kım'presiv/ *s.* sıkıştıran, bastıran *compressive force* basınç kuvveti *compressive shrinkage* *teks.* sıkıştırmalı çektirme, kompresif çektirme *compressive shrinking machine* *teks.* sıkıştırmalı çektirme makinesi, kompresif çektirme makinesi *compressive strain* basınç deformasyonu *compressive strength* basınç direnci *compressive stress* sıkışım gerginliği, basma gerilmesi

compressor /kım'presı/ *a.* kompresör, sıkmaç, sıkıştırıcı

comprise /kım'prayz/ *e.* -den oluşmak; kapsamak

compromise /'komprımayz/ *a.* uzlaşma, uyuşma ¤ *e.* uzlaşmak; şerefini tehlikeye atmak, şerefine gölge düşürmek

comptroller /kın'troulı/ *a.* kontrolör, denetçi, murakıp, müfettiş *comptroller general* baş müfettiş

compulsion /kım'palşın/ *a.* zorlama, zor, baskı; güçlü istek, tutku

compulsive /kım'palsiv/ *s.* zorunlu, mecburi

compulsory /kım'palsıri/ *s.* zorunlu, mecburi *compulsory auction* zorunlu satış *compulsory composition* zorunlu uzlaşma *compulsory delay* zorunlu gecikme *compulsory education* zorunlu öğrenim *compulsory insurance* zorunlu sigorta *compulsory liquidation* zorunlu tasfiye *compulsory military service* zorunlu askerlik *compulsory purchase* istimlak, kamulaştırma *compulsory sale* zorunlu satış *compulsory saving* zorunlu tasarruf *compulsory subject* zorunlu ders

compunction /kım'pankşın/ *a.* vicdan azabı; pişmanlık, nedamet; utanma

computable /kım'pyu:tıbıl/ *s.* hesaplanabilir

computation /kompyu'teyşın/ *a.* ölçüm, hesap, hesaplama, ölçümleme *computation of the interests* faiz hesabı compute /kım'pyu:t/ e. hesap yapmak, hesaplamak ¤ a. hesap *compute bound biliş.* hesap sınırlaması, hesaplama darboğazı *compute mode biliş.* hesap modu, hesap konumu *computed price* hesaplanmış fiyat computer /kım'pyu:tı/ a. bilgisayar *computer-aided design biliş.* bilgisayarlı tasarım *computer-aided instruction biliş.* bilgisayar yardımlı eğitim *computer applications biliş.* bilgisayar uygulamaları *computer architect biliş.* bilgisayar mimarı *computer architecture biliş.* bilgisayar mimarisi *computer-assisted design biliş.* bilgisayar destekli tasarım *computer-assisted instruction biliş.* bilgisayar destekli öğretim *computer audit package biliş.* bilgisayar denetleme paketi *computer centre biliş.* bilgisayar merkezi *computer code* bilgisayar kodu *computer dependent biliş.* bilgisayara bağımlı *computer efficiency biliş.* bilgisayar verimi *computer-independent language biliş.* bilgisayardan bağımsız dil *computer industry biliş.* bilgisayar endüstrisi *computer instruction biliş.* bilgisayar komutu *computer interface unit biliş.* bilgisayar arabirim birimi, bilgisayar arayüz birimi *computer language biliş.* bilgisayar dili *computer-managed instruction biliş.* bilgisayar destekli eğitim *computer network biliş.* bilgisayar ağı, bilişim ağı *computer operation biliş.* bilgisayar işlemi *computer operator biliş.* bilgisayar operatörü, bilgisayar işletmeni *computer output microfilm biliş.* bilgisayar çıktısı mikrofilm *computer personnel biliş.* bilgisayar personeli *computer professional biliş.* bilgisayar profesyoneli, profesyonel bilgisayarcı *computer program biliş.* bilgisayar programı *computer programmer biliş.* bilgisayar programcısı *computer science biliş.* bilgisayar bilimi *computer security biliş.* bilgisayar güvenliği *computer software biliş.* bilgisayar yazılımı *computer system biliş.* bilgisayar sistemi, bilgisayar dizgesi *computer user biliş.* bilgisayar kullanıcısı *computer utility biliş.* bilgisayar desteği *computer word biliş.*

bilgisayar sözcüğü
computerize /kım'pyu:tırayz/ e. bilgisayarlaştırmak; bilgisayara yüklemek
computing /kım'pyu:ting/ a. hesaplama
comrade /'komrid/ a. arkadaş, yazgı arkadaşı; (komünist ülkelerde) yoldaş
comradeship /'komridşip/ a. dostluk, arkadaşlık
con /kon/ a. aleyhte nokta/kimse; *kon.* kazık, üçkâğıt; *arg.* mahkûm, tutuklu ¤ e. *kon.* kazıklamak, dolandırmak *pros and cons* lehte ve aleyhte noktalar/kimseler
conative /'kounıtiv/ s. çaba ile ilgili; *dilb.* eylemin gerektirdiği çabayı belirten *conative function* çağrı işlevi
concatenate /kon'ketineyt/ e. sıralamak, birbirine bağlamak *concatenated data set biliş.* art arda bağlı veri takımı
concatenation /konketi'neyşın/ a. birbirine bağlama
concave /kon'keyv/ s. çukur, içbükey, obruk, konkav *concave brick* çukur tuğla *concave grating fiz.* konkav şebeke, çukur ağ *concave lens fiz.* çukur mercek *concave mirror fiz.* çukur ayna
concavity /kon'kevıtı/ a. içbükeylik
concavo-concave /konkeyvoukon'keyv/ s. iki yüzü çukur, çift taraflı içbükey
concavo-convex /konkeyvou'konveks/ s. içbükey-dışbükey, bir yüzü çukur diğer yüzü tümsek
conceal /kın'si:l/ e. gizlemek, saklamak
concealed /kın'si:ld/ s. gizli, saklı *concealed wiring elek.* gizli kablo tesisatı
concealment /kın'si:lmınt/ a. saklama, gizleme
concede /kın'si:d/ e. kabul etmek, itiraf etmek; vermek, teslim etmek, bahşetmek, bırakmak
conceit /kın'si:t/ a. kendini beğenmişlik, kibir, kurum
conceited /kın'si:tid/ s. kendini beğenmiş, burnu büyük, kibirli, kurumlu
conceivable /kın'si:vıbıl/ s. akla uygun, inanılabilir, olası
conceive /kın'si:v/ e. tasarlamak, kurmak, düşünmek; gebe kalmak; (of ile) tasavvur etmek, düşünmek
concentrate /'konsıntreyt/ e. konsantre

olmak; bir yerde toplamak, deriştirmek; toplanmak, derişmek ¤ *a.* konsantre, derişik madde

concentrated /'konsıntreytid/ *s.* çok güçlü, yoğun, derişik, konsantre *concentrated load* mek. nokta yük, münferit yük *concentrated solution* derişik çözelti

concentration /konsın'treyşın/ *a.* toplama; toplanma; konsantrasyon, derişim *concentration camp* toplama kampı *concentration cell* elek. konsantrasyon pili, derişim pili *concentration in industry* sanayi yoğunlaşması, endüstri toplanması *concentration of export trade* ihracat ticaretinin yoğunlaşması

concentrator /'konsıntreytı/ *a.* toplayıcı, koyultucu

concentric /kın'sentrik/ *s.* eşmerkezli, özekdeş, konsantrik *concentric plug-and-socket* elek. eşmerkezli fiş ve priz

concept /'konsept/ *a.* genel kavram, genel düşünce *concept coordination* biliş. kavram koordinasyonu, kavram eşgüdümü

conception /kın'sepşın/ *a.* anlayış, kavrayış, kavrama; düşünce, görüş, kavram, fikir; gebe kalma

conceptional /kın'sepşınıl/ *s.* kavramsal

conceptive /kın'septiv/ *s.* anlayan, kavrayan

conceptual /kın'sepçuıl/ *s.* kavramsal *conceptual field* kavram alanı, kavramsal alan *conceptual modelling* biliş. kavramsal modelleme

conceptualization /kınsepçuılay'zeyşın/ *a.* kavramsallaştırma

concern /kın'sö:n/ *e.* hakkında olmak, ilgili olmak; ilgilendirmek, etkilemek; kaygılandırmak, endişelendirmek, ilgilendirmek ¤ *a.* mesele, sorun, iş; kaygı, endişe; şirket, firma, kuruluş, işletme; ilgi, alaka

concerned /kın'sö:nd/ *s.* ilgili, ilişkili; endişeli, kaygılı *as far as I'm concerned* bence, bana kalırsa

concerning /kın'sö:ning/ *ilg.* hakkında -e dair, ile ilgili

concert /'konsıt/ *a.* dinleti, konser *concert goer* konser meraklısı *in concert* birlikte, işbirliği içinde

concerted /kın'sö:tid/ *s.* birlikte planlanmış/yapılmış, ortak; kon. çok güçlü, sıkı

concertina /konsı'ti:nı/ *a. müz.* akordeona benzer bir çalgı

concerto /kın'çö:tou/ *a. müz.* konçerto

concession /kın'seşın/ *a.* ödün, taviz; ayrıcalık, imtiyaz; bağış, teberru; izin, ruhsat

concessionaire /kınseşı'nii/ *a.* imtiyaz sahibi kimse

concessionary /kın'seşınıri/ *s.* ayrıcalıklı, tavizli *concessionary customs tariff* ayrıcalıklı gümrük tarifesi *concessionary trade* ayrıcalıklı ticaret

conchoid /'konkoyd/ *a. mat.* konkoid, kavkı eğrisi

conchoidal /kon'koydıl/ *s.* konkoidal *conchoidal fracture* konkoidal çatlak

conciliate /kın'silieyt/ *e.* gönlünü almak, gönlünü yapmak

conciliation /kınsili'eyşın/ *a.* uzlaştırma, yatıştırma, gönül alma *conciliation board* uzlaştırma komisyonu

conciliator /kın'silieytı/ *a.* uzlaştıran kimse, arabulucu

conciliatory /kın'siliıtıri/ *s.* barıştırıcı, uzlaştırıcı, gönül alıcı

concise /kın'says/ *s.* kısa, özlü

conciseness /kın'saysnıs/ *a.* kısalık, özlülük

conclude /kın'klu:d/ *e.* bitirmek, sona erdirmek; bitmek, sona ermek; sonucuna varmak; çözmek, halletmek, anlaşmak, karara varmak

conclusion /kın'klu:jın/ *a.* son, bitim; sonuç; karar, yargı; anlaşma *in conclusion* neticede, özetle, sonuç olarak

conclusive /kın'klu:siv/ *s.* kesin, şüpheleri ortadan kaldıran

conclusiveness /kın'klu:sivnıs/ *a.* kesinlik

concoct /kın'kokt/ *e.* birbirine karıştırıp hazırlamak; uydurmak, kafadan atmak

concoction /kın'kokşın/ *a.* karışım; uydurma

concomitant /kın'komitınt/ *s.* birlikte olan, beraberinde gelen

concord /'konko:d/ *a.* uyum, anlaşma, birlik, dostluk, barış *concord agreement* özne yüklem uygunluğu

concordance /kın'ko:dıns/ *a.* uyum,

uygunluk, ahenk *concordance program biliş.* uyuşma programı
concordant /kın'ko:dınt/ *s.* uyumlu, ahenkli
concourse /'konko:s/ *a.* gelme, toplanma, kalabalık; geniş yer, meydan
concrete /'konkri:t/ *s.* somut; açık, kesin, belli, somut ¤ *a.* beton ¤ *e.* betonlamak, betonla kaplamak *concrete block inş.* beton blok *concrete bridge* beton köprü *concrete floor* beton döşeme *concrete foundation* beton temel *concrete mixer* betonyer, beton karıştırıcı, betonkarar *concrete mixing machine* betonyer, beton karıştırıcı, betonkarar *concrete noun* somut ad *concrete pile* beton kazık *concrete pipe* beton boru *concrete road* beton yol *concrete roof inş.* betonarme çatı *concrete runway hav.* beton pist *concrete slab* beton plaka, beton levha *concrete system biliş.* somut sistem, somut dizge *concrete work inş.* betonarme işi, beton iş
concupiscence /kın'kyu:pisıns/ *a.* cinsel arzu, şehvet
concupiscent /kın'kyu:pisınt/ *s.* şehvetli
concur /kın'kö:/ *e.* anlaşmak, uyuşmak; aynı zamanda oluşmak, aynı zamana rastlamak, üst üste gelmek
concurrent /kın'karınt/ *s.* aynı zamanda oluşan, rastlantısal, tesadüfi; anlaşma içinde, anlaşmış, uyuşmuş, mutabık *concurrent conversion biliş.* eş zamanda dönüşüm, eşanlı dönüşüm *concurrent operations biliş.* eşzamanlı işlemler, eşanlı işlemler *concurrent processing biliş.* eşzamanlı işlem, eşanlı işlem
concuss /kın'kas/ *e.* sarsmak
concussion /kın'kaşın/ *a.* beyin sarsıntısı; sarsıntı, şok *concussion of the brain* beyin sarsıntısı
condemn /kın'dem/ *e.* kınamak, ayıplamak; mahkûm etmek; kullanıma uygunsuz bulmak
condemnable /kın'demnıbıl/ *s.* kınanabilir, ayıplanabilir, suçlu görülebilir
condemnation /kondem'neyşın/ *a.* el koyma, istimlak; mahkûmiyet
condensable /kın'densıbıl/ *s.*

yoğunlaştırılabilir
condensate /'kondenseyt/ *a.* yoğuşku, kondansat
condensation /konden'seyşın/ *a.* yoğunlaşma, sıvılaşma; buğu; özetleme, özet *condensation cloud metr.* yoğunlaşma bulutu *condensation coefficient fiz.* yoğunlaşma katsayısı *condensation nucleus metr.* yoğunlaşma çekirdeği *condensation resin* kondansasyon reçinesi *condensation water* yoğuşku, kondansat
condense /kın'dens/ *e.* (gaz) yoğunlaşmak, sıvılaşmak, koyulaşmak; yoğunlaştırmak, sıvılaştırmak, koyulaştırmak; özetlemek *condensing lens* aydınlatma merceği *condensing routine biliş.* yoğunlaştırma yordamı
condensed /kın'denst/ *s.* muhtasar *condensed balance sheet* muhtasar bilanço *condensed milk trm.* koyulaştırılmış süt *condensed type bas.* sık karakter, dar karakter *condensed water* yoğunlaşmış su
condenser /kın'densı/ *a.* koyulaştırıcı, katılaştırıcı şey/kimse; kondansatör; kondansör, yoğuşturucu; aydınlatma merceği, miksefe, yoğunlaç *condenser capacity elek.* kondansatör kapasitesi *condenser pipe* kondansatör borusu
condescend /kondi'send/ *e.* tenezzül etmek; *hkr.* havalara girmek, tepeden bakmak
condescending /kondi'sending/ *s.* tenezzül eden; küçümseyen, hor gören
condescension /kondi'senşın/ *a.* tenezzül
condign /kın'dayn/ *s.* (ceza, vb.) hak edilmiş, yerinde, müstahak
condiment /'kondimınt/ *a.* baharat, sos, çeşni
condition /kın'dişın/ *a.* durum, hal, vaziyet; koşul, şart; toplumsal durum, konum, mevki; gerekli ya da zorunlu olan şey; genel sağlık durumu, kondisyon, form ¤ *e.* şartlandırmak, koşullandırmak; düzenlemek; alıştırmak *condition of equilibrium* denge hal *condition of surface* yüzey durumu *condition precedent* taliki şart *condition subsequent* feshedici şart *conditions of sale* satış koşulları, satış

şartları *on condition that* eğer, şartıyla *on no condition* asla, hiçbir surette

conditional /kın'dişınıl/ *s.* şartlı, koşullara bağlı, şarta bağlı *conditional acceptance* şartlı kabul *conditional bond* koşullu tahvil *conditional branch biliş.* koşullu sapma, koşullu dallanma *conditional branch instruction biliş.* koşullu sapma komutu, koşullu dallanma komutu *conditional breakpoint biliş.* koşullu ara verme noktası *conditional breakpoint instruction biliş.* koşullu ara verme noktası komutu *conditional clause dilb.* koşul yantümcesi, şart cümlesi *conditional equation mat.* koşullu denklem *conditional jump biliş.* koşullu atlama *conditional probability* koşullu olasılık *conditional rebate* şartlı tenzilat *conditional sale* şartlı satış *conditional statement mat.* koşullu önerme *conditional stop instruction biliş.* koşullu durdurma komutu *conditional tenses* şartlı zamanlar *conditional transfer biliş.* koşullu aktarma *conditional transfer of control biliş.* denetimin koşullu aktarımı

conditionally /kın'dişınıli/ *be.* şartlı olarak

conditioned /kın'dişınd/ *s.* şarta bağlı; iyi durumda *conditioned reflex* şartlı refleks

conditioner /kın'dişını/ *a.* düzeltici, ıslah edici

conditioning /kın'dişıning/ *a.* kondisyonlama, uygun duruma getirme *conditioning agent teks.* kondisyonlama maddesi *conditioning machine teks.* kondisyonlama makinesi

condo /'kondou/ *a.* mülk mesken, iyelik konut

condole /kın'doul/ *e.* (with ile) başsağlığı dilemek; acısını paylaşmak, avutmak, teselli etmek

condolence /kın'doulıns/ *a.* başsağlığı; acısını paylaşma paylaşma, avutma

condom /'kondım/ *a.* kaput, prezervatif

condominium /kondı'miniım/ *a.* bir ülke üzerinde iki ya da daha fazla devletin ortak egemenliği; bu şekilde yönetilen ülke; *Al. kon.* içinde oturanların sahip olduğu apartman/kat

condonation /kondou'neyşın/ *a.* hoş görme, görmezden gelme

condone /kın'doun/ *e.* bağışlamak, affetmek, göz yummak

condor /'kondo:/ *a. hayb.* (özellikle Güney Amerika'da bulunan) iri bir tür akbaba

conduce /kın'dyu:s/ *e.* (to/towards ile) yardım etmek, katkıda bulunmak, neden olmak

conducive /kın'dyu:siv/ *s.* neden olan, yardım eden, olanak sağlayan

conduct /kın'dakt/ *e.* davranmak, hareket etmek; götürmek, kılavuzluk etmek, rehberlik etmek; yönetmek, idare etmek; taşımak, nakletmek; (elektrik, ısı, vb.) iletmek, geçirmek; *müz.* orkestra yönetmek ¤ /'kondakt/ *a.* davranış; yönetme, idare *conducted tour* rehberli tur

conductance /kın'daktıns/ *a. fiz.* iletkenlik *conductance ratio elek.* iletkenlik oranı

conductibility /kın'daktıbılıti/ *a. fiz.* iletkenlik

conductimetry /kın'daktimetri/ *a.* iletkenlikölçüm, kondüktometri

conducting /kın'dakting/ *s.* iletken, geçiren

conduction /kın'dakşın/ *a.* taşıma, götürme; iletme *conduction band fiz.* iletken bant, iletken kuşak *conduction current elek.* iletim akımı *conduction electron elek.* iletim elektronu *conduction of heat fiz.* ısı iletimi

conductive /kın'daktiv/ *s.* iletken *conductive material* iletken gereç, iletken malzeme

conductivity /kondak'tiviti/ *a.* iletkenlik, geçirgenlik *conductivity cell elek.* özgül iletkenlik pili *conductivity modulation elek.* iletkenlik modülasyonu

conductor /kın'daktı/ *a.* orkestra şefi; biletçi, kondüktör; iletken *conductor rail* iletken ray

conductress /kın'daktris/ *a.* kadın biletçi

conduit /'kondyuit/ *a.* oluk, kanal, mecra; boru, kablo borusu *conduit box* elektrik kutusu, buat *conduit bushing* boru buşonu, boru burcu *conduit pipe* sevk borusu, isale borusu

condyl /'kondil/ *a.* kondil

cone /koun/ a. koni; *bitk.* kozalak; külah *cone antenna* konik anten *cone bearing mak.* konik yatak, bilyalı yatak *cone clutch mak.* konik debriyaj *cone coupling* konik kavrama *cone crusher mad.* konik konkasör, konik kırıcı *cone gear* konik dişli *cone of dispersion* dağılma konisi *cone of silence* (radar) sessizlik konisi *cone pulley* basamaklı kasnak, kademeli kasnak *cone shaped* konik, koni biçimli *cone sugar* kelle şekeri

confab /'konfeb/ e. sohbet etmek, çene çalmak

confabulation /kınfebyu'leyşın/ a. sohbet, hoşbeş

confection /kın'fekşın/ a. şekerleme, bonbon, tatlı; şeker/bal ile hazırlanan ilaç; konfeksiyon, hazır giysi

confectioner /kın'fekşını/ a. şekerci, şekerlemeci, pastacı, tatlıcı

confectionery /kın'fekşınıri/ a. şekerleme, bonbon, tatlı; şekerci, tatlıcı, şekerleme imalathanesi

confederacy /kın'fedırısi/ a. konfederasyon, birlik

confederate /kın'fedırıt/ s. konfedere, birleşik ¤ a. müttefik; suçortağı ¤ /kın'fedıreyt/ e. birleşmek; birleştirmek

confederation /kınfedı'reyşın/ a. konfederasyon, birlik

confer /kın'fö:/ e. (on/upon ile) (unvan, vb.) vermek; (with ile) danışmak, görüşmek

conference /'konfırıns/ a. (fikir alışverişi için düzenlenen) toplantı, görüşme, müzakere *conference call* toplu görüşme

confess /kın'fes/ e. itiraf etmek; (günahlarını) papaza söylemek; günah çıkarmak

confessed /kın'fest/ s. aleni, açık, kimseden gizlemeyen

confession /kın'feşın/ a. itiraf; günah çıkarma

confessional /kın'feşınıl/ a. papazın günah çıkardığı gizli oda

confessor /kın'fesı/ a. itiraf eden kimse; günah çıkartan papaz

confetti /kın'feti/ a. konfeti

confidant /'konfident, konfi'dent/ a. birisinin (özellikle aşk konularında) sırrını açtığı kimse

confide /kın'fayd/ e. (sır, vb.) söylemek, açmak; (in ile) güvenmek, açılmak

confidence /'konfidıns/ a. güven; sır, gizli şey *confidence coefficient* güven katsayısı *confidence interval* güven aralığı *confidence level* güven seviyesi, güven düzeyi *confidence limit* güven sınırı *confidence trick* dolandırıcılık, üçkâğıtçılık *confidence trickster* dolandırıcı, üçkâğıtçı *in confidence* gizlilikle, özel olarak

confident /'konfidınt/ s. kendinden emin *confident agent* gizli ajan *confident clerk* ticari temsilci *confident secretary* özel sekreter *confident speaking* söz aramızda

confidential /konfi'denşıl/ s. gizli; güvenilir *confidential agent* gizli ajan *confidential clerk* ticari temsilci *confidential secretary* özel sekreter

confiding /kın'fayding/ s. saf; herkese güvenen

configuration /konfigyu'reyşın/ a. biçim, şekil *configuration block biliş.* kurulum bloğu, görünüm öbeği *configuration state biliş.* görünüm durumu, konfigürasyon durumu *configuration table biliş.* kurulum tablosu, görünüm çizelgesi

confine /kon'fayn/ a. sınır, hudut ¤ /kın'fayn/ e. kapatmak, hapsetmek; sınırlandırmak, sınır koymak; (doğum yapmak üzere olan kadını) yatırmak, yatakta tutmak

confined /kın'faynd/ s. sarılmış, kuşatılmış; kapalı; sınırlı *confined ground water trm.* tutuk yeraltı suyu

confinement /kın'faynmınt/ a. hapis, mahpusluk; loğusalık

confines /'konfaynz/ a. sınırlar

confirm /kın'fö:m/ e. doğrulamak; pekiştirmek; onaylamak; (kiliseye) kabul etmek, üye etmek *confirming bank* teyit bankası

confirmable /kın'fö:mıbıl/ s. onaylanır, tasdik olunur

confirmation /konfı'meyşın/ a. doğrulama, teyit; kanıt, delil; kiliseye kabul ayini *confirmation note* teyit mektubu

confirmative /kın'fö:mıtiv/ s. doğrulayıcı,

onaylayıcı
confirmed /kın'fö:md/ *s.* alışkanlıklarını değiştirmez, sürekli, müzmin; teyitli, konfirme, tasdikli; *hek.* müzmin, süreğen *confirmed copy* tasdikli kopya *confirmed credit* konfirme kredi *confirmed irrevocable letter of credit* teyitli gayri kabili rücu akreditif *confirmed letter of credit* konfirme kredi mektubu, teyitli akreditif
confiscate /'konfiskeyt/ *e.* el koymak, müsadere etmek, haczetmek, istimlak etmek
confiscation /konfis'keyşın/ *a.* el koyma, müsadere, haciz
confiscatory /kın'fiskıtıri/ *s.* müsadere ile ilgili; *kon.* acımasız, haydut gibi
conflagration /konflı'greyşın/ *a.* büyük yangın
conflict /'konflikt/ *a.* savaş, çatışma, çarpışma; uyuşmazlık, zıtlık, anlaşmazlık, çatışma ¤ /kın'flikt/ *e.* uyuşmamak, bağdaşmamak, çatışmak *conflict of interests* çıkar çatışması *conflict of laws* kanunlar ihtilafı *conflict theory* çatışma teorisi
conflicting /kın'flikting/ *s.* çelişkili, zıt
confluence /'konfluıns/ *a. coğ.* akarsu kavşağı
confluent /'konfluınt/ *s.* birlikte akan, birbirine karışan
confocal /kon'foukıl/ *s. opt.* aynı odaklı, odaktaş
conform /kın'fo:m/ *e.* uymak
conformability /kınfo:mı'bıliti/ *a.* uygunluk, yerindelik; benzerlik
conformable /kın'fo:mıbıl/ *s.* benzer; uygun; itaatli
conformance /kın'fo:mıns/ *a.* uygunluk
conformation /konfo:'meyşın/ *a.* uygunluk, uyma; biçim, şekil
conformism /kın'fo:mizım/ *a.* konformizm
conformist /kın'fo:mist/ *a. s.* konformist, uymacı, uygitsinci
conformity /kın'fo:miti/ *a.* konformizm, uymacılık; uyum
confound /kın'faund/ *e.* karıştırmak, allak bullak etmek, birbirine katmak, kafasını karıştırmak; şaşırtmak *Confound him!* onun Allah belasını versin!
confounded /kın'faundid/ *e.* şaşırmış,

kafası karışmış; Allahın cezası
confrère /'konfreı/ *a.* meslektaş
confront /kın'frant/ *e.* karşı koymak, göğüs germek; (with ile) yüzleştirmek
confrontation /konfrın'teyşın/ *a.* karşılama, karşı karşıya gelme
Confucian /kın'fyu:şyın/ *s.* Konfüçyüscü
Confuscianism /kın'fyu:şyınizım/ *a.* Konfüçyüsçülük
confuse /kın'fyu:z/ *e.* şaşırtmak, kafasını karıştırmak; birbirine karıştırmak, karıştırmak
confused /kın'fyu:zd/ *s.* mahcup, utangaç; şaşırmış
confusing /kın'fyu:zing/ *s.* şaşırtıcı, karışık, müphem
confusion /kın'fyu:jın/ *a.* kargaşa; karışıklık, karıştırma; düzensizlik
confutable /kın'fyu:tıbıl/ *s.* çürütülebilir
confutation /konfyu:'teyşın/ *a.* çürütme
confute /kın'fyu:t/ *e.* çürütmek
congé /'ko:njey/ *a.* ayrılma; kovma
congeal /kın'ci:l/ *e.* (sıvı) katılaşmak, pıhtılaşmak; katılaştırmak, pıhtılaştırmak
congelation /konci'leyşın/ *a.* pıhtılaşma, pıhtılaştırma
congenial /kın'ci:niıl/ *s.* hoş, kafa dengi, kafasına uygun
congeniality /kınci:ni'elıti/ *a.* cana yakınlık, dostluk
congenital /kın'cenitl/ *s.* (hastalık) doğuştan
congenitally /kın'cenitıli/ *be.* doğuştan, yaradılıştan
conger /'kongı/ *a. balk.* magri
congeries /kon'ciıri:z/ *a.* yığın
congest /kın'cest/ *e.* doldurmak; tıkamak; dolmak; tıkanmak
congested /kın'cestid/ *s.* tıkanmış, tıkalı *congested area* aşırı nüfuslu bölge
congestion /kın'cesçın/ *a. hek.* kan birikmesi; tıkanıklık *congestion charges* bekleme tazminatı
conglomerate /kın'glomırit/ *a.* küme, yığın; büyük işletme/şirket; *yerb.* konglomera, çakıl kayaç ¤ *e.* toplanmak, kümelenmek ¤ *s.* kümelenmiş, yığılmış
conglomeration /kınglomı'reyşın/ *a.* kümelenme, yığın, birikinti
conglutinate /kın'glu:tineyt/ *e.*

yapıştırmak; yapışmak
conglutination /kınglu:ti'neyşın/ a. yapışma, kaynaşma
congrats /kın'grets/ ünl. kon. tebrikler!
congratulate /kın'greçuleyt/ e. kutlamak, tebrik etmek
congratulation /kıngreçu'leyşın/ a. kutlama, tebrik **Congratulations!** Tebrikler!, Kutlarım!
congratulator /kın'gretyuleytı/ a. kutlayan kimse
congratulatory /kıngreçu'leytıri/ s. kutlama niteliğinde, tebrik niteliğinde, tebrik eden
congregate /'kongrigeyt/ e. bir araya gelmek, toplanmak
congregation /kongri'geyşin/ a. cemaat, topluluk
congress /'kongres/ a. kongre, kurultay; toplantı, kongre; (ABD'de) Millet Meclisi
congressional /kın'greşınıl/ s. kongre ile ilgili **congressional medal** liyakat madalyası
congressman /'kongresmın/ a. milletvekili, parlamento üyesi
congruence /'kongruıns/ a. uygunluk, ahenk
congruent /'kongruınt/ s. mat. eşleşik
congruity /kon'gru:ıti/ a. uygunluk; uzlaşma noktası
congruous /'kongruıs/ s. uygun, yakışır
conic /'konik/ s. bkz. conical **conic section** mat. konik
conical /'konikıl/ s. koni biçiminde, konik **conical buoy** konik şamandıra **conical gear** konik dişli, pinyon **conical pendulum** konik sarkaç **conical scanning** elek. konik tarama **conical spiral** konik spiral **conical spring** konik yay **conical surface** konik yüzey
conifer /'kounifı/ a. bitk. kozalaklı ağaç
coniferin /'kounifırin/ a. kim. koniferin
coniferous /kı'nifırıs/ s. kozalaklı
conjecturable /kın'cekçırıbıl/ s. tahmin olunabilir
conjectural /kın'cekçırıl/ s. tahmini, konjonktürel, varsayılı **conjectural unemployment** konjonktürel işsizlik
conjecture /kın'cekçı/ a. varsayım, konjonktür; tahmin, kestirim
conjoin /kın'coyn/ e. birleştirmek; birleşmek **conjoined twins** yapışık

ikizler
conjoint /'konjoynt/ s. birleşik
conjointly /'konjoyntli/ be. birleşik olarak
conjugal /'koncugıl/ s. karı kocaya/evliliğe ait, evlilikle ilgili
conjugate /'koncugeyt/ e. dilb. (eylem) çekmek; (eylem) çekilmek ¤ s. birleşik; mat. eşlenik; bitk. karşılıklı **conjugate angles** mat. eşlenik açılar **conjugate axis** mat. eşlenik eksen **conjugate branches** elek. konjuge kollar, eşlenik kollar **conjugate complex** mat. karmaşık eşlenik **conjugate fibre** bikomponent lif, iki komponentli lif **conjugate imaginary** mat. sanal eşlenik **conjugate lines** eşlenik çizgiler
conjugation /koncu'geyşın/ a. fiil çekimi, eylem çekimi
conjunct /kın'cankt/ s. birleşik, ortak
conjunction /kın'cankşın/ a. dilb. bağlaç; birleşme, birleşim; gökb. kavuşma konumu, kavuşum **conjunctions of comparison** karşılaştırma bağlaçları **conjunctions of concession** uzlaştırma bağlaçları **conjunctions of condition** durum bağlaçları, şartlı bağlaçlar **conjunctions of purpose** istek bağlaçları **conjunctions of reason** neden bildiren bağlaçlar **conjunctions of result** netice bildiren bağlaçlar **conjunctions of time** zaman bağlaçları **in conjunction with** ile birlikte
conjunctiva /koncank'tayvı/ a. konjonktiv
conjunctive /kın'canktiv/ s. bitiştiren, birleştiren **conjunctive mood** şart kipi **conjunctive tissue** katılgan doku
conjunctively /kın'canktivli/ be. birleştirerek, bitiştirerek
conjunctivitis /kıncankti'vaytis/ a. konjonktivit
conjuncture /kın'cankçı/ a. konjonktür; kriz, buhran
conjuration /koncuı'reyşın/ a. yalvarma, sihir, büyü
conjure /'kancı/ e. hokkabazlık yapmak; el çabukluğu ile çıkarmak **conjure up** (hayalinde) canlandırmak; hatırlatmak, anımsatmak; canlandırmak, yaratmak; çabucak yapıvermek
conjurer /'kancırı/ a. hokkabaz, sihirbaz
conjuror /'kancırı/ a. bkz. conjurer

conk /kɔnk/ a. *İİ. arg.* burun **conk out** *kon.* bozulmak, arıza yapmak; (yorgunluktan) bitmek, ölmek

conker /'kɔnkı/ a. *kon.* atkestanesi

connate /'kɔneyt/ s. doğuştan olan, fıtri; aynı soydan gelen; bitişik **connate water** tortulu su

connatural /kı'neçrıl/ s. doğuştan olan, fıtri

connect /kı'nekt/ e. bağlamak, birleştirmek; (telefonla) bağlamak; (tren, vb.) birleşmek, aktarmalı olmak

connected /kı'nektid/ s. bağlı, ilgili; akraba, hısım, yakın **connected set** *mat.* bağlantılı küme **well-connected** arkası sağlam, torpilli

connectedly /kı'nektidli/ be. ilgili olarak

connecting /kı'nekting/ s. bağlayan, birleştiren, bağlama+ **connecting bolt** bağlama cıvatası **connecting cable** bağlantı kablosu, ara kablo **connecting cord** bağlantı kordonu **connecting flange** tespit flanjı **connecting line** bağlantı hattı **connecting piece** bağlantı parçası, ara parça **connecting pin** bağlantı pimi **connecting rod** *oto.* biyel kolu **connecting rod bearing** *oto.* biyel kolu yatağı **connecting rod big end** *oto.* biyel kafası **connecting rod bolt** *mak.* biyel cıvatası **connecting rod bushing** *oto.* biyel kolu burcu **connecting rod shank** *oto.* biyel gövdesi **connecting sleeve** bağlama kovanı **connecting terminal** *elek.* bağlantı ucu **connecting vowel** bağlayıcı ünlü

connection /kı'nekşın/ a. bağlantı; ilişki, bağ; aktarma, aktarmalı taşıt; müşteri **connection in parallel** *fiz.* paralel bağlama, koşut bağlama, yanaşık bağlanım **connection in series** *fiz.* seri bağlama, ardışık bağlama **connection piece** irtibat parçası **connection pin** bağlama pimi **in connection with** ile ilgili olarak

connective /kı'nektiv/ s. bağlayıcı

connector /kı'nektı/ a. bağlayıcı, ara parça, rakor; *biliş.* bağ, bağlaç

conning tower /'kɔning tauı/ a. kumanda kulesi

connivance /kı'nayvıns/ a. göz yumma, görmezlikten gelme

connive /kı'nayv/ e. gizlice işbirliği

yapmak; (at ile) göz yummak, görmezlikten gelmek

connoisseur /kɔnı'sö:/ a. uzman, ehil

connotation /kɔnou'teyşın/ a. yananlam

conquer /'kɔnkı/ e. almak, fethetmek, zapt etmek; yenmek; üstesinden gelmek, alt etmek

conqueror /'kɔnkırı/ a. fatih

conquest /'kɔnkwest/ a. fetih, fethetme, ele geçirme; yenme, alt etme, üstesinden gelme; ele geçirilmiş şey/kimse

consanguinity /kɔnsen'gwiniti/ a. kan akrabalığı, kan bağı

conscience /'kɔnşıns/ a. vicdan, bulunç, duyunç **prick of conscience** vicdan azabı

conscientious /kɔnşi'enşıs/ s. vicdanlı, dürüst; özenle yapılmış, özenli, dikkatli

conscious /'kɔnşıs/ s. bilinçli, kendinde; farkında, bilincinde; kasıtlı, kasti

consciousness /'kɔnşısnis/ a. bilinç, şuur

conscript /kın'skript/ e. askere almak ¤ /'kɔnskript/ a. askere alınmış kimse

conscription /kın'skripşın/ a. askere alma

consecrate /'kɔnsikreyt/ e. kutsamak; adamak

consecutive /kın'sekyutiv/ s. art arda gelen, ardışık **consecutive interpretation** ardıl çeviri, ardışık (sözlü) çeviri **consecutive numbers** art arda sayılar, sıralı sayılar **consecutive sequence** *biliş.* ardıl sıralı **consecutive translation** ardıl çeviri, ardışık (sözlü) çeviri

consensus /kın'sensıs/ a. ortak karar, oybirliği, anlaşma

consent /kın'sent/ a. izin, rıza ¤ e. izin vermek, razı olmak **age of consent** rüşt, erginlik **consent dividend** muvafakat temettüü

consequence /'kɔnsikwıns/ a. sonuç, netice, akıbet; önem

consequent /'kɔnsikwınt/ s. sonucu olan; izleyen; *coğ.* uyumlu, konsekan

consequential /kɔnsi'kwenşıl/ s. sonucu olan, bağlı olan **consequential damage** risk yüzünden oluşan hasar **consequential loss** dolayısıyla oluşan zarar

consequently /'kɔnsikwıntli/ be. sonuç

olarak, bu nedenle

conservation /konsı'veyşın/ *a.* koruma, korunma, korunum, sakınım; doğal çevrenin korunması *conservation of energy* enerjinin korunumu *conservation of matter* maddenin korunumu

conservationist /konsı'veyşınist/ *a.* çevreci, doğal çevreyi koruma yanlısı

conservatism /kın'sö:vıtizım/ *a.* tutuculuk, muhafazakârlık

conservative /kın'sö:vıtiv/ *s.* tutucu, muhafazakâr; gösterişsiz, sade, yalın, alçakgönüllü; dikkatli, önlemli, mantıklı ¤ *a.* tutucu, muhafazakâr, muhafazakâr parti üyesi *the Conservative Party* (İngiltere'de) Muhafazakâr Parti *conservative system fiz.* konservatif sistem, korunumlu dizge

conservatoire /kın'sö:vıtwa:/ *a.* konservatuvar

conservator /'konsıveytı/ *a.* koruyucu; veli, vasi

conservatory /kın'sö:vıtıri/ *a.* konservatuvar; limonluk, ser

conserve /kın'sö:v/ *e.* korumak, muhafaza etmek

consider /kın'sidı/ *e.* iyice düşünüp taşınmak, hesaba katmak; olduğunu düşünmek, saymak, gözü ile bakmak; göz önünde tutmak, dikkate almak, hesaba katmak

considerable /kın'sidırıbıl/ *s.* büyük, önemli, hatırı sayılır

considerably /kın'sidırıbli/ *be.* çok

considerate /kın'sidırit/ *s.* düşünceli, saygılı

consideration /kınsidı'reyşın/ *a.* dikkat; göz önünde tutma; düşünce, saygı; husus, etmen; ödeme; ödül, karşılık; pey akçesi *consideration for sale* satış fiyatı *consideration money* borsada verilen pey akçesi *take into consideration* göz önünde bulundurmak, hesaba katmak

considering /kın'sidıring/ *ilg.* -e göre, -e karşın

consign /kın'sayn/ *e.* (satılmak amacıyla bir şey) göndermek, sevk etmek; vermek, teslim etmek; tahsis etmek; emanet etmek, vermek

consignation /kınsay'neyşın/ *a.* emanet, depozito

consignee /konsay'ni:/ *a.* alıcı, konsinye, mal gönderilen kimse

consignment /kın'saynmınt/ *a.* mal gönderme, sevk, sevkıyat, teslim; gönderilen mal, parti *consignment account* konsinye mal hesabı *consignment buying* konsinye alım *consignment note* irsaliye, konşimento *consignment on approval* seçmek üzere gönderme *consignment sale* konsinye satış *on consignment* konsinye olarak

consignor /kın'saynı/ *a.* gönderen, malı gönderen kimse

consist /kın'sist/ *e.* (of ile) oluşmak, ibaret olmak; (in ile) bağlı olmak, dayanmak

consistence /kın'sistıns/ *a.* kıvam, koyuluk, yoğunluk; tutarlılık

consistency /kın'sistınsi/ *a.* koyuluk, yoğunluk, kıvam; kararlılık, tutarlılık, uyum *consistency check biliş.* uyuşma denetimi *consistency checker biliş.* birbirini tutma sınayıcısı, uyuşma sınayıcısı

consistent /kın'sistınt/ *s.* birbirini tutar, istikrarlı, tutarlı, uygun; tutarlı, sürekli, devamlı *consistent estimate* tutarlı tahmin, tutarlı kestirim *consistent grease* kalın gres

consistently /kın'sistıntli/ *be.* sürekli olarak, durmadan

consolation /konsı'leyşın/ *a.* teselli, avunç, avuntu *consolation goal sp.* şeref golü *consolation prize* teselli ödülü

console /kın'soul/ *e.* avutmak, teselli etmek ¤ /'konsoul/ *a.* konsol; dirsek, destek *console debugging biliş.* konsolla hatadan arındırma *console display register biliş.* konsol gösterim yazmacı *console switch biliş.* konsol anahtarı *console typewriter biliş.* konsol yazıcısı, işletmen yazı makinesi

consolidate /kın'solideyt/ *e.* güçlendirmek, sağlamlaştırmak, pekiştirmek; güçlenmek, sağlamlaşmak, pekişmek; birleştirmek; birleşmek; konsolide etmek, vadesini uzatmak

consolidated /kın'solideytid/ *s.* birleştirilmiş, konsolide edilmiş *consolidated balance sheet* konsolide

bilanço, birleştirilmiş bilanço **consolidated debt** konsolide borç **consolidated fund** konsolide fon **consolidated surplus** şerefiye
consolidation /kınsoli'deyşın/ *a.* sağlamlaştırma; birleşim, ünite; birleştirme, birleşme; konsolidasyon, borçları birleştirme **consolidation excess** füzyon kazancı **consolidation policy** birleşme politikası **consolidation surplus** şerefiye
consolidator /kın'solideytı/ *a.* grupaj acentası
consols /kın'solz/ *a.* devlet tahvilatı
consommé /kın'somey, 'konsımey/ *a.* konsome, et suyu
consonance /'konsınıns/ *a.* uygunluk, uyum, ahenk
consonant /'konsınınt/ *a. dilb.* ünsüz harf, ünsüz **consonant harmony** ünsüz uyumu **consonant mutation** ünsüz değişimi
consonantal /konsı'nentıl/ *s.* ünlü harflerle ilgili
consort /'konso:t/ *a.* karı, koca, eş; refakat gemisi ¤ /kın'so:t/ *e.* (with ile) düşüp kalkmak, sürtmek, takılmak **consort king** kraliçenin kocası **queen consort** kralın karısı
consortium /kın'so:tiım/ *a.* konsorsiyum, birlik
conspectus /kın'spektıs/ *a.* genel bakış; genel plan, taslak; özet
conspicuous /kın'spikyuıs/ *s.* göze çarpan, çarpıcı, dikkat çekici **conspicuous consumption** gösterişçi tüketim
conspiracy /kın'spirısi/ *a.* komplo, tezgâh
conspirator /kın'spirıtı/ *a.* komplocu, suikastçı
conspire /kın'spayı/ *e.* plan yapmak, komplo kurmak; (olaylar) bir araya gelmek, birleşmek, üst üste gelmek
constable /'kanstıbıl/ *a. İİ.* polis memuru
constabulary /kın'stebyulıri/ *a.* polis örgütü
constancy /'konstınsi/ *a.* karar, metanet, sebat; değişmezlik, tutarlılık; bağlılık
constant /'konstınt/ *s.* direşimli, sebatkâr, metin, kararlı; değişmez, sabit; vefalı, sadık **constant accelera-**

tion sabit ivme, durgan ivme **constant area** *biliş.* değişmez alan **constant cost** sabit maliyet, sabit masraf **constant current** *elek.* sabit akım, değişmez akım **constant field** *fiz.* sabit alan **constant fraction** sabit kesir **constant level carburettor** *oto.* sabit seviyeli karbüratör **constant load** sabit yük **constant mesh gear** senkromeç dişli **constant of integration** *mat.* integral sabiti, tümlev durganı **constant opposition** sürekli karşıtlık **constant payment** sabit ödeme, değişmez ödeme **constant potential** *elek.* sabit potansiyel **constant-resistance** *elek.* sabit dirençli **constant slope** sabit eğim **constant speed** sabit hız **constant temperature** sabit sıcaklık, değişmez sıcaklık **constant velocity** sabit hız, durgan hız **constant voltage** *elek.* sabit gerilim **constant weight** sabit ağırlık
constantan /'konstınten/ *a. met.* konstantan
constantly /'konstıntli/ *be.* daima, sürekli
constate /kıns'teyt/ *e.* olumlu olarak belirtmek, betimlemek
constative /'konsteytiv/ *s.* pekiştirici, betimleyici
constellation /konsti'leyşın/ *a.* takımyıldız
consternation /konstı'neyşın/ *a.* şaşkınlık, dehşet, korku, şok
constipate /'konstipeyt/ *e.* kabız etmek; *kon.* kabız olmak
constipated /'konstipeytid/ *s.* kabız
constipation /konsti'peyşın/ *a.* kabızlık, peklik
constituency /kın'stiçuınsi/ *a.* seçmenler; seçim bölgesi
constituent /kın'stiçuınt/ *a.* seçmen; bileşen, öğe ¤ *s.* oluşturan, bileşen **constituent assembly** kurucu meclis **constituent body** seçmenler **constituent sentence** kurucu cümle
constitute /'konstityu:t/ *e.* oluşturmak; kurmak; yürürlüğe koymak; atamak, tayin etmek
constitution /konsti'tyu:şın/ *a.* oluşum, bileşim; yapı; bünye; anayasa; kural, yol yordam
constitutional /konsti'tyu:şınıl/ *a.*

yapısal, bünyesel; anayasal **constitutional court** anayasa mahkemesi **constitutional diagram** met. yapısal diyagram, yapısal çizge, denge çizgesi **constitutional formula** kim. yapı formülü **constitutional law** anayasa hukuku **constitutional monarchy** meşruti monarşi

constitutionalism /konsti'tyu:şınılizım/ a. meşrutiyet

constitutive /'konstityu:tiv/ s. kurucu, yapıcı; oluşturan

constrain /kın'streyn/ e. zorlamak, zorunda bırakmak

constrained /kın'streynd/ s. (davranış, vb.) doğal olmayan, zorlamalı

constraint /kın'streynt/ a. kısıtlama, zorlama; baskı, tehdit, zor; gerçek duygularını saklama; uslu durma

constrict /kın'strikt/ e. daraltmak; sıkmak; kısmak

constriction /kın'strikşın/ a. daraltı

constrictive /kın'striktiv/ s. daraltılı

construct /kın'strakt/ e. inşa etmek, yapmak; kurmak **constructed language** yapma dil, yapay dil

construction /kın'strakşın/ a. yapılış, yapım, inşa; bina, yapı, inşaat; yapı endüstrisi; dilb. tümce kuruluşu, tümce yapısı; anlam, anlam verme **construction engineer** inşaat mühendisi **construction joint** inşaat derzi, yapım derzi **construction office** inşaat dairesi **construction plan** proje

constructive /kın'straktiv/ s. geliştirici, yapıcı, yardımcı, yararlı; inşaatla ilgili **constructive loss** tam zarar

constructor /kın'straktı/ a. müteahhit, inşaatçı

construe /kın'stru:/ e. yorumlamak, anlam vermek; dilb. (cümle) analiz etmek

consul /'konsıl/ a. konsolos **consul general** başkonsolos

consular /'konsyulı/ s. konsoloslukla ilgili **consular certificate** konsolosluk vesikası **consular fees** konsolosluk ücreti **consular formalities** konsolosluk formaliteleri **consular invoice** konsolosluk faturası

consulate /'konsyulit/ a. konsolosluk; konsolosluk binası **consulate general** başkonsolosluk

consulship /'konsılşip/ a. konsolosluk

consult /kın'salt/ e. danışmak, başvurmak; (with ile) görüşmek, görüş alışverişinde bulunmak

consultant /kın'saltınt/ a. II. danışman doktor, başhekim; uzman, danışman, bilirkişi

consultation /konsıl'teyşın/ a. danışma, başvurma; hek. konsültasyon

consultative /kın'saltıtiv/ s. istişari

consulting /kın'salting/ s. danışmanlık yapan, danışman olan **consulting engineer** danışman mühendis, müşavir mühendis **consulting room** muayenehane

consumable /kın'syu:mıbıl/ s. tüketilir, sarf olunur, kullanılır **consumable electrode** met. eriyen elektrot

consume /kın'syu:m/ e. tüketmek; yemek/içmek; yok etmek, yakmak, kül etmek

consumer /kın'syu:mı/ a. tüketici; alıcı, müşteri **consumer acceptance** tüketici tercihi **consumer cooperative** tüketici kooperatifi **consumer credit** tüketici kredisi **consumer demand** tüketici talebi **consumer durables** dayanıklı tüketim malları **consumer equilibrium** tüketici dengesi **consumer financing companies** müstehlikleri finanse eden müesseseler **consumer goods** tüketim malları **consumer loan** tüketici kredisi **consumer non-durables** dayanıksız tüketim malları **consumer preference** tüketici tercihi **consumer price index** tüketici fiyat endeksi, perakende fiyat endeksi **consumer prices** tüketici fiyatları **consumer research** tüketici araştırma **consumer resistance** müşteri bulamama, malın satılmaması **consumer society** tüketici derneği **consumer's capital** tüketici sermayesi **consumer's goods** tüketim malları **consumer's risk** tüketici riski **consumer's strike** tüketici grevi **consumer's surplus** tüketici rantı

consummate /'konsımeyt/ e. tamamlamak, mükemmelleştirmek; (evliliği) cinsel ilişkiyle tamamlamak ɒ /kın'samit/ s. tam, eksiksiz, mükemmel

consummation /konsı'meyşın/ a.

tamamlama, yerine getirme
consumption /kın'sampşın/ *a.* tüketim; verem *consumption function* tüketim fonksiyonu *consumption goods* tüketim malları *consumption loan* tüketim kredisi *consumption of energy* enerji tüketimi *consumption preferences* tüketim tercihleri *consumption society* tüketim toplumu *consumption tax* tüketim vergisi
contact /'kontekt/ *a.* dokunma, temas, değme; bağlantı, bağ, irtibat; bağlantı kurulan kimse; kontak; *kon.* kontaklens ¤ *e.* görüşmek, bağlantı kurmak, temasa geçmek *contact area* temas alanı, değme yüzeyi *contact bounce elek.* kontak sekmesi *contact breaker* otomatik şalter *contact button* elektrik düğmesi *contact catalysis* değme katalizi, heterojen kataliz *contact copy* kontak kopya *contact deposit mad.* kontak yatak, değme yatak *contact drier* kontak kurutucu *contact drying* temasla kurutma *contact flight hav.* görerek uçuş *contact gap elek.* kontak aralığı *contact insecticide trm.* temas zehiri *contact lens* kontaklens, lens *contact metal* kontak metali *contact metamorphism yerb.* kontak metamorfizmi, değme başkalaşımı *contact noise* kontak gürültüsü *contact point* temas noktası, kontak noktası *contact potential elek.* kontak potansiyeli, temas gerilimi *contact pressure* temas basıncı, kontak basıncı *contact print* değmeli baskı *contact printer* değmeli baskı aygıtı *contact rectifier elek.* kontak redresörü *contact resistance elek.* kontak direnci, değme direnci *contact screw* kontak vidası *contact spring* kontak yayı *contact surface* temas yüzeyi
contactless /'kontektlıs/ *a.* değmesiz, temassız, kontaksız
contactor /kon'tektı/ *a.* kontaktör
contagious /kın'teycıs/ *s.* (hastalık) temasla geçen, bulaşıcı; (insan) bulaşıcı hastalığı bulunan; *kon.* bulaşıcı, herkesi etkileyen
contain /kın'teyn/ *e.* içermek, kapsamak; tutmak, zapt etmek, bastırmak
container /kın'teynı/ *a.* (kutu, şişe, vb.)

kap, konteyner *container bill of lading* konteyner konşimentosu *container crane* konteyner vinci *container depot* konteyner deposu *container file biliş.* konteyner dosya, kap kütüğü *container ship* konteyner gemisi *container traffic* konteyner trafiği *container train* konteyner treni *container transportation* konteyner taşımacılığı
containerization /kınteynıray'zeyşın/ *a.* konteynerleştirme
contaminant /kın'teminınt/ *a.* kirletici, bulaşkan, bulaştırıcı parçacık
contaminate /kın'temineyt/ *e.* bulaştırmak, pisletmek, kirletmek; zehirlemek, bozmak
contaminating /kın'temineyting/ *s.* kirletici, bulaştırıcı
contamination /kıntemi'neyşın/ *a.* bulaştırma, kirletme; bulaşma, bulaşım
contango /kın'tengou/ *a.* tehir primi, repor *contango day* repor günü
contemplate /'kontımpleyt/ *e.* bakmak; niyetinde olmak, tasarlamak; üzerinde düşünmek, düşünüp taşınmak
contemplation /kontım'pleyşın/ *a.* derin düşünme, düşünceye dalma; niyet; beklenti
contemplative /kın'templıtiv/ *s.* derin düşünceye dalmış, düşünceli, dalgın
contemporaneous /kıntempı'reyniıs/ *s.* aynı zamanda olan
contemporary /kın'tempırıri/ *s.* aynı zamana ait; çağdaş, modern ¤ *a.* yaşıt, akran; diğeriyle aynı dönemde doğan/yaşayan kimse, çağdaş; çağdaş müzisyen/ozan/yazar vb. kimse
contempt /kın'tempt/ *a.* teessüf; aşağısama; küçümseme; saygısızlık *contempt of court* mahkemeye itaatsizlik
contemptible /kın'temptıbıl/ *s.* alçak, alçakça, aşağılık, adi
contemptuous /kın'tempçuıs/ *s.* hor gören, küçümseyici, aşağılayıcı
contend /kın'tend/ *e.* çekişmek, yarışmak; iddia etmek
contender /kın'tendı/ *a. sp.* yarışmacı
content /kın'tent/ *s.* memnun, hoşnut, mutlu, doygun ¤ *e.* doyurmak, hoşnut etmek, tatmin etmek ¤ /'kontent/ *a.* içerik; hacim *content-address storage*

biliş. içerik adresli bellek, değer erişimli bellek **content-addressed storage** *biliş.* içerik adresli bellek, yardımcı bellek **content analysis** içerik çözümlemesi **content elements** içerik öğeleri **content word** semantik kelime, anlambilimsel sözcük

contented /kın'tentid/ *s.* memnun, hoşnut, doygun

contention /kın'tenşın/ *a.* tartışma, çekişme, mücadele; iddia; bakış açısı, görüş

contentious /kın'tenşıs/ *s.* tartışmacı, kavgacı; tartışmalı, tartışma konusu olan

contentment /kın'tentmınt/ *a.* memnuniyet, gönül hoşluğu

contents /'kontents/ *a.* içindekiler, muhteva

contest /'kontest/ *a.* mücadele; yarışma ¤ /kın'test/ *e.* yarışmak, çekişmek, rekabet etmek; doğruluğu hakkında tartışmak

contestant /kın'testınt/ *a.* yarışmacı; karara itiraz eden

context /'kontekst/ *a.* bağlam, kontekst; genel durum **context editor** *biliş.* bağlam editörü **context-free** bağlamdan bağımsız **context-free grammar** bağlamdan bağımsız dilbilgisi **context-free rules** bağlamdan bağımsız kurallar **context-sensitive** bağlama bağlı **context-sensitive grammar** bağlama bağımlı dilbilgisi **context-sensitive rules** bağlama bağımlı kurallar

contextual /kın'teksçuıl/ *s.* bağlamsal **contextual analysis** bağlam çözümlemesi **contextual meaning** kapsam

contiguity /konti'gyu:iti/ *a.* bitişiklik, komşuluk

contiguous /kın'tigyuıs/ *s.* bitişik **contiguous country** komşu ülke, hemhudut ülke **contiguous zone** bitişik bölge

continent /'kontinınt/ *a.* *coğ.* kıta, anakara ¤ *s.* ölçülü, kendine hâkim **the Continent** *İİ.* Britanya dışındaki Avrupa ülkeleri

continental /konti'nentl/ *s.* kıtasal; karasal; Avrupa'ya ait **continental cli-**

mate *metr.* karasal iklim, kara iklimi **continental drift** *yerb.* karaların kayması **continental quilt** *İİ.* kuştüyü yorgan **continental shelf** *coğ.* kıta sahanlığı, kara sahanlığı **continental slope** *yerb.* derin etek **continental system** kıtasal sistem

contingency /kın'tincınsi/ *a.* ihtimal, olasılık; beklenmedik durum **contingency allowance** fazla mesai ücreti **contingency annuity** şartlı ödeme **contingency asset** şartlı kıymet **contingency fund** karşılık fonu **contingency reserve** yedek akçe, ihtiyat akçesi **contingency table** ihtimal tablosu, olumsallık çizelgesi, çapraz çizelge

contingent /kın'tincınt/ *s.* -e bağlı; şans eseri olan, umulmadık; tesadüfi ¤ *a.* *ask.* birlik, grup; bölüm, grup **contingent annuity** arızi tediye, şartlı tediye **contingent asset** ekonomik şarta bağlı kıymet **contingent charge** melhuz masraflar **contingent duty** munzam gümrük resmi **contingent fund** olası zararlar fonu **contingent interest** beklenen hak **contingent liability** olası borç **contingent order** şartlı emir **contingent profit** muhtemel kâr, melhuz kâr **contingent reserve** olası zararlar karşılığı

continual /kın'tinyuıl/ *s.* sürekli, devamlı, sık

continuance /kın'tinyuıns/ *a.* devam; erteleme

continuant /kın'tinyuınt/ *s.* sürekli

continuation /kıntinyu'eyşın/ *a.* sürme, devam etme; devam **continuation rates** repor işlemlerindeki komisyon oranı

continue /kın'tinyu:/ *e.* devam etmek, sürmek; devam ettirmek, sürdürmek; kalmak

continued /kın'tinyu:d/ *s.* sürekli, devamlı **continued bond** devamlı tahvil, sürekli tahvil **continued multiplication** *mat.* sürekli çarpım

continuing /kın'tinyu:ing/ *s.* müdevver **continuing account** müdevver hesap **continuing appropriation** müdevver tahsisat, devamlı tahsisat

continuity /konti'nyu:iti/ *a.* süreklilik,

devamlılık **continuity concept** devamlılık kavramı **continuity equation** süreklilik denklemi **continuity test** süreklilik testi **continuous** /kın'tinyuıs/ *s.* sürekli, devamlı, kesintisiz **continuous ager** *teks.* kontinü buharlayıcı, kesintisiz buharlayıcı **continuous annealing** *met.* sürekli tavlama **continuous audit** devamlı murakabe, sürekli teftiş **continuous beam** sürekli kiriş, mütemadi kiriş **continuous bleaching** *teks.* kontinü beyazlatma, kesintisiz ağartma **continuous brake** *oto.* devamlı fren **continuous cash flows** sürekli nakit akımları **continuous control** sürekli kontrol, sürekli denetim **continuous current** sürekli akım, doğru akım **continuous diffusion** *şek.* sürekli difüzyon **continuous dyeing** *teks.* kontinü boyama, kesintisiz boyama **continuous dyeing machine** *teks.* kontinü boyama makinesi, kesintisiz boyama makinesi **continuous film printer** sürekli film basıcı, sürekli basım aygıtı **continuous finishing** *teks.* kontinü apre, kesintisiz bitim işlemi **continuous flow** sürekli akış **continuous flow irrigation** *trm.* sürekli akış sulaması **continuous footing** *inş.* mütemadi temel, şerit temel **continuous form** *biliş.* sürekli form, sürekli kâğıt **continuous function** *mat.* sürekli fonksiyon, sürekli işlev **continuous furnace** sürekli fırın, sürekli ocak **continuous girder** sürekli kiriş, mütemadi kiriş **continuous inventory** sürekli envanter **continuous load** devamlı yük, sürekli yük **continuous market** sürekli pazar **continuous mixer** kesintisiz çalışan karıştırıcı **continuous oscillation** sönümsüz osilasyon, sönümsüz salınım **continuous power** devamlı güç, sürekli güç **continuous printer** sürekli basım aygıtı **continuous process** kesintisiz yöntem **continuous processing** *fot.* sürekli işleme **continuous rating** sürekli görev anma değeri, sürekli hizmet anma değeri **continuous reverse voltage** sürekli ters gerilim **continuous simulation** *biliş.* sürekli simülasyon, sürekli benzetim **continuous spectrum** *fiz.* devamlı spektrum,

sürekli izge **continuous stationery** *biliş.* sürekli kâğıt **continuous wave** *fiz.* sürekli dalga, sönümsüz dalga **continuous welding** dikiş kaynağı **continuous wing** *hav.* yekpare kanat **continuously** /kın'tinyuısli/ *be.* sürekli olarak **continuum** /kın'tinyuım/ *a.* *fiz.* kontinuum, sürem **contort** /kın'to:t/ *e.* (yüz, vb.) buruşturmak; buruşmak **contortion** /kın'to:şın/ *a.* bükme, burma; bükülme, burulma **contour** /'kontuı/ *a.* dış hatlar; (haritada) yükseklik çizgisi, kontur; çevre **contour farming** *trm.* tesviye eğrili tarım **contour hardening** *met.* iniş çıkışlı sertleştirme **contour integral** *mat.* kontur integrali, çevirge tümlevi **contour line** eşyükselti eğrisi, tesviye eğrisi **contour map** tesviye eğrili harita **contra** /'kontrı/ *be.* kontra, karşı ¤ *a.* hesabın alacak bölümü **contra account** kontra hesap **contra entry** tashih maddesi, ters kayıt **contraband** /'kontrıbend/ *a.* kaçak eşya, kaçak mal; kaçakçılık ¤ *s.* kaçak **contraband goods** kaçak mallar **contrabass** /kontrı'beys/ *a.* *müz.* kontrbas **contraception** /kontrı'sepşın/ *a.* doğum kontrolü, gebelikten korunma **contraceptive** /kontrı'septiv/ *a.* *s.* gebelik önleyici **contract** /'kontrekt/ *a.* sözleşme, kontrat, muahede, mukavele ¤ /kın'trekt/ *e.* sözleşme yapmak; (hastalık, vb.) kapmak; küçülmek, büzülmek; küçültmek, büzmek; kısalmak; kısaltmak **contract authorization** sözleşme düzenleme yetkisi **contract book** mukavele defteri **contract for futures** vadeli sözleşme **contract note** alım satım bordrosu **contract of affreightment** navlun mukavelesi **contract of engagement** memuriyet mukavelesi **contract of insurance** sigorta sözleşmesi **contract of licence** lisans sözleşmesi **contract of marine insurance** deniz sigortası sözleşmesi **contract of reciprocity** karşılıklı muamele muahedesi **contract of sale** satış sözleşmesi *contract of service* hizmet sözleşmesi *contract payable* sözleşmeye ödenecek para *contract price* mukavele fiyatı *contract processing* sözleşmeye uygulama *contract a debt* borca girmek *contract an engagement* taahhüt etmek *contracting parties* sözleşmeyi akdedenler, anlaşmanın tarafları

contracted /kın'trektıd/ *s.* büzük, büzülmüş; kısaltılmış

contractible /kın'trektıbıl/ *s.* büzülebilir

contraction /kın'trekşın/ *a.* (hastalık, vb.) kapma; küçülme; büzülme; küçültme; büzme; (kas) kasılma *contraction joint* büzülme derzi

contractionary /kın'trekşınıri/ *s.* daraltıcı *contractionary economic policy* daraltıcı ekonomi politikası *contractionary monetary policy* daraltıcı para politikası *contractionary pressure* daraltıcı etki

contractor /kın'trektı/ *a.* müteahhit, üstenci, yüklenici

contractual /kın'trekçuıl/ *s.* sözleşmeye bağlanmış, sözleşmeli *contractual capacity* medeni hakları kullanabilme *contractual liability* sözleşme ile yüklenilen borç *contractual obligation* sözleşmeden doğan yükümlülük

contradict /kontrı'dikt/ *e.* inkâr etmek, yadsımak; yalanlamak; birbirini tutmamak, çelişmek

contradiction /kontrı'dikşın/ *a.* tersini söyleme, inkâr, yadsıma; yalanlama; zıtlık, çelişki

contradictory /kontrı'diktıri/ *s.* çelişkili, tutarsız, birbirini tutmayan

contralto /kın'treltou/ *a. müz.* kontralto

contraption /kın'trepşın/ *a. kon.* garip alet/makine, zamazingo, zımbırtı

contrary /'kontrıri/ *s.* karşıt, aksi, zıt; tamamen farklı; karşı, aykırı, ters; /kın'treıri/ huysuz, inatçı, kafasının dikine giden ¤ *a.* karşıtlık, zıtlık; zıt olan şey ¤ *be.* aksine, karşı olarak *on the contrary* bilakis, aksine, tersine

contrast /'kontra:st/ *a.* karşıtlık, tezat, fark, farklılık; karşılaştırma, mukayese; zıt şey ¤ /kın'tra:st/ *e.* çelişmek, tezat oluşturmak; (farkı görmek için) karşılaştırmak, mukayese etmek *con-*

trast amplification fiz. kontrast amplifikasyonu *contrast control* elek. kontrast ayarı, sertlik ayarı *contrast range* kontrast aralığı, sertlik aralığı *contrast ratio* elek. kontrast oranı, sertlik oranı *contrast sensitivity* elek. kontrast duyarlığı *contrasting colour* kontrast renk

contrastive /kın'trestiv/ *s.* ayrımsal *contrastive analysis* ayrımsal çözümleme *contrastive linguistics* ayrımsal dilbilim *contrastive pair* ayrımsal çift

contravene /kontrı'vi:n/ *e.* karşı gelmek, aykırı davranmak, ihlal etmek, çiğnemek; karşı çıkmak, reddetmek; uyuşmamak, çatışmak

contravener /kontrı'vi:nı/ *a.* kanuna karşı gelen

contravention /kontrı'venşın/ *a.* karşı gelme, ihlal

contribute /kın'tribyu:t/ *e.* katkıda bulunmak, katılmak; -de payı olmak, neden olmak; yazı hazırlamak, yazmak *contributed capital* ödenmiş sermaye

contribution /kontri'byu:şın/ *a.* katılım; katkı, yardım, bağış, iane; yazı, makale *contribution margin* azami gelir *contribution theory* vergi teorisi

contributor /kın'tribyutı/ *a.* katkıda bulunan kimse; yardım yapan kimse

contributory /kın'tribyutıri/ *s.* payı olan, neden olan *contributory negligence* karşı kusur, müterafık kusur

contrite /'kontrayt/ *s.* pişman, suçluluk duyan

contrition /kın'trişın/ *a.* pişmanlık

contrive /kın'trayv/ *e.* bulmak, icat etmek, uydurmak; planlamak, kurmak; bir yolunu bulup yapmak, becermek, ayarlamak

contrived /kın'trayvd/ *s.* yapmacık, zoraki

control /kın'troul/ *e.* hâkim olmak, dizginlemek; düzenlemek; kontrol etmek, denetlemek ¤ *a.* denetim, kontrol; düzenleme; idare, hâkimiyet, yönetim *controls* kumanda cihazları, kumanda donanımı, dümen düzeni *control account* ana hesap, düzeltme kaydı *control apparatus* kontrol cihazı, denetim aygıtı *control battery* kumanda bataryası *control block* biliş. kontrol bloğu, denetim öbeği *control*

box kontrol kutusu; yönetim odası **control bus** *biliş.* ana denetim yolu **control cable** kumanda kablosu **control card** kontrol kartı, denetim kartı **control character** *biliş.* denetim karakteri **control characteristic** *elek.* kontrol eğrisi **control chart** kontrol grafiği, denetim çizeneği **control circuit** *elek.* kontrol devresi **control code** *biliş.* denetim kodu **control computer** *biliş.* denetim bilgisayarı **control console** *elek.* ana kumanda masası, ana denetim masası **control counter** *biliş.* denetim sayacı **control data** *biliş.* denetim verisi **control desk** denetim masası, kumanda masası **control electrode** *elek.* kontrol elektrotu **control field** *biliş.* denetim alanı **control function** *biliş.* denetim işlevi **control gear** kumanda dişlisi **control grid** kontrol ızgarası, kumanda ızgarası **control group** kontrol grubu **control holes** *biliş.* denetim delikleri **control hysteresis** *elek.* kontrol histerezisi **control instructions** *biliş.* denetim komutları **control key** *biliş.* kontrol tuşu **control knob** ayar butonu, düğme **control language** *biliş.* denetim dili **control language interpreter** *biliş.* denetim dili yorumlayıcısı **control lever** kumanda kolu **control limits** denetim sınırları **control loop** *biliş.* denetim döngüsü **control mark** *biliş.* denetim işareti **control mechanism** kumanda mekanizması **control message display** *biliş.* denetim mesajı göstericisi **control operation** *biliş.* denetim işlemi **control panel** *biliş.* denetim paneli; kontrol tablosu, kumanda tablosu **control point** denetim noktası **control port** *biliş.* kontrol kapısı **control program** *biliş.* denetim programı **control ratio** *elek.* kontrol oranı, denetim oranı **control register** *biliş.* denetim yazmacı **control rod** kontrol çubuğu, denetim çubuğu **control room** kontrol odası, yönetim odası **control routine** *biliş.* denetim yordamı **control sample** kontrol numunesi **control sequence** *biliş.* denetim sırası **control signal** *biliş.* denetim işareti **control stack** *biliş.* denetim yığını, denetim kümesi **control statement** *biliş.* denetim deyimi, denetim tümcesi **control station** *biliş.*

denetim istasyonu **control stick** kumanda çubuğu **control strip** deneme bandı, kontrol bandı **control system** kontrol sistemi, denetim sistemi **control tape** denetim bandı, kontrol şeridi **control test** kontrol deneyi **control total** *biliş.* denetim toplamı **control tower** *hav.* kontrol kulesi **control transfer** *biliş.* denetim aktarımı **control transfer instruction** *biliş.* denetim aktarım komutu **control tube** *elek.* kontrol tüpü **control turns** *elek.* kontrol sargıları **control unit** *biliş.* denetim birimi **control valve** kontrol vanası, kontrol supabı **control voltage** *elek.* kontrol gerilimi, denetim gerilimi **control word** *biliş.* denetim sözcüğü **under control** kontrollü, disiplinli, düzenli

controllable /kın'troulıbıl/ *s.* yönetilebilir, idare edilebilir, denetlenebilir, ayarlanabilir **controllable cost** idaresi mümkün maliyet **controllable pitch propeller** *hav.* hatvesi ayarlanabilir pervane

controlled /kın'trould/ *s.* denetimli, kontrollü **controlled atmosphere** kontrollü atmosfer, denetimli atmosfer **controlled company** kontrol edilen şirket **controlled cooling** kontrollü soğutma, denetimli soğutma **controlled economy** kontrollü ekonomi, denetimli ekonomi **controlled variable** kontrollü değişken, denetimli değişken

controller /kın'troulı/ *a.* müfettiş, murakıp, kontrolör; kontrol aygıtı, denetim aygıtı

controlling /kın'trouling/ *a.* kontrol ¤ *s.* kontrol eden **controlling account** ana hesap **controlling company** ana şirket **controlling current** kontrol akımı **controlling interest** kontrol hissesi

controversial /kontrı'vö:şıl/ *s.* tartışmaya yol açan

controversy /'kontrıvö:si/ *a.* tartışma; anlaşmazlık, uyuşmazlık

conurbation /konö:'beyşın/ *a.* bitişik kümekent, kentlerin genişleyip birleşmesi

convalesce /konvı'les/ *e.* iyileşmek

convalescence /konvı'lesıns/ *a.* nekahet, iyileşme dönemi

convalescent /konvı'lesınt/ *s. a.* iyileşen

convection /kın'vekşın/ a. fiz. konveksiyon, ısıyayım **convection current** konveksiyon akımı **convection drier** teks. konveksiyon kurutucu **convection drying** konveksiyonla kurutma **convection of heat** fiz. konveksiyonla ısı iletimi, ısı taşınımı
convector /kın'vektı/ a. fiz. konvektör
convene /kın'vi:n/ e. toplantıya çağırmak; buluşmak, toplanmak
convenience /kın'vi:nüns/ a. uygunluk, elverişlilik; rahat, çıkar; uygun zaman; İİ. halk tuvaleti **convenience goods** kolayda mallar
convenient /kın'vi:nünt/ s. uygun, elverişli, müsait; yakın, ulaşması kolay
convent /'konvınt/ a. rahibe manastırı
convention /kın'venşın/ a. toplama; toplanma; toplantı, kongre; anlaşma, uzlaşma, uzlaşım
conventional /kın'venşınıl/ s. törel, geleneksel, uzlaşımsal; (silah) konvansiyonel **conventional equipment** biliş. klasik ekipman, klasik donatı **conventional loan** ipotek karşılığı kredi **conventional option** konvansiyonel opsiyon **conventional tariff** akdi gümrük tarifesi **conventional tyre** oto. konvansiyonel lastik **conventional weapons** ask. konvansiyonel silahlar, klasik silahlar
conventionalism /kın'venşınılizım/ a. konvansiyonalizm, uzlaşımcılık
converge /kın'vö:c/ e. bir noktada birleşmek; yakınsamak
convergence /kın'vö:cıns/ a. bir noktada birleşme; yakınsama **convergence coil** elek. yakınsama bobini **convergence electrode** elek. yaklaştırıcı elektrot **convergence magnet** elek. yaklaştırma mıknatısı **convergence surface** elek. yakınsama yüzeyi
convergent /kın'vö:cınt/ s. bir noktada birleşen; mat. yakınsak **convergent lens** fiz. yakınsak mercek **convergent processes** yakınsak süreçler **convergent sequence** mat. yakınsak dizi
conversant /kın'vö:sınt/ s. (with ile) bilgisi olan, bilen
conversation /konvı'seyşın/ a. konuşma; sohbet, muhabbet
conversational /konvı'seyşınıl/ s. biliş.

karşılıklı konuşmalı **conversational compiler** biliş. konuşan derleyici, etkileşimli derleyici **conversational language** biliş. etkileşimli dil **conversational mode** biliş. karşılıklı konuşmalı işlem türü
converse /kın'vö:s/ e. konuşmak, sohbet etmek ¤ /'konvö:s/ a. s. zıt, ters, karşıt
conversion /kın'vö:şın/ a. değişme, dönüşme; değiştirme, dönüştürme; din değiştirme **conversion conductance** elek. dönüşüm iletkenliği **conversion device** biliş. dönüştürme aygıtı **conversion difference** değiştirme farkı, konversiyon farkı **conversion equipment** biliş. dönüştürme ekipmanı, dönüştürme donatısı **conversion factor** fiz. çevrilme katsayısı, çeviri çarpanı **conversion gain** elek. karıştırma kazancı **conversion of energy** kim. enerji konversiyonu, erke dönüşümü **conversion parity price** değiştirme fiyatı, konversiyon fiyatı **conversion premium** değiştirme primi, konversiyon primi **conversion program** biliş. dönüşüm programı, dönüştürme programı **conversion ratio** fiz. çevirme oranı **conversion right** değiştirme hakkı, konversiyon hakkı **conversion table** dönüştürme çizelgesi, dönüştürme tablosu **conversion to one's own use** kendi malı gibi kullanma
convert /kın'vö:t/ e. değiştirmek, dönüştürmek; değişmek, dönüşmek; döndürmek; dönmek, geçmek ¤ /'konvö:t/ a. belli bir din/siyasi inancı kabul etmeye ikna edilen kimse
converter /kın'vö:tı/ a. konvertisör, çevireç, değiştirgeç **converter reactor** fiz. enversör reaktör, çevirgen reaktör
convertibility /kın'vö:tıbılıti/ a. konvertibilite, tahvil edilebilme; değiştirilebilirlik **convertibility of gold** altının konvertibilitesi
convertible /kın'vö:tıbıl/ s. (para) konvertibl; başka bir şeye dönüştürülebilen ¤ a. üstü açılır araba **convertible accounts** konvertibl mevduat **convertible bond** konvertibl tahvil, değiştirilebilen tahvil **convertible currency** konvertibl para, serbest döviz **convertible foreign exchange**

konvertibl döviz *convertible loan stock* değiştirilebilir tahvil *convertible money* konvertibl para *convertible paper* konvertibl para *convertible paper currency* madeni paraya çevrilebilir kâğıt para *convertible preference share* konvertibl öncelikli hisse senedi *convertible securities* konvertibl esham ve tahvilat *convertible stock* konvertibl hisse senedi

convertor /kın'vö:tı/ *a.* konvertisör, çevireç, değiştirgeç

convex /kon'veks/ *s.* dışbükey *convex lens fiz.* tümsek mercek *convex mirror fiz.* tümsek ayna *convex surface* dışbükey yüzey *convexo-concave* dışbükey-içbükey, bir yüzü tümsek öbür yüzü çukur *convexo-convex* dışbükey-dışbükey, iki yüzü tümsek

convexity /kın'veksiti/ *a.* dışbükeylik

convey /kın'vey/ *e.* taşımak, nakletmek, götürmek; açığa çıkarmak, ifade etmek *conveying plant* sevk tertibatı

conveyance /kın'veyıns/ *a.* taşıma, götürme, nakil; tebliğ, ihbar; terk, temlik, ferağ; taşıt, araç, vasıta *conveyance by land* karayolu ile gönderme *conveyance by railway* demiryolu ile gönderme *conveyance by water* su yolu ile gönderme *conveyance of goods* mal gönderme *conveyance of letters* mektup sevki

conveyancer /kın'veyınsı/ *a.* temlikname düzenleyen

conveyer /kın'veyı/ *a.* taşıyıcı, nakliyeci

conveyor /kın'veyı/ *a.* taşımacı, nakliyeci; taşıyıcı, konveyör *conveyor belt* bantlı konveyör, kayışlı konveyör *conveyor chain* sevk zinciri *conveyor chute* sevk oluğu *conveyor furnace* sonsuz kayışlı fırın *conveyor line* taşıyıcı bant

convict /kın'vikt/ *e.* suçlu bulmak ¤ /'konvikt/ *a.* mahkûm

conviction /kın'vikşın/ *a.* mahkûmiyet; sağlam ve içten inanç, kanı, kanaat *carry conviction* inandırmak

convince /kın'vins/ *e.* inandırmak, ikna etmek

convincing /kın'vinsing/ *s.* ikna edici, inandırıcı

convivial /kın'viviıl/ *s.* neşeli, muhabbetli

convocation /konvı'keyşın/ *a.* çağrı, davet; toplantı, meclis

convoke /kın'vouk/ *e.* toplantıya çağırmak, toplamak

convolute /'konvılu:t/ *s.* sarılmış, dürülmüş

convoluted /'konvılu:tid/ *s.* kıvrık, büklümlü; anlaşılması güç, karışık, dolambaçlı

convolution /konvı'lu:şın/ *a.* kat, kıvrım, büklüm

convoy /'konvoy/ *a.* konvoy ¤ *e.* (korumak amacıyla) eşlik etmek *convoy pennant* konvoy flaması

convulse /kın'vals/ *e.* şiddetle sarsmak

convulsion /kın'valşın/ *a.* çırpınma, sarsılma, kıvranma

coo /ku:/ *e.* (kumru gibi) ötmek; öpüşüp koklaşmak, kumru gibi sevişmek; sevmek

cook /kuk/ *e.* (yemek) pişirmek; pişmek ¤ *a.* aşçı *cook the books* hesaplarda değişiklik yaparak para çalmak *cook sb's goose* işini bozmak, planlarını altüst etmek *cook up* uydurmak, kafadan atmak

cookbook /'kukbuk/ *a.* yemek kitabı

cooker /'kukı/ *a.* ocak, gaz ocağı

cookery /'kukıri/ *a.* aşçılık

cookie /'kuki/ *a.* kurabiye, bisküvi; *kon.* adam

cooking /'kuking/ *a.* pişme; pişirme, aşçılık

cooky /'kuki/ *a. bkz.* cookie

cool /ku:l/ *s.* serin; sakin, soğukkanlı, serinkanlı; (davranış) soğuk, uzak; *kon.* kafasına göre takılan; küstah; *arg.* çok iyi, süper, harika, acayip ¤ *a.* serinlik; *kon.* sakinlik, serinkanlılık ¤ *e.* soğumak, serinlemek; soğutmak, serinletmek ¤ *be.* serinkanlılıkla, heyecanlanmadan *cool/calm and collected* aklı başında, telaşlı olmayan *cool customer* haddini bilmez kişi, küstah kişi *cool down* sakinleşmek, yatışmak; sakinleştirmek, yatıştırmak *play it cool* soğukkanlılıkla hareket etmek

coolant /'ku:lınt/ *a. tek.* soğutucu, soğutan

cooler /'ku:lı/ *a.* soğutucu; *arg.* kodes

coolie /'ku:li/ *a. arg.* vasıfsız işçi

cooling /'ku:ling/ *a.* soğuma; soğutma *cooling agent* soğutucu madde, soğutma maddesi *cooling air* soğutma havası *cooling apparatus* soğutma aygıtı *cooling coil* soğutma serpantini, soğutma büklüm borusu *cooling crack* met. soğuma çatlağı *cooling curve* soğuma eğrisi *cooling fan* oto. soğutma vantilatörü *cooling fin* soğutma kanadı *cooling jacket* soğutma gömleği *cooling liquid* soğutma sıvısı *cooling medium* soğutma ortamı *cooling period* bekleme süresi *cooling pipe* soğutma borusu *cooling pond* soğutma havuzu *cooling surface* soğutma yüzeyi *cooling tower* soğutma kulesi *cooling water* soğutma suyu *cooling water filter* soğutma suyu filtresi *cooling water pipe* soğutma suyu borusu *cooling water pump* devridaim tulumbası, su pompası

coon /ku:n/ *a. hkr. arg.* zenci, marsık, karaköpek; *kon. hayb. AĺU.* rakun

coop /ku:p/ *a.* kümes, kafes; balık yakalama sepeti; kodes, hapishane ¤ *e.* kümese sokmak *coop up* kapatmak, hapsetmek, tıkmak, kafeslemek

cooper /'ku:pı/ *a.* fıçıcı

cooperate /kou'opıreyt/ *e.* birlikte çalışmak, işbirliği yapmak

cooperation /koupı'reyşn/ *a.* birlikte çalışma, işbirliği, elbirliği; yardım, destek

cooperative /kou'opırıtiv/ *s.* yardımcı, yardımsever; elbirliğiyle yapılan ¤ *a.* kooperatif *cooperative advertising* müşterek reklam *cooperative bank* kooperatif bankası *cooperative farm* kooperatif çiftlik *cooperative marketing* müşterek pazarlama *cooperative shop* kooperatif satış yeri *cooperative society* kooperatif şirket *cooperative store* kooperatif dükkânı

coopt /kou'opt/ *e.* oyla seçmek; atamak, tayin etmek

coordinate /kou'o:dineyt/ *e.* etkinliği artırmak için birlikte çalışmak, işbirliği yapmak; düzenlemek, ayarlamak ¤ /kou'o:dinit/ *s.* düzenli, tertipli; bağımlı ¤ *a.* eşit olan şey; koordinat, konaç *coordinating conjunction* eşgüdümlü bağlaç *coordinate addressing* biliş.

koordinat adresleme *coordinate axis* mat. koordinat ekseni, konaç ekseni *coordinate clause* bağlaçlı yan cümle, sıralı tümce, bağımlı sıralı tümce *coordinate sentence* bağımlı sıralı cümle, tertipli cümle, bağlaçlı cümle *coordinate store* biliş. koordinat bellek

coordination /kouo:di'neyşın/ *a.* koordinasyon, eşgüdüm *coordination chemistry* koordinasyon kimyası, düzenleşim kimyası *coordination compound* kim. koordinasyon bileşiği *coordination number* kim. koordinasyon sayısı, düzenleşim sayısı

coordinative /kou'o:dinıtiv/ *s.* eşgüdümlü, koordine *coordinative construction* içten bağlantılı yapı, eşgüdümsel yapı

coordinator /kou'o:dineytı/ *a.* koordinatör, bağlayan, bağlaç

coot /ku:t/ *a. hayb.* sutavuğu

coownership /kou'ounışip/ *a.* ortak mülkiyet *coownership of industry* sanayide müşterek mülkiyet

cop /kop/ *a. kon.* polis, aynasız; masura ¤ *e.* yakalamak, enselemek; çalmak, aşırmak *cop-dyed* teks. masurada boyanmış *cop it* fırça yemek *cop out* kon. sorumluluktan kaçmak, yan çizmek

copal /'koupıl/ *a.* kopal *copal varnish* kopal verniği

copartner /kou'pa:tnı/ *a.* ortak, hissedar

copartnership /kou'pa:tnışip/ *a.* ortaklık, hissedarlık

cope /koup/ *a.* papaz cüppesi ¤ *e.* (üstünü) örtmek *cope of heaven* gök kubbe *cope with* ile başa çıkmak, üstesinden gelmek

coping /'kouping/ *a. inş.* harpuşta, duvar semeri *coping saw* döner lamalı testere, ince dişli kollu testere *coping stone* inş. duvar semeri taşı, duvar tepeliği taşı

copious /'koupiıs/ *s.* bol, çok; (yazar) çok yazmış, verimli

coplanar /kou'pleynı/ *s.* düzlemdeş, eş düzlemli, eş yüzlü *coplanar-grid tube* elek. eşdüzlemli ızgaralı tüp

copolymer /kou'polimı/ *a.* kopolimer, eşpolimer

copolymerization /koupolimıray'zeyşın/ *a.* kopolimerizasyon, eşpolimerleşme

copper /'kopı/ *a.* bakır; *İİ. kon.* düşük değerli bakır para; *kon.* polis, aynasız; bakır rengi ¤ *e.* bakırla kaplamak *copper acetate* bakır asetat *copper beech* kızıl gürgen *copper bit* lehim havyası *copper boiler* bakır kazan *copper carbonate* bakır karbonat *copper chloride* bakır klorür *copper coloured* bakır renginde *copper cylinder* bakır silindir *copper loss elek.* bakır kaybı *copper number* bakır sayısı *copper oxide* bakır oksit *copper pipe* bakır boru *copper plate* bakır levha *copper plating* bakır kaplama *copper steel* bakır çeliği *copper-aluminium alloy* bakır-alüminyum alaşımı *copper-clad* bakır kaplı *copper-oxide rectifier* kuproksit redresör, bakır oksitli doğrultmaç *copper-plate printing* bakır baskısı *copper-tin alloy* bakır-kalay alaşımı *copper-zinc alloy* bakır-çinko alaşımı

copperas /'kopırıs/ *a.* demir sülfat, zaç *copperas vat* vitriyol küpü

coppersmith /'kopısmit/ *a.* bakırcı

coppice /'kopis/ *a.* küçük koru, ağaçlık *coppice forest* baltalık, koruluk

copra /'koprı/ *a.* kurutulmuş hindistancevizi

coproduction /kou'prıdakşın/ *a.* ortak üretim

coproprietor /kou'prıprayıtı/ *a.* müşterek sahip

coproprietorship /kou'prıprayıtışip/ *a.* müşterek sahiplik

copse /kops/ *a.* çalılık; koru

copula /'kopyılı/ *a.* haber edatı, koşaç, bildirme eki

copulate /'kopyuleyt/ *e.* (hayvan) çiftleşmek

copulative /'kopyulıtiv/ *s. a.* bağlayan, birleştiren; haber edatı *copulative conjunction* haber edatı *copulative word* bağlayıcı sözcük

copy /'kopi/ *a.* kopya, suret; gazete, vb.'nin bir tek sayısı, sayı, nüsha ¤ *e.* kopyasını yapmak, kopyasını çıkarmak; örnek almak, taklit etmek; *hkr.* kopya çekmek *copy book* muhaberat kayıt defteri; yazı defteri *copy typist* yazılı metinleri daktilo eden kimse *good copy* ilginç haber

copying /'kopiing/ *a.* kopyalama *copying machine* fotokopi makinesi *copying paper* kopya kâğıdı *copying pencil* kopyala kalemi *copying press* kopya presi *copying ribbon* daktilo şeridi

copycat /'kopiket/ *a. kon. hkr.* sürekli başkalarını taklit eden kimse, taklitçi

copyright /'kopirayt/ *a.* telif hakkı ¤ *e.* telif hakkı almak

copywriter /'kopiraytı/ *a.* reklam yazarı

coquet /kou'ket/ *e.* cilve yapmak; fingirdeşmek, oynaşmak

coquetry /'koukitri/ *a.* cilve; fingirdeşme, oynaşma

coquette /kou'ket/ *a.* koket, yosma, fettan kadın

coquettish /kou'ketiş/ *a.* cilveli, fettan, oynak

cor /ko:/ *ünl. arg. İİ.* vay be!, üf anam!

coral /'korıl/ *a.* mercan *coral island coğ.* mercanada, atol *coral reef coğ.* mercan resifi/kayalığı

corbel /'ko:bıl/ *a. inş.* bindirmelik, çıkma desteği

cord /ko:d/ *a.* ip, sicim; tel, şerit; (ses) tel; kablo; fitil, kabartma çizgi *cord circuit* kordon devresi *cord tyre oto.* kord bezli lastik *cord velvet teks.* fitilli kadife

corded /'ko:did/ *s. teks.* fitilli *corded ladder* ip merdiven

cordial /'ko:dıl/ *s.* candan, yürekten, içten, sıcak, dostça ¤ *a.* meyve suyu; likör

cordially /'ko:dıli/ *be.* içtenlikle, yürekten

cordite /'ko:dayt/ *a.* kordit

cordon /'ko:dın/ *a.* polis kordonu, askeri kordon; kordon, şerit ¤ *e.* (off ile) kordon altına almak

cords /ko:dz/ *a. kon.* fitilli kadife pantolon

corduroy /'ko:dıroy/ *a.* fitilli kadife kumaş *corduroys* fitilli kadife pantolon

core /ko:/ *a.* (meyve) göbek, koçan, eşelek; bir şeyin en önemli yeri ya da merkezi, öz, çekirdek; *mad.* havuç, karot *core allocation biliş.* çekirdek bellek tahsisi *core boring mad.* karot sondajı *core carbon* göbek karbonu *core dump biliş.* ana bellek dökümü, çekirdek dökümü *core flush biliş.* bellek temizleme *core memory biliş.* çekirdek bellek *core memory resident* *biliş.* çekirdek bellekte sürekli kalıcı program *core mercerizing teks.* çekirdek merserizasyonu *core print* maça yatağı, maça yuvası *core sample mad.* karot numunesi, çekirdek numunesi *core sampling* karot alma *core sand* döküm kumu, maça kumu *core storage biliş.* çekirdek bellek *core transformer elek.* nüveli transformatör *core type transformer* nüveli tip transformatör *core wall* çekirdek duvarı *core-image library biliş.* ana bellek görüntülü kitaplık *to the core* sapına kadar, tamamen

corgi /'ko:gi/ *a.* kısa bacaklı küçük bir köpek türü

coriander /kori'endı/ *a. bitk.* kişniş

corinthian /kı'rintiın/ *s. mim.* Korint, Korint biçemiyle ilgili *corinthian order mim.* Korint üslubu, Korint biçemi

cork /ko:k/ *a.* şişe mantarı ¤ *e.* (şişe, vb.) mantarla tıkamak *cork oak orm.* sezü, mantar meşesi *cork plate* mantar levha *cork stopper* mantar tapa

corkscrew /'ko:kskru:/ *a.* tirbuşon; sarmal, burgu, spiral, helezon *corkscrew stair inş.* helezon merdiven, sarmal merdiven

cormorant /'ko:mırınt/ *a. hayb.* karabatak

corn /ko:n/ *a.* buğday; mısır; ekin, tahıl, tane; nasır *corn bread* mısır ekmeği *corn chandler* zahire tüccarı *corn flour bkz.* cornflour *corn sugar* mısır şekeri *corn syrup* mısır pekmezi *tread on sb's corns* bamteline basmak, nasırına basmak *corn on the cob* koçanda mısır

corncob /'ko:nkob/ *a. trm.* mısır koçanı

cornea /'ko:niı/ *a. anat.* kornea, saydam tabaka

cornelian /ko:'ni:lıın/ *a.* akik taşı

corner /'ko:nı/ *a.* köşe; (futbol) köşe vuruşu, korner; tekelcilikle piyasayı ele geçirme ¤ *s.* köşede bulunan; köşe için ¤ *e.* kıstırmak, köşeye sıkıştırmak; (taşıt) köşe dönmek; (ticarette) öne geçmek, alım satımı/üretimi ele geçirmek *corner bead inş.* köşe silmesi *corner block* köşe takozu *corner bumper* köşeli tampon *corner chisel* domuz tırnağı keski *corner cut biliş.* köşe kesiği *corner post* köşe direği, köşe dikmesi *corner reflector* köşeli yansıtıcı *corner stone* köşe taşı, kilit taşı *corner the market* piyasayı ele geçirmek *corner-reflector antenna elek.* köşeli yansıtıcı anten *cut corners kon.* hızlı/kolay ve geçiştirerek yapmak, kolayına kaçmak; kestirmeden gitmek *drive sb into a corner* köşeye sıkıştırmak *in a tight corner* köşeye sıkışmış vaziyette, zor durumda *look at sb from the corner of one's eye* göz ucu ile süzmek *put a child in the corner* çocuğu ceza olarak köşeye dikmek *take a corner* viraj yapmak *turn the corner* kritik noktayı atlatmak

cornering /'ko:nıring/ *a. oto.* viraj alma *cornering ability oto.* viraj alma yeteneği *cornering wear oto.* viraj aşınması, dışkenar aşınması (lastikte)

cornerstone /'ko:nıstoun/ *a.* köşe taşı; temel, esas

cornet /'ko:nit/ *a. müz.* kornet; dondurma külahı, kornet

cornfield /'ko:nfi:ld/ *a.* mısır tarlası

cornflakes /'ko:nfleyks/ *a.* mısır gevreği

cornflour /'ko:nflauı/ *a.* mısır unu; *II.* mısır nişastası

cornflower /'ko:nflauı/ *a.* peygamberçiçeği

cornhusk /'ko:nhask/ *a.* mısır koçanı kabuğu

cornice /'ko:nis/ *a.* pervaz, korniş; saçak silmesi

corning /'ko:ning/ *a.* salamura yapma

cornmeal /'ko:nmi:l/ *a.* iri taneli mısır unu

cornstarch /'ko:nsta:ç/ *a.* mısır nişastası

corny /'ko:ni/ *s. kon.* modası geçmiş, eski, bayat

corollary /kı'rolıri/ *a.* bir şeyin doğal sonucu, sonuç

corona /kı'rounı/ *a.* ağıl, ayla, hale; taç; *mim.* damlık, sıçan oluğu; *bitk.* korona *corona discharge fiz.* korona boşalması, sargın boşalım

coronary /'korınıri/ *s.* taçsal, taç ile ilgili; taçsı, taca benzeyen; *anat.* taçdamarsal, kalbi besleyen damarlarla ilgili ¤ *a.* taçdamar pıhtılaşması, koroner tromboz *coronary thrombosis* taçdamar pıhtılaşması, koroner tromboz

coronation /korı'neyşın/ *a.* taç giyme töreni

coroner /'korını/ *a.* sorgu yargıcı; kuşkulu ölüm olaylarını kovuşturan görevli

coronet /'korınit/ *a.* küçük taç

corporal /'ko:pırıl/ *s.* gövdesel, bedensel, vücuda ait ¤ *a. ask.* onbaşı *corporal goods* maddi mallar

corporate /'ko:pırit/ *s.* birleşmiş, ortak, kolektif, birlik halinde; *huk.* tüzel, hükmi *corporate name* şirket unvanı *corporate saving* şirket tasarrufu *corporate seal* şirket mühürü *corporate sector* şirketleşmiş kesim *corporate state* korporatif devlet *corporate stock* sermayeyi temsil eden hisse senedi *corporate town* beledi haklara sahip kasaba *corporate trust* şirket kredisi

corporation /ko:pı'reyşın/ *a.* dernek, kurum; lonca; tüzel kişi; kuruluş, şirket; *arg.* şişko göbek *corporation accounting* şirket muhasebesi *corporation bylaw* şirket tüzüğü *corporation charter* şirket kuruluş sözleşmesi *corporation income tax* kurumlar vergisi *corporation laws* şirket kanunları *corporation sole* tek kişili tüzel kişi *corporation tax* kurumlar vergisi

corps /ko:ps/ *a.* kurul, heyet; *ask.* kolordu

corpse /ko:ps/ *a.* ceset, ölü

corpulent /'kopyulınt/ *s.* çok şişman, şişko

corpus /'ko:pıs/ *a.* külliyat; *anat.* ana kısım, organın esas kısmı; sermaye, kapital *corpus delicti* suçun maddi unsuru, asıl ve maddi delil

corpuscle /'ko:pısıl/ *a. anat.* kan yuvarı; parçacık, zerre

corpuscular /'ko:paskyulı/ *s.* parçacık ile ilgili *corpuscular radiation* *fiz.* parçacık radyasyonu

corral /ko'ra:l/ *a.* çevresi çitle sarılı büyükbaş koyun ağılı

correct /kı'rekt/ *s.* doğru, yanlışsız; kurala uygun ¤ *e.* düzeltmek

correcting /kı'rekting/ *a.* düzeltme, tashih etme *correcting entry* tashih maddesi

correction /kı'rekşın/ *a.* düzeltme; *ört.* ceza, cezalandırma *correction voucher* düzeltim formu

corrective /kı'rektiv/ *s. a.* düzeltici *cor-* *rective action* düzeltici önlem *corrective effect* düzeltici etki *corrective maintenance* düzeltici bakım *corrective measure* düzeltici önlem

correctly /kı'rektli/ *be.* doğru olarak, uygun bir biçimde

correctness /kı'rektnıs/ *a.* doğruluk

correlate /'korıleyt/ *e.* aralarında ilişki kurmak; karşılıklı ilişkisi olmak, bağlantılı olmak

correlation /kori'leyşın/ *a.* karşılıklı bağıntı, ilişki, korelasyon, ortak bağ *correlation analysis* korelasyon analizi, bağlılaşım çözümlemesi *correlation coefficient* *mat.* korelasyon katsayısı, bağlılaşım katsayısı

correlative /ko'relıtiv/ *s.* bağlılaşık

correspond /kori'spond/ *e.* uymak, uyuşmak, uygun olmak; -in karşılığı olmak, uyuşmak, birbirini karşılamak; (düzenli olarak) yazışmak, mektuplaşmak

correspondence /kori'spondıns/ *a.* uygunluk, birbirini tutma, benzerlik, uyuşma; mektuplaşma, yazışma; yazışmalar, mektuplar *correspondence clerk* muhaberat memuru *correspondence column* okuyucu sütunu *correspondence course* mektupla öğretim *correspondence principle* *fiz.* karşılıklılık ilkesi, karşılanım ilkesi *correspondence school* açıköğretim

correspondent /kori'spondınt/ *a.* bir kimseyle sürekli mektuplaşan kişi; taşra ya da dış ülke muhabiri *correspondent bank* muhabir banka *correspondent check* muhaberat çeki

corresponding /kori'sponding/ *s.* uygun, mutabık, benzer *corresponding angle* *mat.* yöndeş açı

corridor /'korido:/ *a.* koridor, aralık, geçit; iki ülke arasındaki dar arazi

corroborate /kı'robıreyt/ *e.* kanıtlarla desteklemek, doğrulamak, onaylamak

corrode /kı'roud/ *e.* aşındırmak, çürütmek; aşınmak, çürümek, oksitlenmek, paslanmak

corrosion /kı'roujın/ *a.* aşındırma, paslandırma, çürütme; aşınma, çürüme, paslanma, korozyon *corrosion prevention* korozyon önleme, yenim önleme *corrosion-proof* aşınmaya dayanıklı *corrosion resistance* korozyon rezistansı, yenim direnci *corrosion-resistant* aşınmaya dayanıklı *corrosion-resisting* aşınmaya dayanıklı

corrosive /kı'rousiv/ *s.* aşındırıcı, yiyici, yiygen

corrugated /'korıgeytid/ *s.* dalgalı, kıvrımlı, katlı *corrugated paper* oluklu karton *corrugated pipe* oluklu sac boru *corrugated sheet* met. oluklu sac

corrugation /koru'geyşın/ *a.* oluk, yiv; ondüle

corrupt /kı'rapt/ *s.* ahlaksız, yozlaşmış; kötü; namussuz, rüşvet yiyici; yanlış, bozuk, laçka ¤ *e.* (insanı) bozmak, baştan çıkarmak, kötüleştirmek, yozlaştırmak; rüşvet vermek; özgünlüğünü bozmak, kötü duruma sokmak, laçkalaştırmak

corruption /kı'rapşın/ *a.* kötüleştirme, yozlaştırma, bozma; namussuzluk, ahlaksızlık; rüşvet yiyicilik, rüşvetçilik; (sağlık) bozulma, zayıflama

corset /'ko:sit/ *a.* korsa, korse

cortege /ko:'teyj/ *a.* kortej, tören alayı

cortex /'ko:teks/ *a. anat.* korteks, kabuk; *bitk.* kabuk, kışır

cortisone /'ko:tisoun/ *a.* kortizon

corundum /kı'randım/ *a.* korindon

cos /kız/ *bağ. kon. bkz.* because

cosecant /kou'si:kınt/ *a. mat.* kosekant, eşkesenlik *cosecant antenna elek.* kosekant anteni

coset /'kouset/ *a. mat.* koset, eşküme

cosh /koş/ *a. İİ. kon.* cop ¤ *e. İİ. kon.* coplamak

cosignatory /kou'signıtıri/ *a.* ortak imza atan kişi

cosine /'kousayn/ *a. mat.* kosinüs, eşdikmelik

cosmetic /koz'metik/ *a.* kozmetik ¤ *s.* kozmetikle ilgili, kozmetik; *hkr.* (sorunun) yalnız dış görünümüyle ilgili, dış görüntüye önem veren

cosmetics /koz'metiks/ *a.* kozmetik

cosmic /'kozmik/ *s.* evrensel; engin, geniş, sınırsız *cosmic dust gökb.* kozmik toz, yıldızlararası toz *cosmic ray gökb.* kozmik ışın, evren ışını *cosmic ray shower gökb.* kozmik ışın sağanağı

cosmogony /koz'mogıni/ *a. gökb.* kozmogoni, evrendoğum

cosmology /koz'molıci/ *a.* evrenbilim, kozmoloji

cosmonaut /'kozmıno:t/ *a.* Sovyet uzayadamı, kozmonot

cosmonautics /'kozmıno:tiks/ *a. gökb.* kozmonotik, uzay yolculuğu, uzay gemiciliği

cosmopolitan /kozmı'politn/ *s.* kozmopolit; (insan, düşünce, vb.) geniş, sınırsız, geniş görüşlü

cosmos /'kozmos/ *a.* evren

cosset /'kosit/ *e.* üzerine düşmek, şımartmak, üzerine titremek

cossette /'kositı/ *a. şek.* küspe *cossette conveyor şek.* küspe konveyörü, küspe transportörü

cost /kost/ *e.* mal olmak; değerinde olmak, etmek, yapmak; maliyet hesaplamak ¤ *a.* fiyat; değer, paha; masraf, maliyet; mahkeme harcı *at all costs* ne pahasına olursa olsun *cost a packet arg.* çok pahalı olmak, çok para tutmak *cost a pretty penny* pahalıya mal olmak/patlamak *cost absorption* masraf tahmili *cost account* maliyet hesabı *cost accountant* maliyet muhasebecisi *cost accounting* maliyet muhasebesi *cost advantage* maliyet üstünlüğü *cost allocation* masraf tevzii *cost analysis* maliyet analizi *cost and expense ledger* maliyet ve masraf defteri *cost and freight* mal bedeli ve navlun *cost-benefit analysis* maliyet-fayda analizi *cost-benefit-analysis* maliyet-fayda analizi *cost centre* maliyet merkezi *cost concept* maliyet kavramı *cost conscious* maliyet bilinci *cost control* maliyet kontrolü *cost-effective* maliyet etkinliği olan *cost estimate* maliyet tahmini *cost finding* maliyet tespiti, maliyetin hesabı *cost flow* masraf akışı, masraf seyri *cost free* ücretsiz, masrafsız *cost inflation* maliyet enflasyonu *cost insurance and freight* mal bedeli artı sigorta artı navlun *cost journal* masraf defteri *cost ledger* maliyet defteri *cost of capital* sermaye maliyeti *cost of consumption* tüketim maliyeti *cost of control* şerefiye *cost of conveyance* nakliye masrafı *cost of living index* geçim indeksi *cost of living* geçim gideri *cost of manufacture* üretim maliyeti *cost of packing* ambalaj masrafı *cost of proceedings* mahkeme giderleri *cost of production* üretim maliyeti, imalat maliyeti *cost of reproduction* yeniden üretim maliyeti *cost of sales* satış maliyeti *cost-of-living index* geçinme endeksi, geçim endeksi *cost or marketing* pazarlama giderleri *cost per unit* birim maliyeti, birim fiyatı *cost plus contract* maliyete ek anlaşma *cost plus pricing* maliyete ek fiyatlama *cost plus* maliyet ilave masrafı *cost price* maliyet fiyatı *cost principle* maliyet esası *cost push inflation* maliyet enflasyonu *cost rate* masraf yüzdesi *cost ratio* masraf yüzdesi *cost record* maliyet kaydı *cost recovery* maliyet kurtarma, maliyet istirdadı *cost reduction* maliyeti azaltma *cost report* maliyet raporu *cost saving* masraf tasarrufu *cost sheet* maliyet tablosu *cost standard* maliyet standardı *cost survey* maliyet tetkiki *cost system* maliyet sistemi *cost value* maliyet değeri, maliyet bedeli

coster /'kostı/ *a.* sokak satıcısı

costing /'kosting/ *a.* maliyetleme *costing unit* maliyetleme birimi

costliness /'kostlinıs/ *a.* pahalılık

costly /'kostli/ *s.* pahalı; pahalıya mal olan

costume /'kostyum/ *a.* giysi, kostüm; sahne elbisesi; deniz kıyafeti, mayo *costume ball* kıyafet balosu

cosy /'kouzi/ *s.* rahat, sıcacık ¤ *a.* örtü, kılıf

cot /kot/ *a.* beşik; baraka, kulübe; kümes, ağıl

cotangent /kou'tencınt/ *a. mat.* kotanjant

cottage /'kotic/ *a.* küçük ev, kulübe, kır evi; yazlık ev, köşk *cottage cheese* süzme peynir *cottage drier teks.* kurutma odası *cottage industry* küçük ev sanayii *cottage steamer teks.* buharlama odası

cotter /'kotı/ *a.* kama, çivi, kopilya *cotter bolt* kamalı cıvata *cotter pin* kamalı pim, çatal pim

cotton /'kotn/ *a.* pamuk; pamuk ipliği; pamuk bezi *cotton batting teks.* tabaka halinde pamuk *cotton bleaching teks.* pamuk ağartma *cotton candy Aİ.* pamukhelva, ketenhelva *cotton cleaning machine teks.* pamuk temizleme makinesi *cotton cloth teks.* pamuklu kumaş *cotton fabric teks.* pamuklu kumaş *cotton factory teks.* pamuk fabrikası *cotton fibre teks.* pamuk lifi *cotton gin teks.* pamuk çırçırı *cotton industry teks.* pamuk endüstrisi *cotton linen teks.* yarı keten *cotton mill teks.* pamuk fabrikası *cotton on İİ. kon.* anlamak, çakmak, çakozlamak *cotton picker trm.* pamuk toplama makinesi *cotton picking machine trm.* pamuk toplama makinesi *cotton plant trm.* pamuk fidanı *cotton plush teks.* pamuklu pelüş *cotton staple teks.* pamuk teli, pamuk lifi *cotton velvet teks.* pamuklu kadife *cotton wad(ding) teks.* hidrofil pamuk *cotton waste* pamuk döküntüsü, kırpıntı pamuk *cotton weaving mill teks.* pamuklu dokuma fabrikası *cotton wool* ham pamuk; hidrofil pamuk *cotton yarn teks.* pamuk ipliği

cottonize /'kotınayz/ *e. teks.* pamuklaştırmak

cottonseed /'kotınsi:d/ *a. trm.* pamuk çekirdeği, çiğit *cottonseed oil* pamuk yağı, çiğit yağı

couch /kauç/ *e.* ifade etmek, belirtmek, bildirmek ¤ *a.* divan, sedir, kanape

couchette /ku:'şet/ *a.* (trende) kuşet

Coudé telescope /ku:'dey 'telıskoup/ *a. gökb.* dirsekli teleskop, dirsekli ırakgörür

cougar /'ku:gı/ *a. hayb.* puma

cough /kof/ *e.* öksürmek ¤ *a.* öksürük; öksürme *cough up* para bayılmak, toslamak, sökülmek

could /kıd, kud/ *e.* -ebilirdi, -abilirdi; -ebilir, -abilir *could you* -ebilir misiniz, -abilir misiniz

coulisse /ku:'li:s/ *a.* kulis

coulomb /'ku:lom/ *a. elek.* kulomb, kulon *coulomb energy elek.* kulomb enerjisi *coulomb force elek.* kulomb kuvveti *coulomb potential fiz.* kulomb potansiyeli *coulomb's law elek.* Coulomb yasası, Coulomb kanunu

coulometer /ku:'lomıtı/ *a.* kulonmetre,

coulombmetre

coumarin /'ku:mırin/ *a. kim.* kumarin

coumarone /'ku:mıroun/ *a. kim.* kumaron

council /'kaunsıl/ *a.* konsey, danışma kurulu, meclis; yönetim kurulu, idare heyeti ¤ *s.* (ev, daire, vb.) yerel idare tarafından yapılan, denetlenen, kiraya verilen *council of state* Danıştay, Devlet Şûrası

councillor /'kaunsılı/ *a.* meclis üyesi

counsel /'kaunsıl/ *a.* avukat; öneri, tavsiye ¤ *e.* önermek, tavsiye etmek, akıl vermek

counsellor /'kaunsılı/ *a.* danışman; avukat *counsellor-at-law* avukat, dava vekili

counselor /'kaunsılı/ *a. Aİ. bkz.* counsellor

count /kaunt/ *e.* (sayı) saymak; içermek, saymak, kapsamak, içine almak; olduğunu düşünmek, olarak saymak; önemi olmak, değeri olmak ¤ *a.* sayma, sayım; hesap; sayı, toplam; *huk.* şikâyet maddesi; *kon.* önemseme, umursama, dikkat; kont *count down* (sıfıra kadar) geriye doğru saymak *count for nothing/little* çok önemsiz/beş para etmez olmak *count in kon.* katmak, dahil etmek *count noses* kelle saymak *count on/upon* bel bağlamak, güvenmek; beklemek, hesaba katmak *count out* birer birer saymak; (boks) ona kadar sayıp yenik ilan etmek; *kon.* dahil etmemek, saymamak *count the cost* bütün riskleri hesaplamak, enine boyuna düşünmek *count the pennies* kemerleri sıkmak *counting house* muhasebe şubesi *counting machine* sayma makinesi *counting numbers mat.* sayma sayıları *lose count* sayısını unutmak

countable /'kauntıbıl/ *s.* sayılabilen, sayılabilir *countable noun* sayılabilen isim *countable set mat.* sayılabilir küme

countdown /'kauntdaun/ *a.* gerisayım

countenance /'kauntinıns/ *a.* yüz ifadesi; uygun bulma, onama, destek, onay, tasvip, izin ¤ *e.* desteklemek, onaylamak, uygun bulmak, izin vermek *keep one's countenance* gülmekten

kendini alıkoymak, kendini tutmak

counter /'kauntı/ *a.* tezgâh; *İİ.* marka, fiş; sayıcı, sayaç ¤ *s. be.* karşı ¤ *e.* karşı çıkmak, karşısında olmak, muhalefet etmek; karşılamak, karşı koymak; karşılık vermek *counter assurance* mukabil sigorta *counter cash book* vezne el defteri *counter cash* veznedeki para miktarı *counter check* zimmet fişi *counter claim* karşı dava *counter currency* sahte para *counter demonstration* karşı gösteri *counterductor teks.* kontr-rakle *counter efficiency fiz.* sayaç verimi *counter-electromotive force elek.* zıt elektromotor kuvvet *counter gear* şanzıman ara mili dişlisi *counter guarantee* kontrgaranti *counter ion* karşı iyon *counter jumper* tezgâhtar *counter measure* karşı önlem *counter motion* karşı öneri, karşı teklif *counter offer* karşı teklif *counter-productive* zarar verici *counter proposal* karşı teklif *counter security* ikinci kefalet *counter signature* tasdik imzası, ikinci imza *counter trade* karşılıklı ticaret *counter tube fiz.* sayaç tüpü

counteract /kauntı'rekt/ *e.* karşılık vermek, mukabele etmek; (etkisini) yok etmek, gidermek

counteraction /kauntı'rekşın/ *a.* karşı hareket; karşı koyma

counterattack /'kauntırıtek/ *a.* karşı saldırı, kontratak ¤ *e.* karşı saldırı yapmak, kontratak yapmak

counterbalance /'kauntıbelıns/ *a.* eş ağırlık, karşılık ¤ *e.* denkleştirmek, denk ağırlıkla karşılamak

counterbore /'kauntıbo:/ *a.* havşa ¤ *e.* havşa açmak

counterbrace /'kauntıbreys/ *a.* çapraz gergi

countercheck /'kauntıçek/ *a.* tepki, reaksiyon

counterclockwise /kauntı'klokwayz/ *s. be.* saat yönünün tersine

countercurrent /kauntı'karınt/ *a.* karşıakım *countercurrent juice heater şek.* karşıakımlı ısıtıcı

counterfeit /'kauntıfit/ *s.* sahte, taklit ¤ *e.* (para, vb.) sahtesini yapmak, basmak, taklit etmek *counterfeit coin* kalp madeni para *counterfeit money* sahte

para, kalp para
counterfeiter /'kauntıfitı/ *a.* kalpazan, sahtekâr
counterfire /'kauntıfayı/ *a. ask.* karşı ateş
counterflange /'kauntıflenc/ *a.* kontra flanş
counterfoil /'kauntıfoyl/ *a.* çek ya da makbuzun dip koçanı, koçan
counterfort /'kauntıfo:t/ *a.* payanda, destek, ayak
counterglow /'kauntıglou/ *a. gökb.* karşıgün
counterman /'kauntımın/ *a.* tezgâhtar
countermand /kauntı'ma:nd/ *e.* yeni bir emirle geçersiz kılmak, iptal etmek **countermand of payment** ödemenin durdurulması emri
countermark /'kauntıma:k/ *a.* kalite işareti
countermeasure /'kauntımejı/ *a.* karşı önlem
counterorder /'kauntıo:dı/ *a.* siparişi geri alma
counterpane /'kauntıpeyn/ *a.* yatak örtüsü
counterpart /'kauntıpa:t/ *a.* tam benzeri, kopyası **counterpart writ** müzekkere kopyası
counterpoise /'kauntıpoyz/ *a.* denge ağırlığı, karşı ağırlık
counterpressure /'kauntıpreşı/ *a.* karşıbasınç
counterrecoil /'kauntıri:koyl/ *a. ask.* yerine gelme, yerine getirme
countershaft /'kauntışa:ft/ *a.* transmisyon mili, avara mili, ara mili
countersign /'kauntısayn/ *a. ask.* parola; onay imzası ¤ *e.* (onay için) ayrıca imzalamak
countersignature /'kauntısignıçı/ *a.* tasdik imzası, ikinci imza
countersink /'kauntısink/ *a.* havşa matkabı ¤ *e.* havşa açmak
countersunk /'kauntısank/ *s.* gömme, gömülmüş **countersunk head** gömme baş **countersunk head bolt** gömme başlı cıvata
countervail /kauntı'veyl/ *e.* aynı kuvvetle karşı koymak
countervailing /kauntı'veyling/ *a.* aynı kuvvetle karşı koyma **countervailing**

credit karşılık kredisi **countervailing duty** munzam gümrük resmi, sürtaks
counterwedge /'kauntıwec/ *a.* karşı kama
counterweight /'kauntıwey/ *a.* denge ağırlığı, karşı ağırlık
countess /'kauntis/ *a.* kontes
countless /'kauntlis/ *s.* çok fazla, sayısız
country /'kantri/ *a.* ülke, yurt, vatan; ulus, halk; kır, taşra, kırsal kesim; bölge, yöre ¤ *s.* taşraya özgü, kırsal **country music** kantri müzik **country of origin** menşe ülkesi **country of origin certificate** menşe şahadetnamesi
countryman /'kantrimın/ *a.* vatandaş, yurttaş, hemşeri; taşralı, köylü
countryside /'kantrisayd/ *a.* kırsal bölge
county /'kaunti/ *a. Aİ.* ilçe; kontluk; il, idare bölgesi **county agent** tarım memuru **county clerk** il sekreteri **county college** lise **county fair** yıllık panayır **county farm** darülaceze **county town** il merkezi
coup /ku:/ *a.* başarılı hareket; hükümet darbesi
coup d'état /ku:dey'ta:/ *a.* hükümet darbesi
coupe /ku:p/ *a. bkz.* coupé
coupé /'ku:pey/ *a.* iki kapılı spor araba, kupe
couple /'kapıl/ *a.* çift; karı koca, çift; (of ile) *kon.* birkaç, iki-üç ¤ *e.* birleştirmek; (hayvan) çiftleşmek
coupled /'kapıld/ *s.* akuple, bağlı **coupled axle** akuple dingil **coupled wheel** akuple tekerlek
coupler /'kapılı/ *a.* kuplör, bağlaştırıcı
couplet /'kaplit/ *a.* beyit
coupling /'kapling/ *a.* kavrama, bağlama; akupleman, kuplaj, manşon **coupling aperture** *fiz.* kuplaj açıklığı **coupling bolt** bağlama cıvatası **coupling box** *oto.* kavrama kovanı **coupling capacitor** *elek.* bağlama kondansatörü **coupling chain** kavrama zinciri **coupling coil** *elek.* kulaj bobini, bağlaşım kangalı **coupling constant** *fiz.* kavrama katsayısı **coupling flange** kavrama flanşı **coupling fork** kavrama çatalı **coupling lever** kavrama kolu, akupleman çubuğu **coupling loop** *fiz.* kuplaj ilmeği, bağlaşım ilmeği **coupling**

nut kavrama somunu *coupling probe* *elek.* kuplaj probu *coupling resistance* *elek.* kuplaj direnci, bağlaşım direnci *coupling rod* akupleman biyeli, bağlama çubuğu *coupling screw oto.* kavrama vidası *coupling sleeve* kavrama manşonu, bağlantı kovanı *coupling transformer elek.* kuplaj transformatörü

coupon /'ku:pon/ *a.* kupon *coupon bond* kuponlu tahvil *coupon of bonds* tahvilat kuponu *coupon payment account* kupon ödeme hesabı *coupon rate* kupon faizi *coupon sheet* kupon föyü *coupon teller* kupon veznedarı

courage /'karic/ *a.* yüreklilik, cesaret, mertlik *screw one's courage to the sticking-place* kafa tutmak *screw up one's courage* cesaretini toplamak

courageous /kı'reycıs/ *s.* yürekli, cesur, yiğit, mert

courgette /kuı'jet/ *a. İİ.* bir çeşit dolmalık kabak

courier /'kurıı/ *a.* haberci, kurye; turist rehberi

course /ko:s/ *a.* yön, rota; akış, cereyan, gidişat; saha, alan, pist; kurs; dizi, seri; eğitim, tahsil; davranış biçimi, eylem biçimi, yöntem, yol; yemeğin bölümlerinden biri, tabak, yemek ¤ *e.* (sıvı) akmak *a matter of course* (bir şeyin) olacağı, kaçınılmaz son, beklenen son *course and speed error* rota ve hız hatası *course correction hav.* rota düzeltmesi *course deviation hav.* rota sapması *course line hav.* rota hattı, rota çizgisi *course of business* işlerin seyri *course of exchange* kambiyo rayici *course of flight hav.* uçuş rotası *course recorder hav.* rota kayıt aygıtı *course triangle hav.* rota üçgeni *in due course* zamanında, vaktinde *in the course of time* zamanla *of course* elbette, tabii

court /ko:t/ *a.* mahkeme; mahkeme üyeleri; oturum; saray, saray halkı; avlu; *sp.* kort, saha ¤ *e.* gözüne girmeye çalışmak, teveccühünü kazanmaya çalışmak, dalkavukluk etmek; kur yapmak; riskine girmek, atılmak *court fees* mahkeme masrafları *court of account* Sayıştay *court of admiralty* deniz mahkemesi *court of appeal*

Temyiz Mahkemesi, Yargıtay *court of bankruptcy* iflas mahkemesi *court of first instance* asliye mahkemesi *court of review* temyiz mahkemesi *court order* mahkeme ilamı *court death* ölümüne susamak

courteous /'kö:tııs/ *s.* ince, kibar, nazik

courtesy /'kö:tisi/ *a.* incelik, nezaket, kibarlık; nezaketen parasız verilen şey *courtesy call* nezaket ziyareti, resmi ziyaret *courtesy title* resmi olmayan unvan *courtesy visit* nezaket ziyareti, resmi ziyaret

courtier /'ko:tıı/ *a.* saray adamı, nedim

court-martial /ko:t'ma:şıl/ *a.* askeri mahkeme, divanıharp ¤ *e.* askeri mahkemede yargılamak

courtship /'ko:tşip/ *a.* kur yapma, kur, iltifat

courtyard /'ko:tya:d/ *a.* avlu

cousin /'kazın/ *a.* kuzen

couture /ku:'tuı/ *a.* terzilik, desinatörlük

couturier /ku:'tuıriey/ *a.* modacı, desinatör

covalence /kou'veylıns/ *a. kim.* kovalans, değerdeşlik

covalent /kou'veylınt/ *s.* kovalent, değerdeş *covalent bond* kovalent bağ, değerdeş bağ

covariance /kou'verııns/ *a.* eşdeğişirlik, kovaryans, ortakdeğişke

covariant /kou'veyrıınt/ *a. met.* kovaryant, eşdeğişkin

cove /kouv/ *a.* koy, körfezcik; *mim.* kemer, içbükey kemer; girinti, çukur, oyuntu

coven /'kavın/ *a.* cadılar toplantısı

covenant /'kavınınt/ *a.* (dinsel) anlaşma; sözleşme, anlaşma, mukavele; tüzük, statü ¤ *e.* anlaşmak, uyuşmak; vaad etmek, söz vermek *covenanted employee* sözleşmeli çalışan

Coventry /'kovıntri/ *a.* İngiltere'de West Midlands'da bir kent *send sb to Coventry* selamı sabahı kesmek, yüzüne bakmamak, dışlamak

cover /'kavı/ *e.* örtmek, tıkamak, kapatmak; kaplamak; (yol) katetmek; gözlemek, göz altında tutmak; (ayrıntıları, vb.) aktarmak, rapor etmek; yetmek, karşılamak; sigortalamak; silahla korumak, silah tutmak, silah doğrultmak; içermek, kapsamak; (gelmeyen birinin) yerine geçmek; *sp.* markaja almak; *sp.* savunmak ¤ *a.* kapak, örtü, koruyucu; kitap kabı, kap; zarf, kılıf; siper, sığınak; maske, perde, paravana; sigorta; kuvertür, karşılık, teminat *cover charge* giriş ücreti *cover notes* kuvertür notları *cover plate* kapak plakası *cover screw* kapak vidası

cover-up /'kavırap/ *a.* örtbas; başkalarından gizleme

coverage /'kavıric/ *a.* (TV, gazete, vb.'de) bir olaya ayrılan yer/zaman; kuvertür, sigorta miktarı; sigorta kapsamı

covered /'kavıd/ *s.* kapalı, örtülü *covered drain trm.* kapalı dren *covered market* kapalı çarşı, kapalı pazar *covered smut trm.* kapalı rastık

covering /'kavıring/ *a.* kat, örtü; koruma, himaye ¤ *s.* örten, kaplayan *covering entry* yanlış muhasebe kaydı *covering letter* açıklayıcı mektup, teyit mektubu, irsalat mektubu *covering note* sigorta zeyilnamesi *covering power* (boya) örtme gücü *covering purchase* kuvertür alımı *covering transaction* kuvertür işlemi *covering varnish* örtü verniği *covering warrant* hazine bonosu

coverlet /'kavılıt/ *a.* yatak örtüsü

covert /'kavıt/ *s.* gizli, saklı, örtülü

covet /'kavit/ *e.* göz dikmek

coving /'kouving/ *a. inş.* sundurma, çıkma

cow /kau/ *a.* inek; fil gibi iri hayvanların dişisi ¤ *e.* yıldırmak, korkutmak, sindirmek *cow catcher demy.* lokomotif mahmuzu *till the cows come home* balık kavağa çıkınca, çıkmaz ayın son çarşambasında

coward /'kauıd/ *a.* korkak

cowardice /'kauıdis/ *a.* korkaklık

cowardly /'kaudli/ *s.* korkak

cowboy /'kauboy/ *a.* kovboy, sığırtmaç

cower /'kauı/ *e.* sinmek, büzülmek

cowhide /'kouhayd/ *a.* gön, sığır derisi

cowl /kaul/ *a.* başlıklı rahip cüppesi; *inş.* baca külahı

cowling /'kauling/ *a.* kaporta, motor kapağı

coworker /kou'wö:kı/ *a.* iş arkadaşı

cowpat /'kaupet/ *a.* tezek

cowslip /'kauslip/ *a. bitk.* çuhaçiçeği

cox /koks/ *a. kon.* dümenci, serdümen

coxswain /'koksın/ *a. sp.* dümenci, serdümen

coy /koy/ *s.* çekingen, utangaç; nazlı, cilveli

coyote /'koyout, koy'outi/ *a. hayb.* kır kurdu

coypu /'koypu:/ *a. hayb.* bataklık kunduzu

cozy /'kouzi/ *s. a. Aİ. bkz.* cosy

crab /kreb/ *a. hayb.* yengeç; kasıkbiti, ambiti ¤ *e. kon.* eleştirmek; şikâyet etmek, dırdır etmek *crab louse* kasıkbiti, ambiti *crab winch mek.* gezer vinç

crabbing /'krebing/ *a. teks.* krablama, yaş fiksaj *crabbing liquor teks.* krablama çözeltisi, yaş fiksaj çözeltisi *crabbing machine teks.* krablama makinesi, fiksaj makinesi

crabby /'krebi/ *s.* huysuz, dırdırcı

crack /krek/ *e.* çatlamak; çatlatmak; şaklamak; şaklatmak; vurmak, çarpmak; çarptırmak; (up ile) (güçlüklere) boyun eğmek, bitmek, tükenmek; *kon.* (espri, fıkra, vb.) patlatmak; şifresini/sırrını çözmek, keşfetmek ¤ *a.* çatlak; şaklama, çatırtı; vuruş, darbe, tokat; *kon.* girişim; şaka, nükte ¤ *s.* başarılı, usta, yetenekli *crack a joke* fıkra patlatmak *crack down* acımasızlaşmak, daha katı olmak *crack detector* çatlak bulucu *crack pattern met.* çatlak izi *crack propagation met.* çatlak yayılması *crack width* çatlak genişliği *give a fair crack of the whip* kendini göstermek *make cracks (about)* tefe koymak

crackdown /'krekdaun/ *a.* yasaklama, kısıtlama, engelleme

cracked /krekt/ *s. kon.* çatlak, kaçık, üşütük

cracker /'krekı/ *a.* kraker; çatapat; *arg.* fıstık, yavru, piliç; kırma makinesi, kırıcı

crackers /'krekız/ *s. İİ. kon.* deli, çatlak, üşütük, kaçık *go crackers* kafayı üşütmek

cracking /'kreking/ *a.* çatlama; parçalanma; kraking

crackle /'krekıl/ *e.* çatırdamak, çıtırdamak; çatırdatmak, çıtırdatmak ¤ *a.* çatırtı, çıtırtı

crackling /'krekling/ *a.* çatırtı, çıtırtı; kızarmış jambon kabuğu

crackpot /'krekpot/ *a. s. kon.* kaçık, çatlak, çılgın, uçuk

cradle /'kreydıl/ *a.* beşik; bir şeyin başladığı yer, köken, beşik; insan yaşamının ilk yılları, çocukluk yılları; (inşaat, vb.) tahta, tezgâh, kızak; gemi kızağı ¤ *e.* beşikte sallamak; beşikteymiş gibi sallamak **cradle snatcher** kendinden çok küçük biriyle sevişen kimse **cradle vault** tonoz kemer **from the cradle to the grave** beşikten mezara

craft /kra:ft/ *a.* sanat, beceri, hüner, ustalık, maharet; kurnazlık, hile; gemi, uçak; teknik eleman

craftsman /'kra:ftsmın/ *a.* usta, zanaatçı

crafty /'kra:fti/ *s.* kurnaz, dalavereci, üçkâğıtçı

crag /kreg/ *a.* yalçın kayalık, sarp kaya

craggy /'kreg/ *s.* uçurumlu; sarp, yalçın; *mec.* haşin, kırıcı

crake /kreyk/ *a. hayb.* kızıl su tavuğu

cram /krem/ *e.* tıkmak, sıkıştırmak; tıka basa doldurmak, ağzına kadar doldurmak; acele ile sınava hazırlanmak, ineklemek

cramp /kremp/ *a.* kramp, kasınç; mengene; engel ¤ *e.* engel olmak, kısıtlamak; tıkıştırmak, sıkıştırmak **cramp iron** kenet demiri **cramp sb's style** *kon.* yeteneklerini tam olarak göstermesine engel olmak, arabasına taş koymak, harcamak **cramp the wheel** direksiyonu (tam) kırmak

cramped /krempt/ *s.* kasılmış, sıkışmış, kenetlenmiş; okunması zor, kargacık burgacık

crampfish /'krempfiş/ *a.* torpul balığı, uyuşturan balığı

crampon /'krempın/ *a.* kanca, mengene, krampon; buz mahmuzu

cranage /'kreynic/ *a.* vinç kirası

cranberry /'krenbırı/ *a. bitk.* keçiyemişi, yabanmersini

crane /kreyn/ *a.* vinç, maçuna; *hayb.* turna ¤ *e.* (boynunu) uzatmak **crane hook** vinç kancası/çengeli **crane truck** *oto.* vinçli kamyon

cranium /'kreyniım/ *a. anat.* kafatası

crank /krenk/ *a. tek.* dirsek, kol, krank, kanırtmaç; *kon.* saplantılı kimse; deli, kaçık **crank arm** krank kolu, anadingil kolu **crank handle** *oto.* krank kolu, çalıştırma kolu **crank pin** biyel kolu muylusu **crank throw** *mak.* krank kolu, anadingil kolu **crank web** krank kolu

crankcase /'krenkkeys/ *a.* karter, motor karteri, krank karteri, yağ karteri **crankcase breather** karter havalandırıcısı **crankcase ventilator** karter havalandırıcısı

crankshaft /'krenkşaft/ *a.* krank mili **crankshaft bearing** krank mili yatağı **crankshaft journal** krank mili muylusu

cranky /'krenki/ *s. kon.* acayip, tuhaf, garip; *Aİ.* sinirli, huysuz, aksi; (alet, vb.) laçka, gevşek, bozuk

crap /krep/ *a. arg.* bok; zırva, saçmalık; boktan laf; ıvır zıvır döküntü, bok

crape /kreyp/ *a. teks.* krep

craps /kreps/ *a.* iki zarla oynanan kumar, barbut

crash /kreş/ *e.* (araba, vb.) gürültüyle çarpmak; çarptırmak; düşmek; düşürmek; iflas etmek, top atmak; paldır küldür gitmek/hareket etmek ¤ *a.* çatırtı, gürültü; (uçak, otomobil, vb.) kaza; batkı, iflas ¤ *s.* acele, ivedi, hızlı, hızlandırılmış **crash helmet** kask, koruyucu başlık

crash-land /'kreşlend/ *e. hav.* mecburi iniş yapmak

crash-landing /'kreşlending/ *a.* (uçak) mecburi iniş

crass /kres/ *s.* aptal, aptalca; kaba, duygusuz; (aptallık, vb.) büyük, tam, aşırı derecede

crate /kreyt/ *a.* kafesli sandık, kasa; *arg.* külüstür araba/uçak

crater /'kreytı/ *a.* krater, yanardağ ağzı; çukur

cravat /krı'vet/ *a. İİ.* boyunbağı, kravat

crave /kreyv/ *e.* çok istemek, -e can atmak, için deli olmak

craven /'kreyvın/ *a. s. hkr.* ödlek, korkak

craving /'kreyving/ *a.* arzu, tutku

craw /kro:/ *a.* kursak, hayvan midesi

crawl /kro:l/ *e.* emeklemek, sürünmek; ağır ağır yürümek/ilerlemek; (böcek, vb.

ile) dolu olmak, kaynamak; tüyleri ürpermek, karıncalanmak; *kon.* yaltaklanmak, yağlamak, dalkavukluk etmek, yağ çekmek ¤ *a.* krol yüzme; çok yavaş hareket; ağır gidiş *crawling exchange rate* sürünen döviz kuru *crawling peg* sürünen parite, kaygan parite

crawler /'kro:lı/ *a.* tırtıl zincirli makine, tırtıl zincirli taşıt *crawler tractor oto.* paletli traktör, tırtıllı çeker

crayfish /'kreyfiş/ *a. hayb.* kerevit, kerevides

crayon /'kreyın/ *a.* renkli kalem, boyalı kalem

craze /kreyz/ *a.* geçici akım, moda, çılgınlık, düşkünlük, hayranlık ¤ *e.* çılgına çevirmek, çıldırtmak, deli etmek; çok heyecanlandırmak

crazing /'kreyzing/ *a.* sır çatlaması

crazy /'kreyzi/ *s.* deli, çılgın; olanaksız, aptalca, saçma, çılgınca; aptal, salak; (about ile) *kon.* hayran, tutkun, hasta, deli *like crazy kon.* deli gibi

creak /kri:k/ *a.* gıcırtı ¤ *e.* gıcırdamak

creaky /'kri:ki/ *s.* (kapı, vb.) gıcırtılı, gıcırdayan

cream /kri:m/ *a.* kaymak, krema; krem; merhem; bir şeyin en iyi bölümü, kaymak ¤ *a. s.* krem rengi ¤ *e.* (sütün) kaymağını almak; (off ile) (en iyileri) seçmek, ayıklamak *cream cheese* krem peynir *cream of the crop* kaymak tabaka *cream separator trm.* ekromöz, krema makinesi, kaymak ayırıcı

creamer /'kri:mı/ *a. trm.* ekramöz, krema makinesi, kaymak ayırıcı

creamy /'kri:mi/ *s.* krem gibi, yumuşak, kaygan; kremalı, krema içeren, kaymaklı

crease /kri:s/ *e.* buruşmak, kırışmak; buruşturmak, kırıştırmak ¤ *a.* buruşukluk, kırışıklık; kat, pli *crease formation teks.* kırışık oluşumu *crease recovery angle teks.* buruşmazlık açısı, katlanma açısı *crease-free teks.* kırışıksız *crease-proof teks.* buruşmaz *crease-proofing teks.* buruşmazlık apresi *crease-resistant teks.* buruşmaz

create /kri'eyt/ *e.* yaratmak; -e yol açmak, neden olmak, yaratmak; atamak *create bloody murder/hell*

gürültü koparmak, ortalığı velveleye vermek

creatine /'kri:ıti:n/ *a. kim.* kreatin

creation /kri'eyşın/ *a.* yaratma; yaradılış; acun, evren; kreasyon

creative /kri'eytiv/ *s.* yaratıcı *creative power* yaratıcı güç

creativity /kri:ey'tivıti/ *s.* yaratıcılık

creator /kri'eytı/ *a.* yaratıcı *the Creator* Tanrı, Yaradan

creature /'kri:çı/ *a.* yaratık

crèche /kreş/ *a.* kreş, bebekevi, yuva

credence /'kri:dıns/ *a.* inanma, güvenme; güven, itimat *attach credence* inanmak, kabul etmek *give credence* inanmak, kabul etmek *credence table* kutsama törenlerinde kullanılan masa

credentials /kri'denşılz/ *a.* güven belgesi, itimatname; referans mektubu

credibility /kredi'biliti/ *a.* güvenilirlik, inanılırlık

credible /'kredıbıl/ *s.* inanılır, güvenilir

credit /'kredit/ *a.* inanç, güven, sadakat; övgü, onur, şereflendirme; kredi; saygınlık, itibar; onur kaynağı; veresiye ¤ *e.* inanmak, güvenmek, itimat etmek; para yatırmak *credit acceptance* kredi kabulü *credit account* kredi hesabı, açık hesap *credit advice* alacak dekontu *credit agency* kredi kurumu *credit agent* sigorta acentesi *credit analyst* kredi analisti *credit application* kredi başvurusu *credit balance* alacak bakiyesi, matlup bakiye *credit bank* kredi bankası, ticaret bankası *credit beneficiary* kredi lehdarı *credit bill* kredi üzerine çekilen poliçe *credit card* kredi kartı *credit ceiling* kredi tavanı, kredi sınırı *credit commission* kredi komisyonu *credit control* kredi kontrolü *credit cooperative* kredi kooperatifi *credit department* kredi servisi *credit entry* alacak kaydı, matlup maddesi *credit evaluation* kredi değerlendirmesi *credit expansion* kredi genişlemesi, kredi ekspansiyonu *credit file* kredi dosyası *credit form* kredi şekli *credit inflation* kredi enflasyonu *credit institution* kredi kuruluşu *credit instrument* kredi belgesi *credit insurance* kredi sigortası *credit interest* kredi faizi

credit investigation kredi soruşturması **credit item** kredi kalemi, alacak kalemi **credit limit** kredi limiti **credit line** kredi limiti **credit man** kredi memuru **credit memorandum** kredi protokolü **credit money** banka kredisi **credit multiplier** kredi çarpanı **credit note** kredi mektubu **credit on real property** gayri menkul karşılığı kredi **credit period** kredi dönemi **credit rating** kredi değerliliği **credit rationing** kredi kısma, kredi sınırlaması **credit report** kredi istihbaratı **credit restriction** kredi sınırlaması, kredi tahdidi **credit risk** kredi riski **credit sale** kredili satış, vadeli satış **credit side** alacak tarafı **credit slip** ödeme fişi **credit squeeze** kredi darlığı, kredi sınırlaması **credit standing** kredi değerliliği **credit stock** kredi stoku **credit system** kredi sistemi **credit terms** kredi şartları **credit tranche** kredi tranşı **credit transfer** kredi transferi **credit union** kredi birliği **credit with** başarılı saymak, başarıyla bitirdiğini onaylamak **credit worthiness** kredi değerliliği, kredi alabilirlik **credit worthy** kredi değerliliğini belirleyen **credits and titles** jenerik **give credit** kredi açmak **on credit** veresiye, krediyle

creditable /'kreditıbıl/ s. şerefli; övgüye değer

crediting /'krediting/ a. kredi verme, alacaklandırma

creditor /'kreditı/ a. kredi veren, alacaklı **creditor nation** kreditör ülke, borç veren ülke **creditor's ledger** alacaklılar defteri **creditor's meeting** alacaklılar toplantısı

credulous /'kredyulıs/ s. her şeye inanan, saf

creed /kri:d/ a. inanç, iman, itikat

creek /kri:k/ a. İİ. çay, ırmak kolu; Aİ. dere **up the creek** arg. berbat, kelek, boktan

creel /kri:l/ a. cağlık, çözgü sehpası

creep /kri:p/ e. sürünmek, sürünerek ilerlemek; sessizce sokulmak; (sarmaşık, vb.) sarılmak, sarılarak büyümek; ürpermek, tüyleri ürpermek ¤ a. arg. dalkavuk, yağcı; gıcık, kıl **make one's flesh creep** tüylerini ürpertmek, tüylerini diken diken etmek **creep curve**

sünme eğrisi **creep strength** met. metallerin direnme gücü **creep test** sünme deneyi

creepage /'kri:pic/ a. kayıp, akış, sızıntı

creeper /'kri:pı/ a. sürüngen bitki, sarmaşık

creeps /kri:ps/ a. kon. (the ile) ürperti, korku

creepy /'kri:pi/ s. tüyler ürpertici

cremate /kri'meyt/ e. (ölüyü) yakmak

crematorium /kremı'to:ri:ım/ a. ölülerin yakıldığı yer, krematoryum

crenel /'krenıl/ a. mazgal

creole /'kri:oul/ a. s. hem Avrupa hem de Afrika soyundan gelen (kişi); bu kişilerin konuştuğu (dil)

creosote /'kri:ısout/ a. katranruhu, kreozot

crepe /kreyp/ a. krep, bürümcük ¤ e. teks. kıvırcıklaştırmak **crepe de Chine** teks. krepdöşin **crepe Georgette** teks. krepjorjet **crepe paper** krepon kâğıdı **crepe suzette** mutf. krepsüzet **crepe yarn** teks. krep ipliği

crepitate /'krepiteyt/ e. çatırdamak

crescendo /kri'şendou/ a. müz. kreşendo

crescent /'kresınt/ a. hilal, ayça, yeniay **crescent wrench** ayarlı anahtar

cresol /'kri:sol/ a. krezol

cress /kres/ a. bitk. tere

crest /krest/ a. ibik, taç; tepe, doruk **crest of a wave** dalga tepesi **crest tile** inş. mahya kiremidi **crest voltmeter** elek. tepe değer voltmetresi

crestfallen /'krestfo:lın/ s. üzgün, mutsuz, kırgın, yılgın, süngüsü düşük

cresyl /kri'sil/ a. kresil

cresylic acid /kri'silik esid/ a. kresilik asit

cretaceous /kri'teyşıs/ s. tebeşirli, kireçli ¤ a. tebeşir dönemi

cretin /'kretin/ a. kon. salak, aptal, geri zekâlı; hek. kreten

cretonne /kre'ton/ a. teks. kreton

crevasse /kri'ves/ a. (buz, vb.'de) derin yarık, buzul yarığı

crevice /'krevis/ a. (kaya, vb.'de) çatlak yarık **crevice corrosion** çatlak korozyonu, çatlak yenimi

crew /kru:/ a. tayfa, mürettebat; ekip **crew-neck** teks. hâkim yaka

crib /krib/ a. Aİ. çocuk karyolası; hayvan yemliği; maden tünelinde deste

kalasları ¤ *e. kon.* kopya çekmek
cribwork /'kribwö:k/ *a.* kafes çatkı, çerçeve çatkı
crick /krik/ *a.* boyun tutulması, kasılma
cricket /'krikit/ *a. hayb.* cırcırböceği; *sp.* kriket
crime /kraym/ *a.* suç; aptallık, mantıksızlık, mantıksızca hareket
criminal /'kriminıl/ *s.* suçla ilgili; cezai; *kon.* çok kötü ¤ *a.* suçlu *criminal law* ceza hukuku *criminal discretion* cezai ehliyet
criminology /krimi'nolıci/ *a.* suçbilim, kriminoloji
crimp /krimp/ *e.* kıvırmak; dalgalandırmak; havalandırmak, krep yapmak; *Aİ. kon.* engellemek, durdurmak ¤ *a.* kıvrım, dalga; dalgalı saç *crimp effect teks.* krep etkisi, krep efekti *crimped fabric teks.* plise yapmak *crimping machine teks.* kıvırcıklaştırma makinesi
crimson /'krimzın/ *s. a.* koyu kırmızı, fesrengi, kızıl *turn crimson red with shame* utançtan kıpkırmızı olmak
cringe /krinc/ *e.* korkudan sinmek, büzülmek; (birinin önünde) iki büklüm olmak
cringle /'kringıl/ *a. den.* radansa, halat matafyonu
crinkle /'krinkıl/ *e.* buruşturmak, kırıştırmak, katlamak; buruşmak, kırışmak
cripple /'kripıl/ *a.* sakat, topal, kötürüm ¤ *e.* sakatlamak; *ört.* baltalamak, bozmak, engellemek
crisis /'kraysis/ *a.* bunalım, kriz, buhran *crisis diplomacy* kriz diplomasisi *crisis of confidence* güven krizi
crisp /krisp/ *s.* gevrek; körpe, taze; yeni, gıcır gıcır; çabuk, tez, hızlı; (hava) soğuk ¤ *a. İİ.* cips
crispy /'krispi/ *s.* gevrek, körpe, taze
crisscross /'kriskros/ *s.* çapraz çizgili
cristobalite /kris'toubılayt/ *a. min.* kristobalit
criterion /kray'tiiriın/ *a.* ölçüt, kriter
critic /'kritik/ *a.* eleştirmen; eleştiren kimse
critical /'kritikıl/ *s.* kusur bulan, eleştiren; eleştiri niteliğinde, eleştirel; tehlikeli, ciddi, kritik *critical angle fiz.* kritik açı,

dönüşül açı *critical damping fiz.* kritik amortisman, dönüşül sönüm *critical deformation* kritik deformasyon *critical flow* kritik akım *critical frequency* kritik frekans, kesim frekansı *critical grid current* kritik ızgara akımı *critical grid voltage* kritik ızgara gerilimi *critical load* kritik yük, dönüşül yük *critical mass fiz.* kritik kütle, dönüşül kütle *critical point* kritik nokta, dönüşül nokta *critical pressure* kritik basınç, dönüşül basınç *critical range met.* kritik bölge *critical region mat.* kritik bölge, dönüşül bölge *critical shear stress* kritik kesme gerilmesi *critical speed* kritik hız, dönüşül hız *critical state fiz.* kritik hal, dönüşül hal *critical temperature fiz.* kritik sıcaklık, dönüşül sıcaklık *critical velocity* kritik hız *critical voltage elek.* kritik gerilim *critical volume* kritik hacim, dönüşül oylum *critical wavelength* kritik dalga boyu, kesim dalga boyu
critically /'kritikli/ *be.* eleştirerek; tehlikeli bir şekilde
criticism /'kritisizım/ *a.* eleştiri, kritik; kusur bulma; olumsuz eleştiri
criticize /'kritisayz/ *e.* kusur bulmak; eleştirmek
critique /kri'ti:k/ *a.* eleştiri yazısı, kritik
croak /krouk/ *e.* kurbağa sesi çıkarmak, vraklamak; çatlak sesle konuşmak/söylemek; *arg.* nalları dikmek ¤ *a.* kurbağa sesi, vırak; hırıltı
crochet /'krouşey/ *a.* kroşe örgüsü, tek tığ örgüsü ¤ *e.* tığ işi yapmak; tığ ile örmek *crochet hook teks.* dantel tığı
crock /krok/ *a.* çanak, çömlek, toprak kap; *kon.* külüstür araba, hurda; moruk, işi bitmiş adam; yaşlı at
crockery /'krokıri/ *a.* çanak, çömlek
crocodile /'krokıdayl/ *a. hayb.* timsah *crocodile tears* sahte gözyaşları, sahte üzüntü
crocus /'kroukıs/ *a. bitk.* çiğdem
croft /kroft/ *a.* küçük çiftlik
croissant /'krwa:song/ *a.* ayçöreği
crone /kroun/ *a.* kocakarı
crony /'krouni/ *a. kon.* yakın arkadaş, dost
crook /kruk/ *a.* kanca; sopa, değnek; *kon.* hırsız, dolandırıcı ¤ *e.* kıvırmak,

bükmek; kıvrılmak, bükülmek

crooked /'krukid/ s. eğri, yamuk; kon. namussuz, dolandırıcı, hilekâr

croon /kru:n/ e. yumuşak sesle (şarkı) söylemek

crop /krop/ a. ekin, ürün, mahsul; yığın; grup, küme, topluluk; kısa kesilmiş saç; kursak ¤ e. (hayvan) otlamak, yemek; (saç/kuyruk) kesmek, kırpmak; ekmek; ürün vermek *crop insurance* ürün sigortası *crop plant* trm. kültür bitkisi *crop rotation* ürün nöbeti, ürün rotasyonu, nöbetleşe ekim *crop up* kon. beklenmedik biçimde ortaya çıkmak

croquet /'kroukey/ a. krikete benzer bir açık hava oyunu, kroket

croquette /krıket/ a. mutf. kroket

crosier /'krouziı/ a. süslü piskopos asası

cross /kros/ a. çarpı/artı işareti; çarmıh; haç; üzüntü, gam, elem; çapraz ¤ e. geçmek, öbür tarafına geçmek; kesişmek; (kol, bacak) kavuşturmak, üst üste atmak; karşı koymak; engellemek; melezlemek ¤ s. kızgın, sinirli, ters, aksi, huysuz *bear/carry one's cross* bağrına taş basmak *cross a cheque* çizgili çek düzenlemek *cross arm* travers, çapraz kol *cross assembler* biliş. çapraz çevirici, geçiş çeviricisi *cross bearing* den. çapraz kerteriz, kestirme açısı *cross bedding* yerb. çapraz tabakalaşma, çapraz katmanlaşma *cross bombardment* fiz. çapraz bombardıman *cross bond* inş. çapraz tuğla örgüsü *cross-brushing machine* teks. çapraz fırça makinesi *cross check* çizgili çek *cross compiler* biliş. geçiş derleyicisi *cross-correlation* çapraz korelasyon, çapraz ilişki *cross coupling* elek. çapraz kuplaj, çapraz bağlaşım *cross currency risk* çapraz kur riski *cross current* ters akım *cross demand* karşı dava *cross-dye* teks. üzerine boyamak *cross elasticity* çapraz esneklik *cross entry* muvazene kaydı, mukabil giriş *cross foreign exchange rates* çapraz döviz kurları *cross girder* inş. çapraz kiriş *cross markets* çapraz pazarlar *cross member* oto. travers *cross neutralization* elek. çapraz nötrleştirme *cross off* üstünü çizip çıkarmak *cross*

oneself haç çıkarmak *cross out* üstünü çizmek *cross product* mat. çapraz çarpım *cross raising* teks. enine şardonlama, açık şardonlama *cross rate* çapraz kur *cross ratio* mat. çapraz oran *cross section* kesit, enine kesit *cross slide* çapraz kızak, çapraz dayak *cross springer* çapraz kuşak *cross-stitch* teks. çapraz dikiş *cross-striped* teks. enine çizgili, reye *cross the 't' and dot the 'i's* kılı kırk yapmak *cross timber* başlık *cross-tongue* ağaç kama *cross vault* inş. çapraz tonoz *cross vein* mad. çapraz damar

crossband /'krosbend/ a. çaprazbant

crossbar /'krosba:/ a. (bisiklette) üst boru

crossbeam /'krosbi:m/ a. kiriş

crossbow /'krosbou/ a. tatar yayı

crossbrace /'krosbreys/ a. çapraz gergi çubuğu, çapraz bağlantı

crossbracing /'krosbreysing/ a. çapraz bağlantı

crossbred /'krosbred/ s. melez

crossbreed /'krosbri:d/ a. melez ¤ e. melezlemek

crossbreeding /'krosbri:ding/ a. çaprazlama

crosscheck /'krosçek/ e. bir işlemin/yanıtın vb. sonucunu başka kaynaklardan ikinci kez kontrol etmek, sağlamasını yapmak

cross-country /kros'kantri/ s. be. kırlar boyunca, kırlarda *cross-country race* kros, kır koşusu *cross-country tyre* oto. arazi lastiği

crosscut /'kroskat/ a. enine kesiş, enine kesim *crosscut saw* mak. çapraz dişli testere

crossed /krost/ s. çizgili; çapraz *crossed check* çizgili çek *crossed line* konuşmaların karıştığı hat *crossed money order* çizgili posta çeki

cross-examination /krosig'zemineyşın/ a. çapraz sorgulama

cross-examine /krosig'zemin/ e. (bir tanığı, vb.) önceki yanıtlarla karşılaştırmak için sorguya çekmek, çaprazlama sorguya çekmek

cross-eyed /'krosayd/ s. şaşı

crossfall /'krosfo:l/ a. enine eğim

crossfire /'krosfayı/ a. ask. çapraz ateş

crosshatch /'krosheç/ e. çapraz taramak

crosshead /'kroshed/ *a. oto.* piston kafası, kroshed

crossing /'krosing/ *a.* deniz yolculuğu; (iki yolun, nehrin, vb.) birleştiği yer, geçit; geçiş yeri, geçiş

cross-legged /kros'legd/ *s. be.* bacak bacak üstüne atmış, bacak bacak üstüne

cross-lode /kros'loud/ *a. mad.* enine damar

crossover /'krosouvı/ *a.* geçit, köprü **crossover frequency** *elek.* geçiş frekansı

cross-ply /kros'play/ *a.* (araba lastiği) çapraz kat

cross-pollination /kros'polineyşın/ *a. trm.* çapraz tozlaşma

cross-purposes /kros'pö:pısiz/ *a.* farklı ve zıt amaçlar; yanlış anlama

cross-refer /krosri'fö:/ *e.* kitap içinde okuru başka bir yere göndermek

cross-reference /kros'refırıns/ *a.* gönderme, iç gönderme, çapraz gönderme **cross-reference program** *biliş.* karşıt-referans programı, çapraz-ilinti programı

crossroads /'krosroudz/ *a.* birkaç yolun kesiştiği yer; dönüm noktası; kavşak, dörtyol ağzı

cross-section /'krossekşın/ *a.* yatay kesit

crosstalk /'krosto:k/ *a.* diyafoni, karışma

crosstree /'krostri:/ *a. den.* kurcata, kurceta

crosswalk /'kroswo:k/ *a.* yaya geçidi

cross-wind /'kroswind/ *a. hav.* yan rüzgâr **cross-wind landing** *hav.* yan rüzgârda iniş **cross-wound bobbin** *teks.* çapraz bobin

crosswise /'kroswayz/ *a.* çapraz **cross-wise shearing machine** *teks.* enine makaslama makinesi

crossword (puzzle) /'kroswö:d (pazıl)/ *a.* çapraz bulmaca

crotch /kroç/ *a.* kasık; pantolon ağı, apışlık; dalın ağaç gövdesinden ayrıldığı yer, çatak

crotchet /'kroçit/ *a. müz.* çeyrek nota; garip, saçma düşünce

crotchety /'kroçiti/ *s. kon.* (yaşlı) huysuz, aksi, dırdırcı

croton /'kroutın/ *a.* kroton **croton oil** kroton yağı

crotonyl /'kroutınil/ *a. kim.* krotonil

crouch /krauç/ *e.* çömelmek, sinmek

croupier /'kru:piı/ *a.* krupiye

crow /krou/ *a.* karga; horoz ötüşü; sevinç çığlığı; *hkr.* zenci, gündüz feneri ¤ *e.* (horoz) ötmek; *kon.* böbürlenmek, hava atmak **as the crow flies** dolaşmadan, dosdoğru, dümdüz; kuş uçuşu **crow over** başarısından dolayı böbürlenmek **crow's feet** göz kenarındaki kırışıklıklar **eat crow** yanıldığını kabul etmeye zorlanmak **have a crow to pluck** konuşulacak tatsız bir meselesi olmak **stone the crows** *İİ. arg.* yok ya, git işine

crowbar /'krouba:/ *a.* demir kol, manivela, levye, küskü

crowd /kraud/ *a.* kalabalık; belirli bir toplumsal grup, topluluk; yığın ¤ *e.* toplanmak, doluşmak, kalabalık oluşturmak; (bir alan) doldurmak, tıkıştırmak, sıkıştırmak

crowded /'kraudid/ *s.* kalabalık, tıkış tıkış, dopdolu **crowded profession** çok rağbet gören meslek

crowfoot /'kroufut/ *a. den.* kazayağı

crown /kraun/ *a.* taç; çiçeklerden yapılmış taç; krallık, kraliyet iktidarı; tepe, üst kısım; 25 peni değerinde madeni para; şampiyonluk; mükemmellik, kusursuzluk ¤ *e.* taç giydirmek; bir şeyin tepesini/üstünü kaplamak; tamamlamak, tamam etmek; *kon.* kafasına vurmak; (diş) kaplamak **crown bit** kronlu matkap, başlı matkap **crown cap** metal şişe kapağı **crown glass** göbek camı, mercek camı **crown it all** tüy dikmek **crown prince** veliaht **crown rot** *orm.* öz çürüklüğü **crown wheel** ayna dişlisi, büyük mahruti dişli **to crown it all** üstüne üstlük, bu kadarla da kalmayıp

crowning /'krauning/ *s.* en son, en yüksek **crowning achievement** parlak başarı

crucial /'kru:şıl/ *s.* çok önemli, kesin, son, kritik, can alıcı **crucial point** kritik nokta

crucible /'kru:sıbıl/ *a.* pota, kröze **crucible furnace** *met.* potal fırını/ocağı **crucible tongs** *met.* pota maşası

crucifix /'kru:sifiks/ *a.* İsa'lı haç

crucifixion /kru:si'fikşın/ *a.* çarmıha

germe; İsa'nın çarmıha gerilmesini simgeleyen resim vb.; İsa'nın çarmıha gerilerek öldürülmesi

cruciform /'kru:sifo:m/ s. haç biçiminde

crucify /'kru:sifay/ e. çarmıha gererek öldürmek, çarmıha germek

crude /kru:d/ s. ham, işlenmemiş; kaba, inceliksiz; iyi yapılmamış, baştan savma, kaba saba **crude fibre** ham elyaf **crude oil** ham petrol, yeryağı **crude petroleum** Aİ. petrol; İİ. ham petrol **crude tar** ham katran

cruel /'kru:ıl/ s. acımasız, zalim, gaddar; çok acı, dayanılmaz

cruelly /'kru:ıli/ be. zalimane, insafsızca

cruelty /'kru:ılti/ a. acımasızlık, gaddarlık, zulüm

cruet /'kru:it/ a. baharatlık, baharat kutusu

cruise /kru:z/ a. deniz gezisi, tekne gezisi ¤ e. gemiyle gezmek, deniz gezisi yapmak; (otomobil, uçak, vb.) ortalama bir hızla gitmek; arg. karı peşinde dolaşmak, eline alıp dolaşmak **cruising altitude** hav. uygun seyir yüksekliği **cruising speed** hav. seyir hızı **go on a cruise** vapurla geziye çıkmak **take a cruise** vapurla geziye çıkmak

cruiser /'kru:zı/ a. bir ya da iki kamaralı büyük motor, kotra; kruvazör

crumb /kram/ a. ekmek kırıntısı, kırıntı; kırıntı, çok az miktar; Aİ. arg. ciğeri beş para etmez adam

crumble /'krambıl/ e. çok küçük parçalara ayırmak, ufalamak; ufalanmak, harap olmak

crumbly /'krambli/ s. kolayca ufalanan

crumpet /'krampit/ a. hamburger ekmeği; arg. kafa; arg. seksi karı

crumple /'krampıl/ e. buruşturmak, kırıştırmak; buruşmak, kırışmak

crunch /kranç/ e. çatır çutur yemek; çatırdamak; çatırdatmak ¤ a. çatırtı, çuturtu; kon. zor an, karar anı, dönüm noktası **come to the crunch** paçası sıkışmak **crunch finish** teks. hışırtılılık apresi

crusade /kru:'seyd/ a. Haçlı Seferi; (bir ilke, düşünce, ideal, vb. için) savaşım, mücadele ¤ e. savaşım vermek, mücadele etmek

crush /kraş/ e. ezmek, sıkıştırarak ezmek; izdiham oluşturmak, sıkışıp tepişmek ¤ a. izdiham, kalabalık; sıkma meyve suyu; kon. abayı yakma, aptalca aşk **have a crush on** abayı yakmak, vurulmak

crusher /'kraşı/ a. kırma makinesi, konkasör, kırıcı **crusher jaw** konkasör çenesi

crushing /'kraşing/ a. ezme **crushing mill** ezme değirmeni **crushing plant** kırma tesisi, kırma kuruluşu **crushing rolls** kırıcı merdane, kırıcı silindir **crushing strength** ezilme direnmesi **crushing test** ezme deneyi

crust /krast/ a. kabuk, ekmek kabuğu; tabaka, kabuk

crustacean /kra'steyşın/ a. s. hayb. kabuklu

crusty /'krasti/ s. kabuklu, gevrek; ters, huysuz, aksi

crutch /kraç/ a. koltuk değneği; kasık; pantolon ağı, apışlık; destek, payanda

crux /kraks/ a. sorunun merkezi/en önemli noktası

cry /kray/ e. ağlamak; bağırmak, haykırmak; bağırarak istemek/çağırmak, feryat etmek; (kuş, vb.) ötmek ¤ a. çığlık, feryat; haykırma, bağırma, yüksek ses, seslenme; ağlama; (hayvan ve kuş) ses **a far cry** çok farklı **cry down** takdir etmemek, yermek **cry for the moon** olmayacak şeyler istemek **cry off** sözünden dönmek, caymak, su koyuvermek **cry one's eyes/heart out** hüngür hüngür ağlamak **cry out against** karşı gelmek **cry out for** şiddetle gereksinim duymak **cry over spilled milk** geçmiş yağmura şemsiye açmak

crying /'kraying/ s. kon. acil ilgi gerektiren, çözüm bekleyen, ivedi, acele **crying shame** büyük ayıp

cryogenic /krayı'cenik/ s. fiz. kriyojenik

cryogenics /krayı'ceniks/ a. fiz. kriyojeni, soğubilim

cryohydrate /krayou'haydreyt/ a. kim. kriyohidrat

cryolite /'krayılayt/ a. min. kriyolit, soğuktaş

cryometer /kray'omitı/ a. fiz. kriyometre

cryoscopic /kray'oskıpik/ a. kim

kriyoskopik
cryoscopy /kray'oskıpi/ *a. kim.* kriyoskopi, donargözleyim
cryostat /'krayıstet/ *a. fiz.* kriyostat, dongun kap
cryotron /'krayıtron/ *a. elek.* kriyotron
crypt /kript/ *a.* yeraltı türbesi, kripta, kilise bodrumu
cryptic /'kriptik/ *s.* gizli, kapalı, örtük
cryptograph /'kriptougref/ *a.* kriptograf
cryptography /krip'togrıfi/ *a.* kriptografi
crystal /'kristl/ *a.* kristal, kırılca; billur *crystal analysis fiz.* kristal analizi, kırılca çözümlemesi *crystal anisotropy fiz.* kristal anizotropisi *crystal axes fiz.* kristal eksenleri *crystal boundary met.* kristal sınırı *crystal calibrator elek.* kristalli kalibratör *crystal control elek.* kristal kontrolü *crystal counter elek.* kristalli sayaç *crystal defect* kristal kusuru *crystal detector elek.* kristal detektör *crystal diode elek.* kristal diyot *crystal filter* kristal süzgeç *crystal-gate receiver elek.* kristal kapılı alıcı *crystal grain* kristal tanesi *crystal grating fiz.* kristal ağı *crystal growth* kristal büyümesi *crystal imperfection* kristal kusuru *crystal lattice* kristal kafesi, kırılca örgüsü *crystal microphone elek.* kristal mikrofon *crystal mixer* kristal karıştırıcı *crystal nucleus* kristal çekirdeği *crystal oscillator* kristalli osilatör *crystal oven* kristal fırını *crystal pick-up* kristalli pikap *crystal receiver elek.* kristalli alıcı *crystal rectifier elek.* kristalli redresör *crystal set elek.* kristalli alıcı *crystal spectrometer* kristalli spektrometre *crystal structure* kristal yapısı *crystal sugar* kristal şeker *crystal symmetry* kristal simetrisi *crystal system* kristal sistemi, kristal dizgesi
crystalline /'kristılayn/ *s.* kristalli, billurlu; berrak, parlak, şeffaf *crystalline rock* billuri kayaç, kırılcal kayaç *crystalline schist* kristalli şist, billurlu şist *crystalline solid* kristal katı, kristalin *crystalline structure* kristal yapı
crystallite /'kristılayt/ *a. kim.* kristalit
crystallization /kristılay'zeyşın/ *a.* kristalleşme; kristalleştirme

crystallize /'kristılayz/ *e.* billurlaşmak; billurlaştırmak; belirginleşmek; belirginleştirmek
crystallizer /'kristılayzı/ *a.* kristalizatör, kristalleştirme kabı; *şek.* mayşe kazanı *crystallizer pan şek.* kristalleştirme kazanı
crystallographic /kristılou'grefik/ *s.* kristalografik *crystallographic axis* kristal ekseni *crystallographic plane met.* kristalografik düzlem
crystallography /kristı'logrıfi/ *a.* kristalografi
cub /kab/ *a.* yavru ayı/aslan/kaplan/tilki; yavrukurt, izci; acemi, toy
cubage /'kyu:bic/ *a. mat.* küpleme
Cuban /'kyu:bın/ *s.* Küba (ile ilgili) *Cuban mahogany* Küba maunu *Cuban sugar şek.* Küba şekeri
cubature /'kyu:bıçı/ *a. mat.* küpleme
cube /kyu:b/ *a.* küp ¤ *e.* (bir şeyi) küp biçiminde kesmek, doğramak; *mat.* bir sayının küpünü almak *cube cutting machine* küp şeker kesme makinesi *cube root mat.* küpkök, köküç *cube sugar* küp şeker
cubic /'kyu:bik/ *s.* küp biçiminde, kübik *cubic antenna* kübik anten *cubic capacity* silindir hacmi *cubic centimetre* santimetre küp *cubic content* küp hacmi *cubic equation* üçüncü derecede denklem *cubic foot* fut küp *cubic meter* metre küp *cubic system* kübik sistem
cubicle /'kyu:bikıl/ *a.* küçük oda, kabin, odacık
cuckoo /'kuku:/ *a.* guguk kuşu; guguk kuşunun ötüşü; aptal kimse, kuş beyinli ¤ *s. arg.* deli, çılgın, kaçık; salak *cuckoo clock* guguklu saat *cuckoo in the nest* başkasının işine burnunu sokan kimse *cuckoo pint bitk.* yabani danaayağı
cucumber /'kyu:kambı/ *a. bitk.* salatalık, hıyar
cud /kad/ *a.* geviş *chew the cud* geviş getirmek
cuddle /'kadıl/ *e.* sarılmak, kucaklamak; kucaklaşmak ¤ *a.* kucaklama, sarılma
cuddly /'kadli/ *s.* insanın sarılası gelen
cuddy /'kadi/ *a. den.* küçük kamara
cudgel /'kacıl/ *a.* kısa kalın sopa *cudgel*

one's brains kafa patlatmak, kafa yormak take up the cudgels for arka çıkmak, tarafını tutmak

cue /kyu:/ a. başlama işareti, işaret; ipucu, işaret; bilardo sopası, isteka cue mark (film) makara sonu işareti, geçme işareti

cuff /kaf/ a. kolluk, manşet, yen; Aİ. katlanmış pantolon paçası; tokat ¤ e. tokat atmak cuff link kol düğmesi off the cuff hazırlıksız, düşünmeden

cuisine /kwi'zi:n/ a. yemek pişirme yöntemi, aşçılık, mutfak

cul-de-sac /'kaldısek/ a. çıkmaz sokak; çıkmaz

culinary /'kalınıri/ s. yemek pişirmeyle ilgili, mutfakla ilgili

cull /kal/ a. ıskarta kereste ¤ e. içinden en iyileri seçip ayırmak, seçip almak; güçsüz/hasta hayvanları seçip öldürmek

cullender /'kalindı/ a. bkz. colander

culminate /'kalmineyt/ e. (in ile) doruğuna yükselmek, sonuçlanmak

culmination /kalmi'neyşın/ a. doruk, zirve; bitme, sonuçlanma

culottes /kyu:'lots/ a. etek pantolon, eteğe benzer geniş pantolon

culpable /'kalpıbıl/ s. suçlanmayı hak eden

culprit /'kalprit/ a. sanık, suçlu

cult /kalt/ a. mezhep; tapınma; merak, rağbet, moda

cultivable /'kaltivıbıl/ a. trm. işlenebilir, ekilip biçilebilir

cultivate /'kaltiveyt/ e. toprağı işlemek, ekip biçmek; yetiştirmek; dostluğunu kazanmaya/ilerletmeye çalışmak

cultivated /'kaltiveytid/ s. kültürlü, terbiyeli, görgülü; işlenmiş, ekili culti-vated land trm. işlenmiş arazi culti-vated plant trm. kültür bitkisi, yetiştirim bitkisi

cultivation /kalti'veyşın/ a. toprağı işleme; bitki yetiştirme

cultivator /'kaltiveytı/ a. kültivatör

cultural /'kalçırıl/ s. kültürel, ekinsel cul-tural alienation kültürel yabancılaşma cultural anthropology kültürel antropoloji cultural deprivation kültürel yoksunluk cultural ecology kültürel ekoloji cultural lag kültürel

gecikme cultural language kültür dili, uygarlık dili cultural value kültürel değer

culture /'kalçı/ a. kültür, ekin; yetiştirme; biy. kültür

cultured /'kalçıd/ s. kültürlü, münevver; üretilmiş, kültive

culver /'kalvı/ a. beyaz halkalı bir güvercin

culvert /'kalvıt/ a. ark, kanal, suyolu, menfez

cum /kam/ ilg. ile, birlikte cum dividend gerçekleşen kâr ile birlikte cum rights rüçhan haklarıyla birlikte

cumbersome /'kambısım/ s. biçimsiz, hantal, kullanışsız, taşıması zor

cumin /'kamin/ a. kimyon

cumulative /'kyu:myulıtiv/ s. gittikçe artan, birikimli, kümülatif, çoğalan cu-mulative credit birikimli akreditif cu-mulative curve toplama eğrisi, birikme eğrisi cumulative distribution mat. birikimli dağılım cumulative dividend birikmiş temettü, birikimli temettü cu-mulative evidence kuvvetlendirici kanıt cumulative frequency mat. birikimli frekans, birikimli sıklık

cumulonimbus /kyu:myulou'nimbıs/ a. metr. kümülonimbüs, boranbulut

cumulostratus /kyu:myulou'streytıs/ a. metr. kümülostratüs

cumulus /'kyu:myulıs/ a. metr. kümülüs, kümebulut

cuneiform /'kyu:nifo:m/ s. kama biçiminde; çiviyazısında kullanılan kama veya ok biçimli işaretlerden oluşan cuneiform script çivi yazısı

cunning /'kaning/ s. kurnaz, açıkgöz ¤ a. kurnazlık, açıkgözlük cunning as the serpent anasının gözü, malın gözü

cunt /kant/ a. kab. am, amcık; amcık herif, itoğlu it, puşt, saloz

cup /kap/ a. fincan; kupa ¤ e. (ellerini, vb.) yuvarlak bir şey tutar gibi yapmak cup chuck mak. derin yüzlü torna aynası in one's cups kafası dumanlı

cupboard /'kabıd/ a. dolap

cupel /'kyu:pıl/ a. küçük pota ¤ e. potada arıtmak, potada tasfiye etmek

cupidity /kyu'piditi/ a. hkr. açgözlülük, hırs

cupola /'kyu:pılı/ a. inş. küçük kubbe,

kümbet; döküm ocağı, kupol ocağı **cupola furnace** kupol fırını, döküm ocağı

cupping /'kaping/ *a. hek.* hacamat **cupping glass** vantuz

cupreous /'kyu:priis/ *s.* bakırla ilgili, bakırlı

cuprite /'kyu:prayt/ *a. min.* kuprit

cupro-fiber /kyu:prou'faybı/ *a. teks.* bakır ipeği lifi

cupro-nickel /kyu:prou'nikıl/ *a.* nikel bakırı

cuprous /'kyu:prıs/ *s.* bakırlı **cuprous chloride** bakır klorür **cuprous sulphide** bakır sülfür

cur /kö:/ *a.* sokak köpeği, adi köpek; korkak/adi herif, aşağılık köpek

curate /'kyuırit/ *a.* papaz yardımcısı

curative /'kyuırıtiv/ *s.* iyileştirici, sağaltıcı, şifa verici

curator /kyu'reytı/ *a.* sanat galerisi/müze/kütüphane müdürü; veli, vasi

curb /kö:b/ *a.* fren, engel, zapt etme, kontrol; *Aİ.* kaldırım kenarı ¤ *e.* tutmak, engellemek, dizginlemek **curb roof** *inş.* mansart, kırık çatı **curb stocks** serbestçe alınıp satılan menkul değerler

curbstone /'kö:bstoun/ *a.* kaldırım kenar taşı, bordür taşı

curable /'kyuırıbıl/ *s.* iyileştirilebilir, tedavi edilebilir

curd /kö:d/ *a.* kesmik, lor

curdle /'kö:dıl/ *e.* (süt) kesilmek; kesmek

cure /kyuı/ *a.* sağaltım, tedavi; ilaç, çare; iyileşme, iyi olma, şifa ¤ *e.* (hastayı) iyileştirmek, sağaltmak, tedavi etmek; (kötü bir durumu) iyileştirmek, iyi duruma getirmek, düzeltmek; tuzlamak; tütsülemek; vulkanize etmek

curfew /'kö:fyu:/ *a.* sokağa çıkma yasağı

curie /'kyuıri/ *a. elek.* küri, radyoaktivite birimi **Curie point** *fiz.* Curie noktası, Curie sıcaklığı **Curie temperature** *fiz.* Curie sıcaklığı

curing /'kyuıring/ *a.* eti tuzlama; vulkanizasyon

curio /'kyuıriou/ *a.* nadir ve değerli eşya, antika

curiosity /kyuıri'ositi/ *a.* merak; garip, tuhaf şey

curious /'kyuırıs/ *s.* meraklı, bilmek

isteyen; meraklı, her şeye burnunu sokan, herkesin işine karışan; garip, acayip, tuhaf

curium /'kyuıriım/ *a. kim.* küriyum

curl /kö:l/ *a.* büklüm, kıvrım; bukle; helezon, sarmal biçimde herhangi bir şey ¤ *e.* (saç) kıvırmak; kıvrılmak, bükülmek; kıvrılarak/dönerek hareket etmek *in curls* (zaç) kıvırcık, bukleli

curler /'kö:lı/ *a.* bigudi

curlew /'kö:lyu:/ *a.* çulluk

curling /'kö:ling/ *a.* kıvırma; buz alanı üzerinde taşları kaydırarak oynanan bir oyun **curling irons** saç maşası **curling tongs** saç maşası

curly /'kö:li/ *s.* kıvırcık, kıvrımlı

curly-top /'kö:litop/ *a. şek.* kıvırcık baş hastalığı

curmudgeon /kö:'macın/ *a. esk.* huysuz ihtiyar

currant /'karınt/ *a.* kuşüzümü; frenküzümü

currency /'karınsi/ *a.* geçerlilik, revaç; para; dolaşım, sirkülasyon; sürüm **currency account** döviz hesabı **currency arbitrage** kur arbitrajı **currency basket** para sepeti **currency bill** yabancı poliçe **currency circulation** para tedavülü **currency convertibility** paranın konvertibilitesi **currency depreciation** paranın değer kaybetmesi **currency devaluation** para devalüasyonu **currency in circulation** dolaşımdaki para, tedavüldeki para **currency inflation** para enflasyonu **currency issued** emisyon hacmi **currency option** döviz opsiyonu **currency parity** kambiyo paritesi **currency reform** para reformu **currency risk** kur riski **currency system** para sistemi **currency trade** döviz ticareti **currency unit** para birimi **currency value** döviz değeri

current /'karınt/ *s.* şimdiki, bugünkü, güncel; yaygın, geçer, geçerli, genel, cari; genel, yaygın ¤ *a.* akıntı; akım, cereyan **current account customer** cari hesap müşterisi **current account surplus** cari hesap fazlası **current account** cari hesap **current amplification** *elek.* akım yükseltilmesi **current antinode** *elek.* akım antinodu **current asset cycle** paraya devri kolay olan

kıymetlerin devri **current assets** dönen kıymetler, dönen varlıklar, mütedavil kıymetler **current attenuation** *elek.* akım zayıflaması **current balance** cari işlemler dengesi **current breaker** *elek.* akım kesici **current budget** cari bütçe **current capital** döner sermaye **current circuit** *elek.* akım devresi **current coil** *elek.* akım bobini **current collector** *elek.* akım kolektörü **current consumption** akım tüketimi **current converter** konvertisör **current cost accounting** cari maliyet muhasebesi **current cost** cari maliyet **current density** *elek.* akım yoğunluğu **current efficiency** *kim.* akım verimi **current exchange rate** cari kur, gerçek kur **current expenditure** cari masraf, cari harcama, cari gider **current feed** *elek.* akım beslemesi **current fund** nakdi fon **current generation** akım üretimi **current generator** *elek.* akım jeneratörü, akım üreteci **current income** cari gelir **current insurance** cari sigorta **current intensity level** akım şiddeti düzeyi **current investment** kısa vadeli yatırım **current liability** cari borç, kısa vadeli borç **current limiter** *elek.* akım sınırlayıcı **current-limiting fuse** *elek.* akım sınırlama sigortası **current limiting** *elek.* akım sınırlayıcı **current market value** cari pazar değeri **current maturity** vadesi gelen borç **current node** *elek.* akım düğümü **current noise** *elek.* akım gürültüsü **current outlay cost** cari maliyet **current period** cari devre **current premium** cari prim **current price** cari fiyat **current rate** cari kur, geçerli kur, günlük kur **current ratio** cari oran **current regulation** *elek.* akım regülasyonu, akım düzenlemesi **current regulator** *elek.* akım regülatörü **current relay** *elek.* akım rölesi **current return** cari verim **current sensitivity** *elek.* akım duyarlığı **current supply** cari arz **current taxes** cari vergiler **current transformer** *elek.* akım transformatörü **current value** cari değer **current year** cari sene **current yield** cari getiri, cari verim, cari hasıla
curriculum /kı'rikyulım/ *a.* müfredat programı, öğretim izlencesi **curriculum vitae** özgeçmiş

curry /'kari/ *a.* köri, acılı bir Hint yemeği ¤ *e.* tabaklamak, sepilemek
currycomb /'karikoum/ *a.* kaşağı
curse /kö:s/ *a.* lanet, ilenç; lanetleme; küfür ¤ *e.* ilenmek, lanet etmek, lanetlemek, beddua etmek; küfür etmek
cursive /'kö:siv/ *s.* el yazısı ile yazılmış ¤ *a.* el yazısı
cursor /'kö:sı/ *a. biliş.* kürsör, imleç
cursory /'kö:sıri/ *s.* acele, üstünkörü, gelişigüzel, baştansavma
curt /kö:t/ *s.* (söz) kısa, sert; kısa ve sert konuşan
curtail /kö:'teyl/ *e.* kısa kesmek; kısmak, azaltmak **curtail step** birinci basamak
curtailment /kö:'teylmınt/ *a.* kısma, azaltma
curtain /'kö:tn/ *a.* perde; tiyatro perdesi **curtain antenna** perde anten **curtain machine** *teks.* perde makinesi **curtain stretcher** *teks.* perde gergefi **curtain wall** *inş.* perdeduvar, takma cephe
curtsy /'kö:tsi/ *a.* (kadınların yaptığı) reverans ¤ *e.* reverans yapmak
curvature /'kö:vıçı/ *a.* eğrilik derecesi, eğim derecesi; *hek.* eğrilik
curve /kö:v/ *e.* eğmek; eğilmek ¤ *a.* eğri, kavis, eğmeç; dönemeç, viraj **curve chart** eğri grafiği **curve plotter** *biliş.* eğri çizici
curved /kö:vd/ *s.* eğri, kavisli **curved line** eğri çizgi **curved segment** eğri dilim **curved surface** eğri yüzey
curvilinear /kö:vi'liniı/ *s.* eğrili, eğrisel **curvilinear coordinates** *mat.* eğrisel koordinatlar, eğrisel konaçlar **curvilinear distortion** *fiz.* eğriltme **curvilinear motion** eğrisel hareket
cushion /'kuşın/ *a.* minder, yastık; (bilardo) bant, kenar ¤ *e.* rahatlatmak **cushioned blasting** *mad.* boşluklu patlama
cushioning /'kuşının/ *a.* tamponlama, yastıkla besleme **cushioning spring** amortisör yayı
cushy /'kuşi/ *s. kon.* rahat, kolay
cusp /kasp/ *a.* doruk, zirve; *bitk.* sivri uç; *mat.* köşe noktası; *inş.* dilim
cuss /kas/ *a. kon.* lanet; herif, adam **cuss word** küfür, hakaret
cussed /'kasid/ *s.* lanetli; inatçı
cussedness /'kasidnis/ *a.* inatçılık,

huysuzluk
custard /'kʌstıd/ *a. İİ.* muhallebi; krema *custard pie* kremalı turta *custard powder* krema özü
custardapple /'kʌstıdepıl/ *a.* Hint ayvası
custodian /kaˈstoudiın/ *a.* (kütüphane, müze, vb.) sorumlu, yönetici kimse; emanetçi *custodian bank* depo bankası, emanet bankası
custodianship /kaˈstoudiınşip/ *a.* muhafaza hizmeti sağlama
custody /'kʌstıdi/ *a.* gözetim, bakım; nezaret, gözaltı *be in custody* gözaltında bulunmak *custody bill of lading* muhafaza konşimentosu *take into custody* gözaltına almak
custom /'kʌstım/ *a.* gelenek, görenek, töre; alışkanlık, âdet, huy; müşteri *custom-built* sipariş üzerine yapılmış
customarily /'kʌstımırıli/ *be.* alışıldığı gibi, teamüle göre
customary /'kʌstımıri/ *s.* geleneksel, alışılmış, mutat *customary form* teamüli şekil, alışılagelmiş şekil *customary tare* teamüli dara, istimal darası
custom-built /kʌstım 'bilt/ *s.* ısmarlama
customer /'kʌstımı/ *a.* alıcı, müşteri *customer acceptance test biliş.* müşteri kabul denemesi *customer classification* müşterilerin sınıflandırılması *customer country* alıcı ülke *customer draft* görüldüğünde ödenecek poliçe *customer-oriented* müşteriye yönelik *customer's account* müşteri hesabı *customer's check* çizgili olmayan çek *customer's deposits account* müşteri mevduat hesabı *customer's ledger* müşteriler defteri
customize /'kʌstımayz/ *e.* müşteriye uydurmak, müşteriye uyarlamak
custom-made /kʌstım 'meyd/ *s.* ısmarlama
customs /'kʌstımz/ *a.* gümrük vergisi; gümrük *customs administration* gümrük idaresi *customs appraisement* gümrükçe yapılan değerleme *customs area* gümrük bölgesi *customs authorities* gümrük yetkilileri *customs bill of entry* gümrük bülteni *customs bond* gümrüğe verilen teminat mektubu *customs broker* gümrük komisyoncusu *customs cer-*

tificate gümrük belgesi *customs classification* gümrük sınıflandırması *customs clearance* gümrük formaliteleri *customs debenture* gümrük iade bildirimi *customs declaration* gümrük beyannamesi *customs duty* gümrük resmi, gümrük vergisi *customs duty-like fee* gümrük vergisi benzeri harç *customs entry* gümrük girişi *customs examination* gümrük kontrolü, gümrük muayenesi *customs examiner* gümrük kontrolörü *customs exemption* gümrük muafiyeti *customs free* gümrüksüz, gümrükten muaf *customs frontier* gümrük hattı *customs house* gümrük idaresi, gümrük dairesi, gümrük *customs house report* gümrük beyanı *customs inspection* gümrük kontrolü, gümrük muayenesi *customs invoice* gümrük faturası *customs law* gümrük kanunu *customs nomenclature* gümrük nomenklatürü *customs officer* gümrük memuru *customs permit* gümrük müsaadesi, gümrük izni *customs policy* gümrük politikası *customs regime* gümrük rejimi *customs regulations* gümrük yönetmelikleri, gümrük tüzükleri *customs specifications* gümrük bildirim belgesi *customs tare* gümrükçe saptanan dara *customs tariff* gümrük tarifesi *customs tariff quota* gümrük tarife kotası *customs tariff rates* gümrük tarife oranları *customs tariff reduction* gümrük tarife indirimi *customs tariff schedule* gümrük tarife cetveli *customs tariff treaty* gümrük tarifesi antlaşması *customs tariff-like* gümrük tarife benzeri *customs union* gümrük birliği *customs valuation* gümrük değerini biçme *customs value* gümrük değeri *customs wall* gümrük duvarı *customs war* gümrük savaşı *customs warehouse* gümrük ardiyesi, gümrük antreposu *customs warrant* gümrük teslim belgesi

cut /kʌt/ *e.* kesmek; dilimlemek; kesilmek, dilimlenmek; açmak; çıkartmak, atmak; (diş) çıkarmak; kısaltmak; kısmak, azaltmak, seyrekleştirmek; incitmek, kırmak; üzmek; *kon.* asmak, kırmak; (kâğıdı) kesmek; sapmak, aniden dönmek, yön değiştirmek; *kon.* (plak) doldurmak ¤ *a.* kesik, yarık, yara; dilim, parça; kısıntı, kesinti; azaltma, indirim; *isk.* kesme; *kon.* pay ¤ *s.* kesilmiş, kesik *a cut above* bir gömlek üstün, -den daha iyi *be cut out for* biçilmiş kaftan olmak *cut a wide/big swath* caka satmak *cut across* kestirmeden gitmek; sınırlarını aşmak, ötesine gitmek *cut and dried* iç karartıcı *cut back* budamak; kesinti yapmak, kısmak, azaltmak *cut corners* kestirmeden gitmek, kısa yoldan gitmek *cut down* kesip düşürmek, devirmek; azaltmak, kısmak; fiyatı indirmeye ikna etmek *cut flush bas.* tıraş etmek, kenarlarını kesmek *cut in kon.* müdahale etmek, lafa girmek; aniden öndeki arabanın önüne geçmek *cut it/that out kon.* (kavgayı) kesmek, bırakmak *cut it fine* kendine zamanı/parayı, vb. ancak sağlamak, ucu ucuna yetişmek *cut nail* döşemeci çivisi *cut off* kesip ayırmak, kesmek; bağlantısını kesmek; mirastan, vb. mahrum etmek; izole etmek, kapatmak, giriş çıkışı engellemek *cut one's cables* bağları koparmak/kesmek *cut one's coat according to one's cloth* ayağını yorganına göre uzatmak *cut one's eyeteeth on* saçını sakalını ağartmak *cut one's losses* iyice batmadan istifa etmek *cut one's own throat* bindiği dalı kesmek *cut out (the) dead wood kon.* işe yaramayan kısımları kesip atmak, çıkarmak, temizlemek *cut out for sth* bir şey için biçilmiş kaftan, uygun *cut out* kesmek, kesip çıkarmak; stop etmek, durmak; *kon.* kesmek, bırakmak; açmak, yarmak *cut sb dead* biriyle selamı sabahı kesmek *cut sb down to size* yüzünü yere getirmek *cut sb to the quick/heart* ciğerine/içine zehir gibi işlemek, içine oturmak *cut stone inş.* yontma taş, yapıtaşı *cut up* doğramak; yıkmak, mahvetmek; yıkımına neden olmak, acı çektirmek, çıldırtmak; acımasızca eleştirmek, yerden yere vurmak

cut-and-dried /katın'drayd/ *s.* değişmez, sabit, kararlaştırılmış

cut-and-dry /katın'dray/ *s. bkz.* cut-and-dried

cutback /'katbek/ *a.* indirim, kesinti; katbek, akıcı bitüm

cute /kyu:t/ *s.* şirin, hoş, sevimli

cut-rate /kat'reyt/ *s.* ucuz, piyasanın altında

cuticle /'kyu:tikıl/ *a.* tırnakların çevresindeki ölü deri, üst deri

cutlass /'katlıs/ *a.* pala, kıvrık uçlu kısa kılıç

cutler /'katlı/ *a.* bıçakçı

cutlery /'katlıri/ *a.* çatal bıçak takımı, sofra takımı

cutlet /'katlit/ *a.* pirzola, külbastı

cutoff /'katof/ *a.* kesici düzenek, durdurma düzeneği, anahtar, sürgü; kestirme yol *cutoff bias fiz.* kesme öngerilimi, kesilim öngerilimi *cutoff date* işlem bitiş tarihi *cutoff point* sona eriş noktası *cutoff relay* devre kesen röle *cutoff statement* ara bilanço *cutoff voltage elek.* kesim gerilimi *cutoff wall* parafuy *cutoff waveguide* söndüren dalga kılavuzu

cutout /'kataut/ *a.* kesici, disjonktür, enterüptör *cutout box elek.* kofra

cut-price /kat'prays/ *s.* ucuz, indirimli *cut-price shop* ucuzcu dükkân

cutter /'katı/ *a.* kesici, keski, bıçak, freze; *den.* kotra, filika *cutter loader* kesici yükleyici

cutthroat /'kattrout/ *a.* katil, cani; tefeci *cutthroat competition* kıyasıya rekabet

cutting /'kating/ *a. İİ.* kupür, kesik; dal çeliği, budanmış parça; geçit, yarık, tünel; kesme; yol açma ¤ *s.* acı, kırıcı, kalp kırıcı, incitici; (rüzgâr) soğuk, kesici, içe işleyen *cutting angle mak.* kesme açısı *cutting copy sin.* iş kopyası, çalışma kopyası, montaj kopyası *cutting cylinder teks.* kesme silindiri *cutting edge* kesici kenar, kesici yüz *cutting head* kesme kafası *cutting machine* kesme makinesi *cutting nippers* kesici kıskaç *cutting room* montaj odası, kurgu odası *cutting rule* gofra çizgisi *cutting tool* kesme takımı *cutting tool metal* kesme takım metali *cuttings teks.* atık, döküntü, telef

cuttle /'katıl/ *e. teks.* katlamak, paftalamak, istiflemek *cuttling frame*

teks. katlama donanımı, paftalama donanımı, istifleme donanımı
cuttler /'katlı/ *a. teks.* katlayıcı
cutwater /katwo:tı/ *a. den.* talimar, kayak tığı
cyanamide /say'enımayd/ *a.* siyanamit
cyanate /'sayıneyt/ *a.* siyanat
cyanic /say'enik/ *s.* siyanik **cyanic acid** siyanik asit
cyanidation /sayınay'deyşın/ *a.* siyanürleme
cyanide /'sayınayd/ *a.* siyanür **cyanide hardening** siyanürleme, siyanür banyosunda sertleştirme **cyanide process** siyanürleme
cyanine /'sayıni:n/ *a.* siyanin
cyanogen /say'enıcin/ *a.* siyanojen
cyanohydrin /sayınou'haydrin/ *a.* siyanohidrin
cybernetician /saybı'netişın/ *a.* sibernetikçi, güdümbilimci
cybernetics /saybı'netiks/ *a.* sibernetik, güdümbilim
cyclamen /'siklımın/ *a. bitk.* siklamen, tavşankulağı
cycle /'saykıl/ *a.* devir, tur, dönüş; bisiklet; motosiklet ¤ *e.* bisiklet sürmek; devir yapmak **cycle count** devre hesabı **cycle counter** *biliş.* salınım sayacı, çevrim sayacı **cycle criterion** *biliş.* salınım ölçütü, çevrim ölçütü **cycle index counter** *biliş.* salınım dizin sayacı, çevrim dizin sayacı **cycle mailing** hesapları gruplara ayırma **cycle per second** saniyede çevrim, hertz **cycle posting** hesapları gruplara ayırma **cycle reset** *biliş.* salınım sayacını yeniden kurma, çevrim sıfırlama **cycle stealing** *biliş.* çevrim çalma, çevrim kapma **cycle time** *biliş.* salınım zamanı, çevrim zamanı, dönüş süresi **cycle track** bisiklet yolu
cyclic /'sayklik/ *s.* periyodik, çevrimsel, devri **cyclic code** çevrimsel kod **cyclic compound** *kim.* halkalı bileşik **cyclic group** *mat.* devirli grup, çevrimsel öbek **cyclic permutation** *mat.* devirli permütasyon, çevrimsel devşirim **cyclic redundancy check** *biliş.* çevrimsel fazlalık denetimi **cyclic shift** *biliş.* çevrimsel kaydırma, dönüşlü kaydırma **cyclic storage** *biliş.* salınımsal bellek

cyclical /'sayklikıl/ *s.* devirli, periyodik; konjonktürel **cyclical fluctuation** konjonktür dalgalanması **cyclical movement** periyodik hareket **cyclical unemployment** konjonktürel işsizlik
cycling /'saykling/ *a.* bisikletle gezi; motosikletle gezi
cyclist /'sayklist/ *a.* bisikletçi **cyclist insurance** bisiklet sigortası
cyclobutane /sayklou'byu:teyn/ *a.* siklobutan
cyclogenesis /sayklou'cenısis/ *a. metr.* siklojenez
cyclogram /'sayklougrem/ *a. elek.* siklogram
cyclograph /'sayklougra:f/ *a.* siklograf
cyclohexane /sayklou'hekseyn/ *a.* sikloheksan
cyclohexylamine /sayklou'heksilemin/ *a.* siklohekzilamin
cycloid /'saykloyd/ *s.* sikloit
cycloidal /say'kloydıl/ *s.* çevrimsi, dairevi
cyclone /'saykloun/ *a.* kasırga, siklon, alçak basınç merkezi
cyclopropane /sayklou'proupeyn/ *a.* siklopropan
cyclorama /sayklou'ra:mı/ *a.* siklorama, sayklorama
cyclotron /'sayklıtron/ *a. fiz.* siklotron **cyclotron frequency** *fiz.* siklotron frekansı
cygnet /'signit/ *a.* kuğu yavrusu
cylinder /'silindı/ *a.* silindir, yuvgu, merdane, üstüvane **cylinder barrel** *mak.* silindir kovanı, silindir gömleği **cylinder block** *oto.* silindir bloğu, motor gövdesi **cylinder bore** silindir iççapı **cylinder cock** silindir musluğu **cylinder cover** silindir kapağı **cylinder drying machine** *teks.* silindirli kurutma makinesi **cylinder fulling machine** *teks.* silindirli dinkleme makinesi **cylinder head gasket** *oto.* silindir kapağı contası **cylinder head studs** *oto.* silindir kapağı saplamaları **cylinder head** *oto.* silindir kafası, silindir kapağı **cylinder jacket** *oto.* silindir ceketi, silindir gömleği **cylinder liner** *oto.* silindir gömleği **cylinder lock** silindir kilit, yale tipi kilit **cylinder milling machine** *teks.* silindirli dinkleme makinesi **cylinder oil** silindir yağı **cylinder-**

piston clearance oto. silindir-piston açıklığı *cylinder press* silindirli pres *cylinder printing* silindirli baskı *cylinder setting machine* teks. silindirli fiksaj makinesi *cylinder shearing machine* teks. silindirli kesme makinesi *cylinder skirt* oto. silindir eteği *cylinder steamer* teks. davullu buharlayıcı *cylinder stuffing box* silindir salmastra kutusu *cylinder volume* oto. silindir hacmi, süpürme oylumu *cylinder wall* oto. silindir çeperi *cylinder washing machine* teks. tamburlu yıkama makinesi

cylindrical /si'lindrikıl/ s. silindirik, yuvgusal *cylindrical coil* elek. silindirik bobin *cylindrical coordinates* mat. silindirik koordinatlar, yuvaksal konaçlar *cylindrical function* mat. silindirik fonksiyon, yuvaksal işlev *cylindrical grinding* mak. silindirik taşlama *cylindrical wave* silindirik dalga

cylindroid /'silindroyd/ a. mat. silindiroit, yuvaksı

cyma /'saymı/ a. inş. tepe silmesi, çerçeve başlığı, pervaz

cymbal /'simbıl/ a. müz. büyük zil

cymene /'saymi:n/ a. kim. simen

cynic /'sinik/ a. insanların her davranışında mutlaka bir çıkar bulunduğuna inanan kimse, iyiliğe inanmayan kimse, alaycı, sinik, kinik

cynical /'sinikıl/ s. sinik, iyiliğe inanmayan

cynicism /'sinisizım/ a. siniklik

cypher /sayfı/ a. bkz. cipher

cypress /'saypris/ a. bitk. servi, selvi

cyprinoid /'siprinoyd/ a. havuz balığı

cyst /sist/ a. hek. kist

cysteine /'sistii:n/ a. sistein

cystine /'sisti:n/ a. sistin

cystoscope /'sistıskoup/ a. sistoskop

cytochrome /'saytoukroum/ a. kim. sitokrom

cytology /say'tolıci/ a. sitoloji, gözebilim

cytosine /'saytısin/ a. kim. sitozin

czar /za:/ a. çar

D

D, d /di:/ a. İngiliz abecesinin dördüncü harfi; Romen rakamlarından 500

dab /deb/ e. hafifçe dokunmak, hafifçe vurmak ¤ a. kon. dokunma, hafif vuruş; uzman, usta

dabber /'debı/ a. yüzeye mürekkep vurma aracı

dabble /'debıl/ e. (at/in ile) bir işle amatörce uğraşmak, takılmak

dabbler /'deblı/ a. amatör, meraklı

dabster /'debstı/ a. acemi çaylak, işi yüzüne gözüne bulaştıran kimse

dace /deys/ a. çamça

dacha /'deçı/ a. Rusya'da kır evi

dachshund /'dekshund/ a. hayb. daksund

dactyl /'dektil/ a. bir şiir ölçüsü

dactylogram /dek'tilougrem/ a. parmak izi

dad /ded/ a. kon. baba

Dadaism /'da:deyzım/ a. Dadaizm, Dadacılık

Dadaist /'da:deyist/ a. s. Dadaist, Dadacı

daddy /'dedi/ a. kon. baba, babacığım

dado /'deydou/ a. lambri ¤ e. lambrilemek

daffodil /'defıdil/ a. bitk. zerrin, fulya, nergis

daft /da:ft/ s. kon. aptal, salak, budala

dagger /'degı/ a. hançer, kama *be at daggers drawn with* kanlı bıçaklı olmak *look daggers at* bir kaşık suda boğacakmış gibi bakmak

dago /'deygou/ a. Büyük Okyanus adaları yerlisi

dahlia /'deylyı/ a. dalya, yıldızçiçeği

dailies /'deyliz/ a. sin. günlük çekim

daily /'deyli/ s. günlük, gündelik ¤ be. her gün ¤ a. günlük gazete, (pazar hariç) her gün çıkan gazete; yatısız temizlikçi kadın *daily beet slicing capacity* şek. günlük pancar işleme kapasitesi *daily benefits* günlük kâr *daily bulletin* günlük tebliğ *daily cash proof* günlük kasa muvazenesi *daily collection* günlük tahsilat *daily exchange rate* günlük kur, günlük döviz kuru *daily income report* günlük gelir raporu *daily interest* günlük faiz *daily interest account* günlük faiz hesabı *daily newspaper* günlük gazete *daily operating cost* günlük işletme masrafları *daily pay* gündelik *daily product* günlük ürün **daily receipt** günlük gelir **daily report** günlük rapor **daily reserve calculation** günlük rezerv hesabı **daily sale** günlük satış **daily statement** günlük hesap raporu **daily task** günlük görev **daily wages** gündelik, yevmiye **daily want** günlük gereksinim

daintiness /'deyntinis/ *a.* zarafet; nezaket, incelik; titizlik; lezzet

dainty /'deynti/ *s.* ince, sevimli, tatlı ¤ *a.* lezzetli şey, özellikle küçük lezzetli kurabiye

daiquiri /'daykiri/ *a.* rom ile limondan yapılan tatlı alkollü içki

dairy /'deıri/ *a.* mandıra, süthane; sütçü dükkânı, yalnız süt ve süt ürünleri satan dükkân **dairy cattle** *trm.* süt ineği **dairy farm** mandıra **dairy products** *trm.* süt ürünleri

dais /'deyis, deys/ *a.* konuşmacı kürsüsü

daisy /'deyzi/ *a.* papatya **push up the daisies** Niyazi olmak, ölüp gömülmek **daisy chain** *biliş.* papatya zinciri

daisywheel /'deyziwi:l/ *a.* *biliş.* papatyateker

dale /deyl/ *a.* vadi

dalliance /'deliıns/ *a.* tembellik; oynaşma, flört, vakit geçirme

dally /'deli/ *e.* (about/over ile) oyalanmak, sallanmak

dalmatian /del'meyşın/ *a.* siyah benekli beyaz bir cins iri köpek

daltonism /'do:ltınizım/ *a.* renk körlüğü, daltonizm

dam /dem/ *a.* baraj, set, bent, büğet ¤ *e.* baraj yapmak, su bendi yapmak; set çekmek, kapamak

damage /'demic/ *a.* zarar, ziyan, hasar ¤ *e.* zarar vermek **damage by explosion** infilak hasarı **damage by frost** don hasarı **damage by ice** buz hasarı **damage by lightning** yıldırım hasarı **damage by smoke** duman hasarı **damage by storm** fırtına hasarı **damage by water** su hasarı **damage certificate** hasar belgesi **damage claim** hasar tazminat talebi **damage free** hasarsız **damage of inflation** enflasyon zararı **damage to a building** bina hasarı **damage to goods** emtia hasarı, mal hasarı

damageable /'demicıbıl/ *s.* bozulabilir

damaged /'demicd/ *s.* bozulmuş, hasarlı, zarar görmüş **damaged goods** hasarlı mal **damaged merchandise** hasarlı mal **damaged to property** mala verilen zarar

damages /'demiciz/ *a.* *huk.* tazminat, zarar ziyan tazminatı; masraf, fiyat **damages insurance** zarara karşı sigorta

damaging /'demicing/ *s.* zararlı

damask /'demısk/ *a.* Şam kumaşı, damasko

dame /deym/ *a.* *Aİ. kon.* kadın

damn /dem/ *e.* (din) ölümden sonra cezalandırmak; lanet etmek, beddua etmek, lanetlemek; sövmek, yerin dibine batırmak; rezil etmek, mahvetmek ¤ *ünl. arg.* kahretsin!, lanet olsun! ¤ *s. be. arg.* o biçim, süper, son derece, müthiş **damn all** hiçbir bok, hiçbir şey **damn well** pekâlâ, çok iyi, kesinlikle **God damn it** *arg.* Allah kahretsin!

damnable /'demnıbıl/ *s.* melun, lanetli; nefret edilen

damnation /dem'neyşın/ *a.* lanetleme, lanet; lanetlenme

damned /demd/ *s.* lanetlenmiş, lanetli

damning /'deming/ *s.* -e son derece karşı, zıt, aleyhinde

Damocles /'demıkli:z/ *a.* Demokles **the sword of Damocles** Demokles'in kılıcı

damp /demp/ *s.* nemli, rutubetli ¤ *a.* ıslaklık, nem, rutubet ¤ *e.* nemlendirmek, ıslatmak; (ateşi) yavaşlatmak, küllemek, boğmak

damped /dempt/ *s.* sönümlü **damped oscillation** *fiz.* sönümlü osilasyon, sönümlü salınım

dampen /'dempın/ *e.* ıslatmak, nemlendirmek; ıslanmak, nemlenmek; (mutluluk, coşku, vb. için) kaçırmak, bastırmak, gölge düşürmek

damper /'dempı/ *a.* söndürücü, tampon, yastık; *oto.* amortisör **damper put a damper on sth** bir şeye gölge düşürmek **damper winding** *elek.* sönüm sargısı

damping /'demping/ *a.* sönüm, amortisman **damping circuit** amortisör devre **damping coil** *elek.* sönüm bobini, durdurma bobini **damping fac-**

tor amortisman faktörü, sönüm çarpanı
damping force amortisman kuvveti
damping magnet *elek.* sönüm
mıknatısı ***damping-off*** *trm.*
fideçökerten
dampish /'dempiş/ *s.* rutubetli, nemli
dampness /'dempnıs/ *a.* nem, rutubet
dampproof /'demppru:f/ *s.* neme karşı
dayanıklı
damsel /'demzıl/ *a.* soylu aileden gelen
genç ve bekâr kız
damson /'demzın/ *a. bitk.* mürdümeriği
dance /da:ns/ *e.* dans etmek, oynamak;
dans ettirmek, oynatmak ¤ *a.* dans,
oyun; dans partisi ***dance attendance
on sb*** bir dediğini iki etmemek,
etrafında dört dönmek ***dance hall*** dans
salonu ***lead sb a dance*** başına iş
açmak, zahmet vermek
dancer /'da:nsı/ *a.* dansçı, dansör,
dansöz ***dancer roller*** rakkas vals,
rakkas silindir, ayak uydurma valsi
dancing /'da:nsing/ *a.* dans (etme) ***danc-
ing girl*** dansöz, dansçı kız ***dancing
lesson*** dans dersi ***dancing master***
dans öğretmeni ***dancing roller*** rakkas
silindir, rakkas vals, ayak uydurma
silindiri
dandelion /'dendilayın/ *a. bitk.*
karahindiba
dandified /'dendifayd/ *s.* züppe,
çıtkırıldım
dandle /'dendıl/ *e.* çocuğu hoplatmak,
hoppala yaptırmak; aşırı sevgi
göstermek, şımartmak
dandruff /'dendrıf/ *a.* başta olan kepek,
konak
dandy /'dendi/ *a.* züppe, çıtkırıldım,
hanım evladı; harika, mükemmel; *den.*
bocurum direkli şalupa
dandyism /'dendiizım/ *a.* züppelik,
çıtkırıldımlık
Dane /deyn/ *a.* Danimarkalı kişi
danger /'deyncı/ *a.* tehlike ***danger class***
tehlike sınıfı
dangerous /'deyncırıs/ *s.* tehlikeli ***dan-
gerous goods*** tehlikeli mal ***dangerous
voltage*** tehlikeli gerilim
dangle /'dengıl/ *e.* sallamak, sarkmak;
sallanmak, sarkıtmak
dank /denk/ *s.* nemli, soğuk, yaş
daphne /'defni/ *a.* defne ağacı

dapper /'depı/ *s.* şık ve hareketli
dapple /'depıl/ *e.* beneklemek
dappled /'depıld/ *s.* benekli, puanlı,
nokta nokta
daraf /'derıf/ *a. elek.* daraf, elastans
birimi
darbies /'da:biz/ *a.* kelepçe
dare /deı/ *e.* kalkışmak, cesaret etmek,
cüret etmek; zorlamak; meydan
okumak ¤ *a.* meydan okuma, yürekli
olma
daredevil /'deıdevıl/ *a.* gözünü çöpten
sakınmaz kişi
daresay /deı'sey/ : ***I daresay*** sanırım,
galiba
daring /'deıring/ *s.* çok yürekli, gözü pek,
cüretkâr ¤ *a.* yiğitlik, cüret, cesaret
dark /da:k/ *s.* karanlık; esmer, koyu;
siyaha yakın; gizli, karanlık ¤ *a.*
karanlık; (resim) gölge, koyu renk;
cehalet ***dark current*** *elek.* karanlık
akım ***dark discharge*** *elek.* ışıksız
deşarj, karanlık boşalım ***dark horse***
hakkında az şey bilinen yarışmacı;
kendisi hakkında az konuşan başarılı
kişi, kapalı kutu ***dark nebula*** *gökb.*
kara nebula, kara bulutsu ***dark resis-
tance*** *elek.* karanlık direnci ***dark spot***
elek. karanlık nokta ***dark trace screen***
elek. karanlık izli ekran ***in the dark*** gizli
bir şekilde, gizlilikle ***keep sth dark*** gizli
tutmak
darken /'da:kın/ *e.* kararmak; karartmak
***Never darken my door/these doors
again!*** Bir daha seni buralarda
görmeyeyim, Bir daha kapıma gelme
darkish /'da:kiş/ *s.* siyahımsı; mat, koyu
darkness /'da:knıs/ *a.* karanlık
darkroom /'da:krum/ *a. fot.* karanlık oda
darky /'da:ki/ *a.* zenci
darling /'da:ling/ *a.* sevgili, sevgilim;
tatlım, canım ¤ *s.* sevgili, sevimli, cici,
tatlı
darn /da:n/ *e.* (giysi, çorap, vb.) iğne ile
örerek onarmak, yamamak, örmek ¤ *a.*
örme işi; örülmüş yer
darn /da:n/ *bkz.* damn
darner /'da:nı/ *a.* örgücü; örgü iğnesi
darning /'da:ning/ *a.* örerek onarma
gözeme; örerek onarılacak şey
gözenecek kumaş ***darning egg*** örgi
yumurtası ***darning needle*** kumaş

onarma iğnesi, gözeme iğnesi *darning yarn* örme ipliği

dart /dɑːt/ *a.* küçük ok; ani hareket; (dikiş) pens ¤ *e.* (across/out/towards, vb. ile) ani ve hızlı hareket etmek; fırlatmak, atmak *make a dart for* -e hamle yapmak, -e atılmak

dartboard /'dɑːtbɔːd/ *a.* dart oyunu tahtası, küçük ok atma tahtası

darts /dɑːts/ *a.* dart oyunu, küçük ok atma oyunu

Darwinism /'dɑːvinizım/ *a.* Darvincilik

dash /deş/ *e.* çarpmak, vurmak; fırlamak, hızla koşmak; (ümit, vb.) yıkmak ¤ *a.* çarpma, vurma; darbe; hamle, atılma, saldırı; çalım, caka, fiyaka; kısa çizgi; gösterge tablosu *dash off* alelacele uzaklaşmak, fırlamak; çalakalem yazmak *dash sth off* hızla yapmak; hızla karalamak

dashboard /'deşbɔːd/ *a.* kumanda tablosu, gösterge tablosu *dashboard lamp* *oto.* tablo lambası, gösterge lambası

dashed /deşt/ *s.* berbat, altüst olmuş; kahreden, kahredici *dashed line* *mat.* kesik kesik çizgi

dashing /'deşing/ *s.* canlı, atılgan, enerjik, hareketli

dashpot /'deşpot/ *a.* *oto.* amortisör

dastard /'destıd/ *a.* alçak kimse, aşağılık kimse

dastardliness /'destıdlinis/ *a.* adilik, hainlik; korkaklık

dastardly /'destıdli/ *s.* adi, alçak; korkak

data /'deytı/ *a.* veri, bilgi, karakteristik, olaylar, veriler *data access control* *biliş.* veri erişim denetimi *data acquisition* *biliş.* veri edinme, veri toplama *data administrator* *biliş.* veri yöneticisi *data area* *biliş.* veri alanı *data array* *biliş.* veri dizisi *data attribute* *biliş.* veri özelliği *data bank* bilgi bankası, veri bankası *data break* *biliş.* doğrudan belleğe erişim *data bus* *biliş.* veri ana yolu, bilgi taşıtı *data capture* *biliş.* veri yakalama *data carrier* *biliş.* veri taşıyıcı *data cell* *biliş.* veri hücresi, veri gözesi *data cell drive* *biliş.* veri hücresi aygıtı, veri gözesi aygıtı *data cell storage* *biliş.* veri hücresi belleği, veri gözesi belleği *data center* *biliş.* veri merkezi,

veri özeği *data chain* *biliş.* veri zinciri *data chaining* *biliş.* veri zincirlemesi *data channel* *biliş.* veri kanalı, veri oluğu *data check* *biliş.* veri denetimi *data circuit* *biliş.* veri devresi, veri çevrimi *data code* *biliş.* veri kodu *data collection* *biliş.* veri toplama *data communication* *biliş.* veri iletimi *data communications control unit* *biliş.* veri iletişimi denetim birimi *data communications exchange* *biliş.* veri iletişimi santralı, veri iletişimi aktarıcısı *data compaction* *biliş.* veri sıkıştırma, veri tıkızlama *data compression* *biliş.* veri sıkıştırması *data concentrator* *biliş.* veri yoğunlaştırıcı *data contamination* *biliş.* veri bozulması *data control* *biliş.* veri denetimi *data conversion* *biliş.* veri dönüştürme *data conversion language* *biliş.* veri dönüştürme dili *data converter* *biliş.* veri çevirici *data cycle* *biliş.* veri deviri, bilgi deviri *data degradation* *biliş.* bilgi azalması *data delimiter* *biliş.* veri sınırlayıcısı *data density* *biliş.* veri yoğunluğu *data description* *biliş.* veri açıklanması, veri tanımı, veri betimi *data description language* *biliş.* veri açıklama dili, veri betim dili *data description library* *biliş.* veri açıklama kitaplığı, veri betim kitaplığı *data design layout* *biliş.* veri tasarım deseni *data dictionary* *biliş.* veri sözlüğü *data display unit* *biliş.* veri gösterim birimi, veri göstericisi *data division* *biliş.* veri bölümü *data element* *biliş.* veri elemanı, veri öğesi *data element chain* *biliş.* veri elemanı zinciri, veri öğesi zinciri *data element dictionary* *biliş.* veri elemanı sözlüğü, veri öğeleri sözlüğü *data entry devices* *biliş.* veri giriş aygıtları *data file* *biliş.* veri dosyası, veri kütüğü *data file organization* *biliş.* veri dosyası organizasyonu, veri kütüğü örgütlemesi *data flow* *biliş.* veri akışı *data flow diagram* *biliş.* veri akış diyagramı, veri akış çizeneği *data flowchart* *biliş.* veri akış diyagramı, veri akış çizeneği *data format* *biliş.* veri formatı, veri biçimi *data formatting statement* *biliş.* veri biçimlemesi deyimi *data gathering* *biliş.* veri toplama *data gathering sys-*

tem biliş. veri toplama sistemi, veri toplama dizgesi **data group** biliş. veri grubu, veri öbeği **data handling equipment** biliş. veri işleme ekipmanı, veri işleme donatısı **data handling system** biliş. veri işleme sistemi, veri kullanma dizgesi **data hierarchy** biliş. veri hiyerarşisi **data independence** biliş. veri bağımsızlığı **data integrity** biliş. veri bütünlüğü, veri tümleşikliği **data item** biliş. veri maddesi **data level** biliş. veri düzeyi **data link** biliş. veri bağlayıcı, veri bağlacı **data link escape character** biliş. veri bağlacı kaçış karakteri **data logger** biliş. veri kaydedici **data logging** biliş. veri kaydı, veri günlükleme **data management system** biliş. veri yönetim sistemi, veri yönetim dizgesi **data manipulation language** biliş. veri işleme dili, veri kullanma dili **data matrix** biliş. veri matrisi, veri dizeyi **data medium** biliş. veri ortamı **data migration** biliş. veri göçü **data multiplexor** biliş. veri çoklayıcısı **data name** biliş. veri adı **data net** biliş. veri ağı **data network** biliş. veri şebekesi, veri ağı **data operator** biliş. veri operatörü, veri işleci **data organization** biliş. veri organizasyonu, veri düzenleme **data origination** biliş. veri hazırlama **data phone** biliş. veri fon **data plotter** biliş. veri çizici **data preparation** biliş. veri hazırlama, bilgi hazırlama **data preparation operator** biliş. veri hazırlama işletmeni **data processing** biliş. veri işlem, bilgi işlem **data processing centre** biliş. bilgi işlem merkezi, bilgi işlem özeği **data processing department organization** biliş. bilgi işlem bölümü organizasyonu **data processing standards** biliş. bilgi işlem standartları **data processing system** biliş. bilgi işlem sistemi, bilgi işlem dizgesi **data processor** biliş. veri işleyici, veri işlemci, bilgi işlemci **data purification** biliş. veri arıtımı **data record** biliş. veri kaydı **data reduction** biliş. veri azaltımı **data reliability** biliş. veri güvenilirliği **data representation** biliş. veri gösterimi **data representation code** biliş. veri gösterim kodu **data security** biliş. veri güvenliği **data segment** biliş. veri kesimi, veri bölümü **data set** biliş. veri seti, veri takımı **data signalling rate** biliş. veri iletim hızı **data sink** biliş. veri batağı, veri alıcısı **data source** biliş. veri kaynağı **data staging** biliş. veri kademelenmesi **data statements** biliş. veri deyimleri **data station** biliş. veri istasyonu **data storage** biliş. veri saklama **data storage density** biliş. veri saklama yoğunluğu **data storage devices** biliş. veri saklama aygıtları **data storage medium** biliş. veri saklama ortamı **data stream** biliş. veri akışı, veri ırmağı **data structure** biliş. veri yapısı **data system** biliş. veri sistemi, bilgi dizgesi **data tablet** biliş. veri tableti **data terminal** biliş. veri terminali **data transfer** biliş. veri aktarımı **data transfer rate** biliş. veri aktarım hızı **data transfer register** biliş. veri aktarım yazmacı **data transmission** biliş. veri gönderme, veri iletimi **data transmission equipment** biliş. veri iletim donatısı **data transmission system** biliş. veri gönderme sistemi, veri iletim dizgesi **data unit** biliş. veri birimi **data validity** biliş. veri onayı, veri geçerliği **data word** biliş. veri kelimesi, veri sözcüğü

database /'deytıbeys/ a. veritabanı **database administration** biliş. veri tabanı yönetimi **database administrator** biliş. veri tabanı yöneticisi **database analyser** biliş. veri tabanı çözümleyicisi **database dump** biliş. veri tabanı dökümü **database maintenance** biliş. veri tabanı bakımı **database management** biliş. veri tabanı yönetimi **database manager** biliş. veri tabanı yöneticisi **database record** biliş. veri tabanı kaydı **database structure** biliş. veri tabanı yapısı **database trace** biliş. veri tabanı izi

date /deyt/ a. tarih, zaman; randevu, buluşma; Aİ. kon. flört, arkadaş; bitk. hurma ¤ e. tarihini yazmak/belirtmek; tarih atmak; tarihini saptamak; modası geçmek; Aİ. kon. ile çıkmak, flört etmek **date block** yapraklı takvim **date draft** vadeli poliçe **date from** -den gelmek **date of acceptance** kabul kredisi tarihi **date of acquisition** iktisap tarihi, alma tarihi **date of death** ölüm tarihi **date of dispatch** gönderme tarihi **date of draft**

poliçenin tarihi **date of issue** ihraç tarihi, çıkarma tarihi **date of maturity** vade tarihi **date of payment** ödeme tarihi **date of record** kayıt tarihi **date of redemption** itfa tarihi, geri ödeme tarihi **date of shipment** yükleme tarihi, sevk tarihi **out of date** eski, modası geçmiş **to date** bugüne dek, şimdiye kadar **up to date** modern, çağdaş, yenilenmiş

dated /'deytid/ *s.* tarihli; modası geçmiş, eski **dated security** vadeli borç senedi

dateless /'deytlis/ *s.* tarihsiz

dating /'deyting/ *a.* tarihleme **dating forward** ileri tarih koyma

datival /dı'tayvıl/ *s.* ismin -e halinde olan

dative /'deytiv/ *a. dilb.* ismin -e hali, yönelme durumu

datolite /'deytılayt/ *a. min.* datolit

datum /'deytım/ *a.* veri; kıyas hattı, kıyas noktası **datum level** referans düzeyi, başvuru düzeyi **datum line** *metr.* referans çizgisi, başvuru çizgisi **datum plane** referans düzlemi

datura /dı'tyuırı/ *a. bitk.* tatula

daub /do:b/ *e.* (with/on ile) sıvamak, (yumuşak bir şeyle) kaplamak, sürmek

daughter /'do:tı/ *a.* kız çocuk, kız evlat

daughter-in-law /'do:tırinlo:/ *a.* gelin

daunt /do:nt/ *e.* yıldırmak, korkutmak, cesaretini kırmak

dauntless /'do:ntlıs/ *s.* gözü pek, korkusuz

davenport /'devınpo:t/ *a.* küçük, süslü yazı masası; *Aİ.* sedir, divan

davit /'devit/ *a. den.* matafora, sandal vinci

daw /do:/ *a.* küçük karga

dawdle /'do:dl/ *e. kon.* salınmak, zaman harcamak, sallanmak

dawn /do:n/ *a.* şafak, günün ilk ışıkları, tan ¤ *e.* (gün) ağarmak, aydınlanmak, doğmak **at the crack/break of dawn** şafak sökümünde **dawn on sb** anlamak, sezmek

day /dey/ *a.* gün; gündüz; çalışma süresi; zaman, çağ, dönem; başarı/ün yılları, parlak günler **a rainy day** sıkıntılı dönem, kara gün **be on days** gündüz vardiyasında çalışmak **be on the day shift** gündüz vardiyasında çalışmak **call it a day** *kon.* paydos etmek **dark days** zor günler, kara günler **day after**

day sürekli, devamlı **day by day** günden güne, günbegün **day drift** aydınlık bacası **day in day out** her Allahın günü, sürekli, devamlı **day loan** günlük kredi **day of application** başvuru tarihi **day of death** ölüm günü **day of payment** ödeme günü **day order** günlük sipariş **day shift** gündüz vardiyası, gündüz postası **days to come** önümüzdeki günler **day's wage** gündelik **days after sight** ibrazdan sonraki günler **days of grace** ödeme süresi, ödeme mühleti **fall on the evil days** kötü günler geçirmek **from day to day** günden güne, günbegün **Let's call it a day!** Bugünlük bu kadar yeter! **make sb's day** *kon.* çok mutlu etmek, sevindirmek **one of these days** bugünlerde, yakında **one's days are numbered** günleri sayılı **see better days** gün görmüş olmak **the other day** geçen gün, geçenlerde

day-to-day /deytı'dey/ *s.* günlük, her günkü **day-to-day market** günlük para piyasası **day-to-day money** günlük ödenen para

daybook /'deybuk/ *a.* yevmiye defteri; kasa defteri; satış defteri

daybreak /'deybreyk/ *a.* tan, şafak, seher

daydream /'deydri:m/ *a.* hayal, düş ¤ *e.* hayal kurmak, dalmak

daydreamer /'deydri:mı/ *a.* hayalci

daylight /'deylayt/ *a.* gün ışığı, gündüz **daylight factor** gün ışığı etkeni **daylight film** *sin.* gün ışığı boş filmi **daylight lamp** gün ışığı lambası **daylight robbery** güpegündüz soygun **in broad daylight** güpegündüz

days /deyz/ *be.* gündüzün

daytime /'deytaym/ *a.* gündüz

daze /deyz/ *a.* şaşkınlık, afallama ¤ *e.* sersemletmek, afallatmak **in a daze** afallamış, sersemlemiş, şaşkın bir durumda

dazzle /'dezıl/ *e.* (gözlerini) kamaştırmak; şaşırtmak

de facto /dey 'fektou/ *be.* fiili, bilfiil **de facto court** fiili mahkeme **de facto exchange rate** fiili kur **de facto monopoly** fiili tekel

de jure /'dey cuırey/ *be.* yasaya göre, yasal olarak

deacidification /di:'ısidifikeyşın/ *a.*
asidini giderme
deacidify /di:'ısidifay/ *e.* asidini gidermek
deacon /'di:kın/ *a.* kilise işlerinde papaza
yardımcı kimse, diyakoz
deaconess /'di:kınis/ *a.* kadın diyakoz
deactivate /di:'ektiveyt/ *e. kim.* etkinliğini
gidermek
deactivation /di:ekti'veyşın/ *a. kim.*
deaktivasyon, etkinlik giderme
dead /ded/ *s.* ölü; ölmüş, işi bitmiş;
geçersiz; bozuk; tam; uyuşmuş,
uyuşuk; hissiz; cansız, renksiz, sıkıcı;
kon. çok yorgun ¤ *be.* ansızın ve
tümüyle; *kon.* tamamen, tam; *kon.*
doğrudan doğruya, direkt olarak ¤ *a.* ölü
dönem, ölü vakit *cut out the dead
wood* ıskartaya çıkarmak *dead ac-
count* ölü hesap *dead and alive* ölü
gibi *dead angle inş.* ölü açı *dead axle
mak.* ölü dingil *dead band* ölü bant
dead beat kon. bitkin, yorgunluktan
ölmüş, leşi çıkmış; *fiz.* ölü vuru *dead
capital* ölü sermaye *dead cargo* boş
yük *dead centre* ölü nokta *dead drunk*
bulut gibi sarhoş *dead end* açmaz,
çıkmaz; çıkmaz sokak; *mad.* küldösak,
kör baca *dead eye den.* boğata *dead
freight* pişmanlık navlunu, safra yükü
dead heat iki ya da daha çok kimsenin
aynı anda bitirdiği yarış *dead language*
ölü dil *dead lime* sönmüş kireç *dead
line* ölü hat *dead load* ölü yük *dead
loan* batık kredi *dead loss* tam ziyan,
kesin zarar, kesin kayıp *dead money*
ölü para *dead point* ölü nokta *dead
reckoning den.* kaba kompas hesabı,
parakete rota hesabı *dead rent* ölü kira
dead room fiz. ölü oda *dead sale*
durgun satış *dead season* ölü sezon,
ölü mevsim *dead security* ölü teminat
dead short elek. ölü kısa devre *dead
spot* ölü nokta *dead steam* çürük
buhar, atık buhar, kullanılmış buhar
dead stock ölü stok *dead storage
biliş.* ölü bellek, değiştirilmez bellek
dead time ölü zaman *dead to the
wide/world* deliksiz uykuda *dead wa-
ter* durgun su; dümen suyu *dead
weight capacity* dedveyt tonajı, tam
yük kapasitesi *dead weight cargo*
dedveyt kargo *dead weight loss*
dedveyt zarar *dead weight ton*

dedveyt ton *dead weight tonnage*
dedveyt tonaj *dead weight* dedveyt,
net ağırlık, boş ağırlığı, yüksüz ağırlık
dead wire ölü tel, akımsız tel *dead
wood* işe yaramaz kısım *dead zone
unit biliş.* ölü bölge birimi, değişmez
çıktı birimi *dead zone* ölü bölge *dead-
end street* çıkmaz sokak *in a dead
heat* at başı beraber *the dead* ölüler
deadbeat /'dedbi:t/ *a. arg.* kaldırım
mühendisi, tembel kimse
deaden /'dedn/ *e.* köreltmek, azaltmak,
körletmek, yok etmek, donuklaştırmak
deadlight /'dedlayt/ *a. den.* lomboz
kapağı
deadline /'dedlayn/ *a.* son teslim tarihi,
son mühlet
deadliness /'dedlinis/ *a.* ölüm
derecesinde olma, aşırılık
deadlock /'dedlok/ *a.* çözümlenemeyen
anlaşmazlık, çıkmaz, açmaz; sürmeli
kilit
deadly /'dedli/ *s.* öldürücü; çok etkili; *hkr.*
sıkıcı, bayıcı ¤ *be.* çok; ölü/ölüm gibi
deadness /'dednis/ *a.* uyuşukluk,
cansızlık; duyarsızlık, kayıtsızlık; kesat,
durgunluk; donukluk, matlık
deadpan /'dedpen/ *s. kon.* cansız, ölü
gibi, duygusuz, ruhsuz
deaerate /di:'eıreyt/ *e.* havasını
gidermek, havasını almak
deaf /def/ *s.* sağır; kulak asmayan,
duymamazlıktan gelen, sağır *deaf as a
post* duvar gibi sağır
deafen /'defın/ *e.* sağır etmek,
sağırlaştırmak; sesgeçirmezleştirmek,
ses geçirmez duruma getirmek
deafening /'defning/ *s.* sağır edici
deaf-mute /'defmyu:t/ *a. s.* sağır-dilsiz
deafness /'defnis/ *a.* sağırlık
deal /di:l/ *e. isk.* dağıtmak, vermek;
paylaştırmak, dağıtmak; vurmak,
patlatmak ¤ *a. isk.* kâğıtları dağıtma
sırası; anlaşma, iş; miktar *close a deal
(with)* anlaşma sağlamak, anlaşmaya
varmak *deal in* ticaret yapmak, alıp
satmak, ticaretiyle uğraşmak *deal with*
iş/ticaret/alışveriş yapmak; ele almak,
uğraşmak, davranmak; hakkında
olmak, ilgili olmak *raw deal kon.* kötü
muamele
dealer /'di:lı/ *a.* tüccar, satıcı; *isk.*

kâğıtları dağıtan kimse; borsada kendi adına alım-satım yapan kişi

dealing /'di:ling/ *a.* iş, alışveriş, ticaret; muamele

dealings /'di:lingz/ *a.* ilişkiler; iş, alışveriş

dean /di:n/ *a.* dekan; baş papaz

deanery /'di:nıri/ *a.* dekanlık

dear /dıı/ *s.* sevgili, değerli, aziz; *İl.* pahalı; (mektup başında) sevgili, sayın ¤ *a.* sevilen kimse, sevgili ¤ *ünl.* aman! canım! deme! hay Allah! vah vah! *dear . money* pahalı para, faizi yüksek para *dear money policy* pahalı para politikası *dearer market* daha pahalı pazar

dearly /'dııli/ *be.* çok; pahalıya, pahalı bir biçimde

dearness /'di:nıs/ *a.* pahalılık *dearness allowance* pahalılık primi

dearth /dö:t/ *a.* yokluk, kıtlık

death /det/ *a.* ölüm; son, yıkım *at death's door* ölüm döşeğinde *death benefit* ölüm yardımı *death cell* ölüm hücresi *death certificate* ölüm ilmuhaberi *death duty esk.* veraset ve intikal vergisi *death grant* cenaze yardımı *death knell* ölüm çanı *death penalty* ölüm cezası, *death rate* ölüm oranı *death ray* ölüm ışını *death registration* ölüm tescili *death roll* ölenlerin listesi *death tax* veraset ve intikal vergisi *death toll* ölü sayısı *death trap* ölüm tuzağı *death warrant* idam hükmü; *mec.* ölüm fermanı *have a death adder in one's pocket* günahını vermemek *like death warmed up* yorgun argın *put to death* öldürmek *sick to death of* -den bıkmış, bezmiş, canına tak etmiş, illallah demiş *to death* aşırı derecede *worry oneself to death* kendini yemek

deathblow /'detblou/ *a.* öldürücü darbe, son darbe .

deathless /'detlis/ *s.* ölümsüz

deathly /'detli/ *s.* ölüm gibi

deb /deb/ *a. kon.* sosyeteye ilk kez sunulan kız

débâcle /dey'ba:kıl/ *a.* felaket, musibet, yıkım; hezimet, bozgun

debar /di'ba:/ *e.* (from ile) mahrum etmek, yoksun bırakmak

debase /di'beys/ *e.* alçaltmak, itibarını düşürmek, değerini düşürmek

debatable /di'beytıbıl/ *s.* şüpheli, kuşku uyandıran *debatable time biliş.* tartışılabilir zaman

debate /di'beyt/ *a.* tartışma, müzakere, görüşme ¤ *e.* tartışmak, görüşmek

debauch /di'bo:ç/ *a.* sefahat ¤ *e.* ayartmak, baştan çıkartmak, doğru yoldan saptırmak

debauched /di:'bo:çt/ *s.* sefih, zampara, uçarı, âlemci

debauchery /di'bo:çırı/ *a. hkr.* sefahat, uçarılık; zamparalık, âlemcilik

debenture /di'bençı/ *a.* borç senedi *debenture bonds* teminatsız tahvil *debenture capital* tahvilat sermayesi *debenture certificate* reddi rüsum belgesi *debenture holder* borç senedi hamili *debenture interest* tahvilat faizi *debenture stock* öncelikli hisse senedi

debilitate /di'biliteyt/ *e.* güçsüzleştirmek, zayıflatmak, takatten düşürmek

debilitation /dibili'teyşın/ *a.* güçten düşürme, zayıflatma

debility /di'biliti/ *a.* güçsüzlük, takatsızlık, zayıflık

debit /'debit/ *a.* deftere kaydedilen borç, açık; zimmet ¤ *e.* zimmetine geçirmek *debit account* borç hesabı, zimmet hesabı *debit advice* borçlu dekontu *debit and credit* borç ve alacak *debit balance* borç bakiyesi *debit card* bankamatik kartı *debit entry* borç kaydı, borç girişi *debit interest* borç faizi *debit item* borç kalemi *debit memo* borç dekontu, zimmet muhtırası *debit memorandum* borç muhtırası *debit note* borç dekontu, borç makbuzu *debit side* borçlu taraf *debit ticket* zimmet formu

debiting /'debitin/ *a.* borçlandırma

deblock /di:'blok/ *e.* debloke etmek

deblocking /di:'bloking/ *a.* bloklara ayırma, öbek açma, öbek çözme

debonair(e) /debı'neı/ *s.* güler yüzlü, neşeli, şen; nazik, kibar; hoş, zarif

debrief /di:'bri:f/ *e.* -den bilgi almak

debris /'debri:, 'deybri:/ *a.* enkaz, yıkıntı, çöküntü

debt /det/ *a.* alacak, borç; borçlu olma, borçlanma *be up to the eyes in debt* uçan kuşa borçlu olmak *debt balance* borç bakiyesi **debt burden** borç yükü **debt capital** borç sermayesi **debt collection office** icra dairesi **debt collector** alacak tahsildarı **debt discount** borç ıskontosu **debt due** vadesi gelmiş borç **debt equity swap** dış borç yatırım takası **debt expansion** borçların artması **debt indicators** borç göstergeleri **debt limit** borç limiti **debt obligation** borç yükümlülüğü **debt of honour** namus borcu **debt on mortgage** ipotekli borç **debt on pawn** rehin karşılığı borç **debt payable** ödenecek borç **debt pyramid** borç piramidi **debt ratio** borç oranı **debt receivable** alacak **debt relief** borcun hafiflemesi **debt retirement** borcun itfası **debt service** borç yönetimi **debt servicing** borç servisi **run into debt** borca girmek

debtless /'detlıs/ s. borçsuz

debtor /'detı/ a. borçlu **debtor bank** borçlu banka **debtor nation** borçlu ülke **debtor on pawn** rehinli borçlu **debtor service** borç servisi **debtor side** pasif **debtor warrant** borçlu varantı

debug /'di:'bag/ e. biliş. hata bulmak, hata yakalamak, hata ayıklamak

debugger /di:'bagı/ a. biliş. hata bulucu, hata ayıklayıcı

debugging /di:'baging/ a. (arıza) bulup giderme, onarma **debugging aid routine** biliş. hatadan arındırmaya yardımcı yordam **debugging programs** biliş. hata bulup giderme programları, hatadan arındırma programları

debunching /di:'bançing/ a. elek. elektron demeti genleşmesi, açılım

debunk /di:'bank/ e. kon. (yanlış bir düşünceyi) çürütmek

debus /di:'bas/ e. yük boşaltmak

debut /'deybyu:, 'debyu:/ a. sosyal bir alanda ilk beliriş, sahneye ilk kez çıkış

debutante /'debyuta:nt/ a. sosyeteye ilk kez çıkan genç kız

decade /'dekeyd/ a. on yıl; onlu öbek, onlu grup **decade resistance box** fiz. onluk direnç kutusu

decadence /'dekıdıns/ a. çöküş, yıkılış

decadent /'dekıdınt/ s. gözden düşen, itibarını yitiren

decaffeinated /di'kefineytid/ s. kafeinsiz

decagon /'dekıgon/ a. mat. ongen

decahedron /dekı'hi:drın/ a. mat. onyüzlü

decalcify /di:'kelsifay/ e. kireçsizlendirmek

decameter /'dekımi:tı/ a. mat. dekametre

decamp /di'kemp/ e. kampı bozup çekilmek; kaçmak, sıvışmak

decanal /di'keynel/ s. dekana ait **decanal duties** dekanın görevleri

decant /di'kent/ e. (şarap, vb.) bir kaptan diğerine aktarmak, boşaltmak

decantation /di'kenteyşın/ a. süzme, tortusundan ayırma

decanter /di'kentı/ a. şarap sürahisi

decapitate /di'kepiteyt/ e. başını kesmek, boynunu vurmak

decarbonize /di:'ka:bınayz/ e. kim. karbonunu gidermek

decarboxylase /di:ka:boksileyz/ a. dekarboksilaz

decarburization /di:ka:bıri'zeyşın/ a. met. dekarbürasyon, karbonsuzlaşma

decarburize /di:'ka:bırayz/ e. met. karbonsuzlaştırmak, karbonunu gidermek

decastyle /'dekıstayl/ a. mim. dekastil

decathlete /di'ketli:t/ a. dekatloncu

decathlon /di'ketlon/ a. sp. dekatlon, onlu yarış

decatize /'dekıtayz/ e. teks. dekatirlemek, kolasını gidermek

decatizing /'dekıtayzing/ a. dekatir(leme) **decatizing autoclave** teks. kazan dekatir otoklavı **decatizing cloth** teks. dekatir bezi **decatizing fastness** teks. dekatir haslığı **decatizing machine** teks. dekatir makinesi **decatizing roller** teks. dekatirleme valsi **decatizing stain** teks. dekatir lekesi

decay /di'key/ e. bozmak, çürütmek; bozulmak, çürümek; güçten düşmek, sağlığını yitirmek ¤ a. çürüme, bozulma; çöküş **decay constant** fiz. radyoaktiflik sabiti, bozunum değişmezi **decay factor** fiz. sönüm katsayısı **decay product** fiz. dezintegrasyon ürünü, bozunum ürünü

decayed /di'keyd/ s. zayıflamış; kuvvetsiz, kudretsiz; dumura uğramış, niteliğini yitirmiş; çürümüş, çürük

decease /di'si:s/ a. ölüm, ölme

deceased /di'si:st/ a. merhum, ölü **de-**

ceased account ölüye ait hesap **deceased's estate** miras

deceit /di'si:t/ *a. hkr.* yalancılık, hilekârlık, düzenbazlık, namussuzluk

deceitful /di'si:tfıl/ *s. hkr.* hilekâr, yalancı, namussuz; aldatıcı, sahte, yapmacık

deceitfulness /di'si:tfulnis/ *a.* dolandırıcılık, sahtekârlık

deceivable /di'si:vıbıl/ *s.* kolay aldatılan, saf

deceive /di'si:v/ *e.* aldatmak

deceiver /di'si:vı/ *a.* yalancı kimse

decelerate /di:'selıreyt/ *e.* yavaşlamak, hızı azalmak; yavaşlatmak, hız azaltmak **decelerating electrode** *elek.* yavaşlatıcı elektrot

deceleration /di:selı'reyşın/ *a.* yavaşlama, hız azalması; yavaşlatma, hız azaltma **deceleration time** *biliş.* yavaşlama zamanı, durma zamanı

decelerator /di:'selıreytı/ *a.* hız kesen

December /di'sembı/ *a.* aralık (ayı)

decency /'di:sınsi/ *a.* terbiye, incelik, topluma uygunluk, ılım

decennial /di'seniıl/ *s.* on yıl süren; on yılda bir olan ¤ *a.* onuncu yıldönümü

decennium /di'senyım/ *a.* on yıllık dönem

decent /'di:sınt/ *s.* terbiyeli, yakışık alır; saygılı; uygun, makul; *kon.* oldukça iyi, tatmin edici, iyi, hoş; *kon.* nazik, ince, kibar

decentralization /di:sentrılay'zeyşın/ *a.* yerinden yönetim, ademi merkeziyet

decentralize /di:'sentrılayz/ *e.* merkezden birkaç yere yetki dağıtmak **decentralized data processing** *biliş.* merkezkaç bilgi işlem, dağılmış bilgi işlem

deception /di'sepşın/ *a.* aldatma; aldanma; hile

deceptive /di'septiv/ *s.* aldatıcı, yanıltıcı

dechlorinate /di:'klo:rineyt/ *e.* klorsuzlaştırmak, klorunu gidermek

dechlorination /di:'klo:rineyşın/ *a.* klorsuzlaştırma, klorunu giderme

deci- /'desi/ *önk.* desi

decibel /'desibel/ *a. tek.* desibel **decibel meter** *fiz.* desibelölçer

decide /di'sayd/ *e.* karar vermek, kararlaştırmak; seçim yapmak, hüküm vermek; sonuçlandırmak

decided /di'saydid/ *s.* açık, anlaşılır, net; kararlı, değişmez

decidedly /di'saydidli/ *be.* kararlı bir şekilde, kesin olarak, muhakkak

decider /di'saydı/ *a.* final, son maç; kesin sonuç

deciduous /di'sicuıs/ *s.* (ağaç) her yıl yaprakları dökülen

decigramme /'desigrem/ *a.* desigram

decile /'desayl/ *a.* desil, ondabirlik

decilitre /'desili:tı/ *a.* desilitre

decimal /'desimıl/ *s. a.* ondalık (sayı/kesir) **decimal digit** onlu rakam **decimal fraction** *mat.* ondalık kesir **decimal notation** ondalık notasyon, ondalık gösterim, onlu yazım **decimal number** ondalık sayı **decimal number system** *mat.* onlu sayı sistemi **decimal numeration system** *biliş.* onlu sayılama sistemi, onlu sayılama dizgesi **decimal place** ondalık hanesi **decimal point** ondalık hane noktası **decimal system** ondalık sistem, onlu dizge

decimalize /'desimılayz/ *e.* ondalık sisteme çevirmek

decimate /'desimeyt/ *e.* büyük kısmını yok etmek, kırmak, kırıp geçirmek

decimetre /'desimi:tı/ *a. mat.* desimetre **decimetre wave** desimetrik dalga

decipher /di'sayfı/ *e.* şifresini/anlamını çözmek

decipherable /di'sayfırıbıl/ *s.* anlaşılır, okunur

decipherment /di'sayfımınt/ *a.* şifre çözücü

decision /di'sijın/ *a.* karar; kararlılık **decision box** *biliş.* karar kutusu **decision circuit** *biliş.* karar devresi, karar çevrimi **decision element** *biliş.* karar elemanı, karar öğesi **decision gate** *biliş.* karar geçidi **decision instruction** *biliş.* karar komutu **decision plan** *biliş.* karar planı **decision process** *biliş.* karar işlemi, karar süreci **decision support system** *biliş.* karar destek sistemi **decision table** *biliş.* karar tablosu, karar çizelgesi

decisive /di'saysiv/ *s.* kararlı; kesin, sonuca götüren; şüphesiz, kesin

decisiveness /di'saysivnıs/ *a.* kesinlik; belirleyicilik; tartışılmazlık; kararlılık

deck /dek/ *a.* güverte; *Aİ.* (iskambil) deste; kat ¤ *e.* süslemek, donatmak **deck beam** *den.* güverte kirişi **deck cargo** *den.* güverte yükü, güverte

kargosu **deck chair** *bkz.* deckcheir
deck house *den.* güverte kamarası
deck lid *oto.* bagaj kapağı **deck light**
den. ispiralya **deck load** güverte yükü
deck log *den.* seyir defteri **deck passenger** güverte yolcusu **deck plank**
den. güverte tahtası

deckchair /'dekçeı/ *a.* şezlong

declaim /di'kleym/ *e.* yüksek sesle ve el
kol hareketleriyle konuşmak/söylemek

declamation /deklı'meyşın/ *a.* uzun ve
şiddetli konuşma; heyecanlı nutuk;
sövüp sayma

declamatory /di'klemıtıri/ *s.* söylev
sanatına ait; coşturucu,
heyecanlandırıcı; gösterişli, şatafatlı

declarable /di'kleırıbıl/ *s.* gümrük
vergisine tabi

declarant /di'kleırınt/ *a.* bildirimde
bulunan kişi

declaration /deklı'reyşın/ *a.* bildiri,
deklarasyon; demeç; *biliş.* açıklayıcı
deyim **declaration day** beyan günü
declaration of bankruptcy iflas ilanı
declaration of nullity hükümsüzlük
beyanı **declaration of options**
opsiyonların beyanı **declaration of
property** mal bildirimi, mal beyanı **declaration of value** kıymet beyanı

declarative /di'kleıtıv/ *s.* ifade eden,
bildiren, haber veren **declarative sentence** bildirme cümlesi, haber cümlesi
declarative statement *biliş.* açıklayıcı
deyim

declaratory /di'kleıtıri/ *s.* ifade eden,
beyan eden

declare /di'kleı/ *e.* ilan etmek; iddia
etmek; bildirmek, haber vermek,
deklare etmek **declare null and void**
geçersiz saymak

declared /di'kleıd/ *s.* olarak kabul edilen,
bilinen; şaşmaz, değişmez, kesin **declared capital** bildirilen sermaye **declared dividend** beyan edilen temettü
declared reserves beyan edilen
ihtiyatlar **declared value** beyan edilen
değer

declassify /di:'klesifay/ *e.* gizliliğini
kaldırmak

declension /di'klenşın/ *a.* ad çekimi,
çekim

declinable /di'klaynıbıl/ *s.* çekilebilir,
çekimli

declination /dekli'neyşın/ *a.* eğim, yokuş;
geri çevirme, reddetme

decline /di'klayn/ *e.* geri çevirmek,
reddetmek; azalmak, zayıflamak,
düşmek, kötüye gitmek; çökmek;
(güneş) batmak ¤ *a.* iniş, gerileme,
düşme, kötüye gidiş, çöküş **be on the
decline** azalmak; zayıflamak, güçten
düşmek **decline in consumption**
tüketimde azalma **decline in earnings**
kazançta azalma **decline in income**
gelirde azalma **decline in prices**
fiyatlarda düşüş **declining balance**
azalan bakiye **declining years** hayatın
son yılları

declinometer /dekli'nomıtı/ *a. elek.*
deklinometre, sapmaölçer

declivitous /di'klivitıs/ *s.* meyilli, inişli

declivity /de'klivıti/ *a.* iniş meyil; bayır,
yamaç

declutch /di:klaç/ *e.* debriyaj yapmak,
boşa almak

decoct /di'kokt/ *e.* kaynatarak özünü
elde etmek

decode /di:'koud/ *e.* şifresini çözmek

decoder /di:'koudı/ *a.* kod çözücü, kod
açar; *elek.* renk çözücü

decoil /di:'koyl/ *e.* kangal açmak

decollate /di'koleyt/ *e. biliş.* kopya
ayırmak

decollator /'dikoleytı/ *a. biliş.* sayfa
ayırıcı

décolleté /dey'koltey/ *s.* alçak yakalı,
açık, dekolte

decolorant /di:'kalırınt/ *s.* rengini açan,
ağartan ¤ *a.* rengini açma, ağartma

decoloration /di:kalı'reyşın/ *a.* rengini
giderme, renksizleştirme

decolorization /di:kalıray'zeyşın/ *a.*
rengini açma, renksizleştirme, soldurma

decolorize /di:'kalırayz/ *e.* rengini
gidermek, rengini açmak,
renksizleştirmek, soldurmak **decolorizing coal** renk açma kömürü

decolorizer /di:'kalırayzı/ *a.* renk giderme
maddesi, renk açma maddesi

decompose /di:kım'pouz/ *e.* çürümek,
bozulmak; çürütmek, bozmak;
ayrışmak; ayrıştırmak

decomposition /di:kompı'zişın/ *a.*
çürüme, bozuşma, bozunma; ayrışma,

ayrışım, dekompozisyon **decomposition point** *kim.* dekompozisyon noktası, ayrışma noktası **decomposition voltage** *elek.* bozunma voltajı, ayrışma gerilimi

decompress /di:kım'pres/ *e.* tazyiki boşaltmak, basıncı kaldırmak

decompression /di:kımp'reşın/ *a.* basıncı azaltma, basıncı kaldırma **decompression device** dekompresör, basınç kaçırma tertibatı

decontaminate /di:kın'temineyt/ *e.* zararlı maddelerden arındırmak, temizlemek

decontamination /di:kın'temineyşın/ *a.* zararlı maddelerden arındırma, temizleme **decontamination factor** *fiz.* temizleme katsayısı

decontrol /di:kın'troul/ *e.* kontrolünden çıkarmak, denetimi kaldırmak ¤ *a.* denetimin kaldırılması

décor /'deyko:/ *a.* dekor

decorate /'dekıreyt/ *e.* süslemek, donatmak, dekore etmek; badanalamak, boyamak; duvar kâğıdıyla kaplamak; (for ile) nişan vermek

decoration /dekı'reyşın/ *a.* süsleme, dekorasyon; süs; nişan, madalya

decorative /'dekırıtiv/ *s.* süsleyici, dekoratif; süslü **decorative lamp** dekoratif lamba **decorative lighting** süsleyici ışıklandırma

decorator /'dekıreytı/ *a.* dekoratör; badanacı

decorous /'dekırıs/ *s.* ağırbaşlı, efendi, kibar; yakışık alır, uygun

decorum /di'ko:rım/ *a.* uygun davranış, terbiye, edep

decoupling /di:'kapling/ *a.* dekuplaj **decoupling filter** *elek.* dekuplaj filtresi

decoy /'di:koy/ *a.* tuzak; yem; hile ¤ *e.* /di'koy/ kandırıp tuzağa düşürmek; hile ile çekmek

decrease /di'kri:s/ *e.* azalmak; azaltmak ¤ *a.* azalma, eksilme **decrease in population** nüfusta azalma **decrease in prices** fiyatlarda düşüş **decrease in value** kıymette düşüş

decreasingly /di'kri:singly/ *be.* gittikçe azalarak

decree /di'kri:/ *a.* emir, kararname; *huk.* karar, hüküm ¤ *e.* emretmek, buyurmak

decrement /'dekrimınt/ *a.* azalma, eksilme; eksiklik

decrepit /di'krepit/ *s. hkr.* eli ayağı tutmaz, yıpranmış, moruk

decrescendo /di:kri'şendou/ *a. s. be. müz.* dekreşendo, diminuendo

decrescent /di'kresint/ *s.* azalan, küçülen

decry /di'kray/ *e.* kötülemek, yermek

decryption /di'kripşın/ *a. biliş.* kod açma, kod çözme

decuple /'dekyupıl/ *s.* on kat, on misli

decussate /di'kasıt/ *s.* x şeklinde, çaprazvari

dedicate /'dedikeyt/ *e.* adamak; ithaf etmek

dedicated /'dedikeytid/ *s.* (işine) kendini adamış **dedicated channel** *biliş.* adanmış kanal, ayrılmış oluk **dedicated circuit** *biliş.* adanmış devre, ayrılmış çevrim **dedicated computer** *biliş.* adanmış bilgisayar, ayrılmış bilgisayar

dedication /dedi'keyşın/ *a.* adama; ithaf

deduce /di'dyu:s/ *e.* anlamak, ortaya çıkarmak, sonucuna varmak

deducible /di'dyu:sıbıl/ *s.* anlaşılabilir; sonuç çıkarılabilir

deduct /di'dakt/ *e.* çıkarmak, azaltmak, indirmek, eksiltmek

deductible /di'daktibıl/ *s.* düşülebilir **deductible franchise** tenzili muafiyet

deduction /di'dakşın/ *a.* kesinti, indirme, azaltma; tümdengelim, türetim; sonuç, netice **deduction for expenses** gider indirimi **deduction from gross income** brüt gelirden yapılan indirim **deduction from income** gelirden yapılan indirim **deduction from net income** net gelirden yapılan indirim

deductive /di'daktiv/ *s.* tümdengelimli, çıkarsama ile ilgili **deductive method** tümdengelim yöntemi

dedust /di:'dast/ *e.* toz gidermek

deduster /di:'dastı/ *a.* toz giderici

deed /di:d/ *a.* iş, hareket, eylem, edim; *huk.* senet, tapu senedi; belge **deed of assignment** temlik senedi **deed of conveyance** temlik senedi **deed of donation** bağış senedi **deed of gift** bağış senedi, hibe senedi **deed of inspectorship** yediemin senedi **deed of partnership** ortaklık sözleşmesi, şirket

sözleşmesi **deed of protest**
protestoname **deed of real estate** tapu
senedi **deed of transfer** devir senedi
deed of trust vekâletname
deejay /'di:cey/ *a.* diskcokey
deem /di:m/ *e.* saymak, sanmak,
zannetmek
deemotionalize /di:i'mouşınılayz/ *e.*
kabalaştırmak, hissizleştirmek
de-energize /di:'enıcayz/ *e.* *elek.*
enerjisini kesmek
deep /di:p/ *s.* derin; (renk) koyu; (uyku)
derin; (ses) boğuk, alçak; (duygu) derin,
içten; yoğun, ciddi; anlaşılmaz,
karmaşık; ciddi, kötü; derine inen,
yüzeyde kalmayan ¤ *be.* derine, dibe,
derinden, derin; geç vakte kadar, geç
vakitte ¤ *a.* (the ile) deniz **be in deep
water** başı belada olmak **deep boring
implements** derin sondaj aletleri **deep
drawing** derin çekme **deep drilling**
mad. derin sondaj, derin delme **deep
etching** derin dağlama **deep founda-
tion** derin temel **deep freeze** dipfriz,
derin dondurucu **deep mining** *mad.*
derin madenciliği **deep pile fabric** *teks.*
uzun tüylü kumaş, uzun havlı kumaş
deep ploughing derin sürme **deep
structure** derin yapı **deep well pump**
derin kuyu tulumbası **deep well** derin
kuyu **go off the deep end** *kon.* ağzını
açıp gözünü yummak, tepesi atmak **in
deep water** başı dertte **Still waters
run deep** *ats.* Durgun sular derinden
akar
deepen /'di:pın/ *e.* derinleşmek;
derinleştirmek; koyulaşmak;
koyulaştırmak
deeply /'di:pli/ *be.* derinden, içten
deepness /'di:pnis/ *a.* derinlik; karanlık;
koyuluk; enginlik; zekâ
deep-rooted /di:p 'ru:tid/ *s.* derin köklü,
kökleri derine inen; köklü, yerleşmiş
deep-sea /di:p si:/ *s.* kıyıdan uzakta, açık
deniz **deep-sea captain** uzak sefer
kaptanı **deep-sea fishing** açık deniz
balıkçılığı **deep-sea navigation** uzak
deniz seferi **deep-sea steamer** açık
deniz gemisi **deep-sea voyage** uzak
deniz yolculuğu
deep-seated /di:p'si:tid/ *s.* köklü,
yerleşmiş
deer /dıı/ *a. hayb.* geyik, karaca

deescalate /di:'eskıleyt/ *e.* hızını
azaltmak, şiddetini azaltmak; azalmak,
önemini kaybetmek
deface /di'feys/ *e.* görünüşünü bozmak,
çirkinleştirmek, tahrif etmek
defacement /di'feysmınt/ *a.* bozma, tahrif
defacto /di:'fektou/ *s.* gerçekte yapılan,
fiili, eylemsi
defalcation /di:fel'keyşın/ *a.* zimmetine
geçirme; zimmete geçirilen para
defamation /defı'meyşın/ *a.* karalama,
lekeleme, hakaret
defamatory /di'femıtıri/ *s.* lekeleyen,
leke düşüren
defame /di'feym/ *e.* kara çalmak, ününe
leke sürmek, iftira etmek
defamer /di'feymı/ *a.* iftiracı
defatted /di:'fetid/ *s.* yağı çıkarılmış
default /di'fo:lt/ *e.* bir görevi yerine
getirmemek; bir borcu ödememek;
mahkemeye gelmemek; yarışmaya
katılmamak ¤ *a.* hazır bulunmayış,
katılmayış, gelmeme; yapmama,
savsama; temerrüt, geri ödememe ¤ *s.*
biliş. bulunmayan, önceden
tanımlanmış, varsayılı **default drive**
biliş. hazır sürücü, seçimsizlik sürücüsü
default interest gecikme faizi, temerrüt
faizi **default of creditor** alacaklının
temerrüdü **default of debtor** borçlunun
temerrüdü **default option** *biliş.* hazır
seçim, yokluk durumunda seçim **de-
fault value** *biliş.* hazır değer,
seçimsizlik değeri **defaulted bond**
temerrüde uğramış tahvil **defaulted
paper** temerrüde uğramış senet
defaulter /di'fo:ltı/ *a.* borçlarını vermeyen
defeasance /di'fi:zıns/ *a.* iptal, fesih,
kaldırma
defeat /di'fi:t/ *e.* yenmek, bozguna
uğratmak; boşa çıkarmak, suya
düşürmek, mahvetmek, yıkmak ¤ *a.*
yenilgi, bozgun; yenilgiye uğrama;
yenilgiye uğratma **defeat the bill** yasa
tasarısını reddetmek
defeatism /di'fi:tizım/ *a.* bozgunculuk
defecate /'defikeyt/ *e.* dışkı boşaltmak,
dışarı çıkmak, büyük aptes yapmak;
arıtmak, tasfiye etmek **defecated juice**
şek. kireçlenmiş şerbet
defecation /defı'keyşın/ *a.* durultma
defect /'di:fekt/ *a.* hata, kusur, eksiklik ¤

e. kendi ülke/parti vb.'ni terk etmek; iltica etmek **defect in form** şekil noksanlığı **defect in title** hukuku geçerliği olmama **defect inherent in the goods** malın kendi kusuru

defective /di'fektiv/ *s.* hatalı, kusurlu, eksik **defective delivery** hasarlı teslim **defective fabrics** *teks.* defolu mallar **defective unit** kusurlu birim **defective will** irade fesadı

defence /di'fens/ *a.* savunma, müdafaa

defenceless /di'fenslıs/ *s.* desteksiz, müdafaasız, korunmasız

defend /di'fend/ *e.* savunmak, korumak, müdafaa etmek

defendable /di'fendıbıl/ *s.* savunulabilir, korunabilir

defendant /di'fendınt/ *a. huk.* sanık, davalı

defender /di'fendı/ *a.* savunan kişi

defense /di'fens/ *Aİ. bkz.* defence

defensible /di'fensıbıl/ *s.* savunulabilir

defensive /di'fensiv/ *s.* savunan, savunucu, savunmalı, koruyucu **defensive programming** *biliş.* savunucu programlama, savunmalı programlama

defer /di'fö:/ *e.* ertelemek, sonraya bırakmak; saygı göstermek, kabul etmek; boyun eğmek

deference /'defırıns/ *a.* uyma, saygı gösterme, riayet etme

deferential /defi'renşıl/ *s.* uyumlu; saygılı, hürmetkâr

deferment /di'fö:mınt/ *a.* erteleme, ödemeyi geciktirme **deferment charge** ödemeyi geciktirme ücreti

deferred /di'fö:d/ *s.* ertelenmiş **deferred addressing** *biliş.* gecikmeli adresleme, dolaylı adresleme **deferred annuity** müeccel para, ertelenmiş borç para **deferred assets** peşin ödenen kıymetler **deferred bond** devamlı borç tahvili **deferred charge** peşin ödenen gider **deferred credit** peşin tahsil edilen alacaklar **deferred debits** ödenecek giderler, peşin ödenen giderler **deferred debt** ertelenmiş borç, müeccel borç **deferred discount** geciktirilmiş ıskonto **deferred dividend** müeccel temettü, ertelenmiş temettü, gecikmiş temettü **deferred expenses** peşin ödenen masraflar **deferred income**

peşin elde edilen gelir **deferred income tax** ertelenmiş gelir vergisi **deferred interest** faizi ödemede gecikme **deferred liability** ertelenmiş borç, müeccel borç **deferred maintenance** ertelenmiş bakım **deferred payment** ertelenmiş ödeme, vadeli ödeme **deferred payment agreement** vadeli ödeme anlaşması **deferred payment sale** taksitle satış, uzun vadeli satış **deferred processing** *biliş.* gecikmeli işlem, ertelemeli işlem **deferred profit** peşin elde edilmiş kâr **deferred revenue** peşin elde edilen gelir **deferred shares** imtiyazsız hisse senedi **deferred taxes** ertelenmiş vergiler **deferred terms** taksitle ödeme

defiance /di'fayıns/ *a.* itaatsizlik, saygısızlık

defiant /di'fayınt/ *s.* meydan okuyan, küstah, cüretkâr

deficiency /di'fişınsi/ *a.* eksiklik, kusur; yetersizlik, eksiklik; fire, eksilme **deficiency account** zarar hesabı **deficiency bill** devlet bütçe açığını kapatacak hazine bonoları **deficiency disease** gıda eksikliği hastalığı **deficiency in weight** döküntü, ağırlık eksikliği **deficiency letter** uyarma bildirisi, ihbarname

deficient /di'fişınt/ *s.* yetersiz; eksik **deficient amount** gerekli miktar, açık **deficient demand theories** eksik tüketim teorileri

deficit /'defisit/ *a.* (bütçe, hesap) açık **deficit account** eksi bakiye veren hesap **deficit balance** ödemeler dengesi açığı **deficit country** dış ödemeler dengesi açık veren ülke **deficit financing** açık finansman **deficit trade balance** pasif ticaret bilançosu

defile /'di:fayl/ *a.* dar geçit ¤ /di'fayl/ *e.* kirletmek, pisletmek; (kutsal bir şeye) saygısızlıkta bulunmak

definable /di'faynıbıl/ *s.* tanımlanabilir

define /di'fayn/ *e.* tanımlamak; belirtmek

defining /di'fayning/ *s.* tanımlayan, açıklayan **defining clause** tanımlayan cümlecik, tanımlayan yantümce **defining relative clause** tanımlayan ilgi cümleciği

definite /'definit/ *s.* belirli, açık; kesin,

tam, su götürmez **definite article** belirli harfi tarif, belirli tanımlık **definite deficit** kati açık **definite integral** mat. belirli integral, belgin tümlev

definitely /'definitli/ be. kesinlikle

definition /defi'nişın/ a. tanım; açıklık, berraklık, netlik **definition card** biliş. tanım kartı

definitive /di'finitiv/ s. nihai, kesin; tam, eksiksiz, kusursuz **definitive arrangement** nihai anlaşma **definitive bond** kesin sertifika, kesin tahvil **definitive judgment** kesin hüküm, kesin karar

deflagrate /'deflıgreyt/ e. birden ateş alıp tutuşmak

deflate /di:'fleyt, di'fleyt/ e. havasını boşaltmak, söndürmek; sönmek; piyasadaki para miktarını azaltmak

deflation /di:'fleyşın/ a. deflasyon, paradarlığı

deflationary /di:'fleyşınıri/ s. deflasyonist

deflect /di'flekt/ e. sapmak, sekmek; saptırmak, sektirmek **deflecting electrode** elek. saptırma elektrotu **deflecting voltage** elek. saptırma gerilimi

deflection /di'flekşın/ a. sapma, dönme, yön değiştirme; bel verme, eğilme, salgı **deflection angle** sapma açısı **deflection sensitivity** elek. saptırma duyarlığı **deflection yoke** elek. saptırma boyunduruğu

deflector /di'flektı/ a. deflektör **deflector plate** saptırma plakası, saptırıcı levha

deflorate /'di:flo:reyt/ a. kızlığını bozma, zarar verme

deflower /di:'flauı/ e. çiçeklerini koparmak, yolmak

defoam /di:'foum/ e. köpüğünü gidermek **defoaming agent** köpük giderici madde

defoliate /di:'foulieyt/ e. yapraklarını gidermek

deforce /di'fo:rs/ e. zorla alıkoymak

deforest /di:'forist/ e. ormandan yoksun bırakmak

deforestation /di:forist'eyşın/ a. trm. ormansızlaştırma, kellendirme

deform /di'fo:m/ e. biçimini bozmak, deforme etmek

deformability /di'fo:mıbılıti/ a. şekil değiştirebilme

deformation /di:fo:'meyşın/ a.

deformasyon, bozunum, bozulum, şekil değiştirme **deformation potential** fiz. deformasyon potansiyeli

deformed /di'fo:md/ s. şekli bozulmuş

deformity /di'fo:miti/ a. biçimsizlik, sakatlık

defraud /di'fro:d/ e. dolandırmak, aldatmak, hakkını yemek

defraudation /di:fro:'deyşın/ a. hile

defrauder /di'fro:dı/ a. dolandırıcı, hilekâr

defray /di'frey/ e. ödemek, tediye etmek

defrayment /di'freymınt/ a. masrafı ödeme, maliyeti ödeme

defrost /di:'frost/ e. buzlarını çözmek/temizlemek

defroster /di:'frostı/ a. oto. buz çözücü

deft /deft/ s. becerikli, eli çabuk, marifetli

deftness /'deftnıs/ a. beceri, hüner, ustalık

defunct /di'fankt/ s. ölü, ölmüş **defunct company** ölü şirket

defuse /di:'fyu:z/ e. (patlayıcı) fitilini sökmek

defy /di'fay/ e. karşı gelmek, başkaldırmak; kafa tutmak; meydan okumak

degas /di:'ges/ e. gazını gidermek, gazını almak

degasifier /di:'gesifayı/ a. degazör, gaz giderici

degauss /di:'gaus/ e. (manyetik bant) mıknatıslığını gidermek

degausser /di:'gausı/ a. (manyetik bant) mıknatıslık giderme bobini

degeneracy /di'cenırisi/ a. yozlaşma, soysuzlaşma

degenerate /di'cenırit/ s. yozlaşmış, yoz ¤ /di'cenıreyt/ e. yozlaşmak; düşmek; dönüşmek **degenerated gas** fiz. dejenere gaz

degeneration /dicenı'reyşın/ a. bozulma, yozlaşma, dejenerasyon; elek. negatif geribesleme

degenerative /di'cenırıtiv/ s. yozlaştırıcı **degenerative feedback** elek. negatif geribesleme, ters geribesleme

degradation /degrı'deyşın/ a. bozunma, ayrışım

degrade /di'greyd/ e. küçük düşürmek, alçaltmak

degradin /di'greyding/ s. küçültücü,

alçaltıcı
degrading /di'greyding/ s. alçaltıcı, küçük düşürücü
degrease /di:'gri:s/ e. teks. (yün) yağını gidermek **degreasing agent** yağ giderici madde **degreasing bath** yağ giderme banyosu
degree /di'gri:/ a. tek. derece; düzey, derece, kademe; öğrenim derecesi **degree centigrade** Celsius derecesi **degree of comparison** karşılaştırma derecesi **degree of disablement** sakatlık derecesi **degree of elasticity** esneklik derecesi **degree of freedom** serbestlik derecesi
degression /di'greşın/ a. indirim
degressive /di'gresiv/ s. azalan oranlı **degressive depreciation** azalan oranlı yıpranma payı, azalan oranlı amortisman **degressive tax** azalan oranlı vergi
degum /di:'gam/ e. teks. (ipek) zamkını gidermek, serisinini çözmek **degumming bath** teks. zamk giderme banyosu
dehumanize /di:'hyu:mınayz/ e. insani özelliklerinden sıyırmak, canavarlaştırmak
dehumidification /di:hyu:midifi'keyşın/ a. nemini alma, kurutma
dehumidifier /di:hyu:'midifayı/ a. nem alma maddesi, kurutucu madde
dehumidify /di:hyu:'midifay/ e. nemini almak, kurutmak
dehydrate /di:hay'dreyt/ e. suyunu almak, kurutmak **dehydrated foods** suyu alınmış gıda maddeleri **dehydrating agent** kurutma maddesi, suçeker
dehydration /di:hay'dreyşın/ a. suyunu giderme, susuzlaştırma, dehidrasyon
dehydrogenase /di'haydrıcıneyz/ a. dehidrojenaz
dehydrogenation /dihaydrıcı'neyşın/ a. hidrojen giderme, dehidrojenasyon
deice /di:'ays/ e. buzlanmayı önlemek, buz tutmasını önlemek
deictic /'dayktik/ s. gösterici
deification /di:ifi'keyşın/ a. Tanrılaştırma, yüceltme; tapma, tapınma
deify /'di:ifay, 'deyfay/ e. tanrılaştırmak, yüceltmek, ululaştırmak, tapmak
deign /deyn/ e. hkr. tenezzül etmek

deionization /di:'ayınizeyşın/ a. iyonsuzlaştırma **deionization time** iyonsuzlaştırma süresi
de-ionize /di:'ayınayz/ e. iyonsuzlaştırmak **de-ionized water** iyonsuzlaştırılmış su
deism /'di:izım/ a. yaradancılık
deist /'di:ist/ a. yaradancı
deity /'di:iti, 'deyti/ a. tanrı, tanrıça
déjà vu /deyja: 'vyu:, deyja 'vu:/ a. "bunu daha önceden yaşamıştım" duygusu
dejected /di'cektid/ s. üzgün, hüzünlü, mahzun
dejection /di'cekşın/ a. keder, neşesizlik; dışkı, büyük aptes
dejure /dey'cuırey/ s. haklı, yasal
dekko /'dekou/ a. bakış
del credere /del'kredırı/ a. tic. dükruvar **del credere agent** dükruvar komisyoncusu **del credere responsibility** dükruvar yükümlülüğü
delabialisation /dileybi:lay'zeyşın/ a. düzleşme
delactation /di:lek'teyşın/ a. sütten kesme, sütten kesilme
delative /di'leytiv/ s. a. iniş durumu
delay /di'ley/ e. gecikmek, oyalanmak; geciktirmek; ertelemek; engel olmak ¤ a. gecikme, geciktirme, erteleme, sonraya bırakma **delay cable** elek. geciktirme kablosu **delay circuit** elek. geciktirici devre, geciktirme devresi **delay distortion** elek. gecikme distorsiyonu **delay element** biliş. geciktirme elemanı, geciktirme öğesi **delay equalizer** elek. gecikme eşitleyici **delay line** elek. geciktirme hattı, gecikme hattı **delay line register** biliş. geciktirme hattı yazmacı **delay line storage** biliş. geciktirme hattı belleği **delay of payment** borç ertelemesi **delay payment** temdit, ödemede gecikme
delayed /di'leyd/ s. gecikmeli; ertelenmiş, tehir edilmiş **delayed action** ask. tavikli, gecikmeli, geciktirmeli **delayed action bomb** ask. tavikli bomba, gecikmeli bomba **delayed action fuse** mad. gecikmeli kapsül, gecikmeli kapçık **delayed automatic gain control** elek. gecikmiş otomatik kazanç kontrolü **delayed automatic volume control** elek. gecikmiş otomatik ses

kontrolü **delayed detonator** mad. gecikmeli kapsül, gecikmeli kapçık **delayed neutron** fiz. gecikmiş nötron **delayed updating** biliş. geciktirilmiş güncelleştirme

delaying /di'leying/ s. geciktirici, oyalayıcı **delaying action** geciktirici hareket **delaying tactics** oyalama taktiği

dele /'di:li:/ e. silmek ¤ a. silme işareti

deleave /di:'li:v/ e. biliş. sayfalara ayırmak, kopyalara ayırmak

delectable /di'lektıbıl/ s. nefis

delegacy /'deligısi/ a. delegelik, delegasyon

delegate /'deligit/ a. temsilci, delege ¤ /'deligeyt/ e. temsilci olarak görevlendirmek/atamak; delege olarak göndermek; havale etmek, devretmek

delegation /deli'geyşın/ a. delegasyon; yetki verme, görevlendirme **delegation of authority** yetkinin devri **delegation of power** yetkinin devri

delete /di'li:t/ e. silmek, çıkarmak **delete character** biliş. silme karakteri

deleterious /deli'tiırııs/ s. zararlı, muzır

deletion /di'li:şın/ a. kaldırma, silme **deletion record** biliş. iptal etme kaydı

delft /delft/ a. Hollanda porseleni

deliberate /di'libırıt/ s. kasıtlı, maksatlı; temkinli, ağır, dikkatli ¤ /di'libıreyt/ e. düşünmek, üzerinde durmak; tartışmak **deliberate action** maksatlı eylem **deliberate future action** bilhassa yapılan bir gelecek zaman eylemi

deliberately /di'libırıtli/ be. kasten, bile bile

deliberateness /di'libırıtnis/ a. kasıt; dikkatlilik, tedbirlilik

deliberation /dilibı'reyşın/ a. düşünüp taşınma; ihtiyat

deliberative /di'libırıtiv/ s. istişari; siyasi, politik; düşünceli, ihtiyatlı, tedbirli

delicacy /'delikısi/ a. incelik, duyarlılık, narinlik; az bulunur/pahalı/leziz yiyecek

delicate /'delikıt/ s. narin, zarif, ince; kolayca incinen, hassas, nazik; dikkat isteyen, ince; (alet, vb.) duyarlı, hassas; (yemek) leziz ve hafif

delicatessen /delikı'tesın/ a. mezeci dükkânı, şarküteri

delicious /di'lişıs/ s. nefis, leziz

delight /di'layt/ a. zevk, ıaz; sevinç ¤ e. zevk vermek, memnun etmek, sevindirmek; (in ile) zevk almak **Turkish delight** lokum

delighted /di'laytid/ s. sevinçli, memnun

delightful /di'laytfıl/ s. zevkli, hoş

delime /di:'laym/ e. kireçsizlendirmek

delimit /di:'limit/ e. sınırlamak

delimitation /dilimi'teyşın/ a. sınırlandırma, sınırlama, tahdit

delimiter /di:'limitı/ a. sınırlayıcı, sonlayıcı

delineate /di'lineyt/ e. çizerek veya tanımlayarak göstermek, taslağını çizmek; betimlemek, tasvir etmek

delineation /dilini'eyşın/ a. çizerek anlatma; betimleme, tasvir

delinquency /di'linkwınsi/ a. görevi ihmal etme; suç işleme; kurallara uymama

delinquent /di'linkwınt/ s. suçlu, suç işleyen; görevini yerine getirmeyen **delinquent account** açık hesap **delinquent tax** vadesinde ödenmemiş vergi, geciktirilmiş vergi

deliquesce /deli'kwes/ e. sulanmak, eriyip su olmak

deliquescence /deli'kwesıns/ a. sulanma, eriyip su olma

delirious /di'liırııs/ s. sayıklamalı, sayıklayan; çılgın gibi, azgın

delirium /di'liırıım/ a. sayıklama; coşma, azma

deliver /di'livı/ e. (alıcının evine/işyerine) teslim etmek, götürmek, dağıtmak; (from ile) kurtarmak, korumak; doğurtmak; (up/over ile) vermek, teslim etmek; (konuşma, vb.) okumak, yapmak; (demeç, ders, vb.) vermek

deliverable /di'livırıbıl/ s. verilebilir, dağıtılabilir, teslim edilebilir

deliverance /di'livırıns/ a. kurtarma; kurtulma, kurtuluş

delivered /di'livıd/ s. verilmiş, teslim edilmiş **delivered at frontier** sınırda teslim **delivered duty paid** gümrük vergisi ödenmiş olarak teslim **delivered free at dock** rıhtımda teslim **delivered price** teslim fiyatı

deliverer /di'livırı/ a. kurtarıcı kişi; dağıtıcı

delivery /di'livıri/ a. teslim, dağıtım, servis; doğum; konuşma biçimi **delivery at residence** ikametgâhta teslim, evde teslim *delivery book* tesellüm defteri *delivery canal* akış kanalı *delivery car* kamyonet *delivery certificate* teslimat sertifikası *delivery date* teslim tarihi *delivery expense* teslim masrafı, nakliye masrafı *delivery note* teslim beyanı *delivery notice* teslim ihbarı *delivery order* teslim emri *delivery period* teslim müddeti *delivery pipe* besleme borusu *delivery plunger* oto. besleme pistonu *delivery point* teslimat yeri *delivery price* teslim fiyatı *delivery receipt* teslim emri *delivery roller* teks. besleme silindiri, besleme valsi *delivery room* doğum odası *delivery sheet* teslim kâğıdı *delivery unit* doğum ünitesi *delivery valve* besleme supabı, nakil supabı

dell /del/ *a.* küçük vadi

delouse /di:'laus/ *e.* bitlerini ayıklamak

delphinin /del'finin/ *a. kim.* delfinin

delphinium /del'finiım/ *a. bitk.* hezaren

delta /'deltı/ *a.* Yunan abecesinin dördüncü harfi, delta; *coğ.* delta, çatalağız *delta connection* elek. üçgen bağlantı *delta iron* met. delta demiri *delta metal* met. delta metali *delta network* elek. delta şebekesi *delta particle* fiz. delta parçacığı *delta ray* fiz. delta ışını *delta wing* hav. üçgen kanat, delta kanat *delta-matching transformer* elek. delta bağdaştırma transformatörü

deltoid /'deltoyd/ *s.* üçgen şeklinde, nehir deltasına benzer

delude /di'lu:d/ *e.* kandırmak, aldatmak

deluge /'delyu:c/ *a.* büyük sel, su baskını; şiddetli yağmur; *mec.* akın, sürü ¤ *e.* sel basmak, su basmak; ... yağmuruna tutmak

delusion /di'lu:jın/ *a.* aldatma; aldanma; saplantı; yanlış inanç, kuruntu

deluster /di:'lastı/ *e. teks.* parlaklığını azaltmak, matlaştırmak *delustered rayon* teks. mat reyon *delustering agent* teks. matlaştırma maddesi *delustering calender* teks. matlaştırma kalenderi

de luxe /dı'luks/ *s.* lüks, görkemli

delve /delv/ *e.* kazmak, bellemek; (into/among ile) derinlemesine araştırmak

demagnetization /di:megnıti'zeyşın/ *a. fiz.* mıknatıslık giderimi *demagnetization factor* elek. mıknatıslık giderimi katsayısı

demagnetize /di:'megnıtayz/ *e.* mıknatıslılığını gidermek, mıknatıssızlaştırmak

demagnetizer /di:'megnıtayzı/ *a. elek.* demagnetizör, manyetik silici

demagogic /demı'gogik/ *s.* demagojik

demagogue /'demıgog/ *a. hkr.* demagog, halkavcısı

demagogy /'demıgogi/ *a.* demagoji

demand /di'ma:nd/ *a.* istek, talep; rağbet ¤ *e.* istemek, talep etmek; gerektirmek *demand bill* görüldüğünde ödenecek poliçe *demand curve* talep eğrisi *demand deposit* vadesiz mevduat *demand draft* ibrazında ödenecek poliçe *demand for money* para talebi *demand for payment* ödeme talebi *demand inflation* maliyet enflasyonu *demand loan* vadesiz borç *demand note* ibrazında ödenecek senet *demand paging* biliş. isteme göre sayfalama *demand price* talep fiyatı *demand processing* biliş. istemle işleme *demand pull inflation* talep enflasyonu *demand reading* biliş. istemle okuma *demand schedule* talep cetveli *demand staging* biliş. istemle taşıma *demand surplus* talep fazlası *demand writing* biliş. istemle yazma *in demand* rağbette

demanding /di'ma:nding/ *s.* çaba/dikkat/bakım/ilgi gerektiren

demarcate /'di:ma:keyt/ *e.* sınırını çizmek, ayırmak

demarcation /dima:'keyşın/ *a.* ayırma, sınırlarını belirtme *line of demarcation* sınır çizgisi; yetki sınırı

demarcative /di'ma:kıtiv/ *s. a.* sınırlayıcı

demean /di'mi:n/ *e.* küçük düşürmek, alçaltmak

demeanour /di'mi:nı/ *a.* davranış biçimi, tavır, tutum

demented /di'mentid/ *s.* deli, çılgın

dementia /di'menşıı/ *a.* şahsiyetin bölünmesi

demerit /di:'merit/ *a.* suçlamayı, cezayı hak eden nitelik; kabahat, yanlış, kusur

demesne /di'meyn/ *a.* taşınmaz mal,

mülk

demineralize /di:'mınırılayz/ *e.* mineralini gidermek *deminaralized water* minerali giderilmiş su

demise /di'mayz/ *a. huk.* ölüm, vefat; terk, devir, bırakma, feragat *demise charter* toptan çarter

demission /di'mişın/ *a.* tahttan çekilme

demo /'demou/ *a. kon.* gösteri

demobilization /dimoubili'zeyşın/ *a. ask.* terhis; seferberliğin bitmesi

demobilize /di:'moubilayz/ *e.* terhis etmek

democracy /di'mokrısi/ *a.* demokrasi, elerki; demokrasiyle yönetilen ülke; sosyal eşitlik

democrat /'demıkret/ *a.* demokrat, elerkçi, halkerkçi

democratic /demı'kretik/ *s.* demokratik

democratization /dimokrıtay'zeyşın/ *a.* demokratikleşme

democratize /di'mokrıtayz/ *e.* demokratikleştirmek

démodé /deymou'dey/ *s.* modası geçmiş, demode

demodifier /di:'modifayı/ *a. biliş.* geriye düzeltici

demodulation /di:modyu'leyşın/ *a.* demodülasyon

demodulator /di:'modyuleytı/ *a.* demodülatör

demographer /di:'mogrıfı/ *a.* nüfusbilimci

demographic /di:mı'grefik/ *s.* demografik

demography /di'mogrıfı/ *a.* demografi, nüfusbilim

demolish /di'moliş/ *e.* yıkmak, yok etmek

demolition /demı'lişın/ *a.* yıkma, yok etme; yıkılma, yıkım *demolition bomb ask.* tahrip bombası *demolition cost* yıkım maliyeti

demon /'di:mın/ *a.* şeytan

demonetization /di:maniti'zeyşın/ *a.* tedavülden kaldırma

demonetize /di:'manitayz/ *e.* tedavülden kaldırmak

demoniac /di'mouniek/ *s.* şeytanca, iblisçe, cinli, çılgın, deli

demonize /'di:mınayz/ *e.* şeytanlaştırmak

demonstrable /di'monstrıbıl/ *s.* kanıtlanabilir; açık, ortada

demonstrate /'demınstreyt/ *e.* göstermek; (örneklerle) kanıtlamak, göstermek; kullanılışını göstermek; gösteri yapmak/düzenlemek

demonstration /demın'streyşın/ *a.* gösteri; kullanılışını gösterme *demonstration effect* gösteriş etkisi

demonstrative /di'monstrıtiv/ *s.* kesin, kati; duygularını gizlemeyen; *dilb.* göstermeye yarayan, belirtmeye yarayan *demonstrative adjective* işaret sıfatı, gösterme sıfatı *demonstrative adverb* işaret zarfı, gösterme belirteci *demonstrative pronoun dilb.* işaret zamiri, gösterme adılı

demonstrator /'demınstreytı/ *a.* ispat eden şey veya kimse; teşhir edilen şey

demoralization /dimorılay'zeyşın/ *a.* maneviyatın bozulma, ahlak bozulması

demoralize /di'morılayz/ *e.* cesaretini kırmak, moralini bozmak; ahlaksızlaştırmak

demoralizing /di'morılayzing/ *s.* moral bozan

demote /di'mout/ *e.* rütbesini indirmek

demotic /di:'motik/ *s.* halka ait, halkla ilgili

demotivate /di:'moutiveyt/ *e.* yönünü saptırmak

demount /di:'maunt/ *e.* sökmek, yerinden çıkarmak, demonte etmek

demountability /di:'mauntıbılıti/ *a.* sökülebilirlik

demountable /dii:'mauntıbıl/ *s.* sökülebilir

demur /di'mö:/ *e.* itiraz etmek, karşı çıkmak

demure /di'myuı/ *s.* ağırbaşlı, uslu

demureness /di'myuınıs/ *a.* dengelilik, ciddiyet; alçakgönüllülük

demurrage /di'maric/ *a.* sürastarya

den /den/ *a.* in, mağara; yatak, uğrak; *kon.* çalışma odası

denary /'di:nıri/ *s.* onlu, ondalık

denationalize /di:'neşınılayz/ *e.* ulusal haklardan yoksun bırakmak, vatandaşlıktan çıkarmak

denaturalize /di:'neçırılayz/ *e.* doğallığını bozmak

denaturant /di:'neyçırınt/ *a.* denatüran, denşirme maddesi, tağyir maddesi

denaturation /di:neyçı'reyşın/ *a.*

denşirme, denatürasyon, tağyir

denature /diː'neyçı/ *e.* denşirmek, tağyir etmek *denatured alcohol* içilmez alkol, denatüre alkol

dendrite /'dendrayt/ *a.* dendrit, dallantı

dendritic /den'dritik/ *s.* dendritik, dallantılı *dendritic growth* dendrit büyümesi, dallantı büyümesi

dendrochronology /dendroukrı'nolıci/ *a. yerb.* dendrokronoloji

dendrolite /'dendrılayt/ *a.* bitki fosili

dendrology /den'drolıci/ *a. orm.* dendroloji

dene /diːn/ *a.* deniz kıyısındaki kumlu yol

deniable /di'nayıbıl/ *s.* yadsınabilir, inkâr edilebilir

denial /di'nayıl/ *a.* inkâr, yadsıma, yoksama; yalanlama

denier /'deniey/ *a. teks.* denye

denigrate /'denigreyt/ *e.* karalamak, leke sürmek, çekiştirmek, yermek, kötülemek

denim /'denim/ *a.* blucin kumaşı, kaba pamuklu kumaş

denims /'denimz/ *a. kon.* blucin, kot

denitrate /diː'naytreyt/ *e.* nitratsızlaştırmak

denitrification /dinaytrifi'keyşın/ *a.* nitratsızlaştırma

denitrify /diː'naytrifay/ *e.* nitratsızlaştırmak, azot gidermek

denizen /'denizın/ *a.* ikamet eden kişi; doğal kullanıma girmiş yabancı sözcük

denominate /di'nomineyt/ *e.* isim vermek, adlandırmak

denomination /dinomi'neyşın/ *a.* mezhep; birim; ad

denominational /dinomi'neyşınıl/ *s.* isme ait *denominational value* nominal değer, itibari kıymet

denominative /di'nominıtiv/ *s. a.* bir isimden ya da sıfattan türetilmiş, addan türeme, addan ya da sıfattan türetilmiş biçim

denominator /di'nomineytı/ *a. mat.* payda, bölen

denotation /diːnou'teyşın/ *a.* düzanlam

denote /di'nout/ *e.* belirtmek, göstermek, anlamına gelmek

denounce /di'nauns/ *e.* alenen suçlamak, kınamak

denouncement /di'nounsmınt/ *a.* eleştiri,

kınama; kehanet; sona erme, iptal

dense /dens/ *s.* sıkışık, kalabalık, yoğun; (sis, duman, vb.) yoğun, koyu; (orman) sık; *kon.* aptal, kalın kafalı *dense set mat.* yoğun küme

densimeter /den'simitı/ *a. fiz.* dansimetre, yoğunlukölçer

densitometer /densi'tomitı/ *a. fiz.* dansitometre, gölgeölçer

density /'densiti/ *a.* yoğunluk; sıklık *density altitude metr.* yoğunluk yüksekliği *density bottle* yoğunluk şişesi, piknometre *density effect fiz.* yoğunluk etkisi *density function mat.* yoğunluk fonksiyonu, yoğunluk işlevi *density modulation elek.* yoğunluk modülasyonu

dent /dent/ *a.* ezik, vuruk, çukur, girinti; *kon.* incinme ¤ *e.* göçürmek, yamultmak; göçmek, yamulmak *make a dent in* bir işe el atmak

dental /'dentl/ *s.* dişlerle ilgili, diş +, dişsil

dentation /den'teyşın/ *a.* tarak şeklinde olan şey

denticulated /den'tikyuleytid/ *s.* dişli, çentikli

dentiform /'dentifoːm/ *s.* dişe benzer

dentilabial /denti'leybııl/ *s.* dişsil-dudaksıl

dentine /'dentiːn/ *a.* dentin, diş kemiği

dentist /'dentist/ *a.* dişçi, diş hekimi

dentistry /'dentistri/ *a.* dişçilik

dentition /den'tişın/ *a.* bebeğin diş çıkarması, dişlenme

denture /'dençı/ *a.* takma diş

denudation /denyu'deyşın/ *a.* denüdasyon, aşındırma, çıplak bırakma

denude /di'nyuːd/ *e.* soymak, çıplak hale getirmek

denumerable /di'nyuːmırıbıl/ *s.* sayılabilir *denumerable set mat.* sayılabilir küme

denunciation /dinansi'eyşın/ *a.* alenen suçlama, kınama; kınanma

denunciator /di'nansieytı/ *a.* muhbir, ihbarcı

denunciatory /di'nansieytıri/ *s.* suçlayıcı

deny /di'nay/ *e.* inkâr etmek, yadsımak; yalanlamak, tanımamak, yoksamak; esirgemek

deodorant /diː'oudırınt/ *a.* deodoran, kokugideren

deodorize /diː'oudırayz/ *e.* kokusunu gidermek

deoxidation /di:'oksideyşın/ *a.* oksijen giderme

deoxidize /di:'oksidayz/ *e.* pasını gidermek

deoxidizer /di:'oksidayzı/ *a. met.* oksijen giderici, oksitsizleyici

depart /di'pa:t/ *e.* ayrılmak, gitmek, hareket etmek, kalkmak; (from ile) sapmak, ayrılmak, dönmek

departed /di'pa:tid/ *s.* gitmiş, ayrılmış, yok; ölü, müteveffa

department /di'pa:tmınt/ *a.* kısım, bölüm, reyon; şube, daire, kol; görev, hizmet; bakanlık *department chief* servis şefi *department store* (çeşitli reyonlardan oluşan) büyük mağaza

departmental /di:pa:t'mentıl/ *s.* bölüme ait, şubeye ait

departmentalization /di:pa:tmentıli'zeyşın/ *a.* bölümlere ayırma, şubelere ayırma

departmentalize /di:pa:t'mentılayz/ *e.* bölümlere ayırmak, şubelere ayırmak

departure /di'pa:çı/ *a.* hareket, gidiş, kalkış *departure lounge hav.* biniş bekleme salonu *departure station* hareket istasyonu, çıkış istasyonu *departure time biliş.* ayrılış anı

depend /di'pend/ *e.* (on/upon ile) güvenmek, itimat etmek, bel bağlamak; bağlı olmak, ihtiyaç duymak; göre değişmek, bağlı olmak *It depends* duruma göre değişir, belli olmaz, emin değilim

dependable /di'pendıbıl/ *s.* güvenilir

dependant /di'pendınt/ *a.* birine ekonomik bağımlılığı olan kimse, muhtaç kimse

dependence /di'pendıns/ *a.* bağımlılık; güven, güvenme; (uyuşturucu, vb.'ne) bağlılık *dependency grammar* bağımsal dilbilgisi

dependent /di'pendınt/ *s.* bağlı; muhtaç ¤ *a.* muhtaç kimse *dependent program biliş.* bağımlı program *dependent register biliş.* bağımlı yazmaç *dependent variable* bağımlı değişken

depeople /di:'pi:pıl/ *e.* nüfusunu azaltmak

depersonalization /di'pö:sınılayzeyşın/ *a.* kişisellikten çıkarma, gayri şahsi yapma; *ruhb.* kişilik yitimi

depersonalize /di'pö:sınılayz/ *e.* kişisellikten çıkarmak, gayri şahsi yapmak; kişiliğini kaybettirmek, şahsiyetsizleştirmek

depict /di'pikt/ *e.* göstermek; dile getirmek, betimlemek

depilate /'depileyt/ *e. teks.* kıllarını gidermek, tüylerini gidermek

depilation /depi'leyşın/ *a.* tüy alma

depilatory /di'pilıtıri/ *s.* kıl giderici

deplane /di:'pleyn/ *e.* uçaktan indirmek

deplenish /di'pleniş/ *e.* boşaltmak, dökmek

depletable /di'pli:tıbıl/ *s.* tükenebilen

deplete /di'pli:t/ *e.* tüketmek, bitirmek; boşaltmak *depleted cost* muhasebe değeri

depletion /di'pli:şın/ *a.* tüketme, azaltma, bitirme *depletion layer elek.* tükenim katmanı, sınır tabakası *depletion layer transistor elek.* tükenme katmanlı transistor *depletion of reserves* rezervlerin tükenmesi

deplorable /di'plo:rıbıl/ *s.* acınacak, çok kötü; üzücü

deplore /di'plo:/ *e.* teessüf etmek, üzülmek

deploy /di'ploy/ *e. ask.* mevzilenmek, konuşlanmak; mevzilendirmek, konuşlandırmak

deployment /di'ploymınt/ *a. ask.* yayılma

depoison /di:'poyzın/ *e.* zehirden arındırmak

depolarization /di:poulıri'zeyşın/ *a.* depolarizasyon, ucaysızlanma

depolarize /di:'poulırayz/ *e.* kutupluluğunu gidermek, depolarize etmek

depolymerization /di:polimıri'zeyşın/ *a.* depolimerizasyon, çoğuz parçalanması

deponent /di'pounınt/ *s.* tanık, şahit

depopulate /di:'popyuleyt/ *e.* nüfusunu azaltmak

deport /di'po:t/ *e.* sınır dışı etmek, yurtdışına sürmek

deportation /di:po:'teyşın/ *a.* sınır dışı, sürgün

deportment /di'po:tmınt/ *a.* davranış; duruş/yürüyüş biçimi

deposal /di'pouzıl/ *a.* görevden alma azletme

depose /di'pouz/ *e.* tahttan indirmek

azletmek, görevden çıkarmak
deposit /di'pozit/ *e.* koymak, bırakmak; (bankaya) yatırmak; (kaparo) vermek; (tortu) bırakmak ¤ *a.* yatırılan para, mevduat; kaparo, depozit, pey akçesi; tortu, çökelti, çökelek, çökel *deposit account* tasarruf hesabı, mevduat hesabı *deposit attack* birikinti korozyonu, birikinti yenimi *deposit bank* mevduat bankası, tevdiat bankası *deposit banking* mevduat bankacılığı *deposit book* banka cüzdanı, mevduat cüzdanı *deposit business* mevduat işleri *deposit credit* mevduat kredisi *deposit fee* saklama ücreti *deposit insurance* mevduat sigortası *deposit interest* mevduat faizi *deposit liabilities* mevduat pasifleri, mevduat yükümlülükleri *deposit money* kaydi para *deposit multiplier* mevduat çarpanı *deposit rate* mevduat faizi *deposit receipt* mevduat makbuzu, depozit makbuzu *deposit slip* bordro, mevduat fişi *deposit to be paid* ödenecek depozito, yatırılacak depozito *deposits and guarantees* depozito ve teminatlar
depositary /di'pozitɪri/ *a.* emanetçi; depo, ambar
deposition /'depɪzişın/ *a.* görevden alma, azil; tortu, çöküntü; *huk.* yeminli tanıklık, yazılı ifade; emanet etme, depozito verme
depositor /di'pozitɪ/ *a.* mudi, yatıran, mevduat sahibi *depositor receipt* mevduat ilmühaberi
depository /di'pozitɪri/ *a.* depo, ambar
deposits /di'pozits/ *a.* mevduat *deposits account* mevduat hesabı
depot /'depou/ *a.* depo, ambar; *ask.* cephanelik; küçük istasyon
deprave /di'preyv/ *e.* ahlaksızlaştırmak
depraved /di'preyvd/ *s.* ahlaksız
depravity /di'prevıti/ *a.* ahlak bozukluğu, günahkârlık
deprecate /'deprikeyt/ *e.* uygun bulmamak, karşı çıkmak, karşı koymak
depreciable /di'pri:şıbıl/ *s.* aşınabilir, amortismana tabi *depreciable asset* amortismana tabi değer
depreciate /di'pri:şieyt/ *e.* (para, vb.) değer kaybetmek; küçümsemek, hor

görmek; devalüe etmek, değerini düşürmek
depreciated /di'pri:şieytid/ *s.* değer yitirmiş *depreciated cost* amorti edilmiş masraf *depreciated currency* aşınmış para, değer yitirmiş para *depreciated exchange rate* değer kaybetmiş döviz kuru *depreciated original cost* muhasebe değeri *depreciated value* amorti edilmiş değer
depreciation /dipri:şi'eyşın/ *a.* değer azalması, amortisman, aşınma *depreciation account* amortisman hesabı *depreciation accounting* amortisman hesabı *depreciation allowance* amortisman indirimi *depreciation base* amortismana temel olan değer *depreciation building* bina ve demirbaş amortismanı *depreciation expense* amortisman masrafı *depreciation fund* amortisman fonu *depreciation fund system* amortisman fonu sistemi *depreciation method* amortisman yöntemi *depreciation rate* amortisman oranı *depreciation reserve* amortisman karşılığı, amortisman ihtiyatı *depreciation schedule* amortisman cetveli *depreciation unit* amortisman birimi
depreciatory /di'pri:şıtıri/ *s.* değerden düşürücü, küçümseyici
depredation /depri'deyşın/ *a.* hasara uğratma, hasar, zarar
depredator /'deprideytı/ *a.* soyguncu, yağmacı
depress /di'pres/ *e.* üzmek, keyfini kaçırmak, içini karartmak; basmak, bastırmak; durgunlaştırmak
depressed /di'prest/ *s.* keyifsiz, morali bozuk, üzgün; sanayisi gelişmemiş *depressed area* geri bölge *depressed market* durgun piyasa
depressing /di'presing/ *s.* iç karartıcı, kasvet verici, can sıkan
depression /di'preşın/ *a.* depresyon, çökkünlük, çöküntü, bunalım; ekonomik daralma, bunalım, depresyon; çukur *depression of the freezing point kim.* donma noktası alçalımı
depressive /di'presiv/ *s.* kasvetli, can sıkıcı
deprivation /depri'veyşın/ *a.* mahrumiyet, yoksunluk

deprive /di'prayv/ *e.* (of ile) yoksun bırakmak, mahrum etmek

deprived /di'prayvd/ *s.* sosyal haklardan yoksun; yoksul, muhtaç

depth /dept/ *a.* derinlik **be out of one's depth** boyunu aşan suda yüzmek **depth charge** *ask.* su bombası **depth contour** *coğ.* eşderinlik eğrisi **depth dose** *elek.* derinlik dozu **depth finder** *elek.* derinlik ölçer, iskandil **depth gauge** *mak.* derinlik mastarı, derinlik ölçeği **depth moulded** kalıp, derinlik **depth of colour** renk koyuluğu, renk derinliği **depth of hardening** *met.* sertleşme derinliği **depth of shade** renk koyuluğu, renk derinliği **in depth** derinlemesine araştırılmış, yapılmış, ciddiyetle yapılmış **out of one's depth** boyunu aşan, bilgi ve yeteneğini aşan, bilgisi dışında

depurate /'depyureyt/ *e.* tasfiye etmek, arıtmak, temizlemek

deputation /depyu'teyşın/ *a.* temsilciler heyeti

depute /di'pyu:t/ *e.* vekil tayin etmek, yetki vermek; (yetki) vermek, devretmek

deputize /'depyutayz/ *e.* vekâlet etmek

deputy /'depyuti/ *a.* vekil; milletvekili **deputy chairman** başkan vekili **deputy manager** müdür yardımcısı

derail /di:'reyl/ *e.* (tren) raydan çıkarmak; (tren) raydan çıkmak

derange /di'reync/ *e.* düzenini bozmak; (akli dengesini) bozmak, delirtmek

deration /di:'reşın/ *e.* belediye vergi oranlarını azaltmak

derby /'da:bi, 'dö:bi/ *a.* derbi maçı; *Al.* melon şapka **the Derby** İngiltere'de Epsom'da her yıl yapılan geleneksel at yarışı

deregulate /di:'regyuleyt/ *e.* kısıtlamaları kaldırmak

derelict /'derilikt/ *s.* terk edilmiş, metruk, sahipsiz

deride /di'rayd/ *e.* ile alay etmek, kahkahalarla gülmek

derision /di'rijın/ *a.* alay, alay etme, hor görme **object of derision** alay konusu

derisive /di'raysiv/ *s.* alay edici, alaycı; komik, gülünç, alay edilecek türden

derisory /di'raysıri/ *s.* alaylı, gülünç, komik

derivation /deri'veyşın/ *a.* köken; türeme türetme **derivational affix** yapım eki

derivative /diri'rivıtiv/ *s. a.* türetilmi (biçim), türev **derivative depos** yardımcı mevduat

derive /di'rayv/ *e.* (from ile) elde etmek çıkarmak, almak; gelmek, türemek

derived /di'rayvd/ *s.* türemiş, türetilmi **derived demand** türemiş talep **derive sentence** türemiş cümle **derived un** türetilmiş birim

derma /dö:mı/ *a.* deri, cilt

dermatitis /dö:mı'taytis/ *a. hek.* dermati deri yangısı

dermatologist /dö:mı'tolıcist/ *a.* ci hastalıkları uzmanı, dermatolog cildiyeci

derogate /'derıgeyt/ *e.* azaltmak eksiltmek, almak

derogation /derı'geyşın/ *a.* eksiltme azaltma; gerileme, bozulma

derogatory /di'rogıtıri/ *s.* küçültücü, onu kırıcı, hakaret edici, aşağılayıcı

derrick /'derik/ *a.* vinç, maçuna; petro sondaj kulesi **derrick car** vinçli vago **derrick crane** dikmeli vinç

derrickman /'derikmın/ *a.* vinççi

dervish /'dö:viş/ *a.* derviş

desaccharify /di:'sekırifay/ *e.* şekerir almak

desalination /di:seli'neyşın/ *a.* tuzun giderme

desalt /di:'so:lt/ *e.* tuzunu almak, tuzun gidermek

desand /di:'send/ *e.* kumunu gidermek

descale /di:'skeyl/ *e.* kazımak, pullarır gidermek; kazantaşını temizlemek

descaler /di:'skeylı/ *a.* pul gideric kazantaşı temizleyici

descend /di'send/ *e.* (aşağı) inmek alçalmak; (güneş) batmak; kalmak (on/upon ile) aniden saldırmak, hücur etmek, üşüşmek; (to ile) tenezzü etmek, düşmek **descending nod** *gökb.* iniş düğümü **descending orde** azalan sıra **descending sequenc** azalan dizi

descendant /di'sendınt/ *a.* -in soyundal gelen kimse; torun

descent /di'sent/ *a.* iniş, inme; soy, nesi ani saldırı, baskın; *huk.* miras kalma tevarüs **descent path** *hav.* alçalm

yolo
describable /di'skraybıbıl/ s. tanımlanabilir, tasvir edilebilir
describe /di'skrayb/ e. tanımlamak, betimlemek, anlatmak, tasvir etmek; (as ile) görmek, saymak, gözüyle bakmak; çizmek
description /di'skripşın/ a. tanımlama, betimleme, tasvir; tanım, tarif; *kon.* çeşit, tür **description of goods** malın tanımı
descriptive /dis'kriptiv/ s. tasviri, betimsel, betimleyici **descriptive economics** betimsel iktisat **descriptive financial statement** açıklamalı mali rapor **descriptive geometry** *mat.* tasarı geometri, betimsel geometri **descriptive grammar** tasviri gramer, betimsel dilbilgisi **descriptive linguistics** betimsel dilbilim **descriptive statistics** tasviri istatistik, betimsel istatistik
descriptivism /dis'kriptivizım/ a. betimsellik
descriptor /di'skriptı/ a. *biliş.* anahtar sözcük, açıklayıcı sözcük
desecrate /'desikreyt/ e. kutsallığını bozmak, kirletmek
desecration /desi'kreyşın/ a. kirletme, tecavüz, hürmetsizlik
desegregate /di:'segrigeyt/ e. birleştirmek, ırk ayrımını ortadan kaldırmak
desensitization /di:sen'sıtayzeyşın/ a. *fot.* ışığa karşı duyarlılığını giderme
desensitize /di:'sensitayz/ e. duyarlılığını azaltmak
desert /'dezıt/ a. çöl ¤ /di'zö:t/ e. terk etmek, bırakıp gitmek; yüzüstü bırakmak; kaçmak, firar etmek **desert climate** *metr.* çöl iklimi
deserter /di'zö:tı/ a. asker kaçağı, firari
deserve /di'zö:v/ e. hak etmek, layık olmak
deservedly /di'zö:vidli/ be. hakkıyla, layıkıyla
desiccant /'desikınt/ a. kurutucu madde
desiccate /'desikeyt/ e. (meyve, vb.) kurutmak
desiccation /desi'keyşın/ a. kurutma **desiccation of untopped beets** *şek.* yapraklı pancar kurutması

desiccator /'desikeytı/ a. desikatör, kurutma aygıtı, kurutucu
desiderative /di'zidırıtiv/ s. a. istek ya da dilek bildiren; dilek-şart kipi, dilek-koşul kipi
desideratum /dizidı'reytım/ a. arzu edilen şey, istenen şey
design /di'zayn/ a. plan, proje; tasarım, tasarçizim, dizayn; desen, taslak ¤ e. çizmek, plan çizmek; planını çizmek; tasarlamak **have designs on/against** ele geçirmek için planlar yapmak **design cylinder** *teks.* desen silindiri **design features** tasarım özellikleri **design language processor** *biliş.* tasarım dil işleyici, tasarım dil işlemci **design load** proje yükü, hesap yükü, dizayn yükü **design office** proje bürosu **design paper** desen kâğıdı **design sheet** proje paftası
designate /'dezigneyt/ e. belirtmek, göstermek, işaret etmek; atamak, görevlendirmek; (as ile) unvanlandırmak ¤ /'dezignit/ s. atanmış, tayin edilmiş
designated /'dezigneytid/ s. belirlenmiş; atanmış, tayin edilmiş **designated date** kararlaştırılmış tarih
designation /dezig'neyşın/ a. atama, tayin; isim, unvan, lakap; tahsis **designation holes** *biliş.* tanıtma delikleri
designer /di'zaynı/ a. tasarımcı, tasarçizimci, dizayncı, desinatör
designing /di'zayning/ s. hünerli, kurnaz
desilverize /di:'silvırayz/ e. gümüşünü gidermek
desirability /dizayırıbılıti/ a. istenilme, hoşa gitme
desirable /di'zayırıbıl/ s. istenilir, arzu edilir, hoş
desire /di'zayı/ e. arzu etmek, istemek; arzulamak ¤ a. arzu, emel; istek, dilek; cinsel istek, arzu
desirous /di'zayırıs/ s. istekli, arzulu, tutkulu
desist /di'zist/ e. -den kendini almak, bırakmak, vazgeçmek, çekilmek
desize /di:'sayz/ e. *teks.* haşıl sökmek **desized** *teks.* haşılsız, haşılı sökülmüş **desizing agent** *teks.* haşıl sökme maddesi **desizing machine** *teks.* haşıl sökme makinesi

desk /desk/ *a.* okul sırası; yazı masası; resepsiyon *desk computer biliş.* büro bilgisayarı *desk microphone* masa mikrofonu

desktop /'desktop/ *a. s. biliş.* masa üstü *desktop computer* masa üstü bilgisayar *desktop publishing* masa üstü yayıncılık

desolate /'desılıt/ *s.* ıssız, terk edilmiş, boş; yalnız, arkadaşsız, terk edilmiş

desolation /desı'leyşın/ *a.* kimsesizlik, yalnızlık, terk edilmişlik

desorption /di'so:pşın/ *a.* desorpsiyon, yüzden salma, koyuverme, geribırakma

despair /di'speı/ *a.* umutsuzluk ¤ *e.* (of ile) umudunu kesmek

despatch /di'speç/ *e.* sevk etmek, göndermek ¤ *a.* sevk, gönderme *despatch goods* irsal etmek, mal göndermek *despatching fee* irsal harcı *despatching term* irsal müddeti *despatch money* dispeç parası *despatch note* irsaliye

desperado /despı'ra:dou/ *a.* gözü dönmüş kimse

desperate /'despırıt/ *s.* umutsuz, çaresizliğe kapılmış; gözü dönmüş; çok ciddi, ağır, tehlikeli

desperation /despı'reyşın/ *a.* gözü dönmüşlük, umarsızlık, çaresizlik

despicable /di'spikıbıl/ *s.* aşağılık, adi

despise /di'spayz/ *e.* küçümsemek, hor görmek, aşağılamak

despite /di'spayt/ *ilg.* -e rağmen, -e karşın

despoil /di'spoyl/ *e.* yağma etmek, soymak, yağmalamak

despoliation /dispouli'eyşın/ *a.* yağma, soygun, yağmacılık

desponding /di'sponding/ *s.* umutsuz, morali bozuk

despondency /di'spondınsi/ *a.* umutsuzluk, melankoli, bunalım

despondent /di'spondınt/ *s.* umutsuzluğa kapılmış

despot /'despot, 'despıt/ *a. hkr.* despot, zorba

despotic /de'spotik/ *s.* zorbaca

despotism /'despıtizım/ *a.* despotluk

desquamate /'deskwımeyt/ *e.* pul pul dökülmek

dessert /di'zö:t/ *a.* (yemeğin sonunda yenen) tatlı

destabilizing /di:'steybılayzing/ *s.* istikrarsızlaştıran, istikrar bozucu

destination /desti'neyşın/ *a.* gidilecek/gönderilen yer *destination address biliş.* varış adresi *destination file biliş.* varış dosyası, varış kütüğü *destination station* varma istasyonu

destine /'destin/ *e.* kaderini/geleceğini önceden belirlemek

destiny /'destini/ *a.* alınyazısı, yazgı, kader

destitute /'destityu:t/ *s.* yoksul, parasız, muhtaç; -den yoksun

destitution /desti'tyu:şın/ *a.* yokluk, yoksulluk

destroy /di'stroy/ *e.* yok etmek, mahvetmek; yıkmak *destroyed banknote* yırtık para

destroyer /di'stroyı/ *a.* yıkıcı, yok edici kimse/şey; *ask.* destroyer, muhrip

destruct /di'strakt/ *e.* imha edilmek, kendi kendini imha etmek

destruction /di'strakşın/ *a.* yıkma, yok etme; yıkım, yok olma *destruction of goods* malların imhası *destruction of rats* farelerin imha edilmesi

destructive /di'straktiv/ *s.* yıkıcı, yok edici, tahrip edici *destructive addition biliş.* bozucu toplama *destructive competition* yok edici rekabet, tahrip edici rekabet *destructive distillation* kuru damıtma *destructive dumping* yıkıcı damping *destructive reading biliş.* bozucu okuma *destructive readout biliş.* bozucu okuma, bozunumlu okuma *destructive transfer biliş.* bozunumlu aktarma, bozunumlu aktarım

destructor /di'straktı/ *a.* çöp yakma fırını; *ask.* patlatıcı

desuetude /di'syu:ityu:d/ *a.* kullanmama, yürürlükten kaldırma

desugarize /di:'şugırayz/ *e. şek.* şekerini almak

desulfurize /di:'salfırayz/ *e.* kükürdünü çıkarmak

desulphurization /di:'salfyuray'zeyşın/ *a.* kükürdünü giderme

desulphurize /di:'salfyurayz/ *e.* kükürdünü gidermek

desultoriness /'desıltırinis/ *a.*

yöntemsizlik, düzensizlik, tutarsızlık

desultory /'desıltıri, 'dezıltıri/ *s.* sistemsiz, amaçsız, kopuk, dağınık

detach /di'teç/ *e.* ayırmak, sökmek, çözmek; çıkmak, kopmak, ayrılmak

detachable /di'teçıbıl/ *s.* ayrılabilir, çıkarılabilir, sökülür **detachable rim** *oto.* sökülebilir jant, parçalı jant

detached /di'teçt/ *s.* ayrı, bağlantısız; yansız; (ev) müstakil, ayrı **detached building** müstakil bina, ayrı bina

detachment /di'teçmınt/ *a.* ayırma, çıkarma; ayrılma, çıkma; *ask.* müfreze

detail /'di:teyl/ *a.* ayrıntı, detay **detail account** tali hesap, yardımcı hesap **detail card** *biliş.* ayrıntı kartı **detail column** izahat sütunu, detay sütunu **detail drawing** detay resmi, ayrıntı çizimi **detail file** *biliş.* ayrıntı dosyası, ayrıntı kütüğü, değişiklik kütüğü **detail printing** *biliş.* ayrıntı basımı

detailed /'di:teyld/ *s.* ayrıntılı, detaylı **detailed audit** ayrıntılı denetim, etraflı teftiş, teferruatlı teftiş **detailed insurance** tafsilatlı sigorta

detain /di'teyn/ *e.* alıkoymak, tutmak

detect /di'tekt/ *e.* bulmak, ortaya çıkarmak **detected error** *biliş.* yakalanan hata

detection /di'tekşın/ *a.* bulma, ortaya çıkarma **detection limit** bulma sınırı

detective /di'tektiv/ *a.* detektif

detector /di'tektı/ *a.* detektör, bulucu

detent /dey'ta:nt/ *a.* tetik, mandal **detent pin** maşalı pim, kopilya **detent spring** germe yayı, tevkif yayı

détente /'deytont, dey'tont, dey'ta:nt/ *a.* uluslararası gerginliğin yumuşaması

detention /di'tenşın/ *a.* alıkoyma, engelleme, tutma; alıkonma

deter /ditö:/ *e.* alıkoymak, vazgeçirmek, caydırmak

detergency /di'tö:cınsi/ *a.* yıkama gücü, temizleme gücü

detergent /di'tö:cınt/ *a.* deterjan, arıtıcı **detergent oil** temizleyici yağ **detergent power** yıkama gücü

deteriorate /di'tiıriıreyt/ *e.* kötüleşmek, kötüye gitmek, bozulmak; kötüleştirmek

deterioration /ditiırii'reyşın/ *a.* bozulma, kalite kaybı

determent /di'tö:mınt/ *a.* engel, mânia

determinable /di'tö:minıbıl/ *s.* belirlenebilir

determinant /di'tö:minınt/ *s.* etkin olan, hâkim olan, hükmeden ¤ /di'tö:minınt/ *a.* belirleyici etken; determinant, belirleyici faktör

determinate /di'tö:minıt/ *s.* belirli, sınırlı

determinated /di'tö:mineytıd/ *s.* tamlanan

determination /ditö:mi'neyşın/ *a.* azim, kararlılık; belirleme, saptama, kararlaştırma; belirlenme **determination clause** karar cümlesi, hüküm cümlesi **determination of sugar** *şek.* şeker tayini

determinative /di'tö:minıtiv/ *s. a.* belirleyen, belirten; belirten öğe **determinative adjective** belirtme sıfatı **determinative group** tamlama

determine /di'tö:min/ *e.* karar vermek; kararlaştırmak; karar verdirtmek; belirlemek, saptamak

determined /di'tö:mind/ *s.* kararlı, azimli **be determined to do** yapmaya kararlı olmak

determiner /di'tö:minı/ *a. dilb.* belirtici, bir adın anlamını sınırlayan ve bu adı tanımlayan sözcük

determinism /di'tö:minizım/ *a. fel.* determinizm, gerekircilik

deterministic /ditö:mi'nistik/ *s.* saptamalı, belirleyici **deterministic simulation** *biliş.* saptanabilir simülasyon, saptanabilir benzetim

deterrence /di'terıns/ *a.* caydırıcılık, engelleyicilik, caydırma

deterrent /di'terınt/ *s.* caydırıcı

detest /di'test/ *e.* nefret etmek

detestable /di'testıbıl/ *s.* tiksindirici, iğrenç

detestation /di:te'steyşın/ *a.* tiksinme, iğrenme, nefret

dethrone /di'troun/ *e.* tahttan indirmek

detinue /'detinyu:/ *a.* istirdat

detonate /'detıneyt/ *e.* patlamak; patlatmak **detonating gas** *kim.* patlayıcı gaz

detonation /detı'neyşın/ *a.* patlama

detonator /'detıneytı/ *a.* detonatör, kapsül, kapçık

detour /'di:tuı/ *a.* dolambaçlı yol ¤ *e.* dolambaçlı yoldan gitmek ya da göndermek *detour road* servis yolu

detoxication /di:toksi'keyşın/ *a.* zehrini giderme

detoxification /di:'toksifikeyşın/ *a.* zehrini giderme

detract /di'trekt/ *e.* (from ile) düşürmek, eksiltmek, azaltmak

detraction /di'trekşın/ *a.* kötüleme, yerme; eksiltme, azaltma

detractor /di'trektı/ *a.* küçük düşürücü şey ya da kimse

detriment /'detrimınt/ *a.* zarar, hasar

detrimental /detri'mentl/ *s.* zararlı, zarar verici

detrited /di'traytid/ *s.* eskimiş, yıpranmış, kılıksız, pejmurde

detrition /di'trişın/ *a.* aşınma

detritus /di'traytıs/ *a. coğ.* kaya döküntüsü, taş döküntüsü

de trop /de'trou/ *s.* istenmedik, fazlalık, fazla

detune /di:'tyu:n/ *e.* akordunu bozmak

deuce /dyu:s/ *a.* (tenis) düs, 40-40 berabere

deuced /'dyu:sid/ *s.* kahrolası, melun, Allahın cezası; çok, pek

deucedly /'dyu:sidli/ *be.* son derece, aşırı derecede

deuterium /dyu:'tıriım/ *a.* döteryum

deuteron /'dyu:tıron/ *a. fiz.* döteron

devaluation /di:velyu'eyşın/ *a.* devalüasyon, değer düşürümü *devaluation rate* devalüasyon oranı

devalue /di:'velyu:/ *e.* paranın değerini düşürmek; değerini düşürmek

devastate /'devısteyt/ *e.* harap etmek

devastating /'devısteyting/ *s.* yok edici, yıkıcı; *kon.* çok iyi; çekici

devastation /'devı'steyşın/ *a.* harap etme/olma

develop /di'velıp/ *e.* gelişmek, büyümek, artmak; geliştirmek, büyütmek, artırmak; harekete geçmek, görünmeye başlamak, ortaya çıkmak; harekete geçirmek; (hastalık) geçirmek; (filmi) banyo etmek; işlenecek hale getirmek

developer /di'velıpı/ *a.* yıkayıcı, açındırıcı, yıkamaç, inkişaf maddesi, developman maddesi

developing /di'velıping/ *a.* geliştirme, inkişaf, developman *developing bath fot.* inkişaf banyosu, developman

banyosu *developing country* gelişmekte olan ülke *developing dye-stuff* inkişaf boyası *developing tank fot.* developman küveti, açındırma teknesi

development /di'velıpmınt/ *a.* gelişme; geliştirme; kalkınma; (film) banyo, yıkama; *mad.* hazırlık; amenajman; *mat.* açındırma *development area* geliştirme bölgesi *development bank* kalkınma bankası *development corporation* geliştirme şirketi *development costs* geliştirme maliyetleri *development expense* kuruluş gideri *development plan* imar planı *development time biliş.* gelişim zamanı, geliştirme zamanı

developmental /divelıp'mentl/ *s.* gelişmeye yönelik

deverbative /di'vö:bıtiv/ *s. dilb.* eylemden türetilmiş, eylemden ad yapmaya yarayan ¤ *a.* eylemden türeme kelime/biçim *deverbative noun* eylemden türetilmiş ad *deverbative suffix* eylemden ad yapan sonek

deviance /'di:viıns/ *a.* sapma, sapınç; uygunsuz davranış/düşünce

deviant /'di:viınt/ *s.* olağandışı, alışılmışın dışında, anormal, sapkın

deviate /'di:vieyt/ *e.* döndürmek, yoldan saptırmak; (konu vb.) dışına çıkmak, ayrılmak; yanıltmak, şaşırmak; dönmek, yoldan sapmak; yanılmak

deviation /di:vi'eyşın/ *a.* dönme, yoldan sapma; sapınç, sapıklık; konu dışına çıkma *deviation distortion elek.* sapma distorsiyonu *deviation in shade* nüans sapması *deviation ratio* sapma oranı

deviator /'di:vieytı/ *a.* partiden ayrılan kimse

device /di'vays/ *a.* aygıt, alet; hile, oyun, plan *device cluster biliş.* aygıt grubu/öbeği *device independence biliş.* aygıt bağımsızlığı *device oriented error biliş.* aygıta yönelik hata *device-selection check biliş.* aygıt seçim çeki, aygıt seçim sınaması

devil /'devıl/ *a.* (the ile) şeytan; kötü ruh *between the devil and the deep blue sea* aşağı tükürsen sakal, yukarı tükürsen bıyık *give the devil his/her due* Sezar'ın hakkını Sezar'a vermek

have the devil/hell to pay kıyamet kopmak **play the devil with** kasıp kavurmak **poor devil** kon. zavallı, zavallıcık **What the devil** arg. Ne bok ..., ne halt etmeye, ne diye

devilish /'deviliş/ s. şeytani, melun, zalim

devilment /'devilmınt/ a. şeytanlık, yaramazlık, huysuzluk

devious /'di:viıs/ s. dolambaçlı; hkr. namussuz, üçkâğıtçı

devisable /di'vayzıbıl/ s. tasavvur edilebilir

devise /di'vayz/ e. planlamak, kurmak, bulmak, keşfetmek ¤ a. vasiyet

devisee /divay'zi:/ a. mirasçı, vâris

devisor /di'vayzı/ a. vasiyetle bağışta bulunan kişi

devitalize /di:'vaytılayz/ e. hevesini kırmak, şevkini kırmak

devitrifier /di:'vitrifayı/ e. donuklaştırmak, buzlu yapmak

devoicing /di:'voysing/ a. titreşimsizleşme, ötümsüzleşme

devoid /di'voyd/ s. yoksun, mahrum

devoir /de'vwa:/ a. görev; nezaket

devolution /di:vı'lu:şın/ a. yetki verme, başkasını yetkilendirme

devolve /di'volv/ e. (on/upon ile) kalmak, devrolmak

Devonian /dı'vouniın/ a. yerb. Devon dönemi

devote /di'vout/ e. (to ile) -e adamak, vermek; tahsis etmek **devote oneself** kendisini vermek

devoted /di'voutid/ s. sadık, bağlı, düşkün

devotee /devı'ti:/ a. hayran, düşkün

devotion /di'vouşın/ a. adama; (zaman) ayırma; bağlılık, düşkünlük; dindarlık

devotional /di'vouşınıl/ s. sadakat ile ilgili

devour /di'vauı/ e. hırsla yiyip yutmak, silip süpürmek; bitirmek, yok etmek

devout /di'vaut/ s. dindar; içten, samimi, yürekten

dew /dyu:/ a. çiy, şebnem **dew point** metr. çiy noktası; kim. yoğunlaşma noktası, çiylenme noktası **dew point temperature** çiy noktası ısısı

dewater /di:'wo:tı/ e. suyunu gidermek, suyunu almak

dewax /di:'weks/ e. mumunu gidermek

dewiness /'dyu:nis/ a. nem, ıslaklık

dewy /'dyu:i/ s. buğulu, nemli, çiyli

dexter /'dekstı/ s. sağa ilişkin, sağ

dexterity /dek'steriti/ a. yetenek, el becerisi, hüner, ustalık

dexterous /'dekstırıs/ s. becerikli, hünerli, usta

dextran /'dekstrın/ a. dekstran

dextrin /'dekstrin/ a. dekstrin

dextrorotatory /dekstrou'routıtıri/ s. kim. sağa çeviren

dextrose /'dekstrouz/ a. dekstroz, glukoz

diabase /'dayıbeys/ a. yerb. diyabaz

diabetes /dayı'bi:ti:z/ a. hek. şeker hastalığı, diyabet

diabetic /dayı'betik/ s. a. hek. diyabetik; şeker hastası

diabolical /dayı'bolikıl/ s. hkr. şeytani, acımasız, zalim; kon. berbat, boktan

diabolo /day'a:bılou/ a. makara ile oynanan bir oyun

diacetic acid /day'esıtik 'esid/ a. diasetik asit

diacetyl /day'esıtil/ a. diasetil

diachronic /dayı'kronik/ s. artsüremli **diachronic linguistics** artsüremli dilbilim, tarihsel dilbilim

diachrony /day'ekrıni/ a. artsürem, artsüremlik

diacid /day'esid/ s. iki asitli

diacritic /dayı'kritik/ s. ayırıcı, belirten

diacritical /dayı'kritikıl/ s. ayırıcı, belirtici **diacritical mark** ayırıcı işaret, belirtici işaret

diadem /'dayıdem/ a. taç

diagenesis /dayı'cenisis/ a. diyagenez

diagnose /'dayıgnouz/ e. teşhis etmek, tanılamak

diagnosis /dayıg'nousis/ a. teşhis, diyagnoz, tanı

diagnostic /dayıg'nostik/ s. tanısal, teşhisle ilgili ¤ a. tanı, teşhis; biliş. hata bulma, tanı **diagnostic check** biliş. hata deneyi, tanılayıcı deney **diagnostic program** biliş. hata belirleyici program, tanılayıcı program **diagnostic routine** biliş. hata bulucu yordam, tanılayıcı yordam **diagnostic test** biliş. hata bulma testi, hata deneyi, tanılayıcı deney **diagnostic test routine** biliş. hata bulucu deneme yordamı **diagnostic trace routine** biliş. hata bulucu izleme yordamı

diagnostician /dayıgnos'tişın/ *a.* teşhis uzmanı, teşhis eden

diagnotor /'dayıgnoutı/ *a. biliş.* hata bulucu

diagonal /day'egınıl/ *s.* çapraz ¤ *a.* köşegen *diagonal bond* inş. çapraz örgü, balıksırtı örgü *diagonal matrix* mat. köşegenel matris, köşegenel dizey

diagonally /day'egınıli/ *be.* diyagonal olarak

diagram /'dayıgrem/ *a.* diyagram, çizenek

dial /'dayıl/ *a.* (saat/telefon, vb.) kadran ¤ *e.* (telefon) numaraları çevirmek *dial gauge* mak. kadranlı gösterge, ibreli ölçek *dial graduation* kadran taksimatı, ızgara taksimatı *dial telephone* diskli telefon *dial tone* (telefon) çevir sesi *dialling code* telefon kodu *dialling tone* telefon çevir sesi

dialect /'dayılekt/ *a.* lehçe, diyalekt

dialectic /dayı'lektik/ *a.* diyalektik, eytişim

dialectology /dayılek'tolıci/ *a.* lehçebilim

dialog /'dayılog/ *a. Aİ. bkz.* dialogue

dialogue /'dayılog/ *a.* diyalog, söyleşme

dialysis /day'elisis/ *a.* diyaliz

dialyze /'dayılayz/ *e.* diyaliz etmek

dialyzer /'dayılayzı/ *a.* diyaliz cihazı, diyaframlı ayırıcı

diamagnetic /dayımeg'netik/ *s.* diyamanyetik

diamagnetism /dayı'megnitizım/ *a.* diyamanyetizm

diameter /day'emitı/ *a.* çap *diameter of the cylinder* silindir kutru

diametrical /dayı'metrikıl/ *s.* çapla ilgili; zıt

diametrically /dayı'metrikli/ *be.* tümüyle, tamamen

diamond /'dayımınd/ *a.* elmas; baklava biçimi; (iskambil) karo *diamond antenna* çapraz anten, rombik anten *diamond bit* elmas uç *diamond cutter* elmas keski *diamond drill* elmas uçlu delici *diamond in the rough* çöplükteki elmas *diamond pencil* inş. elmaslı kalem, camcı elması *diamond saw* elmaslı testere *diamond shaped* baklava biçiminde *diamond wheel* elmastıraş ayna

diapason /dayı'peyzın/ *a.* diyapazon

diaper /'dayıpı/ *a. Aİ.* çocuk bezi

diaphaneity /dayıfı'ni:ti/ *a.* saydamlık

diaphanous /day'efınıs/ *s.* saydam, şeffaf; çok ince, belirsiz, müphem

diaphoresis /dayıfı'ri:sis/ *a. hek.* (suni) terletme

diaphoretic /dayıfı'retik/ *s. hek.* terletici

diaphragm /'dayıfrem/ *a. anat.* diyafram; *fiz.* diyafram, ışık bebeği, zar; bir doğum kontrol aygıtı, diyafram *diaphragm opening* diyafram açıklığı *diaphragm pump* mak. diyaframlı tulumba *diaphragm setting* diyafram ayarı *diaphragm shutter* diyafram obtüratörü *diaphragm valve* mak. diyaframlı valf

diapir /'dayıpiı/ *a. yerb.* diyapir

diapositive /dayı'pozitiv/ *a. fot.* diyapozitif *diapositive film* diyapozitif film

diarchy /'daya:ki/ *a.* iki kişinin başta olduğu yönetim şekli

diarrhea /dayı'riı/ *a. bkz.* diarrhoea

diarrhoea /dayı'riı/ *a.* diyare, ishal, sürgün, amel

diarist /'dayırist/ *a.* günlük tutan kimse

diarize /'dayırayz/ *e.* günlük tutmak, günlüğe geçirmek

diary /'dayıri/ *a.* günlük, anı defteri; günlük, günce, not defteri

diascope /'dayıskoup/ *a.* diyaskop, slayt projektörü

diasphore /'dayıspo:/ *a. min.* diyaspor

diastase /'dayısteyz/ *a.* diyastaz

diastole /day'estıli/ *a.* diyastol

diastrophism /day'estrıfizım/ *a. yerb.* diyastrofizm

diathermancy /dayı'tö:mınsi/ *a. fiz.* ısı geçirme, ısı geçirimi

diathermanous /dayı'tö:mınıs/ *a. fiz.* ısı geçiren, ısı ileten

diathermic /dayı'tö:mik/ *s. fiz.* ısı geçiren, ısı ileten

diathermy /'dayıtö:mi/ *a.* diyatermi

diathesis /day'etisis/ *a.* bedensel zayıflık

diatom /'dayıtım/ *a. bitk.* diyatome *diatom earth* kizelgur

diatomaceous earth /dayıtı'meyşıs ö:t/ *a.* kizelgur

diatomic /dayı'tomik/ *s.* çift atomlu

diatomite /day'eımayt/ *a.* diyatomit

diazo /day'eyzou/ *s.* diyazo *diazo com-*

pound diyazo bileşiği ***diazo dyes*** diyazo boyaları

diazomethane /dayeyzou'mi:teyn/ *a.* diyazometan

diazotization /dayeyzıtay'zeyşın/ *a.* diazolama

diazotize /day'eyzıtayz/ *e.* diazolamak

dibasic /day'beysik/ *s.* çift bazlı

dibbler /'diblı/ *a. trm.* dikeleç, fide kazığı

dibbling /'dibling/ *a.* tohum ekme ***dibbling machine*** ocak usulü eken mibzer

dicarboxylic acid /dayka:bok'silik esid/ *a.* dikarboksilik asit

dice /days/ *a.* zar, oyun zarları ¤ *e.* (yemek) kuşbaşı doğramak, küp şeklinde kesmek; (for/with ile) zar atmak, zarlarla oynamak ***dice with death*** büyük riske girmek, ölümle kumar oynamak, kendini ateşe atmak

dicey /'daysi/ *s. kon.* riskli

dichotomizing search /day'kotımayzing sö:ç/ *a. biliş.* ikiye bölmeli arama

dichotomy /day'kotımi/ *a.* bölünme, ayrılma, ikilik, dikotomi

dichroic /day'kroik/ *s.* dikroik ***dichroic fog*** dikroik sis

dichroism /'daykrouizım/ *a. opt.* ikirenklilik, dikroizm

dichromatic /daykrou'metik/ *s.* ikirenkli, dikromatik

dick /dik/ *a. arg.* yarak, sik

dickens /'dikinz/ *a.* şeytan

dicker /'dikı/ *e.* takas etmek, bezirgânlık etmek ¤ *a.* takas, trampa

dickey /'diki/ *a.* önlük, göğüslük

dictaphone /'diktıfoun/ *a.* diktafon

dictate /dik'teyt/ *e.* dikte etmek, yazdırmak; zorla kabul ettirmek ***dictating machine*** dikte makinesi

dictation /dik'teyşın/ *a.* dikte, yazdırma; (bir dilin bilinme derecesini ölçmek için yapılan) test, dikte

dictator /dik'teytı/ *a. hkr.* diktatör

dictatorship /dik'teytışip/ *a. hkr.* diktatörlük; diktatörlükle yönetilen ülke

diction /'dikşın/ *a.* diksiyon, söyleyim

dictionary /'dikşınıri/ *a.* sözlük, lügat

dictograph /'diktıgra:f/ *a.* diktograf

dictum /'diktım/ *a.* görüş, mütalaa

didactic /day'dektik/ *s.* (konuşma ya da yazı) didaktik, öğretici, öğretsel

diddle /'didıl/ *e.* dolandırmak

dido /'daydou/ *a.* tuhaflık, muziplik

die /day/ *e.* ölmek; sona ermek, bitmek, ölmek ¤ *a.* metal kalıp, matris; oyun zarı; ıstampa, damga; lokma, pafta lokması, yivaçar lokması; molet ***be dying for/to*** kon. can atmak, çok istemek, ölmek ***die away*** sönmek, azalmak, gittikçe kaybolmak ***die down*** azalmak, kesilmek, sönmek, sakinleşmek ***die of boredom*** sıkıntıdan patlamak ***die off*** birer birer ölmek ***die out*** ortadan kaybolmak, soyu tükenmek ***die box*** mak. lokma başlığı ***die casting*** basınçlı döküm, kılavuz döküm, matris dökümü ***die plate*** hadde aynası, pafta ***die stamping*** bas. kabartma baskı ***die steel*** met. kalıp çeliği ***the die is cast*** ok yaydan çıktı

dielectric /dayi'lektrik/ *a.* dielektrik ***dielectric amplifier*** elek. dielektrik amplifikatör ***dielectric constant*** dielektrik katsayısı ***dielectric current*** elek. dielektrik akımı ***dielectric dispersion*** elek. dielektrik dağılımı ***dielectric fatigue*** elek. dielektrik yorulması ***dielectric guide*** elek. dielektrik kılavuz ***dielectric heating*** elek. dielektrik ısınması ***dielectric hysteresis*** elek. dielektrik histerezis ***dielectric lens*** dielektrik mercek ***dielectric loss*** dielektrik kaybı ***dielectric polarization*** dielektrik kutuplanma ***dielectric resistance*** elek. dielektrik direnç ***dielectric rigidity*** dielektrik sertlik ***dielectric strength*** elek. dielektrik dayanımı, dielektrik sağlamlık ***dielectric viscosity*** elek. dielektrik akışkanlığı ***dielectric waveguide*** elek. dielektrik dalga kılavuzu

dieencephalon /'dayinsefılın/ *a.* arabeyin

diene /'dayi:n/ *a. kim.* dien

dieresis /day'erisis/ *a.* ikilenme

dies non /dayi:z 'non/ *a.* resmi tatil

diesel /'di:zıl/ *a.* dizel motoru; dizel motorlu araç ***diesel cycle*** dizel zamanı, dizel devresi ***diesel-electric*** dizel-elektrik ***diesel engine*** dizel motoru, patlamasız motor ***diesel fuel*** oto. dizel yakıtı ***diesel locomotive*** dizel lokomotifi ***diesel oil*** oto. dizel yağı, mazot

dieselise /'di:zılayz/ e. dizel motorları ile donatmak; elektrikli dizel lokomotiflerle donatmak

diesinker /day'sinkı/ a. kalıpçı

diesinking /day'sinking/ a. kalıpçılık

diesis /'dayısis/ a. müz. diyez

diesnon /dayi:z'non/ a. resmi tatil

diestock /'daystok/ a. pafta kolu, yivaçar kolu

diet /'dayıt/ a. yiyecek, günlük besin; perhiz, rejim ¤ e. perhiz yapmak, rejim yapmak **go on a diet** rejim yapmak

dietician /dayı'tişın/ a. diyet uzmanı, diyetçi

diethyl /day'etil/ a. dietil

differ /'difı/ e. (from ile) farklı olmak; (with ile) farklı görüşte olmak, anlaşamamak

difference /'difırıns/ a. fark, ayrım; farklılık; anlaşmazlık, uyuşmazlık **difference amplifier** elek. diferansiyel amplifikatör, fark amplifikatörü **difference frequency** elek. fark frekansı **split the difference** yarı yarıya anlaşmak, ortasını bulmak, uyuşmak

different /'difırınt/ s. farklı; başka, değişik; ayrı; çeşitli

differentiability /difırenşiı'bılıti/ a. mat. diferansiyellenebilirlik

differentiable /difı'renşiıbıl/ a. mat. diferansiyellenebilir

differential /difı'renşıl/ a. ücret farkı; diferansiyel ¤ s. farklı, ayrı; diferansiyel **differential aileron** hav. diferansiyel eleron, diferansiyel kanatçık **differential amplifier** elek. diferansiyel amplifikatör **differential analyzer** biliş. diferansiyel çözümleyici, türevsel çözümleyici **differential anode conductance** elek. diferansiyel anot iletkenliği **differential bevel gear** oto. konik diferansiyel dişlisi **differential calculus** mat. diferansiyel hesabı, türetke işlencesi **differential capacitor** elek. diferansiyel kondansatör **differential cost** marjinal maliyet **differential dumping** biliş. diferansiyel döküm alma **differential duties** farklılaştırılmış gümrük resmi **differential dyeing** teks. diferansiyel boyama **differential equation** mat. diferansiyel denklem, türetik denklem **differential gain** elek.

diferansiyel kazanç **differential gear** oto. diferansiyel **differential geometry** diferansiyel geometri **differential linguistics** ayrımsal dilbilim **differential lock** oto. diferansiyel kilidi **differential manometer** fiz. diferansiyel manometre **differential operator** mat. diferansiyel operatörü, türetken işleç, türem işleci **differential permeability** fiz. diferansiyel geçirgenlik, seçimli geçirgenlik **differential pinion** diferansiyel küçük dişlisi **differential pressure** fiz. diferansiyel basınç **differential quenching** met. diferansiyel suverme, ayrımlı suverme **differential rate** ayrımcı fiyat listesi **differential relay** diferansiyel röle **differential rent** diferansiyel rant **differential screw** mak. diferansiyel vidası **differential selsyn** diferansiyel selsin **differential shaft** oto. diferansiyel mili **differential side gear** oto. diferansiyel yan dişlisi **differential spider** oto. diferansiyel istavrozu, artı dingil **differential thermal analysis** diferansiyel termal analiz **differential titration** kim. diferansiyel titrasyon **differential transformer** elek. diferansiyel transformatör **differential wage** ücret farklılıkları **differential winding** elek. diferansiyel sargı, fark sargısı **differential windlass** denksiz vinç, basamaklı ırgat

differentiate /difı'renşieyt/ e. ayırmak, ayırt etmek; ayrım yapmak, fark gözetmek **differentiated products** farklılaştırılmış mallar

differentiation /difırenşi'eyşın/ a. ayrımlaşma

differently /'difrıntli/ be. farklı olarak

difficult /'difıkılt/ s. zor, güç; müşkülpesent, güç beğenir; huysuz, kavgacı, geçinmesi zor; alıngan

difficulty /'difıkılti/ a. zorluk, güçlük; sorun

diffidence /'difidıns/ a. kendine güvensizlik, çekinme, çekingenlik

diffident /'difidınt/ s. çekingen, özgüvensiz

diffract /di'frekt/ e. kırarak yaymak

diffraction /di'frekşın/ a. fiz. kırınım **diffraction angle** fiz. kırınım açısı **diffraction grating** optik ağ, kırınım ağı **diffraction ring** fiz. kırınım halkası **dif-**

fraction spectrum *fiz.* kırınım spektrumu, kırınım izgesi
diffuse /di'fyu:s/ *s.* yayılmış, dağınık; *hkr.* gereksiz laflarla dolu ¤ /di'fyu:z/ *e.* yaymak, dağıtmak; yayılmak **diffuse reflection** *fiz.* dağınık yansıma **diffuse series** *fiz.* yayınık diziler, dağılma serisi **diffused junction** *elek.* difüzyon jonksiyonu **diffused light** dağınık ışık **diffusing lens** flu mercek, yumuşak odaklı mercek **diffusing screen** yayındırıcı ekran
diffuser /di'fyu:zı/ *a.* yayıcı, difüzör **diffuser lens** flu mercek, yumuşak odaklı mercek **diffuser scrim** *fot.* yayındırıcı örtü
diffusible /di'fyu:zıbıl/ *s.* yayılır, dağılabilir
diffusiometer /difyu:ziou'mi:tı/ *a.* *fiz.* yayınımölçer, difüzyometre
diffusion /di'fyu:jın/ *a.* yayma; yayılma; *fiz.* yayınım **diffusion barrier** *fiz.* difüzyon engeli, yayınım engeli **diffusion cell** difüzyon hücresi **diffusion coefficient** difüzyon katsayısı **diffusion column** difüzyon kolonu, yayınım dikeci **diffusion constant** difüzyon sabitesi **diffusion current** difüzyon akımı **diffusion feed water** *şek.* difüzyon besleme suyu **diffusion length** difüzyon uzunluğu, yayınım uzunluğu **diffusion plant** *fiz.* difüzyon donanımı, yayınım donanımı **diffusion potential** *kim.* difüzyon potansiyeli **diffusion pulp water** *şek.* difüzyon küspe suyu **diffusion pump** *fiz.* difüzyon tulumbası **diffusion theory** *fiz.* difüzyon teorisi, yayınım kuramı
diffusive /di'fyu:siv/ *s.* yaygın, alışılmış
diffusivity /difyu:'siviti/ *a.* yayılma gücü, dağılma gücü
dig /dig/ *e.* kazmak; kazı yapmak; *arg.* anlamak, beğenmek, tutmak, sevmek ¤ *a. kon.* dürtme; iğneli laf; kazı yeri **dig into** *kon.* yemeğe başlamak, yumulmak; batırmak, saplamak; iyice araştırmak **dig out** kazıp ortaya çıkarmak; arayıp bulmak **dig some dirt up on sb** kirli çamaşırlarını ortaya çıkarmak **dig up** kazıp çıkarmak; kazmak, çukur açmak
digest /day'cest/ *e.* sindirmek, hazmetmek; sindirilmek; kafada

şekillendirmek, kavramak ¤ /'daycest/ *a.* özet
digestible /di'cestıbıl/ *s.* sindirilebilir, hazmedilebilir
digestion /day'cesçın/ *a.* sindirim, hazım **digestion tank** eritme kazanı, pişirme kazanı
digestive /di'cestiv/ *s.* sindirimsel, hazma ait; sindirimi kolaylaştırıcı, midevi; sindirim +, sindirimi düzenleyen **digestive system** *hek.* sindirim sistemi
digger /'digı/ *a.* kazıcı; ekskavatör
digit /'dicit/ *a.* rakam; parmak **digit compression** *biliş.* sayı sıkıştırma **digit delay device** *biliş.* sayı geciktirme aygıtı **digit delay element** *biliş.* sayı geciktirme öğesi **digit filter** *biliş.* sayı filtresi, sayı süzgeci **digit period** *biliş.* sayı dönemi **digit plane** *biliş.* sayı düzlemi **digit position** sayı konumu **digit punch** *biliş.* sayı delgisi **digit selector** sayı seçici **digit time** *biliş.* sayı zamanı
digital /'dicitıl/ *s.* dijital, sayısal **digital circuit** dijital devre **digital clock** sayısal saat **digital communications** dijital haberleşme, sayısal iletişim **digital computer** sayısal bilgisayar **digital converter** *biliş.* sayısal çevirici **digital data** *biliş.* sayısal veri **digital data switching** *biliş.* sayısal veri anahtarlaması **digital differential analyser** *biliş.* sayısal diferansiyel çözümleyici **digital divider** *biliş.* sayısal bölücü **digital multiplier** *biliş.* sayısal çarpıcı **digital representation** sayısal gösterim **digital signal** sayısal sinyal **digital subtractor** *biliş.* sayısal çıkarıcı **digital voltmeter** dijital voltmetre
digitalis /dici'teylis/ *a.* yüksükotu
digitize /'dicitayz/ *e.* sayısallaştırmak
digitizer /'dicitayzı/ *a.* sayısallaştırıcı
diglossia /day'glosiı/ *a.* ikidillilik
dignified /'dignifayd/ *s.* efendi, ağırbaşlı
dignitary /'dignitıri/ *a.* yüksek mevki sahibi, ileri gelen
dignity /'digniti/ *a.* değer, saygınlık; ciddiyet; yüksek mevki, rütbe; ağırbaşlılık
digress /day'gres/ *e.* konu dışına çıkmak
digression /'daygreşın/ *a.* konu dışı söz, arasöz

digressive /day'gresiv/ *s.* konu dışı; yersiz, gereksiz

digs /digz/ *a.* pansiyon

dihedral /day'hi:drıl/ *s. mat.* ikidüzlemli **dihedral angle** *mat.* ikidüzlemli açı

dihedron /day'hi:drın/ *a. mat.* ikidüzlemli

dike /dayk/ *a.* hendek, su yolu; set, bent, toprak duvar

diktat /dik'ta:t/ *a.* dikta

dilapidate /di'lepideyt/ *e.* bakımsızlıktan harap olmak

dilapidated /di'lepideytid/ *s.* kırık dökük, köhne, bakımsız, döküntü

dilapidation /dilepi'deyşın/ *a.* harap olma, bakımsızlık

dilatability /dayleytı'bilıti/ *a.* genleşme yeteneği

dilatable /day'leytıbıl/ *s.* genişleyebilir, uzayabilir

dilatation /dayley'teyşın/ *a.* genişleme, genleşme, açılma

dilate /day'leyt/ *e.* genişlemek, açılmak, irileşmek; genişletmek, açmak

dilatometer /dilı'tomitı/ *a.* dilatometre, genleşmeölçer

dilatoriness /'dilıtırinis/ *a.* üşengeçlik, işini ağırdan alma, tembellik

dilatory /'dilıtırı/ *s.* erteleyici, geciktirici

dildo /'dildou/ *a.* yapay erkeklik organı, yapay penis

dilemma /di'lemı/ *a.* ikilem, dilemma **on the horns of a dilemma** iki olumsuz seçenekten birini seçmek zorunda kalma

diligence /'dilicıns/ *a.* dikkat, çalışkanlık, gayret; *huk.* önlem, tedbir

diligent /'dilicınt/ *s.* dikkatli, çalışkan, gayretli

dill /dil/ *a.* dereotu

dillydally /dili'deli/ *e.* vakit öldürmek

diluent /'dilyuınt/ *s.* seyreltici, sulandırıcı

dilute /day'lu:t/ *e.* seyreltmek, sulandırmak ¤ *s.* seyreltik, sulu **dilute labour** deneyimsiz işçilerin yanına deneyimlileri de almak **dilute solution** seyreltik çözelti

diluted /day'lu:tid/ *s.* seyreltik

dilution /day'lu:şın/ *a.* seyreltme, sulandırma; seyrelme **dilution of labour** deneyimsiz işçilerin yanına deneyimlileri alma **dilution pipette** seyreltme pipeti

diluvium /day'lu:viım/ *a.* diluvyum

dim /dim/ *s.* loş, sönük, bulanık, belirsiz; *kon.* ahmak, budala, salak ¤ *e.* sönükleşmek, loşlaşmak, belirsizleşmek, kararmak; loşlaştırmak, karartmak

dime /daym/ *a.* (ABD ve Kanada'da) on sent değerindeki madeni para **a dime a dozen** harcıâlem, ucuz ve çok **dime novel** ucuz roman

dimension /day'menşın, di'menşın/ *a.* boyut, çap, oylum, hacim **dimension lumber** biçilmiş kereste, çaplı kereste

dimensional /day'menşınıl/ *a.* boyutsal **dimensional analysis** boyut analizi **dimensional change** boyut değişimi **dimensional control** boyut kontrolü, boyut denetimi **three dimensional** üç boyutlu

dimensions /day'menşınz/ *a.* boyutlar, ebat

dimethyl /day'mi:tayl/ *a.* dimetil

diminish /di'miniş/ *e.* azalmak, eksilmek; azaltmak, eksiltmek **diminished** azaltılmış, küçültülmüş; konik **diminished radix complement** *biliş.* taban-eksi-bir tamamlayıcı, eksiltilmiş köke tümler

diminishing /di'minişing/ *s.* azalan **diminishing costs** azalan maliyetler **diminishing productivity** azalan verimlilik **diminishing return** azalan verim **diminishing yield** azalan verim

diminution /dimi'nyu:şın/ *a.* azaltma, eksiltme, küçültme; azalma, eksilme, küçülme **diminution of risk** rizikonun azalması

diminutive /di'minyutiv/ *a.* küçültme sözcüğü, küçültme eki ¤ *s.* çok küçük, minik; *dilb.* küçültmeli, küçültme ismi/sıfatı kullanılmış **diminutive suffix** küçültme eki

dimmer /'dimı/ *a. elek.* ışık kısıcı reosta, ayarlı kısıcı

dimness /'dimnis/ *a.* donukluk; matlık, loşluk; belirsizlik

dimorphism /day'mo:fizım/ *a. biy.* dimorfizm, çift şekillilik, ikibiçimlilik

dimorphous /day'mo:fıs/ *s.* çift şekilli, ikibiçimli

dimple /'dimpıl/ *a.* gamze

dimply /'dimpli/ *s.* gamzeli

dimwit /'dimwit/ *a.* aptal, salak

din /din/ *a. hkr.* kulak tırmalayıcı ses, patırtı, gürültü ¤ *e.* gürültü ile sersemletmek; tekrar tekrar söylemek

dinar /'di:na:/ *a.* Kuzey Afrika ve Ortadoğu'daki bazı ülkelerin para birimi

dine /dayn/ *e.* akşam yemeği yemek

diner /'daynı/ *a.* yemek yiyen kimse; *Aİ.* vagon restoran; *Aİ.* (yol kenarında) küçük lokanta

dinette /day'net/ *a.* küçük yemek odası

dingdong /ding'dong/ *a.* çan sesi, zil sesi, ding dong ***dingdong struggle/battle*** bazen bir tarafın bazen de diğerinin lehine gelişen mücadele

dinghy /'dingi/ *a.* küçük sandal; lastik bot

dinginess /'dincinis/ *a.* donukluk, tek düzelik, monotonluk; kir, pas

dingle /'dingıl/ *a.* küçük dere; dar vadi

dingus /'dingıs/ *a.* şey, zamazingo; penis

dingy /'dinci/ *s.* kirli; soluk

dining /'dayning/ *a.* akşam yemeği yeme ***dining car*** yemekli vagon, vagon restoran ***dining hall*** yemek salonu ***dining room*** yemek odası ***dining table*** yemek masası

dinner /'dinı/ *a.* akşam yemeği; (bazen) öğle yemeği; yemek, iş yemeği ***dinner jacket*** smokin ***dinner time*** yemek saati

dinosaur /'daynıso:/ *a. hayb.* dinozor

dint /dint/ *a.* çentik, çizgi, iz ***by dint of*** sayesinde, yardımıyla

diocese /'dayısis/ *a.* piskoposluk bölgesi

diode /'dayoud/ *a. elek.* diyot ***diode characteristic*** *elek.* diyot özeğrisi ***diode clipper*** *elek.* diyotlu kırpıcı ***diode current*** *elek.* diyot akımı ***diode detector*** *elek.* diyot detektörü ***diode impedance*** *elek.* diyot empedansı ***diode isolation*** *elek.* diyot yalıtımı ***diode lamp*** *elek.* diyot lambası ***diode limiter*** *elek.* diyot limitörü, diyot sınırlayıcı ***diode load*** *elek.* diyot yükü ***diode mixer*** *elek.* diyotlu karıştırıcı ***diode oscillator*** *elek.* diyot osilatörü ***diode rectifier*** *elek.* diyot redresörü ***diode tube*** *elek.* diyot tüpü, diyot lambası ***diode voltmeter*** *elek.* diyotlu voltmetre

diol /'dayol/ *a.* diol

diophantine equation /dayou'fentayn ikweyjın/ *a. mat.* diyofant denklemi

dioptre /day'optı/ *a.* diyoptri

diorite /'dayırayt/ *a. yerb.* diorit

dioxan /day'oksın/ *a.* dioksan

dioxide /day'oksayd/ *a.* dioksit

dip /dip/ *e.* daldırmak, batırmak, sokmak; (güneş, vb.) batmak, alçalmak; azalmak, düşmek, inmek; azaltmak, düşürmek, indirmek; (ışık) kısmak; inip yükselmek; indirip yükseltmek ¤ *a.* yokuş, iniş; *kon.* kısa yüzüş, dalıp çıkma ***dip brazing*** *met.* daldırmalı sert lehimleme ***dip dyeing*** *teks.* daldırmalı boyama ***dip finish*** *teks.* daldırmalı apre ***dip switch*** *oto.* kısa huzme selektörü

diphase /'dayfeyz/ *s.* ikifazlı, çift fazlı

diphenyl /day'fi:nayl/ *a.* difenil

diphtheria /dif'tiiriı/ *a. hek.* difteri, kuşpalazı

diphthong /'diftong/ *a. dilb.* diftong, ikili ünlü, ikizünlü

diphthongisation /diftongay'zeyşın/ *a.* iki ünlünün kaynaşması, ikili ünlüleşme

diplegia /day'pli:ciı/ *a.* iki tarafı felç, dipleji

diplexer /'dayplekşı/ *a. elek.* düpleksör, köprü

diploma /di'ploumı/ *a.* diploma

diplomacy /di'ploumısi/ *a.* diplomasi, diplomatlık; insanlarla ilişkide incelik, başarı, ikna yeteneği, ustalık

diplomaed /di'ploumıd/ *s.* diplomalı, mezun

diplomat /'diplımet/ *a.* diplomat

diplomatic /diplı'metik/ *s.* diplomatik; nazik, ince, dikkatli, usta ***diplomatic inviolability*** diplomatik dokunulmazlık

diplomatize /di'ploumıtayz/ *e.* diplomatlık yapmak

dipolar /day'poulı/ *s.* ikiz kutuplu ***dipolar ion*** *kim.* dipolar iyon

dipole /'daypoul/ *a.* dipol, çiftucay ***dipole antenna*** dipol anten ***dipole molecule*** *elek.* dipol molekül ***dipole moment*** *elek.* dipol moment ***dipole orientation*** *fiz.* dipol yönelimi ***dipole radiation*** *kim.* dipol radyasyonu

dipper /'dipı/ *a.* kepçe, kova ***dipper dredger*** kepçeli tarak makinesi

dipping /'diping/ *a.* daldırma, batırma; boyama, kasarlama ***dipping drum*** *teks.* daldırma tamburu ***dipping liquor*** *teks.* daldırma çözeltisi ***dipping refractometer*** dalgıç refraktometre, daldırma

refraktometre **dipping roller** *teks.*
daldırma silindiri, daldırma valsi **dipping varnish** daldırma verniği
dippy /'dipi/ *s.* deli, manyak
dipsomania /dipsou'meynyı/ *a.* ayyaşlık
dipsomaniac /dipsou'meyniek/ *a.* ayyaş
dipstick /'dipstik/ *a.* daldırmalı düzey ölçeği
dipteral /'diptırıl/ *a. mim.* dipter, dipteros
diptych /'diptik/ *a.* diptik
dire /'dayı/ *s.* korkunç, berbat; (gereksinim) şiddetli, büyük
direct /di'rekt/ *s.* doğru, düz, direkt; dolaysız; dosdoğru, tereddütsüz; dürüst; kesin, tam ¤ *be.* dosdoğru, direkt, duraklamadan ¤ /di'rekt, day'rekt/ *e.* yolu tarif etmek; yönetmek; emretmek; yöneltmek, doğrultmak, çevirmek **direct access** *biliş.* doğrudan erişim **direct action** doğrudan etkili, doğrudan bağlı **direct address** *biliş.* doğrudan adres **direct addressing** *biliş.* doğrudan adresleme **direct allocation** *biliş.* doğrudan tahsis, doğrudan atama **direct arbitrage** doğrudan arbitraj **direct bill of lading** aktarmasız konşimento **direct broadcast satellite** *elek.* direkt yayın uydusu, dolaysız televizyon uydusu **direct business** direkt iş, aracısız iş **direct code** *biliş.* doğrudan kod **direct coding** *biliş.* doğrudan kodlama **direct communication** doğrudan iletişim, direkt komünikasyon **direct connection** doğrudan bağlantı, direkt bağlantı **direct control** *biliş.* doğrudan denetim **direct controls** dolaysız kontroller **direct conversion** *biliş.* doğrudan dönüşüm, doğrudan dönüştürme **direct cost** direkt masraf, direkt maliyet **direct coupling** *elek.* direkt kuplaj, doğrudan bağlaşım **direct-current amplifier** *elek.* doğru akım amplifikatörü **direct-current telegraphy** *elek.* doğru akım telgrafı **direct-current voltage** doğru akım gerilimi **direct current** düz akım, doğru akım **direct data entry** *biliş.* doğrudan veri girişi **direct dealings** direkt işlemler **direct display** *biliş.* doğrudan gösterim **direct distance dialling** direkt uzak arama, otomatik arama **direct drive** *oto.* priz direkt **di-**

rect-drying apparatus *şek.* ateşle kurutucu, direkt kurutma aygıtı **direct dyeing** direkt boyama **direct dyestuff** direkt boyarmadde **direct exchange** doğrudan kambiyo **direct expense** direkt masraf, dolaysız harcama **direct exporting** dolaysız ihracat **direct financing** doğrudan doğruya finansman, aracısız finansman **direct importation** doğrudan doğruya ithal, aracısız ithal **direct injection** *oto.* direkt enjeksiyon **direct-insert routine** *biliş.* açık yordam **direct-insert subroutine** *biliş.* doğrudan katılımlı altyordam **direct instruction** *biliş.* doğrudan komut **direct investment** doğrudan yatırım, dolaysız yatırım **direct labour** direkt işçilik **direct letter of credit** özel itibar mektubu **direct liability** direkt sorumluluk, dolaysız sorumluluk **direct light** düz ışık **direct lighting** doğrudan ışıklandırma, direkt aydınlatma **direct loss** direkt hasar **direct material** direkt malzeme **direct memory access** *biliş.* doğrudan belleğe erişim **direct method** doğru yöntem **direct mortgage loan** doğrudan ipotek kredisi **direct object** dolaysız tümleç **direct organization** *biliş.* doğrudan organizasyon, doğrudan düzenleme **direct printing** direkt baskı **direct product** *mat.* direkt çarpım, dolaysız çarpım **direct production** direkt üretim, aracısız üretim **direct reading** direkt okuma, doğrudan okuma **direct recording** direkt kayıt, doğrudan kayıt **direct reference address** *biliş.* doğrudan referans adresi **direct sale** doğrudan satış **direct service** dolaysız hizmet **direct shipment** direkt sevkıyat **direct speech** dolaysız anlatım **direct spinning machine** *teks.* doğrudan büküm makinesi **direct spinning** *teks.* doğrudan büküm **direct tax** dolaysız vergi, vasıtasız vergi **direct-vision prism** *fiz.* doğru gören prizma **direct wave** *elek.* düz dalga, direkt dalga
direction /di'rekşın, day'rekşın/ *a.* yön, istikamet; kontrol, idare, yönetim; müdürlük, direktörlük; talimat, yönerge **direction angle** doğrultu açısı, yönelti açısı **direction cosine** doğrultu kosinüsü **direction finder** yön bulucu

direction finding yön bulma **direction indicator** yön gösterici

directional /di'rekşınıl/ *s.* yön ile ilgili; tek yönde sinyal gönderen; yönelmiş, yönlü **directional antenna** tevcihli anten, yöneltmeli anten **directional beam** *elek.* yönlü demet **directional coupler** *elek.* yönlü kuplör **directional coupling** *elek.* yönlü bağlama **directional filter** *elek.* yönlü süzgeç **directional gain** *elek.* yönlü kazanç **directional loudspeaker** yönlü hoparlör **directional microphone** yönlü mikrofon **directional radio** *elek.* yönlü radyo **directional receiver** *elek.* yönlü alıcı **directional transmitter** *elek.* yönlü verici

directive /di'rektiv/ *a.* direktif, yönerge, emir **directive efficiency** *elek.* yöneltme verimi **directive gain** *elek.* yönelme kazancı

directivity /di'rektiviti/ *a. elek.* yönelme yeteneği **directivity angle** *elek.* yönelme açısı

directly /di'rektli/ *be.* doğrudan doğruya, direkt olarak; hemen, derhal ¤ *bağ. kon.* -er -mez, yapar yapmaz **directly-heated** direkt ısıtmalı **directly proportional** doğru orantılı

director /di'rektı/ *a.* müdür, yönetici; yönetmen **director circle** *mat.* doğrultman çemberi **directors' report** yönetim kurulu raporu

directorate /di'rektırit/ *a.* müdürlük, müdüriyet

directorship /di'rektışip/ *a.* müdürlük

directory /di'rektıri/ *a.* adres rehberi; telefon rehberi; *biliş.* dizin

directress /di'rektris/ *a.* kadın müdür, müdire

dirge /dö:c/ *a.* ağıt

dirham /'dııfem/ *a.* dirhem

dirigible /di'ricibıl/ *s.* (balon/havagemisi) yönetilebilir, kumanda edilebilir ¤ *a.* havagemisi

dirndl /'dö:ndıl/ *a.* üst kısmı dar etek kısmı geniş elbise

dirt /dö:t/ *a.* kir, pislik; çamur, toz, toprak **as cheap as dirt** yok pahasına/sudan ucuz **dirt cheap** sudan ucuz, çok ucuz **dirt repellent** kir itici, kirlenmez **dirt tare** *şek.* çamur firesi, kir firesi **treat sb like dirt** hiçe saymak, hor görmek,

adam yerine koymamak

dirty /'dö:ti/ *s.* pis, kirli; terbiyesiz, pis, çirkin, iğrenç; *kon.* (hava) bozuk, fırtınalı; *kon.* adi, alçakça, pis ¤ *e.* kirlenmek; kirletmek **dirty bill of lading** kirli konşimento, özürlü konşimento **dirty deal** *kon.* kötü muamele **dirty dog** sütü bozuk **dirty float** kirli dalgalanma **dirty fluctuation system** kirli dalgalanma sistemi **dirty ship** kirli gemi **dirty trick** adilik, pislik, kalleşlik

disability /dısı'biliti/ *a.* sakatlık; yetersizlik, ehliyetsizlik **disability benefit** sakatlık tazminatı, maluliyet tazminatı **disability pension** sakatlık maaşı, maluliyet maaşı

disable /dis'eybıl/ *e.* sakatlamak; mahrum etmek

disabled /dis'eybıld/ *a.* (the ile) sakatlar

disablement /dis'eybılmınt/ *a.* sakatlık **disablement of work** iş iktidarsızlığı

disabuse /dısı'byu:z/ *e.* doğru yolu göstermek

disaccharide /day'sekırayd/ *a.* disakkarit

disaccord /dısı'ko:d/ *e.* aynı fikirde olmamak, uzlaşmamak

disacidify /dis'esidifay/ *e.* asidini gidermek

disadvantage /dısıd'va:ntic/ *a.* dezavantaj; zarar, kayıp **disadvantage factor** *fiz.* elverişsizlik katsayısı

disadvantageous /disedvın'teycıs/ *s.* dezavantajlı; elverişsiz; zararlı

disaffected /dısı'fektid/ *s.* yabancılaşmış, hoşnutsuz, soğumuş

disaffirm /dısı'fö:m/ *e.* aksini iddia etmek, kabul etmemek; reddetmek, bozmak, iptal etmek

disagree /dısı'gri:/ *e.* (with ile) aynı düşüncede olmamak; yaramamak, dokunmak

disagreeable /dısı'gri:ıbıl/ *s.* hoşa gitmeyen, nahoş, tatsız, rahatsız edici; huysuz, aksi

disagreement /dısı'gri:mınt/ *a.* anlaşmazlık, uyuşmazlık, ihtilaf

disallow /dısı'lau/ *e.* reddetmek, kabul etmemek, karşı çıkmak

disallowance /dısı'lauıns/ *a.* ret, inkâr

disappear /dısı'pıı/ *e.* gözden kaybolmak; ortadan kalkmak, yok olmak disappearance /disı'piırıns/ a. kayboluş, kaybolma, gözden kayboluş; *dilb.* ses düşmesi

disappoint /disı'poynt/ e. hayal kırıklığına uğratmak

disappointed /disı'poyntid/ s. düş kırıklığına uğramış, üzgün *be disappointed* düş kırıklığına uğramak, üzülmek

disappointing /disı'poynting/ s. düş kırıklığına uğratıcı

disappointment /disı'poyntmınt/ a. düş kırıklığı, hayal kırıklığı; düş kırıklığına uğratan şey/kimse *to my disappointment* beni şaşırtan şey

disapprobation /diseprou'beyşın/ a. beğenmeme, kınama

disapproval /disı'pru:vıl/ a. uygun görmeme, onaylamama; hoşnutsuzluk

disapprove /disı'pru:v/ e. (of ile) uygun görmemek, onamamak, tasvip etmemek

disarm /dis'a:m/ e. silahsızlandırmak, silahını almak; (ülke) silahsızlanmak; yatıştırmak, yumuşatmak

disarmament /dis'a:mımınt/ a. silahsızlanma, silahsızlandırma

disarrange /disı'reync/ e. bozmak; dağıtmak; karıştırmak

disarrangement /disı'reyncmınt/ a. düzensizlik, dağınıklık

disarray /disı'rey/ a. düzensizlik, karışıklık

disassemble /disı'sembıl/ e. sökmek, demonte etmek

disassociate /disı'souşieyt/ e. *bkz.* dissociate

disaster /di'za:stı/ a. felaket, yıkım; talihsizlik *disaster dump biliş.* kaza dökümü

disastrous /di'za:strıs/ s. felaket getiren, feci

disavow /disı'vau/ e. inkâr etmek, reddetmek

disband /dis'bend/ e. terhis etmek; dağıtmak; dağılmak

disbelief /disbi'li:f/ a. inançsızlık, güvensizlik, inanmazlık, kuşku

disbelieve /disbi'li:v/ e. inanmamak

disbeliever /disbi'li:vı/ a. imansız kimse

disburden /dis'bö:dın/ e. yükünü hafifletmek

disburse /dis'bö:s/ e. para harcamak; ödemek, tediye etmek

disbursement /dis'bö:smınt/ a. masraf, sarf; ödeme, tediye

disbursing /dis'bö:sing/ a. tediye *disbursing officer* tediye amiri

disc /disk/ a. yuvarlak yüzey; yuvarlak şey; disk; plak; *anat.* disk *a slipped disc* kaymış disk *disc jockey* diskcokey, plak sunucu *disc wheel mak.* diskli tekerlek

discard /dis'ka:d/ e. atmak, ıskartaya çıkarmak, başından atmak *discarded packet biliş.* bozulan paket

discern /di'sö:n/ e. (güçlükle) görmek, fark etmek, ayırt etmek, seçmek

discernible /di'sö:nıbıl/ s. fark edilebilir, görülebilir

discerning /di'sö:ning/ s. zeki, anlayışlı, sezişi güçlü

discernment /dis'ö:nmınt/ a. görüş, seziş; idrak, kavrama

discharge /dis'ça:c/ e. (yük) yerine getirmek, yapmak; boşaltmak; deşarj etmek; tahliye etmek; (borç) ödemek; (silah, ok, vb.) ateşlemek, atmak; (gaz, sıvı, vb.) akıtmak; çıkarmak; göndermek; akmak, çıkmak ¤ a. yerine getirme, yapma; boşaltma, boşalım, deşarj; tahliye; terhis; ateş etme; atma; akma; çıkma; akıtma; çıkarma *discharged bankrupt* kararı iptal edilmiş iflas *discharged bill* ödenmiş poliçe *discharging agent teks.* aşındırma maddesi *discharging berth* boşaltma limanı *discharging clause* tahliye şartı *discharge bridge elek.* boşaltma köprüsü *discharge circuit elek.* boşalma devresi *discharge current elek.* deşarj akımı, boşalım akımı *discharge from employment* işten çıkarmak *discharge lamp elek.* boşalmalı lamba *discharge of a bankrupt* müflisin itibarının iadesi *discharge of contract* sözleşmenin sona ermesi *discharge of debt* borcu ödeme, borcun ifası *discharge pipe* boşaltma borusu *discharge port* boşaltma limanı *discharge printing teks.* aşındırma baskı *discharge printing paste teks.* aşındırma baskı patı *discharge rate elek.* deşarj hızı, boşalım hızı *discharge resist teks.* aşındırma rezervesi *discharge tube* deşarj tüpü, boşalım lambası *discharge valve* boşaltma valfı, boşaltma vanası *discharge voltage elek.* deşarj voltajı, boşalım gerilimi

disciple /di'saypıl/ *a.* mürit, havari

discipleship /di'saypılşip/ *a.* müritlik, öğrencilik

disciplinarian /disipli'neırıın/ *a.* disiplinci, disiplin kuran kimse

disciplinary /'disiplinıri/ *s.* eğitime ait, terbiyevi, pedagojik; disiplinle ilgili *disciplinary board* disiplin kurulu *disciplinary committee* disiplin komitesi

discipline /'disiplin/ *a.* disiplin; ceza; bilgi dalı ¤ *e.* kontrol altında tutmak, eğitmek, disipline etmek; cezalandırmak

disclaim /dis'kleym/ *e.* yadsımak, yoksamak, kabul etmemek; vazgeçmek, feragat etmek

disclaimer /dis'kleymı/ *a.* vazgeçme, feragat *disclaimer of inheritance* mirasın reddi

disclose /dis'klouz/ *e.* bildirmek; söylemek; açığa vurmak, ifşa etmek *disclosed reserves* açıklanan yedekler

disclosure /dis'kloujı/ *a.* açıklama, ifşaat; patent hakkı bildirimi; ranseyman

disco /'diskou/ *a. kon.* disko

discography /dis'kogrıfi/ *a.* plak koleksiyonu

discolour /dis'kalı/ *e.* rengini değiştirmek, bozmak; rengi değişmek, bozulmak

discolouration /diskalır'eyşın/ *a.* rengini değiştirme, rengi değişme, solma

discoloured /dis'kalıred/ *s.* rengi bozulmuş, solmuş

discomfit /dis'kamfıt/ *e.* şaşırtmak, bozmak; yenmek, mağlup etmek, bozmak

discomfort /dis'kamfıt/ *a.* rahatsızlık; rahatsızlık veren şey, dert, sıkıntı

discommode /diskı'moud/ *e.* rahatsız etmek, taciz etmek

discompose /diskım'pouz/ *e.* düzenini bozmak, karıştırmak

discomposure /diskım'poujı/ *a.* rahatsızlık, kaygı, telaş

disconcert /diskın'sö:t/ *e.* huzurunu kaçırmak, telaşlandırmak

disconcerted /diskın'sö:tid/ *a.* telaşlı; canı sıkılmış

disconcerting /diskın'sö:ting/ *s.* telaşlı, kaygılı; sıkıcı

disconnect /dis'kınekt/ *e.* bağlantısını kesmek; ayırmak

disconnected /diskı'nektid/ *s.* karışık, iyi planlanmamış, kopuk, dağınık

disconnecting /dis'kınekting/ *s.* ayıran, çözen *disconnecting relay elek.* ayırma rölesi *disconnecting switch elek.* devre kesici anahtar

disconnection /diskı'nekşın/ *a.* bağlantının kesilmesi, birbirinden ayrılma, hattı kesme

disconsolate /dis'konsılit/ *s.* çok üzüntülü, kederli, yıkılmış

discontent /diskın'tent/ *a.* hoşnutsuzluk

discontinuance /diskın'tinyuıns/ *a.* ara, fasıla; sona erdirme; vazgeçme *discontinuance of business* işi tatil etme *discontinuance of subscription* aboneliğin sona ermesi

discontinuation /diskıntinyu'eyşın/ *a.* ara, fasıla; sona erme; vazgeçme

discontinue /diskın'tinyu:/ *e.* devam etmemek, bırakmak, durdurmak, kesmek; durmak, bitmek

discontinuity /diskonti'nyu:ıti/ *a.* süreksizlik, kesiklilik

discontinuous /diskın'tinyuıs/ *s.* kesintili, süreksiz *discontinuous function* süreksiz fonksiyon, süreksiz işlev *discontinuous spectrum* kesikli spektrum, süreksiz izge

discord /'disko:d/ *a.* düşünce ayrılığı, uyuşmazlık, anlaşmazlık, ihtilaf; *müz.* uyumsuzluk, ahenksizlik

discordance /dis'ko:dıns/ *a. yerb.* diskordans, uyumsuzluk

discordant /dis'ko:dınt/ *s.* anlaşmayan, uyuşmayan, karşı, muhalif; uyumsuz, düzensiz, ahenksiz, kulak tırmalayıcı *discordant structure coğ.* diskordant yapı, uyumsuz yapı

discotheque /'diskıtek/ *a.* diskotek, disko

discount /'diskaunt/ *a.* ıskonto, indirim, tenzilat ¤ /dis'kaunt/ *e.* (senet, bono) kırmak; kırdırmak; tamamen inanmamak *at a discount* indirimli olarak; rağbette değil *discount bank* ıskonto bankası *discount bill* ıskonto senedi **discount charge** ıskonto masrafı **discount clerk** ıskonto servisindeki görevli **discount corporation** ıskonto kurumu **discount credit** ıskonto kredisi **discount house** ıskonto evi, ıskonto kurumu **discount limit** ıskonto limiti **discount loan** ıskontolu kredi **discount market** ıskonto piyasası **discount politics** ıskonto politikası **discount rate** ıskonto oranı **discount securities** ıskontolu satılan değerli evrak **discount store** indirimli satış mağazası **discount table** ıskonto oranları çizelgesi

discountable /disk'kauntıbıl/ s. indirimli, tenzilatlı

discountenance /dis'kauntinıns/ a. utandırma, bozma; onamama, tasvip etmeme ¤ e. utandırmak, bozmak; onamamak, tasvip etmemek

discounter /dis'kauntı/ a. indirimli satış yapan kimse; ucuzluk mağazası sahibi

discourage /dis'karic/ e. cesaretini kırmak, gözünü korkutmak, yıldırmak; vazgeçirmek, caydırmak; önlemek, engellemek

discouragement /di'skaricmınt/ a. cesaretsizlik, hevesin kırılması, vazgeçme

discouraging /di'skaricing/ s. hayal kırıklığına uğratan, cesaret kırıcı

discourse /'disko:s/ a. söylev; vaız; konuşma, ifade etme, söylem, sözce **discourse analysis** ifade analizi, söylem çözümlemesi

discourteous /dis'kö:tiıs/ s. kaba, saygısız

discourtesy /dis'kö:tısi/ a. kabalık, saygısızlık

discover /dis'kavı/ e. keşfetmek, bulmak; bulmak, ortaya çıkarmak, keşfetmek; farkına varmak, anlamak

discoverer /dis'kavırı/ a. kâşif

discovery /dis'kavıri/ a. keşif, buluş

discredit /dis'kredit/ e. gözden düşürmek; inanmamak, kuşkuyla bakmak ¤ a. gözden düşme, saygınlığını yitirme; yüzkarası, leke; inanmama, şüphe

discreditable /dis'kreditıbıl/ s. utanç verici, ayıp

discredited /dis'kreditid/ s. itibardan

düşmüş, güvenilmez, itimat edilmez

discreet /di'skri:t/ s. sağduyulu, saygılı, sakınımlı, dikkatli ve nazik

discrepancy /di'skrepınsi/ a. fark, ayrılık; uyumsuzluk, çelişki

discrete /di'skri:t/ s. ayrı, farklı **discrete circuits** biliş. diskrit devreler, ayrık devreler **discrete data** biliş. ayrık veri, kesikli veri **discrete representation** biliş. ayrık gösterim, kesikli gösterim **discrete simulation** biliş. diskrit simülasyon, ayrık benzetim

discretion /di'skreşın/ a. sağduyu; takt, denlilik; takdir yetkisi, takdir hakkı, yargı gücü

discretionary /di'skreşınıri/ s. isteğe bağlı, ihtiyari **discretionary clause** isteğe bağlı koşul **discretionary income** ihtiyari harcamalar fonu **discretionary power** takdir hakkı, takdir yetkisi **discretionary spending** ihtiyari harcamalar

discriminant /di'skriminınt/ a. mat. diskriminant

discriminate /di'skrimineyt/ e. (between ile) ayırmak; farkı görmek; (against ile) fark gözetmek, ayrım yapmak

discrimination /diskrimi'neyşın/ a. (against ile) ayrım, fark gözetme; ince farkları görebilme yeteneği **discrimination instruction** biliş. ayırma komutu **racial discrimination** ırk ayrımı

discriminator /di'skrimineytı/ a. elek. diskriminatör, ayıklayıcı

discriminatory /di'skriminıtıri/ s. ayırımcı, fark gözeten **discriminatory exchange rate** ayırımcı döviz kuru **discriminatory restrictions** ayırımcı kısıtlamalar **discriminatory tariff** ayırımcı gümrük tarifesi **discriminatory treatment** ayırımcı işlem uygulama

discursive /di'skö:siv/ s. daldan dala atlayan, düzensiz

discus /'diskıs/ a. sp. disk

discuss /di'skas/ e. ele almak, tartışmak, görüşmek; tartışmak, münakaşa etmek

discussion /di'skaşın/ a. tartışma, münakaşa; görüşme, müzakere **open a discussion** tartışma açmak

disdain /dis'deyn/ a. küçük görme, tepeden bakma, hor görme, saygısızlık ¤ e. küçük görmek, hor görmek

tepeden bakmak; tenezzül etmemek
disease /di'zi:z/ *a.* hastalık *disease insurance* hastalık sigortası
diseased /di'zi:zd/ *s.* hastalıklı
diseconomy /disi'konımi/ *a.* eksi ekonomi, yetersiz ekonomik büyüme *diseconomies of scale* olumsuz ölçek ekonomileri
disembark /disim'ba:k/ *e.* (gemiden) karaya çıkmak; karaya çıkarmak
disembarkation /disemba:'keyşın/ *a.* karaya çıkma, tahliye
disembarrass /disim'berıs/ *e.* rahatlatmak
disembodied /disim'bodid/ *s.* gövdeden ayrılmış, bedenden kurtulmuş; (ses, vb.) nerden geldiği bilinmeyen, sahipsiz
disembody /disim'bodi/ *e.* gövdeden ayırmak, cisimden tecrit etmek
disembogue /disim'boug/ *e.* akıtmak, suyunu denize dökmek; denize dökülmek
disenchant /disin'ça:nt/ *e.* büyüsünü bozmak, gözünü açmak
disenchanted /disin'çantid/ *s.* (bir şeyin değerine olan) inancını yitirmiş
disencumber /disin'kambı/ *e.* ipotekten kurtarmak
disengage /disin'geyc/ *e.* ayırmak, gevşetmek, kurtarmak, avaraya almak; ayrılmak; gevşemek; kurtulmak; (savaşı) bırakmak, ayrılmak, çıkmak; çıkarmak *disengaging gear oto.* avara dişlisi *disengaging lever* ayırma levyesi, avara kolu
disengagement /disin'geycmınt/ *a.* ilgiyi kesme, salıverme
disentangle /disin'tengıl/ *e.* (düğüm, vb.) çözmek; çözülmek; ayırt etmek
disequilibrium /disi:kwi'librıım/ *a.* dengesizlik
disfavour /dis'feyvı/ *a.* hoşnutsuzluk, beğenmeme, hoşlanmama; hoşlanılmama, hoşa gitmeme, beğenilmeme
disfigure /dis'figı/ *e.* güzelliğini bozmak, şeklini bozmak, biçimsizleştirmek
disfigurement /dis'figımınt/ *a.* şekilsizlik, çirkinlik
disfranchise /dis'frençayz/ *e.* oy verme hakkından mahrum etmek
disgorge /dis'go:c/ *e.* kusmak, boşaltmak

disgrace /dis'greys/ *e.* küçük düşürmek, itibarını zedelemek; gözden düşürmek, rezil etmek ¤ *a.* gözden düşürücü şey, yüzkarası, kara leke; gözden düşme
disgraceful /dis'greysful/ *s.* utanç verici, yüz kızartıcı
disgruntle /dis'grantıl/ *e.* üzmek, canını sıkmak
disgruntled /dis'grantld/ *s.* (at/with ile) üzgün, canı sıkılmış, düş kırıklığına uğramış, bozulmuş
disguise /dis'gayz/ *e.* görünüşünü/kılığını değiştirmek; saklamak, gizlemek ¤ *a.* sahte kılık; kılık; maske, numara
disguised /dis'gayzd/ *s.* gizlenmiş, maskelenmiş *disguised cost* gizli maliyet *disguised unemployment* gizli işsizlik
disgust /dis'gast/ *a.* iğrenme, tiksinme, tiksinti ¤ *e.* tiksindirmek, iğrendirmek
disgusting /dis'gasting/ *s.* iğrenç
dish /diş/ *a.* tabak; yemek ¤ *e.* tabak şekline sokmak; aldatmak, faka bastırmak *dish out kon.* dağıtmak, vermek *dish rack* bulaşıklık
disharmonious /disha:'mounyıs/ *s.* uyumsuz, ahenksiz
disharmony /disha:'mıni/ *a.* uyumsuzluk, ahenksizlik
dishearten /dis'ha:tn/ *e.* cesaretini kırmak; umutsuzluğa düşürmek
dished /dişt/ *s.* çukur, çökük
dishes /'dişiz/ *a.* tabak çanak; bulaşık *wash the dishes* bulaşık yıkamak
dishevelled /di'şevıld/ *s.* (saç, giysi) dağınık; düzensiz
dishoard /dis'ho:d/ *e.* stok mallarını piyasaya sürmek
dishonest /dis'onist/ *s.* namussuz, sahtekâr, şerefsiz
dishonesty /dis'onısti/ *a.* namussuzluk, şerefsizlik
dishonour /dis'onı/ *e.* namusuna leke sürmek; (banka) çeke ödemeyi reddetmek ¤ *a.* onursuzluk, şerefsizlik; leke
dishonourable /dis'onırıbıl/ *s.* haysiyetsiz, şerefsiz
dishonoured /dis'onıd/ *s.* ödenmemiş, itibar edilmemiş, kabul edilmemiş *dishonoured bill* kabul edilmemiş poliçe, ödenmemiş poliçe *dishonoured check*

ödenmemiş çek, kabul edilmemiş çek, karşılıksız çek **dishonoured draft** ödenmeyen senet, kabul edilmeyen senet **dishonoured note** ödenmemiş senet

dishwasher /'dişwoşı/ a. bulaşıkçı; bulaşık makinesi

dishwater /'dişwo:tı/ a. bulaşık suyu

dishy /'dişi/ s. seksi

disillusion /disi'lu:jın/ e. gözünü açmak, yanlış bir düşünceden kurtarmak

disillusioned /disi'lu:jınd/ s. (at/about/with ile) üzgün, kırgın, kırık, hayal kırıklığına uğramış, bozulmuş

disincentive /disin'sentiv/ a. engelleyici, önleyici, köstekleyici; engelleyici faktör

disinclination /disinkli'neyşın/ a. gönülsüzlük, isteksizlik

disincline /disin'klayn/ e. soğutmak, caydırmak

disinclined /disin'klaynd/ s. isteksiz

disinfect /disin'fekt/ e. dezenfekte etmek, mikroptan temizlemek

disinfectant /disin'fektınt/ a. s. dezenfektan

disinfection /disin'fekşın/ a. dezenfeksiyon

disinfector /disin'fektı/ a. temizleyici, mikrop öldürücü

disingenuous /disin'cenyuıs/ s. samimi olmayan, ikiyüzlü

disinherit /disin'herit/ e. mirastan mahrum etmek

disinheritance /disin'heritıns/ a. mirastan yoksunluk

disintegrate /dis'intigreyt/ e. parçalamak, dağıtmak, ufalamak; parçalanmak, dağılmak, ufalanmak

disintegration /dis'integreyşın/ a. dezentegrasyon, parçalanma, dağılma, ufalanma **disintegration constant** fiz. parçalanma sabiti, bozunum sabiti **disintegration voltage** elek. parçalanma gerilimi, bozunum gerilimi

disintegrator /dis'integreytı/ a. parçalama makinesi, öğütme makinesi

disinter /disin'tö:/ e. toprağı kazıp çıkarmak, eşmek

disinterested /dis'intristid/ s. kişisel duygularla etkilenmeyen, yansız, önyargısız; kon. ilgisiz, umursamaz

disinterment /disin'tö:mınt/ a. mezar kazma, eşme

disinvest /dis'invest/ e. stokları eritmek

disinvestment /disin'vestmınt/ a. stok azalması

disjoint /dis'coynt/ e. parçalarına ayırmak

disjointed /dis'coyntid/ s. (konuşma, yazı, vb.) bağlantısız, kopuk

disjunction /dis'cankşın/ a. ayrılma

disk /disk/ a. disk **disk anode** elek. disk anot **disk area** hav. disk alanı **disk armature** elek. disk endüvi **disk attenuator** elek. diskli zayıflatıcı **disk brake** oto. diskli fren **disk capacitor** elek. disk kondansatör **disk centrifuge** disk tipi santrifüj **disk clutch** oto. diskli kavrama **disk crusher** diskli kırıcı, ağırşaklı kırıcı **disk cutting machine** mad. diskli havöz, ağırşaklı kömür kesici **disk drive** biliş. disk sürücü **disk file** biliş. disk dosyası, disk kütüğü **disk filter** diskli filtre, ağırşaklı süzgeç **disk loading** hav. disk yüklemesi **disk operating system** biliş. disk işletim sistemi **disk pack** biliş. disk paketi **disk scanner** elek. disk tarayıcı **disk storage** biliş. disk bellek **disk winding** elek. disk sargı

diskette /dis'ket/ a. biliş. disket

dislike /dis'layk/ e. sevmemek, hoşlanmamak ¤ a. sevmeme, hoşlanmama, hoşlanmayış; birisinin sevmediği şey/kimse

dislocate /'dislıkeyt/ e. (kemik) yerinden çıkarmak; altüst etmek

dislocation /dislou'keyşın/ a. yerinden oynatma, yer değiştirme; çıkık; altüst etme, bozma

dislodge /dis'loc/ e. yerinden çıkartmak

disloyal /dis'loyıl/ s. vefasız

disloyalty /dis'loyılti/ a. vefasızlık

dismal /'dizmıl/ s. kasvetli, üzücü, iç karartıcı

dismantle /dis'mentl/ e. sökmek, parçalarına ayırmak

dismantlement /dis'mentılmınt/ a. çıkarma, sökme, parçalarını ayırma

dismay /dis'mey/ e. dehşete düşürmek, korkutmak, yıldırmak ¤ a. korku, dehşet, yılgı, ümitsizlik

dismember /dis'membı/ e. parçalamak; bölmek

dismiss /dis'mis/ *e.* (işten) çıkarmak, yol vermek, kovmak; gitmesine izin vermek, göndermek; bırakmak, kafasından çıkarmak, düşünmemek *dismiss an action* bir davayı reddetmek

dismissal /dis'misıl/ *a.* çıkarma, kovma; bırakma, gönderme; kafasından çıkarma, düşünmeme *dismissal of an action* bir davayı reddetme *dismissal wage* işten çıkarma tazminatı

dismissible /dis'misibıl/ *s.* işten çıkarılabilir; reddedilebilir

dismount /dis'maunt/ *e.* (at, bisiklet, vb.'den) inmek; indirmek; sökmek, söküp çıkarmak

dismutation /dis'myuteyşın/ *a. kim.* dismutasyon, tersdeğişim

disobedience /disı'bi:diıns/ *a.* söz dinlemezlik, itaatsizlik

disobedient /disı'bi:diınt/ *s.* söz dinlemez, itaatsiz

disobey /disı'bey/ *e.* söz dinlememek, itaat etmemek, itaatsizlik etmek; (kural, yasa, vb.) çiğnemek, uymamak

disoblige /disı'blayc/ *e.* hatırını kırmak, yardımı reddetmek

disorder /dis'o:dı/ *a.* karışıklık, düzensizlik; kargaşa, patırtı; hastalık, rahatsızlık ¤ *e.* karıştırmak, bozmak

disordered /dis'o:dıd/ *s.* düzensiz, karışık; bozuk

disorderly /dis'o:dıli/ *s.* dağınık, düzensiz; azgın, vahşi; kanunsuz

disorganization /diso:gınay'zeyşın/ *a.* düzensizlik, karışıklık

disorganize /dis'o:gınayz/ *e.* altüst etmek

disorganized /dis'o:gınayzd/ *s.* düzensiz, karışık

disorient /dis'o:rient/ *e.* şaşırtmak, zihnini karıştırmak, yolunu kaybettirmek

disorientate /dis'o:riınteyt/ *e.* yönünü şaşırtmak

disown /dis'oun/ *e.* tanımamak, sahip olduğunu reddetmek, kabul etmemek, inkâr etmek

disparage /di'speric/ *e.* hor görmek, küçümsemek

disparagement /di'spericmınt/ *a.* kötüleme, yerme, aşağılama

disparaging /di'spericing/ *s.* aşağılayıcı, hor gören

disparate /'dispırıt/ *s.* tamamen farklı, birbiriyle karşılaştırılamaz

disparity /di'speriti/ *a.* eşitsizlik, fark

dispassionate /dis'peşınit/ *s.* yansız, tarafsız; serinkanlı, sakin

dispatch /di'speç/ *e.* göndermek, yollamak; bitirivermek, halletmek; öldürmek ¤ *a.* yollama, gönderme, sevkıyat; mesaj; rapor; hız, acele; mal sevk bürosu *dispatch boat* kurye botu, avizo *dispatch box* evrak çantası *dispatch case* evrak çantası *dispatch earning* navlun kazancı, irsalat kârı *dispatch money* hızlı yükleme primi *dispatch note* irsaliye

dispatcher /di'speçı/ *a.* sevk eden, sevk memuru; *den.* dispeççi; *demy.* dispeçer

dispel /di'spel/ *e.* dağıtmak, defetmek; yok etmek, gidermek

dispensable /di'spensıbıl/ *s.* gereksiz; vazgeçilebilir

dispensary /di'spensıri/ *a.* dispanser, bakımevi

dispensation /dispın'seyşın/ *a.* genel kuralın dışına çıkabilme izni, özel izin; dağıtma, verme; takdiri ilahi

dispense /di'spens/ *e.* dağıtmak, vermek; (ilaç/reçete, vb.) hazırlamak; vazgeçmek, feragat etmek *dispense with* -siz idare etmek; -i gereksiz kılmak

dispenser /di'spensı/ *a.* dağıtıcı *dispenser cathode elek.* dağıtıcı katot

dispersal /di'spö:sıl/ *a.* dağılma, dağıtma

disperse /di'spö:s/ *e.* dağılmak, yayılmak; yaymak, dağıtmak ¤ *s.* dağınık, dispers *dispersing agent* dispersleme maddesi *dispersing power* dispersleme gücü *disperse dye* dispers boya

dispersed /di'spö:sidli/ *s.* dağınık *dispersed phase* dağınık faz

dispersedly /di'spö:sidli/ *be.* dağınık olarak

dispersion /di'spö:şın/ *a.* dağıtma, dağılma; dağılım *dispersion hardening met.* dispersiyon sertleşmesi, dağınım sertleşmesi

dispersive /di'spö:siv/ *s.* dağıtıcı; ayırıcı

dispersivity /di'spö:sivity/ *a. fiz.* dispersivite, ayrılganlık

dispirit /di'spirit/ *e.* cesaretini/umudunu kırmak

displace /dis'pleys/ *e.* yerinden çıkarmak; -in yerine geçmek; ülkesinden çıkarmak, sürmek

displacement /dis'pleysmınt/ *a.* yerinden çıkarma, yerine geçme, yerdeğişim, deplasman; *den.* taşırma suyu *displacement current elek.* deplasman akımı, sürülme akımı *displacement law fiz.* deplasman kanunu, yerdeğişim yasası *displacement of funds* sermayenin yer değiştirmesi *displacement scale* deplasman cetveli

display /di'spley/ *e.* göstermek; sergilemek ¤ *a.* gösterme, sergileme; gösteri; sergi; görüntü; ekran *display case* vitrin *display tube elek.* resim tüpü, resim lambası, görüntü lambası, ekran lambası *display unit biliş.* gösterim birimi, gösterici

displease /dis'pli:z/ *e.* sinirlendirmek, canını sıkmak; kızdırmak; gücendirmek

displeased /dis'pli:zd/ *s.* dargın, kırgın, gücenmiş

displeasing /dis'pli:zing/ *s.* nahoş, can sıkıcı, kızdıran

displeasure /dis'plejı/ *a.* hoşnutsuzluk, beğenmeme

disponibility /dıspıni'biliti/ *a.* kullanılabilirlik

disponible /dı'spounibıl/ *s.* istenildiği gibi kullanılabilen

disposable /di'spouzıbıl/ *s.* elde hazır bulunan; tek kullanımlık, iadesiz *disposable funds* emre hazır fon, kullanılabilir para *disposable goods* atılabilir mallar *disposable income* harcanabilir gelir *disposable portion* tasarruf nisabı

disposal /di'spouzıl/ *a.* elden çıkarma; düzenleme; idare, kontrol, yönetim; kullanım; devir, satış; hibe *disposal value* satış değeri, elden çıkarma değeri

dispose /di'spouz/ *e.* (of ile) kurtulmak, başından atmak; alt etmek; düzenlemek, yerleştirmek, dizmek; isteklendirmek, hazırlamak, heveslendirmek *dispose of* yemek, içmek, tüketmek; satmak, elden çıkarmak; bertaraf etmek *dispose of by will* mirasla bırakmak

disposed /di'spouzd/ *s.* hevesli, niyetli, istekli, mütemayil

disposing /di'spouzing/ *a.* elden çıkarma *disposing capacity* ölüme bağlı tasarrufta bulunma ehliyeti

disposition /dispı'zişın/ *a.* mizaç, karakter, doğa, yapı; düzenleme; eğilim, istek, isteklilik; kural, emir; tasarruf; devir, tahsis, temlik *disposition by testament* vasiyetle mal bırakma *disposition of funds* fon kullanımı

dispossess /dispı'zes/ *e.* (malını) elinden almak

dispossession /dispı'zeşın/ *a.* mal ve mülke el konulması

dispraise /dis'preyz/ *a.* kötüleme, ayıplama, hafifseme

disproportion /disprı'po:şın/ *a.* oransızlık

disproportionate /disprı'po:şınit/ *s.* oransız, çok fazla ya da çok az

disprove /dis'pru:v/ *e.* yanlış olduğunu kanıtlamak, çürütmek

disputable /di'spyu:tıbıl/ *s.* tartışılabilir, kuşkulu, su götürür

disputant /di'spyu:tınt/ *a.* münakaşacı kimse

dispute /di'spyu:t/ *e.* tartışmak; çekişmek, kavga etmek; karşı çıkmak, itiraz etmek, kabul etmemek ¤ *a.* tartışma; çekişme, kavga; anlaşmazlık, uyuşmazlık

disqualify /dis'kwolifay/ *e.* diskalifiye etmek

disqualification /diskwolifi'keyşın/ *a.* ehliyetini elinden alma; yetkisizlik, ehliyetsizlik; engel, mâni; *sp.* diskalifiye, oyundan atma

disquiet /dis'kwayıt/ *e.* telaşlandırmak, kaygılandırmak, huzurunu kaçırmak

disquieting /dis'kwayıting/ *s.* merak verici, rahatsız edici

disquisition /diskwi'zişın/ *a.* bilimsel inceleme, tez, araştırma

disregard /disri'ga:d/ *e.* aldırmamak, önemsememek, saymamak, umursamamak ¤ *a.* aldırmazlık, önemsememe; ilgisizlik; ihmal, savsaklama

disrelish /dis'reliş/ *a.* hoşlanmama, beğenmeme, tiksinme

disremember /dis'rimembı/ *e.* hatırlayamamak

disrepair /disri'peı/ *a.* bakımsızlık, tamire

ihtiyaç
disreputable /dis'repyutıbıl/ *s.* adı çıkmış, kötü ünlü
disrepute /disri'pyu:t/ *a.* kötü ün
disrespect /disri'spekt/ *a.* saygısızlık, kabalık
disrespectful /disri'spektful/ *s.* saygısız, kaba
disrobe /dis'roub/ *e.* elbisesini çıkarmak, soymak; soyunmak
disroot /dis'ru:t/ *e.* kökünden sökmek
disrupt /dis'rapt/ *e.* dağıtmak, bozmak, bölmek
disruption /dis'rapşın/ *a.* kesilme, bozulma
disruptive /dis'raptiv/ *s.* bozucu, yıkıcı *disruptive discharge* bozulma boşalması *disruptive voltage* *elek.* bozulma gerilimi, delinme gerilimi
dissatisfaction /dissetis'fekşın/ *a.* doyumsuzluk, hoşnutsuzluk
dissatisfactory /disetis'fektıri/ *s.* uygun olmayan, tatmin etmeyen
dissatisfied /dis'setisfayd/ *s.* hoşnutsuz, gayri memnun, tatmin olmamış
dissatisfy /dis'setisfay/ *e.* doyuramamak, memnun edememek
dissaving /di'seyving/ *a.* tasarrufların harcanması
dissect /di'sekt/ *e.* incelemek üzere kesip ayırmak; dikkatle incelemek
dissection /di'sekşın/ *a.* teşrih *dissection of accounts* hesapları sınıflandırma
dissector /di'sektı/ *a.* *biliş.* görüntü tarayıcı *dissector tube* *elek.* tarayıcı tüp, görüntü bölücü tüp
disseise /dis'si:z/ *e.* mal ve mülküne el koymak, gasp etmek
disseisin /dis'si:zin/ *a.* malını mülkünü elinden alma, gasp
dissemble /di'sembıl/ *e.* saklamak, gizlemek, örtbas etmek; görmezlikten gelmek
disseminate /di'semineyt/ *e.* (düşünce, haber, vb.) yaymak, saçmak
dissemination /disemi'neyşın/ *a.* saçma, yayma
dissension /di'senşın/ *a.* anlaşmazlık, uyuşmazlık, kavga
dissent /di'sent/ *e.* aynı görüşte olmamak, hemfikir olmamak; karşı

koymak ¤ *a.* görüş ayrılığı, uyuşmazlık, anlaşmazlık
dissenter /di'sentı/ *a.* muhalif
dissertation /disı'teyşın/ *a.* bilimsel inceleme, tez, deneme
disservice /di'sö:vis/ *a.* zararlı davranış, kötülük
dissever /dis'evı/ *e.* tamamen ayırmak, kesip ayırmak
dissidence /'disidıns/ *a.* görüş ayrılığı, muhalefet; anlaşmazlık
dissident /'disidınt/ *a. s.* muhalif
dissimilar /di'similı/ *s.* benzemez, ayrı, farklı
dissimilarity /disimi'leriti/ *a.* farklılık, benzemezlik
dissimilation /disimi'leyşın/ *a.* ayrılım
dissimulate /di'simyuleyt/ *e.* duygularını gizlemek, belli etmemek; yalandan göstermek, taslamak
dissimulation /disimyu'leyşın/ *a.* gizleme, saklama; ikiyüzlülük
dissipate /'disipeyt/ *e.* dağıtmak, yok etmek, gidermek; dağılmak, yok olmak; çarçur etmek, aptalca harcamak
dissipated /'disipeytid/ *s.* sefih, maceracı
dissipation /disi'peyşın/ *a.* dağıtma, yayma; dağılma, yayılma *dissipation factor* *elek.* güç kaybı çarpanı, yitim katsayısı *dissipation of energy* *fiz.* enerji kaybı, erke yitimi
dissociate /di'souşieyt/ *e.* ayırmak, ayrı tutmak
dissociated /di'souşieytid/ *s.* çözüşük *dissociated ammonia* çözüşük amonyak
dissociation /disousi'eyşın/ *a.* ayırma, ayrılma; çözüşüm *dissociation constant* *fiz.* bozunma sabitesi, çözüşüm katsayısı *dissociation limit* *fiz.* çözüşüm noktası, çözüşüm sınırı *dissociation rate* çözüşüm hızı, disosasyon hızı
dissolubility /disolyu'bilıti/ *a.* erirlik, çözülebilirlik, ayrılabilirlik
dissoluble /di'solyubıl/ *s.* erir, eriyebilir
dissolute /'disılu:t/ *s.* ahlaksız, kötü, rezil
dissoluteness /'disılu:tnis/ *a.* ahlaksızlık, çapkınlık, uçarılık
dissolution /disı'lu:şın/ *a.* sona erme; bozma, iptal, fesih; bozulma, dağılma *dissolution of company* şirketin

dağılması, şirketin infisahı *dissolution of partnership* hissedarlığın sukutu, ortaklığın infisahı

dissolve /di'zolv/ *e.* erimek; eritmek; feshetmek, dağıtmak; feshedilmek, dağılmak; kendini kaybetmek, kaptırmak, kendini tutamamak, kapılmak *dissolved acetylene* çözünmüş asetilen, çözünük asetilen

dissolvent /di'zolvınt/ *s.* eritici, çözücü ¤ *a.* eritici madde

dissolving /di'zolving/ *a.* erime; eritme ¤ *s.* eritici *dissolving power kim.* eritme gücü

dissonance /'disınıns/ *a.* uyumsuzluk, ahenksizlik

dissonant /'disınınt/ *s.* akortsuz, ahenksiz, uyumsuz

dissuade /di'sweyd/ *e.* caydırmak, vazgeçirmek

dissuasion /di'sweyjın/ *a.* caydırma, vazgeçirme

dissymmetric(al) /disi'metrik(ıl)/ *s.* simetrik olmayan, bakışımsız

dissymmetry /di'simetri/ *a.* simetrik olmama, bakışımsızlık

distaff /'dista:f/ *a. teks.* öreke *distaff side* eksik etek, kadın kısmı

distance /'distıns/ *a.* mesafe, uzaklık; soğukluk, mesafe *distance freight* mesafe navlunu *distance mark* uzaklık işareti *distance modulus gökb.* uzaklık modülü *distance relay elek.* aralık rölesi *keep one's distance* uzak durmak

distant /'distınt/ *s.* uzak, uzakta; (akraba) uzaktan, uzak; soğuk, ilgisiz, mesafeli; hafif, belirsiz

distaste /dis'teyst/ *a.* sevmeme, hoşlanmama, nefret

distasteful /dis'teystfıl/ *s.* tatsız, nahoş

distend /di'stend/ *e.* şişmek; şişirmek

distensible /di'stensıbıl/ *s.* şişirilebilir, gerilebilir

distension /di'stenşın/ *a.* şişme, gerilme, germe

distich /'distik/ *a.* beyit, iki mısra

distil /di'stil/ *e.* imbikten çekmek, damıtmak; (konu, vb.) özünü çıkarmak, özünü almak

distill /di'stil/ *e. Aİ. bkz.* distil

distillate /'distilit/ *a.* imbikten çekilmiş sıvı

distillation /disti'leyşın/ *a.* damıtma; damıtık madde *distillation column* damıtma kolonu *distillation flask* damıtma balonu

distilled /di'stild/ *s.* damıtık *distilled water* damıtık su

distiller /di'stilı/ *a.* damıtıcı; imbik

distillery /di'stilıri/ *a.* damıtımevi, damıtma yeri; içki fabrikası *distilling flask* damıtma balonu, damıtma toparı

distinct /di'stinkt/ *s.* farklı, ayrı; açık, belirgin

distinction /di'stinkşın/ *a.* fark, ayırım; ayrı tutma, ayrı olma, ayrım; üstünlük; ün, şan, saygınlık; nişan, şeref; ödül

distinctive /di'stinktiv/ *s.* diğerlerinden ayrı, ayıran, özel *distinctive feature* ayırıcı özellik *distinctive property* ayırt edici özellik

distinctness /di'stinktnis/ *a.* açıklık; fark

distingué /di'stengey/ *s.* üstün; kibar, nazik

distinguish /di'stingwiş/ *e.* ayırt etmek, ayırmak, farkı görmek; tanımak, seçmek, görmek; ayırmak, ayrı kılmak; (kendini) göstermek, sivrilmek

distinguishable /di'stingwişıbıl/ *s.* ayırt edilebilir; görülebilir, seçilir

distinguished /di'stingwişt/ *s.* seçkin, ünlü

distort /di'sto:t/ *e.* eğri büğrü etmek, biçimini bozmak; çarpıtmak, saptırmak, değiştirmek *distorted* bozulmuş *distorting lens elek.* bozucu mercek

distortion /di'sto:şın/ *a.* çarpıklık, çarpılma, bükülme, bozulma, biçim yitimi, distorsiyon *distortion allowance* distorsiyon payı, bozulma payı *distortion factor* distorsiyon katsayısı

distract /di'skrekt/ *e.* (dikkatini) başka yöne çevirmek, dağıtmak; (işinden) alıkoymak, meşgul etmek

distracted /di'strektid/ *s.* kafası karışmış, telaşlı

distraction /di'strekşın/ *a.* dikkat dağıtıcı şey; dikkatini dağıtma; eğlence, vakit geçirecek şey *drive sb to distraction* çılgına çevirmek, deli etmek

distrain /di'streyn/ *e.* haczetmek, el koymak

distrainee /distrey'ni:/ *a.* eşyalarına haciz

konan kişi
distrainor /'distreynı/ *a.* haczeden kişi, rehin alan
distraint /di'streynt/ *a.* haciz
distraught /di'strɔːt/ *s.* aklı başından gitmiş, çılgına dönmüş
distress /di'stres/ *a.* acı, ıstırap, üzüntü, sıkıntı; tehlike ¤ *e.* üzmek, acı çektirmek, ıstırap vermek *distress call* imdat çağrısı *distress freight* zaruret navlunu *distress frequency* imdat frekansı *distress merchandise* muhataralı mal *distress oneself* (kendi) canını sıkmak *distress selling* ihtiyaçtan satma *distress signal* imdat sinyali *distress wave* alarm dalgası *distress wavelength* alarm dalga boyu
distressed /di'strest/ *s.* üzgün, kederli; şanssız, talihsiz; yoksul, fakir *distressed area* yoğun işsizlik bölgesi
distressing /di'stresing/ *s.* acı veren, üzücü, ıstırap verici
distributable /di'stribyu:tıbıl/ *s.* dağıtılabilir *distributable profit* dağıtılabilir kâr
distribute /di'stribyu:t/ *e.* dağıtmak, vermek; sınıflamak, gruplara ayırmak; pay etmek, bölüştürmek; yaymak, saçmak *distributed amplifier elek.* zincirleme amplifikatör, dağıtılmış yükselteç *distributed capacitance elek.* bölünmüş kapasite, dağılmış kapasite *distributed constant elek.* dağınık sabit *distributed data base biliş.* dağınık veri tabanı *distributed data processing biliş.* dağınık bilgi işlem *distributed inductance elek.* bölünmüş indüktans, dağınık indüktans *distributed information system biliş.* dağıtımlı bilişim dizgesi *distributed load inş.* dağılmış yük, dağınık yük *distributed network elek.* dağılmış devre *distributed profit* dağıtılmış kâr *distributed winding elek.* dağınık sargı *distributing amplifier elek.* dağıtım amplifikatörü *distributing box elek.* dağıtım kutusu *distributing cable elek.* dağıtım kablosu *distributing centre elek.* dağıtım merkezi *distributing shaft oto.* tevzi mili, dağıtım mili
distribution /distri'byu:şın/ *a.* dağıtma, dağıtım, tevzi; pay etme, bölüştürme; yayılma, yaygın olma *distribution*

board elek. tevzi tablosu, dağıtım tablosu *distribution box elek.* tevzi kutusu, dağıtım kutusu *distribution cable elek.* dağıtım kablosu *distribution coefficient kim.* dağıtım katsayısı *distribution costs* dağıtım masrafları *distribution curve* dağılım eğrisi *distribution expense* dağıtım masrafı *distribution frame elek.* dağıtım çatısı, repartitör *distribution function* olasılık dağılımı, istatistiksel dağılım *distribution law kim.* dağılım kanunu, dağılım yasası *distribution network elek.* dağıtım şebekesi *distribution of earnings* kâr dağıtımı *distribution of losses* zararın dağıtımı *distribution of profits* kârın dağıtımı *distribution panel elek.* dağıtım tablosu *distribution shaft oto.* dağıtım dingili
distributional /distri'byu:şınıl/ *s.* dağılım ile ilgili, dağılımsal *distributional analysis* dağılımsal çözümleme *distributional linguistics* dağılımsal dilbilim
distributionalism /distri'byu:şınılizım/ *a.* dağılımcılık
distributionalist /distri'byu:şınılist/ *a.* dağılımcı
distributive /dis'tribyutiv/ *s.* yayan, dağıtan; üleştiren *distributive adjectives* üleştirme sıfatları *distributive cost* dağıtım maliyeti *distributive point* dağıtım noktası *distributive pronoun* üleştirme zamiri *distributive share* miras payı *distributive trade* dağıtım işi
distributor /di'stribyutı/ *a.* dağıtıcı, dağıtımcı; *tek.* distribütör, dağıtaç *distributor advance oto.* distribütör avansı *distributor arm oto.* distribütör kolu *distributor cap oto.* distribütör kapağı, distribütör başlığı *distributor disk oto.* distribütör diski *distributor head oto.* distribütör başı *distributor housing oto.* distribütör kutusu *distributor shaft oto.* distribütör mili
distributorship /di'stribyutışip/ *a.* dağıtıcılık, distribütörlük
district /'distrikt/ *a.* bölge, yöre, alan, mıntıka *district bank* bölgesel banka *district exchange* bölge telefon santralı *district manager* bölge müdürü *district office* bölge müdürlüğü

distrust /dis'trast/ *e.* güvenmemek, itimat etmemek ¤ *a.* güvenmeme, itimatsızlık
distrustful /dis'trastfıl/ *s.* güvensiz, itimatsız; kuşkulu, şüpheci
disturb /di'stö:b/ *e.* rahatsız etmek; üzmek, kaygılandırmak; bozmak; karıştırmak **disturb the peace** asayişi bozmak
disturbance /di'stö:bıns/ *a.* rahatsız etme; rahatsızlık; karışıklık, huzursuzluk; arıza; parazit **disturbance of possession** başkasının malına tecavüz
disturbed /di'stö:bd/ *s.* rahatsız, huzursuz
disturbing /di'stö:bing/ *s.* rahatsızlık veren, huzur bozucu **disturbing current** *elek.* parazit akımı **disturbing source** *elek.* parazit kaynağı
disulphate /day'salfeyt/ *a.* bisülfat
disulphide /day'salfayd/ *a.* disülfür
disunion /dis'yu:nyın/ *a.* ayrılma, bölünme; anlaşmazlık, uyuşmazlık
disunite /disyu:'nayt/ *e.* ayırmak, ayrılmak
disuse /dis'yu:s/ *a.* kullanılmayış, geçersizlik
disused /dis'yu:zd/ *s.* eski, vaktini doldurmuş
disutility /dis'yutilıti/ *a.* olumsuz fayda
ditch /diç/ *a.* hendek ¤ *e.* hendek kazmak; *hav.* denize zorunlu inmek; *kon.* başından atmak, bırakmak
ditcher /'diçı/ *a.* hendek açma makinesi
dither /'didı/ *e. kon.* telaşa kapılmak, kararsızlık ve heyecana kapılmak ¤ *a. kon.* telaş; kararsızlık **get/feel all of a dither** eli ayağına dolaşmak
dittany /'dıtıni/ *a.* geyikotu
ditto /'ditou/ *a.* aynı şey; denden (işareti) ¤ *be.* aynen, tıpkı; yukarıda denildiği gibi
ditty /'diti/ *a.* kısa ve basit şarkı
diurnal /day'ö:nıl/ *s.* gündüze ait, gündüz olan; *gökb.* günlük; *bitk.* bir günlük **diurnal libration** *gökb.* günlük sallantı
diva /'di:vı/ *a.* primadonna
divagate /'dayvıgeyt/ *e.* başıboş dolaşmak; konu dışına çıkmak
divagation /dayvı'geyşın/ *a.* başıboş dolaşma; konu dışına çıkma
divalent /day'veylınt/ *a. kim.* iki değerlikli

divan /di'ven/ *a.* divan, sedir
divaricate /day'verikeyt/ *e.* dallanmak, çatallanmak
dive /dayv/ *e.* (suya) balıklama atlamak; dalmak; (aşağı doğru) hızla hareket etmek; elini daldırmak ¤ *a.* balıklama atlayış; dalış; *kon.* batakhane
diver /'dayvı/ *a.* dalgıç
diverge /day'vö:c/ *e.* (yol, görüş, vb.'den) ayrılmak, uzaklaşmak; sapmak; *mat.* ıraksamak
divergence /day'vö:cıns/ *a.* ayrılma, uzaklaşma; ıraksama **divergence angle** *elek.* ayrılma açısı
divergent /day'vö:cınt/ *s.* çeşitli; ıraksak **divergent lens** ıraksak mercek **divergent series** *mat.* ıraksak dizi
diverse /day'vö:s/ *s.* çeşitli; farklı, değişik
diversification /dayvö:sifi'keyşın/ *a.* çeşitlendirme
diversified /day'vö:sifayd/ *s.* farklı, değişik; rizikoları dağıtılmış **diversified portfolio** çeşitlendirilmiş portföy
diversify /day'vö:sifay/ *e.* çeşitlendirmek; değiştirmek
diversion /day'vö:şın/ *a.* yönünü değiştirme, çevirme, saptırma, sapma; eğlence, oyalayıcı şey; dikkati başka yöne çeken şey
diversity /day'vö:siti/ *a.* farklılık, değişim, farklı olma, fark
divert /day'vö:t/ *e.* başka yöne çevirmek, saptırmak; oyalamak, eğlendirmek; -in dikkatini başka yöne çekmek, dikkatini dağıtmak
divest /day'vest/ *e.* (of ile) yoksun bırakmak
divestment /day'vestmınt/ *a.* yoksun bırakma
divide /di'vayd/ *e.* bölmek, taksim etmek; ayırmak; ayrılmak; *mat.* bölmek; *mat.* bölünmek **divided highway** geliş gidiş yönleri ayrı otoyol **divided policy** bölünmüş poliçe
dividend /di'vidınd/ *a.* pay, hisse, temettü, kâr payı; *mat.* bölünen **dividend account** temettü hesabı **dividend book** temettü defteri **dividend check** temettü çeki **dividend control** temettü kontrolü **dividend coupon** temettü kuponu **dividend cover** temettü karşılığı **dividend declaration**

kâr payı ilanı *dividend distribution* kâr payı dağıtımı *dividend entitlement* temettüye hak kazanma *dividend equalization reserve* temettü fonu *dividend in arrears* birikmiş temettü *dividend in kind* ayni temettü *dividend limitation* temettü sınırlaması *dividend off* kâr paysız, temettüsüz *dividend on* kâr payı dahil *dividend payable* vadesi gelen temettü, ödenecek temettü *dividend paying company* temettü dağıtan şirket *dividend payment date* temettü dağıtım tarihi *dividend payout ratio* temettü ödeme oranı *dividend policy* kâr dağıtım politikası *dividend price ratio* temettü fiyat oranı *dividend rate* temettü oranı *dividend reinvestment* temettünün yeniden yatırılması *dividend right certificate* intifa senedi *dividend right coupon* intifa senedi kuponu *dividend share* kazanç payı *dividend warrant* temettü ödeme emri, temettü kuponu *dividend yield* temettü verimi, temettü getirisi *pay dividends* avantaj sağlamak, ilerde yararlı olmak

divider /di'vaydı/ *a.* bölücü, bölen

dividers /di'vaydız/ *a.* pergel

dividing /di'vayding/ *s.* bölen, ayıran; bölme +, dağıtma +, bölen *dividing network elek.* bölücü devre

divination /divi'neyşın/ *a.* kehanet; fal

divine /di'vayn/ *s.* kutsal, tanrısal; ilahi, ulu; *kon.* süper, çok iyi ¤ *e.* gaipten haber vermek, kehanette bulunmak; (toprağın altında su, maden, vb.) bulmak

diviner /di'vaynı/ *a.* kâhin, sihirbaz

diving /'dayving/ *a.* dalma, dalış, suya dalma; tramplenden atlama *diving altitude hav.* dalış yüksekliği *diving angle hav.* dalış açısı *diving bell* dalma çanı, dalgıç hücresi *diving board* tramplen *diving duck* dalgıçkuşugillerden ördek türü *diving helmet* dalgıç başlığı *diving speed* dalış hızı *diving suit* dalgıç elbisesi *diving velocity* dalış hızı

divinity /di'viniti/ *a.* tanrısallık; ilahiyat, tanrıbilim; tanrı, tanrıça

divisibility /divizi'biliti/ *a.* bölünebilme

divisible /di'vizıbıl/ *s.* bölünebilir *divisible letter of credit* bölünebilir akreditif

division /di'vijın/ *a.* paylaştırma, pay etme, bölme; kısım, bölüm, parça; fikir ayrılığı, uzlaşmazlık; *mat.* bölme; bölünme; *ask.* tümen *division of labor* işbölümü *division of loss* zararın bölünmesi *division of stock* hisse senedinin bölünmesi *division of the profit* kâr taksimi *division president* bölüm başkanı *division sign mat.* bölme işareti *division subroutine biliş.* bölme altyordamı

divisional /di'vijınıl/ *s.* bölmeyle ilgili *divisional bond* demiryolu tahvili *divisional coin* bozuk para *divisional coins* ufak para

divisive /di'vaysiv/ *s.* bölücü, ayırıcı, ara bozucu, ihtilaf çıkaran

divisor /di'vayzı/ *a. mat.* bölen

divorce /di'vo:s/ *a.* boşanma ¤ *e.* boşanmak; boşamak; ayırmak

divorcé /di'vo:si:, di'vo:sey/ *a.* dul erkek

divorced /di'vo:st/ *s.* boşanmış

divorcee /divo:'si:/ *a.* boşanmış kimse, dul kimse

divorcée /di'vo:si:/ *a.* dul kadın

divot /di'vıt/ *a.* çimen, çim (parçası)

divulgation /dayval'geyşın/ *a.* açığa vurma, ortaya dökme

divulge /day'valc/ *e.* açığa vurmak

divvy /divi/ : *divvy up* bölmek

dizziness /'dizinis/ *a.* baş dönmesi, sersemlik

dizzy /'dizi/ *s.* başı dönen; baş döndürücü; *kon.* aptal ¤ *e.* başını döndürmek *dizzy spell* ani baş dönmesi *feel dizzy* başı dönmek

do /du:/ *e.* yapmak, etmek; yeterli olmak, yetmek; kazıklamak; *kon.* cezalandırmak; hizmet etmek; -i oynamak, taklit etmek; düzeltmek; düzenlemek; temizlemek; hazırlamak; davranmak, hareket etmek; uygun olmak ¤ *a. kon. İİ.* büyük toplantı, parti; /dou/ *müz.* do notası *do a bargain* pazarlık etmek *do a double take* gözlerine inanamamak *do a service* hizmet etmek *do away with* son vermek, bitirmek, kaldırmak; *kon.* öldürmek *do business (with)* (ile) iş yapmak *do for sb kon.* ev idare etmek, bakmak; mahvetmek *do for sth kon.* işe yaramak *do in kon.* öldürmek; çok

yormak **do one's best** elinden geleni
yapmak **do option business** primli
işler yapmak **do out of** kon. -den etmek
do out kon. tepeden tırnağa
temizlemek **do over** tekrarlamak;
yeniden düzenlemek **do retail business** perakende iş yapmak **do sb in**
öldürmek; yorgunluktan öldürmek **do
sb out of sth** (kd) aldatmak, elde
etmesini önlemek **do sb over** iyice
yumruklayıp dövmek **do sth hands
down** bir işi parmağının ucuyla
çevirmek **do sth up** yenileştirmek,
onarmak; kapatmak, iliklemek,
bağlamak **do up** iliklemek; onarmak;
(kendini) güzelleştirmek; (paket)
yapmak, sarmak **do wholesale business** toptan ticaret yapmak **do with**
gereksinmek, istemek; zamanını
geçirmek; yapmak; ile ilgisi olmak **do
without** sız idare etmek **dos and
don'ts** davranış kuralları **how do you
do** (tanıştırılınca) nasılsınız, memnun
oldum **make do (with sth)** (ile) idare
etmek

doable /'duːıbıl/ s. yapılabilir

dobby /'dobi/ a. mak. armür makinesi

docile /'dousayl/ s. yumuşak başlı, uysal

docility /dou'silıti/ a. yumuşak başlılık

dock /dok/ a. rıhtım; gemi havuzu, dok;
(mahkemede) sanık yeri ¤ e.
(kuyruğunu) kesmek; (ücret, vb.)
kısmak, azaltmak, kesmek; (gemi)
limana girmek; limana sokmak **dock
charges** rıhtım resmi **dock company**
rıhtım şirketi **dock dues** rıhtım ücreti
dock receipt rıhtım makbuzu, liman
makbuzu **dock shed** rıhtım hangarı
dock strike rıhtım işçilerinin grevi **dock
warehouse** rıhtım antreposu **dock
warrant** dok makbuzu, ambar
makbuzu, resepis **dock worker** dok
işçisi, havuz işçisi

dockage /'dokic/ a. havuz ücreti, dok
ücreti

docker /'dokı/ a. rıhtım işçisi, dok işçisi,
havuz işçisi

docket /'dokit/ a. etiket; gümrük
makbuzu; karar defteri; duruşma listesi

dockmaster /'dokmaːstı/ a. dok müdürü,
tersane müdürü

dockyard /'dokyaːd/ a. tersane, dok

doctor /'doktı/ a. doktor, hekim; doktora
yapmış kişi, doktor; Aİ. diş doktoru,
dişçi; rakle, sıyırıcı ¤ e. kon.
iyileştirmek, tedavi etmek; hkr.
değiştirmek, saptırmak; (hayvan)
kısırlaştırmak **doctor blade/knife** teks.
rakle bıçağı, sıyırma bıçağı **doctor
streak** teks. rakle izi **doctor up (with)**
(ile) yemeği tatlandırmak **doctor's degree** doktora

doctorate /'doktırit/ a. doktora

doctrinaire /doktri'neı/ s. hkr. kuramcı

doctrinal /dok'traynıl/ s. öğreti aşılayan,
dogmatik

doctrine /'doktrin/ a. öğreti, doktrin

document /'dokyumınt/ a. belge ¤ e.
belge ile kanıtlamak; belgelemek
document in proof kanıtlayıcı belge
document of title emtia senedi, mal
senedi **document reader** biliş. belge
okuyucu **document reference edge**
biliş. belge referans kenarı **documents
against acceptance** vesaik karşılığı
kabul **documents against payment**
vesaik karşılığı ödeme **documents of
proof** belgeleyici kâğıtlar, kanıt
niteliğinde belgeler **documents of title**
emtia senetleri

documentary /dokyu'mentıri/ a.
belgesel, dokümanter; belgeli ¤ s.
belgeli **documentary acceptance
credit** vesikalı kabul kredisi **documentary bill** vesikalı poliçe **documentary
collection** vesikalı tahsil **documentary
commercial bill** vesikalı kambiyo
senedi **documentary credit** belgeli
itibar kredisi **documentary draft**
vesikalı poliçe **documentary film**
belgesel film

documentation /dokyumen'teyşın/ a.
belgeleme, dokümantasyon **documentation book** biliş. belgeleme kitabı
documentation error biliş. belgeleme
hatası

documented /'dokyumentid/ s. belgeli,
belgeye dayalı **documented credit**
vesikalı kredi, akreditif

docuterm /'dokyutöːm/ a. biliş. tanıtıcı
terim

dodder /'dodı/ a. bitk. küsküt, şeytansaçı
¤ e. sendelemek, sallanmak

doddering /'dodıring/ s. kon. zayıf, titrek,

halsiz

doddery /'dodıri/ *s.* bunak, titrek, dermansız

doddle /'dodl/ *a. İİ. kon.* çocuk oyuncağı, çok kolay şey

dodecagon /dou'dekıgon/ *a. mat.* onikigen

dodecahedron /doudekı'hi:drın/ *a. mat.* onikiyüzlü

dodge /doc/ *e.* (bir şeyden) birden kenara çekilip kurtulmak, atlatmak; *kon.* atlatmak, hileyle kurtulmak, yırtmak ¤ *a.* yana kaçış; *kon.* üçkâğıt, oyun, namussuzluk; *kon.* plan, yol ***dodge the column*** ipe un sermek, yan çizmek

dodgems /'docımz/ *a.* çarpışan arabalara binme

dodger /'docı/ *a.* vergi kaçakçısı

dodgy /'doci/ *s. İİ. kon.* riskli, tehlikeli; üçkâğıtçı, namussuz

dodo /'doudou/ *a.* dodo kuşu ***(as) dead as a dodo*** *kon.* ölmüş, tarihe karışmış

doe /dou/ *a.* dişi geyik ya da tavşan

doer /'du:ı/ *a.* yapan kimse, eden kimse

doeskin /'douskin/ *a.* dişi geyik derisi

doffer /'dofı/ *a. teks.* penyör, tarak ***doffing cylinder*** tarak silindiri

dog /dog/ *a.* köpek; (kurt, tilki, vb.) köpekgillerin erkeği; *kon.* hıyar, köpek herif; ocak demiri; mandal, dil; çengel, mandal; *den.* palamar gözü ¤ *e.* izlemek, peşini bırakmamak ***dog clutch*** çeneli kavrama, kurtağızlı kavrama ***dog days*** yılın en sıcak günleri ***dog hair*** *teks.* köpek kılı ***dog in the manger*** ne yer, ne yedirir kişi ***dog one's footsteps*** peşini bırakmamak ***dog tired*** yorgun argın, turşu gibi ***dog's breakfast/dinner*** karman çorman ***Give dog a bad name (and hang him)*** Birinin adı çıkacağına canı çıksın ***Let sleeping dogs lie*** bırak, dokunma, kurcalama, dert arama, uyuyan köpeği elleme ***let sleeping dogs lie*** işi olasına bırakmak, işi kurcalamamak ***not have a dog's chance*** *kon.* hiç şansı olmamak ***top dog*** *kon.* üstün kimse, zirvedeki, güçlü kimse ***You can't teach an old dog new tricks*** Can çıkar huy çıkmaz

dog-eared /'dogııd/ *s.* sayfa uçları kıvrık

dogfish /'dogfiş/ *a. hayb.* küçük köpekbalığı

dogged /'dogid/ *s.* inatçı

doggie /'dogi/ *a. bkz.* doggy

doggy /'dogi/ *a. ç. dili* kuçukuçu, köpek

doghouse /'doghaus/ *a. Aİ.* köpek kulübesi ***in the doghouse*** *kon.* küçük düşürücü/rezil bir durumda, başı dertte

dogma /'dogmı/ *a.* dogma, inak

dogmatic /dog'metik/ *s.* dogmatik, inaksal, inakçı

dogmatism /'dogmıtizım/ *a.* dogmatizm, dogmacılık

dogmatize /'dogmıtayz/ *e.* kestirip atmak, kesin olarak fikrini söylemek

dogsbody /'dogzbodi/ *a. İİ. kon.* angarya ve ayak işlerini yapan kişi

dogsled /'dogseld/ *a.* köpek kızağı

dog-tired /dog'tayıd/ *s. kon.* çok yorgun, leşi çıkmış

dogvane /'dogveyn/ *a.* yelkovan, pinel

dogwood /'dogwud/ *a.* kızıl çubuk

doh /dou/ *a. müz.* do notası

doily /'doyli/ *a.* küçük peçete

doing /'du:ing/ *a.* (birisinin yaptığı) iş; sıkı çalışma

doit /doyt/ *a.* mangır, metelik

do-it-yourself /du: ityı'self/ *a. s. kon.* kendi başına kurma/onarma

doldrums /'doldrımz/ *a.* durgunlar, ekvatoral durgun alan, Okyanusun Ekvatora yakın sakin bölgeleri; kasvet, sıkıntı, keder, hüzün ***in the doldrums*** *kon.* canı sıkkın, morali bozuk, keyifsiz, neşesiz

dole /doul/ *a.* pay, hisse, nasip; yardım, iane; *İİ.* işsizlik tazminatı ¤ *e.* (out ile) gereksinen kişilere para ya da yiyecek vermek ***be on the dole*** işsizlik tazminatı almak ***go on the dole*** işsizlik tazminatı almak

doleful /'doulfıl/ *s.* üzgün, kederli, mahzun

dolefulness /'doulfulnis/ *a.* keder, hüzün, kasvet

dolerite /'dolırayt/ *a. yerb.* dolerit

dolichocephalic /dolikouse'felik/ *s.* dolikosefal, uzunkafalı

doline /dı'li:nı/ *a. yerb.* düden

doll /dol/ *a.* oyuncak bebek; taş bebek; *kon.* (aptal) güzel kadın, bebek ***doll up*** *kon.* güzelce giyinmek, giyinip kuşanmak; giydirmek

dollar /'dolı/ *a.* dolar *dollar area* dolar sahası *dollar bloc* dolar bloku *dollar exchange* dolar üzerinden işlem *dollar pool* dolar havuzu *dollar premium* dolar primi *dollar shortage* dolar kıtlığı *dollar standard* dolar standardı

dollish /'doliş/ *s.* bebeksi, bebekçe

dollop /'dolıp/ *a. kon.* (yiyecek, vb.) yığın

dolly /'doli/ *a.* tekerlekli kriko; kamera aracı, kaydırma arabası, doli; dekovil lokomotifi; şahmerdan başlık takozu *dolly shot elek.* travelling çekim, kaydırmalı çekim

dolmen /'dolmen/ *a.* dolmen, taş gömüt

dolomite /'dolımayt/ *a. yerb.* dolomit *dolomite limestone* dolomitli kireçtaşı

dolomitization /dolımitay'zeyşın/ *a.* dolomitleşme

dolphin /'dolfin/ *a. hayb.* yunusbalığı

dolt /doult/ *a.* ahmak kimse, salak kimse

domain /dı'meyn/ *a.* beylik arazi; ülke; alan *domain theory fiz.* domen teorisi, evlek kuramı

dome /doum/ *a.* kubbe *dome dam* kubbeli baraj *dome roof inş.* kubbe çatı, yarı küresel çatı

domed /'doumd/ *s.* kubbeli, kubbe şeklinde, yuvarlak *domed-shaped* kubbe biçimli

domestic /dı'mestik/ *s.* ev/aile ile ilgili; evcil; yerli ¤ *a.* hizmetçi *domestic affairs* iç meseleler *domestic animal* evcil hayvan *domestic architecture* yerli mimari *domestic bill* ülke içi poliçe *domestic bill of exchange* mahallinde ödenen kambiyo senedi *domestic corporation* yerli şirket, milli şirket *domestic cost ratio* yurtiçi maliyet oranı *domestic court* yerel mahkeme *domestic crafts* ev sanatları *domestic currency* milli para, ülke parası *domestic demand elasticity* yurtiçi talep esnekliği *domestic economy* ev ekonomisi, ev idaresi *domestic exchange rate* yurtiçi değişim oranı *domestic expenditure* yurtiçi harcama *domestic flight* iç hatlar *domestic good* yerli malı *domestic goods* yerli malları *domestic income* yurtiçi gelir, milli gelir *domestic industry* yerli sanayi *domestic inflation* yurtiçi enflasyon *domestic life* ev yaşamı

domestic mail yurtiçi posta *domestic market* iç piyasa *domestic monetary unit* ülke para birimi *domestic partnership* yerli ortaklık *domestic payments* ülke içindeki ödemeler *domestic policy* iç politika *domestic price* yurtiçi fiyatı, yerli fiyatı *domestic product* yerli ürün *domestic profit* yurtiçi kâr *domestic recession* iç ekonomik durgunluk *domestic relations law* akrabalık kanunu *domestic route hav.* iç hat *domestic safety* iç güvenlik *domestic trade* iç ticaret, yurtiçi ticaret *domestic value* yurtiçi değeri

domesticate /dı'mestikeyt/ *e.* (hayvan) evcilleştirmek; ev işlerine alıştırmak

domestication /dımesti'keyşın/ *a.* evcilleştirme

domesticity /doumes'tisiti/ *a.* ev/aile yaşamı; ev/aile yaşamını sevme

domicile /'domisayl/ *a.* ev, ikametgâh

domiciled /'domisayld/ *s.* konutlu, ikametgâhlı *domiciled bill* ikametgâhlı poliçe *domiciled check* ikametgâhlı çek

domiciliary /domi'siliıri/ *s.* eve ait *domiciliary arrest* evde gözaltı

domiciliate /domi'silieyt/ *e.* (poliçe) ödemek, tediye etmek *domiciliated bill* ikametgâhlı poliçe

dominance /'dominıns/ *a.* egemenlik, üstünlük

dominant /'dominınt/ *s.* egemen; üstün; yüksek; *biy.* başat, dominant *dominant mode elek.* baskın mod *dominant wave fiz.* baskın dalga *dominant wavelength elek.* baskın dalga boyu

dominate /'domineyt/ *e.* egemen olmak, hâkim olmak, hükmetmek; -de etkin olmak, en önemli yeri tutmak; -den daha yüksekte olmak

domination /domi'neyşın/ *a.* egemenlik, hâkimiyet

domineer /domi'niı/ *e.* tahakküm altında tutmak, hâkimiyet kurmak, baskı yapmak

domineering /domi'niıring/ *s. hkr.* despotça davranan, baskıcı, zorba

dominion /dı'miniın/ *a.* egemenlik; yönetme hakkı; dominyon; yönetilen bölge/ülke

domino /'dominou/ *a.* domino taşı

dominoes /'dominouz/ *a.* domino oyunu

don /don/ *a.* (İngiltere'de) üniversitede öğretim görevlisi, öğretmen; (İspanya'da) Bay, Beyefendi, Bey

donate /dou'neyt/ *e.* (para, vb.) bağışlamak, bağışta bulunmak

donated /dou'neytid/ *s.* hibe edilmiş, bağışlanmış **donated stock** hibe edilmiş hisse senedi, bağışlanmış hisse senedi **donated treasury stock** bağışlanmış kasa hisseleri

donation /dou'neyşın/ *a.* bağış

done /dan/ *s.* bitmiş, sona ermiş, yapılmış; çok yorgun; pişmiş *Done!* Tamam!, Kabul! *not done* uygunsuz, kaba, ayıp, yakışık almaz

donee /dou'ni:/ *a.* bağış alan kişi

dong /dong/ *a.* erkeklik organı

donkey /'donki/ *a.* eşek **donkey boiler** *mak.* yardımcı kazan **donkey engine** *mak.* yardımcı motor **donkey pump** *den.* donki tulumbası, donki **donkey's years** sittin sene

donkeywork /'donkiwö:k/ *a. İİ. kon.* angarya

donor /'dounı/ *a.* bağışta bulunan kimse; (organ, kan, vb.) bağışlayan kimse, donör, verici

doodle /'du:dl/ *e.* amaçsızca bir şeyler karalamak, çiziktirmek

doom /du:m/ *a.* kötü kader, yazgı; ölüm, son, akıbet ¤ *e.* mahkûm etmek

doomsday /'du:mzdey/ *a.* kıyamet günü *till Doomsday kon.* daima, kıyamete kadar

door /do:/ *a.* kapı; giriş; ev; bina *at the back door* gizlice, hileyle; el altından *door check* kapı otomatiği *door frame* kapı kasası *door handle* kapı tokmağı, kapı kolu *door hinge* kapı menteşesi *door jamb* kapı sövesi *door knob* kapı topuzu *door knocker* kapı tokmağı *door lock* kapı kilidi *door panel* kapı panosu *door post* kapı dikmesi *door scraper* kapı çamur demiri *door sill* kapı eşiği *door to door* kapı kapı *door window* *oto.* kapı penceresi *out of doors* dışarıda

doorbell /'do:bel/ *a. elek.* kapı zili

doorcase /'do:keys/ *a.* kapı kasası

doorkeeper /'do:ki:pı/ *a.* kapıcı

doorman /'do:men/ *a.* kapıcı

doormat /'do:met/ *a.* paspas

doorstep /'do:step/ *a.* eşik

doorstop /'do:stop/ *a.* kapı tamponu

doorway /'do:wey/ *a.* kapı aralığı, kapı boşluğu, giriş

dope /doup/ *a.* uyuşturucu madde; budala, salak; bilgi, haber; macun; *hav.* emayit ¤ *e. kon.* uyuşturucu madde vermek; uyuşturucu katmak; (at, vb.'ye) doping yapmak *dope additive elek.* katkı maddesi *dope dyeing teks.* yığın boyama *dope sheet sin.* film fişi *doped junction elek.* katkılı kavşak

dopey /'doupi/ *s. kon.* budala, salak; (uyuşturucuyla) uyuşmuş; uykulu

doping /'douping/ *a. elek.* katkılama, doping *doping compensation elek.* katkılama dengelemesi

dopy /'doupi/ *s. kon. bkz.* dopey

Doric /'dorik/ *s.* Dorlara ait; kaba, bozuk ¤ *a.* (eki Yunanistan'daki) Dor lehçesi; bozuk dialekt *Doric order mim.* Dor düzeni

dorm /do:m/ *a. kon. bkz.* dormitory

dormancy /'do:mınsi/ *a.* uyuşukluk, uyku hali

dormant /'do:mınt/ *s.* hareketsiz, etkin olmayan; uykuda *dormant account* atıl hesap, hareketsiz hesap *dormant balance* atıl hesap *dormant capital* ölü sermaye *dormant partner* komanditer ortak

dormer /'do:mı/ *a.* taban direği *dormer window inş.* çatı penceresi, dam penceresi, arnavut bacası

dormitory /'do:mitıri/ *a.* yatakhane, koğuş; *Al.* öğrenci yurdu *dormitory town* yatakhane şehir, koğuşkent, yatıkent

dormouse /'do:maus/ *a. hayb.* fındıkfaresi

dorsal /'do:sıl/ *s. anat.* sırtla ilgili, sırt +, arka +; dilüstü +

dosage /'dousic/ *a.* dozaj, düzem

dose /dous/ *a.* doz, düze; miktar ¤ *e.* belli bir dozda ilaç vermek *dose equivalent fiz.* doz eşdeğeri *dose rate fiz.* doz oranı *dosing machine* dozaj makinesi *give one a dose of one's own medicine* anladığı dilden muamele etmek

dosimeter /dou'simi:tı/ *a. fiz.* dozimetre

dosimetry /dou'simetri/ *a. fiz.* dozimetri

doss /dos/ *a. İİ. kon.* kısa uyku, şekerleme; *arg.* kolay lokma ¤ *e.* evi barkı olmamak, köprü altında yatmak **doss down** yerde yatmak, arkadaşın evinde yatmak
dosser /'dosı/ *a.* evsiz barksız kimse; çok az çalışan kimse, tembel
dosshouse /'doshaus/ *a.* (evsiz barksız kişiler için) çok ucuz otel
dossier /'dosiey/ *a.* dosya
dot /dot/ *a.* nokta; benek ¤ *e.* noktalamak, noktasını koymak; beneklemek; dağıtmak, serpiştirmek **dot cycle** *elek.* nokta çevrimi **dot frequency** *elek.* nokta frekansı **dot generator** nokta üreteci **dot-matrix** *biliş.* nokta matris **dot-matrix printer** *biliş.* nokta-matris yazıcı **dot printer** *biliş.* nokta basıcı, nokta yazıcı **dot product** *mat.* nokta çarpımı **dot-spot** beneklemek **on the dot** *kon.* tam vaktinde, elifi elifine **sign on the dotted line** *kon.* kabullenmek, onaylamak
dotage /'doutic/ *a.* bunaklık
dote /dout/ *e.* (on/upon ile) çok sevmek, üzerine titremek
doting /'douting/ *s.* düşkün, üzerine titreyen
dotted /'dotid/ *s.* noktalı; benekli **dotted curve** noktalı eğri **dotted line** noktalı doğru
dotty /'doti/ *s. kon.* üşütük, çatlak, kaçık
double /'dabıl/ *s.* çift, iki; iki kişilik; iki misli ¤ *a.* benzer, eş; duble (içki); *be.* iki misli, iki katı ¤ *e.* iki katına çıkartmak, iki misli yapmak; iki misli olmak; iki kat etmek, kıvırmak, katlamak **be on the double time** fazla mesai yaparak çift maaş almak **double account system** çift hesap sistemi **double action** çift etki **double amplitude** *elek.* çifte genlik, tepeden tepeye genlik **double armature** *elek.* çift armatür **double articulation** çift eklemlilik **double back** aynı yolu geri dönmek **double-base diode** *elek.* çift bazlı diyot **double-beam** *opt.* çift huzmeli **double bearing** *oto.* çift yatak **double bend** *inş.* çift dirsek, S dirseği **double beta decay** *fiz.* çift beta çözünmesi **double bind** iki arada bir derede kalma durumu **double bond** *kim.* çift bağ **double bottom** çifte karine, çift dip, dabılbatım **double**

bridge *elek.* çift köprü **double buffering** *biliş.* çift tamponlama **double calender** *teks.* çift kalender **double capacity** çift kapasite **double carburettor** *oto.* çift gövdeli karbüratör **double chamfered drill** çift ağızlı matkap **double circuit** *elek.* çift devreli **double cloth** *teks.* çift kumaş **double-coil loudspeaker** *elek.* çift bobinli hoparlör **double column tariff** çift kolonlu gümrük tarifesi **double column** çift sütun **double columns** çift sütun, çift kolon **double concave** çifte çukur **double cone** çift koni **double-cone mixer** çift konili karıştırıcı **double consonant** çift ünsüz **double convex** çifte dışbükey **double crank** çifte dirsek **double cross** *trm.* çift melez **double-cut saw** *inş.* iki ağızlı testere **double dealer** ikiyüzlü **double dealing** ikiyüzlülük **double decomposition** çifte bozunma **double density** *biliş.* çifte yoğunluk **double diode** *elek.* çift diyot **double doctor knife** *teks.* çift rakle **double door** *inş.* çift kapı **double ended queue** *biliş.* iki uçtan erişimli kuyruk **double entry bookkeeping** çift girişli defter tutma **double entry working** *mad.* çift galerili işletme **double entry** çift giriş, çift kayıt **double filament lamp** *elek.* çift filamanlı lamba **double flange hub** *oto.* çift flanşlı göbek **double floor** *inş.* çift döşeme, çift taban **double-flow turbine** *mak.* çift akışlı türbin **double-flue boiler** iki alev borulu kazan **double freight** çift navlun **double frequency** çift frekans **double-frequency oscillator** *elek.* çift frekanslı osilatör **double-grid tube** *elek.* çift ızgaralı lamba **double grid** *elek.* çift ızgara **double-hump effect** *elek.* çift tepe etkisi **double-hung window** *inş.* düşey sürme pencere **double ignition** *oto.* çift ateşleme **double insurance** çifte sigorta **double integral** *mat.* ikikatlı integral **double jet carburettor** *oto.* çift jikleli karbüratör **double keeled** *den.* çift karineli **double layer winding** *elek.* çift katlı sargı **double layer** çift tabaka, çift katman **double length** *biliş.* çift uzunluk **double-length number** *biliş.* çift uzunluktaki sayı **double liability** müteselsil mesuliyet, zincirleme yükümlülük **double limiter** *elek.* çift sınırlayıcı **double line transfer register** *biliş.* çift hat aktarma yazmacı **double line** çift hat **double-lock** çift kilit vurmak, iki kere kilitlemek **double moding** *elek.* çift modlama **double modulation** *elek.* çift modülasyon **double name draft** iki imzalı poliçe **double option** çift yönlü opsiyon **double parachute** *hav.* çift paraşüt **double payment** mükerrer ödeme **double pendulum** *fiz.* çift sarkaç **double phantom circuit** *elek.* çift fantom devre **double pick** iki ağızlı kazma **double piston engine** *oto.* çift pistonlu motor **double piston** çift piston **double plate** çift plaka, çift levha **double point** *mat.* ikikatlı nokta **double pole** *elek.* çift kutup **double-pole switch** *elek.* çift kutuplu şalter **double posting** çifte kayıt, mükerrer kayıt **double precision** *biliş.* çifte kesinlik, çifte duyarlık **double pricing** çifte fiyatlama **double punch** *biliş.* çift delgi **double-rail logic** *biliş.* çift yol mantığı **double reception** *elek.* çift alış **double refraction** çift kırılma **double riveted** çift perçinli **double row** çift sıralı **double-row radial engine** *mak.* çift sıra radyal motor **double salt** çift tuz **double sampling** çift örnekleme **double screen** *elek.* çift ekran **double seat valve** çift yuvalı vana **double sideband** çift yan bant **double sizing** *teks.* çift yüz apresi **double slit** *fiz.* çift fant, çiftyarık **double spaced** çift aralıklı **double squirrel-cage motor** çift sincap kafesli motor **double squirrel-cage winding** çift sincap kafesli sarım **double standard** çifte standart **double stars** *gökb.* çift yıldız **double storied boiler** iki katlı kazan **double strut** *hav.* çift dikme **double superheterodyne** *elek.* çift süperheterodin **double tape mark** *biliş.* çift bant işareti **double taxation** çifte vergilendirme **double-throw switch** *elek.* iki yollu anahtar, iki yollu şalter **double track** çift yol **double triode** *elek.* çift triyot **double tube** çift ızgaralı tüp **double tuned** çift akortlu **double window** *inş.* çift pencere **double word register** *biliş.* çift kelime yazmacı, çift sözcük yazmacı **double wound coil** *elek.* çift sargılı

bobin **doubled yarn** *teks.* bükümlü iplik, çiftkat iplik **on the double** *kon.* çok çabuk

double-acting /dabıl'ekting/ *s.* çift etkili **double-acting pump** çift etkili pompa

double-armed /dabıl'a:md/ *s.* çift kollu

double-barrelled /dabıl'berıld/ *s.* çift namlulu; iki anlamlı

double-breasted /dabıl'brestid/ *s.* (giysi) kruvaze

double-check /dabıl'çek/ *e.* iki kere denetlemek

double-cross /dabıl'kros/ *e.* *kon.* ikiyüzlülük etmek, sırtından vurmak, ihanet etmek

double-current /dabıl'karınt/ *s.* çift akımlı

double-dealer /dabıl'di:lı/ *a.* ikiyüzlü

doubledeck /dabıl'dek/ *s.* çift katlı **doubledeck cage** *mad.* çift katlı kafes

doubledecker /dabıl'dekı/ *a.* çift katlı otobüs

double-dutch /dabıl'daç/ *a.* *kon.* anlaşılmaz yazı/konuşma, zırva

double-edged /dabıl'ecd/ *s.* iki ağızlı, çift ağızlı

double-faced /dabıl'feysd/ *s.* ikiyüzlü

double-fed /dabıl'fed/ *s.* çift beslemeli

double-glaze /dabıl'gleyz/ *e.* çift cam takmak

double-glazing /dabıl'gleyzing/ *a.* çift cam

double-headed /dabıl'hedid/ *s.* çift başlı

double-jointed /dabıl'coyntid/ *s.* iki eklemli

doubleness /'dabılnis/ *a.* çift olma durumu, iki anlamlılık

double-precision /dabıl'prisijın/ *s.* çifte kesinlikli **double-precision arithmetic** *biliş.* çifte kesinlik aritmetiği **double-precision number** *biliş.* çifte kesinlik sayısı, çifte duyarlık sayısı **double-precision quantity** *biliş.* çifte kesinlik niceliği

double-quick /dabıl'kwik/ *s. be.* *kon.* çok hızlı, jet gibi

doubler /'dablı/ *a.* *teks.* katlama makinesi

doubles /'dabılz/ *a.* (tenis) çiftler maçı

double-sided /dabıl'saydid/ *s.* çift taraflı, çift yüzlü **double-sided media** *biliş.* çift yüzlü saklama ortamı

double-stage /dabıl'steyc/ *s.* çift evreli,

çift aşamalı
doublet /'dablit/ *a.* çift mercek; duble taş; *bas.* mükerrer satır, mükerrer sözcük
double-talk /'dabılto:k/ *a. kon.* laf salatası
double-threaded /dabıl'tredid/ *a.* çift vida dişli
doubling /'dabling/ *a.* iki katına çıkarma; katlama, bükme *doubling frame mak.* katlama tezgâhı, katlama makinesi
doubly /'dabli/ *be.* iki misli, iki kat; iki yönden
doubt /daut/ *a.* kuşku, şüphe ¤ *e.* -den kuşkulanmak, şüphelenmek; güvenmemek; zannetmemek; emin olmamak, kuşkusu olmak
doubtful /'dautfıl/ *s.* kuşkulu, karanlık, güvenilmez; kesin olmayan, şüpheli *doubtful account* şüpheli hesap *doubtful bill* tahsili şüpheli senet, çürük senet *doubtful debts* şüpheli alacaklar
doubtfulness /'dautfulnis/ *a.* şüphelilik, kararsızlık, belirsizlik
doubting /'dauting/ *s.* kuşku duyan, endişe eden
doubtless /'dautlis/ *be.* kuşkusuz, şüphesiz, kesin; muhtemelen
douceur /du:'sö:/ *a.* bahşiş; rüşvet
dough /dou/ *a.* hamur; *kon.* para
doughnut /'dounat/ *a.* lokma benzeri bir tür tatlı
doughty /'dauti/ *s.* kuvvetli, sağlam
doughy /'doui/ *s.* hamur gibi, yufka gibi
dour /duı/ *s.* sert, soğuk, suratsız
douse /daus/ *e.* ıslatmak, sulamak; *kon.* söndürmek
dove /dav/ *a.* kumru, güvercin; sevgili, yavuklu; barış yanlısı kimse, ılımlı siyasetçi *gentle as a dove* halim selim
dovetail /'davteyl/ *a.* kırlangıç kuyruğu, kurtağzı ¤ *e.* kurtağzı ile eklemek, geçme yapmak *dovetail joint* kırlangıç kuyruğu geçme, sandık geçmesi *dovetail key* kırlangıç kuyruğu kama *dovetail plane* kırlangıç kuyruğu rendesi *dovetail saw* zıvana testeresi
dowager /'dauıcı/ *a.* zengin dul, varlıklı dul *dowager duchess* dul düşes *queen dowager* ölmüş olan kralın dul eşi
dowdiness /'daudinis/ *a. hkr.* kılıksızlık,

rüküşlük; eski püskülük
dowdy /'daudi/ *s. hkr.* (kadın) kılıksız, rüküş; (giysi) demode, rüküş
dowel /'dauıl/ *a.* tespit pimi, ağaç çivi ¤ *e.* tahta çivi ile tutturmak *dowel pin* saplama, merkezleme pimi *dowel screw* vida dişli çivi
dower /'dauı/ *a.* çeyiz, ağırlık, başlık, drahoma
down /daun/ *be.* aşağı, aşağıya; aşağıda; güneye doğru, güneyde; sıkıca, sağlam bir şekilde; kâğıt üstünde, yazı olarak; kötüye, kötü bir duruma, daha düşük bir düzeye; geçmişten ¤ *s.* üzgün, hüzünlü, neşesiz ¤ *ilg.* aşağısına; aşağısında; boyunca ¤ *e.* yere vurmak; yutuvermek ¤ *a.* yumuşak tüy, kuş tüyü *down-and-out* şanssız, talihsiz, sefil *down in the mouth* sefil, perişan, hayatı kaymış *down market* ucuz mal satılan yer *down payment* peşinat; depozito, teminat *down period* bakım ve onarım için kapalı dönem *down resistant teks.* tüy geçmez, kuştüyü geçmez *down to the wire* son dakikaya kadar *down under kon.* Avustralya ya da Yeni Zelanda`ya/'da *Down with* Kahrolsun
downcast /'daunka:st/ *s.* üzgün, mahzun; (gözler) yere doğru bakan
downdraft /'daundra:ft/ *a. metr.* aşağıya doğru akım *downdraft carburettor oto.* ters karbüratör
downer /'daunı/ *a.* müsekkin, yatıştırıcı madde
downfall /'daunfo:l/ *a.* düşüş, yıkılma, çöküş, mahvolma; ani yağış, sağanak
downgrade /'daungreyd/ *e.* (rütbe, derece, vb.) indirmek, alçaltmak ¤ *a.* iniş; düşüş, gerileme
downhaul /'daunho:l/ *a. den.* alavere
downhearted /daun'ha:tid/ *s.* üzgün, mutsuz
downhill /'daunhil/ *be.* yokuş aşağı ¤ *s.* yokuş aşağı giden; *kon.* kolay, çocuk oyuncağı *go downhill* kötüye gitmek
download /'daunloud/ *e. biliş.* indirmek; yüklemek
downpipe /'daunpayp/ *a.* yağmur iniş borusu
downpour /'daunpo:/ *a.* sağanak, şiddetli yağmur

downproof /'daunpru:f/ *a. teks.* tüy geçmez, kuştüyü geçmez

downright /'daunrayt/ *be. kon.* tamamen, büsbütün, resmen

downs /daunz/ *a.* (İngiltere'deki) çimenli alçak tepeler

downspout /'daunspaut/ *a.* yağmur borusu, iniş borusu

downstairs /daun'steız/ *be.* alt katta, aşağıda; alt kata, aşağıya ¤ *a. s.* alt kat *downstairs merger* ana şirketin kardeş şirketle birleşmesi

downstream /'daun'stri:m/ *be.* akıntı yönünde, akış aşağı *downstream face* akıntı yönü yüzü, mansap yüzü

downthrow /'dauntrou/ *a.* atma, atılma; *yerb.* (kaya) çökme

downtime /'dauntaym/ *a.* arıza süresi, aksaklık süresi, çalışmama süresi

down-to-earth /dauntı'ö:t/ *s.* gerçekçi

downtown /'dauntaun/ *be.* şehir merkezine, çarşıya; şehrin merkezinde, çarşıda

downtrodden /'dauntrodn/ *s.* kötü davranılmış, ezilmiş, haksızlığa uğramış

downturn /'dauntö:n/ *a.* (iş, ölüm oranı, vb'de) düşüş, azalma

downward /'daunwıd/ *s.* aşağı inen, düşen; düşen, azalan *downward compatibility biliş.* aşağı doğru uyarlık, aşağı bağdaşırlık *downward modulation* aşağı modülasyon, negatif modülasyon *downward movement* aşağı doğru hareket

downwards /'daunwıdz/ *be.* aşağıya doğru

downwash /'daunwoş/ *a. hav.* aşağı inhiraf, aşağıya doğru akım

downwind /'daunwind/ *s. be.* rüzgâr yönünde *downwind landing hav.* rüzgâr yönünde iniş

downy /'dauni/ *s.* tüylü

dowry /'dauıri/ *a.* çeyiz *dowry assurance* çeyiz sigortası

dowse /daus/ *e. bkz.* douse

doyen /'doyın/ *a.* üst rütbeli subay; grubun en yaşlı üyesi, duayen

doze /douz/ *a.* şekerleme, kestirme ¤ *e.* şekerleme yapmak, kestirmek, uyuklamak *doze off* uyuklamak

dozen /'dazın/ *a.* düzine *talk/chat nine-teen to the dozen* çan çan etmek

dozy /'douzi/ *s.* uykulu; uyuşturucu; *kon.* anlayışsız, sersem, mankafa

drab /dreb/ *s.* sıkıcı, tekdüze; (renk) donuk, sönük

drabs /drebz/ *a. bkz.* dribs

drachma /'drekmı/ *a.* drahmi

draff /dref/ *a.* tortu, posa

draft /dra:ft/ *a.* taslak; karalama, müsvedde; poliçe; *Aİ.* askere alma; *Aİ.* askere alan heyet ¤ *e.* taslağını çizmek; *Aİ.* askere almak *draft acceptance* poliçe kabulü *draft acceptor* poliçe muhatabı *draft at sight* görüldüğünde ödenecek poliçe *draft discount* poliçe ıskontosu *draft drawee* poliçe muhatabı, poliçeyi ödeyecek kişi *draft drawer* poliçe keşidecisi *draft endorsee* poliçenin hamili, poliçenin ciro edildiği kişi *draft endorsement* poliçe cirosu *draft gauge* çekiş göstergesi, çekiş ölçeği *draft holder* poliçe hamili, poliçe sahibi *draft payable to bearer* hamiline ödenecek poliçe *draft premium* poliçeye uygulanan ıskonto *draft rate* poliçeye uygulanan kur *draft regulator* çekiş düzenleyicisi *draft stop* yangın bölmesi *draft tube* akış borusu, çıkış borusu

draftsman /'dra:ftsmın/ *a.* hukuki belgeler yazan kişi; *Aİ.* teknik ressam

drafty /'dra:fti/ *s. Aİ. bkz.* draughty

drag /dreg/ *a.* çekme, sürükleme; sürüklenen şey; tırmık, tarak; *kon.* engel, ayak bağı; *kon.* (sigara) fırt; *kon.* can sıkıcı şey/kimse; *kon.* (erkeğin giydiği) kadın kıyafeti ¤ *e.* sürüklemek, sürümek, çekmek; (ağ, kanca, vb. ile) dibini yoklamak, taramak, sürümek; sürüklemek, sürünmek; geride kalmak, ağır hareket etmek *drag-and-drop biliş.* sürükle ve bırak, sürükle-bırak *drag angle* sürükleme açısı *drag bar demy.cer* çubuğu, çekme çubuğu *drag chain demy.* koşum zinciri, bağlama zinciri *drag coefficient hav.* sürükleme katsayısı *drag hook demy.* çekme kancası *drag link oto.* direksiyon çubuğu, uzun rot *drag resistance hav.* sürükleme direnci *drag rope* çekme ipi, çekme halatı, yedek halatı *drag sail* deniz demiri *drag saw* çekme testere *drag on* gereksiz yere uzamak, uzayıp gitmek *drag one's feet* ağırdan almak *drag out* gereksiz yere uzamak; uzatmak; zorla söyletmek *drag up kon.* gereksiz yere ortaya koymak; kötü yetiştirmek

dragline /'dreglayn/ *a.* yedek ipi; vargel hattı *dragline bucket* çekme kepçe, vargel kepçesi *dragline excavator* vargel kazıcısı, vargel ekskavatörü

dragnet /'dregnet/ *a.* gırgır, dip tarama ağı

dragon /'dregın/ *a.* ejder, ejderha; *kon.* şirret kadın, cadaloz kocakarı

dragonfly /'dregınflay/ *a. hayb.* yusufçuk

dragoon /drı'gu:n/ *a.* dragon, ağır süvari

dragster /'dregstı/ *a.* kısa mesafeli sürat yarış arabası

drain /dreyn/ *e.* akmak; akıtmak; kurumak; kurutmak; güçsüzleşmek, tükenmek; güçsüzleştirmek, tüketmek ¤ *a.* pissu borusu; kanal, lağım; akaç; akak; sürekli zaman, para, vb. harcatan şey, masraf *drain cock* boşaltma musluğu *drain pipe* boşaltma borusu *drain plug* boşaltma tapası, boşaltma tıkacı *drain tile* lağım tuğlası *drain trap* lağım sifonu, süzme sifonu, boşaltma sifonu *drain valve* boşaltma musluğu *draining well inş.* süzdürme kuyusu *go down the drain kon.* boşa gitmek, ziyan olmak, güme gitmek *laugh like a drain* makaraları koyvermek *pour money down the drain/rathole* dibine darı ekmek

drainage /'dreynic/ *a.* suları akıtma, akaçlama, drenaj; kanalizasyon, akaklama *drainage area* kurutma alanı, drenaj alanı *drainage basin* akaçlama havzası, drenaj havzası *drainage ditch* akaçlama hendeği, drenaj hendeği *drainage divide* su ayrım çizgisi *drainage fitting* pissu boru donanımı *drainage gallery mad.* drenaj galerisi *drainage gate* drenaj kapağı *drainage pipe trm.* drenaj borusu, süzme künkü *drainage pit* drenaj çukuru *drainage plough trm.* drenaj pulluğu *drainage pump* akıtma pompası, boşaltma pompası *drainage trap* drenaj sifonu *drainage trench trm.* drenaj hendeği *drainage tunnel* drenaj tüneli *drainage well* drenaj kuyusu

drainboard /'dreynbo:d/ *a.* bulaşık süzgüsü, süzgü, damlalık

drainer /'dreynı/ *a.* süzgeç, süzgü

drainpipe /'dreynpayp/ *a.* pissu akıtma borusu, akak

drake /dreyk/ *a.* erkek ördek

dram /drem/ *a.* dirhem

drama /'dra:mı/ *a.* (radyo, televizyon ya da tiyatroda oynanan) oyun; drama, tiyatro sanatı; heyecanlı olaylar dizisi

dramatic /drı'metik/ *s.* tiyatroyla ilgili, dramatik; heyecanlı, çarpıcı

dramatics /drı'metiks/ *a.* tiyatroculuk, oyun yazma/oynama sanatı; amatör tiyatro çalışmaları

dramatist /'dremıtist/ *a.* oyun yazarı

dramatize /'dremıtayz/ *e.* oyunlaştırmak, sahneye uyarlamak; (olayı) heyecanlı bir şekle sokmak, abartmak

dramaturgist /'dremıtö:cist/ *a.* dramaturg, oyun yazarı

drape /dreyp/ *a.* perde; kumaş parçası ¤ *e.* (kumaş, vb. ile) üstünü örtmek, kaplamak, sermek; süslemek; uzatmak, yaymak

draper /'dreypı/ *a.* kumaşçı, manifaturacı

drapery /'dreypıri/ *a. İİ.* kumaşçılık; kumaş

drapes /dreyps/ *a. Aİ.* perde

drastic /'drestik/ *s.* güçlü, şiddetli, etkili

draught /dra:ft/ *a.* cereyan, hava akımı; yudum; geminin su çekimi; *İİ.* dama taşı *draught animal* koşum hayvanı *draught beer* fıçı birası

draughts /'dra:fts/ *a. İİ.* dama oyunu

draughtsman /'dra:ftsmın/ *a.* teknik ressam; dama taşı

draughty /'dra:fti/ *s.* soğuk cereyanlı

draw /dro:/ *a.* kura, çekiliş; (maç, vb.) beraberlik; ilgi toplayan şey/kimse ¤ *e.* (resim) çizmek, yapmak; çekmek; çekmek, almak; ilerlemek, gelmek; ilgisini çekmek, cezbetmek, çekmek; (oyun, savaş, vb.) berabere bitirmek/bitmek; (nefes) çekmek; (baca, pipo, vb.) çekmek *draw a bead on* göz koymak *draw a bill* borç senedi düzenlemek *draw a blank* hava almak *draw a check* çek keşide etmek, çek yazmak *draw a commission* komisyon sağlamak, komisyon almak *draw a deed* belge düzenlemek, belge tanzim etmek **draw a long date** uzun vadeli keşide etmek **draw a short date** kısa vadeli keşide etmek **draw attention** dikkatini çekmek **draw away** (bir şeyi) hızla çekmek, uzaklaştırmak; gittikçe uzaklaşmak, ilerlemek, arayı açmak **draw back** gerilemek; düşünmekten/yapmaktan çekinmek, kaçınmak, kaçmak **draw blood** çileden çıkarmak **draw gate** asma kapak **draw head** demy. çekme başlığı **draw in** (yolun) kenarına çekilip durmak; her yandan kuşatmak **draw in one's horns** yelkenleri suya indirmek; masrafı kısmak **draw lots** kura çekmek **draw money out** bankadan para çekmek **draw near** yaklaşmak **draw (on)upon** kullanmak, yararlanmak **draw out** (gündüz) uzamak; (tren) kalkmak; (taşıt) trafiğe girmek **draw out an account** hesap özeti çıkarmak **draw plate** hadde levhası **draw profit** kâr sağlamak **draw sb in** ilgisini çekmek **draw sb out** çekingenliğini yenmesi için cesaret vermek, konuşturmak **draw sth from** den elde etmek **draw sth out** banka hesabından para çekmek; **kon.** uzatmak; söyletmek **draw sth up** yaklaştırmak; düzenlemek, yazmak **draw the line** çizgiyi çekmek, karşı çıkmak **draw the long bow** desteksiz atmak **draw up** belge hazırlamak; durmak; durdurmak **draw up a deed** belge düzenlemek, senet düzenlemek **draw-button** çeki düğmesi, cer düğmesi

drawback /'drɔ:bek/ a. dezavantaj; engel; sorun, güçlük; reddi rüsum, vergi iadesi, ihraç primi

drawbar /'drɔ:ba:/ a. çekme çubuğu, çeki kolu **drawbar pull** çekiş gücü, cer kuvveti

drawbench /'drɔ:benç/ a. hadde tezgâhı

drawbolt /'drɔ:boult/ a. çeki demiri, koşum demiri

drawbridge /'drɔ:bric/ a. inş. (çekilip) açılır köprü

drawee /drɔ:'i:/ a. muhatap, poliçe keşide edilen kişi **drawee bank** muhatap banka

drawer /'drɔ:ı/ a. çekmece, göz; keşideci, işlemci

drawers /drɔ:z/ a. külot, don

drawgear /'drɔ:giı/ a. koşum takımı, çekme takımı

drawhook /'drɔ:hu:k/ a. çekme çengeli, koşum çengeli

drawing /'drɔ:ing/ a. resim çizme sanatı; çizim; resim, plan, tasar; çekiliş, piyango **back to the drawing board** sil baştan **drawing account** vadesiz cari hesap **drawing bench** hadde tezgâhı **drawing board** resim tahtası **drawing book** resim defteri **drawing by lot** kura keşidesi **drawing cage** mad. çıkarma kafesi **drawing compass** resim pergeli **drawing frame** teks. çekme makinesi **drawing in blank** açık keşide **drawing knife** iki saplı bıçak, ağaç bıçağı **drawing paper** resim kâğıdı, çizim kâğıdı **drawing pen** cetvel kalemi, tirlin **drawing pin** raptiye, pünez **drawing press** çekme presi, kalıplama presi **drawing rights** çekme hakları **drawing room** salon, misafir odası

drawings /'drɔ:ingz/ a. irat, varidat, hâsılat

drawknife /'drɔ:nayf/ a. iki saplı ağaç bıçağı

drawl /drɔ:l/ e. sözcükleri uzatarak konuşmak

drawn /drɔ:n/ s. (yüz) asık; (oyun) berabere

dray /drey/ : **dray cart** yük arabası **dray horse** yük beygiri

dread /dred/ e. çok korkmak ¤ a. korku, dehşet; korku nedeni

dreadful /'dredfıl/ s. korkutucu, ürkütücü, korkunç; kon. berbat, kötü, rezil

dreadfully /'dredfıli/ be. kon. çok; çok fena, dehşetle, korkunç bir şekilde

dream /dri:m/ a. düş, rüya; düş, hayal; olmayacak şey; kon. çok güzel şey, rüya gibi güzel şey; çok istenen şey, arzu ¤ e. rüya görmek; rüyasında görmek; düşlemek, düş kurmak, hayal kurmak; (of ile) düşünü kurmak, hayal etmek **dream away** (zaman) çarçur etmek, boşa harcamak **dream sth up** hayalinde yaratmak, kafasından uydurmak

dreamer /'dri:mı/ a. rüya gören kimse; hayalperest kimse

dreaminess /'dri:minis/ a. hayalcilik; belirsizlik

dreamy /'dri:mi/ *s.* hayalci, dalgın, düş dünyasında yaşayan; *kon.* harika, nefis, güzel

dreary /'driıri/ *s.* üzgün, üzücü; sıkıntılı, can sıkıcı, kasvetli

dredge /drec/ *a.* tarak, tarak makinesi ¤ *e.* tarak makinesi kullanmak; taramak; (yiyeceğin üzerine un, şeker, vb.) serpmek

dredger /'drecı/ *a.* tarak makinesi, tarak gemisi, tarak dubası

dregs /dregz/ *a.* tortu, çökelek, çökelti; en değersiz, en aşağı kısım, pislik

drench /drenç/ *e.* ıslatmak, sırılsıklam etmek *drenched to the skin* sırılsıklam

dress /dres/ *e.* giydirmek; giyinmek; saç yapmak; yaraya pansuman yapmak, sarmak; (yemeği) hazırlamak, süslemek; *trm.* gübrelemek ¤ *a.* giysi, elbise; kılık kıyafet, giyim ¤ *s.* elbiselik; (giysi) uygun, düzgün *dress down* azarlamak *dress sth up* düzeltmek, süslemek *dress up* eğlenmek için başkasının giysisini giymek; çekici ve farklı kılmak, ilginçleştirmek *dressed lumber* işlenmiş kereste, temiz kereste *dress fabric teks.* elbiselik kumaş *dress pattern teks.* patron, elbise kalıbı *dressed up fit to kill* iki dirhem bir çekirdek

dressage /'dresa:j/ *a.* atı terbiye etme

dresser /'dresı/ *a.* mutfak rafı, tabaklık; *Aİ.* şifoniyer; alıştırıcı, tesviyeci; perdah makinesi

dressing /'dresing/ *a.* giydirme; giyinme kuşanma; pansuman, sargı; salça, mayonez, sos, vb. yemek malzemesi *dressing gown teks.* sabahlık, ropdöşambr *dressing machine teks.* apre tezgâhı, çiriş tezgâhı *dressing plant mad.* hazırlama tesisi, hazırlama birimi *dressing plate* tesviye tablası *dressing room* tuvalet odası, giyinme odası *dressing table* tuvalet masası

dressing-down /dresing'daun/ *a.* azar, fırça *give sb a good dressing-down* birisine verip veriştirmek, ağzının payını vermek

dressmaker /'dresmeykı/ *a.* kadın terzisi

dressmaking /'dresmeyking/ *a.* terzilik

dressy /'dresi/ *s.* şık, iyi giyimli, gösterişli

dribble /'dribl/ *e.* (salya, vb.) damlamak; damlatmak, salya akıtmak; *sp.* top sürmek

dribblet /'driblit/ *a.* az miktar, parça, nebze

dribs /dribz/ : *dribs and drabs kon.* nebze nebze, çok az miktarlarda

dried /drayd/ *s.* kurutulmuş *dried defecation scum* şek. kuru kireçleme çamuru *dried fruit trm.* kuru meyve, kuru yemiş *dried fruits* kuru yemiş *dried pulp* şek. kuru küspe *dried sugar beet* şek. kuru pancar *dried vegetation trm.* kuru vejetasyon

drier /'drayı/ *a. bkz.* dryer

drift /drift/ *e.* sürüklemek; sürüklenmek; (kar, kum, vb.) biriktirmek, yığmak; birikmek, yığılmak ¤ *a.* sürükleme, sürüklenme; sürüklenen şey; genel anlam *drift anchor* deniz demiri *drift angle* sürüklenme açısı *drift error* sürüklenme hatası *drift ice* yüzer buz *drift mobility elek.* sürüklenme devingenliği *drift net* akıntı ağı *drift pin* ekleme çivisi, saplama *drift sand* savurma kumu *drift space elek.* sürüklenme bölgesi, serbest uçuş bölgesi *drift transistor elek.* sürüklenme transistoru *drift velocity fiz.* sürüklenme hızı *drifting snow metr.* kar tipisi

driftbolt /drift'boult/ *a.* geçme cıvata, saplama

drifter /'driftı/ *a.* avare, başıboş, serseri, aylak; trol balıkçı teknesi

drill /dril/ *a.* delgi, matkap; alıştırma; talim; sondaj aleti; *trm.* mibzer, eker, ekim makinesi; tohum yatağı; *teks.* diril ¤ *e.* (matkapla delik) açmak, delmek, delik açmak, burgulamak; alıştırmak, eğitmek, öğretmek, talim yaptırmak; sondalamak, sondaj yapmak, sondajla açmak *drilled well trm.* sondajla açılmış kuyu *drill bit* matkap ucu, matkap ağzı *drill brace* matkap kolu *drill bushing* matkap kılavuz kovanı *drill cartridge ask.* manevra fişeği *drill chuck* matkap aynası *drill plough trm.* mibzerli pulluk *drill socket mak.* matkap kovanı *drill steel* matkap çeliği, burgu çeliği

driller /'drilı/ *a.* delici, matkap makinesi; lağımcı, sondaj işçisi

drilling /'driling/ *a.* delme; sondajlama,

sondaj yapma *drilling bit* matkap ucu *drilling capacity* delme kapasitesi *drilling core* karot *drilling hammer* matkap çekici, delme çekici, lağımcı varyozu *drilling machine* delme makinesi *drilling platform* petrol sondaj kulesi *drilling rate mad.* delme hızı *drilling rig* sondaj kulesi *drilling table mak.* matkap tablası

drink /drink/ *e.* içmek; içki içmek; (in ile) içinde hissetmek; (to ile) sağlığına/başarısına, vb. içmek ¤ *a.* içilecek şey, içecek; (alkollü) içki; içki düşkünlüğü, içki içme *drink like a fish* sünger gibi içmek *drink sb under the table* birinden daha çok içki içebilmek *drink(ing) problem* içki problemi *drink-driving* içkili araba kullanma *have a drink* bir şey içmek *take to drink* içkiye başlamak, kendini içkiye vermek

drinkable /'drinkıbıl/ *s.* içilebilir

drinker /'drinkı/ *a.* (çok) içki içen kimse, içkici

drinking /'drinking/ *a.* içme *drinking cup* içme kabı, su bardağı *drinking water* içme suyu

drip /drip/ *e.* damlamak; damlatmak ¤ *a.* damlama; damlayan su, damla; damlama sesi; *arg.* sevimsiz, renksiz, itici kimse; *mim.* damlalık *drip cock* boşaltma musluğu *drip groove* boşaltma oluğu, damla oluğu *drip pan* damla toplayıcı *drip-feed lubricator mak.* damlalıklı yağdanlık

drip-dry /'dripdray/ *s.* (giysi) asılarak kurutulan, ütü istemeyen, sıkma istemeyen

dripping /'driping/ *a.* pişirilen etten damlayan yağ

dripstone /'dripstoun/ *a. inş.* damlalık, denizlik

drive /drayv/ *e.* götürmek, yürütmek, sürmek; (taşıt) sürmek; (araba, vb. ile) götürmek; -e zorlamak, sevk etmek, yönlendirmek, durumuna getirmek, ... etmek -e güç sağlamak; çalışmaya zorlamak; vurmak, çakmak ¤ *a.* taşıtta yolculuk; (park yerine) giriş yolu; topa sert vuruş; girişim; dürtü; pratik zekâ; (araba, vb.) çekiş; *biliş.* sürücü *drive at kon.* demeye getirmek, ima etmek, demek istemek *drive at sth*

amaçlamak, demek istemek *drive sth home* bir şeyi kesin açığa kavuşturmak, tam belirlemek *drive assembly* işletme takımı/düzeni *drive pinion oto.* hareket pinyonu *drive shaft mek.* kumanda mili, kardan mili, işletme mili

drive-in /'drayvin/ *a. s.* otomobille girilen (sinema, lokanta, vb. yer) *drive-in bank* otobank

drivel /'drivıl/ *a.* saçma sapan söz, saçma, saçmalık ¤ *e.* saçma sapan konuşmak

driven /'drivın/ *s.* azimli, başarıya şartlanmış

driver /'drayvı/ *a.* sürücü, şoför; makinist *driver stage elek.* sürücü katı *driver's cap oto.* şoför mahalli, sürücü yeri *driver's license Aİ.* sürücü belgesi, ehliyet

driving /'drayving/ *a.* sürme, sürüş; işletme, çalıştırma ¤ *s.* çalıştıran, işleten, çeviren, hareket ettiren *driving axle mak.* tahrik dingili, motris mil, kumanda mili *driving belt* tahrik kayışı *driving chain mak.* tahrik zinciri, transmisyon zinciri *driving drum mak.* tahrik kasnağı, işletme kasnağı *driving engine* tahrik motoru *driving fit mak.* sıkı geçme *driving gear mak.* tahrik mekanizması, işletme düzeneği, tahrik düzeni, işletme dişlisi *driving licence* sürücü belgesi, ehliyet *driving mechanism* işletme mekanizması, çalıştırma mekanizması *driving mirror oto.* geri aynası, şoför aynası *driving motor oto.* tahrik motoru *driving point impedance elek.* giriş empedansı *driving potential elek.* sürücü gerilim *driving power mek.* tahrik gücü, çalıştırma gücü *driving pulley* tahrik kasnağı, işletme kasnağı *driving rain* şiddetli yağmur *driving shaft* tahrik mili *driving signal* sürücü sinyal *driving spring* zemberek, işletme yayı *driving torque* tahrik momenti, tahrik torku *driving wheel mak.* tahrik tekerleği, motris tekerleği, işletme tekerleği

drizzle /'drizıl/ *e.* (yağmur) ince ince yağmak, çiselemek ¤ *a.* ince yağmur, çisenti

drizzly /'drizli/ *s.* ince ince yağan, çiseleyen

droll /droul/ *s.* tuhaf, acayip, gülünç,

eğlenceli, komik

dromedary /'dramıdıri, 'dromıdıri/ *a.* tek hörgüçlü deve, hecin devesi

drone /droun/ *a.* erkek arı; *hkr.* asalak, parazit, başkalarının sırtından geçinen kimse; *hav.* pilotsuz uçak, uzaktan kumandalı uçak

drool /dru:l/ *e. hkr.* ağzının suyu akmak, ağzı sulanmak

droop /dru:p/ *e.* çökmek, sarkmak, aşağı düşmek, eğilmek; üzülmek, zayıflamak; (fiyat) düşmek

drop /drop/ *a.* damla; küçük yuvarlak tatlı; düşüş uzaklığı, düşüş; ani düşüş, iniş, düşme; paraşütle atılan insan ya da malzeme; damla biçiminde küçük şeker ¤ *e.* (yere) düşürmek; düşmek; *kon.* (arabadan) indirmek, atıvermek; bırakmak, durdurmak, kesmek; dışarda bırakmak, çıkarmak; çıkagelmek, damlamak; geri kalmak **a drop in the ocean** okyanusta damla, devede kulak **at the drop of a hat** ha deyince **drop a bombshell** *mec.* bombayı patlatmak **drop a brick/clanger** *İİ. kon.* çam devirmek, pot kırmak **drop arch** basık kemer **drop arm** pitman kolu, direksiyon mili kumanda kolu **drop base rim** *oto.* derin tabanlı jant, kanal profilli jant, çukur çember **drop bottom** açılır kapanır dip **drop by/in/over/round** uğramak **drop centre rim** *oto.* derin tabanlı jant, kanat profilli jant, çukur çember **drop hammer** şahmerdan **drop in** kısa bir ziyaret için uğramak **drop off** uykuya dalmak; vefat etmek; azalmak; (birini) bir yere bırakmak **drop out (of)** terk etmek **drop out** ayrılmak, bırakmak **drop sb a line/a few lines** iki satır yazmak **drop sb like a hot potato/coal** biriyle bağları koparmak **drop siding** bindirme kaplama, yalı bindirmesi kaplama **drop stamp** şahmerdan, karaman **drop sth by** in/off/over/round getirmek veya gö **drop the ball** pot kırmak **drop the other shoe** bir adım daha atmak **drop valve** ters supap, üstten supap **drop window** *inş.* inme pencere, aşağı sürme pencere **drop wire** *elek.* tesisat teli, giriş teli **drop-forge** şahmerdanla kalıpta basmak **drop-in** *biliş.* istenmeyen bit üretimi **drop-out** *biliş.*

yitim, kayıp; okuyamama

droplet /'droplit/ *a.* damlacık

droplight /'droplayt/ *a.* iner kalkar lamba

dropout /'dropaut/ *a.* okulu yarım bırakan öğrenci; başka bir yaşam biçimi için toplumdan kopan kimse

dropper /'dropı/ *a.* damlalık

dropping /'droping/ *a.* düşme; damlama **dropping bottle** damlalıklı şişe **dropping cock** damlalıklı musluk **dropping glass** pipet **dropping mercury electrode** cıva damla elektrotu **dropping resistor** *elek.* gerilim düşürücü direnç

droppings /'dropingz/ *a.* ters, hayvan dışkısı

dropsical /'dropsikıl/ *s.* ödemli

dropsonde /'dropsond/ *a. metr.* dropsonde

drosometer /dro'somi:tı/ *a. metr.* drozometre

dross /dros/ *a.* süprüntü, artık; maden cürufu, maden posası

drossy /'drosi/ *s.* değersiz, süprüntü; cüruflu

drought /draut/ *a.* kuraklık, susuzluk

drove /drouv/ *a.* insan ya da hayvan sürüsü; enli taş kalemi

drown /draun/ *e.* (suda) boğulmak; boğmak; suyun altında bırakmak; (sesi) bastırmak, boğmak **drown oneself in work** işi başından aşmak

drowse /drauz/ *e.* kestirmek, uyuklamak

drowsiness /'drauzinis/ *a.* uykulu olma, ayakta uyuma, uyuşukluk

drowsy /'drauzi/ *s.* uyumak üzere olan, uykulu; uyutan, uyutucu

drudge /drac/ *e.* ağır/tatsız iş yapmak, zahmetli işler görmek, eşek gibi çalışmak

drudgery /'dracıri/ *a.* ağır, tatsız iş

drudging /'dracing/ *s.* ağır, yorucu, monoton, zahmetli

drug /drag/ *a.* ilaç; uyuşturucu madde ¤ *e.* ilaç vermek; uyuşturucu vermek, ilaçla uyutmak **be off drugs** hapçılığı bırakmak **be on drugs** hapçı olmak

druggist /'dragist/ *a. Aİ.* eczacı

drugstore /'dragsto:/ *a. Aİ.* eczane

Druid /'dru:id/ *a.* Hıristiyanlık'tan önce İngiltere, İrlanda ve Fransa'da eski Seltik dönemi papazı

drum /dram/ *a.* davul, bateri, dümbelek;

davul şeklinde şey; varil, fıçı; tambur, silindir ¤ *e.* davul çalmak; davul sesi çıkartmak *drum armature elek.* davul sargılı endüvi *drum brake oto.* tamburlu fren, kampanalı fren *drum cutter şek.* silindir gövdeli pancar kesme makinesi *drum drier* döner kurutucu, tamburlu kurutucu *drum into kon.* zorla kafasına sokmak, beynine yerleştirmek *drum mark biliş.* dram işareti, tambur işareti *drum plotter biliş.* tambur çizici *drum printer biliş.* tambur yazıcı *drum up kon.* her türlü yolu deneyip elde etmek *drum washer şek.* silindir gövdeli yıkama makinesi *drum winding elek.* tambur sargı, davul sargı

drumlin /'dramlin/ *a. yerb.* drumlin

drummer /'dramı/ *a.* davulcu; baterist; seyyar satıcı

➤ **drumstick** /'dramstik/ *a.* davul sopası, baget; *kon.* tavuk ya da kuş butu

drunk /drank/ *a. s.* sarhoş *drunk as a lord* fitil gibi sarhoş, zilzurna sarhoş

drunkard /'drankıd/ *a. hkr.* ayyaş, sarhoş

drunken /'drankın/ *s.* sarhoş

drunkenness /'drankınnis/ *a.* sarhoşluk

dry /dray/ *s.* kuru; kurumuş, kupkuru; susuz; susamış; yavan, sevimsiz, kuru; basit, sade ve eğlendirici; mecazi; (içki) sek ¤ *e.* kurumak; kurutmak *dry air* kuru hava *dry battery elek.* kuru batarya *dry behind the ears* acemi çaylak *dry bulb thermometer metr.* kuru termometre *dry cell elek.* kuru pil *dry cleaner's* kuru temizleme dükkânı *dry cleaning* kuru temizleme *dry clutch oto.* kuru kavrama/debriyaj *dry compass den.* kuru pusula *dry copper met.* rafine bakır *dry cow trm.* sütü kesilmiş inek *dry crushing mad.* kuru kırma *dry distillation* kuru damıtma *dry dock* kuru havuz, sabit havuz *dry drawing met.* kuru çekme *dry electrolytic capacitor elek.* kuru elektrolitik kondansatör *dry farming* kurutarım, kuru ziraat *dry finishing teks.* kuru apreleme *dry flashover voltage elek.* kuru kıvılcım gerilimi *dry fodder trm.* kuru yem *dry friction* kuru sürtünme *dry galvanizing met.* kuru galvanizleme *dry gas* kuru gaz *dry goods* mensucat, manifatura *dry grinding* kuru taşlama *dry ice* kuru buz, donmuş karbondioksit *dry joint elek.* kuru kavşak *dry land* kurak bölge *dry masonry inş.* harçsız duvar örme *dry matter* kuru madde *dry measure* kuru ölçek, kuru maddeler hacim ölçeği *dry out* alkolizmden kurtulmak; alkolizmden kurtarmak, içkiyi bıraktırmak; kupkuru olmak; kupkuru etmek *dry process* kuru işleme *dry rectifier* kuru redresör, kuru doğrultmaç *dry rot* kuru çürüklük *dry run biliş.* kuru işletim, programı bilgisayara vermeden sınama *dry sand* kuru döküm kumu *dry steam* kuru buhar *dry sump oto.* kuru karter *dry thermometer* kuru termometre *dry up* bulaşıkları kurulamak; (kd) konuşmasını devam ettirememek; (kd) susmak, çenesini tutmak *dry valley yerb.* kuru vadi, kuru koyak *dry wall* harçsız taş duvar *dry weight* kuru ağırlık *dry well* kuru kuyu *dry work* sıkıcı iş

dryad /'drayıd/ *a.* orman perisi

dry-clean /dray'kli:n/ *e.* kuru temizleme yapmak

dry-cleaner's /'dray'kli:nız/ *a.* kuru temizleyici

dryer /'drayı/ *a.* kurutma makinesi, kurutucu

drying /'draying/ *a.* kurutma *drying agent* kurutma maddesi *drying apparatus* kurutma aygıtı *drying chamber* kurutma odası/dolabı *drying cylinder* kurutma tamburu, kurutma silindiri *drying drum* kurutma tamburu, kurutma silindiri *drying equipment* kurutma donanımı *drying installation* kurutma tesisi *drying machine* kurutma makinesi *drying oven* kurutma dolabı *drying plant* kurutma tesisi *drying rack* kurutma rafı *drying rate* kurutma hızı *drying roller* kurutma silindiri *drying stenter teks.* germeli kurutma makinesi *drying stove* kurutma fırını *drying tower* kurutma kulesi *drying unit* kurutma birimi

dryness /'draynıs/ *a.* kuruluk; kuraklık

dry-press /dray'pres/ *a.* kuru kalıplama

dual /'dyu:ıl/ *s.* ikili, çift, dual, iki eş parçalı *dual carburettor oto.* çift gövdeli karbüratör *dual carriageway İİ.* iki yönlü yol *dual currency loan* çift döviz kredisi **dual exchange rate** ikili döviz kuru, çifte kur **dual ignition** oto. ikiz ateşleme, ikili ateşleme **dual income family** çift gelirli aile **dual modulation** elek. ikili modülasyon **dual nationality** çifte vatandaşlık **dual operation** biliş. ikili işlem **dual ownership** bir malın iki sahibi olması **dual pricing** iki fiyat koyma **dual purpose** çift maksatlı, iki işlevli **dual recording** biliş. çifte kayıt, ikili kayıt **dual standard** elek. çift standartlı **dual system** ikili sistem **dual tyres** oto. çift lastik

dualism /'dyu:ılizım/ a. ikili olma durumu, ikilik

duality /dyu:'eliti/ a. ikilik

dub /dab/ e. şövalye unvanı vermek; lakap takmak; (film, vb.) seslendirmek, dublaj yapmak; (deri) yağlayıp yumuşatmak **dubbed version** sin. dublaj versiyonu

dubbin /'dabin/ a. kösele yağı

dubbing /'dabing/ a. dublaj, sözlendirme **dubbing studio** dublaj stüdyosu, sözlendirme işliği

dubiety /dyu:'bayıti/ a. res. belirsizlik; kuşku, şüphe

dubious /'dyu:bııs/ s. kuşku ve kararsızlık uyandırıcı, kesin olmayan; kuşkulu, kararsız; güvenilmez **dubious paper** değeri şüpheli kâğıt

dubiousness /'dyu:bıysnıs/ a. şüphe, belirsizlik, kararsızlık

ducal /'dyu:kıl/ s. dük ile ilgili, düke ait

ducat /'dakıt/ a. duka altını

duchess /'daçis/ a. düşes

duchy /'daçi/ a. dukalık

duck /dak/ a. ördek; teks. dok, branda bezi ¤ e. (kafasını) eğmek; (başını) suya daldırmak; kon. kaçmak, kaytarmak **duck out** toz olmak **get one's ducks in a row** işlerini yoluna koymak **lame duck** işe yaramaz kimse **like water off a duck's back** kon. etkisiz **play ducks with money** çarçur etmek, har vurup harman savurmak

duck-bill /'dakbil/ a. ördek gagası, dakbil

duck-boards /'dakbo:dz/ a. İİ. geçit tahtası

duckling /'dakling/ a. yavru ördek

ducks /'daks/ a. çadır bezinden pantolon

duckweed /'dakwi:d/ a. bitk. su mercimeği

ducky /'daki/ a. sevgili, aziz

duct /dakt/ a. anat. guddelerden salgıları akıtan kanal; boru, tüp; oluk, kanal, mecra

ductile /'daktayl/ a. sünek, dövülgen **ductile fracture** met. sünek kırılma, yumuşak kırılma

ductility /dak'tiliti/ a. met. süneklik, yumuşaklık

ductless /'daktlıs/ s. mecrasız, kanalsız

dud /dad/ s. kon. işe yaramaz; bozuk; sahte, geçersiz ¤ a. kon. patlamayan mermi/bomba; başarıya ulaşamayan kimse; fos çıkan şey, başarısız girişim **dud cheque** karşılıksız çek

dude /du:d/ a. şık giyimli şehirli **dude ranch** ata binme ve kamp yapma gibi etkinliklerin yapıldığı tatil çiftliği

due /dyu:/ s. hak edilen, gerekli; tam, uygun, yeterli; (para) ödeme zamanı gelmiş, vadesi dolmuş; beklenen ¤ a. hak, kişinin hakkı ¤ be. direkt olarak, tam olarak, doğruca **due bill** vadesi gelmiş senet **due date** vade tarihi, ödeme tarihi **due from banks** bankalardaki paralar, bankalardaki varlıklar **due sum** borçlu olunan meblağ **due to** yüzünden, dolayı, bağlı **give sb his due** hakkını yememek

duel /'dyu:ıl/ a. düello ¤ e. düello yapmak

duenna /'dyu:'enı/ a. dadı, mürebbiye

dues /dyu:z/ a. resmi vergiler, aidat

duet /dyu:'et/ a. müz. düet

duffel /'dafıl/ a. kalın havlı yünlü kumaş

duffel coat /'dafıl kout/ a. çoban biçimi palto, kalın tüylü kaban

duffer /'dafı/ a. kafasız adam, beceriksiz kimse

duffle /'dafıl/ a. teks. kalın havlı yünlü kumaş

dugout /'dagaut/ a. kütükten oyularak yapılmış kayık; ask. yeraltı sığınağı

duke /dyu:k/ a. dük

dulcet /'dalsit/ s. (ses, vb.) tatlı, hoş, huzur veren

dulcify /'dalsifay/ e. tatlılaştırmak, yumuşatmak

dull /dal/ s. (renk, hava, vb.) sönük, donuk; açık ve kesin olmayan, boğuk; yavaş düşünen, zor anlayan, kalın kafalı; sıkıcı, renksiz, tekdüze, monoton; duygusuz, hissiz; kesmez, kör; bulutlu, kapalı; (deniz) sakin ¤ *e.* sönükleştirmek, donuklaştırmak, köreltmek; körelmek, donuklaşmak *dull effect teks.* mat efekt *dull finish teks.* matlık apresi *dull market* durgun borsa *dull season* durgun mevsim *dull surface* donuk yüzey *dull-emitter cathode elek.* donuk emetörlü katot

dullard /'dalıd/ *a.* kalın kafalı kimse, mankafa

dullish /'daliş/ *s.* ahmak, budala

dullness /'dalnıs/ *a.* durgunluk *dullness of business* işlerin durgunluğu

duly /'dyu:li/ *be.* zamanında; tam olarak, layıkıyla, hakkıyla

dumb /dam/ *s.* dilsiz; dilini yutmuş, sessiz, suskun; *kon.* aptal, budala *dumb aerial elek.* dilsiz anten *dumb terminal biliş.* akılsız terminal, anlayışsız terminal *dumb waiter* yemek asansörü

dumbbell /'dambel/ *a.* halter, dambıl

dumbfound /dam'faund/ *e.* hayretten konuşamaz hale getirmek, şaşkına çevirmek, aptallaştırmak

dumbfounded /dam'faundid/ *s.* afallamış, aptallaşmış

dumdum /'damdam/ *a.* dumdum kurşunu

dummy /'dami/ *a.* (cansız) manken; emzik; yapma şey, taklit; *arg.* aptal, salak; manevra lokomotifi; *ask.* eğitim cephanesi ¤ *s.* sahte, taklit, yalancı *dummy antenna elek.* yapay anten *dummy instruction biliş.* yapay komut, yalancı komut *dummy piston mak.* denge pistonu, yardımcı piston *dummy variable mat.* duyarsız değişken, sağır değişken

dump /damp/ *e.* yere dökmek, düşürmek; atmak, boşaltmak; indirim yapmak, fiyatta damping yapmak ¤ *a.* çöplük; çöp yığını; geçici cephanelik, ikmal deposu; *biliş.* döküm; *arg.* çok pis ve dağınık yer, çöplük, batakhane *dump check biliş.* döküm sınaması *dump condenser fiz.* boşaltma kondansatörü *dump point biliş.* döküm noktası *dump truck Aİ.* damperli kamyon

dumper (truck) /'dampı/ *a.* damperli kamyon

dumping /'damping/ *a.* damping, ucuzluk, fiyat indirme *dumping duty* damping gümrük resmi *dumping place* boşaltma yeri, atık yeri

dumpling /'dampling/ *a.* meyveli bir tatlı; etli hamur

dumps /damps/ *a. kon.* üzücü durum, hüzün, gam, üzüntü, neşesizlik *(down) in the dumps kon.* üzgün, hüzünlü, çökmüş

dumpy /'dampi/ *s.* tıknaz, bodur, kısa ve şişman

dun /dan/ *e.* borcunu ödemeye zorlamak

dunce /dans/ *a.* kolay öğrenemeyen kimse; aptal

dune /dyu:n/ *a.* kum tepesi, kumul

dung /dang/ *a.* hayvan gübresi ¤ *e.* gübrelemek *dung beetle* bokböceği *dung fork* gübre çatalı *dung heap* gübre yığını *dung hill* gübre yığını

dungarees /dangı'ri:z/ *a.* kalın işçi tulumu

dungeon /'dancın/ *a.* zindan

dunite /'danayt/ *a. yerb.* dünit

dunk /dank/ *e.* (çaya, kahveye, vb.) batırmak, banmak

dunnage /'danic/ *a. den.* panyol tahtası, yük koruma tahtası; tayfaların özel eşyası

duo /'dyu:ou/ *a. müz.* düo, ikili *duo-diode elek.* çift diyot

duodecimal /dyu:ou'desimıl/ *s.* on ikiye ait, on ikinciye ait *duodecimal number mat.* onikilik sayı *duodecimal system mat.* onikilik sistem *duodecimals* on ikiye ait; on ikişer on ikişer

duodecimo /dyu:ou'desimou/ *a.* on iki yapraklı forma

duodenum /dyu:ou'di:nım/ *a.* onikiparmakbağırsağı, düodenum

duodynatron /dyu:ou'daynıtron/ *a. elek.* duodinatron

duopoly /dyu'opıli/ *a.* duopoli, iki kişinin tekeli

duotriode /dyu:ou'trayoud/ *a. elek.* çift triyot

dupe /dyu:p/ *e.* kandırmak, aldatmak, kazıklamak ¤ *a.* kandırılan, aldatılan, kazıklanan kişi; ikinci negatif, kontrtip *dupe negative sin.* örnek kopyası, çoğaltım negatifi *dupe positive sin.* kontrtip pozitifi, çoğaltım pozitifi

dupion /'dyu:piın/ *a. teks.* dupiyon

duplex /'dyu:pleks/ *a.* çift, dubleks *duplex brake oto.* çift fren *duplex cable* *elek.* dubleks kablo **duplex carburettor** *oto.* çift karbüratör **duplex channel** *biliş.* ikili kanal, çift yönlü oluk **duplex circuit** *biliş.* çift yönlü devre, ikili çevrim **duplex communication** dubleks haberleşme, iki yönlü iletişim **duplex lathe** çift torna tezgâhı **duplex operation** *biliş.* ikili işlem **duplex printing** *teks.* dubleks baskı **duplex printing machine** *teks.* dubleks baskı makinesi **duplex transmission** *biliş.* ikili gönderme

duplicate /'dyu:plikit/ *s.* çift; eş, benzer ¤ *a.* suret; kopya; ikinci nüsha ¤ /'dyu:plikeyt/ *e.* iki misli yapmak; suretini çıkarmak; kopya etmek, teksir etmek **duplicate bills** takım halinde senetler **duplicate documents** takım halindeki vesikalar **duplicate hardware** *biliş.* tıpkı donanım **duplicate key** yedek anahtar **duplicate part** yedek parça **duplicate production** seri üretim **duplicate receipt** makbuz sureti **duplicate record** *biliş.* (istenmeyen) tıpkı kayıt **duplicate routine** *biliş.* tıpkılama yordamı, kopya yordamı **duplicate taxation** mükerrer vergileme **duplicated record** *biliş.* tıpkılanmış kayıt, çoğaltılmış kayıt, güvenlik eşlemi

duplication /dyu:pli'keyşın/ *a.* kopya, suret; teksir **duplication check** *biliş.* kopya sınaması, tıpkılık sınaması

duplicator /'dyu:plikeytı/ *a.* teksir makinesi, çoğaltıcı

duplicity /dyu:'plisiti/ *a.* ikiyüzlülük, düzenbazlık; hile

durability /dyuırı'bılıti/ *a.* dayanıklılık, sağlamlık

durable /'dyuırıbıl/ *s.* dayanıklı, uzun ömürlü, uzun süren **durable goods** dayanıklı mallar

duralumin /dyu'relyumin/ *a.* duralümin

duramen /dyu'reymen/ *a. orm.* özodunu

duration /dyu'reyşın/ *a.* süre, devam süresi **duration length** süre, süre uzunluğu **duration of partnership** ortaklığın süresi

durative /'dyuırıtiv/ *s.* süre ile ilgili; sürekli **durative aspect** süre belirtisi, sürerlik görünüşü **durative verb** süre fiili, sürerlik eylemi

duress /dyu'res/ *a.* zorlama, baskı, cebir,

icbar

during /'dyuıring/ *be.* sırasında, esnasında, süresince

dusk /dask/ *a.* akşam karanlığı

dusky /'daski/ *s.* koyu renkli, gölgeli

dust /dast/ *a.* toz; pudra; toz toprak, çöp; toz bulutu ¤ *e.* toz almak, tozunu almak; tozlamak, toz halinde bir maddeyle kaplamak **dust arrester** toz toplayıcı **dust catcher** toz toplayıcı **dust coal** toz kömür **dust collector** toz kolektörü **dust core** *fiz.* toz çekirdek **dust explosion** toz patlaması **dust jacket** kâğıt kitap kabı **dust mask** toz maskesi, toz yüzlüğü **dust protection helmet** tozdan koruma kaskı **dust settling** toz çökertme **dust storm** *metr.* toz fırtınası **dust-tight** toz geçirmez **raise/kick up a dust** toz koparmak

dustbin /'dastbin/ *a.* çöp kutusu, çöp tenekesi

dustcart /'dastka:t/ *a. İİ.* çöp kamyonu

duster /'dastı/ *a.* toz bezi; silgi; tozlayıcı, toz püskürtücü

dustfree /dast'fri:/ *s.* tozsuz

dusting /'dasting/ *a.* toz alma; toz haline getirme

dustman /'dastmın/ *a.* çöpçü

dustpan /'dastpen/ *a.* faraş

dustproof /dast'pru:f/ *s.* toz geçirmez

dustup /'dastap/ *a. İİ. kon.* tartışma, kavga

dusty /'dasti/ *s.* tozlu; sıkıcı, cansız, kuru, tatsız

Dutch /daç/ *s.* Hollanda ile ilgili; Hollandaca ile ilgili; Hollandalı **be in Dutch with sb** biriyle başı belada olmak **Dutch auction** açık eksiltme **Dutch brick** sert tuğla **Dutch courage** *kon.* sarhoş cesareti **Dutch treat** Alman usulü **go Dutch** masrafları paylaşmak, Alman usulü yapmak **or/then I'm a Dutchman** değilse Arap olayım

dutiable /'dyu:tiıbıl/ *s.* gümrüğe tabi **dutiable goods** gümrüğe tabi mallar

dutiful /'dyu:tifıl/ *s.* sorumluluk taşıyan, görevine bağlı

duty /'dyu:ti/ *a.* görev, vazife, sorumluluk; hizmet, iş; vergi, resim, harç **duty drawback** gümrük vergisini geri verme **duty mark** gümrük damgası **duty on exports** ihracat vergisi **duty to dis-**

close bildirme görevi *on duty* nöbetçi, iş başında, nöbette

duty-free /dyu:ti'fri:/ *s. be.* gümrüksüz, gümrükten muaf *duty-free shops* vergisiz satış mağazaları *duty-paid* gümrük vergisi verilmiş

duvet /'du:vey/ *a. İİ.* yorgan

duvetine, duvetyn(e) /'dyu:vıti:n/ *a. teks.* divitin, kadife, pazen

dwarf /dwo:f/ *a.* cüce; bodur ¤ *s.* cüce, kısa boylu; bodur ¤ *e.* cüceleştirmek; cüce göstermek, küçük göstermek, gölgede bırakmak; cüceleşmek *dwarf alder bitk.* bodur kızılağaç *dwarf elder* yaban mürveri *dwarf wall inş.* alçak duvar

dwarfish /dwo:fiş/ *s.* cücemsi, cüce gibi

dwell /dwel/ *e.* oturmak, yaşamak, ikamet etmek *dwell on/upon* üzerinde kafa patlatmak, çok düşünmek

dweller /dwelı/ *a.* oturan, sakin

dwelling /'dweling/ *a.* ikametgâh, konut *dwelling house* ev, konut, ikametgâh

dwindle /'dwindl/ *e.* azalmak, küçülmek

dyad /'dayed/ *a.* iki, çift

dyadic /day'edik/ *s. mat.* diyadik, ikici *dyadic Boolean operation biliş.* ikili Bulen işlemi *dyadic operation biliş.* ikili işlem

dye /day/ *a.* kumaş boyası, boya maddesi ¤ *e.* boyamak; boyanmak, boyanabilmek, boya tutmak *dye absorption* boyanabilirlik, boyanabilme *dye affinity* boyanabilirlik, boyanabilme *dye autoclave teks.* basınçlı boyama aparatı *dye back teks.* boya teknesi, boya kabı *dye base teks.* boya bazı *dye bath* boya banyosu *dye beam teks.* boya levendi *dye beck teks.* boya teknesi, boya kabı *dye bobbin teks.* boyama bobini *dye core teks.* boyama bobini *dye feeding roller teks.* boya merdanesi *dye fixing agent teks.* boya fiksaj maddesi *dye liquor teks.* boya banyosu *dye mordant teks.* boya mordanı *dye padder teks.* boya fuları *dye penetration teks.* boya nüfuzu, boyanın içe işlemesi *dye remover* boya çıkarıcı *dye retarder* boya geciktirici *dye solution teks.* boya çözeltisi *dye tube teks.* boya bobini *dye vat teks.* boya teknesi *dye vessel teks.* boya

kabı *dye winch teks.* boya haspeli *dye wood teks.* boya ağacı *dye works teks.* boyahane *dye yield teks.* boya verimi

dyeability /'dayebılıti/ *a. teks.* boyanabilirlik

dyed-in-the-wool /dayd in dı' wul/ *s.* gerçek, koyu, aşırı, şaşmaz; *teks.* boyalı iplikten yapılmış

dyehouse /'dayhaus/ *a. teks.* boyahane

dyeing /'daying/ *a.* boyama *dyeing accelerator teks.* boyama hızlandırıcı *dyeing apparatus teks.* boyama aygıtı *dyeing auxiliary* boyama yardımcı maddesi *dyeing beam teks.* boyama levendi *dyeing industry* boyama sanayii *dyeing machine* boyama makinesi *dyeing plant* boyahane *dyeing power* boyama gücü *dyeing temperature teks.* boyama sıcaklığı

dyer /'dayı/ *a.* boyacı

dyestuff /'daystaf/ *a.* boyarmadde, boyarözdek *dyestuff dusting teks.* boyarmadde uçuntusu *dyestuff flight teks.* boyarmadde uçuntusu

dying /'daying/ *s.* ölmekte olan, ölen

dyke /dayk/ *a. bkz.* dike

dynamic /day'nemik/ *s.* dinamik, enerjik, hareketli, aktif; *tek.* dinamik *dynamic allocation biliş.* dinamik atama *dynamic balance* dinamik denklik, dinamik denge *dynamic balance sheet* dinamik bilanço *dynamic braking* dinamik frenleme *dynamic buffering biliş.* dinamik tamponlama *dynamic characteristic elek.* çalışma eğrisi *dynamic check biliş.* dinamik sınama *dynamic debugging technique biliş.* dinamik hata giderme tekniği *dynamic dump biliş.* dinamik döküm *dynamic effects* dinamik etkiler *dynamic electricity elek.* dinamik elektrik *dynamic error debugging biliş.* dinamik hata bulma ve giderme *dynamic focusing elek.* dinamik odaklama *dynamic linking and loading biliş.* dinamik bağlantılama ve yükleme *dynamic load* dinamik yük *dynamic loudspeaker* dinamik hoparlör *dynamic memory biliş.* dinamik bellek *dynamic microphone* dinamik mikrofon *dynamic modularity biliş.* dinamik modülerite *dynamic noise* dinamik gürültü *dynamic pressure* fiz. dinamik basınç, dirik basınç *dynamic relocation biliş.* dinamik yeniden yerleştirme *dynamic resistance elek.* dinamik direnç, değişken akım direnci *dynamic similarity hav.* dinamik benzerlik *dynamic simulator biliş.* dinamik simülatör, dinamik benzeteç *dynamic stop biliş.* dinamik durdurma *dynamic storage biliş.* dinamik bellek *dynamic storage allocation biliş.* dinamik bellek ataması *dynamic store biliş.* dinamik bellek *dynamic strength* dinamik mukavemet, devingen dayanç *dynamic subroutine biliş.* dinamik altyordam *dynamic test biliş.* dinamik test, dinamik sınama

dynamics /day'nemiks/ *a.* devimbilim, dinamik

dynamism /'daynımizım/ *a.* devingenlik, canlılık, hareketlilik, dinamizm

dynamite /'daynımayt/ *a.* dinamit; *kon.* şaşırtıcı, hayranlık uyandırıcı şey/kimse, bomba ¤ *e.* dinamitlemek; dinamitle havaya uçurmak

dynamo /'daynımou/ *a.* dinamo *dynamo sheet* dinamo sacı

dynamometer /daynı'momıtı/ *a. elek.* dinamometre

dynamotor /'daynımoutı/ *a.* dinamotor

dynasty /'dinısti/ *a.* hanedan

dynatron /'daynıtron/ *a. elek.* dinatron *dynatron oscillator elek.* dinatron osilatör

dyne /dayn/ *a. fiz.* din

dynode /'daynoud/ *a. elek.* dinot *dynode chain elek.* dinot zinciri

dysentery /'dısıntıri/ *a. hek.* dizanteri

dyslexia /dis'leksiı/ *a.* yazı okuyamama, yazı körlüğü

dyspepsia /dis'pepsiı/ *a. hek.* sindirim güçlüğü, hazımsızlık

dyspeptic /dis'peptik/ *s.* hazımsızlıkla ilgili; hazımsızlık çeken

dysprosium /dis'prousiım/ *a. kim.* disprosyum

E

E, e /i:/ *a.* İngiliz abecesinin beşinci harfi; (not olarak) zayıf

each /i:ç/ *s. adl.* her, her biri ¤ *be.* her biri, her birine, tanesi, tanesine *each and every one* herkes, teker teker hepsi *each one* her biri(si) *each other* birbiri, birbirini

eager /'i:gı/ *s.* istekli, hevesli, arzulu, gayretli, can atan; sabırsız *eager beaver* görevine çok bağlı kimse

eagerness /'i:gınıs/ *a.* istek, şevk, sabırsızlık

eagle /'i:gıl/ *a.* kartal, karakuş *eagle eye* keskin göz *eagle owl* puhu

eagle-eyed /i:gıl'ayd/ *s.* keskin gözlü, dikkatli, gözünden bir şey kaçmayan

eaglet /'i:glit/ *a.* kartal yavrusu

eaglewood /'i:gılwud/ *a.* yalancı ödağacı

ear /iı/ *a.* kulak; kulak verme, dikkat (etme); başak *be all ears* kulak kesilmek, dikkatle dinlemek *be up to one's ears in debt* gırtlağına kadar borca girmek *be up to one's ears in work* başını kaşıyacak vakti olmamak *by ear* kulaktan, kulak yoluyla, notasız *come to one's ears* kulağına çalınmak *crash about one's ears* dünya başına yıkılmak *ear microphone* kulak mikrofonu *ear plug* kulak tıkacı *ear plug* kulak tıkacı *external ear* dışkulak *fall on deaf ears* ciddiye alınmamak, önemsenmemek *go in at one ear and out at the other* bir kulağından girip öbüründen çıkmak *grate on sb's ears* kulağını tırmalamak *have nothing between one's ears* ağzı açık ayran budalası olmamak *have/keep one's ear to the ground* kulak kesilmek *inner ear* içkulak *lend/give an ear to* kulak vermek *middle ear* ortakulak *play sth by ear* notasız çalmak; olayların seyrine göre hareket etmek *prick up one's ears* kulak kabartmak *set people by the ears* aralarına kara kedi sokmak *turn a deaf ear to* kulak asmamak

earache /'iıreyk/ *a.* kulak ağrısı

eardrum /'iıdram/ *a.* kulakzarı

earl /ö:l/ *a.* İngiliz kontu

earlobe /'iıloub/ *a.* kulakmemesi

early /'ö:li/ *s.* erken; önceki, ilk; eski ¤ *be.* erken, erkenden; -in başlarında, ilk zamanlarında *at the earliest* en erken *early bolter* şek. erken tohuma kalkmış pancar *early future* yakın gelecek zaman *early payment* vadesinden önce ödeme, erken ödeme *early retirement* erken emeklilik *early warning* ask. erken uyarı *early-warning radar* ask. erken uyarı radarı

earmark /'ıımaːk/ e. (özellikle para) belirli bir amaç için bir kenara ayırmak, tahsis etmek ¤ a. damga; karakteristik, alamet

earmarked /'ıımaːkt/ s. bloke edilmiş, ayrılmış, tahsis edilmiş *earmarked gold* altın ihtiyatı

earmarking /'ıımaːking/ a. ayırma, tahsis

earn /öːn/ e. kazanmak

earned /öːnd/ s. kazanılmış *earned income* kazanç geliri, kazanılmış gelir, hak edilmiş gelir *earned premium* kazanılmış prim *earned surplus* birikmiş kâr, dağıtılmayan kâr

earner /'öːnı/ a. kazanç sahibi, gelir sağlayan

earnest /'öːnist/ s. ciddi, kararlı, azimli ¤ a. ciddiyet *earnest money* kaparo, pey akçesi

earning /'öːning/ a. kazanma *earning capacity* normal kazanç kapasitesi *earning on movable assets* menkul sermaye iradı *earning per share* hisse başına kazanç *earning power* işletmenin kâr etme gücü, rantabilite *earning rate* kâr oranı *earning statement* kâr zarar hesabı *earning value* gelir değeri

earnings /'öːningz/ a. kazanç *earnings basis* tahakkuk esası *earnings per share* hisse senedi başına düşen kâr *earnings-price ratio* gelir fiyat oranı *earnings report* kâr zarar çizelgesi *earnings statement* kâr ve zarar hesabı, kâr ve zarar cetveli *earnings yield* kazanç getirisi, kazanç verimi

earphone /'ııfoun/ a. kulaklık

earring /'ııring/ a. küpe

earshot /'ıışot/ a. duyma menzili, işitme mesafesi

earsplitting /'ııspliting/ s. gacır gucur

earth /öːt/ a. yerküre, dünya; toprak, yer; doğa; elek. toprak hattı; hayvan ini *come down to earth* ayakları suya ermek *earth atmosphere* gökb.

yeryüzü atmosferi *earth capacitance* elek. toprak kapasitesi *earth circuit* elek. toprak devresi *earth connection* elek. toprak bağlantısı *earth current* elek. toprak akımı *earth dam* toprak baraj *earth fault* elek. toprak arızası *earth lead* elek. toprak bağlantısı *earth metals* kim. toprak metaller *earth moving* toprak kaldırma, toprak işi *earth pipe* toprak künk *earth plate* elek. toprak plakası *earth resistance* elek. toprak direnci *earth sciences* yerb. yer bilimleri *earth station* yer istasyonu *earth system* elek. topraklama sistemi *earth terminal* elek. toprak ucu *earth wax* mad. ozokerit, yermumu *earth's crust* coğ. yerkabuğu *earth's magnetic field* fiz. yeryüzü manyetik alanı *earth's shadow* gökb. Yer'in gölgesi *earth's surface* coğ. yeryüzü *earthmoving machinery* kazı makinesi, toprak iş makinesi *on earth* kon. (soru sözcükleriyle, vurgu artırmak için kullanılır) ki

earthed /öːtid/ s. topraklanmış

earthen /'öːtın/ s. topraktan yapılmış, toprak+

earthenware /'öːtınweı/ a. çanak, çömlek, toprak kap *earthenware pipe* toprak künk

earthiness /'öːtinis/ a. sağlamlık, metanet

earthing /'öːting/ a. topraklama

earthling /'öːtling/ a. yeryüzünde yaşayan kimse

earthly /'öːtli/ s. dünyevi, maddi; kon. olası, mümkün, olabilecek

earthnut /'öːtnat/ a. bitk. yerfıstığı

earthquake /'öːtkweyk/ a. deprem, zelzele, yersarsıntısı *earthquake clause* deprem klozu *earthquake insurance* deprem sigortası

earthwork /'öːtwöːk/ a. toprak işi, toprak hafriyatı; toprak set, toprak tabyası

earthworm /'öːtwöːm/ a. yersolucanı

earthy /'öːti/ s. bedensel zevklerle ilgili, bedensel

earwig /'ııwig/ a. hayb. kulağakaçan

ease /iːz/ a. rahatlık, kolaylık, rahat, huzur, refah; kolaylık; (fiyat) hafif düşüş ¤ e. hafifletmek, dindirmek, yatıştırmak; kolaylaşmak, yumuşamak; dikkatle hareket ettirmek, taşımak; gevşetmek *ease off/up* yavaşlamak, gevşemek, hafiflemek; (fiyat) düşmek, inmek *ease out* görevden uzaklaştırmak *ill at ease* huzursuz, sıkkın

easel /'i:zıl/ *a.* ressam sehpası

easement /'i:zmınt/ *a.* rahatlık, konfor; irtifak hakkı, yükümlenim hakkı *easement curve* birleştirme eğrisi

easily /'i:zili/ *be.* kolayca, kolaylıkla, rahat rahat; kuşkusuz, şüphesiz, kesinlikle *easily marketable assets* kolayca satılabilir menkul kıymetler

easiness /'i:zinis/ *a.* kolaylık; rahatlık

east /i:st/ *a. s.* doğu ¤ *be.* doğuya (doğru); doğuda

eastbound /i:st-baund/ *s.* doğuya giden

Easter /'i:stı/ *a.* paskalya (yortusu) *at Easter* paskalyada, paskalya zamanı *Easter Day* paskalya günü *Easter egg* paskalya yumurtası

easterly /'i:stıli/ *s.* doğuya doğru; (rüzgâr) doğudan esen

eastern /'i:stın/ *s.* doğu, doğusal

easterner /'i:stını/ *a.* doğulu kimse

eastward /'i:stwıd/ *s.* doğuya giden, doğu yönünde olan

easy /'i:zi/ *s.* basit, kolay; sakin, rahat, sorunsuz ¤ *be.* kolaylıkla, kolayca, rahatlıkla *easier said than done* söylemesi kolay *easy-care teks.* yıkanıp giyilebilen, ütü istemeyen *easy chair* koltuk *easy come easy go* haydan gelen huya gider *easy money* ucuz para *easy money policy* ucuz para politikası, gevşek para politikası *easy payment* ödeme kolaylığı *go easy on kon.* (birine) nazik olmak; çok kullanmamak *I'm easy kon.* Bence sakıncası yok, Bana uyar *Take it easy* kendini yorma; kolayına bak; sakin ol; kızma

easy-going /'i:zi'gouing/ *s.* uysal, yumuşak başlı, söz dinler

eat /i:t/ *e.* yemek, yemek yemek; (away/into ile) çürütmek, aşındırmak, kemirmek, yemek *be eaten up with* (kıskançlık, ihtiras, vb. ile) kendini yiyip bitirmek *eat away at sb* içi içini yemek *eat humble pie* burnunu sürtmek *eat into sth* eritmek, çürütmek, tüketmek *eat like a bird* kuş gibi yemek *eat like*

a horse fil gibi yemek *eat one's hat* çok şaşırmak, afallamak *eat one's heart out* kendini yemek, içi içini yemek *eat one's words* tükürdüğünü yalamak, sözünden dönmek *eat sb out of house and home* silip süpürmek *eat sth up* yiyip bitirmek; tüketmek, harcamak *eat until it comes out of one's ears* tıka basa yemek

eatable /'i:tıbıl/ *s.* yenilebilir durumda, yenir

eating /'i:ting/ *a.* yemelik

eats /'i:ts/ *a. kon.* yiyecek, yemek

eau de cologne /ou dı kı'loun/ *a.* kolonya

eau de Javel /ou dı ce'vel/ *a.* Javel suyu

eaves /i:vz/ *a.* dam saçağı, saçak, çıkıntı *eaves tile inş.* saçak kiremidi *eaves trough inş.* dere, yağmur deresi

eavesdrop /'i:vzdrop/ *e.* (başkalarını) gizlice dinlemek

ebb /eb/ *a.* alçalma, cezir, deniz sularının çekilmesi; *mec.* düşüş, bozulma ¤ *e.* (deniz) çekilmek; azalmak, düşmek, zayıflamak *ebb current coğ.* cezir akıntısı, çekilme akıntısı *ebb tide coğ.* cezir, alçalma *low ebb* düşüş, başarısızlık, düşük düzey

ebonite /'ebınayt/ *a.* ebonit

ebony /'ebıni/ *a. s.* abanoz

ebulliency /i'baljınsi/ *a.* kaynayıp taşma

ebullient /i'baliınt, i'buliınt/ *s.* neşeli, sevinçli, coşkun

ebullioscopy /ıbali'oskıpi/ *a.* ebüliyoskopi, kaynargözleyim

ebullition /ebı'lişın/ *a.* kaynama

eccentric /ik'sentrik/ *s.* tuhaf, ayrıksı, eksantrik; *mat.* dışmerkezli ¤ *a. tek.* eksantrik, dışmerkezli düzenek; eksantrik kimse, tuhaf kimse, tip *eccentric anomaly gökb.* eksantrik anomali, dış ayrıklık *eccentric base rim oto.* eksantrik tabanlı jant *eccentric bolt* eksantrik cıvatası *eccentric chuck* salgılı ayna, kaçık ayna *eccentric press* salgılı pres *eccentric rod mak.* eksantrik biyel, eksantrik kol *eccentric shaft* eksantrik şaftı, eksantrik mili

eccentricity /eksen'trisiti/ *a* dışmerkezlilik

ecclesiastical /ikli:zi'estikıl/ *s.* Hıristiyan kilisesine ilişkin

echelon /'eşılon/ *a.* basamak, kademe
echinoderm /e'kaynıdö:m/ *a.* derisidikenliler
echinus /i'kaynıs/ *a. hayb.* denizkestanesi; *mim.* ekinus, yastık, yuvarlak sütun başlığı
echo /'ekou/ *a.* yankı; birinin ya da bir şeyin benzeri/kopyası ¤ *e.* yankı yapmak; yankılanmak; taklit etmek; tekrarlamak *echo box elek.* yankı kutusu *echo chamber fiz.* yankı odası *echo check biliş.* yankı sınaması, yankıyla denetim *echo ranging* yankıyla belirleme, yankıyla saptama *echo sounding fiz.* yankı sondajı *echo suppressor elek.* yankı giderici, yankı bastırıcı
éclair /i'kleı/ *a.* parmak şeklinde içi kremalı pasta
éclat /'eykla:/ *a.* üstün başarı, şan, şöhret
eclectic /e'klektik/ *s.* çeşitli kaynaklardan derlenmiş, seçen, derleyen
eclipse /i'klips/ *a.* güneş/ay tutulması; etkisini, parlaklığını, gücünü, vb. yitirme, başarısızlık, düşüş ¤ *e.* (güneş/ay) tutmak; gölgede bırakmak, geçmek *eclipsing binary gökb.* örten çift
ecliptic /i'kliptik/ *a. gökb.* tutulum, ekliptik
ecocide /'i:kousayd/ *a.* çevreyi yok etme
ecological /i:kı'locikıl/ *s.* ekolojik, çevrebilimsel *ecological balance* ekolojik denge *ecological biology* ekolojik biyoloji
ecologically /i:kı'locikıl/ *be.* çevrebilimsel açıdan
ecologist /i:'kolıcist/ *a.* çevrebilimci, ekolojist
ecology /i'kolıci/ *a.* çevrebilim, ekoloji
econometrician /ikonımı'trişın/ *a.* ekonometrist
econometrics /ikonı'metriks/ *a.* ekonometri
economic /ekı'nomik/ *s.* ekonomik, iktisadi *economic activity* ekonomik faaliyet, iktisadi faaliyet *economic amortization* ekonomik amortisman *economic analysis* ekonomik analiz, iktisadi analiz *economic austerity policy* ekonomik kemer sıkma politikası *economic balance* ekonomik denge

economic blockade ekonomik abluka *economic budget* ekonomik bütçe *economic co-operation* ekonomik işbirliği *economic concentration* ekonomik toplanma, ekonomik temerküz *economic condition* ekonomik durum *economic cost* iktisadi maliyet, cari fiyat maliyeti *economic crisis* ekonomik kriz *economic cycle* ekonomik dönem *economic depreciation* ekonomik amortisman *economic determinism* ekonomik determinizm *economic development* ekonomik gelişme, iktisadi kalkınma *economic double taxation* iktisadi çifte vergileme *economic efficiency* ekonomik etkinlik *economic embargo* ekonomik ambargo *economic equilibrium* ekonomik denge *economic exchanges* ekonomik değişimler *economic expansion* ekonomik yayılma *economic field* ekonomik saha, ekonomik alan *economic fluctuation* ekonomik dalgalanma *economic foundation* ekonomik kuruluş, ekonomik tesis *economic freedom* ekonomik özgürlük *economic geography* ekonomik coğrafya *economic goods* ekonomik mallar *economic growth* ekonomik büyüme, ekonomik kalkınma *economic harmony* ekonomik uyum, ekonomik ahenk *economic history* ekonomi tarihi *economic horizon* ekonomik ufuk *economic imperialism* ekonomik emperyalizm *economic independence* ekonomik bağımsızlık *economic indicator* ekonomik gösterge *economic inequality* ekonomik eşitsizlik *economic instability* ekonomik istikrarsızlık *economic integration* ekonomik bütünleşme *economic interdependence* ekonomik yönden karşılıklı bağımlılık *economic interest* ekonomik çıkar, ekonomik menfaat *economic liberalism* ekonomik liberalizm *economic life* ekonomik ömür *economic man* ekonomik adam *economic miracle* ekonomi mucizesi *economic mobilization* ekonomik seferberlik *economic nationalism* ekonomik milliyetçilik *economic order* ekonomik düzen, ekonomik nizam economic order quantity ekonomik sipariş miktarı economic planning ekonomik planlama economic policy ekonomik politika, iktisadi politika economic recession ekonomik gerileme economic recovery ekonomik canlanma, ekonomik iyileşme economic rent ekonomik kira, ekonomik rant economic rights ekonomik haklar economic sanctions ekonomik yaptırımlar economic sector ekonomik sektör, iktisadi sektör, ekonomik kesim economic self-sufficiency ekonomik yeterlik economic speed iktisadi sürat economic stagnation ekonomik durgunluk economic status ekonomik statü economic system ekonomik sistem economic theory ekonomik teori economic transaction ekonomik işlem economic union ekonomik birlik economic unit iktisadi birim, ekonomik ünite economic unity ekonomik birlik economic upbuilding ekonomik düzen economic warfare savaş ekonomisi economic-entrepreneurial control ekonomik girişimsel kontrol

economical /ekı'nomikıl/ s. az masraflı, keseye uygun, hesaplı, ekonomik

economically /i:kı'nomikıli/ be. iktisaden, ekonomik olarak

economics /ekı'nomiks/ a. ekonomi, iktisat bilimi economics of taxation vergileme ekonomisi

economist /i'konımist/ a. ekonomist, iktisatçı

economize /i'konımayz/ e. idareli harcamak, kullanmak, tasarruf etmek, masrafları kısmak economize on gold altın tasarruf etme

economizer /i'konımayzı/ a. ekonomizör economizer jet oto. ekonomizör jiklörü, gazdüzenler meme economizer valve oto. ekonomizör supabı

economy /i'konımi/ a. ekonomi, iktisat; tutum, ekonomi, tasarruf; ekonomik sistem ¤ s. ucuz, ekonomik economies of scale ölçek ekonomileri economy class ekonomik mevki

ecosystem /'i:kousistım/ a. ekosistem, çevre-dizge

ecotype /'i:kıtayp/ a. çev. ekotip

ecru silk /'ekru: silk/ a. teks. ham ipek, sert ipek, ekrü ipeği

ectasize /'ekstısayz/ e. coşturmak, kendinden geçirmek

ecstasy /'ekstısi/ a. kendinden geçme, aşırı mutluluk, coşku

ecstatic /ik'stetik/ s. kendinden geçirici, coşturucu, mutlu edici

ectoderm /'ektoudö:m/ a. ektoderm, dışderi

ecumenical /i:kyu'menikıl/ s. bütün dünyada Hıristiyan birliğini amaçlayan

eczema /'eksimı/ a. hek. egzama, mayasıl

eddy /'edi/ a. burgaç, anafor, girdap ¤ e. girdap gibi dönmek, fırıl fırıl dönmek eddy current elek. endüksiyon akımı, fukolt akımı eddy flow türbülanslı akım

edelweiss /'eydılvays/ a. bitk. aslan pençesi, aslan ayağı

edema /i'di:mı/ a. hek. ödem

Eden /'i:dn/ a. (İncil'de) Adem ile Havva'nın yaşadığı cennet bahçesi

edge /ec/ a. kenar, kenar çizgisi, uç; ağız, keskin kenar, yalman, çalım ¤ e. kenarlarını belirginleştirmek, kenar yapmak; kenardan yavaş yavaş ilerlemek; ilerletmek edge effect elek. kenar etkisi, kıyı etkisi edge mill kollergang, şili değirmeni edge notched card biliş. açısal kenar kesimli kart edge plane kenar rendesi, köşe rendesi edge punched card biliş. kenar delgili kart edge sb out kenara itmek have the edge on -den üstün olmak, avantajlı olmak on edge stresli, sinirli

edger /'eci/ a. derz malası, kenar malası

edgeways /'ecweyz/ be. kenara doğru, yana doğru, yanlamasına, yan yan; dolaylı olarak get a word in edgeways kon. (başkası konuşurken) konuşma fırsatı bulabilmek, ağzını açmak

edging /'ecing/ a. kenar yapma, kenar düzeltme; sınır, kenar, şerit edging shears trm. bahçıvan makası

edgy /'eci/ s. sinirli, stresli

edibility /edi'bilıti/ a. yenebilirlik, yenebilme özelliği

edible /'edıbıl/ s. yenilebilir, yenmesinde sakınca olmayan, yenir

edict /'i:dikt/ a. (eski) irade, ferman; buyruk, emir

edification /edifi'keyşın/ a. ahlakını

düzeltme, yetiştirme, öğretme
edifice /'edifis/ *a.* büyük, gösterişli yapı, bina
edify /'edifay/ *e.* (kişilik ya da akıl) geliştirmek
Edison /'edisın/ *a.* Edison **Edison accumulator** *fiz.* Edison akümülatörü **Edison effect** Edison etkisi
edit /'edit/ *e.* (kitap, film, vb.) yayına hazırlamak, edit etmek, (yazı) düzenlemek, düzeltmek
editing /'editing/ *a.* kurma, düzenleme **editing bench/table/console** *sin.* montaj masası, kurgu masası **editing terminal** *biliş.* düzeltme terminali
edition /i'dişın/ *a.* baskı, yayın
editor /'editı/ *a.* yayımcı, editör; (grafik) editör, düzeltici, biçimleyici
editorial /edi'to:rııl/ *a.* İl. (gazetede) başyazı ¤ *s.* yayıncıya ait
editorship /'editışip/ *a.* editörlük, basıcılık
educate /'edyukeyt, 'ecıkeyt/ *e.* eğitmek, öğretmek, okutmak
educated /'edyu:keytid/ *s.* tahsilli, okumuş, aydın
education /edyu'keyşın, ecu'keyşın/ *a.* öğrenim, tahsil; öğretim, eğitim
educational /edyu'keyşınıl, ecı'keyşınıl/ *s.* eğitimsel, öğretimsel, eğitsel **educational policy** eğitim sigortası poliçesi **educational software** *biliş.* eğitimsel yazılım **educational tariff** iç endüstriyi koruyan gümrük tarifesi
educationist /edyu'keyşınist, ecı'keyşınist/ *a.* öğretim uzmanı, eğitim uzmanı, öğretmen, eğitmen
educative /'edyu:kıtiv/ *s.* eğitimsel; eğitici
educe /i:'dyu:s/ *e.* çıkarmak, ayırmak, sonuç çıkarmak
eel /i:l/ *a. hayb.* yılanbalığı
'em /ım/ *adl. kon. bkz.* them
eerie /'iıri/ *s.* ürkütücü, ürkünç
effaceable /i'feysıbıl/ *s.* silinebilir, giderilebilir
efface /i'feys/ *e.* silmek; silerek yüzeyini bozmak
effacement /i'feysmınt/ *a.* silme, yok etme
effect /i'fekt/ *a.* sonuç, netice; etki, tesir; anlam, mana; efekt; yürürlük, meriyet; kişisel eşyalar; nakit mevcudu; alacak

bakiyesi; taşınır mallar, menkul kıymetler ¤ *e.* başarmak; sonuçlandırmak, gerçekleştirmek, yerine getirmek; ödeme yapmak; poliçe çıkarmak **effect an insurance** sigorta akdetmek **effect of growth** büyüme etkisi **effect payment** ödeme yapmak **effect thread** *teks.* efekt ipliği, fantezi iplik **in effect** yürürlükte, geçerli; etki itibariyle **take effect** yürürlüğe girmek; sonuç vermeye başlamak
effective /i'fektiv/ *s.* sonuç verici, sonuçlandırıcı; etkileyici, etkili; gerçek, fiili; geçerli, yürürlükte **effective address** *biliş.* efektif adres, etkin adres **effective antenna height** *elek.* etkin anten yüksekliği **effective atomic number** *kim.* efektif atom sayısı **effective capacity** verimli kapasite, etkili kapasite **effective currency** efektif para **effective data-transfer rate** *biliş.* etkin veri aktarım hızı **effective date** yürürlük tarihi, geçerli tarih, valör tarihi **effective demand** efektif talep **effective electromotive force** *elek.* etkili elektromotor kuvvet **effective exchange rate** efektif döviz kuru **effective external protection** etken dış koruma **effective half-life** *fiz.* etkin yarılanma süresi **effective height** etkili yükseklik **effective horsepower** efektif beygirgücü **effective instruction** *biliş.* gerçek komut, etkin komut **effective interest rate** efektif faiz oranı **effective land taxation** etkin arazi vergilemesi **effective mass** *fiz.* etkin kütle **effective nominal load** efektif nominal yük **effective particle density** efektif parçacık yoğunluğu **effective pay** nakit tediye **effective pay rate** fiili ücret oranı **effective phase angle** efektif faz açısı **effective porosity** efektif gözeneklilik **effective power** efektif kuvvet, etkili güç **effective premium** gerçek prim **effective preşsure** efektif basınç, etkili basınç **effective price** gerçek fiyat **effective range** *ask.* tesirli mesafe, menzil **effective rate** geçerli kur, efektif kur **effective rates of tax** efektif vergi oranları **effective resistance** *elek.* etkin direnç **effective series resistance** *elek.* etkin seri direnç **effective tax rate** efektif vergi oranı **effective**

temperature etkin sıcaklık ***effective time*** biliş. efektif zaman, etkin zaman ***effective value*** elek. etkin değer ***effective voltage*** etkin gerilim ***effective wavelength*** opt. etkin dalga boyu
effectively /i'fektivli/ be. etkinlikle, etkili olarak
effectiveness /i'fektivnıs/ a. etki, tesir; geçerlilik
effects /i'fekts/ a. kişisel eşyalar, mal; menkul kıymetler; nakit para mevcudu
effectual /i'fekçuıl/ s. etkili, istenen sonucu veren
effeminacy /i'feminısi/ a. kadınımsı davranış, çıtkırıldımlık
effeminate /i'feminit/ s. hkr. kadınsı, efemine
effervesce /efı'ves/ e. köpürmek, kabarmak, köpüklenmek
effervescence /efı'vesıns/ a. köpürme, efervesans
effervescent /efı'vesınt/ s. köpüren, kabaran
effete /i'fi:t/ s. yorgun, bitkin, eskimiş
efficacious /efı'keyşıs/ s. istenen sonucu veren, amaca hizmet eden, etkili, yararlı
efficacy /'efikısi/ a. etki, tesir; yarar, fayda
efficiency /i'fişınsi/ a. etkinlik, ehliyet; verim, randıman; etki, tesir; rasyonellik ***efficiency engineer*** verim kontrol mühendisi ***efficiency expert*** verim kontrol uzmanı ***efficiency locus*** etkinlik yeri ***efficiency ratio*** verim oranı ***efficiency wages*** teşvik ikramiyesi
efficient /i'fişınt/ s. iyi çalışan, becerikli; etkili, tesirli; yeterli, ehliyetli; rasyonel; verimli, randımanlı
effigy /'efici/ a. insan resmi/heykeli/vb.
effloresce /eflı'res/ e. çiçek açmak, gelişmek
efflorescence /eflo:'resıns/ a. çiçek açma; kim. efloresans, çiçeksime
effluence /'efluıns/ a. dışarı akma, akıntı
effluent /'efluınt/ a. atık, atık madde; coğ. gölden/ırmaktan ayrılıp akan dere
efflux /'eflaks/ a. dışarı akma, dışarı sızma
effort /'efıt/ a. güç, gayret, çaba, emek; çabalama, çaba harcama
effortless /'efıtlis/ s. gayretsiz, çaba göstermeyen

effrontery /i'frantıri/ a. küstahlık, yüzsüzlük, arsızlık
effulgence /i'falcıns/ a. parlaklık, görkem, ihtişam
effulgent /i'falcınt/ s. ışık saçan, parlak
effuse /i'fyu:z/ e. dışarı akıtmak, taşırmak; akmak, taşmak
effusion /i'fyu:jın/ a. dışarı akma, taşma, sızım, efüzyon
effusive /i'fyu:siv/ s. hkr. taşkın, azgın
eft /eft/ a. semender, sukeleri
egalitarian /igeli'teıriın/ s. eşitlikçi
egg /eg/ a. yumurta; ask. arg. bomba, torpido; arg. kişi, kimse ***a bad egg/lot*** itin teki ***as sure as eggs is eggs*** yüzde yüz, adım gibi eminim ***boiled egg*** rafadan yumurta ***egg incubator*** kuluçka makinesi ***egg sb on*** dolduruşa getirmek, gaza getirmek, fitil vermek, cesaretlendirmek ***egg-shaped*** söbe, oval, yumurta biçimli ***fried egg*** sahanda yumurta ***have egg on one's face*** mosmor olmak ***put all one's eggs in one basket*** kon. varını yoğunu tehlikeye atmak, tüm varlığını bir işe yatırmak, sermayeyi kediye yüklemek ***teach one's grandmother to suck eggs*** tereciye tere satmak
egghead /'eghed/ a. hkr. çok bilgili kişi, aydın
eggplant /'egpla:nt/ a. bitk. patlıcan
eggshell /'egşel/ a. yumurta kabuğu
eggstone /'egstoun/ a. mad. oolit, yumurtamsı
ego /'i:gou/ a. ben, benlik, ego
egocentric /i:gou'sentrik/ s. hkr. bencil, beniçinci
egocentrism /i:gou'sentrizım/ a. beniçincilik
egoism /'i:gouizım/ a. bencillik, egoizm
egoist /'i:gouist/ a. bencil, egoist
egoistic /i:gou'istik/ s. bencil, egoist
egotism /'i:goutizım/ a. hkr. hep kendinden söz etme, kendini yüceltme, benlikçilik, egotizm
egotist /'egıtist/ a. hkr. benlikçi
egress /'i:gres/ a. dışarı çıkma, gidiş, çıkış; çıkış izni
egression /i:'greşın/ a. dışarı çıkma
egret /'i:gret/ a. akbalıkçıl; sorguç
Egyptian /i'cipşın/ s. a. Mısırlı ***Egyptian cotton*** Mısır pamuğu

eiderdown /'aydıdaun/ *a.* kuştüyü yorgan

eigenfunction /'aygınfankşın/ *a. mat.* aygen fonksiyonu, karakteristik denklem, gizlev

eigenstate /'aygınsteyt/ *a. fiz.* özhal

eigenvalue /'aygınvelyu:/ *a. mat.* özdeğer, gizdeğer

eigenvector /'aygınvektı/ *a. mat.* özvektör, gizyöney

eight /eyt/ *a. s.* sekiz *eight cylinder engine* oto. sekiz silindirli motor *eight cylinder V-engine* oto. sekiz silindirli V motor *eight days sight* ibrazından sekiz gün sonra ödenecek

eighteen /ey'ti:n/ *a. s.* on sekiz

eighteenth /ey'ti:nt/ *a. s.* on sekizinci

eighth /'eytt/ *a. s.* sekizinci

eightieth /'eytiıt/ *a. s.* sekseninci

eighty /'eyti/ *a. s.* seksen

einsteinium /ayn'ştayniım/ *a.* aynştanyum

either /'aydı/ *s. adl.* ikisinden biri; iki; her iki ¤ *be.* (olumsuz cümlelerde) de, da, de (değil) *either ... or* ya ... ya da

ejaculate /i'cekyuleyt/ *e.* aniden söyleyivermek; sperm boşaltmak; boşalmak

ejaculation /icekyu'leyşın/ *a.* feryat; cinsel boşalma

eject /i'cekt/ *e.* dışarı atmak, fırlatmak; kovmak, kapı dışarı etmek

ejection /i'cekşın/ *a.* atma, püskürme, çıkarma

ejector /i'cektı/ *a.* püskürtücü, ejektör, fıskıye

eke /i:k/ *e.* (out ile) idareli kullanmak; tamamlamak, eklemek, katmak, ikmal etmek *eke out a living* güçlükle geçinmek

elaborate /i'lebırıt/ *s.* ayrıntılı, detaylı, incelikli; özenle hazırlanmış, süslü, gösterişli ¤ /i'lebıreyt/ *e.* ayrıntıyla donatmak, karmaşıklaştırmak; ayrıntılandırmak

elaborateness /i'lebırıtnis/ *a.* özenle yapılmış olma, özen gösterme; ayrıntı, tafsilat

élan /ey'la:n/ *a.* canlılık, şevk

elapse /i'leps/ *e.* (zaman) geçmek, akıp gitmek *elapsed time* geçen zaman

elastic /i'lestik/ *s.* esnek, elastik, elastiki; değişebilir, esnek, yumuşak ¤ *a.* lastik bant; silgi *elastic band* İİ. yuvarlak lastik, lastik bant *elastic bitumen* min. elastik bitüm *elastic collision* fiz. esnek çarpışma *elastic currency* mütedavil para *elastic curve* esneklik eğrisi, esneme eğrisi *elastic deformation* esnek deformasyon *elastic demand* esnek talep, elastiki talep *elastic fatigue* fiz. esneklik yorgunluğu, esneklik yorulumu *elastic limit* fiz. esneklik sınırı *elastic medium* fiz. esnek ortam *elastic modulus* elastikiyet modülü, esneklik katsayısı *elastic money* esnek para, mütedavil para *elastic scattering* fiz. esnek saçılma *elastic spring* esnek yay *elastic stocking* lastikli çorap *elastic strain* esnek uzama, esnek gerinim *elastic supply* esnek arz, elastiki arz *elastic yield* esnek sünme, esneme sünüşü

elasticity /ile'stisiti/ *a.* esneklik, elastiklik, elastikiyet *elasticity of demand* talep elastikliği *elasticity of elongation/extension* fiz. uzama esnekliği *elasticity of flexure* bükülme esnekliği *elasticity of substitution* ikame esnekliği *elasticity of supply* arz elastikliği *elasticity of torsion* burulma esnekliği *elasticity optimists* elastiklik iyimserleri *elasticity pessimism* elastiklik karamsarlığı

elastin /i'lestin/ *a. kim.* elastin

elastomer /i'lestımı/ *a.* elastomer

elate /i'leyt/ *e.* mutlu etmek, neşelendirmek; gururlandırmak

elated /i'leytid/ *s.* mutlu, sevinçli, bahtiyar, memnun, gururlu

elation /i'leyşın/ *a.* mutluluk, sevinç, gurur

elative /i'leytiv/ *s. a. dilb.* çıkış durumu

elbow /'elbou/ *a.* dirsek ¤ *e.* dirseklemek, dirsek atmak, dirsekle dürtmek *at one's elbow* elinin altında, yanı başında *be up to the elbows in work* işi başından aşkın olmak *elbow grease* kon. el emeği, kol gücü, elle parlatma *elbow room* hareket edecek alan, geniş yer *give sb the elbow* selamı sabahı kesmek *out at elbows* kılıksız, pejmürde *More strength/power to his elbow!* Şansı açık olsun! *not know one's arse from one's elbow* elifi görüp mertek sanmak *raise the elbow*

too often kafayı bulmak
elbowroom /'elbourum/ *a.* rahatça
hareket edilebilecek yer, geniş yer
eld /eld/ *a.* yaşlılık, ihtiyarlık; eski eser,
antika
elder /'eldı/ *s.* (yaşça) büyük ¤ *a.* iki
kişiden büyük olanı; kıdemli kişi
elderly /'eldıli/ *s.* yaşlı
eldest /'eldist/ *s.* yaşça en büyük
elect /i'lekt/ *e.* oylayarak seçmek; (önemli
bir) karar vermek ¤ *s.* seçilmiş
election /i'lekşın/ *a.* seçim ***general elec-***
tion genel seçim ***local election*** yerel
seçim ***election campaign*** seçim
kampanyası ***election pledge*** seçim
konuşması, seçim propagandası ***elec-***
tion returns seçim sonuçları
electoral /i'lektırıl/ *s.* seçimle ilgili,
seçmenlerle ilgili ***electoral franchise***
rey hakkı ***electoral period*** seçim
dönemi
electorate /i'lektırıt/ *a.* seçmenler, oy
kullanma hakkına sahip kişiler
electret /i'lektrıt/ *a. elek.* elektret
electric /i'lektrik/ *s.* elektrikle ilgili,
elektriksel; elektrikli; *kon.* çok heyecanlı
electric arc *elek.* elektrik arkı ***electric***
balance *elek.* elektrik dengesi ***electric***
bell *elek.* elektrik zili ***electric blanket***
elektrikli battaniye ***electric bulb*** elektrik
ampulü ***electric cable*** *elek.* elektrik
kablosu ***electric chair*** elektrikli
sandalye ***electric charge*** *elek.* elektrik
yükü ***electric circuit*** *elek.* elektrik
devresi ***electric cleaner*** *elek.* elektrik
süpürgesi ***electric conductor*** *elek.*
elektrik iletkeni ***electric conduit*** *elek.*
elektrik borusu ***electric contact*** *elek.*
elektrik kontağı ***electric current***
elektrik akımı ***electric discharge*** *elek.*
elektrik deşarjı, elektrik boşalımı ***elec-***
tric discharge lamp *elek.* elektrik
deşarj lambası ***electric displacement***
elek. elektrik deplasmanı ***electric dou-***
ble layer *fiz.* elektriksel çift tabaka
electric doublet *elek.* elektriksel çift
electric drill elektrikli matkap ***electric***
energy *elek.* elektrik enerjisi ***electric***
field *elek.* elektrik alanı ***electric flux***
elek. elektrik akısı ***electric furnace***
elek. elektrik fırını, elektrikli ocak ***elec-***
tric generator elektrik jeneratörü ***elec-***

tric heater elektrikli ısıtıcı ***electric***
heating *elek.* elektrikle ısıtma ***electric***
industry elektrik sanayii ***electric light***
elektrik ışığı ***electric lighting*** *elek.*
elektrikle aydınlatma, elektrikle
ışıklandırma ***electric locomotive***
elektrikli lokomotif ***electric machine***
elek. elektrik makinesi ***electric mo-***
ment *elek.* elektrik momenti ***electric***
motor *elek.* elektrik motoru ***electric***
network *elek.* elektrik şebekesi ***elec-***
tric potential *elek.* elektrik potansiyeli
electric power *elek.* elektrik gücü ***elec-***
tric propulsion *elek.* elektrikle işleme
electric railroad/railway *demy.*
elektrikli demiryolu ***electric resistance***
furnace elektrik dirençli fırın ***electric***
shock *elek.* elektrik çarpması ***electric***
shock therapy elektrik şoku tedavisi
electric soldering elektrikle lehimleme
electric spark *elek.* elektrik kıvılcımı
electric steel elektrik çeliği ***electric***
storm *metr.* elektriksel fırtına, şimşek
ve gök gürültülü fırtına ***electric stove***
elektrik ocağı ***electric strength*** *elek.*
elektriksel dayanım ***electric tractor***
elektrikli traktör ***electric tramway*** *elek.*
elektrikli tramvay ***electric voltage*** *elek.*
elektrik gerilimi ***electric wave*** *elek.*
elektrik dalgası ***electric wave filter***
elek. elektrik dalga filtresi ***electric***
welding elektrik kaynağı ***electric wind***
elek. elektrostatik rüzgâr ***electric wire***
elek. elektrik teli
electrical /i'lektrikıl/ *s.* elektrikle ilgili,
elektrik +, elektriksel ***electrical ac-***
counting machines *biliş.* elektrikli
hesaplama makineleri ***electrical angle***
elektriksel açı ***electrical breakdown***
elektriksel çöküm, iletkenlik yitimi ***elec-***
trical communication elektriksel
iletişim ***electrical conductivity***
elektriksel iletkenlik ***electrical disinte-***
gration elektriksel parçalama ***electri-***
cal engineer elektrik mühendisi ***elec-***
trical engineering elektrik mühendisliği
electrical heating *elek.* elektriksel
ısınma ***electrical impulses*** *biliş.*
elektriksel impulslar, elektriksel vurular
electrical technology *elek.* elektrik
teknolojisi, elektroteknik
electrically /i'lektrikıli/ *be.* elektrik
gücüyle ***electrically driven*** elektrikle

hareket eden **electrically heated boiler** elektrikle ısıtmalı kazan
electrician /ilek'trişın/ *a.* elektrikçi
electricity /ilek'trisiti/ *a.* elektrik
electrification /ilektrifi'keyşın/ *a.* elektrifikasyon, elektrikleme, elektriklendirme, elektriklenme
electrify /ilek'trifay/ *e.* elektriklendirmek; heyecanlandırmak
electro /i'lektrou/ *a.* elektrikle yapılmış klişe
electro- /ilektrou/ *s.* elektrik +, elektro **electro cheque** elektro çek **electro-optical effect** *elek.* elektro-optik etki **electro-plated** *met.* elektrikli kaplanmış **electro-silverplating** *met.* elektrikli gümüş kaplama **electro-ultrafiltration** elektroultrafiltrasyon, elektriksel incesüzme
electroacoustic /ilektrouı'ku:stik/ *s. elek.* elektroakustik
electroanalysis /ilektrouı'nelisis/ *a. elek.* elektroanaliz
electroballistics /ilektrou'bılistiks/ *a. elek.* elektrobalistik
electrobiology /ilektrou'bayolıci/ *a. elek.* elektrobiyoloji
electrobrighten /ilektrou'braytın/ *e.* elektrikli parlaklaştırmak
electrobrightener /ilektrou'braytını/ *a.* elektrikli parlaklaştırıcı
electrocapillarity /ilektrou'kepilerıti/ *a. elek.* elektrokılcallık, elektrokapilarite
electrocardiogram /ilektrou'ka:diougrem/ *a.* elektrokardiyogram
electrocardiograph /ilektrou'ka:diougra:f/ *a.* elektrokardiyograf
˙electrochemical /ilektrou'kemikıl/ *s.* elektrokimyasal **electrochemical equivalent** *kim.* elektrokimyasal eşdeğer **electrochemical series** *kim.* elektrokimyasal dizi
electrochemist /ilektrou'kemist/ *a.* elektrokimyacı
electrochemistry /ilektrou'kemistri/ *a.* elektrokimya
electrochromatography /ilektroukroumı'togrıfi/ *a.* elektrokromatografi
electrochronograph /ilektrou'kronıgra:f/ *a. elek.* elektrokronograf
electrochronometer /ilektrou'krınomitı/ *a. elek.* elektrokronometre
electrocleaner /ilektrou'kli:nı/ *a. met.* elektrikli temizleyici
electrocoagulation /ilektrou'kouegyuleyşın/ *a.* elektrokoagülasyon
electrocolouring /ilektrou'kalıring/ *a. met.* elektrikli renklendirme
electroculture /ilektrou'kalçı/ *a. trm.* elektrokültür
electrocute /i'lektrıkyu:t/ *e.* elektrik akımı vererek öldürmek
electrocution /ilektrı'kyu:şın/ *a.* elektrik akımı vererek öldürme
electrode /i'lektroud/ *a.* elektrot **electrode admittance** *elek.* elektrot admitansı **electrode characteristic** *elek.* elektrot karakteristiği **electrode conductance** *elek.* elektrot iletkenliği **electrode current** *elek.* elektrot akımı **electrode dissipation** *elek.* elektrot kaybı, elektrot yitiği **electrode impedance** *elek.* elektrot empedansı **electrode reactance** *elek.* elektrot reaktansı **electrode resistance** *elek.* elektrot direnci **electrode voltage** *elek.* elektrot gerilimi
electrodeposition /ilektroudepı'zişın/ *a.* elektrikle kaplama, elektrokaplama
electrodialysis /ilektrouday'elisis/ *a.* elektrodiyaliz
electrodynamic /ilektrouday'nemik/ *s.* elektrodinamik
electrodynamics /ilektrou'daynemiks/ *a. fiz.* elektrodinamik
electrodynamometer /ilektroudaynı'momitı/ *a. elek.* elektrodinamometre
electroencephalogram /ilektrouen'sefılıgrem/ *a.* elektroansefalogram
electroencephalograph /ilektrouen'sefılıgra:f/ *a.* elektroansefalograf
electroextraction /ilektrou'ikstrekşın/ *a. met.* elektrolitik çıkarma
electrofluor /ilektrou'flu:o:/ *a.* elektroflor
electroforming /ilektrou'fo:ming/ *a. elek.* elektrolizle biçimlendirme
electrogalvanize /ilektrou'gelvınayz/ *e.*

met. elektrikli galvanizlemek
electrogen /i'lektrougen/ a. elektrojen
electrograph /i'lektrougra:f/ a.
elektrograf
electrographite /ilektrou'grefayt/ a.
elektrografit
electrokinetic /ilektrouki'netik/ s.
elektrokinetik
electrokinetics /ilektrouki'netiks/ a.
elektrokinetik
electroluminescence
/ilektroulu:mi'nesıns/ a.
elektroluminesans, elektriksel ışıldama
electrolysis /ilek'trolisis/ a. elektroliz,
elektrikle ayrışım
electrolyte /i'lektroulayt/ a. elektrolit
electrolytic /ilektrou'litik/ s. elektrolitik
electrolytic bleaching teks. elektrolitik
ağartma *electrolytic capacitor*
elektrolitik kondansatör *electrolytic
cell rectifier elek.* alüminyum anotlu
doğrultmaç *electrolytic copper mad.*
elektrolitik bakır *electrolytic corrosion
elek.* elektrolitik korozyon *electrolytic
degreasing* elektrikli yağ giderme *elec-
trolytic detector elek.* elektrolitik
detektör *electrolytic dissociation
elek.* elektrolitik çözünme *electrolytic
gas* elektrolitik gaz *electrolytic grind-
ing* elektrolitik taşlama *electrolytic
oxidation kim.* elektrolitik oksidasyon
electrolytic pickling met. elektrikli
paklama *electrolytic polarization elek.*
elektrolitik polarizasyon *electrolytic
polishing* elektrolitik parlatma *electro-
lytic rectifier elek.* elektrolitik redresör,
sıvılı doğrultmaç *electrolytic refining
elek.* elektrolizle metal arıtma *electro-
lytic separation* elektrikli separasyon,
elektrikli ayırma *electrolytic solution
kim.* elektrolitik çözelti *electrolytic tank
fiz.* elektrolitik tank *electrolytic zinc
met.* elektrolitik çinko
electromagnet /ilektrou'megnit/ a.
elektromıknatıs
electromagnetic /ilektroumeg'netik/ s.
elek. elektromanyetik *electromagnetic
brake* elektromanyetik fren *electro-
magnetic braking* elektromanyetik
frenleme *electromagnetic clutch*
elektromanyetik kavrama *electromag-
netic deflection elek.* elektromanyetik

sapma *electromagnetic field elek.*
elektromanyetik alan *electromagnetic
horn elek.* elektromanyetik huni *elec-
tromagnetic induction elek.*
elektromanyetik endüksiyon *electro-
magnetic interference elek.*
elektromanyetik parazit *electromag-
netic momentum elek.*
elektromanyetik moment *electromag-
netic pulse elek.* elektromanyetik puls
electromagnetic pump elek.
elektromanyetik pompa *electromag-
netic radiation fiz.* elektromanyetik
radyasyon *electromagnetic reaction
elek.* elektromanyetik reaksiyon *elec-
tromagnetic tube elek.*
elektromanyetik tüp *electromagnetic
unit elek.* elektromanyetik birim *elec-
tromagnetic wave* elektromanyetik
dalga
electromagnetics /ilektroumeg'netiks/ a.
elek. elektromanyetik
electromagnetism /ilektrou'megnitizım/
a. elektromanyetizma
electromechanical /ilektroumi'kenikıl/ s.
elektromekanik
electromechanics /ilektroumi'keniks/ a.
fiz. elektromekanik
electrometallurgy /ilektroumi'telıci/ a.
met. elektrometalurji
electrometer /ilek'tromitı/ a.
elektrometre, elektrikölçer
electrometric /ilektrou'metrik/ s.
elektrometrik *electrometric titration*
elektrometrik titrasyon
electromotive /ilektrou'moutiv/ s.
elektromotor *electromotive force*
elektromotor kuvvet
electromotor /ilektrou'moutı/ a.
elektromotor
electron /i'lektron/ a. elektron *electron
affinity fiz.* elektron afinitesi *electron
avalanche elek.* elektron çığı *electron
band elek.* elektron bandı, elektron
kuşağı *electron beam elek.* elektron
demeti *electron camera elek.* elektron
kamerası, kamera *electron capture fiz.*
elektron yakalanması, elektron kapımı
electron cloud fiz. elektron bulutu
electron compound elektron bileşiği
electron concentration elektron
konsantrasyonu, elektron derişimi *elec-
tron conduction elek.* elektron iletimi

electron coupling elek. elektron kuplajı, elektron bağlaşımı *electron density* fiz. elektron yoğunluğu *electron diffraction* fiz. elektron kırılması *electron discharge* elek. elektron deşarjı *electron distribution* fiz. elektron dağılımı *electron drift* elek. elektron sürüklenmesi *electron emission* elektron yayımı, elektron emisyonu *electron exchange* elektron değiş tokuşu *electron flash* fot. elektronik flaş *electron flow* elektron akışı *electron gas* fiz. elektron gazı *electron gun* elek. elektron tabancası, elektron püskürteci *electron image* elek. elektronik görüntü *electron image tube* elektron görüntü tüpü *electron jet* elek. elektron jeti *electron lens* elek. elektron merceği *electron mass* fiz. elektron kütlesi *electron microscope* elektron mikroskobu *electron mirror* elek. elektron aynası *electron multiplier* elektron multiplikatörü, elektron çoğaltıcı *electron optics* elektron optiği, elektron ışıkbilgisi *electron orbit* elektron yörüngesi *electron oscillator* elek. elektron osilatörü *electron pair* elektron çifti *electron paramagnetic resonance* fiz. elektron paramanyetik rezonansı *electron radius* fiz. elektron yarıçapı *electron relay* elek. elektron rölesi *electron sheath* elek. elektron zarfı *electron shell* fiz. elektron kabuğu *electron spin* elektron spini *electron spin resonance* fiz. elektron spin rezonansı *electron tube* elek. elektron tüpü *electron volt* elek. elektron volt *electron wave* fiz. elektron dalgası *electron wave tube* elek. elektron dalga tüpü *electron-coupled* elektron kuplajlı *electron-positron pair* fiz. elektron-pozitron çifti
electronegative /ilektrou'negıtiv/ s. elektronegatif
electronegativity /ilektrounegı'tiviti/ a. elektronegativite, eksiçekerlik
electronic /ilek'tronik/ s. elektronik *electronic autopilot* elek. elektronik otomatik pilot *electronic band spectrum* fiz. elektron bant spektrumu *electronic calculating punch* biliş. elektronik hesaplamalı delgileme *elec-*

tronic calculator elek. elektronik hesap makinesi *electronic camera* elek. elektronik kamera *electronic charge* fiz. elektron yükü, temel yük *electronic circuit* elek. elektronik devre *electronic clock* elektronik saat *electronic conductance* elektronik iletkenlik *electronic configuration* elektronik konfigürasyon *electronic control* elektronik kontrol *electronic counter* elek. elektronik sayaç *electronic data processing* elektronik bilgi işleme *electronic data processing machines* elektronik bilgi işlem makineleri *electronic differential analyser* biliş. elektronik diferansiyel çözümleyici *electronic efficiency* elek. elektronik verim *electronic emission* elektronik emisyon *electronic engineer* elektronik mühendisi *electronic engineering* elektronik mühendisliği *electronic flash* elektronik flaş *electronic flashlamp* elektronik flaş lambası *electronic funds transfer* elektronik fon transferi *electronic funds transfer systems* biliş. elektronik fon aktarım sistemleri *electronic heating* elektronik ısıtma *electronic hygrometer* elektronik higrometre, elektronik nemölçer *electronic keying* elektronik manipülasyon *electronic mail* biliş. elektronik gönderim *electronic microphone* elektronik mikrofon *electronic microvoltmetre* elektronik mikrovoltmetre *electronic music* elektronik müzik *electronic oscillations* elek. elektronik titreşimler *electronic pen* biliş. elektronik kalem *electronic photometer* elek. elektronik fotometre *electronic power* elektronik güç *electronic reconnaissance* elektronik keşif *electronic rectifier* elek. elektronik redresör *electronic regulator* elek. elektronik regülatör *electronic relay* elek. elektronik röle *electronic spectrum* fiz. elektronik spektrum *electronic switching system* elek. elektronik anahtarlama sistemi *electronic tube* elek. elektronik tüp *electronic tuning* elek. elektronik ayarlama *electronic video recording* elektronik görüntü saptama *electronic view-*

finder *elek.* elektronik vizör **electronic voltmeter** *elek.* elektronik voltmetre

electronics /ilek'troniks/ *a.* elektronik, elektronik bilimi

electrooptics /ilektrou'optiks/ *a. elek.* elektro-optik

electroosmosis /ilektrou'osmousis/ *a.* elektroosmoz, elektrikle geçişme

electrophilic /ilektrou'filik/ *s.* elektrofil, elektroncul

electrophonic /ilektrı'fonik/ *s.* elektrofonik **electrophonic effect** *elek.* elektrofonik etki

electrophoresis /ilektroufı'ri:sis/ *a.* elektroforez

electrophoretic /ilektroufı'retik/ *s.* elektroforetik

electrophorus /ilek'trofırıs/ *a. elek.* elektrofor

electroplating /i'lektroupleyting/ *a.* elektro kaplama, elektrikli kaplama **electroplating bath** *elek.* elektro kaplama banyosu

electropneumatic /ilektrou'nyumetik/ *s. elek.* elektropnömatik

electropolar /ilektrou'poulı/ *a.* elektropolar

electropolishing /ilektrou'polişing/ *a.* elektropolisaj, elektriksel parlatma

electropositive /ilektrou'pozitiv/ *a. elek.* elektropozitif, artıçeker

electrorefining /ilektrou'rifayning/ *a. elek.* elektrolitik arıtım

electroscope /i'lektrouskoup/ *a. elek.* elektroskop, yükgözler

electroshock /i'lektrouşok/ *a. elek.* elektroşok

electrostatic /ilektrou'stetik/ *s.* elektrostatik, durukyük **electrostatic adhesion** *elek.* elektrostatik yapışma **electrostatic attraction** *elek.* elektrostatik çekim **electrostatic bond** *kim.* elektrostatik bağ **electrostatic coupling** *elek.* elektrostatik kuplaj **electrostatic deflection** *elek.* elektrostatik sapma **electrostatic energy** *elek.* elektrostatik enerji **electrostatic field** *elek.* elektrostatik alan, durukyük alanı **electrostatic flux** *elek.* elektrostatik akı **electrostatic focusing** *elek.* elektrostatik odaklama, elektron demeti odaklanması **electrostatic generator**

elek. elektrostatik jeneratör, durukyük üreteci **electrostatic hysteresis** *elek.* elektrostatik histerezis **electrostatic induction** *elek.* elektrostatik endüksiyon **electrostatic Kerr effect** *elek.* elektrostatik Kerr etkisi **electrostatic lens** *elek.* elektrostatik mercek **electrostatic memory** *biliş.* elektrostatik bellek **electrostatic precipitation** elektrostatik çökelme **electrostatic precipitator** elektrostatik çökeltici, elektrostatik filtre **electrostatic printer** *biliş.* elektrostatik yazıcı **electrostatic screen** *elek.* elektrostatik ekran **electrostatic shield** *elek.* elektrostatik ekran **electrostatic speaker** *elek.* elektrostatik hoparlör **electrostatic storage** *biliş.* elektrostatik bellek **electrostatic unit** elektrostatik birim **electrostatic voltmeter** *elek.* elektrostatik voltmetre **electrostatic wattmeter** *elek.* elektrostatik watmetre

electrostatics /ilektrou'stetiks/ *a. elek.* elektrostatik, durukyük bilgisi

electrotechnics /ilektrou'tekniks/ *a. elek.* elektroteknik

electrothermal /ilektrou'tö:mıl/ *s.* elektrotermik

electrothermic /ilektrou'tö:mik/ *s.* elektrotermik

electrotinning /ilektrou'tining/ *a. met.* elektrikli kalaylama

electrovalence /ilektrou'veylıns/ *a. kim.* elektron değerliği, elektrovalans

electrovalve /ilektrou'velv/ *a.* elektrovalf

eleemosynary /elii:'mosınıri/ *a.* hayır işleri

elegance /'eligıns/ *a.* incelik, güzellik, zarafet, şıklık

elegant /'eligınt/ *s.* zarif, ince, güzel, şık; düzenli

elegize /'elicayz/ *e.* ağıt yazmak

elegy /'elici/ *a.* ağıt

element /'elimınt/ *a.* öğe, unsur, eleman; *kim.* element; çevre, ortam **in one's element** havasında, halinden memnun, keyfi yerinde **out one's element** halinden memnun olmayan, keyfi kaçmış

elemental /eli'mentl/ *s.* doğanın gücüyle ilgili

elementary /eli'mentıri/ s. basit, kolay; (eğitim, öğretim) ilk, temel *elementary analysis* elamenter analiz, öğesel çözümleme *elementary particle* fiz. temel parçacık

elements /'elimınts/ a. başlangıç, ilk adımlar

elephant /'elifınt/ a. *hayb.* fil

elephantine /eli'fentayn/ s. fillere ait; çok iri, hantal, kaba

elevate /'eliveyt/ e. (aklı ya da ruhu) geliştirmek, yüceltmek; yükseltmek *elevated temperature* yüksek sıcaklık

elevation /eli'veyşın/ a. yükselme, terfi; deniz seviyesine oranla yükseklik

elevator /'eliveytı/ a. yükselme, yükseltme; rakım, yükselti; asansör; elevatör; silo, tahıl ambarı; *hav.* irtifa dümeni *elevator control hav.* irtifa dümen kumandası *elevator servomotor hav.* irtifa dümen servomotoru *elevator shaft inş.* asansör boşluğu, asansör bacası *elevator trimming hav.* irtifa dümen fletner ayarı

eleven /i'levın/ a. s. on bir *eleven punch biliş.* on bir delgisi

elevenses /i'levınziz/ a. hafif sabah yemeği ve içkisi

eleventh /i'levınt/ a. s. on birinci *at the eleventh hour* yumurta kapıya gelince, son anda, son dakikada

elevon /'elivon/ a. *hav.* elevon

elf /elf/ a. cin, peri

elfish /'elfiş/ s. cin gibi; yaramaz

elicit /i'lisit/ e. çıkartmak, ortaya çıkarmak

eligibility /elicı'bilıti/ a. nitelik, özellik, üstünlük; seçilebilirlik; uygunluk

eligible /'elicıbıl/ s. hak sahibi, haklı; uygun, seçilebilir *eligible paper* bankaca muteber senet

eliminant /i'liminınt/ a. *mat.* eliminant, eleç

eliminate /i'limineyt/ e. elemek, atmak; -den kurtarmak, çıkarmak

elimination /ilimi'neyşın/ a. eleme, çıkarma, atma; eliminasyon; yok etme *elimination ledger* eliminasyon defteri, mahsup defteri

elision /i'lijın/ a. sönünlü düşmesi

elite /ey'li:t/ a. seçkin sınıf, seçkinler, elit

elitism /ey'li:tizım/ a. seçkincilik, elitizm

elixir /i'liksı/ a. yaşam iksiri, iksir

elk /elk/ a. *hayb.* büyük boynuzlu iri bir geyik türü, elk

ell /el/ a. (boru) dirsek

ellipse /i'lips/ a. elips; *dilb.* eksilti

ellipsoid /i'lipsoyd/ a. *mat.* elipsoit

elliptical /i'liptikıl/ s. beyzi, oval, eliptik; *dilb.* eksiltili

elm /elm/ a. karaağaç

elocution /elı'ku:şın/ a. güzel konuşma, güzel söz söyleme sanatı, hitabet

elongate /'i:longeyt/ e. (bir nesneyi) uzatmak, daha uzun duruma getirmek

elongated /'i:longeytid/ s. uzatılmış

elongation /i:lon'geyşın/ a. uzatma, uzama; uzanım *elongation at rupture* kopma uzaması

elope /i'loup/ e. sevgilisi ile kaçmak

eloquence /'elıkwıns/ a. belagat, uzsözlülük, uzdil

eloquent /'elıkwınt/ s. belagatli, uzsözlü, uzdilli

else /els/ be. başka, daha; yoksa, aksi takdirde *else-rule biliş.* yoksa kuralı, değilse kuralı, oluşmama kuralı

elsewhere /els'weı/ be. başka yerde, başka yere

elucidate /i'lu:sideyt/ e. açıklamak, aydınlatmak, anlatmak, açığa kavuşturmak

elucidation /ilu:si'deyşın/ a. aydınlığa kavuşturma, açıklama

elucidatory /i'lu:sideytıri/ s. açıklayıcı, aydınlatıcı

elude /i'lu:d/ e. -den sıyrılmak, kurtulmak, yakasını kurtarmak, tehlikeyi atlatmak, kaçmak

elusive /i'lu:siv/ s. yakalanması/bulunması zor; anımsanması zor, bir türlü akla gelmeyen

elusory /i'lu:sıri/ s. aldatıcı, yanıltıcı

elutriate /i'lu:trieyt/ e. tasfiye etmek, yıkayıp ayırmak

eluvium /i'lu:viım/ a. elüvyon

elver /'elvı/ a. yılanbalığı yavrusu

emaciated /i'meyşieytid/ s. sıska, bir deri bir kemik

emaciation /imeysi'eyşın/ a. çok zayıflatma; zayıflama

e-mail /'i:meyl/ a. e-posta, imeyl

emanate /'emıneyt/ e. (from ile) çıkmak,

meydana gelmek, oluşmak, doğmak

emanation /emı'neyşın/ *a.* çıkma, yayılma

emancipate /i'mensipeyt/ *e.* özgürlüğüne kavuşturmak, bağlarından kurtarmak, serbest bırakmak

emancipation /imensi'peyşın/ *a.* azat etme

emasculate /i'meskyuleyt/ *e.* enemek, hadım etmek; kuvvetten düşürmek; bir metni sansür ederek hafifletmek ¤ *s.* hadım edilmiş, iğdiş edilmiş

embalm /im'ba:m/ *e.* (ölüyü) mumyalamak

embankment /im'benkmınt/ *a.* toprak set, set, bent

embargo /im'ba:gou/ *a.* ambargo ¤ *e.* ambargo koymak *embargo on imports* ithal malları kısıtlama

embark /im'ba:k/ *e.* gemiye binmek; gemiye bindirmek, yüklemek; yatırım yapmak; yük almak; yolcu almak

embarkation /emba:'keyşın/ *a.* binme, bindirme, yükleme

embarrass /im'berıs/ *e.* sıkmak, rahatsız etmek; bozmak, şaşırtmak; utandırmak, mahcup etmek; para sıkıntısına düşürmek; eli darda olmak

embarrassed /im'berısd/ *s.* utanmış, mahcup; para sıkıntısı içinde olan

embarrassing /im'berısing/ *s.* utandırıcı, mahcup edici; can sıkıcı, huzursuz edici

embarrassment /im'berısmınt/ *a.* utanma, mahcubiyet; para sıkıntısı, para darlığı

embassy /'embısi/ *a.* elçilik, sefaret

embed /im'bed/ *e.* içine oturtmak, kakmak, gömmek, yerleştirmek; kafasına sokmak

embedded /im'bedid/ *s.* yataklanmış, gömülmüş

embedding /im'beding/ *a.* yerleştirme

embellish /im'beliş/ *e.* süsleyerek güzelleştirmek; kendi düşüncelerini katarak süslemek

embellishment /im'belişmınt/ *a.* süsleme, güzelleştirme, renklendirme

ember /'embı/ *a.* kor, köz

embezzle /im'bezıl/ *e.* (para) zimmetine geçirmek, çalmak, irtikap etmek

embezzlement /im'bezılmınt/ *a.* zimmetine geçirme

embezzler /im'bezlı/ *a.* zimmetine para geçiren kişi

embitter /im'bitı/ *e.* üzmek, canından bezdirmek

emblazonment /im'bleyzınmınt/ *a.* süsleme, övme

emblem /'emblım/ *a.* simge, amblem

emblematical /embli'metikıl/ *s.* sembolik, temsil eden, simgesel

emblements /'emblımınts/ *a.* ürün, mahsul

embody /im'bodi/ *e.* cisimleştirmek, somutlaştırmak; katmak, eklemek, dahil etmek

embolden /im'bouldın/ *e.* cesaret vermek, yüreklendirmek

embolism /'embılizım/ *a.* amboli, damar tıkanıklığı

embosom /im'buzım/ *e.* bağrına basmak, kucaklamak

emboss /im'bos/ *e.* üzerine kabartma yapmak, gofrelemek, kabartmak

embossed /im'bost/ *s.* kabartmalı *embossed crepe teks.* kabartma krep *embossed finish teks.* gofreleme, kabartma apresi *embossed note paper* gofreli kâğıt *embossed print teks.* kabartma baskı *embossed stamp* kabartma damga, kabartma pul

embossing /im'bosing/ *a. teks.* gofraj, kabartma *embossing calender teks.* gofre kalenderi, baskı kalenderi *embossing effect teks.* kabartma efekti *embossing felt teks.* gofre keçesi *embossing machine teks.* gofre makinesi, kabartma makinesi

embossment /im'bosmınt/ *a.* kabartma, kakma

embouchure /ombu'şuı/ *a.* nehir ağzı; nefesli çalgıların ağızlığı

embrace /im'breys/ *a.* kucaklama, bağrına basma, sarılma ¤ *e.* kucaklamak, sarılmak; içermek, içine almak, kapsamak; benimsemek, kabul etmek, inanmak

embroider /im'broydı/ *e.* nakış işlemek, işlemelerle süslemek

embroidery /im'broydırı/ *a.* nakış, nakış işleme *embroidery yarn teks.* nakış ipliği

embroil /im'broyl/ *e.* karışmak, araya girmek

embryo /'embriou/ a. embriyon, oğulcuk, dölet

embus /im'bas/ e. arabaya koymak; arabaya binmek

emcee /em'si:/ a. teşrifatçı, protokol yetkilisi

emend /i'mend/ e. düzeltmek, tashih yapmak

emendation /i:men'deyşın/ a. düzeltme, doğrultma

emerald /'emırıld/ a. s. zümrüt, zümrüt yeşili emerald green zümrüt yeşili

emerge /i'mö:c/ e. ortaya çıkmak, meydana çıkmak

emergence /i'mö:cıns/ a. ortaya çıkma, belirme

emergency /i'mö:cınsi/ a. acil vaka, olağanüstü durum, tehlike emergency amortization olağanüstü amortisman, fevkalade amortisman emergency brake imdat freni, emniyet freni emergency bridge imdat köprüsü, tehlike köprüsü emergency budget fevkalade bütçe, olağanüstü bütçe emergency cable yedek kablo emergency call imdat çağrısı emergency credit acil kredi emergency declaration geçici beyanname emergency decree geçici yasa emergency door tehlike çıkış kapısı emergency facilities olağanüstü kolaylıklar, fevkalade kolaylıklar emergency landing zorunlu iniş, mecburi iniş emergency laws olağanüstü hal kanunları emergency lighting güvenlik aydınlatması emergency maintenance biliş. acil bakım, ivedi bakım emergency maintenance time biliş. acil bakım zamanı, ivedi bakım süresi emergency man yardımcı amele emergency meeting olağanüstü toplantı emergency parachute descent hav. paraşütle mecburi atlama emergency powers acil durum yetkileri emergency radio channel elek. radyo imdat kanalı emergency reserve ihtiyat emergency service acil servis emergency tax olağanüstü vergi, buhran vergisi emergency valve emniyet supabı

emergent /i'mö:cınt/ s. gelişmekte olan, gelişen

emersion /i'mö:şın/ a. gökb. gölgeden çıkma

emery /'emıri/ a. zımpara emery cloth zımpara bezi emery grinder zımpara taşı emery paper zımpara kâğıdı emery powder zımpara tozu emery stone zımpara taşı emery wheel zımpara çarkı

emetic /i'metik/ a. kusturucu ilaç

emigrant /'emigrınt/ a. göçmen emigrant worker göçmen işçi

emigrate /'emigreyt/ e. (başka bir ülkeye) göç etmek

emigration /emi'greyşın/ a. göç, dışgöç emigration agent göçmenlik acentesi

eminence /'eminıns/ a. yükseklik, şöhret, saygınlık, ün

eminent /'eminınt/ s. yüksek, seçkin, ünlü, saygın

eminently /'eminıntli/ be. çok; son derece; müthiş

emir /e'miı/ a. emir

emirate /'emirıt/ a. emirlik

emissary /'emisıri/ a. özel bir görevle gönderilmiş memur; gizli ajan, casus

emission /i'mişın/ a. emisyon, ihraç, yayım emission code elek. yayım kodu emission current elek. emisyon akımı emission efficiency elek. emisyon verimi, yayım verimi emission line opt. emisyon çizgisi, salım çizgisi emission spectroscopy kim. emisyon spektroskopisi emission spectrum fiz. emisyon spektrumu, salım izgesi

emissive /i'misiv/ s. yayıcı, salıcı emissive power fiz. yayıcı güç, salıcı güç

emissivity /imi'siviti/ a. fiz. yayıcılık, salıcılık

emit /i'mit/ e. göndermek, yollamak, vermek, yaymak, salmak

emitter /i'mitı/ a. elek. emitör, verici, yayıcı, salgıç emitter current elek. emitör akımı emitter resistance elek. emitör direnci emitter voltage elek. emitör gerilimi

emolient /i'moliınt/ s. yumuşatan, yumuşatıcı ¤ a. yumuşatıcı madde

emolument /i'molyumınt/ a. gelir, kazanç, ücret

emote /i'mout/ e. heyecanlandırmak, heyecana kapılmak

emotion /i'mouşın/ a. güçlü duygu; coşku, heyecan, duygu

emotional /i'mouşınıl/ s. duygusal, duygulu

emotionality /imouşı'nelıti/ a. duygusallık, durgunluk

emotionalize /i'mouşınılayz/ e. heyecanlandırmak, duygulandırmak

emotionless /i'mouşınlıs/ s. heyecansız, duygusuz

emotive /i'moutiv/ s. duygulandırıcı

empathize /'empıtayz/ e. karşısındakinin duygularını paylaşmak

empathy /'empıti/ a. empati: kendini bir diğer insanla özdeşleştirme, başka bir insanın/şeyin özelliklerini kendinde bulma

empennage /em'penic/ a. hav. kuyruk takımı

emperor /'empırı/ a. imparator

emphasis /'emfısis/ a. vurgu; kuvvetlendirme, güçlendirme *lay emphasis on sth* üzerinde önemle durmak, parmak basmak

emphasize /'emfısayz/ e. üzerinde durmak, belirtmek, vurgulamak, dikkati çekmek *emphasizing pronoun* pekiştirme zamiri

emphatic /im'fetik/ s. vurgulu; önemli, çarpıcı *emphatic articulation* sesbirimlerin kuvvetle söylenmesi, vurgulu söyleme *emphatic form* pekiştirme şekli

emphysema /emfi'si:mı/ a. anfizem

empire /'empayı/ a. imparatorluk

empirical /im'pirikıl/ s. görgül, deneysel, ampirik *empirical formula* ampirik formül *empirical probability* ampirik olasılık, görgül olasılık *empirical reasoning biliş.* gözlemsel uslamlama, görgül uslamlama

empiricism /im'pirisizım/ a. fel. görgücülük, deneycilik, ampirizm

emplace /im'pleys/ e. konuşlandırmak, mevzilendirmek

emplacement /im'pleysmınt/ a. yerleşme, yerleştirme; konuşlandırma, mevzilendirme

emplane /im'pleyn/ e. uçağa bindirmek; uçağa binmek

employ /im'ploy/ e. iş vermek, çalıştırmak, istihdam etmek; kullanmak; görevlendirmek, memur etmek ¤ a. iş verme

employable /im'ployıbıl/ s. görevlendirilebilir, iş verilebilir

employee /im'ployi:/ a. işçi, hizmetli, çalışan, memur, müstahdem *employee compensation* memur tazminatı *employee participation* yönetime katılma *employee pension* işçi geliri, emekli maaşı *employee pension fund* personel emekli fonu *employee relations* işçi ilişkileri *employee shares* işçi hisse senetleri *employee training* müstahdem eğitimi *employee's advances* personel avansları *employee's bonus* işçi ikramiyesi *employee's income tax* personel gelir vergisi *employees amenities* işveren yardımı

employer /im'ployı/ a. işveren, patron *employer's association* işverenler birliği *employer's contribution* işverenin katkısı *employer's liability* işverenin yükümlülüğü *employer's liability policy* işverenin sorumluluk sigortası *employers organization* işveren sendikası

employment /im'ploymınt/ a. çalışma, iş alma; çalıştırma, iş verme, istihdam; uğraş, iş, meşguliyet; kullanma, kullanım *employment agency* iş ve işçi bulma kurumu *employment application* iş başvurusu *employment bureau* iş bulma bürosu *employment department* çalışma bakanlığı *employment exchange* iş ve işçi bulma kurumu *employment gap* istihdam açığı *employment market* iş piyasası *employment multiplier* istihdam çarpanı *employment records* personel sicili *employment service agency* iş bulma bürosu

empoison /im'poyzın/ e. zehir etmek, zehretmek

emporium /em'po:riım/ a. mağaza, dükkân; ticaret merkezi

empower /im'pauı/ e. yetki vermek; izin vermek, müsaade etmek

empress /'empris/ a. imparatoriçe

emptily /'emptili/ be. aptalca, mantıksızca, boş boş

emptiness /'emptinis/ a. boşluk

emptor /'emptı/ a. alıcı, müşteri

empty /'empti/ s. boş; hkr. boş, saçma, abuk sabuk; kon. aç ¤ e. boşaltmak, içini boşaltmak, dökmek; boşalmak *empty medium biliş.* boş ortam *empty position* boş alan *empty seed* sağır tohum, boş tohum *empty set mat.* boş küme *empty string biliş.* boş dizgi *go away empty-handed* eli boş dönmek

emu /'i:myu:/ *a. hayb.* Avustralya'ya özgü bir cins devekuşu

emulate /'emyuleyt/ *e.* bir diğer kişiden daha iyisini yapmaya çalışmak

emulation /emyu'leyşın/ *a. biliş.* emülasyon, öykünüm

emulator /'emyuleytı/ *a. biliş.* emülatör, benzetici

emulsification /imalsifi'keyşın/ *a.* emülsiyonlaştırma

emulsifier /i'malsifayı/ *a.* emülsiyonlaştırıcı

emulsify /i'malsifay/ *e.* emülsiyonlaştırmak *emulsifying agent* emülgatör, emülsiyonlama maddesi *emulsifying power* emülsiyonlaştırma gücü

emulsion /i'malşın/ *a.* merhem, sübye, emülsiyon, sıvı asıltı *emulsion carrier fot.* emülsiyon tabanı, duyarkat tabanı *emulsion cleaner* emülsiyon temizleyici *emulsion cleaning* emülsiyon temizleme *emulsion layer fot.* emülsiyon tabakası *emulsion paint* emülsiyon boya *emulsion side* (film) emülsiyonlu taraf

en /en/ *a. bas.* yarım kadrat

en route /on'ru:t/ *be.* yolda, ... yolunda, gitmekte, seyir halinde

enable /i'neybıl/ *e.* olanaklı kılmak, imkân tanımak *enabling signal biliş.* etkilileştirme işareti

enact /i'nekt/ *e.* (yasa) çıkarmak

enactment /i'nekmınt/ *a.* kanunlaştırma, kanun çıkarma, kanun, yasa; sahneye koyma

enamel /i'nemıl/ *e.* minelemek, mine ile süslemek; parlatmak ¤ *a.* mine, emay; diş minesi; parlatıcı boya *enamel colour* emay rengi *enamel paint inş.* emaye boya, vernikli boya *enamelling furnace* emaye fırını

enamelled /i'nemıld/ *s.* emaye *enamelled brick inş.* sırlı tuğla *enamelled plate met.* emaye levha *enamelled wire elek.* emaye tel

enamoured /i'nemıd/ *s.* (of/with ile) düşkün, hayran

enantiomorph /en'entiımo:f/ *a. kim.* enantiyomorf

encampment /in'kempmınt/ *a.* kamp yeri

encase /in'keys/ *e.* kılıfa sokmak, kılıflamak, kaplamak, kutulamak, örtmek *encased knot inş.* kabuklu budak

encash /in'keş/ *e.* paraya çevirmek, tahsil etmek

encashable /in'keşıbıl/ *s.* tahsil edilebilir

encashment /in'keşmınt/ *a.* paraya çevirme, bozdurma, tahsil etme

encephalic /enke'felik/ *s.* beyne ait, beyinsel

enchant /in'ça:nt/ *e.* büyülemek, büyü yapmak; zevk vermek

enchanter /in'ça:ntı/ *a.* büyücü

enchanting /in'ça:nting/ *s.* büyüleyici

enchantment /in'ça:ntmınt/ *a.* büyü, sihir, büyüleme

enchantress /in'ça:ntris/ *a.* büyücü kadın

encircle /in'sö:kıl/ *e.* kuşatmak, çevrelemek; daire içine almak

encirclement /in'sö:kılmınt/ *a.* kuşatma

enclave /'enkleyv/ *a.* yerleşim bölgesi, yerleşme bölgesi

enclose /in'klouz/ *e.* çevresini sarmak, kuşatmak; içine koymak, iliştirmek

enclosed /in'kloud/ *s.* ilişikte gönderilen *enclosed invoice* ilişik fatura

enclosure /in'kloujı/ *a.* çevirme, kuşatma; çit, duvar; ilişikte gönderilen şey

encode /in'koud/ *e.* kodlamak, şifrelemek

encoder /in'koudı/ *a. biliş.* kodlayıcı

encomium /en'koumyım/ *a.* kaside, methiye, övgü

encompass /in'kampıs/ *e.* etrafını çevirmek, kuşatmak; sarmak, kucaklamak

encore /'onko:/ *ünl.* bir kere daha!, tekrar! ¤ *a.* (bir şarkının tekrarı için, vb.) yapılan istek; tekrar

encounter /in'kauntı/ *e.* karşılaşmak, rastlaşmak, karşı karşıya kalmak; (biriyle) tesadüfen karşılaşmak ¤ *a.* karşılaşma, rast gelme

encourage /in'karic/ *e.* yüreklendirmek, cesaretlendirmek; özendirmek, teşvik etmek

encouragement /in'karicmınt/ *a.* cesaretlendirme; özendirme, teşvik; yardım, destek

encouraging /in'karicing/ *s.* cesaret verici, yüreklendirici; özendirici, teşvik edici

encroach /in'krouç/ *e.* ileri gitmek, haddini aşmak; (birinin hakkına) tecavüz etmek

encroachment /in'krouçmınt/ *a.* tecavüz, el uzatma

encrust /in'krast/ *e.* üstüne kabuk çekmek

encrusted /in'krastid/ *s.* (mücevher, vb.) kaplı, kaplanmış

encumber /in'kambı/ *e.* ayak bağı olmak, ayağına dolaşmak, güçlük çıkartmak, engel olmak

encumbrance /in'kambrıns/ *a.* yükümlülük, taahhüt, borç, ipotek

encyclopedia /insayklı'pi:dıı/ *a.* ansiklopedi, bilgilik *walking encyclopedia* ayaklı kütüphane, çok bilgili kişi

encyclopedic /insayklı'pi:dik/ *s.* ansiklopedik; geniş kapsamlı

encyclopedist /insayklı'pi:dist/ *a.* ansiklopedi yazarı

end /end/ *a.* son, bitim; bitiş noktası, son nokta, uç nokta, bitim; son, son kısım; amaç, erek ¤ *e.* sona erdirmek, bitirmek; bitmek, sona ermek *at an end* bitmiş *at a loose end* boşta, işi yok *end bearing* uç yatak, mil başı yatağı *end consumer* son tüketici, nihai tüketici *end dump truck mad.* arkadan döker kamyon *end effect elek.* uç etkisi *end grain* makta, başağaç *end in* ile sonuçlanmak *end mark biliş.* son işareti *end mill* uç frezesi *end moraine yerb.* ön moren, ön buzultaşı *end of a fiscal year* mali yıl sonu *end of data biliş.* veri sonu *end of file biliş.* dosya sonu, kütük sonu *end of message biliş.* mesaj sonu *end of month* ay sonu *end of period* dönem sonu *end of record biliş.* kayıt sonu *end of run biliş.* koşum sonu *end of the contract* sözleşmenin son bulması *end of transmission biliş.* gönderme sonu *end of year* yıl sonu *end piece* uç parçası *end plate* uç plakası *end play* gezinti boşluğu, uç boşluğu *end point* son nokta *end printing biliş.* son

basımı *end product* tamamlanmış ürün, bitmiş ürün, son ürün, uçürün *end quench test met.* uca suverme deneyi *end up* bitirmek; sonuçta -e varmak *end user* son kullanıcı, son tüketici *end-around carry biliş.* uç-yuvarlaklaştırma eldesi *end-around shift biliş.* mantıksal kaydırma *end-of-data mark biliş.* veri sonu işareti *end-of-field mark biliş.* alan sonu işareti *end-of-file indicator biliş.* dosya sonu göstericisi, kütük sonu göstericisi *end-of-file mark biliş.* dosya sonu işareti, kütük sonu göstericisi *end-of-file routine biliş.* dosya sonu yordamı, kütük sonu yordamı *end-of-file spot biliş.* dosya sonu noktası, kütük sonu noktası *end-of-job card biliş.* iş bitiş kartı, iş sonu kartı *end-of-medium character biliş.* ortam sonu karakteri *end-of-message character biliş.* mesaj sonu karakteri *end-of-run routine biliş.* koşum sonu yordamı *end-of-tape marker biliş.* şerit sonu işareti *end-of-tape routine biliş.* şerit sonu yordamı *end-of-text character biliş.* metin sonu karakteri *end-of-transmission character biliş.* gönderim sonu karakteri *in the end* sonunda, nihayet *make ends meet* geçinebilmek, kıt kanaat geçinmek, iki yakasını bir araya getirebilmek *no end of kon.* çok, büyük, sonsuz, fazla

endanger /in'deyncı/ *e.* tehlikeye sokmak, tehlikeye atmak

endear /in'dıı/ *e.* (to ile) sevdirmek; kendini sevdirmek

endearing /in'dııring/ *s.* alımlı, çekici, cazip; sevecen, müşfik

endearment /in'dıımınt/ *a.* sevgi ifadesi, sevgi belirtisi, sevgi

endeavor /in'devı/ *e. Aİ. bkz.* endeavour

endeavour /in'deyvı/ *e.* çalışmak, çabalamak, denemek, gayret etmek

endemic /en'demik/ *s.* (hastalık, vb.) belli bir yere özgü

ending /'ending/ *a.* bitiş, son, sonuç; *mec.* ecel, son; *dilb.* takı, sonek *ending date* bitiş tarihi, bitiş valörü *ending of exemption* muaflığın sona ermesi

endive /'endayv/ *a.* hindiba

endless /'endlıs/ *s.* sonsuz *endless belt*

mak. sonsuz kayış **endless blanket**
teks. sonsuz blanket **endless chain**
mak. sonsuz zincir **endless rope haulage** sonsuz halatlı taşıma **endless saw** şerit testere **endless screw** sonsuz vida

endocarditis /endouka:'daytis/ *a.* endokardit, kalp içzarı iltihabı

endocardium /endou'ka:diım/ *a.* endokard, kalbin içzarı

endocentric /endou'sentrik/ *s.* içten bağlantılı, eşgüdümsel

endocrane /'endoukreyn/ *a.* kafatasının iç yüzeyi

endocrine /'endoukrayn/ *s.* endokrin, içsalgı ile ilgili

endoergic /endou'ö:cik/ *s.* *kim.* endotermik, ısıalan

endogenous /en'docinıs/ *s.* içten büyüyen **endogenous forces** *coğ.* içgüçler **endogenous variable** içsel değişken

endomorphism /endou'mo:fizım/ *a.* *mat.* endomorfizma, özyapı dönüşümü

endoparasite /endou'perısayt/ *a.* asalak, parazit

endoplasm /'endouplezım/ *a.* endoplazma, iç plazma

endophily /endou'fili/ *a.* endofili

endorsable /in'do:sıbıl/ *s.* ciro edilebilen

endorse /in'do:s/ *e.* desteklemek, onaylamak; ciro etmek; (ceza, isim, vb.) yazmak; arkasına yazmak; arkasını imzalamak; onaylamak **endorse over** ciro etmek **endorsing stamp** lastik mühür

endorsed /in'do:st/ *s.* ciro edilmiş **endorsed in blank** açık ciro edilmiş, beyaz ciro edilmiş

endorsee /indo:'si:/ *a.* ciro edilen kimse, lehdar

endorsement /in'do:smınt/ *a.* ciro; onay, tasdik **endorsement in black** beyaz ciro **endorsement in full** tam ciro **endorsement of pawn** rehin cirosu

endorser /in'do:sı/ *a.* ciranta, ciro eden kimse

endosmosis /endos'mousis/ *a.* endosmoz

endothermic /endou'tö:mik/ *s.* ısıalan, endotermik **endothermic atmosphere** endotermik atmosfer, ısıalan atmosfer

endothermic generator endotermik jeneratör, ısıalan üreteç **endothermic reaction** ısıalan tepkime, endotermik reaksiyon

endow /in'dau/ *e.* (okul, hastane, vb.'ne) bağışta bulunmak, para bağışlamak; gelir bağlamak

endowment /in'daumınt/ *a.* bağış; gelir sağlama; ıslah vergisi **endowment assurance** hayat halinde sigorta **endowment fund** bağış fonu, teberrulardan hasıl olan fon

endurable /in'dyuırıbıl/ *s.* dayanılabilir

endurance /in'dyuırıns/ *a.* dayanma, katlanma, çekme, tahammül, sabır, dayanıklılık; *hav.* havada kalma süresi, seyir süresi

endure /in'dyuı/ *e.* dayanmak, çekmek, katlanmak, tahammül etmek; uzun süre dayanmak, uzun süre etkisini ve gücünü korumak, sürmek

endways /in'dweyz/ *be.* dikine, dik olarak

enema /'enimı/ *a.* lavman

enemy /'enimi/ *a.* düşman

energetic /enı'cetik/ *s.* çalışkan, enerjik, güçlü, faal

energize /'enıcayz/ *e.* enerji vermek, güç vermek

energy /'enıci/ *a.* enerji, güç, erke **energy absorption** enerji absorpsiyonu **energy balance** *fiz.* enerji denkliği, erke denkliği **energy conversion** enerji dönüşümü, erke dönüşümü **energy crisis** enerji krizi **energy density** *fiz.* enerji yoğunluğu **energy distribution** enerji dağılımı, erke dağılımı **energy gap** *fiz.* enerji aralığı, erke aralığı **energy level** enerji düzeyi, erke düzeyi **energy loss** *fiz.* enerji kaybı, erke yitimi **energy of activation** aktivasyon enerjisi **energy saving** enerji tasarrufu **energy tax** enerji vergisi **energy transfer** *fiz.* enerji aktarımı, erke aktarımı **energy transformation** *fiz.* enerji dönüşümü **energy unit** *fiz.* enerji birimi, erke birimi **energy-mass equivalence** *fiz.* enerji/kütle eşitliği

enervate /'enö:veyt/ *e.* kuvvetten düşürmek, zayıflatmak

enervation /enö:'veyşın/ *a.* kuvvetten düşürme, zayıflatma

enfold /in'fould/ *e.* katlamak, sarmak,

paketlemek

enforce /in'fo:s/ *e.* zorlamak, zorla yaptırmak, zorla elde etmek, zorla kabul ettirmek; uygulamak, yürütmek, infaz etmek

enforceable /in'fo:sıbıl/ *s.* uygulanabilir; yürürlüğe konabilir

enforced /in'fo:st/ *s.* zorunlu

enforcedly /in'fo:sidli/ *be.* mecburi, zorunlu olarak

enforcement /in'fo:smınt/ *a.* uygulama; zorlama; icra, infaz **enforcement officer** kolluk görevlisi, polis **enforcement order** icra emri

enframe /in'freym/ *e.* çerçevelemek

enfranchise /in'frençayz/ *e.* oy hakkı vermek; üyeliğe kabul etmek; ayrıcalık tanımak; azat etmek

enfranchisement /in'frençayzmınt/ *a.* azat, serbest bırakma; oy verme hakkı

engage /in'geyc/ *e.* ücretle tutmak, çalıştırmak, işe almak; birbirine geçirmek, tutturmak; birbirine geçmek; saldırmak, hücum etmek **engage in** ile uğraşmak, ile meşgul olmak

engaged /in'geycd/ *s.* (telefon hattı) meşgul; nişanlı; meşgul

engagement /in'geycmınt/ *a.* nişan, nişanlanma; söz, randevu; sözleşme; taahhüt; iş, görev; uğraş, meşguliyet **engagement diary** randevu defteri **engagement ring** nişan yüzüğü **engagements** ödeme yükümlülükleri

engaging /in'geycing/ *a.* çekici, alımlı

engender /in'cendı/ *e.* neden olmak, yol açmak

engine /'encin/ *a.* motor; lokomotif; makine **engine bearer** *oto.* motor mesnedi **engine bed** motor sehpası **engine block** motor bloku **engine block assembly** motor blok takımı **engine bonnet** motor kaputu **engine bracket** *oto.* motor mesnedi **engine braking** *oto.* motor frenlemesi **engine breakdown** motor arızası **engine capacity** motor silindir hacmi **engine driver** makinist **engine failure** *oto.* motor arızası **engine fitter** montör **engine lathe** *mak.* motorlu torna **engine oil** *oto.* motor yağı **engine output** motor verimi **engine overhaul** motor revizyonu, motor yenileme **engine pit**

lokomotif çukuru, taşıt deneme çukuru **engine power** motor gücü **engine room** makine dairesi **engine shaft** motor şaftı **engine speed** makine devri, makine hızı, motor hızı **engine suspension** *oto.* motor süspansiyonu **engine torque** *oto.* motor dönme momenti **engine trouble** *oto.* motor arızası **engine works** makine fabrikası **engine-driven** motorla hareket eden

engineer /enci'niı/ *a.* mühendis; makinist; çarkçı ¤ *e.* (kötü bir şeye) planla neden olmak **engineer's journal** *biliş.* mühendislik günlüğü

engineering /enci'niıring/ *a.* mühendislik; makinistlik **engineering company** mühendislik firması **engineering department** mühendislik bölümü **engineering fee** mühendislik ücreti **engineering geology** mühendislik yerbilimi **engineering insurance** mühendislik sigortası **engineering sciences** mühendislik bilimleri **engineering staff** teknik kadro **engineering time** *biliş.* mühendislik zamanı **engineering works** mühendislik işleri

engirdle /in'gö:dıl/ *e.* kemer gibi sarmak, kuşatmak

English /'ingliş/ *s.* İngiliz ¤ *a.* İngilizce; (the ile) İngilizler **English bond** *inş.* İngiliz tuğla örgüsü

Englishism /'inglişizım/ *a.* İngiliz İngilizcesi

engorge /in'go:c/ *e.* yiyip bitirmek, silip süpürmek

engraft /in'gra:ft/ *e.* dikmek, aşılamak

engrained /in'greynd/ *s.* yerleşmiş, kökleşmiş

engrave /in'greyv/ *e.* oymak, hakketmek

engraver /in'greyvı/ *a.* oymacı, hakkâk

engraving /in'greyving/ *a.* hakkâklık; oyma, gravür; klişe **engraving machine** gravür makinesi, oyma makinesi

engross /in'grous/ *e.* yazmak, kaleme almak; tekeline almak

engrossed /in'groust/ *s.* kaptırmış, dalmış, kendini vermiş

engrosser /in'grousı/ *a.* spekülatör

engrossing /in'grousing/ *s.* çok ilginç, ilgi çekici, sürükleyici

engrossment /in'grousmınt/ *a.* piyasayı tekeline alma, stoklama

engulf /in'galf/ *e.* içine çekmek, yutmak, yok etmek

enhance /in'ha:ns/ *e.* artırmak, çoğaltmak, yükseltmek; abartmak, büyütmek, şişirmek

enhancement /in'ha:nsmınt/ *a.* artırma, artma

enigma /i'nigmı/ *a.* muamma, anlaşılmaz şey

enigmatic /enig'metik/ *s.* bilmece gibi; anlaşılmaz, esrarengiz, muammalı

enigmatize /i'nigmıtayz/ *e.* bilmece gibi konuşmak, anlaşılmaz konuşmak

enjoin /in'coyn/ *e.* buyurmak, emretmek; menetmek

enjoy /in'coy/ *e.* zevk almak, hoşlanmak, beğenmek, sevmek; sahip olmak, yararlanmak, kullanmak *enjoy oneself* mutlu olmak, eğlenmek

enjoyable /in'coyıbıl/ *s.* zevkli, hoş, güzel, eğlenceli

enjoyment /in'coymınt/ *a.* zevk, haz; tasarruf hakkı

enkindle /in'kindıl/ *e.* alevlendirmek, tutuşturmak

enlace /in'leys/ *e.* sıkıca sarmak; birbirine geçirmek

enlarge /in'la:c/ *e.* büyütmek, genişletmek; büyümek, genişlemek; (on ile) uzatmak

enlargement /in'la:cmınt/ *a.* büyütme, genişletme

enlarger /in'la:cı/ *a.* agrandisör, büyüteç

enlarging /in'la:cing/ *a.* agrandisman, genişletme, büyültme

enlighten /in'laytn/ *e.* aydınlatmak, bilgi vermek, açıklamak

enlightened /in'laytind/ *s.* aydınlatılmış; aydın, bilgili, okumuş

enlightening /in'laytning/ *s.* aydınlatıcı

enlightenment /in'laytınmınt/ *a.* ilim, irfan, aydınlatma

enlist /in'list/ *e.* askere almak; asker olmak; (yardım, sempati, vb.) kazanmak, sağlamak

enlistment /in'listmınt/ *a.* gönüllü yazılma; askere alma, askerlik hizmeti

enliven /in'layvın/ *e.* canlandırmak, hareketlendirmek

enmesh /in'meş/ *e.* ağa düşürmek, tuzağa düşürmek

enmity /'enmiti/ *a.* düşmanlık, husumet

ennoble /i'noubıl/ *e.* soylulaştırmak, asilleştirmek

ennoblement /i'noubılmınt/ *a.* soylu yapma, asalet verme

enol /'i:nol/ *a. kim.* enol

enormity /i'no:miti/ *a.* büyük kötülük, alçaklık; büyüklük

enormous /i'no:mıs/ *s.* çok geniş, çok büyük, koskoca, kocaman, devasa

enormously /i'no:mısli/ *be.* çok, pek çok, aşırı derecede

enough /i'naf/ *s.* yeterli, yeter ¤ *be.* yeterince, yeteri kadar ¤ *a.* yeterli miktar *strangely enough* ne gariptir ki; buna rağmen *Enough is enough!* Yeter artık!

enquire /in'kwayı/ *e.* soruşturmak

enquirer /in'kwayrı/ *a.* bilgi isteyen kimse

enquiry /in'kwayıri/ *a.* soruşturma, istihbarat, inceleme, tahkik *enquiry agency* istihbarat ajanı *enquiry character biliş.* sorgu karakteri, bilgi ver karakteri *enquiry office* istihbarat bürosu

enrage /in'reyc/ *e.* kızdırmak, öfkelendirmek

enraged /in'reycd/ *s.* öfkeli, kızgın, kızdırılmış

enrapt /in'rept/ *s.* kendinden geçmiş, mest olmuş

enrapture /in'repçı/ *e.* coşturmak, kendinden geçirmek, aşka getirmek

enrich /in'riç/ *e.* zenginleştirmek *enriched uranium fiz.* zenginleştirilmiş uranyum *enriching gas* zenginleştiren gaz, varsıllaştırıcı uçun

enrichment /in'riçmınt/ *a.* zenginleştirme *enrichment factor fiz.* zenginleştirme katsayısı

enrol(l) /in'roul/ *e.* üye olmak; üye etmek, kaydetmek

enrollment /in'roulmınt/ *a.* yazma, yazılma, kayıt; kütük, sicil

ensconce /in'skons/ *e.* (güvenli ve rahat bir biçimde) oturmak, yerleşmek, kendini yerleştirmek

ensemble /on'sombıl/ *a.* birlik, grup, takım; küçük müzik topluluğu, grup

enshrine /in'şrayn/ *e.* mabede koymak, kutsal bir yere koymak; kutsal olarak kabul etmek

enshroud /in'şraud/ *e.* kefenlemek,

gizlemek

ensign /'ensayn, 'ensın/ *a.* (donanma, vb.) bayrak; *Al.* deniz teğmeni

ensilage /'ensilic/ *a.* silolama, siloya alma, yeşillik ambarlanması *ensilage cutter trm.* mısır sapı kesen alet

ensile /en'sayl/ *e.* silolamak, yeşilliği siloya koymak

enslave /in'sleyv/ *e.* köle yapmak, esir etmek

ensue /in'syu:/ *e.* (sonuç olarak ya da sonra) ortaya çıkmak, ardından gelmek

ensure /in'şuı/ *e.* (olmasını) kesinleştirmek; sağlama almak; garantiye almak; sağlamak, temin etmek

entablature /en'tebliçı/ *a. inş.* sütun pervazı, saçaklık

entail /in'teyl/ *e.* gerektirmek, zorunlu kılmak, istemek; satılmaması/devredilmemesi koşuluyla vermek *entailed estate* satılamaz mülk, devredilemez mülk

entangle /in'tengıl/ *e.* (ip, saç, vb.) dolaştırmak, karıştırmak

entanglement /in'tengılmınt/ *a.* karman çormanlık, karmakarışıklık; güçlük, zorluk

entasis /'entısis/ *a. inş.* sütun göbekliği

entente /an'tant/ *a.* antant, uyuşma, anlaşma

enter /'entı/ *e.* girmek; yazmak, kaydetmek; üyesi olmak; gümrüğe bildirmek, deklare etmek *be entered* (üniversite) kaydını yaptırmak *enter a business* bir işe girmek *enter a motion* önerge vermek *enter a profession* bir meslek edinmek *enter a protest* protesto etmek *enter an action* dava açmak *enter an item* deftere bir madde kaydetmek *enter goods* malları deklare etmek *enter in a book* deftere kayıt etmek *enter in force* yürürlüğe girmek, meriyete girmek *enter into* başlamak, girişmek; yer almak, katılmak *enter into a bargain* pazarlığa girişmek *enter into a lease* kira anlaşması yapmak *enter into a partnership* ortaklığa girmek *enter into an obligation* yükümlülük altına girmek *enter into connections* temasa geçmek *enter into correspondence*

haberleşmeye başlamak *enter into particulars* ayrıntılara girişmek *enter (up)on* almak, konmak *enter one's mind* aklına gelmek *enter one's name* adını kaydetmek; adını kaydettirmek *enter sb's service* hizmetine girmek *enter the port* limana varmak *enter the spirit* ruhunu okumak, ruhunu anlamak *enter to sb's debit* hesabına borç geçirmek

enteric /en'terik/ *s.* bağırsaklara ait

enteritis /entı'raytis/ *a.* anterit, ince bağırsak iltihabı

enterogastritis /entırouge'straytis/ *a.* mide-bağırsak iltihabı, enterogastrit

enteron /'entırın/ *a.* bağırsak

enterprise /'entıprayz/ *a.* girişim, teşebbüs, proje, yatırım; cesaret, girişkenlik, açıkgözlülük *enterprise cost* teşebbüsün şimdiki maliyeti *enterprise value* işletme değeri *enterprise zone* yatırım bölgesi

enterprising /'entıprayzing/ *s.* girişken, girişimci, müteşebbis

entertain /entı'teyn/ *e.* (misafir) ağırlamak; eğlendirmek, hoşça vakit geçirtmek; (bir öneriyi, vb.) göz önünde bulundurmak, aklında tutmak *entertain an idea* bir fikir üzerinde düşünüp taşınmak

entertainer /entı'teynı/ *a.* eğlendiren kimse; ağırlayan kimse

entertaining /entı'teyning/ *s.* eğlendirici, ilginç

entertainment /entı'teynmınt/ *a.* eğlence; ağırlama; davet, ziyafet *entertainment account* ağırlama giderleri hesabı *entertainment allowance* ağırlama ödeneği *entertainment expenses* ağırlama giderleri *entertainment industry* eğlence sanayii *entertainment tax* eğlence vergisi

enthalpy /'entılpi/ *a. fiz.* entalpi, yığıntı

enthral(l) /in'tro:l/ *e.* (genellikle bir şey anlatarak) büyülemek, tüm dikkati üzerine toplamak, çekmek

enthralling /in'tro:ling/ *s.* çekici, cezbedici, büyüleyici

enthrone /in'troun/ *e.* tahta çıkarmak, taç giydirmek

enthronement /in'trounmınt/ *a.* tahta çıkarma, taç giydirme enthuse /in'tyu:z/ e. kon. hayranlık göstermek, çok ilgi göstermek

enthusiasm /in'tyu:ziezım/ a. büyük ilgi, isteklilik, heves, şevk

enthusiast /in'tu:ziest/ a. hevesli, istekli, şevkli

enthusiastic /in'tyu:ziestik/ s. şevkli, istekli, coşkun

entice /in'tays/ e. ayartmak, kandırmak

enticement /in'taysmınt/ a. ayartma, baştan çıkarma; cazibe, alım

enticing /in'taysing/ s. ikna edici, kandırıcı, cazip, çekici

entire /in'tayı/ s. bütün, tüm, tam *entire function* mat. tam fonksiyon, tümişlev

entirely /in'tayıli/ be. bütünüyle, tümüyle

entirety /in'tayırıti/ a. bütünlük, tümlük, tüm, bütün

entitle /in'taytl/ e. ad vermek, isimlendirmek; yetki vermek, hak vermek

entitlement /in'taytılmınt/ a. ad verme, yetki verme

entity /'entiti/ a. tek ve bağımsız varlık, mevcudiyet *entity accounting* bağımsız işletme muhasebesi

entomb /in'tu:m/ e. mezara koymak, gömmek

entombment /in'tu:mınt/ a. mezara koyma, gömme

entomologist /intou'molıcist/ a. entomolojist, böcekbilimci

entomology /entı'molıci/ a. böcekbilim, entomoloji

entourage /'ontura:j/ a. maiyet, önemli bir şahsın yanındaki/çevresindeki kimseler

entozoon /entou'zouon/ a. bağırsak kurdu

entracte /'ontrekt/ a. antrakt, perde arası

entrails /'entreylz/ a. sakatat

entrance /'entrıns/ a. giriş yeri, kapı, antre; girme, giriş; giriş hakkı ¤ /in'tra:ns/ e. kendinden geçirmek, büyülemek, esritmek *entrance door* giriş kapısı *entrance fee* giriş ücreti, duhuliye *entrance gallery* giriş galerisi *entrance tax* ithal resmi

entrancement /in'tra:nsmınt/ a. mest olma, büyülenme

entrancing /in'tra:nsing/ s. büyüleyici, mest edici

entrant /'entrınt/ a. bir mesleğe giren, kabul edilen kişi; yarışmacı

entrap /in'trep/ e. tuzağa düşürmek, yakalamak

entreat /in'tri:t/ e. yalvarmak, yakarmak, dilemek, rica etmek

entreaty /in'tri:ti/ a. rica, yalvarış, dilek

entrenched /in'trençt/ s. yerleşik, köklü

entrepot /'antrıpou/ a. antrepo, depo

entrepreneur /ontrıprı'nö:/ a. müteşebbis, girişimci; müteahhit, üstenci

entrepreneurial /ontrıprı'nö:rıl/ s. girişim ile ilgili

entropy /'entrıpi/ a. fiz. entropi, dağıntı

entrust /in'trast/ e. emanet etmek, sorumluluğuna vermek

entry /'entri/ a. girme, giriş; giriş, antre; kayıt; deftere kayıt; gümrüğe kayıt; yarışmacı(lar) *entry block* biliş. giriş öbeği *entry condition* biliş. giriş koşulu *entry fee* kayıt ücreti *entry for warehousing* gümrük antrepo bildirisi *entry form* kayıt formu *entry instruction* biliş. giriş komutu *entry inwards* gümrüğe giriş deklarasyonu *entry outwards* gümrük çıkış bildirisi *entry permit* giriş izni *entry point* biliş. giriş noktası *entry time* biliş. giriş zamanı *entry visa* giriş vizesi *make an entry* hesap defterine geçirmek

entryphone /'entrifoun/ a. diafon

entwine /in'twayn/ e. birbirine geçirmek, sarmak, dolaştırmak

entwist /in'twist/ e. sarmak, dolaştırmak, bükmek, örmek

enucleate /i'nyu:klieyt/ e. içini kesmeden çıkarmak, almak

enumerate /i'nyu:mıreyt/ e. sıralamak, belirtmek, birer birer saymak

enumeration /inyu:mı'reyşın/ a. sayma, sayım, liste

enumerator /i'nyu:mıreytı/ a. nüfus sayım memuru

enunciate /i'nansieyt/ e. telaffuz etmek; düşünceleri açıkça belirtmek, kesinlikle ifade etmek

enunciation /inansi'eyşın/ a. sözceleme

envelop /in'velıp/ e. sarmak, sarmalamak, örtmek, kapatmak, kaplamak

envelope /'envıloup/ a. mektup zarfı,

zarf; *bitk.* örtü; *mat.* bürüm

envelopment /in'velıpmınt/ *a.* sarma, gizleme; kuşatma, çevirme

enviable /'enviıbıl/ *s.* imrenilecek, özenilecek, kıskanılacak, gıpta edilecek; başarılı

envier /'enviı/ *a.* gıpta eden kimse, kıskanç kimse

envious /'enviıs/ *s.* kıskanç

environment /in'vayırınmınt/ *a.* çevre, ortam *environment division* *biliş.* çevre bölümü

environmental /invayırın'mentl/ *s.* çevresel *environmental control* doğal çevreyi koruma *environmental development* çevre gelişmesi *environmental pollution* çevre kirlenmesi *environmental problem* çevre sorunu *environmental protection* çevre koruma

environmentalism /invayırın'mentılizım/ *a.* çevrecilik

environmentalist /invayırın'mentılist/ *a.* çevreci; çevre korumacı

environs /in'vayırınz/ *a.* civar, havali, dolay

envisage /in'vizic/ *e.* usunda canlandırmak, gözünün önüne getirmek, imgelemek

envision /in'vijın/ *e.* düşünmek, gözünün önüne getirmek

envoy /'envoy/ *a.* delege; elçi

envy /'envi/ *e.* gıpta etmek, kıskanmak, imrenmek ¤ *a.* kıskançlık, çekememezlik, gıpta *turn green with envy* kıskançlıktan çatlamak

enzymatic /enzay'metik/ *s.* enzimatik

enzyme /'enzaym/ *a.* enzim

Eocene /'i:ousi:n/ *a.* eosen

epaulet(te) /epı'let/ *a.* apolet

épée /'epey/ *a.* eskrimde kullanılan bir tür kılıç, epe

epenthesis /ı'pentisis/ *a.* içtüreme

ephedrine /i'fedrin/ *a. kim.* efedrin

ephemeral /i'femırıl/ *s.* kısa ömürlü, geçici

ephemeris /i'femıris/ *a. gökb.* gök günlüğü *ephemeris time gökb.* gök günlüğü zamanı

epic /'epik/ *s.* epik, destansı ¤ *a.* epik, destan

epicenter /'episentı/ *a. yerb.* dış merkez,

deprem ortası, deprem özeği

epicure /'epikyuı/ *a.* (yemek, içki, vb.'den) anlayan, zevk sahibi kimse

epicycle /'episaykıl/ *a. gökb.* ilmek; *mat.* dış çember *epicyclic gear* oto. episiklik dişli, uydu dişli

epicyclic /epi'sayklik/ *s.* dış çembere ait, episiklik

epicycloid /epi'saykloyd/ *a. mat.* episikloit, dışçevrim eğrisi

epicycloidal /episay'kloydıl/ *s.* episikloit (ile ilgili) *epicycloidal wheel* episikloit tekerlek

epidemic /epi'demik/ *a.* (hastalık) salgın

epidermis /epi'dö:mis/ *a.* epiderm, üstderi

epidiascope /epi'dayıskoup/ *a. opt.* epediyaskop

epidote /'epidout/ *a. min.* epidot

epigastrium /epi'gestriım/ *a.* üstkarın

epiglottis /epi'glotis/ *a.* epiglot, gırtlak kapağı

epigram /'epigrem/ *a.* nükteli şiir/söz

epigrammatic /epigrı'metik/ *s.* nükteli, hicveden

epigrammatist /epi'gremıtist/ *a.* vecize yazan kimse, nükteci

epigrammatize /epi'gremıtayz/ *e.* hicvetmek

epigraph /'epigra:f/ *a.* epigraf, yazıt, kitabe

epilepsy /'epilepsi/ *a. hek.* sara, tutarık, epilepsi

epileptic /epi'leptik/ *a. s. hek.* saralı, tutarıklı

epilogue /'epilog/ *a.* epilog, son deyiş; son bölüm, bitim, kapanış

epimer /'epimı/ *a. kim.* epimer

epimorphosis /epimo:'fousis/ *a. min.* epimorfoz

episcopal /i'piskıpıl/ *s.* piskoposlarla ilgili; (kilise) piskoposlar tarafından yönetilen

episcope /'episkoup/ *a. opt.* episkop

episode /'episoud/ *a.* olay, serüven; (roman, vb.) bölüm

episodical /epi'sodikıl/ *s.* ayrı ayrı bölümlerden oluşmuş

epistemology /episti:'molıci/ *a.* epistomoloji, bilgi kuramı

epistle /i'pisıl/ *a.* önemli, ayrıntılı ve uzun mektup

epistolary /i'pistılıri/ s. mektupla ilgili *epistolary style* mektup üslubu

epitaph /'epita:f/ a. sin yazıtı, mezar taşı yazıtı, mezar taşı kitabesi

epitaxial /epi'teksiıl/ s. epitaksiyal *epitaxial layer* elek. epitaksiyal tabaka *epitaxial transistor* elek. epitaksiyal transistor

epitaxy /'epiteksi/ a. elek. epitaksi

epithermal /'epitö:mıl/ a. fiz. epitermal *epithermal neutron* fiz. epitermik nötron

epithet /'epitet/ a. lakap, sıfat, unvan; dilb. ad tamlaması kuran sıfat, belgeç, sanlık

epitome /i'pitımi/ a. somut örnek, ideal

epitomize /i'pitımayz/ e. somut örneği olmak

epoch /'i:pok/ a. çağ, devir, çığır, dönem

epos /'epos/ a. destan

epoxy /i'poksi/ s. epoksi *epoxy resin* epoksi reçinesi

Epsom /'epsım/ a. Epsom *Epsom salt* acı tuz, magnezyum sülfat

equability /ekwı'bilıti/ a. düzgünlük; yumuşaklık, ılımlılık

equable /'ekwıbıl/ s. değişmez, dengeli, sakin

equal /'i:kwıl/ s. eşit, eş, denk ¤ e. -e eşit olmak ¤ a. eş, akran *be equal to* eşit olmak, bir olmak, aynı olmak; uygun olmak *equal mind* soğukkanlılık *equal pay* eşit ücret *equal to new* yeni gibi *of equal size* aynı ölçüde

equality /i'kwoliti/ a. eşitlik, denklik *equality of opportunity* fırsat eşitliği *equality of rights* hak eşitliği *equality of sacrifice* özveri eşitliği *equality of treatment* uygulama eşitliği *equality sign* eşit işareti

equalization /i:kwılay'zeyşın/ a. eşitleme, denkleştirme, tevzin *equalization fund* denge fonu, istikrar fonu *equalization pay* hayat pahalılığı ayarlaması *equalization point* eşitleme noktası, muvazene noktası *equalization reserve* masraf eşitleme fonu, masraf tevzin fonu

equalize /'i:kwılayz/ e. eşitlemek, dengelemek *equalizing current* elek. eşitleme akımı *equalizing dividend* denkleştirici temettü, muvazene

temettüü *equalizing network* elek. dengeleyici devre *equalizing pulse* elek. dengeleyici darbe *equalizing signal* elek. dengeleyici sinyal *equalizing spring* oto. dengeleyici yay

equalizer /'i:kwılayzı/ a. eşitleyici, ekolayzer *equalizer spring* denge yayı, eşitleme yayı

equally /'i:kwıli/ be. eşit olarak, aynı derecede, eşit bir biçimde

equanimity /i:kwı'nimiti/ a. soğukkanlılık, temkin, sakinlik

equate /i'kweyt/ e. eşit yapmak, eşit saymak, eşitlemek, dengelemek, aynı kefeye koymak

equated /'ikweytid/ s. ortalama *equated calculation of interest* ortalama vadeli faiz hesabı

equation /i'kweyjın/ a. denklem; eşitlik; eşitleme *equation of continuity* süreklilik denklemi *equation of elasticity* esneklik denklemi *equation of equilibrium* denge denklemi *equation of state* kim. hal denklemi *equation of the third degree* mat. üçüncü dereceden denklem *equation of time* gökb. zaman denklemi

equative /i'kweytiv/ a. eşitlik derecesi

equator /i'kweytı/ a. ekvator, eşlek

equatorial /ekwı'to:riıl/ s. ekvatoral, ekvatorla ilgili *equatorial climate* metr. ekvator iklimi *equatorial orbit* gökb. ekvator yörüngesi

equestrian /i'kwestriın/ s. binicilikle ilgili ¤ a. atlı, binici

equiangular /i:kwi'engyulı/ s. mat. eşaçılı

equidistance /i:kwi'distıns/ a. eş uzaklık

equidistant /i:kwi'distınt/ s. aynı mesafede, eş uzaklıkta

equilateral /i:kwi'letırıl/ s. (üçgen) eşkenar, eşkıyılı *equilateral triangle* mat. eşkenar üçgen, eşkıyılı üçgen

equilibrate /i:kwi'laybreyt/ e. denge sağlamak, denk kılmak, denkleştirmek

equilibrating /i:kwi'laybreyting/ s. dengeleyici, denkleştirici *equilibrating capital flows* denkleştirici sermaye akımları *equilibrating movements* denkleştirici hareketler

equilibration /i:kwilay'breyşın/ a. denge; denge kurma, dengeleme

equilibrium /i:kwi'libriım/ a. denge *equi-*

librium constant kim. denge sabiti *equilibrium diagram* kim. denge diyagramı, denge çizgesi *equilibrium exchange rate* denge kuru *equilibrium interest rate* denge faiz oranı *equilibrium level of income* gelirin denge düzeyi *equilibrium mixture* denge karışımı *equilibrium moisture content* denge nem muhtevası *equilibrium of forces* kuvvetler dengesi *equilibrium point* denge noktası *equilibrium polygon* denge poligonu *equilibrium price* denge fiyatı *equilibrium temperature* denge sıcaklığı *equilibrium terms of trade* denge ticaret hadleri *equilibrium time* fiz. dengeleme zamanı *equilibrium trade position* denge ticaret durumu *equilibrium trade volume* denge ticaret hacmi

equine /'ekwayn/ s. atla ilgili, ata ilişkin

equinox /'i:kwinoks/ a. gökb. ekinoks, gün-tün eşliği, ılım

equip /i'kwip/ e. donatmak, teçhiz etmek

equipage /'ekwipic/ a. donatı, teçhizat, levazım; kumanya, azık

equipartition /ekwipa:'tişın/ a. eşdağılım, eşbölüşüm

equipment /i'kwipmınt/ a. donatma, donatım; gereç, donatı, teçhizat; alet, takım *equipment compatibility* biliş. ekipman uyarlığı, donatı bağdaşırlığı *equipment failure* biliş. ekipman arızası, donatı hatası *equipment leasing* makine kiralama *equipment trust certificate* donatım kredi vesikası

equipoise /'ekwipoyz/ a. denge; karşı ağırlık

equipollent /i:kwı'polınt/ s. a. eşdeğerli, etki yönünden eşit, eş öğeli *equipollent opposition* eş öğeli karşıtlık

equipotential /i:kwıpı'tenşıl/ s. eşit potansiyelli

equitable /'ekwitıbl/ s. adil, tarafsız; adalete uygun *equitable mortgage* devir şeklindeki ipotek *equitable price* adil fiyat *equitable tax* adil vergi

equitably /'ekwitıbli/ be. adilane, tarafsızca, insafla

equity /'ekwiti/ a. adalet, dürüstlük; insaf; eşitlik *equity capital* öz kaynak, öz varlık, öz sermaye *equity financing* öz

sermaye finansmanı *equity market* hisse senetleri piyasası *equity of a company* öz sermaye *equity of redemption* vefa hakkı *equity of taxation* vergi adaleti *equity receiver* tasfiye memuru *equity security* devri mümkün mülkiyeti gösteren belge

equivalence /i'kwivılıns/ a. denklik, eşdeğerlik *equivalence element* biliş. eşdeğerlik öğesi *equivalence operation* biliş. eşitlik işlemi *equivalence value* emsal değeri

equivalent /i'kwivılınt/ a. s. eşdeğer, denk, karşılık, eşit *equivalent binary digits* biliş. eşdeğer ikili sayılar *equivalent circuit* elek. eşdeğer devre *equivalent conductance* kim. eşdeğer iletkenlik *equivalent current* elek. eşdeğer akım *equivalent delay line* elek. eşdeğer gecikme hattı *equivalent diode* elek. eşdeğer diyot *equivalent height* elek. eşdeğer yükseklik *equivalent network* elek. denk şebeke *equivalent noise level* eşdeğer gürültü düzeyi *equivalent of precedent* emsal bedeli *equivalent orifice* mad. eşdeğer açıklık *equivalent resistance* elek. eşdeğer direnç *equivalent series resistance* elek. eşdeğer seri direnç *equivalent temperature* metr. eşdeğer sıcaklık *equivalent weight* kim. eşdeğer ağırlık

equivocal /i'kwivıkıl/ s. (sözcük) iki anlamlı, iki anlama gelebilen, lastikli, kaçamaklı; (davranış, olay, vb.) gizemli, belirsiz, kuşkulu, şüpheli, karanlık

equivocalness /i'kwivıkılnıs/ a. iki anlama gelme, belirsizlik

equivocate /i'kwivıkeyt/ e. iki anlama gelmek, kaçamak konuşmak

era /'iırı/ a. devir, çağ, zaman, dönem

eradicable /i'redikıbıl/ s. kökünden sökülebilir

eradicate /i'redikeyt/ e. yok etmek, kökünü kurutmak

eradication /iredi'keyşın/ a. kökünü kurutma, yok etme

erasable /i'reyzıbıl/ s. silinebilir, silinir *erasable programmable read-only memory* biliş. silinebilir programlanabilir salt okunur bellek *erasable storage* biliş. silinebilir bellek

erase /i'reyz/ e. (yazı, vb.) silmek **erase character** biliş. silme karakteri **erase head** silme kafası **erasing head** silme kafası
eraser /i'reyzı/ a. İİ. silgi
erasion /i'reyjın/ a. silme
erasure /i'reyjı/ a. silme; silinti, kazıntı
erbium /'ö:biım/ a. kim. erbiyum **erbium laser** fiz. erbiyumlu lazer
ere /eı/ ilg. önce, evvel
erect /i'rekt/ s. dik, dimdik; (penis/göğüs uçları) dik ¤ e. dikmek; yapmak, dikmek, inşa etmek
erecting /i'rekting/ a. kurma, tesis, montaj; opt. düzeltme **erecting engineer** montör **erecting shop** mak. montaj atölyesi
erection /i'rekşın/ a. yapma, kurma, dikme, inşa; yapı, bina; (penis) sertleşme, ereksiyon
erector /i'rektı/ a. diken, kaldıran; anat. organı kaldıran kas
eremite /'erimayt/ a. inzivaya çekilmiş kimse
erg /ö:g/ a. fiz. erg
ergodic /ö:'gıdik/ s. ergodik **ergodic state** ergodik durum **ergodic theory** fiz. ergodik teori
ergonometrics /ö:'gonimetriks/ a. ergonometrik
ergonomics /ö:gı'nomiks/ a. ergonomi, işbilim
ergosterol /ö:'gostırol/ a. ergosterol
ergotoxine /ö:gı'toksin/ a. ergotoksin
erica /'erikı/ a. bir tür funda
erlang /'ö:leng/ a. erlang
Erlenmeyer flask /'ö:lınmayı flesk/ a. erlenmayer, çalkar
ermine /'ö:min/ a. hayb. ermin, as, kakım
erne /ö:/ a. denizkartalı
erode /i'roud/ e. yemek, aşındırmak, yıpratmak; aşınmak, yıpranmak
erodible /i'roudıbıl/ s. aşınır, aşınabilir **erodible soil** trm. erozyona uygun toprak
erogenous /i'rocinıs/ s. cinsel istek ile ilgili
erosion /i'roujın/ a. aşınma, aşındırma, erozyon **erosion terrace** erozyon sekisi
erosive /i'rousiv/ s. aşındırıcı, kemirici
erotic /i'rotik/ s. kösnül, erotik

erotica /i'rotikı/ a. erotik yazılar, resimler
eroticism /i'rotisizım/ a. kösnüllük, erotizm
err /ö:/ e. yanılmak, hata etmek, yanlış yapmak; günah işlemek
errand /'erınd/ a. ayak işi, getir götür işleri **fool's errand** olmayacak iş **go on errand** ayak işleri görmek
errand-boy /'erındboy/ a. ayakçı, çırak, getir götür işlerine bakan çocuk
errant /'erınt/ s. yanlış, hatalı
errantry /'erıntri/ a. serserilik, avarelik
erratic /i'retik/ s. hareketleri düzenli olmayan, değişen, kararsız, düzensiz; yerb. sapkın **erratic block** yerb. sapkıntaş
erroneous /i'rouniıs/ s. (ifade, görüş, inanç, vb.) yanlış, hatalı
erroneously /ı'rouniısli/ be. yanlışlıkla, sehven
error /'erı/ a. yanlışlık, yanlış, hata; yanlış kanı/düşünce/vb. **error burst** biliş. hata grubu, hata zinciri, hata patlaması **error character** biliş. hata karakteri **error code** biliş. hata kodu **error condition** biliş. hata koşulu **error control** biliş. hata denetimi **error correction** biliş. hata düzeltme **error detection** biliş. hata bulma **error detection routine** biliş. hata bulma yordamı **error diagnostics** biliş. hata tanıma **error file** biliş. hata dosyası, hata kütüğü **error function** mat. hata fonksiyonu, yanılgı işlevi **error in calculation** hesap yanlışlığı **error interrupts** biliş. hata yüzünden kesilmeler **error isolation** biliş. hata izolasyonu, hata yalıtımı **error limit** hata sınırı **error list** biliş. hata listesi, hata dizelgesi **error log** biliş. hata kaydı, hata günlemesi **error message** biliş. hata mesajı/iletisi **error of addition** toplama hatası **error of closure** kapanma hatası **error of fact** maddi hata **error of first kind** birinci tür hata **error of law** hukuki hata **error of observation** gözlem hatası **error of second type** ikinci tür hata **error on subject** yükümlüde hata **error percentage** hata yüzdesi **error range** biliş. hata menzili **error rate** biliş. hata oranı **error rate damping** hata oranı sönümü **error recovery routine** biliş. hata

kurtarma yordamı *error report biliş.* hata raporu *error routine biliş.* hata yordamı *error signal biliş.* hata sinyali *error tape biliş.* hata şeridi *error voltage* hata voltajı *error-checking code biliş.* hata sınama kodu *error-correcting code biliş.* hata düzeltme kodu *error-correction routine biliş.* hata düzeltme yordamı *error-correction rule biliş.* hata düzeltme kuralı *error-detecting code biliş.* hata bulma kodu

ersatz /'eızets/ *a.* aslının yerine geçen şey

erstwhile /'ö:stwayl/ *be.* eskiden, önceden

eructate /i'rakteyt/ *e.* geğirmek, püskürmek

eructation /i:rak'teyşın/ *a.* geğirme, püskürme

erudite /'erudayt/ *s.* bilgili, engin bilgili

erupt /i'rapt/ *e.* (yanardağ) patlamak, püskürmek; patlak vermek, çıkmak, oluşmak

eruption /i'rapşın/ *a.* patlama, püskürme; *hek.* döküntü, isilik

eruptive /i'raptiv/ *s.* patlayan, püsküren *eruptive rock coğ.* püskürük kayaç

erysipelas /eri'sipilıs/ *a. hek.* yılancık

escalate /'eskıleyt/ *e.* (savaşı) kışkırtmak; yükseltmek, artırmak; (fiyat, ücret) yükselmek, artmak, çoğalmak *escalated tariff* eskalasyonlu gümrük tarifesi

escalation /eskı'leyşın/ *a.* kızıştırma; yükseltme, artırma; kızışma; yükselme, artma *escalation price* fiyat yükselmesi

escalator /'eskıleytı/ *a.* yürüyen merdiven *escalator clause huk.* ücretin/fiyatın belirli bir şeye endekslenmesi şartı

escalope /'eskıloup/ *a.* şnitzel

escapade /'eskıpeyd/ *a.* çılgınlık, aptalca hareket

escape /i'skeyp/ *e.* kaçmak, firar etmek; sızıntı yapmak; kurtarmak, atlatmak; kurtulmak; akla gelmemek ¤ *a.* kaçma, kaçış, firar; kurtuluş; (gaz/sıvı vb.) sızma, sızıntı, kaçak *escape character biliş.* kaçış karakteri *escape clause* cayma şartı, şarttan korunma klozu *escape one's notice* gözünden kaçmak

escape pipe çıkış borusu *escape sb's notice* dikkatinden kaçmak *escape valve* boşaltma valfı *escape velocity fiz.* kurtulma hızı

escapee /eskey'pi:/ *a.* kaçan kimse, kaçak

escapement /i'skeypmınt/ *a.* saat maşası

escapism /i'skeypizım/ *a. hkr.* gerçekten kaçış

escarp /i'ska:p/ *e.* şevli yapmak

escarpment /i'ska:pmınt/ *a.* dik kayalık, sarplık, diklik

escheat /is'çi:t/ *a.* vârisi olmayan mülkün devlete kalması

eschew /is'çu:/ *e.* uzak durmak, sakınmak

escort /'esko:t/ *a.* muhafız, maiyet; kavalye, refakatçi ¤ /i'sko:t/ *e.* refakat etmek, eşlik etmek

escritoire /eskri:'twa:/ *a.* çekmeceli yazı masası

escrow /'eskrou/ *a. huk.* belli yükümlülükler gerçekleşene kadar bir şeyin tarafsız bir kişiye emaneti

escutcheon /i'skaçın/ *a.* arma levhası; gemi aynalığı, isim tabelası

esophagus /i:'sofıgıs/ *a. bkz.* oesophagus

esoteric /esı'terik/ *s.* (bilgi, ilgi, vb.) belirli bir kesime hitap eden, içrek, batıni

especial /i'speşıl/ *s.* özel, ayrı

especially /i'speşıli/ *be.* özellikle

espionage /'espi:na:j/ *a.* casusluk

esplanade /'esplıneyd/ *a.* (özellikle deniz kıyısında) gezinti yeri, kordon

espousal /i'spauzıl/ *a.* bir düşünceyi destekleme, benimseme

espouse /i'spauz/ *e.* benimsemek, kabullenmek

espresso /es'presou/ *a.* espresso kahve

esprit /'espri:/ *a.* neşe, ruh, can

espy /i'spay/ *e.* görmek, fark etmek, gözüne ilişmek

esquire /i'skwayı/ *a.* bay, efendi

essay /'esey/ *a.* deneme

essayist /'eseyist/ *a.* deneme yazarı

essence /'esıns/ *a.* asıl, öz, esas; esans

essential /i'senşıl/ *s.* gerekli, şart; başlıca, esaslı, öz, temel ¤ *a.* esas *essential consumption goods* zaruri tüketim maddeleri *essential mineral* esas maden, karakteristik maden *es-*

sential oil uçucu bitki yağı **essential part** esas bölüm **essentials** gerekli şeyler
essentially /i'senşıli/ be. esasen, aslında, gerçekte; gerekli olarak, gerekerek
essive /'esiv/ s. durum belirten; şart hali, koşul durumu
establish /i'stebliş/ e. kurmak, tesis etmek; yerleştirmek; kanıtlamak, doğruluğunu ortaya koymak; tanıtmak, kabul ettirmek; (yasa) çıkarmak, koymak; (kilise) resmileştirmek; saptamak, belirlemek **established** yerleşmiş, oturmuş **established market** yerleşik piyasa **establishing expenditures** kuruluş giderleri **establishing shot** fot. genel çekim, toplu çekim
establishment /i'steblişmınt/ a. kurma, tesis etme; yerleştirme; kuruluş, kurum, işletme, müessese; şirket, firma **establishment charges** kuruluş giderleri **establishment costs** kuruluş giderleri
estate /i'steyt/ a. İİ. arazi, mülk, emlak; arsa; huk. ölen kimseden kalan mal varlığı; intifa hakkı, ayni hak; konak, malikâne **estate accounting** miras hesapları, tereke hesapları **estate agent** emlakçı, emlak simsarı, emlak komisyoncusu **estate car** pikap **estate duty** veraset vergisi, intikal vergisi **estate income** tereke geliri, mülk geliri **estate tax** veraset vergisi, intikal vergisi **personal estate** taşınabilir mallar **real estate** taşınamaz mallar
esteem /i'sti:m/ a. saygı, itibar ¤ e. saymak, saygı göstermek, değer vermek, takdir etmek; saymak, düşünmek, gözüyle bakmak **hold in esteem** saygı göstermek, değer vermek, takdir etmek
ester /'estı/ a. ester
esterase /'estıreys/ a. kim. esteraz
esterification /esterıfi'keyşın/ a. esterleşme
estimable /'estimıbıl/ s. saygıdeğer
estimate /'estimeyt/ e. değer biçmek, değerlendirmek; tahmin etmek; hesaplamak ¤ /'estimit/ a. hesap, tahmin, takdir, düşünce; teklif, işi kabul etme **a rough estimate** aşağı yukarı bir tahmin, kabataslak bir hesap **form an estimate (of)** bir tahminde bulunmak, bir fikir edinmek

estimated /'estimeytid/ s. tahmini **estimated charges** tahmini giderler **estimated cost** tahmini maliyet **estimated life** tahmini ömür **estimated tare** tahmini dara **estimated tax** tahmini vergi **estimated time of arrival** hav. tahmini varış saati **estimated weight** tahmini ağırlık
estimating /'estimeyting/ a. tahmin etme **estimating clerk** muhammin **estimating office** muhammin bürosu
estimation /esti'meyşın/ a. kanı, düşünce, yargı; takdir, tahmin, kestirim **estimations of revenue** varidat tahminleri
estimator /'estimeytı/ a. tahmin edici, kestirici, tahminci
estop /i'stop/ e. durdurmak, önlemek
estoppel /i'stopıl/ a. önceden yapılan beyanın değiştirilmesinin yasaklanması
estrange /i'streync/ e. soğutmak, aralarını bozmak, uzaklaştırmak, yabancılaştırmak
estrangement /i'streyncmınt/ a. yabancılaştırma, soğutma
estrogen /'estrıcın/ a. estrojen
estuary /'esçuıri/ a. coğ. haliç, ırmak ağzı
et cetera /et'setırı/ be. ve saire, ve benzeri
eta /'i:tı/ a. fiz. eta
etalon /'etılon/ a. opt. etalon
etamine /'etımi:n/ a. teks. etamin
etc. /it'setrı/ be. vs., vb., vesaire
etch /eç/ e. asitle maden üzerine resim oymak, hakketmek **etch test** dağlama deneyi **etched-out pattern** yakma deseni, aşındırma deseni
etching /'eçing/ a. oyma; ofort, ıslak kazı, asitle aşındırarak yapılan resim **etching crack** dağlama çatlağı **etching solution** dağlama çözeltisi
eternal /i'tö:nıl/ s. sonsuz, hiç bitmeyen, öncesiz sonrasız, ebedi
eternalize /i'tö:nılayz/ e. ebèdi kılmak, ebedileştirmek
eternally /i'tö:nıli/ be. ebediyen, daima
eternity /i'tö:niti/ a. sonsuzluk
ethanal /'etınel/ a. etanal
ethane /'i:teyn/ a. etan
ethanol /'etınol/ a. etanol
ethene /'eti:n/ a. kim. eten
ether /'i:tı/ a. kim. eter

ethereal /i'tiırıl/ s. dünyevi olmayan, uçuk

etherify /'i:tırifay/ e. eterleştirmek

ethic /'etik/ a. ahlak sistemi

ethical /'etikıl/ s. ahlaki, törel; (davranış, vb.) ahlaklı

ethicist /'etisist/ a. ahlakbilimci

ethics /'etiks/ a. törebilim, etik, ahlak bilimi; aktöre, ahlak, ahlak kuralları

ethnic /'etnik/ s. budunsal, etnik

ethnographer /et'nogrıfı/ a. etnograf, budunbetimci

ethnographic /etnou'grefik/ s. etnografya ile ilgili

ethnography /et'nogrıfi/ a. etnografya, budunbetim

ethnolinguistics /et'nolingwistiks/ a. budundilbilim

ethnological /etnou'locikıl/ s. etnolojik, budunbilimsel

ethnologist /et'nolıcist/ a. etnolog, budunbilimci

ethnology /et'nolıci/ a. budunbilim, etnoloji

ethoxyl /e'toksil/ a. etoksil

ethoxylation /etoksi'leyşın/ a. etoksilasyon

ethyl /'i:tayl/ a. etil

ethylene /'etili:n/ a. etilen

ethyne /'i:tayn/ a. etin

etiquette /'etiket/ a. görgü kuralları, adabımuaşeret

etymology /eti'molıci/ a. kökenbilim, etimoloji

etymon /'etimon/ a. köken, etimolojik kök

eucaine /'yu:keyn/ a. yukain, eskiden lokal anestezide kullanılan bir madde

eucalyptus /yu:kı'liptıs/ a. bitk. okaliptüs, sıtmaağacı

eucharis /'yu:kıris/ a. beyaz zambak

Eucharist /'yu:kırist/ a. İsa'nın son akşam yemeği üzerine düzenlenen tören; bu törende yenilen ekmek ve içilen şarap

eugenol /'yu:cinol/ a. öjenol

euglena /yu:'gli:nı/ a. hayb. öglena

eulogize /'yu:lıcayz/ e. övmek, methetmek

eulogy /'yu:lıci/ a. övgü, methiye

eunuch /'yu:nık/ a. hadım, haremağası

euphemism /'yu:fimizım/ a. örtmece, edebi kelam

euphony /'yu:fini/ a. akışma

euphorbia /yu:'fo:bıı/ a. bitk. sütleğen

euphoria /yu:'fo:rıı/ a. mutluluk ve neşe, coşku

Eurobank /'yuıroubenk/ a. Eurobank

Eurobond /'yuıroubond/ a. Eurotahvil Eurobond market Eurotahvil piyasası

Eurocapital market Avrupa sermaye piyasası

Eurocheque /'yuırouçek/ a. Euroçek Eurocheque card Euroçek kart

Eurocrat /'yuırıkret/ a. Avrupa ekonomik ülke daimi delegesi

Eurocredit /yuırıkredit/ a. Eurokredi Eurocredit market Eurokredi piyasası Eurocredit sector Eurokredi sektörü

Eurocurrency /'yu:roukarınsi/ a. Avrupa parası, Europara Eurocurrency deposits Europara mevduatı Eurocurrency loans uluslararası para piyasası kredileri Eurocurrency market Europara piyasası

Eurodollar /'yuıroudolı/ a. Eurodolar Eurodollar deposits Eurodolar mevduatı Eurodollar market Eurodolar piyasası

Euromarket /'yuırouma:kit/ a. Europazar, Avrupa piyasası

Euromoney /'yuıroumani/ a. Europara Euromoney market Europara piyasası, Avrupa para piyasası

Europe /'yuırıp/ a. Avrupa

European /yuırı'piın/ a. s. Avrupalı, Avrupa ile ilgili, Avrupa ... ¤ a. Avrupalı European Community Avrupa Topluluğu, AT European currency unit (ECU) Avrupa para birimi European economic community Avrupa ekonomik topluluğu European fund Avrupa fonu European Parliament Avrupa Parlamentosu

europium /yu'roupiım/ a. öropiyum

Eurosterling /'yuıroustö:ling/ a. Eurosterlin

eustatic /yu:'stetik/ s. yerb. östatik eustatic movements yerb. östatik hareketler, deniz yüzey değişikliği

eutectic /yu:'tektik/ s. ötektik eutectic plate ötektik plaka eutectic point ötektik nokta, birerim nokta eutectic steel ötektik çelik

eutectoid /yu:'tektoyd/ *a.* ötektik karışım *eutectoid alloy* ötektoid alaşım
euthanasia /yu:tı'neyzii/ *a. hek.* ötanazi, acısız ölüm
evacuant /i'vekyuınt/ *s.* müshil
evacuate /i'vekyueyt/ *e.* (bir yerden insanları) boşaltmak, tahliye etmek; tehlikeden uzaklaştırmak
evacuation /ivekyu'eyşın/ *a.* boşaltma, tahliye
evacuee /i'vekyu'i:/ *a.* bir yerden tahliye edilen kimse
evade /i'veyd/ *e. hkr.* -den kaçmak, kaytarmak, yan çizmek, savmak; -den kaçmak, sıvışmak
evader /i'veydı/ *a.* vergiden kaçınan
evaluate /i'velyueyt/ *e.* değer biçmek, değerlendirmek
evaluation /i'velyu'eyşın/ *a.* değerlendirme, değerleme, değer biçme *evaluation of balance sheet* bilanço değerlemesi
evanesce /i:vı'nes/ *e.* yok olmak, silinmek
evanescence /ivı'nesıns/ *a.* gözden kaybolma, yok olma
evanescent /i:vı'nesınt/ *s.* gözden kaybolan; çabuk unutulan, belleklerden silinen
evangelical /i:ven'celikıl/ *s.* İncil ya da İsa'nın öğretisi ile ilgili, Protestan
evangelist /i'vencilist/ *a.* İncil yazarı, evan
evaporate /i'vepıreyt/ *e.* buharlaşmak; buharlaştırmak; uçup gitmek, yok olmak *evaporated milk trm.* suyu uçurulmuş süt *evaporating apparatus şek.* buharlaştırma aygıtı *evaporating boiler şek.* buharlaştırma kazanı *evaporating dish* buharlaştırma çanağı
evaporation /i'vepı'reyşın/ *a.* buharlaşma, buharlaştırma; buhar, buğu *evaporation station şek.* buharlaştırma istasyonu
evaporator /i'vepıreytı/ *a.* buharlaştırıcı, buharlaştırma aygıtı *evaporator station şek.* çok etkili buharlaştırma istasyonu
evaporimeter /ivepı'rimitı/ *a. metr.* evaporimetre, atmometre
evaporite /i'vepırayt/ *a. yerb.* evaporit, tuz kayaçları

evasion /i'veyjın/ *a. hkr.* kaçma, kurtulma, atlatma, yakasını kurtarma; yan çizme, kaçınma, kaytarma, kaçamak *evasion of tax* vergi kaçırma
evasive /i'veysiv/ *s.* kaçamaklı, baştansavma
Eve /i:v/ *a.* Havva
eve /i:v/ *a.* arife, öngün
evection /i'vekşın/ *a. gökb.* aytedirginliği
even /'i:vın/ *s.* düz, düzgün, engebesiz, yatay, pürüzsüz; eşit, aynı; (sayı) çift ¤ *be.* bile; hatta, neredeyse; da, daha da, bile *even-even nucleus fiz.* çift-çift çekirdek *even harmonic elek.* çift harmonik *even if* -se bile, -e rağmen, öyle olsa da, -e karşın *even money* küsuratsız para, yuvarlak para *even now/so/then* öyle olduğu halde, ona rağmen, yine de *even number* çift rakam, çift sayı *even-odd nuclei fiz.* çift-tek çekirdekler *even out* denklemek, eşitlemek; eşitlenmek *even parity check biliş.* çift parite denetimi, çift eşlik denetimi *even parity biliş.* çift parite, çift eşlik, çift denklik *even though* -se bile, -e rağmen, öyle olsa da, -e karşın
evening /'i:vning/ *a.* akşam *evening dress teks.* gece elbisesi, tuvalet *evening shade teks.* akşam nüansı *evening-star gökb.* akşam yıldızı, Çulpan, Venüs
evenly /'i:vınli/ *be.* düz bir durumda; eşit olarak
evenness /'i:vnnis/ *a.* düz oluş, düzlük; eşitlik
event /i'vent/ *a.* olay; sonuç; *sp.* karşılaşma *at all events* her durumda, her halü kârda *in the event of* durumunda, takdirde *event recorder elek.* olay kaydedici *event-driven simulator biliş.* olay sürümlü simülatör, olay sürümlü benzeteç
eventful /i'ventfıl/ *s.* olaylı
eventual /i'vençuıl/ *s.* sonuç olarak, sonunda olan *eventual equilibrium* nihai denge
eventuality /ivençu'eliti/ *a.* olasılık, ihtimal, olası sonuç
eventually /i'vençuıli/ *be.* sonunda, en sonunda, sonuç olarak, neticede
eventuate /i'vençueyt/ *e.* sonuçlanmak;

meydana gelmek

ever /'evı/ *be.* herhangi bir zamanda; hiç, hayatında, şu ana kadar; şimdiye kadar, hayatında; hep *than ever* şu ana kadar olmuş olduğundan, daha öncekinden, eskisinden *ever so/such İİ. kon.* çok

evergreen /'evıgri:n/ *s. a.* (ağaç) yaprak dökmeyen

everlasting /evı'la:sting/ *s.* ölümsüz, sonsuz, daima, ebedi; hiç bitmeyen, ardı arkası kesilmeyen, sonu gelmeyen, sürekli

evermore /evı'mo:/ *be.* her zaman, sonsuza kadar, ebediyen

every /'evri/ *s.* her, her bir *every other day* günaşırı *every time* her zaman *every week* her hafta

everybody /'evribodi/ *adl.* herkes

everyday /'evridey/ *s.* her günkü, günlük

everyone /'evriwan/ *adl.* herkes

everything /'evriting/ *adl.* her şey

everywhere /'evriweı/ *be.* her yerde, her yere

evict /i'vikt/ *e. huk.* tahliye ettirmek

eviction /i'vikşın/ *a.* çıkarma, tahliye ettirme *eviction order* tahliye emri

evidence /'evidıns/ *a.* kanıt, delil; tanıklık, ifade *in evidence* göz önünde, ortada, meydanda *evidence of debt* borç kanıtı *evidence of opinion* ekspertiz

evident /'evidınt/ *s.* besbelli, açık, ortada, aşikâr

evidently /'evidentli/ *be.* açıkça, besbelli

evil /'i:vıl/ *s.* fena, kötü, kem;. zararlı, kötü; uğursuz, aksi ¤ *a.* fenalık, kötülük; zarar; kaza, bela, felaket

evildoer /i:vıl'du:ı/ *a.* kötü, muzır kimse, şeytan

evince /i'vins/ *e.* göstermek, açığa vurmak, belli etmek, açıkça göstermek

evocation /evou'keyşın/ *a.* ruh çağırma; akla getirme

evocative /i'vokıtiv/ *s.* (anıları, vb.) uyandıran, anımsatan

evoke /i'vouk/ *e.* anımsatmak, aklına getirmek, uyandırmak

evolute /'evılu:t/ *a. mat.* evolüt, eğeç

evolution /i:vı'luşın, evı'lu:şın/ *a.* evrim; değişim, gelişme, gelişim

evolutionary /i:vı'lu:şınıri/ *s.* evrimsel

evolutionist /i:vı'lu:şınist/ *a.* evrimci

evolutive /evı'lyu:tiv/ *s.* evrimsel *evolutive linguistics* evrim dilbilimi, evrimsel dilbilim

evolve /i'volv/ *e.* gelişmek, değişmek, evrim geçirmek

ewe /yu:/ *a.* dişi koyun

ewer /'yu:ı/ *a.* ibrik

ex /eks/ *s.* -de teslim; -den dışarı; -siz, -sız *ex ante* önceden tahmin edilen *ex bond* gümrük dışında *ex bonus* çıkarılacak prim hisseleri hariç *ex coupon* kuponsuz *ex dividend* kâr hissesi olmadan, temettüsüz *ex factory* fabrika teslim fiyatı *ex gratia* lütuf olarak, nezaketen *ex gratia payment* lütuf olarak ödeme *ex interest* faiz ödemesi hariç *ex officio* memuriyetten dolayı *ex pier* iskelede teslim *ex plantation* tarlada teslim *ex quay* rıhtımda teslim *ex right* rüçhan hakkı olmadan *ex rights* hisse senedine ait olan haklar *ex ship* gemide teslim *ex storehouse* depoda teslim *ex warehouse* depoda teslim *ex works* fabrika teslim fiyatı

· **exacerbate** /ig'zesıbeyt/ *e.* (acı, hastalık, vb.) şiddetlendirmek, kötüleştirmek, ağırlaştırmak

exacerbation /igzesı'beyşın/ *a.* şiddetlenme, kötüleşme

exact /ig'zekt/ *e.* istemek ve zorla almak, tehditle almak, zorla elde etmek ¤ *s.* tam, kesin, doğru, kati; titiz, dikkatli *exact charges* gerçek giderler *exact customer* titiz müşteri, müşkülpesent müşteri *exact differential* mat. tam diferansiyel, tam türetke *exact interest* 365 gün üzerinden hesaplanan faiz

exacting /ig'zekting/ *s.* çok emek ve sabır isteyen, güç, yorucu

exaction /ig'zekşın/ *a.* talep etme, ısrarla isteme; zorla alma

exactly /ig'zektli/ *be.* tam, tamamen, tam anlamıyla, tam olarak; aynen

exactness /ig'zektnıs/ *a.* doğruluk, kesinlik

exactor /ig'zektı/ *a.* vergi tahsildarı

exaggerate /ig'zecıreyt/ *e.* abartmak, şişirmek, mübalağa etmek; büyütmek, büyük göstermek

exaggerated /ig'zecıreytid/ *s.* abartılı, mübalağalı; fahiş

exaggeratedly /ig'zecıreytidli/ *be.* abartılı

bir biçimde

exaggeration /igzecı'reyşın/ *a.* abartma, büyütme, abartı, şişirme, mübalağa; abartılı söz/yazı

exaggerative /igzecı'reytiv/ *s.* abartmalı, mübalağalı

exalt /ig'zo:lt/ *e.* övmek, göklere çıkarmak; yükseltmek, yüksek bir konuma/rütbeye vb. getirmek, yüceltmek

exaltation /egzo:l'teyşın/ *a.* büyük sevinç ya da heyecan, coşkunluk, vecit

exalted /ig'zo:ltid/ *s.* (rütbe, mevki, vb.) yüksek; yüce

exam /ig'zem/ *a.* sınav, imtihan

examination /igzemi'neyşın/ *a.* sınav, imtihan; yoklama, muayene; inceleme, muayene; soruşturma **examination fee** sınav harcı

examine /ig'zemin/ *e.* incelemek, gözden geçirmek, yoklamak; muayene etmek; sınamak, sınavdan geçirmek; teftiş etmek

examiner /ig'zeminı/ *a.* müfettiş, mümeyyiz

example /ig'za:mpıl/ *a.* örnek, misal; numune; ibret, ders *for example* örneğin, mesela

exasperate /ig'za:spıreyt/ *e.* kızdırmak, canını sıkmak, deli etmek, öfkelendirmek

exasperated /ig'zespıreytid/ *s.* öfkeli, kızgın

exasperatedly /ig'za:sspıreytidli/ *be.* öfkeyle, kızgın bir şekilde

excavate /'ekskıveyt/ *e.* kazmak, (çukur) açmak

excavation /ekskı'veyşın/ *a.* kazı, hafriyat

excavator /ekskı'veytı/ *a.* kazı makinesi, ekskavatör, kazaratar

exceed /ik'si:d/ *e.* aşmak, geçmek

exceedingly /ik'si:dingli/ *be.* çok, müthiş, fazlasıyla

excel /ik'sel/ *e.* çok iyi olmak, üstün olmak, geçmek

excellence /'eksılıns/ *a.* üstünlük, mükemmellik

Excellency /'eksılınsi/ *a.* ekselans

excellent /'eksılınt/ *s.* çok iyi, üstün, mükemmel, kusursuz

excellently /'eksılıntli/ *be.* mükemmel bir şekilde

excelsior /ik'selsio:/ *a.* ambalaj talaşı

except /ik'sept/ *e.* ayırmak, saymamak, ayrı tutmak, hariç tutmak ¤ *ilg.* hariç, - den başka, dışında *except gate biliş.* dışlama geçidi, dışlamalı ya da öğesi

excepted /ik'septid/ *s.* hariç

excepting /ik'septing/ *ilg.* hariç

exception /ik'sepşın/ *a.* istisna etme, hariç tutma, dışta bırakma; ender durum, istisna *by way of exception* farklı biçimde, istisna olarak *make an exception* istisnalı davranmak, ayrı tutmak *take exception to* darılmak, gücenmek; sakıncalı bulmak, itiraz etmek *with the exception of* -in dışında, ... hariç

exceptional /ik'sepşınıl/ *s.* olağanüstü, istisnai *exceptional budget receipts* olağanüstü bütçe gelirleri *exceptional circumstances* istisnai durumlar *exceptional depreciation* olağanüstü amortisman *exceptional price* istisnai fiyat, özel fiyat

exceptionally /ik'sepşınıli/ *be.* istisna olarak; olağanüstü, fevkalade

excerpt /'eksö:pt/ *a.* alıntı, seçme parça

excess /'ekses/ *s.* aşırı, fazla, katma, ek ¤ /ik'ses/ *a.* aşırılık, fazlalık, ölçüsüzlük; *hkr.* çok fazla, çok, haddinden fazla, ölçüsüz, aşırı *excess air* fazla hava *excess baggage* fazla bagaj *excess capacity* aşırı kapasite *excess conduction elek.* fazladan iletim *excess cost* ek ödeme, ek fiyat *excess current elek.* fazla akım *excess current relay elek.* fazla akım rölesi *excess demand* aşırı talep, fazla talep *excess electron elek.* fazla elektron *excess fare* mevki farkı, ücret farkı *excess fee* munzam posta ücreti *excess fifty code biliş.* artı elli kodu *excess freight* fazla navlun ücreti *excess insurance* aşırı hasar sigortası *excess liquidity* fazla likidite *excess load* aşırı yük, fazla yük *excess loan* yasaca öngörülenden çok banka kredisi *excess luggage* fazla bagaj *excess of expenditure* masraf fazlalığı *excess of exports* ihraç fazlası mal *excess of loss* hasar fazlası *excess of power* yetkiyi aşma *excess postage* taksa *excess pressure* aşırı basınç, fazla basınç *excess*

profit aşırı kâr **excess quantity** miktar fazlası **excess reactivity** *fiz.* artık reaktivite **excess reserve** olağanüstü yedek akçe, olağanüstü ihtiyat **excess supply** arz fazlası **excess water** fazla su **excess weight** ağırlık fazlası, fazla ağırlık **excess work** fazla iş
excessive /ik'sesiv/ *s.* aşırı, çok fazla, haddinden fazla **excessive deficit** çok büyük açık **excessive drainage** *trm.* aşırı drenaj **excessive grazing** *trm.* aşırı otlama
exchange /iks'çeync/ *e.* karşılıklı değişmek, değiş tokuş etmek, takas etmek, trampa etmek ¤ *a.* değiştirme, değiş tokuş, takas, trampa, mübadele; borsa; kambiyo; (telefon) merkez, santral **exchange allocation** döviz tahsisi **exchange area** santral alanı **exchange broker** borsa acentası, kambiyo simsarı **exchange buffering** *biliş.* değiş tokuş tamponu **exchange charge** döviz havalesi masrafı **exchange check** kasa çeki **exchange clause** kambiyo şartı **exchange clearing agreement** döviz kliring anlaşması **exchange commissionary** borsa komiseri **exchange control** kambiyo kontrolü, kambiyo denetimi, döviz kontrolü **exchange control system** kambiyo denetim sistemi **exchange current** cari döviz kuru **exchange dealer** döviz ticareti yapan kişi **exchange discount** kambiyo ıskontosu **exchange equalization fund** kambiyo denkleştirme fonu **exchange force** *fiz.* değiştirme kuvveti **exchange letters** mektuplaşmak **exchange list** kur listesi **exchange of commodities** mal mübadelesi **exchange of contracts** belge mübadelesi **exchange of the day** günlük kur **exchange of the place** mahalli kur **exchange office** kambiyo bürosu, kambiyo gişesi **exchange operations** borsa muameleleri, borsa işlemleri **exchange operator** kambiyo operatörü **exchange parity** döviz kurları paritesi, kambiyo paritesi **exchange permit** döviz permisi **exchange premium** kambiyo primi **exchange profit** kambiyo kârı **exchange quotation** borsa kotasyonu **exchange rate** döviz kuru, kambiyo kuru, kambiyo

rayici **exchange rate adjustments** döviz kuru ayarlamaları **exchange rate disparity** döviz kuru farklılığı **exchange rate guarantee** kur garantisi **exchange rate practices** kur uygulamaları **exchange rate quotations** döviz kuru kotasyonları **exchange rate regime** döviz kuru rejimi **exchange rate rigidity** döviz kurunun katılığı **exchange rate risk** döviz kuru riski **exchange ratio** değişim oranı **exchange rationing** döviz tayınlaması **exchange reaction** *kim.* değişme reaksiyonu **exchange regulations** kambiyo mevzuatı **exchange restrictions** döviz kısıtlamaları, kambiyo sınırlamaları **exchange risk** kur riski **exchange stabilization fund** kambiyo istikrar fonu **exchange transaction** kambiyo işlemi **exchange value** değişim değeri, mübadele kıymeti **exchange value of currency** paranın değişim değeri
exchangeable /iks'çeyncıbıl/ *s.* değiştirilebilir; iade edilebilir **exchangeable disk** *biliş.* değişir disk
exchanger /iks'çeyncı/ *a.* döviz ticareti yapan kişi
exchequer /iks'çekı/ *a.* hazine, devlet hazinesi; Maliye Bakanlığı; finans kaynağı, mali kaynak **exchequer bill** devlet hazine bonosu **exchequer bond** devlet hazine bonosu
excisable /ik'sayzıbıl/ *s.* vergiye tabi
excise /ik'sayz/ *e.* kesmek, kesip çıkarmak, keserek almak ¤ /'eksayz/ *a.* bir ülkede üretilen ve kullanılan kimi mallardan alınan vergi **excise duty** tüketim vergisi **excise office** tüketim vergi dairesi **excise tax** tüketim vergisi
excitability /iksaytı'bilıti/ *a.* telaşlanma
excitable /ik'saytıbıl/ *s.* kolay heyecanlanır
excitant /'eksitınt/ *a.* uyarıcı şey
excitation /eksi'teyşın/ *a.* uyarma, uyarım **excitation anode** *elek.* uyarma anodu **excitation current** *elek.* uyarma akımı **excitation dynamo** *elek.* uyarma dinamosu **excitation energy** *fiz.* uyarma enerjisi, uyarım erkesi **excitation function** *fiz.* uyarma fonksiyonu, uyarım işlevi **excitation potential** *fiz.*

uyarım potansiyeli *excitation voltage elek.* uyartım gerilimi, uyarma gerilimi

excite /ik'sayt/ *e.* heyecanlandırmak; yol açmak, uyandırmak, tahrik etmek; -e neden olmak, çıkarmak

excited /ik'saytid/ *s.* heyecanlı, heyecanlanmış *excited electron fiz.* eksite elektron, uyarık elektron *excited ion fiz.* uyarık iyon, eksite iyon *excited state fiz.* uyarık hal, eksite hal

excitement /ik'saytmınt/ *a.* heyecan; heyecan verici olay

exciter /ik'saytı/ *a. elek.* uyarıcı *exciter coil* ikaz bobini *exciter lamp sin.* eksitasyon lambası, uyarıcı lamba

exciting /ik'sayting/ *s.* heyecanlandırıcı, heyecan verici, heyecanlı *exciting coil elek.* uyarma bobini, ikaz bobini *exciting current elek.* uyarma akımı *exciting voltage elek.* uyarma gerilimi

exciton /'eksayton/ *a. fiz.* ekskiton, uyarcık

exclaim /ik'skleym/ *e.* bağırmak, haykırmak, çığlık koparmak

exclamation /ekskılı'meyşın/ *a.* ünlem; bağırış, haykırış *exclamation mark* ünlem işareti

exclude /ik'sklu:d/ *e.* kabul etmemek, içeri sokmamak, uzak tutmak; saymamak, istisna etmek, dışlamak, hesaba katmamak; dışarı atmak, çıkarmak, kovmak; (olasılık, neden, vb.) kafasından atmak, düşünmemek, kafasından çıkarmak

excluding /iks'klu:ding/ *ilg.* hariç, -den başka, -in dışında

exclusion /iks'klu:jın/ *a.* çıkarma, çıkarılma; hariç tutma, dışlama

exclusive /ik'sklu:siv/ *s.* herkese açık olmayan; lüks; pahalı; paylaşılmayan, özel, kişiye ait ¤ *a.* özel haber, yalnızca bir tek gazetede yayınlanan haber *exclusive agent* tek yetkili temsilci *exclusive of* ... hariç, -in dışında *exclusive sales agreement* tekelci satış anlaşması *exclusive-OR biliş.* dışlamalı veya *exclusive-OR element biliş.* dışlamalı veya öğesi *exclusive-OR operator biliş.* dışlamalı veya operatörü, dışlamalı veya işleci

exclusively /ik'sklu:sivli/ *be.* sadece, yalnız

excommunicate /ekskı'myu:nikeyt/ *e.* aforoz etmek

excommunication /'ekskımyu:ni'keyşın/ *a.* aforoz

excoriate /eks'ko:rieyt/ *e.* derisini sıyırmak, kabuğunu soymak

excrement /'ekskrimınt/ *a.* dışkı

excrescence /ik'skresıns/ *a.* ur, şiş; fazlalık

excreta /ik'skri:tı/ *a.* dışkı, sidik, ter

excrete /ik'skri:t/ *e.* (dışkı, sidik, ter) vücuttan çıkarmak

excretion /ik'skri:şın/ *a.* boşaltım; salgı

excruciating /ik'skru:şieyting/ *s.* (ağrı, acı) çok kötü, şiddetli

exculpate /'ekskalpeyt/ *e.* temize çıkarmak, aklamak

exculpation /ekskal'peyşın/ *a.* aklama, beraat

excursion /ik'skö:şın/ *a.* kısa gezi, gezinti, tur *excursion ship* gezinti gemisi *excursion ticket* indirimli seyahat bileti *excursion train* gezinti treni

excursive /ik'skö:siv/ *s.* dolaşan; gelişigüzel

excusable /ik'skyu:zıbıl/ *s.* bağışlanabilir, affedilebilir

excuse /ik'skyu:z/ *e.* bağışlamak, mazur görmek, kusuruna bakmamak; haklı çıkarmak, mazur göstermek; izin vermek, muaf tutmak ¤ /ik'skyu:s/ *a.* özür, mazeret; bahane *excuse me* affedersiniz

exdirectory /'eks'direktıri/ *s.* rehberde bulunmayan, gizli *exdirectory number* rehberde olmayan numara *go exdirectory* numarası rehberde olmamak, numarası gizli olmak

execrable /'eksikrıbıl/ *s.* çok kötü, berbat, iğrenç

execrate /'eksikreyt/ *e.* nefret etmek, iğrenmek

execration /eksi'kreyşın/ *a.* nefret; tiksinme

execute /'eksikyu:t/ *e.* idam etmek; yürütmek, uygulamak, gerçekleştirmek, icra etmek; *müz.* çalmak, icra etmek

execution /eksi'kyu:şın/ *a.* yapma, yürütme, uygulama, ifa, icra; idam, infaz *execution for debt* icra takibi *execution order* icra emri *execution time*

biliş. uygulama zamanı
executioner /eksi'kyu:şını/ *a.* cellat
executive /ig'zekyutiv/ *s.* yürütücü,
yürütmeye ilişkin, icrai, yetki sahibi ¤ *a.*
yönetici, idareci *executive board*
yönetim kurulu *executive committee*
yürütme kurulu *executive expense*
yönetim gideri *executive power*
yürütme yetkisi *executive program*
biliş. yönetici program *executive routine biliş.* yönetici yordam *executive salaries* yönetici kadro maaşları *executive system biliş.* yönetici sistem
executive trade agreement karşılıklı
ticari anlaşma
executor /ig'zekyutı/ *a. huk.* vasiyet
hükümlerini yerine getiren kimse
executory /ig'zekyutıri/ *s.* müeccel,
henüz ifa edilmemiş *executory agreement* müeccel akit
exedra /'eksidrı/ *a. mim.* eksedra,
ekoylum
exegesis /eksi'ci:sis/ *a.* kutsal kitap
yorumu
exegete /'eksici:t/ *a.* yorumlayan kimse,
tefsir eden kimse
exemplar /ig'zemplı/ *a.* simge, sembol;
kopya; örnek, model
exemplary /ig'zemplıri/ *s.* örnek olarak
gösterilmeye uygun, örnek gösterilen,
örnek; ibret verici, ibret vermek için
yapılan
exemplification /igzemplifi'keyşın/ *a.*
örnek, misal; sembol, timsal
exemplify /ig'zemplifay/ *e.* -in örneği
olmak; örneklerle açıklamak, göstermek
exempt /ig'zempt/ *s.* bağışık, muaf, hariç
tutulmuş ¤ *e.* muaf tutmak, hariç tutmak
exempt from duty gümrükten muaf
exempt from tax vergiden muaf
exemption /ig'zempşın/ *a.* muafiyet,
bağışıklık *exemption clause* bağışıklık
klozu, muafiyet maddesi *exemption from duty* gümrük muafiyeti *exemption from freight* navlun muafiyeti *exemption from tax* vergi muafiyeti
exequatur /eksi'kweytı/ *a.* konsolos
beratı, tanıt belge
exercise /'eksısayz/ *a.* antrenman, idman,
egzersiz; *ask.* talim, tatbikat; alıştırma,
egzersiz ¤ *e.* egzersiz/alıştırma
yapmak; egzersiz yaptırmak;

uygulamak; kullanmak *exercise power*
yetki kullanmak
exert /ig'zö:t/ *e.* (çaba, gayret, güç, vb.)
sarf etmek, kullanmak *exert oneself*
kendini zorlamak *exert pressure*
basınç uygulamak
exertion /ig'zö:şın/ *a.* çaba, gayret, efor,
güç harcama
exfoliate /eks'foulieyt/ *e.* pul pul
dökülmek
exhalation /eksı'leyşın/ *a.* soluk alıp
verme; nefes, soluk
exhale /eks'heyl/ *e.* (soluk) dışarı vermek;
(koku, gaz, vb.) çıkarmak, yaymak
exhaust /ig'zo:st/ *a.* egzoz ¤ *e.* çok
yormak, yorgunluktan tüketmek;
tüketmek, bitirmek *exhaust brake oto.*
egzoz freni *exhaust cam oto.* egzoz
kamı *exhaust dyeing teks.* çektirmeli
boyama *exhaust elbow oto.* egzoz
dirseği *exhaust fan mak.* aspiratör *exhaust gas oto.* egzoz gazı *exhaust manifold oto.* egzoz manifoldu *exhaust muffler oto.* egzoz susturucusu
exhaust noise oto. egzoz gürültüsü
exhaust pipe oto. egzoz borusu *exhaust port mak.* egzoz deliği *exhaust process teks.* çektirme yöntemi *exhaust silencer oto.* egzoz susturucusu
exhaust steam egzoz buharı, çürük
buhar, atık buhar *exhaust strainer oto.*
egzoz filtresi *exhaust stroke* egzoz
zamanı *exhaust valve oto.* egzoz
supabı *exhaust vapours* buhar
bulutları *exhaust ventilation mad.*
emmeli havalandırma
exhausted /ig'zo:stid/ *s.* çok yorgun,
bitkin
exhauster /ig'zo:stı/ *a.* aspiratör
exhausting /ig'zo:sting/ *s.* yorucu *exhausting farming trm.* aşırı tarım,
sömürülmüş tarım
exhaustion /ig'zo:sçın/ *a.* yorgunluk,
bitkinlik, tükenmişlik
exhaustive /ig'zo:stiv/ *s.* ayrıntılı, etraflı,
enine boyuna, eksiksiz
exhaustively /ig'zo:stivli/ *be.*
ayrıntılarıyla, derinlemesine, inceden
inceye
exhibit /ig'zibit/ *e.* göstermek, ortaya
koymak; sergilemek, teşhir etmek ¤ *a.*
sergilenen şey; sergi, sergileme

exhibition /eksi'bişın/ *a.* sergi; sergileme, gösterme, ortaya koyma *make an exhibition of oneself* kendini gülünç duruma düşürmek, kepaze olmak

exhibitionism /eksi'bişınizım/ *a.* teşhircilik, göstermecilik

exhibitionist /eksi'bişınist/ *a.* teşhirci, göstermeci

exhibitor /ig'zibıtı/ *a.* sergici

exhilarate /ig'zilıreyt/ *e.* keyif vermek, neşelendirmek, canlandırmak, keyiflendirmek

exhilarated /ig'zilıreytid/ *s.* neşeli, coşkulu

exhilaration /igzilı'reyşın/ *a.* canlılık

exhort /ig'zo:t/ *e.* hararetle öğütlemek, teşvik etmek; uyarmak, ikaz etmek

exhortate /eg'zo:teyt/ *e.* teşvik etmek

exhortation /egzo'teyşın/ *a.* teşvik

exhumation /ekshyu:'meyşın/ *a.* ölüyü mezardan çıkarma

exhume /ig'zyu:m, eks'hyu:m/ *e.* (ölüyü) mezardan çıkarmak

exigency /'eksicınsi/ *a.* gereklilik, mecburiyet; ihtiyaç, gereksinim

exigent /'eksicınt/ *s.* acil, ivedi

exiguity /eksi'gyu:iti/ *a.* azlık, kıtlık

exiguous /eg'zigyuıs/ *s.* az, küçük

exile /'eksayl, 'egzayl/ *a.* yurdundan sürülme, sürgün; sürülen kişi, sürgün ¤ *e.* sürgüne göndermek, sürgün etmek, sürmek

exist /ig'zist/ *e.* var olmak, mevcut olmak, olmak, bulunmak, yaşamak; yaşamak, yaşamını (güç koşullar altında) sürdürmek, hayatta kalmak

existence /ig'zistıns/ *a.* varlık, var oluş, mevcudiyet; yaşam, hayat; yaşam biçimi, yaşayış biçimi, ömür

existential /egzi'stenşıl/ *s.* varlıkla ilgili, varoluşa değin; *fel.* varoluşçulukla ilgili *existential quantifier mat.* varlık niceleyicisi, varoluşsal niceleyici

existentialism /egzi'stenşılizım/ *a. fel.* varoluşçuluk

existing /ig'zisting/ *s.* var olan, mevcut *existing bond* mevcut tahvil *existing equilibrium* mevcut denge

exit /'egzit, 'eksit/ *a.* çıkma, çıkış; çıkış yeri, çıkış ¤ *e.* çıkmak, çıkıp gitmek *exit permit* çıkış izni

exocarp /'eksouka:p/ *a.* meyvenin dış kabuğu

exodus /'eksıdıs/ *a.* toplu yola çıkma, akın; göç *exodus of capital* sermayenin kaçışı

exogenous /ek'socınıs/ *s.* dış, hariç *exogenous expenditures* dışsal harcamalar *exogenous forces coğ.* dışgüçler

exogenously /ek'socınısli/ *be.* dışsal olarak

exonerate /ig'zonıreyt/ *e.* suçsuz çıkarmak, beraat ettirmek, aklamak, temize çıkarmak

exoneration /igzonı'reyşın/ *a.* aklama, temize çıkarma

exorbitance /ig'zo:bitıns/ *a.* aşırılık, fahişlik

exorbitant /ig'zo:bitınt/ *s.* (talep, maliyet, fiyat, vb.) çok fazla, aşırı, fahiş *exorbitant expense* aşırı yüksek gider *exorbitant price* fahiş fiyat

exorcist /'ekso:sist/ *a.* kötü ruhları kovan kimse

exorcize /'ekso:sayz/ *e.* dua ya da büyü ile şeytan kovmak, kötü ruhları kovmak

exordium /ek'so:dyım/ *a.* giriş, önsöz

exosmosis /eksoz'mousis/ *a.* eksosmoz

exothermic /eksou'tö:mik/ *s.* ısıveren, ısısalan, eksotermik *exothermic atmosphere* ısısalan atmosfer *exothermic compound kim.* eksotermik bileşik, ısısalan bileşik *exothermic gas* eksotermik gaz, ısısalan uçun *exothermic generator* eksotermik jeneratör, ısısalan üreteç *exothermic reaction* ısıveren tepkime, ısısalan tepkime, eksotermik reaksiyon

exotic /ig'zotik/ *s.* egzotik, yabancıl; ilginç, çekici

expand /ik'spend/ *e.* genişlemek, büyümek; genişletmek, büyütmek; (on ile) uzatmak *expanded sweep elek.* genleştirilmiş süpürme

expandability /ik'spendıbılıti/ *a.* büyürlük, genişletilebilirlik

expander /ik'spendı/ *a.* açıcı, genişletici; *teks.* enine açıcı, enine açma donanımı *expander roller teks.* enine açma valsi, enine açma roliği

expanding /ik'spending/ *s.* genişleyen, büyüyen *expanding reamer* ayarlı rayba, açılır rayba *expanding roller*

germe makarası **expanding universe**
gökb. genişleyen evren

expanse /ik'spens/ *a.* geniş alan

expansibility /ik'spensıbılıti/ *a.*
genleşebilme, genişleyebilme

expansion /ik'spenşın/ *a.* genişleme,
genleşme, büyüme, yayılma **expansion
bolt** sıkıştırma cıvatası, kurtağzı cıvata
expansion curve genleşme eğrisi **ex-
pansion engine** genleşme makinesi
expansion in series *mat.* seri açılımı,
derney açılımı **expansion joint**
genleşme derzi **expansion of cur-
rency** mütedavil paranın artması **ex-
pansion path** genişleme yolu **expan-
sion ratio** genleşme oranı **expansion
roller** esneme makarası **expansion
sleeve** esneme bileziği **expansion
spring** gergi yayı **expansion stroke**
genişleme stroku, genişleme zamanı
expansion test genleşme denemesi
expansion valve genleşme supabı

expansionary /ik'spenşınıri/ *s.*
genişlemeci **expansionary policy**
genişleme politikası

expansionism /ik'spenşınizım/ *a.*
ekspansiyonizm

expansionist /ik'spenşınist/ *a.* yayılma
politikası yanlısı **expansionist mone-
tary policy** genişlemeci para politikası
expansionist policy genişleme
politikası

expansive /ik'spensiv/ *s.* geniş, büyük;
(insan) içten, arkadaşça, açık yürekli

expansiveness /ik'spensivnıs/ *a.*
genişleme, yayılma; açıksözlülük

exparte /eks'pa:ti/ *s. be.* tek taraflı

expatiate /ek'speyşieyt/ *e.* etraflıca
yazmak

expatriate /ek'spetriıt/ *a.* (kendi
yurdundan ayrılıp) yabancı bir ülkede
yaşayan kimse ¤ /ek'spetrieyt/ *e.*
sürgün etmek

expect /ik'spekt/ *e.* (olmasını/gelmesini)
beklemek; ummak, beklemek; *kon.*
sanmak

expectancy /ik'spektınsi/ *a.* ümit, beklenti

expectant /ik'spektınt/ *s.* bekleyen,
uman; umutlu

expectation /ekspek'teyşın/ *a.* bekleme,
umut; beklenti **expectation of life**
ortalama ömür

expected /ik'spektid/ *s.* beklenilen **ex-
pected life** beklenen ömür, tahmini
ömür **expected profit** beklenen kâr,
tahmini kâr **expected rate of interest**
beklenen faiz oranı **expected return**
beklenen verim **expected utility**
beklenen fayda **expected value**
beklenen değer, olası değer

expectorant /ek'spektırınt/ *s.* balgam
söktürücü ilaç

expectorate /ek'spektıreyt/ *e.* öksürerek
çıkarmak

expectoration /ekspektı'reyşın/ *a.*
balgam

expediency /ik'spi:dıınsi/ *a.* yararlılık,
yarar, uygunluk; *hkr.* çıkar, menfaat

expedient /ik'spi:dıınt/ *s.* uygun, yerinde,
yararlı, münasip ¤ *a.* umar, çare, yol,
önlem

expedite /'ekspidayt/ *e.* çabuklaştırmak,
kolaylaştırmak, hızlandırmak

expedition /ekspi'dişın/ *a.* yolculuk, sefer

expeditionary /ekspi'dişınıri/ *s.*
seferberlikle ilgili

expeditious /ekspi'dişıs/ *s.* süratli, hızlı

expel /ik'spel/ *e.* çıkarmak, dışarı atmak;
kovmak, atmak

expend /ik'spend/ *e.* tüketmek,
harcamak, sarf etmek

expendable /ik'spendıbıl/ *s.*
harcanılabilen, feda edilebilen, sarf
edilebilir **expendable appropriation**
sarf edilebilen tahsisat **expendable
fund** sarfı kabil fon

expenditure /ik'spendiçı/ *a.* gider,
masraf, harcama **expenditure budget**
gider bütçesi **expenditure ceiling**
masraf tavanı **expenditure declaration**
gider bildirimi **expenditure items** gider
kalemleri **expenditure of exercise**
dönemsel harcama **expenditure plan**
harcama planı **expenditure rate** gider
limiti, masraf haddi **expenditure tax**
harcama vergisi, gider vergisi **expendi-
tures-dampening policies** harcama
kısıcı politikalar

expense /ik'spens/ *a.* harcama, gider,
masraf **at sb's expense of** -in
hesabından/parasıyla **at the expense
of** -i yitirerek **expense account** gider
hesabı, masraf hesabı **expense
budget** gider bütçesi, masraf bütçesi

expense center gider merkezi, masraf merkezi **expense control** masraf kontrolü, gider kontrolü **expense distribution** masraf dağıtımı **expense item** gider kalemi, masraf maddesi **expense ledger** masraf büyük defteri **expense of production** imalat masrafı **expense ratio** gider oranı, masraf nispeti **expenses of collection** tahsil masrafları **expenses of conveyance** nakliye masrafları **expenses of management** idare masrafları, idare giderleri **expenses of operating** işletme masrafları **expenses of salvage** kurtarma masrafları **expenses of selling** satış masrafları **expenses of treatment** tedavi masrafları **expenses ratio** masraf oranı **go to great expense** masrafa girmek **put sb to great expense** masrafa sokmak

expensive /ik'spensiv/ s. pahalı, masraflı

experience /ik'spiiriıns/ a. deneyim, tecrübe; başa gelen şey, serüven, olay, yaşantı ¤ e. görmek, görüp geçirmek, çekmek, yaşamak **experience rating** deneyim değerlendirme

experienced /ik'spiiriinst/ s. deneyimli, tecrübeli

experiment /ik'sperimınt/ a. deney ¤ e. deney yapmak

experimental /eksperi'mentıl/ s. deneysel **experimental chemistry** kim. deneysel kimya **experimental design** deney tasarımı **experimental lab(oratory)** araştırma laboratuvarı **experimental phonetics** deneysel sesbilgisi

experimentalist /iksepi'mentılist/ a. deneyselci

experimentation /iksperimen'teyşın/ a. deneyim, tecrübe; deney yapma

experimenter /iksperi'mentı/ a. araştırıcı, deneyci

expert /'ekspö:t/ a. uzman, bilirkişi, eksper **expert advice** ekspertiz **expert evidence** bilirkişi ekspertizi **expert inquiry** bilirkişi soruşturması **expert's report** bilirkişi raporu

expertise /ekspö:'ti:z/ a. uzmanlık; bilirkişi raporu, ekspertiz

expertness /'ekspö:tnıs/ a. ustalık, uzmanlık

expiate /'ekspieyt/ e. cezasını çekmek

expiatory /'ekspiıtıri/ s. kefaret türünden

expiration /ekspi'reyşın/ a. sona erme, bitiş, süre sonu, son; soluk verme **expiration date** sona erme tarihi, vade tarihi

expire /ik'spayı/ e. ölmek; süresi dolmak, sona ermek

expired /ik'spayıd/ s. süresi dolmuş **expired bill** vadesi geçmiş senet **expired cost** gider, bitirilmiş masraf, faydasız gider **expired utility** tahakkuk etmiş amortisman

expiry /ik'spayıri/ a. vade bitimi, vade hululü **expiry date** sona erme tarihi, geçerlilik tarihi

explain /ik'spleyn/ e. açıklamak, izah etmek **explain oneself** meramını anlatmak

explainable /ik'spleynıbıl/ s. açıklanabilir, izahı mümkün

explanation /ekspır'neyşın/ a. açıklama, izahat **explanation column** izahat kolunu

explanatory /ik'splenıtıri/ s. açıklayıcı

expletive /ik'spli:tiv/ a. kızınca söylenen, çoğu zaman anlamsız sözcük

explicable /'eksplikıbıl/ s. açıklanabilir

explicate /eksplikeyt/ e. ayrıntılarıyla açıklamak, aydınlığa kavuşturmak, tefsir etmek; (ilke, kurum, vb.) geliştirmek, kurup açıklamasını yapmak

explicit /ik'splisit/ s. açık, apaçık, net, belirgin **explicit cost** açık maliyet **explicit function** mat. kapalı olmayan fonksiyon, belirtik işlev

explication /eksplï'keyşın/ a. açıklama, izah; yorum

explode /ik'sploud/ e. patlamak; patlatmak **exploded view** sökülmüş görünüş, parçaları dağılmış görünüş

exploit /'eksployt/ a. olağanüstü başarı, serüven, kahramanlık, yüreklilik ¤ /ik'sployt/ e. işletmek; kendi çıkarı için kullanmak, istismar etmek, sömürmek

exploitation /eksploy'teyşın/ a. kullanma, faydalanma; sömürme, istismar; suiistimal

exploiter /eks'ploytı/ a. kullanan, işleten; sömürücü

exploration /eksplı'reyşın/ a. araştırma, inceleme, keşif

exploratory /ik'splorıtıri/ *s.* keşif türünden; araştırma ile ilgili *exploratory boring* deneme sondajı

explore /ik'splo:/ *e.* keşfe çıkmak, inceleme gezisi yapmak; dikkatle incelemek, araştırmak *explore every avenue* her yola başvurmak *exploring coil elek.* arama bobini, bulucu bobin

explorer /ik'splorı/ *a.* kâşif

explosion /ik'sploujın/ *a.* patlama *explosion chamber* patlama odası *explosion engine* patlamalı motor *explosion gas* patlama gazı *explosion risk* infilak rizikosu, patlama rizikosu *explosion-proof mad.* antigrizu, patlamaönler

explosive /ik'splousiv/ *a. s.* patlayıcı *explosive charge* patlama yükü *explosive goods* patlayıcı maddeler *explosive train ask.* ateşleme zinciri, ateşleme serisi

exponent /ik'spounınt/ *a.* (görüş, inanç) taraftar, savunucu, yandaş; *mat.* üs

exponential /ekspou'nenşıl/ *s. mat.* üsse ait *exponential distribution* üstel dağılım *exponential equation mat.* üslü denklem, üstel denklem *exponential function mat.* üstel fonksiyon, üstel işlev *exponential horn fiz.* üstel horn, üstel huni *exponential series mat.* üstel seri, üstel derney

exponentiate /ekspı'nenşieyt/ *e. mat.* üs almak

export /ik'spo:t/ *e.* ihracat yapmak, dışsatım yapmak; ihraç etmek, dışarıya vermek ¤ /'ekspo:t/ *a.* dışsatım, ihracat, ihraç; ihraç malı *export account* ihracat hesabı *export agent* ihracat acentesi *export article* ihracat maddesi *export association* ihracat birliği *export-biased growth* ihracata yönelik büyüme *export bounty* ihracat primi *export broker* ihracat komisyoncusu, ihracat simsarı *export commodity* ihracat maddeleri *export consignment* ihracat sevkıyatı *export credit* ihracat kredisi *export declaration* ihracat beyannamesi *export deficit* ihracat açığı *export documents* ihracat belgeleri *export drive* ihracat kampanyası *export duties* ihracat vergisi *export duty* ihracat vergisi,

ihraç resmi *export embargo* ihracat ambargosu *export encouragement measures* ihracatı teşvik önlemleri *export freight* ihracat navlunu *export incentives* ihracat teşvikleri *export invoice* ihracat faturası *export-led growth* ihracat önderliğinde büyüme *export licence* ihraç lisansı, ihracat izni *export list* ihraç listesi *export manager* ihracat müdürü *export merchant* ihracatçı tüccar *export of jobs* işçi ihracı, emek ihracı *export of merchandise* mal ihracı *export operations* ihracat işlemleri *export order* ihracat siparişi *export performance* ihracat performansı *export permit* dışsatım izni, ihracat permisi *export point* ihraç noktası *export policy* ihracat politikası *export premium* ihracat primi *export prohibition* ihracat yasağı, ihraç yasağı *export promotion* ihracatı geliştirme *export promotion fund* ihracatı teşvik fonu *export promotion policies* ihracatı teşvik politikaları *export quota* ihracat kotası *export rebate* ihracatta vergi iadesi *export receipts* ihracat alındıları *export regime* ihracat rejimi *export regulations* ihracat yönetmeliği *export restitution* ihracat sübvansiyonu *export restraints* ihracat kısıtlamaları *export revenue* ihracat geliri *export risk guarantee* ihracat riski garantisi *export season* ihracat mevsimi *export share* ihracat payı *export shipment* ihraç malları sevkıyatı *export subsidy* ihracat primi, ihracat sübvansiyonu *export supplier* ihraç malı sağlayan *export surplus* ihracat fazlası, ihraç fazlası *export tariff* ihracat gümrük tarifesi *export tax* ihracat vergisi *export tax rebate* ihracat vergi iadesi *export trade* ihracat ticareti *export transaction* ihracat işlemi *export value* ihracat değeri

exportable /eks'po:tıbıl/ *s.* ihraç edilebilir *exportable goods* ihraç edilebilir mallar

exportation /ekspo:'teyşın/ *a.* dışsatım, ihracat

exporter /ik'spo:tı/ *a.* dışsatımcı kişi ya da ülke, ihracatçı *exporter license* ihracat lisansı *exporter list* ihraç listesi

exporter's certificate ihracatçı belgesi
exporting /ik'spo:ting/ *a.* ihraç etme; ihraç eden **exporting country** ihraç eden ülke, ihracatçı ülke **exporting house** ihracat evi, ihracatçı kuruluş
expose /ik'spouz/ *e.* açmak, korunmasız bırakmak; ifşa etmek, açığa vurmak, meydana çıkarmak; (film) ışığa tutmak
exposé /ek'spouzey/ *a.* ifşa, teşhir, kamuya açıklama
exposed /ik'spouzd/ *s.* korunmasız; maruz, açık; *fot.* çekilmiş
exposition /ekspı'zişın/ *a.* açıklama, izahat; uluslararası sergi, fuar
expositor /ek'spozitı/ *a.* yorumcu, açıklayan kimse
expository /ek'spozitıri/ *s.* yorumlayan, açıklayan
expostulate /ik'spostyuleyt/ *e.* protesto etmek, itiraz etmek
exposure /ik'spouji/ *a.* korunmasızlık; ortaya çıkarma, ifşa; poz, kare; maruz kalma; riziko sahası **exposure meter** pozometre, ışıkölçer **exposure time** *fot.* pozlandırma süresi, ışıklama süresi
expound /ik'spaund/ *e.* açıklamak, belirtmek
express /ik'spres/ *s.* (buyruk/istek, vb.) açık, kesin; hızlı, süratli, ekspres ¤ *a.* ekspres tren; *İİ.* ekspres posta, ekspres taşımacılık ¤ *e.* anlatmak, dile getirmek, belirtmek, ifade etmek; göstermek, belli etmek, açığa vurmak ¤ *be.* ekspres servisle, ekspres **express agreement** açık anlaşma, sarih akit **express company** nakliye şirketi **express condition** sarih şart **express delivery** ekspresle gönderme, acele teslim **express elevator** hızlı asansör **express fee** ekspres posta ücreti **express highway** ekspres karayolu **express letter** ekspres mektup **express messenger** özel ulak **express parcel** ekspres gönderilen koli **express regret** üzüntüsünü bildirmek **express service** ekspres servis, hızlı servis **express traffic** hızlı trafik **express train** ekspres tren **express trust** açık kredi, sarih güven **express warranty** açık teminat
expressage /ik'spresic/ *a.* nakliye şirketi; nakliye ücreti
expression /ik'spreşın/ *a.* anlatım, ifade; duygularını katma, ruh; yüz ifadesi, eda, ton; deyim, deyiş; sıkma, sıkıp çıkarma **expression effect** *teks.* sıkma etkisi, sıkma efekti **expression roller** *teks.* sıkma silindiri, sıkma merdanesi
expressionism /ik'spreşınizım/ *a.* dışavurumculuk, ekspresyonizm
expressionist /ik'spreşınist/ *a.* dışavurumcu, ekspresyonist
expressionless /ik'spreşınlis/ *s.* (yüz, ses, vb.) ifadesiz
expressive /ik'spresiv/ *s.* anlatan, ifade eden, gösteren; anlamlı **expressive function** anlatım işlevi, coşku işlevi
expressiveness /ik'spresivnis/ *a.* anlamlılık; etkileyicilik
expressly /ik'spresli/ *be.* açık ve net bir şekilde
expressway /ik'spreswey/ *a. AI.* karayolu, otoyol, ekspres yol
expropriate /ik'sprouprieyt/ *e.* kamulaştırmak, istimlak etmek
expropriation /iksproupri'eyşın/ *a.* kamulaştırma, istimlak
expulsion /ik'spalşın/ *a.* kovma, çıkarma, atma; kovulma, çıkarılma, atılma
expulsive /ik'spalsiv/ *s.* kovan, çıkaran
expunge /ik'spanc/ *e.* silmek, çıkarmak
expurgate /'ekspıgeyt/ *e.* sansürlemek, makaslamak
expurgation /'ekspö:geyşın/ *a.* temizleme, arıtma
exquisite /ik'skwizit/ *s.* çok iyi, mükemmel, enfes, harika, ince; (acı ya da zevk) şiddetli, çok büyük, derin; (duyular) keskin, duyarlı, ince
exsiccate /'eksikeyt/ *e.* kurutmak
exsiccation /eksi'keyşın/ *a.* kurutma
extant /ek'stent/ *s.* kaybolmamış, günümüze kadar gelen
extemporary /ik'stempırıri/ *s.* hazırlıksız, doğaçtan yapılan
extempore /ik'stempıri/ *s. be.* hazırlıksız, doğaçtan, irticalen
extemporize /ik'stempırayz/ *e.* doğaçtan söylemek, o anda uyduruvermek
extend /ik'stend/ *e.* erişmek, yayılmak, sürmek, uzamak; daha uzun ya da büyük bir hale getirmek, uzatmak, genişletmek; germek, uzatmak; vermek, sunmak, sağlamak **extend the time** vadesini uzatmak

extended /ik'stendid/ *s.* süresi uzatılmış, temdit edilmiş **extended addressing** *biliş.* genişletilmiş adresleme **extended bond** temdit edilmiş tahvil **extended coverage** geniş kapsamlı teminat, ilave kuvertür **extended machine** *biliş.* giydirilmiş makine, donatımlı makine **extended order** *ask.* avcı hattı, açılma düzeni

extensible /ik'stensıbıl/ *s.* uzatılabilir, genişletilebilir

extension /ik'stenşın/ *a.* uzatma, büyütme, genişletme; uzama, büyüme, genişleme; ilave, ek; (telefon) dahili hat, dahili numara **extension bandage** uzatma bandajı **extension board** dahili santral **extension bolt** *inş.* ilave cıvatası, ekleme cıvatası **extension cable** *elek.* uzatma kablosu **extension córd** *elek.* uzatma kordonu **extension memory** *biliş.* dış bellek **extension of leave** iznin uzatılması **extension of the term** vadenin uzatılması **extension piece** uzatma parçası, ekleme parçası **extension plank** uzatma hatılı, ekleme tabanı **extension register** *biliş.* uzantı yazmaç **extension tube** *fot.* uzatma tüpü, uzatma eki

extensive /ik'stensiv/ *s.* (alan) geniş, büyük; büyük, derin, kapsamlı **extensive agriculture** yaygın tarım, ekstansif tarım, kaba tarım **extensive business** geniş çapta işletme **extensive cultivation** geniş tarım, ekstansif ziraat **extensive properties** *kim.* ekstensif özellikler, kaplamsal özellikler

extensiveness /ik'stensivnıs/ *a.* genişlik, yaygınlık

extensometer /eksten'somıtı/ *a.* ekstensometre, genleşmeölçer

extent /ik'stent/ *a.* uzunluk, büyüklük, boy, miktar, alan, genişlik, kapsam; ölçü, derece, mertebe **extent of credit** kredinin büyüklüğü

extenuate /ek'stenyueyt/ *e.* mazur göstermek

extenuation /ekstenyu'eyşın/ *a.* hafifletme; ciddiye almama

exterior /ik'stiırıı/ *s.*dış, harici, dışarıda olan, dışardan gelen ¤ *a.* dış, dış taraf, hariç; görünüş, dış görünüş; *sin.* dış sahne **exterior advertising** taşıt üzerine konulan reklamlar **exterior an-**

gle *mat.* dış açı **exterior label** *biliş.* dış etiket **exterior lighting** dış aydınlatması **exterior point** *mat.* dış nokta **exterior region** *mat.* dış bölge **exterior surface** dış yüzey **exterior wall** dış duvar

exterminant /ik'stö:minint/ *a.* imha edici şey

exterminate /ik'stö:mineyt/ *e.* yok etmek, öldürmek, kırmak, kökünü kazımak

extermination /ikstö:mi'neyşın/ *a.* yok etme, imha

extern /ek'stö:n/ *a.* gündüzlü öğrenci; asistan ya da stajyer doktor

external /ik'stö:nıl/ *s.* dış, harici, dışa ait, dıştan gelen **external accounts** dış hesaplar **external appearance** dış görünüş **external audit** harici teftiş, dış teftiş **external balance** dış denge **external call** uluslararası telefon çağrısı **external control** dış kontrol **external costs** dış maliyetler **external credits** dış krediler **external current** *elek.* dış akım **external data transfer** *biliş.* dış veri aktarımı **external debt** dış borç **external debt bottlenecks** dış borç çıkmazları **external debt bulletin** dış borçlar bülteni **external debt management** dış borç yönetimi **external debt ratios** dış borç oranları **external deficit** dış açık **external device** *biliş.* dış aygıt **external disequilibrium** dış dengesizlik **external dollars** dış dolarlar **external economic balance** dış ekonomik denge **external economic condition** dış ekonomik durum **external economic relationship** dış ekonomik ilişkiler **external economic transaction** dış ekonomik işlem **external economy** dış ekonomi **external equilibrium** dış denge **external feedback** *elek.* dış geribesleme **external financing** dış finansman **external flap** *hav.* dış flap **external force** dış kuvvet **external impedance** *elek.* dış empedans, dış çeli **external insurance** harici sigorta **external library** *biliş.* dış kitaplık **external loan** dış kaynaklı kredi, dış yardım **external memory** *biliş.* dış bellek **external money market** dış para piyasası **external mould** dış kalıp **external national debt** dış ulusal borç, harici milli borç **external obliga-**

tion dıştan gelen mecburiyet, dışsal gereklilik **external packing** dış ambalaj **external power supply** *elek.* dış güç kaynağı **external protectionism** dış korumacılık **external registers** *biliş.* dış yazmaçlar **external savings** dış tasarruflar **external scale economies** dışsal ölçek ekonomiler **external screw thread** *mak.* dıştan diş **external storage** *biliş.* dış bellek **external stress** dış gerilme **external trade** dış ticaret, dıştecim **external turnover** dış ciro **external value of money** paranın ülke dışındaki değeri **external voltage** *elek.* harici gerilim, dış gerilim **external work** *fiz.* harici iş, dışsal iş

externalize /ik'stö:nılayz/ *e.* maddileştirmek; dışa vurmak, yansıtmak

exterritorial /eksteri'to:rııl/ *s.* bulunduğu ülkenin yasaları dışında

extinct /ik'stinkt/ *s.* sönük, sönmüş; (hayvan, vb.) nesli tükenmiş, soyu tükenmiş **extinct volcano** *coğ.* sönmüş yanardağ

extinction /ik'stinkşın/ *a.* sönme, söndürme; (hayvan, vb.) nesli tükenme, soyu tükenme; ilga, fesih, ortadan kaldırma; *fiz.* ekstinksiyon **extinction coefficient** *kim.* ekstinksiyon katsayısı, sönüm katsayısı **extinction voltage** *elek.* sönüm gerilimi

extinguish /ik'stingwiş/ *e.* (ışık, ateş) söndürmek; borcunu ödemek; feshetmek, lağvetmek

extinguisher /ik'stingwişı/ *a.* küçük yangın söndürücü

extirpate /'ekstö:peyt/ *e.* köküyle sökmek; kökünden halletmek

extol /ik'stoul/ *e.* övmek, methetmek, göklere çıkarmak

extort /ik'sto:t/ *e.* (from ile) tehditle, sıkıştırarak ya da baskıyla almak, gasp etmek, tehditle koparmak

extortion /ik'sto:şın/ *a.* zorla alma; haraç

extortionate /ik'sto:şınit/ *s. hkr.* (istek, fiyat, vb.) çok fazla, fahiş, aşırı, kazık

extortionist /ik'stö:şınist/ *a.* zorba kimse; kazıkçı

extra /'ekstrı/ *s. be.* gereğinden fazla, ek, fazla, ek olarak, ilaveten, fazladan, ekstra ¤ *a.* ek, ilave, ekstra; figüran **extra costs** ilave masraflar **extra divi-**

dend olağanüstü temettü, ek temettü **extra expenses** ek masraflar **extra freight** ek yük, ilave yük **extra fund** ilave fon **extra insurance** ilave sigorta **extra lay** sürastarya **extra pay** ilave maaş **extra premium** ek prim **extra time** *sp.* uzatma **extra vires** yetkiyi aşma

extract /ik'strekt/ *e.* çekmek, çekip çıkarmak, sökmek; elde etmek, çıkarmak; almak; (parça, vb.) seçmek, seçip çıkarmak, almak, aktarmak ¤ /'ekstrekt/ *a.* seçme parça, seçme; öz, ruh, esans, hulasa; özet **extract instruction** *biliş.* özet çıkarma komutu, özetleme komutu **extract of account** hesap özeti, ekstre, hesap hülasası **extract wool** *teks.* ekstrat yünü

extraction /ik'strekşın/ *a.* çekme, çıkarma, özütleme, ekstraksiyon; soy, köken **extraction apparatus** ekstraksiyon cihazı, özütleme aygıtı **extraction fan** vantilatör **extraction of sugar** *şek.* şeker elde edilmesi **extraction process** özütleme işlemi **extraction shaft** *mad.* çıkarma kuyusu **extraction tax** istihraç vergisi, topraktan çıkarma vergisi **extraction turbine** *mak.* çıkarma türbini

extractive /ik'strektiv/ *s.* çıkarıcı; doğal maddeleri işlemeye ait **extractive distillation** çıkarıcı damıtma **extractive industry** istihraç sanayii, doğal maddeleri çıkarma sanayii **extractive metallurgy** ekstraktif metalurji, çıkarma metalbilimi

extractor /ik'strektı/ *a.* çıkarıcı aygıt, sökücü aygıt; ekstraktör; aspiratör; cendere, pres

extracurricular /ekstrıkı'rikyulı/ *s.* ders programının dışında, müfredat dışı

extradite /'ekstrıdayt/ *e. huk.* suçluyu ülkesine iade etmek; suçluyu almak

extradition /ekstrı'dişın/ *a.* suçluların iadesi

extrados /ek'streydos/ *a.* kemer sırtı, kubbe sırtı

extraneous /ik'streyniıs/ *s.* konu ile ilgili olmayan, konu dışı

extramural /ekstrımyuırıl/ *s.* okulun normal kursu/programı dışındaki konularla ilgili; şehrin/kalenin sınırları/duvarları dışında bulunan **ex-**

tramural student misafir öğrenci

extraordinary /ik'strɔ:dınırı/ *s.* görülmemiş, alışılmamış, garip, acayip, olağandışı; olağanüstü, fevkalade, harikulade *extraordinary appropriation* olağanüstü ödenek *extraordinary budget* olağanüstü bütçe *extraordinary budget receipts* olağanüstü bütçe gelirleri *extraordinary depreciation* olağanüstü amortisman, fevkalade amortisman *extraordinary expenditures* olağanüstü kamu harcamaları *extraordinary expenses* olağanüstü giderler *extraordinary general meeting* olağanüstü genel kurul toplantısı *extraordinary losses* olağanüstü zararlar *extraordinary ray* olağanüstü ışın *extraordinary reserve* fevkalade ihtiyat

extrapolate /ik'strepıleyt/ *e.* (bildikleriyle gelecekte olacak bir şeyi) tahmin etmek; *mat.* dışdeğer bulmak, dışdeğerini hesaplamak

extrapolation /ikstrepı'leyşın/ *a. mat.* dışdeğer bulma, dışdeğerbiçim, ekstrapolasyon

extraterrestrial /ekstrıtı'restriıl/ *s.* dünya dışından gelen, dünya dışı

extravagance /ik'strevıgıns/ *a. hkr.* savurganlık, israf; aşırılık, ölçüsüzlük, mantıksızlık

extravagant /ik'strevıgınt/ *s. hkr.* savurgan, müsrif; aşırı, haddinden fazla; saçma, mantıksız, aşırı, ölçüsüz

extravert /'ekstrıvö:t/ *a. bkz.* extrovert

extreme /ik'stri:m/ *s.* en uçtaki, had safhadaki, son, sınır, aşırı; çok büyük, son derece, çok; (düşünce vb.) aşırı, müfrit ¤ *a.* en uzak nokta, sınır, uç; son derece, son had *extreme close-up fot.* en yakın çekim, ayrıntı çekimi *extreme limit* azami vade *extreme long shot fot.* çok uzak çekim, uzak çekim *go/be driven to extremes* aşırıya kaçmak, sapıtmak *in the extreme* çok, son derece

extremely /ik'stri:mli/ *be.* son derece, çok, aşırı *extremely high frequency elek.* çok yüksek frekans *extremely low frequency elek.* çok alçak frekans

extremism /ik'stri:mizım/ *a. hkr.* (siyasi düşünce, vb.'de) aşırılık, aşırı uçta olma

extremist /ik'stri:mıst/ *a.* aşırılığa kaçan, müfrit

extremity /ik'stremiti/ *a.* uç, son; sınır, hudut; son derece, aşırı derece, son safha *extremities* eller ve ayaklar

extricate /'ekstrikeyt/ *e.* (zor bir durumdan) çıkarmak, kurtarmak

extrinsic /ek'strinsik/ *s.* dış, harici *extrinsic evidence* harici delil

extroversion /ekstrou'vö:şın/ *a.* dışadönüklük

extrovert /'ekstrıvö:t/ *a.* dışadönük kişi

extrude /ik'stru:d/ *e.* sıkmak, çıkarmak, kalıptan geçirmek *extruded metal met.* kalıptan çekilmiş metal

extrusion /ik'stru:jın/ *a.* çıkarma, ekstrüzyon *extrusion press met.* ekstrüzyon presi, darçıkarır

extrusive /ik'stru:siv/ *s.* çıkaran, fırlatan; *yerb.* püskürük *extrusive rock yerb.* ekstrüzif kaya, püskürük kayaç

exuberance /ig'zyu:bırıns/ *a.* bolluk; taşkınlık; laf kalabalığı

exuberant /ig'zyu:bırınt/ *a.* coşkun, taşkın; (bitki) bol, verimli, bereketli

exudation /eksyu'deyşın/ *a.* sızma, akma

exude /ig'zyu:d/ *e.* sızmak, akmak, yayılmak; sızdırmak, akıtmak, yaymak

exult /ig'zalt/ *e.* çok sevinmek, sevinçten uçmak, bayram etmek, coşmak

exultant /ig'zaltınt/ *s.* sevinçli, mutlu, bayram eden, sevinçten uçan, coşkun

eye /ay/ *a.* göz; görme gücü, görüş; iğne deliği; dişi kopça; delik, göz; bakış, göz, nazar ¤ *e.* dikkatle bakmak, gözünü dikip bakmak *eye bar* başı delikli çubuk, gözlü çubuk *eye bolt* mapa, gözlü cıvata *eye cutting trm.* göz aşısı *eye for an eye and a tooth for a tooth* göze göz, dişe diş *eye nut* halkalı somun *give sb the eye* gözle yemek *have an eye on* göz kulak olmak *have an eye to the main chance* işini bilmek, fırsat kollamak *have eyes in the back of one's head* arkada gözü olmak *in one's mind's eye* hayalinde, muhayyilesinde *in the eyes of* -in gözünde, nazarında *in the twinkling of an eye* göz açıp kapayıncaya kadar *keep an eye on kon.* göz kulak olmak *keep an eye out for* anımsamaya çalışmak *keep one's eyes peeled/skinned* gözünü dört açmak *more than meets the eye* kon. göründüğünden fazla *my eye* kon. yok canım!, hadi ordan! *open sb's eyes to sth* gözünü açmak *out of the corner of one's eye* göz ucuyla *see eye to eye (with)* uyuşmak, anlaşmak, tamamen aynı fikirde olmak, uymak *shut one's eyes to* göz yummak *under/before one's very eyes* -in gözü önünde *up to the eyes in* kon. gırtlağına kadar, aşırı, çok *with one's eyes open* göz göre göre, bile bile

eyeball /'aybo:l/ a. göz küresi, göz yuvarlağı

eyebrow /'aybrau/ a. kaş

eye-catching /'aykeçing/ s. dikkat çekici, göze çarpan

eyelash /'ayleş/ a. kirpik

eyeless /'aylıs/ s. gözsüz

eyelet /'aylit/ a. delik; den. matafyon *eyelet knot* den. matafyon bağı *eyelet leach* den. matafyon yakası, seren yakası

eyelid /'aylid/ a. gözkapağı *hang on by one's eyelids* pamuk ipliğiyle bağlı olmak

eyeliner /'aylaynı/ a. göz boyası

eye-opener /'ayoupını/ a. ibret, göz açan şey, öğrenek

eyepiece /'aypi:s/ a. oküler, göz merceği *be up to one's eyes in work* başını kaşıyacak vakti olmamak

eyeshadow /'ayşedou/ a. rimel, göz boyası

eyesight /'aysayt/ a. görme gücü, görme yeteneği

eyesore /'ayso:/ a. gözü rahatsız eden, göze batan çirkin şey

eyestrain /'aystreyn/ a. göz yorgunluğu

eyewash /'aywoş/ a. göz boyama

eyewitness /'aywitnıs/ a. görgü tanığı, şahit

eyrie /'ayıri/ a. kartal yuvası

F

F, f /ef/ a. İngiliz abecesinin altıncı harfi; fa notası; (not olarak) çok zayıf

fa /fa:/ a. müz. fa notası

fabaceous /fıbey'şıs/ s. fasulye familyasına ait

fab /feb/ s. harika

fable /'feybıl/ a. masal, hayvan masalı, fabl, öykünce; söylence

fabled /'feybıld/ s. efsanevi; hayali, uydurma, düzmece

fabric /'febrik/ a. dokuma, kumaş, bez; (bina) yapı, çatı, iskelet, bünye *fabric appearance* teks. kumaş görünümü *fabric back* teks. kumaşın ters yüzü *fabric printing* teks. kumaş baskısı *fabric softener* teks. kumaş yumuşatıcı *fabric weight* teks. kumaş ağırlığı

fabricate /'febrikeyt/ e. uydurmak, icat etmek, kandırmak amacıyla uydurmak; yapmak, kurmak, üretmek, imal etmek, istihsal etmek

fabrication /'febrikeyşın/ a. uydurma, yalan; yapma, yapım, imal, imalat, fabrikasyon

fabricator /'febrikeytı/ a. uydurukçu, yalancı; sahtekâr

fabulist /'febyulist/ a. fabl yazarı; uydurukçu, atıcı

fabulous /'febyulıs/ s. inanılmaz, şaşılacak; kon. mükemmel, harika, müthiş; düşsel, uydurma, masal ürünü

fabulously /'febyulısli/ be. inanılmaz derecede, müthiş

facade /fı'sa:d/ a. binanın ön yüzü, bina cephesi, alnaç, fasat; yanıltıcı/aldatıcı görünüm

face /feys/ a. yüz, surat, çehre; görünüş, şekil; dış görünüş; itibar, saygınlık, şeref; mad. ayna, arın, alın ¤ e. bakmak, karşı karşıya olmak; karşılamak, karşı karşıya gelmek; göğüs germek; örtmek, sıvamak, kaplamak *be written on sb's face* yüzünden akmak *do (up) one's face* makyaj yapmak *come face to face with* ile karşı karşıya gelmek *face about* ters yöne dönmek *face amount* üzerinde yazılı meblağ *face brick* inş. yüz tuğlası *face conveyor* mad. arın konveyörü, alın taşıyıcısı *face cream* yüz kremi *face down* yüzükoyun *face hammer* inş. baskı çekici; soyma çekici *face it out* sonuna kadar götürmek *face joint* inş. duvar yüzü derzi, duvar yüzü eki *face lathe* mak. yüz tornası *face of policy* poliçedeki yazılı değer face par nominal değer face plate (torna) düz ayna face stone kaplama taşı, kesme taş face string alınlık kirişi face the music ceremeyi çekmek, sonucuna katlanmak, zorluğa katlanmak face to face yüz yüze face up to yüz yüze gelmek face value nominal değer, itibari kıymet face wall cephe duvarı, ön yüz duvarı face with yüz yüze gelmek face-centred yüzey merkezli for sb's fair face yüzü suyu hürmetine have the face yüzü tutmak, cüret etmek in the face of -e karşın, -e rağmen, karşısında lose face küçük düşmek, saygınlığını yitirmek, rezil olmak lying on its face yüzüstü make a face kaş göz etmek on the face of it görünüşe bakılırsa, görünüşte pull a long face suratını asmak put a bold face on bozuntuya vermemek put a new face on yeni bir şekil vermek put one's face on makyaj yapmak save one's face zevahiri kurtarmak say sth to sb's face yüzüne karşı açıkça söylemek show one's face meydana çıkmak, bir yere çıkagelmek to sb's face yüzüne karşı, açıkça

face-lift /'feyslift/ a. yüz gerdirme ameliyatı, estetik ameliyat

face-pack /'feyspek/ a. teni güzelleştirmek için yüze uygulanan krem maskesi, yüz maskesi

facecloth /'feysklot/ a. yüz havlusu

faceless /'feyslıs/ s. kim olduğu belirsiz, kimliği belirsiz

facer /'feysı/ a. yüze vurulan darbe; beklenmedik güçlük, beklenmedik engel

face-saving /'feys seyving/ s. vaziyeti kurtaran, zevahiri kurtaran

facet /'fesit/ a. tıraş edilmiş elmas ya da diğer değerli taşların yüzü, façeta; bir konunun ya da herhangi bir şeyin çeşitli yüzleri

facetious /fı'si:şıs/ s. hkr. sulu, patavatsız, uygunsuz şakalar yapan

facetiousness /fı'si:şısnis/ a. sululuk, patavatsızlık

facia /'feyşı/ a. uzun tabela facia board kontrol paneli facia panel kontrol paneli

facial /'feyşıl/ s. yüze ilişkin, yüzle ilgili ¤ a. yüz bakımı, yüz masajı

facies /'feyşii:z/ a. yerb. fasiyes

facile /'fesayl/ s. hkr. kolay yapılmış, kolay elde edilmiş, kolay; derinliği olmayan, anlamsız, yüzeysel, basit

facilitate /fı'siliteyt/ e. kolaylaştırmak, rahatlatmak, yardım etmek

facilitation /fısili'teyşın/ a. kolaylaştırma, rahatlatma

facilities /fı'silitiz/ a. olanaklar, tesisler facilities management biliş. tesisat yönetimi

facility /fı'siliti/ a. yetenek, beceri, ustalık; rahatlık, kolaylık; vasıta, araç, olanak, imkân, tesis

facing /'feysing/ a. koruyucu tabaka, süs tabakası dış kaplama; sıva vurma; mek. yüzden torna etme; röver, yen kapağı, kol devriği facing lathe yüz tornası facing stone kaplama taşı put sb through one's facing sınav etmek

facsimile /fek'simili/ a. kopya, suret, tıpkısı, tıpkıbasım, faksimile facsimile modulation elek. faksimile modülasyonu facsimile receiver elek. faksimile alıcısı facsimile signature mühürlü imza facsimile transmitter elek. faksimile vericisi

fact /fekt/ a. gerçek, olgu, olmuş şey; olay, gerçek olay; bilgi, doğru bilgi, gerçek as a matter of fact gerçekten, hakikatte, işin doğrusu, hatta fact film belgesel film facts of life ört. (özellikle çocuklara anlatılması gereken) cinsel yaşamın ayrıntıları in (actual) fact gerçekten, hakikatte, işin doğrusu, hatta in point of fact gerçekten, hakikatte, işin doğrusu, hatta

faction /'fekşın/ a. bölek, klik, hizip; bir topluluk içinde anlaşmazlık, kavga, ayrılık

factionalism /'fekşınılizım/ a. partizanlık, hizipçilik

factionist /'fekşınist/ a. partizan, hizipçi

factious /'fekşıs/ s. fesatçı, fitneci, hizipçi

factitive /'fektitiv/ s. araçlı geçişli factitive verb ettirgen eylem factitive voice ettirgen çatı

factor /'fektı/ a. etmen, faktör; mat. çarpan; komisyoncu, simsar; üretim finansörü factor concentration faktör yoğunluğu factor endowment faktör donatımı factor endowment theory faktör donatımı teorisi factor expendi-

tures faktör giderleri *factor income* faktör geliri *factor intensity* faktör yoğunluğu *factor intensive* faktör yoğunluğu *factor market* faktör piyasası *factor mobility* faktör hareketliliği *factor of production* üretim faktörü *factor of safety* güvenlik katsayısı, emniyet katsayısı *factor price* faktör fiyatı *factor price ratio* faktör fiyatı oranı *factor revenues* faktör gelirleri *factor reversal* faktör yoğunluğunun tersine dönmesi *factor shares* faktör payları *factors of production* üretim etmenleri, üretim faktörleri

factorage /'fektıric/ *a.* komisyon

factorial /fek'to:rııl/ *a. mat.* çarpınım, faktöriyel *factorial notation mat.* faktöriyel notasyonu

factoring /'fektıring/ *a.* faktöring

factorization /fektıray'zeyşın/ *a. mat.* çarpanlara ayırma

factorize /'fektırayz/ *e. mat.* çarpanlara ayırmak

factory /'fektırı/ *a.* fabrika, üretimlik *factory building* fabrika binası *factory chimney* fabrika bacası *factory cost* üretim maliyeti, fabrika maliyeti *factory expenses* fabrika giderleri *factory farming* fabrika çiftçiliği *factory hand* fabrika işçisi *factory inspector* hükümet denetçisi, fabrika denetçisi *factory labourer* fabrika işçisi *factory ledger* imalat defteri, fabrika büyük defteri *factory manager* fabrika müdürü *factory molasses şek.* ham şeker melası *factory output* fabrika randımanı *factory overheads* fabrika genel üretim giderleri *factory price* fabrika fiyatı

factotum /fek'toutım/ *a.* kâhya

factual /'fekçuıl/ *s.* gerçeklere, olgulara dayanan

facula /'fekyulı/ *a. gökb.* fakül, benek

facultative /'fekıltıtiv/ *s.* ihtiyari

faculty /'fekıltı/ *a.* yetenek, beceri; yeti; fakülte

fad /fed/ *a.* geçici ilgi, geçici heves, tutku, merak

faddy /'fedi/ *s.* geçici hevesli

fade /feyd/ *e.* solmak, rengi atmak; soldurmak; *oto.* frenleme gücü azalmak

fade away ortadan kaybolmak, gözden kaybolmak, yok olmak *fade out* (film, ses, vb.) yavaş yavaş kısmak; kısılmak, kararmak, fondü olmak *fade-in* fondü açık, açılma *fade-up* (ses, görüntü) yavaş yavaş açmak

faeces /'fi:si:z/ *a.* dışkı, pislik; tortu, posa

fag /feg/ *a. kon.* angarya; *İİ.* sigara; *Aİ.* ibne *pull a fag* bir sigara tellendirmek

fagged /'fegd/ *s. İİ. kon.* çok yorgun, bitkin

faggot /'fegıt/ *a.* çalı çırpı demeti, çıra demeti; *Aİ. kon.* ibne; *İİ.* sevimsiz kimse; köfte

fagot /'fegıt/ *a. Aİ. bkz.* faggot

Fahrenheit degree /'ferınhayt 'digri:/ *a.* Fahrenheit derecesi

Fahrenheit scale /'ferınhayt 'skeyl/ *a.* Fahrenhayt ölçeği

faience /fay'a:ns/ *a.* fayans, çini

fail /feyl/ *e.* başaramamak, becerememek, başarısız olmak, geçememek, kalmak; (sınıfta) bırakmak, çaktırmak; beklenen sonucu verememek; yetmemek, yetersiz kalmak; düş kırıklığına uğratmak, umutlarını boşa çıkarmak; zayıflamak, güçsüzleşmek, tükenmek; iflas etmek, batmak ¤ *a.* hata, kusur; zayıflık, zaaf *fail due* vadesi gelmek *fail in one's duty* görevinde kusur etmek *fail soft biliş.* arıza kurtarma *without fail* kesinlikle

failing /'feyling/ *a.* zayıflık, kusur, hata ¤ *ilg.* olmazsa *failing that* aksi takdirde

fail-safe /'feylseyf/ *s.* arıza güvenlikli, bir parçası çalışmayınca tehlikeli olmayan

failure /'feylyı/ *a.* başarısızlık; yetersizlik, eksiklik, güçsüzlük; başarısız kimse/şey; yetmezlik; batma, iflas *failure logging biliş.* arıza kaydı *failure moment* kırılma momenti *failure prediction biliş.* arıza tahmini *failure rate biliş.* hata oranı *failure recovery biliş.* arızadan kurtarma *failure to pay* ödeyememe

fain /feyn/ *s.* memnun, mutlu; istekli, eğilimli; yükümlü, mecburi ¤ *be.* seve seve

fainéant /'feyniınt/ *s.* tembel, aylak

faint /feynt/ *s.* zayıf, güçsüz, bilincini yitirmek üzere, bayılmak üzere; çok küçük; soluk, donuk, sönük, zayıf, silik ¤ *e.* bayılmak; güçsüzleşmek ¤ *a.* baygınlık, bayılma

faintly /'feyntli/ *be.* azıcık, hafiften

fair /feı/ *s.* dürüst, doğru, eşit, adil; orta, vasat, şöyle böyle; (hava) açık, güzel; sarışın, kumral; (ten, saç) açık renkli; (kadın) güzel, çekici; temiz, net ¤ *be.* adilane, hakça, dürüstçe, kurallara uygun; güzelce, efendice; açıkça, anlaşılır bir şekilde, temiz olarak ¤ *a. İl.* panayır; pazar; fuar *by fair means or foul* ne yapıp yapıp *fair and square* dürüst bir şekilde; doğrudan, direkt *fair average quality* vasat mal kalitesi *fair copy* temiz nüsha *fair market price* adil piyasa fiyatı *fair market value* adil piyasa değeri *fair price* makul fiyat *fair wages* adil ücret *fair wear and tear* miadında aşınma ve yıpranma *fair-to-middling* iç güveysinden hallice *fair-weather friend* iyi gün dostu

fairground /'feıgraund/ *a.* panayır yeri

fairing /'feıring/ *a.* karenaj; *hav.* kaplama

fairlead /'feıli:d/ *a. den.* kurtağzı

fairly /'feıli/ *be.* dürüst bir biçimde, hakça, yansızca, kurallara uygun biçimde; oldukça; tamamıyla

fairness /'feınıs/ *a.* doğruluk, dürüstlük

fairway /'feıwey/ *a.* serbest geçit

fairy /'feıri/ *a.* peri; *kon.* ibne *fairy tale* peri masalı; palavra, uydurma, yalan, masal

fait accompli /feyt ı'kompli:/ *a.* oldubitti, olupbitti, emrivaki

faith /feyt/ *a.* güven, güvenç, güçlü inanç; söz, şeref sözü; inanç, iman, itikat, din; bağlılık, sadakat

faithful /'feytfil/ *s.* bağlı, sadık; inançlı, imanlı, dinine bağlı; aslına uygun, doğru, yanlışsız

faithfully /'feytfıli/ *be.* içtenlikle; tam olarak *yours faithfully* (mektup sonlarında) saygılarımla

faithfulness /'feytfulnıs/ *a.* sadakat, dürüstlük

faithless /'feytlıs/ *s.* sadakatsiz, vefasız, hain; imansız, inançsız; güvenilmez

fake /feyk/ *e.* taklidini/sahtesini yapmak; *kon.* ayak yapmak, takınmak, numara yapmak; *sp.* feyk atmak ¤ *a.* sahtekâr; sahte şey, taklit ¤ *s.* sahte

fakir /'feykiı/ *a.* Hint fakiri

falcate /'felkeyt/ *s.* orak şeklinde, hilal şeklinde

falchion /'fo:lçın/ *a.* (ağır ve enli) kılıç

falciform /'felsifo:m/ *s.* orak şeklinde

falcon /'fo:lkın/ *a. hayb.* şahin, doğan

falconer /'fo:lkını/ *a.* şahinci

falconry /'fo:lkınri/ *a.* şahin ile avcılık

faldstool /'fo:ldstu:l/ *a.* diz çökmek için kullanılan kilise taburesi

fall /fo:l/ *e.* düşmek; azalmak, düşüş göstermek; düşmek, inmek; yağmak; yıkılmak, çökmek; yaralanmak, ölmek, vurulmak; yenilmek, işgal edilmek, düşmek; asılmak; rastlamak, denk gelmek; sarkmak, aşağı sallanmak; olmak ¤ *a.* düşüş, düşme; azalma; çöküş, yıkılma; *Aİ.* sonbahar, güz *fall about kon.* (gülmekten) katılmak *fall apart* parçalanmak, dağılmak *fall back* geri çekilmek, ricat etmek *fall back on/upon sb/sth* yardım için başvurmak; yedekteki bir şeyi kullanmak *fall behind* zamanında bitirememek, geride kalmak *fall below* değerini yitirmek *fall down* başarısız olmak, kötü gitmek *fall down on the job* işin üzerine düşmemek *fall due* vadesi gelmek *fall flat* beklenen sonucu vermemek, güme gitmek *fall for* kazıklanmak, aldatılmak; *kon.* -e âşık olmak, aşka düşmek, abayı yakmak *fall guy* keriz, abalı, kurban *fall in* çökmek, yıkılmak, göçmek; sıraya girmek, dizilmek *fall in price* fiyatı düşmek *fall in value* değeri düşmek *fall in with sb* rastlamak, arkadaşlık etmeye başlamak *fall in with sth* kabul etmek, uymak *fall into* başlamak, girişmek; bölünmek, ayrılmak *fall into a/the trap* tuzağa düşmek *fall into arrears* borçları vadesinde ödememek *fall off* ayrılmak, düşmek; bozulmak, düşmek *fall on* vahşice saldırmak *fall on one's feet kon.* dört ayak üzerine düşmek, atlatmak *fall out (with sb)* (kd) kavga etmek, bozuşmak *fall out* tartışmak, çatışmak, kapışmak, bozuşmak *fall out with sb over sth* birisi ile gırtlak gırtlağa gelmek *fall over backwards* çok istekli olmak, elinden geleni yapmak *fall short* suya düşmek beklenen sonucu vermemek *fall through* suya düşmek, başarısız olmak, yarım kalmak *fall to* başlamak; düşmek; saldırmak; yemeye başlamak, girişmek *fall budding* trm. güz aşısı *fall irrigation* trm. sonbahar sulaması, güz sulaması *fall range* trm. güzlek, sonbahar merası *fall time* elek. düşme süresi *fall wind* metr. düşüş rüzgârı

fallacious /fı'leyşıs/ s. yanlış, hatalı, mantıksız

fallacy /'felısi/ a. yanlış düşünce ya da inanç; yanlış mantık

fallal /fel'el/ a. süslü şey

fallen /'fo:lın/ s. düşmüş, düşkün; günahkâr, düşmüş; şehit, ölmüş; fethedilmiş, zapt olunmuş *fallen angel* yeryüzüne inmiş melek *fallen arches* düztabanlar *fallen wool* teks. ölü hayvan yapağısı

fallible /'felıbıl/ s. hataya düşebilir, yanılabilir

fallibility /felı'bilıti/ a. yanılma payı

fallibly /'felıbli/ be. yanılarak, hata ederek

falling /'fo:ling/ s. düşen ¤ a. düşme *falling market* fiyatların düştüğü piyasa *falling sickness* sara, epilepsi *falling star* gökb. akanyıldız, ağma, şahap *falling-in* mad. göçme, yıkılma

fallout /fo:laut/ a. radyoaktif kalıntı, nükleer bir patlama nedeniyle havaya yayılan radyoaktif madde

fallow /'felou/ a. nadasa bırakılmış toprak ¤ s. nadasa bırakılmış, ekilmemiş ¤ e. nadasa bırakmak *fallow land* nadasa bırakılan toprak

falls /'fo:lz/ a. çağlayan, çavlan, şelale

false /fo:ls/ s. yanlış; takma; yapma, taklit; sadık olmayan *false balance sheet* sahte bilanço *false bottom* sahte dip, gizli dip *false coin* sahte para *false documents* sahte evrak *false drop* biliş. sahte bilgi, hatalı bilgi *false error* biliş. sahte hata *false keel* den. kontra omurga *false money* sahte para *false ogive* ask. balistik külah *false pretences* yanlış beyan *false retrieval* biliş. yanlış bilgi elde etme *false return of income* yanlış vergi iadesi *false takeoff* hav. hatalı kalkış *false teeth* takma dişler *false trade mark*

sahte ticaret markası *false twist* teks. sahte büküm, yalancı büküm *false twisting machine* teks. sahte büküm makinesi, yalancı büküm makinesi

falsehood /'fo:lshud/ a. yalan; yalancılık

falseness /'fo:lsnıs/ a. yalancılık; sahtelik

falsework /'fo:lswö:k/ a. iskele

falsies /'fo:lsiz/ a. takma göğüs, yalancı göğüs

falsification /fo:lsifi'keyşın/ a. tahrif, taklit *falsification of accounts* hesapların tahrifi

falsified /'fo:lsifayd/ s. sahte, tahrif edilmiş *falsified note* düzmece senet

falsifier /'fo:lsifayı/ a. sahtekâr

falsify /'fo:lsifay/ e. değiştirmek, tahrif etmek, saptırmak

falsity /'fo:lsiti/ a. yanlışlık, yanlış olma; yalan

faltboat /'feltbout/ a. portatif bot

falter /'fo:ltı/ e. sendelemek; duraksamak, bocalamak, tereddüt etmek

fame /feym/ a. ün, şöhret

famed /feymd/ s. ünlü, şöhretli, meşhur

familial /fı'miliıl/ s. aile +, aileden geçmiş

familiar /fı'miliı/ s. bildik, tanıdık; bilen, anlayan, aşina, alışık; hkr. laubali, sulu, fazla samimi

familiarity /fımili'eriti/ a. iyi bilme, aşinalık; yakınlık, içtenlik, samimilik, laubalilik

familiarize /fı'miliırayz/ e. alıştırmak, tanıtmak

familiarly /fı'miliıli/ be. teklifsizce, samimilikle, dostça

family /'femli/ a. aile; soy, familya; çocuklar *family allowance* aile yardımı *family assurance* aile sigortası *family benefits* aile ödenekleri *family business* aile şirketi *family circle* aile çevresi *family company* aile şirketi *family doctor* aile doktoru *family estate* aile varlığı *family hotel* ailelere kolaylık sağlayan otel *family insurance* aile sigortası *family name* soyadı *family of curves* mat. eğriler ailesi, eğriler takımı *family of words* kelime ailesi, sözcük ailesi *family partnership* aile şirketi *family planning* aile planlaması *family property* aile malları *family ticket* aile bileti *family tree* soyağacı, hayatağacı, şecere *family-income policy* aile gelir sigortası poliçesi

famine /'femin/ *a.* kıtlık

famish /'femiş/ *e.* çok aç olmak, aç kalmak, açlık çekmek; *kon.* açlıktan ölmek

famished /'femişt/ *s.* aç, açlık çeken

famous /'feymıs/ *s.* ünlü, meşhur

famously /'feymısli/ *be. kon.* çok iyi

fan /fen/ *a.* yelpaze; pervane (kanadı); vantilatör; harman savurma makinesi; fanatik, hayran ¤ *e.* yelpazelemek, yellenmek; (out ile) yayılmak *fan antenna elek.* yelpaze anten *fan belt oto.* vantilatör kayışı *fan blade* vantilatör kanadı *fan cooling mak.* vantilatörle soğutma *fan cowling* vantilatör hava hunisi *fan drive shaft oto.* vantilatör tahrik mili *fan driving pulley* vantilatör tahrik kasnağı *fan fold yerb.* yelpaze kıvrım *fan housing* vantilatör yuvası *fan hub oto.* vantilatör poyrası *fan pulley oto.* vantilatör kasnağı *fan shroud* vantilatör mahfazası *fan vaulting inş.* yelpaze tonoz *fan-in elek.* giriş yelpazesi *fan-out elek.* çıkış yelpazesi *fan out* yelpaze şeklinde yayılmak; birkaç kola ayrılmak *fanning mill trm.* tınaz makinesi

fanatic /fı'netik/ *s.* bağnaz, fanatik; aşırı meraklı

fanaticism /fı'netisizım/ *a.* bağnazlık, fanatizm

fancier /'fensiı/ *a.* özellikle hayvan/bitki meraklısı

fanciful /'fensifıl/ *s.* düşe dayanan, düşsel, hayale dayanan; gerçekdışı, düşsel, hayal ürünü

fancy /'fensi/ *e.* imgelemek, aklında canlandırmak, düşünmek; istemek, arzu etmek; sanmak ¤ *a.* hayal gücü; imgelem; hayal; kuruntu; istek, arzu ¤ *s.* süslü, parlak renkli; sıradan olmayan *fancy dress* maskeli balo kıyafeti; karnaval kıyafeti *fancy-dress ball* maskeli balo, kıyafet balosu *fancy goods* fantezi eşya *fancy oneself* kendini ... sanmak *fancy price* fahiş fiyat *fancy thread teks.* fantezi iplik *fancy yarn teks.* fantezi iplik *take a fancy to* -den hoşlanmak

fancy-free /fensi'fri:/ *s.* bağımsız, özgür,

âşığı olmayan

fancywork /'fensiwö:k/ *a.* süslü iğne işi, işleme

fandango /fen'dengou/ *a.* hareketli bir İspanyol dansı

fane /feyn/ *a.* (küçük) mabet

fanfare /'fenfeı/ *a.* trampet temposu

fanfaronado /fenferı'neyd/ *a.* övünme, böbürlenme

fang /feng/ *a.* uzun sivri diş

fanged /fengd/ *s.* dişli, azılı *fanged beet şek.* çatal kuyruklu pancar

fanlight /'fenlayt/ *a. inş.* vasistas

fanny /'feni/ *a.* but, kaba et

fantasia /fen'teyziı/ *a. müz.* fantezi

fantasize /'fentısayz/ *e.* hayal kurmak, hayallere dalmak

fantast /fen'test/ *a.* hayalperest

fantastic /fen'testik/ *s.* düşsel, inanılmaz, hayal ürünü, fantastik; acayip, garip; *kon.* harika, müthiş, çok iyi, süper

fantasy /'fentısi/ *a.* imgelem, düş gücü; düş, hayal, fantezi, düşlem

fantoccini /fentı'çi:ni/ *a.* kukla oyunu

far /fa:/ *be.* uzakta; uzağa; çok, pek çok, bir hayli ¤ *s.* uzak; öte, daha uzaktaki, ötedeki, öbür *far be it from me* bana düşmez *far cry from* dağlar kadar farklı *far from it* ne münasebet *far from* -den ziyade; -in yerine *far-end cross-talk* telediyafoni, uzak uç diyafonisi *how far* ne kadar *so far* şimdiye dek; belli bir noktaya kadar, bir yere kadar

far-flung /fa:'flang/ *s.* yaygın, geniş

farad /'ferıd/ *a. elek.* farad

faraday /'ferıdey/ *a. elek.* faraday *Faraday cage elek.* Faraday kafesi *Faraday dark space elek.* Faraday karanlık bölgesi *Faraday disk elek.* Faraday diski *Faraday effect fiz.* Faraday etkisi *Faraday's law elek.* Faraday kanunu, Faraday yasası *Faraday's laws of electrolysis elek.* Faraday elektroliz kanunları

faraway /'fa:rıwey/ *s.* uzak; dalmış, dalgın, uzaklara gitmiş

farce /fa:s/ *a.* sulu komedi, kaba güldürü, fars; hava cıva

farceur /fa:sö:/ *a.* şakacı, muzip

farcical /'fa:sikıl/ *s.* gülünç, tuhaf

farcy /'fa:si/ *a.* atlarda çıkan çıban türü

fare /feı/ *e.* üstesinden gelmek,

başarmak ¤ *a.* yol parası; yiyecek

farewell /feı'wel/ *a.* allahaısmarladık, elveda, veda

farfetched /fa:'feçt/ *s.* uydurma, inanılması zor

farina /fı'ri:nı/ *a.* mısır unu, irmik

farm /fa:m/ *a.* çiftlik; çiftlik evi ¤ *e.* çiftçilik yapmak **farm aid** tarımsal yardım **farm animals** *trm.* çiftlik hayvanları **farm drainage** *trm.* çiftlik drenajı **farm hand** tarım işçisi **farm irrigation efficiency** *trm.* çiftlik sulama verimi **farm labourer** tarım işçisi **farm machinery** *trm.* ziraat makineleri, tarım makineleri **farm manure** *trm.* çiftlik gübresi, işletme gübresi **farm mortgage banking** tarımsal ipotek bankacılığı **farm out** (iş) havale etmek **farm pasture** *trm.* çiftlik merası **farm policy** tarım politikası **farm pond** *trm.* çiftlik gölü **farm product** *trm.* çiftlik ürünü

farmer /'fa:mı/ *a.* çiftçi **farmer's cooperative** çiftçi kooperatifi

farmhouse /'fa:mhaus/ *a.* çiftlik evi

farming /'fa:ming/ *a.* çiftçilik **farming industry** tarım endüstrisi **farming management** tarımsal işletme, zirai işletme

farmland /'fa:mlend/ *a.* ekilebilir arazi, tarıma elverişli arazi

farmstead /'fa:msted/ *a.* çiftlik ve binaları

farmyard /'fa:mya:d/ *a.* çiftlik avlusu **farmyard manure** *trm.* çiftlik gübresi

farnesol /'fa:nisol/ *a. kim.* farnezol

faro /'ferou/ *a.* kâğıdı dağıtana karşı oynanan iskambil oyunu türü

far-out /fa:r'aut/ *s.* geçerli; bilgili

farrago /fı'ra:gou/ *a.* karmakarışık şey

farsighted /fa:'saytid/ *s.* uzağı iyi gören, hipermetrop; ileri görüşlü, öngörüşlü, ileriyi görür

fart /fa:t/ *a. kon.* osuruk ¤ *e. kon.* osurmak

farther /'fa:dı/ *s.* uzak, daha uzaktaki, ötedeki ¤ *be.* daha ileri, daha uzağa, daha uzakta

farthest /'fa:dist/ *s. be.* en uzak, en ileri, en uzağa, en uzakta

farthing /'fa:ding/ *a.* çeyrek penilik eski İngiliz parası **not worth a farthing** beş para etmez

farthingale /'fa:dingeyl/ *a.* eskiden giyilen çemberli kabarık etek

fascia /'feyşiı/ *a. inş.* kiriş silmesi, sütun kornişi

fasciated /'feşieytid/ *s.* şeritli; renk renk çizgileri olan

fascicle /'fesikıl/ *a.* küçük demet, salkım; fasikül, risale, cüz

fascicular /'fısikyulı/ *s.* demet halinde, demet demet; salkımlı, salkım salkım; fasikül halinde

fascinate /'fesineyt/ *e.* etkilemek, büyülemek

fascinating /'fesineyting/ *s.* etkileyici, büyüleyici

fascination /'fesineyşın/ *a.* büyüleme, hayran bırakma; büyülenme, hayran olma

fascinator /'fesineytı/ *a.* büyüleyici şey/kimse; dantelli eşarp

fascism /'feşizım/ *a.* faşizm

fascist /'feşist/ *a. s.* faşist

fash /'feş/ *a.* üzüntü, endişe

fashion /'feşın/ *a.* moda; biçim, tarz, üslup; tavır, davranış ¤ *e.* (elleri kullanarak) yapmak, biçimlendirmek, belli bir biçim vermek **after a fashion** şöyle böyle, az çok **come into fashion** moda olmak **fashion designer** modacı **fashion model** manken **fashion monger** moda malların satıcısı **fashion parade** moda sergisi **fashion of the moment** günün modası **go out of fashion** modası geçmek **in the fashion** moda, rağbette **out of fashion** demode, modası geçmiş **set a fashion** moda çıkarmak

fashionable /'feşınıbıl/ *s.* modaya uygun, moda

fashionably /'feşınıbli/ *be.* modaya uygun olarak

fast /fa:st/ *s.* hızlı, süratli, seri, çabuk; sıkı, sağlam, sabit; solmaz, sabit; (saat) ileri ¤ *be.* hızla, süratle; sıkıca, sağlamca ¤ *e.* oruç tutmak ¤ *a.* oruç **break one's fast** orucunu açmak **fast asleep** derin uykuda, derin uykuya dalmış **fast boat** ekspres vapur, hızlı gemi **fast dye** has boya, solmaz boya **fast estate** gayri menkul **fast finish** *teks.* has apre **fast food** fast food, hızlı yiyecek **fast friend** yakın arkadaş, güvenilir dost **fast goods train** ekspres marşandiz *fast memory* *biliş.* hızlı bellek *fast motion* hızlı hareket *fast neutron* *fiz.* hızlı nötron *fast oil* hızlı yağ *fast pulley* *mak.* sabit kasnak *fast quenching oil* *met.* hızlı suverme yağı *fast reaction* *fiz.* hızlı reaksiyon *fast reactor* *fiz.* hızlı reaktör *fast to acids* aside dayanıklı *fast to alkali* alkaliye dayanıklı *fast to bleaching* beyazlatmaya karşı has, ağartmaya karşı dayanıklı *fast to boiling* *teks.* kaynatmaya karşı has *fast to decatizing* *teks.* dekatirlemeye dayanıklı *fast to ironing* *teks.* ütüye karşı has *fast to perspiration* *teks.* tere karşı dayanıklı *fast to pressing* *teks.* ütüye karşı has *fast to stoving* sülfüröz aside dayanıklı *fast to washing* *teks.* yıkamaya dayanıklı *fast to water* *teks.* suya dayanıklı *fast train* ekspres tren *fast wind* (bant) hızlı sarma

fasten /'fa:sın/ *e.* bağlamak; iliştirmek, tutturmak; (giysi) iliklemek *fasten on/upon* (düşünce, vb.) kavramak, kapmak, kullanmak

fastener /'fa:sını/ *a.* tutturucu, bağlayıcı şey, bağ, toka

fastening /'fa:sıning/ *a.* kapı yada pencere kilidi, mandal ya da sürgü *fastening screw* tespit vidası

fastidious /fe'stidiıs/ *s.* müşkülpesent, titiz, zor beğenir

fastidiously /fe'stidiısli/ *be.* titizlikle

fastness /'fa:stnis/ *a.* (renk, vb.) kalıcılık, sağlamlık *fastness to alkali* *teks.* alkali haslığı *fastness to bleaching* *teks.* ağartma haslığı, beyazlatma haslığı *fastness to boiling* *teks.* kaynatma haslığı *fastness to carbonizing* *teks.* karbonizasyon haslığı *fastness to cleaning* *teks.* temizleme haslığı *fastness to crabbing* *teks.* yaş fiksaj haslığı *fastness to decating* *teks.* dekatirleme haslığı *fastness to detergents* *teks.* deterjan haslığı *fastness to dry cleaning* *teks.* kuru temizleme haslığı *fastness to fulling* *teks.* dinkleme haslığı *fastness to ironing* *teks.* ütü haslığı *fastness to kier boiling* *teks.* kazanda pişirme haslığı *fastness to light* *teks.* ışık haslığı *fastness to mercerizing* *teks.* merserizasyon haslığı *fastness to mill-*

ing *teks.* dinkleme haslığı *fastness to perspiration* *teks.* tere karşı dayanıklılık *fastness to potting* *teks.* yaş dekatir haslığı *fastness to pressing* *teks.* ütü haslığı *fastness to processing* *teks.* fabrikasyon haslığı *fastness to rain* *teks.* yağmur haslığı *fastness to rubbing* *teks.* sürtünme haslığı *fastness to saltwater* *teks.* tuzlu su haslığı *fastness to soap* *teks.* sabunlama haslığı *fastness to solvents* *teks.* çözücü haslığı *fastness to steaming* *teks.* buharlanma haslığı *fastness to storage* *teks.* depolama haslığı *fastness to sunlight* *teks.* güneş ışığı haslığı *fastness to washing* *teks.* yıkama haslığı *fastness to water* *teks.* suya karşı dayanıklılık *fastness to water drops* *teks.* su damlası haslığı, su lekesi haslığı *fastness to water spotting* *teks.* su damlası haslığı, su lekesi haslığı *fastness to weathering* *teks.* hava haslığı, hava etkilerine karşı dayanıklılık

fat /fet/ *s.* (et) yağlı; şişman, tombul, şişko; kalın, şişkin, dolgun, yüklü ¤ *a.* yağ, içyağı *a fat lot of* *kon.* hiç *fat as a pig* yağ tulumu gibi *fat coal* yağlı kömür, ziftli kömür *fat content* yağ miktarı *fat solvent* yağ çözücü *live on the fat of the land* bolluk içinde yaşamak *the fat is in the fire* kıyamet kopacak, iş patlak verecek

fatal /'feytl/ *s.* ölümcül, öldürücü; tehlikeli, zararlı, kötü *fatal error* *biliş.* önemli hata

fatalism /'feytlizım/ *a.* yazgıcılık, kadercilik

fatalist /'feytlist/ *a.* yazgıcı, kaderci

fatality /fi'teliti/ *a.* ölümle sonuçlanan kaza, ölüm, felaket

fata morgana /fa:tı mo:'ga:nı/ *a.* serap

fate /feyt/ *a.* yazgı, alınyazısı, kader; son, akıbet, ölüm; kısmet, gelecek *fate of a collection* tahsilin akıbeti *fate of goods* malların akıbeti

fated /feytid/ *s.* kadere bağlı; mahvolmaya mahkûm

fateful /'feytfıl/ *s.* hayati önemi olan; kaçınılmaz, alında yazılı olan

fatefully /'feytfıli/ *be.* kaçınılmaz bir şekilde

Father /'fɑːdı/ *a.* papaz; Tanrı, Allah
father /'fɑːdı/ *a.* baba, peder; ata, cet ¤ *e.* babalık yapmak, babası olmak **Father Christmas** Noel Baba **father confessor** günah çıkaran papaz **father figure** tavsiye ve yardımına başvurulan kimse, babalık eden kimse **father on** isnat etmek, yüklemek

father-in-law /'fɑːdırinloː/ *a.* kayınpeder

fatherhood /'fɑːdıhud/ *a.* babalık

fatherland /'fɑːdılend/ *a.* anavatan, yurt

fatherless /'fɑːdılis/ *s.* babsız

fatherly /'fɑːdıli/ *s.* babacan, baba gibi

fathom /'fedım/ *a.* kulaç (1.83 m) ¤ *e.* iskandil etmek, derinliğini ölçmek; anlamak, kavramak, idrak etmek **fathom curve** eşderinlik eğrisi **fathom line** iskandil hattı

fathometer /fı'domıtı/ *a. den.* iskandil, sondör

fathomless /'fedımlis/ *s.* çok derin, dibine erişilmez; anlaşılmaz

fatigue /fı'tiːg/ *a.* aşırı yorgunluk, bitkinlik; *tek.* kağşama, maden yorgunluğu, metal yorulması ¤ *e.* yormak, yorgunluk vermek **fatigue limit** yorulma sınırı **fatigue of metals** *met.* metal yorgunluğu, metal yorulumu **fatigue test** yorulma testi

fatten /'fetn/ *e.* şişmanlatmak, semirtmek; semirmek, şişmanlamak; gübrelemek **fattening capacity** *trm.* besi kapasitesi **fattening period** *trm.* besi dönemi **fattening range** *trm.* besi otlağı

fatty /'feti/ *s.* (yiyecek) yağlı **fatty acid** yağ asidi **fatty mordant** yağlı mordan **fatty tissue** *hek.* yağ dokusu

fatuity /fı'çuːıti/ *a.* ahmaklık, akılsızlık

fatuous /'feçuıs/ *s.* saçma, akılsız

fatuously /'feçuısli/ *be.* ahmakça, akılsızca

faucet /'foːsit/ *a. AÎ.* musluk

faugh /foː/ *ünl.* püf!, berbat!

fault /foːlt/ *a.* hata, yanlışlık; suç; kusur, arıza, bozukluk, eksiklik; *yerb.* fay, çatlak ¤ *e.* hata bulmak, kusur bulmak **fault block** *yerb.* kırıklı tomruk, kırıklı kaya kütlesi **fault caption** *elek.* teknik arıza diyası **fault current** *elek.* kaçak akım **fault finder** *elek.* hata bulucu aygıt **fault finding** arıza bulma **fault line** *yerb.* kırık çizgisi **fault plane** *yerb.* kırık düzlemi **fault scarp** *yerb.* kırık basamağı **fault spring** *trm.* fay kaynağı **fault throw** *yerb.* fay atımı, kırık atımı **fault time** *biliş.* arıza zamanı **fault zone** *yerb.* kırık kuşağı, kırık bölgesi **fault-location program** *biliş.* hata belirleme programı **fault-tolerant** *biliş.* hata kaldırır, hatadan etkilenmez **faulted structure** *coğ.* faylı yapı, kırıklı yapı **to a fault** haddinden fazla, aşırı taşırı

faultless /'foːltlis/ *s.* hatasız, kusursuz, mükemmel

faulty /'foːlti/ *s.* hatalı, kusurlu, arızalı, eksik **faulty workmanship** işçilik hatası

faun /foːn/ *a.* yarısı keçi yarısı insan şeklinde bir tanrı

fauna /'foːnı/ *a. hayb.* fauna, direy

faux pas /fou'paː/ *a.* gaf, hata; kabalık, uygunsuz hareket **make a faux pas** baltayı taşa vurmak

favor /'feyvı/ *a. e. AÎ. bkz.* favour

favour /'feyvı/ *a.* onaylama, onay, destek; kayırma, iltimas; iyilik, yardım, lütuf ¤ *e.* yüreklendirmek, desteklemek, onaylamak, lehinde olmak, yanında olmak; iltimas etmek, kayırmak **favour tariff** ikramlı tarife **in favour of** -in yanında, tarafında, lehinde

favourable /'feyvırıbıl/ *s.* olumlu, lehte; uygun, elverişli **favourable balance of trade** aktif dış ticaret bilançosu **favourable exchange** elverişli kambiyo, müsait kambiyo **favourable reply** müspet cevap **favourable trade balance** lehte ticaret dengesi **favourable variance** olumlu fark, lehte sapma

favourite /'feyvırıt/ *a.* gözde, sevgili, favori; kazanacağı umulan kişi ya da at, favori; *hkr.* kayırılan kimse ¤ *s.* en çok beğenilen, en çok sevilen, favori

favouritism /'feyvırıtizım/ *a.* iltimas, kayırmacılık, adam kayırma

favus /'feyvıs/ *a. hek.* kel hastalığı

fawn /foːn/ *a. hayb.* yavru geyik; açık kahverengi **fawn on/upon** (köpek) birisinin üzerine atılıp sevgi gösterisi yapmak; yaltaklanmak, yağ çekmek

fax /feks/ *a.* faks **fax machine** faks makinesi

fay /fey/ *a.* peri

fayalite /'feyılayt/ *a. yerb.* fayalit

faze /feyz/ *e.* telaşlandırmak, iki ayağını bir pabuca sokmak

fealty /'fiılti/ *a.* sadakat *swear fealty* sadakat yemini etmek

fear /fiı/ *e.* korkmak, ürkmek, çekinmek; (for ile) endişe etmek, telaşlanmak ¤ *a.* korku, dehşet; kaygı, endişe *I fear* korkarım, korkarım ki *No fear kon.* Hayatta olmaz

fearful /'fiıfıl/ *s.* korkunç, müthiş, dehşetli; endişeli, kaygılı, korkulu; korku dolu, korkulu

fearless /'fiılıs/ *s.* korkusuz, yürekli

fearsome /'fiısım/ *s.* korkutucu, müthiş

feasibility /fi:zı'biliti/ *a.* fizibilite, yapılabilirlik, uygulanabilirlik *feasibility study* fizibilite çalışması

feasible /'fi:zıbıl/ *s.* yapılabilir, olası, olanaklı, makul, mantıklı

feast /fi:st/ *a.* şölen, ziyafet; yortu, bayram ¤ *e.* iyi beslemek, ziyafet vermek; bol bol yiyip içmek *feast one's eyes* gözlerine ziyafet çekmek

feat /fi:t/ *a.* ustalık, beceri ya da cesaret isteyen hareket, marifet *feat of arms* kahramanca iş

feather /'fedı/ *a.* kuştüyü, tüy; ok yeleği; dalga köpüğü; dil; kama; zıvana ¤ *e.* tüyle kaplamak; (kürek) pala çevirmek *a feather in one's cap* iftihar edilecek başarı *as light as a feather* tüy gibi hafif *birds of a feather* aynı karakterde insanlar, aynı yolun yolcuları *feather bedding* çalışanların korunması *feather in one's cap* övünülecek bir başarı *feather key* düz kama *feather one's nest* cebini doldurmak, köşeyi dönmek, küpünü doldurmak, avantadan zengin olmak *feathered pitch hav.* kılıçlama hatvesi

featherbed /'fedıbed/ *e.* bir işe gereğinden çok işçi almak, kadroyu şişirmek

featherbrained /'fedıbreynd/ *s.* kuş beyinli, budala

feathercut /'fedıkat/ *a.* kısa kesilmiş bayan saç modeli

featheredge /'fedırec/ *a.* kolay bükülen sivri uç

featherstitch /'fedıstiç/ *a.* civankaşı dikiş, zikzak

feathery /'fedıri/ *s.* tüylü; yumuşak, hafif

feature /'fi:çı/ *a.* yüzün herhangi bir tarafı; bir şeyin göze çarpan tarafı, özellik, belirleyici nitelik; uzun film; makale ¤ *e.* -in belirleyici/göze çarpan özelliği olmak; (göze çarpan bir özellik olarak) içermek, yer/rol vermek; yer/rol almak *feature film elek.* uzun metrajlı film, uzun film

febrile /'fi:brayl/ *s.* hummalı, ateşli

February /'februıri/ *a.* şubat

feces /'fi:si:z/ *a. Aİ. bkz.* faeces

feckless /'feklıs/ *s.* dikkatsiz, düşüncesiz, sorumsuz

fecula /'fekyılı/ *a.* nişasta, fekül

fecund /'fekınd/ *s.* verimli, doğurgan

fecundate /'fi:kındeyt/ *e.* döllemek; verimlileştirmek

fecundation /fi:kın'deyşın/ *a.* dölleme *fecundation coefficient trm.* döllenme katsayısı

fecundity /fi'kanditi/ *a.* doğurganlık; verimlilik

fed /fed/ *bkz.* feed *be fed up with kon.* bıkmak, usanmak *fed up kon.* bıkkın, sıkkın

fedayeen /fıda:yi:n/ *a.* fedai, komando

federal /'fedırıl/ *s.* federal, birleşik *federal taxes* federal vergiler *federal union* federal birlik

federalism /'fedırılizım/ *a.* federalizm

federalist /'fedırılist/ *a.* federalist, federalizm yanlısı

federalize /'fedırılayz/ *e.* devletleri birleştirmek

federate /'fedıreyt/ *e.* federasyon halinde birleştirmek; birleşmek

federation /fedı'reyşın/ *a.* federasyon, birlik

fedora /fi'do:rı/ *a.* fötr şapka

fee /fi:/ *a.* ücret, vizite; giriş ücreti; aidat; harç; miras yoluyla kazanılan mülk *fee a waiter* garsona bahşiş vermek *fee damages* maddi hasar tazminatı *fee-tail* belli mirasçılara kalabilen mülk

feeble /'fi:bıl/ *s.* zayıf, güçsüz; (şaka, düşünce, vb.) iyi düşünülmemiş, zayıf, soğuk, aptal, anlamsız, saçma

feebleminded /fi:bıl'mayndid/ *s. hkr.* şapşal, geri zekâlı

feed /fi:d/ *e.* beslemek, yiyecek vermek; beslenmek, yemek; gereksinimlerini sağlamak, beslemek ¤ *a.* yiyecek, besin; yem, ot; mama *feed cable* besleme kablosu *feed channel* şek. şerbet kanalı, şerbet oluğu *feed chute* besleme oluğu *feed consumption trm.* yem tüketimi *feed crop trm.* yem bitkisi *feed current elek.* besleme akımı *feed distributor trm.* yem dağıtıcı *feed grinder trm.* yem kırma makinesi *feed hopper* besleme hunisi *feed line* besleme hattı *feed mechanism* besleme mekanizması *feed pipe* besleme borusu *feed pitch biliş.* besleme aralığı *feed pump* besleme pompası *feed reel* besleme makarası *feed regulator* besleme regülatörü *feed roller teks.* besleme silindiri, besleme valsi *feed stuff trm.* yem, tavuk yemi *feed tank* besleme deposu *feed trough* ˙(lokomotif) su deposu *feed unit trm.* yem birimi *feed valve* besleme valfı *feed-water* besleme suyu

feedback /'fiːdbek/ *a.* geribildirim, geribesleme, besleni *feedback admittance elek.* geribesleme admitansı, geribesleme çelisi *feedback amplifier elek.* geribesleme amplifikatörü *feedback circuit elek.* geribesleme devresi *feedback factor elek.* geribesleme katsayısı *feedback loop* geribesleme döngüsü *feedback oscillator* geribesleme osilatörü *feedback path* geribesleme yolu *feedback percentage elek.* geribesleme yüzdesi *feedback ratio elek.* geribesleme oranı *feedback rectifier elek.* geribesleme redresörü *feedback resistance elek.* geribesleme direnci *feedback signal elek.* geribesleme sinyali *feedback transducer elek.* geribesleme dönüştürücüsü *feedback windings elek.* geribesleme sargıları

feeder /'fiːdɪ/ *a.* besleyici; şebeke hattı *feeder cable elek.* besleme kablosu *feeder conveyor mad.* besleyici konveyör, besler taşıyıcı *feeder line* besleyici yol, çevre yolu

feeding /'fiːding/ *a.* besleme *feeding bottle* biberon *feeding canal* iletim kanalı *feeding funnel* doldurma hunisi *feeding lever* besleme kolu *feeding liquor* besleme çözeltisi *feeding pipe* besleme borusu *feeding roller teks.*

besleme silindiri, giriş valsi

feedthrough /fiːd'truː/ *a. elek.* geçiş besleyicisi

feel /fiːl/ *e.* duyumsamak, duymak, hissetmek; (dokunarak, elleyerek) hissetmek; el yordamıyla aramak, yoklamak; kanısında olmak, inanmak, sanmak, zannetmek, hissetmek; gibi görünmek, gibi gelmek, gibi olmak; sezmek, hissetmek ¤ *a.* duygu, his; hissetme, duyum; ruh hali; dokunma, dokunum, temas; *kon.* yoklama, arama; tutum, kumaş tutumu *feel as right as rain* kendini turp gibi hissetmek *feel cheap/feel like thirty cents* yerin dibine geçmek *feel for* için üzülmek, acımak *feel in one's bones that* -den emin olmak, kuvvetle sezmek *feel like* canı istemek *feel like a million dollars* bomba/fişek gibi olmak *feel one's oats* yere göğe sığmamak *feel small* küçük düşmek *feel the pinch* meteliğe kurşun atmak *feel up to sth* yapabilir durumda olmak *feeling no pain* kafası dumanlı *get the feel of* -e alışmak

feeler /'fiːlɪ/ *a. hayb.* duyarga, anten, dokunaç; kalınlık ölçer *feeler gauge* kalınlık mastarı *put out feelers* ağız aramak

feeling /'fiːling/ *a.* duygu, his; dokunma, dokunum; duyarlık, hassasiyet; sezgi, sanı, zan; duygu, kanı, izlenim, kanaat, his; heyecan; duyma, bilinç, farkında olma

fee-paying /'fiːpeying/ *s.* ücretli, paralı

feet /fiːt/ *bkz.* foot

feign /feyn/ *e.* ... numarası yapmak, gibi yapmak; (bahane, vb.) uydurmak

feigner /feynɪ/ *a.* yalancıktan yapan, uyduran

feint /feynt/ *a.* savaş hilesi, sahte saldırı

feldspar /'feldspaː/ *a. yerb.* feldispat

feldspathoid /feld'spetoyd/ *s. yerb.* feldispatımsı

felicitate /fi'lisiteyt/ *e.* tebrik etmek

felicitous /fi'lisıtıs/ *s.* mutlu, mesut; uygun, yerinde, münasip

felicity /fi'lisıti/ *a.* mutluluk, saadet; uygunluk; nimet, refah

feline /'fiːlayn/ *s. a. hayb.* kedigil

fell /fel/ *e.* kesmek, devirmek; düşürmek; yere yıkmak; kırmalı dikmek *felling axe*

kesim baltası
fellah /'felı/ *a.* fellah
feller /felı/ *a.* ağaç kesen kimse
fellmongered wool /'felmangıd wul/ *a.* *teks.* tabak yünü
felloe /'felou/ *a.* jant, ispit
fellow /'felou/ *a. kon.* adam, herif, ahbap; arkadaş, dost; akademi üyesi ¤ *s.* benzer, hemcins *fellow citizen* vatandaş *fellow feeling* başkasının halinden anlama, duygusal yakınlık, duygu yakınlığı, sempati
fellowship /'felouşip/ *a.* dernek, grup; üniversite bursu, üniversite vakfı; duygu birliği, başkasının halinden anlama, duygularını paylaşma; arkadaşlık
felon /'felın/ *a. hek.* (tırnak yakınında) dolama ¤ *a. huk.* suçlu, mücrim
felonious /fi'louniıs/ *s.* cürümle ilgili, suçlu
felony /'felıni/ *a.* ağır suç, cürüm
felsite /'felsayt/ *a. yerb.* felsit
felspar /'felspa:/ *a.* feldispat
felt /felt/ *a.* keçe, fötr ¤ *e.* keçeleşmek; keçeleştirmek *felt calender teks.* keçeli kalender *felt carpet* keçe halı *felt cloth teks.* keçe kumaş *felt filter* keçe filtre *felt gasket* keçe conta *felt packing* keçe conta, keçe salmastra *felt pad* keçe tampon *felt roofing* katranlı kâğıt *felt strainer* keçe süzgeç *felt washer* keçe rondela
felted /'feltid/ *s. teks.* keçeli
felting /'felting/ *a. teks.* keçeleşme *felting effect teks.* keçeleşme etkisi *felting machine teks.* keçe makinesi *felting power teks.* keçeleşme gücü *felting shrinkage teks.* keçeleşme çekmesi, keçeleşme büzülmesi
felt-tip pen /felttip'pen/ *a.* keçeli kalem
female /'fi:meyl/ *a.* dişi; kadın ¤ *s.* dişi; dişilere ilişkin, dişil *female connector elek.* dişi konektör, duy, priz *female screw mak.* dişi vida *female thread* dişi diş, somun dişi
feme /fem/ *a. huk.* karı, eş *feme covert huk.* evli kadın *feme sole* evli olmayan kadın
feminine /'feminin/ *s.* kadınla ilgili, kadınsı; *dilb.* dişil *feminine gender* dişi cinsi, dişil cins
femininity /femi'niniti/ *a.* kadınsılık,

kadınlık, dişilik
feminism /'feminizm/ *a.* feminizm
feminist /'feminist/ *a.* feminist
feminize /'feminayz/ *e.* kadınlaştırmak; kadınlaşmak
femme /fem/ *a.* kadın *femme de chambre* oda hizmetçisi *femme fatale* vamp kadın, baştan çıkarıcı kadın
fen /fen/ *a.* bataklık arazi, bataklık
fence /fens/ *a.* çit, tahta perde, parmaklık; *kon.* çalınmış eşya alıp satan adam ¤ *e.* etrafını çitle çevirmek; eskrim sporu yapmak; baştan savma yanıt vermek, kaçamak yanıt vermek *fence post* parmaklık babası, çit kazığı *fence wire* çit teli, parmaklık teli *sit on the fence* tartışmada taraf tutmaktan kaçınmak
fencing /'fensing/ *a. sp.* eskrim; çit, parmaklık; çit malzemesi, parmaklık malzemesi
fend /fend/ *e.* kendini korumak, karşı koymak *fend for* bakmak, temin etmek *fend for oneself* kendine bakmak, başının çaresine bakmak *fend off* savuşturmak, atlatmak, defetmek
fender /'fendı/ *a.* şömine paravanası; *den.* usturmaça; *demy.* mahmuz; *Al. oto.* çamurluk *fender lamp oto.* çamurluk lambası
fenestra /'finestrı/ *a. anat.* ortakulak ile içkulağı birleştiren deliklerden her biri
fenestration /feni'streyşın/ *a. mim.* pencere düzeni
fennec /'fenek/ *a. hayb.* sivri kulaklı küçük tilki türü
fennel /'fenıl/ *a.* rezene *fennel seed* rezene tohumu
fenny /'feni/ *s.* bataklıklı
fent /fent/ *a. teks.* parça kumaş
feoff /fi:f/ *a. huk.* tımar, zeamet
feoffee /fe'fi:/ *a.* tımar sahibi, zaim
feoffer /'fi:fı/ *a.* tımar veren kimse
feral /'ferıl/ *s.* vahşi, yabani
fer-de-lance /feı dı 'la:ns/ *a.* iri ve zehirli Güney Amerika yılanı
ferial /'fıırııl/ *s.* yortu/tatil günlerine ait
ferine /'firayn/ *s.* vahşi, yabani
ferity /'feriti/ *a.* vahşilik, yabanilik
fermata /'fermata/ *a. müz.* durak ve uzatma işareti
ferment /fi'ment/ *e.* mayalanmak;

mayalamak; heyecanlanmak, telaşlanmak; heyecanlandırmak, telaşlandırmak ¤ /'fö:ment/ a. heyecan, karışıklık, huzursuzluk, telaş, galeyan; maya

fermentability /fö:mentı'bılıti/ a. mayalanabilirlik

fermentable /fö:'mentıbıl/ s. mayalanabilir

fermentation /fö:men'teyşın/ a. mayalanma, fermentasyon *fermentation process* mayalama işlemi *fermentation-putrefaction process* mayalama-çürütme işlemi

fermi /'fö:mi/ a. fiz. fermi *Fermi age fiz.* Fermi yaşı *Fermi age theory fiz.* Fermi yaş teorisi *Fermi characteristic energy level fiz.* Fermi karakteristik enerji düzeyi *Fermi constant fiz.* Fermi sabitesi *Fermi distribution fiz.* Fermi dağılımı *Fermi level elek.* Fermi seviyesi, Fermi düzeyi *Fermi surface fiz.* Fermi yüzeyi

fermion /'fö:mion/ a. fiz. fermion

fermium /'fö:mium/ a. fermiyum

fern /fö:n/ a. bitk. eğreltiotu

ferocious /fı'rouşıs/ s. yırtıcı, sert, acımasız, haşin, vahşi, şiddetli

ferrate /'fereyt/ a. kim. ferrat

ferret /'ferit/ a. hayb. yaban gelinciği; yün şerit, ipek şerit ¤ e. (about/around ile) kon. karıştırarak aramak

ferriage /'feriyic/ a. feribot parası

ferric /'ferik/ s. kim. ferrik

ferrite /'ferayt/ a. ferrit *ferrite core elek.* ferrit çekirdek *ferrite grain* ferrit tanesi *ferrite rod antenna elek.* ferrit anten

ferritin /'feritin/ a. ferritin

ferrocene /'ferousi:n/ a. ferrosen

ferroconcrete /ferou'konkri:t/ a. inş. betonarme

ferroelectric /feroui'lektrik/ s. ferroelektrik

ferromagnetic /feroumeg'netik/ s. fiz. ferromanyetik *ferromagnetic material* ferromanyetik malzeme *ferromagnetic tape* ferromanyetik bant

ferromagnetism /ferou'megnitizım/ a. fiz. ferromanyetizma

ferromanganese /ferou'mengını:z/ a. met. ferromanganez

ferrometer /ferou'mi:tı/ a. elek. ferrometre

ferronickel /ferou'nikıl/ a. met. ferronikel

ferrosilicon /ferou'silikın/ a. met. ferrosilisyum

ferrous /'ferıs/ s. demirle ilgili, demirli, demirden, demir

ferrule /'feru:l/ a. demir halka, yüksük, bilezik

ferry /'feri/ e. taşımak, bir araçla taşımak, götürmek ¤ a. feribot, araba vapuru; rıhtım, iskele

ferryboat /'feribout/ a. feribot

fertile /'fö:tayl/ s. verimli, bereketli, üretken; doğurgan

fertility /'fö:tiliti/ a. verimlilik, bereketlilik, üretkenlik, doğurganlık *fertility rate* doğurganlık oranı *fertility rent* verimlilik rantı

fertilization /fö:tilay'zeyşın/ a. gübreleme; dölleme, tozlama *fertilization coefficient trm.* döllenme katsayısı

fertilize /'fö:tilayz/ e. döllemek, aşılamak; gübrelemek, verimli kılmak

fertilizer /'fö:tilayzı/ a. gübre *fertilizer spreader trm.* gübre yayıcı

ferule /'feru:l/ a. şeytantersi

fervency /'fö:vınsi/ a. coşku, gayret, ateş, heves

fervent /'fö:vınt/ s. coşkun, gayretli, ateşli, hevesli, tutkulu

fervently /'fö:vıntli/ be. coşkuyla, gayretle, hevesle

fervid /ffö:vid/ s. çok şevkli

fervor /'fö:vı/ a. Aİ. bkz. fervour

fervour /'fö:vı/ a. coşku, heves, tutku

festal /'festıl/ s. bayrama/yortuya ait

fester /'festı/ e. (yara) mikrop kapmak, irinlenmek

festination /festi'neyşın/ a. hek. sinirlenerek hızlı yürüme

festival /'festivıl/ a. şenlik, festival

festive /'festiv/ s. festival/şenlik ile ilgili

festivity /fe'stiviti/ a. şenlik, eğlence

festoon /fe'stu:n/ a. çiçek ya da yaprak zinciri ¤ e. çiçek ya da yaprak zincirleriyle süslemek *festoon ager teks.* askılı buharlayıcı, feston buharlayıcısı *festoon drier teks.* askılı kurutucu, feston kurutucusu *festoon steamer teks.* askılı buharlayıcı, feston buharlayıcısı

feta /'fetı/ a. beyaz peynir

fetch /feç/ *e.* gidip getirmek, gidip almak; *kon.* belirli bir fiyata satılmak, kazanç getirmek *fetch a price* belirli bir fiyata satılmak *fetch up* geri dönmek

fete /feyt/ *a.* eğlence, şenlik, şölen ¤ *e.* onurlandırmak, iyi ağırlamak

fetid /'fi:tid/ *s.* (su vb.) pis kokulu

fetish /'fetiş/ *a.* tapıncak, fetiş; aşırı ilgi, dikkat, saplantı, hastalık

fetishism /'fetişizım/ *a.* tapıncakçılık, fetişizm

fetlock /'fetlok/ *a.* atın topuğu; topuk kılları

fetter /'fetı/ *a.* pranga, zincir ¤ *e.* pranga vurmak, zincire vurmak

fettle /'fetl/ *a.* akıl, ruh ve beden durumu, hal, durum, form *be in fine fettle* keyfi yerinde olmak

fetus /'fi:tıs/ *a. bkz.* foetus

feu /fyu:/ *a.* tımar

feud /fyu:d/ *e.* kan gütmek, kin beslemek, kan davasını sürdürmek ¤ *a.* kan davası, kavga, kin, düşmanlık

feudal /'fyu:dl/ *s.* derebeyliğe ilişkin, feodal *feudal system* feodal sistem

feudalism /'fyu:dlizım/ *a.* derebeylik, feodalizm

feudatory /'fyu:dıtıri/ *a.* tımarcı

fever /'fi:vı/ *a. hek.* ateş; heyecan, telaş *fever thermometer* tıbbi termometre

fevered /'fi:vıd/ *s.* hararetli, ateşli

feverish /'fi:vıriş/ *s.* ateşli, hararetli; heyecanlı, telaşlı, hummalı

feverishness /'fi:vırişnis/ *a.* ateşlilik, hararet

fey /fey/ *s.* kaçık, üşütük

few /fyu:/ *s. adl. a.* az; birkaç; birkaç kişi/şey/tane *a few* birkaç *a good few* birçok *few and far between* arada sırada olan, sık sık olmayan, tek tük *no fewer than* en az, en azından, hiç yoksa *quite a few* birçok *some few* birçok

fewer /'fyu:ı/ *s.* daha az

fez /fez/ *a.* fes

fiancé /fi'onsey/ *a.* (erkek) nişanlı

fiancée /fi'onsey/ *a.* (kız) nişanlı

fiasco /fi'eskou/ *a.* başarısızlık, fiyasko

fiat /'fayıt/ *a.* emir, buyruk, resmi izin; hüküm, karar *fiat in bankruptcy* iflas kararı *fiat money* itibari para

fib /fib/ *a. kon.* küçük ve önemsiz yalan,

zararsız yalan, beyaz yalan ¤ *e.* küçük yalan söylemek

fiber /'faybı/ *a.* lif, iplik, telcik, fiber *fiber affinity teks.* lif afinitesi, life karşı ilgi *fiber analysis teks.* lif analizi, lif çözümlemesi *fiber blend teks.* lif karışımı *fiber bunch* lif demeti *fiber bundle* lif demeti *fiber deterioration teks.* lif bozuşması *fiber end teks.* lif ucu *fiber length teks.* lif uzunluğu *fiber protecting agent teks.* lif koruyucu madde *fiber root teks.* lif kökü *fiber saturation value teks.* lif doyma sayısı *fiber structure teks.* lif yapısı *fiber thickness teks.* lif kalınlığı

fiberboard /'faybıbo:d/ *a.* fiber

fiberglass /'faybıgla:s/ *a. Al. bkz.* fibreglass

fibre /'faybı/ *a.* lif, tel, elyaf, iplik; karakter sağlamlığı

fibreglass /'faybıgla:s/ *a.* fiberglas, camyünü

fibril /'faybril/ *a.* fibril, lifçik

fibroin /'faybrouin/ *a.* fibroin

fibroma /'fibroumı/ *a. hek.* fibrom, tel uru

fibrous /'faybrıs/ *s.* lifli *fibrous peat* lifli turba

fichu /'fişu:/ *a.* üçgen omuz atkısı

fickle /'fikıl/ *s.* vefasız, dönek

fictile /'fiktil/ *s.* topraktan yapılmış

fiction /'fikşın/ *a.* kurmaca yazın, düş ürünü yapıt, kurgu; uydurma, düş, icat

fictional /'fikşınıl/ *s.* (öykü, yapıt, vb.) uydurma

fictitious /fik'tişıs/ *s.* gerçek olmayan, imgesel, uydurma, kurmaca *fictitious assets* muhayyel aktif, hayali aktif *fictitious bill* mevhum senet, sahte senet *fictitious deposit* fiktif depozit *fictitious dividend* fiktif temettü *fictitious export* hayali ihracat *fictitious payee* fiktif lehdar *fictitious profit* fiktif kâr *fictitious transaction* muvazaalı işlem

fictive /'fiktiv/ *s.* hayali, fiktif, itibari

fid /fid/ *a. den.* kaşkaval

fiddle /'fidl/ *a. kon.* keman; dolandırıcılık, üçkâğıt, katakulli; masa yalpalığı ¤ *e. kon.* keman çalmak; (with/about/around ile) oyalanmak, zaman öldürmek; oyuncak etmek, amaçsızca oynamak, kurcalamak; *kon.* üzerinde oynamak, üçkâğıt yapmak *as fit as a fiddle* turp gibi, zinde, sağlıklı **play second fiddle (to)** ikinci derecede rol oynamak, -in gölgesinde kalmak **with a face as long as a fiddle** suratı iki karış

fiddle-faddle /'fidılfedıl/ *a.* ıvır zıvır

fiddler /'fidlı/ *a. kon.* kemancı; *arg.* düzenbaz, dolandırıcı, üçkâğıtçı; *arg.* serseri

fiddlestick /'fidılstik/ *a.* keman yayı; zırva, saçmalık

fiddlewood /'fidılwud/ *a.* Karayip Adalarına özgü bir ağaç türü

fidelity /fi'deliti/ *a.* bağlılık, sadakat; aslına uygunluk **fidelity bond** kefalet senedi **fidelity guarantee** doğruluğa kefalet **fidelity insurance** emniyeti suiistimal sigortası, işçilerin olası zararlarına karşı sigorta

fidget /'ficit/ *a. kon.* yerinde duramayan kimse ¤ *e.* kıpırdanmak, huzursuzlanmak, yerinde duramamak

fidgety /'ficiti/ *s.* yerinde duramayan, kurtlu

fiducial /fi'dyu:şiıl/ *s.* güvenen, emniyet eden

fiducially /fi'dyu:şiıli/ *be.* güvenle, emniyetle

fiduciary /fi'du:şiıri/ *a.* mütevelli, mutemet, yedi emin; saymaca, itibari **fiduciary loan** teminatsız kredi **fiduciary money** itibari para **fiduciary note issue** karşılıksız kâğıt para ihracı **fiduciary standard** kâğıt para standardı

fie /fay/ *ünl.* Yuh!, Ayıp!

fief /fi:f/ *a.* tımar, zeamet

field /fi:ld/ *a.* tarla; alan, saha, açık arazi; kır, kırlık; otlak, çayır, mera; çalışma, iş, etkinlik alanı; (at yarışı) yarışmaya katılanlar **field artillery** *ask.* sahra topçusu **field auditor** seyyar müfettiş, gezici denetçi **field blanking** *elek.* alan silinmesi, düşey silinme, alan boşluğu **field capacity** *trm.* tarla kapasitesi **field coil** alan sargısı, indüktör sargısı **field control** *elek.* alan kontrolü, alan denetimi **field crops** *trm.* tarla ürünleri **field day** *ask.* manevra günü **field deflection** *elek.* düşey saptırma **field discharge** *elek.* alan boşalması **field drainage** *trm.* tarla drenajı **field effect** *elek.* alan etkisi **field emission** *elek.* alan emisyonu, alan salımı **field events**
sp. atlama ve atma karşılaşmaları **field flattener** *opt.* anastigmat objektif, alan düzleyici **field flyback** *elek.* alan başı yapma **field frequency** *elek.* alan frekansı, saniyede alan sayısı **field geology** *yerb.* alan yerbilimi **field glasses** arazi dürbünü **field grazing** *trm.* tarla otlatması **field gun** *ask.* sahra topu, top **field intensity** *elek.* alan şiddeti **field length** *biliş.* alan uzunluğu **field lighting** *hav.* pist aydınlatması **field magnet** *elek.* alan mıknatısı **field marshal** *ask.* mareşal **field moisture** *trm.* tarla nemi **field pickup** *elek.* dış yayın, dışarıda yayın **field research** alan araştırması **field rheostat** *elek.* alan reostası **field rivet** şantiye perçini, montaj perçini **field scanning** *elek.* alan taraması **field service** sahra hizmeti, taşra teşkilatı **field sports** açık hava sporları **field sprayer** *trm.* tarla ilaç püskürteci **field strength** alan şiddeti, alan yeğinliği **field suppressor** *elek.* alan bastırıcı, alan supresörü **field synchronizing pulse** *elek.* alan senkronizasyon sinyali, alan eşleme imi **field test** arazi deneyi **field testing** *biliş.* alan testi **field theory** *fiz.* alan teorisi, alan kuramı **field weapons** *ask.* sahra silahları **field work** arazi işi **field-free** *elek.* alansız **field-free emission** *elek.* alansız salım, alansız emisyon

fieldfare /'fi:ldfeı/ *a.* ardıç kuşu

fieldwork /'fi:ld wö:k/ *a.* belirli bir alanda bilimsel çalışma, alan çalışması

fiend /fi:nd/ *a.* şeytan, iblis, kötü ruh; (bir şeye) düşkün

fiendish /'fi:ndiş/ *s.* haşin, acımasız; *kon.* çok zeki, şeytani

fierce /fiıs/ *s.* azılı, acımasız, vahşi, kızgın; çok büyük, çok fazla, aşırı **fierce clutch** *oto.* sert kavrama/debriyaj

fieri facias /'fayıray 'feyşiıs/ *a.* haciz emri

fiery /'fayıri/ *s.* ateşten, ateşli, ateş gibi, kızgın

fiesta /fi'estı/ *a.* yortu, bayram, fiesta

fife /fayf/ *a.* asker düdüğü ¤ *e.* düdük çalmak

fifteen /fif'ti:n/ *a. s.* on beş

fifteenth /fif'ti:nt/ *a. s.* on beşinci

fifth /'fift/ *a. s.* beşinci

fifty /'fifti/ *a. s.* elli

fifty-fifty /fifti'fifti/ *s. be.* yarı yarıya, ortaklaşa, eşit olarak

fig /fig/ *a. bitk.* incir; incir ağacı

fight /fayt/ *e.* savaşmak, çarpışmak; kavga etmek, dövüşmek; ... ile savaşmak, -e karşı savaşım vermek; tartışmak, didişmek ¤ *a.* dövüş, kavga; savaş; savaşım, mücadele; kavgacılık ruhu *fight against time* zamana karşı yarışmak *fight sb/sth off* defetmek, püskürtmek; önlemek, ilerlemesini durdurmak *fight tooth and nail* canını dişine takarak mücadele etmek *fighting fit* turp gibi sağlıklı

fighter /'faytı/ *a.* kavgacı, savaşçı; *ask.* avcı uçağı

fighting /'fayting/ *a.* savaş, harp; kavga, döğüş ¤ *s.* savaşçı, muharip

figment /'figmınt/ *a.* hayal ürünü ya da uydurma şey

figuline /fig'yu:lin/ *a.* çanak çömlek

figurant /'figyurınt/ *a.* figüran

figuration /'figyureyşın/ *a.* şekle sokma; tasvir, temsil

figurative /'figyurıtiv/ *s.* değişmeceli, mecazi

figure /'figı/ *a.* biçim, şekil, figür; beden yapısı, boy bos, endam; sayı, rakam; önemli kişi, şahsiyet; mecaz, değişmece ¤ *e. Al.* sanmak, inanmak, saymak; olarak yer almak *cut a figure* boy göstermek *figure code* rakam şifresi *figure-of-eight knot den.* kropi bağı *figure of speech* mecaz, istiare, değişmece, eğretileme *figure on* planlamak, hesaba katmak *figure out* düşünerek bulmak, çözmek, anlamak, hesaplamak

figured /'figıd/ *a. teks.* desenli

figurehead /'figıhed/ *a.* gemi aslanı; kukla başkan, göstermelik yönetici

figurine /'figıri:n/ *a.* küçük heykel

figwort /'figwö:t/ *a.* sıracaotu

filament /'filımınt/ *a.* filaman, ince tel; *teks.* kesiksiz lif, filament *filament current elek.* filaman akımı *filament glass yarn teks.* kesiksiz cam iplik *filament limitation elek.* filaman sınırlaması *filament resistance elek.* filaman direnci *filament rheostat elek.* filaman reostası *filament transformer elek.* filaman transformatörü *filament volt-*

age elek. filaman gerilimi *filament winding elek.* filaman sargısı *filament yarn teks.* filament iplik

filature /'filıçı/ *a.* iplikçilik; iplikhane, iplik fabrikası

filbert /'filbıt/ *a.* fındık

filch /filç/ *e. kon.* aşırmak, çalmak, yürütmek, araklamak, aşırmak

file /fayl/ *a.* eğe, törpü; dosya, klasör; *biliş.* dosya, kütük; bir konu hakkında toplanan belgeler; sıra, kuyruk ¤ *e.* eğelemek, törpülemek; dosyalamak, dosyaya koymak; resmi işleme koymak; sıralamak, tasnif etmek; tek sıra halinde yürümek *file a claim* dava açmak *file a complaint* yazılı şikâyette bulunmak *file a petition* dilekçe vermek *file activity biliş.* dosya hareketliliği, kütük işlekliği *file away* eğeleyip gidermek *file cabinet* dosya dolabı *file card* eğe fırçası, eğe tarağı *file conversion biliş.* dosya dönüştürme, kütük dönüşümü *file description biliş.* dosya tanımlaması, kütük tanımlaması *file down* eğeleyip düzeltmek *file dust* eğe tozu *file extent biliş.* dosya bölümü, kütük kesimi *file gap biliş.* dosya aralığı, kütük aralığı *file identification biliş.* dosya belirleme, kütük kimlikleme *file interrogation biliş.* dosya sorgulama, kütük sorgulama *file label biliş.* dosya etiketi, kütük etiketi *file maintenance biliş.* dosya bakımı, kütük bakımı *file management biliş.* dosya yönetimi, kütük yönetimi *file manager biliş.* dosya yöneticisi, kütük yöneticisi *file marker biliş.* dosya işareti, kütük işareti *file mask biliş.* dosya maskeleme, kütük maskeleme *file name biliş.* dosya adı, kütük adı *file number* dosya numarası *file organization biliş.* dosya organizasyonu, kütük örgütlemesi, kütük düzenleme *file print biliş.* dosya basımı, kütük basımı *file past* geçit resmi yapmak *file protection biliş.* dosya koruma, kütük koruma *file-protection ring biliş.* dosya koruma halkası, kütük koruma halkası *file purging biliş.* dosya silme, kütük silme *file reconstitution biliş.* yeniden dosya yaratma, yeniden kütük yaratma *file record layout biliş.* dosya görünümü, kütük görünümü *file recov-*

ery *biliş.* dosya kurtarma, kütük onarma **file section** *biliş.* dosya kesimi, kütük bölümü **file security** *biliş.* dosya güvenliği, kütük güvenliği **file separator** *biliş.* dosya ayırıcı, kütük ayırıcı **file set** *biliş.* dosya seti, kütük takımı **file size** *biliş.* dosya boyutu, kütük boyutu **file store** *biliş.* dosya deposu, kütük deposu **file structure** *biliş.* dosya yapısı, kütük yapısı **file transfer** *biliş.* dosya transferi, kütük aktarımı

filet /'filit/ *bkz.* fillet

filet /filey/ *a.* saç filesi; filot, biftek

filial /fil'ııl/ *s.* evlat ile ilgili

filariasis /filı'rayısis/ *a. hek.* iplik kurdu hastalığı

filibeg /'filibeg/ *a.* İskoçyalıların giydiği eteklik

filibuster /'filibastı/ *e.* (parlamento, vb.'de) işi uzatmak, ağırdan almak

filiform /'filifo:m/ *s.* iplik/lif şeklinde

filigree /'filigri:/ *a.* altın ya da gümüşü tel biçiminde işleme, telkâri

filing /'fayling/ *a.* dosyalama **filing basket** dosyalama sepeti **filing cabinet** dosya dolabı; evrak klasörü **filing card** fiş **filing clerk** dosya memuru **filing fee** dosya ücreti **filing system** dosyalama sistemi **filing tray** dosyalama rafı

filings /'faylingz/ *a.* eğe talaşı, eğinti

fill /fil/ *e.* doldurmak; dolmak; dolmak, kaplamak; yayılmak; yapmak, icra etmek, yerine getirmek; karşılamak, doyurmak, tatmin etmek ¤ *a.* istiap haddi; istenilen/gereksinilen miktar **fill in** doldurmak, tamamlamak; (birini) aydınlatmak, bilgi vermek; (birinin) yerini almak **fill in for sb** yerini doldurmak **fill-in light** dolgu ışığı, destek ışığı **fill out** giderek şişmanlamak; doldurmak **fill sb in (on)** bilgi vermek **fill sb's shoes** yerini doldurmak **fill sth in/out/up** yazı ile doldurmak **fill up** dolmak, taşmak; doldurmak, taşırmak **fill up a form** form doldurmak **fill character** *biliş.* dolgu karakteri **fill light** doldurma ışığı, dolgu ışığı, destek ışığı **fill mass** *şek.* lapa **fill raise** *mad.* dolgu iç kuyusu

filler /'filı/ *a.* boya macunu, astar; katkı maddesi; dolgu; huni, doldurucu alet **filler cap** *oto.* radyatör kapağı **filler**

metal *met.* kaynak metali, dolgu metali

fillet /'filit/ *a.* kemiksiz/kılçıksız et, fileto; tiriz, pervaz; *mim.* dar ve düz silme ¤ *e.* (eti) fileto kesmek, kılçığını ya da kemiklerini ayıklamak **fillet weld** dolgu kaynak, bindirme kaynak

filling /'filing/ *a.* doldurma; dolgu, diş dolgusu **filling effect** *teks.* dolgu efekti **filling finish** *teks.* dolgunluk apresi, dolgu apresi, ağırlaştırma apresi **filling material** dolgu maddesi **filling station** benzinci, benzin istasyonu

fillip /'filip/ *a.* fiske; teşvik/tahrik edici şey **give a fillip** teşvik etmek, tahrik etmek

fillister /'filistı/ *a.* yiv, oyuk; oyuk rendesi **fillister head screw** yıldız başlı vida **fillister plane** kamalı kiniş rendesi

filly /'fili/ *a.* yavru kısrak, dişi tay

film /film/ *a.* ince tabaka, ince örtü, ince deri, zar; film ¤ *e.* film çekmek; filme almak **film archive** *sin.* film arşivi, filmlik **film base** *fot.* film tabanı **film camera** *sin.* film makinesi, kamera, alıcı **film cartridge** *sin.* film kaseti **film cement** *sin.* film yapıştırıcısı, zamk **film circuit** *elek.* film devre **film former** film oluşturucu madde **film insurance** film sigortası **film leader** lider, amors, kılavuz **film library** film kütüphanesi, film arşivi **film of water** su filmi **film pickup** *elek.* film okuyucu, film verici, film yayın aygıtı **film projector** *sin.* film gösterme makinesi, projektör, gösterici **film reader** *biliş.* film okuyucu **film recorder** *biliş.* film kaydedici **film recording** *biliş.* film kaydı **film reel** film bobini, makara **film resistor** *elek.* film direnç **film scanner** *elek.* film okuyucu, film verici, film yayın aygıtı **film scanning** *biliş.* film tarama **film shooting** *sin.* filme alma, film çevirme, film çekme **film speed** film hızı, film duyarlığı **film splicer** *sin.* film yapıştırcısı, film yapıştırma aygıtı **film spool** film bobini, makara **film star** film yıldızı **film strip** film şeridi **film studio** film stüdyosu **film viewer** *sin.* vizyonöz, bakımlık

filmset /'filmset/ *e.* film ile dizmek

filmy /'filmi/ *s.* ince, saydam, şeffaf, zarlı

filoplume /'filıplu:m/ *a.* ince kuş tüyü

filter /'filtı/ *a.* süzgeç, filtre ¤ *e.* süzmek, filtreden geçirmek; süzülmek **filter at-**

tenuation *elek.* süzgeç zayıflatması, filtre zayıflatması *filter bag* filtre torbası *filter bed* süzücü tabaka *filter cake* filtre pastası *filter capacitor elek.* süzgeç kondansatörü *filter cartridge* filtre elemanı, süzgeç peteği *filter choke* filtre bobini *filter cloth* filtre bezi, süzme bezi *filter drum* filtre tamburu, filtre silindiri *filter element* filtre elemanı, süzgeç peteği *filter factor* filtre katsayısı, süzgeç katsayısı *filter gravel* filtre çakılı *filter lid* filtre kapağı *filter network elek.* süzgeç devresi, filtre devresi *filter paper* filtre kâğıdı, süzgeç kâğıdı *filter press* süzme cenderesi *filter sand* filtre kumu *filter wheel* filtre tekeri, süzgeç tekeri

filtering /'filtıring/ *a.* süzme *filtering apparatus* süzme aygıtı *filtering bag* süzme torbası *filtering surface* süzme yüzeyi

filth /'filt/ *a.* pislik

filthiness /'filtinis/ *a.* kirlilik

filthy /'filti/ *s.* pis, kirli; kaba, çirkin, pis *filthy lucre* para *filthy rich kon.* bok gibi zengin

filtrate /'filtreyt/ *a.* süzüntü, filtrat

filtration /fil'treyşın/ *a.* süzme, süzüm

fimbriated /'fimbrieytid/ *s. bitk. hayb.* püsküllü, saçaklı

fin /fin/ *a. hayb.* yüzgeç; *den.* salma omurga; *hav.* sabit dikey yüzey *fin keel den.* kotra omurgası *fin rib hav.* stabilize siniri

final /'faynıl/ *s.* sonda gelen, sonuncu, son; kesin, kati, nihai ¤ *a. sp.* final, son karşılaşma; dönem sonu sınavı, final *final account* kesin hesap, nihai hesap *final amplifier elek.* çıkış amplifikatörü *final approach hav.* son yaklaşma *final balance* son bakiye, kesin bakiye *final balance sheet* kapanış bilançosu *final cost* kesin maliyet *final date* son gün *final deficit* nihai açık *final dividend* son temettü *final elasticity* nihai elastiklik, son esneklik *final embossing teks.* son gofraj *final finish teks.* son apre *final glide* gevşeme, gevşeme evresi *final goods* nihai mallar *final invoice* gerçek fatura, kesin fatura *final judgment* son karar, kesin karar *final maturity* vade tarihi

final molasses *şek.* son melas *final phoneme* son ses *final port* varış limanı *final pressure* son basınç *final product* nihai ürün *final provisions* son hükümler *final quotation* borsa kapanış fiyatı *final receipt* nihai makbuz, son makbuz *final report* son rapor *final saturation şek.* son karbonatlama *final selector* son seçici *final stage elek.* son kat, çıkış katı *final sulphitation şek.* son kükürtleme *final systems design report biliş.* kesin sistem düzenleme raporu *final temperature* son sıcaklık *final total mat.* genel toplam, son toplam *final treatment* son işlem *final utility* nihai fayda *final velocity* son hız *final volume* son hacim

finale /fi'na:li/ *a. müz.* final

finalist /'faynılist/ *a.* finalist

finality /fay'neliti/ *a.* kesinlik, katiyet

finalize /'faynılayz/ *e.* sonuçlandırmak, bitirmek

finally /'faynıli/ *be.* sonunda, en sonunda, nihayet; kesin olarak, tamamen

finance /'faynens, fi'nens/ *a.* maliye; finanse, iş kurmada gereken para ¤ *e.* paraca desteklemek, gereken parayı vermek, finanse etmek *finance acts* mali yasalar, finansal yasalar *finance bill* finansman senedi *finance committee* mali komite *finance company* finansman şirketi *finance house* finans kurumu *finance market* finans piyasası *finance mathematics* mali cebir *finance syndicate* mali sendika *finances* mali durum, parasal kaynaklar

financial /fi'nenşıl, fay'nenşıl/ *s.* mali, finansal, parasal *financial accounting* mali muhasebe *financial accounts* finansal tablolar, mali tablolar *financial administration* mali idare *financial advisor* mali müşavir *financial affair* mali durum *financial aid* mali yardım, parasal yardım *financial analysis* mali analiz *financial analyst* mali analist *financial assets* finansal aktifler, mali aktifler *financial backer* finansör, parasal destek sağlayan *financial balance sheet* mali bilanço *financial books* mali defterler *financial budget* mali bütçe *financial center* mali merkez *financial circles* mali çevreler *financial columns* ekonomi sütunu *financial company* mali şirket, mali ortaklık *financial condition* mali durum *financial crisis* mali kriz *financial customs duties* mali gümrük vergisi *financial difficulty* para sıkıntısı, ödeme güçlüğü *financial documents* mali vesaik *financial embarrassment* mali sıkıntı *financial engagements* mali taahhütler *financial erosion* finansal erozyon *financial expenses* mali masraf, finansman giderleri *financial facilities* finansal imkânlar *financial futures* vadeli finansal sözleşmeler *financial incentive* mali teşvik *financial institutions* mali kuruluşlar *financial instrument* finansal araç *financial intermediary* finansal aracı *financial intermediation* finansal aracılık *financial investment* mali yatırım *financial jurisdiction* mali kaza *financial law* finansman kanunu *financial liability* mali sorumluluk *financial loan* finansman kredisi *financial magnate* sanayi kralı *financial market* finansal pazar, mali piyasa *financial muscles* mali kuvvet *financial obligation* mali yükümlülük *financial operation* mali işlem *financial paper* ekonomi gazetesi *financial period* mali dönem *financial plan* finansman planı *financial policy* finansman politikası *financial position* finansal yapı, mali durum *financial power* finansal güç, mali güç *financial ratio* mali oran, finansal oran *financial reforms* mali reformlar, finansal reformlar *financial report* finansal rapor *financial resource* mali kaynak *financial sector* mali kesim *financial situation* mali durum *financial solvency* finansal ödeme gücü *financial standing* mali durum *financial statement* bilanço, kâr zarar çizelgesi, mali çizelge *financial statistics* mali istatistikler *financial status* mali durumu *financial structure* finansal yapı, mali yapı *financial survey* mali analiz *financial syndicate* mali sendika *financial system* mali sistem *financial transaction* finansal işlem, mali işlem *financial transfer* mali transfer *financial tutelage* mali

vesayet *financial world* finans dünyası *financial year* mali yıl; muhasebe dönemi, hesap dönemi

financially /fay'nenşıli/ *be.* mali bakımdan

financier /fay'nensıı/ *a.* maliyeci; anamalcı, sermayedar

financing /fay'nensing/ *a.* finansman *financing charges* finansman masrafları *financing company* finansman şirketi *financing of exports* ihracat finansmanı

finch /finç/ *a. hayb.* ispinoz

find /faynd/ *e.* bulmak ¤ *a.* buluş, keşif, bulunan şey, bulgu *find approval* rağbet görmek *find favour* rağbet görmek *find guilty* suçlu bulmak *find out* çözmek, keşfetmek, anlamak, öğrenmek, ortaya çıkarmak; suç üstü yakalamak

finder /'fayndı/ *a.* bulan, bulucu; vizör, bakaç; *gökb.* bulucu teleskop *finders keepers* bir şeyi kim bulduysa onun sahibi odur

finding /'faynding/ *a.* bulgu, bulunmuş, keşfedilmiş şey; *huk.* sonuç, karar

fine /fayn/ *a.* para cezası ¤ *e.* para cezasına çarptırmak ¤ *s.* güzel, iyi, kaliteli; çok ince, incecik; ince, küçük, kırıntılar halinde; (hava) güzel, açık, parlak; sağlıklı, rahat, keyfi yerinde; (iş) dikkatli, iyi, ustaca yapılan; (maden) saf, som ¤ *be.* ince ince; çok iyi, iyi bir şekilde *fine aggregate* ince agregat *fine arts* güzel sanatlar *fine bills* sağlam senetler *fine casting* ince döküm *fine coal* ince kömür *fine drawer* ince tarak tezgâhı *fine dust* ince toz *fine earth* ince toprak *fine filter* ince filtre *fine flour* has un *fine gold* safi altın *fine grain* ince tanecik *fine-grained* ince taneli *fine gravel* ince çakıl *fine index* *biliş.* ince dizin *fine-meshed* sık ilmekli *fine paper* birinci sınıf değerli evrak *fine rasp* ince raspa *fine sand* ince kum *fine sieve* ince elek *fine solder* ince lehim *fine spinning machine* *teks.* ince büküm tezgâhı *fine spinning* *teks.* ince büküm *fine spun* *teks.* ince eğrilmiş/bükülmüş *fine structure* *fiz.* ince yapı *fine stuff* ince sıva harcı *fine trade bill* sağlam ticari senet *fine tuning* ince ayar *go*

over the matter with a fine-toothed comb ince eleyip sık dokumak **one fine day** günün birinde
finely /'faynli/ *be.* çok iyi bir biçimde, güzel güzel; ince ince
fineness /'faynnis/ *a.* incelik, güzellik, zarafet **fineness ratio** *fiz.* incelik oranı
finery /'faynıri/ *a.* süs, şıklık; süslü giysi; ham demir tasfiyesi
finesse /fi'nes/ *a.* (insan ilişkilerinde) kurnazlık, incelik, yönetme yeteneği, ustalık
finger /'fingı/ *a.* parmak; tırnak, çene ¤ *e.* parmaklarla tutmak, parmaklamak; (müzik aletini) parmakla çalmak **burn one's fingers/get one's fingers burnt** ağzı yanmak **finger guard** parmak mahfazası **finger mark** parmak izi **finger milking** *trm.* elle sağım, parmakla sağım **finger nut** kelebekli somun **finger plate** kilit aynası **have a finger in every pie** *kon.* her işte parmağı olmak **have one's finger in the pie** çorbada tuzu bulunmak **keep one's fingers crossed** *kon.* en iyisini dilemek **lift a finger** kılını kıpırdatmak, parmağını kıpırdatmak, tınmak **pull one's finger out** *kon.* sıkı çalışmaya başlamak, işe girişmek **put one's finger on** bulmak **snap one's fingers at** dürbünün tersiyle bakmak, hor görmek **work one's fingers to the bone** canla başla çalışmak
fingering /'fingıring/ *a. müz.* parmakları doğru kullanma; ince örgü yünü
fingernail /'fingıneyl/ *a.* tırnak
fingerprint /'fingıprint/ *a.* parmak izi
fingertip /'fingıtip/ *a.* parmak ucu **have sth at one's fingertips/hand** elinin altında olmak **to one's fingertips** sapına kadar
finicky /'finiki/ *s.* huysuz, güç beğenir, müşkülpesent, mızmız
fining /'fayning/ *a.* durultma, arıtma, saflaştırma
finish /'finiş/ *e.* bitirmek, tamamlamak, sona erdirmek; bitmek, sona ermek; (yorgunluktan, vb.) bitirmek, gücünü kesmek; (yiyecek, içecek) bitirmek; *teks.* aprelemek, terbiye etmek ¤ *a.* bitiş, son, finiş; son, bitirme, bir şeyin bitmiş hali; *teks.* apre, terbiye **finish**

boiler *teks.* apre kazanı **finish breaker** *teks.* apre kırma makinesi **finish decat(iz)ing** *teks.* bitim dekatörü, ıslak buharlı dekatirleme **finish off/up with sth** bitirmek **finish sth off** bitirmek, tamamlamak; tüketmek **finish with** ile işini bitirmek, ilişkisini kesmek, işi kalmamak **finish with sb** (kd) ilişkiyi kesmek **finish with sth** gereksinmesi kalmamak, kullanmamak **finish-turn** tornada perdahlamak
finished /'finişt/ *s.* bitmiş, sona ermiş; kusursuz, mükemmel; yetenekli, hünerli **finished goods** mamul mallar **finished product** son ürün, bitmiş ürün **finished width** mamul eni, işlem sonu eni
finisher /'finişı/ *a.* ayarlı serici, finişer; *teks.* apreci, apre ustası
finishing /'finişing/ *a.* bitirme; perdah, cila ¤ *s.* bitirici, tamamlayıcı **finishing calender** *teks.* apre kalenderi **finishing coat** son kat, perdah sıvası **finishing machine** perdah makinesi; *teks.* apre makinesi **finishing padder** *teks.* apre fuları **finishing paste** *teks.* apre patı **finishing roll** bitirme haddesi, perdah silindiri **finishing tool** perdah takımı **finishing treatment** bitirme işlemi
finite /'faynayt/ *s.* sonu olan, sonlu, sınırlı **finite set** *mat.* sonlu küme
fink /fink/ *a.* grev kırıcı işçi; muhbir
finned /find/ *s.* kanatlı **finned cylinder** soğutma kanatlı silindir
fiord /'fi:o:d, fyo:d/ *a. bkz.* fjord
fir /fö:/ *a. bitk.* köknar
fire /'fayı/ *a.* ateş, alev, yanma; yangın; parıltı, parlaklık; ateş etme, ateş; *İl.* (elektrikli ya da gazlı) ısıtma aygıtı ¤ *e.* yakmak, tutuşturmak, ateşe vermek; ateş etmek, ateşlemek; (seramik, vb.) pişirmek, fırınlamak; dağlamak; ateşlendirmek, heyecanlandırmak, gayrete getirmek, canlandırmak; *kon.* işten atmak, işten kovmak **catch fire** alev almak, tutuşmak **fire adjustment** *ask.* atış tanzimi **fire alarm** yangın alarmı **fire bar** ızgara çubuğu **fire boss** *mad.* havalandırma nezaretçisi, havalandırma gözetmeni **fire brigade** itfaiye **fire bucket** yangın söndürme kovası **fire cement** *inş.* ateş çimentosu **fire control** *ask.* ateş idaresi **fire crack** *met.* ısıl çatlak **fire damage** yangın

hasarı *fire danger* yangın tehlikesi *fire department* itfaiye teşkilatı *fire direction ask.* ateş idaresi *fire dog* ocak kütük demiri, ocak ayaklığı *fire door* ocak kapısı, ocak kapağı *fire engine* itfaiye arabası; yangın tulumbası *fire escape* yangın merdiveni *fire extinguisher* yangın söndürme aygıtı *fire fighting* yangınla mücadele *fire foam* yangın köpüğü *fire hazard* yangın tehlikesi *fire hydrant* yangın söndürme musluğu *fire indemnity* yangın tazminatı *fire insurance* yangın sigortası *fire iron* ocak küreği, ocak maşası, ocak demiri *fire loss* yangın zararı, yangın hasarı *fire loss adjuster* yangın hasar tespitçisi *fire loss assessment* yangın hasarının takdiri *fire office* yangına sigorta şirketi *fire plug* yangın musluğu *fire point* yanma noktası *fire policy* yangın sigorta poliçesi *fire prevention* yangın önleme *fire protection* yangın korunması *fire raiser* kundakçı *fire raising* kundakçılık *fire resisting* ateşe dayanıklı *fire risk* yangın rizikosu *fire risk testing* yangın riski sınaması *fire screen* ateş siperi, ocak siperi *fire season* yangın mevsimi *fire ship den.* ateş gemisi, kundak gemisi *fire station* itfaiye merkezi *fire stone yerb.* çakmaktaşı, sileks *fire superiority ask.* ateş üstünlüğü *fire support ask.* ateş desteği, atış desteği *fire tongs* ateş maşası *fire tower* yangın kulesi *fire tube* alev borusu *fire tube boiler* alev borulu kazan *fire underwriter* yangın sigortacısı *fire wall* yangın duvarı *fire warden* yangın bekçisi *fire watch mad.* yangın detektörü, yangın bulucu *get/jump out of the frying pan into the fire* yağmurdan kaçarken doluya tutulmak *on fire* alevler içinde, yanmakta *set the Thames on fire* ortalığı ateşe vermek, ortalığı ayağa kaldırmak

firearm /'fayıra:m/ *a.* ateşli silah

fireball /'fayıbo:l/ *a. gökb.* akanyıldız

fireboat /'fayıbout/ *a.* yangın söndürme gemisi

firebreak /'fayıbreyk/ *a. orm.* yangın önleme şeridi

firebrick /'fayıbrik/ *a. inş.* ateş tuğlası

fireclay /'fayıkley/ *a.* ateş kili, şamot toprağı, ateş toprağı *fireclay brick* şamot tuğlası

firedamp /'fayıdemp/ *a.* grizu, madengazı *firedamp indicator* grizu göstergesi

fire-eater /'fayıi:tı/ *a.* çıngar çıkaran kimse

firefighter /'fayıfaytı/ *a.* itfaiyeci

firefly /'fayıflay/ *a. hayb.* ateşböceği

fire-gilding /'fayıgilding/ *a.* ateşte yaldızlama, alev yaldızı, sıcak yaldızlama

fireguard /'fayıga:d/ *a.* şömine ızgarası

firelight /'fayılayt/ *a.* alev ışığı

fireman /'fayımın/ *a.* itfaiyeci; ateşçi

fireplace /'fayıpleys/ *a.* şömine, ocak

fireproof /'fayıpru:f/ *s.* yanmaz, ateşe dayanıklı

fireproofing /'fayıpru:fing/ *a.* ateş almaz malzeme; yangına karşı dayanıklı yapma

fire-raising /'fayıreyzing/ *a.* kundakçılık

fireside /'fayısayd/ *a.* (ev içinde) şömine yanı, ocak başı, ateş yanı

firewood /'fayıwud/ *a.* odun

firework /'fayıwö:k/ *a.* havai fişek

fireworks /'fayıwö:ks/ *a.* havai fişek gösterisi; *mec.* öfke nöbeti, patlama

firing /'fayıring/ *a.* ateş etme; yakma *firing angle elek.* ateşleme açısı *firing circuit elek.* ateşleme devresi *firing line* ateş hattı *firing order oto.* ateşleme sırası *firing potential elek.* ateşleme potansiyeli *firing power elek.* ateşleme gücü *firing table ask.* atış cetveli *firing time elek.* ateşleme zamanı *firing voltage elek.* ateşleme gerilimi

firkin /'fö:kin/ *a.* küçük fıçı

firm /fö:m/ *s.* sert, katı; sağlam, dayanıklı, sıkı; sabit, değişmez ¤ *a.* firma, şirket *be firm with sb* (birine) karşı kararlı olmak *firm contract* kesin sözleşme, kati mukavele *firm handle teks.* tok tutum, dolgun tutum *firm management* işletme yönetimi *firm offer* kesin öneri, kesin teklif *firm order* kesin sipariş *firm policy* kati poliçe *firm price* kesin fiyat, kati fiyat *firm purchase* kati alış *firm sale* kesin satış *firm soil* sağlam zemin, sert zemin *firm underwriting* doğrudan aracılık yüklenimi *firm value* firma değeri

firmament /'fö:mımınt/ *a.* gök, gökyüzü

firmness /'fö:mnıs/ *a.* kesinlik, katiyet; sağlamlık, dayanıklılık

firmware /'fö:mweı/ *a. biliş.* aygıt yazılımı, bellenim

firn /fıın/ *a. coğ.* buzkar, neve *firn ice coğ.* neve buzu, buzkar buzu

first /fö:st/ *a.* ilk, birinci, diğerlerinden önce gelen kimse/şey; İngiltere'de en yüksek üniversite derecesi ¤ *s. be.* birinci, ilk; baş, başta; ilk kez *at first* başlangıçta, önceleri *at first hand* aracısız, doğrudan *first aid* ilkyardım *first aid kit* ilkyardım çantası *first and foremost* en önemlisi, ilk önce, her şeyden önce *first articulation* birinci seslendirme, birinci eklemleme *first bid* ilk teklif *first call account* birinci apel hesabı *first carbonation* ilk karbonatlama *first choice articles* birinci kalite mal *first class paper* fevkalade teminatlı senet *first class ticket* birinci mevki bileti *first coat* ilk örtü, ilk boya katı *first come, first served* Sona kalan dona kalır *first cost* ilk maliyet, başlangıç maliyeti *first devisee* ön mirasçı *first floor İİ.* birinci kat; *Aİ.* zemin katı *first generation computer biliş.* birinci kuşak bilgisayar *first half* ilk yarı, ilk altı ay *first hand* ilk el, birinci el *first in first out (FIFO)* ilk giren ilk çıkar *first installment* birinci taksit *first lady* başbakanın karısı *first law of thermodynamics fiz.* termodinamiğin birinci yasası *first mail* adi posta *first mortgage* birinci derecede ipotek *first mortgage bond* birinci derecede ipotekli tahvilat *first name* isim, asıl isim *first of all* en önce, ilkin *first of exchange* poliçenin birinci nüshası *first port of call* ilk talimat limanı *first preference bonds* rüçhanlı tahviller *first print teks.* ön baskı, alt baskı, zemin baskı *first product* ilk ürün *first product raw sugar şek.* ilk ürün ham şekeri *first product sugar şek.* ilk ürün şekeri *first rate* birinci sınıf *first raw sugar şek.* ilk ham şeker *first stage graphitization* birinci evre grafitlemesi *first teller* ödeme yapan veznedar *first things first* en önemli şeyler en önce *go first*

class birinci mevkide gitmek *in the first place* öncelikle, ilk önce *travel first class* birinci mevkide seyahat etmek

first-class /fö:st'kla:s/ *s.* birinci mevki; birinci sınıf, çok iyi, mükemmel

firsthand /fö:st'hend/ *s. be.* ilk elden, dolaysız

firstling /'fö:stling/ *a.* ilk sonuç, ilk çocuk

firstly /'fö:stli/ *be.* önce, ilk önce, birincil olarak, her şeyden önce, ilk başta

first-rate /fö:st'reyt/ *s.* birinci kalite, birinci sınıf; *kon.* çok iyi, harika, mükemmel

firth /fö:t/ *a.* haliç

fiscal /'fiskıl/ *s.* mali *fiscal adjustments* mali ayarlamalar *fiscal algebra* mali cebir *fiscal authorities* mali makamlar *fiscal balance tax* mali denge vergisi *fiscal capacity* mali kapasite *fiscal charges* vergi giderleri *fiscal competition* mali rekabet *fiscal decisions* mali kararlar *fiscal distortions* mali sapmalar *fiscal dividend* mali temettü *fiscal domicile* vergi açısından gösterilen ikametgâh, mali ikametgâh *fiscal economics* mali ekonomi *fiscal ethics* vergi ahlakı *fiscal evasion* vergi kaçırma *fiscal expansion* mali genişleme *fiscal history* maliye tarihi *fiscal incentives* mali teşvikler *fiscal jurisdiction* mali yargı *fiscal law* mali hukuk, mali yasa *fiscal monopoly* mali tekel *fiscal period* mali dönem *fiscal policy* maliye politikası *fiscal relations* mali ilişkiler *fiscal report* finans raporu *fiscal resources* mali kaynaklar *fiscal responsibility* mali sorumluluk *fiscal service* mali hizmet *fiscal stability* mali istikrar *fiscal system* vergi sistemi, finans sistemi *fiscal year* mali yıl

fish /fiş/ *a.* balık; balık eti ¤ *e.* balık tutmak *feel like a fish out of water* sudan çıkmış balığa dönmek *There are plenty of other fish in the sea* elini sallasan ellisi *fish bolt demy.* lama cıvatası *fish eye* balık gözü *fish-eye lens fot.* balıkgözü objektif *fish finder den.* sonar *fish glue* balık tutkalı *fish in troubled/muddy waters* bulanık suda balık avlamak *Fish or cut bait* Ya bu deveyi gütmeli, ya bu diyardan gitmeli *fish pond* balık yetiştirme

havuzu *fish scale* balık pulu
fisher /'fişı/ *a.* balık tutan kimse; balıkçıl hayvan
fisherman /'fişımın/ *a.* balıkçı *fisherman's bend den.* balıkçı bağı
fishery /'fişıri/ *a.* balıkçılık; dalyan, balık yatağı
fishing /'fişing/ *a.* balıkçılık *fishing boat* balıkçı kayığı, balıkçı gemisi *fishing line* olta *fishing net* balıkçı ağı *fishing port* balıkçı limanı *fishing risk* balık avı rizikosu *fishing rod* olta kamışı *fishing tackle* balık takımı
fishmonger /'fişmangı/ *a.* balık satıcısı, balıkçı
fishplate /'fişpleyt/ *e. demy.* süyekle bağlamak, süyek bağlamak ¤ *a.* süyek, cebire, bağlama levhası
fishtail /'fişteyl/ *a.* balık kuyruğu biçiminde *fishtail bit* çatal uç
fishway /'fişwey/ *a.* balık geçidi, balık sapağı
fishy /'fişi/ *s.* balık tadında ya da balık kokulu; şüpheli, karanlık, içinde bit yeniği olan, inanılması güç
fissile /'fisayl/ *s. fiz.* bölünebilir, yarılabilir
fissility /fi'siliti/ *a. fiz.* bölünürlük, yarılabilirlik
fission /'fişın/ *a.* bölünme, yarılma, yarma; atom çekirdeğinin parçalanması *fission chain fiz.* fisyon zinciri *fission chamber fiz.* fisyon odası, yarılım odacığı *fission neutrons fiz.* fisyon nötronları *fission parameter fiz.* fisyon parametresi *fission product fiz.* fisyon ürünü, bölünüm ürünü *fission spectrum fiz.* fisyon spektrumu, bölünüm izgesi *fission yield fiz.* fisyon verimi, bölünüm verimi
fissionable /'fişınıbıl/ *s. fiz.* parçalanabilir, bölünebilir
fissiparous /fi'sipırıs/ *s.* ikiye bölünerek üreyen
fissure /'fişı/ *a.* çatlak, yarık; *hek.* fisür *fissure eruption yerb.* yarık püskürmesi
fissured /'fişıd/ *s.* çatlak, yarık
fist /fist/ *a.* yumruk
fistula /'fistyulı/ *a.* fistül, akarca
fit /fit/ *a.* hastalık nöbeti; galeyan, nöbet, kriz; uygun gelme, uygunluk, uyma ¤ *s.* uygun, elverişli; sağlıklı, zinde, formda,

gücü kuvveti yerinde ¤ *e.* ayak uydurmak, kendini bir şeye uydurmak; (giysi) uymak, iyi gelmek, uygun olmak; hazırlamak, uygun duruma getirmek *by/in fits and starts* kesik kesik, düzensiz *fit for a king* krallara layık *fit in* uymak; uydurmak; (birisini/bir şeyi görmek için) zaman bulmak/ayarlamak *fit like a glove* tam uymak, kalıp gibi oturmak *fit out* donatmak, teçhiz etmek *fit sb/sth in* zaman veya yer bulmak, sıkıştırmak *fit sb up with sth* sağlamak *fit sth up with sth* yerleştirmek, donatmak *fit the bill* tam istediği şey olmak *fit to be tied* kan beynine sıçramak *fit up* düzenlemek, donatmak, gerekli olan şeyleri sağlamak *have a fit kon.* çılgına dönmek, tepesi atmak
fitch /fiç/ *a.* kokarca
fitful /'fitfil/ *s.* rahatsız, düzensiz
fitment /'fitmınt/ *a.* teçhizat, donanım, takım
fitness /'fitnis/ *a.* zindelik, form, sağlık; uygunluk
fitted /'fitid/ *s.* (with ile) ile donatılmış, -lı; yerleştirilmiş, oturtulmuş
fitter /'fitı/ *a.* makine montajcısı; makastar; tesisatçı, ajüstör, borucu
fitting /'fiting/ *s.* uygun, yakışık alır, doğru ¤ *a.* terzi provası; bina tesisatı, tertibat; takma, kurma, montaj *fitting room* giysi prova odası *fitting shop* montaj atölyesi
fittings /'fitingz/ *a.* fittings, bağlantı parçaları
five /fayv/ *a. s.* beş *five speed gear box oto.* beş vitesli şanzıman *five-unit code* beşli kod, beş elemanlı kod
fiver /'fayvı/ *a. İİ. kon.* beş sterlin
fix /fiks/ *e.* saptamak, belirlemek, düzenlemek, kararlaştırmak; onarmak, tamir etmek sıkıca tutturmak, yerleştirmek, sabitleştirmek, oturtmak; şike yapmak; (birisine yiyecek, içecek, vb.) hazırlamak; *kon.* ile ilgilenmek, icabına bakmak, hakkından gelmek ¤ *a. kon.* kötü ve güç durum, boktan durum; uyuşturucu iğnesi *be in a fix* yoğun işlerden dolayı bir yere kıpırdayamamak *fix on* -de karar kılmak; (gözlerini, vb.) doğrultmak, yöneltmek, sabitleştirmek *fix sb up with sth kon.* sağlamak *fix*

sb's wagon hakkından gelmek **fix sth on** kapatmak, bağlamak **fix sth up** kon. kararlaştırmak; yerleştirmek **fix up** (with ile) sağlamak, ayarlamak, tedarik etmek

fixation /fik'seyşın/ a. yerleştirme, oturtma, takma; güçlü ve sağlıksız tutku, saplantı; fiksaj, tespit **fixation machine** teks. fiksaj makinesi, tespit makinesi

fixative /'fiksıtiv/ a. teks. fiksaj maddesi, tespit maddesi

fixed /fikst/ s. sabit, oynamaz; değişmez; belirlenmiş, kararlaştırılmış **fixed antenna** sabit anten **fixed assets** sabit varlıklar, duran varlıklar, sabit kıymetler **fixed axle** sabit dingil **fixed beam** sabit kiriş **fixed bias** elek. sabit öngerilim **fixed block length** biliş. değişmez öbek uzunluğu **fixed blocked records** biliş. değişmez öbekli kayıtlar **fixed budget** sabit bütçe **fixed capacitor** elek. sabit kondansatör **fixed capital** sabit sermaye **fixed capital formation** sabit sermaye teşekkülü **fixed capital investments** sabit sermaye yatırımları **fixed charges** sabit masraflar **fixed cost** sabit maliyet **fixed-count check** biliş. değişmez sayı çeki **fixed cycle** biliş. değişmez salınım, değişmez çevrim **fixed cycle operation** biliş. değişmez çevrimli işlem **fixed deductions** sabit indirimler, sabit kesintiler **fixed deposit** sabit vadeli mevduat **fixed depreciation** değişmez amortisman, sabit amortisman **fixed end** sabit uç, hareketsiz uç **fixed engine** sabit motor **fixed exchange rate** sabit kambiyo kuru, sabit döviz kuru **fixed expenses** sabit giderler **fixed fees** maktu harçlar **fixed field** biliş. değişmez alan **fixed flange** sabit flanş **fixed focus** sabit odaklı **fixed focus objective** sabit odaklı objektif **fixed format file** biliş. değişmez biçimli kütük **fixed format list** biliş. değişmez biçimli liste, değişmez biçimli dizelge **fixed-frequency** sabit frekans **fixed head** biliş. değişmez kafa **fixed income** değişmez gelir, sabit gelir **fixed income bond** sabit gelirli tahvil **fixed interest rate** sabit faiz oranı **fixed interest securities** sabit faizli taşınır değerler **fixed investment** sabit yatırım **fixed-length field** biliş. değişmez uzunluklu alan **fixed-length operation** biliş. değişmez uzunluk işlemi **fixed-length record** biliş. değişmez uzunluklu kayıt **fixed letter of credit** adi akreditif **fixed liabilities** uzun vadeli borçlar **fixed oil** sabit yağ **fixed pitch** hav. sabit hatve **fixed pitch propeller** hav. sabit hatveli pervane **fixed placement file** biliş. değişmez yerleşimli kütük **fixed point** sabit nokta **fixed-point arithmetic** sabit nokta aritmetiği **fixed point representation** biliş. değişmez nokta gösterimi **fixed price** değişmez fiyat, sabit fiyat **fixed productivity** sabit verim **fixed program computer** biliş. değişmez program bilgisayarı **fixed property** taşınmaz mülk, sabit mallar, gayri menkul mallar **fixed pulley** sabit kasnak **fixed radix notation** biliş. değişmez taban gösterimi **fixed rate system** sabit kur sistemi **fixed rates** maktu ücretler **fixed resistor** sabit direnç **fixed roof** sabit tavan **fixed routing** biliş. değişmez rotalama, değişmez yönlendirme **fixed shaft** sabit mil **fixed star** gökb. duran yıldız **fixed storage** biliş. değişmez bellek **fixed support** ankastre mesnet, sabit mesnet **fixed target** ask. sabit hedef **fixed trust** sabit tröst **fixed wheel gate** sabit tekerlekli kapak **fixed wing aircraft** hav. sabit kanatlı uçak **fixed word length** biliş. değişmez sözcük uzunluğu

fixer /'fiksı/ a. fot. fiksatif

fixing /'fiksing/ a. bağlama, tutturma; kurma; tespit **fixing agent** fiksaj maddesi, tespit maddesi **fixing bath** fiksaj banyosu, tespit banyosu **fixing bolt** bağlama cıvatası **fixing plate** tespit plakası **fixing screw** bağlama vidası

fixture /'fiksçı/ a. sp. fikstür; sabit eşya, demirbaş

fizz /fiz/ e. (gazoz gibi) vızlamak, fışırdamak; köpürmek ¤ a. fışırtı, vızıltı; köpürme; kon. şampanya

fizzle /fizıl/ e. (out ile) boşa çıkmak, kötü sonuçlanmak, fos çıkmak

fizzy /'fizi/ s. gazlı, köpüren

fjord /'fyo:d/ a. coğ. fiyort

flabbergast /'flebıga:st/ e. hayrete

düşürmek, şaşırtmak

flabbergasted /'flebɪga:stid/ *s. kon.* çok şaşırmış, şaşkın

flabbiness /'flebinis/ *a.* sarkıklık, gevşeklik; iradesizlik, zayıflık

flabby /'flebi/ *s.* gevşek, yumuşak, sarkık, pörsük

flaccid /'fleksid/ *s.* yumuşak, sarkık, gevşek

flag /fleg/ *a.* bayrak, sancak; *den.* bandıra, flama; geniş yassı taş, kapak taşı, döşeme taşı; zambak, süsen ¤ *e.* canlılığını yitirmek, güçten kesilmek, güçsüzleşmek *lower one's flag* bozguna uğramak *flag bit biliş.* bayrak biti *flag event biliş.* bayrak olayı *flag oriented problem biliş.* bayrağa yönelik sorun

flagging /'fleging/ *s.* gevşek, cansız

flagon /'flegɪn/ *a.* bir tür kulplu sürahi

flagpole /'flegpoul/ *a.* bayrak direği

flagrant /'fleygrɪnt/ *s.* (kötü bir şey) alenen yapan/yapılan

flagship /'flegsip/ *a.* amiral gemisi

flagstaff /'flegstaf/ *a.* gönder, bayrak direği

flagstone /'flegstoun/ *a.* yassı kaldırım taşı

flail /fleyl/ *e.* harman döveniyle dövmek; sağa sola sallamak/sallanmak ¤ *a.* harman döveni

flair /fleɪ/ *a.* özel yetenek, beceri

flake /fleyk/ *a.* ince tabaka, ince parça ¤ *e.* (off ile) ince tabakalar halinde dökülmek, pul pul dökülmek *flake graphite* pulsu grafit *flake out kon.* bayılmak, yıkılmak, çökmek

flaked /flekt/ *s.* kuşbaşı

flam /flem/ *a.* yalan, uydurma

flambeau /'flembou/ *a.* fener, meşale

flamboyance /flem'boyɪns/ *a.* fantezi; göz kamaştırıcılık, ihtişam

flamboyant /flem'boyɪnt/ *s.* aşırı gösterişli, havalı, tantanalı; parlak, göz alıcı; ateşli; süslü püslü

flame /fleym/ *a.* alev; ateş ¤ *e.* alev alev yanmak, alevlenmek; parlamak, kızarmak *flame cutting* alevle kesme, oksijenle kesme *flame photometry* alev fotometrisi, yalazlı ısılölçüm *flame plating* alevli kaplama, alazlı kaplama *flame reaction* alev reaksiyonu *flame*

repellent alev itici, yanmaz *flame resistant* ateş almaz *flame retardant* alev geciktirici *flame spectrum fiz.* alev spektrumu, alev izgesi *flame test kim.* alev testi, yalaz deneyi *flame trap* alev tuzağı, alev perdesi *flame tube* alev borusu *flame-harden met.* alevle sertleştirmek *flame-jet drilling mad.* termik delme, ısıl delme *flame-lamp elek.* ark lambası, alev lambası *go up in flames* alev alev yanmak *old flame* eski sevgili, eski aşk

flameproof /'fleympru:f/ *s.* aleve dayanır, alev geçirmez, tutuşmaz; *mad.* antigrizu, patlamaönler

flaming /'fleyming/ *s.* tutuşmuş, alevler içinde; kızgın, ateşli; çok süslü

flamingo /flɪ'mingou/ *a. hayb.* flaman kuşu, flamingo

flammable /'flemɪbɪl/ *s.* çabuk yanar, kolay tutuşur

flan /flen/ *a.* meyveli pasta

flange /flenc/ *a.* kenar, yaka, kulak, flanş, çıkıntı *flange coupling* flanşlı kavrama, flanşlı bağlama *flange nut* yakalı somun, kenarlı somun *flange rail* oluklu ray

flanged /flencd/ *s.* flanşlı *flanged fittings* flanşlı boru donanımı *flanged pipe* flanşlı boru *flanged rail* oluklu ray

flanging /'flenging/ *a.* kenar kıvırma *flanging press mak.* kenar kıvırma presi

flank /flenk/ *a.* böğür, yan; *ask.* kanat, cenah ¤ *e.* yandan kuşatmak; yanında yer almak *flank front inş.* yan cephe, yanyüz

flannel /'flenl/ *a.* pazen, flanel; fanila

flannelette /flenɪ'let/ *a. teks.* flanel taklidi pamuklu kumaş

flap /flep/ *a.* kanat çırpma, vb. sesi; (zarf, cep, vb.) kapak; *kon.* telaş, panik ¤ *e.* (kanat) çırpmak; çarpmak, vurmak, sallanmak, çırpınmak; *kon.* meraklanmak, telaşa kapılmak *flap track hav.* flap yolu *flap valve* sürgülü supap, kanatlı supap, esnek supap

flapped /'flept/ *s.* titrek

flare /fleɪ/ *a.* titrek parlak ışık ya da alev; işaret fişeği ¤ *e.* parlak ve titrek bir alevle yanmak; birden alev almak, patlak vermek *flare star gökb.* parıltılı yıldız **flare up** tepesi atmak, barut kesilmek

flared /fleıd/ s. (etek, pantolon) alt kısmı geniş, kloş

flash /fleş/ e. (ışık) birden parlamak, (şimşek gibi) çakmak; parlamak, ışıldamak, parıldamak; (telgraf/radyo mesajı) yollamak, göndermek; çok hızlı hareket etmek, hızla geçip gitmek; birdenbire akla gelmek; arg. cinsel organlarını göstermek, teşhircilik yapmak ¤ a. ani ışık, çakış, parlama; parıltı, ışıltı; flaş haber; çok kısa süre, an; fot. flaş **flash ageing** teks. şok buharlama, yıldırım buharlama **flash-ageing steamer** teks. şok buharlayıcı **flash back** bir an geçmişe dönmek **flash bulb** fot. flaş lambası **flash drier** teks. şok kurutucu, hızlı kurutucu **flash drying** teks. şok kurutma, hızlı kurutma **flash in the pan** saman alevi, bir atımlık barut, arkası gelmeyen başarı **flash into one's mind** aklına esmek **flash lamp** el feneri, cep feneri **flash metre** fot. flaşmetre **flash photolysis** kim. parlamalı fotoliz **flash point** parlama noktası, alevlenme noktası **flash report** geçici rapor hesabı **flash set** (çimento) çabuk sertleşme, çabuk donma **flash spectrum** gökb. ışıltı tayfı, ışıltı izgesi **flash welding** met. yakma alın kaynağı **in a flash** ansızın, birdenbire **quick as a flash** hemen, göz açıp kapayana kadar

flashback /'fleşbek/ a. (film) geriye dönüş, fleşbek; alev tepmesi

flashboard /fleşbo:d/ a. savak taşırma kapağı

flasher /'fleşı/ a. oto. flaşör; arg. teşhirci

flashing /'fleşing/ a. parlama, çakma; duvar eteği, baca eteği ¤ s. parlayan, çakan, yanıp sönen **flashing point** parlama noktası

flashlight /'fleşlayt/ a. el feneri; flaş

flashy /'fleşi/ s. parlak, gösterişli, göz kamaştırıcı, cafcaflı

flask /fla:sk/ a. dar boyunlu küçük şişe; cebe konan küçük yassı içki şişesi; termos

flat /flet/ s. düz; yassı, yayvan; (içki) gazı gitmiş, gazsız; sıkıcı, tekdüze; mat, donuk; (iş, vb.) durgun; (lastik) havasız; (pil) bitik; müz. bemol; tam, kesin, kati, değişmez ¤ a. apartman dairesi, kat; düz arazi, ova; sığlık, bataklık; düz yüzey ¤ be. tamamen, bütün bütün, tam; müz. bemol **fall flat on one's face** sırtı yere gelmek **as flat as a pancake** yamyassı, pide gibi **flat angle** mat. düz açı **flat arch** basık kemer, yassı kemer, düz kemer **flat base rim** oto. alçak tabanlı jant, düz tabanlı çember **flat belt** düz kayış **flat broke** metliksiz, beş kuruşsuz, cebi delik **flat car** açık yük vagonu **flat coil** elek. yassı bobin **flat cost** üretim maliyeti **flat engine** oto. boksermotor, düz motor **flat file** yassı eğe, düz eğe **flat glass** düz cam **flat-hammer** çekiçle düzlemek **flat head** yassı başlı **flat-joint pointing** düz derz yapma **flat out** azami hızla, son hız, tam gaz; (konuşma) dolaysız olarak, açıkça **flat price** tek fiyat **flat-rate tariff** düz oranlı vergi **flat rate** tek fiyat, sabit fiyat **flat rolled steel** met. yassı haddelenmiş çelik **flat roof** düz çatı **flat rope** yassı halat **flat seam** mad. düz damar **flat slab** düz plaka **flat spin** hav. düz viril, yaprak virili **flat spot** (karbüratör) ölü nokta **flat spring** yaprak yay **flat topped** yassı başlı **flat tubular radiator** oto. yassı borulu radyatör **flat tuning** elek. yüzeysel seçme **flat twin** mak. flat-twin **flat tyre** oto. patlak lastik **flat yield** düz getiri, düz verim **that's flat** kon. işte o kadar, kararım değişmez

flatbed /'fletbed/ s. dibi düz **flatbed knitting machine** teks. düz örme makinesi **flatbed scanner** biliş. masaüstü tarayıcı

flatboat /'fletbout/ a. den. düz karinalı gemi

flatbottom /'fletbotım/ a. den. düz karinalı gemi

flat-bottomed /flet'botımd/ s: **flat-bottomed rail** demy. yassı tabanlı ray

flat-footed /flet'futid/ s. düztaban

flatlet /'fletlit/ a. küçük apartman dairesi

flatly /'fletli/ be. sıkıcı bir şekilde; tamamen, kesinlikle

flatness /'fletnıs/ a. durgunluk, kesatlık

flatten /'fletn/ e. düzleştirmek, yassılaştırmak; düzleşmek, yassılaşmak **flatten out** hav. palyeye geçmek, uçağı düzeltmek

flattening /'fletıning/ a. yassılma, yassılaşma; düzleşme; coğ. arzın basıklığı, basıklık

flatter /'fletı/ e. dalkavukluk etmek, yağlamak, yağ çekmek; (fotoğraf ya da resimde) olduğundan daha güzel göstermek; memnun etmek, gururunu okşamak **flatter oneself** sanmak, kendini inandırmak

flatterer /'fletırı/ a. yağcı, dalkavuk

flattering /'fletıring/ s. yaltaklanan

flattery /'fletıri/ a. dalkavukluk, yağcılık

flatulence /'fletyulıns/ a. midedeki gaz

flaunt /'flo:nt/ e. hkr. havasını atmak

flautist /'flo:tist/ a. flüt çalan kimse, flütçü

flavor /'fleyvı/ a. e. Aİ. bkz. flavour

flavour /'fleyvı/ a. tat, lezzet, çeşni ¤ e. tat vermek, lezzet vermek

flavouring /'fleyvıring/ a. tatlandırıcı şey, çeşni

flaw /flo:/ a. kusur, eksiklik, noksan, defo

flawless /'flo:lis/ s. kusursuz, mükemmel

flax /fleks/ a. keten **flax comb** teks. keten tarağı **flax retting** teks. keten havuzlaması **flax seed** teks. keten tohumu **flax yarn** teks. keten ipliği

flaxen /'fleksın/ s. soluk sarı, lepiska

flay /fley/ e. derisini yüzmek (hayvan)

flea /fli:/ a. hayb. pire **flea market** bitpazarı **a flea in one's ear** azar, zılgıt, kulağını bükme

fleck /flek/ a. benek ¤ e. benekleşmek

flection /'flekşın/ a. bükün

fledg(e)ling /'flecling/ a. (tüyleri yeni çıkmış) yavru kuş

flee /fli:/ e. kaçmak

fleece /fli:s/ a. koyun postu, yapağı ¤ e. kon. soymak, yolmak, kazıklamak

fleecy /'fli:si/ s. teks. yünlü

fleet /fli:t/ a. filo **fleet angle** halat sapma açısı

fleeting /'fli:ting/ s. (zaman) kısa, kısa süreli, hızlı

flesh /fleş/ a. et; vücut, beden; bedensel zevkler **flesh and blood** akrabalar, aile **in the flesh** gerçek yaşamda **make one's flesh creep** tüylerini ürpertmek

fleshings /'fleşingz/ a. balerin pantolonu

fleshy /'fleşi/ s. etli, et gibi; şişmanca, toplu

fleurdelis /flö:dı'li:/ a. süsen çiçeği

flex /fleks/ a. tel, kordon, esnek kablo

flexibility /fleksi'biliti/ a. bükülgenlik, esneklik

flexible /'fleksıbıl/ s. bükülgen, esnek **flexible budget** değişken bütçe, esnek bütçe **flexible cable** esnek kablo, bükülgen kablo **flexible cord** bükülebilir kordon, esnek kordon **flexible coupling** esnek kavrama, esnek bağlantı **flexible disk** biliş. disket, flopi disk **flexible exchange rate** esnek döviz kuru **flexible exchange rate system** esnek döviz kuru sistemi **flexible joint** esnek eklem **flexible rate** esnek kur, değişken kur **flexible resistor** elek. bükülebilir direnç **flexible shaft** esnek şaft, esnek mil **flexible standard** değişken standart **flexible tariff** değişken tarife **flexible waveguide** elek. bükülebilir dalga kılavuzu

flexion /'flekşın/ a. bükülme, esneme **flexion point** elek. bükülme noktası

flexor /fleksı/ a. anat. fleksör kas

flextime /'flekstaym/ a. istediği saatlerde çalışma **have flextime** istediği saatlerde çalışmak

flexure /'flekşı/ a. eğilme, bükülme, salgı

flick /flik/ a. fiske, hafif vuruş ¤ e. hafifçe vurmak, fiske vurmak; seğirmek, çırpınmak **flick knife** sustalı çakı

flicker /'flikı/ e. birden alevlenmek, canlanmak; titremek, titreşmek; sessizce/hızla önünden hızla geçmek ¤ a. titrek alev/ışık; titreme, titreşme **flicker effect** elek. kırpışma olayı **flicker-free** biliş. göz kırpıştırmayan, kırpışmasız

flier /'flayı/ a. pilot

flies /flayz/ a. pantolonun önündeki yarık, fermuar yeri

flight /flayt/ a. uçuş; (kuş, uçak, vb.) sürü; bir kat merdiven; kaçış **flight altitude** hav. uçuş yüksekliği **flight book** hav. uçuş defteri **flight capital** kaçan sermaye **flight control** hav. uçuş kontrolü **flight deck** den. uçuş güvertesi **flight level** hav. uçuş seviyesi **flight line** hav. uçuş hattı **flight of capital** sermaye kaçışı **flight path** hav. uçuş yolu **flight plan** hav. uçuş planı **flight recorder** hav. kara kutu **flight simulator** hav. uçuş simülatörü **flight strip** *hav.* uçuş şeridi, uçuş koridoru **flight time** *hav.* uçuş zamanı, uçuş süresi **flight visibility** *hav.* uçuşta görüş alanı **take to flight** çil yavrusu gibi dağılmak

flightless /'flaytlis/ *s.* uçamayan

flightworthy /flaytwö:di/ *a. hav.* uçuşa elverişli

flighty /'flayti/ *s.* havai, dönek, kararsız, değişken, maymun iştahlı

flimflam /'flimflem/ *a.* alavere dalavere

flimsiness /'flimzinis/ *a.* dayanıksızlık; makul olmama; eksiklik, yetersizlik

flimsy /'flimzi/ *s.* zayıf, güçsüz; çürük, dayanıksız ¤ *a.* pelür, ince kâğıt

flinch /flinç/ *e.* geri çekilmek, kaçmak, kaçınmak, ürkmek

fling /fling/ *e.* fırlatıp atmak, savurmak ¤ *a.* atma, atış, fırlatma; bir İskoç dansı; deneme, girişim; çılgınca zaman **fling sth in sb's teeth** başına kakmak, yüzüne vurmak **have one's fling** kurtlarını dökmek

flint /flint/ *a.* çakmaktaşı

flinty /'flinti/ *s.* içinde çakmaktaşı olan

flip /flip/ *e.* fiske vurmak, fiske atmak; döndürmek; *kon.* galeyana gelmek, coşmak, fıttırmak; (through ile) okuyup geçmek ¤ *a.* fiske

flip-flap /'flipflep/ *a.* çarpma sesi; *sp.* takla

flip-flop /'flipflop/ *a. biliş.* flip-flop, ikidurumlu **flip-flop buffering** *biliş.* flip-flop tamponlama, dönüşümlü tamponlama **flip-flop storage** *biliş.* flip-flop bellek **flip-flop string** *biliş.* flip-flop dizgisi

flippancy /'flipınsi/ *a.* küstahlık; hafiflik, uçarılık

flippant /'flipınt/ *s.* saygısız, hiçbir şeyi ciddiye almayan, küstah

flipper /'flipı/ *a.* ayıbalığı, vb. balıkların kolu; (yüzmede kullanılan) palet

flippy /'flipi/ *a. biliş.* flopi disk

flirt /flö:t/ *e.* flört etmek, kur yapmak; (with ile) ilgileniyormuş gibi görünmek, öylesine takılmak ¤ *a.* flört eden kimse, flört

flit /flit/ *e.* uçmak, uçuşmak, gitmek

flitch /fliç/ *a.* hatıl **flitch beam** çatma kiriş **flitch girder** kafes kiriş

flivver /'flivı/ *a.* külüstür otomobil; başarısızlık

float /'flout/ *e.* yüzmek, batmadan yüzmek, suyun üstünde kalmak; yüzdürmek; havada süzülmek, uçmak; hisse senedi satarak iş kurmak; (söylenti, vb.) yaymak, dolaştırmak; piyasaya sürmek, satışa arz etmek; (şirket) kurmak ¤ *a.* hafif şamandıra, duba; sergi arabası; birikmiş para, gerekince kullanmak için ayrılmış para, birikim; sal; sıva malası; *hav.* palye **float and sink analysis** *mad.* yüzdürme-çökeltme analizi, yüzdürme-çökeltme çözümlemesi **float needle** şamandıra iğnesi **float valve** karbüratör supabı

floatability /floutı'bilıti/ *a.* yüzebilirlik

floatable /'floutıbıl/ *s.* yüzebilir

floater /'floutı/ *a.* kurucu; devlet tahvili

floating /'flouting/ *s.* yüzen; değişken, değişen, yerleşik olmayan; gezici, seyyar, hareketli ¤ *a.* yüzme; perdah **floating address** *biliş.* gezer adres **floating anchor** *den.* yüzer çapa **floating assets** döner sermaye, cari aktifler **floating bridge** yüzer köprü, dubalı köprü **floating capital** döner sermaye, işletme sermayesi **floating crane** dubalı vinç, yüzer vinç **floating currency** dalgalanmaya bırakılan para **floating debt** dalgalı borç **floating dock** *den.* yüzer havuz **floating dredge** dubalı tarak **floating exchange rate** dalgalı döviz kuru **floating grid** *elek.* serbest ızgara **floating island** yüzer ada **floating knife** *teks.* havada rakle **floating liability** kısa vadeli borç **floating light** fener dubası, fener gemisi **floating line** *den.* yüzme çizgisi, su kesimi çizgisi **floating money** dalgalı para **floating mortgage** gayri muayyen ipotek **floating pier** dubalı iskele **floating piston** yüzer piston **floating point** *biliş.* gezer nokta **floating point arithmetic** gezer nokta aritmetiği **floating point base** gezer nokta tabanı, kayan ayrım tabanı **floating point package** *biliş.* gezer nokta paketi **floating point representation** gezer nokta gösterimi, kayan ayrımlı gösterim **floating point routine** *biliş.* gezer nokta yordamı **floating policy** dalgalı sigorta poliçesi **floating rate**

note değişken faiz oranlı tahvil *floating rate of exchange* dalgalı döviz kuru *floating symbolic address biliş.* gezen simgesel adres *floating trade* deniz ticareti *floating vote* kararsız seçmen *floating wharf den.* dubalı iskele *floating zone* yüzer bölge

flocculate /'flokyuleyt/ *e.* pıhtılaşmak; pıhtılaştırmak *flocculated sol* çökeltilmiş sol

flocculation /flokyu'leyşın/ *a.* pıhtılaşma *flocculation point* pıhtılaşma noktası

floccule /'flokyu:l/ *a.* küçük topak, yumak

flocculent /'flokyulınt/ *s.* yün gibi

flocculus /'flokyulıs/ *a. gökb.* püskülcük

flock /flok/ *a.* (hayvan) sürü; *kon.* (insan) sürü, kalabalık; kiliseye düzenli giden topluluk, cemaat; *teks.* flok ¤ *e.* toplanmak, üşüşmek *flock printing teks.* flok baskı *flock printing machine teks.* flok baskı makinesi

flocking /'floking/ *a. teks.* floklama

floe /flou/ *a. coğ.* bankiz, deniz buzlası

flog /flog/ *e.* dövmek, kırbaçlamak; *kon.* satmak, satmaya çalışmak *flog a dead horse kon.* havanda su dövmek, boşa nefes tüketmek

flogging /'floging/ *a.* kırbaç cezası, kamçılama

flood /flad/ *a.* su basması, sel ¤ *e.* su basmak, sel basmak; taşmak; çok sayıda olmak, sel gibi taşmak *flood control* taşkın kontrolü *flood control reservoir* taşkın önleme havuzu *flood dam* taşkın seddi *flood damage* taşkın zararı *flood level* taşkın düzeyi *flood mark* taşkın izi *flood plain coğ.* taşkın ovası *flood protection* taşkından korunma *flood tide coğ.* met, kabarma, su düzeyinin kabarması *flood wall* taşkın duvarı *flooding method trm.* salma sulama

floodgate /'fladgeyt/ *a.* taşkınları önlemek için akarsulara yapılan kapılar, kapaklar, bent kapağı

flooding /'flading/ *a.* su baskını; rahim kanaması

floodlight /'fladlayt/ *a.* projektör, ışıldak ¤ *e.* projektörle aydınlatmak

floodway /'fladwey/ *a.* taşkın yolu, taşma kanalı, sel kanalı

floor /flo:/ *a.* döşeme, zemin, taban; (bina) kat; Parlamento Binası vb.'de üyelerin oturdukları salon ¤ *e.* döşemek; *kon.* vurup yere yıkmak, devirmek, yıkmak; şaşırtmak, şoke etmek *floor area* yüz ölçüsü *floor beam* döşeme kirişi, enleme kiriş *floor board* döşeme tahtası *floor carpet oto.* döşeme paspası *floor cloth* muşamba *floor covering* döşeme, yer kaplaması *floor exchange rate* taban kur *floor lamp* ayaklı lamba *floor load* döşeme yükü *floor plan* kat planı *floor plate* taban levhası *floor polish* döşeme cilası *floor price* taban fiyatı *floor slab* döşeme levhası, taban plakası *floor space* döşeme sahası *floor tile* yer karosu, döşeme çinisi *floor timber* döşeme kirişi *floor wipe the floor with* yere sermek *get the floor* söz almak

flooring /flo:ring/ *a.* döşeme, döşemelik

floozie /'flu:zi/ *a.* hafifmeşrep kadın

flop /flop/ *e.* çırpınmak; *kon.* (plan, vb.) batmak, suya düşmek, başarısızlığa uğramak ¤ *a.* çarpma sesi, düşme sesi, flop sesi; başarısızlık, fiyasko

floppy /'flopi/ *s.* yumuşak ve sarkık *floppy (disk) biliş.* flopi disk

flora /'flo:rı/ *a.* bitey, flora

floral /'flo:rıl/ *s.* çiçeklerle ilgili, çiçekli, çiçek +

florescence /flo:'resıns/ *a.* çiçeklenme

floret /'flo:rit/ *a.* (bir çiçekteki) küçük çiçek *floret silk teks.* floret

floriated /'florieytid/ *s.* çiçeklerle süslü

floriculture /'flo:rikalçı/ *a.* çiçekçilik

florid /'flo:rid/ *s. hkr.* gösterişli, süslü, cafcaflı; (yüz) kırmızı

florist /'flo:rist/ *a.* çiçekçi

floss /flos/ *a.* cam cürufu; cüruf deliği; ipek kozasının dış zarfı; ince tüy, hav *dental floss* dişi ipi *floss silk teks.* bükülmemiş ipek, floş

flossy /'flosi/ *s.* ince tüylü; ipek gibi, ipeğe benzer, ipekli; *arg. Aİ.* cafcaflı, havalı

flotation /flou'teyşın/ *a.* sermaye temini; işyeri kurma; yüzdürme, flotasyon; su üstünde durma

flotel /flou'tel/ *a.* yüzer otel

flotilla /flı'tilı/ *a.* küçük filo, filotilla

flounce /flauns/ *e.* öfke ya da sabırsızlıktan fırlayıp yürümek

flounder /'flaundı/ e. çırpınmak, batmamak için çabalamak; bata çıka ilerlemek; bocalamak ¤ a. hayb. dere pisisi

flour /flauı/ a. un **flour mill** un değirmeni

flourish /'flariş/ e. el sallamak, elini kolunu sallayarak dikkat çekmeye çalışmak; sağlıklı bir biçimde büyümek, gelişmek ¤ a. gösteriş, hava **with a flourish of trumpets** davul zurna ile

flourishing /'flarişing/ s. mamur, bayındır

floury /'flauıri/ s. una bulanmış

flout /flaut/ e. saygısızca karşı gelmek, ziddına gitmek, küçümsemek, burun kıvırmak

flow /flou/ e. (sıvı) akmak; (kan, vb.) dolaşmak, deveran etmek; akın akın gitmek, akıp gitmek ¤ a. akma, akış; akıntı; akın; denizin kabarması, gel, met **flow control** akış kontrolü, akış denetimi **flow diagram** akış diyagramı, akış çizeneği **flow direction** biliş. akış yönü **flow-duration curve** akış-süre eğrisi **flow line** akış hattı, akış çizgisi **flow meter** debimetre, akışölçer **flow of transactions** işlemlerin akımı **flow-process diagram** biliş. iş akış diyagramı, iş akış çizeneği **flow rate** akış hızı **flow sheet** işlem sırası tablosu

flowchart /'flouça:t/ a. akış şeması, akış çizeneği

flower /'flauı/ a. çiçek; çiçekli bitki; süs, süslü şey; mec. şan, şeref ¤ e. çiçek vermek, çiçek açmak **flower people** (60'lı yıllarda) barışçı hippiler, çiçek çocukları **flower power** barışçı hippilerin savunduğu ilkeler **flower shop** çiçekçi dükkânı

flowerbed /'flauıbed/ a. çiçek tarhı

flowered /'flauıd/ s. çiçekli, çiçeklerle süslü

flowering /'flauıring/ s. çiçekli

flowerpot /'flauıpot/ a. çiçek saksısı

flowery /'flauıri/ s. çiçekli, çiçeklerle süslü

flowing /'flouing/ a. akma, akış ¤ s. akan

flu /flu:/ a. grip

flub /flab/ a. gaf ¤ e. gaf yapmak

flubdub /'flabdab/ a. boş laf, palavra

fluctuate /'flakçueyt/ e. inip çıkmak, bir yükselip bir azalmak, dalgalanmak

fluctuating /'flakçueyting/ s. dalgalanan, dalgalı **fluctuating exchange rate** dalgalı kur

fluctuation /flakçu'eyşın/ a. dalgalanma, inip çıkma **fluctuation margin** dalgalanma marjı

flue /flu:/ a. duman borusu; hava borusu; alev borusu; baca deliği; ocak bacası **flue dust** uçan kül **flue gas** baca gazı, duman gazı

fluency /'flu:ınsi/ a. (konuşma) akıcılık

fluent /'flu:ınt/ s. akıcı, rahat, pürüzsüz

fluently /'flu:ıntli/ be. akıcı bir biçimde

fluff /flaf/ a. toz topağı; yumuşak tüy, kuş tüyü; (battaniye, halı, vb.) tüy; tüy döküntüsü, hav döküntüsü ¤ e. kabartmak; kon. bir şeyi yanlış yapmak, yüzüne gözüne bulaştırmak, tökezlemek

fluffy /'flafi/ s. tüy gibi yumuşak; yumuşak ve kaba tüylü

fluid /'flu:id/ s. akıcı, akışkan, sıvı ¤ a. sıvı **fluid convertor** oto. hidrolik konvertisör **fluid flywheel** hidrolik volan **fluid friction** akışkan sürtünmesi **fluid logic** biliş. akışkan mantığı **fluid lubrication** akışkan yağlaması **fluid mechanics** fiz. akışkanlar mekaniği **fluid savings** seyyal tasarruf, akışkan tasarruf **fluid transmission** oto. hidrolik transmisyon

fluidics /flu:'idiks/ a. flüidik

fluidity /flu'idıti/ a. akışkanlık, akıcılık

fluke /flu:k/ a. kon. beklenmedik talih, talih eseri bir rastlantı, şans; den. gemi demiri tırnağı; oluk, kanal, yüzdürme oluğu; savak

flume /flu:m/ e. (tomruk) yüzdürmek, kanalda götürmek

flummox /'flamıks/ e. kon. şaşırtmak, afallatmak, kafasını karıştırmak

flunk /flank/ e. (sınavda) çakmak, kalmak; (sınıfta) kalmak; (sınavda) çaktırmak, bırakmak; (sınıfta) bırakmak

fluorescein /fluı'resin/ a. kim. fluoresein

fluorescence /fluı'resıns/ a. flüorışıma, flüoresans

fluorescent /fluı'resınt/ s. fiz. ışınır, floresan, flüorışıl **fluorescent brightening** optik parlatma **fluorescent lamp** elek. flüoresan lamba, flüorışıl lamba **fluorescent screen** elek. flüorışıl ekran

fluorescent whitening agent optik beyazlatıcı, optik ağartıcı
fluoric /flu:'orik/ *s.* fluorik
fluoride /'fluırayd/ *a. kim.* florür, flüorür
fluorimeter /fluı'rimitı/ *a. kim.* fluorimetre
fluorine /'fluıri:n/ *a.* flüor
fluorite /'fluırayt/ *a. min.* fluorit
fluorocarbon /fluırou'ka:bın/ *a.* fluorokarbon
fluoroscope /'fluırıskoup/ *a.* fluoroskop
fluoroscopy /'fluı'roskıpi/ *a.* fluoroskopi
fluorspar /'fluıspa:/ *a.* fluorspat
flurry /'flari/ *a.* coşku, heyecan; ani ve sert rüzgâr/kar/yağmur; sağanak ¤ *e.* (birisinin) kafasını karıştırmak
flush /flaş/ *a.* fışkırma, fışkırtma; basınçlı su ile temizleme; yüze kan hücumu, yüz kızarması, yüzü kızarma ¤ *e.* fışkırmak; fışkırtmak; basınçlı su ile temizlemek; yüzü kızarmak; kızartmak ¤ *s.* düz, aynı düzeyde, bir hizada; *kon.* çok paralı, varlıklı, parası bol ¤ *be.* düzgün bir biçimde, aynı boyda olarak **flush deck** silme güverte, düz güverte **flush drilling** *mad.* yıkamalı delme **flush joint** yüz yüze bağlantı, düz yüzlü ek **flush pipe** şas borusu, yıkama borusu **flush switch** ankastre anahtar, gömme anahtar **flush tank** rezervuar, yıkama deposu, biriktirici **flushing box** tuvalet su deposu
fluster /'flastı/ *e.* şaşırtmak, telaşlandırmak, kafasını karıştırmak ¤ *a.* telaş, heyecan, şaşkınlık, bocalama
flute /flu:t/ *a. müz.* flüt; yiv, oluk ¤ *e.* yiv açmak, oluk açmak
fluted /'flu:tid/ *s.* yivli, oluklu **fluted roller** *teks.* yivli silindir
fluting /'flu:ting/ *a.* yivli süs **fluting plane** oluk rendesi
flutist /'flu:tist/ *a. Aİ.* flütçü
flutter /'flatı/ *e.* (kanat) çırpmak; uçmak; (sağa sola ya da aşağı yukarı) hareket etmek ¤ *a. kon.* telaş, heyecan; kanat çırpma; titreme; *hav.* flutter, kanat sarsıntısı **flutter the dovecotes** ortalığı velveleye vermek
fluvial /'flu:viıl/ *s.* ırmakla ilgili, ırmak+, nehir+ **fluvial environment** akarsu ortamı **fluvial erosion** akarsu erozyonu **fluvial soil** nehir toprağı, ırmak toprağı
flux /flaks/ *a.* sürekli değişiklik, değişim, oynaklık, değişkenlik; akıntı; akış, cereyan; *fiz.* akı; eritici madde, eritken ¤ *e.* akıtmak, eritmek **flux density** *fiz.* akı yoğunluğu **flux gate** *elek.* akı kapısı **flux leakage** *elek.* akı kaçağı **flux oil** yumuşatıcı yağ
fluxation /flak'seyşın/ *a.* akıtma, eritme
fluxmeter /'flaksmi:tı/ *a. fiz.* flümetre, akıölçer
fly /flay/ *a.* sinek ¤ *e.* uçmak; uçakla gitmek, uçmak; uçurmak; *kon.* çok hızlı hareket etmek, jet gibi gitmek, uçmak; geçip gitmek, uçup gitmek; -den kaçmak, tüymek **fly a kite** sahte bono çıkarmak **fly ash** uçan kül, uçucu kül **fly-by-night** güvenilmez, kapkaççı **fly-drive holiday/package** yolcunun uçak çıkışında ücreti ödenmiş hazır taksiye binmesi **fly frame** *teks.* flayer, fitil makinesi **fly in the face of sth** karşı çıkmak, başkaldırmak **fly in the ointment** küçük ama mide bulandıran bir pürüz **fly nut** kelebek somun **fly off the handle** *kon.* aniden tepesi atmak, zıvanadan çıkmak **fly press** *mak.* vida presi, kollu pres **fly shuttle** *teks.* atkı mekiği **fly the coop** yakayı sıyırmak **not harm/hurt a fly** karıncayı bile incitmemek
flyable /'flayıbıl/ *s.* uçabilir, havalanabilir
flyback /'flaybek/ *a.* karşılıksız çek; resim başı
flyer /'flayı/ *a.* havacı; *teks.* flayer, fitil makinesi
flying /'flaying/ *s.* uçan; kısa süreli ¤ *a.* havacılık; uçuş **get off to a flying start** çok iyi bir başlangıç yapmak; iyi başlamak **with flying colors** tereyağından kıl çeker gibi **flying boat** deniz uçağı **flying bridge** geçici köprü, tombaz köprüsü **flying buttress** payanda, duvar dirseği, kemerli payanda **flying corridor** *hav.* uçuş koridoru **flying field** uçuş alanı, küçük havaalanı **flying helmet** *hav.* uçuş başlığı **flying jip** *den.* kontra flok **flying personnel** *hav.* uçuş personeli **flying safety** *hav.* uçuş emniyeti **flying saucer** uçandaire **flying speed** *hav.* uçuş hızı **flying spot** *elek.* tarama spotu, tarama noktası, tarayıcı benek **flying spot scanner** *biliş.* uçan nokta tarayıcı **flying time** *hav.* uçuş zamanı **flying**

weight *hav.* uçuş ağırlığı **flying wing** *hav.* uçar kanat, kanat biçiminde uçak

flyover /'flayouvı/ *a.* üstgeçit

flywheel /'flaywi:l/ *a.* volan, düzenteker **flywheel effect** *oto.* volan etkisi **flywheel flange** volan flanşı **flywheel magneto** *oto.* volan manyetosu

foal /foul/ *a.* tay

foam /foum/ *a.* köpük ¤ *e.* köpürmek, köpüklenmek **foam at the mouth** kan beynine sıçramak **foam inhibitor** köpük önleyici madde **foaming agent** köpürtücü madde **foaming power** köpürme gücü

foamy /'foumi/ *s.* köpüklü

fob /fob/ *e.* (off ile) dirsek çevirmek, başından savmak; kakalamak, kazıklamak, yutturmak ¤ *a.* saat cebi **fob sb off** kazık atmak

focal /'foukıl/ *s.* odaksal, odakla ilgili **focal aperture** diyafram açıklığı **focal chord** *mat.* odak kirişi **focal length** *fiz.* odak uzaklığı **focal plane** görüntü düzeyi, odak düzlemi **focal point** merkez noktası, ilgi merkezi, odak noktası **focal spot** *fiz.* odak lekesi, odak beneği

focus /'foukıs/ *a.* (ç. "focusus, foci" /'fouki/) odak, fokus, merkez; merkez nokta, ilgi merkezi, ilgi odağı ¤ *e.* ayar etmek, odak ayarı yapmak; bir noktaya toplamak **focus control** *elek.* odaklama kontrolü

focusing /'foukısing/ *a.* odaklama **focusing coil** *elek.* odaklama bobini **focusing electrode** *elek.* odaklama elektrotu **focusing magnet** odaklama mıknatısı **focusing ring** odaklama bileziği **focusing screen** buzlu cam

fodder /'fodı/ *a.* hayvan yemi, kuru ot, saman **fodder beet** *trm.* yem pancarı

foe /fou/ *a.* düşman

foetal /'fi:tıl/ *s.* cenin ile ilgili

foetus /'fi:tıs/ *a.* cenin, dölüt

fog /fog/ *a.* sis ¤ *e.* sislemek; sislenmek; (gözlük, vb.) buğulanmak; şaşırtmak, kafasını karıştırmak **fog lamp** *oto.* sis lambası

fogbound /'fogbaund/ *s.* sis yüzünden mahsur kalmış, sis yüzünden işlemeyen

fogginess /'foginıs/ *a.* sislilik, duman

foggy /'fogi/ *s.* sisli, dumanlı; bulanık,

donuk **not have the foggiest idea** *kon.* en ufak bir fikri olmamak

foghorn /'fogho:n/ *a.* sis düdüğü

fogyish /'fougiiş/ *s.* eski kafalı

föhn /fö:n/ *a.* *coğ.* fön

foible /'foybıl/ *a.* zayıf yan, zaaf; aptalca alışkanlık

foie gras /fwagra/ *a.* ördek/kaz ciğeri

foil /foyl/ *a.* metal yaprak, varak; yaldız kâğıdı; eskrim kılıcı, meç ¤ *e.* işini bozmak, engel olmak, önlemek

foist /foyst/ *e.* kakalamak, yutturmak, kazıklamak, yamamak

fold /fould/ *a.* ağıl; kat, kıvrım, pli; oyuk, çukur; koyun sürüsü ¤ *e.* katlamak; paftalamak; istiflemek; katlanmak; (el, vb.) bağlamak, kavuşturmak; sarmak; *kon.* iflas etmek, top atmak, batmak **fold up** işi durdurmak, tasfiye gitmek

folded /'fouldid/ *s.* katlı, katlanmış; kırma, kırılmış **folded dipole** *elek.* katlanmış dipol **folded filter** katlanmış filtre

folder /'fouldı/ *a.* dosya, klasör; broşür; katlama makinesi

folding /'foulding/ *a.* kırma, katlama ¤ *s.* katlanır, kırma, açılır kapanır **folding door** katlanır kapı, kırma kapı **folding gate** *inş.* katlanır dış kapı **folding machine** katlama makinesi, kırma makinesi **folding rule** katlanır mezura, katlanır metre **folding scaffold** *inş.* katlanır iskele **folding screen** *inş.* paravana **folding table** katlanır masa, açılır kapanır masa **folding truck** katlama arabası **folding undercarriage** *hav.* içeri çekilebilen iniş takımı **folding wing** *hav.* katlanabilir kanat

foliaceos /fouli'eyşıs/ *s.* yaprak biçiminde, yapraksı

foliage /'fouliic/ *a.* ağaç yaprakları, yapraklar, yeşillik; *mim.* yaprak süsü

foliate /'foulieyt/ *e.* sır sürmek; *mim.* yaprak süsü yapmak ¤ *s.* yaprak biçiminde, yapraklı

foliation /fouli'eyşın/ *a.* yapraklanma, yeşerme; *mim.* yaprak süsü; yapraksı oluşum

folio /'fouliou/ *a.* iki ya da dörde katlanmış kâğıt tabakası; bu biçimde katlanmış yapraklardan oluşmuş kitap **folio column** defteri kebir sütunu, folyo kolonu **folio reference** folyo müracaatı **folium of Descartes** *mat.* Dekart folyumu, Dekart yaprağı

folk /fouk/ *a.* halk; insanlar, ahali ¤ *s. müz.* halk, folk **folk dance** halk oyunu **folk etymology** halk etimolojisi, halk kökenbilimi **folk music** halk müziği **folk singer** halk türküleri sanatçısı **folk song** halk türküsü

folklore /'fouklo:/ *a.* halkbilim, folklor

folkloristic /fouklo:'ristik/ *s.* folklora özgü

folks /fouks/ *a. kon.* akraba; *Aİ.* halk, millet

folksy /'fouksi/ *s.* teklifsiz, samimi; halk tipi, köy işi

follicle /'folikıl/ *a.* folikül, bezcik; tek hücreli meyve

follow /'folou/ *e.* izlemek, peşinden gitmek, takip etmek; arkasından gelmek, hemen ardından yer almak; anlamak; dikkatle dinlemek; uymak; -in sonucu olmak, -in ardından gelmek, oluşmak, izlemek **follow in sb's footsteps** izinden yürümek **follow one's heart** kalbinin sesini dinlemek **follow shot** izleyici çekim **follow spotlight** *sin.* izleyici projektör, izleyici ışıldak **follow sth up** incelemek; izlemek **follow through** bir işin sonunu getirmek, bitirmek, tamamlamak **follow up** izlemek, takip etmek; sonuna kadar götürmek

follower /'folouı/ *a.* yandaş, taraftar, destekçi, hayran

following /'folouing/ *s.* belirtilen, sözü edilen, aşağıdaki; ertesi ¤ *ilg.* -den sonra, -in ardından ¤ *a.* yandaş grubu, destekçiler grubu

folly /'foli/ *a.* akılsızlık, aptallık, aptalca hareket

foment /fou'ment/ *e.* sıcak pansuman yapmak; *mec.* fesat çıkarmak

fomentation /foumen'teyşın/ *a.* pansuman; kışkırtma

fomenter /fou'mentı/ *a.* kışkırtıcı, tahrikçi

fond /fond/ *s.* sever, düşkün; aşırı seven, fazla üstüne düşen; saf, umutlu **be fond of** -e düşkün olmak, bayılmak, sevmek

fondant /'fondınt/ *a.* fondan

fondle /'fondl/ *e.* okşamak, sevmek

fondly /'fondli/ *be.* sevgiyle, düşkünlükle, sevecenlikle; saflıkla, safça, boşuna

fondness /'fondnis/ *a.* sevgi, düşkünlük, şefkat; tercih

fondue /'fondyu:/ *a. mutf.* fondü, eritilmiş peynirle beyaz şarap karışımından yapılan bir yemek

font /font/ *a.* vaftiz kurnası; (lamba) gaz haznesi **font name** vaftiz adı

fontanel(le) /fontı'nel/ *a.* bıngıldak

food /fu:d/ *a.* yiyecek, besin, gıda, yemek **food additive** gıda maddesi katkısı **food for thought** düşünülecek şey **food hall** yemek salonu **food industry** gıda sanayisi, besin sanayisi **food poisoning** gıda zehirlenmesi

foodgrains /fu:d'greyns/ *a.* tahıl

foodstuff /'fu:dstaf/ *a.* yiyecek, gıda maddesi, besin maddesi

fool /fu:l/ *a.* aptal, ahmak, budala, enayi; maskara, soytarı ¤ *e.* kandırmak, aldatmak, aptal yerine koymak; (around/about ile) aptalca davranmak, aptallık etmek; alaya almak, dalga geçmek **make a fool of sb** aptal yerine koymak **play the fool** aptalca davranmak

foolery /'fu:lıri/ *a.* aptalca davranış, aptallık

foolhardy /'fu:lha:di/ *s.* gözü pek, gözü kara, delidolu, çılgın

foolish /'fu:liş/ *s.* saçma, budalaca, aptalca, saçma sapan; aptal, akılsız

foolproof /'fu:lpru:f/ *s.* şaşmaz, sağlam, güvenilir; *kon.* (kullanımı, anlaşılması, vb.) çok basit

foolscap /'fu:lskep/ *a.* büyük dosya kâğıdı

foot /fut/ *a.* (ç. "feet") ayak; bir şeyin aşağı kısmı, alt, dip, etek; ayak, 30.48 cm.'lik uzunluk ölçüsü ¤ *e. kon.* (hesabı) ödemek **be carried out feet foremost** toprağa verilmek **be run off one's feet** *kon.* çok meşgul olmak **foot brake** ayak freni **foot locks** *teks.* etek yapağısı, bacak yapağısı **foot passenger** yaya yolcu **foot screw** ayak vidası, taban vidası **foot stone** taban taşı, temel taşı **foot valve** taban valfı, taban supabı **foot wall** ayak duvarı, taban duvarı **get back on one's feet** ayağı düze basmak **get one's feet on the ground** ayağını sağlam basmak *get/have cold feet* cesaretini yitirmek, korkmak *go over/through with a fine-tooth comb* arayıp taramak/ince eleyip sık dokumak *have one foot in the grave* bir ayağı çukurda olmak *land on one's feet* dört ayak üstüne düşmek *My foot!* Yok canım/yahu! *not set foot somewhere* bir yere adımını bile atmamak *on foot* yayan, yürüyerek *put one's best foot forward* elinden geleni yapmak *put one's foot down* ayak diremek *put one's foot in it* pot kırmak *put one's foot in one's mouth* akım derken bokum demek *set foot on/in* ayak basmak

football /'futbɔːl/ *a.* ayaktopu, futbol; futbol topu *football pools* sportoto

footage /'futic/ *a. sin.* uzunluk *footage counter sin.* uzunluk sayacı

footballer /'fuːtbɔːlı/ *a.* futbolcu

footboard /'futbɔːd/ *a. oto.* marşpiye, basamak

footbridge /'futbric/ *a.* yaya köprüsü

foot-candle /fut'kendl/ *a. fiz.* ayak-mum

foothill /'futhil/ *a.* dağ eteğindeki tepe

foothold /'futhould/ *a.* ayak basacak sağlam yer, basamak

footing /'futing/ *a.* ayak basacak sağlam yer, basılan yer; temel, esas; karşılıklı ilişki, insan ilişkileri; durum, hal; yeni bir çevreye, işe, vb. giriş; ayak izi, iz *footing stone* taban taşı, temel taşı

foot-lambert /fut'lembıt/ *a.* futlambert, ayak-lambert

footlights /'futlayts/ *a.* sahnenin önündeki ışıklar, taban lambaları

footling /'fuːtling/ *s.* değersiz, önemsiz, beş para etmez

footloose /'futluːz/ *s.* özgür, başıboş, serbest

footnote /'futnout/ *a.* dipnot

footpath /'futpaːt/ *a.* keçiyolu, patika; yaya kaldırımı

foot-pound /fut'paund/ *a. fiz.* ayak-libre

footprint /'futprint/ *a.* ayak izi

foot-rail /fut'reyl/ *a.* yassı tabanlı ray

footrope /'futroup/ *a. den.* basadora, marsipet

footsore /'futsɔː/ *s.* ayakları acımış/şişmiş

footstep /'futstep/ *a.* ayak sesi; ayak izi; adım; basamak

foot-ton /fut'toun/ *a.* ayak-ton

footway /'futwey/ *a.* yaya kaldırımı

footwear /'futweı/ *a.* ayakkabı, çizme, vb. ayağa giyilen şeyler

foozle /'fuːzıl/ *e.* berbat etmek, yüzüne gözüne bulaştırmak

fop /fop/ *a.* züppe

foppery /'fopıri/ *a.* züppelik

for /fı, fɔː/ *ilg.* için; süresince, zarfında, -dır; uğruna, için; yerine, namına, adına, için; yerine; karşılığında; -den dolayı, yüzünden, nedeniyle; -e uygun; şerefine; -e elverişli, uygun; -e göre; -e rağmen; olarak, diye; -e, -a, karşılığında; -e karşı; -e karşı ¤ *bağ.* çünkü, zira *for cash* nakit olarak, peşin olarak *for deposits only* yalnız hesaba geçirilmek üzere *for farther detail* ayrıntı için *for free* bedava *for good* tümüyle, temelli *for hire* kiralık *for instance* örneğin, mesela *for once* bir kerelik *for sale* satılık *for the most part* çoğunlukla, ekseriya *for this reason* bu nedenle

forage /'foric/ *a.* yem, saman, arpa; yem arama; yiyecek arama; akın, hücum ¤ *e.* yiyecek aramak; araştırmak, aramak *forage harvester trm.* yem hasat makinesi

foray /'forey/ *a.* akın, yağma, baskın, talan

forbear /fɔː'beı/ *e.* kendini tutmak, çekinmek, sakınmak, kaçınmak, boş vermek; sabırlı olmak, sabretmek

forbearance /fɔː'beırıns/ *a.* sabır, müsamaha, hoşgörü

forbearing /fɔː'beıring/ *s.* sabırlı, dayanıklı, hoşgörülü

forbid /fı'bid/ *e.* yasaklamak

forbidden /fı'bidn/ *s.* yasak *forbidden band elek.* yasak bant/kuşak *forbidden character biliş.* yasak karakter *forbidden transition fiz.* yasak geçiş *forbidden-character code biliş.* yasak karakter kodu *forbidden-combination check biliş.* yasak katışım çeki

forbidding /fı'biding/ *s.* sert, ekşi yüzlü, ters; tehlikeli, tehditkâr

force /fɔːs/ *a.* güç, kuvvet; zor, baskı, şiddet; etki, hüküm; ikna gücü; inandırma gücü; birlik, kuvvet ¤ *e.* zorlamak; mecbur etmek, zorlamak; (ısı vererek bitkiyi) vaktinden önce olgunlaştırmak **by force** zorla **force constant** kuvvet katsayısı **force majeure** fors majör, zorunlu neden, mücbir sebep **force of attraction** çekme kuvveti **force of gravity** yerçekimi kuvveti, ağırlık kuvveti **force pump** mak. basma tulumba **in force** çok sayıda; yürürlükte, geçerli **force sb to the wall** köşeye sıkıştırmak

forced /fɔːst/ s. zorunlu, zoraki, mecburi **forced air cooling** basınçlı havayla soğutma **forced circulation** basınçlı dolaşım **forced circulation cooling** oto. cebri dolaşımlı soğutma **forced conversion** zorunlu değişim **forced crop** trm. turfanda mahsul **forced draught** cebri çekiş, zorlu çekiş **forced draught furnace** cebri çekişli ocak **forced labor** angarya, cebri çalıştırma **forced landing** hav. mecburi iniş, zorunlu iniş **forced loan** zorunlu borçlanma, mecburi istikraz **forced lubrication** mak. cebri yağlama, basınçlı yağlama **forced oscillation** fiz. zorla salınım **forced payment** cebren tahsil **forced programming** biliş. en az erişim süreli programlama **forced pump** basma tulumba **forced sale** zorunlu satış, cebri satış **forced sale by auction** icra yoluyla cebri satış **forced sale value** cebri satış değeri, tasfiye değeri **forced saving** zorunlu tasarruf **forced vibration** fiz. zorla titreşim

forceful /'fɔːsfıl/ s. güçlü, zorlu, ikna edici; etkili, etkin, etkileyici

forceps /'fɔːseps/ a. hek. forseps, doğumkaşığı; pens; kıskaç

forcible /'fɔːsıbıl/ s. zorla yapılan, güç kullanarak yapılan; etkili, güçlü, ikna edici

forcing /'fɔːsing/ s. zorlayan **forcing bed** yastık, camekânlı fidelik **forcing cone** ask. birleştirme konisi **forcing frame** yastık, camekânlı fidelik **forcing house** ser, limonluk

ford /fɔːd/ a. (ırmak/dere vb.'de) sığ geçit yeri ¤ e. derenin sığ yerinde geçmek

fore /fɔː/ s. ön ¤ a. ön; den. pruva, baş taraf **come to the fore** sivrilmek; ön plana geçmek **fore plane** kaba rende **fore-milk cup** trm. ön sağım kabı **fore-pump** fiz. ön boşluk pompası **forewash** önyıkama **to the fore** el altında, kullanılmaya, yararlanmaya hazır

forearm /'fɔːrɑːm/ a. dirsekle bilek arası, önkol

foreboding /fɔː'bouding/ a. kötülüğü sezme, sezi, içe doğma, önsezi

forecast /'fɔːkɑːst/ e. tahmin etmek ¤ a. tahmin **forecast budget** tahmini bütçe

forecastle /'fouksıl/ a. baş kasarası, ön üst güverte

foreclose /fɔː'klouz/ e. reddetmek, engel olmak

foreclosure /fɔː'kloujı/ a. hakkın düşmesi, hakkın sukutu; cebri icra

forecourt /'fɔːkɔːt/ a. ön avlu

foredate /'fɔːdeyt/ e. geçmiş bir tarihi koymak

forefather /'fɔːfɑːdı/ a. ata, cet

forefinger /'fɔːfingı/ a. işaretparmağı

forefront /'fɔːfrant/ a. ön taraf, ön sıra

foregoing /'fɔːgouing/ s. önceki, yukarıdaki, yukarıda anılan, yukarıda sözü edilen

foregone /'fɔːgon/ s. önceden belirlenmiş, önceden bilinen, kaçınılmaz, beklenen

foreground /'fɔːgraund/ a. ön plan, en öndeki görüntü **foreground processing** biliş. öncelikli işlem **foreground program** biliş. öncelikli program

forehead /'forid, 'fɔːhed/ a. alın

foreign /'forin/ s. yabancı, ecnebi; dış, harici **foreign affairs** dışişleri **foreign affiliate** yabancı bağlı şirket **foreign agency** dış temsilci **foreign aid** dış yardım **foreign assets** yabancı varlıklar **foreign bank** yabancı banka **foreign bill** yabancı poliçe **foreign bond** yabancı tahvil **foreign branch** yabancı şube **foreign business** dış ticaret **foreign capital inflow** yabancı sermaye girişi **foreign capital investment** yabancı sermaye yatırımı **foreign capital outflow** yabancı sermaye çıkışı **foreign capital** yabancı sermaye **foreign cargo** yurtdışına gönderilecek yük **foreign commerce** dış ticaret **foreign company** yabancı şirket **foreign corporation** yabancı şirket **foreign correspondent** dış muhabir banka **foreign country** yabancı ülke **foreign credits**

dış krediler *foreign currency account* döviz hesabı *foreign currency arbitrage* döviz arbitrajı *foreign currency clause* kambiyo kaydı *foreign currency securities* yabancı menkul kıymetler *foreign currency* yabancı para, yabancı ülke parası, döviz *foreign debt burden* dış borç yükü *foreign debt payments* dış borç ödemeleri *foreign debt* dış borç *foreign demand elasticity* dış talep esnekliği *foreign department* dış ilişkiler servisi *foreign elasticity* dış esneklik *foreign exchange account* döviz tevdiat hesabı *foreign exchange arbitrage* döviz arbitrajı *foreign exchange assets* döviz borçları *foreign exchange black market* döviz karaborsası *foreign exchange broker* kambiyo acentası *foreign exchange control* döviz kontrolü, kambiyo denetimi *foreign exchange creditors* döviz alacaklıları *foreign exchange dealer* kambist *foreign exchange debtors* döviz borçluları *foreign exchange deposit* döviz mevduatı *foreign exchange desk* döviz alım satım gişesi *foreign exchange earnings* döviz girdileri, döviz gelirleri *foreign exchange holdings* döviz mevcudu, döviz stoku *foreign exchange law* kambiyo mevzuatı *foreign exchange market* döviz piyasası, kambiyo piyasası *foreign exchange operations* kambiyo işlemleri *foreign exchange payments* döviz ödemeleri *foreign exchange policy* kambiyo politikası *foreign exchange position* döviz pozisyonu *foreign exchange rate* döviz kuru, kambiyo kuru *foreign exchange receipts* döviz gelirleri, döviz girdileri *foreign exchange regime* kambiyo rejimi *foreign exchange reserve* döviz rezervi *foreign exchange restrictions* döviz kısıtlamaları, kambiyo sınırlamaları *foreign exchange savings* döviz tasarrufu *foreign exchange selling account* efektif alım satım hesabı *foreign exchange smuggling* döviz kaçakçılığı, kambiyo kaçakçılığı *foreign exchange speculation* döviz spekülasyonu *foreign exchange transactions* kambiyo işlemleri

foreign exchange kambiyo; döviz *foreign general average* yabancı ülkedeki genel avarya *foreign-going ship* yabancı ülkeye giden gemi *foreign goods* yabancı ülke malları *foreign investment* yabancı sermaye yatırımı *foreign liabilities* yabancı borçlar, dış borçlar *foreign loan* dış istikraz *foreign market survey* dış pazar araştırması *foreign market* dış pazar *foreign marketing* dış pazarlama *foreign minister* dışişleri bakanı *foreign money orders* yabancı para havaleleri *foreign money* yabancı para *foreign-owned corporations* dış ülkelere ait şirketler *foreign-owned deposits* yabancılara ait mevduat *foreign-owned investments* yabancılara ait yatırımlar *foreign payments* dış ödemeler *foreign plant* dış ülkedeki fabrika *foreign products* yabancı ürünler *foreign protection* dış koruma *foreign receipts* dış gelirler *foreign receivables* dış alacaklar *foreign repercussion* dış yansıma *foreign residence* yabancı ülkede ikamet *foreign securities* yabancı taşınır değerler *foreign source income* dış kaynaklı gelir *foreign stocks* yabancı hisse senedi *foreign tax* yabancı vergi *foreign taxation* dış vergileme sistemi *foreign trade bank* dış ticaret bankası *foreign trade barriers* dış ticaret engelleri *foreign trade financing* dış ticaret finansmanı *foreign trade gains* dış ticaret kazançları *foreign trade multiplier* dış ticaret çarpanı *foreign trade operations* dış ticaret işlemleri *foreign trade restrictions* dış ticaret kısıtlamaları *foreign trade transaction* dış ticaret işlemi *foreign trade triangle* dış ticaret üçgeni *foreign trade zone* dış ticaret serbest bölgesi *foreign trade* dış ticaret *foreign transactions* dış işlemler *foreign travel* dış turizm *foreign voyage* dış seyahat, yurtdışına yolculuk

foreigner /'forinı/ *a.* yabancı, ecnebi

foreland /'fo:lınd/ *a. yerb.* burun, sahil çıkıntısı

foreleg /'fo:leg/ *a. hayb.* ön ayak

foreman /'fo:mın/ *a.* ustabaşı

foremast /'fo:ma:st/ *a. den.* pruva direği,

baş direği
foremost /'fo:moust/ *s.* en başta gelen, en önemli olan, en başta ele alınması gereken
forename /'fo:neym/ *a.* ad, ilk ad
forenoon /'fo:nu:n/ *a.* sabah
forensic /fı'rensik/ *s.* mahkemeye ait, adli *forensic medicine* adli tıp
forerunner /'fo:ranı/ *a.* haberci, müjdeci; ilk santrifüj
foresail /'fo:seyl/ *a.* ön yelken, trinketa yelkeni
foresee /fo:'si:/ *e.* önceden görmek, tahmin etmek, ummak
foreseeable /fo:'si:ıbıl/ *s.* önceden görülebilen, tahmin edilebilir
foreshadow /fo:'şedou/ *e.* önceden göstermek, belirtisi olmak
foresight /'fo:sayt/ *a.* sağgörü, öngörü, seziş
foreskin /'fo:skin/ *a.* penisin başını örten deri
forest /'forist/ *a.* orman *forest botany* orman botaniği *forest destruction* orman tahribatı *forest ecology* orman ekolojisi *forest fire* orman yangını *forest fire insurance* orman yangını sigortası *forest grazing trm.* orman otlatması *forest management* orman amenajmanı *forest pests* orman zararlıları *forest soil* orman toprağı
forestall /fo:'sto:l/ *e.* önce davranıp engellemek, engel olmak, işini bozmak
forestation /fori'steyşın/ *a.* ağaçlandırma
forested /'foristid/ *s.* ormanlık, ormanlı
forester /'foristı/ *a.* ormancı
forestry /'foristri/ *a.* ormancılık
foretaste /'fo:teyst/ *a.* önceden tatma; önceden alınan tat
foretell /fo:'tel/ *e.* önceden haber vermek, geleceği haber vermek, kestirimde bulunmak, kehanette bulunmak
forethought /'fo:to:t/ *a.* ileriyi görme, öngörürlük, basiret
forever /fı'revı/ *be.* her zaman, hep, daima, ebediyen, sonsuza kadar
forewarn /fo:'wo:n/ *e.* önceden uyarmak, önceden haber vermek
forewoman /'fo:wumın/ *a.* ustabaşı (kadın)
foreword /'fo:wö:d/ *a.* önsöz

foreworker /fo:'wö:kı/ *a. şek.* ilk santrifüj
forfeit /'fo:fit/ *e.* kaybetmek, yoksun kalmak ¤ *a.* kayıp, zarar, ziyan; cayma tazminatı *forfeit money* cayma tazminatı
forfeiture /'fo:fıçı/ *a.* hakkını kaybetme *forfeiture of shares* hisse senetlerinin iptali
forfend /fo:'fend/ *e.* esirgemek, muhafaza etmek
forgather /fo:'gedı/ *e.* toplanmak, bir araya gelmek
forge /'fo:c/ *a.* demirhane ¤ *e.* demir dövmek; (pasaport/para/imza vb.) sahtesini yapmak, taklidini yapmak; kalpazanlık yapmak; birden hızlanmak, güçlenmek, başa geçmek, atak yapmak *forge bellows* demirci körüğü *forge hammer* demirci çekici *forge pig met.* ham demir kütüğü *forge roll* demir çekme haddesi *forge weld met.* dövme kaynak yapmak *forged cheque* sahte çek *forged signature* sahte imza *forged steel met.* dövme çelik
forger /'fo:cı/ *a.* sahtekâr; kalpazan
forgery /'fo:cırı/ *a.* sahtekârlık; kalpazanlık *forgery of documents* evraklarda sahtekârlık
forget /fı'get/ *e.* unutmak *forget oneself* kendini kaybetmek, tepesi atmak
forget-me-not /fı'getminot/ *a. bitk.* unutmabeni çiçeği
forgetful /fı'getfıl/ *s.* unutkan
forging /'fo:cing/ *a.* dövme iş, dövme parça; demircilik, dövme *forging press* dövme presi
forgivable /fı'givıbıl/ *s.* bağışlanabilir, affedilebilir
forgive /fı'giv/ *e.* bağışlamak, affetmek
forgiveness /fı'givnıs/ *a.* af; affetme, bağışlama; bağışlanma
forgiving /fı'giving/ *s.* bağışlayıcı
forgo /'fo:gou/ *e.* bırakmak, vazgeçmek, feragat etmek
fork /fo:k/ *a.* çatal; çatallı bel, yaba ¤ *e.* yaba ile kaldırmak; (ikiye) ayrılmak, çatallaşmak *fork lift* çatal kaldırıcı *fork-lift truck* çatallı istif arabası *fork out kon.* (para) sökülmek, uçlanmak, istemeyerek ödemek
forked /fo:kt/ *s.* çatal biçiminde, çatallı *forked axle oto.* çatal dingil *forked*

connection rod *oto.* çatallı bağlantı kolu **forked lever** çatallı kol **forked steering arm** *oto.* çatallı direksiyon kolu

forlorn /fı'lo:n/ *s.* terk edilmiş ve mutsuz, üzgün, mahzun

form /fo:m/ *a.* biçim, görünüş, şekil; çeşit, tür, biçim; basılı kâğıt, form; form, kondisyon; ruh durumu, form; (okul) sınıf ¤ *e.* biçim vermek, biçimlendirmek, şekillendirmek; oluşturmak; oluşmak; olmak; (up ile) düzenlemek; düzenlenmek **form an opinion** bir fikir edinmek **form factor** biçim çarpanı **form feed** *biliş.* konum ilerletme **form feed character** *biliş.* sayfa ilerletme karakteri, konum ilerletme karakteri **form of payment** ödeme şekli **form of sale** satış şekli **forms of taxation** vergilendirme türleri

formal /'fo:mıl/ *s.* resmi; biçimsel **formal call** resmi ziyaret **formal defect** şekli kusur **formal grammar** biçimsel dilbilgisi **formal language** *biliş.* biçimsel dil **formal logic** *mat.* yapısal mantık **formal receipt** resim makbuzu

formaldehyde /fo:'meldihayd/ *a.* formaldehit

formalism /'fo:melizım/ *a.* biçimcilik

formalist /'fo:mılist/ *a.* formalist, şekilci

formality /fo:'meliti/ *a.* resmiyet; formalite

formalization /fo:mılı'zeyşın/ *a.* biçimleştirme

formalize /'fo:mılayz/ *e.* biçimlemek; resmileştirmek

formally /'fo:mıli/ *be.* resmen; biçimsel olarak

formant /'fo:mınt/ *s.* biçimlendirici

format /'fo:met/ *a.* kitap boyu; format; genel düzen, biçim, program ¤ *e. biliş.* formatlamak, biçimlemek; (metne) düzen vermek **format effector** *biliş.* baskı denetim karakteri

formation /fo:'meyşın/ *a.* oluşum, teşkil; oluşuk **formation expenses** kuruluş giderleri

formative /'fo:mıtiv/ *s.* oluşma ya da gelişmeyle ilgili

forme /fo:m/ *a.* forma

former /'fo:mı/ *s.* önceki, ilk, evvelki, eski ¤ *a.* ilk, önceki şey/kimse

formerly /'fo:mıli/ *be.* eskiden, önceden

formic /'fo:mik/ *s.* formik **formic acid** formik asit, karınca asidi

Formica /'fo:maykı/ *a.* formika

formidable /'fo:midıbıl/ *s.* korkunç, ürkütücü, korkutucu; yenmesi güç, zorlu, çetin

forming /'fo:ming/ *a.* şekil verme; kalıplama, kurma

formless /'fo:mlis/ *s.* şekilsiz, biçimsiz

formula /'fo:myulı/ *a.* formül; reçete

formulate /'fo:myuleyt/ *e.* açık ve kesin bir biçimde belirtmek; formülleştirmek

formulation /fo:myu'leyşın/ *a.* formülleme

formwork /'fo:mwö:k/ *a.* kalıp

formyl /'fo:mayl/ *a. kim.* formil

fornicate /'fo:nikeyt/ *e.* zina yapmak

forsake /fı'seyk/ *e.* bırakmak, terk etmek, vazgeçmek

forsooth /fı'su:t/ *be.* gerçekten

forsterite /'fo:stırayt/ *a. yerb.* forsterit

forswear /fo:'sweı/ *e.* tövbe etmek, bırakmaya yemin etmek

forsythia /fo:'saytyı/ *a.* hor çiçeği

fort /fo:t/ *a.* kale, hisar; istihkâm **hold the fort** göz kulak olmak, bakmak, ayakta tutmak, işleri sürdürmek

forte /'fo:tey/ *a.* bir kişinin en iyi yaptığı şey

forth /fo:t/ *be.* ileri; dışarı **and so forth** ve saire

forthcoming /fo:t'kaming/ *s.* gelecek, gelecekte olacak, ileriki, gelecekteki çıkacak; hazır, sağlanmış; *kon.* candan, arkadaşça, yardımsever, yardıma hazır

forthright /'fo:trayt/ *s.* açık, candan, samimi, dobra dobra

forthwith /fo:t'wid, fo:t'wit/ *be.* hemen, derhal, gecikmeden, bir an önce

fortieth /'fo:ti:t/ *a. s.* kırkıncı

fortifiable /'fo:tifayıbıl/ *s.* sağlamlaştırılabilir

fortification /fo:tifi'keyşın/ *a.* güçlendirme, berkitme, sağlamlaştırma, tahkim, takviye; istihkâm

fortify /'fo:tifay/ *e.* güçlendirmek, berkitmek, tahkim etmek

fortissimo /fo:'tisimou/ *be. müz.* çok hızlı

fortitude /'fo:tityu:d/ *a.* dayanıklılık, yüreklilik, metanet, cesaret, sabır

fortnight /'fo:tnayt/ *a.* iki hafta

fortnightly /'fo:tnaytli/ *be.* iki haftada bir
fortress /'fo:tris/ *a.* büyük kale, istihkâm
fortuitous /fo:'tyu:itıs/ *s.* rastlantısal, şans eseri olan, kazara, tesadüfi
fortuity /fo:'tyu:iti/ *a.* rastlantı, tesadüf
fortunate /'fo:çınıt/ *s.* şanslı, talihli; uğurlu, hayırlı
fortunately /'fo:çınıtli/ *be.* Allahtan, şükür ki, neyse ki, şansa
fortune /'fo:çın/ *a.* şans, talih; kısmet; gelecek; servet, varlık **be making a fortune** büyük kâr sağlamak **fortune tax** servet vergisi
fortuneteller /'fo:çınteli/ *a.* falcı
forty /'fo:ti/ *a. s.* kırk
forum /'fo:rım/ *a.* forum
forward /'fo:wıd/ *s.* ön, öndeki; gelişmiş, ileri; cüretkâr, küstah, şımarık ¤ *be. ilg.* ileri, ileriye, ileriye doğru; daha erken bir tarihe, daha önceye; gündeme ¤ *e.* göndermek **forward buying** gelecekte teslim edilmek üzere satın alma, vadeli satın alma **forward channel** *biliş.* ileri doğru kanal, ileriye oluk **forward contract** vadeli sözleşme, vadeli kontrat **forward exchange** vadeli döviz alım satımı **forward exchange market** vadeli döviz piyasası **forward exchange rate** vadeli döviz kuru **forward freight** varışta tahsil edilecek navlun **forward market** gelecekte teslim döviz piyasası **forward path** *elek.* ileri yol **forward price** vadeli fiyat **forward rate** vadeli kur **forward sale** vadeli satış **forward scatter** *fiz.* öne saçılma **forward speed** ileri vites **forward tail group** *hav.* ön kuyruk grubu **forward transactions** vadeli borsa işlemi **forward voltage** *elek.* ileri gerilim **forward wave** *elek.* ileriye yürüyen dalga
forwarder /'fo:wıdı/ *a.* taşıyıcı, sevkıyatçı **forwarder's receipt** sevkıyatçı makbuzu
forwarding /'fo:wıding/ *a.* gönderme, nakletme, irsal, sevk **forwarding agent** nakliye acentesi, sevkıyat acentası **forwarding business** nakliyat ticareti **forwarding charges** nakliye giderleri **forwarding company** nakliyat şirketi **forwarding country** malı gönderen ülke **forwarding station** nakliye istasyonu

fosse /fos/ *a.* hendek; çukur
fossil /'fosil/ *a.* fosil, taşıl ¤ *s.* fosilleşmiş, taşıllaşmış, fosil; çok eski, köhne **fossil community** *yerb.* fosil grubu, taşıl kümesi **fossil ice** *coğ.* fosil buz, taşıl buz **fossil record** *yerb.* fosil kalıntı, taşıl kalıntı
fossiliferous /fosi'lifırıs/ *s. yerb.* fosilli, taşıllı
fossilization /fosilay'zeyşın/ *a. yerb.* fosilleşme, taşıllaşma
fossilize /'fosilayz/ *e.* fosilleşmek; fosilleştirmek
foster /'fo:stı/ *e.* beslemek, bakmak, büyütmek; gelişmesine yardım etmek, geliştirmek, teşvik etmek, canlandırmak
fosterage /'fostıric/ *a.* teşvik
fosterling /'fostıling/ *a.* evlatlık, manevi evlat
foul /faul/ *s.* kirli, pis, iğrenç; (hava) kötü, bozuk, fırtınalı; kötü, haince, hain; *kon.* berbat ¤ *a. sp.* faul ¤ *e.* kirletmek, pisletmek; kirlenmek, pislenmek; *sp.* faul yapmak **foul bill** özürlü sağlık patentası **foul bill of lading** kusurlu konşimento **foul up** *kon.* içine etmek, içine sıçmak, berbat etmek
foulard /fu:'la:d/ *a. teks.* fular; fular makinesi
found /faund/ *e.* kurmak, yapmak, inşa etmek; kurmak, desteklemek, yaptırmak, temelini atmak; kalıba dökmek, eritmek **founding capital** kuruluş sermayesi
foundation /faun'deyşın/ *a.* kuruluş, tesis, vakıf; temel; kurma, yapma **foundation engineering** temel mühendisliği, temel tekniği **foundation pile** temel kazığı **foundation plate** temel plakası/levhası **foundation soil** temel zemini, temel toprağı **foundation stone** temel taşı **foundation virtual machine** *biliş.* temel görünümsel makine **foundation wall** *inş.* temel duvarı, taban duvarı
founder /'faundı/ *a.* kurucu ¤ *e.* (gemi) su dolup batmak; başarısızlıkla sonuçlanmak, batmak **founder profit** kurucu kazancı **founder's share** kurucu hisse senedi
foundry /'faundri/ *a.* dökümhane
fountain /'fauntin/ *a.* çeşme; fıskıye;

kaynak, köken, asıl **fountain pen** dolmakalem

four /fo:/ *a. s.* dört **four address** *biliş.* dört adres **four plus one address** *biliş.* dört artı bir adres **four tape sort** *biliş.* dört şerit sıralaması **four-address instruction** *biliş.* dört adres komutu **four-bladed** dört kanatlı **four-bladed airscrew** *hav.* dört palli pervane **four-colour printing** dört renkli baskı **four-cycle engine** *oto.* dört zamanlı motor **four-cylinder engine** *oto.* dört silindirli motor **four-layer** dört tabakalı, dört katmanlı **four-phase** *elek.* dört fazlı **four-point bit** *mad.* istavroz kron, dörtlü uç **four-roll calender** *teks.* dört silindirli kalender **four-roller friction calender** *teks.* dört silindirli friksiyon kalenderi **four-stroke cycle** *oto.* dört zamanlı devir **four-stroke engine** *oto.* dört zamanlı motor **four-wire** dört telli **four-wire circuit** *elek.* dört telli devre **four-wire repeater** *elek.* dört telli repetör

fourteen /fo:'ti:n/ *a. s.* on dört

fourteenth /fo:'ti:nt/ *a. s.* on dördüncü

fourth /fo:t/ *a. s.* dördüncü **fourth estate** basın **fourth generation computer** *biliş.* dördüncü kuşak bilgisayar **fourth market** dördüncü piyasa

fourwheel /fo:'vi:l/ *a.* dört tekerlekli **fourwheel brake** *oto.* dört tekerlek freni **fourwheel drive** *oto.* dört tekerlekten müteharrik, dört teker çekişli

fowl /faul/ *a.* kümes hayvanı

fowler /'faulı/ *a.* kuş avcısı

fox /foks/ *a.* tilki ¤ *e. kon.* aldatmak, kazıklamak, kandırmak; anlaşılması çok güç olmak; ... numarası yapmak, ayağına yatmak **fox message** *biliş.* `fox' mesajı, tilki iletisi

foxtail /'foksteyl/ *a. bitk.* tilki kuyruğu **foxtail saw** zıvana testeresi

foxtrot /'fokstrot/ *a. müz.* bir tür dans, fokstrot

foxy /'foksi/ *s. hkr.* tilki gibi, kurnaz, güvenilmez, üçkâğıtçı

foyer /'foyey/ *a.* fuaye, giriş, antre

fracas /'freka:/ *a.* gürültü, patırtı, gürültülü kavga

fraction /'frekşın/ *a.* küçük parça, bölüm, kesim; *mat.* kesir **fraction bar** *mat.*

kesir çizgisi, üleşke çizgisi **fraction defective** kusurlu oranı, özürlü oranı

fractional /'frekşınıl/ *s.* çok küçük, çok ufak, önemsiz; *mat.* kesirli **fractional crystallization** *fiz.* ayırıcı billurlaşma **fractional currency** bozuk para **fractional data** *biliş.* kesirli veri **fractional distillation** ayrımsal damıtma **fractional insurance** kısmi sigorta **fractional money** bozuk para **fractional part** kesir kısmı **fractional pitch** kesirli hatve **fractional reserve** kısmi yedek

fractionally /'frekşınıli/ *be.* azıcık, birazcık

fractionate /'frekşıneyt/ *e.* kısımlara ayırmak

fractionation /frekşı'neyşın/ *a.* parçalama, bölme

fractious /'frekşıs/ *s.* kavgacı, huysuz, aksi

fractiousness /'frekşısnıs/ *a.* huysuzluk; serkeşlik

fractocumulus /frektou'kyu:myulıs/ *a. metr.* fraktokümülüs

fractostratus /frektou'stra:tıs/ *a. metr.* fraktostratus

fracture /'frekçı/ *a.* kırılma, çatlama; kırık, çatlak ¤ *e.* kırılmak, çatlamak; kırmak, çatlatmak

fragile /'frecayl/ *s.* kırılgan; narin, nazik **fragile articles** kırılabilen eşya

fragility /frı'ciliti/ *a.* kırılganlık, gevreklik

fragment /'fregmınt/ *a.* parça, kırıntı ¤ /freg'ment/ *e.* parçalanmak, parçalara ayrılmak; bölük börçük olmak

fragmentary /'fregmıntıri/ *s.* parça parça, parçalar halinde; eksik, bölük börçük, yarım yamalak

fragmentation /fregmen'teyşın/ *a.* parçalanma, dağılma

fragrance /'freygrıns/ *a.* güzel koku

fragrant /'freygrınt/ *s.* güzel kokulu

frail /freyl/ *s.* zayıf, dayanıksız, narin, sağlıksız

frailty /'freylti/ *a.* zayıflık, dayanıksızlık, narinlik

fraise /freyz/ *a.* siper kazığı

frame /freym/ *e.* çerçevelemek; dile getirmek, belirtmek, ifade etmek; *kon.* uydurma kanıtlarla suçsuz birini suçlu göstermek ya da mahkûm ettirmek; *kon.* dalavere yapmak, gizli dolaplar çevirmek ¤ *a.* iskelet, çatı; çerçeve; beden, gövde, vücut biçimi; şasi, çatkı; *sin.* kare, resim; limonluk, sera; kasnak; gergef *frame antenna* çerçeve anten *frame-by-frame projection sin.* tek resimli gösterim *frame center rest oto.* şasi merkezi mesnedi *frame counter sin.* resim sayacı *frame frequency elek.* çerçeve frekansı *frame line sin.* resim çizgisi, çerçeve çizgisi *frame of mind* ruh hali, ruhsal durum *frame of reference fiz.* koordinat sistemi, konaç eksenleri *frame saw* kol testeresi *frame synchronization elek.* resim senkronizasyonu, resim eşlemesi *frame width elek.* görüntü eni

framed /freymd/ *s.* çerçeveli

frameless /'freymlıs/ *s.* kadrsız, çerçevesiz

framer /'freymı/ *a.* çerçeveleme sistemi

framework /'freymwö:k/ *a.* çatı, iskelet, kafes; *inş.* karkas, bina kafesi; *mec.* bünye, yapı *framework agreement* .çerçeve anlaşması

framing /'freyming/ *a.* çerçeveleme; iskelet, çatı, kafes *framing oscillator elek.* çerçeveleme osilatörü *framing signal* çerçeveleme sinyali *framing timber* bağlantı ağacı

franc /frenk/ *a.* frank

franchise /'frençayz/ *a.* oy hakkı; ayrıcalık, hak, imtiyaz; isim hakkı, satış tekeli hakkı

francium /'frensiım/ *a.* fransiyum

franco /'frenkou/ *a.* franko *franco delivery* franko teslim

frangible /'frencibıl/ *s.* kırılabilir

frank /frenk/ *s.* doğru sözlü, açıksözlü, içten, samimi ¤ *e.* mektubu makineyle damgalamak; (gönderi) parasız göndermek *franked letter* ücretsiz gönderilen mektup *franking machine* damgalama makinesi *franking stamp* pul damgası

frankfurter /'frenkfö:tı/ *a.* domuz ya da sığır etinden yapılan baharatlı bir tür sosis

frankly /'frenkli/ *be.* açıkça, dobra dobra, açıkçası

frankness /'frenknıs/ *a.* samimiyet

frantic /'frentik/ *s.* çılgın

frap /frep/ *e.* sıkı bağlamak

fraternal /frı'tö:nıl/ *s.* kardeşlerle ilgili, kardeş gibi, kardeşçe

fraternity /frı'tö:niti/ *a.* kardeşlik; birlik, cemiyet, dernek

fraternization /fretınay'zeyşın/ *a.* arkadaşlık etme

fraternize /'fretınayz/ *e.* kardeşçe davranmak, dost olmak

fraud /fro:d/ *a.* sahtekârlık, dolandırıcılık, hile; *hkr.* düzenbaz, dolandırıcı *fraud department* dolandırıcılık masası, dolandırıcılık şubesi

fraudulence /'fro:dyulıns/ *a.* hilekârlık

fraudulent /'fro:dyulınt/ *s.* hileli, sahte, düzmece; hilekâr, dolandırıcı *fraudulent bankrupt* hileli müflis *fraudulent bankruptcy* hileli iflas *fraudulent conversion* hileyle başkasının malını ele geçirme *fraudulent conveyance* hileli devir, hileli temlik *fraudulent preference* hileli tercih *fraudulent representation* yalan beyanda bulunma

fraught /fro:t/ *s.* dolu, yüklü; *kon.* endişeli, kaygılı, gergin

fray /frey/ *a.* kavga, arbede, çekişme, yarışma, tartışma ¤ *e.* yıpranmak, aşınmak; yıpratmak, aşındırmak *frayed nerves* yıpranmış sinirler

frazzle /'frezl/ *e.* yıpratmak; yıpranmak ¤ *a.* yıpranma, yorulma *beat sb a frazzle* eşek sudan gelinceye kadar dövmek

freak /fri:k/ *a.* hilkat garibesi, ucube; *kon.* acayip huyları/düşünceleri olan kimse, üşütük, kaçık; garip olay; *kon.* koyu hayran, düşkün, hasta ¤ *s.* görülmemiş, anormal, acayip, tuhaf

freak-out /'fri:kaut/ *a.* uyuşturucuyla hayal âlemine dalma

freakish /'fri:kiş/ *s.* acayip, tuhaf, garip, anlamsız

freckle /'frekıl/ *a.* çil

free /fri:/ *s.* özgür, hür; bağımsız; boş, serbest; parasız, bedava; (with ile) eli açık, cömert; (davranış) özgür, rahat, doğal, içten; sabit olmayan, bağsız, gevşek; kullanılmayan, boş; (yol, geçit) açık, serbest; laubali, teklifsiz; (from/of ile) -sız, -den uzak ¤ *be.* özgür biçimde; bedavadan, parasız olarak, bedava ¤ *e.* özgür bırakmak, özgürlüğünü vermek, serbest bırakmak, özgürlüğüne kavuşturmak, azat etmek; çözmek, gevşetmek, kurtarmak; izin vermek, muaf tutmak *free allowance of luggage* ücretsiz bagaj haddi *free alongside ship* gemi bordasında teslim *free and easy* rahat, kaygısız, teklifsiz *free area* serbest bölge *free arts* serbest meslekler *free astray* yanlışlıkla başka yere taşınan yük *free balance* faizsiz bakiye *free burning coal* mad. uzun alevli kömür, uzun yalazlı kömür *free charge* elek. serbest yük, erkin yük *free coinage* serbest darp, serbest para basma *free competition* serbest rekabet *free currency* serbest döviz *free electron* fiz. serbest elektron, erkin elektron *free energy* fiz. serbest enerji, erkin erke *free enterprise* hür teşebbüs *free fall* fiz. serbest düşüş, erkin düşüş *free field* boş alan, serbest alan *free form* bağımsız biçim *free from* -sı yok, -sız, -siz, -den muaf *free gift* karşılıksız hediye *free goods* serbest mallar *free impedance* elek. serbest empedans, erkin çeli *free in and out* yükleme ve boşaltma giderleri hariç *free labour* serbest emek, sendikasız işçiler *free library* halk kütüphanesi *free list* gümrüksüz mallar listesi *free machining* kolay işlenir *free market* serbest piyasa *free market economy* serbest piyasa ekonomisi *free moisture* serbest nem, serbest rutubet *free motion* serbest hareket *free of all average (FAA)* bütün avaryalar hariç *free of all charges* bütün giderlerden muaf *free of charge (f.o.c.)* ücretsiz, parasız, bedelsiz *free of expense* masrafsız *free of general average (f.g.a.)* genel avarya hariç *free of particular average (FPA)* özel avarya hariç *free of size* teks. haşılsız, haşılı sökülmüş *free of taxes* vergisiz, vergiden muaf *free on board (FOB)* güvertede teslim *free on rail (FOR)* trende teslim, vagonda teslim *free on truck* kamyonda teslim *free oscillation* fiz. serbest salınım *free piston engine* serbest pistonlu motor *free port* serbest liman *free radical* fiz. serbest radikal *free rate* serbest kur *free reserve* serbest rezerv *free running* serbest hareketli *free share* serbest hisse *free space* boş alan *free speech* serbest konuşma özgürlüğü *free state*

bağımsız devlet *free surplus* serbest yedekler *free thought* özgür düşünce *free trade* serbest ticaret *free trade area* serbest bölge, serbest ticaret bölgesi *free trade zone* serbest bölge *free trader* serbest ticaret yanlısı *free variant* bireysel değişke *free vibration* fiz. serbest titreşim *free vowel* engelsiz ünlü *free warehouse* depoda teslim *free water* serbest su *free wheel* serbest tekerlek *free will* istem özgürlüğü, irade özgürlüğü, hür irade

freeboard /'fri:bo:d/ a. den. fribord

freedom /'fri:dım/ a. özgürlük; bağımsızlık

free-for-all /'fri:fıro:l/ a. kon. herkese açık yarışma, tartışma, vb.; herkesin katıldığı kavga, meydan kavgası

freehand /fri:'hend/ s. (çizim, resim, vb.) alet kullanmadan elle yapılmış, elle çizilmiş

freehold /'fri:hould/ a. mülkiyet; mülk; mülkiyet hakkı, iyelik hakkı

freeholder /'fri:houldı/ a. mülk sahibi

freelance /'fri:la:ns/ a. serbest yazar/sanatçı ¤ e. serbest çalışmak

freeload /'fri:loud/ e. kon. Aİ. otlakçılık etmek, başkalarının sırtından geçinmek

freeloader /'fri:loudı/ a. kon. Aİ. otlakçı, beleşçi

freely /'fri:li/ be. çekinmeden, rahatça, seve seve; açıkça, dobra dobra, saklamadan; serbestçe, kısıtlanmadan, engellenmeden

Freemason /'fri:meysın/ a. Farmason

freeway /'fri:wey/ a. Aİ. karayolu

freewheel /fri:'wi:l/ a. avara çark, aylak çark, aylak tekerlek; bisiklet pedalına bağlı olmayan serbest arka tekerlek ¤ e. pedal çevirmeden gitmek; tekerlekler yürütme düzeneğinden ayrılmış olarak gitmek

freeze /fri:z/ e. donmak; dondurmak; (hava) çok soğuk olmak, buz gibi olmak; kon. çok üşümek, donmak; donakalmak; (fiyat, ücret, vb.) dondurmak, narh koymak ¤ a. donma; soğuk hava, don, dondurucu soğuk; (ücret fiyat, vb.) dondurma *freeze over* yüzeyi buz tutmak *freeze prices* fiyatları dondurmak *freeze wages* ücretleri dondurmak *freeze frame* sin. sabitleşmiş kare, dondurulmuş görüntü

freeze on wages ücretlerin dondurulması
freeze-dried /'fri:zdrayd/ s. dondurup kurutulmuş
freezer /'fri:zı/ a. soğutucu, buzluk, dondurucu
freezing /'fri:zing/ a. donma; dondurma ¤ s. dondurucu **freezing hole** mad. dondurma deliği **freezing level** donma seviyesi/düzeyi **freezing mixture** fiz. donma karışımı **freezing point** donma noktası **freezing shaft** mad. donma kuyu **freezing temperature** donma sıcaklığı, katılaşma sıcaklığı
freight /freyt/ a. taşıma, nakliye; yük, eşya; navlun; marşandiz, yük katarı ¤ e. (uçak/gemi vb. ile) taşımak, nakletmek, göndermek **freight bill** irsaliye, gönderme belgesi **freight car** yük vagonu **freight elevator** yük asansörü **freight forward** varış yerinde ödenecek navlun **freight inward** gelen mallar navlunu, giriş navlunu **freight lift** yük asansörü **freight note** navlun faturası, navlun pusulası **freight outward** giden mallar navlunu, çıkış navlunu **freight prepaid** navlun peşin ödenmiştir **freight rate** taşıma ücreti **freight space** yükün işgal ettiği yer **freight station** yük istasyonu **freight train** yük treni, marşandiz **freight with** yüklemek
freightage /'freytic/ a. navlun; yük, eşya
freighter /'freytı/ a. yük gemisi/uçağı, kargo; yük gönderen şirket
freightliner /'freytlaynı/ a. konteyner treni
French /frenç/ s. Fransız ¤ a. Fransızca **French beans** taze fasulye **French Canadian** Fransız asıllı Kanadalı; Kanada Fransızcası **French chalk** terzi tebeşiri, terzi sabunu **French doors** fransızbalkonu, fransız penceresi, balkon kapısı **French drain** trm. kör dren, Fransız dreni **French fries** Aİ. kızarmış parmak patates **French horn** korno, Fransız kornosu **French kiss** Fransız öpücüğü **French letter** arg. kaput, prezervatif **French loaf** francala **French polish** gamalak, şellak **French roof** iki yanı çifte eğimli çatı **French windows** fransızbalkonu, fransızpenceresi, balkon kapısı **take French leave** çekip gitmek **the French** Fransızlar

frenetic /fri'netik/ s. çılgın, azgın
frenzied /'frenzid/ s. çılgın, çılgınca, delice, taşkın, coşkun
frenzy /'frenzi/ a. çılgınlık, delilik, taşkınlık, cinnet, azgınlık, kudurganlık
freon /'fri:on/ a. freon
frequency /'fri:kwınsi/ a. sık sık oluş, sıklık; frekans **frequency allocation** elek. frekans ayırımı **frequency band** elek. frekans bandı **frequency bridge** elek. frekans köprüsü **frequency changer** elek. frekans değiştirici **frequency channel** elek. frekans kanalı **frequency control** elek. frekans kontrolü **frequency converter** elek. frekans konvertisörü, frekans çevireci **frequency curve** frekans eğrisi, sıklık eğrisi **frequency departure** elek. frekans sapması/kayması **frequency deviation** elek. frekans sapması, frekans değişimi **frequency discriminator** elek. frekans diskriminatörü, frekans ayıklayıcı **frequency distortion** elek. frekans distorsiyonu **frequency distribution** mat. frekans dağılımı **frequency divider** elek. frekans bölücü **frequency division** elek. frekans bölme **frequency doubler** elek. frekans çiftleyici **frequency drift** elek. frekans kayması **frequency error** elek. frekans hatası **frequency filter** elek. frekans süzgeci **frequency fraction** elek. frekans bölünmesi **frequency function** frekans fonksiyonu, sıklık işlevi **frequency graph** mat. frekans grafiği, sıklık çizeneği **frequency indicator** elek. frekans gösterici **frequency meter** frekansmetre, sıklıkölçer **frequency modulation** frekans modülasyonu **frequency modulator** frekans modülatörü **frequency monitor** frekans monitörü **frequency multiplier** frekans çoğaltıcı **frequency polygon** frekans poligonu, sıklık çokgeni **frequency pulling** elek. frekans sürüklenmesi **frequency regulator** elek. frekans regülatörü **frequency relay** elek. frekans rölesi **frequency response** fiz. frekans cevabı **frequency shift** frekans kayması/değişmesi **frequency spectrum** fiz. frekans spektrumu, sıklık izgesi **frequency stability** frekans kararlılığı **frequency**

standard frekans standardı ***frequency swing*** frekans sallanması ***frequency table*** frekans tablosu, sıklık çizelgesi ***frequency tolerance*** frekans toleransı ***frequency transformer*** frekans transformatörü ***frequency translation*** frekans öteleme

frequent /'fri:kwɪnt/ *s.* yaygın, sık sık olan, olağan, alışılmış, sık görülen, sık geçen ¤ /fri'kwent/ *e.* sık sık gitmek, dadanmak

frequenter /fri'kwentɪ/ *a.* bir yere sık sık giden kimse, müdavim

frequently /'fri:kwɪntli/ *be.* sık sık

fresh /freş/ *s.* taze, körpe; yeni; temiz; tatlı; temiz, kullanılmamış; (yemek) yeni, taze pişmiş; (su, vb.) tatlı; yorulmamış, dinç, taze; sağlıklı, genç, taze; *kon.* (hava) rüzgârlı ve serin, sert; . (kişi) deneyimsiz, toy, acemi, çiçeği burnunda; *kon.* küstah, arsız, sulu ***as fresh as new paint*** taptaze, terütaze, bahar çiçeği gibi ***fresh air*** taze hava, temiz hava ***fresh air inlet*** taze hava girişi ***fresh air ventilator*** taze hava vantilatörü ***fresh breeze*** *metr.* sert briz, şiddetli rüzgâr ***fresh money*** taze para

freshen /'freşın/ *e.* tazelemek; canlandırmak; (rüzgâr) sertleşmek; tuzunu çıkarmak; (inek) doğurmak ***freshen up*** yıkanmak, yıkanarak serinlemek, rahatlamak, canlanmak; yenileştirmek, tazelemek, tazeleştirmek, canlandırmak

fresher /'freşı/ *a. kon.* üniversitede birinci sınıf öğrencisi

freshet /'freşit/ *a. coğ.* yağmur seli

freshly /'freşli/ *be.* anca, henüz, daha şimdi

freshman /'freşmın/ *a. kon. bkz.* fresher

freshness /'freşnıs/ *a.* tazelik, yenilik, dirilik

freshwater /freş'wo:tı/ *s.* tatlı su + ***freshwater fishery*** tatlı su balıkçılığı ***freshwater lake*** tatlı su gölü

Fresnel /frenel/ *a.* Fresnel ***Fresnel lens*** Fresnel merceği ***Fresnel lens spotlight*** Fresnel projektörü, Fresnel ışıldak

fret /fret/ *e.* (sürekli olarak) üzülmek, sıkılmak, kaygılanmak, huysuzlanmak; aşındırmak, yemek; aşınmak, yenmek ¤ *a.* aşındırma, aşınma; kenar süsü ***fret***

saw *mak.* kıl testere

fretful /'fretfıl/ *s.* sıkıntılı, ters, huysuz

fretwork /'fretwö:k/ *a.* ağaç oymacılığı/oyma, kafes işi, oyma işi

friability /fray'ıbılıti/ *a.* gevreklik

friable /'frayıbıl/ *s.* gevrek, kolay ufalanabilir

friar /'frayı/ *a.* keşiş, papaz

fribble /'fribıl/ *e.* boşa zaman harcamak, oyalanmak

fricassee /'frikısi:/ *a.* beyaz soslu et yahnisi

fricative /'frikıtiv/ *s. a.* sürtüşmeli, daraltılı (ses)

friction /'frikşın/ *a.* sürtme, sürtünme; anlaşmazlık, sürtüşme ***friction brake*** *oto.* sürtünmeli fren ***friction calender*** *teks.* parlatma kalenderi, friksiyon kalenderi ***friction clutch*** sürtünmeli kavrama ***friction disc*** *mak.* sürtünme diski ***friction drive*** sürtünmeli tahrik, sürtünmeli transmisyon ***friction gear*** sürtünme düzeneği, sürtünme mekanizması ***friction glazing*** sürtünme perdahı ***friction lining*** sürtünme balatası ***friction loss*** *fiz.* sürtünme kaybı, sürtünme yitimi ***friction post*** *mad.* sürtünme direği ***friction pulley*** *mak.* sürtünme kasnağı ***friction resistance*** sürtünme direnci ***friction ring*** sürtünme halkası ***friction tape*** izole bant ***friction texturing*** *teks.* friksiyon tekstüre, sürtünmeli tekstüre ***friction wheel*** sürtünme çarkı

frictional /'frikşınıl/ *s.* sürtünme ile ilgili ***frictional electricity*** sürtünme elektriği ***frictional force*** sürtünme kuvveti ***frictional loss*** sürtünme kaybı ***frictional resistance*** sürtünme direnci

frictionless /'frikşınlıs/ *s.* sürtünmesiz

Friday /'fraydi/ *a.* cuma

fridge /fric/ *a. kon.* buzdolabı

friend /frend/ *a.* arkadaş, dost; tanıdık, bildik; hami, arka, koruyucu, destek ***a friend at court*** nüfuzlu yakın, arka, dayı, torpil ***friend of the court*** bilirkişi, uzman müşavir ***make friends (with)*** arkadaşlık kurmak, arkadaş olmak ***have a friend at court*** dayısı dümende olmak

friendless /'frendlis/ *s.* dostu olmayan, arkadaşsız

friendliness /'frendlinis/ *a.* dostluk, arkadaşlık

friendly /'frendli/ *s.* dost, dostça, arkadaşça; yardımsever; içten, sıcak *friendly match* dostluk maçı *Friendly Society* Yardımlaşma Derneği

friendship /'frendşip/ *a.* dostluk, arkadaşlık, ahbaplık, samimiyet

frieze /fri:z/ *a.* duvar nakışı, kenar süsü, friz; (mobilya) pervaz, etek; dizi, sıra

frig /frig/ *e. arg.* sikmek, atlamak; mastur geçmek, otuzbir çekmek

frigate /'frigit/ *a. ask.* firkateyn

fright /frayt/ *a.* korku

frighten /'fraytn/ *e.* korkutmak, ürkütmek *frighten one out of one's wits* yüreğini oynatmak

frightened /'fraytnd/ *s.* korkmuş, ürkmüş

frightening /'fraytning/ *s.* korkutucu, ürkütücü

frightful /'fraytful/ *s.* korkunç, korku verici, ürkütücü, müthiş; *kon.* berbat

frightfulness /'fraytfulnıs/ *a.* korkunçluk, iğrençlik; dehşet

frigid /'fricid/ *s.* çok soğuk, buz gibi, dondurucu; (kişi, davranış, vb.) soğuk, cansız, resmi, buz gibi; (kadın) (cinsel yönden) soğuk, frijit

frigidity /fri'ciditi/ *a.* soğukluk

frigorific /frigı'rifik/ *s.* soğutucu; soğutmalı *frigorific mixture* soğutucu karışım

frill /fril/ *a.* farbala, fırfır; gereksiz süs

frillies /'friliz/ *a.* kadın iç çamaşırı

frilly /'frili/ *s.* fırfırlı

fringe /frinc/ *a.* saçak; perçem; kenar ¤ *e.* saçak takmak; kenar takmak *fringe area elek.* kenar bölge *fringe benefits* (şirket arabası/yemek gibi) ek olanaklar

fringed /frincd/ *s.* saçaklı, kenarlı

frippery /'fripıri/ *a.* cicili bicili, ucuz giysi; değersiz süs

frisk /frisk/ *e.* sıçrayıp oynamak, hoplayıp zıplamak, koşuşmak, oynaşmak; *kon.* (birinin) üstünü aramak

frisky /'friski/ *s.* oynak, oyuncu, canlı

fritter /'fritı/ *e.* (away ile) *hkr.* (para, zaman, vb.) çarçur etmek, boşa harcamak, öldürmek

frivol /'frivıl/ *e.* vakit öldürmek, eğlenmek

frivolity /fri'voliti/ *a.* havailik, sululuk; saçmalık

frivolous /'frivılıs/ *s. hkr.* sulu, havai, hoppa

frizz /friz/ *e. kon.* (saç) kıvırmak

frizzy /'frizi/ *s. kon.* (saç) kıvırcık

fro /frou/ : *to and fro* öteye beriye

frock /frok/ *a.* kadın giysisi

frog /frog/ *a.* kurbağa; tuğla harç çukuru; *demy.* makas göbeği

frogman /'frogmın/ *a.* kurbağaadam

frolic /'frolik/ *a.* gülüp oynama, eğlenme, eğlenti, neşe ¤ *e.* hoplayıp sıçramak, oynamak

frolicsome /'froliksım/ *s.* eğlenceyi seven, şen

from /frım, from/ *ilg.* -den, -dan; itibaren, -den beri, -den bu yana; nedeniyle, yüzünden, -den ötürü; -den, -dan *from start to finish* baştan sona *from stem to stern* dip doruk *from the bottom of one's heart* can-ı gönülden

frond /frond/ *a. bitk.* eğreltiotu; palmiye yaprağı

front /frant/ *a.* ön, ön taraf; en önemli ya da en öndeki konum, en önemli mevki, en ön yer; yüz, cephe; yüz, çehre; *ask.* cephe; yaygın ve etkin politik hareket; *kon.* paravana, maske; davranış, tavır, hareket ¤ *e.* ile karşı karşıya olmak, -e bakmak, -in karşısında olmak ¤ *s.* önde yer alan, önde bulunan, öndeki, önle ilgili, önde gelen, ön *in front* önde, önden *in front of* -in önünde *front axle* ön dingil, ön aks *front axle suspension oto.* ön dingil süspansiyonu *front-benchers* bakanlar *front bumper oto.* ön tampon *front door* ön kapı *front drive* önden müteharrik, önden çekişli *front drive shaft oto.* ön tahrik şaftı *front elevation* bina ön cephesi, önden görünüş *front end fee* yönetim komisyonu *front-end processing biliş.* ön-uç işleme *front-end processor biliş.* ön-uç işlemci *front facade* cephe, önyüz, alnaç *front face* ön yüz *front fender oto.* ön çamurluk *front fork* (bisiklet) ön çatal *front headlight oto.* ön far *front loading washer* önden yüklemeli yıkayıcı *front mudguard oto.* ön çamurluk *front page* ön sayfa *front porch elek.* ön düzlük, satır önü boşluğu *front projection* önden projeksiyon, önden gösterim *front*

roller *teks.* ön silindir, ön vals *front spring demy.* ön makas, ön yay *front-to-back ratio* *elek.* ön-arka oranı *front view* önden görünüş *front wheel* ön tekerlek *front wing* *oto.* ön çamurluk

frontage /'frantic/ *a.* bina cephesi, önyüz

frontal /'frantl/ *s.* ön; (saldırı) cepheden, cephe ¤ *a. inş.* alınlık

frontier /'frantıı/ *a.* sınır, hudut

frontispiece /'frantispi:s/ *a. inş.* cephe, yüz

frontogenesis /frantou'cenisis/ *a. metr.* frontojenez, yeni cephe doğuşu

frontolysis /fran'tolisis/ *a. metr.* frontoliz, cephe eriyişi

fronton /'fronton/ *a. inş.* fronton, alınlık

frost /frost/ *a.* ayaz, don; kırağı ¤ *e.* donmak, buzlanmak; kırağı ile kaplanmak; (cam) buzlandırmak *frost fog* *metr.* buzlu sis *frost heave* donma şişmesi/kabarması *frost line* don sınırı *frost-proof* donmaz, donma yapmaz *frost resistance* dona karşı direnç, don direnci

frostbite /'frostbayt/ *a.* soğuk ısırması

frosted /'frostid/ *s.* kırağı kaplı, buzla kaplı; buzlu, mat, sütlü *frosted glass* buzlu cam

frostiness /'frostinis/ *a.* soğuk, don

frosty /'frosti/ *s.* dondurucu; içten olmayan, soğuk

froth /frot/ *a.* köpük ¤ *e.* köpürmek, köpüklenmek *froth flotation* *mad.* köpüklü yüzdürme *froth pressure* *şek.* köpük basıncı

frothiness /'frotinis/ *a.* köpüklenme, köpürme

frothy /'froti/ *s.* köpüklü

froufrou /'fru:fru:/ *a.* hışırtı

froward /'frouıd/ *s.* ters, aksi, inatçı

frown /fraun/ *e.* kaşlarını çatmak *frown on/upon* uygun görmemek, karşı çıkmak

frowning /'frauning/ *s.* buruşturulmuş, çatılmış; onaylamayan, hoş görmeyen

frowsty /'frausti/ *s.* sıkıcı, küf kokulu

frowziness /'frauzinis/ *a.* küf kokma

frowzy /'frauzi/ *s.* kötü kokulu, küf kokulu; pasaklı

frozen /'frouzın/ *s.* donmuş; dondurulmuş *frozen account* dondurulmuş hesap, bloke hesap *fro-*

zen beet *şek.* donmuş pancar, don pancarı *frozen credit* donmuş kredi

fructiferous /'fraktifırıs/ *s.* meyve veren

fructose /'fraktous/ *a.* früktoz, meyve şekeri

frugal /'fru:gıl/ *s.* tutumlu; ucuz

frugality /fru:'geliti/ *a.* tutumluluk, tutum; ucuzluk

frugivorous /fru:'civırıs/ *s.* meyve ile beslenen

fruit /fru:t/ *a.* meyve; sonuç, ürün, meyve ¤ *e.* meyve vermek *bear fruit* meyve vermek *fruit basket* meyve sepeti *fruit juice* meyve suyu *fruit machine* *İİ.* para makinesi, tek kollu haydut *fruit sugar* meyve şekeri

fruiter /'fru:tı/ *a.* meyve gemisi; meyve ağacı

fruiterer /'fru:tırı/ *a.* meyve satıcısı, meyveci

fruitful /'fru:tfıl/ *s.* sonuç veren, verimli

fruition /fru:'işın/ *a.* muradına erme, istediğini elde etme, gerçekleşme

fruitless /'fru:tlıs/ *s.* meyvesiz, kısır; sonuçsuz, başarısız, kârsız, verimsiz

fruity /'fru:ti/ *s.* meyve tadında, meyve kokusunda, meyve gibi; meyveli; olgun

frumpy /'frampi/ *s.* derbeder kılıklı; eski moda giyinmiş

frustrate /fra'streyt/ *e.* boşa çıkarmak, engel olmak, bozmak, engellemek; düş kırıklığına uğratmak, hüsrana uğratmak, sinirlerini bozmak

frustrated /fras'treytid/ *s.* üzgün, düş kırıklığına uğramış; çabaları boşa gitmiş, hedefine ulaşamamış

frustration /fra'streyşın/ *a.* engelleme, bozma, engellenme; düş kırıklığı, hüsran; sinir bozucu şey

frustum /'frastım/ *a.* koni gövdesi *frustum of a cone* *mat.* kesik koni *frustum of a pyramid* *mat.* kesik piramit, kesik çatma

fried /frayd/ *s.* kızartılmış, yağda pişirilmiş

fry /fray/ *e.* (yağda) kızartmak; kızarmak

frying /'fraying/ *a.* kızartma, yağda pişirme

frying-pan /'frayingpen/ *a.* tava

fry-pan /fraypen/ *a. Aİ.* tava

fuchsia /'fyu:şı/ *a. bitk.* küpeçiçeği

fuchsine /'fu:ksi:n/ *a. teks.* füksin

fuck /fʌk/ *e. kab. arg.* sikişmek; sikmek; (about/around ile) aptalca davranmak ¤ *a. kab. arg.* sikiş; sikişen kimse, sikici ¤ *ünl. kab. arg.* kahretsin!, hay anasını! *fuck off kab. arg.* siktir olup gitmek; *ünl.* siktir git!; *Aİ.* aptalca davranmak *fuck up kab. arg.* içine sıçmak, sıçıp batırmak *not care/give a fuck* siklememek, sikine takmamak

fucker /'fʌkı/ *a. kab. arg.* salak, aptal, kafasız; sikici, vurucu

fucking /'faking/ *s. be. kab. arg.* kahrolası, Allahın cezası, lanet olası

fuddle /'fʌdıl/ *e.* zihnini karıştırmak; şaşırtmak; içkiyi fazla kaçırmak

fuddled /'fʌdıld/ *s.* çakırkeyf, kafası dumanlı

fuddy-duddy /'fʌdidadi/ *a. hkr.* eski kafalı, tutucu, örümcek kafalı kimse

fudge /fʌc/ *a.* bir çeşit yumuşak şekerleme

fuel /'fyuıl/ *a.* yakıt; yakacak; benzin ¤ *e.* yakıt vermek; yakıt almak *fuel-air mixture oto.* yakıt hava karışımı *fuel alarm* yakıt seviyesi alarmı *fuel cam* yakıt kamı *fuel can* benzin bidonu *fuel consumption* yakıt sarfiyatı, yakıt tüketimi *fuel economy* yakıt ekonomisi, yakıt tasarrufu *fuel element fiz.* yakıt maddesi *fuel feed oto.* yakıt besleme, yakıt verme *fuel feed pump oto.* mazot pompası, yakıt besleme pompası *fuel filter* yakıt filtresi, yakıt süzgeci *fuel gas* yakıt gazı *fuel gauge* yakıt göstergesi *fuel hose* yakıt hortumu *fuel injection* yakıt püskürtme *fuel injection pump oto.* enjeksiyon pompası, püskürtme pompası *fuel level* yakıt düzeyi *fuel line oto.* yakıt borusu *fuel oil* fuel oil, yağyakıt *fuel pressure* yakıt basıncı *fuel pump* yakıt pompası *fuel pump cam oto.* yakıt pompası kamı *fuel rating fiz.* yakıt oranı *fuel reserve tank oto.* yedek yakıtlık, yedek yakıt deposu *fuel rod fiz.* yakıt çubuğu *fuel saving* yakıt tasarrufu *fuel strainer oto.* yakıt filtresi, yakıt süzgeci *fuel supply oto.* yakıt iletimi, yakıt sevkıyatı *fuel tank oto.* yakıt deposu, yakıtlık *fuel tanker oto.* akaryakıt tankeri *fuel truck* yakıt tankeri

fugacious /fyu:'geyşıs/ *s.* geçici, ömürsüz

fugacity /fyu:'gesiti/ *a.* uçuculuk, uçarlık, kaçarlık, fügasite

fuggy /'fʌgi/ *s.* havasız

fugitive /'fyu:citiv/ *s.* kaçak; anımsanması güç, akılda tutulması zor; uzun sürmeyen, geçici, gidici ¤ *a.* kaçak kimse, kaçak

fulcrum /'fulkrım/ *a. tek.* (kaldıraç) dayanak noktası, taşıma noktası, mesnet *fulcrum lever* dayanak kolu

fulfil /ful'fil/ *e.* yerine getirmek, yapmak; gereksinimlerini gidermek, tatmin etmek; gerçekleştirmek, yapmak

fulfill /ful'fil/ *e. Aİ. bkz.* fulfil

fulfilment /ful'filmınt/ *a.* yapma, yerine getirme, gerçekleştirme, ifa

full /ful/ *s.* dolu; dolu, kalabalık; tam, tamam, tüm; doymuş, tok; (giysi) gevşek, bol; en çok, en yüksek, en fazla, maksimum; (of ile) yalnızca -i düşünen, -den başka şey düşünmeyen, -le dopdolu; yuvarlak, toparlak; dopdolu, taşkın, coşkun ¤ *be.* doğruca, doğrudan, direkt olarak; çok ¤ *e. teks.* dinklemek *be as full as a tick* tıka basa doymak *full adder biliş.* tam toplayıcı *full advance oto.* tam avans *full annealing met.* tam tavlama *full automatic* tam otomatik *full circle* tam daire *full costing* tam maliyetleme *full duplex biliş.* tam dupleks, tam ikiyönlü *full duplex circuit biliş.* çift yönlü devre, çift yönlü çevrim *full employment* tam istihdam *full finish teks.* tam apre *full handle teks.* tok tutum, dolgun tutum *full hardening met.* tam sertleşme *full moon* dolunay *full payment* tam ödeme *full sail den.* pupa yelken *full set bill of lading* tam takım konşimento *full shade* tam ton *full size* doğal boy, tam boyut *full speed* tam devir, tam hız *full stop* nokta *come to a full stop* tamamen durmak, bitmek, noktalanmak, son bulmak *full time job* tamgün iş *full-track vehicle* tam tırtıllı taşıt *full value* tam değer *full value insurance* tam değer üzerinden sigorta *full width at half maximum fiz.* rezonans genişliği, yarı-doruk genişliği *full width washing machine teks.* açık halde yıkama makinesi, geniş yıkama makinesi *in full* tamamen, tam olarak *to be full* son derece, çok, tümüyle

full-blown /ful'bloun/ *s.* (çiçek) tamamen

açılmış; gerekli tüm niteliklere sahip, tam ·

fuller /'fulı/ *a.* çırpıcı; demirci yuvarlak alt baskısı, demirci yuvarlak üst baskısı; *teks.* dinkleme makinesi *fuller's earth* lekeci kili, çırpıcı kili

fullery /'fulıri/ *a.* çuhahane, çırpıcı yeri

full-grown /ful'groun/ *s.* tam gelişmiş, iyi gelişmiş

fulling /'fuling/ *a. teks.* dinkleme *fulling assistant teks.* dinkleme yardımcı maddesi *fulling cylinder teks.* dinkleme silindiri, dinkleme merdanesi *fulling felt teks.* dinkleme keçesi *fulling fold teks.* dinkleme kırışığı *fulling machine teks.* dinkleme makinesi *fulling mill teks.* dinkleme makinesi *fulling roller teks.* dinkleme silindiri, dinkleme merdanesi

full-length /ful'lengt/ *s.* (fotoğraf, resim, vb.) insanı tam olarak gösteren, boy ...; (giysi) yere kadar uzanan; (oyun, kitap, vb.) olağandan uzun *full-length film sin.* uzun metrajlı film, uzun film

full-load /ful'loud/ *a.* tam yük

fullness /'fulnis/ *a.* doluluk, dolgunluk; bolluk; şişmanlık; doymuşluk

full-paid /ful'peyd/ *s.* tam ödenmiş

full-scale /ful'skeyl/ *s.* aslının ölçüsünde, orijinal ölçülerde; tüm gücünü kullanan *full-scale test* gerçek boyutlarla yapılan deney

full-time /ful'taym/ *s. be.* fultaym, tamgün, tümgün

full-wave /ful'weyv/ *a.* tam dalga *full-·wave rectifier elek.* tam dalga redresör

fully /'fuli/ *be.* en az, en azından; tamamen, tam olarak, tümüyle *fully automatic* tam otomatik *fully automatic machine* tam otomatik makine *fully fashioned teks.* bedeni sımsıkı saran *fully fledged* tam yetkili *fully paid* tamamen ödenmiş *fully paid share* bedeli tamamen ödenmiş hisse senedi *fully paid stock* bedeli tamamen ödenmiş hisse senedi *fully paid up capital* tamamen ödenmiş sermaye *fully synthetic* tamamen sentetik

fully-fledged /fuli'flecd/ *s.* tam eğitilmiş

fulmar /'fulmı/ *a.* kutup fırtına kuşu

fulminant /'falmınınt/ *s.* ani, şiddetli

fulminate /'falmineyt/ *a.* fulminat ¤ *e.* patlamak, infilak etmek

fulminating /'falmineyting/ *s.* patlayıcı

fulmination /falmi'neyşın/ *a.* patlama, infilak etme

fulminic acid /fal'minik esid/ *a.* fulminik asit

fulsome /'fulsım/ *s.* bıktırıcı, aşırı

fumaric acid /fyu:'merik esid/ *a. kim.* fumarik asit

fumarole /'fyu:mıroul/ *a. yerb.* fümerol, tüten

fumatorium /fyu:mı'to:riım/ *a.* tütsü evi

fumatory /'fyu:mı'tıri/ *s.* tütsülü, dumanlı; tütsüleyen

fumble /'fambıl/ *e.* el yordamıyla aramak, yoklamak; el yordamıyla yürümek; beceriksizce yapmak, elleri dolaşmak

fumbler /'famblı/ *a.* beceriksiz kişi

fume /fyu:m/ *a.* duman, buhar, gaz ¤ *e.* öfkelenmek, kızmak, patlamak, köpürmek; duman çıkarmak, tütmek

fumigant /'fyu:migınt/ *a.* tüter ilaç, tütsü, dezenfektan

fumigate /'fyu:migeyt/ *e.* buharla dezenfekte etmek, tütsülemek

fumigation /fyu:mi'geyşın/ *a.* buharla dezenfekte etme

fumigator /fyu:mi'geytı/ *a.* tütsücü, tütsüleyen; dezenfekte aleti

fun /fan/ *a.* oyunculuk, neşe; eğlence, zevk *for fun/for the fun of it* gırgırına, zevk olsun diye *in fun* şaka olsun diye *make fun of* -e gülmek/güldürmek, alay etmek

function /'fankşın/ *a.* görev, iş, işlev, fonksiyon; amaç; resmi ya da özel tören, merasim ¤ *e.* çalışmak, işlemek, iş görmek *function allocation biliş.* işlev tahsisi *function character biliş.* işlev karakteri *function code biliş.* işlev kodu *function digit biliş.* işlev sayısı *function element biliş.* işlev elemanı, işlev öğesi *function generator* fonksiyon jeneratörü, işlev üreteci *function hole biliş.* işlev deliği *function keys biliş.* işlev tuşları, fonksiyon tuşları *function of functions mat.* fonksiyon fonksiyonu, işlev işlevi *function punch biliş.* işlev delgisi *function table biliş.* işlev tablosu, işlev çizelgesi *function unit biliş.* işlevsel birim *functions li-*

brary *biliş.* işlevler kitaplığı

functional /'fankşınıl/ *s.* işlevsel, fonksiyonel; görevini yapar, iş görür, pratik **functional accounting** uygulamalı muhasebe, sorumluluk muhasebesi **functional analysis** *biliş.* fonksiyonel analiz, işlevsel çözümleme **functional character** *biliş.* işlevsel karakter **functional design** işlevsel tasarım **functional diagram** işlevsel diyagram, işlevsel çizenek **functional digit** *biliş.* işlev basamağı, fonksiyon rakamı **functional group** işlevsel grup, fonksiyonel grup **functional interleaving** *biliş.* işlevsel birbiri arasına girme **functional linguistics** görevsel dilbilim, işlevsel dilbilim

functionalism /'fankşınılizım/ *a.* görevselcilik, işlevselcilik, fonksiyonalizm

functionalist /'fankşınılist/ *s. a.* görevselci, işlevselci, fonksiyonalist

functionality /'fankşınılıti/ *a.* işlevsellik, fonksiyonellik

functionary /'fankşınıri/ *a.* görevli, memur

functor /'fanktı/ *a. mat.* fonktör, izleç

fund /fand/ *a.* sermaye, para, fon; stok, birikim ¤ *e.* para sağlamak, finanse etmek **fund administration** sermaye idaresi **fund asset** fona ait varlık **funds in cash** nakit fon **funds statement** mali durum **funded debt** konsolide borç

fundamental /fandı'mentl/ *s.* esas, ana, belli başlı, temel, en gerekli, önemli ¤ *a.* kural, temel ilke **fundamental colour** esas renk, ana renk **fundamental component** *fiz.* temel bileşen **fundamental crystal** ana kristal **fundamental form** temel biçim **fundamental frequency** temel frekans, temel sıklık **fundamental group** temel grup, temel öbek **fundamental mode** temel mod, ana mod **fundamental particle** temel parçacık **fundamental series** *fiz.* temel seri **fundamental structure** *mat.* temel yapı **fundamental unit** temel birim **fundamental wave** *fiz.* temel dalga

fundamentally /'fandı'mentıli/ *be.* esaslı olarak, esas itibariyle

funding /'fanding/ *a.* kısa vadeli borcun uzun vadeli borca dönüştürülmesi **funding bonds** konsolidasyon tahvilleri

fundus /'fındıs/ *a. anat.* gözdibi

funeral /'fyu:nırıl/ *a.* cenaze töreni, gömme; cenaze alayı **it/that is your funeral** o senin sorunun, bu senin bileceğin iş, beni ilgilendirmez

funerary /'fyu:nırıri/ *s.* cenaze törenine ait; karanlık, kasvetli

funereal /fyu'niırıl/ *s.* mahzun, üzgün, hüzünlü, kasvetli; cenaze törenine yakışır

funfair /'fanfeı/ *a. İl.* eğlence parkı, lunapark

fungal /'fangıl/ *s.* mantarsı, mantar gibi; mantarla ilgili **fungal amylase** mantar amilazı

fungible /'fancibıl/ *s.* değiştirilebilir, değiştirilmesi mümkün **fungible goods** mislî eşya

fungicide /'fancisayd/ *a.* mantar ilacı

fungus /'fangıs/ *a. bitk.* mantar

funicular /fyu'nikyulı/ *a.* füniküler, füniküler demiryolu **funicular railway** füniküler demiryolu, füniküler

funk /fank/ *a. İl. kon.* korku, dehşet, panik ¤ *e. hkr.* (bir şeyden) çekinmek, uzak durmak, korkmak, kaçmak **funk hole** yeraltı sığınağı

funky /'fanki/ *s. kon. müz.* fanki; çok iyi, müthiş, acayip, o biçim, süper

funnel /'fanıl/ *a.* huni; *demy.* baca, manika; *inş.* baca ¤ *e.* huniden geçirmek; (dar/kalabalık bir yerden) zorlukla geçmek

funnies /'faniz/ *a.* çizgi öykü; espri, şaka

funnily /'fanili/ *be.* garip bir şekilde, komik bir şekilde **funnily enough** ne gariptir ki

funny /'fani/ *s.* gülünç, komik; acayip, tuhaf, garip

funster /'fanstı/ *a.* şakacı kimse

fur /fö:/ *a.* kürk, post; dil pası; kazantaşı **make the fur fly** kıyameti koparmak **fur coat** kürk manto

furan /'fyuıren/ *a.* furan

furbelow /'fö:bilou/ *a.* farbala, fırfır

furbish /'fö:biş/ *e.* cilalamak, pasını çıkarmak

furcate /'fö:keyt/ *s.* çatallı, dallı ¤ *e.* çatallanmak, bölünmek, ayrılmak

furcation /fö:'keyşın/ *a.* çatallanma, dallanma

furious /'fyuırııs/ *s.* öfkeli, kızgın,

köpürmüş, kudurmuş, tepesi atmış, sinirli; şiddetli, güçlü, azgın

furl /föːl/ *e.* (şemsiye, yelken, bayrak, vb.) sarmak

furlong /'föːlɔng/ *a.* furlong, 201.168 m

furnace /'föːnis/ *a.* ocak, fırın *furnace atmosphere met.* fırın atmosferi *furnace brazing met.* ocakta sert lehimleme *furnace brick* fırın tuğlası *furnace charge met.* fırın yükü *furnace door* fırın kapağı, külhan kapağı *furnace lining met.* fırın astarı *furnace spectrum fiz.* fırın spektrumu

furnish /'föːniş/ *e.* vermek, sağlamak, tedarik etmek; döşemek, donatmak, tefriş etmek *furnishing fabrics teks.* döşemelik kumaşlar

furnisher /'föːnişı/ *a.* döşemeci, mobilyacı

furnishings /'föːnişingz/ *a. teks.* döşeme, mefruşat, mobilya

furniture /'föːniçı/ *a.* mobilya

furore /fyu'roːri, 'fyuːroː/ *a.* taşkınlık, kızgınlık, velvele

furred /föːd/ *s.* kürklü, kürk kaplı

furrier /'fariı/ *a.* kürkçü

furriery /'fariıri/ *a.* kürkçülük; kürkçü dükkânı

furrow /'farou/ *a.* (toprakta) saban izi; (alın ya da yüzde) kırışıklık, çizgi; *den.* dümen suyu; oluk, dere ¤ *e.* iz açmak, oluk açmak, yollar açmak; kırıştırmak; saban sürmek

furry /'föːri/ *s.* kürklü; kürk gibi

further /'föːdı/ *be.* daha fazla; daha ileri, daha uzağa, daha ilerde, daha uzakta; başka yere, başka yerde; ayrıca, üstelik ¤ *s.* başka, bir başka, daha; bundan başka, başka bir, yeni; daha uzak, daha uzaktaki ¤ *e.* ilerlemesine yardım etmek, destek olmak

furthermore /föːdı'moː/ *be.* bundan başka, ayrıca, üstelik, bunun yanında

furthermost /'föːdımoust/ *s.* en uzak, en uzağa, en uzakta

furthest /'föːdist/ *be. s.* en uzak, en uzağa

furtive /'föːtiv/ *s.* şüphe uyandıran, kaçamak, sinsi, suçlu izlenimi uyandıran

furuncle /'fyuırankıl/ *a.* çıban, kan çıbanı

fury /'fyuːri/ *a.* korkunç öfke, kızgınlık,

hiddet; şiddet

fusain /fyu:'zeyn/ *a. mad.* fusain, telli kömür

fuse /fyuːz/ *a. elek.* sigorta; *ask.* tapa ¤ *e.* (metal) eritmek, eriterek birleştirmek; (metal) erimek, eriyerek birleşmek; (sigorta) atmak; (sigorta) attırmak; füzyon yapmak, birleştirmek; füzyona gitmek, birleşmek *fuse alarm* sigorta alarmı *fuse box elek.* sigorta kutusu *fuse clip* sigorta kelepçesi *fuse holder elek.* sigorta yuvası, sigorta tutucu *fuse panel elek.* sigorta tablosu *fuse socket* sigorta duyu *fuse wire* sigorta teli *fused quartz* erimiş kuvars *fused silica* erimiş silis *fusing point* ergime noktası

fusel /'fyuːzıl/ *a.* fuzel *fusel oil* fuzel yağı

fuselage /'fyuːzılaːj/ *a.* uçak gövdesi *fuselage framework hav.* gövde çatısı

fusible /'fyuːzıbıl/ *s.* erir, eriyebilir

fusing /'fyuːzing/ *a.* eritme, erime

fusion /'fyuːjın/ *a.* erime, ergime, eritilme; birleşme, kaynaşma, kaynaşım; *tic.* füzyon, birleşme *fusion bomb* termonükleer bomba *fusion welded met.* kaynaşma kaynaklı *fusion welding met.* eritme kaynağı, kaynaşma kaynağı

fuss /fas/ *a.* gürültü patırtı, yaygara, velvele; gereksiz telaş/kızgınlık/sabırsızlık ¤ *e.* gereksiz yere telaşlanmak, ortalığı velveleye vermek; rahatsız etmek, can sıkmak, sinirlendirmek *kick up a fuss* sorun çıkarmak, can sıkmak

fussy /'fasi/ *s.* huysuz, yaygaracı; titiz, mızmız, kılı kırk yaran, müşkülpesent

fust /fast/ *a. mim.* sütun gövdesi

fustian /'fastıın/ *a. teks.* dimi

fustigation /fasti'geyşın/ *a.* dayak, kötek

fusty /'fasti/ *s. hkr.* küflü, küf kokulu; köhne, eski kafalı, küflü

futile /'fyuːtayl/ *s.* boş, boşuna, beyhude

future /'fyuːçı/ *a.* gelecek, istikbal; *dilb.* gelecek zaman ¤ *s.* gelecek; müstakbel, ileriki *in future* bundan sonra, artık *future continuous tense* sürekli gelecek zaman *future delivery* gelecekte teslim, vadeli teslim *future perfect continuous tense* gelecekte bitmiş zamanın sürekli şekli *future per-*

fect tense gelecekte bitmiş zaman **future tense** gelecek zaman
futures /'fyu:çız/ *a.* vadeli işlemler, vadeli sözleşmeler **futures market** vadeli işlemler piyasası, vadeli sözleşmeler piyasası **futures sale** vadeli satış
futurism /'fyu:çırizım/ *a.* fütürizm, gelecekçilik
futuristic /fyu:çı'ristik/ *s. kon.* modern, acayip
futurity /fyu:'tyuırıti/ *a.* gelecek, istikbal
fuzz /faz/ *a.* kısa tüy, hav; *arg.* polis, aynasız
fuzzy /'fazi/ *s.* (saç) kıvırcık, kabarık; (kumaş, vb.) tüylü, havlu; bulanık, belirsiz
fylfot /'filfot/ *a.* gamalı haç

G

G, g /ci:/ *a.* İngiliz abecesinin yedinci harfi; sol notası; *arg.* bin dolar, bin kâğıt
gab /geb/ *a. kon.* gevezelik ¤ *e.* zırvalamak, saçmalamak **have the gift of the gab** ağzı laf yapmak **the gift of the gab** konuşkanlık, çenebazlık yeteneği, cerbeze
gabardine /'gebıdi:n/ *a.* gabardin
gabble /'gebıl/ *e.* çabuk çabuk ve anlaşılmaz biçimde konuşmak ¤ *a.* anlamsız konuşma; gevezelik, laklak
gabbler /'geblı/ *a.* geveze, boşboğaz
gabbro /'gebrou/ *a. yerb.* gabro, derinlik kayacı
gabby /'gebi/ *s.* konuşkan, geveze, boşboğaz
gabfest /'gebfest/ *a.* sohbet, çene çalma
gabion /'geybyın/ *a. ask.* istihkâm sepeti
gable /'geybıl/ *a.* üçgen biçiminde dam, kalkan duvarı **gable board** *inş.* kalkan duvar kaplaması **gable roof** *inş.* beşikçatı **gable wall** *inş.* kalkan duvarı **gable window** *inş.* beşik çatı penceresi
gabled /'geybıld/ *s.* sivri tepeli; kalkan duvarlı
gad /ged/ *e.* (about ile) başıboş dolaşmak, dolanmak, gezmek
gadget /'gecit/ *a. kon.* becerikli alet, dalga, zımbırtı
gadolinium /gedı'liniım/ *a. kim.*

gadolinyum
gadwall /'gedwo:l/ *a.* boz ördek
gaff /gef/ *a.* balıkçı zıpkını; *den.* giz **blow the gaff** ağzından kaçırmak
gaffe /gef/ *a.* gaf
gaffer /'gefı/ *a.* patron, şef; ustabaşı
gag /geg/ *a.* ağız tıkacı; *kon.* şaka, espri, komik öykü ¤ *e.* ağzını tıkamak; susturmak
gaga /'ga:ga:/ *s.* bunak, ahmak, kaçık, deli
gage /geyc/ *a. e. Aİ. bkz.* gauge
gaggle /'gegıl/ *a.* kaz sürüsü
gaiety /'geyiti/ *a.* neşe, neşelilik; şenlik, eğlenti, eğlence
gaily /'geyli/ *be.* neşeli bir şekilde, neşeyle
gain /geyn/ *a.* kazanç, kâr; çıkar, yarar, fayda; ilerleme, artma, artış; zıvana dibi; yuva, yatak ¤ *e.* kazanmak, elde etmek, edinmek; kazanmak, sağlamak; -e varmak, ulaşmak; (saat) ileri gitmek; yuva açmak, yatak açmak **gain and loss account** kâr ve zarar hesabı **gain ground** rağbet kazanmak **gain the upper hand** avantaj (birine) geçmek
gainful /'geynful/ *s.* kârlı, kazançlı; ücretli, maaşlı **gainful occupation** ücretli çalışma **gainfully employed** para ile tutulmuş, para karşılığı çalışan
gainings /'geyningz/ *a.* gelir, kazanç
gainless /'geynlıs/ *s.* kazançsız, kârsız
gainsay /geyn'sey/ *e.* inkâr etmek
gait /geyt/ *a.* yürüyüş, gidiş, yürüyüş biçimi
gaiter /'geytı/ *a.* tozluk, getr
gaize /geyz/ *a. inş.* puzolanlı killi kum taşı
gal /gel/ *a.* kız
gala /'ga:lı/ *a.* gala, şenlik
galactic /gı'lektik/ *s.* galaktik, gökada ile ilgili **galactic noise** *elek.* galaktik gürültü **galactic system** *gökb.* galaktik sistem, gökada dizgesi
galactose /gı'lektouz/ *a.* galaktoz
galaxy /'gelıksi/ *a.* galaksi, gökada; seçkin kişiler topluluğu, şöhretler **the Galaxy** Samanyolu
gale /geyl/ *a.* sert rüzgâr, fırtına, bora; ani kahkaha
galena /gı'li:nı/ *a. min.* galen **galena detector** galenli detektör
galipot /'gelipot/ *a.* bir tür çamsakızı

gall /go:l/ *a.* safra, öd; kin, nefret; kabalık, küstahlık; sürtünme sonucu oluşan yara; mazı, ağaç uru

gallant /'gelınt/ *s.* yürekli, yiğit, cesur; güzel, görkemli ¤ /gı'lent/ *s.* (erkek) kibar, şık

gallantry /'gelıntri/ *a.* kadınlara karşı incelik, kibarlık; yüreklilik, yiğitlik, cesaret, kahramanlık

gall-bladder /'go:lbledı/ *a.* ödkesesi, safrakesesi

galleon /'gelıın/ *a.* kalyon

gallery /'gelıri/ *a.* galeri

galley /'geli/ *a.* kadırga, çektirme; gemi mutfağı; *bas.* gale, dizgi teknesi

gallic /'gelik/ *s.* galik *gallic acid* galik asit

galling /'go:ling/ *s.* incitici, gurur kırıcı, can sıkıcı

gallium /'gelıım/ *a.* galyum

gallivant /'gelivent/ *e. kon.* gezip tozmak, eğlence/serüven peşinde koşmak

gallon /'gelın/ *a.* galon (İİ.; 54 lt., Al.; 78 lt.)

galloon /gı'lu:n/ *a.* dar ve sık dokumalı şerit, sırma

gallop /'gelıp/ *a.* dörtnal ¤ *e.* dörtnala gitmek

gallows /'gelouz/ *a.* darağacı *gallows frame inş.* şövalman, kuyu kulesi

gallstone /'go:lstoun/ *a.* safra taşı

Gallup poll /'gelıp poul/ *a.* kamuoyu araştırması

galluses /'gelısiz/ *a.* pantolon askısı

galore /gı'lo:/ *be. s.* pek çok, bol bol

galosh /gı'loş/ *a.* ayakkabının üzerine giyilen lastik, galoş

galvanic /gel'venik/ *s. elek.* galvanik *galvanic corrosion elek.* galvanik korozyon

galvanization /gelvınay'zeyşın/ *a.* galvanizleme

galvanize /'gelvınayz/ *e.* galvanizlemek; canlandırmak, kışkırtmak, harekete geçirmek, teşvik etmek *galvanized iron* galvanize demir *galvanized pipe* galvanizli boru *galvanized sheet* galvanizli sac *galvanized wire* galvanizli tel

galvannealing /'gelvıni:ling/ *a. met.* galvaniz tavlama

galvanometer /gelvı'nomıtı/ *a.* galvanometre, küçük akımölçer *galva-*

nometer constant *elek.* galvanometre sabiti

galvanoplastic /gelvınou'plestik/ *s.* galvanoplastik

galvanoplasty /gelvı'noplasti/ *a. fiz.* galvanoplasti

gambit /'gembit/ *a.* (satranç) gambit; hesaplı hareket

gamble /'gembıl/ *e.* kumar oynamak ¤ *a.* rizikolu iş, kumar *gamble away* kumarda kaybetmek *gamble with sth mec.* ile kumar oynamak, -i tehlikeye sokmak

gambler /'gemblı/ *a.* kumarbaz

gambling /'gembling/ *a.* kumar

gambol /'gembıl/ *e.* sıçramak, hoplamak, zıplamak ¤ *a.* hoplayıp sıçrama

gambrel roof /'gembrıl ru:f/ *a. inş.* Felemenk çatısı, balıksırtı dam

game /geym/ *a.* oyun; parti, oyun partisi; av; hile, dolap, plan, oyun; maç, karşılaşma ¤ *s.* istekli, hevesli, hazır; harekete hazır, gözü pek; topal; (kol vb.) sakat

gamekeeper /'geymki:pı/ *a.* av bekçisi

gameness /'geymnis/ *a.* yiğitlik, mertlik

gamesome /'geymsım/ *s.* neşeli, canlı

gamester /'geymstı/ *a.* kumarbaz

gamete /ge'mi:t/ *a.* gamet

gamin /'gemin/ *a.* sokak çocuğu

gaming /'geyming/ *a.* kumar oynama *gaming house* kumarhane *gaming laws* kumar yasaları *gaming table* kumar masası

gamma /'gemı/ *a.* gama *gamma correction fiz.* gama düzeltmesi *gamma detector elek.* gama detektörü *gamma distribution* gama dağılımı *gamma factor fiz.* gama faktörü *gamma function mat.* gama fonksiyonu, gama işlevi *gamma iron met.* gama demiri *gamma radiation* gama radyasyonu, gama ışıması *gamma ray spectrometer fiz.* gama ışın spektrometresi *gamma ray spectrum fiz.* gama ışın spektrumu *gamma rays* gama ışınları

gammer /'gemı/ *a.* yaşlı kadın, haminne, kocakarı

gammon /'gemın/ *a.* tütsülenmiş jambon; hile, yalan, dolandırıcılık, dalavere; saçma, boş söz, zırva

gamp /gemp/ *a.* şemsiye

gamut /'gemıt/ *a. müz.* nota dizisi, gam; bir şeyin tamamı, tümü

gander /'gendı/ *a.* erkek kaz *take a gander* göz atmak

gang /geng/ *a.* arkadaş grubu, ekip, takım; çete *gang capacitor elek.* toplu kondansatör, grup kondansatör *gang plough* çok bıçaklı pulluk *gang punch biliş.* takım delgi *gang saw* katrak *gang up* (on/against ile) *hkr.* (birisine karşı) birlik olmak

gangboard /'gengbo:d/ *a. den.* dosa, borda iskelesi

gangling /'gengling/ *s.* zayıf ve uzun boylu, sırık gibi

ganglion /'gengliın/ *a.* gangliyon, sinir düğümü

gangplank /'gengplenk/ *a.* iskele tahtası, borda iskelesi, dosa

gangrene /'gengri:n/ *a. hek.* kangren

gangrenous /'gengrinıs/ *s.* kangrenli

gangster /'gengstı/ *a.* gangster

gangue /geng/ *a. mad.* gang

gangway /'gengwey/ *a.* aralık, geçit; borda iskelesi; lombar ağzı ¤ *ünl.* Değmesin! Yağlı boya! Yoldan!

gannet /'genit/ *a.* sümsük

gantry /'gentri/ *a.* fıçı kızağı; *demy.* makas köprüsü; (roket) rampa *gantry bridge* seyyar vinç kızağı *gantry crane mak.* ayaklı köprülü vinç, gezer vinç, sehpa vinci, liman vinci

gaol /ceyl/ *a. İİ.* cezaevi, hapishane ¤ *e. İİ.* cezaevine kapatmak, hapse atmak

gaoler /'ceylı/ *a. İİ.* gardiyan, zindancı

gap /gep/ *a.* boşluk, aralık, yarık; (görüş) ayrılık *gap character biliş.* aralık karakteri *gap digit biliş.* aralık sayısı *gap gauge* açıklık mastarı, kalınlık mastarı *gap lathe mak.* deveboynu torna *gap length biliş.* aralık uzunluğu *gap scatter biliş.* aralık dağılması

gape /geyp/ *e.* ağzı açık kalmak, ağzını açıp alık alık bakmak; açılmak, yarılmak

gappy /'gepi/ *s.* noksan, eksik, kusurlu

gar /ga:/ *a.* zargana

garage /'gera:j, 'geric/ *a.* garaj; benzin istasyonu; servis, tamirhane ¤ *e.* garaja koymak

garb /ga:b/ *a.* üst baş, kılık kıyafet

garbage /'ga:bic/ *a.* süprüntü, çöp; zırva *garbage can Aİ.* çöp tenekesi *garbage collection biliş.* çöp toplama, kötü girdileri temizleme *garbage disposer* kırıntı değirmeni, çöp öğütme aygıtı

garble /'ga:bıl/ *e.* tahrif etmek, bozmak

garbled /'ga:bıld/ *s.* karmaşık, karışık, yanlış

garden /'ga:dın/ *a.* bahçe ¤ *e.* bahçede çalışmak, bahçıvanlık yapmak, bahçeyle uğraşmak *garden crop* bahçe ürünü *garden hoe* bahçe çapası *garden hose* bahçe hortumu *garden plants* bahçe bitkileri *garden shears* bahçıvan makası *lead (sb) up the garden path kon.* kafaya almak, işletmek

gardener /'ga:dnı/ *a.* bahçıvan

gardenia /ga:'di:nyı/ *a.* gardenya

gardening /'ga:dining/ *a.* bahçıvanlık

gargantuan /ga:'geçuın/ *s.* çok büyük, koca, devasa

gargle /'ga:gıl/ *a.* gargara ¤ *e.* gargara yapmak

gargoyle /'ga:goyl/ *a.* insan ya da hayvan başlı taş oluk, çörten, aslanağzı

garish /'geıriş/ *s.* gösterişli, parlak, cafcaflı

garland /'ga:lınd/ *a.* çelenk, çiçekten yapılmış taç

garlic /'ga:lik/ *a.* sarmısak

garment /'ga:mınt/ *a.* giyim eşyası, giysi *garment industry teks.* konfeksiyon, hazır giyim

garner /'ga:nı/ *a.* tahıl ambarı ¤ *e.* toplamak, biriktirmek

garnet /'ga:nit/ *a.* lal taşı; grena

garnish /'ga:niş/ *a.* süs, garnitür ¤ *e.* (yemek) süslemek

garnishee /ga:ni'şi:/ *a.* yediemin, haczedilen alacağın borçlusu *garnishee order* alacağın haciz emri

garret /'gerit/ *a.* tavan arası, çatı katı

garrison /'gerisın/ *a. ask.* garnizon

garrulity /ge'ru:lıti/ *a.* çenebazlık, gevezelik

garrulous /'gerılıs/ *s.* çenebaz, geveze

garter /'ga:tı/ *a.* jartiyer

gas /ges/ *a.* (hava) gaz; sıvı gaz; *Aİ. kon.* benzin; *kon.* boş laf, zırva ¤ *e.* gaz ile zehirlemek; (about ile) laklak etmek, çene çalmak, havadan sudan konuşmak *gas absorption* gaz absorpsiyonu *gas amplification* gaz kuvvetlendirmesi *gas analyser* gaz analizörü, gaz çözümleyici *gas analysis* gaz analizi, gaz çözümlemesi *gas blower* gaz körüğü *gas burner* gaz beki, gaz ibiği *gas carburizing* met. gaz karbonlama *gas cell* elek. gaz pili *gas chamber* gaz odası *gas chromatography* kim. gaz kromatografisi *gas coal* gaz kömürü *gas compressor* gaz kompresörü *gas constant* fiz. gaz sabitesi/değişmezi *gas cooler* gaz soğutucu *gas coulometer* elek. gaz kolometresi *gas counter* fiz. gaz sayacı *gas cutting* gaz kesme *gas cylinder* gaz silindiri *gas density* gaz yoğunluğu *gas detector* mad. gaz detektörü, uçun bulucu *gas diode* elek. gaz diyodu *gas discharge* elek. gaz deşarjı, gaz boşalımı *gas dynamics* fiz. gaz dinamiği *gas electrode* elek. gaz elektrotu *gas engine* gaz motoru *gas engineering* gaz tekniği, gaz mühendisliği *gas equilibrium* gaz dengesi *gas exhauster* gaz boşaltıcı *gas factor* elek. gaz faktörü *gas flow* gaz akışı *gas focusing* elek. gaz odaklaması *gas furnace* met. gaz fırını *gas generator* gaz jeneratörü, gaz üreteci *gas heater* şofben, gaz su ısıtıcısı *gas heating* gazlı ısıtma *gas holder* gazometre *gas jet* gaz memesi; gaz alevi *gas kinetics* gaz kinetiği, gaz hızbilimi *gas laws* fiz. gaz kanunları, gaz yasaları *gas line* havagazı borusu, havagazı boru hattı *gas main* havagazı ana borusu *gas man* havagazı memuru *gas maser* elek. gaz maseri *gas mask* gaz maskesi *gas meter* gaz saati, gaz sayacı *gas mixture* gaz karışımı *gas nitriding* met. gazı nitrürleme *gas noise* fiz. gaz gürültüsü *gas oil* kim. gaz yağı *gas pedal* oto. gaz pedalı *gas phototube* elek. gazlı fototüp *gas pipeline* gaz boru hattı *gas plating* met. gazlı kaplama *gas pliers* gaz mandalı, gaz kelepçesi *gas port* gaz deliği, gaz aralığı *gas pressure* fiz. gaz basıncı *gas regulator* gaz regülatörü *gas shielding* met. gaz maskı, gaz korumalığı *gas singeing machine* teks. gazlı yakma makinesi *gas station* Al. benzin istasyonu, benzinlik *gas tank* oto. benzin deposu *gas ther-*

mometer gazlı termometre *gas thread* mak. gaz vida dişi *gas tube* gaz tüpü *gas turbine* mak. gaz türbini *gas washer* gaz yıkayıcı *gas washing* gaz yıkama *gas washing bottle* kim. gaz yıkama şişesi *gas welding* gaz kaynağı *gas-air mixture* oto. gaz-hava karışımı *gas-and-pressure-air burner* gazlı ve basınçlı hava ocağı *gas-cooled reactor* fiz. gaz soğutmalı reaktör *gas-filled* gazlı, gazla dolu *gas-filled cable* elek. gazlı kablo *gas-filled lamp* elek. gazlı lamba *gas-filled photocell* elek. gazlı fotosel *gas-filled rectifier* elek. gazlı redresör *gas-filled relay* elek. gazlı röle *gas-weld* gaz kaynağı yapmak *step on the gas* gaza basmak *gassing machine* teks. gazlı yakma makinesi

gaseous /'gesiıs/ s. gaz gibi, gazlı *gaseous fuel* gazyakıt *gaseous nebula* gökb. gaz nebula, gaz bulutsu *gaseous state* gaz hali

gash /geş/ a. derin yara ¤ e. derin yara açmak

gasification /gesifi'keyşın/ a. gazlaştırma

gasify /'gesifay/ e. gazlaştırmak

gasket /'geskit/ a. conta; den. kalçete; salmastra, lastik şerit *gasket material* conta malzemesi, contalık, salmastralık

gasoline /'gesıli:n/ a. Al. kon. benzin *gasoline can* oto. benzin bidonu *gasoline consumption* oto. benzin sarfiyatı, benzin tüketimi *gasoline engine* oto. benzinli motor *gasoline gauge* oto. benzin göstergesi *gasoline injection* benzin enjeksiyonu, benzin püskürtümü *gasoline level* oto. benzin seviyesi, benzin düzeyi *gasoline pump* oto. benzin pompası *gasoline strainer* oto. benzin süzgeci *gasoline tank* oto. benzin deposu, yakıtlık *gasoline tank cap* benzin deposu kapağı

gasometer /ge'somitı/ a. İl. kon. gazometre, gazölçer

gasp /ga:sp/ e. güçlükle solumak, güçlükle soluk almak; (şaşkınlıktan vb.) soluğunu tutmak ¤ a. güçlükle soluma, soluk soluğa konuşma

gassed /gest/ s. gazlı, zehirli gazda kirlenmiş

gasser /'gesı/ a. gaz sondajı; atıp tutan kimse

gassy /'gesi/ s. gazlı, gaz dolu, gaz gibi **gassy mine** mad. grizulu ocak

gastralgia /ge'streljı/ a. karın ağrısı

gastric /'gestrik/ s. hek. mide ile ilgili, mide +

gastrin /'gestrin/ a. kim. gastrin

gastritis /ge'straytis/ a. hek. gastrit, mide yangısı

gastroenteritis /gestrouentı'raytis/ a. hek. gastroenterit, mide-bağırsak yangısı

gastrointestinal /gestrouin'testinıl/ s. gastrointestinal, mide ve bağırsaklarla ilgili

gastronomer /ge'stronımı/ a. yemek uzmanı

gastronomy /ge'stronımi/ a. iyi yemek yeme ve pişirme sanatı, gastronomi

gastropod /'gestrıpod/ a. karındanbacaklı

gastroscope /'gestrouskoup/ a. hek. gastroskop= midenin içini gösteren alet

gasworks /'geswö:ks/ a. havagazı fabrikası

gate /geyt/ a. kapı; giriş yeri, giriş kapısı; bir maçı, gösteriyi, vb. izleyenlerin sayısı; hâsılat, bilet hâsılatı; valf, vana; kapak, sürgü; döküm ağzı, döküm yolu **get the gate** kovulmak, işten atılmak **give sb the gate** kovmak, işten atmak **gate crasher** kaçak seyirci, biletsiz seyirci **gate current** elek. geçit akımı **gate detector** elek. geçitli detektör **gate post** inş. kapı sövesi, kapı babası **gate road** mad. yatay galeri **gate valve** sürgülü valf, sürgülü vana **gate voltage** elek. geçit gerilimi **gate winding** elek. geçit sargısı

gâteau /'getou/ a. tatlı büyük kek

gatecrash /'geytkreş/ e. (parti, vb.'ne) davetsiz gitmek

gatepost /'geytpoust/ a. kapı direği

gateway /'geytwey/ a. giriş yeri, giriş kapısı

gather /'gedı/ e. (round ile) toplanmak, bir araya gelmek; toplamak, bir araya getirmek; toplamak, koparmak; (bilgi, vb.) kazanmak, toplamak; anlamak, sonuç çıkarmak; büzmek, kırma yapmak **gather write** biliş. birleştirerek yazma

gathering /'gedıring/ a. toplantı

gauche /gouş/ s. patavatsız, beceriksiz

gaud /go:d/ a. değersiz eğlenceler, gösterişli elbiseler

gaudy /'go:di/ s. gösterişli, parlak, cırtlak, cart, şatafatlı

gauge /geyc/ a. ölçü, ayar; ölçü aygıtı, geyc; miktar; kalibre; demy. ray açıklığı; den. gemi su çekimi ¤ e. ölçmek; ölçüp biçmek, değerlendirmek, yargılamak **gauge cock** su düzeyi gösterme musluğu **gauge pressure** manometre basıncı **gauge rod** demy. mastar çubuğu, ray açıklık mastarı

gauger /'geycı/ a. ölçü aleti, ayar aleti, ayarcı; vergi memuru, gümrük memuru

gauging /'geycing/ a. ayarlama, ölçme, mastarlama, çaplama

gaunt /go:nt/ s. sıska, bir deri bir kemik, cılız

gauntlet /'go:ntlit/ a. uzun eldiven **run the gauntlet** eleştirilere/saldırılara hedef olmak **take up the gauntlet** hodri meydan davetini kabul etmek, karşı meydan okumak

gauss /gaus/ a. fiz. gauss

gaussmeter /'gausmi:tı/ a. gaussölçer, gaussmetre

gauze /go:z/ a. tül, gaze **gauze bandage** gazlı bez

gawk /go:k/ e. aval aval bakmak, öküzün trene baktığı gibi bakmak

gawky /'go:ki/ s. hantal, beceriksiz, sakar

gawp /go:p/ e. İİ. aval aval bakmak

gay /gey/ s. şen, neşeli, mutlu; parlak, canlı; kon. ibne; sevici

gayness /'geynis/ a. kon. ibnelik; sevicilik; neşelilik, neşe

gaze /geyz/ e. gözünü dikerek bakmak ¤ a. sürekli bakış

gazebo /gı'zi:bou/ a. manzaralı (bahçeli) bina

gazelle /gı'zel/ a. hayb. ceylan, gazal

gazer /'geyzı/ a. ahmak, şaşkın, budala

gazette /gı'zet/ a. resmi gazete

gazump /gı'zamp/ e. İİ. kon. birisine (evini) satmaktan vazgeçip daha fazla para veren başka birisine satmak

gear /giı/ a. takım, tertibat, donatı; çark, dişli; vites; kon. kıyafet ¤ e. çark dişleri birbirine geçmek **gear case** dişli kutusu **gear case cover** dişli kutusu kapağı, dişli mahfazası kapağı **gear cutter** dişli frezesi, dişli tezgâhı *gear cutting* diş kesme *gear hub* dişli göbeği *gear lever* vites kolu *gear pump* dişli pompa *gear ratio* dişli oranı *gear reduction* dişli hız azaltma düzeneği *gear rim* ayar mili dişlisi, dişli çember *gear ring* dişli halka *gear shaft* dişli mili, transmisyon mili *gear stick* vites kolu *gear tooth* dişli çark dişi *in gear* viteste *out of gear* boşta, viteste değil

gearbox /'gııboks/ *a.* vites kutusu, şanzıman kutusu, dişli kutusu, hız kutusu *gearbox flange* oto. vites kutusu flanşı

geared /gııd/ *s.* dişli, geçmiş

gearing /'gııring/ *a.* dişli çarklar sistemi, dişli tertibatı, çark takımı, dişli takımı

gearshift /'gıışift/ *a.* vites değiştirme; vites kolu *gearshift column* oto. vites değiştirme kolonu *gearshift fork* oto. vites değiştirme çatalı *gearshift lever* oto. vites değiştirme kolu, vites kolu, hız kolu *gearshift rail* dişli değiştirme çubuğu

gearwheel /'gııwi:l/ *a.* dişli çark

gecko /'gekou/ *a. hayb.* bir tür kertenkele

geezer /'gi:zı/ *a.* ihtiyar, bunak, moruk

gegenschein /'geygınşayn/ *a. gökb.* karşıgün

geisha /'geyşı/ *a.* geyşa

gel /cel/ *e. bkz.* jell

gelatine /'celıtin/ *a.* jelatin

gelatinous /ci'letıns/ *a.* jelatinli, jelatin gibi

geld /geld/ *e.* hadım etmek (hayvan)

gelignite /'celignayt/ *a.* jelatin dinamiti

gem /cem/ *a.* değerli taş, mücevher; önemli, değerli şey/kişi, cevher

geminate /'ceminıt/ *s.* çift olmuş, çiftler halinde birleşmiş

Gemini /'cemini, 'ceminay/ *a.* İkizler Burcu

gemma /'cemı/ *a.* tomurcuk

gemmation /ce'meyşın/ *a.* tomurcuklanma şekli

gemstone /'cemstoun/ *a.* değerli taş

gen /cen/ *a. İİ. esk. kon.* malumat

gen up /cen ap/ *e. esk. İİ. kon.* iyice öğrenmek, bütün bilgileri toplamak

gendarme /'jonda:m/ *a.* jandarma

gender /'cendı/ *a. dilb.* cins

gene /ci:n/ *a.* gen

genealogize /ci:ni'elıcayz/ *e.* soyunu izlemek

genealogy /ci:ni'elıci/ *a.* soy, soy kütüğü, şecere

general /'cenırıl/ *s.* genel; yaygın, genel; baş, şef ¤ *a.* general *brigadier general* tuğgeneral *full general* orgeneral *general acceptance* tam kabul, genel kabul, koşulsuz kabul *general agreement* genel sözleşme *general assembly* genel kurul *general audit* genel denetim, umumi teftiş, umumi kontrol *general average* genel avarya, büyük avarya, ortak avarya *general bill of lading* kolektif konşimento *general circulation* metr. genel sirkülasyon, genel dolaşım *general delivery* post restant *general directorate* genel müdürlük, umum müdürlük *general election* genel seçim *general equilibrium* genel denge *general expenses* umumi masraflar *general governor* genel vali *general grammar* genel dilbilgisi *general inference* metr. genel çıkarım *general integral* mat. genel integral, genel tümlev *general journal* genel yevmiye defteri *general ledger* büyük defter, defteri kebir *general linguistics* genel dilbilim *general management* genel müdürlük *general manager* genel müdür, umum müdür *general meeting* genel kurul *general partner* komandite ortak *general partnership* sınırsız sorumlu ortaklık *general plan* genel plan *general policy* genel poliçe *general power of attorney* umumi vekâletname *general reserve* genel yedek akçe *General Staff* Genelkurmay *general strike* genel grev *general traffic plan* genel trafik planı *general welfare* genel refah *in general* genel olarak *lieutenant general* korgeneral *major general* tümgeneral

general-purpose /cenırıl'pö:pıs/ *s.* çok maksatlı, genel amaçlı *general-purpose computer* biliş. genel amaçlı bilgisayar *general-purpose language* biliş. genel amaçlı dil *general-purpose program* biliş. genel amaçlı program *general-purpose register* biliş. genel amaçlı yazmaç *general-purpose tractor* çok maksatlı traktör

generality /cenı'reliti/ *a.* genellik;

çoğunluk; yuvarlak laflar, genel sözler
generalization /cenırılay'zeyşın/ *a.*
genelleştirme; genelleme
generalize /'cenırılayz/ *e.* genelleştirmek;
genelleme yapmak
generalized /'cenırılayzd/ *s. mat.*
genelleştirilmiş *generalized routine*
biliş. genelleştirilmiş yordam
generally /'cenırıli/ *be.* çoğunlukla,
genellikle; genelde, genellikle;
ayrıntısız, genel olarak *generally*
speaking genel olarak söylemek
gerekirse, ayrıntılara girmeden
generalship /'cenırılşip/ *a.* generallik
generate /'cenıreyt/ *e.* oluşturmak,
doğurmak; *tek.* (ısı, elektrik, vb.)
üretmek *generated address biliş.*
üretilen adres *generated error biliş.*
üretilmiş hata, üretilmiş yanılgı *generat-*
ing plant elektrik santralı *generating*
program biliş. üretici program, üreteç
generating routine biliş. üretme
yordamı *generating station* elektrik
santralı
generation /cenı'reyşın/ *a.* (elektrik, vb.)
üretme, üretim; kuşak, nesil *beat gen-*
eration asi gençlik *generation gap*
kuşak farkı, nesil kopukluğu *genera-*
tion number biliş. kütük numarası,
kuşak numarası
generative /'cenırıtiv/ *s.* üretici *genera-*
tive grammar üretici dilbilgisi *genera-*
tive phonology üretici sesbilim *gen-*
erative semantics üretici anlambilim
generator /'cenıreytı/ *a.* üreteç, jeneratör
generator gas kim. jeneratör gazı,
üreteç gazı
generatrix /'cenıreytriks/ *a. mat.* ana
doğru, üreteç
generic /ci'nerik/ *s.* cinsle ilgili; genel
generic term jenerik terim, üreysel
terim
generosity /cenı'rosıti/ *a.* cömertlik
generous /'cenırıs/ *s.* eli açık, cömert
generous to a fault eli bol
genesis /'cenisis/ *a.* başlangıç, başlama
noktası
Genesis /'cenisis/ *a.* Eski Ahit'in ilk kitabı
genetic /ci'netik/ *s.* kalıtsal, kalıtımsal,
genetik
genetics /ci'netiks/ *a.* genetik,
kalıtımbilim

genial /'ci:niıl/ *s.* hoş, tatlı, cana yakın,
güler yüzlü, nazik; (hava) ılıman,
yumuşak
geniality /ci:ni'elıti/ *a.* nezaket,
sempatiklik
genie /'ci:ni/ *a.* cin
genista /ci'nistı/ *a.* katırtırnağı
genital /'cinitl/ *s.* üreme organlarıyla ilgili
genitals /'cenitılz/ *a.* cinsel organlar,
üreme organları
genitive /'cenitiv/ *a. dilb.* -in hali,
tamlayan durumu
genius /'ci:niıs/ *a.* üstün yetenek, deha;
dâhi
genocide /'cenısayd/ *a.* soykırım
genotype /'cenoutayp/ *a.* genotip
gent /cent/ *a. kon.* centilmen
genteel /cen'ti:l/ *s.* ince, kibar, nazik,
terbiyeli
gentile /'centayl/ *a. s.* Yahudi olmayan
(kimse)
gentle /'centl/ *s.* ince, kibar, nazik; tatlı,
yumuşak, hafif, yavaş *gentle breeze*
metr. hafif meltem
gentleman /'centılmın/ *a.* centilmen; bey,
beyefendi, adam *gentlemen's agree-*
ment centilmenlik anlaşması
gentlemanly /'centılmınli/ *s.*
centilmence, çelebi, çelebi gibi
gentleness /'centılnıs/ *a.* iyi huylu olma,
yumuşaklık
gently /'centli/ *be.* yavaşça; tatlılıkla,
nazik bir şekilde, yumuşak bir şekilde
gentry /'centri/ *a.* yüksek sınıf, kibar sınıf
gents /cents/ *a. kon.* erkekler tuvaleti
genuflect /'cenyu:flekt/ *e.* diz çökmek
genuflection /cenyu:'lekşın/ *a.* diz çökme
genuine /'cenyuin/ *s.* hakiki, gerçek
genuineness /'cenyuinnis/ *a.* içtenlik,
samimiyet
genus /'ci:nıs/ *a.* cins, tür
geocentric /ci:ou'sentrik/ *s.* yermerkezli,
jeosentrik
geochemistry /ci:ou'kemistri/ *a.*
jeokimya, yerkimyası
geochronology /ci:oukrı'nolıci/ *a. yerb.*
jeokronoloji
geode /'ci:oud/ *a.* jeot
geodesic /ci:ou'desik/ *s.* jeodezik
geodesy /ci'odisi/ *a.* jeodezi
geographer /ci'ogrıfı/ *a.* coğrafyacı

geographical /cıı'grefikıl/ *s.* coğrafi

geography /ci'ogrıfi/ *a.* coğrafya

geoid /'ci:oyd/ *a.* geoit

geological /ci:ı'locikıl/ *s.* jeolojik, yerbilimsel **geological erosion** jeolojik erozyon **geological formation** jeolojik oluşum, jeolojik formasyon **geological map** jeolojik harita **geological survey** jeolojik etüt

geologist /ci'olıcist/ *a. yerb.* jeolog, yerbilimci

geology /ci'olıci/ *a.* yerbilim, jeoloji

geomagnetism /ci:ou'megnitizım/ *a. yerb.* jeomanyetizm

geomancy /'cioumensi/ *a.* fala bakma

geometric(al) /ci:ı'metrik(ıl)/ *s.* geometrik **geometric attenuation** geometrik zayıflama **geometric average** geometrik ortalama **geometric cross section** geometrik kesit **geometric distribution** geometrik dağılım **geometric frontier** geometrik sınır **geometric isomerism** *kim.* geometrik izomeri **geometric mean** geometrik ortalama **geometric optics** *fiz.* geometrik optik **geometric progression** geometrik dizi **geometric proportion** *mat.* geometrik orantı **geometric ratio** *mat.* geometrik orantı **geometric series** *mat.* geometrik seri **geometric sum** *mat.* geometrik toplam, eşçarpanlı toplam **geometric surface** geometrik yüzey

geometry /ci'omitri/ *a.* geometri

geomorphology /ci:oumo:'folıci/ *a.* jeomorfoloji

geophysical /ci:ou'fizikıl/ *s.* jeofiziksel **geophysical exploration** jeofizik arama

geophysics /ci:ou'fiziks/ *a.* jeofizik, yer fiziği

geopolitics /ci:ou'politiks/ *a.* jeopolitik

georgette /co:'cet/ *a. teks.* jorjet

geoscience /'ci:ou'sayıns/ *a.* yeryüzü bilimi

geostrophic /ci:ou'strofik/ *s.* jeostrofik= dünyanın dönmesinden ileri gelen

geosyncline /ci:ou'sinklayn/ *a. coğ.* jeosenklinal, yer teknesi

geotechnics /ci:ou'tekniks/ *a.* jeoteknik

geothermal /ci:ou'tö:mıl/ *s.* jeotermal, yerısıl **geothermal gradient** *coğ.* jeotermik basamak, içsıcaklık basamağı, yerısıl basamak **geothermal heat flow** *yerb.* jeotermal ısı akışı

geranium /cı'reyniım/ *a. bitk.* sardunya; ıtır **geranium oil** ıtır yağı

geriatrics /ceri'etriks/ *a.* yaşlılık hekimliği

germ /cö:m/ *a.* mikrop; başlama noktası, başlangıç **germ cell** *biy.* gamet, üreme hücresi

German /'cö:mın/ *a.* Alman **German silver** *met.* Alman gümüşü

germander /cö:'mendı/ *a.* dalakotu, yermeşesi

germanium /cö:'meyniım/ *a.* germanyum **germanium rectifier** germanyum doğrultucu

germicidal /cö:mi'saydıl/ *s.* mikrop öldürücü, antiseptik

germinal /'cö:minıl/ *s.* tohum+

germinate /'cö:mineyt/ *e.* (tohum) filizlenmek, çimlenmek; filizlendirmek **germinating apparatus** çimlendirme aygıtı **germinating capacity** çimlenme yeteneği **germinating power** çimlenme gücü

germination /cö:mi'neyşın/ *a.* çimlenme **germination capacity** *trm.* çimlenme kapasitesi **germination percent** çimlenme yüzdesi **germination test** çimlenme testi

gerontologist /ceron'tolıcist/ *a.* gerontolog, yaşlılık hastalıkları uzmanı

gerund /'cerınd/ *a. dilb.* ulaç, isim-fiil

gerundial /ci'randyıl/ *s.* fiilimsi

gestation /ces'teyşın/ *a.* gebelik

gesticulate /ce'stikyuleyt/ *e.* (konuşurken) el kol hareketleri yapmak

gesticulation /cestikyu'leyşın/ *a.* el kol hareketleriyle yapılan anlatım

gesture /'cesçı/ *a.* jest, el kol hareketi ¤ *e.* el kol hareketi yapmak

get /get/ *e.* almak, elde etmek; olmak, hale gelmek; varmak, ulaşmak; uğraşmak, ilgilenmek, bakmak; gidip getirmek, gidip almak; (belirli bir duruma) getirmek; ettirmek, yaptırmak, -tirmek, -tırmak; hazırlamak; götürmek; vurmak; anlamak; (hastalık/soğuk) kapmak, almak, tutulmak, -e yakalanmak; *kon.* kızdırmak, canını sıkmak, gıcık etmek **get (sb) into** durumuna koymak; (derde, vb.) sokmak **get a clean bill of health** temiz kâğıdı almak **get a cross** anlaşılmasını sağlamak, açıklamak **get a crush on sb** gönül bağlamak **get a hand** alkış toplamak **get a long** (kd) gitmek, ayrılmak; ilerlemek, becermek; başarmak; becermek; anlaşmak, uyum sağlamak **get a way with sth** paçayı kurtarmak **get about** seyahat etmek, dolaşmak; yürümek, gezinmek; yayılmak **get across** anlaşılmak, kabul edilmek, benimsenmek; anlaşılmasını sağlamak **get after** eleştirmek; azarlamak **get ahead** ilerlemek, önüne geçmek **get along** gitmek, ayrılmak; ilerlemek, iyi gitmek, gelişmek; sürdürmek, devam etmek, idare etmek; iyi ilişkiler içinde olmak, geçinmek **get around** dolaşmak; -den kaçınmak **get at** ulaşmak, erişmek; demek istemek; *kon.* kaba şeyler söylemek **get away with** kötü bir şey yapmak ve cezasından kurtulmak, yırtmak **get away** kaçmak **get back** dönmek, geri gelmek, geri dönmek **get back at sb** *kon.* -den intikam almak, öc almak **get behind** geri kalmak **get by** yaşamını sürdürmek; şöyle böyle olmak, idare eder olmak, iyi sayılır olmak **get down to** dört elle sarılmak, ciddiyetle girişmek **get even with** intikam almak **get in** içeri girmek; gelmek, varmak; (taşıta) binmek; seçilmek, iktidara gelmek; (at/on ile) yer almak; (bir şey) söylemek **get in with sb** gözüne girmek, dostluk kurmak **get into** binmek; öğrenmek, alışmak **get nowhere fast** yerinde saymak **get off** (bir araçtan, vb.) inmek; hareket etmek, yola çıkmak, ayrılmak; kurtulmak; (işten) paydos etmek, çıkmak; cezadan kurtulmak; kurtarmak **get off with** *İİ. kon.* (karşı cinsten biriyle) ilişki kurmak **get on** anlaşmak, geçinmek; ilerlemek, gitmek; binmek; başarmak; devam etmek, sürdürmek; (for ile) (zaman, yaş, vb.) -e gelmek, varmak **get on the good side of sb** gözüne girmek **get on to sb** izini araştırıp bulmak; temas kurmak, görüşmek **get on with sth** devam etmek **get one's back up** barut kesilmek **get onto** ile konuşmak/yazışmak, bağlantı kurmak; bulmak, ortaya çıkarmak; hakkında

konuşmaya başlamak, konusuna gelmek; binmek **get out** ayrılmak, gitmek, çıkmak, terk etmek; kaçmak, sıvışmak, tüymek; kaçmasına neden olmak, kaçırmak; (sır vb.) sızmak, yayılmak; üretmek **get out of** sorumluluktan kaçmak; bırakabilmek, vazgeçebilmek; -den zorla almak; -den kazanmak, elde etmek **get out of the wrong side of the bed** sol tarafından kalkmak **get over** atlatmak, yırtmak; anlaşılmak; anlaşılmasını sağlamak; iyileşmek, kurtulmak, atlatmak **get round** ikna etmek, kandırmak; kendi lehine çevirmek, yararlanmak **get sb down** moralini bozmak, rahatsız etmek, canını sıkmak, üzmek, hasta etmek **get sb in** çağırmak **get sb off with sb** *kon.* birini karşı cinsten biriyle tanıştırmak **get sb off** kurtarmak **get sth a cross to sb** açıklamak **get sth done** yaptırmak, ettirmek, (yapılmış hale) getirmek; başına gelmek, -tirmek **get sth down** not etmek, yazmak, kaydetmek; yutmak **get sth in** toplamak, içeri almak **get sth off** çıkarmak; göndermek; (kd) öğrenmek **get sth over (with)** bitirmek **get the inside track** kaleyi içinden fethetmek **get through** (telefonda) çıkarmak, bulmak, görüşebilmek; anlaşılmak; anlaşılmasını sağlamak; bitirmek; başarıyla bitirmek, başarmak **get together** toplanmak, bir araya gelmek, buluşmak **get up to** varmak, yetişmek; (özellikle kötü bir şey) yapmak, yapmak üzere olmak **get up** yataktan kalkmak; yataktan kaldırmak; (rüzgâr, yangın, vb.) çıkmak, artmak, şiddetlenmek; yükseltmek **have got** -e sahip olmak, -sı olmak

getatable /get'etɪbɪl/ *s.* ulaşılabilir, erişilebilir

getaway /'getɪwey/ *a. kon.* kaçma, kaçış, tüyme, sıvışma, firar

getter /'getɪ/ *a. elek.* gaz giderici

get-together /'getɪgedɪ/ *a.* toplantı, buluşma

getup /'getap/ *a. kon.* kılık, giysi

geyser /'gi:zɪ/ *a.* gayzer, kaynaç; *İİ.* şofben

ghastliness /'ga:stlinis/ *a.* korkunç görünüm

ghastly /'ga:stli/ s. sarı benizli, sapsarı, soluk; korkunç; *kon.* berbat

ghat /go:t/ a. dağ geçidi

gherkin /'gö:kin/ a. turşuluk hıyar

ghetto /'getou/ a. azınlıkların ve yoksulların oturdukları mahalle, geto

ghost /goust/ a. hayalet, hortlak *ghost image elek.* hayal, hayalet, peri, gölge *ghost town* hayalet kasaba, ölü kent, terk edilmiş kasaba/şehir *ghost writer* başkası adına yazı yazan kişi *give up the ghost* ruhunu teslim etmek, ölmek *look as if/though one has seen a ghost* hayalet görmüş gibi olmak *the ghost of a* bir parçacık, çok az, azıcık

ghostliness /'goustlinis/ a. tinsellik, maneviyat

ghostly /'goustli/ s. hayalet gibi

ghoul /gu:l/ a. mezardan ölü çalıp onları yiyen hortlak, cin, gulyabani; iğrenç şeylerden zevk alan kimse

giant /'cayınt/ a. dev *giant galaxy gökb.* dev galaksi, dev gökada *giant planet gökb.* dev gezegen *giant slalom* büyük slalom *giant source fiz.* dev kaynak *giant star gökb.* dev yıldız *giant stride* dev adım

giantess /'cayıntes/ a. devanası, dişi dev

gib /gib/ a. çivi, pim, saplama *gibheaded key* başlı kama, burunlu kama

gibberish /'cibıriş/ a. anlamsız ses ya da konuşma

gibbet /'cibit/ a. darağacı; vinç kolu, maçuna kolu

gibbon /'gibın/ a. *hayb.* uzun kollu ve kuyruksuz bir tür maymun, jibon

gibbous /'gibıs/ s. dışbükey; kambur

Gibbs' function /gibz fankşın/ a. Gibbs fonksiyonu

gibbsite /'gibzayt/ a. *min.* gibbsit

gibe /cayb/ a. alay, istihza

giblets /'ciblits/ a. tavuk, kuş, vb.'nin yürek, ciğer, katı gibi iç organları

giddiness /'gidinis/ a. baş dönmesi, sersemleme; havailik, hoppalık; renksizlik, mesleksizlik

giddy /'gidi/ s. başı dönen; baş döndürücü; hoppa, uçarı

gift /gift/ a. armağan, hediye; Allah vergisi, yetenek; *İİ. kon.* çocuk oyuncağı, basit iş; *İİ. kon.* kelepir, çok ucuz şey *gift cheque* hediye çeki *gift tax* hibe vergisi, teberru harcı *gift token* hediye kuponu *gift voucher* hediye kuponu *gift-wrap* hediye paketi yapmak *gift-wrapping* hediye paketi

gifted /'giftid/ s. yetenekli

gig /gig/ a. *kon.* çalgıcının icraatı ¤ *e. teks.* şardonlamak, tüylendirmek

giga /'gigı/ s. giga

gigantic /cay'gentik/ s. devasa, kocaman

gigabyte /'gigıbayt/ a. gigabayt, 1024 megabayt

giggle /'gigıl/ e. kıkır kıkır gülmek, kıkırdamak ¤ a. kıkırdama, kıkır kıkır gülme *do sth for a giggle kon.* şamata olsun diye yapmak, gırgırına yapmak

gigolo /'jigılou/ a. jigolo

gilbert /'gilbıt/ a. *fiz.* gilbert

gild /gild/ e. yaldızlamak, altın kaplamak; süslemek *a bird in a gilded cage* altın kafesteki kuş *gild the pill* göz boyamak

gilding /'gilding/ a. yaldız; altın kaplama

gill /cil/ a. solungaç; gill (İİ: 0.1183 lt; Aİ: 0142 lt) *green/white about the gills* beti benzi atmış

gill-box /gil'boks/ a. *teks.* gill-box, tek taraklı çekme makinesi

gillyflower /'ciliflauı/ a. şebboy

gilsonite /'gilsınayt/ a. *min.* gilsonit

gilt /gilt/ a. yaldız ¤ s. altın yaldızlı, altın kaplama *take the gilt off the gingerbread* tadını kaçırmak

gilt-edged /gilt'ecd/ s. birinci derecede, güvenilir *gilt-edged bill* sağlam senet *gilt-edged securities* sağlam tahviller *gilt-edged stocks* sağlam senetler

gimlet /'gimlit/ a. burgu, delgi, matkap

gimmick /'gimik/ a. *kon.* (dikkat çekmek için yapılan) hile, numara

gin /cin/ a. (içki) cin; çırçır ¤ *e. teks.* çırçırlamak

ginger /'cıncı/ a. *bitk.* zencefil; kızıl; *kon.* canlılık, enerji *ginger ale* zencefilli gazoz *ginger beer* zencefilli sert gazoz *ginger group* liderleri daha güçlü kararlara teşvik eden parti içi grup

gingerbread /'cıncıbred/ a. zencefilli kek, zencefilli bisküvi

gingerly /'cıncıli/ be. dikkatle, ihtiyatla ¤ s. dikkatli, ihtiyatlı

gingery /'cıncıri/ s. zencefilli

gingham /'gingım/ a. çizgili ya da damalı pamuklu kumaş

gingival /cin'cayvıl/ s. dişeti ya da dişyuvası ile ilgili, dişyuvasıl
gingivitis /cinci'vaytis/ a. dişeti iltihabı
ginnery /'cinıri/ a. çırçır fabrikası
gipsy /'cipsi/ a. Çingene
giraffe /ci'ra:f/ a. hayb. zürafa
girder /'gö:dı/ a. kiriş, direk, yollama, direk girder bridge kiriş köprü, kirişli köprü girder rail demy. oluklu ray
girdle /'gö:dl/ a. kuşak, kemer, korse; yüzük kaşı
girl /gö:l/ a. kız; kon. kadın; kadın işçi; kon. sevgili, kız arkadaş girl Friday sekreter
girlfriend /'gö:lfrend/ a. sevgili, kız arkadaş; Aİ. kız arkadaş
girlhood /'gö:hud/ a. kızlık, kızlık çağı
girlish /'gö:liş/ s. genç kız gibi
giro /'cayırou/ a. ciro
girt /gö:t/ a. gergi kirişi, kuşak
girth /gö:t/ a. bel ölçüsü, çevre ölçüsü; kolan; kuşak
gist /cist/ a. öz, ana fikir, ana noktalar
give /giv/ e. vermek; doğruluğunu kabullenmek, tanımak, itiraf etmek; bel vermek, eğilmek ¤ a. esneklik give away vermek, armağan etmek; dağıtmak; ele vermek, açık etmek; kocaya vermek, evermek give back geri vermek give in teslim olmak, boyun eğmek; teslim etmek, vermek give notice haber vermek, bildirmek give off çıkarmak; çalmak give oneself airs çalım satmak give out dağıtmak; bitmek, tükenmek, sona ermek give over kon. vazgeçmek, bırakmak give sb a buzz telefon etmek give sb a call telefon etmek give sb a ring telefon etmek give sb a dirty look ters ters bakmak give up vazgeçmek, bırakmak; umudunu kesmek; teslim etmek, ele vermek give way fikrini kabul etmek; yıkılmak, çökmek; önemini yitirmek, gözden düşmek, yenilmek; kapılmak What gives kon. Ne oluyor?
give-and-take /givın'teyk/ a. karşılıklı özveri
giveaway /'givıwey/ a. gizli bir şeyi/sırrı belli eden/açığa vuran
given /'givın/ s. belirlenmiş, belirli; eğilimli, düşkün ¤ ilg. göz önünde tutulursa, bakılırsa

giver /'givı/ a. verici; (poliçe) veren giver of a bill keşideci
gizzard /'gizıd/ a. (kuşlarda) katı, taşlık
glabrous /'gleybrıs/ s. düz, tüysüz, kılsız
glacé /'glesi/ s. teks. düz, parlak, glase
glacial /'gleyşıl/ s. buz ya da buzulla ilgili glacial acetic acid saf asetik asit glacial basin coğ. buzul çanağı glacial deposit buzul çökeltisi glacial drift buzulların taşıdığı taş ve toprak glacial erosion coğ. buzul aşındırması glacial lake coğ. buzul gölü glacial oscillation coğ. buzul salınımı glacial period buzul çağı glacial soil buzul toprağı glacial striae yerb. buzul çizikleri glacial striations yerb. buzul çizikleri glacial till coğ. buzul toprağı
glaciation /gleysi'eyşın/ a. yerb. buzullaşma
glacier /'glesiı/ a. buzul glacier breeze metr. buzul meltemi, soğuk meltem glacier flow buzul akışı glacier ice buzul buzu glacier tongue buzul dili glacier wind metr. buzul rüzgârı
glaciology /glesi'olıci/ a. buzulbilim, glasiyoloji
glacis /'glesis/ a. ask. sahra şevi; az eğimli yüzey, bayır
glad /gled/ s. mutlu, memnun, hoşnut; mutluluk verici, memnun edici, sevinçli
gladden /'gledn/ e. sevindirmek, mutlu etmek
glade /gleyd/ a. ormanda ağaçsız alan, kayran
gladiator /'gledieytı/ a. gladyatör
gladly /'gledli/ be. gönülden, zevkle, istekle, seve seve, memnuniyetle
gladness /'glednis/ a. hoşnutluk, memnuniyet
gladsome /'gledsım/ s. sevindirici; hoşnut, memnun
glair /gleı/ a. yumurta akı; yapışkan madde
glamor /'glemı/ a. Aİ. bkz. glamour
glamorize /'glemırayz/ e. gerçekte olduğundan daha iyi/daha güzel/daha çekici göstermek, abartmak, şişirmek
glamorous /'glemırıs/ s. çekici, göz alıcı
glamour /'glemı/ a. çekicilik, alım
glance /gla:ns/ e. göz atmak, bakmak ¤ a. kısaca bakış; parıltı at a glance bir bakışta, hemen glance off sıyırmak,

sıyırıp geçmek **glance over/through** göz gezdirmek **steal a glance** göz ucuyla bakmak

gland /glend/ *a. anat.* bez, gudde; salmastra bileziği, salmastra kovanı **gland box** salmastra kovanı

glandular /'glendyulı/ *s.* beze gibi, gudde gibi

glare /gleı/ *e.* (göz kamaştırıcı biçimde) parlamak, parıldamak; öfkeyle bakmak, ters ters bakmak, kötü kötü bakmak ¤ *a.* göz kamaştırıcı ışık, parıltı; kızgın bakış, ters bakış

glaring /'gleıring/ *s.* çok parlak, göz kamaştırıcı; dikkat çeken, göze batan

glass /gla:s/ *a.* cam; cam eşya; bardak ¤ *e.* cam takmak, camlamak **glass bead** cam boncuk **glass blower** cam yapımcısı, şişe yapımcısı **glass blowing** cam üfleme, şişe yapımı **glass bulb** *elek.* ampul **glass ceramics** cam seramik **glass cloth** cam bezi **glass cutter** cam elması **glass diode** *elek.* cam diyot **glass door** cam kapı **glass electrode** cam elektrot **glass fibre** cam lifi **glass funnel** cam huni **glass paper** cam kâğıdı, zımpara kâğıdı **glass rod** cam çubuk **glass roof** camlı çatı **glass tile** cam kiremit **glass wool** campamuğu, camyünü, cam elyafı

glasses /'gla:siz/ *a.* gözlük

glasshouse /'gla:shaus/ *a.* cam fabrikası; limonluk, sera

glassman /'gla:smın/ *a.* camcı

glassware /'gla:sweı/ *a.* zücaciye, cam eşya

glassy /'gla:si/ *s.* cam gibi; (bakış) cansız, donuk **glassy texture** *yerb.* camsı doku

glauconite /'glo:kınayt/ *a.* glokonit

glaze /gleyz/ *e.* sırlamak; cam takmak; (bakış) anlamsızlaşmak, donuklaşmak ¤ *a.* sır, perdah, cila

glazed /gleyzd/ *s.* camlı; sırlı; perdahlı, cilalı **glazed finish** *teks.* parlaklık apresi **glazed tile** sırlı çini, sırlı tuğla

glazier /'gleyziı/ *a.* camcı; perdahçı, sırcı **glazier's diamond** camcı elması **glazier's putty** camcı macunu

glazing /'gleyzing/ *a.* cam; cam takma; perdahlama, sırlama **glazing calender** *teks.* parlatma kalenderi **glazing knife**

ıspatula **glazing machine** *teks.* parlatma makinesi

gleam /gli:m/ *a.* ışık, parıltı, pırıltı ¤ *e.* parıldamak, parlamak

glean /gli:n/ *e.* hasat döküntülerini toplamak

glede /gli:d/ *a.* çaylak

glee /gli:/ *a.* sevinç, neşe

gleeful /'gli:fıl/ *s.* neşeli, şen, sevinçli

glen /glen/ *a.* küçük vadi, dar vadi

glenoid /'gli:noyd/ *s.* oyuklu

gliadin /'glayıdin/ *a.* gliyadin

glib /glib/ *s.* rahat ve iyi konuşan, dilli; (söz) inandırıcı olmayan

glide /glayd/ *e.* kaymak, akmak, süzülmek; planörle uçmak ¤ *a.* kayma, havada süzülme **glide path** *hav.* süzülme yolu **glide path beacon** *hav.* süzülme yolu farı

glider /'glaydı/ *a.* planör

gliding /'glayding/ *a.* kayma, süzülme, akış; planörcülük **gliding angle** *hav.* süzülüş açısı **gliding approach** *hav.* süzülerek yaklaşma **gliding path** *hav.* süzülme yolu **gliding ratio** *hav.* süzülme oranı

glimmer /'glimı/ *e.* zayıf bir şekilde parlamak ¤ *a.* donuk ışık; zerre

glimpse /glimps/ *a.* gözüne ilişme, bir anlık görme ¤ *e.* bir an için görmek, gözüne ilişmek

glint /glint/ *a.* parıltı ¤ *e.* parıldamak, parlamak

glisten /'glisın/ *e.* parıldamak, parlamak

glitter /'glitı/ *e.* parlamak, parıldamak ¤ *a.* parıltı **All that glitters is not gold** Her parlayan altın değildir; görünüşe aldanmamalı

glittering /'glitıring/ *s.* görkemli, mükemmel, parlak

gloat /glout/ *e.* (over ile) şeytani bir zevkle bakmak/düşünmek

glob /glob/ *a.* damla, topak

global /'gloubıl/ *s.* geniş çaplı, ayrıntılı; tüm dünya ile ilgili, dünya çapında, evrensel **global insurance** toplu sigorta **global overflow area** *biliş.* genel taşma alanı **global variable** *biliş.* genel değişken **global variable symbol** *biliş.* genel değişken simge

globalisation /gloubılay'zeyşın/ *a.* küreselleşme

globate /'gloubeyt/ s. küre biçiminde
globe /gloub/ a. top, küre; dünya globe
joint küresel mafsal globe valve diskli
valf, konik valf
globetrotter /'gloubtrotı/ a. durmadan
dünyayı dolaşan kimse
globin /'gloubin/ a. kim. globin
globular /'globyulı/ s. küre biçiminde,
küresel; katı damla biçiminde globular
cluster gökb. küresel küme
globule /'globyu:l/ a. kürecik, damla,
globül, yuvarcık
globulin /'globyulin/ a. kim. globülin
glomerate /'glomırıt/ s. kümelenmiş,
yığın halinde
glomerule /'glomıru:l/ a. çiçek kümesi
gloom /glu:m/ a. karanlık; üzüntü, hüzün
gloomy /'glu:mi/ s. karanlık; üzüntülü,
mahzun, karanlık
glorification /glo:rifi'keyşın/ a. övme,
yüceltme; şükretme
glorify /'glo:rifay/ e. övmek; ululamak,
yüceltmek; güzel göstermek
gloriole /'glo:rioul/ a. hale, ayla
glorious /'glo:rııs/ s. şanlı, şerefli;
görkemli, parlak, güzel
glory /'glo:ri/ a. şan, ün, şeref; görkem;
güzellik, güzel görünüş ¤ e.
gururlanmak, iftihar etmek; sevinmek,
memnun olmak
gloss /glos/ a. parlaklık; cila, perdah;
açıklayıcı yazı, açıklama, yorum ¤ e.
parlatmak, cilalamak; açıklamalar
yapmak, dipnot düşmek gloss effect
teks. parlaklık efekti gloss over
geçiştirmek, saklamak, önemsiz
göstermek gloss paint parlak cila
glossary /'glosıri/ a. ek sözlük, küçük
sözlük
glossematics /glosi'metiks/ a.
glosematik
glosseme /'glosi:m/ a. dilb. dilbirim
glossiness /'glosinis/ a. parlaklık
glossy /'glosi/ s. parlak ve düz glossy
paper kuşe, parlak kâğıt
glottal /'glotıl/ s. a. gırtlaksıl, gırtlak
ünsüzü glottal catch gırtlak vuruşu
glottochronology /glotokrı'nolıci/ a. dil
tarihlemesi
glove /glav/ a. eldiven fit like a glove
çok iyi uymak, tam oturmak, hokka gibi
oturmak glove compartment oto.

torpido gözü handle with kid gloves
çok nazik ve dikkatli davranmak,
üzerine titremek
glow /glou/ e. sıcaklık/ışık vermek; (yüz)
kızarmak, ateş basmak ¤ a. kızıl ışık,
kızıllık; parlaklık; ateş, sıcaklık, hararet;
çaba, gayret, şevk glow discharge
ışıltılı deşarj, ışıltılı boşalım glow dis-
charge tube gazışıl boşalmalı tüp glow
lamp neon lambası glow plug oto.
akkor buji, ısıtma bujisi, kızdırma bujisi
glow potential parlama potansiyeli
glow tube gazışıl boşalma tüpü glow-
discharge microphone gazışıl
boşalmalı mikrofon
glow-worm /'glouwö:m/ a. ateşböceği
glower /'glauı/ e. ters ters bakmak
glowing /'glouing/ a. kızma, akkorlaşma
¤ s. kızgın, akkor halinde
gloxinia /glok'sinyı/ a. bitk. gloksinya
gluconic acid /'glu:kounik 'esid/ a.
glukonik asit
glucose /'glu:kous/ a. glikoz, üzüm şekeri
glucoside /'glu:kousayd/ a. glukozit
glue /glu:/ a. tutkal, zamk, yapıştırıcı ¤ e.
tutkallamak, yapıştırmak
gluey /'glu:i/ s. yapışkan; tutkallanmış,
zamklanmış
glum /glam/ s. asık suratlı, üzgün, morali
bozuk, hüzünlü
glut /glat/ e. fazla doldurmak, taşırmak ¤
a. bolluk, furya glut oneself tıka basa
yemek
glutamic acid /glu:'temik 'esid/ a.
glutamik asit
glutamine /'glu:tımi:n/ a. glutamin
gluten /'glu:tın/ a. glüten
glutinous /'glu:tinıs/ s. yapışkan, yapış
yapış
glutton /'glatn/ a. obur
gluttonous /'glatınıs/ s. obur, açgözlü,
pisboğaz
gluttony /'glatıni/ a. oburluk
glyceric acid /gli'serik 'esid/ a. gliserik
asit
glyceride /'glisırayd/ a. gliserit
glycerin(e) /'glisırin/ a. gliserin
glycerol /'glisırol/ a. kim. gliserol
glyceryl /'glisıril/ a. kim. gliseril
glycine /'glaysi:n/ a. glisin
glycogen /'glaykoucın/ a. glikojen
glycol /'glaykol/ a. glikol

glycolysis /glay'kolisis/ *a.* glikoliz
glycoprotein /glaykou'prouti:n/ *a.* glikoprotein
glycoside /'glaykousayd/ *a.* glikozit
glyoxal /glay'oksıl/ *a.* glioksal
glyoxaline /glay'oksılin/ *a.* glioksalin
glyph /glif/ *a. mim.* glif, dik oluk
gnarled /na:ld/ *s.* boğumlu, budaklı, pürüzlü, çarpık çurpuk
gnash /neş/ *e.* (diş) gıcırdatmak
gnat /net/ *a. hayb.* sivrisinek, tatarcık
gnaw /no:/ *e.* kemirmek; üzmek, içini kemirmek
gnawer /'no:ı/ *a.* kemirgen
gnawing /'no:ing/ *s.* acı, sıkıntı veren, üzücü
gneiss /nays/ *a.* gnays
gnome /noum/ *a.* (masallarda) cüce
gnomonic chart /nou'monik ça:t/ *a.* nomonik harita
go /gou/ *e.* gitmek; ulaşmak, uzanmak, gitmek; belli bir yeri olmak, ait olmak, belli bir yerde durmak; işlemek, çalışmak; olmak; (belirli bir durumda) kalmak, durumunu sürdürmek; satılmak, gitmek; harcanmak, tükenmek, gitmek; uymak, uyuşmak, gitmek ¤ *a. kon.* canlılık, enerji; deneme, girişim; (oyun, vb.'de) sıra, oynama sırası *be going to* -ecek, -acak *go about* (birisiyle) birlikte olmak, takılmak; gezmek, dolaşmak; *den.* orsalamak, ters yöne dönmek; (iş) yapmak; -de çalışmaya başlamak, işe girişmek *go abroad* yurtdışına çıkmak *go after* kazanmaya, elde etmeye çalışmak, peşinden koşmak, izlemek *go against* -e karşı gelmek, karşı koymak; aleyhinde olmak *go ahead* (with ile) başlamak; devam etmek, sürmek ¤ *ünl.* (izin belirtir) Buyrun; çekinmeyin *go all out* tüm gücüyle yüklenmek *go along* aynı düşüncede olmak, desteklemek; ilerlemek, gelişmek, ileri gitmek *go around/round* (hastalık) yayılmak; (with ile) birisiyle birlikte olmak, takılmak; herkese yetecek kadar olmak *go at/for* saldırmak, hücum etmek *go back* dönmek; (eskiye) uzanmak *go back on* sözünden caymak *go bankrupt* iflas etmek *go bust* iflas bayrağını çekmek,

iflas etmek *go by* geçmek, geçip gitmek; -e göre davranmak *go dead* (telefon hattı) kesilmek *go down* azalmak, düşmek; batmak; (şişliği) inmek; kabul edilmek, benimsenmek; kaydedilmek, geçmek *go down with* hastalanmak *go far* başarılı olmak, başarmak; (birçok gereksinimi) karşılamak, yetmek, doyurmak *go for* saldırmak; elde etmeye çalışmak, peşinden koşmak; sevmek, hoşlanmak *go for a price* belirli bir fiyata satılmak *go for a song* çok ucuza gitmek, yok pahasına satılmak *go for nothing* boşa gitmek, ziyan olmak, işe yaramamak *go in for* katılmak, yer almak; alışkanlık haline getirmek, zevk almak *go into* (yer/iş vb.'e) girmek; girişmek, ilgilenmek, araştırmak *go off* patlamak; yüksek sesle çalmak, ötmek, ses çıkarmak vb.; uyumak ya da bilinçsiz duruma gelmek; kesilmek, sönmek, bitmek; başarmak; başarısız olmak; *İl.* (yiyecek, içecek) bozulmak; ilgisini, sevgisini kaybetmek, bıkmak *go off with* izinsiz alıp götürmek, alıp gitmek *go on (with you)* Hadi ordan!, İnanmam! *go on (with)* sürmek; devam etmek *go on* olmak, yer almak; devam etmek, sürdürmek; (zaman) geçmek; (işlemeye, çalışmaya, vb.) başlamak, harekete geçmek; (at ile) yakınmak, azarlamak; konuşmayı sürdürmek; (kanıt, neden, vb. olarak) kullanmak *go on a conducted tour* rehber eşliğinde geziye çıkmak *go on a guided tour* rehber eşliğinde geziye çıkmak *go on a journey* yolculuğa çıkmak *go on a round-the-world tour* dünya turuna çıkmak *go on a sight-seeing tour* tura çıkmak, gezintiye çıkmak *go on a trip* gezintiye çıkmak *go on a world trip* dünya turuna çıkmak *go on an excursion* tura çıkmak, gezintiye çıkmak *go on an outing* gezmeye çıkmak *go on holiday* tatile çıkmak *go one's own way* bildiğini okumak *go out* dışarı çıkmak; (together/with ile) (karşı cinsten biriyle) çıkmak; (to ile) yolculuğa çıkmak; (ateş, ışık, şöhret, vb.) sönmek; modası geçmek *go out of business* işi kapatmak *go over* bakmak, gözden geçirmek, incelemek;

(parti, din, vb.) değiştirmek *go over with* le başarılı olmak *go public* (şirket) halka açılmak *go round bkz.* go around *go through* resmen kabul edilmek, onaylanmak; (acı) çekmek, -e uğramak; bitirmek *go through customs* gümrükten geçmek *go through fire and water for sb* birisi için her şeye göğüs germek *go through with* tamamlamak *go to the country* seçime gitmek *go too far* çok ileri gitmek *go touring* otomobille/otobüsle geziye çıkmak *go under* (gemi, vb.) batmak, suyun dibini boylamak; başarısız olmak, batmak, çuvallamak *go up* yükselmek, çıkmak; yükselmek, yapılmak, inşa edilmek; (yangın, vb.'de) yok olmak, havaya uçmak *go window-shopping* vitrinleri seyretmek *go with* uymak, gitmek; birbirini tamamlamak, eşlik etmek, aynı zamanda olmak; *kon.* ile düşüp kalkmak *go without* -sız idare etmek, -sız yapmak *go worse* kötüleşmek *it goes without saying* söylemeye gerek yok, gayet açık, herkes bilir *no go* işe yaramaz, boşuna *on the go* yeniden harekete geçmiş, aktif, faal

goad /goud/ *a.* kışkırtıcı şey; üvendire ¤ *e.* üvendireyle hareket ettirmek *goad into* -e kışkırtmak, dolduruşa getirmek

go-ahead /'gouıhed/ *a.* izin ¤ *s.* girgin, açıkgöz, yenilikçi

go-getter /gou'getı/ *a.* tuttuğunu koparan, iş bitirici

go-kart /'gouka:t/ *a.* küçük yarış arabası, gokart

goal /goul/ *a.* amaç, erek, hedef, gaye; *sp.* kale; gol

goalkeeper /'goulki:pı/ *a. sp.* kaleci

goat /gout/ *a.* keçi, teke *get sb's goat* tepesini attırmak *goat hair teks.* keçi kılı

goatee /gou'ti:/ *a.* keçi sakalı

go-public /gou'pablik/ *a.* halka açılma

go-slow /gou'slou/ *a. İİ.* işi yavaşlatma eylemi *be/go on a go slow* işi yavaşlatmak

goatish /'goutiş/ *s.* keçi gibi

gob /gob/ *a. İİ. kon.* ağız

gobble /'gobıl/ *e.* çabuk çabuk yemek ¤ *a.* hindi sesi

gobbler /'goblı/ *a.* çabuk çabuk yiyen kimse

Gobelin /'goubılin/ *a. teks.* goblen, duvar halısı *Gobelin stitch teks.* goblen örgüsü

goblet /'goblit/ *a.* kadeh

goblin /'goblin/ *a.* gulyabani, cin

goby /'goubi/ *a.* kayabalığı

god /god/ *a.* mabut, put, tapı

God /god/ *a.* Tanrı, Allah *for God's sake* Allah aşkına *God (alone) knows kon.* Allah bilir *God forbid* Allah göstermesin, Allah korusun *God willing* inşallah, Allah isterse *God's acre* mezarlık *god of love* aşk tanrısı *good God* aman Allahım! *house of God* tapınak, ibadethane *my God* Aman allahım *Oh my God* Aman Tanrım *thank God* Allaha şükür *the good God* esirgeyen ve bağışlayan Allah

god-fearing /'godfıring/ *s.* dindar

godchild /'godçayld/ *a.* vaftiz çocuğu

goddam(n) /'godem/ *s. be. Aİ. arg. bkz.* damn

goddess /'godis/ *a.* tanrıça

godet /'goudey/ *a. teks.* gode

godfather /'godfa:dı/ *a.* vaftiz babası

godforsaken /'godfıseykın/ *s.* (yer) kasvetli, sıkıcı, terk edilmiş, boş

godhead /'godhed/ *a.* Allah, tanrı

godless /'godlıs/ *s.* Allahsız, dinsiz

godlike /'godlayk/ *s.* tanrısal

godly /'godli/ *s.* dindar, sofu

godmother /'godmadı/ *a.* vaftiz anası

godparent /'godpeırınt/ *a.* vaftiz annesi ya da vaftiz babası

godsend /'godsend/ *a.* büyük şans, devlet kuşu, nimet, düşeş

goffer /'gaufı/ *e.* kıvırmak, kırma yapmak

goggle /'gogıl/ *e.* hayretle bakmak

goggles /'gogılz/ *a.* koruyucu gözlük

going /'gouing/ *a.* gidiş, ayrılış; yol durumu; gidiş hızı ¤ *s.* şu anki; mevcut, yaşayan; işleyen, çalışan *going concern* kârlı işyeri, başarılı işletme

going-over /gouing'ouvı/ *a. kon.* iyice gözden geçirme, elden geçirme

goings-on /gouingz'on/ *a.* olaylar, durumlar, gidişat, olup bitenler

goiter /'goytı/ *a.* guatr

gold /gould/ *a.* altın; altın rengi *gold al-*

loy altın alaşımı *gold amalgam* cıvalı altın *gold and foreign exchange reserves* altın ve döviz rezervleri *gold beater* varakçı *gold bonds* karşılığı altınla ödenecek tahvil *gold brick* aldatıcı taklit *gold brocade teks.* altın brokar *gold bullion* altın külçe *gold bullion standard* altın külçe standardı *gold chemistry kim.* altın kimyası *gold clause* altın kaydı, altın şartı, altın koşulu *gold coin* altın sikke *gold cover* altın karşılığı *gold digger* altın arayıcısı *gold dust* altın tozu *gold exchange standard* altın kambiyo standardı *gold foil* altın varak, ince altın *gold leaf* altın varak, yaprak altın *gold mine* altın madeni *gold number* altın sayısı *gold option* altın opsiyonu *gold paint* altın boya *gold plated* altın kaplı *gold point* altın noktası *gold pool* altın havuzu *gold premium* altın primi *gold reserves* altın rezervi *gold rush* altına hücum *gold species standard* altın sikke standardı *gold standard* altın esası, standardı *gold thread* kılaptan, sırma tel *gold washer* altın yıkayıcı *gold-plate* altın kaplamak

golden /'gouldın/ *s.* altından, altın; altın rengi; altın gibi *golden handshake* emeklilik ikramiyesi, kıdem tazminatı, altın tokalaşma *golden jubilee* ellinci yıldönümü *golden parachute* altın paraşüt *golden rule of banking* bankacılığın altın kuralı *golden section mat.* altın bölüm *golden share* altın hisse senedi *golden wedding* evliliğin ellinci yıldönümü

goldfield /'gouldfi:ıld/ *a.* altın bulunan bölge

goldfinch /'gouldfinç/ *a. hayb.* saka kuşu

goldfish /'gouldfiş/ *a.* kırmızı balık

goldmine /'gouldmayn/ *a.* altın madeni; çok kârlı iş, altın madeni

goldsmith /'gouldsmit/ *a.* kuyumcu

golf /golf/ *a. sp.* golf *golf ball* golf topu; (yazı makinesinde) topkafa *golf club* golf kulübü; golf sopası *golf course* golf sahası *golf links* golf sahası

golfer /'golfı/ *a.* golfçu

Goliath /gou'layıt/ *a.* Calut *goliath crane mak.* köprülü vinç

gondola /'gondılı/ *a.* gondol

gondolier /gondı'lii/ *a.* gondolcu

gong /gong/ *a.* gong

goniometer /gouni'omitı/ *a.* gonyometre, açıölçer

gonorrhea /gonı'rii/ *a. hek.* belsoğukluğu

gonorrhoea /gonı'rii/ *a. bkz.* gonorrhea

goo /gu:/ *a.* yapışkan madde, çamur

good /gud/ *s.* iyi; uygun, yerinde, iyi; iyi ahlaklı, namuslu; (insan) iyi, yardımsever, iyiliksever, sevecen; (özellikle çocuk) uslu, iyi; tam, komple; sağlam, güvenilir; yetenekli, becerikli; saygıdeğer; başarılı, iyi ¤ *a.* iyi, iyilik; yarar, çıkar, kazanç, fayda; (the ile) iyi insanlar, iyiler *a good deal* oldukça çok *as good as* aynen, hemen hemen *be good at* (bir şeyi) iyi yapmak, iyi olmak *be in good shape* mali durumu iyi olmak *for good* temelli, ebediyen *good afternoon* tünaydın *good buy* kazançlı alışveriş *good delivery* koşullara uygun teslim *good evening* iyi akşamlar *good morning* günaydın *good night* iyi geceler *good side teks.* yüz, kumaşın ön yüzü *good value* gerçek değer *in good time* erken, erkenden *no good* faydasız, boşuna *up to no good* niyeti kötü, kötü niyetli

goodbye /gud'bay/ *ünl. a.* allahaısmarladık, hoşça kal

good-for-nothing /'gudfınating/ *s.* değersiz, beş para etmez, hiçbir işe yaramaz

good-humoured /gud'hyu:mıd/ *s.* neşeli, şen, güler yüzlü

goodish /'gudiş/ *s.* oldukça iyi, iyice, idare eder; epeyce, hayli

good-looking /gud'luking/ *s.* çekici, güzel, yakışıklı

goodly /'gudli/ *s.* güzel, yakışıklı; uygun boyutlarda; parlak, debdebeli, tantanalı

good-natured /gud'neyçıd/ *s.* iyi huylu, yumuşak, yardımsever, hoşgörülü

goodness /'gudnıs/ *a.* iyilik; (bir şeyin) en iyi bölümü, en iyi kısmı *For goodness' sake* Allah aşkına *Goodness Gracious (me)* Tanrım!, Hay Allah!, Aman Tanrım! *My goodness* Tanrım!, Allahım! Yarabbim! *goodness of fit* uyum iyiliği

goods /gudz/ *a.* eşya, mal; yük *goods in process* yarı mamul ürün *goods in*

transit transit mallar

goodwill /gud'wil/ *a.* iyi niyet, temiz yüreklilik; (şirket, mağaza) isim, prestij; peştemallık, hava parası, şerefiye **goodwill tour** iyi niyet gezisi **goodwill visit** iyi niyet ziyareti

goody /'gudi/ *a.* şekerleme, tatlı; sevilen, çekici, hoş, tatlı, vb. şeyler ¤ *ünl.* Harika!, Ne güzel!

goody-goody /'gudigudi/ *a.* dürüst görünen/yapmacık kimse

gooey /'gu:i/ *s.* yapışkan

goof /gu:f/ *a. kon.* aptalca hata, pot, gaf ¤ *e. kon.* aptalca bir hata yapmak, gaf yapmak, pot kırmak **goof around** aptalca davranmak **goof sheet** teleprompter, otokö, akıl defteri **goof up** yüzüne gözüne bulaştırmak

goofy /'gu:fi/ *s.* aptal, çatlak, kaçık

gook /guk/ *a.* çamur, balçık

goon /gu:n/ *a. kon.* aptal, salak, şapşal

goose /gu:s/ *a. hayb.* kaz **kill the goose that lays the golden eggs** bindiği dalı kesmek **not say boo to a goose** tavuğa kışt bile diyememek **what's good/sauce for the goose is good/sauce for the gander** eyere de gelir, semere de

gooseberry /'guzbıri/ *a.* bektaşiüzümü

gooseflesh /'gu:sfleş/ *a. kon.* diken diken olmuş deri

gooseneck /'gu:snek/ *a.* deveboynu

gopher /'goufı/ *a.* yer sincabı; yer tosbağası; gayretli kimse; yumuş oğlanı, ayakçı, getir-götür işlerine bakan çocuk

Gordian /'go:dyın/ *s.* Gordian **cut the Gordian knot** düğümü çözmek, sorunu çözmek

gore /go:/ *e.* boynuzla yaralamak, boynuzlamak

gorge /go:c/ *a. coğ.* geçit, boğaz; *mak.* yiv, oluk ¤ *e.* tıka basa yemek, tıkınmak

gorgeous /'go:cıs/ *s.* çok güzel, tatlı, hoş, harika

gorilla /gı'rilı/ *a. hayb.* goril

gormandize /'go:mındayz/ *e.* oburca yemek, çok yemek

gorse /go:s/ *a. bitk.* karaçalı

gory /'go:ri/ *s.* kanlı

gosh /goş/ *ünl.* Allah Allah, vay canına, hayret

goshawk /'gosho:k/ *a.* atmaca

gosling /'gozling/ *a. hayb.* kaz palazı

gospel /'gospıl/ *a. kon.* hakikat, gerçek; ilke **the Gospel** İncil

gossamer /'gosımı/ *a.* örümcek ağı; çok ince şey

gossip /'gosip/ *a.* dedikodu; dedikoducu kimse ¤ *e.* dedikodu yapmak

Gothic /'gotik/ *s.* gotik ¤ *a. mim.* gotik tarzı; *bas.* gotik yazı **Gothic arch** gotik kemer **Gothic architecture** gotik mimari

gotta /'gotı/ *e. kon.* -meli, -malı; -e sahip olmak, -si olmak

gouache /gu'a:ş/ *a.* guvaş

gouge /gauc/ *a.* heykeltıraş kalemi; küçük orak; ucu kıvrık bıçak **gouge bit** oluklu matkap ucu **gouge out** oyup çıkarmak

goulash /'gu:leş/ *a.* tas kebabı

gourd /guıd/ *a. bitk.* sukabağı

gourmet /'guımey/ *a.* yemek ve içkinin iyisinden anlayan kimse

gout /gaut/ *a. hek.* gut, damla sayrılığı

govern /'gavın/ *e.* yönetmek, idare etmek; yönlendirmek, etkilemek **governing item** kendine bağımlı kılan öğe, yönetici (birim)

governess /'gavınis/ *a.* mürebbiye, dadı

government /'gavımınt/ *a.* yönetme, idare etme, yönetim; hükümet **government bond** devlet tahvili **government broker** borsadaki hükümet temsilcisi **government enterprise** devlet işletmesi **government loan** hükümet borçlanması **government office** resmi daire, devlet makamı **government securities** devlet tahvilleri **government stocks** devlet menkul kıymetleri

governor /'gavını/ *a.* vali; yönetici; şef, amir; *kon.* patron, işveren; *Aİ.* eyalet başkanı **governor arm** *mak.* regülatör kolu **governor ball** *mak.* regülatör bilyası **governor housing** regülatör mahfazası **governor rod** *oto.* regülatör çubuğu **governor valve** regülatör valfi

governorship /'gavınışip/ *a.* valilik; yöneticilik; amirlik

gown /gaun/ *a.* uzun kadın giysisi, gece giysisi; cüppe; önlük

goy /goy/ *a.* Yahudi olmayan kimse

grab /greb/ *e.* kapmak, yakalamak ¤ *a.* kapma, kapış; kepçe, tırnaklı kavrayıcı ***grab bucket*** çift çeneli kova ***grab dredger*** çift çeneli kovalı tarak

grabber /'grebı/ *a.* yağmacı

grabble /'grebıl/ *e.* el yordamıyla aramak

graben /'gra:bın/ *a. yerb.* graben, çökük

grace /greys/ *a.* zarafet, güzellik; lütuf, kayra; şükran duası; mühlet, süre ¤ *e.* donatmak, süslemek, bezemek; şereflendirmek, şeref vermek, teşrif etmek

graceful /'greysfıl/ *s.* zarif, hoş, güzel, çekici; nazik ***graceful degradation*** *biliş.* kabullenilir verim düşüşü ***graceful shutdown*** *biliş.* otomatik zararsız kapanma

gracefulness /'greysfulnıs/ *a.* zarafet, incelik

graceless /'greyslıs/ *s.* kaba, görgüsüz; göze batan

gracile /'gresayl/ *s.* ince yapılı, zayıf

gracious /'greyşıs/ *s.* ince, hoş, nazik; (tanrı) bağışlayıcı, merhametli; (yaşam) rahat, zengin; yüce, saygıdeğer

graciousness /'greyşısnıs/ *a.* cana yakınlık; zarafet

gradate /grı'deyt/ *e.* derecelendirmek

gradation /grı'deyşın/ *a.* almaşma, derece derece değişme

grade /greyd/ *a.* rütbe; derece; cins; *Aİ.* eğim, yokuş, meyil; *Aİ.* sınıf; not ¤ *e.* ayırmak, sınıflandırmak ***grade A*** birinci kalite, A grat ***grade control*** kalite kontrolü, tenör kontrolü, nitelik denetimi ***grade crossing*** hemzemin geçit ***make the grade*** başarmak, işi götürmek

graded /'greydid/ *s.* ayırılmış, sınıflandırılmış, seçilmiş; basamaklı, kademeli ***graded coal*** *mad.* elenmiş kömür ***graded profile*** *coğ.* denge profili, denge yanayı ***graded terrace*** meyilli teras, eğimli teras

grader /'greydı/ *a.* seçici, ayırıcı; greyder

gradient /'greydiınt/ *a.* eğim, eğiklik, meyil, yokuş; rampa; değişim ölçüsü ***gradient wind*** *metr.* gradyan rüzgârı

grading /'greyding/ *a.* sınıflandırma, kümeleme, ayırma, sıralama; toprak tesviyesi, toprak düzeltme ***grading curve*** granülometri eğrisi, tane boyutu dağılışı eğrisi

gradual /'grecuıl/ *s.* derece derece olan, aşamalı ***gradual braking*** *oto.* kademeli frenleme

gradually /'grecuıli/ *be.* yavaş yavaş, azar azar

graduate /'grecuit/ *a.* üniversite mezunu; *Aİ.* herhangi bir kursu, okulu bitirmiş, bir eğitimi tamamlamış kimse, mezun; *Aİ.* mastır yapan öğrenci ¤ *e.* (üniversiteden) mezun olmak; mezun etmek, diploma vermek

graduated /'grecueytid/ *s.* dereceli, taksimatlı; ayarlı, ölçülü ***graduated collar*** taksimatlı manşon ***graduated cylinder*** dereceli silindir ***graduated tax*** artan oranlı vergi ***graduated taxation*** artan oranlı vergileme

graduation /grecu'eyşın/ *a.* mezuniyet; diploma töreni; derecelere ayırma

graffiti /gre'fi:ti/ *a.* duvar yazıları

graft /gra:ft/ *a. bitk.* aşı; *hek.* (doku) yama; rüşvet, yolsuzluk; *İİ. kon.* sıkı çalışma ¤ *e.* (ağaç) aşı yapmak, aşılamak; *hek.* doku yerleştirmek; yolsuzluk yapmak, rüşvet almak ***grafting knife*** aşı bıçağı ***grafting method*** aşı metodu ***grafting saw*** aşı testeresi ***grafting tool*** aşı takımı ***grafting wax*** aşı macunu

grafter /'gra:ftı/ *a.* rüşvetçi, yiyici

graham /'greyım/ *s.* saf buğday ununundan yapılmış

grain /greyn/ *a.* tahıl, hububat; tane; parça, zerre; ağaç damarı, taş damarı ***go against the grain*** tabiatına aykırı olmak ***grain alcohol*** hububat alkolü ***grain bin*** *trm.* zahire ambarı ***grain boundary*** gren sınırı, tane sınırı ***grain dealer*** tahıl tüccarı ***grain drill*** *trm.* mibzer ***grain elevator*** tahıl ambarı ***grain growth*** *met.* gren büyümesi, tane büyümesi ***grain oriented*** gren oryantasyonlu, tane konumlu ***grain refinement*** *met.* gren küçültme, tane küçültme ***grain side*** (deri) tüysüz yüz ***grain size*** tane büyüklüğü ***grain-leather*** *teks.* tüylü yüzü işlenmiş deri

grained /greynd/ *s.* taneli

gram(me) /grem/ *a.* gram ***gram-atom*** atom-gram ***gram calorie*** küçük kalori, gram kalori ***gram-equivalent*** eşdeğer-gram ***gram-molecular volume*** gram

molekül hacmi **gram-molecular weight** molekül-gram ağırlık **gram-molecule** gram molekül **gram-rad** fiz. gram rad
gramineous /grı'miniıs/ s. ot gibi, ota benzer
graminivorous /gremi'nivırıs/ s. ot yiyen, otla beslenen
grammar /'gremı/ a. dilbilgisi, gramer; gramer kitabı **grammar school** İİ. (üniversiteye hazırlayan) orta dereceli okul
grammatical /grı'metikıl/ s. dilbilgisel **grammatical analysis** dilbilgisel çözümleme **grammatical morpheme** biçimbirim
grammaticality /grı'metikıliti/ a. dilbilgisellik
grammaticalization /grımetikılı'zeyşın/ a. dilbilgiselleşme
gramme /'greṁ/ a. bkz. gram
gramophone /'gremıfoun/ a. gramofon
grampus /'grempıs/ a. yunus
gran /gren/ a. İİ. kon. büyükanne, nine
granary /'grenıri/ a. tahıl ambarı; çok tahıl yetişen bölge, tahıl ambarı
grand /grend/ s. ulu, yüce, görkemli, büyük, heybetli; görkemli, parlak, debdebeli, muhteşem; kon. tatlı, güzel, hoş, çok iyi, enfes, mükemmel; baş, yüksek; en önemli, ana; ince, kibar; tam, bütün, genel; (insan) önemli ¤ a. kon. bin dolar, bin sterlin; kon. kuyruklu piyano **grand piano** kuyruklu piyano **grand total** genel toplam, genel yekûn, umumi yekûn
grandad /'grended/ a. kon. büyükbaba, dede
grandam /'grendem/ a. yaşlı kadın; büyükanne
grandchild /'grençayld/ a. torun
granddad /'grended/ a. kon. büyükbaba, dede
granddaughter /'grendo:tı/ a. kız torun
grandee /gren'di:/ a. yüksek rütbeli kimse
grandeur /'grencı/ a. büyüklük, görkem
grandfather /'grenfa:dı/ a. büyükbaba, dede
grandiose /'grendious/ s. gösterişli, tantanalı, görkemli
grandma /'grenma:/ a. kon. büyükanne, nine
grandmother /'grenmadı/ a. büyükanne, nine
grandpa /'grenpa:/ a. kon. büyükbaba, dede
grandparent /'grenpeırınt/ a. büyükbaba ya da büyükanne
grandson /'grensan/ a. erkek torun
grandstand /'grendstend/ a. tribün
grange /greync/ a. çiftlik evi ile ambarları
granite /'grenit/ a. granit **granite chip** met. granit kırıntısı
granitic /grı'nitik/ s. granite ait
granivorous /grı'nivırıs/ s. tahıl ile beslenen
granny /'greni/ a. kon. büyükanne, nine
grant /gra:nt/ e. vermek, bahşetmek; onaylamak, varsaymak, kabul etmek; devretmek, hibe etmek ¤ a. burs; ödenek, tahsisat; bağış, teberru; ferağ, terk, devir; temlik; feragatname **God grant that** Allah nasip etsin **take sth/sb for granted** itirazsız kabul etmek
grantee /gra:n'ti:/ a. bağış yapılan kişi; yardım alan kimse; burs verilen kişi
grant-in-aid /gra:nt-in'eyd/ a. devlet yardımı; Aİ. ödenek
grantor /gra:n'to:/ a. bağış yapan kimse, fariğ
granular /'grenyulı/ s. taneli, tanecikli **granular element** gökb. bulgurcuk **granular material** granüler malzeme, taneli malzeme **granular soil structure** taneli toprak yapısı
granulate /'grenyuleyt/ e. tanelemek
granulated /'grenyuleytid/ s. tanelenmiş, taneli, tane haline getirilmiş **granulated refined sugar** şek. kristal rafine şeker **granulated sugar** tozşeker
granulation /grenyu'leyşın/ a. tanelenme
granulator /'grenyuleytı/ a. şek. şeker kurutucusu
granule /'grenyu:l/ a. tanecik, granül
granulite /'grenyulayt/ a. yerb. granülit
grape /greyp/ a. bitk. üzüm **grape scissors** trm. üzüm kesme makası **grape sugar** üzüm şekeri
grapefruit /'greypfru:t/ a. greyfurt, altıntop
grapevine /'greypvayn/ a. bitk. asma; söylenti, rivayet, dedikodu yayma
graph /gra:f/ a. çizge, grafik **graph theory** grafik teorisi, çizge kuramı

graphic /'grefik/ s. çizgesel, grafik; (anlatımı, vb.) canlı, açık, tam *graphic arts* grafik sanatlar *graphic character* biliş. grafik karakter, çizge karakter *graphic display* biliş. grafik gösterim, çizge gösterim *graphic panel* biliş. grafik panel, çizge panel *graphic solution* grafik çözüm, çizgesel çözüm *graphic symbol* biliş. grafik sembol, çizgesel simge *graphic terminal* biliş. grafik terminal

graphically /'grefikli/ be. açık ve canlı bir şekilde; çizgisel olarak

graphics /'grefiks/ a. grafik

graphite /'grefayt/ a. grafit *graphite brick* grafit tuğlası *graphite brush* grafit fırça *graphite crucible* grafit pota *graphite electrode* grafit elektrot *graphite fibre* grafit lifi *graphite paint* grafit boyası *graphite pipe* grafit boru *graphite reactor* grafit reaktör *graphite refractory brick* grafitli ateş tuğlası *graphite-lubricated bearing* grafitli yatak

graphitic /gr'fitik/ s. grafitle ilgili, grafitli *graphitic carbon* grafit karbonu

graphitization /grefitay'zeyşın/ a. grafitizasyon, grafitlenme

graphitize /'grefitayz/ e. grafitlemek

graphitizer /'grefitayzı/ a. grafitleyici

graphological /grefi'locikıl/ s. yazıbilimsel

grapnel /'grepnıl/ a. den. filika demiri; borda kancası

grapple /'grepıl/ a. çengel, kanca; kancalı kıskaç ¤ e. (with ile) boğuşmak *grapple dredger* çift çeneli kovalı tarak *grappling iron* kanca, borda kancası

graptolite /'greptılayt/ a. yerb. graptolit

grasp /gra:sp/ e. yakalamak, kavramak, tutmak; anlamak, kavramak ¤ a. sıkı sıkı tutma, kapma, kavrama, yakalama; elin yetişebileceği mesafe; kavrama, anlama, anlayış, kavrayış *grasp at* -e uzanmak, tutmaya çalışmak, el uzatmak

grasping /'gra:sping/ s. hkr. açgözlü, gözü doymaz

grass /gra:s/ a. çimen, çim, ot; çayır, çimenlik, otlak; II. arg. ispiyoncu, gammaz; arg. ot, esrar, marihuana *be on the grass* arg. esrar çekmek *grass roots* halk *grass seed* trm. çim tohumu *let the grass grow under one's feet* havyar kesmek

grasshopper /'gra:shopı/ a. çekirge *grasshopper conveyor* sarsak oluk

grassland /'gra:slend/ a. otlak *grassland farming* trm. çayır ve mera tarımı

grassy /'gra:si/ s. çimenlerle kaplı, çimenli, otlu

grate /greyt/ a. ocak ızgarası; pencere kafesi; kalbur ¤ e. rendelemek; gıcırdatmak; gıcırdamak *grate area* ızgara alanı *grate bar* ızgara çubuğu *grate rod* ızgara çubuğu *grate surface* ızgara yüzeyi

grateful /'greytfıl/ s. minnettar, müteşekkir

grater /'greytı/ a. rende

gratification /gretifi'keyşın/ a. hoşnutluk; sevinç, neşe

gratify /'gretifay/ e. sevindirmek, mutlu etmek

gratifying /'gretifaying/ s. hoşnut edici, memnuniyet verici

grating /'greyting/ a. ızgara, demir parmaklık; pencere kafesi; boru süzgeci ¤ s. (ses) kulak tırmalayıcı *grating spectrograph* gökb. ağlı spektrograf, ağlı izgeçizer *grating spectrum* gökb. şebeke tayfı, ağ izgesi

gratis /'gretis, 'gra:tis/ s. be. bedava, bedavadan, karşılıksız

gratitude /'gretityu:d/ a. minnettarlık

gratuitous /gr'tyu:itıs/ s. karşılıksız, bedava, karşılık beklemeden; hkr. hak edilmemiş, gereksiz, mantıksız *gratuitous coinage* serbest darp *gratuitous loan* ariyet

gratuity /gr'tyu:iti/ a. bahşiş; II. işten ayrılan kimseye verilen fazladan para

graunch /gro:nç/ a. biliş. beklenmeyen hata

graupel /'graupıl/ a. metr. grezil, bulgur, ebebulguru

grave /greyv/ a. mezar ¤ s. ciddi; ağır ¤ e. oymak, hakketmek; (belleğe) iyice yer etmek, yerleştirmek; kalafat etmek *as still as the grave* mezar gibi sessiz *dig one's own grave* kendi kuyusunu kazmak *have one foot in the grave* bir ayağı çukurda olmak *rise from the grave* mezardan çıkmak *turn in one's*

grave mezarında kemikleri sızlamak
gravel /'grevıl/ *a.* çakıl ¤ *e.* (yola) çakıl döşemek **gravel ballast** çakıl balast **gravel pass** çakıl geçidi **gravel pit** çakıl ocağı **gravel roofing** *inş.* çakıllı dam kaplaması
gravestone /'greyvstoun/ *a.* mezar taşı
graveyard /'greyvya:d/ *a.* mezarlık
gravid /'grevid/ *s.* hamile
gravimeter /grı'vimitı/ *a. yerb.* gravimetre
gravimetric /grevi'metrik/ *s.* gravimetrik **gravimetric analysis** *kim.* gravimetrik analiz, ağırlıksal çözümleme
gravimetry /gre'vimetri/ *a.* gravimetri, ağırlıkölçüm
gravitate /'greviteyt/ *e.* (to/towards ile) -e hareket etmek, gitmek, çekilmek, yönelmek
gravitation /grevi'teyşın/ *a.* gitme, yönelme; yerçekimi, genelçekim, ağınım, gravitasyon
gravitational /grevi'teyşınıl/ *s.* yerçekimiyle ilgili **gravitational acceleration** *fiz.* gravitasyon ivmesi, yerçekimi ivmesi **gravitational astronomy** *gökb.* gök mekaniği **gravitational constant** *fiz.* gravitasyon sabitesi, ağınım değişmezi **gravitational field** *fiz.* gravitasyon alanı, yerçekimi alanı **gravitational force** yerçekimi kuvveti **gravitational potential** *fiz.* gravitasyon potansiyeli, yerçekimi potansiyeli
graviton /'greviton/ *a. fiz.* graviton, ağıncık
gravity /'greviti/ *a.* yerçekimi; ciddiyet, ağırlık, önem **gravity circulation** kendi ağırlığı ile devir **gravity conveyor** *mad.* desansör, yerçekimli taşıyıcı **gravity dam** ağırlık barajı **gravity feed** kendi ağırlığı ile besleme **gravity irrigation** *trm.* çekim sulaması, yerçekimi sulaması **gravity meter** gravimetre, yerçekimölçer **gravity plane** vargel rampası **gravity waves** *fiz.* yerçekimi dalgaları
gravure /grı'vyuı/ *a. bas.* tifdruk; fotogravür
gravy /'greyvi/ *a.* et suyu; salça, sos; *arg.* havadan, hak etmeden kazanılan para/kâr **get on the gravy train** *arg.* havadan para getiren bir işe girmek

gray /grey/ *bkz.* grey
graze /greyz/ *e.* otlamak; otlatmak; sıyırmak; sıyırıp geçmek; sıyrılmak ¤ *a.* sıyırma, sıyırıp geçme; sıyrık **grazing ground** otlak, mera
grazier /'greyziı/ *a.* çoban
grease /gri:s/ *a.* (hayvansal) yağ; gres, katıyağ; briyantin ¤ *e.* yağlamak; rüşvet vermek, para yedirmek **grease box** yağ kutusu, yağdanlık **grease cup** yağdanlık **grease gun** gresör, gres tabancası **grease milling** *teks.* yağlı dinkleme **grease monkey** oto tamircisi **grease nipple** gresörlük, gresör memesi **grease pump** gres pompası **grease resistant** yağà karşı dayanıklı **grease seal** yağ contası **grease sb's palm** rüşvet vermek **grease trap** yağ sifonu **grease wòol** *teks.* yağıltılı yapak, kirli yün
greaser /'gri:zı/ *a.* (gemide) makine yağcısı; yağlama gereci, yağlayıcı; *İİ.* yağcı, dalkavuk
greasiness /'gri:znis/ *a.* yağlılık; yapışkanlık; yağcılık, dalkavukluk
greaseproof /'gri:spru:f/ *s.* yağ geçirmez
greasy /'gri:si, 'gri:zi/ *s.* yağlı; kaygan; yapışkan **greasy wool** *teks.* yağıltılı yapak, kirli yün
great /greyt/ *s.* büyük; önemli; yetenekli, büyük; *kon.* kocaman, koca; *kon.* harika, nefis, çok iyi, müthiş **a great deal** çok **the Great War** Birinci Dünya Savaşı **great circle** *mat.* büyük çember **great-grandfather** babasının dedesi **great-grandson** oğlunun/kızının erkek torunu **greatest common divisor** *mat.* en büyük ortakbölen **greatest common factor** *mat.* en büyük ortakçarpan
great-grandfather /greyt'grenfa:dı/ *a.* büyük dede, babanın ya da annenin dedesi
great-grandmother /greyt'grenmadı/ *a.* büyük nine, büyük babaanne, büyük anneanne, babanın ya da annenin büyük annesi
greatly /'greytli/ *be.* çok
greed /gri:d/ *a.* açgözlülük
greedy /'gri:di/ *s.* açgözlü
Greek /gri:k/ *a.* Yunan **that's Greek to me** Anladımsa Arap olayım **Greek church** Yunan Ortdodoks/Katolik

kilisesi **Greek cross** Yunan Haçı

green /gri:n/ *s.* yeşil; (meyve) ham, olmamış; *kon.* toy, deneyimsiz, saf, keriz; benzi sararmış, solgun ¤ *a.* yeşil renk, yeşil; yeşillik, çayır **give a green light** yeşil ışık yakmak **green belt** yeşil alan, yeşil kuşak **green belt cities** yeşil kuşaklı kentler **green card** yeşil kart **green cheese** lor; adaçayı peyniri; kesik süt peyniri **green clause letter of credit** yeşil şartlı önce akreditif **green fallow** *trm.* yeşil nadas **green fodder** *trm.* yeşil yem **green forage period** *trm.* yeşil yem periyodu **green light** izin, yeşil ışık **green manure** *trm.* yeşil gübre **green pound** sterlin **green retting** *teks.* (keten) yeşil havuzlama **green silage** *trm.* yeşil silaj **green space** yeşil alan **green stamp** indirim damgası **green syrup** *şek.* yeşil şurup **green vitriol** demir sülfat **green with envy** kıskançlıktan kudurmuş **have green fingers** bahçe işlerinden iyi anlamak

green-eyed /gri:n'ayd/ *s.* kıskanç **the green-eyed monster** kıskançlık

greenback /'gri:nbek/ *a.* dolar

greenery /'gri:nırı/ *a.* yeşil yapraklar, ağaç yaprakları

greengage /'gri:ngeyc/ *a. bitk.* bardakeriği

greengrocer /'gri:ngrousı/ *a.* manav

greengrocer's /'gri:ngrousız/ *a.* manav (dükkânı)

greenhorn /'gri:nho:n/ *a.* acemi çaylak

greenhouse /'gri:nhaus/ *a.* limonluk, ser **greenhouse effect** sera etkisi

greenish /'gri:niş/ *s.* yeşilimsi

greenness /'gri:nnis/ *a.* yeşillik; tazelik; hâmlık, çiğlik, toyluk

greens /gri:nz/ *a.* yeşil yapraklı sebzeler, yeşillik

greensward /'gri:nswo:d/ *a.* çimen

Greenwich /'grinic/ *a.* Greenwich **Greenwich Mean Time** Greenwich ortalama zamanı

greet /gri:t/ *e.* selamlamak, selam vermek; karşılamak

greeting /'gri:ting/ *a.* selam; iyi dilek; tebrik **greetings card** tebrik kartı

gregarious /gri'geırııs/ *s.* sürü/topluluk halinde yaşayan; sokulgan, sosyal

greige /greyj/ *s. a.* bej ve gri arasındaki renk

gremlin /'gremlin/ *a.* ufak bir varlık, cin

grenade /gri'neyd/ *a.* el bombası; tüfek bombası

grenadine /grenı'di:n/ *a. teks.* grenadin

grenz ray /grenz 'rey/ *a. fiz.* grenz ışını

grey /grey/ *s.* gri, külrengi; kır saçlı; (saç) kır, ağarmış; (yüz) soluk, bembeyaz; sıkıcı, sönük, hareketsiz ¤ *a.* gri, külrengi ¤ *e.* (saç) kırlaşmak, ağarmak **grey area** gri saha, boz alan **grey body** *fiz.* gri cisim **grey cloth** *teks.* ham ürün, ham mamul **grey cotton cloth** *teks.* amerikanbezi **grey cotton** *teks.* ham pamuk **grey goods** *teks.* ham tekstil ürünleri **grey iron** yumuşak dökme demir **grey market** fiyatların aşırı yüksek olduğu piyasa **grey mullet** kefal **grey scale** gri skala

grey-haired /grey'heıd/ *s.* kır saçlı

greyhound /'greyhaund/ *a.* tazı

greyish /greyiş/ *s.* grimsi

greylag /'greyleg/ *a.* yaban kazı

greyness /'greynis/ *a.* grilik

grid /grid/ *a.* ızgara, parmaklık; elektrik şebekesi, kablo şebekesi; *demy.* ray şebekesi **grid battery** *elek.* ızgara bataryası **grid bias** *elek.* ızgara öngerilimi **grid characteristic** *elek.* ızgara karakteristiği **grid chart** *biliş.* ağ haritası, ağ diyagramı, ağ çizeneği **grid circuit** *elek.* ızgara devresi **grid control** *elek.* ızgara kontrolü **grid current** ızgara akımı **grid detection** *elek.* ızgara deteksiyonu **grid emission** *elek.* ızgara emisyonu **grid leak** ızgara kaçağı **grid potential** ızgara gerilimi **grid resistor** ızgara direnci **grid swing** *elek.* ızgara salınımı **grid voltage** ızgara gerilimi

griddle /'gridl/ *a.* (et, vb. kızartmak için) saç ızgara; sarsıntılı elek

gridiron /'gridayın/ *a.* ızgara

gridline /'gridlayn/ *a.* çerçeve, tablo

grief /gri:f/ *a.* acı, keder, üzüntü **come to grief** başarısız olmak, zarar görmek **good grief** Hay Allah!

grievance /'gri:vıns/ *a.* yakınma, şikâyet, dert **grievance committee** şikâyet inceleme komitesi

grieve /gri:v/ *e.* üzülmek, acı çekmek;

çok üzmek, mutsuz etmek
grievous /'gri:vıs/ *s.* acı, zarar veren, ağır, acı veren
grievousness /'gri:vısnis/ *a.* güç durum
grike /grayk/ *a. yerb.* çatlak, yarık
grill /gril/ *a.* ızgara; ızgara et ¤ *e.* ızgarada pişirmek; *kon.* sorguya çekmek
grillage /'grilic/ *a.* temel ızgarası
grille /gril/ *a.* (kapı, pencere, vezne, vb.'de) demir parmaklık, ızgara, kafes, parmaklık
grilled /grild/ *s.* parmaklıklı, kafesli
grim /grim/ *s.* sert, amansız, acımasız; korkulu; *kon.* zevksiz, neşesiz
grimace /gri'meys/ *e.* yüzünü ekşitmek, yüzünü buruşturmak
grime /graym/ *a.* kir tabakası, kir
griminess /'grayminis/ *a.* pislik
grimness /'grimnis/ *a.* gaddarlık
grin /grin/ *a.* sırıtma, sırıtış ¤ *e.* sırıtmak **grin and bear it** *kon.* yakınmadan katlanmak, çekmek
grind /graynd/ *e.* öğütmek, ezmek, ufalamak; bilemek; (diş, vb.) bastırmak, gıcırdatmak; *kon.* hafızlamak, ineklemek; taşlamak, rodaj yapmak ¤ *a.* sıkıcı zor iş, angarya; *Aİ. kon.* çok çalışan öğrenci, hafız, inek; *kon.* uzun ve sıkıcı konuşma, vaaz, nutuk
grinder /'grayndı/ *a.* öğütme makinesi, taşlama makinesi; bileyici
grinding /'graynding/ *a.* öğütme, ezme; bileme; taşlama, rodaj **grinding apparatus** rektifiye cihazı, bileme cihazı **grinding crack** *met.* taşlama çatlağı **grinding machine** rektifiye tezgâhı, taşlama tezgâhı **grinding roll** öğütme merdanesi **grinding stone** bileğitaşı **grinding wheel** döner bileğitaşı
grindstone /'grayndstoun/ *a.* bileğitaşı; değirmen taşı
grip /grip/ *e.* sımsıkı tutmak, yakalamak, yapışmak, kavramak; (dikkatini vb.) çekmek, etkilemek, sarmak ¤ *a.* sıkıca tutma, kavrama; anlama/yapma gücü; yolculuk çantası; tutamak, tutturucu şey; sap, kulp **come/get to grips with** ile uğraşmak, üzerinde ciddi olarak durmak
gripe /grayp/ *e.* sıkıştırmak, kıstırmak; (at/about ile) *kon.* yakınmak, sızlanmak

¤ *a.* ani sancı; yakınma, sızlanma
gripper /'gripı/ *a.* çıtçıt **gripper shuttle loom** *teks.* mekikli dokuma tezgâhı **gripper weaving machine** *teks.* kancalı dokuma tezgâhı, şişli dokuma tezgâhı
gripping /'griping/ *s.* ilgi çekici, dikkat çekici, sürükleyici
grisly /'grizli/ *s.* korkunç, ürkütücü, dehşet verici; tatsız, nahoş
grist /grist/ *a. trm.* öğütülecek tahıl; öğütülmüş zahire
gristle /'grisıl/ *a. anat.* kıkırdak
grit /grit/ *a.* çakıl; *kon.* azim, kararlılık, yüreklilik, dayanıklılık **grit blasting** *met.* kırmalı püskürtme
gritstone /grit'stoun/ *a.* kum taşı
grizzle /'grizıl/ *e.* sızlanmak, şikâyet etmek ¤ *a.* gri renk; kır saç
grizzled /'grizld/ *s.* kır, kırlaşmış
grizzly /'grizli/ *a. hayb.* Kuzey Amerika'ya özgü iri ve vahşi, gri ayı
groan /groun/ *e.* inlemek ¤ *a.* inilti
groats /grouts/ *a. trm.* kabuğu çıkarılmış buğday/yulaf
grocer /'grousı/ *a.* bakkal
groceries /'grousıriz/ *a.* bakkaliye
grocer's /'grousız/ *a.* bakkal (dükkânı)
grocery /'grousıri/ *a.* bakkallık; bakkal dükkânı
grogginess /'groginis/ *a.* sarhoşluk, ayyaşlık; yalpalama, ayakta duramama
groggy /'grogi/ *s. kon.* dizleri tutmayan, halsiz, dermansız, bitkin
groin /groyn/ *a. anat.* kasık; *mim.* kemer kavuşma çizgisi, iki kemerin birleştiği kenar
groined /groynd/ *s.* pervazlı, kuşaklı, çapraz **groined vault** *inş.* çapraz kemer, çapraz tonoz
grommet /'gromit/ *a. den.* çevirme kasa
groom /gru:m/ *a.* damat; seyis ¤ *e.* (at) tımar etmek; üstüne başına bakmak, çeki düzen vermek; (birini) bir iş için hazırlamak, çalıştırmak, eğitmek
groove /gru:v/ *a.* yiv, oluk; plağın çizgileri; alışkanlık edinilmiş yaşam biçimi
grooved /gru:vd/ *s.* yivli, oluklu, lambalı **grooved drum** oluklu kasnak
grooving /'gru:ving/ *a.* yiv açma, oluk açma **grooving plane** oluk rendesi,

kiniş rendesi *grooving saw* zıvana testeresi

groovy /'gru:vi/ *s. arg.* moda olmuş, moda

grope /group/ *e.* el yordamıyla aramak, yoklamak; *arg.* ellemek, sarkıntılık etmek

grosgrain /'grougreyn/ *a. teks.* grogren, gron

gross /grous/ *s.* `şişko, şişman, iriyarı, hantal; kaba, inceliksiz, saldırgan; bağışlanamaz, affedilmez, arsız, sulu; toplam, brüt, gayri safi ¤ *a.* on iki düzine, 144'lük grup *gross amount* brüt miktar *gross calorific value* üst kalorifik değer, üst ısıl değer *gross domestic product* gayri safi yurtiçi hasıla *gross earning* brüt kazanç, gayri safi kazanç *gross ignorance* kara cahillik *gross index biliş.* ana dizin, temel dizin *gross interest* brüt faiz, gayri safi faiz *gross investment* gayri safi yatırım *gross national product* gayri safi milli hasıla *gross negligence* ağır ihmal, ağır kusur, büyük gaflet *gross output* gayri safi üretim *gross profit* gayri safi kâr, brüt kâr *gross profit and loss* brüt kâr ve zarar *gross receipts* brüt hâsılat *gross registered ton* brüt tescil tonajı *gross sales* brüt satışlar, toplam gayri safi satışlar *gross tonnage* brüt tonaj *gross value* gayri safi kıymet *gross vehicle weight oto.* gros ağırlık, dolu ağırlık *gross weight* brüt ağırlık, daralı ağırlık *gross wing area hav.* toplam kanat alanı *gross yield* brüt getiri *in the gross* toptan

grossly /'grousli/ *be.* kabaca, çirkin bir şekilde; kesintisiz olarak

grotesque /grou'tesk/ *s.* acayip, garip, komik, saçma; grotesk

grotesqueness /grou'tesknis/ *a.* gariplik, tuhaflık

grotto /'grotou/ *a.* mağara

grotty /'groti/ *s. arg.* berbat, felaket, rezil, iğrenç, pis

grouch /grauç/ *a. kon.* yakınma, dırdır; dırdırcı, durmadan sızlanan kimse ¤ *e.* yakınmak, şikâyet etmek, dırdır etmek, homurdanmak

ground /graund/ *a.* yer, zemin; toprak; alan, saha; zemin; temel, esas ¤ *e.*

(gemi) karaya oturmak; karaya oturtmak; (uçak vb.) yerde kalmaya zorlamak, kalkışına olanak tanımamak; *elek.* toprak hattı bağlamak *cut the ground from under sb's feet* ayağının altına karpuz kabuğu koymak *ground absorption elek.* toprağın enerjiyi yutması *ground antenna* toprak anteni *ground cable* toprak kablosu *ground capacitance elek.* toprak kapasitesi *ground casein trm.* öğütülmüş kazein *ground clearance oto.* yerden yükseklik, altboşluk *ground clutter elek.* yer ekosu, doğal eko *ground coat* astar, astar boyası *ground colour* zemin rengi *ground conditions* temel şartları, zemin şartları, zemin özelliği *ground connection elek.* toprak bağlantısı *ground controlled approach hav.* yerden kumandalı yaklaşma *ground crew* yer hizmetlileri, havaalanı personeli *ground detector elek.* yer detektörü *ground direction finding hav.* yer yön tayini *ground direction finding station hav.* yer yön tayin istasyonu *ground dyeing* zemin boyama *ground effect* yer etkisi *ground fire orm.* örtü yangını, yer yangını *ground floor inş.* zemin katı, giriş katı, yerkatı *ground fog metr.* yer sisi *ground glass* buzlu cam *ground humidity* zemin nemi/rutubeti *ground ice* taban buzu *ground lead* toprak teli, toprak kablosu *ground level* toprak seviyesi, zemin hizası *ground line* ana çizgi; toprak çizgisi, toprak hattı *ground loop hav.* iniş lupu, inerken yapılan dönüş *ground moraine coğ.* dip moreni, dip buzultaşı *ground noise* zemin gürültüsü, uğultu *ground personnel hav.* yer personeli, uçmayan personel *ground photograph* yer fotoğrafı *ground plan inş.* zemin katı planı *ground plate elek.* toprak levhası, topraklama levhası *ground ray* yer dalgası, direkt dalga *ground rent* toprak rantı, arazi rantı, arazi kirası *ground return elek.* toprak dönüşü *ground rice trm.* pirinç unu *ground sill* tabanlık, taban altlığı *ground squirrel* tarla sincabı *ground speed hav.* yer hızı *ground state fiz.* taban hali, temel durum *ground station* yer istasyonu

ground strafing ask. alçaktan tarama **ground swell** coğ. dip dalgası **ground terminal** toprak terminali/ucu **ground visibility** hav. yer görüş koşulları **ground wave** yer dalgası **ground wire** elek. toprak teli **ground zero** ask. yer sıfır noktası **level to the ground** yerle bir etmek

groundage /'graundic/ a. liman resmi

grounded /'graundid/ s. topraklanmış; karaya oturmuş **grounded base amplifier** elek. ortak bazlı transistor **grounded collector** elek. topraklanmış kolektör **grounded emitter** elek. topraklanmış emetör **grounded-cathode amplifier** elek. katodu topraklı amplifikatör **grounded-grid amplifier** elek. ızgarası topraklı amplifikatör

groundhog /'graundhog/ a. yerdomuzu, dağsıçanı

grounding /'graunding/ a. karaya oturma; topraklama; zemin boyama; uçuşunu yasaklama; köklü bilgi, köklü eğitim, temel

groundless /'graundlıs/ s. (duygu, düşünce, vb.) yersiz, nedensiz

groundnut /'graundnat/ a. İİ. yerfıstığı

grounds /'graundz/ a. telve, tortu; neden

groundsman /'graundzmın/ a. İİ. oyun alanlarına ya da büyük bahçelere bakan adam

groundwater /'graundwo:tı/ a. yeraltı suyu, taban suyu **groundwater level** yeraltı su düzeyi **groundwater table** yeraltı su tablası, doygun su tablası

groundwork /'graundwö:k/ a. temel, esas

group /gru:p/ a. topluluk, grup, küme ¤ e. gruplara ayırmak, gruplamak; gruplara ayrılmak, gruplaşmak **group code** biliş. grup kodu **group drive** grup tahriki, grup halinde tahrik **group feeding** trm. grup yemlemesi **group frequency** elek. grup frekansı **group insurance** grup sigortası **group mark** biliş. grup işareti **group marker** biliş. grup işareti **group modulation** elek. grup modülasyonu **group of companies** şirketler grubu **group polling** biliş. grup oylaması **group printing** biliş. grup yazma **group selector** grup selektörü **group separator** biliş. grup ayırıcı **group sex** grup seks **group switch** grup şalteri **group theory** fiz. gruplar teorisi, öbekler kuramı **group therapy** grup terapi **group velocity** fiz. grup hızı **group work** grup çalışması

groupie /'gru:pi/ a. kon. pop grubu üyeleriyle sevişmek için onların konserlerine giden kız

grouping /'gru:ping/ a. gruplama **grouping of records** biliş. kayıtların gruplanması, kayıtların kümelendirilmesi

groupoid /'gru:poyd/ a. mat. magma, öbeksi, yalancı öbek

grouse /graus/ a. hayb. ormantavuğu; kon. yakınma, şikâyet, homurdanma ¤ e. yakınmak, söylenmek, homurdanmak, dırdır etmek

grout /graut/ a. duvarcı sıvası, sulu harç ¤ e. sulu harç doldurmak **grouted macadam** harçlı makadam

grouting /grauting/ a. şerbetleme, şerbet dökme

grove /grouv/ a. koru, ağaçlık

grovel /'grovıl/ e. hkr. (korku, vb.'den) yerlerde sürünmek; dizlerine kapanmak, yağ çekmek

groveller /'grovılı/ a. dalkavuk, yardakçı

grovelling /'grovıling/ s. adi, aşağılık

grow /grou/ e. büyümek, gelişmek; (saç, sakal, bıyık, vb.) uzatmak, bırakmak; (bitki, vb.) yetişmek; yetiştirmek; olmak, -leşmek; artmak, çoğalmak **grow away from** yakınlığını, ilişkisini azaltmak, uzaklaşmak **grow into** olmak, haline gelmek **grow on** sevilmeye başlamak, sarmak, alışılmak, benimsenmek **grow out of** çok büyümek **grow up** büyümek; yetişmek **growing debt** artan borç

grower /'grouı/ a. (meyve, vb.) yetiştirici

growl /graul/ a. hırıltı, hırıldama

growler /'graulı/ a. hırlayan köpek; homurdanan kimse

grown /groun/ s. büyürnüş, yetişkin

grown-up /'grounap/ s. yetişkin, olgun ¤ a. kon. yetişkin, büyük

growth /grout/ a. büyüme, gelişme; artış, yükseliş; büyümüş/gelişmiş şey; ur, tümör **growth rate** büyüme hızı, büyüme oranı

grub /grab/ e. toprağı kazmak, eşelemek

¤ *a.* larva; *kon.* yiyecek, yemek *grub screw* başsız vida

grubber /'grʌbı/ *a.* kazıcı, kök sökücü, çapa makinesi

grubby /'grʌbi/ *s.* pis, kirli

grudge /grʌc/ *e.* esirgemek, çok görmek; vermek istememek, istemeyerek vermek, kıyamamak ¤ *a.* kin, garaz, haset *bear a grudge/grudges* kin beslemek

grudger /'grʌcı/ *a.* kinci, kıskanç

grudging /'grʌcing/ *s.* gönülsüz, isteksiz

gruel /'gruːl/ *a.* bulamaç

grueling /'gruːling/ *s. Aİ. bkz.* gruelling

gruelling /gruːling/ *s.* çok zor ve yorucu

gruesome /'gruːsım/ *s.* korkunç, ürkünç, tüyler ürpertici

gruff /grʌf/ *s.* sert, hırçın, kaba

grumble /'grʌmbıl/ *e.* yakınmak, söylenmek, homurdanmak, şikâyet etmek; (gök) gürlemek, gümbürdemek ¤ *a.* dırdır, yakınma, şikâyet

grumbling /'grʌmbling/ *s.* mırıldanan, mızmız, huysuz

grump /grʌmp/ *a.* asık yüzlülük

grumpy /'grʌmpi/ *s.* huysuz, somurtkan, aksi

grunt /grʌnt/ *e.* (hayvan) hırıldamak, hırlamak; (insan) homurdanmak ¤ *a.* hırıltı, homurtu

guanaco wool /gwaː'naːkou wul/ *a. teks.* guanako yünü

guanidine /'gwaːnidiːn/ *a.* guanidin

guanine /'gwaːniːn/ *a.* guanin

guano /'gwaːnou/ *a.* guano

guarantee /gerın'tiː/ *a.* güvence, teminat, garanti; kefil ¤ *e.* güvence vermek, garanti etmek, kefil olmak; (bir şeyin olacağına) söz vermek, güvence vermek *guarantee credit* kefalet kredisi, teminat kredisi *guarantee fund* teminat fonu, teminat akçesi *guaranteed bill* teminat senedi *guaranteed bond* teminatlı tahvil *guaranteed credit* teminatlı kredi *guaranteed prices* taban fiyatları *guaranteed stocks* garantili tahviller

guarantor /gerın'toː/ *a.* güvence veren kimse, teminatçı, kefil, garantör

guaranty /'gerınti/ *a.* güvence, garanti, teminat, kefalet *guaranty fund* garanti fonu *guaranty insurance* kredi sigortası

guard /gaːd/ *a.* nöbet, koruma; savunma pozisyonu, gard; koruma görevlisi, koruyucu, bekçi, nöbetçi; koruyucu nesne ¤ *e.* korumak; beklemek; önlem almak, tedbirli olmak, korunmak; nöbet tutmak; denetlemek, denetim altına almak, kontrol etmek *guard band* koruyucu bant, güvenlik bandı *guard bit biliş.* güvenlik biti *guard circle fiz.* koruyucu çember *guard plate* siper, kalkan *guard rail* parmaklık, korkuluk, vardamana; siper demiri *guard ring fiz.* atlama halkası, ark halkası, emniyet halkası *guard wire elek.* koruma teli

guarded /'gaːdid/ *s.* (konuşma) dikkatli, önlemli, öz

guardedness /'gaːdidnıs/ *a.* ihtiyatlılık, uyanıklık

guardian /'gaːdiın/ *a.* koruyucu kişi/yer; *huk.* koruyucu, vasi, veli

guardianship /'gaːdiınşip/ *a.* koruma, himaye; vesayet, vasilik, velilik

guava /'gwaːvı/ *a. bitk.* tropikal bir meyve, guava

gudgeon /'gʌcın/ *a.* mil, mihver, pim; çengel, kanca *gudgeon pin* piston pimi

guerdon /'göːdın/ *a.* ödül ¤ *e.* ödül vermek

guerilla, guerrilla /gı'rilı/ *a.* gerilla

guess /ges/ *e.* tahmin etmek; doğru tahmin etmek, doğru kestirmek; *Aİ. kon.* sanmak, zannetmek ¤ *a.* kestirim, sanı, tahmin *at a guess* tahminen *keep sb guessing* meraktan çatlatmak, ne olacağını söylememek

guesstimate /'gestimıt/ *a.* sezgiye dayalı tahmin

guesswork /'geswöːk/ *a.* tahmin, tahmin işi

guest /gest/ *a.* konuk, misafir; otel ya da pansiyon müşterisi, pansiyoner *be my guest* tabii, elbette, hiç çekinme *guest computer biliş.* konuk bilgisayar, ana bilgisayara destek bilgisayar *guest rope den.* vardakava, tonoz halatı, yedek halatı

guesthouse /'gesthaus/ *a.* pansiyon

guffaw /gı'foː/ *a.* gürültülü kahkaha ¤ *e.* gürültülü kahkaha atmak

guidable /'gaydıbıl/ *s.* yönetilebilir, sevk edilebilir

guidance /'gaydıns/ *a.* yardım; öğüt, akıl, yol gösterme

guide /gayd/ *a.* kılavuz, rehber ¤ *e.* kılavuzluk etmek, yol göstermek, rehberlik etmek **guide bar** kılavuz kol, kılavuz çubuk **guide block** kılavuz takoz, kızak takozu **guide book** turist kılavuzu **guide field** *fiz.* güdümleme alanı **guide pin** kılavuz pim **guide plate** kılavuz plaka, sevk levhası **guide pulley** kılavuz kasnak, avara kasnak **guide rail** *mad.* kılavuz ray, kılavuz yoldemiri **guide roller** *teks.* sevk roliği, kılavuz silindir **guide rope** *den.* kılavuz halatı, açevele halatı **guide screw** *mak.* kılavuz vida **guide shoe** *mad.* gayt pabucu, kılavuz pabuç **guide star** *gökb.* kılavuz yıldız **guide track** (manyetik bant) kılavuz iz, kılavuz yol **guide vane** kılavuz kanat, yönetme kanadı **guide wavelength** *elek.* kılavuz dalga boyu **guide wheel** kılavuz tekerlek

guidebook /'gaydbuk/ *a.* kılavuz (kitap)

guided /'gaydid/ *s.* güdümlü; rehberli **guided bomb** *ask.* güdümlü bomba **guided missile** *ask.* güdümlü füze **guided tour** rehberli tur, rehber eşliğinde tur **guided wave** *elek.* yöneltilmiş dalga

guidelines /'gaydlaynz/ *a.* meselenin ana noktaları

guiding /'gayding/ *s.* temel, esas **guiding principle** temel ilke **guiding telescope** güdücü teleskop, güdücü ırakgörür

guild /gild/ *a.* lonca, esnaf loncası; birlik, dernek, cemiyet

guile /gayl/ *a.* hile, hilekârlık, kurnazlık

guileful /'gaylful/ *s.* hileci, hain

guileless /'gayllıs/ *s.* dürüst, hilesiz, saf

guilloche /gi'loş/ *a. mim.* burma süsü, burma çizgi

guillotine /'gilıti:n/ *a.* giyotin; giyotin, bıçak, kâğıt kesme makinesi ¤ *e.* giyotinle kafasını uçurmak

guilt /gilt/ *a.* suçluluk; sorumluluk; suçluluk duygusu, utanç

guiltiness /'giltnis/ *a.* suçluluk; günahkârlık

guilty /'gilti/ *s.* suçlu; günahkâr

guinea /'gini/ *a.* 1.05 pound değerinde eski İngiliz parası **guinea fowl**

beçtavuğu **guinea pig** *hayb.* kobay; denek

guipure /gi'pyuı/ *a. teks.* gipür

guise /gayz/ *a.* (aldatıcı) dış görünüş, kılık

guitar /gi'ta:/ *a.* gitar

guitarist /gi'ta:rist/ *a.* gitarist

gulch /galç/ *a. Aİ.* taşlı vadi

gulf /galf/ *a.* körfez; uçurum; büyük görüş ayrılığı, uçurum **Gulf Stream** *coğ.* Golfstrim

gull /gal/ *a. hayb.* martı; enayi, saf

gullet /'galit/ *a. kon.* boğaz, gırtlak, yemek borusu **gullet saw** *mak.* kurtdişli testere

gullibility /galı'bilıti/ *a.* ahmaklık, saflık

gullible /'galıbıl/ *s.* saf, enayi, kolay kanan

gully /'gali/ *a.* küçük vadi; arık, su oluğu; sel yarıntısı, sellenme yarıntısı, selinti yarıntısı **gully erosion** sellenme erozyonu, selinti aşınımı

gulp /galp/ *e.* yutuvermek, aceleyle yutmak; yutkunmak ¤ *a.* yutma; yudum; *biliş.* baytlar kümesi

gum /gam/ *a.* dişeti; zamk; sakız; çiklet ¤ *e.* zamkla yapıştırmak **gum arabic** arapzamkı **gum tragacanth** *teks.* kitre

gumbo /'gambou/ *a.* bamya; yumuşak toprak, yapışkan toprak

gummy /'gami/ *s.* yapışkan, sakız gibi

gumption /'gampşın/ *a. kon.* sağduyu ve beceriklilik, girişkenlik, yüreklilik

gun /gan/ *a.* ateşli silah, top, tüfek, tabanca **gun barrel** *ask.* tüfek namlusu **gun carriage** *ask.* top kundağı **gun current** *elek.* tabanca akımı **gun down** silahla vurup düşürmek **gun mount** *ask.* silah mesnedi **stick to one's guns** ayak diremek

gunboat /'ganbout/ *a. ask.* gambot

guncotton /'gankotın/ *a. teks.* pamuk barutu

gunfire /'ganfayı/ *a.* silah sesi; atış, ateş

gunite /'ganayt/ *a.* püskürtme harç

gunk /gank/ *a.* yapışkan madde

gunman /'ganmın/ *a.* silahlı haydut

gunmetal /'ganmetıl/ *a. met.* top tuncu, bakır çinko alaşımı, bakır kalay alaşımı

gunner /'ganı/ *a. ask.* topçu

gunnery /'ganıri/ *a. ask.* topçuluk, atış tekniği

gunpoint /'ganpoynt/ : *at gunpoint* silah zoruyla

gunpowder /'ganpaudı/ *a.* barut

gunrunner /'ganranı/ *a.* silah kaçakçısı

gunshot /'ganşot/ *a.* atış; menzil

gunwale /'ganıl/ *a. den.* küpeşte, borda tirizi

gurgle /'gö:gıl/ *a.* lıkırtı ¤ *e.* lıkırdamak

gush /gaş/ *e.* fışkırmak; aşırı hayranlık göstermek, bayılmak ¤ *s.* gırtlaktan, gırtlakla ilgili, gırtlak +

gusset /'gasit/ *a.* köşebent, ek, parça

gust /gast/ *a.* bora, ani rüzgâr

gustation /'gasteyşın/ *a.* tatma, tadına bakma

gustiness /'gastinıs/ *a. metr.* rüzgâr sağanaklı hava

gusto /'gastou/ *a.* zevk, haz, heves

gusty /'gasti/ *s. metr.* rüzgârlı, fırtınalı

gut /gat/ *a. anat.* bağırsak; *hek.* bağırsaktan yapılan iplik; *müz.* bağırsak tel ¤ *s.* içten gelen, içe doğan ¤ *e.* bağırsaklarını çıkarmak, içini temizlemek; (bir binanın içini, vb.) yok etmek, yakıp kül etmek

guts /gats/ *a. kon.* bağırsaklar; cesaret, göt; azim, kararlılık; içerik, öz *sweat one's guts out* kıçını yırtmak

gutta-percha /'gatı'pö:çı/ *a.* gütaperka

gutter /'gatı/ *a. inş.* çatı oluğu, oluk, dere; yol kenarı su oluğu; *biliş.* yan yana iki sayfa arasındaki boşluk

guttering /'gatıring/ *a.* dereler, kinişler

guttural /'gatırıl/ *s. a.* boğazsıl, gırtlakla ilgili

guy /gay/ *a. kon.* adam, herif; gergi teli, gergi halatı, çelik halat; vento ¤ *e.* halatla tutturmak *guy rope* germe halatı

guzzle /'gazıl/ *e.* hapur hupur yemek, höpür höpür içmek

gym /cim/ *a. kon.* jimnastik salonu; beden eğitimi, jimnastik

gymkhana /cim'ka:nı/ *a.* yerel spor karşılaşması, yarış

gymnasium /cim'neyzıım/ *a.* jimnastik salonu

gymnast /'cimnest/ *a.* jimnastikçi, jimnastik uzmanı

gymnastics /cim'nestiks/ *a.* jimnastik

gymnosperm /'cimnouspö:m/ *a. bitk.* açıktohumlu

gynaecologist /gayni'kolıcist/ *a.* jinekolog, kadın hastalıkları hekimi

gynaecology /gayni'kolıci/ *a. hek.* jinekoloji, nisaiye, kadın hastalıkları

gyp /cip/ *e.* aldatmak, kandırmak

gyp-joint /cip'joynt/ *a.* kazık yer, pahalı yer

gypseous /'cipsiıs/ *s.* alçılı, jipsli

gypsum /'cipsım/ *a.* alçıtaşı, jips *gypsum cast* alçı kalıbı *gypsum plaster* alçı sıva

gypsy /'cipsi/ *a. bkz.* gipsy

gyrate /cay'reyt/ *e.* kendi ekseni çevresinde dönmek

gyration /cay'ıreyşın/ *a.* dönüş, dönme

gyrator /ci'reytı/ *a. elek.* jiratör

gyratory /'cayrıtıri/ *s.* döner, dönücü *gyratory crusher* döner kırıcı/konkasör

gyro /'cayrou/ *a.* cayroskop, jiroskop *gyro-frequency* *fiz.* dönme frekansı

gyrocompass /'cayroukampıs/ *a.* cayropusula, cayroskopik pusula

gyromagnetic /cayroumeg'netik/ *s.* cayromanyetik, jiromanyetik

gyropilot /'cayroupaylıt/ *a.* otomatik pilot

gyroscope /'cayrıskoup/ *a.* cayroskop, jiroskop

gyroscopic /cayrı'skopik/ *s.* cayroskopik, jiroskopik *gyroscopic effect* jiroskopik etki *gyroscopic horizon* jiroskopik ufuk *gyroscopic turn indicator* *hav.* jiroskopik dönüş göstergesi

gyrostat /cayrou'stet/ *a. mak.* cayrostat, cirostat

gyve /cayv/ *a.* pranga, zincir ¤ *e.* prangaya vurmak

H

H, h /eyç/ *a.* İngiliz abecesinin sekizinci harfi

habeas corpus /'heybiıs 'ko:pıs/ *a.* ihzar emri, ihzar müzekkeresi

haberdasher /'hebıdeşı/ *a. İİ.* tuhafiyeci, terzilik malzemeleri satan kimse; *Aİ.* erkek giyimi satan kimse

haberdashery /'hebıdeşıri/ *a.* tuhafiye; tuhafiye dükkânı

habergeon /'hebıcın/ *a.* zırh yeleği

habit /'hebit/ *a.* alışkanlık; (rahip ve

rahibeler için) özel kılık **out of habit** alışkanlıktan, alışkanlık nedeniyle **be in the habit of doing sth** yapma alışkanlığında olmak **get into a habit** alışmak, huy edinmek **fall into a habit** âdet edinmek, kapılmak **break oneself of a habit** bir alışkanlıktan vazgeçmek **make a habit of sth** alışkanlık haline getirmek

habitability /hebitı'bılıti/ *a.* oturulabilirlik, yaşanabilirlik

habitable /'hebitıbıl/ *s.* oturmaya elverişli, oturulabilir, ikamet edilebilir

habitant /'hebitınt/ *a.* sakin

habitat /'hebitet/ *a.* doğal ortam, yetişme ortamı

habitation /hebi'teyşın/ *a.* oturma, ikamet; ev, konut, oturacak yer

habitual /hı'biçuıl/ *s.* alışılagelmiş, alışılmış, âdet haline gelmiş; her zamanki; bir şeyi alışkanlık haline getirmiş, alışmış **habitual obligation** sık sık yerine getirilen zorunluluk

habitué /hı'biçuey/ *a.* müdavim

hachure /he'şyuı/ *a.* tarama çizgi

hack /hek/ *e.* kesmek, yarmak, doğramak, parçalamak; çentmek, kertmek; (taşı) yontmak; (toprağı) çapalamak; (rakibe) tekme atmak; *arg.* başarmak, başarıyla yapmak; atla gezinti yapmak ¤ *a.* yaşlı ve yorgun at; kira beygiri, binek atı; çok sayıda düşük kaliteli eserler yazan yazar; *hkr.* daha çok parti işleriyle uğraşan önemsiz politikacı; *Aİ. kon.* taksi; çentik, kertik; madenci kazması; (rakibe atılan) tekme **hack off** baltayla kesmek **hack out** gelişigüzel yapmak **hack to pieces** parça parça doğramak

hacker /'hekı/ *a.* habersiz başkasının bilgisayarına girip işlem yapan kişi

hackie /'heki/ *a.* taksi şoförü

hacking cough /'heking kof/ *a.* rahatsız edici öksürük, kötü sesli öksürük

hackle /'hekıl/ *a. teks.* keten ve kendir tarağı

hackneyed /'heknid/ *s.* (söz) bayat, çok yinelenmiş, basmakalıp, beylik, eskimiş

hacksaw /'hekso:/ *a.* demir testeresi, vargel testere

had /hed/ : **be had** *kon.* kazıklanmak, aldatılmak

haddock /'hedık/ *a. hayb.* bir tür morina balığı

hade /heyd/ *a. yerb.* damarın dikey durumdan ayrılma açısı

hadron /'hedron/ *a. fiz.* hadron

haematin /hi:mı'ti:n/ *a.* hematin

haematite /'hi:mıtayt/ *a. min.* hematit

haematoxylin /hi:mı'toksilin/ *a. kim.* hematoksilin

haemin /'hi:min/ *a.* hemin

haemoglobin /hi:mou'gloubin/ *a.* hemoglobin

hafnium /'hefni:m/ *a. kim.* hafniyum

hag /heg/ *a.* yaşlı/çirkin kadın, acuze, cadı, cadaloz

haggard /'hegıd/ *s.* (yüz) yorgun, kırışık, bitkin

haggle /'hegıl/ *e.* pazarlık etmek, çekişmek, tartışmak

haggler /'heglı/ *a.* sıkı pazarlıkçı

haggling /'hegling/ *a.* pazarlık

hahnium /'ha:ni:m/ *a. kim.* hahniyum

hail /heyl/ *a.* dolu ¤ *e.* dolu yağmak **hail shower** *metr.* dolu sağanağı **hail squall** *metr.* şiddetli dolu yağışı

hail /heyl/ *e.* (birini) çağırmak, seslenmek; (taksi) çağırmak, çevirmek; selamlamak ¤ *a.* seslenme; selamlama **hail as** ... olarak değerlendirmek, ... olarak övmek **hail from** -den gelmek, -li olmak

hailstone /'heylstoun/ *a.* dolu tanesi

hailstorm /'heylsto:m/ *a.* dolu fırtınası

hair /heı/ *a.* kıl, tüy; saç **by a hair** kıl payı **do one's hair** saç tuvaleti yapmak **get in sb's hair** başından öte gitmemek, varlığıyla taciz etmek **hair crack** kılcal çatlak **hair drier** saç kurutma makinesi **hair hygrometer** *metr.* saçlı higrometre **hair mordant** *teks.* kıl mordanı **hair root** *trm.* kılkök **hair sieve** kıl süzgeç **hair spray** saç spreyi **hair to a hair** tıpı tıpına (genellikle eşit ağırlıkta olan şeyler için kullanılır) **hair trigger** *ask.* istinatlı tetik **hair's breadth** kıl payı **Keep your hair on!** Sakin ol!, Takma kafana! **let one's hair down** *kon.* rahat hareket etmek, resmiyeti bırakmak, sakin olmak **make sb's hair stand on end** ödünü koparmak, tüylerini ürpertmek, tüylerini diken diken etmek **not turn a hair** *kon.* kılı deprememek,

kılını kıpırdatmamak, tınmamak **not to
harm a hair on sb's head** kılına
dokunmamak, zarar vermemek **split
hairs** hkr. kılı kırk yarmak **tear one's
hair** saçını başını yolmak **to a hair**
tıpkı, aynı **without turning a hair** istifini
bozmadan, kılını kıpırdatmadan
hairbrush /'heɪbraʃ/ a. saç fırçası
haircut /'heɪkat/ a. saç tıraşı; saç kesilme
biçimi, saç kesimi
hairdo /'heɪduː/ a. kon. biçim verilmiş
saç, yapılı saç; saç biçimi, saç tuvaleti
hairdresser /'heɪdresɪ/ a. kuaför
hairdresser's /'heɪdresɪz/ a. kuaför
(dükkânı)
haired /heɪd/ s. saçlı, kıllı, tüylü
hairgrip /'heɪgrip/ a. saç tokası
hairiness /'heɪrinis/ a. tüylülük
hairline /'heɪlayn/ a. alında saç çizgisi;
ince çizgili kumaş; saç ipi, kıl ip **hairline
crack** ince çizgi, ince çatlak, mikro
çatlak, kılcal çatlak
hairnet /'heɪnet/ a. saç filesi
hairpiece /'heɪpiːs/ a. takma saç, peruka
hairpin /'heɪpin/ a. firkete, saç tokası
hairpin bend keskin viraj, yol kıvrıntısı,
yol dönemeci **hairpin turn** keskin viraj
hair-raising /'heɪrayzing/ s. korkunç,
tüyler ürpertici
hair-splitting /'heɪspliting/ a. kılı kırk
yarma
hairspring /'heɪspring/ a. ince yay, kıl yay
hairstyle /'heɪstayl/ a. saç modeli
hairy /'heɪri/ s. kıllı; kon.
heyecanlandırıcı, korkutucu, müthiş
hake /heyk/ a. kurutma çardağı, sergen
halation /hı'leyşın/ a. fot. hale, halo, ağıl
halcyon /'helsiin/ s. sakin, huzurlu
hale /heyl/ s. sağlıklı, dinç, zinde
half /haːf/ a. yarı, buçuk; (para, içecek,
bilet, vb.) yarım ¤ s. yarı; yarım ¤ be.
yarı, yarı yarıya, kısmen **do by halves**
yarım yamalak yapmak **go halves** kon.
(masrafı) paylaşmak **half-adder** biliş.
yarı toplayıcı **half-adjust** biliş. yarı ayar
half-brick wall inş. yarım tuğla duvar
half column inş. yarım sütun **half cone**
yarım koni **half dozen** yarım düzine
half header inş. yarım tuğla **half hitch**
sade ilmik **half line** mat. yarıdoğru **half
linen** teks. yarı keten **half load** yarı yük
half pension yarım pansiyon **half**

plane mat. yarıdüzlem **half power** fiz.
yarı güç **half ray** yarı ışın **half reaction**
yarı reaksiyon, yarıtepkime **half rip
saw** ince dişli boy testeresi **half round**
yarım yuvarlak **half section** yarım kesit
half space mat. yarıuzay **half storey**
inş. çekme kat **half term** (İngiltere'de
okullarda) iki üç günlük kısa dönem tatili
half time haftaym, ara **half track**
(manyetik bant) yarım yol **half track
vehicle** yarı tırtıllı taşıt **half turn**
plough trm. döner pulluk **half wool**
teks. yarı yün **not half** İİ. kon. çok; hiç
halfback /'haːfbek/ a. sp. hafbek
half-baked /haːf'beykd/ s. (düşünce)
saçma, mantıksız
half-boil /haːf'boyl/ e. teks. yarı
kaynatmak
half-brother /'haːfbradı/ a. üvey erkek
kardeş
half-caste /'haːfkaːst/ a. s. (insan) melez
half-cycle /'haːfsaykıl/ a. biliş. yarı çevrim
half-duplex /'haːfdyuːpleks/ a. biliş. yarı
ikili **half-duplex channel** biliş. yarı ikili
kanalı, yarı ikili oluğu **half-duplex op-
eration** biliş. yarı ikili operasyon **half-
duplex service** biliş. yarı ikili hizmet
half-duplex transmission biliş. yarı
ikili gönderme
half-hour /haːf'auı/ a. yarım saat
half-hearted /haːf'haːtid/ s. isteksiz,
gönülsüz
half-life /'haːflayf/ a. fiz. yarılanma
zamanı, yarı-yaşam
half-mast /haːf'maːst/ a. yarı gönder
half-open /haːf'oupın/ e. aralamak, biraz
açmak ¤ s. aralık, yarı açık
halfpenny /'heypni/ a. (1971'den beri
kullanılmayan) yarım peni
halfpennyworth /'heypniwıd/ a. yarım
penilik meblağ
half-price /'haːf'prays/ a. yarı fiyat
half-roll /haːf'roul/ a. hav. yarım yatış
half-round /haːf'raund/ s. yarım yuvarlak
half-round file yarım yuvarlak eğe,
balıksırtı eğe **half-round screw** yarım
yuvarlak başlı vida
half-shadow /haːf'şedou/ a. yarıgölge
half-shadow analyzer yarıgölge aygıtı,
yarıgölge analizörü
half-silk /haːf'silk/ a. teks. yarı ipek
half-sister /'haːfsistı/ a. üvey kız kardeş

half-thickness /haːfˈtiknıs/ *a. fiz.* yarı kalınlık

half-timbered /haːfˈtimbıd/ *s.* yarı ahşap

half-time /haːfˈtaym/ *a. sp.* yarı, devre, haftaym

halftone /haːfˈtoun/ *a.* yarı ton

half-truth /ˈhaːtrut/ *a.* yarı gerçek beyan, yalana yakın beyan

half-wave /haːfˈweyv/ *s.* yarım dalga *half-wave antenna* yarım dalga anteni *half-wave rectification* yarım dalga doğrultması *half-wave rectifier* yarı-dalgalı redresör, yarım-dalgalı doğrultmaç

halfway /haːfˈwey/ *s. be.* ortada, yarı yolda; işi bitirmeden, tamamlamadan *meet sb halfway* ortak bir noktada (yarı yarıya) anlaşmak

half-width /haːfˈwidt/ *a. fiz.* yarı genişlik

half-wit /ˈhaːfwit/ *a.* aptal, budala, geri zekâlı

half-witted /haːfˈwitid/ *s.* geri zekâlı

half-word /haːfˈwöːd/ *a. biliş.* yarı sözcük

halibut /ˈhelibıt/ *a.* kalkana benzer yassı ve büyük bir balık

halide /ˈhelayd/ *a.* halojenür

hall /hoːl/ *a.* toplantı salonu, büyük salon; koridor, hol; (okul, üniversite, vb.) salon, yemekhane *hall door* salon kapısı

hallelujah /heliˈluːyı/ *ünl.* Elhamdülillah! Allah'a şükür!

halliard /ˈhelyıd/ *a. den.* kandilisa, çördek, yelken ipi, bayrak ipi

hallmark /ˈhoːlmaːk/ *a.* (altın/gümüş) ayar damgası; özellik ¤ *e.* (altına/gümüşe) ayar damgası vurmak; karakterize etmek

hallo /hıˈlou/ *a. bkz.* hello

hallow /ˈhelou/ *e.* kutsamak, kutsallaştırmak

Hallowe'en /helouˈiːn/ *a.* Azizler Günü'nün arifesi (31 ekim gecesi)

hallucinate /hıˈluːsineyt/ *e.* halüsinasyon görmek

hallucination /hıluːsiˈneyşın/ *a.* sanrı, halüsinasyon, varsam

hallway /ˈhoːlwey/ *a. Aİ.* koridor, geçit, hol

halo /ˈheylou/ *a.* ışık halkası, hale, ağıl *halo effect* hale etkisi, ağıl etkisi

haloed /ˈheyloud/ *s.* ağıllı, haleli

halogen /ˈhelıcen/ *a.* halojen

halogenate /ˈhelıcıneyt/ *e.* halojenlemek

halogenation /helıcınˈeyşın/ *a.* halojenleme

haloid /ˈheloyd/ *s.* halojenli

halophyte /ˈheloufayt/ *a. trm.* halofit, tuzlu toprak bitkisi

halt /hoːlt/ *e.* durmak; durdurmak; mola vermek ¤ *a.* duruş, durma; mola; mola yeri *bring to a halt* durdurmak *call a halt (to)* durdurmak, kesmek

halter /ˈhoːltı/ *a.* yular, dizgin

halting /ˈhoːlting/ *s.* duraksayan, duraksamalı

halve /haːv/ *e.* yarıya bölmek; yarıya indirmek

halving /ˈhaːving/ *a.* lamalı ekleme

halyard /ˈhelyıd/ *a. den.* kandilisa, çördek, yelken ipi, bayrak ipi

ham /hem/ *a.* jambon; *kon.* abartmalı oyuncu/sunucu/vb.; amatör telsizci

hamburger /ˈhemböːgı/ *a.* hamburger

ham-fisted /hemˈfistid/ *s.* sakar, beceriksiz

hamlet /ˈhemlit/ *a.* küçük köy

hammer /ˈhemı/ *a.* çekiç; tokmak; (tüfek, vb.) horoz; *sp.* çekiç; *anat.* çekiçkemiği ¤ *e.* çekiçle vurmak, çakmak; *kon.* yenmek *be/go at it hammer and tongs* (iki kişi) fena kapışmak/dövüşmek/atışmak *bring sth under the hammer* açık artırma ile satmak *come under the hammer* açık artırma ile satılmak *hammer and tongs* olanca gücüyle, kendini vererek *hammer blow* şahmerdan darbesi, tokmak darbesi *hammer head* çekiç başı *hammer mark* çekiç izi *hammer mill* çekiçli değirmen *hammer out* özenle hazırlamak *hammer tail* tokmak kolu

hammered /ˈhemıd/ *s.* çekiçle ezilmiş, çekiçle dövülmüş

hammock /ˈhemık/ *a.* hamak

hamper /ˈhempı/ *e.* engel olmak, engellemek, zorluk çıkarmak ¤ *a.* kapaklı sepet

hamster /ˈhemstı/ *a. hayb.* hamster, cırlak sıçan

hamstring /ˈhemstring/ *a. anat.* diz arkasında bulunan iki büyük kirişten biri

hand /hend/ *a.* el; akrep, yelkovan, ibre;

(iskambilde) el; elleriyle çalışan kimse, işçi; yardım, el uzatma; kontrol, yönetim; alkış; *teks.* tutum ¤ *e.* (elden ele) vermek, uzatmak *all hands to the pumps* herkesin yardımı *an old hand* kül yutmaz kimse, kurt, kaçın kurası *(at) first hand* birinci elden, doğrudan doğruya *be bound/tied hand and foot* eli kolu bağlı olmak *by hand* elle; elden *change hands* el değiştirmek *get/keep one's hand in* (işe) alışmak, kapmak, pratiğini kaybetmemek *give sb a free hand* arzusuna bırakmak, istediği gibi yapmasına izin vermek *hand advance oto.* el avansı *hand anvil* el örsü *hand auger* el burgusu *hand ax(e)* el baltası *hand brace* göğüs matkap kolu *hand drill* el matkabı *hand driven* elle tahrik edilen *hand feed* elle vermek, elle beslemek *hand feeding* elle besleme; elden yemleme *hand grenade ask.* el bombası *hand hammer* el çekici *hand hole* el deliği *hand in glove with sb* (biriyle) sıkı fıkı *hand in hand* el ele; birbirini izleyen, bağlı, birlikte oluşan *hand in* (ödev, rapor) teslim etmek, vermek, sunmak *hand it to (sb) kon.* hakkını vermek, kabullenmek *hand jack* el krikosu *hand knitting machine teks.* el örgü makinesi *hand knotted teks.* elde dokunmuş *hand lathe* el tornası *hand lever* el manivelası *hand lifting* elle sökme *hand loom teks.* el tezgâhı *hand luggage* yolculuk çantası, seyahat çantası, bavul *hand out* dağıtmak *hand over fist* apar topar/palas pandıras *hand printing* el baskısı *hand pump* el pompası *hand punch biliş.* el delgisi *hand reel* el çıkrığı *hand reset* elle sıfırlama, elle silme *hand-spun yarn teks.* elde eğirilmiş iplik *hand thinning trm.* elle seyreltme *hand throttle* el gazı *hand tools* el aletleri, takım *hand vice* el mengenesi *hand viewer* vizyonöz, bakımlık *hand wheel* el çarkı *hand-woven* elle dokunmuş *have one's hands full* zor başa çıkmak *have one's hands tied* eli kolu bağlı olmak *on hand* el altında, hazır *on the one/other hand* bir/diğer yanda *play into sb's hands* birisinin ekmeğine yağ sürmek *to hand* el altında, yakın bir

yerde *travel/pass from hand to hand* elden ele dolaşmak *wash one's hands of* el etek çekmek

handbag /'hendbeg/ *a.* el çantası

handball /'hendbo:l/ *a.* hentbol, eltopu

handbill /'hendbil/ *a.* el ilanı

handbook /'hendbuk/ *a.* el kitabı, rehber

handbrake /'hendbreyk/ *a. oto.* el freni *handbrake booster* el freni güçlendiricisi

handcart /'hendka:t/ *a.* el arabası, çekçek

handcuff /'hendkaf/ *e.* kelepçelemek, kelepçe takmak

handcuffs /'hendkafs/ *a.* kelepçe

handful /'hendful/ *a.* avuç dolusu; az sayıda (insan), bir avuç; ele avuca sığmaz, yaramaz

handgun /'hendgan/ *a.* tabanca

hand-held /hend'held/ *s.* el +, elde taşınır *hand-held computer biliş.* el bilgisayarı

handicap /'hendikep/ *a.* dezavantaj, engel; (yarış, vb.'de) daha güçlülere daha zor olmak üzere verilen dezavantaj ¤ *e.* engellemek, engel olmak

handicraft /'hendikra:ft/ *a.* el becerisi, el sanatı *handicraft economy* ev sanatları ekonomisi

handiness /'hendinis/ *a.* beceriklilik; uygunluk; yararlılık

handiwork /'hendiwö:k/ *a.* el işi, iş, el becerisi; (yapanın imzasını taşıyan) elişi, iş

handkerchief /'henkıçif/ *a.* mendil

handle /'hendl/ *a.* sap, kulp, tutamaç, kabza, kol; lakap, takma ad; *teks.* tutum ¤ *e.* eline almak, el sürmek, ellemek; kontrol altında tutmak, yönetmek, idare etmek, başa çıkmak; (işte) kullanmak, bulundurmak *fly off the handle kon.* küplere binmek, zıvanadan çıkmak

handlebars /'hendlba:z/ *a.* (bisiklet/motosiklet) gidon, yönelteç

handler /'hendlı/ *a.* hayvan terbiyecisi

handling /'hendling/ *a.* elle kullanma; muamele; dağıtım, nakliye; ambalajlama *handling services* ambalajlama ve dağıtım masrafları, elden geçirme ücreti

handmade /hend'meyd/ *s.* el işi, elde

yapılmış

hand-me-down /'hendmidaun/ *a.* elden düşme

hand-operated /hend'opıreytıd/ *s.* elle çalıştırılan

handout /'hendaut/ *a.* (özellikle yoksullara verilen yiyecek/içecek şeklinde) yardım, sadaka; bildiri

handpicked /hend'pikt/ *s.* özenle seçilmiş, titizlikle seçilmiş

handpicking /hend'piking/ *a. mad.* tavuklama

handrail /'hendreyl/ *a.* tırabzan, merdiven parmaklığı

hands /hendz/ *a.* iyelik, sahip olma, el

hands-on /'hendzon/ *s. biliş.* pratik, kuramsal olmayan

handsaw /'hendso:/ *a.* el testeresi

handset /'hendset/ *a.* telefon makinesi

handshake /'hendşeyk/ *a.* el sıkma, tokalaşma

handshaking /'hendşeyking/ *a. biliş.* tokalaşma, uyuşma, aygıtlar arası sinyal alışverişi

handsome /'hensım/ *s.* yakışıklı; güzel, iyi görünümlü; hoş, cömert

handspike /'hendspayk/ *a.* manivela

handstand /'hendstend/ *a.* ellerin üzerinde durma, amut

hand-to-mouth /hendtı'maut/ *s.* yeterli parası/yiyeceği olmayan, parasal sıkıntı içinde olan, kıt kanaat geçinen ¤ *be.* yetersiz para/yiyecek ile, kıt kanaat, zar zor, elden ağza

handwork /'hendwö:k/ *a.* el işi

handwriting /'hendrayting/ *a.* el yazısı *handwriting recognition biliş.* el yazısı tanıma

handy /'hendi/ *s.* kolay kullanımlı, kullanışlı, pratik; el becerisi olan, eli işe yatkın; *kon.* el altında, hazır, yakın *come in handy* işe yaramak

handyman /'hendimen/ *a.* elinden her iş gelen erkek, eli işe yatkın erkek

hang /heng/ *e.* asmak; idam etmek, asmak; asılmak, asılı durmak; duvar kâğıdı kaplamak ¤ *a.* açılış, duruş; anlam, mana *be hung up on/about kon.* saplantısı olmak, takılıp kalmak *get/have the hang of sth kon.* nasıl çalıştığını öğrenmek, yöntemini kapmak, işleyişini kavramak; anlamını

kavramak *Hang on to your hat!* Sıkı dur! *hang about/around kon.* başıboş gezerek oyalanmak, sürtmek; oyalanmak, yavaş hareket etmek, sallanmak, kıçını sallamak *hang back* çekinmek, duraksamak, tereddüt etmek *hang by a hair/thread* sallantıda kalmak *hang gliding* uçma sporu *hang on kon.* tutmak, yapışmak; beklemek; peşini bırakmamak, bir şeyi yapmaya devam etmek *hang on sb's every word* can kulağıyla dinlemek *hang on the lips of* can kulağıyla dinlemek *hang onto* korumaya/elde tutmaya çalışmak *hang up* (telefonu) kapamak

hangar /'hengı/ *a.* hangar

hanger /'hengı/ *a.* askı, elbise askısı, çengel; makas köprücüğü

hanger-on /hengır'on/ *a. hkr.* yağcı, dalkavuk

hang-glider /'henglaydı/ *a.* atlataç, uçurtmayı andıran atlama planörü

hang-gliding /'henglayding/ *a.* uçatlama, uçurtmayı andıran planörle atlama

hanging /'henging/ *a.* asma *hanging bearing* asma yatak *hanging garden* asma bahçe *hanging glacier coğ.* asılı buzul *hanging scaffold* asma iskele *hanging valley coğ.* asılı vadi, asılı koyak

hangman /'hengmın/ *a.* cellat

hangover /'hengouvı/ *a.* akşamdan kalmışlık, mahmurluk; (önceki bir olaydan) kalmış şey, kalıntı, sonuç

hang-up /'hengap/ *a. kon.* saplantı, takıntı

hank /henk/ *a. teks.* çile *hank dyeing machine teks.* çile boyama makinesi *hank holder teks.* çile taşıyıcı *hank mercerizing teks.* çile merserizasyonu *hank washing machine teks.* çile yıkama makinesi *hank winder teks.* çıkrık *hank yarn teks.* çile ipliği *hank yarn printing machine teks.* çile iplik baskı makinesi

hanker /'henkı/ *e. kon.* (after/for ile) arzulamak, özlemini çekmek, can atmak

hankie /'henki/ *a. kon.* mendil

hanky /'henki/ *a. kon.* mendil

hanky-panky /henki'penki/ *a. kon.* (ciddi olmayan) dümen, hile, pislik, adilik hap /hep/ *a.* şans, talih, baht

haphazard /hep'hezıd/ *s.* gelişigüzel, plansız, programsız, dağınık

hapless /'heplis/ *s.* şanssız, talihsiz

haploid /'heployd/ *s.* yarı kromozomlu

haplology /hep'lolıci/ *a.* hece düşmesi, seslem düşmesi, seslem yutumu

happen /'hepın/ *e.* olmak; başına gelmek, olmak; tesadüfen -mek

happening /'hepıning/ *a.* olay

happily /'hepili/ *be.* mutlulukla, neşeyle; Allahtan, bereket versin ki

happiness /'hepinıs/ *a.* mutluluk

happy /'hepi/ *s.* mutlu; uygun, yerinde; sevinçli, memnun

happy-go-lucky /hepigou'laki/ *s.* kaygısız, tasasız, vurdumduymaz

harangue /hı'reng/ *a.* uzun ve sıkıcı konuşma, nutuk ¤ *e.* nutuk çekmek, vaaz vermek

harass /'herıs/ *e.* usandırmak, bezdirmek

harassment /'herısmınt/ *a.* usanç

harbinger /'ha:bincı/ *a.* muştucu, haberci; işaret, nişane

harbor /'ha:bı/ *a. e. AÎ. bkz.* harbour

harbour /'ha:bı/ *a.* liman; sığınak, barınak ¤ *e.* barındırmak, korumak *harbour authority* liman yetkilisi *harbour dues* liman resmi *harbour master* liman başkanı, liman reisi

hard /ha:d/ *s.* sert, katı; güç, zor; kuvvet isteyen, kuvvetli; zorlu, güçlük dolu; tatsız; (on ile) katı, hoşgörüsüz, merhametsiz, zalim; (su) sert, kireçli; (uyuşturucu) bağımlı kılan, alışkanlık yaratan ¤ *be.* büyük gayretle, sıkı, çok; çok miktarda, yoğun, ağır, çok *be hard hit (by)* (yüzünden) zarar etmek, zarara uğramak *be hard up* eli darda olmak *hard anodizing* met. sert anotlama *hard arbitrage* katı arbitraj *hard at it* kon. harıl harıl çalışan *hard boiling* şek. yavaş pişirme, zor pişirme *hard brick* sert tuğla *hard bronze* sert bronz *hard cash* nakit para, madeni para *hard coal* mad. antrasit, parlak kömür *hard copy* biliş. yazılı çıktı *hard core of the strikers* grevcileri kontrol eden grup *hard core* (parti, vb.'de) aşırı uçtaki kimseler; bir şeyin altında yatan şey, temel, öz, çekirdek *hard currency* sağlam para, konvertibl para *hard disk*

biliş. sabit disk, sert disk *hard done by* İİ. haksızlığa uğramış *hard dump* biliş. arıza dökümü *hard glass* sert cam *hard hat* miğfer; inşaat işçisi *hard iron* met. sert demir *hard lead* met. sert kurşun *hard luck* İİ. şanssızlık, talihsizlik, kötü şans, kör talih *hard metal* sert metal *hard money* madeni para *hard of hearing* ağır işitir; sağır *hard porn* sansürsüz porno *hard rubber* sert kauçuk *hard sell* ısrarla satış usulü *hard shoulder* yol. banket *hard soap* sert sabun *hard solder* sert lehim *hard steel* sert çelik *hard surfacing* sert yüzeyleme *hard-to-adjust* ayarlaması zor *hard-to-get-to* erişimi zor *hard-to-read* okunması zor *hard twisted* teks. sıkı bükümlü *hard up* darda, sıkıntıda, eli darda *hard water* sert su *take (it) hard* derin acı duymak

hard-and-fast /ha:dın'fa:st/ *s.* (kurallar) değişmez, ayrıcalık tanımaz, sabit, kesin

hardback /'ha:dbek/ *a.* ciltli kitap

hardboard /'ha:dbo:d/ *a.* kalın mukavva, elyaf levhası, elyaf tahtası

hard-boiled /ha:d'boyld/ *s.* (yumurta) çok pişmiş, katı

hard-core /ha:d'ko:/ *s. hkr.* sabit fikirli, değişmez, inatçı

hardcover /'ha:dkavı/ *s.* kalın ciltli ¤ *a.* kalın ciltli kitap

harden /'ha:dn/ *e.* sertleşmek, katılaşmak; sertleştirmek, katılaştırmak

hardenability /'ha:dınbılıti/ *a.* sertleşebilirlik

hardenable /'ha:dınbıl/ *s.* sertleştirilebilir; sertleşebilir

hardener /'ha:dını/ *a.* sertleştirici, katılaştırıcı

hardening /'ha:dıning/ *a.* sertleştirme, katılaştırma; dondurma; sertleşme, katılaşma; çeliğe su verme *hardening agent* sertleştirme maddesi *hardening furnace* met. sertleştirme fırını *hardening shop* met. sertleştirme bölümü

hardface /'ha:dfeys/ *e. met.* sert yüz kaplamak

hardheaded /ha:d'hedid/ *s.* mantıklı, açıkgöz

hard-hearted /ha:d'ha:tid/ *s.* katı yürekli, acımasız

hardihood /'ha:dihud/ *a.* tahammül, metanet; dayanıklılık; yüreklilik, yiğitlik

hard-line /ha:d'layn/ *s. kon.* sıkı, sert

hard-lines /ha:d'laynz/ *ünl. a. kon. bkz.* hard luck

hardly /'ha:dli/ *be.* hemen hemen hiç; ancak, yeni yeni; hiç değil, hiç

hardness /'ha:dnis/ *a.* sertlik *hardness number* sertlik sayısı *hardness scale* sertlik ölçeği *hardness test* sertlik testi, sertlik deneyi *hardness tester* sertlikölçer, sertlik ölçme aygıtı

hard-on /'ha:don/ *a. Aİ. kab. arg.* kalkmış yarak

hardpan /'ha:dpen/ *a.* sert toprak, sert tabaka, killi toprak

hardship /'ha:dşip/ *a.* sıkıntı, güçlük, zorluk

hardtop /'ha:dtop/ *a.* üstü açılamayan metal çatılı araba

hardware /'ha:dweı/ *a.* madeni eşya, hırdavat; (bilgisayar) donanım *hardware compatibility biliş.* donanım uyabilirliği, donanım uyarlığı *hardware dump biliş.* donanım dökümü *hardware dump area biliş.* donanım döküm alanı *hardware duplicate biliş.* donanım kopyası, tıpkı donanım *hardware error biliş.* donanım hatası *hardware monitor biliş.* donanım monitörü *hardware recovery biliş.* donanımı kurtarma, donanım onarımı

hardwearing /ha:d'weıring/ *s. İİ.* (giyecek) dayanıklı, uzun ömürlü, sağlam

hardwood /'ha:dwud/ *a.* mobilyacılıkta kullanılan sert tahtalı ağaç

hard-working /ha:d'wö:king/ *s.* çalışkan

hardy /'ha:di/ *s.* dayanıklı, güçlü; (bitki) soğuğa dayanıklı

hare /heı/ *a. hayb.* yabani tavşan ¤ *e. İİ. kon.* (off ile) çok hızlı koşmak, kaçmak, fırlamak, tüymek

harebell /'heıbel/ *a. bitk.* çançiçeği, yaban sümbülü

harebrained /'heıbreynd/ *s.* aptalca, kuş beyinli, kafasız

harelip /heı'lip/ *a. hek.* yarık dudak, tavşandudağı

harelipped /heı'lipt/ *s. hek.* yarık dudaklı, tavşandudaklı

harem /'heırım/ *a.* harem

haricot /'herikou/ *a.* fasulye

hark /ha:k/ *e. esk.* dinlemek *hark at him* şuna bak, şunun zırvalarını dinle *hark back kon.* geçmişten söz etmek, eskilerden söz etmek

harl /ha:l/ *a.* keten ipliği, kenevir ipliği

harlequin /'ha:likwin/ *a. tiy.* soytarı, palyaço

harlequinade /ha:likwi'neyd/ *a.* pandomima, soytarılık

harlot /'ha:lıt/ *a.* fahişe, orospu

harm /ha:m/ *a.* zarar, ziyan, hasar; kötülük ¤ *e.* zarar vermek, incitmek *out of harm's way* tehlikeden uzak

harmful /'ha:mful/ *s.* zararlı

harmless /'ha:mlıs/ *s.* zararsız

harmonic /ha:'monik/ *s.* uyumlu, ahenkli *harmonic absorber fiz.* harmonik soğurucu *harmonic analyser fiz.* harmonik analizörü *harmonic analysis fiz.* harmonik analizi *harmonic antenna elek.* harmonik anteni *harmonic component* harmonik bileşen *harmonic content fiz.* harmonik içeriği *harmonic distortion elek.* harmonik distorsiyon *harmonic filter elek.* harmonik süzgeci *harmonic generator elek.* harmonik jeneratör, uyumcul üreteç *harmonic interference elek.* harmonik girişim *harmonic mean mat.* armonik ortalama, uyumlu ortalama *harmonic motion fiz.* ahenkli hareket, uyumlu devinim *harmonic oscillation* harmonik salınım *harmonic progression mat.* armonik dizi, uyumlu dizi *harmonic ratio mat.* armonik oran, uyumlu oran *harmonic series fiz.* harmonik serisi *harmonic suppressor elek.* harmonik bastırıcı *harmonic wave fiz.* harmonik dalga, uyumlu dalga

harmonica /ha:'monikı/ *a. müz.* armonika

harmonious /ha:'mouniıs/ *s.* uyumlu, ahenkli

harmoniousness /ha:'mounyısnıs/ *a.* ahenklilik, uyumluluk

harmonize /'ha:mınayz/ *e. müz.* armonisini yapmak; (with ile) uyum sağlamak, uyumlu olmak, uyum oluşturmak, uyum yaratmak

harmony /'ha:mıni/ *a. müz.* armoni; uyum, ahenk, uygunluk

harness /'ha:nis/ *a.* koşum takımı, koşum; donanım, teçhizat; *hav.* pilot bağı ¤ *e.* (atı) koşmak; (doğal güçleri) kullanmak, yararlanmak

harp /ha:p/ *a. müz.* harp ¤ *e.* harp çalmak; ısrarla söylemek/yazmak *harp on hkr.* (about ile) durmadan (sıkıntılarını) anlatmak, hep aynı telden çalmak *harp on the same string* diline dolamak

harpist /'ha:pist/ *a. müz.* harpçı

harpoon /ha:'pu:n/ *a.* zıpkın ¤ *e.* zıpkınlamak

harpsichord /'ha:psiko:d/ *a. müz.* harpsikord

harridan /'heridın/ *a.* cadaloz

harrow /'herou/ *a. trm.* tırmık, sürgü, tapan ¤ *e.* tırmıklamak, sürgü geçirmek, kesek kırmak; yüreğini parçalamak, sarsmak

harrowing /'herouing/ *s.* üzücü, hırpalayıcı, acı veren

harry /'heri/ *e.* yağma etmek; rahat vermemek, eziyet etmek

harsh /ha:ş/ *s.* duyuları yıpratıcı, sert; (renk) cırtlak; kaba, zalim, haşin *harsh feel teks.* sert tutum

harumscarum /heırım'skeyrım/ *s.* patavatsız, pervasız, kayıtsız

harvest /'ha:vist/ *a.* hasat, ekin toplama; hasat zamanı; toplanan ekin, mahsul, ürün ¤ *e.* biçmek, tarladan kaldırmak

harvester /'ha:vistı/ *a.* orakçı, hasatçı; biçerdöver *harvester-thresher mak.* biçerdöver

has /hız, hez/ *e. bkz.* have

has-been /'hezbi:n/ *a. kon.* modası geçmiş kimse/şey

hash /heş/ *a.* kıymalı yemek; arapsaçı, karmakarışık şey, altüst olmuş şey; *kon.* haşiş, esrar *hash total biliş.* karma toplam *make a hash of* yüzüne gözüne bulaştırmak *make a hash of it* yüzüne gözüne bulaştırmak, arapsaçına çevirmek

hashish /'heşi:ş/ *a.* haşiş, esrar

hasp /ha:sp/ *a.* asma kilit köprüsü, kenet; iplik makarası; yün çilesi

hassle /'hesıl/ *a. kon.* güçlük, zorluk, bela; mücadele, tartışma, kavga ¤ *e. kon.* güçlük çıkarmak, kızdırmak, sinir etmek, huzursuz etmek

haste /heyst/ *a.* acele, telaş

hasten /'heysın/ *e.* acele etmek; acele ettirmek; hemen söylemek

hasty /'heysti/ *s.* acele, aceleyle/telaşla yapılan, aceleye gelmiş

hat /het/ *a.* şapka *at the drop of a hat* aniden, birdenbire *hang up one's hat* ununu eleyip eleğini asmak *keep under one's hat* ser verip sır vermemek *old hat* modası geçmiş *pass the hat round* (birine) para toplamak *take one's hat off to (sb)* takdir etmek *talk through one's hat kon.* zırvalamak, saçma sapan konuşmak, kafadan atmak, ahkâm kesmek

hatch /heç/ *e.* (civciv) yumurtadan çıkmak, yumurtasını kırmak; (yumurta) kırılmak, kırılıp civciv çıkarmak; (plan, vb.) kurmak, tasarlamak ¤ *a.* ambar ağzı, ambar kapağı; gemi ya da uçakta yolcu kapısı; bent kapağı *Don't count your chickens before they're hatched* Dereyi görmeden paçaları sıvama *Down the hatches!* Sağlığına!, Yarasın!

hatchback /'heçbek/ *a.* steyşın araba

hatcheck girl /'hetçek gö:l/ *a.* vestiyerci kız

hatchel /'heçıl/ *a.* keten tarağı ¤ *e.* keten taramak

hatcher /'heçı/ *a. trm.* kuluçka makinesi

hatchery /'heçıri/ *a. trm.* kuluçka yeri, üretme çiftliği, balık üretme istasyonu

hatchet /'heçit/ *a.* nacak, küçük balta, el baltası *bury the hatchet* kavgayı kesip dost olmak *hatchet pick* baltalı kazma

hatching /'heçing/ *a.* haşur, ştrif *hatching egg trm.* kuluçkalık yumurta

hatchway /'heçwey/ *a. den.* ambar ağzı, lombar ağzı

hate /heyt/ *a.* nefret ¤ *e.* nefret etmek; *kon.* hoşlanmamak, beğenmemek, nefret etmek *hate sb like poison* günahı kadar sevmemek *I hate to say it* Bunu söylemeyi hiç istemiyorum *hate object* nefret çekici şey/kimse *That's my pet hate* O benim en nefret ettiğim şey/kişi

hateable /'heytıbıl/ *s.* nefret verici, nefret dolu, iğrenç

hateful /'heytfil/ *s.* nefret verici, tatsız, iğrenç

hatless /'hetlis/ s. şapkasız

hatred /'heytrid/ a. nefret, kin

hatter /'hetı/ a. şapkacı **as mad as a hatter** kaçık, zırdeli

haughty /'ho:ti/ s. hkr. kibirli, kendini beğenmiş

haughtiness /'ho:tinis/ a. azamet, gurur, kurum

haul /ho:l/ e. çekmek, sürüklemek, taşımak ¤ a. çekme, çekiş; bir ağdan çıkan balık miktarı; ganimet, vurgun; nakliye, navlun **haul over the coals** zılgıtı vermek **hauling cable** çekme halatı, sürükleme halatı **make a big haul** malı götürmek, voli vurmak **haul to the wind** orsasına seyretmek, vira etmek

haulage /'ho:lic/ a. nakliye, taşıma; nakliye ücreti **haulage drift** mad. nakliyat yolu, taşıma yolu **haulage rope** mad. ihraç halatı, çıkarma halatı

hauler /'ho:lı/ a. nakliye şirketi

haulm /ho:m/ a. bitki sapı, saman

haulyard /'ho:lya:d/ a. den. kandilisa, çördek, yelken ipi

haunch /ho:nç/ a. kalça, kıç, but; mim. kemer ayağı, kemer koltuğu

haunching /'ho:nçing/ a. kemer koltuk taşı, kemer ayağı

haunt /ho:nt/ e. (cin, peri, vb.) uğramak, sık sık görünmek; ziyaret etmek, dadanmak; hiç aklından çıkmamak ¤ a. sık sık uğranan yer, düzenli olarak ziyaret edilen yer, uğrak yeri

haunting /'ho:nting/ s. akıldan çıkmayan, güç unutulan

hauteur /ou'tö:/ a. kibir, gurur

have /hıv, hev/ e. sahip olmak, -si olmak; almak; yapmak; yemek, içmek; izin vermek; doğurmak; davet etmek, çağırmak; (rüya) görmek; geçirmek; karşılaşmak **have a hand in** -de katkısı bulunmak **have done with** bitirmek, son vermek, ile işi kalmamak **have got** sahip olmak, -si olmak **have got to** zorunda olmak, zorunda kalmak, mecbur olmak **have it in for (sb)** kon. -e zıt gitmek, kaba davranmak, kıl olmak, gıcık olmak **have it off/away with** İİ. kon. ile düşüp kalkmak **have it out with** tartışmak **have on** üzerinde ... olmak, giymek; İİ. kon. kafaya almak,

işletmek; yapacak bir işi/programı olmak **have on one's mind** endişelenmek **have out** (diş, vb.) çektirmek, aldırmak; (tartışarak) çözümlemek; tartışmak **have sth done** -tirmek, -tırmak **have to** zorunda olmak, zorunda kalmak, mecbur olmak **have to do with** ile bir ilgisi olmak **have up** İİ. kon. mahkemeye vermek

haven /'heyvın/ a. sığınak, liman, barınak

havenot /'hevnot/ a. fakir kimse

haversack /'hevısek/ a. asker çantası, arka çantası

havings /'hevingz/ a. mal, mülk, servet, zenginlik

havoc /'hevık/ a. hasar, zarar ziyan, yıkım; kargaşa

hawk /ho:k/ a. hayb. doğan, atmaca; inş. harç tahtası, serpme tahtası ¤ e. gezgin satıcılık yapmak, sokakta öteberi satmak

hawker /'ho:kı/ a. seyyar satıcı

hawse /ho:z/ a. den. loça, palamar gözü **hawse hole** den. palamar lombarı, palamar gözü

hawser /'ho:zı/ a. den. halat, palamar, yoma **hawser laid** den. yoma, bükme halat

hawthorn /'ho:to:n/ a. bitk. akdiken, alıç

hay /hey/ a. saman, kuru ot ¤ e. otu biçip kurutmak **hay fever** saman nezlesi **hay meadow** trm. çayır, otlak **hay mower** trm. çim makinesi **hay pasture** trm. biçilen mera **hay rake** trm. çayır tırmığı **hay-loader** mak. ot yükleyici **make hay of** altüst etmek **make hay while the sun shines** yağmur yağarken küpünü doldurmak **that ain't hay** çakıl taşı değil

haycock /'heykok/ a. trm. tınaz, ot yığını

hayfork /'heyfo:k/ a. trm. diren, dirgen, yaba

hayloft /'heyloft/ a. trm. otluk, samanlık

haymaker /'heymeykı/ a. trm. tınaz makinesi

haymaking /'heymeyking/ a. trm. kuru ot üretimi

hayrick /'heyrik/ a. tınaz, otluk, ot yığını

haystack /'heystek/ a. saman yığını, tınaz, otluk

haywire /'heywayı/ s. karmakarışık, karman çorman **go haywire**

arapsaçına dönmek, altüst olmak

hazard /'hezıd/ a. tehlike; risk, riziko; şans, baht; bilardoda bir vuruş; teniste sayı yapan servis atışı ¤ e. riske etmek, tehlikeye atmak; cesaret edip girişmek **game of hazard** şans oyunu, kumar **hazard beacon** hav. tehlike farı **hazard bonus** iş riski tazminatı

hazardous /'hezıdıs/ s. tehlikeli, riskli; şansa bağlı, sonucu şüpheli

haze /heyz/ a. ince sis, duman, pus; belirsizlik, müphemlik

hazel /'heyzıl/ a. bitk. fındık ağacı ¤ a. s. ela

hazel-nut /'heyzılnat/ a. fındık

haziness /'heyzinis/ a. pusluluk, sis; karışıklık, belirsizlik

hazy /'heyzi/ s. bulutlu, sisli, puslu, bulanık

he /hi:/ adl. (erkek) o; kendi ¤ a. erkek

he-man /'hi:men/ a. güçlü adam

head /hed/ a. baş, kafa; baş, baş taraf; akıl, beyin, kafa; lider, başkan, baş; üst kısım, ön taraf, baş; metal paranın resimli yüzü, tura; su, buhar basıncı ¤ e. başında olmak, başı çekmek; sorumlu olmak, yönetmek, baş olmak, bir yöne doğru hareket etmek ya da ettirmek; (topa) kafa vurmak **a/per head** kişi başı, adam başı **above/over sb's head** anlama kapasitesinin üstünde, çok zor **come to a head** dönüm noktasına gelmek, doruğa ulaşmak **crow one's head off** koltukları kabarmak **eat one's head off** tıka basa yemek **from head to foot** tepeden tırnağa **get it through one's (thick) head/skull** kafasına sokmak **go to sb's head** başını döndürmek, coşturmak, aklını başından almak, burnunu büyütmek **have a good head on one's shoulders** sağduyu sahibi olmak **have a roof over one's head** başını sokacak bir yeri olmak **have one's head in the clouds** aklı bir karış havada olmak **have sth hanging over one's head** başının püsküllü belası olmak **head and shoulders above** kat kat iyi/üstün **head brick** inş. baş tuğlası **head cleaning kit** biliş. kafa temizleme takımı **head crash** biliş. kafa çarpması, okuma/yazma kafası çarpması **head gap** biliş. kafa aralığı **head into** gitmek

head leader sin. ön amors, ön kılavuz **head loss** yük kaybı **head moulding** inş. kemer kornişi, kemer damlalığı **head office** genel müdürlük, merkez **head over heels** tepetaklak **head over heels in love with sb** sırılsıklam âşık olmak **head race** üst kanal, su taşıyıcı kanal **head race channel** iletim kanalı **head sail** den. pruva yelkeni, ön yelken **head start** (yarış, vb.'de) avantaj, üstünlük **head switching** biliş. kafa anahtarlaması **head wind** den. baş rüzgârı, pruva rüzgârı **head-per-track disk** biliş. sabit kafalı disk **lose one's head** sapıtmak, pusulayı şaşırmak **not able to make head or tail of** kon. anlayamamak **not be able to make heads or tails of** akıl sır erdirememek **off one's head** kon. kaçık, üşütük

headache /'hedeyk/ a. baş ağrısı

headband /'hedbend/ a. kafa bandı

headdress /'heddres/ a. başlık

headed /'hedid/ s. başlı; başlıklı, antetli **headed letter paper** antetli mektup kâğıdı

header /'hedı/ a. baş kesme makinesi; baş yapma makinesi; başak kesme makinesi; bağ taşı, bağ tuğlası, kenet taşı; kolektör; üstbilgi, baş kısma konan yazı **header card** biliş. rehber kart, başlık kartı **header label** biliş. rehber etiket, başlık etiketi

headfirst /hed'fö:st/ s. be. başı önde, başı ilerde olarak, baş aşağı

headframe /hed'freym/ a. mad. şövalman, kuyu kulesi

headgate /'hedgeyt/ a. kanal baş kapağı

headgear /'headgiı/ a. başlık

headhunter /'hedhantı/ a. teknik eleman avcısı

headiness /'hedinis/ a. sabırsızlık, düşüncesizlik, haşinlik; baş döndürücülük, çarpıcılık

heading /'heding/ a. (yazılarda) başlık; mad. galeri, ilerleme galerisi, lağım sürme **heading bond** inş. kenet örgüsü **heading cards** biliş. başlık kartları **heading face** mad. ilerleme alnı

headlamp /'hedlemp/ a. oto. far **headlamp bracket** oto. far mesnedi **headlamp support** oto. far mesnedi

headland /'hedlend/ a. coğ. burun

headless /'hedlis/ s. başsız **headless screw** başsız vida

headlight /'hedlayt/ a. oto. far

headline /'hedlayn/ a. başlık, manşet; özet haber

headlong /'hedlong/ be. s. başı önde; paldır küldür, düşünmeksizin, aceleyle

headmaster /hed'ma:stı/ a. okul müdürü

headmistress /hed'mistrıs/ a. okul müdiresi

head-on /hed'on/ be. s. burun buruna

headphones /'hedfounz/ a. (ikili) kulaklık

headpiece /'hedpi:s/ a. başlık; lento

headquarters /'hedkwo:tız/ a. ask. karargâh; merkez büro

headroom /'hedru:m/ a. boşluk payı, yükseklik

headsail /'hedseyl/ a. den. pruva yelkeni

headscarf /'hedska:f/ a. teks. başörtüsü

headset /'hedset/ a. Aİ. (ikili) kulaklık

headship /'hedşip/ a. müdürlük, başkanlık

headshrinker /'hedşrinkı/ a. kon. psikiyatrist

headstock /'hedstok/ a. baş dayak, yatak, beşik; torna fener mesnedi

headstone /'hedstoun/ a. mezar taşı

headstrong /'hedstrong/ s. inatçı, dik başlı, kafasının dikine giden

headwall /'hedwo:l/ a. menfez, üst kanat duvarı

headward /'hedwıd/ s. geriye doğru **headward erosion** coğ. geriye aşınma

headway /'hedwey/ a. ilerleme; sefer, yolculuk **make headway** (güçlükler karşısında) ilerlemek, gelişmek **make no headway** yerinde saymak

headwheel /'hedwi:l/ a. mad. molet, halat makarası

headwind /'hedwind/ a. karşıdan esen rüzgâr

headword /'hedwö:d/ a. madde başı sözcük

heady /'hedi/ s. (alkol) sarhoş edici, çarpıcı, sert; başı dönmüş, heyecanlı

heal /hi:l/ e. (yara, vb.) iyileşmek; iyileştirmek; son vermek, bitirmek

health /helt/ a. sağlık, sıhhat **health certificate** sağlık raporu **health physics** fiz. sağlık fiziği

healthy /'helti/ s. sağlıklı

heap /hi:p/ a. yığın, küme ¤ e. yığmak, kümelemek **be struck all of a heap** küçük dilini yutmak

hear /hiı/ e. işitmek, duymak; haber almak, duymak, öğrenmek; dikkatle dinlemek **hear about** duymak, haberini almak, bilmek, haberdar olmak **hear from** (mektup, vb. ile) haber almak **hear of** bahsini işitmek, (adını) duymak, bilmek, hakkında bilgisi olmak **hear out** (birisini konuşması bitene kadar) dinlemek

hearing /'hiıring/ a. işitme duyusu, işitme; işitme alanı, ses erimi; kendi durumunu çevreye duyurma; huk. duruşma, oturum **hearing aid** kulaklık, işitme cihazı **hearing loss** fiz. işitme kaybı

hearsay /'hiısey/ a. söylenti, şayia

hearse /hö:s/ a. cenaze arabası

heart /ha:t/ a. kalp, yürek; kalp, gönül, yürek; merkez; kararlılık, azim, yüreklilik, cesaret; isk. kupa **after one's own heart** tam gönlüne göre, kafasına göre **break sb's heart** kalbini kırmak **by heart** ezbere **Cross my heart!** Vallahi billahi!, Ekmek Kuran çarpsın ki! **cry one's heart/eyes out** hüngür hüngür ağlamak **do one's heart good** gönlünü ferahlatmak **eat one's heart out** içi içini yemek **Have a heart!** El insaf yani! **have a heart of gold** altın gibi kalbi olmak **have a heart of stone** taş yürekli olmak **have no heart** kalpsiz olmak, vicdansız olmak; cesareti olmamak **have one's heart in one's mouth/boots** yüreği ağzına gelmek **heart and soul** canı gönülden **heart attack** kalp krizi **heart condition** kalp hastalığı **heart disease** kalp hastalığı **heart rot** orm. öz çürüklüğü **heart surgery** kalp cerrahisi **lose one's heart** cesaretini kaybetmek **lose one's heart to sb** gönlünü kaptırmak, vurulmak **make sb's heart bleed** yüreğini sızlatmak **open one's heart to sb** kalbini açmak; içini dökmek **put one's heart and soul into** canla başla çalışmak **set one's heart on** -e gönlünü vermek, çok istemek **take heart** cesaretlenmek **take sth heart** etkilenmek, üzülmek; ciddiye almak, dikkat etmek **to one's heart's content**

dilediği kadar, doya doya, kana kana **with a heavy heart** bin bir zorlukla **with all my heart** bütün kalbimle, bütün içtenliğimle

heartache /'ha:teyk/ *a.* gönül yarası, ıstırap, acı

heartbeat /'ha:tbi:t/ *a.* kalp atışı

heartbreak /'ha:tbreyk/ *a.* ıstırap, acı, derin üzüntü, kalp yarası, gönül yarası

heartbreaking /'ha:tbreyking/ *s.* kalp kırıcı, çok üzücü, yürek parçalayıcı

heartbroken /'ha:tbroukın/ *s.* üzüntülü, kalbi kırık, kederli, acılı

heartburn /'ha:tbö:n/ *a. hek.* mide ekşimesi

hearten /'ha:tn/ *e.* yüreklendirmek, cesaret vermek; neşelendirmek

heartening /'ha:tning/ *s.* yüreklendirici, cesaretlendirici

heartfelt /'ha:tfelt/ *s.* içten, yürekten, samimi, gerçek

hearth /ha:t/ *a.* ocak, şömine, fırın **hearth plate** ocak tablası, ocak levhası

heartily /'ha:tili/ *be.* iştahla, istekle; çok, fazla, fazlasıyla

heartless /'ha:tlıs/ *s.* acımasız, katı yürekli, zalim, kalpsiz

heartrending /'ha:trending/ *s.* yürek parçalayıcı, üzücü, çok acıklı

heartstrings /'ha:tstringz/ *a.* güçlü sevgi/acıma duyguları **play on sb's heartstrings** duyguları ile oynamak **plug/pull/tug/tear at sb's heartstrings** etkilemek, duygulandırmak, sevgi veya acıma duyguları uyandırmak

heart-to-heart /ha:ttı'ha:t/ *s. a.* içten, saklısız, açık, samimi (konuşma)

heartwarming /'ha:two:ming/ *s.* iç açıcı

heartwood /'ha:twud/ *a.* özodunu, öz kerestesi

hearty /'ha:ti/ *s.* içten, yürekten, samimi; (yiyecek) doyurucu, bol **hale and hearty** güçlü ve sağlıklı, kanlı canlı

heat /hi:t/ *a.* ısı; sıcaklık, sıcak; eleme yarışı; (dişi ve memeli hayvanlarda) çiftleşme isteği; ateşli/azgın dönem ¤ *e.* ısınmak; ısıtmak **heat absorbing filter** *fot.* antikalorik filtre, ısıkeser süzgeç **heat accumulator** ısı akümülatörü **heat balance** ısıl bilanço **heat capacity** ısı kapasitesi, ısı sığası **heat coil** ısı bobini **heat conduction** ısı iletimi **heat**

consumption ısı tüketimi **heat detector** *fiz.* ısı detektörü **heat dissipation** *fiz.* ısı kaybı **heat economy** ısı ekonomisi **heat engine** *fiz.* ısı makinesi **heat equivalent** *kim.* ısı eşdeğeri **heat exchange** ısı alışverişi **heat exchanger** eşanjör, ısı dönüştürücü **heat flow** *fiz.* ısı akışı **heat gain** ısı kazancı **heat insulating material** ısı yalıtım maddesi **heat insulation** ısı yalıtımı **heat insulator** ısı izolatörü, ısı yalıtkanı **heat interchange** termal denge, ısıl denge **heat loss** ısı kaybı, ısı yitimi **heat of dissociation** ayrışma ısısı **heat of formation** *kim.* oluşum ısısı **heat of fusion** *fiz.* füzyon ısısı, kaynaşım ısısı **heat of hydration** hidratasyon ısısı **heat of reaction** *kim.* reaksiyon ısısı, tepkime ısısı **heat of solution** *kim.* erime ısısı **heat of vaporization** buharlaşma ısısı **heat pump** ısı pompası **heat resistant** ısıya dayanıklı **heat resisting** ısıya dayanıklı, ısı dirençli **heat source** ısı kaynağı **heat transfer** ısı aktarımı, ısı nakli **heat transfer coefficient** *fiz.* ısı geçişi katsayısı **heat transfer medium** ısı aktarım ortamı **heat transmission** ısı geçişi **heat treated** tavlanmış, tavlı, sıcak işlenmiş **heat treatment** tavlama, ısıl işlem, termik işlem **heat unit** ısı birimi **heat wave** sıcak hava dalgası **heat-setting** *teks.* termofiksaj **heat-setting shrinkage** *teks.* fiksaj çekmesi **heat-treat** tavlamak, sıcak işlemek **in the heat of the moment** bir şeyin en civcivli anında

heatable /'hi:tıbıl/ *s.* ısınabilir

heated /'hi:tid/ *s.* ısınmış; hararetli, heyecanlı, kızgın, ateşli

heater /'hi:tı/ *a.* ısıtıcı, soba, ocak, fırın **heater current** *elek.* ısıtıcı akımı **heater plug** *oto.* ısıtma bujisi, kızdırma bujisi

heath /hi:t/ *a.* fundalık, kır, çalılık; funda, süpürgeotu

heathen /'hi:dın/ *s.* putperest, dinsiz

heather /'hedı/ *a. bitk.* funda, süpürgeotu

heating /'hi:ting/ *a.* ısıtma sistemi, ısıtma **heating and batching chamber** *teks.* termo bekletme odacığı **heating boiler** kalorifer kazanı, ısıtma kazanı **heating chamber** ısıtma kamarası **heating coil**

ısıtma serpantini *heating curve* ısıtma eğrisi *heating depth* ısınma derinliği *heating element* ısıtma elemanı *heating flue* ısıtma geçidi *heating inductor* *elek.* ısıtma bobini *heating jacket* ısıtma ceketi *heating limit fiz.* termik limit, ısıl sınır *heating of bearings* yatakların ısınması *heating oil* ısıtıcı yağ *heating plant* ısıtma tesisatı, ısıtma düzeni *heating power* ısıtma gücü, ısıtma kuvveti *heating rate* ısıtma hızı *heating steam* ısıtma buharı *heating surface* ısıtma yüzeyi *heating temperature* ısıtma sıcaklığı *heating time* ısıtma süresi *heating tube* ısıtma borusu

heatproof /'hi:tpru:f/ *s.* sıcağa dayanıklı

heatsink /'hi:tsink/ *s. elek.* ısı yutucu, soğutucu

heatstroke /'hi:tstrouk/ *a. bkz.* sunstroke

heave /hi:v/ *e.* kaldırmak, yukarı çekmek; *kon.* fırlatmak, kaldırıp atmak; inip kalkmak, şişip inmek; (gemi) seyretmek, belli bir rotada gitmek ¤ *a.* kaldırma; *yerb.* yatay atım *heave a sigh* of çekmek

heaven /'hevın/ *a.* cennet *heavens* gökyüzü, sema, asuman *be in seventh heaven* havalara uçmak, zevkten dört köşe olmak *move heaven and earth* çalmadık kapı bırakmamak, elinden geleni yapmak *go to heaven* cennete gitmek, cennetlik olmak

Heaven /'hevın/ *a.* Allah, Yaradan, Tanrı, Cenabı Hak *(Good) Heavens* Tanrım *For Heaven's sake* Allah aşkına *Heaven forbid* Allah göstermesin, Ağzından yel alsın *Thank Heaven* Tanrıya şükür, Bereket versin

heavenly /'hevınli/ *s.* cennete ilişkin, cennet gibi, göksel, tanrısal; *kon.* harika, nefis *heavenly body* gökcismi *heavenly hosts* melikler, ermişler, azizler

heavenwards /'hevınwıdz/ *be.* gökyüzüne/cennete doğru

heaver /'hi:vı/ *a.* kaldıran kimse; manivela, kaldırıcı

heavily /'hevili/ *be.* ağır bir biçimde

heavy /'hevi/ *s.* ağır; yoğun, ağır, şiddetli; ciddi, ağır; (davranış, duygu) ağır, yavaş; yorucu, güç, ağır; (yiyecek) ağır, sindirimi güç; (hava) ağır, boğucu, yoğun (denizde) dalgalı, fırtınalı; üzgün, hüzünlü *heavier-than-air* havadan ağır *heavy clay* ağır kil *heavy current* güçlü akım, şiddetli akım *heavy duty* ağır iş, ağır yük *heavy fuel* ağır yakıt, mazot *heavy goods* ağır yük *heavy hydrogen kim.* ağır hidrojen *heavy industry* ağır endüstri, ağır sanayi *heavy ions* ağır iyonlar *heavy liquid* ağır sıvı *heavy market* ağır piyasa *heavy medium mad.* ağır ortam *heavy medium separation* ağır sıvıda ayırma *heavy metal* ağır metal *heavy oil* ağıryağ *heavy particle fiz.* ağır parçacık *heavy petrol oto.* ağır benzin *heavy petting* (seks yapmadan) sevişme, yiyişme *heavy rain metr.* şiddetli yağmur, kara yağmuru *heavy soil trm.* ağır toprak *heavy spar* ağır spar, barit *heavy traffic* ağır trafik *heavy turbulence metr.* kuvvetli türbülans *heavy water* ağır su *make heavy weather of sth kon.* zor gelmek, ağır gelmek

heavy-duty /hevi'dyuti/ *s.* güç koşullara dayanıklı yapılmış, ağır iş için elverişli, dayanıklı, evladiyelik, uzun ömürlü

heavy-handed /hevi'hendid/ *s.* kaba, patavatsız, can sıkıcı

heavyhearted /hevi'ha:tid/ *s.* üzgün, kederli

heavyweight /'heviweyt/ *s. sp.* ağırsıklet

hebdomadal /heb'domıdıl/ *s.* haftalık, yedi günlük

hebetate /'hebiteyt/ *e.* zihnini körleştirmek

Hebrew /'hi:bru:/ *a.* İbrani, Yahudi; İbranice ¤ *s.* İbraniler/İbranice ile ilgili

heck /hek/ *a.* kahrolası

heckle /'hekıl/ *e.* sıkıştırmak, sorularla sözünü kesmek; *teks.* (keten, kenevir) ditmek, taramak

hectare /'hekta:, 'hekteı/ *a.* hektar

hectic /'hektik/ *s.* heyecanlı, telaşlı, hareketli

hecto- /hektou/ *önk.* hekto

hectogramme /'hektougrem/ *a.* hektogram

hectometer /'hektoumi:tı/ *a.* hektometre *hectometric wave* hektometrik dalga

hector /'hektı/ *a.* kabadayı ¤ *e.* yıldırmak, sindirmek

heddles /'hedılz/ *a. teks.* gücü takımları

hedge /hec/ *a.* çit, çalı; (against ile) koruma ¤ *e.* çitle çevirmek; lafı dolandırmak, doğrudan doğruya yanıt vermekten kaçınmak

hedgehog /'hechog/ *a. hayb.* kirpi

hedger /'hecı/ *a.* bahçıvan, bostancı

hedgerow /'hecrou/ *a.* (yol kenarında, vb.) sıra sıra çalılar

hedging /'hecing/ *a.* hedging, döviz kuru rizikosuna karşı korunma

hedonism /'hi:dınizım/ *a. fel.* hedonizm, hazcılık

heed /hi:d/ *e.* dikkat etmek, önemsemek, dinlemek, kulak vermek ¤ *a.* dikkat, önem *pay heed (to)* önem vermek, dikkat etmek, kulak vermek *take heed (of)* önem vermek, dikkat etmek, kulak vermek *give heed (to)* önem vermek, dikkat etmek, kulak vermek

heedful /'hi:dful/ *s.* dikkatli, özenli

heedless /'hi:dlis/ *s.* dikkatsiz, önemsemeyen *be heedless of* önem vermemek

heedlessness /'hi:dlisnis/ *a.* dikkatsizlik, gaflet

heehaw /'hi:ho:/ *a.* eşek anırması; gürültülü kahkaha

heel /hi:l/ *a. anat.* topuk; ökçe, topuk ¤ *e.* (ayakkabıya) ökçe takmak *at/on one's heels* hemen arkasından, çok yakın *be down at the heels* üstü başı dökülmek *be hard on sb's heels* peşini bırakmamak *clean pair of heels* üstün sürat *come to heel* ayaklarına kapanmak *cool one's heels* ağaç olmak *dig one's heels in* ayak diremek *down at heel* kılıksız, pejmürde *heel iron* nalça *kick one's heels* vakit kaybetmek, bekleyip durmak *kick up one's heels* felekten bir gün çalmak *on the heels of* -ın hemen peşinden, -den biraz sonra *take to one's heels* tabanları yağlamak *turn on one's heel* çark etmek, birden dönmek

heeled /hi:ld/ *s.* topuklu, ökçeli; para babası

heeling /'hi:ling/ *a. den.* yana yatma *heeling error den.* yana yatma sapması

heft /heft/ *e.* kaldırmak

hefty /'hefti/ *s.* iri, güçlü kuvvetli, etkili

hegemony /hi'gemıni/ *a.* üstünlük, egemenlik, hegemonya

heifer /'hefı/ *a.* doğurmamış genç inek, düve

height /hayt/ *a.* yükseklik; yüksek yer, pozisyon; doruk, en üst derece, zirve, ana nokta *height control elek.* yükseklik ayarı *height finder hav.* yükseklik radarı *height indicator hav.* yükseklik saati *height of instruments* alet yüksekliği

heighten /'haytın/ *e.* yükselmek; yükseltmek, artırmak

heinous /'heynıs/ *s.* tiksindirici, iğrenç

heir /eı/ *a.* vâris, mirasçı, kalıtçı

heiress /'eıris/ *a.* kadın mirasçı

heirloom /'eılu:m/ *a.* kuşaktan kuşağa geçen değerli şey

heirship /'eışip/ *a.* vârislik; miras

heist /hayst/ *a.* soygun, hırsızlık ¤ *e.* hırsızlık yapmak, çalmak, aşırmak

helianthus /hi:li'entıs/ *a.* ayçiçeği, günebakan

heliborne /'helibo:n/ *s.* helikopterle taşınan

helibus /'helibas/ *a.* yolcu helikopteri

helical /'helikıl/ *s.* helezoni, sarmal *helical antenna* helis anten *helical compression spring* helezoni baskı yayı *helical gear mak.* helezon dişli, helis dişli, sarmal dişli *helical scan recording elek.* eğik görüntü saptama *helical spring mak.* helezoni yay, sarmal yay

helicoid /'helikoyd/ *a. mat.* helikoid, aylanç, burgu yüzeyi

helicopter /'helikoptı/ *a.* helikopter

heliocentric /hi:liou'sentrik/ *s. gökb.* güneş merkezine bağlı, günmerkezli

helioscope /'hi:lioskoup/ *a. gökb.* güneş gözmerceği

heliostat /'hi:lioustet/ *a. gökb.* helyostat, gündüşürücü

heliotrope /'hi:lıtroup/ *a.* güneş çiçeği, kediotu

hellotroplc wind /hi:lııtroupik wind/ *a. metr.* helyotropik rüzgâr, güneşi izleyen rüzgâr

heliport /'helipo:t/ *a.* helikopter pisti, helikopter alanı

helium /'hi:lıım/ *a. kim.* helyum *helium filled lamp* helyum lambası *helium gas* helyum gazı

helix /'hi:liks/ *a.* helis, helezon ***helix angle*** helezon açısı, helis açısı

hell /hel/ *a.* cehennem; *kon.* (vurguyu artırmak için kullanılır) ¤ *ünl. kon.* kahrolasıca! kahretsin! lanet olsun! ***come hell or high water*** iki eli kanda olsa ***for the hell of it*** *kon.* gırgırına, şamata olsun diye ***hell for leather*** korkunç bir hızla ***give sb hell*** *kon.* fırça atmak, haşlamak ***go to hell in a handbasket*** beş para etmemek ***like hell*** *kon.* deli gibi ***play hell with*** çarkına okumak ***take the hell out of sb*** iflahını kesmek

hell-bent /hel'bent/ *s.* kararlı, kafasına koymuş

hellion /'helyın/ *a.* haylaz çocuk

hellish /'heliş/ *s. kon.* berbat, cehennem gibi, tatsız, can sıkıcı

hello /hı'lou/ *ünl.* merhaba; alo; a! hay Allah!; hey

helluva /'helıvı/ *s. be.* çok fena, çok iyi

helm /helm/ *a. den.* dümen; lider, baş, yönetici

helmet /'helmit/ *a.* kask, miğfer, tolga

helmsman /'helmzmın/ *a.* yönetici, idareci; *den.* dümenci

help /help/ *e.* yardım etmek; işe yaramak, daha iyi yapmak ¤ *a.* yardım; yardımcı ***by/with the help of*** yardımı ile ***Can I be of any help?*** Bir yardımım dokunabilir mi? ***can't help*** elinde olmamak, -meden edememek ***help down*** inmesine yardım etmek ***help in*** içeri girmesine yardım etmek ***help on*** desteklemek, omuz vermek ***help oneself (to sth)*** (yiyecek) almak, buyurmak ***help out*** kurtarmak; zor günde destek olmak, kara gün dostu olmak ***help sb to sth*** (birine bir şey) ikram etmek ***Help!*** İmdat!, Yetişin! ***There's no help for it*** Çaresi yok, Elden bir şey gelmez

helper /'helpı/ *a.* yardımcı, çırak; hizmetçi, uşak

helpful /'helpfıl/ *s.* yardımcı, yararlı

helpfulness /'helpfulnıs/ *a.* yardımseverlik

helping /'helping/ *a.* yemek servisi, porsiyon

helpless /'helplıs/ *s.* yardıma muhtaç, çaresiz, âciz

helter-skelter /heltı'skeltı/ *be. s.* aceleyle, apar topar, paldır küldür, aceleyle/telaşla (yapılan)

helve /helv/ *a.* sap, tutamak ¤ *e.* sap takmak

hem /hem/ *a.* (giysi) kenar, baskı ¤ *e.* kıvırıp kenarını bastırmak ***hem and haw around*** kem küm etmek ***hem in*** kuşatmak, çevresini sarmak

hematite /'hemıtayt/ *a.* hematit, kantaşı

hemicellulose /hemi'selyulouz/ *a.* hemiselüloz

hemicycle /'hemisaykıl/ *a.* yarım daire

hemimorphite /hemi'mo:fayt/ *a. min.* hemimorfit

hemiplegia /hemi'pli:cıı/ *a.* yarım inme

hemisphere /'hemisfıı/ *a.* yarıküre

hemispheric /hemi'sferik/ *s.* yarıküreye ait

hemline /'hemlayn/ *a.* etek boyu, etek ucu

hemlock /'hemlok/ *a. bitk.* hemlok ağacı, katran ağacı; baldıran, ağıotu, ağıbardağı

hemoglobin /hi:mı'gloubin/ *a.* hemoglobin

hemophilia /hi:mı'filiı/ *a. hek.* hemofili

hemorrhage /'hemıric/ *a. hek.* kanama

hemorrhoid /'hemıroyd/ *a. hek.* basur, hemoroit

hemp /hemp/ *a.* kenevir, kendir ***hemp fibres*** *teks.* kenevir lifleri ***hemp packing*** kenevir salmastra ***hemp rope*** kenevir halat, kenevir ip

hemstitch /'hemstiç/ *a. teks.* kenar dikişi, kenar süsü

hen /hen/ *a.* tavuk; dişi kuş

hence /hens/ *be.* bu nedenle, bundan dolayı; buradan, şu andan itibaren

henceforth /hens'fo:t/ *be.* bundan böyle, şimdiden sonra, bu andan itibaren

henchman /'hençmın/ *a. hkr.* dalkavuk

henna /'henı/ *a. bitk.* kına

heparin /'hepırin/ *a. kim.* heparin

hepatic /hi'petik/ *s.* karaciğere ait, karaciğer+

hepatitis /hepı'taytis/ *a. hek.* hepatit, karaciğer yangısı

hepatologist /hepı'tolıcist/ *a.* karaciğer hastalıkları uzmanı

heptagon /'heptıgın/ *a. mat.* yedigen

heptagonal /hep'tegınıl/ *s.* yedi açılı

heptane /'hepteyn/ *a. kim.* heptan

her /hö:, hı, ı/ *adl.* (dişil) onu, ona; o ¤ /hö:/ *s.* onun

herald /'herıld/ *a.* haberci, müjdeci ¤ *e.* bir şeyin müjdecisi olmak

heraldry /'herıldri/ *a.* arma, armacılık

herb /hö:b/ *a.* (nane, vb.) ot, bitki

herbaceous /hı'beyşıs/ *s.* otsu, otsul

herbage /'hö:bic/ *a.* yeşillik, ot

herbal /'hö:bıl/ *s.* otlara ait, bitkisel

herbalist /'hö:bılist/ *a.* şifalı bitkiler yetiştiren/satan kimse

herbicide /'hö:bisayd/ *a.* herbisit, bitki öldürücü

herbivore /'hö:bivo:/ *a.* ot yiyen hayvan

herbivorous /hö:'bivırıs/ *s.* (hayvan) otobur, otçul

herd /hö:d/ *a.* hayvan sürüsü; sığırtmaç, çoban; *hkr.* (insanlar için) koyun sürüsü ¤ *e.* (sürü) gütmek, sürmek **herd instinct** sürü içgüdüsü **herd together** bir araya toplamak; bir araya toplanmak

herdbook /'hö:dbuk/ *a.* sığırların soy dökümüne ait kitap

herdsman /'hö:dzmın/ *a. İİ.* çoban, sığırtmaç; sürü sahibi

here /hiı/ *be.* burada, buraya; bu noktada, burada; işte; hey **here and there** şurada burada **Here you are** işte, buyurun

hereabouts /hiırı'bauts/ *be.* buralarda, yakında

hereafter /hiır'a:ftı/ *be.* bundan sonra, gelecekte ¤ *a.* ölümden sonraki yaşam, ahret

hereby /hiı'bay/ *be.* şimdi, bu vesileyle, bundan ötürü

hereditament /heri'dıtımınt/ *a.* mirasla geçen mal/mülk

hereditary /hi'redıtıri/ *s.* kalıtsal, irsi

heredity /hi'redıti/ *a.* kalıtım, soyaçekim

herein /hiır'in/ *be.* bunda, bu yazının içinde

heresy /'herisi/ *a.* dinsel/toplumsal değerlere aykırı görüş

heretic /'heritik/ *a.* kabul olunmuş doktrinlere karşı olan kimse, kendi dininin inançlarına karşı gelen kimse

herewith /hiı'wid/ *be.* ilişikte, beraberinde

heritable /'heritıbıl/ *s.* kalıtım yoluyla kalabilen; yasal mirasçılara geçen

heritage /'heritic/ *a.* miras, kalıt

hermaphrodite /hö:'mefrıdayt/ *a.* hermafrodit, erdişi, erselik

hermetic /hö:'metik/ *s.* sımsıkı kapalı, havageçirmez

hermit /'hö:mit/ *a.* münzevi kimse

hermitage /'hö:mitic/ *a.* inziva yeri

hernia /'hö:niı/ *a. hek.* fıtık

hero /'hiırou/ *a.* kahraman

heroic /hi'rouik/ *s.* yiğitçe, kahramanca; kahramanlıkla ilgili

heroics /hı'rouiks/ *a.* abartmalı söz ya da davranışlar

heroin /'herouin/ *a.* eroin

heroine /'herouin/ *a.* kadın kahraman

heroism /'herouizım/ *a.* kahramanlık

heron /'herın/ *a. hayb.* balıkçıl

herpes /'hö:pi:z/ *a.* uçuk

herpetology /hö:pi'tolıci/ *a.* hayvanbilimin sürüngenlerle ilgili kısmı

herring /'hering/ *a. hayb.* ringa balığı

herringbone /'heringboun/ *a.* balıksırtı **herringbone gear** balıksırtı dişli **herringbone stitch** *teks.* çapraz dikiş, iğneardı dikiş

hers /hö:z/ *adl.* (dişil) onunki, onun

herself /ı'self, hı'self, hö:'self/ *adl.* (dişil) kendisi

hertz /hö:ts/ *a. fiz.* hertz

hesitancy /'hezitınsi/ *a.* duraksama, tereddüt

hesitant /'hezitınt/ *s.* kararsız, ikircikli

hesitate /'heziteyt/ *e.* tereddüt etmek, duraksamak

hesitation /hezi'teyşın/ *a.* duraksama, tereddüt

hessian /'hesiın/ *a. teks.* kaba kendir bezi

hetero- /'hetırou/ *önk.* başka, farklı

hetero /'hetırou/ *a.* hetero, karşı cinse ilgi duyan kimse

heterocyclic /hetırou'sayklik/ *s.* heterosiklik **heterocyclic compound** heterosiklik bileşik

heterodyne /'hetıroudayn/ *s. elek.* heterodin **heterodyne frequency** *elek.* heterodin frekansı **heterodyne frequency meter** *elek.* heterodin frekansmetre **heterodyne interference** *elek.* heterodin girişim **heterodyne oscillator** *elek.* heterodin osilatör **heterodyne receiver** *elek.* heterodin alıcı

heterodyne reception *elek.* heterodin alış **heterodyne wavemeter** *elek.* heterodin frekansmetre **heterodyne whistle** *elek.* heterodin ıslığı
heterogeneity /hetırouci'ni:iti/ *a.* heterojenlik, farklı oluş
heterogeneous /hetırou'ci:nııs/ *s.* heterojen, çoktürel **heterogeneous catalysis** *kim.* heterojen kataliz, çoktürel tezleştirme **heterogeneous nucleation** heterojen çekirdeklenme, çoktürel çekirdeklenme **heterogeneous radiation** *fiz.* heterojen radyasyon, çoktürel ışınım **heterogeneous reaction** *kim.* heterojen reaksiyon, çoktürel tepkime **heterogeneous reactor** *fiz.* heterojen reaktör, çoktürel reaktör
heteronomous /hetı'ronimıs/ *s.* bağımlı, özerk olmayan
heteropolar /hetırou'poulı/ *s. kim.* heteropolar, çoktürel ucaylı
heterosexual /hetırı'sekşuıl/ *s.* karşı cinse ilgi duyan, heteroseksüel, zıtcinsel
het-up /het'ap/ *s. kon.* heyecanlı, telaşlı
heuristic /hyuı'ristik/ *s.* keşifsel, buluşsal **heuristic approach** *biliş.* keşifsel yaklaşım, deneme yanılma yaklaşımı, buluşsal yaklaşım
hew /hyu:/ *e.* kesmek, yarmak, yontmak **hewn stone** yontma taş
hewer /'hyu:ı/ *a.* baltacı
hex /heks/ *a.* büyü, nazar
hexadecane /'heksıdikeyn/ *a.* heksadekan
hexadecanol /'heksıdikeynol/ *a.* heksadekanol
hexadecimal /heksı'desimıl/ *a. mat.* onaltılı **hexadecimal digit** *biliş.* onaltılı sayı **hexadecimal notation** *biliş.* onaltılı gösterim
hexagon /'heksıgın/ *a.* altıgen **hexagon head screw** altıgen başlı vida **hexagon nut** altı köşe somun
hexagonal /hek'segınıl/ *s.* altıgen **hexagonal system** *yerb.* altıgen sistemi, altıgen dizgesi
hexahedron /heksı'hi:drın/ *a. mat.* altıyüzlü
hexane /'hekseyn/ *a. kim.* heksan
hexose /'heksous/ *a.* heksoz
hey /hey/ *ünl.* hey

heyday /'heydey/ *a.* en parlak dönem, altın çağ
hi /hay/ *ünl. kon.* selam, merhaba
hiatus /hay'eytıs/ *a.* boşluk, eksiklik
hibernate /'haybıneyt/ *e.* kış uykusuna yatmak
hibiscus /hi'biskıs/ *a.* amberçiçeği, gülhatmi
hiccup /'hikap/ *a.* hıçkırık ¤ *e.* hıçkırmak, hıçkırık tutmak
hick /hik/ *a. Aİ. arg.* hödük, kıro
hickory /'hikıri/ *a.* Amerikan ceviz ağacı
hidden /'hidın/ *s.* gizli **hidden damage** gizli zarar, gizli hasar **hidden inflation** gizli enflasyon **hidden reserve** gizli ihtiyat, örtül ihtiyat
hide /hayd/ *e.* saklamak, gizlemek; gizlenmek, saklanmak ¤ *a.* deri, post **hide one's face in shame** utancından yere geçmek **hide one's light under a bushel** kendini göstermemek (yeteneğini gizlemek)
hide-and-seek /'haydın'si:k/ *a.* saklambaç
hidebound /'haydbaund/ *s.* dar görüşlü, sabit fikirli
hideous /'hidııs/ *s.* çirkin, berbat, iğrenç, korkunç
hiding /'hayding/ *a. kon.* dayak **give sb a good hiding** sopa atmak
hie /hay/ *e.* acele etmek
hierarch /hayı'ra:k/ *a.* başpapaz; başpiskopos
hierarchic(al) /hayı'ra:kık(l)/ *s.* hiyerarşik, aşamalı
hierarchy /'hayıra:ki/ *a.* hiyerarşi, aşama düzeni, sıradüzen
hieroglyph /'hayırouglif/ *a.* hiyeroglif, resimyazı
hieroglyphic /hayırou'glifik/ *s.* hiyeroglifik, resimyazısal; okunaksız
hi-fi /'hayfay, hay'fay/ *a. s.* sesi çok doğal bir biçimde veren (müzik seti, pikap, vb.)
higgle /'higıl/ *e.* pazarlık yapmak
higgledy-piggledy /higıldi'pigıldi/ *be. s. kon.* karmakarışık, altüst, karman çorman
higgling /'higling/ *a.* pazarlık
high /hay/ *s.* yüksek; yüce, ulu, hayranlık uyandırıcı, yüksek; (zaman) tam; (yiyecek) bayat; *kon.* sarhoş; *kon.*

uyuşturucu etkisi altında, uçmuş, uçuşta ¤ *be.* yükseğe; yüksekte ¤ *a.* yüksek nokta, yüksek derece, doruk; *kon.* büyük heyecan, coşku, mutluluk; yüksek yer *high alloy iron met.* yüksek alaşım demiri *high and dry kon.* çaresiz, dımdızlak ortada kalmış *high and low* her yerde *high and mighty* kibirli, gururlu *high-angle shot* plonje, üst açı, üstten görüş *high beam* yüksek huzme, uzun huzme *high beam headlamp oto.* uzun huzmeli far *high bulk yarn teks.* hacimli iplik, HB-iplik *high-carbon steel met.* yüksek karbonlu çelik *high compression engine* yüksek kompresyonlu motor *high contrast elek.* yüksek kontrast *high court* yüksek mahkeme *high definition elek.* yüksek netlik, yüksek seçiklik *high efficiency machine* yüksek verimli makine *high energy fuel oto.* yüksek verimli yakıt *high fidelity* sesi aslına yakın derecede verme *high flash point* yüksek yanma derecesi *high-flux reactor fiz.* yoğun akı reaktörü *high flyer* gözü yükseklerde olan kimse *high forest* koru ormanı *high frequency* yüksek frekans *high gear oto.* yüksek vites *high green syrup şek.* beyaz şurup *high idle* yüksüz yüksek devir, boşta tam gaz devir *high intensity carbon* yüksek şiddetli karbon *high jinks* gırgır muhabbet, eğlence *high jump* yüksek atlama *high life* lüks hayat *high-order biliş.* yüksek değer *high-pass filter* yüksekgeçiren filtre *high-pile fabric teks.* uzun tüylü kumaş, uzun havlı kumaş *high pile teks.* uzun tüy, uzun hav *high pitch hav.* büyük hatve *high power* yüksek güç *high pressure* yüksek basınç *high pressure area metr.* yüksek basınç alanı *high priced* yüksek fiyatlı *high purity* yüksek saflık *high school* lise *high seas* açık denizler *high season* sezonun en canlı/hareketli olduğu zaman *high spot* eğlencenin en heyecanlı bölümü *high street* ana cadde *high tea* ikindi kahvaltısı, pastalı börekli içilen çay *high temperature* yüksek sıcaklık *high-temperature reactor fiz.* yüksek sıcaklık reaktörü *high-temperature*

steel met. yüksek sıcaklık çeliği, ısıya dayanıklı çelik *high-tension battery elek.* yüksek gerilim bataryası *high-tension* yüksek gerilim *high tide coğ.* met, kabarma *high vacuum* yüksek vakum *high velocity* yüksek hız *high voltage* yüksek gerilim *high-voltage cable elek.* yüksek gerilim kablosu *high-voltage fuse elek.* yüksek gerilim sigortası *high vowel* yüksek ünlü *high water* yüksek su *high-water level* yüksek su seviyesi *high-water mark* yüksek su izi *on high* cennette

high-altitude /hay'eltidyu:d/ *a.* yüksek irtifa *high-altitude airplane hav.* yüksek irtifa uçağı *high-altitude engine hav.* yüksek irtifa motoru

highball /'haybo:l/ *a.* viski soda; *demy.* ileri işareti

high-boiling /hay'boyling/ *a.* yüksek derecede kaynar

highbrow /'haybrau/ *a. s.* aydın (kimse)

high-class /hay'kla:s/ *s.* kaliteli, birinci sınıf

high-heeled /hay'hi:ld/ *s.* yüksek ökçeli, topuklu

higher /'hayı/ *s.* daha yüksek, bir üst *higher bid* daha yüksek teklif *higher education* yüksek öğrenim

highest /'hayist/ *s.* en yüksek, en fazla *highest bid* en fazla teklif, en yüksek fiyat *highest bidder* en fazla arttıran, en yüksek teklifi veren kimse *highest sum* en yüksek toplam, azami meblağ

high-flier /'hayflayı/ *a.* gözü yüksekte olan kişi

high-flown /hay'floun/ *s.* (dil) tumturaklı, ağdalı

high-frequency /'hayfri:kwınsi/ *a.* yüksek frekans *high-frequency cable elek.* yüksek frekans kablosu *high-frequency heating* yüksek frekans ısıtması *high-frequency induction* yüksek frekanslı indükleme *high-frequency induction furnace* yüksek frekanslı indükleme fırını *high-frequency transformer elek.* yüksek frekans transformatörü *high-frequency welding* yüksek frekans kaynağı

high-grade /hay'greyd/ *s.* üstün kaliteli *high-grade finish teks.* kaliteli apre *high-grade massecuite şek.* ilk ürün

lapası
high-handed /hay'hendid/ *s. hkr.* despot, zorba
high-hat /'hayhet/ *s.* burnu büyük
highland /'haylınd/ *a. s.* dağlık (bölge)
highlands /'haylındz/ *a. coğ.* yüksek yöre, dağlık bölge
high-level /hay'levıl/ *s.* çok önemli, zirve, yüksek düzeyli **high-level file store** *biliş.* yüksek düzeyli kütük deposu **high-level language** *biliş.* yüksek düzeyli dil **high-level modulation** *elek.* yüksek düzeyli modülasyon **high-level railroad** yükseltilmiş demiryolu **high-level recovery** *biliş.* yüksek düzeyli onarma, yüksek düzeyli kurtarma
highlight /'haylayt/ *a.* (resimde) parlak nokta; en önemli/göze çarpan kısım ¤ *e.* (bir şeyin özel bir bölümüne) dikkati çekmek, önem vermek
highly /'hayli/ *be.* çok, yüksek derecede; çok iyi
highly-strung /hayli'strang/ *s.* sinirli, heyecanlı, gergin
high-minded /hay'mayndid/ *s.* yüce gönüllü, prensip sahibi
highness /'haynıs/ *a.* yücelik **His/Your Highness** Ekselansları
high-octane /hay'okteyn/ *s.* yüksek oktanlı
high-powered /hay'pauıd/ *s.* güçlü, hızlı, kuvvetli
high-pressure /hay'preşı/ *s.* yüksek basınçlı; üstüne düşen, zorlayan, enerjik, girgin **high-pressure tyre** *oto.* yüksek basınçlı lastik
high-quality /hay'kwoliti/ *s.* yüksek nitelikli, yüksek kaliteli
high-resistance /hay'rizistıns/ *s.* yüksek dirençli
high-resolution /hay'rezılu:şın/ *s.* yüksek kararlı **high-resolution graphics** *biliş.* yüksek kararlı grafik
high-rise /'hayrayz/ *s. a.* yüksek (yapı) **high-rise building** *inş.* kule yapı, büyük bina
high-speed /hay'spi:d/ *s.* yüksek hızlı **high-speed camera** yüksek hızlı kamera **high-speed engine** yüksek devirli motor **high-speed knock** *oto.* yüksek hız vuruntusu **high-speed memory** *biliş.* yüksek hızlı bellek **high-**speed printer *biliş.* yüksek hızlı yazıcı **high-speed reader** *biliş.* yüksek hızlı okuyucu **high-speed recovery** *biliş.* yüksek hızlı kurtarma **high-speed shooting** *sin.* hızlı çevirim **high-speed steamer** *teks.* yüksek hızlı buharlayıcı **high-speed steel** *met.* yüksek hız çeliği
high-spirited /hay'spiritid/ *s.* canlı, oynak
high-strength /hay'strenkt/ *s.* yüksek mukavemetli, yüksek dayançlı
highway /'haywey/ *a.* anayol, karayolu **highway width** *biliş.* anayol genişliği
highwayman /'hayweymın/ *a.* eşkıya, soyguncu
hijack /'haycek/ *e.* (uçak, gemi, vb.) kaçırmak
hijacker /'haycekı/ *a.* uçak, gemi, vb. kaçıran kimse, korsan
hike /hayk/ *a.* (kırda) uzun yürüyüş ¤ *e.* uzun yürüyüşe çıkmak **hiking boot** *Aİ.* yürüyüş ayakkabısı
hiker /'haykı/ *a.* yürüyen, uzun yürüyüş yapan
hilarious /hi'leırııs/ *s.* gülünç, komik, neşeli, şamatalı
hilarity /hi'leriti/ *a.* neşe, şamata
hill /hil/ *a.* tepe, bayır **hill meadow** *trm.* tepe otlağı **hill station** yayla **up hill and down dale** dere tepe
hillock /'hilık/ *a.* küçük tepe, tepecik
hillside /'hilsayd/ *a.* yamaç, bayır
hilly /'hili/ *s.* tepelik
hillbilly /'hilbili/ *a.* orman köylüsü **hillbilly music** taşra müziği
hilt /hilt/ *a.* kabza **(up) to the hilt** tamamen
hilltop /'hiltop/ *a.* tepe doruğu
him /im, him/ *adl.* (eril) onu, ona; o
himself /im'self, him'self/ *adl.* (eril) kendisi
hind /haynd/ *s.* arka
hinder /'hindı/ *e.* engellemek
hindrance /'hindrıns/ *a.* engel
hindsight /'hayndsayt/ *a.* bir şeyin nitelik ya da anlamını sonradan anlama
Hindu /'hindu:/ *a.* Hinduizm dininden olan kimse, Hindu
hinge /hinc/ *a.* menteşe, reze ¤ *e.* menteşe takmak **come off the hinges** çığırından çıkmak **hinge joint** *anat.* reze eklem

hinged /hincd/ s. menteşeli, rezeli

hinny /'hini/ a. katır

hint /hint/ a. sezindirme, ima; belirti, işaret; yararlı öğüt ¤ e. ima etmek, dokundurmak, sezindirmek, çıtlatmak **take a hint** leb demeden leblebiyi anlamak

hinterland /'hintılend/ a. iç bölge

hip /hip/ a. kalça; inş. sağrı; bitk. kuşburnu **hip joint** inş. mertek düğüm noktası **hip knob** inş. çatı kalkan tepeliği **hip moulding** inş. sağrı pervazı, çatı kalkan pervazı **hip roof** inş. sağrılı çatı **shoot from the hip** işkembeden atmak

hipped /hipt/ s. fazla meraklı

hippie /'hipi/ a. hippi

hippo /'hipou/ a. kon. suaygırı

hippodrome /'hipıdroum/ a. hipodrom; sirk; dans salonu

hippopotamus /hipı'potımıs/ a. hayb. suaygırı

hippy /'hipi/ a. bkz. hippie

hirable /'hayırıbıl/ s. kiralanabilir

hire /'hayı/ e. kiralamak, tutmak; (adam) tutmak, iş vermek ¤ a. kira, kiralama **for hire** kiralık **hire charge** kiralama ücreti **hire out** kiraya vermek **hire purchase** taksit, taksitle alışveriş

hirer /'hayırı/ a. kirayla tutan kimse, kiracı; kiraya veren

hirsute /'hö:syu:t/ s. kıllı; sert, diken gibi

his /hiz/ s. (eril) onun ¤ adl. onunki, onun

hiss /his/ e. tıslamak, ıslıklamak ¤ a. tıslama, ıslık

histamine /'histımi:n/ a. histamin

histidine /'histidi:n/ a. histidin

histogram /'histıgrem/ a. histogram, dikdörtgen çizge

histologist /hi'stolıcist/ a. dokubilimci

histology /his'tolıci/ a. histoloji, dokubilim

histone /'histoun/ a. kim. histon

historian /hi'sto:riın/ a. tarihçi

historic /hi'storik/ s. (olay, yer) tarihi, tarihsel, önemli **historic present** dilb. hikâye kipi

historical /hi'storikıl/ s. tarihsel, tarihi; tarihe geçmiş; tarihle ilgili **historical depreciation** tarihi amortisman **historical geography** coğ. tarihsel coğrafya **historical geology** yerb.

tarihsel yerbilim **historical linguistics** tarihsel dilbilim

historicist /hi'storisist/ a. tarihçi

historiographer /histo:ri'ogrıfı/ a. tarihçi

history /'histıri/ a. tarih; tarihsel öykü/olay; geçmiş **make history** tarih yazmak, tarihe geçecek bir şey yapmak

histrionic /histri'onik/ s. tiyatral; hkr. yapmacık

histrionics /histri'oniks/ a. hkr. yapmacık davranış, rol, artistlik, ayak

hit /hit/ e. vurmak; çarpmak, vurmak; çarptırmak; kon. varmak, ulaşmak ¤ a. tokat, yumruk, vuruş, vurma, darbe; (şarkı, vb.) sevilen/tutulan şey, başarı; isabet, hedefe ulaşma **hit a snag** çıkmaza girmek **hit and/or miss** gelişigüzel **hit home** can evinden vurmak **hit it off (with)** kon. (ile) iyi geçinmek, iyi ilişkiler içinde olmak **hit it off** kanı kaynamak **hit on** tesadüfen bulmak **hit on the line** biliş. hatta açılma **hit out at/against** karşı çıkmak, sözlerle saldırmak **hit rate** biliş. isabet hızı, isabet oranı **hit sb below the belt** sırtından vurmak, arkadan vurmak **hit the bottle** kafayı çekmek **hit the bull's eye** on ikiden vurmak **hit the ceiling** tepesi atmak **hit the road** yola düzülmek/koyulmak **hit the roof** Aİ. kon. tepesi atmak **hit the spot** ilaç gibi gelmek

hit-and-run /'hitend'ran/ s. (taşıtla) çarpıp kaçan; ani hava saldırısıyla bombalayıp kaçan

hitch /hiç/ e. bağlamak, takmak; kon. otostop yapmak ¤ a. çekiş, ani çekme; engel, terslik, pürüz

hitchhike /'hiçhayk/ e. otostop yapmak

hitchhiker /'hiçhaykı/ a. otostopçu

hitchhiking /'hiçhayking/ a. otostop

hither /'hidı/ be. buraya **hither and thither** her tarafa

hitherto /hidı'tu:/ be. şimdiye dek, şimdiye kadar

HIV /eyçay'vi:/ a. HIV **HIV-negative** HIV-negatif **HIV-positive** HIV-pozitif

hive /hayv/ a. arı kovanı ¤ e. kovana koymak, kovanda toplamak **hive off** fason iş vermek, taşerona vermek

hives /hayvz/ a. hek. kurdeşen, ürtiker

hoar /ho:/ a. kırağı

hoard /hɔːd/ *a.* istif ¤ *e.* istif etmek, biriktirmek, stoklamak

hoarding /'hɔːding/ *a.* ilan tahtası, reklam panosu; tahta perde, çit; gömüleme, istifçilik

hoarfrost /'hɔːfrɔst/ *a.* kırağı

hoarse /hɔːs/ *s.* (ses) kısık, boğuk; kısık sesli

hoarseness /'hɔːsnɪs/ *a.* ses kısıklığı, boğukluk

hoary /'hɔːri/ *s.* (saç) kır, ak

hoax /houks/ *a.* aldatmaca, oyun, muziplik ¤ *e.* işletmek, gırgır geçmek, kafaya almak

hob /hɔb/ *e.* freze etmek, kılavuz salmak

hobble /'hɔbıl/ *e.* topallamak

hobby /'hɔbi/ *a.* hobi, düşkü

hobbyhorse /'hɔbihɔːs/ *a.* at başlı sopa; sabit fikir, saplantı

hobgoblin /'hɔbgoblin/ *a.* gulyabani, ifrit

hobnob /'hɔbnɔb/ *e.* (özellikle kendinden mevkice yüksek biriyle) sıkı fıkı olmak, arkadaşlık etmek

hobo /'houbou/ *a. Aİ. kon.* aylak, serseri, boş gezenin boş kalfası

hock /hɔk/ *a.* beyaz Alman şarabı ¤ *e.* rehine vermek

hockey /'hɔki/ *a. sp.* hokey

hocus /'houkıs/ *e.* aldatmak, oyun etmek

hod /hɔd/ *a. inş.* çamur teknesi, harç teknesi; arkalık; kömür kovası

hodograph /'hɔdıgraːf/ *a.* hodograf

hodometer /hɔ'dɔmıtı/ *a. Aİ.* yolölçer, odometre

hodometry /hɔ'dɔmıtri/ *a.* yolölçüm, odometri

hodoscope /'hɔdıskoup/ *a. fiz.* hodoskop

hoe /hou/ *a.* çapa, bahçe çapası ¤ *e.* çapalamak **hoe blade** çapa ağzı **hoe crops** *trm.* çapa ürünleri **hoe cultivation** *trm.* çapa tarımı **hoeing machine** çapa makinesi

hog /hɔg/ *a. Aİ.* domuz, besi domuzu; *kon.* obur ve pis kimse, pisboğaz, açgözlü domuz ¤ *e. kon.* (bir şeyin tümünü) kendine saklamak, açgözlülük yapmak **go (the) whole hog** *kon.* bir işi tam yapmak, sonunu getirmek **hog cholera** *kon.* domuz vebası **hog the road** başkasına yol vermeyecek şekilde araba kullanmak

hogget /'hɔgit/ *a.* koyun yavrusu **hogget**

wool *teks.* ilk kırkım yünü

hoggish /'hɔgiş/ *s.* domuz gibi, açgözlü

hoick /hoyk/ *e. hav.* uçağı aniden yukarı döndürmek

hoist /hoyst/ *e.* yükseltmek, kaldırmak, yukarı çekmek ¤ *a.* yükseltme, yukarı kaldırma; ağır yük asansörü **hoist frame** *mad.* şövalman, kuyu kulesi **hoisting drum** *mad.* halat tamburu, sarmaç

hoitytoity /hoyti'toyti/ *s.* azametli, kibirli; düşüncesiz, hoppa ¤ *a.* kibirlilik; düşüncesizlik, hoppalık

hold /hould/ *e.* tutmak; tutturmak; geride tutmak, kontrol altına almak; içine almak, almak; sahip olmak, elinde tutmak; (bir şeyi) oluşturmak, yapmak; belli bir durumda tutmak, belli bir pozisyonda tutmak; saymak, farz etmek, inanmak; sürmek, devam etmek ¤ *a.* tutma, tutuş; tutamak, tutunacak yer; gemi ambarı **have a hold over** elinde kozu olmak **hold against** (birisi hakkındaki) görüşlerini etkilemesine izin vermek, önyargıyla davranmasına neden olmak **hold back** zapt etmek, tutmak; gelişmesini engellemek; gizli tutmak **hold circuit** *elek.* tutucu devre **hold control** *elek.* düşey lineerlik ayarı, düşey doğrusallık ayarı **hold down** (bir işi) yürütmek, sürdürmek; aşağıda tutmak, yükselmesini önlemek **hold facility** *biliş.* tutma olanağı **hold forth** nutuk çekmek, lafı iyice uzatmak **hold in high esteem/regard** el üstünde tutmak **hold instruction** *biliş.* tutma komutu **Hold it** Öyle kal!, Kıpırdama! **hold mode** *biliş.* tutma modu **hold no brief** başı boş olmamak **hold off** uzakta tutmak, yaklaştırmamak; geciktirmek **hold on** (telefonda) beklemek; (güçlüklere karşın) sürdürmek, devam ettirmek, dayanmak **hold one's head high** übaş eğmemek, mağlup olmamak; gururunu korumak **hold one's ground** yerini korumak, durumunu korumak **hold onto** *bkz.* hang onto **hold out for** (bir talebin gerçekleşmesini) beklemek **hold out** ileri sürmek, sunmak, vermek; dayanmak **hold over** ertelemek **hold sth against sb** suçlamak **hold the fort** göz kulak olmak **hold the line** telefonu kapatmayıp beklemek, ayrılmamak, hatta kalmak **hold to** korumak, sürdürmek, izlemek, bağlı kalmak **hold together** tutturmak, bir arada tutmak **hold up** geciktirmek; (tehdit ederek) soymak; yolunu kesmek, yolunu kesip soymak; (örnek olarak) göstermek **hold with** uzlaşmak, aynı düşüncede olmak **Hold your horses!** Ağır ol!

holdall /'houldo:l/ *a.* seyahat çantası

holdback /'houldbɛk/ *a.* engel, gecikme; (ücret) kesinti; (at) dizgin

holder /'houldı/ *a.* tutan şey, tutucu; kulp; tutamak; makam işgal eden; sahip, hamil, taşıyan, zilyet

holdership /'houldışip/ *a.* iyelik, sahiplik, eldecilik

holdfast /'houldfa:st/ *a.* çengel, işkence, mengene; dayak, destek

holding /'houlding/ *a.* tutma; kullanma süresi; (arazinin) tasarruf hakkı; mal, arazi, tahvil **holding anode** *elek.* tutucu anot **holding area** *hav.* bekleme sahası **holding beam** *elek.* tutucu huzme **holding company** holding şirketi **holding pattern** *hav.* bekleme paterni, beklerken yapılan dairesel uçuş **holding period** *met.* bekletme süresi **holding point** *hav.* bekleme noktası

holdover /'houldouvı/ *a.* kalıntı; süresi uzatılan gösteri

holdout /'houldaut/ *a.* geciktirme, oyalama; geciktiren kimse, oyalayan kimse

holdup /'houldʌp/ *a.* (trafik nedeniyle) gecikme; *kon.* silahlı soygun

hole /houl/ *a.* delik, oyuk; kovuk, oyuk, in; (golf) delik, top çukuru; *kon.* in, izbe, karanlık ve pis yer ¤ *e.* (golf) topu deliğe sokmak **pick holes in sth** kusur bulmak, ince eleyip sık dokumak

holiday /'houlidey, 'houlidi/ *a.* tatil, dinlence ¤ *e.* tatil yapmak **be on holiday** tatilde olmak **have a holiday** tatil yapmak **holiday camp** tatil kampı **holiday clothes** bayramlık (giysi) **holiday season** tatil sezonu **paid holiday** ücretli tatil/izin **public holiday** resmi tatil **take a holiday** tatil yapmak

holidaymaker /'houlidimeykı/ *a.* tatil yapan kimse, tatilci

holiness /'houlinis/ *a.* kutsallık

holler /'holı/ *e.* *Aİ.* *kon.* bağırmak

hollow /'holou/ *s.* boş, oyuk, içi boş, çukur; (ses) yankı yapan, boşluktan gelen ¤ *a.* çukur, oyuk, delik **have hollow legs** boğazına düşkün olmak **hollow axle** *oto.* içi boş dingil **hollow brick** delikli tuğla **hollow cathode tube** oyuk katot tüpü **hollow gravity dam** boşluklu ağırlık barajı **hollow plane** *inş.* kiniş rendesi **hollow punch** kaval zımba **hollow shaft** içi oyuk şaft, içi boş mil, kaval mil **hollow tile** *inş.* delikli tuğla **hollow wall** *inş.* içi boş duvar **hollow-ground** *inş.* çukur taşlanmış, oyuk taşlanmış

hollowness /'holounis/ *a.* çukurluk, boşluk; boğukluk; açlık

holly /'holi/ *a.* *bitk.* çobanpüskülü

holm oak /houm ouk/ *a.* *orm.* pırnal, pırnar

holmium /'holmiım/ *a.* *kim.* holmiyum

holocaust /'holıko:st/ *a.* özellikle yangın sonucu olan kırım, büyük tahribat

holocene /'holousi:n/ *a.* dördüncü zamana ait birikinti

hologram /'holıgrɛm/ *a.* *fiz.* hologram

holograph /'holıgref/ *a.* imza sahibinin eliyle yazılmış belge

holography /ho'logrıfi/ *a.* *fiz.* holografi

holomorphic /holı'mo:fik/ *s.* *mat.* holomorf

holster /'houlstı/ *a.* tabanca kılıfı

holy /'houli/ *s.* kutsal

homage /'homic/ *a.* saygı, hürmet **pay homage to** saygı göstermek

home /houm/ *a.* ev, yuva, aile ocağı; yurt, vatan ¤ *be.* evde; eve; *s.* eve ilişkin, yuvayla ilgili, eve özgü, kökene ilişkin; yabancı kökenli olmayan, yerel; evde yapılmış, evde hazırlanmış; (maç) kendi sahasında; (takım) ev sahibi **be/feel at home** kendini evindeymiş gibi hissetmek, rahat olmak **bring home to/come home to sb** anlamak, kafasına dank etmek, anlaşılmasını sağlamak **come home to** kafasına dank etmek **home address** *biliş.* asıl adres, fiziksel adres **home banking** ev bankacılığı **home bill** dahili senet **home currency** ulusal para, milli para **home economics** ev ekonomisi **home industry** ev endüstrisi **home loan**

konut kredisi *Home Office* İçişleri Bakanlığı *home record biliş.* ilk hedef kaydı *home station hav.* ana uçak meydanı *home textiles teks.* döşemelik kumaşlar *home truth* acı gerçek *home-grown şek.* yurt içinde üretilen *home-grown software biliş.* kullanıcının hazırladığı program, kullanıcı yazılımı *make oneself at home* kendini evindeymiş gibi hissetmek, serbest davranmak, rahatına bakmak

homecoming /'houmkaming/ *a.* eve dönüş, yuvaya dönüş

homeland /'houmlend/ *a.* anavatan, yurt, memleket

homeless /'houmlis/ *s.* evsiz, yuvasız, yurtsuz

homeliness /'houmlinis/ *a.* basitlik, sadelik; zevksizlik; çirkinlik

homely /'houmli/ *s.* basit, yalın, sade, gösterişsiz; *Aİ.* kaba saba, çirkin, tipsiz

homemade /houm'meyd/ *s.* evde yapılmış

homeomorphic /houmiı'mo:fik/ *s.* homeomorf, benzerşekilli

homeomorphism /houmiı'mo:fizım/ *a.* homeomorfizm, benzerşekillilik

homeopathy /houmi'opıti/ *a. bkz.* homoeopathy

homesick /'houmsik/ *s.* sıla hasreti çeken, yurtsamış

homesickness /'houmsiknis/ *a.* vatan hasreti, sıla hasreti

homestead /'houmsted, 'houmstid/ *a.* ev ve çevresindeki arazi; çiftlik evi; *Aİ.* devlet tarafından ekip biçmek ve üzerinde yaşamak şartıyla verilen arazi

homeward /'houmwıd/ *s.* eve doğru olan, eve doğru giden; *Aİ. bkz.* homewards *homeward bound* yurda geri gelmekte olan

homewards /'houmwıdz/ *be.* eve, eve doğru

homework /'houmwö:k/ *a.* ev ödevi

homicidal /'homisaydl/ *s.* adam öldürmeye yatkın

homicide /'homisayd/ *a.* adam öldürme, cinayet; katil, cani

homily /'homili/ *a.* vaız veya hitabe; *hkr.* uzun ve sıkıcı nasihat, vaaz

homing /'houming/ *s.* (güvercin) yolu bulabilen; (modern savaş silahları) hedefini bulan

hominy /'homini/ *a.* mısır lapası

homo /'houmou/ *a.* homoseksüel, eşcinsel

homocyclic /houmou'sayklik/ *a. kim.* homosiklik

homocysteine /houmou'sisti:n/ *a. kim.* homosistein

homoeopathy /houmi'opıti/ *a. hek.* bir hastalığı benzeri ile tedavi etme yöntem ve kuramı

homogeneity /houmouci'ni:ti/ *a.* homojenlik, tektürellik

homogeneous /houmı'ci:nııs/ *s.* homojen, türdeş, tektürel *homogeneous equation* homojen denklem, türdeş denklem *homogeneous reactor fiz.* homojen reaktör, tektürel reaktör

homogenesis /homou'cenisis/ *a.* aynı türden olan şey

homogenization /hımocınay'zeyşın/ *a. met.* homojenleştirme, tektürelleştirme

homogenize /hı'mocinayz/ *e.* homojenleştirmek

homogenizer /hı'mocınayzı/ *a.* homojenleştirici

homograph /hı'mougra:f/ *a.* eşyazımlı (sözcük)

homography /hı'mougra:fi/ *a.* eşyazımlılık

homologate /ho'molıgeyt/ *e.* onaylamak, tasdik etmek

homologation /homolı'geyşın/ *a.* onay, tasdik

homologous /hou'molıgıs/ *s.* homolog

homology /hou'molıci/ *a.* homoloji

homomorphic /houmou'mo:fik/ *a. mat.* homomorf, benzeryapılı

homomorphism /houmou'mo:fizım/ *a. mat.* homomorfizma, benzeryapı

homonym /'homınim/ *s. a.* eşadlı (sözcük)

homonymy /ho'monimi/ *a.* eşadlılık

homophone /'homıfoun/ *a.* eşsesli (sözcük)

homophonic /homou'fonik/ *s.* homofon, sesteş

homophony /ho'mofıni/ *a.* eşseslilik

homopolar /houmou'poulı/ *s.* homopolar *homopolar generator elek.* eş kutuplu jeneratör, eşucaylı üreteç *homopolar*

magnet eşkutuplu mıknatıs

homoscedastic /houmouski'destik/ *s.* homoskedastik, eşdeğişkeli

homosexual /houmı'sekşuıl/ *a. s.* homoseksüel, eşcinsel

homothetic /houmou'tetik/ *s. mat.* homotetik **homothetic transformation** *mat.* homotetik dönüşüm

homothety /houmou'teti/ *a. mat.* homoteti, benzeşim

hone /houn/ *e.* (bıçak, kama, vb.) bilemek ¤ *a.* bileğitaşı, kılağı taşı

honest /'onist/ *s.* dürüst, namuslu, güvenilir

honestly /'onistli/ *be.* dürüstçe; gerçekten, doğruyu söylemek gerekirse, aslında

honesty /'onisti/ *a.* dürüstlük, doğruluk

honey /'hani/ *a.* bal; *Aİ.* tatlım, canım, sevgilim, şekerim

honeybee /'hanibi:/ *a.* balarısı

honeycomb /'hanikoum/ *a.* petek, bal peteği **honeycomb coil** *elek.* petek bobin **honeycomb radiator** petek radyatör

honeydew /'hanidyu:/ *a.* balsıra, yaprak balı

honeyed /'hanid/ *s.* ballı, tatlı

honeymoon /'hanimu:n/ *a.* balayı **the honeymoon is over** cicim ayları bitti

honeysuckle /'hanisakıl/ *a. bitk.* hanımeli

honing /'houning/ *a.* bileme, kılağılama; honlama **honing machine** *mak.* perdahlama makinesi, honlama makinesi, taşlama makinesi

honk /honk/ *a.* kaz sesi, korna sesi ¤ *e.* ötmek; (korna) öttürmek

honor /'onı/ *Aİ. bkz.* honour

honorarium /onı'reırıım/ *a.* (serbest meslek sahibine ödenen) ücret

honorary /'onırıri/ *s.* (üniversite, iş, vb.) şeref payesi olarak verilmiş, onursal; fahri

honour /'onı/ *a.* onur, şeref; saygı, saygıdeğerlik, itibar ¤ *e.* onur vermek, şereflendirmek; (bono, çek, vb.) kabul edip ödemek **on one's honour** şerefi üzerine

honourable /'onırıbıl/ *s.* namuslu, onurlu, saygıdeğer, saygın

honours /'onız/ *a.* mezuniyet derecesi; şeref payesi **do the honours** *kon.*

ikramda bulunmak, misafir ağırlamak **(full) military honours** askeri cenaze töreni

hood /hud/ *a.* kukuleta, kapişon, başlık; *Aİ. oto.* kaput **hood lock** kaput kilidi, kaput mandalı

hooded /'hudid/ *s.* başlıklı, kapşonlu; başlığa benzeyen; ibikli

hoodlum /'hu:dlım/ *a.* külhanbeyi, kabadayı, serseri

hoodwink /'hudwink/ *e.* kandırmak, aldatmak

hoof /hu:f/ *a.* toynak

hoofed /hu:ft/ *s.* toynaklı

hooha /'hu:ha:/ *a.* yaygara

hook /hu:k/ *a.* çengel, kanca; olta iğnesi; kopça; orak; (boks) dirsek ¤ *e.* olta ile tutmak; çengellemek, asmak **be/get off the hook** sıkıntıyı/belayı atlatmak, paçayı kurtarmak **by hook or by crook** ne yapıp yapıp **get one's hooks into** çengel atmak **get sb off the hook** beladan kurtarmak **hook-and-but joint** kurtağzı geçme **hook and eye** erkek ve dişi kopça; kanca ve gözü **hook-and-eye hinge** çengelli menteşe **hook bolt** çengelli cıvata, kancalı cıvata **hook-nosed** gaga burunlu **hook wrench** eğri cıvata anahtarı **on his own hook** kendi başına

hooka /'hukı/ *a.* nargile

hooked /hukt/ *s.* çengel biçiminde, çengel ...; *kon.* (uyuşturucuya) müptela; *kon.* (bir şeye) düşkün, hasta, meraklı, tutkun

hooker /'hukı/ *a.* tek direkli balıkçı gemisi

hookup /'hukap/ *a. elek.* bağlantı, birbirine bağlama

hooligan /'hu:ligın/ *a.* serseri, kabadayı

hoop /hu:p/ *a.* çember, kasnak ¤ *e.* çemberlemek, çemberle bağlamak **hoop iron** çember demiri

hooped /hu:pt/ *s.* çemberli, kasnaklı

hooper /'hu:pı/ *a.* fıçıcı, kasnakçı

hoopoe /'hu:pu:/ *a.* çavuşkuşu, ibibik

hooray /hu'rey/ *ünl. bkz.* hurray

hoot /hu:t/ *a.* yuhalama; baykuş sesi; klakson sesi, korna sesi, siren sesi, vapur düdüğü ¤ *e.* yuhalamak, ıslıklamak; korna çalmak, klakson çalmak, düdük çalmak, siren çalmak; baykuş gibi ötmek **not care a hoot/two**

hoots kon. iplememek, şeyine takmamak **It's not worth a hoot** Beş para etmez

hooter /'hu:tı/ a. yuh çeken kimse; klakson, korna, siren, düdük

hoover /'hu:vı/ a. elektrikli süpürge ¤ e. elektrikli süpürgeyle temizlemek

hop /hop/ e. tek bacak üstünde zıplamak, sekmek; sıçramak, hoplamak ¤ a. sıçrama, zıplama, sekme; kon. uçak yolculuğu; bitk. şerbetçiotu **catch sb on the hop** kon. hazırlıksız yakalamak, gafil avlamak **hop it** çekip gitmek, basıp gitmek **hopping mad** çok sinirli, kudurmuş

hope /houp/ e. umut etmek, ummak ¤ a. umut, ümit **dash/shatter sb's hopes** ümitlerini kırmak **pin one's hopes on** ümit bağlamak

hopeful /'houpfıl/ s. umut verici, umutlandırıcı, umutlu

hopefully /'houpfıli/ be. umut verici bir biçimde, umut vererek; umarım, inşallah

hopeless /'houplıs/ s. umutsuz, ümitsiz; yararsız, boşuna, işe yaramaz; yeteneksiz, beceriksiz, kötü

hopomythumb /hopımi'tam/ a. cüce

hopper /'hopı/ a. doldurma hunisi; çamur ve çöp mavnası **hopper barge** dipten kapaklı çamur dubası **hopper car** demy. dipten kapaklı vagon **hopper closet** inş. su depolu tuvalet

hops /hops/ a. kuru şerbetçiotu kozalağı

hopscotch /'hopskoç/ a. seksek oyunu

horde /ho:d/ a. kalabalık, sürü

horizon /hı'rayzın/ a. ufuk, çevren, gözerimi; yerb. kat **broaden one's horizon** ufkunu genişletmek

horizontal /hori'zontl/ s. yatay, düz **horizontal antenna** elek. yatay anten **horizontal axis** yatay mihver **horizontal blanking** elek. yatay silme **horizontal component** elek. yatay bileşen **horizontal coordinates** yatay koordinatlar **horizontal deflection** elek. yatay saptırma **horizontal engine** yatık motor, silindirleri yatay motor **horizontal feed** biliş. yatay ilerletme **horizontal flyback** elek. satırbaşı yapma **horizontal frequency** elek. satır frekansı, çizgi frekansı **horizontal**

growing yatay büyüme **horizontal hold** elek. yatay lineerlik ayarı, yatay doğrusallık ayarı **horizontal hold control** elek. yatay kontrolü **horizontal line** yatay çizgi, ufki hat **horizontal milling machine** yatay freze makinesi **horizontal parallax** gökb. ufuk paralaksı, gözerimi ıraklık açısı **horizontal plane** yatay düzlem **horizontal polarization** yatay polarizasyon **horizontal projection** yatay izdüşüm **horizontal scanning** elek. yatay tarama **horizontal size** elek. yatay uzunluk, genişlik **horizontal stabilizer** hav. yatay stabilizer **horizontal sweep** elek. yatay tarama, yatay süpürme **horizontal synchronizing pulse** elek. yatay senkronizasyon sinyali, satır eşleme sinyali

hormonal /ho:'nounıl/ s. hormonal, hormonla ilgili

hormone /'ho:moun/ a. hormon

horn /ho:n/ a. boynuz; korna, klakson; müz. boru **horn antenna** elek. koni anten **horn button** klakson düğmesi, korna düğmesi **horn feed** elek. koni besleme **horn loudspeaker** elek. koni hoparlör **toot/blow one's own horn** yüksekten atmak

hornbeam /'ho:nbi:m/ a. gürgen

horned /ho:nd/ s. boynuzlu

hornet /'ho:nit/ a. hayb. eşekarısı **bring a hornet's nest about one's ears** başına dert açmak

horny /'ho:ni/ s. sert ve kaba; kab. arg. abaza, azgın, azmış

horoscope /'horıskoup/ a. yıldız falı, burç

horrendous /hı'rendıs/ s. korkunç

horrible /'horıbıl/ s. korkunç; kon. berbat, rezil, iğrenç, korkunç

horrid /'horid/ s. kaba, çirkin, iğrenç; korkunç; kon. berbat

horridness /'horidnis/ a. dehşet

horrific /hı'rifik/ s. korkunç

horrify /'horifay/ e. korkutmak, dehşete uğratmak

horror /'horı/ a. korku, dehşet **horror film** korku filmi

hors d'oeuvre /o:'dö:v/ a. ordövr, meze, çerez

horse /ho:s/ a. at, beygir; sp. atlama beygiri **dark horse** yetenekleri bilinmeyen kimse *horse chestnut* atkestanesi *horse opera kon.* kovboy filmi *horse play* eşek şakası *look a gift horse in the mouth* hediyede kusur aramak *not to look a gift horse in the mouth* bahşiş/beleş atın dişine bakmamak *put the cart before the horse* yemeğe tatlıdan başlamak *ride the high horse* kendini dev aynasında görmek

horseback /'hoːsbek/ *a.* at sırtı

horsebox /'hoːsboks/ *a.* atların taşıdığı römork

horsefly /'hoːsflay/ *a.* atsineği

horsehair /'hoːsheı/ *a. teks.* at kılı

horseman /'hoːsmın/ *a.* atlı, binici

horsemanship /'hoːsmınşip/ *a.* binicilik

horseplay /'hoːspley/ *a.* gürültülü/hoyratça davranış, eşek şakası

horsepower /'hoːspauı/ *a.* beygirgücü

horse-racing /'hoːsreysing/ *a.* at yarışı

horseradish /'hoːsrediş/ *a. bitk.* yabanturpu, karaturp

horseshoe /'hoːsşuː/ *a.* at nalı, nal *horseshoe arch* atnalı kemer *horseshoe magnet* atnalı mıknatıs, U biçimli mıknatıs

horsewoman /'hoːswumın/ *a.* kadın binici

horst /hoːst/ *a. yerb.* horst

horsy /'hoːsi/ *s.* at, at yarışı hastası, atlara düşkün kimse; at gibi

hortative /'hoːtıtiv/ *s.* öğütleyici; yüreklendirici

horticultural /'hoːtikalçırıl/ *s. trm.* bahçıvanlıkla ilgili *horticultural crops trm.* bahçe ve bağ ürünleri

horticulture /'hoːtikalçı/ *a.* bahçecilik, bahçıvanlık

hose /houz/ *a.* su hortumu, hortum ¤ *e.* hortumla sulamak, hortum tutmak *hoses* (külotlu) çorap *hose clip* hortum kelepçesi *hose reel* hortum makarası *hose trading* sıkı pazarlık *hose truck* hortum arabası

hosepipe /'houzpayp/ *a.* hortum

hosiery /'hoziıri/ *a. teks.* çoraplar; çorap fabrikası; dokuma, mensucat

hospitable /'hospitıbıl/ *s.* konuksever, misafirperver

hospital /'hospitl/ *a.* hastane

hospitality /hospi'teliti/ *a.* konukseverlik

hospitalize /'hospitılayz/ *e.* hastaneye yatırmak, hastaneye kaldırmak

host /houst/ *a.* ev sahibi, mihmandar, konukçu; hancı, otelci; takdimci, sunucu; *hayb.* konakçı, konak; *biliş.* ana bilgisayar; çok sayı, çokluk ¤ *e.* ev sahipliği yapmak, konuk ağırlamak *host computer* asal bilgisayar, ana bilgisayar *host country* ev sahibi ülke

hostage /'hostic/ *a.* tutak, rehine

hostel /'hostl/ *a.* yurt, öğrenci yurdu *youth hostel* özellikle (üyeliği olan) genç turistlerin kaldığı otel

hostess /'houstis/ *a.* ev sahibesi; hostes; konsomatris

hostile /'hostayl/ *s.* düşmanca, düşman; düşmana özgü, düşmana ait, düşman +

hostility /ho'stiliti/ *a.* düşmanlık, kin; karşıtlık, muhalefet *hostilities* savaş, çarpışmalar, saldırılar

hot /hot/ *s.* sıcak; biberli, acı; (haber) sıcak, taze; *kon.* şehvetli, ateşli, azgın; *kon.* bilgili, ilgili ¤ *e.* ısınmak; ısıtmak *be in hot/deep water* ayvayı yemek *hot air* sıcak hava; boş laf, anlamsız konuşma, hava cıva *hot blast stove met.* sıcak hava fırını *hot bulb engine oto.* kafadan kızdırmalı motor, yarım dizel motor *hot calender teks.* sıcak kalender *hot cathode* sıcak katot, kızgın katot *hot-dip coat met.* sıcak daldırmalı örtü *hot-dip galvanize met.* sıcak daldırmalı galvanizlemek *hot dog* sıcak sosisli sandviç *hot drawing* sıcak çekme *hot embossing teks.* sıcak gofraj *hot foot it out of somewhere* bir yerden çekip gitmek *the hot seat kon.* zor durum; *arg.* elektrikli sandalye *hot line* kırmızı hat *hot mercerization teks.* sıcak merserizasyon *hot money* sıcak para *hot-oil dyeing teks.* kızgın yağda boyama *hot quenching met.* sıcak suverme *hot rolled asphalt* sıcak silindirlenmiş asfalt *hot saw* sıcak testere *not so hot kon.* fena değil, idare eder *hot spot* kızgın nokta *hot spring coğ.* kaplıca *hot under the collar* kızgın, kızışmış, kavgaya hazır *hot up* hareketlenmek, kızışmak *hot water boiler* sıcak su kazanı *hot water bottle* sıcak su torbası *hot water heating* sıcak sulu ısıtma *hot water* sıcak su

hot wave metr. sıcak dalgası **hot well** sıcak su deposu **hot wind** metr. sıcak rüzgâr **hot wire** kızgın tel **hot workability** sıcak işlenebilme **hot working** met. sıcak işleme **I'm hot** terledim, bunaldım, piştim

hot-air /hot'eı/ a. sıcak hava **hot-air chamber** sıcak hava odacığı **hot-air engine** sıcak hava makinesi **hot-air setting** teks. termofiksaj

hotbed /'hotbed/ a. (kötülük) yuvası, batak

hot-blooded /hot'bladid/ s. ihtiraslı, tutkulu

hotchpotch /'hoçpoç/ a. karmakarışık şey

hotel /hou'tel/ a. otel

hotelier /hou'telıı/ a. otelci, otel sahibi

hotfoot /hot'fut/ e. kon. hızlı hareket etmek, gazlamak

hothead /'hothed/ a. düşünmeden hareket eden kimse, aceleci

hothouse /'hothaus/ a. limonluk, ser, çamlık

hotly /'hotli/ be. öfke ve kaba kuvvetle, kızgınlıkla; yakından ve hevesle

hotness /'hotnis/ a. sıcaklık, hararet

hotplate /'hotpleyt/ a. portatif ocak, taşınır ısıtıcı; ısıtma plakası, ısıtma levhası, ısıtıcı

hotpot /'hotpot/ a. güveç

hot-press /hot'pres/ a. sıcak pres ¤ e. teks. ütülemek

hot-short /hot'şo:t/ s. met. sıcak tez, sıcakta kırılır

hot-shortness /hot'şo:tnıs/ a. met. sıcak tezlik, sıcakta kırılırlık

hot-tempered /'hot'tempıd/ s. sinirli, kolayca kızan

hot-water /hot'wo:tı/ a. sıcak su **hot-water apparatus** şofben **hot-water bottle** termofor **hot-water fastness** teks. sıcak su haslığı **hot-water retting** teks. sıcak suda havuzlama

hot-wire /hot'wayı/ e. (arabayı çalmak için anahtarsız) çalıştırmak

hot-work /hot'wö:k/ e. sıcak işlemek **hot-work steel** met. sıcak işlenmiş çelik, sıcak işlenik çelik **hot-work tool steel** met. sıcak işlenmiş takım çeliği

houmous /'humus/ a. nohut ve limon suyundan yapılan bir yiyecek

hound /haund/ a. av köpeği, tazı ¤ e. peşini bırakmamak, izlemek

hour /auı/ a. saat **at all hours** gece gündüz, her saat, her an **at the eleventh hour** son anda **hour angle** gökb. saat açısı **hour circle** gökb. saat dairesi **hour wheel** saat çarkı **hours worked** çalışılan saatler **the small hours** gece yarısından sonraki üç dört saat **visiting hours** ziyaret saatleri **working hours** çalışma saatleri

hourglass /'auıgla:s/ a. kum saati

houri /'huıri/ a. huri

hourly /'auıli/ s. be. (olaylar, vb.) her saat ya da saatte bir **hourly rate** saat ücreti

house /haus/ a. ev; ev halkı, aile; meclis, yasama organı; firma, ticarethane ¤ /hauz/ e. barındırmak **bring the house down** herkesi gülmekten kırıp geçirmek **get on like a house on fire** hemen arkadaş olmak **house feeding** trm. ahır yemlemesi **House of Commons** Avam Kamarası **House of Lords** Lortlar Kamarası **house trap** lağım sifonu **on the house** beleş, şirketten, patrondan **the House** Londra borsası

houseboat /'hausbout/ a. yüzen ev

housebound /'hausbaund/ s. (hastalık nedeniyle) eve bağlı, evden çıkamayan, yatalak

housebreaker /'hausbreykı/ a. ev hırsızı

housebreaking /'hausbreyking/ a. ev hırsızlığı

housebroken /'hausbroukın/ s. Aİ. bkz. house-trained

household /'haushould/ a. ev halkı, hane halkı **household name/word** herkesçe bilinen şey/kimse

householder /'haushouldı/ a. ev sahibi, bir evden sorumlu olan kimse, evi yöneten kimse

housekeeper /'hauski:pı/ a. evi yöneten kimse, kâhya

housekeeping /'hauski:ping/ a. ev idaresi **housekeeping operation** biliş. hazırlık işlemi **housekeeping routine** biliş. hazırlık yordamı **housekeeping run** biliş. hazırlık koşumu

housemaid /'hauseyd/ a. orta hizmetçisi

houseman /'hausmın/ a. stajyer doktor

housemaster /'hausma:stı/ a. yatılı

okulda yönetici öğretmen

house-proud /'hauspraud/ *s.* aşırı titiz, temizlik delisi

house-trained /'haustreynd/ *s.* (evcil hayvan) tuvaletini dışarıda yapmaya eğitilmiş

housewarming /'hauswo:ming/ *a.* yeni eve taşınanlar tarafından dostlarına verilen parti

housewife /'hauswayf/ *a.* ev kadını

housework /'hauswö:k/ *a.* ev işi

housing /'hauzing/ *a.* barınak, barınacak yer; barındırma, iskân; yuva, gömlek, mahfaza; zıvana; çerçeve, kasa *housing credit* konut kredisi *housing estate* site, toplu konutlar *housing famine* konut kıtlığı *housing shortage* konut noksanlığı, konut bunalımı

hove /'houv/ *e:* hove into sight/view göründü, çıkageldi

hovel /'hovıl/ *a.* mezbele, ahır gibi ev

hover /'hovı/ *e.* (over/around ile) havada belli bir noktada durmak; bekleyip durmak

hovercraft /'hovıkra:ft/ *a.* hoverkraft, hava yastıklı taşıt, uçar kayak

how /hau/ *be.* nasıl; ne kadar; ne kadar, nasıl da ¤ *bağ.* hangi yolla, nasıl *How come kon.* nasıl olur, neden, nasıl olur da *How do you do?* Memnun oldum; Nasılsınız? *how long* ne kadar zamandır *how many* kaç tane, kaç *how much* ne kadar; kaç para

however /hau'evı/ *bağ.* her nasıl, nasıl ¤ *be.* ne derecede, ne kadar; bununla birlikte, yine de; (hayret belirtir) nasıl olurda, nasıl, ne şekilde

howitzer /'hauitsı/ *a. ask.* obüs

howl /haul/ *e.* ulumak, inlemek ¤ *a.* uluma, inleme, inilti

howler /'houlı/ *a.* uluyan hayvan, bağıran kimse

howling /'houling/ *s.* uluyan, inleyen; kasvetli

hoy /hoy/ *a.* mavna, salapurya

hoyden /'hoydın/ *a.* kaba kız, erkek Fatma

hub /hab/ *a. oto.* tekerlek göbeği, göbek, poyra; hareket ya da önem merkezi *hub flange oto.* göbek flanşı

hubbub /'habab/ *a.* gürültü

hubcap /'habkep/ *a. oto.* jant kapağı

hubris /'hyu:bris/ *a.* aşırı gurur

huckaback /'hakıbek/ *a. teks.* havluluk kumaş

huddle /'hadıl/ *e.* bir araya sıkışmak, birbirine sokulmak, toplanmak ¤ *a.* birbirine sokulmuş insanlar; düzensiz ve karışık toplanmış eşya, yığın

hue /hyu:/ *a.* renk, hafif renk *hue and cry* gürültü, velvele, yaygara, kuru gürültü

huff /haf/ *a.* huysuzluk, dargınlık ¤ *e.* gücenmek, küsmek; kızmak, öfkelenmek *in a huff* asık suratla *huffing and puffing* oflaya puflaya

huffiness /'hafinis/ *a.* öfke, kızgınlık

huffy /'hafi/ *s.* kolay öfkelenir, öfkeli; dargın, içerlemiş

hug /hag/ *e.* sevgiyle sarılmak, sıkıca kucaklamak, bağrına basmak; yakınından geçmek ¤ *a.* sarılma, kucaklama, bağrına basma

huge /hyu:c/ *s.* iri, çok büyük, kocaman, büyük

hugely /'hyu:cli/ *be. kon.* çok

hugger-mugger /'hagımagı/ *a.* karman çormanlık, karışıklık; gizlilik, sır tutma

hulk /halk/ *a.* gemi enkazı

hulking /'halking/ *s.* ağır, hantal, iri

hull /hal/ *a.* gemi omurgası, geminin tekne kısmı; kabuk, zarf ¤ *e.* kabuğunu ya da çanağını çıkarmak *hull policy* kasko poliçesi

hullabaloo /'halıbılu:/ *a.* gürültü, velvele, yaygara

huller /'halı/ *a.* kabuk soyma makinesi

hullo /ha'lou/ *ünl. a. bkz.* hello

hum /ham/ *e.* vızıldamak; (şarkı) mırıldanmak; canlanmak, hızlanmak ¤ *a.* uğultu, gürültü *hum and haw* evelemek gevelemek *hum bar elek.* uğultu çizgisi *hum-bucking coil elek.* uğultu önleme bobini

human /'hyu:mın/ *s.* insana ilişkin, insani, insan +, beşeri; insancıl, insanca, insan gibi, insani ¤ *a.* insan *human being* insan, insanoğlu *human capital* beşeri sermaye *human manure trm.* insan gübresi *human resources* insan kaynakları

humane /hyu:'meyn/ *s.* insancıl, sevecen, uygar

humanism /'hyu:mınizm/ *a.* hümanizm,

insancılık
humanist /'hyu:mınist/ *a. s.* hümanist, insancı, insancıl
humanitarian /hyu:meni'teırıın/ *a. s.* iyilik seven, yardımsever, insancıl (kimse)
humanities /hyu:'menitiz/ *a.* (yazın, dil, tarih, vb.) konusu insan olan bilimler
humanity /hyu:'meniti/ *a.* insanlık
humanization /hyu:mınay'zeyşın/ *a.* insancıllaşma; insanlaştırma
humanize /'hyu:mınayz/ *e.* insanlaştırmak, insancıllaştırmak
humanly /'hyu:mınli/ *be.* insan gücü yettiğince, insanın elinden geldiğince
humble /'hambıl/ *s.* alçakgönüllü, gösterişsiz; önemsiz, sıradan; fakir; (rütbe vb.) düşük, alt ¤ *e.* gururunu kırmak, burnunu sürtmek *eat humble pie* yanılgısını/hatasını kabullenmek, burnu sürtülmek *in my humble opinion* naçizane fikrimce *my humble self* bendeniz, naçizane kendim
humbleness /'hambılnis/ *a.* alçakgönüllük, tevazu
humbug /'hambag/ *a.* saçmalık; *İİ.* nane şekeri
humdrum /'hamdram/ *s.* sıradan, tekdüze, monoton, yavan
humectant /hyu:'mektınt/ *a.* nemlendirici
humerus /'hyu:mırıs/ *a. anat.* pazı kemiği, karaca kemiği, üst kol kemiği
humic /'hyu:mik/ *s.* humusla ilgili
humid /'hyu:mid/ *s.* (hava) nemli, yaş, rutubetli
humidification /hyu:midifi'keyşın/ *a.* nemlendirme, rutubetlendirme
humidifier /hyu:'midifayı/ *a.* nemlendirici
humidify /hyu:'midifay/ *e.* nemlendirmek, rutubetlendirmek
humidistat /hyu:'midistet/ *a. fiz.* nem ayarlayıcı, nemdenetir
humidity /hyu:'miditi/ *a.* havadaki nem, nem oranı, rutubet *humidity mixing ratio metr.* nem karışım oranı
humiliate /hyu:'milieyt/ *e.* gururunu kırmak, utandırmak, rezil etmek, küçük düşürmek, bozmak
humiliating /hyu:'milieyting/ *s.* alçaltıcı, küçük düşürücü
humiliation /hyu:mili'eyşın/ *a.* kibrini kırma, rezil etme
humility /hyu:'militi/ *a.* alçakgönüllülük,

tevazu
humming /'haming/ *s.* vızıldayan, uğuldayan *humming noise* uğultu
humor /'hyu:mı/ *a. Aİ. bkz.* humour
humorist /'hu:mırist/ *a.* şakacı kimse; güldürü yazarı
humoristic /hu:mı'ristik/ *s.* şakacı, nükteli
humorous /'hyu:mırıs/ *s.* komik, gülünç, güldürücü
humour /'hyu:mı/ *a.* gülünçlük, komiklik; mizah, güldürü; mizaç, huy ¤ *e.* eğlendirmek, güldürmek, istediğini yerine getirmek, gönlünü yapmak *sense of humour* mizah anlayışı, espri anlayışı
hump /hamp/ *a.* kambur; hörgüç; tümsek ¤ *e. İİ. kon.* sırtta taşımak *over the hump* can alacak noktada
humped /hampt/ *s.* kamburu olan; tümsekli
humus /hyu:mıs/ *a.* kara toprak, humus
hunch /hanç/ *a.* önsezi ¤ *e.* (gövdeyi) eğmek, bükmek, kamburlaştırmak *have a hunch* içine doğmak
hunchback /'hançbek/ *a.* kambur
hundred /'handrıd/ *a. s.* yüz
hundredth /'handrıdt/ *a. s.* yüzüncü
hundredweight /'handridweyt/ *a.* ağırlık ölçü birimi (İİ: 50.803 kg, Aİ: 45.36 kg)
hunger /'hangı/ *a.* açlık; yiyecek kıtlığı; şiddetli istek ¤ *e.* aç bırakmak *hunger for/after* çok istemek, -e acıkmak *hunger strike* açlık grevi
hungry /'hangri/ *s.* aç; acıktırıcı; istekli, arzulu, susamış *go hungry* aç kalmak
hunk /hank/ *a.* (özellikle yiyecek) iri parça
hunkydory /hanki'do:ri/ *s.* en üstün, kaliteli
hunt /hant/ *e.* avlamak; araştırmak, aramak ¤ *a.* avlanma, av *hunt up* arayıp bulmak
hunter /'hantı/ *a.* avcı
hunting /'hanting/ *a.* avcılık, avlanma
hurdle /'hö:dıl/ *a.* engel, çit; aşılması gereken güçlük, engel ¤ *e.* engel atlamak
hurl /hö:l/ *e.* fırlatmak, fırlatıp atmak
hurly-burly /'hö:libö:li/ *a.* gürültü, kargaşa, har gür
hurrah /hu'ra:/ *ünl. bkz.* hurray

hurray /hu'rey/ *ünl.* yaşa! hurra!

hurricane /'harikın/ *a. metr.* kasırga, bora; hortum **hurricane deck** üst güverte **hurricane lamp** gemici feneri, rüzgâr feneri

hurried /'harid/ *s.* telaşla yapılmış, aceleyle yapılmış, acele

hurry /'hari/ *e.* acele etmek; acele ettirmek; aceleyle gitmek/göndermek ¤ *a.* acele, telaş **hurry up** hızlanmak, acele etmek; hızlandırmak

hurst /hö:st/ *a.* orman, ağaçlık

hurt /hö:t/ *e.* acıtmak, incitmek; acımak, incinmek; kırmak, incitmek

hurtful /'hö:tfıl/ *s.* acı veren, incitici, zararlı

hurtle /'hö:tl/ *e.* hızla hareket etmek, fırlamak

husband /'hazbınd/ *a.* koca, eş ¤ *e.* idareli kullanmak

husbandry /'hazbındri/ *a.* çiftçilik, ziraatçılık

hush /haş/ *e.* susmak; susturmak ¤ *a.* sessizlik **hush money** sus payı **hush up** gizli tutmak, örtbas etmek

hushed /haşt/ *s.* sessiz, sakin, durgun

hush-hush /haş'haş/ *s. kon.* gizli, örtülü

husk /hask/ *a.* (bitki) dış yapraklar, kabuk; zıvana; kovan, kılıf, bilezik, zarf

husks /hasks/ *a. teks.* döküntü, telef

husky /'haski/ *s.* (ses) kısık, boğuk ¤ *a.* Eskimo köpeği, kızak köpeği

hussy /'hasi/ *a.* edepsiz, civelek, aşüfte

hustings /'hastingz/ *a.* oy toplamak için yapılan konuşmalar, seçim nutku

hustle /'hasıl/ *e.* itip kakmak, acele ettirmek; acele etmek ¤ *a.* itişip kakışma, acele, telaş, hummalı faaliyet, keşmekeş **hustle and bustle** itip kakma, itişip kakışma, telaş **hustle into (doing)** aceleyle ikna etmek, kandırmak, sıkıştırmak

hustler /'haslı/ *a.* çabuk iş gören kimse; *Aİ.* orospu, fahişe; *Aİ.* hileli satış yapan kimse, dolandırıcı, kazıkçı

hut /hat/ *a.* kulübe

hutch /haç/ *a.* kafes, küçük hayvan kafesi; dolap, ambar; *mad.* kömür vagonu/sandığı

hutment /'hatmınt/ *a.* kamp; karargâh

hyacinth /'hayısint/ *a. bitk.* sümbül

hyaena /hay'i:nı/ *a. bkz.* hyena

hyaline /'hayılin/ *s. biy.* berrak ve saydam, lifsiz, granülsüz; **esk.** saydam, şeffaf ¤ *a. esk.* camsı saydam yüzey **hyaline cartilage biy.** hiyalin kıkırdak dokusu

hyalite /'hayılayt/ *a. min.* hiyalit

hybrid /'haybrid/ *a.* melez, kırma **hybrid circuit** *elek.* hibrit devre, karma devre **hybrid coil** melez bobin **hybrid computer** *biliş.* melez bilgisayar, karma bilgisayar **hybrid interface** *biliş.* melez arayüzey **hybrid junction** melez jonksiyon **hybrid language** melez dil **hybrid monitor** *biliş.* melez monitör **hybrid system** *biliş.* melez sistem/dizge

hybridization /haybriday'zeyşın/ *a.* melezleme

hybridize /'haybridayz/ *e. trm.* melezleştirmek, melez olarak yetiştirmek

hydantoin /hay'dentouin/ *a.* hidantoin

hydra /'haydrı/ *a.* (Yunan söylencelerinde) çok başlı yılan; yok edilmesi güç musibet

hydrangea /hay'dreyncı/ *a.* ortanca

hydrant /'haydrınt/ *a.* yangın musluğu, hidrant, su ağzı

hydrastine /hay'dresti:n/ *a. kim.* hidrastin

hydrastinine /hay'drestini:n/ *a. kim.* hidrastinin

hydrate /'haydreyt/ *a.* hidrat ¤ *e.* hidratlamak

hydration /hay'dreyşın/ *a.* hidratlama

hydraulic /hay'drolik, hay'dro:lik/ *s.* hidrolik, su basınçlı **hydraulic accumulator** hidrolik akümülatör **hydraulic amplifier** hidrolik amplifikatör **hydraulic brake** hidrolik fren **hydraulic cement** hidrolik çimento **hydraulic circuit** hidrolik devre **hydraulic clutch** hidrolik kavrama **hydraulic coupling** hidrolik akupleman, hidrolik kavrama **hydraulic cylinder** hidrolik silindir **hydraulic dredger** hidrolik tarak **hydraulic drive** hidrolik tahrik **hydraulic engine** hidrolik motor **hydraulic excavation** hidrolik kazı **hydraulic fill** hidrolik dolgu **hydraulic fluid** hidrolik sıvı **hydraulic gradient** hidrolik eğim, hidrolik meyil **hydraulic (hoisting) jack** hidrolik kriko **hydraulic jump** hidrolik sıçrama **hy-**

draulic lift hidrolik kaldırıcı *hydraulic lime* hidrolik kireç *hydraulic mean depth* hidrolik yarıçap *hydraulic mining* mad. hidrolik kazı *hydraulic mortar* hidrolik harç *hydraulic motor* hidrolik motor *hydraulic oil* hidrolik yağı *hydraulic packing* mad. hidrolik ramble, sulu dolgu *hydraulic piston* mak. hidrolik piston *hydraulic power* hidrolik kuvvet/güç *hydraulic press* hidrolik pres *hydraulic pump* mak. hidrolik pompa *hydraulic radius* hidrolik yarıçap *hydraulic ram* su koçu *hydraulic shock absorber* oto. hidrolik amortisör *hydraulic shovel* hidrolik kürek *hydraulic stowing* mad. hidrolik ramble, sulu dolgu *hydraulic system* hidrolik sistem *hydraulic test* hidrolik test, hidrolik deney *hydraulic transmission* hidrolik transmisyon *hydraulic valve* hidrolik supap

hydraulics /hay'droliks/ *a.* hidrolik bilimi

hydrazide /'haydrızayd/ *a. kim.* hidrazit

hydrazine /'haydrızi:n/ *a. kim.* hidrazin

hydrazone /'haydrızoun/ *a. kim.* hidrazon

hydric /'haydrik/ *s.* nemli, nem çeken, nem seven

hydride /'haydrayd/ *a.* hidrit

hydroacoustic /haydrou'ıku:stik/ *s.* hidroakustik

hydroaromatic /haydrou'erımetik/ *s.* hidroaromatik

hydrobiology /haydrou'bayolıci/ *a.* hidrobiyoloji

hydroblasting /haydrou'bla:sting/ *a. met.* su fışkırtma

hydroboron /haydrou'bo:ron/ *a. kim.* hidroboron

hydrocarbon /haydrou'ka:bın/ *a.* hidrokarbon

hydrocarbonate /haydrou'ka:bıneyt/ *a.* hidrokarbonat

hydrocellulose /haydrou'selyulous/ *a.* hidroselüloz

hydrochloric /haydrou'klorik/ *s.* hidroklorik

hydrochloride /haydrou'klo:rayd/ *a.* hidroklorür

hydroclassifier /haydrou'klesifayı/ *a. mad.* hidroklasifikatör, sulu kümeleyici

hydrocortisone /haydrou'ko:tizoun/ *a.* hidrokortizon

hydrocracking /haydrou'kreking/ *a.* hidrokraking

hydrocyanic acid /haydrousay'enik 'esid/ *a.* hidrosiyanik asit, prusik asit

hydrodynamic /haydrouday'nemik/ *s.* hidrodinamik *hydrodynamic brake* oto. hidrodinamik fren *hydrodynamic transmission* oto. hidrolik transmisyon, sıvılı aktarma

hydrodynamics /haydrouday'nemiks/ *a. fiz.* hidrodinamik

hydroelectric /haydroui'lektrik/ *s.* hidroelektrik *hydroelectric plant* hidroelektrik santralı *hydroelectric power station* hidroelektrik santralı

hydro-extract /haydrou'ekstrekt/ *e.* suyunu almak, santrifüjlemek

hydrofoil /'haydrıfoyl/ *a.* kızaklı bot, hidrofoil

hydrogen /'haydrıcın/ *a.* hidrojen *hydrogen bomb* hidrojen bombası *hydrogen bond* hidrojen bağı *hydrogen cooling* hidrojenle soğutma *hydrogen electrode* hidrojen elektrotu *hydrogen embrittlement* hidrojen gevrekliği *hydrogen ion* hidrojen iyonu *hydrogen maser* fiz. hidrojen maseri

hydrogenation /haydrıci'neyşın/ *a.* hidrojenleme, hidrojenasyon

hydrogenize /'haydrıcinayz/ *e.* hidrojenlemek

hydrogenous /hi'drocinıs/ *s.* hidrojenli

hydrogeology /haydrıci'olıci/ *a.* hidrojeoloji

hydrograph /'haydrıgra:f/ *a.* hidrograf

hydrography /hay'drogrıfı/ *a.* hidrografya, subilgisi

hydrologic /haydrou'locik/ *s.* hidrolojik, subilimsel *hydrologic cycle* su devri, su çevrimi

hydrology /hay'drolıci/ *a.* hidroloji, subilim

hydrolyse /'haydrılayz/ *e.* hidrolizlemek

hydrolysis /hay'drolisis/ *a.* hidroliz

hydrolytic /haydrı'litik/ *s.* hidrolitik, hidrolizle ilgili

hydrolyze /'haydrılayz/ *e.* hidrolizlemek

hydromechanics /haydroumi'keniks/ *a. fiz.* hidromekanik

hydrometeorology /haydroumi:tiı'rolıci/ *a. metr.* hidrometeoroloji

hydrometer /hay'dromitı/ *a.* areometre,

hidrometre

hydrophile /'haydroufayl/ *a.* hidrofil, susever

hydrophilic /haydrou'filik/ *s.* hidrofil, susever

hydrophily /haydrou'fili/ *a.* hidrofili, suseverlik

hydrophobia /haydrı'foubıı/ *a. hek.* kuduz

hydrophobic /haydrı'foubik/ *s.* hidrofob, susevmez

hydrophoby /haydrı'foubi/ *a.* hidrofobi, susevmezlik

hydrophone /'haydrıfoun/ *a.* hidrofon

hydrophyte /'haydroufayt/ *a. trm.* hidrofit, su bitkisi

hydroplane /'haydroupleyn/ *a. Al.* deniz uçağı; denizaltıyı daldırıp yükseltmeye yarayan dümen

hydroponics /haydrou'poniks/ *a. trm.* topraksız bitki yetiştirme

hydroquinone /haydroukwi'noun/ *a.* hidrokuinon

hydrosol /'haydrısol/ *a.* hidrosol

hydrostatic /haydrou'stetik/ *s.* hidrostatik **hydrostatic pressure** hidrostatik basınç, su basıncı

hydrostatics /haydrou'stetiks/ *a. fiz.* hidrostatik

hydrosulphide /haydrou'salfayd/ *a.* hidrosülfür

hydrosulphite /haydrou'salfayt/ *a.* hidrosülfit

hydrothermal /haydrou'tö:mıl/ *s. yerb.* hidrotermal **hydrothermal metamorphism** hidrotermal başkalaşım **hydrothermal synthesis** hidrotermal sentez

hydrotropism /hay'drotrıpizım/ *a. trm.* hidrotropizm, suyayönelim

hydrous /'haydrıs/ *s.* sulu

hydroxide /hay'droksayd/ *a.* hidroksit

hydroxyl /hay'droksil/ *a.* hidroksil

hydroxylamine /haydroksilı'mi:n/ *a.* hidroksilamin

hydroxylation /haydroksi'leyşın/ *a.* hidroksilleme

hydroxyproline /haydroksi'prouli:n/ *a.* hidroksiprolin

hyena /hay'i:nı/ *a. hayb.* sırtlan

hyetograph /'hayitıgra:f/ *a. metr.* hiyetograf

hyetography /hayi'togrıfi/ *a. metr.*

hiyetografi

hygiene /'hayci:n/ *a.* sağlık bilgisi; temizlik

hygienic /hay'ci:nik/ *s.* sağlıklı, hijyenik, sağlıksal; temiz

hygienist /'hayci:nist/ *a.* sağlıkbilimci

hygristor /hay'grıstı/ *a. elek.* higristör

hygrograph /'haygrıgra:f/ *a.* rutubet yazıcı

hygrogram /'haygrıgrem/ *a. metr.* higrogram

hygrometer /hay'gromıtı/ *a.* nemölçer, higrometre

hygrometry /hay'grometri/ *a.* higrometri, nemölçüm

hygroscope /'haygrıskoup/ *a.* higroskop, nemgözler

hygroscopic /haygrı'skopik/ *s.* higroskopik, nemçeker **hygroscopic moisture/water** higroskopik su

hygrostat /'haygrıstet/ *a.* higrostat, nemdenetir

hymen /'haymın/ *a. anat.* kızlık zarı

hymn /him/ *a.* ilahi ¤ *e.* ilahi okuyarak ifade etmek

hype /hayp/ *a.* şırınga, iğne; uyuşturucu müptelası kimse; aldatmaca; abartılı reklam

hyperbola /hay'pö:bılı/ *a.* hiperbol

hyperbole /hay'pö:bıli/ *a.* abartma, mübalağa

hyperbolic /haypı'bolik/ *s. mat.* hiperbolik **hyperbolic cosine** *mat.* hiperbolik kosinüs **hyperbolic cotangent** *mat.* hiperbolik kotanjant **hyperbolic function** hiperbolik fonksiyon **hyperbolic geometry** *mat.* hiperbolik geometri **hyperbolic navigation** *hav.* hiperbolik seyrüsefer **hyperbolic paraboloid** *mat.* hiperbolik paraboloit **hyperbolic secant** *mat.* hiperbolik sekant **hyperbolic sine** *mat.* hiperbolik sinüs **hyperbolic tangent** *mat.* hiperbolik tanjant

hyperboloid /hay'pö:bıloyd/ *a. mat.* hiperboloit **hyperboloid of two sheets** *mat.* ikiyapraklı hiperboloit

hypercube /'haypıkyu:b/ *a. mat.* hiperküp, aşırıküp

hypereutectic /haypıyu:'tektik/ *s. met.* hiperötektik

hypereutectoid /haypıyu:'tektoyd/ *a.*

met. hiperötektoid

hyperfocal /haypı'foukıl/ *a. opt.* hiperfokal *hyperfocal distance* hiperfokal uzaklık, aşırıodak uzaklığı

hyperinflation /haypı'infleyşın/ *a.* hiperenflasyon, aşırı enflasyon

hypermarket /'haypıma:kit/ *a.* süpermarket, hipermarket

hypermetropia /haypımi'troupiı/ *a.* hipermetropluk

hyperon /'haypıron/ *a. fiz.* hiperon

hyperplane /'haypıpleyn/ *a. mat.* hiper düzlem, aşırıdüzlem

hypersensitive /haypı'sensitiv/ *s.* aşırı duyarlı, duygulu

hypertape /'haypıteyp/ *a. biliş.* hiperteyp *hypertape units biliş.* hiperteyp birimleri

hypertension /haypı'tenşın/ *a. hek.* hipertansiyon

hyphen /'hayfın/ *a.* kısa çizgi, tire

hyphenate /'hayfıneyt/ *e.* tire ile birleştirmek

hypnosis /hip'nousis/ *a.* hipnoz

hypnotic /hip'notik/ *s.* hipnotizmayla ilgili; (madde) uyutucu ¤ *a.* hipnotizma durumu; uyutucu madde/şey

hypnotism /'hipnıtizım/ *a.* hipnotizma, bayıma

hypnotization /hipnıtay'zeyşın/ *a.* ipnotizma etme

hypnotize /'hipnıtayz/ *e.* hipnotize etmek, uyutmak

hypocentre /'haypousentı/ *a. coğ.* içmerkez, deprem ocağı

hypochlorite /haypı'klo:rayt/ *a.* hipoklorit

hypochlorous acid /haypı'klo:rıs 'esid/ *a.* hipokloröz asit

hypochondria /haypou'kondrıı/ *a.* hipokondri, hastalık kuruntusu

hypochondriac /haypı'kondriek/ *a.* hastalık hastası

hypocrisy /hi'pokrisi/ *a.* ikiyüzlülük

hypocrite /'hipıkrit/ *a.* ikiyüzlü

hypocritical /hipı'kritikl/ *s.* ikiyüzlü

hypocycloid /haypı'saykloyd/ *a. mat.* hiposikloit, iççevrim eğrisi

hypodermic /haypı'dö:mik/ *a.* iğne, şırınga ¤ *s.* derialtı + *hypodermic injection* hipodermik enjeksiyon, derialtına zerk *hypodermic needle* derialtı iğne

hypoeutectic /haypouyu:'tektik/ *s. met.* hipoötektik

hypoeutectoid /haypouyu:'tektoyd/ *a. met.* hipoötektoid

hypoid /'haypoyd/ *a.* hipoit *hypoid gear mak.* hipoit dişli

hypophosphorous /haypı'fosfırıs/ *a.* hipofosforöz

hypophysis /hay'pofisis/ *a.* hipofiz bezi

hypostyle /'haypoustayl/ *s. inş.* hipostil

hyposulphite /haypı'salfayt/ *a.* hiposülfit

hypotension /haypou'tenşın/ *a.* hipotansiyon, düşük tansiyon

hypotenuse /hay'potinyu:z/ *a. mat.* hipotenüs

hypothec /hay'potik/ *a.* ipotek, rehin

hypothecary /hay'potikırı/ *s.* ipotekli, rehinde *hypothecary value* ipotek değeri

hypothecate /hay'potikeyt/ *e.* ipotek etmek, rehin olarak vermek

hypothecation /haypoti'keyşın/ *a.* ipotek etme, rehin bırakma

hypothermia /haypı'tö:mıı/ *a. hek.* vücut ısısının normalin altına düşmesi, hipotermi

hypothesis /hay'potisis/ *a.* hipotez, varsayım

hypothesize /hay'potisayz/ *e.* hipotez kurmak, sanmak

hypothetical /haypı'tetikıl/ *s.* varsayımlı, varsayıma dayanan

hypotonic /haypı'tonik/ *s. kim.* hipotonik

hypoxia /hay'poksiı/ *a.* hipoksi

hypsometer /hip'somitı/ *a.* hipsometre

hysterectomy /histı'rektımi/ *a. hek.* rahmin ameliyatla alınması

hysteresis /histı'ri:sis/ *a.* histerezis *hysteresis error fiz.* histerezis hatası *hysteresis heat elek.* histerezis ısısı *hysteresis loop fiz.* histerezis çevrimi *hysteresis motor elek.* histerezis motoru

hysteria /hi'stiırıı/ *a. hek.* isteri; aşırı coşku, büyük heyecan, curcuna

hysterical /hi'sterikıl/ *s.* isterik; (duygular) kontrolsüz, coşkun

hysterics /hi'steriks/ *a.* isteri krizi, isteri nöbeti *go into hysterics* isterikleşmek; *kon.* çılgınlaşmak

I

I, i /ay/ *a.* İngiliz abecesinin dokuzuncu harfi; Romen rakamlarında 1 sayısı

I /ay/ *adl.* ben

iambic /ay'embik/ *a.* birincisi kısa ikincisi uzun iki heceli vezin türü

Iberian /ay'biıriın/ *s.* İspanya ve Portekizle ilgili

ibidem /i'baydem/ *be.* önceden sözü edilen yerde

ibis /'aybis/ *a. hayb.* ibis, mısırturnası

ice /ays/ *a.* buz; dondurma ¤ *e.* dondurmak, buzla soğutmak; buzla kaplamak; kek vb. üzerini şekerle kaplamak *break the ice* resmiyeti atmak, samimi olmak, buzları kırmak *cut no ice* para etmemek *ice age* buzul çağı *ice axe* buz baltası *ice calorimeter fiz.* buz kalorimetresi *ice cascade coğ.* buz çağlayanı *ice cave coğ.* buz ini, buzluk *ice colour* buz boyası, azoik boya *ice cream* dondurma *ice cube* küçük buz kalıbı *ice dyestuff* azoik boya *ice field* buzla *ice floe* deniz buzlası *ice fog metr.* buz sisi *ice formation metr.* buz oluşumu *ice-free* buz tutmaz; buzsuz *ice house* buzhane, buz deposu *ice jam* buz yığılması *ice lolly İİ.* meyveli dondurma *ice machine* buz makinesi *ice mantle* buz örtüsü *ice pack* denizde bulunan buz yığını; su yolunda buz birikintisi *ice plant* buzhane, buz fabrikası *ice point* donma noktası, buzlanma noktası *ice rink* buz pateni alanı *ice sheet* buz örtüsü *ice show* buz pateni gösterisi *ice up* buzlanmak, buz tutmak *keep sth on ice* sonra kullanmak için saklamak *put sth on ice/the back burner* bir şeyi rafa kaldırmak *skating on thin ice* tehlikeli bir durumda riske giren *walk on thin ice* çürük tahtaya basmak

iceberg /'aysbö:g/ *a.* buzdağı, aysberg

icebox /'aysboks/ *a.* buzluk; *AI.* buzdolabı

icebound /'aysbaund/ *s.* (gemi) çevresi buzlarla çevrili; (liman) buz tutmuş

icebreaker /'aysbreykı/ *a. den.* buzkıran

icecap /'ayskep/ *a.* buzul, buz örtüsü, buz tabakası

ice-cold /ays'kould/ *s.* buz gibi

iced /ayst/ *s.* buzlu, buzlanmış

icefall /'aysfo:l/ *a. coğ.* buz çağlayanı

Iceland /'ayslınd/ *a.* İzlanda *Iceland spar* İzlanda necefi

Icelandic /ays'lendik/ *s.* İzlandaya ait ¤ *a.* İzlanda dili *Icelandic low metr.* İzlanda alçağı

ice-skating /'aysskeyting/ *a.* buz kayağı (yapma)

ichor /'ayko:/ *a.* (söylencebilimde) tanrıların damarlarında kan yerine akan sıvı; bazı yaralardan akan ince akıntı

ichthyoid /'ikti:oyd/ *s.* balıksı, balık gibi ¤ *a.* balığa benzeyen omurgalı

ichthyologist /ikti:'olıcist/ *a.* balıkbilimci

ichthyology /ikti:'olıci:/ *a.* balıkbilim

icicle /'aysikıl/ *a.* saçak buzu, buz salkımı

icily /'aysili/ *be.* soğuk bir şekilde

icing /'aysing/ *a.* buzlanma; şekerli krema *icing level metr.* donma seviyesi/düzeyi *icing sugar şek.* pudraşeker

icon /'aykon/ *a.* kutsal kişilerin resmi, ikon; simge

iconoclasm /ay'konouklezım/ *a.* ikon düşmanlığı

iconography /ayko'nogrıfi/ *a.* ikonografi

iconology /ayko'nolıci/ *a.* ikonoloji

iconoscope /ay'konıskoup/ *a. elek.* ikonoskop

icosahedron /aykısı'hi:drın/ *a.* yirmiyüzlü

icy /'aysi/ *s.* çok soğuk, buz gibi; buzlu

id /id/ *a.* id, altben

idea /ay'dıı/ *a.* düşünce, fikir; tasarı, plan, öneri; kanı, görüş, kanaat *What's the big idea?* Bakalım şimdi neler yumurtlayacaksın?, Hadi aklından geçeni söyle!

ideaed /ay'dııd/ *s.* düşünceli, fikirli

ideal /ay'dııl/ *s.* ideal, mükemmel, kusursuz ¤ *a.* yetkin örnek, ideal; ülkü, ideal

idealism /ay'dıılizım/ *a.* idealizm, ülkücülük

idealist /ay'dıılist/ *a.* idealist, ülkücü

idealistic /aydıı'listik/ *s.* idealist, ülkücü

idealization /aydıılay'zeyşın/ *a.* idealizasyon, ülküleştirme

idealize /ay'dıılayz/ *e.* mükemmel olarak görmek, idealize etmek

ideally /ay'diıli/ be. ideal olarak, mükemmel bir şekilde

idée fixe /i:dey'fi:ks/ a. sabit fikir, saplantı

idem /'aydım/ adl. adı geçen yazar/kitap vb.

idempotent /'aydımpoutınt/ s. mat. idempotent, eşgüçlü

identical /ay'dentikıl/ s. (with/to ile) benzer, hemen hemen aynı; aynı, özdeş **identical twins** tek yumurta ikizleri

identically /ay'dentikıli/ be. özdeş olarak, benzer biçimde

identification /aydentifi'keyşın/ a. tanıma, kimlik saptaması, teşhis; kimlik, hüviyet **identification card** kimlik kartı **identification division** biliş. tanıtım bölümü **identification leader** sin. tanıtma amorsu, tanıtıcı kılavuz **identification signal** elek. tanıtma sinyali

identifier /ay'dentifayı/ a. biliş. belirleyici, kimlikleyici

identikit /ay'dentikit/ a. robot resim

identify /ay'dentifay/ e. tanımak, kimliğini saptamak, teşhis etmek; fark gözetmemek, aynı saymak, bir tutmak **identify with** (birisinin) ... ile bir ilişkisi/bağı olduğunu düşünmek, -e bağlamak; ... ile duygularını paylaşmak, destek olmak, kendini -e yakın bulmak

identity /ay'dentiti/ a. benzerlik, özdeşlik; kimlik **identity card** kimlik kartı **identity disk** Aİ. ask. künye **identity function** mat. özdeşlik fonksiyonu, özdeşlik işlevi **identity mapping** mat. özdeşlik gönderimi **identity matrix** mat. birim matris/dizey **identity tag** Aİ. ask. künye **identity unit** biliş. özdeşlik birimi **loss of identity** kişilik kaybı **reveal one's identity** kimliğini açığa vurmak

ideogram /'idiougrem/ a. ideogram

ideograph /idiou'gra:f/ a. ideogram

ideographic(al) /idiou'grefik(ıl)/ s. çizimlerle gösteren, kavramsal **ideographic writing** kavramsal yazı, düşün yazı

ideological /aydiı'locikıl/ s. ideolojik

ideologize /aydi'olıcayz/ e. ideoloji haline getirmek

ideology /aydi'olıci/ a. ideoloji, düşünyapı; verimsiz düşünce

idiocy /'idiısi/ a. aptallık, ahmaklık

idiom /'idiım/ a. deyim

idiomatic /idiı'metik/ s. deyimsel; deyimlerle dolu

idiosyncrasy /idiı'sinkrısi/ a. kişisel özellik

idiot /'idiıt/ a. aptal, salak, ahmak; doğuştan geri zekâlı kimse

idle /'aydıl/ s. işsiz, aylak; tembel; yararsız, sonuçsuz, boş ¤ e. zaman öldürmek; (motor, vb.) yavaş çalışmak, yavaş gitmek **idle capacity** aylak kapasite, boş kapasite **idle capital** atıl sermaye, işlemiyen sermaye **idle money** atıl para, işlemeyen para **idle position** rölanti durumu, boşta durum **idle pulley** avara kasnağı **idle running** avara çalışma, boşta çalışma **idle time** biliş. ölü zaman, boşta kalma zamanı, boş zaman **idle wheel** mak. avara kasnağı

idler /'aydlı/ a. ara tekerleği, avara çark, avara kasnak **idler pulley** avara kasnağı **idler sheave** avara kasnağı **idler wheel** avara çarkı, avara kasnağı

idling /'aydling/ a. avaraya alma, boşa alma, boşta çalışma **idling adjustment** oto. rölanti ayarı **idling jet** oto. rölanti jiklörü, yüksüz çalışma memesi **idling noise** oto. rölanti gürültüsü **idling speed** rölanti devri, rölanti hızı

idol /'aydl/ a. put, tapıncak; çok sevilen kimse/şey

idolatrous /ay'dolıtrıs/ s. çok seven; puta tapan

idolatry /ay'dolıtri/ a. puta tapma, putperestlik

idolization /aydılay'zeyşın/ a. putlaştırma

idolize /'aydılayz/ e. putlaştırmak, tapmak

idyll /'idıl/ a. idil; kırsal kesimde mutlu/huzurlu yaşam

idyllic /i'dilik/ s. pastoral; cennet gibi, rüya gibi

if /if/ bağ. eğer, ise; -e rağmen, -sa bile; acaba, -mı, olup olmadığı **as if** sanki, -mış gibi **even if** -se bile **if and only** mat. ancak ve ancak **if I were you** senin yerinde olsam **if only** keşke, bir

igloo /'iglu:/ a. Eskimo evi

igneous /'igniıs/ s. (kaya) volkanik **igneous rock** kor kayaç, püskürük kaya

ignimbrite /'ignimbrayt/ a. yerb. ignimbrit

ignite /ig'nayt/ e. tutuşmak, yanmak;

tutuşturmak, yakmak, ateşlemek
igniter /ig'naytı/ *a.* ateşleyici, tutuşturucu; *ask.* yemleme barutu, tutuşturucu
ignition /ig'nişın/ *a.* tutuşma, tutuşturma; *oto.* ateşleme, kontak **ignition advance** *oto.* ateşleme avansı **ignition cable** ateşleme kablosu, tutuşturma kablosu **ignition capacitor** *oto.* ateşleme kondansatörü **ignition circuit** ateşleme devresi **ignition coil** *oto.* ateşleme bobini **ignition control** ateşleme kontrolü **ignition delay** ateşleme gecikmesi **ignition distributor** *oto.* ateşleme distribütörü, dağıtıcı **ignition failure** *oto.* ateş almama, çalışmama **ignition key** *oto.* ateşleme anahtarı, kontak anahtarı **ignition knock** *oto.* ateşleme vuruntusu **ignition lag** *oto.* ateşleme rötarı, ateşleme gecikmesi **ignition lock** *oto.* ateşleme kilidi **ignition order** *oto.* ateşleme sırası **ignition plug** *oto.* ateşleme bujisi **ignition point** ateşleme noktası **ignition spark** ateşleme kıvılcımı **ignition switch** *oto.* ateşleme anahtarı, kontak anahtarı **ignition system** *oto.* ateşleme sistemi **ignition temperature** *fiz.* ateşleme sıcaklığı **ignition tester** ateşleme kontrol cihazı **ignition timing** *oto.* ateşleme ayarı, avans değişimi, öndeleme değişimi **ignition trouble** *oto.* ateşleme arızası **ignition voltage** ateşleme gerilimi
ignitron /ig'naytron/ *a. elek.* ignitron
ignoble /ig'noubıl/ *s.* alçak, rezil, onursuz, şerefsiz; ayıp, yüz kızartıcı
ignominious /ignou'miniıs/ *s.* rezil, aşağılık
ignominy /'ignımini/ *a.* alçaklık, rezalet, kepazelik, alçakça davranış
ignoramus /ignı'reymıs/ *a. hkr.* cahil, cahil kimse
ignorance /'ignırıns/ *a.* bilgisizlik, cahillik, cehalet
ignorant /'ignırınt/ *s.* bilisiz, bilgisiz, cahil; *kon.* görgüsüz, kaba, inceliksiz
ignore /ig'no:/ *e.* aldırmamak, önem vermemek, bilmemezlikten gelmek, görmemezlikten gelmek **ignore character** *biliş.* yasaklama karakteri, boş geçirtme karakteri
iguana /i'gwa:nı/ *a.* iguana

ikebana /i:kı'ba:nı/ *a.* Japon çiçek düzenleme sanatı
ikon /'aykon/ *a. bkz.* icon
ileus /'iliıs/ *a.* bağırsak tıkanması
ilex /'ayleks/ *a. bitk.* çobanpüskülü
ilium /'iliım/ *a.* kalça kemiği
ill /il/ *s.* hasta; kötü, fena, zararlı ¤ *be.* kötü biçimde, acımasızca, hoş olmayan bir biçimde; anca, güçlükle, ucu ucuna ¤ *a.* kötü şey, kötülük **ill at ease** diken üstünde **ill will** nefret, kin
ill-advised /ilıd'vayzd/ *s.* düşüncesiz, akılsız, mantıksız
illation /i'leyşın/ *a.* sonuç çıkarma, anlam çıkarma
illative /i'leytiv/ *a.* kapalı bir yere girme, giriş durumu
ill-bred /il'bred/ *s.* terbiyesiz, görgüsüz, kaba
illegal /i'li:gıl/ *s.* yasadışı, yolsuz; *biliş.* kullanımsız, geçersiz **illegal character** *biliş.* kullanımsız karakter, geçersiz karakter **illegal code** *biliş.* kullanımsız kod, geçersiz kod **illegal cut** kaçak kesim **illegal instruction** *biliş.* kullanımsız komut, geçersiz komut **illegal operations** *biliş.* kullanımsız işlemler, geçersiz işlemler
illegality /ili'geliti/ *a.* yasadışılık, yolsuzluk
illegible /i'lecıbıl/ *s.* okunaksız
illegitimacy /ili'citimısi/ *a.* yasaya aykırılık; piçlik
illegitimate /ili'citimit/ *s.* yasalara aykırı, kurallara aykırı, yolsuz; (çocuk) evlilik dışı doğmuş, gayri meşru
ill-fated /il'feytid/ *s.* şanssız, talihsiz
ill-favoured /il'feyvıd/ *s.* çirkin
ill-gotten /il'gotn/ *s.* yolsuz biçimde kazanılmış
ill-humo(u)red /il'hyu:mıd/ *s.* huysuz, aksi, ters
illiberal /i'libırıl/ *s.* dar kafalı, bağnaz; kültürsüz; kaba; cimri, eli sıkı
illicit /i'lisit/ *s.* yasaya aykırı, yasadışı, yasak; haram, caiz olmayan
illiquidity /i'likwidıti/ *a.* likidite azlığı
illiteracy /i'litırısi/ *a.* cahillik, cehalet; okuma yazma bilmeme
illiterate /i'litırit/ *s.* okuma yazma bilmeyen
ill-judged /il'cacd/ *s.* tedbirsiz,

düşüncesiz

ill-mannered /il'menıd/ *s.* kaba, saygısız

ill-natured /il'neyçıd/ *s.* huysuz, ters, kaba

illness /'ilnis/ *a.* hastalık, sayrılık

illocution /ilı'kyu:şın/ *a.* edim söz

illogical /i'locikıl/ *s.* mantığa aykırı, mantıksız

ill-temepered /il'temıd/ *s.* huysuz, aksi

ill-timed /il'taymd/ *s.* zamansız

ill-treat /il'tri:t/ *e.* kötü davranmak, hırpalamak

illuminant /i'lu:minınt/ *s.* aydınlatıcı

illuminate /i'lu:mineyt/ *e.* aydınlatmak, ışıklandırmak

illuminating /i'lyu:mineyting/ *s.* aydınlatan, aydınlatıcı ¤ *a.* aydınlatma *illuminating engineering* aydınlatma mühendisliği *illuminating mirror* aydınlatma aynası

illumination /ilu:mi'neyşın/ *a.* aydınlatma, ışıklandırma; *mec.* açıklama

illuse /il'yu:z/ *e.* kötü kullanmak, kötüye kullanmak, suiistimal etmek ¤ *a.* /il'yu:s/ kötü muamele, suiistimal

illusion /i'lu:jın/ *a.* aldatıcı görünüş; yanlış görüş, yanılsama; düş, kuruntu, hayal

illusionary /i'lu:jınıri/ *s.* aldatıcı, yanıltıcı *illusionary profit* aldatıcı kâr, gerçek olmayan kâr

illusionist /i'lu:jınist/ *a.* illüzyonist, gözbağcı

illusive /i'lu:siv/ *s.* aldatıcı, asılsız

illusory /i'lu:sıri/ *s.* aldatıcı

illustrate /'ilıstreyt/ *e.* (kitap, sözlük, vb.) resimlemek, resimler koymak; örneklerle açıklamak/göstermek

illustrated /'ilıstreytid/ *s.* resimli

illustration /ilı'streyşın/ *a.* resim; örnek *by way of illustration* örneğin, örnek olarak

illustrative /'ilıstreytiv, 'ilıstrıtiv/ *s.* (anlamını) açıklayıcı, aydınlatıcı, tanımlayan, tasvir edici

illustrator /'ilıstreytı/ *a.* (kitap, dergi, vb.'de) ressam

illustrious /'ilastriıs/ *s.* ünlü, meşhur

ilmenite /'ilminayt/ *a. yerb.* ilmenit

image /'imic/ *a.* imge, hayal, görüntü; izlenim, imaj; kopya, eş, aynı; put, tapıncak *be the very image of sb* hık demiş burnundan düşmüş olmak, çok benzemek *image admittance elek.* görüntü admitansı *image attenuation elek.* görüntü zayıflaması *image converter* görüntü değiştirici *image dissector elek.* görüntü bölücüsü; *biliş.* görüntü çözümleyici, görüntü tarayıcı *image distortion elek.* görüntü bozulması *image frequency elek.* hayal frekansı, görüntü frekansı *image iconoscope elek.* görüntü ikonoskopu *image impedance* görüntü empedansı *image interference elek.* görüntü girişimi *image orthicon elek.* görüntü ortikonu *image pattern elek.* görüntü biçimi, görüntü örüntüsü *image response* görüntü yanıtı, hayal yanıtı *image scale* görüntü ölçeği *image storing tube elek.* görüntü depolama tüpü *image tube* görüntü tüpü *the spit and image* tıpkısı, tıpkı o

imagery /'imicıri/ *a.* söz sanatları

imaginable /i'mecınıbıl/ *s.* düşünülebilen, akla gelen, düşlenebilen

imaginary /i'mecınıri/ *s.* düşsel, hayali, gerçek olmayan; sanal *imaginary axis mat.* sanal eksen *imaginary number mat.* sanal sayı *imaginary part mat.* sanal parça

imagination /imeci'neyşın/ *a.* imgelem, düş gücü, hayal gücü; yaratma gücü; *kon.* düş, düş ürünü, kuruntu *capture sb's imagination* (birinin) beğenesini kazanmak *flight of imagination* hayal gücünü zorlama

imaginative /i'mecınıtiv/ *s.* hayal gücü kuvvetli, yaratıcı

imagine /i'mecin/ *e.* imgelemek, hayalinde canlandırmak, hayal etmek; sanmak, düşünmek

imagism /i'mıcizım/ *a.* imgecilik

imbalance /im'belıns/ *a.* dengesizlik, oransızlık

imbecile /'imbısi:l/ *a. hek.* geri zekâlı, embesil; *kon.* aptal, ahmak, geri zekâlı

imbibe /im'bayb/ *e.* içmek; öğrenmek, kapmak

imbibition /imbi'bişın/ *a.* emme

imbricate /'imbrikeyt/ *e.* üst üste bindirmek

imbrication /imbri'keyşın/ *a.* üst üste

koyma, bindirme

imbue /im'byu:/ *e.* (with ile) aşılamak, doldurmak

imidazole /imid'ezoul/ *a.* imidazol

imide /'imayd/ *a.* imit

iminazole /imin'ezoul/ *a.* iminazol

imine /i'mi:n/ *a.* imin

imitable /'imitıbıl/ *s.* taklit edilebilir

imitate /'imiteyt/ *e.* taklit etmek, öykünmek; örnek almak; benzemek

imitated /'imiteytid/ *s.* taklit, yapma, sahte

imitation /imi'teyşın/ *a.* taklit; taklit eser, yapma, imitasyon *imitation astrakhan teks.* astragan taklidi *imitation fur teks.* kürk taklidi *imitation leather teks.* suni deri, yapay deri

imitator /'imiteytı/ *a.* taklitçi

immaculate /i'mekyulit/ *s.* tertemiz, lekesiz, sağlam, yepyeni; kusursuz, tam, mükemmel

immanence /'imınıns/ *a.* içkin olma durumu, içkinlik

immanent /'imınınt/ *s.* içkin

immaterial /imı'tiiriıl/ *s.* önemsiz; maddi olmayan, tinsel, manevi

immature /imı'çuı/ *s.* olgunlaşmamış, çocukça

immaturity /imı'tyuırıti/ *a.* gelişmemişlik, hamlık

immeasurable /i'mejırıbıl/ *s.* ölçülemez, ölçüsüz

immeasurably /i'mejırıbli/ *be.* ölçüsüzce, sınırsız bir şekilde

immediacy /i'mi:diısi/ *a.* yakınlık, ivedilik, önem; *fel.* bilinç, bilinçlilik

immediate /i'mi:diıt/ *s.* acele, acil, çabuk; en yakın; şimdiki, hazır; araçsız, vasıtasız *immediate access biliş.* anında erişim, çabuk erişim *immediate address biliş.* anlık adres, çabuk adres, hazır adres *immediate addressing biliş.* anında adresleme, çabuk adresleme *immediate constituent* dolaysız kurucu *immediate order* hemen emri *immediate payment* peşin ödeme *immediate processing biliş.* anında işlem

immediately /i'mi:diıtli/ *be.* hemen, derhal, bir an önce; aracısız, doğrudan doğruya ¤ *bağ. İİ.* -er, -ermez

immedicable /i'medikıbıl/ *s.* çaresiz,

iyileşmez, tedavisiz

immemorial /imi'mo:riıl/ *s.* çok eski *from time immemorial* ta ezelden

immense /i'mens/ *s.* uçsuz bucaksız, kocaman, çok geniş

immensely /i'mensli/ *be.* çok

immerse /i'mö:s/ *e.* daldırmak, batırmak; (kendini bir şeye) kaptırmak

immersible /i'mö:sıbıl/ *s.* suya daldırılabilir, su altında çalışır

immersion /i'mö:şın/ *a.* batırma, daldırma *immersion coating met.* daldırmalı örtme *immersion finishing teks.* daldırmalı apre *immersion heater* daldırma ısıtıcı *immersion lens* (mikroskop) daldırma merceği *immersion plating met.* daldırmalı kaplama *immersion refractometer* dalgıç refraktometre, daldırma refraktometre *immersion roller teks.* daldırma silindiri, daldırma valsi *immersion test* daldırma denemesi, daldırma testi

immigrant /'imigrınt/ *a.* göçmen *immigrant population coğ.* göçmen nüfus

immigrate /'imigreyt/ *e.* göç etmek, göçmek

immigration /imi'greyşın/ *a.* göç

imminence /'imınıns/ *a.* yakınlık, yaklaşma

imminent /'imınınt/ *s.* yakın, yakında olacak, olması yakın, eli kulağında

immiscibility /imisi'bılıti/ *a.* karışmazlık

immiscible /i'misibıl/ *s.* karışmaz

immobile /i'moubayl/ *s.* devinimsiz, durağan, kımıltısız, hareketsiz, sabit

immobility /imou'bılıti/ *a.* hareketsizlik, sabitlik

immobilize /i'moubılayz/ *e.* devinimsizleştirmek, durağanlaştırmak, hareketsizleştirmek

immoderate /i'modırit/ *s.* aşırı, ölçüsüz, çok fazla

immodest /i'modist/ *s.* *hkr.* alçakgönüllülükten yoksun, iyi yönleriyle hava atan; kendini beğenmiş; (giysi) fazla dekolte

immodesty /i'modisti/ *a.* terbiyesizlik, arsızlık

immolate /i'mouleyt/ *e.* kurban etmek

immoral /i'morıl/ *s.* ahlaka aykırı, ahlaksız, terbiyesiz

immorality /imı'relıti/ *a.* töretanımazlık,

edepsizlik, terbiyesizlik
immortal /i'mo:tıl/ *s.* ölümsüz
immortality /imo:'telıti/ *a.* ölümsüzlük
immortalize /i'mo:tılayz/ *e.* ölümsüzleştirmek
immovability /im:vı'bilıti/ *a.* hareketsizlik, sabitlik; metin olma; kararlılık
immovable /i'mu:vıbıl/ *s.* kımıldamaz, yerinden oynamaz, değişmez, sabit, gayri menkul, taşınmaz
immune /i'myu:n/ *s.* bağışık, muaf; dokunulmaz
immunity /i'myu:niti/ *a.* bağışıklık; dokunulmazlık
immunization /imyu:nay'zeyşın/ *a.* bağışık kılma; aşı
immunize /'imyunayz/ *e.* bağışıklık kazandırmak, bağışık kılmak
immunogen /i'myu:noucen/ *a.* antijen
immunology /imyu:'nolıci/ *a.* immünoloji, bağışıklıkbilim
immure /i'myuı/ *e.* hapsetmek
immutable /i'myu:tıbıl/ *s.* değişmez, kesin, sabit
imp /imp/ *a.* küçük şeytan; yaramaz çocuk, afacan çocuk, şeytan
impact /'impekt/ *a.* çarpma, çarpışma, çarpma şiddeti; güçlü etki, etkileme *impact crusher mad.* çarpmalı konkasör, çarpmalı kırıcı *impact drilling* vurgulu delme *impact effect* çarpma etkisi *impact grinding mad.* çarpmalı öğütme *impact ionization elek.* çarpışma iyonizasyonu *impact load* çarpma yükü *impact parameter fiz.* şok parametresi *impact pressure fiz.* darbe basıncı, vuruş basıncı, çarpma basıncı *impact printer biliş.* vuruşlu yazıcı *impact resistance* darbe direnci, çarpma dayanıklılığı *impact test* darbe testi, çarpma deneyi
impair /im'peı/ *e.* zayıflatmak, zarar vermek *impair investment* yatırım kısıtlamasına gitmek
impairment /im'peımınt/ *a.* zayıflatma; azalma, eksilme
impale /im'peyl/ *e.* kazığa oturtmak; delip geçmek, delmek
imparity /im'perıti/ *a.* eşitsizlik
impart /im'pa:t/ *e.* vermek; söylemek, bildirmek, açığa vurmak

impartial /im'pa:şıl/ *s.* yansız, tarafsız, adil
impartiality /impa:şi'eliti/ *a.* yansızlık, tarafsızlık
impassable /im'pa:sıbıl/ *s.* (yol, vb.) geçilmez, geçit vermez, bozuk
impasse /em'pa:s/ *a.* çıkmaz, içinden çıkılmaz durum
impassible /im'pesıbıl/ *s.* duygusuz
impassioned /im'peşınd/ *s.* derin duygularla dolu, ateşli, heyecanlı, coşkun
impassive /im'pesiv/ *s.* lakayt, umursamaz, kayıtsız, ruhsuz
impaste /im'peyst/ *e.* yoğurmak, macun kıvamına getirmek
impatience /im'peyşıns/ *a.* sabırsızlık
impatient /im'peyşınt/ *s.* sabırsız
impeach /im'pi:ç/ *e.* suçlamak, itham etmek; -den kuşkulanmak
impeachable /im'pi:çıbıl/ *s.* suçlanabilir
impeachment /im'pi:çmınt/ *a.* suçlama, itham; reddetme, itiraz; kuşku
impeccable /im'pekıbıl/ *s.* kusursuz, mükemmel
impecunious /impi'kyu:nııs/ *s.* meteliksiz, parasız, züğürt
impedance /im'pi:dıns/ *a. elek.* empedans, çeli *impedance coil elek.* empedans bobini, çeli bobini *impedance irregularity* empedans düzensizliği *impedance matching* empedans eşleme, empedans adaptasyonu *impedance relay* empedans rölesi *impedance transformer* empedans transformatörü *impedance triangle* empedans üçgeni *impedance voltage* empedans voltajı
impede /im'pi:d/ *e.* engel olmak
impediment /im'pedimınt/ *a.* özür, engel, mâni
impedimenta /impedi'mentı/ *a.* levazım; eşya, yük
impedor /'impedı/ *a. elek.* empedor
impel /im'pel/ *e.* zorlamak, sevk etmek
impellent /im'pelınt/ *s.* sevk eden, harekete geçiren
impeller /im'pelı/ *a. hav.* sevk edici pervane
impend /im'pend/ *e.* sarkmak, asılı olmak
impending /im'pending/ *s.* olması yakın

impenetrability /impenitrı'bilıti/ a. içine girilememe, delinmezlik

impenetrable /im'penitrıbıl/ s. içinden geçilmez, içine girilmez; anlaşılmaz, akıl ermez; kabul etmeyen, kapalı

imperative /im'perıtiv/ s. zorunlu, gerekli, şart ¤ a. dilb. emir, buyruk *imperative mood* emir kipi *imperative order* kesin emir *imperative sentence* emir cümlesi *imperative statement* biliş. eylemsel deyim, zorunlu deyim *imperative verb* emir bildiren fiil, emir fiili

imperceptibility /'impıseptı'bilıti/ a. , sezilemezlik, hissedilemezlik, fark edilemezlik

imperceptible /impı'septıbıl/ s. duyulmaz, duyumsanamaz, hissedilemez, görülemez

imperfect /im'pö:fikt/ s. kusurlu, eksik, hatalı *imperfect aspect* bitmemişlik görünüşü *imperfect market* eksik rekabet piyasası *imperfect tense* bitmemiş bir eylemi gösteren zaman

imperfection /impı'fekşın/ a. kusur, eksiklik

imperfective /impı'fektiv/ s. bitmemiş, tamamlanmamış

imperforate /im'pö:fırıt/ s. delinmemiş, deliksiz

imperial /im'piırııl/ s. imparator/imparatorluk ile ilgili; yüce; (ölçüler) İngiliz standartında *imperial taxes* devlet vergileri

imperialism /im'piırıılizım/ a. emperyalizm

imperialist /im'piırıılist/ s. a. emperyalist

imperil /im'peril/ e. tehlikeye sokmak, tehlikeye atmak

imperious /im'piırııs/ s. buyurucu, otoriter, emir altında tutan, hükmeden; acil, ivedili; zorunlu

imperiousness /im'piırıı.snıs/ a. emretme, hükmetme, zorbalık; zorunluluk, mecburiyet

impermanency /im'pö:mınınsi/ a. süreksizlik, devamsızlık

impermanent /im'pö:mınınt/ s. süreksiz, devamsız

impermeability /impö:mıı'bilıti/ a. geçirimsizlik

impermeable /im'pö:mııbıl/ s. geçirimsiz, su geçirmez, hava geçirmez *imperme-*

able bed geçirimsiz katman *impermeable ground* geçirimsiz zemin *impermeable rock* geçirimsiz kayaç

impermissible /impı'misıbıl/ s. izin verilemez

impersonal /im'pö:sınıl/ s. kişisel olmayan *impersonal account* kişisel olmayan hesap *impersonal verb* kişisel olmayan fiil

impersonality /impö:sı'nelıti/ a. kişiliği olmama, kişiliksiz

impersonate /im'pö:sıneyt/ e. rolüne girmek, canlandırmak, kişileştirmek, taklidini yapmak

impersonation /impö:sı'neyşın/ a. kişilik kazandırma; taklidini yapma

impersonator /im'pö:sıneytı/ a. taklitçi

impertinence /im'pö:tinıns/ a. terbiyesizlik, laubalilik, sululuk, küstahlık

impertinent /im'pö:tinınt/ s. saygısız, kaba, terbiyesiz, küstah

imperturbability /'impıtö:bı'bilıti/ a. ağırbaşlılık, soğukkanlılık, sakinlik

imperturbable /impı'tö:bıbıl/ s. soğukkanlı, sakin, heyecanlanmaz, istifini bozmayan

impervious /im'pö:viıs/ s. su, vb. geçirmez; etki altında kalmaz, etkilenmez *impervious soil* geçirimsiz toprak

imperviousness /im'pö:viısnıs/ a. geçirimsizlik, sızdırmazlık

impetuosity /impeçu'osıti/ a. acelecilik, atılganlık, coşkunluk; şiddet, tahrik

impetuous /im'peçuıs/ s. coşkun, atılgan, tez canlı, düşünmeden hareket eden, aceleci

impetus /'impitıs/ a. şiddet, hız, enerji; yüreklendirme, teşvik

impiety /im'payiti/ a. (dine, kutsal şeylere, tanrıya, vb. karşı) büyük saygısızlık

impinge /im'pinc/ e. (on ile) etkisi olmak, etkili olmak, vurmak, çarpmak

impingement /im'pincımınt/ a. vurma, çarpma

impious /'impiıs/ s. (dine karşı) saygısız, dinsiz

impish /'impiş/ s. şeytani, yaramaz

implacability /implekı'bilıti/ a. amansızlık, acımasızlık

implacable /im'plekıbıl/ s. tatmin olmaz, doymaz, açgözlü

implant /im'pla:nt/ e. kafasına sokmak, aşılamak

implantation /impla:n'teyşın/ a. aklına sokma, aşılama

implausible /im'plo:zıbıl/ s. inanılmaz, inanılması güç

implement /'implimınt/ a. alet ¤ /'impliment/ e. tamamlamak, yerine getirmek

implementary /impli'mentıri/ s. yerine getirilmesi gereken

implementation /implimın'teyşın/ a. yerine getirme, uygulama, gerçekleştirme

implicate /'implikeyt/ e. (suç, vb.'de) ilişiği olduğunu göstermek, bulaştırmak

implication /impli'keyşın/ a. (suç) bulaştırma, karıştırma, suçlama; ima, anlam, kinaye

implicit /im'plisit/ s. dolaylı olarak belirten, kapalı, imalı, örtük; tam, kesin *implicit rent* zımni rant

implicitly /im'plisitli/ be. üstü kapalı olarak; tam olarak

implore /im'plo:/ e. yalvarmak, dilemek, rica etmek

implosion /im'ploujın/ a. iç patlama

implosive /im'plousiv/ s. iç patlamalı

imply /im'play/ e. demek olmak, anlamına gelmek; dolayısıyla anlatmak, sezindirmek, ima etmek; içermek, kapsamak, gerektirmek *implied ease-ment* zımni irtifak hakkı

impolite /impı'layt/ s. kaba, inceliksiz, terbiyesiz

impolitic /im'politik/ s. amaca uymayan, akılsız, sağgörüsüz

imponderable /im'pondırıbıl/ s. önemi/değeri ölçülemez/heap edilemez ¤ a. etkisi ölçülemeyen şey, değerelendirilmesi güç/olanaksız şey

import /im'po:t/ e. ithal etmek, getirtmek ¤ /'impo:t/ a. ithal, dışalım; ithal malı *import certificate* ithalatçı belgesi *im-port commerce* ithalat ticareti *import credit* ithal kredisi *import duty* ithalat vergisi *import handicap* ithalat engeli *import licence* ithal lisansı *import quota* ithalat kotası *import reduction* ithalat azalması *import regime* ithalat

rejimi *import restrictions* ithalat kısıtlamaları, ithalat yasakları *imported article* ithal mal *imported inflation* ithal edilmiş enflasyon

importance /im'po:tıns/ a. önem, ehemmiyet

important /im'po:tınt/ s. önemli, mühim

importation /impo:'teyşın/ a. ithalat, dışalım

importunate /im'po:çunit/ s. sürekli bir şeyler isteyen, doymaz, gözü doymayan, açgözlü; acil

importune /impo'tyu:n/ e. durmadan istemek, tutturmak

impose /im'pouz/ e. (vergi) koymak, yüklemek; zorla kabul ettirmek; yük olmak *impose a tax* vergiye bağlamak *impose law and order* kanun ve nizam getirmek

imposing /im'pouzing/ s. heybetli, görkemli

imposition /impı'zişın/ a. koyma, uygulama, yükleme *imposition of taxes* vergi koyma

impossibility /imposı'bilıti/ a. olanaksızlık, imkânsızlık

impossible /im'posıbıl/ s. imkânsız, olanaksız; çekilmez, güç, dayanılmaz

impost /'impoust/ a. vergi, resim; *mim.* üzengitaşı

imposter /im'postı/ a. *Aİ. bkz.* impostor

impostor /im'postı/ a. sahtekâr

imposture /im'posçı/ a. sahtekârlık

impotency /'impıtınsi/ a. etkisizlik, acizlik; güçsüzlük; iktidarsızlık

impotent /'impıtınt/ s. güçsüz, yetersiz; (erkek) iktidarsız

impound /im'paund/ e. *huk.* haczetmek, el koymak; tutuklamak, hapsetmek

impoverish /im'povıriş/ e. yoksullaştırmak, fakirleştirmek

impracticability /imprektikı'bilıti/ a. pratik olmama, elverişsizlik; yönetilemezlik; geçit vermeme

impracticable /im'prektikıbıl/ s. yapılamaz, uygulanamaz

impractical /im'prektikıl/ s. yapılamaz, uygulanamaz; mantıksız, saçma; pratikten yoksun

imprecate /'imprikeyt/ e. beddua etmek

impregnable /im'pregnıbıl/ s. alınmaz, ele geçirilmez, zapt edilemez

impregnate /'impregneyt/ *e.* hamile bırakmak; emdirmek, içirmek *impregnated cathode* emprenye katot *impregnating agent* emdirme maddesi *impregnating bath* emdirme banyosu *impregnating machine teks.* emdirme makinesi, fular

impregnation /impreg'neyşın/ *a.* emdirme, içirme, çektirme

impresario /impri'sa:riou/ *a.* konser, opera, vb. organizatörü

imprescriptible /impri'skriptıbıl/ *s.* hükmü geçmez, daimi, sürekli

impress /im'pres/ *e.* hayran bırakmak, etkilemek; kafasına sokmak

impression /im'preşın/ *a.* etki, izlenim, kanı, fikir; baskı; taklit

impressionable /im'preşınıbıl/ *s.* çabuk etkilenir, kolay etkilenir, duyarlı

impressionism /im'preşınizım/ *a.* empresyonizm, izlenimcilik

impressionist /im'preşınist/ *a.* empresyonist, izlenimci

impressive /im'presiv/ *s.* etkileyici

imprest /im'prest/ *a.* devlet hazinesinden verilen avans *imprest account* küçük kasa hesabı *imprest fund* küçük kasa fonu

imprint /im'print/ *e.* basmak, damgalamak; kafasına sokmak, iyice yerleştirmek ¤ /'imprint/ *a.* damga, marka, iz; yayıncı, yayınevi adı

imprison /im'prizın/ *e.* hapsetmek, hapse atmak

imprisonment /im'prizınmınt/ *a.* tutukluluk, hapis, hapsetme

improbability /improbı'bılıti/ *a.* olası olmama, ihtimalsizlik

improbable /im'probıbıl/ *s.* olmayacak, inanılmaz

improbity /im'proubıti/ *a.* şerefsizlik, haysiyetsizlik

impromptu /im'promptyu:/ *s. be.* hazırlıksız, önceden tasarlanmadan, hemen o anda yapılıveren, doğaçlama

improper /im'propı/ *s.* uygunsuz, yersiz, yakışıksız; yanlış; ahlaksız, terbiyesiz, açık saçık

impropriety /imprı'prayiti/ *a.* uygunsuzluk, yersizlik, yakışıksızlık; ahlaksızlık, terbiyesizlik; hata

improve /im'pru:v/ *e.* geliştirmek, ilerletmek; gelişmek, iyiye gitmek

improvement /im'pru:vmınt/ *a.* ilerleme, gelişme *improvement cutting* imar kesimi, ayıklama kesimi

improver /im'pru:vı/ *a.* reformcu, ıslahatçı; çırak

improvidence /im'providıns/ *a.* tutumsuzluk, savurganlık

improvident /im'providınt/ *s.* tutumsuz, savurgan

improving /im'pru:ving/ *s.* ıslah edici, yenileştirici; faydalı, yararlı

improvisation /imprıvay'zeyşın/ *a.* doğaç, irtical, tuluat; doğaçtan söylenen şey

improvisator /imprıvay'zeytı/ *a.* tuluatçı, doğaçtan söyleyen, doğaçtan okuyan

improvise /'imprıvayz/ *e.* irticalen söylemek, doğaçtan söylemek; uyduruvermek, yapıvermek

improviser /imprıvayzı/ *a.* tuluatçı, doğaçtan söyleyen, doğaçtan okuyan

imprudence /im'pru:dıns/ *a.* düşüncesizlik, mantıksızlık, akılsızlık

imprudent /im'pru:dınt/ *s.* düşüncesiz, mantıksız, akılsız

impudence /'impyudıns/ *a.* arsızlık, yüzsüzlük, saygısızlık, küstahlık

impudent /'impyudınt/ *s.* arsız, yüzsüz, saygısız, küstah

impugn /im'pyu:n/ *e.* dil uzatmak, aleyhinde olmak

impugnable /im'pyu:nıbıl/ *s.* yalanlanabilir

impugnment /im'pyu:nmınt/ *a.* yalanlama, inkâr

impulse /'impals/ *a.* itme, itiş, itici güç; içtepi, güdü, anı bir istek *Impulse approximation fiz.* impuls yaklaştırması, itki yaklaştırması *impulse buyer* birden görerek satın alan *impulse buying* görür görmez satın almak *impulse buying* görür görmez satın alma *impulse excitation* impuls eksitasyonu, itki uyarımı *impulse generator elek.* darbe jeneratörü, darbe üreteci *impulse goods* birden beğenilerek satın alınan mal *impulse noise* darbe gürültüsü, impuls gürültüsü *impulse turbine* çarpma etkili türbin

impulsion /im'palşın/ *a.* itme, itiş; itici güç

impulsive /im'palsiv/ *s.* itici; atılgan

düşüncesizce hareket eden

impunity /im'pyu:niti/ *a.* cezalanmayacağından emin olma

impure /im'pyuı/ *s.* pis, kirli; karışık, katışık, arı olmayan; açık saçık, ahlaksız

impurity /im'pyuıriti/ *a.* kirlilik, pislik; açık saçıklık, ahlaksızlık; katışkı, katışık şey

imputable /im'pyu:tıbıl/ *s.* başkasının üstüne atılabilir

imputation /impyu:'teyşın/ *a.* suçlama, töhmet

imputative /im'pyu:tıtiv/ *s.* başkasına yüklenen; suçlama türünden

impute /im'pyu:t/ *e.* (to ile) (suç) yüklemek, atmak

in /in/ *ilg.* içinde, -de, -da; içine, -e, -a; -e, -a, -ye, -ya; ile; -li, -lı; -e, -a, -e karşı; -lik içinde, -likle; ... yönünden, -den, -dan; ... işinde, -de, -da ¤ *be.* içeriye, içeride, içeri; evde; gelmiş; (yiyecek) elde edilebilecek mevsimde, mevsimi gelmiş; moda; iktidarda ¤ *s.* dahili, iç; *kon.* moda, gözde; belli birkaç kişiye özgü, herkesin anlamadığı *day in day out* her gün, değişmeksizin *the ins and outs of* içi dışı *in all* toplam *in-and-out furnace met.* geri çıkışlı fırın, yığımlı fırın *in arrears* geride kalan, bakaya *in bond* gümrük deposunda tutulan *in case of* halinde, durumunda *in cash* nakit olarak, peşin olarak *in common* ortak, müşterek *in demand* çok aranan, rağbette *in favour of* lehinde, lehine, emrine *in for* başına gelmek üzere *in force* yürürlükte, geçerli *in kind* aynı *in-line processing biliş.* gelişigüzel veri işleme, seçkisiz işlem *in-line subroutine biliş.* programa doğrudan sokulan altyordam *in lots* partiler halinde *in memoriam* (mezar taşına yazılır) -in anısına/hatırasına *in on* -de payı olan, bilen *in situ* asıl yerinde, doğal durumunda *in situ combustion* yerinde yanma *in stock* elde mevcut *in that* -dığı için, çünkü *in the absence of* yokluğunda, gıyabında *in transit* transit halinde, transit

inability /inı'biliti/ *a.* yeteneksizlik, yetersizlik; yapamama

inaccessibility /'ineksesıbilıti/ *a.* ulaşılmazlık

inaccessible /inık'sesıbıl/ *s.* ulaşılmaz

inaccuracy /in'ekyurısi/ *a.* yanlışlık, hatalı olma; kusur, hata

inaccurate /in'ekyurit/ *s.* yanlış, hatalı

inaction /in'ekşın/ *a.* hareketsizlik, eylemsizlik, durgunluk

inactive /in'ektiv/ *s.* hareketsiz, pasif, durgun, kesat *inactive account* hareketsiz hesap *inactive capital* atıl kapital *inactive character biliş.* etken olmayan karakter *inactive file biliş.* etken olmayan dosya, etken olmayan kütük *inactive market* durgun piyasa

inactivity /inek'tiviti/ *a.* durgunluk

inadaptability /inıdeptı'bilıti/ *a.* uygun olmama; intibaksızlık

inadequacy /in'edikwisi/ *a.* yetersizlik

inadequate /in'edikwit/ *s.* yetersiz

inadmissible /inıd'misıbıl/ *s.* kabul edilmez

inadvertency /inıd'vö:tınsi/ *a.* dikkatsizlik; kasıtsızlık

inadvertent /inıd'vö:tınt/ *s.* yanlışlıkla ya da kazara yapılan, dikkatsiz, kasıtsız

inadvisable /inıd'vayzıbıl/ *s.* makul olmayan, uygun olmayan

inalienable /in'eyliınıbıl/ *s.* (hak) elinden alınamaz; satılamaz, devrolunamaz

inalterable /in'o:ltırıbıl/ *s.* değişmez

inane /i'neyn/ *s.* anlamsız, aptal, saçma, boş

inanimate /in'enimit/ *s.* cansız, ölü; donuk, sönük

inanimation /ineni'meyşın/ *a.* cansızlık, donukluk

inanition /inı'nişın/ *a.* zafiyet

inanity /i'nenıti/ *a.* anlamsız söz, saçmalık

inapplicable /in'eplikıbıl/ *s.* uygulanamaz; konuyla ilgisiz

inapposite /in'epızit/ *s.* uygunsuz, yersiz

inappreciable /inı'pri:şıbıl/ *s.* takdir edilemez; azıcık

inappropriate /inı'proupriıt/ *s.* uymayan, uymaz; uygunsuz, yersiz, yakışıksız

inappropriateness /inı'proupriıtnıs/ *a.* uygun olmama, uymazlık; uygunsuzluk, yersizlik, yakışıksızlık, münasebetsizlik

inapt /in'ept/ *s.* uygunsuz, yakışıksız; beceriksiz, hünersiz; toy

inaptness /in'eptnıs/ *a.* uygunsuzluk, yakışıksızlık; beceriksizlik, hünersizlik; toyluk

inarticulate /ina:'tikyulit/ s. (konuşma) anlaşılmaz, belirsiz; anlaşılmaz konuşan, iyi ifade edemeyen

inasmuch as /ınız'maç ız/ bağ. çünkü, - dığı için

inattention /ını'tenşın/ a. dikkatsizlik

inattentive /ını'tentiv/ s. dikkatsiz

inaudibility /ino:dı'bilıti/ a. duyulmazlık

inaudible /in'o:dıbıl/ s. işitilemez, duyulamaz

inaugurate /i'no:gyureyt/ e. törenle açmak; törenle göreve getirmek

inauspicious /ino:'spişıs/ s. uğursuz

inauspiciousness /ino:spişısnıs/ a. uğursuzluk, talihsizlik

inborn /in'bo:n/ s. doğuştan

inbred /in'bred/ s. yakın akraba evliliğinden doğmuş; küçük yaştan alışılmış, öğrenilmiş

inbreeding /'inbri:ding/ a. yakın akraba ilişkisinden çocuk sahibi olma

incalculability /inkelkyulı'bilıti/ a. hesaplanamazlık, belirsizlik

incalculable /'in'kelkyulıbıl/ s. hesaplanamaz

incandescence /inken'desıns/ a. akkorluk

incandescent /inken'desınt/ s. fiz. akkor **incandescent lamp** akkor lambası

incantation /inkın'teyşın/ a. büyü, sihir, sihirli sözler

incapability /inkeypı'bilıti/ a. yeteneksizlik, yetersizlik, güçsüzlük

incapable /in'keypıbıl/ s. yeteneksiz, güçsüz, gücü yetmeyen, elinden gelmez, yapamaz

incapacitate /inkı'pesiteyt/ e. yetersiz kılmak, âciz bırakmak, olanak vermemek

incapacitated /inkı'pesiteytid/ s. aciz bırakılmış; mahrum edilmiş

incapacity /inkı'pesiti/ a. yetersizlik

incarcerate /in'ka:sıreyt/ e. hapsetmek

incarceration /inka:sı'reyşın/ a. hapsetme, kapatma

incarnate /in'ka:nit/ s. vücutça var olan, insan şeklinde olan

incarnation /inka:'neyşın/ a. vücut bulma, canlanma; canlı simge, somut örnek

incautious /in'ko:şıs/ s. tedbirsiz, düşüncesiz

incendiary /in'sendiıri/ s. yangın çıkartan, yangına neden olan; fesatçı, kışkırtıcı ¤ a. ask. yangın maddesi **incendiary bomb** ask. yangın bombası

incense /'insens/ a. tütsü, günlük ¤ /in'sens/ e. kızdırmak, çileden çıkarmak

incensory /'insensıri/ a. buhurdan, buhurluk

incenter /in'sentı/ a. mat. iç daire merkezi, iççevrel özek

incentive /in'sentiv/ a. dürtü, güdü; teşvik; teşvik primi **incentive bonus** teşvik primi **incentive pay** teşvik primi **incentive premium** teşvik primi, özendirme primi **incentive wage system** özendirici ücret sistemi

inception /in'sepşın/ a. başlangıç

inceptive /in'septiv/ s. başlayan, baştaki, birinci

incertain /in'sö:tın/ a. enserten

incertitude /in'sö:tityu:d/ a. kuşku, şüphe

incessant /in'sesınt/ s. aralıksız, sürekli

incest /'insest/ a. hısımla cinsel ilişki

inch /inç/ a. inç, pus (2.54 cm.) ¤ e. güçlükle yol açmak, güçlükle ilerlemek **every inch** tam, komple, sapına kadar **Give him an inch and he will take a mile** Elini versen kolunu alamazsın **inch along** ağır aksak ilerlemek **inch by inch** ağır ağır, azar azar, milim milim **within an inch of** çok yakın, burun buruna **within an inch of one's life** ölümüne ramak kalmış

incidence /'insidıns/ a. tekrar oranı, oran; rastlantı, tesadüf; etki alanı **incidence angle** fiz. geliş açısı **incidence of taxation** vergilendirmenin yansıması

incident /'insidınt/ a. olay, hadise ¤ s. fiz. gelen, düşen **incident light** opt. gelen ışık **incident ray** elek. gelen ışın

incidental /insidentıl/ s. tesadüfi, arızi; küçük ve önemsiz **incidental frequency modulation** arızi frekans modülasyonu **incidental income** arızi gelir

incidentally /insi'dentıli/ be. bu arada, aklıma gelmişken; tesadüfen

incinerate /in'sinıreyt/ e. yakmak, yakıp kül etmek

incineration /insinı'reyşın/ a. yakma

incinerator /in'sinıreytı/ a. çöp yakma fırını

incipiency /in'sipiınsi/ a. başlangıç

incipient /in'sipiınt/ s. yeni başlamış

incise /in'sayz/ e. oymak, kazımak, hakketmek; yarmak

incision /in'sijın/ a. kesme, yarma; kesik, yarık

incisive /in'saysiv/ s. soruna doğrudan eğilen, direkt

incisiveness /in'saysivnis/ a. zekilik, açıkgözlülük

incisor /in'sayzı/ a. ön diş, kesicidiş

incitation /insay'teyşın/ a. cesaretlendirme, ayartma

incite /in'sayt/ e. kışkırtmak, dolduruşa getirmek, körüklemek, tahrik etmek

incitement /in'saytmınt/ a. kışkırtma, tahrik, teşvik

incivility /insi'vilıti/ a. kabalık, nezaketsizlik

inclemency /in'klemınsi/ a. sertlik (iklim)

inclement /in'klemınt/ s. (hava) sert, soğuk, fırtınalı

inclinable /in'klaynıbıl/ s. eğiliminde

inclination /inkli'neyşın/ a. eğilim; eğiklik, eğim inclination angle eğim açısı inclination of the orbit yörünge eğikliği

incline /in'klayn/ e. eğmek; eğilmek; fikrini vermek, yönlendirmek; (bir şeye) eğilimi olmak, meyletmek ¤ a. yokuş, bayır, eğim

inclined /in'klaynd/ s. eğimli, yatkın, meyilli inclined plane eğik düzlem inclined roof inş. eğimli çatı inclined shaft mad. eğik kuyu

inclose /in'klouz/ e. etrafını çevirmek

include /in'klu:d/ e. katmak, dahil etmek; içine almak, kapsamak, içermek

included /in'klu:did/ s. dahil

including /in'klu:ding/ s. dahil

inclusion /in'klu:jın/ a. dahil etme, alma; dahil edilme, alınma; ilave, ek; met. enklüzyon, kalıntı

inclusive /in'klu:siv/ s. içine alan, dahil, her şey dahil inclusive of tariff gümrük vergisi dahil inclusive of tax vergi dahil inclusive price her şey dahil fiyat

incognito /inkog'ni:tou/ s. be. takma adlı, takma adla

incoherence /inkou'hiırıns/ a. anlamsızlık, tutarsızlık

incoherent /inkou'hiırınt/ s. birbirini tutmayan, tutarsız, anlamsız, abuk sabuk incoherent light inkoherent ışık, eşevresiz ışık incoherent scattering fiz. karmaşık saçılma, evre-dışı saçılma

incombustible /inkım'bastıbıl/ s. yanmaz

income /'inkam/ a. gelir, kazanç income account gelir hesabı income bond gelir senedi, gelir tahvili income bracket gelir grubu income carried forward devredilen kâr income effect gelir etkisi income group gelir grubu income in kind ayni gelir income multiplier gelir çarpanı income of exercise dönem kârı income profit gelir kârı income tax gelir vergisi

incomer /'inkamı/ a. muhacir, göçmen; halef, ardıl

incoming /'inkaming/ s. gelmekte olan, gelen; yeni başlayan, yeni incoming goods gelen mallar

incommensurable /inkı'menşırıbıl/ s. ölçülemeyen, sınırsız

incommensurate /inkı'menşırıt/ s. yetersiz

incommode /inkı'moud/ e. rahatsız etmek, sıkıntı vermek, zahmet vermek

incommodious /inkı'moudyıs/ s. zahmetli, rahatsız

incommunicado /inkımyu:ni'ka:dou/ s. dışardakilerle görüştürülmeyen

incomparable /in'kompırıbıl/ s. eşsiz, benzersiz; kıyaslanamaz, karşılaştırılamaz

incompatibility /inkımpetı'bılıti/ a. bağdaşmazlık, uyuşmazlık

incompatible /inkım'petıbıl/ s. birbirine zıt, uyuşmaz, bağdaşmaz

incompetence /in'kompitıns/ a. yeteneksizlik, yetersizlik, beceriksizlik

incompetent /in'kompitınt/ s. a. yeteneksiz, yetersiz, beceriksiz (kimse)

incomplete /inkım'pli:t/ s. tamamlanmamış, bitmemiş, eksik, noksan incomplete program biliş. tamamlanmamış program incomplete routine biliş. tamamlanmamış yordam

incomprehensible /inkompri'hensıbıl/ s. anlaşılmaz, akıl ermez

incomprehension /inkompri'henşın/ a. kavrayamama, anlayamama

incompressible /inkım'presıbıl/ s. fiz. sıkışmaz

inconceivable /inkın'si:vıbıl/ s. tasavvur

olunamaz, hayal edilemez, inanılmaz; *kon.* olanaksız, inanılamaz

inconclusive /inkın'klu:siv/ *s.* yetersiz, sonuçsuz

inconclusiveness /inkın'klu:sivnıs/ *a.* yetersizlik; sonuçsuzluk

incondite /in'kondayt/ *s.* kötü yapılmış

incongruity /inkon'gru:ıti/ *a.* uyuşmazlık, uyumsuzluk; uygunsuzluk, yersizlik; tuhaflık, gariplik

incongruous /in'kongruıs/ *s.* birbirine uymayan, uyuşmaz, bağdaşmaz

inconnector /in'kınektı/ *a. biliş.* iç bağlayıcı

inconsequence /in'konsikwıns/ *a.* birbirini tutmama, tutarsızlık; mantıksızlık

inconsequential /inkonsi'kwenşıl/ *s.* önemsiz

inconsiderable /inkın'sidırıbıl/ *s.* önemsiz, az, küçük, ufak

inconsiderate /inkın'sidırit/ *s. hkr.* başkalarını düşünmez, düşüncesiz, bencil

inconsiderateness /inkın'sidıritnıs/ *a.* düşüncesizlik, saygısızlık; tedbirsizlik

inconsistency /inkın'sistınsi/ *a.* uyuşmazlık, bağdaşmazlık, uyumsuzluk; tutarsızlık; aykırılık, zıtlık

inconsistent /inkın'sistınt/ *s.* çelişkili, tutarsız, birbirini tutmayan; değişken, saati saatine uymayan

inconsolable /inkın'soulıbıl/ *s.* avutulamaz, yatıştırılamaz, rahatlatılamaz, dinmez

inconspicuous /inkın'spikyuıs/ *s.* göze çarpmayan, önemsiz

inconstancy /in'konstınsi/ *a.* sabit olmama; kararsızlık; sadakatsizlik

incontestable /inkın'testıbıl/ *s.* tartışmasız, itiraz kabul etmez

incontinent /in'kontinınt/ *s.* çişini tutamayan

incontrovertible /inkontrı'vö:tıbıl/ *s.* apaçık, kesin, tartışılmaz, su götürmez

inconvenience /inkın'vi:niıns/ *a.* sıkıntı, rahatsızlık; sakınca, uygunsuzluk ¤ *e.* zahmet olmak, işini zorlaştırmak, yük olmak

inconvenient /inkın'vi:niınt/ *s.* rahatsız edici, sıkıcı, sıkıntı veren; uygun olmayan, uygunsuz, elverişsiz

inconvertibility /inkınvö:tı'bilıti/ *a.* konvertibl olmama, çevrilemezlik

inconvertible /inkın'vö:tıbıl/ *s.* konvertibl olmayan, çevrilemeyen, değiştirilemez

incorporate /in'ko:pıreyt/ *e.* birleştirmek, katmak, dahil etmek, içine almak; birleşmek, katılmak

incorporated /in'ko:pıreytid/ *s.* birleşmiş, anonim *incorporated bank* anonim banka *incorporated company* limitet şirket; anonim şirket

incorporation /inko:pı'reyşın/ *a.* birleştirme, birleşme; ortaklık, şirket

incorporator /in'ko:pıreytı/ *a.* kurucu, müessis

incorporeal /inko:'po:riıl/ *s.* cisimsiz, manevi; maddi olmayan *incorporeal hereditaments* maddi olmayan şeylere ilişkin haklar

incorrect /inkı'rekt/ *s.* yanlış, hatalı

incorrigibility /inkoricı'bilıti/ *a.* yola gelmezlik, düzeltilemezlik

incorrigible /in'koricıbıl/ *s.* adam olmaz, düzelmez

incorruptibility /inkıraptı'bilıti/ *a.* dürüstlük; bozulmazlık, çürümezlik

incorruptible /inkı'raptıbıl/ *s.* namuslu, dürüst, rüşvet yemez

incorruption /'inkırapşın/ *a.* rüşvet yememe; bozulmama

increase /in'kri:s/ *e.* artmak, çoğalmak, yükselmek; artırmak, çoğaltmak ¤ /'inkri:s/ *a.* artış, artma; üreme, çoğalma *increase in length* boy uzaması *increase in size* büyüme *increase in volume* hacim büyümesi *increase of capital* sermaye artışı *increase of value* değer artışı

increased /in'kri:st/ *s.* artmış *increased productivity* artan verimlilik

increasing /in'kri:sing/ *s.* artan, çoğalan *increasing function* *mat.* artan fonksiyon, artan işlev

increasingly /in'kri:singli/ *be.* gittikçe, gitgide

incredible /in'kredıbıl/ *s.* inanılmaz, akıl almaz; *kon.* harika, müthiş, süper

incredibly /in'kredibli/ *be.* inanılmaz derecede, akıl almaz ölçüde

incredulity /inkri'dyu:lıti/ *a.* inanmazlık, şüphecilik

incredulous /in'kredyulıs/ *s.* kuşkulu,

inanmadığını belirten

increment /'inkrimınt/ *a.* artma, artış; zam; gelir, kazanç *increment value* artan değer *increment value tax* değer artış vergisi

incremental /inkri'mentıl/ *s.* artışlı *incremental compiler* biliş. artımlı derleyici *incremental computer* biliş. artımlı bilgisayar *incremental dump* biliş. artımsal döküm, artımlı döküm *incremental hysteresis loss* elek. artımlı histerezis kaybı *incremental representation* biliş. artımsal gösterim, artımlı gösterim

incriminate /in'krimineyt/ *e.* suçlamak, suçlu çıkarmak, suçlu olduğunu göstermek

incriminating /in'krimineyting/ *s.* suçlayıcı

incrimination /inkrimi'neyşın/ *a.* suçlama

incrust /in'krast/ *e.* kabuk bağlamak

incrustation /inkras'teyşın/ *a.* kabuk bağlama; kabuk; kazantaşı

incubate /'inkyubeyt/ *e.* kuluçkaya yatmak; kuluçkaya yatırmak *incubating egg* trm. kuluçkalık yumurta

incubation /inkyu'beyşın/ *a.* kuluçkaya yatma *incubation period* trm. kuluçka dönemi

incubator /'inkyubeytı/ *a.* kuluçka makinesi; erken doğan bebekleri yaşatma aygıtı, kuvöz

incubus /'inkyubıs/ *a.* karabasan, kâbus; sıkıntı

inculcate /'inkalkeyt/ *e.* (with/in ile) kafasına sokmak, aşılamak

inculcation /inkal'keyşın/ *a.* telkin

inculpate /'inkalpeyt/ *e.* suçlamak

incumbent /in'kambınt/ *s.* görev olarak yükletilmiş, zorunlu, üzerine vazife olan, boynunun borcu

incur /in'kö:/ *e.* -e uğramak, girmek, yakalanmak *incur debts* borca girmek *incur expenses* masrafa girmek *incur liabilities* borca girmek *incur loses* zarara uğramak

incurability /inkyuırı'bilıti/ *a.* tedavi edilemezlik, çaresizlik, devasızlık

incurable /in'kyuırıbıl/ *s.* tedavi dilemez, çaresiz

incursion /i'kö:şın/ *a.* akın, baskın

incurve /in'kö:v/ *e.* eğmek

indamine /'indımi:n/ *a.* indamin

indebted /in'detid/ *s.* borçlu; borçlu, minnettar, müteşekkir

indebtedness /in'detidnis/ *a.* borçluluk

indecency /in'di:sınsi/ *a.* ahlaksızlık

indecent /in'di:sınt/ *s.* uygunsuz, yersiz; açık saçık, çirkin, edepsiz; kaba

indecipherable /indi'sayfırıbıl/ *s.* çözülemez, okunamaz

indecision /indi'sijın/ *a.* kararsızlık

indecisive /indi'saysiv/ *s.* kesin olmayan, kesin bir sonuca bağlanmayan, belirsiz, ortada; kararsız

indeclinable /indi'klaynıbıl/ *s.* çekim eki olmayan, çekimsiz

indeed /in'di:d/ *be.* gerçekten, cidden, hakikaten

indefatigable /indi'fetigıbıl/ *s.* yorulmaz, usanmaz

indefeasible /indi'fi:zıbıl/ *s.* iptal edilemez

indefensible /indi'fensıbıl/ *s.* savunulamaz; bağışlanamaz

indefinable /indi'faynıbıl/ *s.* anlatılamaz, tanımlanamaz, tarifsiz

indefinite /in'definıt/ *s.* belirsiz; sınırsız, sonsuz *indefinite adjective* belgisiz sıfat *indefinite article* dilb. belgisiz tanımlık, belgisiz artikel *indefinite integral* mat. belirsiz integral, belgisiz tümlev *indefinite leave* sınırsız izin *indefinite pronoun* belgisiz zamir

indefiniteness /in'definıtnıs/ *a.* belirsizlik, bulanıklık; sınırsızlık

indelible /in'delibıl/ *s.* silinmez, çıkmaz, sabit

indelicacy /in'delikısi/ *a.* kabalık, terbiyesizlik; kaba davranış

indelicate /in'delikit/ *s.* kaba, inceliksiz

indemnification /indemnifi'keyşın/ *a.* tazminat

indemnify /in'demnifay/ *e.* zararını ödemek, tazmin etmek

indemnity /in'demniti/ *a.* ödence, tazminat *indemnity against liability* borca karşılık teminat *indemnity insurance* kefalet sigortası

indene /'indi:n/ *a.* inden

indent /in'dent/ *e.* çentmek, kertmek; (satır) içerden başlamak; sipariş vermek, ısmarlamak ¤ *a.* diş, çentik; talepname, sipariş emri

indentation /inden'teyşın/ a. çentik; koy, körfez **indentation hardness** dişleme sertliği
indented /in'dentid/ s. senetli, sözleşmeli
indenter /in'dentı/ a. mak. çentik açıcı aygıt, dişleyici
indenture /in'dençı/ a. sözleşme, senet
independence /indi'pendıns/ a. bağımsızlık
independent /indi'pendınt/ s. bağımsız **independent accountant** bağımsız muhasebeci, serbest muhasip **independent audit** bağımsız denetim **independent banking system** bağımsız bankacılık sistemi **independent broker** bağımsız borsa simsarı **independent clause** bağımsız cümlecik, bağımsız tümce **independent events** bağımsız olaylar **independent front suspension** oto. bağımsız ön süspansiyon, bağımsız önaskı **independent heterodyne** elek. bağımsız heterodin **independent particle model** fiz. bağımsız tanecik modeli **independent register** biliş. bağımsız yazmaç **independent routine** biliş. bağımsız yordam **independent suspension** oto. müstakil süspansiyon **independent variable** bağımsız değişken
indescribable /indis'kraybıbıl/ s. anlatılmaz, tanımlanamaz, betimlenemez, tarifsiz
indestructibility /indistraktı'bilıti/ a. yıkılmazlık, tahrip edilemezlik
indestructible /indi'straktıbıl/ s. yıkılamaz, yok edilemez, dayanıklı
indeterminate /indi'tö:minit/ s. kesin olmayan, belirsiz, ortada
indetermination /inditö:mi'neyşın/ a. belirsizlik; kararsızlık
index /'indeks/ a. dizin, fihrist, indeks; gösterge ¤ /in'deks/ e. indeksle göstermek, indeksini yapmak **index cycle** biliş. dizin çevrimi **index error** gösterge hatası **index file** biliş. dizin dosyası, dizin kütüğü **index finger** işaretparmağı **index linked bond** endeksli tahvil **index marker** biliş. dizin işareti **index number** endeks numarası, endeks sayısı **index positions** biliş. dizin konumları **index register** biliş. dizin yazmacı **index sequen-**

tial biliş. dizinli sıralı **index sequential file** biliş. dizinli sıralı kütük **index sequential file organization** biliş. dizinli sıralı kütük organizasyonu **index word** biliş. dizin kelimesi, dizin sözcüğü **index word register** biliş. dizin sözcüğü yazmacı
indexation /indek'seyşın/ a. endeksleme
indexed /'indekst/ s. dizinli **indexed address** biliş. dizinlenmiş adres **indexed array** biliş. dizinlenmiş dizi **indexed files** biliş. dizinlenmiş dosyalar, dizinlenmiş kütükler **indexed list** biliş. dizinlenmiş liste, dizinli dizelge **indexed pension** endekslenmiş emekli maaşı **indexed sequential access method** biliş. dizinli sıralı erişim yöntemi **indexed sequential file** biliş. dizinli sıralı kütük **indexed sequential organization** biliş. dizinli sıralı organizasyon
Indian /'indiın/ a. s. Hintli, Hint **American Indian** Kızılderili **Indian hemp** teks. hintkeneviri **Indian summer** metr. pastırma yazı
India-rubber /'indiı rabı/ a. doğal kauçuk
indican /'indikın/ a. kim. indikan
indicate /'indikeyt/ e. göstermek; belirtisi olmak, göstergesi olmak, belirtmek; sinyal vermek **indicated horsepower** nominal beygirgücü **indicating device** gösterme tertibatı **indicating lamp** elek. işaret lambası, gösterge ışığı
indication /indi'keyşın/ a. belirti, iz, işaret
indicative /in'dikıtiv/ s. bildiren, belirten, gösteren, haber veren ¤ a. bildirme kipi, haber kipi **indicative abstract** biliş. tanıtıcı özet, geniş özet
indicator /'indikeytı/ a. oto. sinyal; ibre, gösterge **indicator chart** biliş. gösterge çizelgesi **indicator paper** belirteç kâğıdı, gösterge kâğıdı, indikatör kâğıdı **indicator plants** trm. indikatör bitkiler, gösterici bitkiler **indicator tube** elek. gösterici tüp
indices /'indisi:z/ bkz. index
indict /in'dayt/ e. huk. suçlamak, itham etmek
indictment /in'daytmınt/ a. huk. suçlama, itham
indifference /in'difırıns/ a. ilgisizlik, aldırışsızlık, kayıtsızlık **indifference curve** kayıtsızlık eğrisi

indifferent /in'difırınt/ *s.* ilgisiz, aldırışsız, kayıtsız; şöyle böyle, orta, vasat

indigence /'indicıns/ *a.* fakirlik, yoksulluk

indigenous /in'dicınıs/ *s.* yerli

indigent /'indicınt/ *s.* yoksul, fakir

indigestibility /indicestı'bilıti/ *a.* sindirilmezlik

indigestible /indi'cestıbıl/ *s.* hazmı güç, zor hazmedilen

indigestion /indi'cesçın/ *a.* sindirim güçlüğü

indignant /in'dignınt/ *s.* kızgın, içerlemiş, dargın

indignation /indig'neyşın/ *a.* kızgınlık, dargınlık

indignity /in'digniti/ *a.* onur kırıcı/küçük düşürücü durum

indigo /'indigou/ *a.* çivit, indigo *indigo carmine* indigo karmen *indigo printing* indigo baskı *indigo vat teks.* indigo teknesi *indigo white teks.* indigo beyazı

indigoid /'indigoyd/ *s.* indigoit *indigoid dyes* indigoit boyalar

indigotin /in'digıtin/ *a.* indigotin

indirect /indi'rekt/ *s.* direkt/doğrudan olmayan; dolaylı; dolambaçlı; imalı *indirect address biliş.* dolaylı adres *indirect addressing biliş.* dolaylı adresleme *indirect arbitrage* dolaylı arbitraj *indirect control biliş.* dolaylı denetim *indirect exchange* dolaylı kambiyo *indirect expense* endirekt masraf, dolaylı gider *indirect illumination* dolaylı ışıklandırma *indirect labour* dolaylı işçilik *indirect lighting* dolaylı ışıklandırma *indirect method* dolaylı yöntem *indirect mortgage loan* dolaylı ipotek kredisi *indirect object* dolaylı tümleç *indirect personal object* dolaylı şahıs tümleci *indirect production* birinci üretim *indirect speech dilb.* dolaylı anlatım *indirect tax* dolaylı vergi, vasıtalı vergi *indirect wave* yansımış dalga, endirekt dalga

indirectness /indi'rektnıs/ *a.* dolaylılık

indiscernible /indi'sö:nıbıl/ *s.* ayırt edilemez, seçilemez

indiscipline /in'disiplin/ *a.* disiplinsizlik

indiscreet /indi'skri:t/ *s.* düşüncesiz, patavatsız, boşboğaz

indiscretion /indi'skreşın/ *a.* boşboğazlık, düşüncesizlik, patavatsızlık

indiscriminate /indi'skriminit/ *s.* rasgele, karışık, gelişigüzel; ayırım yapmayan, fark gözetmeyen

indiscrimination /indiskrimi'neyşın/ *a.* ayırt edememe; gelişigüzellik, keyfilik

indispensable /indi'spensıbıl/ *s.* vazgeçilmez, gerekli, zorunlu, kaçınılmaz

indispose /indi'spouz/ *e.* elverişsiz duruma getirmek; hasta etmek; keyfini kaçırmak

indisposed /indi'spouzd/ *s.* hasta, rahatsız, keyifsiz; isteksiz, gönülsüz

indisposition /indispı'zişın/ *a.* rahatsızlık, keyifsizlik

indisputable /indi'spyu:tıbıl/ *s.* tartışılmaz, kesin, su götürmez

indissolubility /indisolyu'bilıti/ *a.* çözünmezlik, çözülmezlik, erimezlik; daimilik, süreklilik

indissoluble /indi'solyubıl/ *s.* devamlı, sürekli; bozulmaz, ayrılmaz, sabit

indistinct /indi'stinkt/ *s.* hayal meyal, belli belirsiz

indistinctive /indi'stinktiv/ *s.* ayırt edilemez

indistinguishable /indi'stingwişıbıl/ *s.* ayırt edilemez, seçilemez

indium /'indiım/ *a.* indiyum

individual /indi'vicuıl/ *s.* bireysel; kişisel, özel; tek ¤ *a.* kişi, birey; *kon.* insan *individual enterprise* kişisel girişim *individual estate* şahsi mal mülk *individual fibre* tek lif *individual proprietor* tek sahip

individuality /indivicu'eliti/ *a.* kişilik, bireylik, özellik

individualize /indi'vicuılayz/ *e.* bireyleştirmek; ayrı tutmak

individually /indi'vicuıli/ *be.* ayrı olarak, teker teker

indivisible /indi'vizıbıl/ *s.* bölünmeyen, bölünmez; *mat.* kesirsiz

indocile /in'dousayl/ *s.* kontrolü güç, yumuşak başlı olmayan

indoctrinate /in'doktrineyt/ *e. hkr.* (fikir) aşılamak, öğretmek, doldurmak

indoctrination /indoktri'neyşın/ *a.* beyin yıkama, doktrin

indole /'indoul/ *a. kim.* indol

indolence /'indılıns/ *a.* tembellik, uyuşukluk, üşengeçlik

indolent /'indılınt/ *s.* tembel, uyuşuk, üşengeç

indomitable /in'domitıbıl/ *s.* yılmaz, boyun eğmez, inatçı

indoor /'indo:/ *s.* ev içinde olan/yapılan *indoor antenna* dahili anten, oda anteni

indoors /'indo:z/ *be.* ev içinde, ev içine

indophenol /indou'fi:nol/ *a.* indofenol

indoxyl /in'doksil/ *a.* indoksil

indubitable /in'dyu:bitıbıl/ *s.* kesin, kuşkulanılmaz, kuşkusuz, muhakkak

induce /in'dyu:s/ *e.* -e ikna etmek, kandırmak; -e neden olmak; indüklemek *induced current* endüklenen akım *induced investment* uyarılmış yatırım *induced noise* endüklenen gürültü *induced radioactivity* endüklenen radyoaktivite *induced voltage elek.* endüklenen gerilim

inducement /in'dyu:smint/ *a.* kandırma, ikna, teşvik; neden, güdü; rüşvet

induct /in'dakt/ *e.* resmen göreve başlatmak; üyeliğe kabul etmek; askere almak

inductance /in'daktıns/ *a. fiz.* indüktans, endüktans *inductance bridge* endüktans köprüsü *inductance coil* endüktans bobini *inductance coupling elek.* endüktans kuplajı

induction /in'dakşın/ *a.* tümevarım; göreve getirme; *elek.* endüksiyon, indüksiyon *induction coil elek.* endükleme bobini, indüksiyon bobini *induction current* endüksiyon akımı *induction field elek.* endüksiyon alanı *induction furnace* endüksiyon fırını *induction generator* endüksiyon jeneratörü *induction hardened met.* endüklemeli sertleştirilmiş *induction hardening met.* endüklemeli sertleştirme *induction heating elek.* endüksiyonla ısıtma *induction machine elek.* endüksiyon makinesi *induction manifold oto.* endüksiyon manifoldu, emme manifoldu *induction motor elek.* endüksiyon motoru *induction port mak.* emme deliği *induction stroke mak.* emme zamanı, emme stroku

inductive /in'daktiv/ *s.* tümevarımsal; endüktif, endükleyici *inductive circuit elek.* endüktif devre *inductive coupling elek.* endüktif kuplaj *inductive load elek.* endüktif yük *inductive logic biliş.* tümevarımlı mantık *inductive reactance elek.* endüktif reaktans *inductive resistor elek.* endüktif direnç

inductor /in'daktı/ *a. elek.* indüktör, indükleç, endüktans bobini

indulge /in'dalc/ *e.* isteklerini yerine getirmek, şımartmak, yüz vermek; *kon.* (yemek, içmek, vb.'de) aşırıya kaçmak, kaptırmak

indulgence /in'dalcıns/ *a.* göz yumma, hoşgörü; şımartma; şımartılma; düşkünlük, zevk

indulgent /in'dalcınt/ *s.* göz yuman, hoş gören

induline /'indyulayn/ *a.* indulin

indurate /'indyuıreyt/ *e.* sertleştirmek; duygusuzlaştırmak; sertleşmek; duygusuzlaşmak

induration /indyuı'reyşın/ *a.* katılaştırma, katılaşma; sağlamlaştırma, sağlamlaşma; duygusuzlaşma

industrial /in'dastrııl/ *s.* endüstriyel, sınai *industrial accident* iş kazası *industrial advances* sınai borçlanmalar *industrial alcohol* endüstriyel alkol *industrial bank* sanayi bankası *industrial centre* endüstri merkezi, sanayi merkezi *industrial chemistry kim.* endüstriyel kimya *industrial court* sanayi mahkemesi *industrial democracy* endüstriyel demokrasi *industrial district* endüstri bölgesi *industrial engineer* endüstri mühendisi *industrial engineering* endüstri mühendisliği *industrial enterprise* sınai girişim *industrial fabrics teks.* endüstriyel kumaşlar *industrial fuel* endüstriyel yakıt *industrial plantation* endüstriyel ağaçlama *industrial property* sınai mülkiyet *industrial relations* işveren-işçi ilişkileri *industrial revolution* sanayi devrimi *industrial safety* sanayide güvenlik *industrial services* sınai hizmetler *industrial spying* sanayi casusluğu *industrial waste water* sanayi atık suyu

industrialist /in'dastrıılist/ *a.* sanayici, fabrikatör

industrialization /indastrıılay'zeyşın/ *a.* sanayileşme, endüstrileşme

industrialize /in'dastrıılayz/ *e.* sanayileştirmek; sanayileşmek

industrious /in'dastrııs/ *s.* çalışkan

industry /'indıstri/ *a.* endüstri, sanayi; çalışkanlık, sıkı çalışma

inebriate /i'ni:brieyt/ *e.* sarhoş etmek ¤ /i'ni:briıt/ *a. s.* ayyaş, sarhoş

inebriated /i'ni:brieytid/ *s.* sarhoş

inedibility /inedi'bilıti/ *a.* yenmezlik

inedible /in'edıbıl/ *s.* (yiyecek) yenmez

inedited /in'editid/ *s.* basılmamış, yayımlanmamış

ineffable /in'efıbıl/ *s.* anlatılmaz, tanımlanmaz, betimlenemez, tarifsiz

ineffective /inı'fektiv/ *s.* etkisiz, sonuçsuz *ineffective time biliş.* etkin olmayan zaman

ineffectiveness /inı'fektivnıs/ *a.* etkisizlik, sonuçsuzluk; verimsizlik, yetersizlik

inefficiency /ini'fişınsi/ *a.* yetersizlik; etkisizlik; verimsizlik

inefficient /ini'fişınt/ *s.* yetersiz; etkisiz; verimsiz

inelastic /ini'lestik/ *s.* esnemez, esnek olmayan *inelastic scattering fiz.* esnemez saçılma, esnek olmayan saçılma

inelasticity /iniles'tisıti/ *a.* esnek olmama; katı olma, dik olma

inelegant /in'eligınt/ *s.* kaba, yontulmamış, inceliksiz; çirkin, kaba

ineligibility /inelicı'bilıti/ *a.* uygun olmama, elverişli olmama; hakkı olmama; seçilmezlik

ineligible /in'elicıbıl/ *s.* uygun olmayan, seçilemez

ineluctable /ini'laktıbıl/ *s.* kaçınılmaz

inept /i'nept/ *s.* beceriksiz, yeteneksiz; uygunsuz, yersiz, ahmakça

ineptness /in'eptnıs/ *a.* yersizlik, uygunsuzluk; anlamsızlık; beceriksizlik, toyluk

inequal /in'i:kwıl/ *s.* eşit olmayan

inequality /ini'kwoliti/ *a.* eşitsizlik; pürüzlülük

inequitable /in'ekwitıbıl/ *s.* haksız, insafsız

inequity /in'ekwıti/ *a.* haksızlık, adaletsizlik

inerasable /ini'reyzıbıl/ *s.* silinmez, çıkmaz

inerrancy /in'erınsi/ *a.* yanılmazlık

inert /i'nö:t/ *s.* hareketsiz, cansız; yavaş, tembel, uyuşuk; eylemsiz, etkisiz, inert, atıl *inert gas* soy gaz; etkisiz gaz, atıl gaz *inert metal fiz.* asal metal

inertia /i'nö:şı/ *a.* atalet, eylemsizlik, süredurum; tembellik, uyuşukluk *inertia selling* metazori satış *inertia starter oto.* ataletli demarör, volanlı yolverici *inertia switch elek.* eylemsizlik anahtarı, atalet şalteri *inertial coordinates fiz.* atalet koordinatları

inescapable /inis'keypıbıl/ *s.* kaçınılamaz

inessential /ini'senşıl/ *s.* gereksiz, önemsiz ¤ *a.* gereksiz/önemsiz şey

inessive /ı'nesiv/ *a.* içindelik durumu

inestimable /in'estimıbıl/ *s.* hesaplanamaz, çok önemli

inevitable /i'nevitıbıl/ *s.* kaçınılmaz; *kon.* eksik olmaz, kaçmaz

inexact /inig'zekt/ *s.* doğru olmayan, yanlış

inexactness /inig'zektnıs/ *a.* hatalı olma, yanlışlık

inexcusable /inik'skyu:zıbıl/ *s.* bağışlanamaz, hoş görülemez, affedilemez

inexhaustible /inig'zo:stıbıl/ *s.* tükenmez, bitmez tükenmez

inexorability /ineksırı'bilıti/ *a.* amansızlık, merhametsizlik

inexorable /in'eksırıbıl/ *s.* yılmaz, değişmez, direngen

inexpediency /inik'spi:dyınsi/ *a.* faydalı olmama; gereksizlik, yersizlik

inexpedient /inik'spi:diınt/ *s.* uygunsuz, amaca uymayan

inexpensive /inik'spensiv/ *s.* ucuz

inexperience /inik'spiıriıns/ *a.* tecrübesizlik, deneyimsizlik

inexperienced /inik'spiıriınst/ *s.* tecrübesiz, deneyimsiz

inexpert /in'ekspö:t/ *s.* usta olmayan, deneyimsiz, tecrübesiz; hünersiz, beceriksiz

inexplicable /inik'splikıbıl/ *s.* anlatılması ve anlaşılması güç, açıklanamaz

inexplicit /inik'splisit/ *s.* çapraşık, karışık

inexpressible /inik'spresıbıl/ *s.* (duygular) anlatılamaz, tanımlanamaz, sözcüklerle anlatılamayacak denli güçlü

inexpressive /inik'spresiv/ *s.* ifade etmeyen, ifadesiz, anlamsız

inextenso /inik'stensou/ *be.* enine boyuna, etraflıca

inextricable /in'ekstrikıbıl, inik'strikıbıl/ *s.* kaçılmaz, kaçınılmaz; ayrılmaz, çözülemez

infallible /in'felibıl/ *s.* yanılmaz, şaşmaz

infamous /'infımıs/ *s.* alçak, rezil; ayıp, iğrenç

infamy /'infımi/ *a.* rezalet, alçaklık

infancy /'infınsi/ *a.* bebeklik, çocukluk; başlangıç

infant /'infınt/ *a.* küçük çocuk, bebek *infant mortality rate* bebek ölüm oranı

infanticide /in'fentisayd/ *a.* çocuk öldürme; çocuk öldüren kimse

infantile /'infıntayl/ *s.* çocukla ilgili, çocuksu, çocukça

infantry /'infıntri/ *a. ask.* piyade

infatuate /in'feçueyt/ *e.* aklını çelmek

infatuated /in'feçueytid/ *s.* (with ile) sırılsıklam âşık, deli gibi âşık

infatuation /infeçu'eyşın/ *a.* delicesine âşık olma

infect /in'fekt/ *e.* (hastalık) bulaştırmak, geçirmek

infection /in'fekşın/ *a.* hastalık, enfeksiyon; mikrop kapma; (hastalık) bulaşma, bulaştırma

infectious /in'fekşıs/ *s.* bulaşıcı

infelicitous /infi'lisitıs/ *s.* talihsiz, mutsuz, hoşnutsuz

infelicity /infi'lisiti/ *a.* talihsizlik, mutsuzluk, hoşnutsuzluk

infer /in'fö:/ *e.* (from ile) sonucunu çıkarmak, anlamak

inference /'infırıns/ *a.* sonuç çıkarma, anlam çıkarma, çıkarım; sonuç

inferior /in'fııriı/ *s.* (to ile) aşağı, alt, ikinci derecede, ast ¤ *a.* aşağı derecede olan kimse, rütbe ve mevkice küçük kimse, ast

infernal /in'fö:nıl/ *s. kon.* berbat, rahatsız edici, sinir bozucu; cehennemi, şeytani

inferno /in'fö:nou/ *a.* cehenneme benzer yer/durum, cehennem

infertile /in'fö:tayl/ *s.* kısır; verimsiz, çorak

infertility /infı'tilıti/ *a.* verimsizlik, çoraklık

infest /in'fest/ *e.* (with ile) (fare, vb.) istila etmek, sarmak

infestation /infe'steyşın/ *a.* istila

infidel /'infidl/ *a.* kâfir, imansız

infidelity /infi'deliti/ *a.* sadakatsizlik, aldatma

infighting /'infayting/ *a.* rekabet, sürtüşme

infiltrate /'infiltreyt/ *e.* (in/into ile) içeri sızmak, süzülmek, girmek

infiltration /infil'treyşın/ *a.* süzme, süzülme *infiltration capacity* süzülme kapasitesi

infinite /'infinit/ *s.* sonsuz, sınırsız *infinite line elek.* sonsuz hat *infinite persistence screen elek.* sonsuz persistanslı ekran *infinite set mat.* sonsuz küme *infinite space gökb.* sonsuz uzay

infinitesimal /infini'tesimıl/ *s.* çok küçük *infinitesimal calculus mat.* sonsuz küçükler hesabı

infinitive /in'finitiv/ *a. dilb.* mastar, eylemlik *infinitive phrase* mastar cümleciği, mastar grubu

infinity /in'finiti/ *a.* sonsuzluk, sınırsızlık

infirm /in'fö:m/ *s.* (yaşlılıktan, vb.) güçsüz, zayıf, halsiz, dermansız

infirmary /in'fö:mıri/ *a.* revir, hastane

infirmity /in'fö:miti/ *a.* bedensel ve zihinsel güçsüzlük, halsizlik

infix /'infiks/ *a.* içek *infix notation biliş.* parantezli yazım, ayraçlı yazım

inflame /in'fleym/ *e.* tutuşturmak, alevlendirmek

inflamed /in'fleymd/ *s.* kızarmış ve kabarmış

inflammability /inflemı'bılıti/ *a.* kolayca tutuşma, yanabilme, ateş alma

inflammable /in'flemıbıl/ *s.* tutuşur, yanar, yanıcı *inflammable liquid* parlayabilir sıvı, yanıcı sıvı *inflammable matter* yanıcı madde

inflammation /inflı'meyşın/ *a. hek.* iltihap, yangı; tutuşma, yalazlanma

inflammatory /in'flemıtıri/ *s.* tahrik eden, alevlendiren, kışkırtıcı

inflatable /in'fleytıbıl/ *s.* şişirilebilir, şişme

inflate /in'fleyt/ *e.* şişirmek; şişmek

inflated /in'fleytid/ *s.* şişik, şişmiş; kibirli; yüksek, fahiş

inflation /in'fleyşın/ *a.* enflasyon, para

bolluğu; şişme, şişkinlik *inflation accounting* enflasyon muhasebesi
inflationary /in'fleyşınıri/ *s.* enflasyonla ilgili, enflasyonist *inflationary gap* enflasyonist açık *inflationary period* enflasyon süreci *inflationary spiral* enflasyon sarmalı
inflationist /in'fleyşınist/ *a.* enflasyon yanlısı
inflect /in'flekt/ *e. dilb.* çekmek; kullanıma göre sözcüğün biçimini değiştirmek
inflection /in'flekşın/ *a.* bükün *inflection point* bükülme noktası, büküm noktası
inflectional /in'flekşınıl/ *s.* bükünlü *inflectional language* bükünlü dil
inflexibility /infleksı'bilıti/ *a.* eğilmezlik; azim, kararlılık
inflexible /in'fleksıbıl/ *s.* eğilmez, bükülmez; değişmez, inatçı, kararlı
inflexion /in'flekşın/ *a.* bükülme, eğilme
inflexional /in'flekşınıl/ *s.* çekime ait
inflict /in'flikt/ *e.* (on/upon ile) zorlamak, zorla kabul ettirmek; yamamak, yüklemek
infliction /in'flikşın/ *a.* eziyet, ceza, zorlama
inflow /'inflou/ *a.* içeriye akış *inflow of foreign currency* döviz akışı
influence /'influıns/ *a.* etki; nüfuz, sözü geçerlik, torpil; etkili/nüfuzlu kimse, sözü geçen kimse ¤ *e.* etkilemek *under the influence of* -in etkisi altında
influential /influ'enşıl/ *s.* güçlü, etkili
influenza /influ'enzı/ *a. hek.* grip
influx /'inflaks/ *a.* istila, akın, üşüşme; içeriye akma
info /'infou/ *a.* bilgi, haber
inform /in'fo:m/ *e.* haberdar etmek, bildirmek, bilgi vermek; (against/on/upon ile) ihbar etmek
informal /in'fo:mıl/ *s.* resmi olmayan, gayri resmi; teklifsiz; gündelik
informant /in'fo:mınt/ *a.* haber/bilgi veren kimse, bilgi kaynağı
informatics /in'fımetiks/ *a. biliş.* bilişim
information /infı'meyşın/ *a.* bilgi, haber; danışma *information bits biliş.* bilgi bitleri *information channel biliş.* bilgi oluğu, bilgi kanalı *information feedback biliş.* bilgi geribeslemesi *information feedback system biliş.* bilgi

geribesleme sistemi *information heading biliş.* bilgi başlığı *information management system biliş.* bilgi yönetim sistemi *information network biliş.* bilişim ağı *information processing biliş.* bilgi işlem *information processing center biliş.* bilgi işlem merkezi *information requirements biliş.* bilgi gerekleri, bilgi gerekimleri *information requirements table biliş.* bilgi gerekleri tablosu, bilgi gerekimleri çizelgesi *information retrieval biliş.* bilgi elde etme, bilgi çıkarma, bilgi çekme *information retrieval system biliş.* bilgi elde etme sistemi *information retrieval techniques biliş.* bilgi elde etme teknikleri *information security biliş.* bilgi güvenliği *information separator biliş.* bilgi ayırıcı *information separator character biliş.* bilgi ayırıcı karakter *information service biliş.* bilişim hizmeti *information structure biliş.* bilgi yapısı *information system biliş.* bilişim sistemi, bilişim dizgesi *information theory biliş.* bilişim teorisi, bilişim kuramı *information utility biliş.* bilgi desteği, bilişim desteği *information word biliş.* bilgi sözcüğü
informational /infı'meyşınıl/ *s.* bilgi niteliğinde
informative /in'fo:mıtiv/ *s.* bilgi verici, aydınlatıcı
informed /in'fo:md/ *s.* bilgili, haberdar
informer /in'fo:mı/ *a.* gammaz, muhbir
infra /'infrı/ *be.* aşağıya, aşağıda, ileride
infrablack /'infrı 'blek/ *a. elek.* siyah altı
infraction /in'frekşın/ *a.* ihlal, uymama
infrared /infrı'red/ *s.* kızılaltı, kızılötesi, enfraruj *infrared absorption spectrum fiz.* enfraruj absorpsiyon spektrumu, kızılaltı soğurum izgesi *infrared analyzer* enfraruj analizör, kızılötesi çözümleyici *infrared detection fiz.* kızılötesi detektörü *infrared drying (process)* enfraruj kurutma, kızılaltı kurutma *infrared emulsion* enfraruj emülsiyon, kızılaltı duyarkatı *infrared image converter elek.* kızılaltı görüntü çeviricisi *infrared maser fiz.* kızılaltı maseri *infrared radiation fiz.* enfraruj ışınları, kızılaltı ışınım *infrared spectroscopy* kızılaltı spektroskopisi,

enfraruj spektroskopi *infrared spec-trum* fiz. enfraruj spektrum, kızılaltı izge
infrastructural /'infrıstrakçırıl/ s. altyapısal
infrastructure /'infrıstrakçı/ a. altyapı sistemi
infrequency /in'fri:kwınsi/ a. seyreklik
infrequent /in'fri:kwınt/ s. seyrek, sık gerçekleşmeyen, nadir
infringe /in'frinc/ e. (hakkını) çiğnemek, bozmak, ihlal etmek
infringement /in'frincmınt/ a. tecavüz, ihlal
infuriate /in'fyuırieyt/ e. çileden çıkarmak
infuriating /in'fyuırieytingli/ be. çıldırtırcasına, çok kızdırarak
infuse /in'fyu:z/ e. demlemek; aşılamak
infusible /in'fyu:zıbıl/ s. erimez, kaynaşmaz
ingate /'ingeyt/ a. döküm deliği
ingenious /in'ci:nııs/ s. becerikli, usta, ustaca yapılmış
ingenuity /inci'nyu:iti/ a. zekâ, ustalık, beceri
ingenuous /in'cenyuıs/ s. saf, toy, deneyimsiz
ingest /in'cest/ e. yemek, yutmak
inglorious /in'glo:rııs/ s. utanç verici, ayıp, şerefsiz; gösterişsiz, mütevazı, belirsiz
ingot /'ingıt/ a. külçe; tomruk, kütük *in-got crane* kütük vinci *ingot iron* met. ingot demiri, akma demir, külçe demir *ingot mould* met. ingot kalıbı, külçe kalıbı *ingot steel* met. akma çelik *ingot structure* met. ingot yapısı *ingot tongs* met. kütük kıskacı
ingrain dyestuff /in'greyn daystaf/ a. inkişaf boyası, diazo boyası
ingrained /in'greynd/ s. kökleşmiş, yerleşmiş
ingratiate /in'greyşieyt/ e. sevdirmek, gözüne girmek *ingratiate oneself with sb* -e yağ çekmek, yağcılık etmek
ingratitude /in'gretityu:d/ s. nankörlük
ingredient /in'gri:dıınt/ a. bileşen, karışımı oluşturan madde
inhabit /in'hebit/ e. -de yaşamak, oturmak
inhabitant /in'hebitınt/ a. sakin, oturan
inhalation /inhı'leyşın/ a. nefes alma, teneffüs

inhale /in'heyl/ e. içine çekmek
inharmonious /inha:'mounyıs/ s. ahenksiz, uyumsuz
inherent /in'hiırınt/ s. doğasında olan, doğal *inherent storage* biliş. kalıtımsal bellek *inherent vice* malın kendi bozukluğu, malın kendi kusuru
inherit /in'herit/ e. miras olarak almak, mirasla almak, tevarüs etmek, vâris olmak *inherited error* biliş. kalıtımsal hata, süregelen hata
inheritance /in'heritıns/ a. kalıt, miras, veraset, tereke *inheritance tax* veraset vergisi, intikal vergisi
inherited /in'heritid/ s. miras yoluyla kalmış
inheritor /in'heritı/ a. vâris, mirasçı
inhibit /in'hibit/ e. tutmak, dizginlemek, engellemek *inhibit signal* biliş. önleme işareti
inhibited /in'hibitid/ s. çekingen, utangaç
inhibition /inhi'bişın/ a. çekingenlik, utangaçlık; yasaklama; kim. inhibisyon, yavaşlatım
inhibitive /in'hibitiv/ s. yasaklayıcı, önleyici
inhibitor /in'hibitı/ a. yavaşlatıcı, inhibitör
inhibitory /in'hibitıri/ s. baskılayıcı, baskı altında tutan; yasaklayıcı, engelleyici
inhospitable /inho'spitıbıl/ s. konuk sevmez
inhuman /in'hyu:mın/ s. acımasız, gaddar
inhumane /inhyu:'meyn/ s. insafsız, acımasız, kaba, insanlık dışı
inhumanity /inhyu:'meniti/ a. insanlık dışı davranış, acımasızlık
inhume /in'hyu:m/ e. gömmek, defnetmek
inimitable /i'nimitıbıl/ s. eşsiz, taklit edilemez
iniquitous /i'nikwıtıs/ s. adaletsiz, kötü
iniquity /in'ikwiti/ a. haksızlık; adaletsizlik; kötülük
initial /i'nişıl/ s. ilk, önceki ¤ a. ilk harf ¤ e. parafe etmek *initial advertising* tanıtım reklamı *initial approach* hav. ilk yaklaşma *initial boiling point* kim. başlangıç kaynama noktası *initial capital expenditure* kuruluş sermayesi harcamaları *initial compression* ilk kompresyon *initial condition* biliş.

başlangıç koşulu *initial expenses* kuruluş giderleri, işe başlama giderleri *initial instructions* biliş. başlangıç komutları *initial ionization* ilk iyonlaşma *initial load* ilk yük *initial material* ana madde *initial orders* biliş. başlangıç komutları *initial phoneme* bir sözcüğün ilk sesi, başlangıç sesi, önses *initial point* başlangıç noktası *initial position* başlangıç konumu *initial pressure* başlangıç basıncı, ilk basınç *initial program loader* biliş. başlangıç program yükleyici *initial salary* ilk maaş *initial speed* başlangıç hızı, ilk hız *initial state* başlangıç durumu, ilk hal *initial stress* ilk gerilim *initial value* ilk değer *initial velocity* ilk hız

initialization /inişılay'zeyşın/ *a.* biliş. başlangıç durumuna getirme, başlatma

initialize /i'nişılayz/ *e.* biliş. başlangıç durumuna getirmek, başlatmak *initializing routine* biliş. başlatma yordamı

initially /i'nişıli/ *be.* başlangıçta, baştan, önceden, ilkin, önce

initiate /i'nişieyt/ *e.* başlamak, başlatmak; (into ile) (dernek, kulüp, vb.'ne) almak, kabul etmek

initiative /i'nişıtiv/ *a.* ilk adım, başlangıç; inisiyatif, başkalarının yardımı olmadan karar verme yeteneği

initiator /i'nişieytı/ *a.* başlatan kimse

initiatory /i'nişieytıri/ *s.* tanıtıcı, başlatan

inject /in'cekt/ *e.* iğne yapmak; zerk etmek, enjekte etmek

injection /in'cekşın/ *a.* iğne, enjeksiyon; lavman, krizma; püskürtme *injection carburettor* hav. püskürtmeli karbüratör *injection condenser* püskürtmeli kondansör *injection engine* enjeksiyon motoru *injection grid* enjeksiyon ızgarası *injection nozzle* enjektör memesi, püskürtme memesi *injection pipe* püskürtme borusu *injection pressure* enjeksiyon basıncı *injection pump* enjeksiyon pompası *injection rinsing machine* teks. püskürtmeli durulama makinesi *injection timing device* enjeksiyon avans tertibatı, püskürtme zamanlama aygıtı *injection valve* enjeksiyon supabı

injector /in'cektı/ *a.* enjektör, püskürteç

injector grid enjeksiyon ızgarası *injector needle* enjektör iğnesi, püskürteç iğnesi

injudicious /incu'dişıs/ *s.* (davranış) düşüncesiz, mantıksız

Injun /'incın/ *a.* Amerikalı Kızılderili

injunction /in'cankşın/ *a.* emir, karar, resmi emir

injure /'incı/ *e.* incitmek, yaralamak; zarar vermek, incitmek

injured /'incıd/ *s.* yaralı

injury /'incıri/ *a.* yara, bere; hasar, zarar, ziyan *add insult to injury* üstüne tüy dikmek *injury to person* kişiye zarar *injury to property* mala zarar

injustice /in'castis/ *a.* haksızlık, adaletsizlik; haksız davranış *do sb an injustice* yanlış değerlendirmek, haksız davranmak

ink /ink/ *a.* mürekkep ¤ *e.* mürekkeplemek

inkling /'inkling/ *a.* seziş, kuşku

inky /'inki/ *s.* mürekkep gibi; mürekkepli

inky-dinky /'inki 'dinki/ *a.* küçük projektör, küçük ışıldak, akkor ışıldak

inlaid /in'leyd/ *s.* (with ile) kakma, işlemeli

inland /'inlınd/ *s.* ülkenin iç kısmında olan, iç, denizden uzak ¤ /in'lend/ *be.* ülkenin iç bölgelerine doğru, içerilerde ¤ /in'lend/ *a.* (ülke) iç kısım, denizden uzak yerler *inland bill* ülke içi poliçe *inland duty* dahili vergi *inland mail* yurtiçi posta *inland navigation* yurtiçi seyrüsefer *inland port* iç liman *inland produce* yerli ürün *inland revenue* vergilerden elde edilen devlet geliri *inland sea* coğ. kapalı deniz *inland tariff* yurtiçi gümrük tarifesi *inland waters* iç sular *inland waterways* iç sular

inlaws /'inlo:z/ *a.* evlenme yoluyla akrabalık

inlay /'inley/ *e.* içine kakmak, kakma işlemek; parke kaplamak ¤ *a.* kakma, kakma işi; parke, tahta mozaik

inlet /'inlet, 'inlit/ *a.* körfezcik, koy; giriş, ağız *inlet cam* oto. emme kamı *inlet camshaft* oto. emme kam mili *inlet housing* oto. emme karteri *inlet manifold* emme manifoldu *inlet pipe* giriş borusu, emme borusu *inlet port* emiş ağzı, giriş ağzı *inlet temperature* giriş sıcaklığı *inlet valve* giriş supabı, emme supabı *inlet valve cap* *oto.* emme supabı kapağı

inmate /'inmeyt/ *a.* (hastane, hapishane, vb.'de) oda arkadaşı

inmost /'inmoust/ *s. bkz.* innermost

inn /in/ *a.* han, otel

innards /'inıdz/ *a.* iç organlar; mide ve bağırsaklar

innate /i'neyt/ *s.* (nitelik) doğuştan

inner /'inı/ *s.* iç, içerdeki; merkeze en yakın, iç *inner bark* iç kabuk *inner conductor* *elek.* iç iletken *inner cone* iç koni *inner dead-centre* iç ölü nokta *inner diameter* iç çap *inner keel* *den.* iç omurga *inner port* iç liman *inner potential* *fiz.* iç potansiyel *inner product* *mat.* iççarpım *inner surface* iç yüzey *inner tube* şambriyel, içlastik

innermost /'inımoust/ *s.* en içerdeki, en içteki

innkeeper /'inki:pı/ *a.* hancı

innocence /'inısıns/ *a.* suçsuzluk, günahsızlık; cahillik, cehalet

innocent /'inısınt/ *s.* masum, suçsuz; zararsız; saf, temiz kalpli

innocuous /i'nokyuıs/ *s.* zararsız, incitmeyen

innovate /'inouveyt/ *e.* yenilik getirmek, değişiklik yapmak

innovation /inı'veyşın/ *a.* yenilik, buluş

innovator /'inouveytı/ *a.* yenilikçi

innuendo /inyu'endou/ *a.* sezindirme, ima, dokundurma, kinaye

innumerable /i'nyu:mırıbıl/ *s.* sayısız

inoculate /i'nokyuleyt/ *e.* (with/against ile) aşılamak

inoculation /inokyu'leyşın/ *a.* aşı; aşılama

inoffensive /inı'fensiv/ *s.* zararsız, incitmeyen

inoperative /in'opırıtiv/ *s.* geçersiz, hükümsüz; işlemez *inoperative account* atıl hesap, geçersiz hesap

Inopportune /in'opıtyu:n/ *s.* zamansız, sırasız, yersiz, uygunsuz, mevsimsiz

inordinate /i'no:dınit/ *s.* aşırı, gereğinden çok

inorganic /ino:'genik/ *s.* inorganik *inorganic chemistry* anorganik kimya *inorganic compound* anorganik bileşik *inorganic soil* *trm.* inorganik toprak

inositol /i'nousitol/ *a.* inositol

inpatient /in'peyşınt/ *a.* hastanede tedavi gören hasta

inpayment /'inpeymınt/ *a.* ödeme, tediye

inphase /in'feyz/ *a.* eş fazlı

inpouring /'inpo:ring/ *s.* içe akan

input /'input/ *a.* girdi; giriş *input admittance* giriş admitansı *input area* *biliş.* girdi alanı *input buffer register* *biliş.* girdi tampon yazmacı *input capacitance* *elek.* giriş kapasitesi *input circuit* *elek.* giriş devresi *input data* *biliş.* girdi bilgisi, giriş bilgisi *input device* *biliş.* girdi aygıtı *input equipment* *biliş.* girdi ekipmanı, girdi donatısı *input impedance* *elek.* giriş empedansı, giriş çelisi *input level* giriş düzeyi *input limited* *biliş.* girdi sınırlamalı *input loading* *biliş.* girdi yükleme *input log* *biliş.* girdi günlüğü *input preparation* *biliş.* girdi hazırlığı *input process* *biliş.* girdi işlemi *input program* *biliş.* girdi programı *input reader* *biliş.* girdi yordamı *input record* *biliş.* girdi kaydı *input register* *biliş.* girdi yazmacı *input resistance* *elek.* giriş direnci *input resonator* *elek.* giriş rezonatörü *input routine* *biliş.* girdi yordamı *input section* *biliş.* girdi bölümü *input signal* *elek.* giriş sinyali *input specifications* *biliş.* girdi spesifikasyonları, girdi belirtimleri *input station* *biliş.* girdi istasyonu/yeri *input storage* *biliş.* girdi belleği *input system* *biliş.* giriş sistemi/dizgesi *input transformer* *elek.* giriş transformatörü *input translator* *biliş.* girdi çevirici *input unit* girdi birimi *input voltage* *elek.* giriş gerilimi

input-output /input'autput/ *a.* girdi-çıktı *input-output buffer* *biliş.* girdi-çıktı tamponu *input-output channel* *biliş.* girdi-çıktı kanalı, girdi-çıktı oluğu *input-output control* *biliş.* girdi-çıktı denetimi *input-output control system* *biliş.* girdi-çıktı denetim sistemi *input-output devices* *biliş.* girdi-çıktı aygıtları *input-output interrupt* *biliş.* girdi-çıktı kesilmesi *input-output interrupt indicators* *biliş.* girdi-çıktı kesilmesi göstergeleri *input-output library* *biliş.* girdi-çıktı kitaplığı *input-output limited* *biliş.* girdi-çıktı sınırlamalı *input-output port* *biliş.* girdi-çıktı kapısı *input-*

output processor *biliş.* girdi-çıktı işlemcisi **input-output referencing** *biliş.* girdi-çıktı referanslaması **input-output register** *biliş.* girdi-çıktı yazmacı **input-output request words** *biliş.* girdi-çıktı istem sözcükleri **input-output routines** *biliş.* girdi-çıktı yordamları **input-output switching** *biliş.* girdi-çıktı anahtarlaması **input-output system** *biliş.* girdi-çıktı sistemi, girdi-çıktı dizgesi **input-output table** *biliş.* girdi-çıktı çizelgesi **input-output traffic control** *biliş.* girdi-çıktı trafik denetimi **input-output trunk** *biliş.* girdi-çıktı anayolu

inquest /'inkwest/ *a.* soruşturma

inquire /in'kwayı/ *e.* sormak; bilgi almak, sorup öğrenmek, araştırmak

inquiring /in'kwayıring/ *s.* araştırıcı, öğrenmek isteyen, meraklı

inquiry /in'kwayıri/ *a.* soruşturma, araştırma **inquiry character** *biliş.* sorgulama karakteri **inquiry display terminal** *biliş.* sorgulama gösterim terminali **inquiry station** *biliş.* sorgulama istasyonu **inquiry terminal** *biliş.* sorgulama terminali **inquiry unit** *biliş.* sorgulama birimi

inquisition /inkwi'zişın/ *a. hkr.* sorgu, sorgulama

inquisitive /in'kwizitiv/ *s.* başkalarının işleriyle ilgilenen, meraklı

inquisitiveness /in'kwizitivnıs/ *a.* çok soru sorma, meraklılık

inroads /'inroudz/ *a.* akın, baskın; engelleme, gedik

inrush /'inraş/ *a. mad.* ani degaj, birden boşalma **inrush of water** *mad.* su patlaması

inquorate /in'kwo:rit/ *s.* (toplantı) katılanı az olduğu için düzenlenemeyen

insalubrious /insı'lu:briıs/ *s.* sağlığa dokunan, sağlıksız

insane /in'seyn/ *s.* deli, çılgın

insanitary /in'senitıri/ *s.* sağlığa zararlı, sağlıksız

insanity /in'seniti/ *a.* delilik, çılgınlık; aptallık

insatiable /in'seyşıbıl/ *s.* doymak bilmez, açgözlü, obur, pisboğaz

insatiate /in'seyşiıt/ *s.* doymaz, giderilemez, tatmin edilemez

inscribe /in'skrayb/ *e.* yazmak, kaydetmek, tescil etmek **inscribed** müseccel, tescil edilmiş **inscribed circle** *mat.* dış teğet çember

inscription /in'skripşın/ *a.* kitabe, yazıt; tescil

inscriptive /in'skriptiv/ *s.* yazılı, kayıtlı

inscrutable /in'skru:tıbıl/ *s.* anlaşılmaz, esrarengiz, gizemli

insect /'insekt/ *a.* böcek **insect pests** zararlı haşarat

insecticide /in'sektisayd/ *a.* böcek öldürücü ilaç, böcek zehiri

insecure /insi'kyuı/ *s.* kendine güveni olmayan, güvensiz, endişeli; emniyetsiz, güvenilmez, sakat

inseminate /in'semineyt/ *e.* (tohum) ekmek; *biy.* döllemek

insemination /insemi'neyşın/ *a.* tohumlama, tohum ekme; dölleme

insensible /in'sensıbıl/ *s.* bilinçsiz, baygın; bilgisiz, habersiz

insensitive /in'sensitiv/ *s.* duygusuz, anlayışsız; duyarsız, etkilenmeyen

insensitiveness /in'sensitivnıs/ *a.* duygusuzluk, hissetmezlik

inseparable /in'sepırıbıl/ *s.* ayrılmaz, bağlı, yapışık

insert /in'sö:t/ *e.* sokmak, içine/arasına koymak, eklemek ¤ *a.* araya eklenen şey; dergi/gazete arasına konan ek **inserted subroutine** *biliş.* sokulabilir altyordam

insertion /in'sö:şın/ *a.* ekleme, sokma; eklenen şey, ek, ilave; ilan **insertion gain** ekleme kazancı, eklenti kazancı **insertion loss** *elek.* ekleme kaybı, eklenti yitimi **insertion switch** *biliş.* veri ya da komut sokma anahtarı

inshore /in'şo:/ *be.* kıyıya, sahile (doğru)

inside /in'sayd/ *a.* iç, iç kısım; *kon.* mide ¤ *s.* iç, içteki; iç, gizli ¤ *be.* içerde, içeriye; *arg.* kodeste, içerde ¤ *ilg.* içerisine, içerisinde, içine, içinde **inside cylinder** iç silindir **inside diameter** iç çap **inside out** tersyüz **inside wall** iç duvar

insider /in'saydı/ *a.* kendisine özel bilgiler ve ayrıcalık tanıyan bir grubun üyesi

insidious /in'sidiıs/ *s.* sinsi, gizlice zarar veren

insight /'insayt/ *a.* kavrama, kavrayış,

anlayış
insignia /in'signiı/ *a.* nişanlar, rütbeler
insignificancy /insig'nifikınsi/ *a.* önemsizlik, değersizlik
insignificant /insig'nifikınt/ *s.* değersiz, önemsiz
insincere /insin'siı/ *s.* içtenliksiz, samimiyetsiz, ikiyüzlü
insinuate /in'sinyueyt/ *e.* üstü kapalı söylemek, ima etmek, anıştırmak
insinuation /insinyu'eyşın/ *a.* ima, kinaye, dolaylı söz, anıştırma
insipid /in'sipid/ *s.* tatsız, yavan, lezzetsiz, sönük
insist /in'sist/ *e.* (on/upon ile) ısrar etmek, dayatmak
insistence /in'sistıns/ *a.* ısrar; ısrarlılık
insistency /in'sistınsi/ *a.* ısrar; zorlama; ayak direme; kararlılık
insistent /in'sistınt/ *s.* ısrarlı; ısrarlı, sürekli
insofar as /insı'fa:rız/ *bağ.* -diğince, -diği kadar
insolate /'insouleyt/ *e.* güneşe maruz bırakmak, güneşlendirmek
insolation /insou'leyşın/ *a.* güneşleme, güneşe tutma, güneşe serme
insole /'insoul/ *a.* ayakkabı astarı, keçe
insolence /'insılıns/ *a.* saygısızlık, arsızlık, küstahlık; hakaret, aşağılama
insolent /'insılınt/ *s.* saygısız, terbiyesiz, kaba
insoluble /in'solyubıl/ *s.* çözünmez, erimez; içinden çıkılmaz, çözülemez *insoluble in water* suda çözünmez *insoluble residue* çözünmez artık/tortu
insolvable /in'solvıbıl/ *s.* *Aİ.* *bkz.* insoluble
insolvency /in'solvınsi/ *a.* iflas, ödeme aczi, aciz hali
insolvent /in'solvınt/ *s.* *a.* borcunu ödeyemeyen, müflis, batkın, batmış
insomnia /in'somniı/ *a.* uykusuzluk, uyuyamama
insomniac /in'somniek/ *s.* uykusuz, uyuyamayan
insomuch /insou'maç/ *be.* o derece, o kadar
insouciant /in'su:syınt/ *s.* ilgisiz, kaygısız, tasasız
inspect /in'spekt/ *e..* denetlemek, incelemek; gözden geçirmek,

yoklamak, muayene etmek
inspection /in'spekşın/ *a.* denetim, yoklama, teftiş, murakabe, muayene *inspection hole* kontrol deliği, muayene deliği *inspection machine* *teks.* kumaş kontrol makinesi *inspection plug* kontrol tapası *inspection report* kontrol raporu, muayene raporu
inspector /in'spektı/ *a.* müfettiş, kontrolör, denetçi; polis komiseri
inspectorate /in'spektırit/ *a.* teftiş kurulu, denetim kurulu
inspiration /inspi'reyşın/ *a.* esin, ilham, ilham kaynağı; parlak fikir
inspire /in'spayı/ *e.* esinlemek, ilham vermek; (with/in ile) -de ... uyandırmak, ile doldurmak
inspiring /in'spayring/ *s.* ilham verici; iç acıcı
instability /instı'biliti/ *a.* kararsızlık, değişkenlik; dayanıksızlık
instable /in'steybıl/ *s.* kararsız, istikrarsız
install /in'sto:l/ *e.* (aygıt) döşemek, hazırlamak, düzenlemek, kurmak; yerleştirmek *install oneself* yerleşmek, kurulmak
installation /instı'leyşın/ *a.* tesisat, donanım, döşem; yerleştirme; kurma, montaj *installation date* *biliş.* kurulma tarihi *installation planning* *biliş.* kuruluş planlaması *installation tape number* *biliş.* kuruluş şerit numarası *installation testing* *biliş.* kuruluş testi *installation time* *biliş.* kuruluş süresi
installment /in'sto:lmınt/ *a.* taksit; kısım, bölüm *by instalments* taksitle *installment plan* taksit usulü *installment sale* taksitle satış *installment trading* taksitli ticaret
instalment /in'sto:lmınt/ *a.* taksit; (oyun, kitap, vb.) kısım, bölüm
instance /'instıns/ *a.* örnek, misal; rica, istek; olay, vaka; dava *for instance* mesela, örneğin, sözgelimi *in the first instance* önce, başlangıç olarak
instant /'instınt/ *a.* an, dakika ¤ *s.* hemen olan, acil; (yiyecek, vb.) çabuk ve kolay hazırlanabilen *instant coffee* neskafe
instantaneous /instın'teyniıs/ *s.* anlık, bir anda olan, ani *instantaneous automatic gain control* *elek.* anlık otomatik kazanç kontrolü *instantaneous cur-*

rent *elek.* ani akım, anlık akım **instantaneous frequency** *elek.* anlık frekans **instantaneous fuse** *ask.* hassas tapa **instantaneous power** anlık güç **instantaneous water heater** çabuk su ısıtıcısı, anında su ısıtıcısı

instantaneously /instin'teynyisli/ *be.* hemen, derhal

instantly /'instintli/ *be.* hemen, anında

instate /in'steyt/ *e.* işe yerleştirmek, işe sokmak

instead /in'sted/ *be.* onun yerine

instead of /in'sted ov/ *ilg.* -in yerine

instep /'instep/ *a.* ayağın üst kısmı

instigate /'instigeyt/ *e.* başlatmak, ön ayak olmak, teşvik etmek, kışkırtmak, tahrik etmek

instigation /insti'geyşın/ *a.* teşvik, öneri, uyarı

instigator /'instigeytı/ *a.* kışkırtıcı kimse, fitneci

instil /in'stil/ *e.* (in/into ile) (fikir) aşılamak, öğretmek

instill /in'stil/ *e. Aİ. bkz.* instil

instinct /'instinkt/ *a.* içgüdü

instinctive /in'stinktiv/ *s.* içgüdüsel

institute /'instityu:t/ *a.* enstitü, kurum ¤ *e.* kurmak, açmak, başlatmak **institute an inquiry** soruşturma açmak

institution /insti'tyu:şın/ *a.* kurum, kuruluş, dernek, müessese; yerleşmiş gelenek, kurum, yerleşmiş yasa; kurma

institutional /insti'tyu:şınıl/ *s.* kurumsal **institutional economics** kurumsal iktisat **institutional investors** kurumsal yatırımcılar

institutionalize /insti'tyu:şınılayz/ *e.* kurumlaştırmak, müesseseleştirmek

instruct /in'strakt/ *e.* bilgi vermek, öğretmek; talimat vermek, emretmek

instruction /in'strakşın/ *a.* öğretim; talimat, yönerge, tarifname **instruction address** *biliş.* komut adresi **instruction address register** *biliş.* komut adres yazmacı **instruction area** *biliş.* komut alanı **instruction book** talimat kitabı, tarifname **instruction character** *biliş.* komut karakteri **instruction code** *biliş.* komut kodu **instruction compatibility** *biliş.* komut uyabilirliği **instruction constant** *biliş.* komut değişmezi **instruction control unit** *biliş.* komut

denetim birimi **instruction counter** *biliş.* komut sayacı **instruction cycle** *biliş.* komut çevrimi **instruction deck** *biliş.* komut kümesi **instruction diagnostic** *biliş.* komut hata bulucusu **instruction format** *biliş.* komut formatı **instruction length** *biliş.* komut uzunluğu **instruction modification** *biliş.* komut modifikasyonu, komut değiştirme **instruction pack** *biliş.* komut paketi **instruction register** *biliş.* komut yazmacı **instruction repertoire** *biliş.* komut repertuvarı, komut dağarcığı **instruction set** *biliş.* komut takımı **instruction simulator** *biliş.* komut simülatörü **instruction storage** *biliş.* komut alanı **instruction time** *biliş.* komut süresi **instruction trace** *biliş.* komut izleme **instruction word** *biliş.* komut sözcüğü

instructions /in'strakşınz/ *a.* talimat, yönerge

instructive /in'straktiv/ *s.* öğretici

instructor /in'straktı/ *a.* eğitmen, öğretmen

instrument /'instrımınt/ *a.* aygıt, alet; *müz.* çalgı; senet, belge **instrument approach** *hav.* aletle yaklaşma **instrument flight rules** *hav.* aletle uçuş kuralları **instrument flight time** *hav.* aletli uçuş zamanı **instrument flying** *hav.* aletli uçuş **instrument landing** *hav.* aletli iniş **instrument landing system** *hav.* aletli iniş sistemi **instrument panel** *oto.* alet tablosu, gösterge tablosu **instrument panel lamp** *oto.* alet tablosu lambası **instrument runway** *hav.* aletli iniş pisti **instrument shunt** *elek.* alet şöntü **instrument transformer** *elek.* alet transformatörü **instrument turn** *hav.* aletli dönüş

instrumental /instrı'mentıl/ *s.* (in ile) yardımcı, aracı olan; *müz.* enstrümantal ¤ *a. dilb.* araç durumu **instrumental error** alet hatası

instrumentality /instrumen'telıti/ *a.* vasıta olma, aracı olma

insubordinate /insı'bo:dinit/ *s.* baş kaldıran, itaatsiz, asi, kafa tutan

insubstantial /insıb'stenşıl/ *s.* güçsüz, zayıf, kuvvetsiz, yetersiz

insufferable /in'safırıbıl/ *s.* (davranış) katlanılmaz, çekilmez insufficiency /insı'fişınsi/ a. yetersizlik, eksiklik; yetmezlik

insufficient /insı'fişınt/ s. yetersiz, eksik

insufflate /'insafleyt/ e. içine üflemek, üzerine üflemek, hava vermek

insufflation /insaf'leyşın/ a. içine üfleme, üzerine üfleme, hava verme

insufflator /'insafleytı/ a. püskürteç

insulant /'insulınt/ a. yalıtkan madde

insular /'insyu:lı/ s. ada ile ilgili, ada +; tecrit edilmiş; dar görüşlü

insularity /insyu:'leriti/ a. adalı olma; tecrit, ayırma; dar görüşlülük

insulate /'insyuleyt/ e. (from/against ile) izole etmek, yalıtmak; ayırmak, ayrı tutmak, korumak

insulated /'insyuleytid/ s. yalıtılmış, yalıtık insulated cable elek. izoleli kablo, yalıtık kablo insulated-gate field-effect transistor elek. yalıtılmış geçitli alan etkili transistor

insulating /'insyuleyting/ a. yalıtım ¤ s. yalıtkan insulating bead yalıtıcı boncuk insulating bush oto. izolasyon duyu, yalıtım duyu insulating material yalıtım malzemesi insulating oil yalıtıcı yağ insulating plate yalıtıcı plaka, izolasyon plakası insulating tape izole bant

insulation /insyu'leyşın/ a. tecrit, yalıtım, izolasyon; izolasyon maddesi insulation against humidity neme karşı yalıtım

insulator /'insyuleytı/ a. izolatör, yalıtkan

insulin /'insyulin/ a. kim. ensülin

insult /in'salt/ e. aşağılamak, hakaret etmek ¤ a. hakaret

insulting /in'salting/ s. küçümseyici, aşağılayıcı

insuperable /in'syu:pırıbıl/ s. aşılması güç, zorlu

insupportable /insı'po:tıbıl/ s. çekilmez, katlanılmaz; haksız

insurance /in'şuırıns/ a. sigorta; sigortacılık, sigorta; sigorta parası; (against ile) koruma insurance agent sigorta acentası insurance benefit sigortadan sağlanan menfaat insurance broker sigorta simsarı, sigorta tellalı insurance certificate sigorta belgesi, sigorta şahadetnamesi insurance contract sigorta sözleşmesi, sigorta mukavelesi insurance cover sigortanın kuvertürü insurance demand sigorta talebi insurance documents sigorta vesaiki insurance expert sigorta eksperi insurance money sigorta bedeli, sigorta tazminatı insurance of goods emtia sigortası insurance policy sigorta poliçesi insurance premium sigorta primi insurance risk sigorta rizikosu insurance value sigorta değeri

insure /in'şuı/ e. sigorta ettirmek; Aİ. garantilemek, sağlama almak insured person sigortalı kimse

insurer /in'şuırı/ a. sigortacı

insurgent /in'sö:cınt/ s. a. asi, başkaldıran, ayaklanan

insurmountable /insı'mauntıbıl/ s. çok büyük, çok güç, yenilemez, başa çıkılmaz

insurrection /insı'rekşın/ a. isyan, ayaklanma

insusceptibility /insıseptı'bilıti/ a. duygusuzluk, hissizlik

intact /in'tekt/ s. bozulmamış, tam, bütün

intake /'inteyk/ a. emme; giriş, ağız; içeri alınan miktar ya da sayı, giriş; (yiyecek vb.) alım intake airway mad. havalandırma galerisi intake and exhaust manifold emme ve egzoz manifoldu intake manifold oto. emme manifoldu intake pressure emme basıncı intake stroke emme zamanı intake valve emme supabı

intangibility /intencı'bilıti/ a. tutulamazlık, dokunulmazlık

intangible /in'tencıbıl/ s. fiziksel varlığı olmayan, soyut, elle tutulamaz, görülemez; belirsiz, karanlık, kolay anlaşılamaz, açık ve kesin olmayan intangible assets maddi olmayan varlıklar, gayri maddi aktif

intarsia /in'ta:sıı/ a. kakmacılık

integer /'inticı/ a. mat. tamsayı, tümsayı integer data biliş. tamsayı veri

integral /'intigrıl/ s. bütünün parçası olan, tümleyen; yekpare, tek parça; mat. integral, tümlev ¤ a. bütün (bir şey); mat. integral, tümlev integral body and frame oto. yekpare şasi ve karoser integral calculus mat. integral hesabı, tümlev hesabı integral domain

mat. tamlık alanı, tümlük alanı *integral equation* *mat.* integralli denklem, tümlevli denklem *integral function mat.* tam fonksiyon, tümişlev *integral part mat.* tamsayısal parça, tümsayısal parça
integrand /'intigrend/ *a. mat.* integrand, tümlevlenen
integrate /'intigreyt/ *e.* (with/into ile) bütünleşmek, kaynaşmak; katmak, kaynaştırmak; tamamlamak, bütünlemek; integralini almak, tümlevini almak ¤ *s.* parçalardan oluşmuş; tam, bütün *integrating circuit elek.* integralleyici devre, tümlevleyici çevrim *integrating photometer* tamamlayıcı fotometre, tümleyici fotometre
integrated /'intigreytid/ *s.* bütünleşmiş, entegre, tümleşik, tümlenik *integrated circuit elek.* tümleşik devre *integrated data processing biliş.* tümleşik bilgi işlem *integrated emulator biliş.* tümleşik emülatör *integrated information center biliş.* tümleşik bilişim merkezi *integrated information system biliş.* tümleşik bilişim sistemi *integrated magnitude gökb.* toplam kadir *integrated software biliş.* tümleşik yazılım
integration /inti'greyşın/ *a.* bütünleşme, entegrasyon; tamamlama, bütünleme; *mat.* integralleme, tümlevleme *integration by parts mat.* parçalı integralleme, parçalı tümlevleme *integration testing biliş.* bütünleştirme testi, tümleştirme sınaması
integrator /'intigreytı/ *a. elek.* integratör, toplayıcı, entegral alıcı
integrity /in'tegriti/ *a.* güvenilirlik, doğruluk, dürüstlük; bütünlük, tamlık
integument /in'tegyumınt/ *a.* kabuk, deri, zar
intellect /'intilekt/ *a.* akıl, zihin
intellectual /inti'lekçuıl/ *s.* akli, zihinsel, anlıksal; akıllı, zeki ¤ *a.* aydın, entelektüel
intellectuality /'intilekçu'elıti/ *a.* zihinsel yetenek; aydın olma
intelligence /in'telicıns/ *a.* zekâ, akıl; istihbarat, haber alma *intelligence department* istihbarat servisi, ranseyman servisi
intelligent /in'telicınt/ *s.* zeki, akıllı *intel-*

ligent terminal biliş. zeki terminal, akıllı terminal
intelligible /in'telicıbıl/ *s.* anlaşılabilir, açık, net *intelligible crosstalk* anlaşılır diyafoni
intemperance /in'tempırıns/ *a.* aşırılık, taşkınlık
intemperate /in'tempırıt/ *s.* şiddetli, sert, bozuk; aşırı; ayyaş
intend /in'tend/ *e.* tasarlamak, niyet etmek, planlamak; (... için) olmak
intendant /in'tendınt/ *a.* idareci, müdür
intended /in'tendid/ *s.* tasarlanmış, amaçlanmış; bile bile yapılan; müstakbel
intense /in'tens/ *s.* şiddetli, güçlü; heyecanlı, ateşli
intensely /in'tensli/ *be.* son derece
intensification /intensifi'keyşın/ *a.* kuvvetlendirme
intensifier /in'tensifayı/ *a.* güçlendirici *intensifier electrode* hızlandırıcı elektrot, güçlendirici elektrot
intensify /in'tensifay/ *e.* yoğunlaşmak; yoğunlaştırmak *intensifying bath fot.* koyulaştırma banyosu *intensifying screen elek.* yoğunlaştırma ekranı, kuvvetlendirici ekran
intensity /in'tensiti/ *a.* güçlülük, yoğunluk, şiddet, yeğinlik *intensity level* yoğunluk düzeyi *intensity modulation elek.* şiddet modülasyonu *intensity of magnetization* manyetizasyon şiddeti, mıknatıslanma yeğinliği *intensity of radiation* radyasyon şiddeti, ışınım yeğinliği
intensive /in'tensiv/ *s.* yoğun; aşırı; şiddetli, kuvvetli *intensive care* yoğun bakım *intensive cultivation* yoğun tarım *intensive farming trm.* entansif tarım, yoğun tarım *intensive grazing trm.* yoğun otlatma
intent /in'tent/ *a.* amaç, niyet ¤ *s.* dikkatli; niyetli, azimli, istekli *to all intents and purposes* her bakımdan
intention /in'tenşın/ *a.* niyet, maksat; kasıt
intentional /in'tenşınıl/ *s.* kasıtlı
intentionally /in'tenşınıli/ *be.* kasten, bile bile
intentness /in'tentnis/ *a.* dikkat; gayret; şevk

inter /in'tö:/ *e.* gömmek, defnetmek, toprağa vermek

interact /ıntı'rekt/ *e.* (with ile) birbirini etkilemek

interaction /ıntı'rekşın/ *a.* etkileşim *interaction factor elek.* etkileşim faktörü *interaction gap* etkileşim aralığı *interaction space elek.* etkileşim bölgesi

interactive /ıntır'ektiv/ *s.* etkileşimli, birbirini etkileyen *interactive computer biliş.* etkileşimli bilgisayar *interactive display biliş.* etkileşimli gösterim *interactive language biliş.* etkileşim dili *interactive mode biliş.* karşılıklı konuşma modu *interactive program biliş.* etkileşimli program *interactive system biliş.* etkileşimli sistem, etkileşimli dizge *interactive terminal biliş.* etkileşimli terminal

interbank /ıntı'benk/ *s.* bankalararası *interbank market* interbank piyasası *interbank rate* interbank kuru

intercalate /in'tö:kıleyt/ *e.* araya sokmak, eklemek

intercalation /intö:kı'leyşın/ *a.* araya sokma, ekleme

intercede /ıntı'si:d/ *e.* (with/for ile) (korumak için) araya girmek

intercellular /ıntı'selyulı/ *s.* hücrelerarası

intercept /ıntı'sept/ *e.* durdurmak, yolunu kesmek; engellemek, önlemek ¤ *a.* yakalanan radyo sinyali *intercepting drain trm.* kuşaklama dreni *intercepting sewer* enine lağım, enine mecra

interception /ıntı'sepşın/ *a.* durdurma, engelleme, önleme

interceptor /ıntı'septı/ *a. ask.* avcı uçağı

intercessor /ıntı'sesı/ *a.* aracı

interchange /ıntı'çeync/ *e.* yerlerini değiştirmek; değiş tokuş etmek, takas etmek ¤ *a.* yer değiştirme, takas, değiş tokuş; *İl.* kavşak, köprülü kavşak

interchangeability /'ıntıçeyncıbilıti/ *a.* birbirinin yerine geçebilme

interchangeable /ıntı'çcyncıbıl/ *s.* birbirinin yerine geçebilir

intercity /ıntı'siti/ *s.* şehirlerarası *intercity traffic* şehirlerarası trafik

intercolumniation /ıntıkılamni'eyşın/ *a. mim.* sütunlar arasındaki mesafe

intercom /'ıntıkom/ *a.* iç telefon sistemi, enterkom

intercommunicate /ıntıkı'myu:nikeyt/ *e.* birbiriyle haberleşmek

intercommunication /ıntıkomyuni'keyşın/ *a.* dahil haberleşme, iç haberleşme, iletişim *intercommunication system* iç konuşma sistemi, içiletişim

intercompany /ıntı'kampını/ *s.* şirketler arası

interconnect /ıntıkı'nekt/ *e.* birbirine bağlamak

interconnected /ıntıkı'nektid/ *s.* birbirine bağlı

interconnection /ıntıkı'nekşın/ *a.* birbirine bağlı olma

intercontinental /ıntıkonti'nentıl/ *s.* kıtalararası *intercontinental ballistic missile ask.* kıtalararası balistik füze

intercorporate /ıntı'ko:pırıt/ *s.* şirket içi *intercorporate relations* şirket içi ilişkiler

intercourse /'ıntıko:s/ *a.* (cinsel) birleşme; görüşme, ilişki *vaginal intercourse* vajinal birleşme *anal intercourse* anal birleşme *have intercourse* cinsel birleşmede bulunmak

interdental /'ıntıdentıl/ *s. a.* alt ve üst dişler arasında oluşan, peltek dişsil

interdependence /ıntıdi'pendıns/ *a.* birbirine bağlı olma

interdependent /ıntıdi'pendınt/ *s.* birbirine bağlı, birbirine muhtaç

interdict /'ıntıdikt/ *e.* yasak etmek

interdiction /ıntı'dikşın/ *a.* yasak

interest /'ıntrist/ *a.* (in ile) ilgi, merak; ilgi uyandırma, ilgi çekme; ilgi kaynağı, ilgi merkezi, merak; yarar, çıkar; faiz ¤ *e.* ilgilendirmek; ilgisini çekmek, merakını uyandırmak *interest account* faiz hesabı *interest arbitrage* faiz arbitrajı *interest bearing* faiz getiren *interest ceiling* faiz tavanı *interest certificate* faiz belgesi *interest coupon* faiz kuponu *interest divisor* faiz sabit böleni *interest due* vadesi gelmiş faiz *interest formula* faiz formülü *interest group* çıkar grubu *interest in arrears* gecikmiş faiz *interest income* faiz geliri *interest margin* faiz marjı *interest income* faiz geliri *interest on capital* sermaye faizi *interest on interest* faizin faizi *interest payable* ödenecek

faiz *interest rate* faiz oranı *interest receivable* faiz alacağı, tahsil edilecek faiz *interest table* faiz tablosu *interest warrant* faiz varantı
interested /'ıntrıstid/ *s.* ilgili, meraklı; çıkar gözeten; ortak, hissedar *be interested (in)* (ile) ilgilenmek
interest-free /'ıntrıst fri:/ *s.* faizsiz
interesting /'ıntrısting/ *s.* ilgi çekici, ilginç
interface /'ıntıfeys/ *a.* arayüzey, arabirim, arayüz *interface checker* biliş. arabirim denetleyici, arayüzey denetleyici *interface routines* biliş. arayüzey yordamları
interfacial /ıntı'feyşıl/ *s.* arayüzey ile ilgili *interfacial angle* fiz. arayüzey açısı *interfacial tension* fiz. arayüzey gerilimi
interfere /ıntı'fiı/ *e.* (with/in/between ile) yoluna çıkmak, engellemek, karışmak; *hkr.* başkasının işine burnunu sokmak, her şeye maydanoz olmak; sarkıntılık etmek, sataşmak
interference /ıntı'fiırıns/ *a.* (with ile) karışma, engelleme, müdahale; *elek.* parazit; *fiz.* girişim *interference eliminator* elek. parazit eliminatörü, parazit süzgeci *interference fading* elek. girişim zayıflaması *interference filter* fiz. girişim filtresi *interference fringe* opt. girişim saçağı *interference inverter* elek. girişim enversörü, girişim evireci *interference trap* elek. girişim tuzağı, girişim engelleyici
interferometer /ıntıfı'romıtı/ *a. fiz.* interferometre, girişimölçer
interferon /ıntı'fiıron/ *a. kim.* interferon
interfix /ıntı'fiks/ *a. biliş.* ilişki kurma
interglacial /ıntı'gleysiıl/ *s. coğ.* buzularası, interglasiyel
interim /'ıntırim/ *a.* (zaman) aralık, ara, boşluk; geçici bilanço ¤ *s.* geçici, ara, aradaki *interim aid* geçici yardım *interim balance* ara bilanço *interim bond* geçici tahvil *interim certificate* geçici belge, geçici ilmühaber *interim closing* hesapların geçici olarak kapatılması *interim credit* ara kredi, geçici kredi *interim dividend* ara temettü *interim financial statement* ara bilanço *interim rate* geçici tarife *interim report* geçici rapor *interim statement* ara rapor, geçici finansal tablo

interindustry /ıntı'indastri/ *s.* sanayilerarası
interior /in'tiıriı/ *a. s.* iç *interior angle* mat. iç açı *interior decoration* inş. içmimarlık *interior decorator* içmimar *interior fittings* teks. mefruşat *interior label* biliş. iç etiket *interior light* oto. iç ışık *interior planet* gökb. iç gezegen *interior surface* iç yüz *interior wiring* iç tesisat
interject /ıntı'cekt/ *e.* arada söylemek, eklemek, aniden söylemek
interjection /ıntı'cekşın/ *a.* ünlem, nida
interjective /ıntı'cektiv/ *s.* ünlem ile ilgili, ünlemsi
interlace /ıntı'leys/ *e.* karıştırmak; birbirine geçirmek; ağ gibi örmek *interlaced scanning* elek. aralıklı tarama, tek-çift tarama, geçmeli tarama
interlacing /ıntı'leysing/ *a.* birbirine geçme; *elek.* geçmeli tarama
interline /ıntı'layn/ *e. teks.* (kumaşa) orta astarı koymak
interlock /ıntı'lok/ *e.* birbirine bağlamak, birbirine kenetlemek; birbirine bağlanmak *interlock fabric* teks. interlock, interlok örgü *interlock knitting machine* teks. interlock, interlok örgü makinesi
interlocution /ıntılou'kyu:şın/ *a.* konuşma, diyalog
interlocutory /ıntı'lokyutıri/ *a.* geçici ara *interlocutory injunction* geçici önlem
interloper /'ıntıloupı/ *a.* gereksiz kimse, fazlalık; yetkisiz tüccar; *gökb.* yabancı yıldız
interlude /'ıntılu:d/ *a.* ara, teneffüs, iş arasındaki boşluk, dinlenme; (sinema, tiyatro, vb.) perde arası, ara; *müz.* ara faslı
intermarry /ıntı'meri/ *e.* (farklı gruptan insanlar) evlehmek, evlenerek birbirine bağlanmak
intermediary /ıntı'mi:dıri/ *a.* arabulucu, aracı *intermediary bearer* ara hamil *intermediary trade* ara ticaret
intermediate /ıntı'mi:dıt/ *s.* orta, ara, arada bulunan *intermediate annealing* met. ara tavlama *intermediate approach* hav. ara yaklaşma *intermediate bearing* ara yatak *intermediate*

buyer aracı satın alan **intermediate circuit** *elek.* ara devre **intermediate colour** ara renk **intermediate coupling** *fiz.* ara kuplaj **intermediate credit** ara kredi **intermediate cycle** *biliş.* ara çevrim **intermediate frequency** *elek.* ara frekans **intermediate frequency amplifier** *elek.* ara frekans amplifikatörü **intermediate frequency oscillator** *elek.* ara frekans osilatörü **intermediate frequency stage** *elek.* ara frekans katı, ara yinelenim katı **intermediate frequency transformer** *elek.* ara frekans transformatörü **intermediate gear** ara dişli **intermediate goods** ara mallar **intermediate landing** *hav.* ara iniş **intermediate level** *mad.* arakat **intermediate negative** *sin.* ara negatifi **intermediate neutron** *fiz.* ara nötron **intermediate oxide** ara oksit **intermediate phase** ara faz **intermediate positive** *sin.* ara pozitifi **intermediate product** ara ürün **intermediate rafter** orta mertek **intermediate range ballistic missile** *ask.* orta menzilli balistik füze **intermediate reactor** *fiz.* ara reaktör **intermediate shaft** ara mil **intermediate storage** *biliş.* ara bellek **intermediate structure** ara yapı **intermediate trade** komisyonculuk **intermediate waves** *elek.* ara dalgalar **intermediate wheel** ara dişli, ara tekerleği

interment /in'tö:mınt/ *a.* (ölüyü) gömme, defnetme

interminable /in'tö:minıbıl/ *s.* bitmez, tükenmez, sonsuz

intermission /intı'mişın/ *a. Aİ.* perde arası, ara, antrakt; mola, ara, fasıla

intermit /intı'mit/ *e.* ara vermek, durdurmak; durmak, tatil olmak

intermittent /intı'mitınt/ *s.* kesik kesik, aralıklı, süreksiz **intermittent current** kesintili akım **intermittent duty** aralıklı hizmet **intermittent flow** aralı akış, kesintili akış **intermittent light** aralı ışık, kesintili ışık **intermittent movement** aralı hareket, kesintili hareket **intermittent printer** *fot.* aralı basıcı **intermittent sprocket** *sin.* fasılalı hareket dişlisi, aralı devinim dişlisi

intermodulation /'intımodyuleyşın/ *a. elek.* arakipleme, entermodülasyon **in-**

termodulation distortion *elek.* entermodülasyon distorsiyonu, arakipleme bozulması

intermolecular /intımı'lekyulı/ *s.* moleküllerarası **intermolecular forces** moleküllerarası kuvvetler

intern /in'tö:n/ *e.* enterne etmek, gözaltına almak ¤ *a.* stajyer; stajyer doktor

internal /in'tö:nıl/ *s.* dahili, iç **internal action** iç etki **internal angle** iç açı **internal audit** işletme içi denetim, dahili teftiş **internal brake** *oto.* iç fren **internal capacitance** *elek.* iç kapasite **internal circuit** iç devre **internal combustion** içten yanmalı **internal combustion engine** içten yanmalı motor **internal control** iç denetim, dahili kontrol **internal conversion** *fiz.* iç dönüşüm **internal data** *biliş.* içsel veri, iç veri **internal data transfer** *biliş.* içsel veri transferi, iç veri aktarımı **internal debt** iç borç **internal demands** *biliş.* iç istemler **internal energy** iç enerji, iç erke **internal fissure** iç yarık **internal friction** *mek.* iç sürtünme **internal gear** iç dişli **internal impedance** *elek.* iç empedans, iç çeli **internal indicator** *fiz.* iç gösterge **internal input impedance** *elek.* iç giriş empedansı, iç giriş çelisi **internal input resistance** *elek.* iç giriş direnci **internal labelling** *biliş.* iç etiketleme **internal library** *biliş.* iç kitaplık **internal loan** iç kredi, iç istikraz **internal memory** *biliş.* iç bellek **internal migration** *coğ.* iç göç **internal mould** *yerb.* iç kalıp **internal phoneme** içses **internal point** iç nokta **internal pressure** iç basınç **internal rate of return** iç verim oranı, iç kârlılık oranı **internal resistance** iç direnç **internal storage** *biliş.* iç bellek **internal store** *biliş.* iç bellek **internal stress** *mek.* iç gerilme **internal temperature** iç sıcaklık **internal timer** *biliş.* iç zamanlayıcı **internal trade** *coğ.* iç ticaret, içtecim **internal transfer account** aktarma hesabı, virman hesabı **internal voltage** *elek.* iç gerilim

internalize /in'tö:nılayz/ *e.* özümsemek

international /intı'neşınıl/ *s.* uluslararası, milletlerarası **international arbitration** uluslararası tahkim **international busi-**

ness uluslararası ticaret *international economics* uluslararası ekonomi *international exchange* döviz *international exchange market* uluslararası döviz piyasası *international geographical mile* coğrafi mil *international labour law* uluslararası iş hukuku *international law* devletler hukuku *international liquidity* uluslararası likidite *international mercantile law* uluslararası ticaret hukuku *international monetary economics* uluslararası para ekonomisi *international money* uluslararası para *international money order* uluslararası posta havalesi *international nautical mile* uluslararası deniz mili *International Phonetic Association* Uluslararası Sesbilgisi Derneği *international postal replay coupon* uluslararası posta cevap kuponu *international private law* devletler özel hukuku *international sea traffic* milletlerarası deniz trafiği *international sound track sin.* uluslararası ses bandı, müzik ve efekt bandı, sözsüz ses kuşağı, sözsüz ses yolu *international trade* uluslararası ticaret *international transportation* uluslararası taşımacılık

internet /ıntı'net/ *a.* internet

internment /in'tö:nmınt/ *a.* gözaltına alma

interpersonal /ıntı'pö:sınıl/ *s.* bireysel, bireyler arasında olan

interphone /'ıntıfoun/ *a.* dahili telefon

interplanetary /ıntı'plenitıri/ *s. gökb.* gezegenlerarası

interplay /'ıntıpley/ *a.* karşılıklı etkileşim

interpolate /in'tö:pouleyt/ *e.* eklemek, katmak

interpolation /itö:pı'leyşın/ *a. mat.* interpolasyon, iç değerleme, iç değerbiçim

Interpole /'ıntıpol/ *a.* İnterpol

interpose /ıntı'pouz/ *e.* (in/between/among ile) araya girmek, lafa karışmak, arada söylemek, eklemek

interposition /intö:pı'zişın/ *a.* karışma, müdahale

interpret /in'tö:prit/ *e.* (konuşarak) çevirmenlik yapmak, tercümanlık yapmak; (as ile) yorumlamak; anlamını açıklamak

interpretable /in'tö:pritıbıl/ *s.* yorumlanabilen, yorumlanabilir

interpretation /intö:pri'teyşın/ *a.* yorum, tefsir, açıklama

interpreter /in'tö:pritı/ *a.* tercüman, dilmaç; yorumcu; yorumlayıcı (program)

interpretive /in'tö:pritiv/ *s.* yorumlamalı *interpretive language biliş.* yorumlamalı dil *interpretive programming biliş.* yorumlamalı programlama *interpretive routine biliş.* yorumlamalı yordam

interrogate /in'terıgeyt/ *e.* sorguya çekmek, sorgulamak

interrogation /interı'geyşın/ *a.* sorgu

interrogative /intı'rogıtiv/ *a. s.* soru belirten, sorulu, soru soran (cümle/sözcük vb.); soru şeklinde ¤ *a.* soru sözcüğü *interrogative adjective* soru sıfatı *interrogative adverb* soru zarfı, soru belirteci *interrogative particle* soru eki *interrogative pronoun* soru zamiri, soru adılı *interrogative sentence* soru cümlesi

interrupt /intı'rapt/ *e.* sözünü kesmek; akışını durdurmak, düzenini bozmak, kesmek, yarıda kesmek *interrupt analyser biliş.* kesilme çözümleyici *interrupt control routine biliş.* kesilme denetim yordamı *interrupt signal biliş.* kesilme sinyali

interrupted /intı'raptid/ *s.* kesik, kesilmiş *interrupted continuous wave elek.* sürekli kesik dalga *interrupted current* aralıklı akım, kesintili akım *interrupted quenching met.* kesintili suverme

interrupter /intı'raptı/ *a. elek.* enterüptör, şalter, akım kesici; *ask.* tapa, namlu emniyet tertibatı

interruption /intı'rapşın/ *a.* kesilme, yarıda kesme

intersect /intı'sekt/ *e.* (yol, çizgi, vb.) kesişmek, birbiri üzerinden geçmek

intersecting /intı'sekting/ *a. mat.* kesişen

intersection /intı'sekşın/ *a.* kesişme; kavşak; arakesit *intersection point* kesişme noktası

intersex /intı'seks/ *a. hayb.* ara eşeyli

interspace /intı'speys/ *a.* ara, aralık ¤ *e.*

ara vermek, aralık bırakmak

intersperse /ıntı'spö:s/ *e.* (with ile) oraya buraya serpmek, arasına katmak

interstage /ıntı'steyc/ *a.* ara kat *interstage punching biliş.* aralıklı delgileme, aralara delgileme *interstage transformer elek.* ara transformatörü, katlar arası transformatör

interstate /'ıntısteyt/ *s.* devletlerarası; eyaletlerarası *interstate commerce* devletlerarası ticaret

interstellar /ıntı'stelı/ *s. gökb.* yıldızlararası *interstellar matter gökb.* yıldızlararası madde

interstice /in'tö:stis/ *a.* yarık, çatlak; ara, açıklık

interval /'ıntıvıl/ *a.* ara, aralık; perde arası, ara

intervene /ıntı'vi:n/ *e.* (in ile) araya girmek, karışmak, müdahale etmek; olaylar arasında oluşmak, arada olmak, geçmek

intervening /ıntı'vi:ning/ *s.* müdahaleci *intervening party* müdahaleci taraf

intervention /ıntı'venşın/ *a.* karışma, müdahale *intervention points* müdahale noktaları *intervention policy* müdahale politikası *intervention price* müdahale fiyatı

interventionist /ıntı'venşınist/ *s.* müdahaleci

interview /'ıntıvyu:/ *a.* mülakat, görüşme; röportaj ¤ *e.* görüşmek; röportaj yapmak

interviewee /ıntıvyu:'i:/ *a.* görüşülen kimse

interviewer /'ıntıvyu:ı/ *a.* görüşme yapan kimse

intervocalic /ıntıvou'kelik/ *s.* ünlülerarası

interweave /int'wi:v/ *e.* (with ile) birlikte dokumak, örmek

intestacy /in'testısi/ *a.* vasiyetsiz ölme

intestate /in'testeyt, in'testit/ *s. huk.* vasiyetnamesiz, vasiyetsiz ölen *die intestate* vasiyetsiz ölmek

intestine /in'testin/ *a. anat.* bağırsak

intimacy /'intimısi/ *a.* (with ile) özel olma, mahremlik, kişisellik; yakın arkadaşlık, dostluk

intimate /'intimit/ *s.* (with ile) (cinsel yönden) yakın; kişisel, özel; detaylı, ayrıntılı ¤ /'intimeyt/ *e.* ima etmek,

sezindirmek *intimate friend* yakın dost

intimidate /in'timideyt/ *e.* (birini) korkutmak, gözünü korkutmak, gözdağı vermek

into /'ıntı, 'intu, 'intu:/ *ilg.* içine, -e, -a; *kon.* -e meraklı, hasta; (bölme işleminde) -de, -da

intolerable /in'tolırıbıl/ *s.* çekilmez, dayanılmaz

intolerance /in'tolırıns/ *a.* hoşgörüsüzlük

intolerant /in'tolırınt/ *s.* hoşgörüsüz

intonation /ıntı'neyşın/ *a.* tonlama, titremleme

intoneme /in'touni:m/ *a.* tonlama birimi, titremlemebirim

intoxicant /in'toksikınt/ *s.* sarhoş edici ¤ *a.* sarhoş edici içki

intoxicate /in'toksikeyt/ *e.* sarhoş etmek

intractability /intrektı'bilıti/ *a.* dik kafalılık

intractable /in'trektıbıl/ *s.* kontrol edilmesi zor, ele avuca sığmaz

intrados /in'treydos/ *a. mim.* kemer iç sırtı, kemer iç yüzü

intramolecular /intrımı'lekyulı/ *s.* moleküliçi

intransigent /in'trensicınt/ *s.* uzlaşmaz, sabit fikirli, değişmez

intransitive /in'trensitiv/ *a. s. dilb.* (eylem) geçişsiz

intrastate /intrı'steyt/ *s.* eyaletlerarası

intrauterine device /intrıyu:tırayn di'vays/ *a.* (gebelik önleyici) spiral

intravenous /intrı'vi:nıs/ *s.* damar içi, damardan

intrepid /in'trepid/ *s.* korkusuz, cesur

intricacy /'intrikısi/ *a.* karışıklık, anlaşılmazlık; karışık şey

intricate /'intrikit/ *s.* karmakarışık

intrigue /in'tri:g/ *e.* ilgisini çekmek; entrika çevirmek ¤ *a.* entrika, dolap

intriguer /in'tri:gı/ *a.* hilekâr kimse

intriguing /in'tri:ging/ *s.* ilgi çekici; şaşırtıcı; entrikacı, düzenbaz

intrinsic /in'trinsik/ *s.* gerçek, esas, aslında olan, özünde olan *be intrinsic to* -e özgü olmak *intrinsic conduction* saf iletkenlik, has iletkenlik *intrinsic energy kim.* iç enerji, içerke *intrinsic impedance* öz empedans, yalın empedans *intrinsic value* gerçek değer, içsel değer introduce /intrı'dyu:s/ e. tanıştırmak, tanıtmak; ilk kez getirmek, ortaya çıkarmak; ilk kısmını oluşturmak

introduction /intrı'dakşın/ a. tanıtma, tanıtım, takdim; tanıştırma, takdim; önsöz; giriş, başlangıç; kılavuz kitap; uygulama; getirme, sokma

introductory /intrı'daktıri/ s. giriş niteliğinde, tanıtıcı

introspection /intrı'spekşın/ a. murakabe, kendi duygu ve düşüncelerini inceleme

introversion /introu'vö:şın/ a. içeriye doğru dönme, içedönüklük

introvert /'ıntrıvö:t/ a. içedönük kimse

introverted /'intrıvö:tid/ s. içedönük, içine kapanık

intrude /in'tru:d/ e. izinsiz ya da davetsiz girmek, rahatsız etmek

intruder /in'tru:dı/ a. davetsiz misafir

intrusion /in'tru:jın/ a. (on ile) zorla girme, tecavüz; yerb. tabakalar arasına giren kaya

intrusive /in'tru:siv/ s. biliş. çağırılmadan gelen, zorla giren, izinsiz giren; yerb. tabakalar arasına giren intrusive rocks yerb. sokulma kayaçları

intrust /in'trast/ e. tevdi etmek, vermek

intuit /in'tyu:it/ e. sezmek, içine doğmak

intuition /intyu'işın/ a. sezgi, önsezi, içine doğma

intumescence /intyu:'mesıns/ a. şişme, kabarma; şişlik

inulin /'inyulin/ a. inulin

inundate /'ınındeyt/ e. sel basmak; gark etmek, boğmak

inundation /inan'deyşın/ a. sel, tufan

inurn /in'ö:n/ e. (ceset külünü) kabın içine koymak

inutile /in'yu:tayl/ s. yararsız, faydasız, gereksiz, boş

in vacuo /in 'vekyuou/ be. boşlukta; soyut, tecrit edilmiş

invade /in'veyd/ e. istila etmek; akın etmek, doldurup taşırmak; baskın yapmak, basmak, tecavüz etmek

invader /in'veydı/ a. istilacı, müstevli

invalid /'invılid/ a. hasta, sakat ¤ /in'velid/ s. hükümsüz, geçersiz; değersiz, boş, yararsız invalid punch biliş. geçersiz delgi

invalidate /in'velideyt/ e. geçersiz kılmak, çürütmek

invalidation /inveli'deyşın/ a. zayıflatma, güçten düşürme; geçersiz kılma, hükümsüz kılma

invalidism /'invılidizım/ a. hastalık

invalidity /invı'lidıti/ a. hükümsüzlük, geçersizlik invalidity indemnity maluliyet tazminatı invalidity insurance maluliyet sigortası

invaluable /in'velyubıl/ s. çok değerli, paha biçilmez

invariable /in'veırııbıl/ s. değişmeyen, her zaman aynı olan, değişmez

invariant /in'veırıınt/ s. değişmeyen, sabit ¤ a. değişmez değer, sabit nicelik invariant subgroup mat. değişmez altgrup, değişmez altöbek

invasion /in'veyjın/ a. akın, saldırı, istila

invective /in'vektiv/ a. hakaret, sövgü

inveigh /in'vey/ e. paylamak, çıkışmak

inveigle /in'veygıl/ e. kandırmak, ayartmak

inveiglement /in'veygılmınt/ a. aldatma, kandırma

invent /in'vent/ e. icat etmek, bulmak; uydurmak, düzmek, kıvırmak

invention /in'venşın/ a. icat, buluş

inventive /in'ventiv/ s. yaratıcı, bulucu

inventor /in'ventı/ a. mucit, bulucu

inventory /'invıntri/ a. sayım çizelgesi, envanter defteri; envanter, mal mevcudu inventory control envanter kontrolü, stok kontrolü inventory investment stok yatırımı inventory loan envanter kredisi, stok kredisi inventory pricing stok değerlendirme inventory rate envanter değeri take inventory envanter yapmak

inverse /'invö:s/ a. s. ters inverse cosine mat. ters kosinüs inverse current elek. ters akım inverse feedback elek. ters geribesleme inverse function mat. ters fonksiyon, ters işlev inverse logarithm mat. ters logaritma inverse matrix mat. ters metris, ters dizey inverse operation ters işlem inverse ratio mat. ters oran inverse tangent mat. ark tanjant, teğetlik yayı inverse trigonometric mat. ters trigonometrik inverse voltage elek. ters gerilim inversely proportional mat. ters orantılı

inversion /in'vö:şın/ a. inversiyon,

terselme *inversion* *fog* *metr.* inversiyon sisi
invert /in'vö:t/ *e.* tersyüz etmek, tersine çevirmek; *kim.* evirtmek *invert sugar* *şek.* invert şeker, evirtik şeker
invertase /in'vö:teyz/ *a.* invertaz
invertebrate /in'vö:tibrit, in'vö:tibreyt/ *s. a. hayb.* omurgasız
inverted /in'vö:tid/ *s.* ters çevrilmiş *inverted amplification factor elek.* ters amplifikasyon katsayısı *inverted arch inş.* ters kemer *inverted comma* tırnak işareti *inverted engine* ters motor *inverted limb yerb.* ters kanat *inverted rectifier elek.* ters redresör, ters doğrultmaç *inverted vault* ters kubbe
inverter /in'vö:tı/ *a. elek.* inverter, enversör, evireç
invest /in'vest/ *e.* (in ile) para yatırmak, yatırım yapmak
investable /in'vestıbıl/ *s.* yatırım yapılabilir, yatırılabilir
investigate /in'vestigeyt/ *e.* araştırmak, soruşturmak
investigation /investi'geyşın/ *a.* araştırma, soruşturma *investigation method* araştırma yöntemi
investigative /in'vestigıtiv/ *s.* araştırmayla ilgili *investigative journalism* araştırmacı gazetecilik *investigative reporter* araştırmacı gazeteci
investigator /in'vestigeytı/ *a.* müfettiş; araştırmacı, soruşturmacı
investiture /in'vestiçı/ *a.* (birini) yüksek memuriyete atama töreni; üniforma
investment /in'vestmınt/ *a.* yatırım, plasman; sağlanan gelir; yatırılan para *investment advisory services* yatırım danışmanlığı hizmetleri *investment bank* yatırım bankası *investment banker* yatırım bankeri *investment banking* yatırım bankacılığı *investment bills* plasman senetleri *investment bond* yatırım bonosu *investment budget* yatırım bütçesi *investment capital* yatırım sermayesi *investment certificate* yatırım belgesi *investment company* yatırım şirketi *investment counsel* yatırım danışmanı *investment credit* yatırım kredisi *investment goods* yatırım malları *investment incentive* yatırım teşviki *investment in-*

come yatırım geliri *investment list* yatırım listesi *investment multiplier* yatırım çarpanı *investment paper* yatırım kâğıtları *investment reserve* yatırım rezervi *investment shares* yatırım hisseleri *investment trust* yatırım tröstü, yatırım ortaklığı, menkul kıymetler yatırım ortaklığı
investor /in'vestı/ *a.* yatırımcı
inveterate /in'vetırit/ *s.* yerleşmiş, kökleşmiş; alışmış, tiryaki
invidious /in'vidııs/ *s.* gücendirici, kıskandırıcı, haksız
invigilate /in'vicileyt/ *e. İİ.* (sınavda) gözcülük etmek
invigilator /in'vicileytı/ *a.* sınav gözcüsü
invigorate /in'vigıreyt/ *e.* güçlendirmek, canlandırmak, dinçleştirmek
invigoration /invigı'reyşın/ *a.* kuvvetlendirme, güçlendirme
invincible /in'vinsıbıl/ *s.* yenilmez
inviolability /invayılı'bilıti/ *a.* dokunulmazlık
inviolable /in'vayılıbıl/ *s.* bozulamaz, dokunulmaz
inviolate /in'vayılıt/ *s.* bozulmamış, çiğnenmemiş
invisibility /invizı'bilıti/ *a.* görülmezlik
invisible /in'vizıbıl/ *s.* görünmez, görülemez; (özellikle kâr zarar hesaplarında) deftere kayıtlı olmayan, resmi hesaplarda görülmeyen *invisible failure biliş.* görünmez arıza *invisible items* görünmeyen kalemler
invitation /invi'teyşın/ *a.* davet, çağrı *invitation to tender* eksiltmeye koyma
invite /in'vayt/ *e.* davet etmek, çağırmak; yüreklendirmek, davetiye çıkarmak *invite tenders for* ihale açmak
inviting /in'vayting/ *s.* davetkâr, çekici, göz alıcı
invocation /invou'keyşın/ *a.* yalvarma, yakarma
invoice /'invoys/ *a.* fatura ¤ *e.* fatura göndermek; fatura yazmak *invoice amount* fatura bedeli *invoice book* fatura defteri *invoice clerk* fatura memuru *invoice cost* fatura maliyeti *invoice price* fatura fiyatı
invoke /in'vouk/ *e.* yakarmak, dua etmek; istemek, dilemek
involuntary /in'volıntıri/ *s.* istenilmeden

yapılan, gönülsüz yapılan, istençdışı **involuntary actions** istemiyerek yapılan eylemler **involuntary investment** gayri iradi yatırım **involuntary saving** gayri iradi tasarruf

involute /'ınvılu:t/ *s. mat.* involüt, düreç

involution /invı'lu:şın/ *a. mat.* üst alma, dürev

involve /in'volv/ *e.* (in/with ile) karıştırmak, sokmak, bulaştırmak; içermek, kapsamak, gerektirmek

involved /in'volvd/ *s.* karmaşık, anlaşılmaz; (with ile) (kişisel ya da cinsel yönden) yakın, ilgili

involvement /in'volvmınt/ *a.* karışma, bulaşma; ilgi; sarma; bağlılık

invulnerable /in'valnırıbıl/ *s.* yaralanmaz; kurşun işlemez; zapt edilmez

inward /'inwıd/ *s.* içeride olan, iç, dahili; *Aİ. bkz.* inwards **inward bill of lading** ithal konşimentosu **inward duty** giriş resmi **inward journey** dönüş yoluculuğu **inward mail** yurtiçi posta

inwardness /'inwıdnıs/ *a.* içyüz; maneviyat, ruhanilik

inwards /'inwıdz/ *be.* içeriye doğru

iodate /'ayıdeyt/ *a.* iyodat

iodic /ay'odik/ *s.* iyotlu

iodide /'ayıdayd/ *a. kim.* iyodür

iodine /'ayıdi:n/ *a. kim.* iyot

iodoform /ay'odıfo:m/ *a.* iyodoform

ion /'ayın/ *a.* iyon **ion accelerator** iyon hızlandırıcı **ion beam** iyon demeti **ion burn** *elek.* iyon yanığı **ion concentration** iyon yoğunluğu **ion counter** *fiz.* iyon sayacı **ion dose** *fiz.* iyon dozu **ion exchange** iyon alışverişi, iyon değiş tokuşu **ion exchanger** iyon değiştirici **ion flotation** *mad.* iyonlu yüzdürme, yükünlü yüzdürme **ion implantation** *elek.* iyon katkılama **ion migration** *elek.* iyon göçü **ion pair** *fiz.* iyon çifti **ion pump** *fiz.* iyon pompası **ion source** *elek.* iyon kaynağı **ion spectrum** *fiz.* iyon spektrumu, iyon izgesi **ion spot** *elek.* iyon beneği **ion trap** *elek.* iyon tuzağı, iyon kapanı

Ionic /ay'onik/ *s. mim.* İyonik

ionic /ay'onik/ *s.* iyonik **ionic atmosphere** iyon bulutu **ionic beam** iyon ışın demeti **ionic bond** iyon bağı **ionic concentration** iyon yoğunluğu **ionic conduction** iyonik iletkenlik **ionic current** iyon akımı **ionic mobility** *kim.* iyon hareketi **ionic modulation** *elek.* iyonik modülasyon **Ionic Order** *inş.* İyon Düzeni, İyon Biçemi **ionic polarization** *fiz.* iyonik polarizasyon, iyonik ucaylanma **ionic product** *kim.* iyonik ürün **ionic radius** *fiz.* iyon yarıçapı **ionic strength** *kim.* iyon gücü **ionic theory** *fiz.* iyon teorisi, iyon kuramı **ionic valve** *elek.* iyonik tüp

ionium /ay'ouniım/ *a. kim.* iyonyum

ionization /ayınay'zeyşın/ *a.* iyonlaşma **ionization by collision** *fiz.* çarpışmayla iyonlaşma **ionization chamber** *fiz.* iyonlaşma odası **ionization constant** *kim.* iyonlaşma sabiti, iyonlaşma değişmezi **ionization counter** *fiz.* iyon sayacı **ionization current** *fiz.* iyonlaşma akımı **ionization delay** *fiz.* iyonlaşma gecikmesi **ionization density** *fiz.* iyon yoğunluğu **ionization gauge** iyonlu manometre, iyonlu basıölçer **ionization manometer** iyonlu manometre, iyonlu basıölçer **ionization potential** iyonlaşma potansiyeli **ionization time** iyonlaşma süresi

ionize /'ayınayz/ *e.* iyonlaştırmak; iyonlaşmak

ionizing /ayınayzing/ *s.* iyonlaştırıcı **ionizing energy** iyonlaştırma enerjisi **ionizing radiation** iyonlaştırıcı radyasyon, iyonlaştırıcı ışınım

ionone /'ayınoun/ *a. kim.* iyonon

ionosphere /ay'onısfıı/ *a. metr.* iyonosfer, yükünküre

ionospheric /ay'onısfıırik/ *s.* iyonosferik, yükünküresel

iota /ay'outı/ *a.* zerre, parça **not one/an iota** hiç, zerre kadar

irascible /i'resıbıl/ *s.* sinirli, huysuz, öfkesi burnunda

irate /ay'reyt/ *s.* kızgın, öfkeli

ire /'ayı/ *a.* kızgınlık, öfke

ireful /'ayıful/ *s.* kızgın, öfkeli

iridescence /iri'desıns/ *a.* yanardönerlik

iridescent /iri'desınt/ *s.* yanardöner, gökkuşağı gibi renkleri olan **iridescent clouds** *metr.* sedef renkli bulutlar, alkım bulutlar **iridescent colour** yanardöner renk **iridescent effect** *teks.* yanardöner görünüm, janjan efekti **iri-**

descent lustre *teks.* yanardöner parlaklık

iridium /ay'ridiɪm/ *a.* iridyum

iris /'ayıris/ *a. bitk.* süsen çiçeği; *anat.* iris **iris diaphragm** *fot.* iris diyaframı **iris photometer** *gökb.* iris fotometresi, iris ışıkölçeri

irk /ö:k/ *e.* usandırmak, bıktırmak, canını sıkmak, bezdirmek

irksome /'ö:ksım/ *s.* usandırıcı, bıktırıcı, sıkıcı

iron /'ayın/ *a.* demir; ütü; para, mangır ¤ *e.* ütülemek **Iron Age** demir çağı **iron bar** demir çubuk **iron cement** demir macunu **iron core** demir çekirdek **Iron Curtain** demirperde **iron detector** demir detektörü **iron dross** demir cürufu **iron flint** demirli çakmaktaşı **iron hat** demir başlık **iron loss** *elek.* demir kaybı **iron meteorite** *gökb.* demirli göktaşı **iron mould** *teks.* pas lekesi **iron ore** *yerb.* demir cevheri **iron plate** demir sac, demir levha **iron pyrite** *min.* demir piriti **iron salt** demir tuzu **iron sheet** sac **strike while the iron is hot** demir tavındayken dövmek

ironic /ay'ronik/ *s.* alaylı, alaycı, istihzalı

ironing /'ayıning/ *a. teks.* ütüleme **ironing board** ütü sehpası **ironing machine** *teks.* ütü makinesi/presi **ironing press** *teks.* ütüleme presi, pres

ironmonger /'ayınmangı/ *a. İİ.* hırdavatçı

ironmonger's /'ayınmongız/ *a.* hırdavatçı (dükkânı), nalbur

ironmongery /'ayınmangıri/ *a.* hırdavat

irons /'ayınz/ *a. İİ.* pranga, zincir **have too many irons in the fire** kırk tarakta bezi olmak

ironstone /'ayınstoun/ *a. yerb.* demir filizi

ironwood /'ayınwud/ *a.* demirağacı

ironwork /'ayınwö:k/ *a.* demir işi

ironworker /'ayınwö:kı/ *a.* demir fabrikası işçisi; demirci

ironworks /'ayınwö:ks/ *a.* demir fabrikası

irony /'ayırıni/ *a.* istihza, ince alay

irradiance /i'reydyıns/ *a.* aydınlatma; parlaklık

irradiant /i'reydyınt/ *s.* parlak, ışıldayan

irradiate /i'reydiyet/ *e.* ışınlamak; aydınlatmak

irradiation /ireydi'eyşın/ *a.* ışınlama; parlaklık, aydınlık

irradiative /i'reydieytiv/ *s.* ışık saçan, aydınlatıcı

irrational /i'reşınıl/ *s.* akılsız, mantıksız, saçma; *mat.* oransız

irreconcilable /irekın'saylıbıl/ *s.* uzlaştırılamaz, barıştırılamaz

irrecoverable /iri'kavırıbıl/ *s.* tahsili olanaksız, tahsil edilemez; düzeltilemez; telafi edilemez **irrecoverable debt** tahsili edilemeyen borç **irrecoverable error** *biliş.* onarılmaz hata, onulmaz hata

irredeemable /iri'di:mıbıl/ *s.* silinmez, itfası mümkün olmayan; konvertibl olmayan, serbestçe değiştirilemeyen, kolayca bozdurulamayan **irredeemable bond** vadesiz tahvil **irredeemable debenture** itfası mümkün olmayan tahvil

irreducible /iri'dyu:sibıl/ *s.* azaltılamaz, küçültülemez; indirgenmez; sadeleştirilemez

irrefutable /iri'fyu:tıbıl/ *s.* reddedilemez, itiraz kaldırmaz, su götürmez

irregular /i'regyulı/ *s.* (biçim) çarpık, eğri, yamuk; (zaman) düzensiz, eşit olmayan; düzensiz, kuralsız, başıbozuk, usulsüz; *dilb.* kural dışı, düzensiz **irregular comparison** kuralsız derece, düzensiz karşılaştırma derecesi **irregular topography** düzensiz topografya

irregularity /iregyu'lerıti/ *a.* düzensizlik, karışıklık; kuralsızlık; başıboşluk; usulsüzlük

irrelevance /i'relivıns/ *a.* konu dışı olma; konu dışı olan şey ya da durum

irrelevant /i'relivınt/ *s.* konu dışı, ilgisiz, önemsiz

irreligious /iri'licıs/ *s.* dinsiz, din düşmanı olan

irremovable /iri'mu:vıbıl/ *s.* oynamaz, temelli; yerinden atılamaz

irreparable /i'repırıbıl/ *s.* telafisi olanaksız, onarılamaz, onmaz

irreplaceable /iri'pleysıbıl/ *s.* yeri doldurulamaz

irrepressible /iri'presıbıl/ *s.* bastırılamaz, zapt olunamaz, taşkın

irreproachable /iri'prouçıbıl/ *s.* hatasız, kusursuz, dört dörtlük

irresistible /iri'zistıbıl/ *s.* karşı konulamaz, dayanılmaz, çok güçlü

irresolute /i'rezolu:t/ *s.* kararsız,

tereddütlü
irrespective /iri'spektiv/ *ilg.* (of ile) -e bakmaksızın, -e aldırmadan, -i düşünmeden
irresponsible /iri'sponsıbıl/ *s.* sorumsuz
irreverence /i'revırıns/ *a.* hürmetsizlik, saygısızlık
irreverent /i'revırınt/ *s.* (özellikle dine karşı) saygısız
irreversibility /irivö:sı'bılıti/ *a.* tersinmezlik
irreversible /iri'vö:sıbıl/ *s.* tersinmez *irreversible colloid* tersinmez koloit *irreversible reaction* tersinmez reaksiyon, tekyönlü tepkime
irrevocable /i'revıkıbıl/ *s.* dönülemez, geri alınamaz, değiştirilemez, gayri kabili rücu *irrevocable letter of credit* gayri kabili rücu akreditif
irrigable /'irigıbıl/ *s.* sulanabilir
irrigate /'irigeyt/ *e.* (toprağı) sulamak
irrigation /iri'geyşın/ *a.* sulama *irrigation canal* sulama kanalı *irrigation ditch trm.* sulama arkı *irrigation efficiency trm.* sulama verimi
irritability /irıtı'bılıti/ *a.* sinirlilik
irritable /'irıtıbıl/ *s.* çabuk kızan, alıngan
irritant /'irıtınt/ *s. a.* dalayıcı, tahriş edici (madde)
irritate /'iriteyt/ *e.* kızdırmak, sinirlendirmek; tahriş etmek
irritating /'iriteyting/ *s.* sinirlendirici, kızdırıcı, tahrik edici
irritation /iri'teyşın/ *a.* sinirlilik, kızgınlık
is /iz/ *e.* -dir, -dır
isallobar /ay'selıba:/ *a. metr.* izalobar
isatin /'aysıtin/ *a.* izatin
ischemia /i'ski:miı/ *a. hek.* iskemi
isinglass /'ayzingla:s/ *a.* balık tutkalı; mika
Islam /'isla:m/ *a.* İslam, İslamiyet
island /'aylınd/ *a.* ada
isle /ayl/ *a.* ada
islet /'aylit/ *a.* adacık
isobar /'aysouba:/ *a. metr.* eşbasınç eğrisi, izobar; *fiz.* eşkütleli, izobar
isobaric /aysou'berik/ *s.* izobarik *isobaric chart metr.* izobar haritası *isobaric spin fiz.* eşspin, izospin *isobaric surface metr.* izobarik yüzey
isobath /'aysoubet/ *a.* eşderinlik eğrisi

isobutane /'aysoubyu:teyn/ *a.* izobutan
isochoric /aysou'ko:rik/ *s.* izokor, eşhacimli
isochronal /ay'sokrınıl/ *s.* eşsüreli, izokron
isochrone /ay'sokrın/ *a. fiz.* izokron, eşoylum eğrisi
isochronous /ay'sokrınıs/ *s.* eşsüreli, izokron *isochronous modulation* izokron modülasyon
isoclinal /aysou'klinikıl/ *s. yerb.* izoklinal
isocline /'aysouklayn/ *a.* izoklin, eşeğim çizgisi
isodose /aysou'douz/ *s.* izodoz *isodose curve* izodoz eğri *isodose surface* izodoz yüzey
isodynamic /aysouday'nemik/ *s.* izodinamik
isodynamism /aysouday'nemizım/ *a.* izodinami
isoelectric /aysoui'lektrik/ *s.* eşelektrik, izoelektrik *isoelectric point* izoelektrik noktası, eşelektrik noktası
isoelectronic /aysouilek'tronik/ *s.* izoelektronik
isogonal /ay'sogınıl/ *s. mat.* eşaçılı, izogonal
isogram /'aysougrem/ *a. metr.* izogram
isohel /'aysouhel/ *a. metr.* izohel
isohyet /aysou'hayt/ *a. metr.* eşyağış eğrisi, izohiyet
isolate /'aysıleyt/ *e.* ayırmak, izole etmek, yalıtmak, tecrit etmek
isolated /'aysıleytid/ *s.* ayrı, ayrılmış; yalıtık, izole *isolated location biliş.* yalıtılmış yer, bellekteki korunmalı alan *isolated opposition* sözlüksel karşıtlık, tekil karşıtlık *isolated point mat.* yalıtık nokta
isolating /'aysıleyting/ *s.* ayrışkan, ayrışık; çekimsiz
isolation /aysı'leyşın/ *a.* izolasyon, yalıtım, tecrit; tecrit politikası; yalnızlık *isolation diode elek.* yalıtım diyodu *isolation transformer elek.* yalıtım transformatörü
isolator /'aysıleytı/ *a.* izolatör, yalıtkan
isomagnetic line /aysoumeg'netik layn/ *a. fiz.* izomanyetik eğri
isomer /'aysımı/ *a.* izomer
isomeric /aysı'merik/ *s.* izomerik *isomeric transition fiz.* izomerik geçiş

isomerism /ay'somırizım/ *a.* izomerizm

isometric /aysou'metrik/ *s.* izometrik *isometric curve* izometrik eğri *isometric drawing* izometrik çizim *isometric process fiz.* izometrik işlem

isometry /ay'somitri/ *a.* izometri, eşölçüm

isomorphic /aysou'mo:fik/ *s.* izomorf, eşyapılı, eşbiçimli

isomorphism /aysou'mo:fizım/ *a. mat.* izomorfizm, eşyapı uygulaması; izomorfizm, eşyapılılık

isomorphous /aysou'mo:fıs/ *s.* izomorf, eşyapılı, eşbiçimli

isonitrile /aysou'nitrayl/ *a.* izonitril

isooctane /aysou'okteyn/ *a.* izooktan

isopleth /'aysouplet/ *a. metr.* izoplet

isoprene /'aysoupri:n/ *a.* izopren

isosceles /ay'sosili:z/ *s.* ikizkenar *isosceles trapezoid mat.* ikizkenar yamuk *isosceles triangle* ikizkenar üçgen

isoseismal /aysou'sayzmıl/ *s.* eşdeprem ¤ *a.* eşdeprem çizgisi

isoseismic /aysou'sayzmik/ *s.* eşdeprem

isospin /'aysouspin/ *a.* eşspin, izospin

isostasy /ay'sostısi/ *a. yerb.* izostasi

isostatic /aysou'stetik/ *s.* izostatik *isostatic pressing* izostatik presleme, izostatik sıkıştırma

isotactic /aysou'tektik/ *s.* izotaktik

isothere /'aysoutiı/ *a. metr.* izoter

isotherm /'aysoutö:m/ *a. metr.* eşsıcaklık eğrisi, izoterm

isothermal /aysou'tö:mıl/ *s.* eşısıl, izotermik *isothermal annealing met.* izotermal tavlama, eşısıl tavlama *isothermal change fiz.* izotermal değişim, eşısıl değişim *isothermal dyeing* eşısıl boyama, izotermik boyama *isothermal equilibrium fiz.* izotermal denge, eşısıl denge *isothermal layer metr.* izotermal tabaka *isothermal nucleation met.* izotermal çekirdeklenme, eşısıl çekirdeklenme *isothermal precipitation* izotermal çökelme, eşısıl çökelme *isothermal transformation* izotermal dönüşüm, eşısıl dönüşüm

isotone /'aysıtoun/ *a.* izoton

isotonic /aysou'tonik/ *s.* izotonik

isotope /'aysıtoup/ *a.* izotop *isotope exchange* izotop değişimi *isotope laboratory* izotop laboratuvarı *isotope separation* izotop ayırma *isotope shift* izotop kayması

isotopic /aysı'topik/ *s.* izotop *isotopic mass* izotop kütlesi *isotopic ratio* izotop oranı *isotopic spin* eşspin, izospin, izotop spini

isotopy /'aysıtoupi/ *a.* içerik ve anlatım uyumluluğu, dilde izotopi, yerdeşlik

isotron /'aysıtron/ *a. fiz.* izotron

isotropic /aysou'tropik/ *s.* izotrop, eşyönlü *isotropic antenna elek.* izotropik anten *isotropic source elek.* izotropik kaynak

isotropy /ay'soutropi/ *a.* izotropi, eşyönlülük

issuable /'iş:ıbıl/ *s.* yayınlanabilir

issue /'işu:, 'isyu:/ *a.* piyasaya çıkarma, yayımlama, ihraç, emisyon; baskı, sayı; önemli nokta; dağıtım ¤ *e.* yayımlamak, dağıtmak, piyasaya çıkarmak; donatmak; (from ile) -den gelmek, kaynaklanmak *issue par* ihraç değeri *issue price* çıkarma fiyatı, ihraç fiyatı *issue prospectus* ihraç prospektüsü

issued /'işu:d/ *s.* çıkarılmış, ihraç edilmiş *issued capital* çıkarılmış sermaye, ihraç edilmiş sermaye

issuer /'işu:ı/ *a.* hisse senedi çıkaran yatırım şirketi

issuing /'işu:ing/ *a.* çıkarma, ihraç *issuing bank* emisyon bankası *issuing company* emisyon şirketi *issuing house* emisyon kuruluşu, emisyon müessesesi

isthmus /'ismıs/ *a.* kıstak, berzah

it /it/ *adl.* o; onu; ona

italic /i'telik/ *s.* italik, eğik

italics /i'teliks/ *a.* italik yazı

italicize /i'telisayz/ *e.* italik harfler kullanmak; italik harflerle basmak; italikleştirmek, italik yapmak

itch /iç/ *e.* kaşınmak; *kon.* can atmak, çok istemek ¤ *a.* kaşıntı; güçlü istek, şiddetli arzu

itchy /'içi/ *s.* kaşıntılı, kaşınan

Item /'aytim/ *a.* parça, adet, tane, kalem, çeşit; madde, fıkra *news item* kısa haber, özet haber

itemize /'aytimayz/ *e.* ayrıntıları ile yazmak, kalem kalem yazmak

iterate /'itıreyt/ *e.* yinelemek, tekrarlamak

iteration /itı'reyşın/ *a.* yineleme, tekrarlama *iteration routine biliş.*

yineleme yordamı
iterative /'itırıtiv/ *s.* yinelemeli, tekrarlı *iterative impedance elek.* iteratif empedans, zincirleme empedans *iterative method biliş.* yineleme yöntemi *iterative routine biliş.* yineleme yordamı
itinerancy /i'tinırınsi/ *a.* seyyarlık
itinerant /ay'tinırınt/ *s.* dolaşan, gezgin, gezici
itinerary /ay'tinırıri/ *a.* yolculuk planı, yolculuk programı
itinerate /i'tinıreyt/ *e.* dolaşmak, yolculuk etmek
its /its/ *s.* onun, -ın, -in
itself /it'self/ *adl.* kendisi, kendi
ivied /'ayvid/ *s.* sarmaşıklı
ivory /'ayvıri/ *a.* fildişi *ivory tower* fildişi kule *live in an ivory tower* fildişi kulede yaşamak
ivy /'ayvi/ *a. bitk.* sarmaşık

J

J, j /cey/ *a.* İngiliz abecesinin onuncu harfi *J-antenna* J anteni *J-box teks.* J-kutusu *J curve* J eğrisi
jab /ceb/ *e.* (away/at ile) dürtmek, itmek, saplamak ¤ *a.* dürtme, itme, saplama; *kon.* iğne, şırınga
jabber /'cebı/ *e.* hızlı ve anlaşılmaz bir biçimde konuşmak
jabot /'cebou/ *a.* jabo
jack /cek/ *a.* kriko; (iskambil) vale, bacak; bocurgat; *elek.* priz; *den.* cıvadra sancağı, demir sancağı ¤ *e.* (up ile) kriko ile kaldırmak *before you could say Jack Robinson* göz açıp kapayıncaya kadar *jack arch mim.* düz kemer, basık kemer *jack box elek.* jak kutusu *jack in* bırakmak, vazgeçmek *jack knife* sustalı çakı *jack plane* kaba planya, kaba rende, marangoz rendesi *jack rafter inş.* kısa mertek *jack shaft* avara mili *Jack the Lad* kendine çok güvenen havalı genç
jackal /'ceko:l/ *a. hayb.* çakal
jackaroo /'cekı'ru:/ *a.* hayvancılık yapmayı öğrenen kimse
jackass /'cekes/ *a.* erkek eşek
jackdaw /'cekdo:/ *a.* (küçük parlak nesnelerle uçtuğuna inanılan) bir tür karga
jacket /'cekit/ *a.* ceket, mont; patates kabuğu; ciltli kitabın üzerine geçirilen kâğıt kap; *Aİ.* plak kabı; zarf, dış örtü; *mak.* gömlek ¤ *e.* gömlek geçirmek, kaplamak *jacketed carburetor* gömlekli karbüratör
jackhammer /'cekhemı/ *a.* kaya matkabı
jackknife /'ceknayf/ *a.* sustalı çakı
jack-knife /'ceknayf/ *e.* (taşıt) ortadan bükülmek
jack-of-all-trades /cekıv'o:ltreydz/ *a.* iyi kötü her işi yapan kimse
jackpot /'cekpot/ *a.* pot, ortada biriken para, büyük ikramiye *hit the jackpot* büyük ikramiyeyi kazanmak; turnayı gözünden vurmak
jaconet /'cekınit/ *a. teks.* jakona
jacquard /'ceka:d/ *a. teks.* jakar *jacquard loom teks.* jakar dokuma tezgâhı *jacquard weaving teks.* jakar dokumacılığı
Jacuzzi /cı'ku:zi:/ *a.* jakuzi
jade /ceyd/ *a.* yeşimtaşı, yeşim
jaded /'ceydid/ *s.* çok yorgun, bitkin, bıkkın
jadeite /'ceydayt/ *a. min.* jadeit
jag /ceg/ *a.* sivri uç, diş, çentik ¤ *e.* çentmek, diş diş etmek *jag bolt* sakallı cıvata
jagged /'cegid/ *s.* çentikli, sivri uçlu, çentik, kertikli, dişli
jaggy /'cegi/ *s. bkz.* jagged
jaguar /'cegyuı/ *a. hayb.* jaguar
jail /ceyl/ *a.* hapishane, cezaevi ¤ *e.* hapishaneye kapatmak, hapsetmek
jailbreak /'ceylbreyk/ *a.* hapishaneden kaçış, firar
jailer /'ceylı/ *a.* gardiyan
jalopy /cı'lopi/ *a.* külüstür araba
jalousie /'celuzi:/ *a.* panjur, jaluzi
jam /cem/ *a.* reçel; sıkışıklık, tıkanıklık ¤ *e.* sıkıştırmak, tıkamak, tıkmak; bastırmak; sıkışmak, tutukluk yapmak; (radyo mesajını) bozmak *get into/be in a jam kon.* başı derde girmek, başı dertte olmak *jam nut* kontra somun, sıkıştırma somunu *traffic jam* trafik sıkışıklığı
jamb /cem/ *a. inş.* kapı ya da pencere pervazı *jamb shaft inş.* kapı dikmesi,

pencere dikmesi

jamboree /cembı'ri:/ *a.* cümbüş, âlem, eğlenti

jambstone /cem'stoun/ *a. inş.* pervaz taşı

jamming /'ceming/ *a.* sıkışma, tutukluk; parazit yapma, yayını bozma

jam-packed /cem'pekd/ *s. kon.* tıka basa dolu, ana baba günü gibi kalabalık

jangle /'cengıl/ *e.* ahenksiz sesler çıkartmak

janitor /'cenitı/ *a.* kapıcı, hademe

January /'cenyuıri/ *a.* ocak (ayı)

japan /cı'pen/ *a.* Japon verniği, laka ¤ *e.* japon verniği sürmek *Japan silk teks.* Japon ipeği *Japan wax* Japon balmumu

jar /ca:/ *a.* kavanoz; şok, sarsıntı ¤ *e.* kulak tırmalamak; sarsmak; (with ile) uyuşmamak, gitmemek, uyumsuzluk oluşturmak

jardiniére /ca:di'nyeı/ *a.* saksı; garnitür

jargon /'ca:gın/ *a.* anlaşılmaz dil, teknik dil

jasmine /'cezmin/ *a. bitk.* yasemin *jasmine oil* yasemin yağı

jaspé /'cespey/ *s. teks.* jaspe

jasper /'cespı/ *a. min.* donuk akik

jato /'ceytou/ *a. hav.* jet yardımıyla kalkış

jaundice /'co:ndis/ *a. hek.* sarılık

jaundiced /'co:ndist/ *s.* sarılıklı; kötü niyetli, güvenilmez

jaunt /co:nt/ *e.* (about/around ile) gezinti yapmak, gezintiye çıkmak ¤ *a.* kısa gezinti

jaunty /'co:nti/ *s.* kaygısız, yaşamaktan ve kendinden hoşnut, canlı, neşeli

Javel water /'cevıl 'wo:tı/ *a.* Javel suyu

javelin /'cevılin/ *a. sp.* cirit; kargı, mızrak

jaw /co:/ *a.* çene *Hold your jaw!* Kapa çeneni! *jaw chuck* çeneli ayna *jaw clutch* çeneli kavrama, tırnaklı kavrama *jaw crusher* çeneli konkasör, çeneli kırıcı

jawbone /'co:boun/ *a.* çene kemiği

jawbreaker /'co:breykı/ *a.* söylenmesi zor sözcük

jawbreaking /'co:breyking/ *s.* söylenmesi zor

jay /cey/ *a. hayb.* alakarga

jaywalk /'ceywo:k/ *e.* dikkatsizce ve tehlikeli bir biçimde karşıdan karşıya geçmek

jaywalker /'ceywo:kı/ *a.* caddeyi trafik kurallarına uymadan geçen kimse

jazz /cez/ *a.* caz; *arg.* zırva, boş laf, caz *and all that jazz arg.* ve bunun gibi ıvır zıvır *jazz band* cazbant *jazz up kon.* hareket katmak, canlandırmak, renklendirmek

jazzy /'cezi/ *s. kon.* caz müziğine benzer, caz gibi; dikkat çekici, parlak, renkli

jealous /'celıs/ *s.* kıskanç

jealousy /'celısi/ *a.* kıskançlık

jeans /ci:nz/ *a.* blucin, kot pantolon

jeep /ci:p/ *a.* cip

jeer /ciı/ *e.* alay etmek, gülmek

jejune /ci'cu:n/ *s.* yavan, besleyici olmayan

jell /cel/ *e.* peltekleşmek, donmak, katılaşmak; şekil almak, biçime girmek, anlaşılır olmak

jelly /'celi/ *a.* jöle, pelte; marmelat; jelatin ¤ *e.* pelteleştirmek; pelteleşmek *pound into a jelly* tozunu silkelemek *shake/tremble like a jelly/leaf* tir tir titremek

jellyfish /'celifiş/ *a.* denizanası

jemmy /'cemi/ *a.* kısa demir çubuk, domuztırnağı, levye

jeopardize /'cepıdayz/ *e.* tehlikeye atmak

jeopardy /'cepıdi/ *a.* tehlike

jeremiad /ceri'mayıd/ *a.* feryat, yakınma

jerk /cö:k/ *e.* şiddetle ve aniden çekmek; silkinmek, silkip atmak, silkelemek ¤ *a.* ani çekiş; ani hareket, refleks; *Aİ. arg.* aptal, ayı, kazma *jerk off kab. arg.* otuzbir çekmek, tek atmak, mastür geçmek

jerkin /'cö:kin/ *a.* yelek

jerry /'ceri/ *a.* oturak, lazımlık

jerry-builder /'ceri-bildı/ *a.* kötü malzeme kullanan inşaatçı

jerry-built /'ceribilt/ *s.* (ev vb.) kötü malzemeyle inşa edilmiş *jerry-built house* derme çatma ev

jeroboam /cerı'boum/ *a.* büyük şarap şişesi

jersey /'cö:zi/ *a.* örme kazak; makine örgüsü kumaş

jest /cest/ *e.* şaka yapmak, takılmak ¤ *a.* şaka, espri *in jest* şakadan, gırgırına

jester /'cestı/ *a.* soytarı

jesting /'cesting/ *s.* eğlendirici, güldürücü

jet /cet/ *a.* jet uçağı; fıskıye; jikle; meme, ağız; fışkırma; oltutaşı, karakehribar ¤ *e.* fışkırmak; fışkırtmak; jet uçağı ile uçmak *jet age* jet çağı *jet ager teks.* püskürtmeli buharlayıcı *jet bomber* jet bombardıman uçağı *jet carburettor* memeli karbüratör, jikleli karbüratör *jet chamber* jikle hücresi *jet condenser* püskürtmeli kondansatör *jet cooling* konveksiyonlu soğutma *jet drier teks.* düzeli kurutucu *jet engine hav.* jet motoru, tepkili motor *jet fuel* jet yakıtı *jet piercing mad.* yakmalı delme *jet propulsion hav.* jet tepkisiyle hareket *jet pump* enjektör, püskürtücü pompa *jet set* jet sosyete, yüksek sosyete *jet steamer teks.* püskürtmeli buharlayıcı *jet turbine* jet türbini

jet-black /cet'blek/ *s.* parlak koyu siyah, simsiyah

jettison /'cetisın/ *e.* (tehlike anında eşyayı) gemiden atmak, atıp kurtulmak, fırlatıp atmak ¤ *a.* safra atma *jettison of cargo* yükün denize atılması

jetty /'ceti/ *a.* dalgakıran, mendirek; iskele, kazıklı iskele

Jew /cu:/ *a.* Yahudi

jewel /'cu:ıl/ *a.* değerli taş; mücevher, takı

jeweler /'cu:ılı/ *a. Aİ. bkz.* jeweller

jeweller /'cu:ılı/ *a.* kuyumcu

jeweller's /'cu:ılız/ *a.* kuyumcu (dükkânı)

jewellery /'cu:ılri/ *a.* mücevherat; kuyumculuk

jewelry /'cu:ılri/ *a. bkz.* jewellery

jib /cib/ *a. den.* flok yelkeni *jib boom den.* büyük baston, cıvadra *jib crane mak.* kollu vinç

jibe /cayb/ *a. bkz.* gibe

jiffy /'cifi/ *a. kon.* an, saniye, dakika *in a jiffy* kaşla göz arasında

jig /cig/ *a.* oynak ve hızlı bir dans, cig dansı/müziği; *mad.* bakapiston, itenekli ayırıcı, ayırıcı; kalibre, mastar ¤ *e.* cig dansı yapmak; sıçramak, zıplamak; zıplatmak; sarsmak, sallamak, silkelemek; çalkalamak *jigged ore mad.* lave cevher, yıkanmış töz *jigging screen mad.* sarsıntılı elek

jigger /'cigı/ *a. teks.* jigger; palanga; kontra mizana

jiggery-pokery /cigıri'poukırı/ *a.* hile, dolap

jiggle /'cigıl/ *e. kon.* sallamak, çalkalamak

jigsaw /'cigso:/ *a.* makineli oyma testeresi; bozyap (oyunu) *jigsaw puzzle* bozyap (oyunu)

jilt /cilt/ *e.* evlilikten caymak, sevgiliyi reddetmek, yüzüstü bırakmak

jim-crow /'cim 'krou/ *a. demy.* ray bükme tertibatı

jimmy /'cimi/ *a. Aİ. bkz.* jemmy

jingle /'cingıl/ *e.* şıngırdamak; şıngırdatmak ¤ *a.* şıngırtı; basit vezinli şiir

jingo /'cingou/ *a.* aşırı milliyetçi

jingoism /'cingouizım/ *a.* aşırı milliyetçilik

jinx /cinks/ *a.* uğursuzluk getiren şey, uğursuzluk, lanet ¤ *e. kon.* uğursuzluk getirmek

jitter /'citı/ *e.* sinirlenmek

jitterbug /'citıbag/ *s.* sinirli, asabi

jitters /'citız/ *a. kon.* stres, heyecan

jive /cayv/ *a.* hızlı bir tür caz müziği; bu müzikle yapılan dans; *Aİ. arg.* yanıltıcı/saçma konuşma

job /cob/ *a.* iş, görev, meslek; iş; yapılması güç şey, güçlük, zorluk, iş *just the job kon.* tam aranılan şey *get a job* işe girmek *job accounting biliş.* iş muhasebesi *job analysis* iş analizi *job center* iş ve işçi bulma merkezi *job creation* yeni iş alanları açma *job description* iş tanımı *job evaluation* iş değerlemesi *job flow control biliş.* iş akış denetimi *job lot* birlikte alınıp satılan çeşitli eşya *job market* amele pazarı *job queue biliş.* iş kuyruğu *job rotation* vardiya *job security* iş güvenliği *job step biliş.* iş adımı *job work* götürü iş

jobber /'cobı/ *a.* aracı, toptancı; cober, borsa simsarı; borsa spekülatörü; vurguncu, karaborsacı

jobbery /'cobıri/ *a.* vurgunculuk, karaborsacılık

jobless /'coblıs/ *s.* işsiz, aylak, boşta gezen

jockey /'coki/ *a.* cokey *jockey club* cokey kulübü *jockey pulley* kılavuz kasnak, gergi kasnağı *jockey roller* rakkas silindir, rakkas vals, ayak uydurma silindiri *jockey wheel* gergi tekerleği

jockstrap /cok'strep/ *a. sp.* kasık bağı, haya bağı

jocose /cou'kous/ *s.* şakacı, şen; eğlenceli, komik

jocular /'cokyulı/ *s.* şaka türünden, şakacı, gırgır

jocularity /cokyu'lerıti/ *a.* şakacılık; neşelilik

jocund /'cokınd/ *s.* neşeli

jodhpurs /'codpız/ *a.* binici pantolonu, potur

jog /cog/ *e.* dürtmek, itmek; yavaş yavaş koşmak; ağır aksak ilerlemek ¤ *a.* dürtme, hafifçe vurma, itme, sarsma *jog sb's memory* hatırlamasını sağlamak, hafızasını tazelemek

jogging /'coging/ *a.* yavaş koşu, joging

joggle /'cogıl/ *a.* diş, çentik, kertik; geçme; sarsıntı ¤ *e.* hafifçe sarsmak, hafifçe sallamak; geçme ile tutturmak

john /con/ *a. Aİ. kon.* tuvalet, yüz numara

johnny /'coni/ *a.* adam, herif

join /coyn/ *e.* birleştirmek; birleşmek; katılmak; üye olmak, katılmak ¤ *a.* iki şeyin birleştiği yer, birleşme noktası *join up* askere yazılmak, orduya katılmak

joiner /'coynı/ *a.* doğramacı, marangoz *joiner's vice* marangoz mengenesi *joiner's workshop* marangoz atölyesi

joinery /'coynıri/ *a.* doğramacılık, marangozluk

joining /'coyning/ *a.* birleştirme, bağlama; ekleme, yapıştırma; ek, ek yeri, oynak yeri *joining piece* bağlama parçası, ek parçası

joint /coynt/ *a.* eklem, mafsal; ek yeri, bitişme yeri; et parçası; boğum, düğüm; geçme, bindirme, ekleme; *kon. hkr.* ucuz/adi eğlence yeri, batakhane; *kon.* esrarlı sigara, sarıkız ¤ *s.* iki ya da daha fazla kişi tarafından paylaşılan, müşterek, ortak, birleşik ¤ *e.* bitiştirmek, eklemek; (et) eklem yerlerinden ayırmak *joint account* ortak hesap, müşterek hesap *joint adventure* ortak girişimi, müşterek teşebbüs *joint and several* müşterek ve müteselsil *joint box elek.* ek kutusu *joint capital* ortak sermaye *joint committee* karma komisyon *joint credit* müşterek alacak *joint creditor* müteselsil alacaklı *joint debt* müşterek borç, müteselsil borç *joint debtor* müşterek borçlu, müteselsil borçlu *joint denial biliş.* tümel değilleme *joint distribution* birleşik dağılım *joint estate* ortak mal varlığı *joint guarantor* müteselsil kefil *joint guaranty* müteselsil kefalet *joint heir* müşterek mirasçı *joint liability* müteselsil sorumluluk *joint offender* suçortağı *joint owner* ortak mal sahibi, hissedar *joint ownership* müşterek mülkiyet *joint plaintiff* müşterek davacı *joint plate* bağlama plakası *joint procuration* müşterek vekâletname *joint property* müşterek mülkiyet, ortak mülkiyet *joint resolution* ortak karar *joint set yerb.* (kayada) çatlak kümesi *joint stock* anonim *joint stock bank* ticari banka *joint stock company* anonim şirket *joint stock corporation* anonim şirket *joint surety* müteselsil kefil *joint system yerb.* çatlak sistemi, çatlak dizgesi *joint tenancy* müşterek mülkiyet, ortak kullanım *joint undertaking* ortak girişim *joint venture* müşterek teşebbüs, ortak girişim *joint welding* ek kaynağı *jointing rule inş.* derz mastarı

jointed /'coyntid/ *s.* eklemli, mafsallı; çatlak

jointer /'coyntı/ *a.* planya, geçme planyası

jointly /'coyntli/ *be.* ortaklaşa, müştereken

joist /coyst/ *a.* kiriş, döşeme kirişi

joke /couk/ *a.* şaka; fıkra ¤ *e.* (with/about ile) şaka yapmak, takılmak *be able to take a joke* şaka kaldırabilmek *no joke kon.* ciddi/güç durum, komik olmayan şey *play a joke on sb* oyun oynamak, kafaya almak, işletmek, şaka yapmak

joker /'coukı/ *a.* şakacı kimse; *isk.* joker

jollification /colifi'keyşın/ *a.* eğlence, âlem

jollity /'coliti/ *a.* neşe, sevinç

jolly /'coli/ *s.* mutlu, neşeli, hoşnut ¤ *e. kon.* heveslendirmek, gönlünü yapmak, razı etmek ¤ *be. İİ. kon.* çok

jolt /coult/ *e.* sarsmak; sarsılmak; şoke olmak; şoke etmek ¤ *a.* şok, sarsıntı

jonquil /'coŋkwil/ a. fulya
josh /coş/ e. şaka yapmak, takılmak
jostle /'cosıl/ e. itmek, itip kakmak, dürtüklemek
jot /cot/ a. parça, zerre ¤ e. (down ile) not almak, hızlı hızlı yazmak, kaydetmek
jotter /'cotı/ a. not defteri
jotting /'cotiŋ/ a. yazıverme, çabucak yazma; not, muhtıra
joule /cu:l/ a. elek. jul *Joule effect* elek. Joule etkisi *Joule's law* elek. Joule yasası
journal /'cö:nıl/ a. gazete, dergi; günlük; yevmiye defteri; *den.* seyir jurnalı, seyir defteri; *mak.* şaft yatağı *journal bearing* mil yatağı, dingil yatağı *journal box* mil kovanı *journal entry* yevmiye kaydı
journalese /cö:nı'li:z/ a. (yanlışlarla dolu) gazete ağzı, kötü gazeteci üslubu
journalism /'cö:nılizım/ a. gazetecilik
journalist /'cö:nılist/ a. gazeteci
journalize /'cö:nılayz/ e. yevmiye defterine kaydetmek
journey /'cö:ni/ a. seyahat, yolculuk ¤ e. yolculuk yapmak
journeyman /'cö:nimın/ a. usta
joust /caust/ e. at üzerinde mızrak dövüşü yapmak
jovial /'couvıl/ s. iyi huylu, arkadaş canlısı
jowl /caul/ a. gerdan, gıdık, yanak altı, çene
joy /coy/ a. sevinç, mutluluk, neşe, zevk
joyful /'coyfıl/ s. neşeli, sevinçli, sevindirici
joyless /'coylıs/ s. neşesiz, keyifsiz, mutsuz
joyous /'coyıs/ s. sevinçli
joyride /'coyrayd/ a. *kon.* çalıntı araç kullanma
joystick /'coystik/ a. (uçak, bilgisayar, vb.'de) manevra kolu, kumanda kolu
jubilant /'cu:bilınt/ s. neşe dolu, çok sevinçli
jubilation /cu:bi'leyşın/ a. sevinç, neşe; çık sevinme, sevinçten deliye dönme; zafer şenliği
jubilee /'cu:bili:, cu:bi'li:/ a. yıldönümü şenliği; jübile *diamond jubilee* altmışıncı yıldönümü *golden jubilee* ellinci yıldönümü *silver jubilee* yirmi beşinci yıldönümü

Judaism /'cu:deyizım/ a. Yahudilik
judder /'cadı/ e. (araba, vb.) sarsılmak, titremek
judge /cac/ e. -e yargıçlık etmek; (yarışma, vb.'de) değerlendirmek, değerlendirme/hakemlik yapmak; hakkında yargıda bulunmak, değerlendirmek; tahmin etmek ¤ a. hâkim, yargıç; hakem; bilirkişi
judgement /'cacmınt/ a. *bkz.* judgment *judgement creditor* ilamlı alacaklı *judgement debt* ilamlı borç
judgeship /'cacşip/ a. yargıçlık, hâkimlik
judgment /'cacmınt/ a. yargı, hüküm, karar; doğru düşünüp karar verme yetisi, yargılama; görüş, düşünce, kanı *judgment day* kıyamet günü
judicature /'cu:dikıçı/ a. yargılama hakkı; adliye
judicial /cu:'dişıl/ s. adli, türel, hukuki, tüzel *judicial error* adli hata *judicial murder* adli katil *judicial office* yargıçlık makamı *judicial power* yargıç gücü *judicial proceedings* adli muameleler *judicial system* adalet sistemi
judiciary /cu:'dişıri/ a. adliye, yargıçlar
judicious /cu:'dişıs/ s. sağgörülü, doğru karar veren, iyi düşünebilen
judo /'cu:dou/ a. *sp.* judo
jug /cag/ a. testi, sürahi; hapishane, kodes
juggernaut /'cagıno:t/ a. *İİ. kon.* büyük kamyon, tır
juggle /'cagıl/ e. hokkabazlık yapmak; hile yapmak, yolsuzluk yapmak, üzerinde değişiklik yapmak, oynamak
juice /cu:s/ a. meyve suyu, sebze suyu; et suyu; (vücut) salgı; *şek.* şerbet *juice boiler* şek. kaynatma kazanı *juice catcher* şek. şerbet tutucu *juice channel* şek. şerbet kanalı, şerbet oluğu *juice clarification* şek. şerbet tasfiyesi *juice extraction* şek. şerbet özütleme, şerbet ekstraksiyonu *juice flow* şek. şerbet akışı *juice heater* şek. şerbet ısıtıcı *juice pump* şek. şerbet pompası *juice straining* şek. şerbet süzme
juicy /'cu:si/ s. sulu; *kon.* ilginç, merak uyandırıcı
jujitsu /cu:'citsu:/ a. jiu-jitsu

jujube /'cu:cu:b/ *a. bitk.* hünnap, çiğde
jukebox /'cu:kboks/ *a.* parayla çalışan otomatik pikap
Julian /'cu:liın/ *s.* Jül Sezar'a ait *Julian calendar* Jülyen takvimi
July /cu'lay/ *a.* temmuz
jumble /'cambıl/ *e.* birbirine karışmak, karmakarışık olmak; karmakarışık etmek ¤ *a.* düzensizlik, karmakarışık şey *jumble sale* kullanılmış eşya satışı *jumble shop* ucuz/elden düşme mal satan dükkân
jumbo /'cambou/ *s.* normalden büyük, kocaman
jump /camp/ *e.* sıçramak, atlamak; üzerinden atlamak; yerinden sıçramak; birdenbire yükselmek, fırlamak ¤ *a.* sıçrama, atlama, zıplama, sıçrayış *jump at* hemen kabul etmek, dünden razı olmak, can atmak, atlamak *jump out of one's skin* aklı başından gitmek *jump out of the frying pan into the fire* yağmurdan kaçarken doluya tutulmak *jump the queue* (kuyrukta) başkasının sırasını kapmak, kaynak yapmak *jump the track* rayından çıkmak *jump through a hoop/hoops* kul köle olmak *jump to it kon.* acele etmek, fırlamak *jump cut* (film) atlama
jumper /'campı/ *a. İİ.* kazak, süveter; bluz ya da kazak üzerine giyilen kolsuz elbise; matkap, delgi; *inş.* bağlama taşı, kısa bağtaşı
jumpiness /'campinis/ *a.* sinirlilik
jumping /'camping/ *a.* atlama
jumpy /'campi/ *s.* sinirli, gergin, heyecanlı, telaşlı
junction /'cankşın/ *a.* birleşme, bitişme; kavşak; *elek.* jonksiyon, kavşak, eklem *junction box elek.* bağlantı kutusu, buat *junction cable* jonksiyon kablosu, bağlantı kablosu *junction coupling elek.* bağlantı kuplajı *junction diode elek.* jonksiyon diyodu, kavşak diyodu *junction laser fiz.* jonksiyon lazeri *junction rectifier elek.* jonksiyon redresörü, kavşak doğrultmacı *junction transistor elek.* jonksiyon transistoru, kavşak transistoru
junctive /'canktiv/ *s.* bağlayıcı
juncture /'cankçı/ *a.* kavşak; bağlantı; birleşme yeri, oynak yeri; nazik zaman, önemli an, bunalım
June /cu:n/ *a.* haziran
jungle /'cangıl/ *a.* balta girmemiş orman, cengel
junior /'cu:niı/ *a. s.* yaşça küçük, daha genç; ast, kıdemsiz *junior clerk* kıdemsiz kâtip *junior partner* küçük hissedar *junior security* ikinci derecede teminat *junior staff* küçük memurlar
junk /cank/ *a. kon.* ıvır zıvır, döküntü eşya, pılı pırtı, süprüntü, çöp, hurda; kalitesiz, boktan şey ¤ *a.* Çinli'lere özgü altı düz yelkenli gemi *junk bond* çürük tahvil *junk dealer* eskici, hurdacı *junk mail* istenmeyen posta, istenilmeden gönderilen posta *junk market* bit pazarı *junk shop* eski eşya dükkânı
junkie /'canki/ *a. arg.* eroinman, keş
junky /'canki/ *a. bkz.* junkie
junkyard /'cankya:d/ *a.* hurdalık, hurda eşya yeri
junket /'cankit/ *a.* (resmi görevlinin devlet hesabına yaptığı) beleş gezi
junta /'cantı/ *a.* cunta
Jupiter /'cu:pitı/ *a.* Jüpiter
juridical /cu'ridikıl/ *s.* adli, tüzel; yasal, kanuni *juridical capacity* hukuki ehliyet *juridical day* duruşma günü *juridical person* tüzel kişi
jurisdical /cuıris'dikıl/ *s.* adli
jurisdiction /cuıris'dikşın/ *a. huk.* yargı, kaza; yargı yetkisi; yargı hakkı
jurisdictional /cuıris'dikşınıl/ *s.* yargı hakkına ait; kaza dairesine ait
jurisprudence /cuıris'pru:dıns/ *a. huk.* hukuk, hukuk bilimi
jurist /'cuırist/ *a. huk.* hukuk uzmanı, hukukçu
juror /'cuırı/ *a.* jüri üyesi
jury /'cuıri/ *a. huk.* jüri; yarışma jürisi, jüri ¤ *s. den.* eğreti, geçici, yedek *jury mast den.* eğreti direk, yedek direk, ariyet direk
juryman /'cuırimın/ *a. huk.* jüri üyesi
jurywoman /'cuıriwumın/ *a. huk.* bayan jüri üyesi
jus /cas/ *a.* hukuk, hak
just /cast/ *s.* adil, doğru, dürüst ¤ *be.* tam, tastamam; anca, darı darına, güç bela, zar zor; sadece, yalnızca *just about* az kalsın, neredeyse, hemen hemen *just*

now şu anda; az önce, daha şimdi, demin

justice /'castis/ *a.* adalet, doğruluk, dürüstlük; adliye, mahkeme; *Al.* yargıç *do justice to sb* -e dürüst davranmak *do sb justice* -e dürüst davranmak *justice of the peace* sulh hâkimi

justiceship /'castisşip/ *a.* yargıçlık, hakemlik

justiciable /ca'stişııbıl/ *s.* yargılanabilir

justiciary /ca'stişiıri/ *a.* yüksek hâkim

justifiable /'castifayıbıl/ *s.* savunulabilir, haklı çıkarılabilir

justification /castifi'keyşın/ *a.* haklı neden, gerekçe; haklı çıkarma

justify /'castifay/ *e.* haklı çıkarmak, haklı göstermek, doğruluğunu kanıtlamak, savunmak

justly /'castli/ *be.* haklı olarak; doğru olarak; adaletle

justness /'castnıs/ *a.* adalet; hak; dürüstlük

jut /cat/ *e.* (out ile) çıkıntı yapmak, dışarı doğru fırlamış olmak

jute /cu:t/ *a. bitk.* hintkeneviri

juvenescence /cu:vı'nesıns/ *a.* gençleşme; gençlik

juvenile /'cu:vınayl/ *s.* genç, gençlere özgü; *yerb.* gün değmemiş ¤ *a.* genç *juvenile court* çocuk mahkemesi *juvenile delinquency* çocuk suçluluğu *juvenile delinquent* çocuk suçlu *juvenile labour* çocuk işçi *juvenile offender* çocuk suçlu *juvenile water* *yerb.* gün değmemiş su

juvenility /cu:vı'nilıti/ *a.* gençler; gençlik

juxtapose /cakstı'pouz/ *e.* sıralamak, yan yana koymak *juxtaposed sentence* bağımsız sıralı cümle *juxtaposing language* sıralayıcı dil

juxtaposition /cakstıpı'zişın/ *a.* yan yana koyma

K

K, k /key/ *a.* İngiliz abecesinin on birinci harfi

kaftan /'keften/ *a.* kaftan

kainite /'kaynayt/ *a.* kainit

Kaiser /'kayzı/ *a.* Alman imparatoru

kakemono /keki'mounou/ *a.* kakemono

kale /keyl/ *a.* bir lahana çeşidi

kaleidoscope /kı'laydıskoup/ *a.* çiçek dürbünü, kaleydoskop

kamacite /'kemısayt/ *a. min.* kamasit

kamikaze /kemi'kazi/ *a.* kamikaze

kangaroo /kengı'ru:/ *a. hayb.* kanguru *kangaroo court* yasadışı/usulsüz mahkeme

kaolin /'keyılin/ *a. kim.* kaolin, arıkil

kaolinite /'keyılinayt/ *a. min.* kaolinit

kapok /'keypok/ *a. teks.* kapok

karat /'kerıt/ *a. bkz.* carat

karate /kı'ra:ti/ *a.* karate *karate chop* el yanı ile yapılan vuruş, kesme

karst /ka:st/ *a. coğ.* karst *karst lake* *coğ.* düden gölü *karst morphology* *coğ.* karst morfolojisi, karst biçimleri *karst plain* *coğ.* karst ovası *karst spring* *coğ.* karst kaynağı

katabatic /ketı'betik/ *s. metr.* katabatik *katabatic wind* *metr.* katabatik rüzgâr

kayak /'kayek/ *a.* Eskimo kayığı

kebab /ki'beb/ *a.* kebap, şiş kebap

keck /kek/ *e.* öğürmek, kusmaya çalışmak

kedge /kec/ *a. den.* tonoz demiri ¤ *e.* tonozlamak *kedge anchor* *den.* tonoz demiri

kedgeree /'keciri/ *a.* balık ve yumurtalı pilav

keel /ki:l/ *a. den.* gemi omurgası; omurga ¤ *e.* pat diye düşmek *keel over* alabora olmak, devrilip düşmek *on an even keel* değişmez, sürekli; dertsiz belasız, sakin

keelson /'kelsın/ *a. den.* iç omurga, iç karina

keen /ki:n/ *s.* güçlü, canlı, yoğun, hararetli, hevesli; (akıl, duygu, duyu, vb.) keskin, güçlü; sivri, keskin; *kon.* (on ile) meraklı, hevesli, hasta

keep /ki:p/ *e.* almak, saklamak, -de kalmak, bulundurmak; korumak, elde tutmak, saklamak, bulundurmak; (belli bir durumda) kalmak/tutmak; devam etmek, sürdürmek; korumak, bakmak; alıkoymak, geciktirmek, engellemek; yerine getirmek, tutmak ¤ *a.* geçim, yiyecek, yemek, boğaz; kale *keep a stiff upper lip* soğukkanlı olmak, metin olmak *keep abreast of* ayak uydurmak, at başı gitmek *keep aloof* uzak durmak *keep an account* hesap tutmak *keep an eye on* korumak, bakmak, göz kulak olmak *keep at* işin ucunu bırakmamak, asılmak, azmetmek *keep away* uzak durmak; uzak tutmak *keep back* söylememek, vermemek, saklamak *keep down* kontrol altına almak, çoğalmasını önlemek; zulmetmek, eziyet etmek, baskı altında tutmak *keep going* devam etmek *keep in the background* arka planda kalmak *keep in with* ile dost kalmak *keep off* -den uzak durmak *keep on* -e devam etmek, sürdürmek; elden çıkarmamak, bulundurmaya devam etmek *keep one's end up* durumunu korumak *keep one's eye on the ball* tetikte olmak *keep one's head above water* ayağını yorganına göre uzatmak *keep one's head* sakin olmak, kendine hâkim olmak *keep one's mouth/trap shut* ağzını/çenesini tutmak *keep one's nose to the grindstone* dirsek çürütmek *keep one's side of the bargain* sözünü tutmak *keep one's word* sözünü tutmak *keep oneself to oneself* kendi halinde olmak *keep out* girmemek, uzak durmak; sokmamak, uzak tutmak *keep out of the way* ayak altında dolaşmamak *keep pace (with)* aynı hızla gitmek, yarışmak; ayak uydurmak, başa çıkmak *keep sb company* ile kalmak *keep sb in stitches* kahkahadan kırıp geçirmek *keep tabs on* göz hapsine almak *keep the home fires burning* çekip çevirmek *keep the peace* barışı korumak, barışı sağlamak *keep to* bağlı kalmak, sadık olmak; kendini vermek *keep up with* ile aynı düzeyde kalmak, at başı gitmek, -e ayak uydurmak *keep up with the Joneses* hkr. (arkadaşı/komşusu ile) sidik yarıştırmak, aşık atmak *keep up* yukarda tutmak; bakımını sağlamak, iyi durumda tutmak; devam etmek, sürdürmek; yataktan kalkmak/kaldırmak; (with ile) yetişmek, ayak uydurmak

keeper /'ki:pı/ *a.* bekçi, bakıcı; gardiyan; *elek.* manyetik şönt

keeping /'ki:ping/ *a.* koruma, himaye; bakım, geçim ¤ *s.* dayanıklı *in keeping* bağdaşan, uyan *out of keeping* bağdaşmayan, zıt

keepsake /'ki:pseyk/ *a.* hatıra, yadigâr

keg /keg/ *a.* küçük fıçı, varil

kelp /kelp/ *a. bitk.* varek, esmer suyosunu

kelpie /'kelpi/ *a.* denizperisi

kelvin /'kelvin/ *a.* kelvin *Kelvin scale* Kelvin ölçeği, Kelvin derecesi

kemp /kemp/ *a.* kısa yün, kiznek; şampiyon

kempt /kempt/ *s.* bakımlı, düzgün, muntazam

ken /ken/ *a.* bilgi, anlayış, kavrayış ¤ *e.* (İskoç İngilizcesinde) bilmek *beyond one's ken* akıl almaz, anlaşılması olanaksız *within my ken* bildiklerim arasında, görebildiğim kadar

kendo /'kendou/ *a.* kendo, japon kılıç oyunu

kennel /'kenl/ *a.* köpek kulübesi

kennels /'kenlz/ *a.* sahipleri yokken evcil hayvanların ücret karşılığı bakıldığı yer

kep /kep/ *a. mad.* take, kafes oturağı

keratin /'kerıtin/ *a.* keratin

kerb /kö:b/ *a.* kaldırım taşı, bordür *kerb crawler* cadde boyunca giden kadınlara araba içinde laf atan erkek

kerchief /'kö:çif/ *a. teks.* başörtüsü, eşarp

kerf /kö:f/ *a.* kesik, çentik, kertik

kerfufle /kı'fafıl/ *a.* gürültü, patırtı

kermess /'kö:miz/ *a.* kırmız *kermess mineral* madenkırmız, kırmız madeni *kermess oak* kırmızmeşesi

kern /'kö:n/ *a.* (ortaçağda İrlanda ve İskoçyada) hafif silahlı piyade; *müh.* (duvar/sütun/vb.'de) sıkıştırma kuvvetinin geçtiği merkezi kısım, göbek; karakterin/harfin gövdeden taşan çıkıntısı ¤ *e.* harfler arasındaki aralığı ayarlamak

kernel /'kö:nl/ *a.* çekirdek, çekirdek içi; esas, öz *kernel sentence* çekirdek cümle

kernite /'kö:nayt/ *a. min.* kernit

kerosene /'kerısi:n/ *a. Al.* gazyağı, gaz *kerosene lamp* gaz lambası

kerosine /'kerısi:n/ *a.* gazyağı, gaz

kestrel /'kestrıl/ *a. hayb.* kerkenez

ketchup /'keçıp/ *a.* ketçap, domates sosu

ketene /'ki:ti:n/ *a. kim.* keten

ketone /'ki:toun/ *a.* keton
ketose /'ki:touz/ *a.* ketoz
ketoxime /ki:'toksi:m/ *a.* ketoksim
kettle /'ketl/ *a.* çaydanlık; güğüm; kazan; tencere *That's a fine kettle of fish* Ayvayı yedik!, Hapı yuttuk!
kettledrum /'ketıldram/ *a.* orkestra davulu
key /ki:/ *a.* anahtar; (to ile) çözüm yolu, anahtar, açıklama; (piyano, daktilo, vb.) tuş; müzik anahtarı; kama, dil; *inş.* anahtar taşı ¤ *e.* (to ile) daha uygun hale getirmek, ayarlamak; kilitlemek; tutturmak ¤ *s.* çok önemli, başarı için gerekli *key bit* anahtar dili *key collision* biliş. anahtar çarpışması *key driven* biliş. tuşlamalı, tuşa basımlı *key fossil* yerb. kılavuz fosil, kılavuz taşıl *key groove* kama oluğu *key industry* kilit sanayi, temel sanayi, ana sanayi *key man* kilit adam *key money* hava parası *key position* önemli yer, kilit nokta *key ring* anahtarlık *key seat* kama yatağı *key sector* kilit sektör, temel sektör *key up* heyecanlandırmak, coşturmak *key verify* biliş. delgi gerçeklemek *key witness* en önemli tanık *key word* madde başı sözcük, anahtar sözcük *master key* ana anahtar
keyboard /'ki:bo:d/ *a.* klavye, tuş *keyboard computer* biliş. klavyeli bilgisayar *keyboard lockout* biliş. klavyeyi kilitleme *keyboard punch* biliş. klavyeyle delgileme
keyed-up /'ki:d ap/ *s.* endişeli, gergin, heyecanlı, sinirli, diken üstünde
keyhole /'ki:houl/ *a.* anahtar deliği *keyhole saw* delik testeresi, kol testeresi
keynote /'ki:nout/ *a.* temel düşünce, ana ilke, temel, dayanak *keynote address* toplantıyı açış konuşması
keypunch /'ki:panç/ *a.* biliş. delgi makinesi *keypunch operator* biliş. delgi operatörü, delgi işletmeni
keystone /'ki:stoun/ *a.* mim. anahtar taşı, kilit taşı *keystone distortion* elek. yastık distorsiyonu
keyway /'ki:wey/ *a.* kama yatağı, kama yuvası
keyword /'ki:wö:d/ *a.* biliş. anahtar kelime, anahtar söcük

khaki /'ka:ki/ *a. s.* haki (renk)
khakis /'ka:kiz/ *a.* haki pantolon; haki üniforma
khamsin /'kemsin/ *a. metr.* hamsin
khan /ka:n/ *a.* han, kağan
kibble /'kibıl/ *a. mad.* demir kova
kibbutz /ki'buts/ *a.* (İsrail'de) ortaklaşa kullanılan çiftlik/yerleşim bölgesi
kibe /kayb/ *a.* çatlak, yarık
kick /kik/ *e.* tekmelemek, tekme atmak; (gol) atmak; çifte atmak, tepmek; (silah) tepmek ¤ *a.* tekme; *kon.* heyecan, zevk, coşku; *kon.* (alkol, uyuşturucu, vb.) etki *kick around kon.* -e gereksiz emirler vermek; dolaşmak, sürtmek, gezinmek; -e hoyratça davranmak *kick off* (futbol) maça başlamak, başlatmak *kick oneself for doing sth* dizini dövmek *kick out* kovmak, defetmek *kick over the traces* gemi azıya almak *kick starter* oto. ayakla basılan marş *kick sth around* tartışmak *kick up a fuss/row* kavga çıkarmak *kick up kon.* kavga etmek, kavga çıkarmak
kickback /'kikbek/ *a.* rüşvet; pay, hisse
kicker /'kikı/ *a.* golcü; çifte atan at
kickoff /'kikof/ *a.* (futbol) başlama vuruşu, ilk vuruş
kid /kid/ *a. kon.* çocuk; *Aİ.* genç, delikanlı; *Aİ. kon.* (kardeş) genç olan, küçük; oğlak; oğlak derisi ¤ *e. kon.* takılmak, şaka yapmak, aldatmak, işletmek; dalga geçmek, ayak yapmak *kids' stuff* çocuk oyuncağı *You're kidding* Hadi ordan!, İnanmam!, Atma!, Dalga geçiyorsun!
kidnap /'kidnep/ *e.* (adam/çocuk) kaçırmak
kidnapper /'kidnepı/ *a.* adam/çocuk kaçıran kimse
kidney /'kidni/ *a. anat.* böbrek *kidney bean* fasulye, barbunya
kier /kiı/ *a. teks.* kazan *kier-boil teks.* pişirmek, kazanda pişirmek *kier boiling teks.* pişirme, kazanda pişirme *kier boiling fastness teks.* pişirme haslığı *kier boiling jigger teks.* pişirme jiggeri *kier boiling liquor teks.* pişirme çözeltisi *kier boiling plant teks.* pişirme tesisi *kier-decatizing machine teks.* kazan dekatir makinesi *kier stain teks.* pişirme lekesi *kiering agent teks.*

pişirme maddesi **kiering liquor** *teks.*
pişirme çözeltisi **kiering oil** *teks.*
pişirme yağı
kieselguhr /'ki:zılguı/ *a.* kizelgur, diyatomit
kill /kil/ *e.* öldürmek; yok etmek, öldürmek ¤ *a.* avda öldürülmüş hayvan, av; (av) öldürme **kill the goose that laid the golden egg** altın yumurtlayan tavuğu kesmek **kill time** zaman öldürmek, vakit geçirmek **kill two birds with one stone** bir taşla iki kuş vurmak **killed steel** *met.* sönük çelik
killer /'kilı/ *a. kon.* katil
killing /'kiling/ *a.* vurgun, büyük kazanç ¤ *s.* öldürücü, yorucu
killjoy /'kilcoy/ *a.* neşe kaçıran kimse, oyunbozan, kıl, gıcık, uyuz
kiln /kiln/ *a.* ocak, fırın **kiln drying** fırınlama, fırında kurutma **kiln-dried** fırınlanmış, fırında kurutulmuş
kilo /'ki:lou/ *a. kon.* kilo
kilobyte /'kilıbayt/ *a. biliş.* kilobayt
kilocalorie /'kiloukelıri/ *a. fiz.* kilokalori
kilocycle /'kilousaykıl/ *a.* kilosikl
kilogram /'kilıgrem/ *a.* kilogram **kilogram calorie** kilogram kalori **kilogrammeter** kilogram-metre
kilogramme /'kilıgrem/ *a. bkz.* kilogram
kilohertz /'kilouhö:ts/ *a. fiz.* kilohertz
kilometer /'kilımi:tı, ki'lomitı/ *a. Al. bkz.* kilometre
kilometre /'kilımi:tı, ki'lomitı/ *a.* kilometre
kilometric /kilou'metrik/ *s.* kilometrik
kiloton /'kiloutan/ *a.* kiloton
kilovolt /'kilouvoult/ *a.* kilovolt
kilowatt /'kilıwot/ *a.* kilovat **kilowatt-hour** *elek.* kilovat saat **kilowatt-hour meter** *elek.* kilovat saat metre
kilt /kilt/ *a.* İskoç erkeklerinin giydiği eteklik
kimono /ki'mounou/ *a.* kimono
kin /kin/ *a.* akraba, hısım **next of kin** en yakın akraba
kinase /'kayneyz/ *a. kim.* kinaz
kind /kaynd/ *a.* tür, çeşit, cins; tip ¤ *s.* nazik, kibar, iyi kalpli, sevecen, ince, candan, yürekten **kind of** *kon.* adeta, az çok
kindergarten /'kindıga:tn/ *a.* anaokulu
kind-hearted /kaynd'ha:tid/ *s.* iyi kalpli,

sevecen, iyi niyetli
kindle /'kindl/ *e.* yakmak, tutuşturmak; yanmak, tutuşmak
kindling /'kindling/ *a.* tutuşma, özyanma; (gaz, çıra, ot, vb.) tutuşturucu madde **kindling point** tutuşma noktası
kindly /'kayndli/ *s.* arkadaşça, müşfik, sevecen ¤ *be.* nazikçe, kibarca; lütfen
kindness /'kayndnis/ *a.* şefkat, sevecenlik; incelik, nezaket
kindred /'kindrid/ *a.* akrabalık, soy; akraba, aile ¤ *s.* birbirine benzer, aynı türden, kafa dengi **kindred spirit** kafa dengi
kinematic /kini'metik/ *s.* kinematik
kinematics /kini'metiks/ *a.* kinematik
kinescope /kini'skoup/ *a. elek.* resim tüpü, resim lambası, görüntü lambası, ekran lambası
kinetic /ki'netik/ *s. tek.* kinetik, devimsel **kinetic energy** *fiz.* kinetik enerji, devimsel erke **kinetic friction** kinetik sürtünme **kinetic moment** *fiz.* kinetik moment **kinetic theory of gases** *fiz.* gazların kinetik teorisi
kinetics /ki'netiks/ *a.* kinetik bilimi
king /king/ *a.* kral; (satranç) şah; (iskambil) papaz **king bolt** ana cıvata, ana kilit, ana sürgü **king post** *inş.* çatı merteği, baba **king post truss** *inş.* çatı makası **king size** büyük boy **king truss** *inş.* dikmeli beşik makas
kingdom /'kingdım/ *a.* krallık; *bitk. hayb.* âlem
kingfisher /'kingfişı/ *a. hayb.* yalıçapkını, iskelekuşu
kinglet /'kinglit/ *a.* küçük kral
kingpin /'kingpin/ *a.* baş, elebaşı; koşum çivisi, mafsal çivisi, ana çivi
kingship /'kingşip/ *a.* krallık, hükümdarlık
kink /kink/ *a.* ip gibi şeylerin dolaşması; *den.* gamba; acayiplik, tuhaflık, saçmalama, sapıtma, sapıklık
kinky /'kinki/ *s.* karışık, dolaşmış, birbirine girmiş; acayip, tuhaf
kinsfolk /'kinzfouk/ *a.* birisinin ailesinden kimseler
kiosk /'ki:osk/ *a.* küçük kulübe; *İl.* telefon kulübesi
kip /kip/ *e. İl. kon.* uyumak, kestirmek, şekerleme yapmak ¤ *a. İl. kon.* uyku, şekerleme, kestirme

kipper /'kipı/ a. tütsülenmiş ringa balığı

kirk /kö:k/ a. kilise

kirver /'kö:vı/ a. mad. potkopaççı, yarıkçı

kirving /'kö:ving/ a. mad. potkopaç, yarık; potkopaç çekme, yarık açma

kiss /kis/ e. öpmek ¤ a. öpücük, öpüş *kiss sth goodbye* üstüne bir bardak soğuk su içmek

kit /kit/ a. teçhizat, donatı; avadanlık, alet takımı ¤ e. (out/up ile) gerekli şeylerle donatmak

kitchen /'kiçın/ a. mutfak *kitchen garden* meyve ve sebze bahçesi

kitchenette /kiçi'net/ a. odanın mutfak olarak kullanılan bölümü, küçük mutfak

kite /kayt/ a. uçurtma; *hayb.* çaylak; *tic.* hatır senedi *fly a kite* hatır senedi vermek, sahte bono vermek *kite cheque* karşılıksız çek *kite flying* sahte bono düzenleme

kith and kin dostlar ve akrabalar; hısım, akraba

kitten /'kitn/ a. kedi yavrusu, yavru kedi *have kittens* tepesi atmak

kittenish /'kitıniş/ s. oyunbaz, civelek, yavru kedi gibi

kitty /'kiti/ a. yavru kedi, kedi, pisi ¤ a. *isk.* ortaya konan para; *kon.* (mutfak masrafı, vb. harcamalar için) gerekince kullanmak üzere toplanan para

kiwi /'kiwi:/ a. *hayb.* kivi

klaxon /'kleksın/ a. *oto.* klakson, korna

kleptomania /kleptı'meyniı/ a. çalma hastalığı, kleptomani

kleptomaniac /kleptı'meyniek/ a. çalma hastası, kleptoman

klystron /'klistron/ a. *elek.* klistron

knack /nek/ a. *kon.* ustalık, beceri, yetenek *have the knack of* püf noktasını bilmek

knacker /'nekı/ a. sakat, vb. atları alıp et ve derisini satan kimse; yıkmacı, yıkıcı

knackered /'nekıd/ s. *arg.* bitkin, turşu gibi

knag /neg/ a. budak

knapper /'nepı/ a. taşçı

knapsack /'nepsek/ a. sırt çantası

knave /neyv/ a. hilekâr, üçkâğıtçı; (iskambil) bacak, vale

knead /ni:d/ e. yoğurmak; ovmak

kneadable /'ni:dıbıl/ s. yoğrulabilir

kneader /'ni:dı/ a. yoğurma makinesi

knee /ni:/ a. diz; (giyside) diz, diz yeri; dirsek, paraçol ¤ e. (in ile) diz vurmak, diz atmak *bring sb to his knees* yola getirmek, diz çöktürmek, boyun eğdirmek *go/fall on one's knees* yola gelmek, diz çökmek *knee brace* göğüsleme, bağlama dirseği *knee joint* mafsallı dirsek, dirsekli ek *knee roof* *inş.* çifte sağrılı çatı

knee-deep /ni:'di:p/ s. diz boyu

knee-high /ni'hay/ s. diz boyu *knee-high to a grasshopper* bacak kadar

kneecap /'ni:kep/ a. dizkapağı

kneel /ni:l/ e. (down/on ile) diz çökmek

knell /nel/ a. matem çanı

knick-knack /'niknek/ a. *kon.* süs eşyası, cici bici

knickers /'nikız/ a. kadın külotu

knife /nayf/ a. bıçak ¤ e. bıçaklamak *get one's knife into* diş bilemek *go under the knife* bıçak altına yatmak *have/get one's knife in sb* *kon.* -e düşmanca davranmak, diş bilemek *knife switch* *elek.* bıçak şalter *knife tool* torna kalem takımı *on the knife-edge* bıçak sırtında *twist/turn the knife* yarayı deşmek

knight /nayt/ a. şövalye; asilzade, şövalye unvanını kazanan kimse; (satranç) at ¤ e. (birine) şövalye unvanı vermek

knighthood /'naythud/ a. şövalyelik

knit /nit/ e. örmek; birleşmek, kaynaşmak *knit one's brows* kaşlarını çatmak *knitted fabrics* *teks.* örgü mallar, trikolar

knitting /'niting/ a. örgü; örme *knitting loom* *teks.* örgü tezgâhı *knitting machine* örgü makinesi, trikotaj makinesi *knitting needle* örgü şişi *knitting wool* *teks.* örgü yünü *knitting yarn* *teks.* örgü ipliği

knitwear /'nitweı/ a. örgü eşya, el örgüsü giysi

knob /nob/ a. top, yumru; topuz, tokmak; kontrol düğmesi

knobbly /'nobli/ s. yuvarlak, yumru yumru, yumrulu

knobby /'nobi/ s. *Aİ.* yuvarlak, yumru yumru, yumrulu

knock /nok/ e. vurmak; *kon.* kusur bulmak, acımasızca eleştirmek; *kon.*

şoke etmek ¤ *a.* vurma sesi, (kapı) çalma sesi, tak tak, vurma; darbe, sıkıntı, dert **knock about** *kon.* bulunmak, olmak, sürtmek; ile ilişki kurmak, takılmak; kaba davranmak **knock around** *bkz.* knock about **knock back** *İİ. kon.* hızla içmek, içip bitirmek, devirmek **knock down** yıkmak, yok etmek; çarpıp düşürmek, vurup yere sermek; (fiyat) düşürmek, indirmek; düşürtmek, indirtmek **knock money off** fiyat kırmak **knock off** *kon.* durmak/durdurmak, kesmek, mola vermek; toplam ödentiden almak; *İİ. kon.* soymak **knock off a bank** banka soymak **knock on wood** şeytan kulağına kurşun **knock out** (uyuşturucu) uyutmak; (boks) nakavt etmek; yenmek, elemek **knock over** çarpıp düşürmek, vurup yere sermek **knock the daylights out of** ağzını burnunu dağıtmak **knock up** *İİ. kon.* aceleyle yapıvermek

knockdown /'nokdaun/ *s.* portatif, demonte; en ucuz **knockdown price** en ucuz fiyat

knocker /'nokı/ *a.* kapı tokmağı; tokmak, dövücü

knock-kneed /nok'ni:d/ *s.* çarpık bacaklı

knockout /'nokaut/ *a.* (boks) nakavt; *kon.* çekici kimse/şey

knoll /noul/ *a.* küçük tepe, tepecik

knot /not/ *a.* düğüm; *bitk.* budak; insan kümesi, grup; deniz mili; *teks.* nope ¤ *e.* düğümlemek, düğüm atmak; düğümlenmek **at a rate of knots** fırtına gibi

knothole /'nothoul/ *a.* (ağaç) budak deliği

knotted /'notid/ *s.* düğümlü

knotty /'noti/ *s.* düğüm düğüm, düğümlü

know /nou/ *e.* bilmek; tanımak; görmek, geçirmek, yaşamak, çekmek **know a thing or two/the ropes** *kon.* işi bilmek **know all the answers** *kon. hkr.* çok bilmişlik yapmak, bilgiçlik taslamak **know how many beans make five** cin gibi olmak **know of** -den haberi olmak, duymuş olmak, bilmek **know one's own mind** ne istediğini bilmek **know sb/sth like the back of one's hand** birisini/bir şeyi avucunun içi gibi bilmek **know sth backwards** bir şeyi çok iyi anlamak, avucunun içi gibi bilmek **know the ropes** bir işin yolunu yordamını, girdisini çıktısını bilmek **not know sb from Adam** adını sanını bilmemek **not that I know of** benim bildiğime göre değil, hayır, ben öyle bir şey bilmiyorum **you know** yani, demek istiyorum ki, biliyorsun

know-all /'nouo:l/ *a. hkr.* çok bilmiş kimse, ukala

know-how /'nouhau/ *a. kon.* ustalık, beceri, teknik

knowable /'nouıbıl/ *s.* bilinebilir

knowing /'nouing/ *s.* bilgiç, uyanık, kurnaz **there's no knowing** hiç bilinmez, Allah bilir

knowingly /'nouingli/ *be.* bilgiçlikle, kurnazlıkla; bilerek, bile bile, kasten

knowledge /'nolic/ *a.* bilgi

knowledgeable /'nolicıbıl/ *s.* bilgili

known /noun/ *s.* tanınmış, bilinen, tanınan, ünlü

knuckle /'nakıl/ *a.* parmağın oynak yeri **near the knuckle** açık saçık/yakası açılmadık **knuckle down (to)** işe koyulmak **knuckle pin** mafsal pimi **knuckle thread** yuvarlak vida dişi **knuckle under** (to ile) boyun eğmek, yenilgiyi kabullenmek, teslim olmak

knuckle-duster /nakıl'dastı/ *a.* demir muşta

knurl /nö:l/ *e.* tırtıl çekmek ¤ *a.* tırtıl çekme aleti; budak **knurling tool** tırtıl çekme aleti

koala /kou'a:lı/ *a. hayb.* koala

kohlrabi /koul'ra:bi/ *a.* yerlahanası

kooky /'kuki/ *a.* deli divane, mecnun; tuhaf

Koran /ko:'ra:n, kı'ra:n, 'ko:ren/ *a.* Kuran

kosher /'kouşı/ *s.* (et, vb.) Yahudilere haram olmayan

kowtow /kau'tau/ *e.* (to ile) *kon.* soru sormaksızın itaat etmek, sorgusuz sualsiz boyun eğmek

kraft /kra:ft/ *a.* dayanıklı ambalaj kâğıdı

krypton /'kripton/ *a. kim.* kripton

kudos /'kyu:dos/ *a. İİ.* onur, gurur, şeref

kung fu /kang'fu:, kung'fu:/ *a.* kung fu

kurtosis /kı'tousis/ *a.* kürtosis, basıklık

kyanite /'kayınayt/ *a. yerb.* kiyanit

L

L, l /el/ *a.* İngiliz abecesinin on ikinci harfi; Romen rakamlarından 50
la /la:/ *a. müz.* la
laager /la:gı/ *a.* mevcut sosyal/siyasal düzeni koruma
lab /leb/ *a. kon.* laboratuvar
label /'leybıl/ *a.* etiket, yafta ¤ *e.* etiketlemek, etiket yapıştırmak; (as ile) sınıflandırmak, tanımlamak *label group biliş.* etiket grubu *label identifier biliş.* etiket tanıtıcısı, etiket kimlikleyicisi *label record biliş.* etiket kaydı *label set biliş.* etiket takımı *labelled atom kim.* etiketlenmiş atom *labelled compounds kim.* etiketli bileşikler *labelling machine* etiketleme makinesi
labeller /'leybılı/ *a.* etiket makinesi
labial /'leybiıl/ *s.* dudaksıl, dudak + ¤ *a.* dudaksıl ses, dudak ünsüzü *labial assimilation* küçük ünlü uyumu *labial harmony* küçük ahenk kuralı, küçük ünlü uyumu
labialization /leybiılay'zeyşın/ *a.* dudaksıl özelliği kazanma, dudaksıllaşma
labile /'leybayl/ *s.* kararsız, düzensiz, değişken
labiodental /leybiou'dentıl/ *s. a.* dişsil-dudaksıl, dudaksıl-dişsil
labio-palatal /leybiou'pelıtıl/ *s. a.* dudaksıl-damaksıl
labio-velar /leybiou'vi:lı/ *s. a.* dudaksıl-artdamaksıl
labium /'leybiım/ *a.* (ç. "-bia") vajina dudağı/dudakları
labor /leybı/ *a. e. Aİ. bkz.* labour
laboratory /lı'borıtri/ *a.* laboratuvar, deneylik *laboratory assistant* laborant *laboratory fade sin.* kimyasal fondü, kimyasal kararma *laboratory technician* laboratuvar teknisyeni, kimya teknisyeni *laboratory test* laboratuvar deneyi
laborious /lı'bo:riıs/ *s.* yorucu, zahmetli, güç; çalışkan
Labour /'leybı/ *a.* İşçi Partisi üyesi ¤ *s.* İşçi Partisi'ne ilişkin *Labour Day* işçi bayramı *Labour Party* İşçi Partisi

labour /'leybı/ *a.* iş, çalışma; görev; emek; işçi sınıfı; işgücü; *hek.* doğum ağrıları ¤ *e.* çalışmak, çabalamak, emek harcamak; güçlükle hareket etmek, boğuşmak; ayrıntılara girmek *be in labour* doğum sancısı çekmek *labour agreement* iş sözleşmesi *labour and management* işçi ve işveren *labour dispute* iş anlaşmazlığı *labour emigration* emek göçü *labour exchange* iş ve işçi bulma kurumu *labour force* işgücü *labour leader* işçi lideri *labour market* emek piyasası *labour of love* karşılık beklemeden seve seve yapılan iş, hatır işi *labour pains hek.* doğum sancıları *labour relations* işçi-işveren ilişkileri *labour supply* emek arzı *labour theory of value* emek değer teorisi *labour turnover* iş gücü yenileme oranı *labour union* işçi sendikası *labour wages* işçi ücreti
labourer /'leybırı/ *a.* işçi, emekçi
labouring /'leybıring/ *s.* çalışan; yorucu, meşakkatli
laborious /lı'bo:riıs/ *a.* yorucu, zahmetli, zor
labour-intensive /leybırin'tensiv/ *s.* emek yoğun *labour intensive commodity* emek-yoğun mal
labour-saving /'leybı-seyving/ *s.* işten tasarruf sağlayan
laburnum /lı'bö:nım/ *a. bitk.* sarısalkım
labyrinth /'lebırint/ *a.* labirent
labyrinthine /'lebırint/ *s.* labirent gibi
lac /lek/ *a.* laka, gomalak
laccolith /'lekılit/ *a. yerb.* lakolit, mantarsı kayaç
lace /leys/ *a.* bağcık, bağ; dantela; şerit, sırma ¤ *e.* bağlamak; (hafif bir içkiye) az miktar sert içki katmak *lace paper* dantelli kâğıt *lace pillow* dantelli yastık, kırlent
laced /leyst/ *s.* bağlı, bağcıklı; az alkol karıştırılmış *laced boot* bağcıklı çizme
lacemaking /'leysmeyking/ *a.* dantel örme
lacerate /'lesıreyt/ *e.* yırtmak, yaralamak, tırmalamak, parçalamak
laceration /lesı'reyşın/ *a.* yırtma, parçalanma, kesilme
lace-up /'leysap/ *s.* bağcıklı
lace-ups /'leysaps/ *a.* bağcıklı ayakkabı

lachrymal /'lekrimıl/ s. gözyaşı ile ilgili

lachrymose /'lekrimous/ s. sulu gözlü, gözleri yaşlı; acıklı, göz yaşartıcı

lacing /'leysing/ a. dayak, kötek; içkiye karıştırılan alkol

lack /lek/ e. -sizlik çekmek, -den yoksun olmak, -si olmamak ¤ a. olmayış, yokluk, eksiklik, -sizlik *be lacking* olmamak, bulunmamak

lackadaisical /lekı'deyzikıl/ s. cansız; tembel, ilgisiz

lackey /'leki/ a. dalkavuk, yağcı, yalaka

lacking /'leking/ s. eksik, kayıp, yok *be lacking in sth* -si eksik olmak, -den yoksun olmak

lacklustre /'leklastı/ s. donuk, sönük, cansız

laconic /lı'konik/ s. veciz, az ve öz söz kullanılan, kısa ve anlamlı

lacquer /'lekı/ a. lake, vernik; oje; briyantin ¤ e. verniklemek, cilalamak *lacquer printing teks.* lake baskı

lactam /'lektem/ a. laktam

lactase /'lekteys/ a. laktaz

lactate /'lekteyt/ a. kim. laktat

lactic /'lektik/ s. kim. laktik *lactic acid* laktik asit, süt asidi *lactic fermentation* laktik mayalanma

lactone /'lektoun/ a. kim. lakton

lactose /'lektous/ a. laktoz, süt şekeri

lacuna /lı'kyu:nı/ a. kemikte bulunan boşluk

lacustrine /lı'kastrayn/ s. göl+, gölle ilgili *lacustrine deposit* göl birikintisi *lacustrine environment* göl ortamı *lacustrine limestone* göl kireçtaşı *lacustrine sediment* göl tortusu

lacy /'leysi/ s. dantel gibi, dantelli

lad /led/ a. kon. delikanlı, genç

ladder /'ledı/ a. el merdiveni; çorap kaçığı ¤ e. *ll.* (çorap) kaçmak; kaçırmak *ladder dredger* kovalı tarak *ladder network* merdiven şebeke *ladder-proof teks.* kaçmaz *ladder-proof finish teks.* kaçmazlık apresi, tel kaçmasını önleyici bitim işlemi *ladder-stitch teks.* iğneardı teyel, çapraz teyel

laddie /'ledi/ a. delikanlı, oğlan

lade /leyd/ e. yüklemek

laden /'leydn/ s. (with ile) yüklü, dolu

lading /'leyding/ a. yükleme *lading port* yükleme limanı

ladle /'leydl/ a. kepçe ¤ e. kepçeyle koymak/servis yapmak

lady /'leydi/ a. hanımefendi; kadın, bayan *the ladies (room)* bayanlar tuvaleti

ladybird /'leydibö:d/ a. hayb. uğurböceği

lady-in-waiting /leydiin'weyting/ a. nedime

ladykiller /'leydikilı/ a. donjuan, kadın avcısı

ladylike /'leydlayk/ s. hanımca, hanım gibi, nazik

ladyship /'leydişip/ a. hanımefendi (hitap olarak kullanılır) *your/her ladyship* hanımefendi

laevo-rotatory /li:vou'routıtıri/ s. sola çeviren

laevulose /'levyulous/ a. levüloz

lag /leg/ a. gecikme; suçlu, mahkûm ¤ e. (boruları/kapları) ısı kaybını önleyecek şekilde kaplamak, yalıtmak *lag behind* yavaş ilerlemek, arkadan gelmek *lag angle* gecikme açısı *lag effect* gecikme etkisi

lager /'la:gı/ a. bir tür hafif bira

laggard /'legıd/ s. ağır, tembel ¤ a. tembel kimse

lagging /'leging/ a. yalıtım, izolasyon; kaplama, ahşap kaplama; döşeme, kemer kalıbı döşemesi *lagging current elek.* geciken akım *lagging exports* gerileyen ihracat malları *lagging load elek.* geciken yük, endüktif yük

lagoon /lı'gu:n/ a. coğ. denizkulağı, kıyı gölü, lagün

laicize /'leyisayz/ e. laikleştirmek

laid-back /leyd'bek/ s. yavaş, telaşsız, aheste; kaygısız, kayıtsız

lair /leı/ a. vahşi hayvan ini

laissez faire /leysey'feı/ a. müdahale etmeme, serbest bırakma

laity /'leyiti/ a. din adamı olmayan kimse; meslekten olmayanlar

lake /leyk/ a. göl; kırmızı boya maddesi *lake asphalt* göl asfaltı *lake breeze metr.* göl meltemi

lam /lem/ e. dövmek, dayak atmak

lama /'la:mı/ a. Budist rahip, lama

lamb /lem/ a. kuzu; kuzu eti ¤ e. kuzulamak *like a lamb* kuzu gibi *lamb's wool teks.* kuzu yünü *lambing rate trm.* kuzulama oranı

lambaste /lem'beyst/ e. dövmek,

pataklamak
lambskin /'lemskin/ *a.* kuzu derisi
lame /leym/ *s.* topal, aksak; zayıf, inanılması güç ¤ *e.* topal etmek *lame duck* yardımsız iş göremeyen beceriksiz üretici *lame excuse* sudan bahane
lamella /lı'melı/ *a.* ince levha, pul
lamellar /'lımelı/ *s.* pullu, katmanlı, yapraksı *lamellar structure* lamel yapı, katmanlı yapı
lamely /'leymli/ *be.* topallayarak
lamebrain /'leymbreyn/ *a. kon.* ahmak, budala
lameness /'leymnis/ *a.* topallık; zayıflık
lament /lı'ment/ *e.* ağlayıp sızlamak, yasını tutmak ¤ *a.* ağıt; ağlama, inleme, yasını tutma
lamentable /'lemıntıbıl/ *s.* içler acısı, acınacak, ağlanacak
lamentation /lemen'teyşın/ *a.* yas, feryat, figan
lamé /'la:mey/ *a. teks.* lame (kumaş)
lamina /'leminı/ *a.* lamina
laminar /'leminı/ *s.* ince levha halinde, yapraklar halinde; yaprak şeklinde; yapraksı, laminer *laminar flow* laminer akım, yapraksı akış, düzgün akış
laminate /'lemineyt/ *e.* ince levhaları üst üste koyarak (güçlü malzeme) oluşturmak; metal/plastik levhalarla kaplamak ¤ /'leminit, 'lemineyt/ *a.* laminat, ince tabakaların üst üste konmasından elde edilen madde
laminated /'lemineytid/ *s.* yapraklı, levhalı, lamine *laminated beam inş.* katmerli kiriş, yapraklı kiriş *laminated brush switch elek.* lamine fırçalı şalter *laminated contact elek.* yapraklı kontakt, lamine kontak *laminated core elek.* yaprak göbek, lamine göbek *laminated spring* düz yay, yaprak yay
lamination /lemi'neyşın/ *a.* yapraklanma; ince levha haline getirme; yaprak, tabaka, ince levha
lamp /lemp/ *a.* lamba *lamp black* is, lamba isi *lamp chimney* lamba şişesi *lamp holder* lamba duyu *lamp hole* lağım lamba deliği *lamp socket* ampul duyu
lamplight /'lemplayt/ *a.* lamba ışığı
lampoon /lem'pu:n/ *a.* taşlama, hiciv

lamppost /'lemppoust/ *a.* elektrik direği
lamprophyre /'lemprıfayı/ *a. yerb.* lamprofir
lampshade /'lempşeyd/ *a.* abajur
lance /la:ns/ *a.* mızrak, kargı
lancet /'la:nsit/ *a. hek.* neşter; *inş.* sivri pencere *lancet arch inş.* sivri kemer
land /lend/ *a.* toprak, kara parçası; ülke, vatan; aynı türden toprak parçası, alan, arazi; toprak; kişisel arazi, arsa ¤ *e.* karaya çıkmak; karaya indirmek; karaya getirmek; iniş yapmak, yere inmek; konmak; düşmek; *kon.* belli bir duruma gelmek/getirmek *land a blow* bir yumruk oturtmak *land agent* emlak komisyoncusu *land bank* tarım bankası, emlak bankası *land breeze metr.* kara meltemi *land cable elek.* kara kablosu *land carriage* kara taşımacılığı *land charges* gayri menkul mükellefiyeti *land clearing* tarla açma *land drainage trm.* arazi drenajı *land fog metr.* kara sisi *land gyroplane hav.* karadan kalkan cayroplan *land hemisphere coğ.* kara yarıküresi, karalar yarımyuvarı *land holder* arazi sahibi *land improvement trm.* arazi ıslahı *land leveler* arazi tesviye makinesi *land management trm.* arazi amenajmanı *land measure* kara ölçüsü *land mine ask.* kara mayını *land on one's feet* şansı yaver gitmek, dört ayak üstüne düşmek, paçayı kurtarmak *land plane* kara uçağı *land reclamation trm.* toprak kazanma, arazi kazanma *land reform* toprak reformu *land register* tapu sicili *land registry* kadastro *land survey* arazi etüdü, topografik etüt *land surveying* haritacılık *land transportation* karayolu taşımacılığı *land use* araziden faydalanma, toprak kullanımı *land wind metr.* kara rüzgârı *see how the land lies* zemin yoklamak
landed /'lendid/ *s.* geniş arazisi olan, büyük toprak sahibi olan *landed estate* taşınmaz mal, gayri menkul mülk *landed property* arazi, emlak, taşınmaz mal *landed proprietor* toprak sahibi *landed terms* boşaltmada teslim şartı ile yapılan satış
landfill /'lendfil/ *a.* arazi doldurma, arazi yükseltme

landing /'lending/ *a.* karaya çıkma/çıkarma; (uçak) iniş; iskele; merdiven sahanlığı; peron; boşaltma, tahliye; *hav.* iniş *landing against wind hav.* rüzgâra karşı iniş *landing aid hav.* iniş yardımcısı *landing area hav.* iniş alanı *landing beam hav.* iniş farı *landing craft ask.* çıkarma aracı *landing deck hav.* iniş güvertesi *landing direction hav.* iniş yönü *landing flap hav.* iniş flabı *landing floodlight hav.* iniş pist farı *landing gear hav.* iniş takımı *landing ground hav.* iniş alanı *landing into the wind hav.* rüzgâra karşı iniş *landing lights hav.* iniş ışıkları *landing ship ask.* çıkarma gemisi *landing strip hav.* iniş şeridi

landlady /'lendleydi/ *a.* ev sahibesi; pansiyoncu kadın

landless /'lendlis/ *s.* topraksız

landlocked /'lendlokt/ *s.* kara ile çevrili

landlord /'lendlo:d/ *a.* mal sahibi, emlak sahibi; otelci, pansiyoncu

landmark /'lendma:k/ *a.* sınır taşı; dönüm noktası; (bir yeri bulmada vb.) işaret olarak kullanılan nesne/yer vb.

landowner /'lendounı/ *a.* emlak sahibi, arazi sahibi

landscape /'lendskeyp/ *a.* kır manzarası; peyzaj ¤ *e.* (ev/fabrika vb.) çevresini yeşillendirmek, çevresine bahçe yapmak *landscape architect* peyzaj mimarı *landscape architecture* peyzaj mimarisi

landslide /'lendslayd/ *a.* heyelan, toprak kayması; (seçimde) büyük başarı

landslip /'lendslip/ *a.* toprak kayması

lane /leyn/ *a.* dar sokak, dar yol, dar geçlt; yol, şerit *lane line* şerit çizgisi

language /'lengwic/ *a.* dil, lisan *language economy* dil tutumluluğu, dil ekonomisi *language interpreter* biliş. dil yorumlayıcı *language processors* biliş. dil işleyiciler, dil işlemciler *language translator* biliş. dil çevirici

languid /'lengwid/ *s.* uyuşuk, ağır hareket eden, halsiz; isteksiz, hevessiz

languish /'lengwiş/ *e.* isteksiz olmak, güçsüzleşmek, gevşemek; (in ile) erimek, çürümek, acı çekmek

languor /'lengı/ *a.* halsizlik, bitkinlik, güçsüzlük; gevşeklik, rehavet

languorous /'lengırıs/ *s.* yorgun, bitkin; tembel; yorucu; parlak, çekici

lank /lenk/ *s.* (saç) düz ve cansız

lanky /'lenki/ *s.* uzun boylu ve zayıf, sırık gibi

lanolin(e) /'lenılin/ *a.* lanolin

lantern /'lentın/ *a.* fener; nefeslik, baca *lantern slide* slayt, diya *lantern wheel* fener çarkı, fener dişlisi

lanthanite /'lentınayd/ *a. min.* lantanit

lanthanum /'lentınım/ *a. kim.* lantan

lanyard /'lenyıd/ *a. ask.* çekme ipi; *den.* savlo

lap /lep/ *a.* kucak; (yarışta) tur; etek; perdah çarkı; kıvrım, katmer; dalgaların çarpması, çarpma sesi ¤ *e.* (yarışta) tam tur atmak; rakibini bir turluk farkla geçmek; yalayarak içmek; (against ile) küçük dalgalar halinde çarpmak, yalamak; katlamak, sarmak; katlanmak, sarılmak; bindirmek, üzerine koymak *in the lap of the gods* Allaha kalmış *lap dissolve elek.* dissolvens, sahne geçişi, erime, geçme, zincirleme, bir görüntünün zayıflayarak öbürünün belirmesi *lap dovetail inş.* gizli kırlangıç kuyruğu, sandık geçmesi *lap joint* bindirme, bindirme ek *lap sth up* bir şeye eyvallah demek *lap weld met.* bindirme kaynak yapmak *lap winding elek.* bindirme sargı

lapel /lı'pel/ *a.* klapa *lapel microphone* yaka mikrofonu

lapidary /'lepidıri/ *a.* taş kesicisi, hakkâk, oymacı ¤ *s.* taşa işlenmiş; taşlarla ilgili; gösterişli

lapis lazuli /'lepis 'lezyulay/ *a.* lacivert taşı

Laplace /lı'pla:s/ *a.* Laplace *Laplace operator mat.* Laplace operatörü, Laplace işleci *Laplace transform mat.* Laplace dönüşümü *Laplace's equation mat.* Laplace denklemi

lappet /'lepit/ *a.* sarkık şey

lapping /'leping/ *a.* alıştırma *lapping compound* alıştırma macunu

lapse /leps/ *a.* küçük kusur, hata, yanlış; (zaman) geçme, ara; kaçma, kaytarma; zamanaşımı, mürüruzaman; sona erme, bitme ¤ *e.* (into ile) derece derece azalmak, düşmek, alçalmak, batmak, gömülmek; (from ile) inanç ve

prensiplerinden vazgeçmek; (iş anlaşması) son bulmak, yürürlükten kalkmak; zamanaşımına uğramak; yanılmak, hata etmek *lapse of justice* adli hata *lapse of the pen* yazma yanlışı *lapse of time* zamanaşımı *lapse rate* metr. düşme oranı *lapse into silence* sessizliğe gömülmek
laptop /'leptop/ *a. biliş.* dizüstü bilgisayar *laptop computer* dizüstü bilgisayar
lapwing /'lepwing/ *a.* kızkuşu
larcenist /'la:sınist/ *a.* hırsız
larceny /'la:sıni/ *a. huk.* hırsızlık
larch /la:ç/ *a. bitk.* karaçam, Venedik terementi
lard /la:d/ *a.* domuz yağı
larder /'la:dı/ *a.* kiler
large /la:c/ *s.* büyük, iri; geniş; bol, çok *as large as life* gerçek, hakiki, orijinal ölçüde *at large* başıboş, serbest; bir bütün olarak, geniş çaplı; genelde *by and large* genelde, her şeyi göz önüne alınca *large manufacture* büyük ölçekli üretim
largely /'la:cli/ *be.* çoğunlukla, ekseriyetle, ziyadesiyle
largeness /'la:cnis/ *a.* büyüklük; genişlik
large-scale /la:c'skeyl/ *s.* büyük ölçekli *large-scale computer biliş.* büyük ölçekli bilgisayar *large-scale economies* büyük ölçekli ekonomiler *large-scale integration biliş.* büyük çapta tümleşme, geniş ölçekli tümleşme
largess /la:'ces/ *a. Aİ. bkz.* largesse
largesse /la:'ces/ *a.* ihsan, bağış
largish /'la:ciş/ *s.* büyükçe, büyücek
largo /'la:gou/ *s. be. müz.* largo, ağır
lariat /'leriıt/ *a. Aİ. bkz.* lasso
lark /la:k/ *a. kon.* şaka, eğlenme, takılma, gırgır; *hayb.* tarlakuşu *rise with the lark* karga bok yemeden kalkmak
larva /'la:vı/ *a.* larva, tırtıl, kurtçuk
larval /'la:vıl/ *s.* larva ile ilgili
laryngeal /lerin'ciıl/ *s. a.* gırtlakta oluşan, gırtlakta çıkarılan ünsüz (ses), gırtlaksıl
laryngitis /lerin'caytis/ *a. hek.* larenjit, gırtlak yangısı
larynx /'lerinks/ *a. anat.* gırtlak
lascivious /lı'siviıs/ *s.* şehvetli, şehvet düşkünü
laser /'leyzı/ *a.* lazer, laser *laser beam* lazer ışını *laser memory biliş.* lazer

bellek *laser printer biliş.* lazer yazıcı *laser threshold fiz.* lazer eşiği
lash /leş/ *e.* kırbaçlamak; (about ile) aniden hareket etmek ya da vurmak, şiddetle çarpmak; sıkıca bağlamak ¤ *a.* kamçı darbesi; ani ve haşin hareket *lash out* (at/against ile) (silah, el, ayak, vb. bir şeyle) saldırmak, hücum etmek; azarlamak, paylamak
lashing /'leşing/ *a.* kırbaçlama; azarlama; bağlama
lass /les/ *a.* kız; sevgili
lassitude /'lesityu:d/ *a.* dermansızlık, halsizlik
lasso /lı'su:/ *a.* kement ¤ *e.* kementle yakalamak
last /la:st/ *s.* son, en son, sonuncu; geçen, önceki, evvelki ¤ *be.* son olarak, en son ¤ *a.* son; kundura kalıbı ¤ *e.* sürmek, devam etmek; bozulmamak, dayanmak; yetmek *as long as the world last* dünya durdukça *at last* nihayet, en sonunda *at long last* nihayet, en sonunda *breathe one's last* son nefesini vermek, ölmek *last but one* sondan bir önceki *last but two* sondan iki önceki *last night* dün gece *last week* geçen hafta *last year* geçen yıl *Stick to your last!* Çizmeyi aşma! *to the last* sonuna kadar
lasting /'la:sting/ *s.* bitmeyen, tükenmeyen, sürekli, kalıcı; dayanıklı, sağlam *lasting finish teks.* kalıcı apre
lastly /'la:stli/ *be.* son olarak
latch /leç/ *a.* kapı mandalı; kapı kilidi ¤ *e.* kilitlemek, mandallamak *latch key* kapı anahtarı *latch on kon.* anlamak, çakozlamak, uyanmak *latch onto kon.* anlamak, çakozlamak; bırakmamak, esir almak *latch onto sth* bir şeyi bulup buluşturmak
late /leyt/ *s.* geç, gecikmiş; (saat, zaman) geç; son, yeni, taze; sabık, eski, rahmetli ¤ *be.* geç olarak, geç; sonuna doğru, sonlarında *late read biliş.* geç okuma
lately /'leytli/ *be.* son günlerde, son zamanlarda, yakınlarda
latency /'leytınsi/ *a.* gizli kalma, gizlilik *latency time biliş.* gecikme zamanı, bekleme süresi
lateness /'leytnis/ *a.* geç olma

latent /'leytınt/ *s.* ortada olmayan, gizli, gizil *latent heat* gizli ısı *latent image* görünmeyen resim, gizli görüntü *latent neutrons* *fiz.* gizli nötronlar *latent period* *fiz.* gizli zaman

later /'leytı/ *be.* daha sonra, sonraları *later on* daha sonra, bilahere

lateral /'letırıl/ *s. tek.* yan, yanal; *dilb.* yanünsüz (ses) *lateral area* *mat.* yanal alan *lateral deviation* yanal sapma *lateral discharge* yandan boşaltma *lateral edge* yanal kenar *lateral erosion* *coğ.* yana aşındırma, yandan aşınma, yanlama aşınma *lateral face* yanal yüz, yanal yüzey *lateral inversion* *elek.* yanal terslik *lateral moraine* *yerb.* yan moren, yan buzultaş *lateral pressure* yanal basınç *lateral section* yan kesit *lateral spillway* *trm.* yan dolusavak *lateral surface* yanal yüzey *lateral thrust* yanal basınç

laterite /'letırayt/ *a.* laterit, kırmızı kil

latest /'leytist/ *a.* en son; en yeni; en geç ¤ *be.* en geç ¤ *a.* en yeni şey, en son çıkan şey, en son haber/moda *at the latest* en geç

latex /'leyteks/ *a. bitk.* lateks

lath /la:t/ *a. inş.* sıva tirizi, bağdadi çıta, çıta *lath and plaster* *inş.* bağdadi kaplama

lathe /leyd/ *a. mak.* torna, torna tezgâhı; çömlekçi çarkı *lathe bed* torna kızağı, torna yatağı *lathe carrier* (torna) fırdöndü *lathe chuck* torna aynası, torna başlığı *lathe dog* torna mesnedi, fırdöndü *lathe tool* torna takımı

lather /'la:dı/ *a.* sabun köpüğü, köpük ¤ *e.* (sabun) köpürmek; köpürtmek, sabunlamak

lathing /'leting/ *a.* çıta işi; bağdadi, kaplama

lathwork /'letwö:k/ *a.* bağdadi işi, kafes işi

Latin /'letin/ *a. s.* Latin, Latince

latitude /'letityu:d/ *a. coğ.* enlem; genişlik; bölge; rahatlık, serbestlik, özgürlük

latitudes /'letityu:dz/ *a.* bölge

latitudinarian /letityu:di'neıriın/ *s.* özgür, serbest fikirli

latrine /lı'tri:n/ *a.* (özellikle kamplarda) hela

latten /'letın/ *a.* ince sac levha

latter /'letı/ *s.* sonraki, son; ikincisi, iki şeyden sonuncusu, son söylenilen

latterly /'letıli/ *be.* son zamanlarda, bu yakınlarda

lattice /'letis/ *a.* kafes, örgü *lattice bar* *inş.* kafes çubuğu, kafes çıtası, kafes laması *lattice beam* *inş.* kafes kiriş *lattice bridge* *inş.* kafes kirişli köprü *lattice coil* *elek.* kafes bobin *lattice constant* *fiz.* kafes sabitesi, örgü değişmezi *lattice dimension* *fiz.* kafes boyutu, örgü boyutu *lattice dynamics* *fiz.* kafes dinamiği *lattice energy* *fiz.* kafes enerjisi, örgü erkesi *lattice file* *biliş.* çok ilişkili kayıtlar kütüğü *lattice filter* *elek.* kafes filtre *lattice girder* kafes kiriş *lattice network* *elek.* kafes şebeke *lattice truss* kafes kiriş

latus rectum /'la:tıs 'rektım/ *a. mat.* özkiriş

laud /lo:d/ *a.* övme, methiye ¤ *e.* övmek, methetmek

laudable /'lo:dıbıl/ *s.* (davranış, vb.) övgüye değer, beğenilen

laudation /lo:'deyşın/ *a.* övme, sitayiş

laudatory /'lo:dıtıri/ *s.* övücü

laugh /la:f/ *e.* (kahkahayla) gülmek ¤ *a.* gülüş, kahkaha *laugh at* -e gülmek; gülüp geçmek, umursamamak *laugh away* *bkz.* laugh off *laugh off* -e gülmek, önemsememek, gülüp geçmek, aldırmamak, küçümsemek *laugh on the other/wrong side of one's face/mouth* güvendiği dağlara kar yağmak *laugh up one's sleeve* bıyık altından gülmek

laughable /'la:fıbıl/ *s.* gülünç, komik

laughing /'la:fing/ *a.* gülme, gülüş ¤ *s.* gülen; güldürücü, komik *laughing gas* güldürücü gaz *laughing hyena* benekli sırtlan *no laughing matter* şakası yok/şaka götürmez

laughter /'la:ftı/ *a.* kahkaha, gülüş

launch /lo:nç/ *e.* (gemi) denize indirmek; (roket) fırlatmak; (plan, hareket, yeni bir yaşam, vb.) başlatmak; (at ile) fırlatmak, hızla atmak ¤ *a.* (gemiyi) suya indirme; büyük motorlu sandal, motorbot *be launched* denize indirilmek *launch a campaign* kampanya başlatmak *launch into*

istekle girişmek **launch out (into)** atılmak, girişmek **launch out on a journey** yolculuğa çıkmak, seyahate çıkmak
launcher /'lɔːnçı/ *a.* suya indirici; mancınık, katapult, fırlatıcı; fırlatma rampası
launching /'lɔːnçing/ *a.* denize indirme; fırlatma (roket)
launder /'lɔːndı/ *e.* (giysi) yıkayıp ütülemek; (kara parayı) aklamak
launderette /lɔːn'dret/ *a.* çamaşırhane
laundromat /'lɔːndrımet/ *a.* *Aİ.* *bkz.* launderette
laundry /'lɔːndri/ *a.* çamaşırhane; çamaşır **laundry blue** çamaşır çividi **laundry chute** çamaşır bacası
laurel /'lɔrıl/ *a. bitk.* defne ağacı **look to one's laurels** şöhretini korumaya çalışmak **rest on one's laurels** kazanılan şöhretle yetinmek
lav /lev/ *a. İİ. kon.* yüznumara
lava /'laːvı/ *a. yerb.* lav **lava flow** *yerb.* lav akıntısı
lavabo /lı'veybou/ *a.* lavabo
lavage /lı'vaj/ *a. hek.* lavaj
lavatory /'levıtıri/ *a.* hela, tuvalet, yüznumara; lavabo **lavatory faucet** lavabo musluğu **public lavatory** umumi hela, genel tuvalet
lavender /'levındı/ *a. bitk.* lavanta; *sin.* levandel, mavi eşlem
lavish /'leviş/ *s.* savurgan, tutumsuz; bol, çok ¤ *e.* (on ile) cömertçe vermek, savurganca harcamak
law /lɔː/ *a.* kanun, yasa; kural; hukuk; *kon.* polis **law costs** mahkeme giderleri **law of conservation of energy** *fiz.* enerji korunumu kanunu, erke korunumu yasası **law of conservation of mass** kütle korunum yasası **law of conservation of matter** *kim.* maddenin sakınımı kanunu **law of conservation of momentum** *fiz.* momentumun korunumu kanunu, devinirlik korunumu yasası **law of constant proportions** *kim.* sabit oranlar kanunu **law of contracts and torts** borçlar hukuku **law of cosine** *mat.* kosinüs kanunu **law of definite proportions** *kim.* belirli oranlar yasası **law of demand** talep kanunu **law of electrostatic attraction** *elek.*

elektrostatik çekim yasası **law of equivalent proportions** *kim.* eşit oranlar kanunu, eşdeğer oranlar yasası **law of exponents** *mat.* üstler kuralı **law of mass action** *kim.* kütle etkisi kanunu **law of multiple proportions** kat oranlar yasası **law of property** eşya hukuku **law of refraction** *opt.* kırılım yasası **law of sines** *mat.* sinüs kanunu **law of succession** miras hukuku
law-abiding /'lɔːıbayding/ *s.* yasaya saygı gösteren
lawful /'lɔːfıl/ *s.* yasalara uygun, yasal; yasalara uyan
lawless /'lɔːlis/ *s.* vahşi, kontrolsüz; serkeş, başıbozuk; yasadışı
lawn /lɔːn/ *a.* çim, çimenlik; *teks.* patiska, ince keten bezi **lawn mower** çimen biçme makinesi **lawn sprinkler** çim fıskıyesi, bahçe musluğu
lawrencium /lo'rensiım/ *a.* lavrensyum, lawrencium
lawsuit /'lɔːsyuːt/ *a. huk.* dava
lawyer /'lɔːyı/ *a.* avukat
lax /leks/ *s.* ilgisiz, umursamaz, kaygısız; dikkatsiz; tembel, savsak; kontrolsüz
laxative /'leksıtiv/ *a. s.* müshil
lay /ley/ *e.* yaymak, sermek; koymak; dizmek, yerleştirmek; döşemek; sürmek, değdirmek, dokundurmak; hazırlamak; yumurtlamak; yatıştırmak; yüklemek, isnat etmek; yatırmak, üstüne oynamak; *kab. arg.* düzmek, sikmek, kaymak ¤ *s.* rahip sınıfından olmayan; (hukuk, tıp, vb. belli bir öğrenim dalında) profesyonel olmayan, eğitim görmemiş **be laid off** geçici olarak işten çıkarılmak **lay an egg** fiyasko vermek **lay aside** bir kenara koymak, saklamak, biriktirmek; elinden bırakmak, bir kenara bırakmak; bırakmak, vaz geçmek **lay days** astarya, yükleme ve boşaltma süresi **lay down** belirlemek, saptamak, koymak; ilerisi için saklamak, depolamak; yere bırakmak **lay down the law** zılgıtı vermek **lay in** depolamak, saklamak **lay into** saldırmak **lay it on with a trowel** ballandıra ballandıra anlatmak **lay low** yatağa sermek **lay off** (geçici olarak) işten çıkarmak **lay on** temin etmek,

sağlamak *lay out* yere sermek, vurup düşürmek; yaymak, düzenlemek; tasarımlamak, planlamak *lay sth to waste* altını üstüne getirmek *lay the foundations* temel atmak *lay to rest* halletmek *lay up* ilerisi için saklamak, depolamak; (hastalık) yatağa düşürmek; (gemiyi) tamire sokmak

layabout /'leyıbaut/ *a. İİ. kon.* tembel, işten kaçan kimse, kaytarıkçı

lay-by /'leybay/ *a. İİ.* (otoyol) park yeri, cep

layer /'leyı/ *a.* tabaka, kat, katman; daldırma fidanı; yayıcı, bir şey yayan kimse/makine, yayıcı; yumurtlayan ¤ *e.* tabakalaştırmak, katmanlaştırmak; tabakalar halinde yaymak; fidan daldırmak, daldırma fidan yetiştirmek *layer cake* kat kat kremalı pasta *layer filtration şek.* tabakalarla süzme

layette /ley'et/ *a.* bebek takımı

laying /'leying/ *a.* bırakma, koyma *laying nest trm.* folluk

layman /'leymın/ *a.* rahip olmayan kimse; meslekten olmayan kimse

lay-off /'leyof/ *a.* (geçici olarak) işten çıkarma, görevden uzaklaştırma; işsizlik süresi

layout /'leyaut/ *a.* bahçe, kent, vb. yerlerin planlaması; yapı plan ya da çizimi; mizanpaj *layout character biliş.* yapı denetim karakteri *layout plan inş.* vaziyet planı, konumtasar

layshaft /'leyşa:ft/ *a. oto.* yardımcı şaft, ara mili *layshaft gear cluster oto.* ara mili bloku, ara dişli takımı

laze /leyz/ *e.* (away/around/about ile) tembelce vakit geçirmek, tembellik etmek ¤ *a.* tembellikle ya da hareketsiz geçirilen kısa süre, tembellik

laziness /'leyzinis/ *a.* tembellik; uyuşukluk, miskinlik

lazy /'leyzi/ *s.* tembel; ağır, uyuşuk, yavaş hareket eden; tembellik/uyuşukluk veren *lazy bones* tembel kimse *lazy Susan* döner tepsi

lea /li:/ *a.* çayırlık, mera

leach /li:ç/ *e.* süzmek, filtre etmek

leaching /'li:çing/ *a.* katıdan özütleme, liçing

lead /li:d/ *e.* götürmek, rehberlik etmek; (bir yere) götürmek, ulaştırmak;

inandırmak, ikna etmek; yönetmek, liderlik etmek, idare etmek; önde/önünde olmak, başta gitmek; (belli bir yaşam biçimi) sürdürmek/sürmek ¤ *a.* kılavuzluk, öncülük; başrol; (of/over ile) (uzaklık/sayı vb.) ileride olma, önde gelme; ipucu, delil; kalem kurşunu, grafit; anterlit; tasma kayışı; ara kablosu *be in the lead* öncü olmak, lider olmak *cast the lead* iskandil etmek *follow sb's lead* izinden gitmek, çizdiği yoldan gitmek *give sb a lead* örnek olmak *heave the lead* iskandil etmek *lead accumulator* kurşunlu akümülatör *lead acetate* kurşun asetat *lead alloy met.* kurşun alaşımı *lead angle fiz.* avans açısı, öndelik açısı, ileri olma açısı *lead astray* yoldan çıkarmak, baştan çıkarmak *lead bath* kurşun banyosu *lead chromate kim.* kurşun kromat *lead coated* kurşun kaplı, kurşun örtülü *lead coating* kurşun örtü *lead content* kurşun miktarı *lead equivalent fiz.* kurşun eşdeğeri *lead glass kim.* kurşun cam *lead hammer* kurşun çekiç *lead manager* lider yönetici *lead on kon.* yutturmak, kandırmak, inandırmak *lead pencil* kurşunkalem *lead pipe* kurşun boru *lead poisoning* kurşun zehirlenmesi *lead sb a dog's life* süründürmek, sefalete gark etmek *lead sb a merry/pretty dance* başına çorap örmek *lead sb on* kandırmak *lead sb up the garden path* üçkâğıda getirmek *lead storage battery* kurşunlu akümülatör *lead story* başmakale *lead the field* maçı önde götürmek *lead the life of Riley* bir eli yağda bir eli balda olmak *lead the way* yol göstermek *lead to* -e yol açmak, neden olmak *lead up to* sözü belli bir noktaya getirmek, kapısını yapmak *lead wire* kurşun tel

leaded /'ledid/ *s.* kurşunlu, kurşun kaplı

leaden /'ledn/ *s.* kurşun, kurşundan; kurşun gibi; kurşuni, gri

leader /'li:dı/ *a.* önde gelen kimse, başta gelen kimse; lider, önder, başkan; başyazı, başmakale; *sin.* lider, amors, kılavuz *leader writer* başyazar

leadership /'li:dışip/ *a.* liderlik, önderlik

lead-free /'ledfri:/ *s.* kurşunsuz *lead-free gasoline* kurşunsuz benzin

lead-in /liːdˈin/ *s.* giriş +, besleme + ¤ *a.* anten giriş teli

leading /ˈliːding/ *s.* en önemli, ana, temel; yol gösteren, kılavuzluk eden, yöneten, önde olan ¤ *a.* yol gösterme, kılavuzluk; kurşun çerçeve; anterlin **leading axle** *demy.* ön aks, kılavuz dingil **leading current** *elek.* ön akım, avanslı akım **leading edge** *hav.* hücum kenarı, en ön kısım **leading edge flap** *hav.* hücum kenar flabı, ön kıyı flabı **leading edge radiator** *hav.* ön kenar soğutucusu **leading end** *biliş.* önde gelen uç, ön uç **leading light** *den.* rehber feneri **leading screw** kılavuz vida **leading wheel** ön tekerlek, kılavuz tekerlek **leading-in cable** *elek.* giriş kablosu

leaf /liːf/ *a.* (bitki) yaprak; sayfa, yaprak; (özellikle altın ve gümüş) ince tabaka, yaprak ¤ *e. bkz.* leaf through **leaf beetles** yaprak böcekleri **leaf curl** *trm.* kıvırcık baş hastalığı **leaf roll disease** *trm.* yaprak kıvrılma hastalığı **leaf spring** düz yay, yaprak yay **leaf stalk** yaprak sapı **leaf through** (kitap/dergi vb.) sayfalarını hızlı hızlı çevirmek, göz gezdirmek **leaf-pruning** *şek.* yaprakların dökülmesi **shake like a leaf** tir tir titremek **take a leaf out of sb's book** başkasını kendine örnek almak **turn over a new leaf** yeni bir sayfa açmak, yeni bir yaşama başlamak

leafage /ˈliːfic/ *a.* yapraklar
leafless /ˈliːflis/ *s.* yapraksız
leaflet /ˈliːflit/ *a.* broşür
leafy /ˈliːfi/ *s.* yapraklarla kaplı, yapraklı
league /liːg/ *a.* dernek; birlik; lig
leak /liːk/ *a.* su sızdıran delik ya da çatlak; (gaz, vb.) sızıntı; (haber, vb.) sızma, sızıntı ¤ *e.* (gaz, vb.) sızdırmak; sızmak; (haber, vb.) sızdırmak **leak detector** *fiz.* sızıntı detektörü **leak out** (haber, vb.) ortaya çıkmak, sızmak **leaking water** kaçak su, sızan su

leakage /ˈliːkic/ *a.* sızıntı, sızma **leakage current** kaçak akımı, sızıntı akımı **leakage flux** *elek.* kaçak akı **leakage indicator** *elek.* kaçak göstergesi **leakage path** kaçak yolu, sızıntı yolu **leakage radiation** *fiz.* kaçak radyasyon, sızıntı ışınım **leakage reactance** *elek.* kaçak reaktans

leakproof /liːkˈpruːf/ *s.* sızdırmaz
leaky /ˈliːki/ *s.* sızıntılı, sızdıran, delik
lean /liːn/ *e.* yana yatmak; (öne doğru) eğilmek; dayanmak, yaslanmak ¤ *s.* çok zayıf, sıska; (et) yağsız; verimsiz, kıt **lean coal** zayıf kömür **lean-to roof** *inş.* sundurma çatı
leaning /ˈliːning/ *a.* eğilim
leanness /ˈliːnnis/ *a.* zayıflık, verimsizlik
leap /liːp/ *e.* sıçramak, atlamak; (üstünden) atlamak ¤ *a.* sıçrama, atlama; atlanılan uzaklık, sıçrama uzaklığı; ani yükselme, fırlama, artış **leap at** bayıla bayıla kabul etmek, atlamak **leap year** *gökb.* ekliyıl, artıkyıl
leapfrog /ˈliːpfrog/ *a.* birdirbir ¤ *e.* (pozisyon açısından) atlamak, sıçramak
learn /löːn/ *e.* öğrenmek **learn one's lesson** dersini almak, ağzı yanmak
learned /ˈlöːnid/ *s.* bilgili
learner /ˈlöːnı/ *a.* öğrenci, bir şeyi öğrenmekte olan kimse
learning /ˈlöːning/ *a.* bilgi
lease /liːs/ *a.* kira kontratı; icar, kiralama ¤ *e.* (out ile) kontratla kiralamak **leased line** *biliş.* kiralanmış hat, özel hat
leaseback /ˈliːsbek/ *a.* geri kiralama
leasehold /ˈliːshould/ *a.* sözleşme ile kiralanmış emlak
leaseholder /ˈliːshouldı/ *a.* kiracı, müstecir
leaser /ˈliːsı/ *a.* kiralayan
leash /liːş/ *a.* tasma
leasing /ˈliːsing/ *a.* kiralama, finansal kiralama, leasing
least /liːst/ *be.* en az, en küçük ¤ *a. adl.* en küçük sayı, en küçük miktar, en az **at least** en az, en azından, hiç olmazsa **least action** *fiz.* en az aksiyon, en küçük eylem **least common multiple** *mat.* en küçük ortakkat **least effort** en az çaba yasası **least energy principle** *fiz.* en küçük enerji prensibi, en küçük erke ilkesi **least squares method** en küçük üstikiler yöntemi **least upper bound** en küçük üst sınır
leather /ˈledı/ *a.* deri **leather belt** kösele kayış **leather goods** deri eşyalar **leather packing** kösele salmastra
leathercloth /ˈledıˈklot/ *a. teks.* deriye benzer bir tür kumaş
leathery /ˈledıri/ *s.* kösele gibi, sert, kalın

leave /liːv/ *e.* ayrılmak, bırakmak, terk etmek; bırakmak; bakımına bırakmak, sorumluluğuna bırakmak ¤ *a.* izin, müsaade *by/with your leave* izninizle *leave high and dry/in the lurch* yüzüstü/yaya bırakmak *leave one to one's fate* kaderiyle baş başa bırakmak *leave out* eklemeyi unutmak, atlamak; atmak, dahil etmemek, hariç bırakmak, çıkarmak *leave sb flat* beş parasız bırakmak *leave sb holding the bag* yüzüstü bırakmak *leave sb in peace* rahat bırakmak *leave sb standing* yaya bırakmak *leave sb to his own devices/resources* kendi haline bırakmak *leave sb speechless* nutkunun tutulmasına yol açmak *leave sth to sb* bırakmak *leave sth up to* bırakmak *leave word with sb* not bırakmak *on leave* izinli

leaven /'levın/ *a.* maya

leavings /'liːvingz/ *a.* artıklar, çöpler

lecher /'leçı/ *a.* aşırı seks düşkünü, azgın

lecherous /'leçırıs/ *s. hkr.* şehvet düşkünü, azgın

lechery /'leçıri/ *a.* seks düşkünlüğü

lectern /'lektın/ *a.* kürsü, konuşmacı kürsüsü

lecture /'lekçı/ *a.* konferans; (üniversitede) ders; azarlama, paylama ¤ *e.* ders vermek; konferans vermek; azarlamak, paylamak

lecturer /'lekçırı/ *a.* konferansçı; okutman; doçent

lectureship /'lekçışip/ *a.* okutmanlık

ledge /lec/ *a.* rafa benzer düz çıkıntı; çıkıntılı kaya tabakası

ledger /'lecı/ *a.* defteri kebir, büyük defter; travers, kuşak, üst germe *ledger blade teks.* (kırpma makası) sabit bıçak *ledger board* küpeşte, parmaklık küpeştesi

lee /liː/ *a.* korunmalı taraf; boca, rüzgâraltı *lee anchor* rüzgâra kapalı yer; *den.* rüzgâr altı, boca *lee shore den.* rüzgâr altındaki kıyı *lee side den.* rüzgâr altı

leech /liːç/ *a. hayb.* sülük; asalak, parazit, sülük; *den.* yelken yakası/astarı *cling like a leech* sülük gibi yapışmak *leech rope den.* gradin halatı

leek /liːk/ *a.* pırasa

leer /liı/ *a.* yan bakış, alaycı ya da şehvetli bakış ¤ *e.* (at ile) yan gözle bakmak; şehvetle bakmak, kesmek

lees /liːz/ *a.* tortu, çökelti

leeward /'liːwıd/ *s. den.* rüzgâr altı yanına ait ¤ *be.* rüzgâr altı yanına doğru

leeway /'liːwey/ *a.* fazladan yer, zaman, para, vb.; *den.* geminin rüzgâraltı yanına düşmesi

left /left/ *a. s.* sol ¤ *be.* sola *left hand* sol el; sol taraf *left justified biliş.* sola yanaşık *left justify biliş.* sola yanaştırmak *left lane* sol şerit *left property* bırakılmış eşya *left shift biliş.* sola kaydırma *left turn* sola dönüş *left-turn lane* sola dönüş şeridi *left wing* sol kanat

left-hand /left'hend/ *s.* solda, sola, sol yanda; sol elle yapılan, sol elle ilgili *left-hand drive oto.* sol direksiyon *left-hand engine* sola dönen motor *left-hand steering oto.* sol direksiyon *left-hand thread* sol vida dişi *left-hand tools mak.* sol torna takımı

left-handed /left'hendid/ *s.* solak; solaklar için yapılmış *left-handed polarized fiz.* solak kutuplu, solak polarize, solak ucaylı *left-handed rotation* sola çevirme *pay a left-handed compliment* kaş yapayım derken göz çıkarmak

leftist /'leftist/ *a. s.* solcu

left-luggage /left'lagic/ *a.* emanet

leftovers /'leftouvız/ *a.* artık yemek

leftwards /'leftwıdz/ *be.* sola doğru, sola

leg /leg/ *a.* (hayvanlarda) but; bacak; (giysi) bacağı örten bölüm, bacak; (eşya) ayak, bacak; bölüm *be on one's last legs* bir ayağı çukurda olmak *get one's leg over arg.* düzüşmek, sikişmek *not have a leg to stand on* tutunacak dalı olmamak *on one's legs* ayakta, kalkmış; ayakta, sağlam *pull sb's leg* gırgır geçmek, takılmak *give sb a leg up* binmesine yardımcı olmak; başarısı için destek vermek *shake a leg arg.* dans etmek, oynamak; *arg.* tempo tutmak *stretch one's legs* gezmeye çıkmak

legacy /'legısi/ *a.* miras, kalıt

legal /'liːgıl/ *s.* yasal, yasaya uygun *legal adviser* hukuk danışmanı, hukuk müşaviri *legal aid* ücretsiz avukat sağlama *legal capacity* hukuki ehliyet *legal competence* hukuki ehliyet *legal disability* hukuki ehliyetsizlik *legal entity* tüzel kişi, hükmi şahıs *legal error* adli hata *legal expenses* mahkeme giderleri *legal force* kesin hüküm *legal heir* kanuni mirasçı *legal holiday* resmi tatil *legal list* yasal liste *legal monopoly* kanuni tekel *legal mortgage* yasal ipotek, kanuni ipotek *legal obligation* yasal yükümlülük *legal person* tüzel kişi *legal position* hukuki durum *legal remedy* kanuni çözüm *legal reserve* kanuni ihtiyat, kanuni yedek akçe *legal tender* yasal ödeme aracı, kanuni para

legalese /li:gı'li:z/ *a.* hukuk dili

legality /li'geliti/ *a.* yasallık, yasaya uygunluk, kanunilik

legalization /li:gılay'zeyşın/ *a.* yasal hale getirme

legalize /'li:gılayz/ *e.* yasallaştırmak, yasal hale getirmek

legate /'legit/ *e.* miras bırakmak

legatee /legı'ti:/ *a.* lehine mal bırakılan kişi

legation /li'geyşın/ *a.* ortaelçilik, elçi gönderme, temsilci gönderme

legator /legı'to:/ *a.* vasiyetçi, miras bırakan kişi

legend /'lecınd/ *a.* efsane, söylence; büyük, ünlü kimse, efsane; (harita, vb.'de) açıklayıcı bilgiler

legendary /'lecındıri/ *s.* efsanevi, söylencesel; ünlü

legerdemain /lecıdı'meyn/ *a.* el becerisi; hokkabazlık

leggings /'legingz/ *a.* tozluk

leggy /'legi/ *s.* uzun bacaklı

legibility /leci'bilıti/ *a.* okunaklılık

legible /'lecıbıl/ *s.* okunaklı

legion /'li:cın/ *a.* lejyon; kalabalık insan topluluğu

legislate /'lecisleyt/ *e.* (for/against ile) yasa yapmak, yasamak

legislation /lecis'leyşın/ *a.* yasama, kanun yapma

legislative /'lecislıtiv/ *s.* yasamaya ilişkin; yasama yetkisi olan, kanun koyan

legislature /'lecisleyçı/ *a.* yasama meclisi

legitimacy /li'citimısi/ *a.* meşruluk, yasalara uygunluk

legitimate /li'citimit/ *s.* yasal; meşru doğmuş; mantıklı, akla yatkın *legitimate key* biliş. kurallara uygun anahtar *legitimate record* biliş. uygun kayıt

legitimation /liciti'meyşın/ *a.* meşrulaştırma; onaylama

legless /'leglis/ *s.* bacaksız

lie-in /lay'in/ *a. İİ. kon.* sabah geç saatlere kadar yatakta kalma, çok uyuma

leisure /'lejı/ *a.* boş vakit *at leisure* boş, serbest; acele etmeden, acelesiz *leisure industry* eğlence endüstrisi

leisured /'lejıd/ *s.* bol bol boş zamanı olan, serbest

leisurely /'lejıli/ *s.* acelesiz yapılan, yavaş, sakin

leisureliness /'lejılinis/ *a.* acelesizlik

leitmotiv /'laytmouti:f/ *a.* ana motif

lemma /'lemı/ *a. mat.* yardımcı teorem, önsav

lemming /'leming/ *a.* yabani sıçan

lemniscate /'lemniskit/ *a. mat.* lemniskat, kelebek eğrisi

lemon /'lemın/ *a.* limon

lemonade /lemı'neyd/ *a. İİ.* gazoz; *Aİ.* limonata

lend /lend/ *e.* ödünç vermek, borç vermek; eklemek, katmak, vermek *lend an ear* kulak vermek, dinlemek *lend itself to* uygun düşmek, elverişli olmak, müsait olmak *lending library* ödünç kitap veren kütüphane

lender /'lendı/ *a.* ödünç veren; borç veren *lender of last resort* son ödünç verme mercii

length /lengt/ *a.* uzunluk, boy; parça *at length* uzun bir süre sonra, sonunda; ayrıntılı, çok detaylı, uzun uzadıya *length counter* uzunluk sayacı *length measuring* uzunluk ölçümü

lengthen /'lengtın/ *e.* uzatmak; uzamak

lengthiness /'lengtinis/ *a.* uzunluk

lengthways /'lengtweyz/ *be.* uzunlamasına, uzunluğuna

lengthwise /'lengtwayz/ *be. bkz.* lengthways

lengthy /'lengti/ *s.* upuzun, çok uzun, fazlasıyla uzun

lenience /'li:nyıns/ *a.* hoşgörü

lenient /'li:niınt/ *s.* müşfik, yumuşak

lenis /'leynis/ *a.* yumuşak ünsüz (ses)

lens /lenz/ *a.* mercek; göz merceği; objektif; gözlük camı *lens antenna* mercek anten *lens aperture fot.* diyafram açıklığı *lens barrel* mercek çerçevesi *lens cap* mercek kapağı *lens diaphragm* mercek diyaframı *lens hood fot.* parasol, güneş diyaframı, güneşlik *lens mount fot.* mercek çerçevesi/yuvası *lens opening fot.* mercek açıklığı *lens turret sin.* mercek tablası

Lent /lent/ *a.* Hıristiyanlık'ta Paskalya'dan önceki kırk gün boyunca yapılan büyük perhiz

lenticular /len'tikyulı/ *s.* mercimek biçiminde; mercekle ilgili *lenticular cloud metr.* mercekselbulut *lenticular screen fot.* merceksi ekran

lentil /'lentl/ *a.* mercimek

Leo /'li:ou/ *a.* Aslan burcu

leopard /'lepıd/ *a. hayb.* leopar, pars, panter *The leopard can't change its spots* Can çıkar huy çıkmaz

leopardess /'lepıdes/ *a.* dişi leopar

leotard /'li:outa:d/ *a.* dansçıların/akrobatların giydiği vücudu saran giysi

leper /'lepı/ *a.* cüzamlı

lepidolite /li'pidılayt/ *a. min.* lepidolit

leprosy /'leprısi/ *a.* cüzam

lepton /'lepton/ *a. fiz.* lepton *lepton number fiz.* lepton sayısı

lesbian /'lezbiın/ *s.* lezbiyen, sevici

lesion /'li:jın/ *a.* yara, bere

less /les/ *s. be.* daha az ¤ *adl.* daha az şey/kimse ¤ *a.* daha az, daha az miktar *do with less* kanaat etmek *for less* daha ucuza *in less time* daha az zamanda *less and less* gittikçe azalarak *Less of that!* Kes artık! *none the less* yine de

lessee /le'si:/ *a.* kiracı

lessen /'lesın/ *e.* azaltmak, küçültmek; azalmak, eksilmek

lesser /'lesı/ *s.* daha az/küçük

lesson /'lesın/ *a.* ders; ders, ibret *give lessons* ders vermek *take lessons (from)* ders almak

lessor /'leso:/ *a.* kiraya veren kişi

lest /lest/ *bağ.* -mesin diye, -ecek diye

let /let/ *e.* izin vermek, bırakmak, müsaade etmek; -meli, -malı, -ecek, -sin; *İl.* (to/out ile) kiraya vermek, kiralamak ¤ *a. sp.* let; engel *let alone* ... bırak, şöyle dursun *let down* hayal kırıklığına uğratmak; yüzüstü bırakmak; (elbise, etek, vb.) boyunu uzatmak *let go* bırakmak, koyvermek *let in* içeri bırakmak, içeri almak *let off* (işten, cezadan) serbest bırakmak; affetmek; (bir araçtan) indirmek *let on kon.* (sır) söylemek, açıklamak *let out* koyvermek, bırakmak, salıvermek; (giysi) genişletmek, bollaştırmak *let sb in for* neden olmak *let sb in on* sırrını açıklamak *let sth slide* işi sermek *let sth slip (out)* bir şeyi ağzından kaçırmak *let through* geçmesine izin vermek, geçirmek *let up* durmak, dinmek, azalmak, hafiflemek *without let or hindrance* yağdan kıl çeker gibi

let-down /'letdaun/ *a.* düş kırıklığı, hayal kırıklığı; ekonomik durgunluk, para darlığı

lethal /'li:tıl/ *s.* öldürücü

lethargic /le'ta:cik/ *s.* uyuşuk, uykulu; *hek.* uyku verici

lethargy /'letıci/ *a.* uyuşukluk, atalet, ilgisizlik; *hek.* letarji

letter /'letı/ *a.* mektup; harf; (yasa, anlaşma, vb.) harfi harfine anlamı *letter file* mektup dosyası *letter head* mektup başlığı *letter of acceptance* kabul mektubu *letter of administration* vasiyeti tenfiz yetkisi *letter of advice* ihbar mektubu, ihbarname *letter of application* başvuru dilekçesi *letter of attorney* vekâletname *letter of credit* akreditif, kredi mektubu *letter of credit opening* küşat mektubu *letter of exchange* poliçe *letter of guarantee* garanti mektubu, teminat mektubu *letter of guaranty* teminat mektubu *letter of hypothecation* rehin mektubu, ipotek mektubu *letter of indemnity* tazminat mektubu *letter of intend* niyet mektubu *letter of introduction* tavsiye mektubu *letter of licence* izin mektubu *letter of lien* mahsup mektubu, rehin mektubu *letter of recommendation* tavsiye mektubu, bonservis *letter of renunciation* feragat mektubu *letter of trust* güven mektubu, itimat mektubu *letter out biliş.* silmek *letter printer biliş.* mektup yazıcı *letters credentials* güven mektubu *letters of administration* idari tezkere *letters of credence* güven mektubu *letters patent* patent, ruhsat, berat, ihtira beratı *letters testamentary* vasiyetname *to the letter* harfi harfine

letterbox /'letıboks/ *a.* mektup kutusu

lettered /'letıd/ *s.* eğitimli, aydın

letterhead /'letıhed/ *a.* mektup kâğıdı başlığı, antet

lettering /'letıring/ *a.* harf ya da sözcük yazım karakteri

letting /'leting/ *a.* kiraya verme *letting value* kira bedeli

lettuce /'letis/ *a.* salata, marul

letup /'letap/ *a.* azalma, dinme, durma

leucine /'lu:si:n/ *a.* lösin

leuco /'lu:kou/ *s.* löko *leuco base* lökobaz *leuco compound* lökotürev *leuco cratic* yerb. löko krat *leuco dye* teks. löko boya *leuco vat-dye* teks. löko küp boya

leucocyte /'lyu:kousayt/ *a.* lökosit, akyuvar

leukemia /lu:'ki:mıı/ *a. hek.* lösemi, kan kanseri

levee /'levi/ *a.* sedde

level /'levıl/ *a.* yüzey, yatay yüzey; düzlük, düz yer; düzey, seviye; derece, ölçü; su terazisi, tesviye ruhu; tesviye aleti, düzeç ¤ *s.* düz; aynı düzeyde, aynı hizada, bir seviyede; seviyeli, dengeli, düzgün ¤ *e.* düzleştirmek, düzeltmek, tesviye etmek; yıkmak, yerle bir etmek *draw level with* ile aynı seviyeye ulaşmak *find one's level* haddini bilmek *level at* yöneltmek, doğrultmak, hedef almak *level crossing* hemzemin geçit, yer geçidi *level indicator* seviye göstergesi, düzey göstergesi *level with sb* samimi davranmak *make level with the ground* yerle aynı seviyeye getirmek *on a level* aynı hizada, aynı düzeyde *on the level* kon. içten, doğru, dürüst *one's level best* kon. elinden gelen, yapabileceğinin en iyisi

level-headed /'levıl'hedid/ *s.* sakin, dengeli, mantıklı

leveller /'levılı/ *a.* tesviye aleti, düzelteç

levelling /'levıling/ *a.* düzleştirme; nivelman *levelling agent* egaliz maddesi, düzgün boyama maddesi *levelling dye* teks. düzgün boyayan boya, muntazam boyayan boya *levelling instrument* nivo *levelling power* teks. düzgün boyama gücü, muntazam boyama gücü *levelling screw* tesviye vidası, düzleme vidası *levelling stenter* teks. düzgünleştirme gergefi

lever /'li:vı/ *a.* manivela, manivela kolu, kaldıraç; birini emek harcamaya zorlayan şey ¤ *e.* manivela ile hareket ettirmek/kaldırmak *lever arm* levye kolu, manivela kolu *lever brake* kollu fren *lever jack* kriko *lever shears* kollu makas *lever switch* kollu şalter

leverage /'li:vıric/ *a.* manivela hareketi/kuvveti; sonuç almak için kullanılan güç/dürtü vb.

leveret /'levırit/ *a.* yavru yabani tavşan

levitate /'leviteyt/ *e.* gözbağcılıkla havaya yükselmek/yükseltmek

levity /'leviti/ *a.* ciddiyetsizlik, laubalilik

levy /'levi/ *a.* zorla toplama; toplanan para; vergi koyma, vergi tarh etme; prelevman; haciz, icra ¤ *e.* (on/upon ile) zorla toplamak; vergi toplamak; haczetmek, el koymak

lewd /lu:d/ *s.* şehvet düşkünü; açık saçık, müstehcen

lewdness /'lu:dnıs/ *a.* adilik; çapkınlık, açık saçıklık, uçarılık

lewisite /'lu:isayt/ *a.* levisit

lexeme /'leksi:m/ *a.* sözlükbirim

lexical /'leksikıl/ *s.* sözcüksel *lexical analysis* biliş. sözlüksel analiz, sözlüksel çözümleme *lexical field* sözlük alanı, sözlüksel alan *lexical unit* sözlük birimi, sözlüksel birim

lexicographer /leksi'kogrıfı/ *a.* leksikograf, sözlükbilimci

lexicography /leksi'kogrıfı/ *a.* sözlükçülük, sözlükbilgisi

lexicology /leksi'kolıci/ *a.* sözlükbilim, sözcükbilim

lexicon /'leksikın/ *a.* sözlük

ley /ley/ *a. trm.* geçici otlak, nöbet merası, nöbet çayırı

liabilities /layı'bilitiz/ *a.* pasif; borç, düyun; taahhüt, üstlenme; sorumluluk, mesuliyet *liabilities to outsiders* üçüncü şahıslara borçlar

liability /layı'biliti/ *a.* sorumluluk;

ödenecek borç; engel **liability account** pasif hesap, borç hesabı **liability insurance** mali sorumluluk sigortası **liability management** borç yönetimi
liable /'layıbıl/ *s.* sorumlu; maruz; eğilimli
liaise /li'eyz/ *e.* (with ile) birlikte çalışmak, ilişki kurmak
liaison /li'eyzon/ *a.* bağlantı; evlilik dışı cinsel ilişki; *dilb.* ulama, liezon; *mutf.* terbiye **liaison committee** irtibat kurulu **liaison officer** irtibat subayı
liar /'layı/ *a.* yalancı
lib /lib/ *a. kon.* özgürlük
libation /lay'beyşın/ *a.* tanrı/ölmüş birinin adına içilin/dökülen içki miktarı; *mec.* içki
libel /'laybıl/ *a.* yazılı iftira, asılsız haber, onur kırıcı yayın ¤ *e.* onur kırıcı yayın yapmak, aleyhinde asılsız şeyler yazmak
libellant /'laybılınt/ *a.* davacı
libellee /laybı'li:/ *a.* davalı
libellous /'laybılıs/ *s.* onur kırıcı, yerici, karalayıcı
Liberal /'libırıl/ *a. s.* Liberal Parti üyesi, Liberal
liberal /'libırıl/ *s.* liberal, erkinci; cömert, eli açık; geniş görüşlü, hoşgörülü ¤ *a.* liberal kimse **liberal arts** sosyal bilimler, beşeri ilimler **liberal education** genel kültür **liberal profession** serbest meslek
liberalism /'libırılizım/ *a.* liberalizm, erkincilik
liberality /libı'reliti/ *a.* cömertlik, eli açıklık; geniş görüşlülük
liberalize /'libırılayz/ *e.* liberalleştirmek
liberally /'libırıli/ *be.* el açıklığıyla, cömertlikle, büyük miktarda
liberate /'libıreyt/ *e.* serbest bırakmak
liberated /'libıreytid/ *s.* (sosyal ve cinsel yönden) özgür, serbest
liberation /libı'reyşın/ *a.* kurtuluş, serbest kalma
liberator /'libıreytı/ *a.* kurtarıcı
libertinism /'libıtinizım/ *a.* çapkınlık, sefahat
liberty /'libıti/ *a.* özgürlük **liberty bonds** özgürlük tahvilleri
libidinous /li'bidinıs/ *s.* şehvetli
libido /li'bi:dou/ *a.* cinsellik içgüdüsü, libido

Libra /'li:brı/ *a.* Terazi burcu
librarian /lay'breırıın/ *a.* kütüphaneci **librarian program** *biliş.* kitaplıkçı programı
library /'laybrırı/ *a.* kütüphane **library facilities** *biliş.* kitaplık olanakları **library film** *sin.* arşiv filmi, belgelik filmi **library program** *biliş.* kitaplık programı **library routine** *biliş.* kitaplık yordamı **library shot** *elek.* arşiv çekimi, belgelik çekimi **library software** *biliş.* kitaplık yazılımı **library subroutine** *biliş.* kitaplık altyordamı **library tape** *biliş.* kitaplık şeridi **library track** *biliş.* kitaplık izi
librate /'laybreyt/ *e.* sallanmak, titreşmek
libration /lay'breyşın/ *a.* titreşim, salınım
librational /lay'breyşınıl/ *s.* titreşimsel, salınımsal
librettist /li'bretist/ *a.* opera metni yazarı
libretto /li'bretou/ *a.* opera metni; opera kitabı
licence /'laysıns/ *a.* ruhsat, izin, ehliyet; aşırı serbestlik **driving licence** sürücü belgesi, ehliyet **licence fee** lisans ücreti **licence holder** lisans sahibi **licence plate** *Aİ.* plaka
license /'laysıns/ *e.* ruhsat vermek, resmi izin vermek, yetki vermek ¤ *a. Aİ. bkz.* licence
licensed /'laysınt/ *s.* izinli; ruhsatlı **licensed construction** ruhsatlı inşaat
licensee /laysın'si:/ *a.* lisans sahibi
licensor /'laysınsı/ *a.* lisans veren kimse
licentious /lay'senşıs/ *s.* şehvetli, azgın
lichen /'laykın/ *a. bitk.* liken
lick /lik/ *e.* yalamak; yalayıp yutmak; *kon.* dayak atmak, pataklamak; *İİ. kon.* kafasını karıştırmak, şaşırtmak ¤ *a.* yalama, yalayış; (of ile) az bir şey, az bir miktar **give a lick and a promise** yalapşap yapmak **lick sb/sth into shape** adam etmek **lick sb's boots** yağ çekmek, dalkavukluk etmek
licking /'liking/ *a.* yalayış, yalama; kötek, dayak **take a licking** kötek yemek
licorice /'likırıs/ *a. bkz.* liquorice
lid /lid/ *a.* kapak; gözkapağı **keep the lid on** hasır altı etmek **take the lid off** iş karıştırmak/işi kurcalamak
lido /'li:dou/ *a.* halka açık havuz
lie /lay/ *e.* yatmak, uzanmak, durmak; yer almak, bulunmak; yatmak, durmak **lie**

about tembellik etmek, aylaklık etmek ***lie around*** tembellik etmek, aylaklık etmek ***lie behind*** arkasında gizli olmak, nedeni olmak ***lie down*** yatmak, uzanmak ***lie dying*** ölüm döşeğinde yatmak, can çekişmek ***lie in*** sabah geç saatlere kadar uyumak ***lie in wait*** pusuda beklemek, fırsat kollamak
lie /lay/ *e.* yalan söylemek ¤ *a.* yalan ***give the lie to sth*** yanlış olduğunu göstermek ***lie in one's teeth*** açıkça ve arsızca yalan söylemek
lie-down /lay'daun/ *a. kon.* uzanma, kısa dinlenme
lief /li:f/ *be.* seve seve
lie-in /lay'in/ *a. İİ. kon.* sabahleyin geç kalkma, çok uyuma
lien /'li:ın/ *a.* haciz; ipotek faizi, matlup
lienee /'li:ni:/ *a.* rehin borçlusu
lieu /lu:/ : *in lieu* -in yerine
lieutenancy /lef'tınınsi/ *a.* teğmenlik
lieutenant /lef'tenınt/ *a.* teğmen
life /layf/ *a.* hayat, yaşam; kişi, can, yaşam; hareket, canlılık, hayat; can katan kimse ya da şey; vade, süre *a matter of life and/or death* hayat memat meselesi ***change of life*** menopoz ***come to life*** canlanmak, hareketlenmek, tepki göstermek ***life annuity*** ömür boyu gelir ***life assurance*** hayat sigortası ***life buoy*** *den.* can simidi ***life coverage*** hayat sigortası teminatı ***life expectancy*** ortalama insan ömrü ***life fund*** hayat sigortası fonu ***life history*** biyografi, yaşamöyküsü ***life income*** yaşam boyu gelir ***life insurance*** hayat sigortası ***life interest*** intifa hakkı ***life jacket*** can yeleği ***life of the party*** neşe saçan kişi ***not on your life*** kesinlikle hayır ***take one's life in one's hands*** kelleyi koltuğa almak ***to the life*** aynen, tıpatıp
lifebelt /'layfbelt/ *a.* emniyet kemeri; cankurtaran kemeri
lifeblood /'layfblad/ *a.* can damarı
lifeboat /'layfbout/ *a.* cankurtaran sandalı
lifeguard /'layfga:d/ *a.* cankurtaran yüzücü
lifeless /'layflis/ *s.* ölü, cansız; ruhsuz, donuk, ölgün, cansız
lifelike /'layflayk/ *s.* canlı gibi görünen
lifeline /'layflayn/ *a. den.* cankurtaran halatı
lifelong /'layflong/ *s.* ömür boyu
life-saving /'layfseyving/ *s.* hayat kurtarıcı, zor anda imdada koşan
life-size /layf'sayz/ *s.* doğal büyüklükte
lifestyle /'layfstayl/ *a.* yaşam tarzı
lifetime /'layftaym/ *a.* ömür
lift /lift/ *e.* kaldırmak, yükseltmek; (bulut, sis, vb.) yükselmek, dağılmak; bitmek, ortadan kaldırmak, son vermek; *kon.* araklamak, yürütmek; *kon.* (başkasına ait düşünce, yazı, vb.) çalmak, kendine mal etmek ¤ *a.* kaldırma, yükseltme; kaldırma kuvveti; *İİ.* asansör; arabasına alma, parasız götürme/gitme; *kon.* neşe, rahatlık, rahatlama duygusu, ferahlık ***give sb a lift*** birisini arabasına almak ***not lift a finger (to help sb)*** parmağını bile kıpırdatmamak (birisine yardım etmek için) ***lift and force pump*** emme basma tulumba ***lift coefficient*** *hav.* kaldırma katsayısı ***lift flap*** *hav.* kaldırma flabı ***lift off*** (uçak, vb.) havalanmak, kalkmak ***lift pump*** emme tulumba ***lift shaft*** asansör kuyusu ***lift valve*** kaldırmalı valf
lifter /'liftı/ *a. trm.* sökme makinesi; *teks.* platin
lifting /'lifting/ *a.* kaldırma ***lifting capacity*** kaldırma kapasitesi ***lifting crane*** vinç ***lifting cylinder*** kaldırma silindiri ***lifting device*** kaldırma tertibatı ***lifting jack*** kriko ***lifting plough*** sökme makinesi ***lifting pump*** emme tulumba ***lifting tongs*** vinç kıskacı ***lifting wire*** *teks.* platin
lift-off /'liftof/ *a.* (uçak) kalkış, havalanma
ligament /'ligımınt/ *a. anat.* kiriş, bağ
light /layt/ *a.* ışık, aydınlık; güneş ışığı, gün ışığı; lamba, ışık; (kibrit, çakmak, vb.) ateş; parlaklık, pırıltı, sevinç ya da heyecan pırıltısı, ışık; anlaşılma, ortaya çıkma, gün ışığına kavuşma; bakış açısı ¤ *s.* aydınlık, ışıklı, parlak; (renk) açık ¤ *e.* yakmak; yanmak; aydınlatmak, ışık vermek; parlamak, ışıldamak, aydınlanmak ***bring to light*** ortaya çıkarmak ***come to light*** ortaya çıkmak ***in the light of*** ışığında, göre ***light absorbing*** ışık soğurucu, ışık yutucu ***light barrier*** ışık bariyeri ***light beam*** ışık huzmesi, ışık demeti, ışın

demeti *light current* fiz. ışık akımı *light dues* fener resmi *light-emitting diode* ışık yayan diyot *light flux* fiz. ışık akısı *light meter* fotometre, ışıkölçer *light modulation* ışık modülasyonu *light modulator* ışık modülatörü *light pen* biliş. ışıklı kalem *light positive* ışık-pozitif *light ray* fiz. ışık ışını *light reading wand* biliş. ışık okuyan kalem *light relay* elek. ışık rölesi *light resistance* ışık haslığı *light resisting* ışığa dayanıklı, solmaz *light-sensitive* ışığa duyarlı, ışığa karşı hassas *light source* ışık kaynağı *light spectrum* ışık spektrumu, ışık izgesi *light stability* ışık kararlılığı *light-trap* fot. ışık kapanı *light velocity* ışık hızı *light year* ışık yılı *lights out* ışıkların söndürülüp yatma zamanı, yat borusu *light up* yakmak, tutuşturmak; yanmak; aydınlatmak; aydınlanmak *put a light to sth* yakmak, tutuşturmak *see the light* doğru yolu görmek; doğmak, dünyaya gelmek *strike a light* kibrit çakmak *throw light on* ışık tutmak, aydınlatmak *Will you give me a light?* Ateşinizi rica edebilir miyim?

light /layt/ *s.* hafif; hafif, yumuşak; (uyku) hafif ¤ *be.* hafifçe, yüksüz olarak, fazla yük almayarak ¤ *e.* inmek; konmak *light alloy* hafif alaşım *light breeze* metr. hafif meltem *light calendering* teks. hafif kalenderleme, ılıman kalenderleme *light displacement* boş maimahreç *light draught* boş su çekimi *light in bulk high in value* yükte hafif, pahada ağır *light industry* hafif sanayi, hafif endüstri *light into sb* birisine bağırıp çağırmak; üzerine atılmak *light machine gun* ask. hafif makineli tüfek *light metal* hafif metal, hafif maden *light oil* hafif yağ, ince yağ *light out* gidivermek, sıvışmak *light railway* hafif demiryolu, dekovil *lighter than air* havadan hafif *make light of* hafife almak *travel light* az eşya ile yolculuk yapmak

lighten /'laytın/ *e.* aydınlatmak; aydınlanmak; hafiflemek; hafifletmek; neşelenmek; neşelendirmek

lighter /'laytı/ *a.* yakıcı aygıt; çakmak; mavna, salapurya

lighterage /'laytıric/ *a.* mavna ile taşıma,

mavna ile boşaltma; mavna ücreti

light-fast /layt-fa:st/ *s.* ışığa dayanıklı, solmaz

light-fastness /layt-fa:stnıs/ *a.* ışık haslığı

light-fingered /layt fingıd/ *s. kon.* eli uzun, araklayıcı

light-headed /layt 'hedid/ *s.* kafası dumanlı, sarhoş, çakırkeyif; sersem, laubali, saçma

light-hearted /layt 'ha:tid/ *s.* neşeli, mutlu, tasasız, kaygısız

lighthouse /'laythaus/ *a.* fener kulesi

lighting /'layting/ *a.* aydınlatma, ışıklandırma, yakma; ışıklandırma sistemi *lighting engineer* ışıklandırma mühendisi *lighting equipment* aydınlatma donanımı *lighting gas* aydınlatma gazı *lighting rail* elek. hareketli ray, ışık rayı, kaydırma askısı

lightly /'laytli/ *be.* hafifçe, nazikçe; az bir derecede, az bir dereceye kadar; düşünmeksizin, sebepsiz yere; ciddiye almadan

lightness /'laytnıs/ *a.* hafiflik; yumuşaklık; sürat, çabukluk; neşelilik, canlılık

lightning /'laytning/ *a.* şimşek; ani/çabuk/kısa süren şey *lightning conductor* paratoner, yıldırımlık, yıldırımsavar *lightning generator* yıldırım jeneratörü *lightning recorder* metr. şimşek yazıcısı *lightning rod* yıldırımlık, yıldırımsavar *lightning strike* yıldırım grevi

lightship /'laytşip/ *a. den.* fener gemisi

lightweight /'laytweyt/ *s. a.* normalin altındaki kiloda (insan ya da şey); hafifsıklet (boksör) *lightweight aggregate* hafif agregat

ligneous /'ligniıs/ *s.* odunsu

lignification /lignifi'keyşın/ *a.* odunlaşma

lignify /'lignifay/ *e.* odunlaşmak; odunlaştırmak

lignin /'lignin/ *a.* lignin

lignite /'lignayt/ *a.* linyit

lignum vitae /lignım 'vayti/ *a. bitk.* peygamberağacı

ligroin /'ligrouin/ *a.* ligroin

likable /'laykıbıl/ *s.* hoşa giden, çekici, hoş, cana yakın, sevimli

like /layk/ *e.* beğenmek, sevmek; hoşlanmak; istemek, dilemek ¤ *s.*

benzer ¤ *ilg.* gibi; -in özelliği ¤ *a.* benzeri ¤ *bağ. kon.* gibi; -miş gibi **feel like** (canı) istemek **like a (hot) knife through butter** tereyağından kıl çeker gibi **like a bull at a gate** paldır küldür **like a bullet out of/from a gun** kurşun gibi hızlı **like a bump on a log** put gibi/ölü gibi **like a sack of potatoes** patates çuvalı gibi **like a ship without a rudder** serseri mayın gibi **like a shot** ok gibi **like a three-ring circus** alan talan/çıfıt çarşısı gibi **like anything/hell/blazes/mad/crazy** *arg.* deli gibi **like greased lightning** şimşek gibi **like that** öyle, o şekilde **like the sound of one's own voice** çenesi düşük olmak **like water off a duck's back** akıntıya kürek çeker gibi **look like** -e benzemek **something like** gibi bir şey, yaklaşık, civarında

likeable /'laykıbıl/ *s. bkz.* likable

likelihood /'layklihud/ *a.* olasılık, ihtimal

likely /'laykli/ *s.* olası, muhtemel; uygun, mantıklı, iyi ¤ *be.* galiba, muhtemelen **as likely as not** muhtemelen **not likely** *kon.* kesinlikle hayır

liken /'laykın/ *e.* (to ile) benzetmek

likeness /'layknis/ *a.* benzeyiş, benzerlik

likewise /'laykwayz/ *be.* aynı şekilde; de, da, ayrıca, bir de

liking /'layking/ *a.* (for ile) sevme, düşkünlük

lilac /'laylık/ *a. bitk.* leylak; leylak rengi

Lilo /'laylou/ *a.* deniz yatağı

lilt /lilt/ *a.* hızlı hareket; oynak şarkı

lily /'lili/ *a. bitk.* zambak

lily-livered /lili'livıd/ *s.* korkak, yüreksiz, tabansız, tavşan yürekli

limaçon /'limıson/ *a. mat.* Pascal helezonu, ilmik eğrisi

limb /lim/ *a.* kol, bacak, kanat gibi gövdeye bağlı organ; geniş ağaç dalı; *gökb.* (gökcismi) dairesel dış kenar

limber /'limbı/ *e.* (up ile) kasları geliştirerek bir yarışa vb. hazırlamak ¤ *a.* toparlak; *den.* sintine oluğu ¤ *s.* esnek, bükülgen, eğilir

limbo /'limbou/ *a.* bilinmeyen durum, çıkmaz, belirsizlik ¤ *a.* limbo dansı

lime /laym/ *a.* kireç; *bitk.* ıhlamur; misket limonu ¤ *e.* kireçlemek **lime boil** kireçle kaynatma **lime burner** kireç ocakçısı

lime cast kireç sıvısı **lime defecation** *şek.* kireçleme **lime feldspar** kireç feldispatı **lime kiln** kireç ocağı **lime mortar** kireç harcı **lime pit** kireç kuyusu **lime putty** kireçkaymağı **lime salts** kireç tuzları **lime slaking** kireç söndürme **lime soap** kalsiyum sabunu **lime tree** ıhlamur ağacı **limed juice** *şek.* kireçlenmiş şerbet

limelight /'laymlayt/ *a.* karpit lambası, kireç ışığı; halkın aşırı ilgisi

limerick /'limırik/ *a.* beş dizelik nükteli şiir

limestone /'laymstoun/ *a.* kireçtaşı **limestone chips** *met.* kireçtaşı kırıntısı

limewash /'laymwoş/ *a.* kireç badanası

limewater /'laymwo:tı/ *a.* kireçli su

limewhite /'laymwayt/ *a.* kireç badanası

liming /'layming/ *a.* kireçleme **liming tank** *şek.* kireçleme kazanı

limit /'limit/ *a.* limit, uç, sınır, had ¤ *e.* (to ile) kısıtlamak, sınırlandırmak **within limits** sınırları içinde **without limits** sınırsız **That's the limit!** Bu kadarı da fazla!, Yetti artık! **go to the limit** sınıra dayanmak **know one's limits** haddini bilmek

limitation /limi'teyşın/ *a.* sınırlama, kısıtlama

limited /'limitid/ *s.* sınırlı, kısıtlı; (şirket) limitet; ekspres **limited company** limitet şirket **limited input/output** *biliş.* sınırlı girdi/çıktı **limited liability** sınırlı sorumluluk **limited liability company** limitet şirket **limited life asset** kısa ömürlü varlıklar **limited market** sınırlı piyasa **limited monarchy** meşruti krallık **limited partner** sınırlı sorumlu ortak **limited partnership** sınırlı sorumlu ortaklık, adi komandit şirket **limited real rights** sınırlı ayni haklar **limited tape** *biliş.* sınırlı şerit

limiter /'limitı/ *a. elek.* limitör, sınırlayıcı

limiting /'limiting/ *s.* sınırlayıcı, kısıtlayıcı, gelişmeyi engelleyici **limiting density** *fiz.* sınırlama yoğunluğu **limiting frequency** sınırlayıcı frekans **limiting friction** limit sürtünme

limitless /'limitlıs/ *s.* sınırsız, sonsuz

limnetic /lim'netik/ *s.* tatlı su+

limnology /lim'nolıci/ *a. coğ.* gölbilim

limonene /'limıni:n/ *a. kim.* limonen

limonite /'laymınayt/ a. yerb. limonit

limousine /'limızi:n/ a. limuzin

limp /limp/ a. topallama ¤ e. topallamak ¤ s. gevşek, yumuşak, güçsüz, zayıf

limpet /'limpit/ a. deniz salyangozu

limpid /'limpid/ s. duru, berrak, saydam

limpidity /lim'pidıti/ a. durukluk, berraklık, saydamlık

limpidness /'limpinis/ a. durukluk, berraklık, saydamlık

limpness /'limpnis/ a. esneklik, yumuşaklık

limy /'laymi/ s. kireçli

linage /'laynic/ a. yazıdaki satır sayısı; satır sayısına göre ödenen ücret

linalool /li'neloul/ a. kim. linalol

linctus /'linktıs/ a. İİ. öksürük şurubu

linden /'lindın/ a. bitk. ıhlamur ağacı **linden tea** ıhlamur (çayı)

line /layn/ a. satır; çizgi, hat, yol; sınır belirten çizgi, hat; dizi, sıra, saf; ip, sicim, olta ipi; telefon hattı; demiryolu hattı; (hava ve deniz) hat, yol; iş, meslek, hizmet, uğraşı; stil, desen, şekil, çizgi; dize, mısra ¤ e. (with ile) içini kaplamak, astarlamak; çizgi çizmek; sıra oluşturmak **be in line with** ile bir hizada olmak; -e uymak **draw the line (at)** çizgi çekmek, dur demek **Hold the line (please)!** Telefonu kapatmayın (lütfen)!, Ayrılmayın (lütfen)! **in line with** ile bağıntılı, bağdaşık **line amplifier** elek. hat amplifikatörü **line-at-a-time printer** biliş. her-kez-bir-satır yazıcı **line blanking** elek. satır silinmesi, çizgi silinmesi, satır boşluğu **line distortion** elek. hat distorsiyonu **line driver** biliş. anayol sürücü **line drop** elek. hat gerilim düşüşü **line duration** elek. satır süresi **line equalizer** elek. hat eşitleyicisi **line feed** biliş. satır ilerletme **line filter** elek. hat filtresi **line finder** hat bulucu **line flyback** elek. yatay geri dönüş, çizgi geri dönüşü **line frequency** satır frekansı, çizgi frekansı **line generator** elek. çizgi jeneratörü, satır üreteci **line integral** mat. çizgisel integral, çizgi tümlevi **line load** hat yükü **line loss** elek. hat kaybı, hat kaçağı **line microphone** tabanca mikrofon **line noise** hat gürültüsü, hat paraziti **line number** elek. satır sayısı, çizgi sayısı **line of bearing** den. kerteriz hattı **line of business** işkolu, meslek **line of course** hav. rota çizgisi **line of credit** kredi sınırı **line of defence** savunma hattı **line of force** fiz. kuvvet çizgisi **line of sight** görüş hattı **line of vision** görüş hattı **line one's (own) pocket(s)** cebini doldurmak **line output transformer** elek. satır çıkış transformatörü **line output tube** elek. satır çıkış tüpü **line printer** biliş. satır yazıcı, satır basıcı **line printing** biliş. satır basma, satır yazma **line relay** hat rölesi **line scanning** elek. satır taraması **line segment** mat. doğru parçası **line selector** hat seçici **line shaft** transmisyon mili **line spectrum** çizgi spektrumu, çizgi izgesi **line stabilization** hat kararlılığı **line synchronization** satır senkronizasyonu, satır eşlemesi **line transformer** elek. hat transformatörü **line up** sıraya girmek; sıraya sokmak; programlamak, düzenlemek, ayarlamak **line voltage** elek. hat gerilimi **line width** fiz. çizgi genişliği **on a line** aynı hizada **on the line** (ödeme) peşin **out of line** (kişi) itaatsiz; (söz/tutum) uygunsuz **out of line with** -e uymayan **put/lay sth on the line** dobra dobra konuşmak **read between the lines** örtük anlamını çıkarmak, bir yazının kapalı anlamını keşfetmek **shoot a line** atıp tutmak

lineage /'liniic/ a. nesil, soy; köken, menşe

lineament /'liniımınt/ a. yük katarı; ayırt edici özellik

linear /'liniı/ s. doğrusal, çizgisel **linear accelerator** fiz. lineer hızlandırıcı, doğrusal hızlandırıcı, doğrusal ivdireç **linear amplifier** elek. lineer amplifikatör, doğrusal yükselteç **linear distortion** elek. doğrusal distorsiyon **linear element** mat. doğrusal eleman, doğrusal öğe **linear equation** mat. doğrusal denklem **linear interpolation** mat. lineer interpolasyon, doğrusal içdeğerbiçim **linear measure** uzunluk ölçüsü **linear modulation** elek. doğrusal modülasyon **linear molecule** doğrusal molekül **linear motor** elek. lineer motor **linear oscillator** fiz. doğrusal osilatör **linear programming**

biliş. doğrusal programlama *linear rectification elek.* lineer doğrultma *linear rectifier elek.* doğrusal redresör, doğrusal doğrultmaç *linear regression* lineer regresyon, doğrusal bağlanım *linear resistor elek.* lineer direnç *linear scan elek.* doğrusal tarama *linear space mat.* doğrusal uzay, doğru-uzay *linear sweep elek.* lineer süpürme *linear transducer elek.* lineer dönüştürücü *linear transformation mat.* doğrusal dönüşüm *linear unit biliş.* doğrusal birim *linear velocity* lineer hız, çizgisel hız

linearity /lini'eriti/ *a.* çizgisellik, doğrusallık, lineerlik *linearity control elek.* doğrusallık kontrolü

lineman /'laynmın/ *a.* telefon, telgraf ya da demiryolu hatlarını kontrol eden görevli, hat işçisi, hat bakımcısı

linen /'linin/ *a.* keten kumaş; (yatak, masa, vb.) keten örtü, keten çarşaf *wash one's dirty linen in public* kirli çamaşırlarını ortaya dökmek

liner /'laynı/ *a.* büyük yolcu gemisi, layner, transatlantik; astar, kaplama maddesi; astarcı, kaplamacı; gömlek, kovan; *hav.* yolcu uçağı *liner shipping* layner taşımacılığı *liner trade* layner ticareti

lines /laynz/ *a. tiy.* replik

linesman /'laynzmın/ *a. sp.* yan hakemi, çizgi hakemi; *bkz.* lineman

lineup /'laynap/ *a.* (eşya, insan) sıra, saf; (olay, vb.) dizi

linger /'lingı/ *e.* (on/over ile) gitmemek, takılıp kalmak, oyalanmak; (ağrı, vb.) kolay kolay geçmemek, sürüp gitmek

lingerie /'lenjıri:/ *a.* kadın iç çamaşırı

lingering /'lingıring/ *s.* duran; kalıcı; çok yavaş; hasretli

lingua franca /lingwı'frenkı/ *a.* lingua franka, anadili farklı olan kişilerin konuştuğu ortak dil

lingual /'lingwıl/ *s.* dile ait

linguist /'lingwist/ *a.* dilbilimci, dilci; yabancı diller üzerine çalışan ve bu dilleri iyi bilen kimse

linguistic /lin'gwistik/ *s.* dilbilimsel; dilsel *linguistic atlas* dil atlası *linguistic chart* dil haritası *linguistic community* dil topluluğu, dilsel topluluk *linguistic*

family dil ailesi *linguistic geography* dilbilim coğrafyası, dilbilimsel coğrafya *linguistic group* dil grubu *linguistic level* dil düzeyi *linguistic revolution* dil devrimi

linguistics /lin'gwistiks/ *a.* dilbilim

liniment /'linimınt/ *a.* eklem ve romatizma ağrılarını hafifletmek için kullanılan merhem

lining /'layning/ *a.* astar; balata *lining fabric teks.* astarlık kumaş

link /link/ *a.* bağlantı, bağ; zincir halkası, zincir baklası ¤ *e.* (together/up ile) bağlamak, birleştirmek *link bit biliş.* bağlaç biti *link block* ara takozu *linked list biliş.* linklenmiş liste, bağlantılanmış kütük *linked subroutine biliş.* bağlı altyordam *linking loader biliş.* bağlayıcı yükleme programı

linkage /'linkic/ *a.* zincir; bağlantı *linkage editor biliş.* bağlantı editörü, bağlantı biçimleyicisi

links /'links/ *a.* golf sahası

linkup /'linkap/ *a.* bağlantı noktası, bağlantı yeri, birleşme noktası

linn /lin/ *a.* küçük havuz; şelale

lino /'laynou/ *a. İİ. kon. bkz.* linoleum

linoleum /li'nouliım/ *a.* yer döşeme malzemesi, muşamba

linotype /'laynoutayp/ *a. bas.* linotip

linseed /'linsi:d/ *a. bitk.* keten tohumu *linseed oil* beziryağı

linsey-woolsey /'linzi'wulzi/ *a. teks.* yünle karışık keten ya da pamuk kumaş

lint /lint/ *a.* sargı bezi, keten tiftiği, kumaş tiftiği, pamuk tiftiği *lint doctor teks.* kontr-rakle

lintel /'lintl/ *a.* lento, üst eşik

linter /'lintı/ *a. teks.* linter makinesi

linters /'lintız/ *a. teks.* linters

lion /'layın/ *a.* aslan; cesur kişi; gezip görülecek yerler *the lion's share* aslan payı

lioness /'layınes/ *a.* dişi aslan

lip /lip/ *a.* dudak; kenar; küstahlık, edepsizlik *curl one's lip* dudak bükmek *escape one's lips* ağzından kaçmak *hang on sb's lips* ağzının içine bakmak, can kulağıyla dinlemek *keep a stiff upper lip* metin olmak *lick one's lips* dudaklarını şapırdatmak *lip service* sahte bağlılık/sevgi/saygı *lip syn-*

chronization *sin.* dudak senkronu, dudak eşlemesi *pay lip service to* sadece söz ile desteklemek, sözde bağlılık göstermek

lipase /'laypeys/ *a. kim.* lipaz

lipid /'laypid/ *a. kim.* lipit

lipoid /'lipoyd/ *s.* lipoit

lipophilic /lipou'filik/ *s. kim.* yağsever, lipofil

lipoprotein /lipou'prouti:n/ *a.* lipoprotein

lip-read /'lipri:d/ *e.* dudak okumak

lipstick /'lipstik/ *a.* dudak boyası, ruj

liquefaction /likwi'fekşın/ *a.* sıvılaşma; sıvılaştırma

liquefy /'likwifay/ *e.* sıvılaşmak; sıvılaştırmak

liqueur /li'kyuı/ *a.* likör

liquid /'likwid/ *a.* sıvı, likit ¤ *s.* sıvı, akışkan; (yiyecek, vb.) sulu; (ses) berrak, akıcı; saydam, şeffaf *liquid air fiz.* sıvı hava *liquid assets* likit varlıklar, disponibilite *liquid-cooled* sıvı soğutmalı *liquid crystal* sıvı kristal *liquid fuel* akaryakıt *liquid gas* sıvı gaz *liquid hydrogen* sıvı hidrojen *liquid laser opt.* sıvı lazer *liquid limit* likit limit, akma limiti *liquid manure* sıvı gübre *liquid measure* sıvı ölçüsü *liquid nitriding* sıvı nitrürleme *liquid phase* sıvı hal, sıvı evre *liquid pressure* sıvı basıncı *liquid rheostat elek.* sıvılı reosta *liquid state* sıvı durum *liquid sugar* şek. sıvı şeker

liquidate /'likwideyt/ *e.* kurtulmak, başından savmak, yok etmek; ödemek; hesabı kapatmak; (iş) tasfiye etmek, kapatmak *liquidating agent* tasfiye memuru

liquidation /likwi'deyşın/ *a.* ödeme; likidasyon, tasfiye; satış, paraya çevirme *liquidation value* tasfiye değeri

liquidator /'likwideytı/ *a.* tasfiye memuru

liquidity /li'kwiditi/ *a.* likidite; sıvılık, akışkanlık *liquidity preference* likidite tercihi *liquidity ratio* likidite oranı

liquidize /'likwidayz/ *e.* ezmek, suyunu çıkarmak

liquidizer /'likwidayzı/ *a. İİ.* mikser, karıştırıcı

liquor /'likı/ *a.* alkollü içki; *Aİ.* (viski, vb.) alkollü sert içki; *kim.* banyo, çözelti *liq-*

uor cabinet Amerikan bar

liquorice /'likıris/ *a. bitk.* meyankökü

lisp /lisp/ *e.* peltek konuşmak ¤ *a.* pelteklik

lissom(e) /'lisım/ *s.* kıvrak, çevik, atik

list /list/ *a.* liste, dizelge; kumaş kenarı; geminin yan yatması ¤ *e.* listesini yapmak; fiyat koymak; yan yatmak *list area biliş.* liste alanı, dizelge alanı *list price* liste fiyatı, katalog fiyatı *list processing biliş.* liste işleme, dizelge işleme *on the list* listede

listed /'listid/ *s.* kote edilmiş

listen /'lisın/ *e.* dinlemek ¤ *a. kon.* dinleme, kulak verme *listen for* kulak vermek, dikkat etmek, dinlemek *listen in* radyo(da) dinlemek; (on/to ile) kulak misafiri olmak *listen out* kulak vermek *listening plug elek.* dinleme fişi

listener /'lisını/ *a.* dinleyici

listing /'listing/ *a.* liste; listeleme *listing fee* kotasyon ücreti

listless /'listlis/ *s.* yorgun, bitkin, cansız, uyuşuk *feel listless* neşesiz hissetmek, keyifsiz hissetmek

litany /'litıni/ *a.* mukabele ile okunan dua

liter /'li:tı/ *a. Aİ. bkz.* litre

literacy /'litırısi/ *a.* okuryazarlık

literal /'litırıl/ *s.* tam; kelimesi kelimesine, harfi harfine; düz anlamlı, yalın, sade *literal operands biliş.* hazır bilgi işlenenleri

literalism /'litırılizım/ *a.* harfi harfine uygunluk; gerçekçilik

literally /'litırıli/ *be.* tam olarak, tam; kelimesi kelimesine; düz olarak, genel anlamıyla; abartmasız, gerçekten; söze göre

literary /'litırıri/ *s.* edebi, yazınsal *literary language* edebiyat dili, edebi dil, yazın dili

literate /'litırit/ *s.* okuryazar; iyi eğitim görmüş, bilgili, okumuş

literati /litı'ra:ti/ *a.* yazarlar; aydın sınıf

literature /'litırıçı/ *a.* edebiyat, yazın; *kon.* tanıtıcı kitap, broşür

lithe /layd/ *s.* esnek, kıvrak

litheness /'laydnıs/ *a.* esneklik

lithium /'litiım/ *a. kim.* lityum

lithochromatic /litoukrou'metik/ *s.* renkli, alaca bulaca

lithographer /li'togrıfı/ *a.* taşbasmacı,

taşbasması resim
lithographic /liti'grefik/ s. litografik
lithography /li'togrıfı/ a. litografi, taşbaskı sanatı
lithology /li'tolıci/ a. yerb. litoloji, taşbilim
lithometeor /liti'mi:tıı/ a. metr. katı meteor
lithopone /'litıpoun/ a. litopon
lithosphere /'litısfıı/ a. coğ. litosfer, taşyuvar, taşküre
litigant /'litigınt/ a. huk. davacı
litigate /'litigeyt/ e. huk. mahkemeye başvurmak, dava açmak
litigation /liti'geyşın/ a. dava
litigious /li'ticıs/ s. davalı
litmus /'litmıs/ a. turnusol **litmus paper** turnusol kâğıdı
litre /'li:tı/ a. İİ. litre
litter /'litı/ a. çöp; (hayvan) bir batında doğan yavrular ¤ e. karmakarışık etmek, dağıtmak
little /'litıl/ s. küçük, ufak; az, kısa; genç, küçük; önemsiz, değersiz, küçük ¤ be. az miktarda, birazcık, az ¤ a. az miktar **a little** biraz **little by little** azar azar, yavaş yavaş **little finger** serçeparmak **little language** çocuk dili **make little of** küçümsemek
littoral /'litırıl/ s. kıyıya ait, sahil+; kıyıya yakın, sahile yakın ¤ a. kıyı, sahil **littoral cordon** kıyı kordonu **littoral current** coğ. kıyı akıntısı **littoral environment** coğ. kıyı ortamı **littoral zone** coğ. kıyı bölgesi
liturgic /li'tö:cik/ s. komünyona ait, Hıristiyan kilisesinin özel ibadet şekline ait
liturgy /'litıci/ a. komünyon, Aşai Rabbani, Hıristiyan kilisesinde dua ve ilahili bir ibadet şekli
livable /'livıbıl/ s. içinde yaşamaya uygun, yaşamaya elverişli, uygun; yaşanabilir, yaşamaya değer
live /liv/ e. yaşamak; oturmak, yaşamak; gereksinimlerini karşılamak, geçinmek **live and let live** hoşgörülü olmak **live by the book** dürüstçe yaşamak, yasalara uymak **live by** ile yaşamak, geçinmek **live down** (kötü bir şeyi) unutturmak, unutulmasını sağlamak **live/eat high on/off the hog** bir eli yağda, bir eli balda olmak **live from**

hand to mouth elden ağıza yaşamak **live off** -den geçimini sağlamak **live on** ile geçinmek; ile beslenmek **live through** zorluklara rağmen başarmak **live up to** -e uygun olmak **live with** ile birlikte yaşamak; kabullenmek, dayanmak
live /layv/ s. diri, canlı; (bomba, vb.) patlamamış, canlı; elektrikle yüklü, cereyanlı; (yayın) canlı **live axle** canlı aks, hareket dingili **live broadcast** elek. naklen yayın, canlı yayın **live load** canlı yük, hareketli yük **live programme** elek. naklen program, canlı program **live rail** cereyanlı ray, akımlı ray **live steam** taze buhar, sağlam buhar **live transmission** elek. naklen yayın, canlı yayın **live wire** elektrikli tel
liveable /'livıbıl/ s. bkz. livable
livelihood /'layvlihud/ a. geçim, geçinme
liveliness /'layvlinis/ a. canlılık; parlaklık
lively /'layvli/ s. canlı, hareketli, hayat dolu, neşeli; canlı, gerçeğe uygun
liven /'layvın/ e. (up ile) canlandırmak; canlanmak
liver /'livı/ a. anat. karaciğer
liveried /'livırid/ s. üniformalı
livery /'livıri/ a. (uşakların, vb. giydiği) üniforma
livestock /'layvstok/ a. çiftlik hayvanları, mal
liveware /'laywcı/ a. biliş. personel, bilişim çalışanları, kişilim
livid /'livid/ s. mor; kon. öfkeden kudurmuş, gözü dönmüş
living /'living/ s. canlı, yaşayan, sağ; yaşayan, kullanılan, geçerli ¤ a. geçim, geçinme; yaşam standardı, yaşama **beat the living daylights out of sb** pöstekisini sermek **living conditions** hayat şartları **living language** yaşayan dil **living room** oturma odası **living wage** geçinmeye yetecek ücret
lizard /'lizıd/ a. kertenkele
llama /'la:mı/ a. hayb. lama
load /loud/ a. yük; taşınan miktar; elek. şarj; (makine vb.'nin yaptığı) iş ¤ e. yüklemek; doldurmak, şarj etmek; teks. ağırlaştırmak **a load of/loads of** kon. bir sürü, dolu **load-and-go** biliş. yükle ve git, yükle ve uygula **load capacity** oto. yük kapasitesi, yük sığası **load**

characteristic elek. yük karakteristiği *load current elek.* yük akımı *load displacement den.* yük su çekimi *load distribution* yük dağılımı *load efficiency elek.* yük verimi *load-extension curve* yük-uzatma eğrisi *load factor elek.* yük faktörü *load impedance elek.* yük empedansı, yük çelisi *load line den.* su kesimi, yük çizgisi *load module biliş.* yükleme modülü *load point biliş.* yükleme noktası *load resistance elek.* yük direnci *load stabilization elek.* yük stabilizasyonu *load test* yük deneyi, yükleme deneyi *load waterline den.* yüklü su kesimi

loaded /'loudid/ *s.* yüklü, dolu; hileli, tuzak dolu; *kon.* zengin, paralı, yüklü *loaded impedance elek.* yüklü empedans *loaded price* yüklü fiyat

loader /'loudı/ *a.* yükleyici *loader routine biliş.* yükleyici yordam

loading /'louding/ *a.* yükleme, doldurma; ek maliyet, sürşarj *loading berth* yükleme rıhtımı *loading bridge* yükleme köprüsü *loading capacity* yükleme kapasitesi, yükleme sığası *loading coil* yükleme bobini *loading gauge* yük gabarisi *loading hopper* yükleme hunisi *loading jack* yükleme rampası *loading note* hamule senedi, taşıma senedi *loading point* yükleme yeri *loading programme biliş.* yükleme programı *loading ramp inş.* bindirme rampası, yükleme rampası *loading routine biliş.* yükleme yordamı *loading speed* doldurma hızı

loadstone /'loudstoun/ *a.* mıknatıs taşı

loaf /louf/ *a.* somun; *arg.* saksı, beyin, kafa ¤ *e.* (about ile) *kon.* vakit öldürmek, kaytarmak *loaf sugar şek.* kelle şekeri

loafer /'loufı/ *a.* aylaklık eden kimse, aylak

loam /loum/ *a.* verimli toprak, özlü toprak, tın

loamy /'loumi/ *s.* tınlı, özlü, balçıklı

loan /loun/ *a.* ödünç verilen şey; ödünç verme; borç verme; kredi ¤ *e.* ödünç vermek *loan against credit bill* poliçe rehini karşılığı kredi *loan agreement* ödünç sözleşmesi *loan bank* kredi bankası *loan office* ikraz sandığı *loan on securities* senet ve tahvil karşılığı kredi *loan shark* tefeci, murabahacı

loath /lout/ *s.* isteksiz, gönülsüz

loathe /loud/ *e.* nefret etmek, tiksinmek, iğrenmek

loathing /'louding/ *a.* tiksinme, nefret, iğrenme

loathsome /'loudsım/ *s.* iğrenç

lob /lob/ *e.* (topu) havada kavis çizecek biçimde atmak ya da bu şekilde topa vurmak ¤ *a.* (kriket ve tenis) uzun kavis çizecek biçimde atılan top

lobby /'lobi/ *a.* lobi, hol; kulis faaliyeti, lobi ¤ *e.* lobi yapmak, lobi oluşturmak, kulis yapmak

lobbyist /'lobiist/ *a.* lobici, kulisçi

lobe /loub/ *a.* kulakmemesi; herhangi bir organın yuvarlak bölümü, lop

lobeline /'loubıli:n/ *a. kim.* lobelin

lobster /'lobstı/ *a. hayb.* ıstakoz

lobule /'lobyu:l/ *a.* lopçuk

local /'loukıl/ *s.* yerel, yöresel; *hek.* lokal ¤ *a. İl. kon.* semt birahanesi, lokal; yerel haber *local area network biliş.* bölgesel ağ *local authority* yerel yönetim, mahalli idare *local bill* yerel senet, yerel poliçe *local call* şehiriçi telefon konuşması *local carrier elek.* lokal taşıyıcı *local cheque* lokal çek, şehiriçi çek *local colour* bir yöreye özgü nitelik, yerel renk *local currency* mahalli para *local exchange* lokal telefon santralı *local government* yerel yönetim *local group gökb.* yerel grup, yerel öbek *local industry* yerel sanayi *local language* şive, ağız *local memory biliş.* yerel bellek *local news* yerel haberler *local oscillator elek.* lokal osilatör *local politics* yerel politika *local station elek.* bölge istasyonu *local system library biliş.* yerel sistem kitaplığı *local time* yerel saat *local traffic* bölgesel trafik, yerel trafik *local train* banliyö treni *local value mat.* yer değeri *local winds metr.* yerel rüzgârlar

locale /lou'ka:l/ *a.* yer, yöre

locality /lou'keliti/ *a.* yer, yöre; olay yeri

localization /loukılay'zeyşın/ *a.* yerini belirleme

localize /'loukılayz/ *e.* belirli bir yere sınırlamak, yerelleştirmek, tahdit etmek; yerini belirlemek, yerini saptamak

localized /'loukılayzd/ *s.* yerel, lokal; sınırlı

locally /'loukıli/ *be.* yerel olarak; yakınlarda, yakında

locate /lou'keyt/ *e.* yerini öğrenmek; yerleştirmek, kurmak

location /lou'keyşın/ *a.* yer, mahal *location counter biliş.* yer sayıcısı, yer sayacı *location shooting sin.* açık havada çevirme, stüdyo dışında çevirme, yerinde filme alma, dışarıda çevirim

locative /'lokıtiv/ *s. a.* eylemin gerçekleştiği yeri belirten; yer durumu, kalma durumu

loch /lok/ *a.* körfez, koy

lock /lok/ *a.* kilit; hareketli kanal seddi; bukle, saç lülesi ¤ *e.* kilitlemek; kilitlenmek; para bağlamak *lock away* kilitleyip saklamak; saklamak, gizli tutmak *lock bolt* kilit sürgüsü; kilit dili *lock horns with* ağız dalaşı yapmak *lock in* hapsetmek, kapatmak, üzerine kapıyı kilitlemek *lock nut* emniyet somunu, kilitleme somunu, kontra somun *lock-on* kilitlenme *lock out* (of ile) dışarıda bırakmak; lokavt yapmak; (işçileri) işyerine sokmamak *lock rail* kilit boylaması, kilit kuşağı *lock ring* oto. jant kilit halkası, çember kilit halkası *lock up* kilitlemek; kapatmak, içeri tıkmak *lock washer* yaylı rondela, kilit pulu *lock stock and barrel* tamamen; ne var ne yok hepsi; pılı pırtısını toplayarak *locking lever* tespit kolu *locking pin* kilitleme pimi *locking relay elek.* kilitleme rölesi *locking screw* blokaj vidası *locking wheel* kilit çarkı

locker /'lokı/ *a.* kilitli çekmece ya da dolap; ambar *go to Davy Jone's locker* denizin dibini boylamak

locket /'lokit/ *a.* madalyon

lockout /'lokaut/ *a.* lokavt

locksmith /'loksmit/ *a.* çilingir

lockup /'lokap/ *a.* cezaevi, tutukevi

loco /loukou/ *a.* lokomotif

locomotion /loukı'mouşın/ *a.* hareket

locomotive /loukı'moutiv/ *s.* harekete ilişkin, hareket ettiren ¤ *a.* lokomotif *locomotive boiler* lokomotif kazanı

locum /'loukım/ *a.* vekil *locum tenens* vekil

locus /'loukıs/ *a.* yer; *mat.* geometrik yer, gezenek

locust /'loukıst/ *a. hayb.* çekirge; *bitk.* akasya, salkımağacı

locution /lou'kyu:şın/ *a.* deyim, tabir, düz söz

lode /loud/ *a. mad.* filon, damar

loden /'loudın/ *a. teks.* loden

lodge /loc/ *e.* kısa süreli kirada oturmak; pansiyonda kalmak; takılmak, takılıp kalmak; resmi demeç vermek, beyanatta bulunmak ¤ *a.* kulübe; kapıcı evi; bodrum kat

lodger /'locı/ *a.* pansiyoner, kiracı

lodging /'locing/ *a.* kiralık oda, geçici olarak oturulan yer

lodgings /'locingz/ *a.* pansiyon

loess /'louis/ *a. yerb.* lös

loft /loft/ *a.* tavan arası, dam altı; samanlık; güvercinlik; kilise balkonu

loftiness /'loftinis/ *a.* yükseklik; yücelik; kibir, gurur

lofter /'loftı/ *a.* golf sopası

lofty /'lofti/ *s.* yüksek; yüce, ulvi; kibirli, gururlu

log /log/ *a.* kütük, tomruk; ağaç gövdesi; *den.* parakete; (gemi, uçak, vb.) seyir defteri; sıralı kayıt; *kon.* logaritma ¤ *e.* seyir defterine kaydetmek; ağaç kesmek; *biliş.* kronolojik sırayla kaydetmek *log cabin* kütükten yapılmış kulübe *log carriage* tomruk arabası *log chip den.* parakete *log grade* tomruk sınıfı *log haul* tomruk çekme *log in biliş.* kimlik bilgisini girmek, parolayı girmek *log line den.* parakete savlosu *log measure* tomruk ölçeği *log off biliş.* kapamak, bitirmek *log on biliş.* açmak, başlatmak; kimlik bilgisini girmek, parolayı girmek *log out biliş.* oturumu kapatmak *log rule* tomruk hesap cetveli *roll a log for sb* arka çıkmak, koltuk çıkmak *sleep like a log* leş gibi uyumak *as easy as falling off a log* tereyağından kıl çeker gibi

loganberry /'lougınbıri/ *a.* bir tür böğürtlen

logarithm /'logıridım/ *a.* logaritma, tersüstel

logarithmic /logı'ridmik/ *s. mat.* logaritmik, tersüstel *logarithmic ampli-*

fier *fiz.* logaritmik amplifikatör *logarithmic decrement* *fiz.* logaritmik azalma *logarithmic horn* *fiz.* logaritmik boru *logarithmic resistance* *elek.* logaritmik direnç *logarithmic spiral* logaritmik spiral *logarithmic transformation* logaritmik transformasyon, tersüstel dönüşüm

logboard /log'bo:d/ *a.* parakete tahtası

logbook /'logbuk/ *a. den.* gemi jurnalı, rota jurnalı

logger /'logı/ *a. biliş.* kaydedici

loggerheads /'logıhedz/ *a.* sürüp giden anlaşmazlık *be at loggerheads* saç saça baş başa olmak

loggia /'loucı/ *a.* kemeraltı, sundurma

logging /'loging/ *a.* ağaç kesme; kesip taşıma, tomruk çekme; tomrukçuluk *logging car* tomruk vagonu *logging chain* tomruk zinciri *logging production* tomruk üretimi *logging sled* tomruk kızağı *logging truck* tomruk kamyonu

logic /'locik/ *a.* mantık *logic circuit biliş.* mantık devresi, mantık çevrimi *logic design biliş.* mantık tasarımı *logic diagram biliş.* mantık diyagramı, mantık çizeneği *logic element biliş.* mantık öğesi *logic/equation generator biliş.* mantık/eşitlik üreteci *logic error biliş.* mantık hatası *logic flowchart biliş.* mantık akış şeması, mantık akış çizeneği *logic gate biliş.* mantık geçidi *logic instruction biliş.* mantık komutu *logic shift biliş.* mantıksal kaydırma

logical /'locikıl/ *s.* mantıksal; mantıklı *logical comparison biliş.* mantıksal karşılaştırma *logical data element biliş.* mantıksal veri elemanı *logical decision biliş.* mantıksal karar *logical diagram biliş.* mantıksal diyagram, mantıksal çizenek *logical element biliş.* mantıksal eleman, mantıksal öğe *logical error biliş.* mantık hatası *logical file biliş.* mantıksal dosya, mantıksal kütük *logical flowchart biliş.* mantıksal akış diyagramı *logical instruction biliş.* mantıksal komut *logical operation biliş.* mantıksal işlem *logical operator biliş.* mantıksal işleç *logical record biliş.* mantıksal kayıt *logical relation biliş.* mantıksal ilişki *logical shift biliş.* mantıksal kaydırma *logical struc-*

ture biliş. mantıksal yapı *logical subroutine biliş.* mantıksal altyordam *logical symbol biliş.* mantıksal simge *logical track biliş.* mantıksal iz *logical unit biliş.* mantıksal birim

logician /lı'cişın/ *a.* mantıkçı, usbilimci

logistics /lı'cistiks/ *a. ask.* lojistik

logogram /'logıgrem/ *a.* logogram, kısaltma, söz simgesi

loincloth /'loynklot/ *a.* peştamal

loin /loyn/ *a.* fileto

loins /loynz/ *a.* bel; bel altı, sulp, döl; üreme organları *fruit of the loins* kuşak, nesil *gird up one's loins* paçaları sıvamak, büyük bir işe hazırlanmak

loiter /'loytı/ *e.* oyalanmak, sallanmak; aylakça dolaşmak, avare gezmek, sürtmek

loll /lol/ *e.* (about/around ile) tembelce uzanmak, tembel tembel yatmak; (out ile) aşağı doğru sarkmak; sarkıtmak

lollipop /'lolipop/ *a.* saplı şeker, lolipop *lollipop man* öğrencilerin caddede karşıdan karşıya emniyetle geçmelerini sağlayan memur

lolly /'loli/ *a. İİ.* lolipop; para, mangır

lone /loun/ *s.* kimsesiz, yalnız, tek *lone pair kim.* yalın çift

loneliness /'lounlinıs/ *a.* yalnızlık

lonely /'lounli/ *s.* yalnız ve mutsuz, kimsesiz; ıssız

loner /'lounı/ *a.* zamanının çoğunu yalnız başına geçiren kimse, yalnızlığı seven kimse

lonesome /'lounsım/ *s. Aİ. kon. bkz.* lonely

long /long/ *s.* uzun ¤ *be.* uzun zaman, uzun zamandır ¤ *a.* uzun süre ¤ *e.* (for/to ile) çok istemek, can atmak *as/so long as* eğer, şartıyla *in the long run* nihayet, sonunda *long account* komisyoncu hesabı *long ago* uzun süre önce *long bill* uzun vadeli senet, uzun vadeli poliçe *long credit* uzun vadeli kredi *long dated* uzun vadeli, uzun süreli *long drink* bira gibi alkol derecesi az olan ve çok miktarlarda içilen içki *long focus lens* uzun odaklı objektif, uzun odaklı mercek *long jump* uzun atlama *long persistence screen elek.* uzun persistanslı ekran *long precision* *biliş.* uzun kesinlik, çifte kesinlik *long range forecast* *metr.* uzun süreli hava tahmini *long range radar* *ask.* uzun menzilli radar *long rate* uzun vadeli kur *long run* uzun dönem *long saw* dilme testeresi *long shot* geniş plan, uzak plan, genel çekim *long syllable* uzun hece, uzun seslem *long ton* uzun ton (1016.05 kg) *long wave* uzun dalga *so long* *kon.* hoşça kal *the long and short of it* uzun lafın kısası

longbow /'longbou/ *a.* (ok atmak için) büyük yay

long-distance /long'distıns/ *s. be.* uzun mesafe; (telefon) şehirlerarası *long-distance communications* uzun mesafeler arası iletişim *long-distance flight* *hav.* uzun mesafe uçuşu

longeron /'loncırın/ *a. hav.* lonjeron

longevity /lon'ceviti/ *a.* uzun yaşam

longhand /'longhend/ *a.* el yazısı

longing /'longing/ *a.* özlem, güçlü istek, arzu, hasret ¤ *s.* arzulu, istekli

longish /'longiş/ *s.* uzunca

longitude /'loncityu:d/ *a. coğ.* boylam; *gökb.* tul

longitudinal /lonci'tyu:dinıl/ *s.* boylamla ilgili; boyuna, uzunlamasına *longitudinal beam* boyuna kiriş, uzunlamasına kiriş *longitudinal bracing* boyuna takviye, uzunlamasına takviye *longitudinal current* *elek.* boyuna akım, uzunlamasına akım *longitudinal joint* boyuna derz, uzunlamasına derz *longitudinal magnetization* *elek.* düşey mıknatıslanma *longitudinal parity check* *biliş.* boylamasına eşlik denetimi *longitudinal profile* boyuna profil *longitudinal record check* *biliş.* boylamasına kayıt denetimi *longitudinal redundancy check* *biliş.* boylamasına artık denetimi *longitudinal section* boyuna kesit, boy kesit *longitudinal shearing machine* *teks.* boyuna makaslama makinesi *longitudinal wave* *elek.* boyuna dalga

longitudinally /lonci'tyu:dinıl/ *be.* boydan boya, uzunlamasına

long-life /long'layf/ *s.* uzun ömürlü

long-playing record /longpleying 'rekıd/ *a.* uzunçalar, longpley, albüm

long-range /long'reync/ *s.* uzun menzilli

longshoreman /'longşo:mın/ *a.* dok işçisi

longsighted /long'saytid/ *s.* uzağı görebilen, hipermetrop

longstanding /long'stending/ *s.* uzun süredir var olan, çok eski

long-term /long'tö:m/ *s.* uzun vadeli *long-term credit* uzun vadeli kredi

longwall /long'wo:l/ *a. mad.* uzunayak

longways /'longweyz/ *be.* uzunlamasına

long-wearing /long'weıring/ *s.* dayanıklı, sağlam

longwinded /long'windid/ *s.* uzun ve sıkıcı, sözü bitmez, kabak tadı veren

loo /lu:/ *a. İİ. kon.* yüznumara, tuvalet

look /luk/ *e.* bakmak; görünmek; göstermek; dikkat etmek, görmek, bakmak ¤ *a.* bakış; yüz anlatımı, yüz ifadesi; görüntü, görünüş *look after* bakmak, gözetmek, ilgilenmek, kollamak *look ahead* ilerisi için plan yapmak, geleceğe bakmak *look around/round* (for ile) araştırmak, tüm olasılıkları düşünmek *look at* bakmak, seyretmek; bakmak, yargılamak, düşünmek; ele almak, incelemek, dikkat etmek; ibret almak *look back* (to/on ile) hatırlamak, anımsamak *look back on* hatırlamak *look down on/upon* hor görmek, küçümsemek, tepeden bakmak *look for* aramak *look forward to* dört gözle beklemek, iple çekmek *look in on* uğramak *look into* araştırmak, incelemek *look like* benzemek *look like/as if* olacağa benzemek, gibi görünmek, gibi gelmek *look on* bakmak, seyretmek, seyirci kalmak *look (up)on* (as/with ile) varsaymak, farz etmek, gözüyle bakmak, olarak görmek *look out (for)* dikkat etmek *look over* göz gezdirmek, kısaca incelemek, yoklamak *look round* (özellikle alışverişten önce) etrafa bakınmak, göz gezdirmek, çevreyi kolaçan etmek *look through* gözden geçirmek, incelemek *look to* ummak *look up* iyiye gitmek, gelişmek; (kitaptan) bulmak, aramak, bakmak; ziyaret etmek, yoklamak *look-up table* *biliş.* aramalı tablo, taramalı tablo *look up to* -e saygı göstermek *never look back* tam bir başarı elde etmek

looking glass /'luking glaːs/ *a.* ayna
lookout /'lukaut/ *a.* arayış; gözcü, gözetleyici; gözetleme yeri; *kon.* ileriki olasılık *one's own lookout kon.* kendi sorunu
looks /luks/ *a.* iyi görünüm, çekici görünüm
loom /luːm/ *a.* dokuma tezgâhı ¤ *e.* (up ile) aslından daha büyük ve korkunç gözükmek *loom beam teks.* çözgü levendi *loom master teks.* dokuma ustası
loony /'luːni/ *a. s. kon.* deli, kaçık, çatlak
loop /luːp/ *a.* ilmek, ilmik; halka; lup, çerçeve ¤ *e.* ilmik yapmak; bağlamak *loop body biliş.* döngü gövdesi *loop checking biliş.* döngüsel sınama *loop code biliş.* döngü kodu *loop drier teks.* askılı kurutucu *loop knot* ilmek düğümü *loop program biliş.* döngü programı *loop system biliş.* döngü sistemi/dizgesi *loop testing biliş.* döngü denemesi *loop thread-guide teks.* kıvrımlı iplik kılavuzu
looped /luːpt/ *s.* ilmekli, halkalı; *arg.* sarhoş
looper /'luːpı/ *a.* ilmekçi, halkacı; ölçmen tırtıl
loophole /'luːphoul/ *a.* mazgal, duvar deliği, duvar kovuğu; (özellikle yasal) boşluk, kaçamak noktası *loophole in the law* yasa boşluğu
loopy /'luːpi/ *s.* ilmekli, ilmeklerle dolu; *arg.* kaçık, üşütük
loose /luːs/ *s.* bağsız, serbest, başıboş; dağınık, ayrı ayrı; gevşek, sıkı olmayan, çözülmüş; (giysi) bol, gevşek; kesin olmayan, şüpheli; ahlaksız, laçka, hafifmeşrep, hoppa, iş ¤ *be.* gevşek bir biçimde, serbestçe, başıboşlukla ¤ *e.* serbest bırakmak, salıvermek *break loose* zorla ayrılmak; yakayı sıyırmak, kendini kurtarmak *come loose* açılmak; gevşemek; serbest kalmak *get loose* açılmak; gevşemek; serbest kalmak *have a look at* -e bakmak, bir göz atmak *let loose* serbest bırakmak *loose coupling* gevşek kuplaj, gevşek bağlaşım *loose ground* gevşek zemin, gevşek toprak *loose knot* gevşek budak *loose-leaf* sayfaları çıkarılıp takılabilen *loose leaves* çıkarılıp takılabilen sayfalar, dikişsiz sayfalar

loose list biliş. gevşek liste *loose pulley* avara kasnak
loose /luːs/ *a.* başıboşluk, serbestlik *on the loose* başıboş
loosen /'luːsın/ *e.* gevşetmek, çözmek; gevşemek, çözülmek *loosen up* kasları gevşetmek, kasları ısıtmak; gevşetmek; açılmak, rahatça konuşmak
looseness /'luːsnis/ *a.* gevşeklik; kararsızlık; serbestlik
loot /luːt/ *a.* ganimet, çapul, yağma ¤ *e.* yağmalamak, yağma etmek
looter /'luːtı/ *a.* çapulcu, yağmacı
looting /'luːting/ *a.* yağma, çapul
lop /lop/ *e.* kesmek, kesip çıkarmak; (ağaç) budamak
lope /loup/ *e.* koşmak
lop-eared /lop'ııd/ *s.* sarkık kulaklı
lop-sided /lop'saydid/ *s. kon.* orantısız, bir tarafa meyilli, dengesiz
loquacious /lou'kweyşıs/ *s.* geveze, çenesi düşük
loquacity /lou'kwesıti/ *a.* konuşkanlık, çenebazlık
lord /loːd/ *a.* efendi, sahip; lort *good Lord!* Allah Allah!, Hay Allah, Aman Tanrım *lord it over sb hkr.* amirlik taslamak, üstünlük taslamak *My Lord* Efendim (bazı soylu, yargıç ve piskoposlara hitap şekli) *Our Lord* Hazreti İsa *the Lord* Allah, Tanrı *the Lords* Lortlar Kamarası
lordliness /'loːdlinis/ *a.* gurur; soyluluk; haşmet
lordling /'loːdling/ *a.* lortçuk, küçük lort
lordly /'loːdli/ *s.* lort gibi, asil, yüce
lordship /'loːdşip/ *a.* lortluk; lort
lore /loː/ *a.* bilgi
lorgnette /loː'nyet/ *a.* uzun saplı gözlük
lorn /loːn/ *s.* terk edilmiş, ıssız
lorry /'lori/ *a.* kamyon; üstü açık vagon
lose /luːz/ *e.* kaybetmek, yitirmek; kaybettirmek; yenilmek, kaybetmek, kazanamamak; harcamak, israf etmek, kaybetmek; duyamamak, görememek ya da anlayamamak, kaçırmak; (saat) geri kalmak *lose one's head* kontrolünü kaybetmek, sapıtmak *lose one's heart* abayı yakmak *lose one's rag* tepesi atmak *lose one's shirt* meteliğe kurşun atmak *lose one's temper* tepesi atmak, küplere binmek

lose out yenik düşmek; başarısızlığa uğramak **lose track of** izini kaybetmek

loser /'lu:zı/ *a.* mağlup, kaybeden, yenilen

losing /'lu:zing/ *s.* kaybeden; zarara neden olan **losing bargain** zararına satış

loss /los/ *a.* kaybetme, kayboluş, kaybolma; kayıp; zarar, ziyan **at a loss** zararına; şaşkın, afallamış, kafası karışmış **be at a loss for words** ne diyeceğini bilememek **be a dead loss** *kon.* bir boka yaramamak **bear a loss** zarara katlanmak **loss and gain** zarar ve kâr **loss angle** *elek.* kayıp açısı **loss curve** zarar eğrisi **loss factor** *elek.* kayıp faktörü **loss in weight** kilo kaybı, fire **loss leader** müşteri kazanmak için ziyanla satılan şey **loss maker** zarar eden işyeri; zarara yol açan mal **loss of energy** enerji kaybı **loss of head** yük kaybı **loss of heat** ısı kaybı **loss of pay** ücret kaybı **loss of water** su kaybı **loss on ignition** akkor kaybı **loss ratio** zarar oranı **loss through bleaching** *teks.* beyazlatma kaybı, kasar kaybı **make a loss** ziyan etmek

lost /lost/ *s.* kayıp; yitirilmiş, geçmiş; boşa gitmiş, kaçırılmış, değerlendirilmemiş **be lost on** -i etkilememek **get lost** kaybolmak **lost motion** kayıp hareket, avara hareket **lost property** kayıp eşya **lost property office** kayıp eşya bürosu

lot /lot/ *a.* çok miktar, çok sayı, çok; hepsi, tümü; grup, miktar, parti **a bad lot** sağlam ayakkabı değil, sütü bozuk **a fat lot** hiç **a lot** çok **a lot of** birçok **cast in one's lot** birinin kaderine bağlanmak **draw lots** kura çekmek **lots of** birçok **Thanks a lot!** Çok teşekkürler!

lot /lot/ *a.* kura, adçekme; talih, kısmet, yazgı; açık artırma ile satılan eşya (grubu); arsa, parsel; film stüdyosu, çekim yeri **cast/draw lots (for sth)** kura çekmek **lot money** açık artırma harcı **lot number** parça numarası, parti numarası, kafile numarası **parking lot** park yeri **throw in one's lot with sb** kader birliği etmek

lotion /'louşın/ *a.* losyon

lottery /'lotıri/ *a.* piyango **lottery ticket** piyango bileti

lotus /'loutıs/ *a. bitk.* nilüfer, lotus

loud /laud/ *s.* yüksek sesli, gürültülü; abartılı, cırtlak ¤ *be.* yüksek sesle **out loud** sesli, yüksek sele

loudhailer /laud'heylı/ *a.* megafon

loudly /'laudli/ *be.* yüksek sesle; gürültüyle

loudmouth /'laudmaut/ *a. hkr.* ağzı kalabalık ve hakaretli konuşan kimse

loudness /'laudnıs/ *a.* gürültü; ses yüksekliği **loudness contour** *fiz.* eşgürlük eğrisi **loudness level** *fiz.* gürlük seviyesi **loudness of voice** ses şiddeti/yeğinliği

loudspeaker /laud'spi:kı/ *a.* hoparlör **loudspeaker microphone** *elek.* hoparlör mikrofon

lounge /launc/ *a.* salon ¤ *e.* (about/around ile) tembelce uzanmak, yayılıp oturmak **lounge chair** koltuk **lounge lizard** salon züppesi **lounge suit** *İİ.* (erkek) gündelik takım elbise

lour /'lauı/ *e.* (at ile) surat asmak, kaş çatmak, somurtmak

louse /laus/ *a.* bit; *kon.* işe yaramaz adam ¤ *e.* bitlerini gidermek **louse up** *Aİ. kon.* yüzüne gözüne bulaştırmak, içine etmek

lousy /'lauzi/ *s. kon.* berbat, rezil; bitli

lout /laut/ *a.* kaba herif, hödük, ayı

loutish /'lautiş/ *s.* kaba, hödük, ayı

louver /'lu:vı/ *a.* hava deliği; panjur **louver boards** panjur tahtaları

lovable /'lavıbıl/ *s.* sevimli, hoş

love /lav/ *a.* aşk, sevgi, sevi; sevgili; *İİ.* canım; (tenis) sıfır ¤ *e.* sevmek; ile sevişmek **love affair** aşk macerası **love letter** aşk mektubu, name **love potion** aşk iksiri **love seat** iki kişilik koltuk **make love (to sb)** (ile) sevişmek **not for love nor money** hiçbir şekilde, olanaksız **there is no love lost between them** aralarından kara kedi geçti

loveless /'lavlis/ *s.* sevgisiz; aşksız

loveliness /'lavlinis/ *a.* güzellik

lovelorn /'lavlo:n/ *s.* sevgilisi tarafından terk edilmiş

lovely /'lavli/ *s.* güzel, hoş; *kon.* nefis, harika

lovemaking /'lavmeyking/ *a.* sevişme

lover /'lavı/ *a.* âşık, sevgili; seks arkadaşı; âşık, tutkun, hasta **lover boy**

çapkın genç
lovesick /'lavsik/ *s.* sevdalı, kara sevdalı
loving /'laving/ *s.* sevgi dolu, aşk dolu, seven; sevecen; müşfik
low /lou/ *s.* alçak, yüksek olmayan; alçak, düşük, az; zayıf, cansız, neşesiz, halsiz; (ses) az, yumuşak, alçak; rezil, aşağılık, saygısız; adi, bayağı, sıradan ¤ *be.* aşağıya, alta, aşağıda; yere yakın, alçak; sessizce, yumuşak bir şekilde ¤ *a.* alçak derece/düzey *low alloy met.* düşük alaşımlı *low-angle shot fot.* kontrplonje, aşağıdan, alt açı, alttan görüş *low carbon met.* düşük karbonlu *low clouds metr.* alçak bulutlar *low coast coğ.* alçak kıyı *low-compression* alçak kompresyonlu, zayıf kompresyonlu *low consumption* az tüketen, ekonomik *low explosive ask.* alçak infilak maddesi, zayıf patlayıcı *low fidelity fiz.* az sadakat, düşük sadakat *low frequency* alçak frekans *low frequency amplifier elek.* alçak frekans amplifikatörü *low frequency direction finder elek.* alçak frekans yön bulucusu *low gear oto.* birinci vites *low-grade massecuite şek.* son şeker lapası *low-heat cement* düşük ısılı çimento *low idle oto.* alçak rölanti *low-level* düşük düzeyli, düşük seviyeli *low-level file store biliş.* alt düzeyde kütük depolama *low-level language biliş.* düşük düzeyli dil *low loss elek.* az kayıplı, düşük kayıplı *low lustre teks.* düşük parlaklık *low man on the totem pole* zurnanın son deliği *low-mileage* az kilometre, düşük kilometre *low-order* düşük değerli *low pass fiz.* alçakgeçiren *low-pass filter* alçakgeçiren filtre *low platform trailer oto.* alçak platformlu römork *low-power* düşük kuvvetli, düşük güçlü *low pressure* düşük basınç, alçak basınç *low pressure area metr.* alçak basınç alanı *low-pressure cylinder* alçak basınç silindiri *low pressure steam* alçak basınçlı buhar *low pressure tyre oto.* alçak basınçlı lastik *low-priced* düşük fiyatlı *low-priced shares* düşük fiyatlı menkul kıymetler *low red heat* düşük kızıl sıcaklık *low relief* hafif kabartma, alçak kabartma *low resolution graphics biliş.* az kararlı grafik *low section tyre oto.* alçak profilli lastik, alçak kesitli lastik *low-speed* alçak hızlı, düşük devirli *low speed engine* ağır devirli motor *low strength steel met.* düşük mukavemetli çelik, düşük dayançlı çelik *low temperature* düşük sıcaklık *low tension elek.* alçak gerilim *low tension battery elek.* alçak gerilim bataryası *low tide coğ.* deniz alçalması *low-velocity scanning elek.* alçak hızla tarama *low voltage elek.* alçak gerilim *low-voltage lamp* alçak voltajlı lamba *low vowel* alçak ünlü *low water* çekik su *low wing plane hav.* alçak kanatlı uçak
lowbrow /'loubrau/ *a. hkr.* sanattan anlamaz, kültürsüz, odun
lowdown /'loudaun/ *a. kon.* gerçek, bir işin içyüzü
low-down /'loudaun/ *s.* alçak, adi
lower /'louı/ *s.* alt; daha aşağı, daha alçak ¤ *e.* azaltmak, kısmak, düşürmek; azalmak, kısılmak, düşmek; indirmek; (kendini) küçük düşürmek, küçültmek *lower bainite met.* alt beynit *lower bound mat.* alt sınır *lower case bas.* miniskül, küçük harf *lower class* işçi sınıfı, alt tabaka, aşağı tabaka *lower deck den.* alt güverte *lower limit* alt sınır, aşağı sınır *lower sideband* alt yan bant *lower the boom on sb* yerden yere vurmak *lower wing hav.* alt kanat
lowering /'lauring/ *s.* bezgin; tehdit eden, korkutucu
lowest /'louist/ *s.* en düşük, en aşağı *lowest common multiple mat.* en küçük ortakkat *lowest limit* taban fiyat *lowest usable frequency elek.* en alçak kullanılabilir frekans
low-fat /'lou'fet/ *s.* düşük yağlı
low-key /lou'ki:/ *s.* uyumlu, sade
lowland /'loulınd/ *a.* ova, düz arazi
lowliness /'loulinis/ *a.* tevazu; sadelik
lowly /'louli/ *s. be.* düşük, aşağı; alçakgönüllü, sade, yalın
low-lying /lou'laying/ *s.* (arazi) deniz seviyesinden yüksek olmayan, alçak
lowness /'lounis/ *a.* düşüklük, alçaklık; matlık
low-pitched /lou'piçt/ *s.* (ses) pes; (çatı) dik olmayan

loyal /'loyıl/ s. vefalı, sadık, bağlı
loyalist /'loyılist/ a. her zaman yönetime bağlı kalan kimse
loyally /'loyıli/ be. sadık kalarak, sadakatle, bağlılıkla
loyalty /'loyılti/ a. bağlılık, sadakat
lozenge /'lozinc/ a. pastil; eşkenar dörtgen
lubricant /'lu:brikınt/ a. gres, yağ, yağlama maddesi
lubricate /'lu:brikeyt/ e. yağlamak, yağlayarak kolay işler hale getirmek *lubricating equipment* yağlama makinesi *lubricating felt* yağlama keçesi *lubricating grease* gres *lubricating oil* yağlama yağı *lubricating pump* oto. yağlama pompası *lubricating ring* yağlama halkası
lubrication /lu:bri'keyşın/ a. yağlama, gresleme *lubrication chart* yağlama çizelgesi, yağlanacak yerlerin şeması *lubrication hole* yağlama çukuru
lubricator /'lu:brikeytı/ a. yağlama aygıtı; yağdanlık *lubricator cock* yağlama musluğu
lubricity /lu:'brisıti/ a. zamparalık; kayganlık
lubrify /'lu:brifay/ e. yağlamak
luce /lu:s/ a. turnabalığı
lucent /'lu:sınt/ s. parlak; şeffaf, berrak
lucern /lu:'sö:n/ a. bitk. kabayonca
lucid /'lu:sid/ s. açık seçik, anlaşılır, net; mantıklı, aklı başında
lucidness /'lu:sidnıs/ a. açıklık, berraklık
luck /lak/ a. şans, talih; uğur, şans *bad luck* şanssızlık, aksilik *be in luck* şanslı olmak *be out of luck* şanssız olmak *for luck* şans getirsin diye *worse luck* ne yazık ki
luckily /'lakili/ be. çok şükür, bereket versin ki, Allahtan, neyse ki
lucky /'laki/ s. şanslı, talihli; uğurlu
lucrative /'lu:krıtiv/ s. kârlı, kazançlı
lucre /'lu:kı/ a. para, servet
ludicrous /'lu:dikrıs/ s. saçma, aptalca, gülünç, komik
lues /'lu:iz/ a. sifilis, frengi
luff /laf/ a. den. orsa seyri ¤ e. orsa etmek
lug /lag/ e. kon. zorlukla çekmek, sürüklemek, taşımak ¤ a. kulak; kulp, sap

luge /lu:j/ a. tek kişilik kızak
luggage /'lagic/ a. bagaj *luggage rack* oto. portbagaj *luggage van demy.* eşya vagonu
lugsail /'lagsıl/ a. den. aşırma yelken, hasır yelken
lugubrious /lu:'gu:briıs/ s. kederli, hüzünlü, sıkıntılı, kasvetli
lukewarm /lu:k'wo:m/ s. (sıvı) ılık; kayıtsız, ilgisiz, soğuk
lukewarmness /lu:k'wo:mnıs/ a. ılıklık
lull /lal/ e. uyutmak, hareketsizleştirmek; hareketsizleşmek ¤ a. hareketsizlik, cansızlık, durgunluk
lullaby /'lalıbay/ a. ninni
lumbago /lam'beygou/ a. hek. bel ağrısı, lumbago
lumber /'lambı/ e. ağır hareket etmek, hantal hantal yürümek; (with ile) *İİ. kon.* istenmeyen bir şey/iş/sorumluluk vermek, angarya yüklemek; kereste kesmek; (ormanda) ağaç kesmek ¤ a. kereste *lumber jacket* kaban *lumber mill* kereste fabrikası *lumber trade* kereste ticareti
lumbering /'lambıring/ s. hantal, kaba
lumberjack /'lambıcek/ a. ağaç kesen/taşıyan kimse
lumberman /'lambımın/ a. kerestelik ağaç kesen kimse
lumberyard /'lambıya:d/ a. kereste deposu
lumen /'lu:min/ a. fiz. lümen *lumen hour* lümensaat
luminance /'lu:minıns/ a. elek. parlaklık *luminance channel elek.* parlaklık kanalı *luminance signal elek.* parlaklık sinyali *luminance temperature fiz.* parlaklık sıcaklığı
luminary /'lumınıri/ a. ışık veren cisim; bilgili ve saygıdeğer kimse
luminescence /lu:mi'nesıns/ a. parlaklık, ışıldama
luminescent /lu:mi'nesınt/ s. parlak, ışıltılı
luminosity /lu:mi'nositi/ a. parlaklık
luminous /'lu:minıs/ s. ışık saçan, parlak, aydınlık *luminous advertising* ışıklı reklam *luminous cloud metr.* ışıklı bulut *luminous colour* fosforlu boya *luminous dial* ışıklı kadran *luminous efficiency* parlaklık verimi *luminous*

energy aydınlatma enerjisi, aydınlatma gücü *luminous flux* ışıklı akış, ışık akısı *luminous intensity* aydınlatma şiddeti *luminous paint* fosforlu boya *luminous pointer* ışıklı ibre *luminous sensitivity* ışık duyarlığı

lump /lamp/ *a.* parça, küme, yığın, topak; yumru, şiş; (şeker) küp; peşin para, peşin ödenen para, peşin ¤ *e. kon.* ister istemez kabul etmek, dayanmak, kabullenmek, razı olmak; (together ile) bir araya koymak *get/have a lump in one's throat* boğazı düğümlenmek *have a lump in one's/the throat* boğazı düğümlenmek *like it or lump it* ya bu deveyi gütmeli, ya bu diyardan gitmeli *lump coal mad.* parça kömür *lump sugar şek.* kesmeşeker *lump sum charter* götürü çarter *lump sum* toptan ödenen para, götürü

lumpy /'lampi/ *s.* yumrulu, pütürlü, topak topak

lunacy /'lu:nısi/ *a.* delilik, çılgınlık

lunar /'lu:nı/ *s.* ayla ilgili, aya ait, kameri *lunar eclipse gökb.* ay tutulması *lunar landing* aya iniş *lunar landing vehicle* aya iniş aracı *lunar map gökb.* ay haritası *lunar module* ay modülü *lunar month* kameri ay, 28 günlük ay *lunar rock* ay taşı *lunar rover* ay taşıtı *lunar year* ay yılı, kameri yıl

lunate /'lu:neyt/ *s.* yeniay biçiminde, hilal biçiminde

lunatic /'lu:nıtik/ *a. s.* deli, çılgın, kaçık, çatlak, akıl hastası *lunatic asylum* tımarhane

lunation /lu:'neyşın/ *a. gökb.* kameri ay

lunch /lanç/ *a.* öğle yemeği ¤ *e.* öğle yemeği yemek

luncheon /'lançın/ *a.* öğle yemeği *luncheon voucher* öğle yemeği fişi

luncheonette /lançı'net/ *a.* hafif yemekler satan küçük restoran

lunchtime /'lançtaym/ *a.* öğlen vakti, yemek vakti

lung /lang/ *a.* akciğer

lunge /lanc/ *e.* (at/out ile) saldırmak, hamle yapmak ¤ *a.* hamle, saldırış

lunisolar /lu:ni'soulı/ *s. gökb.* ay-gün

lupin /'lu:pin/ *a.* acıbakla

lurch /lö:ç/ *a.* yalpa, yalpalama ¤ *e.* yalpalamak, sendelemek *leave sb in the lurch kon.* yüzüstü bırakmak

lure /luı/ *a.* çekim, çekicilik; tuzak, kapan, yem ¤ *e.* ayartmak, çekmek

lurid /'luırid/ *s.* renkli, parlak; korkunç, dehşet verici

lurk /lö:k/ *e.* gizlenmek, pusuya yatmak; (tehlike) kol gezmek *lurk about/around* gizli gizli dolaşmak

luscious /'laşıs/ *s.* tatlı, nefis

lush /laş/ *s.* (bitki) verimli, bol, gür

lust /last/ *a.* şehvet, kösnü; hırs ¤ *e.* (for/after ile) sahip olmaya çalışmak, arzulamak

luster /'lastı/ *a. Aİ. bkz.* lustre

lustful /'lastfıl/ *s.* şehvetli, azgın

lustre /'lastı/ *a.* parlaklık, parıltı; cila, perdah ¤ *e.* parlatmak *lustre decatizing teks.* parlatma dekatirlemesi *lustre finish teks.* parlaklık apresi

lustreless /'lastılıs/ *s.* donuk, mat

lustring /'lastring/ *a. teks.* parlatma *lustring calender teks.* friksiyon kalenderi, parlatma kalenderi *lustring machine teks.* parlatma makinesi *lustring press teks.* parlatma presi

lustrous /'lastız/ *s.* parlak

lusty /'lasti/ *s.* güçlü, sağlıklı, canlı; şehvetli, azgın

lute /lu:t/ *a. müz.* ut, kopuz

luteolin /'lu:tiılin/ *a.* luteolin

lux /laks/ *a. fiz.* lüks

luxmeter /'laksmi:tı/ *a. fiz.* lüksmetre, aydınlıkölçer

luxuriance /lag'zyuıriıns/ *a.* bereketlilik, bolluk

luxuriancy /lag'zyuıriınsi/ *a.* bereketlilik, bolluk

luxuriant /lag'zyuıriınt/ *s.* bereketli, bol

luxuriate /lag'zyurieyt, lıg'juırieyt/ *e.* (in ile) oyalanmak, eğlenmek

luxurious /lag'zyuıriıs/ *s.* konforlu, lüks

luxury /'lakşıri/ *a.* konfor, lüks; gereksiz/pahalı şey, lüks *live in luxury* lüks içinde yaşamak *luxury tax* lüks vergisi

lyddite /'lidayt/ *a.* lidit

lye /lay/ *a.* sudkostik çözeltisi, alkali çözelti, kül suyu, boğada suyu *lye bath* sudkostik banyosu *lye recovery* sudkostik geri kazanımı *lye resistant* sudkostiğe dayanıklı

lying /'laying/ *a.* yatma, uzanma ¤ *s.*

yatan, uzanan **lying hospital** hastaneye yatma
lymph /limf/ *a.* lenf, akkan
lymphatic /limf'fetik/ *s.* lenfatik, akkan +
lynch /linç/ *e.* linç etmek
lynx /links/ *a. hayb.* vaşak
lyophilic /layou'filik/ *s.* liyofil, sıvısever **lyophilic colloid** liyofil koloit
lyophobic /layou'foubik/ *s.* liyofob, sıvısevmez **lyophobic colloid** liyofob koloit
lyre /layı/ *a.* lir
lyric /'lirik/ *s.* lirik ¤ *a.* lirik şiir
lyrical /'lirikıl/ *s.* lirik, heyecanlı, coşkun
lyricist /'lirisist/ *a.* şarkı sözü yazarı
lyrics /'liriks/ *a.* güfte, şarkı sözleri
lysimeter /lay'simitı/ *a. trm.* lizimetre
lyssa /'lisı/ *a. hek.* kuduz hastalığı

M

M, m /em/ *a.* İngiliz abecesinin on üçüncü harfi; Romen rakamlarından 1000
ma /ma:/ *a. kon.* anne, ana; (yaşlı) kadın, ana
ma'am /mem/ *a.* madam, bayan
mac /mek/ *a. İİ. kon.* yağmurluk
macabre /mı'ka:brı/ *s.* korkunç
macadam /mı'kedım/ *a.* şose, makadam
macaroni /mekı'rouni/ *a.* makarna
macaroon /mekı'ru:n/ *a.* bademli kurabiye
macaw /mı'ko:/ *a.* uzun kuyruklu bir tür papağan
mace /meys/ *a.* gürz, topuz; tören asası
macerate /'mesıreyt/ *e.* sıvıda ıslatarak yumuşatmak; sindirilecek hale getirmek; zayıflatmak; kemirerek çürütmek
maceration /mesı'reyşın/ *a.* maserasyon **maceration juice** *şek.* maserasyon şerbeti
Mach /mek/ *a.* uçağın ses hızına oranla hızı **Mach number** *hav.* Mach sayısı
machete /mı'çeyti/ *a.* büyük ve keskin bıçak
machinability /mı'şi:nı'bılıti/ *a.* (makinede) işlenebilme, işlenirlik
machinable /mı'şi:nıbıl/ *s.* (makinede) işlenebilir, işlenir

machinate /'mekineyt/ *e.* düzenbazlık etmek
machination /meki'neyşın/ *a.* entrika, kumpas
machine /mı'şi:n/ *a.* makine ¤ *e.* makineyle yapmak, üretmek **machine address** *biliş.* makine adresi, saltık adres **machine bolt** makine cıvatası **machine check** *biliş.* makine denetimi **machine code** *biliş.* makine kodu **machine cycle** *biliş.* makine çevrimi **machine dependent** *biliş.* makineye bağımlı **machine drill** *mad.* marto perforatör, deler çekiç **machine error** *biliş.* makine hatası **machine gun** *bkz.* machinegun **machine independent** *biliş.* makineden bağımsız **machine-independent language** *biliş.* makineden bağımsız dil **machine instruction** *biliş.* makine komutu **machine instruction code** *biliş.* makine komut kodu **machine interruption** *biliş.* makine kesilmesi **machine language** *biliş.* makine dili **machine language code** *biliş.* makine dili kodu **machine learning** *biliş.* makine öğrenimi, otomatik öğrenme, özdevimli öğrenme **machine logic** *biliş.* makine mantığı **machine made** makine yapısı, makinede yapılmış, makinede işlenmiş **machine made brick** *inş.* makine tuğlası **machine oil** makine yağı **machine operation** *biliş.* makine işlemi **machine operator** makine operatörü, makine işletmeni **machine oriented language** *biliş.* makineye yönelik dil **machine part** makine parçası **machine procedures** *biliş.* makine prosedürleri, makine işlem dizileri **machine-readable** *biliş.* makinece okunabilir **machine-readable medium** *biliş.* makinece okunabilir ortam **machine-run** *biliş.* makine koşumu **machine room** makine odası **machine sensible** *biliş.* makinece algılanabilir, makine algılamalı **machine shop** makine atölyesi; tamir atölyesi **machine-spoilt work time** *biliş.* makine hatalı çalışma zamanı **machine tool** imalat makinesi, işleme makinesi, takım tezgâhı **machine vice** makine mengenesi **machine word** *biliş.* makine kelimesi, bilgisayar sözcüğü

machinegun /mı'şi:ngan/ *a.* makineli tüfek

machinery /mı'şi:nıri/ *a.* makineler; mekanizma

machinist /mı'şi:nist/ *a.* makine işçisi, makinist

macho /'meçou/ *a.* maço, kazak erkek

mack /mek/ *a. kon.* yağmurluk

mackerel /'mekırıl/ *a. hayb.* uskumru

mackintosh /'mekintoş/ *a.* yağmurluk

mackle /'mekıl/ *a.* leke; bulanıklık

macro /'mekrou/ *önk.* makro *macro flowchart biliş.* makro akış şeması, makro akış çizeneği *macro programming biliş.* makro programlama *macro prototype biliş.* makro prototip *macro trace biliş.* makro izleme, makro iz

macroassembler /mekrou'ısemblı/ *a. biliş.* makroçevirici

macrobiotic /mekroubay'otik/ *s.* uzun ömürlü

macroclimate /'mekrouklaymit/ *a. metr.* makroklima

macrocode /mekrou'koud/ *a. biliş.* makro-kod, birleşik kod

macrocoding /mekrou'kouding/ *a. biliş.* makro-kodlama, birleşik kodlama

macrocosm /'mekroukozım/ *a.* evren, kâinat

macroeconomics /mekroui:kı'nomiks/ *a.* makroekonomi

macrogenerator /mekrou'cenıreytı/ *a. biliş.* makro-üreteç

macrography /'mekrougrıfi/ *a.* makrografi

macromolecule /mekrou'molikyu:l/ *a.* makromolekül

macroscopic /mekrou'skopik/ *s.* makroskopik, iriölçekli

mad /med/ *s.* deli, çılgın; kaçık, çatlak; düşkün, deli, hasta; *kon.* kızgın, kudurmuş *drive sb mad* kızdırmak, deli etmek, çıldırtmak *like mad kon.* deli gibi

madam /'medım/ *a.* bayan, hanımefendi

madcap /'medkep/ *a. s.* çılgın, çatlak, kaçık

madden /'medn/ *e.* çıldırtmak, deli etmek, kudurtmak

maddening /'medning/ *s. kon.* çıldırtıcı, deli edici

madder /'medı/ *a. bitk.* kökboyası

made /meyd/ *s.* -den yapılmış, -den; tamamen uygun, tam uyan; başarıdan emin *made ground* dolgu zemin *made to order* ısmarlama

made-up /meyd'ap/ *s.* uydurma, yalan *made-up clothes* hazır giyim, konfeksiyon

madhouse /'medhaus/ *a.* akıl hastanesi

madly /'medli/ *be.* deli gibi, çılgınca; *kon.* çok, delicesine

madman /'medmın/ *a.* deli

madness /'mednıs/ *a.* delilik, çılgınlık

Madonna /mı'donı/ *a.* Meryem Ana

madrigal /'medrigıl/ *a.* çalgısız söylenen çok sesli şarkı, madrigal

maelstrom /'meylstrım/ *a.* girdap; vurdu kırdı, hayhuy, kargaşa

maestro /'maystrou/ *a.* orkestra şefi, maestro

mafia /'mefiı/ *a.* mafya

mag /meg/ *a. kon.* dergi, magazin

magazine /megı'zi:n/ *a.* dergi, magazin; depo, ambar, cephane; şarjör; mağaza; *biliş.* mikrofilm tutucusu, manyetik kart tutucusu

magenta /mı'centı/ *s.* galibarda, morumsu kırmızı

maggot /'megıt/ *a.* kurtçuk, kurt

magic /'mecik/ *a.* büyü, sihir; büyücülük, sihirbazlık; çekicilik, büyü ¤ *s.* büyülü, sihirli *magic number fiz.* büyülü sayı

magical /'mecikıl/ *s.* esrarengiz, büyülü, etkileyici

magician /mı'cişın/ *a.* büyücü, sihirbaz

magisterial /meci'striıriıl/ *s.* buyurucu, hâkimane

magistracy /'mecistrısi/ *a.* hâkimlik, yargıçlık

magistrate /'mecistreyt/ *a.* sulh yargıcı *magistrates' court* sulh ceza mahkemesi

magma /'megmı/ *a.* magma

magmatic /meg'metik/ *s.* magma ile ilgili

magnanimous /meg'nenimıs/ *s.* yüce gönüllü, bağışlayıcı

magnate /'megneyt/ *a.* patron, kodaman, sanayici, fabrikatör

magnesia /meg'ni:şı/ *a.* magnezya

magnesite /'megnisayt/ *a. min.* magnezit

magnesium /meg'ni:zıım/ *a.* magnezyum

magnet /'megnit/ *a.* mıknatıs *magnet*

core *fiz.* mıknatıs çekirdeği *magnet keeper* manyetik şönt *magnet steel met.* mıknatıs çeliği *magnet wire* bobin teli

magnetic /meg'netik/ *s.* mıknatıslı, manyetik; çekici *magnetic alloy met.* manyetik alaşım *magnetic amplifier elek.* manyetik amplifikatör *magnetic annealing met.* mıknatıslı tav *magnetic armature elek.* manyetik armatür *magnetic axis elek.* manyetik eksen *magnetic azimuth gökb.* manyetik azimut *magnetic bar* mıknatıs çubuğu *magnetic brake oto.* manyetik fren *magnetic bubble memory biliş.* manyetik kabarcık bellek *magnetic card biliş.* manyetik kart *magnetic card file biliş.* manyetik kart dosyası, manyetik kart kütüğü *magnetic cell biliş.* manyetik hücre, manyetik göze *magnetic character biliş.* manyetik karakter *magnetic chuck* mıknatıslı torna aynası *magnetic circuit elek.* manyetik devre *magnetic clutch* manyetik kavrama *magnetic compass* manyetik pusula *magnetic core* manyetik çekirdek *magnetic core storage biliş.* manyetik çekirdek bellek *magnetic course* manyetik rota *magnetic current elek.* manyetik akım *magnetic cutter fiz.* manyetik kesici *magnetic damping fiz.* manyetik amortisman, mıknatıssal sönüm *magnetic declination fiz.* manyetik deklinasyon, mıknatıssal sapma *magnetic deflection elek.* manyetik sapma, mıknatıssal sapma *magnetic delay line biliş.* manyetik geciktirme hattı *magnetic density* manyetik yoğunluk *magnetic detector elek.* manyetik detektör *magnetic dip* manyetik eğim, mıknatıssal eğim *magnetic dipole* manyetik dipol *magnetic disk biliş.* manyetik disk *magnetic disk drive biliş.* manyetik disk sürücü *magnetic disk file biliş.* manyetik disk dosyası, manyetik disk kütüğü *magnetic disturbance gökb.* manyetik tedirginlik *magnetic drum biliş.* manyetik tambur, manyetik silindir *magnetic energy elek.* manyetik enerji *magnetic field* manyetik alan, mıknatıssal alan *magnetic film* manyetik film, mıknatıslı film

magnetic film store biliş. manyetik film bellek *magnetic flux* manyetik akı, mıknatıssal akı *magnetic focusing elek.* manyetik odaklama *magnetic force* manyetik kuvvet, mıknatıssal kuvvet *magnetic friction* manyetik sürtünme *magnetic head* manyetik kafa *magnetic heading hav.* manyetik baş *magnetic hysteresis fiz.* manyetik histerezis *magnetic ignition oto.* manyetik ateşleme *magnetic induction fiz.* manyetik endüksiyon *magnetic ink biliş.* manyetik mürekkep *magnetic ink character reader biliş.* manyetik mürekkep karakter okuyucu *magnetic ink character recognition biliş.* manyetik mürekkep karakter tanıma *magnetic ink document reader biliş.* manyetik mürekkepli belge okuyucu *magnetic ink document sorter biliş.* manyetik mürekkepli belge sıralayıcı *magnetic intensity fiz.* manyetik şiddet, mıknatıssal yeğinlik *magnetic iron ore fiz.* mıknatıslı demir cevheri *magnetic lag elek.* manyetik gecikme, mıknatıssal gecikim *magnetic leakage* manyetik kaçak, manyetik sızıntı *magnetic lens opt.* manyetik mercek, mıknatıssal mercek *magnetic line of force fiz.* manyetik kuvvet çizgisi *magnetic loudspeaker* manyetik hoparlör *magnetic material* manyetik malzeme *magnetic memory biliş.* manyetik bellek *magnetic microphone* manyetik mikrofon *magnetic microscope* manyetik mikroskop *magnetic mine ask.* manyetik mayın *magnetic mirror* manyetik ayna *magnetic modulation* manyetik modülasyon *magnetic moment* manyetik moment, mıknatıs momenti *magnetic monopole fiz.* manyetik monopol, mıknatıssal tekucay *magnetic needle* manyetik ibre, mıknatıslı iğne *magnetic pendulum* manyetik sarkaç *magnetic permeability* manyetik geçirgenlik, mıknatıssal geçirgenlik *magnetic pickup* manyetik pikap *magnetic polarization* manyetik polarizasyon *magnetic pole* manyetik kutup, mıknatıssal ucay *magnetic potential* manyetik potansiyel *magnetic powder clutch* manyetik tozlu kavrama *magnetic pressure* manyetik basınç

magnetic printing bas. manyetik baskı
magnetic prospection mad. manyetik
arama *magnetic pumping* fiz.
manyetik pompalama *magnetic quantum number* manyetik kuantum sayısı
magnetic recorder manyetik kaydedici
magnetic recording manyetik kayıt
magnetic recording head manyetik
kayıt kafası *magnetic resistance*
manyetik direnç *magnetic resonance*
fiz. manyetik rezonans *magnetic rigidity* fiz. manyetik rijitlik, manyetik sertlik
magnetic saturation manyetik doyma
magnetic screen manyetik ekran
magnetic separator manyetik
separatör, mıknatıslı ayırıcı *magnetic
shell* fiz. manyetik yaprak, mıknatıssal
yaprak *magnetic shield* manyetik
ekran *magnetic sound* manyetik ses
magnetic sound recording manyetik
ses kaydı *magnetic sound track*
manyetik ses yolu *magnetic spectrograph* manyetik spektrograf *magnetic
spectrum* manyetik spektrum,
mıknatıssal izge *magnetic storage*
biliş. manyetik depolama *magnetic
store* biliş. manyetik bellek *magnetic
storm* manyetik fırtına *magnetic susceptibility* manyetik suseptibilite,
mıknatıssal alınganlık *magnetic switch*
elek. manyetik şalter *magnetic tape*
manyetik bant/şerit *magnetic tape
drive* biliş. manyetik bant sürücü *magnetic tape file* biliş. manyetik bant
dosyası, manyetik şerit kütüğü *magnetic tape group* biliş. manyetik şerit
grubu *magnetic tape library* biliş.
manyetik bant kitaplığı *magnetic tape
parity* biliş. manyetik bant paritesi,
manyetik şerit eşliği *magnetic tape
reader* biliş. manyetik bant okuyucu
magnetic tape unit biliş. manyetik bant
birimi *magnetic thermometer* fiz.
manyetik termometre *magnetic thin
film* biliş. ince manyetik film *magnetic
track* hav. manyetik rota *magnetic
transmission* oto. manyetik
transmisyon *magnetic vector* manyetik
vektör *magnetic vector potential*
manyetik vektör potansiyeli *magnetic
viscosity* manyetik viskozite, manyetik
ağdalık *magnetic wire* manyetik tel
magnetic wire store biliş. manyetik tel

bellek
magnetism /'megnitizm/ a. manyetizma,
mıknatıslık; çekicilik *animal magnetism* cinsel çekicilik
magnetite /'megnitayt/ a. min. manyetit
magnetization /megnıtay'zeyşın/ a.
mıknatıslama; mıknatıslanma *magnetization curve* mıknatıslanma eğrisi
magnetize /'megnitayz/ e.
mıknatıslamak; çekmek, büyülemek
magnetizing current mıknatıslama
akımı *magnetizing force* manyetizan
kuvvet, mıknatıslayan kuvvet
magneto /meg'ni:tou/ a. manyeto *magneto bell* elek. manyeto zil *magneto
generator* oto. manyeto jeneratörü
magneto ignition oto. manyetolu
ateşleme *magneto system* manyeto
sistemi
magnetochemical /megni:tou'kemikıl/ s.
manyetokimyasal
magnetochemistry /megni:tou'kemistri/
a. manyetokimya
magnetoelectric /megni:toui'lektrik/ s.
manyetoelektrik *magnetoelectric generator* manyetoelektrik jeneratör *magnetoelectric induction*
manyetoelektrik indüksiyon
magnetoelectricity /megni:touilek'trisiti/
a. manyetoelektrik
magnetohydrodynamics
/megni:touhaydrouday'nemiks/ a.
manyetohidrodinamik
magnetometer /megni'tomitı/ a.
manyetometre, mıknatısölçer
magnetomotive /megni:tou'moutiv/ s.
manyetomotor *magnetomotive force*
manyetomotor kuvvet
magneton /'megniton/ a. fiz. manyeton,
mıknatın
magnetopause /megni'topo:z/ a.
manyetopoz
magnetoresistance /megni'torizistıns/ a.
manyetodirenç, mıknatıssal ekdirenç
magnetoscope /meni'toskoup/ a.
manyetoskop
magnetosphere /meg'ni:tousfıı/ a. metr.
manyetosfer
magnetospheric /megni:tou'sferik/ s.
manyetosferik
magnetostriction /megni:tou'strikşın/ a.
manyetostriksiyon, mıknatıssal büzülme

magnetostrictive /megni:tou'striktiv/ *s.* manyetostriktif *magnetostrictive delay line* *biliş.* manyetostriktif geciktirme hattı

magnetron /'megnitron/ *a.* manyetron *magnetron cut-off current* manyetron kesim akımı *magnetron effect* manyetron etkisi *magnetron mode* manyetron modu *magnetron pulling* manyetron sürüklemesi, manyetron çekmesi *magnetron pushing* manyetron itmesi

magnification /megnifi'keyşın/ *a. opt.* büyütme, büyütüm

magnificence /meg'nifisıns/ *a.* görkem, debdebe

magnificent /meg'nifisınt/ *s.* görkemli, olağanüstü, muhteşem

magnifier /meg'nifayı/ *a. opt.* büyüteç

magnify /'megnifay/ *e.* büyütmek *magnifying glass* büyüteç *magnifying power* büyütme gücü

magniloquent /meg'niloukwınt/ *a.* abartılı; övüngen

magnitude /'megnityu:d/ *a.* büyüklük; *gökb.* kadir; önem

magnolia /meg'noulıı/ *a. bitk.* manolya

magpie /'megpay/ *a. hayb.* saksağan

maharaja /ma:hı'ra:cı/ *a.* Hint prensi

mahogany /mı'hogıni/ *a.* mahun, maun

maid /meyd/ *a.* bayan hizmetçi; evlenmemiş kız *maid of all work* her işe bakan hizmetçi kız *maid of honour* nedime; *Aİ.* küçük kek *old maid* gençliği geçmiş kız, kız kurusu

maiden /'meydın/ *a.* evlenmemiş kız, bakire ¤ *s.* evlenmemiş, kız; ilk *maiden name* kızlık soyadı *maiden speech* milletvekilinin meclisteki ilk konuşması *maiden flight hav.* ilk uçuş

maidenhair /'meydınheı/ *a. bitk.* baldırıkara, karabaldır

maidenhead /'meydınhed/ *a.* kızlık, bekâret

mail /meyl/ *a.* posta; zırh ¤ *e.* postalamak *mail bag* posta çantası, posta torbası *mail boat* posta vapuru *mail box* posta kutusu *mail business* posta ile alışveriş *mail car* posta arabası *mail catalogue* posta ile alışveriş kataloğu *mail coach* posta arabası *mail credit* kurye kredisi *mail order* posta ile

sipariş *mail-order firm/house* posta ile sipariş alan mağaza *mail plane hav.* posta taşıyıcı, posta uçağı *mail train demy.* posta treni *mailing list* sevk listesi, posta listesi

mailable /mey'lıbıl/ *s.* postalanabilir

mailbox /'meylboks/ *a. Aİ.* posta kutusu

mailed /meyld/ *s.* postalanmış, postaya verilmiş; zırhlı, zırh giymiş

mailman /'meylmen/ *a.* postacı

mail-order /'meylo:dı/ *a.* posta siparişi

maim /maym/ *e.* sakatlamak

main /meyn/ *s.* asıl, ana, temel, en önemli ¤ *a.* ana boru *in the main* genellikle, çoğunlukla *main beam* ana kiriş, esas kiriş *main bearing* ana yatak *main branch* merkez şube *main circuit* ana devre *main clause* temel cümle, temel tümce *main crop* ana ürün *main current elek.* ana akım *main cylinder* ana silindir *main deck* ana güverte *main defecation şek.* son kireçleme, ana kireçleme *main distribution cable elek.* ana dağıtım kablosu *main file biliş.* ana dosya, ana kütük *main fuel tank* ana yakıt deposu *main gallery mad.* ana galeri *main girder* ana kiriş *main intake mad.* ana hava girişi *main jet oto.* ana jikle, ana meme *main landing gear hav.* ana iniş takımı *main level mad.* ana kat *main line* ana hat *main memory biliş.* ana bellek *main office* ana bayii, merkez büro *main path biliş.* ana yol, ana yön *main pipe* ana boru *main program biliş.* ana program *main reason* ana neden, esas sebep *main return airway mad.* ana hava dönüş yolu *main road* ana yol *main rotor hav.* ana rotor *main routine biliş.* ana yordam *main runway hav.* ana pist *main segment biliş.* ana kesim *main shaft* ana mil *main spring* ana yay, büyük zemberek *main station* ana istasyon *Main Street Aİ.* ana cadde; taşra gelenekleri *Main Streeter Aİ.* taşralı kimse *main storage biliş.* ana bellek *main truss inş.* ana kiriş *main verb* esas fiil *main wall* ana duvar *main yard den.* mayistra sereni

mainframe /'meynfreym/ *a. biliş.* büyük bilgisayar; merkezi işlem birimi

mainland /'meynlınd/ *a.* ana toprak, kara

mainly /'meynli/ *be.* başlıca; çoğunlukla

mainmast /'meynma:st/ *a. den.* grandi, ana direk, mayistra

mains /meynz/ *a.* kanalizasyon; *demy.* ana kablo; *elek.* şehir şebekesi, dağıtım şebekesi; toplayıcı hat; ana boru *mains antenna elek.* şebeke anteni *mains frequency elek.* şebeke frekansı

mainsail /'meynseyl/ *a. den.* mayistra yelkeni, ana yelken

mainspring /'meynspring/ *a.* ana yay, büyük zemberek; baş etken, asıl neden

mainstay /'meynstey/ *a. den.* grandi ana istralyası; en büyük destek

maintain /meyn'teyn/ *e.* paraca desteklemek, geçindirmek, bakmak; sürdürmek, devam ettirmek; bakımlı tutmak, iyi halde tutmak, korumak, bakmak, bakımını yapmak; savunmak, savlamak, iddia etmek *maintain a price* fiyat düşüşünü engellemek *maintain an action* dava açmak

maintainability /meyn'teynıbılıti/ *a.* bakım kolaylığı

maintainor /meyn'teynı/ *a.* nafaka veren kimse

maintenance /'meyntınıns/ *a.* bakım; sürdürme, devam; koruma; geçim; nafaka *maintenance contract* biliş. bakım sözleşmesi *maintenance cost* bakım maliyeti *maintenance man* tamirci *maintenance order* nafaka kararı *maintenance routine* biliş. bakım yordamı *maintenance time* biliş. bakım süresi *maintenance-free* bakım istemeyen

maisonette /meyzı'net/ *a.* küçük daire, küçük ev

maize /meyz/ *a. İİ.* mısır *maize oil* mısırözü yağı *maize protein fibre teks.* mısır protein lifi *maize sheller trm.* mısır daneleme makinesi *maize starch* mısır nişastası

majestic /mı'cestik/ *s.* görkemli, muhteşem, şahane

majesty /'mecisti/ *a.* görkem, haşmet, heybet *His Majesty* Kral Hazretleri

majolica /mı'colikı/ *a. inş.* mayolika, majolika

major /'meycı/ *s.* daha büyük, daha önemli ¤ *a. huk.* büyük, reşit; *fel.* büyük önerme; (üniversitede) ana dal, esas dal; *müz.* majör; *ask.* binbaşı *major axis mat.* büyük eksen *major general* tümgeneral *major key* majör perdesi *major league Aİ.* beysbolda en büyük iki ligden biri *major lobe* ana kulak *major offence* büyük suç *major planets gökb.* büyük gezegenler *major premise* büyük önerme *major road* ana yol *major term* büyük terim

majority /mı'coriti/ *a.* çoğunluk; sayı farkı, fark; *huk.* rüşt, erginlik, reşitlik; binbaşılık *majority emitter elek.* çoğunluk emetörü

majuscule /'mecıskyu:l/ *a.* büyük harf

make /meyk/ *e.* yapmak; yapmak, hazırlamak, düzeltmek; meydana getirmek, -e neden olmak, yapmak; (para/başarı vb.) kazanmak, yapmak, sağlamak, elde etmek; -tirmek, -dırmak; -e eşit olmak, etmek; varmak, ulaşmak, yetişmek, gelmek; yol almak, katetmek, gitmek; olmak; -e kalkışmak, -mek üzere olmak; *arg.* düzmek, kaymak; *kon.* tamamlamak; etmek, haline sokmak; -inci olmak, etmek; ... diye hesaplamak, ortaya çıkarmak ¤ *a.* yapı, biçim; marka, çeşit; yapım, üretim *make an effort* çaba harcamak *make a bill of exchange* bir poliçe düzenlemek *make a business call* iş görüşmesi yapmak *make a collect call* ödemeli telefon etmek *make a hit with sb* gönlünü hoş etmek *make a point of* ilke edinmek *make a private call* özel telefon görüşmesi yapmak *make a reverse charge call* ödemeli telefon etmek *make believe* ... gibi davranmak, ... rolü yapmak *make contact elek.* açık kontak *make do (with sth)* (ile) idare etmek *make eyes at* kaş göz etmek *make for* -e yönelmek, -e doğru yol almak; -e neden olmak, sağlamak *make it kon.* vaktinde varmak; başarmak, üstesinden gelmek *make it up to sb* -in karşılığını vermek, altında kalmamak *make light of* önemsiz görmek *make love (to)* sevişmek *make of* -den anlamak, anlam çıkartmak *make off* aceleyle kaçmak, tüymek, savuşmak *make off with* alıp kaçmak *make one's way* gitmek, yolunu tutmak *make out* (güçlükle) anlamak, çözmek; yazmak, yazıp doldurmak; *kon.* başarılı olmak; *kon.* gibi davranmak, iddia etmek *make out a cheque (to sb)* (birine) çek yazmak *make out an invoice* fatura düzenlemek *make over* devretmek, bırakmak *make sense of* anlamak *make sth up out of whole cloth* işkembeden atmak *make up* uydurmak; makyaj yapmak; oluşturmak; tamamlamak; yatak yapmak; barışmak; yarışta aradaki mesafeyi kapatmak *make up for* affettirmek, gidermek, telafi etmek, karşılamak *make up to* gözüne girmeye çalışmak, yaranmaya çalışmak *make up to sb* gönlünü almak *on the make kon. hkr.* çıkar peşinde; cinsel ilişki peşinde

make-believe /meykbi'li:v/ *a.* yalandan yapma, yapmacık; hayal ürünü

maker /'meykı/ *a.* yapımcı, imalatçı; keşideci, imzalayan kimse

makeshift /'meykşift/ *s.* geçici, eğreti

make-up /'meykap/ *a.* yaradılış, kişilik, doğa, huy, mizaç; bileşim; makyaj; yapım, imalat *make-up time biliş.* düzeltme süresi

making /'meyking/ *a.* yapım, üretim; gelişme/başarı nedeni *be in the making* eli kulağında olmak

makings /'meykingz/ *a.* yetenek, gerekli özellikler *have the makings of* için gerekli özelliklere sahip olmak

mala fide /'melı 'faydi/ *s.* kötü niyetle, sui niyetle

malachite /'melıkayt/ *a.* malakit, bakırtaşı

maladjusted /melı'castid/ *s.* (çevreye) uyamayan, uyumsuz

maladjustment /melı'dcastmınt/ *a.* uyumsuzluk; ayarsızlık

malady /'melıdi/ *a.* hastalık, illet

malaise /me'leyz/ *a.* keyifsizlik; sıkıntı

malapropos /mel'eprıpou/ *s.* yersiz, yakışıksız; edepsiz ¤ *a.* uygunsuzluk, yersizlik

malaria /mı'leırıı/ *a. hek.* sıtma

malarious /mı'leırııs/ *s.* sıtmalı

malarky /mı'la:ki/ *a.* saçma, zırva

malcontent /'melkıntent/ *s.* (belli bir politikadan) memnun olmayan, doyumsuz

male /meyl/ *a. s.* erkek

malediction /melı'dikşin/ *a.* lanet, iftira

maledictory /melı'diktıri/ *a.* lanetli

malefactor /'melifektı/ *a.* suçlu, cani

maleficent /mı'lefisint/ *s.* zararlı, kötü

malevolent /mı'levılınt/ *s.* kötü kalpli, kötü niyetli, sadist

malfeasance /mel'fi:zıns/ *a.* kötüye kullanma, vazifeyi suiistimal

malformation /melfo:'meyşın/ *a.* şekil bozukluğu, bozuk şekil

malfunction /mel'fankşın/ *e.* kötü çalışmak, teklemek ¤ *a.* bozukluk, aksaklık, arıza, tutukluk *malfunction routine biliş.* yanlış işlev yordamı, arıza yordamı

malice /'melis/ *a.* kötülük, kötü niyet, kin, kötülük etme isteği, kasıt, taammüt *bear malice* kin beslemek

malicious /mı'lişıs/ *s.* kasıtlı, taammüden

malign /mı'layn/ *e.* kötülemek, dil uzatmak, günahına girmek

malignancy /mı'lignınsi/ *a.* kötülük, kötü yüreklilik; habislik

malignant /mı'lignınt/ *s.* kötü niyetli, kötücül

malinger /mı'lingı/ *e.* hasta numarasıyla işten kaçmak, kaytarmak

mall /mo:l/ *e.* tokmakla dövmek ¤ *a.* tokmak; taşıtlara kapalı cadde

mallard /'melıd/ *a. hayb.* yabanördeği

malleability /melıı'bılıti/ *a.* dövülebilme, yassılaşabilme, genleşebilme

malleabilization /melııbı'lızeyşın/ *a.* dövülebilirlik, genleşebilirlik

malleable /'melııbıl/ *s.* (maden) dövülgen, dövülebilir; (insan) yumuşak, uysal *malleable cast iron met.* dövülebilir dökme demir *malleable iron met.* dövülebilir demir, dövülgen demir *malleable pig iron met.* dövülebilir pik demir

mallet /'melit/ *a.* tahta çekiç, tokmak, tokaç

mallow /'melou/ *a.* ebegümeci

malnutrition /melnyu'trişin/ *a.* kötü beslenme

malodorous /mel'oudırıs/ *s.* kötü kokulu

malpractice /mel'prektis/ *a.* yasa dışı eylem, yasaya aykırı hareket, yolsuzluk; *hek.* yanlış tanı, tedavi ya da ihmal

malt /mo:lt/ *a.* biralık arpa, malt *malt extract* malt ekstraktı, arpa özü *malt sugar* maltoz, malt şekeri

Maltase /'mɔːltiːz/ s. Maltalı *Maltase cross* Malta haçı
maltase /'mɔːlteyz/ a. kim. maltaz
maltha /'meltı/ a. malta
maltose /'mɔːltouz/ a. maltoz
maltreat /mel'triːt/ e. kötü davranmak, zulmetmek
malversation /melvöːseyşın/ a. zimmetine para geçirme
mama /'maːmı/ a. anne, ana
mamilla /me'mılı/ a. meme başı
mamma /mı'maː/ a. anne
mammal /'memıl/ a. hayb. memeli hayvan
mammogram /'memougrem/ a. meme filmi
mammonism /'memınizım/ a. para hırsı
mammoth /'memıt/ a. hayb. mamut
mammy /'memi/ a. anne, ana
man /men/ a. adam, erkek; insan, kişi; insanlık; (satranç, vb.) taş ¤ e. adam vermek, adamla donatmak *as one man* herkesin kabul etmesiyle, oybirliğiyle *man of business* vekilharç *man of honour* namuslu adam *man of property* mal mülk sahibi adam *man of straw* bostan korkuluğu *man of the world* görmüş geçirmiş kimse *the man in the street* sıradan bir kimse, sokaktaki adam
manacle /'menıkıl/ a. kelepçe
manage /menic/ e. yönetmek, idare etmek; kontrol altına almak, dizginlemek, dize getirmek; başarmak, becermek, yapmak, üstesinden gelmek; kon. yemek/içmek/almak/istemek *managed floating* gözetimli dalgalanma *managed interest* gözetimli faiz
manageable /'menicıbıl/ s. yönetilebilir; kullanışlı
management /'menicmınt/ a. yönetim, idare; yönetim kurulu *management authorization* yönetim yetkisi *management by exception* biliş. hariç tutarak yönetme, dışlamalı yönetim *management consultant* idari müşavir *management group* yönetim grubu *management information system* biliş. yönetim bilişim sistemi
manager /'menicı/ a. müdür, direktör; yönetici, idareci; evi çekip çeviren kimse

manageress /menici'res/ a. müdire, kadın yönetici
managerial /meni'ciriıl/ s. idari, yönetimsel, yönetimle ilgili *managerial qualities* yöneticilik nitelikleri *managerial staff* yönetim kadrosu
managing /'menicing/ s. yöneten, idareci; idari, yönetimsel ¤ a. yönetim *managing board* yönetim kurulu, idare heyeti *managing clerk* büro şefi, şirket sorumlusu *managing committee* idari komite *managing director* yönetim müdürü; fabrika müdürü
Mandarin /'mendırin/ a. Mandarin, standart Çince *Mandarin Chinese* Mandarin, Çin dili
mandarin /'mendırin/ a. mandarin, Çinde dokuz memur rütbesinden biri; mandalina *mandarin duck* çinördeği *mandarin orange* mandalina
mandatary /'mendıtıri/ a. mandacı, mandater
mandate /'mendeyt/ a. buyruk, emir; manda, vekillik; yetki, salahiyet ¤ e. manda altına almak *mandated territory* manda altındaki ülke
mandator /'mendıtı/ a. müvekkil
mandatory /'mendıtıri/ s. zorunlu, mecburi *mandatory regulation* emredici kural, uyulması zorunlu kural *mandatory reports* biliş. zorunlu raporlar
mandible /'mendıbıl/ a. altçene
mandolin /mendı'lin/ a. müz. mandolin
mandrake /'mendreyk/ a. adamotu, muhabbetotu
mandrel /'mendril/ a. mandrel, merdane, mihver, mil; çelik maça
mane /meyn/ a. yele
maned /meynd/ s. yeleli
manege /me'neyj/ a. trm. manej, at eğitimi
maneuver /mı'nuːvı/ a. e. AĬ. bkz. manoeuvre
manful /'menful/ s. mertçe; cesur, mert
manganate /'mengıneyt/ a. manganat
manganese /'mengıniːz/ a. kim. manganez *manganese steel* met. manganezli çelik, mangan çeliği
manganite /'mengınayt/ a. min. manganit
mange /meync/ a. uyuz hastalığı
manger /'meyncı/ a. yemlik *dog in the*

manger kendisinin yararlanmadığı şeyden başkasının yararlanmasını istemeyen kimse

mangle /'mengıl/ *e.* parçalamak, ezmek, yırtmak; (çamaşırı) mengeneden geçirmek ¤ *a.* çamaşır sıkma makinesi **mangle effect** *teks.* sıkma efekti **mangle roller** *teks.* sıkma silindiri, sıkma roliği

mango /'mengou/ *a. bitk.* mango, hintkirazı

mangold fly /'mengould flay/ *a.* pancar sineği

mangrove /'mengrouv/ *a. bitk.* mangrov

mangy /'meynci, 'menci/ *s.* uyuz

manhandle /'menhendl/ *e.* (kaba bir şekilde) itip kakmak

manhattan /men'hetın/ *a.* viski ve vermut kokteyli

manhole /'menhoul/ *a.* caddelerdeki yeraltına iniş deliği, adam giriş deliği, menhol, rögar

manhood /'menhud/ *a.* erkeklik

man-hour /'menauı/ *a.* kişi-saat, adam-saat

mania /'meyniı/ *a.* manyaklık, delilik, çılgınlık; düşkünlük, hastalık, delilik

maniac /'meyniek/ *a.* manyak, deli

manic /'menik/ *s.* manik, delilikle ilgili, delilik +; deli

manicure /'menikyuı/ *a.* manikür

manifest /'menifest/ *s.* açık, belli, görülür ¤ *e.* göstermek, ortaya koymak ¤ *a.* manifesto, gümrük beyannamesi; beyanname **manifest itself** belirmek, ortaya çıkmak, zuhur etmek

manifestation /menife'steyşın/ *a.* belli etme, ortaya koyma; gösteri, yürüyüş

manifesto /meni'festou/ *a.* bildirge, bildiri; parti programı

manifold /'menifould/ *s.* türlü türlü, çok ¤ *e.* çoğaltmak ¤ *a.* taksim borusu, emme borusu, çok gözlü boru, manifolt; kolektör **manifold paper** teksir kâğıdı, karbon kâğıdı **manifold pressure** *oto.* manifolt basıncı

manikin /'menikin/ *a.* minik adam, cüce; manken, kalıp; anatomi modeli

Manila /mı'nilı/ *a.* Manila, Filipin'in başkenti **Manil(l)a hemp** Manila keneviri **Manil(l)a paper** sağlam ambalaj kâğıdı **Manilla rope** (Manila

kenevirinden) halat

manilla /mı'nilı/ *a.* küçük bilezik şeklinde eski bir Batı Afrika para birimi

manille /me'nil/ *a.* iskambilde ikinci koz

manipulatable /mı'nipyuleytıbıl/ *s.* el ile işletilebilir; ustalıkla yönetilebilir

manipulate /mı'nipyuleyt/ *e.* beceriyle kullanmak, ustalıkla yönetmek; kendi amacı doğrultusunda yönlendirmek, etkilemek **manipulate stocks** borsada dalavere yapmak

manipulation /mınipyu'leyşın/ *a.* işleme; kullanma, işletme, çalıştırma, idare

mankind /men'kaynd/ *a.* insanlık, insanoğlu

manliness /'menlinis/ *a.* erkeklik; mertlik

manly /'menli/ *s.* mert, yiğit, erkek

man-made /men'meyd/ *s.* insan yapımı; sentetik **man-made fibre** *teks.* sentetik lif, yapay lif **man-made noise** *elek.* suni gürültü

manna /'menı/ *a.* kutsal yiyecekler; kudrethelvası, balsıra **pennies or manna from heaven** devlet kuşu

mannequin /'menkin/ *a.* manken, model

manner /'menı/ *a.* tarz, biçim, yol; davranış, davranış şekli **all manner of** her tür **by all manner of means** muhakkak, mutlaka **by no manner of means** hiçbir şekilde, kesinlikle **in a manner of speaking** bir bakıma, bir anlamda **in like manner** benzer şekilde, aynı tarzda **manner of action** eylemin oluş biçimi, kılınış **manner of articulation** ses çıkartma biçimi, eklemleme biçimi **to the manner born** doğuştan kibar; doğuştan alışmış

mannered /'menıd/ *s.* yapmacık

mannerism /'menırizım/ *a.* kişisel özellik

manners /'menız/ *a.* görgü

manning /'mening/ *a.* gemiye tayfa alma

mannish /'meniş/ *s.* (kadın) erkek gibi, erkeksi

mannose /'menous/ *a.* mannoz

manoeuvre /mı'nu:vı/ *a.* manevra; hile, dolap ¤ *e.* manevra yapmak; hile yapmak, dalavere yapmak, dolap çevirmek

manoeuvrer /mı'nu:vırı/ *a.* entrikacı, manevracı

manometer /mı'nomitı/ *a.* manometre, basıölçer

manor /'menı/ a. malikâne *manor house* malikâne konağı

manpower /'menpauı/ a. el emeği, insan gücü, işgücü *manpower deficit* işgücü açığı *manpower surplus* işgücü fazlası

manrope /'menroup/ a. den. vardamana

mansard /'mensa:d/ a. mansart çatı, sağrılı çatı; dam bacası *mansard roof* mansart çatısı, kırık çatı

mansion /'menşın/ a. konak

manslaughter /'menslo:tı/ a. huk. kasıtsız adam öldürme, kasıtsız cinayet

mantel /'mentıl/ a. inş. ocak rafı, şömine rafı

mantelpiece /'mentlpi:s/ a. şömine rafı, ocak rafı

mantilla /men'tilı/ a. teks. başörtü, şal

mantis /'mentis/ a. hayb. peygamberdevesi

mantissa /men'tisı/ a. mat. mantis, onlu parça

mantle /'mentl/ a. kolsuz manto, harmani; örtü; havagazı gömleği, lamba fitili; amyant gömlek

manual /'menyuıl/ s. elle yapılan, el + ¤ a. el kitabı, kılavuz *manual control* elle kumanda *manual data processing* biliş. elle bilgi işlem *manual exchange* elek. manuel telefon santralı *manual input* biliş. elle girdi *manual labour* el işçiliği, amelelik, el işi, el emeği *manual operation* biliş. elle işlem *manual transmission* oto. düz vites, otomatik olmayan vites

manufactory /menyu'fektırı/ a. fabrika

manufacture /menyu'fekçı/ a. yapım, imal; ürün, mamul ¤ e. imal etmek, yapmak

manufacturer /menyu'fekçırı/ a. yapımcı, imalatçı; fabrikatör

manufacturing /menyu'fekçıring/ a. s. yapım, üretim, imalat (ile ilgili) *manufacturing cost* yapım maliyeti, imalat maliyeti *manufacturing efficiency* üretim etkinliği *manufacturing fault* fabrikasyon hatası *manufacturing industry* imalat sanayii *manufacturing plant* fabrika *manufacturing process* imalat yöntemi *manufacturing statement* üretim bilançosu

manure /mı'nyuı/ a. gübre ¤ e.

gübrelemek *manure distributor* trm. gübre dağıtıcı *manure spreader* trm. gübre serpici, gübre yayıcı

manuscript /'menyuskript/ a. yazma, el yazması

many /meni/ s. adl. a. çok, birçok; birçoğu, çoğu *how many* kaç tane *many a* birçok *many's the time* birçok kereler, sık sık *too many* çok fazla

many-sided /meni'saydid/ s. çok yanlı, çok kenarlı; çok yönlü, karışık; çok anlamlı

map /mep/ a. harita ¤ e. haritasını çıkarmak; (out ile) planlamak, tasarlamak *map program* biliş. harita programı, arama programı *map symbols* harita sembolleri

maple /'meypıl/ a. bitk. akçaağaç, isfendan *maple sugar* şek. akçaağaç şekeri

mapping /'meping/ a. haritacılık

maquis /ma:'ki:/ a. coğ. maki

mar /ma:/ e. bozmak, lekelemek

maraging /'ma:reycing/ a. met. maryaşlama, maryaşlandırma *maraging steel* met. maryaşlanma çeliği

maraschino /merı'ski:nou/ a. acı kiraz likörü

marathon /'merıtın/ a. maraton

maraud /mı'ro:d/ e. yağma etmek, yağmalamak

marauder /mı'ro:dı/ a. yağmacı, çapulcu

marble /'ma:bıl/ a. mermer; bilye, zıpzıp, misket ¤ e. harelemek, ebrulamak *marble quarry* mermer ocağı

marc /ma:k/ a. posa

march /ma:ç/ a. askeri yürüyüş; yürüyüş; yürünen mesafe; gösteri yürüyüşü, yürüyüş; müz. marş; ilerleme ¤ e. düzenli adımlarla yürümek; ilerlemek; yürütmek, önüne katmak

March /ma:ç/ a. mart

marchioness /ma:şı'nes/ a. markiz

mare /meı/ a. hayb. kısrak

margarine /ma:cı'ri:n/ a. margarin

margin /'ma:cin/ a. sınır, kenar; sayfa kenarındaki boşluk; pay, ihtiyat payı, tolerans; kâr miktarı ¤ e. ihtiyat akçesi yatırmak *margin buying* borçlanarak satın alma *margin of income* gelir sınırı *margin of safety* güvenlik marjı *margin-punched card* biliş. kenar delgili kart

marginal /'ma:cınıl/ *s.* kenarda olan, sınırsal; kenarda yazılı; marjinal *marginal capacity* düşük kapasite *marginal check bliş.* marjinal çek, dayanıklılık denetimi *marginal cost* marjinal maliyet *marginal land* marjinal arazi *marginal note* çıkma, derkenar *marginal plain coğ.* sander, sandur *marginal probability* marjinal olasılık, bileşen olasılık *marginal productivity* marjinal üretkenlik *marginal purchase* marjinal alım *marginal rate* marjinal oran *marginal release* boşluk bırakma, ara verme *marginal relief* marjinal indirim *marginal revenue* marjinal gelir *marginal sales* marjinal satışlar *marginal utility* marjinal yarar

margraviate /ma:'greyviıt/ *a.* prenslik

marguerite /ma:gı'ri:t/ *a.* çayır papatyası

marigold /'merigould/ *a.* çuhaçiçeği

marihuana /meri'wa:nı/ *a. bkz.* marijuana

marijuana /meri'wa:nı/ *a.* esrar, marihuana

marina /mı'ri:nı/ *a.* marina, küçük liman

marine /mı'ri:n/ *s.* deniz/denizcilik ile ilgili, deniz ... ¤ *a.* bahriye, denizcilik; bahriyeli *marine accident* deniz kazası *marine bill of lading* deniz konşimentosu *marine borer hayb.* taret, iskele kurdu *marine chronometer* gemi kronometresi, deniz kronometresi *marine climate metr.* deniz iklimi *marine court* denizcilik mahkemesi *marine engine* deniz motoru *marine engineering* gemi mühendisliği *marine insurance* deniz sigortası *marine insurance broker* deniz sigortası simsarı *marine screw propeller* gemi uskuru *marine trade* deniz ticareti *marine transgression* deniz ilerlemesi *Tell that/it to the marines* Sen onu benim sakalıma/külahıma anlat

mariner /mı'ri:nı/ *a.* denizci, tayfa, gemici

marionette /merii'net/ *a.* kukla

marital /'meritl/ *s.* evlilikle ilgili *marital status* medeni hal

maritime /'meritaym/ *s.* denizle ilgili, deniz +; denizcilikle ilgili, denizcilik + *maritime climate coğ.* denizsel iklim, deniz iklimi *maritime court* deniz ticaret mahkemesi *maritime insurance* deniz sigortası *maritime law* deniz ticaret hukuku *maritime territory* karasuları

marjoram /'ma:cırım/ *a. bitk.* mercanköşk, sıçankulağı, şile

mark /ma:k/ *a.* işaret, çizgi, im; çizik, leke; belirti, iz, alamet; not, numara; marka; etiket; iz, yara izi; etki, iz; damga; hedef, nişan; istenen düzey ya da nitelik ¤ *e.* işaret koymak, işaretlemek; damgalamak; not vermek; göstermek, belirtmek, işaret etmek; lekelemek, iz bırakmak; *sp.* marke etmek, tutmak *leave one's/its mark on* damgasını vurmak *mark reader bliş.* işaret okuyucu *mark reading bliş.* işaret okuma *mark scanning bliş.* işaret tarama *mark scanning document bliş.* işaret taramalı belge *mark-sense cards bliş.* işaret algılama kartları *mark-sensing bliş.* işaret algılama *mark down* (fiyatını) düşürmek, indirmek *mark up* (fiyat) artırmak

mark /ma:k/ *a.* Alman parası, mark

markdown /'ma:kdaun/ *a.* fiyat indirimi

marked /ma:kt/ *s.* damgalı; göze çarpan *marked price* etiket fiyatı

marker /'ma:kı/ *a.* işaretleyen şey, işaretleyici; puan yazıcı; damga, işaret

market /'ma:kit/ *a.* çarşı, pazar; piyasa; borsa; istek, talep ¤ *e.* alışveriş yapmak; satmak, satışa çıkarmak; pazarlamak *on the market* piyasada (satılan) *hold the market* piyasayı elinde tutmak *market analysis* piyasa araştırması, piyasa analizi *market capitalisation* piyasa kapitalizasyonu *market condition* piyasa konjonktürü *market demand* pazar talebi, piyasa talebi *market economy* pazar ekonomisi, piyasa ekonomisi *market fluctuation* piyasa dalgalanması *market garden* bostan *market investigation* pazar araştırması, piyasa araştırması *market leaders* piyasada rağbet gören ürünler *market letter* borsa cetveli *market maker* pazar düzenleyicisi *market niche* piyasa talebi *market order* piyasa emri, pazar emri *market oriented* pazara yönelik, pazara dönük *market place* pazar yeri

market price piyasa fiyatı **market profit** ticari kâr **market quotation** piyasa rayici **market rate of interest** piyasa faiz oranı **market report** piyasa raporu **market research** piyasa araştırması **market researcher** piyasa araştırmacısı **market rigging** piyasa oyunu **market segment** piyasa segmenti **market share** piyasa payı **market sharing** piyasa paylaşımı **market study** piyasa araştırması, piyasa etüdü **market survey** piyasa anketi **market test** piyasa testi **market town** belirli günlerde pazar kurulan kasaba **market value** piyasa değeri **play the market** spekülasyon yapmak

marketable /'ma:kıtıbıl/ s. satılabilir, satışı kolay, sürümlü **marketable securities** kolayca satılabilen menkul kıymetler

marketing /'ma:kiting/ a. pazarlama **marketing association** pazarlama kurumu **marketing company** pazarlama şirketi **marketing organisation** pazarlama örgütü **marketing research** pazarlama araştırması

marketplace /'ma:kitpleys/ a. pazar yeri

marking /'ma:king/ a. işaretleme, markalama; işaret, marka **marking gauge** nişangeç, mihengir

marksman /'ma:ksmın/ a. nişancı

markup /'ma:kap/ a. fiyat artışı, zam

marl /ma:l/ a. marn, pekmeztoprağı ¤ e. marn ile gübrelemek

marline /'ma:lin/ a. den. mürnel, gırcala

marlinespike /'ma:linspayk/ a. den. kavela

marmalade /'ma:mıleyd/ a. marmelat, reçel

marmoset /'ma:mızet/ a. hayb. ipek maymun, marmoset

marmot /'ma:mıt/ a. marmot, dağ sıçanı

maroon /mı'ru:n/ a. s. kestanerengi

marquee /ma:'ki/ a. büyük çadır, otağ

marquess /'ma:kwis/ a. bkz. marquis

marquis /'ma:kwis/ a. marki

marriage /'meric/ a. evlenme, evlenme töreni; evlilik

married /'merid/ s. evli; evlilikle ilgili, evlilik +

marron /'merın/ a. kestane

marrow /'merou/ a. ilik, kemik iliği; öz; bitk. sakızkabağı

marrowless /'meroulis/ s. asılsız

marry /'meri/ e. evlendirmek; (ile) evlenmek

Mars /ma:z/ a. Mars

marsh /ma:ş/ a. bataklık, batak **marsh gas** bataklık gazı, metan

marshal /'ma:şıl/ a. ask. mareşal; teşrifatçı; Aİ. (polis, itfaiye, vb.) şef ¤ e. dizmek, sıralamak; doğru yere götürmek, yol göstermek **marshalling yard** demy. ayırma garı, manevra garı

marshy /'ma:şi/ s. bataklı **marshy ground** bataklık, batak arazi, batak zemin **marshy region** bataklık bölge

mart /ma:t/ a. çarşı, pazar

marten /'ma:tin/ a. ağaçsansarı, zerdeva

martensite /'ma:tinzayt/ a. met. martensit

martensitic /ma:tin'zitik/ s. martensitli

martial /'ma:şıl/ s. savaşla ilgili; savaşçı **martial law** sıkıyönetim

Martian /'ma:şın/ s. a. Marslı; Mars'la ilgili

martin /'ma:tin/ a. hayb. kırlangıç

martyr /'ma:tı/ a. şehit ¤ e. şehit etmek

martyrdom /'ma:tıdım/ a. şehitlik

marvel /'ma:vıl/ a. şaşılacak şey, mucize

marvellous /'ma:vılıs/ s. harika, müthiş, fevkalade, süper

marvelous /'ma:vılıs/ s. Aİ. bkz. marvellous

Marxism /'ma:ksizım/ a. Marksizm, Marksçılık

Marxist /'ma:ksist/ a. s. Marksist, Marksçı

marzipan /ma:zi'pen/ a. badem ezmesi

mascara /me'ska:rı/ a. rimel, maskara, sürme

mascot /'meskıt/ a. uğur, maskot

masculine /'meskyulin/ s. erkeklere özgü, erkeksi; dilb. eril

masculinity /meskyu'liniti/ a. erkeklik (niteliği), erillik

maser /'meyzı/ a. fiz. maser

mash /meş/ a. lapa, ezme; patates püresi; şek. mayşe ¤ e. ezmek

mask /ma:sk/ a. maske; örtü; yüz kalıbı ¤ e. maske takmak; gizlemek, saklamak, maskelemek **mask bit** biliş. maske biti **mask register** biliş. maske yazmacı, maskeleme yazmacı

masochism /'mesıkizım/ a. mazoşizm, özezerlik

masochist /'mesıkist/ *a.* mazoşist
mason /'meysın/ *a.* duvarcı, taşçı; mason *mason's level inş.* duvarcı terazisi
masonry /'meysınri/ *a.* duvarcılık; duvarcı işi; masonluk; taş *masonry dam* kâgir baraj
masquerade /meskı'reyd/ *a.* maskeli balo; gerçeği gizleme, rol yapma ¤ *e.* (as ile) -mış gibi yapmak, rolü yapmak, ayağına yatmak
mass /mes/ *a.* yığın, küme; çokluk; kütle ¤ *s.* çok kişiyi ilgilendiren; kalabalık; toptan, seri ¤ *e.* bir araya gelmek, kümelenmek, kalabalık oluşturmak *mass absorption coefficient fiz.* kütle soğurum katsayısı *mass balance* kütle balansı, kütle denkliği *mass communication* kitle haberleşme, kitle iletişim *mass concrete* kütle betonu *mass data biliş.* yığın veri *mass defect fiz.* kütle noksanı, kütle eksiği *mass demonstration* toplu gösteri *mass-dyed teks.* çözelti halindeyken boyanmış *mass-energy equivalence fiz.* kütle-enerji eşitliği *mass media* kitle iletişim, medya *mass meeting* toplu gösteri *mass movement* kitle hareketi *mass noun* sayılamayan isim *mass number fiz.* kütle numarası, kütle sayısı *mass production* seri üretim *mass spectrograph fiz.* kütle spektrografı, kütle izgeçizeri *mass spectrometer fiz.* kütle spektrometresi *mass spectrometry* kütle spektrometrisi, kütle izge ölçümü *mass spectrum fiz.* kütle spektrumu, kütle izgesi *mass storage biliş.* yığın bellek *mass transportation* toplu taşıma
massacre /'mesıkı/ *a.* katliam, kırım ¤ *e.* katliam yapmak
massage /'mesa:j/ *a.* masaj ¤ *e.* masaj yapmak *give (sb) a massage* (birine) masaj yapmak *have a massage* masaj yaptırmak *massage parlour* masaj salonu
masses /'mesiz/ *a.* (the ile) çalışan sınıf, işçi sınıfı, emekçiler
masseur /me'sö:/ *a.* masör
massif /'mesi:f/ *a.* dağ kitlesi
massive /'mesiv/ *s.* büyük, iri, kocaman; güçlü, kuvvetli; yekpare, som
mast /ma:st/ *a.* gemi direği; bayrak direği,

gönder *mast antenna* direk anten
mastectomy /me'stıktımi/ *a.* mastektomi, memenin ameliyatla alınması
master /'ma:stı/ *a.* efendi; sahip; müdür, yönetici, direktör; aile reisi; (erkek) öğretmen; işveren, patron, usta; üstat, usta; master derecesi, yüksek lisans ¤ *s.* asıl, baş, en önemli *master borer mad.* lağımcı ustası *master builder* yapı ustası, kalfa *master card biliş.* ana kart *master clock biliş.* ana saat *master connecting rod oto.* esas biyel, ana biyel *master console biliş.* ana konsol *master control desk elek.* ana kumanda masası *master control program biliş.* ana denetim programı *master control room elek.* ana kumanda odası, ana denetim odası *master control routine biliş.* ana denetim yordamı *master controller* ana denetici *master copy* orijinal kopya, ana kuşak *master cylinder* ana silindir *master data biliş.* ana veri *master file biliş.* ana dosya, ana kütük *master instruction tape biliş.* ana komut bandı *master key* maymuncuk *master library tape biliş.* ana kitaplık bandı *master mariner* gemi kaptanı *master monitor elek.* ana monitör, ana denetlik *Master of Arts* lisansüstü öğrenim görmüş fakülte mezunu *master operating station biliş.* ana işletim istasyonu *master oscillator elek.* ana osilatör *master plan* ana plan *master processor biliş.* ana işlemci *master program file biliş.* ana program dosyası, ana program kütüğü *master record biliş.* ana kayıt *master register* ana kütük *master shot fot.* geniş plan, büyük plan, uzak çekim, genel çekim *master/slave system biliş.* ana-bilgisayar/uydu-bilgisayar sistemi, efendi/köle dizgesi *master station biliş.* ana istasyon, yönetici istasyon *master switch elek.* ana şalter *master tape biliş.* ana bant *master unit* ana birim
master /'ma:stı/ *e.* yenmek, denetimi altına almak, egemen olmak, hâkim olmak; iyi bilmek, hâkim olmak, tam öğrenmek
masterful /'ma:stıfıl/ *s.* hâkim, dediğini yaptıran, egemen
masterless /'ma:stılis/ *s.* sahipsiz
masterly /'ma:stıli/ *s.* ustaca, mükemmel

mastermind /'ma:stımaynd/ a. çok zeki kimse, beyin ¤ e. kon. akıllıca planlamak, tezgâhlamak

masterpiece /'ma:stıpi:s/ a. şaheser, başyapıt

mastership /'ma:stışip/ a. ustalık; yöneticilik; öğretmenlik

mastery /'ma:stıri/ a. hâkimiyet; üstünlük

masthead /'ma:sthed/ a. den. kolombir, direk ucu, direk tepesi **masthead light** den. silyon feneri

mastic /'mestik/ a. sakız; mastika; sakızağacı **mastic asphalt** yol. mastik asfalt

masticate /'mestikeyt/ e. çiğnemek

mastiff /'mestif/ a. bir tür iri bekçi köpeği, mastif

mastitis /me'staytis/ a. meme iltihabı

masturbate /'mestıbeyt/ e. mastürbasyon yapmak

masturbation /mestı'beyşın/ a. mastürbasyon

mat /met/ a. hasır; paspas; altlık; keçe; palet ¤ s. donuk, mat ¤ e. donuklaştırmak

matador /'metıdo:/ a. boğa güreşçisi, matador

match /meç/ a. eş, akran, denk; benzer; evlenme; maç, karşılaşma; kibrit ¤ e. uymak, iyi gitmek; eşi benzeri olmak, boy ölçüşmek; -e uygun bir şey bulmak **match merging** biliş. uyum birleştirme, uyuşumlu birleştirme **match select** biliş. uyum seçimi, uyuşum seçimi **meet one's match** tam adamına çatmak **matched impedance** elek. denk empedans, özdeş çeli **matched load** elek. uygun yük

matchbox /'meçboks/ a. kibrit kutusu

matching /'meçing/ s. uyumlu, birbirine giden ¤ a. eşleştirme; karşılaştırma; uydurma, uyarlama **matching machine** oluk planyası, kiniş planyası **matching transformer** elek. bağdaştırma transformatörü

matchless /'meçlıs/ s. eşsiz, benzersiz, eşi benzeri olmayan

matchmaker /'meçmeykı/ a. çöpçatan

matchmaking /'meçmeyking/ a. çöpçatanlık

mate /meyt/ a. arkadaş, dost; İİ. kon. ahbap, arkadaş; den. ikinci kaptan; (hayvan) eş ¤ e. çiftleşmek; çiftleştirmek **mate's receipt** ordino, ikinci kaptan alındısı

material /mı'tiiriıl/ s. maddi, özdeksel ¤ a. madde, özdek; kumaş; malzeme, gereç, materyal **material damage** malzeme hasarı **material defect** malzeme hatası **material handling** malzeme taşıma, malzeme yükleme, malzeme boşaltma **material value clause** maddi değer şartı

materialism /mı'tiiriılizım/ a. materyalizm, özdekçilik

materialist /mı'tiiriılist/ a. s. materyalist, özdekçi

materialistic /mıtiiriı'listik/ s. özdekçi, maddi görüşlü

materialization /mıtiiriılay'zeyşın/ a. gerçekleştirme; maddeleştirme

materialize /mı'tiiriılayz/ e. gerçekleşmek

maternal /mı'tö:nıl/ s. anaya özgü, ana ...; (akrabalık) ana tarafından

maternity /mı'tö:niti/ a. analık; gebelik **maternity benefit** doğum yardımı **maternity hospital** doğumevi **maternity leave** doğum izni **maternity ward** doğum koğuşu

matey /'meyti/ s. samimi, senli benli

math /met/ a. Aİ. kon. matematik

mathematical /meti'metikıl/ s. matematik **mathematical check** biliş. matematiksel denetim **mathematical induction** mat. matematiksel tümevarım **mathematical logic** mat. matematiksel mantık **mathematical subroutine** biliş. matematiksel altyordam

mathematician /meti'mıtişın/ a. matematikçi

mathematics /meti'metiks/ a. matematik

maths /mets/ a. İİ. kon. matematik

matiné /'metiney/ a. matine

matins /'metinz/ a. kilisede sabahları yapılan ibadet

matriarch /'meytria:k/ a. aile reisi kadın

matriarchal /meytri'a:kıl/ s. anaerkil

matriarchy /'meytria:ki/ a. anaerkil düzen

matricide /'metrisayd/ a. ana katili; ana katilliği

matriculate /mı'trikyuleyt/ e. üniversiteye girmek; üniversiteye almak

matriculation /mıtrikyu'leyşın/ *a.* üniversiteye giriş sınavı

matrimonial /metri'mounyıl/ *s.* evlilikle ilgili

matrimony /'metrimıni/ *a.* evlilik

matrix /'meytriks/ *a.* matris, dizey *matrix algebra mat.* matris cebiri, dizey cebiri *matrix character biliş.* matris karakteri *matrix of the coefficients mat.* katsayılar matrisi, katsayılar dizeyi *matrix printer biliş.* matris yazıcı *matrix sentence* ana cümle, ana tümce *matrix storage biliş.* matris bellek

matron /'meytrın/ *a.* başhemşire; okul yöneticisi kadın; evli kadın, ana kadın

matt /met/ *s.* donuk, mat

matte /met/ *a. Aİ.* donuk, mat

matted /'metid/ *s.* matlaşmış

matter /'metı/ *a.* özdek, madde, cisim; iş, sorun, konu, mesele; konu, içerik; neden, sebep, vesile; önem; sorun, mesele, aksilik, dert; irin, cerahat; yazılı belge, yazılı şey ¤ *e.* önemi olmak, önemli olmak, fark etmek; irinlenmek, iltihaplanmak *a matter of course* olağan bir şey, sıradan olay *a matter of life or death* ölüm kalım meselesi *as a matter of fact* aslında, işin doğrusu *printed matter* basılı yazı, basma, matbua *It doesn't matter* Önemi yok

matting /'meting/ *a.* hasır, hasır örgüsü

mattins /'metinz/ *a. bkz.* matins

mattock /'metık/ *a.* kazma, çapa

mattress /'metris/ *a.* döşek, şilte

maturation /metyu'reyşın/ *a.* iltihaplanma; olgunlaşma, erginleşme

mature /mı'çuı/ *s.* olgun, mantıklı; (peynir, şarap, vb.) olmuş, olgun ¤ *e.* olgunlaşmak, olmak; olgunlaştırmak; vadesi gelmek

matured /mı'çuıd/ *s.* olgun; vadesi gelmiş *matured date* vade tarihi *matured ladder* vade merdiveni

maturity /mı'çuıriti/ *a.* olgunluk; vade *maturity date* vade tarihi

maudlin /'mo:dlin/ *s.* ağlayacak kadar duygulu, duyarlı, aşırı duygusal, cıvık

maul /mo:l/ *e.* hırpalamak, kaba davranmak; yaralamak, tırmalamak, parçalamak; dövmek, ezmek ¤ *a.* tokmak, ağaç tokmak

maunder /'mo:ndı/ *e.* saçmalamak; avare dolaşmak

mausoleum /mo:sı'liım/ *a.* anıtkabir

mauve /mouv/ *a. s.* leylak rengi

maverick /'mevırik/ *a.* (belli bir grubun ilkeleri, vb.) dışında olan kimse, bağımsız

mawseed /'mo:si:d/ *a.* haşhaş tohumu

maxim /'meksim/ *a.* özdeyiş

maximal /'meksimıl/ *s.* azami, en büyük

maximization /meksimay'zeyşın/ *a.* en yüksek düzeye çıkarma

maximize /'meksimayz/ *e.* en yüksek dereceye çıkarmak

maximum /'meksimım/ *a.* en yüksek derece, maksimum ¤ *s.* en yüksek, maksimum *maximum and minimum thermometer* maksimum ve minimumlu termometre *maximum current elek.* maksimum akım *maximum load* azami yük *maximum output* azami verim, maksimum randıman *maximum power* maksimum güç *maximum size* en büyük boy, azami irilik *maximum speed* azami hız *maximum sum mortgage* maksimum ipotek *maximum temperature* maksimum sıcaklık *maximum thermometer* maksimumlu termometre *maximum velocity* azami hız *maximum voltage elek.* maksimum gerilim *maximum wage* azami ücret, en yüksek ücret

maxixe /'mışi:ş, mek'si:ks/ *a.* iki adımlı dansa benzer bir Brezilya dansı

maxwell /'mekswel/ *a. elek.* maksvel, manyetik akı birimi

may /mey/ *e.* (olasılık/izin belirtir) -ebilmek, -abilmek; (dilek belirtir) -sin, -ir inşallah

may /mey/ *a.* akdiken çiçekleri

May /mey/ *a.* mayıs *May apple* mayıs elması *May beetle* mayısböceği *May Day* Bir Mayıs

maya /'mayı, 'ma:yı, 'ma:ya:/ *a.* hayal; büyü, afsun

maybe /'meybi/ *be.* belki, olabilir

mayday /'meydey/ *a.* imdat çağıran telsiz sinyali

mayhap /'meyhep/ *be.* belki, olabilir

mayhem /'meyhem/ *a.* kargaşa, kaos

mayonnaise /meyı'neyz/ *a.* mayonez

mayor /meı/ *a.* belediye başkanı,

belediye reisi
mayoral /meırıl/ *s.* belediye başkanı/başkanlığı ile ilgili
mayoralty /'meırılti/ *a.* belediye başkanlığı
mayoress /'meıris/ *a.* belediye başkanının karısı; bayan belediye başkanı
maypole /'meypoul/ *a.* (bahar bayramında çevresinde dans edilen) bahar direği *maypole queen* mayıs kraliçesi, bahar bayramı kraliçesi *as tall as a maypole* sırık/minare kadar uzun
mazarine /mezı'ri:n/ *s.* koyu mavi, lacivert
maze /meyz/ *a.* labirent
mazurka /mı'zö:kı/ *a.* mazurka
me /mi, mi:/ *adl.* beni; bana; ben
mead /mi:d/ *a.* bal likörü
meadow /'medou/ *a. trm.* çayır, otlak
meadowy /'medoui/ *s.* çimenli
meager /'mi:gı/ *s.* yetersiz, az; bereketsiz, zayıf, kıt *meager lime* ince kireç, düşük kaliteli kireç
meagerness /'mi:gınıs/ *a.* zayıflık, kuruluk; yetersizlik
meal /mi:l/ *a.* yemek vakti; öğün, yemek *have a meal* yemek yemek *make a meal of* yemek olarak yemek; yiyip bitirmek; kantarın topunu kaçırmak, işi uzatmak *meal ticket* yemek kartı, yemek karnesi; *Aİ.* geçim dayanağı, medarı maişet *meals on the wheels* ihtiyar ve yoksullara dağıtılan yemek
mealies /'mi:liz/ *a.* mısır
mealtime /'mi:ltaym/ *a.* yemek saati
mean /mi:n/ *s.* pinti, cimri; kaba, çirkin; huysuz, haşin; adi, bayağı, alçak, acımasız; orta, vasati ¤ *a.* orta, vasat; ortalama ¤ *e.* anlamına gelmek, demek olmak; demek istemek, kastetmek; istemek, niyet etmek *be meant for* için olmak, -e ait olmak *be meant to* -mek zorunda olmak, -mesi gerekmek *feel mean* keyifsiz hissetmek *hit the happy mean* ikisinin ortası gitmek *mean business kon.* ciddi olmak, niyetli olmak *mean calorie fiz.* ortalama kalori *mean deviation* ortalama sapma *mean effective pressure* ortalama etkili basınç *mean free path fiz.* ortalama serbest yol *mean life fiz.* ortalama

ömür *mean noon gökb.* ortalama öğle *mean power* ortalama güç *mean pressure* ortalama basınç *mean price* ortalama fiyat *mean proportional mat.* orta orantılı *mean repair time biliş.* ortalama onarım zamanı *mean sea level* ortalama deniz seviyesi *mean solar time gökb.* ortalama güneş zamanı *mean square deviation* ortalama üstikisel sapma *mean stress* ortalama gerilim *mean sun gökb.* ortalama güneş *mean temperature* ortalama sıcaklık *mean time between failures* arızalar arası ortalama zaman *mean time to repair biliş.* onarım için harcanan ortalama zaman *mean time* vasati güneş saati *mean value* ortalama değer *mean velocity* ortalama hız *mean water level* ortalama su düzeyi *mean well* (bir işe yaramasa bile) iyi niyetli olmak
meander /mi'endı/ *e.* (ırmak) kıvrıla kıvrıla gitmek; salınmak, dolanmak, başıboş gezmek; yavaş ve amaçsız bir şekilde konuşmak ¤ *a.* zikzak, dolambaç; *coğ.* menderes, büklüm
meaning /'mi:ning/ *a.* anlam; önem, değer, anlam ¤ *s.* anlamlı
meaningful /'mi:ningfıl/ *s.* anlamlı
meaningless /'mi:ninglis/ *s.* anlamsız, amaçsız
meanness /'mi:nnis/ *a.* yoksulluk; utanma; ahlaksızlık, rezillik
means /'mi:nz/ *a.* yol, yöntem, çare, vasıta; gelir, para, servet *by all means* elbette *by any means* ne yapıp yapıp *by means of* yardımıyla, vasıtasıyla, kullanarak, sayesinde *by no means* kesinlikle, hiç *by some means or other* öyle veya böyle, herhangi bir suretle *live beyond one's means* gelirine göre yaşamamak, ayağını yorganına göre uzatmamak *live within one's means* gelirine göre yaşamak, ayağını yorganına göre uzatmak *means of production* üretim araçları *means of transport* taşıt, ulaşım aracı, nakil vasıtası
meantime /'mi:ntaym/ *be.* bu arada, bu esnada ¤ *a.* zaman, süre *in the meantime* bu arada
meanwhile /'mi:nwayl/ *be.* bu arada
measles /'mi:zılz/ *a. hek.* kızamık

measly /'mi:zli/ *s. kon.* değersiz, önemsiz, sıradan, adi

measurable /'mejırıbıl/ *s.* ölçülür, ölçülebilir

measure /'mejı/ *a.* ölçü; ölçü, ölçü birimi; ölçme aygıtı; ölçme sistemi; miktar, ölçü, oran, derece, nispet; sınır; önlem ¤ *e.* ölçmek; ölçüsünde olmak *be a measure of sth* üstesinden gelmek *measure of capacity* istiap haddi *measure up* -e yeterli olmak, için yeterli nitelikte olmak *take sb's measure* karakterini/yeteneğini tartmak *take the measure of sth* ölçüsünü almak *tread a measure* dans etmek *take measures* önlem almak, tedbir almak *measure one's length* boylu boyunca yere kapaklanmak, yeri öpmek *measure out* ölçüp ayırmak *measure swords* boy ölçüşmek

measureless /'mejılis/ *s.* ölçüsüz, sınırsız

measurement /'mejımınt/ *a.* ölçüm; ölçü

measuring /'mejıring/ *a.* ölçme; ölçüm, ölçü *measuring and folding machine teks.* ölçme-katlama makinesi *measuring and rolling machine teks.* ölçme-sarma makinesi *measuring apparatus* ölçme aygıtı, ölçme aleti *measuring chain* (arazi) ölçme zinciri *measuring device* ölçü aleti, ölçme aleti *measuring flask* ölçü şişesi *measuring glass* dereceli cam ölçü kabı *measuring instrument* ölçme aygıtı, ölçme aleti *measuring jar* ölçülü büret, dereceli ölçü kabı *measuring machine* ölçme makinesi *measuring point* ölçü noktası *measuring tank* ölçü kabı

meat /mi:t/ *a.* et; önemli konu, öz; *arg.* yarak

meatball /'mi:tbo:l/ *a.* köfte

meatless /'mi:tlis/ *s.* etsiz

meaty /'mi:ti/ *s.* etli

mechanic /mi'kenik/ *a.* makinist; tamirci

mechanical /mi'kenikıl/ *s.* makineyle ilgili, mekanik *mechanical advantage* mekanik avantaj *mechanical behaviour* mekanik davranış *mechanical data processing biliş.* mekanik bilgi işlem *mechanical efficiency* mekanik verim *mechanical engineer* makine mühendisi *mechanical engineering*

makine mühendisliği *mechanical equivalent* mekanik eşdeğer *mechanical filter* mekanik filtre *mechanical governor* mekanik regülatör *mechanical impedance* mekanik empedans *mechanical scanning* mekanik tarama *mechanical shovel* mekanik kürek *mechanical street sweeper* sokak süpürme aracı, makineli süpürge *mechanical translation* mekanik tercüme, bilgisayar çevirisi *mechanical weathering yerb.* fiziksel aşınma, mekanik aşınma

mechanics /mi'keniks/ *a.* mekanik

mechanism /'mekınizım/ *a.* mekanizma

mechanization /mekınay'zeyşın/ *a.* makineleşme; makineleştirme

mechanize /'mekınayz/ *e.* makineleştirmek

mechanized /'mekınayzd/ *a. ask.* mekanize, zırhlı

meconium /mi:'kounyım/ *a.* mekonyum

medal /medl/ *a.* madalya

medallion /mi'deliın/ *a.* madalyon

medallist /'medilist/ *a.* madalya sahibi

meddle /'medl/ *e.* karışmak, burnunu sokmak

meddlesome /'medilsım/ *s.* başkalarının işine burnunu sokan, ukala, işgüzar

media /'mi:diı/ *a.* kitle iletişim araçları, medya

mediaeval /medi'i:vıl/ *s. bkz.* medieval

medial /'mi:diıl/ *s.* orta, vasat

median /'mi:diın/ *s.* orta ¤ *a. mat.* kenarortay *median line* orta çizgisi

mediate /'mi:dieyt/ *e.* arabuluculuk etmek, aracılık etmek

mediation /mi:di'eyşın/ *a.* aracılık

mediator /'mi:dieytı/ *a.* aracı, arabulucu

mediatorship /'mi:dieytışip/ *a.* aracılık, arabuluculuk

medical /'medikıl/ *s.* tıbbi ¤ *a. kon.* tıbbi muayene *medical certificate* sağlık raporu *medical examination* sağlık muayenesi *medical inspection* işyeri sağlık teftişi

medicament /me'dikımınt/ *a.* ilaç

medicate /'medikeyt/ *e.* içine ilaç katmak

medicinal /mi'disınıl/ *s.* iyileştirici; tıbbi

medicine /'medsın/ *a.* ilaç; tıp, hekimlik

medieval /medi'i:vıl/ *s.* ortaçağ ..., ortaçağa ait

mediocre /miːdi'oukı/ *s.* orta, vasat, şöyle böyle

meditate /'mediteyt/ *e.* enine boyuna düşünmek; meditasyon yapmak

meditation /medi'teyşın/ *a.* meditasyon

meditative /'meditıtiv/ *s.* düşünceli, derin düşünceli

Mediterranean /meditı'reyniın/ *s.* *a.* Akdeniz *Mediterranean Sea* Akdeniz

mediterranean /meditı'reyniın/ *s.* (kara) sahilden uzak; (deniz) etrafı kara ile çevrili

medium /'miːdiım/ *a.* çevre, ortam; vasıta, araç; orta durum; medyum ¤ *s.* orta *medium alloy met.* orta alaşımlı *medium dated* orta vadeli *medium frequency elek.* orta frekans *medium of exchange* değişim aracı, mübadele aracı *medium range ask.* orta menzilli *medium-range aircraft hav.* orta menzilli uçak *medium scale integration biliş.* orta çapta tümleşme *medium term credit* orta vadeli kredi

medium-sized /'midiım'sayzd/ *s.* orta boy+

medlar /'medlı/ *a.* muşmula, döngel

medley /'medli/ *a.* karışım; *müz.* potpuri, medley

medulla /me'dalı/ *a.* ilik; omurilik

meek /miːk/ *s.* uysal, yumuşak başlı, alçakgönüllü

meerschaum /'miışım/ *a.* lületaşı

meet /miːt/ *e.* rastlamak, rast gelmek, karşılaşmak; karşılaşmak, karşı karşıya gelmek; tanışmak; karşılamak; buluşmak, görüşmek; toplanmak; değmek, dokunmak, buluşmak; karşılamak, yerine getirmek, tatmin etmek, doyurmak; ödemek; karşılamak, yanıtlamak *more (in/to sth) than meets the eye* göründüğü gibi değil *meet one's end* dünyasını değiştirmek *meet one's Waterloo* yolun sonuna gelmek *meet operation biliş.* karşılaşma işlemi *meet with* görüşmek; ile karşılaşmak

meeting /'miːting/ *a.* karşılaşma; buluşma; toplantı, miting *meeting of creditors* alacaklılar toplantısı

mega- /'megı/ *önk.* milyon

megabit /'megıbit/ *a. biliş.* milyon bit

megabyte /'megıbayt/ *a. biliş.* megabayt

megahertz /'megıhöːts/ *a. elek.* megahertz

megalo- /megılou/ *önk.* çok büyük, megalo

megalomania /megılou'meyniı/ *a. ruhb.* büyüklük tutkusu, megalomani

megaphone /'megıfoun/ *a.* megafon

megaton /'megıtan/ *a.* megaton

megavolt /'megıvolt/ *a.* megavolt

megawatt /'megıwot/ *a.* megavat *megawatt-hour elek.* megavat saat

megilp /mı'gilp/ *a.* cila, vernik ¤ *e.* cilalamak, verniklemek

megohm /'megoum/ *a.* megohm

megohmmeter /'megoumiːtı/ *a. elek.* megohmmetre

megrim /'miːgrim/ *a.* migren; can sıkıntısı; damla hastalığı

mel /mel/ *a. fiz.* ton birimi

melancholiac /melın'kouliek/ *s.* melankolik, karasevdalı; hüzünlü

melancholy /melınkıli/ *a.* karaduygu, melankoli, hüzün ¤ *s.* hüzünlü, melankolik

melange /mey'laːnj/ *a.* karışık şey *melange print teks.* vigore baskı *melange yarn teks.* melanj iplik

melée /'meley/ *a.* arbede, kör dövüşü

meliorate /'miːlyıreyt/ *e.* düzeltmek, ıslah etmek

melioration /miːlyı'reyşın/ *a.* iyileştirme, düzeltme

meliorative /'miːlyıreytiv/ *s.* yücelten, yükseltici

melissa /mi'lisı/ *a.* melisa

mellifluous /mi'lifluıs/ *s.* (konuşma, ses, müzik, vb.) tatlı, yumuşak, akıcı

mellow /'melou/ *s.* olgun, tatlı, sulu; yumuşak, hoş, tatlı; olgun, hoşgörülü ¤ *e.* olgunlaşmak; olgunlaştırmak

mellowness /'melounıs/ *a.* olgunluk, yumuşaklık *mellowness of soil trm.* toprak tavı

melodic /mi'lodik/ *s.* melodik; tatlı, hoş, uyumlu, kulağa hoş gelen

melodious /mi'loudiıs/ *s.* tatlı, kulağa hoş gelen, uyumlu, melodik

melodrama /'melıdraːmı/ *a.* melodram

melody /'melıdi/ *a.* melodi, ahenk, ezgi

melon /'melın/ *a. bitk.* kavun

melt /melt/ *e.* erimek, ergimek; eritmek, ergitmek; kaybolmak ¤ *a.* erime; eritme

melt away yok olmak, uçup gitmek, gözden kaybolmak **melt into tears** gözyaşlarına boğulmak

melting /'melting/ *a. s.* eritme, ergime (ile ilgili) **melting heat** eritme ısısı; ergime ısısı **melting furnace** met. eritme ocağı, eritme fırını **melting point** erime noktası **melting pot** ergitme potası

melton /'meltın/ *a. teks.* melton **melton finish** teks. melton apresi

meltwater /'meltwo:tı/ *a. coğ.* erime suyu

member /'membı/ *a.* üye; organ; *ört.* penis **Member of Congress** kongre üyesi **Member of Parliament** milletvekili

membership /'membışip/ *a.* üyelik; üyeler **membership card** üyelik kartı

membrane /'membreyn/ *a.* ince zar

memento /mi'mentou/ *a.* hatıra

memo /'memou/ *a.* kısa not

memoirs /'memwa:z/ *a.* yaşam öyküsü

memorable /'memırıbıl/ *s.* anılmaya değer

memorandum /memı'rendım/ *a.* not; nota, muhtıra; tezkere, memorandum; layiha; konsinye faturası **make a memorandum of** not almak **send on a memorandum** konsinye göndermek **memorandum book** not defteri **memorandum of association** şirket kuruluş senedi

memorial /mı'mo:rııl/ *a.* anıt

memorize /'memırayz/ *e.* ezberlemek

memory /'memıri/ *a.* bellek, hafıza; anı, hatıra; hatır **memory address register** biliş. bellek adres yazmacı **memory allocation** biliş. bellek ataması, bellek ayrılması **memory bank** biliş. bellek bankası/öbeği **memory block** biliş. bellek öbeği/bloğu **memory buffer register** biliş. bellek tampon yazmacı **memory bus** biliş. bellek anayolu **memory capacity** biliş. bellek kapasitesi, bellek sığası **memory core** biliş. bellek çekirdeği **memory cycle** biliş. bellek çevrimi **memory data register** biliş. bellek veri yazmacı **memory dump** biliş. bellek dökümü **memory fill** biliş. bellek doldurma **memory guard** biliş. bellek muhafızı, bellek koruyucusu **memory interleaving** biliş. bellek binişimi **memory location** biliş. bellek

yeri **memory management** biliş. bellek yönetimi **memory map** biliş. bellek haritası, bellek kesiti **memory map list** biliş. bellek haritası listesi **memory overlay** biliş. bellek bindirmesi **memory page** biliş. bellek sayfası **memory paradox** biliş. bellek paradoksu **memory power** biliş. bellek gücü **memory print** biliş. bellek yazımı, bellek basımı **memory protect** biliş. bellek koruyucusu **memory protection** biliş. bellek koruma **memory unit** biliş. bellek birimi

menace /'menis/ *a.* tehdit, tehlike; *kon.* baş belası ¤ *e.* tehdit etmek

menacing /'menising/ *s.* tehditkâr

menage /me'na:j/ *a.* ev işleri; ev idaresi

menagerie /mi'necıri/ *a.* (sirk, vb.'de) halka gösterilen yabani hayvanlar

mend /mend/ *e.* onarmak, tamir etmek; düzeltmek; düzelmek; (yırtık, sökük, vb.) dikmek, yamamak; iyileşmek ¤ *a.* onarılan yer ya da şey **on the mend** iyileşen **mend one's fences** arayı yapmak **mend one's ways** davranış şeklini düzeltmek

mendacious /men'deyşıs/ *s.* yalan, uydurma; yalancı

mendelevium /mendi'li:viım/ *a.* mendelevyum

mendicancy /'mendikınsi/ *a.* dilencilik

mendicity /men'disıti/ *a.* dilencilik

mending /'mending/ *a.* tamir

menial /'mi:niıl/ *s.* (iş) adi, bayağı, sıradan

meningitis /menin'caytis/ *a.* hek. menenjit

meniscus /mi'niskıs/ *a.* içbükey biçim, dışbükey biçim; *anat.* eklem menisküsü **meniscus lens** menisk, aymercek

menopause /'menıpo:z/ *a.* menopoz, âdet kesilmesi, yaşdönümü

menstruate /'menstrueyt/ *e.* âdet görmek

menstruation /menstru'eyşın/ *a.* âdet, aybaşı

mental /'mentl/ *s.* zihinsel, akılsal; akli; *kon.* çatlak, kaçık, deli **mental calculus** mat. zihin hesabı, akıldan hesap **mental capacity** temyiz kudreti **mental hospital** akıl hastanesi **mental illness** akıl hastalığı **mental incapacity** temyiz kudreti yokluğu

mentalism /'mentılizım/ *a.* anlıkçılık
mentality /men'teliti/ *a.* düşünüş, zihniyet; akıl, zekâ, zihin
mentally /'mentli/ *be.* zihnen, aklen, fikren
menthol /'mentol/ *a.* mentol
mention /'menşın/ *a.* anma, adını anma; ima, söz etme, söyleme ¤ *e.* -den söz etmek, bahsetmek, anmak
mentionable /'menşınıbıl/ *s.* kayda değer
mentor /'mentı/ *a.* akıl hocası
menu /'menyu:/ *a.* yemek listesi, menü; seçenekler listesi, menü *menu selection biliş.* işlev seçme *menu-driven biliş.* menüyle yürüyen, menü-sürümlü *menu-driven software biliş.* menü-sürümlü yazılım, menü-yönetmeli yazılım
mercantile /'mö:kıntayl/ *s.* tecimsel, ticari *mercantile agency* ticari acenta *mercantile law* ticaret hukuku *mercantile marine* ticaret filosu *mercantile paper* ticari kâğıt
mercantilism /'mö:kıntilizım/ *a.* merkantilizm
mercantilist /'mö:kıntilist/ *a.* merkantilist
mercaptal /mö:'keptıl/ *a.* merkaptal
mercaptan /mö:'kepten/ *a.* merkaptan
mercenary /'mö:sınıri/ *a.* paralı asker
mercer /'mö:sı/ *a.* kumaş satıcısı
mercerization /mö:sıray'zeyşın/ *a. teks.* merserizasyon *mercerization in grey teks.* ham ürün merserizasyonu
mercerize /'mö:sırayz/ *e. teks.* merserize etmek
mercerizing /'mö:sırayzing/ *a. teks.* merserizasyon *mercerizing assistant teks.* merserizasyon yardımcı maddesi *mercerizing liquor teks.* merserizasyon banyosu *mercerizing pad teks.* merserize fuları
merchandise /'mö:çındayz/ *a.* ticaret eşyası, mal, emtia
merchandising /'mö:çındayzing/ *a.* satışı geliştirme yöntemi
merchant /'mö:çınt/ *a.* tüccar, tacir *merchant bank* ticari banka *merchant fleet* ticaret filosu *merchant navy* ticaret gemisi
merchantable /'mö:çıntıbıl/ *s.* satılabilir, sürümlü, ticari değeri olan
merchantman /'mö:çıntmın/ *a.* ticaret gemisi

merciful /'mö:sifıl/ *s.* sevecen, bağışlayıcı, merhametli, şefkatli
mercifulness /'mö:sifılnıs/ *a.* sevecenlik, bağışlayıcılık, merhametlilik
merciless /'mö:silis/ *s.* merhametsiz, acımasız, amansız
mercurial /mö:'kyuırııl/ *s.* çabuk değişen, dakikası dakikasına uymayan, sebatsız
mercuric /mö:'kyuırik/ *s.* cıvalı
Mercury /'mö:kyuri/ *a.* Merkür
mercury /'mö:kyuri/ *a.* cıva *mercury arc* cıvalı ark *mercury barometer* cıvalı barometre, cıvalı basınçölçer *mercury cell* cıvalı pil *mercury column* cıva sütunu *mercury delay line biliş.* cıvalı geciktirme hattı *mercury discharge lamp* cıva buharlı lamba *mercury gauge* cıvalı manometre *mercury memory* cıva bellek *mercury mordant teks.* cıva mordanı *mercury pool cathode* cıva banyolu katot *mercury storage biliş.* cıvalı bellek *mercury switch* cıvalı anahtar *mercury thermometer* cıvalı termometre *mercury vapour* cıva buharı
mercy /'mö:si/ *a.* merhamet, acıma, insaf; af, lütuf
mere /miı/ *s.* sırf, sadece, yalnız *the merest* en ufak, en önemsiz
merely /'miıli/ *be.* sadece, yalnızca
meretricious /meri'trişıs/ *s.* gösterişli, cafcaflı, sahte güzel
merge /mö:c/ *e.* içine karıştırmak, birleştirmek; içine karışmak, birleşmek
mergence /'mö:cıns/ *a.* birleşme, birleştirme
merger /'mö:cı/ *a.* bir firma ya da şirketin bir diğeriyle birleşmesi, füzyon
meridian /mı'ridiın/ *a.* meridyen, öğlen çemberi
meringue /mı'reng/ *a.* beze: yumurta akı ve şekerle yapılan bir tür kurabiye
merino /mı'ri:nou/ *a.* merinos koyunu; merinos yünü *merino wool teks.* merinos yünü *merino yarn teks.* merinos ipliği
merit /'merit/ *a.* değer, liyakat; fazilet, erdem, meziyet ¤ *e.* hak etmek, layık olmak *merit pay* başarı ödülü
meritocracy /meri'tokrısi/ *a.* yeteneğe göre mevki verme sistemi

merlin /'mö:lin/ *a.* bozdoğan

mermaid /'mö:meyd/ *a.* denizkızı

merriment /'merimınt/ *a.* şenlik, neşe, keyif

merry /'meri/ *s.* neşeli, şen, güleç, keyifli; *İl. kon.* çakırkeyif, kafası kıyak

merry-go-round /'merigouraund/ *a.* atlıkarınca

merrymaking /'merimeyking/ *a.* eğlence, şenlik, cümbüş, âlem

mesentry /'mesıntıri/ *a. anat.* bağırsak askısı, mezenter

mesh /meş/ *a.* ağ gözü; ağ, tuzak ¤ *e.* (çark dişleri) birbirine geçmek; (ağla balık, vb.) yakalamak; uyuşmak, bağdaşmak

meshed /meşt/ *s.* örgülü, ilmikli; gözlü

mesitylene /mi'sitili:n/ *a.* mesitilen

mesmerism /'mezmırizım/ *a.* ipnotizma

mesmerist /'mesmırist/ *a.* ipnotizmacı

mesmerize /'mezmırayz/ *e.* çok şaşırtmak, büyülemek

meson /'mi:zon/ *a. fiz.* mezon **meson field** *fiz.* mezon alanı

mesosphere /'mesousfıı/ *a. gökb.* mezosfer

mesothorium /mesou'to:riım/ *a.* mezotoryum

mesotron /'mesıtron/ *a. fiz.* mesotron

mess /mes/ *a.* karışıklık, düzensizlik; kirlilik, pislik; kötü durum, zor durum, dert, bela; *ask.* orduevinin lokanta kısmı; *ask.* karavana ¤ *e.* bir arada yemek yemek **get into a mess** başı derde girmek **make a mess of** yüzüne gözüne bulaştırmak, berbat etmek **mess about** tembellik etmek, plansız programsız çalışmak; aptalca davranmak ya da konuşmak, saçmalamak, zırvalamak; kötü davranmak, düşüncesizce davranmak, kaba davranmak **mess sth up** bozmak, berbat etmek

message /'mesic/ *a.* haber, mesaj, ileti **message blocks** *biliş.* mesaj blokları, ileti öbekleri **message exchange** *biliş.* mesaj santralı, ileti aktarıcısı **message format** *biliş.* mesaj formatı, ileti biçimi **message header** *biliş.* mesaj başlığı, ileti başlığı **message number** *biliş.* mesaj numarası, ileti numarası **message queue** *biliş.* mesaj kuyruğu, ileti

kuyruğu **message retrieval** *biliş.* mesaj elde etme, ileti çıkarma **message routing** *biliş.* mesaj rotalama, ileti yönlendirme **message sink** *biliş.* mesaj alıcısı, ileti alıcısı **message source** *biliş.* mesaj kaynağı, ileti kaynağı **message switching** *biliş.* mesaj anahtarlama

messenger /'mesıncı/ *a.* haberci, ulak, kurye; taşıyıcı kablo, kılavuz kablo

messiah /mi'sayı/ *a.* kurtarıcı; İsa Peygamber

Messrs /'mesız/ *a.* (**Mr** sözcüğünün çoğulu olup özellikle firma adlarıyla kullanılır) baylar, beyler, efendiler

messuage /'meswic/ *a.* müştemilatlı ev

messy /'mesi/ *s.* dağınık, düzensiz, karmakarışık; kirli, pis

meta /'meytı/ *önk. kim.* meta

metabolism /mi'tebılizım/ *a.* metabolizma, özüştürüm

metacenter /'metısentı/ *a.* denkleşme merkezi, yüzme merkezi, yüzme özeği

metal /'metl/ *a.* metal, maden; erimiş cam; *demy.* yol balastı ¤ *e.* madenle kaplamak; kırık taş döşemek **metal asbestos gasket** metal-amyant conta **metal bonding** *met.* metal tutturma **metal casting** *met.* metal döküm **metal-coat** metal kaplamak **metal detector** metal detektörü **metal drill** maden matkabı **metal electrode** metalik elektrot **metal extraction** *met.* metal ekstraksiyonu, metal özütleme **metal fatigue** *met.* metal yorulması **metal founder** maden dökümcüsü **metal insulator** *elek.* metal yalıtkan **metal pipe** *met.* metal boru **metal plating** *met.* metal kaplama **metal powder** maden tozu **metal rectifier** kuru redresör **metal sheet** *met.* metal sac **metal spinning** *mak.* madeni dokuma **metal spraying** *met.* metal püskürtme **metal tube** metal boru **metal wire** *met.* metal tel

metalanguage /'metı'lengwic/ *a.* üstdil

metalepsis /metıl'epsis/ *a.* öteleme

metallic /mi'telik/ *s.* metalik, madeni **metallic circuit** metal devre **metallic coating** *met.* metal örtü **metallic conduction** *fiz.* metalik iletim **metallic currency** madeni para **metallic lustre**

metalik parlaklık *metallic mordant teks.* metalik mordan *metallic packing* metalik conta, metalik salmastra *metallic paint* metal boya *metallic rectifier elek.* metalik redresör *metallic salt* maden tuzu *metallic thermometer* madeni termometre, metal ısılölçer

metalline /'metılayn/ *s.* madeni

metallization /metılay'zeyşın/ *a.* metalleme

metallize /'metılayz/ *e. met.* metallemek, metalle kaplamak *metallized paper capacitor elek.* metalize kâğıt kondansatör

metallography /metı'logrıfi/ *a.* metalografi

metallurgical /metı'lö:cikıl/ *s.* metalurjik, metalbilimsel *metallurgical engineering* metalurji mühendisliği *metallurgical process/treatment met.* metalurjik işlem

metallurgy /me'telıci/ *a.* metalurji, metalbilim

metamathematics /metımeti'metiks/ *a. mat.* metamatematik

metamerism /mi'temırizım/ *a. kim.* metamerizm, metameri

metamorphic /metı'mo:fik/ *s.* metamorfik *metamorphic facies yerb.* metamorfik fasiyez *metamorphic rock* başkalaşım kayacı, metamorfik kayaç

metamorphism /metı'mo:fizım/ *a. yerb.* başkalaşım, metamorfizm

metamorphose /metı'mo:fouz/ *e.* başkalaştırmak

metamorphosis /metı'mo:fısis/ *a.* başkalaşım, metamorfoz

metaphor /'metıfı/ *a.* eğretileme, istiare

metaphoric /metı'forik/ *s.* istiare ile ilgili, eğretilemeli

metaphysics /metı'fiziks/ *a.* doğaötesi, fizikötesi, metafizik

metastable /metı'steybıl/ *s.* yarıkararlı, metastabl *metastable state* yarıkararlı hal, metastabl hal

metathesis /mi'tetısis/ *a. dilb.* göçüşme: sesbirimlerin yer değiştirmesi; tersinim, tersine dönme; *kim.* çifte bozunma

meteor /'mi:tıı/ *a.* akanyıldız, göktaşı, meteor *meteor shower gökb.* meteor yağmuru, meteor akımı *meteor stream gökb.* meteor yağmuru, meteor akımı

meteoric /mi:ti'orik/ *s.* meteorik, meteor ...; göz kamaştırıcı, hızlı

meteorite /'mi:tırayt/ *a.* meteorit, göktaşı

meteorological /mi:tiırı'locikıl/ *s.* meteorolojik *meteorological conditions* meteorolojik koşullar *meteorological minimum hav.* meteorolojik minimum *meteorological observation metr.* hava rasatı, hava gözlemi *meteorological report metr.* meteoroloji raporu *meteorological satellite* meteoroloji uydusu

meteorologist /mi:tiı'rolıcist/ *a. metr.* meteorolog

meteorology /mi:tiı'rolıci/ *a.* meteoroloji, havabilgisi

meter /'mi:tı/ *a.* ölçme aygıtı, sayaç, saat; *Aİ.* metre *meter-ampere elek.* metre-amper *metering valve* dozaj supabı

methane /'mi:teyn/ *a. kim.* metan *methane drainage mad.* metan drenajı, metan toplama

methanol /'metınol/ *a.* metanol

methionine /me'tayıni:n/ *a.* metiyonin

method /'metıd/ *a.* yöntem, yol, metot; düzen, tertip, sistem *method of analysis kim.* analiz yöntemi *method of approximation* yaklaştırma yöntemi *method study* metot etüdü, yöntem incelemesi

methodical /mi'todikıl/ *s.* sistemli, düzenli, yöntemli

methodize /'metıdayz/ *e.* düzene sokmak

methodless /'metıdlis/ *s.* plansız, düzensiz

methodology /metı'dolıci/ *a.* yöntembilim, metodoloji

methyl /'mi:tayl/ *a.* metil

methylamine /mi:'taylımi:n/ *a.* metilamin

methylated spirit /'metıleytid 'spirit/ *a.* denatüre alkol

methylation /metı'leyşın/ *a.* metilleme

methylene /'metili:n/ *a.* metilen

meticulous /mi'tikyulıs/ *s.* titiz, dikkatli, kılı kırk yaran, özenli

metol /'mi:tol/ *a. fot.* metol

metonymical /metı'nimikıl/ *s.* düzdeğişmeceli

metonymy /mi'tonimi/ *a.* mürsel mecaz, mecaz-ı mürsel, düzdeğişmece

metre /'mi:tı/ *a.* metre; ölçü, vezin

metric /'metrik/ s. metrik *metric count* teks. metrik numara *metric hundred- weight* çeki, elli kilo *metric screw- thread* metrik vida dişi *metric space* mat. metrik uzay, ölçevli uzay *metric system* metre sistemi, metre dizgesi *metric tensor* mat. metrik tansör, temel gerey *metric ton* metrik ton (1.000 kg)

metrics /'metriks/ a. koşukbilim, ölçübilim

metricate /'metrikeyt/ e. İl. metre sistemine dönüştürmek

metro /'metrou/ a. metro

metrology /mi'trolıci/ a. fiz. metroloji, ölçüm bilgisi

metronome /'metrınoum/ a. müz. metronom

metropolis /mi'tropılis/ a. büyük kent, anakent, metropol; başkent

metropolitan /metrı'politn/ s. başkentle/büyük kentle ilgili, anakent+, metropol ile ilgili

mettle /'metl/ a. yiğitlik, cesaret, heves, çaba

mettled /'metıld/ s. canlı, ateşli

mew /myu:/ e. miyavlamak ¤ a. miyavlama

mews /myu:z/ a. ahırlar sokağı, sıra ahırlar

mezzanine /'mezıni:n, 'metsıni:n/ a. asma kat, ara kat

mezzo /'medzou/ s. mezzo; orta

mi /mi:/ a. müz. mi notası

miaow /mi'au/ a. miyav, miyavlama ¤ e. miyavlamak

miaul /mi:'aul/ e. miyavlamak

mica /'maykı/ a. mika *mica capacitor* mikalı kondansatör *mica schist* mikaşist *mica spark plug* oto. mika buji

micaceous /may'keyşıs/ s. mikalı

micelle /mi'sel/ a. misel

micro /maykrou/ s. mikro *micro flow- chart* biliş. mikro akış şeması, mikro akış çizeneği

microalloy /'maykroueloy/ a. mikroalaşım

microanalysis /maykrouı'nelisis/ a. mikroanaliz

microbalance /'maykroubelıns/ a. mikroterazi, minitartaç

microbar /'maykrouba:/ a. fiz. mikrobar

microbarograph /maykrou'berıgra:f/ a. metr. mikrobarograf

microbe /'maykroub/ a. mikrop

microbic /may'kroubik/ s. mikropla ilgili, mikrobik

microchemical /maykrou'kemikıl/ s. mikrokimyasal

microchemistry /maykrou'kemistri/ a. mikrokimya

microchip /'maykrıçip/ a. miniyonga, mikroçip

microcircuit /'maykrousö:kit/ a. elek. mikrodevre

microclimate /'maykrouklaymit/ a. metr. mikroiklim

microcline /'maykrouklayn/ a. yerb. mikroklin

microcode /'maykroukoud/ a. biliş. mikrokod

microcoding /'maykroukouding/ a. biliş. mikrokodlama

microcomputer /'maykroukım'pyu:tı/ a. biliş. mikrobilgisayar

microcomputing /'maykroukım'pyu:ting/ a. biliş. mikroişlem, mikrobilişim

microcosm /'maykrıkozım/ a. küçük evren, küçük bir evren olarak düşünülen insan

microcosmic /maykrou'kozmik/ s. mikrokozmik

microcrack /maykrou'krek/ a. met. mikro çatlak, kılcal çatlak

microcrystalline /maykrou'kristılayn/ s. mikrokristalin

microeconomics /maykroui:kı'nomiks/ a. mikroekonomi

microelectronics /maykrouilek'troniks/ a. elek. mikroelektronik

microetching /maykrou'eçing/ a. met. iç dağlama

microfarad /'maykrouferıd/ a. mikrofarad

microfibril /'maykroufibrayl/ a. mikrofibril

microfiche /'maykroufi:ş/ a. mikrofiş

microfilm /'maykrıfilm/ a. mikrofilm, minifilm ¤ e. mikrofilme çekmek

microinstruction /'maykrouinstrakşın/ a. biliş. mikrokomut

micrometer /may'kromıtı/ a. mikrometre, miniölçer *micrometer callipers* mak. mikrometrik kumpas, diş mikrometresi *micrometer depth gauge* derinlik mikrometresi

microminiaturization

/maykrouminiçıray'zeyşın/ *a. elek.* mikrominyatürleştirme

micron /'maykron/ *a.* mikron

microorganism /maykrou'o:gınizım/ *a.* mikroorganizma

microphone /'maykrıfoun/ *a.* mikrofon; *kon.* radyo **microphone boom** mikrofon vinci, mikrofon arabası

microphonic /maykrı'fonik/ *s.* mikrofonik

microphotograph /maykrou'foutıgra:f/ *a. elek.* mikrofotoğraf

microprocessor /maykrou'prousesı/ *a. biliş.* mikroişlem birimi, mikroişlemci, mikroişleyici

microprogram /'maykrouprougrem/ *a. biliş.* mikroprogram

microprogramming /'maykrouprougreming/ *a. biliş.* mikroprogramlama

microscope /'maykrıskoup/ *a.* mikroskop **microscope stage** lamel yuvası

microscopic /maykrı'skopik/ *s.* mikroskobik **microscopic slide** mikroskop camı, mikroskop lamı

microscopy /may'kroskıpi/ *a. fiz.* mikroskopi

microsecond /'maykrousekınd/ *a. biliş.* mikrosaniye

microstructural /'maykroustrakçırıl/ *s.* mikroyapısal

microstructure /'maykroustrakçı/ *a.* mikroyapı

microswitch /'maykrouswiç/ *a. elek.* mikroanahtar

microvolt /'maykrouvoult/ *a. elek.* mikrovolt

microwave /'maykrıweyv/ *a.* bin ile otuz bin megahertz arasında titreşimi olan elektromanyetik dalga, mikrodalga *microwave detector elek.* mikrodalga detektörü *microwave drier teks.* yüksek frekanslı kurutucu *microwave interferometer fiz.* minidalgalı interferometre, minidalgalı girişimölçer *microwave oven* mikrodalga fırını *microwave radiometer* mikrodalga radyometresi *microwave resonator elek.* mikrodalga rezonatörü, minidalga çınlacı

micturition /miktyuı'rişın/ *a.* idrar çıkarma

mid /mid/ *a.* orta, merkez ¤ *s.* ortasında

midday /mid'dey/ *a.* öğle vakti, öğle

middle /'midıl/ *s.* ortadaki, orta ¤ *a.* orta; *kon.* bel **in the middle of sth/doing sth** ile meşgul, -mekte, -makta **middle age** orta yaş **Middle Ages** ortaçağ **middle class** orta sınıf **middle deck** *den.* orta güverte **Middle East** Ortadoğu **middle juice** *şek.* orta şerbet **middle management** orta kademe yönetim **middle quality** orta kalite **middle rate** ortalama kur **middle size** orta boy **middle sized** orta boylu

middle-aged /'midıl-eycd/ *s.* orta yaşlı

middleman /'midlmın/ *a.* komisyoncu, aracı

middle-of-the-road /midlıvdı'roud/ *s.* çoğunluğun görüşünü paylaşan, aşırı görüşleri olmayan; sıradan

middleware /'midlweı/ *a. biliş.* özel yazılım

middleweight /'midlweyt/ *a.* (boks) ortasıklet

middling /'midling/ *s.* orta, vasat

middlings /'midlingz/ *a.* kaba un, kepekli un

midge /mic/ *a. hayb.* tatarcık, titrersinek

midget /'micit/ *s.* cüce; çok küçük

midi /'midi/ *a. s.* midi

midland /'midlınd/ *a.* bir ülkenin iç kısmı **the Midlands** Orta İngiltere

midline /'midlayn/ *a. mat.* orta çizgi, ortaç

midnight /'midnayt/ *a.* gece yarısı **burn the midnight oil** geceyi gündüze katmak

mid-point /'midpoynt/ *a.* orta nokta

midriff /'midrif/ *a. anat.* diyafram

midshipman /'midşipmın/ *a.* deniz asteğmeni

midst /midst/ *a.* orta (yer) **in the midst of** -in ortasında, -in arasında

midsummer /'midsamı/ *a.* yaz ortası

midway /mid'wey/ *s. be.* yarı yolda, ortasında

midweek /mid'wi:k/ *a.* hafta arası

midwife /'midwayf/ *a.* ebe

midwifery /'midwifıri/ *a.* ebelik

mien /mi:n/ *a.* eda, çehre, görünüş

miff /mif/ *a.* çekişme, dargınlık

might /mayt/ *e.* (olasılık belirtir) -ebilmek; *İl.* (rica belirtir) -ebilmek; (dolaylı

anlatımda `may' in yerine kullanılır) -
ebilmek; -meli, -malı **might as well** -se
de olur, -memek için bir neden yok
might well -ebilmek, -abilmek
might /mayt/ *a.* güç, kuvvet, kudret
mightily /'maytili/ *be.* güçle, kudretle;
son derece
mightiness /'maytinis/ *a.* güçlülük,
azamet, büyüklük
mighty /mayti/ *s.* güçlü, kuvvetli, kudretli
high and mighty *hkr.* kibirli, gururlu,
kendini beğenmiş
migmatite /'migmıtayt/ *a. yerb.* migmatit
migraine /'mi:greyn/ *a. hek.* migren
migrant /'maygrınt/ *a.* göçebe, göçmen;
göçmen kuş **migrant worker** göçmen
işçi
migrate /may'greyt/ *e.* göç etmek,
göçmek
migration /may'greyşın/ *a.* göç, göçme
migration area *fiz.* göç alanı **migration
inhibitor** migrasyon önleyici **migration
of ions** iyon göçü
migratory /'maygrıtıri/ *s.* göçücü,
göçebe; seyyar
mike /mayk/ *a. kon.* mikrofon
mil /mil/ *a.* bir incin binde biri, 0,0254
mm
Milanese /mili'ni:z/ *a. s.* Milanolu **Milan-
ese silk** *teks.* Milano ipeği
milch /milç/ *a. trm.* sağmal, süt veren
milch cow sağmal inek
mild /mayld/ *s.* yumuşak başlı, iyi huylu,
uysal, kibar; ılımlı, ılıman, mutedil;
(yiyecek, içecek, vb.) hafif **mild steel**
met. yumuşak çelik, akma çelik
mildew /'mildyu:/ *a.* küf
mildewproof /'mildyu:pru:f/ *s.* küflenmez
mildewy /'mildyu:i/ *s.* küflü, küflenmiş
mildly /'mayldli/ *be.* tatlılıkla, nezaketle,
yumuşakça; hafifçe, biraz **to put it
mildly** en hafif deyişle
mildness /'mayldnis/ *a.* uysallık; ılımlılık;
kibarlık
mile /mayl/ *a.* mil (1609 m.)
mileage /'maylic/ *a.* mil hesabıyla uzaklık
mileage indicator *oto.* kilometre
sayacı
mileometer /may'lomitı/ *a. oto.* yolölçer,
odometre
milestone /'maylstoun/ *a.* üzerinde mil
işareti olan taş, kilometre taşı; önemli

olay, dönüm noktası
milfoil /'milfoyl/ *a.* kandilçiçeği
milieu /'mi:lyö:/ *a.* muhit, çevre
militancy /'militınsi/ *a.* saldırganlık;
azimlilik
militant /'militınt/ *s.* saldırgan, savaşçı,
kavgaya hazır ¤ *a.* militan
militarize /'militırayz/ *e.* askerileştirmek
military /'militıri/ *s.* askeri ¤ *a.* askerler,
ordu
militate /'militeyt/ *e.* (against ile) engel
olmak
militia /mi'lişı/ *a.* milis
milk /milk/ *a.* süt ¤ *e.* sütünü sağmak **cry
over spilt milk** telafisi olanaksız bir şey
için boşuna üzülmek, boşuna gözyaşı
dökmek **milk of lime** kireçsütü **milk
shake** milkşeyk, meyveli/çikolatalı süt
milk sugar süt şekeri, laktoz **milk
tooth** sütdişi **milking machine** *trm.* süt
sağım makinesi **milking parlour** *trm.*
süt sağım odası
milker /'milkı/ *a.* sütü sağan kişi; sağmal
inek
milkman /'milkmın/ *a.* sütçü
milksop /'milksop/ *a.* hanımevladı,
muhallebi çocuğu
milky /'milki/ *s.* sütlü; bulanık, süt gibi
the Milky Way Samanyolu
mill /mil/ *a.* değirmen; el değirmeni;
fabrika, imalathane; darphane ¤ *e.*
değirmende öğütmek; (maden)
frezelemek, şekil vermek, işlemek;
haddelemek; *teks.* dinklemek **been
through the mill** yorgun argın **mill
about/around** *kon.* sürü halinde
dolaşmak
millable /'mılıbıl/ *s.* öğütülebilir; imal
edilebilir, fabrikada üretilebilir
millboard /'milbo:d/ *a.* mukavva, kalın
karton
milldam /'mildem/ *a.* değirmen barajı
millenarian /mili'neıriın/ *s.* bininci
millennium /mi'leniım/ *a.* bin yıl, bin yıllık
dönem; herkesin mutluluk ve refah
içinde yaşayacağı varsayılan gelecek
millepede /'milipi:d/ *a. bkz.* millipede
miller /'milı/ *a.* değirmenci
millet /'milit/ *a.* darı
milli- /'mili/ *önk.* mili
milliard /'milya:d/ *a.* milyar
millibar /'miliba:/ *a. metr.* milibar

millifarad /'miliferıd/ *a. elek.* milifarad

milligram /'miligrem/ *a.* miligram

millilitre /'mililitı/ *a.* mililitre

millimetre /'milimi:tı/ *a.* milimetre

millimetric /'milimetrik/ *s.* milimetrik *millimetric wave fiz.* milimetrik dalga

millimicron /'milimaykron/ *a. elek.* milimikron

milliner /'milinı/ *a.* kadın şapkacısı

milling /'miling/ *a.* öğütme; frezeleme; *teks.* dinkleme *milling crease teks.* dinkleme kırışığı *milling cutter* freze, freze bıçağı *milling machine* freze makinesi; *teks.* dink makinesi *milling machine with hammers teks.* tokmaklı dink makinesi *milling machine with rollers teks.* silindirli dink makinesi *milling stock teks.* tokmaklı dink makinesi *milling wheel* freze çarkı, tırtıl çarkı

milliohm /'milioum/ *a.* miliohm

million /'milyın/ *a.* milyon

millionaire /milyı'neı/ *a.* milyoner

millipede /'milipi:d/ *a. hayb.* kırkayak

millisecond /'milisekınd/ *a.* milisaniye

millivolt /'milivoult/ *a. elek.* milivolt

millivoltmeter /milivouyt'mi:tı/ *a.* milivoltmetre

milliwatt /'miliwot/ *a.* milivat

millrace /'milreys/ *a.* değirmen oluğu; değirmen suyu

millstone /'milstoun/ *a.* değirmen taşı; *mec.* yük *be a millstone round/about one's neck* ayak bağı olmak

milt /milt/ *a.* dalak

milter /'miltı/ *a.* erkek ringa balığı

mime /maym/ *a.* pandomim; mimik; pandomim oyuncusu ¤ *e.* pandomim yapmak, taklidini yapmak

mimic /'mimik/ *a.* taklit eden kimse, taklitçi ¤ *e.* taklidini yapmak, taklit etmek

mimosa /mi'mouzı/ *a.* mimoza

minaret /minı'ret/ *a.* minare

minatory /'minıtıri/ *s.* tehdit edici

mince /mins/ *e.* kıymak, doğramak; yapmacık nezaketle konuşmak; kırıtmak ¤ *a.* kıyma *mince words* ağzında gevelemek *not to mince matters/one's words* sözünü esirgememek, açık konuşmak

mincemeat /'minsmi:t/ *a.* kuru üzüm, meyve kurusu, kurutulmuş portakal kabuğu, vb.'den yapılarak pasta içine konulan karışım *make mincemeat of kon.* paramparça etmek, pestilini çıkarmak

mincing /'minsing/ *s.* işveli, nazlı *mincing machine* et kıyma makinesi

mind /maynd/ *a.* us, akıl; kafa, anlak, zekâ; bellek, anımsama, hafıza; dikkat, akıl; düşünce, kanı, fikir; eğilim; kafalı adam, zeki insan, beyin ¤ *e.* dikkat etmek; aldırmak, önem vermek; bakmak, ilgilenmek; karşı çıkmak, karşı koymak *bear in mind* aklında tutmak *change one's mind* fikrini değiştirmek *cross one's mind* aklından geçmek *Do/Would you mind* sizce bir sakıncası var mı *give sb a piece of one's mind* ağzının payını vermek *have a good mind to do sth* bir şey yapmayı aklına koymak *in one's right mind* aklı başında *Mind your own business* Başkalarının işine karışma, sen kendi işine bak *make up one's mind* kararını vermek *mind one's P's and Q's* adımını denk atmak *mind you* şunu da göz önünde bulundurun ki; bu arada belirteyim ki; dikkatini çekerim *Never mind* Boş ver; Önemi yok; Aldırma; Sağlık olsun *out of one's mind* deli *set sb's mind at rest* yüreğine su serpmek *take one's/sb's mind off sth* aklından çıkarmak

minded /'mayndid/ *s.* istekli, niyetli

minder /'mayndı/ *a.* bakıcı, bakan; bakım için emanet edilen çocuk

mindful /'mayndfıl/ *s.* -e dikkat eden, önem veren

mindless /'mayndlıs/ *s.* sersem, akılsız, aptal; dikkat etmeyen, aldırış etmeyen, dikkatsiz

mine /mayn/ *adl.* benim, benimki

mine /mayn/ *a.* maden ocağı; mayın ¤ *e.* (maden, vb.) çıkarmak; maden ocağını işletmek; mayın döşemek *mine air mad.* ocak havası *mine car mad.* ocak arabası *mine crater ask.* mayın çukuru, bomba çukuru *mine detector ask.* mayın detektörü *mine fire mad.* ocak yangını *mine foreman mad.* başmadenci *mine hoist mad.* ocak vinci *mine layer ask.* mayın gemisi

mine locomotive maden lokomotifi
mine run mad. tuvanön, işlenmemiş töz *mine sweeping* ask. mayın tarama
minefield /'maynfi:ld/ a. mayın tarlası
minelayer /'maynleyı/ a. (denize mayın döşeyen) mayın gemisi/uçağı
miner /'maynı/ a. maden işçisi, madenci; mayın döşeyen asker, mayıncı, lağımcı *miner's helmet* mad. baret, başlık *miner's lamp* mad. madenci lambası
mineral /'minırıl/ a. mineral, maden ¤ s. madeni, madensel *mineral acid* anorganik asit *mineral carbon* grafit *mineral coal* taşkömürü, madenkömürü *mineral deposit* maden damarı, maden yatağı *mineral dyestuff* mineral boyarmadde *mineral fertilizer* trm. mineral gübre *mineral fibre* mineral lif, anorganik lif *mineral mordant* teks. mineral mordan *mineral oil* mineral yağı, madeni yağ *mineral soil* madeni toprak *mineral water* madensuyu *mineral wool* madenpamuğu, madenyünü
mineralization /'minırılay'zeyşın/ a. madenleştirme
mineralize /'minırılayz/ e. mineralleştirmek; taşlaştırmak
mineralogy /minı'relıci/ a. mineraloji
minestrone /mini'stroun/ a. karışık sebze çorbası
mingle /'mingıl/ e. karıştırmak, katmak; karışmak, katılmak
mingler /'minglı/ a. şek. mayşe kazanı
mini /'mini/ s. küçük, mini
miniature /'miniıçı/ a. minyatür *miniature tube* elek. minyatür tüp
miniaturist /'miniçuırist/ a. minyatürcü
miniaturization /'miniçıray'zeyşın/ a. minyatürleştirme
minibus /'minibas/ a. minibüs
minicomputer /minikım'pyu:tı/ a. biliş. minibilgisayar
minikin /'minikin/ s. yapmacık; çok az, azıcık
minimal /'minimıl/ s. en az, en küçük *minimal pair* en küçük çift *minimal value* en küçük değer
minimize /'minimayz/ e. en aza indirgemek, azaltmak; küçümsemek, önemsememek
minimum /'minimım/ a. en küçük miktar, en düşük derece ¤ s. minimum, en az, en küçük *minimum access code* biliş. en az erişim kodu *minimum clearance* minimum boşluk, asgari ara boşluğu *minimum delay code* biliş. en az geciktirme kodu *minimum delay coding* biliş. en az geciktirme kodlaması *minimum discernible signal* fark edilebilir minimum sinyal *minimum distance code* biliş. en az aralık kodu *minimum flying speed* hav. minimum uçuş hızı *minimum latency coding* biliş. en az geciktirmeli kodlama *minimum latency programming* biliş. en az geciktirmeli programlama *minimum lending rate* asgari ödünç verme oranı *minimum pressure* minimum basınç, en düşük basınç *minimum price* taban fiyat *minimum rate* asgari ücret *minimum sampling frequency* minimum örnekleme frekansı *minimum speed of descent* hav. minimum iniş hızı *minimum thermometer* minimumlu termometre *minimum value* minimum değer *minimum wage* asgari ücret *minimum-access coding* biliş. en az erişim süreli kodlama *minimum-access programming* biliş. en az erişim süreli programlama *minimum-access routine* biliş. en az erişim süreli yordam
mining /'mayning/ a. madencilik *mining company* maden şirketi *mining engineer* maden mühendisi *mining engineering* maden mühendisliği *mining geology* yerb. maden yerbilimi *mining industry* mad. maden endüstrisi *mining laws* madencilik yasaları, madencilik hukuku *mining school* mad. maden okulu
miniskirt /'miniskö:t/ a. mini etek
minister /'ministı/ a. bakan; ortaelçi; papaz *minister of labour* çalışma bakanı
ministerial /mini'stiırıl/ s. bakana ait; bakanlıkla ilgili; yöneticilikle ilgili *ministerial bill* hükümet tasarısı *ministerial officer* idare memuru
ministration /mini'streyşın/ a. bakım, ihtimam
ministry /'ministri/ a. bakanlık; papazlık *enter the ministry* papaz olmak
minium /'miniım/ a. sülüyen, miniyum

mink /mink/ *a. hayb.* vizon; vizon kürk
minor /'maynı/ *s.* daha küçük, daha az; önemsiz, küçük, ikincil; *müz.* minör ¤ *a. huk.* ergin olmayan çocuk *minor axis mat.* küçük eksen *minor lobe elek.* küçük kulak *minor planet gökb.* küçük gezegen
minority /may'noriti/ *a.* azınlık *minority carrier elek.* azınlık taşıyıcısı *minority government* azınlık hükümeti *minority interests* azınlık hisseleri *minority party* azınlıklar partisi *minority rights* azınlık hakları
minster /'minstı/ *a.* büyük kilise
minstrel /'minstrıl/ *a.* ortaçağ halk ozanı
mint /mint/ *a. bitk.* nane; *kon.* nane şekeri; darphane; *kon.* yığın, para yığını, büyük para ¤ *e.* (madeni para) basmak *in mint condition* iyi durumda, eskimemiş
minuend /'minyuend/ *a. mat.* çıkartılan
minus /'maynıs/ *ilg.* eksi; eksik, noksan ¤ *s.* -den az, -den aşağı ¤ *a.* eksi işareti, çıkarma işareti *minus infinite mat.* eksi sonsuz *minus sign mat.* eksi işareti, eksi imi
minuscule /'minıskyu:l/ *s.* çok küçük ¤ *a.* küçük harf, minüskül
minute /'minit/ *a.* dakika; kısa süre, an; tutanak, zabıt ¤ /may'nyu:t/ *s.* çok küçük; çok titiz, ayrıntılı, dikkatli *minute hand* (saat) yelkovan, dakika kolu *the minute (that)* -ir -mez, yapar yapmaz
minutes /'minits/ *a.* tutanak *minutes of the proceedings* tutanak
minx /minks/ *a.* arsız kız, haspa
miracle /'mirıkıl/ *a.* mucize
miraculous /mi'rekyulıs/ *s.* mucizevi, şaşılacak
mirage /'mira:j/ *a.* serap, ılgın
mire /'mayı/ *a.* pislik; çamur, batak
mirror /'mirı/ *a.* ayna ¤ *e.* yansıtmak, aksettirmek *mirror galvanometer elek.* aynalı galvanometre *mirror glass* ayna camı *mirror image fiz.* ayna görüntüsü
mirth /mö:t/ *a.* neşe, sevinç, gülme
miry /'mayıri/ *s.* çamurlu; kirli
misadventure /misıd'vençı/ *a.* kaza, talihsizlik
misanthrope /'misıntroup/ *a.* insanlardan kaçan/nefret eden kimse
misanthropic /misın'tropik/ *s.*

insanlardan kaçan/nefret eden
misanthropy /mis'entrıpi/ *a.* insandan kaçma/nefret etme
misapplication /misepli'keyşın/ *a.* yanlış uygulama
misapply /misı'play/ *e.* yanlış kullanmak
misapprehend /misepri'hend/ *e.* yanlış anlamak
misappropriate /misı'prouprieyt/ *e.* kötüye kullanmak, zimmetine geçirmek
misappropriation /misıproupri'eyşın/ *a.* kötüye kullanma, zimmete geçirme
misbehave /misbi'heyv/ *e.* terbiyesizlik etmek, kötü davranmak
misbehaviour /misbi'heyvıı/ *a.* kötü davranış, terbiyesizlik
miscalculate /mis'kelkyuleyt/ *e.* yanlış hesaplamak
miscarriage /mis'keric/ *a.* çocuk düşürme, düşük; başarısızlık *miscarriage of justice* adli hata
miscarry /mis'keri/ *e.* (çocuk) düşürmek; düşük yapmak; başarısız olmak, boşa gitmek, suya düşmek
miscegenation /misici'neyşın/ *a. coğ.* ırk karışımı
miscellaneous /misı'lenyıs/ *s.* çeşitli
miscellany /mi'selıni/ *a.* derleme
mischance /mis'ça:ns/ *a.* şanssızlık, talihsizlik
mischief /'misçif/ *a.* yaramazlık; hasar, zarar
mischievous /'misçivıs/ *s.* hain, zararlı; yaramaz, afacan, şakacı
mischievousness /'misçivısnıs/ *a.* hainlik; yaramazlık, afacanlık, şakacılık
miscibility /misi'bılıti/ *a.* karışırlık
miscible /'misibıl/ *s.* karışabilir, karışır
misconception /miskın'sepşın/ *a.* yanlış anlama
misconduct /mis'kondakt/ *a.* kötü davranış, terbiyesizlik
misconstruction /miskın'strakşın/ *a.* yanlış anlama
misconstrue /miskın'stru:/ *e.* yanlış anlamak, ters anlam vermek
miscount /mis'kaunt/ *e.* yanlış hesap etmek
misdeed /mis'di:d/ *a.* kötülük, kötü davranış, kabahat
misdemeanour /misdi'mi:nı/ *a.* hafif suç
misdirect /misdi'rekt/ *e.* yanlış yön

göstermek, yanlış yola sokmak

miser /'mayzı/ *a. hkr.* cimri, para canlısı

miserable /'mizırıbıl/ *s.* mutsuz, perişan, sefil; kötü, berbat

miserliness /'mayzılinis/ *a.* cimrilik, hasislik

misery /'mizıri/ *a.* mutsuzluk, sefalet, ıstırap

misfeasance /mis'fi:zıns/ *a.* yolsuzluk, suiistimal

misfire /mis'fayı/ *e.* (silah) tutukluk yapmak; suya düşmek, bekleneni vermemek ¤ *a.* ateş almama, tekleme

misfit /'misfit/ *a.* çevresine uymayan kimse

misfortune /mis'fo:çın/ *a.* şanssızlık, talihsizlik; felaket, kaza

misgiving /mis'giving/ *a.* kuşku, kaygı

misgovern /mis'gavın/ *e.* (ülkeyi) kötü yönetmek

misguide /mis'gayd/ *e.* yanlış yola saptırmak

misguided /mis'gaydid/ *s.* yanlış yola sapmış, yanlış

mishandle /mis'hendl/ *e.* kötü kullanmak, hor kullanmak

mishap /'mishep/ *a.* aksilik, terslik, talihsizlik, kaza

misinform /misin'fo:m/ *e.* -e yanlış bir şey söylemek, yanlış bilgi vermek

misinterpret /misin'tö:prit/ *e.* yanlış anlamak, yanlış yorumlamak

misinterpretation /misintö:pri'teyşın/ *a.* yanlış yorum

misjudge /mis'cac/ *e.* yanlış hüküm vermek, yanlış değerlendirmek

mislay /mis'ley/ *e.* nereye koyduğunu unutmak

mislead /mis'li:d/ *e.* yanlış yola sevk etmek, saptırmak, yanıltmak

misleading /mis'li:ding/ *s.* yanıltıcı, yanlış

mismanage /mis'menic/ *e.* kötü yönetmek

mismatch /mis'meç/ *a.* uygunsuzluk, uymama ¤ *e.* birbirine uymamak

misnomer /mis'noumı/ *a.* yanlış ad, yanlış adlandırma

misogynist /mi'socinist/ *a.* kadın düşmanı

misplace /mis'pleys/ *e.* yanlış yere koymak; nereye koyduğunu unutmak

misprint /mis'print/ *a.* baskı hatası

mispronounce /misprı'nauns/ *e.* yanlış telaffuz etmek

misquote /mis'kwout/ *e.* yanlış yazmak, yanlış nakletmek

misread /mis'ri:d/ *e.* yanlış okumak, yanlış anlamak ya da yorumlamak

misrepresent /misrepri'zent/ *e.* saptırmak, yanlış tanıtmak

misrepresentation /misreprizen'teyşın/ *a.* yalan beyan

miss /mis/ *e.* vuramamak, ıskalamak; kaçırmak, yetişememek; özlemek; yokluğunu keşfetmek, olmadığının farkına varmak ¤ *a.* vuramama, ıskalama, ıska *give sth a miss kon.* -e boş vermek *miss out* kapsamamak, dahil etmemek, içine almamak, dışarda bırakmak; şansı/fırsatı/eğlenceyi kaçırmak *miss ratio biliş.* kaçırma oranı *miss the boat kon.* fırsatı kaçırmak, vapuru kaçırmak

Miss /mis/ *a.* (evlenmemiş bayanlara hitap ederken) Bayan, Matmazel

misshapen /mis'şeypın/ *s.* biçimsiz, şekilsiz, bozuk şekilli

missile /'misayl/ *a.* füze; mermi

missing /'mising/ *s.* kayıp, yitik, eksik, namevcut

mission /'mişın/ *a.* özel görev, misyon; kurul, misyon; misyonerler kurulu

missionary /'mişınıri/ *a.* misyoner

missis /'misiz/ *a.* metres; eş, hanım, bizimki

missive /'misiv/ *a.* mektup

misspell /mis'spel/ *e.* harflerini yanlış söylemek

misspend /mis'spend/ *e.* israf etmek, boşa harcamak

misstate /mis'steyt/ *e.* yanlış ifade etmek

missy /'misi/ *a.* genç kız, bayan

mist /mist/ *a.* sis, duman; buğu ¤ *e.* (over/up ile) buğulanmak; buğulandırmak *mist layer metr.* pus tabakası, pus katmanı

mistake /mis'teyk/ *a.* yanlış, hata; yanılma, yanlışlık ¤ *e.* yanlış anlamak; (for ile) -e benzetmek; şaşırmak, karıştırmak *by mistake* yanlışlıkla *make a mistake* hata yapmak

mistaken /mi'steykın/ *s.* yanılmış; yanlış, hatalı, yersiz

mistakenly /mis'teykınli/ *be.* yanlışlıkla,

yanılarak
Mister /'mistı/ *a.* Bay
mistiness /'mistinis/ *a.* sis, duman; karanlık, bulanıklık
mistletoe /'misıltou/ *a. bitk.* ökseotu
mistral /'mistrıl/ *a. metr.* mistral
mistress /'mistris/ *a.* evin hanımı; kadın öğretmen; metres
mistrust /mis'trast/ *e.* güvenmemek ¤ *a.* güvensizlik
misty /'misti/ *s.* sisli, puslu
misunderstand /misandı'stend/ *e.* yanlış anlamak
misunderstanding /misandı'stending/ *a.* yanlış anlama, yanlış anlaşılma, karışıklık
misuse /mis'yu:z/ *e.* yanlış yerde kullanmak, kötü kullanmak; kötüye kullanmak ¤ /mis'yu:s/ *a.* yanlış kullanma; kötüye kullanma, suiistimal
mite /mayt/ *a. hayb.* kene; peynir kurdu; uyuz böceği; (zavallı) çocuk, yavrucak
miter /'maytı/ *a. AĬ. bkz.* mitre
mitigate /'mitigeyt/ *e.* hafifletmek, azaltmak
mitochondrion /maytou'kondriın/ *a. bitk.* mitokondri
mitosis /may'tousis/ *a.* mitoz
mitre /'maytı/ *a.* piskoposların giydiği uzun başlık; şev gönye *mitre block/box* şev gönyeyi kesme kutusu *mitre gear* şev dişli, konik dişli *mitre joint* şev köşe geçmesi *mitre saw* şev testeresi, gönye testeresi *mitre square* şev gönye *mitre valve* konik valf *mitre wheel* konik dişli
mitt /mit/ *a. kon.* parmaksız eldiven; el
mitten /'mitn/ *a.* parmaksız eldiven
mix /miks/ *e.* karıştırmak; karışmak; kaynaşmak, uyum sağlamak ¤ *a.* karışım, birleşim *mix up* karıştırmak, düzenini bozmak; karıştırmak, -e benzetmek
mixed /'mikst/ *s.* karışık, karma, çeşitli *mixed base notation biliş.* karışık taban yazımı *mixed colour* karışım rengi *mixed credit* karışık kredi *mixed crystal* karışık kristal *mixed economy* karma ekonomi *mixed fertilizer* karma gübre *mixed forest* karışık orman *mixed fraction mat.* karma kesir, karma üleşke *mixed juice şek.* karışık

usare *mixed language* karma dil *mixed manure trm.* karma gübre *mixed number mat.* karma kesir *mixed policy* karma sigorta poliçesi *mixed radix biliş.* karışık taban *mixed radix notation biliş.* karışık taban yazımı *mixed sync signals* bileşik senkronizasyon sinyalleri *mixed yarn teks.* karışık iplik *mixed-flow water turbine* karışık basınçlı türbin
mixer /'miksı/ *a.* karıştırıcı, mikser; herkesle hemen kaynaşıveren kimse, sokulgan kimse; *inş.* malaksör, karıştırıcı *mixer console elek.* reji masası, yönetim masası *mixer tube elek.* mikser tübü, karıştırma tübü *mixer-settler* karıştırıcı-çökeltici
mixing /'miksing/ *a.* karıştırma, karma ¤ *s.* karıştırıcı, karıştıran *mixing apparatus* karıştırma cihazı *mixing chamber* karışım odası *mixing console* karıştırma masası, bileştirme masası, seslendirme masası *mixing efficiency fiz.* karıştırma verimi *mixing point* karışım noktası *mixing ratio* karışım oranı *mixing room teks.* karışım odası *mixing table* karıştırma masası, bileştirme masası, seslendirme masası *mixing valve* karıştırma valfı
mixture /'miksçı/ *a.* karışım; karışma, karıştırma
mix-up /'miksap/ *a. kon.* karışıklık, kargaşa, telaş
mizzen /'mizın/ *a. den.* mizana yelkeni
mizzle /'mizıl/ *e.* ince ince yağmak, çiselemek, serpiştirmek ¤ *a.* çiseleme, serpiştirme
mnemonic /ni'monik/ *s.* bellekle ilgili, hafızaya ait; belleği güçlendiren, hafızaya yardımcı *mnemonic address biliş.* anımsatıcı adres *mnemonic code biliş.* anımsatıcı kod *mnemonic operation code biliş.* anımsatıcı işletim kodu *mnemonic symbol biliş.* anımsatıcı simge
moan /moun/ *a.* inilti; sızlanma, dırdır ¤ *e.* inlemek; *hkr.* ağlamak, sızlanmak, zırıldamak
moat /mout/ *a.* hisar hendeği
mob /mob/ *a.* çete; serseri grubu; gürültücü kalabalık ¤ *e.* çevresini sarmak, başına üşüşmek, etrafına toplanmak

mobile /'moubayl/ s. hareket eden, oynak; seyyar, gezici ¤ a. rüzgârın etkisiyle hareket eden küçük süs eşyası **mobile bank** yürüyen banka **mobile home** karavan, gezerev **mobile phone** cep telefonu

mobility /mou'biliti/ a. hareketlilik, devinim, devingenlik; değişkenlik **mobility of labour** emek akışkanlığı

mobilization /moubilay'zeyşın/ a. seferberlik; akışkanlık

mobilize /'moubilayz/ e. silah altına almak, seferber etmek; akışkanlık kazandırmak, tedavüle sokmak

mobsman /'mobzmın/ a. gangster

moccasin /'mokısin/ a. makosen

mocha /'mokı, 'moukı/ a. Yemen kahvesi

mock /mok/ e. alay etmek, eğlenmek; taklidini yapmak, maskara etmek ¤ s. yapmacık, sahte ¤ a. deneme sınavı **mock exam** deneme sınavı **mock orange** ful, ağaç fulü

mockery /'mokırı/ a. alay; gülünç taklit; maskaralık, komedi, rezalet **make a mockery of** dalga geçmek, alay etmek

mocking /'moking/ a. alay etme ¤ s. alaycı

mockingbird /'mokingbö:d/ a. alaycı kuş

mock-up /'mokap/ a. tam boy model

mod con /mod'kon/ : **all mod cons** İl. kon. (evde) her türlü konfor

modal /moudl/ a. dilb. (can, must gibi) kip belirteci ¤ s. dilb. kiplerle ilgili, kip +

modality /mou'deliti/ a. kiplik

modalization /'moudılı'zeyşın/ a. kipleştirme, kipselleştirme

mode /moud/ a. tarz, yol, biçim, mod **mode jump** elek. mod atlaması **mode of payment** ödeme şekli **mode separation** elek. mod ayrımı **mode shift** elek. mod kayması **mode skip** elek. mod sekmesi **mode transformer** mod çevirici, mod transformatörü

model /'modıl/ a. örnek, model; model, manken; kalıp; tip, model ¤ e. modelini yapmak, kalıbını çıkarmak; modellik etmek, modellik yapmak **model airplane** hav. model uçak **model building** biliş. model geliştirme **model workshop** model atölyesi, maket işliği **model on/upon** -e örnek almak

modeller /'modlı/ a. modelci, model

yapımcısı

modem /'moudem/ a. biliş. modem

moderate /'modırit/ s. orta; görüşleri aşırıya kaçmayan, ılımlı ¤ a. ılımlı kimse, makul kimse ¤ /'modıreyt/ e. hafifletmek, azaltmak; hafiflemek, azalmak **moderate breeze** metr. orta kuvvette meltem **moderate gale** metr. orta şiddette fırtına

moderately /'modıritli/ be. bir dereceye kadar, kısmen, biraz

moderation /modı'reyşın/ a. ölçülülük; ılımlılık, itidal; hafifletme, azaltma **in moderation** makul ölçüler içinde, aşırıya kaçmadan

moderator /'modıreytı/ a. fiz. moderatör, ılımlayıcı

modern /'modn/ s. çağdaş, modern

modernity /mo'dö:nıti/ a. çağdaşlık, modernlik

modernization /modınay'zeyşın/ a. modernleştirme, modernleşme, çağdaşlaştırma

modernize /'modınayz/ e. yenileştirmek, modernize etmek

modest /'modist/ s. alçakgönüllü; ılımlı, makul; sade, yalın, gösterişsiz

modesty /'modisti/ a. alçakgönüllülük

modicum /'modikım/ a. bir parça, azıcık miktar

modification /modifi'keyşın/ a. değiştirme, değişiklik

modifier /'modifayı/ a. dilb. anlam değiştirici, niteleyici **modifier register** biliş. düzeltici yazmacı

modify /'modifay/ e. değişiklik yapmak, değiştirmek **modified address** biliş. değiştirilmiş adres

modish /'moudiş/ s. modaya uygun, moda

modular /'modyulı/ s. modüler **modular conversion** biliş. modüler dönüşüm, birimsel dönüşüm **modular coordination** inş. modüler koordinasyon **modular program flowcharting** biliş. modüler program akış diyagramlaması, birimsel program akış çizeneklemesi **modular programming** biliş. modüler programlama, birimsel programlama **modular system** biliş. modüler sistem, birimsel dizge

modularity /modyu'leriti/ a. biliş.

modülerite, birimsellik

modulate /'modyuleyt/ *e.* modüle etmek, ayarlamak, kiplemek *modulated amplifier elek.* modüle amplifikatör, kiplenik yükselteç *modulated beam elek.* modüle elektron demeti, kiplenik demet *modulated carrier wave* modüle taşıyıcı dalga, kiplenik taşıyıcı dalga *modulated continuous wave* modüle devamlı dalga, kiplenik sürekli dalga *modulated oscillator elek.* modüle osilatör, kiplenik salıngaç *modulated stage elek.* modülasyonlu kat *modulating electrode elek.* modülasyon elektrotu *modulating wave fiz.* modüle edici dalga, kipleyici dalga

modulation /modyu'leyşın/ *a.* modülasyon, kiplenim *modulation capability* modülasyon yeteneği, kiplenim yeteneği *modulation characteristic* modülasyon karakteristiği *modulation depth* modülasyon derinliği, kiplenim derinliği *modulation distortion* modülasyon distorsiyonu, kiplenim bozulması *modulation frequency elek.* modülasyon frekansı *modulation meter* modülometre *modulation monitor* modülasyon monitörü *modulation noise* modülasyon gürültüsü, kiplenim gürültüsü *modulation percentage* modülasyon yüzdesi, kiplenim yüzdesi

modulator /'modyuleytı/ *a.* modülatör, kipleyici

module /'modyu:l/ *a.* ölçü birimi; modül mobilya; (uzay aracında) modül *module coupling biliş.* modül kuplajı, birim uyarlaması *module key biliş.* modül anahtarı, birim anahtarı

modulus /'modyulıs/ *a. fiz.* modül *modulus of elasticity* esneklik modülü, Young modülü *modulus of rupture* kopma modülü *modulus of transverse elasticity* enine esneklik modülü

mohair /'mouheı/ *a.* tiftik, moher *mohair wool teks.* moher yünü

Mohammedan /mou'hemidn/ *a. s.* Müslüman

moiety /'moyıti/ *a.* yarım, yarı; küçük parça, kısım

moiré /'mwa:rey/ *e. teks.* harelendirmek ¤ *s.* hareli ¤ *a.* hareli kumaş *moiré cal-*

ender teks. muare kalenderi *moiré effect teks.* muare etkisi *moiré silk teks.* muare ipek

moist /moyst/ *s.* rutubetli, nemli *moist crosslinking teks.* nemli buruşmazlık terbiyesi

moisten /'moysın/ *e.* nemlendirmek, rutubetlendirmek, ıslatmak

moistener /'moysını/ *a.* nemlendirici

moistening /'moysıning/ *a.* nemlendirme, rutubetlendirme *moistening agent teks.* nemlendirme maddesi

moistness /'moystnıs/ *a.* nem, rutubet

moisture /'moysçı/ *a.* rutubet, nem *moisture content* nem niceliği, nem içeriği *moisture resistance* neme karşı dayanıklılık *moisture resistant* neme karşı dayanıklı *moisture-proof* neme karşı dayanıklı *moisture-repellent teks.* nem itici

moisturizer /'moysçırayzı/ *a.* nemlendirici

molality /mo'leliti/ *a.* molallik

molar /'moulı/ *a.* azıdişi *molar conductance/conductivity* molar iletkenlik *molar heat* molar ısı

molarity /mo'leriti/ *a.* molarite, molarlık

molasses /mı'lesiz/ *a.* şeker pekmezi, melas *molasses pulp* melas küspesi *molasses tank* melas deposu *molasses vinasses* melas bakiyesi

mold /mould/ *a. e. Aİ. bkz.* mould

mole /moul/ *a.* ben; *hayb.* köstebek; *kon.* muhbir, ajan; dalgakıran; *fiz.* mol *mole cricket* danaburnu *mole drain trm.* mol dren, köstebek dren *mole plough trm.* mol pulluğu, drenaj pulluğu *mole-electronics elek.* mol elektroniği

molecular /mou'lekyulı/ *s.* moleküler *molecular association* moleküler birleşme *molecular attraction* moleküler çekim *molecular beam fiz.* moleküler ışın *molecular bond* moleküler bağ *molecular distillation* moleküler damıtma *molecular orbital fiz.* moleküler orbital *molecular spectrum fiz.* moleküler spektrum, moleküler izge *molecular structure* moleküler yapı, molekül yapısı *molecular weight* molekül ağırlığı

molecule /'molikyu:l/ *a.* molekül, özdecik

molehill /'moulhil/ *a.* köstebek tepeciği *make a mountain out of a molehill* pireyi deve yapmak, habbeyi kubbe yapmak

moleskin /'moulskin/ *a. teks.* moleskin, köstebek kürkü; kadife pantolon

molest /mı'lest/ *e.* saldırmak, rahatsız etmek; *ört.* sarkıntılık etmek

mollification /molifi'keyşın/ *a.* yumuşatma, sakinleştirme, teskin; yapmama, bırakma

mollify /'molifay/ *e.* yumuşatmak, yatıştırmak, sakinleştirmek

mollusc /'molısk/ *a. hayb.* yumuşakça

mollycoddle /'molikodıl/ *a.* hanım evladı ¤ *e.* üstüne titremek, nazlı büyütmek

molt /moult/ *a. e. Aİ. bkz.* moult

molten /'moultn/ *s.* erimiş, dökme *molten metal* erimiş metal *molten salt* erimiş tuz

molybdate /mo'libdeyt/ *a.* molibdat

molybdenite /mo'libdinayt/ *a. min.* molibdenit

molybdenum /mo'libdinım/ *a.* molibdenum, molibden *molybdenum steel met.* molibden çeliği

mom /mom/ *a. Aİ. kon.* anne

moment /'moumınt/ *a.* kısa süre, an; önem *at the moment* şu anda, şimdi *moment curve* moment eğrisi *moment distribution method* Cross metodu, Cross yöntemi *moment of flexion* eğilme momenti *moment of force* kuvvet momenti *moment of inertia* eylemsizlik momenti, atalet momenti

momentary /'moumıntıri/ *s.* bir anlık, geçici

momentous /mou'mentıs/ *s.* önemli, ciddi

momentum /mou'mentım/ *a. fiz.* moment, devinirlik; hız

momma /'momı/ *a. Aİ. kon.* ana, anne; *arg.* kadın, karı

mommy /'momi/ *a. Aİ.* anne

monad /'moned/ *a.* monad; tek hücreli organizma

monadic /mo'nedik/ *s. biliş.* monadik *monadic operation biliş.* monadik işlem, tek işlenenli işlem

monadnock /mı'nednok/ *a. yerb.* monadnok, sertgen

monarch /'monık/ *a.* tekerk, mutlak hükümdar

monarchic /'mına:kik/ *s.* monarşik

monarchism /'monıkizım/ *a.* monarşi, tekerklik

monarchy /'monıki/ *a.* tekerki, monarşi

monastery /'monıstri/ *a.* manastır

monazite /'monızayt/ *a. min.* monazit

Monday /'mandey/ *a.* pazartesi

moneme /'mouni:m/ *a.* anlambirim

monetarism /'manitırizım/ *a.* parasalcılık, monetarizm

monetary /'manitıri/ *s.* parasal, mali *monetary base* parasal taban *monetary economy* parasal ekonomi *monetary erosion* para erozyonu *monetary policy* para politikası *monetary standard* para standardı *monetary system* para sistemi *monetary union* para birliği *monetary unit* para birimi

monetize /'manitayz/ *e.* para basmak, para çıkarmak

money /'mani/ *a.* para; servet *be made of money* para babası olmak *He has money to burn* Denizde kum, onda para *make/earn money hand over fist* yükünü tutmak *money belt* para taşıma kemeri *money box* kumbara *money broker* para simsarı *money changer* döviz alım satımcısı *money due* tahsil edilecek para *money grubber* açgözlü, para canlısı *money grubbing* paragöz, açgözlü *money illusion* para aldanması, para yanılsaması *money in account* hesap parası, virman parası *money in circulation* dolaşımdaki para, tedavüldeki para *money income* parasal gelir, para geliri *money lender* borç veren, faizci, murabahacı, mukriz *money loan* nakdi kredi *money making* para getiren *money market* para piyasası *money on deposit* bankadaki para, mevduat *money on hand* eldeki para *money plant* denizlahanası, ayotu *money order* para havalesi, havale emri *money supply* para arzı

moneybag /'manibeg/ *a.* para çantası

moneyed /'manid/ *s.* paralı, zengin *moneyed corporation* para birliği

monger /'mangı/ *a.* perakendeci tüccar

mongol /'mongıl/ *a.* mongol

mongrel /'mangrıl/ *a.* melez, kırma

moniker /'monikı/ *a.* lakap, takma ad

monism /'monizım/ *a.* monizm, bircilik

monition /mou'nişın/ *a.* uyarı, ihtar;

davet, bildirim

monitor /'monitɪ/ *a.* sınıf başkanı; monitör, denetlik ¤ *e.* (yayın, telsiz, vb.) izlemek, denetlemek, dinlemek *monitor display* biliş. monitör göstericisi, izleme göstericisi *monitor roof* inş. fenerli çatı *monitor routine* biliş. izleme yordamı, denetleme yordamı *monitor system* biliş. izleme sistemi, izleme dizgesi

monitoring /'monitɪring/ *s.* kontrol+, denetim+ *monitoring amplifier* kontrol amplifikatörü, denetim yükselteci *monitoring key* izleme anahtarı *monitoring loudspeaker* elek. izleme hoparlörü *monitoring station* izleme istasyonu

monitory /'monitɪri/ *s.* uyarıcı, ikaz edici

monk /mank/ *a.* keşiş, rahip

monkey /'manki/ *a.* maymun; *kon.* yaramaz çocuk, afacan; şahmerdan; tokmak *monkey business* kon. dolap, hile, üçkâğıt *monkey engine* şahmerdan makinesi *monkey wrench* ingiliz anahtarı *throw a monkey wrench in the works* ortaya bir balgam atmak

mono /'monou/ *s.* mono

monoatomic /monoʊ'tomik/ *s.* monoatomik, tekatomlu

monobasic /monou'beysik/ *s.* tekbazlı, monobazik

monobloc /monou'blok/ *s.* monoblok, tek gövdeli

monochromatic /monoukrou'metik/ *s.* monokromatik, tekrenkli *monochromatic light* monokromatik ışık, tekrenkli ışık *monochromatic radiation* fiz. monokromatik radyasyon, tekrenkli ışınım

monochrome /'monikroum/ *s.* tek renkli; (televizyon) siyah-beyaz *monochrome receiver* elek. siyah-beyaz alıcı *monochrome television* elek. siyah-beyaz televizyon *monochrome transmission* elek. siyah-beyaz yayın

monocle /'monikɪl/ *a.* tek gözlük, monokl

monoclinal /monou'klaynıl/ *s. yerb.* monoklinal

monocline /'monouklayn/ *a. yerb.* eğik yapı

monocoque /'monikok/ *a.* monokok *monocoque fuselage* hav. monokok gövde

monoculture /'monoukalçı/ *a. trm.* monokültür, tek türlü tarım

monofilament /monı'filimınt/ *a. teks.* monofil, monofilament, tek filament *monofilament yarn* teks. monofilament iplik

monogamy /mı'nogımi/ *a.* tekeşlilik, monogami

monogram /'monıgrem/ *a.* (baş) harflerle yapılan marka

monolayer /'monouleyı/ *a.* monomoleküler tabaka, tekkatman

monolith /'monılit/ *a. inş.* tek parça taş, yekpare taş

monolithic /monı'litik/ *s. inş.* tek parça taştan, yekpare taştan *monolithic circuit* elek. tektaş devre, monolitik devre *monolithic storage* biliş. monolitik bellek

monologize /mo'nolıcayz/ *e.* kendi kendine konuşmak

monologue /'monılog/ *a.* monolog

monomania /monou'meynıı/ *a.* saplantı deliliği, tek bir konu deliliği

monomer /'monımı/ *a.* monomer, tekiz

monometalism /monou'metlizım/ *a.* monometaliz, tek maden sistemi

monomial /mo'noumııl/ *a. mat.* tekterimli, birterimli

monomolecular /monoumı'lekyulı/ *s.* monomoleküler

monophobia /monou'foubyı/ *a.* yalnızlık korkusu

monophthongization /monıftongay'zeyşın/ *a.* tekünlüleşme

monoplane /'monıpleyn/ *a. hav.* tekkanatlı uçak

monopole /'monıpoul/ *a. fiz.* tek kutup, tekucay

monopolist /mı'nopılist/ *a.* tekelci

monopolistic /mınopı'listik/ *s.* tekelci

monopolize /mı'nopılayz/ *e.* tekeline almak

monopoly /mı'nopıli/ *a.* tekel, monopol, inhisar *monopoly power* tekel gücü *monopoly price* tekel fiyatı *monopoly profit* tekel kârı

monorail /'monoureyl/ *a. demy.* monoray

monosaccharide /monou'sekırayd/ *a.* monosakkarit

monosemic /monı'semik/ *s.* bir tek

anlam taşıyan, tekanlamlı

monosemy /mı'nosımi/ *a.* tekanlamlılık

monosyllabic /'monısi'lebik/ *s.* tekheceli *monosyllabic language* tekheceli dil

monosyllable /'monısilıbıl/ *a.* tek heceli sözcük

monotheism /'monouti:zım/ *a.* tektanrıcılık

monotone /'monıtoun/ *a.* tekdüzelik, monotonluk

monotonic /monı'tonik/ *s.* monoton, tekdüze

monotonous /mı'notınıs/ *s.* tekdüze, monoton

monotony /mı'notıni/ *a.* tekdüzelik, monotonluk

monotype /'monıtayp/ *a. bas.* monotip

monovalent /monou'veylınt/ *s.* tekdeğerli

monoxide /mo'noksayd/ *a.* monoksit

monsoon /mon'su:n/ *a.* muson

monster /'monstı/ *a.* canavar; dev, azman; canavar ruhlu kimse

monstrosity /mon'strositi/ *a.* çirkin şey, zevksizlik timsali

monstrous /'monstrıs/ *s.* kocaman, dev; iğrenç, rezil, adi

monstrousness /'monstrısnıs/ *a.* canavarlık; korkunçluk

montage /'monta:j/ *a.* kurgu, montaj

month /mant/ *a.* ay *month end closing* ay sonu kapanışı

monthly /'mantli/ *s. be.* ayda bir, aylık ¤ *a.* aylık dergi *monthly account* aylık hesap

monticule /'montikyu:l/ *a.* tümsek

monument /'monyumınt/ *a.* anıt; olağanüstü eser, dev yapıt

monumental /monyu'mentl/ *s.* anıtsal; çok büyük, muazzam

monzonite /'monzınayt/ *a. yerb.* monzonit

moo /mu:/ *a.* inek sesi, mö; *İi. arg.* aptal kadın

mood /mu:d/ *a.* ruhsal durum, ruh hali, hava; aksilik, huysuzluk; *dilb.* kip

moody /'mu:di/ *s.* dakikası dakikasına uymaz, değişken, kaprisli; aksi, ters, huysuz

moon /mu:n/ *a.* ay; uydu *cry for the moon* olmayacak şey istemek *full moon* dolunay *new moon* hilal, ayça *once in a blue moon* kırk yılda bir

over the moon çok mutlu, sevinçten uçan *promise sb the moon* birisine yapamayacağı bir şeyi vaat etmek

moon /mu:n/ : *moon about* dalgın dalgın gezinmek *moon away* boşa geçirmek, boşa harcamak

moonbeam /'mu:nbi:m/ *a.* ay ışını

moonlight /'mu:nlayt/ *a.* ay ışığı

moonlighter /'mu:nlaytı/ *a.* ek iş yapan kişi

moonlit /'mu:nlit/ *s.* ay ışığı ile aydınlanmış, mehtaplı

moony /'mu:ni/ *s.* ayla ilgili; hilal biçiminde; dalgın; kaçık, deli

moor /muı/ *a.* çalılık arazi, fundalık arazi, kır ¤ *e. den.* palamarla bağlamak

moorage /'muıric/ *a.* demirleme ücreti

mooring /'muıring/ *a. den.* demirleme, bağlama *mooring berth den.* demir yeri *mooring buoy den.* bağlama şamandırası

moorings /'muıringz/ *a. den.* palamar takımı; gemi bağlama yeri, demirleme yeri

Moorish /muıriş/ *s.* Fas +, Mağribi

moorland /'muılınd/ *a.* fundalık arazi, kır

moose /mu:s/ *a. hayb.* Amerika geyiği, mus

moot /mu:t/ *a.* tartışma, münakaşa, münazaa ¤ *e.* görüşmek, tartışmak, müzakere etmek ¤ *s.* tartışmalı, kuşkulu, ihtilaflı, münazaalı; akademik, pratik değeri olmayan; kuramsal, nazari *moot point* tartışma konusu, ihtilaflı mesele

mop /mop/ *a.* saplı tahta bezi; *kon.* dağınık saç ¤ *e.* saplı bezle silmek; bezle kurulamak, silmek *mop the floor with sb* mat etmek

mopboard /'mopbo:d/ *a. inş.* süpürgelik, sıvadibi

mope /moup/ *e.* kederli olmak, süngüsü düşük olmak *mope about/around* hüzünlü/neşesiz bir halde gezinmek

moped /'mouped/ *a.* motorlu bisiklet, moped

mopish /'moupiş/ *s.* üzüntülü, canı sıkkın

moquette /mo'ket/ *a. teks.* moket, döşemelik kalın kadife kumaş

moraine /mo'reyn/ *a.* buzultaş, moren

moral /'morıl/ *s.* ahlaki, törel; dürüst, ahlaklı; manevi, tinsel ¤ *a.* alınacak ders, kıssadan hisse; ahlak dersi *moral support* moral takviyesi *moral obligation* manevi yükümlülük

morale /mı'ra:l/ *a.* moral

moralist /mı'rılist/ *a.* moralist, ahlakçı

morality /mı'reliti/ *a.* ahlaklılık, erdem

moralize /'morılayz/ *e.* ahlak dersi vermek; ahlakını düzeltmek

morals /'morılz/ *a.* ahlak

morass /mı'res/ *a.* bataklık

moratorium /morı'to:rıım/ *a.* borçların ertelenmesi, moratoryum

moratory /'morıtıri/ *s.* moratoryuma ait *moratory interest* gecikme faizi, temerrüt faizi *moratory statute* moratoryum kanunu

morbid /'mo:bid/ *s. hkr.* iğrenç şeylere ilgi duyan, iğrenç

mordancy /'mo:dınsi/ *a.* keskinlik

mordant /'mo:dınt/ *s. teks.* mordan, boyasaptar *mordant dye teks.* mordan boyası *mordant dyeing teks.* mordan boyama *mordant dyestuff teks.* mordan boyarmaddesi *mordanting effect teks.* mordanlama efekti *mordanting power teks.* mordanlama gücü

more /mo:/ *s. be. adl.* daha, daha çok, daha fazla *and what's more* üstelik *any more* artık *more and more* gittikçe, gitgide *more or less* aşağı yukarı, yaklaşık *more than one can shake a stick at* sürüsüne bereket *no more* bir daha hiç, artık hiç *the more ... the more* ne kadar ... o kadar

morel /mo'rel/ *a.* kuzu mantarı

morello /mı'relou/ *a. bitk.* vişne

moreover /mo'rouvı/ *be.* bundan başka, üstelik, zaten

morgue /mo:g/ *a.* morg

morn /mo:n/ *a.* sabah

morning /'mo:ning/ *a.* sabah *in the morning* sabahleyin *morning coat* ceketatay, frak *morning dress* ceketatay ve çizgili pantolon *morning sickness hek.* hamilelikte sabah bulantısı *morning star* sabah yıldızı; Venüs

morning-glory /'mo:ning'glo:ri/ *a.* kahkahaçiçeği, çitsarmaşığı, gündüzsefası

morocco /mı'rokou/ *a. teks.* maroken *morocco leather teks.* sahtiyan

moron /'mo:ron/ *a.* geri zekâlı; *hek.* moron

morose /mı'rous/ *s.* huysuz, somurtkan, aksi, suratsız

moroseness /mı'rousnıs/ *a.* huysuzluk, aksilik; somurtkanlık

morpheme /'mo:fi:m/ *a. dilb.* morfem, biçimbirim

morphine /'mo:fi:n/ *a.* morfin

morphinist /'mo:finist/ *a.* morfinman

morpho-phonemics /mo:fıfou'ni:miks/ *a.* biçimbilimsel sesbilim

morpho-phonology /mo:fıfou'nolıci/ *a.* biçimsel sesbilim

morphogram /mo:fou'grem/ *a. mat.* morfogram

morphologic(al) /mo:fı'locik(ıl)/ *s.* morfoloji ile ilgili, morfolojik, biçimbilimsel

morphologist /mo:'folıcist/ *a.* morfoloji uzmanı, biçimbilimci

morphology /mo:'folıci/ *a.* morfoloji, yapıbilgisi, biçimbilim

morrow /'morou/ *a.* yarın

Morse code /mo:s'koud/ *a.* Mors alfabesi

morsel /'mo:sıl/ *a.* lokma, parça, zerre

mortal /'mo:tıl/ *s.* fani, ölümlü; öldürücü, ölümcül; *kon.* çok büyük, aşırı ¤ *a.* fani, ölümlü, insan

mortality /mo:'teliti/ *a.* ölümlülük; ölüm oranı

mortally /'mo:tıli/ *be.* öldürücü biçimde

mortar /'mo:tı/ *a.* havan, dibek; *ask.* havan topu; harç ¤ *e.* harç ile sıvamak *mortar board inş.* harç teknesi

mortgage /'mo:gic/ *a.* rehin, ipotek, tutu; ipotek senedi ¤ *e.* rehine koymak, ipotek etmek *mortgage bank* ipotek bankası *mortgage banking* ipotek bankacılığı *mortgage bond* ipotekli tahvil, rehinli tahvil *mortgage insurance* ipotek sigortası *mortgage loan* ipotekli kredi *mortgage note* ipotekli borç senedi *mortgage of ship* gemi ipoteği

mortgagee /mo:gi'ci:/ *a.* ipotekli alacaklı, ipotek alan

mortgager /'mo:gicı/ *a.* ipoteğe veren, ipotekli borçlu

mortice /'mo:tis/ *a. bkz.* mortise

mortician /mo:'tişın/ *a.* cenaze kaldırıcısı

mortification /mo:tifi'keyşın/ *a.* rezil

olma, onuru kırılma; cezalandırma; kangren

mortify /'mo:tifay/ *e.* küçük düşürmek, utandırmak

mortise /'mo:tis/ *a.* yuva; lamba; zıvana, delik ¤ *e.* zıvana açmak **mortise and tenon joint** zıvanalı geçme **mortise chisel** zıvana kalemi **mortise gauge** zıvana ölçüsü **mortise joint** zıvanalı geçme **mortise lock** gömme kilit **mortising machine** zıvana makinesi

mortuary /'mo:çuıri/ *a.* morg

mosaic /mou'zeyik/ *a.* mozaik **mosaic disease** *bitk.* mozaik (hastalığı) **mosaic structure** *fiz.* mozaik yapı

Moslem /'mozlim/ *a. s.* Müslüman

mosque /mosk/ *a.* cami

mosquito /mı'ski:tou/ *a.* sivrisinek

moss /mos/ *a.* yosun **A rolling stone gathers no moss** Yuvarlanan taş yosun tutmaz

mossiness /'mosinis/ *a.* yosunlaşma

mossy /'mosi/ *s.* yosunlu

most /moust/ *be.* en, en çok; çok, pek, son derece ¤ *s. adl. a.* en çok, en fazla; çoğu **at (the) most** en çok, en fazla, olsa olsa **for the most part** genellikle, çoğunlukla **make the most of** en iyi şekilde değerlendirmek; yararlanmak **most significant bit** *biliş.* en önemli bit, en soldaki bit **most significant character** *biliş.* en önemli karakter, en soldaki karakter

mostly /'moustli/ *be.* çoğunlukla, çoğu, çoğu kez

motel /mou'tel/ *a.* motel

moth /mot/ *a.* güve **moth-eaten** eski püskü

mothball /'motbo:l/ *a.* güve ilacı, naftalin

mother /'madı/ *a.* ana, anne; kaynak, köken; ana, esas ¤ *e.* annelik etmek, analık yapmak; *hkr.* annelik taslamak; doğurmak **every mother's son** herkes **mother aircraft** *hav.* kumanda uçağı **mother board** *biliş.* ana levha, ana kart **mother country** anavatan, memleket **mother liquor** *kim.* ana çözelti **mother lode** *mad.* ana damar **Mother Nature** tabiat ana **mother syrup** *şek.* ana şurup **mother tongue** anadili

mother-in-law /'madırinlo:/ *a.* kaynana

mother-of-pearl /madııv'pö:l/ *a.* sedef

motherhood /'madıhud/ *a.* annelik

motherly /'madıli/ *s.* ana gibi, anaya özgü

mothproof /'motpru:f/ *s.* güveye karşı dayanıklı **mothproof finish** *teks.* güveye karşı dayanıklılık apresi

mothy /'moti/ *s.* güveli

motif /mou'ti:f/ *a.* motif

motile /'moutayl/ *s.* kendiliğinden hareket edebilen

motility /mou'tilıti/ *a.* hareketlilik

motion /'mouşın/ *a.* devinim, hareket; işaret, hareket; önerge; *tek.* işleme, çalışma ¤ *e.* işaret etmek **go through the motions** üstünkörü yapmak **motion bar** hareket kolu **motion picture** sinema filmi **motion picture camera** *sin.* film çekme makinesi, kamera, alıcı **motion picture projector** *sin.* sinema makinesi, projektör, gösterici **motion picture studio** *sin.* film stüdyosu **motion picture theatre** *sin.* sinema **slow motion** ağır çekim

motional /'mouşınıl/ *s. .* devimsel, hareketle ilgili **motional impedance** hareket empedansı

motionless /'mouşınlis/ *s.* hareketsiz

motivate /'moutiveyt/ *e.* harekete geçirmek, motive etmek

motivated /'moutiveytıd/ *s.* bir nedene bağlanabilen, nedenli

motivation /mouti'veyşın/ *a.* neden, güdüleme, güdü, motivasyon **motivation research** motivasyon araştırması

motive /'moutiv/ *a.* neden, güdü, dürtü ¤ *s.* devindirici, hareket ettirici, muharrik **motive power** tahrik gücü

motley /'motli/ *s.* çeşit çeşit, yüz çeşit, her tür

motocross /'moutoukros/ *a.* motosiklet yarışı, motokros

motor /'moutı/ *a.* motor; makine ¤ *s.* hareket ettirici; motorlu ¤ *e.* otomobille gezmek/gitmek **motor body** motor gövdesi **motor insurance** trafik kaza sigortası **motor oil** motor yağı **motor power** motor gücü **motor pulley** motor kasnağı **motor scooter** *oto.* skuter, hafif motosiklet **motor shaft** motor mili **motor support** motor mesnedi, motor tespit ayakları **motor vehicle** motorlu taşıt **motor vehicle tax** motorlu taşıt vergisi *motor-driven* motorlu

motorbike /'moutıbayk/ *a. kon.* motosiklet

motorboat /'moutıbout/ *a.* deniz motoru, motor

motorbus /'moutıbas/ *a. oto.* otobüs

motorcar /'moutıka:/ *a.* otomobil, araba

motorcycle /'moutısaykıl/ *a.* motosiklet

motored /'moutıd/ *s.* motorlu

motoring /'moutıring/ *a.* araba kullanma, sürücülük

motorist /'moutırist/ *a.* otomobil sürücüsü, şoför

motorize /'moutırayz/ *e.* motorla donatmak, motorize etmek

motorized /'moutırayzd/ *s.* motorize, motorlu

motorless /'moutılis/ *s.* motorsuz

motorman /'moutımen/ *a.* vatman; makinist

motorship /'moutışip/ *a.* dizel motorlu gemi

motorway /'moutıwey/ *a.* otoyol

mottle /'motıl/ *e.* beneklemek

mottled /'motıld/ *s.* benekli, alacalı *mottled sandstone* benekli kumtaşı, alacalı kumtaşı

motto /'motou/ *a.* düstur, parola, slogan

mould /mould/ *a.* bahçe toprağı; küf; kalıp, dökme kalıp ¤ *e.* kalıba dökmek, kalıba sokmak

mouldboard /'mouldbo:d/ *a. trm.* saban kulağı, saban bıçağı

moulder /'mouldı/ *e.* çürümek, dökülmek ¤ *a.* kalıpçı, dökmeci

moulding /'moulding/ *a.* kalıplama; biçimlendirme, şekillendirme; kalıpta yapılmış şey; *inş.* silme; pervaz *moulding clay* kalıp kili, döküm balçığı *moulding machine* döküm makinesi; kalıplama makinesi *moulding powder* kalıplama tozu, kalıp tozu *moulding press* kalıplama presi, montaj presi *moulding sand* kalıp kumu, döküm kumu

mouldiness /'mouldinis/ *a.* küf tutma; tekdüzelik, sıkıcılık

mouldy /'mouldi/ *s.* küflü, küflenmiş

moult /moult/ *e.* tüylerini dökmek

mound /maund/ *a.* tümsek, tepecik, yığın, toprak set, toprak yığını

mount /maunt/ *a.* dağ, tepe; binek

hayvanı; çerçeve; altlık ¤ *e.* binmek; çıkmak, tırmanmak; (up ile) yükselmek, çoğalmak, artmak; yerleştirmek, kakmak, takmak; (saldırı) hazırlamak/başlatmak; monte etmek, takmak, kurmak

mountain /'mauntin/ *a.* dağ *the mountain labours and brings forth a (ridiculous) mouse* dağ doğura doğura bir fare doğurdu *mountain ash bitk.* üvez *mountain chain* dağ silsilesi *mountain effect* dağ etkisi *mountain range coğ.* sıradağ, dağ silsilesi *mountain sickness* dağ tutması *mountain stream* deliçay, yabani dere

mountained /'mauntind/ *s.* dağlık

mountaineer /maunti'niı/ *a.* dağcı

mountaineering /maunti'niıring/ *a.* dağcılık

mountainous /'mauntinıs/ *s.* dağlık

mounting /'maunting/ *a.* montaj, kurma, takma

mourn /mo:n/ *e.* (for/over ile) yasını tutmak

mourner /'mo:nı/ *a.* cenazeye katılan kimse, yaslı kimse

mournful /'mo:nfıl/ *s.* yaslı; hüzünlü, kederli

mourning /'mo:ning/ *a.* yas; yas giysisi

mouse /maus/ *a.* fare

mousetrap /'maustrep/ *a.* fare kapanı

mousse /mu:s/ *a.* köpüklü krema

moustache /mı'sta:ş/ *a.* bıyık *handlebar moustache* palabıyık

mousy /'mausi/ *s. hkr.* sessiz/sıkıcı/çekingen; (saç, kıl) mat kahverengi

mouth /maut/ *a.* ağız; giriş yeri, ağız ¤ *e.* dırdır etmek, zırlamak, sürekli aynı şeyleri söylemek; dudaklarını kıpırdatmak *down in the mouth* neşesiz *give mouth* (köpek) havlamak *have a mouth like the bottom of a parrot's cage* ağzı çiriş çanağına dönmek (ağzı kuruyup dili damağına yapışır olmak) *keep one's mouth shut* çenesini tutmak *make sb's mouth water* ağzını sulandırmak *mouth cavity* ağız boşluğu *mouth organ* ağız mızıkası, armonika *shut one's mouth* çenesini kapamak *stop sb's mouth* (rüşvetle) susturmak, konuşmasına engel olmak *take the words out of sb's mouth* lafı ağzından almak

mouth-watering /'mautwo:tıring/ *s.* ağız sulandırıcı, nefis

mouthful /'mautfıl/ *a.* ağız dolusu lokma; söylenmesi güç ve çok uzun sözcük

mouthorgan /'mauto:gın/ *a. müz.* ağız mızıkası

mouthpiece /'mautpi:s/ *a.* ağızlık; sözcü

movable /'mu:vıbıl/ *s.* taşınır, menkul; hareketli, oynak ¤ *a. huk.* taşınır eşya *movable bridge* yüzer köprü, hareketli köprü *movable load* hareketli yük, canlı yük *movable property* taşınır mallar, menkul mülkiyet *movable speech organ* seslendirmeyi sağlayan hareketli organ, eklemleyici

move /mu:v/ *e.* hareket ettirmek, kımıldatmak, oynatmak; hareket etmek, kımıldamak; ilerlemek, yürümek, gitmek; ilerlemek, gelişmek, sona yaklaşmak; taşınmak; birlikte olmak, zamanını geçirmek; etkilemek, duygulandırmak; önermek ¤ *a.* kımıldama, hareket etme, hareket; (satranç) hamle; taşınma; hareket, girişim *get a move on kon.* acele etmek *make a move* harekete geçmek, gitmek *move along* ilerlemek *move in* eve taşınmak, yerleşmek *move off* ayrılmak, hareket etmek, kalkmak *move on* değiştirmek, yenilemek, -e geçmek; göndermek, kovmak; gitmek, yer değiştirmek

moveable /'mu:vıbıl/ *s. bkz.* movable

movement /'mu:vmınt/ *a.* hareket; hareket, eylem, faaliyet; *müz.* tempo, ritm, hareket; *müz.* bölüm, kısım; mekanizma

movie /'mu:vi/ *a. Aİ. kon.* film ¤ *s.* film +, sinema + *movie camera* film makinesi, kamera, alıcı *movie goer* sinemasever *movie projector* gösterici *movie star* film yıldızı *movies* sinema

moving /'mu:ving/ *s.* dokunaklı, acıklı, duygulandırıcı; hareket eden, oynak, oynar, müteharrik *moving average* hareketli ortalama *moving coil* döner bobin, oynak bobin *moving-conductor microphone elek.* hareketli iletkenli mikrofon *moving force* tahrik kuvveti, muharrik güç, devindirici güç *moving-iron instrument* oynar demirli alet *moving picture* sinema *moving picture camera* film kamerası *moving power* tahrik kuvveti, muharrik güç, devindirici güç *moving staircase* yürüyen merdiven *moving target ask.* müteharrik hedef, hareketli hedef *moving-target indicator* hareketli hedef göstergesi

mow /mou/ *e.* biçmek ¤ *a.* ot yığını, tınaz *mow down* öldürmek, yok etmek *mowing machine trm.* ekin biçme makinesi, orak makinesi

mower /'mouı/ *a.* orakçı, tırpancı; çim biçme makinesi, ekin biçme makinesi

Mr /'mistı/ *a.* Bay, By

Mrs /'misız/ *a.* (evli) Bayan, Bn

Ms /miz/ *a.* (evli ya da bekâr) Bayan, Bn

mu /myu:/ *a.* Yunan alfabesinde m harfi *mu factor elek.* mü katsayısı *mu-meson fiz.* mü mezonu

much /maç/ *be.* çok; hemen hemen, birçok yönden; pek ¤ *s. adl. a.* çok, fazla *how much* ne kadar; kaç para, ne kadar *make much of* gözünde büyütmek, abartmak *much ado about nothing* kuru gürültü *much as* -e rağmen *much of a muchness* Ayvaz kasap hep bir hesap *not much of a* iyi bir ... değil *not up to much kon.* pek iyi değil, yaramaz *so much for* -in sonu *think much of* ... hakkında iyi düşünmek *this/that much* bu/şu kadar *too much for* ... için başa çıkamayacak kadar zor; çok fazla

mucin /'myu:sin/ *a. kim.* musin

muck /mak/ *a. kon.* pislik; hayvan boku, gübre ¤ *e.* gübrelemek; kirletmek *muck about/around kon.* aptalca davranmak, saçmalamak *muck in kon.* birlikte çalışmak, işbirliği yapmak *muck up kon.* pisletmek, kirletmek; berbat etmek, içine etmek

mucker /'makı/ *a.* çamur kimse, pislik kimse

mucky /'maki/ *s.* gübreli; pis, kirli

mucus /'myu:kıs/ *a.* sümük

mud /mad/ *a.* çamur, balçık; pislik *mud conveyor* çamur konveyörü *mud dredger* çamur ekskavatörü *mud pond* çamur havuzu *throw mud at* çamur atmak

muddiness /'madinis/ *a.* pislik,

çamurluluk

muddle /madıl/ *a.* karışıklık, dağınıklık, düzensizlik, karmaşa; şaşkınlık, sersemlik ¤ *e.* (up ile) dağıtmak, karıştırmak; kafasını karıştırmak, şaşkına çevirmek *muddle through* üstesinden gelmek, atlatmak, başarmak

muddy /'madi/ *s.* çamurlu

mudguard /'madga:d/ *a. İİ.* çamurluk

muesli /'myu:zli/ *a.* aşure

muezzin /mu:'ezin/ *a.* müezzin

muff /maf/ *a.* manşon *muff coupling* manşon kuplaj

muffle /'mafıl/ *e.* sarmak, örtmek; (sesi) boğmak, hafifletmek ¤ *a.* mufla; pota *muffle furnace* mufla fırını

muffler /'maflı/ *a.* atkı, fular; *Al.* susturucu

mufti /'mafti/ *a.* müftü

mug /mag/ *a.* kulplu bardak, maşrapa; bir maşrapa dolusu; *arg.* yüz, surat; *İİ. kon.* enayi, avanak ¤ *e.* saldırıp soymak

mugger /'magı/ *a.* soyguncu

mugginess /'maginis/ *a.* sıcaklık, rutubet; bunaltı

mugging /'maging/ *a.* saldırıp soyma

muggins /'maginz/ *a. arg.* avanak, salak

muggy /'magi/ *s.* (hava) kapalı, boğucu, bunaltıcı

Muhammadan /mu'hemıdn/ *a. s.* Müslüman

mulberry /'malbıri/ *a. bitk.* dut *mulberry silk teks.* has ipek

mulch /malç/ *a.* malç, bitkisel yastık ¤ *e.* malçlamak, ot sarmak, saman örtmek

mule /myu:l/ *a. hayb.* katır; melez hayvan; melez bitki; traktör; lokomotif; *teks.* selfaktör, iplik bükme makinesi; şıpıdık *as obstinate/stubborn as a mule* katır gibi inatçı

muleteer /myu:li'tiı/ *a.* katırcı

mull /mal/ *a.* ince muslin ¤ *e.* (bira ya da şarabı) baharatla kaynatmak *mull over* üzerinde düşünmek

mullah /'malı/ *a.* molla

mullet /'malit/ *a. hayb.* tekir balığı

mulligan /'maligın/ *a.* güveç

mullite /'malayt/ *a. min.* mullit

multangular /mal'tengyulı/ *s.* çok açılı, poligonal

multi- /malti/ *önk.* çok *multi-access biliş.* çoklu erişim *multi-access system biliş.*

çoklu erişim sistemi *multi-address biliş.* çoklu adres *multi-address instruction biliş.* çoklu adres komutu *multi-band* çok-bantlı *multi-blade* çok kanatlı *multi-electrode tube* çok elektrotlu tüp *multi-field biliş.* çoklu alan *multi-field key biliş.* çoklu alan anahtarı *multi-list biliş.* çoklu liste, çoklu dizelge *multi-precision arithmetic biliş.* katlı kesinlik aritmetiği *multi-purpose* çok maksatlı, çeşitli işlerde kullanılabilen *multi-purpose tyre* çok maksatlı lastik *multi-purpose vehicle oto.* çok maksatlı taşıt *multi-reel file biliş.* çok makaralı dosya, çok makaralı kütük

multichannel /malti'çenıl/ *a. elek.* çok kanallı, çok oluklu *multichannel system elek.* çok kanallı sistem

multicolour /'maltikalı/ *s.* çok renkli *multicolour printing teks.* çok renkli baskı

multicoloured /'maltikalıd/ *s.* çok renkli, alaca

multidrop line /'maltidrop layn/ *a. biliş.* çok bağlantılı hat, çoklu bağlantı hattı

multifarious /malti'feıriıs/ *s.* çeşitli, türlü, çeşit çeşit

multifilament /malti'filımınt/ *s. teks.* çok filamentli *multifilament yarn teks.* çok filamentli iplik

multiform /'maltifo:m/ *s.* çeşitli biçimlerde görünen, çok biçimli

multifunction /malti'fankşın/ *s.* çok işlevli, çok fonksiyonlu *multifunction card unit biliş.* çoklu işlev kart birimi

multilateral /malti'letırıl/ *s.* ikiden çok tarafı bulunan, çokyanlı, çok taraflı *multilateral opposition* çokyanlı karşıtlık

multilateralism /malti'letırılizım/ *a.* çok yanlılık

multilayer /malti'leyı/ *s.* çok tabakalı *multilayer fabric teks.* çok katlı kumaş

multilevel /malti'levıl/ *s.* çok düzeyli, çok seviyeli *multilevel address biliş.* çok düzeyli adres

multilingual /malti'lingwıl/ *s.* birçok dili kapsayan, çokdilli; birçok dil konuşabilen

multilingualism /malti'lingwılizım/ *a.* çokdillilik

multimedia /malti'mi:dıı/ *a.* multimedya, çokluortam

multimeter /'maltimi:tı/ *a. elek.* multimetre

multinational /malti'neşınıl/ *s.* çokuluslu *multinational bank* çokuluslu banka *multinational corporation* çokuluslu şirket

multinomial /malti'noumiıl/ *a. mat.* katlıterim, maltinomiyal *multinomial distribution mat.* maltinomiyal dağılım, katlıterimli dağılım *multinomial trials* maltinomiyal denemeler, katlıterimli denemeler

multipass /malti'pa:s/ *s.* çok geçişli

multiphase /'maltifeyz/ *s.* çok aşamalı; *elek.* çok fazlı, çokevreli

multiplane /'maltipleyn/ *s.* çok düzlemli ¤ *a. hav.* çok kanatlı uçak

multiple /'maltipıl/ *s.* çok, birçok, çeşitli ¤ *a. mat.* kat *multiple access biliş.* çoklu erişim *multiple address biliş.* çok adres *multiple address message biliş.* çok adresli mesaj *multiple arch dam* çok kemerli baraj *multiple bath dyeing teks.* çok banyolu boyama *multiple circuit elek.* çok katlı devre *multiple connector biliş.* çoklu bağlayıcı, ortak akış simgesi *multiple disk brake* çok diskli fren *multiple dome dam* çok kubbeli baraj *multiple-effect evaporator şek.* çoketkili buharlaştırıcı *multiple-expansion engine* çok genleşmeli motor *multiple integral mat.* çokkatlı integral, çokkatlı tümlev *multiple ionization fiz.* çoklu iyonlaşma, çokkatlı iyonlaşma *multiple jet carburettor oto.* çok jikleli karbüratör *multiple-length arithmetic biliş.* katlı-uzunluk aritmetiği *multiple-length number biliş.* katlı uzunlukta sayı *multiple-length working biliş.* katlı uzunlukla çalışma *multiple lien on property* toplu rehin *multiple line braking system oto.* çok katlı frenleme sistemi *multiple point mat.* çokkatlı nokta *multiple production* seri üretim *multiple punch biliş.* çoklu delgi *multiple-purpose* çok maksatlı *multiple rate* çoklu kur *multiple recording biliş.* çoklu kaydetme *multiple register computer biliş.* çoklu-yazmaç bilgisayarı *multiple root mat.* çokkatlı kök *multiple routing biliş.* çoklu rotalama, çoklu yöneltme *multiple shop* şube, mağaza zincirinden biri

multiple tool lathe çok takımlı torna *multiple valued mat.* çokdeğerli

multiplet /'maltiplet/ *a. fiz.* multiplet, çoklu

multiplex /'maltipleks/ *s.* çok katlı, katmerli; *elek.* tek hatta çift yönlü iletim sağlayan sistemle ilgili ¤ *a.* çok salonlu sinema ¤ *e.* aynı anda birden çok sinyal göndermek

multiplexer /'maltipleksı/ *a. biliş.* çoklayıcı *multiplexer channel biliş.* çok düzeyli kanal, çoklayıcı kanal, çok düzeyli oluk

multipliable /'maltiplayıbıl/ *s.* çoğaltılabilir

multiplicand /maltipli'kend/ *a. mat.* çarpılan

multiplicate /'maltiplikeyt/ *s.* çoklu

multiplication /maltipli'keyşın/ *a. mat.* çarpım; artış, çoğalma *multiplication table mat.* çarpım tablosu, çarpma çizelgesi *multiplication time biliş.* çarpma zamanı

multiplicative /malti'plikıtiv/ *s.* çarpımsal, çarpmayla ilgili

multiplicity /malti'plisiti/ *a.* çokluk, çeşitlilik

multiplier /'maltiplayı/ *a.* çarpan *multiplier register biliş.* çarpan yazmacı

multiply /'maltiplay/ *e. mat.* (by ile) çarpmak; çoğalmak; çoğaltmak; üremek

multipoint /'maltpoynt/ *s.* çok noktalı

multipolar /malti'poulı/ *s. elek.* çok kutuplu, çokucaylı

multiposition /malti'pızişın/ *s. elek.* çok konumlu

multiprocessing /malti'prousesing/ *a. biliş.* çoklu işlem

multiprocessor /malti'prousesı/ *a. biliş.* çoklu işlemci *multiprocessor system biliş.* çok işlemcili sistem

multiprogramming /malti'prougreming/ *a. biliş.* çoklu programlama, çok program işletimi

multiracial /malti'reyşıl/ *s.* çok ırklı

multistage /'maltisteyc/ *s.* çok aşamalı, çok kademeli *multistage centrifugal pump* çok kademeli santrifüj pompası *multistage grate* çok katlı ızgara *multistage pump* çok kademeli pompa

multistation /'maltisteyşın/ *a. biliş.* çok

istasyonlu
multistorey /malti'sto:ri/ *s.* (bina) çok katlı
multitasking /malti'ta:sking/ *a. biliş.* çokgörevli
multitrack /'maltitrek/ *s.* (manyetik bant) çok yollu
multitude /'maltityu:d/ *a.* çok sayı, çokluk, kalabalık
multivalent /malti'veylınt/ *s.* çokdeğerlikli, polivalan
multivariate /malti'veıriit/ *s.* çokdeğişkenli *multivariate analysis* çokdeğişkenli analiz, çokdeğişkenli çözümleme
multivibrator /maltivay'breytı/ *a. elek.* multivibratör, çokkatlı titreşki
mum /mam/ *a. İİ. kon.* anne *Mum's the word* Aman kimse duymasın
mumble /'mambıl/ *e.* mırıldanmak, ağzında gevelemek
mummery /'mamıri/ *a.* soytarılık
mummify /'mamifay/ *e.* mumyalamak
mummy /'mami/ *a.* mumya; *İİ. kon.* anne
mump /mamp/ *e.* surat asmak
mumpish /'mampiş/ *s.* asık suratlı
mumps /mamps/ *a. hek.* kabakulak
munch /manç/ *e.* hatır hutur yemek
mundane /man'deyn/ *s.* günlük, olağan, sıradan, sıkıcı
mungo /'mangou/ *a. teks.* mungo, paçavra yünü, rejenere yün
municipal /myu:'nisipıl/ *s.* belediye/kent ile ilgili *municipal bank* belediye bankası *municipal board* belediye encümeni *municipal bonds* yerel yönetimce çıkarılan tahvil *municipal corporation* yerel yönetim *municipal elections* belediye seçimleri
municipality /myu:nisi'peliti/ *a.* belediye
munificence /myu:'nifisıns/ *a.* cömertlik, eli açıklık
munificent /myu:'nifisınt/ *s.* cömert, eli açık
munitions /myu:'nişınz/ *a. ask.* mühimmat, cephane
mural /'myuırıl/ *a.* duvara yapılmış resim, duvar resmi, fresk
murder /'mö:dı/ *a.* adam öldürme, cinayet; *kon.* çok zor iş, ölüm ¤ *e.* katletmek, öldürmek; içine etmek, katletmek

murderer /'mö:dırı/ *a.* katil
murderess /'mö:dıris/ *a.* kadın katil
murderous /'mö:dırıs/ *s.* cinai, öldürücü
murky /'mö:ki/ *s.* karanlık, nahoş; utanç verici, karanlık
murmur /'mö:mı/ *a.* mırıldanma, mırıltı; söylenme, mızmızlanma ¤ *e.* mırıldanmak; homurdanmak, söylenmek
murmurous /'mö:mırıs/ *s.* uğultulu, homurtulu
muscle /'masıl/ *a.* kas, adale; güç, kuvvet ¤ *e.* (in ile) zorla girişmek, dalmak *not move a muscle* kılını kıpırdatmamak *muscle tone* kas tonusu
muscovite /'maskıvayt/ *a.* muskovit
muscular /'maskyulı/ *s.* kaslarla ilgili; kaslı, adaleli, güçlü
musculature /'maskyulıçı/ *a.* adale yapısı
muse /myu:z/ *e.* (over/up/upon ile) derin derin düşünmek, derin düşüncelere dalmak
museum /myu:'ziim/ *a.* müze
mush /maş/ *a.* ezme
mushroom /'maşru:m/ *a. bitk.* mantar ¤ *e.* mantar gibi bitmek, hızla çoğalmak *mushroom town* mantar kent
mushy /'maşi/ *s.* lapa gibi, yumuşak
music /'myu:zik/ *a.* müzik; partisyon *face the music* eleştirilere katlanmak, sonucuna katlanmak, göğüs germek *music and effects track sin.* müzik ve efekt bandı, sözsüz ses kuşağı *music centre* müzik seti *music hall* müzikhol *music set* müzik seti
musical /'myu:zikıl/ *s.* müzikal, müzikle ilgili; müzikli; müzik sever, müziğe yetenekli; tatlı, hoş, uyumlu ¤ *a.* müzikal
musicalness /'myu:zikılnıs/ *a.* müzik yeteneği
musician /myu:'zişın/ *a.* müzisyen
musicology /myu:zi'kolıci/ *a.* müzikbilim
musk /mask/ *a. bitk.* misk; misk kokusu *musk ox* misköküzü, misksığırı
musket /'maskit/ *a.* eski tip tüfek
musketeer /maski'tiı/ *a.* silahşor
musketry /'maskitri/ *a.* silahşorler
muskrat /'maskret/ *a.* misksıçanı
Muslim /'mazlim/ *a. s.* Müslüman
muslin /'mazlin/ *a.* muslin, musulin
muss /mas/ *a.* karışıklık, düzensizlik

mussel /'masıl/ a. midye

must /mıst, mast/ e. -meli, -malı, gerekmek ¤ /mast/ a. gereklilik, koşul, gerekli şey, yapılması gereken şey

mustache /mı'sta:ş, 'masteş/ a. AI. bıyık

mustang /'masteng/ a. hayb. mustang, küçük ve vahşi bir tür Amerikan atı

mustard /'mastıd/ a. hardal dry mustard hardal tozu, toz hardal mustard gas iperit mustard green hardal yaprakları

muster /'mastı/ e. toplanmak, bir araya gelmek; toplamak; ask. içtima yapmak ¤ a. içtima muster roll mürettebat listesi

mustiness /'mastinis/ a. küflülük; eskilik, köhnelik

musty /'masti/ s. küf kokulu, küflü

mutability /myu:tı'bilıti/ a. değişebilirlik; kararsızlık

mutable /'myu:tıbıl/ s. değişebilir, kararsız; mutasyona uğramış

mutate /myu:'teyt/ e. değişmek

mutation /myu:'teyşın/ a. değişme, dönüşme; biy. değişinim, mutasyon

mute /myu:t/ s. sessiz; dilb. (harf) okunmayan ¤ a. dilsiz ¤ e. sesini kısmak, azaltmak mute shot sin. sessiz çekim

muted /'myu:tid/ s. (ses, renk) yumuşatılmış

mutilate /'myu:tileyt/ e. kötürüm etmek, sakatlamak; bozmak, içine etmek

mutilation /myu:ti'leyşın/ a. sakatlama, kötürüm etme

mutineer /myu:ti'niı/ a. isyancı, asi

mutinous /'myu:tinıs/ s. asi, isyankâr

mutiny /'myu:tini/ a. isyan, ayaklanma

mutt /mat/ a. mankafa kimse

mutter /'matı/ e. mırıldanmak; söylenmek, homurdanmak

mutton /matn/ a. koyun eti mutton chop koyun pirzolası

mutual /'myu:çuıl/ s. ortak; karşılıklı mutual aid karşılıklı yardım mutual attraction karşılıklı çekim mutual capacitance elek. ortak kapasite mutual conductance fiz. karşılıklı iletkenlik mutual improvement society karşılıklı dayanışma derneği mutual inductance karşılıklı endüktans mutual induction fiz. karşılıklı indüksiyon mutual insurance karşılıklı sigorta mutual savings

bank tasarruf ve mevduat bankası

mutuality /myu:çu'elıti/ a. karşılıklı olma

mutually /'myu:çuıli/ be. karşılıklı mutually dependent karşılıklı bağımlı

muzzle /'mazıl/ a. somak, hayvan burnu; burunsalık; top/tüfek ağzı ¤ e. burunsalık takmak; susturmak, çanına ot tıkamak muzzle velocity ilk hız

muzzy /'mazi/ s. sersem; sarhoş; belirsiz, çapraşık

my /may/ s. benim My! Vay!, Vay be!, Vay canına!

mycose /'maykous/ a. mantar

mycosis /may'kousis/ a. mantar hastalığı

myelon /'mayılon/ a. omurilik

mylonite /'maylınayt/ a. yerb. milonit, ezik kayaç

myocarditis /mayouka:'daytis/ a. hek. miyokart iltihabı

myocardium /mayou'ka:'dıım/ a. anat. (ç. "-dia") miyokart, yürek kası

myoma /may'oumı/ a. miyom

myope /'mayoup/ a. miyop kimse, uzağı iyi göremeyen kimse

myopia /may'oupıı/ a. miyopluk, uzağı iyi görememe

myopic /may'opik/ s. miyop

myoxomatosis /miksımı'tousis/ a. hek. miksomatoz, tavşanlarda görülen ölümcül bir hastalık

myriad /'miriıd/ s. çok, sayısız ¤ a. çok sayı

myrrh /mö:/ a. mürrüsafi, mür

myrtle /'mö:tl/ a. bitk. mersin ağacı

myself /may'self/ adl. ben, kendim, kendimi, kendime by myself yalnız başıma, kendi kendime, yardımsız

mysterious /mi'stıırııs/ s. esrarengiz, gizemli

mystery /'mistıri/ a. sır, giz; anlaşılmaz şey, gizem, esrar

mystic /'mistik/ s. gizemli, mistik; gizemcilikle ilgili ¤ a. gizemci

mystical /'mistikıl/ s. gizemcilikle ilgili; gizemli

mysticism /'mistisizım/ a. tasavvuf, gizemcilik

mystify /'mistifay/ e. meraklandırmak, şaşırtmak

myth /mit/ a. söylence, mit, efsane; uydurma şey, masal

mythical /'mitikıl/ s. efsanevi,

söylencesel; uydurma

mythological /mıtı'locikıl/ *s.* mitolojik

mythology /mi'tolici/ *a.* mitoloji, söylenbilim

N

N, n /en/ *a.* İngiliz abecesinin on dördüncü harfi

nab /neb/ *e. kon.* enselemek, yakalamak

nabob /'neybob/ *a.* Hindistan'da zengin olmuş adam; Pakistan'da seçkin Müslüman; Moğol İmparatorluğunda asalet sahibi Müslüman

nacelle /nı'sel/ *a. hav.* beşik, sepet, kaporta

nacre /'neykı/ *a.* sedef

nacreous /'neykrııs/ *s.* sedefli *nacreous clouds metr.* sedef bulutlar

nadir /'neydıı/ *a.* *gökb.* nadir, semtikadem, ayakucu

nag /neg/ *a.* hasta yaşlı at; *kon.* at, beygir ¤ *e.* (at ile) başının etini yemek, dırdır etmek; rahat vermemek

naiad /'nayed/ *a.* denizkızı

nail /neyl/ *a.* tırnak; çivi; mıh ¤ *e.* (to/on ile) çivilemek, mıhlamak, çakmak *hit the nail on the head kon.* tam üstüne basmak, taşı gediğine koymak *nail brush* tırnak fırçası *nail down* çivilemek; (to ile) söyletmek *nail file* tırnak törpüsü *nail head* çivi başı *nail hole* çivi deliği *nail one's colors to the mast* aklına koymak *nail polish* oje, tırnak cilası *nail puller* çivi sökeceği, kerpeten *nail scissors* tırnak makası *on the nail* hemen, derhal

nainsook /'neynsuk/ *a. teks.* nansuk

naive /nay'i:v/ *s.* saf, bön, toy

naivety /'neyvti/ *a.* saflık, bönlük, toyluk

naked /'neykid/ *s.* çıplak, açık; yoksun; savunmasız *naked debenture* teminatsız borç senedi *naked writer* alivre opsiyon satıcısı *the naked eye* çıplak göz *the naked truth* salt gerçek

nakedness /'neykid/ *a.* çıplaklık; yoksunluk; savunmasızlık

nambypamby /nembi'pembi/ *s.* yapmacıklı; duyarlı; karakteri güçsüz

name /neym/ *a.* ad, isim; ün, şöhret, nam; ünlü kişi ¤ *e.* ad vermek; adını vermek, ad koymak, adlandırmak; adını söylemek; seçmek, atamak *by name* ismen, adıyla *in the name of* adına, hakkı için, namına *make a name for oneself* ad yapmak, isim yapmak, ünlü olmak *name day* hesap günü *name ticket* isim fişi *the name of the game* asıl sorun *to one's name kon.* kendi adına, kendisinin, malı olarak

named /neymd/ *s.* adında

namedrop /'neymdrop/ *e. hkr.* ünlü kişileri tanıdığını belirterek hava atmak

nameless /'neymlis/ *s.* adsız, bilinmeyen, meçhul; anlatılamaz, tarifi olanaksız

namely /'neymli/ *be.* yani

nameplate /'neympleyt/ *a.* tabela

namesake /'neymseyk/ *a.* adaş

naming /'neyming/ *a.* adlandırma *naming convention biliş.* adlandırma uzlaşımı

nankeen /nen'ki:n/ *a. teks.* nankin

nanny /'neni/ *a.* dadı; nine *nanny goat* dişi keçi

nano- /'nenou/ *önk.* nano

nanometer /'nenoumi:tı/ *a.* nanometre

nanosecond /'nenousekınd/ *a.* bilyonsaniye *nanosecond circuit biliş.* nanosaniye devresi, bilyonsaniye çevrimi

nap /nep/ *e.* kestirme, şekerleme yapmak; gafil bulunmak; tüylendirmek, aprelemek ¤ *a.* kısa uyku, kestirme, şekerleme; tüy; hav *catch sb napping kon.* kaytarırken yakalamak; gafil avlamak

napalm /'neypa:m/ *a.* napalm

nape /neyp/ *a.* ense

naphtha /'neftı/ *a.* nafta

naphthalene /'neftıli:n/ *a.* naftalin, naftalen *naphthalene sulphonic acid teks.* naftalin sülfonik asit

naphthene /'nefti:n/ *a.* naften

naphthol /'neftol/ *a.* naftol *naphthol dye teks.* naftol boyası *naphthol dyeing teks.* naftol boyama

napkin /'nepkin/ *a.* peçete; *İİ.* bebek bezi *napkin ring* peçete halkası

napless /'neypılz/ *s. teks.* tüysüz *napless finish teks.* tüysüz apre *napless shearing teks.* dipten tıraşlama, dipten makaslama

nappe /nep/ *a. yerb.* nap, örtü
napped /nept/ *s. teks.* tüylü, tüylendirilmiş
napping /'nepiŋ/ *a. teks.* tüylendirme, şardonlama; (kadife) havlama *napping effect teks.* tüylendirme etkisi, şardonlama efekti *napping machine teks.* tüylendirme makinesi, şardonlama makinesi *napping roller teks.* tüylendirme silindiri, şardonlama silindiri
nappy /'nepi/ *a.* bebek bezi
narcissism /'na:sisizm/ *a.* narsisizm, özseverlik
narcissist /na:'sisist/ *a.* narsist
narcissus /na:'sisis/ *a. bitk.* nergis
narcosis /na:'kousis/ *a.* narkoz
narcotic /na:'kotik/ *a. s.* uyuşturucu; uyuşturucu ile ilgili; narkotik
narcotism /'na:kıtizım/ *a.* uyuşturucu madde kullanma alışkanlığı
narcotize /'na:kıtayz/ *e.* ilaçla uyuşturmak
nard /na:d/ *a. bitk.* hintsümbülü
narrate /nı'reyt/ *e.* anlatmak, aktarmak
narration /nı'reyşın/ *a.* anlatma, anlatım; öyküleme, anlatı
narrative /'nerıtiv/ *a.* öykü, anlatı ¤ *s.* öyküsel, öykü biçiminde, öykülü *narrative program* anlatı programı, anlatı izlencesi
narrator /nı'reytı/ *a.* anlatıcı
narrow /'nerou/ *s.* dar; sınırlı, az; anca yeten, kıt kanaat ¤ *e.* daralmak; daraltmak *narrow band elek.* dar bant *narrow band frequency modulation elek.* dar bant frekans modülasyonu *narrow blade airscrew hav.* dar palli pervane *narrow film sin.* amatör filmi, dar film *narrow gauge demy.* dar hat *narrow-gauge film sin.* amatör filmi *narrow-gauge cine camera sin.* dar film kamerası, amatör kamerası *narrow gauge railway demy.* dar hatlı demiryolu *narrow market* dar piyasa *narrow vowel* dar ünlü
narrowly /'nerouli/ *be.* zar zor, anca, darı darına
narrow-minded /nerou'maydid/ *s.* dar görüşlü, bağnaz
narrowness /'nerounis/ *a.* darlık; sınırlama, kısıntı
narthex /'na:teks/ *a. mim.* narteks, dış dehliz, son cemaat yeri

nasal /'neyzıl/ *s.* burun ile ilgili; geniz yoluyla çıkarılan, genizsel, genzel
nasalization /neyzılay'zeyşın/ *a.* genizsilleşme
nasalize /'neyzılayz/ *e.* genizden çıkarmak
nastiness /'na:stinis/ *a.* kirlilik; berbatlık; hainlik; yaramazlık, huysuzluk
nasty /'na:sti/ *s.* pis, kirli; çirkin, kötü, berbat, pis, iğrenç; açık saçık, edepsiz, terbiyesiz, ahlaksız; ağır, ciddi, tehlikeli
natal /'neytıl/ *s.* doğumdan olan
nation /'neyşın/ *a.* millet, ulus
national /'neşınıl/ *s.* ulusal, milli ¤ *a.* yurttaş, uyruk *national anthem* milli marş *national bank* ulusal banka, milli banka *national currency* ulusal para *national debt* devlet borcu *national income* milli gelir *national insurance* ulusal sigorta *national language* ulusal dil, milli dil *national money* ulusal para *national monopoly* devlet tekeli *national mourning* ulusal yas, milli matem *national park* ulusal park, milli park *national product* milli hasıla *national savings* ulusal tasarruf *national savings certificates* ulusal tasarruf sertifikaları *national security* milli güvenlik *national service* askerlik hizmeti *national socialism* nasyonal sosyalizm *national sovereignty* ulusal egemenlik
nationalism /'neşınılizım/ *a.* milliyetçilik, ulusçuluk
nationalist /'neşınılist/ *a. s.* milliyetçi, ulusçu
nationalistic /neşını'listik/ *s.* aşırı milliyetçi
nationality /neşı'nelıti/ *a.* milliyet, ulusallık; ulus; uyrukluk
nationalization /neşınılay'zeyşın/ *a.* ulusallaştırma, millileştirme; devletleştirme; kamulaştırma
nationalize /'neşınılayz/ *e.* devletleştirmek, kamulaştırmak
nationwide /neyşın'wayd/ *s.* yurt çapında, tüm yurtta gerçekleşen
native /'neytiv/ *s.* yerli; doğuştan; (to ile) -e özgü, -de yetişen ¤ *a.* yerli *native asphalt yol.* doğal asfalt *native language* anadili
Nativity /nı'tiviti/ *a.* İsa'nın doğumu

natrolite /'netrılayt/ *a. min.* natrolit
natter /'netı/ *e. İİ. kon.* laklak etmek, gevezelik etmek
natty /'neti/ *s. kon.* şık, zarif, iyi giyimli
natural /'neçırıl/ *s.* doğaya özgü, doğal; olağan, normal, doğal; doğuştan ¤ *a.* doğuştan yetenekli kişi, başarılı kişi; (bir işe) çok uygun kişi/şey *natural ag(e)ing* doğal yaşlanma *natural angle of repose* tabii şev açısı *natural asphalt* doğal asfalt *natural background* doğal çevre ışıması *natural cellulose* doğal selüloz *natural cement* tabii çimento, doğal çimento *natural circulation* doğal dolaşım *natural colour* doğal renk *natural convection fiz.* doğal ısı nakli, doğal taşınım *natural draught* doğal havalandırma *natural dyestuff* doğal boyarmadde *natural fibres* doğal elyaf *natural foundation* tabii temel, yüzeysel temel, sığ temel *natural frequency* doğal frekans, doğal sıklık, özgül frekans *natural gas* doğal gaz, yergazı *natural harbour* doğal liman, tabii liman *natural hardness* doğal sertlik *natural history* tabiat bilgisi, doğa bilgisi *natural language* doğal dil, tabii dil *natural law function generator biliş.* doğa yasası işlev üreteci *natural light* doğal ışık *natural lighting* doğal aydınlatma *natural logarithm mat.* doğal logaritma, doğal tersüstel *natural magnet* doğal mıknatıs, tabii mıknatıs *natural monopoly* doğal tekel *natural number mat.* doğal sayı *natural period fiz.* doğal periyot, doğal dönem *natural person* gerçek kişi, hakiki şahıs *natural radioactivity fiz.* doğal radyoaktivite, doğal ışımetkinlik *natural resin* doğal reçine *natural resources* doğal kaynaklar *natural rubber* doğal kauçuk *natural sand* doğal kum *natural science* doğa bilimleri *natural seasoning orm.* doğal kurutma *natural selection* doğal ayıklanma *natural silk teks.* doğal ipek *natural slope* doğal eğim *natural sources* doğal kaynaklar *natural ventilation* doğal havalandırma *natural vibration* doğal titreşim *natural wavelength* doğal dalga boyu *natural-function generator biliş.* doğal işlev üreteci

naturalism /'neçrılizım/ *a.* doğalcılık
naturalist /'neçırılist/ *a.* doğa bilimleri uzmanı, natüralist, doğalcı
naturalization /neçırılay'zeyşın/ *a.* yurttaşlığa kabul
naturalize /neçırılayz/ *e.* yurttaşlığa kabul etmek; benimsemek, kabul etmek
naturally /'neçırıli/ *be.* doğal olarak, doğallıkla
naturalness /'neçrılnis/ *a.* doğallık
nature /'neyçı/ *a.* tabiat, doğa; yaradılış, doğa, mizaç, özellik; tür, çeşit, tip *call of nature ört.* tuvalet ihtiyacı *nature of soil* zemin karakteri, zemin cinsi
naturism /'neyçırizım/ *a.* çıplak yaşama öğretisi, çıplak yaşama, doğacılık
naught /no:t/ *a.* hiç, hiçbir şey; sıfır *come to naught* boşa gitmek, ziyan olmak *set at naught* hiçe saymak, önem vermemek
naughtiness /'no:tinis/ *a.* yaramazlık, haylazlık
naughty /'no:ti/ *s.* yaramaz, haylaz; edepsiz, ahlaksız
nausea /'no:ziı/ *a.* mide bulantısı
nauseate /'no:zieyt/ *e.* mide bulandırmak
nautical /'no:tikıl/ *s.* gemi +; gemici +; gemicilik +; deniz +, denizcilik + *nautical almanac* seyir kitabı *nautical chart* deniz haritası *nautical mile* deniz mili *nautical twilight gökb.* deniz tanı
naval /'neyvıl/ *s.* bahriyeye/donanmaya ait, denizle ilgili *naval brass met.* gemici pirinci
nave /neyv/ *a.* tekerlek başlığı, tekerlek poyrası; *mim.* nef, orta sahın
navel /'neyvıl/ *a.* göbek
navigability /nevigı'bilıti/ *a.* gemi seferine elverişlilik
navigable /'nevigıbıl/ *s.* gemilerin yüzebileceği kadar derin, gemi seferine elverişli
navigate /'nevigeyt/ *e.* deniz yolculuğu yapmak; abramak, gemi kullanmak
navigation /nevi'geyşın/ *a.* deniz ya da uçak yolculuğu, sefer; denizcilik, gemicilik, dümencilik; seyrüsefer *navigation light den.* seyir feneri *navigational aid den.* seyir yardımcısı
navigator /'nevigeytı/ *a.* (gemi, uçak, vb.) rotacı, dümenci
navvy /'nevi/ *a. esk.* inşaat/yol işçisi,

amele

navy /'neyvi/ *a.* deniz kuvvetleri, bahriye; deniz filosu, donanma; ***navy blue*** lacivert, koyu mavi

nay /ney/ *be.* yok, hayır; hatta, üstelik ¤ *a.* olumsuz oy; olumsuz oy veren kimse

Nazi /'nɑːtsi/ *a.* Nazi

née /ney/ *be.* kızlık soyadıyla

ne'er /neı/ *be. esk.* hiç, asla

ne'er-do-well /'neıduːwel/ *a. hkr.* işe yaramaz/tembel kimse

neap tide /niːp 'tayd/ *a. coğ.* küçük gelgit

near /niı/ *s.* yakın; daha yakındaki ¤ *be. ilg.* yakın, yakında, yanında, yakınında ¤ *e.* yaklaşmak ***near-end crosstalk*** yakın uç diyafonisi ***near future*** yakın gelecek (zaman) ***near money*** para benzeri

nearby /niı'bay/ *be.* yakın, yakında

nearly /'niıli/ *be.* hemen hemen, neredeyse

nearsighted /niı'saytid/ *s. Aİ.* miyop

neat /niːt/ *s.* temiz, derli toplu, düzenli; tertipli, düzensever; zeki, etkileyici; (içki) katıksız, sek; *Aİ. kon.* çok iyi, süper ***neat's leather*** öküz derisi ***neat's-foot oil*** sığır ayağı yağı

neatly /'niːtli/ *be.* zarif bir şekilde, şık bir şekilde; beceriyle, hünerle; kurnazlıkla

neatness /'niːtnis/ *a.* düzenlilik; biçimlilik; açıklık, yalınlık; zariflik

nebula /'nebyulı/ *a.* bulutsu, nebula

nebulous /'nebyulıs/ *s.* belirsiz, açık ve net olmayan, kapalı

necessarily /'nesisırili/ *be.* mutlaka, ille de

necessary /'nesisıri/ *s.* gerekli, zorunlu; kaçınılmaz; vazgeçilmez ***necessary and sufficient condition*** *mat.* gerekli ve yeterli koşul

necessitate /ni'sesiteyt/ *e.* gerektirmek, zorunlu kılmak

necessitative /ni'sesiteytiv/ *s. a.* gereklik kipi

necessity /ni'sesiti/ *a.* zorunluluk, mecburiyet; gereklilik, lüzum; ihtiyaç, gereksinim; yoksulluk, fakirlik

neck /nek/ *a.* boyun; giysi boynu, yaka; *coğ.* dil, kıstak ¤ *e. kon.* (cinsel birleşme yapmadan) sevişmek, yiyişmek ***break one's neck*** *kon.* çok çalışmak; acele etmek ***breathe down***

sb's neck birinin tepesine dikilmek ***get it in the neck*** *arg.* okkanın altına gitmek, oyulmak, zılgıt yemek ***in some neck of the woods*** cehennemin dibinde ***neck and neck*** *sp.* at başı beraber, kafa kafaya, başa baş ***neck or nothing*** ya herrü ya merrü, ya hep ya hiç ***pain in the neck*** karın ağrısı ***risk one's neck*** hayatını tehlikeye atmak ***stick one's neck out*** kendini ateşe atmak ***talk through (the back of) one's neck*** saçmalamak, zırvalamak ***up to one's neck*** *kon.* boğazına kadar ***win by a neck*** boyun farkıyla birinci olmak

neckerchief /'nekıçif/ *a.* boyun atkısı

necklace /'neklis/ *a.* kolye, gerdanlık ***necklace microphone*** boyun mikrofonu

necktie /'nektay/ *a. Aİ.* kravat, boyunbağı

necrology /ne'krolıci/ *a.* ölen kişi hakkında yazılan yazı

necrosis /ne'krousis/ *a.* kangren, doku çürümesi

nectar /'nektı/ *a.* tanrıların içkisi, nektar; tatlı ve güzel içecek, nektar; balözü

nectarine /'nektırin/ *a.* tüysüz şeftali

need /niːd/ *a.* lüzum, gerek; ihtiyaç, gereksinim; yoksulluk ¤ *e.* -e ihtiyacı olmak, gereksinim duymak, gereksinmek; -mesi gerekmek, -meli, -malı ***if need be*** gerekirse

needful /'niːdful/ *s.* gerekli, elzem

neediness /'niːdinis/ *a.* fakirlik, yoksulluk

needle /'niːdl/ *a.* dikiş iğnesi, iğne; şiş, tığ; ibre; pikap iğnesi; şırınga iğnesi ¤ *e.* iğneyle dikmek ***look for a needle in a haystack*** samanlıkta iğne aramak ***needle bearing*** iğneli yatak, iğneli rulman ***needle checking*** *biliş.* iğneleme denetimi, iğneyle denetim ***needle eye*** iğne gözü, yurdu ***needle jet*** *oto.* iğneli jikle ***needle nose pliers*** kargaburun ***needle roller bearing*** iğneli rulman, iğneli yatak ***needle valve*** iğneli supap

needlepoint /'niːdlpoynt/ *a. teks.* oya işi, iğne dantelası

needless /'niːdlis/ *s.* gereksiz, lüzumsuz, fuzuli ***needless to say*** tabii ki, söylemeye gerek yok

needlework /'niːdlwöːk/ *a.* iğne işi,

işleme
needy /'ni:di/ s. yoksul, fakir
nefarious /ni'feyrıls/ s. kötü, çirkin, alçak
negate /ni'geyt/ e. etkisiz duruma getirmek; yadsımak, reddetmek, inkâr etmek
negation /ni'geyşın/ a. olumsuzluk; eksiklik, yokluk *negation element* biliş. tersini alan eleman, tersini alan öğe *negation particle* olumsuzluk edatı, olumsuzluk öğesi
negative /'negıtiv/ s. negatif, olumsuz ¤ a. olumsuz yanıt; (film) negatif *in the negative* olumsuz, menfi *negative anode potential* elek. negatif anot gerilimi *negative balance* negatif bakiye, borçlu bakiye *negative bias* elek. negatif öngerilim, negatif polarma *negative catalysis* kim. negatif kataliz *negative catalyst* kim. negatif katalizör, ters tezgen *negative charge* elek. negatif yük, eksi yük *negative clause* olumsuzluk şartı *negative correlation* negatif korelasyon *negative crystal* negatif kristal *negative cutting* sin. negatif kurgu *negative distortion* elek. negatif distorsiyon *negative electricity* negatif elektrik, eksi elektrik *negative electron* negatif elektron *negative feedback* elek. negatif geribesleme, eksi geribesleme *negative film* sin. negatif film *negative image* negatif görüntü *negative impedance* negatif empedans *negative indication* biliş. eksi gösterimi *negative interest* negatif faiz *negative lens* fiz. ıraksak mercek *negative number* eksi sayı *negative phase sequence* elek. negatif faz sırası *negative picture* fot. negatif görüntü *negative plate* (akü) negatif plaka *negative pledging clause* olumsuz rehin şartı *negative pole* negatif kutup *negative proton* fiz. negatif proton *negative reaction* elek. negatif reaksiyon *negative resistance* elek. negatif direnç, eksi direnç *negative segregation* met. negatif segregasyon, alt birikim *negative sentence* olumsuz cümle *negative sign* eksi işareti, eksi imi *negative stock* sin. negatif pelikül, negatif boş film *negative sweep* hav. kanat ileri çıkıklığı *negative transconductance*

elek. negatif geçiş iletkenliği
negativism /'negıtivizım/ a. olumsuzluk, karşı çıkma eğilimi; muhalefet, inkârcılık
negativist /'negıtivist/ a. olumsuz davranan kimse, muhalif, inkârcı
negativistic /'negıtivistik/ s. olumsuz, menfi, muhalif
negator /ni'geytı/ a. biliş. tersini alıcı
negatory /'negıtıri/ s. olumsuz, aksi
negatron /'negıtron/ a. fiz. negatron
neglect /ni'glekt/ e. boşlamak, savsaklamak, ihmal etmek; yapmamak, yapmayı unutmak ¤ a. boşlama, savsaklama, ihmal
neglected /ni'glektid/ s. ihmal edilmiş, bakımsız
negligee /'neglijey/ a. neglije, gecelik üzerine giyilen fantezi giysi
negligence /'neglicıns/ a. savsaklama, boşlama, özensizlik, dikkatsizlik, ihmal, kayıtsızlık
negligent /'neglicınt/ s. ihmalci, kayıtsız, dikkatsiz
negligible /'neglicıbıl/ s. önemsiz, sözünü etmeye değmez, kayda değmez
negotiability /nigouşiı'bılıti/ a. ciro edilebilirlik; devredilebilirlik
negotiable /ni'gouşiıbıl/ s. ciro edilebilir, devredilebilir, satılabilir; kon. (yol, vb.) geçilebilir *negotiable bill* ciro edilebilir poliçe, devredilebilir senet *negotiable instrument* ciro edilebilir ticari araç
negotiate /ni'gouşieyt/ e. görüşmek, müzakere etmek; akdetmek; kon. rahatça geçmek *negotiating bank* aracı banka, iştira bankası
negotiation /nigouşi'eyşın/ a. görüşme, müzakere; ciro etme, devretme; iştira *enter into negotiations* görüşmeler yapmak *negotiation credit* iştira akreditifi
negotiator /ni'gouşieytı/ a. delege, murahhas; arabulucu
Negress /'ni:gris/ a. hkr. zenci kadın
negritude /'negrityu:d/ a. zencilere özgü nitelikler
Negro /'ni:grou/ a. hkr. zenci
neigh /ney/ e. kişnemek ¤ a. kişneme
neighbor /'neybı/ a. AÎ. bkz. neighbour
neighbour /'neybı/ a. komşu
neighbourhood /'neybıhud/ a. komşular, konu komşu, komşuluk; çevre, yöre,

semt **neighbourhood unit** muhtarlık bölgesi

neighbouring /'neybıring/ *s.* (yer) yakındaki, komşu

neither /'naydı/ *s.* (ikisinden) hiçbiri, hiçbir ¤ *adl.* hiçbiri ¤ *bağ.* de değil, ne de **neither fish nor fowl** ne idüğü belirsiz **neither hide nor hair** hiçbir şey, ne Şam'ın şekeri ne Arap'ın yüzü **neither ... nor** ne ... ne de

nekton /'nekton/ *a. biy.* nekton

nematic /ni'metik/ *s.* nematik **nematic crystal** *fiz.* nematik kristal

nematode /'nemıtoud/ *a.* mematot, iplikkurdu **nematode disease** *trm.* nematodoz

neodymium /ni:ou'diniım/ *a. kim.* neodim

neogrammarians /'ni:ougrı'meyriınz/ *a.* yeni gramerciler

neolith /'ni:oulit/ *a.* neolitik çağa ait alet

neolithic /ni:ı'litik/ *s.* neolitik, cilalı taş devrine ait

neologism /ni:'olıcizım/ *a.* yeni sözcük/deyim/ifade; bir sözcüğün yeni anlamı; yeni sözcük/anlamların kullanımı

neon /'ni:on/ *a. kim.* neon **neon glow lamp** neon lambası **neon light** neon ışığı **neon sign** neon reklamı **neon time base** neon zaman bazı **neon tube** neon tüpü **neon voltage regulator** neon gerilim regülatörü

neoplasm /'ni:ouplezım/ *a.* neoplazma

neoprene /'ni:oupri:n/ *a.* neopren

neper /'neypı/ *a.* neper

nephelometer /nefi'lomıtı/ *a. kim.* nefelometre

nephelometry /nefi'lomitri/ *a.* nefelometri, bulanıklıkölçüm

nephew /'nefyu:/ *a.* erkek yeğen

nephology /ni'folıci/ *a. metr.* nefoloji

nephometer /ni'fomi:tı/ *a. metr.* nefometre

nephoscope /'nefıskoup/ *a. metr.* nefeskop

nephrite /'nefrayt/ *a. min.* nefrit

nephritis /ne'fraytis/ *a.* nefrit, böbrek iltihabı

nepotism /'nepıtizım/ *a.* yakınlarını kayırma, hısım akraba kayırıcılığı, dayıcılık

neppy /'nepi/ *a. teks.* nopeli

Neptune /'neptyu:n/ *a. gökb.* Neptün

neptunium /nep'tyu:niım/ *a. kim.* neptünyum

Nereid /'ni:riid/ *a.* su perisi

neritic /ne'ritik/ *s.* neritik, sığdeniz

nervation /nö:'veyşın/ *a.* sinir biçimi; damar şekli

nerve /nö:v/ *a.* sinir; *hkr.* arsızlık, yüzsüzlük, küstahlık, cüret; sinirlere hâkim olma ¤ *e.* cesaret vermek **a bag/bundle of nerves** sinir küpü **get on sb's nerves** sinirine dokunmak, gıcık etmek

nerved /nö:vd/ *s.* sinirli

nerveless /'nö:vlis/ *s.* zayıf, güçsüz; etkisiz; soğukkanlı

nerve-racking /'nö:vreking/ *s.* sinir bozucu

nervous /'nö:vıs/ *s.* sinirlere ilişkin, sinirsel; heyecanlı, ürkek, sinirleri gergin **nervous breakdown** sinirsel çöküntü, ağır sinir bozukluğu, sinir krizi **nervous system** sinir sistemi

nervousness /'nö:vısnis/ *a.* sinirlilik, korkaklık, ürkeklik

nervy /'nö:vi/ *s.* asabi; çekingen

nescience /'nesiıns/ *a.* bilgisizlik, cahillik

nescient /'nesiınt/ *s.* cahil, bilgisiz

ness /nes/ *a.* çıkıntı, burun

nest /nest/ *a.* yuva; kuluçka; *ask.* mevzi, yuva; demet, küme, grup ¤ *e.* yuva yapmak; yuvaya yerleştirmek; yuva soymak **feather one's nest** emanet malı iç etmek; yuvasını şenlendirmek **nest egg** fol; yedek para, ihtiyat akçesi

nesting /'nesting/ *a.* gömme, yuvalama **nesting box** folluk **nesting loop** *biliş.* gömme döngüsü **nesting store** *biliş.* yuvalama belleği, gömme belleği **nesting subroutines** *biliş.* yuvalama altyordamları

nestle /'nesıl/ *e.* yerleşmek, kurulmak; barındırmak, sığındırmak; yaslamak, dayamak

net /net/ *a.* ağ; file; tuzak ¤ *s.* net, katıksız, kesintisiz ¤ *e.* (ağ ile) yakalamak; kazanmak, kâr etmek **net amount** net tutar **net asset value** net varlık değeri **net book value** net defter değeri, net muhasebe değeri **net calorific value** net kalori değeri **net cash**

net ödeme *net curtain teks.* tül perde *net domestic output* yurtiçi net hasıla *net in advance* nakit peşin ödeme *net income* net gelir *net interest* net faiz *net investment* net yatırım *net load* net yük *net loss* net zarar *net national product* net milli hasıla, safi milli hasıla *net output* net hasıla *net price* net fiyat *net proceeds* net hâsılat *net product* net ürün *net profit* net kâr, safi kâr, safi kazanç *net receipts* net hâsılat *net rental* net kira *net sales* net satışlar *net section* net kesit *net silk teks.* has ipek *net weight* net ağırlık, safi sıklet *net worth* net değer, net varlık *net yield* net getiri, net verim

nether /'nedı/ *s.* alt, aşağı, alttaki, aşağıdaki

netting /'neting/ *a.* ağ örgüsü *netting machine* ağ örme makinesi, ağ tezgâhı

nettle /'netıl/ *a. bitk.* ısırgan ¤ *e.* kızdırmak, öfkelendirmek, sabırsızlandırmak, kıl etmek *nettle cloth teks.* amerikanbezi

network /'netwö:k/ *a.* ağ, şebeke *network analysis elek.* şebeke analizi *network analyzer biliş.* şebeke çözümleyici, ağ çözümleyici *network buffer biliş.* şebeke tamponu, ağ tamponu *network calculator biliş.* şebeke hesaplayıcısı, ağ hesaplayıcısı *network communications circuits biliş.* şebeke iletişim devreleri, ağ iletişim çevrimleri *network congestion biliş.* şebeke tıkanması, ağ tıkanması *network connections biliş.* ağ bağlantıları *network constant elek.* şebeke sabitesi *network failure biliş.* şebeke arızası, ağ arızası *network interface unit biliş.* şebeke arayüz birimi, ağ arayüz birimi *network of railways* demiryolu ağı *network topology biliş.* şebeke topolojisi, ağ topolojisi

neural /'nyuırıl/ *s.* sinirsel

neurologist /nyuı'rolıcist/ *a.* nörolog, sinir hastalıkları uzmanı

neurology /nyu'rolıci/ *a.* nevroloji, sinirbilim

neurosis /nyu'rousis/ *a.* nevroz, sinirce

neurotic /nyu'rotik/ *s.* nevrozlu, sinirceli

neuter /'nyu:tı/ *s. dilb.* eril/dişil olmayan; yansız; nötr, cinsiyetsiz, eşeysiz ¤ *a.*

dilb. ne eril ne dişil sözcük, nötr sözcük ¤ *e.* iğdiş etmek *neuter gender* isimlerin cinssiz hali, nötr cins

neutral /'nyu:trıl/ *s.* yansız, tarafsız; *kim.* yansız, nötr; (vites) boşta ¤ *a.* vitesin boşta olması; tarafsız ülke/kimse *neutral atmosphere* nötr atmosfer, yansız atmosfer *neutral axis* nötr eksen *neutral banking transactions* nötr bankacılık işlemleri *neutral circuit elek.* nötr devre *neutral conductor elek.* nötr iletken *neutral density filter* nötr filtre, gri filtre, yoğunluk süzgeci *neutral equilibrium* nötr denge *neutral filter* nötr filtre, gri filtre, yoğunluk süzgeci *neutral flame met.* nötr alev, yansız alaz *neutral ground elek.* nötr toprak *neutral lead acetate* nötr kurşun asetat *neutral point* nötr nokta *neutral relay elek.* nötr röle *neutral soil* nötr toprak *neutral solution kim.* nötr çözelti, yansız çözelti *neutral state fiz.* nötr durum *neutral steam printing teks.* nötr buhar baskı *neutral steamer teks.* nötr buharlayıcı *neutral tongue relay elek.* nötr dilli röle *neutral wire* nötr tel

neutralism /'nyu:trılizım/ *a.* yansızlık

neutrality /nyu:'treliti/ *a.* (savaş, vb.'de) tarafsız olma, yansızlık *neutrality agreement* tarafsızlık anlaşması

neutralization /nyu:trılay'zeyşın/ *a.* yansızlaşma, nötrleşme *neutralization value* yansızlaştırma indisi, nötrleştirme indisi

neutralize /'nyu:trılayz/ *e.* etkisiz hale getirmek; yansızlaştırmak, nötrleştirmek *neutralizing capacitor elek.* nötrleme kondansatörü *neutralizing voltage elek.* nötrleme gerilimi

neutrino /nyu:'tri:nou/ *a. fiz.* nötrino

neutron /'nyu:trın/ *a.* nötron *neutron absorption fiz.* nötron absorpsiyonu, nötron soğurumu *neutron balance fiz.* nötron dengesi *neutron bomb* nötron bombası *neutron capture fiz.* nötron yakalaması, nötron kapımı *neutron cycle fiz.* nötron çevrimi *neutron density fiz.* nötron yoğunluğu *neutron detection fiz.* nötron deteksiyonu *neutron diffraction fiz.* nötron kırınımı *neutron diffusion fiz.* nötron yayılması *neutron energy fiz.* nötron enerjisi *neutron ex-*

cess *fiz.* nötron fazlalığı **neutron flux** *fiz.* nötron akısı **neutron generator** *fiz.* nötron jeneratörü, nötron üreteci **neutron gun** *fiz.* nötron tabancası **neutron hardening** *fiz.* nötron sertleştirmesi **neutron multiplication** *fiz.* nötron çoğaltımı **neutron number** *fiz.* nötron sayısı **neutron number density** *fiz.* nötron sayı yoğunluğu **neutron radiography** *fiz.* nötron radyografisi **neutron shield** *fiz.* nötron kalkanı **neutron source** *fiz.* nötron kaynağı **neutron spectrometer** *fiz.* nötron spektrometresi **neutron temperature** *fiz.* nötron sıcaklığı

nevada /ni'va:dı/ *a. metr.* nevada

névé /'nevey/ *a. coğ.* buzkar, neve

never /'nevı/ *be.* asla, hiç, hiçbir zaman **never mind** *kon.* zararı yok, boş ver, aldırma; sağlık olsun **never miss a trick** çöp atlamaz olmak **never-never land** düşler ülkesi

nevermore /nevı'mo:/ *be.* bir daha hiç

nevertheless /nevıdı'les/ *be.* bununla birlikte, yine de

new /nyu:/ *s.* yeni; taze; yeni, acemi ¤ *be.* yeni olarak, yeni **new/fresh blood** taze kan **new input queue** *biliş.* yeni girdi kuyruğu **new issue** yeni menkul değer ihracı **new line character** *biliş.* yeni satır karakteri **new master file** *biliş.* yeni ana dosya, yeni ana kütük **new moon** *gökb.* yeniay **new town** yeni şehir, yeni kent **New World** *coğ.* Yenidünya

newborn /'nyu:bo:n/ *a.* yeni doğan

newcomer /'nyu:kamı/ *a.* yeni gelen

newel /'nyu:ıl/ *a. inş.* merdiven sereni, merdiven babası; tırabzan babası **newel post** *inş.* tırabzan babası

newfangled /nyu:'fengıld/ *s.* yeni, alışılmamış, uyduruk

newly /'nyu:li/ *be.* yakınlarda, yeni; yeni bir biçimde

newlywed /'nyu:liwed/ *s.* yeni evli

newness /'nyu:nis/ *a.* yenilik, tazelik

news /nyu:z/ *a.* haber, havadis **news agency** haber ajansı **news conference** basın toplantısı **news item** haber **news service** haber servisi

newsagent /'nyu:zeycınt/ *a.* gazete/dergi, vb. satıcısı, gazeteci

newsboy /'nyu:zboy/ *a.* gazete dağıtan çocuk/adam

newscast /'nyu:zka:st/ *a.* haber yayını

newscaster /'nyu:zka:stı/ *a.* haber spikeri

newspaper /'nyu:speypı/ *a.* gazete **newspaper advertisement** gazete ilanı **newspaper vendor** gazete bayii

newsprint /'nyu:zprint/ *a.* gazete kâğıdı

newsreader /'nyu:zri:dı/ *a.* sunucu, spiker

newsreel /'nyu:zri:l/ *a.* aktüalite filmi, haber filmi

newsstand /'nyu:zstend/ *a.* gazete bayii

newsworthy /'nyu:zwö:di/ *s.* haber olabilecek değer ve önemde, haber olabilir, haber değeri olan

newt /nyu:t/ *a. hayb.* semender

newton /'nyu:tın/ *a. fiz.* newton **Newton's law of gravitation** *fiz.* Newton gravitasyon kanunu, Newton ağınım yasası **Newton's laws of motion** *fiz.* Newton hareket kanunları, Newton devinim yasaları **Newton's rings** *opt.* Newton halkaları

next /nekst/ *s.* en yakın, en bitişik; bir sonraki, gelecek, önümüzdeki ¤ *be.* sonra, bundan sonra **next door** kapı komşu, bitişik **next of kin** en yakın akraba **next to** bitişik, yanında, -e yakın, hemen hemen

next-door /nekst'do:/ *s.* bitişik, yandaki

nexus /'neksıs/ *a. biliş.* bağlantı noktası

niacin /'nayısin/ *a.* niyasin

nib /nib/ *a.* uç, kalem ucu

nibble /'nibıl/ *e.* (away/at/on ile) dişlemek, ufak parçalar koparmak; (at ile) ilgi duymak, ilgilenmek, benimsemek ¤ *a. biliş.* yarım bayt, dört bit

niblick /'niblik/ *a.* golf sopası

niccolite /'nikılayt/ *a. min.* nikolit

nice /nays/ *s.* güzel, sevimli, tatlı, hoş; iyi; ince, düşünceli, nazik, kibar; ince, duyarlı, nazik; *kon.* kötü, nahoş, yanlış

nicely /'naysli/ *be.* hoş bir biçimde, iyi bir biçimde

nicety /'naysti/ *a.* hassas nokta, ayrıntı; hoş, güzel şey

niche /ni:ş/ *a.* duvarda oyuk, niş, göz; uygun yer/iş/mevki

Nichrome /'naykroum/ *a. met.* nikrom

nick /nik/ *a.* çentik, sıyrık; *İİ. kon.* kodes;

İİ. kon. sağlık durumu, form, kondisyon ¤ *e.* çentmek, sıyırmak; *İİ. kon.* araklamak, yürütmek *in the nick of time* tam vaktinde, sıcağı sıcağına

nickel /'nikıl/ *a. kim.* nikel; beş sent ¤ *e.* nikel kaplamak *nickel bath* nikel banyosu *nickel bronze met.* nikel tuncu *nickel silver met.* nikel gümüşü *nickel steel met.* nikel çeliği *nickel sulphate* nikel sülfat *nickel sulphide* nikel sülfür

nickeling /'nikıling/ *a. met.* nikelaj, nikel kaplama

nickel-plate /nikıl'pleyt/ *e.* nikel kaplamak *nickel-plating met.* nikelaj, nikel kaplama

nicknack /'niknek/ *a. kon. bkz.* knick-knack

nickname /'nikneym/ *a.* takma ad, lakap ¤ *e.* ad takmak, lakap takmak

nicotine /'nikıti:n/ *a.* nikotin

nidify /'nidifay/ *e.* yuva yapmak

niece /'ni:s/ *a.* kız yeğen

nifty /'nifti/ *s. kon.* çok iyi, çekici, etkileyici, acayip, süper

niggard /'nigıd/ *a. hkr.* cimri, pinti kimse

niggardly /'nigıdli/ *s. hkr.* cimri, pinti; azıcık, değerinin çok altında

nigger /'nigı/ *a. arg.* zenci *the nigger in the woodpile arg.* aksilik, pürüz; aksilik çıkaran kimse, kıl

nigh /nay/ *be.* hemen hemen, az daha *nigh but* sadece

night /nayt/ *a.* gece; (özel bir olayın olduğu) gece, akşam *all night (long)* bütün gece boyunca *be on nights* gece vardiyasında çalışmak *be on the night shift* gece vardiyasında çalışmak *by night* geceleyin *make a night of it kon.* gecenin tadını çıkarmak, felekten bir gece çalmak *night after night kon.* her gece *night and day kon.* hep, sürekli, gece gündüz, her zaman *night blindness* gece körlüğü *night glow gökb.* gece aydınlığı *night latch inş.* gece kilidi, Yale kilidi *night owl* gece kuşu, gece geç yatan kimse *night safe* gece kasası *night school* gece okulu *night shift* gece vardiyası *night watchman* gece bekçisi

nightcap /'naytkep/ *a.* yatak takkesi; yatmadan önce içilen içki

nightclub /'naytklab/ *a.* gece kulübü

nightdress /'naytdres/ *a.* gecelik

nightfall /'naytfo:l/ *a.* akşam vakti, akşam karanlığı

nightgown /'naytgaun/ *a. Aİ.* gecelik

nightie /'nayti/ *a. kon.* gecelik

nightingale /'naytingeyl/ *a.* bülbül

nightly /'naytli/ *s. be.* her gece, her gece olan, geceleyin

nightmare /'naytmeı/ *a.* kâbus, karabasan

nightshirt /'nayt-şö:t/ *a.* erkek geceliği

nighttime /'nayttaym/ *a.* gece vakti

nighty /'nayti/ *a.* gecelik

nihilism /'nayilizım/ *a. fel.* yokçuluk, nihilizm

nihilist /'nayilist/ *a.* nihilit, hiççilik yanlısı

nil /nil/ *a.* hiç, sıfır *nil pointer biliş.* sıfır gösterici *nil report* olumsuz rapor

nimble /'nimbıl/ *s.* çevik, atik

nimbleness /'nimbılnıs/ *a.* çeviklik, atiklik

nimbostratus /nimbou'streytıs/ *a. metr.* nimbostratus, katman karabulut

nimbus /'nimbıs/ *a.* yağmur bulutu, nimbus, karabulut

nine /nayn/ *a. s.* dokuz *nine-point circle mat.* dokuz nokta çemberi, Euler çemberi *nine-track tape biliş.* dokuz izli şerit

nineteen /nayn'ti:n/ *a. s.* on dokuz *talk nineteen to the dozen kon.* hızlı ve sürekli konuşmak, çene çalmak

nineteenth /nayn'ti:nt/ *a. s.* on dokuzuncu

ninetieth /'nayntiit/ *a. s.* doksanıncı

ninety /'naynti/ *a. s.* doksan

ninhydrin /nin'haydrin/ *a.* ninhidrin

ninny /'nini/ *a. kon.* salak

ninth /'naynt/ *a. s.* dokuzuncu

niobite /'nayıbayt/ *a. min.* niyobit

niobium /nay'oubiım/ *a.* niyobyum

nip /nip/ *e.* çimdiklemek, kıstırmak, ısırmak; *İİ. kon.* fırlamak, acele etmek; azıcık içki içmek; kırağı çalmak ¤ *a.* soğuk, ayaz; çimdik, ısırma; *kon.* (az miktarda) içki, yudum *nip in the bud* engellemek, baltalamak, yılan küçükken başını ezmek *nip and tuck* at başı beraber

nipper /'nipı/ *a. kon.* küçük oğlan çocuk

nippers /'nipız/ *a.* pense, kerpeten,

kıskaç; *arg.* kelepçe; **hayb.** ıstakoz kıskacı

nipping /'niping/ *s.* keskin, buz gibi; iğneleyici

nipple /'nipıl/ *a.* meme ucu; *Aİ.* biberon emziği; *tek.* meme başı

nippy /'nipi/ *s.* soğuk; atik, acele, hızlı

nisi /'naysay/ *bağ.* aksi halde

nit /nit/ *a.* bit, vb. yumurtası, sirke, yavşak; *İİ. hkr.* salak, şapşal, aptal

niter /'naytı/ *a.* güherçile

nitpicking /'nitpiking/ *s. hkr.* kılı kırk yaran ¤ *a.* kılı kırk yarma

nitre /'naytı/ *a.* güherçile

nitric /'naytrik/ *s.* nitrik **nitric acid** nitrik asit

nitride /'naytrayd/ *a.* nitrür ¤ *e.* nitrürlemek **nitride hardening** *met.* nitrür sertleştirmesi **nitrided steel** *met.* nitrürlenmiş çelik **nitriding steel** *met.* nitrürleme çeliği

nitrile /'naytril/ *a. kim.* nitril

nitrite /'naytrayt/ *a.* nitrit

nitrocellulose /naytrou'selyulous/ *a.* nitroselüloz **nitrocellulose silk** *teks.* nitroselüloz ipeği

nitrogen /'naytrıcın/ *a. kim.* azot, nitrojen **nitrogen content** azot içeriği, azot muhtevası **nitrogen manure** azotlu gübre

nitrogenous /nay'trocinıs/ *s.* azotlu **nitrogenous fertilizer/manure** azotlu gübre

nitroglycerine /naytrou'glisırin/ *a. kim.* nitrogliserin

nitroparaffin /naytrou'perıfin/ *a.* nitroparafin

nitrosamine /naytrousı'mi:n/ *a.* nitrozamin

nitroso dye /nay'trousou day/ *a.* nitro boyası

nitrosyl /'naytrısil/ *a.* nitrozil

nitrous /'naytrıs/ *s.* azotlu; güherçileli **nitrous acid** nitröz asit

nitwit /'nitwit/ *a. kon.* salak, şapşal

nix /niks/ *be.* hiçbir şey

no /nou/ *be.* hayır, olmaz, yok ¤ *s.* hiç ¤ *a.* yok yanıtı; aleyhte oy **no claim bonus** hasarsızlık indirimi **no one** hiç kimse **no way** hiçbir şekilde, asla; *kon.* hayır, yok, olmaz, hayatta olmaz **no-carrier dyable** *teks.* taşıyıcısız

boyanabilen **no-crush finish** *teks.* buruşmazlık apresi **no-iron finishing** *teks.* ütü istemezlik apresi, buruşmazlık apresi **no-load** yüksüz **no-load speed** yüksüz hız **no-load voltage** *elek.* yüksüz devre gerilimi **no-operation** *biliş.* hiç işlem **no-par share** bedelsiz hisse senedi **no-par value** nominal değeri olmayan

nob /nob/ *a.* baş, kafa

nobelium /nou'bi:liım/ *a.* nobelyum

nobility /nou'biliti/ *a.* soyluluk, asalet; soylular sınıfı

noble /'noubıl/ *a.* soylu kimse, asilzade, soylu ¤ *s.* soylu, soydan asil; yüce, asil, yüksek **noble gas** soy gaz **noble metal** *met.* soy metal, asal metal

nobleman /'noubılmın/ *a.* soylu, asilzade

nobleness /'noubılnıs/ *a.* asalet; alçakgönüllülük

noblesse oblige /noubles ı'bli:c/ *a.* asalet görevi: durumu iyi olan kişilerin muhtaç olanlara yardım etmeleri gerektiği ilkesi

nobly /'noubli/ *be.* asil bir şekilde

nobody /'noubıdi/ *adl.* hiç kimse ¤ *a.* önemsiz kişi, sıradan kimse **like nobody's business** çok sıkı **nobody else** başka hiç kimse **nobody's fool** kül yutmaz kimse, uyanık kimse

noctambulism /nok'tembyulizım/ *a.* uyurgezerlik

noctilucent /nokti'lu:sınt/ *s. metr.* (bulut) gece parlayan **noctilucent cloud** *metr.* gece bulutu

nocturnal /nok'tö:nl/ *s.* geceleyin olan, gece + **nocturnal arc** *gökb.* gece yayı **nocturnal cooling** *metr.* gece sıcaklık düşüşü

nod /nod/ *e.* başını sallamak; başıyla selam vermek; *kon.* uyuklarken başı öne düşmek, uyuklamak ¤ *a.* baş sallama **have a nodding acquaintance** merhabası olmak **nodding acquaintance** az tanıma; yalnızca selamlaşılan kimse

nodal /'noudıl/ *s.* düğüm ile ilgili **nodal point** *fiz.* düğüm noktası

node /noud/ *a.* düğüm

noddle /'nodıl/ *a.* baş, kafa

nodical month /'noudikıl mant/ *a. gökb.* ejder ayı

nodose /'noudous/ *s.* boğumlu, düğümlü

nodular /'nodyulı/ *s.* yumrulu; düğümlü *nodular graphite* küresel grafit, yumru grafit

nodule /'nodyu:l/ *a.* yumrucuk, küçük yumru; küçük düğüm; küçük boğum *lymphatic nodule* lenf boğumu

nog /nog/ *a.* takoz, ağaç çivi, ağaç kama

nogging /'noging/ *a. inş.* hımış duvar

noil /noyl/ *a. teks.* tarakaltı, döküntü

noise /noyz/ *a.* gürültü, patırtı, ses *noise bandwidth fiz.* gürültü bant genişliği *noise current* gürültü akımı *noise digit biliş.* normalleştirme sayısı *noise diode* gürültü diyodu *noise factor fiz.* gürültü faktörü *noise field fiz.* gürültü alanı *noise filter* gürültü filtresi *noise killer* parazit giderici, gürültü giderici *noise level elek.* parazit seviyesi, gürültü düzeyi *noise limiter* parazit azaltıcı, gürültü azaltıcı *noise mode biliş.* gürültü modu *noise power elek.* gürültü gücü *noise ratio fiz.* gürültü oranı *noise reduction* gürültü azaltma *noise source fiz.* gürültü kaynağı *noise suppression elek.* parazit giderme, gürültü bastırma *noise suppressor elek.* parazit giderici, gürültü bastırıcı *noise temperature elek.* gürültü sıcaklığı *noise voltage elek.* parazit voltajı, gürültü gerilimi

noiseless /'noyzlis/ *s.* sessiz, gürültüsüz

noiselessly /'noyzlisli/ *be.* sessizce, gürültüsüzce

noiseproof /'noyzpru:f/ *e.* ses geçirmez yapmak

noisome /'noysım/ *s.* sağlığa zararlı

noisy /'noyzi/ *s.* gürültülü, patırtılı, gürültücü *noisy blacks elek.* benekli siyahlık

nom de plume /nom dı 'plum/ *a.* yazarın takma adı

nomad /'noumed/ *a.* göçebe

nomadic /nou'medik/ *s.* göçebe, göçebeye ait *nomadic grazing trm.* gezici otlatma *nomadic population* göçebe nüfus

nomadically /nou'medikıli/ *be.* göçebe olarak

nomadism /'noumedizım/ *a.* göçebelik, göçerlik

nomenclature /nou'menklıçı/ *a.* bilimsel adlandırma, nomenklatür, terimlendirme

nominal /'nominıl/ *s.* (fiyat) saymaca, itibari, nominal; *dilb.* adlarla ilgili; yalnızca ad olarak varolan, adı var kendi yok, sözde; önemsiz, düşük *nominal capital* nominal sermaye, itibari sermaye *nominal current* nominal akım *nominal dimension* nominal boyut, itibari boyut *nominal exchange rate* nominal döviz kuru *nominal horsepower* nominal beygirgücü *nominal par* nominal değer *nominal price* nominal fiyat, itibari fiyat *nominal rate of interest* nominal faiz oranı *nominal root* ad kökü *nominal sentence* isim cümlesi, ad tümcesi *nominal size* nominal büyüklük *nominal stem* ad gövdesi *nominal value* nominal değer, itibari kıymet *nominal voltage* nominal gerilim *nominal yield* nominal getiri, nominal verim

nominalization /nominılay'zeyşın/ *a.* adlaştırma

nominalizer /'nominılayzı/ *a.* adlaştırıcı (ek)

nominate /'nomineyt/ *e.* aday olarak göstermek, adaylığını önermek; atamak, tayin etmek *nominated bank* yetkili banka

nomination /nomi'neyşın/ *a.* atama, tayin; aday gösterme, adaylık

nominative /'nominıtiv/ *s. dilb.* yalın ¤ *a. dilb.* yalın hal *nominative case* yalın hal

nominator /'nomineytı/ *a.* atayan, tayin eden

nominee /nomi'ni:/ *a.* aday, namzet; temsilci, mümessil

nomogram /'nomıgrem/ *a.* nomogram

nomography /no'mogrıfi/ *a.* nomografi

non- /non/ *önk.* değil, olmayan, -sız, -siz *non-ageing* yaşlanmaz *non-combustible* yanmaz *non-consonantal* ünsüz olmayan *non-continuant* süreksiz, kesintili *non-continuous* süreksiz, kesintili *non-corrosive* paslandırmaz, çürütmez *non-crease finish teks.* buruşmazlık apresi *non-defining clause* tanımlamayan ilgi cümleciği *non-defining relative clause* tanımlamayan ilgi cümleciği *non-delay fuse ask.* taviksiz tapa *non-dimensional* boyutsuz, derecesiz **non-exposed stock** sin. bakire pelikül, boş film **non-fading** teks. solmaz **non-flam film** sin. alev almayan film, yanmaz film **non-flat** bemolleşmemiş **non-hardening** sertleşmeyen **non-inflammable** yanmaz **non-iron** teks. buruşmaz, ütü istemez **non-iron finishing** teks. ütü istemezlik apresi, buruşmazlık apresi **non-porous** gözeneksiz **non-return-to-reference recording** biliş. referansa dönüşümsüz kaydetme **non-return-to-zero** biliş. sıfıra dönüşümsüz **non-sharp** diyezleşmemiş **non-strident** boğuk **non-swelling** teks. şişmez, şişmeye karşı dayanıklı **non-swelling finish** teks. şişmezlik apresi **non-switched line** biliş. çevirli olmayan hat **non-transparent** saydam olmayan, saydamsız, opak **non-vibrating** titreşimsiz **non-vocalic** ünlü olmayan **non-wetter** teks. ıslatıcı olmayan **non-working time** çalışmama zamanı

nonadjustable /nonı'castıbıl/ s. ayarlanamaz

nonage /'nounic/ a. küçüklük, çocukluk

nonagenarian /nonıcı'neıriın/ s. 90-99 yaşları arasındaki ¤ a. 90-99 yaşları arasındaki kişi

nonaggression /nonı'greşın/ a. saldırmazlık **nonaggression pact** saldırmazlık paktı

nonagon /'nonıgon/ a. mat. dokuzgen

nonalcoholic /nonelkı'holik/ s. alkolsüz

nonaligned /nonı'laynd/ s. (ülke) bağlantısız

nonassignable /nonı'saynıbıl/ s. temlik edilemez, devredilemez

noncash /non'keş/ s. nakit olmayan

nonchalance /'nonşılıns/ a. kayıtsızlık, ilgisizlik

nonchalant /'nonşılınt/ s. kayıtsız, soğuk, ilgisiz

noncombatant /non'kombıtınt/ a. savaş dışı kimse, orduda savaşa katılmayan asker

noncommissioned officer /nonkımişınd 'ofısı/ a. astsubay, gedikli erbaş

noncommittal /nonkı'mitl/ s. suya sabuna dokunmaz, çekimser, fikrini söylemeyen, yansız

non compos mentis /non kompıs 'mentis/ s. akılca dengesiz, kaçık, akılsız

nonconducting /nonkın'dakting/ s. elek. iletmeyen, geçirmeyen, iletmez, yalıtkan

nonconductor /nonkın'daktı/ a. elek. yalıtkan

nonconformist /nonkın'fo:mist/ a. s. topluma/geleneklere uymayan; Anglikan kilisesine bağlı olmayan

noncumulative /'nonkyu:myulıtiv/ s. birikimsiz

nondelivery /'nondilivıri/ a. teslim etmeme, ademi teslim

nondescript /'nondiskript/ s. tanımlanamaz, ne olduğu belirsiz, tuhaf; sıradan, sıkıcı, yavan

nondestructive /nondi'straktiv/ s. bozucu olmayan **nondestructive read(ing)** biliş. bozmadan okuma **nondestructive testing** fiz. tahribatsız test

nondirectional /nondı'rekşınıl/ s. yönsüz, yönü olmayan **nondirectional antenna** elek. yönsüz anten, yöneltmesiz anten **nondirectional beacon** hav. yönsüz bıkın **nondirectional microphone** elek. yöneltmesiz mikrofon, tevcihsiz mikrofon

none /nan/ adl. hiçbiri; hiç **none but** sadece, yalnız **none the worse for wear** hurdası çıkmış **none too** pek ... değil

nonentity /no'nentiti/ a. önemsiz/değersiz kişi, ciğeri beş para etmez adam

nonequivalence /noni'kwivılıns/ a. eşitsizlik **nonequivalence operation** biliş. eşitsizlik işlemi

nonetheless /nandı'les/ be. bkz. nevertheless

nonfeasance /non'fi:zıns/ a. yasal bir yükümlülüğü yapmama

nonferrous /non'ferıs/ s. met. demirsiz **nonferrous alloy** met. demirsiz alaşım **nonferrous metal** met. demirsiz metal

nonflammable /non'flemıbıl/ s. yanmaz

nonfreezing /non'fri:zing/ s. donma önleyici

noninductive /non'indaktiv/ s. elek. endüktif olmayan

nonlinear /non'liniı/ s. doğrusal olmayan, lineer olmayan **nonlinear dis-**

tortion *elek.* lineer olmayan distorsiyon
nonlinear system *biliş.* doğrusal olmayan sistem
nonmagnetic /non'megnetik/ *s.* mıknatıslanmaz, manyetik olmayan
nonmetal /non'metıl/ *a. met.* ametal
nonmetallic /nonmi'telik/ *s. met.* metalik olmayan, ametal
nonnegative /non'negıtiv/ *a. mat.* eksi olmayan, negatif olmayan **nonnegative integer** *mat.* negatif olmayan tamsayı, eksi olmayan tümsayı
nonnegotiable /nonni'gouşııbıl/ *s.* ciro edilemeyen, devredilemeyen **nonnegotiable bill** ciro edilemez poliçe **nonnegotiable cheque** ciro edilemeyen çek **nonnegotiable instrument** ciro edilemeyen kıymetli kâğıt
nonnumeric /nonnyu'merik/ *s. biliş.* sayısal olmayan **nonnumeric character** *biliş.* sayısal olmayan karakter
nonpareil /'nonpırıl/ *s.* eşsiz, emsalsiz ¤ *a.* eşsiz kimse; altı puntoluk harf
nonpayment /non'peymınt/ *a.* ödememe, ademi tediye
nonplus /non'plas/ *e.* şaşırtmak, elini ayağını dolaştırmak
nonplussed /non'plast/ *s.* şaşkın, ne yapacağını şaşırmış, eli ayağına dolaşmış
nonpolar /non'poulı/ *s.* kutupsuz, ucaysız
nonpolarized /non'poulırayzd/ *s.* polarize olmayan **nonpolarized relay** *elek.* polarize olmayan röle, nötr röle
nonpositive /nonpozıtiv/ *s.* pozitif olmayan **nonpositive exponents** *mat.* pozitif olmayan üstler **nonpositive number** *mat.* pozitif olmayan sayı, artısız sayı
nonproductive /nonprı'daktiv/ *s.* verimsiz
nonprofit /non'profit/ *s.* kâr getirmeyen
nonrecurring /non'rikaring/ *s.* masraf sayılmayan **nonrecurring charge** masraf sayılmayan gider
nonresident /non'rezidınt/ *a.* ülke sakini olmayan kişi **nonresident routine** *biliş.* yerleşik olmayan yordam
nonreturn valve /nonri'tö:n velv/ *a.* geri tepme klapesi, çekvalf
nonreturnable /nonri'tö:nıbıl/ *s.* tek kullanımlık, iadesiz

nonsense /'nonsıns/ *a.* anlamsız söz, saçma, saçmalık, zırva, fasafiso; aptalca davranış
nonsensical /non'sensikıl/ *s.* saçma, anlamsız, aptalca, mantıksız
nonshrinking /non'şrinking/ *s. teks.* çekmez, çekmeye karşı dayanıklı
nonsingular /non'singyulı/ *a. mat.* tekil olmayan
nonskid /non'skid/ *s.* patinaj önleyici **nonskid chain** patinaj zinciri **nonskid tyre** patinaj yapmaz lastik, kaymaz lastik
nonslip /non'slip/ *s.* kaymaz, kaymayan **nonslip finish** *teks.* kaymazlık apresi
nonsmoker /non'smoukı/ *a.* sigara içmeyen kimse; *İl.* sigara içilmeyen kompartıman
nonsmoking /'non'smouking/ *s.* sigara içilmeyen
nonstandard /non'stendıd/ *s. dilb.* standart olmayan
nonstarter /non'sta:tı/ *a. İl. kon.* umutsuz girişim/kimse
nonstick /non'stik/ *s.* (tava) yapışmaz
nonstop /non'stop/ *s. be.* (yolculuk) hiçbir yerde durmadan, direkt; *kon.* hiç durmadan, sürekli
nonstriker /non'straykı/ *a.* greve katılmayan işçi
nonsuit /non'su:t/ *a.* davanın reddi
nonsymmetrical /nonsi'metrikıl/ *s.* bakışımsız, simetrik olmayan
nontariff /non'terif/ *s.* tarife dışı **nontariff company** tarife dışı şirket
nonunion /non'yu:nyın/ *s.* sendikaya dahil olmayan
nonviolence /non'vayılıns/ *a.* şiddet kullanmadan yapılan direniş, pasif direniş
nonvolatile /non'volıtayl/ *s.* uçucu olmayan **nonvolatile memory/storage** *biliş.* uçucu olmayan bellek, kalıcı bellek
nonwoven /non'wouvın/ *a. teks.* nonwoven **nonwoven fabric** *teks.* nonwoven kumaş, dokusuz kumaş
noodle /'nu:dl/ *a.* şehriye
nook /nuk/ *a.* köşe, kuytu yer
noon /nu:n/ *a.* öğle vakti, öğle
noose /nu:s/ *a.* (darağacı, vb.) ilmik
nope /noup/ *be. arg.* hayır, yok

nor /no:/ *bağ.* ne de **Nor circuit** *biliş.* `ya da değil' devresi, `ya da değil' çevrimi **Nor element** *biliş.* `veya değil' elemanı, `veya değil' öğesi **Nor gate** *biliş.* `veya değil' kapısı, `ya da değil' kapısı **Nor operation** *biliş.* `veya değil' işlemi, `ya da değil' işlemi

norm /no:m/ *a.* örnek, numune, tip; *fel.* ilke, ölçü, düzgü, norm

normal /'no:mɪl/ *s.* normal, olağan; orta, ortalama **normal force** normal kuvvet **normal function** *mat.* normal fonksiyon, düzgen işlev **normal induction** *elek.* normal endüksiyon **normal line** *mat.* normal doğru, düzgen doğru **normal load** normal yük **normal magnetization** normal mıknatıslama **normal mode** normal mod **normal plane** *mat.* normal düzlem, düzgen düzlem **normal pressure** normal basınç **normal price** normal fiyat **normal profit** normal kâr **normal section** *mat.* normal kesit, düzgen kesit **normal solution** *kim.* normal çözelti **normal speed** normal hız **normal state** normal hal **normal stress** normal gerilme **normal temperature** normal sıcaklık **normal velocity** normal hız **normal visual range** normal görüş alanı

normalcy /'no:mɪlsi/ *a. Aİ.* normallik

normality /no:'meliti/ *a.* normallik

normalization /no:mɪlay'zeyşın/ *a.* normalleştirme, normalleşme; standart duruma getirme

normalize /'no:mɪlayz/ *e.* normalleştirmek **normalized admittance** *elek.* normalize admitans

normally /'no:mɪli/ *be.* normal bir şekilde; normalde, normal olarak, genelde **normally aspirated engine** normal havalandırmalı motor

normative /'no:mɪtiv/ *s.* kuralcı

north /no:t/ *a.* kuzey ¤ *be.* kuzeye doğru, kuzeye **North Pole** kuzey kutbu **north point** *gökb.* kuzey noktası **North Star** *gökb.* Kutupyıldızı, Demirkazık

northbound /'no:tbaund/ *s.* kuzeye doğru giden

northeast /no:t'i:st/ *a.* kuzeydoğu ¤ *be.* kuzeydoğuya doğru

northeaster /no:t'i:stı/ *a. metr.* kuzeydoğu rüzgârı, poyraz rüzgârı, poyraz fırtınası

northeastern /no:t'i:stın/ *s.* kuzeydoğuyla ilgili, kuzeydoğu+

northerly /'no:dɪli/ *s.* kuzeyden gelen/esen, kuzey ...; kuzeye yönelen, kuzeyde olan

northern /'no:dın/ *s.* kuzey **northern lights** *gökb.* kuzey ışığı

northing /'no:ting/ *a.* kuzeye doğru

northward /'no:twıd/ *s.* kuzeye doğru; *Aİ. bkz.* northwards

northwards /'no:twıdz/ *be.* kuzeye doğru

northwest /no:t'west/ *a.* kuzeybatı ¤ *be.* kuzeybatıya doğru

northwester /no:t'westı/ *a. metr.* kuzeybatı rüzgârı

northwestern /no:t'westın/ *s.* kuzeybatıyla ilgili, kuzeybatı+

nose /nouz/ *a.* burun; koku alma gücü; bir şeyin ön/uç kısmı, burun ¤ *e.* koklamak, kokusunu almak; burnunu sürmek, burnu ile dürtmek, itmek; yavaşça ya da dikkatle ilerlemek, gitmek **cut off one's nose to spite one's face** kasaba küsüp kolunu kesmek, gavura/papaza küsüp/kızıp oruç yemek/bozmak **go into/take a nose dive** baş aşağı gitmek **have one's nose in a book** kitaptan başını kaldırmamak **have one's nose in the air** burnu havada olmak **keep one's nose clean** etliye sütlüye karışmamak **lead sb by the nose** birini parmağında oynatmak **look down one's nose at** *kon.* hor görmek, küçümsemek, tepeden bakmak **nose dive** *hav.* pike **nose landing gear** *hav.* burun iniş takımı **nose one's way** dikkatle ilerlemek **nose radiator** *hav.* burun kısmı radyatörü **nose rib** *hav.* burun siniri **nose spar** *hav.* burun lonjeronu **nose wheel** *hav.* burun tekerleği **nose wheel landing gear** *hav.* burun tekerlek iniş takımı **nose wheel undercarriage** *hav.* burun tekerlekli iniş takımı **nose-cone** *ask.* roketin ön kısmı **not be able to see beyond/further than the end of one's nose** ilerisini görememek/burnunun ucunu görememek **pay through the nose** *kon.* aşırı para ödemek, kazık yemek **poke one's nose into** bir işe burnunu sokmak **put sb's nose out of joint**

kon. gözden düşürmek, havasını söndürmek, kıskandırmak, bozmak *rub sb's nose in it* ipliğini pazara çıkarmak *turn up one's nose at* burun kıvırmak *under sb's (very) nose kon.* burnunun dibinde, gözünün önünde

nosebag /'nouzbeg/ *a.* atın yem torbası

nosebleed /'nouzbli:d/ *a.* burun kanaması *have a nosebleed* burnu kanamak

nosedive /'nouzdayv/ *a.* pike, baş aşağı dalış

nosey /'nouzi/ *s. bkz.* nosy

nosh /noş/ *e. İİ. arg.* yemek ¤ *a. İİ. arg.* yemek; yiyecek

nosh-up /'noşap/ *a. İİ. arg.* ziyafet, doyurucu bol yemek

nosing /'nouzing/ *a.* damlalık, çıkıntı

nostalgia /no'stelcı/ *a.* nostalji, geçmişe özlem; yurtsama

nostalgic /no'stelcik/ *s.* nostaljik, geçmiş özlemiyle ilgili

nostril /'nostril/ *a.* burun deliği

nosy /'nouzi/ *s. hkr.* her şeye burnunu sokan *nosy parker* her aşın kaşığı

not /not/ *be.* değil, yok *Not-And biliş.* Ve Değil *Not at all* bir şey değil, rica ederim *not eat you* öcü değil, merak etme seni yemez *Not-element biliş.* Değil elemanı, Değil öğesi *Not-operation biliş.* Değil işlemi

notable /'noutıbıl/ *s.* dikkate değer, önemli, anmaya değer; tanınmış ¤ *a.* ileri gelen/saygın/tanınmış kişi

notably /'noutıbli/ *be.* özellikle; epeyce

notarial /nou'teırııl/ *s.* notere ait *notarial attestation* noter tasdiki *notarial ticket* noter tezkeresi

notary /'noutıri/ *a.* noter *notary public* noter

notation /nou'teyşın/ *a.* not etme, kayıt; notasyon, gösterim, rakamlar ve işaretler sistemi

notch /noç/ *a.* çentik, kertik; *Aİ.* dar dağ geçidi ¤ *e.* çentmek, kertik açmak; *kon.* (up ile) (başarı) kaydetmek, kazanmak *notch board inş.* merdiven kirişi *notch toughness met.* çentik tokluğu

notched /noçt/ *s.* çentikli, girintili *notched bar* çentikli çubuk *notched weir trm.* ölçme savağı

note /nout/ *e.* not etmek, kaydetmek;

dikkat etmek, önem vermek; farkına varmak ¤ *a. müz.* nota; (ses) ifade; not, hatırlatma yazısı; banknot, kâğıt para; muhtıra; senet, bono, adi senet; önem; hesap pusulası, fatura *of note* tanınmış, ünlü, önemli *note bank* ihraç bankası *note broker* ticari senet komisyoncusu *note issue* banknot ihracı

notebook /'noutbuk/ *a.* defter

noted /'noutid/ *s.* ünlü, bilinen, tanınmış, meşhur; kote edilmiş *noted press* banknot basımı

notepaper /'noutpeypı/ *a.* mektup kâğıdı

notepad /'noutped/ *a.* bloknot

noteworthy /'noutwö:di/ *s.* dikkate değer, önemli, kayda değer

nothing /'nating/ *adl.* hiçbir şey; önemsiz şey, hiç, sıfır *for nothing* bedava, parasız; boşuna, boşa *in nothing flat* şimşek gibi, yıldırım gibi *nothing but* sadece, sırf, -den başka bir şey değil *nothing for it* başka çare yok *nothing to do with* ile ilgisi yok

nothingness /'natingnıs/ *a.* hiçlik, yokluk

notice /'noutis/ *a.* duyuru, ilan; bildiri, uyarı; dikkat; haber, bildirme; eleştiri ¤ *e.* -e dikkat etmek *escape notice* gözden kaçmak *give notice* önceden haber vermek, bildirmek *notice board* ilan tahtası *notice deposit* ihbarlı mevduat *notice period* ihbar süresi *take notice of* dikkate almak, umursamak

noticeable /'noutisıbıl/ *s.* göze çarpan, dikkate değer, önemli

notification /noutifi'keyşın/ *a.* tebliğ, bildiri, bildirge

notify /'noutifay/ *e.* bildirmek, haberdar etmek, haber vermek

notion /'nouşın/ *a.* kavram, nosyon; düşünce, fikir; kanı, görüş, inanç; geçici istek, kapris; eğilim, niyet

notional /'nouşınıl/ *s.* hayali, soyut; göreceli; hayalperest

notoriety /noutı'rayıti/ *a.* kötü şöhret, adı çıkma

notorious /nou'to:rııs/ *s.* kötü tanınmış, adı çıkmış, kötü şöhretli, namlı

notwithstanding /notwit'stending/ *ilg.* -e rağmen, -e karşın ¤ *be.* buna rağmen, yine de

nougat /'nu:ga:/ *a.* kozhelva, nuga
nought /no:t/ *a. İİ.* sıfır; hiç
noun /naun/ *a. dilb.* isim, ad
nourish /'nariş/ *e.* beslemek; gelişmesine yardım etmek, beslemek, desteklemek
nourishing /'narişing/ *s.* besleyici
nourishment /'narişmınt/ *a.* besin, gıda, yiyecek
nous /naus/ *a.* akıl, zekâ; sağduyu
nouveau-riche /nu:vou'ri:ş/ *a.* sonradan görme
nova /'nouvı/ *a. gökb.* nova
novation /nou'veyşın/ *a.* tecdit
novel /'novıl/ *a.* roman ¤ *s.* yeni, yeni çıkmış, alışılmamış, tuhaf
novelette /novı'let/ *a.* kısa roman
novelist /'novılist/ *a.* romancı, roman yazarı
novelty /'novılti/ *a.* yenilik; yeni çıkmış şey, alışılmamış şey; ıvır zıvır
November /nou'vembı/ *a.* kasım
novice /'novis/ *a.* yeni kimse, toy, acemi, çırak
now /nau/ *be.* şimdi, şu anda ¤ *a.* şimdiki zaman, şu an *(every) now and then/again* ara sıra, bazen, arada bir *from now on* bundan böyle, bundan sonra *just now* şu anda, hemen şimdi, daha şimdi, az önce, demin
nowadays /'nauıdeyz/ *be.* bugünlerde, şimdilerde, bu aralar
nowhere /'nouweı/ *be.* hiçbir yerde/yere
noxious /'nokşıs/ *s.* zararlı, tehlikeli; zehirli
nozzle /'nozıl/ *a.* hortum başı, ağızlık, meme, düze, enjektör *nozzle holder oto.* enjektör hamili, enjektör gövdesi, püskürteç gövdesi
nth /ent/ *s.* n'inci, bir dizide sonuncu *nth power* n'inci kuvvet
nuance /'nyu:a:ns/ *a.* ince ayrıntı, küçük fark, nüans
nub /nab/ *a. teks.* nope
nubile /'nyu:bayl/ *s.* genç ve seksi
nuclear /'nyu:klıı/ *s.* nükleer, çekirdeksel *nuclear atom fiz.* nükleer atom, çekirdeksel atom *nuclear battery fiz.* nükleer pil *nuclear bombardment* nükleer bombardıman *nuclear chain reaction fiz.* nükleer zincir reaksiyonu, çekirdeksel zincir tepkimesi *nuclear charge fiz.* çekirdek yükü, çekirdeksel yük *nuclear chemistry* nükleer kimya *nuclear disarmament* nükleer silahsızlanma *nuclear disintegration fiz.* nükleer parçalanma, çekirdeksel parçalanma *nuclear emission fiz.* nükleer emisyon, nükleer salım *nuclear emulsion fiz.* nükleer emülsiyon, çekirdeksel asıltı *nuclear energy fiz.* nükleer enerji, çekirdeksel erke *nuclear field fiz.* nükleer alan *nuclear fission fiz.* nükleer fisyon, çekirdek parçalanması *nuclear force fiz.* nükleer kuvvet, çekirdek kuvveti *nuclear fuel fiz.* nükleer yakıt, çekirdeksel yakıt *nuclear fusion fiz.* nükleer füzyon, çekirdeksel kaynaşma *nuclear isomer fiz.* nükleer izomer, çekirdeksel eşiz *nuclear magnetic moment fiz.* nükleer manyetik moment *nuclear magnetic resonance fiz.* nükleer manyetik rezonans *nuclear model fiz.* nükleer model *nuclear moment fiz.* nükleer moment *nuclear paramagnetic resonance fiz.* nükleer paramanyetik rezonans *nuclear physics fiz.* nükleer fizik, çekirdek bilgisi *nuclear polarization fiz.* nükleer polarizasyon, çekirdeksel ucaylanma *nuclear potential fiz.* çekirdek potansiyeli *nuclear power fiz.* nükleer güç, çekirdeksel güç *nuclear radiation fiz.* çekirdek ışınımı, nükleer radyasyon *nuclear reaction fiz.* nükleer reaksiyon, çekirdeksel tepkime *nuclear reactor fiz.* nükleer reaktör *nuclear resonance elek.* nükleer rezonans *nuclear spin fiz.* nükleer spin *nuclear structure fiz.* nükleer yapı, çekirdeksel yapı *nuclear warfare ask.* nükleer savaş *nuclear warhead ask.* nükleer savaş başlığı *nuclear weapon ask.* nükleer silah
nucleate /'nyu:kliit/ *e.* çekirdeklenmek; çekirdeklendirmek ¤ *s.* çekirdekli
nucleation /nyu:kli'eyşın/ *a.* çekirdeklenme
nucleic acid /nyu:'kii:ik esid/ *a.* nükleik asit
nucleon /'nyu:klion/ *a. fiz.* nükleon
nucleonics /nyu:kli'oniks/ *a. fiz.* nükleonik
nucleophilic /nyu:kliou'filik/ *s. kim.* nükleofil, artıcıl
nucleoside /'nyu:klıısayd/ *a.* nükleosit

nucleotide /'nyu:kliɪtayd/ *a.* nükleotit

nucleus /'nyu:kliɪs/ *a.* çekirdek; öz, esas

nuclide /'nyu:klayd/ *a. fiz.* nüklit

nude /nyu:d/ *s.* çıplak ¤ *a.* çıplak kimse (resmi); çıplaklık *in the nude* anadan doğma, çırılçıplak

nudge /nac/ *e.* dirsekle dürtmek, dürtüklemek

nudism /'nyu:dizım/ *a.* çıplak yaşama öğretisi, çıplak yaşama

nudist /'nyu:dist/ *a. s.* çıplak *nudist camp* çıplaklar kampı

nudity /'nyu:diti/ *a.* çıplaklık

nuée ardente /'nuey a:'dant/ *a. yerb.* kızgın bulut

nugatory /'nyu:gıtıri/ *s.* faydasız, boş, değersiz; geçersiz

nugget /'nagit/ *a.* (altın, vb.) külçe

nuisance /'nyu:sıns/ *a.* sıkıntı veren şey/kimse, baş belası

nuke /nyu:k/ *a. kon.* nükleer silah ¤ *e. kon.* nükleer silahla saldırmak

null /nal/ *s.* geçersiz, hükümsüz; önemsiz, değersiz, boş, sıfır *null and void* geçersiz, hükümsüz *null character biliş.* boş karakter, değersiz karakter *null cycle biliş.* değersiz çevrim *null detector biliş.* boş detektör, boş durum saptayıcı *null file biliş.* boş dosya, boş kütük *null hypothesis* sıfır hipotezi, sıfır önsavı *null indicator* sıfır göstergesi *null instruction biliş.* boş işlem komutu *null matrix mat.* sıfır matrisi, boş dizey *null method elek.* sıfır yöntemi *null packet biliş.* boş paket *null set mat.* boş küme *null string biliş.* boş dizgi, boş katar *null suppression biliş.* değersiz karakter bastırma

nullification /nalifi'keyşın/ *a.* hükümsüz kılma; etkisiz bırakma

nullify /'nalifay/ *e.* geçersiz kılmak, iptal etmek, etkisizleştirmek

nullity /'naliti/ *a.* geçersizlik, hükümsüzlük, butlan; hiçlik, boşluk *be a nullity* bir hiç olmak *decree of nullity* iptal kararı *nullity suit* iptal davası

numb /nam/ *s.* uyuşmuş, uyuşuk; duygusuz, hissiz ¤ *e.* uyuşturmak; duygusuzlaştırmak, hissizleştirmek

number /'nambı/ *a.* sayı; rakam; numara; sayı, toplam; nicelik, miktar; sayı, nüsha ¤ *e.* (toplamı) -e ulaşmak, -e varmak; saymak; numaralamak; saymak, dahil olmak *a number of* birkaç *any number of kon.* çok, birçok *numbers of* çok, çok sayıda *his days are numbered kon.* günleri sayılı *have sb's number* numarasını/notunu vermek *number cruncher biliş.* sayı parçalayıcı *number field mat.* sayı cismi, sayı oyutu *number generator biliş.* sayı üreteci *number of frames sin.* kare sayısı, görüntü sayısı *number of revolutions* devir sayısı, dönüş sayısı *number one* bir numara, çok önemli şey/kimse *number representation mat.* sayı gösterimi *number system* sayı sistemi, sayı dizgesi *number theory mat.* sayılar kuramı

numbering /'nambıring/ *a.* numaralama, numara verme *numbering machine* numaralama makinesi, sayılayıcı

numberplate /'nambıpleyt/ *a. oto.* plaka

numbness /'namnis/ *a.* uyuşukluk

numeral /'nyu:mırıl/ *a.* rakam, sayı ¤ *s.* sayısal, rakamsal *numeral adjective* sayı sıfatı

numeralogy /'nyu:mırolıci/ *a.* numeroloji, sayıların gizli anlamlarını çıkarma

numerate /'nyu:mırit/ *s. İİ.* matematikten anlayan, matematik kafası olan

numeration /nyu:mı'reyşın/ *a. mat.* sayıtlama, nümerasyon

numerator /'nyu:mıreytı/ *a. mat.* pay

numeric /nyu:'merik/ *s.* sayısal *numeric character biliş.* sayısal karakter *numeric character set biliş.* sayısal karakter takımı *numeric code biliş.* sayısal kod *numeric data biliş.* sayısal veri *numeric field biliş.* sayısal alan *numeric punching biliş.* sayısal delgileme *numeric representation biliş.* sayısal gösterim *numeric string biliş.* sayısal dizgi, sayısal katar *numeric variable biliş.* sayısal değişken *numeric word biliş.* sayısal kelime/sözcük

numerical /nyu:'merikıl/ *s.* sayısal *numerical control biliş.* sayısal denetim *numerical filing* sayısal dosyalama *numerical selector* sayısal seçici *numerical sorting biliş.* sayısal sıralama *numerical value mat.* sayısal değer

numerous /'nyu:mırıs/ s. birçok, sayısız

numismatic /nyu:miz'metik/ s. numizmatik

numismatics /nyu:miz'metiks/ a. numizmatik, madeni para bilimi

nun /nan/ a. rahibe

nuncio /'nansiou/ a. papalık elçisi

nuncupative /'nankyupeytiv/ s. sözlü, yazılı olmayan

nunnery /'nanıri/ a. rahibe manastırı

nuptial /'napşıl/ s. evlenme/düğün ile ilgili

nurse /nö:s/ a. hemşire, hastabakıcı; çocuk bakıcısı, dadı ¤ e. bakmak, iyileştirmek, hastabakıcılık yapmak; bakmak, ilgilenmek; meme vermek, emzirmek; (kin, vb.) beslemek **nurse a grudge** kin beslemek

nursemaid /'nö:smeyd/ a. çocuk bakıcısı, dadı

nursery /'nö:sıri/ a. çocuk odası; çocuk yuvası, kreş; fidanlık; balık üretme havuzu **nursery garden** trm. fidanlık **nursery language** çocuk dili **nursery rhyme** çocuk şiiri **nursery school** anaokulu

nursing /'nö:sing/ a. hemşirelik, hastabakıcılık **nursing home** özel sağlık yurdu

nurture /'nö:çı/ e. bakmak, büyütmek, yetiştirmek

nut /nat/ a. fındık; ceviz; vida somunu; kon. çatlak, kaçık, üşütük; kon. düşkün, hayran, hasta; kon. kafa, baş; kab. arg. taşak **a hard nut to crack** zor mesele, zor iş, problem, çetin ceviz **be off one's nut** aklını kaçırmış olmak **do one's nut** tepesi atmak

nutation /nyu:'teyşın/ a. gökb. nütasyon, üğrüm

nutcase /'natkeys/ a. kon. deli, kaçık, üşütük

nutcracker /'natkrekı/ a. fındıkkıran, kıracak

nuthouse /'nathaus/ a. kon. tımarhane

nutmeg /'natmeg/ a. küçük hindistancevizi

nutrient /'nyu:triınt/ s. besleyici ¤ a. besin, gıda

nutrition /nyu:'trişın/ a. beslenme; yiyecek, besin, gıda

nutritious /nyu:'trişıs/ s. besleyici, yararlı

nutritive /'nyu:tritiv/ s. besleyici **nutritive value** besleme değeri

nuts /nats/ s. kon. deli, kaçık, çatlak, üşütük **be nuts about** delisi olmak, hastası olmak

nutshell /'natşel/ a. fındık kabuğu; kon. özet, kısa açıklama; arg. deli, kaçık, çatlak, üşütük **to put it in a nutshell** özet olarak söylemek gerekirse

nuzzle /'nazıl/ e. burnu ile dürtmek

nylon /'naylon/ a. naylon

nymph /nimf/ a. peri

nympho /'nimfou/ a. s. arg. nemfoman, erkek delisi

nymphomania /nimfı'meyniı/ a. nemfomani, erkeğedoymazlık

nymphomaniac /nimfı'meyniek/ a. s. nemfoman, erkeğedoymaz

O

O, o /ou/ a. İngiliz abecesinin on beşinci harfi; (konuşmada) sıfır

O, o /ou/ ünl. hey!, o!, aman!

oaf /ouf/ a. sakar ve hantal kimse, ayı

oafish /oufiş/ s. sakar, beceriksiz

oak /ouk/ a. meşe ağacı; meşe odunu **oak apple** yaş mazı **oak barren** meşelik **oak gall** mazı **oak timber** meşe kerestesi

oaken /'oukın/ s. meşeden yapılmış

oaklet /'ouklit/ a. küçük meşe ağacı

oakum /'oukım/ a. üstüpü, kalafat ipi **pick oakum** üstüpü kullanmak; kodeste yatmak

oakwood /'oukwud/ a. meşe ağacının kerestesi; meşe ormanı

oar /o:/ a. kürek, sandal küreği **put one's oar in** söze karışmak, maydanoz olmak

oared /'o:d/ s. kürekle yönetilen

oarlock /'o:lok/ a. Aİ. den. ıskarmoz

oarsman /'o:zmın/ a. kürekçi

oarswoman /'o:zwumın/ a. bayan kürekçi

oasis /ou'eysis/ a. vaha, çöl yerleşimi

oast /oust/ a. şerbetçiotu kurutma fırını

oat /out/ a. yulaf tanesi

oaten /'outın/ a. yulaf +, yulaftan yapılmış

oath /out/ a. ant, yemin; sövgü, küfür **on/under oath** huk. gerçeği söyleyeceğine yeminli

oatmeal /'outmi:l/ a. yulaf ezmesi

oats /'outs/ a. yulaf; yulaf ezmesi **be off one's oats** iştahı kesilmek **feel one's oats kon.** yaşam/enerji dolu olmak **sow one's wild oats** kurtlarını dökmek

obbligato /obli'ga:tou/ s. müz. obligato

obduracy /'obdyurısi/ a. inatçılık, sertlik

obdurate /'obcurit/ s. inatçı

obedience /ı'bi:di:ıns/ a. itaat, uyma, söz dinleme

obedient /ı'bi:diınt/ s. itaatkâr, söz dinler, uysal **Your obedient servant** bendeniz, kulunuz

obeisance /ou'beysıns/ a. saygı, hürmet **do/make obeisance to sb** saygı göstermek

obeisant /ou'beysınt/ s. saygılı, hürmetli

obelisk /'obılisk/ a. dikilitaş

obelus /'obılıs/ a. başvurma işareti

obese /ou'bi:s/ s. çok şişman, şişko

obeseness /ou'bi:snis/ s. aşırı şişmanlık

obey /ou'bey/ e. itaat etmek, uymak, riayet etmek; denileni yapmak, söz dinlemek

obfuscate /'obfıskeyt/ e. şaşırtmak, sersemletmek

obfuscation /'obfıskeyşın/ a. şaşırtma, sersemletme

obituary /ı'biçuıri/ a. ölüm ilanı

object /'obcikt/ a. nesne, şey, madde, obje; amaç; mevzu, konu; dilb. nesne, tümleç **direct object** dolaysız tümleç **expense/money etc no object** masrafın/paranın vb'nin önemi yok, masraf/para vb. problem değil **indirect object** dolaylı tümleç **object clause** nesne tümce **object finder** vizör **object glass** objektif **object language** konudil, amaç dil **object lens** objektif (camı), mercek **object lesson** örnek, ders, ibret

object /ıb'cekt/ e. karşı çıkmak, itiraz etmek

objectify /ob'cektifay/ e. somutlaştırmak, nesnelleştirmek

objection /ıb'cekşın/ a. itiraz; sakınca, engel **have no objection to sb** -e itirazı olmamak **make/raise an objection to sth** itirazda bulunmak **take an objection to sth** itiraz etmek

objectionable /ıb'cekşınıbıl/ s. itiraz edilebilir; sakıncalı; nahoş, tatsız

objective /ıb'cektiv/ s. tarafsız, yansız; nesnel, objektif ¤ a. amaç, hedef; mercek, objektif **objective lens** fiz. objektif mercek **objective mount** mercek çerçevesi **objective noise meter** fiz. objektif gürültü ölçme aygıtı

objectless /ob'ciktlis/ s. amaçsız, ereksiz

objector /ıb'cektı/ a. itirazcı, protesto eden

object d'art /obcey'da:/ a. sanatsal nesne

objurgate /'obcö:geyt/ e. azarlamak, paylamak

oblate /'obleyt/ s. mat. kutupları yassılaşmış

oblateness /'obleytnıs/ a. gökb. basıklık

oblation /ı'bleyşın/ a. adak

obligate /'obligeyt/ e. bağlamak, mecbur etmek, zorlamak

obligation /obli'geyşın/ a. zorunluluk, mecburiyet; yükümlülük; ödev; senet, borç senedi **obligation imposed by speaker** konuşucu tarafından yüklenen gereklilik **obligation to buy** satın alma yükümlülüğü

obligatory /ı'bligıtıri/ s. zorunlu, bağlayıcı **obligatory transformation** zorunlu dönüşüm

oblige /ı'blayc/ e. zorunda bırakmak, zorlamak; lütufta bulunmak, lütfetmek, iyilikte bulunmak, minnettar bırakmak **I'm much obliged to you** Size minnettarım

obliging /ı'blaycing/ s. yardıma hazır

oblique /ı'bli:k/ s. dolaylı; eğri, eğik, yatık, meyilli **oblique angle** mat. yatık açı **oblique cone** mat. eğik koni, yatık koni **oblique coordinates** mat. yatık koordinatlar, yatık konaçlar **oblique fault** yerb. diyagonal kırık, çapraz kırık **oblique scarf joint** inş. kamalı bağlama **oblique triangle** mat. eğik üçgen, yatık üçgen

obliquity /ı'blikwiti/ a. eğrilik, eğrilik; ahlaksızlık

obliterate /ı'blitıreyt/ e. yok etmek, izini bırakmamak, silmek; geçersiz kılmak

oblivion /ı'bliviın/ a. unutulma; unutma, dikkatsizlik, dalgınlık **fall into oblivion** unutulup gitmek

oblivious /ı'bliviıs/ s. bihaber, farkında olmayan **be oblivious of sth** -den bihaber olmak oblong /'oblong/ *s. a.* dikdörtgen

obloquy /'oblıkwi/ *a.* kötüleme, yerme, kınama, azarlama; gözden düşme, saygınlığını yitirme, itibarını kaybetme *fall into obloquy* rezil olmak, dillere düşmek

obnoxious /ıb'nokşıs/ *s.* uygunsuz, çirkin, kötü, pis, iğrenç

oboe /'oubou/ *a. müz.* obua

oboist /'oubouist/ *a. müz.* obua çalan kimse

obscene /ıb'si:n/ *s.* açık saçık, müstehcen *obscene libel* müstehcen yayın *obscene talker* ağzı pis kimse, küfürbaz

obscenity /ıb'seniti/ *a.* müstehcenlik; müstehcen şey

obscurant /'obskyuırınt/ *a.* reforma/bilime karşı çıkan kimse, gerici, örümcek kafa

obscurantism /'obskyuırentizım/ *a.* reforma/bilime karşı çıkma, gericilik, örümcek kafalılık

obscuration /obskyu'reyşın/ *a.* karartma, kararma

obscure /ıb'skyuı/ *s.* anlaşılması güç, kapalı, anlaşılmaz; karanlık; pek tanınmamış, silik ¤ *e.* anlaşılmaz hale getirmek, karıştırmak; gizlemek, gözden saklamak, örtmek

obsequies /'obsikwiz/ *a.* cenaze töreni

obsequious /ıb'si:kwiıs/ *s.* itaatkâr, boyun eğen

obsequiousness /ıb'si:kwiısnis/ *a.* yağcılık, yaltakçılık

observable /ıb'zö:vıbıl/ *s.* görünür, fark edilir

observance /ıb'zö:vıns/ *a.* itaat, yerine getirme, yapma; görenek

observant /ıb'zö:vınt/ *s.* uyan, itaatli; dikkatli

observation /obzı'veyşın/ *a.* inceleme, gözlem; gözlem; gözleme, gözetleme; düşünce, görüş *observation balloon* rasat balonu, inceleme balonu, meteoroloji balonu *observation car* geniş pencereli vagon *observation hole* gözetleme deliği *observation matrix biliş.* gözlem matrisi *observation port* gözetleme deliği *observation tower* gözetleme kulesi *observation ward hek.* müşahede odası *observa-tion window* gözetleme camı, kontrol camı *under observation* bakımda, müşahede altında

observatory /ıb'zö:vıtıri/ *a.* rasathane, gözlemevi

observe /ıb'zö:v/ *e.* dikkat etmek, dikkatle bakmak, gözlemek; incelemek, gözlem yapmak, gözlemlemek; gözetlemek; -e uymak, saygı göstermek, riayet etmek; görüş belirtmek, söylemek, demek

observer /ıb'zö:vı/ *a.* gözlemci; kurallara uyan kimse

obsess /ıb'ses/ *e.* hiç aklından çıkmamak, kafasında yer etmek, kafasına takılmak

obsession /ıb'seşın/ *a.* takınak, saplantı, sabit fikir

obsessive /ıb'sesiv/ *s.* saplantısal

obsidian /ob'sidiın/ *a. yerb.* obsidiyen

obsidianite /ob'sidiınayt/ *a. gökb.* tektit, camsı göktaşı

obsolescence /obsı'lesıns/ *a.* eskime, modası geçme

obsolescent /obsı'lesınt/ *s.* eskimeye yüz tutmuş, demode olmaya başlamış

obsolete /'obsıli:t/ *s.* eskimiş, eski, modası geçmiş

obstacle /'obstıkıl/ *a.* engel

obstetric(al) /ob'stetrik(ıl)/ *s.* doğum +, gebelik +

obstetrician /obsti'trişın/ *a.* doğum uzmanı

obstetrics /ıb'stetriks/ *a.* doğum doktorluğu, doğumbilim

obstinacy /'obstinısi/ *a.* inatçılık

obstinate /'obstinit/ *s.* inatçı

obstreperous /ıb'strepırıs/ *s.* şamatacı, gürültücü; haşarı, haylaz

obstruct /ıb'strakt/ *e.* tıkamak; engellemek

obstruction /ıb'strakşın/ *a.* engel; tıkanıklık

obstructive /ıb'straktiv/ *s.* engelleyici, zorluk çıkarıcı

obtain /ıb'teyn/ *e.* elde etmek, edinmek, sağlamak; almak

obtainable /ıb'teynıbl/ *s.* elde edilebilir, temin edilebilir

obtainment /ıb'teynmınt/ *a.* sağlama, elde etme

obtrude /ıb'tru:d/ *e.* (görüş) zorla

benimsetmek; kendini zorla kabul ettirmek, çağırılmadan gitmek

obtrusion /ıb'tru:jın/ *a.* sokma, sokulma; kendini zorla kabul ettirme; yılışma

obtrusive /ıb'tru:siv/ *s.* sıkıntı veren, sırnaşık, yılışık, askıntı; göze batan

obturate /'obtyuıreyt/ *e.* tıkamak, kapamak

obturation /obtyuı'reyşın/ *a.* tıkama, kapama

obtuse /ıb'tyu:s/ *s.* aptal, kalın kafalı; (açı) geniş *obtuse angle mat.* geniş açı

obtuseness /ıb'tyu:snis/ *a.* aptallık, kalın kafalılık; duygusuzluk, hissizlik

obverse /ıb'vö:s/ *a.* para, madalya, vb.'nin ön yüzü

obversely /ob'vö:sli/ *be.* tersine çevirerek, ters açıdan

obviate /'obvieyt/ *e.* üstesinden gelmek, çözmek, halletmek

obviation /obvi'eyşın/ *a.* üstesinden gelme, çözme, halletme

obvious /'obviıs/ *s.* apaçık, belli, gün gibi ortada, besbelli

obviously /'obviısli/ *be.* besbelli, belli ki

obviousness /'obviısnis/ *a.* besbellilik, açıklık, aşikârlık

occasion /ı'keyjın/ *a.* fırsat; münasebet, vesile; özel olay, önemli gün; neden; uygun zaman, sıra; durum, hal; gerek, lüzum, ihtiyaç, icap *on occasion* ara sıra, arada bir

occasional /ı'keyjınıl/ *s.* arada sırada olan

occasionally /ı'keyjınıli/ *be.* arada sırada, ara sıra, bazen

Occident /'oksidınt/ *a.* batı; (Batı) Avrupa; Amerika

Occidental /oksi'dentıl/ *s.* batı ile ilgili; batılı

occipital /ok'sipitıl/ *a. anat.* artkafa, kafanın arka kısmı

occiput /'oksipat/ *a. anat.* artkafa, kafanın arka kısmı

occlude /ı'klu:d/ *e.* tıkamak, kapamak; emmek, absorbe etmek

occlusion /ı'klu:jın/ *a.* oklüzyon, kapatılma; emme, emilme

occlusive /o'klu:siv/ *s. a.* kapantılı (ünsüz), patlamalı (ünsüz)

occult /'okalt/ *s.* gizli; büyülü, gizemli, esrarengiz *occult science* gizli bilimler

occultation /okal'teyşın/ *a. gökb.* örtülme, okültasyon

occultism /'okıltizım/ *a.* gizli güçlere inanma

occultist /'okıltist/ *a.* gizli güçlere inanan kimse

occupancy /'okyupınsi/ *a.* işgal; kullanım süresi *occupancy of a software facility biliş.* bir yazılım olanağını kullanım oranı

occupant /'okyupınt/ *a.* bir yerde oturan kimse, sakin; işgal eden kimse, kiracı; mal sahibi

occupation /okyu'peyşın/ *a.* meslek, iş; işgal; tasarruf, zilyetlik *occupation mobility* mesleki akışkanlık

occupational /okyu'peyşınıl/ *s.* mesleki, meslekle ilgili, iş *occupational accident* iş kazası *occupational disease* meslek hastalığı *occupational hazard* iş tehlikesi *occupational therapy* iş terapisi

occupier /'okyupayı/ *a.* bir yerde oturan kimse, sakin

occupy /'okyupay/ *e.* işgal etmek, zapt etmek; -de oturmak; işgal etmek, doldurmak; meşgul etmek

occur /ı'kö:/ *e.* vuku bulmak, meydana gelmek, olmak; bulunmak, yer almak, var olmak *occur to* aklına gelmek

occurrence /ı'karıns/ *a.* olay, hadise

ocean /'ouşın/ *a.* okyanus; çok şey, fazla miktar *a drop in the ocean* devede kulak *ocean bed/bottom* okyanus dibi *ocean lane* okyanus gemilerinin rotası *oceans of kon.* çok, sürüyle

oceanic /ouşi'enik/ *s.* okyanus+, okyanusla ilgili

oceanographic(al) /ouşını'grefik(ıl)/ *s.* oşinografik

oceanographer /ouşın'ogrıfı/ *a.* oşinograf, denizbilimci

oceanography /ouşın'ogrıfı/ *a.* oşinografi, okyanusbilim, denizbilim

ochlocracy /ok'lokrısi/ *a.* avam idaresi

ochre /'oukı/ *a.* toprak boya, aşıboyası; koyu sarı renk

ochreous /'oukriıs/ *s.* toprak boyalı, aşıboyalı; koyu sarı

o'clock /ı'klok/ *be.* (tam saatlerde kullanılır) saat +

octagon /'oktıgın/ *a. mat.* sekizgen

octagonal /ok'tegınıl/ s. sekiz köşeli
octahedral /oktı'hi:drıl/ s. sekiz yüzeyli
octahedrite /oktı'hi:drayt/ a. min. oktahedrit
octahedron /oktı'hi:drın/ a. mat. sekizyüzlü
octal /'oktıl/ s. mat. sekizli **octal digit** biliş. sekizli sayı **octal notation** biliş. sekizli yazım
octane /'okteyn/ a. kim. oktan **octane number** oktan sayısı **octane rating** oktan değeri
octant /'oktınt/ a. mat. sekizlik
octave /'oktiv, 'okteyv/ a. müz. oktav **octave analyser** fiz. oktav analizatörü **octave filter** fiz. oktav süzgeç
octavo /ok'teyvou/ a. sekiz yaprak halinde katlanmış kâğıt tabakası
octet /ok'tet/ a. oktet; biliş. sekiz bitli bayt
octillion /ok'tilyın/ a. mat. oktilyon
October /ok'toubı/ a. ekim
octodecimo /oktou'desimou/ a. bir tabakanın on sekiz yaprak olmak üzere katlanmasından oluşan forma
octogenarian /oktouci'neıriın/ s. seksenlik, 80-90 yaşında olan
octopod /'oktıpod/ a. hayb. ahtapot
octopus /'oktıpıs/ a. hayb. ahtapot
octosyllabic /oktousi'lebik/ a. s. sekiz heceli (mısra)
ocular /'okyulı/ s. göz +, göz ile ilgili; gözle görülür, kesin ¤ a. fiz. oküler, göz merceği
ocularly /'okyulıli/ be. gözle görünür biçimde; kesin olarak
oculist /'okyulist/ a. göz doktoru
odd /od/ s. acayip, tuhaf, garip; çifti olmayan, tek, eşi yok; (sayı) tek; (sayı) kon. küsur; arada sırada olan, düzensiz **odd-even check** biliş. tek-çift eşlik denetimi **odd-even nuclei** fiz. tek-çift çekirdekler **odd function** mat. tek fonksiyon, tek işlev **odd harmonic** fiz. tek sayılı harmonik **odd number** mat. tek sayı **odd-odd nuclei** fiz. tek-tek çekirdekler **odd parity** tek parite, tek eşlem **odd parity check** biliş. tek eşlik denetimi
oddity /'oditi/ a. acayip kişi ya da şey, antika
oddly /'odli/ be. garip bir şekilde, tuhaf bir şekilde **oddly enough** ne gariptir ki,

tuhaftır ki
oddment /'odmınt/ a. artık, kalıntı, döküntü
odds /'odz/ a. olasılık, şans, ihtimaller; (bahiste) ikramiye oranı **at odds (with)** ile anlaşmazlık içinde **be at odds with** araları açılmak/bozulmak **it/that makes no odds** İl. fark etmez, önemi yok **odds and ends** ufak tefek şeyler, ıvır zıvır **What's the odds?** Ne çıkar?
odds-on /odz'on/ s. (yarışta) kazanması beklenen
ode /oud/ a. ed. uzun bir tür şiir, od
odious /'oudiıs/ s. iğrenç, nefret uyandırıcı, tiksindirici
odiousness /'oudiısnis/ a. iğrençlik, çirkinlik
odium /'oudyım/ a. yüzkarası, ayıp; iğrençlik; nefret
odometer /o'domitı/ a. oto. yolölçer, odometre
odontic /o'dontik/ s. diş ile ilgili **odontic nerve** diş siniri
odontology /odon'tolıci/ a. diş bilimi, odontoloji
odor /oudı/ a. Aİ. bkz. odour
odorant /'oudırınt/ s. kokulu; güzel kokulu
odour /'oudı/ a. (ter, vb.) koku
odourless /'oudılıs/ s. kokusuz
odyssey /'odisi/ a. uzun ve serüvenli yolculuk
oedema /i:'di:mı/ a. hek. ödem
oedipal /'i:dipıl/ s. ödip kompleksiyle ilgili
Oedipus complex /'i:dipıs kompleks/ a. Ödip kompleksi
oedometer /i:'domitı/ a. ödometre, pekleşmeölçer, pekleşme aygıtı
oenology /i:'nolıci/ a. şarap araştırma bilimi
o'er /ouı/ be. ed. yaz. bkz. over
oesophageal /i'sofı'ciıl/ s. anat. yemek borusu ile ilgili **oesophageal orifice** yemek borusu ağzı, yutak
oesophagus /i'sofıgıs/ a. anat. yemek borusu
oestrogen /'i:strıcın/ a. östrojen
of /ov; ıv/ ilg. -in, -ın, -nin, -nın; ... sahibi, -li; -den, -dan; -den, -dan, -yüzünden; hakkında, ilgili, üstüne; içeren, içinde olan
off /of/ be. s. uzakta, uzağa, uzak;

gitmiş, ayrılmış; izinli; sönmüş, kapalı, çalışmayan; tamamen; kötü, her zamanki gibi iyi değil; (yiyecek, içecek) bozulmuş, bozuk; *kon.* kötü, kaba; suya düşmüş, ertelenmiş, vazgeçilmiş; (para, vb.) sahibi ¤ *ilg.* -den, -dan; -den uzak; -den ayrılan, sapan; yakınında; açıklarında; -den uzak, soğumuş/bıkmış/vazgeçmiş *off and on* ara sıra, bazen, ikide birde *off emergency biliş.* acil durdurma *off-glide* gevşeme *off-line equipment biliş.* hat-dışı ekipman, çevrim-dışı donatı, bağsız donatı *off-line operation biliş.* hat-dışı işlem, çevrim-dışı işlem, bağsız işlem *off-line processing biliş.* hat-dışı işleme, çevrim-dışı işleme, bağsız işleme *off-line storage biliş.* hat-dışı bellek, çevrim-dışı bellek, bağsız bellek *off-line unit biliş.* hat-dışı birim, çevrim-dışı birim, bağsız birim *off-line working biliş.* çevrim-dışı çalışma *off-line biliş.* hat-dışı, çevrim-dışı, bağsız *off-punch biliş.* kayık delgi, yanlış delgi *off season* ölü sezon *off-shade dyeing teks.* hatalı boyama *off-side* taşıtın yol tarafı, taşıtın sol tarafı *off-street parking* yol dışı parkı *off the shelf biliş.* rafta hazır, satılmaya hazır, satışa hazır

offal /'ofıl/ *a.* sakatat; süprüntü, artık, çerçöp

offbeat /of'bi:t/ *s. kon.* olağandışı, garip, tuhaf, acayip

offence /ı'fens/ *a.* suç, kusur, kabahat, yasaya aykırı davranış; saldırı; gücendirme, kırma, hakaret

offend /ı'fend/ *e.* suç işlemek; gücendirmek, kırmak; rahatsız etmek, hoş gelmemek

offender /ı'fendı/ *a. ört.* suçlu, suç işlemiş kimse

offense /ı'fens/ *a. Aİ. bkz.* offence

offensive /ı'fensiv/ *s.* pis, kötü, çirkin, tiksindirici, iğrenç; saldırıyla ilgili ¤ *a.* sürekli saldırı *on the offensive* sürekli saldıran *take the offensive* saldırıya geçmek

offer /'ofı/ *e.* teklif etmek ¤ *a.* teklif, öneri; sunma, takdim, arz; fiyat teklifi *offer for sale* satılığa çıkarmak *offered price* teklif edilen fiyat *get an offer* iş teklifi almak *offer price* arz fiyatı, satış fiyatı

offering /'ofıring/ *a.* bağış, adak, kurban; teklif, sunu

offhand /of'hend/ *s. be.* inceliksiz, saygısız, kaba; hazırlıksız, düşünmeden

office /'ofis/ *a.* yazıhane, büro, ofis; devlet dairesi, kalem; iş, memuriyet; görev; bakanlık *be in office* iktidar partisi olmak *enter upon an office* göreve başlamak *hold an office* bir makam işgal etmek *office automation biliş.* ofis otomasyonu, büroda bilgisayar kullanımı *office clerk* büro memuru *office holder* devlet memuru *office hours* iş saatleri, mesai saatleri *office machinery* büro makineleri *office manager* büro müdürü *office seeker* iş arayan kimse *office staff* büro elemanları, ofis personeli *office supplies* büro malzemesi *office tower* gökdelen işhanı *office work* büro işi *take office* görev almak

officer /'ofisı/ *a.* görevli, memur; polis memuru; subay

official /ı'fişıl/ *s.* resmi; devletle ilgili ¤ *a.* görevli, memur *official act* resmi muamele *official call* resmi görüşme *official duties* resmi görevler *official exchange rate* resmi kur, resmi döviz kuru *official language* resmi dil *official list* resmi liste *official rate* resmi kur *official rate of discount* resmi ıskonto oranı *official residence* devlet konutu *official strike* resmi grev

officially /ı'fişıli/ *be.* resmi olarak, resmen

officiate /ı'fişieyt/ *e.* görev yapmak, vazife görmek

officinal /ofi'saynıl/ *a.* müstahzar, hazır ilaç *officinal plants* şifalı bitkiler

officious /ı'fişıs/ *s. hkr.* işgüzar, her işe burnunu sokan, ukala, çokbilmiş

offing /'ofing/ *a. den.* açık deniz, engin *in the offing* açık denizde, enginlerde; olmak üzere, eli kulağında *be in the offing* eli kulağında olmak, -mek üzere olmak

offish /'ofiş/ *s.* kimseye yaklaşmak istemeyen, soğuk

off-key /'ofki:/ *s.* ayarsız, akortsuz

off-licence /'oflaysıns/ *a. İİ.* içki satılan dükkân

off-peak /of'pi:k/ *s.* daha az meşgul,

sakin; daha sakin zamanlarda kullanılan, talebin düşük olduğu anla ilgili

off-season /'ofsi:zın/ *a.* ölü sezon, durgun sezon

offset /'ofset/ *a.* ofset, ofset baskı; bedel, karşılık; boru dirseği, deveboynu; daldırma, filiz, piç dal ¤ *e.* dengelemek, denkleştirmek; ofset basmak **offset printing** *bas.* ofset baskı **offset stacker** *biliş.* kaydırıcı toplama gözü

offshade /'ofşeyd/ *a.* hatalı renk, renk farkı

offshoot /'ofşu:t/ *a. bitk.* filiz, sürgün, dal; kök, filizlenme, doğuş

offshore /of'şo:/ *be. s.* kıyıdan uzak, kıyıdan uzakta, denizde **offshore drilling** *mad.* deniz sondajı, deniz dibi delmesi **offshore wind** *metr.* kıyıdan esen rüzgâr

offside /of'sayd/ *a. sp.* ofsayt

offspring /'ofspring/ *a.* çoluk çocuk, döl; yavru hayvan

oft /oft/ *be.* sık sık

often /'ofın/ *be.* sık sık **every so often** bazen, ara sıra **more often than not** çoğu zaman, çoğunlukla, genellikle

ogee /'ouci:/ *a. inş.* S biçimi, deveboynu; S biçimli korniş, S biçimli köşebent **ogee arch** *inş.* deveboynu kemer, sivri kemer

ogive /'oucayv/ *a. inş.* ojiv, kaşkemer, sivri kemer

ogle /'ougıl/ *e.* ilgiyle/arzuyla bakmak, süzmek, kesmek

ogler /'ouglı/ *a.* âşıkane bakan kimse, âşık

ogre /'ougı/ *a.* dev; korkunç kimse

ogress /'ougris/ *a.* dişi dev

oh /ou/ *ünl.* hey!, o!, aman!

ohm /oum/ *a. elek.* om, ohm **Ohm's law** *elek.* Ohm yasası **ohm-centimeter** *elek.* ohm-santimetre

ohmic /'oumik/ *s.* ohmik, om ile ilgili **ohmic contact** *elek.* ohmik kontak **ohmic loss** *elek.* ohmik kayıp **ohmic resistance** *elek.* ohm direnci **ohmic value** *elek.* ohm değeri

oil /oyl/ *a.* yağ; yağlıboya; petrol; zeytinyağı ¤ *e.* yağ sürmek, yağlamak **oil bath** yağ banyosu **oil bath air cleaner** *oto.* yağ banyolu hava filtresi,

yağlı hava süzgeci **oil brake** *oto.* yağ freni **oil burner** brülör, yakmaç **oil cake** küspe, köftün **oil can** yağdanlık **oil catcher** yağ siperi **oil circuit breaker** yağlı şalter **oil cleaner** yağ filtresi, yağ süzgeci **oil collector** yağ toplayıcı **oil colour** yağlıboya **oil company** petrol şirketi **oil control ring** *oto.* yağ segmanı/bileziği **oil cooled** yağ soğutmalı **oil cooler** yağ soğutucusu **oil cooling** yağlı soğutma **oil dipstick** *oto.* yağ seviye çubuğu, yağ çubuğu **oil drain** yağ boşaltma **oil drain plug** *oto.* yağ boşaltma tapası **oil duct** yağ kanalı **oil engine** ağır yağ motoru **oil feeder** yağlama aygıtı, yağdanlık **oil field** petrol yatağı, petrol alanı **oil-filled cable** yağlı kablo **oil film** yağ tabakası **oil filter** yağ filtresi, yağ süzgeci **oil-fired boiler** mazotlu kazan **oil groove** yağ oluğu, yağ kanalcığı **oil gun** yağ tabancası **oil hardened** yağla sertleştirilmiş **oil hardening** *met.* yağda sertleştirme **oil hardening steel** *met.* yağda sertleşmiş çelik **oil hole** yağ deliği **oil hose** yağ hortumu **oil lamp** yağ lambası, kandil **oil-level** yağ seviyesi, yağ düzeyi **oil-level gauge** yağ seviye göstergesi, yağ düzeyi göstergesi **oil-level indicator** yağ seviye göstergesi, yağ düzeyi göstergesi **oil line** yağ kanalı, yağ yolu **oil manifold** yağ manifoldu **oil mill** yağ değirmeni **oil painting** yağlıboya resim (sanatı) **oil pipe** *oto.* yağ borusu **oil pressure** yağ basıncı **oil pump** yağ pompası **oil pump gear** *oto.* yağ pompası dişlisi **oil quenched** *met.* yağda suverilmiş **oil quenching** *met.* yağda suverme **oil refinery** rafineri, petrol rafinerisi **oil relief valve** *oto.* yağ boşaltma supabı **oil repelling** yağ itici **oil reservoir** yağ rezervuarı **oil retainer** yağ tutucusu **oil rig** petrol kulesi **oil ring** yağ segmanı, yağ bileziği **oil scraper ring** yağ sıyırıcı segman **oil seal** yağ keçesi **oil seal leather** meşin yağ keçesi **oil seal ring** yağ keçesi bileziği **oil separator** yağ ayırıcı **oil shale** bitümlü şist **oil silk** *teks.* yağa batırılmış ipek **oil slick** su üzerinde yüzen petrol tabakası **oil slinger** yağ deflektörü **oil sludge** yağ tortusu **oil**

soluble yağda çözünen **oil spray** yağ püskürtme **oil stain** yağ lekesi **oil stone** bileğitaşı **oil strainer** yağ filtresi, yağ süzgeci **oil sump** oto. alt yağ karteri **oil switch** yağlı şalter **oil tank** yağ deposu **oil tanker** tanker, akaryakıt tankeri **oil thrower** yağ atıcı **oil trough** yağ tekneciği **oil tube** yağ borusu **oil way** yağ kanalı **oil well** petrol kuyusu, yeryağı kuyusu

oilcloth /'oylklɒt/ a. muşamba

oiled /'oyld/ s. yağlı **oiled linen** teks. yağlı keten **oiled silk** teks. yağlı ipek

oiler /'oylı/ a. gresör, yağdanlık

oiling /'oyling/ a. yağlama **oiling ring** yağlama segmanı/halkası

oilman /'oylmen/ a. petrolcü

oilpan /'oylpen/ a. oto. yağ karteri **oilpan drain** oto. yağ boşaltma, karter boşaltma **oilpan drain cock** oto. karter yağ boşaltma musluğu

oilskin /'oylskin/ a. muşamba, muşambadan yapılmış şey

oily /'oyli/ s. yağlı, yağla ilgili; hkr. aşırı nazik, yağcı

oink /oynk/ a. kon. domuz sesi ¤ e. domuz sesi çıkarmak

ointment /'oyntmınt/ a. merhem

OK /ou'key/ be. tamam, olur ¤ a. okey, olur ¤ e. onaylamak, olur vermek

okay /ou'key/ be. kon. peki, kabul, tamam, oldu, okey ¤ s. kon. iyi; uygun; idare eder, fena değil ¤ a. kon. onay, izin, olur, okey ¤ e. kon. onaylamak, okeylemek

okra /'oukrı/ a. bamya

old /ould/ s. yaşlı; ... yaşında; eski; eski, önceki; deneyimli, pişkin **How old are you?** Kaç yaşındasın(ız)? **of old** uzun zaman önce, geçmişteki, uzun süredir **old age** yaşlılık, ihtiyarlık **old age pension** yaşlılık maaşı **old boy** İİ. eski öğrenci **old country** göçmenin anayurdu **old fogey** örümcek kafalı **old hand** deneyimli kimse, eski kurt **old lady** arg. anne, kocakarı; karı, kocakarı **old people's home** yaşlılar evi **Old World** coğ. Eskidünya

olden /'ouldın/ s. geçmiş, uzun süre önceki

old-fashioned /ould'feşınd/ s. eski, modası geçmiş, demode

oldie /'ouldi/ a. moruk, ihtiyar; soğuk espri

oldish /'ouldiş/ s. yaşlıca; eskice, oldukça eski

oldster /'ouldstı/ a. yaşlı, ihtiyar

old-timer /ould'taymı/ a. (bir işte/yerde) eski olan kimse; Al. yaşlı adam

oleaginous /ouli'ecinıs/ s. yağlı; yağcı, yaltakçı

oleander /ouli'endı/ a. zakkum, ağıağacı

oleate /'oulieyt/ a. oleat

olefin(e) /'oulifi:n/ a. olefin

oleograph /'ouliougra:f/ a. yağlıboya taklidi resim

oleography /ouli'ogrıfi/ a. yağlıboya taklidi resim biçemi

oleomargarine /ouliouma:cı'ri:n/ a. margarin

oleum /'oulıım/ a. oleum

oligarch /'oliga:k/ a. oligarşi yöneticisi

oligarchy /'oliga:ki/ a. takımerki, oligarşi

Oligocene /'oligousi:n/ a. yerb. Oligosen

oligomer /o'ligımı/ a. oligomer

oligopoly /oli'gopıli/ a. oligopol

oligopsony /oli'gopsıni/ a. oligopson

olio /'ouliou/ a. mutf. türlü; müz. derleme, potpuri

olive /'oliv/ a. bitk. zeytin; zeytin ağacı **hold out the olive branch** zeytin dalı uzatmak **oil branch** (barışın simgesi) zeytin dalı **olive oil** zeytinyağı **olive tree** zeytin ağacı

olive-green /'olivgri:n/ s. zeytin yeşili, zeytuni

olivenite /o'livinayt/ a. min. olivenit

oliver /'olivı/ a. ayak çekici, küçük çekiç

olivine /'olivi:n/ a. min. olivin

ology /'olıci/ a. bilim dalı

Olympiad /ou'limpied/ a. Olimpiyat

Olympian /ou'limpiın/ s. görkemli, muhteşem

Olympic /ı'limpik/ s. olimpik **Olympic games** Olimpiyat Oyunları, Olimpiyatlar

ombrophilous /om'brofilıs/ s. coğ. yağmuru seven

ombudsman /'ombudzmın/ a. soruşturma kurulu üyesi

omega /'ouigı/ a. omega

omelet(te) /'omlit/ a. omlet **ham omelette** jambonlu omlet **cheese omelette** peynirli omlet

omen /'oumın/ *a.* kehanet; alamet

omentum /ou'mentım/ *a. anat.* epiplon, bağırsakları örten zar

ominous /'ominıs/ *s.* kötülük habercisi, uğursuz

omissible /ou'misibıl/ *s.* atlanabilir, yapılmayabilir

omission /ou'mişın/ *a.* dahil etmeme, atlama, çıkarma; atlanan şey/kimse

omit /ou'mit/ *e.* dahil etmemek, atlamak, geçmek, çıkarmak; ihmal etmek, yapmamak

omnibus /'omnibıs/ *a.* (bir yazarın birçok yapıtını içeren) kitap; otobüs ¤ *s.* birçok şey içeren

omnidirectional /omnidi'rekşınıl/ *s.* yönsüz, yöneltmesiz *omnidirectional aerial/antenna* yönsüz anten, yöneltmesiz anten

omnifarious /omni'feıriıs/ *s.* her türden, değişik türden

omnipotence /om'nipıtıns/ *a.* her şeyi yapabilecek güç, sınırsız güç

omnipotent /om'nipıtınt/ *s.* her şeyi yapabilecek güçte olan, gücü sınırsız

omnipresence /omni'prezıns/ *a.* aynı anda her yerde olma

omnipresent /omni'prezınt/ *a.* aynı anda her yerde olabilen

omniscience /om'nisiıns/ *a.* her şeyi bilme

omniscient /om'nişınt/ *s.* her şeyi bilen

omnium /'omniım/ *a.* sermaye ve borçlar toplamı

omnivorous /om'nivırıs/ *s.* hem otobur hem etobur, her şeyi yiyen

omoplate /'oumoupleyt/ *a. anat.* kürekkemiği, omuz kemiği

omophalic /om'felik/ *s. anat.* göbek ile ilgili

omophalocele /'omfelousi:l/ *a. anat.* omfalosel

on /on/ *ilg.* üstünde, üstüne; -de, -da; hakkında, üzerine; kenarında, yanında, kıyısında; yönünde, -e doğru, -e; ile; *kon.* yanında, üzerinde; amacıyla, için ¤ *be.* aralıksız, durmadan, boyuna, sürekli; ileriye doğru, ileri; giymiş, üzerinde; yanmakta, çalışmakta, açık ¤ *s.* giyilmiş, giymiş; çalışmakta, açık, yanmakta, yanık; (film, oyun, vb.) oynamakta, gösterilmekte,

sergilenmekte *and so on* ve benzeri şeyler, ve saire *be on to* -den haberdar olmak *later on* daha sonra *not on kon.* yapması olanaksız *off and on* kesintili; arada sırada *on and off* ara sıra, bazen, aralıklı olarak *on and on* durmadan, boyuna *on-board* gemideki, uçaktaki *on board bill of lading* yükleme konşimentosu *on deck* güvertede *on demand* ibrazında, görüldüğünde *on line* on line, onlayn *on location sin.* stüdyo dışında, açıkta, dışarda, yerinde

onanism /'ounınizım/ *a.* mastürbasyon, özdoyunum; yarıda kalmış cinsel ilişki

onboard /'onbo:d/ *s.* uçak +, uçakla ilgili *onboard computer* uçak bilgisayarı

on-line /on'layn/ *s.* onlayn, hatta-bağlı, çevrim-içi *on-line central file biliş.* hatta-bağlı merkezi dosya, çevrim-içi özeksel kütük *on-line computer system biliş.* çevrim-içi bilgisayar sistemi *on-line data processing biliş.* çevrim-içi bilgi işlem *on-line data reduction biliş.* hatta veri azaltımı, çevrim-içi veri azaltımı *on-line equipment biliş.* hattaki ekipman, çevrim-içi donatı *on-line peripheral equipment biliş.* bağlı çevre birimi *on-line processing biliş.* çevrim-içi işlem *on-line programming biliş.* çevrim-içi programlama *on-line real time system biliş.* çevrim-içi gerçek zaman sistemi *on-line storage biliş.* çevrim-içi bellek *on-line system biliş.* bağlı sistem, çevrim-içi dizge *on-line test facilities biliş.* çevrim-içi deneme olanakları *on-line typewriter biliş.* çevrim-içi daktilo *on-line unit biliş.* çevrim-içi birim *on-line working biliş.* çevrim-içi çalışma *on-the-fly printer biliş.* fıçı tipi yazıcı, fıçılı yazıcı

once /wans/ *be.* bir kez, bir kere; bir zamanlar, eskiden ¤ *bağ.* -diği zaman; -dimi; -ince *all at once* aniden, birdenbire *at once* derhal, hemen, bir an önce, aynı anda *once and for all* ilk ve son kez *once for all* ilk ve son olarak *once in a blue moon* kırk yılda bir *once in a while* arada bir, bazen *once more* bir kez daha, yine *once or twice* bir iki kez *once upon a time* bir zamanlar; bir varmış bir yokmuş

once-over /'wansouvı/ *a. kon.* şöyle bir

bakma, göz atma, üstünkörü inceleme **give sth a/the once-over** bakıvermek, şöyle bir bakmak
oncoming /'onkaming/ *s.* ilerleyen, yaklaşan, gelen
oncost /'onkost/ *a.* genel giderler
ondograph /'ondougra:f/ *a.* ondograf
one /wan/ *a. s.* bir; tek; aynı ¤ *adl.* bir tane; insan **It's all one to me** Benim için hepsi bir, Fark etmez **one address** *biliş.* tek adres **one-address instruction** *biliş.* tek adres komutu **one after another** birer birer, birbiri ardına **one and all** hepsi, herkes **one and the same** aynı, tek, bir **one another** birbirini, birbirine **one-armed bandit** *kon.* kollu kumar makinesi **one-bath** tek banyo, tek banyolu **one-bath black** tek banyolu siyah, tek banyolu anilin siyahı **one condition** *biliş.* bir durumu, bir konumu **one-digit adder** *biliş.* bir sayılık toplayıcı, yarım toplayıcı **one-digit subtracter** *biliş.* bir sayı çıkarıcı, yarım çıkarıcı **one-dimensional array** *biliş.* tek boyutlu dizi **one-dip aniline black** *teks.* tek banyolu siyah, tek banyolu anilin siyahı **one element** *biliş.* bir elemanı, bir öğesi **one-engined** tekmotorlu **one gate** *biliş.* bir geçidi, ya da öğesi **one-group theory** *fiz.* tek grup teorisi, tek öbek kuramı **one-level address** *biliş.* tek düzeyli adres, dolaysız adres **one-level code** *biliş.* tek düzeyli kod, tek düzey kodu, saltık kod **one-level storage** *biliş.* tek düzey depolama yeri **one-level subroutine** *biliş.* tek düzeyli altyordam **one man company** tek kişilik şirket **one-off** *kon.* özel, özel olarak yapılan **one-output signal** *biliş.* bir çıktısı işareti **one-parameter family** *mat.* bir parametreli takım **one-particle model** *fiz.* tek tanecik modeli **one-piece** tek parçalı, yekpare **one-piece wing** *hav.* tek parça kanat **one-plus-one address** *biliş.* bir artı bir adresi **one-plus-one address instruction** *biliş.* bir artı bir adres komutu **one's complement** *biliş.* birin tamamlayıcısı **one-shot circuit** *biliş.* tek adım devresi **one-shot operation** *biliş.* tek adım işlemi **one-state** *biliş.* bir durumu **one-step operation** *biliş.* tek adım işlemi **one stop banking** tek

durak bankacılık **one-to-one** birebir **one-to-one assembler** *biliş.* birebir çevirici **one-to-one correspondence** *mat.* birebir eşleme, birebir uygu **one-to-one translator** *biliş.* birebir çevirici **one-to-zero ratio** *biliş.* bire sıfır oranı **one-valued function** *mat.* birdeğerli fonksiyon, tekdeğerli fonksiyon, birdeğerli işlev, tekdeğerli işlev
oneness /'wannis/ *a.* bir olma, birlik; fikir birliği
oner /'wanı/ *a.* yaman kimse, müthiş şey
onerous /'onırıs/ *s.* ağır, külfetli, güç, zahmetli **onerous contract** ivazlı akit, ivazlı sözleşme
onerousness /'onırısnis/ *a.* külfet, zahmet
oneself /wan'self/ *adl.* kendisi, kendi **kendine be oneself** kendinde olmak **by oneself** yalnız başına, yardımsız, kendi kendine **to oneself** kendine, kendisine özel, kendisi için
one-sided /wan'saydid/ *s.* yan tutan, taraf tutan, tek yanlı; bir yanı daha güçlü, eşit olmayan, denk olmayan
onetime /'wantaym/ *s.* eski
oneway /wan'wey/ *s.* tek yönlü; (bilet) gidiş **one-way channel** *biliş.* tekyönlü kanal, tek yollu oluk **one-way street** *yol.* tekyönlü yol **one-way ticket** gidiş bileti
ongoing /'ongouing/ *s.* devam eden, süren
onion /'anyın/ *a. bitk.* soğan **green onion** taze soğan **onion bed** *trm.* soğanlık **onion topper** *trm.* soğan baş kesme makinesi
onium dyestuff /'ouniım daystaf/ *a.* onyum boyarmaddesi
onlooker /'onlukı/ *a.* olaylara katılmayıp yalnızca izleyen kişi, seyirci
only /'ounli/ *be.* ancak, yalnız, yalnızca, sadece, sırf ¤ *bağ.* ama, ne var ki, ancak ¤ *s.* biricik, tek **if only** ah bir, ah keşke **only too** çok, tamamen
onomasiology /onımesi'olıci/ *a.* adbilim
onomasticon /onı'mestikın/ *a. biliş.* adlar kümesi
onomastics /onı'mestiks/ *a.* adbilim
onomatopoeia /onoumetou'pi:ı/ *a.* yansıtma
onrush /'onraş/ *a.* saldırı, atak, hücum,

hamle

onset /'onset/ *a.* (kötü bir şey için) başlangıç ya da ilk saldırı, ilk atak

onshore /on'şo:/ *s. be.* denizden karaya, kıyıya; sahilde, kıyıda

onside /on'sayd/ *s. be. sp.* ofsayt olmayan

onslaught /'onslo:t/ *a.* şiddetli saldırı

onto /'ontu/ *ilg.* üstüne, üzerine **onto mapping** *mat.* örten eşleme, örten gönderim

ontogenesis /ontou'cenısis/ *a.* ontogenez, bireyoluş

ontology /on'tolıci/ *a. fel.* ontoloji, varlıkbilim

onus /'ounıs/ *a.* yük, sorumluluk, görev **onus probandi** beyyine külfeti, kanıtlama zorunluluğu

onward /'onwıd/ *s.* ilerleyen

onwards /'onwıdz/ *be.* ileriye doğru, ileri

onyx /'oniks/ *a.* damarlı akik, oniks

ooblast /'ouıbla:st/ *a.* olgunlaşmamış dişi hücre

oocyst /'ouısist/ *a.* oosit, olgunlaşma dönemi öncesi dişi hücre

oodles /'u:dılz/ *a. kon.* çok büyük miktar **oodles of** pek çok, bol **oodles of money** bol para, bok gibi para *arg.*

oof /u:f/ *a. arg.* mangır, para

oolite /'oulayt/ *a. yerb.* oolit

oolong /'u:long/ *a.* çay

oomph /umf/ *a. arg.* cinsel cazibe

oops /ups/ *ünl. kon.* hop! aman!

oosperm /'ouıspö:m/ *a.* zigot, döllenmiş yumurtacık

ooze /u:z/ *a.* sızıntı; sulu çamur, balçık, bataklık ¤ *e.* sızmak; sızdırmak

opacity /ou'pesiti/ *a.* opaklık, donukluk

opal /'oupıl/ *a.* panzehirtaşı, opal **opal blue** opal mavisi **opal glass** sütlü cam, buzlu cam **opal lamp** opal lamba

opaque /ou'peyk/ *s.* ışıkgeçirmez, saydamsız; anlaşılması güç, anlaşılmaz

opaqueness /ou'peyknis/ *a.* opaklık, saydamsızlık

open /'oupın/ *s.* açık; etrafı çevrilmemiş, açık; (giysi, vb.) açık, iliklenmemiş; çözümlenmemiş, askıda; içten, açık, dürüst, samimi; herkese açık, girişi serbest; kullanıma hazır, açık ¤ *a.* açık hava ¤ *e.* açmak; açılmak **get sth out in the open** bir şeyi açığa çıkarmak

open account açık hesap **open caisson** *inş.* açık keson, açık sandık **open cast** *mad.* açık ocak **open cast mining** *mad.* açık ocak işletmeciliği **open cell** açık hücre, açık göze **open cheque** açık çek, adi çek, çizgisiz çek **open circuit** açık devre **open cluster** *gökb.* açık küme **open code** *biliş.* açık kod **open coil** *elek.* açık bobin **open combustion chamber** açık yanma odası **open core** *elek.* açık göbek **open credit** açık kredi **open diaphragm loudspeaker** *elek.* açık diyaframlı hoparlör **open die** *met.* açık kalıp **open die forging** *met.* serbest dövme, açık kalıplı dövme **open drain** *trm.* açık dren **open end bonds** ipotekli borç senedi **open end fund** açık uçlu fon **open ended** *biliş.* açık uçlu **open floor** delikli döşeme **open joint** dolgusuz derz, açık derz **open line** *biliş.* açık hat **open loop** *biliş.* açık döngü **open loop control** *biliş.* açık döngülü denetim **open loop control system** *biliş.* açık döngülü denetim sistemi **open market** açık pazar, açık piyasa **open market policy** açık piyasa politikası **open market purchases** açık piyasa alımları **open out** daha rahat konuşmak, açılmak **open pit** *mad.* açık ocak **open pit mining** *mad.* açık ocak işletmeciliği **open policy** açık poliçe **open position** açık pozisyon **open routine** *biliş.* açık yordam **open season** av mevsimi **open shop** *biliş.* açık işyeri, açık merkez, açık işletme **open space** açık alan **open subroutine** *biliş.* açık altyordam **Open University** açık üniversite, açıköğretim **open wire** çıplak tel **open-end spanner** çift ağızlı somun anahtarı **open-hearth furnace** *met.* Siemens-Martin fırını **open a bank account** banka hesabı açmak **open an account (with a shop)** (bir dükkânda) hesap açmak **open fire on sb** birini soru yağmuruna tutmak **open up** (to ile) -e açmak, başlatmak; *kon.* kapıyı açmak; rahat konuşmak, açılmak **open up a business** iş açmak

open-air /oupın'eı/ *s.* açık hava+ **open-air cinema** *sin.* açık hava sineması **open-air theatre** açık hava tiyatrosu

open-circuit /oupın'sö:kit/ *s.* açık devre

open-circuit current *elek.* açık devre akımı **open-circuit impedance** *elek.* açık devre empedansı **open-circuit voltage** *elek.* açık devre gerilimi

open-ended /oupın'endid/ *s.* kısıtlamasız, sınırsız **open-ended program** *biliş.* açık uçlu program

opener /'oupını/ *a.* açacak; *teks.* açıcı

open-handed /oupın'hendid/ *s.* eli açık, cömert

openhearted /oupın'ha:tid/ *s.* açık kalpli, içten, samimi; eli açık, cömert

opening /'oupıning/ *a.* açılış; boşluk; açık alan; iyi şartlar, fırsat; açık kadro, münhal kadro ¤ *s.* ilk, başlangıçta/açılışta yer alan, açış + **opening balance sheet** açılış bilançosu **opening price** açılış fiyatı **opening price convention** açılış fiyatı anlaşması

openly /'oupınli/ *be.* açıkça, açık açık, saklısız gizlisiz

open-minded /oupın'mayndid/ *s.* açık fikirli

open-mouthed /oupın'maudd/ *s.* ağzı açık; şaşakalmış, hayretten ağzı bir karış açık; (kap) geniş ağızlı; gürültücü; şamatacı; obur, haris

openness /'oupınıs/ *a.* açıklık, açık yüreklilik

opera /'opırı/ *a.* opera **comic opera** operakomik **opera cloak** tuvaletle birlikte giyilen bayan pelerini **opera glasses** opera dürbünü **opera hat** silindir erkek şapkası **opera house** opera binası

operable /'opırıbıl/ *s.* uygulanabilir, pratik; çalıştırılabilir; *hek.* operabl, ameliyat edilebilir

operand /'opırend/ *a. biliş.* işlenen

operate /'opıreyt/ *e.* işletmek, çalıştırmak; işlemek, çalışmak; ameliyat etmek

operatic /opı'retik/ *s.* opera ile ilgili, opera+ **operatic performance** opera sahneleme **operatic singer** opera şarkıcısı

operating /'opıreyting/ *a. s.* işletme, çalıştırma; ameliyat **operating assets** *eko.* işletme aktifleri **operating conditions** çalıştırma koşulları **operating console** *biliş.* işletim konsolu **operat-**

ing costs işletme giderleri, işletme masrafları **operating current** *elek.* çalışma akımı **operating delays** *biliş.* işletim gecikmeleri **operating display** *biliş.* işletim terminali, işletim göstericisi **operating efficiency** işletme verimi **operating expense** işletme masrafı, faaliyet gideri **operating expenses** işletme giderleri, işletme masrafları **operating instruction** çalıştırma talimatı **operating instructions** *biliş.* işletim komutları **operating lever** işletme kolu, kumanda kolu **operating mechanism** işletme mekanizması **operating point** *elek.* çalışma noktası **operating pressure** işletme basıncı **operating profit** işletme . kârı **operating ratio** *biliş.* işletim oranı **operating revenue** işletme geliri, faaliyet geliri **operating speed** işletim hızı **operating statement** işletme giderleri çizelgesi **operating station** *biliş.* işletim istasyonu **operating surgeon** cerrah **operating system** *biliş.* işletim sistemi, işletim dizgesi **operating table** ameliyat masası **operating theatre** ameliyat odası **operating voltage** *elek.* çalışma gerilimi

operation /opı'reyşın/ *a.* iş, çalışma; işletme; işleme, çalışma, işleme tarzı; ameliyat, operasyon; yürürlük; *ask.* harekât, operasyon **operation code** *biliş.* işletim kodu **operation code register** *biliş.* işletim kodu yazmacı **operation cycle** *biliş.* işlem çevrimi **operation decoder** *biliş.* işletim kodu çözücüsü, işlem belirleyicisi **operation expenses** işletme masrafları **operation part** *biliş.* işlem kısmı **operation register** *biliş.* işlem yazmacı, işletim yazmacı **operation time** *biliş.* işlem zamanı **operations analysis** yöneylem araştırması **operations manual** işletim elkitabı **operations research** yöneylem araştırması

operational /opı'reyşınıl/ *s.* kullanıma hazır; işletme/işleme ile ilgili, işletimsel **operational amplifier** *elek.* işlemsel amplifikatör, işlemsel yükselteç **operational character** *biliş.* işletimsel karakter, işletim karakteri **operational feasibility** *biliş.* işletimsel olabilirlik, işletim olabilirliği **operational informa-**

***tion system** biliş.* işletimsel bilişim sistemi **operational research** yöneylem araştırması **operational system** biliş. işletimsel sistem, işletim dizgesi

operative /'opırıtiv/ *s.* işleyen, faal; geçerli, yürürlükte; etkili, etkin

operator /'opıreytı/ *a.* operatör, işletmen; *arg.* işi bilen kimse, uzman; borsa spekülatörü, vurguncu; işletmeci; işleç, operatör **operator command** biliş. işletmen buyruğu **operator indicators** biliş. işletmen göstergeleri **operator name** biliş. işletmen adı **operator part** biliş. işletmen kısmı **operator's console** biliş. işletmen konsolu **operator's control panel** biliş. işletmen denetim paneli **operator-indicator lights** biliş. işletmen gösterge lambaları

operculum /ou'pö:kyulım/ *a. bitk.* yosun kapsül kapağı; *hayb.* solungaç kapağı

operetta /opı'retı/ *a.* operet

ophiolite /ofi'olayt/ *a. yerb.* ofiyolit

ophitic /ou'fitik/ *s.* ofitik **ophitic texture** yerb. ofitik doku

ophthalmia /of'telmiı/ *a.* göz yangısı, göz iltihabı

ophthalmic /of'telmik/ *s.* göz doktorluğu/tedavisi ile ilgili **ophthalmic hospital** göz hastalıkları hastanesi

ophthalmologist /oftel'molıcist/ *a.* göz hekimi

ophthalmology /oftel'molıci/ *a.* göz hekimliği

ophthalmoscope /oftelmıskoup/ *a.* oftalmoskop

opiate /'oupieyt/ *a.* uyku ilacı

opine /ou'payn/ *e.* düşünmek, varsaymak; (görüş) belirtmek, dile getirmek

opinion /ı'pinyın/ *a.* fikir, düşünce, kanı; teşhis, yargı **in my opinion** bence, kanımca **opinion research** kamuoyu araştırması **public opinion** kamuoyu

opinionated /ı'pinyıneytid/ *s. hkr.* fikrinden dönmez, dik kafalı

opium /'oupiım/ *a.* afyon **opium poppy** haşhaş, afyon çiçeği **opium-eater** afyonkeş, esrarkeş

opiumism /'oupiımizım/ *a. hek.* afyonkeşlik, esrarkeşlik; afyon zehirlenmesi

opossum /ı'posım/ *a. hayb.* (keselisıçangillerden) opossum

opponent /ı'pounınt/ *a.* aleyhtar, muhalif, rakip

opportune /'opıtyu:n/ *s.* uygun, elverişli, yerinde, vaktinde

opportunism /'opıtyu:nizım/ *a. hkr.* fırsatçılık

opportunist /'opıtyu:nist/ *a. hkr.* fırsatçı

opportunity /opı'tyu:niti/ *a.* fırsat, elverişli zaman

oppose /ı'pouz/ *e.* karşı koymak, karşı çıkmak **as opposed to** -in aksine, -e zıt olarak, -den farklı

opposed /ı'pouzd/ *s.* aksi, zıt, karşı **opposed cylinder engine** oto. boksermotor, düz motor **opposed piston engine** karşılıklı pistonlu motor

opposing /ı'pouzing/ *s.* karşı koyan, muhalefet eden

opposite /'opızit/ *a.* karşıt, zıt olan şey; karşı olan kimse ¤ *s.* karşıt, zıt, ters, aksi; karşısında, karşıda ¤ *ilg.* -in karşısında **opposite angle** mat. ters açı **opposite forces** zıt yönlü kuvvetler **opposite number** (başka bir şubedeki) meslektaş, iş arkadaşı **opposite sex** karşı cins

opposition /opı'zişın/ *a.* karşıtlık, karşı koyma, itiraz; direnme, karşı koyma; karşıtlık, zıtlık; muhalefet; *gökb.* karşı konum

oppress /ı'pres/ *e.* bunaltmak, sıkmak, sıkıntı vermek, içini daraltmak; ezmek, baskı uygulamak, eziyet etmek

oppression /ı'preşın/ *a.* sıkıntı, bunalma; baskı, eziyet, zulüm

oppressive /ı'presiv/ *s.* zalim, ezici; bunaltıcı, sıkıcı

oppressiveness /ı'presivnis/ *a.* sıkıcılık; gaddarlık, zalimlik

oppressor /ı'presı/ *a.* gaddar, zalim

opprobrious /ı'proubriıs/ *s.* aşağılayıcı, hakaret dolu; utanç verici, yüz kızartıcı

opprobrium /ı'proubriım/ *a.* aşağılama, hakaret; utanç, rezalet

oppugn /o'pyu:n/ *e.* yalanlamak, tekzip etmek

opt /opt/ *e.* seçmek; karar vermek **opt out kon.** -den çekilmek, yapmamayı tercih etmek

optative /'optıtiv/ *s. a.* istek kavramı

veren; istek kipi

optic /'optik/ *s.* göz+, gözle ilgili; görüş+, görmeyle ilgili *optic axis fiz.* optik eksen, ışık ekseni

optical /'optikıl/ *s.* optik, ışıksal; görsel *optical aberration fiz.* optik aberasyon, ışıksal sapınç *optical activity fiz.* optik etkinlik, ışıksal etkinlik *optical axis* optik eksen *optical bar-code reader biliş.* optik çubuk-kodu okuyucu *optical bleaching teks.* optik ağartma, optik beyazlatma *optical brightener teks.* optik ağartıcı, optik beyazlatıcı *optical center* optik merkez *optical character reader biliş.* optik karakter okuyucu *optical character recognition biliş.* optik karakter tanıma *optical density opt.* optik yoğunluk, ışıksal yoğunluk *optical depth* optik derinlik *optical distortion* optik distorsiyon *optical flat* optik düzlük *optical illusion* optik illüzyon, göz yanılması *optical image* optik görüntü *optical indicator* optik gösterge *optical instrument* optik alet *optical isolator* optik izolatör *optical isomer* optik izomer, ışıkça eşiz *optical mark reader biliş.* optik işaret okuyucu *optical maser fiz.* optik maser *optical memory biliş.* optik bellek *optical printing* optik basım *optical pyrometer fiz.* optik pirometre *optical refraction* optik kırılma *optical rotation* optik dönme *optical scanner biliş.* optik tarayıcı *optical sound* optik ses *optical sound head* optik ses kayıt kafası, optik seslendirme kafası *optical sound lamp* optik ses lambası, eksitasyon lambası, uyarıcı lamba *optical sound recorder* ses kayıt makinesi, optik seslendirici *optical sound track* optik ses kuşağı, optik ses yolu *optical whitener kim.* optik ağartıcı, optik beyazlatıcı

optically /'optikıli/ *be.* ışıksal olarak, ışık yardımıyla; gözle

optician /op'tişın/ *a.* gözlükçü

optics /'optiks/ *a.* ışıkbilgisi, optik

optimal /'optimıl/ *s.* en uygun, optimal

optimality /'optimılıti/ *a.* en uygunluk

optimally /'optimıli/ *be.* en uygun bir şekilde

optimism /'optimizım/ *a.* iyimserlik

optimist /'optimist/ *a.* iyimser kimse

optimistic /opti'mistik/ *s.* iyimser

optimization /optimay'zeyşın/ *a.* eniyileme, en iyi biçime getirme; iyimserlik, iyimser karşılama

optimize /'optimayz/ *e.* en uygun şekle getirmek, en iyi/yararlı hale getirmek; iyimser olmak, her şeyin iyi tarafını görmek

optimum /'optimım/ *s.* en iyi, en uygun, en müsait ¤ *a.* en iyi koşul, en elverişli durum *optimum coding biliş.* optimum kodlama *optimum load elek.* optimum yük *optimum programming biliş.* optimum programlama

option /'opşın/ *a.* seçme hakkı, tercih hakkı; seçilen şey; seçme, tercih; opsiyon *make an option* seçmek, tercih etmek *option bond* opsiyonlu tahvil *option business* primli işlem *option day* cevap günü *option dealer* opsiyon satıcısı; opsiyon alıcısı *option forward* vadeli opsiyon *option to purchase* şufa hakkı *options exchange* opsiyon borsası

optional /'opşınıl/ *s.* isteğe bağlı, seçmeli *optional bargain* opsiyonlu alım satım *optional halt instruction biliş.* seçmeli durdurma komutu *optional stop instruction biliş.* seçmeli durdurma komutu *optional transformation* seçimlik dönüşüm *optional word biliş.* seçmeli sözcük, artık sözcük

opulence /'opyulıns/ *a.* refah, zenginlik, bolluk, varlık

opulent /'opyulınt/ *s.* varlıklı, zengin; bol, gür; süslü

or /o:/ *bağ.* ya da, veya, veyahut, yoksa; yoksa *Or circuit biliş.* Veya devresi, Ya da çevrimi *Or element biliş.* Veya elemanı, Ya da öğesi *or else* yoksa *OR-gate* veya kapısı, ya da kapısı, veya geçidi, ya da geçidi *Or operation biliş.* Veya işlemi, Ya da işlemi *Or operator biliş.* Veya operatörü, Ya da işleci *or so* ... civarında, ... ya da daha fazla

oracle /'orıkıl/ *a.* en iyi öğüt verebilecek kimse, nasihatçi; (eski Yunanistan'da) tanrıların halkın sorularına cevap verdiğine inanılan yer

oracular /o'rekyulı/ *s.* kehanetle ilgili; gizli anlamlı, anlaşılması güç

oral /'ɔːrɪl/ s. sözel, sözlü, ağızdan; ağızla ilgili, ağızdan, oral *oral examination* sözlü (sınav) *oral intercourse* ağız yoluyla cinsel ilişki, oral seks *oral stage* çocuğun her şeyi ağzına götürdüğü büyüme evresi

orally /'ɔːrɪli/ be. sözlü olarak, ağızdan

orange /'ɔrinc/ a. bitk. portakal ¤ a. s. portakalrengi, turuncu *orange peel* met. timsah derisi, portakal kabuğumsu görüntü, pürüzlü metal yüzeyi

orangery /'ɔrincɪrı/ a. limonluk

orangutang /ɔːrengu'teng/ a. hayb. orangutan

orate /ɔː'reyt/ e. konuşma yapmak

oration /ɪ'reyşın/ a. söylev, nutuk

orator /'ɔrıtı/ a. hatip, konuşmacı

oratorio /ɔrı'tɔːriou/ a. müz. oratoryo

oratorize /'ɔrıtırayz/ e. konuşma yapmak

oratory /'ɔrıtri/ a. hitabet, güzel konuşma sanatı

orb /ɔːb/ a. küre

orbicular /ɔː'bikyulı/ s. küresel; yuvarlak

orbit /'ɔːbit/ a. yörünge; çember ¤ e. yörüngede dönmek *orbit shift coil* yörünge kaydırma bobini

orbital /'ɔːbitıl/ s. yörüngeye ait ¤ a. orbital, yörüngemsi *orbital angular momentum* fiz. açısal momentum, yörünge açısal momenti *orbital electron* fiz. orbital elektron *orbital electron capture* fiz. yörünge elektron yakalaması *orbital elements* gökb. yörünge öğeleri *orbital quantum number* yörüngesel kuantum sayısı, yörüngesel nicem sayısı

orcein /'ɔːsiin/ a. orsein

orchard /'ɔːçıd/ a. meyve bahçesi, meyvelik

orcharding /'ɔːçıding/ a. meyvecilik

orchestra /'ɔːkistrı/ a. orkestra *orchestra stalls* orkestra ön koltukları

orchestrate /'ɔːkistreyt/ e. orkestraya uyarlamak

orchestration /'ɔːkistreyşın/ a. orkestraya uyarlama, orkestrasyon

orchid /'ɔːkid/ a. bitk. orkide

orchis /'ɔːkis/ a. bitk. orkide; salepotu

orcin(ol) /'ɔːsin(ol)/ a. teks. orsin(ol)

ordain /ɔː'deyn/ e. papaz yapmak; buyurmak, emretmek; mukadder kılmak

ordeal /ɔː'diːl/ a. çetin sınav, ateşten gömlek

order /'ɔːdı/ a. düzen, tertip, intizam; düzenlik, asayiş; sıra, düzen; buyruk, emir; sipariş, ısmarlama; durum, hal; kural, usul, yol; sınıf, tabaka; havale; rütbe; tür, çeşit, sınıf ¤ e. buyurmak, emretmek; ısmarlamak, sipariş vermek; düzenlemek, tertiplemek *in order* uygun *call to order* sükûnete davet etmek *in order that* -mesi için, -sin diye *in order to* -mek için, -mek amacıyla *order bill* emre yazılı tahvil *order bill of lading* emre yazılı konşimento *order book* sipariş defteri *order cheque* emre yazılı çek *order clerk* sipariş memuru *order code* biliş. buyruk kodu, komut kodu *order code processor* biliş. komut kodu işlemcisi *order form* sipariş listesi, sipariş formu *order instrument* emre yazılı senet *order key* biliş. sıra anahtarı, dizi anahtarı *order number* sipariş numarası *order of payment* ödeme emri, tediye emri *order of priority* ipotekte öncelik sırası *order of reaction* kim. reaksiyon sırası, tepkime sırası *order pad* sipariş kayıt defteri *order paper* emre yazılı tahvil *order slip* sipariş bülteni *order structure* biliş. buyruk yapısı, komut yapısı *orders are orders* kon. emir emirdir *out of order* çalışmaz, bozuk, arızalı

ordered /'ɔːdıd/ s. düzenli, derli toplu, tertipli *ordered seek* biliş. sıralı arama, dizili arama *ordered serial file* biliş. sıralanmış sırasal dosya, dizili sıralı kütük *ordered set* mat. sıralı küme

ordering /'ɔːdıring/ a. sıralama, düzenleme; ısmarlama, sipariş etme *ordering axiom* mat. sıralama aksiyomu

orderless /'ɔːdılis/ s. düzensiz, intizamsız

orderliness /'ɔːdılinis/ a. düzen, intizam

orderly /'ɔːdıli/ s. düzenli, derli toplu, tertipli; sistemli, düzenli, tertipli; sakin, uslu, yumuşakbaşlı, uysal ¤ a. emir eri; hastane hademesi *orderly close-down* biliş. beklenmedik zararsız kapanış *orderly market* düzgün işleyen piyasa

ordinal /'ɔːdinıl/ s. sıra gösteren, sıra belirten, derece gösteren ¤ a. mat. sıra sayısı *ordinal number* sıra sayısı

ordinance /'ɔːdinıns/ a. buyruk, emir,

ferman; yasa, yönetmelik; kural, nizam

ordinand /o:di'nend/ *a.* papaz adayı

ordinarily /'o:dınırili/ *be.* her zaman olduğu gibi, alışılmış biçimde, her zamanki gibi; genellikle, çoğunlukla

ordinary /'o:dınri/ *s.* sıradan, alışılmış, olağan, normal *out of the ordinary* olağandışı, alışılmamış *ordinary creditor* adi alacaklı *ordinary general meeting* adi genel kurul toplantısı *ordinary life insurance* ölüme bağlı hayat sigortası *ordinary partnership* adi şirket, adi ortaklık *ordinary ray fiz.* adi ışın, olağan ışın *ordinary share* adi hisse senedi *ordinary verbs* olağan fiiller

ordinate /'o:dinit/ *a. mat.* ordinat, düşey konaç

ordination /o:di'neyşın/ *a.* papazlığa atama töreni

ordnance /'o:dnıns/ *a. ask.* ordudonatım; ordudonatım malzemesi

ordure /'o:dyuı/ *a.* pislik, gübre

ore /o:/ *a.* maden cevheri *ore bin* maden filizi deposu *ore bunker* maden filizi deposu *ore deposit mad.* cevher yatağı *ore dressing mad.* cevher hazırlama, töz hazırlama *ore reserve mad.* cevher rezervi, töz birikisi *ore separator mad.* cevher ayırıcı, filiz ayırıcı *ore stockyard mad.* cevher biriktirme sahası, töz biriktirme alanı

organ /'o:gın/ *a.* organ; araç, vasıta, alet; *müz.* org; kitle iletişim araçları; yayın organı *organs of speech* ses organları, ses aygıtı

organdie /'o:gındi/ *a. teks.* organtin

organic /o:'genik/ *s.* organik *organic chemistry* organik kimya *organic compound* organik bileşik *organic matter* organik madde *organic pigment* organik pigment *organic soil trm.* organik toprak *organic structure biliş.* organik yapı

organism /'o:gınizim/ *a.* organizma

organist /'o:gınist/ *a. müz.* orgçu

organization /o:gınay'zeyşın/ *a.* örgüt, teşkilat; örgütlenme; örgütleme; organizasyon

organizational /o:gınay'zeyşınıl/ *s.* örgütsel

organize /'o:gınayz/ *e.* kurmak,

örgütlemek; düzenlemek, tertiplemek *organized labour* örgütlü işgücü *organized market* örgütlü piyasa

organizer /'o:gınayzı/ *a.* düzenleyici, organizatör; örgütleyici, örgütçü

organometallic /o:genoumi'telik/ *s.* organometalik

organza /o:'genzı/ *a. teks.* organze

organzine /'o:genzi:n/ *a. teks.* organzin ibrişimi

orgasm /'o:gezım/ *a.* orgazm, doyunum, cinsel doyum

orgiastic /o:ci'estik/ *s.* sefahatla ilgili, âlemle ilgili

orgy /'o:ci/ *a.* seks partisi; âlem, cümbüş

oriel /'o:riıl/ *a. inş.* cumba, çıkma *oriel window inş.* cumbalı pencere

Orient /'o:riınt/ *a.* Doğu; Doğu Ülkeleri, Asya, Uzakdoğu ¤ *e. Al.* yönlendirmek

oriental /o:ri'entl/ *s.* doğuya özgü, doğu+

orientate /'o:riınteyt/ *e.* yönlendirmek

orientation /o:riın'teyşın/ *a.* yönelme, yöneltme; (çevreye) uyum, alışma

orifice /'orifis/ *a.* ağız, delik *orifice nozzle oto.* delikli enjektör

oriflamme /'oriflem/ *a.* bayrak, sancak

origin /'oricin/ *a.* başlangıç, kaynak; kök, köken *origin of coordinates mat.* koordinat başlangıç noktası, konaç başnoktası

original /ı'ricinıl/ *s.* orijinal, özgün; yaratıcı ¤ *a.* asıl, orijinal; asıl metin *original bill* ciro edilmeden satılan poliçe *original capital* ilk sermaye, başlangıç sermayesi, kuruluş sermayesi, ana sermaye *original copy* esas kopya *original cost* gerçek maliyet, hakiki maliyet *original document biliş.* özgün belge *original inhabitants* asıl oturanlar, asıl sakinler, yerliler *original invoice* orijinal fatura *original jurisdiction* ilk yargı yetkisi *original share* ilk hisse senedi *original sound* orijinal ses

originality /ırici'neliti/ *a.* orijinallik, özgünlük; yaratıcılık

originally /ı'ricinıli/ *be.* başlangıçta, aslında; özgün bir biçimde

originate /ı'ricineyt/ *e.* kaynaklanmak, çıkmak, başlamak; başlatmak *originating traffic* mebde trafiği, çıkış trafiği

oriole /'o:rioul/ *a. hayb.* sarıasma,

sarıcık, sarıkuş

orlop /'o:lop/ *a. den.* kontra tavlon, alt güverte *orlop deck den.* kontra tavlon güverte

ormolu /'o:moulu:/ *a.* altın kaplama tunç

ornament /'o:nımınt/ *a.* süs, süs eşyası ¤ *e.* süslemek

ornamental /o:nı'mentıl/ *s.* süs olarak kullanılan, süsleyici; süslü, cafcaflı

ornate /o:'neyt/ *s.* çok süslü

ornithological /o:nitı'lıcikıl/ *s.* kuşbilimle ilgili, ornitolojik

ornithologist /o:ni'tolıcist/ *a.* kuşbilimci, ornitolog

ornithology /o:ni'tolıci/ *a.* kuşbilim, ornitoloji

orogenesis /orou'cenisis/ *a. yerb.* orojenez, dağoluşum

orogenic /orou'cenik/ *s. yerb.* orojenik

orogeny /o'rocini/ *a. yerb.* orojeni, dağoluş

orographic /orou'grefik/ *s. metr.* orografik

orography /o'rogrıfi/ *a. yerb.* orografi

orology /o'rolıci/ *a.* dağlar bilgisi

orotund /'o:routand/ *s.* tumturaklı, tantanalı

orphan /'o:fın/ *a.* öksüz, yetim ¤ *e.* öksüz bırakmak *be orphaned* öksüz kalmak

orphanage /'o:fınic/ *a.* yetimler yurdu

orpiment /'o:pimınt/ *a. min.* orpiment

orthicon /'o:tikon/ *a. elek.* ortikon

orthocenter /'o:tousentı/ *a. mat.* yüksekliklerin kesim noktası, yükseklik merkezi, yükseklik özeği

orthochromatic /o:toukrou'metik/ *s. fot.* ortokromatik

orthoclase /'o:toukleys/ *a. yerb.* ortoklaz

orthodontia /o:tou'donşıı/ *a.* ortodonti

orthodox /'o:tıdoks/ *s.* herkesin inandığına inanan, ortodoks; alışılmış, geçerli, kabul edilmiş

orthogonal /o:'togınıl/ *s. mat.* dikey *orthogonal projection mat.* dikey izdüşüm *orthogonal trajectory mat.* dikey yörünge, dikey gezinge *orthogonal vector mat.* dikey vektör, dikey yöney

orthographic /o:tou'grefik/ *s.* ortografik, dikçizgisel

orthography /o:'togrıfi/ *a.* imla, yazım

orthohydrogen /o:tou'haydrıcın/ *a. fiz.*

ortohidrojen

orthopaedic /o:tı'pi:dik/ *s.* ortopedik

orthopaedics /o:tı'pi:diks/ *a. hek.* ortopedi

orthopedic /o:tı'pi:dik/ *s. bkz.* orthopaedic

orthoscope /'o:touskoup/ *a.* ortoskop

Oscar /'oskı/ *a.* oskar ödülü

oscillate /'osileyt/ *e.* sarkaç gibi sallanmak, salınmak; titremek *oscillating circuit elek.* salınım devresi *oscillating conveyor* sarsak oluk, sallantılı oluk *oscillating current elek.* osilasyonlu akım *oscillating expander/stretcher teks.* salınımlı gerici, salınımlı açıcı *oscillating screen* salınımlı kalbur, titrer kalbur *oscillating table mad.* titreşimli tabla

oscillation /osi'leyşın/ *a.* salınım; titreşim *oscillation constant elek.* titreşim sabiti *oscillation frequency elek.* titreşim frekansı

oscillator /'osileytı/ *a.* osilatör, salıngaç *oscillator circuit elek.* osilatör devresi *oscillator crystal elek.* osilatör kristali *oscillator drift elek.* osilatör kayması

oscillatory /'osilıtıri/ *s.* titreşimli; titreyen, sallanan *oscillatory circuit elek.* salınımlı devre, titreşimli devre

oscillogram /o'silıgrem/ *a.* osilogram

oscillograph /o'silıgra:f/ *a.* osilograf, salınımçizer

oscilloscope /o'silıskoup/ *a.* osiloskop, salınımgözler *oscilloscope tube* osiloskop tüpü

osculate /'oskyuleyt/ *e. mat.* dokunmak, yaslanmak; *biy.* ortak özellikleri olmak, ilgisi olmak *osculating curve mat.* dokunum eğrisi *osculating plane mat.* dokunum düzlemi *osculating sphere mat.* dokunum küresi

osier /'oujı/ *a. bitk.* sepetçisöğüdü, sorkun

osmic /'ozmik/ *s. kim.* osmik

osmiridium /ozmi'ridiım/ *a. min.* osmiridyum

osmium /'ozmiım/ *a.* osmiyum

osmosis /oz'mousis/ *a.* geçişim, geçişme, osmoz

osmotic /oz'motik/ *s.* osmotik *osmotic pressure* osmotik basınç, geçişim basıncı

osprey /'ospri, 'osprey/ *a. hayb.* balıkkartalı

ossein /'osi:n/ *a. biy.* kemik tutkalı

osseous /'osiıs/ *s.* kemikle ilgili, kemikli

ossicle /'osikıl/ *a.* kulak kemikçiği

ossification /osifi'keyşın/ *a.* kemikleşme

ossified /'osifayd/ *s.* kemikleşmiş

ossify /'osifay/ *e.* kemikleştirmek; kemikleşmek

ossuary /'osyuıri/ *a.* ölü kemiklerinin korunduğu yer

osteitis /osti'aytis/ *a. hek.* kemik iltihabı

ostensible /o'stensibıl/ *s.* görünüşte, sözde, gerçek olmayan ***ostensible partner*** sözde ortak

ostensibly /o'stensibli/ *be.* görünüşte, görünürde

ostentation /ostın'teyşın/ *a. hkr.* gösteriş, çalım, hava

ostentatious /ostın'teyşıs/ *s.* gösterişli; gösterişçi

osteoblast /'ostioubla:st/ *a. hek.* osteoblast, kemik anagöze

osteology /osti'olıci/ *a.* kemikbilim, osteoloji

osteoma /osti'oumı/ *a.* kemik tümörü, osteom

osteomalacia /ostioumı'leyşiı/ *a. hek.* kemik yumuşaması, osteomalasi

ostler /oslı/ *a.* seyis

ostracism /'ostrısizım/ *a.* toplumdan dışlama; ilişkiyi kesme

ostracize /'ostrısayz/ *e.* toplum dışı bırakmak, ilişiğini kesmek, soyutlamak

ostrich /'ostriç/ *a. hayb.* devekuşu ***ostrich policy*** devekuşu politikası, gerçekleri görmeme

other /'adı/ *s. adl.* diğer, öteki, öbür, başka, diğeri, öbürü, başkası ***each other*** birbirini, birbirine ***other than*** ... hariç, ... dışında ***the other day*** geçen gün

otherwise /'adıwayz/ *be.* başka türlü, farklı bir şekilde; başka bakımlardan; yoksa, aksi takdirde

otiose /'ouşious/ *s.* aylak, tembel, işsiz

otolaryngologist /'outouleringolıcist/ *a.* kulak, burun, boğaz uzmanı

otology /ou'tolıci/ *a.* kuluk, burun, boğaz hastalıkları bilimi

otoscope /'outıskoup/ *a.* otoskop

otter /'otı/ *a. hayb.* susamuru; samur

kürk

Ottoman /'otoumın/ *s. a.* Osmanlı

ottoman /'otoumın/ *a.* sedir, divan ***ottoman rib*** *teks.* otoman

ouch /auç/ *ünl.* (acı belirtir) ah!

ought /o:t/ *e.* (ödev/zorunluluk belirtir) -meli, -malı, -mesi gerek, -se iyi olur; (tavsiye belirtir) -meli, malı; (olasılık/tahmin belirtir) -meli, -malı

ounce /auns/ *a.* ons (28.35 gr.); zerre, parça, birazcık

our /auı, a:/ *s.* bizim ***Our Lady*** Meryem Ana

ours /'auız/ *adl.* bizimki

ourselves /auı'selvz/ *adl.* biz, kendimiz

oust /aust/ *e.* dışarı atmak, zorla çıkarmak

out /aut/ *be.* dışarı, dışarıya; dışarıda; yüksek sesle, bağırarak; adamakıllı, tamamıyla, bütünüyle; modası geçmiş ¤ *s.* dışta yer alan, dış, harici; uzak, uzakta olan; olanaksız; (ışık, ateş, vb.) sönmüş, sönük; (tahmin, hesap, vb.) yanlış ***be out cold/like a light*** kendinden geçmek ***out and about*** yataktan kalkıp evden çıkacak halde ***out and out*** komple, tam ***out device*** *biliş.* dış aygıt ***out for*** -in peşinde ***out of*** -den dışarı, dışına, dışında; -siz, -sız; -den, -dan; -den dolayı, -den; -den yapılmış, -den, -dan ***out of date*** geçersiz, köhne, modası geçmiş, demode ***out of doors*** dışarısı, dışarıda ***out of gas*** yorgun argın ***out of one's head/mind*** *kon.* çatlak, üşütük, kaçık, deli ***out of pocket*** zararda, içerde; nakit parası olmayan, parasız ***out of service*** hizmet dışı ***out of service time*** *biliş.* hizmet dışı zaman ***out of stock*** elde kalmamış, mevcudu tükenmiş ***out of the question*** olanaksız ***out to*** -meye çalışmakta ***Out with it!*** Söyle şunu! ***Out you go!*** Çık dışarı! ***out-connector*** *biliş.* dış bağlayıcı ***out-of-balance*** dengesiz ***out-of-focus*** flu, bulanık, odak dışı ***out-of-line coding*** *biliş.* alan dışı kodlama ***out-plant system*** *biliş.* büro dışı sistem, büro dışı dizge

outage /'autic/ *a.* depolama firesi; ulaşım firesi; hizmet dışı kalma

out-and-out /aut-end-aut/ *s.* su katılmadık, tam bir

outbid /aut'bid/ *e.* -den daha fazlasını teklif etmek

outboard /'autbo:d/ *s. den.* tekne dışı *outboard engine* dış motor, takma motor *outboard motor* küçük botların arkasına takılan motor

outbreak /'autbreyk/ *a.* patlak verme, çıkma; salgın

outbuilding /'autbilding/ *a.* ek bina, müştemilat

outburst /'autbö:st/ *a.* patlama, patlak verme

outcast /'autka:st/ *a. s.* toplumdan atılmış, serseri

outclass /aut'kla:s/ *e.* -den çok üstün olmak

outcome /'autkam/ *a.* sonuç, netice

outcrop /'autkrop/ *a.* yeryüzüne çıkmış katman ya da kaya, çıkma

outcry /'autkray/ *a.* halk protestosu

outdated /aut'deytid/ *s.* modası geçmiş

outdistance /aut'distıns/ *e.* daha hızlı gitmek ya da daha ileri gitmek, geçmek, geride bırakmak

outdo /aut'du:/ *e.* -den üstün olmak, yenmek, geçmek

outdoor /aut'do:/ *s.* açık havada, açık havada olan/yapılan, açık hava+ *outdoor antenna* harici anten, dış anten

outdoors /aut'do:z/ *a.* açık hava, dışarısı ¤ *be.* açık havada, dışarıda

outer /'autı/ *s.* dış, dıştaki, harici *outer bearing* dış yatak, dış bilya *outer cover* dış örtü *outer dead center* dış ölü nokta, alt ölü merkez *outer garments* teks. üst giyecekler *outer macro instruction* biliş. dış makro komut *outer ring* dış bilezik *outer space* uzay *outer wing* hav. dış kanat

outermost /'autımoust/ *s.* en dıştaki, en uzaktaki

outfit /'autfit/ *a.* teçhizat, takım, donatı; *kon.* grup, ekip

outfitter /'autfitı/ *a.* teçhizat müteahhidi

outflow /'autflou/ *a.* dışa akış; dışarıya akan miktar, taşan miktar *outflow pipe* taşma borusu, akış borusu

outgo /'autgou/ *a.* masraf

outgoing /aut'gouing/ *s.* giden, ayrılan, kalkan; cana yakın

outgoings /'autgouingz/ *a.* masraf, gider

outgrow /aut'grou/ *e.* -den daha çabuk büyümek; sığmamak; ... için fazla büyümüş olmak

outgrowth /'autgrout/ *a.* doğal sonuç; büyüyen, gelişen şey

outhouse /'authaus/ *a. inş.* müştemilat, ek yapı

outing /'auting/ *a.* gezinti, gezi

outlandish /aut'lendiş/ *s.* garip, acayip, tuhaf, sıradışı; uygarlıktan uzak

outlast /aut'la:st/ *e.* -den daha uzun sürmek

outlaw /'autlo:/ *a.* kanun kaçağı, haydut ¤ *e.* suçlu ilan etmek; (bir şeyi) yasadışı ilan etmek

outlay /'autley/ *a.* (on/for ile) harcanan para, gider, masraf

outlet /'autlet/ *a.* çıkış yeri, delik, ağız *outlet pipe* çıkış borusu

outlier /'autlayı/ *a. yerb.* şahit tepe, tanıktepe

outline /'autlayn/ *a.* ana hatlar, taslak; özet; şekil; kontur, dış çizgi, ana hat ¤ *e.* şeklini/taslağını çıkarmak

outlive /aut'liv/ *e.* -den daha uzun yaşamak

outlook /'autluk/ *a.* görünüm; bakış açısı; ileriki olasılıklar

outlying /'autlaying/ *s.* merkezden uzak, uzak

outmanoeuvre /autmı'nu:vı/ *e.* (rakibinden) daha etkili hareket etmek; (rakibine) üstünlük sağlamak

outmoded /aut'moudid/ *s.* modası geçmiş

outmost /'autmoust/ *s.* en dıştaki, en uzaktaki

outnumber /aut'nambı/ *e.* sayıca üstün olmak

out-of-date /aut-ov-'deyt/ *s.* modası geçmiş, demode, geçersiz

out-of-door /aut-ıv-'do:/ *s.* dışarıda olan/kullanılan, açık havada olan/kullanılan

out-of-doors /autıv-'do:z/ *be.* açık havada, dışarıda ¤ *s.* açık havada olan, dışarıda olan

out-of-pocket /autıv-pokit/ *s.* nakit olarak ödenmiş *out-of-pocket expenses* nakit olarak karşılanan harcamalar

out-of-the-way /aut-ov-dı-'wey/ *s.* ücra, uzak, sapa, ıssız; anormal, olağandışı

outpatient /'autpeyşınt/ *a.* ayakta tedavi edilen hasta

outpost /'autpoust/ *a.* ileri karakol

output /'autput/ *a.* verim, randıman; üretim, ürün; bilgisayardan alınan bilgi, çıktı *output amplifier elek.* çıkış amplifikatörü, çıkış yükselteci *output area biliş.* çıktı alanı *output block biliş.* çıktı bloğu, çıktı öbeği *output buffer biliş.* çıktı tamponu *output capacitance elek.* çıkış kapasitesi *output channel biliş.* çıktı kanalı, çıktı oluğu *output circuit elek.* çıkış devresi *output data biliş.* çıkış bilgisi, çıktı bilgileri *output design biliş.* çıktı tasarımı *output device biliş.* çıktı aygıtı *output equipment biliş.* çıktı ekipmanı, çıktı donatısı *output format specifications biliş.* çıktı biçimi spesifikasyonları, çıktı biçimi belirtimleri *output gap elek.* çıkış aralığı *output impedance* çıkış empedansı, çıkış çelisi *output limited biliş.* çıktı sınırlamalı *output meter* çıktıölçer, çıkış gücünü ölçme aygıtı *output module biliş.* çıktı modülü *output per hour* saat başına verim *output per shift* vardiya verimi *output program biliş.* çıktı programı *output punch biliş.* çıktı delgisi *output queue biliş.* çıktı kuyruğu *output record biliş.* çıktı kaydı *output register biliş.* çıktı yazmacı *output routine biliş.* çıktı yordamı *output routine generator biliş.* çıktı yordamı üreteci *output section biliş.* çıktı kesimi *output shaft* çıkış mili *output stream biliş.* çıktı akışı *output system biliş.* çıktı sistemi, çıktı dizgesi *output table biliş.* çıktı tablosu *output transformer elek.* çıkış transformatörü *output tube elek.* çıkış tüpü, çıkış lambası *output voltage elek.* çıkış gerilimi

outrage /'autreyc/ *a.* nefret uyandırıcı hareket, zulüm; büyük öfke, nefret ¤ *e.* öfkelendirmek, nefretini uyandırmak

outrageous /aut'reycıs/ *s.* terbiyesiz, çirkin, öfke uyandırıcı; ahlaksız, utanmaz; şok edici

outrank /'autrenk/ *e.* rütbesi fazla olmak, mevkisi üstün olmak

outrigger /'autrigı/ *a.* avara demiri; dirsekli çıkıntı, dirsekli iskele

outright /aut'rayt/ *be.* tamamen,

bütünüyle; açıkça, dobra dobra ¤ *s.* tam, kesin, katıksız; içten, açıksözlü, gerçek

outsell /aut'sel/ *e.* fazla satmak

outset /'autset/ *a.* başlangıç

outshine /aut'şayn/ *e.* -den daha fazla parlamak

outside /aut'sayd/ *a.* dış, dış taraf ¤ *s.* dış, harici; açık havada olan, dışarıdaki; dıştan gelen, dış; en çok, en yüksek, azami; (şans, olasılık, vb.) uzak ¤ *be.* dışarıda, dışarıya ¤ *ilg.* dışında, dışına *at the (very) outside* en fazla, taş çatlasa, olsa olsa *outside broadcast elek.* dış yayın, dışarıda yayın *outside of* hariç, -den başka, -ın dışında, yalnız

outsider /aut'saydı/ *a.* bir grubun dışında olan kimse, yabancı; kazanma olasılığı az olan yarışmacı/hayvan

outsize /'autsayz/ *s.* (giysi) çok büyük boy

outskirts /'autskö:ts/ *a.* kentin dışı, dış mahalle, varoş

outsmart /aut'sma:t/ *e. kon.* kurnazlıkla üstesinden gelmek, hakkından gelmek, yenmek, altetmek *outside oneself* aldanmak, faka basmak

outspend /aut'spend/ *e.* fazla harcamak

outspoken /aut'spoukın/ *s.* dobra dobra konuşan, açıksözlü

outspread /aut'spred/ *s.* (kol, vb.) açık, gerilmiş

outstanding /aut'stending/ *s.* diğerlerinden iyi, çok iyi, göze çarpan; henüz yapılmamış, yarım kalmış; ödenmemiş *outstanding amount* ödenmemiş borç *outstanding capital stock* ödenmemiş sermaye *outstanding debt* ödenmemiş borç

outstare /aut'steı/ *e.* dik dik uzun süre bakmak, dik dik bakıp utandırmak

outstay /aut'stey/ *e.* fazla kalmak *outstay one's welcome* (konuk) fazla kalmak, postu sermek

outstretched /aut'streçt/ *s.* uzanmış, gerilmiş, açık

outstrip /aut'strip/ *e.* -den daha iyi yapmak, geçmek, geride bırakmak

outturn /'auttö:n/ *a.* üretim, mahsul *outturn sample* üretim örneği

outvote /aut'vout/ *e.* daha çok oy sağlamak, seçimde kazanmak

outward /'autwıd/ *s.* dış; *Aİ. bkz.*

outwards
outwardly /'autwıdli/ *be.* dıştan, görünüşte
outwards /'autwıdz/ *be.* dışarıya
outwash /'autwoş/ *e.* yıkamak
outweigh /aut'wey/ *e.* -den daha ağır basmak, -den daha önemli olmak
outwit /aut'wit/ *e.* kurnazlıkla altetmek, yenmek
outwork /'autwö:k/ *a.* evde yapılan parça başı iş
outworker /'autwö:kı/ *a.* parça başı çalışan kişi
outworn /aut'wo:n/ *s.* modası geçmiş, geçerliliğini yitirmiş
ouzel /'u:zl/ *a.* karatavuk
oval /'ouvıl/ *s.* yumurta biçiminde, oval, söbe *oval head* oval baş *oval of Cassini mat.* Cassini ovali, Cassini söbesi
ovarian /ou'veıriın/ *s.* yumurtalıkla ilgili; tohumlukla ilgili
ovaritis /ouvı'raytis/ *a.* yumurtalık iltihabı
ovary /'ouvıri/ *a.* yumurtalık; *bitk.* tohumluk
ovation /ou'veyşın/ *a.* coşkunca alkış/beğeni
oven /'avın/ *a.* fırın, ocak *oven-dry* fırınlanmış, fırında kurumuş
over /'ouvı/ *be.* yere, aşağıya; ters; karşıya, öbür tarafa; başından sonuna, iyice, adamakıllı; yine, tekrar; artan, arta kalan; üzerinde, üstünde, fazla; üzerini kaplayacak şekilde; birbirlerinin yerine geçecek şekilde; aşırı; başkasına geçecek/el değiştirecek şekilde; her yerinde/tarafında, her yeri ¤ *ilg.* -in üzerine, üstüne, üstünde; (alttaki şeye değmeksizin) -in üzerinde, üzerine; (rütbece) -den üstün, -in üzerinde; baştan başa; her tarafında/tarafına; -in öbür tarafına/tarafında; -e kadar; -den fazla; esnasında, sırasında; ile ilgilenirken, ile uğraşırken; konusunda, hakkında, üzerinde, -de, -da; aracılığıyla, -den, -dan ¤ *s.* bitmiş, sona ermiş *over and above* -e ilaveten, -in yanında *over and over again* tekrar tekrar, defalarca *over insurance* aşkın sigorta *over issue* fazla emisyon, fazla ihraç *over the counter market* tezgâh üstü piyasa *over the hill* yaşını başını almış/yaşlı başlı *over-charge* fazla yüklemek, fazla

doldurmak *over-striking biliş.* üstüne yazma
overage /ouvır'eyc/ *e.* aşırı yaşlanmak
overall /ouvır'o:l/ *be. s.* her şey dahil, tüm, toplam; ayrıntılı, geniş kapsamlı; sonuçta, genelde *overall efficiency* toplam verim *overall gain* toplam kazanç *overall height* tam yükseklik *overall length* tam uzunluk *overall reaction* toplam tepkime, toplam reaksiyon *overall width* toplam en
overalls /'ouvıro:lz/ *a.* işçi tulumu, tulum
overawe /ouvır'o:/ *e.* korkutmak, sindirmek
overbalance /ouvı'belıns/ *e.* dengesini kaybedip düşmek; dengesini bozup düşürmek
overbear /ouvı'beı/ *e.* itaate zorlamak, tahakküm etmek, zorbalık etmek
overbearing /ouvı'beıring/ *s.* mütehakkim, buyurucu
overbid /ouvı'bid/ *e.* fazla fiyat vermek
overboard /'ouvıbo:d/ *be. den.* gemiden denize *go overboard for/about kon.* -e kapılmak, hastası olmak
overbook /ouvı'buk/ *e.* fazla rezervasyon yapmak
overburden /ouvı'bö:dn/ *e.* (with ile) -e fazla yük taşıtmak, fazla yüklenmek
overbusy /ouvı'bizi/ *s.* aşırı meşgul
overbuy /'ouvıbay/ *e.* fazla miktarda satın almak
overcapitalization /ouvıkepitılay'zeyşın/ *a.* aşırı kapitalizasyon
overcapitalize /ouvı'kepitılayz/ *e.* sermayesini yüksek göstermek
overcast /ouvı'ka:st/ *s.* bulutlu, kapalı
overcharge /ouvı'ça:c/ *e.* fazla fiyat istemek, fazla hesap yazmak, kazıklamak
overcoat /'ouvıkout/ *a.* palto
overcome /ouvı'kam/ *e.* üstesinden gelmek, alt etmek; galip gelmek; (duygu, vb.) davranışları etkilemek
overcrowd /ouvı'kraud/ *e.* (with ile) çok fazla insanla doldurmak, aşırı kalabalık yapmak, tıka basa doldurmak
overcrowded /ouvı'kraudid/ *s.* aşırı kalabalık
overcurrent /ouvı'karınt/ *a. elek.* fazla akım, aşırı akım *overcurrent circuit breaker elek.* aşırı akım devre kesicisi

overcurrent relay *elek.* aşırı akım rölesi

overdeveloped /ouvıdi'velıpt/ *s. fot.* sürdevelope, aşırı açındırılmış

overdevelopment /ouvıdi'velıpmınt/ *a. fot.* sürdevelopman, aşırı açındırma

overdo /ouvı'du:/ *e.* abartmak, şişirmek; aşırıya kaçmak; gereğinden fazla kullanmak; aşırı duygusallık göstermek

overdone /ouvı'dan/ *s.* fazla pişmiş; abartılmış, şişirilmiş; aşırı, çok fazla, aşırıya kaçmış

overdose /'ouvıdous/ *a.* aşırı doz

overdraft /'ouvıdra:ft/ *a.* hesabından fazla para çekme izni, açık kredi

overdraw /ouvı'dro:/ *e.* (bankadaki hesabından) fazla para çekmek **overdrawn account** borçlu hesap, sınırı aşan hesap

overdrive /'ouvıdrayv/ *a.* overdrive, overdrayv, aşırı hız düzeni, yüksek hız vitesi **overdrive transmission** *oto.* overdrayv transmisyonu, fazla sürat düzeni, üsthız kutusu

overdue /ouvı'dyu:/ *s.* vadesi geçmiş; rötarlı, gecikmiş **overdue bill** vadesinde ödenmemiş poliçe **overdue check** vadesi geçmiş çek **overdue payment** vadesi geçmiş ödeme

overdye /ouvı'day/ *e. teks.* üzerine boyamak

overeager /ouvı'ri:gı/ *s.* çok hevesli

overestimate /ouvır'estimeyt/ *e.* olduğundan fazla değer biçmek, abartmak

overexposed /ouvıriks'pouzd/ *s. fot.* sürekspoze, aşırı ışıklı

overexposure /ouvırik'spouzı/ *a. fot.* sürekspozisyon, aşırı ışıklama

overfall /'ouvıfo:l/ *a.* çağlayan; bank

overflow /ouvı'flou/ *e.* taşmak; -in dışına taşmak, sığamamak ¤ *a.* taşma; taşkın; oluk **overflow bucket** *biliş.* taşma alanı **overflow check indicator** *biliş.* taşma denetimi göstericisi **overflow dam** üstten savaklı baraj **overflow indicator** *biliş.* taşma göstericisi **overflow operation** *biliş.* taşma işlemi **overflow pipe** taşıntı borusu, taşma borusu

overgrown /ouvı'groun/ *s.* yabanıl bitkilerle kaplı; fazla/hızlı büyümüş

overhang /ouvı'heng/ *e.* sarkmak; çıkıntı yapmak ¤ *a.* çıkıntı, sarkan şey

overhanging /ouvı'henging/ *s.* sarkık

overhardening /ouvı'ha:dıning/ *a. met.* aşırı sertleşme, aşırı sertleştirme

overhaul /ouvı'ho:l/ *e.* elden geçirmek, yoklamak, onarmak; yetişip geçmek

overhead /ouvı'hed/ *s. be.* kafasının üstünde, yukarıda, tepede ¤ *s.* sabit, genel ¤ *a.* genel masraflar **overhead camshaft** üstten kam mili, üstten eksantrik mili, kafa dağıtım dingili **overhead crane** yürür köprü **overhead crossing** *yol.* üstgeçit **overhead door** yukarı katlanır kapı **overhead irrigation** *trm.* yağdırma sulaması **overhead line** havai hat **overhead projector** *fot.* gün ışığı projektörü, gün ışığı göstericisi **overhead railway** asma demiryolu **overhead valve** *oto.* üstten supap **overhead welding** tavan kaynağı **overhead cost** dolaylı maliyet **overhead expenses** genel giderler **overhead price** global fiyat

overheads /'ouvıhedz/ *a.* işletme giderleri

overhear /ouvı'hiı/ *e.* kulak misafiri olmak, gizlice dinlemek

overheat /ouvı'hi:t/ *e.* aşırı ısıtmak, fazla ısıtmak; fazla ısınmak

overinsure /ouvı'inşuı/ *e.* değerinden yüksek sigorta yaptırmak

overjoyed /ouvı'coyd/ *s.* çok sevinçli

overkill /'ouvıkil/ *a.* gereğinden fazla silah; sınırını aşınca zarar veren şey

overland /ouvı'lend/ *s. be.* karayolu ile yapılan, karadan

overlap /ouvı'lep/ *e.* üst üste binmek; kısmen kaplamak **overlapping** üst üste binme, örtüşüm

overlay /ouvı'ley/ *e.* kaplamak ¤ *a.* kaplama, örtü **overlay program** *biliş.* bindirmeli yükleme programı **overlay tree** *biliş.* bindirmeli yükleme ağacı

overload /ouvı'loud/ *e.* aşırı yüklemek; fazla elektrik kullanmak ¤ *a.* fazla yük, aşırı yük **overload capacity** fazla yük kapasitesi **overload circuit breaker** *elek.* fazla yük devre kesicisi **overload errors** *biliş.* aşırı yükleme hataları **overload relay** *elek.* fazla yük rölesi

overlook /ouvı'luk/ *e.* -e nazır olmak, bakmak; gözden kaçırmak, görememek, atlamak; göz yummak, affetmek

overmuch /ouvı'maç/ *s. be.*aşırı, gereğinden fazla

overnight /ouvı'nayt/ *s.* gecelik, bir gecelik, gece (boyunca) olan; bir gecelik kullanım için; ani, hızlı, kısa sürede olan ¤ *be.* gece boyunca, geceleyin, bir gece; aniden, birdenbire *make an overnight stop* bir gecelik mola vermek *overnight repo* bir gecelik repo *overnight stay* bir gece kalma *overnight stop* bir gecelik mola

overpass /'ouvıpa:s/ *a. Aİ. bkz.* flyover

overpay /ouvı'pey/ *e.* fazla ödemek

overpopulation /ouvıpopyu'leyşın/ *a. coğ.* nüfus fazlalığı, aşırınüfuslanma

overpower /ouvı'pauı/ *e.* yenmek, ezmek, hakkından gelmek, alt etmek

overpowering /ouvı'pauıring/ *s.* ezici, yıkıcı, üstün, karşı konulmaz

overpressure /'ouvıpreşı/ *a.* aşırı basınç, fazla basınç

overprint /ouvı'print/ *a.* üst baskı ¤ *e.* üstüne basmak

overprints /ouvı'prints/ *e.* fazla basmak; üzerine yeniden basmak

overpunch /ouvı'panç/ *e. biliş.* aşırı delgilemek, fazla delmek

overrate /ouvı'reyt/ *e.* fazla değer vermek, büyütmek, abartmak

override /ouvı'rayd/ *e.* çiğnemek, ezmek; umursamamak, önem vermemek

overriding /ouvı'rayding/ *s.* ağır basan

overripe /ouvı'rayp/ *s.* geçkin, fazla olgun

overrule /ouvı'ru:l/ *e.* etkisi altına almak; reddetmek, iptal etmek, geçersiz kılmak

overrun /ouvı'ran/ *e.* istila etmek; (sınır, bitiş süresi, vb.) aşmak, uzamak *over-running clutch* serbest tekerlek kavraması

oversaving /ouvı'seyving/ *a.* aşırı tasarruf

overseas /ouvı'si:z/ *be. s.* denizaşırı *overseas agent* dış temsilci *overseas trade* denizaşırı ticaret

oversee /ouvı'si:/ *e.* göz kulak olmak, bakmak, izlemek

overseer /'ouvısi:ı/ *a.* müdür, müfettiş; ustabaşı, kalfa

oversell /ouvı'sel/ *e. kon.* aşırı övmek, göklere çıkartmak

overset /ouvı'set/ *e.* devirmek, altüst etmek; devrilmek, altüst olmak

overshadow /ouvı'şedou/ *e.* gölge düşürmek, gölgelemek

overshoot /ouvı'şu:t/ *e.* çok hızlı gidip kaçırmak, geçip gitmek; *hav.* rule kaçırmak, pist dışına çıkarmak

oversight /'ouvısayt/ *a.* dikkatsizlik, gözden kaçırma, dalgınlık; gözetim, yönetim

oversimplify /ouvı'simplifay/ *e.* yalınlaştırarak anlamını çarpıtmak, bozmak, fazla basitleştirmek

oversized /ouvı'sayzd/ *s.* büyük boy

oversleep /ouvı'sli:p/ *e.* uyuya kalmak

overstate /ouvı'steyt/ *e.* abartmak, büyütmek, şişirmek

overstep /ouvı'step/ *e.* aşmak, çok ileri gitmek, çizgiyi aşmak

overstock /ouvı'stok/ *e.* fazla stok yapmak

overstress /ouvı'stres/ *a.* aşırı gerilme

overstretch /ouvı'streç/ *e.* aşırı germek

overstrung /ouvı'strang/ *s.* aşırı duyarlı ve heyecanlı

oversubscribe /ouvısıb'skrayb/ *e.* fazla taahhüt etmek

oversubscriber /ouvısıb'skaybı/ *a.* fazla taahhüde girişen kimse

oversubscription /ouvısıb'skripşın/ *a.* fazla taahhüt, aşırı talep

overt /'ouvö:t/ *s.* gizli olmayan, ortada, açık, aleni *overt market* halka açık pazar

overtake /ouvı'teyk/ *e.* yetişip geçmek, sollamak; ansızın yakalamak, bastırmak

overtax /ouvı'teks/ *e.* ağır vergi koymak; fazla vergi istemek; sınırını zorlamak

overthrow /ouvı'trou/ *e.* (hükümet, vb.) devirmek, yıkmak

overthrust /'ouvıtrast/ *a. yerb.* aşma, bindirme *overthrust nappe yerb.* aşma örtüsü

overtime /'ouvıtaym/ *a. be.* fazla mesai *do overtime* fazla mesai yapmak *overtime pay* fazla mesai ücreti

overtone /'ouvıtoun/ *a. müz.* armonik; ima, gizli nitelik

overture /'ouvıçuı/ *a. müz.* uvertür; giriş, peşrev *overtures* görüşme önerisi, öneri

overturn /'ouvıtö:n/ *e.* devirmek; devrilmek; çevirmek, altüst etmek

overvalue /'ouvıvelyu:/ *e.* fazla kıymet biçmek *overvalued currency* aşırı değerlendirilmiş para

overview /'ouvıvyu:/ *a.* genel bakış, özet, ana fikir

overvoltage /ouvı'voultic/ *a. elek.* aşırı gerilim *overvoltage protection* aşırı gerilimden koruma *overvoltage relay elek.* aşırı gerilim rölesi

overweight /ouvı'weyt/ *a.* fazla ağırlık, fazla kilo; çoğunluk, üstünlük ¤ *s.* (belli bir kilodan) (fazla) ağır, kilolu

overwhelm /ouvı'welm/ *e.* yenmek, ezmek, bastırmak; gark etmek, boğmak

overwhelming /ouvı'welming/ *s.* çok büyük, ezici

overwind /ouvı'waynd/ *e. mad.* aşırı sarmak

overwork /ouvı'wö:k/ *e.* fazla çalışmak; fazla çalıştırmak ¤ *s.* aşırı heyecanlı, gergin

overwrite /ouvı'rayt/ *e. biliş.* üstüne yazmak

oviduct /'ouvidakt/ *a.* yumurta kanalı

oviform /'ouvifo:m/ *s.* yumurta biçiminde, oval

ovular /'ovyulı/ *s.* yumurtayla ilgili

ovulation /ovyu'leyşın/ *a.* ovülasyon, yumurtlama

ovule /'ouvyu:l/ *a. biy.* ovum; tohum taslağı

ovum /'ouvım/ *a. biy.* yumurta

owe /ou/ *e.* borcu olmak, borçlu olmak *owe sb a grudge* birine karşı kin beslemek

owing /'ouing/ *s.* ödenmemiş; borçlu *be owing* borçlu olmak *have owing* alacağı olmak *owing to* -den dolayı, -e bağlı, yüzünden

owl /aul/ *a. hayb.* baykuş, puhu

owlish /auliş/ *s.* baykuş gibi

own /oun/ *s. adl.* kendi, kendisinin ¤ *e.* sahip olmak; tanımak, kabul etmek, itiraf etmek *have/get one's own back* acısını çıkarmak, intikamını almak *on one's own* kendi kendine, tek başına, yalnız, yardımsız *own coding biliş.* kişisel kodlama *own resources* öz kaynaklar *own weight* ölü yük, zati yük

owner /'ounı/ *a.* sahip, mal sahibi *owner's risk* mal sahibinin riski

ownerless /'ounılıs/ *s.* sahipsiz

ownership /'ounışip/ *a.* mülkiyet, sahiplik *ownership in common* müşterek mülkiyet

ox /oks/ *a. hayb.* öküz *have the constitution of an ox* taşı sıksa suyunu çıkarmak

oxalate /'oksıleyt/ *a.* oksalat

ox-bow lake /'oksbou leyk/ *a. yerb.* akmaz

oxcart /'okska:t/ *a.* öküz arabası, kağnı

oxidase /'oksideys/ *a.* oksidaz

oxidation /oksi'deyşın/ *a.* oksidasyon, yükseltgenme, paslanma *oxidation base* oksidasyon bazı *oxidation black teks.* oksidasyon siyahı *oxidation dye* oksidasyon boyası *oxidation-reduction* yükseltgeme-indirgeme

oxide /'oksayd/ *a. kim.* oksit *oxide isolation elek.* oksit yalıtımı *oxide-coated cathode elek.* oksit kaplı katot

oxidize /'oksidayz/ *e.* yükseltgemek, oksitlemek; yükseltgenmek, oksitlenmek *oxidizing agent* yükseltgen madde *oxidizing flame* oksitleyici alev, yükseltgeyici alaz

oxime /'oksi:m/ *a.* oksim

oxlip /'okslip/ *a.* çuhaçiçeğine benzer bir bitki

oxonium /ok'souniım/ *a.* oksonyum

oxtail /'oksteyl/ *a.* öküz kuyruğu

oxyacetylene /oksiı'setili:n/ *a.* oksiasetilen *oxyacetylene welding* oksijen kaynağı

oxygen /'oksicın/ *a. kim.* oksijen *oxygen bottle* oksijen şişesi, oksijen tüpü *oxygen-free* oksijensiz *oxygen mask* oksijen maskesi *oxygen tent* oksijen çadırı

oyez /ou'yes/ *ünl.* dikkat!, dinleyin!

oyster /oystı/ *a. hayb.* istiridye *oyster catcher hayb.* istiridye avcısı *oyster bank* istiridye yatağı *oyster bed* istiridye yatağı

ozalid print /'ozılid print/ *a.* ozalit baskısı

ozokerite /ou'zoukırayt/ *a.* ozokerit

ozone /'ouzoun/ *a. kim.* ozon; *kon.* temiz hava *ozone bleach teks.* ozon ağartması, ozonla beyazlatma *ozone* *friendly* ozon dostu, ozona zarar vermeyen *ozone layer* ozon tabakası *ozone paper* ozonoskop kâğıdı, ozongözler kâğıdı

ozonide /ou'zounayd/ *a.* ozonit

ozoniferous /ouzou'nifırıs/ *s.* ozonlu

ozonize /'ouzounayz/ *e.* ozonlamak, içine ozon katmak; ozonla karışmak

ozonizer /'ouzounayzı/ *a.* ozonatör, ozon üreticisi

ozonolysis /ouzou'nolisis/ *a.* ozonoliz

ozonometer /ouzou'nomi:tı/ *a.* ozonölçer, ozonometre

ozonosphere /ou'zounısfıı/ *a.* ozonosfer, ozon tabakası

P

P, p /pi:/ *a.* İngiliz abecesinin on altıncı harfi

pa /pa:/ *a. kon.* baba

pabulum /'pebyulım/ *a.* yiyecek, gıda

pace /peys/ *a.* adım; yürüyüş; sürat, hız ¤ *e.* ağır ya da düzgün adımlarla yürümek; adımla ölçmek, adımlamak; koşu ya da yürüyüş hızını belirlemek *keep pace with kon.* ayak uydurmak, yetişmek *put sb through his paces* yeteneklerini ölçmek, sınamak *set the pace* tempoyu ayarlamak

pacemaker /'peysmeykı/ *a.* diğerlerine örnek olan kimse; kalp atışlarını düzenleyen aygıt

pacer /'peysır/ *a.* rahvan giden at

pachyderm /'pekidö:m/ *a.* fil gibi kalın derili memeli hayvan

pachydermatous /peki'dö:mıtıs/ *s.* kalın derili; kalın kabuklu

pacific /pı'sifik/ *s.* barışsever, barışçı

pacifier /'pesifayı/ *a.* barıştıran kimse; emzik

pacifism /'pesifizım/ *a.* barışseverlik

pacifist /'pesifist/ *a.* barışsever, barışçı

pacify /'pesifay/ *e.* yatıştırmak, sakinleştirmek, rahatlatmak; barışı/güvenliği sağlamak

pack /pek/ *a.* bohça, çıkın; paket; kutu; sürü; (iskambil) deste; *mad.* dolgu; *yerb.* buzla, buz örtüsü ¤ *e.* bavul hazırlamak; bohçalamak, paket yapmak, paketlemek; sarmak; tıka basa doldurmak; (yiyecek) kutulara koymak, konservelemek; koruyucu bir madde ile doldurmak, sarmak, kaplamak *pack animal* yük hayvanı *pack annealing met.* dolgulu tavlama *pack carburizing met.* dolgulu karbonlama *pack horse* yük beygiri *pack ice coğ.* deniz suyu buzu, deniz buzlası, yığın buzla *pack train* yük hayvanları katarı *send sb packing kon.* sepetlemek, kovmak, başından savmak *pack in kon.* ilgi çekmek, sarmak *pack it in* durdurmak *pack off kon.* sepetlemek, göndermek *pack one's bags* pılıyı pırtıyı toplamak *pack up kon.* işi bitirmek; *İİ.* (makine) durmak, stop etmek; (eşyasını) toplamak

package /'pekic/ *a.* paket, koli; bohça; ambalajlama; paketleme makinesi; koli; *biliş.* paket program ¤ *e.* paketlemek, ambalajlamak *package deal kon.* birçok şeyi içeren anlaşma, paket teklif *package dyeing teks.* bobin boyamacılığı *package holiday* turizm acentasının tertiplediği gezi *package tour* (acentanın ayarladığı) grup turu, paket tur *packaged software biliş.* paket program

packaging /'pekicing/ *a.* paketleme *packaging density biliş.* paketleme yoğunluğu *packaging goods* paketlenmiş mallar *packaging machine* paketleme makinesi

packed /pekt/ *s. kon.* tıka basa dolu, kalabalık *packed decimal biliş.* paketlenmiş ondalık sayı *packed format biliş.* paketlenmiş format, paketlenmiş biçim

packer /'pekı/ *a.* ambalajcı; ambalaj makinesi

packet /'pekit/ *a.* paket *cost a packet* tuzluya mal olmak *packet assembler/disassembler biliş.* paket birleştirici/ayırıcı *packet converter biliş.* paket dönüştürücü *packet format biliş.* paket formatı *packet mode biliş.* paket modu, paket anahtarlamalı işletim *packet mode protocol biliş.* paket anahtarlamalı işletim protokolu, paket mod protokolu *packet mode terminal biliş.* paket modlu terminal *packet sequencing biliş.* paket sıralaması

packet switching *biliş.* paket anahtarlama **packet switching network** *biliş.* paket anahtarlama şebekesi **packet system reliability** *biliş.* paket sistem güvenirliği **packet systems and transmission speed** *biliş.* paket sistemler ve gönderme hızı **packet transmission** *biliş.* paket gönderme

packet-out /pekt'aut/ *s. bkz.* packed

packing /'peking/ *a.* sarma, paketleme, ambalaj; kutulama; ambalaj kâğıdı, paket kâğıdı; *biliş.* yoğunlaştırma, kuvvetlendirme; salmastra; tampon; conta; *mad.* dolgu, ramble **packing bolt** salmastra cıvatası **packing box** eşya sandığı; salmastra, tampon yuvası **packing case** tahta kasa, tahta sandık, eşya sandığı **packing cord** salmastra fitili **packing density** *biliş.* paketleme yoğunluğu **packing department** paketleme bölümü **packing factor** *biliş.* paketleme faktörü **packing house** depo, antrepo **packing material** salmastra malzemesi, dolgu malzemesi, dolgu gereci **packing paper** paket kâğıdı, ambalaj kâğıdı **packing ring** salmastra bileziği, salmastra halkası **packing sleeve** salmastra manşonu **packing station** paketleme fabrikası **packing washer** salmastra rondelası

packthread /'pektred/ *a. teks.* ambalaj ipi, bağlama ipi, çuvaldız ipi

pact /pekt/ *a.* antlaşma, pakt

pad /ped/ *a.* (koruyucu) yastık; (pamuklu, vb. yumuşak) tıkaç; kâğıt destesi, bloknot; ıstampa; (hayvan) taban; *kon.* ev, daire; fular ¤ *e.* içini doldurmak; (konuşma, vb.) şişirmek, uzatmak; sessizce yürümek; fularlamak **pad character** *biliş.* doldurma karakteri **pad jig** *teks.* fular jiger **pad-dry process** *teks.* fularlama-kurutma yöntemi **pad-jig dyeing** *teks.* pad-jig boyama **pad-roll method** *teks.* pad-roll yöntemi, emdirme-bekletme yöntemi **pad-steam process** *teks.* pad-steam yöntemi, emdirme-buharlama yöntemi **pad the bill** faturayı şişirmek

padding /'peding/ *a.* vatka; kıtık, dolgu maddesi; *biliş.* yalancı doldurma, sözde doldurma **padding and impregnating machine** *teks.* apre fular makinesi **padding dye** *teks.* fularlama boyası **padding liquor** *teks.* fularlama banyosu, emdirme banyosu **padding machine** *teks.* fularlama emdirme makinesi, fular **padding mangle** *teks.* emdirme makinesi, fular

paddle /'pedıl/ *a.* kısa kürek; (masa tenisi) raket; uzun saplı bel; (çark, su değirmeni) kanat; *hayb.* yüzgeç ¤ *e.* kısa kürekle yürütmek, kısa kürek kullanmak; suda gezinmek; *kon.* tokat atmak **paddle boat** *den.* yandan çarklı gemi **paddle box** *den.* davlumbaz **paddle dyeing machine** *teks.* paletli çile boyama makinesi **paddle one's own canoe** *kon.* kendi işini kendi görmek, kendi yağıyla kavrulmak **paddle steamer** (yandan/kıçtan) çarklı gemi **paddle washing machine** *teks.* paletli yıkama makinesi **paddle wheel** gemi çarkı, kanatlı çark **paddle-wheel fan** santrifüjlü vantilatör

paddock /'pedık/ *a.* küçük çayır alan, padok

paddy /'pedi/ *a.* çeltik, pirinç; çeltik tarlası **paddy field** çeltik tarlası

padlock /'pedlok/ *a.* asma kilit

padre /'pa:dri/ *a.* peder

paean /'pi:ın/ *a.* sevinç şarkısı, sevinç nidası

paediatrics /pi:di'etriks/ *a. bkz.* pediatrics

pagan /'peygın/ *a.* putperest ¤ *s.* putperest; dinsiz

paganism /'peygınizım/ *a.* putperestlik

page /peyc/ *a.* sayfa; (otel, vb.) garson; iç oğlanı ¤ *e.* sayfalarını numaralamak; adını anons etmek, çağırmak **page addressing** *biliş.* sayfa adresleme **page boy** otel komisi **page frame** *biliş.* sayfa çerçevesi, sayfa çevresi **page printer** *biliş.* sayfa yazıcı **page turning** *biliş.* sayfa çevirme **page-at-a-time printer** *biliş.* her-kez-bir-sayfa yazıcı, sayfa yazıcı **paged segment** *biliş.* sayfalanmış kesim

pageant /'pecınt/ *a.* kutlama töreni; gösteri

pageantry /'pecıntri/ *a.* parlak gösteri

pager /peycı/ *a.* çağrı cihazı

paginal /'pecinıl/ *s.* sayfalara ait

paginate /'pecinıl/ *e.* sayfalara numara

koymak
pagination /'peci'neyşın/ *a.* sayfalara numara koyma
paging /'peycing/ ⁓ *a.* sayfaları numaralama; sayfalama
pagoda /pı'goudı/ *a.* pagoda **shake the pagoda** köşeyi dönmek, kısa sürede zengin olmak
pah /pa:/ *ünl.* püh!
paid-in /peyd'ap/ *s.* ödenmiş **paid-in capital** ödenmiş sermaye
paid-up /peyd'ap/ *s.* ödenmiş **paid-up capital** ödenmiş sermaye
pail /peyl/ *a.* kova, gerdel
pailful /peylful/ *a.* bir kova dolusu
paillasse /'pelies/ *a.* ot minder
pain /peyn/ *a.* ağrı, sızı; acı, ıstırap; baş belası ¤ *e.* üzmek, kırmak, incitmek, kalbini kırmak **have growing pains** büyüme sancıları çekmek **feel no pain** *arg.* sarhoş olmak **pain in the neck/ass** *kon.* baş belası, dert
pained /peynd/ *s.* incinmiş; sıkıntılı
painful /'peynfıl/ *s.* acı veren
painkiller /'peynkilı/ *a.* ağrı kesici
painless /'peynlis/ *s.* acısız, ağrısız
pains /peynz/ *a.* zahmet, gayret **take great pains** özenip bezenmek **take pains** özen göstermek
painstaking /'peynzteyking/ *s.* dikkatli, özenli
paint /peynt/ *e.* boyamak; (boya ile) resmini yapmak; betimlemek, tasvir etmek; makyaj yapmak, boyanmak ¤ *a.* boya **paint/gild the lily** allayıp pullamak **paint the town red** felekten bir gün çalmak, eğlenceye takılmak **paint drier** sikatif **paint spray gun** boya tabancası **paint spraying machine** boya püskürtme makinesi
paintbrush /'peyntbraş/ *a.* boya fırçası
painted /'peyntid/ *s.* boyalı; renkli **painted woman** fahişe
painter /'peyntı/ *a.* ressam; badanacı, boyacı; pruva halatı **cut the painter** yuvadan ayrılmak, ilişkiyi kesmek
painting /'peynting/ *a.* ressamlık; yağlıboya resim, tablo
paintress /'peyntris/ *a.* kadın ressam
pair /peı/ *a.* çift; karı koca, çift ¤ *e.* çift çift düzenlemek; çift olmak, eş olmak, eşlik etmek **in pairs** ikişer ikişer, çiftler

halinde **pair of compasses** pergel **pair of pants** pantolon **pair of pyjamas** pijama **pair of scissors** makas **pair of trousers** pantolon **pair off** eşleştirmek; eşleşmek **pair up** çift oluşturmak **paired electrons** *fiz.* ortak elektronlar
pair-oar /'peıro:/ *a.* çift kürekli tekne
pajamas /pı'ca:mız/ *a. Aİ.* pijama
pal /pel/ *a. kon.* arkadaş, dost, ahbap
palace /'pelis/ *a.* saray
palaeontology /pelion'tolıci/ *a. yerb.* paleontoloji, taşılbilim
palatable /'pelıtıbıl/ *s.* tadı güzel, lezzetli; makul, hoş
palatal /'pelıtıl/ *s. a.* damak ile ilgili, damaksıl **palatal fricative** hışırtılı (ses) **palatal harmony** büyük ünlü uyumu **palatal sound** damaksıl ses **palatal vowel** damakta oluşturulan ses, damaksıl (ses)
palatalize /'pelıtılayz/ *e.* damaksıllaştırmak
palatalization /'pelıtılı'zeyşın/ *a.* damaksıllaşma
palate /'pelit/ *a.* damak; ağız tadı
palatial /pı'leyşıl/ *s.* saray gibi, görkemli
palatine /'pelıtayn/ *s. anat.* damakla ilgili ¤ *a.* damak kemiği **palatine tonsil** bademcik
palaver /pı'la:vı/ *a.* görüşme, müzakere; palavra; pohpohlama, yağcılık
pale /peyl/ *s.* (yüz) soluk; (renk, vb.) solgun, cansız, mat, pastel ¤ *a.* kazık; sınır, hudut ¤ *e.* solmak; soldurmak; sönük kalmak, önemsiz kalmak
paleface /'peylfeys/ *a.* solukbenizli, beyaz (adam)
paleness /'peylnıs/ *a.* solukluk, renksizlik
paleographer /peli'ogrıfı/ *a.* paleograf
paleography /peli'ogrıfı/ *a.* paleografi
paleolithic /peliou'litik/ *s.* yontma taş devrine ait
paleontologist /pelion'tolıcist/ *a.* paleontolog, taşılbilimci
paleontology /pelion'tolıci/ *a.* paleontolog, taşılbilim
paleozoic /peliou'zouik/ *s. a. yerb.* paleozoik
paletot /'peltou/ *a.* palto; manto
palette /'pelit/ *a.* ressam paleti, palet **palette knife** boya spatulası
palfrey /'po:lfri/ *a.* binek atı

paling /'peyling/ *a.* çit

palingenesis /pelin'cenisis/ *a.* yeniden doğma

palisade /'peliseyd/ *a.* kazıklarla yapılmış çit; siper kazığı

pall /po:l/ *a.* tabut örtüsü; *Aİ.* (içinde ölü olan) tabut; kasvet veren örtü, perde ¤ *e.* usandırmak, bıktırmak, yavanlaşmak, sıkmak

palladium /pı'leydıım/ *a. kim.* palladyum *palladium plating* met. palladyum kaplama

palliate /'peliıt/ *e.* (hastalık) hafifletmek, dindirmek; mazur göstermek

palliation /peli'eyşın/ *a.* (hastalık) hafifletme, dindirme; mazur gösterme

palliative /'peliıtiv/ *s.* palyatif, hafifletici, dindirici ¤ *a.* müsekkin, yatıştırıcı

pallid /'pelid/ *s.* solgun, soluk, benzi atmış

pallidness /'pelidnis/ *a.* solgunluk, solukluk

pallium /'peliım/ *a. anat.* palyum, beyin zarı; başpiskopos cüppesi; kilise kürsüsü örtüsü

pallor /'pelı/ *a.* solgunluk, soluk benizlilik

pally /'peli/ *s.* yakın, samimi

palm /pa:m/ *a. bitk.* palmiye; hurma ağacı; avuç içi, aya ¤ *e.* avuç içinde saklamak *grease sb's palm* rüşvet vermek *palm branch* (zaferin simgesi) hurma dalı *palm grease* rüşvet *palm off* kon. kakalamak, kazıklamak, okutmak, yutturmak *palm oil* hurma yağı *palm sth off on sb* (birine bir şeyi) hileyle kabul ettirmek *Palm Sunday* paskalyadan önceki pazar günü *palm sugar* şek. hurma şekeri *palm tree* hurma ağacı

palmate /'pelmit/ *s.* palmiye yaprağı şeklinde; *hayb.* perdeayaklı

palmette /pel'met/ *a.* hurma yaprağı süsü

palmiped /'pelmiped/ *s. hayb.* perdeayaklı

palmist /'pa:mist/ *a.* el falcısı

palmistry /'pa:mistri/ *a.* el falı

palmitate /'pelmiteyt/ *a.* palmitat

palooka /pı'lu:kı/ *a.* beceriksiz boksör; hödük, ayı, kıro

palp /pelp/ *a.* dokunaç

palpability /pelpı'bilıti/ *a.* hissedilebilirlik; açıklık, aşikârlık

palpable /'pelpıbıl/ *s.* elle dokunulabilir, ele gelir, gözle görünür, somut; belli, apaçık, ortada, düpedüz

palpate /'pelpeyt/ *e.* elle dokunarak muayene etmek

palpation /pel'peyşın/ *a.* el ile muayene

palpebra /'pelpibrı/ *a. anat.* gözkapağı *lower palpebra* alt gözkapağı

palpitant /'pelpitınt/ *s.* heyecandan titreyen

palpitate /'pelpiteyt/ *e.* (yürek) hızlı ve düzensizce atmak; titremek

palpitation /pelpi'teyşın/ *a.* düzensiz kalp atışı, çarpıntı

palsied /'po:lzid/ *s.* felçli, kötürüm

palsy /'po:lzi/ *a.* inme, felç *shaky palsy* ellerin sinirsel olarak aşırı titremesi *wasting palsy* ilerleyen kas atrofisi

palter /'po:ltı/ *e.* oyun etmek, aldatmak; hafife almak, ihmal etmek; kaprisli olmak

paltriness /'po:ltrinis/ *s.* önemsizlik, değersizlik

paltry /'po:ltri/ *s.* önemsiz, değersiz, düşük

pampas /'pempıs/ *a.* pampa

pamper /'pempı/ *e.* üzerine çok düşmek, şımartmak

pamphlet /'pemflit/ *a.* kitapçık, broşür

pamphleteer /'pemflı'tiı/ *a.* broşür yazan kimse

pan /pen/ *a.* tava; lavabo taşı; elek; suda yüzen ince buz; *şek.* pişirme kazanı ¤ *e.* elemek, süzmek, elekle aramak; *kon.* acımasızca eleştirmek; tavada yıkayarak ayırmak; *sin.* pan yapmak, çevrinmek, alıcıyı hareket ettirmek *a flash in the pan* kuru gürültü, boşa çıkan gayret *pan-and-tilt head* fot. pan başlığı, panorama başlığı, çevrinme başlığı *pan boiling* şek. pişirme *pan out* kon. sonuç vermek; başarıya ulaşmak *pan shot* sin. pan, panorama, panoramik, sving, çevrinme

panacea /penı'siı/ *a.* (sözde) her derde deva ilaç

panache /pı'neş/ *a.* gösteriş

pancake /'penkeyk/ *a.* tava keki, gözleme *pancake coil* elek. yassı bobin *pancake landing* hav. perdövitesli iniş, stollu iniş, askıda iniş

panchromatic /penkrou'metik/ *s.*

pankromatik *panchromatic film* sin. pankromatik film

pancreas /'penkriıs/ *a. anat.* pankreas

panda /'pendı/ *a. hayb.* panda *panda crossing* yaya geçidi

pandemic /pen'demik/ *s.* genel, evrensel

pandemonium /pendi'mouniım/ *a.* şamata, curcuna, tantana

pander /'pendı/ *a.* pezevenk ¤ *e.* pezevenklik etmek; kötülüğe teşvik etmek

pane /peyn/ *a.* pencere camı *pane of glass* pencere camı

panegyric /peni'cirik/ *a.* övgü, methiye; övme, sena; kaside

panegyrical /peni'cirikıl/ *s.* öven, metheden

panegyrist /peni'cirist/ *a.* methiyeci, kaside yazarı

panegyrize /'penicirayz/ *e.* övmek, methetmek; övgü düzmek

panel /penl/ *a.* kapı aynası; kaplama tahtası, lambri; kontrol panosu, panel; giysilere konulan kumaş parçası; dar uzun resim/fotoğraf; jüri heyeti *panel discussion* açık oturum *panel heating* panel ısıtma *panel saw* aynalık testeresi

panelist /'penılist/ *a.* panele katılan kimse

panelling /'penıling/ *a.* tahta kaplama

panelwork /penıl'wö:k/ *a.* aynalı kaplama işi, silme işi

pang /peng/ *a.* ani ve şiddetli ağrı, sancı, acı *death pangs* ölüm sancısı *pangs of hunger* açlık sancısı *pangs of love* aşk sancısı, aşk acısı

panhandle /'pendhendıl/ *a.* tava sapı ¤ *e.* dilenmek

panhandler /'pendhendlı/ *a.* dilenci

panic /'penik/ *a.* panik, ürkü ¤ *e.* paniğe uğratmak; paniğe kapılmak

panic-stricken /'penikstrikın/ *s.* paniğe kapılmış

panicle /'penikıl/ *a. bitk.* panikül, birleşik salkım

panjandrum /pın'cendrım/ *a.* kendini çok yükseklerde gören güçlü kişi

panne /pen/ *a. teks.* pan

pannier /'peniı/ *a.* küfe, sepet

pannikin /'penikin/ *a.* maşrapa

panning /'pening/ *a.* panoramik,

çevrinme *panning head* pan başlığı, panorama başlığı, çevrinme başlığı

panoplied /'penıplid/ *s.* tam silahlı

panoply /'penıpli/ *a.* tam zırh takımı

panorama /penı'ra:mı/ *a.* panorama; toplu görünüm

panoramic /penı'remik/ *s.* panoramik, çevrinme *panoramic adapter fot.* panoramik adaptör *panoramic radar* panoramik radar *panoramic receiver elek.* panoramik alıcı *panoramic screen* panoramik ekran

pansy /'penzi/ *a. bitk.* hercaimenekşe; *kon.* ibne, oğlan

pant /pent/ *e.* sık sık nefes almak, nefes nefese kalmak; nefes nefese söylemek ¤ *a.* kısa ve çabuk soluk *panting beam den.* soluma kemeresi

pantaloons /pentı'lu:nz/ *a.* eskiden giyilen dar pantolon

pantechnicon /pen'teknikın/ *a.* mobilya mağazası *pantechnicon van* eşya nakliye kamyonu

pantheism /'pentiizım/ *a.* kamutanrıcılık, panteizm

pantheist /'pentiist/ *a.* kamutanrıcı, panteist

pantheistic /penti:'istik/ *s.* panteistik, panteizm ile ilgili

pantheon /'pentiın/ *a.* Panteon; bir halkın tüm tanrıları

panther /'pentı/ *a. hayb.* panter; *Aİ.* puma

panties /'pentiz/ *a. kon.* kadın külotu; çocuk külotu

pantihose /'pentihouz/ *a. teks.* külotlu çorap

pantile /'pentayl/ *a. inş.* alaturka kiremit, oluklu kiremit

pantograph /'pentıgra:f/ *a.* pantograf, tıpkıçizer

pantomime /'pentımaym/ *a.* pandomim ¤ *e.* pandomim oynamak

pantry /'pentri/ *a.* kiler

pants /pents/ *a. İİ.* kadın külotu; *Aİ.* pantalon

pantyhose /'pentihouz/ *a. teks.* külotlu çorap

pap /pep/ *a.* lapa, sulu yemek

papa /'papı/ *a. Aİ. kon.* baba

papacy /'peypısi/ *a.* papalık

papain /pı'peyn/ *a. teks.* papain

papal /'peypıl/ s. Papa/Papalık ile ilgili
papalism /'peypılizım/ a. papaya ait olma
papalist /'peypılist/ a. papalık yanlısı
papaya /pı'payı/ a. bitk. papaya
paper /'peypı/ a. kâğıt; kon. gazete; yazı, bildiri; sınav soruları; senet, bono; kâğıt para, banknot ¤ e. duvar kâğıdıyla kaplamak **on paper** kâğıt üzerinde **paper advance mechanism** biliş. kâğıt ilerletme mekanizması **paper bag** kâğıt torba **paper capacitor** kâğıtlı kondansatör **paper chromatography** kim. kâğıt kromatografisi **paper clip** ataş **paper currency** tedavüldeki para **paper hanger** duvar kâğıdı kaplayan kimse **paper money** kâğıt para, banknot **paper office** devlet arşivi **paper profit** kâğıt üzerindeki kâr, fiktif kâr **paper standard** kâğıt para standardı **paper tape** biliş. kâğıt bant **paper tape code** biliş. kâğıt bant kodu **paper tape punch** biliş. kâğıt bant delici **paper tape reader** biliş. kâğıt bant okuyucu **paper tape reproducer** biliş. kâğıt bant çoğaltıcı **paper tape verifier** biliş. kâğıt bant gerçekleyici **papers** evrak **papers on appeal** celp, davetiye
paperback /'peypıbek/ a. kâğıt kapaklı kitap
paperboy /'peypıboy/ a. gazete dağıtıcısı
paperweight /'peypıweyt/ a. kâğıtların uçmasını önleyen ağırlık
paperwork /'peypıwö:k/ a. kırtasiyecilik
papery /'peypıri/ s. kâğıt gibi, kâğıt inceliğinde
papier-mâché /pepyey'meşey/ a. kâğıt hamuru, kartonpiyer
papilla /pıpilı/ a. anat. tomur, meme
papillary /pıpilıri/ s. kabarcıkları olan; kabarcık gibi
papist /'peypist/ a. Katolik
papistic /'peypist/ a. Katolik kilisesine ait
papistry /'peypist/ a. Katoliklik
papoose /pı'pu:s/ a. Kızılderili çocuğu; (çocuk taşımaya yarayan) arka sepeti
pappus /'pepıs/ a. papus; tüy çanak; ayva tüyü, ince tüy
paprika /'peprikı/ a. kırmızıbiber
papyrus /pı'payırıs/ a. papirüs
par /pa:/ a. nominal değer, itibari kıymet, eşit düzey; ortalama, vasat **above par** başa baştan yukarı, paritenin üstünde **below par** başa baştan aşağı, paritenin altında **par clearance** ortalama kliring **par for the course** olan oldu/oldu olacak kırıldı nacak **par of exchange** kambiyo paritesi, kambiyo kuru **par value** nominal değer
para /'perı/ a. paraşütçü asker; paragraf
parable /'perıbıl/ a. mesel, ibret alınacak öykü
parabola /pı'rebılı/ a. mat. parabol **parabola compass** parabol pergeli
parabolic /perı'bolik/ s. parabolik **parabolic antenna** parabolik anten **parabolic curve** parabolik eğri **parabolic girder** parabolik kiriş **parabolic microphone** parabolik mikrofon **parabolic mirror** parabolik ayna **parabolic reflector** parabolik reflektör, parabolik yansıtaç **parabolic speed** hav. parabolik hız, kurtulma hızı **parabolic spiral** mat. parabolik spiral, parabolik sarmal **parabolic velocity** hav. parabolik hız, kurtulma hızı
paraboloid /pı'rebıloyd/ a. mat. paraboloit **paraboloid headlight** oto. parabolik far **paraboloid of revolution** mat. dönel paraboloit
parachute /'perışu:t/ a. paraşüt ¤ e. paraşütle atlamak **parachute jump** hav. paraşütle atlayış **parachute without release cord** serbest düşme paraşütü
parachutist /'perışu:tist/ a. paraşütçü
parade /pı'reyd/ a. geçit töreni; gezinti yeri; gösteriş ¤ e. ask. sıraya dizilmek; gösteriş yapmak, hava atmak
paradigm /'perıdaym/ a. paradigma, dizi
paradigmatic /perıdig'metik/ s. dizi ile ilgili, dizisel **paradigmatic relation** dizisel bağıntı
paradigmatics /perıdig'metiks/ a. dizibilim
paradise /'perıdays/ a. cennet; cennet bahçesi **fool's paradise** yalancı mutluluk **bird of paradise** cennet kuşu
paradox /'perıdoks/ a. paradoks, çatışkı, yanıltmaç
paradoxical /perıdoksikıl/ s. çelişkili görünen, mantığa aykırı görünen
paradrop /'perıdrop/ e. paraşütle atmak
paraffin /'perıfin/ a. İİ. gazyağı; parafin **paraffin oil** İİ. gazyağı **paraffin series**

parafin dizisi **paraffin wax** parafin
paraglider /'penglaydı/ *a.* planör paraşüt
paragon /'pengın/ *a.* en iyi örnek; *bas.* yirmi puntoluk harf **a paragon of virtue** fazilet örneği
paragonite /'pengınayt/ *a. min.* paragonit
paragraph /'pengra:f/ *a.* paragraf; fıkra
parahydrogen /pen'haydrıcın/ *a. fiz.* parahidrojen
parakeet /'penki:t/ *a. hayb.* bir tür ufak papağan
paraldehyde /pı'reldihayd/ *a.* paraldehit
parallax /'penleks/ *a. gökb.* paralaks
parallel /'penlel/ *s.* koşut, paralel; kıyaslanabilir; benzer, yakın ¤ *a.* paralel çizgi; benzerlik; örnek, benzer; *coğ.* enlem ¤ *e.* benzemek, eşit olmak **parallel access** *biliş.* paralel erişim, koşut erişim **parallel adder** *biliş.* paralel toplayıcı, koşut toplayıcı **parallel arithmetic** *biliş.* paralel aritmetik, koşut aritmetik **parallel by character** *biliş.* karakter paralelliği, karakter koşutluğu **parallel circuit** *elek.* paralel devre **parallel computer** *biliş.* paralel bilgisayar, koşut bilgisayar **parallel connection** *elek.* paralel bağlantı **parallel conversion** *biliş.* paralel dönüştürme, koşut dönüşüm **parallel feed** paralel besleme **parallel feedback** paralel geribesleme **parallel increase** paralel artışlar **parallel key** paralel kama **parallel line** *mat.* paralel çizgi, koşut çizgi **parallel operation** paralel çalıştırma, koşut çalıştırma **parallel processing** *biliş.* paralel işleme, koşut işlem **parallel rate** paralel kur **parallel resonance** *elek.* paralel rezonans, koşut çınlanım **parallel resonant circuit** *elek.* paralel rezonans devresi **parallel running** *biliş.* paralel çalıştırma, koşut işletim, koşut çalışma **parallel storage** *biliş.* paralel bellek, koşut bellek **parallel transfer** *biliş.* paralel aktarma, koşut aktarım **parallel transmission** *biliş.* paralel gönderme, koşut iletim **parallel-plate chamber** *fiz.* paralel levhalı oda **parallel-search memory** *biliş.* paralel aramalı bellek, koşut aramalı bellek **parallel-series connection** *elek.* paralel-seri bağlantı **parallel-wire line** paralel telli hat **parallel-wire resonator** *elek.* paralel telli rezonatör

parallelepiped /penleli'payped/ *a. mat.* paralel yüzlü, koşutyüzlü
parallelogram /pen'leligrem/ *a.* paralelkenar, paralelogram **parallelogram rule of vectors** vektör paralelkenar kuralı, yöney toplama kuralı
paralogism /pı'relicizim/ *a.* paraljizm, mantığa uymazlık
paralysation /penlay'zeyşın/ *a.* felç olma
paralyse /'penlayz/ *e.* felç etmek, felce uğratmak
paralysis /pı'relisis/ *a.* inme, felç
paralytic /pen'litik/ *a.* felçli kimse ¤ *s.* felçli; felce uğratıcı, felç edici; *kon.* körkütük sarhoş, küfelik
paramagnetic /penmeg'netik/ *s.* paramanyetik
paramagnetism /pen'megnitizim/ *a. fiz.* paramanyetiklik
paramedic /pen'medik/ *a. hek.* yardımcı hekimlik hizmeti veren kimse
paramecium /pen'mi:sıim/ *a. bitk.* terliksihayvan
parameter /pı'remitı/ *a.* parametre **parameter card** *biliş.* parametre kartı **parameter-driven** *biliş.* parametrelerle yürüyen, parametre sürümlü **parameter word** *biliş.* parametre kelimesi, değiştirge sözcüğü
parametric /pen'metrik/ *s.* parametrik **parametric amplifier** *elek.* parametrik amplifikatör **parametric equation** parametrik denklem **parametric test** parametrik test
paramilitary /pen'militri/ *s.* askeri nitelikli
paramount /'penmaunt/ *s.* üstün, yüce, en büyük, en önemli
paramour /'penmou/ *a.* metres, dost
paranoia /pen'noyı/ *a. ruhb.* paranoya
paranoiac /pen'noyek/ *a. s. ruhb.* paranoyak
paranoid /'pennoyd/ *s. ruhb.* paranoyak
parapet /'penpit/ *a.* korkuluk, parmaklık, siper
paraph /'penf/ *a.* paraf, kısa imza
paraphernalia /penfı'neylii/ *a.* takım taklavat, donatı, alet edevat
paraphrase /'penfreyz/ *e.* başka sözcüklerle açıklamak, açımlamak ¤ *a.* açımlama **paraphrasing transformation** açımlamalı dönüşüm

paraplegia /perı'pli:cı/ *a.* belden aşağı felç, parapleji

paraplegic /perı'pli:cik/ *a. s.* belden aşağısı felçli

parapsychology /perısay'kolıci/ *a.* parapsikoloji

parascending /perı'sending/ *a.* paraşütle atlama sporu

parasite /'perısayt/ *a.* asalak, parazit; başkalarının sırtından geçinen kişi, asalak, parazit *parasite drag* parazit sürüklenme

parasitic /perı'sitik/ *s.* parazit+, asalaklarla ilgili *parasitic oscillation elek.* parazitli osilasyon *parasitic stopper* parazitik durdurucu

parasitism /perı'saytizım/ *a.* parazitlik, asalaklık

parasitology /perısay'tolıci/ *a.* asalakbilim, parazitoloji

parasol /'perısol/ *a.* güneş şemsiyesi

parasuit /'perısu:t/ *a.* paraşütçü giysisi

parathion /perı'tayon/ *a. kim.* paratiyon

parathyroid /perı'tayroyd/ *a. anat.* paratiroit bezi

paratrooper /'perıtru:pı/ *a. ask.* paraşütçü

paratroops /'perıtru:ps/ *a. ask.* paraşütçü kıtası

paratyphoid /perı'tayfoyd/ *a. hek.* paratifo

paravane /'perıveyn/ *a. den.* paravan

parboil /'pa:boyl/ *e.* yarı kaynatmak

parcel /'pa:sıl/ *a.* paket, koli; *hkr.* sürü, yığın, takım; arazi parçası, parsel ¤ *e.* (out ile) taksim etmek, parsellemek, bölümlere/hisselere ayırmak *part and parcel of* ayrılmaz parçası *parcel of land* parsel *parcel post* paket postası *parcel up* paketlemek

parcenary /'pa:sinıri/ *a.* ortak mal sahipliği

parcener /'pa:sinı/ *a.* ortak mirasçı

parch /pa:ç/ *e.* (güneş) kavurmak; (susuzluktan) kavrulmak

parching /pa:çing/ *s.* (güneş) yakıcı; (susuzluk) kavurucu

parchment /'pa:çmınt/ *a.* tirşe, parşömen *parchment paper* parşömen kâğıdı

pard /pa:d/ *a. Aİ.* dost, arkadaş, ahbap

pardon /'pa:dın/ *a.* af, bağışlama; günah çıkarma; merhamet, lütuf, kerem ¤ *e.*

bağışlamak, affetmek *beg pardon kon.* Efendim? Buyur? Ne dedin? *I beg your pardon* Affedersiniz, Efendim, Kusura bakmayın *Pardon kon.* affedersiniz; efendim? *Pardon me* affedersiniz, özür dilerim; efendim?

pardonable /'pa:dınıbıl/ *s.* bağışlanabilir, affedilir

pardoner /'pa:dını/ *a.* eskiden kırsal kesimde dolaşarak günahların affını satan kimse

pare /peı/ *e.* kabuğunu soymak; (tırnak) kesmek *pare down* (fiyat, vb.) indirmek, düşürmek

paregoric /perı'gorik/ *a. s.* paregorik iksir

parencephalon /perın'sefilon/ *a. anat.* beyincik

parenchyma /pı'renkımı/ *a.* parankima; kanserli doku

parent /'peırınt/ *a.* ana ya da baba, veli *parent authority* ana baba otoritesi *parent cell biy.* ana hücre *parent company* ana şirket *parent material trm.* ana madde, hammadde *parent patent* asıl patent *parent rock yerb.* ana kaya *parent-teacher association (PTA)* okul-aile birliği *Parents and Citizens (P and C)* (Avustralya'da) okul-aile birliği *parent-teacher meeting* veli toplantısı *parents* ana baba, ebeveyn

parentage /'peırıntic/ *a.* analık ve babalık, ebeveynlik; nesil, soy, asıl

parental /'peırınt/ *s.* ana ya da baba + *parental authority* ana baba otoritesi

parenthesis /pı'rentisis/ *a.* ayraç, parantez; ara söz

parenthetic(al) /perın'tetikıl/ *s.* parantezlerle ilgili, parantezler içinde yazılmış ya da arada söylenmiş *parenthetical clause* aracümle, aracümlecik, aratümce

parenthood /'peırınthud/ *a.* analık ya da babalık

parentless /'peırıntlis/ *s.* anasız-babasız, öksüz, yetim

parentlike /'peırıntlayk/ *s.* ana baba gibi

parergon /pı'reıgon/ *a.* birinin esas görevi olmayan işi

paresis /'perisis/ *a. hek.* parezi, hafif felç

pareu /'pa:reyu:/ *a.* Polinezya etekliği

parfait /pa:'fey/ *a.* yumurta ve kremadan

yapılan soğuk bir tür tatlı, dondurmalı krema

parhelion /pa:'hi:lyın/ *a.* parheli, yalancı güneş

pariah /pı'rayı/ *a.* toplumun kabul etmediği kimse, parya

parietal /pı'rayıtıl/ *s. anat.* parietal

paring /'peıring/ *a.* kabuğunu soyma; soyuntu, yonga **paring chisel** oluk keskisi **paring knife** soyma bıçağı

pari passu /pa:ri 'pesu:/ *be.* eşit adımlarla

Paris /'peris/ *a.* Paris **Paris black** Paris siyahı **Paris green** Paris yeşili

parish /'periş/ *a.* bir papazın ruhani bölgesi; bucak, bölge, mahalle

parisyllabic /perisi'lebik/ *s. dilb.* yalın durumda aynı heceye sahip olan

parity /'periti/ *a.* eşitlik, denklik **parity bit** *biliş.* eşitlik biti, eşlik biti **parity character** *biliş.* parite karakteri, eşlik karakteri **parity check** eşitlik denetimi, eşlik denetimi **parity error** *biliş.* parite hatası, eşlik yanılgısı **parity interrupt** *biliş.* parite kesilmesi, eşlik kesilmesi

park /pa:k/ *a.* park, yeşil alan; otopark; *Aİ.* spor alanı ¤ *e.* park etmek; *kon.* koymak, bırakmak **car park** otopark

parka /'pa:kı/ *a.* parka

parking /'pa:king/ *a.* park yapma; park alanı **No Parking** Park yapılmaz **parking brake** *oto.* el freni **parking light** *oto.* park ışığı **parking lot** *Aİ.* otopark **parking meter** parkmetre, otopark sayacı **parking space** park yeri

parkway /'pa:kwey/ *a.* ağaçlı yol

parlance /'pa:lıns/ *a.* deyiş, tabir *in common parlance* amiyane tabirle *in legal parlance* hukuk tabiriyle *in modern parlance* çağdaş anlatımla

parlay /'pa:li/ *e.* kazanılan parayı bir sonraki yarışa yatırmak

parley /'pa:li/ *a.* toplantı, zirve toplantısı, barış görüşmesi

parliament /'pa:lımınt/ *a.* parlamento, meclis

parliamentarian /pa:lımın'teırıın/ *a.* parlamenter

parliamentarism /pa:lı'mentırizın/ *a.* parlamenter sistem

parliamentary /pa:lı'mentıri/ *s.* parlamentoya ait

parlour /'pa:lı/ *a.* salon; oturma odası *parlour car demy.* lüks vagon *parlour game* ev içinde oynanan oyun *parlour maid* sofra hizmetçisi kız

parochial /pı'roukiıl/ *s.* kendi kilisesi olan bölgeye ait; *hkr.* (görüş, vb.) sınırlı, dar *parochial church council* kilise konseyi *parochial school* kiliseye bağlı okul

parochialism /pı'roukiılizım/ *a.* cemaat sistemi; dar görüşlülük

parodist /'perıdist/ *a.* parodi yazarı

parody /'perıdi/ *a.* parodi, gülünçleme; adi kopya ¤ *e.* parodisini yapmak, gülünç bir şekilde taklit etmek

parol /'perıl/ *s.* sözlü, şifahi *parol contract* sözlü anlaşma *parol evidence* sözlü kanıt

parole /pı'roul/ *a.* tutukluya verilen izin, şartlı tahliye; söz, namus sözü, şeref sözü; *ask.* parola ¤ *e.* şartlı tahliye etmek, kefaletle serbest bırakmak

parolee /pırou'li:/ *a. huk.* şartlı tahliye edilen mahkûm

paronym /'perınim/ *a. dilb.* eşköklü, aynı kökten gelen sözcük

paronymous /pı'ronimıs/ *s. dilb.* eşköklü, aynı kökten gelen

parotid /pı'rotid/ *a. anat.* kulakaltı bezi

parotitis /perou'taytis/ *a. hek.* kulakaltı bezi yangısı

paroxysm /'perıksizım/ *a.* (gülme, vb.) kriz *paroxysms of laughter* gülme krizi *paroxysms of rage* aniden sinirlenme

paroxysmal /perek'sizmıl/ *s.* krizle ilgili, nöbetsel

parquet /'pa:key/ *a.* parke ¤ *e.* parke döşemek

parquetry /'pa:kitri/ *a.* parke döşeme

parricidal /peri'saydıl/ *s.* ana, baba ya da akraba katiline ait

parricide /'perisayd/ *a.* ana, baba ya da akraba katili

parrot /'perıt/ *a. hayb.* papağan ¤ *e.* papağan gibi tekrarlamak

parry /'peri/ *e.* savuşturmak; geçiştirmek

parse /pa:z/ *e.* dilbilgisel olarak incelemek

parsec /'pa:sek/ *a. gökb.* parsek

parser /'pa:zı/ *a. biliş.* ayrıştırıcı

parsimonious /pa:si'mouniıs/ *s.* cimri, pinti

parsimoniousness /pa:si'mounitsnis/ *a.* cimrilik, pintilik

parsimony /'pa:simɪni/ *a.* cimrilik, pintilik

parsley /'pa:sli/ *a.* maydanoz

parsnip /'pa:snip/ *a.* yabani havuç

parson /'pa:sɪn/ *a.* papaz

parsonage /'pa:sɪnic/ *a.* papaz evi

part /pa:t/ *a.* bölüm, kısım, parça; pay, hisse; yan, taraf; görev; rol; *müz.* fasıl ¤ *be.* kısmen ¤ *s.* kısmi ¤ *e.* ayırmak; ayrılmak *do one's part* üzerine düşeni yapmak *for my part* bana kalırsa, kendi hesabıma, bence *for the most part* çoğunlukla *in part* kısmen *part number* parça numarası *part of speech* sözcük türü, sözbölüğü *part owner* hissedar *play a part* rol oynamak *take in good part* darılmamak, gücenmemek *take part (in)* katılmak, iştirak etmek *three parts* dörtte üç

partake /pa:'teyk/ *e.* katılmak, paylaşmak; benzemek, andırmak; yemek, içmek

parterre /pa:'teɪ/ *a.* çiçek bahçesi

parthenogenesis /pa:tinou'cenisis/ *a.* partenogenez

partial /'pa:şıl/ *s.* bölümsel, tikel, kısmi; tarafgir, yan tutan; düşkün *partial analysis* kısmi analiz *partial boiling* yarı kaynatma *partial capacitance elek.* kısmi kapasite *partial carry biliş.* parçalı elde *partial compatibility elek.* kısmi uygunluk, kısmi bağdaşım *partial differential mat.* parçal diferansiyel, tikel türetke *partial differential equation mat.* parçal diferansiyel denklem, tikel türetik denklem *partial fraction* kısmi kesir, tikel üleşke *partial insurance* kısmi sigorta *partial payment* kısmi ödeme *partial pressure* kısmi basınç, tikel basınç *partial roasting met.* kısmi kavurma *partial shipment* kısmi sevkıyat *partial vacuum fiz.* kısmi boşluk, tikel boşluk

partiality /pa:şi'eliti/ *a.* yan tutma, tarafgirlik; düşkünlük

partially /'pa:şıli/ *be.* kısmen; yan tutarak *partially ordered* kısmi sıralı, tikel sıralı *partially ordered set mat.* kısmi sıralı küme, tikel sıralı küme

participant /pa:'tisipɪnt/ *a.* katılan kişi, katılımcı, iştirakçi

participate /pa:'tisipeyt/ *e.* katılmak, iştirak etmek; ortak olmak

participating /pa:'tisipeyting/ *s.* katılan, iştirak eden; kâr paylı *participating bond* kâr paylı tahvil *participating preference share* kâr paylı öncelikli hisse senedi *participating share* kâr paylı hisse

participation /pa:tisi'peyşın/ *a.* katılma, katılım, iştirak; ortaklık *participation certificate* katılma belgesi

participator /pa:'tisipeytɪ/ *a.* katılımcı, iştirakçi

participial /pa:ti'sipɪıl/ *a. dilb.* ortaç türünden

participle /'pa:tisipɪl/ *a. dilb.* ortaç

particle /'pa:tikɪl/ *a.* parça, zerre, tane; *dilb.* işlevsel sözcük, ilgeç, tanımlık, bağlaç *particle accelerator* parçacık hızlandırıcısı *particle flux density fiz.* tanecik akı yoğunluğu *particle orbit fiz.* tanecik yörüngesi *particle shape* parçacık biçimi, tane biçimi *particle size* parçacık büyüklüğü, tane büyüklüğü *particle size analysis* tane büyüklüğü analizi *particle size distribution* tane büyüklüğü dağılımı *particle velocity fiz.* tanecik hızı

particular /pɪ'tikyulı/ *s.* özel, olağandışı, dikkate değer; belirli, diğerlerinden farklı, tek; müşkülpesent, titiz; tam, ayrıntılı; mahsus, özgü *in particular* özellikle *particular average* özel avarya, küçük avarya *particular integral mat.* özel integral, özel tümlev *particular lien* özel hak

particularism /pɪ'tikyulırizım/ *a.* belirli bir topluluğa bağlılık; her eyalete siyasal bağımsızlık tanıyan ilke

particularity /pɪtikyu'lerıti/ *a.* özellik, hususiyet; titizlik; tamlık, eksiksizlik

particularize /pɪ'tikyulırayz/ *e.* tek tek ayrıntılarını belirtmek

particularly /pɪ'tikyulıli/ *be.* özellikle

particulars /pɪ'tikyulız/ *a.* ayrıntılar, detaylar, tafsilat, teferruat *go into particulars* ayrıntılara girmek

parting /'pa:ting/ *a.* ayrılma *parting breath* son nefes *parting wall* bölme duvarı

partisan /pa:ti'zen/ *a.* yandaş, taraftar, partizan; *ask.* çeteci, partizan

partisanship /pa:ti'zenşip/ *a.* yandaşlık,

taraftarlık; partizanlık
partite /'pɑːtayt/ s. parçalı
partition /pɑː'tişın/ a. bölünme, ayrılma; bölme, ince duvar, tahta perde; biliş. ana bellek kesimi ¤ e. bölmek; duvar ile bölmek **partition coefficient** kim. dağılım katsayısı, üleşim katsayısı **partition noise** bölüşüm gürültüsü **partition wall** inş. bölme duvarı **partitioned organization** biliş. kesilmiş örgütleme, bölünmüş örgütleme
partly /'pɑːtli/ be. kısmen, bir dereceye kadar
partner /'pɑːtnı/ a. ortak; eş; arkadaş, oyun arkadaşı; kavalye, dam; kon. erkek arkadaş
partnership /'pɑːtnışip/ a. ortaklık **partnership accounts** ortaklık hesapları
partridge /'pɑːtric/ a. hayb. keklik
part-time /pɑːt'taym/ s. (iş) günün yalnızca belli bir bölümünü alan, yarım günlük
parturient /pɑː'tyuɪriɪnt/ s. doğurmak üzere olan
parturition /pɑːtyuɪ'rişın/ a. doğurma, doğum
party /'pɑːti/ a. eğlenti, parti; grup, birlik, ekip; (siyasi) parti; şahıs, kimse **party wall** inş. müşterek duvar, ara duvar, bölme duvarı
Pascal /'peskıl/ a. Pascal **Pascal's limaçon** mat. Pascal helezonu, ilmik eğrisi **Pascal's theorem** mat. Pascal teoremi, Pascal savı **Pascal's triangle** mat. Pascal üçgeni
pasha /'peşı/ a. paşa
pasqueflower /'peskflauı/ a. rüzgâr çiçeği
pass /pɑːs/ e. geçmek, ilerlemek; (önünden, vb.) geçmek; yetişip geçmek, sollamak; vermek, uzatmak; (zaman) geçmek; (zaman) geçirmek; (sınav) geçmek, kazanmak; onaylamak, kabul etmek, geçirmek; geçmek, dinmek, bitmek, olmak, geçmek; dönüşmek; geçirmek; geçmek, kalmak; söylemek, bildirmek, belirtmek; sp. pas vermek, atmak; geçmek, kabul edilmek, sayılmak, sanılmak; isk. pas demek ¤ a. geçit, boğaz; geçme, geçiş; geçiş, giriş-çıkış izni; paso; sınavda geçme; sp. pas; paso; pasaport; kon. kur, baştan çıkarma **pass a bill** yasa tasarısını kabul etmek **pass a check** çeki tahsil etmek **pass away/on** ört. ölmek, göçmek; geçmek, yok olmak **pass book** banka hesap cüzdanı **pass by** önünden geçmek; önemsememek, boş vermek **pass for** olarak kabul edilmek, sanılmak **pass off** durmak, geçmek, dinmek; meydana gelmek, olmak, geçmek; ... süsü vermek, ... diye yutturmak **pass out** bayılmak, kendinden geçmek; Aİ. dağıtmak, dağıtımını yapmak **pass over** aldırmamak, boş vermek, yok saymak, göz yummak **pass the buck** topu başkasına atmak **pass the time of day (with)** şöyle bir merhaba demek, takılmak **pass through/cross sb's mind** aklından geçmek **pass time** biliş. geçiş süresi **pass up** kaçırmak **pass water** ört. işemek
passable /'pɑːsıbıl/ s. iyi, geçer; (yol, ırmak, vb.) geçilebilir, aşılabilir, geçilir
passage /'pesic/ a. geçiş, geçme; pasaj, koridor; dar yol, geçit; bölüm, paragraf, parça; deniz yolculuğu
passageway /'pesicwey/ a. geçit, koridor, yol
passé /'pɑːsey/ s. hkr. modası geçmiş
passenger /'pesincı/ a. yolcu **passenger cabin** hav. yolcu kabini **passenger car** oto. binek otomobili **passenger compartment** hav. yolcu kompartımanı **passenger list** yolcu listesi **passenger lounge** hav. yolcu salonu **passenger manifest** yolcu manifestosu **passenger plane** yolcu uçağı **passenger ramp** hav. yolcu indirme merdiveni **passenger rate** yolcu tarifesi **passenger ship** yolcu vapuru **passenger station** yolcu istasyonu **passenger ticket** yolcu bileti **passenger train** yolcu treni
passepartout /'pespɑːtuː/ a. ana anahtar
passerby /pɑːsı'bay/ a. tesadüfen geçen kimse, yoldan geçen
passim /'pesim/ be. sık sık, birçok yerde
passing /'pɑːsing/ s. geçen, ilerleyen; geçici, kısa süren **passing lane** sollama şeridi **passing shot** (tenis) aşırtma vuruş
passion /'peşın/ a. ihtiras, tutku, hırs; ani öfke; kon. düşkünlük, tutku, hastalık
passionate /'peşınıt/ s. ihtiraslı, hırslı; şiddetli, ateşli

passionless /'peşınlis/ *s.* soğukkanlı, heyecansız

passivate /'pesiveyt/ *e.* pasifleştirmek

passive /'pesiv/ *s.* hareketsiz, pasif; edilgen, pasif *passive circuit* pasif devre, edilgin devre *passive component* *elek.* pasif öğe, edilgen öğe *passive fault detection biliş.* pasif hata belirleme, edilgen hata belirleme *passive gerund* edilgen isim+fiil *passive metal met.* pasif metal *passive network* pasif şebeke *passive participle* edilgen sıfat+fiil, edilgen geçmiş zaman ortacı *passive radar* pasif radar *passive satellite* pasif uydu, yansıtıcı uydu *passive station biliş.* pasif istasyon, edilgen istasyon *passive transducer elek.* pasif dönüştürücü *passive verb* edilgen fiil, edilgen eylem *passive voice dilb.* edilgen çatı *passive volcano coğ.* sönmüş yanardağ

passivity /'pesiviti/ *a.* pasiflik, edilgenlik

passometer /pe'somıtı/ *a.* adımölçer, pasometre

passport /'pa:spo:t/ *a.* pasaport *passport inspection* pasaport kontrolü

password /'pa:swö:d/ *a.* parola

past /pa:st/ *s.* geçmiş, geçmişte kalan; geçen; bitmiş, sona ermiş; eski, sabık; *dilb.* geçmiş ¤ *ilg.* -den sonra, geçe; ötesinde, uzağında; -siz, -sız ¤ *a.* geçmiş zaman, geçmiş; bir kimsenin geçmişi, geçmiş; *dilb.* geçmiş zaman *past caring* boşvermiş, boşlamış, aldırmaz, umursamaz *past continuous tense* sürekli geçmiş zaman *past definite* belirli geçmiş zaman *past it arg.* çok yaşlı, yaşını başını almış *past indefinite* belirsiz geçmiş zaman *past master* usta, erbap *past participle* geçmiş zaman ortacı *past perfect* belirli geçmiş zaman *past perfect continuous tense* sürekli geçmişte bitmiş zaman *past perfect tense* -miş'li geçmiş zaman, uzak geçmiş zaman *past progressive tense* sürekli geçmiş zaman *past tense* belirli geçmiş zaman

pasta /'pestı/ *a.* makarna

paste /peyst/ *a.* hamur; çiriş, kola; macun; ezme; pat ¤ *e.* (kâğıt) yapıştırmak *paste solder met.* hamur lehimi

pasteboard /'peystbo:d/ *a.* mukavva, karton

pastel /'pestl/ *a.* pastel boya kalemi; pastel resim; soluk renk, pastel renk

pastelist /'pestılist/ *a.* pastel resim yapan kimse

pastern /'pestö:n/ *a.* hayvanların ayağına bukağı takılan yer, bukağılık

pasteurization /pesçıray'zeyşın/ *a.* pastörizasyon, ısıtarak mikroplarını öldürme

pasteurize /'pesçırayz/ *e.* pastörize etmek, ısıtarak mikropları öldürmek

pasteurized /'pestırayzd/ *s.* pastörize

pasteurizer /'pestırayzı/ *a.* pastörize eden kimse; pastörize aleti

pastille /pe'sti:l/ *a. hek.* pastil

pastime /'pa:staym/ *a.* hoşça vakit geçirmek için yapılan şey, uğraş

pastiness /'peystinis/ *a.* hamur gibi olma, macun gibi olma

pastor /'pa:stı/ *a.* papaz

pastoral /'pa:stırıl/ *s.* pastoral; dini, manevi *pastoral staff* piskopos asası

pastorate /'pa:stırit/ *a.* papazlık

pastry /'peystri/ *a.* hamur işi; pasta

pasturage /'pa:sçıric/ *a.* otlatma, otlatma hakkı; otlak, çayır, mera; ot

pasture /'pa:sçı/ *a.* ot; otlak, çayır, mera ¤ *e.* çayıra salmak, otlatmak *pasture farming trm.* mera tarımı *retire to pasture* köşesine çekilmek, emekliye ayrılmak

pasty /'pesti/ *a.* etli börek ¤ *s.* (yüz) solgun

pat /pet/ *a.* hafifçe vurma, okşama; ufak kalıp tereyağı ¤ *e.* elle hafifçe vurmak, hafifçe vurarak okşamak ¤ *be. s.* tam yerinde, tam zamanında; tamamıyla uygun, münasip *pat on the back kon.* tebrik, övgü, sırt sıvazlama *pat sb on the back* sırtını sıvazlamak, sırtını sıvazlayarak teşvik etmek

patch /peç/ *a.* yama; (değişik renkte) yer/parça; küçük bitki yetiştirme ¤ *e.* yamamak, yama yapmak *bad patch İl.* kötü zaman, şanssızlık anı *patch up* uzlaştırmak, yatıştırmak, barıştırmak; yamamak

patchouli /'peçuli/ *a.* silhat

patchwork /'peçwö:k/ *a.* yama işi

patchy /'peçi/ *s.* yarım yamalak, şöyle

böyle
pate /peyt/ *a.* kelle, saksı, kafa; beyin, akıl
pâté /'petey/ *a. mutf.* ezme
patency /'peytınsi/ *a.* açıklık, besbellilik, aşikârlık
patent /'peytınt/ *s.* görünen, açık, besbelli, meydanda, ortada; patentli ¤ *a.* patent ¤ *e.* patent almak *patent agent* patent işleri uzmanı *patent article* patentli ürün *patent law* patent yasası *patent leather* rugan, parlak deri *patent log den.* uskurlu parakete *patent medicine* müstahzar, hazır ilaç *patent office* patent dairesi *patent right* patent hakkı *take out a patent* patent çıkartmak
patented /peytıntid/ *a.* patentli
patentee /peytın'tii/ *a.* patent sahibi
pater /'peytı/ *a. arg.* peder, baba
paternal /pı'töːnl/ *s.* babayla ilgili; (akrabalık) baba tarafından; *hkr.* babalık taslayan
paternity /pı'töːniti/ *a.* babalık *declare paternity* babası olduğunu bildirmek *paternity suit huk.* babalık davası
path /paːt/ *a.* keçiyolu, patika; yol; (bir şeyin izlediği) yön, rota, yol
pathetic /pı'tetik/ *s.* acıklı, dokunaklı, üzücü; *hkr.* boktan, beş para etmez, işe yaramaz *pathetic fallacy ed.* cansız şeylerin insan gibi nitelendirilmesi
pathless /'paːtlis/ *s.* patikasız, yolsuz
pathogenic /patı'cenik/ *s. hek.* patojenik
pathological /patı'locikıl/ *s.* patolojik; *kon.* anlamsız, boş, nedensiz
pathologist /pı'tolıcist/ *a.* patolog
pathology /pı'tolıci/ *a.* patoloji, sayrılıkbilim
pathos /'peytos/ *a.* dokunaklılık
pathway /'paːtwey/ *a.* patika
patience /'peyşıns/ *a.* sabır *be out of patience (with sb)* sabrı tükenmek *have the patience of Job* Eyüp sabrı olmak *lose one's patience* sabrı taşmak *try sb's patience* sabrını tüketmek
patient /'peyşınt/ *s.* sabırlı ¤ *a.* (tedavi altında bulunan) hasta *be patience of* sabır göstermek
patio /'petiou/ *a.* teras, veranda
patriarch /'peytriaːk/ *a.* patrik, piskopos; aile reisi, kabile reisi
patriarchal /'peytriaːkıl/ *s.* ataerkil
patriarchate /'peytriaːkit/ *a.* patriklik; ataerki
patriarchy /'peytriaːki/ *a.* ataerkil toplum düzeni, ataerkillik
patricide /'petrisayd/ *a.* baba katli; baba katili
patrimonial /petri'ounyıl/ *s.* anadan babadan kalma
patrimony /'petrimıni/ *a.* ana babadan kalan mal, kalıt, miras
patriot /'petriıt/ *a.* yurtsever
patrioteer /petriı'tiı/ *a.* aşırı yurtsever
patriotic /petri'otik/ *s.* yurtsever
patriotism /'petriıtizım/ *a.* yurtseverlik
patrol /pı'troul/ *a.* devriye gezme; *ask.* devriye ¤ *e.* devriye gezmek
patrolman /pı'troulmın/ *a. Aİ.* devriye polisi
patron /'peytrın/ *a.* hami, koruyucu; sürekli müşteri
patronage /'petrınic/ *a.* himaye, koruma, koruyuculuk; sürekli müşteriler; siyasi kayırma, önemli mevkilere kendi yandaşlarını getirme; kayırılan kimselere verilen memuriyet
patroness /pey'trınis/ *a.* koruyucu azize
patronize /'petrınayz/ *e.* sürekli müşteri olmak; tenezzülen iltifat etmek, lütuf göstermek
patronizing /'petrınayzing/ *s.* tepeden bakan, küçümseyen
patsy /'petsi/ *a. arg.* avanak, enayi; kadınsı erkek
patten /'petın/ *a.* nalın, takunya; sütun kaidesi
patter /'petı/ *a.* pat pat (sesi), patırtı; hızlı komik konuşma
pattern /'petın/ *a.* numune, örnek; desen, resim; kalıp, patron, model; gidiş, gidişat, seyir; şablon ¤ *e.* aynen kopya etmek, kopyasını çıkarmak; -e uydurmak *pattern book* katalog, model kitabı *pattern card* mostra kartı, jakar kartı *pattern generator elek.* biçim üreteci *pattern maker* döküm kalıpçısı *pattern recognition biliş.* patern tanıma, örüntü tanıma *pattern shearing teks.* desenli makaslama
patterned /'petınd/ *s.* desenli
patty /'peti/ *a.* küçük börek

paucity /'pɔːsɪti/ *a.* azlık, yetersizlik

paunch /pɔːnç/ *a.* şiş göbek, koca göbek

pauper /'pɔːpı/ *a.* yoksul, fakir *pauper labour* düşük ücretli işgücü *paupers relief* yoksul yardımı

pauperism /'pɔːpırizım/ *a.* yoksulluk, fakirlik

pauperize /'pɔːpırayz/ *e.* yoksullaştırmak

pause /pɔːz/ *a.* durma, ara, mola; durak, durgu ¤ *e.* duraklamak, ara vermek

pave /peyv/ *e.* kaldırım döşemek *pave the way for* -i kolaylaştırmak, yolunu açmak

pavement /'peyvmınt/ *a. İİ.* kaldırım; *Aİ.* yol döşemesi, asfalt; *Aİ.* yol, cadde; taban, döşeme

pavilion /pı'vilyın/ *a.* büyük çadır; pavyon; köşk; *İİ. sp.* oyuncuların maçı izlediği yer *pavilion roof inş.* çadırçatı, topuzçatı

paving /'peyving/ *a.* (yol) döşeme malzemesi; kaldırım *paving brick* kaldırım tuğlası *paving stone* kaldırım taşı *paving tile* yer karosu, çini

paviour /'peyvyı/ *a.* kaldırımcı

paw /pɔː/ *a.* hayvan pençesi; *kon.* el ¤ *e.* pençelemek, pençe atmak; (at/about ile) *kon.* orasını burasını ellemek, mıncıklamak

pawl /pɔːl/ *a.* kastanyola ¤ *e.* kastanyola ile sıkıştırmak

pawn /pɔːn/ *e.* rehine vermek, rehine koymak ¤ *a.* (satranç) piyon, piyade; kukla, piyon, alet, maşa; rehin, tutu; rehine, tutak *pawn broker* rehinci, tefeci *pawn ticket* rehin makbuzu

pawnbroker /'pɔːnbroukı/ *a.* rehinci

pawnee /pɔː'niː/ *a.* rehin alan, rehinli alacaklı, rehin karşılığı borç veren

pawner /'pɔːnı/ *a.* rehin veren, rehin bırakan

pawnshop /'pɔːnşop/ *a.* rehinci dükkânı

pawpaw /'pɔːpo/ *a. İİ. bkz.* papaya

pay /pey/ *e.* ödemek; yararı olmak, yarar sağlamak; kâr getirmek; karşılığını vermek, cezasını çekmek, ödemek ¤ *a.* ödeme, tediye; ücret, maaş, aylık *pay a visit* ziyaret etmek *pay attention* dikkat etmek, kulak vermek *pay away* harcamak, sarf etmek *pay back* (borcunu) ödemek, geri vermek; (kötülüğü, vb.) ödetmek, hesabını

sormak *pay by cheque* çek vermek, çekle ödemek *pay by credit card* kredi kartıyla ödeme yapmak *pay by instalments* taksitle ödemek *pay cash* peşin ödemek *pay down* peşin ödemek; taksitle alışta ilk taksidi ödemek *pay heed* dikkat etmek, kulak vermek *pay in advance* peşin ödemek *pay in cash* nakit ödeme yapmak *pay money in* bankaya para yatırmak *pay off* (borcunu) tamamen ödemek, temizlemek, kapatmak; parasını eline verip kovmak, ücretini verip yol vermek; başarılı olmak *pay off old scores* acısını çıkarmak *pay on account* hesaben ödemek *pay on credit* kredi kartıyla ödeme yapmak *pay one's respects* saygılarını sunmak *pay one's way* peşin ödemek *pay out* ödemek, vermek *pay up* borcunu kapamak *in the pay of hkr.* -in hizmetinde *pay at sight* görüldüğünde ödeme *pay at tenor* vadesinde ödeme *pay capacity* istiap haddi *pay ceiling* ücret tavanı, maaş tavanı *pay clerk* muhasebeci *pay day* ödeme günü, maaş günü, ay başı *pay desk* kasa, vezne *pay dispute* ücret tartışması *pay envelope Aİ.* maaş zarfı *pay packet* maaş zarfı *pay pause* ödemesiz dönem *pay roll* maaş bordrosu, ücret bordrosu *pay slip* ücret makbuzu *pay telephone* ankesörlü telefon

payable /'peyıbıl/ *s.* ödenecek, ödenmesi gerek; ödenebilir; kârlı, kazançlı *payable in advance* vade başında ödenebilir *payable in arrears* dönem sonunda ödenebilir *payable on delivery* teslimde ödeme *payable on presentation* ibrazında ödenebilir, ibrazında ödenecek *payable to bearer* hamiline ödenecek *payable to cash* hamiline *payable to order* emrine ödenecek

payday /'peydey/ *a.* maaş günü, ay başı

payee /pey'iː/ *a.* lehdar, alacaklı, ödeme yapılacak kişi

payer /'peyı/ *a.* ödeme yapan, ödeyen; muhatap, borçlu, ödeyecek kimse

paying /'peying/ *s.* kazançlı, kârlı; ödeyen, ücretli ¤ *a.* ödeme, ücret *paying agent* ödeme yeri, ödemi şubesi *paying bank* ödeyen banka, ödeme yapan banka *paying guest* pansiyoner

paying-in slip tediye makbuzu **paying teller** ödeme veznedarı, tediye veznedarı

payload /'peyloud/ *a.* taşıtın taşıdığı gelir getiren yük; uçağın taşıdığı yük

paymaster /'peyma:stı/ *a.* veznedar; maaş mutemedi

payment /'peymınt/ *a.* ödeme, tediye; ücret, maaş; ödenen para, ödenti **payment against draft** poliçe karşılığı ödeme **payment by cheque** çekle ödeme **payment by intervention** araya girerek ödeme **payment in kind** ayni ödeme

payoff /'peyof/ *a. kon.* ödeme, ödeme vakti; ceza, hak edilmiş ceza **payoff office** kasa, gişe

payphone /'peyfoun/ *a.* umumi telefon

payroll /'peyroul/ *a.* ücret bordrosu

pea /pi:/ *a. bitk.* bezelye

peace /pi:s/ *a.* barış; rahat, huzur; asayiş, güvenlik **break the peace** asayişi bozmak **hold one's peace** sesini çıkarmamak, susmak **keep the peace** asayişi korumak

peaceable /'pi:sıbıl/ *s.* barışçıl

peaceful /'pi:sfıl/ *s.* barışsever, barışçı, barışçıl; sakin, rahat, huzurlu

peacenik /'pi:snik/ *a. arg.* savaş karşıtı kimse

peach /pi:ç/ *a.* şeftali

peachy /'pi:çi/ *s.* şeftali gibi

peacock /'pi:kok/ *a.* tavuskuşu

peahen /'pi:hen/ *a.* dişi tavuskuşu

peak /pi:k/ *a.* uç, doruk, zirve; en yüksek nokta, en yüksek sınır; sivri uç; kasket siperi; *den.* gizin cundası, yelkenin çördek yakası ¤ *e.* doruğa ulaşmak **peak black** *elek.* siyah doruğu **peak cathode current** tepe katot akımı **peak clipper** *elek.* tepe kırpıcı **peak current** *elek.* maksimum akım, tepe akımı **peak forward voltage** ileriye tepe gerilimi **peak inverse voltage** ters tepe gerilimi **peak limiter** *elek.* tepe sınırlayıcı **peak load** azami yük **peak power** maksimum güç, tepe gücü **peak season** yoğun sezon **peak sideband power** *elek.* tepe yan bant gücü **peak traffic** en yüksek trafik **peak value** tepe değeri, uç değeri **peak voltage** maksimum gerilim, tepe gerilimi **peak**

voltmeter maksimum gerilim voltmetresi, tepe değer gerilimölçeri **peak white** *elek.* beyaz seviyesi, beyaz doruğu **peak-to-peak** tepeden tepeye, doruktan doruğa **peak-to-peak amplitude** tepeden tepeye genlik

peaky /pi:ki/ *a.* sivri tepeli; bitkin; zayıflamış

peal /pi:l/ *a.* çan sesi, çınlama; gürültü, gürleme ¤ *e.* çınlamak; çınlatmak **peal of laughter** kahkaha tufanı

peanut /'pi:nat/ *a.* amerikanfıstığı, yerfıstığı **peanut butter** krem fıstık, fıstık ezmesi **peanut protein fiber** *teks.* yerfıstığı proteini lifi

pear /peı/ *a. bitk.* armut

pearl /pö:l/ *a.* inci; sedef; *bas.* beş puntoluk harf **mother-of-pearl** sedef

pearlite /'pö:layt/ *a. met.* perlit **pearlite iron** *met.* perlitli demir

pearly /'pö:li/ *s.* inci gibi

peasant /'pezınt/ *a.* köylü; *hkr.* hödük, andavallı **peasant woman** köylü kadın

peasantry /'pezıntri/ *a.* köylü sınıfı

pease /pi:z/ *a.* bezelye **pease pudding** bezelye püresi

peat /pi:t/ *a.* bataklık kömürü, turba **peat bed** *coğ.* turbiyer, turbalık, turba bataklığı **peat dust** *trm.* turba tozu **peat moor** *coğ.* turbiyer, turbalık, turba bataklığı

peaty /pi:ti/ *s.* turbalı **peaty soil** turbalı toprak

pebble /'pebıl/ *a.* çakıl taşı ¤ *e.* çakıl taşıyla döşemek; (deriyi) pürtüklü hale getirmek **not the only pebble on the beach** bulunmaz Hint kumaşı değil **pebble mill** *mad.* çakıllı değirmen **pebbling** timsah derisi, portakal kabuğumsu görüntü, pürüzlü yüzey

pebbly /'pebli/ *s.* çakıllı

peccadillo /pekı'dilou/ *a.* hafif suç, kabahat, kusur

peck /'pek/ *e.* gagalamak; *kon.* aceleyle/ruhsuz bir şekilde öpmek ¤ *a.* gagalama; *kon.* acele/ruhsuz öpüş

pecker /'pekı/ *a.* ağaçkakan; *arg.* cesaret, göt; *Aİ. kab. arg.* yarak; bir tür bahçe çapası **keep one's pecker up** *İİ. kon.* neşesini yitirmemek

peckish /'pekiş/ *s. kon. İİ.* acıkmış, aç; aşırı hassas, sinirli

pectase /'pekteys/ *a.* pektaz
pectic /'pektik/ *s.* pektinli
pectin /'pektin/ *a.* pektin
pectoral /'pektırıl/ *s.* göğüse ait, göğüs + *pectoral fin* göğüs yüzgeci
peculate /'pekyuleyt/ *e.* zimmetine para geçirmek
peculation /pekyu'leyşın/ *a.* zimmetine para geçirme
peculator /'pekyuleytı/ *a.* zimmetine para geçiren kimse
peculiar /pi'kyu:lıı/ *s.* acayip, tuhaf, olağandışı; (to ile) özgü, mahsus; kaçık, çatlak; *kon.* ħasta; özel
peculiarity /pikyu:li'eriti/ *a.* özellik; tuhaflık, acayiplik; -e özgü olma
peculiarly /pi'kyu:lıılı/ *be.* özellikle; tuhaf bir şekilde
pecuniary /pi'kyu:nııri/ *s.* paraya ilişkin, parasal
pedagogic /pedı'gocik/ *s.* pedagojik, eğitimsel
pedagogics /pedı'gociks/ *a.* pedagoji, eğitbilim
pedagogue /'pedıgog/ *a.* pedagog, eğitimci
pedagogy /'pedıgoci/ *a.* pedagoji, eğitbilim
pedal /pedl/ *a.* ayaklık, pedal ¤ *e.* pedalla işletmek *pedal control* pedal kumandası *pedal shaft* pedal mili
pedalo /'pedılou/ *a.* deniz bisikleti
pedant /'pedınt/ *a. hkr.* kılı kırk yaran, aşırı, titiz
pedantic /pi'dentik/ *s. hkr.* kılı kırk yaran, titiz
peddle /'pedl/ *e.* seyyar satıcılık yapmak *peddle drugs* uyuşturucu ilaç satmak
peddler /'pedlı/ *a.* seyyar satıcı; uyuşturucu ilaç satıcısı
peddling /'pedling/ *s.* önemsiz, ufak
pederast /'pedırest/ *a.* kulampara, oğlancı
pedestal /'pedistl/ *a.* (heykel, sütun, vb.) taban, kaide; *mec.* temel, esas *put/set sb on a pedestal* göğe çıkarmak, övmek *set sb on a pedestal* birini idealize etmek, ona yüksek paye vermek
pedestrian /pi'destrıın/ *s.* ilginç olmayan, alelade, sıradan ¤ *a.* yaya *pedestrian crossing* yaya geçidi *pedestrian*

phase yaya fazı, yaya geçiş süresi *pedestrian precinct* yalnızca yayalara özgü yol, yaya yolu *pedestrian zone* yaya bölgesi
pediatrician /pi:dıı'trişın/ *a. hek.* pediatrist, çocuk doktoru
pediatrics /pi:di'etriks/ *a. hek.* pediatri
pedicel /'pedisıl/ *a.* pediçel, çiçek sapı
pedicure /'pedikyuı/ *a.* ayak bakımı, pedikür
pedigree /'pedigri:/ *a.* soyağacı; soy *pedigree seed* şek. elit tohum
pedigreed /'pedigri:d/ *s.* soyu (sopu) belli
pediment /'pedimınt/ *a. inş.* alınlık
pedlar /'pedlı/ *a.* seyyar satıcı
pedology /pi'dolıci/ *a.* pedoloji, toprakbilim
pedometer /pi'domitı/ *a.* pedometre, adımsayar
peduncle /pi'dankıl/ *a.* pedümkül, çiçek sapı
pee /pi:/ *e. kon.* işemek ¤ *a. kon.* işeme; çiş
peek /pi:k/ *e. kon.* dikizlemek, röntgenlemek ¤ *a. kon.* dikizleme, röntgen
peekaboo /pi:kı'bu:/ *a.* ce: yüzünü kapayıp birden açma oyunu *play peekaboo* ce demek, yüzünü kapayıp birden açmak
peel /pi:l/ *e.* kabuğunu soymak; (kabuğu/derisi) soyulmak, pul pul dökülmek ¤ *a.* (meyve, sebze, vb.) kabuk *peel off* (elbise) çıkarmak
peeler /'pi:lı/ *a.* soyucu, soyma bıçağı, soyma makinesi; *arg.* aynasız, polis
peelings /'pi:lingz/ *a.* (patates, vb.) kabuk
peen /pi:n/ *e.* çekiçle dövmek, çekiçle ezmek
peep /pi:p/ *e. kon.* gizlice bakmak, dikizlemek, röntgenlemek ¤ *a. kon.* dikiz; ötme sesi, cik *peep out* yavaş yavaş ortaya çıkmak *Peeping Tom* röntgenci
peephole /'pi:phoul/ *e.* çekiçle dövmek, çekiçle ezmek
peer /pıı/ *a.* eş, emsal; lord, asilzade ¤ *e.* dikkatle bakmak
peerage /'pııric/ *a.* asilzadeler sınıfı; asilzadelik
peeress /'pııris/ *a.* soylu kadın

peerless /'piılıs/ *s.* eşsiz, rakipsiz

peeve /piːv/ *e. kon.* kızdırmak, gıcık etmek

peeved /piːvd/ *s.* hırçın, huysuz

peevish /'piːviş/ *s.* huysuz, hırçın, aksi

peg /peg/ *a.* ağaç çivi; mandal; kanca, askı ¤ *e.* mandallamak; (ücreti/fiyatı) sabitleştirmek, dondurmak **come down a peg** yelkenleri suya indirmek, haddini bilmek **a square peg in a round hole** yerine uymayan kimse **take sb down a peg (or two)** *kon.* burnunu kırmak, bozum etmek, ağzının payını vermek **peg out** *İİ. kon.* gebermek, nalları dikmek **off the peg** hazır satın alınan **peg leg** takma (tahta) ayak

pegmatite /'pegmıtayt/ *a. yerb.* pegmatit

peignoir /'peynwaː/ *a.* sabahlık

pejorative /pi'corıtiv/ *s.* küçük düşürücü, kötüleyici, yermeli

pekin /piː'kin/ *a. teks.* pekin

pelage /'pelic/ *a.* memeli hayvanların kürkü

pelagic /pe'lecik/ *s.* derin denizlerle ilgili

pelf /pelf/ *a.* para, varlık

pelican /'pelikın/ *a. hayb.* pelikan

pelisse /pe'liːs/ *a.* çocuk pelerini; askeri pelerin

pellet /'pelit/ *a.* ufak top; saçma tanesi, ufak kurşun, misket; topak, yumak

pelletize /'pelitayz/ *e.* peletlemek **pelletizing** peletleme, topaklama

pellicle /'pelikıl/ *a.* ince zar

pellicular /pe'likyulı/ *s.* zar gibi ince

pellmell /pel'mel/ *s. be.* karmakarışık, karman çorman

pellucid /pe'lyuːsid/ *s.* yarısaydam, berrak

pelmet /'pelmit/ *a.* pencere/kapının üst kısmını örten perde

pelt /pelt/ *a.* pösteki, post, deri, kürk ¤ *e.* (with ile) saldırmak; (down ile) şakır şakır yağmak; deli gibi koşmak **pelt wool** *teks.* post yünü

peltry /'peltri/ *a.* hayvan derileri

pelvic /'pelvik/ *s. anat.* pelvise ait **pelvic cavity** alt karın

pelvis /'pelvis/ *a. anat.* pelvis, leğen

pen /pen/ *a.* tükenmezkalem; dolmakalem; yazarlık, kalem; yazar, kalem; kümes, ağıl ¤ *e.* yazmak; ağıla kapatmak, kümese kapatmak; dar bir yere tıkmak, kapatmak **pen friend** *İİ.* mektup arkadaşı **pen name** (yazar) takma ad **pen pal** *Aİ.* mektup arkadaşı **pen-light** *biliş.* ışık kalemi **put pen to paper** kâğıda kaleme sarılmak

penal /'piːnl/ *s.* cezai **penal provision** cezai hüküm

penalize /'piːnılayz/ *e.* ceza vermek, cezalandırmak

penalty /'penlti/ *a.* ceza; *sp.* penaltı; cayma tazminatı **pay the penalty** cezasını çekmek **penalty clause** ceza şartı

penance /'penıns/ *a.* ceza; kefaret

pence /pens/ *İİ. bkz.* penny

penchant /'paːnşaːn/ *a.* eğilim, meyil

pencil /'pensıl/ *a.* kurşunkalem; kaş kalemi; *fiz.* ışın demeti ¤ *e.* kurşunkalemle yazmak, çizmek **pencil of circles** *mat.* daireler kalemi **pencil of lines** *mat.* doğrular kalemi **pencil of rays** ışın demeti

pendant /'pendınt/ *a.* pandantif; *den.* flama, filandra

pendentive /pen'dentiv/ *a. mim.* bingi

pending /'pending/ *ilg.* -e kadar ¤ *s.* kararlaştırılmamış, askıda, muallakta

pendulous /'pendyulıs/ *s.* sarkık, sallanan

pendulum /'pendyulım/ *a.* sarkaç, rakkas, pandül **pendulum bob** sarkaç topu **pendulum clock** sarkaçlı saat **pendulum governor** sarkaç regülatör **pendulum rod** sarkaç çubuğu

peneplain, peneplane /'piːnipleyn/ *a. yerb.* peneplen, yontukdüz

penetrability /penitrı'bilıti/ *a.* içine girilebilirlik, nüfuz edilebilirlik; delinebilirlik

penetrable /'penitrıbıl/ *s.* içine girilebilir, nüfuz edilebilir

penetrate /'penitreyt/ *e.* girmek, dalmak; içine girmek, yarmak; nüfuz etmek, delip geçmek; anlamak, çözmek

penetration /peni'treyşın/ *a.* içe girme, içe işleme; penetrasyon **penetration depth** penetrasyon derinliği **penetration factor** *fiz.* penetrasyon katsayısı, girim katsayısı

penguin /'pengwin/ *a.* penguen

penicillin /peni'silin/ *a.* penisilin

peninsula /pi'ninsyulı/ *a. coğ.* yarımada

peninsular /pi'ninsyulı/ *s.* yarımada ile ilgili

penis /'pi:nis/ *a.* penis, kamış

penitence /'penitıns/ *a.* pişmanlık

penitent /'penitınt/ *s.* pişman

penitential /peni'tenşıl/ *s.* pişmanlıkla ilgili

penitentiary /peni'tenşıri/ *a.* hapishane, cezaevi

penknife /'pen-nayf/ *a.* çakı

pennant /'penınt/ *a.* flama, flandra

penniless /'penilıs/ *s.* züğürt, meteliksiz

pennon /'penın/ *a. ask.* bayrak

penny /'peni/ *a.* Pound'un yüzde biri, peni; *Aİ.* sent *A penny for your thoughts!* Binin yarısı beş yüz, o da bizde yok! *in for a penny in for a pound* battı balık yan gider *penny pincher kon.* cimri, pinti *spend a penny ört.* işemek *the penny (has) dropped İİ. kon.* jeton düştü *turn up/return like a bad penny* sahte para gibi sahibine dönmek

penologic /pi:nı'locik/ *s.* penolojik

penology /pi:'nolıci/ *a.* penoloji, suçluların cezalandırılması bilimi

penpusher /'penpuşı/ *a.* çok yazan kişi; yazı işi çok ve sıkıcı olan kâtip

pension /'penşın/ *a.* emekli maaşı; /pa:ns'youn/ pansiyon *pension fund* emekli sandığı, emekli fonu *pension off* aylık bağlayıp işten çıkarmak

pensioner /'penşını/ *a.* emekli aylığı alan kimse, emekli

pensive /'pensiv/ *s.* düşünceli, dalgın

pensiveness /'pensivnis/ *a.* düşüncelilik, dalgınlık

penstock /'penstok/ *a.* savak, verici boru

pent /pent/ *s.* kapanmış, hapsedilmiş; gizli kalmış

pentagon /'pentıgın/ *a.* beşgen

pentagonal /pen'tegınıl/ *s.* beş köşeli

pentahedron /pentı'hi:drın/ *a. mat.* beşyüzlü

pentane /'penteyn/ *a. kim.* pentan

pentathlete /pen'tetli:t/ *a.* pentatloncu atlet

pentathlon /pen'tetlın/ *a. sp.* pentatlon

pentavalent /pentı'veylınt/ *a.* beş duyarlıklı

penthouse /'penthaus/ *a.* çatı katı, sundurma

pentode /'pentoud/ *a. elek.* pentot

pentose /'pentous/ *a. kim.* pentoz

pent-up /pent'ap/ *s.* kapatılmış, hapsedilmiş *pent-up demand* bastırılan talep, telafi edeci talep *pent-up inflation* önlenen enflasyon

penult /pe'nalt/ *a. dilb.* sondan bir önceki hece

penultimate /pi'naltimit/ *s.* sondan bir önceki

penumbra /pi'nambrı/ *a. gökb.* yarıgölge

penurious /pi'nyuıriıs/ *s.* yoksul, fakir

penury /'penyuri/ *a.* yoksulluk, fukaralık

peon /'pi:ın/ *a.* piyade; emir eri; amele, işçi

peonage /'pi:ınic/ *a.* kulluk, kölelik

peony /'pi:ıni/ *a. bitk.* şakayık

people /'pi:pıl/ *a.* insanlar, kalabalık; halk; kişi, kimse; millet, ulus; aile üyeleri, akrabalar

pep /pep/ *a. kon.* enerji, güç, kuvvet

pepper /'pepı/ *a.* biber ¤ *e.* biber katmak, biberlemek

peppercorn /'pepıko:n/ *a.* tane biber, çekilmemiş biber *peppercorn rent* çok düşük kira

peppermint /'pepımint/ *a. bitk.* nane; nane şekeri

peppery /'pepıri/ *s.* biberli; çabuk kızan

peppy /'pepi/ *s.* enerjik, canlı

pepsin /'pepsin/ *a.* pepsin

peptic /'peptik/ *s.* sindirimsel; sindirimi kolaylaştıran *peptic gland* mide guddesi *peptic ulcer* mide ülseri

peptidase /'peptideys/ *a.* peptidaz

peptide /'peptayd/ *a. kim.* peptit

peptizate /'peptayzeyt/ *e.* peptinleştirmek

peptization /peptay'zeyşın/ *a.* peptinleştirme

peptone /'peptoun/ *a.* pepton

per /pö:, pı/ *ilg.* -de, -da, başına, her biri için; vasıtasıyla, eliyle, tarafından *per annum* yılda, yıllık, senelik *per capita* kişi başına (düşen) *per capita consumption* kişi başına tüketim, insan başına tüketim *per capita income* kişi başına gelir *per cent* yüzde *per contra* hesabın karşı tarafında *per curiam* mahkemece *per diem* günlük, gündelik *per diem allowance* gündelik, harcırah *per incuriam* ihmalkârlık yüzünden *per* *mensem* ayda *per mille* binde *per post* postayla *per procuration* namına, vekâleten *per quod* bununla *per se* kendiliğinden

peracid /pö:'resid/ *a.* perasit

peradventure /pırıd'vençı/ *be. esk.* belki

perambulate /pı'rembyuleyt/ *e.* dolaşmak, gezinmek

perambulation /pırem'byuleyşın/ *a.* gezme, dolaşma

perambulator /pı'rembyuleytı/ *a.* çocuk arabası

perborate /pı'bo:reyt/ *a.* perborat

perceivable /pı'si:vıbıl/ *s.* algılanabilir, hissedilebilir

perceive /pı'si:v/ *e.* algılamak, kavramak, anlamak, görmek

percent /pı'sent/ *a.* yüzde

percentage /pı'sentic/ *a.* yüzdelik, yüzde oranı; komisyon, yüzdelik; temettü, kâr hissesi *percentage error* yüzde hatası, hata yüzdesi *percentage increase* artış yüzdesi *percentage of sugar* şeker yüzdesi *percentage statement* karşılaştırmalı bilanço

percentile /pı'sentayl/ *a.* persentil, yüzdebirlik

perceptibility /pı'septıbilıti/ *a.* algılanabilirlik, duyulabilirlik

perceptible /pı'septıbıl/ *s.* algılanabilir, duyulabilir, görülebilir, fark edilebilir

perception /pı'sepşın/ *a.* algı, kavrayış, seziş

perceptive /pı'septiv/ *s.* kavrayışlı, zeki

perch /pö:ç/ *a.* tünek; yüksek yer; *hayb.* tatlı su levreği; kumaş kontrol makinesi ¤ *e.* konmak, tünemek

perchance /pı'ça:ns/ *be.* şans eseri

percher /'pö:çı/ *a.* tüneyen ötücü kuş

perchlorate /pı'klo:reyt/ *a.* perklorat

perchloric /pı'klo:rik/ *s.* perklorik *perchloric acid* perklorik asit

percipience /pı'sipi:ıns/ *a.* idrak, anlayış

percolate /'pö:kıleyt/ *e.* (through ile) süzülmek; sızmak; süzmek; sızdırmak *percolating water* sızma su, sızıntı suyu

percolation /pö:kı'leyşın/ *a.* süzme, süzülme

percolator /'pö:kıleytı/ *a.* süzgeçli kahve ibriği

percuss /pı'kas/ *e.* hafifçe vurarak muayene etmek

percussion /pı'kaşın/ *a.* vurma, çarpma; *müz.* vurmalı çalgılar *percussion boring* darbeli sondaj *percussion cap mad.* kapsüllü lokum, kapçıklı lokum *percussion drill* darbeli delici, vurgulu delici *percussion drilling* darbeli sondaj *percussion fuse ask.* müsademeli tapa *percussion table* darbeli tabla, vurmalı tabla

percussionist /pı'kaşınist/ *a.* vurmalı çalgılar çalan müzisyen

percussive /pı'kasiv/ *s.* vurmalı, vuruşla ilgili *percussive drilling mad.* vurmalı delme

percutaneous /pö:kyu:'teynyıs/ *s.* perkütan, deriden

perdition /pı'dişın/ *a.* ruhun mahvolması, lanetleme

peregrinate /'perigrineyt/ *e.* yolculuk etmek

peregrination /perigri'neyşın/ *a.* yolculuk, seyahat

peremptoriness /pı'remptırinis/ *a.* buyuruculuk, buyurganlık, diktatörlük

peremptory /pı'remptıri/ *s.* buyurucu, buyurgan, dediği dedik

perennial /pı'reniıl/ *s.* bir yıl süren; (bitki) uzun ömürlü ¤ *a. bitk.* uzun ömürlü bitki

perfect /'pö:fikt/ *s.* mükemmel, kusursuz, eksiksiz, yetkin; tam, bitmiş ¤ /pı'fekt/ *e.* mükemmelleştirmek, yetkinleştirmek *perfect aspect* bitmişlik özelliği *perfect conditional tense* bitmiş koşul bildiren zaman *perfect dielectric* mükemmel dielektrik *perfect gas* ideal gaz *perfect gerund* İngilizce'de 'having' ile yapılan isim-fiil *perfect infinitive* mastarın üçüncü şekli *perfect market* tam rekabet piyasası *perfect number mat.* mükemmel sayı, yetkin sayı *perfect set mat.* mükemmel küme, yetkin küme *perfect trust* tam güven *perfecting press bas.* çift silindirli baskı makinesi

perfection /pı'fekşın/ *a.* mükemmellik; tamamlama; kusursuz kişi ya da şey, eşsiz örnek

perfectionist /pı'fekşınist/ *a.* her şeyin mükemmel olmasını isteyen, kılı kırk yaran, aşırı titiz kimse

perfectly /'pö:fiktli/ *be.* mükemmel bir şekilde, kusursuzca; tamamen, tam

olarak *perfectly balanced* tam dengeli
perfidious /pı'fidiıs/ *s.* hain, kalleş, vefasız
perfidiousness /pı'fidiısnis/ *a.* hainlik, kalleşlik, vefasızlık
perfidy /'pö:fidi/ *a.* vefasızlık, hainlik, kalleşlik
perforate /'pö:fıreyt/ *e.* delmek, delikler açmak; (defter, pul, vb.) kolay koparılması için kenarına sırayla delikler açmak
perforated /'pö:fıreytid/ *s.* delikli, tırtıllı *perforated drum drier teks.* delikli tamburlu kurutucu *perforated magnetic tape* delikli mıknatıslı bant *perforated pipe* delikli boru *perforated plate* delikli sac *perforated tape* delikli bant
perforation /pö:fı'reyşın/ *a.* delme; delik *perforation rate biliş.* delik delme hızı, delgileme hızı
perforator /'pö:fıreytı/ *a.* delme makinesi, delici
perforce /pı'fo:s/ *be.* zorla
perform /pı'fo:m/ *e.* yapmak, yerine getirmek, icra etmek; oynamak, temsil etmek; rol almak, rol oynamak; *müz.* çalmak
performance /pı'fo:mıns/ *a.* ifa, icra, yapma; gösteri, oyun; performans, başarım; verim, randıman *performance analysis biliş.* performans analizi *performance bond* kesin teminat mektubu *performance characteristic biliş.* performans karakteristiği, etkinlik karakteristiği *performance in kind* mal olarak ödeme *performance requirements biliş.* performans gereklilikleri, etkinlik gerekimleri
performative /pı'fo:mıtiv/ *s.* gerçekleştirici, edimsel
performer /pı'fo:mı/ *a.* sanatçı, oyuncu, müzisyen
perfume /'pö:fyu:m/ *a.* güzel koku; parfüm
perfunctory /pı'fanktıri/ *s.* yarım yamalak, baştan savma, acele yapılan
pergola /'pö:gılı/ *a. inş.* pergola, kameriye, çardak
perhaps /pı'heps/ *be.* belki
pericarditis /perika:'daytis/ *a. hek.* perikard iltihabı, yürekzarı yangısı

pericardium /peri'ka:dyım/ *a.* perikard, yürekzarı
pericarp /'perika:p/ *a.* meyve örtüsü
periclase /'perikleys/ *a. min.* periklaz
peridotite /peri'doutayt/ *a. yerb.* peridotit
perigee /'perici:/ *a. gökb.* yerberi
periglacial /peri'gleyşıl/ *s. coğ.* buzul çevresi, periglasiyal
perihelion /peri'hi:liın/ *a. gökb.* günberi
peril /'peril/ *a.* tehlike *perils of the sea* deniz tehlikeleri, deniz rizikoları
perilous /'perilıs/ *s.* tehlikeli, riskli
perimeter /pı'rimitı/ *a. mat.* çevre
perineum /peri'ni:ım/ *a. anat.* perine
period /'piıriıd/ *a.* dönem, devre; devir, çağ; süre; âdet, aybaşı; ders; *Aİ.* nokta *period of decay fiz.* aktiflik periyodu, bozunum yarı-yaşamı *period of payment* ödeme süresi *period of performance* tahakkuk süresi *period of recession* durgunluk dönemi *period of representation* ibraz süresi *period of revolution gökb.* devir periyodu, dolanma süresi *period of vibration* titreşim süresi
periodate /pö:'rayıdeyt/ *a. kim.* periyodat
periodic /piıri'odik/ *s.* periyodik *periodic acid* periyodik asit *periodic damping* periyodik sönüm *periodic maintenance* periyodik bakım *periodic quantity* periyodik büyüklük, periyodik nicelik *periodic system of elements* elementlerin periyodik sistemi *periodic table* periyodik cetvel, öğeler çizelgesi *periodic time* periyodik süre, periyot
periodical /piıri'odikıl/ *a.* sürekli yayın ¤ *s.* periyodik
periosteum /peri'ostiım/ *a. anat.* periyost, kemikzarı
periostitis /perii'staytis/ *a.* periyostit, kemikzarı yangısı
peripatetic /peripı'tetik/ *s.* yerinde duramayan, gezici, seyyar, gezgin
peripheral /pı'rifırıl/ *s.* ikincil, önemsiz, kenardaki; çevresel ¤ *a. biliş.* çevre birimi *peripheral bound biliş.* çevresel donatı sınırlamalı *peripheral buffers biliş.* çevre birimleri tamponları, çevre tamponları *peripheral control unit biliş.* çevresel denetleme birimi *peripheral controller biliş.* çevre birimleri denetleyicisi *peripheral device biliş.*

çevresel aygıt, çevre aygıtı *peripheral electron* fiz. dış elektron, çevrel elektron *peripheral equipment* biliş. çevresel ekipman, çevre donatısı *peripheral interface channel* biliş. çevresel arayüzey kanalı *peripheral limited* biliş. çevresel birim sınırlamalı *peripheral processor* biliş. çevresel birim işlemcisi *peripheral prompt* biliş. çevresel birim çağrısı *peripheral speed* çevrel hız, çevresel hız *peripheral transfer* biliş. çevresel aktarım *peripheral unit* biliş. çevresel birim, çevre birimi

periphery /pı'rifıri/ a. muhit, çevre

periphrasis /pe'rifrısis/ a. dolaylama, dolaylı olarak anlatma

periphrastic /peri'frestik/ s. dolaylı olarak anlatılan

peripteral /pı'riptırıl/ s. inş. peripteros

periscope /'periskoup/ a. periskop

perish /'periş/ e. ölmek, yok olmak; İİ. bozulmak, çürümek; bozmak, çürütmek

perishable /'perişıbıl/ s. (yiyecek) çabuk bozulan *perishable goods* kolay bozulabilen mallar

perishing /'perişing/ s. İİ. kon. (hava) buz gibi

peritonaeum /peritou'ni:ım/ a. anat. periton, karınzarı

peritonitis /peritı'naytis/ a. anat. peritonit, karınzarı yangısı

periwig /'periwig/ a. peruka, takma saç

periwinkle /'periwinkıl/ a. cezayirmenekşesi

perjure /'pö:cı/ : *perjure oneself* mahkemede yalan yere yemin etmek, yalan söylemek

perjurer /'pö:cırı/ a. yalancı tanık

perjury /'pö:cıri/ a. yalan yere yemin etme

perk /pö:k/ a. kon. avanta ¤ e. (up ile) neşelenmek, canlanmak; neşelendirmek, canlandırmak

perks /pö:ks/ a. yan ödeme, maaştan ayrı gelir

perky /'pö:ki/ s. sulu, laubali

perlite /'pö:layt/ a. mad. perlit, incitaşı

perlitic /pö:'litik/ s. yerb. perlitik

perlocution /pö:lou'kyu:şın/ a. dolaylı etkileme sözü, etki söz

perm /pö:m/ a. kon. perma ¤ e. kon. perma yapmak

permanence /'pö:mınıns/ a. süreklilik

permanent /'pö:mınınt/ a. Aİ. kon. perma ¤ s. sürekli, kalıcı *permanent crease* teks. kalıcı plise *permanent deformation* kalıcı deformasyon, kalıcı bozunum *permanent error* biliş. kalıcı hata, sürekli hata *permanent finish* teks. kalıcı apre *permanent gas* kim. ideal gaz, sürekli gaz *permanent government loan* sürekli hükümet borcu *permanent income* sürekli gelir *permanent load* sürekli yük, statik yük *permanent magnet* sürekli mıknatıs *permanent mould* met. sürekli döküm kalıbı *permanent storage* biliş. kalıcı bellek

permanganate /pı'mengıneyt/ a. permanganat

permeability /pö:mıı'biliti/ a. geçirgenlik *permeability tuning* elek. geçirgenlik akordu

permeable /'pö:mııbıl/ s. fiz. geçirgen *permeable to water* su geçirir

permeameter /'pö:mıımi:tı/ a. fiz. permeametre, geçirimölçer

permeate /'pö:mieyt/ e. (through ile) sızmak, nüfuz etmek

permissible /pı'misıbıl/ s. izin verilebilir, caiz *permissible load* azami yük

permission /pı'mişın/ a. müsaade, izin, ruhsat

permissive /pı'misiv/ s. aşırı müsaadekâr, her şeye açık

permit /pı'mit/ e. izin vermek, bırakmak ¤ /pö:mit/ a. ruhsatname, izin kâğıdı, izin

permitted /pı'mitid/ s. izin verilmiş *permitted explosive* mad. müsaadeli patlayıcı, olurlu patlayıcı *permitted hours* içki satışının serbest olduğu saatler

permittivity /pö:mi'tiviti/ a. elektriksel geçirgenlik

permutate /'pö:myuteyt/ e. sırasını değiştirmek

permutation /pö:myu'teyşın/ a. mat. permütasyon, değişi, değiştiri

permute /pı'myu:t/ e. değiş tokuş etmek, mübadele yapmak; sırasını değiştirmek, permütasyon yapmak, devşirim yapmak

permutable /pı'myu:tıbl/ s. değiştirilebilir,

değiş tokuş yapılabilir
pernicious /pı'nişıs/ *s.* zararlı, kötü
perniciousness /pı'nişısnis/ *a.* tehlike, zarar
pernickety /pı'nikiti/ *s. kon.* müşkülpesent, aşırı titiz
perorate /'perıreyt/ *e. hkr.* nutuk çekmek, uzun ve sıkıcı konuşma yapmak
peroration /perı'reyşın/ *a. hkr.* nutuk, uzun ve sıkıcı konuşma
peroxidase /pı'roksideys/ *a.* peroksidaz
peroxide /pı'roksayd/ *a.* peroksit
perpendicular /pö:pın'dikyulı/ *s.* dik, dikey ¤ *a.* dikey çizgi, dikey, dikme
perpetrate /'pö:pitreyt/ *e.* (suç, vb.) işlemek, yapmak
perpetration /pö:pi'treyşın/ *a.* (suç, vb.) işleme, yapma
perpetrator /'pö:pıtreytı/ *a.* suç işleyen kimse
perpetual /pı'peçuıl/ *s.* kalıcı, ebedi; sürekli, aralıksız, bitmez tükenmez; daimi, konsolide **perpetual bond** vadesiz tahvil **perpetual motion** *fiz.* devridaim, sürgit devinim **perpetual screw** helezoni dişli, sonsuz dişli
perpetuate /pı'peçueyt/ *e.* sürdürmek, devam ettirmek, ölümsüzleştirmek, korumak
perpetuity /pö:pi'tyu:iti/ *a.* süreklilik, ebedilik; ömür boyu gelir
perplex /pı'pleks/ *e.* şaşırtmak, kafasını karıştırmak **be perplexed** şaşırmak, kafası karışmak
perplexity /pı'pleksiti/ *a.* şaşkınlık
perquisite /'pö:kwizit/ *a.* ek ödenek, ikramiye, yan ödeme
persecute /'pö:sikyu:t/ *e.* zulmetmek, acı çektirmek; rahat vermemek
persecution /pö:si'kyu:şın/ *a.* zulüm, eziyet
perseverance /pö:si'viırıns/ *a.* sebat, azim
perseveration /pö:'sevıreyşın/ *a.* direnme, yineleme, devam; saplantı
persevere /pö:si'viı/ *e.* sebat etmek, azimle devam etmek
persevering /pö:si'viıring/ *s.* azimli, sebatkâr
Persian /pö:şın/ *s.* İran'a ait, İranlı ¤ *a.* İranlı, Acem; Farsça **Persian carpet** *teks.* İran halısı **Persian lamb** *teks.*

astragan kürk **Persian rug** *teks.* İran halısı
persiflage /'pö:sifla:j/ *a.* alay, takılma, başkalarının küçük kusurlarına gülme
persimmon /pö:'simın/ *a.* trabzonhurması
persist /pı'sist/ *e.* inat etmek, ısrar etmek, vazgeçmemek, üstelemek; sürmek, sürüp gitmek, devam etmek, kalmak
persistence /pı'sistıns/ *a.* ısrar, inat, sebat; sürüp gitme, sürerlik, persistans **persistence of vision** *fiz.* görme yeteneğinin sürmesi, görme sürerliği
persistent /pı'sistınt/ *s.* inatçı, ısrarlı, vazgeçmez; sürekli, geçmeyen, bitmek bilmeyen
person /'pö:sın/ *a.* kişi, birey, şahıs; insan, adam, kimse; *kon.* şahıs **in person** şahsen, bizzat **person-to-person call** şehirlerarası ihbarlı konuşma
persona /pı'sounı/ *a. tiy.* karakter, rol; *ed.* karakter, şahıs; *ruhb.* bürünülen kişilik **persona grata** istenilen kişi, saygıdeğer kişi **persona non grata** istenmeyen kişi, istenmeyen adam
personable /'pö:sınıbıl/ *s.* yakışıklı, güzel, çekici
personage /'pö:sınic/ *a.* ünlü ya da önemli kimse
personal /'pö:sınıl/ *s.* kişisel, şahsi; özel, hususi; bireysel, ferdi; kişisel, bedensel; *huk.* menkul **personal accident policy** şahsi kaza poliçesi **personal account** kişisel hesap, şahsi hesap **personal allowance** özel şahsi indirim **personal business computer** *biliş.* kişisel iş bilgisayarı **personal call** şehirlerarası ihbarlı konuşma **personal computer** *biliş.* kişisel bilgisayar **personal computer network** *biliş.* kişisel bilgisayar ağı **personal data processing** *biliş.* kişisel bilgi işlem **personal effects** şahsi eşya **personal ending** şahıs eki, kişi eki **personal estate** *huk.* taşınabilir mal **personal finance company** kişisel finansman şirketi **personal guarantee** kişisel teminat, şahsi teminat **personal guaranty** kişisel teminat, şahsi teminat **personal income** şahsi gelir **personal liability insurance** kişisel sorumluluk sigortası **personal loan** kişisel kredi **personal pronoun** *dilb.* şahıs zamiri,

kişi adılı **personal property** *huk.* taşınabilir mal, kişisel mülk, şahsi mülk **personal representative** özel temsilci **personal saving** bireysel tasarruf **personal sector** şahsi kesim **personal security** şahsi güvence

personality /pö:sı'neliti/ *a.* kişilik, karakter, şahsiyet; önemli kişi, şahsiyet

personalize /'pö:sınılayz/ *e.* şahsiyete dökmek; belli bir kişinin malı olduğunu belirtmek

personally /'pö:sınıli/ *be.* kendi, bizzat; kişi olarak, şahsen

personation /pö:sı'neyşın/ *a. tiy.* canlandırma, oynama; kendini başka biriymiş gibi gösterme

personification /pısonifi'keyşın/ *a.* kişileştirme; canlı örnek, simge

personify /pı'sonifay/ *e.* -in canlı örneği olmak, simgesi olmak; kişilik vermek, kişileştirmek

personnel /pö:sı'nel/ *a.* personel, görevliler **personnel management** personel yönetimi **personnel manager** personel müdürü

perspectival /pı'spektayvıl/ *s.* perspektif ile ilgili

perspective /pı'spektiv/ *a.* perspektif, görünge; bakış açısı, perspektif

perspicacious /pö:spi'keyşıs/ *s.* anlayışlı, kavrayışlı

perspicacity /pö:spi'kesıti/ *a.* anlayış, kavrayış

perspicuity /pö:spi'kyu:ıti/ *a.* açıklık, anlaşılırlık

perspicuous /pı'spikyuıs/ *s.* açık, anlaşılır

perspiration /pö:spi'reyşın/ *a.* terleme; ter

perspiratory /pı'spayırıtıri/ *s.* ter ile ilgili **perspiratory gland** ter bezi

perspire /pı'spayı/ *e.* terlemek

persuade /pı'sweyd/ *e.* ikna etmek; inandırmak

persuasion /pı'sweyjın/ *a.* ikna etme, ikna; ikna kabiliyeti; inanç

persuasive /pı'sweysiv/ *s.* ikna edici, inandırıcı

persuasiveness /pı'sweysivnis/ *a.* ikna edicilik, inandırıcılık

pert /pö:t/ *s.* sulu, cıvık, şımarık

pertain /pı'teyn/ *e.* (to ile) -e ait olmak, ile ilgisi olmak **pertaining to** -e uyan; ile ilgili

pertinacious /pö:ti'neyşıs/ *s.* inatçı, kararlı

pertinacity /pö:ti'nesıti/ *a.* inatçılık, ısrar

pertinence /'pö:tinıns/ *a.* uygunluk, yerindelik; ilgi

pertinent /'pö:tinınt/ *s.* uygun, yerinde, ilgili **be pertinent to** ile ilgili olmak

pertness /'pö:tnis/ *a.* arsızlık, sululuk

perturb /pı'tö:b/ *e.* üzmek, kaygılandırmak, canını sıkmak, telaşlandırmak, rahatsız etmek; bozmak, karıştırmak, rahatsız etmek

perturbation /pö:tı'beyşın/ *a.* rahatsızlık; karışıklık; *gökb.* tedirginlik

peruke /pı'ru:k/ *a. esk.* peruk(a), takma saç

perusal /pı'ru:zıl/ *a.* dikkatle okuma, inceleme

peruse /pı'ru:z/ *e.* dikkatle okumak, incelemek

pervade /pı'veyd/ *e.* (koku, duygu, düşünce, vb.) yayılmak, doldurmak, kaplamak

pervasion /pı'veyjın/ *a.* yayılma, doldurma, kaplama

pervasive /pı'veysiv/ *a.* her tarafa yayılan, her yeri kaplayan

perverse /pı'vö:s/ *s.* huysuz, ters, kötü huylu, aksi, inatçı; sapık

perversion /pı'vö:şın/ *a.* baştan çıkarma, ayartma; sapıklık **perversion of justice** adaletin saptırılması **sexual perversion** cinsel sapıklık

perversity /pı'vö:sıti/ *a.* sapıklık; huysuzluk

perversive /pı'vö:siv/ *s.* yanıltıcı

pervert /pı'vö:t/ *e.* baştan çıkarmak, ayartmak, ahlakını bozmak; kötü amaç için kullanmak, kötüye kullanmak ¤ /'pö:vö:t/ *a. hkr.* cinsel sapık

perverter /pı'vö:tı/ *a.* baştan çıkaran kişi, fettan; çarpıtan kimse, değiştiren kimse

pervious /'pö:viıs/ *s.* geçirgen

pesky /'peski/ *s. kon.* kıl, gıcık, sinir (bozucu)

pessimism /'pesimizım/ *a.* kötümserlik

pessimist /'pesimist/ *a.* kötümser

pessimistic /pesi'mistik/ *s.* kötümser

pest /pest/ *a.* zararlı böcek, hayvan, haşere, bitki mazarratlısı; *kon.* baş belası, musibet **pest control** haşere mücadelesi

pester /'pestı/ *e.* rahatsız etmek, sıkmak, başının etini yemek

pesticide /'pestisayd/ *a.* böcek zehiri

pestilence /'pestilıns/ *a.* bulaşıcı ve öldürücü hastalık

pestilent /'pestilınt/ *s.* bulaşıcı, öldürücü; nahoş, rahatsız edici

pestle /'pesıl, 'pestl/ *a.* havaneli

pet /pet/ *a.* evde beslenen hayvan, ev hayvanı; sevgili, gözde ¤ *e.* okşamak, sevmek; *kon.* sevişmek, oynaşmak **pet cock** boşaltma musluğu

petal /'petl/ *a. bitk.* taçyaprağı

peter /'pi:tı/ *e.* (out ile) yavaş yavaş tükenmek, son bulmak, bitmek ¤ *a. arg.* penis, yarak

petit /'peti/ *s.* küçük, ufak

petite /pı'ti:t/ *s.* (kadın) narin yapılı, minyon

petition /pi'tişın/ *a.* dilekçe; toplu dilekçe; talep ¤ *e.* dilekçe vermek; talep etmek

petrifaction /petri'fekşın/ *a.* taşlaşma; taşıl, fosil

petrify /'petrifay/ *e.* taşlaşmak; taşlaştırmak; *kon.* şok etmek

petrochemical /petrou'kemikıl/ *s.* petrokimyasal

petrochemistry /petrou'kemistri/ *a.* petrokimya

petrodollars /'petroudolı/ *a.* petrodolar

petrography /pe'trogrıfi/ *a. yerb.* petrografi, kayaçbilgisi

petrol /'petrıl/ *a.* benzin **petrol can** oto. benzin bidonu **petrol consumption** benzin tüketimi **petrol engine** benzin motoru **petrol injection** benzin enjeksiyonu, benzin püskürtme **petrol level** oto. benzin seviyesi, benzin düzeyi **petrol pump** oto. benzin pompası **petrol station** benzin istasyonu, benzinci **petrol tank** benzin deposu, yakıt deposu

petrolatum /petrı'leytım/ *a.* petrolatum

petroleum /pi'troulıım/ *a.* petrol **petroleum asphalt** petrol asfaltı **petroleum coke** mad. petrol koku **petroleum product** petrol ürünü

petrology /pi'trolıci/ *a.* kayabilim, petroloji, taşbilim, kayaçbilim

petticoat /'petikout/ *a.* jüpon, iç eteklik;

kombinezon

petties /'peti:s/ *a.* küçük masraflar

pettifogger /'petifogı/ *a.* madrabaz avukat; aşırı titiz kimse

pettifogging /'petifoging/ *s.* kılı kırk yaran, gereksiz ayrıntılarla uğraşan; hileci, madrabaz

pettiness /'petinis/ *a.* aşağılık, adilik

petting /'peting/ *a.* (cinsel ilişkiye girmeden) sevişme, yiyişme

pettish /'petiş/ *s.* huysuz, aksi

pettishness /'petişnis/ *a.* huysuzluk, aksilik

pettitoes /'petitouz/ *a. mutf.* domuz paçası

petty /'peti/ *s.* önemsiz, ikinci planda gelen, küçük; *hkr.* dar kafalı **petty average** küçük avarya **petty cash** küçük kasa **petty cash book** ufak kasa defteri **petty offence** küçük suç, adi suç **petty officer** deniz astsubayı

petulance /'peçulıns/ *a.* huysuzluk, hırçınlık, alınganlık

petulant /'peçulınt/ *s.* huysuz, hırçın, küseğen, alıngan

petunia /pi'tyu:niı/ *a. bitk.* petunya

pew /pyu:/ *a.* uzun bank/sıra; *kon.* oturacak yer

pewit /'pi:wit/ *a.* kızkuşu **pewit gull** sinekçil

pewter /'pyu:tı/ *a.* kalay ve kurşun alaşımı (nesne)

pH /pi 'eyç/ *a.* pH **pH-meter** pH-metre, pH-ölçer **pH-value** pH değeri

phaeton /'felıs/ *a.* fayton

phagocyte /'fegousayt/ *a.* fagosit, yutargöze

phalange /felenc/ *a.* parmak kemiği

phallic /'felik/ *s.* erkeklik organına ait

phallus /'felıs/ *a.* cinsel güç sembolü; penis, kamış

phantom /'fentım/ *a.* hayalet; görüntü; umacı, gulyabani; organ modeli ¤ *s.* hayalet gibi, hayalet +; görünen, zahiri **phantom pain** hek. hayalet ağrı, gerçekte var olmayan bir organda duyulan ağrı **phantom circuit** fantom devre, hayalet devre **phantom pregnancy** hayali gebelik

pharaoh /'feırou/ *a.* firavun

pharisaic /feri'seyik/ *s.* Ferisilere ait

pharisaism /'feriseyizım/ *a.* Ferisilik

Pharisee /'ferisi:/ *a.* Ferisi

pharisee /'ferisi:/ *a.* özden çok görünüşe önem veren kişi

pharmaceutical /fa:mɪ'syu:tikl/ *s.* eczacılığa ait

pharmaceutics /fa:mɪ'syu:tiks/ *a.* eczacılık

pharmacist /'fa:mɪsist/ *a.* eczacı

pharmacologist /fa:mɪ'kolıcist/ *a.* eczacı, farmakolog

pharmacology /fa:mɪ'kolıci/ *a.* farmakoloji, embilim

pharmacy /'fa:mɪsi/ *a.* eczacılık; eczane

pharyngeal /ferin'cııl/ *s.* boğaz ile ilgili, boğazsıl

pharyngitis /ferin'caytis/ *a.* farenjit, gırtlak iltihabı

pharynx /'ferinks/ *a.* yutak

phase /feyz/ *a.* evre, aşama, safha; *fiz.* evre, faz ¤ *e.* evrelendirmek, aşamalandırmak **phase angle** *fiz.* faz açısı, evre açısı **phase change** faz değişimi **phase constant** *fiz.* faz sabiti **phase control** *elek.* faz kontrolü **phase corrector** faz düzeltici **phase delay** *elek.* faz gecikmesi **phase detector** *elek.* faz detektörü **phase deviation** *elek.* faz sapması **phase diagram** faz diyagramı, evre çizgesi **phase difference** faz farkı **phase discriminator** faz diskriminatörü **phase distortion** faz distorsiyonu, evre bozulması **phase focussing** *fiz.* faz odaklama **phase integral** faz integrali **phase inversion** faz evirme, fazı ters çevirme **phase lag(ing)** faz gecikmesi **phase library** *biliş.* faz kitaplığı, evre kitaplığı **phase meter** fazmetre, evreölçer **phase modulation** faz modülasyonu, evre değiştirimi **phase modulation coding** *biliş.* faz modülasyonlu kodlama, evre değiştirimli kodlama **phase quadrature** *gökb.* dörtlük **phase regulator** faz regülatörü **phase resonance** faz rezonansı, evre çınlanımı **phase reversal** *fiz.* faz terslenmesi, evre tersinimi **phase rule** *kim.* faz kuralı, evre kuralı **phase shift** faz kayması **phase shifter** *elek.* faz değiştirici, faz kaydırıcı **phase space** *fiz.* faz uzayı **phase stability** *fiz.* faz kararlılığı **phase transformation** faz dönüşümü **phase velocity** faz hızı

phase-delay distortion *elek.* faz gecikmesi distorsiyonu **phase-locked loop** *elek.* faz kilitlemeli çevrim **phase-shift control** *elek.* faz kaydırmalı ayar

pheasant /'fezınt/ *a. hayb.* sülün

pheasantry /'fezıntri/ *a. hayb.* sülün yetiştirme yeri

phenic /'fi:nik/ *s.* fenik **phenic acid** asit fenik

phenol /'fi:nol/ *a.* fenol

phenolic /fi'nolik/ *s.* fenolle ilgili **phenolic resin** fenollü reçine

phenology /fi'nolıci/ *a. metr.* fenoloji

phenomenal /fi'nominıl/ *s.* olağanüstü, şaşılacak, süper

phenomenalism /fi'nominılizım/ *a.* görüngücülük, olaycılık, fenomenizm

phenomenon /fi'nominın/ *a.* olay, olgu, hadise; olağanüstü kimse/şey/olay; fenomen, görüngü

phenotype /'fi:noutayp/ *a.* fenotip

phenyl /'fi:nayl/ *a.* fenil

phew /fyu:/ *ünl.* öf

phial /'fayıl/ *a.* küçük (ilaç) şişesi

philander /fi'lendı/ *e.* kur yapmak, kadın peşinde koşmak

philanderer /fi'lendırı/ *a.* kadın peşinde koşan erkek

philanthropic /filın'tropik/ *s.* insansever, hayırsever

philanthropist /fi'lentrıpist/ *a.* hayırsever

philanthropy /fi'lentrıpi/ *a.* insanseverlik, hayırseverlik

philatelic /filı'telik/ *s.* pulculukla ilgili

philatelist /fi'letılist/ *s. a.* pul meraklısı

philately /fi'letıli/ *a.* pulculuk, pul toplama

philharmonic /fila:'monik/ *s.* müziksever, filharmonik **philharmonic society** filarmoni topluluğu

philologic /filı'locikıl/ *s.* filolojik

philologist /fi'lolıcist/ *a.* filolog

philology /fi'lolıci/ *a.* filoloji, betikbilim

philosopher /fi'losıfı/ *a.* filozof **natural philosopher** doğa araştırmacısı

philosophic /filı'sofik/ *s. bkz.* philosophical

philosophical /filı'sofikıl/ *s.* felsefi; mantıklı, sakin, aklı başında

philosophize /fi'losıfayz/ *e.* felsefe ile uğraşmak; filozof gibi konuşmak

philosophy /fi'losıfı/ *a.* felsefe; yaşam felsefesi *natural philosophy* fen, tabiat bilgisi *philosophy of history* tarih felsefesi *philosophy of life* yaşam felsefesi

philter /'filtı/ *a.* aşk iksiri

phiz /fiz/ *a.* yüz (ifadesi)

phlebitis /fli'baytis/ *a.* flebit

phlegm /flem/ *a.* balgam, sümük; soğukkanlılık, heyecansızlık

phlegmatic /fleg'metik/ *s.* sakin, soğukkanlı, heyecanlanmaz

phobia /'foubiı/ *a.* fobi, ürkü

phoenix /'fi:niks/ *a.* Anka kuşu

phon /fon/ *a. fiz.* fon

phonation /fou'neyşın/ *a.* sesleri çıkarma veya oluşturma, seslendirme, sesleme

phone /foun/ *a. kon.* telefon; *dilb.* selenli ¤ *e. kon.* telefon etmek *be on the phone* telefonu olmak; hatta olmak, telefonda olmak *phone booth* telefon kulübesi *phone box* telefon kulübesi *phone call* telefon konuşması, görüşme, arama *phone sb (up)* birine telefon etmek *phone sb back* daha sonra aramak

phonecard /'founka:d/ *a.* telefon kartı

phone-in /'founin/ *a. İİ.* izleyicinin telefonla yayına katılabildiği televizyon programı

phonematics /founi:'metiks/ *a.* sesbirimleri inceleyen sesbilim dalı, sesbirimbilim, fonematik

phoneme /'founi:m/ *a. dilb.* sesbirim, fonem

phonemics /fou'ni:miks/ *a.* sesbirimlerini inceleyen bilim dalı, sesbirimbilim, sesbilim

phonetic /fi'netik/ *s.* sesçil, fonetik *phonetic alphabet* fonetik alfabe, sesçil abece *phonetic change* fonetik değişim, ses değişimi *phonetic code* biliş. fonetik kod, kısaltılmış kod *phonetic script* fonetik yazı, sesçil yazı *phonetic transcription* fonetik transkripsiyon, sesçil çevriyazı, dar çevriyazı

phonetician /founi'tişın/ *a.* sesbilimci

phonetics /fi'netiks/ *a.* sesbilim, sesbilgisi

phoney /'founi/ *s. kon. hkr.* yapmacık, sahte ¤ *a. hkr.* yapmacık kimse, sahtekâr

phonic /'founik/ *s.* sesle ilgili; sesli

phonics /'founiks/ *a.* söyleniş bilgisi, yazım ve söylenişi seslere dayanarak öğreten bilim

phonogram /'founıgrem/ *a.* fonogram, ses imgesi

phonograph /'founıgra:f/ *a.* fonograf; gramofon

phonographic /founı'grefik/ *s.* fonografik

phonography /founı'grefik/ *a.* fonografi

phonolite /'founılayt/ *a. yerb.* fonolit

phonologic(al) /founı'locik(ıl)/ *s.* sesbilim ile ilgili, sesbilimsel *phonological component* sesbilimsel bileşen *phonological transcription* sesbilimsel çevriyazı, geniş çevriyazı

phonology /fou'nolıci/ *a.* sesbilim

phonometer /fou'nomiı/ *a.* sesölçer, fonometre

phonon /'founon/ *a. fiz.* fono

phony /'founi/ *s.* sahte, düzme, taklit, kalp

phosgene /'fozci:n/ *a.* fosgen

phosphatase /'fosfıteys/ *a.* fosfataz

phosphate /'fosfeyt/ *a. kim.* fosfat *phosphate coating* fosfat örtü

phosphatide /'fosfıtayd/ *a.* fosfatit

phosphatization /fosfıtay'zeyşın/ *a.* fosfatlama

phosphatize /'fosfıtayz/ *e.* fosfatlamak

phosphine /'fosfi:n/ *a. kim.* fosfin

phosphite /'fosfayt/ *a.* fosfit

phosphor /'fosfı/ *a.* fosforlu madde *phosphor bronze* fosfor tuncu *phosphor dot elek.* fosfor noktası, renkli benek

phosphorescence /fosfı'resıns/ *a.* fosforesans, fosforışıllık

phosphorescent /fosfı'resınt/ *s.* fosforesan, fosforışıl

phosphoric /fos'forik/ *s.* fosforik *phosphoric acid* fosforik asit *phosphoric acid fertilizer* fosforik asit gübresi

phosphorite /'fosfırayt/ *a. min.* fosforit

phosphorize /'fosfırayz/ *e.* fosforlamak *phosphorized copper* fosforlanmış bakır

phosphorous /'fosfırıs/ *a. kim.* fosforlu *phosphorous acid* fosforöz asit

photo /'foutou/ *a. kon.* fotoğraf *photo*

finish fotofiniş *photo library* fototek *photo-ionization* fotoiyonlaşma *photo-optic memory* biliş. foto optik bellek *photo-polymer* fotopolimer

photocathode /foutou'ketoud/ *a.* fotokatot

photocell /'foutousel/ *a.* fotosel *photocell amplifier sin.* fotosel kuvvetlendiricisi

photochemical /foutou'kemikıl/ *s.* fotokimyasal *photochemical equivalence* fotokimyasal eşdeğerlik

photochemistry /foutou'kemistri/ *a.* fotokimya

photochromic /foutou'kromik/ *s.* fotokromik

photochromism /foutou'kromizım/ *a.* fotokromizm

photocomposing /foutoukım'pouzing/ *a.* fotodizgi *photocomposing machine* bas. fotodizgi makinesi

photocomposition /foutoukompı'zişın/ *a.* bas. fotodizgi

photoconduction /foutoukın'dakşın/ *a.* foto-iletim

photoconductive /foutoukın'daktiv/ *s.* fotoiletken

photoconductor /foutoukın'daktı/ *a.* fotoiletken

photocopier /'foutoukopiı/ *a.* fotokopi makinesi

photocopy /'foutoukopi/ *a.* fotokopi ¤ *e.* fotokopisini çekmek *photocopying paper* fotokopi kâğıdı

photocurrent /'foutoukarınt/ *a.* foto akım, ışıl akım

photodiode /foutou'dayoud/ *a. elek.* fotodiyot

photodisintegration /foutoudisinti'greyşın/ *a. fiz.* foto parçalanma, ışıl parçalanma

photoelasticity /foutouile'stisiti/ *a.* ışılesneklik, fotoesneklik

photoelectric /foutoui'lektrik/ *s.* ışılelektrik, fotoelektrik *photoelectric absorption elek.* fotoelektrik absorpsiyon, ışılelektrik soğurum *photoelectric cell* fotoelektrik hücre *photoelectric constant fiz.* fotoelektrik sabiti *photoelectric counter elek.* fotoelektrik sayaç *photoelectric current elek.* fotoelektrik akım *photoelec-*

tric effect ışılelektrik olay, fotoelektrik etki *photoelectric emission elek.* fotoelektrik emisyon, ışılelektrik salım *photoelectric exposure meter* fotoselli pozometre, ışıkgözlü ışıkölçer *photoelectric multiplier elek.* fotoelektrik multiplikatör, ışılelektriksel çoğaltıcı *photoelectric photometer gökb.* fotoelektrik fotometre, ışılelektrik ışıkölçer *photoelectric relay elek.* fotoelektrik röle *photoelectric threshold elek.* fotoelektrik eşik *photoelectric work function elek.* fotoelektrik iş fonksiyonu, ışılelektriksel iş

photoelectricity /foutoui'lektrisiti/ *a. elek.* fotoelektrik, ışılelektrik

photoelectron /foutoui'lektron/ *a.* fotoelektron, ışılelektron

photoemission /foutoui'mişın/ *a.* ışılyayım, fotoemisyon

photoemissive /foutoui'misiv/ *s.* ışılsalımlı, fotoemisif

photoengraving /foutouin'greyving/ *a.* fotogravür

Photofit /'foutofit/ *a.* robot resim

photoflash /'foutoufleş/ *a.* fotoflaş *photoflash lamb* fotoflaş lamba

photogen /'foutouci:n/ *a. biy.* fotojen, fotojen organ

photogenic /foutou'cenik/ *s.* fotojenik

photogram /'foutıgrem/ *a.* fotogram

photogrammetry /foutou'gremitri/ *a.* fotogrametri

photograph /'foutıgra:f/ *a.* fotoğraf ¤ *e.* fotoğrafını çekmek

photographer /fı'togrıfı/ *a.* fotoğrafçı

photographic /foutı'grefik/ *s.* fotoğrafla ilgili *photographic camera* fotoğrafik kamera *photographic emulsion fiz.* fotoğrafik emülsiyon *photographic sound* optik ses *photographic storage* biliş. fotoğrafik bellek

photography /fı'togrıfı/ *a.* fotoğrafçılık

photogravure /foutougrı'vyuı/ *a.* fotogravür

photolithography /foutouli'togrıfı/ *a.* fotolitografi

photoluminescence /foutoulu:mi'nesıns/ *a.* fotolüminesans, ışılışıldama

photolysis /fou'tolisis/ *a.* fotoliz

photomap /'foutoumep/ *a.* fotoharita

photomechanical /foutoumi'kenikıl/ *s.*

fotomekanik

photometer /fou'tomitı/ *a.* fotometre, ışıkölçer

photometry /fou'tomitri/ *a.* fotometri, ışıkölçüm

photomicrograph /foutou'maykrıgra:f/ *a.* fotomikrografi

photomontage /foutoumon'ta:j/ *a.* fotomontaj

photomosaic /foutoumı'zeyik/ *a. elek.* fotomozaik

photomounting /foutou'maunting/ *a.* fotomontaj

photomultiplier /foutou'maltiplayı/ *a. elek.* fotomultiplikatör, ışılçoğaltıcı

photon /'fouton/ *a.* foton **photon noise** foton gürültüsü

photonasty /'foutounesti/ *a. bitk.* fotonasti

photoneutron /foutou'nyu:tron/ *a. fiz.* fotonötron

photonuclear /foutou'nyu:klıı/ *s.* fotonükleer **photonuclear reaction** *fiz.* fotonükleer reaksiyon, ışılçekirdeksel tepkime

photophone /foutou'foun/ *a.* fotofon

photopic /fou'topik/ *s.* fotopik

photoreceptor /foutouri'septı/ *a.* fotoreseptör

photosensitive /foutou'sensitiv/ *s. fot.* ışığa duyarlı

photosensitivity /foutousensi'tiviti/ *a.* fotoduyarlık, ışılduyarlık

photosphere /'foutousfıı/ *a.* fotosfer, ışıkküre

photosynthesis /foutou'sintisis/ *a. bitk.* fotosentez

phototaxis /foutou'teksis/ *a.* fototaktizm

phototopography /foutoutı'pogrıfı/ *a.* fototopografya

phototransistor /foutoutren'zistı/ *a.* fototransistor

phototube /'foutoutyu:b/ *a. elek.* fototüp

phototype /'foutoutayp/ *a.* fototip

photovoltaic /foutouvol'teyik/ *s.* fotovoltaik **photovoltaic cell** fotovoltaik hücre **photovoltaic conversion** fotovoltaik çevirme **photovoltaic effect** fotovoltaik etki

phrase /freyz/ *a. dilb.* sözcük öbeği, sözce, ibare; kısa ve uygun anlatım ¤ *e.* uygun sözcük ya da tümcelerle ifade etmek

phrasebook /'freyzbuk/ *a.* seyahat rehberi; konuşma kılavuzu

phraseology /freyz'olıci/ *a.* sözcük seçimi ve tümce kurma yöntemi, deyişbilim

phrenic /'frenik/ *s. anat.* diyaframa ait

phrenologist /fri'nolıcist/ *a.* frenoloji uzmanı

phrenology /fri'nolıci/ *a.* frenoloji, kafatasıbilim

phthalein /'teyli:n/ *a.* ftalein

phthalic /'telik/ *s.* ftalik

phthisis /'taysis/ *a.* verem, tüberküloz

phycology /fay'kolıci/ *a.* yosun bilimi

phyllite /'filayt/ *a. yerb.* fillit

phylogeny /fay'locini/ *a. yerb.* filojeni, soyoluş

phyloxera /filok'sıırı/ *a.* filoksera

phylum /'faylım/ *a.* filum, kol

physic /'fizik/ *a.* ilaç

physical /'fizikıl/ *s.* fiziksel; bedensel **physical address** *biliş.* fiziksel adres **physical change** *fiz.* fiziksel değişim **physical characteristic** fiziksel özellik **physical chemistry** fiziksel kimya **physical data** *biliş.* fiziksel veri **physical education** beden eğitimi **physical file** *biliş.* fiziksel dosya, fiziksel kütük **physical examination** *hek.* sağlık muayenesi, çekap **physical geography** fiziksel coğrafya **physical jerks** *kon.* jimnastik **physical property** fiziksel özellik **physical record** *biliş.* fiziksel kayıt **physical simulation systems** *biliş.* fiziksel simülasyon sistemleri, fiziksel benzetim dizgeleri **physical structure** *biliş.* fiziksel yapı **physical track** *biliş.* fiziksel iz

physician /fi'zişın/ *a.* doktor, hekim

physicist /'fizisist/ *a.* fizikçi

physics /'fiziks/ *a.* fizik **physics laboratory** fizik laboratuvarı

physiognomy /fizi'onımi/ *a.* fizyonomi

physiography /fizi'ogrıfı/ *a.* fiziki coğrafya

physiological /fiziı'locikıl/ *s.* fizyolojik

physiologist /fizi'olıcist/ *a.* fizyolog

physiology /fizi'olıci/ *a.* fizyoloji

physiotherapist /fiziou'terıpist/ *a.* fizyoterapist, fizik tedavici

physiotherapy /fiziou'terıpi/ *a.*

fizyoterapi, fizik tedavisi
physique /fi'zi:k/ *a.* vücut yapısı, fizik
phytochemistry /faytou'kemistri/ *a.* bitki kimyası
phytogenesis /faytou'cenisis/ *a.* bitki oluşumunu inceleyen bilim
phytology /fay'tolıci/ *a.* bitkibilim, botanik
phytotomy /fay'totımi/ *a.* bitki anatomisi
pi /pay/ *a.* pi *pi-mode* pi modu
pianist /'pi:ınist/ *a.* piyanist
piano /pi'enou/ *a.* piyano *piano string/wire* piyano teli
piazza /pi'etsı/ *a.* taraça, veranda, kapalı balkon
pibroch /'pi:brok/ *a.* gayda ile çalınan marş
pic /pik/ *a.* resim
pica /'paykı/ *a. bas.* 12 punto harf
picaresque /pikı'resk/ *s.* kabadayı ve dolandırıcılar ile ilgili
picaroon /pikı'ru:n/ *a.* hırsız, dolandırıcı; korsan
picayune /piki'yu:n/ *a.* beş sentlik metal para; beş paralık şey/kimse
picayunish /piki'yu:niş/ *s.* önemsiz, ufak
picalilli /'pikılili/ *a.* baharatlı turşu
picaninny /'pikınini/ *a.* zenci çocuğu
piccolo /'pikılou/ *a. müz.* pikolo, bir tür flüt
pick /pik/ *a.* seçme, seçim, tercih; kürdan; kazma; mızrap; hasat, ürün; *bas.* kirli harf ¤ *e.* seçmek, seçip ayırmak, seçip almak; toplamak, koparmak; ayıklamak, sıyırmak, kemirmek; sivri bir aletle kazmak/delmek/açmak/kırmak; karıştırmak; araklamak, yürütmek, çarpmak, aşırmak; (kilit) maymuncukla/telle açmak; *Aİ.* telli çalgı çalmak *pick and choose* çok dikkatli seçmek *pick at* (yemeği) isteksizce yemek *pick hammer mad.* martopikör, kazar çekiç *pick holes in* kusur bulmak, zayıf noktalarını bulmak *pick off* birer birer vurmak *pick on kon.* (suçlayacak/cezalandıracak adam) bulmak, seçmek *pick one's ways/steps* (basacağı yeri kollayarak) dikkatle yürümek *pick out* seçmek; seçmek, görmek, fark etmek *pick up* tutup kaldırmak; toplamak, ortadan kaldırmak; gelişmek, ilerlemek; elde

etmek, edinmek, bulmak; (yine) başlamak/başlatmak; uğrayıp almak; arabasına almak; *kon.* (kız) tavlamak; (suçlu) yakalamak; (radyoda) duymak; (kendini) toparlamak, toparlanmak *picked ore mad.* tavuklanmış cevher, tavuklanmış töz *Take your pick* Seçimini yap *the pick of* -in en iyisi
pick-a-back /'pikıbek/ *be.* omuzda, sırtta
pickax /'pikeks/ *a. Aİ.* kazma
pickaxe /'pikeks/ *a. Aİ.* kazma
picker /'pikı/ *a.* toplayıcı; *teks.* pamuk atma makinesi
picket /'pikit/ *a.* grev gözcüsü; kazık; *ask.* ileri karakol ¤ *e.* gözcülük etmek *form a picket line* grev gözcülüğü yapmak
pickings /'pikingz/ *a.* avanta
pickle /'pikıl/ *a.* turşu; turşu suyu; *met.* dekapaj çözeltisi, paklayıcı ¤ *e.* turşusunu kurmak; asitle temizlemek *in a pickle kon.* zor durumda *pickle brittleness met.* dekapaj gevrekliği, paklama gevrekliği
pickled /'pikıld/ *s.* turşu halinde; *kon.* sarhoş, matiz
pickling /'pikling/ *a. met.* dekapaj, paklama *pickling basket met.* dekapaj sepeti, paklama sepeti *pickling compound met.* dekapaj bileşiği, paklama bileşiği *pickling inhibitor met.* dekapaj önleyici, paklama önleyici *pickling solution met.* dekapaj çözeltisi, paklama çözeltisi, paklayıcı *pickling test met.* dekapaj testi, paklama deneyi
pick-me-up /'pikmiap/ *a. kon.* dinçleştirici/canlandırıcı içki/ilaç
pickpocket /'pikpokit/ *a.* yankesici
picky /'piki/ *s.* titiz, müşkülpesent
pickup /'pikap/ *a.* pikap kolu; kamyonet, pikap; gelişme, ilerleme *pickup arm* pikap kolu *pickup stylus elek.* pikap iğnesi *pickup truck* kamyonet, pikap *pickup voltage elek.* pikap gerilimi
picnic /'piknik/ *a.* piknik ¤ *e.* piknik yapmak
pico- /'pi:kou/ *önk.* bilyonda bir
picofarad /'pi:koufend/ *a. elek.* pikofarad
picoline /'pikıli:n/ *a.* pikolin
picosecond /'pi:kousekınd/ *a. biliş.* pikosaniye
picrate /'pikreyt/ *a.* pikrat

pictogram /'piktıgrem/ *a.* piktogram, resimyazı
pictograph /'piktıgra:f/ *a.* piktograf, resimçizit
pictographic /piktı'grefik/ *s.* grafiksel çizimlerle gösteren, görüntüsel *pictographic writing* görüntüsel yazı
pictorial /pik'to:rııl/ *s.* resimli, resmedilmiş *pictorial advertising* resimli reklamcılık
picture /'pikçı/ *a.* resim, tablo; fotoğraf; film; görülmeye değer şey ya da kişi, pek güzel kimse ya da şey; -in mükemmel örneği, timsal; görüntü; tasvir ¤ *e.* resmini yapmak, çizmek; betimlemek; düşlemek, hayal etmek, tasavvur etmek *picture book* resimli kitap *picture carrier elek.* resim taşıyıcı *picture definition fot.* resim netliği, resim seçikliği *picture duping print sin.* pozitif görüntü kopyası, pozitif görüntü eşlemi *picture element* resim elemanı, resim öğesi *picture frequency elek.* resim frekansı *picture head* projektör başı *picture inversion elek.* resim inversiyonu, resim evrilmesi *picture locking elek.* resim kenetleme *picture monitor elek.* resim monitörü, görüntü denetliği *picture negative sin.* resim negatifi, görüntü negatifi *picture noise elek.* karlı görüntü, karlanma *picture point elek.* resim noktası *picture ratio elek.* görüntü oranı, görüntü boyutu, çerçeve oranı *picture repetition frequency elek.* resim frekansı, saniyede resim sayısı, saniyede resim *picture scanning elek.* resim tarama *picture signal elek.* görüntü sinyali, resim sinyali *picture size* resim büyüklüğü, resim boyu *picture synchronization elek.* resim senkronizasyonu, resim eşlemesi *picture tube* resim tüpü, resim lambası, görüntü lambası, ekran lambası *picture white elek.* beyaz resim seviyesi *picture window sin.* projeksiyon çerçevesi, gösterici penceresi *picture-and-sound* görüntü ve ses *picture-sound editing sin.* görüntü-ses montajı, resim-ses kurgusu
pictures /'pikçız/ *a.* sinema; oyunculuk; sinemacılık *go to the picture* sinemaya gitmek

picturesque /pikçı'resk/ *s.* pitoresk; (dil) net, açık, canlı
picturize /'pikçırayz/ *e.* resmini çizmek; filme almak
piddle /'pidl/ *e. kon.* işemek
piddling /'pidling/ *s. hkr.* küçük, önemsiz
pidgin /'picin/ *a.* başka bir dilin karışımından ortaya çıkan karma dil, tarzanca *Pidgin English* melez İngilizce, Picin İngilizcesi
pie /pay/ *a.* börek, çörek; tart, turta; *arg.* torpil, rüşvet, iltimas *as easy as pie kon.* çocuk oyuncağı *have a finger in every pie* her işte parmağı olmak *pie chart* yuvarlak diyagram *pie in the sky kon.* olmayacak şey, düş, hayal; cennet
piebald /'paybo:ld/ *a. s.* (at) alaca, benekli
piece /pi:s/ *a.* parça; tane; oyun, piyes; (satranç, dama, vb.) taş; numune, örnek; *İİ.* madeni para ¤ *e.* eklemek, birleştirmek *a piece of cake kon.* çocuk oyuncağı *give sb a piece of one's mind* fırça çekmek, azarlamak *go (all) to pieces* eli ayağına dolaşmak, şaşkına dönmek *go to pieces* paramparça olmak *in one piece kon.* hasar görmemiş, sağlam, tek parça halinde *piece dyeing teks.* parça halinde boyama *piece goods* parça mal, kupon kumaş; mensucat, dokuma *piece rate* parça başı ücret sistemi, akort ücret *piece together* parçalarını birleştirmek, tamamlamak *pull to pieces* anlamsızlığını belirtmek *say one's piece* diyeceğini demek
pièce de résistance /pies dı rezista:ns/ *a.* ana yemek; en önemli eser
piecemeal /'pi:smi:l/ *s. be.* parça parça, azar azar, bölüm bölüm, aşama aşama
piecework /'pi:swö:k/ *a.* parçabaşı iş *be on piecework* parça başı ücret almak
pieceworker /'pi:swö:kı/ *a.* parça başı çalışan işçi
pied /payd/ *s.* (kuş, vb.) alaca, alacalı
piedmont /'pi:dmont/ *s. coğ.* dağ eteğindeki *piedmont alluvial plain coğ.* dağ eteği düzlüğü *piedmont benchland coğ.* dağ basamağı, dağ eteği basamağı *piedmont glacier coğ.* dağ eteği buzulu *piedmont stairway coğ.* dağ basamağı, dağ eteği

basamağı **piedmont treppe** *coğ.* dağ basamağı, dağ eteği basamağı
pier /pıı/ *a.* iskele, rıhtım; destek, payanda, ayaklık **pier dues** rıhtım ücreti, rıhtım resmi **pier foundation** ayaklar üzerine temel
pierage /'pııric/ *a.* rıhtım ücreti
pierce /'pııs/ *e.* delmek, delip geçmek
piercing /'pıısing/ *s.* (rüzgâr) sert, soğuk, içe işleyen; (ses) güçlü, keskin, acı
piety /'payıti/ *a.* dindarlık
piezoelectric /payi:zoui'lektrik/ *s.* piezoelektrik **piezoelectric crystal** *fiz.* piezoelektrik kristal **piezoelectric filter** piezoelektrik filtre **piezoelectric pickup** *elek.* piezoelektrik pikap, kristal pikap **piezoelectric resonator** *elek.* piezoelektrik rezonatör
piezoelectricity /payi:zouilek'trisiti/ *a.* piezoelektrik
piezometer /payi'zomıtı/ *a.* piezometre
piezometric /payi:zou'metrik/ *s.* piezometrik **piezometric level** piezometrik düzey
piffle /'pifıl/ *e.* saçmalamak, boş laf etmek
pig /pig/ *a. hayb.* domuz; *hkr.* pisboğaz; *arg. hkr.* aynasız, polis **buy a pig in a poke** gözü kapalı/körü körüne satın almak **make a pig of oneself** *kon.* domuz gibi yemek/içmek **make a pig's ear out of** yüzüne gözüne bulaştırmak **pig iron** font, pik demir, dökme demir **when pigs fly** balık kavağa çıkınca
pigeon /'picin/ *a. hayb.* güvercin
pigeonhole /'picınhoul/ *a.* güvercin yuvası; (yazı masasında) kâğıt gözü ¤ *e.* gözlere yerleştirmek, dosyalamak; örtbas etmek, hasır altı etmek
pigeonry /'picinri/ *a.* güvercinlik
piggery /'pigıri/ *a.* domuz ahırı
piggish /'pigiş/ *s.* domuz gibi
piggy /'pigi/ *a.* küçük domuz
piggybank /'pigibenk/ *a.* (domuz şeklinde) kumbara
pigheaded /pig'hedid/ *s. hkr.* inatçı
piglet /'piglit/ *a. hayb.* domuz yavrusu
pigment /'pigmınt/ *a.* boya maddesi, pigment, renkveren ¤ *e.* pigmentlemek **pigment binding** *teks.* pigment bağlama **pigment dyeing method** *teks.* pigment boyama yöntemi **pig-**

ment dyestuff *teks.* pigment boyarmadesi **pigment padding process** *teks.* pigment emdirme yöntemi **pigment printing** *teks.* pigment baskı
pigmentation /pigmın'teyşın/ *a.* hücrelerin renkli madde oluşturması
pigmy /'pigmi/ *a. bkz.* pygmy
pigpen /'pigpen/ *a. Aİ. bkz.* pigsty
pigsty /'pigstay/ *a.* domuz ahırı; *kon.* pis oda/yer, izbe
pigtail /'pigteyl/ *a.* saç örgüsü
pike /payk/ *a.* mızrak, kargı; *hayb.* turnabalığı **pike pole** sırıklı kanca, yangın kancası
pikeman /'paykmın/ *a.* kazma ile çalışan maden işçisi; turnike görevlisi
piker /'paykı/ *a.* ihtiyatlı kumarbaz; dönek, kahpe
pilaster /pi'lestı/ *a. mim.* gömme ayak, pilastr
pilchard /'pilçıd/ *a.* sardalye, ateşbalığı
pile /payl/ *a.* yığın, küme; *kon.* büyük miktarda para, servet; *kon.* yığınla; direk, kazık; hav, tüy; kuru pil ¤ *e.* yığmak, yığın haline getirmek, istif etmek; yığılmak, birikmek **make a/one's pile** parsayı toplamak **pile driver** şahmerdan **pile fabric** *teks.* havlı kumaş, tüylü kumaş **pile foundation** kazık temel, kazıklı temel **pile-driving** kazık çakma **pile up** yığmak, istif etmek; yığılmak, birikmek
pileless /'paylıs/ *s. teks.* tüysüz **pileless finish** *teks.* tüysüz apre
piler /'paylı/ *a.* istifleyici
piles /paylz/ *a. kon.* basur
pileup /'paylap/ *a. kon.* zincirleme kaza
pileus /'paylıs/ *a. bitk.* (ç. "-lei" /lay/) pile, başlık, kukuleta
pilfer /'pilfı/ *e.* aşırmak, çalmak
pilferage /'pilfıric/ *a.* çalma, aşırma, hırsızlık
pilferer /'pilfırı/ *a.* hırsız
pilgrim /'pilgrim/ *a.* hacı
pilgrimage /'pilgrimic/ *a.* hac, hacılık **go on/make a pilgrimage** hacca gitmek
pill /pil/ *a.* hap; doğum kontrol hapı; *kon.* gıcık kimse, kıl **be/go on the pill** *kon.* düzenli olarak doğum kontrol hapı almak **gild/sugar the pill** göz boyamak
pillage /'pilic/ *e.* yağma etmek, yağmalamak ¤ *a.* yağma, yağmacılık

pillar /'pılı/ *a.* sütun; direk; önemli üye/destekçi/yandaş *go from pillar to post* mekik dokumak *pillar drill* sütunlu matkap *pillar extraction* mad. topuk alma

pillar-box /'pılıboks/ *a.* posta kutusu

pillared /'pılıd/ *s.* direkli, sütunlu

pillbox /'pilboks/ *a.* ilaç kutusu

pillion /'piliın/ *a.* (motorsiklet) terki, arka koltuk

pillory /'pılıri/ *a.* ceza boyunduruğu ¤ *e.* ceza boyunduruğuna bağlayarak teşhir etmek

pillow /'pilou/ *a.* yastık *pillow block* muylu yatak gövdesi *pillow lace* teks. kopanaki *pillow lava* yerb. yastık lavı

pillowcase /'piloukeys/ *a.* yastık kılıfı

pillowslip /'pilouslip/ *a.* yastık kılıfı

pilose /'paylous/ *s.* tüylü, kıllı

pilot /'paylıt/ *a.* pilot; *den.* kılavuz ¤ *e.* pilotluk yapmak; kılavuzluk yapmak, yol göstermek *pilot balloon* metr. pilot balon *pilot boat* den. kılavuz motoru *pilot carrier* elek. pilot taşıyıcı *pilot electrode* elek. pilot elektrotu *pilot lamp* kontrol lambası, pilot lamba *pilot light* kılavuz ışığı, kontrol lambası *pilot model* biliş. pilot model *pilot parachute* hav. pilot paraşüt *pilot plant* pilot tesis, deneme kuruluşu *pilot print* sin. pilot kopya, renk kılavuzu *pilot running* biliş. pilot koşum, pilot işletim *pilot scheme* pilot proje *pilot system* biliş. pilot sistem, örnek dizge *pilot tape* biliş. pilot bant *pilot valve* kılavuz supabı *pilot's error* hav. pilot hatası

pilotage /'paylıtic/ *a.* pilotluk; pilotaj; kılavuzluk; kılavuzluk ücreti *certificate of pilotage* kılavuzluk belgesi *pilotage chart* hav. seyrüsefer haritası

pilotless /'paylıtlis/ *s.* pilotsuz, uzaktan kumandalı

pilule /'pilyu:l/ *a.* küçük harf

pimento /pi'mentou/ *a.* yenibahar

pimp /pimp/ *a.* pezevenk

pimpernel /'pimpınel/ *a. bitk.* farekulağı

pimple /'pimpıl/ *a.* sivilce

pimpled /'pimpıld/ *s.* sivilceli

pimply /'pimpli/ *s.* sivilceli

pin /pin/ *a.* topluiğne; broş, iğne; mandal; *tek.* pim, mil, saplama ¤ *e.* iğnelemek, iliştirmek; bağlamak, perçinlemek;

kıpırdayamaz hale sokmak, sıkıştırmak *pins and needles* kon. karıncalanma *be on pins and needles* diken üstünde oturmak *hear a pin drop* sinek uçsa duymak *pin bushing* pim burcu *pin chain* teks. iğneli taşıyıcı *pin hole* pim deliği, pim yuvası *pin spot* teks. puan *pin strike* sınırlı grev *pin tuck* teks. dar ve süslü pli *pin down* bağlamak, hareketsiz kılmak; karar vermeye zorlamak, yüklenmek, sıkboğaz etmek *pin on* (suç, vb.) yüklenmek, üstüne almak *pin one's hopes on* bel bağlamak

pinafore /'pinıfo:/ *a.* göğüslük, önlük

pinball /'pinbo:l/ *a.* tilt oyunu

pince-nez /'pensney/ *a.* kelebek gözlük

pincers /'pinsız/ *a.* kerpeten; (yengeç, vb.) kıskaç

pinch /pinç/ *e.* kıstırmak, sıkıştırmak; çimdiklemek; acı vermek, sıkıp acıtmak; *kon.* araklamak, yürütmek, aşırmak ¤ *a.* çimdik; tutam *at/in a pinch* gerekirse *feel the pinch* darda olmak *pinch and save/scrape* dişinden tırnağından artırmak *pinch cock* kısma musluğu

pinchpenny /'pinçpeni/ *s.* eli sıkı, cimri

pincushion /'pinkuşın/ *a.* iğnelik, iğne yastığı *pincushion distortion* yastık distorsiyonu, yastık sapması

pine /payn/ *e.* (away ile) güçten kuvvetten düşmek, erimek, iğne ipliğe dönmek; (gerçekleşemeyecek) arzusu olmak, özlemini çekmek ¤ *a. bitk.* çam *pine wood* çam kerestesi

pineal gland /'paynııl glend/ *a.* beyin epifizi

pineapple /'paynepıl/ *a. bitk.* ananas

pinetree /'payntri:/ *a.* çam ağacı

ping /ping/ *e. Aİ.* (araba) teklemek

ping-pong /'pingpong/ *a. kon.* pingpong, masatenisi

pinghead /'pinghed/ *a.* topluiğne başı

pinion /'piniın/ *e.* elini ayağını bağlamak, hareketsizleştirmek ¤ *a. tek.* küçük dişli çark, pinyon *pinion brake* dişli freni *pinion cage* konik yatak kovanı *pinion shaft* pinyon mili, dişli mili

pink /pink/ *a.* pembe (renk); karanfil; kemal, mükemmellik, en üst derece, en yüksek mertebe ¤ *s.* pembe; sosyalist eğilimli, ılımlı komünist ¤ _e._ bıçaklamak, hançerlemek; kenarını kertikli kesmek; kenarına çentikli süs yapmak; _İİ._ (araba) teklemek, vuruntulu çalışmak _in the pink (of condition/health)_ çok iyi, tam formunda, sağlıklı _pink lady._ pembe kız, cinden yapılan bir tür kokteyl _see pink elephants kon._ kafayı bulmak, matiz olmak

pinkie /'pinki/ _a. Aİ._ serçeparmak

pinking /'pinking/ _a. oto._ kliket, vuruntu

pinkish /'pinkiş/ _s._ pembemsi

pinky /'pinki/ _a. bkz._ pinkie

pinna /'pinı/ _a._ balık kanadı; kulakkepçesi

pinnace /'pinis/ _a._ sandal, filika; küçük yelkenli

pinnacle /'pinıkl/ _a._ en yüksek nokta, doruk, zirve; sivri tepeli kule, cihannüma

pinnigrade /'pinigreyd/ _a._ yüzgeçayaklı

pinniped /'piniped/ _a._ yüzgeçayaklı

pinpoint /'pinpoynt/ _e._ tam yerini göstermek, belirlemek, tam olarak saptamak; gerçek nedenini bulmak ¤ _s._ nokta, tam _pinpoint strike_ sınırlı grev _pinpoint target_ nokta hedefi

pinprick /'pinprik/ _a._ iğne deliği

pinstripe /'pinstrayp/ _a._ (giysi) ince çizgi

pint /paynt/ _a._ galonun sekizde biri (_İİ._ 0,568 lt; _Aİ._ 0,473 lt); _kon._ bu kadar bira

pintle /'pintıl/ _a._ mil, eksen; _den._ dümen erkek iğneciği _pintle nozzle oto._ muylulu meme, kısıcılı meme

pinto /'pintou/ _a._ küçük benekli at

pinup /'pinap/ _a._ şarkıcı, çıplak kadın, vb. resmi

pinwheel /'pinwi:l/ _a._ çarkı felek, fırıldak

pioneer /payı'niı/ _a._ öncü ¤ _e._ öncülük etmek

pious /'payıs/ _s._ dindar _pious fraud_ sahte dindarlık _pious wish_ sahte dilek

pip /pip/ _a. kon._ oyun kâğıtlarındaki işaretlerin her biri; _İİ._ rütbe belirten yıldız; meyve çekirdeği; sinyal ¤ _e. İİ. kon._ yarışta yenmek, geçmek; (sınavda) çakmak/çaktırmak _give sb the pip kon._ canını sıkmak, keyfini kaçırmak

pipe /payp/ _a._ boru, künk; pipo; çubuk; kaval; _yerb._ baca ¤ _e._ borularla taşımak; kaval/gayda çalmak _clear_ _one's pipe_ gırtlağını temizlemek _pipe bending_ boru bükme _pipe bracket_ boru kelepçesi _pipe burst_ boru patlaması _pipe clamp_ boru kelepçesi _pipe clay_ lüleci çamuru _pipe coil_ helis biçimli boru _pipe connection_ boru bağlantısı _pipe coupling_ rakor _pipe culvert_ büz, boru menfez _pipe cutter_ boru keskisi _pipe die_ boru vida dişi paftası _pipe drain_ künk, süzdürme künkü _pipe dream_ olmayacak iş, hayal _pipe elbow_ boru dirseği _pipe flange_ boru flanjı _pipe fracture_ boru patlaması _pipe joint_ boru bağlantısı, boru rakoru _pipe job arg._ penisi emme, saksofon _pipe one's eye_ ağlamak _pipe plug_ boru tapası, boru tıkacı _pipe rack_ boru koyacağı, boru sehpası _pipe thread_ boru dişi _pipe tongs_ boru kıskacı _pipe union_ boru rakoru _pipe ventilated_ borulu havalandırmalı _pipe vice_ boru mengenesi _pipe wrench_ boru anahtarı _pipe down kon._ susmak, sesini kesmek _pipe up kon._ konuşmak, söz söylemek _put that in your pipe and smoke_ istese de istemese de

pipefitter /'paypfıtı/ _a._ borucu, boru tesisatçısı

pipefitting /'paypfiting/ _a._ boru işi; boru bağlama donanımı

pipeline /'payplayn/ _a._ boru hattı, boru yolu, payplayn _in the pipeline_ yolda, hazırlanmakta, yapılmakta

pipelining /'payplayning/ _a. biliş._ boruya sokma, iç içe sokma

piper /'paypı/ _a._ kavalcı; gaydacı _pay the piper_ ceremesini çekmek

pipes /payps/ _a. İİ. kon._ gayda

pipette /pi'pet/ _a._ pipet, akıtaç _pipette method_ pipet yöntemi/metodu

piping /'payping/ _be._ çok ¤ _a._ borular, boru tesisatı, boru döşemi; şerit biçiminde süs; kaval çalma _piping hot_ dumanı üstünde

pippin /'pipin/ _a._ harika şey/kimse

piquancy /'pi:kınsi/ _a._ acılık, keskinlik; ilginçlik, cazibe

piquant /'pi:kınt/ _s._ acı/keskin tadı olan; iştah açıcı; ilginç, hoş

pique /pi:k/ _a._ güceniklik, kırgınlık ¤ _e._ gücendirmek, incitmek, gururunu kırmak _in a fit of pique_ gücenerek,

kırgın bir şekilde
piqué /'pi:key/ *a. teks.* pike
piracy /'payırısi/ *a.* korsanlık
piranha /pi'ra:nyı, pi'ra:nı/ *a. hayb.* piranha
pirate /'payırıt/ *a.* korsan ¤ *e.* korsan satış yapmak *pirate listener* korsan dinleyici *pirate radio station* korsan radyo istasyonu *pirate edition* korsan baskı *pirate sender* korsan verici
pirn /pö:n/ *a. teks.* bobin
pirouette /piru'et/ *a.* (balede) tek ayak üzerinde dönüş, piruet
Pisces /'paysi:z/ *a.* Balık Burcu
pisciculture /'pisikalçı/ *a.* balıkçılık
pisciculturist /pisi'kalçırist/ *a.* balık üreticisi
pish /piş/ *ünl.* öf!, püf!
pisiform /'paysifo:m/ *s.* bezelye biçiminde
pisolite /'paysoulayt/ *a. min.* pisolit, mercimek taşı
piss /pis/ *e. kab.* işemek; (yağmur) şakır şakır yağmak ¤ *a. kab.* çiş, sidik; işeme *piss about/around arg.* serserilik etmek, göt gezdirmek *piss off kab. arg.* siktir olup gitmek; bıktırmak, kafasını bozmak *Piss off! kab. arg.* Siktir git! *piss oneself* (gülmekten) altına işemek *pissed as a newt* küfelik, zom *take the piss out of* alay etmek
pissed /pist/ *s.* sarhoş, matiz *get pissed* sarhoş olmak
pistachio /pi'sta:şiou/ *a.* fıstık
pistil /'pistil/ *a.* pistil, dişiorgan
pistol /'pistl/ *a.* tabanca *pistol grip* tabanca kabzası, tabanca sapı
piston /'pistn/ *a.* piston *piston bearing oto.* piston yatağı *piston clearance* piston aralığı *piston compressor* pistonlu kompresör, itenekli sıkaç *piston cover* piston kapağı *piston displacement oto.* piston hacmi, süpürme oylumu *piston engine* pistonlu motor *piston head* piston başı *piston knock* piston vuruntusu *piston packing* piston contası *piston pin* piston pimi *piston pin bushing oto.* piston pimi duyu *piston pump* pistonlu pompa *piston ring* piston segmanı, segman *piston ring compressor* piston segmanı sıkacağı *piston rod* piston kolu, biyel *piston*

seal oto. piston contası *piston skirt* piston eteği *piston slap* piston vurması *piston slide valve* piston sürgülü valfı *piston speed* piston hızı *piston steam engine* pistonlu buhar makinesi *piston stroke* piston kursu, piston stroku *piston valve oto.* piston supabı
pit /pit/ *a.* çukur, oyuk; maden ocağı; (araba yarışında) süper hızla tamirat yeri; hastalık lekesi; (tiyatro) parter; *Aİ.* meyve çekirdeği ¤ *e. Aİ.* (meyvenin) çekirdeğini ayıklamak; (çiçek hastalığı) çopur bırakmak; aşındırmak, yemek *dig a pit for sb* çukurunu kazmak *pit bottom mad.* kuyu dibi *pit cage mad.* kuyu kafesi *pit coal* taşkömürü, madenkömürü *pit furnace met.* kuyufırın *pit prop mad.* ocak direği *pit-run gravel* tüvonan çakıl *pit saw* hızar, iki kollu testere *pit silo trm.* çukur silo *pit top mad.* kuyu başı *the pits kon.* rezaletin daniskası
pit-a-pat /pitı'pet/ *be.* pıtır pıtır; küt küt, pat pat
pitch /piç/ *e.* ziftlemek; konmak, konaklamak; (kamp, çadır, vb.) kurmak; (dışarı) atmak, fırlatmak; düşmek; takılıp devrilmek; *müz.* sesin perdesini ayarlamak; *den.* baş kıç vurmak; *hav.* yunuslamak; *yol.* taş döşemek ¤ *a. sp.* saha, alan; pazarcının satış yeri; *müz.* perde; derece, düzey; zift; (bina) eğim; yalpalama; (beyzbol) atış, fırlatma; *kon.* satıcının ağız yapması; yükseklik; *tek.* adım, diş açıklığı; hatve *pitch in kon.* işe girişmek; yemeğe yumulmak *pitch sb a curve ball* yüreğini ağzına getirmek *pitch action hav.* yunuslama *pitch angle hav.* hatve açısı, adım açısı *pitch chain* tarak kova zinciri, eklemli yassı zincir *pitch circle* diş açıklığı dairesi *pitch diameter* diş açıklık dairesi çapı, ilk çap *pitch indicator hav.* adım göstergesi *pitch pine* çıralı çam *pitch pocket* (ağaç) çıra oyuğu, reçine boşluğu *pitch setting hav.* adım ayarı
pitch-black /piç'blek/ *s.* zifiri karanlık
pitcher /'piçı/ *a.* testi, sürahi, ibrik; (beyzbol) atıcı
pitchfork /'piçfo:k/ *a.* yaba, diren, dirgen
pitching /'piçing/ *a.* atma, fırlatma; *den.* baş kıç vurma; *hav.* yunuslama *pitch-*

ing moment hav. yunuslama momenti
pitchy /'piçi/ a. zift gibi; karanlık
piteous /'pitiıs/ s. acıklı
pitfall /'pitfo:l/ a. güçlük, tehlike, tuzak
pith /pit/ a. bitk. öz; öz, ruh, en önemli kısım *pith knot* bitk. özlü budak, delikli budak
pithead /'pithed/ a. maden ocağı girişi
pithiness /'pitinis/ s. özlülük; anlamlılık, etkileyicilik
pithless /'pitlis/ s. özsüz, zayıf
pithy /'piti/ s. özlü; anlamlı
pitiable /'pitiıbıl/ s. acınacak
pitiful /'pitifıl/ s. acıklı, acınacak; merhametli
pitance /'pitıns/ a. bağış, yardım
pitman /'pitmın/ a. maden ocağı işçisi *pitman arm* direksiyon kumanda kolu, direksiyon parmağı
piton /'pitın/ a. kısa metal dağcı kazığı
pittance /'pitıns/ a. çok düşük ücret, acınacak miktarda az ücret
pitted /'pitid/ s. (asitten/pastan) karıncalanmış, oyuklu
pitting /'piting/ a. oyuklaşma, paslanma sonucu oluşan metal çürümesi *pitting corrosion* çukur korozyon, çukur yenim
pituitary /pi'tyuitıri/ s. balgam salgılayan *pituitary gland* hipofiz bezi
pity /'piti/ a. merhamet, acıma; acınacak şey ¤ e. merhamet etmek, acımak *feel pity for sb* -e acımak *for pity's sake* Allah aşkına, ne olur, lütfen *have/take pity on (sb)* -e acımak *more's the pity* kon. ne yazık ki *out of pity* acıyarak, acıdığı için *take pity on sb* -e merhamet etmek *What a pity* Ne yazık
pivot /'pivıt/ a. eksen, mil ¤ e. mile geçirmek, mile yerleştirmek; mil üzerinde dönmek, eksen etrafında dönmek *pivot pin* eksen pimi *pivot shaft* ölü mil, mafsal pimi
pix /piks/ a. elek. resim
pixel /'piksıl/ a. elek. piksel, görüntü öğesi
pixie /'piksi/ a. küçük peri
pixilated /'piksileytid/ s. üşütük, kafadan kontak
pixy /'piksi/ a. bkz. pixie
pizza /'pi:tsı/ a. piza
pizzle /'pizıl/ a. hayb. erkeklik organı

placable /'plekıbıl/ s. kolay yatışan, kolay bağışlayan
placard /'pleka:d/ a. duvar ilanı, afiş, pankart, poster
placate /plı'keyt/ e. kızgınlığını yatıştırmak
placatory /plı'keytıri/ s. yatıştırıcı, sakinleştirici
place /pleys/ a. yer; alan, bölge; (yarış, kuyruk, vb.'de) sıra; mat. hane, basamak; oturacak yer; memuriyet, görev; mevki, konum; yapılması gereken şey, görev; kon. ev ¤ e. koymak, yerleştirmek; (para) yatırmak; tam olarak hatırlamak, çıkarmak; (sipariş) vermek; saymak, görmek; önem vermek *go places* bahtı açık olmak *in place* yerinde, uygun *in place of* -in yerine *in the first place* her şeyden önce *out of place* yersiz, uygunsuz *place of performance* ifa yeri, borcun ödeneceği yer *place card* sofrada oturma yerini gösteren kart *place value* mat. basamak değeri *take place* meydana gelmek, olmak
placebo /plı'si:bou/ a. hek. plasebo
placement /'pleysmınt/ a. koyma, yerleştirme; plasman
placenta /plı'sentı/ a. plasenta, döleşi; bitk. etene
placer /'plesı/ a. yerb. plaser *placer mining* mad. plaser madenciliği
placid /'plesid/ s. sakin, durgun
placidity /ple'sidıti/ a. sükunet
placket /'plekit/ a. eteklik cebi
plagiarism /'pleycırizım/ a. intihal, aşırma, eser hırsızlığı
plagiarist /'pleycırist/ a. aşırmacı, eser hırsızı
plagiarize /'pleycırayz/ e. -den aşırmalar yapmak, intihal etmek
plague /pleyg/ a. veba; baş belası, dert, musibet; öldürücü salgın hastalık; istila ¤ e. sıkmak, bezdirmek
plaice /pleys/ a. hayb. (ç. "plaice" veya "plaices") pisibalığı
plaid /pled, pleyd/ a. teks. ekose kumaş, kareli kumaş
plaided /pledid/ s. teks. ekoseli, kareli
plain /pleyn/ a. ova ¤ s. düz; yalın, basit, sade, süssüz; açık, kolay anlaşılır, net; (kadın) çirkin, alımsız; dobra, açıksözlü,

dürüst *as plain as the nose on your face/as a pikestaff* açık seçik *plain bearing* yassı yatak, düz yatak *plain carbon steel* met. yalın karbon çeliği *plain concrete* demirsiz beton *plain dealing* dürüstlük *plain flap* hav. düz flap *plain head/vanilla biliş.* değişiklik gerektirmeyen, olduğu gibi *plain sailing* rahat ve kolay iş, dertsiz belasız iş *plain washer* düz pul, adi rondela *plain work* inş. düz duvar örgüsü

plainly /'pleynli/ *be.* açık ve net bir şekilde, açıkça; süssüz biçimde; dobra, dobra

plainspoken /pleyn'spoukın/ *s.* açıksözlü, lafını esirgemeyen

plaint /pleynt/ *a. huk.* dava; şikâyet; suçlama; hüzün ifadesi, keder

plaintiff /'pleyntif/ *a. huk.* davacı *party plaintiff* davacı taraf

plaintive /'pleyntiv/ *s.* hüzünlü, ağlamaklı, acıklı, dokunaklı

plait /pleyt/ *a.* örgü, saç örgüsü; kıvrım, pli, plise ¤ *e.* (saç, vb.) örmek; kıvrım yapmak, plise yapmak

plan /plen/ *a.* plan, kroki, taslak, tasar; plan, niyet; proje, tasarı ¤ *e.* planlamak, tasarlamak; planını çizmek; düzenlemek *go according to plan* planlandığı gibi gitmek *planned economy* planlı ekonomi

planar /'pleynı/ *s.* düzlemsel

plane /pleyn/ *a. kon.* uçak; planya, rende; *mat.* düzlem; seviye, düzey; *bitk.* çınar ¤ *s.* düz, dümdüz; düzlem + ¤ *e.* düzeltmek; rendelemek; *bas.* sıraya koymak; *hav.* motoru çalıştırmadan uçmak, süzülmek *plane angle mat.* düzlem açı *plane baffle fiz.* düzlem ekran *plane figure mat.* düzlem şekil *plane geometry* düzlem geometri *plane grate* düz ızgara *plane iron* rende tığı *plane mirror* düz ayna *plane of polarization* polarma düzlemi, kutuplanma düzlemi, ucaylanma düzlemi *plane of symmetry* simetri düzlemi, bakışım düzlemi *plane of the ecliptic gökb.* ekliptik düzlem, tutulum düzlemi *plane of vibration fiz.* titreşim düzlemi *plane surface* düz yüz *plane table* plançete *plane tile inş.* yassı kiremit, düz kiremit *plane wave fiz.* düzlem dalga *planing machine* planya

makinesi, planya tezgâhı

planer /'pleynı/ *a.* planya

planet /'plenit/ *a.* gezegen *planet gear* planet dişli

planetarium /pleni'teırıım/ *a. gökb.* planetaryum, yıldızlık

planetary /'plenitıri/ *s.* gezegenlerle ilgili; dünyasal, dünyevi; gezgin, seyyar *planetary gear oto.* peyk dişli, episiklik dişli, uydu dişli *planetary nebula gökb.* gezegensi bulut

planetoid /'plenitoyd/ *a. gökb.* küçük gezegen

planimeter /ple'nimitı/ *a.* planimetre, yüzeyölçer, alanölçer

planimetry /ple'nimitri/ *a.* planimetri, alanölçü

planish /'pleniş/ *e.* düzeltmek, preslemek

planisphere /'plenisfıı/ *a.* düzlemküre

plank /plenk/ *a.* uzun tahta, kalas; (partinin) ana prensibi ¤ *e.* kalas döşemek, tahta kaplamak; *teks.* keçeleştirmek *plank flooring* ahşap döşeme *plank pile* ahşap palplanş *plank saw* tahta bıçkısı *plank timber* tomruk *planking machine teks.* keçeleştirme makinesi

plankton /'plenktın/ *a. biy.* plankton

planless /'plenlis/ *s.* plansız, programsız

planner /'plenı/ *a.* plancı; planlamacı *town planner* şehir planlamacısı

planning /'plening/ *a.* planlama, tasarlama *planning department* planlama bölümü *planning engineer* planlama mühendisi *planning permission* inşaat ruhsatı

plano-concave /pleynou'konkeyv/ *s.* bir yüzü düz öbürü içbükey

plant /pla:nt/ *a.* bitki; fabrika; demirhane ¤ *e.* dikmek, ekmek; sıkıca yerleştirmek; *kon.* (çalınan ya da yasak bir şeyi) birisinin üzerine saklayıp onu suçlu göstermek *plant association bitk.* bitki topluluğu *plant breeding trm.* bitki ıslahı *plant community* bitki topluluğu *plant engineer* işletme mühendisi *plant geography coğ.* bitki coğrafyası *plant layout* fabrika düzeni, fabrika planı *plant protection* bitki koruma *plant protective* bitki koruyucu

plantain /'plentin/ *a.* sinirotu

plantation /plen'teyşın/ *a.* fidanlık; büyük

çiftlik

planter /'pla:ntı/ *a.* ekici, fidan dikme makinesi, tohum serpme makinesi

plantigrade /'plentigreyd/ *s.* düztaban

plaque /plek/ *a.* plaket, levha, tabela *dental plaque* diştaşı

plash /'pleş/ *e.* su sıçratmak; şapırdatmak

plashy /'pleşi/ *s.* şapırtılı; çamurlu

plasma /'plezmı/ *a. biy.* plazma, kansu *plasma frequency* fiz. plazma frekansı, plazma sıklığı

plasmatic /plez'metik/ *s.* plazma ile ilgili

plaster /'pla:stı/ *a.* plaster; yakı; alçıtaşı, alçı; sıva ¤ *e.* sıvamak, sıva vurmak; yapıştırmak, sürmek *plaster cast* alçıdan yapılmış kalıp; *hek.* alçı *plaster of Paris* alçı *plaster stone* jips, alçıtaşı

plasterboard /'pla:stıbo:d/ *a. inş.* bağdadi çıtası, bağdadi

plasterer /'pla:stırı/ *a. inş.* sıvacı

plastering /'pla:stıring/ *a.* sıva işi; alçı işi

plastic /'plestik/ *a. s.* plastik; yumuşak, uysal *plastic arts* plastik sanatlar *plastic bronze* met. plastik bronz *plastic clay* plastik kil *plastic deformation* plastik deformasyon, plastik bozunum *plastic explosive* ask. plastik patlayıcı *plastic flow* plastik akış *plastic limit* plastik limit *plastic material* plastik malzeme *plastic properties* plastik özellikler *plastic surgery* estetik ameliyat, estetik cerrahlık

plasticine /'plestisi:n/ *a.* modelci çamuru

plasticity /ple'stisiti/ *a.* plastisite

plasticizer /'plestisayzı/ *a.* plastikleştirici

plate /pleyt/ *a.* tabak; levha, plaka, tabaka; kaporta, levha biçiminde korugan; kaplama; *sp.* kupa; fotoğraf klişesi; plaka, plaket; takma diş takımı; *elek.* anot; *mim.* duvar tabanlığı ¤ *e.* (metal) kaplamak *plate battery* elek. anot bataryası *plate bending machine* sac bükme makinesi *plate circuit* plaka devresi *plate current* elek. plaka akımı, anot akımı *plate felting machine* teks. levhalı keçe makinesi *plate girder* dolu gövdeli kiriş *plate glass* dökme cam, düz cam, çekme cam *plate load* elek. anot yükü *plate rail* tabak rafı *plate resistance* elek. anot direnci *plate saturation* elek. anot doyması *plate singe-*

ing machine teks. levhalı yakma makinesi *plate spring* yassı yay *plate voltage* elek. plaka voltajı, anot gerilimi

plateau /'pletou/ *a. coğ.* yayla, plato *plateau basalt* yerb. plato bazaltı, yayla bazaltı

plateful /'pleytfıl/ *a.* tabak dolusu

platen /'pletın/ *a.* kâğıt silindiri, merdane *platen machine* bas. düz baskı makinesi

plater /'pleytı/ *a.* kaplamacı

platform /'pletfo:m/ *a.* peron; kürsü; platform; (seçimden önce) parti programı *platform balance/scales* baskül *platform truck* oto. platformlu kamyon

platinate /'pletineyt/ *e.* platinlemek, platin kaplamak

plating /'pleyting/ *a.* kaplama *plating unit* met. kaplama ünitesi, kaplama birimi

platinoid /'pletinoyd/ *a.* platinoit

platinum /'pletinım/ *a.* platin *platinum black* platin siyahı *platinum contact* platin kontağı *platinum dish* platin çanak, platin kap *platinum-plate* platin kaplamak *platinum point* platin ucu *platinum sponge* platin sünger *platinum wire* met. platin tel

platitude /'pletityu:d/ *a. hkr.* basmakalıp laf, klişe, yavan söz

platitudinarian /'pletityu:di'neıriın/ *a.* geveze, boşboğaz

platonic /plı'tonik/ *s.* (iki kişi arasındaki sevgi/arkadaşlık) fiziksel olmayan, duygusal

platoon /plı'tu:n/ *a. ask.* müfreze, takım; polis ekibi

platter /'pletı/ *a. Aİ.* düz ve büyük tabak

platypus /'pletipıs/ *a. hayb.* ornitorenk, gagalı memeli

platyrrhine /'pletirayn/ *a.* yassıburunlu maymun

plaudit /'plo:dit/ *a.* memnuniyet gösterisi, beğeni

plausibility /'plo:zı'bilıti/ *a.* akla yatkınlık; inandırıcılık

plausible /'plo:zibıl/ *s.* makul, akla yatkın; inandırıcı

play /pley/ *a.* oyun, eğlence; oyun, piyes; şaka, oyun; kumar; hareket özgürlüğü; hareket, faaliyet; oynaşma ¤ *e.*

oynamak; eğlenmek; (oyun) etmek; hızla hareket etmek; *tiy.* oynamak, sahnelemek, temsil etmek; (müzik aleti) çalmak; ... gibi yapmak, ... rolü oynamak; bir müzik parçasını seslendirmek, çalmak; yönelmek; yöneltmek, -e doğru tutmak *play at* (çocuklar) ... oyunu oynamak, -cilik oynamak *play back* (plak, kayıt, vb.) yeniden çalmak, tekrarlamak *play ball* oyuna başlamak *play ball with* ile işbirliği yapmak *play both ends against the middle* şeytana külahı ters giydirmek *play by ear* olanlara ayak uydurmak *play cat and mouse with* kedi fare gibi oynamak *play dead* ölü numarası yapmak *play down* önemsizleştirmek *play ducks and drakes with money* har vurup harman savurmak *play fair* hilesiz oynamak *play fast and loose with* hafife almak, ile oynamak *play first chair* başkanlığa/liderliğe oynamak/soyunmak *play footsie (with)* aşna fişne olmak/gönül eğlendirmek *play for time* kasten zaman geçirmek, zaman kazanmaya çalışmak *play hard to get* umursamaz görünüp ilgi çekmek *play house* evcilik oynamak *play into sb's hands* birisinin emeline alet olmak *play it by ear kon.* gelişmelere göre hareket etmek, olduğuna bırakmak *play it cool kon.* soğukkanlılığını yitirmemek, sakin kalmak *play it safe kon.* işi sağlama almak *play off* birbirine düşürmek; kazananı belirlemek için yeniden oynamak *play on* durmadan çalmak *play one's trump card* kozunu oynamak *play politics* siyasi çıkarlarına göre davranmak *play possum* uyur gibi yapmak; ölü numarası yapmak *play second fiddle* ikinci derecede rol oynamak *play the field* birden fazla kişiyle düşüp kalkmak *play the fool* aptalca davranmak *play the game* adil ve dürüst olmak *play up kon.* oyun oynamak, sorun çıkarmak *play with fire* ateşle oynamak, büyük riske girmek *played out* işi bitmiş

playable /'pleyıbıl/ *s.* oynanabilir

play-act /'pleyekt/ *e.* numara yapmak, rol yapmak

playback /'pleybek/ *a.* pleybek *playback head* okuma kafası

playboy /'pleyboy/ *a.* eğlence peşinde koşan zengin delikanlı, pleyboy

player /'pleyı/ *a.* oyuncu

playfellow /'pleyfelou/ *a.* oyun arkadaşı

playful /'pleyfıl/ *s.* şen, şakacı, oyuncu

playfulness /'pleyfılnis/ *s.* şakacılık, oyunculuk

playgoer /'pleygouı/ *a.* tiyatrosever

playground /'pleygraund/ *a.* çocukların oyun alanı

playgroup /'pleygru:p/ *a.* anaokulu

playhouse /'pleyhaus/ *a.* tiyatro

playing /'pleying/ *a.* oynama, oyun *playing card* iskambil kâğıdı *playing field* oyun alanı, oyun sahası

playlet /'pleylit/ *a. tiy.* küçük oyun

playmate /'pleymeyt/ *a.* oyun arkadaşı

play-off /'pleyof/ *a.* beraberliği bozmak için oynanan oyun, final

playpen /'pleypen/ *a.* çocuk kafesi

plaything /'pleyting/ *a.* oyuncak

playtime /'pleytaym/ *a.* oyun zamanı, tatil, paydos

playwright /'pleyrayt/ *a.* oyun yazarı

plea /pli:/ *a.* yalvarma, rica; özür, mazeret; savunma, itiraz; dava *make a plea* dava açmak *plea of guilty* suçlu kabul etme *plea of the crown* cezai kovuşturma

plead /pli:d/ *e.* yalvarmak, dilemek, rica etmek; özür dilemek; özür olarak öne sürmek; dava açmak; savunmak, savunma yapmak; suçlamak *plead guilty* suçu kabul etmek

pleader /'pli:dı/ *a.* avukat

pleading /'pli:ding/ *a.* dava, dava açma; iddia, ileri sürme; savunma; rica, yalvarma

pleasant /'plezınt/ *s.* hoş, tatlı, güzel; sevimli, cana yakın, şirin, yakın, sıcak, samimi

pleasantness /'plezıntnis/ *a.* hoşluk, tatlılık, güzellik; hoşa giden şey

pleasantry /'plezıntri/ *a.* hoş şaka, espri

please /pli:z/ *e.* mutlu etmek, memnun etmek, sevindirmek, gönlünü etmek; hoşuna gitmek ¤ *ünl.* lütfen *if you please* isterseniz *please yourself kon.* kafana göre takıl

pleased /pli:zd/ *s.* memnun, hoşnut

pleasing /'pli:zing/ s. hoş, tatlı, sevindirici

pleasurable /'plejırıbıl/ s. zevk veren, hoş

pleasure /'plejı/ a. zevk, haz; keyif, eğlence

pleat /pli:t/ e. pli yapmak ¤ a. kıvrım, pli, plise **pleating machine** teks. plise makinesi

pleater /'pli:tı/ a. teks. plise makinesi

plebeian /pli:'bi:ın/ a. s. hkr. halk tabakasından olan, aşağı tabaka

plebiscite /'plebisit/ a. halkoylaması, plebisit, tümdanış

plectrum /'plektrım/ a. müz. mızrap, pena

pledge /plec/ a. tutu, rehin; söz, karşılıklı anlaşma, güvence, teminat; kanıt, işaret ¤ e. rehine koymak; söz vermek; güvence vermek, taahhüt etmek **pledged article** rehine verilen şey **pledged documents** rehin verilen vesaik **pledged merchandise** rehine konulmuş mal **pledged securities** taahhüt edilmiş teminatlar

pledgee /plec'i:/ a. rehin alan, rehinli alacaklı

pledger /'plecı/ a. rehin veren, rehinli borçlu

Pleistocene /'playstousi:n/ a. yerb. Pleistosen

plenary /'pli:nıri/ s. tam, bütün, sınırsız, sonsuz; bütün üyelerin hazır bulunduğu **plenary session** genel kurul

plenipotentiary /plenipı'tenşıri/ a. s. tam yetkili (elçi)

plenitude /'plenityu:d/ a. bolluk, çokluk; bütünlük

plenteous /'plentiıs/ s. bereketli, bol

plenteousness /'plentiısnis/ a. bereket, bolluk

plentiful /'plentifıl/ s. bereketli, bol

plenty /'plenti/ a. bolluk, çokluk; bol miktar **plenty of** pek çok, bol, yığınla

plenum /'pli:nım/ a. dolu uzay, maddeyle dolu olduğu varsayılan uzay; yüksek basınçlı kap; birleşik oturum, tüm üyelerin hazır bulunduğu toplantı

pleochroism /pli'okrouizım/ a. fiz. pleokroizm

pleonasm /'pli:ınezım/ a. söz uzatımı, gereksiz sözcükler kullanma

plethora /'pletırı/ a. gereğinden fazlalık, bolluk, çokluk; kan bolluğu, kan çokluğu **plethora of money** para bolluğu

pleura /'pluırı/ a. anat. plevra, göğüszarı

pleural /'pluırıl/ a. anat. plevral, göğüszarı +

pleurisy /'pluırısi/ a. hek. plörezi, zatülcenp, satlıcan

pleurocarpous /plourou'ka:pıs/ s. bitk. yan meyveli

plexor /'pleksı/ a. perküsyon çekici

plexus /'pleksı/ a. anat. pleksus, sinir ağı

pliability /play'ıbılıti/ a. bükülürlük, bükülgenlik

pliable /'playıbıl/ s. bükülgen, yumuşak; itaatkâr, uysal

pliancy /'playınsi/ a. bükülgenlik, esneklik

pliers /'playız/ a. kerpeten, kargaburun, pens, kıskaç

plight /playt/ a. kötü durum, ciddi durum ¤ e. söz vermek **plight ones troth** evlenme sözü vermek

plimsoll /'plimsıl, plimsoul/ a. lastik tabanlı bez ayakkabı, kes

plinth /plint/ a. inş. süpürgelik; mim. sütun kaidesi, sütun tabanı

pliocene /'playousi:n/ a. yerb. Pliyosen

plod /plod/ e. yavaş ve zorlukla yürümek; (away ile) (sıkıcı bir iş üzerinde) sürekli çalışmak

plodder /'plodı/ a. yavaş ama verimli çalışan işçi

plonk /plonk/ a. kon. ucuz şarap, köpeköldüren

plop /plop/ e. "cup" diye düşmek

plosion /'ploujın/ a. dilb. "b" ve "p" seslerindeki patlama

plosive /'plousiv/ s. dilb. patlamalı, kapantılı

plot /plot/ a. arsa, parsel; entrika, suikast; (roman, vb.'de) olay örgüsü; plan, kroki, taslak ¤ e. komplo kurmak; haritada göstermek; işaretlemek; çizmek, planını çizmek, grafiğini çizmek **plotting paper** kareli kâğıt

plotter /'plotı/ a. biliş. pilotlayıcı, çizici

plough /plau/ a. saban, pulluk ¤ e. sabanla sürmek, çift sürmek; yol açmak, ilerlemek **the Plough** Büyükayı **plough land** sürülebilir toprak, işlenebilir toprak **plough plane** oluk rendesi **plough share** trm. saban demiri, saban kulağı **plough tail**

sabanın arka kısmı **plough back**
(kazanılan parayı) tekrar işe yatırmak
plough up pullukla toprağı aktarmak,
pullukla altını üstüne getirmek
plough-beam /plau'bi:m/ *a.* pulluk oku,
saban oku
plow /plau/ *a. Aİ. bkz.* plough **plow into**
çarpmak
plover /'plavı/ *a.* yağmurkuşu
ploy /ploy/ *a. kon.* numara yapma, rol
pluck /plak/ *a.* yiğitlik, cesaret ¤ *e.*
koparmak; tüylerini yolmak, kopartmak;
(telli çalgı) çalmak **pluck off** koparmak
pluck out çıkarmak **plucked wool**
teks. post yünü, yolma yün
plucky /'plaki/ *s.* cesur ve azimli, yılmaz
plug /plag/ *a.* tapa, tıkaç; (elektrik) fiş;
buji; *kon.* reklam ¤ *e.* tıkamak; *kon.*
reklamını yapmak **plug contact** fiş
kontağı **plug gauge** tampon mastarı
plug socket *elek.* priz, dişi fiş **plug
weld** delik kaynağı **plug in** fişi prize
sokmak
plug-in /'plag-in/ *s.* fişli, fişle çalışan
plum /plam/ *a. bitk.* erik; ilave kâr payı
get the plums yağlı kuyruğa konmak
plumage /'plu:mic/ *a.* kuşun tüyleri
plumb /plam/ *a.* çekül, şakul ¤ *s.* düşey,
dikey ¤ *e.* iskandil etmek; çekül ile
düzeltmek; anlamını çıkartmaya
çalışmak **plumb level** tesviyeruhu
plumb line çekül sicimi, çekül **plumb
rule** tesviyeruhu, kabarcıklı düzeç
plumb the depths (of) (-in)
derinliklerine inmek, gömülmek
plumbeous /'plambııs/ *s.* kurşun ile ilgili
plumber /'plamı/ *a.* su tesisatçısı,
muslukçu
plumbicon tube /'plambikon tyu:b/ *a.*
elek. plumbikon tüpü
plumbiferous /plam'bifırıs/ *s.* kurşunlu
plumbing /'plaming/ *a.* su tesisatı, su
döşemi; boru tesisatçılığı, muslukçuluk
plume /plu:m/ *a.* kuş tüyü
plummet /'plamit/ *e.* (aniden) düşmek;
dikine düşmek ¤ *a.* çekül kurşunu,
iskandil kurşunu; tesviye ruhu; zoka
plummy /'plami/ *s.* erikle ilgili; yapmacık
plumose /'plu:mous/ *s.* tüylü
plump /plamp/ *s.* tıknaz, dolgun **plump
cheeks** tombul yanaklar
plumy /'plu:mi/ *s.* tüylü

plunder /'plandı/ *e.* yağma etmek,
yağmalamak ¤ *a.* yağma, yağmacılık;
yağmalanan mal, ganimet; çalınmış
eşya
plunderer /'plandırı/ *a.* yağmacı, çapulcu
plunge /planc/ *a.* dalma, dalış; atlama,
sıçrama; dalma havuzu ¤ *e.* daldırmak,
batırmak; atılmak, dalmak; fırlamak,
ileri atılmak; (kumar) büyük oynamak;
den. baş kıç vurmak **plunge into**
batırmak, daldırmak, sokmak,
saplamak; dalmak, gömülmek **take the
plunge** düşünüp taşındıktan sonra işe
girişmek
plunger /'plancı/ *a.* dalgıç; pompa
pistonu, dalma piston **plunger pump**
plançer pompa, dalma pistonlu pompa
pluperfect /plu:'pö:fikt/ *a.* geçmiş
öncesini gösteren zaman
plural /'pluırıl/ *a. s. dilb.* çoğul **plural
marriage** çokeşlilik **plural noun** çoğul
isim
pluralist /'pluırılist/ *s.* çoğulcu
plurality /pluı'relıti/ *a.* çokluk; çoğunluk;
çoğulluk
pluralize /'pluırılayz/ *e.* çoğul yapmak
plus /plas/ *a.* artı işareti ¤ *s.* sıfırdan
büyük, artı; artı, pozitif; -in üstünde ¤
ilg. ile, ve, artı **plus infinite** *mat.* artı
sonsuz **plus value** artı değer
plush /plaş/ *a.* pelüş ¤ *s. kon.* müthiş,
süper, görkemli
Pluto /'plu:tou/ *a.* Plüton
plutocracy /plu:'tokrısi/ *a.* varsılerki,
zenginerki, plütokrasi
plutocrat /'plu:tıkret/ *a.* nüfuzlu zengin,
plutokrat, varsılerkçi
plutocratic /plu:tou'kretik/ *s.* plutokratik
plutonic /plu:'tonik/ *s. yerb.* plütonik
plutonic rocks *yerb.* plütonik taşlar,
derinlik kayaçları
plutonium /plu:'touniım/ *a.* plutonyum
plutonium reactor *fiz.* plutonyum
reaktörü
pluviometer /plu:vi'omıtı/ *a. metr.*
plüvyometre, yağmurölçer
ply /play/ *e.* düzenli sefer yapmak, gidip
gelmek, işlemek; çalışmak, iş yapmak ¤
a. kat, katmer **ply rating** dış lastik kat
sayısı
plywood /'playwud/ *a.* kontrplak
pm, PM /'pi: em/ *be.* öğleden sonra

pneumatic /nyu:'metic/ *s.* pnömatik, havalı *pneumatic brake* pnömatik fren, havalı fren *pneumatic computer biliş.* pnömatik bilgisayar *pneumatic conveyor* pnömatik taşıyıcı *pneumatic drill* pnömatik matkap *pneumatic gear shifting oto.* pnömatik vites değiştirme *pneumatic governor* pnömatik regülatör, havalı düzenleyici *pneumatic hammer* havalı tokmak *pneumatic hoist* pnömatik vinç, hava basınçlı vinç *pneumatic jack* pnömatik kriko *pneumatic press* pnömatik pres *pneumatic rammer* pnömatik şahmerdan, basınçlı hava tokmağı *pneumatic riveting machine* pnömatik perçin makinesi *pneumatic separator* pnömatik separatör, havalı ayırıcı *pneumatic stowing mad.* pnömatik ramble, havalı dolgu *pneumatic tire/tyre* pnömatik lastik, havalı lastik *pneumatic-tired roller* lastik tekerlekli silindir

pneumatolysis /nyu:mı'tolisis/ *a. yerb.* pnömatoliz

pneumonia /nyu:'moniı/ *a. hek.* zatürree, akciğer yangısı

pneumonic /nyu:'monik/ *s. hek.* zatürree ile ilgili

poach /pouç/ *e.* (yumurtayı) kırıp kaynar suda pişirmek; (balık) yavaş yavaş kaynatmak; başkasının arazisinde kaçak avlanmak, izinsiz (hayvan) avlamak; (başkasının hakkına) tecavüz etmek

poachable /'pouçıbıl/ *s.* haşlanabilir

poacher /'pouçı/ *a.* başkasının arazisinde kaçak avlanan kimse; yasak yere giren kimse ¤ *a.* cılbır tavası

poaching /'pouçing/ *a.* kaçak avcılık

PO box /pi:ou 'boks/ *a.* posta kutusu

pochette /po'şet/ *a.* el torbası

pock /pok/ *a.* çiçek hastalığında görülen kabarcık

pocket /'pokit/ *a.* cep; torba, kese; grup, kesim; çukur, boşluk ¤ *e.* cebe koymak; cebe indirmek, cebine atmak *be/live in each other's pockets kon.* birbirlerinin kıçından ayrılmamak *have sb in one's pocket* -i parmağında oynatmak, birini avucunun içine almak *line one's pockets* cebini doldurmak, yolunu bulmak *live in each other's pockets* içtikleri

su ayrı gitmemek *out of pocket İİ.* zararda, zarar etmiş *pocket calculator* küçük hesap makinesi *pocket computer biliş.* cep bilgisayarı *pocket lamp* cep lambası *pocket money* cep harçlığı *pocket radio* cep radyosu *put one's hand into one's pocket* elini cebine götürmek

pocketbook /'pokitbuk/ *a.* cüzdan; muhtıra, cep defteri

pocketful /'pokitful/ *a.* cep dolusu; *kon.* bir sürü, dünya kadar

pocketknife /'pokitnayf/ *a.* çakı

pockmark /'pokma:k/ *a.* çopur, iz

pockmarked /'pokma:kd/ *s.* çopur, çiçekbozuğu

podagra /pou'degrı/ *a. hek.* gut, damla hastalığı

podgy /'poci/ *s.* bodur, tıknaz

podiatrist /pou'dayıtrist/ *a.* ayak hastalıkları uzmanı

podiatry /pou'dayıtri/ *a.* ayak hastalıkları bilimi, podiyatri

podium /'poudıım/ *a.* podyum

Podunk /'poudank/ *a.* geri kalmış küçük kasaba

podzol /'podzol/ *a. trm.* podzol

podzolization /podzolay'zeyşın/ *a. trm.* podzollaşma

poem /'pouim/ *a.* şiir

poet /'pouit/ *a.* şair, ozan *poet laureate* saray şairi

poetaster /poui'testı/ *a.* şair bozuntusu

poetess /'pouitis/ *a.* kadın şair

poetic /pou'etik/ *s.* şiirsel *poetic function* sanat işlevi, edebi fonksiyon

poetize /'pouitayz/ *e.* şiir yazmak; şiirle dile getirmek

poetry /'pouitri/ *a.* şiir, koşuk; şiir sanatı; şiirler; şiirsel güzellik

po-faced /pou'feyst/ *s.* çatık kaşlı

pogrom /'pogrım/ *a.* planlı katliam

poignancy /'poynınsi/ *a.* keskinlik, yakıcılık; dokunaklılık, üzücülük

poignant /'poynyınt/ *s.* üzücü, dokunaklı, acı; acı, keskin

point /poynt/ *a.* nokta; uç, sivri uç; yer; an; durum; puan; *mat.* virgül; derece; husus, nokta; anlam, neden, yarar, amaç; konu; özellik, nitelik; priz, duy; namlu; *coğ.* burun ¤ *e.* ucunu sivriltmek; işaret etmek, göstermek;

önemine işaret etmek; doğrultmak, üzerine çevirmek; noktalamak; (duvar) boşlukları doldurmak, sıvamak *at the point of* -in eşiğinde, -mek üzere *boiling point* kaynama noktası *come/get to the point* sadede gelmek *off the point* meseleden uzak, konunun dışında *point the finger at kon.* -i suçlamak *point at infinity mat.* sonsuzdaki nokta *point charge fiz.* nokta yük *point contact elek.* nokta teması *point gamma elek.* nokta gama *point load* nokta yükü *point of application* uygulama noktası *point of articulation* ses çıkartma noktası, eklemleme noktası, çıkak *point of bearing den.* kerteriz noktası *point of break* kopma noktası *point of contact* değme noktası *point of discontinuity* süreksizlik noktası *point of impact* vuruş noktası *point of inflection mat.* büküm noktası, bükülme noktası *point of osculation mat.* dokunum noktası *point of reference* referans noktası *point of sale* satış noktası *point of support* destek noktası, mesnet noktası *point of view* görüş, bakım, bakış açısı *point out* -e dikkat çekmek *point set mat.* nokta küme *point welding met.* nokta kaynağı *point-of-sale terminal biliş.* satış noktası terminali

point-blank /poynt'blenk/ *s. be.* burnunun dibinden, yakından, yakın; doğrudan, açıkça, direkt

pointed /'poyntid/ *s.* sivri uçlu; anlamlı

pointer /'poyntı/ *a.* işaret değneği; ibre, gösterge; av köpeği, puanter; öğüt, yararlı öneri

pointing /'poynting/ *a. inş.* derz yapma; sivriltme

pointless /'poyntlıs/ *s.* anlamsız; yararsız, gereksiz; uçsuz

points /poynts/ *a. İl. demy.* makas, demiryolu makası

poise /poyz/ *a.* özgüven; denge, duruş şekli ¤ *e.* dengelemek, dengede tutmak; kendine hâkim olmak; (başını) dik tutmak, kaldırmak; asılı durmak, sarkmak

poised /poyzd/ *s.* dengeli; (harekete) hazır; özgüvenli

poison /'poyzın/ *a.* zehir; *arg.* içki ¤ *e.* zehirlemek; olumsuz yönde etkilemek

poison fang zehirli diş *poison gas* zehirli gaz

poisoning /'poyzning/ *a.* zehirleme; zehirlenme

poisonous /'poyzınıs/ *s.* zehirli; kötü; iğrenç, berbat

Poisson /'pwa:sın/ *a.* Poisson *Poisson distribution* Poisson yasası *Poisson's equation* Poisson denklemi *Poisson's ratio* Poisson katsayısı

poke /pouk/ *e.* sokmak; dürtmek; çıkarmak ¤ *a. esk.* torba *poke about kon.* aramak, araştırmak *poke fun at* ile alay etmek *poke one's nose into sth* burnunu sokmak

poker /'poukı/ *a.* ocak demiri, demir çubuk, köseği, karağı, ölçer; poker *as stiff as a poker* oklava yutmuş gibi

poky /'pouki/ *s. kon.* (yer, oda) dar, küçük, basık

polar /'poulı/ *s.* kutupsal, kutuplarla ilgili; birbirine tümüyle zıt *polar air metr.* kutup havası, soğuk hava *polar angle* kutupsal açı *polar axis* kutup ekseni *polar bear* kutup ayısı *polar bond* polar bağ, kutupsal bağ *polar climate metr.* kutup iklimi, eksenucu iklimi *polar coordinates mat.* kutupsal koordinatlar, ucaysal konaçlar *polar curve* kutupsal eğri *polar distance gökb.* kutup uzaklığı *polar front metr.* kutup cephesi *polar line mat.* kutup doğrusu *polar molecule* polar molekül, ucaysal molekül *polar solvent* polar çözücü *polar zone coğ.* kutup bölgesi, eksenucu bölgesi

polarimeter /poulı'rimitı/ *a.* polarimetre

polarimetry /poulı'rimitri/ *a.* polarimetri

Polaris /pı'la:ris/ *a. gökb.* Kutupyıldızı, Demirkazık

polariscope /pou'leriskoup/ *a. opt.* polariskop

polarity /pou'leriti/ *a.* polarite, ucaylık; iki kutupluluk, karşıtlık *polarity reversal* kutup değiştirme, uç değiştirme

polarizability /poulıray'zıbılıti/ *a.* kutuplanabilirlik, kutuplaşabilirlik

polarizable /'poulırayzıbıl/ *s.* kutuplanabilir, kutuplaşabilir

polarization /poulıray'zeyşın/ *a.* polarma, polarizasyon, kutuplanma *polarization current* polarizasyon akımı *polariza-*

tion error polarizasyon hatası **polarization photometer** polarizasyon fotometresi
polarize /'poulırayz/ *e.* (iki ayrı noktada) toplamak; toplanmak; *fiz.* polarmak, ucaylanmak
polarized /'poulırayzd/ *s.* polarize **polarized capacitor** *elek.* polarize kondansatör **polarized light** polarize ışık, kutuplanmış ışık **polarized relay** polarize röle
polarizer /'poulırayzı/ *a.* polarizör
polarizing /'poulırayzing/ *a.* polarma, polarizasyon **polarizing angle** *fiz.* polarizasyon açısı, Brewster açısı, ucaylanım açısı **polarizing filter** polarizasyon filtresi
polarograph /poulı'rogra:f/ *a.* polarograf
polarography /poulırı'grefi/ *a.* polarografi
polaroid /'poulıroyd/ *a. s.* polaroid
polder /'pouldı/ *a.* polder, denizden kazanılmış toprak
pole /poul/ *a.* direk, sırık; kutup; *fiz.* kutup, ucay **pole arm** kutup kolu **pole shoe** kutup çarığı **Pole Star** *gökb.* Kutupyıldızı, Demirkazık **pole vault** *sp.* sırıkla atlama
polemic /po'lemik/ *s.* tartışmalı, ihtilaflı
polemics /po'lemiks/ *a.* polemik, tartışma sanatı
police /pı'li:s/ *a.* polis örgütü, polisler, polis ¤ *e.* polis denetiminde bulundurmak; denetlemek, kontrol etmek **police state** *hkr.* polis devleti **police station** karakol
policeman /pı'li:smın/ *a.* polis memuru
policewoman /pı'li:swumın/ *a.* kadın polis
policlinic /poli'klinik/ *a.* poliklinik
policy /'polisi/ *a.* siyaset, politika; davranış biçimi, politika; poliçe, sigorta senedi **policy holder** poliçe hamili
polio /'pouliou/ *a. hek.* çocuk felci
poliomyelitis /poulioumayı'laytis/ *a.* çocuk felci, poliyomiyelit
polish /'poliş/ *e.* parlatmak, cilalamak; boyamak; kusursuzlaştırmak, terbiye etmek, inceltmek; cilalanmak, parlamak ¤ *a.* cila, perdah; ayakkabı boyası; parlak yüzey, cilalı yüzey; parlaklık; kibarlık, incelik **polish off** *kon.* bitirmek;

alt etmek, yenmek
Polish /'poliş/ *a. s.* Leh
polished /'polişt/ *s.* cilalı; parlak; boyalı; terbiyeli, nazik
polisher /'polişı/ *a.* cila makinesi, parlatma aygıtı; cila
polishing /'polişing/ *a.* cilalama, parlatma, cila ¤ *s.* cila **polishing disk** parlatma çarkı, parlatma tekerleği **polishing machine** parlatma makinesi, cila makinesi **polishing paste** parlatma harcı, parlatma macunu **polishing powder** parlatma tozu **polishing wheel** parlatma çarkı, parlatma tekerleği
polite /pı'layt/ *s.* nazik, kibar **polite arts** ince sanatlar **polite letters** yazın, edebiyat
politely /pı'laytli/ *be.* kibarca, nezaketle
politeness /pı'laytnis/ *a.* kibarlık, nezaket
politic /'politik/ *s.* akıllı, kurnaz; ihtiyatlı, tedbirli
political /pı'litikıl/ *s.* siyasal, politik; politikayla ilgilenen **political economy** politik iktisat **political geography** *coğ.* siyasal coğrafya
politician /poli'tişın/ *s.* politikacı
politicize /pı'litisayz/ *e.* politize etmek
politics /'politiks/ *a.* siyaset, politika; politik görüşler **enter politics** politikaya atılmak
polity /'politi/ *a.* devlet, hükümet; hükümet şekli, devlet şekli
polka /'polkı/ *a. müz.* polka
poll /poul/ *a.* seçim; oylama, oy verme; oy sayısı; kamuoyu yoklaması ¤ *e.* oy almak; oy vermek **poll tax** kelle vergisi, baş vergisi
pollard /'polıd/ *a.* budanmış ağaç ¤ *e.* ağaç budamak
pollen /'polın/ *a. bitk.* polen, çiçektozu **pollen count** havadaki polen miktarı **pollen sac** polen kesesi
pollinate /'polineyt/ *e.* tozarmak, tozlaşmak
pollination /poli'neyşın/ *a. bitk.* tozlaşma, döllenme
polling /'pouling/ *a.* oylama, oy verme **polling booth** oy verme hücresi **polling characters** *biliş.* oylama karakterleri **polling district** seçim bölgesi **polling interval** *biliş.* oylama

aralığı **polling list** biliş. oylama listesi, oylama dizelgesi **polling station** oy verme hücresi

polls /poulz/ a. seçim bürosu

pollster /'poulstı/ a. anketör

pollutant /pı'lu:tınt/ a. kirletici madde

pollute /pı'lu:t/ e. kirletmek

polluter /pı'lu:tı/ a. kirletici

pollution /pı'lu:şın/ a. kirletme, kirlenme; kirlilik, pislik **pollution control** kirlilik denetimi

pollutive /pı'lu:tiv/ s. kirletici

polo /'poulou/ a. sp. polo, çevgen

poloneck /'poulounek/ a. boğazlı yaka, balıkçı yaka

poltergeist /'poltıgayst/ a. evdeki eşyaları harekete geçirip savuran hayalet

poltroon /pol'tru:n/ a. korkak, tabansız

polonium /pı'louniım/ a. kim. polonyum

poly /'poli/ a. İl. kon. bkz. polytechnic

polyamide /poli'emayd/ a. poliamit

polyandry /poli'endri/ a. çokkocalılık, poliandri

polycarbonate /poli'ka:bıneyt/ a. polikarbonat

polychrome /'polikroum/ s. çok renkli **polychrome print** çok renkli baskı

polychromy /'polikroumi/ a. çok renklilik

polycrystal /'polikristıl/ a. polikristal

polycyclic /poli'sayklik/ s. polisiklik, çokhalkalı

polyester /'poliestı/ a. polyester, poliester **polyester fibre** polyester lifi

polyethylene /poli'etıli:n/ a. Al. bkz. polythene

polygamy /pı'ligımi/ a. çokkarılılık, poligami

polygenetic /policı'netik/ s. poligenetik **polygenetic dyestuff** poligenetik boyarmadde

polygon /'poligon/ a. poligon, çokgen **polygon of forces** kuvvetler çokgeni, kuvvetler poligonu

polygonal /pı'ligınıl/ s. poligonal **polygonal soil** poligonal toprak **polygonal suspension** poligonal süspansiyon

polygyny /pı'licini/ a. çokkarılılık, polijini

polyhedral /poli'hi:drıl/ s. çokyüzlü

polyhedron /poli'hi:drın/ a. çokyüzlü

polymer /'polimı/ a. polimer, çoğuz

polymerization /pılimıray'zeyşın/ a. polimerleşme, polimerizasyon

polymerize /'polimırayz/ e. polimerleştirmek **polymerizing machine** teks. kondansasyon makinesi, polimerizasyon makinesi

polymorphic /poli'mo:fik/ s. polimorf, çokbiçimli **polymorphic system** biliş. polimorf sistem, çokbiçimli dizge

polymorphism /poli'mo:fizım/ a. polimorfizm

polynomial /poli'noumiıl/ s. mat. çokterimli

polype 'polip/ a. hek. polip

polyphase /'polifeyz/ s. elek. çok fazlı, çokevreli **polyphase current** elek. çok fazlı akım **polyphase machine** elek. çok fazlı makine

polyphonic /poli'fonik/ s. müz. çoksesli, polifonik

polypod /'polipod/ a. hayb. çokayaklı

polypropylene /poli'proupili:n/ a. polipropilen **polypropylene fibre** teks. polipropilen lifi

polypus /'polipıs/ a. hek. hayb. polip

polysaccharide /poli'sekırayd/ a. polisakkarit

polysemous /poli'si:mıs/ s. birçok anlamı olan, çokanlamlı

polysemy /'polisimi/ a. çokanlamlılık

polystyle /poli'stayl/ a. inş. çok sütunlu yapı

polystyrene /poli'stayıri:n/ a. polistiren

polysulfone /poli'salfoun/ a. polisülfon

polysulphide /poli'salfayd/ a. polisülfür

polysyndeton /poli'sindıton/ a. çokbağlaçlılık

polysynthetic /polisin'tetik/ s. çokbireşimli **polysynthetic language** çokbireşimli dil, gövdeleyici dil

polytechnic /poli'teknik/ a. sanat/fen kolu

polytheism /'politi:izım/ a. çoktanrıcılık, politeizm

polythene /'politi:n/ a. polietilen

polyurethane /poli'yuırıteyn/ a. poliüretan

polyvalence /poli'veylıns/ a. çokdeğerlik

polyvalent /poli'veylınt/ s. çokdeğerlikli, polivalan **polyvalent notation** biliş. çokdeğerlikli yazım

polyvinyl /poli'vaynil/ a. polivinil

polyvinylidene /polivay'nilidi:n/ a. poliviniliden

pom-pom /'pompom/ a. ponpon

pomade /pı'ma:d, pı'meyd/ a. pomat, saç merhemi, briyantin

pomegranate /'pomigrenit/ a. bitk. nar

pomiculture /'poumikalçı/ a. meyve yetiştiriciliği

pommel /'pamıl/ a. kılıç sapının topuzu; eyer kaşı

pomp /pomp/ a. büyük resmi seremoni, gösteri; görkem, tantana, şatafat

pompon /'pompon/ a. hkr. kendini beğenmiş, havalara giren; ağdalı, cafcaflı, tumturaklı

pomposity /'pomposıti/ a. hkr. kendini beğenme, havalara girme; ağdalılık, cafcaflık, tumturaklılık

pompous /'pompıs/ s. hkr. kendini beğenmiş, havalara giren; ağdalı, cafcaflı, tumturaklı

ponce /'pons/ a. pezevenk; ibne, homo

poncing /'ponsing/ a. pezevenklik

poncho /'ponçou/ a. uzun yün başlık

pond /pond/ a. gölcük; havuz

ponder /'pondı/ e. düşünüp taşınmak

ponderosity /pondı'rosıti/ a. ağırlık

ponderous /'pondırıs/ s. büyük ve ağır; ağır, hantal; hkr. can sıkıcı

pone /poun/ a. Aİ. mısır ekmeği

pong /pong/ a. İİ. kon. pis koku ¤ e. İİ. kon. pis koku çıkarmak; kokmak

pongee /pon'ci:/ a. teks. ponje

ponor /'pounı/ a. düden, obruk, kaçak kuyusu

pontiff /'pontif/ a. baş rahip; papa

pontificate /pon'tifikeyt/ e. yalnız kendi bildiği doğruymuş gibi konuşmak/yazmak

pontoon /pon'tu:n/ a. duba, tombaz; (iskambil) yirmi bir **pontoon bridge** tombaz köprü

pony /'pouni/ a. hayb. midilli **pony engine** demy. manevra lokomotifi **use shanks's pony** tabanvayla gitmek

ponytail /'pouniteyl/ a. (saç) at kuyruğu

pooch /pu:ç/ a. arg. it

poodle /'pu:dl/ a. fino köpeği

poof /pu:f, puf/ a. İİ. hkr. arg. ibne, nonoş

poofter /'pu:ftı/ a. bkz. poof

pooh /pu:/ ünl. öf!

pooh-pooh /pu:'pu:/ e. kon. hor görmek, iplememek

pool /pu:l/ a. havuz; gölcük; su birikintisi; Amerikan bilardosu; ekip, takım; tröst, birlik; ortaya konan para ¤ e. birleştirmek; paylaşmak; kartel oluşturmak, tröst kurmak **pools** sportoto **pool funds** fonları birleştirmek

poop /pu:p/ a. den. kıç, pupa ¤ e. boru çalmak; osurmak, yellenmek **be pooped out** turşusu çıkmak, bitap düşmek **poop deck** den. kıç güvertesi, kıç kasarası

poor /puı/ s. yoksul, fakir; az, yetersiz; kalitesiz, düşük kaliteli, kötü; sağlıksız; talihsiz, şanssız; zavallı; verimsiz, kısır; adi, bayağı **poor concrete** zayıf beton **poor conductor** kötü iletken **poor connection** gevşek bağlantı **poor line** kötü hat, bozuk hat, uğultulu hat **poor mixture** fakir karışım

poorly /'puıli/ s. İİ. hasta, rahatsız

pop /pop/ e. pat diye ses çıkarmak, patlamak; kon. yerinden fırlamak, yaylanmak; kon. gelmek, gelivermek; gitmek, gidivermek ¤ a. patlama sesi, pat; kon. gazoz; Aİ. kon. baba; yaşlı adam, moruk; müz. pop **make one's eyes pop** akıllara durgunluk vermek **pop art** pop sanat **pop group** pop grubu **pop music** pop müzik **pop off** kon. aniden çekip gitmek; ölmek, nalları dikmek **pop singer** pop şarkıcısı **pop song** pop şarkısı **pop the question (to)** kon. evlenme teklif etmek **pop up** mantar gibi yerden bitmek

popcorn /'popko:n/ a. patlamış mısır

pope /poup/ a. papa

popedom /'poupdım/ a. papalık

popery /'poupıri/ a. papalık sistemi

popinjay /'popincey/ a. papağan

popish /'poupiş/ s. katolik

poplar /'poplı/ a. bitk. kavak

poplin /'poplin/ a. teks. poplin

poppa /'popı/ a. Aİ. kon. baba

popper /'popı/ a. patlangaç

poppet /'popit/ a. İİ. kon. cici çocuk/hayvan; gezer punta gövdesi **poppet valve** dikme valf, düz supap

poppy /'popi/ a. bitk. gelincik; afyon, haşhaş

poppycock /'popikok/ *a.* fasa fiso

popsicle /'popsikıl/ *a.* *Aİ.* çubukta buzlu şeker

popsy /'popsi/ *a.* kız arkadaş

populace /'popyulıs/ *a.* halk, ayaktakımı, avam

popular /'popyulı/ *s.* sevilen, tutulan, gözde, popüler; halka ait, halka özgü; genel, yaygın *popular election* genel seçim *popular music* popüler müzik *popular science* halkbilgisi *popular song* popüler şarkı

popularity /popyu'leriti/ *a.* sevilme, tutulma, rağbet, popülerlik

popularize /'popyulırayz/ *e.* halkın anlayabileceği şekilde kolaylaştırmak, açıklamak; halka sevdirmek, tanıtmak

popularly /'popyulıli/ *be.* genelde, birçok insan tarafından

populate /'popyuleyt/ *e.* belirli bir yerde yerleşmek; insan yerleştirmek

population /popyu'leyşın/ *a.* nüfus; ahali, halk *population density* coğ. nüfus yoğunluğu *population explosion* nüfus patlaması

populism /'popyulizım/ *a.* halkçılık

populous /'popyulıs/ *s.* kalabalık nüfuslu, nüfusu yoğun

populousness /'popyulısnis/ *s.* nüfus kalabalığı

porcelain /'po:slin/ *a.* porselen, çini *porcelain clay* porselen kili, kaolen *porcelain insulator* porselen izolatör

porch /po:ç/ *a.* *İİ. inş.* sundurma, kapı sundurması; *Aİ. inş.* veranda *porch climber* pencereden giren hırsız

porcine /'po:sayn/ *s.* domuza ait

porcupine /'po:kyupayn/ *a. hayb.* kirpi; *teks.* iğneli vals

pore /po:/ *e.* (over ile) dikkatini vererek okumak, okumaya dalmak ¤ *a.* gözenek, mesame

pork /po:k/ *a.* domuz eti *pork butcher* domuz kasabı *pork chop* domuz pirzolası *pork pie* etli börek

porker /'po:kı/ *a.* genç domuz

porkling /'po:kling/ *a.* domuz yavrusu

porky /'po:ki/ *s. İİ. kon.* şişko, domuz gibi

porn /po:n/ *a. kon.* pornografi

pornographic /po:nı'grefik/ *s.* açık saçık, müstehcen, pornografik

pornography /po:'nogrıfi/ *a.* pornografi

porosity /po:'rositi/ *a.* gözeneklilik

porous /'po:rıs/ *s.* gözenekli, geçirgen *porous concrete* delikli beton, gözenekli beton *porous screen* sin. perforasyonlu ekran, delikli ekran

porphyritic /po:fi'ritik/ *s. yerb.* porfirik *porphyritic texture* yerb. porfirik doku

porphyroid /'po:firoyd/ *s. yerb.* porfiroit

porphyry /'po:firi/ *a. yerb.* porfir

porpoise /'po:pıs/ *a. hayb.* yunusbalığına benzer bir balık

porpoising /'po:pısing/ *a. hav.* yunuslama

porridge /'poric/ *a.* yulaf lapası

porrigo /pı'raygou/ *a.* saçlı deri hastalığı

port /po:t/ *a.* liman; liman kenti; *den.* lombar; porto şarabı; (gemi) iskele yanı, sol yan; *biliş.* giriş yeri, kapı; buhar yolu, gaz yolu, su yolu *port area* liman bölgesi *port authority* liman idaresi *port bill of lading* liman konşimentosu *port dues* liman resmi *port entrance* liman girişi *port of arrival* varış limanı, ulaşma limanı *port of call* uğranılacak liman *port of delivery* boşaltma limanı, teslim limanı *port of departure* kalkış limanı, çıkış limanı, hareket limanı *port of destination* gidilecek liman, varış limanı, mal teslim limanı *port of entry* varış limanı *port of lading* yükleme limanı *port of loading* yükleme limanı *port of port* uğranılacak liman *port of registry* bağlama limanı *port of transshipment* aktarma limanı

portability /po:tı'bılıti/ *a.* taşınabilme, taşınabilirlik

portable /'po:tıbıl/ *s.* taşınabilir, portatif *portable camera* el kamerası, portatif kamera *portable compiler* biliş. taşınır derleyici, taşınabilir derleyici *portable computer* biliş. taşınabilir bilgisayar *portable forge* portatif demirci ocağı *portable machine* portatif makine *portable railway* dekovil rayı *portable receiver* portatif alıcı *portable typewriter* portatif yazı makinesi

portage /'po:tic/ *a.* taşıma, nakil; taşıma yeri; taşıma ücreti, navlun

portal /'po:tıl/ *a.* büyük kapı, ana kapı, giriş kapısı, taçkapı, portal; *anat.* kapı toplardamarı ¤ *s. anat.* kapı, kapısal *portal crane* liman vinci, köprülü vinç

portal-to-portal pay işyerinde harcanan zamana göre ödenen para

portcullis /po:t'kalis/ *a.* (eskiden kale, vb.'de) yukarıdan inen parmaklıklı büyük kapı

portend /po:'tend/ *e.* (kötü bir şeyin) habercisi/işareti olmak

portent /'po:tent/ *a.* iyi ya da kötü bir şeyin habercisi

portentous /po:'tentıs/ *s.* (kötü bir şeyin) haberci/işareti olan

porter /'po:tı/ *a.* kapıcı; (otel, vb.'de) kapıcı, kapı görevlisi; (okul, hastane, vb.'de) hademe; siyah bira

porterage /'po:tıric/ *a.* hamaliye

portfolio /po:t'fouliou/ *a.* evrak çantası; bakanlık; portföy **portfolio investment** portföy yatırımı

porthole /'po:thoul/ *a.* lomboz; lombar

portico /'po:tikou/ *a.* sütunlu giriş, revak, kemeraltı

portion /'po:şın/ *a.* parça, bölüm; porsiyon; pay, hisse ¤ *e.* (out ile) hisselere ayırmak, bölüştürmek, paylaştırmak

Portland cement /'po:tlınd sı'ment/ *a.* Portland çimentosu

portliness /'po:tlinis/ *a.* iriyarılık, şişmanlık

portly /'po:tli/ *s.* iriyarı, şişman

portmanteau /po:t'mentou/ *a.* bavul

portrait /'po:trit/ *a.* insan resmi, portre; portre **portrait painter** portre ressamı

portraiture /'po:triçı/ *a.* portrecilik sanatı

portray /'po:trey/ *e.* resmini yapmak, resmetmek; betimlemek, tasvir etmek; (rol) oynamak, canlandırmak

portrayal /po:'treyıl/ *a.* tasvir

portside /po:t'sayd/ *a. den.* iskele tarafı

pose /pouz/ *a.* duruş, poz; *hkr.* yapmacık tavır, poz ¤ *e.* poz vermek; poz verdirmek; ortaya çıkarmak, ortaya atmak, getirmek; (as ile) poz yapmak, numara yapmak

poser /'pouzı/ *a.* poz veren kimse

poseur /pou'zö:/ *a.* sahte tavırlı kimse

posh /poş/ *s. kon.* gösterişli, şık, lüks, havalı

posit /'pozit/ *e.* oturtmak, yerleştirmek; varsaymak, farz etmek

position /pı'zişın/ *a.* durum, vaziyet, hal, duruş; yer, konum; konum, mevki, rütbe; iş, görev, memuriyet ¤ *e.* yerleştirmek; yerini belirlemek **be in a position to** -cek durumda olmak **position angle** *gökb.* durum açısı **position code** *biliş.* konum kodu **position finding** konum bulma, yer bulma **position storage** konum belleği **position vector** *mat.* konum vektörü, konum yöneyi

positional /pı'zişınıl/ *s.* konumsal; durumla ilgili **positional astronomy** *gökb.* durum astronomisi, durum gökbilimi **positional notation** *biliş.* konumsal yazım, konumsal gösterim **positional parameter** *biliş.* konumsal parametre **positional representation** *biliş.* konumsal gösterim **positional system** *mat.* basamaklı nümerasyon, basamaklı sayıtlama **positional value** *biliş.* konumsal değer

positive /'pozitiv/ *s.* mutlak, kesin; emin, şüphesiz; faydalı, yararlı, olumlu; *mat.* artı, pozitif; (fotoğraf) pozitif; *hek.* pozitif, hastalık belirtisi gösteren; *kon.* tam, gerçek ¤ *a. mat.* sıfırdan büyük nicelik, artı nicelik; (foto) pozitif resim **positive amplitude modulation** *elek.* pozitif genlik modülasyonu **positive balance** alacaklı bakiye **positive charge** *elek.* pozitif elektrik yükü, artı yük **positive column** *elek.* pozitif sütun, artı dikeç **positive crystal** *fiz.* pozitif kristal, artı kristal **positive degree** sıfatların yalın hali, eşitlik derecesi **positive electricity** *elek.* pozitif elektrik **positive electrode** *elek.* pozitif elektrot **positive electron** pozitif elektron **positive emulsion** *fot.* pozitif emülsiyon, pozitif duyarkat **positive feedback** *elek.* pozitif geribesleme, artı geribesleme **positive grid** *elek.* pozitif ızgara, artı ızgara **positive integer** *mat.* pozitif tamsayı, artı tümsayı **positive ion** *elek.* pozitif iyon **positive lens** pozitif mercek, yakınsak mercek **positive-negative** *fiz.* pozitif-negatif **positive obligation** olumlu gereklilik, mecburiyet **positive picture** pozitif görüntü **positive plate** pozitif plaka, pozitif levha **positive pole** pozitif kutup **positive printing** pozitif baskı **positive ray** *elek.* pozitif ışın, artı ışın **positive sweepback** *hav.* pozitif kanat çekikliği **positive temperature coefficient** *fiz.*

pozitif sıcaklık katsayısı **positive video signal** *elek.* pozitif resim sinyali

positively /'pozitivli/ *be.* olumlu şekilde; *kon.* gerçekten, çok

positivism /'pozitivizım/ *a.* olguculuk, pozitivizm; kesinlik, katiyet

positron /'pozitron/ *a.* pozitron, pozitif elektron

positronium /pozi'trouniım/ *a. fiz.* pozitronyum

posse /'posı/ *a.* polis müfrezesi

possess /pı'zes/ *e.* sahip olmak, -si olmak; etkilemek, etkisi altına almak

possessed /pı'zest/ *s.* çılgın, deli

possession /pı'zeşın/ *a.* iyelik, sahiplik; egemenlik, hüküm; sömürge **possessions** mal mülk, servet **take possession** ele geçirmek, almak

possessive /pı'zesiv/ *s. hkr.* sahip olmak isteyen, sahiplenici; kıskanç, başkalarından kıskanan; benlikçi, tekelci, tahakküm edici; *dilb.* iyelik gösteren ¤ *a. dilb.* -in hali, iyelik durumu, tamamlayan durumu **possessive case** iyelik/ilgi/mülkiyet hali **possessive pronoun** *dilb.* mülkiyet zamiri, iyelik adılı **possessive suffix** iyelik eki, mülkiyet eki

possessor /pı'zesı/ *a.* sahip, mal sahibi; eldeci, elmen, zilyet

possessory /pı'zesıri/ *s.* sahiplikle ilgili **possessory action** zilyetlik davası **possessory right** kullanma hakkı

possibility /posi'biliti/ *a.* olanak, imkân; olasılık, olabilirlik, ihtimal

possible /'posibıl/ *s.* olanaklı, mümkün; olası, olabilir, muhtemel; makul, akla yatkın

possibly /'posibli/ *be.* belki; imkân dahilinde

possum /'posım/ *a. kon.* opossum, keseli sıçan **play possum** uyuma numarası yapmak

post /poust/ *a.* posta; (yarışta) başlama/bitiş noktası; direk, kazık; iş, görev; nöbet, posta; *ask.* garnizon, kışla; polis noktası, karakol ¤ *e.* postaya atmak, postalamak; ilan etmek; yerleştirmek, dikmek, koymak; (adam) göndermek, tayin etmek, atamak **by post** posta ile **post normalization** *biliş.* son normalleştirme, son düzeltme **post**

office postane **post processor** *biliş.* son işlemci **post-acceleration** *geç* ivme **post-date** sonraki bir tarihi atmak **post-free** posta ücretsiz **keep sb posted** gelişmelerden haberdar etmek

postage /'poustic/ *a.* posta ücreti **postage due** taksa **postage stamp** posta pulu

postal /'poustl/ *s.* posta+, posta ile ilgili **postal address** posta adresi **postal authorities** posta idaresi **postal cheque** posta çeki **postal convention** uluslararası posta anlaşması **postal money order** posta havalesi, postayla para havalesi **postal order** posta havalesi **postal receipt** posta makbuzu **postal union** uluslararası posta birliği

postbox /'poustboks/ *a.* posta kutusu

postcard /'poustka:d/ *a.* kartpostal

postcode /'poustkoud/ *a.* posta kodu

postdate /poust'deyt/ *e.* (çek, vb.'ne) ileri bir tarih yazmak **postdate entry** *geç* giriş, sonraki giriş **postdated check** gelecekteki bir tarihe yazılmış çek **postdated cheque** gelecekteki bir tarihe yazılmış çek

poste restante /'poust ri'stent/ *a.* postrestant

poster /'poustı/ *a.* poster, afiş

posterior /po'stiıriı/ *s.* arka, arkadaki; sonraki ¤ *a.* kıç, popo

posterity /po'steriti/ *a.* gelecek kuşaklar; nesil, döl

postgraduate /poust'grecuit/ *a. s.* lisansüstü (yapan öğrenci)

posthaste /poust'heyst/ *be.* hızla, süratle, acele ile

posthumous /'postyumıs/ *s.* ölümünden sonra gelen

posting /'pousting/ *a.* postalama; bir göreve atanma **posting bill** afiş **posting interpreter** *biliş.* güncelleştirme yorumlayıcısı

postman /'poustmın/ *a.* postacı

postmark /'poustma:k/ *a.* posta damgası

postmaster /'poustma:stı/ *a.* postane müdürü

postmortem /poust'mo:tım/ *a.* otopsi **postmortem dump** *biliş.* son inceleme dökümü **postmortem program** *biliş.* son durum inceleme programı **postmortem routine** *biliş.* son durum

inceleme yordamı
postnatal /poust'neytl/ *s.* doğumdan sonrasıyla ilgili
postoperative /post'opırıtiv/ *s.* ameliyattan sonra olan
postpone /pıs'poun/ *e.* ertelemek
postponement /pıs'pounmınt/ *a.* erteleme
postpose /'poustpouz/ *e.* sonuna koymak, arkasına getirmek, eklemek
postposition /poustpı'zişın/ *a.* sonrasına koyma; *dilb.* sözcük sonuna konan ek
postpositive /poust'pızitiv/ *s.* sonekle ilgili, sona gelen
postscript /'poustskript/ *a.* (mektupta) not, dipnot
postsynch /'poustsink/ *a. sin.* sonradan eşleme
postsynching /poust'sinking/ *a. sin.* seslendirme, dublaj
postsynchronization /poustsinkrınay'zeyşın/ *a. sin.* sonradan senkronizasyon, sonradan seslendirme
postsynchronize /poust'sinkrınayz/ *e.* sonradan senkronize etmek, sonradan seslendirmek
postulant /'postyulınt/ *a.* aday, namzet
postulate /'postyuleyt/ *e.* istemek, dilemek, talep etmek; kanıtsız olarak ifade etmek; dinsel göreve atamak ¤ *a.* postulat, koyut, konut; kabulü zorunlu esas
posture /'posçı/ *a.* bedenin genel duruşu, duruş ¤ *e.* kasım kasım kasılmak
posturer /'posçırı/ *a.* poz veren kimse
postwar /poust'wo:/ *s.* savaş sonrasına ait
posy /'pouzi/ *a.* çiçek demeti
pot /pot/ *a.* çömlek, kap, kavanoz; lazımlık, oturak; *kon.* (para) bol miktar, yığın; *kon.* ıska, karavana; *kon.* kupa; saksı; *arg.* marihuana, esrar, ot ¤ *e.* saksıya koymak; vurup öldürmek, avlamak **big pot** *kon.* önemli zat, kodaman **go to pot** *kon.* boşa gitmek, bok olmak **pot cheese** süzme peynir **take pot luck** verileni almak, bulduğunu yemek **the pot calling the kettle black** tencere dibin kara, seninki benden kara
potable /'poutıbıl/ *s.* içilebilir

potage /po'ta:j/ *a.* koyu çorba
potash /'poteş/ *a.* potas **potash fertilizer** potaslı gübre **potash mica** akmika, muskovit
potassium /pı'tesiım/ *a.* potasyum
potation /pou'teyşın/ *a.* içki (âlemi)
potato /pı'teytou/ *a.* patates **potato chip** *Aİ.* cips **potato lifter** *trm.* patates sökme makinesi **potato sorter** *trm.* patates sınıflayıcı **potato starch** patates nişastası
potbelly /'potbeli/ *a. kon.* şiş göbek, koca göbek
poteen /po'ti:n/ *s.* kaçak yapılan İrlanda viskisi
potency /'poutınsi/ *a.* güç, iktidar
potent /'poutınt/ *s.* güçlü, kuvvetli; kuvvetli, etkili; (erkek) cinsel güce sahip, iktidarlı
potentate /'poutınteyt/ *a.* hükümdar
potential /pı'tenşıl/ *s.* potansiyel, gizil ¤ *a.* güç, potansiyel; *fiz.* gizilgüç, potansiyel; *elek.* gerilim **potential attenuator** *elek.* potansiyel zayıflatıcı **potential barrier** *fiz.* potansiyel engeli **potential coefficient** potansiyel katsayısı **potential coil** potansiyel bobini **potential difference** *elek.* potansiyel farkı **potential divider** *elek.* potansiyel bölücü **potential drop** potansiyel düşüşü **potential energy** potansiyel enerji **potential gradient** potansiyel gradyanı **potential scattering** *fiz.* potansiyel saçılma **potential trough** *fiz.* potansiyel teknesi **potential well** *fiz.* potansiyel kuyusu
potentiometer /pıtenşi'omitı/ *a.* potansiyometre
potentiometric /pıtenşi'omitrik/ *s. kim.* potansiyometrik **potentiometric titration** *kim.* potansiyometrik titrasyon
pothead /'pothed/ *a. arg.* haşiş tiryakisi
pother /'podı/ *a.* gürültü, şamata
potherb /'pothö:b/ *a.* maydanoz gibi yemeğe çeşni veren yeşillik
pothole /'pothoul/ *a.* (yolda oluşan) çukur; *yerb.* devkazanı
potion /'pouşın/ *a.* ilaç, iksir, zehir
potpourri /pou'puri/ *a.* potpuri; seçme eserler
potsherd /'potşö:d/ *a.* kırık çömlek parçası

potshot /'potʃot/ *a. kon.* ıska, karavana

pottage /'potic/ *a.* koyu sebze çorbası

potter /'potı/ *a.* çömlekçi ¤ *e.* oyalanmak, vakit geçirmek *potter's wheel* çömlekçi çarkı *potter about kon.* oyalanmak, ufak tefek işlerle uğraşmak

pottery /'potıri/ *a.* çanak çömlek; çömlekçilik

pottle /'potıl/ *a.* kesekâğıdı

potty /'poti/ *s. İİ. kon.* aptal; kaçık, üşütük; (about ile) hayran, hasta, deli

pouch /pauç/ *a.* kese, torba; *hayb.* cep, kese

pouf /pu:f/ *a.* yumuşak oturak, puf

pouffe /pu:f/ *a. bkz.* pouf

poular(e) /'pu:la:d/ *a.* kısırlaştırılarak semirtilen tavuk

poulterer /'poultırı/ *a.* tavukçu

poultice /'poultis/ *a.* yara lapası

poultry /'poultri/ *a.* kümes hayvanları *poultry farm trm.* tavuk çiftliği *poultry house trm.* kümes *poultry husbandry trm.* tavukçuluk *poultry raising trm.* kümes hayvancılığı

pounce /pauns/ *e.* (at/on/upon ile) aniden saldırmak, atılmak

pound /paund/ *a.* İngiliz lirası, Sterlin, Paund; libre (453,6 gr.); sahipsiz hayvanların ya da yasak yere park eden arabaların alıkonduğu yer ¤ *e.* dövmek, ezmek, un ufak etmek; çarpmak, vurmak; (kalp) küt küt atmak *pound a beat* volta atmak *pound the pavement* sokakları arşınlamak

poundage /'paundic/ *a.* sterlin başına komisyon; libre başına alınan ücret

poundal /'paundıl/ *a.* pavndal, 13.850 din

pour /po:/ *e.* dökmek, akıtmak; dökülmek, akmak; (çay, vb.) koymak; şakır şakır yağmak *pour/throw cold water on* pişmiş aşa soğuk su katmak *pour oil on troubled water* heyecanı yatıştırmak *pour one's heart out to sb* birine kalbini açmak *pour out* içini dökmek; rahatça anlatmak

pouring /'poring/ *a.* dökme; döküm ¤ *s.* sel gibi; dökme *pouring funnel* döküm hunisi

pout /paut/ *e.* somurtmak, surat asmak

poverty /'povıti/ *a.* yoksulluk, fakirlik *poverty trap* yoksulluk tuzağı, fakirlik tuzağı

poverty-stricken /'povıtistrikın/ *s.* çok yoksul, gariban, fakruzaruret içinde

powder /'paudı/ *a.* toz, toz halinde şey; pudra; barut ¤ *e.* toz haline getirmek; toz serpmek, tozla örtmek; toz haline gelmek *keep one's powder dry* savaşa hazır olmak *powder flask* barutluk *powder horn* barutluk *powder metallurgy* toz metalurjisi, toz metalbilimi *powder room ört.* bayanlar tuvaleti *powdered milk* süttozu *powdered sugar şek.* pudraşeker

powdery /'paudıri/ *s.* toz halinde *powdery snow* ince kar

power /'pauı/ *a.* yeti, yetenek, yapma gücü; güç, kuvvet, kudret; erk, iktidar; etki, nüfuz, sözü geçerlik; yetke, otorite; vekâletname, vekâlet; elektrik, enerji; *mat.* kuvvet; *kon.* çok ¤ *e.* güç sağlamak; *kon.* hızla gitmek *be in power* iktidar partisi olmak *come into power* iktidara gelmek *power amplifier elek.* güç amplifikatörü, güç yükselteci *power behind the throne* perde arkasındaki kişi *power coefficient fiz.* güç katsayısı *power control* güç kontrolü *power control rod* güç ayar çubuğu *power current* yüksek gerilimli akım *power cut* elektrik kesintisi *power cuts* enerji kısıntısı *power density fiz.* güç yoğunluğu *power detector elek.* güç detektörü *power diode elek.* güç diyodu *power dissipation elek.* güç kaybı, güç yitimi *power dive hav.* gazlı pike *power economy* enerji tasarrufu *power engine* muharrik makine, motor *power factor* güç katsayısı, takat katsayısı *power fail logic biliş.* güç arızası mantığı *power frequency elek.* güç frekansı *power gain elek.* güç kazancı *power hammer* şahmerdan *power level elek.* güç düzeyi *power line* akım kablosu *power loss* güç kaybı *power of alienation* devir ve ferağ yetkisi *power of attorney huk.* vekâletname, temsil yetkisi *power of procuration* vekâlet, selahiyet *power of sale* satış yetkisi *power of testation* vasiyet verme yetkisi *power output* çıkış gücü *power plant Aİ.* elektrik santralı *power politics* kuvvet politikası *power reactor fiz.* güç reaktörü *power rectifier elek.* güç

redresörü **power relay** *elek.* güç rölesi
power series *mat.* kuvvet serisi, güç derneyi **power shovel** ekskavatör, şovel **power stage** güç katı **power station** *İİ.* elektrik santralı **power stroke** *oto.* iş stroku, kuvvet zamanı **power supply** *elek.* güç kaynağı, besleme kaynağı **power switch** güç şalteri **power tool** motorlu aygıt **power transfer** güç aktarımı **power transformer** güç trafosu, güç dönüştüreci **power transmission** güç aktarımı **power tube** güç tüpü **power unit** güç birimi **power zoom** *fot.* otomatik zoom, otomatik kaydırma **separation of powers** kuvvetler ayrılığı

powerboat /'pauıbout/ *a.* motorlu gemi, motorlu vapur

powerful /'pauıfıl/ *s.* güçlü; etkili **powerful explosive** güçlü patlayıcı

powerhouse /'pauıhaus/ *a.* elektrik santralı

powerless /'pauılis/ *s.* güçsüz, kuvvetsiz, zayıf, yetersiz

powwow /'pauwau/ *a.* Kızılderililerin büyü töreni

pozzuolana /potswı'la:nı/ *a.* *inş.* puzolan

pox /poks/ *a.* çiçek gibi kabarcıklar oluşturan hastalık; frengi

practicability /prektikı'bılıti/ *a.* pratiklik, kullanışlılık

practicable /'prektikıbıl/ *s.* uygulanabilir, kullanılabilir, yapılabilir

practical /'prektikıl/ *s.* pratik, uygulamalı, kılgısal; kullanışlı, elverişli; becerikli, deneyimli, pratik zekâya sahip ¤ *a.* *kon.* uygulamalı ders/sınav **practical joke** muziplik, eşek şakası

practically /'prektikıli/ *be.* hemen hemen; uygun olarak, kullanışlı olarak, pratik olarak

practice /'prektis/ *a.* pratik, idman, alıştırma, antrenman; uygulama, eylem; alışkanlık; doktorluk/avukatlık ¤ *e.* *bkz.* practise **out of practice** körelmiş, pratiğini yitirmiş

practise /'prektis/ *e.* pratik yapmak, antrenman yapmak; uygulamak, yapmak, denemek; çalışmak ¤ *a.* *bkz.* practice

practised /'prektist/ *s.* becerikli

practitioner /prek'tişını/ *a.* doktor;

avukat **general practitioner** pratisyen hekim **legal practitioner** stajyer avukat

pragmatic /preg'metik/ *s.* pragmatik; pratik, ameli, eylemsel, işleysel

pragmatics /preg'metiks/ *a.* edimbilim

pragmatism /'pregmıtizm/ *a.* *fel.* yararcılık, pragmatizm

prairie /'preıri/ *a.* bozkır, büyük çayırlık **prairie dog** çayırköpeği

praise /preyz/ *a.* övme, övgü; şükran ¤ *e.* övmek, methetmek; şükretmek **sign the praise of** göklere çıkarmak **praise to the skies** göklere çıkarmak

praiseworthiness /'preyzwö:dinis/ *a.* övülmeye değer olma

praiseworthy /'preyzwö:di/ *s.* övülmeye değer

pram /prem/ *a.* *İİ.* çocuk arabası

prance /pra:ns/ *e.* (at) zıplayıp oynamak, sıçramak; kasıla kasıla yürümek

prandial /'prendiıl/ *s.* yemekle ilgili

prang /preng/ *a.* ağır kaza; hava hücumu

prank /prenk/ *a.* muziplik, şaka, oyun **play pranks** azizlik etmek

praseodymium /preyziou'dimiım/ *a.* *kim.* praseodimyum

prat /pret/ *a.* *arg.* kıç

prate /preyt/ *e.* *hkr.* (about ile) (hakkında) saçma sapan konuşmak, zırvalamak

prattle /'pretıl/ *a.* *kon.* zırva, saçma konuşma ¤ *e.* çocukça/saçma sapan konuşmak

prawn /pro:n/ *a.* büyük karides

pray /prey/ *e.* dua etmek, yakarmak

prayer /'preı/ *a.* dua, yakarı, yakarış **prayer book** dua kitabı **prayer rug** seccade, namazlık **prayer wheel** dua çarkı

preach /pri:ç/ *e.* vaaz etmek, vaaz vermek; öğütlemek, öğüt vermek; *hkr.* vaaz çekmek

preacher /'pri:çı/ *a.* vaiz

preachify /'pri:çı/ *e.* (sıkıcı) vaız vermek

preaching /'pri:çing/ *a.* öğüt verme; vaız

preachy /'pri:çi/ *s.* nutuk çekme meraklısı

preamble /'pri:embıl/ *a.* açış konuşması/yazısı, giriş, önsöz; *huk.* gerekçe

preamplifier /pri:'emplifayı/ *a.* *elek.* ön amplifikatör, önyükselteç

prearrange /pri:ı'reync/ *e.* önceden

düzenlemek
prebend /'prebend/ *a.* papaz ödeneği
prebendary /'prebındıri/ *a.* ödenek alan papaz
precalculate /pri:'kelkyuleyt/ *e.* önceden hesaplamak
precarious /pri'keıriıs/ *s.* sağlam olmayan, güvenilmez, şüpheli; tehlikeli
precariousness /pri'keıriısnis/ *a.* tehlikeli durum
precaution /pri'ko:şın/ *a.* tedbir, önlem
precautionary /pri'ko:şınri/ *s.* tedbirli; ihtiyati *precautionary signal* uyarı işareti
precede /pri'si:d/ *e.* -den önde yer almak; -den önce gelmek; -den üstün olmak
precedent /'presidınt/ *a.* teamül, geçmiş örnek, emsal *set a precedent* emsal oluşturmak *without precedent* hiç görülmemiş
preceding /pri'si:ding/ *s.* önceki *preceding indorser* önceki ciro sahibi *preceding year* önceki yıl
precensor /pri:'sensı/ *e.* sansür etmek
precentor /pri:'sentı/ *a.* kilisede müzik işleriyle ilgilenen görevli
precept /'pri:sept/ *a.* ana kural, temel, temel prensip; *huk.* mahkeme emri
preceptor /pri:'septı/ *a.* öğretmen, hoca
precession /pri'seşın/ *a.* presesyon, yalpa
prechamber /pri'çeymbı/ *a.* ön yanma odası *prechamber engine oto.* ön yanma odalı motor
precinct /'pri:sinkt/ *a.* etrafı çevrili alan; belirli bir amaç için ayrılmış alan; semt, bölge *precincts* komşuluk, komşu çevre
precious /'preşıs/ *s.* kıymetli, değerli ¤ *be. kon.* çok
precipice /'presipis/ *a.* uçurum, yar
precipitable /pri'sipitıbıl/ *s.* tortulaşabilen
precipitant /pri'sipitınt/ *a.* çöktürücü, çökeltme maddesi
precipitate /pri'sipiteyt/ *e.* hızlandırmak; *kim.* çökelmek; *kim.* çökeltmek ¤ /pri'sipitit/ *a. kim.* çökelti ¤ /pri'sipitit/ *s.* acele, apar topar, telaşlı, aceleci
precipitateness /pri'sipitıtnis/ *a.* acele, telaş
precipitation /prisipi'teyşın/ *a.* telaş, acele; yağış; *kim.* çökelme *precipita-*

tion area metr. yağış alanı *precipitation echo metr.* yağış yankısı *precipitation hardening met.* çökelme sertleşmesi
precipitous /pri'sipitıs/ *s.* yüksek, sarp, yalçın, dik
precis /'preysi:/ *a.* özet, hulasa
precise /pri'says/ *s.* tam, doğru, kesin; titiz, kusursuz *precise levelling* hassas nivelman
precisely /pri'saysli/ *be.* tam olarak, tam; evet, öyle, kesinlikle, aynen öyle
preciseness /pri'saysnis/ *a.* tamlık, doğruluk; açıklık, vuzuh
precision /pri'sijın/ *a.* tamlık, kesinlik, doğruluk *precision approach hav.* hassas yaklaşma *precision approach radar* hassas yaklaşma radarı *precision balance* hassas terazi *precision instrument* hassas alet *precision sweep* hassas tarama *precision tool* hassas alet
preclude /pri'klu:d/ *e.* önüne geçmek, engellemek, meydan vermemek
preclusion /pri'klu:jın/ *a.* önüne geçme, engelleme
preclusive /pri'klu:siv/ *s.* önleyici, engelleyici
precocious /pri'kouşıs/ *s.* erken gelişmiş, erken büyümüş
precociousness /pri'kouşısnis/ *a.* erken gelişmişlik, erken büyümüşlük
precocity /pri'kositi/ *a.* hızlı gelişim
precognition /pri:kog'nişın/ *a.* önbiliş, önceden bilme; *huk.* ilk soruşturma
precombustion /prikım'basçın/ *a.* önyanma, hazırlayıcı yanma *precombustion chamber* önyanma odası
preconceive /pri:kın'si:v/ *e.* önyargıda bulunmak
preconceived /pri:kın'si:vd/ *s.* önyargılı, önyargıya dayalı
preconception /pri:kın'sepşın/ *a.* önyargı, peşin hüküm
preconcert /pri:kın'sö:t/ *e.* önceden kararlaştırmak
precondition /pri:'kın'dişın/ *e.* önceden hazırlamak ¤ *a.* ön koşul
preconize /'pri:kınayz/ *e.* herkesin içinde ilan etmek
precook /pri:'kuk/ *e.* önceden pişirmek
precool /pri:'ku:l/ *e.* önceden soğutmak

precooler /pri:'ku:lı/ a. önsoğutucu
precursor /pri'kö:sı/ a. haberci, müjdeci, öncü, işaret, belirti
precursory /pri'kö:sıri/ s. haberci, müjdeci, öncü
predaceous /pri'deyşıs/ s. yırtıcı **predaceous animal** yırtıcı hayvan **predaceous instinct** yırtıcı içgüdü
predate /pri'deyt/ e. erken tarih atmak
predator /'predıtı/ a. hayb. yırtıcı hayvan
predatory /'predıtıri/ s. hayb. yırtıcı; yağmacı, talancı **predatory band** yağmacı çete **predatory incursion** yağmacı akını
predecease /pri:di'si:s/ e. birinden önce ölmek **predeceased parent** ilk ölen ebeveyn
predecessor /'pri:disesı/ a. öncel, selef; ata
predestinate /pri:'destineyt/ e. kaderini önceden belirlemek
predestination /pridesti'neyşın/ a. yazgı, alınyazısı, kader, kısmet; alınyazısına inanma
predestine /pri'destin/ e. yazgısını önceden belirlemek, alnına yazmak
predetermination /'pri:ditö:mi'neyşın/ a. önceden belirleme, önceden saptama
predetermine /pri:di'tö:min/ e. önceden belirlemek, önceden saptamak; önceden kararlaştırmak
predicable /'predikıbıl/ s. iddia edilebilir
predicament /pri'dikımınt/ a. zor durum, çıkmaz; kategori, ulam
predicate /'predikit/ a. yüklem ¤ /'predikeyt/ e. dayandırmak, isnat etmek; belirlemek, belirtmek; kurmak **be predicated on** (-e) dayanmak
predication /predi'keyşın/ a. yüklemin belirttiği eylemi, durumu ya da niteliği belirten ifade
predicative /pri'dikıtiv/ s. yüklem ile ilgili, yüklem niteliği taşıyan, yüklemcil **predicative adjective** yüklemcil sıfat, yalnızca eylemden sonra gelebilen sıfat **predicative phrase** yüklemcil sözce, yalnızca eylemden sonra gelebilen ibare
predict /pri'dikt/ e. önceden bildirmek
predictable /pri'dikıbıl/ s. önceden bildirilebilir, tahmin edilebilir
prediction /pri'dikşın/ a. önceden haber

verme, kestirim, tahmin, kehanet
predictor /pri'diktı/ a. kâhin
predilection /pri:di'lekşın/ a. özel tutku, sevgi, hayranlık
predispose /pri:dis'pouz/ e. etkilemek
predisposition /pri:dispı'zişın/ a. -e yatkınlık
predominance /pri'dominıns/ a. üstünlük, ağır basma
predominant /pri'dominınt/ s. üstün, baskın, hâkim, ağır basan
predominantly /pri'dominıntli/ be. üstünlükle, bariz bir şekilde
predominate /pri'domineyt/ e. üstün olmak, baskın olmak, ağır basmak, hâkim olmak
pre-edit /pri:'edit/ a. biliş. ön edit, ön biçimleme **pre-edit programs** biliş. ön edit programları, ön biçimleme programları
preeminent /pri:'eminınt/ s. üstün
preempt /pri:'empt/ e. etkisizleştirmek, etkisiz/geçersiz kılmak; -den önce davranmak; ele geçirmek; kötüye kullanmak
preen /pri:n/ e. (kuş) gagasıyla tüylerini düzeltmek; üstünü başını düzeltmek
preevaporation /pri:'ivepıreyşın/ a. ön buharlama
prefab /'pri:feb/ a. kon. küçük prefabrik ev
prefabricate /pri:'febrikeyt/ e. parçalarını önceden hazırlamak
prefabricated /pri'febrikeytid/ s. önüretimli, prefabrike **prefabricated house** önüretimli ev, prefabrike ev
prefabrication /pri:febri'keyşın/ a. önüretim, prefabrikasyon
preface /'prefıs/ a. önsöz
prefatory /'prefıtıri/ s. önsöz niteliğindeki
prefect /'pri:fekt/ a. vali; İİ. sınıf başkanı, sınıf mümessili
prefer /pri'fö:/ e. tercih etmek, yeğlemek; huk. sunmak **preferred orientation** met. zorunlu oryantasyon, zorunlu konum
preferable /'prefırıbıl/ s. tercih edilir, daha uygun, daha iyi, yeğ
preferably /'prefırıbli/ be. tercihan
preference /'prefırıns/ a. tercih, yeğleme; öncelik hakkı, üstünlük **preference dividend** öncelikli temettü **preference**

share öncelikli hisse senedi, imtiyazlı hisse senedi

preferential /prefı'renşıl/ *s.* tercihli; ayrıcalıklı, imtiyazlı *preferential creditor* rüçhanlı alacaklı *preferential stocks* imtiyazlı hisse senetleri

preferment /pri'fö:mınt/ *a.* arz, sunma

prefiguration /'pri:figyu'reyşın/ *a.* önceden tasarlama, önceden zihninde canlandırma

pre-financing /pri:'faynenşing/ *a.* prefinansman, önfinansman

prefix /'pri:fiks/ *a. dilb.* önek *prefix notation biliş.* önek yazımı, önek gösterimi

preggers /'pregız/ *s.* gebe, hamile

pregnancy /'pregnınsi/ *a.* gebelik, hamilelik

pregnant /'pregnınt/ *s.* gebe, hamile; verimli, semereli; anlamlı

preheat /pri:'hi:t/ *e.* önısıtmak

preheater /pri:'hi:tı/ *a.* önısıtıcı

preheating /pri:'hi:ting/ *a.* önısıtma *preheating chamber* önısıtma odası *preheating furnace* önısıtma fırını

prehensile /pri:'hensayl/ *s.* kavrayabilen, tutabilen, sarılıcı

prehistoric /pri:hi'storik/ *s.* tarihöncesine ilişkin, prehistorik

prehistory /pri:'histıri/ *a.* tarihöncesi bilimi, prehistorya

preignition /pri:ig'nişın/ *a. oto.* ön ateşleme

pre-index /pri:'indeks/ *a. biliş.* ön-dizin

prejudge /pri:'cac/ *e.* önyargıda bulunmak, önyargıyla yaklaşmak

prejudice /'precıdis/ *a.* önyargı ¤ *e.* önyargı verdirmek, etkilemek, önyargılı olmasına neden olmak; zayıflatmak, zarar vermek, kırmak

prejudiced /'precıdist/ *s.* önyargılı

prejudicial /precu'dişıl/ *s.* zararlı

prelacy /'prelısi/ *a.* piskoposluk

prelate /'prelit/ *a.* yüksek rütbeli rahip

prelect /pri:'lekt/ *e.* konferans vermek

prelection /pri:'lekşın/ *a.* konferans verme

prelector /pri:'lektı/ *a.* konferansçı

preliminary /pri'liminıri/ *a.* başlangıç, giriş, ön hazırlık ¤ *s.* başlangıç niteliğinde, ilk, ön *preliminary expenses* kuruluş masrafları *preliminary purification* ilk temizleme *preliminary*

study ön etüt, önçalışma *preliminary test* ön deneme, ön deney

prelude /'prelyu:d/ *a. müz.* prelüd, peşrev; başlangıç

premarital /pri:'meritıl/ *s.* evlilik öncesi (ile ilgili)

premature /'premıçı/ *s.* erken, vakitsiz, mevsimsiz; erken doğmuş, prematüre *premature birth* erken doğum *premature ignition* erken ateşleme

premedical /pri:'medikıl/ *s.* tıp öğrenimi öncesi, tıp-öncesi

premedieval /'pri:medi'i:vıl/ *s.* ortaçağ öncesine ait

premeditate /pri:'mediteyt/ *e.* önceden tasarlamak

premeditated /pri:'mediteytid/ *s.* önceden tasarlanmış, kasti *premeditated intention* önceleri beslenilen niyet

premier /'premıı/ *s.* ilk, birinci, baştaki, baş ¤ *a.* başbakan

premiership /'premyışip/ *a.* başbakanlık

première /'premieı/ *a.* gala

premise /'premis/ *a.* öncül, mukaddem; yer, mekân; çevre; arazi

premises /'premisiz/ *a.* emlak, bina ve eklentileri

premium /'pri:mıım/ *a.* sigorta primi; ödül, prim *at a premium* nadir, zor bulunur *premium bond* primli tahvil *premium deal* primli işlem *premium insurance* prim sigortası *premium system* prim sistemi

premix /'pri:miks/ *e.* önceden karıştırmak

premonition /premı'nişın, pri:mı'nişın/ *a.* önsezi

premonitory /pri'monitıri/ *s.* uyaran, ikaz eden

prenatal /pri:'neytl/ *s.* doğum öncesine ait

preoccupancy /pri:'okyupınsi/ *a.* taraf tutma

preoccupation /pri:okyu'peyşın/ *a.* kaygı, endişe, tasa; zihin meşguliyeti

preoccupied /pri:'okyupayd/ *s.* kafası meşgul, gözü bir şey görmeyen, düşünceli

preoccupy /pri:'okyupay/ *e.* zihnini meşgul etmek, kafasını kurcalamak, düşündürmek

preordain /pri:o:deyn/ *e.* önceden takdir

etmek
prep /prep/ *a. İİ. kon.* ev ödevi; ders çalışma, derse hazırlanma *prep school kon.* hazırlık okulu
prepaid /priːˈpeyd/ *s.* önceden ödenmiş
prepalatal /priːˈpelıtıl/ *s. a.* öndamaksıl (ses)
preparation /prepıˈreyşın/ *a.* hazırlama, hazırlanma, hazırlık; hazır ilaç, preparat
preparative /priˈperıtiv/ *s. a.* hazırlayıcı (şey)
preparatory /priˈperıtıri/ *s.* hazırlayıcı; ön, ilk *preparatory cutting orm.* hazırlama kesimi *preparatory finish teks.* hazırlık apresi, ön apre *preparatory school* hazırlık okulu *preparatory work teks.* hazırlık çalışması, ön çalışma
prepare /priˈpeı/ *e.* hazırlamak; düzenlemek; (yemek) pişirmek; hazırlanmak
prepared /priˈpeıd/ *s.* önceden hazırlanmış, hazır; gönüllü, istekli
prepay /priːˈpey/ *e.* peşin ödemek, başından ödemek
prepayment /priːˈpeymınt/ *a.* peşin ödeme
prepense /priˈpens/ *s.* önceden düşünülmüş
preponderance /priˈpondırıns/ *a.* (miktar, sayı, vb. bakımından) daha büyük olma, üstünlük
preponderant /priˈpondırınt/ *s.* baskın, ağır basan
preponderate /priˈpondıreyt/ *e.* ağır basmak, baskın çıkmak
preposition /prepıˈzişın/ *a.* edat, ilgeç
prepositional /prepıˈzişınıl/ *s.* edatla ilgili, ilgeç +
prepossess /priːpıˈzes/ *e.* gönlünü çelmek, etkilemek
prepossessing /priːpıˈzesing/ *s.* çekici, hoş, tatlı
preposterous /priˈpostırıs/ *s.* mantıksız, saçma, akla sığmaz, mantık dışı
prepotence /priˈpoutıns/ *a.* güçlülük, nüfuzluluk
prepotent /priˈpoutınt/ *s.* güçlü, nüfuzlu
preprint /priːˈprint/ *a.* ön baskı
prepuce /ˈpriːpyuːs/ *a. anat.* sünnet derisi
prerecorded /priːˈrikoːdıd/ *s.* önceden kaydedilmiş

prerequisite /priːˈrekwizit/ *a. s.* önceden olması zorunlu, ön gereksinim duyulan, önceden gerekli olan (şey)
prerogative /priˈrogıtiv/ *a.* imtiyaz, ayrıcalık
presage /ˈpresic, priˈseyc/ *e.* habercisi olmak, önceden bildirmek
Presbyterian /prezbiˈtiıriın/ *a.* Presbiteryen kilisesi üyesi
preschool /priːˈskuːl/ *s.* okulöncesi ¤ *a.* anaokulu
prescience /ˈpresiıns/ *a.* geleceği görme
prescient /ˈpresiınt/ *s.* geleceği gören
prescribe /priˈskrayb/ *e.* buyurmak, emretmek; (doktor) ilaç vermek, salık vermek, tavsiye etmek; reçete yazmak
prescription /priˈskripşın/ *a.* buyruk, emir; *hek.* reçete; *huk.* zamanaşımına dayanan hak
prescriptive /prisˈkriptiv/ *s.* kuralcı
preselection /priːsiˈlekşın/ *a.* önseçim
preselector /priːsiˈlektı/ *a.* önseçici
presence /ˈprezıns/ *a.* hazır bulunma, orada bulunma, huzur, varlık; görünüş, duruş, kişilik *in the presence of sb* -in gözü önünde *presence of mind* pratik zekâ
present /ˈprezınt/ *s.* mevcut; şimdiki, bugünkü, şu anki ¤ *a.* şimdiki zaman, halihazır; *dilb.* şimdiki zaman; armağan, hediye ¤ /priˈzent/ *e.* vermek, takdim etmek, sunmak; tanıtmak, tanıştırmak, takdim etmek; sahnede göstermek, temsil etmek; göstermek *at present* şu anda, şimdi *for the present* şimdilik *present conditional tense* koşullu geniş zaman *present continuous (tense)* şimdiki zaman *present participle dilb.* şimdilik ortacı, İngilizce'de eylemin sıfat ya da belirteç olarak kullanılan -ing'li biçimi *present perfect continuous (tense)* sürekli bitmiş zaman *present perfect tense* yakın geçmiş zaman *present subjunctive* geniş zamanda kullanılan dilek kipi *present value* bugünkü değer, şimdiki değer *presenting bank* ibraz bankası
presenter /priˈzentı/ *a.* sunucu, spiker
present-day /prezıntˈdey/ *s.* şimdiki, günümüzdeki, modern
presentable /priˈzentıbıl/ *s.* uygun, düzgün, yerinde

presentation /prezın'teyşın/ *a.* sunma, takdim; tanıtma; gösterme, ibraz *on presentation* ibrazında, gösterildiğinde *presentation copy* tanıtım kopyası

presentient /pri'senşıınt/ *s.* önsezisi olan

presentiment /pri'zentimınt/ *a.* önsezi, içe doğuş

presently /'prezıntli/ *be.* yakında, kısa süre sonra, birazdan; şu anda, şimdi

presentment /pri'zentmınt/ *a.* arz, takdim, sunma; büyük jüri raporu *presentment for payment* ödeme için ibraz

preservable /pri'zö:vıbıl/ *s.* korunabilen, saklanabilen

preservation /prezı'veyşın/ *a.* koruma, korunma

preservative /pri'zö:vıtiv/ *s.* koruyucu, bozulmayı önleyici ¤ *a.* yiyeceklerin bozulmasını önleyici kimyasal madde, katkı maddesi, koruyucu

preserve /pri'zö:v/ *e.* korumak; saklamak, korumak, muhafaza etmek; (meyve vb.) bozulmasını önlemek, çürümesini önlemek, korumak; sürdürmek, devam ettirmek, muhafaza etmek; konservesini yapmak ¤ *a.* reçel; özel avlanma yeri

preset /pri:'set/ *e.* önceden ayarlamak ¤ *s.* önceden ayarlanmış *preset parameter biliş.* ön hazırlık parametresi

preshrunk /pri:şrank/ *s. teks.* ön çektirilmiş

preside /pri'zayd/ *e.* başkanlık etmek, yönetmek

presidency /'prezidınsi/ *a.* başkanlık

president /'prezidınt/ *a.* başkan; rektör; cumhurbaşkanı

presidential /prezi'denşıl/ *s.* başkanlıkla ilgili *presidential system* başkanlık sistemi *presidential term* başkanlık dönemi

pre-sort /pri:'so:t/ *e. biliş.* ön sıralamak

press /pres/ *a.* sıkıştırma, baskı, tazyik; (el) sıkma; sıkma makinesi, pres, cendere, makine; iş çokluğu, iş sıkışıklığı; *kon.* ütü yapma, ütüleme; bası; basın mensupları, gazeteciler; basımevi, matbaa; baskı, basım; baskı makinesi, matbaa makinesi ¤ *e.* bastırmak, basmak; sıkıştırmak; sıkmak, sıkıp suyunu çıkarmak; ütülemek; çabuklaştırmak, hızlandırmak; ısrar etmek, üstelemek; toplaşmak, üşüşmek, koşuşmak, toplanmak, hızla ilerlemek *press agent* basın sözcüsü *press clipping* kupür *press cloth* pres bezi *press conference* basın toplantısı *press fit* presle geçme, presle geçirme *press forging* preste dövme *press in* presle geçirmek *press on* presle basarak geçirmek *press out* presle basarak çıkarmak

pressed /prest/ *s.* sıkışık, -si olmayan; prese *pressed brick* prese tuğla, makine tuğlası *pressed pulp şek.* sıkıştırılmış küspe, pres edilmiş küspe *pressed steel* prese çelik

presser /'presı/ *a.* pres ustası; basımcı, matbaacı; ütücü

pressgang /'presgeng/ *e. kon.* sıkboğaz etmek

pressing /'presing/ *s.* acele, ivedi, acil ¤ *a.* sıkma, sıkıştırma, pres etme *pressing machine teks.* ütü makinesi

pressman /'presmın/ *a. İİ. kon.* gazeteci

press-up /'presap/ *a. sp.* şnav

pressure /'preşı/ *a.* basınç, tazyik; baskı, zorlama; basma, sıkma; sıkıntı, baskı *pressure above atmospheric* manometrik basınç *pressure ager teks.* basınçlı buharlayıcı *pressure altitude* basınç yüksekliği *pressure angle* basınç açısı *pressure balance fiz.* basınç kantarı *pressure cabin hav.* basınçlı kabin *pressure chamber* basınç hücresi *pressure control* basınç denetimi *pressure control valve* basınç kontrol supabı *pressure controller* basınç ayarlayıcı *pressure cooker* düdüklü tencere *pressure dryer teks.* basınçlı kurutucu *pressure dyeing teks.* basınçlı boyama *pressure feed* basınçla besleme *pressure feed lubrication* tazyikli yağlama, basınçlı yağlama *pressure front* basınç cephesi *pressure gauge* manometre, basıölçer *pressure governor* basınç regülatörü *pressure gradient* basınç eğimi, basınç gradyanı *pressure gradient microphone elek.* basınç gradyanı mikrofonu *pressure group* baskı grubu *pressure head* basınç yüksekliği *pressure indicator* basınç göstergesi *pressure line* basınç çizgisi

pressure load basınç yükü **pressure loss** basınç yitimi, basınç kaybı **pressure of the air** hava basıncı **pressure pipe** basınç borusu **pressure plate** baskı plakası, basınç plakası **pressure pump** basınç pompası **pressure ratio** basınç oranı **pressure reducer** basınç düşürücü **pressure regulating valve** basınç ayar valfı **pressure regulator** basınç regülatörü **pressure relief valve** basınç emniyet supabı **pressure reservoir** basınç deposu **pressure sensitive** basınca duyarlı **pressure shift** basınç kayması **pressure spring** baskı yayı, basınç yayı **pressure switch** basınçlı şalter **pressure tank** basınç deposu, basınçlı tank **pressure test** basınç deneyi **pressure tunnel** basınçlı tünel **pressure valve** tazyik supabı, basınç supabı **pressure water** tazyikli su, basınçlı su **pressure welding** met. basınç kaynağı **pressure-fed carburettor** oto. tazyikle beslemeli karbüratör **pressure-type capacitor** basınç tipi kondansatör **under pressure** baskı altında

pressurize /'preşırayz/ e. zorlamak, baskı yapmak; (uçakta) hava basıncını kontrol etmek

pressurized /'preşırayzd/ s. tazyikli, basınçlı **pressurized water reactor** basınçlı su reaktörü

prestige /pre'sti:j/ a. saygınlık, itibar, prestij

prestigious /pre'stıcıs/ s. saygın, itibarlı

presto /'prestou/ be. müz. hızlı, çabuk

prestressed /pri:'stresd/ s. öngerilmeli **prestressed concrete** öngerilmeli beton

presumable /pri'zyu:mıbıl/ s. olabilir, muhtemel

presumably /pri'zyu:mıbli/ be. herhalde, galiba, tahminen, belki de, muhtemelen

presume /pri'zyu:m/ e. saymak, varsaymak, kabul etmek, farz etmek; haddini bilmemek, cüret etmek **presume upon/on** (-in iyi yanını) çıkarı için kullanmak, suiistimal etmek, sömürmek

presumedly /pri'zyu:midli/ be. galiba, muhtemelen

presumption /pri'zampşın/ a. varsayım, tahmin; karine; cüret, küstahlık **pre-**

sumption of death ölüm karinesi **presumption of law** kanuni karine

presumptive /pri'zamptiv/ s. varsayıma dayanan **presumptive address** biliş. varsayımsal adres **presumptive evidence** karine kuvvetindeki delil **presumptive instruction** biliş. varsayımsal komut

presumptuous /pri'zampçuıs/ s. hkr. haddini bilmez, küstah

presuppose /pri:sı'pouz/ e. önceden varsaymak; koşul olarak gerektirmek

presupposition /pri:sapı'zişın/ a. önvarsayım, önceden varsayma

pretax /pri:'teks/ s. vergiden önceki

preteen /pri:'ti:n/ a. 10-12 yaş arası çocuk

pretence /pri'tens/ a. rol, yalandan yapma, numara **make no pretence (to)** iddiası olmamak **under false pretences** sahte tavırla

pretend /pri'tend/ e. -miş gibi yapmak; numara yapmak, rol yapmak; kendine ... süsü vermek, ... numarası yapmak; (to ile) -e sahipmiş gibi davranmak **pretend to be sick** hasta numarası yapmak, sayrımsamak

pretended /pri'tendid/ s. yapmacık, sahte

pretender /pri'tendı/ a. (kraliyet tahtında) hak iddia eden kimse

pretension /pri'tenşın/ a. hak iddia etme, iddia; gösteriş

pretentious /pri'tenşıs/ s. kendini beğenmiş, gösterişçi, yüksekten atıp tutan

pretentiousness /pri'tenşısnis/ a. kendini beğenmişlik, gösterişçilik

preterite /'pretırit/ s. dilb. geçmiş zamanı gösteren

preternatural /pri:tı'neçrıl/ s. olağanüstü, anormal

pretext /'pri:tekst/ a. bahane, vesile, kulp **under/on the pretext of** ... bahanesiyle

pretty /'priti/ s. hoş, güzel, çekici, tatlı, sevimli; iyi ¤ be. bir hayli, oldukça, epey **pretty much/well** hemen hemen

pretzel /'pretsıl/ a. çubuk kraker

prevail /pri'veyl/ e. yenmek, üstün gelmek, baskın çıkmak; egemen olmak, hüküm sürmek, geçerli olmak **prevail upon/on** ikna etmek, kandırmak

prevailing /pri'veyling/ s. egemen, hâkim; geçerli, cari *prevailing party* davada haklı çıkan taraf *prevailing tone* cari hava *prevailing wind metr.* hâkim rüzgâr

prevalence /'prevɪlɪns/ a. hüküm sürme; yaygınlık

prevalent /'prevɪlɪnt/ s. yaygın, genel

prevaricate /pri'verikeyt/ e. kaçamak yanıtlarla gerçeği gizlemeye çalışmak, boğuntuya getirmek, gargaraya getirmek; *ört.* yalan söylemek

prevarication /priveri'keyşın/ a. yalan ifade

prevent /pri'vent/ e. (from ile) önlemek, önüne geçmek, engellemek, -den alıkoymak

preventative /pri'ventıtiv/ a. s. bkz. preventive

prevention /pri'venşın/ a. önleme, önüne geçme

preventive /pri'ventiv/ a. s. engelleyici, önleyici, koruyucu *preventive maintenance* koruyucu bakım, önleyici bakım *preventive maintenance time biliş.* koruyucu bakım süresi

preview /'pri:vyu:/ a. (film, vb.'nin) halka gösterilmeden önce özel olarak gösterilmesi, özel gösterim *preview monitor elek.* ön monitör, ön denetlik

previous /'pri:viıs/ s. önceki, önceden olan *previous to* -den önce

previously /'pri:viısli/ be. önceden

prevision /pri:'vijın/ a. önceden görme, öngörü, önbiliş

prevocational /pri:vou'keyşınıl/ s. meslek öncesi

prevue /'pri:vyu:/ a. gelecek filmlerden parçalar

prewar /pri:'wo:/ s. savaş öncesine ait

prewashing /pri:'woşing/ a. önyıkama

prey /prey/ a. hayvanın avı; avlayarak yaşama ¤ e. yağmaya gitmek *bird of prey* alıcı kuş, avcı kuş *prey on sb's mind* birini canından bezdirmek

précis /'preysi:/ a. özet

price /prays/ a. fiyat, eder; değer, kıymet, paha; bedel, karşılık ¤ e. fiyatını belirlemek, değer biçmek; fiyat koymak *at a price* yüksek fiyatla *not at any price* hiçbir şekilde, katiyen, hayatta (olmaz) *price ceiling* fiyat tavanı *price*

control fiyat denetimi, fiyat kontrolü *price cutting* fiyat kırma, indirim yapma *price discrimination* farklı fiyat uygulaması *price effect* fiyat etkisi *price fixing* narh, fiyatları dondurma *price freeze* fiyatların dondurulması *price index* fiyat endeksi *price leadership* fiyat liderliği *price level* fiyat düzeyi *price list* fiyat listesi, tarife *price maintenance* piyasa fiyatlarını sürdürme, fiyatları muhafaza *price margin* fiyat marjı *price of issue* emisyon fiyatı, ihraç fiyatı *price quotation* fiyat kotasyonu *price support* fiyat desteği *price tag* fiyat etiketi, fiyat *price theory* fiyat teorisi *price war* rekabet için maliyetin altında satış, fiyat savaşı

priceless /'prayslıs/ s. paha biçilmez; *kon.* gülünç, çok komik

pricey /'praysi/ s. *İİ. kon.* pahalı, tuzlu, kazık, kazık marka

pricing /'praysing/ a. fiyat koyma

prick /prik/ a. delik; delme, sokma, batırma; küçük keskin acı, iğne acısı; diken, iğne; *kab. arg.* yarak; *kab. arg.* ahmak, hıyar ¤ e. batmak, delmek; sokmak, iğnelemek; iğne ya da batma acısı duymak; azap vermek *kick against the pricks* boşuna dırlanmak, boşa zırlamak, boşuna yakınmak *prick of conscience* vicdan azabı *prick punch* işaret zımbası, domuz tırnağı keski *prick the bubble* foyasını meydana çıkarmak *prick up one's ears* kulaklarını dikmek, kulak kabartmak

prickle /'prikıl/ a. diken, sivri uç; iğnelenme, karıncalanma ¤ e. iğnelenmek, karıncalanmak

prickly /'prikli/ s. dikenli; *kon.* çabuk kızan, huysuz

pricy /'praysi/ s. bkz. pricey

pride /prayd/ a. gurur; *hkr.* kendini beğenmişlik; onur, özsaygı, haysiyet; övünme, iftihar; kendisiyle övünülen kişi ya da şey, övünç ¤ e. (on ile) övünmek

priest /pri:st/ a. papaz, rahip

priestcraft /'pri:stkra:ft/ a. papazlık

priesthood /'pri:sthud/ a. papazlık

priestly /'pri:stli/ s. papaza ait; papaz gibi

prig /prig/ s. *hkr.* kendini beğenmiş,

ukala

prim /prim/ *a. hkr.* kurallara fazla bağlı, müsamahasız

prima donna /pri:mı'donı/ *a.* primadonna; *hkr.* nazlı kimse

prima facie /'praymı'feyşi:/ *s.* ilk bakışta, ilk izlenime göre **prima facie case** ilk bakışta haklı görülen dava **prima facie evidence** aksi kanıtlanmadıkça doğru sayılan delil

primacy /'praymısi/ *a.* öncelik, üstünlük, önde gelme

primage /'praymic/ *a.* primaj

primal /'praymıl/ *s.* ilkel; başlıca, ana **primal therapy** primer tedavi, birincil sağaltım **primal trauma** primer travam, birincil yaralanma

primarily /'praymırıli/ *be.* her şeyden önce, aslında

primary /'praymıri/ *s.* asıl, esas; ana, temel; belli başlı, başlıca; ilk, birinci; ilkel, ilksel, iptidai; birincil, primer **primary alcohol** primer alkol, birincil alkol **primary cell** primer pil **primary circuit** primer devre **primary coil** *elek.* primer bobin **primary colour** ana renk, temel renk **primary cosmic rays** *gökb.* primer kozmik ışınlar, birincil evren ışınları **primary crusher** önkırıcı **primary current** primer akım **primary distribution** birinci dağıtım **primary industry** birincil sanayi **primary ionization** *fiz.* primer iyonizasyon **primary market** birinci piyasa, ana piyasa, esas piyasa **primary memory** *biliş.* ana bellek **primary phase** *met.* primer faz, birincil faz **primary radar** primer radar **primary radiation** *fiz.* primer radyasyon, birincil ışınım **primary school** ilkokul **primary shaft** ana mili **primary storage** *biliş.* birincil bellek, ana bellek **primary structure** ana yapı, ilk yapı **primary voltage** *elek.* primer gerilim **primary winding** *elek.* primer sargı, ilk sargı **primary word** temel sözce, temel sözcük

primate /'praymit/ *a.* başpiskopos; /'praymeyt/ *hayb.* primat

prime /praym/ *s.* ilk, baş, başlıca; en önemli; en kaliteli, en iyi ¤ *a.* başlangıç; *mat.* asal sayı ¤ *e.* ağızotu koymak; benzin püskürtmek; astar çekmek **prime coat** astar tabakası **prime fac-**

tor *mat.* asal çarpan **prime factorization** *mat.* asal çarpanlara ayırma **Prime Minister** Başbakan **prime mover** ana işletici, işletici makine **prime number** *mat.* asal sayı **in the prime of life** hayatının baharında **prime the bath** *teks.* banyoyu güçlendirmek

primer /'praymı/ *a.* ilk okuma kitabı; *ask.* kapsül; astar boya; *ask.* ağızotu, falya barutu

primeval /pray'mi:vıl/ *s.* en eski, dünyanın en eski çağlarına özgü

priming /'prayming/ *a.* ağızotu; ateşleme; astar boya **priming pump** *mak.* besleme pompası **priming valve** emniyet supabı

primitive /'primitiv/ *s.* ilkel **primitive file** *biliş.* ilkel dosya, ilkel kütük **primitive language** kök dil

primness /'primnis/ *a.* resmilik; fazla ciddiyet

primogenitor /praymou'cenitı/ *a.* ilk cet

primordial /pray'mo:dyıl/ *s.* başlangıçta var olan, ilk

primrose /'primrouz/ *a. bitk.* çuhaçiçeği **primrose path** zevk ve sefa yolu

primula /'primyulı/ *a.* çuhaçiçeğigiller

prince /prins/ *a.* prens

princeling /'prinsling/ *a.* küçük prens

princely /'prinsli/ *s.* prens gibi, prense ait, prens ...; güzel, görkemli, değerli

princess /prin'ses/ *a.* prenses

principal /'prinsipıl/ *s.* başlıca, baş, esas, temel, en önemli ¤ *a.* okul müdürü; yönetici, başkan, şef; anapara, sermaye; müvekkil **principal axis** asal eksen **principal axis of inertia** atalet asal ekseni, eylemsizlik asal ekseni **principal beam** ana kiriş, esas kiriş **principal curvature** *mat.* prinsipal eğrilik, başçıl eğrilik **principal debtor** asıl borçlu **principal normal** *mat.* asıl normal, başçıl düzgen **principal plane** ana düzlem, asal düzlem **principal quantum number** *fiz.* ana kuantum sayısı **principal rafter** ana kiriş **principal section** *fiz.* ana kesit **principal series** *fiz.* ana seri **principal strains** asal deformasyonlar

principality /prinsi'peliti/ *a.* prenslik

principle /'prinsipıl/ *a.* ilke, prensip; ana kaynak, köken **principles** ahlak, dürüstlük; yol, yöntem **on principle** prensip itibarıyla

prink /prink/ *e.* (up ile) giyinip kuşanmak

print /print/ *e.* basmak, matbaada basmak, tabetmek; bastırmak, yayınlatmak; damga vurmak, damgalamak; klişeden basılmış resim çıkarmak, tabetmek; derin etki bırakmak, damga vurmak; matbaa harfleriyle yazı yazmak ¤ *a.* iz; tabı, bası; damga, kalıp; basılmış yazı, matbua; emprime, basma kumaş; basılı resim **print back cloth** *teks.* basma altı, astar bezi, blanket **print barrel** *biliş.* yazma fıçısı **print control character** *biliş.* yazma denetim karakteri **print format** *biliş.* yazı formatı, yazı deseni, yazı biçimi **print hammer** *biliş.* yazma çekici, basma çekici **print member** *biliş.* yazma organı **print paste** baskı boyası **print position** *biliş.* yazma konumu **print wheel** *biliş.* yazma tekerleği **print works** *teks.* basmahane, basma atölyesi

printed /'printid/ *s.* basılı, matbu **printed calico** *teks.* pamuklu basma **printed circuit** baskılı devre **printed fabric** *teks.* basma kumaş **printed material** *teks.* emprime kumaş, basma bez **printed matter** basılı malzeme, matbu madde **printed paper** basılı malzeme, matbu madde

printer /'printı/ *a.* matbaacı, basımcı; *biliş.* yazıcı, printer **printer server** *biliş.* yazıcı görevlisi **printer's blanket** *teks.* baskı blanketi **printer's felt** *teks.* astar bezi, basma altı, blanket **printer's ink** baskı mürekkebi

printing /'printing/ *a.* baskı, tab; matbaacılık; baskı sayısı **printing area** baskı yüzeyi, baskı alanı **printing auxiliary** baskı yardımcı maddesi **printing blanket** *teks.* baskı blanketi **printing block** baskı kalıbı, klişe **printing car** *teks.* baskı arabası **printing cylinder** baskı silindiri **printing design** *teks.* baskı deseni **printing frame** baskı çerçevesi **printing gum** *teks.* baskı kıvamlaştırıcısı **printing ink** matbaa mürekkebi **printing light** *fot.* kopya ışığı, basım ışığı **printing machine** *bas.* baskı makinesi, matbaa makinesi **printing method** baskı yöntemi **print-**

ing mould *teks.* baskı bloğu, el baskı kalıbı **printing office/house/shop** matbaa, basımevi **printing paper** baskı kâğıdı **printing paste** *teks.* baskı patı **printing pattern** *teks.* baskı deseni **printing press** *bas.* baskı makinesi, matbaa makinesi **printing process** basım işlemi **printing roller** *teks.* baskı silindiri, baskı valsi **printing screen** *teks.* baskı şablonu **printing speed** baskı hızı **printing stencil** *teks.* baskı şablonu **printing table** *teks.* baskı masası **printing technique** baskı tekniği **printing thickener** *teks.* baskı kıvamlaştırıcısı **printing type** matbaa harfi

printout /'printaut/ *a. biliş.* yazılı çıktı, yazıcı çıktısı

prior /'prayı/ *s.* önce, önceki, öncelikli; daha önemli **prior to** -den önce

priority /pray'oriti/ *a.* öncelik, üstünlük; önemli, öncelikli şey; rüçhan hakkı **priority call** öncelikli konuşma **priority indicator** *biliş.* öncelik göstergesi **priority list** öncelikler sırası **priority processing** *biliş.* öncelikli işleme **priority routine** *biliş.* öncelik yordamı **priority share** öncelikli hisse

prise /prayz/ *e.* (kapak, vb.) zorlayıp açmak, kaldırmak, kırmak

prism /'prizm/ *a.* prizma, biçme **prism spectrograph** prizmalı spektrograf, prizmalı izgeçizer

prismatic /priz'metik/ *s.* prizmatik; (renk) parlak, canlı **prismatic glass** prizmatik cam

prismatoid /'prizmıtoyd/ *a. mat.* prizmatoid, biçmemsi

prismoid /'prizmoyd/ *a. mat.* prizmoid, yalancı biçme

prison /'prizın/ *a.* tutukevi, cezaevi, hapishane

prisoner /'prizını/ *a.* tutuklu, mahpus; tutsak, esir **prisoner of war** savaş esiri

prissy /'prisi/ *s. AÎ.* fazla titiz

pristine /'pristayn/ *s.* saf, bozulmamış; eski zamana ait

privacy /'privısi/ *a.* mahremiyet, gizlilik

private /'prayvit/ *s.* özel; gözlerden uzak, yalnız, sakin, tenha ¤ *a. ask.* er, asker **in private** gizlilikle, insanlardan uzak, diğerleri yokken **private bank** özel banka *private company* özel şirket *private corporation* özel kurum *private detective/investigator* özel dedektif *private discount* özel ıskonto *private enterprise* özel girişim, özel teşebbüs, hususi teşebbüs *private enterprise system* özel girişimcilik *private entrepreneur* özel girişimci *private eye* *kon.* özel hafiye *private file* *biliş.* özel dosya, özel kütük *private firm* özel kurum *private foreign capital* özel yabancı sermaye *private health policy* özel sağlık sigortası poliçesi *private industry* özel sanayi *private investment* özel yatırım *private law* özel hukuk *private limited company* özel limitet şirket *private line* özel telefon (hattı) *private manual exchange* özel manuel santral *private means* özel gelirler *private network* *biliş.* özel şebeke, özel ağ *private ownership* özel mülkiyet *private parts* *ört.* mahrem yerler, cinsel organlar *private placement* özel plasman *private property* özel mülk *private railway* özel demiryolu *private road* özel yol *private school* özel okul *private sector* özel sektör *private volume* *biliş.* özel hacim, özel oylum

privates /'prayvits/ *a. kon.* takım taklavat, cinsel organlar

privateer /prayvı'tıı/ *a.* düşman gemilerine saldırmaya izinli korsan gemisi

privation /pray'veyşın/ *a.* mahrumiyet, yokluk, eksiklik

privative /'privitiv/ *s.* yoksun bırakan, mahrum eden; olumluyu olumsuza çeviren ¤ *a.* olumsuzluk eki; olumsuzluk belirten sözcük *privative opposition* eksik öğeli karşıtlık

privatization /prayvıtay'zeyşın/ *a.* özelleştirme

privatize /'prayvıtayz/ *e.* özelleştirmek

privet /'privit/ *a.* kurtbağrı

privilege /'privilic/ *a.* ayrıcalık, imtiyaz; özel hak; nasip, şeref

privileged /'privilicd/ *s.* ayrıcalıklı, imtiyazlı; nasipli, şereflendirilmiş *privileged class* ayrıcalıklı sınıf *privileged debt* ayrıcalıklı borç *privileged instruction* *biliş.* ayrıcalıklı komut, özel komut

privity /'priviti/ *a.* ortaklık; gizli bilgi

privy /'privi/ *s.* (to ile) -e sırdaş olan, sırrını paylaşan

prize /prayz/ *a.* ödül; ikramiye ¤ *s.* ödül kazanan, ödüllü; *kon.* ödüle layık, büyük, kalite; ödül olarak verilen ¤ *e.* çok değer vermek; (kapak, vb.) kaldırmak, zorlayıp açmak, kırmak

prizefight /'prayfayt/ *a.* ödüllü boks maçı

prizefighter /'prayfaytı/ *a.* ödüllü boks maçı yapan boksör

pro /prou/ *a.* yandaş, taraftar; destekleyen fikir, lehte fikir; *kon.* profesyonel; *İİ. arg.* orospu, fahişe ¤ *be.* lehinde, yanında; için *pros and cons (of)* lehte ve aleyhte düşünceler/savunmalar

pro forma /prou'fo:mı/ *s. be.* tahmini; geçici olarak *pro forma invoice* proforma fatura

pro rata /prou'ra:tı/ *s. be.* oranlı (olarak)

probability /probı'biliti/ *a.* olasılık, ihtimal *in all probability* büyük olasılıkla *probability calculus* olasılık hesabı *probability curve* olasılık eğrisi *probability density* *fiz.* olasılık yoğunluğu *probability density function* olasılık yoğunluk işlevi *probability distribution* olasılık dağılımı *probability function* olasılık fonksiyonu, olasılık işlevi

probable /'probıbıl/ *s.* muhtemel, olası *probable condition* muhtemel durum, olasılık *probable error* muhtemel hata, olası yanılgı

probably /'probıbli/ *be.* büyük olasılıkla, muhtemelen

probate /'proubeyt/ *a.* veraset ilamı ¤ *e.* vasiyetnameyi resmen onaylatmak *probate duty* veraset vergisi

probation /prı'beyşın/ *a.* deneme, tecrübe, staj; deneme süresi; *huk.* gözaltında tutma koşuluyla salıverme *on probation* koşullu salıverilmiş; deneme süresinde

probationer /prı'beyşını/ *a.* stajyer; stajyer hemşire; *huk.* gözaltındaki kimse

probative /'proubitiv/ *s.* kanıtlayan; kanıta dayanan *probative force* kanıtlama gücü

probe /proub/ *a. hek.* sonda; araştırma;

insansız uzay roketi ¤ *e.* (çubuk, vb. ile) aramak, deşmek; araştırmak, yoklamak; sondaj yapmak

probity /'proubiti/ *a.* doğruluk, dürüstlük

problem /'problım/ *a.* problem, sorun; *mat.* problem **problem definition** *biliş.* problem tanımı, sorun tanımı **problem description** *biliş.* problem tanımı, sorun betimi **problem determination** *biliş.* onarım sorumluluğunun belirlenmesi **problem language** *biliş.* problem dili, sorun dili **problem program** *biliş.* problem programı, sorun programı **problem-oriented language** *biliş.* probleme yönelik dil, soruna yönelik dil

problematic /problı'metik/ *s.* şüpheli, kesinleşmemiş, askıda

proboscis /prı'bosis/ *a. hayb.* (fil) hortum; (sivrisinek, vb.) hortum

procedural /prou'si:cırıl/ *s.* usule ait; dava usulüne ait

procedure /prı'si:cı/ *a.* prosedür, yordam **procedure division** *biliş.* işlem bölümü **procedure-oriented language** *biliş.* prosedüre yönelik dil

proceed /prı'si:d/ *e.* ilerlemek, sürmek, yürümek; (with ile) devam etmek, sürdürmek

proceeding /prı'si:ding/ *a.* ilerleme, ileri gitme; hareket tarzı; işlem, yöntem, muamele

proceedings /prı'si:dingz/ *a. huk.* yargılama usulleri, kovuşturma, takibat; toplantı tutanağı **start (legal) proceedings** dava açmak **take (legal) proceedings** dava açmak

proceeds /'prousi:dz/ *a.* hâsılat, kazanç

process /'prouses/ *a.* oluşum, süreç; yöntem, işlem, yol; ilerleme, gidiş, seyir; *huk.* dava; *huk.* çağrı kâğıdı, celpname; *biy.* çıkıntı ¤ *e.* belli bir işleme tabi tutmak; bilgisayarda denetlemek, verileri (denetlemek için) işlemek **process buffer** *biliş.* süreç tamponu **process chart** *biliş.* sistem akış diyagramı, dizge akış çizeneği, süreç çizeneği **process construction** *biliş.* süreç kurma **process control** proses kontrolü, süreç denetimi **process control computer** *biliş.* süreç denetim bilgisayarı **process controller** *biliş.* süreç denetici **process engineer**

işleme mühendisi, yapım yöntemi mühendisi **process limited** *biliş.* işlem sınırlamalı **process state** *biliş.* süreç durumu **process water** işletme suyu, sanayi suyu

processing /'prousesing/ *a.* işleme, yapma, yapım **processing section** *biliş.* işlem bölümü

procession /prı'seşın/ *a.* geçit töreni; tören alayı

processor /'prousesı/ *a. biliş.* işlemci, işlem yapıcı, işlem birimi **processor bound** *biliş.* işlemci sınırlamalı **processor error interrupt** *biliş.* işlemci hatalı kesilme **processor limited** *biliş.* işlemci sınırlamalı **processor program** *biliş.* işlemci programı

proclaim /prı'kleym/ *e.* duyurmak, ilan etmek, bildirmek; açıkça göstermek

proclamation /proklı'meyşın/ *a.* beyanname, bildirge; ilan, duyuru, bildirme

proclivity /prı'kliviti/ *a.* (özellikle kötüye doğru) eğilim, meyil

procrastinate /prı'krestineyt/ *e.* kaytarmak

procreant /'proukriınt/ *s.* doğuran, meydana getiren

procreate /'proukrieyt/ *e.* üretmek; hayat vermek

procreation /proukri'eyşın/ *a.* doğurma, meydana getirme

procreative /'proukrieytiv/ *s.* doğurgan, üretken **procreative capacity** yaratıcılık kapasitesi

procreator /'proukrieytı/ *a.* doğuran kimse; üreten kimse

proctor /'proktı/ *a.* üniversite disiplin sorumlusu

procurable /prı'kyuırıbıl/ *s.* bulunur, sağlanır

procuration /prokyu'reyşın/ *a.* vekâlet; vekâletname **by procuration** vekâleten **procuration endorsement** tahsil cirosu, tevkili ciro

procurator /'prokyureytı/ *a.* vekil, temsilci

procure /prı'kyuı/ *e.* sağlamak, elde etmek, edinmek, kazanmak; kadın bulmak, kadın sağlamak, pezevenklik etmek

prod /prod/ *e.* dürtmek; kışkırtmak,

özendirmek, gaz vermek
prodigal /'prodigıl/ s. savurgan, müsrif
prodigality /prodi'gelıti/ a. savurganlık, israf
prodigalize /'prodigılayz/ e. israf etmek
prodigious /prı'dicıs/ s. şaşılacak, olağanüstü, harika, mükemmel, muazzam, müthiş
prodigy /'prodici/ a. olağanüstü şey; dâhi **prodigy infant** harika çocuk
produce /prı'dyu:s/ e. üretmek, yapmak; yetiştirmek; neden olmak; (film) sahneye koymak; getirmek, göstermek, ortaya koymak; doğurmak ¤ /'prodyu:s/ a. ürün
producer /prı'dyu:sı/ a. üretici; yapımcı **producer country** üretici ülke **producer gas** jeneratör gazı, üreteç gazı **producer goods** hammadde, üretim maddeleri **producer's risk** üretici riski, üretici çekincesi
product /'prodakt/ a. ürün, mahsul; sonuç, netice; mat. çarpım; bileşke **product manager** ürün müdürü, üretim müdürü **product offering** ürün sunuşu **product research** ürün araştırması **product set** mat. çarpım kümesi
production /prı'dakşın/ a. üretim, yapım, imal; üretilen miktar; ürün, mahsul; yapıt, eser; sahneye koyma **production capacity** üretim kapasitesi **production control** üretim denetimi, üretim kontrolü **production cost** üretim maliyeti **production department** mad. işletme bölümü **production engineer** üretim mühendisi **production libraries** biliş. üretim kitaplıkları **production line** seri imalat bandı **production manager** üretim müdürü **production method** üretim yöntemi **production reactor** üretim reaktörü **production run** biliş. üretim koşumu **production time** biliş. üretkenlik zamanı
productional /prı'dakşınıl/ s. üretimsel
productive /prı'daktiv/ s. verimli; yaratıcı; üretken; sonuç getiren **productive debt** üretken borç **productive expenditure** üretken harcama
productivity /prodak'tiviti/ a. verimlilik, üretkenlik, prodüktivite **productivity agreement** üretkenlik sözleşmesi
proem /'prouem/ a. önsöz, giriş

prof /prof/ a. arg. profesör
profanation /profı'neyşın/ a. kutsal şeylere karşı saygısızlık
profane /prı'feyn/ e. kutsal şeylere karşı saygısızlık göstermek ¤ s. kutsal şeylere karşı saygısız
profanity /prı'feniti/ a. kutsal şeylere karşı saygısızlık
profess /prı'fes/ e. açıkça söylemek, açıklamak, itiraf etmek; (meslek) icra etmek, yapmak; İİ. okutmak, öğretmek
profession /prı'feşın/ a. iş, meslek, uğraş; açıklama, itiraf, beyan; belli bir meslek üyeleri
professional /prı'feşınıl/ s. profesyonel; mesleki ¤ a. profesyonel **professional engineer** meslekten mühendis **professional ethics** iş ahlakı
professionally /prı'feşınıli/ be. profesyonel bir şekilde, ustaca
professor /prı'fesı/ a. profesör; Aİ. (üniversitede) öğretmen
professorial /profi'so:rııl/ a. profesöre/profesörlüğe ait **professorial chair** kürsü
proffer /'profı/ e. önermek, sunmak, teklif etmek, ikram etmek
proficiency /prı'fişınsi/ a. ustalık, yeterlik
proficient /prı'fişınt/ s. (at/in ile) usta, becerikli
profile /'proufayl/ a. yandan görünüş, profil; kısa özgeçmiş **keep a low profile** dikkat çekmekten sakınmak **profile drag** hav. profil sürükleme kuvveti **profile milling machine** profil freze makinesi, forma frezesi **profile paper** profil kâğıdı **profiled fibre** teks. profilli lif
profit /'profit/ a. kazanç, kâr; yarar, çıkar ¤ e. yararı dokunmak, kâr sağlamak, kazanç getirmek **profit and loss** kar ve zarar **profit and loss account** kâr zarar hesabı **profit by/from** -den yarar sağlamak, -den öğrenmek, ibret almak **profit margin** kâr marjı **profit motive** kâr motivasyonu **profit sharing** kâr bölüşümü **profit taking** borsada kâr etme
profitability /profitı'bılıti/ a. kârlılık
profitable /'profitıbıl/ s. kazançlı, kârlı, yararlı
profitably /'profitıbli/ be. kazançla, karlı

olarak

profiteer /profi'tiı/ *a. hkr.* vurguncu ¤ *e. hkr.* vurgun vurmak, haksız yere çok kazanç sağlamak

profligacy /'profligısi/ *a.* müsriflik, savurganlık; ahlaksızlık, utanmazlık

profligate /'profligit/ *s.* müsrif, savurgan; ahlaksız, utanmaz

profound /prı'faund/ *s.* derin; bilgili, etkileyici

profoundly /prı'faundli/ *be.* derinden; çok, son derece

profoundness /prı'faundnis/ *a.* derinlik

profundity /prı'fanditi/ *a.* (duygu, vb.) derinlik

profuse /prı'fyu:s/ *s.* çok, bol

profusion /prı'fyu:jın/ *a.* bolluk

progenitive /pruo'cenitiv/ *s.* ürün verebilen

progenitor /pruo'cenitı/ *a.* ata, cet

progenitress /pruo'cenitris/ *a.* nine, büyükanne

progeniture /pruo'cenitı/ *a.* döl, zürriyet

progeny /'procini/ *a.* çocuklar, yavrular

progesterone /prou'cestıroun/ *a.* progesteron

prognathy /'prognıti/ *a. hek.* sivri çenelilik

prognosis /prog'nousis/ *a. hek.* tahmin, prognoz

prognostic /prog'nostik/ *s. hek.* prognostik ¤ *a.* belirti, işaret; kehanet

prognosticate /prog'nostikeyt/ *e.* önceden haber vermek

prognostication /prıg'nostikeyşın/ *a.* önceden haber verme, kehanet

program /'prougrem/ *a.* bilgisayar programı; *Aİ. bkz.* programme ¤ *e.* (bilgisayar) programlamak **program cards** *biliş.* program kartları **program check** *biliş.* program denetimi **program checkout** *biliş.* program sağlaması **program compatibility** *biliş.* program uyarlığı, program bağdaşırlığı **program compilation** *biliş.* program derleme **program control** *biliş.* program denetimi **program controller** *biliş.* program denetleyicisi, program denetçisi **program counter** *biliş.* program sayacı **program debugging** *biliş.* program düzeltme **program design** *biliş.* program tasarımı **program**

development *biliş.* program geliştirme **program documentation** *biliş.* program dokümantasyonu, program belgelemesi **program error** *biliş.* program hatası **program flowchart** *biliş.* program akış diyagramı, program akış çizeneği **program generator** *biliş.* program üreteci **program instruction** *biliş.* program komutu **program language** *biliş.* program dili **program level** *elek.* program düzeyi **program library** *biliş.* program kitaplığı **program maintenance** *biliş.* program bakımı **program modification** *biliş.* program değişimi, program değiştirme **program module** *biliş.* program modülü, program birimi **program overlay** *biliş.* program bindirmesi **program parameter** *biliş.* program parametresi **program register** program yazmacı **program segmentation** *biliş.* program bölümlemesi, program kesimlemesi **program selector** *elek.* kanal seçici **program-sensitive error** *biliş.* program algılamalı hata **program-sensitive fault** *biliş.* program algılamalı hata, programa duyarlı hata **program sequencer** *biliş.* program sıralayıcı **program specification** *biliş.* program spesifikasyonu, program belirtimi **program status word** *biliş.* program durum sözcüğü **program step** *biliş.* program adımı **program stop instruction** *biliş.* program durdurma komutu **program storage** *biliş.* program belleği **program switching centre** *elek.* ana kumanda masası, ana kumanda, son kontrol **program system** *biliş.* program sistemi, program dizgesi **program tape** *biliş.* program bandı **program test** *biliş.* program testi, program denemesi **program testing** *biliş.* program deneme **program unit** *biliş.* program birimi **program verification** *biliş.* program gerçeklemesi

programmable /prou'gremıbıl/ *s.* programlanabilir **programmable device** *biliş.* programlanabilir aygıt **programmable memory** *biliş.* programlanabilir bellek

programme /'prougrem/ *a.* program, izlence ¤ *e.* planlamak, programlamak, düzenlemek programmed /'prougremd/ s. programlı, programlanmış **programmed check** biliş. programlı denetim **programmed dump** biliş. programlanmış döküm **programmed input/output** biliş. programlı girdi/çıktı **programmed instruction** biliş. programlanmış komut, programlı komut **programmed logic** biliş. programlanmış mantık, programlı mantık

programmer /'prougremı/ a. bilgisayar programcısı, programcı **programmer check** biliş. programcı denetimi

programming /'prougreming/ a. programlama **programming flexibility** biliş. programlama esnekliği **programming language** programlama dili **programming support** biliş. programlama desteği

progress /'prougres/ a. ilerleme, devam etme; gelişme, ilerleme, iyileşme ¤ /prı'gres/ e. ilerlemek; ilerlemek, gelişmek, kalkınmak **progress engineer** geliştirme mühendisi **progress payment** istihkak ödemesi **progress support** gelişme raporu

progression /prı'greşın/ a. ilerleme, gelişme; mat. dizi

progressive /prı'gresiv/ s. ileri giden, ilerleyen; kalkınan, gelişen, iyiye giden, aşama yapan; ilerici **progressive failure** ilerleyen kırılma **progressive tax** artan oranlı vergi

progressively /prı'gresivli/ be. tedricen, derece derece

progressivity /prı'gresiviti/ a. artan oranlılık **progressivity of taxation** kademeli vergilendirme

prohibit /prı'hibit/ e. yasaklamak; engel olmak, olanak vermemek

prohibited /prı'hibitid/ s. yasak, yasaklanmış

prohibition /prouhi'bişın/ a. yasaklama, yasak **prohibition of stopping** yol. durma yasağı

prohibitionist /prouhi'bişınist/ a. içki yasağı yanlısı

prohibitive /prı'hibitiv/ s. yasaklayıcı; engelleyici; koruyucu, himaye edici **prohibitive duty** engelleyici gümrük vergisi **prohibitive tax** engelleyici vergi

prohibitory /prou'hibitıri/ s. yasaklayıcı

project /'procekt/ a. tasarı, plan, proje ¤ /prı'cekt/ e. çıkıntı oluşturmak, kenara doğru çıkmak; atmak, fırlatmak; yöneltmek, tasarlamak, kurmak, planlamak, proje çizmek; mat. izdüşürmek **project engineer** proje mühendisi

projected /prı'cektid/ s. planlanmış

projectile /prı'cektayl/ a. mermi, roket

projecting /prı'cekting/ s. çıkıntılı, çıkık

projection /prı'cekşın/ a. atma, fırlatma; mat. izdüşüm; çıkıntı; gösterim **projection booth** sin. projeksiyon kabinesi, gösterim odacığı **projection distance** projeksiyon mesafesi **projection gate** projeksiyon penceresi **projection lamp** sin. projeksiyon lambası **projection lens** sin. projeksiyon merceği, gösterici merceği **projection port** sin. projeksiyon penceresi, gösterim penceresi **projection room** sin. projeksiyon odası, gösterim odası **projection screen** fot. projeksiyon ekranı **projection television** elek. projeksiyon televizyonu **projection welding** projeksiyon kaynağı, kabartılı kaynak

projectionist /prı'cekşınist/ a. sinema makinisti, gösterimci

projective /prı'cektiv/ s. izdüşümsel **projective geometry** mat. projektif geometri, izdüşümsel geometri **projective space** mat. projektif uzay, izdüşümsel uzay

projector /prı'cektı/ a. projektör, gösterici; projektör, ışıldak **projector lamp** projeksiyon lambası

prolactin /prou'lektin/ a. prolaktin

prolamine /'proulımi:n/ a. prolamin

prolapse /'prou'leps/ e. hek. (iç organ) yerinden oynamak, sarkmak, düşmek

prole /proul/ a. emekçi, proleter

prolepsis /prou'lepsis/ a. dinleyicinin öne sürebileceği bir görüşü önceden cevaplama, önleme yanıtı

proletarian /prouli'teıriın/ a. s. emekçi, işçi, proleter

proletariat /prouli'teıriıt/ a. işçi sınıfı, emekçi sınıfı, proleterya

prolicide /'proulisayd/ a. evlat öldürme suçu

proliferate /prı'lifıreyt/ e. hızla çoğalmak, artmak

proliferation /prouliﬁ'reyşın/ *a.* hızla çoğalma, artma
prolific /prı'liﬁk/ *s.* verimli; doğurgan
proline /'prouli:n/ *a. kim.* prolin
prolix /'prouliks/ *s.* sözü çok uzatan; sıkıcı; yorucu
prolixity /prou'liksıti/ *a.* söz uzunluğu
prolog /'proulog/ *a. Aİ. bkz.* prologue
prologue /'proulog/ *a.* öndeyiş, giriş, giriş bölümü
prolong /'proulong/ *e.* uzatmak
prolongation /proulon'geyşın/ *a.* uzatma, temdit
prolonged /prı'longd/ *s.* uzun süredir devam eden, uzun süreli
prom /prom/ *a. İİ. kon.* sahil yolu; *Aİ.* okul çayı, okul partisi
promenade /promı'na:d/ *e.* gezinmek, piyasa yapmak; gezdirmek ¤ *a.* gezinti, gezi; gezinti yeri, mesire *promenade deck* gezinti güvertesi
prominence /'promınıns/ *a.* çıkıntı; ün; önem, göze batma; *gökb.* fışkırma *bring into prominence* şöhret kazandırmak
prominent /'promınınt/ *s.* çıkık, çıkıntılı, fırlak; belirgin, belli, göze çarpan; ünlü, önemli, seçkin
promiscuity /promi'skyu:ıti/ *a.* karmakarışıklık; gelişigüzellik; önüne gelenle yatıp kalkma
promiscuous /prı'miskyuıs/ *s.* karmakarışık; gelişigüzel; *hkr.* önüne gelenle yatıp kalkan
promise /'promis/ *e.* söz vermek, vaat etmek; önceden haber vermek, göstermek, belirtisi olmak ¤ *a.* söz, vaat; umut, beklenti *break a promise* sözünü tutmamak, sözünden dönmek *give/make a promise* söz vermek *keep one's promise* sözünü tutmak *promise the moon* dünyaları vaat etmek *promise to pay* ödeme vaadi
promisee /promi'si:/ *a.* kendisine vaadde bulunulan kişi
promising /'promising/ *s.* umut verici, geleceği parlak
promisor /promi'so:/ *a.* vaadde bulunan kişi
promissory /'promisıri/ *s.* vaad içeren, taahhüt içeren *promissory note* emre yazılı senet

promo /'proumou/ *s.* reklamla ilgili ¤ *a.* reklam, tanıtma
promontory /'promıntıri/ *a. coğ.* burun
promote /prı'mout/ *e.* yükseltmek, terfi ettirmek; ilerletmek, gelişmesine yardımcı olmak; reklamını yapmak; desteklemek, teşvik etmek
promoter /prı'moutı/ *a.* teşvikçi, destekleyici; girişimci, müteşebbis; kurucu *promoter's shares* kurucu hisseleri
promotion /prı'mouşın/ *a.* yükselme, terfi; destek, teşvik; kurma, tesis; reklam *promotion list* terfi listesi *promotion money* kuruluş giderleri, kuruluş masrafları
promotive /prı'moutiv/ *s.* yükseltici, ilerletici; satışı artırıcı, sürümü artırıcı; kimyasal olayı tezleştirici
promotional /prı'mouşınıl/ *s.* terfi ile ilgili; kurmayla ilgili; reklamla ilgili
prompt /prompt/ *e.* -e sevk etmek, teşvik etmek, -tirmek; suflörlük yapmak ¤ *s.* seri, çabuk, tez, dakik, anında yapılan ¤ *be. kon.* tam olarak, tam ¤ *a.* vade; *tiy.* sufle *prompt note* uyarı notu, ikaz notu *prompting instruction biliş.* çağırma komutu
prompter /'promptı/ *a.* suflör; teşvikçi, önayak olan kişi; tahrikçi
promptly /'promptli/ *be.* anında, hemen
promptness /'promptnis/ *a.* çabukluk, sürat; dakiklik
promulgate /'promılgeyt/ *e.* resmen ilan etmek
promulgation /promıl'geyşın/ *a.* ilan, yayınlama
prone /proun/ *s.* yüzükoyun; eğilimli, -e dayanıksız
proneness /'prounis/ *a.* yüzükoyun yatma; eğilim, temayül
prong /prong/ *a.* yaba, çatal; çatal dişi; sivri uç; boynuz çatalı *prong chuck* tırnaklı ayna
pronominal /prı'nominıl/ *s.* zamire ait, adıl ile ilgili
pronominalization /prınominılı'zeyşın/ *a.* zamirleştirme, adıllaştırma
pronoun /'prounaun/ *a. dilb.* zamir, adıl
pronounce /prı'nauns/ *e.* söylemek, telaffuz etmek; resmen bildirmek; bildirmek

pronounced /prı'naunst/ s. güçlü, etkili; göze çarpan

pronouncement /prı'naunsmınt/ a. resmi bildiri, beyan, ilan

pronto /'prontou/ be. hemen, derhal

pronunciation /prınansi'eyşın/ a. telaffuz, söylem, sesletim

proof /pru:f/ a. kanıt, delil, kanıtlama, tanıtlanım, ispat; deneme, sınama; içkinin alkol derecesinin ölçüsü; prova ¤ s. (içki) belli bir ayarda olan; -e dayanıklı, geçirmez, işlemez ¤ e. -e karşı dayanıklı hale getirmek, ... geçirmez hale getirmek; *Aİ.* prova okumak, baskı yanlışlarını düzeltmek *proof figure biliş.* kanıt rakamı, kanıtlama sayısı *proof list biliş.* kanıt listesi, kanıt dizelgesi *proof sheet* matbaa provası *proof stress* deneme gerilmesi, zorlama gerilimi *proof total biliş.* kanıtlayıcı toplam

proofread /'pru:fri:d/ e. prova okumak, yanlışları düzeltmek

prop /prop/ a. destek, payanda, dayak; destek, yardımcı; pin, mihver; uçak pervanesi ¤ e. desteklemek *prop drawer mad.* direk sökücü

propaganda /propı'gendı/ a. yaymaca, propaganda

propagandist /propı'gendist/ a. propagandacı

propagandize /propı'gendayz/ e. propaganda yapmak

propagate /'propıgeyt/ e. üremek, çoğalmak; çoğaltmak; üretmek; yaydırmak, yaymasını sağlamak *propagated error biliş.* yayılmalı hata

propagation /propı'geyşın/ a. üreme, çoğalma; yayılma, yayılım *propagation constant fiz.* yayılım sabiti *propagation loss fiz.* yayılım kaybı

propagator /'propıgeytı/ a. propagandacı

propane /'proupeyn/ a. propan

propanone /proupı'noun/ a. propanon

propel /prı'pel/ e. ileriye doğru sürmek, yürütmek, itmek

propeller /prı'pelı/ a. pervane *propeller blade hav.* pervane pali *propeller boss hav.* pervane burcu *propeller disk hav.* pervane diski *propeller fan* pervaneli vantilatör *propeller perform-ance den.* pervane performansı *pro-*

peller pitch hav. pervane hatvesi, pervane adımı *propeller pump* pervaneli pompa *propeller shaft* transmisyon mili *propeller thrust hav.* pervane çekme kuvveti *propeller tur-bine engine hav.* pervaneli jet motoru *propeller type water turbine* pervane tipi su türbini

propelling /prı'pelling/ s. itici, ilerletici *propelling force* itici kuvvet, sürücü kuvvet, işletici kuvvet

propene /'proupi:n/ a. propen

propensity /prı'pensiti/ a. meyil, eğilim *propensity to consume* tüketme eğilimi *propensity to import* ithalat eğilimi *propensity to invest* yatırım eğilimi *propensity to save* tasarruf eğilimi

proper /'propı/ s. doğru, doğru dürüst, tam; *kon.* gerçek, hakiki; münasip, uygun; düzgün; kusursuz *proper frac-tion mat.* tam kesir *proper motion gökb.* (yıldız) özdevinim *proper name* özel ad *proper noun dilb.* özel ad, özel isim *proper value* karakteristik değer, gizdeğer

properly /'propıli/ be. gereği gibi, doğru dürüst, hakkıyla, tam anlamıyla; uygun bir biçimde; gerçekten, aslında; düzgün bir şekilde *properly speaking* aslında, gerçekte

propertied /'propıtid/ s. varlıklı, servet sahibi

property /'propıti/ a. mal; mülk, arazi, emlak; iyelik, mülkiyet, sahiplik; özellik, nitelik *lost property* kayıp eşya *man of property* zengin *property assets* servet kıymetleri *property develop-ment* arazi iyileştirmesi *property in-surance* eşya sigortası *property mar-ket* emlak piyasası *property register* tapu sicili *property tax* emlak vergisi

prophecy /'profisi/ a. kestirim, kehanet, önbili

prophesy /'profisay/ e. kestirimde bulunmak, gelecekten haber vermek; önceden tahmin etmek, önceden haber vermek

prophet /'profit/ a. peygamber; kâhin *prophet of doom hkr.* hep kötülük kehanetlerinde bulunan kimse *the Prophet* Hz. Muhammet

prophetic /prı'fetik/ s. gelecek olayları

doğru bilen
prophylactic /profi'lektik/ *s. hek.*
hastalıktan koruyan, koruyucu
prophylaxis /profi'leksis/ *a. hek.*
hastalıktan koruma/korunma,
önkoruma, önleme
propinquity /prı'pinkwıti/ *a.* yakınlık;
hısımlık
propitiate /prı'pişieyt/ *e.* gönlünü almak,
teskin etmek
propitiation /prıpişi'eyşın/ *a.* gönlünü
alma, yatıştırma, teskin
propitiatory /prıpitiıtıri/ *s.* yatıştırıcı,
teskin edici
propitious /prı'pişıs/ *s.* avantajlı, uygun
proponent /prı'pounınt/ *a.* yandaş,
taraftar, savunan, destekçi; dilekçe
sahibi
proportion /prı'po:şın/ *a.* oran; orantı;
pay; bölüm, kısım *proportions* boyutlar
in proportion mantıklı, makul *in pro-
portion to* -e oranla, -e göre *out of
proportion* mantıksızca
proportional /prı'po:şınıl/ *s.* orantılı;
uygun, uyumlu, mütenasip; oransal,
nispi, izafi *proportional control* orantılı
denetim *proportional counter fiz.*
orantılı sayaç *proportional represen-
tation* nispi temsil *proportional spac-
ing biliş.* orantılı aralıklama
proportionate /prı'po:şınit/ *s.* orantılı,
uygun, mütenasip, dengeli *proportion-
ate share* belli bir orantıya sahip hisse
proportioning /prı'po:şıning/ *a.*
oranlama
proposal /prı'pouzıl/ *a.* öneri, teklif;
evlenme teklifi *proposal form* teklif
mektubu
propose /prı'pouz/ *e.* önermek, teklif
etmek, ileri sürmek; düşünmek,
kurmak, niyet etmek, niyetlenmek;
evlenme teklif etmek *propose sb's
health* şerefine kadeh kaldırmak
proposition /propı'zişın/ *a.* öneri,
önerme, teklif; önerme, sav; iş teklifi,
öneri; *ört.* sevişme teklifi ¤ *e. kon.*
sevişme teklif etmek *propositional
function mat.* önermeli fonksiyon,
önermeli işlev
propound /prı'paund/ *e.* ileri sürmek,
ortaya atmak
proprietary /prı'prayıtıri/ *s.* müseccel,

tescilli, patentli *proprietary company*
bir kişiye ait şirket; holding şirketi, aile
şirketi *proprietary name* müseccel
marka
proprietor /prı'prayıtı/ *a.* mal sahibi *pro-
prietor's capital* mal sahibinin
sermayesi
proprietorship /prı'prayıtışip/ *a.* mal
sahipliği *proprietorship account* öz
sermaye hesabı *proprietorship regis-
ter* mülkiyet sicili
propriety /prı'prayiti/ *a.* uygunluk,
yerindelik, doğruluk; dürüstlük
propulsion /prı'palşın/ *a.* itici güç
propulsive /prı'pılsiv/ *s.* itici *propulsive
force* itici güç *propulsive jet* tahrikli jet
propyl /'proupil/ *a.* propil
propylaeum /propi'li:ım/ *a.* tapınak girişi
propylene /'proupili:n/ *a.* propilen
prorate /prou'reyt/ *e.* eşit olarak
dağıtmak
prorogation /prourıgeyşın/ *a.* parlamento
tatili
prorouge /prı'roug/ *e.* (parlamento, vb.)
tatil etmek
prosaic /prou'zeyik/ *s.* sıkıcı, yavan,
tatsız
proscenium /prou'si:nyım/ *a.* perde önü
proscribe /prou'skrayb/ *e.* yasaklamak
proscription /prou'skripşın/ *a.*
yasaklama
proscriptive /prou'skriptiv/ *s.* yasaklayıcı
prose /prouz/ *a.* düzyazı, nesir *prose
writer* düzyazı yazarı, nesir yazarı
prosecute /'prosikyu:t/ *e. huk.* hakkında
kovuşturma açmak, kovuşturmak;
aleyhinde dava açmak
prosecution /prosi'kyu:şın/ *a. huk.*
kovuşturma; davacı
prosecutor /'prosikyu:tı/ *a. huk.* davacı;
savcı *public prosecutor* cumhuriyet
savcısı
proselyte /'prosilayt/ *a.* din değiştiren
kimse, dönme
proselytism /'prosilitzım/ *a.* başkasını
kendi dinine döndürmeye çalışma
proselytize /'prosilitayz/ *e.* kendi dinine
döndürmek
prosiness /'prouzinis/ *a.* sıkıcılık,
yavanlık
prosodeme /'prosıdi:m/ *a.* prozodem,
bürünbirim

prosody /'prosıdi/ a. prozodi, ölçü, vezin

prospect /'prospekt/ a. olasılık, ihtimal; beklenti, umut; görünüş, manzara ¤ /prı'spekt/ e. (petrol, altın, vb.) aramak, araştırmak **prospect shaft** *mad.* araştırma kuyusu

prospecting /'prospekting/ a. maden arama **prospecting shaft** maden araştırma kuyusu

prospection /prı'spekşın/ a. maden araştırma **prospection drilling** *mad.* araştırma sondajı, araştırma delmesi

prospective /prı'spektiv/ s. umulan, beklenen, olası; niyetli **prospective buyer** muhtemel alıcı

prospector /prı'spektı/ a. altın, petrol, vb. arayan kimse

prospectus /prı'spektıs/ a. prospektüs, tanıtmalık

prosper /'prospı/ e. başarılı olmak; zenginleştirmek

prosperity /pro'speriti/ a. başarı, refah, gönenç

prosperous /'prospırıs/ s. başarılı; zengin, gönençli, müreffeh; elverişli, uygun

prostate /'prosteyt/ a. *anat.* prostat

prosthesis /'prostisis/ a. *hek.* protez

prosthetic group /pros'tetik gru:p/ a. *kim.* prostetik küme

prostitute /'prostityu:t/ a. orospu, fahişe ¤ e. fahişelik yapmak; para için kendini alçaltmak

prostitution /prosti'tyu:şın/ a. orospuluk, fahişelik; (şerefini) iki paralık etme

prostrate /'prostreyt/ s. yüzükoyun yatmış; bitkin, tükenmiş ¤ /pro'streyt/ e. yüzükoyun yatmak; yüzükoyun yatırmak

prostration /pro'streyşın/ a. yerlere kapanma; dermansızlık, yorgunluk; bezginlik

prostyle /'proustayl/ a. önü sütunlu tapınak

prosy /'prouzi/ s. bıktırıcı bir şekilde konuşan

protactinium /proutek'tiniım/ a. *kim.* protaktinyum

protagonist /prou'tegınist/ a. (roman, oyun, vb.) kahraman; elebaşı, öncü

protamine /'proutımi:n/ a. protamin

protean /prou'ti:ın/ s. sürekli değişen, çeşitli karakterlerde görünebilen

protease /'proutieys/ a. *kim.* proteaz

protect /prı'tekt/ e. korumak; yabancı mala yüksek gümrük koyarak yerli malı korumak **protected check** korumalı çek, tahrif edilemez çek **protected field** *biliş.* korunmalı alan **protected location** *biliş.* korunmalı yer **protected record** *biliş.* korunmalı kayıt **protecting hood** *oto.* koruyucu kaporta

protection /prı'tekşın/ a. koruma; korunma aracı, koruyucu **protection of industrial property** sanayi varlığının korunması **protection money** mafyadan koruma amacıyla alınan haraç **protection racket** mafyadan koruma amacıyla haraç alma **protection ring** *biliş.* koruma halkası **protection switch** koruma şalteri, koruma anahtarı

protectionism /prı'tekşınizım/ a. yabancı mallara ağır gümrük vergileri uygulayarak yerli ekonomiyi koruma yöntemi, korumacılık, himaye

protectionist /prı'tekşınist/ a. korumacı, himayeci

protective /prı'tektiv/ s. koruyucu **protective atmosphere** koruyucu atmosfer **protective clothes** koruyucu iş elbisesi **protective coating** koruyucu örtü **protective colloid** koruyucu koloit **protective conveyance** koruyucu feragatname **protective custody** koruyucu gözaltı **protective duty** koruyucu gümrük resmi **protective effect** koruyucu etki **protective filter** koruyucu filtre **protective finish** *teks.* koruyucu apre **protective head mask** koruyucu kafa maskı **protective layer** koruyucu tabaka **protective leader** *sin.* koruyucu lider, koruyucu kılavuz **protective measures** koruyucu önlemler

protector /prı'tektı/ a. koruyucu

protectorate /prı'tektırit/ a. güçlü bir devletin koruması altındaki küçük devlet

protégé /'protijey/ a. bir kimse tarafından korunan/desteklenen kişi

protein /'prouti:n/ a. protein **protein fibres** protein lifleri

protest /'proutest/ a. itiraz, karşı çıkma, protesto; *tic.* protesto ¤ /prı'test/ e. karşı çıkmak, itiraz etmek, protesto etmek; iddia etmek, bildirmek *enter a protest* protesto etmek *in protest* protesto olarak *protest for non acceptance* kabullenmezlik protestosu, ademi kabul protestosu *protest for non payment* ödememezlik protestosu, ademi tediye protestosu *under protest* gönülsüzce, isteksizce *have a bill protested* senedi protesto olmak

Protestant /'protistınt/ *a.* Protestan

protestation /proti'steyşın/ *a.* karşı çıkma, itiraz, protesto

protester /prı'testı/ *a.* itiraz eden, reddeden; gösterişçi

prothesis /'protisis/ *a.* öntüreme

prothrombin /prou'trombin/ *a.* protrombin

protocol /'proutıkol/ *a.* protokol; tutanak

proton /'prouton/ *a. fiz.* proton *proton microscope fiz.* proton mikroskobu *proton number fiz.* proton sayısı *proton resonance fiz.* proton rezonansı *proton-proton chain fiz.* proton-proton zinciri

protophilic /'proutoufilik/ *s.* protofilik

protoplasma /'proutouplezım/ *a.* protoplazma

protoporphyrin /proutou'po:firin/ *a.* protoporfirin

prototype /'proutıtayp/ *a.* ilk örnek, prototip

protozoon /proutou'zouın/ *a.* tek hücreli hayvanlar sınıfı

protract /prı'trekt/ *e.* (süresini) uzatmak

protractor /prı'trektı/ *a. mat.* iletki

protrude /prı'tru:d/ *e.* dışarı çıkmak, dışarı fırlamak, çıkıntı oluşturmak; dışarı çıkartmak

protrusion /prı'tru:jın/ *a.* çıkıntı

protrusive /prı'tru:siv/ *s.* çıkıntılı, fırlak

protuberance /prı'tyu:bırıns/ *a.* kabarıklık, şişlik

protuberant /prı'tyu:bırınt/ *s.* kabarık, şiş

proud /praud/ *s.* onurlu, şerefli; kurumlu, gururlu, mağrur; kendini beğenmiş, kibirli; görkemli, muhteşem, heybetli *be proud of* ile gurur duymak *do sb proud* çok iyi ağırlamak, onurlandırmak

provable /'pru:vıbl/ *s.* kanıtlanabilir, ispat edilebilir

prove /pru:v/ *e.* kanıtlamak; bulunmak, çıkmak; *mat.* sağlamasını yapmak

proved reserve mad. görünür rezerv *proving time biliş.* kanıtlama zamanı

provenance /'provınıns/ *a.* kaynak, köken

provender /'provindı/ *a.* yem, hayvan yemi; *kon.* yiyecek

proverb /'provö:b/ *a.* atasözü

proverbial /prı'vö:bııl/ *s.* çok kişi tarafından bilinen, konuşulan, meşhur

provide /prı'vayd/ *e.* sağlamak, vermek; koşul olarak koymak, şart koşmak

provided /prı'vaydid/ *bağ.* -mek şartıyla, yeter ki *provided that* -mek şartıyla

providence /'providıns/ *a.* ilahi takdir; hazırlık, öngörü

provident /'providınt/ *s.* tutumlu, idareli, ihtiyatlı *provident bank* tasarruf sandığı *provident fund* tasarruf sandığı

providential /provi'denşıl/ *s.* Allah'tan gelen/olan

provider /prı'vaydı/ *a.* tedarik eden kimse, sağlayıcı; aile geçindiren kimse

providing /prı'vayding/ *bağ.* -mek şartıyla, yeter ki *providing that* -mek şartıyla

province /'provins/ *a.* il; ilgi alanı, uzmanlık *provinces* taşra

provincial /prı'vinşıl/ *s.* ile ait, il +; taşraya ait, taşra +; kaba, görgüsüz, taşralı ¤ *a.* taşralı

provincialism /prı'vinşılizım/ *a.* taşralılık

proving /'pru:ving/ *a.* kanıtlama, ispat; deney, tecrübe *proving flight* tecrübe uçuşu *proving ground* deney alanı, tecrübe sahası

provision /prı'vijın/ *a.* sağlama, edinme, tedarik; tedarik, hazırlık, biriktirim; *huk.* hüküm, madde, koşul ¤ *e.* erzağını sağlamak, gerekli şeyleri vermek, donatmak *provisions* erzak, azık

provisional /prı'vijınıl/ *s.* geçici, muvakkat *provisional agreement* geçici anlaşma *provisional allotment letter* geçici tahsis mektubu *provisional budget* geçici bütçe *provisional certificate* geçici sertifika *provisional invoice* geçici fatura

proviso /prı'vayzou/ *a.* sözleşmeye konulan koşul *proviso clause* koşulları içeren bölüm

provisory /prı'vayzıri/ *s.* koşullu, şarta

bağlı

provocation /provı'keyşın/ *a.* kışkırtma, tahrik; kızdırma, öfkelendirme; kızılacak şey, öfkelendirici şey

provocative /prı'vokıtiv/ *s.* kışkırtıcı, tahrik edici

provoke /prı'vouk/ *e.* kışkırtmak, tahrik etmek; kızdırmak, öfkelendirmek; -e neden olmak

provost /'provıst/ *a.* dekan; İskoç belediye meclisi başkanı ***provost guard*** *Al.* askeri polis karakolu ***provost marshal*** inzibat amiri, adli subay ***provost court*** işgal altındaki bölgede işlenen suçları yargılayan askeri mahkeme

prow /prau/ *a. den.* pruva

prowess /'prauis/ *a.* beceri, ustalık

prowl /praul/ *e.* av peşinde dolaşmak, av aramak; fırsat kollayarak sessiz ve gizli bir şekilde dolaşmak, etrafı kolaçan etmek ¤ *a. kon.* sessizce dolaşma ***on the prowl*** av peşinde

proximate /'proksimit/ *s.* en yakın

proximity /prok'simiti/ *a.* yakınlık

proximo /'proksimou/ *be.* gelecek ay

proxy /'proksi/ *a.* vekil; vekâlet; vekâletname ***by proxy*** vekâleten ***proxy signature*** vekilin imzası

prude /pru:d/ *a. hkr.* aşırı erdemlilik taslayan kimse ***be a prude*** erdemlilik taslamak

prudence /'pru:dıns/ *a.* ihtiyat, öngörü, mantıklı düşünüş

prudent /'pru:dınt/ *s.* ihtiyatlı, öngörülü, mantıklı

prudential /pru:'denşıl/ *s.* sağgörülü, basiretli

prudently /'pru:dıntli/ *be.* ihtiyatla, basiretle

prudery /'pru:dıri/ *a. hkr.* erdemlilik taslama

prudish /'pru:diş/ *s.* kibar, titiz; aşırı iffet taslayan

prune /pru:n/ *e.* budamak ¤ *a.* kuru erik, çir ***prune away/off*** fazla kısımları atmak, kısaltmak ***pruning knife*** *trm.* budama bıçağı ***pruning saw*** *trm.* budama testeresi ***pruning shears*** *trm.* budama makası

prunella /pru:'nelı/ *a. teks.* karamandola

prunelle /pru:'nel/ *a.* erik likörü

prurience /'pruırıins/ *a.* seks düşkünlüğü

prurient /'pruırıint/ *s.* seks düşkünü; erotik

pry /pray/ *e.* başkasının özel yaşamına burnunu sokmak; (kapak, vb.) zorlayarak açmak, kaldırmak, kırmak ¤ *a.* manivela, kaldıraç

prying /'praying/ *s.* meraklı

P.S. /pi: 'es/ *a.* (mektup sonundaki) not

psalm /sa:m/ *a.* ilahi, mezmur

psammite /'semayt/ *a. yerb.* kumtaşı

pseud /syu:d/ *a. İİ. kon.* ukala, çokbilmiş

pseudo /'syu:dou/ *s.* yalancı ***pseudo-code*** *biliş.* yalancı kod ***pseudo instruction*** yalancı komut ***pseudo-operation*** *biliş.* yalancı işlem ***pseudo-operator*** *biliş.* yalancı operatör ***pseudo-record*** *biliş.* yalancı kayıt

pseudonym /'syu:dınim/ *a.* takma ad

pseudorandom /syu:dou'rendım/ *s. biliş.* yalancı rasgele ***pseudorandom codes*** *biliş.* yalancı rasgele kodlar ***pseudo-random number generator*** *biliş.* yalancı rasgele sayı üreteci ***pseudo-random sequence*** *biliş.* yalancı rasgele dizi

pshaw /pşo:/ *a. ünl.* öf (be)!

psoriasis /pso'rayısis/ *a. hek.* sedef hastalığı

psyche /'sayki/ *a.* insan ruhu, tin; insan aklı

psychiatrist /say'kayıtrist/ *a.* psikiyatr, ruh hekimi

psychiatry /say'kayıtri/ *a.* psikiyatri, ruh hekimliği

psychic /'saykik/ *s.* ruhsal; geleceği görme gibi garip olaylarla ilgili ¤ *a.* medyum

psychical /'saykıkıl/ *s. bkz.* psychic

psycho /'saykou/ *a. arg.* sapık, psikopat

psychoanalyse /saykou'enılayz/ *e.* psikanaliz tedavisi uygulamak

psychoanalysis /saykouı'nelisis/ *a.* psikanaliz, ruh çözümleme

psychograph /'saykougra:f/ *a.* psikograf

psychoanalyst /saykou'enılist/ *a.* psikanalist

psycholinguistics /saykılin'gwistiks/ *a.* ruhdilbilim

psychological /saykı'locikıl/ *s.* psikolojik, ruhbilimsel; ruhsal, psikolojik ***psychological warfare*** ruhsal savaş psychologist /say'kolıcist/ a. ruhbilimci, psikolog

psychology /say'kolıci/ a. psikoloji, ruhbilim

psychopath /'saykıpet/ a. psikopat, ruh hastası

psychopathic /saykou'petik/ a. s. psikopat, ruh hastası

psychosis /say'kousis/ a. psikoz, çıldırı

psychosomatic /saykousı'metik/ s. psikosomatik

psychotherapist /saykou'terıpist/ a. psikoterapist, ruhsağaltımcı

psychotherapy /saykou'terıpi/ a. psikoterapi, ruhsağaltım

psychotic /say'kotik/ a. s. psikozlu, çıldırılı

psychrometer /say'kromıtı/ a. metr. nemölçer, psikrometre

psychrometry /say'kromitri/ a. nemölçüm, psikrometri

ptarmigan /'ta:migın/ a. kar tavuğu

pteridophyte /'teridıfayt/ a. eğrelti otu

pub /pab/ a. içkievi, meyhane, birahane, pab

puberty /'pyu:bıti/ a. ergenlik, erinlik

pubescence /pyu:'besıns/ a. ergenlik, erinlik

pubescent /pyu:besınt/ s. ergen, erin

pubic /'pyu:bik/ s. cinsel organların çevresinde olan

pubis /'pyu:bis/ a. kasık kemiği

public /'pablik/ s. halk için, kamuya ait, kamusal; herkese ait, genel; herkese açık, aleni; herkesçe bilinen, herkesin bildiği; devlete ait, ulusal ¤ a. kamu, halk *in public* alenen, herkesin önünde, milletin içinde *make public* halka duyurmak, bildirmek *public accounting* yetkili muhasebeci *public administration* kamu idaresi *public assistance* sosyal yardım *public auction* açık artırma *public bank* kamu bankası *public company* halka açık limitet şirket *public conveniences İİ.* halk tuvaleti *public corporation* kamu işletmesi, kamu teşebbüsü *public debt* kamu borcu, devlet borcu *public economy* kamu ekonomisi *public enemy* halk düşmanı *public enterprise* kamu işletmesi, kamu teşebbüsü *public expenditure* kamu harcaması *pub-*

lic finance kamu maliyesi *public fund* devlet borcu *public house* birahane, pab *public information* halkı uyarı *public investment* kamu yatırımı *public law* kamu hukuku, amme hukuku *public limited company* kamu şirketi, halka açık şirket *public monopoly* kamu tekeli *public notice* genel duyuru *public offer* halka arz *public opinion* kamuoyu *public opinion poll* kamuoyu yoklaması *public ownership* kamu mülkiyeti *public-private* kamu-özel, karma *public property* kamu mülkiyeti *public purse* devlet hazinesi *public relations* halkla ilişkiler *public relations department* halkla ilişkiler departmanı *public revenue* kamu gelirleri *public sector* kamu sektörü, kamu kesimi *public securities* devlet tahvilleri *public servant* devlet memuru *public service* devlet hizmeti; kamu hizmeti *public service vehicle* kamu ulaşım aracı *public spirited* kamu yararına çalışan *public transportation* toplu taşıma *public utilities* kamu hizmet kuruluşları *public volume biliş.* genel kullanım hacmi, genel oylum *public works* bayındırlık hizmetleri

publican /'pablikın/ a. meyhaneci

publication /pabli'keyşın/ a. yayım, yayımlama; yayın

publicist /'pablisist/ a. halka tanıtan, reklamını yapan kimse, tanıtımcı

publicity /pa'blisiti/ a. tanıtma, reklam; halkın dikkati *publicity agent* reklamcı *publicity campaign* reklam kampanyası *publicity man* reklamcı *publicity manager* reklam müdürü

publicize /'pablisayz/ e. reklamını yapmak, halka tanıtmak

publicly /'pablikli/ be. alenen

publish /'pabliş/ e. yayımlamak, basmak; herkese yaymak, açık etmek, açığa vurmak *publishing agreement* yayın sözleşmesi

publisher /'pablişı/ a. yayımcı, yayınevi

puce /pyu:s/ s. koyu mor

pucka /'pakı/ s. birinci sınıf, kaliteli; gerçek, halis

pucker /'pakı/ e. büzmek, buruşturmak; kırışmak, buruşmak ¤ a. buruşukluk, kırışıklık, kat

pudding /'puding/ *a.* puding, muhallebi
pudding stone yerb. puding
puddle /'padl/ *a.* su birikintisi, gölcük
puddle steel ocakta tavlanmış çelik
pudency /'pyu:dınsi/ *a.* alçakgönüllülük
pudendum /pyu:'dendım/ *a.* vulva, ferç
pudent /pyu:'dınt/ *s.* alçakgönüllü
pudgy /'paci/ *s.* bodur, tıknaz
puerile /'pyuırayl/ *s.* çocukça, çocuksu, aptalca
puerility /pyuı'rilıti/ *a.* çocukluk
puerperal /pyu:'ö:pırıl/ *s.* doğumsal
puff /paf/ *a.* (sigara) fırt; üfleme, üfürük; esinti; *kon.* soluk, nefes; kumaş kabarıklığı ¤ *e.* üflemek, püflemek; (sigara) içmek; (buhar, duman, vb.) çıkarmak/çıkmak; soluk soluğa kalmak, solumak *puff pastry mutf.* puf böreği *puff sleeve teks.* kabarık kol, kabarık yen *puff and blow* üfleyip püflemek *puff out* (havayla) şişmek; şişirmek *puff up* kabarmak, şişmek; kabartmak, şişirmek
puffer /'pafı/ *a.* püfleyen kimse; üfleyen kimse; *hayb.* top balığı
puffery /'pafıri/ *a.* aşırı övgü
puffin /'pafin/ *a.* iri gagalı bir deniz kuşu
puffiness /'pafinis/ *a.* kabartı, şişkinlik
puffing /'pafing/ *a.* üfleme; şişme
puffy /'pafi/ *s.* kabarık, şişik; *kon.* nefes nefese kalmış, şişmiş
pug /pag/ *a.* yassı yüzlü ve kısa tüylü bir tür küçük köpek; tuğlacı çamuru
pugilism /'pyu:cilizım/ *a.* boksörlük
pugilist /'pyu:cilist/ *a.* boksör
pugnacious /pag'neyşıs/ *s.* kavgacı
pugnacity /pag'neyşıs/ *a.* kavgacılık
puisne /'pyu:ni/ *s.* ikinci gelen, küçük
puke /pyu:k/ *e. kon.* kusmak ¤ *a. kon.* kusmuk
pulchritude /'palkrityu:d/ *a.* güzellik, zarafet
pulchritudinous /palkri'tyu:dinıs/ *a.* güzel, zarif
pule /pyu:l/ *e.* zırıldamak, çocuk gibi ağlamak
pull /pul/ *e.* çekmek; çekmek, asılmak, çekiştirmek; koparmak, yolmak, toplamak; çekmek, toplamak ¤ *a.* çekme, çekiş; zorlu tırmanış; yudum; fırt; *kon.* kısa sandal gezintisi; *kon.* etki, nüfuz, iltimas, torpil; *bas.* prova *pull a*

face surat asmak *pull a fast deal* hileli iş yapmak *pull a fast one (on) kon.* kazık atmak *pull away* kaçmak, kurtulmak; (taşıt) harekete geçmek, kalkmak; çekip gitmek, uzaklaşmak *pull down* (birini) halsiz bırakmak, zayıf düşürmek, sağlığını bozmak; yıkmak, yok etmek *pull in* (tren) istasyona girmek; (taşıt) kenara çekilip durmak; *kon.* (çok para) kazanmak *pull off kon.* becermek, halletmek; yolun kenarına sürmek *pull one's weight* kendisine düşen işi yapmak *pull oneself up by one's own bootstraps* kendi yağı ile kavrulmak *pull out* (tren) istasyondan ayrılmak; ayrılmak, çıkmak, çekilmek, vazgeçmek; çıkarmak, atmak *pull out all the stops* göbeği çatlamak *pull over* yolun kenarına çekmek *pull sb through* iyileştirmek *pull sth out of a hat/thin air* hokus pokus yapar gibi yoktan var etmek *pull sth to pieces* eleştirmek *pull teeth* canına okumak *pull the plug on sth* bir şeyden elini eteğini çekmek *pull the rug out from under sb* ayağını kaydırmak *pull the wool over sb's eyes* gözünü boyamak *pull through* sağ kalmak, yaşamak; yaşatmak; güçlükleri yenmek, başarılı olmak; başarısına yardım etmek *pull together* duygularına hâkim olmak; (kendini) toplamak; çekip çevirmek; birlikte çalışmak *pull up* durmak; durdurmak; durumunu düzeltmek; azarlamak *pull up stakes* ayağını kesmek/bağları koparmak *pull operation biliş.* çekme işlemi *pull switch elek.* çekmeli anahtar
puller /'pulı/ *a.* çektirme
pullet /'pulit/ *a.* piliç
pulley /'puli/ *a.* makara, kasnak *pulley block mak.* makara, mandoz *pulley face* kasnak yüzü
pull-in /'pulin/ *a. İİ. kon.* şehirlerarası yolların kenarlarında bulunan kafeterya
pullman /'pulmın/ *a.* pulman; yataklı vagon
pullout /'pulaut/ *a.* dergi ya da gazete eki
pullover /'pulouvı/ *a.* kazak
pullulate /'palyuleyt/ *e.* filizlenmek, çimlenmek
pulmonary /'palmınıri/ *s. hek.* akciğerlerle ilgili, akciğerleri etkileyen,

akciğer+

pulmotor /'palmoutı/ *a.* suni teneffüs cihazı, yapay solunum aygıtı

pulp /palp/ *a.* meyve eti; kâğıt hamuru; *şek.* küspe ¤ *e.* hamurlaşmak; hamurlaştırmak *beat sb to a pulp* öldüresiye dövmek *pulp elevator* küspe elavatörü *pulp flume şek.* küspe kanalı *pulp press şek.* küspe presi *pulp press water şek.* küspe pres suyu *pulp silo şek.* küspe silosu, küspe çukuru *reduce sb to a pulp* şoka uğratmak, ne yapacağını şaşırtmak

pulper /'palpı/ *a.* küspe makinesi

pulpify /'palpifay/ *e.* hamurlaştırmak

pulpiness /'palpinis/ *a.* özlülük, etlilik; yumuşaklık

pulpit /'pulpit/ *a.* kürsü, mimber

pulpy /'palpi/ *a.* özlü, etli; yumuşak

pulpwood /'palpwud/ *a.* hamur odunu, kâğıt yapmaya elverişli odun

pulsar /'palsa:/ *a. gökb.* pulsar, atarca yıldız, atarca

pulsate /'palseyt/ *e.* titremek, titreşmek; (yürek, nabız, vb.) atmak, çarpmak

pulsating /'palseyting/ *s.* titreşimli *pulsating jet engine hav.* palslı jet motoru *pulsating load* sarsma yükü, titreşim yükü *pulsating star gökb.* zonklayan yıldız, atınımlı yıldız

pulsation /pal'seyşın/ *a.* titreşim; nabız atışı; kalp atışı

pulsatory /'palsıtıri/ *s.* atan, vuran, titreşimli

pulse /pals/ *a.* nabız, nabız atışı; *tek.* darbe, puls, vuru, atım; bakliyat ¤ *e.* nabız gibi atmak, çarpmak *feel sb's pulse* nabzını yoklamak *pulse amplifier* darbe amplifikatörü, puls amplifikatörü *pulse amplitude* darbe genliği, atım genliği *pulse bandwidth* darbe bant genişliği *pulse carrier* darbe taşıyıcı *pulse code* darbe kodu *pulse code modulation* darbe kod modülasyonu *pulse counter* darbe sayacı *pulse discriminator* darbe diskriminatörü *pulse duration elek.* darbe süresi *pulse-duty factor elek.* darbe boşluk oranı *pulse fall time* puls düşme süresi, darbe düşme zamanı *pulse forming line* darbe oluşturan hat *pulse frequency* darbe frekansı *pulse generator* darbe jeneratörü *pulse-height analyzer* darbe-yükseklik analizörü *pulse ionization chamber* darbe iyonizasyon odası *pulse modulated* darbe modülasyonlu *pulse modulation* puls modülasyonu, darbe modülasyonu *pulse modulator* puls modülatörü, darbe modülatörü *pulse operation* darbeli çalışma *pulse radar* darbeli radar *pulse regeneration* darbe yenileme *pulse spectrum* darbe spektrumu *pulse-time modulation* darbe-zaman modülasyonu *pulse transformer* darbe transformatörü *pulse width* darbe genişliği

pulsed /palst/ *s.* darbeli *pulsed Doppler radar* pulse-doppler

pulsometer /pal'somitı/ *a.* pulsometre

pulverization /palvıray'zeyşın/ *a.* püskürtme

pulverize /'palvırayz/ *e.* ezmek, toz haline getirmek; toz haline gelmek; *kon.* alt etmek, hezimete uğratmak; *kon.* fena dövmek/vurmak *pulverized* toz halinde, ezilmiş *pulverized coal mad.* toz kömür

pulverizer /'palvırayzı/ *a.* püskürtücü

pulverulent /pal'verulınt/ *s.* tozlu, toz halinde

puma /'pyu:mı/ *a. hayb.* puma

pumice /'pamis/ *a.* ponza *pumice stone yerb.* süngertaşı

pummel /'pamıl/ *e.* yumruklamak

pump /pamp/ *a.* pompa; tulumba ¤ *e.* pompalamak; *kon.* ağzını aramak *pump handle* pompa kolu *pump inlet* pompa girişi *pump intake valve* pompa giriş supabı *pump nozzle* pompa enjektörü *pump plunger* pompa pistonu, dalma piston *pump priming* teşvik, destekleme *pump rod* pompa çubuğu, pompa kolu *pump room* tulumba dairesi *pump sump* pompa yağ haznesi *pump valve* pompa supabı *pump money into* para pompalamak, para sağlamak *pumped concrete* pompa ile iletilen beton

pumping /'pamping/ *a.* pompalama, su çekme *pumping action* pompalama hareketi *pumping speed* pompalama hızı *pumping station* pompa istasyonu

pumpkin /'pampkin/ *a. bitk.* balkabağı

pun /pʌn/ *a.* cinas, sözcük oyunu, ündeş
punch /pʌnç/ *e.* yumruklamak;
zımbalamak, zımbayla delmek; bizle
delmek ¤ *a.* yumruk; zımba, delgeç;
matkap, delgi; punç; güç, etki *punching positions* *biliş.* delgileme
konumları *punching rate biliş.*
delgileme oranı *punching station biliş.*
delme istasyonu *punching track biliş.*
delgileme yolu, delgileme yatağı *pull one's punches* lafını esirgememek
punch card biliş. delikli kart, delgili kart
punch knife biliş. delgi bıçağı *punch line* (şaka, öykü, vb.'nin) en önemli
noktası/esprisi *punch position biliş.*
delgi konumu *punch tape biliş.* delikli
şerit
punched /pʌnçt/ *s.* delikli *punched card*
delikli kart *punched card interpreter
biliş.* delgili kart yorumlayıcısı *punched
card system* delikli kart sistemi
punched card verifier biliş. delgili kart
gerçekleyicisi *punched tape biliş.*
delikli şerit *punched tape code biliş.*
delikli şerit kodu
puncheon /'pʌnçın/ *a.* büyük fıçı
puncher /'pʌnçın/ *a.* zımba; kavgacı
punch-up /'pʌnçap/ *a. İİ. kon.* kavga,
dövüş
punctilious /pʌnk'tiliıs/ *s.* titiz, dikkatli,
özenli
punctilio /pʌnk'tiliou/ *a.* titizlik, özen
punctual /'pʌnkçuıl/ *s.* dakik, zamanında
olan/yapan
punctuality /pʌnkçu'elıti/ *a.* dakiklik
punctuate /'pʌnkçueyt/ *e. dilb.* noktalama
işaretlerini koymak; (sözü, vb.) ikide bir
kesmek
punctuation /pʌnkçu'eyşın/ *a.* noktalama
punctuation bit biliş. kayıt
başlangıç/bitiş belirticisi *punctuation
marks* noktalama işaretleri, noktalama
imleri
puncture /'pʌnkçı/ *a.* küçük delik;
(lastikte, vb.) patlak ¤ *e.* patlamak;
delmek, delik açmak
pundit /'pʌndit/ *a.* bilgin, bilge, bilirkişi
pungency /'pʌncınsi/ *a.* sertlik, acılık,
keskinlik
pungent /'pʌncınt/ *s.* keskin kokulu, sert,
acı, keskin; (davranış, söz, yazı, vb.)
sert, ısırıcı

punish /'pʌniş/ *e.* cezalandırmak; *kon.*
kötü biçimde dövmek, hırpalamak,
katlamak
punishing /'pʌnişing/ *s. kon.* yorucu,
öldürücü
punishment /'pʌnişmınt/ *a.* ceza;
cezalandırma; *kon.* kötü davranma,
zarar verme
punitive /'pyu:nitiv/ *s.* ceza kabilinden,
cezayla ilgili; acımasız, çok sert
punk /pʌnk/ *s.* pank; *Aİ. arg.*
siktiriboktan; *Aİ. arg.* hasta, rahatsız ¤
a. çürümüş odun; *kon.* zırva, saçmalık;
pankçı
punnet /'pʌnit/ *a.* meyve sepeti
punster /'pʌnstı/ *a.* cinas yapan kimse
punt /pʌnt/ *a.* altı düz sandal ¤ *e.* altı düz
sandalla geçmek
punter /'pʌntı/ *a. İİ. kon.* at yarışı
oynayan kimse, bahis sahibi
puny /'pyu:ni/ *s.* sıska, çelimsiz
pup /pʌp/ *a.* yavru fok; yavru köpek ¤ *e.*
(köpek) doğurmak, yavrulamak
pupa /'pyu:pı/ *a. hayb.* pupa
pupate /'pyu:peyt/ *e. hayb.* pupa evresini
geçirmek
pupation /pyu:'peyşın/ *a. hayb.* pupa
evresi
pupil /'pyu:pıl/ *a.* öğrenci; gözbebeği
pupillage /'pyu:pilic/ *a.* öğrencilik;
vesayet altında bulunma
puppet /'pʌpit/ *a.* kukla; *hkr.* başkasının
oyuncağı, kukla *puppet government*
kukla hükümet
puppeteer /pʌpi'tiı/ *a.* kuklacı
puppy /'pʌpi/ *a.* köpek yavrusu; züppe
genç
puppyhood /'pʌpihud/ *a.* gençlik,
delikanlılık
purblind /'pö:blaynd/ *s.* odun kafa,
mankafa
purchasable /'pö:çisıbıl/ *s.* satın alınabilir
purchase /'pö:çis/ *e.* satın almak; (çaba,
özveri, vb. karşılığında) elde etmek,
kazanmak ¤ *a.* satın alma, alım; satın
alınan şey *purchased beet şek.* satın
alınan pancar *purchase account*
alımlar hesabı, mubayaa hesabı *purchase budget* alım bütçesi *purchase
cost* satın alma maliyeti *purchase discount* indirim, ıskonto *purchase invoice* alış faturası *purchase money*

bedel **purchase on account** kredili satış **purchase on credit** kredili satın alma **purchase on instalments** taksitle alış **purchase pattern** satın alma biçimi **purchase power** satın alma gücü **purchase price** alış fiyatı **purchase tax** alım vergisi

purchaser /'pö:çısı/ a. müşteri, alıcı

purchasing /'pö:çısing/ a. satın alma **purchasing agent** alım ajanı, mubayaa ajanı **purchasing association** satın alma kurumu **purchasing department** satın alma bölümü **purchasing power** satın alma gücü **purchasing power parity** satın alma gücü paritesi **purchasing price** semen

pure /pyuı/ s. katıksız, arı, saf, halis; temiz; safkan; saf, masum, namuslu, iffetli; soyut, kuramsal **pure coal** saf kömür **pure code** biliş. saf kod **pure colour** saf renk **pure competition** serbest rekabet **pure generator** biliş. saf üreteç **pure gold** saf altın **pure imaginary number** mat. yalın sanal sayı **pure linen** teks. saf keten, has keten **pure mathematics** mat. soyut matematik **pure memory** biliş. saf bellek **pure monopoly** tam tekel **pure physics** teorik fizik, kuramsal fizik **pure procedures** biliş. saf prosedürler **pure silk** teks. saf ipek, has ipek **pure stand** orm. saf meşcere **pure storage** biliş. saf bellek **pure tone** saf ton, basit ton **pure water** saf su, arı su **pure wool** teks. saf yün

purebred /pyuı'bred/ s. trm. safkan, arıkan

puree /'pyuırey/ a. ezme, püre ¤ e. püre yapmak

purely /'pyuıli/ be. tamamen, sırf, yalnız

purgation /pö:'geyşın/ a. temizleme; müshille bağırsakların temizlenmesi

purgative /'pö:gıtiv/ s. a. hek. müshil, içsürdürücü, pürgetif

purgatory /'pö:gıtıri/ a. Araf; acı çekilen dönem/durum/yer

purge /pö:c/ a. (parti, vb.'den) istenmeyen kişileri temizleme, tasfiye; hek. müshil, içsürdürücü ¤ e. temizlemek, arıtmak; günahtan arındırmak, temizlemek, kurtarmak; zararlı kişilerden kurtarmak, tasfiye etmek; hek. müshil ile bağırsakları

temizlemek; huk. aklamak, temize çıkarmak **purge date** biliş. silme tarihi

purification /pyuırifi'keyşın/ a. arıtma, temizleme

purifier /'pyuırifayı/ a. temizleyici, arıtıcı

purify /'pyuırifay/ e. temizlemek, arındırmak, arıtmak **purifying agent** temizleme maddesi

purine /'pyuıri:n/ a. kim. purin

purism /'pyuırizım/ a. dilde aşırı dikkat/titizlik

purist /'pyuırist/ a. (dilin kullanımında) aşırı dikkatli, titiz kimse, arıtımcı

puritan /'pyuıritın/ a. s. yobaz, bağnaz, sofu

purity /'pyuıriti/ a. saflık, temizlik, arılık

purl /pö:l/ a. çağıltı; teks. ters iğne ¤ e. çağıldamak; teks. ters örgü yapmak

purler /'pö:lı/ a. kon. şiddetli düşüş **come a purler** baş aşağı düşmek

purlieus /'pö:lyu:z/ a. etraf, civar

purlin /'pö:lin/ a. inş. aşık, çatı aşığı

purloin /pö:'loyn/ e. yürütmek, araklamak

purloiner /pö:'loynı/ a. hırsız

purple /'pö:pıl/ a. s. mor

purport /'pö:po:t/ a. anlam, niyet ¤ e. gibi görünmek, iddia etmek

purpose /'pö:pıs/ a. amaç, gaye, maksat, erek; niyet, kasıt; kararlılık, niyet **answer/serve the same purpose** aynı işi görmek, amacı karşılamak **for the purpose of** ... amacıyla **on purpose** kasten, bile bile

purpose-built /pö:pıs'bilt/ s. İl. belli bir amaç için özel yapılmış

purposeful /'pö:pısfıl/ s. bir amaca yönelik, amaçlı

purposeless /'pö:pıslis/ s. amaçsız, anlamsız

purposely /'pö:pısli/ be. kasten, mahsus, bilerek

purposive /'pö:pısiv/ s. amaçlı, maksatlı

purr /pö:/ e. (kedi) mırlamak; (motor) hırıldamak; tatlı bir sesle söylemek ¤ a. kedi mırlaması, mırıltı; motor hırlaması, hırıltı

purse /pö:s/ a. küçük para çantası, para kesesi; Aİ. kadın el çantası; alım gücü, kese; toplanan para, ödül ¤ e. (dudak) büzmek **loosen one's purse strings** kesenin ağzını açmak **purse one's lips** dudak bükmek

purser /'pö:sı/ *a.* gemi muhasebecisi/veznedarı

purslane /'pö:sli:n/ *a. bitk.* semizotu

pursuance /pı'syu:ıns/ *a.* sürdürme, devam, takip

pursuant /pı'syu:ınt/ *s.* uygun, mutabık, muvafık

pursue /pı'syu:/ *e.* kovalamak, peşine düşmek, izlemek; (talihsizlik, vb.) peşini bırakmamak; (şöhret, vb.) peşinden koşmak; (işe, vb.) devam etmek, sürdürmek

pursuer /pı'syu:ı/ *a.* veznedar, muhasebeci

pursuit /pı'syu:t/ *a.* kovalama, takip, peşine düşme; meşgale, uğraş, iş *in pursuit of* -in peşinde

pursy /'pö:si/ *s.* tıknefes; buruşuk, katlanmış

purulence /'pyuırulıns/ *a. hek.* irin, cerahat

purulent /'pyuırulınt/ *a. hek.* irinli, cerahatli *purulent matter* irin, cerahat

purvey /pö:'vey/ *e.* (gıda, vb.) tedarik etmek, bulundurmak

purveyance /pö:'veyıns/ *a.* (gıda, vb.) tedarik etme, bulundurma

purveyor /pö:'veyı/ *a.* tedarikçi, satıcı

purview /'pö:vyu:/ *a.* alan; *huk.* anlam, meal

pus /pas/ *a. hek.* cerahat, irin

push /puş/ *e.* itmek; basmak, bastırmak; sıkıştırmak, zorlamak, baskı yapmak; *kon.* reklamını yapmak; *kon.* uyuşturucu satmak; *kon.* ... yaşına merdiven dayamak ¤ *a.* itme, itiş, kakma, dürtme; ilerleme, hücum; çaba, gayret, güç, enerji; girginlik, girişkenlik; destek, yardım; *kon.* işten kovulma, atılma *push along kon.* gitmek, kaçmak, yaylanmak; devam etmek *push around kon.* boyun eğmeye zorlamak, şamar oğlanına çevirmek *push for* can atmak, arzulamak, elde etmeye çalışmak *push in kon.* kabaca (sözünü) kesmek *push off arg.* siktir olup gitmek, defolmak *push on* acele etmek; ilerlemek, yoluna devam etmek; cesaret vermek, gaz vermek; (angarya, vb.) üzerine yıkmak *push one's luck* şansını zorlamak, riske girmek *push out* kovmak, başından atmak, defetmek

push sb to the wall birini köşeye sıkıştırmak *push up* fiyatları yukarı çekmek *get the push arg.* sepetlenmek, işten atılmak *give sb the push arg.* sepetlemek, işten atmak *push bolt* sürgü *push operation biliş.* itme işlemi *push rod oto.* itici mil, itme çubuğu, supap iticisi

push-button /'puşbatın/ *a.* elektrik düğmesi, basmalı düğme *push-button switch* basmalı anahtar, büton anahtar

push-pull /puş'pul/ *a. elek.* puşpul, açma-kapama *push-pull amplifier elek.* puşpul amplifikatör *push-pull microphone elek.* puşpul mikrofon *push-pull oscillator elek.* puşpul osilatör

pushbike /'puşbayk/ *a. İİ. kon.* bisiklet

pushchair /'puşçeı/ *a.* çocuk arabası

pushdown /'puşdaun/ *s. biliş.* aşağı itmeli *pushdown list biliş.* aşağı itmeli liste, son ilk dizelge *pushdown queue biliş.* aşağı itmeli kuyruk *pushdown store biliş.* aşağı itmeli bellek, son ilk bellek

pushed /puşt/ *s. kon.* sıkışık, parasız, kesik; meşgul, işi başından aşkın

pusher /'puşı/ *a. kon.* fırsatçı; *arg.* uyuşturucu satıcısı *pusher aircraft hav.* itici pervaneli uçak *pusher type furnace met.* iterli fırın, itici tip fırın

pushful /'puşful/ *s.* girişken; sırnaşık

pushing /'puşing/ *s.* iten; girişken, girgin

pushover /'puşouvı/ *a. kon.* çocuk oyuncağı

pushpin /'puşpin/ *a.* raptiye

pushup /'puşap/ *a. Aİ.* şınav *pushup list biliş.* yukarı itmeli liste, kayan dizelge

pushy /'puşi/ *s.* (kendi işlerinde) çok titiz, tez canlı

pusillanimity /pyu:silı'nimıti/ *a.* korkaklık, ödleklik

pusillanimous /pyu:si'lenimıs/ *a.* korkak, ödlek

puss /pus/ *a. kon.* kedi, pisipisi; kız; yüz, surat

pussy /'pusi/ *a. kon.* kedi, pisi pisi; *kab. arg.* am, amcık

pussycat /'pusiket/ *a. kon.* kedi, pisi pisi

pustule /'pastyu:l/ *a.* sivilce; kabarcık

put /put/ *e.* koymak, yerleştirmek; açıklamak, ifade etmek; çevirmek, tercüme etmek; sormak; yazmak, oymak; (gülle, vb.) atmak, fırlatmak; uydurmak; para yatırmak; bahis tutuşmak; yapmak, etmek, yüklemek, koymak; gitmek, ilerlemek, koşmak; önermek, teklif etmek, oya sunmak ¤ *a.* satma opsiyonu; vadeli borsa işlemi *stay put kon.* yerinde durmak, konduğu yerde kalmak *put about kon.* (haber) yaymak *put across* anlatmak, açıklamak, anlaşmasını sağlamak *put an end to* -e bir son vermek *put and call* çift ikramiyeli işlem *put aside* biriktirmek, bir kenara koymak *put away* kaldırmak, yerine koymak; saklamak, bir tarafa koymak; (para, vb.) sonrası için bir kenara koymak, ayırmak, saklamak; (yaşlı/hasta bir hayvanı) öldürmek; (düşünce) bırakmak, vazgeçmek, bir kenara atmak *put back* geri almak; geciktirmek; ertelemek *put by* (para, vb.) sonrası için bir kenara koymak, ayırmak, saklamak *put down* denetim altına almak, bastırmak, alt etmek; (yaşlı/hasta bir hayvanı) öldürmek; yazmak, not etmek; (for ile) listeye kaydetmek; (for ile) (birisini) ... yerine koymak, ... olarak görmek; (birini) küçük düşürmek, bozmak; (uçak) inmek/indirmek; depozit ödemek; (taşıttan) indirmek; (to ile) (nedenini) -e bağlamak *put forth* göstermek; önermek *put forward* (düşünce, öneri, vb.) ileri sürmek, öne sürmek, ortaya atmak; adaylığını koymak; (saat) ileri almak; (toplantı, vb.) daha erken bir tarihe almak, öne almak *put heads together* kafa kafaya vermek *put in* (gemi) limana girmek; *kon.* uğramak, takılmak; ... diye eklemek, araya girip söylemek; vurmak, çalmak; (iş, vb.) yapmak; (para/zaman) harcamak; talepte bulunmak, ricada bulunmak *put in for* ... için başvurmak; adaylığını koymak, başvuruda bulunmak; yarışa sokmak, yarıştırmak *put into* -e ... katmak; -e para vermek, para yatırmak; -e tercüme etmek, çevirmek; (gemi) -e girmek/sokmak *put it there* (anlaşma, uzlaşmada) ver elini *put of more* katlı opsiyon, daha fazlasını koyma *put off* ileriye almak, ertelemek; geciktirmek; (taşıttan) indirmek; atlatmak; cesaretini kırmak, hevesini kaçırmak;

tiksindirmek; (su, gaz, vb.) kesmek, kapatmak; (radyo, ışık, vb.) kapatmak; (bir şey yapmasına) engel olmak, *put on* giymek, takmak; numarası yapmak, pozuna bürünmek, takınmak; artırmak, çoğaltmak, fazlalaştırmak; (kilo) almak; sahneye koymak; eklemek; *Aİ. arg.* işletmek, kafaya almak; (radyo, vb.) açmak; tedarik etmek, sağlamak, hizmete sokmak; (saat) ileri almak *put on hold (the call)* telefonu kapatmayıp beklemek *put on one's thinking cap* kafa yormak *put on the dog* çalım satmak *put on the heat/screws/squeeze* gözdağı vermek *put one over on sb* gürültüye getirmek *put one's back into* canını dişine takmak *put one's finger on* parmak basmak *put one's hand to the plow* canını dişine takmak *put one's nose to the grindstone* canla başla çalışmak *put one's oar in* burnunu sokmak *put oneself out* zahmete girmek *put onto kon.* hakkında bilgi vermek *put option* satma opsiyonu *put out* söndürmek; üzmek, canını sıkmak, rahatsız etmek, darıltmak; üretmek; yayınlamak; zorluk çıkarmak, zahmete sokmak *put over* (gemi) yana yatmak; anlatmak, açıklamak, anlaşılmasını sağlamak *put paid to İİ.* mahvetmek, berbat etmek, yok etmek *put prices up* fiyatları yükseltmek *put sb through* başarıya ulaştırmak; bağlamak *put sb on a pedestal* birini baş tacı etmek/baş üstünde tutmak *put sb on the spot* birini sıkboğaz etmek *put sb through the wringer* birisinin anasından emdiği sütü burnundan getirmek *put sb's back up* birini çileden çıkarmak *put sth on paper* bir şeyi kâğıda dökmek *put sth above* olduğundan değerli görmek *put sth up for auction* açık artırmaya çıkarmak *put sth up for sale* satışa çıkarmak *Put that in your pipe and smoke it!* İster inan, ister inanma! *put the blame on* suçu -e yüklemek *put through* (bir işi) başarmak, başarıyla sonuçlandırmak, gerçekleştirmek; (telefon) bağlamak, istenilen numarayı vermek; (öneriyi) kabul ettirmek; telefon etmek; -e tabi tutmak, -e sokmak; (acı, vb.) çektirmek *put to (good) use* iyi kullanmak **put to** (kapı, vb.) sıkıca kapatmak; (gemi) sahile doğru gitmek/sürmek; -e tabi tutmak, sokmak; sunmak **put to death** öldürmek **put together** kurmak, (grup) oluşturmak; toplamak, bir araya getirmek; birleştirmek **put two and two together** düşünüp taşınmak **put up** kaldırmak, yükseltmek; (ilan, vb.) asmak; (fiyat) artırmak; misafir etmek, ağırlamak; yiyecek, yer, vb. sağlamak; -e adaylığını koymak; (para) sağlamak; satışa sunmak, satılığa çıkarmak; (iş, vb. için) önermek; yerine koymak, ortadan kaldırmak; (sanığı) mahkemeye çağırmak; (kavgada) kendini göstermek **put up at a hotel** otelde konaklamak **put up to** (bir şey yapma) fikrini vermek, ... aklını vermek; (bir şey) önermek **put up with** tahammül etmek, katlanmak, dayanmak, çekmek **put words into sb's mouth** avukatlığını yapmak **Put your money where your mouth is!** Halep oradaysa arşın burada

putative /'pyu:tıtiv/ s. öyle olduğu sanılan, öyle kabul edilen, varsayılan, farz edilen, sözde ... olan

put-down /'putdaun/ a. kon. küçültücü söz, aşağılama

putlog /'patlog/ a. inş. iskele kirişi

put-off /'putof/ a. kon. bahane, mazeret, ayak

put-on /'puton/ a. kon. numara, poz, ayak; Al. şaka

put-put /'patpat/ a. pat pat, motor sesi

putrefacient /pyu:tri'feyşınt/ s. çürütücü

putrefaction /pyu:tri'fekşın/ a. çürüme, kokuşma; çürümüş, kokmuş şey

putrefactive /pyu:tri'fektiv/ s. çürütücü

putrefy /'pyu:trifay/ e. çürümek; çürütmek

putrescence /pyu:'tresıns/ a. çürüklük

putrescent /pyu:'tresınt/ s. çürümekte olan

putrescine /pyu:'tresi:n/ a. kim. putresin

putrid /'pyu:trid/ s. çürük, kokmuş, kokuşmuş; arg. beş para etmez, rezil, berbat

putt /pat/ e. (golf) deliğe sokmak için hafifçe (topa) vurmak

puttee /'pati/ a. dolak

putter /'pati/ a. golf sopası

putting-green /'pating-gri:n/ a. golf deliğinin çevresindeki düz çimenlik

putty /'pati/ s. macun, camcı macunu, sıvacı macunu; değersiz şey, oyuncak **be putty in sb's hands** -in elinde oyuncak olmak **glaziers' putty** camcı macunu **plasterers' putty** sıvacı macunu **putty knife** ıspatula **putty powder** cila tozu, parlatma tozu

put-up /'putap/ s. önceden ayarlanmış

put-upon /'putıpon/ s. kullanılmış, sömürülmüş

puzzle /'pazıl/ a. bilmece, bulmaca; muamma, bilmece, anlaşılmaz şey ¤ e. şaşırtmak, kafasını karıştırmak; (about/over/as to) ile) çözmeye/anlamaya çalışmak; bir yanıt bulmaya çalışmak

puzzlement /'pazılmınt/ a. şaşkınlık, tereddüt

puzzler /'pazlı/ a. anlaşılmaz mesele, bilmece

pycnometer /pik'nomitı/ a. yoğunluk şişesi, piknometre

pyelitis /payı'laytis/ a. piyelit

pygmy /'pigmi/ a. pigme; cüce

pyjamas /pı'ca:mız/ a. pijama

pylon /'paylın/ a. çelik elektrik direği, pilon; hav. uçaklara kılavuzluk eden büyük kule

pylorus /pay'lo:rıs/ a. hek. mide kapısı

pyramid /'pirımid/ a. mat. piramit; ehram, piramit

pyramidal /pi'remidıl/ s. piramit biçiminde

pyrazole /'payrızoul/ a. pirazol

pyre /payı/ a. ölü yakmak için toplanan odun yığını

pyrene /'payri:n/ a. kim. piren

Pyrex /'payreks/ a. Payreks, ateşe dayanıklı cam eşya

pyrheliometer /pıhi:li'omitı/ a. gökb. günerkölçer

pyridine /'piridi:n/ a. piridin

pyrimidine /pay'rimidi:n/ a. kim. pirimidin

pyrite /'payrayt/ a. min. pirit

pyrogallol /payrou'gelol/ a. pirogallol

pyrolusite /payrou'lu:sayt/ a. min. piroluzit

pyrolysis /pay'rolisis/ a. piroliz, ısılbozunma

pyrolytic /payrou'litik/ s. pirolitik

pyromania /payırou'meynıı/ *a. ruhb.* yakma deliliği

pyrometer /pay'romıtı/ *a.* pirometre

pyrometry /pay'romitri/ *a.* pirometri

pyromorphite /payrou'mo:fayt/ *a. min.* piromorfit

pyrone /'payroun/ *a.* piron

pyrope /'payroup/ *a. min.* pirop

pyrophosphate /payrou'fosfeyt/ *a. kim.* pirofosfat

pyrotechnic /payrou'teknik/ *s.* piroteknik

pyrotechnics /payrou'tekniks/ *a.* fişekçilik; havai fişek gösterisi; aşırı gösteriş, şatafat

pyroxene /pay'roksi:n/ *a. min.* piroksen

pyroxenite /pay'roksinayt/ *a. yerb.* piroksenit

pyrrolidine /pi'rolidi:n/ *a.* pirolidin

python /'paytın/ *a. hayb.* piton yılanı

pyx /piks/ *a.* sikke ayar kutusu, sikke numune kutusu

Q

Q, q /kyu:/ *a.* İngiliz abecesinin on yedinci harfi

quack /kwek/ *a.* ördek sesi, vak; yalancı doktor, şarlatan ¤ *e.* ördek gibi bağırmak, vaklamak; *mec.* vır vır etmek, söylenip durmak; şarlatanlık etmek

quackery /'kwekıri/ *a.* yalancı doktorluk; şarlatanlık

quad /kwod/ *a. kon.* avlu, bahçe; dört ayaklı hayvan; dördüz

quadrable /'kwodrıbıl/ *s.* karesi alınır

quadrangle /'kwodrengıl/ *a.* avlu, bahçe; *mat.* dörtgen

quadrangular /kwo'drengyulı/ *s. mat.* dörtgenel, dört köşeli

quadrant /'kwodrınt/ *a. mat.* çeyrek daire; oktant

quadraphonic /kwodrı'fonik/ *s.* (ses) dört kanallı, kuadrofonik

quadraphonics /kwodrı'foniks/ *a.* kuadrofoni

quadrat /'kwodrıt/ *a. bas.* katrat *em quadrat* büyük katrat *en quadrat* küçük katrat

quadrate /'kwodrit/ *s.* kare, dört köşeli ¤

e. uymak; uydurmak

quadratic /kwo'dretik/ *s.* dörtgen gibi; *mat.* ikinci dereceden *quadratic equation mat.* ikinci derece denklemi, ikilenik denklem *quadratic mean* kuadratik ortalama *quadratic system fiz.* kuvadratik sistem

quadrature /'kwodrıçı/ *a. gökb.* dörtlük; *mat.* kareleştirme, dördülleme

quadrilateral /kwodri'letirıl/ *s. a.* dörtgen

quadrillion /kwo'driliın/ *a.* katrilyon

quadrinomial /kwodri'noumiıl/ *a.* dört terimli

quadrivalent /kwodri'veylınt/ *s. kim.* dört değerli

quadrophonic /kwodrı'fonik/ *s.* kuadrofonik

quadrophony /kwodrı'fo:ni/ *a.* kuadrofoni

quadruped /'kwodruped/ *a. hayb.* dört ayaklı hayvan

quadruple /'kwodrupıl/ *e.* dörtle çarpmak; dört katı olmak, dört kat büyük olmak ¤ *s. a.* dörtlü; dört katı *quadruple point kim.* dört kat nokta, dördül nokta

quadruplet /'kwodruplit/ *a.* dördüz

quadruplex /'kwodrupleks/ *s.* dört katlı

quadrupole /'kwodrupoul/ *a. fiz.* kuadrupol *quadrupole moment fiz.* kuadrupol momenti *quadrupole radiation* kuadrupol radyasyonu

quaff /'kwa:f/ *e.* kana kana içmek

quagmire /'kwegmayı/ *a.* bataklık, batak *be caught in a quagmire* çıkmazda olmak

quail /kweyl/ *a. hayb.* bıldırcın ¤ *e.* korkudan sinmek, ürkmek, titremek

quaint /kweynt/ *s.* (eski olduğu için) ilginç, çekici, değişik

quaintness /'kweyntnis/ *a.* (eski olduğu için) ilginçlik, değişiklik

quake /kweyk/ *e.* titremek, sallanmak ¤ *a. kon.* deprem *quake/shake in one's boots* ödü kopmak, korkudan tir tir titremek

qualifiable /'kwolifayıbıl/ *s.* düzeltilebilir, değiştirilebilir

qualification /kwolifi'keyşın/ *a.* nitelendirme, niteleme; nitelik, özellik, yeterlik, vasıf; şart, sınırlama, vasıf *qualification testing biliş.* kanıtlama

testi, teslimat öncesi sağlamlık testi
qualificative /kwolifi'keytiv/ s. niteleyici
qualificative adjective niteleme sıfatı
qualified /'kwolifayd/ s. nitelikli, kalifiye, vasıflı; şartlı, sınırlı *qualified acceptance* kısmi kabul *qualified endorsement* tahditli ciro, kısıtlayıcı ciro *qualified name biliş.* nitelendirilmiş ad
qualify /'kwolifay/ e. hak kazanmak, yeterli olmak, kalifiye olmak; hak kazandırmak, yeterli kılmak, kalifiye etmek; sınırlandırmak, değiştirmek *qualifying round* seçim turu
qualitative /'kwolitıtiv/ s. nitel, kalitatif *qualitative adjectives* nicelik sıfatları *qualitative analysis* kalitatif analiz, nitel çözümleme *qualitative test* nitel test, nitel deney
qualitatively /'kwolitıtivli/ be. nitelik bakımından, nitel olarak
quality /'kwoliti/ a. nitelik, kalite, vasıf; özellik *quality assurance* kalite sigortası, nitelik sigortası *quality control* kalite kontrolü, nitelik denetimi *quality control chart* kalite kontrol grafiği, nitelik denetim çizeneği *quality diagnostics biliş.* kalite diagnostikleri, nitelik hata bulucuları *quality engineering* kalite mühendisliği *quality factor elek.* kalite faktörü
qualm /kwa:m/ a. mide bulantısı; kuşku, kaygı, huzursuzluk, endişe, kuruntu
quandary /'kwondıri/ a. kararsızlık *be in a quandary* ikilem içinde olmak
quantify /'kwontifay/ e. (miktar) ölçmek
quantitative /'kwontitıtiv/ s. nicel, kantitatif *quantitative analysis* kantitatif analiz, nicel çözümleme *quantitative linguistics* nicel dilbilim *quantitative pronoun* nicelik zamiri
quantity /'kwontiti/ a. nicelik; miktar *quantity buyer* toptancı *quantity discount* miktara bağlı indirim *quantity of electricity* elektrik miktarı *quantity of heat* ısı miktarı *quantity of motion gökb.* hareket miktarı, devim niceliği *quantity production* seri üretim *quantity purchase* büyük miktarda alım
quantization /kwontay'zeyşın/ a. fiz. kuvantumlama, nicemleme
quantize /'kwontayz/ e. nicelendirmek, niceliklerini bulmak

quantor /'kwontı/ a. mat. niceleyici
quantum /'kwontım/ a. kuvantum *quantum chemistry* kuvantum kimyası *quantum electrodynamics* kuvantum elektrodinamiği *quantum electronics* kuvantum elektroniği *quantum limit fiz.* kuvantum sınırı *quantum mechanics* kuvantum mekaniği *quantum number* kuvantum sayısı *quantum physics* kuvantum fiziği *quantum state* kuvantum hali, nicem hali *quantum statistics* kuvantum istatistiği *quantum theory* kuvantum teorisi, nicemler kuramı *quantum transition* kuvantum geçişi, nicem geçişi *quantum yield* kuvantum verimi, nicem verimi
quarantine /'kworınti:n/ a. karantina ¤ e. karantinaya almak *quarantine anchorage den.* karantina limanı
quark /kwa:k/ a. temel zerre
quarrel /'kworıl/ a. kavga, atışma, çekişme, bozuşma; kavga nedeni, anlaşmazlık ¤ e. kavga etmek, kapışmak, çekişmek, atışmak, bozuşmak *pick a quarrel* kavga çıkarmak *quarrel with one's bread and butter* ekmek parası ile oynamak
quarrelsome /'kworılsım/ s. kavgacı
quarry /'kwori/ a. taşocağı; yontma yapı taşı; karo, çini; av, şikâr *quarry face* taşocağı aynası
quarrystone /kwori'stoun/ a. ocak taşı
quart /kwo:t/ a. galon'un dörtte biri, kuart (1.137 lt.)
quarter /'kwo:tı/ a. çeyrek; çeyrek saat; üç aylık süre; *Aİ.* 25 sent, çeyrek dolar; dört bir yan; mahalle, semt, bölge; aman; *den.* kıç omuzluk ¤ e. dörde bölmek; *ask.* (kışlaya) yerleştirmek, oturtmak *at close quarters* yan yana, yakın *from all quarters* dört bir yandan *give no quarter* aman vermemek *quarter bend* çeyrek dirsek, çeyrek deveboynu *quarter day* üç aylık (kira) ödeme günü *quarter-turn* çeyrek dönüş *quarter-wave fiz.* çeyrek dalga *quarter-wave antenna* çeyrek dalga anteni *quarter-wave plate opt.* çeyrek dalga plakası
quarterdeck /'kwo:tıdek/ a. den. kıç güvertesi
quarterfinal /kwo:tı'faynl/ a. çeyrek final

quarterly /'kwo:tıli/ *s. be.* üç ayda bir olan, üç aylık

quartermaster /'kwo:tıma:stı/ *a. ask.* levazım subayı; *den.* serdümen

quarters /'kwo:tız/ *a.* (askerler/hizmetçiler için) lojman *married quarters* askeri aile lojmanı

quartet /kwo:'tet/ *a. müz.* dörtlü, kuartet

quartic /'kwo:tik/ *s. mat.* dördüncü dereceden, dörtlenik

quartile /'kwo:tayl/ *a.* kartil

quarto /'kwo:tou/ *a.* dört yapraklı forma

quartz /kwo:ts/ *a.* kuvars *quartz crystal* kuvars kristali *quartz fibre* kuvars lifi *quartz filter* kuvars filtre, piezoelektrik filtre *quartz glass* kuvarslı cam, kuvars camı *quartz lamp* kuvars lambası *quartz oscillator* kuvars osilatörü *quartz powder* kuvars tozu *quartz thermometer* kuvars termometresi *quartz wedge* kuvars kama *quartz-iodine lamp* kuvars iyotlu lamba

quartzite /'kwo:tsayt/ *a. yerb.* kuvarsit

quash /kwoş/ *e.* feshetmek, iptal etmek, kaldırmak; bastırmak, dizginlemek

quasi /'kweyzay/ *be.* güya, sözde *quasi contract* şibh akit *quasi official* yarı resmi *quasi rent* rant benzeri *quasi usufruct* şibh intifa *quasi-bistable circuit elek.* yarı iki kararlı devre *quasi-instruction biliş.* varsayımsal komut *quasi-optical waves fiz.* yarı optik dalgalar *quasi-stellar object gökb.* yıldızsı nesne

Quaternary /kwı'tö:nıri/ *s. coğ.* kuaterner, dördüncü çağ

quaternion /kwı'tö:niın/ *a. mat.* kuaterniyon, dördey

quatrain /'kwotreyn/ *a.* dört dizelik şiir, dörtlük

quatrefoil /'ketrıfoyl/ *a. bitk.* dört parçalı yaprak

quaver /'kweyvı/ *e. müz.* ses titreterek söylemek, tril yapmak; titrek sesle söylemek ¤ *a.* titreme, sesi titretme, tril

quay /ki:/ *a.* rıhtım

quayage /'ki:ic/ *a.* rıhtım resmi, iskele parası

queasiness /'kwi:zinis/ *a.* mide bulanması

queasy /'kwi:zi/ *s.* midesi bulanmış, kusacak halde

queen /'kwi:n/ *a.* kraliçe; (iskambil) kız, dam; (satranç) vezir; *arg.* ibne *queen closer inş.* boyuna kesilmiş yarım tuğla *queen mother* ana kraliçe *queen post inş.* ana dikme

queer /kwiı/ *s.* acayip, tuhaf, garip; *kon.* kaçık, üşütük; *kon. hkr.* ibne ¤ *e.* bozmak, mahvetmek, içine etmek *feel queer* bir hoş olmak *in queer street İİ. arg.* borç içinde, borçlu, darda, başı dertte *queer sb's pitch arg.* planlarını bozmak, işini sekteye uğratmak

quell /kwel/ *e.* bastırmak, ezmek, önünü almak

quench /kwenç/ *e.* söndürmek; dindirmek, yatıştırmak; (susuzluk, vb.) gidermek *quench time fiz.* sönme süresi

quencher /'kwençı/ *a. fiz.* söndürücü

quenching /'kwençing/ *a.* söndürme; suverme *quenching circuit elek.* söndürme devresi *quenching crack met.* suverme çatlağı *quenching frequency elek.* söndürme frekansı *quenching oil met.* suverme yağı *quenching oscillator elek.* söndürüm osilatörü *quenching rate met.* suverme hızı *quenching temperature met.* suverme sıcaklığı *quenching tower mad.* söndürme kulesi

quennly /'kwi:nli/ *s.* kraliçe gibi

quercetin /'kwö:sitin/ *a.* (boya) kuersetin

querulous /'kwırulıs/ *s. hkr.* yakınan, şikâyet eden, söylenen, mızmız, dırdırcı

query /'kwiıri/ *a.* sorgu, soru; kuşku, şüphe ¤ *e.* sormak, sorguya çekmek, soruşturmak; -den kuşkulanmak; (yazıda anlaşılmayan bir ifadenin yanına) soru işareti koymak *query language biliş.* sorgulama dili *query station biliş.* sorgulama istasyonu *query system biliş.* sorgulama sistemi, sorgulama dizgesi

question /'kwesçın/ *a.* soru; sorgu; konu, sorun, mesele, problem; kuşku, şüphe ¤ *e.* sorguya çekmek; kuşkulanmak, şüphelenmek, - den şüphe etmek *call (sth) in/into question* -den şüphelenmek *come into question* gündeme gelmek *in question* söz konusu olan, gündemdeki *out of the question* söz konusu olamaz, imkânsız, olanaksız *there's no ques-*

tion of ... olasılığı yok **question mark** soru işareti **question tag** değil mi sorusu, cümlenin sonuna getirilen "değil mi" anlamındaki soru

questionable /'kwesçınıbıl/ s. kesin olmayan, tartışılabilir; kuşkulu, şüpheli, kuşku uyandıran

questioning /'kwesçıning/ s. soru sorar gibi, sorgu dolu, kuşkulu

questionnaire /kwesçı'neı/ a. anket

queue /kyu:/ a. İİ. kuyruk, sıra ¤ e. İİ. kuyruk oluşturmak, kuyruğa girmek **join the queue** kuyruğa girmek **jump the queue** kuyruktakilerin önüne geçmek, kaynak yapmak **queue discipline** biliş. kuyruk disiplini **queue-driven subsystem** biliş. kuyruk-sürümlü altsistem **queue up** kuyruğa girmek **queued access method** biliş. kuyruklu erişim yöntemi **queuing list** biliş. kuyruk listesi, kuyruk dizelgesi **queuing theory** biliş. kuyruk teorisi, kuyruklar kuramı

quibble /'kwibıl/ e. önemsiz konular üzerinde tartışmak; kaçamaklı yanıt vermek ¤ a. gerçek sorundan uzaklaşıp küçük şeylerle tartışma; lafı çevirme

quibbler /'kwiblı/ a. safsatacı kimse

quick /kwik/ s. çabuk, hızlı, süratli; tez, çabuk; çabuk kavrayan, anlayışlı, zeki; çabuk parlayan, ateşli ¤ be. çabucak, süratle, hemen ¤ a. tırnak altındaki duyarlı et; en önemli nokta, can alıcı nokta **cut sb to the quick** kalbini kırmak, derinden yaralamak **quick acting** çabuk etki eden **quick and dirty compiler** biliş. çabuk ve kirli derleyici **quick ash** uçan kül **quick bleach** hızlı ağartma, hızlı beyazlatma **quick charge** çabuk şarj, hızlı şarj **quick lime** sönmemiş kireç **quick motion** hızlı hareket, hızlandırılmış hareket **quick return** seri dönüşlü **quick-taking cement** çabuk katılaşan çimento

quicken /'kwikın/ e. çabuklaştırmak, hızlandırmak; canlandırmak; çabuklaşmak, hızlanmak; canlanmak

quickie /'kwiki/ a. çarçabuk yapılan şey; hafifmeşrep kadın

quicklime /'kwiklaym/ a. sönmemiş kireç

quickly /'kwikli/ be. çabucak, süratle, hızla

quicksand /'kwiksend/ a. akıcı kum, akarkum, bataklık kumu

quicksilver /'kwiksilvı/ a. kim. cıva

quickstep /'kwikstep/ a. bir tür dans (müziği)

quick-witted /kwik'witid/ s. kavrayışlı, zeki, akıllı, çabuk anlayan/davranan

quid /kwid/ a. ağızda çiğnenen tütün; İİ. kon. paund, sterlin

quidnunc /'kwidnank/ a. meraklı

quid pro quo /kwid prou 'kwou/ a. karşılık, bedel

quiescence /kway'esıns/ a. devinimsizlik, hareketsizlik, sessizlik

quiescent /kway'esınt/ s. devinimsiz, hareketsiz, sessiz, sakin, dinlenmede **quiescent current** elek. sükûnet akımı **quiescent period** elek. sükûnet aralığı

quiet /'kwayıt/ a. sessizlik, sakinlik, durgunluk ¤ s. gürültüsüz, sessiz, sakin; durgun, hareketsiz; dertsiz, belasız, huzurlu; mütevazı, yalın, sade, basit, gösterişsiz; (renk) donuk, mat ¤ e. susturmak; yatıştırmak, dindirmek **quiet down** susmak; yatışmak, dinmek **on the quiet** kon. kimseye çaktırmadan **quiet enjoyment** zilyetlik

quieten /'kwayıtın/ e. (down ile) susturmak; susmak; sakinleştirmek; sakinleşmek

quietism /'kwayitizım/ a. fel. dingincilik, sakincilik

quietly /'kwayıtli/ be. sessizce, yavaşça

quietness /'kwayıtnis/ a. sessizlik, sakinlik

quietus /kway'itıs/ a. son, ölüm; hareketsizlik; hesabı ödeme; aklama, ibra **give sb his quietus** öldürmek, temizlemek, işini bitirmek

quill /kwil/ a. iri kuş tüyü; tüy kalem; kirpi dikeni; bobin; içi oyuk şaft, içi boş mil **quill pen** tüy kalem

quilt /kwilt/ a. yorgan

quilted /'kwiltid/ s. kapitone

quilting /'kwilting/ a. yorgancılık; yorganlık malzeme

quim /kwim/ a. kab. am, amcık

quinary /'kwaynıri/ s. mat. beşli **quinary code** biliş. beşli kod

quince /kwins/ a. ayva

quinine /'kwini:n/ a. hek. kinin

quinol /'kwinol/ a. kuinol

quinoline /'kwinıli:n/ a. kuinolin

quinone /kwi'noun/ *a.* kuinon

quins /'kwinz/ *a.* beşizler

quinsy /'kwinzi/ *a.* anjin, farenjit

quintal /'kwintıl/ *a.* kental

quinte /kent/ *a.* eskrimde bir duruş biçimi

quintessence /kwin'tesıns/ *a.* timsal, mükemmel örnek

quintet /kwin'tet/ *a. müz.* beşli

quintillion /kwin'tilyın/ *a.* kentilyon

quintuple /'kwintyupıl/ *s.* beş kat, beş misli *quintuple effect evaporator şek.* beşetkili buharlaştırıcı *quintuple point kim.* beşli nokta

quintuplet /'kwintyuplit, kwin'tyu:plit/ *a.* beşiz

quip /kwip/ *a.* alaylı/zekice söz, nükteli söz, iğneli söz

quire /kwayı/ *a.* yirmi dört tabakalık kâğıt destesi

quirk /kwö:k/ *a.* garip rastlantı, garip olay; acayiplik, garip davranış (eğilimi)

quit /kwit/ *e. kon.* bırakıp gitmek; -den ayrılmak, terk etmek; bırakmak, vazgeçmek

quite /kwayt/ *be.* tamamen, tümüyle, büsbütün, tam olarak; bir dereceye kadar, epey, az çok, oldukça, hayli; *ünl.* Aynen öyle, Doğru *quite something kon.* olağanüstü, süper, büyük (şey), şaşılacak şey

quits /kwits/ *s.* (with ile) *kon.* aynı düzeyde, denk, fit, anlaşmaya varmış *call it quits* fit olmak *double or quits* ya mars ya fit

quittance /'kwitıns/ *a.* misilleme, karşılık; borçtan kurtulma; ibra senedi, aklama belgesi

quitter /'kwitı/ *a.* işi bırakan kimse; dönek

quiver /'kwivı/ *a.* ok kılıfı, sadak, okluk; titreme ¤ *e.* titretmek

qui vive /ki'vi:v/ : *be on the qui vive* kulağı kirişte olmak

quixotic /kwik'sotik/ *s.* Don Kişot gibi idealist ve hayalci

quixotism /'kwiksıtizım/ *a.* donkişotluk, gereksiz kahramanlık

quiz /kwiz/ *a.* kısa sınav, yoklama; bilgi yarışması ¤ *e.* sorular sormak, sorguya çekmek *quiz master* (yarışmada) soru soran kimse *quiz programme* bilgi yarışması *quiz show* bilgi yarışması

quizzical /'kwizikıl/ *s.* şakacı, alaycı, komik, eğlenceli

quoin /kwoyn/ *a.* duvarın dış köşesi; köşe taşı; takoz, kıskı

quoit /'kwoyt, koyt/ *a.* çubuğa geçirmek için atılan halka *quoits* halka oyunu

quondam /'kwondem/ *s.* eski, sabık

Quonset hut /'kwonseit hat/ *a.* çelik baraka

quorum /'kwo:rım/ *a.* yeter çoğunluk, salt çoğunluk

quotable /'kwoutıbıl/ *s.* aktarılabilir

quota /'kwoutı/ *a.* pay; kota, kontenjan *quota goods* kotaya bağlı mal *quota system* pay sistemi

quotation /kwou'teyşın/ *a.* alıntı, iktibas, aktarma, parça; geçer değer, rayiç, piyasa; maliyet belirleme, maliyet tahmini, kotasyon *quotation list* kotasyon listesi *quotation mark* tırnak işareti

quote /kwout/ *e.* alıntı yapmak, iktibas etmek; anmak, zikretmek; *tic.* fiyat vermek, kote etmek ¤ *a. kon.* iktibas, alıntı; sunulan fiyat

quoted /'kwoutid/ *s.* kote edilmiş; fiyat teklif edilmiş *quoted securities* kota alınmış menkul değerler

quotidian /'kwo'tidi:n/ *s.* günlük, her günkü

quotient /'kwouşınt/ *a. mat.* bölüm

R

R, r /a:/ *a.* İngiliz abecesinin on sekizinci harfi

rabbet /'rebit/ *a.* oluk, yiv, zıvana; lambalı geçme ¤ *e.* oluk açmak, yiv açmak; lambalı geçme yapmak *rabbet joint* zıvana yuvası, lamba *rabbet plane* oluk rendesi, kiniş rendesi

rabbeting /'rebiting/ *a. inş.* kiniş açma, kinişli geçme

rabbi /'rebay/ *a.* haham

rabbinate /'rebinıt/ *a.* hahamlık; hahamlar

rabbinical /re'binikıl/ *s.* hahamlar ile ilgili

rabbit /'rebit/ *a.* adatavşanı, tavşan ¤ *e. kon. hkr.* (on ile) dırdır etmek, kafa ütülemek

rabble /'rebıl/ *a.* gürültücü kalabalık; ayaktakımı
rabble-rousing /'rebılrauzing/ *s.* (halkı) galeyana getirici, kışkırtıcı
rabid /'rebid/ *s.* kuduz hastası; aşırı bağnaz, azgın
rabies /'reybi:z/ *a.* kuduz hastalığı
raccoon /rı'ku:n, re'ku:n/ *a. Aİ. hayb.* rakun
race /reys/ *a.* yarış; su akıntısı; yuva, yatak; ırk; soy ¤ *e.* yarışmak; çok hızlı gitmek; çok hızlı götürmek, yetiştirmek; yarışa sokmak, yarıştırmak; (motor) fazla hızlı çalışmak *races* at yarışı *race against time* zamana karşı yarışma *race an engine* motoru amble etmek, motoru avarada tam gazla gazla çalıştırmak *the human race* insan nesli
racecourse /'reysko:s/ *a.* (hipodromda) koşu alanı; su yatağı, akarsu mecrası
racehorse /'reysho:s/ *a.* yarış atı
raceme /rı'si:m/ *a. bitk.* çiçek salkımı
racemic /rı'si:mik/ *s. kim.* rasemik
racer /'reysı/ *a.* yarışçı; yarış atı; yarış arabası; yarış teknesi
racetrack /'reystrek/ *a.* yarış pisti, koşuyolu
raceway /'reyswey/ *a.* kanal
rachis /'reykis/ *a. anat.* belkemiği, omurga
rachitis /rı'kaytis/ *a. hek.* raşitizm
racial /'reyşıl/ *s.* ırkla ilgili, ırksal *racial discrimination* ırk ayrımı *racial equality* ırk eşitliği *racial segregation* ırk ayrımı
racialism /'reyşılizım/ *a. hkr.* ırkçılık
racialist /'reyşılist/ *a. s.* ırkçı
raciness /'reysinis/ *a.* canlılık, zindelik, neşe
racing /'reysing/ *a. s.* yarış *racing car* *oto.* yarış arabası *racing circuit* yarış alanı *racing cyclist* bisiklet yarışçısı *racing driver* araba yarışçısı
racism /'reysizım/ *a. hkr.* ırkçılık
racist /'reysist/ *a. s. hkr.* ırkçı
rack /rek/ *a.* parmaklıklı raf, askı; işkencede kullanılan germe aleti; *mak.* kremayer, dişli çubuk; *trm.* ot yemliği; *biliş.* mikroişlemci şasisi ¤ *e.* çok acı vermek; *hkr.* fazla kira istemek *rack railway* dişli tren, dişli demiryolu *rack-and-pinion* dişli kol ve fener dişli *rack-*

and-pinion steering *oto.* kremayerli direksiyon *rack and ruin* yıkık döküklük, harabelik *rack one's brains* kafa patlatmak *rack-up biliş.* ekranı yukarı kaydırma *rack wheel* dişli tekerlek, dişli çark
racket /'rekit/ *a.* tenis raketi; *kon.* gürültü, patırtı; *kon. hkr.* tehditle ya da kazıklayarak para kazanma, haraççılık, dolandırıcılık
racketeer /reki'tiı/ *a. hkr.* haraççı, dolandırıcı
racketeering /reki'tiıring/ *a.* şantajcılık, haraç kesme
raconteur /rekon'tö:/ *a.* iyi öykü anlatan kimse
racoon /rı'ku:n/ *a. İl. hayb.* rakun
racquetball /'rekitbo:l/ *a.* top sektirme oyunu
racy /'reysi/ *s.* eğlendirici, canlı; . seksle ilgili, ayıplı, açık saçık; baharlı, çeşnili
rad /'red/ *a. pol.* radikal
radar /'reyda:/ *a.* radar *radar beacon* radar farı *radar echo* radar yankısı *radar image* radar görüntüsü *radar range* radar menzili *radar scope* radar ekranı
raddle /'redıl/ *a.* kırmızı tebeşir
radial /'reydiıl/ *s.* merkezden çıkan, radyal; ışınsal; yarıçapla ilgili ¤ *a.* radyal lastik *radial axle* radyal dingil *radial compressor* radyal kompresör *radial deviation* radyal sapma *radial distribution* radyal dağılım *radial drilling machine* radyal matkap *radial engine* radyal motor, yıldız motor *radial flow turbine* radyal türbin *radial gate* radyal kapak *radial ply tyre* radyal karkaslı lastik *radial pressure* radyal basınç *radial tyre* radyal lastik *radial valve* radyal vana *radial velocity* ışınsal hız
radian /'reydiın/ *a. mat.* radyan *radian measure mat.* radyan ölçümü
radiance /'reydiıns/ *a.* parlaklık, aydınlık; neşe, sevinç
radiant /'reydiınt/ *s.* ışık saçan, parlak; ısı yayan; neşe saçan, sevinçli *radiant energy* ışıyan enerji, ışıyan erke *radiant flux fiz.* radyant akı, ışınır akı *radiant intensity fiz.* ışıma şiddeti, ışınır yeğinlik *radiant tube met.* ışıyan boru
radiate /'reydieyt/ *e.* ışık saçmak; ısı

yaymak; (neşe, vb.) saçmak; (from ile) - den gelip yayılmak

radiation /reydi'eyşın/ *a.* ısı/ışın saçma; radyasyon, ışınım *radiation counter* *fiz.* radyasyon sayacı, ışıma sayacı *radiation damage* *fiz.* radyasyon zararı, ışınım zararı *radiation damping* *fiz.* radyasyon amortismanı, ışınımla sönüm *radiation detector* radyasyon detektörü *radiation efficiency* anten verimi *radiation flux* *fiz.* radyasyon akısı, ışınım akısı *radiation impedance* *fiz.* radyasyon empedansı, ışınım çelisi *radiation intensity* *fiz.* radyasyon şiddeti, ışınım yeğinliği *radiation length* *fiz.* radyasyon uzunluğu, ışınım uzunluğu *radiation loss* *fiz.* radyasyon kaybı, ışınım yitimi *radiation potential* *fiz.* radyasyon potansiyeli, ışınım potansiyeli *radiation pressure* *fiz.* radyasyon basıncı, ışınım basıncı *radiation protection* *fiz.* radyasyondan korunma *radiation pyrometer* *fiz.* radyasyon pirometresi, ışınım yüksekısıölçeri *radiation receiver* radyasyon alıcısı, ışınım alıcısı *radiation resistance* radyasyon direnci, ışınım direnci *radiation source* radyasyon kaynağı, ışınım kaynağı *radiation temperature* *fiz.* radyasyon sıcaklığı, ışınım sıcaklığı *radiation trap* *fiz.* radyasyon kapanı, ışınım kapanı

radiator /'reydieytı/ *a.* radyatör, kalorifer; *oto.* radyatör *radiator bracket* *oto.* radyatör mesnedi, radyatör desteği *radiator core* radyatör peteği *radiator cowl* radyatör kaportası *radiator hose* *oto.* radyatör hortumu *radiator shutter* radyatör panjuru *radiator stay* *oto.* radyatör desteği, radyatör suportu *radiator tank* *oto.* radyatör deposu *radiator thermostat* radyatör termostatı *radiator tube* radyatör borusu

radical /'redikıl/ *s.* (değişiklik) köklü; radikal, köktenci; *mat.* kökle ilgili ¤ *a.* radikal, köktenci; *mat.* kök; *mat.* kök işareti *radical axis* *mat.* kuvvet ekseni, köklü ekseni *radical center* *mat.* kuvvet merkezi, köklü özelliği *radical sign* *mat.* kök işareti, kök imi

radicalism /'redikılizım/ *a.* radikalizm, köktencilik

radicand /'redikend/ *a. mat.* kök içindeki

ifade, kökaltı

radicel /'redisel/ *a. bitk.* kökçük, kök filizi

radicle /'redikıl/ *a. mat.* kök

radio /'reydiou/ *a.* radyo; telsiz; telsiz telefon ya da telgraf ¤ *e.* telsizle (haber) göndermek; radyo ile yayınlamak *radio-astronomy* radyoastronomi, radyogökbilimi *radio broadcasting* radyo yayını *radio channel* radyo kanalı; telsiz kanalı *radio circuit* radyo devresi *radio cobalt* radyokobalt *radio command* radyokumanda *radio communication* radyoiletişim *radio deception* *ask.* telsiz aldatması *radio direction finder* *den.* telsiz kerteriz aleti *radio echo* radyo eko *radio-iode* radyoiyot *radio jamming* telsiz karıştırması, telsiz yayını bozma *radio link* radyo link *radio navigation* radyo seyir *radio-opaque* ışınım geçirmeyen, ışımdonuk *radio operator* telsiz operatörü *radio range* radyo renc *radio receiver* radyo alıcısı *radio relay* yayın; radyo röle *radio source* *gökb.* radyokaynak *radio star* radyoyıldız *radio station* radyo istasyonu *radio-taxicab* radyo taksi *radio telephone* telsiz telefon *radio wave* radyo dalgası, telsiz dalgası

radioactivation /reydiouek'tiveyşın/ *a.* radyoaktivite, ışımetkinlik

radioactive /reydiou'ektiv/ *s.* ışınetkin, ışımetkin, radyoaktif *radioactive chain* *fiz.* radyoaktif zincir, ışımetkin zincir *radioactive contamination* *fiz.* radyoaktif bulaşma, ışımetkin bulaşma *radioactive decay* *fiz.* radyoaktif çözülme, ışımetkin bozunum *radioactive deposit* *fiz.* radyoaktif tortu, ışımetkin çökelti *radioactive disintegration* *fiz.* radyoaktif parçalanma, ışımetkin bozunma *radioactive element* *fiz.* radyoaktif eleman, ışımetkin öğe *radioactive equilibrium* *fiz.* radyoaktif denge, ışımetkin denge *radioactive fallout* *fiz.* radyoaktif kalıntı *radioactive half-life* *fiz.* radyoaktif yarı-ömür, ışımetkin yarı-ömür *radioactive isotope* *fiz.* radyoaktif izotop, ışımetkin yerdeş *radioactive product* *fiz.* radyoaktif ürün, ışımetkin ürün *radioactive series* *fiz.* radyoaktif seriler, ışımetkin diziler *radioactive source* *fiz.*

radyoaktif kaynak, ışımetkin kaynak *ra-dioactive standard fiz.* radyoaktivite standardı, ışımetkinlik ölçünü *radioactive tracer fiz.* radyoaktif izleyici, ışımetkin izleyici *radioactive tube elek.* radyoaktif tüp *radioactive waste* radyoaktif kalıntı

radioactivity /reydiouek'tiviti/ *a.* ışınetkinlik, radyoaktivite

radiobiology /reydioubay'olıci/ *a.* radyobiyoloji

radiocarbon /reydiou'ka:bın/ *a.* radyokarbon

radiochemistry /reydiou'kemistri/ *a.* radyokimya, ışınkimyası

radiocompass /reydiou'kımpas/ *a.* radyopusula

radioelectric /reydiou'ilektrik/ *s.* radyoelektriksel

radioelectricity /reydiou'ilektrısiti/ *a.* radyoelektrik

radioelement /reydiou'elimınt/ *a.* radyoelement

radiofrequency /reydiou'fri:kwınsi/ *a. elek.* radyofrekans *radiofrequency heating* radyofrekans ısıtması

radiogram /'reydiougrem/ *a.* radyogram

radiograph /'reydiougra:f/ *a.* röntgen filmi, radyograf

radiography /reydi'ogrıfı/ *a.* ışınçekim, radyografi

radioisotope /reydiou'aysıtoup/ *a. fiz.* radyoizotop

radiological /reydiou'locikıl/ *s.* radyolojik

radiology /reydi'olıci/ *a.* röntgenbilim, radyoloji

radioluminescence /reydioulu:mi'nesıns/ *a. fiz.* radyolüminesans, ışımışıldanım

radiolysis /reydi'olisis/ *a. fiz.* radyoliz, ışınla bozundurma

radiometer /reydi'omıtı/ *a.* radyometre, ışınölçer

radiometry /reydi'omitri/ *a.* radyometri, ışınölçüm

radiomicrometer /reydioumay'kromıtı/ *a.* radyomikrometre, miniışımölçer

radionuclide /reydiou'nyu:klayd/ *a.* radyoaktif çekirdek, ışımetkin çekirdek

radiophone /'reydioufoun/ *a.* radyofon

radiophony /reydi'ofıni/ *a.* radyofoni

radioscopy /reydi'oskıpi/ *a.* radyoskopi

radiosensitive /reydiou'sensitiv/ *s. fiz.* ışınıma duyarlı

radiosonde /'reydiousond/ *a. metr.* radyosonda

radiotechnology /reydiou'teknolıci/ *a.* radyoteknik

radiotelegraph /reydiou'teligra:f/ *a.* radyotelgraf, telsiz telgraf

radiotelescope /reydiou'telıskoup/ *a.* radyoteleskop

radiotherapist /reydiou'terıpist/ *a.* radyoterapist

radiotherapy /reydiou'terıpi/ *a.* radyoterapi

radish /'rediş/ *a.* turp *large radish* bayırturpu *red radish* kırmızıturp

radium /'reydıım/ *a. kim.* radyum

radius /'reydııs/ *a. mat.* yarıçap; *anat.* önkol kemiği *radius of action hav.* hareket yarıçapı, hareket alanı *radius of convergence mat.* yakınsaklık yarıçapı *radius of curvature* eğrilik yarıçapı *radius of gyration* atalet yarıçapı *radius vector* yarıçap vektörü

radix /'reydiks/ *a. biliş.* taban, temel, kök; *bitk.* kök *radix complement biliş.* taban tamamlayıcı *radix notation biliş.* taban yazımı *radix point biliş.* taban noktası

radome /'reydoum/ *a.* radom

radon /'reydon/ *a. kim.* radon

raffia /'refiı/ *a.* rafya

raffinose /'refinouz/ *a.* rafinoz

raffish /'refiş/ *s.* gösterişçi

raffle /'refıl/ *a.* eşya piyangosu, çekiliş ¤ *e.* piyango çekmek

raft /ra:ft/ *a.* sal; şişme (cankurtaran) bot; radye, taban döşek *a raft of Aİ. kon.* yığınla, bir sürü *raft footing inş.* radye jeneral *raft foundation inş.* radye jeneral

rafter /'ra:ftı/ *a.* çatı kirişi

rag /reg/ *a.* bez parçası, paçavra; eski püskü giysi, paçavra; zerre, kırıntı; eşek şakası, muziplik; kesik tempolu müzik; *kon. hkr.* adi gazete, paçavra ¤ *e.* alay etmek, eşek şakası yapmak; dalga geçmek *feel like a wet rag kon.* çok yorgun hissetmek *get one's rag out* kafasının tası atmak *glad rags* en iyi kıyafet, ciciler *like a red rag to a bull* tepesinin tasını attırıcı bir şey gibi *rag doll* bez bebek *rag fair* bit pazarı *rags and tatters* yırtık pırtık (giysi, kitap vb.)

ragamuffin /'regımafin/ a. pis çocuk

ragbag /'regbeg/ a. arapsaçı

rage /reyc/ a. öfke, hiddet; düşkünlük, tutku; kon. moda ¤ e. öfkeden kudurmak, tepesi atmak; (hastalık) şiddetle hüküm sürmek, kırıp geçirmek; (deniz, vb.) kudurmak, köpürmek; (rüzgâr) şiddetle esmek; yatışmak, dinmek, sakinleşmek (all) the rage kon. çok moda fly into a rage tepesi atmak, köpürmek get into a towering rage küplere binmek

ragged /'regid/ s. (giysi) yırtık pırtık, eski püskü, lime lime, pejmürde; pejmürde kılıklı, kılıksız; (iş) yarım yamalak, uyduruk ragged and tattered yırtık pırtık ragged left biliş. sağda düzenli ragged right biliş. solda düzenli

ragman /'regmın/ a. eskici

ragout /'regu:/ a. sebzeli yahni

ragtag /'regteg/ a. hkr. ayaktakımı ragtag and bobtail ayak takımı

ragtime /'regtaym/ a. kesik tempolu bir tür caz müziği

raid /reyd/ a. akın, baskın; polis baskını ¤ e. εκιn yapmak, hücum etmek, baskın yapmak, basmak

raider /'reydı/ a. akıncı, baskıncı, yağmacı

rail /reyl/ a. ray; demiryolu; parmaklık, tırabzan; hayb. sutavuğu ¤ e. parmaklıkla çevirmek, parmaklıkla kapatmak; ray döşemek by rail trenle go off the rails kafayı oynatmak, kafayı yemek; üçkâğıt yapmak rail against/at -den yakınmak, -e kızmak rail bus ray omnibüsü rail gauge hat genişliği, ray açıklığı rail guard parmaklık, ray siperi rail post korkuluk babası rail spike ray çivisi, yoldemiri çivisi rail steel demiryolu çeliği

railcar /'reylka:/ a. otoray

railhead /'reylhed/ a. demiryolu hattının en son noktası

railing /'reyling/ a. parmaklık, korkuluk, tırabzan

raillery /'reylıri/ a. şaka, alay

railroad /'reylroud/ a. Aİ. demiryolu ¤ e. demiryolu ile taşımak; aceleye getirip - tirmek; meclisten bir yasayı/planı süratle geçirmek railroad accident tren kazası railroad ballast demiryolu

balastı, kırmataş railroad bill of lading demiryolu konşimentosu

railroader /'reylroudı/ a. Aİ. demiryolcu

railway /'reylwey/ a. İİ. demiryolu railway accident demiryolu kazası railway bridge demiryolu köprüsü railway car vagon railway carriage demiryolu vagonu railway clerk tren memuru railway construction demiryolu inşaatı railway equipment demiryolu malzemesi, demiryolu gereci railway gauge demy. ray genişliği railway guide demiryolu kılavuzu railway junction demiryolu kavşağı railway market demiryolları borsası railway network demiryolu ağı railway operation demiryolu işletmesi railway parcels tren kolileri railway repair workshop demiryolu onarım atölyesi railway signal demiryolu sinyali railway station demiryolu istasyonu railway system demiryolu ağı railway terminus demiryolu son istasyonu, gar railway track demy. yol, hat railway traffic demiryolu trafiği

railwayman /'reylweymın/ a. demiryolcu

raiment /'reymınt/ a. kıyafet, giysi

rain /reyn/ a. yağmur ¤ e. (yağmur) yağmak; yağmur gibi yağmak; yağdırmak, ... yağmuruna tutmak it never rains but it pours felaketler hep üst üste gelir not know enough to come out of the rain et kafalı olmak as right as rain kon. turp gibi, sağlıklı rain cats and dogs bardaktan boşanırcasına ağmak rain gauge metr. yağmurölçer, yağışölçer rain off kon. yağmur yüzünden durdurmak rain test yağmurlama deneyi rain water yağmur suyu

rainbow /'reynbou/ a. gökkuşağı, alkım, ebekuşağı, ebemkuşağı

raincoat /'reynkout/ a. yağmurluk

raindrop /'reyndrop/ a. yağmur damlası

rainfall /'reynfo:l/ a. yağış miktarı, yağış; sağanak

rainforest /'reynforist/ a. yağmur ormanı, tropikal orman

raininess /'reyninis/ a. yağışlı hava

rainproof /'reynpru:f/ s. yağmur geçirmez

rains /reynz/ a. muson yağmurları;

muson

rainy /'reyni/ *s.* yağmurlu *for a rainy day* zor günler için, kara gün için *rainy day* kara gün *rainy season metr.* yağmur mevsimi *rainy zone metr.* yağmurlu bölge

raise /reyz/ *e.* kaldırmak, yukarı kaldırmak, yükseltmek; dikmek, inşa etmek; yükseltmek; üretmek, beslemek, yetiştirmek, büyütmek; toplamak, bir araya getirmek; ortaya atmak, ileri sürmek, üzerinde konuşmak; artırmak, çoğaltmak; -e yol açmak, uyandırmak; (yasa, ambargo, vb.) kaldırmak, son vermek; *teks.* tüylendirmek, şardonlamak ¤ *a. Al.* ücret artışı, zam *raise a hue and cry* etekleri tutuşmak *raise Cain/hell* kıyameti koparmak *raise hob* altüst etmek *raise sb's hackles* birisinin tepesini attırmak

raised /reyzd/ *s.* yükseltilmiş; kabartma; çıkıntılı, kabarık; mayalanmış; tüylendirilmiş *raised beach yerb.* yükselmiş kıyı *raised brushed finish teks.* fırçalanmış tüylü apre *raised check* miktarı usulsüz artırılmış çek *raised fabric teks.* tüylendirilmiş kumaş

raisin /'reyzın/ *a.* kuru üzüm

raising /'reyzing/ *a. teks.* tüylendirme, şardonlama *raising machine teks.* tüylendirme makinesi *raising oil teks.* şardon yağı *raising roller teks.* tüylendirme silindiri *raising waste teks.* tüylendirme telefi, şardon döküntüsü

raison d'etat /reyzon'dey'ta:/ *a.* devlet çıkarı

raison d'être /reyzon'deytrı/ *a.* var olma nedeni

raj /ra:c/ *a.* Hindistan'daki İngiliz yönetimi

rajah /'ra:cı/ *a.* raca

rake /reyk/ *a.* tırmık; yan yatma; çapkın, hovarda, zampara ¤ *e.* tırmıklamak, tırmıkla düzeltmek, taramak; (about/around ile) aramak, arayıp taramak; *den.* hafif yan yatmak; yana yatırmak *rake angle* meyil açısı, eğim açısı *rake classifier mad.* tırmıklı sınıflandırıcı, tırmıklı kümeleyici *rake in the shekels* para kırmak *rake in kon.* (çok para) kazanmak *rake up the past* eski defterleri karıştırmak *rake up kon.* zar zor toplamak, bir araya getirmek; (eski defterleri) karıştırmak, deşmek,

lafını etmek *rake/haul sb over the coals* birine ağzının payını vermek

rake-off /'reykof/ *a.* haksız kâr payı, yolsuz kazanç, anafor

rakish /'reykiş/ *s.* gösterişli, uçarı; özgür, serbest, rahat, laubali

rally /'reli/ *a.* toplantı, miting; otomobil yarışı, ralli; (tenis) uzun sayı mücadelesi ¤ *e.* (belirli bir amaç) bir araya gelmek, bir araya toplanmak; bir araya getirmek; iyileşmek, düzelmek, toparlanmak; eğlenmek, takılmak, dalga geçmek, alay etmek *rally round kon.* zor durumda yardımına koşmak

rallying /'reliing/ *s.* toplama +, toplanma + *rallying point* toplanma noktası

ram /rem/ *a. hayb.* koç; koçbaşı: eskiden kale kapılarını kırmakta kullanılan kütük; tokmak, şahmerdan; *den.* zırhlı mahmuzu, toz sereni ¤ *e.* toslamak, şiddetle çarpmak; bastırmak; vurarak pekiştirmek, çakmak, kakmak *ram jet* dinamik tazyikli jet motoru *ram jet airplane* tepkili jet uçağı *ram jet engine* dinamik tazyikli jet motoru *ram in* tokmaklamak *ram sth down sb's throat* kafasına dank ettirmek *the Ram* Koç (burcu)

Ramadan /'remıda:n/ *a.* ramazan

ramble /'rembıl/ *e.* dolaşmak, gezinmek, gezmek; (about ile) abuk sabuk konuşmak/yazmak; (bitki) düzensiz biçimde her tarafa yayılıp büyümek ¤ *a.* yürüyüş, gezinme, dolaşma *ramble on* yürümek, gezmek, dolaşmak; abuk sabuk konuşmak/yazmak, zırvalamak

rambler /'remblı/ *a.* gezip dolaşan kimse

rambling /'rembling/ *s.* (konuşma, yazı, vb.) karışık, daldan dala atlayan; (ev, yol, vb.) yamuk; (bitki) yayılan

rambunctious /rem'bankşıs/ *s.* neşeli, taşkın

ramie /'reymay/ *a.* rami *ramie fibre* rami lifi

ramification /remifi'keyşın/ *a.* dallanıp budaklanma; kollara ayrılma; sonuç; şube, kol

ramify /'remifay/ *e.* kollara ayrılmak, dallanmak; kollara ayırmak, dallandırmak

rammer /'remı/ *a.* tokmak

ramp /remp/ *a.* yokuş, rampa; *İl. kon.* kazık, dolandırıcılık, dümen *ramp volt-*

age elek. rampa gerilimi

rampage /rem'peyc/ *e.* deliler gibi sağa sola koşuşmak, azmak, kudurmak ¤ /'rempeyc/ *a.* azgınlık, taşkınlık *be/go on the rampage* azmak, taşkınlık çıkarmak

rampancy /'rempınsi/ *a.* şahlanma, şaha kalkma

rampant /'rempınt/ *s.* (suç, hastalık, inanç, vb.) yaygın, kol gezen, dizginsiz

rampart /'rempa:t/ *a.* siper, sur

ramrod /'remrod/ *a.* tüfek temizleme çubuğu, harbi

ramshackle /'remşekıl/ *s.* köhne, harap, viran

ranch /ra:nç/ *a.* büyük çiftlik

rancher /'ra:nçı/ *a.* büyük çiftlik sahibi

rancid /'rensid/ *s.* kokmuş, bayat, bozulmuş

rancidness /'rensidnis/ *a.* ekşilik, acılık

rancor /'renkı/ *bkz.* rancour

rancorous /'renkırıs/ *s.* kinci

rancour /'renkı/ *a.* garez, kin, hınç

random /'rendım/ *s.* rasgele, gelişigüzel, rastlantısal *at random* öylesine, amaçsızca, rasgele *random access biliş.* rasgele erişim *random-access device biliş.* rasgele erişimli aygıt *random-access files biliş.* rasgele erişim dosyaları *random-access memory biliş.* rasgele erişimli bellek *random-access programming biliş.* rasgele erişimli programlama *random-access storage biliş.* rasgele erişimli bellek *random data organization biliş.* rasgele veri organizasyonu *random error* rastlantı hatası, seçkisiz yanılgı, rasgele yanılgı *random experiments* rastlaııtı deneyleri *random failure biliş.* rasgele arıza *random noise elek.* rasgele parazit, rasgele gürültü *random number mat.* rastlantı sayısı, seçkisiz sayı *random number generator biliş.* rasgele sayı üreteci *random number organization biliş.* rasgele sayı organizasyonu *random number sequence mat.* rasgele sayı dizisi *random ordered sample* rasgele sıralı numune, rasgele sıralı örneklem *random positioning biliş.* rasgele konumlama *random probe biliş.* rasgele prob *random processing biliş.*

rasgele işlem *random sample* gelişigüzel numune, rasgele örnek *random sampling* gelişigüzel numune alma, rasgele örnek alma *random selection* rasgele seçim *random variable* rasgele değişken, seçkisiz değişken

randomization /rendımay'zeyşın/ *a.* rasgeleleştirme

randomize /'rendımayz/ *e.* rasgele seçmek *randomized blocks* rasgele bloklar, rasgele bölükler

randomness /'rendımnıs/ *a. biliş.* rasgelelik

randy /'rendi/ *s. kon.* azgın, şehvetli, abaza

ranee /ra:'ni:/ *a.* racanın karısı

range /reync/ *a.* sıra, dizi; silsile, sıra; atış uzaklığı, erim, menzil; el, göz ya da ses erimi; alan, saha, meydan; atış alanı, poligon; otlak; takım, set; tür, sınıf, cins; anlayış gücü, kavrama; mutfak ocağı; derece, hız, vb. farkı; dağılım ¤ *e.* (dağlar) sıra oluşturmak, dizi oluşturmak; sıraya koymak, dizmek; sıra olmak, dizilmek; menzili ... olmak; arasında değişmek, arasında olmak; (over/through ile) dolaşmak, gezinmek *range finder* telemetre *range height indicator* menzil yükseklik göstergesi *range independence biliş.* menzil bağımsızlığı, değer aralığı bağımsızlığı *range of prices* fiyat değişim sınırı *range of variables mat.* değişkenlerin değer kümesi *range pole* jalon, gözlem çubuğu

ranger /'reyncı/ *a.* orman bekçisi; *Aİ.* atlı polis

ranging /'reyncing/ *a. ask.* mesafe tayini; tarama keşfi

rank /renk/ *s.* (bitki) sık ve yaygın, gür, bol; (koku ya da tat) kötü, ekşi, acı, keskin ¤ *a.* sınıf, derece, paye; sıra, dizi; sınıf, tabaka; yüksek konum, yüksek mevki, yüksek rütbe; rütbe; saf ¤ *e.* sıraya koymak, sıralamak, dizmek, düzene koymak; saymak, addetmek; sayılmak, gelmek, yer almak; belli bir yeri ya da rütbesi olmak; en yüksek derece ya da rütbede olmak; rütbe vermek *rank and file* örgütteki alt bireyler; *ask.* erat *rank correlation mat.* rank korelasyonu, aşım bağlılaşımı

rank of coal *yerb.* kömürdeki karbon miktarı **rank first** ön sırayı almak

ranker /'reŋkı/ *a. ask.* erbaş

ranking /'reŋking/ *s. Aİ.* en rütbeli

rankle /'reŋkıl/ *e.* (acısı) içinden çıkmamak, sürmek, yüreğine dert olmak

ransack /'rensek/ *e.* altını üstüne getirmek, aramak; yağmalamak

ransom /'rensım/ *a.* fidye ¤ *e.* fidye ödeyerek kurtarmak **a king's ransom** büyük para

rant /rent/ *a.* ağız kalabalığı ¤ *e.* (ağız kalabalığı ile) ateşli bir şekilde konuşmak

ranunculus /rı'nankyulıs/ *a.* düğünçiçeği

rap /rep/ *a.* hafifçe vuruş, tıklama; zılgıt, fırça, azarlama; *Aİ. arg.* ceza; *Aİ. arg.* tepki, eleştiri; *müz.* rep; nebze ¤ *e.* hafifçe vurmak; *Aİ.* rahat ve serbest bir şekilde konuşmak; şiddetle eleştirmek, kınamak **beat the rap** *Aİ. arg.* cezadan kurtulmak, yırtmak, paçayı kurtarmak **give a rap on/over the knuckles** azarlamak, haşlamak **not care/give a rap** *kon.* iplememek, umursamamak, metelik vermemek *mec.* **not worth a rap** beş para etmez **rap session** grup tartışması **take the rap (for sth)** *kon.* suçu üstüne almak

rapacious /rı'peyşıs/ *s.* açgözlü, yağmacı

rapaciousness /rı'peyşısnis/ *a.* açgözlülük, hırs, tamah

rape /reyp/ *a.* ırza geçme, ırza tecavüz; bozma, mahvetme; *bitk.* kolza ¤ *e.* ırzına geçmek **rape oil** kolza yağı **rape seed** kolza tohumu **rape and murder** *huk.* zorla tecavüz ve öldürme

rapid /'repid/ *s.* hızlı; (yokuş) dik ¤ *a.* (ırmak, vb.) en hızlı akan yeri, ivinti **rapid ager** *teks.* çabuk buharlayıcı, hızlı buharlayıcı **rapid bleaching** *teks.* hızlı ağartma, hızlı beyazlatma **rapid cooling** hızlı soğutma **rapid curing cutback** *yol.* hızla kür olan katbek asfaltı **rapid fire** *ask.* süratli ateş, hızlı ateş **rapid percussion drilling** *mad.* hızlı vurmalı delme **rapid steamer** *teks.* çabuk buharlayıcı, hızlı buharlayıcı **rapid-access loop** *biliş.* hızlı erişim döngüsü

rapidity /'rı'pidıti/ *a.* çabukluk, hız

rapidly /'repidli/ *be.* hızla, süratle

rapids /'repidz/ *a. coğ.* ivinti yeri

rapier /'reypıı/ *a.* meç, ince kılıç **rapier loom** *teks.* kancalı dokuma tezgâhı, şişli dokuma tezgâhı **rapier thrust** *mec.* iğneli söz

rapist /'reypist/ *a.* ırza tecavüzden suçlu kimse, ırz düşmanı **rapist-killer** ırza geçen ve öldüren kimse

rapport /re'po:/ *a.* dostça ilişki, karşılıklı anlayış

rapprochement /re'proşmon/ *a.* (iki düşman ülke arasında) uzlaşma

rapt /rept/ *s.* kendini vermiş şekilde, can kulağı ile

raptorial /rep'to:rııl/ *s. a.* yırtıcı (kuş)

rapture /'repçı/ *a.* büyük sevinç, esrime **go to raptures** (sevincinden) havalara uçmak

rapturous /'repçırıs/ *a.* kendinden geçmiş, esrimiş

rare /reı/ *s.* nadir, seyrek; (et) az pişmiş; *kon.* süper, müthiş, harika **rare earth** nadir element **rare earth elements** nadir toprak elementleri, seyrek toprak öğeleri **rare earth metals** nadir toprak madenleri, azrak toprak metalleri

raree show /'reırı şou/ *a.* sokakta gösterilen oyun

rarefied /'reırifayd/ *s.* (hava) yoğun olmayan, oksijeni az; seçkin, yüksek

rarefy /'reırifay/ *e.* yoğunluğunu azaltmak, seyreltmek

rarely /'reıli/ *be.* nadiren, seyrek olarak, binde bir

rarity /'reı'riti/ *a.* nadirlik, azlık, seyreklik; nadide şey, az bulunur şey

rascal /'ra:skıl/ *a.* namussuz, alçak, hergele; yaramaz, kerata, haydut

rascality /'ra:skelıti/ *a.* namussuzluk, alçaklık, hergelelik

rascally /'ra:skıli/ *s.* namussuz, alçak

rash /reş/ *s.* düşüncesiz, atak, gözü kara, ihtiyatsız, aceleci ¤ *a. hek.* isilik

rasher /'reşı/ *a.* jambon dilimi

rashness /'reşnis/ *a.* düşüncesizlik, ataklık, gözü karalık

rasp /ra:sp/ *a.* raspa, kaba törpü; törpü sesi, kulak tırmalayıcı ses ¤ *e.* törpülemek, rendelemek; rahatsız etmek, sinirlendirmek, dokunmak; gıcırdamak

raspberry /'ra:zbıri/ *a.* ahududu, ağaççileği

rasping /'ra:sping/ *a.* törpüleme ¤ *s.* gıcırtılı

raster /'restı/ *a. elek.* raster, kafes

rat /ret/ *a.* iri fare, sıçan; *kon.* hain, kalleş, dönek ¤ *e. kon.* kalleşlik etmek, döneklik etmek, sözünden dönmek *like a drowned rat* sırsıklam, sırılsıklam *rat race* hengame, koşuşturma, yaşam kavgası *smell a rat kon.* bityeniği sezmek, kuşkulanmak

ratability /reytı'bilıti/ *s.* vergilendirilebilirlik; değer biçilebilirlik

ratable /'reytıbıl/ *s.* vergilendirilebilir; değer biçilebilir

ratchet /'reçit/ *a.* dişli çark mandalı, kastanyola, mandal, cırcır, kilit *ratchet brace mak.* cırcır matkap *ratchet brake oto.* mandallı fren *ratchet drill mak.* cırcırlı delgi *ratchet lever* cırcır levyesi *ratchet wheel* mandallı çark, kilit çarkı, dişli çark *ratchet wrench* cırcırlı anahtar

rate /reyt/ *a.* oran, nispet; rayiç; derece, çeşit, sınıf; hız, sürat; fiyat, ücret; fiyat listesi, tarife; mülk vergisi ¤ *e.* saymak, ... gözü ile bakmak, ... olarak değerlendirmek; (ev, vb.) vergi değerini saptamak *at any rate* her durumda, ne olursa olsun *at this/that rate* böyle giderse, bu gidişle *rate constant kim.* sürat sabiti, hız durganı *rate of carbon drop met.* karbon düşüşü hızı *rate of climb hav.* tırmanma hızı *rate of cooling* soğuma hızı *rate of creep* akma hızı *rate of decomposition* ayrışma hızı *rate of discharge* deşarj hızı, boşalma hızı *rate of drying* kuruma hızı *rate of exchange* döviz kuru, kambiyo rayici *rate of fall* düşüş hızı *rate of feed* besleme hızı *rate of filtration* süzme hızı *rate of flow* akış hızı *rate of inflation* enflasyon oranı *rate of interest* faiz oranı, faiz haddi *rate of leak* sızıntı hızı, kaçak hızı *rate of substitution* abonman ücreti; kotasyon kuru

rateable value /'reytıbıl velyu:/ *a.* vergi için biçilen değer

rated /'reytid/ *s.* vergiye tabi; sınanmış, değerlenmiş *rated capacity* nominal kapasite, saymaca sığa *rated horse-power* nominal beygirgücü *rated impedance* nominal empedans *rated load* nominal yük *rated power* sınanmış güç, değerlenmiş güç *rated speed* nominal hız, anma hızı

ratepayer /'reytpeyı/ *a.* vergi yükümlüsü

rather /'ra:dı/ *be.* tercihan; daha doğrusu; daha çok, daha ziyade; oldukça, epeyce ¤ *ünl. İİ. kon.* elbette, tabii

ratification /retifi'keyşın/ *a.* onay

ratify /'retifay/ *e.* imzalamak, onaylamak

ratine /re'ti:n/ *e. teks.* ratine etmek

ratiné /'retiney/ *a. teks.* ratine

rating /'reyting/ *a.* beğenilme, tutulma; *İİ.* deniz eri, tayfa; iş sorumluluğu; sınıf, kategori; vergi oranı; vergi matrahı

ratio /'reyşiou/ *a.* oran, nispet *ratio detector elek.* oran detektörü *ratio of concentration* konsantrasyon oranı, derişme oranı *ratio of expansion* (gaz) genişleme oranı

ratiocination /retiosi'neyşın/ *a.* usavurma, muhakeme etme

ration /'reşın/ *a.* istihkak, pay ¤ *e.* istihkakını saptamak; karneye bağlamak *ration sth out* karneyle vermek

rational /'reşınıl/ *s.* makul, aklı başında, mantıklı; akla yatkın; *mat.* rasyonel, oranlı *rational numbers mat.* rasyonel sayılar, oranlı sayılar

rationale /reşı'na:l/ *a.* temel, mantık, açıklama

rationalism /'reşınılizım/ *a. fel.* usçuluk, rasyonalism

rationality /reşı'nelıti/ *a.* mantıklılık, akla uygunluk; akıllılık, usluluk; makuliyet; makul davranış

rationalization /reşınılay'zeyşın/ *a.* rasyonalizasyon, rasyonelleştirme

rationalize /'reşınılayz/ *e.* kılıf uydurmak, neden göstermek; *İİ.* (yöntem, dizge) geliştirmek, verimlileştirmek

rationing /'reşıning/ *a.* tayınlama *rationing of foreign exchange* döviz tahsisi, döviz tayınlaması

ratsbane /'retsbeyn/ *a.* sıçanotu, arsenik

rattat /ret'ret/ *e.* takırdamak

ratten /'retn/ *e.* sabotaj yapmak

ratter /'retı/ *a.* sıçan avcısı (kedi/köpek)

rattle /'retıl/ *a.* takırtı, çıtırtı; bebek çıngırağı, kaynanazırıltısı, cırcır ¤ *e.*

şıngırdamak, tıngırdamak, tangırdamak; şıngırdatmak, tıngırdatmak, tangırdatmak; *kon.* gıcık etmek, sinir etmek **rattle off** ezberden çabucak tekrarlamak **rattle on/away** habire konuşmak, cırcır konuşmak **rattle through** yapıvermek, bitirivermek

rattlesnake /'rætlsneyk/ *a. hayb.* çıngıraklıyılan

rattling /'rætling/ *be.* çok

ratty /'ræti/ *s. İİ. kon.* tepesi atmış, kızgın, sinirli; sıçanla ilgili, sıçan gibi

raucous /'ro:kıs/ *s.* (ses) kısık, boğuk, kaba

raunchy /'ro:nçi/ *s. Aİ. kon.* azgın, şehvetli, abaza

ravage /'rævic/ *e.* mahvetmek, kırıp geçirmek; yağmalamak, soymak

ravages /'ræviciz/ *a.* tahribat

rave /reyv/ *e.* deli gibi abuk sabuk konuşmak, saçmalamak, sayıklamak **rave about** *kon.* hayranlıkla söz etmek **rave review** övgü dolu eleştiri yazısı

ravel /'rævıl/ *e.* çözmek, sökmek; dolaştırmak, karıştırmak

raven /'reyvın/ *a. hayb.* kuzgun

ravenous /'revinıs/ *s.* kurt gibi aç

rave-up /'reyvap/ *a. kon.* çılgın parti, cümbüş, âlem

ravine /rı'vi:n/ *a. coğ.* dar ve derin koyak; sel çukuru, hendek, berzah

raving /'reyving/ *s.* çılgın, kaçık, gözü dönmüş, zıvanasız; hayranlık uyandıran, göze çarpan, fantastik ¤ *a.* deli saçması, abuk sabuk konuşma, hezeyan **raving beauty** fantastik güzellik, inanılmaz bir güzellik **raving mad** zırdeli

ravioli /revi'ouli/ *a.* bir tür mantı

ravish /'reviş/ *e.* ırzına geçmek; zevk vermek, esritmek

ravisher /'revişı/ *a.* alçak kimse; ırz düşmanı, ırza geçen kimse

ravishing /'revişing/ *s.* büyüleyici, aklı baştan alan, çok güzel

ravishment /'revişmınt/ *a.* kendinden geçme; ırza tecavüz

raw /ro:/ *s.* (yiyecek) pişmemiş, çiğ; işlenmemiş, ham; (insan) eğitilmemiş, deneyimsiz, acemi; (cilt) ağrılı, acıyan; (hava) soğuk ve yağışlı, nemli **give sb a raw deal** (birine) haksızlık etmek **in**

the raw işlenmemiş, doğal halde; *kon.* çıplak **raw brick** fırınlanmamış tuğla **raw cotton** *teks.* ham pamuk **raw data** *biliş.* ham veri, işlenmemiş veri **raw deal** *kon.* haksızlık, adilik, kötü muamele **raw hemp** *teks.* ham kenevir **raw hide** *teks.* ham deri **raw juice** *şek.* ham şerbet **raw juice pump** *şek.* ham şerbet pompası **raw material** hammadde **raw rubber** ham kauçuk **raw silk** *teks.* ham ipek **raw spirits** saf ispirto **raw steel** ham çelik **raw sugar** ham şeker **raw sugar liquor** *şek.* rafineri kleresi **raw sugar mixer** *şek.* ham şeker mayşesi **raw wool** *teks.* ham yün, yağıltılı yün **touch (sb) on the raw** bamteline basmak **touch on the raw** can evinden vurmak

raw-boned /'ro:bound/ *s.* (hayvan) bir deri bir kemik kalmış, sıska

rawhide /'ro:hayd/ *a.* işlenmemiş inek derisi

rawinsonde /'reyvinsond/ *a. metr.* ravinsonda

rawness /'ro:nis/ *a.* çiğlik; hamlık

ray /rey/ *a.* ışın; *mec.* iz, eser **a ray of hope** umut ışığı **ray beam** ışın demeti **ray control electrode** *elek.* ışın kontrol elektrodu **ray treatment** ışın tedavisi

rayon /'reyon/ *a.* yapay ipek, rayon, suni ipek **rayon staple** sentetik yün

raze /reyz/ *e.* yerle bir etmek, dümdüz etmek

razor /'reyzı/ *a.* ustura; tıraş makinesi **be on a razor edge** kritik durumda olmak **razor blade** ustura ağzı; jilet, tıraş bıçağı **razor edge** *mec.* kritik durum **razor sharp** jilet gibi keskin **razor strop** ustura kayışı **straight razor** ustura

razz /rez/ *e.* alay etmek, makaraya sarmak

razzia /'reziı/ *a.* akın, çapul

razzle-dazzle /'rezıl dezıl/ *a.* cümbüş, âlem **go on the razzle-dazzle** âlem yapmak

re /ri:/ *ilg.* (iş mektuplarında) -e dair, ... hakkında, ile ilgili olarak ¤ *a. müz.* re notası

re-cover /ri:'kavı/ *e.* yeniden kaplamak

re-entrant /ri'entrınt/ *a. biliş.* yeniden giriş **re-entrant code** *biliş.* yeniden giriş kodu' **re-entrant procedure** *biliş.* yeniden giriş prosedürü **re-entrant program** *biliş.* yeniden girilir program

reabsorb /riːıb'soːb/ *e.* tekrar emmek

reach /riːç/ *e.* uzanmak; yetişmek; uzatmak, uzatıp vermek; ulaşmak, varmak; ile iletişim kurmak, görüşmek, temas kurmak; -e varmak, bulmak ¤ *a.* uzanma, yetişme; elin erişebileceği uzaklık; kol uzunluğu; erim, menzil; anlayış, kavrayış, kavrama gücü **reach out** (el/kol) uzatmak **reach rock bottom** (fiyatlar hakkında) baş aşağı gitmek, tepetaklak inmek

react /riː'ekt/ *e.* tepki göstermek; *kim.* tepkimek; karşılık vermek, mukabele etmek; aksi yönde hareket etmek

reactance /riː'ektıns/ *a. elek.* reaktans **reactance circuit** *elek.* reaktans devresi **reactance coil** *elek.* reaktans bobini **reactance coupling** *elek.* reaktans kuplajı **reactance modulator** reaktans modülatörü

reactant /riː'ektınt/ *a.* reaktant, tepken

reaction /riː'ekşın/ *a.* tepki, reaksiyon; *kim.* tepkime; gericilik, irtica **reaction accelerator** tepkime hızlandırıcı, reaksiyon hızlandırıcı **reaction capacitor** reaksiyon kondansatörü **reaction chamber** tepkime odası, reaksiyon odası **reaction circuit** *elek.* reaksiyon devresi **reaction coil** reaksiyon bobini **reaction order** *kim.* reaksiyon derecesi, tepkime derecesi **reaction product** *kim.* reaksiyon ürünü, tepkime ürünü **reaction rate** tepkime hızı, reaksiyon hızı **reaction time** tepkime süresi, reaksiyon süresi **reaction turbine** reaksiyon türbini **reaction velocity** reaksiyon hızı, tepkime hızı

reactionary /riː'ekşınıri/ *s. a. hkr.* gerici

reactivate /riː'ektiveyt/ *e.* yeniden canlanmak, yeniden harekete geçmek

reactive /riː'ektiv/ *s. kim.* tepki oluşturan, tepkin, reaktif **reactive component** *fiz.* reaktif bileşen, tepkin bileşen **reactive current** *elek.* reaktif akım **reactive dyestuff** reaktif boyarmadde **reactive factor** *elek.* reaktif faktör **reactive load** *elek.* reaktif yük **reactive power** *elek.* reaktif güç **reactive volt-ampere** reaktif voltamper

reactiveness /riː'ektivnıs/ *a.* reaktiflik

reactivity /riːek'tiviti/ *a. fiz.* reaktiflik

reactor /riː'ektı/ *a.* nükleer reaktör **reactor noise** *fiz.* reaktör gürültüsü **reactor oscillator** *fiz.* reaktör osilatörü **reactor simulator** *fiz.* reaktör simülatörü, reaktör benzeteci **reactor vessel** *fiz.* reaktör kabı

read /riːd/ *e.* okumak; anlamak, sökmek, çözmek; (üniversitede) okumak, öğrenim görmek, tahsil etmek; (termometre, vb.) göstermek; anlamak, kavramak; anlam vermek, yorumlamak ¤ *a. İİ. kon.* okuma, okuyuş; okunacak şey **read-around ratio** *biliş.* kalım oranı, yakın bitlere zarar vermeden okuma sayısı **read-back check** *biliş.* geriye okuma denetimi **read between the lines** kapalı anlamını bulmak **read head** *biliş.* okuma kafası **read into** anlam çıkarmaya çalışmak, alt anlamı olduğunu sanmak **read medicine** tıpta okumak **read-only memory** *biliş.* salt okunur bellek **read-only storage** *biliş.* salt okunur bellek **read-punch unit** *biliş.* okur-delgiler birim **read rate** *biliş.* okuma oranı, okuma hızı **read sb like a book** ciğerini okumak **read sb the riot act** verip veriştirmek **read time** *biliş.* okuma zamanı **read up** *kon.* içini dışını bilmek/öğrenmek, kitabını yazmak **read while writing** *biliş.* yazarken okuma **read/write channel** *biliş.* okuma/yazma kanalı **read/write check indicator** *biliş.* okuma yazma denetim göstericisi **read/write head** *biliş.* okuma/yazma kafası **take sth as read** araştırmadan kabul etmek

readability /riːdı'bility/ *a.* okunaklılık

readable /'riːdıbıl/ *s.* okumaya değer; (yazı) okunaklı

readdress /riːı'dres/ *e.* (mektuba) farklı bir adres yazmak, üzerindeki adresi değiştirmek

reader /'riːdı/ *a.* okuyucu, okur; *İİ.* doçent; düzeltmen; okuma kitabı

readership /'riːdışip/ *a.* okuyucu sayısı, okur sayısı

readily /'redili/ *be.* isteyerek, seve seve, gönülden; kolayca, güçlük çekmeden **readily soluble** kolayca çözünen

readiness /'redinis/ *a.* gönüllülük, isteklilik, heveslilik; hazır olma; tezlik; çeviklik

reading /'ri:ding/ a. okuma; kitaptan elde edilen bilgi, kitabi bilgi; yorum; termometre, vb.'nin gösterdiği sayı; okuma parçası; metin; konferans *reading head biliş.* okuma kafası *reading microscope* okuyucu mikroskop *reading rate biliş.* okuma hızı/oranı *reading station biliş.* okuma istasyonu

readjust /ri:ı'cast/ e. yeniden alışmak; alıştırmak

readjustment /ri:ı'castmınt/ a. yeniden ayarlama; yeniden düzenleme

readout /'ri:daut/ a. *biliş.* dışa okuma, dışarıya okuma

ready /'redi/ s. hazır; istekli, gönüllü, hazır; kolay, çabuk, seri; eli çabuk ¤ a. peşin para, nakit; hazır olma *ready cash* hazır para *ready for use* kullanıma hazır *ready money* hazır para *ready money business* peşin alışveriş *ready to wear teks.* giymeye hazır, konfeksiyon

ready-made /rcdi'meyd/ s. (giysi) hazır

ready-mix(ed) concrete /redi'miks(t) kın'kri:t/ a. karılmış hazır beton

reaffirm /ri:ı'fö:m/ e. yeniden onaylamak

reafforest /ri:e'forist/ e. yeniden ağaçlandırmak

reagent /ri:'eycınt/ a. miyar, ayıraç, belirteç

real /ri:l/ s. gerçek, hakiki, sahici; ayni; taşınmaz, sabit *real accounts* reel hesaplar *real action* ayni dava *real address biliş.* gerçek adres *real assets* reel aktifler, duran varlıklar *real chattels* taşınmaz, gayri menkul *real cost* gerçek maliyet *real estate* taşınmaz mal, gayri menkul *real estate loan* taşınmaz kredisi, gayri menkul kredisi *real estate property* taşınmaz mal, gayri menkul mal *real exchange rate* reel döviz kuru *real file biliş.* gerçek dosya, gerçek kütük *real image opt.* gerçek görüntü *real income* gerçek gelir, reel gelir *real interest rate* reel faiz oranı *real investment* gerçek yatırım *real national income* reel milli gelir *real number mat.* reel sayı, gerçek sayı *real part mat.* reel kısım, gerçek parça *real property* taşınmaz mal, mülk, varlık *real right* ayni hak *real stock* gerçek stok *real storage biliş.* gerçek bellek *real time biliş.* gerçek zaman *real time clock biliş.* gerçek zaman saati *real time file processing biliş.* gerçek zaman kütük işlemi *real time input biliş.* gerçek zaman girdisi *real time operation biliş.* gerçek zaman işlemi *real time output biliş.* gerçek zaman çıktısı *real time processing biliş.* geçek zaman işleme *real time system biliş.* gerçek zaman sistemi *real value* gerçek değer *real wages* reel ücret, gerçek ücret

realism /'ri:lizım/ a. gerçekçilik

realist /'ri:list/ a. gerçekçi

realistic /ri:'listik/ s. gerçekçiliğe ilişkin, realist; gerçeğe uygun, gerçekçi

reality /ri'eliti/ a. gerçek, hakikat; gerçekçilik, realite *escape from reality* gerçeklerden kaçmak *in reality* gerçekte, aslında

realization /ri:lay'zeyşın/ a. gerçekleştirme; fark etme, anlama; *eko.* paraya çevirme *realization account* tasfiye hesabı *realization price* tasfiye fiyatı

realize /'ri:layz/ e. anlamak, kavramak, ayrımına varmak, fark etmek; gerçekleştirmek, uygulamak; satmak; (para, kâr) getirmek

really /'ri:li/ be. gerçekten, sahiden, cidden, hakikaten

realm /relm/ a. krallık; alan, ülke

realtor /'ri:ltı/ a. emlakçi

realty /'ri:ltı/ a. gayri menkul

ream /ri:m/ a. *İİ.* 480 tabakalık kâğıt topu; *Aİ.* 500 tabakalık kâğıt topu; *kon.* (yazı) çok, tomar tomar ¤ e. rayba çekmek, raybalamak

reamer /'ri:mı/ a. rayba; limon sıkacağı

reanimate /ri'enimeyt/ e. yeniden canlandırmak

reap /ri:p/ e. (ekin) biçmek, biçip kaldırmak, toplamak; (kâr, vb.) kaldırmak, elde etmek, sağlamak *reap the benefit(s)/fruit* semeresini görmek/meyvesini almak *reaping machine trm.* orak makinesi

reaper /'ri:pı/ a. *trm.* orakçı; orak makinesi

reappear /ri:ı'piı/ e. yeniden ortaya çıkmak, görünmek

reappearance /ri:ı'piırıns/ a. yeniden

ortaya çıkma, görünme

reapplication /'ri:eplikeyşın/ a. yeniden uygulama

reapply /'ri:ıplay/ e. yeniden uygulamak

reappoint /ri:ı'poynt/ e. yeniden atamak

reappraisal /ri:ı'preyzıl/ a. yeniden gözden geçirme, denetleme, yoklama

rear /rıı/ e. yetiştirmek, büyütmek, beslemek, bakmak; dikmek, inşa etmek; kaldırmak, yukarı kaldırmak; (at, vb.) şaha kalkmak, şahlanmak ¤ a. geri, arka, art; ask. en geri saf; ört. kıç, popo ¤ s. arkadaki, arka, geri **bring up the rear** en sonuncu gelmek **rear admiral** tuğamiral **rear-axle** oto. arka aks, arka dingil **rear-axle tube** oto. arka köprü **rear bumper** oto. arka tampon **rear door** arka kapı **rear engine** oto. arka motor **rear fender** oto. arka çamurluk **rear fog lamp** oto. arka sis lambası **rear mudguard** oto. arka çamurluk **rear projection** sin. geriden projeksiyon, geriden gösterim **rear seat** oto. arka koltuk **rear sight** ask. gez **rear trunk** oto. arka bagaj **rear-view mirror** oto. dikiz aynası **rear wheel** oto. arka tekerlek **rear-wheel brake** oto. arka tekerlek freni **rear-wheel drive** oto. arkadan çekişli

rearm /ri:'a:m/ e. yeniden silahlandırmak

rearmament /ri:'a:mımınt/ a. yeniden silahlanma/silahlandırma

rearrange /ri:ı'reync/ e. yeniden düzenlemek

rearrangement /ri:ı'reyncmınt/ a. yeniden düzenleme

reason /'ri:zın/ e. neden, sebep; us, akıl, sağduyu; gerekçe ¤ e. düşünmek, yargılamak, usa vurmak, uslamlamak, muhakeme etmek; -den sonuç çıkarmak; tartışmak, görüşmek, ikna etmeye çalışmak **beyond/past all reason** mantıksız, aşırı **bring sb to reason** mantıklı olmaya ikna etmek **by reason of** yüzünden, -den dolayı, nedeniyle **do anything within reason** makul ölçüler içinde her şeyi yapmak **it/that stands to reason** gayet açıktır ki, herkes biliyor, son derece aşikâr ki **listen to/hear reason** laf dinlemek **lose one's reason** aklını bozmak **with reason** haklı olarak **reason with** inandırmaya çalışmak, ikna etmek

reasonable /'ri:zınıbıl/ s. akla uygun, makul, haklı; akıllı, düşünen; (fiyat) aşırı olmayan, orta karar, uygun, makul **reasonable price** makul fiyat

reasonableness /'ri:zınıbılnıs/ a. akla yatkınlık, makul olma; insaf

reasonably /'ri:zınıbli/ be. akla yatkın olarak, makul olarak; oldukça, epeyce

reasoning /'ri:zıning/ a. mantıklı düşünme; usa vurma, uslamlama, muhakeme

reassemble /ri:ı'sembıl/ e. yeniden toplamak

reassert /ri:ı'sö:t/ e. yeniden ileri sürmek

reassessment /ri:ı'sesmınt/ a. yeniden tahmin

reassurance /ri:ı'şuırıns/ a. rahatlatma, güven verme, yatıştırma

reassure /ri:ı'şuı/ e. güven vermek; korku/kaygı vb.'den kurtarmak, rahatlatmak

reassuringly /ri:ı'şuıringli/ be. güven vererek, teminat vererek, yatıştırıcı bir tavırla

rebaptism /ri:'beptizım/ a. yeniden vaftiz

rebaptize /ri:bep'tayz/ e. yeniden vaftiz etmek

rebatch /'ri:beç/ e. teks. sargı aktarmak

rebate /'ri:beyt/ a. indirim ¤ e. indirim yapmak **rebate of tax** vergi iadesi

rebel /'rebıl/ a. asi, isyancı ¤ /ri'bel/ e. baş kaldırmak, isyan etmek, ayaklanmak

rebellion /ri'belyın/ a. ayaklanma, baş kaldırma, isyan

rebellious /ri'belyıs/ s. ayaklanan, baş kaldıran, asi, isyancı

rebirth /ri:'bö:t/ a. yeniden doğma, yeniden canlanma, uyanma

rebore /'ri:bo:/ e. rektifiye etmek, gömlek değiştirmek, segman değiştirmek

reborn /ri:'bo:n/ s. yeniden doğmuş gibi, yeniden canlanmış

rebound /ri'baund/ e. geri sıçramak, çarpıp geri gelmek, sekmek, geri tepmek ¤ /'ri:baund/ a. geri gelme, geri sekme; yankı, yansıma; (basketbol) ribaund **on the rebound** (top, vb.) sekerken, geri teperken; öfkeyle kalkıp, gücenerek, bozularak, nispet olsun diye

rebroadcast /'ri:bro:dca:st/ e. yeniden yayımlamak, aktarmak **rebroadcasting**

station aktarma istasyonu

rebuff /ri'bʌf/ *a.* ters yanıt, tersleme, ret ¤ *e.* kabaca reddetmek, terslemek

rebuild /ri:'bild/ *e.* yeniden inşa etmek, yeniden yapmak, revizyon yapmak, tamir etmek

rebuke /ri'byu:k/ *e.* azarlamak ¤ *a.* azar, azarlama

rebus /'ri:bɪs/ *a.* resimli bilmece

rebut /ri'bʌt/ *e.* yanlışlığını göstermek, yanlış olduğunu kanıtlamak, çürütmek

rebuttal /ri'bʌtıl/ *a.* yanlışlığını gösterme

recalcitrance /ri'kelsitrɪns/ *a.* dik kafalılık, inatçılık, yılmazlık

recalcitrant /ri'kelsitrɪnt/ *a. s.* boyun eğmeyen, dik kafalı, kafa tutan, inatçı, yılmaz

recall /ri'ko:l/ *e.* geri çağırmak; anımsamak, hatırlamak; geri almak, iptal etmek; görevden almak, azletmek ¤ *a.* geri çağırma; geri gelme işareti ya da emri; anımsama, hatırlama; görevden alma, azil

recant /ri'kent/ *e.* -den dönmek, caymak, -i bırakmak

recantation /ri:ken'teyşın/ *a.* dönme, cayma

recap /'ri:kep/ *e.* (lastik) yeni yüz geçirmek

recapitalization /'ri:kepitılay'zeyşın/ *a.* yeniden sermayeye dönüştürme

recapitulate /ri:kı'piçuleyt/ *e.* önemli noktaları yinelemek, özetlemek

recapitulation /ri:kıpiçu'leyşın/ *a.* yineleme, özetleme, özet

recapture /ri:'kepçı/ *e.* yeniden yakalamak, ele geçirmek; yeniden zapt etmek, yeniden yenmek, yeniden kazanmak; aklına getirmek, anımsatmak

recast /ri:'ka:st/ *e.* yeniden dökmek; hatırlamak

recede /ri'si:d/ *e.* geri çekilmek, çekilmek, uzaklaşmak; (fiyat, vb.) düşmek, gerilemek; geriye doğru gitmek *receding of the water level* su seviyesinin inmesi

receipt /ri'si:t/ *a.* alındı, makbuz, fiş, fatura; alma, alınma; reçete *receipts* gelir, hâsılat *receipt book* makbuz defteri *receipt card* alındı kartı *receipt stamp* alındı damgası *receipts and*

payment account tahsilat ve ödemeler hesabı

receivable /ri'si:vıbıl/ *s.* alınabilir, alınacak; alacak, tahsil edilecek

receive /ri'si:v/ *e.* almak; -e uğramak, maruz kalmak, almak; evine almak, konuk kabul etmek, karşılamak; taşımak, içine almak *be on the receiving end (of)* kon. -e maruz kalmak, -den çekmek

received /ri'si:vd/ *s.* teslim alınmış; geçer, cari

receiver /ri'si:vı/ *a.* alan, kabul eden kimse; (radyo, vb.) alıcı; ahize, almaç; tahsildar; çalıntı mal alıp satan kimse *receiver of stolen goods* çalıntı malı alan kimse

receivership /ri'si:vışip/ *a.* tasfiye idaresi, tasfiye memurluğu, yedieminlik

receiving /ri'si:ving/ *a.* alma, kabul *receiving office* kabul memurluğu *receiving perforator* reparforatör, bant delici *receiving station* alıcı istasyon *receiving unit* alıcı cihaz

recension /'ri:sınşın/ *a.* düzelti, tashih

recency /'ri:sınsi/ *a.* yenilik, yakında olma

recent /'ri:sınt/ *s.* yeni, yakında olan, son günlerdeki, son

recently /'ri:sıntli/ *be.* son günlerde, son zamanlarda, bu yakında, bu aralar

receptacle /ri'septıkıl/ *a.* içine öteberi konan kap; havuz, depo

reception /ri'sepşın/ *a.* alma; karşılama, kabul; kabul töreni; konuk kabulü; resepsiyon; (radyo, tv, vb.) alış kalitesi, görüntü kalitesi, netlik

receptionist /ri'sepşınist/ *a.* resepsiyon memuru, resepsiyonist

receptive /ri'septiv/ *s.* yenilikçi, ilerici, yeni düşüncelere açık, modern görüşlü

receptivity /ri:sep'tiviti/ *a.* çabuk kavrayış; alma yeteneği *receptivity for dyes teks.* boyanabilirlik, boya alma yeteneği

recess /ri'ses/ *a.* dinlenme, dinlenme anı, paydos, ara verme; okul tatili; duvarda girinti, niş; iç taraf, gizli yer ¤ *e.* duvar girintisini koymak, yerleştirmek; dinlenmek, ara vermek, paydos etmek, tatil yapmak

recessed /ri'sest/ *s.* gömme *recessed headlight oto.* ankastre far, gömük far

recession /ri'seşın/ a. geri çekilme, gerileme; (işlerde) durgunluk, azalma, düşüş

recharge /ri:'ça:c/ e. yeniden şarj etmek, yeniden doldurmak

recheck /ri:'çek/ e. yeniden denetlemek, yeniden kontrol etmek

recidivism /ri'sidivizım/ a. yeniden suç işleme eğilimi

recidivist /ri'sidist/ a. sabıkalı

recidivous /ri'sidivıs/ s. çok sabıkalı

recipe /'resipi/ a. yemek tarifesi; **mec.** reçete, çözüm, yol

recipient /ri'sipiınt/ a. alan kimse, alıcı

reciprocal /ri'siprıkıl/ s. karşılıklı, işteş, iki taraflı **reciprocal agreement** ikili anlaşma **reciprocal aid** karşılıklı yardım **reciprocal insurance** karşılıklı sigorta **reciprocal middle** işteş çatı **reciprocal pronoun** karşılıklı zamir, işteş adıl **reciprocal relation** mat. ters bağıntı **reciprocal verb** karşılıklı fiil, işteş eylem

reciprocate /ri'siprıkeyt/ e. karşılığını vermek, karşılığını yerine getirmek; gitgel hareketiyle çalışmak

reciprocating /ri'siprıkeyting/ s. pistonlu **reciprocating engine** pistonlu motor **reciprocating movement** alternatif hareket, mütenazır hareket **reciprocating saw** mak. varagele bıçkı

reciprocation /risiprı'keyşın/ a. gitgel hareketi, ileri-geri hareket

reciprocity /resi'prositi/ a. karşılıklılık, mütekabiliyet **reciprocity clause** mütekabiliyet maddesi

recirculate /ri'sö:kyuleyt/ e. yeniden dolaşmak

recirculation /risö:kyu'leyşın/ a. yeniden dolaşım

recision /ri'sijın/ a. sözleşme iptali

recital /ri'saytl/ a. anlatma, nakletme; ezber okuma; müz. resital; hesap, rapor

recite /ri'sayt/ e. ezberden okumak; anlatmak, söylemek, sayıp dökmek; (listesini) vermek

reckless /'reklıs/ s. korkusuz, pervasız, kayıtsız, umursamaz, ihtiyatsız

reckon /'rekın/ e. hesaplamak; kon. sanmak, tahmin etmek; saymak, ... gözüyle bakmak **reckon on** beklemek, ummak **reckon with** ile hesaplaşmak;

hesaba katmak **reckon without** hesaba katmamak **reckon without one's host** kendi kendine gelin güvey olmak **to be reckoned with** ciddiye alınacak, hesaba katılacak, dikkat edilecek

reckoning /'rekıning/ a. sayma, hesaplama, hesap; den. mevki tahmini, yer tahmini **day of reckoning** hesap günü, kıyamet günü

reclaim /ri'kleym/ e. düzeltmek, iyileştirmek, kurtarmak, ıslah etmek; geri istemek; tarıma ya da oturmaya elverişle duruma getirmek; geri kazanmak, rejenere etmek **reclaimed ground** kazanılmış toprak **reclaimed oil** kazanılmış yağ, temizlenmiş yağ **reclaimed wool** teks. eski yün, kullanılmış yün

reclamation /reklı'meyşın/ a. geri isteme; geri alma, düzeltme, iyileştirme; arazi ıslahı, tarıma elverişli duruma getirme **reclamation period** itiraz süresi

recline /ri'klayn/ e. arkaya dayanmak, yaslanmak; uzanmak, yatmak

reclining /ri'klayning/ s. arkaya yaslanmış, geriye yatan, yaslanan

recluse /ri'klu:s/ s. her şeyden elini ayağını çekmiş, tek başına yaşayan, münzevi

recognition /rekıg'nişın/ a. tanıma, tanınma, kabul, onaylanma **change beyond/out of all recognition** tanınmaz hale getirmek

recognizable /'rekıgnayzıbl/ s. tanınabilir, tanınır

recognize /'rekıgnayz/ e. tanımak; tanımak, onaylamak; farkına varmak, görmek; takdir etmek

recognized /'rekıgnayzd/ s. tanınmış **recognized agent** yetkili temsilci

recoil /'rikoyl/ e. irkilmek, geri çekilmek; (silah) geri tepmek ¤ /'ri:koyl, 'rikoyl/ a. geri çekilme; geri tepme **recoil atom** fiz. aksi tesir atomu, geritepki atomu **recoil nucleus** fiz. aksi tesir çekirdeği, geritepki çekirdeği **recoil particle** fiz. geritepki parçacığı **recoil radiation** fiz. aksi tesir radyasyonu, geritepki ışınımı

recoilless /ri'koylis/ s. tepkisiz, geri tepmesiz

recollect /rekı'lekt/ e. anımsamak, hatırlamak

recollection /rekı'lekşın/ a. anımsama, hatırlama; hatırlanan şey, anı

recombination /ri:kombi'neyşın/ a. yeniden birleşim *recombination coefficient elek.* yeniden birleşim katsayısı *recombination spectrum fiz.* yeniden birleşim spektrumu, yeniden birleşim izgesi *recombination velocity* yeniden birleşim hızı

recombine /ri:'kombayn/ e. yeniden birleştirmek

recommence /ri:kı'mens/ e. yeniden başlamak

recommend /rekı'mend/ e. salık vermek, önermek, tavsiye etmek; öğütlemek; beğendirmek, iyi bir izlenim uyandırmak

recommendable /rekı'mendıbıl/ s. tavsiye edilebilir, salık verilebilir

recommendation /rekımen'deyşın/ a. tavsiye, salık; öğüt; tavsiye mektubu

recommendatory /rekı'mendıtıri/ s. tavsiye (niteliğinde)

recommission /ri:kı'mişın/ e. yeniden göreve almak

recompense /'rekımpens/ e. karşılığını vermek, ödemek, zararını ödemek, telafi etmek, tazmin etmek ¤ a. ödence, ödenti, karşılık, tazminat

recompose /ri:kım'pouz/ e. yeniden yazmak; yeniden oluşturmak

reconcilable /'rekınsaylıbıl/ s. uzlaştırılabilir; birleştirilebilir

reconcile /'rekınsayl/ e. barıştırmak, aralarını bulmak, uzlaştırmak; (düşünce, görüş, vb.) bağdaştırmak; (to ile) kabul ettirmek, razı etmek

reconciliation /rekınsili'eyşın/ a. barışma, uzlaşma, barış *reconciliation statement* mutabakat mektubu

recondite /'rekındayt/ s. derin, çapraşık, anlaşılması güç, az kimse tarafından bilinen

recondition /ri:kın'dişın/ e. onarmak, yenilemek, tamir etmek, tekrar çalışır hale getirmek, rektifiye etmek, revizyondan geçirmek

reconduction /ri:kın'dakşın/ a. kirayı yenileme

reconnaissance /ri'konisıns/ a. ask. keşif

reconnoiter /rekı'noytı/ e. ask. keşfe çıkmak

reconquer /'ri:konkı/ e. yeniden fethetmek

reconsider /ri:kın'sidı/ e. yeniden düşünmek, yeniden incelemek ya da ele almak

reconstituent /ri:kın'stityu:ınt/ s. yeniden oluşturulmuş

reconstitute /ri:'konstityu:t/ e. tekrar kurmak, yenilemek; (kurutulmuş yiyeceği) su katarak yenilir/içilir hale getirmek

reconstruct /ri:kın'strakt/ e. yeniden kurmak, yeniden inşa etmek; bulgulardan sonuç çıkarmak, çözmek, su yüzüne çıkarmak

reconstruction /ri:kın'strakşın/ a. yeniden inşa; kalkındırma

reconversion /ri:kın'vö:şın/ a. reorganizasyon, yeniden düzenleme

reconvert /ri:kın'vö:t/ e. reorganize etmek, yeniden düzenlemek

record /ri'ko:d/ e. yazmak, kaydetmek, deftere kaydetmek; (aygıt) kaydetmek, göstermek; (görüntü, ses) almak, kaydetmek, kayıt yapmak ¤ a. kayıt; tutanak; sicil, defter; dosya, sicil; rekor; plak; ün, isim, şöhret ¤ /'reko:d/ s. rekor düzeyde, rekor *for the record* resmen, alenen, açıkça söylüyorum *off the record kon.* gayri resmi (olarak) *on record* kayıtlara geçmiş, kayıtlardaki *record access mechanism biliş.* kayıt erişim mekanizması *record blocking biliş.* kayıt bloklaması, kayıt öbeklemesi *record count biliş.* kayıt sayma, kayıt sayımı *record format biliş.* kayıt formatı, kayıt deseni, kayıt biçimi *record gap biliş.* kayıt aralığı *record generator biliş.* kayıt üreteci *record header biliş.* kayıt başlığı *record layout biliş.* kayıt yapısı, kayıt yerleşimi *record length biliş.* kayıt uzunluğu, tutanak uzunluğu *record library* kayıt kitaplığı *record mark biliş.* kayıt işareti *record player* pikap, plakçalar *record section biliş.* kayıt bölümü, kayıt parçası *record separator biliş.* kayıt ayırıcı *record storage mark biliş.* kayıt depolama işareti

recorder /ri'ko:dı/ a. müz. flavta; kayıt aygıtı, teyp; kayıt memuru; yargıç

recording /ri'ko:ding/ a. kayıt *recording amplifier elek.* kayıt kuvvetlendiricisi *recording car* ses kayıt arabası, seslendirme arabası *recording density biliş.* kaydetme yoğunluğu *recording head* (bant) kayıt kafası *recording noise* kayıt gürültüsü *recording rain gauge* yazıcı yağmur ölçeği, yağmur yazıcısı *recording studio* kayıt stüdyosu *recording stylus* kayıt iğnesi *recording technique* kayıt tekniği *recording van* ses kayıt arabası, seslendirme arabası

recount /ri'kaunt/ *e.* anlatmak; /ri:'kaunt/ yeniden saymak ¤ /ri:'kaunt/ *a.* (oy vb.) ikinci sayım, yeni sayım

recoup /ri'ku:p/ *e.* (harcırah, vb.) almak, geri almak

recourse /ri'ko:s/ *a.* başvurma, yardım dileme, yardım; rücu hakkı *have recourse to* -e (yardım için) başvurmak, yardım dilemek, sığınmak

recover /ri'kavı/ *e.* yeniden elde etmek, geri almak; iyileşmek, düzelmek, kendine gelmek, toparlanmak; *huk.* tazmin ettirmek, mahkeme yoluyla ödetmek

recoverable /ri'kavırıbıl/ *s.* yeniden kazanılabilir, geri alınabilir; tahsil edilebilir *recoverable error biliş.* önemsiz hata, programı durdurmayan hata

recovery /ri'kavıri/ *a.* geri alma, geri alınma; iyileşme, düzelme *recovery error biliş.* kurtarma hatası *recovery file biliş.* kurtarma dosyası, kurtarma kütüğü *recovery of damages* hasarın ödenmesi *recovery routine biliş.* kurtarma yordamı *recovery technique biliş.* kurtarma tekniği

recreancy /'rekriınsi/ *a.* korkaklık, tabansızlık; hainlik, kalleşlik

recreate /ri:kri'eyt/ *e.* yeniden yaratmak, yeniden canlandırmak ¤ /'rekrieyt/ *e.* yenilemek, tazelemek

recreation /rekri'eyşın/ *a.* eğlence, dinlenme *recreation area* rekreasyon alanı, dinlenme yeri *recreation centre* dinlenme merkezi *recreation ground* oyun alanı, spor alanı

recreational /rekri'eyşınıl/ *s.* eğlence +, dinlence +

recreative /'rekrieytiv/ *s.* eğlendirici; dinlendirici

recriminate /ri'kriimineyt/ *e.* birbirini suçlamak, karşılıklı atışmak, kapışmak

recrimination /rikrimi'neyşın/ *a.* suçlamaya suçlama ile karşılık verme, karşılıklı suçlama, atışma

recrudesce /ri:kru'des/ *e.* yeniden olmak, nüksetmek, patlak vermek

recrudescence /ri:kru'desıns/ *a.* yeniden olma, nüksetme, patlak verme

recruit /ri'kru:t/ *a.* acemi er; yeni üye ¤ *e.* askere almak; (üyeliğe) almak, üye yapmak; işe almak, çalıştırmak

recrystallization /ri:kristılay'zeyşın/ *a.* yeniden kristallenme *recrystallization temperature* yeniden kristallenme sıcaklığı

recrystallize /ri:'kristılayz/ *e.* yeniden kristallenmek

rectal /'rektl/ *s. hek.* rektumla ilgili *rectal syringe* rektum şırıngası

rectangle /'rektengıl/ *a.* dikdörtgen

rectangular /rek'tengyulı/ *s.* dikdörtgen biçiminde, dik açılı *rectangular coordinates mat.* dikdörtgenel koordinatlar, dikdörtgenel konaçlar *rectangular pulse elek.* dikdörtgen darbe *rectangular wave* dikdörtgen dalga *rectangular waveguide* diktörgen dalga kılavuzu

rectifiable /'rektifayıbıl/ *s.* düzeltilebilir

rectification /rektifi'keyşın/ *a.* doğrultma, düzeltme; tasfiye; rektifiye *rectification efficiency elek.* doğrultma verimi

rectifier /'rektifayı/ *a.* doğrultucu, düzeltici; redresör, doğrultmaç *rectifier bulb* redresör ampulü *rectifier circuit elek.* redresör devresi *rectifier diode elek.* redresör diyodu *rectifier instrument elek.* doğrultucu cihaz *rectifier stack elek.* doğrultucu grubu *rectifier tube* redresör tüpü, redresör lambası

rectify /'rektifay/ *e.* düzeltmek; *kim.* arıtmak, damıtmak; *elek.* dalgalı akımı doğru akıma çevirmek *rectifying column* takviyeli damıtma kulesi

rectilinear /rekti'liniı/ *s.* doğrusal, düz çizgili

rectitude /'rektityu:d/ *a.* doğruluk, dürüstlük

rector /'rektı/ *a.* rektör; papaz

rectory /'rektıri/ *a.* papaz evi

rectum /'rektım/ *a. anat.* düzbağırsak, göden, gödenbağırsağı, rektum

recumbency /ri'kambınsi/ *a.* uzanma, yatma

recumbent /ri'kambınt/ *s.* uzanmış, uzanıp yatmış **recumbent fold** *yerb.* yatık kıvrım

recuperate /ri'kyu:pıreyt/ *e.* iyileşmek, sağlığına kavuşmak; geri kazanmak, rejenere etmek

recuperation /rikyu:pı'reyşın/ *a.* geri kazanma

recuperative /ri'kyu:pırıtiv/ *s.* sağlığına yeniden kavuşturan

recuperator /ri:'kyu:pıreytı/ *a.* geri getirici, geri kazanıcı

recur /ri'kö:/ *e.* tekrar meydana gelmek, yinelenmek, tekrar vuku bulmak **recurring decimal** tekrarlı ondalık

recurrence /ri'karıns/ *a.* yinelenme, tekrar olma, tekrar vuku bulma, tekerrür

recurrent /ri'karınt/ *s.* yinelenen, yeniden olan

recursion /ri'kö:şın/ *a. biliş.* tekrarlama, yineleme, özyineleme

recursive /ri'kö:siv/ *s.* yeniden uygulanabilir, yinelemeli, tekrarlamalı **recursive subroutine** *biliş.* tekrarlamalı altyordam, yinelemeli altyordam

recycle /ri:'saykıl/ *e.* (kullanılmış maddeleri) yeniden işleyip kullanılır hale getirmek, yeniden işleme sokmak, yeniden işlemden geçirmek, değerlendirmek

recycling /ri:'saykling/ *a.* geriçevirim

red /red/ *s.* kırmızı; (saç) kızıl; (cilt) pembe; *hkr.* komünist, kızıl ¤ *a.* kırmızı; *hkr.* komünist, kızıl **be in the red** hesabında olandan fazla çekmek **become red in the face** yüzü kızarmak **in the red** borç içinde **red brass** kızıl pirinç, kırmızı pirinç **red carpet** özel karşılama **red clause credit** kırmızı kayıtlı akreditif **red clay** *yerb.* kırmızı kil **Red Crescent** Kızılay **Red Cross** Kızılhaç **red flag** tehlike işareti olarak kırmızı bayrak; kızıl bayrak **red hardness** kızıl sertlik **red heat** kızıl sıcaklık **Red Indian** Kızılderili **red lead** sülüğen **red pepper** kırmızıbiber **red rot** *trm.* kırmızı çürüklük hastalığı **red short** *met.* sıcak işlemlerde kırılan, sıcak kırılgan **red shortness** *met.* sıcak

işlemlerde kırılma, sıcak kırılganlık **red tape** bürokrasi, kırtasiyecilik **see red** tepesi atmak, gözü dönmek, öfkeden kudurmak

redact /ri'dekt/ *e.* yazı haline getirmek; yayına hazırlamak

redaction /ri'dekşın/ *a.* yayına hazırlama, redaksiyon; düzeltilmiş metin

red-blooded /red'bladid/ *s.* güçlü, yürekli, gözü pek

redbrick /'redbrik/ *a.* İngiltere'de 19. yüzyıl sonlarında (Londra dışında) kurulmuş Üniversite

redbud /'redbad/ *a. bitk.* erguvan

redcurrant /red'karınt/ *a. bitk.* frenküzümü

redden /'redn/ *e.* kızarmak; kızartmak, kırmızılaştırmak

reddish /'rediş/ *s.* kırmızımsı, kırmızımtırak

reddle /'redıl/ *a.* kırmızı tebeşir

redecorate /ri'dekıreyt/ *e.* yeniden dekore etmek

redeem /ri'di:m/ *e.* bedelini vererek geri almak; (günahtan) kurtarmak; yapmak, yerine getirmek, ifa etmek; (rehin, borç, vb.'den) kurtarmak

redeemable /ri'di:mıbıl/ *s.* paraya çevrilebilir; ihbarlı; kurtarılabilir **redeemable bond** itfa edilebilir tahvil

redeemed /ri'di:md/ *s.* itfa edilmiş, amorti edilmiş **redeemed shares** intifa senedi

redeemer /ri'di:mı/ *a.* kurtarıcı kimse

redeliver /ri'dilivı/ *e.* geri vermek

redemption /ri'dempşın/ *a.* geri alma; ödeme; kurtarma **redemption fund** amortisman fonu **redemption price** itfa fiyatı **redemption reserve** amortisman ihtiyatı **redemption yield** itfa getirisi, itfa verimi

redemptive /ri'demptiv/ *s.* kurtaran, kurtarıcı

redeploy /ri:di'ploy/ *e.* (asker, işçi, vb.) yerlerini değiştirmek, daha verimli biçimde düzenlemek, reorganize etmek

redeployment /ri:di'ploymınt/ *a.* yeniden geliştirme **redeployment area** geliştirilen bölge

red-handed /red'hendid/ *s.* suçüstü **catch sb red-handed** (birini) suçüstü yakalamak

redhead /'redhed/ *a. kon.* kızıl saçlı

kadın, kızıl

red-hot /red'hot/ *s.* (metal) kızarmış, akkor halinde, çok kızgın; çok öfkeli, ateş püskürür halde, çok kızgın

redintegrate /re'dintigreyt/ *e.* yenilemek, restore etmek

redirect /ri:day'rekt, ri:di'rekt/ *e. bkz.* readdress

rediscount /ri:'diskaunt/ *a.* reeskont ¤ *e.* reeskont etmek **rediscount credit** reeskont kredisi **rediscount rate** reeskont oranı

rediscover /ri:di'skaı/ *e.* yeniden keşfetmek

redistribute /ri:di'stribyu:t/ *e.* yeniden dağıtmak

red-letter /red'letı/ *a.* özel bir gün, çok mutlu bir gün, bayram

redness /'rednis/ *a.* kırmızılık

redo /ri:'du:/ *e.* yeniden yapmak, tekrar yapmak

redolence /'redoulıns/ *a.* güzel koku

redolent /'redılınt/ *s.* ... kokan, ... kokulu, ... havası olan

redouble /ri:'dabıl/ *e.* büyük ölçüde artmak; büyük ölçüde arttırmak

redoubtable /ri'dautıbıl/ *s.* çok saygı duyulan ve korkulan, büyük

redound /ri'daund/ *e.* (to ile) katkıda bulunmak, artırmak, ilerletmek, yararı dokunmak

redox /'ri:doks/ *a. kim.* redoks, yük-in

redraft /'ri:dra:ft/ *a.* retret

redraw /'ri:dro:/ *e.* yeniden keşide etmek

redress /ri'dres/ *e.* düzeltmek ¤ *a.* tazminat, karşılık; düzeltme, ıslah

red-shift /red'şift/ *a. gökb.* kırmızıya kayma

reduce /ri'dyu:s/ *e.* azaltmak, indirmek, düşürmek; *kon.* kilo vermek, zayıflamak; (to ile) zorunda bırakmak, -e düşürmek, -e zorlamak; boyun eğdirmek, fethetmek; (rütbesini, vb.) indirmek **reduce sb to tears** gözyaşlarına boğmak, ağlatmak **reduced mass** *fiz.* indirgenmiş kütle **reduced pressure** indirgenmiş basınç **reduced voltage** indirgenmiş voltaj, azaltılmış voltaj

reducer /ri'dyu:sı/ *a.* redüktör, indirgen

reducible /ri'dyu:sıbıl/ *s.* indirilir, azaltılır, küçültülür **reducible fraction** *mat.*

indirgenebilir kesir

reducing /ri'dyu:sing/ *a.* azaltma, indirme ¤ *s.* indirgeyici **reducing agent** *kim.* indirgen, redüktör **reducing coupling** redüksiyonlu manşon, daraltıcı ekbileziği **reducing flame** redükleyici alev, indirgeyici alaz **reducing gas** redükleyici gaz, indirgeyici gaz **reducing power** indirgen kuvvet/güç **reducing T** redüksiyonlu T, daraltıcı T **reducing valve** redüksiyon supabı, kısma supabı

reduction /ri'dakşın/ *a.* azaltma, indirme; indirim, tenzilat; küçültülmüş resim, harita, vb.; indirgeme, redüksiyon **reduction bleaching** *teks.* indirgemeli ağartma, indirgen ağartma, indirgen beyazlatma **reduction coefficient** indirgeme katsayısı, redüksiyon katsayısı **reduction discharge** *teks.* indirgeme aşındırması **reduction factor** indirgeme faktörü, redüksiyon faktörü **reduction gear** redüktör dişlisi, devir düşürücü dişli takımı **reduction in prices** fiyat indirimi **reduction in wages** ücret indirimi **reduction of capital** sermaye indirimi **reduction of interest** faiz indirimi **reduction of print pastes** *teks.* açma, küpür **reduction of staff** personel sayısını azaltma **reduction paste** *teks.* açma patı **reduction printing** *fot.* küçültme basımı **reduction ratio** indirgeme oranı

reductive /ri'daktiv/ *s.* indirgeyici

redundance /ri'dandınsı/ *a.* fazlalık, artıkbilgi; işçiye gereksinim duyulmaması, işsizlik **redundance letter** işten çıkarma duyurusu **redundance notice** işten çıkarma duyurusu

redundancy /ri'dandınsi/ *a.* gereğinden fazlalık, gereksizlik, bolluk, aşırı emek, emek bolluğu **redundancy check** *biliş.* fazlalık denetimi **redundancy letter** işten çıkarma duyurusu **redundancy notice** işten çıkarma duyurusu

redundant /ri'dandınt/ *s.* gereksiz, lüzumsuz, fazla, aşırı, bol; işten çıkarılan **be made redundant** işinden çıkarılmak **redundant character** *biliş.* fazlalık karakter **redundant check** *biliş.* gereksiz denetim **redundant code** *biliş.* fazlalık kod, gereksiz kod **redundant information** *biliş.* artık bilgi, gereksiz

bilgi
reduplicate /ri'dyu:plikeyt/ *e.* iki katına çıkarmak
reduplication /ridyu:pli'keyşın/ *a.* ikileme
redwood /'redwud/ *a.* kızılağaç; kaliforniya çamı
redye /ri:day/ *e.* yeniden boyamak
reed /ri:d/ *a. bitk.* kamış, saz; *müz.* düdük dili, sipsi; *teks.* gücü **broken reed** ipi ile kuyuya inilmez kişi
reedy /ri:di/ *s.* kamış dolu, saz dolu
reef /ri:f/ *a. den.* camadan; *coğ.* resif, kaya döküntülü kıyı ¤ *e.* camadan vurmak **reef knot** *den.* camadan bağı/düğümü
reefer /'ri:fı/ *a. den.* camadancı
reek /ri:k/ *a.* kötü koku ¤ *e.* kötü kokmak
reel /ri:l/ *a.* makara, bobin; çıkrık; (teyp) makara ¤ *e.* sallanmak, sendelemek, sarhoş gibi gitmek, yalpalamak; kafası karışmak, şaşırmak; fırıl fırıl dönmek, döner gibi olmak; makaraya sarmak **reel number** *biliş.* makara sayısı **reel sequence number** *biliş.* makara sıra numarası **reel off** (ezberden) okuyuvermek, takır takır tekrarlamak; *teks.* rolik çözmek, makaradan ipliği çözmek
reenterable /ri'entırıbıl/ *s. biliş.* yeniden girilebilir **reenterable load module** *biliş.* yeniden girilebilir yükleme modülü
reentry /ri:'entri/ *a.* yeniden girme; uzay aracının dönüp dünya atmosferine girmesi
reeve /ri:v/ *e.* ipi delikten geçirmek
reexport /ri:'ekspo:t/ *a.* reeksport, yeniden ihraç ¤ /'ri:iks'po:t/ *e.* yeniden ihraç etmek
ref /ref/ *a. kon. sp.* hakem
refashion /ri:'feşın/ *e.* biçimini değiştirmek
refection /ri'fekşın/ *a.* hafif yemek
refectory /ri'fektıri/ *a.* yemekhane
refer /ri'fö:/ *e.* (to ile) -den söz etmek, ağzına almak; ilgili olmak, ilgilendirmek, kapsamak; göndermek, havale etmek; başvurmak, danışmak
referee /refı'ri:/ *a. sp.* hakem; *huk.* bilirkişi ¤ *e.* hakemlik yapmak
reference /'refırıns/ *a.* bahsetme, ağzına alma, söz etme; başvurma, danışma; referans, bonservis; ekspertiz *in/with*

reference to -e dair, -e ilişkin, ile ilgili olarak, -e gelince **reference address** *biliş.* referans adresi **reference bank** referans bankası **reference book** başvuru kitabı **reference electrode** referans elektrotu, karşılaştırma elektrotu **reference equivalent** referans eşdeğeri **reference frequency** *biliş.* referans frekans **reference line** referans çizgisi **reference library** araştırma kitaplığı, araştırma için başvurulan kitaplık **reference listing** *biliş.* referans listeleme, referans dizelgeleme **reference noise** referans gürültüsü **reference number** referans numarası **reference picture** *biliş.* referans resmi **reference point** referans noktası **reference power** referans gücü **reference rate** referans kur **reference record** *biliş.* referans kaydı **reference star** *gökb.* referans yıldızı, bağlantı yıldızı **reference voltage** *elek.* referans gerilim
referendum /refı'rendım/ *a.* halkoylaması, referandum
referent /'refırınt/ *a.* gönderge
referential /refı'renşıl/ *s.* gösterim ile ilgili, göndergesel **referential function** gösterim işlevi, gönderge işlevi
refill /ri:'fil/ *e.* yeniden doldurmak ¤ *a.* yedek (kâğıt, pil, kalem içi, kurşun, vb.)
refine /ri'fayn/ *e.* arıtmak, arılaştırmak, tasfiye etmek, rafine etmek; inceltmek; incelmek **refining furnace** arıtma fırını, tasfiye fırını
refined /ri'faynd/ *s.* arıtılmış, tasfiye edilmiş, rafine; ince, kibar, zarif **refined copper** rafine bakır, arıtık bakır **refined liquor** *şek.* rafine şeker kleresi **refined sugar** rafine şeker
refinement /ri'faynmınt/ *a.* arıtma, tasfiye; incelik, kibarlık, zarafet; yararlı ilave, aksesuar
refiner /ri'faynı/ *a.* arıtım işçisi
refinery /ri'faynıri/ *a.* arıtımevi, rafineri, tasfiyehane **refinery molasses** *şek.* rafineri melası **refinery waste** rafineri atığı
refit /ri:'fit/ *e.* yeniden kullanıma hazır hale getirmek, yeniden donatmak; yeni malzeme sağlamak
reflate /ri:'fleyt/ *e.* piyasadaki para/kredi hacmini artırmak, enflasyonu

körüklemek

reflation /ri:'fleyşın/ *a.* piyasadaki para/kredi hacmini artırma

reflect /ri'flekt/ *e.* yansıtmak, aksettirmek; göstermek, belirtmek; ifade etmek; (iyice) düşünmek *reflected binary code biliş.* yansıtılmış ikili kod *reflected impedance elek.* yansımış empedans, yansımış çeli *reflected light* yansıyan ışık *reflected ray opt.* yansımış ışın *reflected wave elek.* yansımış dalga

reflectance /ri'flektıns/ *a.* yansıtırlık

reflecting /ri'flekting/ *s.* yansıtan, aksettiren *reflecting galvanometer* aynalı galvanometre *reflecting telescope gökb.* yansıtmalı teleskop

reflection /ri'flekşın/ *a.* yansıma, aksetme; yankı, akis, hayal; derin düşünce *cast reflections on* hakkında kötü şeyler söylemek, kötülemek *reflection coefficient/factor fiz.* yansıma katsayısı *reflection gain* (anten) yansıtma kazancı *reflection grating fiz.* yansımalı kırınım ızgarası *reflection interval* yansıma aralığı *reflection layer fiz.* yansıma tabakası, yansıma katmanı *reflection loss* yansıma kaybı, yansıma yitimi *reflection point fiz.* yansıma noktası

reflective /ri'flektiv/ *s.* yansıtıcı, aksettirici; düşünceli

reflectivity /ri:flek'tiviti/ *a.* yansıtırlık

reflector /ri'flektı/ *a.* yansıtaç, reflektör *reflector lamp* reflektör lamba, yansıtıcı lamba *reflector telescope gökb.* yansıtmalı teleskop

reflex /'ri:fleks/ *a.* refleks, tepki, yansı *reflex angle mat.* refleksif açı, yansık açı *reflex baffle elek.* refleks hoparlör kutusu *reflex circuit elek.* refleks devresi, yansıma devresi *reflex klystron elek.* refleks klistron

reflexive /ri'fleksiv/ *s. a.* dönüşlü, dönüşlü çatı *reflexive pronoun* dönüşlü zamir, dönüşlü adıl *reflexive verb* dönüşlü fiil

reflexivity /ri:flek'siviti/ *a. mat.* yansıma özelliği

refloat /ri:'flout/ *e.* yeniden yüzdürmek

reflux /'ri:flaks/ *a.* geri akış *reflux condenser* geri akış kondansatörü

reforest /ri'forist/ *e.* yeniden ağaçlandırmak

reform /ri'fo:m/ *a.* reform, düzeltim ¤ *e.* düzeltmek, geliştirmek; düzelmek, gelişmek; -de reform yapmak

reformat /ri'fo:met/ *e. biliş.* yeniden formatlamak

reformation /refı'meyşın/ *a.* reformasyon, düzeltim

reformatory /ri'fo:mıtıri/ *s.* düzeltici, ıslah edici ¤ *a.* ıslahevi

reformer /ri:'fo:mı/ *a.* düzeltimci, ıslahatçı, reformcu

refract /ri'frekt/ *e.* (ışık) kırmak *refracting angle* kırılma açısı *refracting telescope gökb.* kırılmalı teleskop

refraction /ri'frekşın/ *a. fiz.* kırılma

refractive /ri'rektiv/ *s.* kıran, kırıcı, kırılan *refractive index* kırılma indisi, kırılım indisi

refractivity /ri:frek'tiviti/ *a.* kırılırlık

refractometer /ri:frek'tomitı/ *a. fiz.* refraktometre, kırılımölçer

refractometry /ri'rektı'metri/ *a. fiz.* refraktometri, kırılımölçüm

refractory /ri'frektıri/ *s.* karşı gelen, karşı koyan, dik başlı, inatçı; (hastalık) iyileştirilmesi zor, tedavisi güç, inatçı; (metal) ergimesi zor, sıcağa dayanıklı, kolay işlenemez, refrakter *refractory alloy* refrakter alaşım, tuğlamsı alaşım *refractory clay* ateş kili *refractory concrete* refrakter beton, ateş betonu *refractory material* refrakter malzeme, tuğlamsı gereç

refrain /ri'freyn/ *e.* kendini tutmak, kaçınmak, çekinmek, sakınmak ¤ *a.* nakarat

refrangible /ri'frencibıl/ *s. fiz.* kırılabilir

refresh /ri'freş/ *e.* canlandırmak, güçlendirmek, dinçleştirmek; serinletmek; (anıları, vb.) tazelemek, yenilemek, canlandırmak

refresher /ri'freşı/ *a.* içki, serinletici şey; *mec.* anımsatıcı şey *refresher course* bilgi tazeleme kursu

refreshing /ri'freşing/ *s.* güçlendirici, canlandırıcı, dinlendirici, dinçleştirici; serinletici; hoş, ilginç, değişik

refreshment /ri'freşmınt/ *a.* canlanma, güçlenme, dinlenme; yiyecek, içecek *refreshment room* büfe, büvet,

istasyon büfesi
refrigerant /rɪ'fricerɪnt/ *s. fiz.* soğutan, soğutkan
refrigerate /ri'fricɪreyt/ *e.* soğutmak, serinletmek *refrigerated truck* soğuk hava tertibatlı kamyon
refrigeration /rifricɪ'reyşın/ *a.* soğutma *refrigeration engineering* soğutma mühendisliği *refrigeration technology* soğutma tekniği
refrigerator /rɪ'fricɪreytı/ *a.* buzdolabı, soğutucu *refrigerator car Aİ.* frigorifik vagon *refrigerator lorry İİ.* frigorifik kamyon *refrigerator truck Aİ.* frigorifik kamyon *refrigerator van İİ.* frigorifik vagon; frigorifik minibüs *refrigerator vessel* frigorifik gemi
refuel /ri:'fyuıl/ *e.* yakıt ikmal etmek
refuge /'refyu:c/ *a.* sığınak, barınak; orta kaldırım, refüj *take refuge (in)* sığınmak
refugee /refyu'ci:/ *a.* mülteci, sığınık
refulgent /ri'falcınt/ *s.* parlak, pırıl pırıl
refund /'ri:fand/ *a.* geri ödeme, para iadesi; geri verilen para, geri ödeme ¤ /ri'fand/ *e.* (parayı) geri vermek, geri ödemek *refunding bond* itfa tahvili
refundment /ri'fandmınt/ *a.* geri verme, geri ödeme, para iadesi
refurbish /ri:'fö:biş/ *e.* yeniden cilalamak
refurnish /ri:'fö:niş/ *e.* yeniden döşemek
refusal /ri'fyu:zıl/ *a.* kabul etmeme, ret, geri çevirme; reddetme hakkı; şufa hakkı, önalım hakkı
refuse /ri'fyu:z/ *e.* reddetmek, kabul etmemek, geri çevirmek ¤ /'refyu:s/ *a.* döküntü, süprüntü, çöp, artık *refuse collector* çöp kamyonu *refuse disposal* çöp kaldırma/toplama *refuse lorry* çöp kamyonu
refutable /'refyutıbıl/ *s.* çürütülebilir, yanlışlığı kanıtlanabilir
refutation /refyu'teyşın/ *a.* çürütme, cerh; yalanlama, tekzip
refute /ri'fyu:t/ *e.* yanlış olduğunu kanıtlamak, çürütmek, cerh etmek
regain /ri'geyn/ *e.* yeniden elde etmek, yeniden kavuşmak, yeniden kazanmak; (bir yere) tekrar varmak, tekrar dönmek *regain one's feet* yeniden dengesini kazanmak *regain the shore* kıyıya varmak

regal /'ri:gıl/ *s.* kral ya da kraliçe gibi; krallara layık, şahane
regale /ri'geyl/ *e.* (with ile) eğlendirmek, hoşça vakit geçirtmek
regalia /ri'geylıı/ *a.* tören kıyafeti; tören süslemeleri
regality /ri:'geliti/ *a.* krallık, hükümdarlık
regard /ri'ga:d/ *e.* bakmak; gözü ile bakmak, gibi görmek, olarak ele almak, saymak; göz önünde tutmak, umursamak, önemsemek, aldırmak, kulak asmak ¤ *a.* saygı, itibar; önemseme, aldırış, saygı, dikkat; bakış *in this regard* bu hususta, bu bakımdan *in/with regard to* hakkında, -e gelince, -e dair *out of regard* hatırı için, -e riayeten *pay no regard to* -e hiç aldırış etmemek *regards* selam, iyi dilekler *without regard to* -e bakmadan, önem vermeden
regarding /ri'ga:ding/ *ilg.* hakkında, ilişkin, hususunda, ile ilgili, -e dair, -e gelince
regardless /ri'ga:dlis/ *be. kon.* ne olursa olsun, mutlaka *regardless of* -i düşünmeden, -e bakmaksızın, -e aldırmadan
regatta /ri'getı/ *a.* kayık ya da yelkenli tekne yarışı
regency /'ri:cınsi/ *a.* kral naipliği
regenerate /ri'cenıreyt/ *e.* yenilemek, yeniden oluşturmak, yeniden kazanmak, rejenere etmek *regenerated cellulose* rejenere selüloz *regenerated soil trm.* ıslah edilmiş toprak
regeneration /ricenı'reyşın/ *a.* yenileme, yenilenme, rejenerasyon *regeneration period biliş.* yeniden üretme dönemi, yenileme dönemi
regenerative /ri'cenırıtiv/ *s.* yenileyici, canlandırıcı, düzeltici *regenerative detector* rejeneratif detektör, geribeslemeli detektör *regenerative memory biliş.* yeniden üretimli bellek, yenilemeli bellek *regenerative reading biliş.* yeniden üretimli okuma, yenilemeli okuma *regenerative receiver elek.* pozitif geribeslemeli alıcı *regenerative storage biliş.* yeniden üretimli bellek, yenilemeli bellek *regenerative tracks biliş.* yenilemeli izler
regent /'ri:cınt/ *a.* kral naibi

reggae /'regey/ *a. müz.* rege
regicide /'recisayd/ *a.* kral katili; kral katli
regime /rey'ci:m/ *a.* yönetim, rejim; perhiz, rejim
regimen /'recimin/ *a.* rejim, perhiz
regiment /'recimint/ *a. ask.* alay; kalabalık, sürü ¤ *e.* alay oluşturmak; sistematik bir biçime sokmak; *hkr.* sıkı disiplin altında tutmak
regimental /reci'mentıl/ *s. ask.* alay ile ilgili *regimental officer* kıta subayı
regimentation /recimen'teyşın/ *a.* sistematik bir biçime sokma; *hkr.* sıkı disiplin altında tutma
region /'ri:cın/ *a.* bölge, yöre *in the region of* yaklaşık, ... civarında *region of articulation* ses çıkartma bölgesi, eklemleme bölgesi *region of deformation* deformasyon bölgesi *region of limited proportionality* *fiz.* sınırlı orantı bölgesi
regional /'ri:cınıl/ *s.* bölgesel, yöresel *regional address* *biliş.* bölgesel adres, yöresel adres *regional metamorphism* *yerb.* bölgesel başkalaşım *regional planning* bölgesel tasarlama, bölgesel planlama *regional television* bölgesel televizyon
regionalism /'ri:cınılizım/ *a.* bölgecilik
register /'recistı/ *a.* sicil, kütük; kayıt defteri, liste defteri, dosya; liste, kayıt; *müz.* ses perdesi; kayıt eden aygıt, saat, sayaç; regülatör; *biliş.* yazmaç ¤ *e.* kütüğe kaydetmek, sicile geçirmek; kaydetmek, listeye yazmak; (aygıt) kaydetmek, göstermek; belirtmek, dışa vurmak, ifade etmek, belli etmek; (mektubu) taahhütlü olarak göndermek *cash register* otomatik yazar kasa *register address field* *biliş.* yazmaç adres alanı *register capacity* *biliş.* yazmaç kapasitesi, yazmaç sığası *register instruction* *biliş.* yazmaç komutu *register length* *biliş.* yazmaç uzunluğu *register machine* *biliş.* yazmaç makine, yazmaç bilgisayar *register of ships* gemi sicili *register office* nikâh dairesi, evlendirme memurluğu; sicil dairesi *register reference instruction* *biliş.* yazmaç referans komutu *registering apparatus* kaydedici cihaz
registered /'recistıd/ *s.* (mektup) taahhütlü; kayıtlı, tescilli *registered*

bond ada yazılı tahvil, nama yazılı tahvil *registered lien* tescilli rehin *registered post* taahhütlü posta *registered representative* kayıtlı temsilci *registered security* ada yazılı menkul değer *registered share* nama yazılı hisse senedi *registered trade mark* müseccel marka *registered trademark* tescil edilmiş marka
registrar /reci'stra:/ *a.* sicil memuru, nüfus memuru
registration /reci'streyşın/ *a.* (kütüğe) kaydetme; listeye alma, kaydetme; kayıt, tescil *registration fire* *ask.* düzeltme tanzimi *registration number* plaka numarası
registry /'recistri/ *a.* sicil dairesi *registry office* nikâh dairesi, evlendirme memurluğu; sicil dairesi
reglet /'reglit/ *a. mim.* kordon
regnant /'regnınt/ *s.* saltanat süren, hükümdarlık eden
regolith /'regılit/ *a. yerb.* regolit
regress /ri'gres/ *e.* gerilemek, ilkelleşmek
regression /ri'greşın/ *a.* geri çekilme, gerileme, regresyon; *yerb.* deniz gerilemesi *regression coefficient* gerileme katsayısı
regressive /ri'gresiv/ *s.* gerileyen *regressive tax* azalan oranlı vergi
regret /ri'gret/ *e.* pişman olmak; gözünde tütmek, özlemini çekmek, aramak ¤ *a.* üzüntü; pişmanlık *I regret to say that ...* üzülerek söyliyeyim ki, maalesef, ne yazık ki *have no regrets* bir pişmanlık duymamak, hiç pişman olmamak *much to my regret* üzülerek söyliyeyim, maalesef, kusura bakmayın
regretful /ri'gretfıl/ *s.* üzüntülü
regrettable /ri'gretıbıl/ *s.* üzücü, acınacak, ayıp
regroup /ri:'gru:p/ *e.* yeniden gruplaşmak, grup kurmak; yeniden gruplandırmak
regular /'regyulı/ *s.* düzgün, muntazam; her zamanki, mutat, düzenli; usule uygun, yoluna göre, nizami; meslekten, muvazzaf; *kon.* tam, gerçek, tam anlamıyla; normal, sıradan; düzgün, güzel biçimli; *dilb.* düzenli ¤ *a. ask.* muvazzaf; *kon.* devamlı müşteri, gedikli *regular flight* tarifeli uçuş *regular*

function *mat.* düzenli fonksiyon, düzenli işlev **regular matrix** *mat.* düzenli matris, düzenli dizey **regular polygon** *mat.* düzenli çokgen **regular reflection** *fiz.* normal yansıma, olağan yansıma

regularity /regyu'leriti/ *a.* düzen, düzenlilik, düzenli biçimde olma, intizam

regularly /'regyulıli/ *be.* düzenli olarak, muntazaman

regulate /'regyuleyt/ *e.* düzene sokmak, düzenlemek, yoluna koymak, denetim altına almak, kontrol etmek; ayarlamak **regulated power supply** *elek.* ayarlı güç kaynağı **regulating rod** *fiz.* ayar çubuğu **regulating screw** ayar vidası **regulating transformer** *elek.* ayarlama transformatörü **regulating valve** tanzim supabı, tanzim valfı

regulation /regyu'leyşın/ *a.* düzenleme, tanzim; ayarlama **regulations** yönetmelik, tüzük

regulator /'regyuleytı/ *a.* ayarlayıcı, düzenleyici, düzengeç, regülatör

regulus /'regyulıs/ *a.* cüruflu maden külçesi; yarı arıtılmış maden

regurgitate /ri'gö:citeyt/ *e.* kusmak, kusacak gibi olmak

rehabilitate /ri:hı'biliteyt/ *e.* yararlı duruma getirmek, düzeltmek, ıslah etmek; tedavi ederek sağlığına kavuşturmak, eski haline getirmek, normal hale getirmek; eski görev/rütbe/haklarını geri vermek

rehabilitation /ri:hıbili'teyşın/ *a.* eski sağlığına kavuşturma, rehabilitasyon; eski görev, rütbe ya da haklarını geri verme

rehash /'ri:heş/ *a.* tekrarlama

rehearing /ri:'hiıring/ *a.* tanıkların yeniden dinlenmesi

rehearsal /ri'hö:sıl/ *a. tiy.* prova; anlatma, sayıp dökme

rehearse /ri'hö:s/ *e.* prova etmek; anlatmak, sayıp dökmek

reheat /ri:'hi:t/ *e.* yeniden ısıtmak **reheating furnace** yeniden ısıtma fırını

rehouse /ri:'hauz/ *e.* yeni/daha iyi bir eve yerleştirmek

reign /reyn/ *a.* hükümdarlık, saltanat ¤ *e.* saltanat sürmek; oluşmak, olmak, vuku bulmak

reimbursable /ri:im'bö:sıbıl/ *s.* geri ödenebilir

reimburse /ri:im'bö:s/ *e.* (parasını) geri vermek, ödemek, birinin yaptığı masrafı ödemek **reimbursing bank** rambursman bankası

reimbursement /ri:im'bö:smınt/ *a.* geri ödeme, parayı geri verme, rambursman **reimbursement credit** rambursman kredisi

reimport /ri:im'po:t/ *a.* yeniden ithalat

rein /reyn/ *a.* dizgin **give (free) rein to** (duyguları) serbest bırakmak, kaptırmak, dalmak, dizginlerini koyuvermek **hold the reins** dizginleri ele almak **keep a tight rein on** dizginlemek, sıkı denetlemek

reincarnate /ri:in'ka:neyt/ *e.* öldükten sonra yeni bir bedende diriltmek; (ruha) yeni bir beden vermek

reincarnation /ri:inka:'neyşın/ *a.* başka bir bedende dirilme

reindeer /'reyndiı/ *a. hayb.* rengeyiği

reinforce /ri:in'fo:s/ *e.* güçlendirmek, takviye etmek, berkitmek **reinforced concrete** *inş.* betonarme, demirli beton **reinforced concrete beam** betonarme kiriş **reinforced concrete pile** betonarme kazık **reinforced plastic** kuvvetlendirilmiş plastik **reinforcing plate** takviye levhası **reinforcing steel** betonarme demiri

reinforcement /ri:in'fo:smınt/ *a.* güçlendirme, takviye, destek, berkitme

reinforcements /ri:in'fo:smınts/ *a. ask.* takviye birliği

reinstall /ri:in'sto:l/ *e.* yeniden yerleştirmek

reinstallment /ri:in'sto:lmınt/ *a.* yeniden yerleştirme

reinstate /ri:in'steyt/ *e.* eski mevkiini geri vermek, haklarını geri vermek; kuvvetlendirmek, canlandırmak

reinstatement /ri:in'steytmınt/ *a.* haklarını geri verme

reinsurance /ri:in'şuırıns/ *a.* reasürans, mükerrer sigorta

reinsure /ri:in'şuı/ *e.* yeniden sigorta etmek; reasürans yapmak, bir sigortananı risklerini başka bir sigorta ile güvence altına almak

reinvestment /ri:in'vestmınt/ *a.* yeniden yatırım *reinvestment discount* yeniden yatırım ıskontosu

reiterate /ri:'itıreyt/ *e.* (birkaç kez) yinelemek, tekrarlamak

reiteration /ri:itı'reyşın/ *a.* yineleme, tekrarlama

reject /ri'cekt/ *e.* reddetmek, kabul etmemek, geri çevirmek; bir tarafa atmak, ıskartaya çıkarmak, atmak ¤ /'ri:cekt/ *a.* bir kenara atılan yararsız şey, ıskarta *reject the bill* yasa tasarısını kabul etmemek *reject file* biliş. ret dosyası, ret kütüğü

rejectamenta /ricektı'mentı/ *a.* çöp, süprüntü; dışkı, pislik

rejection /ri'cekşın/ *a.* kabul etmeme/edilmeme, ret, geri çevirme; ıskartaya çıkarma

rejoice /ri'coys/ *e.* çok sevinçli olmak, sevinmek *rejoice sb's heart* mutlu etmek, yüzünü güldürmek

rejoicing /ri'coysing/ *a.* büyük sevinç, bayram sevinci, şenlik

rejoin /ri'coyn/ *e.* sert yanıt vermek; yanıt vermek, karşılık vermek; (kamp, gemi, vb.'ne) geri dönmek; yeniden kavuşmak

rejoinder /ri'coyndı/ *a.* yanıt; kaba yanıt

rejuvenate /ri'cu:vıneyt/ *e.* gençleştirmek

rejuvenescence /ricu:vıneysıns/ *a.* gençleşme, gençleştirme

rekindle /ri:'kındıl/ *e.* yeniden yakmak

relapse /ri'leps/ *e.* kötüye gitmek, kötüleşmek; (kötü yola) sapmak, dönmek ¤ *a.* kötüye gitme, kötüleşme; (kötü yola) sapma, dönme

relate /ri'leyt/ *e.* anlatmak, nakletmek, hikâye etmek; arasındaki farkı görmek/göstermek; (to ile) ile bağdaştırmak, ilişki kurmak; (to ile) -e yönelik olmak, kapsamak, ait olmak

related /ri'leytid/ *s.* ilgili, ilişkili, bağlantılı

relation /ri'leyşın/ *a.* akraba; ilgi, ilişki, bağlantı *relations* karşılıklı ilişki

relationship /ri'leyşınşip/ *a.* akrabalık; ilgi, ilişki, bağlantı

relative /'relıtiv/ *a.* akraba, hısım; ilgi zamiri, ilgi adılı; ilgi cümleciği, ilgi yantümcesi ¤ *s.* göreli, oranlı, nispi; ilgili, ilişkin, dair; bağlı, tâbi *relative address* biliş. göreceli adres, göreli adres *relative addressing* biliş. göreli

adresleme *relative adverb* ilgi zarfı, ilgi belirteci *relative atomic mass* nispi atom kütlesi *relative code* biliş. göreceli kod, göreli kod *relative coding* biliş. göreceli kodlama, göreli kodlama *relative density* bağıl yoğunluk, bağıl özkütle *relative efficiency* nispi randıman, bağıl verim *relative humidity* bağıl nem, nispi rutubet *relative motion* bağıl hareket, izafi hareket *relative orbit* gökb. bağıl yörünge *relative pronoun* dilb. ilgi adılı, ilgi zamiri *relative velocity* izafi hız, bağıl hız

relatively /'relıtivli/ *be.* oranla, nispeten; oldukça *relatively prime* mat. aralarında asal

relativistic /relıti'vistik/ *s. fiz.* bağıl, göreli *relativistic particle* fiz. bağıl parçacık

relativity /relı'tiviti/ *a.* izafiyet, görelik, bağıllık, rölativite

relax /ri'leks/ *e.* gevşemek, gevşeyip dinlenmek, yorgunluğunu atmak, rahatlamak; gevşetmek, rahatlatmak, dinlendirmek; (güç, kontrol, vb.) gevşetmek, hafifletmek

relaxation /ri:lek'seyşın/ *a.* gevşeme, yumuşama, hafifleme; gevşetme, yumuşatma, hafifletme; gevşeklik; dinlenme, istirahat, eğlence *relaxation of restrictions* kısıtlamaların hafifletilmesi

relaxing /ri'leksing/ *s.* rahatlatıcı; gevşetici, yumuşatıcı

relay /'ri:ley/ *a.* nöbetleşe çalışan ekip, vardiya, posta; yedek malzeme; *elek.* röle; *kon.* bayrak yarışı ¤ *e.* naklen yayınlamak *relay centre* biliş. aktarma merkezi *relay magnet* röle mıknatısı *relay radar* röle radarı *relay spring* röle yayı *relay station* röle istasyonu *relay transmitter* elek. röleli verici

release /ri'li:s/ *e.* serbest bırakmak, azat etmek, salmak; tahliye etmek; bırakmak, koyuvermek; (filmi) gösterime sokmak; (haber) duyurmak, bildirmek, yayınlamak; piyasaya sürmek, satışa çıkarmak, (piyasaya) çıkarmak; *huk.* feragat etmek, vazgeçmek; (ipotek) çözmek; deklanşöre basmak ¤ *a.* serbest bırakma, özgürlüğüne kavuşturma, salma, azat; kurtarma, kurtuluş, kurtulma; gevşetme, çözme; (film) piyasada gösterilme izni; (kitap, haber, vb.) yayınlama izni; deklanşör; *tek.* salıverme düzeneği, yay *on general release* (film) gösterimde *release button* deklanşör, düğme *release cord* paraşüt çekme ipi *release lever* ayırma kolu *release on bail* kefaletle tahliye *release spring* geri çekme yayı, baskı yayı, irca yayı *release the clutch* debriyajı işletmek

relegate /'religeyt/ *e.* göndermek, havale etmek; aşağı bir durum ya da mevkiye indirmek *be relegated* küme düşmek

relegation /reli'geyşın/ *a.* sürgüne gönderme; *sp.* küme düşme

relent /ri'lent/ *e.* yumuşamak, acıyıp merhamete gelmek, gevşemek

relentless /ri'lentlıs/ *s.* amansız, acımasız

relevance /'relivıns/ *a.* ayırıcı olma özelliği, ayırıcılık, belirginlik

relevant /'relivınt/ *s.* konu ile ilgili

reliability /rilay'ıbılıti/ *a.* güvenilirlik

reliable /ri'layıbıl/ *s.* güvenilir; güvenli, emniyetli

reliance /ri'layıns/ *a.* güvenç, güven, inan, itimat

reliant /ri'layınt/ *s.* bağlı, bağımlı, dayalı

relic /'relik/ *a.* kalıntı; rölik, kutsal kalıntı

relics /'reliks/ *a.* ceset

relict /'relikt/ *s.* soyu tükenmesine karşın kendisi hâlâ yaşayan

relief /ri'li:f/ *a.* ferahlama, rahatlama; kurtarma, kurtuluş; takviye kuvvetleri; iç rahatlığı, iç ferahlığı, avuntu; yardım, imdat; çare, derman; nöbet değiştirme, nöbeti devralan kişi; kabartma, rölyef *bring into relief* açığa çıkarmak *relief map* rölyef harita, yükseklikleri gösteren harita *relief printing* kabartma baskı, rölyef baskı *relief road* yan yol, ikinci yol *relief valve* emniyet supabı *relief well* boşaltma kuyusu

relieve /ri'li:v/ *e.* (ağrı, acı, sıkıntı, vb.) dindirmek, hafifletmek, azaltmak, yatıştırmak, teskin etmek, bastırmak; ferahlatmak, rahatlatmak, avutmak, avundurmak, gönül ferahlığı vermek; nöbeti devralmak, nöbet değiştirmek; (kuşatılmış kenti) kurtarmak; tekdüzeliğini gidermek, ilginçleştirmek, güzelleştirmek, hareketlendirmek,

canlandırmak *relieve of* (ağır bir yükü) elinden almak, -den kurtarmak *relieving arch* *inş.* hafifletme kemeri, boşaltma kemeri, sağır kemer

relieved /ri'li:vd/ *s.* rahatlamış, ferahlamış, yatışmış, rahat, ferah

relievo /ri'li:vou/ *a.* kabartma

religion /ri'licın/ *a.* din; mezhep; inanç, iman *enter a religion* bir tarikata girmek

religionist /ri'licınist/ *a.* bağnaz, yobaz

religiosity /rilici'ositi/ *a.* bağnazlık, yobazlık

religious /ri'licıs/ *s.* dinsel, dini; dindar *religious order* tarikat

religiously /ri'licısli/ *be.* imanla; düzenli bir şekilde

reline /ri:'layn/ *e.* gömlek değiştirmek, astarını değiştirmek

relinquish /ri'linkwiş/ *e.* vazgeçmek, bırakmak, feragat etmek

relish /'reliş/ *a.* istek, zevk, haz, iştah; çeşni, tat, lezzet ¤ *e.* hoşlanmak, hoşuna gitmek, zevk almak, hoşnut olmak

relive /ri:'liv/ *e.* yeniden yaşamak, anımsamak

reload /ri:'loud/ *e.* yeniden yüklemek *reload time* *biliş.* yeniden yükleme zamanı

relocatable /ri:lou'keytıbıl/ *s.* *biliş.* yerdeğişir *relocatable code* *biliş.* yerdeğişir kod *relocatable loader* *biliş.* yeniden yerleştirilebilir yükleyici, yerdeğişir yükleyici *relocatable program* *biliş.* yeniden yerleştirilebilir program, yerdeğişir program *relocatable routine* *biliş.* yeniden yerleştirilebilir yordam, yerdeğişir yordam

relocate /ri:lou'keyt/ *e.* (başka bir yere) taşımak, kurmak, yerleştirmek; *biliş.* yeniden yerleştirmek, yerini değiştirmek

relocation /ri:lou'keyşın/ *a.* başka yere yerleştirme *relocation dictionary* *biliş.* yeniden yerleştirme sözlüğü, yerdeğiştirme sözlüğü

reluctance /ri'laktıns/ *a.* isteksizlik, gönülsüzlük; *fiz.* relüktans, manyetik direnç, mıknatıssal direnç

reluctant /ri'laktınt/ *s.* isteksiz, gönülsüz

reluctantly /ri'laktıntli/ *be.* istemeye

istemeye, gönülsüzce, isteksizce

reluctivity /relak'tiviti/ *a. fiz.* relüktivite, çekingenlik

rely /ri'lay/ *e.* (on/upon ile) güvenmek, itimat etmek, bel bağlamak

remain /ri'meyn/ *e.* kalmak

remainder /ri'meyndı/ *a.* artan, geri kalan, kalan, bakiye; artık ¤ *e.* satıp elden çıkarmak *remainder of a debt* borç bakiyesi *remainder theorem mat.* kalan teoremi, kalan savı

remainderman /ri'meyndımen/ *a.* aday, namzet

remaining /ri'meyning/ *s.* kalıcı

remains /ri'meynz/ *a.* artık, kalıntı; ölü, ceset

remake /ri:'meyk/ *e.* (film, vb.) yeniden yapmak ¤ *a.* yeniden yapma; (film) yeniden çekme

remand /ri:ma:nd/ *e.* (tekrar mahkemeye çıkmak üzere) cezaevine geri göndermek ¤ *a.* tekrar cezaevine gönderme *on remand* yargılanmasını beklemede *remand prison* tutukevi

remanence /'remınıns/ *a. fiz.* artık mıknatıslık, artık mıknatıslanım

remanent /'remınınt/ *s.* artan, kalan

remark /ri'ma:k/ *e.* söylemek, belirtmek ¤ *a.* söz, düşünce, görüş *remark on/upon* hakkında görüşünü belirtmek

remarkable /ri'ma:kıbıl/ *s.* dikkate değer, sözü edilmeye değer, olağanüstü

remarkableness /ri'ma:kıbılnis/ *a.* dikkate değerlik, olağanüstülük

remarkably /ri'ma:kıbli/ *be.* dikkate değer bir şekilde, fevkalade

remediable /ri'mi:dıyıbıl/ *s.* çaresi bulunan

remedial /ri'mi:dıl/ *s.* sağaltıcı, iyileştirici, iyi edici, tedavi edici, çare niteliğinde *remedial maintenance biliş.* aksaklık giderici bakım *remedial teaching* yetiştirici öğretim

remedy /'remidi/ *a.* çıkar yol, umar, çare; ilaç, derman, deva ¤ *e.* sağaltmak, iyi etmek, iyileştirmek, tedavi etmek; düzeltmek; çare bulmak, gereğine bakmak, önlemek

remelt /ri:'melt/ *e.* yeniden eritmek *remelt sugar* yeniden eritilmiş şeker *remelt syrup* eritme şurubu

remember /ri'membı/ *e.* anımsamak, hatırlamak; aklında tutmak, hatırında tutmak, unutmamak; *ört.* armağan/bahşiş vb. vermek, görmek; (to ile) *kon.* -den selam götürmek, -in selamını söylemek

remembrance /ri'membrıns/ *a.* anma, hatırlama, yâd etme; anı, hatıra; anmalık, andaç, hatıra, yadigâr

remigration /ri:may'greyşın/ *a.* geriye göç

remilitarization /'ri:militırayzeyşın/ *a.* yeniden askerileştirme

remind /ri'maynd/ *e.* hatırlatmak, aklına getirmek *remind of* -i hatırlatmak, aklına getirmek

reminder /ri'mayndı/ *a.* mektup, not, pusula, vb. anımsatıcı şey

reminisce /remi'nis/ *e.* eski günlerden konuşmak

reminiscence /remi'nisıns/ *a.* anımsama, hatırlama; anımsanan şeyler, anı *reminiscences* anılar, hatırat

reminiscent /remi'nisınt/ *s.* -i hatırlatan, benzeri

remise /ri'mayz/ *a.* feragat, vazgeçme

remiss /ri'mis/ *s.* dikkatsiz, gevşek, dalgacı, ihmalkâr

remissible /ri'misıbıl/ *s.* affedilebilir, bağışlanabilir

remission /ri'mişın/ *a.* bağışlama, affetme, af; ceza indirimi, cezayı hafifletme; (hastalık) hafifleme süresi; para gönderme

remissness /ri'misnis/ *a.* ihmal, kusur

remit /ri'mit/ *e.* (borç, ceza, vb.'den) kurtarmak; postayla (para, çek, vb.) göndermek, havale etmek; ara vermek, mola vermek

remittance /ri'mitıns/ *a.* para havalesi, postayla gönderilen para *remittance account* römiz hesabı

remittee /rimit'i:/ *a.* alıcı, havale alıcısı

remitter /ri'mitı/ *a.* para gönderen; davayı başka mahkemeye havale

remnant /'remnınt/ *a.* artık, geri kalan şey, kalıntı; parça kumaş

remodel /ri:'modıl/ *e.* değişiklikler yapmak

remonetization /ri:manitay'zeyşın/ *a.* eski parayı yeniden tedavüle sürme

remonstrance /ri'monstrıns/ *a.* yakınma, şikâyet, itiraz

remonstrate /'remınstreyt/ *e.* yakınmak,

şikâyet etmek, karşı çıkmak, itiraz etmek

remorse /ri'mo:s/ *a.* pişmanlık, vicdan azabı **without remorse** merhametsizce, acımasızca, acımadan

remorseful /ri'mo:sfıl/ *s.* vicdan azabı çeken, pişmanlık duyan, pişman

remorseless /ri'mo:slis/ *s.* vicdansız, kalpsiz, acımasız

remote /ri'mout/ *s.* uzak; (davranış) soğuk; (şans, olasılık, vb.) küçük, az **remote access** uzaktan erişim **remote access computing system** uzaktan erişimli bilişim sistemi **remote batch processing** *biliş.* uzak yığın işlem, uzak toplu işlem **remote batch terminal** *biliş.* uzak toplu işlem terminali **remote calculator** *biliş.* uzaktan hesaplayıcı, uzak hesaplayıcı **remote computing system** *biliş.* uzaktan hesaplama sistemi, uzak bilişim dizgesi **remote control** uzaktan kumanda **remote control unit** *biliş.* uzaktan kumanda birimi **remote controlled** uzaktan kumandalı **remote data terminal** *biliş.* uzak veri terminali **remote debugging** *biliş.* uzaktan hata giderme **remote inquiry** *biliş.* uzaktan sorgulama **remote job entry** *biliş.* uzaktan iş girişi **remote processing** *biliş.* uzaktan işlem **remote processor** *biliş.* uzak işlemci **remote station** *biliş.* uzak istasyon **remote terminal** *biliş.* uzak terminal

remotely /ri'moutli/ *be.* küçük bir dereceye kadar, birazcık

rémoulade /remıleyd/ *a. mutf.* ot hardal ve kaparili mayonez sosu

remount /ri:'maunt/ *e.* yeniden binmek; yeniden monte etmek, yeniden çerçevelemek ¤ *a.* yeni binek atı, değiştirme atı

removable /ri'mu:vıbıl/ *s.* kaldırılabilir, sökülebilir

removal /ri'mu:vıl/ *a.* kaldırma; taşınma; çıkarma; kovulma, görevden alınma; yerini değiştirme **removal expenses** taşınma giderleri **removal van** nakliye kamyonu

remove /ri'mu:v/ *e.* çıkarmak; temizlemek, silmek, çıkarmak; kovmak, atmak; kaldırmak, alıp götürmek; uzaklaştırmak, defetmek; taşınmak *re-*

moved from -den uzak, -den farklı, ile ilgisiz

remover /ri'mu:vı/ *a.* leke çıkarıcı; ev eşyası nakliyecisi

remunerate /ri'myu:nıreyt/ *e.* emeğinin karşılığını ödemek, hakkını ödemek, ödüllendirmek, yaptığının karşılığını ödemek

remuneration /rimyu:nı'reyşın/ *a.* ücret, bedel

remunerative /ri'myu:nırıtiv/ *s.* (iş) paralı, iyi para getiren; kârlı, kazançlı; yararlı

Renaissance /ri'neysıns/ *a.* Rönesans

renal /'ri:nıl/ *s.* böbreğe ait, böbrek +

rename /ri:neym/ *e.* yeni bir ad vermek

renascence /ri'nesıns/ *a.* yeniden doğma

renascent /ri'nesınt/ *s.* yeniden doğan

rend /rend/ *e.* yırtmak, yarmak, koparmak, bölmek, ayırmak; zorla çekip almak, koparmak, ayırmak

render /'rendı/ *e.* (yardım, vb.) vermek, sunmak; hale getirmek, etmek, kılmak; icra etmek, sunmak; (into ile) -e tercüme etmek, -e çevirmek **render a verdict** (yargıç/jüri) karar vermek **render accounts** müşterilere hesap ekstresi göndermek **render payment** ödeme yapmak **render thanks** şükretmek

rendering /'rendıring/ *a.* sunma, icra, oynama, temsil; tercüme, çeviri

rendezvous /'rondivu:/ *a.* buluşma, randevu; buluşma yeri

rendition /ren'dişın/ *a.* icra, sunma, temsil

rendzina /ren'dzi:nı/ *a. trm.* rendzina

renegade /'renigeyd/ *a. hkr.* hain, dönek

renege /ri'ni:g/ *e.* sözünden dönmek

renew /ri'nyu:/ *e.* yenilemek, yenileştirmek, tazelemek; canlandırmak, dinçleştirmek; yinelemek, tekrarlamak

renewable /ri'nyu:ıbıl/ *s.* yenilenebilir; yenilenmesi gereken

renewal /ri'nyu:ıl/ *a.* yenileme; yenilenen şey **renewal bill** temdit senedi **renewal notice** yenileme belgesi **renewal premium** yenileme primi

rennet /'renit/ *a. trm.* peynir mayası

renounce /ri'nauns/ *e.* vazgeçmek, terk etmek; bırakmak, feragat etmek

renovate /'renıveyt/ *e.* yenilemek, onarmak

renovation /renı'veyşın/ *a.* yenileme

renown /ri'naun/ *a.* ün, ad, şan, şöhret

renowned /ri'naund/ *s.* ünlü, şanlı, meşhur

rent /rent/ *a.* kira; kira bedeli; yırtık, yarık, delik ¤ *e.* kiralamak, kira ile tutmak; kiraya vermek *free of rent* kirasız, bedava *rent a car service* araba kiralama servisi *rent boy İİ. kon.* erkek fahişe *rent charge* kira üzerinden alınan vergi *rent control* kira denetimi *rent restriction* kira tahdidi

rentable /'rentıbıl/ *s.* kiralanabilir; kira getirebilir

rental /'rentl/ *a.* kira bedeli, kira *rental agreement* kira kontratı *rental car* kiralık otomobil *rental housing* kiralık mesken

renter /'rentı/ *a.* kiracı

rent-free /rent'fri:/ *be. s.* kirasız, kirasız oturulan, kira ödemeden

rentier /'rontiey/ *a.* rantiye

renunciation /rinansi'eyşın/ *a.* vazgeçme, feragat

reopen /ri:'oupın/ *e.* yeniden açmak

reorganization /ri:o:gınay'zeyşın/ *a.* reorganizasyon, yeniden örgütleme

reorganize /ri:'o:gınayz/ *e.* yeniden düzenlemek, yeniden organize etmek

rep /rep/ *a. kon.* satış temsilcisi; *kon.* dağar tiyatrosu

repack /ri:'pek/ *e.* yeniden denk yapmak

repaint /ri'peynt/ *e.* yeniden boyamak

repair /ri'peı/ *e.* onarmak, tamir etmek; (hatayı) düzeltmek, gidermek ¤ *a.* onarım, tamir *in bad/ill repair* tamire muhtaç, kötü durumda *in good repair* iyi durumda *repair delay time biliş.* onarım gecikmesi zamanı *repair kit* tamir takımı *repair pit oto.* tamir çukuru *repair shop* tamirci dükkânı *repair time biliş.* onarım zamanı *under repair* onarımda

repairable /ri'peırıbıl/ *s.* onarılabilir, tamir edilebilir

repairman /ri'peımen/ *a.* tamirci

repairshop /ri'peışop/ *a.* tamir atölyesi

reparation /repı'reyşın/ *a.* tazminat

repartee /repa:'ti:/ *a.* hazırcevaplık; hazırcevap

repartition /ri:pa:'tişın/ *a.* bölme, bölüm; yeniden bölme

repass /ri:'pa:s/ *e.* dönmek, geri gitmek

repast /ri'pa:st/ *a.* yemek

repatriate /ri:'petrieyt/ *e.* yurduna geri göndermek, iade etmek

repatriation /ri:petri'eyşın/ *a.* kendi ülkesine geri dönme

repay /ri'pey/ *e.* (para) geri vermek, ödemek; karşılığını vermek, altında kalmamak, ödemek; ödüllendirmek, karşılığını vermek

repayable /ri'peyıbıl/ *s.* geri ödenebilir; geri ödenilmesi gereken

repayment /ri'peymınt/ *a.* geri ödeme; karşılık

repeal /ri'pi:l/ *e.* yürürlükten kaldırmak, feshetmek, iptal etmek ¤ *a.* yürürlükten kaldırma, fesih, iptal

repealable /ri'pi:lıbıl/ *s.* yürürlükten kaldırılabilir, feshedilir

repeat /ri'pi:t/ *e.* tekrarlamak, yinelemek; yinelenmek, tekerrür etmek ¤ *a.* yeniden yayınlanan program; *müz.* nakarat, nakarat işareti; *teks.* rapor *not bear repeating* (sözler) tekrarlanmayacak kadar kötü olmak *repeat a course/year* bir yıl daha aynı sınıfta okumak, sınıf tekrarlamak, çift dikiş yapmak *repeat oneself* hep aynı olmak, değişmemek, hep aynı şeyi tekrarlamak/söylemek

repeated /ri'pi:tid/ *s.* defalarca yinelenen, tekrarlanan

repeatedly /ri'pi:tidli/ *be.* defalarca, tekrar tekrar, sık sık

repeater /ri'pi:tı/ *a.* kesintisiz ateş eden silah; çalar saat; tekrarlama bobini

repeating /ri'pi:ting/ *a.* tekrarlama ¤ *s.* tekrarlanan *repeating coil* tekrarlama bobini *repeating decimal mat.* tekrarlanan kesir

repel /ri'pel/ *e.* geri püskürtmek; iğrendirmek, tiksindirmek

repellent /ri'pelınt/ *s.* iğrenç, tiksindirici, nahoş ¤ *a.* sinek, vb. kovucu, uzaklaştırıcı madde

repent /ri'pent/ *e.* pişman olmak, pişmanlık duymak

repentance /ri'pentıns/ *a.* pişmanlık

repentant /ri'pentınt/ *s.* pişmanlık duyan, pişman

repercussion /ri:pı'kaşın/ *a.* yansıma, geri tepme; tepki, yankı, yan etki

repertoire /'repıtwa:/ *a.* repertuvar; dağarcık

repertory /'repıtıri/ *a.* aynı tiyatroda aynı oyuncuların her gün değişik bir oyun sahneye koyması

repetition /repi'tişın/ *a.* tekrarlama, yineleme; tekrar, yinelenen şey *repetition instruction biliş.* yineleme komutu *repetition order* tekrar sipariş *repetition rate biliş.* yineleme frekansı *repetition work* seri üretim

repetitious /repi'tişıs/ *s. hkr.* defalarca tekrarlanmış, basmakalıp

repetitive /ri'petitiv/ *s.* tekrarlamalı, yinelemeli *repetitive operation biliş.* yinelemeli işlem

repine /ri'payn/ *e.* yakınmak, söylenmek, üzülmek, küsmek, bozulmak

repining /ri'payning/ *s.* yakınan, söylenen, somurtkan

replace /ri'pleys/ *e.* eski yerine koymak; (with/by ile) değiştirmek; -in yerini almak, -in yerine geçmek

replaceable /ri'pleysıbıl/ *s.* sökülüp değiştirilebilen

replacement /ri'pleysmınt/ *a.* yenisiyle değiştirme, yenileme; yerini alan kimse/şey, yedek, vekil *replacement part* yedek parça *replacement surgery* yenileme cerrahlığı

replant /ri:'pla:nt/ *e.* yeniden dikmek, yeni bir yere dikmek

replay /ri:'pley/ *e.* (maç) tekrarlamak, tekrar oynamak; (müzik) tekrar çalmak ¤ /'ri:pley/ *a.* tekrar oynanan maç; (görüntü, ses, kayıt, vb.) tekrar *replay head* okuma kafası

replenish /ri'pleniş/ *e.* yeniden doldurmak, ikmal etmek *replenishing liquor teks.* takviye banyosu

replenishment /ri'plenişmınt/ *a.* ikmal, yeniden doldurma

replete /ri'pli:t/ *s.* tıka basa doymuş, patlamak üzere; ağzına kadar dolu *full to replete* tıka basa dolu

replevin /ri'plevin/ *a.* istirdat davası

replica /'replikı/ *a.* aslına çok benzeyen, kopya

replicate /'replikeyt/ *e.* kopya etmek, kopyasını yapmak

replication /repli'keyşın/ *a.* cevap, mukabele; yankı, akis; röprodüksiyon, kopya

reply /ri'play/ *e.* yanıt vermek, yanıtlamak cevap vermek; karşılık vermek ¤ *a.* yanıt, cevap; karşılık *in reply* yanıt olarak *reply coupon* uluslararası posta kuponu

report /ri'po:t/ *a.* rapor; haber, gazete haberi, açıklama, bilgi; bildiri, tebliğ; tutanak; öğrenci karnesi; söylenti, rivayet; patlama sesi ¤ *e.* anlatmak, söylemek; bildirmek, haber vermek; rapor vermek, rapor yazmak; (suçu, vb.) bildirmek, ihbar etmek, şikâyet etmek; tutanağını tutmak, özetini çıkarmak; hazır bulunmak, mevcudiyetini bildirmek; haber yazmak *report generation biliş.* rapor üretimi *report generation parameters biliş.* rapor üretme parametreleri *report generator biliş.* rapor üreteci *report program generator biliş.* rapor program üreteci *report sheet sin.* döküm kâğıdı *reported speech* dolaylı anlatım

reportedly /ri'po:tidli/ *be.* söylendiğine göre, söylentilere bakılırsa

reporter /ri'po:tı/ *a.* gazete muhabiri, muhabir; raportör

repose /ri'pouz/ *e.* uzanmak, dinlenmek; dayanmak, yaslanmak ¤ *a.* dinlenme, istirahat, uyku; dinginlik, sakinlik, sessizlik; erinç, rahat, huzur *in repose* (yüz) ifadesiz

repository /ri'pozitıri/ *a.* depo, ambar; ... hakkında kendisine özel olarak bilgi verilen kimse

repossess /ripı'zes/ *e.* yeniden sahip olmak, elde etmek

repp /rep/ *a. teks.* rips

reprehend /repri'hend/ *e.* azarlamak, paylamak; suçlamak, kusur bulmak

reprehensible /repri'hensıbıl/ *s.* suçlanmayı/azarlanmayı hak eden

reprehension /repri'henşın/ *a.* azar; kınama

represent /repri'zent/ *e.* göstermek, betimlemek, tasvir etmek, simgelemek; temsil etmek, -in adına hareket etmek; -in simgesi olmak; *huk.* -in vekili olmak, temsil etmek; rolünü oynamak, canlandırmak; (as ile) olarak tanımlamak/göstermek, saymak

representation /reprizen'teyşın/ *a.* temsil; betimleme, tasvir; oyun, temsil, oynama, canlandırma; temsilcilik, mümessillik; simge, işaret; gösterme

representative /repri'zentıtiv/ *s.* temsil eden; örnek, tipik ¤ *a.* temsilci, vekil

repress /ri'pres/ *e.* bastırmak, önlemek, tutmak, gemlemek; baskı altında tutmak

repressed /ri'prest/ *s.* (kişi) baskı altına alınmış, baskı altında olan, ezilmiş; (duygu) bastırılmış

repression /ri'preşın/ *a.* önleme, bastırma, engelleme, tutma; *ruhb.* baskı

repressive /ri'presiv/ *s. hkr.* (yasa, vb.) baskı uygulayıcı, sert, acımasız, önleyici

reprieve /ri'pri:v/ *e. huk.* ölüm cezasını ertelemek; *mec.* mahvını ertelemek ¤ *a. huk.* ölüm cezasının ertelenmesi

reprimand /'reprima:nd/ *a.* (resmi) tekdir, kınama ¤ *e.* (resmi olarak) kınamak

reprint /ri:'print/ *e.* (kitap) yeniden basmak ¤ /'ri:print/ *a.* yeni baskı

reprisal /ri'pri:zıl/ *a.* misilleme **make reprisals on/upon** misillemede bulunmak

reprise /ri'pri:z/ *a. müz.* bir müzik parçasının bir bölümünün ya da tümünün ikinci kez çalınması

reproach /ri'prouç/ *a.* azar, tekdir, serzeniş, sitem, kınama; suçlama; leke, yüzkarası ¤ *e.* sitem etmek, serzenişte bulunmak, ayıplamak **above/beyond reproach** mükemmel, hatasız, kusursuz

reprobate /'reprıbeyt/ *s. a.* kötü, kötü karakterli ¤ *e.* beğenmemek; hor görmek; lanetlemek

reprobation /reprou'beyşın/ *a.* beğenmeme, onaylamama; lanet

reprocess /ri:'prouses/ *e.* yeniden işlemek **reprocessing plant** yeniden işleme fabrikası

reproduce /ri:prı'dyu:s/ *e.* üremek, çoğalmak, yavrulamak; kopyasını çıkarmak, kopya etmek; (görüntü/ses) vermek **reproducing head** *elek.* okuma kafası

reproducable /ri:prı'dyu:sıbıl/ *s.* üretilebilir

reproducer /ri:prı'dyu:sı/ *a. biliş.* yeniden

üretici, çoğaltıcı

reproducibility /ri:prıd'yu:sıbıliti/ *a.* üretilebilirlik, üreyebilirlik; çoğaltılabilirlik

reproduction /ri:prı'dakşın/ *a.* üreme, çoğalma; çoğaltma; röprodüksiyon, özdeşbaskı **reproduction rate** nüfus yenilenme oranı

reproductive /ri:prı'daktiv/ *s.* üretken; üremeyi sağlayan **reproductive organs** üreme organları

reproof /ri'pru:f/ *a.* azar, ayıplama, kınama

reproval /ri'pru:vıl/ *a.* azarlama, paylama

reprove /ri'pru:v/ *e.* azarlamak, paylamak

reptant /'reptınt/ *s. bitk.* sürünen

reptile /'reptayl/ *a. hayb.* sürüngen

reptilian /rep'tiliın/ *s.* sürüngenlere ait, sürüngen ¤ *a. hayb.* sürüngen

republic /ri'pablik/ *a.* cumhuriyet

republican /ri'pablikın/ *s.* cumhuriyete ait; cumhuriyetçi ¤ *a.* cumhuriyetçi

republicanism /ri'pablikınizım/ *a.* cumhuriyetçilik

republication /'ripabli'keyşın/ *a.* yeniden yayımlama

republish /ri'pabliş/ *e.* yeniden yayımlamak

repudiate /ri'pyu:dieyt/ *e.* kabul etmemek, geri çevirmek; inkâr etmek, yadsımak; tanımamak, reddetmek; (borç) ödememek, inkâr etmek

repudiation /ripyu:di'eyşın/ *a.* ret; inkâr; boşama

repugnance /ri'pagnıns/ *a.* iğrenme, tiksinme, tiksinti, nefret

repugnant /ri'pagnınt/ *s.* çirkin, iğrenç, tiksindirici, pis, terbiyesiz

repulse /ri'pals/ *e.* (saldırı) geri püskürtmek; (öneri, vb.) kabaca reddetmek, geri çevirmek ¤ *a.* püskürtme; (arkadaşlık önerisini) kabaca geri çevirme, reddetme

repulsion /ri'palşın/ *a.* iğrenme, tiksinti ve korku; nefret; birbirini uzaklaştırma gücü, itici güç, itme **repulsion induction motor** geri tepmeli endüksiyon motoru **repulsion motor** *elek.* geri tepmeli motor

repulsive /ri'palsiv/ *s.* tiksindirici, iğrenç; itici **repulsive forces** itici güçler

repulsiveness /ri'palsivnis/ *a.*

tiksindiricilik, iğrençlik
repurchase /ri'pö:çıs/ *a.* yeniden satın alma, geri satın alma ¤ *e.* yeniden satın almak, geri satın almak *repurchasing agreement* yeniden satın alma anlaşması, repo
reputable /'repyutıbıl/ *s.* ünlü, tanınmış, saygın, saygıdeğer
reputation /repyu'teyşın/ *a.* ün, ad, nam, isim, şöhret *live up to one's reputation* insanların kendisinden beklediği şekilde davranmak
repute /ri'pyu:t/ *a.* ün, şöhret, ad, nam; iyi ad, itibar, saygınlık
reputed /ri'pyu:tid/ *s.* ... sayılan, ... farz edilen, ... sanılan
reputedly /ri'pyu:tidli/ *be.* dediklerine göre
request /ri'kwest/ *a.* rica, dilek, istek; talep, istek ¤ *e.* rica etmek, dilemek, istemek *at sb's request* -in isteği üzerine *by request* istek üzerine *much in request* revaçta, tutulan, aranılan, talep edilen *on request* istenildiğinde, istenildiği zaman *request slip biliş.* istek pusulası/kâğıdı *request stop* istek üzerine konulan otobüs durağı
requiem /'rekwiım/ *a.* ölünün ruhu için okunan dua/ilahi
require /ri'kwayı/ *e.* istemek; gerektirmek; ihtiyacı olmak, muhtaç olmak; dilemek, istemek, rica etmek
required /ri'kwayıd/ *s.* gerekli *required quantity* gerekli miktar
requirement /ri'kwayımınt/ *a.* ihtiyaç, gereksinim; icap, gerek *meet sb's requirements* -in gereksinimini karşılamak *requirements language processor biliş.* gereklilikler dil işleyicisi, gerekimler dil işlemcisi *requirements tracer biliş.* gereklilikler izleyicisi, gerekimler izleyicisi
requisite /'rekwizit/ *s.* gerekli, zorunlu, zaruri ¤ *a.* gerekli şey, ihtiyaç, gereç
requisition /rekwi'zişın/ *a.* istek, talep, sipariş; el koyma; icap, lüzum, zaruret ¤ *e.* resmen talep etmek; resmen el koymak
requital /ri'kwaytıl/ *a.* ödül, mükâfat; karşılık, bedel
requite /ri'kwayt/ *e.* ödüllendirmek, mükâfatlandırmak; (with ile) karşılığını

... ile ödemek, ile karşılığını vermek
reradiation /ri:reydi'eyşın/ *a. fiz.* yeniden radyasyon, yeniden ışıma
reread /ri:'ri:d/ *e.* yeniden okumak
reroute /ri:'ru:t/ *e.* yönünü değiştirmek, saptırmak
rerouting /ri:'ru:ting/ *a.* güzergâh değiştirme, yönünü değiştirme
rerun /'ri:ran/ *e.* (film, vb.) tekrar göstermek; (yarış) tekrar koşmak, tekrarlamak ¤ /ri:'ran/ *a.* tekrar gösterilen film/şov *rerun point biliş.* yeniden işleme noktası, yeniden başlama noktası
res /reys/ *a.* konu, mesele *res judicate* mahkemece karara bağlanan sorun *res gestae* davanın unsurları
resale /'ri:seyl/ *a.* tekrar satış
rescind /ri'sind/ *e. huk.* yürürlükten kaldırmak, iptal etmek, feshetmek
rescission /ri'sijın/ *a.* fesih, iptal
rescript /'ri:skript/ *a.* resmi bildirge, beyan
rescue /'reskyu:/ *e.* kurtarmak ¤ *a.* kurtarma, kurtulma, kurtuluş *come to sb's rescue* imdadına yetişmek, yardımına koşmak *rescue capsule* kurtarma kapsülü *rescue dump biliş.* kurtarma dökümü *rescue helicopter* kurtarma helikopteri *rescue party* kurtarma ekibi
research /ri'sö:ç/ *a.* araştırma ¤ *e.* araştırmak, araştırma yapmak, incelemek *research and development* araştırma ve geliştirme *research center* araştırma merkezi *research department* araştırma bölümü *research laboratory* araştırma laboratuvarı *research programme* araştırma programı *research project* araştırma projesi *research station* araştırma istasyonu *research worker* araştırmacı
researcher /ri'sö:çı/ *a.* araştırmacı
reseating /ri:'si:ting/ *a.* supap yatağını alıştırma
resect /ri:'sekt/ *e. hek.* kesip çıkarmak
resection /ri:'sekşın/ *a. hek.* kesip çıkarma, kesim-çıkarım
reseda /'residı/ *a. bitk.* muhabbetçiçeği
resell /ri:'sel/ *e.* aynı şeyi bir daha satmak
reseller /ri:'selı/ *a.* yeniden satan kimse
resemblance /ri'zemblıns/ *a.* benzerlik

resemble /ri'zembıl/ *e.* benzemek

resent /ri'zent/ *e.* kızmak, içerlemek, kırılmak, gücenmek, alınmak

resentful /ri'zentfıl/ *s.* gücenik, alınmış, kırgın

resentment /ri'zentmınt/ *a.* kızma, gücenme, küskünlük, dargınlık

reserpine /'resıpin/ *a. kim.* rezerpin

reservation /rezı'veyşın/ *a.* kuşku, şüphe; yer ayırtma, rezervasyon; şart, koşul; *Aİ.* Kuzey Amerika'lı yerlilere ayrılan arazi; ihtiraz kaydı; ipotek *make a reservation* önceden yer ayırtmak, rezervasyon yaptırmak *mental reservation* içten pazarlık *reservation fee* yer ayırma ücreti *without reservation* çekinmeden, tereddüt etmeden, kayıtsız şartsız

reserve /ri'zö:v/ *e.* ayırmak, saklamak, korumak, tahsis etmek; ayırtmak ¤ *a.* yedek, rezerv; belirli bir amaç için ayrılmış arazi/bölge; çekingenlik; *sp.* yedek oyuncu, yedek; *ask.* yedek güçler *reserving agent* rezerve maddesi *reserve account* karşılık hesabı *reserve capacity* yedek kapasite *reserve currency* karşılık olarak tutulan döviz *reserve price* rezerv fiyatı *reserve printing* rezerve baskı *reserve requirement* mevduat munzam karşılığı *reserve requirement ratio* mevduat munzam karşılık oranı

reserved /ri'zö:vd/ *s.* çekingen; tutulmuş, ayırtılmış; yedek *reserved word biliş.* ayrılmış sözcük, kullanımı yasak sözcük

reservist /ri'zö:vist/ *a. ask.* yedek, ihtiyat

reservoir /'rezıvwa:/ *a.* sarnıç, su deposu

reset /ri:'set/ *e.* yeniden yerine takmak; yeniden ayarlamak; yeniden dizmek; ilk durumuna döndürmek, sıfırlamak *reset circuit* sıfırlama devresi *reset cycle biliş.* kurma çevrimi *reset mode biliş.* kurma modu, kurma kipi *reset rate biliş.* başlangıç durumuna getirme sayısı, kurma sayısı

resettle /ri:'setıl/ *e.* yeniden yerleştirmek

resettlement /ri:'setılmınt/ *a.* yeni bir ülkeye yerleşme

reshape /ri:'şeyp/ *e.* yeniden biçim vermek

reship /ri:'şip/ *e.* yeniden gemiye yüklemek

reshipment /ri:'şipmınt/ *a.* başka bir gemiye yükleme

reshuffle /ri:'şafıl/ *e.* iskambil kâğıtlarını yeniden karıştırmak, yeniden karmak; görevlerini değiştirmek, bakanların görevlerini yeniden düzenlemek ¤ *a.* kabinede görev değişikliği, görevlerini yeniden düzenleme

reside /ri'zayd/ *e.* -de ikamet etmek, oturmak; kalmak, sürmek, baki olmak

residence /'rezidıns/ *a.* konut, ev, mesken; oturma, ikamet *residence area* yerleşim alanı, meskûn bölge *residence permit* oturma izni

resident /'rezidınt/ *s. a.* sakin, mukim, bir yerde oturan *resident executive biliş.* yerleşik uygulayıcı *resident program biliş.* yerleşik program, kalıcı program *resident routine biliş.* yerleşik yordam, kalıcı yordam

residential /rezi'denşıl/ *s.* oturmaya ayrılmış, oturmaya elverişli *residential area* oturma bölgesi *residential district* mesken bölgesi, yerleşim bölgesi *residential permit* oturma izni

residual /ri'zidyuıl/ *s.* artan, kalan, artık *residual activity fiz.* artık aktiflik, artık etkinlik *residual asphalt* bakiye asfalt *residual charge elek.* artık yük *residual cost* net defter değeri *residual current elek.* artık akım *residual elongation* artık uzama *residual error biliş.* artık hatası, kalan hatası *residual error rate biliş.* artık hatası oranı *residual induction* artık indüksiyon *residual magnetism fiz.* artık mıknatıslık *residual radiation fiz.* artık radyasyon, artık ışınım *residual stress fiz.* artık gerginlik *residual voltage elek.* artık gerilim

residuary /ri'zidyuıri/ *s.* fazla, artık

residue /'rezidyu:/ *a.* kalan, artık, kalıntı; *kim.* tortu *residue check biliş.* artık denetimi, işlem doğruluk sınaması *residue theorem mat.* artık teoremi, artık savı

resign /ri'zayn/ *e.* istifa etmek, çekilmek, ayrılmak *resign oneself to* yakınmadan kabul etmek, kabullenmek

resignation /rezig'neyşın/ *a.* çekilme, istifa; boyun eğme, kabullenme *send in one's resignation* istifasını vermek

resigned /ri'zaynd/ s. boyun eğmiş, kabullenmiş; yakınmadan kabul eden
resilience /ri'zilııns/ a. esneklik
resilient /ri'zilıınt/ s. esnek; sağlığını, gücünü çabuk toplayan, çabuk iyileşen
resin /'rezin/ a. çamsakızı, reçine **resin resist** teks. reçine rezervesi **resin soaps** reçine sabunları
resinate /'rezineyt/ e. reçinelemek
resinify /'rezinifay/ e. reçineleşmek; reçineleştirmek
resinous /'rezinıs/ s. reçineli, sakızlı **resinous wood** reçineli ağaç
resist /ri'zist/ e. karşı koymak, direnmek, göğüs germek; dayanmak, -meden edebilmek ¤ a. koruma maddesi, koruyucu madde, rezerve **resist effect** teks. rezerve etkisi **resist paste** teks. rezerve patı **resist printing** teks. rezerve baskı **resist-dye** teks. rezerve boyamak
resistance /ri'zistıns/ a. karşı koyma, direnme; dayanıklılık; dayanma, dayanma gücü; karşı çıkma, direniş; fiz. direnç **resistance alloy** direnç alaşımı **resistance amplifier** elek. dirençli amplifikatör, dirençli yükselteç **resistance barrier** rezistans sınırı **resistance box** direnç kutusu **resistance bridge** direnç köprüsü **resistance-capacitance coupling** elek. direnç-kapasite kuplajı **resistance coefficient** direnç katsayısı **resistance coil** elek. direnç bobini **resistance coupling** direnç kuplajı **resistance drop** elek. direnç düşüşü **resistance fighter** direnişçi **resistance furnace** direnç fırını **resistance heating** dirençle ısıtma **resistance noise** elek. direnç gürültüsü **resistance thermometer** dirençli termometre, dirençli ısıölçer **resistance to creasing** teks. buruşmazlık, kırışmazlık **resistance to deformation** deformasyon direnci **resistance to rubbing** teks. sürtünme haslığı **resistance to swelling** teks. şişme haslığı **resistance welder** direnç kaynağı makinesi **resistance welding** direnç kaynağı **resistance wire** direnç teli
resistant /ri'zistınt/ s. direnen, dirençli, dayanıklı **resistant to bleaching** teks.

ağartmaya karşı has **resistant to boiling** teks. kaynatmaya karşı has **resistant to shrinking** teks. çekmeye karşı has **resisting agent** teks. rezerve maddesi
resistive /ri'zistiv/ s. direnç gösteren, dirençli **resistive component** elek. direnç gösteren bileşen **resistive load** elek. direnç gösteren yük
resistivity /ri:zis'tiviti/ a. elek. özdirenç, direnirlik
resistor /ri'zistı/ a. elek. rezistans, direnç **resistor colour code** direnç renk kodu
resit /ri:'sit/ e. yeniden (sınava) girmek
resolute /'rezılu:t/ s. dirençli, kararlı, azimli, sağlam
resoluteness /'rezılu:tnis/ a. direnç, karar, azim, sebat
resolution /rezı'lu:şın/ a. kararlılık, azim, azimlilik; karar; önerge, teklif, yasa tasarısı; çözüm; kim. çözünme, çözülme; eritme **resolution error** biliş. çözme hatası **resolution wedge** elek. mir, test resmi, ayar resmi
resolvable /ri'zolvıbıl/ s. çözülebilir
resolve /ri'zolv/ e. karar vermek; çözmek, halletmek; parçalarına ayırmak, ayrıştırmak; oy ile -e karar vermek; kim. eritmek, çözmek; erimek, çözünmek ¤ a. karar, azim, niyet, azimlilik **resolving power** fiz. çözme gücü
resolvent /ri'zolvınt/ s. çözücü (madde)
resonance /'rezınıns/ a. tınlama; fiz. seselim, rezonans **resonance absorption** fiz. rezonans absorpsiyonu, çınlanım soğurumu **resonance bridge** elek. rezonans köprüsü, çınlanım köprüsü **resonance curve** rezonans eğrisi **resonance escape probability** fiz. rezonanstan uzaklaşma olasılığı **resonance frequency** fiz. rezonans frekansı, çınlanım sıklığı **resonance integral** fiz. rezonans entegrali, çınlanım tümlevi **resonance level** fiz. rezonans seviyesi, çınlanım düzeyi **resonance neutrons** fiz. rezonans nötronları, çınlanım nötronları **resonance radiation** fiz. rezonans radyasyonu, çınlanım ışınımı **resonance screen** rezonans eleği, yankılaşım eleği **resonance state** fiz. rezonans hali, çınlanım hali

resonant /'rezınınt/ s. çınlayan, tınlayan, yankılanan **resonant circuit** elek. rezonans devresi **resonant frequency** fiz. rezonans frekansı, çınlanım sıklığı **resonant line** elek. rezonans hattı **resonant mode** elek. rezonans modu

resonate /'rezıneyt/ e. çınlamak, yankılamak

resonator /'rezıneytı/ a. fiz. rezonatör, çınlaç **resonator grid** elek. rezonatör ızgarası

resorb /ri'so:b/ e. yeniden emmek

resorbence /ri'so:bıns/ a. emme, emilme

resorption /ri'so:pşın/ a. emme, emilme

resort /ri'zo:t/ a. dinlence yeri, mesire; -e başvurma, yoluna gitme, -den yararlanma ¤ e. (to ile) -e başvurmak, yoluna gitmek, çareyi -de bulmak **in the last resort** başka çare kalmazsa, hiçbiri olmazsa, her şey kötü giderse

resound /ri'zaund/ e. çınlamak, yankılanmak; ... sesiyle dolmak, inlemek

resounding /ri'zaunding/ s. çınlayan, yankılanan, gürültülü; çok büyük

resource /ri'zo:s/ a. kaynak, zenginlik; umar, çare; beceriklilik **leave sb to his own resources** vaktini istediğince geçirmesine izin vermek, kendi haline bırakmak **natural resources** doğal kaynaklar

resourceful /ri'so:sful/ s. zengin kaynaklı; becerikli, uyanık, işi bilen

respect /ri'spekt/ a. saygı, hürmet; uyma, riayet, saygı; bakım, yön, nokta ¤ e. saygı göstermek, saygı duymak; -e riayet etmek, uymak **without respect to** -e bakmadan, -i düşünmeden, aldırmadan **with respect to** -e gelince, ile ilgili olarak

respectability /rispektı'biliti/ a. saygınlık, itibar; ekonomik açıdan sağlamlık

respectable /ri'spektıbıl/ s. saygıdeğer, saygın; oldukça iyi, epey, hatırı sayılır; temiz, namuslu, dürüst

respecter /ri'spektı/ : **be no respecter of persons** taraf tutmamak

respectful /ri'spektfıl/ s. saygılı

respecting /ri'spekting/ s. ile ilgili, hakkında

respective /ri'spektiv/ s. kendi, kişisel, şahsi

respectively /ri'spektivli/ be. anılan sıraya göre, biri ... öteki ...

respiration /respi'reyşın/ a. solunum

respirator /'respireytı/ a. solunum aygıtı, respiratör; maske

respiratory /ri'spirıtıri, 'respireytıri/ s. solunumla ilgili

respire /ri'spayı/ e. soluk almak

respite /'respayt/ a. mola, dinlenme, soluklanma; süre, mühlet, vade; ceza tecili **give no respite** soluk aldırmamak, göz açtırmamak **without respite** aralıksız, dur durak dinlemeden

resplendence /ri'splendıns/ a. parlaklık, görkem

resplendent /ri'splendınt/ s. parlak, pırıl pırıl, görkemli, göz kamaştırıcı

respond /ri'spond/ e. yanıt vermek, yanıtlamak; (by/with ile) ile karşılık vermek, karşılamak **respond to** ... sonucu olarak iyiye gitmek, -e iyi tepki göstermek

respondent /ri'spondınt/ a. huk. davalı, savunan kişi

response /ri'spons/ a. yanıt, cevap; karşılık **response time** biliş. yanıt süresi

responsibility /risponsı'biliti/ a. sorumluluk, mesuliyet

responsible /ri'sponsıbıl/ s. (for/to ile) -den sorumlu, -e karşı sorumlu, sorumlu; sorumluluk sahibi, güvenilir, emin; sorumluluk isteyen, sorumluluk gerektiren **be responsible for** -in nedeni/sorumlusu olmak, -den sorumlu olmak

responsive /ri'sponsiv/ s. yanıt veren, karşılık veren

rest /rest/ a. artık, kalan; ötekiler, diğerleri, kalanlar; dinlenme; erinç, huzur, rahat, sükun; uyku; işlemezlik, hareketsizlik, durma; dayanak, mesnet, destek; müz. es, durak ¤ e. dinlenmek; dinlendirmek; dayamak, yaslamak; durup dinlenmek, durmak, ara vermek, soluk almak; dayandırmak, oturtmak; elinde olmak, bağlı olmak; güvenmek, dayanmak, bel bağlamak; yatmak, gömülü olmak **at rest** hareketsiz, ölü **come to rest** durmak **lay sb to rest** ört. gömmek, defnetmek **rest assured** emin olmak **rest home** huzurevi **rest mass** fiz. durgun kütle, duruk kütle **rest**

on/upon -e dayalı olmak, -e dayanmak, ile desteklenmek; (göz, bakış) -e yönelmek *rest room* Aİ. tuvalet
rest with -in sorumluluğu olmak, -e bağlı olmak, -in elinde olmak *set sb's mind/fears at rest* rahatlatmak, yatıştırmak, yüreğine su serpmek
restart /ri'sta:t/ *e.* yeniden başlatmak *restart instruction* biliş. yeniden başlatma komutu
restate /ri:'steyt/ *e.* yeniden belirtmek
restatement /ri:'steytmınt/ *a.* yeniden belirtme
restaurant /'restront/ *a.* lokanta *restaurant car* yemekli vagon
restaurateur /restırı'tö:/ *a.* lokanta sahibi, lokantacı
restful /'restfıl/ *s.* dinlendirici, rahat, sakin, huzurlu, huzur verici
restitution /resti'tyu:şın/ *a.* iade, sahibine geri verme; zararı ödeme, tazmin *make restitution* tazmin etmek, zararı ödemek *restitution coefficient* fiz. gerisıçrama katsayısı
restive /'restiv/ *s.* yerinde duramayan, rahat durmayan, huzursuz, inatçı
restiveness /'restivnis/ *a.* huzursuzluk, sabırsızlık
restless /'restlıs/ *s.* yerinde duramayan, hareketli, kıpır kıpır, kıpırdak; rahatsız, huzursuz
restlessness /'restlısnis/ *a.* yerinde duramama, hareketlilik; rahatsızlık, huzursuzluk
restock /ri:'stok/ *e.* yeniden doldurmak
restoration /restı'reyşın/ *a.* onarım, yenileme, restorasyon; sahibine geri verme; iade; yeniden kurma
restorative /ri'sto:rıtiv/ *s.* güçlendiren, sağlık veren ¤ *a.* güç/sağlık veren ilaç/yiyecek/vb.
restore /ri'sto:/ *e.* sahibine geri vermek, iade etmek; eski yerine koymak, geri koymak; yeniden kurmak, düzeltmek; eski görevine/işine vb. yeniden getirmek, iade etmek; yeniden sağlığına kavuşturmak, iyileştirmek; onarmak, yenilemek, restore etmek *restoring force* düzeltici kuvvet, dengeleyici kuvvet, geriçağırım kuvveti *restoring moment* dayanım momenti, tutucu moment, karşı koyucu kuvvetler momenti

restrain /ri'streyn/ *e.* engellemek, dizginlemek, zapt etmek, tutmak, -den önlemek
restrained /ri'streynd/ *s.* kontrollü, sakin, kendine hâkim
restraint /ri'streynt/ *a.* tutma, dizginleme, zapt; kendini tutma, kendine hâkim olma; sınırlama, baskı, zorlama *call for restraint* sükunete davet etmek *restraint clause* tic. rekabet klozu *without restraint* serbestçe, çekinmeden
restrict /ri'strikt/ *e.* sınırlamak
restricted /ri'striktid/ *s.* sınırlı, kısıtlı, kontrollü; yalnızca belirli bir kesimin kullanımına özgü, belirli bir grup için, hizmete mahsus; dar, sınırlı *restricted market* tahditli piyasa *restricted ownership* sınırlı mülkiyet *restricted securities* tedavülü sınırlı menkul değerler
restriction /ri'strikşın/ *a.* sınırlama, kısıtlama, daraltma
restrictive /ri'striktiv/ *s.* sınırlayıcı *restrictive clause* kısıtlayıcı kloz *restrictive endorsement* sınırlı ciro *restrictive trade practices* rekabeti kısıtlayıcı anlaşmalar
result /ri'zalt/ *a.* sonuç; mahsul, ürün, semere ¤ *e.* (from ile) -den sonuçlanmak, meydana gelmek, çıkmak, doğmak; (in ile) ile sonuçlanmak *as a result (of)* ... yüzünden, ... nedeniyle
resultant /ri'zaltınt/ *s.* sonucunda ortaya çıkan, sonuçta oluşan *resultant force* bileşke kuvvet
résumé /'rezyumey, 'reyzyumey/ *a.* özet; özgeçmiş
resume /ri'zyu:m/ *e.* (ara verdikten sonra) yeniden başlamak, sürdürmek, devam etmek; geri almak, yeniden elde etmek
resumption /ri'zampşın/ *a.* yeniden başlama, sürdürme
resurgence /ri'sö:cıns/ *a.* yeniden güçlenme, dirilme, yeniden aktiflik kazanma
resurgent /ri'sö:cınt/ *s.* yeniden güçlenen, dirilen
resurrect /rezı'rekt/ *e.* yeniden canlandırmak, diriltmek; yeniden kullanmak, geçerli kılmak
resurrection /rezı'rekşın/ *a.* yenileme,

canlanma, dirilme, tekrar ortaya çıkma, doğma; (the ile) İsa'nın dirilişi

resuscitate /ri'sasiteyt/ *e.* (ölmek üzere olan birini) yaşama döndürmek, canlandırmak, diriltmek

resuscitation /risasi'teyşın/ *a.* yaşama döndürme, canlandırma, diriltme

ret /ret/ *e. teks.* (keten) havuzlamak; (kuru ot) çürümek

retail /'ri:teyl/ *a.* perakende satış ¤ *be.* perakende olarak, perakendeciden, perakende ¤ *e.* perakende satmak; (at ile) perakende olarak ... fiyatına satılmak; dedikodu yaymak *retail banking* perakende bankacılık *retail dealer* perakendeci *retail price* perakende fiyatı *retail profits* dağıtılmamış kârlar

retailer /'ri:teylı/ *a.* perakendeci

retain /ri'teyn/ *e.* tutmak, yitirmemek, sahip olmak; *huk.* parayla (avukat) tutmak; yerinde tutmak, tespit etmek *retained earnings* birikmiş kârlar *retained peripheral biliş.* alıkonan çevresel birim *retaining nut* rakor vidası *retaining pin* tespit pimi *retaining ring* tespit bileziği/segmanı *retaining spring* tespit yayı *retaining wall inş.* istinat duvarı *retaining washer* tespit rondelası

retainer /ri'teynı/ *a.* uşak, hizmetçi; avukata verilen avans; kilit mandalı; bilyalı yatak yuvası *retainer ring* tespit bileziği, tespit segmanı

retake /ri:'teyk/ *e.* yeniden almak, geri almak; (film, fotoğraf) yeniden çekmek ¤ *a. sin.* yeni çekim

retaliate /ri'telieyt/ *e.* misilleme yapmak, kötülüğe kötülükle karşılık vermek

retaliation /riteli'eyşın/ *a.* misilleme, kısas *in retaliation* buna mukabil

retaliatory /riteli:tırı/ *s.* misilleme niteliğinde *retaliatory duty* misilleme gümrük vergisi

retard /ri'ta:d/ *e.* geciktirmek, yavaşlatmak *retarding agent kim.* geciktirici madde *retarding and levelling agent teks.* geciktirme ve düzgünleştirme maddesi *retarding field elek.* geciktirme alanı

retardation /ri:ta:'deyşın/ *a.* geciktirme, yavaşlatma; geciktirici şey

retarded /ri'ta:did/ *s.* (çocuk) yavaş

gelişen, geri zekâlı *retarded ignition oto.* rötarlı ateşleme, gecikmeli ateşleme *retarded motion* yavaşlamış hareket, yavaşlamış devinim

retarder /ri'ta:dı/ *a.* geciktirici, hız kesici

retch /reç/ *e.* kusmaya çalışmak, kusacak gibi olmak

retell /ri:'tel/ *e.* yeniden anlatmak

retene /'ri:ti:n/ *a. kim.* reten

retention /ri'tenşın/ *a.* alıkoyma; tutma, saklama, muhafaza; sürdürme, muhafaza; tutma, durdurma, engelleme *retention money* pey akçesi *retention of urine hek.* idrar tutulması *retention period biliş.* alıkoyma dönemi, saklama dönemi

retentive /ri'tentiv/ *s.* (aklında, vb.) tutan, unutmayan

retest /ri'test/ *e.* yeniden test etmek

rethink /ri:'tink/ *e.* tekrar düşünmek, tekrar gözden geçirmek

reticence /'retisıns/ *a.* az konuşma, ağzı sıkılık

reticent /'retisınt/ *s.* suskun, ağzı sıkı, konuşmayan, ketum, sessiz

reticle /'retikıl/ *a.* retikül, kılağ

reticular /ri'tikyulı/ *s.* ağ gibi, ağsı

reticulate /ri'tikyulıt/ *s.* ağ gibi, şebekeli; ağsı, retikülat ¤ /ri'tikyuleyt/ *e.* ağ gibi sarmak, ağ gibi örmek

reticulated /ri'tikyulitid/ *s.* ağ gibi, ağsı *reticulated glass* telkâri cam

reticulation /ritikyu'leyşın/ *a.* ağsılaşma, ağ gibi olma

reticule /'retikyu:l/ *a.* retikül, kılağ

retiform /'ri:tifo:m/ *s.* ağ gibi

retina /'retinı/ *a.* retina, ağkatman

retinue /'retinyu:/ *a.* maiyet, heyet

retire /ri'tayı/ *e.* çekilmek, bir köşeye çekilmek, gitmek; yatmaya gitmek; *ask.* geri çekilmek; emekliye ayırmak, emekliye sevk etmek; emekli olmak

retired /ri'tayıd/ *s.* emekli

retirement /ri'tayımınt/ *a.* emekliye ayrılma; emeklilik *retirement age* emeklilik yaşı *retirement annuity* emeklilik sigortası *retirement pension* emekli maaşı *retirement pensioner* emekli maaşı alan kimse *retirement plan* itfa planı

retiring /ri'tayıring/ *s.* çekingen, içine kapanık ¤ *a.* emeklilik *retiring age* emeklilik yaşı **retiring pension** emekli maaşı

retool /ri'tu:l/ *e.* yeniden aletlerle donatmak

retort /ri'to:t/ *a.* sert yanıt, karşılık; *kim.* imbik ¤ *e.* sert yanıt vermek, karşılık vermek

retortion /ri'to:şın/ *a.* geriye bükme; misilleme

retouch /ri:'taç/ *e.* rötuş yapmak

retrace /ri'treys, ri:'treys/ *e.* tekrarlamak, geriye/kaynağına gitmek

retract /ri'trekt/ *e.* geri çekmek, içeri çekmek; (sözünü) geri almak **retracting spring** geri çekme yayı

retractable /ri'trektıbıl/ *s.* geri alınabilir, toparlanır **retractable landing gear** *hav.* içe çekilebilir iniş takımı **retractable undercarriage** *hav.* içe çekilebilir iniş takımı

retractor /ri'trektı/ *a. anat.* geri çekici kas

retrain /ri:'treyn/ *e.* yeniden eğitmek

retraining /ri:'treyning/ *a.* yeniden eğitme **occupational retraining** mesleki eğitim

retread /ri'tri:t/ *e. oto.* dış lastiğe sırt geçirmek

retreat /ri'tri:t/ *a.* çekilme, gerileme; *ask.* geri çekilme, ricat; bir köşeye çekilip dinlenme, inziva; inziva köşesi, sığınak ¤ *e.* çekilmek, geri çekilmek, gerilemek; dinlenmek için çekilmek, gitmek, inzivaya çekilmek **beat a retreat** geri çekilmek, kaçmak **in full retreat** tam çekilme durumunda

retrench /ri'trenç/ *e.* masrafları kısmak; personel sayısını azaltmak

retrial /ri:'trayıl/ *a. huk.* (davayı) yeniden görme

retribution /retri'byu:şın/ *a.* hak edilen ceza

retributive /ri'tribyu:tiv/ *s.* cezalandırıcı

retrievable /ri'tri:vıbıl/ *a.* geri alınabilir; düzeltilebilir, geri alınabilir

retrieval /ri'tri:vıl/ *a.* geri alma; *biliş.* bilgi çekme, bilgi çıkarma

retrieve /ri'tri:v/ *e.* geri almak, yeniden ele geçirmek, kavuşmak, yeniden edinmek; düzeltmek, telafi etmek, çaresini bulmak; (av köpeği) vurulan avı bulup getirmek

retriever /ri'tri:vı/ *a.* aport köpeği, avı bulup getiren köpek

retroaction /retrou'ekşın/ *a.* makable şümul, geçmişi kapsama

retroactive /retrou'ektiv/ *s. huk.* önceki olayları kapsayan, geçmişi etkileyen, makable şamil

retrocede /retrou'si:d/ *e.* iade etmek, geri vermek

retroflex /'retroufleks/ *s. a.* üstdamaksıl

retrograde /'retrıgreyd/ *s.* gerileyen, kötüye giden **retrograde motion** *gökb.* geri hareket, geri devim

retrogress /retrı'gres/ *e.* gerilemek, kötüye gitmek

retrorocket /'retrourokit/ *a. hav.* geciktirme roketi

retrospect /'retrıspekt/ *a.* geçmişi düşünme, geçmişe bakış **in retrospect** geçmişe bakıldığında

retrospection /retrou'spekşın/ *a.* geçmişi düşünme, geçmişe bakış

retrospective /retrı'spektiv/ *s.* geçmişle ilgili; *huk.* önceki olayları kapsayan

retroussé /rı'tru:sey/ *s.* ucu yukarıya kalkık

retry /ri'tray/ *e.* yeniden yargılamak

return /ri'tö:n/ *e.* dönmek, geri gelmek; geri vermek, geri götürmek, iade etmek; geri çevirmek, geri göndermek; yanıt vermek, karşılık vermek; seçmek; *huk.* karar vermek; (kâr, kazanç) getirmek, sağlamak; açıklamak, beyan etmek, resmen bildirmek; (mal) ilk sahibine dönmek ¤ *a.* dönüş, geri geliş, dönüp gelme; geri verme, geri götürme; geri gönderme, geri çevirme, iade; yanıt, karşılık; yeniden olma, tekrarlama, tekerrür; resmi rapor; beyanname; kâr, kazanç; gidiş-dönüş bileti ¤ *s.* (bilet) gidiş-dönüş **by return mail** ilk postayla **in return (for)** -e karşılık, karşılığında **return a favour** yapılan iyiliğin karşılığını vermek **return address** *biliş.* dönüş adresi **return airway** *mad.* hava dönüş yolu **return bend** dönüş dirseği **return circuit** *elek.* dönüş devresi **return code register** *biliş.* dönüş kodu yazmacı **return code** *biliş.* dönüş kodu **return fare** gidiş dönüş ücreti **return game** rövanş maçı **return instruction** *biliş.* dönüş komutu **return match** rövanş maçı **return piping** dönüş borusu, dönüş hattı **return spring** geri

çekme yayı, irca yayı **return ticket**
gidiş dönüş bileti **return trace** *elek.*
resim başı **return visit** iade ziyareti **re-
turned check** iade edilmiş çek **returns**
kazanç, gelir, hâsılat
returnable /ri'tö:nıbıl/ *s.* geri verilebilir;
geri verilmesi gereken; depozitolu
reunification /ri:'yu:nifikeyşın/ *a.* yeniden
birleşme
reunion /ri:'yu:niın/ *a.* yeniden bir araya
gelme; toplantı, arkadaş toplantısı
reunite /ri:yu:'nayt/ *e.* yeniden bir araya
gelmek, toplanmak, birleşmek; yeniden
bir araya getirmek, birleştirmek
reuse /ri:'yu:z/ *e.* yeniden kullanmak
rev /rev/ *a. kon.* devir, tur ¤ *e.* (up ile)
(motorun) hızını artırmak
revaccinate /ri:'veksineyt/ *e.* yeniden
aşılamak
revalorization /'ri:velıray'zeyşın/ *a.*
yeniden değerlendirme, revalorizasyon
revalorize /ri:'velırayz/ *e.* yeniden
değerlendirmek
revaluate /ri:velyu'eyt/ *e.* yeniden
değerlendirmek
revaluation /ri:velyu'eyşın/ *a.*
revalüasyon, yeniden değerlendirme
revaluation *reserve* yeniden
değerleme rezervi
revalue /ri:'velyu:/ *e.* (bir ülke parasının)
değerini yükseltmek
revanchist /rı'vençist/ *a. s.* intikamcı
reveal /ri'vi:l/ *e.* ortaya çıkarmak, açığa
vurmak, ifşa etmek; esinlemek, tanrısal
bir esinle bildirmek ¤ *a. inş.* pervaz,
kapı dikmesi
revealing /ri'vi:ling/ *s.* anlamlı, manidar;
(giysi) bir kısmını gösteren
revel /'revıl/ *a.* eğlence, cümbüş, eğlenti,
şenlik ¤ *e.* eğlenmek, cümbüş yapmak,
âlem yapmak; (in ile) -den haz duymak,
büyük zevk almak
reveille /ri'veli/ *a. ask.* kalk borusu
revelation /revı'leyşın/ *a.* açığa vurma,
ifşa; vahiy
reveller /'revlı/ *a.* eğlence düşkünü,
âlemci
revelry /'revılri/ *a.* şenlik, eğlenti,
cümbüş, âlem
revenge /ri'venc/ *a.* öç, intikam ¤ *e.* -in
öcünü almak
revenue /'revinyu:/ *a.* gelir, hükümetin

vergi geliri, irat, hâsılat **revenue bond**
gelir tahvili **revenue office** defterdarlık,
maliye **revenue officer** gümrük
memuru **revenue reserve** ihtiyari
yedek **revenue stamp** damga pulu
reverberate /ri'vö:bıreyt/ *e.* yansımak,
yankılanmak; yansıtmak, aksettirmek
reverberation /rivö:bı'reyşın/ *a.* yansıma,
yankılanma
reverberator /ri'vö:bıreytı/ *a.* ışıldak,
projektör; yansıtaç, reflektör
revere /ri'viı/ *e.* saymak, büyük saygı ve
hayranlık göstermek, sevip saymak
reverence /'revırıns/ *a.* derin saygı; saygı
ile eğilme, reverans
reverend /'revırınd/ *s.* (papaz)
saygıdeğer, muhterem, sayın, aziz
reverent /'revırınt/ *s.* saygılı
reverential /'revı'renşıl/ *s.* saygılı,
saygıdan ileri gelen
reverie /'revıri/ *a.* düş, hayal, düşlere
dalma
reversal /ri'vö:sıl/ *a.* ters dönme, dönme
reversal colour film *sin.* reversal renkli
film, evrilir renkli film **reversal emul-
sion** *sin.* inverzibl emülsiyon, evrilir
duyarkat **reversal film** *sin.* inverzibl
film, reversal film, çevrilebilen film,
evrilir film **reversal process** *fot.*
reversal film banyosu, evrilir film
işlemesi **reversal raw stock** *sin.*
inverzibl pelikül, evrilir boş film
reverse /ri'vö:s/ *s.* ters, arka, aksi; tersine
dönmüş; karşıt, zıt ¤ *a.* ters taraf, ters
yüz, ters; aksi, zıt, zıttı, tersi, karşıtı;
aksilik, terslik; başarısızlık, yenilgi; geri
vites ¤ *e.* ters çevirmek, tersyüz etmek;
geri gitmek/götürmek; yerlerini
değiştirmek; aksi yönde değiştirmek **re-
verse bias** *elek.* ters öngerilim **reverse
charges** ödemeli telefon etmek **re-
verse current** *elek.* ters akım **reverse
fault** *yerb.* ters fay, ters kırık **reverse
gear** *oto.* geri vites **reverse pitch** *hav.*
ters hatve, ters adım **reverse reaction**
elek. ters reaksiyon **reverse side** *teks.*
arka yüz, ters yüz **reverse the charges**
ödemeli telefon görüşmesi yapmak **re-
verse voltage** *elek.* ters gerilim **re-
verse yield gap** ters getiri farkı
reversibility /ri'vö:sıbılıti/ *a.* tersinirlik
reversible /ri'vö:sıbıl/ *s.* tersinir **reversi-**

ble colloid tersinir koloit **reversible counter** biliş. tersinir sayaç **reversible fabric** teks. çift yüzlü kumaş **reversible reaction** tersinir tepkime, tersinir reaksiyon

reversing /ri'vö:sing/ s. geri dönebilen, geri + **reversing shaft** geri hareket şaftı **reversing switch** terseltme şalteri

reversion /ri'vö:şın/ a. eski haline ya da alışkanlığına dönme; (mülk) ilk sahibine dönme; huk. kalıtım hakkı, veraset hakkı

reversionary /ri'vö:şınıri/ s. intikal ile ilgili **reversionary annuity** yıllık gelir poliçesi **reversionary heir** art mirasçı

reversioner /ri'vö:şını/ a. art mirasçı

revert /ri'vö:t/ e. (to ile) (eski durumuna, alışkanlıklarına, inançlarına, vb.) geri dönmek, yeniden dönmek; huk. ilk sahibine dönmek

revetment /ri'vetmınt/ a. inş. kaplama, revetman

review /ri'vyu:/ a. bir daha gözden geçirme, yeniden inceleme; eleştiri, kitap eleştirisi; yazın ve düşünce dergisi; ask. teftiş; huk. 'Yargıtayca mahkeme kararının yeniden incelenmesi ¤ e. bir daha gözden geçirmek, yeniden incelemek; eleştirmek, eleştiri yazmak; ask. teftiş etmek; huk. mahkeme kararını yeniden incelemek

reviewer /ri'vyu:ı/ a. eleştirmen, kitap eleştirmeni

revile /ri'vayl/ e. sövmek, küfretmek, hakaret etmek, lanetlemek

revisal /ri'vayzıl/ a. gözden geçime, revizyon; bas. ikinci düzeltme

revise /ri'vayz/ e. gözden geçirip düzeltmek, yeniden elden geçirmek; (görüş, vb.) değiştirmek; İİ. (ders) tekrarlamak, bir daha gözden geçirmek ¤ a. ikinci prova **revised edition** gözden geçirilmiş baskı, düzeltilmiş baskı

reviser /ri'vayzı/ a. gözden geçirip düzelten kimse; düzeltmen, musahhih

revision /ri'vijın/ a. gözden geçirip düzeltme; bir daha gözden geçirme, tekrar; düzeltilmiş baskı

revisionism /ri'vijınizım/ a. revizyonizm

revisit /ri:'vizit/ e. yeniden ziyaret etmek

revitalize /ri:'vaytılayz/ e. canlandırmak, güçlendirmek

revival /ri'vayvıl/ a. yeniden canlanma, dirilme; eski bir oyunu yeniden oynama; uyanış

revive /ri'vayv/ e. canlanmak, sağlıklı olmak; canlandırmak; tekrar kullanılmaya başlamak, geri gelmek, ortaya çıkmak; tekrar kullanmaya başlamak, geri getirmek

reviver /ri'vayvı/ a. güçlendirici madde

revivify /ri:'vivifay/ e. canlandırmak, diriltmek

revocable /'revıkıbıl/ s. geri alınabilir, iptal edilebilir, kabili rücu **revocable letter of credit** rücu edilebilir akreditif, kabili rücu akreditif

revocation /revı'keyşın/ a. geri alma; kaldırma, iptal

revoke /ri'vouk/ e. (izin, yasa, karar, vb.) geri almak, hükümsüz kılmak, iptal etmek, kaldırmak, feshetmek

revolt /ri'voult/ e. başkaldırmak, karşı gelmek, ayaklanmak, isyan etmek; iğrenmek, tiksinmek; iğrendirmek, tiksindirmek ¤ a. başkaldırma, başkaldırı, ayaklanma, isyan

revolting /ri'voulting/ s. iğrenç, menfur

revolution /revı'lu:şın/ a. ihtilal, devrim; köklü değişiklik, devrim; dönme, tur, devir, dolanma; devir süresi, devre **revolution counter** devir sayacı, takometre **revolutions per minute** dakikada devir sayısı, dönü-dakika **revolutions per second** saniyede devir sayısı, dönü-saniye

revolutionary /revı'lu:şınıri/ s. a. devrimci

revolutionize /revı'lu:şınayz/ e. -de devrim yaratmak

revolve /ri'volv/ e. dönmek, devretmek; döndürmek, çevirmek; iyice düşünüp taşınmak, üzerinde derin derin düşünmek; (around ile) çevresinde oluşmak/merkezlenmek

revolver /ri'volvı/ a. tabanca **revolver track** biliş. dönüş izi

revolving /ri'volving/ s. döner, dönen, devir yapan **revolving door** döner kapı **revolving fund** döner sermaye

revue /ri'vyu:/ a. revü

revulsion /ri'valşın/ a. tiksinme, iğrenme, tiksinti, iğrenti; (düşüncelerde, görüşlerde, vb.) ani değişiklik, sapma

reward /ri'wo:d/ *e.* ödül vermek, ödüllendirmek ¤ *a.* ödül, mükâfat, karşılık

rewarding /ri'wo:ding/ *s.* denemeye değer, yapmaya değer

rewind /ri:'waynd/ *e.* geri sarmak, başa sarmak

rewinder /ri:'wayndı/ *a.* geri sarıcı

rewire /ri:'wayı/ *e.* (binaya) yeni elektrik telleri döşemek

reword /ri:'wö:d/ *e.* başka sözcüklerle söylemek

rewrite /ri:'rayt/ *e.* yeniden yazmak, yeniden daha uygun bir şekilde yazmak

Rex /reks/ *a.* Kral

rhapsodic(al) /rep'sodik(ıl)/ *a. müz.* rapsodiye benzer

rhapsodist /'repsıdist/ *a.* heyecanlı konuşan kimse

rhapsodize /'repsıdayz/ *e.* heyecanla söz etmek

rhapsody /'repsıdi/ *a. müz.* rapsodi; aşırı övgü, bayılma

rhenium /'ri:niım/ *a.* renyum

rheology /ri'olıci/ *a.* reoloji, akışbilim

rheostat /'ri:stet/ *a. elek.* reosta

rheostatic /ri:s'tetik/ *s. elek.* reostatik *rheostatic braking* reostatik frenleme

rhetoric /'retırik/ *a.* konuşma sanatı, uzsözlülük, belagat; *hkr.* cafcaflı konuşma/yazı *rhetoric question* anlatım etkisi yaratmak için kullanılan, yanıtı beklenmeyen soru

rhetorician /retı'rişın/ *a.* belagat ustası; belagatli kişi

rheumatic /ru:'metik/ *s.* romatizma ile ilgili, romatizmalı *rheumatic fever* ateşli romatizma

rheumatism /'ru:mıtizım/ *a. hek.* romatizma

rhino /'raynou/ *a. kon.* gergedan

rhinoceros /ray'nosırıs/ *a. hayb.* gergedan

rhizophagous /ray'zofıgıs/ *a. hayb.* bitki kökü ile beslenen

rhodamine /'roudımi:n/ *a. kim.* rodamin

rhodacyte /'roudısayt/ *a.* kırmızı kan küreciği

rhodium /'roudiım/ *a. kim.* rodyum

rhodopsin /rou'dopsin/ *a.* rodopsin

rhombic /'rombik/ *s.* eşkenar dörtgen

biçiminde, rombik *rhombic antenna* baklava anten, rombik anten

rhombohedral /rombou'hi:drıl/ *s.* romboedrik *rhombohedral system* romboedrik sistem

rhombohedron /rombou'hi:drın/ *a. mat.* eşaltıyüzlü

rhombus /'rombıs/ *a. mat.* eşkenar dörtgen, eşkıyılı dörtgen

rhubarb /'ru:ba:b/ *a. bitk.* ravent

rhumb /ram/ *a. den.* kerte *rhumb line* kerte hattı

rhumbatron /'rambıtron/ *a. elek.* rumbatron

rhyme /raym/ *a.* uyak, kafiye; uyaklı şiir ¤ *e.* ile uyak oluşturmak, uyaklı olmak; şiir yazmak *rhyme or reason* anlam, mantık, akıl fikir *without rhyme or reason* ipe sapa gelmez

rhyolite /'rayılayt/ *a. yerb.* riyolit

rhythm /'ridım/ *a.* dizem, ritim; vezin

rhythmic /'ridmik/ *s.* ritmik, dizemli

rhythmics /'ridmiks/ *a.* ritm çalışması

ria /'ri:/ *a. coğ.* ria *ria coast coğ.* rialı kıyı

rialto /ri'eltou/ *a.* ticaret merkezi, borsa

rib /rib/ *a. anat.* kaburga kemiği; pirzola; *den.* kaburga; şemsiye teli; yaprak damarı; nervür ¤ *e. kon.* takılmak, dalga geçmek, kafaya almak *rib cage anat.* göğüs kafesi

ribald /'ribıld/ *s.* kaba, açık saçık, müstehcen

ribaldry /'ribıldri/ *s.* kabalık, açık saçıklık, müstehcenlik

riband /'ribınd/ *a.* kurdele, şerit

ribbed /ribd/ *s.* yivli, nervürlü *ribbed bolt* takviyeli cıvata, nervürlü cıvata *ribbed cooler* kaburgalı soğutucu *ribbed glass* çizgili cam *ribbed pipe* kaburgalı boru

ribbon /'ribın/ *a.* kurdele; şerit; daktilo şeridi *ribbon microphone* şerit mikrofon *ribbon parachute hav.* kurdeleli paraşüt

ribboned /'ribınd/ *s.* şeritli; çizgili

riboflavin /raybou'fleyvin/ *a.* riboflavin

ribosome /'raybısoum/ *a. kim.* ribozom

rice /rays/ *a. bitk.* pirinç; pilav *rice flour* pirinç unu *rice paddy* pirinç tarlası *rice paper* pirinç kâğıdı *rice pudding* sütlaç

ricer /'raysı/ *a.* patates rendesi

rich /riç/ *s.* zengin, varsıl; bitek, verimli,

bereketli, zengin; bol, çok; (yemek) yağlı, ağır; canlı, parlak; (ses) gür, dolgun, kalın; pahalı, ağır, lüks; *kon.* gülünç, komik; (the ile) zenginler **rich as Croesus** Karun kadar zengin

riches /'riçiz/ *a.* varlık, zenginlik, servet

richly /'riçli/ *be.* görkemli/şatafatlı bir şekilde

richness /'riçnis/ *a.* zenginlik

ricin /'raysin/ *a. kim.* risin

rick /rik/ *a. trm.* tınaz, dokurcun, ot yığını, saman yığını ¤ *e.* (saman, vb.) yığmak; burkulmak, bükülmek

rickets /'rikits/ *a.* kemik hastalığı, raşitizm

rickety /'rikiti/ *s.* zayıfça tutturulmuş, çürük

ricksha /'rikşo:/ *a. bkz.* rickshaw

rickshaw /'rikşo:/ *a.* Uzak Doğu'da insan gücüyle çekilen iki tekerlekli küçük fayton

ricochet /'rikışey/ *a.* (taş, kurşun, vb.) sekme ¤ *e.* (off ile) (taş, kurşun, vb.) sekmek

rid /rid/ *e.* (of ile) -den kurtarmak, temizlemek **get rid of** -den kurtulmak, -den yakasını sıyırmak, başından atmak, defetmek

riddance /'ridıns/ *a. kon.* -den kurtulma, başından atma, atlatma **Good riddance** Çok şükür!, Kurtulduk!, Çok şükür, başımızdan attık!

riddle /'ridıl/ *a.* bilmece; sır, giz, esrar; kalbur ¤ *e.* kalburdan geçirmek, elemek; (with ile) delik deşik etmek, kalbura çevirmek

ride /rayd/ *e.* (at, bisiklet, motosiklet, vb.) sürmek, binmek; ata binmek, at gezintisi yapmak; (in ile) yolculuk etmek, gitmek; (su) üstünde kalmak; süzülmek; *kon.* sataşmak, gıcık etmek, eleştirmek ¤ *a.* gezinti, tur **be riding on air** mutluluktan uçmak **give sb a ride** (arabayla vb.) gezdirmek **let it ride** *kon.* olduğuna bırakmak, üstünde durmamak, uğraşmamak, kafasına takmamak **ride at anchor** (gemi) demirli yatmak **ride for a fall** canına susamak **ride on a bicycle** bisiklete binmek **ride off in all directions** dört dönmek **ride out** atla gezintiye çıkmak; -den sağ salim kurtulmak, dertsiz belasız atlatmak **ride roughshod over**

aman vermemek **ride the gravy train** bir eli yağda, bir eli balda olmak **take a ride** (atla/arabayla) gezintiye çıkmak **take sb for a ride** *kon.* kazıklamak, aldatmak, kandırmak

rider /'raydı/ *a.* binici, atlı, sürücü; *huk.* ek görüş/öneri; zeyil

ridge /ric/ *a.* sırt, bayır; dağ sırası; kabartma çizgi; çatı sırtı ¤ *e.* sırt haline koymak; (deniz) kabarık çizgilerle örtülmek **ridge beam** mahya kirişi **ridge cultivation** *şek.* balıksırtı toprak hazırlığı **ridge knife** *şek.* çatı biçiminde uçları olan bıçak **ridge piece** *inş.* mahya hatılı, çatı kirişi **ridge planting** *trm.* sırt ekimi **ridge pole** *inş.* çatı direği **ridge purlin** *inş.* mahya aşığı **ridge slices** *şek.* çatı biçiminde kıyım **ridge tile** *inş.* mahya kiremidi **ridged roof** *inş.* mahyalı çatı

ridicule /'ridikyu:l/ *a.* eğlenme, alay, alay konusu olma ¤ *e.* ile alay etmek, gülmek

ridiculous /ri'dikyulıs/ *s. hkr.* gülünç, komik, saçma

ridiculousness /ri'dikyulısnis/ *s. hkr.* gülünçlük, komiklik, saçmalık

riding /'rayding/ *a.* binme, biniş; binicilik ¤ *s.* binek; binicilik + **riding habit** bayan binici kıyafeti **riding horse** binek atı **riding school** binicilik okulu

rife /rayf/ *s.* (kötü şeyler) yaygın, hüküm süren, genel; (kötü şeylerle, kötülüklerle) dolu **grow rife** tehlikeli biçimde artmak

riffle /'rifıl/ *a.* ızgara, ayırma ızgarası **riffle calender** *teks.* yivli kalender, saten kalenderi

riffler /'riflı/ *a.* eğe

riffraff /'rifref/ *a.* ayaktakımı

rifle /'rayfıl/ *e.* soymak, yağma etmek; yiv açmak ¤ *a.* tüfek, yivli tüfek **rifle corps** piyade alayı **rifle grenade** *ask.* tüfek bombası

rifling /'rayfling/ *a.* yiv

rift /rift/ *a.* yarık, çatlak; (ilişki) ayrılık, uçurum **rift in the lute** arası açılma/bozulma **rift saw** *inş.* dilme testeresi **rift valley** *yerb.* graben, çökük, çöküntü koyağı

rig /rig/ *e.* (gemi) donatmak; -e hile karıştırmak, çıkarına göre düzenlemek

¤ *a.* (gemi) arma, donanım; *kon.* kılık kıyafet; alet

rigger /'rigı/ *a. den.* armador; vinççi

rigging /'riging/ *a.* donanım, teçhizat; *hav.* kanat ayarı, kuyruk ayarı, reglaj

right /rayt/ *s.* doğru; düz, doğru; doğru, gerçeğe uygun; haklı; elverişli, uygun; iyi, sağlam; dürüst, doğru, namuslu, güvenilir; gereken, aranan; sağlam, sağlıklı, iyi, aklı başında; sağ; sağ, tutucu ¤ *a.* hak, yetki; doğruluk, dürüstlük; doğru olan şey, doğru; sağ taraf; (siyaset) sağ kanat, sağ ¤ *be.* doğru olarak, doğru; doğru, adaletli; dosdoğru, doğruca; düzgün, yolunda; uygun biçimde ¤ *e.* doğrultmak; düzeltmek **put right** düzeltmek, iyileştirmek **right angle** dik açı **right as rain** *kon.* turp gibi, bomba gibi, çok iyi **right ascension** *gökb.* bahar açısı, açılım, yükselim **right away** bir an önce, hemen, gecikmeden **right circular cone** *mat.* dönel dik koni, dik döngesel koni **right enough** beklendiği gibi **right hand/arm** sağ kol **right in one's head** makul, aklı başında, mantıklı **right justify** *biliş.* sağa yanaştırmak **right of action** dava hakkı **right off the bat** apar topar **right off the reel** çarçabuk **right parallelepiped** *mat.* dik paralelyüzlü, dik koşutyüzlü **right section** *mat.* dik kesit **right shift** *biliş.* sağa kaydırma **right side** *teks.* kumaş yüzü **right triangle** *mat.* dik üçgen **right wing** sağ kanat, sağcılar, sağ; *sp.* sağ kanat, sağ açık **Right you are** Tamam!, Peki!, Kabul!, Olur! **right of preemption** şufa hakkı **right of priority** rüçhan hakkı **right of property** mülkiyet hakkı **right of recourse** rücu hakkı **right of redemption** iştira hakkı **right of strike** grev hakkı **right of way** *huk.* yol geçirme hakkı; (trafik) geçiş hakkı **women's rights** kadın hakları **all right** peki, pekâlâ, kabul, tamam, iyi **right and left** sağda solda, orda burda, her yerde

right-angled /'raytengıld/ *s.* dik açılı

righteous /'rayçıs/ *s.* dürüst, doğru, erdemli, hak tanır, adil

righteousness /'rayçısnis/ *a.* dürüstlük, erdemlilik

rightful /'raytfıl/ *s.* yasal, yasaya uygun; meşru

right-hand /rayt'hend/ *s.* sağ, sağdaki, sağa **right-hand drive** *oto.* sağ direksiyon **right-hand man** sağ kol **right-hand rule** sağ el kuralı **right-hand screw** sağ dişli vida **right-hand thread** sağ vida dişi

right-handed /rayt'hendid/ *s.* sağ eliyle iş gören; sağ elle kullanılan **right-handed rotating** sağa dönen

rightist /'raytist/ *a. s.* sağcı

rightly /'raytli/ *be.* doğru olarak; gereği gibi, hakkıyla; *kon.* kesinlikle, kesin olarak **rightly or wrongly** doğru ya da yanlış

right-minded /rayt'mayndid/ *s.* doğru düşünceli

rightness /'raytnis/ *a.* doğruluk; hakkaniyet

righto /rayt'ou/ *ünl.* tamam!, olur!

rightward /'raytwıd/ *s. be.* sağa doğru

rigid /'ricid/ *s.* sert, eğilmez, bükülmez, katı; sert, şiddetli, katı, değişmez **shake sb rigid** *kon.* ödünü koparmak, aklını başından almak, şaşkına çevirmek

rigidity /'ricidıti/ *a.* esnemezlik, sertlik, rijitlik **rigidity modulus** *fiz.* rijitlik modülü, sertlik çarpanı

rigmarole /'rigmıroul/ *a. kon. hkr.* uzun ve karışık hikâye, deli saçması; birtakım anlamsız (formalite) işler **tell a long rigmarole** uzun ve karışık bir hikâye anlatmak, zırvalamak

rigor /'rigı/ *a. Aİ. bkz.* rigour

rigor mortis /rigı'mo:tis, raygo :'mo:tis/ *a.* ölümden sonra kasların sertleşmesi, ölüm katılığı

rigorous /'rigırıs/ *s.* sert, şiddetli; özenli, dikkatli, sıkı, titiz

rigour /'rigı/ *a.* sertlik, katılık; sertlik, acımasızlık; şiddet; sıkıntı, güçlük, zorluk, cefa

rile /rayl/ *e. kon.* kızdırmak, sinirlendirmek, gıcık etmek **be riled** *kon.* kızmak, sinirlenmek, uyuz olmak

rill /ril/ *a.* dere

rim /rim/ *a.* kenar; çerçeve; çıkıntı; *oto.* jant **rim base** *oto.* jant tabanı **rim brake** *oto.* jant freni **rim flange** *oto.* jant flanşı **rim ring** jant kilit segmanı **rim wheel** çemberli kasnak

rime /raym/ *a. metr.* kırağı

rind /raynd/ *a.* kabuk
ring /ring/ *e.* (zil, vb.) çalmak, çınlatmak; çınlamak, çalmak; zil çalmak; (kulak) çınlamak; *İİ.* (up ile) telefon etmek; etrafını kuşatmak, çember içine almak ¤ *a.* çan sesi, zil sesi; çınlama sesi; etki, nitelik; halka; çember, daire; yüzük; şebeke, çete, grup; ring *give sb a ring* -e telefon etmek *make/run rings/circles round* birini cebinden çıkarmak *ring a bell kon.* bir şey hatırlatmak, yabancı gelmemek *ring armature elek.* halka endüvi *ring back* daha sonra aramak *ring circuit elek.* halka devre *ring counter elek.* halka sayaç *ring false* yanlış gibi gelmek, inandırıcı olmamak *ring finger* yüzükparmağı *ring for a servant* hizmetçiyi çağırmak *ring gear oto.* ayna dişli, çember dişli, çevre dişlisi *ring lubrication* bilezikli yağlama *ring network biliş.* halka yapılı şebeke, halka ağ *ring of truth* doğruluk payı, gerçeklik *ring off İİ.* telefon görüşmesini bitirmek, telefonu kapatmak *ring out* yüksek sesle çınlamak *ring road* çevre yolu *ring sb up* -e telefon etmek *ring spanner İİ.* yıldız anahtar *ring spinning frame teks.* halkalı iplik makinesi *ring stone* kemer altlık taşı, kemer yüz taşı *ring the changes (on)* -de değişiklik/çeşit yapmak *ring true* doğru gibi gelmek, inandırıcı olmak, kulağa mantıklı gelmek *ring up* (ödenen parayı) otomatik yazar kasaya işlemek
ringleader /'ringli:dı/ *a.* çete başı, elebaşı
ringlet /'ringlit/ *a.* ufak halka; saç lülesi
ringmaster /'ringma:stı/ *a.* sirk müdürü
ringster /'ringstı/ *a.* klik/tröst üyesi
rink /rink/ *a.* paten alanı, buz alanı
rinse /rins/ *e.* temiz sudan geçirmek, durulamak ¤ *a.* durulama; sıvı saç boyası *rinsing bath teks.* çalkalama banyosu *rinsing machine teks.* çalkalama makinesi *rinsing water* çalkalama suyu
riot /'rayıt/ *a.* ayaklanma, isyan, başkaldırı; kargaşa, gürültü, hengame; *kon.* büyük eğlence/başarı, şamata ¤ *e.* ayaklanmak, isyan etmek *a riot of colour* renk cümbüşü *read the riot act* (çocuklara) susmalarını tembihlemek, fırça çekmek, azarlamak *run riot* meydanı boş bulmak
riotous /'rayıtıs/ *s.* kargaşalık çıkaran, isyan çıkaran, huzuru bozan; gürültülü, curcunalı
rip /rip/ *e.* yırtmak, sökmek, parçalamak; yırtılmak, sökülmek; yarmak ¤ *a.* yarık, yırtık, sökük; anafor, girdap *rip off kon. hkr.* kazıklamak, yolmak; *arg.* araklamak, yürütmek *rip up* yırtıp parçalamak, yırtıp parça parça etmek *rip saw* bıçkı, zıvana testeresi, dilme testeresi
rip-off /'ripof/ *a. kon.* kazıklama, kazık
riparian /ray'peıriın/ *s.* ırmak kenarı ile ilgili
ripcord /'ripko:d/ *a.* paraşüt açma ipi
ripe /rayp/ *s.* olgunlaşmış, olmuş, olgun; yetişmiş, olgun; tam kıvamında, tam vakti gelmiş; hazır
ripen /'raypın/ *e.* olgunlaşmak; olgunlaştırmak *ripening process teks.* olgunlaştırma işlemi
ripeness /'raypnıs/ *a.* olgunluk, erginlik
ripper /'ripı/ *a.* kesici, yırtıcı, riper; sökücü, sökme aleti
ripple /'ripıl/ *a.* dalgacık, hafif dalgalanma; şapırtı, şarıltı; *teks.* keten tarağı ¤ *e.* hafifçe dalgalanmak; hafifçe dalgalandırmak; şapırdamak *ripple effect biliş.* dalgalanma etkisi *ripple filter elek.* kırışıklık süzgeci *ripple frequency elek.* kırışıklık frekansı *ripple mark yerb.* ripple-mark, kum dalgacığı *ripple voltage elek.* dalgacık gerilimi
riprap /'riprep/ *a.* anroşman
rise /rayz/ *e.* doğmak; yükselmek, çıkmak; yataktan kalkmak; kalkmak, doğrulmak, ayağa kalkmak; yükselmek, çoğalmak, artmak; (ırmak) doğmak, çıkmak; su yüzüne çıkmak; yükselmek, terfi etmek; (hamur) kabarmak; kuvvetlenmek, şiddetlenmek, azmak; ortaya çıkmak, görünmek; erişmek, yetişmek; neşelenmek, ferahlamak, rahatlamak, sevinmek ¤ *a.* (güneş, ay, vb.) doğuş, yükseliş; yükseliş, yükselme; bayır, tümsek; artış, artma, çoğalma; zam; çıkış; yükselme, terfi; kaynak, memba *rise against* -e başkaldırmak, karşı çıkmak, isyan etmek *rise in the world* yıldızı

parlamak *rise to the bait* oyuna gelmek *rise to the occasion* üstesinden gelmek *give rise to* -e neden olmak, yol açmak *rise time* yükselme zamanı
riser /'rayzı/ *a. inş.* basamak yüksekliği
risible /'rizıbıl/ *s.* güldürücü, gülünç, gülünecek, komik
risibility /rizi'bilıti/ *a.* gülünçlük, komiklik
rising /'rayzing/ *a.* ayaklanma, baş kaldırma, isyan ¤ *s.* doğan; çıkan, yükselen *rising generation* genç kuşak *rising gust* ağma borası
risk /risk/ *a.* tehlike, risk; riziko, zarar olasılığı ¤ *e.* tehlikeye atmak; göze almak *at one's own risk* sorumluluğu üzerinde, tehlikeyi göze almış *risk capital* risk sermayesi *risk premium* risk primi *risk one's neck* kelleyi koltuğa almak
risky /'riski/ *s.* tehlikeli, riskli, rizikolu
risqué /'riskey/ *s.* müstehcen, açık saçık, terbiyesiz
rissole /'risoul/ *a.* bir tür et ya da balık köftesi
rite /rayt/ *a.* (dinsel) alışkı, töre, âdet
ritzy /'ritsi/ *s.* lüks
ritual /'riçuıl/ *s.* dinsel törene ilişkin, törensel ¤ *a.* (dinsel) tören; alışkı, âdet, alışkanlık
rival /'rayvıl/ *a. s.* rakip ¤ *e.* -e rakip olmak, ile rekabet etmek
rivalry /'rayvılri/ *a.* rekabet, rakiplik
rive /rayv/ *e.* koparmak, yırtmak; kırmak, incitmek; kırılmak, incinmek
river /'rivı/ *a.* nehir, ırmak *river basin* nehir havzası, ırmak bölgesi *river gravel* nehir çakılı *river pollution* ırmak kirlenmesi, nehir kirlenmesi *river water* ırmak suyu, nehir suyu
riverain /'rivıreyn/ *s.* nehir kıyısında bulunan
riverbed /'rivıbed/ *a.* nehir yatağı
riverine /'rivırayn/ *s.* nehir kıyısına ait
riverside /'rivısayd/ *a.* nehir kenarı
rivet /'rivit/ *a.* perçin çivisi ¤ *e.* perçinlemek; (dikkatini) çekmek *rivet head* perçin başı *riveted joint* perçinli ek
riveter /'rivıtı/ *a.* perçinleme makinesi
riveting /'riviting/ *s.* çok ilginç, sürükleyici, çekici *riveting hammer*

perçin çekici *riveting machine* perçinleme makinesi
riviera /rivi'eırı/ *a.* rivyera
roach /rouç/ *a. hayb.* çamça balığı; *Aİ. kon.* hamamböceği; *arg.* marihuananın içilmemiş kısmı
road /roud/ *a.* yol; *den.* demirleyecek yer, dış liman *by road* arabayla *on the road* seyahatte, yolda, turda *one for the road* son kadeh, son içki, cila *road bed* platform, yol tabanı *road bridge* yol köprüsü *road building* yol yapımı, yol inşaatı *road construction* yol yapımı, yol inşaatı *road grader* yol greyderi, yol düzleyici *road haulage* kara taşımacılığı *road haulier* kara taşımacısı *road hog* bencil ve tehlikeli sürücü *road junction* yol kavşağı *road load* *oto.* sabit hızda yük, yol yükü *road maintenance* yol bakımı *road map* karayolları haritası *road roller* yol silindiri *road system* yol şebekesi, yol ağı *road tar* yol katranı *take to the road* serseri olmak, avare olmak
roadblock /'roudblok/ *a.* yolu kapayan engel
roadside /'roudsayd/ *a. s.* yol kenarı, yol kenarında olan
roadstead /'roudsted/ *a.* liman ağzı, dış liman
roadster /'roudstı/ *a. oto.* roadster
roadway /'roudwey/ *a.* yol şeridi, yolda araçların gidip geldiği kısım
roadworks /'roudwö:ks/ *a.* yol çalışması
roadworthy /'roudwö:di/ *s.* (taşıt) yola çıkabilecek durumda, iyi durumda, sağlam
roam /roum/ *e.* aylak aylak dolaşmak, sürtmek, gezinmek, dolanmak
roan /roun/ *a.* demir kırı donlu hayvan; güderi, sahtiyan
roar /ro:/ *e.* gürlemek, gümbürdemek; kükremek ¤ *a.* kükreme; gürleme, gümbürtü, gürüldeme
roaring /'ro:ring/ *be.* çok, çok büyük; çok başarılı *do a roaring trade* büyük kâr sağlamak *roaring business* çok kârlı iş *roaring trade* çok kârlı iş
roast /roust/ *e.* kızartmak; kavurmak; kızarmak; kavrulmak ¤ *a.* kızartma; kızartma et, rosto *roasted ore* *mad.* kavrulmuş cevher/töz

roasting /'rousting/ *be. s.* çok sıcak, cehennem gibi *roasting furnace/kiln met.* kavurma fırını

rob /rob/ *e.* soymak; çalmak *rob the cradle kon.* kendinden çok küçük biriyle evlenmek, kendinden çok küçük biriyle arkadaşlık etmek *rob Peter to pay Paul* Ali'nin külahını Veli'ye Veli'nin külahını Ali'ye giydirmek

roborant /'robırınt/ *a.* kuvvet ilacı, tonik

robber /'robı/ *a.* soyguncu

robbery /'robıri/ *a.* soygun *daylight robbery kon.* düpedüz soygun, kazık

robe /roub/ *a.* cüppe; kaftan; bornoz

robin /'robin/ *a. hayb.* kızılgerdan

robot /'roubot/ *a.* robot

robotics /rou'botiks/ *a. biliş.* robotlarla uğraşan bilim dalı

robust /'roubast/ *s.* turp gibi, sağlam, sıhhatli, güçlü

roche moutonnée /'rouş muːtıney/ *a. yerb.* hörgüçkaya

rock /rok/ *e.* sallamak; sallanmak; şaşırtmak, sarsmak, şok etmek ¤ *a.* kaya; kayalık; bir tür şekerleme; *müz.* rak *on the rocks* (içki) buzlu; (ilişki) sallantıda *rock and roll* rakınrol *rock asphalt yol.* kaya asfaltı *rock bottom* (fiyat) asgari, taban; en düşük düzey *rock breaker* kaya parçalama makinesi *rock burst* kaya patlaması *rock climber* kayalara tırmanan kimse *rock climbing* kayalara tırmanma (sporu) *rock crystal* kaya kristal *rock debris coğ.* kaya döküntüsü *rock drill* kaya delici *rock dust mad.* taş tozu *rock fall* kaya düşmesi *rock flour yerb.* kaya unu *rock mechanics mad.* kaya mekaniği, kayaç düzeneği *rock salt* kayatuzu *rock stratum* kaya tabakası, kayaç katmanı *rock the boat* velveleye vermek *rock thrust* arazi basıncı, yerey basıncı *rock wool* asbest, amyant *rocking chair* sallanan sandalye *rocking horse* salıncaklı oyuncak at

rock 'n' roll /rok ın'roul/ *a. müz.* rakınrol

rocker /'rokı/ *a. Aİ.* sallanan sandalye; sallanan sandalyenin bacağı; (60'lı yıllarda) deri montlu ve motosikletli genç rakınrolcu *off one's rocker kon.* üşütük, çatlak, kaçık *rocker arm*

külbütör *rocker shaft* külbütör mili

rockery /'rokıri/ *a.* taş döşeli küçük bahçe

rocket /'rokit/ *a.* roket, füze; havai fişek füzesi; *bitk.* roka ¤ *e.* (düzey, miktar, vb.) hızla ve aniden artmak *get a rocket* papara/zılgıt yemek *rocket assisted takeoff gear hav.* roketli kalkış düzeni *rocket assisted takeoff hav.* roketli kalkış *rocket bobbin teks.* roket bobin *rocket driven hav.* roketle hareketli, roketle itilen *rocket engine* roket motoru *rocket salad* roka

rocketeer /roki'tıı/ *a.* roket topçusu; roketçi, roket uzmanı

rocketry /'rokitri/ *a.* roketçilik, roketlerle ilgili bilim kolu

rockwork /'rokwöːk/ *a.* kaya işi, taş işi

rockiness /'rokinis/ *a.* kayalıklı olma

rocky /'roki/ *s.* kayalık; kaya gibi sert

rococo /rı'koukou/ *a.* rokoko

rod /rod/ *a.* değnek, çubuk; baston, asa; sırık, kamış; sopa; *Aİ. arg.* tabanca; kol, rot *make a rod for one's own back* başını belaya sokmak *rod antenna* çubuk anten *rod coupling* rod bağlantısı *rod mill* çubuklu kırıcı *Spare the rod and spoil the child* Kızını dövmeyen dizini döver

rodding /'roding/ *a.* şişleme, şişleyerek boru temizleme

rodent /'roudınt/ *a. hayb.* kemirgen, kemirici

rodeo /rou'deyou, 'roudiou/ *a.* rodeo

roe /rou/ *a. hayb.* karaca; balık yumurtası

Roentgen /'rontgın/ *a. bkz.* röntgen

roger /'rocı/ *ünl.* anlaşıldı!, tamam!

rogue /roug/ *a.* namussuz, dolandırıcı, hilekâr, üçkâğıtçı; kerata, yaramaz, haydut

roguery /'rougıri/ *a.* yaramazlık, çapkınlık; dolandırıcılık

roguish /'rougiş/ *a.* yaramaz, çapkın; dolandırıcı

roister /'roystı/ *e.* âlem yapmak, şamata yapmak; palavra atmak

roisterer /'roystırı/ *a. esk.* gürültücü, şamatacı

role /roul/ *a.* rol *play a role* rol yapmak

roll /roul/ *a.* tomar, top, rulo; topak; sandviç ekmeği, yuvarlak ufak ekmek; silindir, merdane, vals; liste, defter, sicil, kayıt; gürültü, gümbürdeme, gürleme; dalgalanma, yükselip alçalma; (gemi) yalpa; yuvarlama, tekerleme, yuvarlanma, tekerlenme ¤ e. yuvarlamak; yuvarlanmak; tomar yapmak, dürmek, top etmek, sarmak; silindirle düzlemek; yaprak haline getirmek; oklava ile açmak; fıldır fıldır oynatmak, sağa sola oynatmak, devirmek (taşıtla) gitmek, gezmek, dolaşmak; (ay) dönmek, devretmek; gürlemek, gümbürdemek; yalpa vurmak, sallamak; yalpa vurdurmak, sallamak; (davul, vb.) çabuk çabuk, gümbür gümbür çalmak; sallanarak yürümek, salınmak; (arazi) inişli yokuşlu uzayıp gitmek *be rolling in money* para içinde yüzmek *call the roll* yoklama yapmak *roll axis* hav. tono ekseni, yatış ekseni *roll-back* biliş. geri dönüş *roll-in* biliş. içeriye alma, içeri yuvarlama *roll mark* hadde izi *roll moulding* inş. yuvarlak pervaz *roll-on ferry* araba vapuru *roll-out* biliş. dışarı atma, dışarıya yuvarlama *roll-out/roll-in* biliş. dışarı-atma/içeri-alma *roll-over credit* döner kredi *roll out* oklavayla açmak, yaymak; kon. bol sayıda üretmek *roll up* kon. gelmek, çıka gelmek; araba, vb. ile gelmek; (kolunu, paçasını, vb.) sıvamak *rolled bar* met. haddelenmiş çubuk *rolled product* met. haddelenmiş ürün *rolled steel* met. haddelenmiş çelik *rolled wire* met. haddelenmiş tel *start rolling* harekete geçmek *strike sb off the call* barodan çıkarmak

rollback /'roulbek/ a. düşmanı püskürtme; fiyatları indirme

roller /'roulı/ a. silindir, üstüvane, merdane; küçük tekerlek; yuvarlak çubuk; sahile çarpan büyük dalga *roller bearing* rulman yatak, bilyalı yatak, makaralı yatak *roller blind* İİ. stor *roller chain* makaralı zincir, gal zinciri *roller conveyor* makaralı konveyör *roller gin* teks. silindirli çırçır makinesi, roller-gin *roller mangle* teks. silindirli sıkma sistemi *roller printing* teks. rulo baskı, silindirli baskı *roller skate* tekerlekli paten *roller tappet* oto. makaralı itecek

rollick /'rolik/ e. cümbüş yapmak, eğlenmek

rollicking /'roliking/ s. eğlenceli, cümbüşlü *have a rollicking time* âlem yapmak

rolling /'rouling/ s. (arazi) inişli çıkışlı *A rolling stone gathers no moss* Yuvarlanan taş yosun tutmaz *rolling barrage* kademeli baraj *rolling calender* teks. yuvarlamalı kalender *rolling capitals* döner sermaye *rolling crusher* silindirli kırıcı *rolling friction* yuvarlanma sürtünmesi *rolling mill* hadde makinesi; haddehane, hadde fabrikası *rolling pin* oklava *rolling press* ütü makinesi *rolling stock* demiryolu taşıtı *rolling stone* çok gezen, serbest, sorumluluğu olmayan kimse

Roman /'roumın/ s. Roma'ya ilişkin; Roma imparatorluğuna ilişkin; Roma mimarisine ilişkin; Katolik Kilisesi'ne ilişkin ¤ a. Romalı; Katolik; Yeni Ahit Kitabı *Roman Catholic* Katolik *Roman cement* Roma çimentosu *Roman letter* Latin harfi *Roman numeral* mat. Romen rakamı

roman à clef /rouma:na:'kley/ a. uydurma kişi ve yerlerin kullanıldığı roman

romance /rou'mens/ a. roman, öykü, masal; düş, hayal; içli aşk ve serüven romanı; aşk, aşk macerası ¤ e. abartmak, abartarak anlatmak, ballandırmak, şişirmek

Romance /rou'mens/ s. Latince kökenli *Romance peoples* Latin kökenli halklar *Romance philologist* Latin dilleri uzmanı

romancer /rou'mensı/ a. macera romanı yazarı

Romanes /'romınıs/ a. Çingene dili

romantic /rou'mentik/ a. s. romantik

romanticism /rou'mentisizım/ a. romantizm, coşumculuk

romanticize /rou'mentisayz/ e. romantikleştirmek; romantikleşmek; abartmak

Romany /'romıni/ a. Çingene

Rome /roum/ a. Roma *do in Rome as the Romans do* insanın bulunduğu ortama uyması gerekir *Rome wasn't built in a day* Boyacı küpü mü bu?

romp /romp/ a. sıçrayıp oynama,

hoplayıp zıplama, gürültüyle oynama; kolay yengi ¤ *e.* gürültüyle oynamak, azmak, kudurmak; kolayca yenmek/geçmek

rompers /'rompız/ *a.* çocuk tulumu

rondo /'rondou/ *a. müz.* rondo

röntgen /'rongın/ *a.* röntgen

rood /ru:d/ *a.* çeyrek dönüm

roof /ru:f/ *a.* çatı, dam; ev, yuva; en yüksek nokta ya da düzey ¤ *e.* çatı ile örtmek, çatı olmak *a roof over one's head* başını sokacak bir yer *roof bar mad.* sarma *roof block* çatı bloku *roof bolt mad.* tavan saplaması *roof caving mad.* tavan göçertme *roof design inş.* çatı projesi *roof garden inş.* çatı bahçesi, dam bahçesi *roof light oto.* tavan lambası *roof panel* tavan kaplaması *roof pressure mad.* tavan basıncı *roof rack İİ. oto.* üst bagaj, portbagaj *roof slope inş.* çatı eğimi, çatı akıntısı *roof tile* kiremit *roof tree inş.* çatı kirişi *roof truss inş.* çatı makası *roof window inş.* çatı penceresi *under the same roof* aynı çatı altında

roofing /'ru:fing/ *a.* çatı kaplama malzemesi, çatı malzemesi *roofing nail* dam çivisi *roofing slate* çatı arduvazı

rooftop /'ru:ftop/ *a.* çatının üstü

rook /ruk/ *a.* (satranç) kale; *hayb.* ekinkargası; hileci, üçkâğıtçı

rookery /'rukıri/ *a.* kenar mahalle

rookie /'ruki/ *a. arg.* acemi çaylak

room /ru:m/ *a.* oda; yer, meydan; yer, neden; fırsat, olanak ¤ *e.* oturmak, kalmak *make room (for)* yer açmak, yer vermek *no room to swing a cat (in)* küçük yer, kıç kadar yer *room temperature* oda sıcaklığı *room together* birlikte oturmak, (kalacak yeri) paylaşmak *rooming house Aİ.* pansiyon *rooms* daire, apartman, pansiyon

roommer /'ru:mı/ *a. Aİ.* pansiyoner

roominess /'ru:minis/ *a.* genişlik, ferahlık

roommate /'ru:mmeyt/ *a.* oda arkadaşı

roomy /'ru:mi/ *s.* geniş, ferah

roost /ru:st/ *a.* tünek ¤ *e.* tünemek *come home to roost* ettiğini bulmak *rule the roost* borusu ötmek, dediği dedik olmak

rooster /'ru:stı/ *a. Aİ.* horoz

root /ru:t/ *a.* kök; köken; kaynak, merkez ¤ *e.* kök salmak, kök tutmak, köklenmek; kökeni ya da temeli olmak, kökü olmak; (out ile) defetmek, yok etmek, kökünü kazımak; (about/around/for ile) bir şey bulmak için altını üstüne getirmek, karıştırmak *root and branch* tepeden tırnağa *root crop trm.* (havuç, patates gibi) kök ürünü *root rot trm.* kök çürüklüğü *square root mat.* karekök *take/strike root* kök salmaya/gelişmeye başlamak

rooted /'rutid/ *s.* köklü, kök salmış (gibi)

rooter /'ru:tı/ *a. trm.* kök sökme aleti; koyu taraftar

rootless /'ru:tlis/ *s.* evsiz, köksüz, kökenleri olmayan

rope /roup/ *a.* ip, halat; *Aİ.* kement, laso ¤ *e.* iple/halatla bağlamak *be at the end of one's rope* çaresiz kalmak *know the ropes* kuralları bilmek, işi bilmek *on the high ropes* kibirli, gururlu *rope brake* kablolu fren, kordonlu fren *rope breakage* halat kopması *rope drive* halatla iletme, halatla tahrik *rope dyeing teks.* halat halinde boyama *rope factory* halat fabrikası *rope guider teks.* halat kılavuzu *rope in kon.* (yardıma) ikna etmek, kandırmak, kafakola almak *rope ladder* ip merdiven *rope mangle teks.* halat sıkma makinesi *rope off* ip/halat gererek ayırmak *rope opener teks.* halat açıcı *rope padding mangle teks.* halat emdirme makinesi *rope pulley* kablo makarası, halat makarası *rope reel* halat makarası, halat tamburu *rope squeezer teks.* halat sıkma makinesi *rope washer teks.* halat yıkama makinesi *rope wire* halat teli *rope yarn* halat ipi *show sb the ropes* püf noktalarını öğretmek

ropery /'roupıri/ *a.* ipçilik, halatçılık

rope's-end /'roupz-end/ *a.* usturpa ¤ *e.* usturpa ile dövmek

ropewalker /'roupwo:kı/ *a.* ip cambazı

ropeway /'roupwey/ *a.* teleferik

ropeyard /'roupya:d/ *a.* ip imalathanesi, halat imalathanesi

ropiness /'roupinis/ *a.* ip gibi olma, tel tel

olma; *kon.* berbatlık, niteliksizlik
ropy /'roupi/ *s.* ip gibi, tel tel, lif lif; *kon.* berbat, niteliksiz
ro-ro /'rou rou/ *a.* ro-ro (gemisi)
rorqual /'ro:kwıl/ *a.* çatalkuyruklu balina
rosace /'rouzeys/ *a.* gül biçiminde desen
rosaceous /rou'zeyşıs/ *s.* gül gibi, gül +
rosarian /rou'zeırıın/ *a.* gül yetiştiricisi
rosary /'rouzıri/ *a.* tespih; tespih çekilirken edilen dualar; incik-boncuk
rose /rouz/ *a.* gül; gül rengi ¤ *s.* pembemsi kırmızı *a bed of roses* güllük gülistanlık durum *rose bit* rozbit *rose window mim.* renkli camlarla süslü yuvarlak pencere, gül, gülpencere *rose water* gülsuyu *see the world through rose-coloured spectacles* dünyayı toz pembe görmek
rosebud /'rouzbad/ *a. bitk.* gül goncası
rosemary /'rouzmıri/ *a. bitk.* biberiye
roseola /rou'zi:ılı/ *a. hek.* rozeol
rosette /rou'zet/ *a.* rozet; *mim.* gülçe, gülbezek
rosewood /'rouzwud/ *a.* gül ağacı, pelesenkağacı
rosé /'rouzey/ *a.* pembe şarap, roze şarabı
rosin /'rozin/ *a.* reçine; kalofan
roster /'rostı/ *a.* liste; nöbet cetveli
rostrum /'rostrım/ *a.* kürsü, platform
rosy /'rouzi/ *s.* gül renkli, pembe, pembemsi; umut verici, parlak
rot /rot/ *e.* çürümek, bozulmak; çürütmek ¤ *a.* çürüme, bozulma; çürük, çürümüş şey; *İl. kon.* boş laf, saçma, zırva *rot protection* çürümeden koruma
rota /'routı/ *a.* liste, görev listesi, sıra listesi
rotary /'routıri/ *s.* bir eksen etrafında dönen, dönel *rotary antenna* rotatif anten, döner anten *rotary blower* döner körük *rotary broom/brush* döner süpürge *rotary burner* rotatif brulör, dönel yakmaç *rotary capacitor elek.* döner kondansatör *rotary converter elek.* döner çevirici *rotary crusher* döner kırıcı *rotary cutter mak.* rotatif freze, döner kesici *rotary disk filter* döner disk filtresi *rotary drier* döner kurutucu *rotary drill mak.* döner matkap *rotary dyeing machine teks.* tamburlu boyama makinesi *rotary en-*

gine döner motor *rotary feeder* döner besleyici *rotary field elek.* döner alan *rotary furnace* döner fırın *rotary hearth kiln* döner tabanlı fırın *rotary hoe trm.* döner çapa *rotary intersection* dönel kavşak *rotary kiln* döner fırın *rotary motion/movement* dönme, dönme hareketi *rotary piston* döner piston *rotary press teks.* oluklu pres, silindirli pres *rotary pump* döner pompa *rotary retort* döner imbik *rotary screen* döner elek *rotary screen printing* rotasyon film baskı, rotasyon baskı *rotary switch elek.* döner şalter, döner anahtar *rotary tiller trm.* kesek kırma makinesi *rotary vacuum filter* rotatif vakum filtresi *rotary valve* rotatif supap, döner valf *rotary valve engine* döner supablı motor *rotary wing hav.* döner kanat *rotary wing aircraft hav.* döner kanatlı uçak
rotate /rou'teyt/ *e.* (bir eksen üzerinde) dönmek; döndürmek; art arda dönüp gelmek; (bir işi) sıra ile yer değiştirerek yapmak; sıra ile yer değiştirmek, yer değiştirerek çalıştırmak ¤ /'routeyt/ *s.* tekerlek biçiminde
rotating /rou'teyting/ *s.* rotatif, döner *rotating antenna* rotatif anten, döner anten *rotating beacon hav.* döner far, döner bikın *rotating disk* döner disk *rotating engine* döner motor *rotating field elek.* döner alan *rotating joint* döner eklem *rotating wing hav.* döner kanat
rotation /rou'teyşın/ *a.* dönme, dönüş, deveran; devir; (işi) sıra ile yapma, nöbetleşme, rotasyon *rotation axis* dönme ekseni *rotation of crops trm.* münavebeli tarım, almaşlı ekim
rotational /rou'teyşınıl/ *s.* dönüşlü, dönel *rotational axis* dönme ekseni *rotational delay biliş.* dönme gecikmesi *rotational entropy fiz.* rotasyon entropisi, dönel dağıntı *rotational motion* dönme hareketi, dönme devinimi *rotational position sensing biliş.* dönel konum algılama *rotational spectrum fiz.* rotasyonel spektrum, dönel izge *rotational speed* dönme hızı
rotator /rou'teytı/ *a. fiz.* rotatör, döngen
rotatory /'routıtıri/ *s.* dönel, rotatif *rotatory power fiz.* rotatif güç, döndürüm

gücü
rote /rout/ *a.* ezber, ezbercilik *by rote* ezbere, kafadan
rotifer /'routifı/ *a.* rotator
rotogravure /routougrı'vyuı/ *a.* rotagravür, tifdruk
rotor /'routı/ *a.* döneç, rotor *rotor blade hav.* rotor pali *rotor current elek.* rotor akımı *rotor hub* rotor göbeği *rotor winding elek.* rotor sargısı
rotten /'rotn/ *s.* çürük, bozuk, kokmuş; kaba, kötü; *arg.* berbat, boktan, rezil
rottenness /'rotınıs/ *a.* çürüklük
rotund /rou'tand/ *s.* toparlak, şişman, tombul
rotunda /rou'tandı/ *a. inş.* rotonda
rotundate /rou'tandeyt/ *s.* yuvarlak biçimde
rotundity /rou'tandıti/ *a.* yuvarlaklık
rouble /'ru:bıl/ *a.* ruble
roué /'ru:ei/ *a.* çapkın, zampara
rouge /ru:j/ *a.* allık
rough /raf/ *s.* pürüzlü, pürtüklü; engebeli, inişli yokuşlu; taşlık; kaba dokunmuş, tüylü; hoyrat, kaba; kaba, sert; işlenmemiş, yontulmamış, ham; güç, zor, çetin; kabataslak; fırtınalı, rüzgârlı, dalgalı; sert, acımasız, katı; yaklaşık, aşağı yukarı; açık saçık, müstehcen; *kon.* haksız, talihsiz ¤ *a.* kabadayı, külhanbeyi; engebeli arazi; karalama, taslak ¤ *be.* kabaca; rahatsız bir şekilde ¤ *e.* tırmıklayarak kabalaştırmak; itip kakmak, kötü davranmak; (at) terbiye etmek *at a rough estimate* tahmini bir hesapla *rough and ready* basit ve rahatsız, kaba saba *rough cast bkz.* roughcast *rough cut sin.* kaba kurgu *rough draft* taslak, müsvedde *rough estimate* kabaca tahmin *rough hewing* kabasını alma, kabaca yontma *rough it kon.* sefalet çekmek, sürünmek, kötü şartlarda yaşamak *rough out* taslağını hazırlamak, taslak yapmak, kabasını çizmek *rough plane* kaba rende *rough surface met.* pürüzlü yüzey *rough-and-tumble* itiş kakış *roughing roll* kaba hadde *take the rough with the smooth* iyi şeylerle birlikte kötü şeyleri de yakınmadan kabul etmek
roughage /'rafic/ *a. trm.* kaba yem

roughcast /'rafka:st/ *a.* taslak; *inş.* kaba sıva ¤ *e.* taslağını yapmak; kaba sıva vurmak
roughen /'rafın/ *e.* pürüzlemek, pürüzlendirmek
rougher /'rafı/ *a. mad.* önköpürtücü
roughly /'rafli/ *be.* kaba, kabaca; aşağı yukarı, yaklaşık olarak, kabaca
roughness /'rafnıs/ *a.* kabalık, pürüzlülük
roulade /ru:'la:d/ *a. müz.* nağmeleme
roulette /ru:'let/ *a.* rulet
round /raund/ *s.* yuvarlak; yuvarlak, toparlak, top gibi ¤ *be.* aksi yöne, aksi yönde; bir daire şeklinde hareket ederek, başlangıç noktasına dönerek; çevresi, çevre olarak; etrafa, etrafta, çevrede, her tarafta; birinden diğerine/diğerlerine, etrafa, çevreye; daha uzun bir yoldan, dolaşarak; birisinin bulunduğu yere; civarda ¤ *ilg.* etrafında, çevresinde, çevresine; -e saparak/dönerek; -in her tarafını/tarafına/tarafında; ... civarında, yaklaşık ¤ *a.* yuvarlak şey; daire; (ekmek, sandviç, vb.) dilim; dağıtım, servis; dizi, seri; *sp.* tur; (boks) raunt; atış, el; kurşun, mermi; devriye; *müz.* kanon; herkese verilen içki, vb.; içkileri alma sırası ¤ *e.* dönmek, sapmak; yuvarlaklaştırmak; yuvarlaklaşmak *in round figures/numbers* yuvarlak hesap ile, yaklaşık *round angle mat.* 360°'lik açı, tümaçı *round file* yuvarlak eğe, sıçan kuyruğu eğe *round head* yuvarlak baş *round-head buttress dam* yuvarlak başlı payandalı baraj *round-headed* yuvarlak başlı *round-hole screen* yuvarlak delikli elek *round nut* silindirik somun, yuvarlak somun *round-robin system biliş.* değişmez zaman paylaşım sistemi *round table* herkesin eşit konumda olduğu toplantı, yuvarlak masa toplantısı *round the bend kon.* deli, üşütük *round timber orm.* tomruk *round trip* gidiş-dönüş, gidiş-dönüş yolculuğu *round voyage* ring seferi *round off* yuvarlak hale getirmek; (konuşma, şenlik, vb.) bitirmek, sonunu getirmek; (gemi) göndürmek, yönünü değiştirmek *round up* bir araya toplamak; (suçluları) yakalamak; (hesap, sayı) yuvarlamak, yuvarlak hesap yapmak *the other way*

round tam aksi, tam tersine

roundabout /'raundıbaut/ *a. İİ.* atlıkarınca; ada kavşak ¤ *s.* dolambaçlı, dolaylı, dolaşık

rounded /'roundıd/ *s.* yuvarlak, toparlak; dudaklar yuvarlatılarak söylenen; tam gelişmiş, olgun *rounded vowel* yuvarlak ünlü

roundel /'raundl/ *a.* yuvarlak küçük disk; yuvarlak madalyon; yuvarlak raf; yuvarlak pencere; yuvarlak simge

rounding /'raunding/ *a.* yuvarlaklaştırma

roundish /'raundiş/ *s.* yuvarlakça

roundly /'raundli/ *be.* yuvarlak biçimde; tamamen, tamamıyla; kesinlikle, şiddetle

roundnosed /'raundnouzd/ *s.* yuvarlak, burunlu *roundnosed pliers* burunlu pense, yuvarlak pense

roundness /'raundnis/ *a.* yuvarlaklık

rounds /'raundz/ *a.* devriye, kontrol, kol

roundsman /'raundzmın/ *a.* devriye

round-the-clock /raunddı'klok/ *s.* bütün gün süren, gece gündüz devam eden, gece gündüz

round-trip /raund'trip/ *s. Aİ.* (bilet) gidiş-dönüş *round-trip fare* gidiş dönüş ücreti *round-trip ticket* gidiş dönüş bileti

roundup /'raundap/ *a.* dağılmış şeylerin, sürünün, insanların, vb. toplanması

roup /ru:p/ *a.* tavuk difterisi

rouse /rauz/ *e.* uyandırmak; harekete geçirmek, canlandırmak, tahrik etmek, uyarmak

rousing /'rauzing/ *s.* milleti heyecanlandıran

roustabout /'raustıbaut/ *a.* rıhtım işçisi

rout /raut/ *a.* bozgun, hezimet ¤ *e.* bozguna uğratmak; uzaklaştırmak, püskürtmek; freze etmek *put to rout* bozguna uğratmak *routing machine* zıvana makinesi

route /ru:t/ *a.* rota, yol; izlenecek yol ¤ *e.* (by/through ile) ... yoluyla yollamak, ... yolu üzerinden göndermek *route march İİ.* adi adım yürüyüş

router /'rautı/ *a.* freze

routine /ru:'ti:n/ *a.* alışılmış çalışma yöntemi; görenek, âdet, usul, alışkanlık haline gelmiş şey; *biliş.* yordam, rutin ¤ *s.* alışılagelen, alışılmış, her zamanki

routinely /ru:'ti:nli/ *be.* âdet olarak, alışkanlık olarak

routinist /ru:'ti:nist/ *a.* alışkanlıklarını bırakamayan kimse

routinize /ru:'ti:nayz/ *e.,* alışkanlık haline getirmek, rutin haline getirmek

roux /ru:/ *a.* meyane

rove /rouv/ *e.* dolaşmak, gezmek; (iplik) bükmek; (yün) taramak ¤ *a.* yarı bükülmüş iplik

rover /'rouvı/ *a.* gezgin, serüvenci; korsan; kaba bükme makinesi

roving /'rouving/ *s.* düzensiz, başıboş, aylak *have a roving eye* çapkın olmak, gözü dışarda olmak

row /rou/ *e.* kürekle yürütmek; kürek çekmek; kayıkla taşımak ¤ *a.* kürek çekme; sandal gezisi; sıra, dizi *row binary biliş.* ikili sayı sırası *row crop trm.* sıra mahsulü, çapa ürünü *row-crop tractor trm.* sıra ekim traktörü, çapa traktörü *row houses* sıraevler *row of piles* kazık sırası *row pitch biliş.* satır aralığı

row /rau/ *a. kon.* kavga, hırgür, atışma, kapışma; şamata, gürültü, patırtı ¤ *e.* kavga etmek, atışmak, tartışmak, kapışmak *have a row* atışmak, kavga etmek, hırgür etmek

rowan /'rouın, 'rauın/ *a. bitk.* üvez ağacı *rowan berry* üvez

rowboat /'roubout/ *a.* sandal, kayık

rowdiness /'raudinis/ *a.* kabadayılık, bıçkınlık

rowdy /'raudi/ *s.* gürültülü, patırtılı; kaba

rowdyism /'raudiizım/ *a.* kabadayılık, bıçkınlık

rowel /'rauıl/ *a.* mahmuz ¤ *e.* mahmuzlamak

rowen /'rauın/ *a.* ikinci kere biten ot

rowing /'rouing/ *a.* kürek çekme *rowing boat* sandal, kayık

rowlock /'rolık/ *a.* ıskarmoz

royal /'royıl/ *s.* krala ya da krallığa ilişkin, kraliyet ...; krallara yaraşır, şahane; çok büyük, muazzam ¤ *a.* kraliyet ailesine mensup kimse *Royal Highness* Prens Hazretleri; Prenses Hazretleri *royal mast den.* kontra babafingo direği

royalist /'royılist/ *a.* kralcı *be more royalist than the king* kraldan çok kralcı olmak

royalty /'royılti/ *a.* krallık, hükümdarlık; kraliyet ailesi; hak sahibine verilen pay; kitap yazarına verilen pay, telif hakkı ücreti; temettü, kâr payı

rub /rab/ *e.* ovmak, ovalamak; sürtmek, sürtünmek ¤ *a.* sürtme, sürtünme; ovma, ovalama; güçlük *rub along* iyi geçinmek *rub away* aşındırmak; aşınmak *rub down* kurulamak; düzleştirmek, düzlemek *rub in* ovarak yedirmek, içine nüfuz ettirmek *rub it in* kon. başına kakmak, yüzüne vurmak *rub off* silmek, silerek çıkarmak; silinmek, silinip çıkmak *rub out* *İİ.* (silgiyle) silmek; *Aİ. arg.* gebertmek, temizlemek *rub salt into the/sb's wound(s)* yarasına tuz biber ekmek *rub shoulders with* ile haşır neşir olmak *rub sb up the wrong way* sinir etmek, kızdırmak, tepesini attırmak *rub sb's nose in it/in the dirt* yüzüne vurmak, başına kakmak *rub up* ovarak parlatmak *rub up the right way* suyuna gitmek

rubber /'rabı/ *a.* lastik, kauçuk; *Aİ.* silgi; lastik ayakkabı; ovucu; *kon. Aİ.* kaput, prezervatif ¤ *a. isk.* üç oyundan ikisini kazanma; berabere kalınca kazananı belirlemek için oynanan oyun *rubber belt* lastik kayış *rubber bend* lastik bant *rubber bumper* oto. kauçuk tampon *rubber cement* lastik solüsyon *rubber cheque* karşılıksız çek, sahte çek, naylon çek *rubber coating* kauçuk kaplama *rubber gasket* lastik salmastra, lastik conta *rubber glove* lastik eldiven *rubber hose* lastik hortum *rubber joint* lastik conta *rubber lining* kauçuk balata *rubber mounting* lastik tespit parçası *rubber packing* lastik parçalı salmastra *rubber packing ring* lastik salmastra halkası *rubber pad* lastik tampon *rubber plant* kauçuk ağacı *rubber spring* kauçuk yay *rubber stamp* lastik damga; taklitçi kimse, kişiliksiz kimse, havan dövücünün hınk deyicisi *rubber stopper* lastik tapa *rubber thread* teks. lastik iplik *rubber tree* kauçuk ağacı *rubber tube* lastik hortum

rubberize /'rabırayz/ *e.* lastik kaplamak

rubberized /'rabırayzd/ *s.* kauçuklanmış *rubberized cloth* teks. kauçuklanmış kumaş

rubberneck /'rabınek/ *a.* meraklı; turist ¤ *e.* merakla bakmak, dönüp dönüp bakmak

rubbery /'rabıri/ *s.* lastik gibi

rubbing /'rabing/ *a.* ovma, ovalama; sürtünme, delk; merdane ile yapılan baskı *rubbing block* perdah taşı *rubbing fastness* sürtünme dayanıklılığı *rubbing stone* perdah taşı

rubbish /'rabiş/ *a.* süprüntü, döküntü, çöp; saçmalık, saçma, zırva ¤ *ünl. kon.* saçma

rubbishy /'rabişi/ *s. kon.* saçma, aptalca

rubble /'rabıl/ *a.* moloz, taş yığını, taş dolgu, döküntü *rubble concrete* moloz taşlı beton *rubble masonry* moloz taşından yapılan inşaat işi *rubble stone* inş. moloz taş

rubdown /'rabdaun/ *a.* masaj, ovma *have a rubdown* masaj yaptırmak

rube /ru:b/ *a.* taşralı, köylü

rubefacient /ru:bi'feyjınt/ *a. hek.* deriyi kızartan ilaç

rubefaction /ru:bi'fekşın/ *a. hek.* kızartma

rubella /ru:'belı/ *a. hek.* kızamıkçık

rubicund /ru:'bikınd/ *s.* kırmızı, al

rubidium /ru:'bidıım/ *a. kim.* rubidyum

ruble /'ru:bıl/ *a. bkz.* rouble

rubric /'ru:brik/ *a.* kırmızı renkte veya özel tipte basılmış başlık; kural, yön

rubricate /'ru:brikeyt/ *e.* kırmızı renkle yazmak

ruby /'ru:bi/ *a.* yakut; yakut rengi, parlak, kırmızı renk

ruche /ru:ş/ *a. teks.* dantel süsü

ruching /ru:şing/ *a.* dantel kumaşı

ruck /rak/ *a.* kırışıklık *ruck up* kırışmak, buruşmak

rucksack /'raksek/ *a.* sırt çantası

ruckus /'rakıs/ *a. Aİ.* çıngar, arbede

ructions /'rakşıns/ *a.* kızgın sözler, protestolar, gürültülü tartışmalar

rudder /'radı/ *a.* dümen, dümen bedeni; kılavuz, rehber *rudder balance* hav. istikamet dümen dengesi *rudder bar* dümen pedalı *rudder blade* den. dümen yelpazesi, dümen kanadı *rudder head* dümen başı *rudder post* dümen anası *rudder trim tap* hav. istikamet dümen fletneri

ruddiness /'radinis/ a. kırmızılık, allık

ruddle /'radıl/ a. aşıboyası

ruddy /'radi/ s. (yüz) sağlıklı, pembe; parlak kırmızı, al; arg. kahrolasıca, lanet olasıca, lanet

rude /ru:d/ s. terbiyesiz, incelikşiz, kaba; sert, şiddetli; kabaca yapılmış, kaba saba, kabataslak; ilkel, cahil; işlenmemiş, ham, doğal; ayıp, müstehcen

rudeness /'ru:dnis/ a. terbiyesizlik, kabalık; sertlik, şiddet; işlenmemişlik, hamlık; ilkellik; engebelilik

rudimentary /ru:di'mentıri/ a. basit; ilk öğrenilen, temel, ana

rudiments /'ru:dimınts/ a. ilke, ilk adım, temel

rue /ru:/ e. üzüntü duymak, pişmanlık duymak, esef etmek ¤ a. bitk. sedefotu **rue the day one was born** doğduğuna pişman olmak

rueful /'ru:fıl/ s. esefli, üzüntülü, pişmanlık belirten

ruff /raf/ a. kırmalı yaka; (iskambilde) koz ile alma ¤ e. (iskambilde) koz ile almak

ruffian /'rafiın/ a. kötü/kaba adam, vahşi

ruffianism /'rafiınizım/ a. zorbalık, acımasızlık

ruffle /'rafıl/ e. buruşturmak, kırıştırmak; bozmak, karıştırmak; sinirlendirmek, telaşlandırmak, huzurunu bozmak; (kuş) tüylerini kabartmak; (kumaş) büzgü yapmak, kırma yapmak ¤ a. kırmalı yaka ya da dantel, farbala, büzgü

rufous /'rufıs/ s. pas renginde

rug /rag/ a. küçük halı, kilim; battaniye, örtü

rugby /'ragbi/ a. sp. ragbi

rugged /'ragid/ s. engebeli; pürüzlü; kaba, yontulmamış; sağlam

ruin /'ru:in/ a. yıkılma, yıkım, yıkılış; ören, yıkıntı, harabe, kalıntı; batkı, batma, iflas ¤ e. mahvetmek, harap etmek; batırmak, iflas etmek; ırzına geçmek

ruins /'ru:inz/ a. enkaz, harabe, ören **in ruins** enkaz halinde **lay in ruins** harap etmek, viraneye çevirmek **lie in ruins** harabeye dönmek

ruination /ru:in'eyşın/ a. yıkma, yıkılma, tahrip; kon. iflas nedeni, iflas

ruinous /'ru:inıs/ s. iflas ettirici, batırıcı;

yıkık dökük, viran **ruinous expenditure** yıkıcı masraf **ruinous price** düşük fiyat **ruinous sale** zararına satış

rule /ru:l/ a. kural, ilke; usul, yol, yöntem, âdet; yönetim, egemenlik; huk. tüzük, ilke; düzçizer, cetvel ¤ e. yönetmek; hükümdarlık etmek, saltanat etmek; -e egemen olmak, hükmetmek, buyurmak; huk. hükmetmek, karar vermek; cetvelle çizmek **as a rule** genelde, çoğunlukla **rule(s) of the road** trafik kuralları **rules and regulations** ufak sıkıcı formaliteler **rule out** olmayacağını söylemek, olabilirliğini yadsımak, boşlamak, olanaksızlaştırmak, engellemek, önlemek **rule with a rod of iron** gözünün yaşına bakmamak

ruler /'ru:lı/ a. yönetici; hükümdar; cetvel

ruling /'ru:ling/ a. resmi karar, yargı, hüküm; hükümdarlık ¤ s. en başta gelen, başlıca, en büyük, en önemli, en güçlü; egemen, hâkim; geçerli, cari **ruling pen** tirlin, çizgi kalemi **ruling price** cari fiyat

rum /ram/ a. İİ. rom; Aİ. alkollü içki ¤ s. arg. garip, acayip, antika

rumba /'rambı/ a. müz. rumba

rumble /'rambıl/ a. gürleme; gümbürdeme; perdah dolabı, temizleme dolabı; bagaj yeri; Aİ. arg. sokak kavgası ¤ e. gürlemek, gümbürdemek; guruldamak; İİ. kon. içyüzünü anlamak, ne mal olduğunu anlamak; -e kanmamak

rumbustious /ram'bastiıs/ s. şamatalı, curcunalı

rumen /'ru:men/ a. hayb. işkembe; gevişgetirenlerin çiğnediği şey

ruminant /'ru:minınt/ a. gevişgetiren hayvan ¤ s. gevişgetiren

ruminate /'ru:mineyt/ e. hayb. geviş getirmek; (about/over ile) derin derin düşünmek

rumination /ru:mi'neyşın/ a. hayb. geviş getirme; derin derin düşünme

ruminative /'ru:minıtiv/ s. dalgın

rummage /'ramic/ e. altüst edip aramak ¤ a. altını üstüne getirme **rummage about** didik didik aramak, karıştırmak **rummage goods** ıskarta eşya **rummage sale** kullanılmış eşya satışı

rummer /'ramı/ a. büyük içki bardağı

rummy /'rʌmi/ *a.* ellibire benzer bir tür iskambil oyunu, remi

rumor /'ru:mı/ *a. e. Aİ. bkz.* rumour

rumour /'ru:mı/ *a.* söylenti, dedikodu, şayia ¤ *e.* söylenti çıkarmak, dedikodu çıkarmak, yaymak *it is rumoured* söylentiye göre, ... olduğu söylentisi dolaşıyor *rumour has it (that)* söylentiye göre, söylentilere bakılırsa, şaiyalara göre *the rumour runs* söylentiye göre

rump /rʌmp/ *a.* sağrı; but, sığır butu; *kon.* popo, kıç; kalıntı, artık

rumple /'rʌmpıl/ *e.* buruşturmak, kırıştırmak; karmakarışık etmek

rumpus /'rʌmpıs/ *a. kon.* velvele, gürültü patırtı, atışma

run /rʌn/ *e.* koşmak; çabuk gitmek, çabuk yürümek, seğirtmek; koşturmak, yarıştırmak; (taşıt, vb.) hızlı gitmek, hızla ilerlemek; çalıştırmak, işletmek; çalışmak, işlemek; işlemek, gidip gelmek, hareket etmek, kalkmak; (sıvı, kum, vb.) akmak, dökülmek; (musluktan, vb.) akıtmak; erimek, yayılmak, dağılmak; uzanmak, sürmek, devam etmek, gitmek; (araba) sahibi olmak, kullanmak; *kon.* (arabayla, vb.) bir yere bırakmak, götürmek; kaçakçılığı yapmak; yönetmek, işletmek, idare etmek; yürürlükte olmak, geçmek, geçerli olmak; (film, oyun, vb.) sürekli oynamak, afişte kalmak; (in/for/against ile) aday olmak, adaylığını koymak; sökülmek, kaçmak; yazılmak, söylenmek, denilmek; geçmek, geçip gitmek, akmak; dolaşmak, akmak; geçmek, yarıp geçmek; (tehlikeye, borca, belaya, vb.) girmek; gezdirmek, dolaştırmak ¤ *a.* koşma; koşu, yarış; gidilen ya da koşulan mesafe, yolculuk; balık sürüsü; akış, seyir, cereyan; istek, rağbet; serbestçe kullanma ya da dolaşma; çeşit, sınıf; art arda geliş, devam; çay, dere; (çorap) kaçık, kaçan yer; çevresi kapalı hayvan barınağı *at the run* koşar adım *get a run for one's money* semeresini görmek *in the long run* zamanla, sonunda, eninde sonunda *in the short run* kısa vadede *on the run* ayaküstü *run a business* bir işi yönetmek, çekip çevirmek *run across* -

e rastlamak, ile karşılaşmak *run after* peşinden koşmak *run aground* karaya oturmak *Run along! kon.* (özellikle çocuklara söylenir) Hadi bakalım, kış kış *run around like a chicken with its head cut off* deli dana gibi dolanmak *run around with* birlikte dolaşmak *run around* (with/together ile) birlikte gezmek, dolaşmak, çıkmak, takılmak *run away with* alıp götürmek, çalmak, aşırmak; (âşığı) ile birlikte kaçmak; (yarışı) kolayca kazanmak, yenmek; -e mal olmak; kontrolden çıkarmak, sinirlerini bozmak; ... fikrine kapılmak, kolayca inanmak, kendini inandırmak *run away* kaçmak, kaçıp gitmek *run book biliş.* işlem kitabı *run chart biliş.* uygulama çizelgesi, işlem çizelgesi *run counter to* taban tabana zıt olmak *run diagram biliş.* işlem diyagramı, uygulama çizeneği *run down* (arabayla) çarpmak; arkasından koşup yakalamak; araştırıp bulmak, arayıp bulmak; hakkında kötü konuşmak, yermek, eleştirmek, aşağılamak, küçümsemek; (pil, saat, vb.) bitmek, durmak; (iş, vb.) yavaş yavaş durmak *run duration biliş.* uygulama zamanı, işlem süresi *run for election/office* seçimler için adaylığını koymak *run idle* boşa dönmek, avara çalışmak *run in* (motoru) alıştırmak; *kon.* yakalamak, tutuklamak *run into a stone wall* çıkmaza girmek *run into debt* borca girmek *run into each other* çarpışmak *run into the ground* aşırı çalışmaktan yorulmak/yormak *run into the jaws of death* eceline susamak *run into* (arabayı) -e çarptırmak; (araba) -e çarpmak; *kon.* -e rastlamak, ile karşılaşmak; (miktar, vb.) -e ulaşmak, -i bulmak *run off* kaçmak; akıtmak; yayınlamak, basmak *run on a shoestring* az parayla işletmek *run on* devam etmek, sürmek; (zaman) geçmek; durmadan konuşmak; (düşünce, konuşma, vb.) ile ilgili olmak *run out of* -i tüketmek, bitirmek, bitmek, tükenmek, -siz kalmak; *kon.* -i (bir yerden) sürmek, dışına çıkarmak, zorla göndermek, kovmak *run out on* -i yüzüstü bırakmak, terk etmek *run out* tükenmek, bitmek, suyunu çekmek;

(süre) bitmek; -si tükenmek, -siz kalmak **run over** (su, vb.) taşmak; (arabayla) ezmek, çiğnemek; prova etmek, tekrarlamak **run phase** *biliş.* uygulama aşaması, işlem aşaması **run short** eldekini tüketmek, kıtlığını çekmek, azalmak, kısalmak **run the chance/danger of** ... riskini göze almak, riskine girmek **run the risk of** göze almak **run through** içinden koşarak geçmek; çabucak göz gezdirmek, gözden geçirmek; tekrarlamak, prova etmek; harcamak, yiyip bitirmek, çarçur etmek; (kılıç) saplamak; sokmak, arasından geçirmek, batırmak; batmak, arasından geçmek **run time** *biliş.* işlem zamanı, geçiş süresi **run to seed** tohuma kalkmak **run to** -i karşılayacak gücü/parası olmak; (para) -e yeterli olmak, -i karşılamak; -e eğilimi olmak, -e kaçmak **run up** (bayrak) çekmek; dikivermek, uyduruvermek; (borca, vb.) girmek; (fiyat, vb.) yükseltmek **run up against** göğüs germek **run wild** cirit atmak **run with the hare and hunt with the hounds** tavşana kaç tazıya tut demek

runabout /'ranıbaut/ *a.* tembel, aylak; küçük otomobil; küçük tekne

run-around /'ranıraund/ *a.* atlatma, oyalama, baştan savma **give the run-around** *kon.* (eşini) boynuzlamak

runaway /'ranıwey/ *a.* kaçan kimse, kaçak ¤ *s.* kaçak; denetimden çıkmış, kontrolden çıkmış, denetimsiz; gizli **runaway inflation** tehlikeli enflasyon

rundle /'randıl/ *a.* merdiven basamağı

run-down /'randaun/ *a.* ayrıntılı rapor ¤ *s.* halsiz, bitkin, hasta, sağlıksız, yıpranmış; eski püskü, yıkık dökük

rung /rang/ *a.* el merdiveni basamağı

runic /'ru:nik/ *a.* runik yazı, kalın ve koyu yazı

runlet /'ranlit/ *a.* çay, derecik

runnel /'ranıl/ *a. coğ.* dere, küçük akarsu

runner /'ranı/ *a.* koşucu; kızak demiri; ray; yol halısı

runner-up /ranır'ap/ *a.* (koşu, yarış, vb.'de) ikinci gelen kimse/takım

running /'raning/ *a.* koşma, koşu ¤ *s.* koşan; sürekli; üst üste; akan, akar; işlek; genel; içinde bulunulan; kaygan,

oynar; cari ¤ *be.* arka arkaya, üst üste **in running order** (makine) tam randımanlı, iyi çalışan **in the running** kazanma ümidi olan **out of the running** kazanma ümidi olmayan **running board** *oto.* marşpiye, basamak **running debts** sabit borçlar **running expenses** genel giderler **running fit** hareketli geçme **running gear** hareket dişlisi **running order** *elek.* çalışma sırası, çalışma dökümü **running rigging** *den.* selviçe, hareketli donanım **running sand** akıcı kum, hareketli kum, serbest kum **running speed** işleme hızı, hareket hızı **running time** (film) projeksiyon süresi, gösterim süresi **running-in** *oto.* rodaj

runny /'rani/ *s. kon.* cıvık, sulu; (göz vb.) sulu **have (got) a runny nose** burnu akmak

runoff /'ranof/ *a.* kazananı belirleyen yarış; akış, akma; şerbet

run-of-the-mill /ranıvdı'mil/ *s.* tekdüze, sıradan, özelliksiz, bayağı

run-proof /'ranpru:f/ *s. teks.* kaçmaz

runs /ranz/ *a. kon.* (the ile) ishal, amel **have the runs** amel olmak, ishal olmak

run-through /'rantru:/ *a.* tekrar, alıştırma, prova

run-up /'ranap/ *a.* süreç

runway /'ranwey/ *a.* uçak pisti, uçuş pisti **runway light** *hav.* pist ışığı **runway visual range** *hav.* pist görüş mesafesi

rupee /ru:'pi:/ *a.* Hindistan, Pakistan, Sri Lanka, Nepal, Mauritus ve Maldive Adaları'nın para birimi, rupi

rupture /'rapçı/ *a.* kırılma, yırtılma, kopma; yırtık, çatlak; *hek.* fıtık ¤ *e.* koparmak, kırmak, yırtmak; fıtık etmek **rupture point** kopma noktası **rupture strength** kırılma dayanımı, kopma dayancı

rural /'ruırıl/ *s.* kırsal **rural development** kırsal gelişme **rural dwelling** kırsal konut **rural exodus** köyden kente akın **rural population** *coğ.* kırsal nüfus **rural road** köy yolu

ruralization /ruırılay'zeyşın/ *a.* kırsallaşma, kırsallaştırma

ruse /ru:z/ *a.* hile, dalavere, oyun, kurnazlık, numara

rush /raş/ *e.* acele etmek; koşmak,

seğirtmek; acele ettirmek, koşturmak; aceleyle/baştan savma yapmak, aceleye getirmek; sıkboğaz etmek, sıkıştırmak; saldırmak, üstüne çullanmak ¤ *a.* acele, telaş; itip kakma; saldırı, hamle; üşüşme; rağbet, talep, istek; *bitk.* hasırotu, saz *give sb the bum's rush* birini yaka paça etmek, yaka paça götürmek *in a mad rush* çılgın gibi *rush sb off his feet* sıkıştırmak, iki ayağını bir pabuca sokmak *rush hour* işe gidiş-geliş saatleri, trafiğin en yoğun olduğu saatler *rush order* acele sipariş *rush print sin.* deneme kopyası, deneme eşlemi

rushes /'raşiz/ *a. sin.* günlük çekim

rusk /rask/ *a.* peksimet

russet /'rasit/ *a. s.* kırmızımsı kahverengi

Russia /'raşı/ *a.* Rusya *Russia leather teks.* sahtiyan, Rus meşini

Russian /'raşın/ *a. s.* Rus; Rusça *Russian dressing* turşulu baharatlı mayonez *Russian Revolution* Rus İhtilali

Russianize /'raşınayz/ *e.* Ruslaştırmak

rust /rast/ *a.* pas; pas rengi ¤ *e.* paslanmak; paslandırmak *rust fungus* kınacık mantarı *rust inhibitor* pas önleyici *rust prevention* pas önleme *rust remover* pas giderici *rust stain teks.* pas lekesi *rust-free* paslanmaz

rustic /'rastik/ *a.* köylü, taşralı; hödük, kıro ¤ *s.* kırlara, köylere ilişkin, kırsal; kaba, kaba saba

rusticate /'rastikeyt/ *e.* köyde yaşamak; sade bir yaşam sürmek

rustication /rasti'keyşın/ *a.* köyde yaşama

rusticity /ra'stisıti/ *a.* köylülük

rustiness /'rastinis/ *a.* paslılık

rustle /'rasıl/ *a.* hışırtı ¤ *e.* hışırdamak; hışırdatmak; *Aİ.* (at, sığır, vb.) çalmak *rustle up* bulmak; çabucak hazırlayıvermek

rustler /'raslı/ *a. Aİ.* at hırsızı

rustless /'rastlis/ *s.* passız

rustproof /'rastpru:f/ *s.* paslanmaz

rusty /'rasti/ *s.* paslı; (konusunu) unutmuş; unutulmuş, paslanmış

rut /rat/ *a.* (özellikle geyik ve benzeri hayvanlarda) cinsel kızgınlık, azgınlık dönemi; tekerlek izi *get into a rut* tekdüze bir yaşama başlamak

ruth /ru:t/ *a.* acıma, merhamet

ruthenium /ru:'ti:niım/ *a. kim.* rutenyum

rutherfordium /radı'fo:diım/ *a. fiz.* rutherfordyum

ruthless /'ru:tlis/ *s.* acımasız, zalim, amansız, merhametsiz, insafsız

ruthlessness /'ru:tlis/ *s.* acımasızlık, insafsızlık

rutile /'ru:tayl/ *a. min.* rutil

rutty /'rati/ *s.* derin tekerlek izi bulunan

rye /ray/ *a. bitk.* çavdar *rye bread* çavdar ekmeği *rye whisky* çavdar viskisi

ryot /'rayıt/ *a.* Hint çiftçisi

S

S, s /es/ *a.* İngiliz abecesinin on dokuzuncu harfi

Sabbath /'sebıt/ *a.* (Hıristiyanların pazar, Yahudilerin cumartesi günü olan) dinsel tatil günü

sabbatical /sı'betikıl/ *a.* gezmek ya da öğrenim amacıyla işten alınan ücretli izin ¤ *s.* (izin) ücretli

saber /'seybı/ *a. Aİ. bkz.* sabre

sable /'seybıl/ *a. hayb.* samur; samur kürk

sabotage /'sebıta:j/ *a.* baltalama, sabotaj ¤ *e.* baltalamak, sabote etmek

saboteur /sebı'tö:/ *a.* sabotajcı

sabre /'seybı/ *a. İİ.* süvari kılıcı

sabulous /'sebyulıs/ *s.* kumlu

sac /sek/ *a. biy.* kese

saccharate /'sekıreyt/ *a.* sakarat

saccharic /sı'kerik/ *s.* sakarin ile ilgili, sakarik *saccharic acid* sakarik asit

saccharide /'sekırayd/ *a.* sakarit

saccharification /sekerifi'keyşın/ *a.* şekere çevirme

saccharify /se'kerifay/ *e.* şekere çevirmek

saccharimeter /sekı'rimıtı/ *a. şek.* şekerölçer, sakarimetre

saccharimetry /sekı'rimitri/ *a. şek.* şekerölçüm, sakarimetri

saccharin /'sekırin/ *a.* sakarin

saccharine /'sekıri:n/ *s.* çok tatlı, aşırı tatlı

saccharose /'sekırouz/ *a.* sakaroz

saccule /'sekyu:l/ *a.* kesecik

sachet /'seşey/ *a.* (içindeki nesne bir defada kullanılıp biten) küçük plastik kutu/torba

sack /sek/ *a.* çuval, torba; kahverengi büyük kesekâğıdı; bir çuval dolusu miktar; çuval benzeri giysi, bol ve biçimsiz giysi; *İİ. kon.* kovma, sepetleme, işten atma; *Aİ. kon.* yatak; yağma, çapul, talan ¤ *e.* çuvala doldurmak, çuvallamak; *kon.* işten atmak, kovmak, sepetlemek; (bir kenti) yağma etmek, yağmalamak, talan etmek **get the sack** *kon.* işten kovulmak, sepetlenmek **give the sack** işten atmak, bohçasını koltuğuna vermek **hit the sack** *kon.* yatmak **hold the sack** *kon.* çıkmaza saplanmak, müşkül durumda olmak

sackcloth /'sekklot/ *a. teks.* çuval bezi, çul; yas/tövbe için giyilen kaba kumaştan giysi **sackcloth and ashes** pişman, nedamet içinde

sacking /'seking/ *a. teks.* çuval bezi

sacrament /'sekrımınt/ *a.* (Hıristiyanlıkta) dinsel tören, Aşai Rabbani veya Tanrı sofrası; Tanrı sofrasının kutsal yemeği, kutsal ekmek; işaret, alamet, nişan; ant, yemin

sacred /'seykrid/ *s.* dinsel; kutsal; bozulmaması gereken, dokunulmaz, kutsal, masun

sacrifice /'sekrifays/ *a.* kurban; özveri, fedakârlık ¤ *e.* kurban etmek; feda etmek, uğrunda harcamak; gözden çıkarmak; *kon.* zararına satmak **sell (sth) at a sacrifice** zararına satmak

sacrificial /sekri'fişıl/ *s.* kurbanla ilgili, kurban edilen, kurbanlık

sacrilege /'sekrilic/ *a.* kutsal kişi ya da şeylere saygısızlık, küfür

sacrilegious /sekri'licıs/ *s.* kutsal şeylere saygısızlık gösteren

sacrosanct /'sekrousenkt/ *s.* çok önemli, kutsal

sad /sed/ *s.* üzgün, üzüntülü, kederli, hüzünlü; acınacak, hazin, acıklı, üzücü

sadden /'sedn/ *e.* üzmek; üzülmek

saddle /'sedıl/ *a.* eyer, semer; sele, oturak; (koyun, vb.) sırtın alt ucundan kesilmiş et; *coğ.* bel, boyun ¤ *e.* eyerlemek, eyer ya da semer vurmak;

(tatsız bir iş) vermek, yüklemek **saddle joint** sırtlı kenet **saddle key** bindirme kama **saddle point** *mat.* semer noktası, eyer noktası **saddle roof** *inş.* beşik çatı

saddlebag /'sedlbeg/ *a.* eyer çantası, heybe; (bisiklet, vb.) sele çantası

saddlery /'sedlıri/ *a.* saraçlık; saraçhane

sadism /'seydizım/ *a. ruhb.* sadizm

sadist /'seydist/ *a. ruhb.* sadist

sadly /'sedli/ *be.* üzüntüyle; ne yazık ki **sadly mistaken** büyük yanılgıya düşmüş

sadness /'sednis/ *a.* keder, üzüntü

sadomasochism /seydou'mesıkizım/ *a. ruhb.* sadomazoşizm

safari /sı'fa:ri/ *a.* safari

safe /seyf/ *s.* güvenlikte, emniyette; emin, sağlam, güvenilir; güvenilir, önemli, ihtiyatlı; tehlikesiz; atlatmış, kurtulmuş; kesin, olumlu sonuçlanacağı kesin ¤ *a.* kasa; yiyecek dolabı **as safe as houses** *kon.* tam güvenlik altında **be on the safe side** ihtiyatlı davranmak **play it safe** *kon.* riske girmemek **safe and sound** sağ salim **safe area** güvenli alan, güvenlikli alan, güvenilir alan **safe conduct** seyahat tezkeresi, geçiş izni **safe custody** kasa; depo; saklama **safe deposit** kasa dairesi **safe deposit box** kiralık kasa **safe load** güvenli yük, emniyetli yük, izin verilen yük **safe port** güvenli liman

safe-conduct /seyf'kondakt/ *a.* geçiş izni

safe-deposit /seyfdi'pozit/ *a.* (bankada) kiralık kasada değerli eşyanın saklanılması

safeguard /'seyfga:d/ *a.* koruyucu şey, koruma, korunma, koruyucu ¤ *e.* korumak **safeguarding duty** koruyucu gümrük resmi

safekeeping /'seyfki:ping/ *a.* koruma, saklama, korunma, saklanma, güvenlikte olma **safekeeping account** emanet hesabı

safelight /'seyflayt/ *a. fot.* karanlık oda ışığı

safety /'seyfti/ *a.* güvenlik, emniyet **safety belt** emniyet kemeri **safety bolt** emniyet cıvatası **safety brake** emniyet freni **safety catch** kabza emniyet mandalı **safety chain** emniyet zinciri, kar zinciri, patinaj zinciri **safety circuit** emniyet devresi **safety coil** elek. emniyet bobini **safety coupling** emniyet kavraması, emniyet bağlantısı **safety cutout** otomatik emniyet şalteri **safety device** emniyet tertibatı, emniyet sağlayıcı düzenek **safety explosive** mad. emniyetli patlayıcı, güvenlikli patlayıcı **safety factor** emniyet faktörü, emniyet katsayısı, güvenlik katsayısı **safety fence** yol. korkuluk, bariyer **safety film** sin. alev almayan film, yanmaz film **safety fuse** emniyet tapası, sigorta **safety glass** dağılmaz cam, kırılmaz cam **safety goggles** emniyet gözlüğü, koruyucu gözlük **safety island** yol. röfuj, emniyet adası **safety lamp** mad. emniyet lambası, güvenlik ışıtacı **safety lock** emniyet kilidi **safety match** yalnızca kutusundaki eczaya sürtüldüğünde yanan kibrit **safety measure** emniyet tedbiri **safety pin** emniyet pimi; çengelliiğne **safety precaution** emniyet tedbiri **safety rail** korkuluk **safety razor** jiletli tıraş makinesi **safety rod** fiz. emniyet çubuğu **safety roller** emniyet merdanesi **safety stock** sin. yanmaz pelikül, yanmaz boş film **safety stripe** röfüj, ortakaldırım **safety switch** emniyet şalteri **safety tyre** emniyet lastiği **safety valve** güvenlik subapı, emniyet supabı

saffian /'sefyın/ a. bir tür deri

saffron /'sefrın/ a. safran

sag /seg/ e. eğilmek, bükülmek, çökmek, kağşamak, sarkmak, bel vermek; (neşe, mutluluk, vb.) azalmak, kaybolmak, kaçmak ¤ a. çöküntü, eğilme, bel verme, sarkma

saga /'sa:gı/ a. destan

sagacious /sı'geyşıs/ s. akıllı, sağgörülü

sagacity /sı'gesiti/ a. anlayış, sağgörü

sage /sayc/ s. akıllı, ağırbaşlı, bilge ¤ a. bilge; bitk. adaçayı

saggy /'segi/ s. sarkık

Sagittarius /seci'teırııs/ a. Yay (burcu)

sago /'seygou/ a. hintirmiği, sagu

said /sed/ s. adı geçen, sözü edilen

sail /seyl/ a. yelken; yelkenli; yelkenli gezintisi, deniz yolculuğu; yeldeğirmeni kanadı ¤ e. yelkenli/gemi vb. ile gitmek; su üzerinde seyretmek, gitmek; (yelkenli, gemi, vb.) yönetmek, götürmek; yelken açmak, yola çıkmak; süzülmek; kolayca geçmek **sail under false colours** kuzu postuna bürünmek

sailboard /'seylbo:d/ a. rüzgâr sörfü

sailboat /'seylbout/ a. den. yelkenli kayık

sailcloth /'seylklot/ a. yelken bezi

sailer /'seylı/ a. yelkenli gemi

sailing /'seyling/ a. gemicilik; yelken kullanma, yelkencilik; deniz yolculuğu, sefer **sailing boat** den. yelkenli kayık **sailing orders** sefer talimatı **sailing ship** yelkenli gemi **sailing vessel** yelkenli gemi

sailor /'seylı/ a. denizci, gemici; ask. bahriyeli, denizci

saint /seynt/ a. aziz, evliya, ermiş, eren **Saint John's wort** bitk. binbirdelikotu

saintliness /'seyntlinis/ a. azizlik

sake /seyk/ a. hatır; amaç **for God's sake** kon. Allah aşkına **for the sake of** -in hatırı için, -in uğruna; amacıyla, maksadıyla

sal ammoniac /sel ı'mouniek/ a. nışadır, amonyum klorür

salability /seylı'bilıti/ a. satılabilme

salable /'seylıbıl/ s. satılabilir

salacious /sı'leyşıs/ s. açık saçık, müstehcen

salacity /sı'lesıti/ a. şehvet

salad /'selıd/ a. salata

salamander /'selımendı/ a. hayb. semender

salami /sı'la:mi/ a. salam

salaried /'selırid/ s. aylıklı, aylık ücret alan/veren **salaried employee** aylıkçı **salaried staff** aylıkla çalışan personel

salary /'selıri/ a. aylık, maaş **salary account** maaş hesabı **salary roll** aylık bordrosu, maaş bordrosu **salary scale** aylık skalası, maaş baremi

sale /seyl/ a. satış, satım; sürüm, istek, talep; indirimli satış, indirim; açık artırma, mezat **for sale** satılık **on sale** satılık **sale by auction** artırmayla satış **sale by description** tanımlama ile satış **sale by sample** numuneyle satış **sale for cash** peşin satış **sale in the open market** serbest piyasa satışı **sale on return** iade edilebilme koşuluyla satış **sale on trial** deneme şartıyla satış *sale price* satış fiyatı

saleroom /'seylru:m, 'seylrum/ *a.* açık artırma ile satış yapılan yer, mezat salonu

sales /seylz/ *s.* satışla ilgili, satış ¤ *a.* ucuzluk, indirimli satış *sales account* satış hesabı *sales agent* satış acentesi *sales appeal* satış çekiciliği *sales budget* satış bütçesi *sales contract* satış kontratı, satış sözleşmesi *sales department* satış bölümü *sales drive* satış gayreti *sales engineer* satış mühendisi, profesyonel satış elemanı *sales engineering* satış mühendisliği *sales forecast* satış tahmini *sales girl* tezgâhtar kız *sales lady* bayan tezgâhtar *sales letter* satış mektubu *sales manager* satış müdürü *sales promotion* satış promosyonu *sales resistance* alıcının isteksizliği *sales returns account* satış iade hesabı *sales returns book* satış iade defteri *sales sample* eşantiyon *sales slip* satış fişi *sales talk* esnaf ağzı, satıcı ağzı *sales tax* satış vergisi

salesclerk /'seylzkla:k/ *a. Aİ.* tezgâhtar

saleslady /'seylzleydi/ *a.* bayan tezgâhtar

salesman /'seylzmın/ *a.* satıcı, satış memuru, tezgâhtar

salesmanship /'seylzmınşip/ *a.* satıcılık

saleswoman /'seylzwumın/ *a.* satıcı, satış memuresi, bayan satıcı

salicin /'selisin/ *a.* salisin

salicylic /seli'silik/ *s.* salisilik *salicylic acid* salisilik asit

salient /'seyliınt/ *s.* göze çarpan, çarpıcı, önemli, belirgin

saliferous /sı'lifırıs/ *s.* tuzlu, tuz içeren

salina /sı'laynı/ *a.* tuzla; tuzlu bataklık

saline /'seylayn/ *s.* tuzlu, tuzla ilgili *saline soil trm.* tuzlu toprak

salinity /sı'liniti/ *a.* tuzluluk

salinometer /seli'nomıtı/ *a.* salinometre, halometre, tuzölçer

saliva /sı'layvı/ *a.* tükürük, salya

salivary /sı'layvıri/ *s.* tükürük+, salya+ *salivary glands* tükürük bezleri

salivate /'seliveyt/ *e.* tükürük salgılamak, ağzı salyalanmak

sallow /'selou/ *s.* (ten) soluk, sağlıksız ¤ *a. bitk.* bodur söğüt

sally /'seli/ *a. ask.* çıkış hareketi, çemberi yarma, saldırı; nükteli söz, nükte; *kon.* gezme, dolaşma, gezinti

salmon /'semın/ *a. hayb.* som balığı ¤ *s.* sarımsı pembe *salmon peal/peel* som balığı yavrusu *salmon trout* dağalası, kırmızı etli alabalık

salol /'selol/ *a.* salol

salon /'selon/ *a.* salon

saloon /sı'lu:n/ *a. Aİ.* büyük araba; *Aİ.* bar, meyhane; *İİ.* salon bar

salt /so:lt/ *a.* tuz; tuzluk; tat, tat tuz; çeşni; heyecan verici şey, ilginç şey ¤ *s.* tuzlu, tuzlanmış ¤ *e.* tuz koymak, tuzlamak; tuzlayarak saklamak; heyecan katmak, ilginçleştirmek, renklendirmek *old salt* yaşlı, deneyimli denizci/gemici, deniz kurdu *rub salt into sb's wounds* yarasına tuz biber ekmek *the salt of the earth* yüksek nitelikleri olan kimse(ler) *salt away kon.* ilerisi için (para) biriktirmek *salt bath* tuz banyosu *salt content* tuz içeriği, tuz muhtevası *salt dome yerb.* tuz domu, tuz tümseği *salt glaze* (seramik) tuz sırı *salt lake coğ.* takır, tuzlu göl *salt marsh* tuz bataklığı *salt meadow* tuzlak *salt out* tuzla çöktürmek *salt solution* tuz çözeltisi, tuzlu eriyik *salt spray test* tuz püskürtme deneyi *salt spring coğ.* tuzlu su kaynağı

saltation /sel'teyşın/ *a.* hoplama, sıçrama

saltcellar /'so:ltselı/ *a.* tuzluk

salted /'so:tid/ *s.* tuzlu

saltern /'so:ltın/ *a.* tuzla

saltiness /'so:ltinis/ *a.* tuzluluk

saltpan /'so:ltpen/ *a.* tuzla

saltpeter /so:lt'pi:tı/ *a.* güherçile

saltshaker /'so:ltşeykı/ *a. Aİ.* tuzluk

saltwater /'so:ltwo:tı/ *s.* tuzlu suya ait, deniz suyuna ait

salty /'so:lti/ *s.* tuzlu, tuzlanmış

salubrious /sı'lu:briıs/ *s.* sağlığa yararlı, sağlıklı, iyi

salutary /'selyutıri/ *s.* etkileyici, geliştirici, akıllandırıcı, ders verici

salutation /selyu'teyşın/ *a.* selamlama, selam

salute /sı'lu:t/ *e.* selamlamak, selam vermek; top ya da bayraklarla selamlamak; karşılamak ¤ *a.* selam; selam verme, selamlama, karşılama

salvage /'selvic/ *a.* (yangından, batan

gemiden, vb.) mal kurtarma; kurtarılan mal; kurtarma parası ¤ e. (yangından, kazadan) kurtarmak **salvage crane** kurtarma vinci/aracı **salvage lorry** kurtarma kamyonu **salvage value** hurda değeri, hurda fiyatı **salvage vessel** kurtarma gemisi **salvage work** kurtarma çalışması

salvation /sel'veyşın/ *a.* kurtarma, kurtarılma; kurtuluş, selamet; kurtarıcı

salve /sa:v, selv/ *a.* merhem ¤ *e.* rahatlatmak, yatıştırmak

salver /'selvı/ *a.* gümüş tepsi

salvo /'selvou/ *a.* (selamlama, vb. amacıyla) yaylım ateşi, top ateşi, salvo

salvor /'selvı/ *a.* kurtarıcı

samarium /sı'meırıım/ *a. kim.* samaryum

samba /'sembı/ *a. müz.* samba

same /seym/ *s.* aynı ¤ *adl.* aynı şey, aynısı ¤ *be.* aynı şekilde **all the same** yine de **one and the same** aynı **same here** *kon.* ben de, aynen **same to you** *kon.* sana da, size de, aynen

sameness /'seymnıs/ *a.* aynılık, benzerlik; sıkıcılık, tekdüzelik, monotonluk

samlet /'semlit/ *a.* yavru alabalık

samovar /'semıva:/ *a.* semaver

sample /'sa:mpıl/ *a.* örnek, model, mostra ¤ *e.* örneklemek, örnek seçmek, örnek olarak denemek; tatmak, tadına bakarak kalitesini saptamak **sample bottle** numune şişesi **sample point** örnek nokta **sample size** numune büyüklüğü/boyutu **sample space** örnek uzay

sampler /'sa:mplı/ *a.* numune alıcısı; *şek.* pancar delici

sampling /'sa:mpling/ *a.* örnekleme; numunelik; seçme **sampling error** örnekleme hatası, örnekleme yanılgısı **sampling point** numune alma yeri, örnek alma yeri **sampling rate** *biliş.* örnekleme oranı **sampling spoon** numune kaşığı, örnek alma kaşığı **sampling tube** numune tüpü

samurai /'semuray/ *a.* Japon savaşçısı, samuray

sanative /'senıtiv/ *s.* sağlığa yararlı

sanatorium /senı'to:rıım/ *a.* sanatoryum, sağlıkevi

sanctification /senktifi'keyşın/ *a.* kutsama

sanctified /'senktifayd/ *s.* kutsanmış

sanctify /'senktifay/ *e.* kutsallaştırmak; kutsamak, takdis etmek

sanctimonious /senkti'mounııs/ *s. hkr.* yalancı sofu, dindarlık taslayan

sanction /'senkşın/ *a.* onay, onaylama, izin, kabul, tasdik; yaptırım, ceza ¤ *e.* onaylamak, uygun görmek, tasdik etmek, kabul etmek, izin vermek

sanctity /'senktiti/ *a.* kutsallık

sanctuary /'senkçuıri/ *a.* kutsal yer, tapınak; sığınılacak yer, sığınak; korunak

sanctum /'senktım/ *a.* kutsal yer; *kon.* özel oda, özel çalışma odası

sand /send/ *a.* kum; *Aİ.* cesaret, yiğitlik, göt *mec.* ¤ *e.* kum serpmek, kumla örtmek; zımparalamak, zımparayla düzeltmek **sand asphalt** *yol.* kum asfaltı **sand bath** kum banyosu **sand box** kum kutusu **sand catcher** kum tutucu **sand crusher** kum değirmeni **sand filter** kum filtresi **sand pit** kum ocağı **sand pump** kum pompası **sand screen** kum eleği **sand stratum** kum tabakası **sanding machine** zımpara makinesi

sandal /'sendl/ *a.* sandal, sandalet, burnu açık terlik

sandalwood /'sendlwud/ *a. bitk.* sandal ağacı; kahverengi tonda bir renk

sandbank /'sendbenk/ *a.* kumsal sığlık

sandbar /'sendba:/ *a. coğ.* kıyı dili, kıyı kordonu, sahil kordonu

sandblast /'sendbla:st/ *e.* kum püskürtmek, kum püskürterek temizlemek

sandcastle /'sendka:sıl/ *a.* kumdan yapılan kale

sand-dune /'senddyu:n/ *a. bkz.* dune

sander /'sendı/ *a.* zımpara makinesi

sandglass /'sendgla:s/ *a.* kum saati

sandpaper /'sendpeypı/ *a.* zımpara kâğıdı ¤ *e.* zımparalamak

sandpit /'sendpit/ *a. İİ.* (çocuklar için) kum havuzu

sands /sendz/ *a.* plaj, kumsal, kumluk; kum taneleri **plough the sands** kalburla su taşımak

sandstone /'sendstoun/ *a.* kumtaşı

sandstorm /'sendsto:m/ *a.* kum fırtınası

sandwich /'senwiç/ *a.* sandviç ¤ *e.* sandviç yapmak; iki şeyin arasına sıkıştırmak **sandwich board** sırta ve göğüse asılan reklam yaftası **sandwich course** teorik ve uygulamalı çalışma kursu **sandwich film** sandviç film

sandy /'sendi/ *s.* kumlu; (saç) kum rengi **sandy marl** kumlu marn

sane /seyn/ *s.* aklı başında, akıllı; makul, mantıklı, akla yatkın

sanforizing /'senfırayzing/ *a. teks.* sanforizasyon

sangfroid /son'frwa:/ *a.* kendine hâkimiyet, özdenetim, soğukkanlılık

sanguinary /'sengwinıri/ *s.* (savaş, vb.) kanlı; kana susamış, kan dökücü, zalim

sanguine /'sengwin/ *s.* umutlu, iyimser, ümitli, neşeli; kan renginde, kırmızı

sanidine /'senidi:n/ *a. min.* sanidin

sanies /'seynii:z/ *a.* kanlı irin

sanitary /'senitıri/ *s.* sağlığa ilişkin, sağlıkla ilgili, sağlıksal; temiz, sağlıklı, sıhhi **sanitary napkin** âdet bezi **sanitary towel** âdet bezi

sanitation /seni'teyşın/ *a.* sağlık koruma, sağlık işleri, sağlık hizmetleri, hıfzısıhha

sanitorium /seni'to:riım/ *a. Aİ. bkz.* sanatorium

sanity /'seniti/ *a.* akıl sağlığı

sanserif /sen'serif/ *a.* düz harfler

sap /sep/ *a. bitk.* besisuyu, özsu; canlılık, dirilik, güç; *arg.* aptal; yalancı odun; *ask.* lağım, sıçanyolu ¤ *e. ask.* sıçanyolu kazmak; temelinden yıkmak, altını kazmak, çökertmek; azaltmak, zayıflatmak

sapid /'sepid/ *s.* lezzetli; çekici, sevimli

sapidity /sı'pidıti/ *a.* çeşni, tat

sapience /'seypyıns/ *a.* akıl, zekâ

sapling /'sepling/ *a. bitk.* fidan, körpe ağaç; delikanlı

saponaceous /sepou'neyşıs/ *s.* sabun gibi; sabunlu

saponifiable /sı'ponifayıbıl/ *s.* sabunlaşır, sabunlaşabilen

saponification /sıponifi'keyşın/ *a.* sabunlaşma

saponify /sı'ponifay/ *e.* sabunlaşmak; sabunlaştırmak

saponin /'sepınin/ *a.* saponin

saponite /'sepınayt/ *a. min.* saponit

sapphire /'sefayı/ *a.* gökyakut, safir; mavi renk

sapphirine /'sefıri:n/ *a. min.* safirin

sappy /'sepi/ *s. bitk.* özlü; *İl. kon.* güçlü, hareketli; *Aİ. kon.* aptalca, saçma; aşırı derecede romantik, fazla duygusal

sapwood /'sepwud/ *a.* yalancı odun, kabuk altı tabakası

sarcasm /'sa:kezım/ *a.* acı alay, küçümseme, alay, iğneleme

sarcastic /sa:'kestik/ *s.* iğneleyici, alaylı, küçümseyici

sarcophagous /sa:'kofıgıs/ *s.* etobur

sarcophagus /sa:'kofıgıs/ *a.* lahit

sard /sa:d/ *a.* bir tür kuvars

sardine /sa:'di:n/ *a. hayb.* sardalye **like sardines** *kon.* sıkış tepiş, balık istifi gibi **packed like sardines** balık istifi gibi

sardonic /sa:'donik/ *s.* acı, alaylı, şeytanca

sari /'sa:ri/ *a.* sari, Hint kadınlarının giysisi

sash /seş/ *a.* kuşak; pencere çerçevesi, kanatlı pencere **sash bar** *inş.* çerçeve çıtası **sash lock** *inş.* pencere mandalı, pencere kilidi **sash pulley** *inş.* pencere ağırlık makarası **sash weight** *inş.* pencere ağırlığı **sash window** *inş.* sürme pencere

Satan /'seytn/ *a.* şeytan

satanic /sı'tenik/ *s.* şeytan gibi, şeytanla ilgili, şeytani; zalim, acımasız, melun

satanism /'seytınizım/ *a.* şeytana tapma

satchel /'seçıl/ *a.* sırtta taşınan okul çantası

sate /seyt/ *e.* gidermek, tatmin etmek; doyurmak, tıka basa yedirmek

sateen /se'ti:n/ *a. teks.* saten taklidi pamuklu kumaş

satellite /'setilayt/ *a.* uydu; yapay uydu; bağımlı ülke **satellite communications** uydu iletişimi **satellite computer** *biliş.* uydu bilgisayar **satellite office** uydu şube **satellite photography** uydu fotoğrafçılığı **satellite processor** *biliş.* uydu işlemci **satellite station** uydu istasyonu **satellite television** *elek.* uydu televizyonu **satellite town** uydukent

satiate /'seyşieyt/ *e.* doyurmak, tatmin etmek, tam doyuma ulaştırmak; tıka basa yedirmek, bıktırmak, usandırmak

satin /'setin/ *a.* saten, atlas **satin duchesse** *teks.* saten düşes **satin finish**

teks. atlas perdahı, ince perdah
satinet(te) /seti'net/ *a. teks.* satinet
satinwood /'setinwud/ *a.* Hint ağacı
satiny /'setini/ *s.* saten gibi parlak
satire /'setayı/ *a. ed.* taşlama, yergi, yerme, hiciv
satirical /sı'tirikıl/ *s.* taşlamalı, yergili, yerici, hicivli
satirist /'setirist/ *a.* taşlamacı, yergi yazarı, hicivci
satirize /'setirayz/ *e.* taşlamak, yermek, hicvetmek
satisfaction /setis'fekşın/ *a.* memnunluk, memnuniyet, hoşnutluk; tatmin, doyum; tazmin, ödeme
satisfactory /setis'fektıri/ *s.* doyurucu, tatmin edici, memnun edici, yeterli, elverişli
satisfy /'setisfay/ *e.* memnun etmek, hoşnut etmek, sevindirmek; doyurmak, tatmin etmek; gidermek; karşılamak, -e uymak, yetmek; inandırmak, ikna etmek *be satisfied with* -den hoşnut olmak
satisfying /'setisfaying/ *s.* doyurucu, tatmin edici
satsuma /set'su:mı/ *a.* bir tür ufak portakal, satsuma
saturable /'seçırıbıl/ *s.* doyurulabilir *saturable reactor elek.* doymalı reaktör
saturate /'seçıreyt/ *e. kim.* doyurmak, doymuş hale getirmek; ıslatmak, sırılsıklam etmek; (kafasını) iyice doldurmak, sindirmek, yutmak; iyice doldurmak
saturated /'seçıreytid/ *s.* doymuş, doygun *saturated compound kim.* doymuş bileşik *saturated solution* doymuş çözelti, doygun çözelti *saturated steam* doymuş buhar, doygun buhar *saturated vapour fiz.* doymuş buhar, doygun buhar
saturation /seçı'reyşın/ *a.* doyma, doygunluk *saturation current* doyma akımı *saturation deficit* doyma açığı *saturation point* doyma noktası *saturation scale fiz.* doyma skalası *saturation tank şek.* karbonatlama kazanı *saturation value* doyma değeri *saturation voltage* doyma gerilimi
Saturday /'setıdey/ *a.* cumartesi
Saturn /'setın/ *a.* Satürn
satyr /'setı/ *a.* gövdesinin yarısı insan

yarısı teke olan tanrı, satir; *kon.* şevhet düşkünü adam
sauce /so:s/ *a.* salça, sos, terbiye; *kon.* yüzsüzlük, arsızlık, pişkinlik, şımarıklık, küstahlık, saygısızlık ¤ *e.* küstahça karşılık vermek, yüzsüzlük etmek, arsızlık etmek
saucepan /'so:spın/ *a.* kulplu tencere
saucer /'so:sı/ *a.* çay tabağı, fincan tabağı
sauciness /'so:sinis/ *a.* sırnaşıklık, yüzsüzlük; saygısızlık
saucy /'so:si/ *a. kon.* saygısız, terbiyesiz, küstah
sauna /'so:nı/ *a.* sauna
saunter /'so:ntı/ *e.* sallana sallana yürümek, aylak aylak gezinmek, tembel tembel gezinmek
sausage /'sosic/ *a.* sucuk, sosis *sausage roll* sucuklu sandviç
savage /'sevic/ *s.* yabanıl, yabani, vahşi, yırtıcı; canavar ruhlu, acımasız, zalim, vahşi; *kon.* çok sinirli, öfkeli, tepesi atmış, gözü dönmüş ¤ *a.* vahşi adam; zalim, acımasız, gaddar adam ¤ *e.* saldırıp ısırmak, paralamak, parçalamak
savagery /'sevicıri/ *a.* acımasızlık, merhametsizlik, vahşilik
savanna(h) /sı'venı/ *a.* geniş çayır, büyük ova, bozkır, savana
savant /'sevınt/ *a.* bilgin, âlim
save /seyv/ *e.* kurtarmak; (para) biriktirmek, artırmak; korumak, saklamak, idareli kullanmak, kazanmak; saklamak, ayırmak; korumak ¤ *ilg.* -den başka, hariç *save face* zevahiri kurtarmak *save for* ... hariç *save on* israfından kaçınmak, idareli kullanmak, israf etmemek *save that* ancak, yalnız
save-all /seyv'o:l/ *a. şek.* şerbet tutucu
saver /'seyvı/ *a.* kurtarıcı, korucuyu; para biriktiren kimse
saving /'seyving/ *a.* koruma, kurtarma; tutum, tasarruf ¤ *s.* kurtarıcı; koruyan; tutumlu ¤ *ilg.* -den başka *saving your presence* hâşâ huzurdan, sözüm meclisten dışarı
savings /'seyvingz/ *a.* birikmiş para, tasarruf *savings account* tasarruf hesabı, mevduat hesabı *savings bank* tasarruf bankası *savings bond* tasarruf

bonosu **savings book** tasarruf sandığı cüzdanı **savings deposit** tasarruf mevduatı **savings rate** tasarruf oranı

saviour /'seyvıı/ *a.* kurtarıcı

savoirfaire /sevwa:'feı/ *a.* beceri, maharet, lafını bilme

savor /'seyvı/ *a. e. Aİ. bkz.* savour

savory /'seyvıri/ *s. a. Aİ. bkz.* savoury

savour /'seyvı/ *a.* tat, lezzet, çeşni; koku; ilginçlik ¤ *e.* tadını çıkarmak, hoşlanmak

savourless /'seyvılis/ *s.* tatsız

savoury /'seyvıri/ *s.* (et, peynir, sebze, vb.) çok tatlı olmayan, hoş ¤ *a.* küçük tuzlu yiyecek

savoy /sı'voy/ *a.* bir tür kış lahanası

savvy /'sevi/ *e. arg.* çakmak, çakozlamak, işi uyanmak ¤ *a. kon.* ustalık, beceriklilik

saw /so:/ *a.* testere, bıçkı; atasözü, özdeyiş ¤ *e.* testere ile kesmek, doğramak, biçmek **saw blade** testere ağzı **saw file** testere eğesi, üç köşeli eğe **saw gin** *teks.* testereli çırçır makinesi, saw-gin **saw horse** testere tezgâhı **saw log** kereste kütüğü, kereste tomruğu **saw pit** bıçkı çukuru **saw set** çapraz, testere çaprazı, testere dişleme makinesi

sawdust /'so:dast/ *a.* talaş, testere talaşı, bıçkı tozu

sawmill /'so:mil/ *a.* bıçkı fabrikası, hızarhane, bıçkıevi, kereste fabrikası

sawtooth /'so:tu:t/ *a.* testere dişi

sawyer /'so:yı/ *a.* bıçkıcı

saxifrage /'seksifric/ *a. bitk.* taşkırançiçeği

sax /seks/ *a.* saksofon

saxophone /'seksıfoun/ *a.* saksofon

say /sey/ *e.* demek, söylemek; okumak; varsaymak, farz etmek, tutmak ¤ *a.* söz söyleme/karar verme hakkı/gücü, söz sahibi olma **say no (to)** reddetmek **Say when** (Birine sıvı bir şey koyarken durması için) Sen bana tamam de! **have one's say** söz söyleme fırsatı bulmak, görüşünü dile getirebilmek *it goes without saying* söylemeye gerek yok, gayet açık ki, tabii ki, elbette *that is to say* yani, demek oluyor ki *they say* diyorlar ki *to say nothing of* da cabası, hesaba katmadan *You don't say (so) kon.* Yok ya!, Hadi ya!, Deme

ya!, Hadi canım sen de! *What do you say?* Ne dersin? *You can say that again* Aynen öyle *say it with flowers* mesajını çiçeklerle dile getirmek; mesajını nazikçe dile getirmek

saying /'seying/ *a.* söz, özdeyiş, atasözü

scab /skeb/ *a.* yara kabuğu; *hkr. arg.* greve katılmayan/grevcilerin işini yapan işçi, grev kırıcı

scabbard /'skebıd/ *a.* (kılıç, vb.) kın

scabies /'skeybiz/ *a. hek.* uyuz

scabious /'skeybyıs/ *a.* uyuzotu ¤ *s.* uyuzlu

scaffold /'skefould/ *a.* yapı iskelesi; darağacı

scaffolding /'skefılding/ *a.* yapı iskelesi; yapı iskelesi malzemesi

scagliola /skel'yuılı/ *a.* alçıdan yapılmış mermer taklidi

scalage /'skeylic/ *a.* çekme payı

scalar /'skeylı/ *s.* skaler, sayıl, yönsüz *scalar multiplication mat.* skalerle çarpma, sayılla çarpma, katlama *scalar product mat.* skaler çarpım, sayıl çarpım *scalar quantity* skaler büyüklük, sayıl nicelik

scald /sko:ld/ *e.* haşlamak; kaynar su ya da buharla temizlemek; (süt, vb.) kaynatmak ¤ *a.* haşlanma sonucu oluşan yanık *scalding trough* haşlama teknesi

scale /skeyl/ *a.* terazi gözü, kefe; ölçek; taksimat, bölüntü; ölçü, çap; cetvel; *müz.* gam, skala, ıskala; derece, kademe; balık/yılan vb. pulu; taş, kefeki; tortu ¤ *e.* tırmanmak, çıkmak; tartmak; (belli bir orana göre) artırıp düşürmek, dengelemek *scale buying* toptan satın alma *scale factor biliş.* skala katsayısı, ölçek katsayısı *scale of forces* kuvvetler ölçeği *scale-of-ten elek.* ondalık skala *scale-of-two elek.* ikili skala *scale off* pul pul dökülmek *scale order* ölçek emri *scale removing met.* kabuk giderme, kabuksuzlaştırma

scaled /skeyld/ *s.* pullu; orantılı

scaleless /'skeyllis/ *s.* pulsuz

scalene /'skeyli:n/ *s. mat.* çeşitkenar

scaler /'skeylı/ *a.* kantarcı; kazıyıcı

scales /skeylz/ *a.* tartı, terazi *turn/tip the scales* ağır basmak

scaling /'skeyling/ *a.* pullarını çıkarma; yükselme *scaling circuit* ölçek devresi, ölçekleme devresi *scaling factor* ölçekleme katsayısı

scallion /'skelyın/ *a.* yeşil soğan

scallop /'skolıp/ *a. hayb.* tarak; tarak kabuğu şeklinde oya; *teks.* fisto ¤ *e.* fisto yapmak

scallywag /'skeliweg/ *a.* baş belası, haylaz, yaramaz

scalp /skelp/ *a.* kafa derisi ¤ *e.* kafa derisini yüzmek; *Aİ. kon.* karaborsa bilet satmak

scalpel /'skelpıl/ *a. hek.* küçük bıçak, skalpel, bistüri

scamp /skemp/ *e.* hızla koşmak, kaçmak, seğirtmek

scamper /'skempı/ *e.* koşuşturmak

scampi /'skempi/ *a. İİ.* büyük karides (yemeği)

scan /sken/ *e.* inceden inceye gözden geçirmek, iyice incelemek, süzmek; şöyle bir göz gezdirmek, göz atmak, üstünkörü bakmak; dizeleri duraklara ayırmak

scandal /'skendl/ *a.* skandal, rezalet, kepazelik; kara çalma, iftira, dedikodu

scandalize /'skendılayz/ *e.* rezalet çıkarmak, mahcup etmek

scandalous /'skendılıs/ *s.* rezil, kepaze, lekeleyici, utanılacak

Scandinavian /skendi'nayviın/ *a. s.* İskandinavyalı, İskandinavya'ya ilişkin, İskandinav

scandium /'skendiım/ *a. kim.* skandiyum

scanner /'skenı/ *a.* tarayıcı, skaner

scanning /'skening/ *a.* tarama *scanning beam elek.* tarama huzmesi, tarayıcı demet *scanning coil elek.* tarama bobini *scanning disk elek.* tarama diski *scanning frequency elek.* tarama frekansı *scanning generator elek.* tarama jeneratörü, tarama üreteci *scanning heating fiz.* taramalı ısıtma *scanning line elek.* tarama çizgisi/satırı *scanning linearity elek.* tarama lineerliği, tarama doğrusallığı *scanning period biliş.* tarama periyodu, tarama dönemi *scanning rate elek.* tarama hızı *scanning spot elek.* tarama spotu, tarama noktası, tarayıcı benek

scant /skent/ *s.* az, kıt, zar zor yeten

scantling /'skentling/ *a.* küçük kereste

scanty /'skenti/ *s.* az, yetersiz, kıt

scape /skeyp/ *a.* sütun gövdesi; *bitk.* yapraksız çiçek sapı; *hayb.* duyarga

scapegoat /'skeypgout/ *a.* başkasının suçunu yüklenen kimse, şamar oğlanı, abalı

scapula /'skepyulı/ *a.* kürekkemiği

scar /ska:/ *a.* yara izi ¤ *e.* yara izi bırakmak

scarab /'skerıb/ *a. hayb.* bokböceği

scarce /skeıs/ *s.* nadir, seyrek, az bulunur, kıt *make oneself scarce* sırra kadem basmak *scarce commodity* nadir bulunur mal

scarcely /'skeısli/ *be.* güç bela, anca, zar zor, hemen hemen hiç, pek az

scarcity /'skeısiti/ *a.* azlık, kıtlık *scarcity rent* kıtlık rantı

scare /skeı/ *a.* ani korku, ürkü, panik ¤ *s.* korkutucu, korkunç ¤ *e.* korkutmak; korkmak; (off/away ile) korkutup kaçırmak *scare sb stiff* ödünü patlatmak *scare the living daylights out of* duman attırmak

scarecrow /'skeıkrou/ *a.* bostan korkuluğu

scared /skeıd/ *s.* korkan, korkmuş

scarf /ska:f/ *a.* eşarp, atkı, kaşkol

scarfing /'ska:fing/ *a. met.* kusur yakma

scarification /skeyrifi'keyşın/ *a.* deriyi kazıma

scarifier /'skerifayı/ *a.* tırmık, kazıcı

scarify /'skerifay/ *e.* kazımak, kazıyıp kanatmak; (toprağı) taramak

scarlatina /ska:lı'ti:nı/ *a. hek.* kızıl

scarlet /'ska:lit/ *a. s.* al, kırmızı *scarlet fever hek.* kızıl *scarlet woman ört.* orospu, yosma

scarp /ska:p/ *a.* uçurum

scarped /ska:pt/ *s.* dik, sarp

scary /'skeıri/ *s. kon.* korkutucu, ürkütücü, korkunç

scatheless /'skeydlis/ *s.* zararsız

scathing /'skeyding/ *s.* sert, kırıcı

scatter /'sketı/ *e.* saçmak, serpmek, dağıtmak ¤ *a.* saçma, dağıtma *scatter diagram* saçılım diyagramı, saçılım çiziti *scatter read biliş.* yayarak okuma, dağıtarak okuma *scatter to the winds* çarçur etmek

scatterbrain /'sketıbreyn/ *a. kon.* unutkan, dağınık kafalı kimse

scattered /'sketıd/ *s.* dağınık, yayılmış

scattering /'sketıring/ *a.* saçma, serpme; *fiz.* saçılma, saçılım *scattering amplitude fiz.* saçılım genliği *scattering angle fiz.* saçılma açısı, saçılım açısı *scattering cross-section fiz.* saçılım ara kesidi

scatty /'sketi/ *s. İİ. kon.* hafif kaçık, üşütük; düşünmeden hareket eden, dikkatsiz, unutkan

scavenge /'skevinc/ *e.* çöp karıştırmak, işe yarayacak şeyler aramak/bulmak; (hayvan) leş yemek *scavenge pump* emiş pompası

scavenger /'skevincı/ *a.* leş yiyen hayvan; çöp karıştıran kimse

scavenging /'skevincing/ *a. oto.* çürük gaz çıkarılması *scavenging port* silindir temizleme havası deliği *scavenging pump* silindir temizleme hava pompası *scavenging stroke* egzoz zamanı

scenario /si'na:riou/ *a.* senaryo

scenarist /'si:nırist/ *a.* senarist

scene /si:n/ *a.* sahne; olay yeri; sahne, tablo; dekor, mizansen; görünüm, manzara; *kon.* olay, rezalet, patırtı; olay, heyecan *behind the scenes* perde arkasından, gizlice *make a scene* olay/rezalet çıkarmak *make/create a scene* olay çıkarmak, rezalet çıkarmak *set the scene* -e sahne hazırlamak *steal the scene kon.* dikkati başka tarafa çekmek

scenery /'si:nıri/ *a.* görünüm, manzara; sahne dekoru

scenic /'si:nik/ *s.* doğal manzaralı

scenographic /si:nı'grefik/ *s.* perspektif

scent /sent/ *e.* kokusunu almak, koklayarak izini aramak; kokusunu almak, sezmek, -den kuşkulanmak; koku ile doldurmak ¤ *a.* güzel koku; av kokusu; *İİ.* parfüm; (hayvan) koku alma gücü; *sezi on the scent (of)* izi üstünde, -i keşfetmek üzere

scented /'sentid/ *s.* kokulu

scentless /'sentlis/ *s.* kokusuz

scepter /'septı/ *a. Aİ. bkz.* sceptre

sceptic /'skeptik/ *a.* kuşkucu, şüpheci kimse, septik

sceptical /'skeptikıl/ *s. fel.* kuşkuculuğa ilişkin, septik; kuşkucu, şüpheci, kuşkulu

scepticism /'skeptisizım/ *a. fel.* kuşkuculuk, şüphecilik

sceptre /'septı/ *a.* hükümdar asası

schappe silk /'şepı silk/ *a. teks.* kamçıbaşı, şap ipeği, floret ipeği *schappe silk yarn teks.* şap ipliği

schedule /'şedyu:l/ *a.* program; liste, cetvel, çizelge; *Aİ.* (tren, otobüs, vb.) tarife; fiyat listesi ¤ *e.* tasarlamak, planlamak, ileri bir tarih için gününü/saatini saptamak; listeye kaydetmek; tarifesini yapmak *on schedule* planlanan saatte, beklenen saatte

scheduled /'şedyu:ld, 'skecu:ld/ *s.* tarifeli, tarifeye göre hareket eden *scheduled departure* saatinde hareket *scheduled flight* tarifeli uçuş *scheduled maintenance* programlı bakım

schema /'ski:mı/ *a.* (ç. "-mata") şema *schema language biliş.* veri tabanı tanımlama dili, şema dili

schematic /ski:'metik/ *s.* şematik, sistemli *schematic diagram* şematik diyagram, çizemsel çizenek

scheme /ski:m/ *a.* entrika, dolap, dalavere; plan, proje, tasarı ¤ *e.* entrika düzenlemek, dalavere yapmak, dolap çevirmek; tasarlamak, plan kurmak, düzenlemek

schism /'sizım, 'skizım/ *a.* bölünme, bölüntü, hizip, hizipleşme

schist /şist/ *a. yerb.* şist, yaprakkayaç, yapraktaş

schistosity /şi'stositi/ *a. yerb.* yapraklanma, şistiyet

schizo /'skitsou/ *a. kon. hkr.* tuhaf davranışlı ve saldırgan kişi, hıyar

schizoid /'skitsoyd/ *s. ruhb.* şizoid, içe kapanık

schizophrenia /skitsou'fri:niı, skitsı'fri:niı/ *a. ruhb.* şizofreni

schizophrenic /skitsou'frenik/ *a. s. ruhb.* şizofrenili, şizofren

schlep /şlep/ *e.* çekmek, sürüklemek

schmaltz /şmo:lts/ *a.* aşırı duygusallık

schmaltzy /'şmaltsi/ *s.* aşırı duygusal

schnapps /şneps/ *a.* şneps

schnitzel /'şnitsıl/ *a.* şnitzel, dana kotlet

scholar /'skolı/ *a.* çok bilgili kimse, bilgin; burslu öğrenci; *kon.* tahsilli kimse
scholarly /'skolıli/ *s.* bilgili
scholarship /'skolışip/ *a.* derin bilgi, bilginlik; ciddi çalışma; burs
scholastic /skı'lestik/ *s.* okullara ve öğretime ilişkin; *fel.* skolastik; kılı kırk yaran
school /sku:l/ *a.* okul; ekol; fakülte; *Aİ.* üniversite; balık sürüsü ¤ *e.* öğretmek, yetiştirmek, eğitmek **school report** karne **school tuition** okul parası
schoolbook /'sku:lbuk/ *a.* ders kitabı
schoolboy /'sku:lboy/ *a.* erkek öğrenci
schoolchild /'sku:lçayld/ *a.* öğrenci, okullu
schoolfellow /'sku:lfelou/ *a.* okul arkadaşı
schoolgirl /'sku:lgö:l/ *a.* kız öğrenci
schooling /'sku:ling/ *a.* eğitim, öğretim
schoolmaster /'sku:lma:stı/ *a. İİ.* erkek öğretmen
schoolmate /'sku:lmeyt/ *a.* okul arkadaşı
schoolmistress /'sku:lmistris/ *a. İİ.* bayan öğretmen
schoolwork /'sku:lwö:k/ *a.* dersler, okul çalışmaları
schooner /'sku:nı/ *a.* iki direkli yelkenli, uskuna; uzun içki bardağı
schreinerize /'şraynırayz/ *e. teks.* ipek efekti vermek
sciatica /say'etikı/ *a. hek.* siyatik
science /'sayıns/ *a.* bilim, ilim; bilgi **science fiction** bilimkurgu **science of translation** çeviri bilimi, çeviribilim
scienter /say'entı/ *be.* bilerek
scientific /sayın'tifik/ *s.* bilimsel **scientific computing** *biliş.* bilimsel bilgi işlem **scientific data processing** *biliş.* bilimsel bilgi işlem **scientific language** bilim dili **scientific management** bilimsel yönetim, bilimsel işletmecilik **scientific method** bilimsel yöntem **scientific notation** bilimsel notasyon, bilimsel gösterim **scientific paper** bilimsel yayın **scientific research** bilimsel araştırma
scientist /'sayıntist/ *a.* bilgin, bilim adamı
sci-fi /say'fay/ *a. kon.* bilimkurgu
scintillate /'sintileyt/ *e.* titreşerek parıldamak, kıvılcım saçmak, ışıldamak
scintillation /sinti'leyşın/ *a.* parıldama, ışıldama, sintilasyon **scintillation counter** *fiz.* sintilasyon sayacı, kırpışım sayacı **scintillation spectrometer** *fiz.* sintilasyon spektrometresi, kırpışım izgeölçeri
scintillator /'sintileytı/ *a. fiz.* sintilatör
scion /'sayın/ *a. trm.* aşılık filiz, ağaç piçi
scission /'sişın/ *a.* kesme, yarma
scissor /'sizı/ *e.* makasla kesmek
scissors /'sizız/ *a.* makas **a pair of scissors** makas
scissure /'sizı/ *a.* yarık
sclera /'skliırı/ *a.* gözakı
sclerosis /sklii'rousis/ *a.* doku sertleşmesi
sclerous /'skliırıs/ *s.* katı, sert
scoff /skof/ *e.* (at ile) ile alay etmek, gülmek; *kon.* hapur hupur yemek
scoffer /'skofı/ *a.* alaycı
scold /skould/ *e.* azarlamak, paylamak, haşlamak
scolding /'skoulding/ *a.* azar, paylama
scollop /'skolıp/ *a. bkz.* scallop
sconce /skons/ *a.* aplik, duvar şamdanı; bingi
scone /skon, skoun/ *a.* bir tür yağlı çörek
scoop /sku:p/ *a.* kepçe; kaşık biçiminde cerrah aleti; (gazetecilikte) haber atlatma; *kon.* vurgun, büyük kazanç ¤ *e.* kepçeyle çıkarmak; (gazetecilikte) haber atlatmak **scoop wheel** kepçeli çark
scoot /sku:t/ *e. kon.* hızla koşmak, tabanları yağlamak
scooter /'sku:tı/ *a.* küçük motosiklet, skuter; trotinet
scope /skoup/ *a.* anlama yeteneği, kavrama gücü; hareket serbestliği, fırsat, olanak; faaliyet alanı, alan, saha, konu; osiloskop; mikroskop; teleskop **scope of authority** yetki alanı
scorbutic /sko:'byu:tik/ *a.* iskorbüt hastalığı ¤ *s.* iskorbüt hastalığı ile ilgili
scorch /sko:ç/ *e.* (güneş, vb.) yakmak, kavurmak, kurutmak; alazlamak, hafifçe yakmak, kavurmak, ateşe tutmak; *kon.* (otomobil, vb.) çok hızlı gitmek, uçmak
scorcher /'sko:çı/ *a. kon.* çok sıcak gün, cehennem
scorching /'sko:çing/ *s.* yakıcı, kavurucu
score /sko:/ *a.* çizgi, kertik, çentik, işaret; sıyrık; sayı, puan, skor; neden, sebep;

hınç, hesap, kuyruk acısı; *müz.* partisyon; hesap; *kon.* günün olayları, aktüalite; yirmi sayısı ¤ *e.* (sayı, puan) kazanmak, almak; (gol) atmak; skoru kaydetmek; çentmek; (başarı, zafer, ödül, vb.) kazanmak, elde etmek; (of/against/over ile) sözlerle atışmak; *arg.* sikişmek *know the score kon.* işi bilmek, işten anlamak *on that score* o konu üzerinde *score off kon.* morartmak, bozmak, ağzının payını vermek *scores of people* sürüyle insan

scoreboard /'sko:bo:d/ *a.* puan tahtası, skorbord

scoreless /'skolis/ *s.* berabere

scorer /'sko:rı/ *a. sp.* golcü, oyuncu, skorer; puanları kaydeden kimse

scoria /'sko:riı/ *a. met.* cüruf, dışık

scorn /sko:n/ *a.* tepeden bakma, hor görme, küçümseme ¤ *e.* hor görmek, tepeden bakmak, küçümsemek; tenezzül etmemek, reddetmek

scornful /'sko:nfıl/ *s.* hor gören, küçümseyen

Scorpio /'sko:piou/ *a.* Akrep Burcu

scorpion /'sko:pıın/ *a. hayb.* akrep

scot-free /skot'fri:/ *s. kon.* cezalanmadan, zarar görmeden *get off scot-free* kılına bile dokunulmamak

Scotch /'skoç/ *s.* İskoçya'ya ilişkin, İskoç ¤ *a.* iskoç lehçesi; Skoç viski *Scotch mist metr.* yoğun sis ve çisenti *Scotch pine orm.* sarıçam *scotch tape Aİ.* seloteyp, selobant *Scotch terrier* İskoç teriye *Scotch tweed* İskoç tüvidi

scotch /skoç/ *e.* sonlandırmak, bitirmek, son vermek

scotia /'skouşı/ *a.* oluk, taban oluğu

Scotland Yard /skotlınd'ya:d/ *a.* Londra Emniyet Teşkilatı

scoundrel /'skaundrıl/ *a.* alçak, kötü adam, hergele

scoundrelly /'skaundrıli/ *s.* alçak, adi

scour /skauı/ *e.* baştan başa dolaşmak, her tarafı dolaşarak karış karış taramak; (down/out/off ile) ovarak temizlemek, sürterek kazımak; (out ile) (su) aşındırmak; yıkamak, yağını gidermek; dekape etmek *scouring apparatus* yıkama makinesi *scouring boiler teks.* pişirme kazanı *scouring*

liquor teks. pişirme çözeltisi *scouring loss teks.* pişirme kaybı

scourge /skö:c/ *a.* kırbaç, kamçı; bela, musibet, afet, felaket, dert ¤ *e.* kamçılamak, kırbaçlamak; cezalandırmak; büyük zarar vermek, felaket getirmek, acı çektirmek

Scouse /skaus/ *a.* Liverpoollu; Liverpool İngilizcesi

scout /skaut/ *a.* keşif eri, öncü, gözcü; izci; ufak tiyatroları/oyunları izleyerek yetenekli yıldız adayları arayan kimse, yıldız avcısı; keşif uçağı ya da gemisi; keşif, gözcülük ¤ *e.* keşfe çıkmak, keşif için dolaşmak, arayışına çıkmak, aramak *scout plane ask.* keşif uçağı

scoutmaster /'skautma:stı/ *a.* oymak beyi, izcibaşı

scow /skau/ *a.* salapurya, mavna

scowl /skaul/ *e.* kaşlarını çatmak, tehditkâr bir şekilde bakmak ¤ *a.* kaş çatma

scowling /'skouling/ *s.* kaş çatan

Scrabble /'skrebıl/ *a.* bir tür sözcük türetme oyunu

scrabble /'skrebıl/ *e. kon.* (about ile) eşeleyip aramak; kargacık burgacık yazmak, çiziktirmek, karalamak

scragginess /'skreginis/ *s.* zayıflık, sıskalık

scraggy /'skregi/ *s.* sıska, bir deri bir kemik

scram /skrem/ *e. arg.* siktir olup gitmek, basıp gitmek, tüymek

scramble /'skrembıl/ *e.* çabucak tırmanmak ya da ilerlemek; dalaşmak, çekişmek, kapışmak, itişip kakışmak; karıştırmak, sırasını bozmak; yumurtanın akıyla sarısını karıştırarak pişirmek ¤ *a.* tırmanma, ilerleme; kapışma, dalaşma, çekişme, itişip kakışma

scrap /skrep/ *a.* ufak parça, kırıntı; döküntü, ıskarta, kırık dökük eşya, artık; *kon.* atışma, kapışma, şamata, dalaş ¤ *e.* ıskartaya çıkarmak, atmak; *kon.* kapışmak, dalaşmak *scraps* yemek artıkları *scrap heap* döküntü yığını *scrap iron* hurda demir *scrap metal* hurda maden

scrapbook /'skrepbuk/ *a.* resim veya gazete kupürü yapıştırılan defter

scrape /skreyp/ *e.* kazımak, kazıyarak

çıkartmak, temizlemek; sıyırmak, sıyırtmak; sıyırıp geçmek, sürtmek; sürtünmek, hafifçe dokunmak; zar zor geçinmek, kıt kanaat geçinmek, güç bela idare etmek; zar zor başarmak, kıl payı kurtarmak ¤ *a.* kazıma; sürtme; sıyrık, çizik; gıcırtı; *kon.* çıkmaz, varta, güç durum, bela *get into scrapes* başı belaya girmek *get out of a scrape* yakasını kurtarmak *scrape the bottom of the barrel* bir şeyin gözünü çıkarmak *We're in a nice scrape!* Ayıkla pirincin taşını!

scraper /'skreypı/ *a.* raspa, sistire, rakle, sıyırıcı; greyder *scraper conveyor* skreyper konveyörü, kürer taşıyıcı *scraper loader mad.* kazar yükleyici *scraper ring* yağ sıyırma segmanı, silici halka, kazıyıcı halka

scraping /'skreyping/ *a.* kazıma, raspalama; sıyırma; kazıntı, sıyrıntı; döküntü, çöp *scraping knife teks.* rakle bıçağı, sıyırma bıçağı

scrapper /'srepı/ *a.* kavgacı kimse

scrappy /'skrepi/ *s.* kavgacı

scratch /skreç/ *e.* tırmalamak; çizmek; kaşımak; eşelemek, kurcalamak; (listeden) çıkarmak ¤ *a.* tırmık, çizik, sıyrık; cızırtı, çıtırtı; kaşıma; derme çatma hazırlanmış şey *scratch sb's back* birine yağ çekmek *from scratch kon.* sıfırdan başlayarak *scratch cassette biliş.* yaz-boz kaseti *scratch coat inş.* birinci sıva, kaba sıva *scratch control biliş.* yaz-boz denetimi *scratch filter* parazit süzgeci, hışırtı süzgeci *scratch hardness* kazıma sertliği, çizinti sertliği *scratch tape biliş.* karalama bandı, yaz-boz bandı *scratch-pad memory biliş.* karalama belleği, hızlı işlem belleği *start from scratch* sıfırdan başlamak *up to scratch kon.* kaliteli, iyi

scratchy /'skreçi/ *s.* (plak, kayıt, vb.) cızırtılı

scrawl /skro:l/ *e.* kargacık burgacık yazmak, çiziktirmek, karalamak

scrawny /'skro:ni/ *s. hkr.* bir deri bir kemik, sıska

scray /skrey/ *a.* deniz kırlangıcı

scream /skri:m/ *a.* bağırış, çığlık, feryat; *kon.* komik kimse/şey, komedi ¤ *e.* bağırmak, çığlık atmak, feryat etmek

screamer /'skri:mı/ *a.* çığlık atan kimse; manşet

scree /skri:/ *a.* dağ eteğindeki taş/çakıl yığını, döküntü, kayşat *scree cone yerb.* döküntü konisi

screech /skri:ç/ *a.* acı bağırış, keskin çığlık, feryat; gıcırtı, ani fren sesi

screed /skri:d/ *a.* uzun ve sıkıcı konuşma, nutuk; uzun mektup, destan, name; uzun liste; *tek.* şap

screen /skri:n/ *a.* perde, kafes, paravana, bölme, tahta perde; elek, kalbur; beyazperde; sinema endüstrisi, sinema; (televizyon, vb.) ekran ¤ *e.* elemek, sınamadan geçirmek; (from ile) korumak; saklamak, gizlemek, perdelemek; (film) göstermek, oynatmak, gösterime sokmak *screen addressing biliş.* ekran adresleme *screen brightness* ekran parlaklığı *screen burning elek.* ekran yanması *screen cloth* elek bezi *screen credits* jenerik *screen factor elek.* ekran faktörü, ızgara katsayısı *screen format biliş.* ekran formatı *screen grid* ekran ızgarası *screen luminance* ekran parlaklığı *screen mode biliş.* ekran modu *screen modulation elek.* ekran modülasyonu *screen printing* serigrafi, film baskısı, şablon baskısı *screen time sin.* projeksiyon süresi, gösterim süresi *screen varnish* şablon lakı *screened wiring* blendajlı tesisat

screening /'skri:ning/ *a.* eleme; bölme, ayırma *screening constant elek.* perdeleme sabiti *screening plant* eleme tesisi *screening smoke ask.* gizleme sisi, perdeleme sisi

screenplay /'skri:npley/ *a.* senaryo

screw /skru:/ *a.* vida; pervane, uskur; kâğıt külah; *İİ. arg.* maaş, ücret; *arg.* gardiyan; *İİ. kon.* yaşlı, zayıf at; *İİ. kon.* cimri, pinti; *İİ.* kâğıt rulosu; *arg.* sikiş; *arg.* yatak arkadaşı ¤ *e.* vidalamak; çevirmek, burmak, çevirerek sıkıştırmak; vida gibi dönmek, sıkışmak; (out of ile) zorla almak, yolmak, sövüşlemek; *arg.* kazıklamak, dolandırmak; *kab. arg.* sikişmek; *kab. arg.* sikmek *have a screw loose kon.* bir tahtası eksik olmak *have one's head screwed on (right)* aklını başına toplamak, mantıklı hareket etmek *screw around/off arg.* vakit öldürmek, aylaklık etmek *screw blade* pervane kanadı *screw bolt* vidalı cıvata *screw connection* vida bağlantısı *screw conveyor* helezoni konveyör, sarmal taşıyıcı *screw coupling* vidalı kavrama *screw cutting* yiv açma *screw-cutting lathe* cıvata tornası *screw die* pafta lokması *screw down* vidalamak, vidayla sıkıştırmak; fiyat düşürmek *screw head* vida başı *screw hook* vidalı kanca *screw in* vidalamak, çevirerek sokmak *screw jack* vidalı kriko *screw machine* vida makinesi *screw micrometer* vidalı mikrometre *screw money out of sb* birinden domuzdan kıl çeker gibi para koparmak *screw nut* cıvata somunu *screw on* vidalamak *screw pile* vidalı kazık *screw pitch* vida hatvesi, vida adımı, diş adımı *screw pitch gauge* vida hatvesi mastarı, vida adımı ölçme mastarı *screw plate* pafta, vida lokması *screw press* vidalı pres, vidalı cendere *screw propeller* uskur, pervane *screw socket* vida yuvası, vida duyu *screw spanner* vida anahtarı *screw surface* vida yüzü, helezon yüzü *screw tap* vida kılavuzu *screw thread* vida dişi *screw together* vida ile birleştirmek *screw up* fiyat yükseltmek; *arg.* içine sıçmak, sıçıp batırmak, bok etmek *screw up one's courage* cesaretini toplamak *screw wrench* İngiliz anahtarı *Screw you!* Siktir! *screwing machine* vida makinesi, vida torna tezgâhı

screwball /'skru:bo:l/ *a.* kafadan kontak kimse

screwdriver /'skru:drayvı/ *a.* tornavida

screwed /skru:d/ *s.* vidalanmış; yivli; eğri büğrü; sarhoş, kafası iyi *screwed connection/joint* vidalı rakor

screwy /'skru:i/ *s. kon.* kaçık, çatlak, üşütük; tuhaf, cins

scribble /'skribıl/ *e.* karalamak, çiziktirmek; çalakalem yazıvermek ¤ *a.* karalama, çiziktirme

scribe /skrayb/ *a.* yazıcı ¤ *e.* çizmek, işaretlemek

scriber /'skraybı/ *a.* çizecek, işaretleme aleti

scrim /skrim/ *a.* ince dokunmuş kumaş

scrimmage /'skrimic/ *a.* itiş kakış, kavga, didişme, kör döğüşü ¤ *e.* itişip kakışmak, döğüşmek

scrimp /skrimp/ *e.* dişinden tırnağından artırıp (para) biriktirmek; -den tasarruf etmek, idareli kullanmak

scrip /skrip/ *a.* geçici senet *scrip certificate* geçici sertifika *scrip issue* bedelsiz hisse senedi

script /skript/ *a.* el yazısı; alfabe, abece; senaryo; geçici senet

scriptural /'skripçırıl/ *s.* yazı ile ilgili

scripture /'skripçı/ *a.* Kutsal Kitap

scriptwriter /'skriptraytı/ *a.* senaryo/oyun yazarı

scrivener /'skrivnı/ *a.* arzuhalci *scrivener's error* daktilo hatası

scroll /skroul/ *a.* uzun ve kıvrımlı kâğıt belge; *mim.* bezeme kıvrımı ¤ *e. biliş.* (ekranda) görüntü kaydırmak *scroll saw* oyma testeresi

scrooge /skru:c/ *a. kon. hkr.* cimri, pinti, paragöz

scrotum /'skroutım/ *a.* skrotum, testis torbası

scrounge /skraunc/ *e.* (off ile) otlanmak, çalışmadan/para vermeden almak; çalmak, aşırmak

scrub /skrab/ *a. bitk.* bodur çalılık, fundalık ¤ *e.* fırçalamak, ovalamak, fırçalayarak ya da ovalayarak temizlemek; iptal etmek *scrub the slate clean* geçmişe sünger çekmek

scrubby /'skrabi/ *s.* çalılık, fundalık, çalılarla kaplı; *kon. hkr.* önemsiz, ufak, küçük; pis, pasaklı, dağınık

scruff /skraf/ *a. İİ. kon.* pis, pasaklı kimse *the scruff of the neck* ense

scruffy /'skrafi/ *s.* pis, kirli, leş gibi, dağınık

scrumptious /'skrampşıs/ *s. kon.* nefis, leziz, enfes

scrunch /skranç/ *e.* çatırdamak; çatırdatmak

scruple /'skru:pıl/ *a.* vicdan; bilinç ¤ *e.* vicdanı el vermemek; kaçınmak

scrupulous /'skru:pyulıs/ *s.* vicdanının sesini dinleyen, vicdanlı, adil; dikkatli, titiz

scrutineer /skru:ti'niı/ *a.* oy sayım memuru

scrutinize /'skru:tinayz/ *e.* dikkatle

bakmak, incelemek, dikkatle gözden geçirmek, ince eleyip sık dokumak

scrutiny /'skru:tini/ *a.* dikkatli inceleme, araştırma

scuba /'skyu:bı/ *a.* oksijen tüplü dalma aygıtı

scud /skad/ *e.* hızla geçip gitmek; *den.* rüzgârın önüne düşüp gitmek ¤ *a.* rüzgârla sürüklenen bulut kümesi; ani rüzgâr

scuff /skaf/ *e.* sürtmek, çizmek

scuffle /'skafıl/ *a.* itişme, çekişme, kavga ¤ *e.* itişip kakışmak

scull /skal/ *a.* tek kürek; tek kürekle yürütülen tek kişilik küçük sandal ¤ *e.* kürekle küçük sandal sürmek, boyna etmek, kürek çekmek

sculler /'skalı/ *a.* boynacı

scullery /'skalıri/ *a.* bulaşıkhane

scullion /'skalyın/ *a.* bulaşıkçı

sculptor /'skalptı/ *a.* yontucu, heykeltıraş

sculpture /'skalpçı/ *a.* yontuculuk, heykeltıraşlık, heykel sanatı; yontu, heykel ¤ *e.* yontusunu yapmak, oymak

scum /skam/ *a.* kir tabakası; köpük, cüruf; ayaktakımı, serseriler güruhu ¤ *e.* köpüklenmek; köpüğünü almak *scum of the earth* ayak takımı

scumble /'skambıl/ *e.* resmi donuklaştırmak

scupper /'skapı/ *e.* İİ. *kon.* mahvetmek, içine etmek; (gemi, vb.) kasten batırmak ¤ *a. den.* frengi deliği, su akıtma deliği

scurf /skö:f/ *a.* kepek, ölü deri

scurfy /'skö:fi/ *a.* kepekli

scurrility /ska'rilıti/ *a.* küfürbazlık

scurrilous /'skarilıs/ *s.* küfürlü, sövgülü, kaba, kötüleyici; küfürbaz, ağzı bozuk

scurry /'skari/ *e.* acele etmek, seğirtmek

scurvy /'skö:vi/ *a. hek.* iskorbüt ¤ *s.* adi, alçak, iğrenç, şerefsiz

scutch /skaç/ *e.* (keten) ditmek, atmak, döverek temizlemek

scutcher /'skaçı/ *a. teks.* ditme makinesi, lifleme makinesi

scuttle /'skatıl/ *e.* sıvışmak, tüymek, seğirtmek; (gemi) batırmak ¤ *a.* kömür kovası; *den.* lumbar ağzı, lumbuz; çatı kapağı, pencere kapağı

scythe /sayd/ *a.* tırpan ¤ *e.* (down/off ile) tırpanlamak

sea /si:/ *a.* deniz, derya; okyanus; *den.* dalga; büyük dalga *at sea kon.* -den anlamaz, çakmaz, kafası karışmış, şaşkın *by sea* deniz yoluyla *sea anchor den.* deniz demiri *sea breeze metr.* deniz meltemi *sea cave yerb.* dalga oyuğu, kıyı ini *sea cell* deniz pili *sea change* ani ve köklü değişiklik *sea coast* deniz kıyısı, sahil *sea cock den.* deniz valfı, deniz musluğu *sea cucumber* denizhıyarı *sea dog* deniz kurdu *sea fog metr.* deniz sisi *sea level* deniz seviyesi *sea lily* denizlalesi *sea lion hayb.* denizaslanı *sea mark den.* deniz işareti *sea mile* deniz mili (1852 m) *sea power* deniz gücü *sea salt* deniz tuzu *sea urchin hayb.* denizkestanesi *sea water* deniz suyu, tuzlu su

seabed /'si:bed/ *a.* deniz dibi

seaboard /'si:bo:d/ *a.* (ülkenin) sahil kesimi, kıyı, kıyı bölgesi

seaborne /'si:bo:n/ *s.* denizden gönderilen, denizden taşınan

seafarer /'si:feırı/ *a.* gemici

seafaring /'si:feıring/ *s.* denizcilikle uğraşan *seafaring man* gemici, denizci *seafaring nation* denizci ulus

seafood /'si:fu:d/ *a.* yenilebilen deniz ürünü

seafront /'si:frant/ *a.* bir kentin deniz kıyısından bulunan bölümü, sahil, kıyı

seagirt /'si:gö:t/ *s.* deniz tarafından çevrilmiş, denizle çevrili

seagoing /'si:gouing/ *s.* açık denize çıkmaya elverişli

seagull /'si:gal/ *a. hayb.* martı

seahorse /'si:ho:s/ *a. hayb.* denizatı

seal /si:l/ *a. hayb.* fok, ayıbalığı; damga, mühür; teminat, garanti; conta ¤ *e.* mühürlemek; mühür basmak, damgalamak; kesinleştirmek, karara bağlamak *seal housing* keçe yuvası *seal in* içeri kapatmak, içerde tutmak, mahsur bırakmak *seal off* girişi çıkışı engellemek *seal sb's fate* mahvını kesinleştirmek

sealed /si:ld/ *s.* mühürlenmiş; deliksiz, tecritli *sealed beam headlight oto.* grup far, kapalı far *sealed tube elek.* sızdırmaz tüp

sealegs /'si:legz/ *a. kon.* denize alışkınlık *get/find one's sealegs* deniz tutmamak

sealer /'si:lı/ *a.* fok avcısı; mühürleyen kimse

sealery /'si:lıri/ *a.* fok avcılığı

sealing /'si:ling/ *a.* damgalama; mühürleme; conta *sealing coat* örtme tabakası *sealing material* mühürleme malzemesi, tıkama malzemesi *sealing ring* keçe bileziği *sealing washer* keçe vazifesi gören rondela *sealing wax* mühür mumu

sealskin /'si:lskin/ *a. teks.* fok derisi, fok kürkü

seam /si:m/ *a.* dikiş yeri, dikiş; bağlantı yeri, ek yeri; yara izi, kırışıklık; *yerb.* katman, tabaka, damar; *den.* armuz ¤ *e.* dikmek *come apart at the seams* iler tutar yeri kalmamak *seam weld(ing)* dikiş kaynağı

seaman /'si:mın/ *a.* denizci, gemici, tayfa

seamanship /'si:mınşip/ *a.* denizcilik, gemicilik

seamless /'si:mlıs/ *s.* dikişsiz; kaynaksız, lehimsiz *seamless drawn* dikişsiz çekilmiş

seamstress /'semstrıs/ *a.* dikişçi kadın, kadın terzi

seamy /'si:mi/ *s.* kötü, çirkin

séance /'seya:ns/ *a.* ruh çağırma toplantısı

seaplane /'si:pleyn/ *a.* deniz uçağı

seaport /'si:po:t/ *a.* liman kenti

sear /sıı/ *s.* kurumuş, sararmış ¤ *e.* yakmak, kavurmak, dağlamak; (etin dış tarafını) kızartmak

search /sö:ç/ *e.* aramak, araştırmak; araştırmak, arama tarama yapmak; üstünü aramak; yoklamak, bakmak, dikkatle incelemek ¤ *a.* arama, araştırma; yoklama, bakma *in search of* -in arayışı içinde *search cycle biliş.* arama çevrimi, arama döngüsü *search key biliş.* arama anahtarı *search party* arama ekibi *search radar* arama radarı *search time biliş.* arama zamanı

searcher /'sö:çı/ *a.* araştıran kişi; sonda

searching /'sö:çing/ *s.* araştırıcı, inceden inceye araştıran, sıkı, meraklı; keskin, içe işleyen, nüfuz eden *searching storage biliş.* çağrışımsal bellek

searchlight /'sö:çlayt/ *a.* ışıldak, projektör

seashell /'si:şel/ *a. hayb.* deniz hayvanı kabuğu

seashore /'si:şo:/ *a.* deniz kıyısı, sahil

seasick /'si:sik/ *s.* deniz tutmuş

seaside /'si:sayd/ *a. İİ.* deniz kıyısı, sahil *seaside resort* deniz kıyısında sayfiye yeri

season /'si:zın/ *a.* mevsim; süre, zaman, vakit; uygun zaman; dönem, devre, sezon ¤ *e.* (with ile) yemeğe baharat koymak, çeşnilendirmek; yumuşatmak, şiddetini azaltmak; (odun) iyice kurutmak; (odun) kurumak; alıştırmak, deneyim kazandırmak, eğitmek

seasonable /'si:zınıbıl/ *s.* mevsime uygun; yerinde, zamanında gelen

seasonal /'si:zınıl/ *s.* mevsimlik *seasonal loan* mevsimlik kredi, çevirme kredisi *seasonal trade* sezonluk ticaret *seasonal work* mevsimlik iş *seasonal worker* mevsimlik işçi

seasoned /'si:zınd/ *s.* (alanında) deneyimli, eğitilmiş

seasoning /'si:zıning/ *a.* baharat, çeşni, yemeğe tat katan şey

seat /si:t/ *a.* oturacak yer, iskemle, koltuk; koltuk, mevki; yer, merkez; ata oturuş biçimi; yuva ¤ *e.* oturtmak; yerleştirmek; ... kişilik oturma kapasitesi olmak *have a seat* lütfen oturun, buyrun oturun *seat adjustment oto.* koltuk ayarı *seat belt* emniyet kemeri *seat pillar* (bisiklet) sele mesnedi *seat tube* (bisiklet) sele borusu *take a seat* lütfen oturun, buyrun oturun

seating /'si:ting/ *a.* oturacak yer

seawall /si:'wo:l/ *a. coğ.* sedde

seaward /'si:wıd/ *s.* denize doğru giden

seawards /'si:wıdz/ *be.* denize doğru

seawater /'si:wo:tı/ *a.* deniz suyu *seawater fastness teks.* deniz suyu haslığı

seaway /'si:wey/ *a.* deniz trafiği, rota; (büyük gemilerin yüzmesine elverişli) kanal, ırmak, su yolu

seaweed /'si:wi:d/ *a.* deniz yosunu

seaworthiness /'si:wö:dinıs/ *a.* denize elverişlilik

seaworthy /'si:wö:di/ *s.* (gemi) denize dayanıklı, yola çıkabilir, seyre elverişli

sebaceous /si'beyşıs/ *s.* yağlı

sebacic acid /si'besik 'esid/ *a. kim.* sebasik asit

sec /sek/ *s.* (şarap) sek

secant /'si:kınt/ *a. mat.* sekant, kesen, kesenlik

sécatuers /'sekıtız/ *a. trm.* budama makası

secede /si'si:d/ *e.* üyelikten çekilmek, ayrılmak

secession /si'seşın/ *a.* üyelikten çekilme, ayrılma

secessionist /si'seşınist/ *a.* ayrılma yanlısı

seclude /si'klu:d/ *e.* inzivaya çekmek, başkalarından uzak tutmak

secluded /si'klu:did/ *s.* münzevi; içerlek, ıssız, tenha, gözden uzak

seclusion /si'klu:jın/ *a.* inziva, bir köşeye çekilip yaşama

second /'sekınd/ *s.* ikinci; ikinci derecede; diğer, öteki, öbür ¤ *a.* saniye; an, kısa süre; yardımcı, muavin; (düello) tanık; ikinci vites ¤ *e.* yardım etmek, bir öneriyi desteklemek; /si'kond/ geçici olarak başka bir göreve getirmek *be second to none* kimseden aşağı kalmamak *on second thoughts* yeniden düşündüm ki *second articulation* ikinci seslendirme, ikinci eklemleme *second channel elek.* ikinci kanal *second childhood* bunaklık, ikinci çocukluk *second class* ikinci sınıf posta; (tren, vb.) ikinci mevki *second derivative mat.* ikinci türev *second mortgage* ikinci derece ipotek *second nature* huy, tabiat, alışkanlık *second thoughts* fikir değişikliği *second of exchange* poliçenin ikinci nüshası *second product şek.* son şeker *second quality* ikinci kalite *second rate* ikinci sınıf *second raw sugar* ham şeker son ürünü *second sight* ileriyi görme gücü, altıncı his *second sound fiz.* ikinci ses *seconds counter* kronometre

secondariness /'sekındırinis/ *a.* ikincilik

secondary /'sekındıri/ *s.* ikinci derecede olan, ikinci gelen, ikincil *secondary air* ikincil hava *secondary articulation* normal seslendirmeye solukluluk *secondary bank* ikincil banka *secondary beam* tali kiriş *secondary blasting mad.* ikincil patlatma *secondary brake* sekonder fren, yardımcı fren *secondary circuit* sekonder devre *secon-*
dary class ikinci sınıf *secondary coil* sekonder bobin *secondary colour* karışım rengi *secondary compound* ikincil bileşik sözcük *secondary current elek.* sekonder akım, ikincil akım *secondary derivative* yeniden türetilmiş sözcük *secondary distribution* ikincil dağıtım *secondary effect* ikincil etki *secondary electron* sekonder elektron, ikincil elektron *secondary emission elek.* sekonder emisyon, ikincil yayım *secondary features* ikinci derecedeki özellikler *secondary front metr.* tali cephe *secondary hardening met.* sekonder sertleşme, ikincil sertleşme *secondary industry* ikincil sanayi *secondary language* yazılı dil, kültür dili; ikincil dil *secondary light source* ikincil ışık kaynağı *secondary market* ikincil piyasa, ikinci el piyasa *secondary memory biliş.* ikincil bellek *secondary mortgage* ikinci derecede ipotek *secondary radar* ikincil radar, sekonder radar *secondary radiation fiz.* sekonder radyasyon, ikincil ışınım *secondary relay elek.* sekonder röle *secondary resistance elek.* sekonder direnç, ikincil direnç *secondary school* ortaokul *secondary service area elek.* sekonder yayın alanı *secondary standard fiz.* ikincil etalon, ikincil standart *secondary storage biliş.* ikincil bellek, yan bellek *secondary stress* tali gerilme *secondary venturi oto.* (karbüratör) karışım odacığı *secondary voltage* sekonder gerilim, ikincil gerilim *secondary winding* sekonder sargı, ikincil sargı

second-best /sekınd'best/ *s.* en iyisinden hemen sonra gelen, ikinci düzeyde, ikinci kalite

second-class /sekınd'kla:s/ *s.* ikinci sınıf; ikinci mevki

second-degree /sekınd di'gri:/ *s.* ikinci dereceden, ikincil önemde

second-hand /sekınd'hend/ *s. be.* kullanılmış, elden düşme, ikinci elden; ikinci elden, başkasından alınmış

secondly /'sekındli/ *be.* ikinci olarak

second-rate /sekınd'reyt/ *s.* ikinci kalite, ikinci sınıf, ikinci derecede

seconds /'sekındz/ *a. teks.* ıskarta mal,

tapon mal, defolu mal

secrecy /'si:krisi/ *a.* sır saklama, ağız sıkılığı; gizlilik, gizli tutulma

secret /'si:krit/ *s.* gizli; saklı; gizemli, esrarlı ¤ *a.* gizli şey, giz, sır; gizem, esrar, muamma *in secret* gizlilik içinde, gizlice *keep a secret* sır tutmak, sır saklamak *secret agent* gizli ajan

secretaire /sekrı'teı/ *a.* yazı masası

secretarial /sekrı'teırııl/ *s.* sekreterlikle ilgili

secretariat /sekrı'teırııt/ *a.* sekreterlik, sekreterya

secretary /'sekrıtıri/ *a.* yazman, yazıcı, sekreter; bakan *secretary general* genel sekreter *secretary of embassy* elçilik sekreteri

secretaryship /'sekrıtrişip/ *a.* sekreterlik, bakanlık

secrete /si'kri:t/ *e. biy.* salgılamak, salmak; saklamak, gizlemek, gizli bir yere koymak

secretion /si'kri:şın/ *a.* salgılama, salgı; gizleme, saklama

secretive /'si:kritiv, si'kri:tiv/ *s.* ağzı sıkı, ketum, sır vermez

secretly /'si:kritli/ *be.* gizlice

sect /sekt/ *a.* tarikat, mezhep

sectarian /sek'teırıın/ *s.* tarikatla ilgili, tarikatçı; parti çıkarını gözeten, bağnaz yandaş, dar kafalı, yobaz ¤ *a.* tarikatçı kimse; dar kafalı, yobaz, bağnaz yandaş

section /'sekşın/ *a.* parça, kısım, bölüm; kesit; bölge; şube, dal, kol ¤ *e.* parçalara ayırmak, bölümlere ayırmak, bölmek *section modulus* kesit modülü

sectional /'sekşınıl/ *s.* bölgesel; sökülüp takılacak biçimde yapılmış *sectional boiler* dilimli kazan

sectionalism /'sekşınılizım/ *a.* bölgecilik

sector /'sektı/ *a.* daire dilimi, kesme, sektör; bölge, kesim, sektör; *ask.* mıntıka, bölge *sector gate* sektör kapak *sector gear* sektör dişlisi *sector scan* bölge tarama, sektör taraması

secular /'sekyulı/ *s.* dünyevi; dinsel olmayan, laik; *gökb.* sürekli *secular parallax gökb.* çağ ıraklık açısı

secularity /sekyu'leırıti/ *a.* dünyasallık

secularize /'sekyulırayz/ *e.* laikleştirmek

secundine /'sekındin/ *a.* etene, son,

döleşi

secure /si'kyuı/ *s.* güvenli, güvencede, emniyette, emin; sağlam, güvenli, emin; kesin, kuşkusuz, şüphesiz, garantili; sıkı sıkı kapalı ¤ *e.* güvence altına almak, korumak; ele geçirmek, elde etmek, sağlamak, almak; sağlamlaştırmak, sıkı sıkı kapamak *secured bond* teminatlı tahvil *secured creditor* teminatlı alacaklı *secured loan* teminatlı kredi

securities /si'kyuırıtiz/ *a.* senetler, tahviller, menkul kıymetler *securities analysis* menkul kıymet analizi *securities clearing* menkul değerler takası *securities income* menkul sermaye geliri *securities market* menkul kıymetler borsası *securities portfolio* menkul kıymetler portföyü *securities trading statement* menkul kıymetler hesap dekontu

security /si'kyuırıti/ *a.* güvenlik, emniyet; koruma; güvence, teminat; kefalet, rehin, emanet; kefil *security bond* kefalet bonosu *security clearance* güvenlik soruşturması *security department* menkul kıymetler birimi *security exchange* menkul kıymetler borsası *security guard* güvenlik görevlisi *security issue at par* başa baş emisyon *security market* menkul kıymetler borsası *security number* menkul kıymet numarası

sedan /si'den/ *a. Aİ.* dört kapılı büyük araba

sedan-chair /si'den çeı/ *a.* tahtırevan

sedate /si'deyt/ *s.* sakin, ağırbaşlı, durgun ¤ *e.* sakinleştirmek, yatıştırmak; uyku ilacı verip uyutmak

sedateness /si'deytnis/ *a.* ağırbaşlılık, usluluk, ciddiyet

sedative /'sedıtiv/ *s. a.* yatıştırıcı, sakinleştirici, uyutucu, uyku ilacı

sedentariness /'sedntırinis/ *a.* bir yerde yerleşmişlik, yerleşiklik

sedentary /'sedntıri/ *s.* oturularak yapılan, oturularak geçirilen; bir yere yerleşmiş, yerleşik

sedge /sec/ *a.* ince kamış

sediment /'sedimınt/ *a.* tortu, çökel, çökelti, posa, telve

sedimentary /sedi'mentıri/ *s.* tortul

sedimentary rocks tortul kayaçlar
sedimentation /sedimin'teyşın/ *a.*
çökme, çöküm, tortulaşma; kan
çökümü, sedimantasyon **sedimenta-
tion analysis** çökeltim analizi **sedi-
mentation potential** sedimantasyon
potansiyeli, düşme potansiyeli
sedimentology /sedimen'tolıci/ *a. yerb.*
sedimantoloji, tortulbilim
sedition /si'dişın/ *a.* (hükümete karşı)
kışkırtıcı yazı/konuşma/eylem,
kışkırtma
seditious /si'dişıs/ *s.* (hükümete karşı)
kışkırtıcı
seduce /si'dyu:s/ *e.* baştan çıkarmak,
ayartmak, kanına girmek; kandırmak,
iğfal etmek
seduction /si'dakşın/ *a.* baştan çıkarma,
ayartma; iğfal, kandırma; çekicilik,
baştan çıkartan şey
seductive /si'daktiv/ *s.* ayartıcı, baştan
çıkarıcı, karşı konulmaz
sedulous /'sedyulıs/ *s.* çalışkan, sürekli
çalışan, dikkatli, sebatlı, azimli
see /si:/ *e.* görmek; anlamak, kavramak,
farkına varmak, görmek; kabul etmek,
ile görüşmek, görmek; karar vermek,
bakmak; görmek, görüp geçirmek,
yaşamak; düşünmek, düşlemek,
gözünde canlandırmak; ile gitmek, eşlik
etmek ¤ *a.* piskoposluk **let me see** bir
düşüneyim, bir bakayım **see about** ile
ilgilenmek, uğraşmak, bakmak **see eye
to eye** aynı ağızı kullanmak **see fit to -**
e karar vermek **see off** yolcu etmek,
uğurlamak, geçirmek **see one's way to**
yapabileceğine inanmak **see out**
bitirmek, sonunu getirmek, sonuna
kadar sürmek; kapıya kadar geçirmek
see over denetlemek, incelemek,
gözden geçirmek, kontrol etmek; ziyaret
edip incelemek **see red** tepesi atmak,
küplere binmek, çok kızgın olmak **see
sb off** uğurlamak **see the back/last of**
kon. ile ilişkisini kesmek, bağlarını
koparmak **see the colour of money**
paranın rengini görmek **see the light**
anlamak, gerçeği kabul etmek; (dinde)
doğru yolu görmek/seçmek; doğmak,
ortaya çıkmak **see the light at the end
of the tunnel** tünelin ucunu görmek
see things gözlerine inanamamak,
hayal gördüğünü sanmak **see through**

-e kanmamak, aldanmamak, gerçeği
sezmek; -in sonuna kadar idare etmek,
geçindirmek, yardım etmek,
gereksinimlerini karşılamak **see to**
ilgilenmek, bakmak, çaresine bakmak
so I see belli, görüyorum, biliyorum,
öyle **the Holy See** papalık **We'll see**
bakarız, sonra düşünürüz, görürüz **you
see** ee, şey yani, diyeceğim
seed /si:d/ *a. bitk.* tohum; asıl, kaynak,
köken; döl, evlat; meni, sperm, atmık ¤
e. tohum ekmek; tohum vermek; tohum
ya da çekirdeğini çıkarmak **go to seed**
tohuma kaçmak **seed capsule** çekirdek
kapsülü **seed cleaner** tohum
temizleme aleti **seed corn** tohumluk
mısır **seed dressing** *trm.* tohum
ilaçlama **seed drill** *trm.* tohum mibzeri,
tohumeker **seed plot** *trm.* fidelik **seed
runner** *şek.* tohuma kalkmış pancar
seed time ekim zamanı **seeding ma-
chine** tohum ekme makinesi
seedbed /'si:dbed/ *a. bitk.* fidelik, yastık,
tohum yatağı
seeder /'si:dı/ *a.* mibzer
seedless /'si:dlis/ *s.* çekirdeksiz
seedling /'si:dling/ *a. bitk.* fide
seedy /'si:di/ *s.* tohumlu; partal, eski
püskü, kılıksız; keyifsiz; tohuma
kaçmış, kartlaşmış
seeing /'si:ing/ *a.* görme, görüş **Seeing
is believing** *kon.* Gözümle görmeden
inanmam
seek /si:k/ *e.* aramak, araştırmak,
bulmaya çalışmak; sormak; (-meye)
çalışmak, çabalamak, uğraşmak **seek
area** *biliş.* arama alanı **seek time** *biliş.*
arama zamanı
seeker /'si:kı/ *a.* arayan kimse; **hek.**
sonda
seem /si:m/ *e.* (gibi) görünmek
seeming /'si:ming/ *s.* görünüşte, sözde
seemingly /'si:mingli/ *be.* görünüşe
bakılırsa, anlaşılan
seemly /'si:mli/ *s.* uygun, yakışır,
münasip
seep /si:p/ *e.* (sıvı) sızmak
seepage /'si:pic/ *a.* sızıntı
seer /sii/ *a.* bilici, kâhin, falcı
seesaw /'si:so:/ *a.* tahterevalli, çöğüncek;
ileri geri ya da aşağı yukarı hareket, inip
çıkma ¤ *e.* aşağı yukarı ya da ileri geri

sallanmak, çöğünmek
seersucker /'siːsakı/ *a.* gofre kumaş
seethe /siːd/ *e.* kaynamak, fokurdamak
see-through /'siːtruː/ *s.* saydam, içi görünen, şeffaf
segment /'segmınt/ *a.* parça, bölüm, kesim, kısım, dilim; *hayb.* bölüt; *tek.* segman, bilezik; *mat.* daire parçası ¤ *e.* parçalara ayırmak, bölmek; bölünmek **segment mark** *biliş.* kesim işareti **segment of a circle** *mat.* daire parçası **segmented program** *biliş.* kesimlenmiş program
segmental /seg'mentıl/ *s.* parçasal, kesitsel **segmental arch** *inş.* basık kemer
segmentary /'segmıntıri/ *s.* bölüm ile ilgili
segmentation /segmen'teyşın/ *a.* bölümleme, kesitleme, kesimleme
segregate /'segrigeyt/ *e.* ayırmak, ayrı tutmak, tefrik etmek ¤ /'segrigit/ *s.* ayrı, ayrılmış **segregating unit** *biliş.* ayıklama birimi
segregation /segri'geyşın/ *a.* ayrı tutma, fark gözetme, ayrım; toplumsal kopma
seigneur /se'nyöː/ *a.* derebeyi, senyör
seigniorage /'seynyıric/ *a.* senyöriaj, tuğra hakkı
seism /'sayzım/ *a.* deprem, yersarsıntısı, zelzele
seismic /'sayzmik/ *s.* depreme ilişkin, sismik **seismic detector** *fiz.* sismik detektör **seismic focus** deprem merkezi
seismograph /'sayzmıgraːf/ *a.* depremyazar, sismograf
seismography /sayz'mogrıfi/ *a.* sismografi
seismology /sayz'molıci/ *a.* deprembilim, sismoloji
seismometer /sayz'momıtı/ *a.* sismometre
seizable /'siːzıbıl/ *s.* yakalanabilir; haczedilebilir
seize /siːz/ *e.* tutmak, yakalamak, kavramak, kapmak; el koymak; gasp etmek, zapt etmek; ele geçirmek, yakalamak, tutuklamak; değerlendirmek **seize up** *İl.* (makine) tutukluk yapmak, çalışmamak **seizing wire** bağ teli
seizin /'siːzin/ *a.* mülk edinme, temellük
seizings /'siːzings/ *a. den.* bağlama sicimi

seizure /'siːjı/ *a.* el koyma; yakalama; ele geçirme, zapt; ani hastalık nöbeti, kriz
seldom /'seldım/ *be.* nadiren, seyrek, pek az, kırk yılda bir
select /si'lekt/ *s.* seçme, seçkin ¤ *e.* seçmek, seçip ayırmak
selectee /silek'tiː/ *a.* askere çağırılan kimse
selecting /si'lekting/ *a. biliş.* seçme
selection /si'lekşın/ *a.* seçme; seçme şey **selection check** *biliş.* seçme denetimi **selection forest** seçme ormanı **selection rules** seçme kuralları
selective /si'lektiv/ *s.* ayıran, seçici, seçmeli **selective absorption** *opt.* seçici soğurum **selective carburizing** *met.* seçmeli karbonlama **selective dump** *biliş.* seçimli döküm **selective flotation** *mad.* selektif yüzdürme, seçmeli yüzdürme **selective hardening** *met.* seçmeli suverme **selective reflection** *fiz.* seçici yansıma **selective trace** *biliş.* seçimli izleme
selectivity /silek'tiviti/ *a.* seçicilik
selector /si'lektı/ *a.* seçici **selector channel** *biliş.* seçici kanal/oluk **selector fork** ayırma çatalı **selector shaft** *oto.* ayırma şaftı
selenate /'selineyt/ *a.* selenat
selenic /si'liːnik/ *s.* selenik
selenide /'selinayd/ *a.* selenür
selenite /'selinayt/ *a. min.* selenit
selenium /si'liːniım/ *a.* selenyum **selenium cell** selenyum selülü **selenium diode** selenyum diyodu **selenium rectifier** selenyumlu redresör
self /self/ *a.* kendi; kişi, öz, şahıs; karakter, kişilik; kişisel çıkar, bencillik ¤ *adl.* kendisi, bizzat ¤ *s.* kişisel, bizzat
self-absorption /selfıb'soːpşın/ *a. fiz.* öz soğurma
self-acting /self'ekting/ *s.* otomatik
self-adapting /selfı'depting/ *s. biliş.* özyumlu, bağdaşan **self-adapting computer** *biliş.* özyumlu bilgisayar **self-adapting program** *biliş.* özyumlu program
self-addressed /selfıd'rest/ *s.* (mektup, vb.) gönderene geri gönderilen
self-adhesive /selfıdhiːsiv/ *s.* kendi kendine yapışan
self-adjusting /selfı'casting/ *s.* otomatik

ayarlanan
self-assurance /selfı'şuırıns/ *a.* kendine güvenme, özgüveni
self-assured /selfı'şuıd/ *s.* kendine güvenen
self-bias /self'bayıs/ *a. elek.* otomatik öngerilim, özöngerilim
self-capacitance /selfkı'pesitıns/ *a. elek.* öz kapasite, özsığa
self-catering /self'keytıring/ *s.* yemeği kişinin kendi yaptığı, yemek servisi olmayan
self-centred /self'sentıd/ *s.* bencil
self-centring /self'sentring/ *s.* otomatik merkezlendiren **self-centring chuck** otomatik merkezlendiren torna aynası
self-checking /self'çeking/ *s.* özdenetimli, otomatik denetleyen **self-checking code** *biliş.* özdenetim kodu **self-checking number** *biliş.* özdenetim sayısı
self-coloured /self'kalıd/ *s.* tek renkli
self-confessed /selfkın'fest/ *s.* kendisinin ... olduğunu itiraf eden
self-confidence /self'konfidıns/ *a.* kendinden emin olma, kendine güvenme
self-confident /self'konfidınt/ *s.* kendine güvenen
self-conscious /self'konşıs/ *s.* sıkılgan, çekingen, utangaç; kendini bilen, kendinin ne olduğunu bilen
self-contained /selfkın'teynd/ *s.* (daire, vb.) müstakil, bağımsız, ortak kullanılmayan; (kişi) duygularını gizleyen, arkadaşlık gereksinimi duymayan
self-contradiction /selfkontrı'dikşın/ *a.* kendisiyle çatışma
self-contradictory /selfkontrı'diktıri/ *s.* kendisiyle çatışan
self-control /selfkın'troul/ *a.* kendine hâkimiyet, özdenetim
self-defence /selfdi'fens/ *a.* kendini savunma, özsavunma, meşru müdafaa
self-denial /selfdi'nayıl/ *a.* kendi nefsinden feragat, kendini tutma, özveri
self-determination /selfditö:mi'neyşın/ *a.* kendi kendine karar verme hakkı, elindelik, özgür istem; kamunun kendi geleceğini saptaması, bir ulusun kendi yönetim biçimine kendisinin karar

vermesi
self-diffusion /selfdif'yu:jın/ *a. fiz.* öz yayılma, öz yayınım
self-discharge /self'disça:c/ *a. elek.* özboşalım, kendi kendine boşalma
self-discipline /self'disiplin/ *a. ruhb.* öz disiplin
self-drive /self'drayv/ *s.* (kiralık otomobil) kiralayan kimse tarafından kullanılan
self-effacing /selfi'feysing/ *s.* alçakgönüllü, ağırbaşlı
self-employed /selfim'ployd/ *s.* kendi işinde çalışan, serbest meslek sahibi
self-energy /self'enıci/ *a. fiz.* serbest enerji, erkin erke
self-esteem /selfi'sti:m/ *a.* benbencilik, kendini beğenme
self-evident /self'evidınt/ *s.* apaçık, besbelli, ortada, kanıt gerektirmeyen, açık
self-examination /selfigzemi'neyşın/ *a.* içgözlem
self-excitation /selfeksi'teyşın/ *a.* özuyarım, kendi kendini uyarma
self-excited /selfik'saytid/ *s. elek.* özuyarımlı
self-faced /self'feyst/ *s.* (taş) yüzü işlenmemiş
self-feeder /self'fi:dı/ *a. trm.* otomatik yemlik
self-financing /selffay'nensing/ *a.* otofinansman, iç borçlanma
self-government /self'gavımınt/ *a.* kendi kendini yönetme, özerklik, bağımsızlık
self-hardening /self'ha:dıning/ *s.* kendi kendine sertleşen
self-help /self'help/ *a.* kendi kendine yetme, başkasına muhtaç olmama
self-ignition /selfig'nişın/ *a.* otomatik ateşleme, kendiliğinden ateşleme
self-importance /selfim'po:tıns/ *a.* kibir, kurum, kendini çok beğenme
self-important /selfim'po:tınt/ *s.* kendini beğenmiş
self-inductance /selfin'daktıns/ *a. fiz.* özindüktans, self-indüktans
self-induction /selfin'dakşın/ *a.* özindükleme, self endüksiyon
self-indulgence /selfin'dalcıns/ *a.* kendi zevk ve rahatına düşkünlük
self-indulgent /selfin'dalcınt/ *s.* kendi rahatına fazla düşkün

self-interest /self'intrist/ *a.* kişisel çıkar

selfish /'selfiş/ *s.* bencil

self-laceration /selflesı'reyşın/ *a.* kendini yaralama

selfless /'selflıs/ *s.* kendini ya da çıkarını düşünmeyen, başkalarını düşünen, özgeci

self-loading /self'louding/ *s.* (tabanca) yarı otomatik

self-locking /self'loking/ *s.* otomatik kilitlemeli, özkilitleyici

self-lubricating /self'lu:brikeyting/ *s.* kendi yağlayan, otomatik yağlamalı

self-made /self'meyd/ *s.* kendi çabalarıyla başarıya ulaşmış, kendi kendini yetiştirmiş

self-opinionated /selfı'pinyıneytid/ *s.* kendi düşüncesinden, başkasına inanmayan

self-organizing /self'o:gınayzing/ *s.* özörgütlü, kendini örgütleyen *self-organizing machine biliş.* özörgütlü makine, kendini örgütleyen makine *self-organizing program biliş.* özörgütlü program

self-oxidation /selfoksi'deyşın/ *a.* özyükseltgenme, kendiliğinden yükseltgenme

self-pity /self'piti/ *a.* kendini zavallı hissetme, kendi kendine acıma

self-possessed /selfpı'zest/ *s.* temkinli, serinkanlı, kendine hâkim

self-possession /selfpı'zeşın/ *a.* soğukkanlılık, ölçülülük, sakinlik, temkinlilik

self-preservation /selfprezı'veyşın/ *a.* kendini koruma

self-quenching /self'kwençing/ *s. elek.* özsönümlü

self-regulating /self'reguleyting/ *s.* özayarlı, kendini ayarlayan

self-reliance /selfri'layıns/ *a.* özgüven

self-reliant /selfri'layınt/ *s.* · özgüvenli, bağımsız

self-respect /selfri'spekt/ *a.* izzetinefis, özsaygı

self-righteous /self'rayçıs/ *s.* kendini beğenmiş, bilgiç

self-sacrifice /self'sekrifays/ *a.* fedakârlık, özveri

selfsame /'selfseym/ *s.* tamamen aynı, tıpkı

self-satisfaction /selfsetis'fekşın/ *a.* kendini beğenme, büyüklenme

self-satisfied /self'setisfayd/ *s.* kendini beğenmiş, şımarık

self-saturation /selfseçı'reyşın/ *a.* özdoyma

self-scattering /self'sketıring/ *a. fiz.* özsaçılım, kendi kendine saçılma

self-seeking /self'si:king/ *a. s.* çıkarcı, bencil

self-service /self'sö:vis/ *a. s.* selfservis

self-shielding /self'şi:ılding/ *a. fiz.* özkalkanlama, kendi kendini ekranlama

self-starter /self'sta:tı/ *a. oto.* otomatik marş

self-styled /self'stayld/ *s.* kendine unvan uydurmuş, uydurma unvanlı

self-sufficiency /selfsı'fişınsi/ *a.* kendi kendine yetme

self-sufficient /selfsı'fişınt/ *s.* kendine yeten, başkasına muhtaç olmayan

self-supporting /selfsı'po:ting/ *s.* kendi kendini geçindiren, kendi ekmeğini kendi kazanan, bağımsız

self-taught /self'to:t/ *s.* özöğrenimli, otodidaktik

self-will /self'wil/ *a.* inatçılık, dik kafalılık

self-winding /self'waynding/ *s.* (saat) otomatik, kendi kendine kurulan

sell /sel/ *e.* satmak; satılmak, alıcı bulmak; sattırmak; *kon.* ikna etmek, benimsetmek, inandırmak, kabul ettirmek, satmak; *kon.* kandırmak, aldatmak, yutturmak ¤ *a. kon.* dalavere, oyun, dolap, üçkâğıt *sell cut price* başkalarından daha ucuza satmak *sell like hot cakes* çok satılmak, kapış kapış gitmek *sell like hotcakes* peynir ekmek gibi satılmak *sell off* elden çıkarmak, (ucuza) satıp kurtulmak, satıp savmak *sell oneself* kendini satmak, ilkelerinden vazgeçmek; kendini/düşüncelerini kabul ettirmek, kendini göstermek *sell out* (bilet, vb.) hepsini satmak; (para için ilkelerini arkadaşlarını, vb.) satmak, ihanet etmek *sell out of sth* bir maldan elde kalmamak *sell sb up* borçlunun mallarını satıp parasını almak *sell seconds* defolu mal satmak *sell short* açıktan satmak, alivre satmak *sell sb a pup* birini kafese koymak *sell sb a bill* *of goods* birine külah giydirmek *sell sb short* birini hafife almak *sell sth off* malın elde kalanını ucuza satmak *sell under price* fiyatının altında satmak *sell up* (her şeyini) satıp savmak *sell at an option* çift opsiyon satışı

sell-out /'selaut/ *a.* tüm biletlerin satıldığı oyun, film, gösteri, sergi, vb., kapalı gişe; *kon.* ihanet, kendini (paraya) satma

seller /'selı/ *a.* satıcı, bayi *seller's market* satıcı piyasası *sellers' monopoly* satıcı tekeli

selling /'seling/ *a.* satış *selling agent* satış acentesi *selling area* satış yeri *selling commission* satış komisyonu *selling costs* satış maliyetleri *selling group* satıcı grubu *selling order* satış emri *selling price* satış fiyatı *selling rate* satış kuru *selling space* satış yeri

sellotape /'selıteyp/ *a.* seloteyp

selvage (selvedge) /'selvic/ *a.* kumaş kenarı, kenar *selvedge cutter teks.* kenar kesici *selvedge guide teks.* kenar kılavuzu *selvedge printing teks.* kenar baskısı *selvedge spreader teks.* kenar açıcı

semantic /si'mentik/ *s.* anlamsal, anlambilimsel *semantic axis* anlam ekseni *semantic change* anlam değişimi *semantic component* anlamsal bileşen *semantic error biliş.* anlamsal yanlış *semantic extension* anlam genişlemesi *semantic field* anlamsal alan *semantic restriction* anlam daralması *semantic transfer* anlam kayması

semantics /si'mentiks/ *a.* anlambilim, semantik

semaphore /'semıfo:/ *a.* semafor, flama

semasiology /simeysi'olıci/ *a.* kavrambilim

semblance /'semblıns/ *a.* biçim; benzerlik; görünüş, dış görünüş

seme /sım/ *a.* anlambirimcik kayması

semeiologic /sımayı'locik/ *s.* göstergebilime ilişkin, göstergebilimsel, göstergesel

semeiology /simay'olıci/ *a.* göstergebilim, imbilim

semeion /sı'mayın/ *a.* işaret, im, gösterge

sememe /'semi:m/ *a. dilb.* anlambirimcik demeti

semen /'si:mın/ *a.* meni, bel

semester /si'mestı/ *a.* dönem, devre, sömestr, yarıyıl

semi /'semi/ *a. kon.* tek duvarla bitişik müstakil ev

semi- /'semi/ *önk.* yarı

semi-detached /semidi'teçt/ *s. inş.* yarı müstakil

semiautomatic /semio:tı'metik/ *s.* yarı otomatik *semiautomatic advance oto.* yarı otomatik avans *semiautomatic exchange elek.* yarı otomatik santral

semicarbazone /semi'ka:bızoun/ *a.* semikarbazon

semicircle /'semisö:kıl/ *a.* yarım daire

semicircular /semi'sö:kyulı/ *s.* yarım daire biçiminde *semicircular arch mim.* beşik kemer, yarım daire kemer

semiclosed /semi'klouzd/ *s.* yarı kapalı

semicolon /semi'koulın/ *a.* noktalı virgül

semicompiled /semi'kımpayld/ *s. biliş.* yarı derlenmiş

semiconductor /semikındaktı/ *a.* yarı iletken *semiconductor detector elek.* yarıiletken detektör *semiconductor diode elek.* yarıiletken diyot *semiconductor disk biliş.* yarıiletken disk *semiconductor junction elek.* yarıiletken kavşağı, yarıiletken jonksiyonu *semiconductor memory biliş.* yarıiletken bellek *semiconductor trap elek.* yarıiletken kapanı

semidetached /semidi'teçt/ *s.* (ev) bir duvarı yandaki eve bitişik, yan evle bir ortak bir duvarı olan

semifinal /semi'faynl/ *s.* yarıfinal

semifinished /semi'finişt/ *s.* yarı mamul *semifinished product* yarı bitirilmiş ürün

semilong /semi'long/ *s.* yarı uzun

seminar /'semina:/ *a.* seminer

seminary /'seminıri/ *a.* papaz okulu

semination /semi'neyşın/ *a.* tohumlama, ekme

semiological /semiı'locikıl/ *s.* göstergebilimsel, göstergesel

semiology /semi'olıci/ *a.* göstergebilim, semiyoloji, imbilim

semiopen /semi'oupın/ *s.* yarı açık

semiotic /semi'otik/ *s.* göstergebilimsel,

göstergesel **semiotic square** göstergebilimsel dörtgen

semiotics /semi'otiks/ *a.* göstergebilim

semipermeable /semi'pö:mııbıl/ *s.* yarı geçirgen

semiprecious /semi'preşıs/ *s.* (mücevher, taş, vb.) ikinci derecede değerli

semirefined /semiri'faynd/ *s.* yarı rafine

semisolid /semi'solid/ *s.* yarıkatı

semisteel /semi'sti:l/ *a. met.* yarı çelik

Semitic /si'mitik/ *s.* Samilerle ilgili

semitrailer /semi'treylı/ *a.* yarı römork

semitransparent /semitrens'perınt/ *s.* yarısaydam

semivowel /'semivauıl/ *a.* yarı ünlü (ses)

semiweekly /semi'wi:kli/ *be. s.* haftada iki kere olan/çıkan, haftada iki kere

semolina /semı'li:nı/ *a.* irmik

senate /'senit/ *a.* senato

senator /'senıtı/ *a.* senatör

send /send/ *e.* göndermek, yollamak; etmek, -e çevirmek; (for ile) çağırmak, getirtmek, istetmek; (radyo sinyali) göndermek, yaymak; zorunda bırakmak, -e mecbur etmek; *kon.* heyecanlandırmak, çok memnun etmek **send away** başka bir yere göndermek; postayla sipariş etmek **send down** *İl.* üniversiteden atmak; (fiyat, vb.) düşmesine sebep olmak, düşürmek; *İl. kon.* hapse tıkmak **send for** getirtmek **send off** postalamak; *İl. sp.* oyuncuyu dışarı atmak; (başka bir yere) göndermek **send out** dağıtmak, göndermek **send up** *İl.* (birinin) taklidini yapmak, dalga geçmek, alay etmek; yukarı doğru çıkarmak/yükseltmek

sender /'sendı/ *a.* gönderen; verici, yollayıcı **sender transmitting station** verici istasyon

send-off /'sendof/ *a.* uğurlama töreni

send-up /'sendap/ *a.* taklit, parodi

senescence /si'nesıns/ *a.* yaşlılık

senile /'si:nayl/ *s.* bunak, yaşlı, güçsüz

senility /si'nilıti/ *a.* yaşlılık; güçsüzlük, halsizlik

senior /'si:niı/ *s.* yaşça daha büyük; kıdemli; son sınıfa ilişkin ¤ *a.* daha yaşlı olan kişi; kıdemli kişi; son sınıf öğrencisi **senior citizen** 60-65 yaş arası kimse **senior executive** yüksek düzey idareci **senior staff** yönetim kadrosu

seniority /si:ni:'oriti/ *a.* yaşça büyüklük; kıdemlilik, kıdem

senna /'senı/ *a.* sinameki

sensation /sen'seyşın/ *a.* duyu, duyma, duyum, duyulanma; duygu, duyarlık; heyecan yaratan olay, sansasyon **sensation level** *fiz.* duyma eşiği **sensation unit** *fiz.* duyma birimi

sensational /sen'seyşınıl/ *s.* heyecanlı, sansasyonel; *kon.* harika, müthiş, çok iyi

sense /sens/ *a.* duyu, duyum; duygu, his; anlam; anlayış, anlama yetisi; akıl, zekâ; düşünce, kanı; genel düşünce, yön, eğilim ¤ *e.* hissetmek, sezmek **come to one's senses** aklı başına gelmek **in a sense** bir bakıma **make sense (out) of** anlamak, bir şey anlamak **make sense** anlamı olmak, bir anlama gelmek, mantıklı olmak **sense of rotation** dönme yönü **sense of touch** dokunma hissi **sense switch** *biliş.* algılama anahtarı **take leave of one's senses** aklını peynir ekmekle yemek **talk sense** *kon.* mantıklı konuşmak

senseless /'senslıs/ *s.* kendinden geçmiş, baygın; amaçsız, saçma, abes, anlamsız

sensibility /sensı'biliti/ *a.* duyarlık, duyarlılık, hassasiyet

sensible /'sensıbıl/ *s.* akla uygun, makul, mantıklı; akıllı, aklı başında, anlayışlı; duyarlı, hassas; sezilir, duyulur, farkına varılır, hissedilir **sensible heat** duyulur ısı

sensibleness /'sensıbılnis/ *a.* akıllılık, makullük

sensing /'sensing/ *a.* algılama **sensing element** *biliş.* algılama elemanı, algılama öğesi **sensing station** *biliş.* algılama istasyonu

sensitive /'sensitiv/ *s.* duyarlı, hassas, narin; (alet) duyarlı, hassas; alıngan, hassas, çok duygusal; duyguları çok iyi belirten **sensitive drill** *mak.* hassas matkap **sensitive to air** havaya karşı duyarlı **sensitive to light** ışılduyarlı, ışığa karşı duyarlı

sensitiveness /'sensitivnıs/ *a.* hassaslık, duyarlık

sensitivity /sensi'tiviti/ *a.* duyarlık, hassaslık

sensitize /'sensitayz/ e. duyarlı hale koymak, duyarlılaştırmak; fot. ışığa hassas hale getirmek; duyarlaşmak, duyarlı hale gelmek

sensitizer /'sensitayzı/ a. sensibilizatör, duyarlaştırıcı

sensitometer /sensi'tomitı/ ıa. sansitometre, duyarlıkölçer

sensitometry /sensi'tomitri/ a. fot. sansitometri, duyarlıkölçüm

sensor /'sensı/ a. algılayıcı, sensor **sensor-based** biliş. algılayıcı tabanlı **sensor-based computer** biliş. algılayıcı tabanlı bilgisayar **sensor-based system** biliş. algılayıcı tabanlı sistem

sensorium /sen'so:riım/ a. sinir sistemi

sensory /'sensiri/ s. duyumsal, duygusal, duyulara ilişkin

sensual /'sensuıl/ s. tensel, bedenle ilgili, bedensel, nefsi; şehvetli

sensualism /'sensyuılizım/ a. şehvet düşkünlüğü; duyumculuk

sensualist /'sensyuılist/ a. şehvet düşkünü kimse

sensuality /sensu'eliti/ a. şehvet

sensuous /'sensuıs/ s. duyguları okşayıcı

sentence /'sentıns/ a. dilb. tümce, cümle; huk. yargı, karar, hüküm, ilam ¤ e. huk. (to ile) mahkûm etmek **sentence of statement** bildirme cümlesi

sententious /sen'tenşıs/ s. özdeyişli sözlerle dolu, özdeyişlerle konuşan

sentience /'senşıns/ a. hissedebilirlik, duygululuk; bilinçlilik

sentient /'senşınt/ s. sezgili, duygulu, duygun

sentiment /'sentimınt/ a. duygu, his; duyarlık, hassasiyet, içlilik; düşünce, fikir, kanı

sentimental /senti'mentl/ s. duygusal, duygulu, içli

sentimentality /sentimen'telıti/ a. aşırı duygusallık, içlilik

sentimentalize /senti'mentılayz/ e. duygusallaştırmak; duyarlı hale getirmek

sentinel /'sentinıl/ a. koruyucu, kollayıcı; nöbetçi, gözcü; biliş. başlangıç/bitiş simgesi

sentry /'sentri/ a. nöbetçi er **sentry box** nöbetçi kulübesi

sepal /'sepıl/ a. çanak yaprağı, sepal

separable /'sepırıbıl/ s. ayrılabilir

separate /'sepıreyt/ e. ayırmak; bölmek; ayrılmak; (karı koca) ayrı yaşamak ¤ /'sepırit/ s. ayrı, ayrılmış; farklı; (from ile) -den uzak, ayrı **be separated** huk. ayrı yaşamak, ayrılmak **separating drum** mad. ayırma tamburu **separating power** ayırma gücü **separate excitation** fiz. dış uyarım

separately /'sepıritli/ be. ayrı ayrı, başka başka, bağlantısız olarak, ayrı olarak

separateness /'sepırıtnis/ a. ayrılık, tek başına oluş

separation /sepı'reyşın/ a. ayırma, ayrılma, ayrılış; ayrılık, ayrı yaşama **separation energy** fiz. çözülme enerjisi, çözülüm erkesi **separation factor** fiz. ayırma katsayısı **separation master** sin. ayırıcı ana negatif **separation of goods** mal ayrılığı **separation potential** fiz. ayırma potansiyeli **separation process** kim. ayırma işlemi

separatist /'sepırıtist/ a. ayrıklıkçı grup üyesi

separative /'sepırıtiv/ s. ayırıcı **separative efficiency** fiz. ayrıştırma verimi **separative element** fiz. ayrıştırma elemanı **separative power** fiz. ayrıştırma gücü

separator /'sepıreytı/ a. ayırıcı, separatör **separator circuit** elek. ayırma devresi

sepia /'si:pıı/ a. mürekkep balığının mürekkebi; siyaha yakın koyu kahverengi renk

sepsis /'sepsis/ a. kan zehirlenmesi

septate /'septeyt/ s. bölmeli **septate waveguide** bölmeli dalga kılavuzu, perdeli dalga kılavuzu

September /sep'tembı/ a. eylül

septic /'septik/ s. mikroplu **septic tank** fosseptik, lağım çukuru, çürütme çukuru

septuagenarian /sepçuıci'neıriın/ a. s. 70-79 yaş arasındaki kimse, yetmişlik

septum /'septım/ a. bölme

sepulchre /'sepılkı/ a. gömüt, mezar, sin

sepulture /'sepılçı/ a. gömme, defin

sequel /'si:kwıl/ a. bir şeyin devamı, arkası; sonuç, son

sequence /'si:kwıns/ a. sıra, düzen, seri, silsile, zincir, dizi; art arda gelme, ardışlık; tek. ayrım, bölüm, sahne,

sekans ¤ *e.* sıralamak *sequence
check biliş.* sıralanım denetimi, dizi
denetimi *sequence counter biliş.* sıra
sayacı *sequence error biliş.* sıralanım
hatası *sequence of tenses* zamanların
uyumu *sequence register biliş.* sıra
yazmacı
sequent /'si:kwınt/ *s.* art arda gelen,
izleyen
sequential /si'kwenşıl/ *s. biliş.* sırasal,
dizisel *sequential access biliş.* sırasal
erişim *sequential access storage
biliş.* sırasal erişimli bellek *sequential
access units biliş.* sırasal erişim
birimleri *sequential control biliş.*
sırasal denetim *sequential logic biliş.*
sırasal mantık *sequential operation
biliş.* sırasal işlem *sequential organi-
zation biliş.* sırasal organizasyon,
sırasal örgütleme *sequential process-
ing biliş.* sırasal işlem *sequential
sampling* ardışık örnekleme *sequen-
tial scanning elek.* basit tarama,
normal tarama, düz tarama *sequential
system elek.* almaşık renk işlemi
sequester /si'kwestı/ *e.* ayırmak, tecrit
etmek; haczetmek *sequestering agent
kim.* kompleks yapıcı
sequestrate /si'kwestreyt/ *e. huk.* el
koymak, haczetmek, kamulaştırmak
sequestration /si:kwe'streyşın/ *a.* haciz,
müsadere, el koyma
sequin /'si:kwin/ *a.* pul, payet
sequoia /si'kwoyı/ *a.* sekoya
seraglio /si'ra:lyou/ *a.* saray; harem
dairesi
serenade /seri'neyd/ *a.* serenat ¤ *e.*
serenat yapmak
serene /si'ri:n/ *s.* durgun, dingin, sessiz,
huzurlu, sakin; yüce
serenity /si'renıti/ *a.* berraklık; huzur
serf /sö:f/ *a.* toprağa bağlı köle, serf
serfdom /'sö:fdım/ *a.* kölelik, serflik
serge /sö:c/ *a.* şayak
sergeant /'sa:cınt/ *a. ask.* çavuş; komiser
muavini *sergeant major ask.* başçavuş
serial /'si:rıl/ *s.* seri, tefrika, dizi; sırayla
giden, seri halinde ¤ *a.* (radyo, TV) dizi;
tefrika; dergi, mecmua; seri yayın *serial
access biliş.* seri erişim, sıralı erişim
serial adder biliş. seri toplayıcı *serial
arithmetic biliş.* seri aritmetik *serial

bond issue* seri tahvil ihracı *serial
computer biliş.* seri bilgisayar *serial in-
terface biliş.* seri arayüzey *serial num-
ber* seri numarası *serial operation
biliş.* seri çalıştırma, seri işletim *serial-
parallel elek.* seri-paralel *serial printer
biliş.* seri yazıcı *serial processing biliş.*
seri işlem, sıralı şlem, ardışık işlem *se-
rial programming biliş.* seri
programlama *serial storage biliş.* seri
bellek *serial transfer biliş.* ser
transfer/aktarım *serial transmission
biliş.* seri gönderme
serialize /'si:rılayz/ *e.* dizi olarak
yayınlamak, dizi haline getirmek
seriatim /si:ri'eytim/ *be.* sırasıyla, birer
birer
sericeous /si'rişıs/ *s.* ipek gibi
sericin /'serisin/ *a.* ipek zamkı, serisin
sericulture /'serikalçı/ *a.* ipekçilik
series /'si:ri:z/ *a.* sıra, silsile, seri, dizi
series arm elek. seri kol *series ca-
pacitor elek.* seri kondansatör *series
connection* seri bağlantı *series feed*
seri besleme *series modulation* seri
modülasyon *series motor elek.* seri
motor *series regulator elek.* seri
regülatör *series resistance elek.* seri
direnç *series resonance elek.* seri
rezonans *series-parallel elek.* seri-
paralel *series-wound generator* seri
sargılı jeneratör *series-wound motor*
seri sargılı motor
serin /'serin/ *a.* bir tür kanarya
serine /'seri:n/ *a. kim.* serin
serious /'si:rıs/ *s.* ciddi, ağırbaşlı;
önemli, şakaya gelmeyen, ciddi; ağır,
tehlikeli, ciddi; şaka yapmayan, ciddi
seriously /'si:rısli/ *be.* ciddi olarak, ciddi
bir şekilde, ciddiyetle *take (sb/sth) se-
riously* ciddiye almak
seriousness /'si:rısnis/ *a.* ciddiyet,
ağırbaşlılık
sermon /'sö:mın/ *a.* dinsel konuşma,
vaaz; *kon.* uzun ve sıkıcı öğüt, nutuk
sermonize /'sö:mınayz/ *e.* vaaz vermek
serpent /'sö:pınt/ *a.* yılan
serpentine /'sö:pıntayn/ *s.* yılan gibi,
yılana benzeyen; kıvrılan, yılankavi,
dolambaçlı ¤ *a. yerb.* yılantaşı,
serpentin; kavisli kayak pisti
serrate /'serit/ *e.* tırtıllamak, yıldız tırtıl

çekmek

serrated /si'reytid, se'reytid/ *s.* testere dişli, testere gibi uçları olan

serration /se'reyşın/ *a.* testere dişi gibi olma

serried /'serid/ *s.* sık, sıkışık, omuz omuza

serum /'siırım/ *a.* serum

serval /'sö:vıl/ *a.* bir tür yaban kedisi

servant /'sö:vınt/ *a.* hizmetçi, uşak; köle, kul *civil servant* devlet memuru

serve /sö:v/ *e.* -e hizmet etmek, hizmet vermek; hizmetinde olmak, çalışmak; bir yerde çalışmak, bir iş yapmak; gereksinimini karşılamak, yetmek, yeterli olmak, işini görmek, işine yaramak; (yemek) vermek, servis yapmak istediği şeyleri vermek, bakmak, servis yapmak; hapiste geçirmek, içerde yatmak, cezasını çekmek; *huk.* tebliğ etmek; *sp.* servis atmak ¤ *a.* memuriyet, servis, hizmet *It serves him/you right!* Şeytan azapta gerek! *serve sb right kon.* -e müstahak olmak

server /'sö:vı/ *a. sp.* servis atan oyuncu; (yemek) servis yapan kimse; (yemek) servis aleti

service /'sö:vis/ *a.* hizmet; görev, iş, vazife; tapınma, ibadet, tören, ayin; askerlik; yarar, yardım, fayda; hizmetçilik, uşaklık; memuriyet; *sp.* servis; (otel, vb.'de) servis; takım, set, servis; *huk.* tebliğ ¤ *e.* bakmak, bakımını sağlamak, bakımını yapmak, onarmak *at your service* emrinize amade, emrinizde *of service* yardımcı, yararlı *service agreement* hizmet sözleşmesi *service area elek.* yayın alanı *service band elek.* yayın bandı *service bits biliş.* hizmet bitleri *service brake oto.* servis freni *service bureau biliş.* servis bürosu *service ceiling hav.* hizmet tavanı *service charge* servis ücreti *service manual* bakım el kitabı *service organizations biliş.* hizmet örgütleri *service pipe* servis borusu *service program biliş.* hizmet programı *service road* servis yolu *service routine biliş.* hizmet yordamı, servis yordamı *service stairs inş.* servis merdiveni *service station* benzin istasyonu

serviceability /sö:visı'bılıti/ *a.* yarar, kullanışlılık *serviceability ratio biliş.* hizmet verebilirlik oranı

serviceable /'sö:visıbıl/ *s.* dayanıklı; kullanışlı, işe yarar, yararlı *serviceable time biliş.* hizmet verebilme zamanı

serviceman /'sö:vismın/ *a.* ordu/donanma, vb. üyesi, asker

servicing /'sö:vising/ *a.* hizmet; bakım

servient /'sö:viınt/ *s.* ipotekli

serviette /sö:vi'et/ *a. İİ.* peçete, sofra peçetesi

servile /'sö:vayl/ *s. hkr.* köle gibi, köle gibi davranan, kulluk eden

serving /'sö:ving/ *a.* porsiyon

servitor /'sö:vıtı/ *a.* hizmetçi, uşak

servitude /'sö:vityu:d/ *a.* kölelik, kulluk

servo /'sö:vou/ *a.* servomekanizma ¤ *s.* servo *servo amplifier elek.* servo amplifikatör *servo brake oto.* servofren *servo control* servokumanda *servo link elek.* servo link *servo tab hav.* otomatik fletner *servo valve* servovalf

servomechanism /'sö:voumekınizım/ *a.* servomekanizma

servomotor /'sö:voumoutı/ *a.* servomotor

sesame /'sesımi/ *a.* susam

sessile /'sesil/ *s.* sapsız

session /'seşın/ *a.* oturum, celse; toplantı; *Aİ.* (üniversitede) dönem

set /set/ *e.* koymak; hazırlamak, kurmak; saptamak, belirlemek; gerçekleştirmek; batmak; ... olmasına neden olmak, ... olmasını sağlamak, ... bırakmak; başlatmak; (ödev/iş olarak) vermek; film/kitap vb.'ne belli bir ortam vermek; (müziğe) uyarlamak; tutmak, monte etmek; (kırık, çıkık) yerine oturtmak; (kırık, çıkık) yerine oturmak; katılaşmak; katılaştırmak; (saç) ıslakken şekillendirmek; meyve vermek; ayarlamak, kurmak ¤ *a.* takım, set; seri, koleksiyon; grup, takım; cihaz, set; (güneş) batma, batış, gurup; duruş, vaziyet; (giysi) vücuda oturuş; film çekilen yer, set; *tiy.* dekor, stüdyo düzlüğü; *sp.* set; dönme, dönemeç; fidan; gidiş ya da akış yönü; eğilim, yön, meyil ¤ *s.* niyetli, kararlı, kafasına koymuş; hazır; sabit, değişmez; belirli, belirlenmiş, kararlaştırılmış *Set a thief* *to catch a thief* Dinsizin hakkından imansız gelir *set a good example* iyi örnek olmak *set about* başlamak, girişmek *set against* birbirine düşürmek, arasını bozmak; ile dengelemek *set aside* bir kenara koymak, biriktirmek, ayırmak, saklamak; bir kenara bırakmak, önem vermemek; *huk.* bozmak, geçersiz kılmak, iptal etmek, feshetmek *set back* (saati) geri almak; geciktirmek, ilerlemesine, gelişmesine engel olmak; *kon.* mal olmak, patlamak *set down* yazmak, kaydetmek; *İİ.* durup yolcu indirmek *set eyes on* gözüne ilişmek *set fire to* ateşe vermek *set foot in/on* ayak basmak *set free* serbest bırakmak *set great store by sb/sth* birine veya bir şeye dağlar kadar güvenmek *set in* (özellikle kötü bir şey) başlamak, gelip çatmak; ortaya çıkmak, meydana gelmek *set of warp teks.* çözgü sıklığı *set off on a journey* yolculuğa çıkmak *set off* yolculuğa başlamak, yola çıkmak; (bomba, vb.) patlatmak; daha göze çarpar hale getirmek, meydana çıkarmak; -e neden olmak, başlatmak *set on* saldırmak; üstüne salmak, saldırtmak *set one back on one's heels* birini beyninden vurulmuşa döndürmek *set one's cap at* abayı yakmak *set one's face against* karşı çıkmak *set one's heart/hopes/mind on* -e gönül vermek, -i aklına koymak *set out* yola çıkmak; (to ile) başlamak; açıklamak, belirtmek; düzenlemek *set piece* yerleşik kurallara ya da biçeme uygun olarak yaratılmış yazınsal ya da sanatsal yapıt *set sb's teeth on edge* sinirine dokunmak *set square* gönye *set sth aside for* ayırmak *set the ball rolling* ön ayak olmak *set theory mat.* kümeler kuramı *set to rights* iyileştirmek, düzeltmek, adam etmek *set to work* işe/çalışmaya başlamak *set up a business* iş açmak *set up* (iş, vb.) kurmak; dikmek; (as ile) olarak işe başlamak/başlatmak; iyileştirmek, sağlığına kavuşturmak; (birisinin) başını belaya sokmak

setback /'setbek/ *a.* gerileme, kötüleme, kötüye gitme, düşme; başarısızlık, yenilgi

set-in /'setin/ *s.* birbirine dikilmiş

set-off /'setof/ *a.* süsleme, donatma, dekorasyon; karşılık, bedel; tezat, kontrast; karşılıklı dava; mahsup

setscrew /'setskru:/ *a.* kontrol vidası, ayar vidası, tespit vidası

sett /set/ *a.* kaldırım taşı

settee /se'ti:/ *a.* kanepe

setter /'setı/ *a. hayb.* bir tür av köpeği, seter

setting /'seting/ *a.* koyma, yerleştirme; batma; çerçeve, yuva; konunun geçtiği yer ve zaman, ortam; sahne, dekor; bir kişilik yemek takımı; (çimento) priz *setting gauge mak.* ayar mastarı *setting machine teks.* fiksaj makinesi *setting of concrete* beton donması *setting zone teks.* fiksaj alanı

settle /'setl/ *e.* -de koloniler kurmak; yerleşmek; konmak; (rahat edecek şekilde) yerleştirmek; yatıştırmak; yatışmak; halletmek, çözmek, tatlıya bağlamak; karara bağlamak, kararlaştırmak; ödemek; dibe çökmek, çökelmek; çökeltmek *settle an account* hesabı ödemek *settle an account with sb* hesaplaşmak *settle down* oturmak, kurulmak, yerleşmek; oturtmak, yatırmak, yerleştirmek; sakin bir yaşam sürmeye başlamak; alışmak; durulmak, sakinleşmek, yatışmak; sakinleştirmek, yatıştırmak, susturmak *settle for* razı olmak, fit olmak *settle for account* vadeli satmak *settle in* (yeni bir ortama) alışmak; alışmasına yardımcı olmak *settle sb's hash* çanına ot tıkamak, defterini dürmek *settle up* (borcunu) ödemek, (hesabını) kapatmak

settled /'setld/ *s.* sabit, değişmez, yerleşmiş; yerleşik; meskûn, oturulan, şenelmiş *settled account* kapatılmış hesap

settlement /'setlmınt/ *a.* yeni küçük yerleşim alanı; göç; uzlaşma, anlaşma, karar; ödeme, tediye; yerleşme, iskân; çözme, halletme; evlilik sözleşmesi *settlement day* hesaplaşma günü, tasfiye günü

settler /'setlı/ *a.* yeni bir yere gidip yerleşen kimse, göçmen

settling /'setling/ *a.* oturma, tasman *settling basin* tersip havuzu, çökeltme havuzu

setto /set'tu:/ *a.* çarpışma; tartışma; kavga

setup /'setap/ *a.* ayar; kurulum; yapı; düzenleme, organizasyon; montaj; tertip; tasarı, proje; durum, hal, vaziyet; *Aİ.* avanak, saftirik; *Aİ.* kolay iş; *Aİ.* şikeli maç, danışıklı dövüş; *sin.* çekim için yapılan yerleştirme *setup diagram biliş.* montaj şeması, kurgu çizeneği *setup time biliş.* hazırlık zamanı

seven /'sevın/ *a. s.* yedi *seven bit alphameric code biliş.* yedi bit alfamerik kod *seven-track tape biliş.* yedi izli şerit

seventeen /sevın'ti:n/ *a. s.* on yedi

seventeenth /sevın'ti:nt/ *a. s.* on yedinci

seventh /'sevınt/ *a. s.* yedinci

seventieth /'sevıntiıt/ *a. s.* yetmişinci

seventy /'sevınti/ *a. s.* yetmiş

sever /'sevı/ *e.* kesmek; kesilmek; parçalamak; parçalanmak; kopmak; koparmak; ayırmak; ayrılmak

several /'sevırıl/ *s.* birkaç; ayrı ayrı, farklı, değişik; çeşitli, bazı ¤ *adl.* birkaçı, kimi, bazısı

severally /'sevırıli/ *be.* ayrı ayrı; birer birer, teker teker

severance /'sevırıns/ *a.* ayırma, ayrılma; ilişki kesme, koparma *severance pay* kıdem tazminatı

severe /si'vıı/ *s.* sert, katı; acı veren, şiddetli; sert, şiddetli; kıran kırana, şiddetli; sade, gösterişsiz *severe accident* ağır kaza

severely /si'vııli/ *be.* şiddetle; ciddi olarak

severity /si'verıti/ *a.* şiddet, sertlik *severity of quench met.* suverme şiddeti

sew /sou/ *e.* dikmek; dikiş dikmek

sewage /'su:ic/ *a.* lağımdan akan artık madde, lağım pisliği; lağım boşaltma *sewage disposal* pissu boşaltımı, pissuyun temizlenmesi *sewage pipe* pissu borusu

sewer /'su:ı/ *a.* lağım, kanalizasyon, geriz *sewer gas* lağım gazı *sewer pipe* lağım borusu, lağım künkü *sewer rat* lağım faresi

sewer /'souı/ *a.* dikişçi, dikiş diken kimse

sewerage /'su:ıric/ *a.* kanalizasyon *sewerage system/network* lağım sistemi

sewing /'souing/ *a.* dikiş, dikim *sewing*
machine teks. dikiş makinesi *sewing machine needle teks.* dikiş makinesi iğnesi *sewing machine oil teks.* dikiş makinesi yağı *sewing silk teks.* ibrişim *sewing yarn teks.* dikiş ipliği

sex /seks/ *a.* cinsiyet; cinsellik; cinsel ilişki, seks *sex appeal* cinsel çekicilik, seksapel *sex shop* (seks gereçleri/pornografi satan) seks dükkânı

sexadecimal /seksı'desimıl/ *s.* onaltılı *sexadecimal notation biliş.* onaltılı yazım

sexagenarian /seksıci'neıriın/ *a.* 60-69 yaş arasındaki kimse, altmışlık

sexism /'seksizım/ *a.* karşı cinsin zayıf olduğunu savunan zihniyet, seksizm

sexist /'seksist/ *s. a.* karşı cinsin daha zayıf/yeteneksiz olduğuna inanan, seksist

sexless /'sekslıs/ *s.* cinsiyetsiz; cinsel çekiciliği olmayan

sexology /sek'solıci/ *a.* seksoloji

sexploitation /seksploy'teyşın/ *a.* cinsellik sömürüsü, basın vb.'nin ticari açıdan seksi kullanması

sexpot /'sekpot/ *a.* seks bombası

sextant /'sekstınt/ *a.* sekstant

sextet /seks'tet/ *a. biliş.* altı bitlik sayı

sexton /'sekstın/ *a.* kilise hademesi, zangoç

sextuplet /sek'styu:plit/ *a.* altız

sexual /'seksyuıl, 'sekşuıl/ *s.* cinsel, cinsi, eşeysel; *bitk.* eşeyli *sexual deviation* cinsel sapıklık *sexual harassment* cinsel taciz *sexual instinct* cinsel içgüdü *sexual intercourse* cinsel birleşme *sexual organs* üreme organları, tenasül uzuvları

sexuality /sekşu'eliti, seksyu'eliti/ *a.* seks düşkünlüğü, sekse ilgi duyma; cinsel özellikler

sexually /'seksyuıli/ *be.* cinsel olarak, eşeysel olarak

sexy /'seksi/ *s.* seksi, çekici; cinsel arzu uyandıran, şehevi; cinsel içerikli

shabbiness /'şebinis/ *a.* kılıksızlık, pejmürdelik; adilik, alçaklık

shabby /'şebi/ *s.* eski, yıpranmış, eski püskü, pejmürde; kılıksız, pejmürde; aşağılık, adi, berbat, rezil

shack /şek/ *a.* kulübe, baraka

shackle /'şekıl/ *a.* köstek; pranga, zincir; engel; kelepçe, bağlantı demiri, zincir baklası *shackle bolt* kilit cıvatası

shad /şed/ *a.* tirsi balığı

shade /şeyd/ *a.* gölge, karanlık; gölgelik yer; perde, stor; renk tonu, gölge; (resimde) gölge, gölgeleme; küçük fark, ayrıntı, nüans; hayalet, ruh ¤ *e.* gölgelemek, gölgelendirmek, gölge vermek, karartmak *put sb/sth in the shade* bir şeyi ya da birini gölgede bırakmak *shade bearer orm.* gölge ağacı *shade density orm.* gölge yoğunluğu *shade away* yavaş yavaş kaybolmak

shades /şeyd/ *a. kon.* güneş gözlüğü

shadiness /'şeydinis/ *a.* gölgelik; şüphelilik

shading /'şeyding/ *a.* gölgeleme *shading dye* nüanslama boyası, tonlama boyası

shadow /'şedou/ *a.* gölge, karanlık; keder, hüzün; iz, eser; hayalet, ruh; zerre, nebze; ayrılmaz arkadaş, gölge; koruma, himaye ¤ *e.* gölgelendirmek, gölgelemek, gölgesiyle örtmek, karartmak; gölgesi gibi izlemek, gizlice izlemek, gözetlemek, peşinden ayrılmamak, gölgesi olmak *be afraid of one's own shadow* kendi gölgesinden korkmak *be worn to a shadow* kan ter içinde kalmak *shadow cabinet* gölge kabine *shadow chancellor* muhalefetteki bakan *shadow foreign secretary* muhalefetteki dışişleri bakanı *shadow mask elek.* maske, delikli maske, maskeleme tabakası, elek *shadow mask tube elek.* maskeli tüp, maskeli resim tüpü *shadow prices* gölge fiyatlar

shadowless /'şedoulis/ *s.* gölgesiz, açık

shadowy /'şedoui/ *s.* gölgeli, karanlık, loş; belli belirsiz, hayal meyal

shady /'şeydi/ *s.* gölgeli; gizli saklı; *kon.* namussuz, üçkâğıtçı, güvenilmez

shaft /şa:ft/ *a.* mil, şaft, dingil; ok; araba oku; sütun gövdesi; ışın; hava bacası; çekiç, vb. aletlerin sapı; *mad.* maden kuyusu, hava bacası; ışık ışını *get the shaft arg.* canı yanmak *give sb the shaft arg.* canını yakmak *shaft angle mak.* dingil açısı *shaft cable mad.* kuyu kablosu *shaft collar mad.* kuyu yakası *shaft coupling* mil akuplemanı, mil kavraması *shaft lime kiln* yukarıdan doldurmalı kireç ocağı *shaft pillar mad.* kuyu topuğu *shaft sinking mad.* kuyu açma

shafting /şa:ft/ *a.* şaft donanımı

shag /şeg/ *a.* sert tütün

shaggy /'şegi/ *s.* kaba tüylü, sert kıllı, çok kıllı, pösteki gibi; kabarık, taranmamış; yontulmamış, pürüzlü

shah /şa:/ *a.* şah

shake /şeyk/ *e.* sallamak, sarsmak; sallanmak, sarsılmak; silkelemek, silkmek; sarsmak, allak bullak etmek; çalkalamak; (el) sıkışmak ¤ *a.* sarsıntı, sarsma, titreme, sallama, sallanma, silkme; el sıkışma; *kon.* an, saniye; (ağaç) çatlak, yarık *be no great shakes kon.* üstün biri olmamak *get the shakes* titremeye başlamak *in two shakes of a lamb's tail* kaşla göz arasında *no great shakes* şöyle böyle *shake down* yer yatağında uyumak; (yeni işe, çevreye, vb.) alışmak; sarsarak düşürmek *shake in one's shoes/boots* üç buçuk atmak/ödü kopmak *shake off* -den kurtulmak, kaçmak, başından atmak, silkip atmak *shake one's head* kafasını sallayarak "hayır" demek *shake out* silkelemek *shake the dust off one's feet* başını alıp gitmek *shake up* yeniden örgütlemek, düzenlemek, değişiklik yapmak; sarsmak, allak bullak etmek; çalkalamak *shaking channel* sarsak oluk, sarsıntılı oluk

shake-up /'şeykap/ *a.* köklü değişiklik, yeniden örgütleme, düzenleme

shakedown /'şeykdaun/ *a.* uydurma yatak, yer yatağı; *arg.* para sızdırma, şantaj; *kon.* derinlemesine araştırma, inceleme; alıştırma, deneme

shaker /şeykı/ *a. AÎ.* tuzluk/biberlik

shakiness /'şeykinis/ *a.* zayıflık, titreklik

shaking /'şeyking/ *a.* sallama, sallanma ¤ *s.* sallanan

shaky /'şeyki/ *s.* titrek, sarsak; sallanan, çürük, güvenilmez

shale /şeyl/ *a.* katmanlarına ayrılabilen yumuşak kaya, tortulu şist

shall /şel, şıl/ *e.* -ecek, -acak *shall I* -eyim mi, -ayım mı, yapayım mı, edeyim mi *shall we* -elim mi, -alım mı, yapalım mı, edelim mi

shallop /'ʃelɪp/ *a.* küçük balıkçı teknesi

shallot /ʃɪ'lɔt/ *a. bitk.* soğancık

shallow /'ʃelou/ *s.* derin olmayan, sığ; yüzeysel; dar

shallowness /'ʃelounis/ *a.* sığlık

sham /ʃem/ *a.* taklit, yapmacık, yalan ¤ *e.* numara yapmak, ayak yapmak, rol yapmak

shamble /'ʃembɪl/ *e.* ayaklarını sürterek yürümek

shambles /'ʃembɪlz/ *a.* kanara, mezbaha; savaş alanı; *kon.* darmadağın yer

shame /ʃeym/ *a.* utanç; utanma; şerefsizlik, leke, utanç; ayıp, utanılacak şey; yazık, şanssızlık ¤ *e.* utandırmak **put sb/sth to shame** -den utandıracak derecede üstün olmak **shame on you** Ayıp sana!

shamefaced /ʃeym'feyst/ *s.* utanmış

shameful /'ʃeymfɪl/ *s.* ayıp, utanç verici, yüz kızartıcı

shameless /'ʃeymlis/ *s.* utanmaz, arlanmaz, yüzsüz, arsız

shamelessness /'ʃeymlisnis/ *a.* arsızlık, utanmazlık

shammer /'ʃemɪ/ *a.* dolandırıcı; ikiyüzlü kimse

shammy leather /'ʃemi ledɪ/ *a. teks.* güderi

shampoo /ʃem'pu:/ *a.* şampuan ¤ *e.* şampuanlamak

shamrock /'ʃemrok/ *a. bitk.* yonca

shandy /'ʃendi/ *a. İİ.* bira ve gazoz karışımı bir içki

shank /ʃenk/ *a.* bacak; baldır, incik; aletin orta yeri; çiçek/yaprak sapı **shanks's pony** *kon.* tabanvay

shantung /ʃen'tang/ *a. teks.* şantuk

shanty /'ʃenti/ *a.* kulübe; gemici şarkısı

shantytown /'ʃentitaun/ *a.* gecekondu bölgesi, teneke mahallesi

shape /ʃeyp/ *a.* biçim, şekil; kalıp; *kon.* form, kondisyon ¤ *e.* biçim vermek, biçimlendirmek; etkilemek, yönlendirmek, biçimlendirmek; gelişmek **Shape up or ship out** Ya bu deveyi gütmeli, ya bu diyardan gitmeli **shaping machine** planya makinesi, freze makinesi

shaped /ʃeypt/ *s.* biçimli, şekilli

shapeless /'ʃeyplis/ *s.* biçimsiz, şekilsiz

shapely /'ʃeypli/ *s.* (kadın vücudu, vb.) biçimli, düzgün, güzel

shaper /'ʃeypɪ/ *a.* vargel tezgâhı

share /ʃeɪ/ *a.* pay, hisse; hisse senedi, aksiyon; saban demiri ¤ *e.* paylaşmak; paylaştırmak, bölüştürmek **share and share alike** *kon.* her şeyi ortak kullanmak, paylaşmak, eşit haklara sahip olmak **share certificate** hisse senedi sertifikası **share holder** hissedar, aksiyoner **share index** hisse senedi endeksi **share list** borsa cetveli **share market** hisse senedi piyasası **share of profits** kâr paylaşımı **share option** hisse senedi opsiyonu **share price index** hisse fiyat indeksi **share price** hisse bedeli **share tenant** müşterek kiracı **shared control unit** *biliş.* paylaşımlı denetim birimi **shared data path** *biliş.* paylaşımlı veri yolu **shared file** *biliş.* paylaşımlı dosya, paylaşımlı kütük **shared procedure** *biliş.* paylaşımlı prosedür, ortak işlemdizin **shared storage** *biliş.* paylaşımlı bellek

shareholder /'ʃeɪhouldɪ/ *a.* hissedar

shark /ʃa:k/ *a.* köpekbalığı; *kon.* hilekâr, dolandırıcı, üçkâğıtçı; usta kimse, mahir kimse ¤ *e.* köpekbalığı avlamak; dolandırmak, dolandırıcılıkla geçinmek

sharp /ʃa:p/ *s.* keskin; sivri; keskin, içe işleyici; keskin, ekşimsi; ani; net, açık seçik; ani ve sert; iğneleyici, incitici, kırıcı, sert; uyanık, açıkgöz, kurnaz, üçkâğıtçı; *müz.* diyez ¤ *be.* tam; aniden; *müz.* diyez ¤ *a. müz.* diyez nota; diyez işareti; usta kimse, mahir; dolandırıcı, madrabaz; çok sivri uçlu iğne **look sharp** uyanık olmak, gözünü dört açmak; acele etmek, elini çabuk tutmak **sharp curve** *hav.* keskin dönüş **sharp edge** keskin ağız **sharp practice** hileli iş, dalavere **sharp turn** keskin viraj

sharpen /'ʃa:pɪn/ *e.* bilemek, sivriltmek, keskinleştirmek; sivrilmek, keskinleşmek **sharpen one's brain** gözünü açmak **sharpening machine** bileme makinesi

sharpener /'ʃa:pɪnɪ/ *a.* bileyici; kalemtıraş

sharper /'ʃa:pɪ/ *a.* dolandırıcı, üçkâğıtçı, hileci

sharpness /'ʃa:pnɪs/ *a.* keskinlik; netlik; sivrilik; sertlik, şiddet; uyanıklık, kurnazlık; ekşilik

shatter /'şetı/ *e.* kırmak, paramparça etmek; kırılmak, paramparça olmak; bozmak, mahvetmek, suya düşürmek; bozulmak, mahvolmak; *İİ. kon.* yorgunluktan öldürmek

shatterproof /'şetıpru:f/ *s.* dağılmaz, kırılmaz *shatterproof glass* dağılmaz cam, emniyet camı

shave /şeyv/ *e.* tıraş olmak; tıraş etmek; rendelemek, kesmek ¤ *a.* tıraş *a close shave kon.* kıl payı kaçış/kurtuluş *a narrow shave kon.* kıl payı kaçış/kurtuluş

shaver /şeyvı/ *a.* tıraş makinesi *young shaver* acemi çaylak

shaving /'şeyving/ *a.* tıraş

shavings /'şeyvingz/ *a.* talaş, yonga, çapak

shawl /şo:l/ *a.* şal, atkı

she /şi:, şi/ *adl.* (dişil) o; (ülkeler ve taşıtlar için) o ¤ *a.* dişi

sheaf /şi:f/ *a.* demet, deste

shear /şiı/ *e.* makasla kesmek; saçını kesmek; (koyun tüyünü) kırkmak, kırpmak; makaslamak ¤ *a.* kesme; kırkma, kırpma; biçme, makaslama *shear deformation* kesme deformasyonu *shear force* kesme kuvveti *shear modulus* kesme modülü *shear pin* emniyet pimi *shear strength* makaslama direnci *shear wave* kesme dalgası, enine dalga

shearing /'şiıring/ *a.* kırkma, kırpma; makaslama *shearing action* kesme etkisi, makaslama etkisi *shearing force* kesme kuvveti *shearing machine* kesme makinesi

shears /'şiız/ *a.* yün kırkma makası, büyük makas, teneke makası, maden makası

sheath /şi:t/ *a.* kın, kılıf; prezervatif, kılıf

sheathe /şi:d/ *e.* kınına/kılıfına koymak; gizlemek

sheathing /'şi:ding/ *a.* kaplama; zırh *sheathing paper* kaplama kâğıdı

sheave /şi:v/ *a.* çıkrık, makara, kasnak

shebang /şı'beng/ *a.* mağaza; iş, kurum

shed /şed/ *e.* dökmek, saçmak, akıtmak; kan akıtmak; (kıl, deri, vb.) dökmek; çıkarmak, atmak ¤ *a.* sundurma; kulübe, baraka, sundurma; hangar

shed crocodile tears sahte gözyaşı dökmek *shed light on* ışık tutmak *shed roof inş.* şet çatı

sheen /şi:n/ *a.* parlaklık

sheeny /şi:ni/ *s.* parlak

sheep /şi:p/ *a.* koyun *black sheep* yüzkarası, olumsuz fert/üye *follow like sheep* körü körüne bir lideri takip etmek *sheep pen trm.* koyun ağılı *sheep shearing* koyun kırpımı *sheep walk trm.* koyun otlağı *sheep's eyes* baygın bakışlar, mahcup bakışlar *separate/sort out the sheep from goats* iyileri kötülerden ayırmak

sheepdip /'şi:pdip/ *a.* koyun postundaki zararlıları öldürmek için hazırlanan kimyasal sıvı

sheepdog /'şi:pdog/ *a.* çoban köpeği

sheepfold /'şi:pfould/ *a. trm.* koyun ağılı

sheepish /'şi:piş/ *s.* utangaç, çekingen

sheepskin /'şi:pskin/ *a.* koyun pöstekisi

sheer /şiı/ *s.* katıksız, sırf, safi, halis; dimdik, sarp; tül gibi, incecik ¤ *be.* dimdik ¤ *e.* (çarpmamak için) yolunu değiştirmek, yönünü değiştirmek

sheerlegs /'şiılegz/ *a.* iki direkli maçuna, darağacı

sheet /şi:t/ *a.* çarşaf, yatak çarşafı; kâğıt yaprağı, tabaka; levha, sac; *arg.* gazete; *den.* iskota, lisa *sheet anchor den.* ocaklık demiri *sheet asphalt* tabaka asfalt *sheet bend den.* iskota bağı *sheet brass* pirinç levha, pirinç sac *sheet copper* bakır levha, bakır sac *sheet erosion* yüzey erozyonu, yüzeysel erezyon *sheet feeder biliş.* sayfa besleyici *sheet iron* demir levha, demir sac *sheet lead* kurşun levha, levha kurşun *sheet metal* metal levha, sac *sheet metal screw* sac vidası *sheet mica* yaprak mika *sheet mill* sac haddesi *sheet pile* palplanş *sheet steel* çelik sac *sheet tin* teneke levha *sheet zinc* çinko levha

sheeting /'şi:ting/ *a.* örtme; kaplama, perde

sheikh /şeyk/ *a.* şeyh

shelf /şelf/ *a.* sergen, raf; düz kaya *be left on the shelf* evde kalmak *shelf life* raf ömrü

shell /şel/ *a.* deniz hayvanı kabuğu, deniz kabuğu; kabuk; bina iskeleti; topçu

mermisi; yarış sandalı, kik ¤ e.
kabuğunu çıkarmak, kabuğunu soymak,
ayıklamak; topa tutmak, topçu mermisi
atmak *retire/go into one's shell*
kabuğuna çekilmek *shell bit* kaşık
matkap *shell bossing den.* uskur şaftı,
kuyruk şaftı *shell out kon.* (parayı)
sökülmek, ödemek, uçlanmak *shell
star gökb.* kabuklu yıldız *shell-type
transformer elek.* kabuk tipi
transformatör
shellac /şı'lek/ *a.* gomalak, şelak
shelled /şeld/ *s.* kabuklu
shellfish /'şelfiş/ *a.* kabuklu deniz
hayvanı
shelling /'şeling/ *a.* ateş açma
shelter /'şeltı/ *a.* sığınak, barınak,
korunak, siper; sığınma, korunma ¤ e.
barındırmak, korumak; sığınmak *shel-
ter deck den.* barınak güverte
shelterbelt /'şeltıbelt/ *a.* koruma kuşağı,
koruyucu kuşak
shelve /şelv/ *e.* rafa koymak, raflara
dizmek; bir kenara atmak, rafa
kaldırmak, ertelemek; (down/up ile)
(arazi) meyillenmek
shelving /'şelving/ *a.* raflar; raf
malzemesi
shenanigan /şi'nenigın/ *a.* kurnazlık;
dolandırıcılık
shepherd /'şepıd/ *a.* çoban; önder,
kılavuz ¤ e. gütmek; yol göstermek,
kılavuzluk etmek, önderlik etmek, -e
götürmek
sherardizing /'şerıdayzing/ *a. met.* çinko
emdirme, Sherard işlemi
sherbet /'şö:bıt/ *a. İl.* şerbet; meyveli
dondurma
sheriff /'şerif/ *a.* (Amerika'da) şerif, polis
şefi
sherry /'şeri/ *a.* beyaz İspanyol şarabı,
şeri
shield /şi:ld/ *a.* kalkan; siper, koruyucu ¤
e. korumak, siper olmak *shielded arc
welding* siperli ark kaynağı *shielded
cable elek.* blendajlı kablo *shielded
metal arc welding* siperli metal ark
kaynağı *shielded pair elek.*
ekranlanmış çift *shielding window fiz.*
ekran penceresi
shieling /'şi:ling/ *a.* çoban
shift /şift/ *a.* değişme, değiştirme,

değişiklik; vardiya, nöbet, posta;
çalışma süresi, iş nöbeti; çuval giysi;
oto. şanjman, şanzıman; kaçamak,
bahane, hile; çare, tedbir; dönme,
rotasyon ¤ e. (başka bir yere)
taşımak/kaldırmak; değişmek;
değiştirmek; (rüzgâr) yön değiştirmek;
(suç, vb.) atmak, yüklemek; *Al.* (vites)
değiştirmek; geçinmek, idare etmek,
yaşamak *do shift work* vardiyalı
çalışmak *shift change-over* vardiya
değişmesi *shift down oto.* vites
küçültmek *shift for oneself* başının
çaresine bakmak *shift key* klavyede
büyük harf tuşu *shift lever oto.* vites
kolu *shift out biliş.* dışarıya kaydırma
shift register biliş. kaydırma yazmacı
shift up oto. vites büyültmek *shift
work* vardiyalı iş *shift-in character
biliş.* olağan koda geçiş karakteri *shift-
out character biliş.* özel koda geçiş
karakteri *shifting sand* hareketli kum,
yer değiştiren kum
shifter /'şiftı/ *a.* hırsız; değiştirici; şalter,
devre kesici
shiftiness /'şiftinis/ *a.* hilekârlık; pişkinlik
shifting /'şifting/ *s.* değişken
shiftless /'şiftlıs/ *s.* amaçsız, tembel,
uyuşuk, uyuntu
shifty /'şifti/ *s.* güvenilmez
shikar /şi'ka:/ *a.* av, avcılık ¤ e. avlanmak
shikaree /şi'ka:ri/ *a.* (Hindistanda) avcı
shikari /şi'ka:ri/ *a.* (Hindistanda) avcı
shilling /'şiling/ *a.* şilin *cut sb off with a
shilling* birini mirastan yoksun etmek
shilly-shally /'şilişeli/ *e.* tereddüt etmek ¤
a. tereddüt
shim /şim/ *a.* kama, ara sacı, şim, layner
shimmer /'şimı/ *a.* titrek ışık, parıltı ¤ e.
parıldamak, titrek ışıkla parıldamak
shimmery /'şimıri/ *s.* parıltılı
shimmy /'şimi/ *a. oto.* şimi, esneme,
titreme *shimmy damper hav.* şimi
damper
shin /şin/ *a. anat.* incik ¤ e. (up/down ile)
(direğe, ağaca, vb.) maymun gibi
tırmanmak, çabucak ve kolayca
tırmanmak
shindy /'şindi/ *a.* gürültü, şamata
shine /şayn/ *e.* parlamak, parıldamak,
ışıldamak; kendini göstermek,
parlamak; parlatmak ¤ *a.* parlaklık,

parıltı; cila, cilalama, parlatma *rain or shine* hava nasıl olursa olsun *take a shine to sb kon.* -e kanı ısınmak, kanı kaynamak

shingle /'şingıl/ *a.* tahta kiremit, tahta pul, padavra, hartama; yuvarlak çakıl; çakıllı deniz kıyısı; alagarson kesilmiş kadın saçı ¤ *e.* (dam, vb.) tahta kiremitle kaplamak; saçı alagarson kesmek

shingles /'şingılz/ *a. hek.* zona

shingly /'şingli/ *s.* çakıllı

shining /'şayning/ *s.* parlak, ışıltılı

shiny /'şayni/ *s.* parlak, cilalı, gıcır gıcır; havsız

ship /şip/ *a.* gemi, vapur; *kon.* büyük uçak, uzaygemisi, uzay aracı ¤ *e.* gemiyle taşımak/göndermek; gemiye yüklemek; gemiye binmek; gemiye tayfa olarak almak/girmek; (birini bir yere) yollamak, göndermek; (mal) yollamak, göndermek, nakletmek *ship agent* gemi acentesi *ship broker* gemi acentesi, gemi komisyoncusu *ship building* gemi sanayii *ship canal den.* gemi kanalı *ship carpenter* gemi marangozu *ship chandler* gemi malzemeleri satan kimse *ship owner* donatan, armatör, gemi sahibi *ship's boat den.* gemi yatağı *ship's company* gemi mürettebatı *ship's lifeboat den.* gemi filikası *ship's papers* gemi evrakı *ship's report* gemi raporu *ship's side den.* gemi bordası *shipped bill of lading* sevk konşimentosu *when one's ship comes in/home* zengin olunca

shipboard /'şipbo:d/ *s.* gemide olan/kulllanılan

shipbuilder /'şipbildı/ *a. den.* gemi inşaatçısı

shipbuilding /'şipbilding/ *a. den.* gemi yapımı/inşaatı *shipbuilding yard den.* tersane, gemi şantiyesi

shiplap /'şiplep/ *a.* yarı lamba-zıvana

shipload /'şiploud/ *a.* gemi yükü

shipmaster /'şipma:stı/ *a.* gemi kaptanı

shipment /'şipmınt/ *a.* (mal) gönderme, yollama, taşıma, nakliye; gönderilen mal

shipowner /'şipounı/ *a.* donatan, armatör, gemi sahibi

shipper /'şipı/ *a.* nakliyeci, sevkıyatçı, yükleten; malları gönderen *shipper's*

manifest gümrük manifestosu

shipping /'şiping/ *a.* gemiler, filo, ticaret filosu; gemicilik; nakletme, nakliye, taşıma *shipping agent* deniz nakliyecisi; gemicilik şirketi *shipping bill* manifesto, sevk belgesi *shipping clerk* yükleme memuru *shipping company* gemicilik şirketi, deniz nakliyat şirketi *shipping conference* denizcilik konferansı *shipping documents* sevk vesaiki *shipping instructions* sevk direktif belgesi *shipping note* yük teslim ordinosu *shipping order* sevkıyat emri, ordinosu

shipshape /'şipşeyp/ *s.* düzgün, düzenli, muntazam, temiz *shipshape and Bristol-fashion* derli toplu

shipwreck /'şiprek/ *a.* karaya oturma, batma; deniz kazası ¤ *e.* gemiyi karaya oturtmak, gemiyi batırmak; mahvetmek, bozmak, yıkmak

shipyard /'şipya:d/ *a.* tersane

shire /'şayı/ *a.* eyalet, sancak

shirk /şö:k/ *e.* (işten, vb.) kaçmak, kaytarmak

shirr /şö:/ *a.* büzme, büzgü ¤ *e.* büzmek

shirt /şö:t/ *a.* gömlek *put one's shirt on sth kon.* -e bütün parasını yatırmak *give the shirt off one's back* elinde avucunda ne varsa vermek, varını yoğunu vermek *shirt-blouse* şömizye

shirting /'şö:ting/ *a.* gömleklik kumaş

shirtsleeve /'şö:tsli:v/ *a.* gömlek kolu *shirtsleeve diplomacy* açık diplomasi

shirtwaist /'şö:tweyst/ *a. teks.* şömizye bluz

shirty /'şö:ti/ *s. kon.* huysuz, kaba, aksi

shish kebab /'şişkibeb/ *a.* şişkebabı

shit /şit/ *a. kab.* bok; sıçma; *arg.* esrar, haşiş; saçmalık, zırva; bok herif, bir boka yaramaz kimse ¤ *ünl.* Allah kahretsin!, Lanet olsun!, Anasını ¤ *e. kab.* sıçmak; sıçıp batırmak *not give a shit* sikine takmamak, siklememek *not worth a shit* bir boka yaramamak, beş para etmemek *shit oneself* altına kaçırmak, korkudan altına etmek

shits /şits/ *a. kab.* ishal, amel *give sb the shits* -i gıcık etmek, midesini bulandırmak, uyuz etmek

shitty /'şiti/ *s. kab.* boktan, siktiriboktan

shiver /'şivı/ *a.* titreme, ürperti; ufak

parça, kıymık ¤ *e.* titremek, ürpermek
send shivers down one's back/spine
tüylerini diken diken etmek
shivering /'şivıring/ *a.* ürperme
shivery /'şivıri/ *s.* titrek
shoal /şoul/ *a.* sığ yer, sığlık; balık
sürüsü; kalabalık ¤ *e.* sürü halinde
toplanmak ya da dolaşmak; sığlaşmak
shock /şok/ *a.* darbe, vuruş, çarpma;
sarsma, sarsıntı; elektrik çarpması; şok;
tahıl balyaları, demet yığını; gür ve
karmakarışık saç ¤ *e.* çok sarsmak, çok
şaşırtmak, şok etmek; sarsmak,
şiddetle çarpmak ***shock absorber*** *oto.*
amortisör ***shock absorber bracket***
oto. amortisör mesnedi ***shock bending
test*** vurmalı bükme deneyi ***shock cool-
ing*** ani soğutma, şok soğutma ***shock
drying*** ani kurutma, şok kurutma
shock excitation şokla uyarma ***shock
heating*** *fiz.* şokla ısıtma ***shock load-
ing*** şoklu yükleme ***shock resistance***
şok direnci, sarsma dayanıklılığı ***shock
resistant*** şok dirençli, sarsma dirençli
shock troops *ask.* baskın birlikleri
shock wave *fiz.* şok dalgası, çarpma
dalgası
shocking /'şoking/ *s.* şaşırtıcı, şaşılacak,
şok edici, şok etkisi yapan; berbat, çok
kötü
shockproof /'şokpru:f/ *s.* darbeye
dayanıklı, çarpmaya dayanıklı
shod /şod/ *s.* pabuç giymiş, pabuçlu
shoddy /'şodi/ *a.* kaba yünlü kumaş ¤ *s.*
kalitesiz, baştansavma, uydurma; adi,
bayağı, şerefsiz
shoe /şu:/ *a.* ayakkabı, kundura; pabuç,
çarık; at nalı ***in sb's shoes*** -in yerinde,
-in durumunda ***shoe lining*** pabuç
balatası
shoehorn /'şu:ho:n/ *a.* ayakkabı
çekeceği, kerata
shoelace /'şu:leys/ *a.* ayakkabı bağı
shoemaker /'şu:meykı/ *a.* .ayakkabıcı,
kunduracı
shoestring /'şu:string/ *a. Aİ.* ayakkabı
bağı ***on a shoestring*** çok az para ile
get by on a shoestring tencerede
pişirip kapağında yemek
shoetree /'şu:tri/ *a.* ayakkabı kalıbı
shoo /şu:/ *ünl.* hoşt, pist, kış ¤ *e.*
kovmak, kışkışlamak

shoot /şu:t/ *e.* ateş etmek; atmak,
fırlatmak; (ateş edip) vurmak,
yaralamak, öldürmek; yıldırım gibi
geçmek; aniden fırlamak; (film, resim)
çekmek ¤ *a. bitk.* filiz, sürgün; atış; av
partisi; av alanı ***shoot down*** (uçak)
düşürmek; *kon.* -e "hayır" demek, karşı
çıkmak ***shoot from the hip*** dan diye
söylemek ***shoot one's bolt*** elinden
geleni yapmak ***shoot out*** aniden
çıkmak, dışarı fırlamak; aniden
çıkarmak ***shoot up*** hızla yükselmek;
rasgele ateş etmek
shooter /'şu:tı/ *a.* vurucu, nişancı
shooting /'şu:ting/ *a.* atış; atıcılık, avcılık;
sin. filme alma, film çekme, çekim
shooting range kamera mesafesi,
kamera uzaklığı ***shooting script*** *sin.*
çekim senaryosu, çevirim senaryosu
shooting star *gökb.* akanyıldız, ağma,
şahap
shop /şop/ *a.* dükkân, mağaza; işlik,
atölye, yapımevi ¤ *e.* alışverişe çıkmak,
alışveriş yapmak ***come to the wrong
shop*** yanlış kapı çalmak ***set up shop***
işe başlamak ***shop assistant*** satış
elemanı, tezgâhtar ***shop committee*** iş
komitesi ***shop fitter*** dükkân
düzenleyicisi ***shop floor*** üretim
bölümü; işçiler, çalışanlar ***shop floor
workers*** işçiler, çalışanlar ***shop girl***
tezgâhtar kız ***shop steward*** işçi
temsilcisi ***shop with (a shop)*** (bir
dükkândan) alışveriş yapmak ***shop-
soiled*** dükkânda bozulmuş ***shop
around*** alışveriş için fikir edinmek
shopkeeper /'şopki:pı/ *a.* dükkâncı,
mağaza sahibi
shopkeeping /'şopki:ping/ *a.* dükkâncılık;
perakendecilik
shoplift /'şoplift/ *e.* dükkânlardan eşya
çalmak
shoplifter /'şopliftı/ *a.* dükkân hırsızı
shoplifting /'şoplifting/ *a.* dükkân
hırsızlığı
shopper /'şopı/ *a.* alışveriş eden kimse
shopping /'şoping/ *a.* alışveriş ***go shop-
ping*** alışverişe çıkmak ***shopping cen-
ter*** alışveriş merkezi ***shopping list***
alışveriş listesi
shoptalk /'şopto:k/ *a.* iş konuşması
shopwindow /'şopwindou/ *a.* vitrin

shore /şo:/ *a.* kıyı, sahil; kara; dayanak, destek, payanda ¤ *e.* desteklemek *shore effect* (radar) kıyı etkisi *shore line* sahil hattı

shoreless /'şo:lis/ *s.* denize kıyısı bulunmayan

shoreward /'şo:wıd/ *s.* kıyıya doğru

shoring /'şo:ring/ *a. inş.* payandalama, destekleme, iksa

short /şo:t/ *s.* kısa; kısa boylu; kısa süren; parasız, yeterli parası olmayan; yeterli -si olmayan; az, kıt, yetersiz, kısıtlı; -si eksik; -e ... kala; kısa ve sert konuşan, aksi, ters; kısa ve sert, ters; (viski, vb. içki) küçük bardakla ve az miktarda içilen; (kek, pasta, vb.) kolayca ufalanan, gevrek ¤ *be.* aniden ¤ *a.* kısa devre, kontak; (viski, vb.) az miktarlarda içilen sert içki *for short* kısaca *in short* kısacası, sözün kısası, yani *have short arms and deep pockets* günahını koklatmamak *short and sweet* kon. kısa ve öz *short bill* kısa vadeli poliçe, kısa vadeli senet *short circuit* kısa devre, kontak *short cut* kestirme yol *short dated* kısa vadeli *short dated bill* kısa vadeli poliçe *short dated loan* kısa vadeli istikraz *short delay blasting* mad. kısa gecikmeli patlatma *short delivery* eksik gönderme *short film* sin. kısa metrajlı film *short for* -in kısası, kısa şekli *short form bill of lading* kısa konşimento *short list* (iş, vb. için) aday listesi, son elemeye kalanların listesi *short of* -in dışında, hariç *short precision* biliş. kısa kesinlik *short rate* kısa vadeli kur *short sale* açıktan satış *short seller* açıktan satış yapan, alivre satış yapan *short stroke* kısa kurslu *short syllable* kısa hece, kısa seslem *short term* kısa vadeli *short term credit* kısa vadeli kredi *short time* kısaltılmış iş zamanı *short ton* 907.185 kg *short wave* (radyo) kısa dalga *short wave converter* kısa dalga konvertisörü *short wheelbase* kısa dingil aralığı *short word* biliş. kısa sözcük

short-change /şo:t'çeync/ *e.* paranın üstünü eksik vermek; *kon.* aldatmak, kandırmak

short-list /'şo:tlist/ *e. İİ.* aday listesini

almak

short-lived /şo:t'livd/ *s.* kısa ömürlü, geçici

short-range /şo:t'reync/ *s.* kısa dönemli, kısa vadeli *short-range forces* fiz. kısa mesafe kuvvetleri

short-term /şo:t'tö:m/ *s.* kısa dönemli, kısa vadeli *short-term credit* kısa vadeli kredi

shortage /'şo:tic/ *a.* yokluk, kıtlık, sıkıntı, açık, eksik

shortbread /'şo:tbred/ *a.* şekerli galeta

shortcake /'şo:tkeyk/ *a. İİ.* kalın şekerli galeta; *Aİ.* meyveli kurabiye

shortcoming /'şo:tkaming/ *a.* kusur, eksiklik, eksik, noksan

shortcut /'şo:tkat/ *a.* kestirme yol, kısa yol, kestirme

shorten /'şo:tn/ *e.* kısalmak; kısaltmak

shortening /'şo:tning/ *a.* kısalma, kısaltma; azalma, eksilme; yağ *shortening capacitor* kısaltma kondansatörü

shortfall /'şo:tfo:l/ *a.* açık, eksik

shorthand /'şo:thend/ *a.* stenografi, steno *shorthand typist* stenograf

shorthanded /şo:t'hendid/ *s.* işçisi az

shortlist /şo:t'list/ *e.* son elemeyi yapmak üzere listeye almak

shortly /'şo:tli/ *be.* kısaca; yakında, az sonra

shortness /'şo:tnis/ *a.* kısalık; eksiklik, kıtlık

shorts /şo:ts/ *a.* kısa pantalon, şort; *Aİ.* erkek külotu

short-sighted /şo:t'saytid/ *s.* miyop; ileriyi göremeyen, sağgörüsüz, basiretsiz

shortwall /şo:t'wo:l/ *a. mad.* kısaayak

shot /şot/ *a.* atış; erim, atım, menzil; silah sesi; mermi, saçma; gülle; nişancı; girişim, deneme; *kon.* iğne, aşı; vuruş; şut; resim, enstantane fotoğraf; *kon.* kadeh, yudum; *sin.* çekim *s.* yanardöner, şanjan; hasta, yorgun, bitkin; eski, eskimiş *be a shot in the arm* ilaç gibi gelmek *big shot* hkr. kodaman *like a shot* kon. hemen, istekle, anında *shot blasting* met. yumru aşındırıcılı püskürtme *shot cloth* teks. yanardöner kumaş, şanjan kumaş *shot drilling* mad. bilyalarla sondaj, toparcıkla delme *shot effect* teks.

yanardöner görünüm, şanjan efekti
shot firer *mad.* barutçu, patlatman
shot in the arm *kon.* taze kan, iyiye
götüren şey **shot in the dark** *kon.* kaba
tahmin **shot peening** *met.* püskürtmeli
sertleştirme **shot silk** *teks.* yanardöner
ipek **shot taffeta** *teks.* tafta şanjan **take
a shot in the dark** kafadan atmak
shotgun /'şotgan/ *a.* av tüfeği, çifte
shotten /'şotın/ *s.* yumurta bırakmış
should /şud, şıd/ *e.* -meli, -malı, -mesi
gerek **I should like** istiyorum, isterim **I
should think** sanırım, herhalde **if he
should come** gelecek olursa
shoulder /'şouldı/ *a.* omuz; destek;
banket ¤ *e.* omuzla itmek, omuzlayarak
kendine yol açmak; omuza almak,
omuzlamak; kabul etmek, üstüne
almak, yüklenmek **give sb the cold
shoulder** birine omuz çevirmek **put
one's shoulder to the wheel** canını
dişine takmak **shoulder blade** *anat.*
kürekkemiği **shoulder to shoulder**
omuz omuza
shout /şaut/ *e.* bağırmak; seslenmek ¤ *a.*
bağırma, bağırış **shout down**
bağırarak sesini bastırmak **shout one's
head off** avaz avaz bağırmak
shout-out /'şu:taut/ *a.* silahlı çatışma
shouting /'şauting/ *a.* yaygara
shove /şav/ *e.* ittirmek **shove around**
kon. itip kakmak; şamar oğlanına
çevirmek **shove off** kon, *ünl.* ittir git!,
çek git!, toz ol!; sahilden ayrılmak
shovel /'şavıl/ *a.* kürek; bir kürek dolusu
miktar ¤ *e.* kürekle atmak, küremek
shovel loader kürekli yükleyici **shovel-
ling machine** küreme makinesi
show /şou/ *e.* göstermek; (film)
oynamak, gösterilmek; sergilenmek,
gösterilmek; görülmek, göze çarpmak ¤
a. görünüş; gösteriş; sergi, teşhir;
gösteri, oyun, temsil, şov; *kon.* fırsat,
olanak; *arg.* iş, girişim **get the show on
the road** uygulamaya koymak,
yürürlüğe koymak **it (all) goes to show**
kon. bu da kanıtlıyor ki **show a clean
pair of heels** tabanları yağlamak **show
biz** *kon. bkz.* show business **show
business** (film, tiyatro, şov, vb.)
eğlence işi, eğlence sanayii **show off**
gösteriş yapmak, hava atmak **show
one's face** insan içine çıkmak **show**

one's hand kozunu oynamak, niyetini
açığa vurmak **show one's teeth** diş
göstermek **show over** (satılık yer, vb.)
gezdirmek, göstermek **show up**
görünür hale getirmek, göstermek;
gözükmek, görünmek; ortaya çıkarmak,
açığa vurmak, ifşa etmek; *kon.* gelmek,
teşrif etmek, bulunmak; utandırmak,
rezil etmek **show window** vitrin; sergi
to show for -den eline geçen bir şey
olarak
showcase /'şoukeys/ *a.* vitrin
showdown /'şoudaun/ *a.* *kon.*
anlaşmazlığı çözme
shower /'şauı/ *a.* sağanak; duş;
sağanağa benzer şey, sağanak gibi
yağan şey; bolluk, bereket ¤ *e.* yağmak;
yağdırmak; ... yağmuruna tutmak; duş
almak **have a shower** duş almak
shower bath duş **take a shower** duş
yapmak
showery /'şauıri/ *s.* sağanaklı, sağanak
yağışlı
showing /'şouing/ *a.* gösterme, gösterim,
sergileme
showing-off /'şouingof/ *a.* gösteriş,
caka, fiyaka, hava; gösterişçi, gösteriş
meraklısı, fiyakalı kimse
showman /'şoumın/ *a.* (tiyatro, sirk, vb.
gibi) eğlence yeri müdürü; şovmen,
meddah
show-off /'şouof/ *a.* *kon.* hava atan
kimse, artist, gösterişçi
showroom /'şouru:m/ *a.* sergi salonu
showy /'şoui/ *s.* (fazla) dikkat çeken,
cart, cırtlak, cafcaflı, havalı
shrapnel /'şrepnıl/ *a.* şarapnel
shred /şred/ *a.* parça, lime, dilim ¤ *e.*
parçalamak, ince ince doğramak,
kıymak
shredder /'şredı/ *a.* *şek.* kamış kırıcı
shrewd /şru:d/ *s.* zeki, kurnaz
shrewdness /'şru:dnıs/ *a.* zekilik,
kurnazlık
shrewish /'şru:iş/ *s.* huysuz, hırçın
shriek /şri:k/ *e.* çığlık atmak, haykırmak ¤
a. acı feryat, çığlık
shrike /şrayk/ *a.* örümcekkuşu
shrill /şril/ *s.* tiz, keskin, cırtlak
shrimp /şrimp/ *a.* *hayb.* karides, teke;
bodur, cüce, bücür
shrine /şrayn/ *a.* kutsal emanetlerin

saklandığı kutu; türbe

shrink /şrink/ *e.* çekmek, büzülmek, küçülmek; çekmesine neden olmak, küçültmek; azalmak; kaçınmak, kaçmak, sinmek ¤ *a. Aİ. arg.* psikiyatrist *shrink fit* sıcak geçme, sıkma geçme

shrinkage /'şrinkic/ *a.* çekilme, büzülme, rötre; (odun) çapçekme, ençekme *shrinkage crack* büzülme çatlaması *shrinkage in length teks.* boyuna çekme *shrinkage in width teks.* enine çekme *shrinkage limit* büzülme limiti, rötre limiti *shrinkage measuring device teks.* çekme ölçüm aleti

shrinking /'şrinking/ *a.* çekme, büzülme, rötre

shrinkproof /'şrinkpru:f/ *s. teks.* çekmez, küçülmez *shrinkproof finish teks.* çekmezlik apresi

shrive /şrayv/ *e.* itiraf edilen günahları dinlemek

shrivel /'şrivıl/ *e.* kuruyup büzülmek, buruşmak, kıvrılmak, pörsümek

shroud /şraud/ *a.* kefen; örtü *shroud knot den.* çarmık cevizi *shroud line hav.* paraşüt tutma ipi

shrouding /'şrauding/ *a.* davlumbaz

shrub /şrab/ *a.* funda, çalı

shrubbery /'şrabıri/ *a.* çalılık

shrug /şrag/ *e.* omuz silkmek *shrug off* kafasına takmamak, aldırış etmemek *shrug one's shoulders* omuz silkmek

shuck /şak/ *a.* kabuk, mısır kabuğu

shudder /'şadı/ *e.* ürpermek, titremek

shuffle /'şafıl/ *e.* ayaklarını sürümek; (oyun kâğıdı) karıştırmak, karmak; karıştırmak, karman çorman etmek; ayak sürümek; yer değiştirmek, elden ele dolaştırmak ¤ *a.* ayak sürüme; kâğıt karma, karıştırma; karıştırma, karışıklık; ayak sürüme *shuffle off this mortal coil* ahreti boylamak

shuffling /'şafling/ *s.* hilekâr; kaçamaklı

shun /şan/ *e.* çekinmek, kaçmak, uzak durmak, sakınmak, kaçınmak

shunt /şant/ *e. demy.* makas değiştirmek, manevra yapmak, treni yan yola geçirmek; *elek.* paralel bağlamak, şönt yapmak ¤ *a. demy.* makas değiştirme, trenin yolunu değiştirme; *demy.* yan hat, yan yol; *elek.* şönt *shunt circuit* paralel devre, şönt devre *shunt coil*

elek. paralel bobin, şönt bobin *shunt current* şönt akımı, paralel devre akımı *shunt generator elek.* şönt jeneratör *shunt motor* şönt motor *shunt regulator elek.* şönt regülatör *shunt resistance* şönt rezistans *shunt resonance elek.* paralel rezonans, şönt rezonans *shunt winding* şönt sargısı *shunt-excited antenna elek.* paralel uyarılmış anten *shunt-field relay elek.* şönt alan rölesi *shunt-wound* şönt sargılı

shunted /'şantid/ *s.* şönt, devreye paralel bağlanmış

shunter /'şantı/ *a. demy.* manevracı, makasçı

shunting /'şanting/ *a.* manevra yapma

shut /şat/ *e.* kapamak, kapatmak; kapanmak *shut away* elini ayağını çekmek, diğerlerinden ayrı tutmak *shut down* (fabrikayı, işi, vb.) kapatmak, tatil etmek, işi durdurmak *shut off* kesmek *shut up* kapamak, kilitlemek; hapsetmek; susturmak, çenesini kapatmak; susmak, çenesini kapamak

shutdown /'şatdaun/ *a.* (fabrika, iş, vb.) kapanma, tatil, iş durdurma

shut-eye /'şatay/ *a. kon.* uyku

shutoff /'şatof/ *a.* kesme, durdurma *shutoff valve* kapama valfı

shutter /'şatı/ *a.* kepenk, panjur; objektif kapağı, obtüratör, ışık kesici ¤ *a.* panjur ya da kepenkleri kapatmak, indirmek *shutter speed fot.* obtüratör hızı, örtücü hızı

shutterbug /'şatıbag/ *a. kon.* fotoğraf meraklısı

shuttering /'şatıring/ *a.* beton kalıbı

shuttle /şatıl/ *a.* mekik; uzay mekiği ¤ *e.* gidip gelmek, mekik dokumak *shuttle belt conveyor* mekik konveyör, mekik taşıyıcı *shuttle box teks.* mekik kutusu *shuttle car mad.* mekik araba *shuttle change teks.* mekik değiştirme *shuttle eye teks.* mekik gözü *shuttle race* mekik yatağı *shuttle spindle teks.* mekik iği *shuttle traffic* mekik trafik

shuttlecock /'şatılkok/ *a.* bedminton topu; bedminton oyunu

shy /şay/ *s.* utangaç, çekingen; (hayvan) ürkek ¤ *a.* atış; deneme, tecrübe ¤ *e.* (at) ürkmek; çekinmek; *kon.* atmak, fırlatmak *once bitten twice shy kon.*

sütten ağzı yanan yoğurdu üfleyerek yer
shyness /'şaynıs/ *a.* ürkeklik, çekingenlik; korkaklık
sial /'sayıl/ *a. yerb.* siyal
Siberia /say'biırıiı/ *a.* Sibirya
Siberian /say'biırıiın/ *a. s.* Sibiryalı *Siberian chipmunk* yanağı keseli sincap *Siberian weasel* Sibirya vizonu
sibilance /'sibilıns/ *a.* ıslık sesi
sibilant /'sibilınt/ *s. a.* ıslıklı, ıslıklı ünsüz
sibilate /'sibileyt/ *e.* ıslık gibi ses çıkarmak
sibilation /sibi'leyşın/ *a.* ıslık sesi
sibling /'sibling/ *a.* kardeş
sibyl /'sibil/ *a.* kadın bilici, kâhin
sibylline /'si'bilayn/ *s.* kehanet+
siccative /'sikıtiv/ *a.* kurutucu, sikatif
sick /sik/ *s.* hasta; bulantılı, midesi bulanmış, kusacağı gelmiş; (of ile) bıkmış, bezmiş; iğrenç, hasta edici, mide bulandırıcı *be sick* kusmak *make sb sick kon.* gıcık etmek, kıl etmek, hasta etmek *worried sick* çok telaşlı *sick leave* hastalık izni *sick pay* hastalık parası
sicken /'sikın/ *e.* iğrendirmek, midesini bulandırmak; (herhangi bir hastalık) belirtileri göstermek, hasta olmak
sickening /'sikıning/ *s.* mide bulandırıcı, tiksindirici
sickle /'sikıl/ *a.* orak
sickliness /'siklinis/ *a.* hastalıklı olma; güçsüzlük
sickly /'sikli/ *s.* hastalıklı; hastalık yapan; zayıf, soluk; mide bulandırıcı
sickness /'siknis/ *a.* hastalık; bulantı, kusma
sickroom /'sikrum, 'sikru:m/ *a.* hasta odası
side /sayd/ *a.* yan, yan taraf; kenar; yüz, taraf; bölüm, taraf, kısım; yön; taraf; taraf, takım; (akrabalık) taraf ¤ *s.* yan, taraf ¤ *e.* (with/against ile) tarafını tutmak *on the cheap side* oldukça ucuz *on the high side* oldukça yüksek *on the low side* oldukça düşük *on the short side* oldukça kısa *on the side* ek olarak *put on/to one side* bir kenara bırakmak *side by side* yan yana *side circuit elek.* kenar devre *side clearance* yan boşluk, yan aralık *side dis-*

charge shovel mad. yandan boşaltmalı yükleyici *side effect* yan etki *side elevation* yan görünüş, yandan görünüş *side frequency elek.* yan frekans *side frontage inş.* yan cephe, yan yüz *side lobe elek.* yan kulak *side scuttle den.* borda lombozu *side shell plating den.* borda sac levhası *side span* yan açıklık *side stream coğ.* kol akarsu, kol ırmak *side street* yan sokak, tali yol *side tone* yan ton, yan ses *side valve oto.* yandan supap *side view* yandan görünüş *side wall oto.* lastik yanağı *side wave elek.* yan dalga *side-dumper car* yandan döker vagon, yandan boşaltmalı vagon *side-tipping loader* yandan boşaltmalı yükleyici *take sides* taraf tutmak
sideband /'saydbend/ *a.* yan bant, yan kuşak *sideband interference* yan bant girişimi
sideboard /'saydbo:d/ *a.* büfe
sideboards /'saydbo:dz/ *a. İl.* (saç) favoriler
sideburns /'saydbö:nz/ *a. Aİ. bkz.* sideboards
sidecar /'saydka:/ *a.* motosiklet yan arabası, motosiklet sepeti
sided /'saydid/ *s.* taraflı, kenarlı; çevrili
sidelight /'saydlayt/ *a.* yandan gelen ışık; ilginç ama çok önemli olmayan bilgi, ikincil bilgi, yan bilgi; büyük pencere ya da kapının yanında bulunan dar pencere, yan pencere; (taşıtlarda) yan lamba
sideline /'saydlayn/ *a.* yan hat, yan çizgi, kenar çizgisi; ek iş, ek görev
sidelong /'saydlong/ *s. be.* yanlamasına, yan
sidereal /say'diırıil/ *s.* yıldızlara ilişkin *sidereal day gökb.* yıldız günü *sidereal month gökb.* yıldız ayı *sidereal time gökb.* yıldız zamanı *sidereal year gökb.* yıldız yılı
siderite /'saydırayt/ *a. min.* siderit, demirli göktaşı
siderolite /'saydırılayt/ *a. yerb.* siderolit
sideshow /'saydşou/ *a.* ek gösteri
sideslip /'saydslip/ *a.* yana kayma; *hav.* yan savurma
sidestep /'saydstep/ *e.* -den kaçınmak; yana kaçmak, yana adım atmak

sidetrack /'saydtrek/ *e.* treni yan hata geçirmek; saptırmak, konudan saptırmak, dikkatini dağıtmak

sidewalk /'saydwo:k/ *a. Aİ.* yaya kaldırımı, trotuvar

sidewards /'saydwıdz/ *be.* yana doğru, yanlamasına, yan yan

sideways /'saydweyz/ *s.* yan ¤ *be.* yandan

siding /'sayding/ *a.* kısa demiryolu hattı, yan hat

sidle /'saydl/ *e.* korkarak ya da gizlice sokulmak, yanaşmak

siege /si:c/ *a.* kuşatma

sierra /si'erı/ *a.* sivri dağlık arazi, dağ silsilesi

siesta /si'estı/ *a.* öğle uykusu

sieve /siv/ *a.* kalbur, kevgir, elek ¤ *e.* elemek, kalburdan geçirmek *have a memory/mind like a sieve* hafızası güçsüz olmak, hemen unutuvermek *sieve analysis* elek analizi, elek çözümlemesi *sieve test* elek denemesi, elek kontrolü

sift /sift/ *e.* elemek, kalburdan geçirmek; (through ile) incelemek, gözden geçirmek, araştırmak, taramak

sifter /'siftı/ *a.* üstü delikli kap

sifting /'sifting/ *a.* eleme; inceleme, gözden geçirme *sifting plant* elek tesisi

sigh /say/ *a.* iç çekme, göğüs geçirme, of (çekme) ¤ *e.* iç çekmek, göğüs geçirmek, of çekmek

sight /sayt/ *a.* görme gücü, görüş; görme, görüş; göz erimi, görüş alanı; görülen şey, görünüş, görünüm, manzara; nişangâh; görüş, düşünce, kanı; *kon.* korkunç ya da gülünç hal; ibraz, gösterme ¤ *e.* görmek; nişan almak *at first sight* ilk görüşte *catch sight of* bir an gözüne ilişmek, bir an görmek *out of sight* gözden uzak; kazık marka, fahiş *sight bill* görüldüğünde ödenmesi gereken poliçe *sight checking* biliş. gözle denetim *sight distance* görüş uzaklığı *sight draft* görüldüğünde ödenecek poliçe, ibrazında ödenecek poliçe *sight payment* görüldüğünde ödeme

sighted /'saytid/ *s.* gözleri gören, kör olmayan

sighting /'sayting/ *a.* gözlem ¤ *s. ask.* nişan +, nişan alma + *sighting colour* işaretleme boyası *sighting distance* görüş uzaklığı *sighting mechanism* nişan alma düzeneği *sighting shot* deneme atışı *sighting telescope* gözetleme teleskobu, nişan teleskobu

sights /sayts/ *a.* görülmeye değer yerler *do the sights* ilginç yerleri ziyaret etmek *see the sights* ilginç yerleri ziyaret etmek

sightseeing /'saytsi:ing/ *a.* görülmeye değer yerleri gezip dolaşma *go sightseeing* turistik gezi yapmak *sightseeing bus* gezi otobüsü *sightseeing tour* gezi turu

sightseer /'saytsi:ı/ *a.* turist

sigma /'sigmı/ *a.* sigma *sigma meson* fiz. sigma mezonu *sigma particle* fiz. sigma taneciği *sigma phase* met. sigma fazı

sign /sayn/ *a.* işaret, im; belirti, işaret, ifade; işaret levhası; belirti, alamet; burç ¤ *e.* imzalamak; işaret etmek, işaret vermek; sözleşmeyle işe almak; sözleşmeyle işe girmek *sign away* bir belge imzalayarak hakkından vazgeçmek *sign bit* biliş. işaret biti *sign-changing amplifier* biliş. işaret değiştiren yükselteç *sign character* biliş. işaret karakteri *sign check indicator* biliş. işaret denetim göstergesi *sign digit* biliş. işaret sayısı *sign in* kaydını yaptırmak *sign off* (radyo, TV) kapanış sinyali vermek, yayını bitirmek; mektubu (imzalayıp) bitirmek *sign on* (radyo, TV) açılış sinyali vermek, yayına başlamak; sözleşme imzalayıp işe almak; sözleşme imzalayıp işe girmek *sign one's own death warrant* ölüm fermanını imzalamak *sign over* resmen başkasına devretmek *sign position* biliş. işaret konumu *sign-reversing amplifier* biliş. işareti ters çeviren yükselteç

signal /'signıl/ *a.* işaret, sinyal ¤ *e.* işaret vermek, işaret etmek, işaretle bildirmek ¤ *s.* dikkate değer, göze çarpan, açık *signal box* demy. işaret kulesi, manevra kulesi, makasçı kulübesi *signal conditioning* biliş. işaret koşullandırma, işaret düzeltimi *signal distance* biliş. sinyal uzaklığı *signal*

flag işaret flaması **signal generator** *elek.* sinyal jeneratörü, sinyal üreteci **signal lamp** sinyal lambası **signal level** sinyal seviyesi **signal light** sinyal lambası **signal normalization** *biliş.* işaret normalleştirme, işaret düzeltimi **signal output current** sinyal çıkış akımı **signal plate** *elek.* sinyal plakası **signal post** *demy.* işaret direği **signal regeneration** *biliş.* işaret düzeltimi **signal reshaping** *biliş.* işaret düzeltimi **signal shaping** sinyal biçimlendirme, sinyal düzenleme **signal standardization** *biliş.* işaret standartlaştırma **signal station** *den.* işaret istasyonu **signal-to-crosstalk ratio** *elek.* sinyal-diyafoni oranı **signal-to-hum ratio** sinyal-uğultu oranı **signal-to-noise ratio** sinyal-gürültü oranı **signal wave** *elek.* sinyal dalgası **signal windings** *elek.* sinyal sargıları

signalize /'signılayz/ *e.* işaretle bildirmek; belirginleştirmek

signaller /'signılı/ *a.* işaretçi

signalling /'signıling/ *a.* işaretleme, sinyalizasyon **signalling rate** *biliş.* sinyalleme oranı

signalman /'signılmın/ *a.* işaretçi

signary /'signıri/ *a.* harf sistemi

signatory /'signıtıri/ *a. s.* imza eden, imzalayan, imza sahibi **signatory to an agreement** bir anlaşmayı imzalayan kişi

signature /'signıcı/ *a.* imza; nota imi, işaret; reçetede ilacın kullanım biçimini belirten kısım **signature card** imza kartı

signboard /'saynbo:d/ *a.* tabela, ilan tahtası

signer /'saynı/ *a.* imza atan kimse; işaretçi, işaretleyen

signet /'signit/ *a.* mühür

significance /sig'nifikıns/ *a.* önem; anlam, değer **significance loss** *biliş.* anlamlı rakam kaybı

significant /sig'nifikınt/ *s.* önemli; anlamlı, değerli **significant digit/figure** *mat.* anlamlı rakam, belirtici rakam

signification /signifi'keyşın/ *a.* anlam verme, anlamlama, anlamın üretiliş ve kavranışı

significative /sig'nifikıtiv/ *s.* anlamlı

signified /'signifayd/ *s.* gösterilen, imlenen

signifier /'signifayı/ *a.* gösteren, imleyen

signify /'signifay/ *e.* bildirmek, belirtmek, ifade etmek; demek olmak, anlamına gelmek

signpost /'saynpoust/ *a.* karayollarında tabela, yol gösteren levha, işaret direği

silage /'saylic/ *a. trm.* silaj

silence /'saylıns/ *a.* sessizlik; susma; dinginlik; sır saklama; mektup yazmama ¤ *e.* susturmak

silencer /'saylınsı/ *a.* susturucu, ses azaltıcı

silent /'saylınt/ *s.* sessiz; gürültüsüz; suskun; telaffuz edilmeyen, yazılıp da söylenmeyen **silent chain** sessiz zincir **silent film** *sin.* sessiz film **silent partner** *Aİ.* komanditer ortak, gayri faal ortak **silent picture** *sin.* sessiz film

silhouette /silu:'et/ *a.* gölge, karaltı, siluet

silica /'silikı/ *a.* silis, çakmaktaşı **silica gel** silis jeli, silis peltesi

silicate /'silikeyt/ *a.* silikat

silicated /silikeytid/ *s.* silisit asitli

siliceous /si'lişıs/ *s.* silisli **siliceous limestone** silisli kalker, silisli kireçtaşı

silicic /si'lisik/ *s.* silisik, silisden yapılmış **silicic acid** silisik asit

silicify /si'lisifay/ *e.* silisleşmek, silisleştirmek

silicon /'silikın/ *a.* silisyum **silicon bronze** *met.* silisyum tuncu **silicon chip** yonga, çip, bilgisayar yongası **silicon elastomer** silikon elastomeri **silicon finish** silikon apresi **silicon rectifier** silisyumlu redresör **silicon solar cell** silisyumlu güneş pili **silicon steel** *met.* silisyum çeliği

silicone /'silikoun/ *a.* silikon

silicosis /sili'kousis/ *a.* silikoz, silis tozu sayrılığı

silk /silk/ *a.* ipek; ipekli kumaş **silk bath** *teks.* ipek banyosu **silk cotton** *teks.* kapok **silk finish** *teks.* ipek apresi **silk gauze** *teks.* ipek gaze bezi **silk gloss** *teks.* ipek parlaklığı **silk gum** ipek zamkı, serisin **silk industry** ipekçilik sanayii **silk luster** ipek parlaklığı **silk noil** *teks.* buret (ipeği) **silk plush** *teks.* ipek pelüş **silk screen printing** *teks.* serigrafi **silk scroop** *teks.* ipek tutumu

silk stocking *teks.* ipek kadın çorabı **silk thread** *teks.* ibrişim **silk velvet** *teks.* ipekli kadife **silk waste** *teks.* deşe ipek, hurda ipek **silk weaving** *teks.* ipek dokumacılığı **silk weighting** *teks.* ipek şarjı, ipek ağırlaştırma **silk yarn** *teks.* ipek iplik

silken /'silkın/ *s.* ipekten yapılmış, ipekli; ipek gibi yumuşak, parlak, ipeksi

silkworm /'silkwö:m/ *a.* ipekböceği **silkworm breeding** ipekböcekçiliği

silky /'silki/ *s.* ipekli, ipek gibi, ipeksi

sill /sil/ *a. inş.* eşik, denizlik; *yerb.* sill **sill dam** eşik barajı

silliness /'silinis/ *a.* aptallık, budalalık

silly /'sili/ *s.* aptal, ahmak, akılsız, budala; ahmakça, gülünç, budalaca, saçma

silo /'saylou/ *a.* silo, ambar ¤ *e.* siloya koymak

siloxane /si'lokseyn/ *a. kim.* siloksan

silt /silt/ *a. coğ.* lığ, alüvyon, silt

silurian /say'luıriın/ *a. yerb.* silüriyen

silvan /'silvın/ *s.* ağaçlarla ve kırlarla ilgili; ağaçlık, kırsal

silver /'silvı/ *a.* gümüş; gümüş çatal bıçak takımı, gümüş sofra takımı ¤ *s.* gümüş; gümüş rengi, gümüşi ¤ *e.* gümüş kaplamak; aynayı sırlamak **born with a silver spoon in one's mouth** kadir gecesi doğmuş **silver bath** gümüş banyosu **silver bullion** gümüş külçe **silver currency** gümüş para **silver fir** gümüş köknar **silver grain** (ağaçta) parlak damar **silver paper** yaldızlı kâğıt; kurşun kâğıdı **silver-plate** gümüşle kaplamak **silver sand** ince beyaz kum

silversmith /'silvısmit/ *a.* gümüşçü

silvery /'silvıri/ *s.* gümüş gibi; (ses) tatlı ve berrak

silviculture /'silvikalçı/ *a.* ağaçlandırma, ormancılık

sima /'saymı/ *a. yerb.* sima

simian /'simiın/ *s.* maymun gibi

similar /'similı/ *s.* benzer; aynı türden, benzer

similarity /simi'leriti/ *a.* benzerlik

similarly /'similıli/ *be.* benzer şekilde, aynı

simile /'simili/ *a. ed.* teşbih, benzetme

similitude /si'milityu:d/ *a.* benzerlik

simmer /'simı/ *e.* yavaş yavaş kaynamak; yavaş yavaş kaynatmak; (with ile) dolup taşmak, kudurmak, köpürmek, coşmak **simmer down** sakinleşmek, yatışmak, kendine hâkim olmak

Simon /'saymın/ *a.* Aziz Petrus, St Peter **Simple Simon** *kon.* şaban, şabalak, ahmak

simoom /si'mu:m/ *a. metr.* samyeli

simp /simp/ *a.* ahmak

simper /'simpı/ *e.* pişmiş kelle gibi sırıtmak

simple /'simpıl/ *s.* sade, gösterişsiz, süssüz; basit, yalın, kolay anlaşılır; basit, sıradan, olağan; karmaşık olmayan, basit; saf, katışıksız, içten, dürüst; saf, toy; içinde kötülük olmayan, masum **simple arc** *elek.* basit ark **simple buffering** *biliş.* kolay tamponlama **simple chain** *biliş.* basit zincir **simple form** basit kelime, yalın sözcük **simple fraction** *mat.* bayağı kesir, bayağı üleşke **simple future tense** basit gelecek zaman **simple guarantee** adi garanti **simple interest** basit faiz **simple key** *biliş.* basit anahtar **simple letter of credit** basit akreditif **simple past tense** -di'li geçmiş zaman **simple pendulum** *fiz.* basit sarkaç, yalın sarkaç **simple present tense** geniş zaman **simple steam engine** basit buhar makinesi **simple tense** basit zaman, yalın zaman **simple tone** *fiz.* basit ton, saf ton

simpleminded /simpıl'mayndid/ *s.* saf

simpleton /'simplitın/ *a.* avanak kimse

simplex /'simpleks/ *s.* simpleks, yalın, tek yönlü ¤ *a.* yalın sözcük; tek yönlü hat **simplex channel** simpleks kanal, tek yönlü oluk **simplex circuit** *biliş.* tek yönlü devre, simpleks devre **simplex operation** *biliş.* tek yönlü çalışma, simpleks çalışma **simplex transmission** *biliş.* tek yönlü gönderme

simplicity /sim'plisiti/ *a.* kolaylık; yalınlık, sadelik, basitlik; saflık; bönlük

simplification /simplifi'keyşın/ *a.* basitleştirme, sadeleştirme

simplificative /'simplifikıtiv/ *s.* basit, yalın

simplify /'simplifay/ *e.* kolaylaştırmak,

basitleştirmek
simplistic /sim'plistik/ *s.* basit
simply /'simpli/ *be.* basit/sade bir şekilde; sırf, sadece; gerçekten, çok, son derece
simulacrum /simyu'leykrım/ *a.* (ç. "-cra") gölge, hayal; sahte gösteriş
simulate /'simyuleyt/ *e.* taklit etmek, numara yapmak, ... numarası yapmak; benzemek
simulation /simyu'leyşın/ *a.* simülasyon, benzetim, taklit
simulator /'simyuleytı/ *a.* simülatör, benzeteç **simulator routine** *biliş.* simülatör yordamı, benzeteç yordamı
simultaneity /simıltı'ni:ti/ *a.* eşanlılık, simultane oluş
simultaneous /simıl'teyniıs/ *s.* aynı zamanda yapılan, aynı zamanda olan, eşzamanlı, simultane **simultaneous access** *biliş.* aynı anda erişim, eşanlı erişim **simultaneous computer** *biliş.* eşanlı bilgisayar, koşut bilgisayar **simultaneous equations** *mat.* birlikte denklemler, eşanlı denklemler **simultaneous operation** eşanlı işlem, simultane işlem
sin /sin/ *a.* günah; suç, kabahat ¤ *e.* günah işlemek, günaha girmek **commit a sin** günah işlemek
since /sins/ *be.* ondan beri, ondan sonra, o zamandan beri ¤ *ilg.* -den beri ¤ *bağ.* -den beri, -den bu yana; -dığı için, mademki **ever since** o zamandan beri
sincere /sin'siı/ *s.* içten, candan, gerçek, samimi
sincerely /sin'siıli/ *be.* içtenlikle **Yours sincerely** (mektup sonunda) Saygılarımla
sincerity /sin'seriti/ *a.* içtenlik, candanlık, samimiyet
sinciput /'sinkipat/ *a.* kafatasının ön kısmı
sine /sayn/ *a. mat.* sinüs, dikmelik **sine curve** *mat.* sinüs eğrisi, dikmelik eğrisi **sine die** belli bir tarihe bağlı olmadan **sine galvanometer** sinüs galvanometresi **sine law** *mat.* sinüs teoremi, dikmelik savı **sine potentiometer** *elek.* sinüs potansiyometresi **sine wave** *fiz.* sinüsel dalga, dikmeliksel dalga

sinecure /'saynikyuı, 'sinikyuı/ *a.* kolay ve paralı iş
sinew /'sinyu:/ *a. anat.* kiriş, veter, sinir; güç, kas gücü
sinful /'sinfıl/ *s.* günahkâr; günah niteliğinde, ayıp, kötü
sing /sing/ *e.* (şarkı) söylemek; (kuş) ötmek, şakımak; ıslık gibi ses çıkarmak, vızıldamak; çınlamak, uğuldamak **sing another tune** ağız değiştirmek
singe /sinc/ *e.* (saçı, vb.) alazlamak, hafifçe yakmak **singeing machine** *teks.* yakma makinesi
singer /'singı/ *a.* şarkıcı, hanende
single /singıl/ *s.* tek; çift olmayan, tek, tek kat; ayrı, bir; bekâr; tek kişilik; *Aİ.* (bilet) yalnız gidiş ¤ *a. İİ.* gidiş bileti; 45'lik plak, kısaçalar; *kon.* (otel, vb.'de) tek kişilik oda; *kon.* bir dolarlık/paundluk kâğıt para, teklik ¤ *e. trm.* teklemek **single acting** tek etkili **single axle trailer** *oto.* tek dingilli römork **single bond** *kim.* tekbağ; *tic.* koşulsuz tahvil **single capacity** tek kapasite **single circuit** *elek.* tek devre **single coil** tek bobinli **single disk clutch** *oto.* tek diskli kavrama **single entry** tek kayıt sistemi **single fare** yalnızca gidiş ücreti **single frame** *sin.* tek resim **single length** *biliş.* tek uzunluk **single name paper** tek imzalı senet **single option** tek yönlü opsiyon **single pole** tek kutuplu **single premium** tek prim **single scattering** *fiz.* tek saçılma **single seater** *hav.* tek kişilik uçak **single shade** tek renk **single sideband** *sin.* tek yan bant **single sided** *biliş.* tek yüzlü, tek yanlı **single silk-covered** *elek.* tek katlı ipek kaplı **single standard** tek maden standardı **single step** *biliş.* tek adım **single ticket** gidiş bileti **single track** tek hat **single user** *biliş.* tek kullanıcılı **single valued** tekdeğerli **single valued function** *mat.* tekdeğerli fonksiyon, birdeğerli işlev **single-address code** *biliş.* tek adres kodu **single-address instruction** *biliş.* tek adres komutu **single-axle** tek dingilli **single-bath** *teks.* tek banyo, tek banyolu **single-bath dyeing** *teks.* tek banyoda boyama **single-board computer** *biliş.* tek levha bilgisayar **single-channel** tek kanallı **single-collar thrust bearing** tek diskli

basınç yatağı *single-colour* tekrenkli *single-crystal* tekkristalli *single-cut* tek sıra dişli *single-cut file* tek sıra dişli eğe *single-cylinder* tek silindirli *single-cylinder engine* tek silindirli motor *single-drive* münferit tahrik *single-frame mechanism* sin. tek resim mekanizması, tek resim düzeneği *single-frequency* tek frekanslı *single-handed* tek başına, yalnız, yardımcısız *single-jet nozzle* oto. tek memeli enjektör *single-lane traffic* yol. tek şeritli trafik *single-line braking system* oto. tek katlı frenleme sistemi *single-minded* kararlı, azimli, tek amaçlı *single-phase* monofaze, tek fazlı, tekevreli *single-phase current* elek. monofaze akım, tek fazlı akım *single-piece* tek parçalı *single-rail* tek raylı *single-rail logic* biliş. tek yol mantığı *single-row* tek sıralı *single-row ball bearing* oto. tek sıralı rulmanlı yatak *single-sash window* tek kanatlı pencere *single-shot circuit* biliş. tek adım devresi *single-shot operation* biliş. tek adım işlemi, her defasında bir komut uygulama *single-signal* elek. tek sinyalli *single-skid undercarriage* hav. tek kızaklı iniş takımı *single-span girder* tek açıklıklı kiriş *single-spar* hav. tek lonjeronlu *single-stage* tek evreli, tek aşamalı *single-step operation* biliş. tek adım işlemi, her defasında bir komut uygulama *single-strut undercarriage* hav. tek dikmeli iniş takımı *single-wire* elek. tektelli

single-breasted /singıl'brestid/ s. (ceket) tek sıra düğmeli

singles /'singılz/ a. (tenis, vb.) tekler maçı

singlet /'singlit/ a. kolsuz fanila; kim. singlet, teklem

singleton /'singıltın/ a. tek çocuk; yalnız kimse

singly /'singli/ be. teker teker, birer birer, ayrı ayrı

singular /'singyulı/ s. yalnız, tek, ayrı; tuhaf, garip, acayip; olağanüstü, benzersiz, eşsiz; dilb. tekil ¤ a. dilb. tekil sözcük *singular noun* tekil isim *singular point* mat. tekil nokta *singular solution* mat. tekil çözüm

singularity /singyu'leriti/ a. eşsizlik; tuhaflık, gariplik

singularize /'singyulırayz/ e. özelliğini belirtmek

sinister /'sinistı/ s. uğursuz; kötü, tehditkâr, fesat

sink /sink/ e. batmak; batırmak; yatırmak; azalmak; kötüye gitmek; güçten kesilmek; açmak, kazmak ¤ a. eviye, mutfak lavabosu; lağım *sink in* iyice anlaşılmak; içine işlemek; nüfuz etmek *sink into* batırmak, saplamak, sokmak; (uyku, vb.'ne) dalmak *sink one's teeth into* bir yere kapağı atmak *sink or swim* ya herrü ya merrü! *sink shaft* mad. keson kuyu, batırma kuyu *sink-float separation process* mad. yüzdürme-çökeltme ayırması

sinker /'sinkı/ a. (balık oltasındaki) kurşun; havşa; kuyucu, maden işçisi; teks. platin

sinkhole /'sinkhoul/ a. ponor

sinking /'sinking/ a. batış; yavaş yavaş ödeme ¤ s. amorti eden *have a sinking feeling* paniğe kapılmak *sinking bucket* mad. kofa, kazı kovası *sinking fund* amortisman fonu, itfa fonu *sinking fund bond* itfa fonu tahvili *sinking pump* maden kuyusu pompası

sinless /'sinlis/ s. günahsız

sinner /'sinı/ a. günahkâr

sinter /'sintı/ e. katılaşmak; katılaştırmak; külçelemek ¤ a. met. sinter, topak

sintered /'sintıd/ s. met. sinterlenmiş, toplaşık *sintered carbide* met. sinterlenmiş karbür, toplaşık karbür

sintering /'sintıring/ a. sinterleme

sinuosity /sinyu'osıti/ a. viraj, dönemeç; dolambaç

sinuous /'sinyuıs/ s. kıvrımlı, bükümlü, dolaşık, yılankavi

sinus /'saynıs/ a. anat. sinüs, boşluk

sinusitis /saynı'saytis/ a. sinüzit

sinusoid /'saynısoyd/ a. mat. sinüzoit, dikmelik eğrisi

sinusoidal /saynı'soydıl/ s. sinüzoidal *sinusoidal current* elek. sinüzoidal akım

sip /sip/ e. yudumlamak ¤ a. yudum

siphon /'sayfın/ a. sifon *siphon barometer* fiz. sifonlu barometre, sifonlu basınçölçer

sir /sö:/ a. efendim, beyefendi, efendi, sör

sire /'sayı/ *a.* ata; baba

siren /'sayırın/ *a.* canavar düdüğü, siren; çekici ve tehlikeli kadın

sirloin /'sö:loyn/ *a.* sığır filetosu

sirocco /si'rokou/ *a. metr.* siroko

sirup /'sirıp/ *a.* şurup

sis /sis/ *a.* abla, kız kardeş

sisal (hemp) /'saysıl/ *a.* sisal: liflerinden halat vb. yapılan bir bitki

sissy /'sisi/ *a. s. kon.* hanım evladı, kız gibi (oğlan)

sister /'sistı/ *a.* kız kardeş; hemşire, hastabakıcı; rahibe *sister hook den.* çifte kanca

sister-in-law /'sistırinlo:/ *a.* görümce, baldız, yenge, elti

sisterhood /'sistıhud/ *a.* kız kardeşlik

sit /sit/ *e.* oturmak; oturtmak; (on ile) yer almak, görev almak; (for ile) (sınava) girmek; toplantı yapmak *sit about/around kon.* hiçbir şey yapmamak, parmağını oynatmamak *sit back* dinlenmek, hiçbir şey yapmamak, boş boş oturmak *sit in* vekâlet etmek, yerine bakmak; protesto amacıyla bir yeri işgal etmek *sit on kon.* savsaklamak, geciktirmek *sit on a powder keg* dikenli fıçı üzerinde olmak *sit on sb/sth* birine veya bir şeye estek köstek etmek *sit out* sonuna kadar kalmak; yer almamak, katılmamak *sit up* geç saatlere kadar oturmak, gece geç yatmak; dik oturmak; masada yerini almak, oturmak *sit-down strike* oturma grevi

sitar /si'ta:/ *a. müz.* sitar

site /sayt/ *a.* yer, mevki; arsa; *biliş.* site ¤ *e.* yerleştirmek, yer temin etmek; mevzilendirmek *on site* yerinde, mahallinde

sitcom /'sitkom/ *a.* durum komedisi, yanlışlıklar komedisi

sit-in /'sitin/ *a.* oturma eylemi, oturma grevi

sitosterol /say'tostırol/ *a. kim.* sitosterol

sitter /'sitı/ *a.* (ressama) poz veren kimse; bebek bakıcısı

sitting /'siting/ *a.* oturma, oturuş; poz verme; oturum, celse ¤ *s.* oturan, oturmakta olan; bir yerde yerleşmiş bulunan, oturan *sitting member* belirli bir seçim bölgesinin milletvekili *sitting*

pretty cebi dolu *sitting room* oturma odası

situate /'siçueyt/ *e.* yerleştirmek

situated /'siçueytid/ *s.* bulunan, yerleşmiş

situation /siçu'eyşın/ *a.* konum, yer, durum, mevki; durum, hal; iş, memuriyet

situla /'sityulı/ *a.* kova biçiminde (süslü) kap

situs /'saytıs/ *a.* yer, konum, doğru yer, normal yer

six /siks/ *a. s.* altı *be at sixes and sevens* hallaç pamuğuna dönmüş olmak *six cylinder engine/motor* altı silindirli motor *six-phase elek.* altı fazlı *six-wheel truck oto.* üç dingilli kamyon

sixteen /sik'sti:n/ *a. s.* on altı

sixteenth /sik'sti:nt/ *a. s.* on altıncı

sixth /'sikst/ *a. s.* altıncı *sixth sense* altıncı his

sixtieth /'sikstiıt/ *a. s.* altmışıncı

sixty /'siksti/ *a. s.* altmış

sizable /'sayzıbıl/ *s.* oldukça büyük, geniş

size /sayz/ *a.* büyüklük; boy; oylum, hacim; boyut, ölçü, ebat; (ayakkabı) numara; (giysi) beden; çiriş, tutkal, ahar ¤ *e.* çirişlemek *size of sample* numune boyutu *size application teks.* haşıllama *size lubricant teks.* haşıl yağı *size mixer teks.* haşıl karıştırıcı *size take-up teks.* haşıl alışı *size up* değerlendirmek

sized /sayzd/ *s.* çirişli

sizer /'sayzı/ *a.* boy sıralayıcı

sizing /'sayzing/ *a.* ahar; haşıl *sizing agent teks.* haşıl maddesi *sizing assistant teks.* haşıl yardımcı maddesi *sizing liquor teks.* haşıl banyosu *sizing machine teks.* haşıl makinesi *sizing oil teks.* haşıl yağı *sizing roller teks.* haşıllama silindiri *sizing room teks.* haşıllama odası

sizzle /'sizıl/ *e.* cızırdamak, cızıldamak; hışırdamak ¤ *a.* cızırtı

sizzling /'sizling/ *s.* cızırtılı; hışırtılı

skat /sket/ *a.* bir iskambil oyunu

skate /skeyt/ *a.* buz pateni; tekerlekli paten; *balk.* tırpanabalığı ¤ *e.* patenle kaymak, paten kaymak *get/put one's skates on kon.* acele etmek *skate on thin ice* riskli bir işe girmek, tehlikeye atılmak, arının kovanına çöp sokmak

skate over/round geçiştirivermek,
savsaklamak, önem vermemek,
boşlamak
skateboard /'skeytbo:d/ *a.* kaykay
skater /'skeytı/ *a.* buz patencisi
skating /'skeyting/ *a.* buz pateni yapma,
patenle kayma
skatole /'sketoul/ *a. kim.* skatol
skedaddle /ski'dedıl/ *e.* tüymek,
sıvışmak
skein /skeyn/ *a.* çile, kangal, yumak
skeletal /'skelıtl/ *s.* iskeletle ilgili ***skeletal
code*** *biliş.* iskelet kod ***skeletal coding***
biliş. iskelet kodlama ***skeletal ɾoutine***
biliş. iskelet yordam ***skeletal soil***
iskelet toprak
skeletology /skeli'tolıcı/ *a.* iskeletbilim
skeleton /'skelitn/ *a.* iskelet; çatı, kafes;
taslak; çok zayıf kimse, iskelet ***skele-
ton key*** maymuncuk ***skeleton struc-
ture*** iskelet yapı ***skeleton supervisor***
biliş. iskelet yöneticisi
skeletonize /'skelitınayz/ *e.* iskeletini
hazırlamak; iskelete döndürmek
skep /skep/ *a.* sepet
skeptic /'skeptik/ *a. Aİ. bkz.* sceptic
skerry /skeri/ *a.* kayalıklı adacık
sketch /skeç/ *a.* taslak; kabataslak resim;
kroki; skeç, kısa öykü ya da piyes ¤ *e.*
taslak yapmak; kabataslak resmini
yapmak; kısaca tarif etmek
sketcher /'skeçı/ *a. teks.* desinatör
sketchy /'skeçi/ *s.* kabataslak, yüzeysel,
üstünkörü, yarım yamalak
skew /skyu:/ *s.* eğri, çarpık, yan;
bakışımsız, simetrik olmayan ¤ *a.*
eğiklik ¤ *e.* eğriltmek, çarpıtmak ***skew
arch*** yansı kemer, verev kemer; eğik
yay ***skew bevel gear*** *mak.* eğri konik
dişli ***skew bridge*** verev köprü ***skew
character*** *biliş.* sapma karakteri ***skew
chisel*** *inş.* eğri ağızlı keski ***skew dis-
tribution*** aykırı dağılım, çarpık dağılım
skew lines *mat.* aykırı doğrular, çarpık
doğrular ***skew symmetric*** *mat.* aykırı
simetrik, çarpık bakışımlı
skewback /'skyu:bek/ *a. inş.* üzengi
skewed /skyu:d/ *s.* eğik, eğrilmiş
skewer /'skyu:ı/ *a.* kebap şişi
ski /ski:/ *a.* kayak ¤ *e.* kayak yapmak ***ski
plane*** kızaklı uçak
skid /skid/ *a.* kayma, yana kayma, kızak

yapma, patinaj yapma; kızak; takoz ¤ *e.*
(otomobil, vb.) yana kaymak, yana
doğru savrulmak, kızak yapmak, patinaj
yapmak ***skid mark*** *oto.* fren izi ***skid
pan*** kayma çukuru ***skid road*** sürütme
yolu, tomruk kaydırma yolu
skidding /'skiding/ *a.* kayma, savrulma,
patinaj
skier /'ski:ı/ *a.* kayakçı
skiff /skif/ *a.* tek kişilik ufak kayık
skiing /'ski:ing/ *a.* kayma, kayak yapma
skilful /'skilfıl/ *s.* becerikli, usta, hünerli
skill /skil/ *a.* beceri, ustalık, hüner,
marifet, maharet
skilled /'skild/ *s.* becerikli, usta,
deneyimli, vasıflı, kalifiye ***skilled
workman*** kalifiye işçi
skillet /'skilit/ *a. Aİ.* tava
skillful /'skilfıl/ *s. Aİ. bkz.* skilful
skim /skim/ *e.* yüzeyini sıyırmak, sıyırıp
geçmek; gözden geçirmek; köpüğünü
almak, kaymağını almak ***skim off***
köpüğünü almak ***skimmed milk*** *trm.*
imansız süt, kaymak altı, yağsız süt
skim coat /skim kout/ *a. inş.* perdah
sıvası
skim milk /'skimmilk/ *a. trm.* imansız süt,
kaymak altı, yağsız süt ***skim milk
cheese*** *trm.* imansız peynir
skimmer /'skimı/ *a. trm.* kevgir, kaymakçı
kaşığı
skimming /'skiming/ *a.* kaymağını alma;
köpük, kaymak, kef; demir hurdası,
cüruf ***skimming of excess profit*** aşırı
kâr alma
skimp /'skimp/ *e.* (on ile) -den kısmak,
tasarruf etmek, az harcamak, idareli
kullanmak
skimpy /'skimpi/ *s.* küçük, az; yetersiz,
ufacık
skin /skin/ *a.* deri, cilt; post, pösteki;
kabuk ¤ *e.* derisini soymak, derisini
yüzmek; kabuğunu soymak ***be all skin
and bones*** bir deri bir kemik olmak ***be
no skin off sb's nose*** umurunda
olmamak ***by the skin of one's teeth***
kon. kıl payı, güçbela, son anda ***get
under sb's skin*** sinirine dokunmak
save one's skin postu kurtarmak ***skin
dive*** tüpsüz suya dalmak ***skin effect***
elek. çeper etkisi ***skin friction*** yüzey
sürtünmesi ***skin sb alive*** birini çiğ çiğ

yemek **skin wool** *teks.* tabak yünü, post yünü

skin-deep /'skindi:p/ *s.* yüzeysel

skin-dive /'skindayv/ *e.* tüpsüz suya dalmak

skinflint /'skinflint/ *a. hkr.* cimri, pinti

skinhead /'skinhed/ *a.* dazlak, skinhed

skinned /skind/ *s.* deri gibi; yüzülmüş

skinny /'skini/ *s. hkr.* bir deri bir kemik, sıska

skint /skint/ *s. İİ. kon.* meteliksiz, züğürt, beş parasız

skin-tight /'skintayt/ *s.* (giysi) bedene sımsıkı yapışan

skip /skip/ *e.* hoplamak, sıçramak, zıplamak, sekmek; (konudan konuya, vb.) atlamak; atlamak, geçmek, boş vermek; ip atlamak ¤ *a.* hoplayıp sıçrama, zıplama, sekme, atlama; inşaat asansörü, kafes **skip distance** *elek.* sekme uzaklığı, atlama mesafesi **skip-sequential access** *biliş.* atlamalı sırasal erişim

skipper /'skipı/ *a. kon.* kaptan; çalıştırıcı, antrenör

skirmish /'skö:miş/ *a.* çatışma, çarpışma; çekişme ¤ *e.* çatışmak, çarpışmak

skirt /skö:t/ *a.* etek, eteklik; kenar; *arg.* kadın, karı ¤ *e.* çevresinden dolaşmak

skirted /'skö:tid/ *s.* etekli

skirting(board) /'skö:ting(bo:d)/ *a. İİ.* süpürgelik

skirtings /'skö:tingz/ *a. trm.* etek yapağısı, bacak yapağısı

skit /skit/ *a.* skeç; şaka

skitter /'skitı/ *e.* sekmek, sıçramak, zıplamak

skittish /'skitiş/ *s.* canlı, hareketli, oyuncu, oynak

skittles /'skitılz/ *a.* dokuz kuka oyunu

skive /skayv/ *e. İİ. kon.* kaytarmak

skivvy /'skivi/ *a. İİ. hkr.* ayak işleri yapan hizmetçi

skua /'skyu:ı/ *a.* bir martı türü

skulk /skalk/ *e.* sinsi sinsi dolaşmak

skull /skal/ *a.* kafatası; *kon.* çok çalışkan öğrenci ya da işçi

skullcap /'skalkep/ *a.* takke

skunk /skank/ *a. hayb.* kokarca

sky /skay/ *a.* gök, gökyüzü ¤ *e.* topa çok hızlı vurarak havalandırmak, topu çok yükseğe atmak **out of a clear sky** habersizce, apansız **sky cavalry** hava süvarisi **under the open sky** açık havada

sky-blue /skay'blu:/ *s.* mavi, gök mavisi

sky-high /skay'hay/ *be. s. kon.* çok yüksek, ateş pahası

skyjack /'skaycek/ *e.* uçak kaçırmak ¤ *a.* uçak kaçırma

skylark /'skayla:k/ *a. hayb.* tarlakuşu

skylight /'skaylayt/ *a.* dam penceresi, aydınlık, ışıklık, tepe penceresi

skyline /'skaylayn/ *a.* ufuk çizgisi

skyscraper /'skayskreypı/ *a.* gökdelen

sky-writing /'skay rayting/ *a. hav.* dumanla havada yazı yazma

slab /sleb/ *a.* kalın dilim, kat ¤ *e.* yaprak haline getirmek, levhalar haline getirmek **slabbing mill** çubuk haddesi

slack /slek/ *s.* gevşek, sarkık; ağır, yavaş; dikkatsiz; (iş) durgun, kesat ¤ *a.* ip/tel vb.'nin sarkık kısmı; kömür tozu ¤ *e.* kaytarmak, tembellik etmek

slacken /'slekın/ *e.* gevşemek; gevşetmek

slacks /sleks/ *a.* bol pantolon

slag /sleg/ *a.* cüruf, dışık **slag cement** cüruf çimentosu **slag wool** amyant, camyünü, campamuğu

slaggy /'slegi/ *s.* cüruflu

slake /sleyk/ *e.* (susuzluk) gidermek **slake lime** kireç söndürmek **slaked lime** sönmüş kireç

slalom /'sla:lım/ *a. sp.* slalom

slam /slem/ *a.* kapıyı çarparak kapama; kapının çarpma sesi; (briçte) şlem ¤ *e.* çarparak kapamak; çarpılarak kapanmak; hızla vurmak, yere çalmak; *kon.* şiddetle eleştirmek, yerden yere vurmak **slam the door in sb's face** kapıyı birinin yüzüne kapamak

slander /'slendı/ *a.* kara çalma, karalama, iftira ¤ *e.* kara çalmak, karalamak, iftira etmek

slanderer /'sla:ndırı/ *a.* iftiracı

slanderous /'sla:ndırıs/ *s.* iftira niteliğinde

slang /sleng/ *a.* argo

slant /sla:nt/ *e.* yana yatmak, eğilmek; eğmek; eğimli olmak, meyilli olmak; (gerçeği) çarpıtmak, -in lehinde ifade etmek ¤ *a.* eğim; görüş, görüş açısı; yan bakış

slap /slep/ *e.* tokatlamak, tokat atmak,

vurmak; kabaca çarpmak, çalmak ¤ *a.*
tokat ¤ *be. kon.* küt diye, doğruca *get a*
slap in the face şamar yemek *get a*
slap on the wrist fiske yemek
slap-up /'slepap/ *s. İİ. kon.* (yemek) nefis
slapdash /'slepdeş/ *s.* baştan savma
slash /sleş/ *e.* kesmek, yarmak; iyice
indirmek; yırtmaç açmak ¤ *a.* uzun
kesik, yarık; yırtmaç; *arg.* işeme *slash*
mark eğik çizgi (/) işareti
slat /slet/ *a.* tiriz, lata
slate /sleyt/ *e.* arduvaz kaplamak; bir işe
seçmek; kararlaştırmak, planlamak;
kınamak, paylamak, haşlamak; şiddetle
eleştirmek, yerden yere vurmak ¤ *a.*
kayağantaş, kayrak, arduvaz; koyu
maviye çalar kurşun rengi; taş tahta,
yaz boz tahtası, karatahta; aday listesi;
geçmişteki hatalar, tatsızlıklar *clean*
the slate geçmişe sünger çekmek
have a clean slate mazisi temiz olmak
slate roof inş. taş tahtalı çatı,
kayağantaş kaplı çatı *start with a*
clean slate sil baştan yapmak
slather /'sledı/ *e.* har vurup harman
savurmak
slating /'sleyting/ *a.* taştahta, arduvaz
çatı kaplaması
slattern /'sletın/ *a.* pasaklı kadın
slaty /'sleyti/ *s.* arduvazlı; arduvaz gibi
slaughter /'slo:tı/ *a.* hayvan kesme,
kesim; büyük kıyım, kan dökme, kesim,
katliam, toptan öldürme ¤ *e.* (hayvan)
kesmek, boğazlamak; kıyım yapmak,
kan dökmek, katliam yapmak; *kon.*
(oyunda) çok kötü yenmek, katlamak
slaughterer /'slo:tırı/ *a.* kasap; katil
slaughterhouse /'slo:tıhaus/ *a.*
mezbaha, kesimevi
slave /sleyv/ *a.* köle, esir, kul ¤ *e.* (away
ile) köle gibi çalışmak *slave driver kon.*
insanı köle gibi çalıştıran amir *slave file*
biliş. bağımlı dosya, köle kütük *slave*
mode biliş. köle modu, bağımlı işletim
kipi *slave relay elek.* yardımcı röle, ara
rölesi *slave station biliş.* bağımlı
istasyon, köle istasyon *slave store*
biliş. bağımlı bellek, köle bellek *slave*
trade köle ticareti *slave unit biliş.*
bağımlı birim, köle birim
slaver /'slevı/ *a.* salya ¤ *e.* salyası akmak
slavery /'sleyvıri/ *a.* kölelik, esaret

slavey /'sleyvi/ *a.* orta hizmetçisi
slavish /'sleyviş/ *s.* köle gibi, başkalarına
boyun eğen; kopya edilmiş, kopyası
slaw /slo:/ *a.* bir çeşit salata
slay /sley/ *e.* vahşice öldürmek,
katletmek
sleazy /'sli:zi/ *s.* ucuz ve pis, döküntü
sled /sled/ *a. e. bkz.* sledge
sledge /slec/ *a.* kızak ¤ *e. İİ.* kızakla
kaymak; *Aİ.* kızakla taşımak/gezmek
sledgehammer /'slechemı/ *a.* balyoz
sleek /sli:k/ *s.* (saç, vb.) düz, parlak,
bakımlı; temiz, derli toplu, modaya
uygun
sleep /sli:p/ *e.* uyumak; yatacak yer
sağlamak ¤ *a.* uyku *go to sleep*
uyumak; (bacak, vb.) uyuşmak *put to*
sleep uyutmak, yatırmak; (hasta bir
hayvanı, vb.) öldürmek *sleep in* (bir iş
yerinde) yatılı çalışmak, yatılı olmak;
gündüz geç saatlere kadar uyumak
sleep like a log kütük gibi uyumak
sleep on kararı ertesi güne bırakmak
sleep through ... boyunca uyumak,
uyuya kalıp kaçırmak *sleep together*
ört. sevişmek, yatmak *sleep with ört.*
ile sevişmek, yatmak
sleeper /'sli:pı/ *a.* uyuyan kimse; *İİ.*
demiryolu traversi; yataklı tren
sleepiness /'sli:pinis/ *a.* uyuklama,
uykulu olma
sleeping /'sli:ping/ *s.* uyuyan, uykuda;
uyku için kullanılan *sleeping bag* uyku
tulumu *sleeping car* yataklı vagon
sleeping partner eko. komanditer
ortak, gayri faal ortak *sleeping pill*
uyku hapı *sleeping room* yatak odası
sleeping sickness uyku hastalığı
sleepless /'sli:plis/ *s.* uykusuz
sleeplessness /'sli:plısnıs/ *a.* uykusuzluk
sleepwalker /'sli:pwo:kı/ *a.* uyurgezer
sleepy /'sli:pi/ *s.* yorgun ve uykulu;
sessiz, sakin, hareketsiz
sleet /sli:t/ *a.* sulusepken ¤ *e.* sulusepken
yağmak
sleety /'sli:ti/ *s.* sulusepken
sleeve /sli:v/ *a.* giysi kolu, yen; *İİ.* plak
kabı; manşon; gömlek, kovan, kubur
have/keep sth up one's sleeve koz
olarak saklamak *roll one's sleeves up*
kolları sıvamak *sleeve antenna*
manşon anten *sleeve brick* menfez

tuğlası **sleeve coupling** kovanlı kavrama **sleeve joint** manşonlu bağlantı **sleeve nut** zıvanalı somun **sleeve valve** sürme valf, sürgü valf, delikli supap **sleeve valve engine** supapsız motor, gömlek supaplı motor **wear one's heart on/upon one's sleeve** içi dışı bir olmak

sleeved /sli:vd/ s. kollu

sleeveless /'sli:vlis/ s. kolsuz

sleigh /sley/ a. atlı kızak

sleight /sleyt/ a. el çabukluğu, marifet **sleight of hand** el çabukluğu

slender /'slendı/ s. incecik, narin, ince, dal gibi; az, yetersiz

slenderize /'slendırayz/ e. incelmek; inceltmek

slenderness /'slendınıs/ a. incelik, narinlik; yetersiz olma

sleuth /slu:t/ a. kon. hafiye, dedektif

slew /slu:/ e. (round/around ile) aniden kendi çevresinde dönmek ¤ a. bataklık arazi

slice /slays/ a. dilim ¤ e. dilimlemek, dilimlere ayırmak, dilmek

slicer /'slaysı/ a. şek. pancar bıçağı

slick /slik/ s. düz, parlak ve kaygan; yüze gülücü, yapmacık kibar, tatlı dilli; kurnaz, üçkâğıtçı ¤ a. ince petrol tabakası ¤ e. düzeltmek, düzleştirmek **slick down** (saçı) parlatmak, düzleştirmek

slickenside /'slikınsayd/ a. yerb. fay aynası, kırık aynası

slicker /'slikı/ a. yağmurluk, muşamba

slide /slayd/ e. kaymak; kaydırmak; sessizce gitmek ¤ a. kayma; kayılan yer, kaydırak; sürgü; toprak kayması, heyelan; diyapozitif, slayt; saç tokası; lam **let sth slide** kon. ihmal etmek, boşlamak **slide block** sürgü takozu **slide bolt** sürgü **slide coil** elek. sürgülü bobin **slide gate** sürme kapak **slide gauge** sürmeli kumpas **slide magazine** slayt magazini, slayt şarjörü **slide mount** fot. slayt çerçevesi, diya çerçevesi **slide projection** slayt projeksiyonu, slayt gösterimi **slide projector** slayt projektörü, diyapozitif projektörü **slide rest** sürgü dayağı, sürgü mesnedi **slide rest lathe** kızaklı bağlamalı torna **slide rod** sürgü

çubuğu, sürgü kolu **slide rule** sürgülü hesap cetveli **slide switch** sürgülü anahtar **slide valve** sürgülü vana **slide viewer** opt. slayt vizyonözü **slide wire** sürgü teli

sliding /'slayding/ s. sürgülü; kayan, kayıcı **sliding bearing** kayıcı yatak **sliding block** kayıcı gövde **sliding clutch** kaygan kavrama **sliding contact** elek. sürgülü kontak, kayıcı kontak **sliding door** sürme kapı **sliding friction** fiz. kayma sürtünmesi **sliding resistance** kayma direnci **sliding roof** kayar tavan **sliding scale** yürüyen skala, değişken ölçek **sliding seat** oto. sürgülü koltuk **sliding sleeve** kayar gömlek **sliding surface** kayma yüzeyi **sliding time** değişken zaman **sliding trend** borsa fiyatlarındaki ciddi düşüş **sliding window** sürme pencere

slight /slayt/ s. ince, narin, zayıf; küçük, ufak, önemsiz ¤ a. hiçe sayma, aşağılama, saygısızlık, hakaret ¤ e. önemsememek, hor görmek, küçümsemek, aşağılamak **not in the slightest** hiç, kesinlikle **slight gradient** hafif rampa

slighting /'slayting/ s. küçümseyen, hafifseyen

slightly /'slaytli/ be. biraz, azıcık, bir parça, hafifçe

slim /slim/ s. ince yapılı, ne şişman ne de zayıf olan; (olasılık, şans, vb.) zayıf ¤ e. zayıflamak, incelmek

slime /slaym/ a. balçık; salgı; salyangoz sümüğü; arg. yavşak, kıl

slimeness /slaymnıs/ a. yapışkanlık, kayganlık; yaltakçılık

slimline /'slimlayn/ s. ince ve kullanışlı

slimy /'slaymi/ s. yapış yapış, yapışkan; aşırı nazik, yapmacık, kibar

sling /sling/ e. atmak, fırlatmak; iple asmak ¤ a. sapan; den. izbiro; kol askısı

slingshot /'slingşot/ a. sapan, mancınık

slink /slink/ e. gizlice sessiz sessiz yürümek

slinky /'slinki/ s. sinsi, gizli iş yapan; gizli, hırsızlama

slip /slip/ e. kaymak; (gizlice) sıvışmak, kaçmak, süzülmek; (farkında olmadan) geçip gitmek; giymek; çıkarmak;

düşmek, kötüye gitmek; çaktırmadan vermek, eline tutuşturmak ¤ *a.* kayma, kayış; yanlışlık, hata, sürçme; kadın iç gömleği, kombinezon; yastık yüzü; gemi kızağı; kâğıt, pusula *give sb the slip kon.* -den kaçmak, paçayı kurtarmak, atlatmak, ekmek *let slip* ağzından kaçırmak; kaçırmak *slip case* kitap kılıfı *slip form* kayar kalıp *slip joint* geçme bağlantı, sürme bağlantı *slip knot* ilmek, hareketli düğüm *slip line* kayma çizgisi *slip of the tongue* dil sürçmesi *slip one's mind* aklından çıkmak *slip one's notice* gözünden kaçmak *slip plane* kayma düzlemi *slip road İİ.* ara yol, ana yola/yoldan çıkan yol *slip up* küçük bir hata yapmak

slip-up /'slipap/ *a.* önemsiz yanlışlık, ufak hata, sürçme

slipknot /'slipnot/ *a.* ilmek, ilmik, eğreti düğüm

slippage /'slipic/ *a.* kayma

slipper /'slipı/ *a.* terlik *slipper brake demy.* elektromanyetik fren

slipperiness /'slipırinıs/ *a.* kayganlık; güvenilmezlik

slippery /'slipıri/ *s.* kaygan, kayağan; *kon.* güvenilmez, kaypak

slipring /'slipring/ *a.* kayıcı halka

slipshod /'slipşod/ *s.* dikkatsiz, düzensiz, dağınık

slipway /'slipwey/ *a. den.* gemi tezgâhı, kızak

slit /slit/ *e.* yarmak, uzunluğuna kesmek ¤ *a.* kesik, yırtık, yarık; dar aralık

slither /'slidı/ *e.* kaymak, kayarak gitmek, yılan gibi süzülmek

slithery /'slidıri/ *s.* kaygan

sliver /'slivı/ *a.* kıymık; ince dilim

slob /slob/ *a. kon.* hantal, kılıksız, ayı

slobber /'slobı/ *e.* ağzından salyalar akıtmak ¤ *a.* salya

slobbery /'slobıri/ *s.* salyalı; abartmalı

sloe /slou/ *a. bitk.* çakaleriği

slog /slog/ *e. İİ.* zor ve sıkıcı iş yapmak, angarya yapmak

slogan /'slougın/ *a.* slogan, parola; reklam sloganı

slogger /'slogı/ *a.* sert vuran kişi

sloop /slu:p/ *a.* küçük yelkenli, şalopa

slop /slop/ *a.* lapa, sulu yemek; çömlekçi çamuru; pis su, çirkef ¤ *e.* taşırmak,

dökmek; taşmak, dökülmek *slops* bulaşık suyu; yemek artığı *slop basin* bulaşık kabı *slop around* aylak aylak dolaşmak *slop out* (mahkûm) lazımlığı boşaltmak

slope /sloup/ *e.* eğimli olmak, eğimlenmek, meyilli olmak; şevlenmek; şevlendirmek ¤ *a.* yokuş, bayır; eğim, meyil *slope off İİ,* kon. kaçmak, sıvışmak, kaytarmak *sloping ramp* meyilli rampa *slope failure* şev kırılması, topuk kayması, şev kayması

sloppiness /'slopinis/ *a.* ıslaklık; kılıksızlık; dikkatsizlik

sloppy /'slopi/ *s.* ıslak ve kirli, çamurlu; baştan savma, uyduruk; pasaklı, dağınık; aptalca, saçma

slosh /sloş/ *e.* sudan/çamurdan geçmek; (sıvı) taşmak

slot /slot/ *a.* yarık, delik; *kon.* (radyo, vb.) program; oluk, yiv ¤ *e.* yarık açmak; *İİ.* (in/into ile) yer ayırmak, yer vermek, vakit ayırmak; delik açmak, yiv açmak *slot antenna* yarık anten *slot charter* kısmi çarter *slot machine İİ.* (içine para atılarak içki, sigara, vb. alınan) otomatik makine; kollu kumar makinesi *slotting machine* zıvana makinesi

sloth /slout/ *a.* tembellik, miskinlik

slothful /'sloutfıl/ *s.* tembel, miskin

slotted /'slotid/ *s.* yarıklı; oluklu *slotted aileron hav.* yarık eleron *slotted flap hav.* yarıklı flap *slotted nut* taçlı somun *slotted wing hav.* yarık kanat

slouch /slauç/ *e.* kamburunu çıkararak (yorgun ya da tembelce) yürümek ya da durmak ¤ *a.* başın/omuzların öne sarkması, yorgun ya da tembel duruş/oturuş/yürüyüş *be no slouch (at sth) kon.* -si hiç de fena olmamak, -de çok iyi olmak *slouch hat* sarkık kenarlı şapka

slouching /'slauçing/ *s.* hımbıl, tembel; kamburu çıkmış

slouchy /'slauçi/ *s.* eğri, yamuk

slough /slau/ *a.* bataklık; kötü durum, batak ¤ *e.* (off ile) (yılan, vb.) deri değiştirmek

sloven /'slavın/ *a.* pasaklı, kılıksız

slovenly /'slavınli/ *s.* düzensiz, baştansavma, derme çatma; pasaklı, pis, dağınık

slow /slou/ s. yavaş, ağır; (saat) geri; güç anlayan, kalın kafalı ¤ be. yavaş yavaş, ağır ağır ¤ e. (up/down ile) yavaşlamak; yavaşlatmak **go slow** yavaştan almak, acele etmemek; *tic.* işi yavaşlatma eylemine gitmek **slow-acting** yavaş etkili **slow-acting relay** *elek.* geciktirme rölesi **slow boiling** *şek.* yavaş pişirme **slow down** yavaşlamak; yavaşlatmak **slowing-down area** *fiz.* yavaşlama alanı **slowing-down density** *fiz.* yavaşlama yoğunluğu **slowing-down power** *fiz.* azalan güç **slow motion** ağır çekim, yavaş hareket, yavaşlatılmış hareket **slow moving traffic** yavaş ilerleyen trafik **slow neutron** yavaş nötron **slow-release relay** *elek.* yavaş işletme rölesi **slow-setting cement** geç katılaşan çimento **slow wave** *fiz.* yavaş dalga

slowcoach /'sloukouç/ a. *İİ. kon.* hantal, uyuşuk kimse, mıymıntı

slowly /'slouli/ be. yavaş yavaş, ağır ağır, yavaşça

slowness /'slounis/ a. yavaşlık, hantallık

slowworm /'slouwö:m/ a. köryılan

slub /slab/ a. *teks.* yumrulu iplik, düğümlü iplik

sludge /slac/ a. sulu çamur, çamur, şlam; pis artık yağ **sludge asphalt** tortu asfalt, çamur asfalt **sludge pump** şlam tulumbası, çamur pompası

sludging /'slacing/ a. çamurlaşma

slue /slu:/ e. *Aİ. bkz.* slew

slug /slag/ a. kabuksuz sümüklüböcek; jeton; *kon.* sert yumruk ya da darbe; metal kübü; *bas.* harf dizisi ¤ e. *Aİ. kon.* yumruk patlatmak

slugabed /'slagıbed/ a. geç saate kadar yatan kişi

sluggard /'slagıd/ a. tembel, aylak kimse

slugger /'slagı/ a. sert vuran oyuncu

sluggish /'slagiş/ s. uyuşuk, tembel, mıymıntı, ağır

sluice /slu:s/ a. bent kapağı, savak ¤ e. bol suda yıkamak; üstüne su dökmek **sluice gate** savak kapağı **sluice valve** sızıntı vanası, bent kapağı vanası

sluiceway /'slu:swey/ a. savak kanalı, savak yatağı

slum /slam/ a. *kon.* gecekondu mahallesi, kenar mahalle; çok dağınık yer

slumber /'slambı/ e. uyumak, uyuklamak ¤ a. uyku, uyuklama

slump /slamp/ e. birdenbire düşmek, küt diye düşmek, çökmek, yığılmak; (sayıca, vb.) düşmek, azalmak, kötüye gitmek ¤ a. birdenbire ve hızla düşme, çöküş, düşüş; (iş, ticaret, fiyat, vb.'de) düşme, kötüleşme, durgunluk, kriz

slumping /'slamping/ a. göçme, çökme

slur /slö:/ e. kara çalmak, çamur atmak; (sarhoşluktan, vb.) sözcükleri kötü telaffuz etmek ¤ a. kara çalma, iftira, leke (sürme); sözcükleri kötü telaffuz etme

slurp /slö:p/ e. *kon.* höpürdetmek, şapırdatarak içmek

slurry /'slari/ a. şlam, bulamaç, sulu çamur, sulu çimento

slush /slaş/ a. sulu çamur; yarı erimiş kar **slush fund** örtülü ödenek

slushy /'slaşi/ s. cıvık çamurlu, yarı erimiş karlı; fazla duygusal

slut /slat/ a. *hkr.* pasaklı, tembel kadın; ahlaksız kadın; orospu

sly /siay/ s. kurnaz, şeytan; şakacı, muzip **a sly dog** ne yapacağı belli olmayan kimse **on the sly** gizlice, el altından, sinsice

smack /smek/ e. şaplak atmak, tokatlamak; (of ile) ... kokmak/tadı vermek/hissi uyandırmak ¤ a. şamar, tokat, şaplak; şaklama, şak sesi; şapırtı; şapırtılı öpücük; balıkçı teknesi ¤ be. *kon.* küt diye, güm diye **have a smack at** *kon.* bir denemek **smack dab in the middle** tam göbeğinde (ortasında) **smack of** ... kokmak, altında ... yatmak **smack one's lips** ağzını şapırdatmak

smacker /'smekı/ a. şaplak; şapırtılı öpücük

small /smo:l/ s. küçük, ufak; önemsiz, ufak; küçük, önemsiz, küçük işlerle uğraşan ¤ be. küçük küçük, ufak ufak **feel small** utanmak, bozulmak, küçük düşmek **small adds** küçük ilanlar **small arms** *ask.* hafif silahlar **small change** bozuk para **small coal** *mad.* ince kömür **small film** *sin.* amatör filmi, dar film **small hours** sabahın çok erken saatleri **small intestine** incebağırsak **small talk** sohbet, laklak, muhabbet

small wonder tevekkeli değil **sing small** kuyruğunu kısmak
smallholder /'smo:lhouldı/ *a.* küçük arazi sahibi
smallholding /'smo:lhoulding/ *a.* küçük çiftlik
smallish /'smo:liş/ *s.* ufakça, ufacık
small-minded /smo:l'mayndid/ *s.* dar kafalı, bağnaz; bencil, aşağılık, adi
smallness /'smo:lnis/ *a.* ufaklık; önemsizlik; basitlik
smallpox /'smo:lpoks/ *a. hek.* çiçek hastalığı
small-scale /'mo:l'skeyl/ *s.* küçük ölçekli; sınırlı, mahdut
small-time /smo:l'taym/ *s.* önemsiz, basit, sıradan
small-timer /smo:l'taymı/ *a.* önemsiz kişi, etkisiz kişi
smaragd /'smeregd/ *a.* zümrüt
smarmy /'sma:mi/ *s. İİ. kon.* kibarlık budalası, yağcı, dalkavuk
smart /sma:t/ *e.* acımak, sızlamak, yanmak; üzülmek, kırılmak, incinmek ¤ *s.* acıtan, sert; keskin, şiddetli; çabuk, çevik; şık, zarif; açıkgöz, kurnaz; yakışıklı, gösterişli **smart aleck** *arg.* ukala dümbeleği, çok bilmiş, bok yedi başı, kendini beğenmiş **smart card** hafızalı kart **smart money** manevi tazminat
smarten /sma:tn/ *e.* (up ile) güzelleştirmek, çekidüzen vermek; güzelleşmek
smash /smeş/ *e.* parçalamak, kırmak, paramparça etmek; parçalanmak, kırılmak, paramparça olmak; şiddetle çarpmak; (rekor) kırmak; iflas etmek, batmak ¤ *a.* kırılma, parçalanma; şangırtı, çatırtı; çarpışma, kaza; sert vuruş, güçlü darbe; batma, iflas; büyük kaza; çok başarılı oyun, film, şarkı, vb. hit **smash hit** liste başı yapıt **smash to smithereens** paramparça etmek, tuzla buz etmek
smash-up /'smeşap/ *a.* büyük kaza, büyük çarpışma; (uçak) yere çakılma
smashed /'smeşt/ *s. kon.* sarhoş
smasher /'smeşı/ *a. kon.* çok kıyak şey/kimse
smashing /'smeşing/ *s. İİ. kon.* mükemmel, harika, nefis, süper

smatterer /'smetırı/ *a.* uzman olmayan kişi, meraklı
smattering /'smetıring/ *a.* çat pat bilgi, yüzeysel bilgi
smear /smiı/ *a.* leke, bulaşık leke; mikroskopta incelenmek üzere alınan parça; karalama, leke, iftira ¤ *e.* sürmek, bulaştırmak, lekelemek; lekelenmek; karalamak, lekelemek, iftira etmek **smear test** *fiz.* leke testi
smeary /'smiıri/ *s.* lekeli; yağlı
smell /smel/ *e.* koklamak; kokmak; kokuşmak, pis kokmak; kokusunu almak, sezmek ¤ *a.* koku alma duyusu; koku; koklama; iz, eser **smell to high heaven** ayyuka çıkmak
smelly /'smeli/ *s.* pis kokulu, kokmuş
smelt /smelt/ *e.* (madeni arıtım için) eritmek, kal etmek **smelting furnace** *met.* eritme ocağı, kal ocağı
smile /smayl/ *e.* gülümsemek ¤ *a.* gülümseme **be all smiles** sekiz köşe olmak
smirch /smö:ç/ *a.* leke, ayıp
smirk /smö:k/ *e.* sırıtmak, zorla gülümsemek, yapmacıklı biçimde gülümsemek ¤ *a.* sırıtma, sırıtış
smite /smayt/ *e.* vurmak
smith /smit/ *a.* demirci
smithereens /smidı'ri:nz/ *a. kon.* bin bir parça, tuzla buz **into/to smithereens** bin bir parçaya
smithsonite /'smitsınayt/ *a. min.* smitsonit
smithy /'smidi/ *a.* demirhane, nalbanthane
smitten /'smitın/ *s.* etkilenmiş, kapılmış; âşık, vurgun
smock /smok/ *a.* iş gömleği, önlük ¤ *e.* (giysiyi) büzgüyle süslemek
smocking /'smoking/ *a.* büzgü
smog /smog/ *a.* dumanlı sis, sanayi sisi
smokable /'smoukıbıl/ *s.* içilebilir
smoke /smouk/ *a.* duman; (sigara) içme; *kon.* sigara; puro ¤ *e.* (sigara, pipo, esrar, vb.) içmek; tütmek; (balık, et, vb.) tütsülemek **go up in smoke** suya düşmek, duman olmak, uçup gitmek **smoke bomb** *ask.* sis bombası **smoke flue** *inş.* duman kanalı **smoke like a chimney** baca gibi tüttürmek **smoke test** *biliş.* ilk işletim denemesi, duman

denemesi *smoke tree* sarıağaç
smokeless /'smouklis/ *s.* dumansız
smoker /'smoukı/ *a.* sigara içen kimse; sigara içenlere ayrılmış vagon
smokescreen /'smoukskri:n/ *a.* düşmana görünmemek için çıkarılan duman; gerçek niyetini gizlemek için uydurulan şey, paravana, maske
smokestack /'smoukstek/ *a.* baca
smoking /'smouking/ *a.* sigara içme ¤ *s.* sigara içen
smoky /'smouki/ *s.* dumanlı, tüten, duman dolu; dumanrengi, koyu füme
smooch /smu:ç/ *e.* öpüşmek
smooth /smu:d/ *s.* düz, düzgün; sarsıntısız; (tat) hoş; akıcı, hoş, yumuşak; aşırı kibar; topaksız ¤ *e.* düzeltmek, düzleştirmek, düzlemek; kolaylaştırmak *smooth operator* nabza göre şerbet veren kişi *smoothing file* perdah eğesi *smoothing iron* ütü *smoothing plane* perdah rendesi
smother /'smadı/ *e.* havasızlıktan ölmek, boğulmak; boğmak; kaplamak, sarmak; bastırmak, kontrol altına almak
smoothie /'smu:di/ *a.* yapmacık tavırlı kişi
smoothness /'smu:dnıs/ *a.* düzgünlük; pürüzsüzlük; tatlılık; akıcılık
smoulder /'smouldı/ *e.* alevsiz yanmak, için için yanmak; için için köpürmek/kudurmak
smudge /smac/ *e.* bulaşmak, kirlenmek; bulaştırmak, kirletmek ¤ *a.* bulaşık leke, is lekesi
smudgy /'smaci/ *s.* kirli, pis, lekeli
smug /smag/ *s.* kendini beğenmiş
smuggle /'smagıl/ *e.* ... kaçakçılığı yapmak, kaçırmak
smuggler /'smaglı/ *a.* kaçakçı
smuggling /'smagling/ *a.* kaçakçılık
smut /smat/ *a.* is, kurum; küf ¤ *e.* islenmek, kurumlanmak
smutch /smaç/ *e.* pisletmek, lekelemek
smutty /'smati/ *s.* ahlaksız, açık saçık, müstehcen
snack /snek/ *a.* hafif yemek *snack bar* hafif yemek yenen yer, snekbar
snafu /sne'fu:/ *s.* karmakarışık, allak bullak ¤ *a.* dağınıklık, karışık durum ¤ *e.* karıştırmak, arapsaçına döndürmek
snag /sneg/ *a.* kırık dal, budak; fırlak diş;

beklenmedik engel ya da güçlük *snag-free finish teks.* tel kaçmazlık apresi
snaggy /'snegi/ *s.* budaklı
snail /sneyl/ *a.* salyangoz *at a snail's pace* ağır aksak *snail's pace* kaplumbağa hızı
snake /sneyk/ *a.* yılan *a snake in the grass* sinsi yılan, birinin yüzüne gülüp arkasından kuyusunu kazan kimse
snaky /'sneyki/ *s.* çok yılanlı; yılankavi
snap /snep/ *e.* (at ile) dişlemek, kapmak; ısırmaya çalışmak; kopmak, kırılmak; koparmak, kırmak; tükenmek; şaklatmak; şaklamak; (at ile) bağırmak; *kon.* fotoğrafını çekmek; şıklatmak ¤ *a.* dişlemeye çalışma; şaklama; çatırdama; parmak şıklatma, şıklama; tatlı bisküvi; *kon.* şipşak resim, fotoğraf; *kon.* enerji, gayret; bir iskambil oyunu ¤ *s.* aceleyle yapılmış, paldır küldür *in a snap* hemen, çabucak *snap out of it kon.* kötü bir durumdan çıkmak, kendini vazgeçirmek *snap sb's head off kon.* terslemek, yüzüne bağırmak *snap up* hevesle almak, atlamak, kapmak *snap fastener* çıtçıt, yaylı raptiye *snap generator biliş.* snap üreteci *snap it up* acele etmek *snap lock* sustalı kilit, çarpma kilit *snap ring* tespit segmanı, yaylı tutturma bileziği *snap at the chance* fırsata balıklama atlamak
snapdragon /'snepdregın/ *a. bitk.* aslanağzı
snappish /'snepiş/ *s.* aksi, ters, huysuz; alaycı, ukala
snappy /'snepi/ *s.* canlı, çevik, enerjik; şık, zarif *make it snappy kon.* acele etmek, çabuk olmak
snapshot /'snepşot/ *a.* enstantane fotoğraf, şipşak *snapshot dump biliş.* anında döküm
snare /sneı/ *a.* tuzak, kapan ¤ *e.* tuzağa düşürmek, tuzakla yakalamak, kapana kıstırmak
snarl /sna:l/ *e.* hırlamak; homurdanmak; dolaştırmak, karmakarışık etmek ¤ *a.* hırlama, hırıltı; homurdanma; karmakarışık şey, arapsaçı; keşmekeşlik *traffic snarl* trafik keşmekeşi
snatch /sneç/ *e.* kapmak, kavramak; (at ile) elde etmek için elinden geleni yapmak, yakalamaya çalışmak ¤ *a.*

kapış, kapma; elde etmeye çalışma, gayret; parça, kırıntı; kısa süre, an **snatch block** bastika

snazzy /'snɛzi/ s. şık, zarif

sneak /sni:k/ e. sinsice/gizlice ilerlemek, gitmek, sıvışmak, sokulmak, süzülmek; *kon.* (öğretmene, vb.) gammazlamak, şikâyet etmek; *arg.* araklamak, aşırmak; (çaktırmadan bakış) atmak ¤ *a.* muhbir, gammaz; sinsi kimse **sneak up** sinsi sinsi/sessizce yaklaşmak

sneaker /'sni:kı/ *a. Aİ.* bez spor ayakkabı, kes

sneaking /'sni:king/ s. gizli

sneaky /'sni:ki/ s. sinsi

sneer /sniı/ e. dudak bükmek, küçümsemek, alay etmek, hor görmek ¤ *a.* dudak bükme, küçümseme, alay, hor görme

sneerer /'sniırı/ *a.* alaycı kişi

sneering /'sniıring/ s. alaycı

sneeze /sni:z/ e. aksırmak ¤ *a.* aksırık **not to be sneezed at** yabana atılmamak

snick /snik/ e. kesmek ¤ *a.* kesik

snicker /'snikı/ *Aİ. bkz.* snigger

sniff /snif/ e. burnunu çekmek; koklamak ¤ *a.* burnunu çekme; havayı koklama **sniff at** burun kıvırmak

sniffle /'snifıl/ e. burnunu çekmek ¤ *a.* burun çekme

sniffy /'snifi/ s. kendini beğenmiş, kibirli; pis kokulu

snigger /'snigı/ e. kıs kıs gülmek ¤ *a.* kıs kıs gülüş

snip /snip/ *a.* kırpma, kırkma; makasla kesilmiş parça, kırpıntı, kesinti; *İİ. kon.* kelepir ¤ e. makasla kesmek, kırpmak

snipe /snayp/ *a.* batakçulluğu, suçulluğu ¤ e. gizli bir yerden ateş etmek, siperden ateş etmek; haince saldırmak

snippet /'snipit/ *a.* ufak parça, lokma; azıcık haber, bilgi

snips /snips/ *a.* tenekeci makası

snitch /sniç/ e. çalmak, aşırmak

snivel /'snivıl/ e. burnunu çekerek ağlamak, ağlayıp sızlamak; burnu akmak, burnunu çekmek

snob /snob/ *a.* züppe

snobbery /'snobıri/ *a.* züppelik

snog /snog/ e. öpüşmek

snook /snu:k/ *a.* nanik

snooker /'snu:kı/ *e. kon.* zor duruma sokmak, belaya sokmak ¤ *a.* on beş kırmızı altı değişik renkli topla delikli masada oynanan bir tür bilardo oyunu

snookered /'snu:kıd/ s. yenilmiş, işi bozulmuş

snoop /snu:p/ e. başkalarının işine burnunu sokmak

snooper /'snu:pı/ *a.* başkalarının işine burnunu sokan kimse

snoopy /'snu:pi/ s. meraklı

snoot /snu:t/ *a.* surat, yüz; yüzü ekşitme

snooty /'snu:ti/ s. *kon.* tepeden bakan, küçümseyen, kaba

snooze /snu:z/ *a. kon.* kısa uyku, şekerleme ¤ *e. kon.* kestirmek, şekerleme yapmak

snore /sno:/ *a.* horlama, horultu ¤ e. horlamak

snorkel /'sno:kıl/ *a.* şnorkel

snort /sno:t/ e. burnundan gürültüyle soluk çıkarmak, horuldamak; *kon.* kahkaha ile gülmek ¤ *a.* öfke belirten ses, horultu; kahkaha

snorter /'sno:tı/ *a.* müthiş şey, korkunç şey

snot /snot/ *a.* sümük; aşağılık adam

snotty /'snoti/ s. sümüklü; aşağılık

snout /snaut/ *a. hayb.* (domuz, vb.) burun

snow /snou/ *a.* kar; *arg.* kokain ¤ e. kar yağmak; *Aİ. arg.* gözünü boyamak, gözüne girmek **snow blindness** kar körlüğü **snow chain** patinaj zinciri, kar patinaj zinciri **snow fence** kar siperi, kar parmaklığı, kar çiti **snow gauge** kar ölçeği **snow line** *coğ.* sürekli kar sınırı **snow load** kar yükü **snow pellets** *metr.* kar topakları, kar yumakları **snow plough** kar temizleme makinesi **snow tyre** *oto.* kar lastiği

snow-white /snou'wayt/ s. kar beyazı

snowball /'snoubo:l/ *a.* kartopu ¤ e. çığ gibi çoğalmak, kartopu gibi büyümek **not have a snowball's chance in hell** yıldızı düşük (talihsiz) olmak

snowbound /'snoubaund/ s. yoğun kardan mahsur kalmış

snowdrift /'snoudrift/ *a.* kürtün, kürtük, kar yığını, rüzgârın oluşturduğu kar kümesi

snowdrop /'snoudrop/ *a. bitk.* kardelen

snowfall /'snoufo:l/ a. kar yağışı; bir defada yağan kar miktarı

snowflake /'snoufleyk/ a. kar tanesi, kuşbaşı kar

snowman /'snoumın/ a. kardan adam

snowplough /'snouplau/ a. kar temizleme makinesi/aracı; (kayakta) kar sapanı

snowstorm /'snousto:m/ a. kar fırtınası, tipi

snowy /'snoui/ s. karlı; bembeyaz, kar gibi, kar beyazı

snub /snab/ e. küçümsemek, hiçe saymak, aşağılamak, hor davranmak, terslemek ¤ a. hiçe sayma, aşağılama, küçümseme, tersleme, hor görme

snuff /snaf/ a. enfiye ¤ e. (out ile) (mum, vb.) söndürmek

snuffle /'snafıl/ e. a. bkz. sniffle

snug /snag/ s. rahat, sıcacık; (giysi) tam oturan; den. seyre elverişli, denize elverişli

snuggery /'snagıri/ a. özel çalışma odası, kuytu yer

snuggle /'snagıl/ e. sokulmak

so /sou/ be. öylesine, öyle, o kadar; bu kadar; o kadar (çok), o derece, öyle, çok; (o) kadar; bu şekilde, böyle, şu şekilde, şöyle; öyle; de, da; gerçekten de, hakikaten ¤ bağ. bu yüzden, bu nedenle, onun için; -mesi için, -sin diye, ... amacıyla; demek (ki) ¤ s. doğru, öyle and so on/forth ve saire, ve benzeri şeyler Just/Quite so İl. Evet, Aynen öyle so as to -mek için, -cek biçimde, -mek amacıyla So long kon. Güle güle, Hoşça kal so much so o kadar ki So what kon. Bana ne; Ne yani; Ne olmuş

soak /souk/ e. iyice ıslatmak, sırılsıklam etmek; suda ıslatmak; ıslanmak; (çay) demlemek; kon. kazıklamak; (up ile) emmek, nüfuz etmek ¤ a. ıslatma, ıslanma; arg. ayyaş soak cleaning daldırmayla temizleme

soaked /soukt/ s. sırılsıklam soaked to the skin sırılsıklam

soaking /'souking/ be. s. çok, sırılsıklam ¤ a. met. çeliği demlendirme soaking pit met. çelik demlendirme çukuru soaking pit furnace met. yeraltı fırını soaking temperature met. demlendirme sıcaklığı soaking time

met. demlendirme zamanı

so-and-so /'souınsou/ a. falan kişi/şey, filanca; hkr. Allah'ın cezası kimse, puşt

soap /soup/ a. sabun ¤ e. sabunlamak; kon. yağ çekmek soap bath sabun banyosu soap delustering sabunla matlaştırma soap milling teks. sabunlu dinkleme soap opera hafif ve sürekli melodram dizisi, pembe dizi soap suds sabun köpüğü soaping machine teks. sabunlama makinesi

soapstone /'soupstoun/ a. sabuntaşı

soapy /'soupi/ s. sabunlu

soar /so:/ e. çok yükseklerde uçmak, süzülmek, süzülerek yükselmek; (fiyat, vb.) çok yükselmek, fırlamak; gözü yükseklerde olmak, -e göz dikmek

soaring /'so:ring/ s. yükselen, tırmanan

sob /sob/ e. hıçkıra hıçkıra ağlamak ¤ a. ağlarken içini çekme, hıçkırık

sober /'soubı/ s. ayık, sarhoş olmayan; ılımlı, ölçülü; ciddi, ağırbaşlı; yalın, sade, gösterişsiz ¤ e. (up ile) ayılmak; ayıltmak

sobriety /sou'brayıti/ a. ayıklık; ölçülülük; ağırbaşlılık

sobriquet /'soubrikey/ a. takma ad

so-called /sou'ko:ld/ s. sözde, sözümona, lafta

soccer /'sokı/ a. İl. futbol

sociability /souşı'bilıti/ a. toplumculluk, girişkenlik

sociable /'souşıbıl/ s. toplumcul, sokulgan, girgin, arkadaş canlısı; hoşsohbet

social /'souşıl/ s. toplumsal, sosyal; toplum içinde yaşayan; toplumcul, girgin, sokulgan, arkadaş canlısı ¤ a. toplantı social accounting sosyal muhasebe social action sosyal eylem social democracy sosyal demokrasi social environment toplumsal çevre social housing sosyal mesken, toplumsal konut social insurance sosyal sigorta, sosyal güvenlik social insurance contribution sosyal sigorta prim ödemesi social justice sosyal adalet social order toplumsal düzen social policy sosyal politika social science sosyal bilimler, toplum bilimleri social security sosyal güvenlik; sosyal sigorta; sosyal yardımlaşma social *services* sosyal hizmetler *social studies* sosyal bilimler, toplum bilimleri *social work* sosyal hizmet, kötü sosyal koşulları geliştirici sosyal çalışmalar *social worker* sosyal hizmet görevlisi

socialism /'souşılizım/ *a.* toplumculuk, sosyalizm

socialist /'souşılist/ *a. s.* toplumcu, sosyalist

socialistic /souşı'listik/ *s.* sosyalist

socialization /souşılay'zeyşın/ *a.* sosyalleştirme

socialize /'souşılayz/ *e.* sosyalleştirmek

society /sı'sayiti/ *a.* toplum; topluluk; dernek, kurum, cemiyet; ortaklık, şirket; dostluk, arkadaşlık; sosyete

socioeconomic /sousioui:kı'nomik/ *s.* sosyoekonomik

sociolinguistics /'sousiılin'gwistiks/ *a.* toplumdilbilim, sosyolenguistik

sociological /sousyı'locikıl/ *s.* toplumbilimsel, sosyolojik

sociologist /sousi'olıcist/ *a.* toplumbilimci, sosyolog

sociology /sousi'olıci/ *a.* toplumbilim, sosyoloji

sociopolitical /sousioupı'litikıl/ *s.* sosyopolitik

sock /sok/ *a.* kısa çorap; *arg.* tokat, yumruk *pull one's socks up İİ. kon.* aklını başına toplamak, işe koyulmak

socket /'sokit/ *a.* oyuk, yuva, çukur; priz, soket *socket adapter* priz adaptörü, duy adaptörü *socket pipe* zıvanalı boru, yuvalı boru *socket wrench* lokma anahtar

socle /'sokıl/ *a.* temel, destek, kaide

sod /sod/ *a.* çim; çimen parçası; *İİ. arg.* gıcık, kıl, sinir herif; herif, ahbap, hıyar; baş belası *not give/care a sod* iplememek *sod it* Kahretsin!, Lanet olsun! Anasını ...! *sod off İİ. kab. arg.* siktirip gitmek

soda /soudı/ *a.* soda; karbonat, sodyum bikarbonat; gazoz; dondurmalı ve sodalı bir içecek *soda lye* sodyum hidroksit, sudkostik *soda soap* sert sabun *soda water* gazoz; maden sodası

sodalite /'soudılayt/ *a. min.* sodalit

sodamide /'soudımayd/ *a. kim.* sodyumamit

sodden /'sodn/ *s.* sırılsıklam, çok ıslak

sodium /'soudiım/ *a. kim.* sodyum *sodium cooled fiz.* sodyum soğutmalı *sodium cooled reactor fiz.* sodyum soğutmalı reaktör

sodomite /'sodımayt/ *a.* oğlan, oğlancı, ibne, sapık

sodomy /'sodımi/ *a.* oğlancılık, (erkekler arası) anal birleşme

soever /sou'evı/ *be.* her, her ne, her ne kadar

sofa /soufı/ *a.* kanepe, sedir

soffit /'sofit/ *a. inş.* alt yüz, alt yüzey

soft /soft/ *s.* yumuşak; rahatsız etmeyen; alkolsüz; *kon.* fazla hoşgörülü, uysal; *kon.* aptal, deli; az zararlı, hafif; sert olmayan, hafif; yumuşak, yıkamaya elverişli; kolay; sevecen, müşfik *have a soft spot for* -e düşkün olmak *soft/easy touch* yolunacak kaz *soft annealing met.* yumuşak tavlama *soft brick* yumuşak tuğla *soft consonant* yumuşak ünsüz ses *soft copy biliş.* geçici kopya, yumuşak kopya *soft currency* yumuşak para, ucuz para *soft drink* alkolsüz içki *soft dump biliş.* yazmaç dökümü *soft error biliş.* yumuşak hata, ikinci kez yinelenmeyen hata *soft failure biliş.* hafif arıza *soft focus fot.* flu, yumuşak odak *soft goods* tekstil malları *soft ground* yumuşak zemin, zayıf zemin *soft in the head* kaz kafalı *soft iron* yumuşak demir *soft landing hav.* yumuşak iniş *soft loan* yumuşak kredi *soft metal* yumuşak metal *soft money* kâğıt para *soft prices* düşen fiyatlar *soft radiation fiz.* zayıf radyasyon *soft sell* zorlamadan ikna ederek satış usulü *soft soap* yağ çekmek; arapsabunu *soft solder met.* yumuşak lehim *soft spot met.* yumuşak nokta *soft steel* yumuşak çelik *soft sugar* yumuşak şeker *soft water* yumuşak su

soft-boiled /soft'boyld/ *s.* (yumurta) rafadan

soften /'sofın/ *e.* yumuşatmak; yumuşamak; gevşetmek; gevşemek; tatlılaşmak; tatlılaştırmak; avivaj yapmak

softener /'sofını/ *a.* yumuşatıcı

softening /'so:fıning/ *a.* yumuşama *sof-*

tening agent yumuşatma maddesi *softening point* yumuşama noktası
softhearted /soft'ha:tid/ *s.* yufka yürekli
softly /'softli/ *be.* yavaşça, tatlılıkla; alçak sesle
softness /'softnıs/ *a.* yumuşaklık
soft-sectored /soft'sektıd/ *a. biliş.* yumuşak sektörlü
soft-spoken /soft'spoukın/ *s.* tatlı sesli, tatlı dilli
software /'softweı/ *a.* yazılım *software compatible biliş.* yazılım uyumlu *software documents biliş.* yazılım belgeleri *software engineering biliş.* yazılım mühendisliği, programcılık *software factory biliş.* yazılım fabrikası *software house biliş.* yazılım evi *software integrity biliş.* yazılım güvenilirliği *software library biliş.* yazılım kitaplığı *software life cycle biliş.* yazılım yaşam çevrimi *software lockout biliş.* yazılım kilidi *software monitor biliş.* yazılım monitörü *software package biliş.* yazılım paketi *software piracy biliş.* yazılım korsanlığı *software reliability biliş.* yazılım güvenilirliği *software system biliş.* yazılım sistemi, yazılım dizgesi
softwood /'softwud/ *a. orm.* yumuşak ağaç, kozalaklı ağaç
softy /'softi/ *a.* hanım evladı; sünepe kişi
soggy /'sogi/ *s.* çok ıslak, sırılsıklam, sulu
soh /sou/ *a. bkz.* sol
soil /soyl/ *a.* toprak; arazi, toprak; ülke, yurt; kir, leke ¤ *e.* kirletmek, lekelemek; kirlenmek *soil acidity* toprak asiditesi *soil amelioration* toprak ıslahı *soil analysis* toprak analizi *soil burying test teks.* toprakta çürüme deneyi *soil conditions* temel şartları, zemin şartları, zemin karakteri *soil conservation trm.* toprak koruma *soil consistence* toprak kıvamı *soil creep* yer kayması *soil depth* toprak derinliği *soil drainage trm.* toprak drenajı *soil dressing trm.* toprak gübrelemesi *soil erosion coğ.* toprak erozyonu, toprak aşınması *soil fertility trm.* toprak verimliliği *soil improvement* toprak ıslahı *soil map* toprak haritası *soil mechanics* toprak mekaniği *soil moisture*

toprak nemi, zemin rutubeti *soil paste trm.* toprak macunu *soil pipe* künk, toprak künk *soil pressure* toprak basıncı, zemin basıncı *soil sample* toprak numunesi *soil sampler* toprak numunesi alıcısı *soil solution* toprak çözeltisi *soil stabilization* toprak stabilizasyonu, zemin stabilizasyonu *soil structure* toprak yapısı, zemin yapısı *soil tillage trm.* toprağı işleme *soil carrier* (deterjan) kir taşıyıcı *soil-repellent teks.* kir itici
soirée /'swa:rey/ *a.* akşam partisi
sol /sol/ *a. müz.* sol notası; sol, koloit çözeltisi
solace /'solis/ *a.* avuntu, teselli, avunma
solar /'soulı/ *s.* güneş+, güneşle ilgili *solar battery* güneş bataryası *solar cell* güneş pili *solar constant metr.* güneş sabitesi *solar corona gökb.* güneş tacı *solar day gökb.* güneş günü *solar disk gökb.* güneş tekeri *solar eclipse gökb.* güneş tutulması *solar radiation* güneş radyasyonu, güneş ışınımı *solar system gökb.* güneş sistemi, güneş dizgesi *solar time gökb.* güneş zamanı *solar year* güneş yılı
solarium /sou'leıriım/ *a.* solaryum, güneşlik
solarize /'soulırayz/ *e.* güneş ışığıyla tedavi etmek; güneş enerjisiyle ısıtmak
solder /'soldı/ *a.* lehim ¤ *e.* lehimlemek *solder coated wire* lehim kaplı tel *soldered joint* lehimli ek, sarı kaynaklı ek *soldering bolt* lehim havyası *soldering fluid* lehim suyu *soldering furnace met.* lehimleme ocağı *soldering paste* lehim macunu
solderable /'soldırıbıl/ *s.* lehimlenebilir
solderless /'soldılıs/ *s.* lehimsiz, kaynaksız *solderless connection elek.* lehimsiz bağlantı, kaynaksız bağlantı
soldier /'soulcı/ *a.* er, asker ¤ *e.* askerlik yapmak *soldier of fortune* maceracı *soldier on İİ.* her şeye rağmen işe devam etmek, yılmadan çalışmak
soldierly /'soulcıli/ *s.* askeri; asker gibi
soldiery /'soulcıri/ *a.* askerlik; askerler
sole /soul/ *a.* taban, pençe; dilbalığı ¤ *s.* biricik, tek ¤ *e.* pençe vurmak, pençe yapmak *sole agency* genel acentelik

sole bill tek nüsha düzenlenen bono **sole heir** tek mirasçı **sole plate** taban plakası, tabanlık **sole proprietor** tek malik, tek mal sahibi **sole proprietorship** tek sahiplik

solecism /'solisizım/ *a.* gramer yanlışı

solecistic /soli'sistik/ *s.* dilbilgisi kurallarına uymayan

solely /'soulli/ *be.* ancak, yalnız

solemn /'solım/ *s.* dinsel, dinsel törenle yapılan; resmi; kutsal; ağırbaşlı, ciddi, vakur; heybetli

solemnity /sı'lemniti/ *a.* ciddiyet, resmiyet; tantanalı tören

solemnize /'solımnayz/ *e.* (evlilik, vb. için) tören yapmak/düzenlemek

solenodon /sı'lenıdın/ *a. hayb.* sivri burunlu tanrek

solenoid /'soulinoyd/ *a.* solenoit **solenoid brake** solenoit fren **solenoid switch** solenoit şalter **solenoid valve** solenoit valf

sol-fa /'solfa:/ *a.* gamın notaları

solfatara /solfı'ta:rı/ *a.* kükürtlü gaz ve su buharı bazen de sıcak çamur püsküren yanardağ ağzı

solicit /sı'lisit/ *e.* ısrarla rica etmek, yalvarmak, istemek, talep etmek; fahişelik yapmak, askıntı olmak

solicitation /sılisi'teyşın/ *a.* ısrarla isteme; talep

solicitor /sı'lisitı/ *a.* avukat; istekli, talip; savcı; acenta

solicitous /sı'lisitıs/ *s.* endişeli, kaygılı, meraklı; istekli

solicitude /sı'lisityu:d/ *a.* kaygı, endişe, merak; ilgi, özen, dikkat

solid /'solid/ *s.* katı; içinde boşluk olmayan, içi dolu, dolma; sıkı, sağlam, dayanıklı, mazbut; aralıksız, kesintisiz, deliksiz; kaliteli, sağlam, dayanıklı; som; *mat.* üç boyutlu; güvenilir, sağlam ¤ *a.* katı madde; katı yiyecek; üç boyutlu cisim **solid angle** *mat.* cisim açı, katı açı **solid axle** yekpare dingil **solid body** katı cisim **solid electrolyte** *elek.* katı elektrolit **solid fuel** katı yakıt **solid geometry** *mat.* uzay geometri **solid head** yekpare silindir **solid matter** katı madde **solid of revolution** *mat.* dönel cisim **solid phase** katı hal **solid rib** *hav.* yekpare sinir, yekpare profil **solid**

rock *mad.* som kayaç **solid solubility** katı çözünürlüğü **solid solution** katı çözelti **solid state** katı hal **solid-state physics** *fiz.* katı hal fiziği **solid tyre** dolma lastik

solidarity /soli'deriti/ *a.* dayanışma, birlik

solidification /sılidifi'keyşın/ *a.* katılaştırma, katılaşma **solidification range** katılaştırma menzili **solidification shrinkage** katılaşma büzülmesi, katılaşma çekmesi

solidify /sı'lidifay/ *e.* katılaştırmak; katılaşmak; sağlamlaştırmak, pekiştirmek

solidity /sı'liditi/ *a.* katılık; sağlamlık; metanet; ekonomik saygınlık

solidus /'solidıs/ *a.* yatık çizgi (/) **solidus curve** katı eğrisi

solifluction /'soliflakşın/ *a. yerb.* toprak akması

soliloquize /sı'lilıkwayz/ *e.* kendi kendine konuşmak, monolog yapmak

soliped /'solipıd/ *a.* toynak

solitaire /soli'teı/ *a.* tek taş mücevher

solitary /'solitıri/ *s.* yalnız yaşayan, münzevi; yalnız, tek, arkadaşsız; ıssız, tenha ¤ *a.* tek başına yaşayan kimse, münzevi

solitude /'solityu:d/ *a.* yalnızlık, tek başına yaşama; ıssızlık, tenhalık

solo /'soulou/ *a. müz.* solo ¤ *s. be.* tek, tek başına, yalnız başına **go solo** ilk olarak tek başına uçmak

soloist /'soulouist/ *a. müz.* solist, tek başına çalan/söyleyen kişi

Solomon /'solımın/ *a.* Hz Süleyman; akıllı kimse, dirayetli kimse

solstice /'solstis/ *a.* gündönümü

solstitial /sol'stişıl/ *s.* gündönümü+

solubility /solyu'biliti/ *a.* çözünürlük, eriyebilme **solubility coefficient** *kim.* çözünürlük katsayısı **solubility curve** çözünürlük eğrisi **solubility product** çözünürlük çarpanı

solubilize /'solyubilayz/ *e.* çözündürmek

soluble /'solyubıl/ *s.* çözünür, eriyebilir, eritilebilir; çözülebilir, halledilebilir

solute /so'lyu:t/ *a.* çözünen, çözünmüş madde

solution /sı'lu:şın/ *a.* eriyik, çözelti; erime, çözünme; çözüm, çare, çözüm yolu **solution mining** *mad.* eritmeli madencilik **solution-dyed** *teks.* çözelti halindeyken boyanmış

solvable /'sɒlvɪbɪl/ *s.* çözülür, erir

solve /sɒlv/ *e.* çözmek, halletmek

solvency /'sɒlvɪnsi/ *a.* ödeme yeteneği, ödeyebilme **solvency ratio** ödeme gücü oranı

solvent /'sɒlvɪnt/ *s.* ödeme gücü olan, borcunu ödeyebilen, muteber ¤ *a. kim.* çözücü, eriten **solvent dyeing** *teks.* çözücülü boyama **solvent extraction** *fiz.* solvent ekstraksiyonu, çözücü özütlemesi **solvent fastness** (boya) çözücü haslığı **solvent reclamation** çözücü geri kazanımı **solvent wastes** solvent artıkları, çözücü artıkları

somatic /sou'metik/ *s.* bedensel, fiziksel

somatology /soumɪ'tolɪci/ *a.* somatoloji, vücutbilim

sombre /'sɒmbɪ/ *s.* can sıkıcı, kasvetli, sıkıntılı; karanlık, loş

sombreness /'sɒmbɪnɪs/ *a.* can sıkıcılık, kasvetlilik, sıkıntılılık; karanlık, loşluk

some /sam/ *s.* biraz; birkaç; bazı, kimi; (herhangi) bir; (oldukça uzun) bir; bir çeşit, bir dereceye kadar ¤ *be.* yaklaşık; *Aİ.* biraz, oldukça ¤ *adl.* bazısı, bazıları, kimi; bir bölümü, bazı bölümleri, bazı kısmı **some ... or an(other)** herhangi bir **some few** çok, oldukça fazla **some little** çok, oldukça fazla

somebody /'sambɪdi/ *adl.* biri, birisi; önemli birisi

someday /'samdey/ *be.* bir gün, ilerde, gelecekte

somehow /'samhau/ *be.* her nasılsa, ne yapıp edip, bir yolla; nasıl oluysa; her nedense, nedense

someone /'samwan/ *adl.* birisi, bir kimse

someplace /'sampleys/ *be. adl. Aİ. bkz.* somewhere

somersault /'samɪsoːlt/ *a.* takla ¤ *e.* takla atmak

something /'samting/ *adl.* bir şey; (hiç yoktan iyi) bir şey **or something** ya da öyle bir şey, falan **have something to do with** ile ilgisi/bağlantısı olmak **something like** gibi; *İl. kon.* yaklaşık, civarında **something of** ... gibi bir şey, bir tür, bir yerde

sometime /'samtaym/ *be.* bir ara ¤ *s.* eski

sometimes /'samtaymz/ *be.* bazen, ara

sıra

someway /'samwey/ *be. Aİ. kon. bkz.* somehow

somewhat /'samwɒt/ *be.* biraz, oldukça **somewhat of** bir çeşit, bir derece, oldukça

somewhere /'samweɪ/ *be.* bir yere; bir yerde ¤ *adl.* bir yer

somnambulate /sɒm'nembyuleyt/ *e.* uykuda gezmek

somnambulism /sɒm'nembyulizɪm/ *a.* uyurgezerlik

somnambulist /sɒm'nembyulist/ *a.* uyurgezer

somniferous /sɒm'nifɪrɪs/ *s.* uyutucu, uyuşturucu

somnolence /'sɒmnɪlɪns/ *a.* uyuklama; uyku.hali

somnolent /'sɒmnɪlɪnt/ *s.* uyku basmış, uyuklayan

son /san/ *a.* oğul **son of a bitch** *kab.* alçak, orospu çocuğu, itoğlu it **son of a gun** *kon.* fırlama, şamata herif

sonance /'sounɪns/ *a.* seslilik; ses

sonant /'sounɪnt/ *s. a.* selenli (ses)

sonar /'sounaː, 'sounɪ/ *a.* sonar

sonata /sɪ'naːtɪ/ *a. müz.* sonat

song /sɒng/ *a.* şarkı, türkü; şarkı söyleme, şarkıcılık **for a mere song** yok pahasına **for a song** *kon.* çok ucuza, kelepir **go into one's song and dance about sth** bir şey hakkında mazeret uydurmak

songster /'sɒngstɪ/ *a.* şarkıcı

songstress /'sɒngstris/ *a.* kadın şarkıcı

sonic /'sɒnik/ *s.* sesle ilgili **sonic altimeter** *hav.* akustik altimetre **sonic barrier** ses duvarı **sonic delay line** *biliş.* akustik gecikme hattı

sonics /'sɒniks/ *a. fiz.* akustik, ses bilgisi

son-in-law /'sanɪnloː/ *a.* damat

sonnet /'sɒnit/ *a. ed.* sone

sonny /'sani/ *a.* oğlum, yavrum

sonometer /'sɒnɪmiːtɪ/ *a. fiz.* sonometre, sesölçer

sonority /sɪ'norɪti/ *a.* titreşimlilik, ötümlülük

sonorization /sɒnɪrɪ'zeyşɪn/ *a.* titreşimli özelliği kazanma, ötümlüleşme

sonorous /'sɒnɪrɪs, sɪ'noːrɪs/ *s.* ses çıkaran, sesli, tınlayan, öten; dolgun, çın çın öten; tantanalı, etkileyici

sonsy /'sonsi/ *s.* etine dolgun

soon /suːn/ *be.* kısa bir süre içinde, yakında, birazdan; erken; tercihan *as soon as* ... -ir ... -mez *no sooner ... than* ... -ir ... -mez *soon after* -den hemen sonra *sooner or later* er geç *sooner than* -mektense

soot /sut/ *a.* is, kurum *soot arrester/catcher* kurum tutucu

sooth /suːt/ *a.* gerçek

soothe /suːd/ *e.* yatıştırmak, sakinleştirmek, yumuşatmak; (ağrı) azaltmak, dindirmek

soothing /'suːding/ *s.* yatıştırıcı, teskin edici

soothsayer /'suːtseyı/ *a.* falcı

sooty /'suti/ *s.* isli; duman rengi

sop /sop/ *a.* (çorba, vb.'ne bandırılmış) ekmek, vb.; rüşvet, sus payı, susmalık

sophism /'sofizım/ *a.* sofizm, bilgicilik, yanıltmaca, safsata

sophistical /sı'fistikıl/ *s.* safsatalı

sophisticate /sı'fistikeyt/ *e.* hile ve safsata karıştırmak

sophisticated /sı'fistikeytid/ *s.* karmaşık, gelişmiş, komplike; kaşarlanmış, pişkin, bilgiç, görmüş geçirmiş, kültürlü

sophistication /sıfisti'keyşın/ *a.* kültürlülük; kurnazlık; karmaşıklık; sunilik

sophistry /'sofistri/ *a.* safsata, yanıltmaca

sophomore /'sofımoː/ *a.* lise ya da üniversitede ikinci sınıf öğrencisi

soporific /sopı'rifik/ *s.* uyutucu, uyku getirici

sopping /'soping/ *be. s.* sırılsıklam

soppy /'sopi/ *s.* sırılsıklam; yağmurlu; *kon.* içli, aşırı duyarlı; *kon.* aptal

soprano /sı'praːnou/ *a. müz.* soprano

sorb /soːb/ *a.* üvez ağacı *sorb apple* üvez ağacı meyvesi

sorbefacient /soːbi'feyşınt/ *s.* emilmeyi kolaylaştırıcı, emdirici

sorbet /'soːbit/ *a.* şerbet

sorcerer /'soːsırı/ *a.* büyücü, sihirbaz

sorcerous /'soːsırıs/ *s.* büyülü

sorcery /'soːsıri/ *a.* büyü, sihir; büyücülük

sordid /'soːdid/ *s.* kirli, pis; alçak, aşağılık, adi, sefil; çıkarcı, paragöz

sordidness /'soːdidnis/ *a.* pislik; alçaklık; cimrilik, hasislik

sore /soː/ *s.* acıyan, ağrıyan; hassas, duyarlı; kırgın, küskün, gücenmiş ¤ *a.* yara *have a sore throat* boğazı yanmak, anjin olmak *stick out like a sore thumb* farklı olduğundan sırıtmak

sorely /'soːli/ *be.* şiddetle, çok, acıyla

sorghum /'soːgım/ *a.* süpürgedarısı

sorites /so'raytiːz/ *a.* zincirleme tasım, sorites

sorority /sı'rorıti/ *a. Aİ.* kız öğrenci birliği

sorption /'soːpşın/ *a.* sorpsiyon, içe tutunma

sorrel /'sorıl/ *a.* doru at; kızıl kahverengi; *bitk.* kuzukulağı

sorrow /'sorou/ *a.* üzüntü, keder, hüzün, acı, dert ¤ *e.* kederlenmek, üzülmek

sorry /'sori/ *s.* üzgün, kederli, müteessir; pişman; acınacak, perişan, sefil ¤ *ünl.* üzgünüm; maalesef; affedersiniz; *İİ.* Efendim? *be sorry (for)* üzgün olmak, üzülmek *feel sorry (for)* (-e) acımak, için üzülmek ¤ *ünl.* üzgünüm; maalesef; affedersiniz; *İİ.* Efendim?

sort /soːt/ *a.* tür, çeşit; *kon.* kimse, tip ¤ *e.* türlerine göre ayırmak, sınıflandırmak, sınıflamak, tasnif etmek *be out of sorts* bozuk çalmak *of sorts* güya, sözümona, hesapta *out of sorts* keyifsiz, neşesiz *sort generator* biliş. sıralayıcı program üreteci *sort of kon.* bir yerde, bir bakıma *sort out* ayıklamak, ayırmak; *İİ.* düzeltmek, çözmek, halletmek

sorter /'soːtı/ *a.* tasnif edici, sınıflandırıcı; ayırıcı, ayıklayıcı

sortie /'soːti/ *a. ask.* hücum, huruç, çıkma hareketi; (bilinmeyen bir yere) gezi

sortilege /'soːtilic/ *a.* fal, büyü

sorting /'soːting/ *a.* tasnif, sınıflandırma *sorting belt mad.* triyaj bandı, ayırma kayışı *sorting needle biliş.* sıralama şişi *sorting routine biliş.* sıralama yordamı

so-so /'sousou/ *s. be.* şöyle böyle

sot /sot/ *a.* ayyaş kimse

sottish /'sotiş/ *s.* ayyaş, sarhoş

soufflé /'suːfley/ *a.* sufle

sough /sau/ *a.* uğultu (rüzgâr) ¤ *e.* uğuldamak

soul /soul/ *a.* ruh, tin, can; öz, esas; temel direk, ruh; canlılık; kişi, kimse; *müz.* soul; simge ¤ *s. Aİ. kon.* zencilere ait, zencilerle ilgili **keep body and soul together** kıt kanaat geçinmek **not a living soul** tek bir Allahın kulu **soul brother** Aİ. arg. zenci **soul mate** hayat arkadaşı, can yoldaşı, sevgili

soul-destroying /'souldistroying/ s. ruh köreltici, can sıkıcı

soulful /'soulfıl/ s. duygusal, duygulu

soulless /'soullis/ s. ruhsuz, cansız, soğuk

sound /saund/ s. sağlam, kusursuz; iyi halde; sağlıklı, salim, esen; emin, güvenilir; geçerli, sağlam; (uyku) derin, deliksiz ¤ be. (uyku) derin, deliksiz, mışıl mışıl ¤ a. ses, gürültü; ses erimi; etki, izlenim; coğ. boğaz ¤ e. (gibi) gelmek/görünmek; çalmak, öttürmek; çalmak, ötmek, ses çıkarmak; iskandil etmek, derinliğini yoklamak **sound absorber** ses soğurucu, ses yutucu **sound absorption** fiz. ses yutma, ses soğurumu **sound amplifier** elek. akustik amplifikatör, ses yükselteci **sound analyser** ses analiz aygıtı **sound analysis** ses analizi **sound barrier** ses duvarı, ses engeli **sound box** akustik pikap **sound broadcasting** ses yayını **sound camera** sin. sesli kamera, sesli alıcı **sound carrier** ses taşıyıcısı **sound channel** elek. ses kanalı **sound cinematography** sin. sesli sinema **sound deadening** ses geçirmeyen **sound distortion** ses bozulması **sound editing** sin. ses montajı, ses kurgusu **sound effects** ses efektleri, ses etkileri **sound energy** ses enerjisi **sound fade** ses kısma **sound fading** sin. fading, feding, alkınma **sound field** fiz. ses alanı **sound film** sin. sesli film **sound head** manyetik kafa **sound image** ses görüntüsü **sound in wind and limb** sapasağlam/turp gibi **sound insulation** ses yalıtımı, akustik izolasyon **sound intensity** ses şiddeti, ses yeğinliği **sound intermediate frequency** elek. ses ara frekansı **sound interval** fiz. ses aralığı **sound knot** çıkmaz budak **sound level** ses düzeyi **sound library** sin. ses arşivi, ses belgeliği, seslik **sound locator** fiz. ses yönü bulucusu **sound mixer** elek. karıştırma masası, seslendirme masası **sound negative**

sin. ses negatifi **sound off** atıp tutmak, ileri geri konuşmak, ötmek **sound out** (on/about ile) görüşlerini/niyetini öğrenmeye çalışmak, ağzını aramak **sound picture** sin. sesli film **sound positive** sin. ses pozitifi **sound pressure** ses basıncı **sound projection** sin. sesli projeksiyon, sesli gösterim **sound projector** sin. sesli projeksiyon makinesi, sesli gösterici **sound recording** ses kaydı **sound reflection factor** fiz. ses yansıma katsayısı **sound signal** ses sinyali **sound track** sin. ses izi, ses yolu **sound transmission** ses nakli **sound velocity** fiz. ses hızı **sound volume** ses volümü, ses gürlüğü **sound wave** ses dalgası

sounder /'saundı/ a. iskandil; alıcı

sounding /'saunding/ a. sondaj, iskandil ¤ s. çınlayan, tınlayan **sounding balloon** metr. sondaj balonu **sounding lead** den. iskandil kurşunu **sounding line** den. iskandil hattı **sounding machine** den. iskandil makinesi **sounding pipe** den. iskandil borusu **sounding rod** sondaj çubuğu, sondaj tiji

soundless /'saundlis/ s. sessiz, gürültüsüz

soundness /'saundnıs/ a. sıhhat; sağlamlık; doğruluk; mükemmellik

soundproof /'saundpru:f/ s. sesgeçirmez ¤ e. sesgeçirmez hale getirmek **soundproof booth** sin. ses geçirmez oda, seslendirme odası

soundtrack /'saundtrek/ a. film müziği

soup /su:p/ a. çorba **be in the soup** ayvayı yemek **from soup to nuts** iğneden ipliğe kadar **in the soup** Aİ. kon. belada, zor durumda **soup up** kon. (motorun) güç ve hızını artırmak; ilginçleştirmek, çekici hale getirmek, canlandırmak

soupy /'su:p/ s. çorba gibi

sour /sauı/ s. ekşi; (süt) ekşimiş, kesilmiş; ters, hırçın, huysuz ¤ e. kesilmek, bozulmak, ekşimek; ekşitmek, asitlendirmek **sour cream** mutf. ekşi krema, pestikan **sour grapes** ulaşılamayan şeye pis deme

source /so:s/ a. kaynak, memba; kaynak **source code** biliş. kaynak kod **source computer** biliş. kaynak bilgisayar **source data automation** biliş. kaynak veri otomasyonu *source deck* biliş. kaynak küme, kaynak deste *source document* biliş. kaynak belge *source file* biliş. kaynak dosya, kaynak kütük *source impedance* elek. kaynak empedansı *source language* kaynak dil *source machine* biliş. kaynak makine *source module* biliş. kaynak modül, kaynak birim *source of supply* tedarik kaynağı *source pack* biliş. kaynak küme *source program* biliş. kaynak·program *source program listing* biliş. kaynak program listelemesi *source region* metr. kaynak bölgesi

souring /'sauıring/ a. ekşime *souring bath* asitleme banyosu

souse /saus/ a. salamura ¤ e. salamuraya yatırmak; suya daldırmak; üzerine su serpmek

soutache /su:'teş/ a. sutaşı

soutane /su:'ta:n/ a. papaz cüppesi

soutaneur /su:tı'nö:/ a. pezevenk

south /saut/ a. güney ¤ be. güneye doğru, güneye *south pole* güney kutbu, güney eksenucu

southbound /'sautbaund/ s. güneye giden

southeast /saut'i:st/ a. güneydoğu ¤ be. güneydoğuya doğru

southeaster /saut'i:stı/ a. metr. keşişleme

southeasterly /saut'i:stıli/ s. güneydoğuya giden; (rüzgâr) güneydoğundan esen

southeastern /saut'i:stın/ s. güneydoğu

southeastward /saut'i:stwıd/ s. güneydoğuya giden

souther /'saudı/ a. güney fırtınası

southerly /'sadıli/ s. güneye doğru; (rüzgâr) güneyden esen

southern /'sadın/ s. güneye ait, güney

southerner /'sadını/ a. güneyli

southing /'sauting/ a. güneye doğru gitme

southward /'sautwıd/ s. güneye giden

southwest /saut'west/ a. güneybatı ¤ be. güneybatıya doğru

southwester /saut'westı/ a. muşamba denizci şapkası; lodos, bozyel, akyel, kabayel

southwestern /saut'westın/ s. güneybatı

souvenir /su:vı'niı/ a. andaç, hatıra

souwester /sau'westı/ a. geniş kenarlı şapka

sovereign /'sovrin/ a. hükümdar; (eskiden) bir paundluk altın para ¤ s. yüce, en yüksek; yöneten, egemen, hâkim; bağımsız; çok etkili, birebir

sovereignty /'sovrınti/ a. egemenlik, hâkimiyet, bağımsızlık

Soviet /'souviıt/ a. s. Sovyet *Soviet Union* Sovyetler Birliği

sow /sou/ e. (tohum) ekmek, saçmak ¤ a. dişi domuz *sow the wind and reap the whirlwind* rüzgâr ekip fırtına biçmek

sower /'souı/ a. trm. ekici, ekim makinesi

sowing /'souing/ a. trm. ekim, ekme *sowing density* ekim sıklığı *sowing depth* ekim derinliği *sowing machine* trm. mibzer, ekim makinesi

soy /soy/ a. soya fasulyesinden yapılan bir tür salça

soya bean /'soyı bi:n/ a. soya fasulyesi

soybean /'soybi:n/ a. bkz. soya bean

sozzled /'sozıld/ s. ayyaş

spa /spa:/ a. kaplıca

space /speys/ a. yer, alan; aralık, mesafe; süre, zaman, müddet; uzay; espas, aralık ¤ e. aralıklı dizmek, aralık bırakmak, aralıklara bölmek *space bar* aralık tuşu, espas tuşu *space capsule* uzay ·kapsülü *space character* biliş. boşluk karakteri *space charge* elek. uzay yükü *space current* elek. boşluk akımı *space factor* elek. uzay faktörü *space flight* hav. uzay uçuşu *space group* fiz. ara grup, uzay kümesi *space lattice* fiz. uzay kafesi *space line* bas. enterlin, anterlin *space list* biliş. boşluk listesi, boş yer dizelgesi *space shuttle* uzay mekiği *space suppression* biliş. boşluk bastırma, boşluk yazdırmama *space-time* mat. uzay-zaman *space vehicle* uzay aracı *space wave* elek. uzay dalgası

spacecraft /'speyskra:ft/ a. uzay aracı, uzaygemisi

spacer /'speysı/ a. bilezik, ara halkası, ara levhası

spaceship /'speysşip/ a. uzaygemisi

spacing /'speysing/ a. aralık; aralıklı dizme

spacious /'speyşıs/ s. geniş, ferah, havadar

spade /speyd/ a. bahçıvan beli; (iskambil) maça ¤ e. bellemek, bel ile kazmak **call a spade a spade** kon. dobra dobra konuşmak

spadeful /'speydful/ a. kürek dolusu

spado /'speydou/ a. kısırlaştırma

spaghetti /spı'geti/ a. çubuk makarna, spagetti

spall /spo:l/ a. ufak taş parçası ¤ e. parçalamak

spalling /'spo:ling/ a. kabarıp dökülme, pul pul dökülme, kavlama

span /spen/ a. karış; aralık, mesafe, uzaklık; kısa süre, an; çifte koşulmuş at, öküz, vb.; kemer ya da köprü ayakları arasındaki açıklık; hav. kanat genişliği **span roof** inş. beşik çatı

spandrel /'spendrıl/ a. kemer üstü dolgusu, kemer üstü bölmesi

spangle /'spengıl/ a. pul, payet ¤ e. pul ya da payetlerle süslemek

spaniel /'spenyıl/ a. (köpek) spanyel

Spanish /'speniş/ s. İspanyol; İspanyolca ¤ a. İspanyollar; İspanyolca **Spanish dagger fibre** pita lifi

spank /spenk/ e. kıçına şaplak atmak

spanker /'spenkı/ a. hızlı at, seri at; randa yelkeni; kon. ızbandut gibi kimse

spanking /'spenking/ s. (at) hızlı koşan, seri; sert, keskin, şiddetli **spanking breeze** sert rüzgâr

spanner /'spenı/ a. somun anahtarı **spanner wrench** tırnaklı anahtar **throw a spanner in the works** ortaya bir balgam atmak

spar /spa:/ a. den. seren, direk ¤ e. tartışmak, ağız kavgası etmek **spar buoy** den. gönderli şamandıra **spar deck** den. kontra güverte, geçici güverte

spare /speı/ s. yedek; az, kıt; sıska, arık, zayıf; fazla, artan, boş, serbest ¤ a. yedek parça ¤ e. kıymamak, canını bağışlamak; esirgemek; ayırmak **spare anchor** den. yedek demir **spare part** yedek parça **spare time** boş zaman **spare tire** Aİ. oto. stepne, yedek lastik **spare tyre** İİ. oto. stepne, yedek lastik **spare wheel** stepne, yedek tekerlek

spareness /speınıs/ a. azlık; zayıflık

sparing /'speıring/ s. tutumlu; az kullanan

spark /spa:k/ a. kıvılcım; nebze, zerre; işaret, eser, iz ¤ e. kıvılcım saçmak; kışkırtmak **spark advance** oto. ateşleme avansı **spark arrester** kıvılcım tutucu, kıvılcım siperi **spark coil** elek. kıvılcım bobini, endüksiyon bobini **spark gap** kıvılcım atlama aralığı; oto. buji elektrot mesafesi, tırnak aralığı **spark off** İİ. neden olmak **spark plug** buji **spark plug air gap** oto. buji tırnak açıklığı **spark plug barrel** oto. buji gövdesi **spark plug cable** oto. buji kablosu **spark plug cleaner** oto. buji temizleyici **spark plug gap** oto. buji tırnak aralığı **spark plug insulator** oto. buji izolatörü, buji yalıtkanı **spark plug suppressor** oto. buji parazit giderici **spark spectrum** fiz. kıvılcım spektrumu, kıvılcım izgesi **spark timing** oto. ateşleme ayarı **sparking plug** buji

sparkle /'spa:kıl/ a. parlayış, parıltı, pırıltı; canlılık, parlaklık; kıvılcım ¤ e. kıvılcımlar saçmak; pırıldamak, parlamak

sparkler /'spa:klı/ a. havai fişek; parlak mücevher

sparklet /'spa:klit/ a. küçük kıvılcım

sparkling /'spa:kling/ s. parlak, parlayan; (şarap) köpüren

sparks /spa:ks/ a. telsizci; elektrikçi

sparrow /'sperou/ a. serçe

sparse /spa:s/ s. seyrek **sparse loading** biliş. boş yer bırakarak yükleme

spartan /'spa:tn/ s. basit, sıradan, lüks olmayan

spasm /'spezım/ a. hek. spazm, kasılma

spasmodic /spez'modik/ s. kasılımlı; süreksiz, düzensiz, aralıklı, kesik kesik, kopuk kopuk

spastic /'spestik/ s. hek. spastik, kasılımlı

spat /spet/ a. ağız kavgası, ağız dalaşı ¤ e. ağız kavgası etmek, ağız dalaşı yapmak

spate /speyt/ a. sel, sağanak; İİ. büyük sayı/miktar

spatial /'speyşıl/ s. uzaysal **spatial effect** uzaysal etki, stereo etkisi

spatter /'spetı/ e. (çamur, vb.) sıçratmak ¤ a. sıçrayan çamur, vb.; serpinti, sağanak

spatula /'speçulı/ a. mablak, spatül, boya bıçağı; hek. dilbasan

spatulate /'speçulit/ s. spatüla gibi

spawn /spo:n/ a. balık yumurtası ¤ e. (balık, kurbağa, vb.) yumurtlamak; çok sayıda üretmek

spawner /'spo:nı/ a. yumurtlayan balık

spawning /'spo:ning/ a. yumurtlama ¤ s. yumurtlayan; üreyen

spay /spey/ e. (dişi hayvanı) kısırlaştırmak

speak /spi:k/ e. konuşmak; konuşabilmek, bilmek; söylemek; konuşma yapmak; düşünceleri iletmek *so to speak* tabir caizse, yani *speak for* adına konuşmak, sözcülük etmek, -in derdini dile getirmek; önceden ayırtmak *speak of* -den söz etmek, bahsetmek *speak one's mind* görüşlerini çekinmeden söylemek *speak out* sesini yükselterek konuşmak; hiç çekinmeden konuşmak, serbestçe ve açık bir şekilde konuşmak *speak softly and carry a big stick* aba altından değnek göstermek *speak up* daha yüksek sesle konuşmak *speak volumes for* açığa vurmak *speaking key* konuşma anahtarı *speaking tube* konuşma borusu

speaker /'spi:kı/ a. konuşmacı; sözcü; hoparlör, kolon *speaker recognition* biliş. konuşanı tanıma

speaking /'spi:king/ s. konuşan

spear /spiı/ a. kargı, mızrak; zıpkın ¤ e. mızrakla vurmak, saplamak, zıpkınlamak

spearhead /'spiıhed/ a. mızrak başı; öncü, önayak olan kişi

spearmint /'spiımint/ a. bitk. nane

spec /spek/ a. spekülasyon

special /'speşıl/ s. özel, sıradan olmayan, olağandışı; ekstra, ek, özel ¤ a. özel herhangi bir şey *special character* biliş. özel karakter *special delivery* ekspres mektup; özel ulak *special drawing right* özel çekme hakkı *special effects* sin. özel efektler, özel etkiler, etkiler *special endorsement* özel ciro *special finish* teks. özel apre *special offer* özel indirim *special partnership* komandit şirket *special power of attorney* hususi vekâletname *special steel* met. özel çelik

special-purpose /speşıl'pö:pıs/ s. özel amaçlı *special-purpose computer* biliş. özel amaçlı bilgisayar *special-purpose language* biliş. özel amaçlı dil *special-purpose register* biliş. özel amaçlı yazmaç *special-purpose storage location* biliş. özel amaçlı depolama yeri *special-purpose vehicle* özel amaçlı araç

specialist /'speşılist/ a. uzman, mütehassıs

specialistic /speşı'listik/ s. uzmanlık gerektiren

speciality /speşi'eliti/ a. özellik, -e özgü şey; uzmanlık

specialization /speşılay'zeyşın/ a. uzmanlaşma, ihtisas

specialize /'speşılayz/ e. uzmanlaşmak, ihtisaslaşmak *specialized bank* ihtisas bankası

specially /'speşıli/ be. özel olarak; özelikle *specially crossed cheque* özel çizgili çek

specie /'spi:şi:/ a. madeni para, sikke

species /'spi:şi:z/ a. bitk. hayb. tür, cins

specific /spi'sifik/ s. özgül; özel, belirli; bir türe özgü, kendine özgü; kesin, açık *specific activity* fiz. özgül etkinlik *specific address* biliş. özel adres *specific charge* fiz. özgül yük *specific code* biliş. özel kod *specific coding* biliş. özel kodlama *specific conductivity* özgül iletkenlik *specific dielectric strength* elek. özgül dielektrik güç *specific energy* fiz. özgül enerji/erke *specific gravity* özgül ağırlık *specific heat* fiz. özgül ısı *specific humidity* metr. özgül nem *specific ionization* fiz. özgül iyonlaşma *specific program* biliş. özel program *specific refraction* fiz. özgül kırılma *specific resistance* elek. özgül direnç, özdirenç *specific rotation* özgül dönme *specific routine* biliş. özel yordam *specific speed* özgül hız *specific volume* özgül hacim *specific weight* özgül ağırlık

specifically /spı'sifikli/ be. özellikle, bilhassa; açıkça

specification /spesifi'keyşın/ a. belirtme; tarifname, açıklama, teknik özellik; şartname *specification form* biliş. belirtim formu *specification sheets* biliş. belirtim kâğıtları

specify /'spesifay/ e. açıkça belirtmek
specimen /'spesimın/ a. örnek, örneklik, model; kon. acayip, antika kimse ya da şey **specimen beet** şek. numune pancarı **specimen preparation** örnek hazırlama **specimens signature** imza spesimeni, imza numunesi, tatbik imza
specious /'spi:şıs/ s. görünüşte doğru, aldatıcı, yanıltıcı, sahte
speciousness /'spi:şısnıs/ a. aldatıcılık, güvenilmezlik
speck /spek/ a. nokta, benek; zerre
speckle /'spekıl/ a. ufak benek, leke, nokta, çil
speckled /'spekıld/ s. benekli, çilli
speckless /'speklis/ s. beneksiz
specs /speks/ a. kon. gözlük
spectacle /'spektıkıl/ a. görülecek şey; görünüm, manzara; gösteri, temsil, oyun
spectacled /'spektıkıld/ s. gözlüklü
spectacles /'spektıkılz/ a. gözlük
spectacular /spek'tekyulı/ s. olağanüstü, görülmeye değer, şaşırtıcı, mükemmel ¤ a. olağanüstü gösteri, görülmeye değer eğlence
spectator /spek'teytı/ a. izleyici, seyirci
spectral /'spektrıl/ s. hayalet gibi, hayaletlere özgü, hayaletlerle ilgili; tayfla ilgili, spektral, izgesel **spectral analysis** fiz. spektral analiz, izgesel çözümleme **spectral characteristic** spektral karakteristik, izgesel belirtken **spectral colour** tayf rengi, izge rengi **spectral density** fiz. spektral yoğunluk, izgesel yoğunluk **spectral reflectance** spektral yansıtma gücü, izgesel yansıtım **spectral selectivity** fiz. spektral selektivite, izgesel seçerlik **spectral sensitivity** fiz. spektral duyarlık, izgesel duyarlık **spectral series** fiz. spektral seriler, izgesel diziler **spectral type** gökb. tayf örneği
spectre /'spektı/ a. hayalet
spectrogram /'spektrougrem/ a. spektrogram
spectrograph /spek'trogrıfı/ a. fiz. spektrograf, izgeçizer
spectrometer /spek'tromitı/ a. fiz. spektrometre, izgeölçer
spectrometry /spek'tromitri/ a. fiz. spektrometri, izgeölçüm

spectrophotometer /spektroufou'tomitı/ a. spektrofotometre
spectrophotometric /spektroufoutı'metrik/ s. fiz. spektrofotometrik, ışılölçümsel
spectrophotometry /spektroufou'tımitri/ a. spektrofotometri
spectroscope /'spektrıskoup/ a. spektroskop
spectroscopic /spektrı'skopik/ s. spektroskopik
spectroscopy /spek'troskıpi/ a. spektroskopi
spectrum /'spektrım/ a. fiz. tayf, spektrum, izge **spectrum analysis** tayf analizi, izge çözümlemesi **spectrum analyzer** tayf analizörü, izge çözümleyici **spectrum level** tayf seviyesi, izge düzeyi **spectrum line** fiz. tayf çizgisi, izge çizgisi
specular /'spekyulı/ s. ayna ile ilgili **specular reflection** ayna yansıması, doğrudan yansıma, düzgün yansıma
speculate /'spekyuleyt/ e. kuramsal olarak düşünmek, kuramlar yürütmek, tahmin etmek; borsada oynamak, spekülasyon yapmak, vurgunculuk yapmak
speculation /spekyu'leyşın/ a. kuram; tahmin; spekülasyon, borsa oyunu, vurgunculuk, vurgun
speculative /'spekyulıtiv/ s. kuramsal, tahmin niteliğinde; borsa oyunuyla ilgili, spekülatif **speculative investment** spekülatif yatırım **speculative market** spekülatif piyasa
speculator /'spekyuleytı/ a. spekülatör, vurguncu
speculum /'spekyulım/ a. spekulum
speech /spi:ç/ a. konuşma yeteneği, söyleme yetisi; konuşma; konuşma tarzı; söylev, demeç, konuşma; söz **speech act** söz söyleme eylemi, söz edimi **speech amplifier** ses amplifikatörü, ses yükselteci **speech analysis** biliş. söz çözümleme **speech chain** söz zinciri **speech community** dil topluluğu, dilsel topluluk **speech frequency** ses frekansı, konuşma frekansı **speech organs** ses organları, ses cihazı **speech recognition** biliş. konuşma tanıma, ses tanıma **speech**

synthesis *biliş.* ses sentezi, ses bireşimi

speechification /spi:çifi'keyşın/ *a.* nutuk çekme

speechifier /'spi:çifayı/ *a.* nutuk çeken kişi

speechify /'spi:çifay/ *e.* nutuk çekmek, fazla konuşmak

speechless /'spi:çlıs/ *s.* dili tutulmuş, sessiz, suskun; dilsiz; sözle anlatılamaz

speechlessness /'spi:çlısnıs/ *a.* suskunluk, sessizlik

speechmaker /'spi:çmaykı/ *a.* konuşmacı, söylevci

speed /spi:d/ *a.* hız, ivinti, sürat, çabukluk; vites; *arg.* amfetamin ¤ *e.* çabuk gitmek, hızla gitmek; hız sınırını aşmak *at speed* çok hızlı, hızla *speed governor* hız regülatörü, hız düzenleyicisi *speed indicator* sürat göstergesi, hız göstergesi *speed of rotation* dönüş hızı, dönme hızı *speed of sound* fiz. ses hızı *speed regulation* hız ayarı *speed regulator* hız regülatörü, hız düzenleyicisi *speed up* hızlanmak; hızlandırmak

speedboat /'spi:dbout/ *a.* sürat motoru

speeder /'spi:dı/ *a.* hızlandırıcı

speediness /'spi:dinıs/ *a.* çabukluk, hızlılık

speedo /'spi:dou/ *a. İl. kon.* hızölçer

speedometer /spi'domitı/ *a.* hızölçer, hız göstergesi, kilometre saati

speed-read /'spi:dri:d/ *e.* hızlı okumak

speed-reader /'spi:dri:dı/ *a.* hızlı okuyan kimse

speed-up /'spi:dap/ *a.* hızlanma; üretim artışı

speedway /'spi:dwey/ *a.* motosiklet ya da otomobil yarışı pisti; motosiklet yarışçılığı; *Al.* sürat yolu, ekspres yol

speedwell /'spi:dwel/ *a.* yavşanotu

speedy /'spi:di/ *s.* hızlı, çabuk, seri

speiss /spays/ *a.* arsenik içeren ham metal

speleologist /speli'olıcist/ *a.* mağaraları inceleyen bilim adamı

speleology /speli'olıci/ *a.* mağarabilim

spell /spel/ *a.* nöbet, iş nöbeti; süre, dönem, devre; nöbet, kriz; büyü, sihir, tılsım, büyülü söz ¤ *e.* harf harf söylemek/yazmak, harflemek; (bir sözcüğün harflerini) düzgün bir sıraya yerleştirmek; (bir sözcüğü) oluşturmak; anlamına gelmek, demek olmak *spell out* harf harf okumak/yazmak; ayrıntılarıyla açıklamak

spelling /'speling/ *a.* imla, yazım

spelt /spelt/ *a.* kaplıca buğday

spelter /'speltı/ *a. met.* çinko; çinko lehimi

spend /spend/ *e.* (para) harcamak; geçirmek; tüketmek, bitirmek, kaybetmek *spend money like water* su gibi para harcamak

spendthrift /'spendtrift/ *a.* müsrif, savurgan, çul tutmaz

spent /spent/ *s.* kullanılmış; tükenmiş, bitkin, perişan *spent fuel* fiz. kullanılmış yakıt *spent lye* atık çözelti, kullanılmış çözelti *spent pickle liquor* met. kullanılmış paklama çözeltisi

sperm /spö:m/ *a.* atmık, sperm, meni

spermaceti /spö:mı'sıti/ *a.* ispermeçet

spermary /'spö:mıri/ *a.* testis, erbezi, haya

spermatic /spö:'metik/ *s.* testise ait

spermatozoon /spö:mıtou'zouon/ *a.* erkek dölleme hücresi

spew /spyu:/ *e. kon.* kusmak

sphacelation /sfesi'leyşın/ *a.* kangren olma, çürüme

sphacelous /'sfesilıs/ *s.* kangren olmuş

sphagnum /'sfegnım/ *a.* sfagnum

sphenography /sfi'nogrıfi/ *a.* çivi yazısı

sphenoid /'sfi:noyd/ *s.* sfenoid, kama biçiminde

sphere /sfiı/ *a.* yuvar, küre; alan; çevre; sınıf, tabaka *sphere of influence* etki alanı, ilgi alanı

spherical /'sferikıl/ *s.* küresel *spherical aberration* fiz. küresel aberasyon, küresel sapınç *spherical angle* mat. küresel açı, toparsal açı *spherical coordinates* mat. küresel koordinatlar *spherical roller bearing* küresel bilyalı yatak *spherical sector* mat. küre kesmesi, yuvar kesmesi *spherical segment* küre dilimi/parçası *spherical surface* küresel yüzey *spherical triangle* mat. küresel üçgen *spherical trigonometry* mat. küresel trigonometri *spherical valve* küresel vana *spherical wave* fiz. küresel dalga *spherical*

wedge mat. küre dilimi
spheroid /'sfıroyd/ s. mat. sferoit, küremsi, toparsı
spheroidal /sfı'roydıl/ a. küremsi
spherometer /sfı'romitı/ a. sferometre, küreölçer
spherule /'sferyu:l/ a. kürecik
sphincter /'sfinktı/ a. sfinkter
sphinx /sfinks/ a. sfenks
spica /'spaykı/ a. başak
spicate /'spaykeyt/ s. başaklı
spice /spays/ a. bahar, baharat; tat veren şey ¤ e. baharat katmak **add spice to** canlandırmak, ilginçleştirmek
spicery /'spaysıri/ a. baharat
spiciness /'spaysinis/ a. nüktelilik; edepsizlik
spick-and-span /spikın'spen/ s. tertemiz, yepyeni, gıcır gıcır, pırıl pırıl
spicular /'spaykyulı/ s. iğne gibi, iğne biçiminde
spicule /'spaykyu:l/ a. iğne gibi sivri ve uzun şey; spikül, iğne; diken
spicy /'spaysi/ s. baharlı, baharatlı; açık saçık, edepsiz, muzır
spider /'spaydı/ a. örümcek; ıstavroz, mafsal ıstavrozu **spider gear** diferansiyel ıstavrozu dişlileri **spider web** örümcek ağı
spidery /'spaydıri/ s. örümcek gibi; örümcekli
spiel /spi:l/ a. konuşma, söz, ağız kalabalığı
spiffing /'spifing/ s. çok güzel
spifflicate /'spiflikeyt/ e. dayak atmak
spigot /'spigıt/ a. fıçı tapası; ağaç musluk
spike /spayk/ a. sivri (demir, vb.) uç; sivri uçlu şey; ekser, enser; krampon çivisi; başak ¤ e. sivri uçlu bir aletle delmek **spike knot** uzun budak, boylama budak
spikenard /'spaykna:d/ a. Hint sümbülü
spiky /'spayki/ s. çivili, sivri uçlu; inatçı
spile /spayl/ a. tahta tapa, tahta tıkaç
spiling /'spayling/ a. mad. sürenli tahkimat, sürenli berkitme
spill /spil/ e. dökmek; dökülmek; üstünden atmak **spill blood** kan dökmek **spill the beans** kon. (sırrı) ağzından kaçırmak, açığa vurmak, ötmek
spillikin /'spilikin/ a. mikado oyunu

spillway /'spilwey/ a. dolu savak **spillway dam** savaklı bağlama
spin /spin/ e. (iplik) eğirmek; (ağ) örmek; fırıl fırıl döndürmek; (tenis, vb.) kesme vuruş yapmak, kesmek; hızla dönmek ¤ a. fırıl fırıl dönme; gezinti **spin a yarn** palavra atmak, hikâye anlatmak **spin its cocoon** (böcek) kozasını örmek **spin out** (gereksiz yere) uzatmak **spin moment** fiz. spin momenti **spin quantum number** fiz. dönü kuantum sayısı **spin tunnel** hav. viril tüneli
spinach /'spinic/ a. ıspanak
spinal /'spaynıl/ s. anat. belkemiğiyle ilgili **spinal cord** anat. omurilik
spindle /'spindıl/ a. iğ; mil, dingil
spindly /'spindli/ s. uzun, ince ve zayıf
spin-dry /'spin'dray/ e. santrifüjle kurutmak
spin-dryer /spin'drayı/ a. santrifüjlü çamaşır kurutma makinesi
spine /spayn/ a. anat. omurga, belkemiği; hayb. bitk. diken; kitap sırtı
spined /spaynd/ s. dikenli; omurgalı
spinel /spi'nel/ a. min. spinel
spineless /'spaynlis/ s. hayb. omurgasız; korkak, yüreksiz
spinet /spi'net/ a. müz. piyanoya benzer bir tür çalgı
spinnaker /'spinıkı/ a. büyük yelken
spinner /'spinı/ a. eğirme makinesi; hav. abak
spinneret /'spinıret/ a. teks. iplik memeciği, memecik
spinney /'spini/ a. koru
spinning /'spining/ a. eğirme, bükme; dönme; teks. iplikçilik ¤ s. fırıldak gibi dönen **spinning cake** teks. kek sargı **spinning jenny** iplik eğirme makinesi, çıkrık makinesi **spinning machine** teks. iplik makinesi **spinning mill** iplikhane, iplik fabrikası **spinning nozzle** iplik memeciği, memecik **spinning wheel** teks. çıkrık
spinoff /'spinof/ a. yan ürün
spinster /'spinstı/ a. evlenmemiş yaşlı kız, kız kurusu
spiny /'spayni/ s. dikenli
spiral /'spayrıl/ a. helezon, helis; hek. spiral ¤ s. sarmal, helezoni ¤ e. döne döne inmek/çıkmak **spiral chute** helezoni oluk, sarmal oluk **spiral clas-**

sifier mad. helisel klasifikatör, sarmal kümeleyici *spiral conveyor* helezon taşıyıcı *spiral dye back* teks. spiral boya kabı *spiral flight* hav. virilli uçuş *spiral gear* helezoni dişli, spiral dişli, sarmal dişli *spiral gliding* hav. virille süzülüş *spiral hose* spiral hortum *spiral nebula* gökb. spiral nebula, sarmal bulutsu *spiral scanning* elek. helezoni tarama, sarmal tarama *spiral spring* helezoni yay, sarmal yay *spiral staircase* spiral merdiven, döner merdiven *spiral tube* spiral boru

spirant /'spayırınt/ s. a. ses yolunda bir daralma sonucu çıkarılan (ses), daraltılı veya sürtüşmeli (ünsüz)

spirantization /spayrıntı'zeyşın/ a. sızıltılaşma

spire /'spayı/ a. kulenin sivri tepesi; helis, helezon

spired /'spayıd/ s. helezoni, sarmal

spirit /'spirit/ a. can, yürek; cin, peri; ruh; heyecan, canlılık, heves, ruh; tutum; gerçek anlam, öz; (viski, vb.) sert alkollü içki; ispirto ¤ e. canlandırmak, cesaret vermek *spirit lamp* ispirto ocağı, kamineto *spirit level* tesviyeruhu, düzeç

spirited /'spiritid/ s. canlı, ateşli, cesaretli, hevesli

spiritedness /'spiritidnıs/ a. zindelik, canlılık

spiritism /'spiritizım/ a. tinselcilik

spiritless /'spiritlis/ s. cansız, ruhsuz; cesaretsiz; sönük, donuk

spirits /'spirits/ a. ruh hali, keyif *in high spirits* neşeli, keyifli *in low/poor spirits* neşesiz, keyifsiz, üzgün, mutsuz

spiritual /'spiriçuıl/ s. tinsel, ruhsal, manevi; dinsel, kutsal, kiliseye ait; ruhani ¤ a. zencilerin söylediği ilahi

spiritualism /'spiriçuılizım/ a. fel. tinselcilik, spiritualizm

spiritualist /'spiriçuılist/ a. spiritualist, tinselci

spirituality /spiriçu'eliti/ a. tinsellik, ruhsallık, manevilik

spirituous /'spiriçuıs/ s. alkollü

spiry /'spayıri/ s. sivri

spit /spit/ a. tükürük; (kedi) tıslama; çiseleme, atıştırma; tıpatıp benzeme, kopya; şiş, kebap şişi; coğ. dil ¤ e. tükürmek; saplamak, şişlemek *spit in sb's face* yüzüne tükürmek *spit out* söylemek, haykırmak *the (very) spit and image of* hık demiş burnundan düşmüş

spite /spayt/ a. kin, garez ¤ e. kasten kızdırmak, sinir etmek, üzmek, inadına yapmak *out of/from spite* garezinden *in spite of* -e aldırmadan, -e rağmen, -e rağmen, -i umursamadan

spiteful /'spaytful/ s. kinci, garezkâr

spitfire /'spitfayı/ a. ateş püsküren kimse

spittle /'spitıl/ a. tükürük, salya

spittoon /spi'tu:n/ a. tükürük hokkası

splash /'spleş/ e. (su, çamur, vb.) sıçramak; sıçratmak; etrafa sıçratarak suya dalmak; İİ. (out ile) para saçmak ¤ a. sıçrayan çamur, zifos; leke; şapırtı; kon. gösteriş, caka, fiyaka *make a splash* fiyaka yapmak *splash down* (uzaygemisi) suya inmek *splash erosion* yerb. sıçratma erozyonu *splash lubrication* çarpma usulü ile yağlama

splashdown /'spleşdaun/ a. hav. suya iniş, denize iniş

splasher /'spleşı/ a. tekerlek çamurluğu

splashproof /'spleşpru:f/ s. oto. serpintiden muhafazalı

splashy /'spleşi/ s. ıslak, çamurlu

splat /splet/ a. şapırtı

splay /spley/ a. eğim, meyil, şev; yayvanlık ¤ e. şev vermek, meyil vermek, yayvanlaştırmak; yayvanlaşmak, dışa doğru meyletmek

splayfoot /'spleyfut/ a. taraklı ayak, geniş ve yayvan ayak

spleen /spli:n/ a. dalak; terslik, huysuzluk

spleenish /'spli:niş/ s. huysuz, aksi

splendent /'splendınt/ s. ışıklı, parlak

splendid /'splendid/ s. görkemli, muhteşem, çok güzel, çok parlak; kon. mükemmel, çok iyi

splendidness /'splendidnıs/ a. görkem, gösteriş, parlaklık

splendor /'splendı/ a. Aİ. bkz. splendour

splendour /'splendı/ a. parlaklık, görkem, tantana, ihtişam

splice /'splays/ e. (örerek, yapıştırarak) tutturmak, eklemek, uçlarını birbirine eklemek ¤ a. bağlantı yeri; ekleme *splicing cement* sin. film yapıştırıcısı, zamk *splicing machine* sin. yapıştırma

makinesi *splice plate* ek levhası
splicer /'splaysı/ *a. sin.* yapıştırıcı, yapıştırma aygıtı; *biliş.* birleştirici, bağlayıcı
spline /'splayn/ *a.* eğri cetveli; kama, çubuk; yiv, oluk
splint /splint/ *a.* süyek, cebire, kırık sarmada kullanılan tahta *splint bone* kemiğin iç tarafındaki çıkıntı *splint coal* arduvazlı kömür
splinter /'splintı/ *a.* kıymık, talaş, yonga ¤ *e.* yarıp uzun parçalara ayırmak, kıymak
splinterproof /'splintıpru:f/ *s.* kırılmaz, dağılmaz, çatlamaz *splinterproof glass* dağılmaz cam, parçalanmaz cam
split /split/ *e.* yarmak; yarılmak; sökülmek, yırtılmak, yarılmak; ayırmak, bölmek; ayrılmak, bölünmek; ayrılmak; dağılmak; bölmek; paylaşmak, bölüşmek ¤ *a.* yarık, çatlak; bölünme, ayrılık, ihtilaf, bozuşma; hisse, pay *split anode magnetron elek.* yarık anotlu magnetron *split bearing mak.* iki parçalı yatak, yarık yatak *split crankcase mak.* iki parçalı karter *split film* bölünmüş film *split flap hav.* yarık flap, parçalı flap *split hairs* kılı kırk yarmak *split image* bölünmüş görüntü *split nut* yarık somun *split one's sides* gülmekten kırılmak *split pin* kopilya, emniyet mandalı, emniyet maşası *split pulley* iki parçalı kasnak, parçalı kasnak *split ring* yarık halka, yarık bilezik *split rivet* yarık perçin *split second* an, lahza, saniye *split skirt* yarık etekli piston
split-level /split'levıl/ *s.* (ev, bina, vb.) odaları değişik yüksekliklerde olan
splitter /'splitı/ *a.* yarıcı, delici
split-up /'splitap/ *a.* pay dağıtma
splitting /'spliting/ *s.* (baş ağrısı, vb.) keskin, şiddetli
splodge /sploc/ *a.* leke, benek ¤ *e.* lekelemek, bulaştırmak
splotchy /'sploçi/ *s.* lekeli, benekli
splurge /splö:c/ *a.* gösteriş, fiyaka ¤ *e.* gösteriş yapmak
splutter /'splatı/ *e.* şapırdamak; şaşkınlık ya da öfkeden karmakarışık şeyler söylemek
spoil /spoyl/ *a.* çalınmış mal, ganimet ¤

e. berbat etmek, mahvetmek, bozmak, içine etmek; bozulmak, çürümek; şımartmak *spoil bank* cüruf yığını
spoilage /'spoylic/ *a.* bozma; bozulma, bozukluk; şımarma, şımartma
spoiler /'spoylı/ *a.* bozucu, yıkıcı, tahrip eden; şımartan kimse; spoyler, uçakta frenleyici kanat
spoilsport /'spoylspo:t/ *a.* oyunbozan
spoke /spouk/ *a.* tekerlek parmaklığı; (bisiklette) jant teli *put a spoke in sb's wheel* tekerine çomak sokmak, tekerine taş koymak, çanına ot tıkamak *spoke bone* önkol kemiği
spoken /'spoukın/ *s.* konuşulan *spoken English* konuşulan İngilizce, konuşma İngilizcesi *spoken language* konuşma dili, sözlü dil
spokeshave /'spoukşeyv/ *a.* kürekçi rendesi, parmaklık rendesi, ışkı
spokesman /'spouksmın/ *a.* sözcü
spokeswoman /'spoukswumın/ *a.* kadın sözcü
spoliate /'spoulieyt/ *e.* yağmalamak, talan etmek
spoliation /spouli'eyşın/ *a.* yağma etme, talan
spondyl /'spondil/ *a.* omur
sponge /spanc/ *a.* sünger; *kon.* otlakçı, beleşçi, asalak ¤ *e.* süngerle silmek; *hkr.* otlanmak, sırtından geçinmek, otlakçılık etmek *throw in/up the sponge/towel* havlu atmak
sponger /'spancı/ *a. kon. hkr.* otlakçı, beleşçi, asalak
spongy /'spanci/ *s.* süngersi, sünger gibi
sponsion /'sponşın/ *a.* kefalet, birinden emin olma
sponson /'sponsın/ *a. hav.* sponson
sponsor /'sponsı/ *a.* kefil; sponsor, bir girişimin masraflarını karşılayıp reklam yapan firma ¤ *e.* kefil olmak; korumak
sponsorial /spon'so:rııl/ *s.* kefil olan; destekleyen
sponsorship /'sponsışip/ *a.* kefil; destek; himaye
spontaneity /spontı'neyıti/ *a.* kendiliğinden olma
spontaneous /spon'teynııs/ *s.* kendi kendine olan, kendiliğinden olan; doğal, içten gelen *spontaneous combustion* spontane tutuşma, kendiliğinden

tutuşma **spontaneous fission** *fiz.* kendiliğinden fisyon, kendiliğinden bölünüm

spontaneously /spon'teyniısli/ *be.* kendiliğinden, spontane; anında, spontane

spoof /spu:f/ *a.* parodi ¤ *e.* parodiyle alaya almak; *kon.* ile dalga geçmek, kafaya almak

spook /spu:k/ *a. kon.* hayalet, hortlak

spooky /'spu:ki/ *s. kon.* ürkünç, korkunç

spool /spu:l/ *a.* makara; bobin ¤ *e.* makaraya sarmak **spool box** *sin.* buat, kutu

spoon /spu:n/ *a.* kaşık ¤ *e.* kaşıkla almak, kaşıklamak **spoon bit** kaşık matkabı

spoonful /'spu:nful/ *a.* kaşık dolusu

sporadic /spı'redik/ *s.* ara sıra görülen, seyrek, dağınık

spore /spo:/ *a. bitk. biy.* spor

sport /spo:t/ *a.* spor; *kon.* kafa dengi, gırgır kimse; sportmen kimse, şaka kaldıran kimse ¤ *e.* eğlenmek, oynamak; *kon.* gösterişli bir şey takmak/giymek

sportive /'spo:tiv/ *s.* sportif; oyuncu, şakacı

sports /'spo:ts/ *a.* spor karşılaşması ¤ *s.* spor **sports car** spor araba **sports jacket** spor ceket

sportsman /'spo:tsmın/ *a.* sporcu; sportmen

sportsmanship /'spo:tsmınşip/ *a.* sportmenlik

sportswear /'spo:tswcı/ *a.* spor elbisesi, rahat giysi

sportswoman /'spo:tswumın/ *a.* sporcu kadın

sporty /'spo:ti/ *s.:* sporcuya yakışır; gösterişli, şık; canlı, neşeli

spot /spot/ *a.* yer, mahal; benek, nokta, leke; (yüzdeki) ben; namus lekesi, ayıp; güç durum; kısa reklam; projektör ışığı; *arg.* hüküm giyme, mahkûmiyet; peşin parayla satılan mal ¤ *e.* beneklemek, lekelemek; ayırt etmek, seçmek, görmek, tanımak; bulmak **on the spot** tam vaktinde; başı belada **knock spots off** taş çıkartmak **spot business** peşin alışveriş **spot carbon** *biliş.* spot karbon, izli karbon **spot cash** emre

hazır para, peşin para **spot lamp** spotlu lamba, efekt lambası, toplayıcı ışıldak **spot landing** *hav.* nokta inişi **spot price** spot fiyat, peşin fiyat **spot punch** *biliş.* tek delgi makinesi, tekli delgi makinesi **spot rate** spot kur **spot remover** leke çıkarıcı **spot sugar** lekeli şeker, benekli şeker **spot test** leke deneyi **spot transaction** spot işlem, vadesiz işlem **spot welding** nokta kaynağı

spotless /'spotlıs/ *s.* lekesiz, tertemiz, pırıl pırıl; kusursuz

spotlessness /'spotlısnıs/ *a.* lekesizlik, temizlik

spotlight /'spotlayt/ *a.* projektör ışığı; halkın ilgisi, gündem

spotted /'spotid/ *s.* benekli, lekeli

spotty /'spoti/ *s.* benekli, noktalı; lekeli; eksik

spousal /'spauzıl/ *s.* evlilikle ilgili ¤ *a.* evlenme, evlilik

spouse /spaus/ *a. huk.* eş, karı ya da koca

spout /spaut/ *e.* fışkırtmak; fışkırmak; püskürmek; *kon.* tıraş kesmek, ikide bir tekrarlamak ¤ *a.* kap ağzı, kabın sıvı akıtan ucu; fışkıran su; (balinada) fıskıye **up the spout** yıkılmış, mahvolmuş; *arg.* gebe, karnı burnunda

sprag /spreg/ *a.* fren takozu; *mad.* dayak, payanda

sprain /spreyn/ *e.* burkmak ¤ *a.* burkulma

sprat /spret/ *a.* bir tür ufak ringa balığı **throw a sprat to catch a mackerel** kaz gelecek yerden tavuk esirgememek

sprawl /spro:l/ *e.* yayılarak oturmak/yatmak; (bitki) gelişigüzel yayılmak ¤ *a.* yayılarak oturma ya da yatma; gelişigüzel yayılma, gelişme, büyüme

spray /sprey/ *e.* toz halinde serpmek, püskürtmek ¤ *a.* püskürtülen ilaç, püskürtülen sıvı, serpinti; püskürtme aracı, sprey **spray carburettor** *oto.* püskürtmeli karbüratör **spray cleaning** *met.* püskürtmeli temizleme **spray coating** *met.* püskürtmeli örtme **spray condenser** püskürtmeli kondansatör **spray dyeing** püskürtmeli boyama **spray finish** *teks.* püskürtmeli apre **spray gun** püskürtme tabancası, püskürteç **spray nozzle** püskürtme memesi *spray paint* püskürtme boya *spray painting* püskürtmeli boyama *spray printing* teks. püskürtmeli baskı *spray quenching* met. püskürtmeli suverme *spray tower* kim. püskürtme kulesi *spraying machine* püskürtme makinesi

sprayer /'spreyı/ *a.* püskürteç, pülverizatör

spread /spred/ *e.* yaymak; yayılmak; yaymak, sermek, örtmek; açmak; açılmak, kenara çekilmek; sürmek; uzanıp gitmek; bölmek, bölüştürmek, dağıtmak ¤ *a.* yayılış, dağılma; örtü; genişlik; hav. kanat açıklığı *spread like wildfire* ağızda sakız olmak *spread oneself too thin* kırk tarakta bezi olmak *spreading machine* teks. .kumaş germe donanımı *spreading the risk* riski dağıtma *spread foundation* inş. yayık taban

spreader /'spredı/ *a.* yayıcı, serici, dağıtıcı; tereyağı bıçağı; serpme aleti, serpme makinesi; *den.* çarmık payandası; tel ayırıcısı, telleri birbirinden ayıran yalıtkan

spreadsheet /'spredşi:t/ *a.* hesap tablosu

spree /spri:/ *a.* cümbüş, âlem; içki alemi *go on the spree* âlem yapmak, felekten bir gün çalmak

sprig /sprig/ *a.* ince dal, filiz

sprightliness /'spraytlinis/ *a.* neşe, canlılık

sprightly /'spraytli/ *s.* neşeli, şen, canlı

spring /spring/ *e.* sıçramak, fırlamak; ortaya çıkıvermek, belirivermek; yaylanmak; çıkıp gelmek; sürpriz olarak hazırlamak/yapmak ¤ *a.* sıçrama, fırlama; yay, zemberek; oto. makas; esneklik, yaylılık; ilkbahar; pınar, memba; başlangıç, köken, neden *spring a leak* su sızdırmaya başlamak *spring balance* fiz. yaylı terazi, yaylı tartaç *spring bearing* yaylı yatak *spring box* yay kutusu, yay kovanı *spring bracket* yay mesnedi *spring budding* trm. bahar sürgünü *spring callipers* yaylı pergel *spring carrier* yay mesnedi *spring centre bolt* makas göbek saplaması *spring clamp* yay kelepçesi *spring clip* yaylı mandal, makas klipsi *spring contact* yay kontağı *spring coupling* yaylı kavrama

spring drive yayla çalıştırma *spring equinox* gökb. ilkbahar ılımı *spring finger* yay parmağı *spring fork* oto. yay çatalı *spring hammer* yaylı çekiç *spring hook* sustalı kanca *spring leaf* yay yaprağı *spring line* üzengi hattı *spring lock* sustalı kilit, yaylı kilit *spring lock washer* yaylı rondela *spring mattress* yaylı yatak *spring needle* teks. yaylı iğne *spring pin* yaylı pim *spring planting* ilkbahar dikimi *spring plate* yay levhası *spring pressure* yay basıncı *spring ring* yaylı halka, yaylı bilezik *spring safety valve* yaylı emniyet supabı *spring screw* yay vidası *spring seat* yay yatağı, yay oturağı *spring shackle* makas küpesi *spring steel* yay çeliği *spring support* oto. yay mesnedi *spring suspension* yaylı süspansiyon *spring tension* yay gergi direnci *spring tide* coğ. büyük gelgit *spring washer* yaylı rondela *spring water* memba suyu, pınar suyu *spring weight* yay ağırlığı

springboard /'springbo:d/ *a.* sıçrama tahtası, tramplen

spring-clean /spring'kli:n/ *a.* bahar temizliği ¤ *e.* bahar temizliği yapmak

spring-cleaning /spring'kli:ning/ *a.* bahar temizliği

springe /sprinc/ *a.* tuzak, kapan

springer /'springı/ *a.* inş. kemer üzengi taşı

springing /'springing/ *a.* tıkama, doldurma

springtime /'springtaym/ *a.* bahar mevsimi

springy /'springi/ *s.* esnek, yaylı, elastik

sprinkle /'sprinkıl/ *e.* serpmek, püskürtmek; ekmek, saçmak; çiselemek ¤ *a.* serpinti; çisenti *sprinkling system* yağmurlama sistemi

sprinkler /'sprinklı/ *a.* trm. sprinkler *sprinkler irrigation* trm. yağmurlama yöntemiyle sulama

sprint /sprint/ *e.* tabana kuvvet koşmak ¤ *a.* sürat koşusu

sprinter /'sprintı/ *a.* sürat koşucusu

sprit /sprit/ *a.* filiz, tomurcuk; *den.* açevele, gönder

sprite /sprayt/ *a.* peri, cin

sprocket /'sprokit/ *a.* cer dişlisi, zincir

dişlisi **sprocket hole** *sin.* perforasyon, delik **sprocket pulse** *biliş.* çekici delik darbesi, tırnak vurusu **sprocket wheel** dişli zincir çarkı
sprout /sprаut/ *e.* filizlenmek; çıkarmak ¤ *a. bitk.* filiz, tomurcuk, sürgün; brüksellahanası, küçüklahana
spruce /spru:s/ *a.* ladin ağacı, alaçam ¤ *s.* şık, giyiminde titiz, temiz giyimli; temiz, derli toplu ¤ *e.* şıklaştırmak, şık giydirmek
spruceness /'spru:snıs/ *a.* zariflik, şıklık
sprung /sprang/ *s.* yaylı
spry /spray/ *s.* dinç, canlı, çevik, faal
spud /spad/ *a.* çapa, tirpidin, tirpit; *kon.* patates
spume /spyu:m/ *a.* köpük
spumous /'spyu:mıs/ *s.* köpüklü
spumy /'spyu:mi/ *s.* köpüklü
spun /span/ *s. teks.* eğilmiş, bükülmüş **spun silk** *teks.* ipek döküntüsünden yapılan iplik **spun-dyed** *teks.* çözelti halindeyken boyanmış
spunk /spank/ *a. kon.* cesaret; *İl. kab.* bel, meni
spunky /'spanki/ *s. kon.* cesur; seksi
spur /spö:/ *a.* mahmuz; payanda, destek; *coğ.* çıkıntı; teşvik eden şey, dürtü, güdü ¤ *e.* mahmuzlamak; kışkırtmak **spur gear** düz dişli **spur pinion** fener dişli, düz dişli
spurious /'spyuıriıs/ *s.* sahte, taklit, düzme; suni, yapay **spurious counts** *fiz.* yanlış sayımlar **spurious oscillation** parazit salınım, asalak salınım **spurious pulse** *fiz.* yanlış darbe **spurious sideband** sahte yan bant
spurn /spö:n/ *e.* tekme ile kovmak; reddetmek, burun kıvırmak
spurred /spö:d/ *s.* mahmuzlu
spurt /spö:t/ *e.* fışkırmak; fışkırtmak ¤ *a.* fışkırma; sızma; atak, çaba, gayret; ani çıkış, yükseliş
sputter /'spatı/ *e.* kekelemek, kekeler gibi konuşmak; guruldamak ¤ *a.* kuru gürültü
sputtering /'spatıring/ *a.* pülverizasyon, püskürtme
sputum /'spyutım/ *a.* salya, tükürük
spy /spay/ *a.* casus; gözetleme ¤ *e.* casusluk etmek, gözetlemek; uzaktan görmek, fark etmek

spyglass /'spaygla:s/ *a.* küçük dürbün
squabble /'skwobıl/ *a.* ağız kavgası, atışma, patırtı ¤ *e.* (önemsiz bir şey için) döğüşmek, patırtı çıkarmak
squabbler /'skwoblı/ *a.* kavgacı
squabby /'skwobi/ *s.* bodur
squad /skwod/ *a.* takım, ekip, küçük grup; *ask.* manga **squad car** *Al.* polis arabası
squadron /'skwodrın/ *a. ask.* filo; süvari bölüğü
squalene /'skweyli:n/ *a. kim.* skualen
squalid /'skwolid/ *s.* kirli, pis, sefil, bakımsız
squalidness /'skwolidnıs/ *a.* pislik, sefillik
squall /skwo:l/ *e.* yaygara koparmak, feryat etmek, ciyak ciyak bağırmak ¤ *a.* yaygara, feryat; bora, tüm sağanak **squall cloud** *metr.* tüm sağanak bulutu **squall front** *metr.* sağanak cephesi **squall line** *metr.* tüm sağanak çizgisi
squally /'skwo:li/ *s. metr.* sağanaklı, boralı
squander /'skwondı/ *e.* boş yere harcamak, saçıp savurmak, israf etmek, çarçur etmek
squanderer /'skwondırı/ *a.* müsrif kimse
squandering /'skwondıring/ *a.* israf etme, müsriflik ¤ *s.* müsrif, çarçur eden
squama /'skweymı/ *a.* balık pulu, kabuk
square /skwei/ *a.* dördül, kare; alan; meydan; gönye; *mat.* kare; *kon.* örümcek kafalı, çağının gerisinde kalmış, eski kafalı kişi ¤ *s.* dördül, kare; kesirsiz, tam, eşit; dürüst, doğru, insaflı; açık, kesin; *kon.* eski kafalı; eşit, başabaş ¤ *e.* dört köşe yapmak; *mat.* karesini almak; doğrultmak; (hesabı) ödemek, temizlemek, görmek; halletmek, düzeltmek, yoluna koymak; ödeşmek; *arg.* rüşvetle bir işi halletmek; -e uymak, bağdaşmak ¤ *be. kon.* dosdoğru, direkt **square accounts with** fit olmak (ödeşmek) **square centimetre** santimetre kare **square deal** dürüst muamele **square engine** *oto.* kare motor **square head** kare baş **square inch** inç kare **square kilometer** *mat.* kilometre kare **square matrix** *mat.* kare matris, dördül dizey **square meal** dört dörtlük yemek **square measure** yüzey ölçü birimi **square me-**

tre metre kare **square millimetre** milimetre kare **square number** *mat.* kare sayı **square nut** dört köşe somun **square one** *İİ.* en baş, başlangıç noktası **square peg (in a round hole)** kalıbının adamı olmayan kişi **square pyramid** *mat.* kare piramit **square root** *mat.* karekök, kökiki **square set** *mad.* kasa tahkimat, dördül destek **square stern** *den.* düz kıç şekli, ayna kıç **square the circle** olmayacak duaya amin demek **square thread** dört köşe vida dişi **square timber** *mad.* kadron, dördül direk **square up** *kon.* hesabı ödemek **square wave** *elek.* kare dalga

squash /skwoş/ *e.* ezmek, sıkıştırmak; ezilmek; sıkışmak; susturmak, bastırmak ¤ *a.* şap sesi; pelte gibi ezilmiş şey; meyve suyu, meşrubat; *arg.* kalabalık, izdiham; *sp.* duvar tenisi; *bitk.* balkabağı

squashy /'skwoşi/ *s.* pelte gibi

squat /skwot/ *e.* çömelmek; bağdaş kurup oturmak; gecekondu yaparak yerleşmek ¤ *s.* bodur, bücür, bastıbacak ¤ *a.* çömelme

squatter /'skwotı/ *a.* (boş bina, vb.) bir yere izinsiz yerleşen kimse

squaw /skwo:/ *a.* Kızılderili kadın

squawk /skwo:k/ *e.* (tavuk, ördek, vb.) ciyaklamak; *arg.* dırdır etmek

squeak /skwi:k/ *e.* (fare, vb.) cik cik ses çıkarmak; gıcırdamak; gıcırdatmak; *kon.* ötmek, gammazlık etmek ¤ *a.* cikcik; gıcırdama

squeaky /skwi:ki/ *s.* gıcırtılı; tiz sesli

squeal /skwi:l/ *e.* ciyaklamak; *kon.* ötmek, gammazlık etmek ¤ *a.* ciyaklama; haykırış, bağırışma

squeamish /'skwi:miş/ *s.* iğrenen; midesi hemen bulanıveren; alıngan; güç beğenir, çok titiz

squeamishness /'skwi:mişnıs/ *a.* titizlik; alınganlık; iğrençlik

squeegee /skwi:ci:/ *a.* lastik süpürge, lastik silecek; lastik silindirli aygıt

squeezable /'skwi:zıbıl/ *s.* sıkılabilir

squeeze /skwi:z/ *e.* sıkmak, ezmek; sıkıştırmak; sığdırmak, tıkıştırmak; zorla koparmak, sızdırmak ¤ *a.* sıkma, sıkıştırma; el sıkma; kalabalık, izdiham **squeeze money out of** para sızdırmak **squeezing effect** *teks.* sıkma efekti

squeezing machine sıkma makinesi **squeezing rollers** sıkma silindirleri

squeezer /'skwi:zı/ *a.* sıkma makinesi

squelch /skwelç/ *e.* susturmak, bastırmak

squelcher /'skwelçı/ *a.* yıkıcı darbe

squib /skwib/ *a.* fişek, maytap; yergi, hiciv

squid /skwid/ *a. hayb.* mürekkepbalığı

squiffy /'skwifi/ *s.* çakırkeyf

squill /skwil/ *a.* adasoğanı

squinch /skwinç/ *a. mim.* payanda kemeri, köşe kemeri

squint /skwint/ *e.* gözlerini kısmak; yan bakmak; şaşı bakmak ¤ *a.* şaşılık; bakış, yan bakış

squire /skwayı/ *a.* köy ağası, bey, toprak sahibi

squirm /skwö:m/ *e.* kıvranmak

squirmy /'skwö:mi/ *s.* kıvranan

squirrel /'skwirıl/ *a. hayb.* sincap **squirrel cage** sincap kafesi **squirrel-cage rotor** *elek.* sincap kafesli rotor

squirt /skwö:t/ *e.* fışkırmak; fışkırtmak

squish /skwiş/ *e.* ezmek

stab /steb/ *a.* bıçaklama; bıçak yarası; deneme ¤ *e.* bıçaklamak; (bıçak, ağrı, vb.) saplamak **have a stab at** denemek **stab in the back** sırtından bıçaklamak/arkadan vurmak

stabbing /'stebing/ *s.* (ağrı, vb.) ani ve keskin, bıçak gibi

stability /stı'biliti/ *a.* sağlamlık; denge; değişmezlik, durağanlık, kararlılık, istikrar; kalımlılık, süreklilik **stability condition** denge şartı, stabilite şartı **stability factor** *elek.* kararlılık katsayısı

stabilization /steybılay'zeyşın/ *a.* stabilizasyon **stabilization fund** döviz istikrar fonu

stabilize /'steybılayz/ *e.* değişmezleştirmek, dengede tutmak; sağlamlaştırmak **stabilized** stabilize **stabilized warfare** siper harbi **stabilizing anneal** *met.* stabilize tavı, dengeleştirme tavı

stabilizer /'steybilayzı/ *a.* stabilizatör

stable /'steybıl/ *a.* ahır; ahırdaki atlar ¤ *e.* ahıra koymak ¤ *s.* değişmez, durağan, sabit, kararlı; sağlam; sürekli, devamlı, kalıcı **stable manure** ahır gübresi **stable equilibrium** kararlı denge, değişmeyen denge **stable money** istikrarlı para **stable state** kararlı hal

stack /stek/ *a.* yığın, istif; tınaz, dokurcun; bolluk; baca ¤ *e.* yığmak **stack machine** *biliş.* küme işlemli makine, kümesel makine, yığıt makinesi **stack pointer** *biliş.* küme göstericisi **stacked-job processing** *biliş.* yığılmalı iş işleme **stacking height** istif yüksekliği

stacker /'stekı/ *a. biliş.* yığıcı

stadia /'steydiı/ *a.* stadya **stadia hairs** stadimetrik kıllar **stadia rod** takometrik mira

stadium /'steydiım/ *a.* stadyum

staff /sta:f/ *a.* değnek, çomak, asa; çalışanlar, memur kadrosu, personel; kurmay; direk, gönder ¤ *e.* eleman sağlamak, personel sağlamak **staff manager** personel müdürü **staff member** eleman **staff reductions** personel indirimi **go stag** bir yere sap gibi gitmek

stag /steg/ *a.* erkek geyik; borsa spekülatörü **stag party** erkekler toplantısı

stage /steyc/ *a.* sahne; tiyatro sahnesi; tiyatro, sahne yaşamı, tiyatroculuk; aşama, evre, safha; menzil, konak ¤ *e.* sahneye koymak, sahnelemek; sahneye konmaya elverişli olmak **set the stage for** zemin hazırlamak **stage compressor** *mad.* kademeli kompresör, aşamalı sıkaç **stage crushing** *mad.* kademeli kırma, aşamalı kırma **stage efficiency** *elek.* kat verimi **stage of appeal** hiyerarşi **stage a sit-in** oturma grevi yapmak

stagecoach /'steyckouç/ *a.* posta arabası

stagestruck /'steycstrak/ *s.* sahne aşığı, tiyatro hastası

stagflation /steg'fleyşın/ *a.* stagflasyon

stagger /'stegı/ *e.* sendelemek, sendeleyerek yürümek; şaşırtmak, afallatmak, sersemletmek; ayrı ayrı zamanlara göre düzenlemek; zikzaklı düzenlemek ¤ *a.* sendeleme; *hav.* kanat kademelenmesi, dekalaj

staggered /'stegırıd/ *s.* derecelendirilmiş

staggering /'stegıring/ *s.* sarsan, sallayan

staging /'steycing/ *a. inş.* iskele

stagnancy /'stegnınsi/ *a.* durgunluk

stagnant /'stegnınt/ *s.* (su) akmaz, durgun; (iş, vb.) durgun, kesat **stagnant water** durgun su

stagnate /steg'neyt/ *e.* durgunlaşmak

stagnation /steg'neyşın/ *a.* durgunluk

staid /steyd/ *s.* ciddi, sıkıcı

stain /steyn/ *e.* lekelemek; lekelenmek; boyamak ¤ *a.* leke; boya, vernik **stain remover** leke çıkarıcı **stain-repellent** *teks.* leke itici **stained glass** renkli cam, mozayik cam

stainless /'steynlıs/ *s.* lekesiz, kusursuz, tertemiz; paslanmaz **stainless steel** paslanmaz çelik

stair /steı/ *a.* merdiven basamağı **stair carpet** merdiven yolluğu **stair rail** merdiven küpeştesi, merdiven korkuluğu

staircase /'steıkeys/ *a.* merdiven

stairs /steız/ *a.* merdiven

stairway /'steıwey/ *a. mim.* merdiven

stake /steyk/ *a.* kazık; bitki sırığı, bitkiyi dik tutan çubuk; hayvanların bağlandığı kazık; (eskiden) işkence direği, kazık; kazığa bağlayarak öldürme; çıkar, menfaat; at yarışında yatırılan para ¤ *e.* kazığa bağlamak, kazıkla desteklemek; (para vb.) koymak, yatırmak; tehlikeye atmak

stakes /steyks/ *a.* (yarışmada) ödül, ikramiye; at sahiplerince ikramiyenin eşit olarak oluşturulduğu at yarışı

stalactite /'stelıktayt/ *a.* sarkıt

stalagmite /'stelıgmayt/ *a.* dikit

stale /steyl/ *s.* bayat; küflü; adi; yıpranmış **stale bill of lading** geçkin konşimento **stale check** geçersiz çek

stalemate /'steylmeyt/ *a.* (satranç) pat

staleness /'steylnıs/ *a.* bayatlık; yorgunluk

stalk /sto:k/ *e.* sezdirmeden izleyip avlamak, yakalamak; azametle yürümek ¤ *a. bitk.* sap **stalk fibre** *teks.* sak lifi

stalkless /'sto:klıs/ *s.* sapsız, kulpsuz

stalky /'sto:ki/ *s.* saplı

stall /sto:l/ *a.* ahır; önü açık küçük dükkân, tezgâh; (sinema, tiyatro, vb.'de) koltuk; bahane, kaçamak yanıt; tezgâh, stand, önü açık küçük dükkân; *hav.* perdövites ¤ *e.* durmak, duruvermek, stop etmek; stop ettirmek;

ahıra kapatmak; çamur, vb.'ne saplanmak; *kon.* oyalanmak, geciktirmek *stall feeding trm.* ahırda besleme *stalling speed hav.* bozulma hızı, çöküntü hızı, bocalama hızı

stallion /'stelıın/ *a.* aygır, damızlık at

stalwart /'sto:lwıt/ *s.* sağlam yapılı, gürbüz, iri yapılı; korkusuz, cesur; sağlam, güvenilir, sadık ¤ *a.* ateşli yandaş

stamen /'steymın/ *a. bitk.* erkeklik organı, erkek organ, ercik

stamina /'steminı/ *a.* dayanma gücü, dayanıklılık, güç, direnç

stammer /'stemı/ *e.* kekelemek ¤ *a.* kekeleme; kekemelik

stammerer /'stemırı/ *a.* kekeme

stammering /'stemıring/ *s.* kekeleyen, kekeme+

stamp /stemp/ *e.* damgalamak; pul yapıştırmak; (para) basmak; ayağını hızla yere vurmak, tepinmek; kafasına yerleştirmek, belleğine kazımak ¤ *a.* pul, posta pulu; damga; ıstampa; iz, marka, işaret, alamet; tür, nitelik, karakter; zımba *stamp out* yok etmek, kökünü kazımak *stamp duty* damga vergisi, damga resmi *stamp mill* maden değirmeni, ezme değirmeni

stampede /'stempi:d/ *a.* (korkudan) darmadağınık kaçış, bozgun, panik

stamping /'stemping/ *a.* maden dövme parçası, presde basma

stance /stens/ *a.* duruş

stanch /sta:nç/ *e. AI. bkz.* staunch

stanchion /'sta:nşın/ *a.* payanda, destek, direk; puntal *stanchion socket* puntal pabucu

stand /stend/ *e.* ayakta durmak, dikelmek; (ayağa) kalkmak; dikeltmek; durmak, kalmak; ... boyunda olmak; aynı kalmak, değişmeden kalmak; olmak, gelmek; olmak, bulunmak; geçerliliğini korumak, değişmemek; yer almak, olmak, bulunmak; ayakta kalmak; ... durumunda olmak; dikmek, dayamak; ısmarlamak; tahammül etmek, dayanmak, katlanmak ¤ *a.* durma, duruş, mola; yer, mevki; durak; direnme, direniş, mukavemet; satış sergisi, tezgâh; işyeri, mağaza, dükkân; ayak, destek, sehpa; tribün; *AI.* mahkemede tanık yeri *stand a chance*

şansı olmak *stand by* seyirci kalmak; hazır beklemek, harekete hazır olmak; destek olmak, yanında olmak; sadık kalmak *stand by with folded arms* eli kolu bağlı kalmak *stand down* (mahkemede) tanık yerinden ayrılmak, tanık yerini terk etmek; (askerlere) izin vermek *stand for* anlamına gelmek; desteklemek, tutmak, yandaşı olmak; kabul etmek, katlanmak, çekmek, razı olmak *stand for election/office* seçimler için adaylığını koymak *stand on one's own (two) feet* kendi yağı ile kavrulmak *stand out* göze çarpmak; kendini göstermek, göze çarpmak *stand sth on its head* altüst etmek *stand to reason* akla yatmak *stand up* ayağa kalkmak; sağlam kalmak, göğüs germek, karşı koymak, dayanmak; *kon.* ekmek; (for ile) desteklemek, savunmak *stand up for* desteklemek *stand up to* karşı durmak *stand age* meşcere yaşı *stand structure* meşcere yapısı *stand density* meşcere sıklığı

standalone /'stendıloun/ *s. biliş.* bağımsız *standalone program biliş.* bağımsız program

standard /'stendıd/ *a.* standart, ölçün; bayrak, sancak ¤ *s.* standart; kabul edilen, standart *standards convertor* standart konvertisörü *standard acid* standart asit, numune asit *standard atmosphere fiz.* standart atmosfer *standard beam approach system hav.* standart huzmeli yaklaşma sistemi *standard cable* standart kablo *standard cell elek.* standart pil *standard compass* miyar pusulası *standard component* standart bileşen *standard conditions fiz.* standart şartlar, ölçünlü koşullar *standard costs* standart maliyetler *standard deviation* standart sapma *standard electrode* standart elektrot *standard equipment* standart teçhizat *standard error* standart hata *standard film sin.* standart film *standard form mat.* standart biçim, ölçünlü biçim *standard format biliş.* standart format *standard frequency elek.* standart frekans, ayar frekansı *standard gauge demy.* normal ray açıklığı, normal hat *standard gauge film sin.* normal film, standart film *standard* *gauge railway* normal hatlı demiryolu *standard illuminant* fiz. standart aydınlatıcı *standard interface biliş.* standart arayüzey *standard length* standart uzunluk *standard of living* yaşam standartı *standard part* standart parça, değişmeyen parça *standard pressure* standart basınç *standard propagation* elek. standart propagasyon *standard radio atmosphere* standart radyo atmosferi *standard rate* standart oran *standard size* standart boy, normal boy, normal ebat *standard solution* standart çözelti *standard star* gökb. standart yıldız, ayar yıldızı *standard state* fiz. standart hal *standard subroutine biliş.* standart altyordam *standard tar viscometer* standart katran viskozimetresi *standard temperature* fiz. normal sıcaklık, ölçünlü sıcaklık *standard time* standart vakit *standard voltage* elek. normal gerilim

standardization /stendıday'zeyşın/ *a.* standardizasyon, standartlaştırma

standardize /'stendıdayz/ *e.* standartlaştırmak, standardize etmek

standby /'stendbay/ *a.* yedek *standby block biliş.* hazır öbek, hazır blok *standby credit* stand-by kredisi *standby fan* yedek vantilatör, yedek yelvuran *standby letters of credit* teminat akreditifi *standby register biliş.* yedek yazmaç, hazırlık yazmacı *standby system biliş.* yedek sistem/dizge *standby time biliş.* hazırlık zamanı

standee /sten'di:/ *a.* ayakta kalan kişi

stand-in /'stendin/ *a.* dublör; vekil

standing /'stending/ *s.* ayakta duran; akmaz, durgun; sürekli, daimi, devamlı ¤ *a.* süreklilik, devam; geçerlilik, yürürlük; saygınlık, şöhret, mevki *standing on one's head* kon. çok kolay bir şekilde *standing order* sürekli ödeme emri *standing rigging* den. sabit arma, ana arma *standing wave* fiz. kararlı dalga, durağan dalga

standoffish /stend'ofiş/ *s.* soğuk, ciddi, itici

standpipe /'stendpayp/ *a.* dikey ve sabit boru

standpoint /'stendpoynt/ *a.* görüş

noktası, görüş, bakım

standstill /'stendstil/ *a.* durma, durgu, duraklama, sekte

stannary /'stenıri/ *a.* kalay madeni

stannic /'stenik/ *s. kim.* stannik

stannite /'stenayt/ *a. min.* stannit

stanza /'stenzı/ *a. ed.* şiir kıtası, kesim

staple /'steypıl/ *a.* zımba teli; tel, lif; bir yerin başlıca ürünü, başlıca ürün; en önemli kısım, başlıca konu, esas; hammadde ¤ *e.* zımbalamak *staple fibre* ştapel lif, kesikli lif, sentetik lif

stapler /'steyplı/ *a.* tel zımba; yün tasnifçisi

star /sta:/ *a.* yıldız; star, yıldız; talih *bless/thank one's lucky stars* öpüp başına koymak *see stars* yıldızları saymak, gözünde şimşekler çakmak *star ager* teks. yıldız buharlayıcı *star atlas* gökb. gök atlası *star bit* yıldız uç *star catalogue* gökb. yıldız kataloğu *star cluster* gökb. yıldız kümesi *star connection* elek. yıldız bağlantı *star dyeing* teks. yıldız boyama *star frame ager* teks. yıldız buharlayıcı *star map* gökb. gök haritası *star network* yıldız şebeke, yıldız ağ *star pinion* ıstavroz dişlisi *star point* elek. nötr nokta *star quad cable* elek. yıldız-dörtlü kablo *star wheel biliş.* program tekerleği *star-delta starter* yıldız delta starter *star-dyeing machine* teks. yıldız boyama makinesi *star-shaped* yıldız biçimli

starboard /'sta:bıd/ *a. den.* sancak

starch /sta:ç/ *a.* nişasta; kola ¤ *e.* kolalamak *starch decomposition* nişasta parçalanması *starch gum* dekstrin *starch paste* nişasta kolası *starch sugar* nişasta şekeri, glükoz

starched /sta:çt/ *s.* kolalı

starchy /'sta:çi/ *s.* nişastalı; kolalı; sert, katı, resmi

stardom /'sta:dım/ *a.* şöhret, yıldızlık

stare /steı/ *e.* (at ile) dik dik bakmak, gözünü dikip bakmak ¤ *a.* gözünü dikip bakma, sabit bakış

starfish /'sta:fiş/ *a. hayb.* denizyıldızı

stargazer /'sta:geyzı/ *a.* gökbilimci, astronom; yıldızbilimci, astrolog

stargazing /'sta:geyzing/ *a.* hayallere dalıp gitme, hayalcilik

staring /'steyring/ *s.* hareketsiz, sabit

stark /sta:k/ *s.* tüm, tamam, katıksız; sert, katı, haşin; süssüz, sade, yalın; ıssız, tenha **stark mad** zırdeli, tam deli **stark naked** *kon.* anadan doğma, çırılçıplak

starless /'sta:lis/ *s.* yıldızsız

starlet /'sta:lit/ *a.* henüz meşhur olmamış genç aktris, yıldız adayı, küçük yıldız

starling /'sta:ling/ *a. hayb.* sığırcık; köprü ayağının etrafına çakılan kazıklar

starred /sta:d/ *s.* yıldızlı; yıldız işaretli

starry /'sta:ri/ *s.* yıldızlı

starry-eyed /sta:ri'ayd/ *s.* hayalci, boş umutlar besleyen

start /sta:t/ *e.* başlamak; başlatmak; çalışmak; çalıştırmak; irkilmek, sıçramak, yerinden hoplamak; (back ile) geri dönmek için yola çıkmak; (out ile) yola çıkmak, ayrılmak ¤ *a.* başlangıç, başlama; kalkış, hareket; *sp.* çıkış, start; sıçrama, irkilme; avans, avantaj **start bit** *biliş.* başlangıç biti **start element** *biliş.* başlangıç elemanı, başlangıç öğesi **start of heading character** *biliş.* başlık karakteri başlangıcı **start of message** *biliş.* mesaj başlangıcı, ileti başlangıcı **start of text** *biliş.* metin başlangıcı **start signal** *biliş.* başlangıç işareti **start time** *biliş.* başlama zamanı **start-stop character** *biliş.* başlama-bitmeli karakter **start-stop system** *biliş.* başlama-bitmeli sistem **start-stop transmission** *biliş.* başlama-bitmeli gönderme **to start with** her şeyden önce, bir kere, birincisi; başlangıçta

starter /'sta:tı/ *a. oto.* marş; yoğurt mayası; yarışa katılan kişi/at; *sp.* starter, çıkışçı; meze türünden ilk yemek **starter button** ateşleme düğmesi, marş düğmesi **starter cable** ateşleme kablosu, marş kablosu, starter kablosu **starter cell** *biliş.* başlangıç hücresi/yeri **starter pushbutton** marş düğmesi

starting /'sta:ting/ *a.* marş, ilk hareket **starting button** *oto.* ateşleme düğmesi **starting cam** ilk hareket kamı **starting crank** ilk hareket kolu **starting current** *elek.* başlatma akımı **starting friction** *oto.* başlangıç sürtünmesi **starting handle** *oto.* krank kolu, çalıştırma kolu **starting jaw** kurt dişlisi, ilk hareket

kavraması **starting lever** hareket kolu, işletme kolu **starting loss** ilk hareket kaybı **starting motor** marş motoru, ilk hareket motoru **starting point** başlangıç noktası **starting position** başlama durumu, marş durumu **starting relay** *oto.* ilk hareket rölesi **starting voltage** *elek.* ateşleme gerilimi

startle /'sta:tl/ *e.* korkutmak, şaşırtmak, ürkütmek, ürkmek

startup /'sta:tap/ *a.* çalıştırma, açış

starvation /sta:'veyşın/ *a.* şiddetli açlık, açlıktan ölme

starve /sta:v/ *e.* açlıktan ölmek; açlıktan öldürmek; *kon.* kurt gibi acıkmak, açlıktan ölmek

starveling /'sta:vling/ *a.* açlıktan ölmek üzere olan insan/hayvan

state /steyt/ *a.* durum, hal, vaziyet; mevki; görkem, debdebe, tantana, ihtişam; devlet; eyalet; *kon.* heyecan, stres ¤ *e.* ifade etmek, açıklamak, belirtmek **state bond** devlet tahvili **state capitalism** devlet kapitalizmi **state of aggregation** *fiz.* agregasyon hali, yığışım hali **state of distress** tehlikeli durum, çekinceli durum **state of equilibrium** denge hali, denge durumu **state-of-the-art shop** *biliş.* çağdaş bilişim merkezi, yeniliklere uyan bilişim merkezi

stated /'steytid/ *s.* belirli, muayyen; düzenli, muntazam

stateless /'steytlıs/ *s.* yurtsuz, vatansız, haymatlos

stateliness /'steytlınıs/ *a.* heybetlilik, görkem, ihtişam

stately /'steytli/ *s.* görkemli, debdebeli, tantanalı; soylulara ait

statement /'steytmınt/ *a.* söz, ifade; demeç; hesap; hesap raporu; *biliş.* açıklama, komut, deyim **statement number** *biliş.* deyim numarası **statement of account** hesap özeti **statement of affairs** iflas bilançosu **statement of claim** dava layihası **statement of defence** savunma layihası **statement trace** *biliş.* açıklama izlemesi, deyim izlemesi

States /steyts/ *a. kon.* Amerika

statesman /'steytsmın/ *a.* devlet adamı

statesmanship /'steytsmınşip/ *a.* siyaset

static /'stetik/ s. değişmeyen, devinimsiz, duruk, dural, statik ¤ a. radyo paraziti **static balance** statik denge **static charge** statik yük, durukyük **static current** statik akım, sürekli akım **static dump** biliş. statik döküm, duruk döküm **static economics** statik ekonomi **static electricity** elek. statik elektrik **static energy** statik enerji **static equilibrium** fiz. statik denge, duruk denge **static error** biliş. statik hata, duruk hata **static file** biliş. statik dosya, duruk kütük **static frequency changer** elek. statik frekans çevirici **static friction** statik sürtünme **static lift** statik kaldırma kuvveti **static line** hav. paraşüt açma ipi **static linguistics** statik dilbilim, dural dilbilim, eşsüremli dilbilim **static load** statik yük, ölü yük **static memory** biliş. statik bellek, duruk bellek **static pressure** statik basınç, duruk basınç **static storage** biliş. statik bellek, duruk bellek **static stress** statik gerilme, duruk gerilme **static subroutine** biliş. statik altyordam, duruk altyordam **static variable** biliş. statik değişken, duruk değişken

statically /'stetikıli/ be. statik olarak **statically determinate** izostatik, statikçe belirli **statically indeterminate** hiperstatik, statikçe belirsiz

staticize /'stetisayz/ e. biliş. statikleştirmek, duruklaştırmak

statics /'stetiks/ a. statik; parazit

station /'steyşın/ a. istasyon; durak; yer, mevki; karakol, merkez; toplumsal konum, makam, rütbe ¤ e. yerleştirmek, dikmek **station break** istasyon tanıtma zamanı **station identification signal** elek. istasyon tanıtma sinyali **station manager** istasyon müdürü **station wagon** steyşın araba, kaptıkaçtı **station-to station call** santral aracılığıyla şehirlerarası konuşma

stationary /'steyşınıri/ s. yerinde duran, durağan, sabit **stationary engine** sabit motor **stationary point** durgun nokta **stationary state** sükûnet durumu, kararlılık durumu, durağan hal **stationary wave** fiz. stasyoner dalga, durağan dalga

stationer /'steyşını/ a. kırtasiyeci

stationer's (shop) /'steyşınız (şop)/ a. kırtasiye dükkânı

stationery /'steyşınıri/ a. kırtasiye

statism /'steytizım/ a. devletçilik

statist /'steytist/ a. devletçi; istatistik uzmanı

statistical /stı'tistikıl/ s. istatistiksel, istatistiki **statistical inference** istatistiksel çıkarsama

statistician /stetis'tişın/ a. istatistikçi

statistics /stı'tistiks/ a. istatistik

stator /'steytı/ a. stator, duraç

statoscope /'stetıskoup/ a. hav. statoskop

statuary /'steçuri/ a. yontuculuk, heykeltıraşlık; yontular, heykeller

statue /'steçu:/ a. yontu, heykel

statuesque /steçu'esk/ s. heykel gibi

statuette /steçu'et/ a. heykelcik, küçük yontu

stature /'steçı/ a. boy, boy pos, endam; önem, kişilik

status /'steytıs/ a. durum, hal; toplumsal ya da mesleki durum, konum, mevki, statü; yasal durum **status inquiry** istihbarat **status maps** biliş. durum haritaları **status of ownership** sahiplik hali **status quo** mevcut durum, statüko **status register** biliş. durum yazmacı **status word** biliş. durum sözcüğü

statute /'steçu:t/ a. yasa, kanun; tüzük **statute barred** zamanaşımına uğramış, geçersiz **statute law** yazılı hukuk **statute mile** nizami mil **statute of bankruptcy** iflas kanunu

statutory /'steçutıri/ s. kurallarla belirlenmiş, yasalarla saptanmış, yasal, kanuni **statutory books** kanuni defterler **statutory corporation** yasal korporasyon **statutory declaration** resmi beyanname **statutory reserves** statü yedekleri

staunch /sto:nç/ e. (kan, vb.) akışını durdurmak ¤ s. güvenilir, sadık; sağlam

staunchness /sto:nçnıs/ a. güvenilirlik, sağlamlık

stave /steyv/ a. fıçı tahtası; değnek; şiir kıtası, kesim **stave in** fıçıda delik açmak; delinmek **stave off** defetmek, bertaraf etmek; geciktirmek

stay /stey/ e. kalmak; ... olarak kalmak; durmak; durdurmak, ertelemek, geciktirmek; sürdürüp tamamlamak, dayanmak; bastırmak, geçiştirmek; desteklemek; istiralya ile takviye etmek ¤ *a.* kalış, kalma; *huk.* erteleme; payanda, destek; *den.* istiralya *stay in* dışarı çıkmamak, evde kalmak; (ceza olarak) ders bittikten sonra okulda kalmak *stay on* kalmaya devam etmek *stay out* (evden) dışarda kalmak; grevi sürdürmek, grevde kalmak *stay overnight* gecelemek *stay put* kıpırdamadan durmak; bir yerde kalmak *stay the course* yarışı tamamlamak *stay the night* gecelemek *stay-at-home* dört duvar arasında oturan kişi *stay bar* gergi çubuğu *stay bolt* tespit cıvatası, setuskur *stay-in strike* oturma grevi *stay plate* tespit levhası, takviye levhası *stay rod* tespit çubuğu, bağlama çubuğu *stay wire* lente teli

staysail /'steyseyl/ *a. den.* velena yelkeni, flok yelkeni, velestralya

stead /sted/ *a.* yer

steadfast /'stedfa:st/ *s.* sadık, dönmez

steadfastness /'stedfa:stnıs/ *a.* sabır, sebat

steadily /'stedili/ *be.* durmadan, boyuna, gittikçe; ısrarla, sebatla, muntazaman

steadiness /'stedinıs/ *a.* metanet, sabır; sarsılmazlık

steady /'stedi/ *s.* sallanmaz, oynamaz, sağlam, sabit; şaşmaz, dönmez; düzgün, düzenli, muntazam, değişmez; sürekli, daimi, devamlı; sebatkâr, sarsılmaz, metin; akıllı uslu, aklı başında, mazbut, ciddi ¤ *be.* durmadan, muntazaman ¤ *a. arg.* dost, sevgili, âşık ¤ *e.* sallanmaz hale getirmek, sabit kılmak; yatıştırmak, teskin etmek *steady as a rock* kaya gibi sağlam/sert *steady customer* devamlı müşteri; sürekli müşteri *steady flow* kararlı akış, daimi akış *steady state* *fiz.* kararlı hal

steak /steyk/ *a.* biftek

steal /sti:l/ *e.* çalmak, aşırmak; hırsızlık yapmak; gizlice hareket etmek, süzülmek ¤ *a. kon.* kelepir *steal a march on* baskın çıkmak *steal one's thunder* galebe çalmak *steal the show* (başkasının yerine) bütün dikkatleri üzerine çekmek, herkesin hayranlığını kazanmak

stealth /'stelt/ *a.* gizli iş ya da eylem; gizlilik

steam /sti:m/ *a.* buhar, istim; buğu; güç, kuvvet, enerji; öfke, hiddet ¤ *e.* istimle hareket etmek, gitmek; buhar salıvermek, dumanı çıkmak, buğusu çıkmak; buğuda/buharda pişirmek *do sth under one's own steam* kendi yağı ile kavrulmak *get up steam* bir işe ısınmaya başlamak *let/blow off steam* ağzını açıp gözünü yummak *run out of steam* sıfırı tüketmek/pili bitmek *steam autoclave* buhar otoklavı *steam black* (boya) buhar siyahı *steam boiler* buhar kazanı *steam chest* istim kutusu *steam coil* buhar serpantini *steam cracking* buharla kraking *steam distillation* buhar damıtması *steam dome* buhar domu, buhar sarnıcı *steam engine* buhar makinesi; lokomotif *steam fitter* istim borucusu *steam gauge* basıölçer, manometre *steam generator* buhar jeneratörü *steam hammer* buhar çekici, istim çekici *steam heater* buharlı ısıtıcı *steam heating* buharlı kalorifer, buharlı ısıtma *steam jacket* istim ceketi, istim kılıfı, buhar gömleği *steam jet blower* buharla püskürtmeli üfleyici *steam locomotive* buhar lokomotifi *steam nozzle* istim memesi, buhar hamlacı *steam pile driver* buhar makineli şahmerdan *steam pipe* buhar borusu, istim borusu *steam point* *fiz.* buhar noktası *steam port* buhar deliği, buhar giriş deliği *steam power* buhar gücü *steam press* *teks.* buharlı pres *steam pressure above atmospheric* atmosfer üstündeki buhar basıncı *steam pressure gauge* basıölçer, manometre *steam pressure regulator* buhar basıncı regülatörü *steam pressure* buhar basıncı *steam pump* buhar pompası *steam retting* *teks.* buharla havuzlama *steam separator* buhar ayırıcı, buhar separatörü *steam shovel* istimli ekskavatör *steam stop valve* buhar durdurma vanası *steam superheater* buhar kızdırıcı *steam-tight* buhar kaçırmaz *steam trap* buhar kapanı, buhar ayırıcı, buğu tutucusu *steam turbine* buhar türbini *steam up* sinirlendirmek, kızdırmak, kışkırtmak, öfkelendirmek; buğulanmak; buğulandırmak *steam valve* buhar supabı *steam washing* *şek.* buharla yıkama **steam winch** buhar vinci **steaming and setting machine** (boya) buharlama ve fiksaj makinesi **steaming chamber** *teks.* buharlama odası, buhar kamarası **steaming engine** *teks.* buhar makinesi **steaming-out liquor** *şek.* vakum kazanını yıkama suyu

steamer /'sti:mı/ *a.* vapur; *teks.* buharlayıcı

steamroller /'sti:mroulı/ *a.* buharlı yol silindiri ¤ *e.* silindirle düzlemek; *kon.* baskı yapmak, zorlamak

steamship /'sti:mşip/ *a.* buharlı gemi

steamy /'sti:mi/ *s.* buharlı, buğulu

stearate /'sti:reyt/ *a.* stearat

stearic /sti'erik/ *s.* stearik **stearic acid** stearik asit

stearin /'sti:rin/ *a.* stearin

steatite /'sti:tayt/ *a.* sabuntaşı

steed /sti:d/ *a.* savaş atı

steel /sti:l/ *a.* çelik, pulat; masat ¤ *e.* çelik kaplamak; sertleştirmek, katılaştırmak **steel armoured centrifugal** çelik zırhlı santrifüj **steel armoured conduit** çelik zırhlı boru **steel ball** çelik bilya **steel bar** çelik çubuk **steel beam** çelik putrel, çelik kiriş **steel belt** çelik bant, çelik kayış **steel belt conveyor** çelik bantlı konveyör, çelik kayışlı taşıyıcı **steel cable** çelik kablo **steel casting** çelik döküm **steel coated** çelik kılıflı **steel mast** *den.* çelik direk **steel melting** *met.* çelik eritme **steel pipe** çelik boru **steel plate** *met.* çelik levha **steel prop** *mad.* çelik direk **steel reinforcement** *inş.* çelik takviye **steel ring** çelik çember, çelik bilezik **steel rope** *met.* çelik halat **steel shape** çelik profili **steel sheet** *met.* çelik sac **steel shell** çelik zarf **steel strip** *met.* çelik şerit **steel structure** demir yapı **steel support** *mad.* çelik tahkimat/destek **steel tape** çelik şerit **steel towel** çelik kule, çelik pilon **steel tube** çelik boru **steel wire** *met.* çelik tel **steel wool** *met.* çelik yün

steelworks /'sti:lwö:ks/ *a.* çelik fabrikası, çelikhane

steely /'sti:li/ *s.* çelik gibi, sert, katı, sağlam

steelyard /'sti:lya:d/ *a.* topuzlu kantar

steep /sti:p/ *s.* dik, sarp, yalçın; *kon.*

(fiyat, miktar, vb.) çok fazla, haddinden fazla, aşırı, fahiş ¤ *e.* suda bırakmak, ıslatmak; (çay) demlemek; demlenmek; (keten) havuzlamak **steep gradient** dik meyil **steeping bowl** *teks.* ıslatma teknesi, yumuşatma teknesi **steeping finish** *teks.* daldırmalı apre **steeping tub** *teks.* ıslatma teknesi, yumuşatma teknesi

steepen /'sti:pın/ *e.* dikleşmek, dikleştirmek

steeple /'sti:pıl/ *a.* kilise kulesi, çan kulesi

steeplechase /'sti:pılçeys/ *a.* engelli koşu/at yarışı

steepled /'sti:pıld/ *s.* kuleli

steepness /'sti:pnıs/ *a.* diklik, sarplık

steer /sti:/ *a.* hadım öküz; *arg.* bilgi, haber ¤ *e.* dümen kullanmak, dümenle yönetmek, seyretmek; yönetmek

steerable /'sti:rıbıl/ *s.* yönetilebilir

steerage /'sti:ric/ *a.* dümen kullanma; ara güverte

steerageway /'sti:ricwey/ *a. den.* dümen dinleme hızı

steering /'sti:ring/ *a. den.* dümen tutma; direksiyon **steering arm** kısa rod, mafsal çolağı, çolak rod **steering axle** direksiyon dingili **steering booster** dönüş busteri, direksiyon yardımcı düzeneği **steering box** direksiyon kutusu **steering brake** dönüş freni **steering clutch** dönüş kavraması **steering column** direksiyon mili **steering column bracket** *oto.* direksiyon kolonu mesnedi **steering column lock** *oto.* direksiyon kolonu kilidi **steering damper** *oto.* direksiyon amortisörü **steering drag link** rot çolağı, deveboynu **steering engine** *den.* dümen makinesi **steering gear** direksiyon dişlisi **steering gear arm** direksiyon dişli kolu **steering knuckle** direksiyon mafsalı, perno mafsalı **steering knuckle arm** direksiyon mafsal kolu **steering lever** dönüş kumanda levyesi **steering mechanism** direksiyon mekanizması **steering nut** direksiyon somunu **steering pivot** aks başı saplaması **steering post** direksiyon kolonu **steering rod** direksiyon rodu **steering sector** direksiyon sektörü **steering shaft** direksiyon şaftı **steering swivel pin**

direksiyon füzesi, dingil pimi, dingil saplaması **steering tie rod** akupleman çubuğu **steering tube** direksiyon borusu **steering wheel** oto. direksiyon simidi; den. dümen dolabı **steering wheel hub** oto. direksiyon simidi göbeği **steering worm gear** direksiyon sonsuz dişlisi, direksiyon salyangozu dişlisi **steering worm sector** direksiyon sektörü

steersman /'stıızmın/ a. den. serdümen, dümenci

stein /stayn/ a. büyük bardak

stellar /'stelı/ s. yıldızlarla ilgili **stellar association** gökb. benzer yıldızlar topluluğu, yıldızlar oymağı **stellar cosmogony** gökb. yıldızdoğum, yıldızların oluşum kuramı **stellar parallax** gökb. yıldız paralaksı, yıldız ıraklık açısı **stellar vault** inş. yıldız tonoz

stellate /'stelıt/ s. yıldız biçiminde

stellite /'stelayt/ a. stellit

stem /stem/ a. ağaç gövdesi; sap; dilb. gövde; den. pruva; sap benzeri şey; pipo sapı; soy, köken, soy sop, aile kökleri; kol, dal; den. baş bodoslaması ¤ e. (akışını) durdurmak, set çekmek, önlemek; saplarını koparmak **from stem to stern** tepeden tırnağa **stem post** den. baş bodoslaması **stem from** -den gelmek

stemless /'stemlıs/ s. sapsız

stemming /'steming/ a. mad. sıkılama **stemming rod** mad. sıkılama çubuğu

stench /stenç/ a. kötü koku, leş kokusu, pis koku

stencil /'stensıl/ a. kalıp, delikli marka kalıbı, işaret, harfler, marka; mumlu kâğıt

stenograph /'stenıgra:f/ a. steno harfi

stenographer /stı'nogrıfı/ a. stenograf

stenographic /stenı'grefik/ s. stenografik

stenography /stı'nogrıfı/ a. stenografi, steno

stenter /'stentı/ a. germe-kurutma makinesi, ram ¤ e. germek **stenter drier** germeli kurutucu **stenter frame** germe makinesi

stentorian /sten'to:riın/ s. (ses) yüksek, güçlü, boğuk

step /step/ a. adım; basamak; ayak sesi; ayak izi; girişim, önlem, tedbir; kademe,

derece ¤ e. adım atmak, girmek; basmak **keep step (with)** ayak uydurmak **step by step** adım adım, yavaş yavaş **step-by-step operation** biliş. adım-adım işlem **step-contact printer** sin. ara değmeli basım aygıtı **step counter** biliş. adım sayıcı **step down** istifa edip yerini başkasına devretmek, kenara çekilmek **step-down transformer** düşürücü transformatör, düşürücü dönüştüreç **step function** mat. basamak fonksiyonu, adım işlevi **step in** müdahale etmek, araya girmek **step into a fortune** servete konmak, köşeyi dönmek **step into sb's shoes** yerini doldurmak **step out of line** çizginin dışına çıkmak, yanlış hareket etmek **step quenching** met. kesintili suverme **step up** kon. artırmak **step-up transformer** yükseltici transformatör, yükseltir dönüştüreç **stepped longwall** mad. dişli uzunayak **stepping stone** atlama tahtası/taşı **watch one's step** kon. ayağını denk almak

stepbrother /'stepbradı/ a. üvey erkek kardeş

stepchild /'stepçayld/ a. üvey çocuk

stepdaughter /'stepdo:tı/ a. üvey kız

stepfather /'stepfa:dı/ a. üvey baba

stepladder /'stepledı/ a. seyyar merdiven, ayaklı merdiven, portatif merdiven

stepmother /'stepmadı/ a. üvey anne

stepparent /'steppenrt/ a. üvey anne ya da baba

steppe /step/ a. bozkır, step

steps /steps/ a. İl. seyyar merdiven, portatif merdiven **kitchen steps** seyyar mutfak merdiveni **library steps** seyyar kütüphane merdiveni

stepsister /'stepsistı/ a. üvey kız kardeş

stepson /'stepsan/ a. üvey oğul

steradian /stı'reydiın/ a. steradyan

stere /stiı/ a. ster

stereo /'steriou/ a. stereo pikap/teyp/cihaz, müzik seti ¤ s. stereo **stereo recording** stereo kayıt

stereobate /'sterioubeyt/ a. mim. temel

stereochemistry /steriou'kemistri/ a. stereokimya

stereographic /sterıı'grefik/ s. mat.

stereografik **stereographic projection** mat. stereografik izdüşüm

stereography /steri'ogrıfi/ a. mat. stereografi, üçboyutlu çizge

stereoisomer /steriou'aysımı/ a. stereoizomer

stereoisomerism /steriouay'somırizım/ a. kim. stereoizomerizm

stereometry /steri'omitri/ a. uzay geometri

stereomicrophone /steriou'maykrıfoun/ a. stereo mikrofon

stereophonic /sterii'fonik/ s. stereo **stereophonic microphone** stereofonik mikrofon

stereophony /steri'ofıni/ a. fiz. stereofoni

stereoplate /'steriıpleyt/ a. streotip

stereoscope /'steriıskoup/ a. stereoskop

stereoscopic /sterii'skopik/ s. opt. stereoskopik **stereoscopic film** sin. stereoskopik film, üçboyutlu film **stereoscopic image** üçboyutlu görüntü **stereoscopic television** elek. stereoskopik televizyon, üçboyutlu televizyon

stereospecific /steriouspi'sifik/ s. kim. stereoözgül **stereospecific polymerization** stereoözgül polimerleşme

stereotype /'steriıtayp/ a. klişeleşmiş örnek, beylik olay, beylik örnek, basmakalıp örnek ¤ e. stereotipi basmak

stereotyped /'steriıtaypt/ s. stereotip; basmakalıp, beylik

stereotypy /'stiiriıtaypi/ a. stereotipi

sterile /'sterayl/ s. kısır, dölsüz; verimsiz; mikropsuz, steril; sıkıcı

sterilization /sterılay'zeyşın/ a. sterilizasyon

sterilize /'sterilayz/ e. kısırlaştırmak; mikropsuzlaştırmak, sterilize etmek

sterilizer /'sterılayzı/ a. sterilize aleti

sterling /'stö:ling/ a. sterlin

stern /stö:n/ s. sert, haşin, katı; acımasız, amansız, sert; şiddetli, kuvvetli ¤ a. den. pupa, kıç tarafı **stern frame** den. kıç postası **stern heavy** hav. kuyruğu ağır **stern light** hav. kuyruğu hafif **stern post** den. kıç bodoslaması **stern wheeler** kıçtan çarklı gemi

sternal /'stö:nıl/ s. göğüs kemiği ile ilgili

sternness /'stö:nnis/ a. sertlik

sternson /'stö:nsın/ a. den. bodoslama astarı

sternum /'stö:nım/ a. göğüs kemiği

sternway /'stö:nwey/ a. den. (gemi) geriye gitme

sterol /'sterol/ a. kim. sterol

stertorous /'stö:tırıs/ s. horultulu

stet /stet/ a. düzelti yapılmayacağını belirten sözcük

stethoscope /'stetıskoup/ a. hek. stetoskop

stevedore /'sti:vido:/ a. İİ. rıhtım işçisi

stew /styu:/ a. türlü, güveç, yahni; kon. üzüntü, heyecan, telaş ¤ e. hafif ateşte kaynatmak **stew in one's own juice** kon. yaptığının cezasını çekmek

steward /'styu:ıd/ a. kâhya; erkek hostes; kamarot, gemi garsonu ¤ e. kâhyalık yapmak, vekilharçlık yapmak

stewardess /styu:ı'des/ a. hostes; kadın kamarot

stewardship /'styuıdşip/ a. kâhyalık; idare

stewed /styu:d/ s. pişirilmiş

stibine /'stibayn/ a. kim. stibin

stibnite /'stibnayt/ a. min. stibnit

stick /stik/ a. sopa, değnek; baston ¤ e. saplamak; saplanmak; koymak; sokmak; takmak; yapışmak; yapıştırmak **get the wrong end of the stick** kon. yanlış anlamak, kazı koz anlamak **look as if/though sth has been stirred with a stick** çıfıt çarşısına dönmek **stick around** kon. beklemek, kalmak **stick at** -de sıkı çalışmaya devam etmek; (kötü bir şeyi) yapmayı reddetmek **stick by** kon. desteklemeye devam etmek **stick in one's craw/gizzard** içi elvermemek **stick one's neck out** kon. riske girmek **stick one's nose into** burnunu sokmak **stick out** dışarı çıkarmak, uzatmak; çıkıntılı olmak, ucu çıkmak; kon. besbelli olmak, ortada olmak; sonuna kadar dayanmak, peşini bırakmamak **stick to** bağlı kalmak, değiştirmeyi reddetmek, yapışmak **stick to one's last** çizmeden yukarı çıkmamak **stick together** kon. birbirine yapıştırmak; birbirine yapışmak; birbirine sadık kalmak **stick up** dikmek; dik durmak, dikilmek; kon. silah zoruyla soymak; (for ile) kon.

savunmak **sticking plaster** plaster, yapışkan yakı

sticker /'stıkı/ a. yapışkan adam; çıkartma

stickiness /'stikinıs/ a. yapışkanlık

stick-in-the-mud /'stik in dı mad/ a. örümcek kafalı

stickle /'stikıl/ e. inatçılık etmek, titiz davranmak

stickler /'stiklı/ a. disiplini seven, kılı kırk yaran kişi

stick-up /'stikap/ a. silahlı soygun

sticky /'stiki/ s. yapış yapış, yapışkan; kon. güç, zor; kon. cimri **come to a sticky end** kon. bok yoluna gitmek

stiff /stif/ s. katı, sert, pek; eğilmez, bükülmez; tutulmuş, kasılmış; pekişmiş; sıkı; koyu; güç, zor; kuvvetli, şiddetli; soğuk, resmi; kon. çok yüksek, fahiş ¤ a. arg. ceset, leş

stiffen /'stifın/ e. sertleşmek, katılaşmak; sertleştirmek, katılaştırmak; kasmak; kasılmak; ciddileşmek, soğuklaşmak **stiffening cloth** teks. tela

stiffener /'stifını/ a. rijidite çubuğu, berkitme çubuğu

stiffness /'stifnıs/ a. bükülmezlik, sertlik, rijitlik **stiffness finish** teks. sertlik apresi

stifle /'stayfıl/ e. boğmak, boğulmak; bastırmak, tutmak, zapt etmek

stigma /'stigmı/ a. damga; namus lekesi, ayıp; bitk. tepecik

stigmasterol /stig'mestırol/ a. stigmasterol

stigmatic /stig'metik/ s. fiz. stigmatik

stigmatize /'stigmıtayz/ e. dağlamak; leke sürmek, küçük düşürmek

stilbene /'stilbi:n/ a. stilben **stilbene dye** stilben boyası

stilbite /'stilbayt/ a. min. stilbit

stile /stayl/ a. turnike

stiletto /sti'letou/ a. ufak hançer

still /stil/ be. hâlâ; yine de, buna rağmen; (daha) da ¤ s. be. hareketsiz; kıpırdamadan; sessiz, durgun; rüzgârsız, esintisiz; dalgasız, durgun; (şarap, vb.) köpüksüz, gazsız ¤ a. sessizlik, sakinlik; imbik, damıtıcı ¤ e. yatıştırmak, sakinleştirmek, susturmak **still air** durgun hava **still life** ölü doğa, natürmort

stillage /'stilic/ a. sehpa, ayak

stillbirth /'stilbö:t/ a. ölü doğmuş çocuk

stillborn /'stilbo:n/ s. ölü doğmuş

stillness /'stilnis/ a. hareketsizlik, sessizlik

stilt /stilt/ a. ayaklık, cambaz ayaklığı

stilted /'stiltid/ s. çok resmi, azametli, tumturaklı **stilted arch** kolonlu kemer

stiltedness /'stiltidnıs/ a. aşırı resmiyet

stimulant /'stimyulınt/ a. uyarıcı, tahrik edici şey; uyarıcı ilaç

stimulate /'stimyuleyt/ e. uyarmak, canlandırmak, kışkırtmak, uyandırmak, kamçılamak, tahrik etmek; teşvik etmek, özendirmek, gayrete getirmek

stimulating /'stimyuleyting/ s. canlandırıcı, uyandırıcı

stimulation /stimyu'leyşın/ a. dürtme, teşvik; uyarma, uyarım

stimulus /'stimyulıs/ a. uyaran, uyarıcı

sting /sting/ e. sokmak; acıtmak, sızlatmak, yakmak; acımak, sızlamak, yanmak ¤ a. batma; acı, sızı; (arı, akrep, vb.) iğne; ısırgan tüyü

stinger /'stingı/ a. arı iğnesi

stinginess /'stincinis/ a. cimrilik

stinging /'stinging/ s. kaşındırıcı, ısıran; acı verici

stingray /'stingrey/ a. hayb. dikenli bir tür iri vatoz

stingy /'stinci/ s. kon. cimri, pinti

stink /stink/ e. pis kokmak, leş gibi kokmak; arg. berbat olmak ¤ a. pis koku **stink to high heaven/like a polecat** leş gibi kokmak **raise/make/create a stink** kıyameti koparmak

stinking /'stinking/ s. pis kokulu, kokmuş; arg. berbat ¤ be. çok, istemediğin kadar

stint /stint/ e. dar tutmak, yeteri kadar vermemek, kısmak, esirgemek; cimrilik etmek, tutumlu hareket etmek, hasislik etmek ¤ a. belli bir iş/görev; sınır, had

stinted /'stintid/ s. sınırlı

stipend /'staypend/ a. ücret, maaş

stipendiary /stay'pendyıri/ s. maaşlı

stipple /'stipıl/ e. noktalarla çizmek/boyamak/resim yapmak

stipulate /'stipyuleyt/ e. şart koşmak, öngörmek

stipulation /stipyu'leyşın/ a. şart, madde; taahhüt, garanti

stir /stö:/ *e.* karıştırmak; kıpırdamak, kımıldamak; kıpırdatmak, kımıldatmak; harekete geçirmek, canlandırmak ¤ *a.* karıştırma; hareket, canlılık, heyecan, telaş **stir up** (sorun) çıkarmak **stir up a hornet's nest** fincancı katırlarını ürkütmek

stir-fry /'stö:fray/ *e.* derin kapta kızgın yağda hafifçe pişirmek

stirpes /'stö:pi:z/ *a.* sülale, aile, soy

stirrer /'stö:rı/ *a.* karıştırıcı

stirring /'stö:ring/ *s.* heyecanlı, heyecanlandırıcı

stirrup /'stirıp/ *a.* üzengi; etriye

stitch /stiç/ *a.* dikiş; ilmik; ani ve keskin sancı, batma ¤ *e.* dikmek; dikiş dikmek, dikişlerle süslemek **be in stitches** gülmekten kırılmak **not a stitch on** çırılçıplak **stitch welding** *met.* aralıklı dikiş kaynağı

stitchery /'stiçıri/ *a.* iğne işi, işleme

stoat /stout/ *a. hayb.* kakım, as

stochastic /sto'kestik/ *s.* stokastik **stochastic variable** *mat.* stokastik değişken, seçkisiz değişken

stock /stok/ *a.* stok, mevcut mal; hisse senedi, devlet tahvili; ağaç gövdesi, kütük; çiftlik hayvanları; soy, nesil; (tüfek) kundak; sap, kabza; *bitk.* şebboy çiçeği ¤ *e.* stok etmek ¤ *s.* beylik, basmakalıp; alelade, beklenen; damızlık; stok olarak elde tutulan **stock account** sermaye hesabı, stok hesabı **stock book** envanter defteri **stock broker** borsa acentesi **stock certificate** hisse senedi sertifikası **stock company** anonim şirket **stock control** stok kontrol **stock corporation** sermaye şirketi **stock dividend** hisse senedi temettü **stock exchange** borsa, menkul kıymetler borsası **stock farmer** büyükbaş yetiştiren çiftçi **stock farming** *trm.* hayvancılık, hayvan yetiştirme **stock level** stok seviyesi **stock lodger** hisse senedi defteri **stock market** kıymetli kâğıt piyasası, menkul kıymetler borsası **stock market order** borsa emri **stock option** hisse senedi opsiyonu **stock price** hisse bedeli **stock shot** *sin.* arşiv çekimi, belgelik çekimi **stock solution** ihtiyat çözeltisi **stock yield** hisse senedi getirisi, hisse senedi verimi **stock-in-trade** ticari stok,

mal mevcudu, stok **take stock (of)** enine boyuna düşünmek, değerlendirmesini yapmak **stock dye** *teks.* ana boya **stock liquor** *teks.* ana banyo **stock resist** *teks.* ana rezerve **stock vat** *teks.* ana küp

stockade /'stokeyd/ *a.* şarampol; kazıklarla yapılmış set

stockbreeder /'stokbri:dı/ *a.* büyükbaş hayvan yetiştiren çiftçi

stockbroker /'stokbroukı/ *a.* borsa simsarı, broker

stockfarming /'stokfa:ming/ *a.* büyükbaş hayvan yetiştirme

stockholder /'stokhouldı/ *a.* hissedar

stockholding /'stokhoulding/ *a.* hissedarlık

stockinet /stoki'net/ *a.* jarse kumaş

stocking /'stoking/ *a.* uzun çorap

stockist /'stokist/ *a.* stokçu

stocklist /'stoklist/ *a.* stok listesi

stockman /'stokmın/ *a.* sığır çobanı

stockpile /'stokpayl/ *e.* yığmak, istiflemek

stockroom /'stokru:m/ *a.* ambar, depo

stocks /stoks/ *a.* gemi inşaat kızağı; eskiden suçlunun ayak (ve ellerinin) bağlandığı tahta boyunduruk **on stocks** hazırlanmakta, inşa halinde

stock-still /stok'stil/ *be.* hiç hareket etmeden, kıpırdamadan, hareketsiz

stocktaking /'stokteyking/ *a.* envanter yapma, stok sayımı

stockturn /'stoktö:n/ *a.* stok devri

stocky /'stoki/ *s.* kısa ve kalın, bodur, tıknaz

stodge /stoc/ *e.* tıka basa yemek

stodgy /'stoci/ *s.* (yemek) sindirimi güç, ağır; ağır, sıkıcı; eski kafalı

stogie /'stougi/ *a.* uzun puro

stoic /'stouik/ *a. s.* acıya dayanıklı, sabırlı

stoical /'stouikıl/ *s.* acıya dayanıklı, sabırlı

stoicism /'stousizım/ *a. fel.* stoacılık

stoke /stouk/ *e.* ateşe kömür, vb. atmak, canlandırmak

stokehold /'stoukhould/ *a. den.* ocak dairesi

stoker /'stoukı/ *a.* ateşçi

stokes /stouks/ *a.* stokes, kinematik akışkanlık birimi

stole /stoul/ *a.* bol giysi, şal

stolid /'stolid/ *s.* duygusuz, vurdumduymaz, kayıtsız, heyecansız, ruhsuz

stoma /'stoumı/ *a.* gözenek

stomach /'stamık/ *a.* mide; karın; iştah; istek, heves ¤ *e.* katlanmak, dayanmak, kaldırmak

stomachache /'stamıkeyk/ *a.* karın ağrısı

stomacher /'stamıkı/ *a.* korsa

stomatitis /stoumı'taytis/ *a.* ağız iltihabı

stomp /stomp/ *e. kon.* paldır küldür yürümek/dans etmek

stone /stoun/ *a.* taş; değerli taş, mücevher; meyve çekirdeği; 6350 gramlık ağırlık ölçüsü ¤ *e.* taşlamak, taşa tutmak; çekirdeğini çıkarmak *a stone's throw away/from* bir taş atımlık mesafede *heave no stone unturned* çalmadık kapı bırakmamak *leave no stone unturned* her yolu denemek *Stone Age* taş devri *stone breaker* taş kırma makinesi *stone chips* mıcır *stone crusher* konkasör, taş kırıcı *stone curb* taş kenar, taş bordür *stone cutter* taş kesme makinesi *stone cutting* taşçılık, taş kesme *stone dressing* taş yontma, taş işleme *stone dust mad.* taş tozu *stone fruit trm.* çekirdekli meyve *stone hammer* taşçı çekici, taş kırma çekici *stone mason* taşçı, taş ustası *stone masonry* taş kârgir *stone pine orm.* fıstıkçamı *stone quarry mad.* taşocağı *stone saw* taş testeresi *stone tongs* taş kıskacı *stone wall* taş duvar *stone's throw* kısa mesafe

stone-blind /'stounblaynd/ *s.* tamamen kör

stoned /stound/ *s. kon.* uyuşturucuyla uçmuş; zom, küfelik, matiz, zilzurna sarhoş

stone-dead /'stounded/ *s.* tamamen ölmüş

stone-deaf /'stoundef/ *s.* küp gibi sağır, duvar gibi sağır

stoneless /'stounlis/ *s.* çekirdeksiz

stonemason /'stounmeysın/ *a.* taş ustası

stoneware /'stounweı/ *a.* taş işi kap kacak

stonework /'stounwö:k/ *a.* inşaatın taş kısmı; taşçılık, duvarcılık

stoniness /'stouninis/ *a.* taştan yapılmış olma

stony /'stouni/ *s.* taşlık, taşlı; taş gibi, acımasız, katı, sert, amansız, zalim *stony meteorite gökb.* taşımsı göktaşı

stook /stu:k/ *a. trm.* ekin demetleri yığını ¤ *e.* ekin demetlerini yığmak

stool /stu:l/ *a.* tabure; dışkı; *trm.* kök sürgünü *fall between two stools* iki cami arasında kalmış beynamaza dönmek *stool pigeon* çığırtkan güvercin; gammaz kimse

stoop /stu:p/ *e.* öne doğru eğilmek; kambur durmak; alçalmak, tenezzül etmek ¤ *a.* eğilme; kambur durma; alçalma, tenezzül

stop /stop/ *e.* durmak; durdurmak; önlemek, engellemek, durdurmak, mâni olmak, alıkoymak; durmak, kesilmek, bitmek; kalmak, durmak; tıkamak ¤ *a.* durdurma; durma, duruş; durak; engel, mâni; nokta; *dilb.* kapantı, kapantılı ünsüz, patlamalı ünsüz *pull all the stops out* (işi bitirmek için) yapılabilecek her şeyi yapmak *stop bit biliş.* bitiş biti *stop by* uğramak, ziyaret etmek *stop cock* valf, vana, kesme musluğu, kapama musluğu *stop code biliş.* durdurma kodu *stop down fot.* (mercek) perdesini küçültmek, açıklığını kısmak *stop drill* faturalı matkap *stop element biliş.* bitme elemanı, bitiş öğesi *stop frame sin.* sabitleşmiş kare, dondurulmuş görüntü *stop instruction biliş.* durdurma komutu *stop knob* açma-kapama düğmesi *stop lamp* stop lambası *stop lever* durdurma kolu *stop light* stop lambası; (trafik ışığı) kırmızı ışık *stop off kon.* (yolculukta) durmak, mola vermek, -e uğramak *stop order* dur emri, satma emri *stop over* mola vermek *stop pin* durdurma pimi *stop press* gazeteye en son eklenen haber *stop short of* -de tereddüt etmek, çekinmek *stop signal biliş.* bitme işareti, bitiş sinyali *stop time biliş.* durdurma zamanı, durma zamanı *stop-frame mechanism sin.* tek resim mekanizması, tek resim düzeneği *stop-motion camera sin.* tek tek görüntü kamerası, tek resim alıcısı *stop-motion sin.* tek resimli hareket

stop-off /'stopof/ *a.* (yolculukta) mola

stopcock /'stopkok/ *a.* vana

stopgap /'stɒpgep/ *a.* geçici önlem

stoping /'stoupiŋ/ *a. yerb.* kazı

stopover /'stɒpouvı/ *a.* (yolculukta) mola; mola yeri; ara istasyon

stoppage /'stɒpic/ *a.* durdurma, durma; tıkama; stopaj, kesme, tevkifat *stoppage in transitu* takip hakkı

stopper /'stɒpı/ *a.* tapa, tıkaç; durdurucu, durduran kimse

stopping /'stɒpiŋ/ *a.* durma, durdurma; diş dolgusu *stopping distance oto.* fren mesafesi *stopping equivalent fiz.* durdurma eşdeğeri *stopping place* durak, iskele *stopping potential fiz.* durdurma potansiyeli *stopping train* posta treni

stopple /'stɒpıl/ *a.* tıkaç, tapa

stopwatch /'stɒpwoç/ *a.* kronometre, süreölçer

storable /'stɔ:rıbıl/ *s.* depolanabilir

storage /'stɔ:ric/ *a.* depolama, depo etme, depoya koyma; ambar, depo; ardiye ücreti; *biliş.* bellek, hafıza *storage allocation biliş.* bellek ataması, bellek ayrılması *storage battery* akümülatör *storage block biliş.* bellek öbeği/bloğu *storage capacity biliş.* bellek kapasitesi, bellek sığası *storage cell biliş.* bellek hücresi/gözesi *storage cycle biliş.* depolama çevrimi *storage cycle time biliş.* depolama çevrim zamanı *storage dam* biriktirme barajı *storage density biliş.* bellek yoğunluğu *storage device biliş.* bellek aygıtı, saklama aygıtı *storage dump biliş.* bellek dökümü *storage element biliş.* bellek elemanı, bellek öğesi *storage fragmentation biliş.* bellek parçalanması *storage key biliş.* bellek anahtarı *storage location biliş.* bellek yeri *storage mark biliş.* bellek işareti *storage medium biliş.* saklama ortamı *storage oscilloscope elek.* bellekli osiloskop *storage protection biliş.* bellek koruma *storage register biliş.* bellek yazmacı *storage reservoir* toplama havuzu/deposu *storage switch biliş.* bellek anahtarı *storage tank* su deposu, depolama tankı *storage testing biliş.* bellek testi, bellek denemesi *storage tube elek.* bellekli tüp *storage unit biliş.* bellek birimi,

saklama birimi *storage volatility biliş.* bellek devamsızlığı, bellek geçiciliği

store /stɔ:/ *a.* stok; *Aİ.* dükkân, mağaza; ambar, depo; bolluk; *biliş.* bellek ¤ *e.* depolamak, depo etmek, ambara koymak; saklamak, biriktirmek; doldurmak *store cycle time biliş.* depolama çevrim zamanı *store detective* mağaza dedektifi *stored program biliş.* depolanmış program *stored program computer biliş.* depolanmış program bilgisayarı *stored routine biliş.* depolanmış yordam

storehouse /'stɔ:haus/ *a.* ambar, depo, ardiye

storekeeper /'stɔ:ki:pı/ *a.* ambar memuru

storeroom /'stɔ:rum/ *a.* ambar, depo, kiler

stores /stɔ:z/ *a.* erzak, kumanya; depo, ambar; her tür şey satan dükkân, bonmarşe

storey /'stɔ:ri/ *a.* (binada) kat

storied /'stɔ:rid/ *s.* katlı

stork /stɔ:k/ *a.* leylek

storm /stɔ:m/ *a.* fırtına; öfke, kıyamet, heyecan; ani duygusal taşkınlık; yüksek ses ¤ *e.* fırtına patlamak, fırtına çıkmak; çok öfkelenmek, kıyameti koparmak; *ask.* hücum etmek *a storm in a teacup* bir bardak suda koparılan fırtına *storm cloud* fırtına bulutu *storm door inş.* fırtınaya karşı ek dış kapı *storm lantern den.* gemici feneri *storm sewer* sağanak lağımı *storm signal* fırtına işareti *storm warning metr.* fırtına ihbarı/uyarısı *storm window inş.* çift pencere, soğuk havaya karşı ek pencere

stormy /'stɔ:mi/ *s.* fırtınalı; şiddetli, gürültülü, sinirli

story /'stɔ:ri/ *a.* öykü, hikâye; *kon.* masal, yalan, martaval; masal; makale; (birinin başından geçen) olay; *Aİ.* (binada) kat

storyteller /'stɔ:ritelı/ *a.* öykü anlatan kimse, öykücü, masalcı; yalancı, martavalcı

stout /staut/ *s.* şişman ve iri yarı; kalın; kuvvetli, sağlam; cesur, yiğit ¤ *a.* bir tür sert ve koyu bir bira

stouthearted /staut'ha:tid/ *s.* yürekli, yiğit, cesur

stoutness /'stautnıs/ *a.* şişmanlık,

iriyarılık; sağlamlık; cesaret, yiğitlik

stove /stouv/ a. soba; fırın, ocak; etüv ¤ e. sobada kurutmak **stove pipe** soba borusu

stow /stou/ e. istif etmek, yerleştirmek **stow away** biletsiz yolculuk etmek

stowage /'stouic/ a. yükü istif etme; istif yeri; istif ücreti

stowaway /'stouıwey/ a. kaçak yolcu, biletsiz yolcu

stowing /'stouing/ a. istifleme; mad. dolgu **stowing machine** mad. dolgu makinesi **stowing material** mad. ramble malzemesi, dolgu gereci

strabismus /strı'bizmıs/ a. şaşılık

straddle /'stredıl/ e. ata biner gibi üzerine oturmak; bacaklarını iyice açıp oturmak/dikilmek ¤ a. çift ikramiyeli işlem, çift taraflı işlem, çift opsiyon işlem **straddle mill** çifte freze

strafe /stra:f/ e. bombalamak

strafing /'stra:fing/ a. bombalama

straggle /'stregıl/ e. düzensiz bir biçimde yayılmak; (grup, sürü, bölük, vb.'den) arkada gitmek/yürümek

straggler /'streglı/ a. gruptan ayrılan kimse, başıboş hayvan; bölükten geri kalan asker

straight /streyt/ s. düz, doğru; dik, dimdik; düzenli, tertipli; dürüst, namuslu, doğrucu, açık; susuz, saf, sek; gülmeyen, ciddi ¤ be. düz, doğru; direkt, doğruca; hemen; net, doğru dürüst ¤ a. (yarış, vb.'de) düzlük **straight ahead** dosdoğru, doğruca **straight angle** mat. düz açı, doğru açı **straight arch** inş. dik kemer **straight away** hemen, bir an önce **straight bill of lading** nama yazılı konşimento **straight bond** düz tahvil **straight chassis** oto. düz şasi **straight flute drill** düz oluklu matkap **straight fluted** düz oluklu **straight from the shoulder** dobra dobra **straight line** mat. doğru, düz çizgi **straight loan** teminatsız kredi **straight off** hemen, bir an önce **straight out** çekinmeden, açık açık **straight-line coding** biliş. doğrudan açık kodlama **straight-run bitumen** direkt destilasyon ürünü bitüm

straightaway /streytı'wey/ be. hemen, derhal, bir an önce

straightedge /'streytec/ a. cetvel

straighten /'streytın/ e. düzeltmek, doğrultmak; düzelmek, doğrulmak; çözmek, halletmek **straightening machine** düzeltme makinesi, doğrultma makinesi

straightforward /streyt'fo:wıd/ s. doğru sözlü, açıksözlü

straightness /'streytnis/ a. düz olma; dürüstlük

strain /streyn/ a. gerginlik; gerilme, zora gelme; burkulma, burkulup incinme; zor, çaba; kuvvet, zor, zorluk; basınç; soy, ırk, kan, nesil; soydan ya da doğuştan gelen özellik, iz, eser; biçim, tarz, ifade, hava; melodi, ezgi, nağme ¤ e. (at ile) germek, asılmak; zorlanmak, büyük çaba harcamak; zorlamak; zarar vermek, incitmek; (against ile) vücuduyla bastırmak, itmek; süzmek **strain ageing** met. uzama yaşlanması, gerinim yaşlanması **strain gauge** gerilimölçer, uzama ölçeri, strengeyç **strain hardening** met. uzama sertleşmesi, gerinim sertleşmesi **strain measurement** uzama ölçümü **strain rate** deformasyon hızı, şekil değiştirme hızı

strained /'streynd/ s. yapmacık, sahte, zoraki; yorgun, gergin

strainer /'streynı/ a. süzgeç, filtre; gergi, kevgir

strait /streyt/ a. coğ. boğaz, geçit

straits /streyts/ a. sıkıntı, darlık, güç durum **be dire/desperate straits** çok sıkıntıda olmak, boku yemek

straitjacket /'streytcekit/ a. deli gömleği

straitlaced /streyt'leyst/ s. hkr. bağnaz

strake /streyk/ a. mad. şlam çukuru, çamur çukuru; den. borda kaplaması

strand /strend/ a. kıyı, sahil, yalı; halatın bir kolu; tel, iplik ¤ e. karaya oturmak; karaya oturtmak

stranded /'strendid/ s. (gemi) karaya oturmuş; güç durumda, parasız **stranded cable** damarlı kablo **stranded wire** bükülü tel

strange /streync/ s. tuhaf, garip, acayip; yabancı, alışık olmayan

stranger /'streyncı/ a. yabancı

strangle /'strengıl/ e. boğazlamak, boğazını sıkarak öldürmek

strangury /'strengyuri/ *a.* idrar zorluğu

strap /strep/ *a.* kayış; şerit, atkı, bant; berber kayışı, ustura kayışı ¤ *e.* kayışla bağlamak; kayışla dövmek **strap bolt** köprücük cıvatası, kelepçe cıvatası **strap fork** kayış çatalı **strap hinge** uzun kanatlı menteşe **strap iron** demir çember

strapless /'streplıs/ *s.* şeritsiz

strapped /strept/ *s.* meteliksiz

strapping /'streping/ *s.* iriyarı, güçlü

strata /'stra:tı/ *a.* tabakalar, katmanlar

stratagem /'stretıcım/ *a.* savaş hilesi, tuzak

strategic /strı'ti:cik/ *s.* stratejik; elverişli, uygun

strategist /'streticist/ *a.* strateji uzmanı

strategy /'stretici/ *a.* strateji

stratification /stretifi'keyşın/ *a.* tabakalaşma, katmanlaşma

stratified /'stretifayd/ *s.* tabakalı, katmanlı, üst üste binmiş **stratified sampling** tabakalı örnekleme, katmanlı örnekleme

stratiform /'stretifo:m/ *a. metr.* stratiform

stratify /'stretifay/ *e.* katmanlar halinde oluşturmak

stratigraphy /strı'tigrıfi/ *a. yerb.* stratigrafi, katmanbilgisi

stratocumulus /stretou'kyu:myulıs/ *a. metr.* stratokumulus, yığınbulut

stratosphere /'stretısfiı/ *a.* katyuvarı, stratosfer

stratum /'streytım/ *a.* katman, tabaka; kat; toplumsal sınıf, tabaka

stratus /'streytıs/ *a. metr.* stratüs, katmanbulut

straw /stro:/ *a.* saman; kamış, kamış çubuk; önemsiz şey **the last straw (that broke the camel's back)** bardağı taşıran son damla **straw cutter** *trm.* saman kesme makinesi **straw mulch** *trm.* sap malcı **straw-coloured** saman rengi

strawberry /stro:bıri/ *a. bitk.* çilek

strawy /'stro:i/ *s.* samanlı

stray /strey/ *e.* yolunu yitirmek, başıboş dolaşmak; doğru yoldan sapmak, doğru yoldan ayrılmak; uzaklaşmak ¤ *s.* serseri; tek tük; rasgele, tesadüfi; kayıp ¤ *a.* serseri; kaybolmuş çocuk/hayvan; parazit, cızırtı **stray capacitance** kaçak

kapasite **stray field** kaçak alan **stray radiation** *fiz.* dağınık radyasyon, dağınık ışınım

streak /stri:k/ *a.* yol, çizgi, çubuk; maden damarı ¤ *e.* çizgilemek, yol yol yapmak; hızla geçmek, hızla gitmek

streaky /'stri:ki/ *s.* damar damar; çubuklu, çizgili

stream /stri:m/ *a.* akarsu, çay, dere; akıntı; akım; yağmur, sel; gidiş, akış, eğilim ¤ *e.* akmak; (rüzgârda) dalgalanmak **stream anchor** *den.* akıntı demiri **stream bed** akarsu yatağı **streaming potential** akıntı potansiyeli

streamer /'stri:mı/ *a.* flama, fors

streamlet /'stri:mlit/ *a.* derecik

streamline /'stri:mlayn/ *e.* (işyeri, vb.) verimlilik düzeyini artırmak; aerodinamik şekil vermek ¤ *a.* aerodinamik biçim **streamline flow** *fiz.* laminer akış, kaygan akış

streamlined /'stri:mlaynd/ *s.* aerodinamik **streamlined body** *oto.* aerodinamik karoser

street /stri:t/ *a.* sokak, cadde **street lighting** sokakların aydınlatılması **street market** borsa dışı piyasa, sokak piyasası **street price** borsa kapanışından sonraki fiyat **street refuge** röfüj, ortakaldırım **street sprinkler** arazöz, sulama taşıtı **street sweeper** balayöz, sokak süpürme aracı **streets ahead of** *kon.* -den kat kat iyi, fersah fersah ileride

streetcar /'stri:tka:/ *a. Al.* tramvay

streetwise /'stri:twayz/ *s.* sokakta yaşamasını bilen, sokakta başarılı olabilen

strength /strengt/ *a.* güç, kuvvet; dayanıklılık, dayanma gücü; sertlik; şiddet, etkililik

strengthen /'strengtın/ *e.* güçlendirmek, sağlamlaştırmak, desteklemek, kuvvet vermek; güç kazanmak

strengthener /'strengtını/ *a.* kuvvetlendirici, takviye edici şey

strengthening /'srengtıning/ *a.* kuvvetlendirme, güçlendirme; takviye etme ¤ *s.* kuvvetlendirici, güçlendirici

strengthless /'strengtlıs/ *s.* güçsüz, kuvvetsiz

strenuous /'strenyuıs/ *s.* güç, ağır,

yorucu; gayretli, faal, etkili
strenuousness /'strenyuısnıs/ *a.* güçlülük; gayret, faaliyet
streptomycin /streptou'maysin/ *a. hek.* streptomisin
stress /stres/ *a.* gerilim, gerginlik, sıkıntı, bunalım, stres; baskı, etki; önem; *dilb.* vurgu; basınç, tazyik; germe, gerilme ¤ *e.* önem vermek, üzerinde durmak, belirtmek, vurgulamak; üzerine basmak, vurgu koymak; germek; tazyik etmek **stress analysis** gerilme analizi **stress at break** kopma gerilimi **stress corrosion** gerilim korozyonu, gerilimli yenim **stress corrosion cracking** gerilim korozyonu çatlaması, gerilimli yenim çatlaması **stress curve** gerilme eğrisi **stress diagram** gerilim diyagramı, gerilim çizgesi **stress in compression** sıkışmadaki gerilme **stress relief annealing** *met.* gerilim giderme tavlaması **stress relieving** *met.* gerilim giderme **stress rupture test** gerilim kopma deneyi **stress tensor** gerilme tansörü **stress test** *biliş.* gerilim testi, zorlama testi
stressed /'strest/ *s.* vurgulu **stressed syllable** vurgulu hece
stressful /'stresful/ *s.* stresli
stretch /streç/ *e.* germek, uzatmak; gerilmek, uzamak; yayılmak; gerinmek ¤ *a.* germe; gerilme; gerinme; gerginlik; geniş yer; uzam; aralıksız süre **at a stretch** durup dinlenmeden
stretcher /'streçı/ *a.* gergi, gerdirme tertibatı; sedye, teskere **stretcher leveller** *met.* germeli düzelteç, metalleri gererek düzelten araç **stretcher strains** *met.* germe gerinimleri, Luders çizgileri
stretchy /'streçi/ *s.* uzar, esner
strew /stru:/ *e.* saçmak, yaymak
stria /'strayı/ *a.* ince çizgi, çizik
striate /stray'eyt/ *e.* ince çizgiler oluşturmak
striated /stray'eytid/ *s.* çizgili, damarlı **striated discharge** *elek.* tabakalı deşarj, katmanlı boşalım **striated rock** *coğ.* çizgili taş, çizikli taş
stricken /'strikın/ *s.* (dert, hastalık, vb.'den) çeken
strict /strikt/ *s.* sıkı; dikkatli; sert,

hoşgörüsüz; tam; katı, değişmez; titiz
strictly /'striktli/ *be.* sert biçimde
strictness /'striktnıs/ *a.* sertlik, katılık
stricture /'strikçı/ *a.* şiddetli eleştiri ya da kınama, ayıplama
stride /strayd/ *e.* uzun adımlarla yürümek/geçmek ¤ *a.* uzun adım
strident /'straydınt/ *s.* (ses) keskin, tiz
strife /strayf/ *a.* sorun, kavga, çekişme
strigose /'straygous/ *s.* sert kıllı
strike /strayk/ *e.* vurmak; çarpmak; çakmak, yakmak; yanmak; (kazarak, vb.) bulmak; çalmak, basmak, vurmak; grev yapmak; etkilemek, düşündürmek; bir izlenim bırakmak; aklına gelivermek; basmak; bulmak; ... etmek, -leştirmek, -laştırmak; salmak, saçmak, doldurmak; indirmek; (off/out ile) yola çıkmak ¤ *a.* vurma, vuruş; çarpma; petrol, vb. bulma; işbırakımı, grev; *şek.* pişirme; *yerb.* tabaka yönü, doğrultu, uzanış **be on strike** grevde olmak **go on strike** grev yapmak **strike a bad patch** başı dara düşmek **strike a balance** dengeyi bulmak, denge sağlamak **strike a bargain** anlaşmaya varmak, uzlaşmak **strike a cutting** toprağa daldırma/çelik ekmek **strike a sour note** tadını kaçırmak **strike ballot** grev oylaması **strike breaker** grev kırıcı işçi **strike call** grev çağrısı **strike camp** çadırları toplamak **strike fault** *mad.* boyuna kırık **strike it rich** başına talih kuşu konmak, bir anda köşeyi dönmek **strike off** (balta, vb. ile) kesip koparmak, uçurmak; basmak; çıkarmak **strike oil** şansı yaver gitmek **strike on/upon** buluvermek, bulmak **strike out** yola koyulmak; yumruklarını sallamak, saldırmak; yeni ve bağımsız bir yol izlemek; (belli bir yöne) sıkı bir şekilde yüzmek **strike pay** grev sırasında işçilere yapılan ödeme **strike-prone** grev eğilimli **strike root** kök salmak **strike the right note** lafı gediğine oturtmak **strike up** çalmaya başlamak; (arkadaşlık, vb.) başlatmak, kurmak **strike while the iron is hot** demir tavında dövülür
strikebound /'straykbaund/ *s.* grev yüzünden çalışamayan
strikebreaker /'straykbreykı/ *a.* grev kırıcı işçi

striker /'straykı/ *a.* grevci; vurucu; ofansif oynayan futbolcu

striking /strayking/ *s.* vuran, çarpan; dikkat çekici, çarpıcı, göz alıcı *striking price* icra fiyatı

string /'string/ *a.* sicim, ip; tel; bağ, şerit, kordon; dizi, sıra; boncuk, vb. dizisi; hevenk; kılçık, sinir; *kon.* koşul, şart, kayıt; *biliş.* dizgi ¤ *e.* (çalgıya) tel takmak; ipliğe dizmek ya da geçirmek *highly strung* çok duygusal, hassas, kolay heyecanlanan *pull strings* iltimas yaptırmak, torpil kullanmak *string along kon.* boş vaatlerle kandırmak, boşa ümitlendirmek *string break biliş.* dizgi kırılması/bitişi *string length biliş.* dizgi uzunluğu *string manipulation biliş.* dizgi işleme *string piece inş.* döşeme kirişi *string processing languages biliş.* dizgi işleme dilleri *string up* (yüksek bir yere) asmak *with no strings attached* şartsız şurtsuz

stringboard /'stringbo:d/ *a. inş.* merdiven kirişi, merdiven böğürü

stringed /stringd/ *s.* telli; ipe dizilmiş *stringed instrument müz.* telli çalgı

stringency /'strincinsi/ *a.* sıkılık, sertlik; para darlığı

stringent /'strincint/ *s.* (kural) uyulması zorunlu, sıkı, katı; para sıkıntısı çeken, darda

stringer /'stringi/ *a.* boyuna kiriş, takviye kirişi

stringiness /'stringinis/ *a.* lifli olma, tel tel olma

strings /'strings/ *a. müz.* telli çalgılar, yaylı sazlar

stringy /'stringi/ *s.* incecik, sıska

strip /strip/ *e.* (giysi, kabuk, vb.) soymak; yolmak; soymak, soyup soğana çevirmek; soyunmak ¤ *a.* uzun ve dar parça; şerit; *sp.* forma *strip fuse elek.* şerit sigorta *strip mining mad.* açık işletme *stripped atom fiz.* nükleer atom, soyulmuş atom *tear a strip off* harcını vermek

stripe /strayp/ *a.* kumaş yolu, çizgi, çubuk; biçim, tip

striped /straypt/ *s.* (kumaş) çizgili, yol yol

stripling /'stripling/ *a.* delikanlı

stripper /'stripı/ *a. kon.* striptizci; *teks.* rakle, sıyırıcı

stripping /'striping/ *a.* sıyırma; soyma, soyulma; stripping *stripping agent* (boya) sökme maddesi *stripping bath* sökme banyosu *stripping knife teks.* rakle bıçağı, sıyırma bıçağı

striptease /'stripti:z/ *a.* striptiz

stripy /'straypi/ *s.* yollu, çizgili

strive /strayv/ *e.* çalışmak, çabalamak; çekişmek; uğraşmak

striver /'strayvı/ *a.* çok çalışan, uğraşan, mücadele veren

strobe /stroub/ *a.* stroboskop

stroboscope /'stroubıskoup/ *a.* stroboskop

stroboscopic /stroubı'skopik/ *s.* stroboskopik

stroke /strouk/ *a.* vuruş, çarpma, darbe; inme, felç; çaba, hareket; kalem darbesi, hat, çizgi; okşama, okşayış; beklenmedik darbe, şanssızlık; yüzme tarzı; (piston) kurs, strok ¤ *e.* okşamak; (topa) vurmak *stroke center line biliş.* strok orta hattı *stroke edge biliş.* strok kenarı *stroke width biliş.* strok genişliği

stroll /stroul/ *e.* gezinmek, dolaşmak

stroller /'strouli/ *a.* gezinen kimse; başıboş dolaşan kimse; gezici aktör; portatif bebek arabası

strong /strong/ *s.* güçlü, kuvvetli; metin; sağlam; sert, keskin; şiddetli; ağır; (çay, vb.) koyu; ağır kokulu; (içki, sigara, vb.) sert *strong acid* koyu asit *strong box* kasa *strong consonant* sert sessiz, sert ünsüz *strong gale metr.* kuvvetli fırtına *strong language* küfür *strong market* fiyatların yükseldiği piyasa *strong room* kasa dairesi

strong-minded /strong'mayndid/ *s.* bildiğinden şaşmayan

strongbox /'strongboks/ *a.* kasa

stronghold /'stronghould/ *a.* kale

strongly /'strongli/ *be.* kuvvetle, sertçe; çok, pek, fazla

strontia /'strontiı/ *a.* stronsiya

strontianite /'strontiınayt/ *a.* stronsianit

strontium /'strontiım/ *a. kim.* stronsiyum

strop /strop/ *a.* ustura kayışı

strophe /'stroufi/ *a.* şiir kıtası

stroppy /'stropi/ *s.* huysuz, aksi

structural /'strakçırıl/ *s.* yapısal *structural defect teks.* malzeme hatası *structural design* yapı tasarımı *struc-*

tural formula *kim.* yapı formülü **structural linguistics** yapısal dilbilim **structural plate** inşaat sacı **structural programming** yapısal programlama **structural shape** profil demiri **structural steel** yapı çeliği **structural timber** yapı kerestesi/ahşabı

structuralism /'strakçırılizım/ *a.* yapısalcılık

structuralist /'strakçırılist/ *s. a.* yapısalcı (anlayış veya kişi)

structure /'strakçı/ *a.* yapı, bünye; yapı, bina ¤ *e.* bütünüyle tasarımlamak, planlamak **structure analyzer** *biliş.* yapısal çözümleyici **structured programming** *biliş.* yapısal programlama

structureless /'strakçılıs/ *s.* yapısız, plansız

structurize /'strakçırayz/ *e.* yapılaştırmak

struggle /'stragıl/ *a.* savaşım, savaş, mücadele; çabalama, çaba, uğraş, gayret ¤ *e.* çabalamak, uğraşmak; savaşım vermek, şavaşmak, boğuşmak, mücadele etmek ˙

struggler /'straglı/ *a.* savaşan kişi

strum /stram/ *e. kon.* acemice çalmak, zımbırdatmak, tıngırdatmak

struma /'stru:mı/ *a.* guatr

strumpet /'strampit/ *a.* fahişe

strut /strat/ *e.* kasıla kasıla yürümek ¤ *a.* destek, payanda; dikme

strutting /'strating/ *a.* payanda vurma ¤ *s.* kurumla yürüyen

strychnine /'strikni:n/ *a.* striknin

stub /stab/ *a.* sigara izmariti; dip koçanı; kütük ¤ *e.* araziyi temizlemek, kökleri çıkarmak **stub axle** dingil füzesi, kısa dingil **stub out** (sigara) söndürmek **stub tenon** *inş.* kısa geçme

stubble /'stabıl/ *a.* ekin anızı; hafif uzamış sakal

stubborn /'stabın/ *s.* inatçı, direngen

stubbornness /'stabınnıs/ *a.* inatçılık, dik başlılık

stubby /'stabi/ *s.* kısa ve kalın; güdük

stucco /'stakou/ *a. inş.* stük, stükko, yalancı mermer

stuck /stak/ *s.* şaşırıp kalmış; saplanmış; takılmış; yapışmış

stuck-up /stak'ap/ *s. kon.* kibirli, havalı, burnu büyük

stud /stad/ *a.* damızlık at, aygır; hara;

saplama, iri başlı çivi; yaka düğmesi; *inş.* tavan yüksekliği ¤ *e.* çivilemek **stud bolt** başsız bulon

studding /'stading/ *a. inş.* direklik kirişler

student /'styu:dınt/ *a.* öğrenci; uzman **students union** öğrenci derneği

studfarm /'stadfa:m/ *a. trm.* hara

studied /'stadid/ *s.* iyice düşünülmüş

studio /'styu:diou/ *a.* stüdyo, işlik **studio camera** stüdyo kamerası **studio light** stüdyo ışığı, ışıldak **studio shooting** *sin.* stüdyoda çevirim, işlikte çevirim

studious /'styu:diis/ *s.* çalışkan; dikkatli

studiousness /'styu:diisnıs/ *a.* çalışkanlık; dikkatlilik

study /'stadi/ *a.* çalışma, okuma; inceleme; taslak; çalışma odası ¤ *e.* okumak, çalışmak; ... öğrenimi görmek; incelemek

stuff /staf/ *a.* malzeme, madde; *kon.* şey, nesne, zımbırtı, ıvır zıvır ¤ *e.* doldurmak, tıkmak; tıkamak; *kon.* tıka basa yedirmek; (ölü hayvan) doldurmak; (tavuk, vb. yiyecek) içini doldurmak **do one's stuff** *kon.* kendini göstermek **Get stuffed** *kab, arg.* Hassiktir!, Siktir ordan! **stuff and nonsense** saçma sapan **stuffed shirt** küçük köyün büyük ağası **stuffing box** salmastra kutusu

stuffiness /'stafinıs/ *a.* tıkanıklık; alınganlık, dargınlık; sıkıcılık

stuffing /'stafing/ *a.* dolgu maddesi

stuffy /'stafi/ *s.* havasız, havası pis; sıkıcı, resmi; eski kafalı, tutucu

stultification /staltifi'keyşın/ *a.* aptallaştırma

stumble /'stambıl/ *e.* tökezlemek; hataya düşmek, yanlışlık yapmak, sapmak; *kon.* sürçmek, kekelemek **stumble across/on** -e rastlamak, ile karşılaşmak

stumer /'styu:mı/ *a.* sahte para; sahte çek; dolandırıcı **stumer cheque** karşılıksız çek

stump /stamp/ *a.* kütük; kesilen bir şeyin kalan parçası; küçülmüş kalem; sigara izmariti ¤ *e. kon.* şaşkına çevirmek, sersemletmek, şaşırtmak; paldır küldür yürümek

stumpy /'stampi/ *s.* tıknaz

stun /stan/ *e.* sersemletmek; şaşırtmak,

afallatmak; bayıltmak

stunner /'stanı/ *a.* yakışıklı erkek, çekici kadın

stunning /'staning/ *s.* çok çekici, hoş, güzel

stunt /stant/ *a.* beceri gerektiren iş; beceri, ustalık, hüner, numara; akrobatik uçuş gösterisi, akrobasi ¤ *e.* engellemek, gelişmesini engellemek **stunt man** (tehlikeli sahnelerde oynayan) dublör

stunter /'stantı/ *a.* akrobat, cambaz

stupe /styu:p/ *a.* sıcak kompres ¤ *e.* sıcak kompres yapmak

stupefacient /styu:pi'feyşınt/ *s.* sersemletici

stupefaction /styu:pi'fekşın/ *a.* sersemlik; şaşkınlık

stupefy /'styu:pifay/ *e.* sersemletmek, bunaltmak; şaşkına çevirmek, aptallaştırmak

stupendous /styu:'pendıs/ *s.* muazzam, harikulade, müthiş, büyük

stupid /'styu:pid/ *s.* aptal, salak, ahmak; saçma, aptalca

stupidity /styu:'piditi/ *a.* aptallık, ahmaklık, budalalık

stupidly /'styu:pidli/ *be.* aptalca, ahmakça

stupor /'styu:pı/ *a.* uyuşukluk, sersemlik

sturdiness /'stö:dinıs/ *a.* sağlamlık, güçlülük, gürbüzlük

sturdy /'stö:di/ *s.* güçlü, kuvvetli, gürbüz, sağlam; azimli, sebatkâr

sturgeon /'stö:cın/ *a.* mersinbalığı

stutter /'statı/ *e.* kekelemek

stutterer /'statırı/ *a.* kekeme

sty /stay/ *a.* domuz ahırı; pis yer; (göz) arpacık

stye /stay/ *a.* (göz) arpacık

style /stayl/ *a.* tarz, üslup, biçem, stil; moda; çeşit, tip; tavır ¤ *e.* biçimlendirmek

styler /'staylı/ *a.* modacı; desinatör

stylet /'staylit/ *a.* küçük hançer

stylish /'stayliş/ *s.* şık, modaya uygun, moda

stylishness /'staylişnıs/ *a.* şıklık, modaya uygunluk

stylist /'staylist/ *a.* modacı, desinatör

stylistic /stay'listik/ *s.* üsluba ilişkin, biçeme ilişkin, biçemsel

stylistics /stay'listiks/ *a.* deyişbilim, anlatımbilim, biçembilim, stilistik

stylize /'staylayz/ *e.* stilize etmek

stylus /'staylıs/ *a.* pikap iğnesi **stylus input device** *biliş.* uçlu girdi aygıtı **stylus printer** *biliş.* uçlu yazıcı

styrene /'stayri:n/ *a.* stiren, stirolen

suasion /'sweyjın/ *a.* ikna

suasive /'sweysiv/ *s.* yağcı; ikna edici

suave /swa:v/ *s.* nazik, tatlı, güler yüzlü

suavity /'swa:vıti/ *a.* tatlı dillilik; nezaket

sub /sab/ *a. kon.* üye aidatı; denizaltı

sub- /sab/ *önk.* altında, altına; alt; yardımcı, ikinci

subacid /'sab'esid/ *s.* mayhoş, ekşi

subagent /sab'eycınt/ *a.* ikinci temsilci; acente yardımcısı

subaltern /'sabaltın/ *s. a.* ast, alt

subaqua /sıb'ekwı/ *s.* su altında yaşayan, su altında bulunan

subaqueous /sab'eykwiıs/ *s.* sualtı

subatomic /sabı'tomik/ *s.* atom içindeki, atomla ilgili

subbase /'sabbeys/ *a. inş.* alt temel

subbasement /'sabbeysmınt/ *a.* alt bodrum

subcarrier /'sabkeriı/ *a. elek.* alt taşıyıcı

subclass /'sabkla:s/ *a.* altsınıf

subcommittee /'sabkımiti/ *a.* alt komisyon, altkurul, alt komite

subconscious /sab'konşıs/ *a. s.* bilinçaltı

subcontinent /sab'kontinınt/ *a. coğ.* yarı kıta

subcontract /sab'kontrekt/ *a.* alt sözleşme

subcontractor /sabkın'trektı/ *a.* taşeron

subcritical /sab'kritikıl/ *s. fiz.* altkritik, altdönüşül **subcritical annealing** *met.* alt kritik tavlama, altdönüşül tavlama

subcutaneous /sabkyu:'teynyıs/ *s.* deri altında bulunan

subdeb /sab'deb/ *a.* 13-19 yaş arasında olan kimse

subdivide /sabdi'vayd/ *e.* tekrar bölmek, bir daha bölmek

subdivision /'sabdivijın/ *a.* ifraz, parselasyon

subdue /sıb'dyu/ *e.* boyunduruk altına almak; yumuşatmak, azaltmak, yatıştırmak

subdued /sıb'dyu:d/ *s.* yumuşak, hafif,

kısık; davranışlarında aşırı yumuşak, munis, çok sessiz

suberic /syu:'berik/ s. kim. suberik

subfamily /'sabfemili/ a. altfamilya

subfield /'sabfi:ıld/ a. mat. alt cisim

subfloor /'sabflo:/ a. inş. alt döşeme

subframe /'sabfreym/ a. oto. yardımcı şasi

subglacial /sab'gleysiıl/ s. yerb. buzulaltı **subglacial stream** coğ. buzulaltı sel suyu

subgrade /'sabgreyd/ a. taban, alt temel, alt tabaka

subgroup /'sabgru:p/ a. mat. alt grup, altöbek

subharmonic /sabha:'monik/ a. fiz. alt harmonik

subhuman /sab'hyu:mın/ s. insanlıkdışı

subhumid /sab'hyu:mid/ a. trm. yarı nemli

subirrigation /sabiri'geyşın/ a. trm. alttan sızdırmalı sulama

subjacent /sab'ceysınt/ s. altındaki

subject /'sabcikt/ a. kul, bende; konu, mevzu; ders; denek; dilb. özne ¤ s. tabi, bağımlı; olası, muhtemel, meyilli; bağlı ¤ /sıb'cekt/ e. (to ile) tabi tutmak **subject of the sentence** cümlenin öznesi **subject to collection** tahsil edilmek koşuluyla

subjection /sıb'cekşın/ a. boyun eğme, itaat; bağımlılık

subjective /sıb'cektiv/ s. öznel; düşsel

subjectiveness /sıb'cektivnıs/ a. öznellik

subjectivity /sabcek'tivıti/ a. öznellik

subjugate /'sabcugeyt/ e. boyun eğdirmek

subjugation /sabcu'geyşın/ a. boyun eğdirme

subjunctive /sıb'canktiv/ a. s. dilb. dilek kipi, dilek kipiyle ilgili **subjunctive mood** dilek kipi, isteme kipi

sublease /'sabli:s/ a. kiracının kiraya vermesi ¤ e. (kiracı) ev sahibi gibi kiraya vermek

sublessee /sable'si:/ a. ikinci el kiracı

sublessor /sable'so:/ a. kiraladığı emlakı başkasına kiraya veren kiracı

sublet /sab'let/ e. (asıl kiracı tarafından) bir başkasına kiraya vermek, devretmek

sublevel /sab'levıl/ a. mad. dilim katı; fiz. altdüzey **sublevel caving** mad. arakat göçertmesi

sublieutenant /sablef'tenınt/ a. deniz teğmeni

sublimate /'sablimeyt/ e. süblimleştirmek ¤ a. süblime

sublimation /sabli'meyşın/ a. süblimleşme, uçunma, uçunum

sublime /sı'blaym/ s. gurur verici, yüce, ulu, son derece güzel, muhteşem

submarine /'sabmıri:n/ a. s. denizaltı **submarine mine** ask. sualtı mayını **submarine relief** coğ. denizdibi engebeleri **submarine rocket** ask. denizaltı roketi **submarine valley** coğ. denizdibi koyağı, denizdibi vadisi

submerge /sıb'mö:c/ e. batırmak, daldırmak; batmak, dalmak

submerged /sıb'mö:cd/ s. su altında olan; batık **submerged heating** daldırmalı ısıtma **submerged shoreline** coğ. batık kıyı

submergence /sıb'mö:cıns/ a. batma, batırma

submersible /sıb'mö:sıbıl/ s. suya batırılabilir **submersible pump** derin kuyu pompası

submersion /sıb'mö:şın/ a. batırma, daldırma; batma, dalma

submission /sıb'mişın/ a. (to ile) boyun eğme, uyma, itaat; teklif, öneri, sunuş

submissive /sıb'misiv/ s. uysal, boyun eğen, itaatkâr

submissiveness /sıb'misivnıs/ a. uysallık, itaatkârlık

submit /sıb'mit/ e. boyun eğmek, itaat etmek, iradesine teslim olmak; ileri sürmek, önermek, sunmak; arz etmek, sunmak; ibraz etmek, sunmak

submittal /sab'mitıl/ a. boyun eğme, teslim olma

subnormal /sab'no:mıl/ s. (özellikle zekâca) eksik, yetersiz, normalin altında

suborder /'sabo:dı/ a. alttakım

subordinate /sı'bo:dinıt/ s. a. alt, ikincil, ast ¤ /sı'bo:dineyt/ e. ikinci dereceye koymak, ikinci plana almak **subordinate clause** yan cümle, bağımlı cümle, yantümce, bağımlı tümce **subordinated issues** ikincil menkul kıymetler **subordinated loan** ikinci kredi, tali kredi subordinative /sı'bo:dinıtiv/ s. bağlı, bağımlı, yan cümle ile ilgili *subordinative construction* bağımlı kuruluş, bağımlı cümle kuruluşu

suborn /sa'bö:n/ e. yalan ifade verdirmek (para karşılığında)

subpoena /sıb'pi:nı/ a. celpname

subrogate /'sabrıgeyt/ e. yerine geçmek

subrogation /sabrı'geyşın/ a. halefiyet, yerini alma *subrogation of rights* halefiyet hakkı

subroutine /'sabru:ti:n/ a. biliş. altyordam *subroutine library* biliş. altyordam kitaplığı *subroutine status table* biliş. altyordam durum çizelgesi *subroutine trace* biliş. altyordam izlemesi

subscribe /sıb'skrayb/ e. (to ile) abone olmak; teberru etmek, bağışta bulunmak; kabul etmek, onaylamak; imzalamak *subscribed capital* taahhüt edilmiş sermaye

subscriber /sıb'skraybı/ a. bağışta bulunan kimse, teberru yapan kimse, yardımsever; abone *subscriber unit* elek. abone ünitesi, abone birimi *subscriber's cable/line/loop* abone hattı *subscriber's meter* elek. kontör, telefon konuşma sayacı

subscript /'sabskript/ a. alta yazılan yazı, alta konulan işaret

subscription /sıb'skripşın/ a. abone ücreti; bağış miktarı; üye aidatı; abone; imza; iştirak taahhüdü *subscription list* abone listesi *subscription price* abone ücreti *subscription right* rüçhan hakkı

subsection /'sabsekşın/ a. altbölüm, şube

subsequence /'sabsikwıns/ a. arkası gelme; altdizi

subsequent /'sabsikwınt/ s. sonradan ortaya çıkan, sonradan gelen, sonraki *subsequent stream* yerb. yarı uyumlu akarsu

subsequently /'sabsikwıntli/ be. sonradan; arkadan

subserve /sıb'sö:v/ e. hizmet etmek

subservience /sab'sö:vyıns/ a. boyun eğme

subservient /sıb'sö:viınt/ s. (to ile) boyun eğen, itaat ve hizmet eden

subset /'sabset/ a. altküme

subshell /'sabşel/ a. fiz. altkabuk

subside /sıb'sayd/ e. (yapı, arazi, vb.) yavaş yavaş çökmek, dibe çökmek; yatışmak, sakinleşmek, durulmak

subsidence /sıb'saydıns, 'sabsidıns/ a. çökme, dibe çökme, toprağa gömülme

subsidiary /sıb'sidiıri/ a. tali şirket, yan kuruluş, şube, bayi ¤ s. tali, ikincil, ek, yardımcı *be subsidiary to* yardımcı olmak *subsidiary account* tali hesap, yardımcı hesap *subsidiary company* bağlı şirket, tali şirket, bağımlı ortaklık *subsidiary ledger* yardımcı defter *subsidiary occupation* tali iş

subsidize /'sabsidayz/ e. (hükümet, vb.) para vermek, desteklemek, sübvansiyone etmek

subsidy /'sabsidi/ a. sübvansiyon, destek akça

subsist /sıb'sist/ e. (on ile) kıt kanaat geçinmek, yaşamak, idare etmek; var olmak; geçindirmek

subsistence /sıb'sistıns/ a. geçim; varlık *subsistence level* geçim düzeyi *subsistence money* geçim parası

subsoil /'sabsoyl/ a. topraklatı, alt toprak, satıh altı toprağı *subsoil plough* trm. kirizma pulluğu

subsonic /sab'sonik/ s. sesten yavaş uçan, sesten yavaş

substance /'sabstıns/ a. madde, materyal, cisim, özdek; (the ile) önemli bölüm, asıl anlam, öz

substandard /sab'stendıd/ s. yetersiz, belli düzeyin altında, standartın altında *substandard film stock* sin. dar pelikül, dar boş film

substantial /sıb'stenşıl/ s. katı, dayanıklı, sağlam, güçlü; özlü, önemli, gerçek; büyük, önemli

substantially /sıb'stenşıli/ be. çok, yeteri kadar çok

substantiate /sıb'stenşieyt/ e. kanıtlamak, doğrulamak; gerçekleştirmek

substantiation /sıbstenşi'eyşın/ a. gerçekleştirme

substantival /sabstın'tayvıl/ s. isim niteliğinde

substantive /'sabstıntiv/ a. (boya) direkt, substantif *substantive dyestuff* direkt boyarmadde, substantif boyarmadde *substantive verb* ek-fiil, takı-fiili

substation /'sabsteyşın/ a. şube
substitute /'sabstityu:t/ a. vekil, temsilci, mümessil; yedek, ihtiyat ¤ e. vekâlet etmek, yerine geçmek; yerine koymak/kullanmak; yerine geçmek, yerini almak **substitute power of attorney** vekâletname
substitution /sabsti'tyu:şın/ a. yerine koyma, ornatma; yerine geçme, yerini alma **substitution effect** ikame etkisi
substratum /sab'stra:tım/ a. altkatman, alt tabaka
substructure /'sabstrakçı/ a. alt yapı
subsume /sıb'syu:m/ e. sınıflandırmak; ihtiva etmek, içermek
subsumption /sıb'sampşın/ a. sınıflandırma; ihtiva etme, içerme
subsystem /'sabsistım/ a. alt sistem, altdizge
subtangent /sab'tencınt/ a. mat. teğetaltı
subtenant /sab'tenınt/ a. kiracının kiracısı
subterfuge /'sabtıfyu:c/ a. kaçamak, bahane; hile, dolap, dalavere
subterranean /sabtı'reyni:n/ s. yeraltı, toprakaltı
subtilization /sabtılay'zeyşın/ a. inceltme, incelik verme
subtitle /'sabtaytıl/ a. sin. altyazı **subtitle machine** altyazı basma aygıtı, altyazılayıcı
subtitles /'sabtaytlz/ a. (film) altyazı
subtle /'satl/ s. güç algılanan, güç fark edilen, ince; kurnaz, zeki
subtlety /'satılti/ a. incelik; ince ayrıntı, detay; zekice fikir
subtract /sıb'trekt/ e. (from ile) çıkarmak, eksiltmek
subtracter /sıb'trektı/ a. biliş. çıkarıcı
subtraction /sıbtrek'şın/ a. mat. çıkarma; çıkarma, eksilme, eksiltme
subtractive /sıb'trektiv/ s. eksiltici; mat. eksi işaretli
subtrahend /'sabtrıhend/ a. mat. çıkan
subtropic(al) /sab'tropik(ıl)/ s. metr. subtropikal, dönencealtı
suburb /'sabö:b/ a. varoş, banliyö, yörekent
suburban /sı'bö:bın/ s. banliyöde oturan; banliyö+
suburbia /sı'bö:bi:/ a. varoşlar, kenar mahalleler

subvention /sıb'venşın/ a. sübvansiyon
subversive /sıb'vö:siv/ s. (iktidardakileri) devirmeyi tasarlayan, yıkıcı
subvert /sıb'vö:t/ e. (iktidardakileri) devirmeye çalışmak
subway /'sabwey/ a. yeraltı geçidi; AI. metro, altulaşım
subzero /'sabzi:rou/ s. sıfırın altında
succeed /sık'si:d/ e. (in ile) başarmak, başarıya ulaşmak; yerini almak, -den sonra gelmek
success /sık'ses/ a. başarı; başarılı kimse/şey
successful /sık'sesfıl/ s. başarılı
successfully /sık'sesfıli/ be. başarı ile
succession /sık'seşın/ a. birbirini izleme, ardıllık; yerini alma, yerine geçme; sıra, dizi; vekâlet; veraset, intikal **succession duties** veraset ve intikal vergisi **succession rights** tevarüs hakları **succession tax** veraset vergisi
successive /sık'sesiv/ s. birbirini izleyen, ardıl, art arda gelen
successively /sık'sesivli/ be. art arda , sıra ile, birbiri arkasından
successor /sık'sesı/ a. halef, ardıl, vâris **successor in office** görevde halef
succinct /sık'sinkt/ s. az ve öz
succinic acid /sak'sinik 'esid/ a. süksinik asit
succor /'sakı/ a. e. AI. bkz. succour
succory /'sakıri/ a. hindiba
succour /'sakı/ a. yardım, imdat ¤ e. yardımına koşmak, imdadına yetişmek
succulency /'sakyulınsi/ a. körpelik
succulent /'sakyulınt/ s. (meyve, vb.) sulu **succulent feed** trm. sulu yem
succumb /sı'kam/ e. (to ile) yenilmek, dayanamamak, boyun eğmek
such /saç/ s. öyle, böyle, bu gibi; öylesine, çok; o kadar, o kadar çok, öylesine; o kadar fazla, öylesine çok; bu, böyle, bu şekilde, o şekilde ¤ adl. öylesi, öyleleri; bu, o **such as** gibi **such that** öyle ... ki
such-and-such /'saçınsaç/ s. falan filan
suchlike /'saçlayk/ adl. s. kon. benzeri şeyler, bunun gibi, böylesi, benzeri
suck /sak/ e. emmek; kon. berbat olmak ¤ a. emme **suck in** emmek, yutmak, çekmek **suck sb/sth down** aşağı çekmek **suck up (to sb)** kon. yağcılık

etmek, yaltaklanmak
sucker /'sakı/ *a.* emici; *bitk.* sürgün, fışkın; *kon.* budala, enayi
sucking /'saking/ *s.* sütten kesilmemiş; gelişmemiş
suckle /'sakıl/ *e.* emzirmek
suckling /sakling/ *a.* memede olan bebek ya da hayvan
sucrose /'syu:krouz/ *a.* sakaroz
suction /'sakşın/ *a.* emme; *fiz.* emiş gücü *suction cell filter* emme hücreli filtre *suction channel* emiş yolu, emiş kanalı *suction drier* emme kurutucusu *suction drum drier* emme tamburlu kurutucu, delikli tamburlu kurutucu *suction extractor teks.* emme makinesi *suction fan* emici vantilatör *suction filter* emme süzgeci *suction head/height* emme yüksekliği *suction line* emiş borusu, emme borusu *suction manifold oto.* emme manifoldu *suction pipe* emme borusu *suction pump* emme basma tulumba *suction speed* emme hızı *suction strainer* emme süzgeci *suction stroke oto.* emme zamanı *suction valve* emme valfı, emme supabı
sudden /'sadn/ *s.* ani, ansız, beklenmedik *all of a sudden* ansızın, birdenbire
suddenly /'sadnli/ *be.* aniden, ansızın, birdenbire
sudoriferous /syu:dı'rifırıs/ *s.* terleten, terletici
suds /sadz/ *a.* sabun köpüğü; sabunlu su
sudsy /'sadzi/ *s.* köpüklü, sabunlu
sue /syu:/ *e. huk.* dava etmek, dava açmak
suede /sweyd/ *a.* süet, podüsüet *sueding machine teks.* süet makinesi, yüzey tüylendirme makinesi
suet /'su:it, 'syu:it/ *a.* (sığır/koyun) içyağı
suffer /'safı/ *e.* (from ile) ıstırap çekmek, acı çekmek; -e uğramak, acısı çekmek; kötüye gitmek, kalitesi düşmek, değer kaybetmek
sufferable /'safırıbıl/ *s.* katlanılabilir, çekilebilir, dayanılabilir
sufferance /'safırıns/ *a.* müsamaha, göz yumma
sufferer /safırı/ *a.* (hastalıktan ötürü) acı çeken kimse, ıstırap çeken kimse,

hasta
suffering /'safıring/ *a.* acı, güçlük
suffice /sı'fays/ *e.* yetmek, yeterli olmak; doyurmak
sufficiency /sı'fişınsi/ *a.* yeterlilik; yeterli şey
sufficient /sı'fişınt/ *s.* yeterli
sufficiently /sı'fişıntli/ *be.* yeterince
suffix /'safiks/ *a. dilb.* sonek *suffix truncation biliş.* son kısım kesimi
suffocate /'safıkeyt/ *e.* (havasızlıktan) boğulmak; boğmak
suffocating /'safıkeyting/ *s.* boğucu
suffocation /safı'keyşın/ *a.* boğulma
suffragan /'safrıgın/ *s.* yardımcı (piskopos)
suffrage /'safric/ *a.* oy kullanma hakkı; lehte verilen oy, onay; kilisede kısa dua
suffuse /sı'fyu:z/ *e.* kaplamak, -nin üzerine yayılmak
sugar /'şugı/ *a.* şeker; *kon.* şekerim, tatlım ¤ *e.* şeker koymak *sugar beet* şekerpancarı *sugar beet cossettes şek.* şekerpancarı küspesi *sugar breaker şek.* topak kırıcı *sugar candy şek.* akide şekeri *sugar centrifugal* şeker santrifüjü *sugar cube* kesmeşeker *sugar cube press* şeker küpü presi *sugar daddy kon.* yaşlı ve zengin hovarda *sugar factory* şeker fabrikası *sugar industry* şeker endüstrisi *sugar juice* şeker şerbeti *sugar lime* şeker kireci *sugar liquor* şeker şerbeti *sugar loaf* şeker kellesi *sugar lump* kesmeşeker *sugar man* şeker pişirici *sugar maple* akçaağaç, isfendan *sugar mill* şeker fabrikası *sugar mill technology* şeker tekniği *sugar of lead* kurşun asetat *sugar pine* şeker çamı *sugar refinery* şeker rafinerisi *sugar storage bin* şeker silosu *sugar syrup* şeker şerbeti
sugarcane /'şugıkeyn/ *a.* şekerkamışı
sugared /'şugıd/ *s.* şekerli, şeker katılmış
sugary /'şugıri/ *s.* şekerli; tatlı, hoş, ince, nazik, şeker gibi
suggest /sı'cest/ *e.* önermek; belirtmek, göstermek, işaret etmek
suggestible /sı'cestıbıl/ *s.* kolay etkilenen, etki altında kalan
suggestion /sı'cesçın/ *a.* öneri; eser, iz
suggestive /'sıcestiv/ *s.* müstehcen, açık

saçık, ayıp şeyler öneren

suggestiveness /'sıcestivnıs/ *a.* müstehcenlik; anlamlılık

suicidal /su:i'saydl/ *s.* intihara eğilimli, intihar etmek isteyen; son derece tehlikeli, öldürücü, intihar niteliğinde

suicide /'su:isayd/ *a.* intihar, kendini öldürme *commit suicide* intihar etmek

suint /'su:int/ *a. teks.* yün teri

suit /su:t/ *a.* takım elbise; belli amaçla kullanılan giysi, takım; iskambilde takım; *huk.* dava ¤ *e.* işine yaramak, memnun etmek, uymak, uygun olmak; uymak, uygun olmak, yakışmak *suit sb to a T* biçilmiş kaftan olmak

suitable /'su:tıbıl/ *s.* uygun, yerinde, elverişli

suitcase /'su:tkeys/ *a.* bavul, valiz

suite /swi:t/ *a.* (otel, vb.) daire, süit, oda takımı; (mobilya) takım; *müz.* süit

suited /'su:tid/ *s.* uygun, yeterli

suiting /'su:ting/ *a. teks.* kostümlük kumaş, tayyörlük kumaş

suitor /'su:tı, 'syu:tı/ *a.* bir kıza talip erkek

sulfate /'salfeyt/ *a. Aİ.* sülfat

sulfide /'salfayd/ *a. Aİ.* sülfür

sulfite /'salfayt/ *a. Aİ.* sülfit

sulfur /'salfı/ *a. Aİ. bkz.* sulphur

sulk /salk/ *e.* somurtmak, surat asmak, küsmek

sulky /'salki/ *s.* somurtkan, küskün

sullen /'salın/ *s.* (yüz) asık; somurtkan, asık suratlı; kasvetli, karanlık, iç karartıcı

sully /'sali/ *e.* kirletmek

sulphate /'salfeyt/ *a.* sülfat

sulphide /'salfayd/ *a.* sülfür

sulphite /'salfayt/ *a.* sülfit

sulphonamide /sal'fonımayd/ *a.* sülfonamit, sülfamit

sulphone /'salfoun/ *a.* sülfon

sulphonic acid /sal'fonik 'esid/ *a.* sülfonik asit

sulphur /'salfı/ *a. kim.* kükürt ¤ *e.* kükürtlemek *sulphur bacteria* kükürt bakterileri *sulphur black* kükürt siyahı *sulphur dioxide* kükürt dioksit *sulphur dyestuff* kükürt boyarmaddesi *sulphur oxide* kükürt oksit

sulphuric /sal'fyu:rik/ *s.* sülfürik *sulphuric acid* sülfürik asit

sulphurize /'salfyurayz/ *e.* kükürtlemek

sulphurous /sal'fyu:rıis/ *s.* kükürtlü *sulphurous acid* sülfüröz asit *sulphurous gas* kükürtlü gaz

sultan /'saltın/ *a.* sultan

sultana /sal'ta:nı/ *a.* sultan karısı/annesi/kız kardeşi/kızı, hanım sultan; çekirdeksiz kuru üzüm, sultani

sultanate /'saltınit/ *a.* sultanlık, saltanat

sultriness /'saltrinıs/ *a. metr.* boğucu hava, sıcak ve nemli hava

sultry /'saltri/ *s.* (hava) boğucu, sıcak, bunaltıcı; cinsel yönden çekici, seksi

sum /sam/ *a.* işlem, problem; meblağ, tutar; (the ile) toplam, yekûn ¤ *e.* toplamak *sum check digit biliş.* toplama denetimi sayısı *sum of squares* kareler toplamı *sum up* özetlemek; hüküm vermek, tartmak, değerlendirmek, ele almak

summariness /'samırinıs/ *a.* özetleme

summarize /'samırayz/ *e.* özetlemek

summary /'samıri/ *a.* özet, hulasa ¤ *s.* özet, kısa, özlü; acele yapılan, derhal yapılan *summary card biliş.* özet kartı *summary file biliş.* özet dosya, özet kütük *summary offence* hafif suç *summary punch biliş.* özet delgi

summation /sa'meyşın/ *a.* toplama; özet *summation check biliş.* toplam denetimi

summer /'samı/ *a.* yaz *Indian summer* pastırma yazı *summer range trm.* yayla, yaz merası *summer solstice gökb.* yaz gündönümü

summerhouse /'samıhaus/ *a.* kameriye, çardak

summerly /'samıli/ *s.* yazlık, yaz gibi

summertime /'samıtaym/ *a.* yaz mevsimi

summery /'samıri/ *s.* yaz gibi, yaza özgü

summing-up /saming'ap/ *a.* özet; *huk.* dava özeti

summit /'samit/ *a.* zirve, doruk, uç; zirve toplantısı *summit conference* zirve toplantısı *summit meeting* zirve toplantısı *summit talk* zirve toplantısı

summitry /'samitri/ *a.* zirve politikası

summon /'samın/ *e.* (to ile) emirle davet etmek, celp etmek, çağırmak *summon up* (gücünü) toplamak

summoner /'samını/ *a.* haberci, ulak

summons /'samınz/ *a. huk.* celp, çağrı,

davet ¤ *e. huk.* mahkemeye celp etmek
sump /samp/ *a.* drenaj kuyusu; yağ karteri, alt karter
sumpter /'samptı/ *a.* yük beygiri
sumptuary /'sampçuıri/ *s.* masraflara ait
sumptuous /'samçuıs/ *s.* masraflı, pahalı; büyük, pahalı, tantanalı, muhteşem
sumptuousness /'samçuısnıs/ *a.* masraflı olma; görkem, tantana, lüks
sun /san/ *a.* güneş ¤ *e.* güneşlenmek; güneşlendirmek *sun bleaching* güneş ağartması, güneş beyazlatması *sun gear* güneş dişlisi *sun shield* oto. güneşlik *sun visor* oto. parasol, güneşlik *sun wheel* merkez dişlisi, merkezi çark
sunbathe /'sanbeyd/ *e.* güneş banyosu yapmak, güneşlenmek
sunbeam /'sanbi:m/ *a.* güneş ışını
sunburn /'sanbö:n/ *a.* güneş yanığı; güneşten yanma
sunburnt /'sanbö:nt/ *s. İİ.* bronz tenli, bronzlaşmış; *Aİ.* güneşten yanmış, güneş yanığı acısı çeken
sundae /'sandey/ *a.* meyveli dondurma
Sunday /'sandey/ *a.* pazar (günü) *Sunday school* pazar günleri çocuklar için yapılan din eğitimi
sunder /'sandı/ *e.* ayırmak; koparmak; kopmak
sundial /'sandayıl/ *a.* güneş saati
sundown /'sandaun/ *a.* günbatımı, güneş batması
sundries /'sandriz/ *a.* ufak tefek şeyler
sundry /'sandri/ *s.* çeşitli, türlü türlü *sundry creditors* çeşitli alacaklılar, muhtelif alacaklılar *sundry debtors* çeşitli borçlular, muhtelif borçlular
sunflower /'sanflauı/ *a.* ayçiçeği, günebakan
sunglasses /'sangla:siz/ *a.* güneş gözlüğü
sunk /sank/ *s.* havşalı, gömülmüş, batmış *sunk key* gömme kama
sunken /'sankın/ *s.* batmış, batık; çukur, içeri gömük, çökmüş
sunlamp /'sanlemp/ *a.* morötesi ışınlar veren elektrik lambası
sunlight /'sanlayt/ *a.* güneş ışığı
sunlit /'sanlit/ *s.* güneşli, aydınlık
sunniness /'saninıs/ *a.* parlak olma
sunny /'sani/ *s.* güneşli; neşeli

sunrise /'sanrayz/ *a.* gündoğumu, güneş doğması
sunset /'sanset/ *a.* günbatımı, güneş batması
sunshade /'sanşeyd/ *a.* güneş şemsiyesi, güneşlik, parasol
sunshine /'sanşayn/ *a.* güneş ışığı
sunspot /'sanspot/ *a. gökb.* güneş lekesi
sunstroke /'sanstrouk/ *a.* güneş çarpması
suntan /'santen/ *a.* güneş yanığı, bronzlaşma
sup /sap/ *e.* akşam yemeği yemek
super /'su:pı, 'syu:pı/ *s. kon.* süper, müthiş *super computer biliş.* süper bilgisayar *super file biliş.* süper dosya, süper kütük *super high frequency* süper yüksek frekans *super tanker* süpertanker
superable /'su:pırıbıl/ *s.* yenilmesi mümkün, atlatılabilir
superannuate /su:pır'enyueyt/ *e.* emekliye ayırmak
superannuated /su:pır'enyueytid/ *s.* çalışamayacak kadar yaşlı; modası geçmiş, demode; emekli
superannuation /su:pırenyu'eyşın/ *a.* emeklilik maaşı *superannuation fund* emekli sandığı
superb /su:'pö:b/ *s.* mükemmel, harika, süper
supercargo /su:pı'ka:gou/ *a.* yük memuru
supercharge /'su:pıça:c/ *e.* aşırı beslemek *supercharged engine* oto. aşırı doldurulmuş motor
supercharger /'su:pıça:cı/ *a.* kompresör
supercharging /'su:pıça:cing/ *a.* süperşarj, aşırıdoldurma, aşırı yükleme
supercilious /'su:pısiliıs/ *s. hkr.* kibirli, mağrur, burnu büyük, kendini beğenmiş
superconducting /su:pıkın'dakting/ *a.* süper iletken, süper iletici
superconductivity /su:pıkondak'tivıti/ *a. fiz.* aşırıiletkenlik
superconductor /su:pıkın'daktı/ *a. fiz.* süper iletken, üstün iletken
supercool /su:pı'ku:l/ *e.* aşırı soğutmak
superelevation /su:pıreli'veyşın/ *a. yol.* dever
superficial /su:pı'fişıl/ *s.* yüzeysel, yüzeyde olan; yüzeysel, üstünkörü, yarım yamalak

superficies /su:pı'fişi:z/ *a.* satıh, yüzey
superfluity /su:pı'fluıti/ *a.* çokluk, fazlalık
superfluous /su:'pö:fluıs/ *s.* gereksiz, lüzumsuz, fazla
supergiants /'su:pıcayınts/ *a.* *gökb.* üstdevler
superheat /su:pı'hi:t/ *e.* kızdırmak
superheated /su:pı'hi:tit/ *s.* kızgın *superheated steam* kızgın buhar
superheater /su:pı'hi:tı/ *a.* kızdırıcı
superheterodyne /su:pı'hetırıdayn/ *a.* *elek.* süperheterodin
superhuman /su:pı'hyu:mın/ *s.* insanüstü
superimpose /su:pır'impouz/ *e.* (on ile) üstüne koymak, üst üste koymak, üzerine koymak; eklemek, ilave etmek *superimposed load* ek yük, ilave yük
superimposition /su:pırimpı'zişın/ *a. fot.* sürempresyon, üst üste çekim, bindirme
superintend /su:pırin'tend/ *e.* yönetmek, idare etmek; denetlemek, nezaret etmek
superintendence /su:pırin'tendıns/ *a.* gözetim, kontrol
superintendent /su:pırin'tendınd/ *a.* yönetici, müdür; müfettiş, denetmen; *İİ.* polis memuru
superior /su:'pıırıı/ *s.* (sınıf, mevki, vb.) üst, yüksek; yüksek kaliteli, üstün nitelikli; *hkr.* gururlu, kibirli, mağrur, kendini beğenmiş ¤ *a.* amir, üst; dinsel grup başkanı *superior planet* *gökb.* dış gezegen
superiority /su:peri'oriti/ *a.* üstünlük
superlative /su:'pö:lıtiv/ *a.* *dilb.* enüstünlük derecesi; enüstünlük derecesinde sözcük ¤ *s.* en iyi, en üstün, eşsiz, süper; enüstünlük derecesi gösteren *superlative degree* *dilb.* enüstünlük derecesi
supermarket /'su:pırma:kit/ *a.* süpermarket
supernatural /su:pıneçırıl/ *s.* doğaüstü
supernova /su:pı'nouvı/ *a.* *gökb.* süpernova, üstnova
supernumerary /su:pı'nyu:mırıri/ *s.* fazla, ekstra; artakalan
superphosphate /su:pı'fosfeyt/ *a.* süperfosfat
superpose /su:pı'pouz/ *e.* üstüne koymak
superposition /su:pıpı'zişın/ *a.* üst üste koyma, bindirme

supersaturate /su:pı'seçıreyt/ *e.* aşırı doyurmak
supersaturation /su:pıseçı'reyşın/ *a.* aşırıdoyma
superscript /'su:pıskript/ *s.* üste yazılan yazı, üst-im, üsttakı
supersede /su:pı'si:d/ *e.* yerine geçmek, yerini almak
supersonic /su:pı'sonik/ *s.* sesten hızlı, süpersonik *supersonic frequency* *elek.* sesüstü frekans *supersonic heterodyne receiver* *elek.* süpersonik heterodin alıcı
superstar /'su:pısta:/ *a.* süperstar
superstition /su:pı'stişın/ *a.* batıl inanç
superstitious /su:pı'stişıs/ *s.* batıl inançlı, boş şeylere inanan
superstratum /su:pı'stra:tım/ *a.* üstkatman
superstructure /'su:pıstrakçı/ *a.* üstyapı; *den.* üst güverte; üst kademe
supervene /su:pı'vi:n/ *e.* eklenmek; izlemek, arkasından gelmek
supervise /'su:pıvayz/ *e.* nezaret etmek, denetlemek, kontrol etmek
supervision /su:pı'vijın/ *a.* nezaret, denetim
supervisor /'su:pıvayzı/ *a.* müfettiş, denetçi, murakıp; müdür; (üniversitede) danışman
supervisory /'su:pıvayzıri/ *s.* denetsel, denetimsel; denetleyici *supervisory program* *biliş.* yönetici program *supervisory routine* *biliş.* yönetimci yordam
supine /'su:payn/ *s.* sırtüstü yatmış, sırtüstü
supper /'sapı/ *a.* akşam yemeği *have supper* akşam yemeği yemek *the Lord's Supper* Aşai Rabbani *supper club* *Aİ.* seçkin gece kulübü *the Supper* (Hz. İsa'nın havarilerle yediği) son akşam yemeği
supplant /sı'pla:nt/ *e.* yerine geçmek, ayağını kaydırıp yerini kapmak
supple /'sapıl/ *s.* bükülgen, esnek
supplement /'saplimınt/ *a.* ilave, ek; *mat.* bütünler açı ¤ /sapli'ment/ *e.* (by/with ile) -e eklemeler yapmak, ilave etmek
supplemental /sapli'mentıl/ *s.* ek, ilave, bütünleyici, bütünler *supplemental irrigation* *trm.* takviye sulaması

supplementary /sapli'mentıri/ *s.* (to ile) ilaveli, ilave olan, ek *supplementary angle mat.* bütünler açı, düzler açı *supplementary brake* yardımcı fren *supplementary budget* ek bütçe, katma bütçe *supplementary irrigation trm.* tamamlayıcı sulama *supplementary lens* ek mercek *supplementary maintenance* tamamlayıcı bakım *supplementary order* ek sipariş *supplementary ventilation mad.* ek havalandırma

supplementation /saplimen'teyşın/ *a.* ekleme, ilave

supplicate /'saplikeyt/ *e.* (yardım) dilemek, yalvarmak

supplication /sapli'keyşın/ *a.* yalvarma; rica

supplier /sı'playı/ *a.* tedarik eden kimse/firma, mal veren, hizmet sunan, satıcı

supplies /sı'playz/ *a.* levazım, erzak, gereçler, malzeme

supply /sı'play/ *e.* vermek, tedarik etmek, sağlamak ¤ *a.* tedarik, temin, sağlama sistemi; mevcut, stok, miktar; sağlanması gerekli miktar, verilmesi gerekli oran; arz, sunu *supply and demand* arz ve talep, sunu ve istem *supply canal* iletim kanalı *supply current* besleme akımı *supply pipe* besleme borusu *supply price* arz fiyatı *supply side economics* arz yönü ekonomisi *supply voltage* besleme gerilimi

support /sı'po:t/ *e.* (ağırlığını) çekmek, kaldırmak, dayanmak; bakmak, geçindirmek; desteklemek, savunmak; (takım, vb.) tutmak ¤ *a.* destekleme, tutma; destek, mesnet, dayanak; geçim, geçim kaynağı, iaşe; destek olan kimse ya da şey, yardım, destek *support buying* destekleme alımı *support document* kanıt, delil *support evidence* ek kanıt *support price* destek fiyat *support programs biliş.* destek programları *support purchase* destekleme alımı *support unit mad.* destek birimi

supporter /sı'po:tı/ *a.* taraftar, savunucu

suppose /sı'pouz/ *e.* zannetmek, sanmak, varsaymak; inanmak, sanmak ¤ *bağ.* eğer, farz edelim; bence ... -se

iyi olur *be supposed to* -meli, -malı, -mesi gerek

supposedly /sı'pouzidli/ *be.* söylendiğine göre, diyorlar ki, -dığı farz ediliyor

supposing /sı'pouzing/ *bağ.* şayet, eğer

supposition /sapı'zişın/ *a.* varsayım; tahmin

suppository /sı'pozitıri/ *a.* fitil

suppress /sı'pres/ *e.* (bir hareket ya da durumu) bastırmak, sindirmek; gizlemek, saklı tutmak, zapt etmek; ortadan kaldırmak *suppress inflation* baskı altına alınmış enflasyon *suppressed inflation* bastırılmış enflasyon

suppression /sı'preşın/ *a.* bastırma, bastırı; tutma, zapt etme

suppressive /sı'prısiv/ *s.* bastıran, sindiren

suppressor /sı'presı/ *a.* parazit giderici, parazit bastırıcı *suppressor grid elek.* bastırıcı ızgara

suppurate /'sapyuıreyt/ *e.* irinlenmek, cerahat toplamak

suppuration /sapyuı'reyşın/ *a.* irin, cerahat

supra /'su:prı/ *be.* yukarıda

suprasegmental /su:prıseg'mentıl/ *s.* parçaüstü, kesitüstü

supremacy /sı'premısi/ *a.* üstünlük

supreme /su:'pri:m/ *s.* üstün, yüce, ulu, en yüksek *supreme authority* yüksek otorite *supreme court* yüce divan, yüksek mahkeme *supreme military council* yüksek askeri şura

surcease /sö:'si:s/ *e.* bitmek, arkası kesilmek; ara vermek

surcharge /'sö:ça:c/ *a.* alışılmış bir yükün üzerine eklenen fazladan yük, sürşarj; yeni fiyatlı posta pulu ¤ *e.* fazla doldurmak; fazla fiyat istemek

surd /sö:d/ *s. mat.* asam, rasyonel olmayan; *dilb.* sessiz, ünsüz

sure /şuı/ *s.* emin, şüphesiz, kesin; kesin, muhakkak, mutlak; güvenilir, sağlam, emin ¤ *be. kon.* elbette, tabii, kesinlikle ¤ *ünl.* tabii, elbette *for sure* kesinlikle öyle, mutlaka, kesin *make sure of/that* -den emin olmak, garantiye almak, sağlama almak *sure of oneself* kendine güvenen

surely /'şuıli/ *be.* kesinlikle, kesin olarak; mutlaka, sanırım, umarım, eminim;

elbette, tabii

surety /'şuːriti/ *a.* kefalet, teminat, güvence, garanti; kefil *stand surety* kefil olmak *surety bond* kefalet senedi

suretyship /'şuːritişip/ *a.* kefalet

surf /söːf/ *a.* dalga köpüğü, çatlayan dalgalar ¤ *e.* sörf yapmak

surface /'söːfis/ *a.* yüzey; (the ile) dış görünüş ¤ *s.* (posta) adi ¤ *e.* su yüzüne çıkmak; (yol, vb.) sert bir maddeyle kaplamak *on the surface* görünüşte, dıştan *surface-active* yüzey etkin, yüzey aktif *surface-active agent* yüzey aktif madde, yüzeyetkin özdek *surface activity* yüzey aktivitesi *surface area mat.* yüzey alanı *surface carbon* yüzey karbonu *surface condenser* yüzeyli kondansör *surface conductivity fiz.* yüzey iletkenliği *surface contaminant* yüzey kirletici, yüzey bulaşkanı *surface contamination* yüzey kirliliği, yüzey bulaşımı *surface cooling* yüzey soğutma *surface crack* yüzey çatlağı *surface defect* yüzey kusuru *surface density fiz.* yüzey yoğunluğu *surface drain trm.* yüzey dreni *surface drainage trm.* yüzey drenajı *surface dressing yol.* sathi kaplama *surface duct elek.* yüzey oluğu *surface energy fiz.* yüzey enerjisi *surface erosion trm.* yüzey erozyonu *surface finish* yüzey tesviyesi, satıh tesviyesi *surface finish treatment* yüzey bitirme işlemi *surface finishing* yüzey bitirme *surface fire* örtü yangını *surface grinding machine* yüzey taşlama makinesi *surface hardening met.* yüzey sertleştirme *surface hardness* yüzey sertliği *surface installations mad.* yerüstü tesisleri *surface insulation elek.* yüzey yalıtımı *surface integral mat.* yüzey integrali, yüzey tümlevi *surface layer* üst tabaka, üst yüzey *surface leakage* yüzey sızıntısı/kaçağı *surface mail* adi posta *surface mining mad.* açık işletme *surface noise elek.* yüzey gürültüsü, iğne hışırtısı *surface of revolution* dönme yüzeyi *surface oxidation* yüzey oksidasyonu, yüzey yükseltgenmesi *surface potential* yüzey potansiyeli *surface pressure* yüzey basıncı *surface printing* rölyef baskı *surface protection* yüzey koruma *surface resis-tance fiz.* yüzey direnci *surface roughening* yüzey pürüzleme *surface slope* su yüzü eğimi *surface soil trm.* yüzey toprağı, örtü toprağı *surface sowing trm.* vejetasyon üzerine ekim *surface sterilization fiz.* yüzey sterilizasyonu *surface structure* yüzeysel yapı *surface temperature* yüzey sıcaklığı *surface tension* yüzey gerilimi *surface texture* yüzey dokusu *surface thermostat* yüzey termostatı, yüzey ısıdenetiri *surface-to-air missile ask.* satıhtan havaya füze, yerden havaya füze *surface-to-surface missile ask.* yerden yere füze *surface treatment* yüzey işlemi; *yol.* sathi kaplama *surface water* yüzey suyu *surface wave fiz.* yüzey dalgası *surface wind metr.* yüzey rüzgârı

surfacer /'söːfisı/ *a.* planya makinesi

surfacing /'söːfising/ *a.* kaplama; perdahlama *surfacing machine* yol kaplama makinesi

surfactant /söːˈfektınt/ *a.* yüzeyetkin özdek, yüzey aktif madde

surfboard /'söːfboːd/ *a.* dalga kayağı

surfeit /'söːfit/ *a.* aşırı miktar

surfer /'söːfı/ *a.* sörfçü

surfing /'söːfing/ *a.* sörf

surge /söːc/ *a.* büyük dalga, dalgalanma ¤ *e.* dalgalanmak; yükselmek *surge impedance elek.* karakteristik empedans, dalga empedansı *surge voltage elek.* şok gerilimi

surgeon /'söːcın/ *a. hek.* cerrah, operatör

surgery /'söːcıri/ *a. hek.* cerrahlık, ameliyat; *İİ.* muayenehane

surgical /'söːcikıl/ *s. hek.* cerrahi

surging /'söːcing/ *s.* dalgalı, çalkantılı

surjection /söːˈcekşın/ *a. mat.* üzerine fonksiyon, örtev

surliness /'söːlinis/ *a.* somurtkanlık, hırçınlık, huysuzluk

surly /'söːli/ *s.* kızgın, öfkeli, ters, sert, huysuz

surmise /sıˈmayz/ *e.* sanmak, zannetmek, tahmin etmek

surmount /sıˈmaunt/ *e.* üstesinden gelmek, alt etmek, yenmek

surmountable /söːˈmauntıbıl/ *s.* çözümlenebilir

surname /'söːneym/ *a.* soyad

surpass /sı'pa:s/ *e.* geçmek, üstün olmak, baskın çıkmak, aşmak

surplus /'sö:plıs/ *a.* gereğinden fazla miktar, fazlalık; ihtiyat akçesi; arz fazlası; sermaye fazlası ¤ *s.* gereğinden fazla, aşırı, fazla *surplus beets şek.* fazla pancar *surplus value* artıkdeğer *surplus water* artık su *surplus weight* fazla ağırlık

surplusage /'sö:plısic/ *a.* artan miktar, artık

surprise /sı'prayz/ *a.* sürpriz; şaşkınlık; *ask.* baskın ¤ *e.* şaşırtmak, hayrete düşürmek, şaşkınlığa uğratmak; beklenmedik anda yakalamak, baskın yapmak *take by surprise* ansızın olmak, şaşırtmak *To my surprise* Bir de baktım ki ..., -e çok şaşırdım

surprising /sı'prayzing/ *s.* şaşırtıcı

surrealism /sı'rıılizım/ *a.* sürrealizm, gerçeküstücülük

surrealistic /sırıı'listik/ *s.* sürrealist, gerçeküstü

surrender /sı'rendı/ *e.* teslim olmak; teslim etmek; hakkından vazgeçmek, feragat etmek ¤ *a.* teslim; vazgeçme, feragat; iptal *surrender value* iştira değeri, geri satın alma değeri

surreptitious /sarıp'tişıs/ *s.* gizli, gizlice yapılan

surrogate /'sarıgit/ *a.* vekil, naip; *Aİ.* veraset mahkemesi yargıcı

surround /sı'raund/ *e.* kuşatmak, etrafını sarmak, çevirmek ¤ *a.* kenar

surrounding /sı'raunding/ *s.* çevredeki, civardaki *surrounding air* hava, ortam

surroundings /sı'raundingz/ *a.* çevre

surtax /'sö:teks/ *a.* ek vergi, munzam vergi

surveillance /sö:'veylıns/ *a.* gözetim, gözaltı *under surveillance* gözaltında

survey /sı'vey/ *e.* bakmak, incelemek, dikkatle göz gezdirmek; (bir yapıyı) yoklamak, muayene etmek, durumunu sınamak, teftiş etmek; haritasını çıkarmak ¤ /'sö:vey/ *a.* yaygın kanı, genel görüş/inceleme; harita çizme, haritasını çıkarma; teftiş, tetkik, inceleme; yüzölçümü; ölçüm; anket *survey instrument fiz.* kontrol aleti, denetim aygıtı

surveying /sı'veying/ *a.* mesaha bilimi, ölçme, haritacılık

surveyor /sı'veyı/ *a.* sürveyan, etütçü, mesaha memuru, arazi mühendisi; müfettiş, muayene memuru *surveyor's level* ölçü nivosu *surveyor's rod* ölçü latası

survival /sı'vayvıl/ *a.* kalım, hayatta kalma, yaşamı sürdürme; eskiden kalma şey, eskiden beri süregelen şey *survival percent* yaşama yüzdesi

survive /sı'vayv/ *e.* hayatta kalmak, yaşamayı sürdürmek; sağ salim çıkmak, -den sağ kurtulmak

survivor /sı'vayvı/ *a.* ölümden dönen kimse, hayatta kalan

survivorship /sı'vayvışip/ *a.* sağ kalma

susceptance /sı'septıns/ *a. elek.* süseptans

susceptibility /sıseptı'biliti/ *a.* hassaslık, duyarlık

susceptible /sı'septıbıl/ *s.* (to ile) kolay etkilenen, etki altında kalan; -e dayanıksız, -den çabuk etkilenen, -e karşı hassas

susceptive /sı'septiv/ *s.* alan, kabul eden

suspect /sı'spekt/ *e.* şüphelenmek, kuşkulanmak, kuşku duymak, farz etmek, zannetmek; suçlu olduğuna inanmak, kuşkulanmak; -den şüphelenmek, değerinden şüphe etmek ¤ /'saspekt/ *a.* sanık ¤ /'saspekt/ *s.* şüpheli, su götürür

suspend /sı'spend/ *e.* asmak, sallandırmak; ara vermek, durdurmak, ertelemek, askıya almak; (okul vb.'den) uzaklaştırmak; (üyelik vb.) iptal etmek; (sporcu) boykot etmek

suspended /sı'spendid/ *s.* asılı, asılmış, asma; geçici bir süre durmuş/durdurulmuş *suspended railway* asma ray *suspended roof* asma tavan, asma çatı *suspended span* askı kirişi

suspender /sı'spendı/ *a.* çorap askısı

suspenders /sı'spendız/ *a. Aİ.* pantolon askısı

suspense /sı'spens/ *a.* askıda kalma, kararsızlık, şüpheli beklenti *suspense account* muvakkat hesap *suspense entry* geçici giriş

suspension /sı'spenşın/ *a.* asma, asılma; erteleme; *kim.* süspansiyon, katı asıltı;

aski, aski donanımı, süspansiyon *sus-pension bridge* asma köprü *suspension cable* askı kablosu *suspension spring* süspansiyon yayı *suspension tube* süspansiyon borusu
suspensory /sı'spensıri/ *s.* asılı
suspicion /sı'spişın/ *a.* şüphe, kuşku, zan; itimatsızlık, güvenmeme; az miktar, zerre
suspicious /sı'spişıs/ *s.* şüpheli, kuşkulu
suspiciousness /sı'spişısnıs/ *a.* şüphelilik, kuşkululuk
suss /sas/ *e.* (out ile) *kon.* keşfetmek, bulmak; keşif yapmak, incelemek
sustain /sı'steyn/ *e.* güçlendirmek, güçlü tutmak, güç vermek; uzun süre korumak, sürdürmek, devam ettirmek; (acı, vb.) çekmek
sustained /sı'steynd/ *s.* devamlı
sustenance /'sastınıns/ *a.* besleme, güç verme; gıda, besin
sustentation /sasten'teyşın/ *a.* destekleme
susurrant /syu'sarınt/ *s.* fısıltılı
suzerain /'su:zıreyn/ *a. s.* hükümdar
suzerainty /'su:zıreynti/ *a.* hükmetme
swab /swob/ *a.* temizleme bezi ¤ *e.* (down ile) temizlemek, silmek, paspaslamak
swaddle /'swodıl/ *e.* bebeği kundaklamak
swag /sweg/ *a. arg.* soygunda ele geçirilen mal/para, ganimet, çalıntı mal
swage /sweyc/ *a.* baskı kalıbı, baskı demiri ¤ *e.* kalıpta dövmek, kalıba basmak, baskılamak *swage block* baskı altı, örs baskısı, baskı *swaging machine* dövme makinesi, çekiçleme makinesi
swager /'sweycı/ *a.* tokaç, biçimleme aracı
swagger /'swegı/ *e.* kasıla kasıla yürümek ¤ *a.* kasıntılı yürüyüş, kasılma
swallow /'swolou/ *e.* yutmak; yutkunmak; *kon.* inanmak, yemek, yutmak ¤ *a.* yutma, yutkunma; kırlangıç *swallow one's pride* gururunu ayaklar altına almak *swallow the bait* zokayı yutmak *swallow up* yiyip yutmak, yok etmek *swallow tail* çatal kuyruk
swallowhole /swolou'houl/ *a. yerb.* obruk, düden

swamp /swomp/ *a.* bataklık, batak ¤ *e.* suyla doldurmak, taşırmak; (iş, vb.) yüklemek
swampy /'swompi/ *s.* bataklık
swan /swon/ *a.* kuğu
swank /swenk/ *e. kon.* caka satmak, gösteriş yapmak, hava atmak
swanky /'swenki/ *s. kon.* şık, gösterişli, havalı; tantanalı, debdebeli
swanskin /'swonskin/ *a. teks.* molton
swap /swop/ *e. kon.* değiş tokuş etmek, takas etmek, değiştirmek, trampa etmek ¤ *a. kon.* değiş tokuş, değiştirme, takas, trampa
sward /swo:d/ *a.* çim, çimen
swarm /swo:m/ *a.* (arı, vb.) küme, oğul; sürü, kalabalık ¤ *e.* (arı) oğul vermek; küme halinde ilerlemek *swarm with* dolup taşmak, kaynamak
swarthiness /'swo:dinıs/ *a.* esmerlik
swarthy /'swo:di/ *s.* esmer, yağız
swash /swoş/ *a.* çalkantı *swash plate den.* öksüz perde *swash plate engine* eğik plakalı motor
swastika /'swostikı/ *a.* gamalı haç
swat /swot/ *e.* (böcek, sinek, vb.) yassı bir şey ile vurmak, ezmek ¤ *a.* vurma, ezme
swath /swo:t/ *a. trm.* bir defada biçilen alan
swathe /sweyd/ *e.* (in ile) kumaşla sarmak, sargı ile sarmak; çevrelemek, sarmak
swatter /'swotı/ *a.* sineklik
sway /swey/ *e.* sallamak; sallanmak; etkilemek ¤ *a.* sallanma
swear /sweı/ *e.* küfretmek, sövmek; yemin etmek, ant içmek; yemin ettirmek *be enough to make a saint swear* dinden imandan çıkarmak *swear a blue streak* ana avrat dümdüz gitmek *swear blind* ekmek kuran çarpsın ki/iki gözüm önüme aksın ki demek *swear by kon.* inanmak, -den şaşmamak *swear in* bağlılık yemini ettirmek
swearing /'sweıring/ *a.* yemin etme
swearword /'sweıwö:d/ *a.* küfür, sövgü
sweat /swet/ *a.* ter; telaş; *kon.* zor iş ¤ *e.* terlemek; alın teri dökmek, çok çalışmak; düşük ücretle çalışmak *sweat cooling* buharla soğutma *sweat suit* eşofman *sweat blood* buram

buran terlemek

sweater /'swetı/ *a.* süveter, kazak; az paraya çok çalıştıran işveren

sweating /'sweting/ *a.* az para verip çok çalıştırma **sweating system** az para verip çok çalıştırma sistemi

sweatshirt /'swetşö:t/ *a.* uzun kollu pamuklu kazak

sweatshop /'swetşop/ *a.* az para verip çok çalıştıran işyeri

sweaty /'sweti/ *s.* terli; ter kokulu; terletici; çok sıcak

swede /swi:d/ *a. bitk.* şalgam

sweep /swi:p/ *e.* süpürmek, süpürerek temizlemek; hızla ilerlemek, şiddetle ilerlemek; hız ve gururla ilerlemek; (bir alanı) çevrelemek, çevirmek ¤ *a.* süpürme; geniş alan; silkeleme, sallama; *kon.* baca temizleyicisi; (at yarışı, vb.) bahis **clean sweep** tam temizlik, köklü değişim; tam zafer **sweep circuit** *elek.* süpürme devresi, svip devresi **sweep frequency** *elek.* süpürme frekansı, svip frekansı **sweep rate** *fiz.* tarama hızı, süpürme hızı **sweep sb off his feet** kendine âşık etmek; ikna etmek, kandırmak, aklını çelmek, aklını başından almak **sweep voltage** *elek.* süpürme gerilimi, svip voltajı

sweepback /'swi:pbek/ *a. hav.* kanat geri çekikliği

sweeper /'swi:pı/ *a.* süpürücü

sweeping /'swi:ping/ *s.* geniş içerikli; genel

sweepstake /'swi:psteyk/ *a.* (at yarışı, vb.) bahis

sweet /swi:t/ *s.* tatlı; tatlı, sevimli, hoş, şirin ¤ *a. İİ.* tatlı; şekerleme **sweet corn** *İİ.* mısır **sweet pea** *bitk.* kokulu bezelye çiçeği, ıtırşahi **sweet tester** *şek.* şerbet konsantrasyonu kontrol aygıtı

sweeten /'swi:tn/ *e.* tatlanmak, tatlılaşmak; tatlandırmak, tatlılaştırmak; *kon.* yumuşatmak, pohpohlamak **sweeten off/out** *şek.* tatlılığını almak **sweetening power** tatlandırma gücü

sweetener /'swi:tını/ *a.* şeker yerine kullanılan tat verici madde, tatlandırıcı

sweetheart /'swi:tha:t/ *a. ünl.* canım, tatlım, sevgilim

sweetie /'swi:ti/ *a.* sevgili, yavuklu

sweetish /'swi:tiş/ *s.* tatlımsı

sweetness /'swi:tnıs/ *a.* tatlılık; sevimlik, şirinlik; güzel koku

sweetwater /'swi:two:tı/ *a. şek.* tatlılık alıcı (su)

swell /swel/ *e.* şişmek, kabarmak; şişirmek, kabartmak ¤ *a.* şime, kabarma; denizin dalgalanması; sesin yükselmesi ¤ *s. Al. kon.* çok iyi, süper, kalite **get a swelled head** ne oldum delisi olmak **swell resistant** şişmez **swell-resistant finish** *teks.* şişmezlik apresi

swelling /'sweling/ *a.* kabarık, şiş, şişlik **swelling agent** şişirme maddesi **swelling capacity** şişme kapasitesi **swelling index** şişme indisi **swelling pressure** şişme basıncı

swelter /'sweltı/ *e.* sıcaktan terlemek

sweltering /'sweltıring/ *s. kon.* çok sıcak, cehennem gibi

sweptback wing /swept'bek wing/ *a. hav.* ok biçimli kanat

swerve /swö:v/ *e.* aniden yana sapmak; (amaçtan) sapmak, dönmek; saptırmak, döndürmek ¤ *a.* ani dönüş, sapma

swift /swift/ *s.* çabuk, atik, tez, hızlı ¤ *a. hayb.* kara sağan; tambur, davul

swig /swig/ *e. kon.* doya doya içmek

swill /swil/ *e.* (out/down ile) bol suyla çalkalamak/yıkamak; *kon.* açgözlülükle içmek, bol bol içmek ¤ *a.* bol suyla yıkama/çalkalama; domuz yemi

swim /swim/ *e.* yüzmek; yüzerek geçmek; (baş) dönmek; (with/in ile) dolu/kaplı olmak ¤ *a.* yüzme **swim against the tide/current** burnunun dikine gitmek

swimmer /'swimı/ *a.* yüzücü

swimming /'swiming/ *a.* yüzme, yüzme sporu, yüzücülük **swimming bath** *İİ.* (halka açık) yüzme havuzu **swimming costume** kadın mayosu **swimming pool** yüzme havuzu **swimming pool reactor** havuzlu reaktör **swimming trunks** erkek mayosu, mayo

swimsuit /'swimsu:t, 'swimsyu:t/ *a.* kadın mayosu

swindle /'swindıl/ *e.* (out of ile) dolandırmak, parasını çarpmak ¤ *a.* dolandırıcılık

swindler /'swindlı/ *a.* dolandırıcı

swine /swayn/ *a. kon.* pis herif; domuz
swing /swing/ *e.* sallanmak; sallamak; aniden geriye dönmek, ani dönüş yapmak; salınarak yürümek; *kon.* hoş bir ritmi olmak; *kon.* hoş bir ritimle çalmak ¤ *a.* sallanış, sallanma, sallandırma; salıncak; dikkat çeken değişiklik, göze batan değişiklik *not enough room to swing a cat* avuç içi kadar *in full swing* en hareketli anında; tam faaliyette *swing axle oto.* esnek yarım dingil *swing bridge* açılır kapanır köprü *swing door inş.* döner kapı *swing pipe* döner boru *swing plough trm.* tekerleksiz saban
swinge /swinc/ *e.* dövmek
swingeing /'swincing/ *s.* (özellikle paraya ilişkin ayarlamalarda) en yüksek derecede, çok miktarda
swinging /'swinging/ *s.* canlı, hareketli, yaşam dolu *swinging choke elek.* değişken endüktanslı boğucu
swingle /'swingıl/ *a. teks.* keten tokmağı ¤ *e.* (keten) tokmakla dövmek
swinish /'swayniş/ *s.* domuz gibi
swipe /swayp/ *a.* kuvvetli darbe, kuvvetli vuruş ¤ *e. kon.* çalmak, yürütmek, araklamak; (at ile) kolunun bütün hızıyla vurmak, kuvvetli darbe indirmek
swirl /swö:l/ *e.* girdap yaparak dönmek ¤ *a.* (su, toz, duman, vb.) girdap; girdap gibi dönme
swish /swiş/ *e.* ıslık sesi çıkarmak; hışırdamak ¤ *a.* hışırtı ¤ *s. kon.* gösterişli, pahalı
switch /swiç/ *a.* şalter, devre anahtarı, elektrik düğmesi, kesici; (beklenmedik) değişiklik, değişim; çubuk, ince ve kısa sopa; *Aİ.* demiryolu makası ¤ *e.* değiştirmek, değiş tokuş etmek; dönmek; düğmeye basıp açmak/kapatmak/değiştirmek *switch blade elek.* şalter bıçağı *switch box elek.* anahtar kutusu, şalter kutusu *switch insertion biliş.* veri girme, komut girme *switch key elek.* kontak anahtarı *switch off* (düğmeye basıp) kapatmak/söndürmek; *kon.* lafa kulak tıkamak *switch on* (düğmeye basıp) açmak *switch over* (TV, radyo) kanal değiştirmek; (to/from ile) tümüyle değişmek *switch panel* şalter panosu, anahtar panosu *switch rail demy.*

makas dili *switch register biliş.* anahtar yazmacı *switch tie* makas traversi *switch to* yönelmek, geçmek; yöneltmek, çevirmek
switchback /'swiçbek/ *a. demy.* eğimli ve zikzak hat
switchboard /'swiçbo:d/ *a.* telefon santralı
switches /'swiçiz/ *a. Aİ. demy.* makas, demiryolu makası
switching /'swiçing/ *a.* cereyan verme *switching center biliş.* anahtarlama merkezi, iletişim santralı *switching circuit elek.* anahtar devresi, komütasyon devresi *switching time elek.* anahtarlama zamanı, açıp kapama süresi *switching tube elek.* komütasyon tüpü
swivel /'swayvıl/ *a.* fırdöndü ¤ *s.* döner, kendi çevresinde dönen ¤ *e.* (round ile) kendi etrafında dönmek; mil etrafında dönmek; döndürmek *swivel block* fırdöndülü makara *swivel chair* döner koltuk *swivel hook* döner kanca *swivel lamp* döner lamba *swivel vise* döner mengene
swollen /'swoulın/ *s.* şişmiş, şiş, kabarık; gururlu, şişinmiş, kendini beğenmiş *suffer from a swollen head* küçük dağları ben yarattım demek
swoon /swu:n/ *e.* bayılmak
swoop /swu:p/ *e.* üstüne çullanmak ¤ *a.* üstüne çullanma, ani saldırı *at one (fell) swoop* bir hamlede, bir çırpıda
swop /swop/ *a. e. bkz.* swap
sword /so:d/ *a.* kılıç
swordfish /'so:dfiş/ *a. hayb.* kılıçbalığı
swordsman /'so:dzmın/ *a.* kılıç kullanmakta usta olan kimse
sworn /swo:n/ *s.* ezeli, değişmez
swot /swot/ *a. kon.* hafız, inek, çok çalışan kimse/öğrenci ¤ *e. kon.* çok çalışmak, hafızlamak, ineklemek
sybarite /'sibırayt/ *a.* hovarda
sycamore /'sikımo:/ *a. bitk.* firavuninciri, frenkinciri; *Aİ.* çınar
sycophancy /'sikıfınsi/ *a.* dalkavukluk, parazitlik
sycophant /'sikıfınt/ *a. hkr.* dalkavuk, yağcı
syenite /'sayınayt/ *a. yerb.* siyenit
syllabic /si'lebik/ *s. a.* hece ile ilgili; en

yüksek titreşimli hece sesi **syllabic writing** hece yazısı, seslemsel yazı
syllabication /silebi'keyşın/ a. heceleme, seslemleme
syllabize /'silıbayz/ e. hecelemek
syllable /'silıbıl/ a. dilb. hece, seslem
syllabled /'silıbıld/ s. heceli
syllabus /'silıbıs/ a. müfredat programı, öğretim izlencesi
syllepsis /si'lepsis/ a. çiftleme
syllogism /'silıcizım/ a. mat. tasım
sylpish /'silfiş/ s. zarif
sylvan /'silvın/ s. ormanlık
sylvine /'silvi:n/ a. min. silvit
symbiosis /simbi'ousis/ a. sembiyoz, ortakyaşama
symbol /'simbıl/ a. sembol, simge **symbol list** biliş. simge listesi, simge dizelgesi **symbol string** biliş. simge dizgisi, simge katarı **symbol table** biliş. simge tablosu, simge çizelgesi **symbol value** biliş. simge değeri, simgesel değer
symbolic /sim'bolik/ s. sembolik, simgesel **symbolic address** biliş. simgesel adres **symbolic code** biliş. simgesel kod **symbolic coding** biliş. simgesel kodlama **symbolic debugging** biliş. simgesel hata bulma **symbolic identifier** biliş. simgesel kimlikleyici, simgesel tanıtıcı **symbolic instruction** biliş. simgesel komut **symbolic language** biliş. simgesel dil **symbolic logic** mat. sembolik mantık **symbolic name** biliş. simgesel ad **symbolic number** biliş. simgesel numara **symbolic programming** biliş. simgesel programlama
symbolical /sim'bolikıl/ s. bkz. symbolic
symbolism /'simbılizım/ a. sembolizm, simgecilik
symbolize /'simbılayz/ e. sembolü olmak, sembolize etmek; simgelerle anlatmak
symmetric(al) /si'metrik(ıl)/ s. simetrik, bakışımlı **symmetrical channel** biliş. simetrik kanal, bakışımlı oluk **symmetrical circuit** elek. simetrik devre **symmetrical conductivity** elek. simetrik iletkenlik **symmetrical deflection** elek. simetrik saptırma **symmetrical fold** yerb. simetrik kıvrım, bakışımlı kıvrım
symmetry /'simitri/ a. simetri, bakışım

symmetry class fiz. simetri sınıfı
symmetry numbers fiz. simetri sayıları, bakışım sayıları
sympathetic /simpı'tetik/ s. (to ile) karşısındakinin duygularına katılan, duygudaş **sympathetic strike** sempati grevi
sympathies /'simpıtiz/ a. karşısındaki ile aynı duyguyu paylaşma, duygudaşlık
sympathize /'simpıtayz/ e. (with ile) (duygularına) katılmak; duygularını paylaşmak
sympathizer /'simpıtayzı/ a. sempatizan
sympathy /'simpıti/ a. acıma, şefkat, halden anlama; başkalarının duygularını paylaşma/anlama, duygudaşlık **be in sympathy with** bir görüşü anlayıp paylaşmak **express one's sympathy for** bir görüşü anlayıp paylaşmak **express one's sympathy to** taziyede bulunmak
symphonic /sim'fonik/ s. müz. senfonik
symponious /sim'founyıs/ s. ahenkli, uyumlu
symphony /'simfıni/ a. müz. senfoni
symposium /sim'pouzyım/ a. sempozyum
symptom /'simptım/ a. hek. araz, bulgu, semptom; bulgu, belirti, işaret
symptomatology /simptımı'tolıci/ a. semptomatoloji
synagogue /'sinıgog/ a. sinagog, havra
sync(h) /sink/ a. senkronizasyon, eşzamanlama **out of sync** eşzamanlı olmayan, birbirine paralel gitmeyen
synchrocyclotron /sinkrou'sayklıtron/ a. elek. senkrosiklotron
synchromesh /'sinkroumeş/ s. oto. senkromeç **synchromesh gear** oto. senkromeç vites
synchronic /sin'kronik/ s. eşzamanlı, eşsüremli **synchronic linguistics** eşzamanlı dilbilim, eşsüremli dilbilim
synchronism /'sinkrınizım/ a. senkronizm, eşzamanlılık
synchronization /sinkrınay'zeyşın/ a. senkronizasyon, eşzamanlama
synchronize /'sinkrınayz/ e. (saat) aynı zamana ayarlamak, ayarlarını birbirine uydurmak; eş zamanlı/eş hızlı olmak; eş zamanlı/eş hızlı kılmak, senkronize etmek **synchronized** senkronize

synchronizer /'sinkrınayzı/ *a.* senkronizör

synchronoscope /'sinkrınıskoup/ *a.* senkronoskop, eşzamangözler

synchronous /'sinkrınıs/ *s.* eşzamanlı, senkron **synchronous clock** senkron saat **synchronous computer** *biliş.* eşzamanlı bilgisayar **synchronous converter** *elek.* senkron çevirici, eşzamanlı çevireç **synchronous generator** *elek.* senkron jeneratör **synchronous machine** eşzamanlı makine, senkron makine **synchronous motor** senkron motor **synchronous satellite** senkron uydu, eşlemeli uydu **synchronous speed** senkron hız **synchronous system** *biliş.* eşzamanlı sistem **synchronous transmission** *biliş.* eşzamanlı gönderme **synchronous working** *biliş.* eşzamanlı çalışma

synchrony /'sinkrını/ *a.* eşzamanlılık, eşsürem, eşsüremlilik

synchroscope /'sinkrıskoup/ *a.* senkroskop

synchrotron /'sinkrıtron/ *a. fiz.* senkrotron

synclinal /sin'klaynıl/ *s.* senklinal **synclinal fold** *coğ.* senklinal kıvrım, tekne kıvrım **synclinal valley** *coğ.* senklinal vadisi, tekne koyağı

syncline /'sinklayn/ *a. coğ.* senklinal, tekne

synclinorium /sinkli'no:riım/ *a. yerb.* sinklinoryum

syncope /'sinkıpi/ *a.* içses düşmesi

syndic /'sindik/ *a.* mutemet, müşavir

syndicalism /'sindikılizım/ *a.* sendikacılık, sendikalizm

syndicate /'sindikit/ *a.* sendika; kartel, birlik; hükümet memurları ¤ /'sindikeyt/ *e.* sendika oluşturmak, sendikalaşmak **syndicated loan** sendikasyon kredisi

syndication /sindi'keyşın/ *a.* sendikasyon, sendikalaşma

syndiotactic /sindiou'tektik/ *s.* sindiyotaktik

syndrome /'sindroum/ *a. hek.* hastalık belirtileri, tüm semptomlar, sendrom

synecdoche /si'nekdıki/ *a.* kapsamlayış

syneresis /si'nüresis/ *a.* birleme, sinerez

synod /'sinıd/ *a.* kilise meclisi toplantısı

synodic /si'nodik/ *s. gökb.* sinodal **syn-**

odic month *gökb.* kavuşum ayı

synonym /'sinınim/ *a.* eşanlamlı (sözcük)

synonymous /si'nonimıs/ *s.* (with ile) eşanlamlı

synonymy /si'nonimi/ *a.* eşanlamlılık

synopsis /si'nopsis/ *a.* özet

synoptic /si'noptik/ *s. metr.* sinoptik **synoptic chart** *metr.* sinoptik harita, hava haritası

syntactic /sin'tektik/ *s. dilb.* sözdizimsel, tümcebilimsel **syntactic analysis** *biliş.* sözdizimsel çözümleme **syntactic component** sözdizimsel bileşen **syntactic error** *biliş.* dizimsel hata, sözdizim hatası

syntagm /'sintegım/ *a.* dizim, sentagma

syntagmatic /sinteg'metik/ *s.* dizimsel **syntagmatic marker** dizimsel birleştirici **syntagmatic relation** dizimsel bağıntı

syntagmatics /sinteg'metiks/ *a.* dizimbilim

syntax /'sinteks/ *a.* tümcebilim; sözdizim, sözdizimi, sentaks **syntax checker** *biliş.* sözdizim denetleyicisi **syntax error** *biliş.* sözdizim hatası

synthesis /'sintisis/ *a.* sentez, bireşim

synthesize /'sintisayz/ *e.* sentez yaparak oluşturmak; sentezle birleştirmek

synthesizer /'sintisayzı/ *a. müz.* sintisayzır

synthetic /sin'tetik/ *a.* sentetik, yapay, bireşimli **synthetic address** *biliş.* sentetik adres, yapay adres **synthetic detergents** sentetik deterjanlar **synthetic fiber** sentetik lif **synthetic language** bireşimli dil **synthetic manure** *trm.* suni gübre, yapay gübre **synthetic resin** sentetik reçine

syphilis /'sifılis/ *a. hek.* frengi

syphon /'sayfın/ *a. e. bkz.* siphon

syringa /si'ringı/ *a.* leylak

syringe /si'rinc/ *a.* şırınga ¤ *e.* şırıngalamak; şırıngayla temizlemek

syrinx /'sirinks/ *a.* östaki borusu; fistül

syrup /'sirıp/ *a.* şurup, şerbet

syrupy /'sirıpi/ *s.* şurup gibi, şuruplu, ağdalı; çok tatlı; aşırı duygusal

system /'sistım/ *a.* sistem, dizge **system analysis** sistem analizi, dizge çözümleme **system chart** sistem kuruluş şeması **system check** *biliş.* sistem denetimi, dizge denetimi **system configuration** *biliş.* sistem konfigürasyonu, dizge görünümü **system control language** *biliş.* sistem denetim dili **system control program** *biliş.* sistem denetim programı **system degradation** *biliş.* sistem etkinlik azalımı **system design** *biliş.* sistem dizaynı, dizge tasarımı **system development** *biliş.* sistem geliştirme, dizge geliştirme **system diagnostics** *biliş.* sistem hata bulucuları **system disk** *biliş.* sistem diski **system engineering** *biliş.* sistem mühendisliği **system evaluation** *biliş.* sistem değerleme **system failure** *biliş.* sistem arızası, dizge arızası **system generation** *biliş.* sistem üretimi, dizge üretimi **system integrity** *biliş.* sistem bütünlüğü, dizge bütünlüğü **system library** *biliş.* sistem kitaplığı, dizge kitaplığı **system log** *biliş.* sistem kaydı, dizge günlüğü **system maintenance** *biliş.* sistem bakımı, dizge bakımı **system management** *biliş.* sistem yönetimi, dizge yönetimi **system manual** bakım elkitabı, sistem elkitabı **system of accounts** muhasebe sistemi **system of equations** denklemler sistemi **system point** sistem noktası **system program** *biliş.* sistem programı, dizge programı **system reliability** *biliş.* sistem güvenilirliği, dizge güvenilirliği **system residence device** *biliş.* sistem-yerleşik aygıt **system security profile** *biliş.* sistem güvenlik profili **system simulation** *biliş.* sistem simülasyonu, dizge benzetimi **system utilization loggers** *biliş.* sistem donatım kayıtçıları, dizge donatım günlükçüleri **systems analysis** sistem analizi, dizge çözümlemesi **systems analyst** sistem analisti, dizge çözümleyici **systems definition** *biliş.* sistem tanımı, dizge tanımı **systems engineer** sistem mühendisi **systems engineering** sistem mühendisliği **systems flowchart** *biliş.* sistem akış diyagramı, dizge akış çizeneği **systems man** organizatör **systems operator** *biliş.* sistem operatörü **systems programmer** *biliş.* sistem programcısı **systems programming** *biliş.* sistem

programlama **systems software** *biliş.* sistem yazılımı, dizge yazılımı **systems theory** sistem teorisi, dizge kuramı

systematic /sɪstı'metik/ *s.* sistemli, sistematik **systematic error** sistematik hata, dizgesel yanılgı

systematization /sistımıtay'zeyşın/ *a.* sistemleştirme

systematize /'sistımıtayz/ *e.* sistemleştirmek, sistematize etmek

systole /'sistıli/ *a.* kalbin büzülmesi/kasılması, sistol, kasım

T

T, t /ti:/ *a.* İngiliz abecesinin yirminci harfi **to a T** *kon.* tam tamına, tam, kusursuz biçimde

ta /ta:/ *ünl. İİ. arg.* sağ ol, eyvallah **Ta ever so** çok sağ ol

tab /teb/ *a.* etiket; brit, askı; *Aİ. kon.* fatura, hesap; **bas.** sekme, tab; *hav.* fletner **keep tabs/a tab on** *kon.* dikkat etmek, kontrol etmek **pick up the tab** parayı çekmek **tab interval** tab aralığı **tab position** sekme konumu **tab stop** sekme durağı

tabby /'tebi/ *a.* tekir kedi; yaşlı bakire

tabernacle /'tebınekıl/ *a.* seyyar Yahudi tapınağı

tablature /'teblıçı/ *a.* resim

table /'teybıl/ *a.* masa; yemek, sofra; tablo, çizelge ¤ *e. İİ.* tasarıyı müzakereye sunmak **at table** sofrada **table file** *biliş.* tablo dosyası, çizelge kütüğü **table lookup** *biliş.* tabloya bakma, çizelgeye bakma **table lookup instruction** *biliş.* çizelge arama komutu **table microphone** masa mikrofonu **table tennis** *sp.* masatenisi **table vice** tezgâh mengenesi **turn the tables (on sb)** kendi kazdığı kuyuya düşürmek **turn the tables on sb** durumu birinin aleyhine çevirmek

table d'hote /ta:bıl 'dout/ *a.* tabldot

tableau /'teblou/ *a.* tablo **tableau vivant** canlı tablo

tablecloth /'teybılklot/ *a.* sofra örtüsü, masa örtüsü

tableland /'teybıllend/ *a.* yayla, plato

tablespoon /'teybılspu:n/ *a.* servis kaşığı

tablet /'teblit/ *a. hek.* tablet; kitabe, yazıt, tablet

tabloid /'tebloyd/ *a.* küçük sayfalı, bol resimli gazete

taboo /tı'bu:/ *a. s.* tabu, yasak

tabouret /'tebırit/ *a.* tabure

tabular /'tebyulı/ *s.* masa gibi düz; çizelge biçiminde *tabular language* biliş. çizelgesel dil *tabular standard* çizelge standardı, fiyat standart tablosu

tabulate /'tebyuleyt/ *e.* cetvel haline koymak, çizelgelemek *tabulating equipment* biliş. tablolama ekipmanı

tabulation /tebyu'leyşın/ *a.* cetvel haline koyma, çizelgeleme

tabulator /'tebyuleytı/ *a.* tablo yapıcı, çizelgeleyici, tabülatör

tachograph /'tekıgra:f/ *a.* takograf, kilometre saati

tachometer /te'komitı/ *a.* takometre, devirölçer, dönüşölçer

tachymeter /te'kimitı/ *a.* takeometre

tacit /'tesit/ *s.* söylenmeden anlaşılan

tacitly /'tesitli/ *be.* üstü kapalı olarak, söylenmeden, zımnen

taciturn /'tesitö:n/ *s.* sessiz, sakin, suskun, az konuşan

taciturnity /tesi'tö:niti/ *a.* suskunluk, sessizlik

tack /tek/ *a.* ufak çivi, raptiye, kabara, pünez; *den.* kuntura; *den.* rüzgâra göre yön değişikliği; rüzgâra karşı volta vurma; teyel ¤ *e.* çivi ya da raptiye ile tutturmak, çakmak; *den.* orsa etmek; kumaşı teyellemek, çatmak *tack rivet* tutturma perçini *tack about* den. volta etmek *tack mortgages* ipotekleri birleştirmek *tack on* kon. (to ile) (kitap, konuşma, vb. sonunda) eklemek, ilave etmek *tack securities* teminatları birleştirmek

tackle /'tekıl/ *a.* halat takımı; takım, donatı; koşum takımı; palanga (takımı); *sp.* markaj, tutma, durdurma ¤ *e.* uğraşmak, çaresine bakmak, üstesinden gelmek; *sp.* topu kapmak, ayağından almak, top kesmek; *kon.* yakalamak; *kon.* saldırmak

tackweld /'tekweld/ *e.* teyel kaynağı ile tutturmak

tacky /'teki/ *s.* yapışkan; *kon.* adi, kalitesiz, üçüncü sınıf, boktan

tact /tekt/ *a.* zaman ve durumun gerektirdiği biçimdeki davranış; davranış inceliği, insanlarla anlaşabilme yetisi

tactful /'tektfıl/ *s.* ince düşünüşlü, sezgisi güçlü, nazik, sezinçli

tactfulness /'tektfıl/ *a.* ince düşünme, düşüncelilik, sezinç

tactic /'tektik/ *a.* taktik, yönlem

tactical /'tektikıl/ *s.* taktik

tactician /tek'tişın/ *a. ask.* taktikçi, tabiyeci

tactics /'tektiks/ *a. ask.* taktik

tactile /'tektayl/ *s. biy.* dokunma duyusuna ilişkin, dokunsal *tactile input machines* biliş. dokunmatik girdi makineleri

tactless /'tektlis/ *s.* patavatsız, düşüncesiz, sezinçsiz, densiz

tactlessness /'tektlisnis/ *a.* patavatsızlık, düşüncesizlik, densizlik

tactual /'tekçuıl/ *s.* dokunma duyusu ile ilgili, dokunsal *tactual sense* dokunma duyusu

tadpole /'tedpoul/ *a. hayb.* iribaş, tetari

taffeta /'tefıtı/ *a. teks.* tafta

tag /teg/ *a.* etiket, fiş; çok sık kullanılan laf, beylik laf; elim sende oyunu ¤ *e.* etiketlemek, fiş takmak; eklemek; (along/on ile) *kon.* peşine takılmak, birlikte gitmek, takılmak *tag converting unit* biliş. etiket dönüştürme birimi *tag format* biliş. etiket deseni, etiket biçimi *tagged atom* fiz. işaretli atom

tail /teyl/ *a.* kuyruk; *arg.* göt; bozuk paranın resimsiz tarafı, yazı; son, uç ¤ *e. kon.* kuyruk gibi peşine takılmak, yakından izlemek *heads or tails* yazı mı, tura mı *have one's tail between one's legs* kuyruğunu kısmak *tail assembly* hav. kuyruk takımı *tail beam* inş. bindirme kiriş *tail coat* frak *tail end* son kısım, son bölüm, son, arka kısım, kıç *tail fin* hav. kuyruk stabilizörü *tail fuse* ask. dip tapa *tail lamp* oto. arka lambası *tail light* oto. arka lambası *tail off/away* kötüye gitmek, azalmak, düşmek, zayıflamak *tail parachute* hav. kuyruk paraşütü *tail piece* inş. bindirme kiriş, yarım kiriş *tail pipe* egzoz uç borusu, kuyruk egzoz borusu *tail rope* kuyruk halatı *tail rotor* hav. kuyruk pervanesi *tail shaft* den. uskur şaft, kuyruk şaftı *tail skid* hav. kuyruk mahmuzu/kızağı *tail slide* hav. kuyruk üzerinde kaymak *tail spin* hav. kuyruk virili *tail surface* hav. kuyruk yüzeyi *tail unit* hav. kuyruk takımı *tail wagging the dog* ayaklar baş, başlar ayak olmak *tail wheel* hav. kuyruk tekerleği *tail wind* kuyruk rüzgârı *tail-heavy* hav. kuyruğu ağır *tail-leader* sin. art kılavuz *turn tail* yüz geri edip kaçmak

tailboard /'teylbo:d/ *a. oto.* arka kapak

tailed /'teyld/ *s.* kuyruklu

tailgate /'teylgeyt/ *a.* arka kapak

tailings /'teylingz/ *a. şek.* şeker topağı

tailless /'teylis/ *s.* kuyruksuz *tailless plane* hav. kuyruksuz uçak

tailor /'teylı/ *a.* terzi ¤ *e.* elbise dikmek; yeni bir biçim vermek

tailored /'teylıd/ *s.* (giysi) yeni bir biçim verilmiş, iyi oturtulmuş *tailored costume* ısmarlama kostüm *tailored suit* ısmarlama elbise

tailor-made /teylı'meyd/ *s.* ısmarlama dikilmiş; uygun

tailplane /'teylpleyn/ *a. hav.* kuyruk yüzeyi

tails /teylz/ *a.* frak

tailspin /'teylzpin/ *a.* kuyruk çevrintisi; panik *go into a tailspin* bunalıma girmek

tailstock /'teylstok/ *a.* (torna) gezer punta gövdesi

taint /teynt/ *e.* lekelemek, leke sürmek, kara çalmak, bozmak ¤ *a.* leke; pis koku; ayıp, kusur

take /teyk/ *e.* almak; götürmek; kiralamak; tutmak; kazanmak; almak; (sınav) girmek; (fotoğrafını) çekmek; kabullenmek, üstlenmek, almak; gerektirmek, istemek; (içine) almak; taşımak; yapmak, almak; dayanmak; tahammül etmek; tutmak, rağbet görmek, başarılı olmak; çıkarmak; binmek, ile gitmek; (hasta) olmak; kullanmak, -den yararlanmak; saymak, farz etmek; ele geçirmek, zapt etmek; (zaman) sürmek, çekmek ¤ *a. kon.* hâsılat, para, kâr; çekim *take a back seat* köşesine çekilmek *take a dim view* iyi gözle bakmamak *take a stand*

on kararlı olmak *take a tumble* tepetaklak gitmek *take aback* şaşırtmak *take advantage of* çıkarına kullanmak *take after* -e benzemek, çekmek; gibi davranmak; gibi görünmek *take apart* sökmek, parçalarına ayırmak *take at one's word* sözüne güvenmek *take away* çalmak *take back* geri almak; eskileri düşündürmek, eskiye götürmek; sözünü geri almak *take charge of* sorumluluğunu almak *take down* sökmek, parçalarına ayırmak; yazmak, kaydetmek *take effect* yürürlüğe girmek *take exception* aynı görüşte olmamak *take goods on approval* muhayyer almak *take in* almak, içeriye almak, ev sağlamak; içine almak, içermek; (giysi) daraltmak; anlamak; kandırmak, aldatmak, yutturmak *take into account* dikkate almak *take it from me* inan bana, inan ki *take it out of sb* kon. bütün gücünü tüketmek *take my tip* öğüdümü tut *take off* çıkarmak; (uçak) havalanmak, kalkmak; *kon.* (birini) taklit etmek *take off one's hat to sb* birisine şapka çıkarmak *take on* işe almak, işe başlatmak, görev vermek; ile dövüşmek, kavga etmek; üstlenmek, üstüne almak; almak, takınmak *take one at one's word* sözünü tutmak *take one's medicine* başa geleni çekmek *take one's time (over)* acele etmemek, gerektiği kadar zaman harcamak; fazla vaktini almak *take out* içinden çıkarmak, çekip almak, çıkarmak; bir yere götürmek; resmen elde etmek, edinmek *take out a loan* bankadan kredi almak *take out a mortgage* bankadan ipotek karşılığı para almak *take out on kon.* hırsını -den almak, acısını -den çıkartmak *take over* devralmak, yönetimi almak, üzerine almak *take place* olmak, meydana gelmek *take pot-luck* Allah ne verdiyse yemek *take root* kök salmak *take sb out of himself* neşelendirmek, yüzünü güldürmek *take sides* taraf tutmak *take sb by surprise* gafil avlamak *take sth out on sb* acısını başkasından çıkarmak *take sth up with* görüşünü almak *take stock of a situation* enine boyuna tartmak *take the air* hava almak *take the bit in one's teeth* idareyi ele almak/işe girişmek *take the bitter with the sweet* gülü sevip dikenine katlanmak *take the starch out of* hamur gibi yapmak *take the wind out of sb's sails* işini bozmak, yelkenlerini suya indirmek *take the words out of one's mouth* lafı ağzından almak *take to* kanı kaynayıvermek, hoşlanmak; -e başlamak, alışkanlık edinmek; (dinlemek için) -e gitmek, çekilmek, kaçmak *take up* girişmek, başlamak, ilgilenmek, merak sarmak; (yer, zaman, vb.) kaplamak, tutmak, işgal etmek, doldurmak, almak; sürdürmek, devam etmek; (on ile) (birinin önerisini) kabul etmek *take up with* kon. ile arkadaş olmak *take-home foods* hazır gıda maddeleri *take-home pay* net gelir, safi ücret

takeaway /'teykıwey/ *a. İİ.* hazır yemek; hazır yemek satan dükkân ¤ *s. İİ.* hazır yemek satan dükkândan alınan, algötür

takedown /'teykdaun/ *s.* sökülebilir, demontabl ¤ *a.* sökme, parçalara ayırma *takedown time biliş.* boşaltma zamanı, temizleme zamanı

take-in /'teykin/ *a.* dolandırıcılık, sahtekârlık

takeoff /'teykof/ *a.* havalanma, kalkış; *kon.* taklit *takeoff run hav.* kalkış rulesi *takeoff runway hav.* kalkış pisti *takeoff speed hav.* kalkış hızı *takeoff weight hav.* kalkış ağırlığı

takeover /'teykouvı/ *a.* devralma, ele geçirme, yönetimi alma, devir *takeover bid* devralma fiyat teklifi

taker /'teykı/ *a.* alıcı, müşteri

take-up /'teykap/ *a.* germe, boşunu alma *take-up pulley mak.* germe kasnağı *take-up reel* alıcı makara, toplayıcı makara *take-up screw* gerdirme cıvatası

taking /'teyking/ *a.* alma, alış; filme alma, çekim, çevirim; işgal, ele geçirme ¤ *s. kon.* çekici, hoş, cazip; ilginç, enteresan

takings /'teykingz/ *a.* kâr, kazanç, hâsılat, gelir

talc /telk/ *a.* talk pudrası

talcum /'telkım/ *a.* talk *talcum powder* talk pudrası

tale /teyl/ *a.* hikâye, masal; palavra, yalan, masal; dedikodu; toplam, sayı

talent /'telınt/ *a.* doğal yetenek

talented /'telıntid/ *s.* yetenekli

taleteller /'teylteylı/ *a.* hikâyeci; masalcı; dedikoducu; yalancı, martavalcı

talisman /'telizmın/ *a.* tılsım, uğur, uğurluk

talk /to:k/ *e.* konuşmak ¤ *a.* konuşma, görüşme; sohbet; konuşma biçimi, konuşma; boş laf *talk a blue streak* jet gibi konuşmak *talk a mile a minute* çançan etmek *talk at* imalı konuşmak, laf atmak *talk away* durmadan konuşmak, gevezelik etmek *talk back* saygısızca konuşmak, sert karşılık vermek *talk business* iş konuşmak *talk down to* biriyle küçümseyici bir biçimde konuşmak *talk in circles* lafı çiğnemek/ağzında gevelemek *talk in telephone numbers* bire bin katmak *talk into* -meye ikna etmek *talk one's head off* birisinin kafasını şişirmek *talk one's way out of* içini dökmek, konuşup rahatlamak *talk out of* -memeye ikna etmek, -den vazgeçirmek *talk over* (with ile) görüşmek, tartışmak, müzakere etmek *talk round* (to ile) caydırmak, fikrinden vazgeçirmek; ikna etmek *talk sb into* bir şey yapmaya ikna etmek *talk sb out of* vazgeçirmek *talk shop* iş konuşmak *talk the hind legs off a donkey* makine gibi konuşmak *talk through the back of one's head* abuk subuk konuşmak *talk until one is blue in the face* dili damağı kurumak/dili damağına yapışmak

talkative /'to:kıtiv/ *s.* konuşkan, çenesi düşük, geveze

talkativeness /'to:kıtivnis/ *a.* konuşkanlık, gevezeiik

talkee-talkee /to:ki'to:ki/ *a.* palavra, masal

talker /'to:kı/ *a.* konuşmacı

talkie /'to:ki/ *a.* konuşkan, geveze

talking /'to:king/ *a.* konuşma ¤ *s.* konuşan *talking picture sin.* sözlü film

talking-to /'to:kingtı/ *a. kon.* azarlama, paylama, azar, fırça *give sb a talking-to kon.* azarlamak, paylamak, fırça çekmek

talky /'to:ki/ *a. kon.* konuşkan **talky talk** gevezelik

tall /to:l/ *s.* uzun boylu; ... boyunda; yüksek **tall order** yapılması hemen hemen olanaksız iş, olmayacak iş **tall story** inanılması güç hikâye, palavra, maval, masal

tallow /'telou/ *a.* donyağı

tally /'teli/ *a.* hesap, sayı; çetele; skor; etiket; karşılık, tamamlayıcı şey; kupon ¤ *e.* (with ile) birbirini tutmak, uymak, sonuçları eşit olmak, bağdaşmak; sonucunu eşitlemek, birbirini tutturmak, bağdaştırmak **tally shop** taksitle satış yapan dükkân **tally trade** taksitli alışveriş **tally-sheet** hesap listesi

tally-ho /teli'hou/ *ünl.* haydi!, aport!

tallyman /'telimın/ *a.* ucuzcu

talon /'telın/ *a. hayb.* pençe; sivri tepeli korniş; kilit anahtar yatağı; kılıç namlusunun tutacak yeri

talus /'teylıs/ *a. yerb.* birikinti

tamable /'teymıbıl/ *s.* evcilleştirilebilir

tamarack /'temırek/ *a.* karaçam, amerikan çamı

tamarind /'temırind/ *a.* demirhindi

tamarisk /'temırisk/ *a. bitk.* ılgın

tambour /'tembou/ *a.* kasnak

tambourine /tembı'ri:n/ *a. müz.* tef

tame /teym/ *s.* evcil; yumuşak başlı, uysal; *kon.* sıkıcı, yavan, tatsız ¤ *e.* evcilleştirmek, ehlileştirmek; dize getirmek

tameness /'teymnis/ *a.* uysallık; evcillik

tamer /'teymı/ *a.* vahşi hayvan eğiticisi

tamp /temp/ *e.* tokmaklamak, bastırıp sıkıştırmak

tamper /'tempı/ *e.* (with ile) karıştırmak, kurcalamak, oynamak

tamping /'temping/ *a.* sıkılama, tokmaklama **tamping roller** vibrasyonlu silindir, titreşimli silindir **tamping stick** *mad.* sıkılama çubuğu

tampon /'tempon/ *a.* (adet zamanı kullanılan) tampon

tan /ten/ *e.* (hayvan derisi) tabaklamak, sepilemek; güneşte yanmak, bronzlaşmak; bronzlaştırmak ¤ *a.* güneş yanığı; sarımsı kahverengi

tandem /'tendım/ *a.* iki kişilik bisiklet; atların birbiri ardına koşulduğu araba; kademeli dizi ¤ *s.* birbiri ardına dizilmiş, tandem **tandem axle** *oto.* tandem aks **tandem axle suspension** *oto.* çift aks süspansiyonu **tandem calender** çift kalender **tandem disk harrow** *trm.* tandem diskli tırmık **tandem drive** tandem tahrik **tandem engine** tandem motor **tandem piston** tandem piston

tandoori /'ten'duıri/ *a. mutf.* kil fırında pişirme

tang /teng/ *a.* keskin koku; keskin tat; pırazvana, berazban

tangency /'tencınsi/ *a. mat.* teğet geçme

tangent /'tencınt/ *a. mat.* tanjant, teğet **go/fly off at a tangent** daldan dala konmak **tangent galvanometer** *elek.* teğet galvanometre **tangent plane** *mat.* teğet düzlemi **tangent point** teğet noktası

tangential /ten'cenşıl/ *s.* teğetsel

tangerine /tencı'ri:n/ *a. bitk.* mandalina

tangible /'tencıbıl/ *s.* dokunulabilir, elle hissedilebilen; gerçek, elle tutulur, somut, kesin **tangible assets** maddi aktifler, maddi kıymetler **tangible property** maddi mallar

tangle /'tengıl/ *e.* dolaştırmak, karmakarışık etmek, arapsaçına çevirmek; arapsaçına dönmek, dolaşmak, karışmak ¤ *a.* dolaşık şey, karmakarışık şey, arapsaçı, düğüm **tangle with** *kon.* atışmak, kapışmak, tartışmak

tango /'tengou/ *a. müz.* tango ¤ *e.* tango yapmak

tank /tenk/ *a. ask.* tank; (gaz, sıvı, vb.) depo, tank, sarnıç; *oto.* benzin deposu **tank car** sarnıçlı vagon **tank line** *elek.* tank hattı **tank mine** *ask.* tank mayını **tank reactor** *elek.* kapalı havuz reaktörü **tank rectifier** *elek.* tank doğrultucusu **tank truck** tanker **tank wagon** *demy.* sarnıç vagon

tankard /'tenkıd/ *a.* maşrapa

tanker /'tenkı/ *a.* tanker **tanker aircraft** tanker uçak

tanner /'tenı/ *a.* sepici, tabak **tanner's wool** *teks.* tabak yünü

tannery /'tenıri/ *a.* tabakhane, sepi yeri

tannic /'tenik/ *s.* tanenli **tannic acid** tanen asidi **tannic resist** *teks.* tanik rezerve

tannin /'tenin/ *a.* tanen

tantalate /'tentıleyt/ a. tantalat

tantalite /'tentılayt/ a. min. tantalit

tantalization /tentlay'zeyşın/ a. boşuna ümit verme, umutlandırıp vermeme

tantalize /'tentlayz/ e. boşuna ümit vermek, umutlandırıp vermemek

tantalizing /'tentlayzing/ s. istek ve heyecan uyandıran; iştah kabartan

tantalum /'tentılım/ a. tantal **tantalum capacitor** tantallı kondansatör **tantalum rectifier** tantallı redresör

tantamount /'tentımaunt/ s. (to ile) eşit, eşdeğer, aynı değerde, eşdeğerde **be tantamount to** ile eşit olmak

tantivy /ten'tivi/ be. dörtnala

tantrum /'tentrım/ a. öfke nöbeti, sinir krizi **fly into a tantrum** heyheyleri tutmak, babaları tutmak

tanyard /'tenya:d/ a. tabakhane, sepi yeri

tap /tep/ a. musluk; tapa, tıkaç; bar, meyhane; kılavuz; bağlantı; elektrik kolu; hafif vuruş ¤ e. tapa ya da musluğu açmak; (telefon konuşmalarını) gizli bağlantı kurarak dinlemek; delip ya da kesip içindeki sıvıyı çekmek; kullanmak; hafifçe vurmak **on tap** (bira) fıçıdan; hazır **tap bolt** saplama, pim **tap borer** zıvana matkabı **tap water** musluk suyu **tap dance** step dans **tap-dance** step dans yapmak **tap dancer** step dansı yapan kişi **tap dancing** step dans

tape /teyp/ a. şerit; bant, ses kayıt bantı; kaset, bant ¤ e. banda kaydetmek, banda çekmek; (up ile) şeritle bağlamak **breast the tape** yarışı birinci bitirmek **tape bootstrap routine** biliş. şerit ilk yükleme yordamı **tape cartridge** kaset **tape cluster** biliş. şerit kümesi, şerit salkımı **tape comparator** biliş. bant karşılaştırıcı, şerit karşılaştırıcı **tape-controlled carriage** biliş. şerit denetimli taşıyıcı **tape core** biliş. şerit çekirdek **tape deck** yükselticisiz ve hoparlörsüz kasetçalar, dek teyp; biliş. şerit birimi **tape drive** biliş. şerit sürücü **tape feed** biliş. şerit besleme, şerit ilerletme **tape file** biliş. şerit dosyası, şerit kütüğü **tape group** biliş. şerit grubu **tape label** biliş. şerit etiketi **tape leader** bant amorsu **tape library** biliş. şerit kitaplığı **tape loadpoint** biliş. şerit

yükleme noktası **tape mark** biliş. şerit sonu işareti, şerit bölücü, denetim işareti **tape measure** şerit metre, mezür **tape operating system** biliş. şerit işletim sistemi **tape plotting system** biliş. şerit çizim sistemi **tape punch** biliş. şerit delici, şerit delgileyici **tape reader** biliş. şerit okuyucu **tape recorder** teyp, kasetçalar **tape recording** elek. banda alma, bant kayıt **tape reproducer** biliş. şerit çoğaltıcı, şerit tıpkılayıcı **tape serial number** biliş. şerit seri numarası **tape skip** biliş. şerit atlatıcı, şerit atlatma komutu **tape sort** biliş. şeritle sıralamak **tape station** biliş. şerit istasyonu **tape-to-card convertor** biliş. şeritten karta dönüştürücü **tape transport** biliş. şerit aktarıcı, şerit döndürücü **tape transport mechanism** biliş. şerit aktarma mekanizması **tape unit** biliş. şerit birimi **tape verifier** biliş. şerit gerçekleyicisi **tape-wound core** biliş. şerit sargılı çekirdek

taper /'teypı/ e. uca doğru incelmek, sivrilmek; inceltmek, ucunu sivriltmek ¤ a. koniklik; ince ve uzun mum; yakma fitili **taper file** fare kuyruğu eğe **taper key** sivri kama **taper pin** konik pim, konik mil **taper pin drill** konik pim matkabı **taper reamer** konik rayba **taper roller bearing** konik bilyalı yatak **taper shank** konik sap **taper tap** konik kılavuz **taper turning** konik tornalama **taper-faced piston ring** oto. konik segman

tapered /'teypıd/ s. konik **tapered pin** konik pim **tapered roller bearing** konik masuralı yatak **tapered wing** hav. konik kanat

tapering /'teypring/ s. gittikçe incelen

tapestry /'tepistri/ a. duvar halısı **tapestry needle** teks. goblen iğnesi, nakış iğnesi

tapeworm /'teypwö:m/ a. tenya, şerit, bağırsak solucanı

tapped /tept/ s. diş çekilmiş **tapped coil** elek. şube bobini, kol bobini **tapped resistor** elek. prizli direnç, ara uçlu direnç **tapped transformer** elek. prizli transformatör, ara uçlu transformatör

tappet /'tepit/ a. itici supap; dirsek, mil **tappet actuating lever** oto. itecek çalıştırma kolu **tappet adjusting screw** *oto.* itecek ayar vidası **tappet clearance** *oto.* itecek aralığı **tappet guide** *oto.* supap iteceği yuvası **tappet rod** *oto.* itici çubuk, itici tiji **tappet roller** *oto.* itecek makarası

tapping /'teping/ *a.* hafifçe vurma; kılavuz çekme

taproot /'tepru:t/ *a.* kazıkkök, anakök

tar /ta:/ *a.* asfalt; katran ¤ *e.* asfaltlamak, asfalt dökmek; katranla kaplamak **tar board** katranlı levha **tar brush** katran fırçası **tar coating** katran örtü **tarred with the same brush** aynı yolun yolcusu

taradiddle /'terıdidıl/ *a.* yalan

tarantula /tı'rentyulı/ *a. hayb.* büyük zehirli bir örümcek, tarantula

tarboard /'ta:bo:d/ *a.* katranlı mukavva

tardiness /'ta:dinis/ *a.* ağırlık, yavaşlık; gecikme, rötar

tardy /'ta:di/ *s.* ağır, yavaş; geç, gecikmiş **be tardy** geç kalmak

tare /teı/ *a.* dara; burçak ¤ *e.* darasını almak, darasını düşmek **tare washer** *şek.* fire tespitine yarayan yıkama makinesi

target /'ta:git/ *a.* hedef, hedef tahtası; amaç, erek, hedef; alay konusu kimse/şey; şamar oğlanı **target acquisition** *ask.* hedef tespiti **target capacitance** *elek.* hedef kapasitesi **target computer** *biliş.* hedef bilgisayar **target configuration** *biliş.* hedef konfigürasyon, hedef görünüm **target language** hedef dil, erek dil, amaç dil **target machine** *biliş.* amaç makine **target phase** *biliş.* hedef fazı, amaç evresi **target price** hedef fiyat **target program** *biliş.* hedef program, amaç program

tariff /'terif/ *a.* tarife; gümrük vergisi **tariff barriers** gümrük engelleri **tariff rate** gümrük vergisi oranı **tariff wall** gümrük duvarı

tarlatan /'ta:lıtın/ *a. teks.* tarlatan

tarmac /'ta:mek/ *a.* asfalt, asfalt alanı; (asfalt) uçak pisti

tarmacadam /ta:mı'kedım/ *a.* katranlı makadam **tarmacadam plant** katranlı makadam tesisi

tarnish /'ta:niş/ *e.* sönükleşmek, kararmak, donuklaşmak; karartmak, donuklaştırmak, sönükleştirmek

tarot /'terou/ *a.* fal bakmak için kullanılan 22'lik iskambil destesi

tarpaulin /ta:'po:lin/ *a.* katranlı muşamba

tarry /'ta:ri/ *s.* katranlı

tarsal /'ta:sıl/ *s.* ayak bileği ile ilgili

tarsia /'ta:siı/ *a.* kakmacılık

tart /ta:t/ *a.* turta; *arg. hkr.* orospu ¤ *s.* keskin, acı; ters, aksi, acı, iğneleyici

tartan /'ta:tn/ *a.* ekose (kumaş)

tartar /'ta:tı/ *a.* kefeki, pesek; şirret, bela, vahşi kimse **catch a tartar** çetin cevize çatmak **tartar emetic** potasyum antimonil tartarat **tartar sauce** sos tartar, balık sosu

tartaric /ta:'terik/ *s.* tartarik **tartaric acid** tartarik asit

tartness /'ta:tnis/ *a.* keskinlik, acılık; ekşilik

tartrate /'ta:treyt/ *a.* tartarat

tartrazine /'ta:trızi:n/ *a.* (boya) tartrazin

task /ta:sk/ *a.* vazife, görev, iş **take sb to task** azarlamak, paylamak, fırça çekmek, ağzının payını vermek **task force** polis ya da asker gücü, özel birlik **task management** *biliş.* görev yönetimi **task master** angaryacı; amir, usta **task queue** *biliş.* görev kuyruğu **task wages** götürü ücret **task work** götürü iş

taskmaster /'ta:skma:stı/ *a.* başkasına iş yükleyen kimse, angaryacı

tassel /'tesıl/ *a.* püskül

taste /teyst/ *e.* tatmak, tadına bakmak; tat almak, tadını almak; belli bir tadı olmak ¤ *a.* tat; tadımlık; beğeni, zevk

tasteful /'teystfıl/ *s.* zevkli

tastefulness /'teystfıl/ *a.* zevklilik

tasteless /'teystlıs/ *s.* tatsız; zevksiz

tastelessness /'teystlıs/ *s.* tatsızlık; zevksizlik

taster /'teystı/ *a.* çeşnici, içki ya da yemeklerin tadına bakan kimse

tastiness /'teystinis/ *a.* lezzetlilik

tasty /'teysti/ *s.* lezzetli, tatlı

ta-ta /te'ta:/ *ünl.* hoşça kal!, eyvallah!

tattered /'tetıd/ *s.* yırtık pırtık, eski püskü

tatters /'tetız/ *a.* yırtık pırtık giysi, paçavra

tatting /'teting/ *a. teks.* mekik oyası

tattle /'tetıl/ *e.* gevezelik etmek

tattler /'tetıl/ *a.* boşboğaz, dedikoducu

tattoo /te'tu:/ a. dövme; trampet sesi; *ask.* bando gösterisi ¤ e. dövme yapmak

tatty /'teti/ s. *kon.* dağınık, pejmürde, eski püskü

taunt /to:nt/ e. alay etmek, sataşmak, iğnelemek ¤ a. alay, sataşma, iğneleme

taurine /'to:ri:n/ a. *kim.* taurin, torin

Taurus /'to:rıs/ a. Boğa burcu

taut /to:t/ s. gerili, sıkı, gergin; gergin, gerilmiş, telaşlı

tautology /to:'tolıci/ a. gereksiz tekrar

tautomer /'to:tımı/ a. tautomer

tavern /'tevın/ a. taverna

taw /to:/ e. postu işleyip kösele yapmak

tawdriness /'to:drinis/ a. adilik, zevksizlik, cafcaflılık

tawdry /'to:dri/ s. adi, zevksiz, cafcaflı

tawer /'to:ı/ a. sepici

tawery /'to:ıri/ a. tabakhane

tawny /'to:ni/ s. esmer, sarımsı kahverengi *tawny owl* alaca baykuş

tax /teks/ e. vergilendirmek, vergi koymak; yormak, zorlamak ¤ a. vergi, resim; külfet, yük *tax with* ile suçlamak *tax allowance* vergi muafiyeti *tax avoidance* vergiden kaçınma *tax base* vergi matrahı *tax bracket* vergi baremi, vergi dilimi *tax collector* vergi tahsildarı *tax consultant* vergi müşaviri *tax credit* vergi kredisi *tax deductible* vergiden düşülebilir *tax dodger* vergi kaçakçısı *tax evader* vergi kaçakçısı *tax evasion* vergi kaçırma *tax exempt* vergiden muaf, vergisiz *tax exemption* vergi istisnası *tax holiday* vergi tatili *tax liability* vergi yükümlülüğü *tax on land* arazi vergisi *tax payer* vergi mükellefi, vergi sorumlusu *tax rate* vergi oranı *tax rebate* vergi iadesi *tax refund* vergi iadesi *tax relief* vergi indirimi *tax return* vergi beyanı *tax value* vergi değeri

taxable /'teksıbıl/ s. vergilendirilebilir, vergiye tabi *taxable income* vergilendirilebilir gelir, vergiye tabi gelir

taxation /tek'seyşın/ a. vergilendirme; vergi miktarı, vergi

taxeme /'teksi:m/ a. sözdiziminde basit bir biçim özelliği taşıyan en küçük bir birim

tax-free /teks'fri:/ s. *be.* vergiden muaf, vergisiz *tax-free income* vergi dışı gelir *tax-free investment* vergiden muaf yatırım *tax-free shop* gümrük vergisiz mağaza

taxi /'teksi/ a. taksi ¤ e. (uçak) yerde ilerlemek, taksi yapmak *taxi rank* taksi durağı *taxi stand* taksi durağı

taxicab /'teksikeb/ a. taksi

taxidermist /'teksidö:mist/ a. hayvan postunu dolduran kimse, tahnitçi

taxidermy /'teksidö:mi/ a. hayvan postunu doldurma sanatı, tahnitçilik

taximeter /'teksimi:tı/ a. taksimetre

T-bone steak /'ti: boun steyk/ a. T-kemikli biftek

tea /ti:/ a. çay; bitki çayı; öğleden sonraları yenen hafif yemek *high tea* erken yenen akşam yemeği *one's cup of tea kon.* -in sevdiği şey *tea caddy* çay kavanozu, çay kutusu *tea cosy* çaydanlık örtüsü *tea towel* bulaşık kurulama bezi

teabag /'ti:beg/ a. poşet çay

teacake /'ti:keyk/ a. *mutf.* üzümlü çay çöreği

teach /ti:ç/ e. öğretmek; ders vermek

teacher /'ti:çı/ a. öğretmen

teach-in /'ti:çin/ a. tartışma, münazara

teaching /'ti:çing/ a. öğretim; ders, öğreti; öğretmenlik *teaching aids* öğretim araçları *teaching machine* öğretici araç *teaching staff* öğretim üyesi

teacup /'ti:kap/ a. çay fincanı *storm in a teacup* bir bardak suda fırtına

teagarden /'ti:ga:dn/ a. çay ve hafif yiyecekler bulunduran açık hava lokantası; çay yetiştirilen geniş arazi

teak /ti:k/ a. *bitk.* tik ağacı

tealeaf /'ti:li:f/ a. çay yaprağı

teal /ti:l/ a. çamurcun

team /ti:m/ a. takım; grup, ekip; aynı aracı çeken hayvanlar ¤ e. takım atları sürmek; (arabaya) koşmak; takım kurmak *team spirit* takım ruhu *team teaching* grup öğretimi *team work* ekip çalışması *team up* (with ile) birlikte çalışmak, ekip halinde çalışmak, ekip çalışması yapmak

teamster /'ti:mstı/ a. yük arabacısı

teamwork /'ti:mwö:k/ a. ekip çalışması

teapot /'ti:pot/ a. demlik

tear /tiı/ a. gözyaşı ¤ e. (gözler)

yaşlanmak *tear gas ask.* göz yaşartıcı gaz

tear /teı/ *e.* yırtmak; yırtılmak; kopmak; koparmak; hızla ilerlemek, paldır küldür gitmek ¤ *a.* (giysi, kâğıt, vb.) yırtık, sökük *tear a strip off sb kon.* fırça çekmek, paylamak, haşlamak, azarlamak *tear down* yıkmak, alaşağı etmek, yerle bir etmek *tear growth test teks.* yırtılma büyümesi deneyi *tear into* (özellikle sözle) saldırmak *tear sb off a strip kon.* fırça çekmek, paylamak, haşlamak, azarlamak *tear up* yırtarak parçalamak, parça parça etmek

tearaway /'teıriwey/ *a. kon.* gürültücü, vahşi genç

teardrop /'tıidrop/ *a.* gözyaşı damlası

tearful /'tıifıl/ *s.* ağlayan, gözü yaşlı; ağlamaklı

tearing /'teıring/ *a.* yırtma; yırtılma ¤ *s.* çılgınca, korkunç, müthiş *tearing strength* yırtılma dayancı *tearing test* yırtılma deneyi

tearoom /'ti:ru:m, 'ti:rum/ *a.* çay ve hafif yemekler bulunduran lokanta

tease /ti:z/ *e.* sataşmak, takılmak, alay etmek; rahatsız etmek, rahat vermemek; ditmek, taramak; tüylendirmek, şardonlamak ¤ *a.* alaycı, muzip kimse, sataşmayı seven kimse *tease tenon* geçme lamba

teasel /'ti:zıl/ *a.* tarakotu; hav kabartma aleti, kumaş tüyünü kabartma aleti *teasel raising machine teks.* şardon makinesi

teaser /'ti:zı/ *a. kon.* zor soru/sorun; sataşan, alaycı, muzip kimse

teaspoon /'ti:spu:n/ *a.* çay kaşığı

teat /ti:t/ *a.* meme ucu; biberon emziği

teatime /'ti:taym/ *a.* (öğleden sonra) çay saati

tec /tek/ *a. arg.* dedektif

tech /tek/ *a. kon.* teknik okul

technetium /tek'ni:şıim/ *a. kim.* teknesyum, teknetyum

technical /'teknikıl/ *s.* teknik *technical adviser* teknik danışman *technical analysis* teknik analiz *technical bureau* teknik büro *technical college* teknik okul *technical dictionary* teknik sözlük *technical feasibility* teknik olabilirlik *technical knockout* teknik

nakavt *technical language* teknik dil *technical literature* teknik literatür *technical report* teknik rapor *technical school* meslek okulu *technical skill* teknik beceri *technical term* teknik terim

technician /tek'nişın/ *a.* teknisyen, tekniker

technics /'tekniks/ *a.* teknoloji

technique /tek'ni:k/ *a.* teknik, yordam

techno /'teknou/ *a. müz.* tekno

technocracy /tek'nokrısi/ *a.* teknokrasi

technocrat /'teknoukret/ *a.* teknokrat

technological /teknı'locikıl/ *s.* teknolojik

technology /tek'nolıci/ *a.* teknoloji, uygulayımbilim

tectonic /tek'tonik/ *s.* yapımsal, inşaatla ilgili; tektonik, yerkabuğu ile ilgili, kayma oluşumsal *tectonic lake coğ.* tektonik göl, çöküntü çanağı gölü

ted /ted/ *e.* (kurutmak için) sermek, altüst etmek

teddy /'tedi/ *a.* tek parça halinde kadın don ve gömleği

teddy bear /'tedi beı/ *a.* oyuncak ayı

tedious /'ti:dııs/ *s.* sıkıcı, usandırıcı, bezdirici

tedium /'ti:dıım/ *a.* usandırıcılık, bıktırıcılık, sıkıcılık

tee /ti:/ *a.* T biçiminde şey; (golf) ilk vuruşun yapıldığı yer

teem /ti:m/ *e.* (with ile) dolu olmak, kaynaşmak; *kon.* bardaktan boşanırcasına yağmak

teenage /'ti:neyc/ *s.* 13-19 yaş arası gençlerle ilgili

teenager /'ti:neycı/ *a.* 13-19 yaş arası genç

teens /'ti:nz/ *a.* 13-19 arasındaki yaş

teeny /'ti:nz/ *a.* genç (kız/erkek)

tee-shirt /'ti:-şö:t/ *a.* tişört

teeter /'ti:tı/ *e.* düşecek gibi olmak, sallanmak, sendelemek

teeth /ti:t/ *a.* dişler *armed to the teeth* tepeden tırnağa silahlı *get one's teeth into sth* kendini bir şeye vermek *grit one's teeth* dişini sıkmak *kick in the teeth* hiçe saymak/adam yerine koymamak

teethe /ti:d/ *e.* (bebek) diş çıkarmak

teetotal /ti:'toutl/ *s.* yeşilaycı, içki içmeyen

teetotaller /ti:'toutılı/ *a.* içki içmeyen kimse, yeşilaycı

teetotalism /ti:'toutılizım/ *a.* içki içmeme, yeşilaycılık

Teflon /'teflon/ *a.* Teflon

tektite /'tektayd/ *a. yerb.* tektit

telamon /'telımın/ *a. inş.* telamon

tele /'teli/ *a. Aİ. kon.* televizyon

tele- /'teli/ *önk.* tele, televizyonla ilgili, telefonla ilgili

telecamera /'telikemırı/ *a.* telekamera, uzaktan kumandalı fotoğraf makinesi

telecast /'telika:st/ *a.* televizyon yayını ¤ *e.* televizyonla yayımlamak

telecine /'telisini/ *a.* telesine

telecommunication(s) /telikımyu:ni'keyşın(z)/ *a.* telekomünikasyon, uziletişim *telecommunication network* telekomünikasyon şebekesi, uziletişim ağı *telecommunication satellite* telekomünikasyon uydusu, uziletişim uydusu *telecommunication security* telekomünikasyon güvenliği, uziletişim güvenliği *telecommunications access method biliş.* uzaktan iletişim erişim yöntemi

telecourse /'teliko:s/ *a.* televizyonla öğretim

teledu /'telidu:/ *a.* teledu, kokarcaya benzer memeli bir hayvan

telefilm /'telifilm/ *a.* televizyon filmi

telegenic /teli'cenik/ *s.* telejenik, televizyonagider

telegram /'teligrem/ *a.* telgraf, telyazı

telegraph /'teligra:f/ *a.* telgraf, telgraf sistemi ¤ *e.* telgraf çekmek *telegraph cable* telgraf kablosu *telegraph code* telgraf kodu *telegraph key* telgraf maniplesi *telegraph office* telgrafhane *telegraph operator* telgrafçı *telegraph pole* telgraf direği *telegraph repeater* telgraf repetörü *telegraph system* telgraf sistemi

telegrapher /tı'legrıfı/ *a.* telgrafçı

telegraphic /teli'grefik/ *s.* telgraf+, telgrafla ilgili *telegraphic address* telgraf adresi *telegraphic communication* telgraf türü iletişim *telegraphic money order* telgraf havalesi *telegraphic transfer* telgraf havalesi

telegraphist /tı'legrıfist/ *a.* telgrafçı

telegraphy /ti'legrıfi/ *a.* telgrafçılık

telekinesis /teliki'ni:sis/ *a.* telekinezi, uzadevim

telelens /'telilens/ *a.* teleobjektif, tele merceği, ırak merceği

telemeter /ti'lemitı/ *a.* telemetre, uzaklıkölçer

telemetric /teli'metrik/ *s.* telemetrik

telemetry /ti'lemitri/ *a.* telemetri

teleologic /teliı'locikıl/ *s.* erekbilimsel, teleolojik

teleology /teliı'locikıl/ *s.* erekbilim, teleoloji

telepathic /teli'petik/ *s.* telepatik

telepathy /ti'lepıti/ *a.* telepati, uzaduyum, öteduyum

telephone /'telifoun/ *a.* telefon ¤ *e.* telefon etmek *telephone booth* telefon kulübesi *telephone capacitor* telefon kondansatörü *telephone circuit* telefon devresi *telephone data set biliş.* telefon veri takımı *telephone directory* telefon rehberi *telephone exchange* telefon santralı *telephone frequency* telefon frekansı *telephone pole* telefon direği

telephonic /teli'fonik/ *s.* telefonik, telefonla ilgili *telephonic communication biliş.* telefon türü iletişim

telephonist /tı'lefınist/ *a.* santral memuru

telephony /ti'lefıni/ *a.* telefonculuk

telephoto /'telifoutou/ *a.* telefoto *telephoto lens* teleobjektif

teleplay /'telipley/ *a.* televizyon oyunu

teleprinter /'teliprintı/ *a.* telem, uzyazar

teleprocessing /teli'prousesing/ *a. biliş.* tele işlem, uzişlem

teleprompter /'telipromptı/ *a. elek.* telepromptır, otokö, akıl defteri

telescope /'teliskoup/ *a.* teleskop, ırakgörür ¤ *e.* iç içe geçerek kısalmak; iç içe geçirip kısaltmak

telescopic /teli'skopik/ *s.* teleskopa ilişkin, teleskopik; iç içe girerek uzayıp kısalan, geçmeli *telescopic antenna* teleskopik anten *telescopic brake cylinder oto.* teleskopik fren silindiri *telescopic fork* teleskopik çatal *telescopic jack* teleskopik kriko *telescopic shaft* teleskopik şaft *telescopic shock absorber oto.* teleskopik amortisör

telescreen /'teliskri:n/ *a.* televizyon

ekranı
Teletext /'telitekst/ *a.* teletekst, yazı görüntüleme
teletype /'telitayp/ *a.* teletip, uzakyazıcı **teletype input/output unit** *biliş.* uzakyazıcı girdi/çıktı birimi
teletypesetter /teli'taypsetı/ *a.* teletipsetter
teletypewriter /teli'taypraytı/ *a.* teleks cihazı
teleview /'telivyu:/ *e.* televizyon izlemek; televizyonda görmek
televise /'telivayz/ *e.* televizyonda göstermek, yayınlamak
television /'telivijın/ *a.* televizyon *television amplifier* televizyon amplifikatörü *television antenna* televizyon anteni *television band* televizyon bandı *television broadcast(ing)* televizyon yayını *television cable* televizyon kablosu *television camera* televizyon kamerası, alıcı *television cameraman* televizyon kameramanı, alıcı yönetmeni *television channel* televizyon kanalı *television field* televizyon alanı *television microscope* televizyon mikroskopu *television monitor* resim monitörü, görüntü denetliği *television picture* televizyon görüntüsü *television picture tube* televizyon resim tüpü *television projector* televizyon göstericisi *television receiver* televizyon alıcısı *television standard* televizyon standardı *television station* televizyon istasyonu *television studio* televizyon stüdyosu *television telephone* televizyonlu telefon *television tower* televizyon kulesi *television transmission* televizyon yayını *television transmitter* televizyon vericisi *television tube* *elek.* resim tüpü, resim lambası, ekran lambası
telex /'teleks/ *a.* teleks; teleks haberi ¤ *e.* teleks çekmek, teleksle haber yollamak *be on the telex* teleksi olmak *telex operator* teleks operatörü
telic /'telik/ *s.* sonuna gelinmiş, amacına ulaşmış *telic aspect* bitmişlik görünüşü
tell /tel/ *e.* söylemek; anlatmak; tembihlemek; emretmek; bildirmek; göstermek, belli etmek; etkili olmak, göze çarpmak, belli olmak; bilmek, tahmin etmek, seçmek, ayırt etmek;

başkasına söylemek *all told* tümüyle, hep beraber *tell off* *kon.* azarlamak, paylamak, fırça çekmek, haşlamak *tell on* kötü etkisi olmak, kötü etkilemek; *kon.* gammazlamak, ispiyonlamak, ihbar etmek *tell (people/things) apart* ayırt etmek
teller /'telı/ *a.* banka veznedarı; oy sayıcı *teller's department* vezne
telling /'teling/ *s.* etkili, tesirli; (duygu, görüş, vb.) açığa çıkaran, gösteren, belirten
telltale /'telteyl/ *a.* *kon.* gammaz, muhbir, ispiyoncu; gösterge; gaz sayacı; *den.* dümen göstergesi ¤ *s.* (duygu, düşünce, suç, vb.) belli eden, açığa vuran
tellurate /'telyureyt/ *a.* tellürat
telluric /te'luırik/ *s.* tellürik *telluric currents* *yerb.* tellürik akımlar
tellurite /'telyurayt/ *a. min.* tellürit
tellurium /te'luıriım/ *a.* tellür
tellurometer /telyu'romitı/ *a.* tellürometre
tellurous /'telyurıs/ *s.* tellüröz
telly /'teli/ *a. İl. kon.* televizyon
telpher /'telfı/ *a.* teleferik *telpher line* teleferik hattı
telpherage /'telfıric/ *a.* teleferikle gönderme
temerity /ti'meriti/ *a.* gözü peklik, ataklık, aptalca cesaret, cüret
temp /temp/ *a.* geçici sekreter
temper /'tempı/ *a.* hal, keyif; huy, tabiat, mizaç; kızgınlık, öfke; kıvam; tav; meneviş, çeliğe verilen su ¤ *e.* (metal) sertleştirmek, tavlamak, suvermek, menevişlemek; hafifletmek, yumuşatmak *fly/get into a temper* aniden tepesi atmak *keep one's temper* sakinliğini korumak *lose one's temper* tepesi atmak, kızmak *temper brittleness* meneviş gevrekliği *temper carbon* temper karbon, yumru karbon *temper colour* *met.* meneviş rengi *temper rolling* *met.* yumuşatma çekmesi, tavlama çekmesi *tempered* *met.* tavlanmış, menevişli *tempering furnace* *met.* menevişleme fırını *tempering oil* *met.* menevişleme yağı *tempering temperature* *met.* menevişleme sıcaklığı
temperament /'tempırımınt/ *a.* huy,

tabiat, mizaç, yaradılış, yapı, doğa

temperamental /tempırı'mentl/ *s.* değişken doğalı, saati saatine uymayan; yapıdan ileri gelen, tabiatından kaynaklanan

temperance /'tempırıns/ *a.* ılımlılık, itidal, nefse hâkimiyet, özdenetim; içki içmeme, alkolden kaçınma

temperate /'tempırit/ *s.* ılımlı, ölçülü; ılıman, ılık, mutedil

temperateness /'tempıritnis/ *a.* ılımlılık, ölçülülük; ılımanlık, mutedillik

temperature /'tempırıçı/ *a.* sıcaklık (derecesi); insan vücudunun sıcaklığı, ateş *have a temperature* ateşi olmak *run a temperature* ateşlenmek, ateşi olmak *take sb's temperature* ateşini ölçmek *temperature coefficient fiz.* sıcaklık katsayısı *temperature control* sıcaklık kontrolü *temperature controlled* sıcaklığı kontrollü *temperature controller* sıcaklık denetleme aygıtı *temperature correction* sıcaklık düzeltmesi *temperature difference* sıcaklık farkı *temperature distribution* sıcaklık dağılımı *temperature gradient metr.* sıcaklık gradyanı, sıcaklık eğimi *temperature increase* sıcaklık artışı *temperature indicator* sıcaklık göstergesi *temperature inversion coğ.* sıcaklık terselmesi *temperature limited* sıcaklık sınırlı *temperature range* sıcaklık aralığı *temperature scale* sıcaklık ölçeği

tempest /'tempist/ *a.* fırtına

tempestuous /tem'pesçuıs/ *s.* fırtınalı

template /'templit/ *a.* kalıp, şablon, mastar; takoz; gabari

temple /'tempıl/ *a.* tapınak; *anat.* şakak; *teks.* cımbar, çımbar, enine açıcı

templet /'templit/ *a.* kalıp; model, örnek

tempo /'tempou/ *a.* tempo

temporal /'tempırıl/ *s.* zamanla ilgili; maddi; geçici

temporariness /'tempırırinis/ *a.* geçicilik

temporary /'tempırıri/ *s.* geçici *temporary account* geçici hesap *temporary annuity* geçici gelir *temporary balance sheet* geçici bilanço *temporary chock mad.* gezer domuz damı *temporary credit* kısa süreli kredi *temporary file biliş.* geçici dosya, geçici kütük

temporary hardness (su) geçici sertlik *temporary magnet fiz.* geçici mıknatıs *temporary magnetism* geçici mıknatıslık *temporary storage biliş.* geçici bellek

temporize /'tempırayz/ *e.* ayak uydurmak, zamana uymak

tempt /tempt/ *e.* şeytana uydurmak, ayartmak, baştan çıkarmak, teşvik etmek; cezbetmek, özendirmek

temptation /temp'teyşın/ *a.* istek uyandıran şey, cezbedici şey; ayartma, baştan çıkarma; baştan çıkma, şeytana uyma

tempter /'temptı/ *a.* baştan çıkaran kimse, ayartıcı

tempting /'tempting/ *s.* ayartıcı, baştan çıkarıcı

temptress /'temptris/ *a.* baştan çıkaran kadın

ten /ten/ *a. s.* on *ten feet tall* boyu bir karış uzamış gibi *tens complement biliş.* ona tümler

tenable /'tenıbıl/ *s.* savunulabilir; (of ile) elde tutulabilir

tenacious /ti'neyşıs/ *s.* inatçı, direngen; (hafıza) güçlü *tenacious stains* inatçı lekeler, çıkarılması zor lekeler

tenacity /ti'nesiti/ *a.* inat, azim, sebat

tenancy /'tenınsi/ *a.* kira süresi; kiracılık; intifa, kullanım *tenancy in common* ortak mülkiyet

tenant /'tenınt/ *a.* kiracı *tenant farmer* yarıcı *tenant for life* hayat boyu kiracı

tenantable /'tenıntıbıl/ *s.* kiralanabilir

tenantless /'tenıntlıs/ *s.* kiracısız, kiracısı olmayan

tenantry /'tenıntri/ *a.* kiracılık

tench /tenş/ *a. hayb.* kilizbalığı

tend /tend/ *e.* (to ile) meyletmek, eğinmek, eğilimi olmak; yönelmek, -e yönelik olmak; bakmak, ilgilenmek

tendency /'tendınsi/ *a.* eğilim, meyil

tendentious /ten'denşıs/ *s.* yanlı, taraf tutan

tender /'tendı/ *s.* yumuşak, gevrek, körpe; duyarlı, kolay incinir, hassas; genç, toy, deneyimsiz; sevecen, müşfik, şefkatli; dokununca acıyan ¤ *a.* teklif mektubu; tediye mektubu; keşif bedeli; geçerli para; *demy.* tender; kömür vagonu ¤ *e.* teklif etmek, sunmak *by*

tender arttırma veya eksiltmeyle *tender guarantee* teklif garantisi *tender of resignation* istifa mektubu *tender offer* ihale yoluyla satış *tender for* (ihale için) teklifte bulunmak

tenderfoot /'tendıfut/ *a.* muhallebi çocuğu

tenderhearted /tendı'ha:tid/ *s.* yufka yürekli, müşfik, şefkatli, duyarlı, duygusal

tenderness /'tendınis/ *a.* yufka yüreklilik, şefkat, duyarlılık, duygusallık

tendinous /'tendınıs/ *s.* kiriş ile ilgili, kiriş +

tendon /'tendın/ *a. anat.* kiriş

tendril /'tendril/ *a. bitk.* asma bıyığı, sülükdal

tenebrous /'tenibrıs/ *s.* karanlık, kara

tenement /'tenimınt/ *a.* çok kiracılı ucuz apartman; konut, mesken; gayri menkul, taşınmaz mal

tenesmus /ti'nezmıs/ *a. hek.* idrar zorluğu

tenet /'tenit/ *a.* inanç, prensip

tenner /'tenı/ *a.* onluk

tennis /'tenis/ *a. sp.* tenis *tennis ball* tenis topu *tennis court* tenis sahası *tennis racket* tenis raketi

tenon /'tenın/ *a.* geçme, erkek geçme parçası ¤ *e.* geçme parçası ile birleştirmek *tenon auger* zıvana matkabı *tenon saw* zıvana testeresi

tenor /'tenı/ *a. müz.* tenor, en tiz erkek sesi; genel anlam; asıl suret, asıl kopya; vade

tenpin /'tenpin/ *a.* on kuka oyununda kuka

tense /tens/ *a. dilb.* zaman ¤ *s.* gergin, sıkı, gerilmiş, gerili; sinirli, gergin, telaşlı ¤ *e.* (up ile) gerilmek, gerginleşmek; germek, gerginleştirmek

tenseness /'tensnis/ *a.* gerginlik

tensible /'tensıbıl/ *s.* gerilebilir

tensile /'tensayl/ *s.* gerilebilir, sündürülebilir, gerilip uzayabilir *tensile force* çekme kuvveti *tensile load* çekme yükü *tensile strength* çekme direnci, gerilme dayanımı, gerilme mukavemeti *tensile stress* çekme gerilmesi *tensile test* çekme deneyi

tensiometer /tensi'omitı/ *a.* gerilimölçer

tension /'tenşın/ *a.* (ip, tel, vb.) gerginlik derecesi; *elek.* gerilim, voltaj; gerginlik, zihin yorgunluğu, asabiyet, stres *tension bar* gerilme çubuğu *tension crack* çekme çatlağı *tension nut* gerdirme somunu *tension rod* germe çubuğu *tension roll* germe haddesi *tension spring* gerdirme yayı *tension test* çekme deneyi *tension weight* germe ağırlığı

tensional /'tenşınıl/ *s.* gerilimle ilgili

tensor /'tensı/ *a. mat.* tansör, gerey *tensor force fiz.* tansör kuvveti

tenspot /'tenspot/ *a. isk.* onlu

tent /tent/ *a.* çadır *pitch one's tent* çadırını kurmak

tentacle /'tentikıl/ *a. hayb.* dokunaç

tentacled /'tentikıld/ *s. hayb.* dokunaçlı

tentacular /ten'tekyulı/ *s. hayb.* dokunaçlı

tentative /'tentıtiv/ *s.* deneme niteliğinde, öneri niteliğinde, kesin olmayan

tenter /'tentı/ *a. teks.* germe-kurutma makinesi, ram ¤ *e.* germek *tenter clip teks.* taşıyıcı baklası, taşıma baklası

tenterhook /'tentıhuk/ *a. teks.* germe makinesi kancası *be on tenterhooks* dokuz doğurmak, diken üstünde oturmak *keep sb on tenterhooks* dokuz doğurtmak

tenth /tent/ *a. s.* onuncu

tenuous /'tenyuıs/ *s.* çok zayıf, az, hafif

tenure /'tenyı, 'tenyuı/ *a.* işinde kalabilme hakkı; sahiplik hakkı; memuriyet/kullanım süresi *tenure by lease* kira ödeyerek kullanma *tenure of office* hizmet süresi

tepee /'ti:pi:/ *a.* yuvarlak çadır, Kızılderili çadırı

tephrite /'tefrayt/ *a. yerb.* tefrit

tepid /'tepid/ *s.* ılık

tequila /ti'ki:lı/ *a.* tekila

tera- /'terı/ *önk.* milyar kere

terbium /'tö:bıım/ *a. kim.* terbiyum

tercentenary /tö:sen'ti:nıri/ *s.* üç yüzyıllık

tercet /'tö:sit/ *a. ed.* üç dizeli kıta

tergiversate /'tö:civö:seyt/ *e.* din/parti değiştirmek, dönmek; kaçamaklı söz söylemek

term /tö:m/ *a.* (okul) dönem; süre; terim ¤ *e.* adlandırmak, çağırmak, demek *term deposit* vadeli mevduat *term of office* görev süresi, hizmet müddeti

termagant /'tö:mɪgɪnt/ *a. s.* cadaloz, çirkef, şirret

terminable /'tö:mɪnɪbɪl/ *s.* sınırlanabilir

terminal /'tö:minɪl/ *s.* ölümcül, öldürücü; ölen; dönemle ilgili, dönem ...; sonda bulunan, son ¤ *a.* terminal, otobüs terminali; *elek.* kutup **terminal area** *biliş.* terminal alanı **terminal box** uç bağlantı kutusu **terminal clamp** uç kıskacı **terminal impedance** *elek.* terminal empedansı, uç empedansı **terminal moraine** *yerb.* ön moren, ön buzultaş **terminal node** *biliş.* terminal düğümü, son düğüm **terminal simulator** *biliş.* terminal simülatörü **terminal software** *biliş.* terminal yazılım **terminal stress** son hecedeki vurgu, son hece vurgusu **terminal symbol** *biliş.* bitiş simgesi **terminal trace** *biliş.* terminal izleme **terminal user** *biliş.* terminal kullanıcısı **terminal velocity** *fiz.* son hız **terminal voltage** uç gerilimi

terminate /'tö:mineyt/ *e.* bitirmek, son vermek; bitmek, sona ermek **terminating decimal** *mat.* devirsiz ondalık sayı **terminating traffic** varış trafiği

termination /tö:mi'neyşın/ *a.* son, nihayet; sonuç, netice; sınır, tahdit; çekim eki

terminative /'tö:minɪtiv/ *s. a.* varış durumu

terminator /'tö:mineytı/ *a. gökb.* araçizgi

terminological /tö:mini'locikɪl/ *s.* terminolojik

terminology /tö:mi'nolıci/ *a.* terminoloji, terimler dizgesi

terminus /'tö:minıs/ *a.* son durak

termite /'tö:mayt/ *a. hayb.* termit, akkarınca, beyaz karınca, divik

terms /'tö:mz/ *a.* şartlar, koşullar, anlaşma koşulları **come to terms with** kabullenmek, boyun eğmek **in no uncertain terms** açık açık, kızgınlıkla **in terms of** -e göre **on good terms with** ile iyi ilişkiler içinde, ile iyi arkadaş **terms of delivery** teslim şartları **terms of issue** ihraç şartları **terms of sale** satış şartları, satış koşulları **terms of trade** dış ticaret hadleri **think in terms of** düşünmek, gözden geçirmek

termtime /'tö:mtaym/ *a.* sömestr tatili

tern /tö:n/ *a.* denizkırlangıcı, balıkçın

ternary /'tö:nıri/ *s.* üçlü **ternary alloy** üçlü alaşım **ternary system** üçlü sistem, üçlü dizge

terne /tö:n/ *a. met.* kurşun kaplı sac

terpene /'tö:pi:n/ *a.* terpen

terpineol /tö:'piniol/ *a. kim.* terpineol

terra /'terı/ *a.* toprak; yerküre **terra cotta** kızıl balçık, pişmiş lüleci çamuru **terra firma** kara toprak, kuru arazi **terra rossa** *yerb.* terra rosa, kırmızı toprak

terrace /'teris/ *a.* sıra evler; teras, taraça, tahtaboş; set; *sp.* tribün basamağı

terrain /te'reyn, ti'reyn/ *a.* arazi

terraneous /tı'reynyıs/ *s.* toprağa ait

terrapin /'terıpin/ *a.* küçük su kaplumbağası

terrazzo /te'retsou/ *a. inş.* palladyen

terrene /te'ri:n/ *s.* toraktan, topraklı

terrestrial /ti'restrıl/ *s.* karaya ait, karasal; dünyevi, dünya ile ilgili **terrestrial coordinates** *coğ.* coğrafi koordinatlar **terrestrial magnetism** yer mıknatıslığı **terrestrial planets** *gökb.* yerbenzeri gezegenler **terrestrial telescope** *gökb.* yer teleskopu, yer ırakgörürü

terrible /'terıbıl/ *s.* korkunç; *kon.* rezil, berbat

terribleness /'terıbılnis/ *a.* korkunçluk; *kon.* rezillik, berbatlık

terribly /'terıbli/ *be.* korkunç bir şekilde, çok kötü; *kon.* çok, son derece, müthiş

terrier /'terıı/ *a.* teriyer, küçük av köpeği

terrific /tı'rifik/ *s. kon.* çok iyi, mükemmel, harika, süper; korkunç, müthiş, süper

terrifically /tı'rifikli/ *be. kon.* çok, o biçim, süper

terrify /'terifay/ *e.* çok korkutmak, ödünü patlatmak **be terrified of** -den çok korkmak

terrifying /'terifaying/ *s.* çok korkunç

terrigenous /te'ricinıs/ *s.* topraktan çıkmış, topraktan oluşan **terrigenous sediment** *yerb.* sığ deniz yığıntısı

territorial /teri'to:rıl/ *s.* karaya ait, karasal; bölgesel **territorial waters** karasuları

territory /'teritıri/ *s.* ülke, memleket; toprak, arazi; bölge, mıntıka

terror /'terı/ *a.* tedhiş, terör; dehşet, korku; *kon.* baş belası **a little terror**

çok yaramaz çocuk

terrorism /'terırizım/ *a.* tedhişçilik, terörizm

terrorist /'terırist/ *a. s.* tedhişçi, terörist

terrorize /'terırayz/ *e.* korkutmak, yıldırmak

terry /'teri/ *a. teks.* havlu kumaş

terse /tö:s/ *s.* (söz) kısa ve özlü

tertiary /'tö:şıri/ *s.* üçüncü sırada yer alan, üçüncü dereceden, üçüncü *Tertiary yerb.* üçüncü zaman, tersiyer *tertiary industry* üçüncül sanayi *tertiary language* üçüncü dil

Terylene /'terili:n/ *a.* terilen

terzetto /tö:t'setou/ *a. müz.* üçlü

tessellate /'tesileyt/ *e.* mozaikle donatmak

test /test/ *a.* sınav, test; deneme, sınama; ölçü, ayar; muayene; deney; *kim.* çözümleme ¤ *e.* muayene etmek, kontrol etmek; denemek, sınamak; araştırmak *put sb to the test* birini zora koşmak *test acid* standart asit, numune asit *test bed biliş.* test yatağı, test edici yazılım paketi *test card elek.* tanıtma kartı, test resmi, ayar resmi *test case* emsal dava *test data biliş.* deneme verisi, denemelik veri *test film elek.* deneme filmi *test flight hav.* deneme uçuşu *test jack elek.* test jakı *test length* deneme uzunluğu, muayene uzunluğu *test load* deneme yükü, test yükü *test match* uluslararası kriket maçı *test pack biliş.* test paketi, deneme paketi *test paper kim.* turnusol kâğıdı *test pattern elek.* test resmi, test diyası, mir, ayar resmi *test piece* deney parçası, deney örneği, numune *test pilot* deneme pilotu *test pit* deneme çukuru, deneme kuyusu *test pressure* deneme basıncı *test program biliş.* test programı, deneme programı *test rod* deneme demir çubuğu *test routine biliş.* test yordamı, deneme yordamı *test run biliş.* test uygulaması, deneme koşumu *test sb's patience* birinin sabrının sınırlarını zorlamak *test shot sin.* deneme çekimi *test specimen* test numunesi, deney örneği *test strip* deneme parçası *test tube* deney tüpü *test-tube baby* tüp bebek *test value* test değeri, deney değeri

testacean /te'steyşın/ *s.* kabuklu

testaceous /te'steyşıs/ *s.* kabuklu

testament /'testımınt/ *a.* vasiyetname *last will and testament huk.* vasiyet *New Testament* Yeni Ahit *Old Testament* Eski Ahit

testamentary /testı'mentıri/ *s.* vasiyetname ile ilgili

testator /te'steytı/ *a.* vasiyetçi, vasiyetname sahibi, muris

tester /'testı/ *a.* deneme cihazı, kontrol cihazı; test görevlisi; gölgelik, sayvan

testicle /'testikıl/ *a.* testis, erbezi, taşak

testicular /'testikyulı/ *s.* testise ait, erbezi +

testify /'testifay/ *e.* tanıklık etmek; kanıtlamak, doğrulamak

testimonial /testi'mouniıl/ *a.* bonservis; takdirname, başarı belgesi

testimony /'testimını/ *a. huk.* tanıklık; ifade

testiness /'testinis/ *a.* huysuzluk, terslik

testosterone /te'stostıroun/ *a. kim.* testosteron

testy /'testi/ *s.* sabırsız; kolay kızan, hırçın, ters

tetanus /'tetınıs/ *a. hek.* tetanos, kazıklıhumma

tetchy /'teçi/ *s.* alıngan

tether /'tedı/ *a.* hayvan zinciri, hayvan ipi; *mec.* sınır, had ¤ *e.* iple bağlamak *at the end of one's tether* dayanacak sabrı/gücü kalmamış, artık dayanamayacak durumda

tetrad /'tetred/ *a.* dört rakamı

tetragon /'tetrıgon/ *a. mat.* dörtgen, dörtkenar

tetragonal /te'tregınıl/ *s.* dört açılı

tetrahedral /tetrı'hi:drıl/ *s.* dört yüzlü

tetrahedron /tetrı'hi:drın/ *a.* dört yüzlü şekil

tetrode /'tetroud/ *a. elek.* tetrot

tetrose /'tetrouz/ *a. kim.* tetroz

tetter /'tetı/ *a. hek.* temriye

text /tekst/ *a.* metin, tekst, parça; konu; İncil'de ayet *text editing biliş.* metin edit etme, metin biçimleme *text editor biliş.* metin editörü, metin biçimleyicisi *text manipulation biliş.* metin işleme

textbook /'tekstbuk/ *a.* ders kitabı

textile /'tekstayl/ *a.* tekstil, dokuma, dokumacılık; dokuma kumaş, dokuma

textile auxiliary oil tekstil yardımcı
yağı ***textile calender*** tekstil kalenderi
textile engineer tekstil mühendisi ***textile fibre*** tekstil lifi ***textile finishing***
tekstil apresi, tekstil terbiyesi ***textile finishing machines*** tekstil terbiye
makineleri ***textile industry*** tekstil
endüstrisi, dokuma sanayii ***textile machines*** tekstil makineleri ***textile printing*** tekstil baskısı

textual /'teksçuıl/ *s.* metne ait, metne
bağlı

texture /'teksçı/ *a.* yumuşaklık/sertlik
derecesi; dokuma, dokunuş ¤ *e.*
tekstüre etmek ***textured yarn*** *teks.*
tekstüre iplik, hacimli iplik ***texturing
machine*** *teks.* tekstüre makinesi

thallium /'teliım/ *a. kim.* talyum

thalweg /'ta:lveg/ *a.* talveg

than /dın, den/ *bağ.* -den, -dan ***more
often than not*** çoğunlukla, genellikle
nothing more or less than -den başka
bir şey değil, sırf, sadece

thank /tenk/ *e.* teşekkür etmek ***have
(oneself) to thank*** -den sorumlu olmak
thank God Allah'a şükür, çok şükür
thank goodness Allah'a şükür, çok
şükür ***thank heaven*** Allah'a şükür, çok
şükür ***thank you*** teşekkür ederim, sağ
olun

thankful /'tenkfıl/ *s.* müteşekkir,
minnettar; şükreden, memnun, mutlu

thankless /'tenklis/ *s.* nankör,
iyilikbilmez; (emeğinin) karşılığını
vermeyen

thanks /tenks/ *a.* şükran, teşekkür ¤ *ünl.
kon.* teşekkürler, sağ ol ***thanks to*** -in
yüzünden, sayesinde

thanksgiving /tenks'giving/ *a.* şükür,
şükran, minnet ***Thanksgiving Day*** *Aİ.*
Şükran Yortusu

thankyou /'tenkyu:/ *a.* teşekkür ***thankyou card*** teşekkür kartı

that /det/ *s. adl.* şu, o ¤ *be. kon.* o kadar,
öylesine ¤ /dıt, det/ *bağ.* ki, -dığı(nı), -
diği(ni) ¤ /dıt, det/ *adl.* ki o, -en, -an; ki
onu, ki ona, -dığı, -diği ***that's that*** (işte)
o kadar

thatch /teç/ *a.* (saz/samandan) dam
örtüsü ¤ *e.* samanla/kamışla kaplamak
thatched roof *inş.* saman çatı, kamış
çatı

thaw /to:/ *e.* erimek; eritmek;
yakınlaşmak, samimileşmek, açılmak ¤
a. erime, çözülme

the /dı, di, di:/ *belgili tanımlık* (tekil ya da
çoğul adlardan önce gelerek onlara
belirlilik kavramı verir)

theater /'tiıtı/ *a. Aİ. bkz.* theatre

theatre /'tiıtı/ *a. İİ.* tiyatro; olay yeri,
sahne ***operating theatre*** ameliyat
odası

theatrical /ti'etrikıl/ *s.* tiyatroya ait,
tiyatral; yapmacık, abartmalı

theatrics /ti'etriks/ *a.* oyunu sahneleme;
dramatik etki yapma

thee /di:/ *adl. esk.* sen, siz

theft /teft/ *a.* hırsızlık ***theft insurance***
hırsızlık sigortası

theine /'ti:in/ *a.* tein

their /deı, dı/ *s.* onların

theirs /deız/ *adl.* onların, onlarınki

theism /'ti:izım/ *a.* Tanrı'ya inanma

theist /'ti:ist/ *a.* Tanrı'ya inanan

them /dem, dım/ *adl.* onları, onlara, onlar

thematic /ti:'metik/ *s.* tematik,
temaya/konuya ait

theme /ti:m/ *a.* konu, anakonu, tema,
izlek; *müz.* tema ***theme song/tune*** film
müziği, ana müzik, anatema

themselves /dım'selvz/ *adl.* kendileri,
kendilerini, kendilerine

then /den/ *be.* o zaman, o zamanlar, o
süre içinde; sonra, ondan sonra, daha
sonra; bu durumda, öyleyse, madem
öyle ¤ *s.* o zamanki ***but then (again)***
yine de, bununla birlikte, öte yandan

thenar /'ti:na:/ *a.* avuç, el ayası

thence /dens/ *be.* oradan

thenceforth /dens'fo:t/ *be.* o zamandan
beri

thenceforward /dens'fo:wıd/ *be.* o
zamandan beri

theobromine /ti:ou'broumi:n/ *a.*
teobromin

theocracy /ti'okrısi/ *a.* teokrasi, dinerki

theodolite /ti'odılayt/ *a.* teodolit

theologian /tiı'loucın/ *a.* ilahiyatçı,
tanrıbilimci

theological /tiı'locikıl/ *s.* tanrıbilimsel

theology /ti'olıci/ *a.* teoloji, tanrıbilim

theorem /'tiırım/ *a.* teorem, sav, önerme

theoretic(al) /tiı'retik(ıl)/ *s.* teorik,

kuramsal

theorist /'tiɪrist/ *a.* kuramcı, teorisyen

theorize /'tiɪrayz/ *e.* kuram oluşturmak, teori kurmak

theory /'tiɪri/ *a.* kuram, teori *in theory* teoride, teorik olarak

therapeutic /terı'pyu:tik/ *s.* tedaviye ait; iyileştirici, sağaltıcı

therapist /'terıpist/ *a.* terapist, sağaltman

therapy /'terıpi/ *a.* terapi, sağaltım

there /deı/ *be.* orada, oraya, orayı; işte ¤ /deı, dı/ *adl.* ... var *not all there* aklını oynatmış *There you are* demedim mi, al işte, buyur bakalım, gördün mü, söylemiştim sana; buyur, al, işte *There's no accounting for taste* Zevkler ve renkler tartışılmaz

thereabouts /deırı'bauts/ *be.* o civarda, o yakınlarda, o ara, oralarda

thereafter /deı'ra:ftı/ *be.* ondan sonra, daha sonra

thereby /deı'bay/ *be.* o suretle, suretiyle, -erek

therefore /'deıfo:/ *be.* bu yüzden, bu nedenle, onun için

therein /deir'in/ *be.* bu bakımdan

thereof /deı'rov/ *be.* onun

thereto /deı'tu:/ *be.* ona

thereupon /deırı'pon/ *be.* bunun üzerine, o an

therm /tö:m/ *a. İİ.* ısı birimi

thermae /'tö:mi:/ *a.* hamamlar; ılıcalar

thermal /'tö:mıl/ *s.* termik, sıcaklıkla ilgili *thermal agitation* fiz. termik kaynaşma, ısıl kıpırdanma, ısıl dalgalanma *thermal ammeter* elek. termik ampermetre, ısıl akım ölçer, kızgın telli ampermetre *thermal analysis* kim. ısıl analiz, ısıl çözümleme *thermal boundary layer* fiz. ısıl sınır tabakası *thermal capacity* termik kapasite, ısıl sığa *thermal conductance* fiz. ısıl iletkenlik *thermal conduction* ısı iletimi, ısıl iletim *thermal conductivity* ısıl iletkenlik *thermal conductor* ısı iletkeni *thermal contraction* ısıl büzülme *thermal convection* fiz. ısıl konveksiyon, ısıl akışım *thermal converter* ısıl çevirici, ısıl çevireç *thermal cycle* fiz. ısıl çevrim *thermal diffusion* ısıl difüzyon, ısıl yayınım *thermal drill* termik burgu, ısıl

burgu *thermal effect* fiz. ısıl dalgalanma, ısıl kıpırdanma *thermal efficiency* termik verim, ısıl verim *thermal electromotive force* fiz. ısıl elektromotor kuvvet *thermal energy* fiz. termik enerji, ısıl enerji, ısıl erke *thermal equation* fiz. termik denklem, ısıl denklem *thermal equilibrium* fiz. ısıl denge *thermal etching* termal dağlama, ısıl dağlama *thermal expansion* ısıl genleşme *thermal fatigue* fiz. ısıl yorgunluk, ısıl yorulum *thermal instrument* elek. termik cihaz, ısıl aygıt *thermal insulation* ısıl yalıtım, ısı yalıtımı, ısı izolasyonu *thermal ionization* fiz. ısıl iyonlaşma *thermal leakage factor* fiz. ısıl kaçak katsayısı *thermal limit* fiz. ısıl limit *thermal neutron* fiz. termik nötron, ısıl nötron *thermal power plant* termik santral, ısıl özek *thermal precipitator* termal çökeltici, ısıl çökeltici *thermal printer* biliş. termal yazıcı, ısıl yazıcı *thermal radiation* fiz. termik radyasyon, ısıl ışınım *thermal reactor* fiz. termal reaktör, ısıl reaktör *thermal relay* elek. termoröle, ısıl röle *thermal resistance* fiz. ısıl direnç *thermal response* fiz. ısıl cevap, ısıl yanıt *thermal runaway* elek. ısıl sürüklenme, ısıl yıkılım *thermal shield* fiz. ısıl ekran *thermal shock* termik şok, ısıl sarsma *thermal spring* yerb. kaplıca *thermal stress* ısıl gerilme *thermal switch* elek. termik şalter *thermal tuning* elek. ısıl akortlama *thermal unit* ısı birimi *thermal wind* metr. termal rüzgâr

thermalization /tö:mılay'zeyşın/ *a. fiz.* termalizasyon

thermion /'tö:miın/ *a.* termiyon

thermionic /tö:mi'onik/ *s.* termiyonik *thermionic amplifier* elek. termiyonik amplifikatör *thermionic cathode* elek. termiyonik katot *thermionic conduction* elek. termiyonik iletim *thermionic current* elek. termiyonik akım *thermionic detector* elek. termiyonik detektör *thermionic diode* elek. termiyonik diyot *thermionic emission* elek. termiyonik emisyon, termiyonik salım *thermionic generator* elek. termiyonik jeneratör *thermionic oscilator* elek. termiyonik osilatör

thermionic rectifier *elek.* termiyonik redresör **thermionic tube** *elek.* termiyonik tüp, elektron tüpü **thermionic work function** *elek.* termiyonik iş fonksiyonu
thermistor /tö:'mıstı/ *a. elek.* termistör, ısıldirenç **thermistor bridge** *elek.* termistör köprüsü, ısıldirenç köprüsü **thermistor thermometer** *elek.* termistörlü termometre
thermite /'tö:mayt/ *a. met.* termit **thermite welding** *met.* termit kaynağı
thermobalance /tö:mou'belıns/ *a.* termobalans
thermochemical /tö:mou'kemikıl/ *s.* ısılkimyasal, termokimyasal
thermochemistry /tö:mou'kemistri/ *a.* ısılkimya, termokimya
thermocouple /'tö:moukapıl/ *a. elek.* ısılçift, termokupl
thermodynamic /tö:mouday'nemik/ *s.* termodinamik, ısıldirik **thermodynamic potential** termodinamik potansiyel
thermodynamics /tö:mouday'nemiks/ *a.* termodinamik
thermoelectric /tö:moui'lektrik/ *s.* termoelektrik **thermoelectric cooling** termoelektrik soğutma **thermoelectric effect** termoelektrik etki
thermoelectricity /tö:mouilek'trisiti/ *a.* termoelektrik
thermoelectron /tö:moui'lektron/ *a. elek.* termoelektron
thermofixing /tö:mou'fiksing/ *a. teks.* termofiksaj **thermofixing machine** *teks.* termofiksaj makinesi
thermogram /'tö:mougrem/ *a. metr.* termogram
thermograph /'tö:mougra:f/ *a. metr.* termograf, ısılçizer
thermolabile /tö:mou'leybil/ *s. kim.* ısılkararsız, termolabil
thermoluminescence /tö:moulu:mi'nesıns/ *a.* termolüminesans, ısılışıldama
thermolysis /tö:'molisis/ *a.* termoliz, ısılçözüşüm
thermomagnetic /tö:moumeg'netik/ *s. fiz.* termomanyetik, ısılmıknatıssal
thermometer /tı'momıtı/ *a.* termometre, sıcakölçer
thermometry /tı'momıtri/ *a. fiz.* termometri, ısılölçüm
thermonuclear /tö:mou'nyu:klıı/ *s. fiz.* termonükleer
thermopile /'tö:moupayl/ *a. fiz.* termoelektrik pil, ısıçift göze
thermoplastic /tö:mou'plestik/ *s.* termoplastik, ısılplastik
thermos /'tö:mıs/ *a.* termos
thermosetting /tö:mou'seting/ *s.* sıcakta sertleşen ¤ *a. teks.* termofiksaj **thermosetting machine** *teks.* termofiksaj makinesi **thermosetting plastics** sıcakta sertleşen plastikler
thermosphere /'tö:mısfıı/ *a. metr.* termosfer, ısılyuvar
thermostable /tö:mou'steybıl/ *s.* ısılkararlı, termostabil
thermostat /'tö:mıstet/ *a.* termostat, ısıdenetir
thermostatic /tö:mou'stetik/ *s.* termostatik
thesaurus /ti'so:rıs/ *a.* kavramlar dizini (kitabı)
these /di:z/ *adl. s.* bunlar
thesis /'ti:sis/ *a.* iddia, sav; (üniversitede) tez, bitirme araştırması
thews /tyu:z/ *a.* sinirler; güç
they /dey/ *adl.* onlar; insanlar, millet, ilgililer
thiamine /'tayımi:n/ *a.* tiyamin, B1 vitamini
thiazine /'tayızi:n/ *a.* tiyazin **thiazine dyes** tiyazin boyaları
thiazole /'tayızoul/ *a.* tiyazol **thiazole dyestuffs** tiyazol boyarmaddeleri
thick /tik/ *s.* kalın; (sıvı) koyu, katı; sık; yoğun; (with ile) ile dolu, kaplı; *kon.* kalın kafalı ¤ *a.* en hareketli an, yoğunluk, curcuna, keşmekeş **as thick as thieves** *kon.* sıkı fıkı, çok samimi **be as thick as thieves** çok sıkı dost olmak/aralarından su sızmamak **have a thick head** kalın kafalı olmak **lay it on thick** *kon.* övmek, göklere çıkarmak, minnet duymak **thick juice blow-up** *şek.* koyu şerbet kaynatma kazanı **thick juice carbonation** *şek.* koyu şerbet karbonatlama **thick juice sulphitation** *şek.* koyu şerbet sülfitleme **thick juice** *şek.* koyu şerbet
thicken /'tikın/ *e.* kalınlaşmak; kalınlaştırmak; koyulaşmak;

koyulaştırmak; karmaşıklaşmak; karmaşıklaştırmak

thickener /'tikını/ *a.* koyulaştırıcı, kıvamlaştırıcı, kıvamlaştırma maddesi

thicket /'tikit/ *a. bitk.* çalılık, ağaçlık

thicketed /'tikitid/ *s.* sık çalılarla kaplı

thickness /'tiknis/ *a.* kalınlık; koyuluk *thickness gauge* kalınlık mastarı

thickset /tik'set/ *s.* bodur

thick-skinned /tik'skind/ *a.* duygusuz, duyarsız, vurdumduymaz, karnı geniş

thief /ti:f/ *a.* hırsız

thieve /ti:v/ *e.* çalmak, hırsızlık etmek

thigh /tay/ *a. anat.* uyluk, but

thimble /'timbıl/ *a.* yüksük; *den.* radansa

thin /tin/ *s.* ince; zayıf, cılız; sulu, cıvık; seyrek; hafif, zayıf, güçsüz, sudan ¤ *e.* incelmek; inceltmek; seyrekleşmek; seyrekleştirmek; ayırmak; *trm.* teklemek *as thin as a rake/lath* dal/değnek/çöp gibi *out of thin air* hiç yoktan *thin excuse* sudan bahane *thin film* ince film *thin film capacitor elek.* ince filmli kondansatör *thin film memory biliş.* ince film bellek *thin film resistor elek.* ince film direnç *thin film storage biliş.* ince film bellek *thin juice şek.* sulu şerbet *thin layer chromatography* ince tabaka kromatografisi *thin on the ground kon.* nadir, ender, seyrek

thin-skinned /tin'skind/ *s.* fazla duygusal, alıngan, buluttan nem kapan

thing /ting/ *a.* şey, nesne; olay; yaratık, canlı; *kon.* gerekli şey, ihtiyaç

thingamabob /'tingımibob/ *a. kon. bkz.* thingamajig

thingamajig /'tingımicig/ *a. kon.* adı akla gelmeyen şey/kimse, nesne, zamazingo, şey, zımbırtı, zırıltı, karın ağrısı

things /tingz/ *a.* eşya; gidişat, durum, vaziyet, işler *How is/are things?* Nasıl gidiyor? İşler nasıl?

thingummy /'tingımi/ *a. kon. bkz.* thingamajig

think /tink/ *e.* düşünmek; sanmak; hatırlamak, anımsamak; beklemek, ummak, tahmin etmek *think aloud* düşündüğünü söylemek, düşüncelerini olduğu gibi söylemek *think better of* vazgeçmek *think nothing of* hiçe saymak, önemsememek, sıradan

görmek *think nothing of it* rica ederim, hiç önemi yok *think of* düşünmek, tasarlamak; hatırlamak, anımsamak; önermek *think out/through* düşünüp taşınmak, enine konuna düşünmek; düşünüp taşınıp karara varmak *think over* üzerinde düşünüp taşınmak, iyice düşünmek *think through* üzerinde düşünmek *think twice* iyi düşünmek, düşünüp taşınmak *think up* uydurmak, icat etmek, ortaya çıkarmak

thinking /'tinking/ *a.* düşünme; düşünce, görüş

thinner /'tinı/ *a.* inceltici, tiner

thinness /'tinnis/ *a.* incelik; seyreklik; hafiflik

thiocarbamide /tayou'ka:bımayd/ *a.* tiyokarbamit, tiyoüre

thiocarbonate /tayou'ka:bıneyt/ *a.* tiyokarbonat

thiocyanate /tayou'sayıneyt/ *a.* tiyosiyanat

thiocyanic /tayousay'enik/ *s.* tiyosiyanik

thiol /'tayol/ *a.* tiyol, merkaptan

thionine /'tayouni:n/ *a.* tiyonin

thionyl /'tayınil/ *a.* tiyonil

thiopental /tayou'pentel/ *s. kim.* tiyopental

thiophene /'tayoufi:n/ *a.* tiyofen

thiosulphate /tayou'salfeyt/ *a.* tiyosülfat

thiosulphuric acid /tayousal'fyuırik 'esid/ *a.* tiyosülfürik asit

thiourea /tayou'yuırıı/ *a.* tiyoüre

third /tö:d/ *a. s.* üçüncü *third class* üçüncü sınıf *third generation computer biliş.* üçüncü kuşak bilgisayar *third market* üçüncü piyasa *third party huk.* üçüncü şahıs *third party insurance* üçüncü şahıs sigortası *third rate* üçüncü sınıf *third speed oto.* üçüncü vites *Third World* az gelişmiş ülkeler, üçüncü dünya

third-rate /tö:d'reyt/ *s.* kalitesiz, adi, üçüncü sınıf

thirdly /'tö:dli/ *be.* üçüncü olarak

thirst /tö:st/ *a.* susuzluk, susamışlık; güçlü arzu, ihtiras, susamışlık ¤ *e.* susamak *thirst for/after* -e susamak, arzulamak, hasretini çekmek

thirsty /'tö:sti/ *s.* susamış; susatıcı

thirteen /tö:'ti:n/ *a. s.* on üç

thirteenth /tö:'ti:nt/ *a. s.* on üçüncü

thirtieth /tö:tıt/ *a. s.* otuzuncu
thirty /'tö:ti/ *a. s.* otuz **the thirties** otuzlu yaşlar; otuzlu yıllar
this /dis/ *s. adl.* bu ¤ *be. kon.* bu kadar, böylesine **like this** böyle, bu şekilde, bunun gibi
thistle /'tisıl/ *a. bitk.* devedikeni
thistly /'tisli/ *s.* dikenli
thither /'dıdı/ *be.* oraya, o yöne
thixotrope /tiksı'troup/ *a. kim.* cıvıyan, tiksotrop
thixotropy /tik'sotrıpi/ *a. kim.* cıvıma, tiksotropi
tho' /dou/ *be. kon. bkz.* though
thole /toul/ *a. den.* ıskarmoz
thong /tong/ *a.* sırım, kamçı sırımı; kayış
thoracic /to:'resik/ *s.* göğüsle ilgili
thorax /'to:reks/ *a. hayb.* göğüs
thoria /'to:rii/ *a.* toryum oksit
thorium /'to:riım/ *a.* toryum
thorn /to:n/ *a.* diken; dikenli bitki **thorn in one's flesh/side** başının belası
thorny /'to:ni/ *s.* dikenli; zor
thorough /'tarı/ *s.* tam ve dikkatli, eksiksiz; titiz
thoroughbred /'tarıbred/ *a. s.* safkan, soylu
thoroughfare /'tarıfeı/ *a.* halk trafiğine açık cadde/yol, işlek cadde
thoroughly /'tarıli/ *be.* baştan aşağı, tamamen, iyice
those /'douz/ *adl. s.* onlar, şunlar
though /dou/ *be.* yine de, her şeye rağmen ¤ *bağ.* -se bile, -e rağmen **as though** -mış gibi
thought /to:t/ *a.* düşünüş, düşünme, düşünce; görüş, kanı, düşünce; niyet, kasıt, düşünce **on second thoughts** sonradan düşününce, tekrar düşününce
thoughtful /'to:tfıl/ *s.* derin derin düşünen, düşünceye dalmış, düşünceli; düşünceli, nazik
thoughtfulness /'to:tfılnıs/ *a.* düşüncelilik; özen gösterme; düşüncelilik, naziklik
thoughtless /'to:tlis/ *s.* düşüncesiz; bencil; dikkatsiz
thoughtlessness /'to:tlisnıs/ *a.* düşüncesizlik; bencillik; dikkatsizlik
thousand /'tauzınd/ *a. s.* bin
thousandth /'tauzınt/ *a. s.* bininci

thraldom /'tro:ldım/ *a.* esaret, kölelik; bağımlılık
thrash /treş/ *e.* (sopa/kırbaç ile) dövmek; yenmek, mahvetmek; (about ile) kıvranmak
thrasher /'treşı/ *a.* harman dövme makinesi
thrashing /'treşing/ *a.* dayak atma, dayak; yenme, mahvetme **thrashing machine** harman dövme makinesi
thread /tred/ *a.* iplik; lif, tel; yiv; vida dişi **hang by a thread** pamuk ipliğiyle bağlanmak, tehlikede olmak **lose/miss the thread** ipin ucunu kaçırmak **thread cleaner** *teks.* iplik temizleyici **thread cutter** diş açma makinesi **thread cutting** vida dişi açma, diş kesme **thread gauge** vida dişi mastarı **thread guide** *teks.* iplik kılavuzu **thread pitch** diş hatvesi
threadbare /'tredbeı/ *s.* (giysi, vb.) eski püskü, yıpranmış, yırtık pırtık
threaded /'tredid/ *s.* dişli, vida dişli **threaded connector** vida dişli rakor **threaded file** *biliş.* zincirlenmiş dosya, zincirlenmiş kütük **threaded joint** dişli geçme **threaded pin** dişli pim
threading /'treding/ *a.* vida açma, vida dişi çekme
threat /tret/ *a.* tehdit, gözdağı; tehlike işareti, tehlike
threaten /'tretn/ *e.* tehdit etmek, gözdağı vermek; (olası bir tehlikeye) işaret olmak
three /tri:/ *a. s.* üç **three address** *biliş.* üç adres **three address instruction** *biliş.* üç adresli komut **three plus one address** *biliş.* üç artı bir adres **three-bearing crankshaft** *oto.* üç yataklı krank mili **three-bladed** *hav.* üç palli **three-colour** üçrenkli **three-cylinder engine** üç silindirli motor **three-electrode tube** *elek.* triyot **three-finger rule** üç parmak kuralı **three-high mill** üçlü hadde tezgâhı **three-input adder** *biliş.* üç girişli toplayıcı **three-input subtracter** *biliş.* üç girişli çıkarıcı **three-level** üç düzeyli, üç seviyeli **three-level subroutine** *biliş.* üç düzeyli altyordam **three-phase** trifaze, üç fazlı **three-phase current** *elek.* trifaze akım, üç fazlı akım **three-phase equilibrium** *fiz.*

üç fazlı denge, üç-evreli denge **three-phase generator** üç fazlı jeneratör, üçevreli üreteç **three-phase motor** trifaze elektrik motoru **three-phase power** elek. üç fazlı güç **three-phase transformer** üç fazlı transformatör **three-pin socket** elek. üç pimli soket **three-point bearing** üç noktadan yataklama **three-point landing** hav. üç nokta inişi **three-quarter** dörtte üç **three-roll calender** teks. üç silindirli kalender **three-roll padding mangle** teks. üç silindirli fular **three-square file** üç köşeli eğe **three-way** üç yollu **three-way cock** üç yollu musluk **three-way fuel cock** üç yollu yakıt musluğu **three-way switch** üç yollu şalter **three-way tap** üç yollu musluk **three-way valve** üç yollu vana **three-wheel(ed)** üç tekerlekli **three-wire meter** elek. üç telli sayaç

three-dimensional /tri:day'menşınıl/ s. üçboyutlu

threefold /'tri:fould/ s. üç katı, üç misli

threesome /'tri:sım/ s. üç kişilik

threonine /'tri:ıni:n/ a. kim. treonin

thresh /treş/ e. harman dövmek

thresher /'treşı/ a. trm. harman dövme makinesi

threshing /'treşing/ a. harman dövme **threshing machine** harman makinesi **threshing sled** trm. döven

threshold /'treşhould/ a. eşik; başlangıç, eşik **be on the threshold** eşiğinde olmak **threshold current** elek. eşik akımı **threshold element** biliş. eşik elemanı, eşik öğesi **threshold frequency** elek. eşik frekansı **threshold limit value** eşik sınır değeri **threshold of detail** biliş. ayrıntı eşiği **threshold of feeling** fiz. hissetme eşiği **threshold of sound** fiz. ses eşiği **threshold price** eşik fiyat **threshold value** biliş. eşik değeri **threshold voltage** elek. eşik gerilimi **threshold wavelength** fiz. eşik dalga boyu

thrice /trays/ be. üç kere

thrift /trift/ a. tutum, idare, ekonomi

thriftless /'triftlis/ s. müsrif, savurgan

thrifty /'trifti/ s. tutumlu, idareli

thrill /tril/ a. heyecan; korku; heyecan verici şey ¤ e. heyecanlanmak; heyecanlandırmak

thriller /'trilı/ a. heyecanlı kitap/oyun/film

thrilling /'triling/ s. heyecan verici; titreyen

thrive /trayv/ e. iyi gelişmek, iyiye gitmek, iyileşmek; başarılı olmak; büyümek; serpilmek

thriving /'trayving/ s. başarılı, gelişen

throat /trout/ a. boğaz; gırtlak **throat microphone** boğaz mikrofonu

throb /trob/ e. küt küt atmak, zonklamak

throes /trouz/ a. şiddetli ağrı, sancılar **in the throes of** ile mücadele eden, can çekişen **death throes** ölüm sancıları

thrombosis /trom'bousis/ a. hek. kan pıhtılaşması, tromboz

throne /troun/ a. taht

throng /trong/ a. kalabalık ¤ e. kalabalık halinde gitmek, akın etmek

throttle /'trotıl/ e. boğazlamak, boğmak, gırtlaklamak; boğmak, gazı kesmek, gazı kısmak, istimi kesmek, istimi kısmak ¤ a. kısma valfı, kelebek, gaz kelebeği, istim kısma supabı **throttle valve** gaz kelebeği, gaz iğne supabı

through /tru:/ ilg. -den geçerek, içinden, arasından; yoluyla, sayesinde, aracılığıyla; -den; yüzünden, nedeniyle, sayesinde; her yanında, orasında burasında, her yanına; başından sonuna dek; süresince; geçerek ¤ be. içeriye; başından sonuna kadar; başarılı bir sonuca; kon. sonunda, sonuna, bitirmiş, bitmiş, ilişkisi kalmamış ¤ s. direkt, aktarmasız **through and through** tamamen, tümüyle, her yönden **through bill of lading** doğrudan konşimento, tek konşimento **through hardening** met. tüm sertleştirme **through street** transit yolu **through thick and thin** iyi günde de, kötü günde de **through traffic** transit trafik **through transport** doğrudan nakliye

throughout /tru:'aut/ be. baştanbaşa; başından sonuna kadar, hep

throughput /'tru:put/ a. belli bir sürede fabrikanın işleyebileceği hammadde, iş çıkarma yeteneği **throughput and capacity error** biliş. iş yapma ve kapasite hatası **throughput time** biliş. iş yapma zamanı

throw /trou/ *e.* atmak, fırlatmak; *kon.* (parti, yemek, vb.) vermek, düzenlemek, atmak; *kon.* şok etmek, afallatmak, şaşkına çevirmek ¤ *a.* atma, atış, fırlatma *throw a fit* tepesi atmak *throw away* atmak, ıskartaya çıkarmak; boşa harcamak, çarçur etmek, aptalca kaybetmek, kaçırmak *throw back* geciktirmek *throw cold water* pişmiş aşa soğuk su katmak *throw down the gauntlet* hodri meydan demek *throw in kon.* bedavadan katmak, ücretsiz sağlamak *throw off* üstünden atmak, başından atmak, kurtulmak *throw one's hat into the ring* hodri meydan demek *throw one's weight around* cart curt etmek *throw oneself at sb's feet* kulu kölesi olmak *throw out* atmak, başından atmak; hatası yüzünden atmak, çıkarmak; evden atmak; (yasa, öneri, vb.) kabul etmemek; dikkatsizce söylemek; ileri sürmek, sunmak; bozmak *throw out of gear* debriyaj yapmak *throw out the bill* yasa tasarısını reddetmek *throw out* reddetmek, fırlatıp atmak, kabul etmemek; kovmak, dışarı atmak; (vücudunu) incitmek, zarar vermek *throw over* ile ilişkisini kesmek, ayrılmak *throw sb a curve* ters köşe yapmak *throw sb for a loop* birini eşekten düşmüş karpuza döndürmek *throw sb to the wolves* birini kurban etmek *throw the baby out with the bathwater* kasaba küsüp kolunu kesmek, papaza kızıp perhiz bozmak/oruç yemek *throw together* acele yapıvermek, uyduruvermek; bir araya getirmek *throw up* bırakmak, vazgeçmek, ayrılmak; *kon.* kusmak

throwaway /'trouıwey/ *s.* iadesiz, atılır, geri verilmeyen ¤ *a.* el ilanı *throwaway device* bozulunca atılan aygıt, onarılmayan aygıt *throwaway prices* damping fiyatı

thrower /'trouı/ *a.* atıcı; çömlekçi ustası

throwing /'trouing/ *a.* atma, fırlatma

thrown /troun/ *s.* atılmış; bükülmüş *thrown silk* bükülmüş ipek, ibrişim

thru /tru:/ *be. s. ilg. Aİ. kon. bkz.* through

thrum /tram/ *a. teks.* iplik saçağı, iplik döküntüsü

thrush /traş/ *a. hayb.* ardıçkuşu; *hek.* pamukçuk; basınç, itki, itme kuvveti

thrust /trast/ *e.* sokmak, saplamak; itmek, dürtmek *thrust bearing* baskı yatağı *thrust block* basınç yatağı, taban yatağı *thrust collar* basma bileziği, baskı bileziği *thrust horsepower* çekiş beygirgücü, tepki beygirgücü *thrust shaft* baskı mili *thrust washer* baskı pulu, sırast pulu, eksenel yatak pulu

thud /tad/ *a.* gümbürtü, pat, küt

thug /tag/ *a.* cani, katil, haydut

thulium /'tyu:liım/ *a.* tulyum

thumb /tam/ *a.* başparmak ¤ *e. kon.* otostop çekmek; (through ile) (kitaba) göz atıvermek, göz gezdirmek *thumb latch* mandal *thumb one's nose at sb* birine nanik yapmak *under sb's thumb kon.* -in parmağında, elinde, etkisi/kontrolü altında

thumbnut /'tamnat/ *a.* kelebek somun

thumbscrew /'tamskru:/ *a.* kanatlı vida, parmakla döndürülen vida

thumbtack /'tamtek/ *a. Aİ.* raptiye

thump /tamp/ *e.* yumruklamak, güm güm vurmak

thumper /'tampı/ *a.* katil, vurucu

thunder /'tandı/ *a.* gök gürültüsü ¤ *e.* (gök) gürlemek; gümbürdemek; bağırmak, gürlemek

thunderbolt /'tandıboult/ *a.* yıldırım; ani şaşırtıcı, telaşlandırıcı haber

thunderclap /'tandıklep/ *a.* gök gürlemesi

thundercloud /'tandıklaud/ *a. metr.* oraj bulutu, fırtına bulutu

thunderhead /'tandıhed/ *a. metr.* kümülüs kalvüs, düz beyaz kıyılı bulut

thundering /'tandıring/ *s.* gürültülü; kocaman

thunderstorm /'tandısto:m/ *a.* gök gürültülü fırtına, oraj *thunderstorm cirrus metr.* oraj sirrusu, boran tüybulutu

thunderstruck /'tandıstrak/ *s.* yıldırım çarpmışa dönmüş, şaşkın

thundery /'tandıri/ *s.* gök gürültülü

Thursday /'tö:zdey/ *a.* perşembe

thus /das/ *be.* böylece; bu sonuçla, böyle *thus far* şu ana kadar

thwack /twek/ *e.* pataklamak, dövmek

thwart /two:t/ *e.* engellemek, önlemek,

önüne geçmek
thy /ðay/ s. esk. senin, sizin
thyme /taym/ a. bitk. kekik
thymine /'taymi:n/ a. kim. timin
thymol /'taymol/ a. timol
thyratron /'tayrıtron/ a. elek. tiratron
thyristor /tay'rıstı/ a. tiristor
thyroid /'tayroyd/ a. tiroit, kalkanbezi
thyroid gland tiroit bezi
tibia /'tibiı/ a. kavalkemiği
tic /tik/ a. hek. tik
tick /tik/ a. tıkırtı, tiktak; doğru işareti; *II.
kon.* an, saniye; *hayb.* kene, sakırga;
kon. veresiye, kredi ¤ e. tıkırdamak; tık
tık etmek; işaret koymak *tick sb off
kon.* fırça çekmek, paylamak, haşlamak
tick over rölantide çalışmak
ticker /'tikı/ a. arg. saat; kalp, yürek;
borsa fiyatlarını şeride kaydeden aygıt
ticket /'tikit/ a. bilet; etiket; (trafik) para
cezası *get one's ticket kon.* ordudan
atılmak *ticket agency* bilet gişesi
ticket collector biletçi, kondüktör
ticket conductor biletçi, kondüktör
ticket day hesap dönemi *ticket in-
spector* biletçi, kontrolör *ticket office*
bilet gişesi *ticket tout* bilet
karaborsacısı
ticking /'tiking/ a. kılıflık kumaş
tickle /'tikıl/ e. gıdıklamak; eğlendirmek ¤
a. gıdıklama, gıdıklanma *be tickled* son
derece memnun olmak; çok gülmek,
çok eğlenmek *give sb a tickle* (birini)
gıdıklamak *have a tickle in one's
throat* boğazı gıcıklanmak
tickler /'tiklı/ a. güç durum; muhtıra
defteri, vade defteri *tickler file*
memorandum dosyası
ticklish /'tikliş/ s. gıdıklanır; zor, özel
dikkat isteyen, nazik
tidal /'taydl/ s. gelgitle ilgili, gelgitli *tidal
basin* gelgit havzası *tidal current coğ.*
gelgit akıntısı *tidal dock* gelgit havuzu
tidal harbour gelgit limanı *tidal range
coğ.* gelgit genliği *tidal wave* dev
okyanus dalgası
tidbit /'tidbit/ a. Aİ. bkz. titbit
tiddly /'tidli/ s. küçük, ufak
tide /tayd/ a. gelgit; akın *tide gate* gelgit
havuz kapağı *tide lock* gelgit havuzu,
gelgit kanalı *tide over* yardım etmek,
idare etmek, geçindirmek *tide pole

coğ. gelgit ölçeği, kabarma alçalma
gönderi *tide recorder coğ.* maregraf,
gelgit-yazan *tide staff coğ.* gelgit ölçeği
tide wave gelgit dalgası *turn the tide*
işleri yoluna sokmak
tidemark /'taydma:k/ a. gelgit nişanı,
gelgit izi
tidewater /'taydwo:tı/ a. gelgit suyu
tideway /'taydwey/ a. gelgit kanalı
tidiness /'taydınıs/ a. temizlik,
muntazamlık
tidings /'taydingz/ a. haber
tidy /'taydi/ s. derli toplu, temiz; *kon.*
oldukça büyük ¤ e. (up ile) derleyip
toplamak, çekidüzen vermek
tie /tay/ a. kravat, boyunbağı; bağ;
beraberlik, sonuç eşitliği; düğüm,
düğüm ipi; ayak bağı, bağ; *demy.*
travers ¤ e. bağlamak; bağlanmak;
berabere kalmak, eşit olmak *tie bar*
gergi çubuğu *tie beam* kuşak, bağlantı
kirişi, duvar latası *tie bolt* tespit
cıvatası *tie down* ayak bağı olmak,
özgürlüğünü kısıtlamak, bağlamak;
zorlamak *tie in* (with ile) ile uyuşmak,
birbirini tutmak, uymak *tie line elek.*
bağlantı hattı *tie oneself in knots*
dokuz doğurmak *tie rod* bağlama
çubuğu, gergi çubuğu *tie rod end* rot
başlığı *tie up* (with ile) birleştirmek;
(kullanımı) kısıtlamak, sınırlandırmak
tie-and-die method teks. düğümlü
boyama yöntemi
tied /tayd/ s. bağlı
tier /'tayı/ a. kat, sıra, dizi
tiff /tif/ a. atışma, tartışma
tiffany /'tifıni/ a. teks. ince muslin kumaş
tige /ti:j/ a. sütun gövdesi
tiger /'taygı/ a. kaplan
tigerish /'taygıriş/ s. kaplan gibi
tight /tayt/ s. sıkı, sımsıkı; gergin; (para)
zor elde edilir; *kon.* sarhoş; *kon.* cimri,
sıkı, pinti ¤ be. sıkı sıkı, sıkıca *be in a
tight corner* köşeye sıkışmak *in a
tight corner/spot* sıkışık bir durumda,
sıkıntıda, zor durumda, belada *sit tight*
olduğu yerde kalmak *tight coupling
elek.* sıkı kuplaj, sıkı bağlaşım *tight
pulley* sabit kasnak
tighten /'taytn/ e. sıkılaştırmak, sıkmak,
daraltmak; sıkılaşmak, daralmak *tight-
ening key* germe kaması *tightening

screw sıkıştırma vidası

tightener /'taytını/ *a.* gerdirici, sıkıcı

tightfisted /tayt'fistid/ *s. kon.* pinti, eli sıkı, sıkı, cimri

tight-lipped /tayt'lipt/ *s.* ağzı sıkı, sır saklar, ketum

tightly /'taytli/ *be.* sımsıkı, sıkıca **tightly coupled systems** *biliş.* sıkıca bağlantılı sistemler **tightly coupled twin** *biliş.* sıkıca bağlantılı ikiz **tightly packed** çok sıkı, çok yoğun

tightness /'taytnıs/ *a.* darlık, sıkılık; gerginlik

tightrope /'taytroup/ *a.* cambaz ipi

tights /tayts/ *a.* külotlu çorap; balerin/akrobat pantolonu

tiglic acid /'tiglik 'esid/ *a.* tiglik asit

tigress /'taygris/ *a.* dişi kaplan

tilde /tild/ *a.* tilde, dalgalı çizgi

tile /tayl/ *a.* kiremit; çini; yassı tuğla ¤ *e.* kiremit kaplamak **tile drain** künklü drenaj, künklü su yolu

tiler /'taylı/ *a.* kiremitçi

till /til/ *ilg. bağ.* kadar ¤ *a.* para çekmecesi, kasa ¤ *e.* (toprağı) sürmek, işlemek **till money** kasa mevcudu, ankes **till then** o zamana kadar

tillable /'tilıbıl/ *s.* (toprak) işlenebilir, sürülebilir

tillage /'tilic/ *a.* işleme, sürme; işlenmiş tarla, sürülmüş tarla; çiftçilik, tarım

tiller /'tilı/ *a.* sürgün, fidan; *a.* dümen yekesi

tilt /tilt/ *e.* eğmek, yana yatırmak; eğilmek, yana yatmak ¤ *a.* eğiklik, yana yatıklık **tilt at** (konuşma ya da yazı ile) saldırmak **tilt at windmills** hayali düşmanlarla savaşmak **(at) full tilt** *kon.* son sürat **tilt angle** meyil açısı, eğim açısı **tilt hammer** şahmerdan **tilting gate** dengeli devrilir kapak

tilter /'tiltı/ *a.* damperli araç

timbal /'timbıl/ *a.* dümbelek

timber /'timbı/ *a.* kereste; kerestelik orman; *den.* gemi kaburgası, gemi postası **timber footing** ahşap ayak **timber line** *orm.* orman sınırı, dağlarda ormanın bittiği yer **timber pile** ahşap kazık

timbering /'timbıring/ *a.* kereste; kerestelik ağaç

timberland /'timbılend/ *a.* ormanlık arazi

timberyard /'timbıya:d/ *a.* kereste mağazası

timbre /'timbı/ *a.* tını, ses rengi

time /taym/ *a.* zaman, vakit; müddet, süre; *müz.* tempo; devir, çağ; an ¤ *e.* zamanlamak, zamanı -e göre ayarlamak; zamanını/hızını kaydetmek **all the time** durmadan, sürekli, boyuna **at the same time** aynı zamanda, yine de, bununla birlikte **bide one's time** uygun bir fırsat beklemek **for a time** kısa bir süre için **for the time being** şimdilik **from time to time** ara sıra, bazen **in less than no time** çabucacık **in no time (at all)** çok çabuk, çabucak **in one's own good time** *kon.* hazır olduğunda **in time** vaktinde, erken **keep time** (saat) düzgün çalışmak; tempo tutmak **kill time** zaman öldürmek, vakit geçirmek **many a time** sık sık **on time** vaktinde, tam vaktinde **once upon a time** bir zamanlar; bir varmış bir yokmuş **pass the time of day** laklak etmek **play for time** zaman geçirmek, oyalanmak **take one's time** yavaş olmak, acele etmemek, kendi hızında gitmek **time after time** sık sık, tekrar tekrar **time and again** sık sık **time bargain** vadeli alışveriş, alivre satış **time base** zaman bazı **time bill** vadeli poliçe, süreli senet **time bomb** saatli bomba **time card** kartela, mesai kartı **time clock** kontrol saati **time constant** *fiz.* zaman sabitesi **time-delay circuit** *elek.* zaman geciktirme devresi **time-delay relay** *elek.* zaman geciktirme rölesi, geciktirici röle **time deposits** vadeli mevduat **time dilatation** *fiz.* zaman büyümesi **time-division multiplexing** *biliş.* zaman bölmeli çoklama **time-driven channel** *biliş.* zaman sürümlü kanal **time draft** vadeli senet **time factor** zaman faktörü **time freight** ekspresle gönderilen mal **time fuse** *ask.* ihtiraklı tapa **time interval** zaman aralığı **time-lapse** hızlandırılmış **time loan** vadeli borç **time lock** saatli kilit **time-of-day clock** *biliş.* günün zamanı saati **time oriented trace** *biliş.* zamana yönelik izleme **time payment** taksitle ödeme **time preference** zaman tercihi **time quenching** *met.* değişimli suverme **time saving** zaman kazandıran **time-scale factor** *biliş.* zaman ölçeği çarpanı **time-settlement curve** zaman-oturma eğrisi **time sheet** kartela **time signal** saat ayarı **time slice** *biliş.* zaman dilimi **time slicing** *biliş.* zaman dilimleme **time study** zaman etüdü **time work** gündelik iş **time zone** zaman dilimi **watch time** fırsat kollamak **What time is it?** Saat kaç? **What's the time?** Saat kaç?

time-consuming /'taymkınsyu:ming/ *s.* zaman tüketici

timed /taymd/ *s.* zamanlanmış

timekeeper /'taymki:pı/ *a. sp.* saat hakemi; saat, kronometre; çalışma saatlerini gösteren şey/kişi

timeless /'taymlis/ *s.* sonsuz, ebedi; belirli zamanı olmayan

timeliness /'taymlinıs/ *a.* uygunluk, yerindelik; vakitlilik

timely /'taymli/ *s.* tam vaktinde, yerinde, uygun

timeout /'taymaut/ *a. biliş.* zaman dışı kalma, zaman bitimi

timepiece /'taympi:s/ *a.* saat, kronometre

timer /'taymı/ *a.* saat hakemi; kronometre, saat

times /taymz/ *ilg.* kere, çarpı ¤ *a.* şimdiki zaman, devir; kere, kez, defa **at times** bazen **behind the times** demode, modası geçmiş, eski kafalı **move with the times** zamana ayak uydurmak

time-shared /'taymşeıd/ *s. biliş.* zaman paylaşımlı **time shared system** *biliş.* zaman paylaşımlı sistem

time-sharing /'taymşeıring/ *a. biliş.* zaman paylaşımı, zaman bölüşümü **time sharing system** *biliş.* zaman paylaşımlı sistem

timetable /'taymteybıl/ *a.* (tren, otobüs, vb.) tarife; ders programı

timid /'timid/ *s.* korkak, ürkek, yüreksiz; çekingen, sıkılgan, utangaç **as timid as a mouse** süklüm püklüm/süt dökmüş kedi gibi

timing /'tayming/ *a.* zamanlama **timing analyzer** *biliş.* zamanlama çözümleyicisi **timing chain** *oto.* tevzi zinciri, dağıtım zinciri **timing error** *biliş.* zamanlama hatası **timing gear** *oto.* tevzi dişlisi **timing master** *biliş.* zamanlama mastırı

timorous /'timırıs/ *s.* korkak, ürkek, yüreksiz; heyecanlı, gergin

timpani /'timpıni/ *a. müz.* timpani, timballer

timpanist /'timpınist/ *a.* davulcu

tin /tin/ *a.* kalay; teneke; teneke kutu; konserve kutusu ¤ *e.* kalaylamak; (yiyecek, vb.) konservelemek, kutulamak ¤ *s.* tenekeden yapılmış, teneke **tin bronze** kalay tuncu **tin loading** *teks.* kalay şarjı **tin mordant** (boya) kalay mordanı **tin opener** *İİ.* konserve açacağı **tin plating** *met.* kalay kaplama **tin pot** teneke kap **tin salt** kalay klorürü **tin tack** kalaylı döşeme çivisi **tin weighting** *teks.* kalay şarjı **tinning bath** kalaylama banyosu **tinning pot** *met.* kalay potası

tin-coat /'tinkout/ *e.* kalaylamak, kalayla kaplamak **tin-coated** kalay örtülü, kalay kaplı

tincal /'tinkıl/ *a.* tinkal

tincture /'tinkçı/ *a.* ispirto eriyiği, ruh; hafif renk; hanedan armacılığında kullanılan metal ya da renk; iz, eser ¤ *e.* hafifçe boyamak **tincture of iodine** tentürdiyot

tinder /'tindı/ *a.* çabuk yanan nesne

tine /tayn/ *a.* diş; çatal dişi

tinfoil /'tinfoyl/ *a.* kalay yaprağı, ince levha kalay

ting /ting/ *a.* çan sesi ¤ *e.* çınlatmak

tinge /tinc/ *a.* az miktar, nebze ¤ *e.* renklendirmek, renk katmak; belirtmek, göstermek

tingle /'tingıl/ *e.* ürpermek, diken diken olmak

tinker /'tinkı/ *a.* tenekeci ¤ *e.* (with ile) kurcalamak, oynamak

tinkle /'tinkıl/ *a.* çıngırtı; *İİ. kon.* işeme, su dökme ¤ *e.* çınlamak; çınlatmak

tinman /'tinmın/ *a.* tenekeci, kalaycı **tinman's solder** tenekeci lehimi

tinned /tind/ *s.* kalaylı **tinned fruit** meyve konservesi **tinned meat** et konservesi

tinner /'tinı/ *a.* tenekeci; kalaycı

tinny /'tini/ *s.* teneke gibi, tenekeli; çıngırtılı; *arg.* beş para etmez, boktan, tenekeden

tinplate /'tinpleyt/ *a.* teneke, teneke levha

tinsel /'tinsıl/ *a.* gelin teli; simli kumaş

tinsmith /'tinsmit/ *a.* tenekeci

tinstone /'tinstoun/ *a.* kalay cevheri

tint /tint/ *a.* hafif renk; renk tonu ¤ *e.* (saç) hafifçe boyamak; tonlamak, nüanslamak

tiny /'tayni/ *s.* küçücük, minicik

tip /tip/ *a.* (burun, parmak, vb.) uç; çöplük; bahşiş; tavsiye, öğüt ¤ *e.* eğmek, yana yatırmak; eğilmek, yana yatmak; devirmek; devrilmek; boşaltmak, dökmek; (çöp, vb.) atmak, bırakmak; bahşiş vermek, görmek *give sb the tip* birine ipucu vermek *have (sth) on the tip of one's tongue* dilinin ucunda olmak *tip cylinder* uç silindiri *tip diameter* uç çapı *tip off* gizli bilgi vermek, uyarmak, ihbar etmek *tip sb the wink* birine kaş göz etmek *tipping platform* devirme platformu, basküllü platform

tip-off /'tipof/ *a.* ihbar, uyarı, gizli bilgi

tipper /'tipı/ *a.* devirme tertibatı, damper

tippet /'tipit/ *a.* boyun atkısı

tipple /'tipıl/ *a. kon.* içki

tipsfy /'tipsitay/ *e.* sarhoş etmek

tipster /'tipstı/ *a.* tiyocu; muhbir

tipsy /'tipsi/ *a.* çakırkeyf

tiptoe /'tiptou/ *e.* ayaklarının ucuna basarak yürümek *on tiptoe* ayaklarının ucuna basarak

tip-top /tip'top/ *s. kon.* en iyi kalite, mükemmel, en iyi

tirade /tay'reyd/ *a. müz.* tirad; uzun sıkıcı konuşma, nutuk mec.

tire /tayı/ *e.* yormak; yorulmak ¤ *a. AI.* araba lastiği *tire out* bitkin düşürmek

tired /tayıd/ *s.* yorgun; (of ile) -den bıkmış, bezmiş *be tired of* -den bıkmak *get tired* yorulmak

tiredness /tayıdnıs/ *a.* yorgunluk; bıkkınlık

tireless /'tayılis/ *s.* yorulmak bilmeyen, yorulmaz

tiresome /'tayısım/ *s.* bezdirici, sinir edici; yorucu; sıkıcı

tissue /'tişu:/ *a. anat.* doku; ince yumuşak kâğıt; kâğıt mendil

tit /tit/ *a. arg.* meme, ayva; meme başı; *İl.* salak; *hayb.* baştankara *get on one's tits* gıcık etmek, uyuz etmek *tit for tat* kısasa kısas, dişe diş

titanate /'taytıneyt/ *a.* titanat

titanite /'taytınayt/ *a. min.* titanit

titanium /tay'teynıım/ *a.* titan(yum)

titbit /'titbit/ *a.* lezzetli lokma

titer /'ti:tı/ *a. kim.* titre

tithe /tayd/ *a.* öşür, aşar vergisi; onda bir

titillate /'titileyt/ *e.* heyecanlandırmak, coşturmak, zevklendirmek, içini gıcıklamak

titillation /titi'leyşın/ *a.* gıdıklama, gıdıklanma

titivate /'titiveyt/ *e. kon.* çekidüzen vermek, toparlamak

title /'taytl/ *a.* başlık, ad; unvan; *huk.* hak, istihkak; *sp.* şampiyonluk; tasarruf hakkı *title deed* tapu senedi *title page* baş sayfa *title role* başrol

titler /'taytlı/ *a. sin.* başlık basma makinesi, yazıcı aygıt

titrate /'taytreyt/ *e. kim.* titre etmek

titration /tay'treyşın/ *a.* titreleme, titre etme

titre /'ti:tı/ *a. kim.* titre

titter /'titı/ *e.* kıkır kıkır gülmek, kıkırdamak

tittle /'titl/ *a.* işaret, nokta; küçük şey

tittle-tattle /'titl tetl/ *a. kon.* dedikodu

T-junction /'ti: cankşın/ *a.* T biçimli kavşak

to /tı, tu, tu:/ *ilg.* -e doğru, -e; -e kadar, -e; -e karşı, -e; (saat) kala, var; her birinde, -de; -e göre; -mek, -mak; -ması, -mesi; -mek için

toad /toud/ *a. hayb.* karakurbağası

toadstool /'toudstu:l/ *a.* zehirli bir tür mantar

toady /'toudi/ *a.* dalkavuk, yağcı ¤ *e.* dalkavukluk etmek, yağ çekmek

to-and-fro /tu:ın'frou/ *a.* ileri geri gidip gelme

toast /toust/ *a.* kızarmış ekmek; sağlığına içme, kutlama, tebrik etme; sağlığına içilen kimse ¤ *e.* kızartmak; ısıtmak; sağlığına içmek

toaster /'toustı/ *a.* ekmek kızartma makinesi

tobacco /tı'bekou/ *a.* tütün, tütün yaprağı

tobacconist /tı'bekınist/ *a.* tütün/sigara satıcısı, tütüncü

toboggan /tı'bogın/ *a.* kar kızağı ¤ *e.* kızakla kaymak *toboggan slide* kızak pisti

toby /'toubi/ *a.* (üç köşeli) bira bardağı

tocopherol /to'kofırol/ *a.* tokoferol

tocsin /'toksin/ *a.* alarm işareti

today /tı'dey/ *a. be.* bugün

toddle /'todl/ *e.* tıpış tıpış yürümek

toddler /'todlı/ *a.* yeni yürümeye başlayan çocuk

to-do /tı'du:/ *a. kon.* tantana, patırtı, gürültü, çıngar

toe /tou/ *a.* ayak parmağı ¤ *e.* (ayakkabı/çorap) burun takmak; emirlere/kurallara uymak *be on one's toes* tetikte olmak *on one's toes* harekete hazır, tetikte *toe and heel it* dans etmek *toe in* paytak yürümek *toe the line* emirlere uymak, hizaya gelmek *tread on sb's toes* gücendirmek, incitmek, gönlünü kırmak

toe-in /'tou-in/ *a.* tekerlek kapanıklığı, içe doğru yatıklık

toenail /'touneyl/ *a.* ayak tırnağı

toff /tof/ *a.* kibar adam

toffee /'tofi/ *a.* bonbon, şekerleme

toffy /'tofi/ *a. bkz.* toffee

tog /tog/ *e. kon.* (up ile) giyinip kuşanmak; şık giyinmek

toga /'tougı/ *a.* eski Roma giysisi

together /tı'gedı/ *be.* bir araya, bir arada; birlikte, beraber; aynı anda, hep birden, üst üste; durmadan, sürekli, kesintisiz ¤ *s.* kendine hâkim; derli toplu

togetherness /tı'gedınis/ *a.* birliktelik

toggle /'togıl/ *a.* tahta düğme ¤ *e.* kasa çeliğiyle bağlamak; *biliş.* (bir özelliği) açmak, kapamak, devreye sokmak, devreden çıkarmak *toggle bolt* mafsal pimi *toggle switch* mafsallı anahtar *toggle-joint* dirsekli mafsal

togs /togz/ *a. kon.* giysi, elbise, takım

toil /toyl/ *e.* yorulmadan çalışmak, çok çalışmak; zar zor ilerlemek, güçlükle hareket etmek *toil and moil* imanı gevremek

toilet /'toylit/ *a.* hela, tuvalet; çekidüzen, giyim kuşam, tuvalet *toilet paper* tuvalet kâğıdı *toilet roll* bir top tuvalet kâğıdı *toilet water* kolonya, hafif parfüm

toiletries /'toylitriz/ *a.* tuvalet takımı, tuvalet eşyaları

toilful /'rı lful/ *s.* yorucu, zahmetli

to-ing and fro-ing /tu:ing ın 'frouing/ *a.*

kon. verimsiz yoğun etkinlik, telaşe

token /'toukın/ *a.* belirti, iz, gösterge; jeton; kart, marka, fiş; hediye çeki ¤ *s.* nominal, itibari; sahte, yanıltıcı *token money* itibari para *token strike* ikaz grevi, uyarı grevi *token raid* sahte baskın

tolerable /'tolırıbıl/ *s.* şöyle böyle, idare eder, orta; dayanılabilir, çekilir

tolerance /'tolırıns/ *a.* tahammül, dayanma, dayanıklılık; müsamaha, hoşgörü

tolerant /'tolırınt/ *s.* hoşgörülü; katlanan, sabırlı

tolerate /'tolıreyt/ *e.* müsamaha etmek, hoş görmek; tahammül etmek, katlanmak

toleration /tolı'reyşın/ *a.* müsamaha, hoşgörü

toll /toul/ *a.* (yol, köprü, vb.) geçiş ücreti; bedel; çan sesi, çınlama; işgaliye bedeli ¤ *e.* (çan) çalmak *toll booth* ücretli geçiş gişesi *toll bridge* paralı köprü *toll call* şehirlerarası telefon konuşması *toll centre* şehirlerarası toplama merkezi *toll circuit* şehirlerarası devre *toll exchange* şehirlerarası telefon santralı

tollgate /'toulgeyt/ *a.* geçiş ücreti ödenen yer

toluene /'tolyui:n/ *a.* toluen

toluidine /to'lyu:idi:n/ *a.* toluidin

tom /tom/ *a. kon.* erkek kedi

tomahawk /'tomıho:k/ *a.* küçük balta

tomato /tı'ma:tou/ *a. bitk.* domates

tomb /tu:m/ *a.* mezar, kabir, gömüt; türbe

tombac /'tombek/ *a.* tombak

tombola /tom'boulı/ *a.* tombala oyunu

tombolo /'tomboulı/ *a. yerb.* tombolo, birleştirme dili

tomboy /'tomboy/ *a.* erkek fatma

tombstone /'tu:mstoun/ *a.* mezar taşı

tomcat /'tomket/ *a.* erkek kedi

tome /toum/ *a.* büyük kitap

tomfool /tom'fu:l/ *a.* kuş beyinli, mankafa ¤ *s.* kafasız, aptal

tomfoolery /tom'fu:lırı/ *a.* aptalca davranış, saçmalık

tommy /'tomi/ *a.* somun anahtarı *tommy bar* lokma anahtar kolu

tommyrot /'tomi'rot/ *a.* abuk subuk konuşma, saçma, zırva

tomography /tı'mogrıfi/ *a. hek.*

tomografi
tomorrow /tı'morou/ *a. be.* yarın
tom-tom /'tomtom/ *a.* tamtam
ton /tan/ *a.* ton (İİ. 1016.047 kg., Aİ. 907.2 kg); ton (1000 kg.); *den.* tonilato; *kon.* yığın, sürü, büyük miktar, ton *ton mile* ton mil
tone /toun/ *a.* ses; ses tonu, ton; *müz.* perde, ton; renk tonu, ton; tarz, tavır, hava; *hek.* tonus ¤ *e.* tonlamak; (vücudu) güçlendirmek *tone down* tonunu hafifletmek, yumuşatmak, kabalığını azaltmak *tone in* (with ile) uyum sağlamak, uymak, gitmek, uyumlu olmak *tone-in-tone dyeing* aynı tonda boyama *tone-in-tone effect* aynı ton etkisi *tone language* ton dili, tonal dil *tone up* güçlendirmek, dinçleştirmek, canlandırmak
tone-deaf /toun'def/ *s.* notaları ayırt edemeyen, müzik kulağı olmayan
toneless /'tounlis/ *s.* renksiz, cansız, ruhsuz, zevksiz, tekdüze
toneme /'touni:m/ *a.* tonbirim, titrembirim
toner /tounı/ *a.* toner *toner cartridge* toner kartuşu
tongs /tongz/ *a.* maşa, kıskaç
tongue /tang/ *a.* dil; lisan, dil *bite one's tongue off kon.* söylediğine pişman olmak *give the rough edge of one's tongue* kalayı basmak *hold one's tongue* sesini kesmek, çenesini kapatmak *keep a civil tongue in one's head* terbiyeli konuşmak *on the tip of one's tongue* dilinin ucunda *set tongues wagging* dillere destan olmak *tongue-and-groove joint* lamba ve zıvana *tongue depressor hek.* dil basacağı, abeyslang *tongue in cheek kon.* gırgırına, şakadan, öylesine *tongue twister* söylenmesi zor söz
tongued /tangıd/ *s.* ... dilli
tongue-tied /'tangtayd/ *s.* dili tutulmuş; ağzı var dili yok
tonic /'tonik/ *a.* kuvvet ilacı; güçlendirici şey; tonik *tonic water* tonik
tonight /tı'nayt/ *a. be.* bu gece
toning /'touning/ *a. fot.* viraj, renklendirme *toning dye teks.* tonlama boyası, nüanslama boyası
tonnage /'tanic/ *a.* tonaj, tonilato; tonaj ücreti *tonnage dues* tonaj resmi *ton-*

nage slip tonaj pusulası
tonne /tan/ *a.* ton
tonsil /'tonsil/ *a.* bademcik
tonsillectomy /tonsi'lektımi/ *a.* bademcik ameliyatı
tonsillitis /tonsi'laytis/ *a. hek.* bademcik yangısı
tontine /'tonti:n/ *a.* tontin
tony /'touni/ *s.* lüks, aristokrat
too /tu:/ *be.* çok, fazla, aşırı; de, da, dahi, ayrıca; öyle, öyle yahu *only too* çok
tool /tu:l/ *a.* alet; başkasına alet olan kimse, alet, oyuncak, maşa, kukla ¤ *e.* aletle işlemek *down tools kon.* çalışmayı bırakmak, işi bırakmak *tool box* alet kutusu *tool car* takım arabası *tool chest* alet kutusu *tool grinder* alet taşlama tezgâhı *tool holder* torna kalemi tutucusu *tool kit* alet takımı, avadanlık *tool post* takım dayağı, alet dayağı, kalemlik *tool room* takımhane, takım odası *tool steel met.* takım çeliği
tooled up /'tu:ld ap/ *s. arg.* silahlı, tabancalı
toolbar /'tu:lba:/ *a. biliş.* görev çubuğu
tooling /'tu:ling/ *a.* aletle işleme
toon /tu:n/ *a. bitk.* tun ağacı
toot /tu:t/ *e.* ötmek; öttürmek
tooth /tu:t/ *a.* diş ¤ *e.* diş açmak, çentik açmak; dişlemek, ısırmak; (çark) birbirine kenetlenmek *long in the tooth* yaşını başını almış *sweet tooth* tatlı yiyeceklere düşkünlük *tooth and nail* dişe diş, kana kan, vahşice *toothing plane* dişli planya, rende
toothache /'tu:teyk/ *a.* diş ağrısı
toothbrush /'tu:tbraş/ *a.* diş fırçası
toothed /tu:tit/ *s.* dişli *toothed rack* kremayer, dişli çubuk *toothed wheel* dişli çark
toothless /'tu:tlis/ *s.* dişsiz
toothpaste /'tu:tpeyst/ *a.* diş macunu
toothpick /'tu:tpik/ *a.* kürdan
toothwort /'tu:twö:t/ *a. bitk.* diş out; gizli otu
toothy /'tu:ti/ *s.* dişlek
top /top/ *a.* tepe, doruk, üst; baş; örtü, kapak; en üstün yer, zirve, doruk; üste giyilen şey, üstlük; topaç ¤ *s.* en üstün, en iyi, baş; en üst, en üstteki ¤ *e.* tepe oluşturmak; -den daha yüksek/iyi/fazla olmak; (meyve, sebze, vb.) sapını

koparmak; üzerini boyamak, yeniden boyamak; pancar başı kesmek; eğmek, yatırmak *at top speed* çok hızlı, son sürat *get on top of kon.* -e fazla gelmek, aşmak, için aşırı olmak *on top (of)* ayrıca, üstelik, üstüne üstlük *be/sit on top of the world* dünyalar onun olmak *top bearing* üst yatak *top boots* uzun çizme *top credit* hazır kredi *top dead center oto.* üst ölü nokta *top dog kon.* kodaman, en üst mevkideki kimse *top dressing trm.* örtü, baş gübresi *top gear* üst dişli *top hamper den.* üst güverte donanımları *top hat* silindir şapka *top layer* üst tabaka, örtü tabakası *top management* üst yönetim *top pruning orm.* tepe budaması *top rail* tırabzan, üst korkuluk rayı *top roller* üst merdane *top side* üst kısım *top surface* üst yüzey *top the bill* başrol oyuncusu olmak *top tube* (bisiklet) üst boru *top view* kuşbakışı, üstten görünüş

topaz /'toupez/ *a.* sarı yakut, topaz

topcoat /'topkout/ *a.* palto, pardösü

tope /toup/ *e.* aşırı içki içmek ¤ *a. hayb.* camgöz balığı

toper /toupı/ *a.* ayyaş kimse

topgallant /top'gelınt/ *a. den.* babafingo

top-heavy /top'hevi/ *s.* (kıç tarafa oranla) baş kısmı ağır olan, baş ağır

topic /'topik/ *a.* konu

topical /'topikıl/ *s.* gündemde, güncel

topless /'toplis/ *s.* sutyensiz, üstsüz

topmast /'topma:st/ *a. den.* gabya çubuğu

topmost /'topmoust/ *s.* en yüksek

topographer /tı'pogrıfı/ *a.* topograf

topographic(al) /topı'grefik(ıl)/ *s.* topografik *topographic map* topografya haritası *topographic survey* topografik araştırma *topographic youth coğ.* gençlik evresi, gençlik çağı

topography /tı'pogrıfi/ *a.* topografya, yerbetim

topological /topı'locikıl/ *s. mat.* topolojik

topology /tı'polıci/ *a. mat.* topoloji

topper /'topı/ *a.* en üste konan taş; birinci sınıf mal; silindir şapka *topperlifter trm.* baş kesme ve sökme makinesi

topping /'toping/ *a.* tepesini kesme; üst,

tepe ¤ *s.* birinci sınıf, en iyi kalite *topping lift den.* vento

topple /'topıl/ *e.* sendelemek, düşmek; devirmek, düşürmek

topsail /'topseyl/ *a. den.* gabya yelkeni *topsail yard den.* gabya yelkeni sereni

top-secret /top'si:krit/ *s.* çok gizli

topsoil /'topsoyl/ *a.* üst toprak

topsy-turvy /topsi'tö:vi/ *s. be.* karman çorman, arapsaçına dönmüş, altüst, karmakarışık

toque /touk/ *a.* miğfer

torch /to:ç/ *a.* el feneri; meşale; *Al.* alev makinesi; hamlaç, şalümo, üfleç *torch brazing met.* şalümo lehimi, üfleçle lehimleme *torch cutting* oksijenle kesme *torch welding met.* hamlaç kaynağı

toreador /'toriıdo:/ *a.* toreador, ata binmiş boğa güreşçisi

torero /to'reyrou/ *a.* boğa güreşçisi

torment /'to:ment/ *a.* büyük acı, sancı, eziyet ¤ /to:'ment/ *e.* acı çektirmek, eziyet etmek

torn /to:n/ *s.* ayrı, zıt güçlerle ayırılmış, bölünmüş

tornado /to:'neydou/ *a.* kasırga, tornado, hortum

toroidal /to:'roydıl/ *s.* toroidal *toroidal modulator* toroidal modülatör *toroidal winding* toroidal sargı

torpedo /to:'pi:dou/ *a. ask.* torpil, torpido; patlatma fişeği ¤ *e.* torpillemek *torpedo boat ask.* torpidobot

torpid /'to:pid/ *s.* hareketsiz, yavaş, ağır

torque /to:k/ *a.* tork, buru, dönme momenti, bükme momenti *torque converter* tork değiştirici *torque motor elek.* tork motoru *torque shaft* tork mili *torque wrench* tork anahtarı

torquemeter /'to:kmi:tı/ *a. fiz.* torsiyometre, buruölçer

torrefy /'torifay/ *e.* kızartmak

torrent /'torınt/ *a.* sel

torrid /'torid/ *s.* çok sıcak, kavurucu, yakıcı; kontrolsüz duygularla ilgili

torsion /'to:şın/ *a.* bükme, bükülme, burulma, burulum, torsiyon *torsion balance* torsiyon terazisi, burulma tartacı *torsion bar* torsiyon çubuğu, burulma çubuğu *torsion pendulum fiz.* torsiyon sarkacı, burulma sarkacı *tor-*

sion spring burulma yayı *torsion suspension* elek. burulma süspansiyonu *torsion test* torsiyon testi, burma deneyi *torsion-free* burulmasız

torsional /'tɔ:şınıl/ s. burulma ile ilgili *torsional stress* mek. burulma zorlaması, buru zorlaması *torsional vibration* burulma titreşimi

torso /'tɔ:sou/ a. kolsuz, bacaksız, ve başsız insan vücudu, gövde

tort /tɔ:t/ a. haksız fiil, haksız muamele

tortfeasor /'tɔ:tfɪzı/ a. haksız fiil işleyen kimse

tortilla /tɔ:'tilı/ a. bir tür pizza

tortoise /'tɔ:tıs/ a. kaplumbağa

tortuosity /tɔ:tyu'osıti/ a. eğri büğrülük; hileli olma, namussuzluk

tortuous /'tɔ:çuıs/ s. dolambaçlı, dönen; kaçamaklı, dolambaçlı, dolaylı

torture /'tɔ:çı/ a. işkence ¤ e. işkence etmek

torus /'tɔ:rıs/ a. tor

tosh /toş/ a. saçma

toss /tos/ e. atmak; yazı-tura atmak; sallamak; sallanmak; yavaş yavaş karıştırmak ¤ a. sallama, sallanma, silkeleme; atma, fırlatma; yazı-tura *toss off* fazla üstünde durmadan ortaya atıvermek/yapıvermek *toss one's hat into the ring* adaylığını koymak *toss up* yazı tura atmak

toss-up /'tosap/ a. kon. şans işi

tot /tot/ e. (up ile) toplamak, ilave etmek ¤ a. ufak çocuk; bir yudum içki, yudum

total /'toutıl/ s. toplam, tüm, bütün, tam ¤ a. toplam; toplam miktar, tutar ¤ e. toplamı -e ulaşmak, bulmak, etmek; toplamak, tutarını bulmak *total absorption coefficient* fiz. toplam yutma katsayısı *total ash* toplam kül *total carbon* toplam karbon *total cost* toplam maliyet *total current* toplam akım *total differential* mat. toplam diferansiyel, tümel türetke *total eclipse* gökb. tam tutulma *total hardness* (su) toplam sertlik *total head* toplam basınç *total loss* tam hasar *total modulation* elek. tam modülasyon *total pressure* toplam basınç *total reflection* fiz. tam yansıma *total subrogation* topyekûn halefiyet

totalitarian /touteli'teırıın/ s. totaliter, erktekelci

totality /tou'teliti/ a. bütünlük, tamlık; yekûn, toplam miktar, tutar; tam ay/güneş tutulması

totally /'toutıli/ be. tamamen, tamamıyla, büsbütün

tote /tout/ e. kon. taşımak

totem /'toutım/ a. totem, ongun

totter /'totı/ e. sendelemek, yalpalamak

tottery /'totıri/ s. sallantılı; sarsak

toucan /'tu:kın, 'tu:ken/ a. hayb. tukan

touch /taç/ e. değmek; dokunmak, ellemek; elini sürmek, kullanmak; eline su dökmek, boy ölçüşmek; dokunmak, etkilemek, duygulandırmak ¤ a. dokunma duyusu; temas, dokunma, değme; az miktar; sp. taç; yetenek; tamamlayıcı ilave; temas, bağlantı *get in touch with* ile temasa geçmek, bağlantı kurmak *in touch with* -den haberdar *keep in touch with* ile teması sürdürmek, ile ilişkiyi koparmamak *lose touch with* ile teması kaybetmek, bağlantıyı koparmak, haber almamak *touch a sore spot/point* damarına/bam teline basmak *touch down* (uçak) yere inmek *touch for* kon. (para vermeye) ikna etmek, para koparmak *touch off* patlatmak; başlatmak, neden olmak *touch on* değinmek *touch up* pandik atmak *touch wood* nazar değmesin diye tahtaya vurmak *touch-sensitive screen* biliş. dokunma duyarlı ekran

touch-and-go /taçın'gou/ s. riskli; meçhul, belirsiz

touchdown /'taçdaun/ a. hav. yere iniş

touched /taçt/ s. minnettar, müteşekkir; kon. üşütük, kaçık, çatlak

touchiness /'taçinıs/ a. alınganlık

touching /'taçing/ s. dokunaklı, etkili, acıklı

touchline /'taçlayn/ a. sp. taç çizgisi

touchstone /'taçstoun/ a. kriter, ölçüt

touchy /'taçi/ s. alıngan; fazla duyarlı

tough /taf/ s. güçlü, dayanıklı; (et, vb.) sert, kart; çetin, zor, güç; katı, sert, haşin; kon. berbat, rezil, şanssız, talihsiz ¤ a. kon. kabadayı, külhanbeyi, bıçkın *tough row to hoe* çetin ceviz

toughen /'tafın/ e. sertleşmek;

sertleştirmek

toughness /'tafnis/ *a.* tokluk, dayanıklılık

toupee /'tu:pey/ *a.* küçük erkek perukası

tour /tuı/ *a.* tur, gezi; turne ¤ *e.* gezmek, dolaşmak *tour de force* yetenek/güç gösterisi *tour operator* tur operatörü

touring /'tuıring/ *s.* gezi+, tur+

tourism /'tuırizım/ *a.* turizm *tourism agency* turizm acentası *tourism bureau* turizm bürosu *tourism class* turistik mevki *tourism industry* turizm endüstrisi *tourism office* turizm bürosu *tourism season* turizm sezonu

tourist /'tuırist/ *a.* turist *tourist class* turist sınıfı

tourmaline /'tuımıli:n/ *a. yerb.* turmalin

tournament /'tuınımınt/ *a.* turnuva, yarışma

tourney /'tuıni/ *a.* turnuva ¤ *e.* turnuvaya katılmak

tourniquet /'to:nikey/ *a.* kanamayı durdurucu sargı, sargı bezi

tousle /'tauzıl/ *e.* (saç, vb.) karıştırmak, arapsaçına çevirmek

tout /taut/ *e.* müşteri toplamak, almaya ikna etmek ¤ *a.* çığırtkan, müşteri toplayıcı; arsız satıcı; karaborsacı; simsar; tiyocu

tow /tou/ *e.* (taşıt) yedekte çekmek ¤ *a.* yedekte çekme *in tow kon.* yakın takipte *tow hawser den.* yedek halatı *tow hook oto.* çeki kancası *tow rope den.* permeçe, yedek halatı *tow truck* oto kurtarma aracı, kurtarıcı *tow-to-yarn spinning teks.* doğrudan büküm

towage /'tauic/ *a.* yedekte çekme; çekme ücreti

toward /tı'wo:d/ *ilg. Aİ. bkz.* towards

towards /tı'wo:dz/ *ilg.* -e doğru, yönünde; -e doğru, sularında; ile ilgili, -e karşı

towel /'tauıl/ *a.* havlu ¤ *e.* havluyla kurulamak *towel bar* havluluk, havlu asacağı

towelling /'tauıling/ *a.* havluluk bez

tower /'tauı/ *a.* kule; burç ¤ *e.* (above/over ile) yükselmek, çok yüksek/uzun olmak *tower block* apartman, yüksek bina *tower clock* kule saati *tower drier* kule kurutucu *tower hoisting mad.* kuleyle çıkarma *tower silo trm.* kule silo *tower telescope gökb.* kule teleskopu, kule

ırakgörürü

towered /'tauıd/ *s.* kuleli

towering /'tauıring/ *s.* çok yüksek; şiddetli, son derece

towing /'touing/ *a.* çekme *towing bar oto.* cer çubuğu, çekme çubuğu *towing boat* römorkör *towing hook* çekme kancası *towing vehicle oto.* çekici taşıt

town /taun/ *a.* şehir, kent; kasaba; şehrin iş/alışveriş merkezi, çarşı; şehir halkı *go to town kon.* kafasına göre takılmak, yiyip içmek, bol para harcamak *town council* belediye meclisi *town gas* havagazı *town hall* belediye binası *town planner* planlamacı, şehir plancısı, kent tasarcısı *town planning* şehir planlaması *town tax* belediye vergisi

townsfolk /'taunzfouk/ *a.* kasaba halkı

township /'taunşip/ *a.* (Güney Afrika'da) siyahilerin yaşadığı yer

townsman /'taunzmın/ *a.* kentli, şehirli

toxaemia /tok'si:miı/ *a.* kan zehirlenmesi

toxic /'toksik/ *s.* zehirli, ağılı

toxicant /'toksikınt/ *s.* zehirleyici, zehirli

toxicity /tok'sisiti/ *a.* zehirlilik, ağılılık

toxicology /toksi'kolıci/ *a.* zehirbilim

toxin /'toksin/ *a.* toksin

toy /toy/ *a.* oyuncak ¤ *e.* (with ile) oynamak

trabeated /'treybieytid/ *s. inş.* kemersiz

trace /treys/ *e.* izini sürmek, izlemek; bulmak; ortaya çıkarmak; (kopya kâğıdıyla) kopyasını çıkarmak ¤ *a.* iz; az miktar, zerre; kalıntı *trace element kim.* azrak element, az rastlanan element *trace program biliş.* izleme programı *trace statement biliş.* izleme deyimi *trace table biliş.* izleme çizelgesi *trace-driven simulator biliş.* iz sürümlü simülatör

traceable /'treysıbıl/ *s.* izlenebilir

tracer /'treysı/ *a.* kopya makinesi; *ask.* izli mermi *tracer bullet ask.* izli piyade mermisi

trachea /trı'ki:ı/ *a. bitk.* trake, yaprak damarı

tracheal /trı'ki:ıl/ *s.* soluk borusuna ait; yaprak damarına ait

tracheitis /treki'aytis/ *a.* soluk borusu iltihabı

trachyte /'treykayt/ *a. yerb.* trakit

tracing /'treysing/ *a.* kopya *tracing cloth* resim muşambası, muşamba kâğıt *tracing paper* aydınger *tracing routine biliş.* izleme yordamı

track /trek/ *a.* iz; patika, keçiyolu; ray; pist, yarış pisti; parça, şarkı, müzik; palet, tırtıl ¤ *e.* izini takip etmek, izini sürmek *in one's tracks kon.* olduğu yerde; aniden *keep track of* izini kaybetmemek; dikkatle izlemek, takip etmek *on the right track* doğru yolda, iyi düşünen/çalışan *a one-track mind kon.* sabit fikirlilik, bir şeyi kafasına takma *track address biliş.* iz adresi *track angle hav.* rota açısı *track bolt demy.* cebire cıvatası *track circuit elek.* hat devresi *track down* izleyerek bulmak; avlamak *track events* pist yarışları *track in elek.* traveling ileri, ileri traveling, öne kaydırma *track labels biliş.* iz etiketleri *track laying demy.* hat döşeme, ray döşeme *track link* palet pabucu baklası *track pad* palet pabucu *track pitch biliş.* iz aralığı *track rod* palet mili *track roller* palet makarası *track scales demy.* vagon baskülü *track shoe* palet pabucu *track-type loader* paletli yükleyici *track-type tractor* paletli traktör

tracked /trekt/ *s. oto.* paletli, tırtıllı *tracked vehicle oto.* paletli taşıt

tracking /'treking/ *a.* izleme, takip *tracking procedures biliş.* izleme prosedürleri *tracking radar* hedef takip radarı *tracking station ask.* hedef takip istasyonu

trackless /'treklıs/ *s.* izsiz; yolsuz; iz bırakmayan

tracksuit /'treksu:t/ *a.* eşofman

tract /trekt/ *a.* arazi, alan, toprak; *anat.* sistem; risale

tractable /'trektıbıl/ *s.* kolay kontrol edilir, uysal, uslu; kolay işlenir

traction /'trekşın/ *a.* çekme, çekiş, çekilme *traction battery* çekme bataryası *traction generator* çekiş jeneratörü, cer jeneratörü *traction wheel demy.* hareketli tekerlek

tractive /'trektiv/ *s.* çekici, çeken *tractive force* çekme kuvveti, çekme gücü *tractive power* çekici güç, çekme kuvveti

tractor /'trektı/ *a.* traktör *tractor air-screw hav.* çekici pervane *tractor engine hav.* çekici pervaneli motor *tractor plough* traktör pulluğu *tractor tyre oto.* traktör lastiği

trade /treyd/ *a.* ticaret, alışveriş; meslek, sanat, iş; iş, satış ¤ *e.* (in/with ile) ticaret yapmak; almak; satmak; değiş tokuş etmek, değişmek *trade acceptance* ticari kabul *trade association* ticari birlik *trade balance* ticaret dengesi *trade bank* ticaret bankası *trade barriers* ticari engeller *trade bill* ticari senet *trade cycle* konjonktür dalgası *trade directory* ticaret rehberi *trade discount* toptancı indirimi *trade fair* ticaret fuarı *trade gap* ticari açık *trade in* üstüne para verip (yenisiyle) değiştirmek *trade investment* ticari yatırım *trade mark* marka, alameti farika *trade mission* ticaret misyonu *trade name* ad, marka, ticaret unvanı *trade price* toptan fiyat *trade register* ticaret sicili *trade restrictions* ticaret kısıtlamaları *trade route* ticaret yolu *trade sale* ticari ucuzluk *trade school* meslek okulu *trade secret* meslek sırrı *trade show* ticari gösteri *trade surplus* dış ticaret dengesi fazlalığı *trade symbol* ticari simge *trade union* sendika, işçi sendikası *trade union contribution* sendika aidatı *trade unionism* sendikacılık *trade unionist* sendikacı *trade value* takas değeri *trade wind* alize rüzgârı

trademark /'treydma:k/ *a.* alameti farika, marka

trader /'treydı/ *a.* tüccar, tacir, tecimen; borsa simsarı

tradesman /'treydzmın/ *a.* esnaf, dükkâncı, satıcı

trading /'treyding/ *a.* alış veriş; değiş tokuş *trading account* ticari hesap, ticaret hesabı *trading area* ticari alan *trading capital* ödenmemiş sermaye *trading company* ticaret şirketi *trading credit* ticaret kredisi *trading profit* ticari kazanç *trading stamps* pay kuponu, kâr pulu

tradition /trı'dişın/ *a.* gelenek

traditional /trı'dişınıl/ *s.* geleneksel

traduce /trı'dyu:s/ *e.* çamur atmak, leke sürmek, kara çalmak

traffic /'trefik/ *a.* trafik; ticaret, alım-satım

traffic capacity trafik kapasitesi **traffic congestion** yol. trafik tıkanması **traffic count** trafik sayımı **traffic density** trafik yoğunluğu **traffic engineering** trafik mühendisliği **traffic flow** trafik akışı **traffic in** ... ticareti yapmak, alıp satmak **traffic island** röfuj, emniyet adası **traffic jam** trafik sıkışıklığı **traffic lane** yol. trafik şeridi **traffic light** yol. trafik ışığı **traffic lights** trafik ışıkları **traffic line** yol. şerit çizgisi **traffic load** trafik yükü **traffic noise** trafik gürültüsü **traffic roundabout** yol. dönel kavşak **traffic sign** trafik işaret levhası **traffic signal** trafik sinyali **traffic signs** trafik işaretleri **traffic stream** trafik akışı **traffic unit** trafik birimi **traffic volume** trafik hacmi

trafficator /'trefikeytı/ a. oto. sinyal

trafficker /'trefikı/ a. kaçakçı

tragedian /trı'ci:dyın/ a. trajedi yazarı, trajedi oyuncusu

tragedy /'trecidi/ a. trajedi, ağlatı; facia, felaket

tragic /'trecik/ s. trajik; üzücü, talihsiz; kon. müthiş, korkunç

tragicomedy /treci'komidi/ a. trajikomedi

trail /treyl/ a. iz, koku; patika, keçiyolu; kuyruk ¤ e. izini sürmek, izlemek; peşinden sürüklemek; sürüklenmek **trail one's coat** belasını aramak **trailing axle** demy. arka dingil **trailing cable** çekilir kablo **trailing edge** arka kenar; hav. firar kenarı **trailing end** biliş. kuyruk ucu, arka ucu, bitiş ucu

trailer /'treylı/ a. römork, treyler; fragman, tanıtma filmi; Al. karavan **trailer coupling** oto. römork bağlantısı **trailer label** biliş. bitiş etiketi, katar etiketi **trailer record** biliş. bitiş kaydı, katar kaydı, tamamlayıcı kayıt

train /treyn/ a. tren; kafile, kervan, sürü; elbise kuyruğu; olaylar/düşünceler zinciri ¤ e. yetiştirmek, eğitmek; yetişmek, eğitim görmek; antrenman yapmak, çalışmak; (on/upon ile) -e nişan almak, -e yükseltmek, üstüne tutmak, çevirmek **train ferry** tren taşıyan vapur, katar araba vapuru

trained /treynd/ s. eğitilmiş; alışkın

trainee /trey'ni:/ a. stajyer; öğrenci

trainer /'treynı/ a. antrenör, çalıştırıcı

trainers /'treynız/ a. spor ayakkabısı

training /'treyning/ a. terbiye, eğitim; sp. antrenman, idman, çalışma; kurs, staj **training center** eğitim merkezi **training plane** hav. eğitim uçağı

trait /treyt/ a. özellik, karakter

traitor /'treytı/ a. hain, vatan haini

trajectory /trı'cektıri/ a. yörünge; ask. mermi yolu

tram /trem/ a. tramvay; maden ocağı arabası, dekovil **tram silk** teks. ibrişim, bükümlü ipek

tramcar /'tremka:/ a. tramvay

tramline /'tremlayn/ a. tramvay hattı

trammel /'tremıl/ a. kollu pergel, elipsograf

trammer /'tremı/ a. mad. araba sürücüsü

tramming /'treming/ a. mad. araçla taşıma, elle araba itme

tramp /tremp/ a. serseri, avare; rap rap sesi; uzun yürüyüş; Al. orospu; tarifesiz gemi ¤ e. ağır adımlarla yürümek; yürüyüp geçmek, çiğnemek **tramp iron** döküntü demir

trample /'trempıl/ e. basmak, ezmek, çiğnemek

trampoline /'trempıli:n/ a. trambolin

tramway /'tremwey/ a. tramvay; dekovil hattı

trance /tra:ns/ a. kendinden geçme, esrime, trans

tranche /tra:ns/ a. tranş, dilim

trank /trenk/ a. yatıştırıcı madde

tranquil /'trenkwil/ s. sakin, sessiz; durgun

tranquillity /tren'kwilıti/ a. sessizlik, sükun

tranquillize /'trenkwilayz/ e. sakinleştirmek, yatıştırmak

tranquillizer /'trenkwilayzı/ a. sakinleştirici, yatıştırıcı ilaç

transact /tren'zekt/ e. (iş) görmek, bitirmek, yapmak

transaction /tren'zekşın/ a. iş görme, yapma; iş, muamele, işlem **transaction data** biliş. işlem verileri **transaction file** biliş. işlem dosyası, işlem kütüğü **transaction record** biliş. işlem kaydı **transaction tape** biliş. işlem şeridi

transatlantic /trenzıt'lentik/ s. transatlantik, Atlantik Okyanusu'na ait, Atlantikaşırı transceiver /trens'si:vı/ a. alıcı verici radyo

transcend /tren'send/ e. geçmek, aşmak

transcendency /tren'sendınsi/ a. üstünlük

transcendent /tren'sendınt/ s. üstün, ulu, yüce

transcendental /trensen'dentl/ s. transandant, aşkın

transcendentalism /trensen'dentılizım/ a. deneyüstücülük

transcontinental /trenzkonti'nentl/ s. kıtayı kateden, kıtaötesi

transcribe /tren'skrayb/ e. kopya etmek, suretini çıkarmak; müz. uyarlamak

transcriber /tren'skraybı/ a. biliş. kopya edici, tıpkılayıcı

transcript /'trenskript/ a. kopya, suret

transcription /trens'kripşın/ a. transkripsiyon, çevriyazı

transducer /trenz'dyu:sı/ a. elek. güç çevirici, çevirgeç

transept /'trensept/ a. inş. çapraz sahın

transfer /trens'fö:/ e. nakletmek, taşımak; taşınmak; sp. transfer etmek; sp. transfer olmak; taşıt değiştirmek, aktarma yapmak; huk. devretmek ¤ /'trensfö:/ a. sp. transfer; huk. devir; çıkartma, yapıştırma, baskı; aktarma bileti; nakil **transferred charge call** ödemeli telefon konuşması **transfer-ring bank** devreden banka **transfer admittance** elek. geçiş admitansı **transfer agent** devir acentası **transfer bank** havale yapılan banka **transfer book** senet defteri **transfer business** ciro muameleleri **transfer by judge-ment** kazai temlik **transfer by law** yasal temlik **transfer card** biliş. aktarma kartı **transfer case** oto. ara şanzıman, muavin şanzıman **transfer certificate** transfer sertifikası **transfer characteristic** elek. geçiş karakteristiği **transfer check** biliş. aktarma denetimi **transfer clock** biliş. aktarma saati, taşıma saati **transfer command** biliş. aktarma komutu **transfer commission** havale komisyonu **transfer constant** elek. transfer sabiti **transfer control** biliş. aktarma denetimi **transfer cur-rent** elek. geçiş akımı **transfer day** havale günü **transfer deed** devir belgesi **transfer fee** devir ücreti, transfer ücreti **transfer function** fiz. transfer fonksiyonu, geçiş işlevi **trans-fer gear** mak. transfer dişlisi **transfer impedance** elek. geçiş empedansı, geçiş çelisi **transfer income** transfer geliri **transfer instruction** biliş. aktarma komutu **transfer interpreter** biliş. aktarmalı yorumlayıcı **transfer of foreign exchange** döviz transferi **transfer operation** biliş. aktarma işlemi **transfer point** transfer yeri, aktarma yeri **transfer printing** transfer baskı **transfer rate** biliş. aktarma oranı/hızı **transfer received** transfer makbuzu **transfer risk** transfer riski **transfer stamp** transfer damga pulu **transfer tax** intikal vergisi **transfer time** biliş. aktarma zamanı **transfer vector** biliş. transfer vektörü, aktarım yöneyi

transferable /trens'fö:rıbıl/ s. devredilebilir, nakli mümkün **transfer-able letter of credit** devredilebilen akreditif

transferee /trensfı'ri:/ a. devir olunan, devralan, temlik olunan

transferor /trens'fö:rı/ a. devreden, nakleden, temlik eden

transferrer /trens'fö:rı/ a. havale eden

transfiguration /trensfigyu'reyşın/ a. şekil değişimi

transfigure /trens'fıgı/ e. şeklini değiştirip yüceltmek

transfinite /trens'faynayt/ a. mat. sonluötesi

transfix /trens'fiks/ e. şaşkına çevirmek, afallatmak, sersemletmek, dondurmak

transform /trens'fo:m/ e. biçimini değiştirmek, dönüştürmek

transformation /trensfı'meyşın/ a. dönüştürüm, dönüştürme, dönüşüm

transformational /trensfı'meyşınıl/ s. dönüşümsel **transformational com-ponent** dönüşümsel bileşen **transfor-mational grammar** dönüşümsel dilbilgisi **transformational-generative grammar** dönüşümsel üretici dilbilgisi

transformationalism /trensfı'meyşınılizım/ a. dönüşümcülük

transformationalist /trensfı'meyşınılist/ a. s. dönüşümcü

transformer /trens'fo:mı/ a.

transformatör, trafo, dönüştüreç *transformer coupling elek.* transformatör kuplajı, dönüştüreç bağlaşımı *transformer oil* transformatör yağı *transformer plate/sheet* transformatör sacı *transformer winding elek.* transformatör sargısı
transfuse /trens'fyu:z/ *e.* (kan) nakletmek
transfusion /trens'fyu:jın/ *a.* kan nakli
transgress /trenz'gres/ *e.* (sınırı) aşmak; bozmak, çiğnemek, karşı gelmek
transgression /trenz'greşın/ *a. yerb.* deniz ilerlemesi
transgressor /trens'gresı/ *a.* çiğneyen, günahkâr
transhumance /trens'hyu:mıns/ *a. coğ.* yaylacılık
transhumant /trens'hyu:mınt/ *s. coğ.* yaylacı
transiency /'tenzi:nsi/ *a.* geçicilik
transient /'trenzi:ınt/ *s.* geçici, kısa süreli, süreksiz *transient analyser elek.* geçici etki çözümleyici *transient current elek.* geçici akım *transient error biliş.* geçici hata *transient state* geçici hal *transient voltage* geçici gerilim *transient wave elek.* geçici dalga
transistor /tren'zistı/ *a.* transistor; transistorlu radyo *transistor amplifier elek.* transistorlu amplifikatör *transistor current gain elek.* transistor akım kazancı *transistor ignition oto.* transistorlu ateşleme *transistor parameter* transistor parametresi *transistor testing instrument* transistor ölçü aleti *transistor tetrode* transistor tetrot
transistorize /tren'zistırayz/ *e.* transistorla donatmak
transistorized /tren'zistırayzd/ *s.* transistorlu
transit /'trensit/ *a.* taşıma, aktarma; geçiş *transit instrument gökb.* geçiş aracı *transit time* geçiş zamanı, geçiş süresi *transit trade* transit ticaret *transit visa* transit vize
transition /tren'zişın/ *a.* geçiş *transition card biliş.* geçiş kartı *transition curve yol.* rakordman *transition element kim.* transisyon elementi, geçiş öğesi *transition frequency fiz.* geçiş frekansı *transition matrix* geçiş matrisi, geçiş dizeyi *transition metal* geçiş metali *transi-*

tion point geçiş noktası *transition probability fiz.* geçiş olasılığı *transition region elek.* geçiş bölgesi *transition temperature* geçiş sıcaklığı
transitional /tren'sijınıl/ *s.* geçişe ait
transitive /'trensitiv/ *s. a. dilb.* geçişli (eylem) *transitive expression* geçişli ifade *transitive verb* geçişli fiil, geçişli eylem
transitivity /tren'sitivıti/ *a. mat.* geçişme, geçişkenlik
transitoriness /'trensitırinıs/ *a.* geçicilik
transitory /'trensitıri/ *s.* geçici, süreksiz; fani, kalımsız *transitory income* arızi gelir
translatable /trens'leytıbıl/ *s.* tercüme edilebilir
translate /trens'leyt/ *e.* çevirmek, tercüme etmek; dönüştürmek, değiştirmek; ötelemek
translation /trens'leyşın/ *a.* çeviri, tercüme; öteleme, ötelenme *translation bureau* tercüme bürosu *translation language biliş.* çevirme dili
translative /'trenslıtiv/ *s. a.* çeviri ile ilgili; değişim veya oluş belirten biçimbirim, oluş durumu
translator /trenz'leytı/ *a.* tercüman, çevirmen, mütercim; elbise tamircisi, ayakkabı tamircisi; telgraf repetörü
transliterate /trenz'litıreyt/ *e. biliş.* karakter değiştirmek, karakter dönüştürmek
transliteration /trenzlitı'reyşın/ *a.* harf çevirisi
translocate /trenzlou'keyt/ *e.* yerini değiştirmek
translucence /trenz'lu:sıns/ *a.* yarısaydamlık
translucent /trenz'lu:sınt/ *s.* yarısaydam
transmarine /trenzmı'ri:n/ *s.* denizaşırı
transmigrant /trenz'maygrınt/ *a.* göçmen
transmigrate /trenzmay'greyt/ *e.* göç etmek
transmigration /trenzmay'greyşın/ *a.* göç
transmissible /trenz'misıbıl/ *s.* devredilebilir, aktarılabilir
transmission /trenz'mişın/ *a.* gönderme, iletme; geçirme, taşıma; (radyo, TV) yayın; transmisyon, vites *transmission band* iletim bandı *transmission belt* transmisyon kayışı *transmission box*

oto. vites kutusu, şanzıman kutusu, dişli kutusu, hız kutusu *transmission brake oto.* transmisyon freni *transmission case oto.* vites kutusu karteri *transmission chain* tahrik zinciri *transmission control character biliş.* gönderme denetim karakteri *transmission gain* transmisyon kazancı *transmission gear* transmisyon dişlisi *transmission interface converter biliş.* gönderme arayüzey dönüştürücüsü *transmission level* transmisyon düzeyi *transmission limit fiz.* transmisyon limiti, geçirim sınırı *transmission line elek.* transmisyon hattı, iletim yolu *transmission loss elek.* transmisyon kaybı *transmission main shaft oto.* şanzıman ana mili *transmission measuring set* iletim ölçme donanımı *transmission network* aktarım ağı, aktarım şebekesi *transmission plane fiz.* transmisyon düzlemi, geçirim düzlemi *transmission security biliş.* gönderme güvenliği *transmission shaft* transmisyon mili, transmisyon şaftı *transmission speed biliş.* gönderme hızı *transmission system* iletim sistemi, gönderim sistemi

transmit /trenz'mit/ *e.* göndermek; yayınlamak; geçirmek, iletmek; (hastalık, vb.) geçirmek, bulaştırmak *transmitting antenna* verici anten *transmitting microphone* verici mikrofon *transmitting station* verici istasyon

transmittance /trenz'mitıns/ *a. opt.* transmitans

transmitter /trenz'mitı/ *a.* verici, iletici

transmutable /trenz'myu:tıbıl/ *s.* değiştirilebilir

transmutation /trenzmyu:'teyşın/ *a.* değişme, değiştirilme

transnational /trenz'neşınıl/ *s.* uluslararası, çokuluslu

transoceanic /trenzouşi'enik/ *s.* okyanusötesi

transom /'trensım/ *a.* çapraz kiriş; lento *transom window inş.* vasistas

transparency /tren'sperınsi/ *a.* saydamlık; slayt

transparent /tren'sperınt/ *s.* saydam; açık, net, anlaşılır *transparent paper* aydınger

transpiration /trenspı'reyşın/ *a.* terleme

transpire /tren'spayı/ *e.* ortaya çıkmak, bilinmek; *kon.* olmak, vuku bulmak

transplant /'trenspla:nt/ *a.* nakledilen şey, aktarılan şey; organ nakli ¤ /trens'pla:nt/ *e.* (bitki) başka bir yere dikmek/aktarmak; (organ, saç, vb.) nakletmek

transplantation /trenspla:n'teyşın/ *a.* nakil, aktarma

transplanter /trens'pla:ntı/ *a. trm.* fide dikme makinesi

transport /'trenspo:t/ *a.* nakil, taşıma; taşımacılık; araç, taşıt ¤ /tren'spo:t/ *e.* taşımak, götürmek, nakletmek; sürgüne göndermek, sürmek *transport cross-section fiz.* taşıma arakesiti *transport documents* nakliye vesaiki, taşıma belgeleri *transport geography coğ.* ulaştırma coğrafyası *transport mean free path fiz.* taşıma ortalama serbest yolu *transport theory fiz.* taşıma teorisi

transportable /trens'po:tıbıl/ *s.* taşınır, portatif

transportation /trenspo:'teyşın/ *a.* sürgüne gönderme, sürme, sürgün; *Aİ.* nakil, gönderme, taşıma; *Aİ.* taşımacılık

transporter /tren'spo:tı/ *a.* araba nakil aracı; nakliyeci; *hav.* ulaştırma uçağı, yük uçağı

transpose /tren'spouz/ *e.* yerlerini/sırasını değiştirmek; *müz.* perdesini değiştirmek

transposer /trens'pouzı/ *a. elek.* aktarıcı

transposition /trenspı'zişın/ *a.* yerini değiştirme; yer değişikliği; *müz.* aktarma

transsexual /trenz'seksyuıl/ *s.* cinsiyet değiştiren

transubstantiate /trensıb'stenşieyt/ *e.* başka bir cisme dönüştürmek

transversal /trenz'vö:sıl/ *s.* çapraz, enine *transversal shearing machine teks.* enine makaslama makinesi

transverse /trenz'vö:s/ *s.* enine, çaprazlama *transverse axis* enine mihver *transverse beam* enine kiriş *transverse coast coğ.* enine kıyı *transverse crack* enine çatlak *transverse dune yerb.* enine kumul *transverse fault yerb.* enine fay, enine kırık *transverse field travelling wave tube* *elek.* enine alanlı yürüyen dalga tüpü **transverse fold** enine kıvrım **transverse force** enine kuvvet, yanal kuvvet **transverse gallery** *mad.* traverban, şişleme galeri **transverse heating** *elek.* enine ısıtma **transverse joint** enine derz **transverse load** enine yük **transverse moment** enine moment **transverse plane** enine düzlük, enine yüz **transverse profile** enine profil **transverse section** enine kesit, profil kesit **transverse spring** *oto.* enine yay, çapraz yay **transverse wave** enine dalga, kesme dalgası

transvestite /trenz'vestayt/ *s. a.* karşıt cinsin elbiselerini giyen, travesti

trap /trep/ *a.* tuzak; kapan; *kon.* ağız; iki tekerlekli at arabası ¤ *e.* tuzağa düşürmek **trap amplifier** tuzak amplifikatörü **trap door** kapak biçiminde kapı **trap setting** *biliş.* tuzak kurma, kapan kurma **trap window** *inş.* çatı penceresi **trapped instruction** *biliş.* tuzaklanmış komut **trapped water** tutulmuş su

trapeze /trı'pi:z/ *a.* trapez

trapezium /trı'pi:zıım/ *a. mat.* yamuk **trapezium distortion** *elek.* trapez distorsiyonu, yamuk distorsiyonu

trapezoid /'trepizoyd/ *a. mat.* ikizkenar yamuk

trapezoidal /trepi'zoydıl/ *s.* ikizkenar yamuk şeklinde

trapper /'trepı/ *a.* tuzakçı, avcı

trapse /treyps/ *e.* başıboş gezmek, yavaş yavaş dolaşmak

trash /treş/ *a.* değersiz şey, adi şey; çerçöp, süprüntü, döküntü, atık, telef; *Aİ.* ayaktakımı **trash compactor** çöp öğütme makinesi

trashcan /'treşken/ *a. Aİ.* çöp tenekesi

trashiness /'treşinis/ *a.* adilik, değersizlik

trashy /'treşi/ *s.* değersiz, beş para etmez, saçma

trass /tres/ *a. yerb.* tras

trauma /'tro:mı, 'traumı/ *a. hek.* travma

traumatic /tro:'metik/ *s.* sarsıcı, şok edici, derinden etkileyici

travail /'treveyl/ *a.* doğum sancıları

travel /'trevıl/ *e.* seyahat etmek, yolculuk yapmak; yol almak, gitmek; *arg.* tüymek, topuklamak, gazlamak ¤ *a.*

seyahat, yolculuk **travel light** az eşyayla yolculuk yapmak **travel nonstop** molasız seyahat etmek **travel through** molasız yolculuk yapmak **travel agency** seyahat acentası **travel bureau** seyahat acentası

traveler /'trevılı/ *a. Aİ. bkz.* traveller

travellator /'trevıleytı/ *a.* yürüyen kaldırım

travelled /'trevıld/ *s.* çok seyahat etmiş

traveller /'trevılı/ *a.* seyyah, yolcu; transbordör, seyyar iskele **traveller's cheque/check** seyahat çeki

travelling /'trevling/ *a.* seyahat, yolculuk **travelling crane** seyyar vinç, gezici vinç **travelling expenses** seyahat giderleri **travelling grate** döner ızgara **travelling load** hareketli yük **travelling wave** *fiz.* yürüyen dalga

traversable /'trevısıbıl/ *s.* bir yandan diğer yana geçebilen; öne arkaya hareket edebilen

traverse /'trevö:s/ *e.* içinden/üzerinden geçmek, enine geçmek; mil çevresinde dönmek ¤ *a.* travers; *mim.* galeri; çapraz çizgi; *den.* volta seyri; *mak.* yanal hareket alanı **traversing mechanism** yan döndürme tertibatı **traverse beam** enine kiriş **traverse survey** poligon usulü ölçme **traverse table** *den.* volta cetveli

travertin(e) /'trevıtin/ *a.* travertin

travesty /'trevisti/ *a.* kötü/gülünç taklit, travesti

trawl /tro:l/ *a.* sürütme ağı, trol; çaparı ¤ *e.* trol avcılığı yapmak, sürütme ağıyla avlamak **trawl line** çaparı

trawler /'tro:lı/ *a.* tarak ağlı balıkçı gemisi, trol teknesi

tray /trey/ *a.* tepsi; tabla

treacherous /'treçırıs/ *s.* hain, dönek; tehlikeli

treachery /'treçıri/ *a.* hainlik, ihanet, döneklik; sahtelik; vefasızlık

treacle /'tri:kıl/ *a.* şeker pekmezi

tread /tred/ *e.* üzerinde yürümek, katetmek; basmak, çiğnemek, ezmek ¤ *a.* ayak basışı/sesi; lastik tırtılı, lastik sırtı, lastik tırnağı; merdiven basamağı

treadle /'tredl/ *a.* pedal, ayaklık

treason /'tri:zın/ *a.* vatan hainliği, ülkesine ihanet

treasure /'treʒı/ *a.* hazine, define, gömü; çok değerli şey/varlık ¤ *e.* çok kıymetli tutmak, büyük değer vermek

treasurer /'treʒırı/ *a.* haznedar, veznedar

treasury /'treʒıri/ *a.* hazine; maliye dairesi *treasury bill* hazine bonosu *treasury board* maliye bakanlığı *treasury bond* hazine bonosu *treasury certificate* kâğıt para *treasury department* maliye bakanlığı *treasury note* hazine bonosu *treasury office* hazine dairesi *treasury stocks* devlet tahvilleri *treasury warrant* maliye senedi

treat /tri:t/ *e.* muamele etmek, davranmak; ele almak; düşünmek, saymak, görmek; (to ile) ikram etmek, ısmarlamak, vermek; kimyasal işleme tabi tutmak, elden geçirmek; tedavi etmek, geçirmek ¤ *a.* zevk, hoş şey, hoş sürpriz

treatise /'tri:tiz/ *a.* bilimsel inceleme, tez

treatment /'tri:tmınt/ *a.* muamele, davranış; tedavi, sağaltım; işlem, muamele

treaty /'tri:ti/ *a.* antlaşma *treaty powers* antlaşmayı oluşturan güçler

treble /'trebıl/ *a. müz.* soprano; tiz ¤ *e.* üç misli olmak; üç misline çıkarmak ¤ *s. be.* üç misli, üç kat, üç bölüm, üçlü; *müz.* tiz *treble control* tizlik ayarı

tree /tri:/ *a.* ağaç *tree age* ağaç yaşı *tree breeding* ağaç ıslahı *tree class* ağaç sınıfı *tree classification* ağaç sınıflandırması *tree-diagram* ağaç, ağaç diyagram *tree lifter* ağaç sökme makinesi *tree line* ağaç sınırı *tree sparrow* hayb. dağserçesi *tree structure* biliş. ağaç yapı *tree volume* ağaç hacmi

treeless /'tri:lıs/ *s.* ağaçsız

treenail /'tri:neyl/ *a.* kavela, ağaç çivi

trefoil /'trefoyl/ *a.* yonca; *mim.* yonca biçiminde süs *trefoil arch inş.* yonca kemer, üç dilimli kemer

trehalose /'tri:hılous/ *a.* trehaloz

trek /trek/ *e.* uzun ve zor yolculuk yapmak ¤ *a.* uzun ve zor yolculuk *go on/for a trek* yürüyüşe çıkmak

trekking /'treking/ *a.* uzun ve zor yolculuk, zor yürüyüş *go trekking* yürüyüşe çıkmak

trellis /'trelis/ *a.* bitki kafesi, sırık ¤ *e.* birbirine geçirmek; dallarını kafese sarmak

tremble /'trembıl/ *e.* titremek; ürpermek ¤ *a.* titreme; ürperme, ürperti *all of a tremble* kon. tir tir, zangır zangır titreyen

trembler /'tremblı/ *a.* titreşim aygıtı; elektrik zili

trembling /'trembling/ *s.* titreyen

tremendous /tri'mendıs/ *s.* büyük, çok büyük, çok fazla, kocaman; harika, şahane, nefis, olağanüstü

tremolite /'tremılayt/ *a. min.* tremolit

tremor /'tremı/ *a.* titreme, ürperme; sarsıntı

tremulous /'tremyulıs/ *s.* titrek, titremeli; heyecanlı, gergin; ürkek, ödlek

trench /trenç/ *a.* hendek, çukur; *ask.* siper ¤ *e.* siper kazmak, hendek kazmak *trench coat* trençkot, yağmurluk *trench drain trm.* hendek dreni *trenching plough trm.* derin sürme pulluğu

trenchancy /'trençınsi/ *a.* keskinlik

trenchant /'trençınt/ *s.* keskin; sert, acı; etkili

trencher /'trençı/ *a. trm.* hendek kazma makinesi

trend /trend/ *a.* eğilim; akım, moda *set the trend* moda başlatmak/yaymak *trend analysis* konjonktür analizi *trend in prices* fiyatların eğilimi

trendy /'trendi/ *s. kon.* çok moda, modaya uyan

trepan /tri'pen/ *a.* cerrah testeresi; matkap

trepidation /trepi'deyşın/ *a.* telaş, kaygı, heyecan, endişe

trespass /'trespıs/ *e.* (başkasının arazisine) izinsiz girmek ¤ *a.* başkasının arazisine izinsiz girme, araziye tecavüz; günah, suç *no trespassing* girmek yasaktır *trespass on/upon* suiistimal etmek, kötüye kullanmak, sömürmek, aşırı derecede kullanmak

trespasser /'trespısı/ *a.* mütecaviz, başkasının arazisine izinsiz giren kimse

tress /tres/ *a.* saç lülesi, bukle

tressed /trest/ *s.* örgülü, bukleli

trestle /'tresıl/ *a.* masa ayaklığı, sehpa *trestle bridge* sehpa köprü

trestlework /'tresılwö:k/ *a. inş.* iskele işi,

sehpa
triacid /tray'esid/ *s. kim.* triasit
triad /'trayed/ *a.* üçlü, üçlü grup
trial /'trayıl/ *a. huk.* duruşma, yargılama; deneme, tecrübe, prova; sınav, imtihan; baş belası, dert **stand trial** mahkemede yargılanmak **trial and error** deneme-yanılma yöntemi **trial balance** büyük mizan **trial boring** deneme sondajı **trial court** bidayet mahkemesi **trial flight** *hav.* deneme uçuşu **trial judge** duruşma hâkimi **trial lawyer** duruşma avukatı **trial marriage** deneme evliliği **trial order** deneme siparişi **trial period** deneme süresi **trial pit** deneme çukuru, deneme kuyusu
triangle /'trayengıl/ *a.* üçgen; *müz.* üçköşe, triangel **triangle of forces** *fiz.* kuvvetler üçgeni
triangular /tray'engyulı/ *s.* üçgen, üç köşeli **triangular arbitrage** üçlü arbitraj **triangular parachute** *hav.* üçgen paraşüt **triangular pyramid** *mat.* üçgen piramit **triangular slices** *şek.* üç köşeli kıyım
triangulate /tray'engyuleyt/ *e.* üçgenlere bölmek, nirengi yapmak
triangulation /trayengyu'leyşın/ *a.* nirengi, üçgenlere bölme **triangulation point** nirengi noktası **triangulation station** nirengi noktası, nirengi merkezi
triaxial /tray'eksiıl/ *s.* üçeksenli **triaxial stress** üçeksenli gerilme
triazine /'trayızi:n/ *a.* triazin
triazone /'trayızoun/ *a. teks.* triazon
tribal /'traybıl/ *s.* kabile+
tribasic /tray'beysik/ *s. kim.* üç bazlı
tribe /trayb/ *a.* kabile, boy, oymak
tribesman /'traybzmın/ *a.* oymak üyesi
triblet /'triblit/ *a.* zımba
tribology /tray'bolıci/ *a.* sürtünmebilim, triboloji
triboluminescence /trayboulu:mi'nesıns/ *a. fiz.* sürtünmeli ışıldama, tribolüminesens
tribulation /tribyu'leyşın/ *a.* sıkıntı, dert, sorun, keder
tribunal /tray'byu:nıl/ *a. huk.* mahkeme
tributary /'tribyutıri/ *a. coğ.* kol, akarsu, geleğen **tributary circuit** *biliş.* yan devre/çevrim **tributary station** *biliş.* yan istasyon, kol istasyonu **tributary**

stream coğ. kol akarsu/ırmak
tribute /'tribyu:t/ *a.* takdir, övgü; baç, haraç, vergi
tricar /'trayka:/ *a.* üç tekerlekli araba
trice /trays/ *a. kon.* an, lahza **in a trice** en kısa zamanda, bir an önce
trichina /tri'kaynı/ *a.* trişin
trichloroethylene /trayklo:rou'etili:n/ *a.* trikloretilen
trichotomy /tray'kotımi/ *a.* üç kısma bölünme
trichromatic /traykrou'metik/ *s.* trikromatik, üçrenkli
trichromatism /tray'kroumıtizım/ *a.* trikromi
trick /trik/ *a.* hüner, numara, el çabukluğu; marifet, ustalık, beceri, incelik; muziplik, şeytanlık; (iskambil) el; hile, düzen, dolap, oyun, dalavere ¤ *s. kon.* muziplik için yapılmış, muzip, muzır; zor, kazık ¤ *e.* (into ile) aldatmak, kandırmak, keleğe getirmek, üçkâğıda getirmek **do the trick** *kon.* işini görmek, amacını karşılamak **play tricks on** -e muziplik etmek, oyun oynamak **trick film** hileli film
trickery /'trikıri/ *a.* hilekârlık, dolap, dalavere, düzen, üçkâğıt
trickiness /'trikinıs/ *a.* aldatıcılık, hile; karmaşıklık
trickle /'trikıl/ *e.* damlamak, akmak, süzülmek; damla damla akıtmak, damlatmak
trickster /'tirkstı/ *a.* hileci, düzenbaz, üçkâğıtçı, dalavereci, kazıkçı
tricky /'triki/ *s.* ustalık ve dikkat isteyen, nazik, ince, hassas; kurnaz, uyanık; üçkâğıtçı, düzenbaz
triclinic /tray'klinik/ *s.* triklinik
tricolour /'trikılı/ *s.* üç renkli
tricot /'trikou/ *a.* triko
tricycle /'traysaykıl/ *a.* üç tekerlekli bisiklet
tricyclic /tray'sayklik/ *s. kim.* üçhalkalı, trisiklik
trident /'traydınt/ *a.* üç dişli çatal; üç çatallı zıpkın
tried /trayd/ *s.* güvenilir, denenmiş
triennial /tray'enyıl/ *s.* üç yılda bir olan
trifle /'trayfıl/ *a.* ıvır zıvır, değersiz şey; meyveli tatlı, bir tür jöle ¤ *e.* oynamak, oyalanmak **a trifle** oldukça, epey, bir

dereceye kadar **trifle with** hafife almak
trifling /'trayfling/ *s.* önemsiz, değersiz
trigger /'trigı/ *a.* tetik ¤ *e.* (off ile) başlatmak, neden olmak, yol açmak **quick on the trigger** eli tetikte; hazırcevap **trigger circuit** *elek.* tetikleme devresi **trigger level** *elek.* tetikleme düzeyi **trigger pulse** *elek.* tetikleme darbesi **trigger relay** *elek.* tetikleme rölesi **trigger spring** tetik yayı
trigonometric(al) /trigını'metrik(ıl)/ *s.* trigonometrik **trigonometric function** *mat.* trigonometrik fonksiyon
trigonometry /trigı'nomitri/ *a.* trigonometri, üçgenölçü
trihedral /tray'hi:drıl/ *s. mat.* üçyüzlü, üç yanlı
trihedron /tray'hi:drın/ *a. mat.* üçyüzlü
trilateral /tray'letırıl/ *s.* üçlü
trilinear /tray'linıı/ *s.* üç çizgiden oluşan
trill /tril/ *a.* ses titremesi; *müz.* tril
trilled /'trild/ *s.* titrek (ses için)
trillion /'trilyın/ *a.* trilyon (İİ. 10X18, Aİ. 10X12)
trim /trim/ *e.* (off ile) kesip düzeltmek, budamak, kırkmak; (with ile) süslemek; kısmak, azaltmak; yenmek; (gemi, uçak) dengelemek; dengelenmek ¤ *s.* düzenli, derli toplu ¤ *a.* kesme, kırkma; intizam, düzen; form, kondisyon; *den. hav.* tirim, ayar **in good trim** iyi durumda; formda **out of trim** kötü durumda; idmansız
trimester /tray'mestı/ *a. Aİ.* üç aylık öğrenim süresi
trimmer /'trimı/ *a. hav.* fletner ayarlayıcısı
trimming /'triming/ *a.* süs; garnitür; kesilmiş parça **trimming machine** kordon makinesi
trinket /'trinkit/ *a.* incik boncuk, değersiz ziynet
trine /trayn/ *s.* üç kat, üçlü
trinomial /tray'noumiıl/ *s. mat.* üçterimli
trio /'tri:ou/ *a.* üçlü, üç kişilik grup; *müz.* trio, üçlü
triode /'trayoud/ *a. elek.* triyot **triode oscillator** *elek.* triyotlu osilatör **triode-hexode** *elek.* triyot-heksot
triose /'trayouz/ *a. kim.* trioz
trip /trip/ *e.* çelme takmak, sendeletmek; tökezlemek, sendelemek, takılmak; hata yapmak; (up ile) hata yaptırmak, yanıltmak; sekmek, seke seke gitmek ¤ *a.* gezi, gezinti, kısa yolculuk; takılma, tökezleme; düşme; hata, yanılma; (dil) sürçme; *arg.* uyuşturucu etkisi, uçuş, trip **take a trip** yolculuk etmek, seyahat etmek; *arg.* uyuşturucu almak, uçmak **trip out** *arg.* uyuşturucu almak, uçmak
tripartite /tray'pa:tayt/ *s.* üç bölümlü, üç kısımlı
tripe /trayp/ *a.* işkembe; *kon.* zırva, saçmalık
triplane /'traypleyn/ *a. hav.* üçkanatlı uçak
triple /'tripıl/ *s.* üç bölümlü; üç misli, üç kat fazla ¤ *e.* üç katına çıkmak; üç katına çıkarmak **triple bond** *kim.* üçlü bağ **triple carbonation** *şek.* üçlü karbonatlama **triple-core cable** üçlü kablo **triple effect evaporator** *şek.* üçetkili buharlaştırıcı **triple expansion steam engine** üç genleşmeli istim makinesi **triple jump** *sp.* üç adım atlama **triple-length working** *biliş.* üç uzunlukla çalışma **triple point** *kim.* üçlü nokta **triple precision** *biliş.* üçlü kesinlik **triple tone horn** *oto.* üç tonlu korna
triplet /'triplit/ *a.* üçüz **triplet state** *fiz.* üçlü durum
triplex /'tripleks/ *s.* üç katlı **triplex glass** tripleks, mikalı cam, üç katlı kırılmaz cam
triplicate /'triplikit/ *s.* üç benzer bölümden oluşan, üçlü
tripod /'traypod/ *a.* üç ayaklı sehpa; üç ayaklık **tripod head** sehpa başlığı
tripper /'tripı/ *a.* turist; kastanyola
tripping /'triping/ *s.* çevik, kıvrak
trisaccharide /tray'sekırayd/ *a.* trisakarit
trisect /tray'sekt/ *e. mat.* üç eşit parçaya bölmek
trisection /tray'sekşın/ *a. mat.* üç eşit parçaya bölme, üçeşbölüm
trisyllabic /traysi'lebik/ *s.* üç heceli
trite /trayt/ *s.* basmakalıp, beylik, cıvımış, suyu çıkmış
triteness /traytnis/ *a.* basmakalıplık, beylik olma, cıvımışlık
tritium /'tritiım/ *a. kim.* trityum
tritone /'traytoun/ *s.* üç sesli müzik parçası

triturate /'trityureyt/ *e.* ezmek, öğütmek

triumph /'trayımf/ *a.* zafer, utku, yengi

triumphal /tray'amfıl/ *s.* zaferle ilgili *triumphal arch* zafer takı *triumphal procession* zafer alayı

triumphant /tray'amfınt/ *s.* muzaffer, galip

triune /'trayu:n/ *s. din.* birde üç olan

trivalent /tray'veylınt/ *s. kim.* üçdeğerli

trivia /'triviı/ *a.* ıvır zıvır

trivial /'triviıl/ *s.* önemsiz, havadan sudan

triviality /'triviılıti/ *a.* önemsizlik, havadan sudan olma

triweekly /tray'wi:kli/ *s.* üç haftada bir olan

troat /trout/ *a.* geyik bağırması

trochoid /'troukoyd/ *a. mat.* trokoid, teker eğrisi

troglodyte /'troglıdayt/ *a.* mağara adamı

troll /troul/ *e.* suda oltayı çekerek balık tutmak

trolley /'troli/ *a.* el arabası; yemek servis arabası *trolley car* tramvay arabası *trolley jack oto.* seyyar kriko *trolley pole* havai tel direği *trolley wheel* havai tel makarası, troleybüs cereyan makarası *trolley wire* troley teli

trolleybus /'trolibas/ *a.* troleybüs, tellitaşıt

trollop /'trolıp/ *a.* pasaklı kadın

trombone /trom'boun/ *a. müz.* trombon

trombonist /trom'bounist/ *a. müz.* tromboncu

trommel /'tromıl/ *a.* döner kalbur

trona /'trounı/ *a. min.* trona

troop /tru:p/ *a.* küme, takım, sürü, grup; *ask.* bölük, tabur, alay; izci grubu

trooper /'tru:pı/ *a.* süvari eri; *Aİ.* eyalet polisi *swear like a trooper* ana avrat düz gitmek, kalaylamak, çok pis küfretmek

troops /tru:ps/ *a.* askerler

troopship /'tru:pşip/ *a.* asker gemisi

troostite /'tru:stayt/ *a. met.* trustit

trope /troup/ *a.* mecaz, kinaye

trophy /'troufi/ *a.* yarışmacıya verilen ödül, ödül; ganimet, av

tropic /'tropik/ *a.* dönence, tropika *tropic of Cancer gökb.* Yengeç Dönencesi *tropic of Capricorn gökb.* Oğlak Dönencesi

tropical /'tropikıl/ *s.* tropikal; çok sıcak *tropical rain forest* tropikal yağmur ormanı

tropics /'tropiks/ *a. coğ.* tropikal kuşak, tropikal bölge, sıcak bölge *tropicsproof teks.* tropik iklim koşullarına dayanıklı

tropine /'troupi:n/ *a. kim.* tropin

tropopause /'tropıpo:z/ *a. metr.* tropopoz

troposphere /'tropısfiı/ *a. metr.* troposfer

trot /trot/ *a.* tırıs ¤ *e.* tırıs gitmek; tırısa kaldırmak; *kon.* gitmek, kaçmak *have the trots arg.* amel olmak *on the trot kon.* üst üste, art arda

troth /trout/ *a. esk.* sadakat, vefa *pledge one's troth* bağlılık yemini etmek

trotter /'trotı/ *a.* domuz paçası

trouble /'trabıl/ *e.* üzmek, telaşlandırmak, sıkmak; rahatsız etmek, zahmet vermek; zahmet etmek; acı çektirmek, acı vermek ¤ *a.* müşkül, zorluk, güçlük; zor durum, tehlike, dert, bela; zahmet; (sosyal/siyasal) düzensizlik; ıstırap, üzüntü, sıkıntı; sorun, kötü taraf, yanlış; rahatsızlık, hastalık *fish in troubled waters* bulanık suda balık avlamak *ask/look for trouble* bela aramak *get into trouble* başına dert almak, başını derde sokmak *take trouble* zahmete girmek, zahmet etmek *trouble shooting* arıza arama, arıza tespiti

troublemaker /'trabılmeykı/ *a.* baş belası

troubleshooter /'trabılşu:tı/ *a.* aksaklıkları gideren kimse, düzeltici

troublesome /'trabılsım/ *s.* zahmetli, güç, zor; sorun çıkaran, baş belası

troublous /'trablıs/ *s.* zahmetli, güç

trough /trof/ *a.* yalak, tekne; yemlik; oluk, kanal; iki dalga arasındaki çukur; *metr.* alçak basınçlı dar ve uzun alan *trough drier* tekne kurutucu *trough valley coğ.* U vadi, U koyak, buzul koyağı *troughed belt* oluklu kayış

trounce /trauns/ *e.* (bir güzel) sopa çekmek

troupe /tru:p/ *a.* şarkıcı/dansçı/oyuncu grubu

trousered /'trauzıd/ *s.* pantolonlu

trousers /'trauzız/ *a.* pantolon

trousseau /'tru:sou/ *a.* çeyiz, gelin eşyası

trout /traut/ *a.* alabalık

trove /trouv/ a. define, hazine

trowel /'trouıl/ a. mala; çepin, küçük bahçe çapası; kısa saplı kürek

troy /troy/ a. kuyumcu tartısı

truancy /'truınsi/ a. okulu asma

truant /'truınt/ a. okul kaçağı; hkr. kaytarıcı **play truant** okuldan kaçmak, dersleri kırmak

truce /tru:s/ a. ateşkes, ateşkes antlaşması

truck /track/ a. AÎ. kamyon; İİ. yük vagonu; el arabası; AÎ. bostanda yetiştirilen sebze ve meyve **truck crane** kamyonlu vinç **truck driver** kamyon şoförü **truck engine** oto. kamyon motoru **truck farm** bostan **truck farming** trm. bostancılık **truck frame** oto. kamyon şasisi **truck garden** bostan, sebze bahçesi **truck gardener** bostancı **truck jack** oto. kamyon krikosu **truck mixer** kamyona monte edilmiş betoniyer

truckage /'trakic/ a. kamyonla taşıma; taşıma ücreti

trucker /'trakı/ a. AÎ. kamyon şoförü; sebze yetiştiricisi

trucking /'traking/ a. AÎ. kamyonculuk, kamyon taşımacılığı **trucking industry** kamyonculuk endüstrisi

truckle /'trakıl/ e. (to ile) boyun eğmek

truculence /'trakyulıns/ a. vahşilik, saldırganlık, kavgacılık

truculent /'trakyulınt/ s. vahşi, saldırgan, kavgacı

trudge /trac/ e. ağır adımlarla yürümek, güçlükle yürümek ¤ a. uzun yorucu yürüyüş

true /tru:/ s. doğru, gerçek; halis, hakiki, gerçek, katışıksız; içten, samimi, gerçek; tam, eksiksiz; düzgün; sadık **come true** gerçekleşmek **true air speed** gerçek hava sürati **true anomaly** gökb. gerçek anomali, gerçek ayrıklık **true bearing** den. gerçek kerteriz **true blue** İİ. muhafazakâr, tutucu, muhafazakâr parti üyesi **true complement** gerçek tamlayıcı **true cypress** orm. adi servi **true form** biliş. gerçek şekil, gerçek biçim **true sun** gökb. gerçek güneş **true to** -e uygun, ile bağdaşan **true to type** beklendiği gibi hareket eden, tipine uygun hareket

eden

true-blue /tru:'blu:/ s. dürüst, namuslu; sadık; muhafazakâr, tutucu

truehearted /tru:'ha:tid/ s. sadık, vefalı

true-life /tru:'layf/ s. gerçeğe dayalı

trueness /'tru:nis/ a. doğruluk, gerçeklik; bağlılık, vefa; içtenlik, samimiyet

truffle /'trafıl/ a. bitk. yer mantarı, domalan; hafif tatlı

truism /'tru:izım/ a. herkesçe bilinen gerçek, su götürmez gerçek

trull /tral/ a. orospu, fahişe

truly /'tru:li/ be. tamamen, tam olarak, tam; gerçekten; içtenlikle **yours truly** (mektup sonlarında) saygılarımla

trump /tramp/ a. isk. koz ¤ e. isk. koz çakmak, kozla almak **come up trumps** başarıyla bitirmek **play one's trump card** son kozunu oynamak **trump up** (yalan/iftira vb.) uydurmak, icat etmek **turn up trumps** başarıyla bitirmek

trumpery /'trampıri/ a. s. değersiz (şey)

trumpet /'trampit/ a. müz. trompet, boru; borazan; fil sesi; bağırış, çığlık, böğürtü **blow one's own trumpet** kendini göklere çıkarmak

trumpeter /'trampitı/ a. müz. trompetçi, borucu; haberci; tellal

truncate /tran'keyt/ e. kesmek, budamak, tepesini kesmek; biliş. sona erdirmek, kesmek **truncated cone** mat. kesik koni **truncated pyramid** mat. kesik piramit, kesik çatma

truncation /tran'keyşın/ a. ucunu kesme, budama **truncation error** biliş. kesme hatası

truncheon /'trançın/ a. cop

trundle /'trandl/ e. güçlükle ilerlemek; güçlükle sürmek ¤ a. küçük tekerlek; yuvarlama

trunk /trank/ a. ağaç gövdesi; kolsuz, bacaksız ve kafasız insan vücudu; fil hortumu; AÎ. araba bagajı; büyük eşya kutusu; bavul, sandık; ana hat, ana yol **trunk cable** jonksiyon kablosu **trunk call** esk. şehirlerarası telefon konuşması **trunk circuit** jonksiyon devresi **trunk distribution frame** jonksiyon dağıtım çatısı, jonksiyon repartitörü **trunk exchange** şehirlerarası telefon santralı **trunk line** ana hat **trunk link** biliş. ana yol bağlacı

trunk piston kovan piston **trunk road** anayol **trunk stream** *coğ.* ana ırmak, anaakarsu

trunks /tranks/ *a.* erkek mayosu

trunnion /'tranyın/ *a.* muylu, silindir yatağı **trunnion bearing** muylu yatağı, istinat yatağı, taban yatağı

truss /tras/ *e.* (up ile) sımsıkı bağlamak ¤ *a.* kiriş, makas, destek; *hek.* kasık bağı, fıtık bağı; saman demeti; ot demeti **trussed beam** *inş.* makaslı kiriş **truss bridge** *inş.* kafes köprü, makaslı köprü

trust /trast/ *a.* güven, itimat; sorumluluk, mesuliyet; bakım, koruma; *huk.* mutemetlik; tröst ¤ *e.* güvenmek, inanmak; ümit etmek, ummak **take on trust** kanıtsız kabul etmek, güvenmek **trust certificate** tröst sertifikası **trust company** tröst şirketi **trust deed** vekâlet senedi, yediemin sözleşmesi **trust fund** vakıf fonu **trust in** inanmak, güvenmek **trust territory** Birleşmiş Milletler egemenliğindeki bir ülkece yönetilen bölge

trustee /tras'ti:/ *a.* mütevelli; emanetçi; yediemin **trustee in bankruptcy** iflas idaresi **trustee in composition** konkordato komiseri **trustee process** yedieminlik işlemleri

trusteeship /tra'sti:şip/ *a.* yedieminlik; mutemetlik; mütevellilik

trustful /'trastfıl/ *s.* herkese güvenen, saf

trustification /trasti'fikeyşın/ *a.* tröstleşme

trustworthiness /trastwö:dinıs/ *a.* güvenilirlik

trustworthy /'trastwö:di/ *s.* güvenilir

trusty /'trasti/ *s.* sadık, güvenilir

trustyship /'trastişip/ *a.* yedieminlik; mutemetlik

truth /tru:t/ *a.* gerçek, hakikat; doğruluk, gerçeklik; içtenlik; dürüstlük **in truth** gerçekten, aslında **truth function** *mat.* doğruluk fonksiyonu, doğruluk işlevi **truth table** *mat.* doğruluk tablosu, doğruluk çizelgesi

truthful /'tru:tfıl/ *s.* doğru, kesin; doğru sözlü, dürüst

try /tray/ *e.* denemek; uğraşmak, çalışmak; *huk.* yargılamak; kızdırmak, sıkmak, sinirlerini bozmak ¤ *a.* deneme, kalkışma, girişim **try for** *İİ.* elde etmeye

çalışmak, elde etmek için çekişmek **try it on** *arg.* üstüne üstüne gitmek, sabrını taşırmak **try on** (giysi) prova etmek, giyip denemek, denemek **try out** denemek **try out for** *Aİ.* bkz. try for **try square** ayarlı gönye

try-out /'trayaut/ *a. kon.* deneme, sınama

tryptophan(e) /'triptıfen/ *a. kim.* triptofan

trysail /'trayseyl/ *a. den.* yan yelken

tryst /'trist/ *a. esk.* buluşma, randevu

tsar /za:, tsa:/ *a.* çar

tsarina /za:'ri:nı, tsa:'ri:nı/ *a.* çariçe

tsetse /'tetsi, 'tsetsi, 'setsi/ *a. hayb.* çeçe, çeçe sineği **tsetse fly** çeçe sineği

T-shirt /'ti:şö:t/ *a.* tişört

T-square /'ti:skweı/ *a.* T cetveli

tsunami /tsu'na:mi/ *a. coğ.* deprem dalgası, deniz depremi dalgası

tub /tab/ *a.* tekne, leğen; *kon.* küvet; yuvarlak (plastik) kap

tuba /'tyu:bı/ *a. müz.* tuba

tubby /'tabi/ *s. kon.* tıknaz, bıdık

tube /tyu:b/ *a.* tüp; boru; *İİ.* metro, yeraltı treni; iç lastik **tube clamp** boru kelepçesi **tube counter** *fiz.* tüp sayaç **tube mill** borulu değirmen **tube noise** *elek.* tüp gürültüsü **tube scraper** boru raspası **tube voltmeter** *fiz.* elektronik voltmetre, elektronik voltölçer **tubed tyre** *oto.* şambriyelli lastik, iç lastikli lastik

tubeless /'tyu:blıs/ *s. oto.* iç lastiksiz **tubeless tyre** *oto.* şambriyelsiz lastik, iç lastiksiz lastik

tuber /'tyu:bı/ *a. bitk.* yumru kök

tubercle /'tyu:bıkıl/ *a.* tüberkül, yumrucuk; şiş, kabarcık

tuberculosis /tyu:bö:kyu'lousis/ *a. hek.* tüberküloz, verem

tuberose /'tyu:bırouz/ *a. bitk.* sümbülteber

tuberous /'tyu:bırıs/ *s.* yumrulu; urlarla kaplı

tubing /'tyu:bing/ *a.* tüp/boru şeklinde şey, tüp, boru

tubular /'tyu:byulı/ *s.* tüp/boru şeklinde, borulu **tubular axle** boru dingil **tubular chassis** boru şasi **tubular drive shaft** *oto.* borulu tahrik mili **tubular frame** boru şasi **tubular level** silindirik düzeç **tubular longeron** *hav.* boru lonjeron **tubular prop** *mad.* boru direk **tubular**

rivet boru perçin *tubular scaffolding* *inş.* boru iskele

tuck /tak/ *e.* (içine) sokmak; tıkmak; katlamak ¤ *a.* pli, kırma; *İİ.* pasta/şeker/vb. *tuck away* ortadan kaldırmak, emin/gizli bir yere koymak *tuck in* iştahla yemek, yumulmak

tucker /'takı/ *a.* plise makinesi

tuck-in /'takin/ *a. kon.* büyük yemek, ziyafet

Tuesday /'tyu:zdi:/ *a.* salı

tufa /'tyu:fı/ *a.* süngertaşı, tüf

tuft /taft/ *a.* küme, öbek, top; püskül

tufting /'tafting/ *a. teks.* tafting *tufting machine teks.* tafting makinesi

tug /tag/ *e.* şiddetle çekmek, asılmak ¤ *a.* kuvvetli çekiş, asılma; römorkör

tug-of-war /tagıv'wo:/ *a.* halat çekme oyunu; mücadele, rekabet, çekişme

tugboat /'tagbout/ *a.* römorkör

tuition /tyu:'işın/ *a.* öğretim; okul harcı/taksiti

tuitional /tyu:'işınıl/ *a.* öğretimle ilgili

tulip /'tyu:lip/ *a.* lale

tulle /tyu:l/ *a. teks.* tül *tulle machine teks.* tül makinesi

tumble /'tambıl/ *e.* düşmek, yuvarlanmak; *kon.* çakmak, uyanmak, jetonu düşmek, çakozlamak ¤ *a.* düşme; karışıklık, kargaşa *tumble drier* çamaşır kurutma makinesi *tumbling barrel* perdah dolabı *tumble in prices* fiyatlarda düşme

tumble-home /'tambılhoum/ *a. den.* içe voltalı

tumbledown /'tambıldaun/ *s.* yıkık dökük, harap

tumbler /'tamblı/ *a.* su bardağı, sapsız bardak; taklacı güvercin; *Aİ.* hacıyatmaz *tumbler drier* çamaşır kurutma makinesi *tumbler gear* hız düşürme düzeni *tumbler switch* devirme şalter

tumefacient /tyu:mı'feyşınt/ *s.* şişlik meydana getiren

tumefaction /tyu:mı'fekşın/ *a.* şişlik, kabartı

tumescent /tyu:'mesınt/ *s.* şişen, kabaran

tummy /'tami/ *a. kon.* karın, mide *tummy ache* mide ağrısı

tumor /'tyu:mı/ *a. Aİ. bkz.* tumour

tumour /'tyu:mı/ *a. hek.* tümör, ur

tumult /'tyu:malt/ *a.* kargaşa, gürültü, patırtı, heyecan

tumultuous /tyu:'maltyuıs/ *a.* karışık, gürültülü, patırtılı

tumulus /'tyu:myulıs/ *a.* höyük

tuna /'tyu:nı/ *a.* tonbalığı, orkinos

tundra /'tandrı/ *a. coğ.* tundra *tundra climate metr.* tundra iklimi

tune /tyu:n/ *a.* nağme, hava, ezgi; akort; uyum ¤ *e.* akort etmek; (makineyi) ayarlamak, düzen vermek *change one's tune* ağız değiştirmek *in tune* akortlu; uyumlu *to the tune of* miktarına kadar *tune-up oto.* ayar, motor ayarı *tune in* açmak *tune up* ayar etmek, ayarlamak

tuned /tyu:nd/ *s.* ayarlı, akortlu *tuned amplifier* akortlu amplifikatör *tuned cell* akortlu hücre *tuned circuit* akortlu devre *tuned magnetron* akortlu magnetron *tuned radiofrequency receiver elek.* akortlu radyofrekans alıcısı *tuned relay* akortlu röle, ayarlı röle *tuned transformer* akortlu transformatör

tuneful /'tyu:nfıl/ *s.* ahenkli, kulağa hoş gelen, dinlemesi zevkli

tuneless /'tyu:nlis/ *s.* ahenksiz, zevksiz

tuner /'tyu:nı/ *a.* tuner, kanal seçici, oluk seçici; *müz.* akortçu; *müz.* akort düdüğü; amplifikatör ve hoparlörü olmayan radyo

tungstate /'tangsteyt/ *a.* tungstat

tungsten /'tangstın/ *a.* tungsten, volfram *tungsten lamp* tungsten lambası

tungstic /'tangstik/ *s.* tungstenli

tunic /'tyu:nik/ *a.* tunik; asker ceketi; polis ceketi

tunica /'tyu:nikı/ *a. anat.* gömlek, kılıf

tuning /'tyu:ning/ *a. müz.* akort; düzenleme, uydurma; belirli bir istasyonu bulma, ayarlama ¤ *s.* akort+ *tuning capacitor* akort kondansatörü *tuning coil* akort bobini *tuning control* akort ayarı *tuning curve elek.* akort eğrisi *tuning fork müz.* diyapazon, ses çatalı *tuning fork oscillator elek.* diyapazonlu osilatör *tuning indicator* akort göstergesi *tuning inductance* akort bobini

tunnel /'tanıl/ *a.* tünel ¤ *e.* tünel açmak *tunnel diode elek.* tünel diyodu *tunnel*

dryer tünel kurutucu ***tunnel effect*** *fiz.*
tünel olayı ***tunnel furnace*** tünel fırın
tunnel lining tünel kaplaması ***tunnel
vault*** beşik tonoz
tunny /'tani/ *a. bkz.* tuna
tup /tap/ *a. hayb.* koç; şahmerdan ¤ *e.*
(koç) çiftleşmek
tuppence /'tapıns/ *a. İl. kon.* iki peni
turban /'tö:bın/ *a.* sarık; türban
turbaned /'tö:bınd/ *s.* sarıklı
turbid /'tö:bid/ *s.* bulanık, çamurlu;
karışık, düzensiz
turbidimeter /tö:bi'dimitı/ *a.*
türbidimetre, bulanıklıkölçer
turbidimetry /tö:bidi'mitri/ *a.* türbidimetri,
bulanıklıkölçüm
turbidity /tö:'bidıti/ *a.* türbidite, bulanıklık
turbidity current türbidite akıntısı
turbine /'tö:bayn/ *a. tek.* türbin ***turbine
blade*** türbin kanadı ***turbine rotor***
türbin rotoru ***turbine wheel*** türbin çarkı,
türbin tekerleği
turbo /'tö:bou/ *a. kon.* turbo
turbocharger /'tö:bouça:cı/ *a.*
turbokompresör, turbo
turbogenerator /tö:bou'cenıreytı/ *a. elek.*
türboalternatör
turbojet /tö:bou'cet/ *a. hav.* türbojet ***tur-
bojet engine*** *mak.* türbojet motoru
turboprop /tö:bou'prop/ *a. hav.*
türboprop
turbot /'tö:bot, 'tö:bıt/ *a. hayb.* kalkan
turbulence /'tö:byulıns/ *a.* hava akımı,
çalkantılı hava; sertlik, haşinlik;
karışıklık, düzensizlik, 'kargaşa ***turbu-
lence chamber*** türbülans odası, dönel
yanma odası
turbulent /'tö:byulınt/ *s.* vahşi, sert,
haşin; düzensiz, karışık; fırtınalı;
kontrolsüz
tureen /tyu'ri:n/ *a.* büyük çorba kâsesi
turd /tö:d/ *a.* bok, kaka
turf /tö:f/ *a.* çimenlik, çimen, çim; at
yarışı ¤ *e.* çimle kaplamak,
çimlendirmek ***turf account*** (at yarışı)
bahis defteri tutan kimse ***turf out*** *kon.*
sepetlemek, kovmak, atmak, kapı dışarı
etmek
turgescence /tö:'cesıns/ *a.* şiş, şişkinlik
turgid /'tö:cid/ *s.* (dil, vb.) tumturaklı,
abartmalı, şişirilmiş
turgidity /tö:'ciditi/ *a.* şişkinlik; abartı,
mübalağa
turgidness /'tö:cidnis/ *a.* şişkinlik; abartı,
mübalağa
Turk /tö:k/ *a.* Türk
turkey /'tö:ki/ *a.* hindi ***cold turkey*** *arg.*
uyuşturucuyu bir anda bırakma(nın
etkisi)
Turkey /'tö:ki/ *a.* Türkiye ***Turkey red***
Türk kırmızısı ***Turkey red oil*** Türk
kırmızısı yağı
Turkish /'tö:kiş/ *s.* Türk; Türkçe ***Turkish
bath*** hamam ***Turkish delight*** lokum
Turkish oak palamut meşesi ***Turkish
towel*** havlu
turmeric /'tö:mırik/ *a. bitk.* zerdeçal,
hintsafranı ***turmeric paper*** zerdeçal
kâğıdı
turmoil /'tö:moyl/ *a.* kargaşa, karışıklık,
telaş
turn /tö:n/ *e.* çevirmek, döndürmek;
çevrilmek, dönmek; dönmek; sapmak,
dönmek; saptırmak, döndürmek;
yöneltmek, doğrultmak, üstüne tutmak;
kıvırmak, katlamak; dönüşmek;
dönüştürmek; ekşitmek; varmak,
ulaşmak ¤ *a.* dönme, döndürme, dönüş;
sapma, yönelme; değişim, değişiklik;
devir; bir şeyi yapma sırası, sıra; *kon.*
hastalık nöbeti, nöbet; *kon.* şok, sürpriz,
heyecan; dönemeç; yetenek; eğilim *a
good turn* iyilik, yardım *at every turn*
her yerde, her an *by turns* sırayla, art
arda *out of turn* sırasız, yersiz,
uygunsuz *take turns* sırayla yapmak *to
a turn* (yemek) tam kararında pişmiş
turn against karşı çıkmak; düşman
olmak; düşman etmek *turn aside* bir
yana dönmek; saptırmak, vazgeçirmek
turn away geri çevirmek; sırt çevirmek,
burun kıvırmak; reddetmek; sırtını
dönmek, bakmamak *turn back* geri
dönmek; geri döndürmek; (sayfa, vb.)
kıvırmak, katlamak *turn bad* (hava)
bozmak; (süt/et vb) bozulmak *turn
bench* torna tezgâhı *turn colour* renk
değiştirmek *turn down* sesini kısmak,
azaltmak; gücünü azaltmak, kısmak;
geri çevirmek, reddetmek *turn in* *kon.*
yatmak; (polise) vermek, teslim etmek;
geri vermek, geri getirmek, iade etmek
turn indicator *hav.* dönüş göstergesi
turn into değişmek *turn off* kapatmak,
söndürmek, kesmek; başka bir yola

sapmak, sapmak; *kon.* sıkmak, baymak; cinsel arzusunu kaçırmak *turn on* açmak; aniden saldırmak; *arg.* heyecanlandırmak, cinsel arzu uyandırmak, azdırmak; *arg.* (uyuşturucuyla) çılgınlaşmak, uçmak/uçurmak; -e bağlı olmak *turn one's stomach* midesini bulandırmak *turn one's toes up* nalları dikmek *turn out* söndürmek, kapatmak, kesmek; kovmak, göndermek, yol vermek; toplanmak, bir araya gelmek; üretmek; (dolap, vb.) boşaltmak; olmak, çıkmak, olagelmek *turn over to* denetimini -e bırakmak/vermek *turn over* üzerinde düşünmek, ele almak; (motor, vb.) asgari hızda çalışmak, en düşük hızda çalışmak; en düşük hızda çalıştırmak; -lik iş/satış yapmak *turn sb over to* teslim etmek *turn sb's head* başını döndürmek *turn sb's stomach* midesini bulandırmak *turn sth over to* vermek; bırakmak *turn to* yardım istemek, başvurmak; bakmak; çalışmaya başlamak, işe koyulmak, çalışmak *turn up one's nose at kon.* burun kıvırmak *turn up trumps* yardımcı olmak, yardımda bulunmak *turn up* bulmak; bulunmak; paçalarını kıvırmak; çıkıp gelmek, gelmek; (sesini, gücünü, vb.) artırmak, açmak; olmak; *İİ. arg.* midesini bulandırmak, kusturmak

turnable /'tö:nıbıl/ *s.* döner, çevrilebilir

turnabout /'tö:nıbaut/ *a.* sapma, dönme; döneklik

turnbuckle /'tö:nbakıl/ *a.* germe donanımı, liftin uskuru

turncoat /'tö:nkout/ *a. hkr.* (partiden, vb.) dönen, dönek

turncock /'tö:nkok/ *a. İİ.* musluk, vana

turned /tö:nd/ *s.* torna edilmiş, torna ile işlenmiş

turner /'tö:nı/ *a.* tornacı

turnery /'tö:nıri/ *a.* tornacılık; torna işi

turning /'tö:ning/ *a.* tornacılık; köşe, dönemeç; dönüş, dönme ¤ *s.* döner, dönen *turning chisel* torna kalemi *turning circle oto.* dönüş dairesi *turning circle diameter oto.* dönüş dairesi çapı *turning lathe mak.* torna tezgâhı *turning moment* dönme momenti *turning point* dönüm noktası *turning radius* dönüş yarıçapı, dönme yarıçapı

turning saw inş. oyma testeresi, delik testeresi *turning tool* torna kalemi, torna takımı

turnip /'tö:nip/ *a. bitk.* şalgam

turnkey /'tö:nki:/ *a.* gardiyan, zindancı; otoyolla bağlantılı yan yol

turn-off /'tö:nof/ *a. Aİ.* yan yol

turnout /'tö:naut/ *a.* toplantı mevcudu, iştirakçi sayısı, toplantıya katılanların sayısı; ürün, üretim miktarı; giyim zevki/biçimi, giyiniş tarzı; *Aİ.* geniş sapak, park yeri

turnover /'tö:nouvı/ *a.* iş miktarı, yapılan iş, görülen iş; toplam satış, ciro; yeni alınan işçi sayısı; sermaye devri; meyveli turta *labour turnover* işçi devri *turnover tax* muamele vergisi

turnpike /'tö:npayk/ *a. Aİ.* (paralı) özel sürat yolu

turnstile /'tö:nstayl/ *a.* turnike; dönerkapı *turnstile antenna* turnike anten

turntable /'tö:nteybıl/ *a. müz.* pikap; pikap platformu; *demy.* döner platform

turn-up /'tö:nap/ *a. Aİ.* yukarı doğru kıvrılmış pantolon paçası; *kon.* sürpriz, şaşırtıcı olay

turpentine /'tö:pıntayn/ *a.* terebentin, teremerti *turpentine tree* katran ağacı

turpitude /'tö:pityu:d/ *a.* adilik, alçaklık, ahlaksızlık

turps /tö:ps/ *a.* terebentin, teremerti

turquoise /'tö:kwoyz/ *s. a.* turkuaz, firuze

turret /'tarit/ *a.* küçük kule; *ask.* taret *turret lathe* torna tezgâhı

turtle /'tö:tl/ *a.* su kaplumbağası

turtleneck /'tö:tlnek/ *a. Aİ.* balıkçı yaka, yüksek yaka

Tuscan /'taskın/ *s. inş.* Toskan (Düzeni)

tusk /task/ *a.* fildişi; yabandomuzu dişi *tusk tenon* şaşırtmalı geçme

tusker /'taskı/ *a. kon.* fil

tussle /'tasıl/ *e.* (with ile) *kon.* kapışmak, döğüşmek ¤ *a. kon.* kapışma, döğüşme, kavga

tussore /tu'so/ *a. teks.* tusor

tut /tat/ *ünl.* hay aksi! tüh!

tutelage /'tyu:tilic/ *a.* vesayet

tutor /'tyu:tı/ *a.* özel öğretmen; *İİ.* (üniversitede) öğretmen; vasi

tutorial /tyu:'to:rıl/ *a. İİ.* (üniversitede) küçük sınıfa verilen ders

tutorship /'tyu:tışip/ *a.* özel öğretmenlik;

vesayet, vasilik

tux /taks/ *a. Aİ. kon.* smokin

tuxedo /tak'si:dou/ *a. Aİ.* smokin

twaddle /'twodl/ *a. kon.* saçmalık, zırva

twang /tweng/ *a.* genizden konuşma; tıngırtı

twat /twot, twet/ *a. kab. arg. esk.* am, amcık; *İİ.* dalyarak, dangalak

tweak /twi:k/ *e.* (kulak, burun, vb.) burkuvermek, bükmek

tweed /twi:d/ *a.* tüvit, iskoç kumaşı

tweendeck /'twi:ndek/ *a.* güverte arası

tweet /twi:t/ *a.* cik, cikleme, cıvıltı ¤ *e.* ciklemek, cıvıldamak

tweeter /'twi:tı/ *a.* tivitir, yüksek frekanslı (tiz) hoparlör

tweezers /'twi:zız/ *a.* cımbız

twelfth /twelft/ *a. s.* on ikinci

twelve /twelv/ *a. s.* on iki **twelve edge** *biliş.* on iki kenarı, on ikinci kenar **twelve punch** *biliş.* on iki deliği

twentieth /'twentiıt/ *a. s.* yirminci

twenty /'twenti/ *a. s.* yirmi

twice /tways/ *be.* iki kere; iki katı

twiddle /'twidl/ *e.* (parmaklarını) oynatmak **twiddle one's thumbs** zaman öldürmek

twig /twig/ *a.* ince dal, sürgün *hop the* **twig** kuyruğu titretmek

twilight /'twaylayt/ *a.* alacakaranlık *twilight airglow* gökb. tan aydınlığı

twill /twil/ *a.* kabarık dokunmuş kumaş, tuval

twin /twin/ *a.* ikiz; ikili, çifte, çift *twin axis* *fiz.* ikiz eksen *twin-bedded room* iki ayrı yataklı oda *twin beds* bir odada iki ayrı yatak *twin cable* ikili kablo *twin check* *biliş.* ikili denetim, ikiz denetim *twin crystal* ikiz kristal *twin engine* çift motor *twin feeder* ikili besleyici *twin lens scanner* çift mercekli tarayıcı *twin pump* ikiz pompa *twin screw shift* çift pervaneli gemi *twin shaft turbine* hav. çift şaftlı türbin *twin tail* hav. iki kuyruklu *twin triode* elek. çift triyot *twin-cylinder engine* oto. çift silindirli motor *twin-engined* çift motorlu *twins insurance* ikizler sigortası *twins shares* ikiz hisse senetleri

twine /twayn/ *a.* kınnap, kalın sicim ¤ *e.* döndürmek, çevirmek, bükmek, kıvırmak

twiner /'twaynı/ *a.* sarmaşık; bükme makinesi

twinge /twinc/ *a.* sancı ¤ *e.* birdenbire sancılanmak *twinge of conscience* vicdan azabı

twinkle /'twinkıl/ *e.* parıldamak ¤ *a.* parıltı *in the twinkle of an eye* kaşla göz arasında

twinkling /'twinkling/ *a.* an, çok kısa zaman *in the twinkling of an eye* göz açıp kapayıncaya kadar

twinning /'twining/ *a.* ikiz kristal oluşumu

twirl /twö:l/ *e.* hızla dönmek; hızla döndürmek, çevirmek

twist /twist/ *e.* bükmek, kıvırmak; çevirmek, döndürmek; şeklini değiştirmek, bükmek; bükülmek; kıvırtmak; burkmak; anlamını saptırmak, çevirmek ¤ *a.* bükme, bükülme, kıvırma; çevirme, döndürme; anlamını saptırma; dönemeç; beklenmedik değişiklik, cilve; *müz.* tvist; meyil, eğilim *twist sb around one's little finger* birini parmağında oynatmak *twist sb's arm* kolunu bükmek; zorla/ricayla yaptırmak, ağzından girip burnundan çıkmak *twisted wire* bükülü kablo, örülmüş kablo *twist drill* helezon matkap, helisel matkap

twister /'twistı/ *a.* üçkâğıtçı, düzenbaz, dolandırıcı; bükücü, bükme makinesi; *metr.* kasırga

twisting /'twisting/ *a.* burma, burulma, torsiyon *twisting frame* büküm makinesi *twisting moment* burulma momenti

twit /twit/ *a. kon.* aptal, salak, budala

twitch /twiç/ *e.* aniden kıpırdatmak; aniden kıpırdamak, seğirmek; aniden çekmek, asılmak ¤ *a.* seğirme, kıpırtı; ani çekiş

twitter /'twitı/ *e.* cıvıldamak, şakımak; hızlı/heyecanlı bir şekilde konuşmak

two /tu:/ *a. s.* iki *in two* iki parça, iki parçaya *one or two* bir iki, birkaç *two-address* *biliş.* iki adresli *two-address instruction* *biliş.* iki adresli komut *two axle* oto. çift dingilli *two-bladed propeller* hav. iki palli pervane *two-colour printing* çift renkli basım *two-coloured* ikirenkli *two-component alloy* ikibileşenli alaşım *two-cycle* iki zamanlı *two cylinder* iki silindirli *two-*

dimensional ikiboyutlu **two-electrode tube** elek. iki elektrotlu tüp **two-group theory** fiz. iki grup teorisi **two-hinged arch** iki mafsallı kemer **two-input adder** biliş. iki girişli toplayıcı **two-jaw chuck** mak. çift çeneli ayna **two-level subroutine** biliş. iki düzeyli altyordam **two-out-of-five code** biliş. beşten iki kodu **two-pass assembly** biliş. iki geçişli çevirme **two-phase** elek. ikifazlı, çift evreli **two-piece** iki parçalı, iki parçadan oluşan, ikili **two pin** ikikutuplu **two-roll padding mangle** teks. iki merdaneli fular **two's complement** biliş. ikinin tamamlayıcısı, ikiye tümler **two-seater** hav. iki kişilik uçak **two-sided** ikiyanlı **two-stage** iki kademeli, iki aşamalı **two-step** iki kademeli, iki hatveli **two-storey** iki katlı **two-storied stand** iki tabakalı meşcere **two-stroke** iki zamanlı **two track recording** çift yollu kayıt **two-wheeled** çift tekerlekli **two-wire** iki telli **two-wire repeater** iki telli repetör

two-faced /tu:'feyst/ s. ikiyüzlü

twosome /'tu:sım/ a. kon. ikili, iki şey/kişi

two-time /'tu:'taym/ e. (eşini/arkadaşını başkasıyla ilişki kurarak) aldatmak

two-timer /'tu:'taymı/ a. başkasıyla ilişki kurarak eşini/arkadaşını aldatan kimse

two-way /tu:'wey/ s. çift yönlü, gidiş-geliş, iki yollu **two-way mirror** bir yüzü ayna diğer yüzü cam gibi kullanılan cam **two-way street** gidiş gelişli cadde, çift yönlü cadde **two-way traffic** gidiş gelişli trafik, çift yönlü trafik

tycoon /tay'ku:n/ a. kodaman, büyük işadamı **oil tycoon** petrol kralı

tying /'taying/ a. bağlama **tying bar** coğ. tombolo, birleştirme dili

tyke /tayk/ a. sokak köpeği

tympanum /'timpınım/ a. hek. kulakzarı

type /tayp/ a. tip, çeşit, tür; matbaa harfi, hurufat; örnek ¤ e. daktilo ile yazmak; daktilo kullanmak **type in** klavye ile bilgisayara yazmak **type locality** yerb. örnek yer **type metal** bas. hurufat alaşımı, harf metali **type through** biliş. doğrudan yazmak

typecast /'taypka:st/ e. hep aynı tür rol vermek

typeface /'taypfeys/ a. basılan harf ölçüsü/stili

typescript /'taypskript/ a. daktilo metni, daktilo yazısı

typesetter /'taypsetı/ a. dizgici, mürettip

typesetting /'taypsetting/ a. dizgi, dizgicilik **typesetting machine** bas. dizgi makinesi

typewriter /'taypraytı/ a. daktilo, yazı makinesi **typewriter ribbon** daktilo şeridi

typhoid /'tayfoyd/ a. hek. tifo

typhoon /tay'fu:n/ a. tayfun

typhus /'tayfıs/ a. hek. tifüs

typical /'tipikıl/ s. tipik

typify /'tipifay/ e. -in tipik bir örneği olmak

typist /'taypist/ a. daktilo kullanan kimse, daktilo

typographer /tay'pogrıfı/ a. basımcı, matbaacı

typographic /taypı'grefikıl/ s. baskı/basımcılık ile ilgili

typography /tay'pogrefi/ a. tipografya, basımcılık

typological /taypı'locikıl/ s. tipoloji ile ilgili

typology /tay'polıci/ a. tiplendirme, tipoloji

tyramine /'tayrımi:n/ a. tiramin

tyrannic /tir'enik/ s. zalim, tiran

tyrannize /'tirınayz/ e. zalimce yönetmek, zorbalık etmek

tyranny /'tirıni/ a. zorbalık, zulüm; zorba hükümet

tyrant /'tayırınt/ a. zorba; zorba hükümdar, tiran

tyre /tayı/ a. oto. dış lastik **tyre carrier** yedek lastik askısı, stepne askısı **tyre casing** lastik kılıfı **tyre chain** patinaj zinciri **tyre gauge** lastik hava basıncı ölçeri **tyre iron** lastik levyesi **tyre lever** lastik sökme levyesi **tyre pressure** lastik hava basıncı **tyre pump** lastik pompası **tyre valve** lastik supabı

tyro /'tayrou/ a. acemi, deneyimsiz

tyrosinase /tayrousi'neyz/ a. tirozinaz

tyrosine /'tayrısi:n/ a. tirozin

tzar /za:, tsa:/ a. çar

U

U, u /yu:/ *a.* İngiliz abecesinin yirmi birinci harfi; *İl.* her yaşa uygun film
ubiquitous /ju:'bikwıtıs/ *s.* her yerde olan
ubiquity /ju:'bikwıti/ *a.* her yerde hazır olma
U-boat /'yu:bout/ *a.* (Dünya Savaşı'nda kullanılan) Alman denizaltısı
udder /'adı/ *a.* hayvan memesi
udometer /yu:'domıtı/ *a. metr.* udometre
ugh /uks, ag/ *ünl.* (iğrenme belirtir) öö, böö
uglify /'aglifay/ *e.* çirkinleştirmek
ugliness /'aglinis/ *a.* çirkinlik, iğrençlik
ugly /'agli/ *s.* çirkin; kötü, çirkin, tatsız, iğrenç; ters, aksi *as ugly as sin* maymun gibi, umacı gibi
ukulele /yu:'kıleyli/ *a. müz.* kitara
ulcer /'alsı/ *a. hek.* ülser
ulcerate /'alsıreyt/ *e. hek.* ülser olmak
ulcerated /'alsıreytid/ *s. hek.* ülserli
ulceration /'alsı'reyşın/ *a. hek.* ülserleşme
ulcerous /'alsırıs/ *s. hek.* ülserli
ullage /'alic/ *a.* fire
ulna /'alnı/ *a.* dirsek kemiği
ulster /'alstı/ *a.* uzun ve bol palto
ulterior /al'tiıriı/ *s.* gizli, saklı
ultimate /'altimit/ *s.* son, en son; *kon.* mükemmel, en büyük, en iyi *ultimate analysis kim.* elementer analiz, öğesel çözümleme *ultimate humidity* son nemlilik *ultimate load* kırılma yükü, kritik yük, son dayanma yükü *ultimate moment* kırılma momenti, nihai moment *ultimate pressure* sınır basınç, sınır gerilme, nihai basınç *ultimate strength* kırılma direnci, kopma direnci, nihai direnç *ultimate tensile strength* son çekme mukavemeti, son çekme dayancı *ultimate tensile stress* kopma dayanıklılığı, çekme sınırı
ultimately /'altimitli/ *be.* en sonunda, sonuçta
ultimatum /alti'meytım/ *a.* ültimatom
ultimo /'altimou/ *be.* geçen ayda
ultra /'altrı/ *s.* aşırı görüşlü, radikal; aşırı, son derece *ultra vires* güç ya da yetkisinin ötesinde *ultra-directional microphone* tabanca mikrofon
ultracentrifuge /altrı'sentrifyu:c/ *a.* ültrasantrifüj

ultrafilter /altrı'filtı/ *a.* ültrafiltre
ultrafiltration /altrıfil'treyşın/ *a.* ültrafiltrasyon, incesüzme
ultrahigh /'altrıhay/ *s.* çok yüksek *ultrahigh frequency fiz.* hiperfrekans, aşırı yüksek sıklık *ultrahigh-speed computer biliş.* çok hızlı bilgisayar
ultramarine /altrımı'ri:n/ *a. s.* çok açık parlak mavi, deniz mavisi
ultramicroscope /altrı'maykrıskoup/ *a.* ültramikroskop
ultramodern /altrı'modın/ *s.* ültramodern, çok modern
ultranational /altrı'neşınıl/ *s.* aşırı milliyetçi
ultrashort /altrı'şo:t/ *s.* ültra kısa *ultrashort wave elek.* ültra kısa dalga
ultrasonic /altrı'sonik/ *s.* (ses dalgaları) ültrasonik, sesüstü, insan kulağının duyamayacağı derecede *ultrasonic cleaning fiz.* sesüstü dalgalarıyla temizleme *ultrasonic cleaning tank elek.* ültrasonik temizleme tankı *ultrasonic coagulation fiz.* ültrasonik koagülasyon *ultrasonic communication* ültrasonik iletişim *ultrasonic delay line biliş.* ültrasonik gecikme hattı, sesüstü gecikim hattı *ultrasonic detector* ültrasonik detektör, sesüstü detektör *ultrasonic drill* ültrasonik matkap *ultrasonic generator fiz.* ültrasonik jeneratör, sesüstü üreteci *ultrasonic soldering* ültrasonik lehimleme *ultrasonic space grating fiz.* ültrasonik uzay şebekesi, sesüstü uzay ağı *ultrasonic transducer* ültrasonik güç çevirici *ultrasonic wave* ültrasonik dalga *ultrasonic welding* ültrasonik kaynak
ultrasonics /altrı'sonik/ *a. fiz.* ültrasonik, sesüstü bilgisi
ultrasound /'altrısaund/ *a.* kulakla duyulamayan ince ses
ultraviolet /altrı'vayılit/ *s.* ültraviyole, morötesi *ultraviolet filter fot.* ültraviyole filtresi, morötesi süzgeci *ultraviolet lamp* ültraviyole lambası *ultraviolet light* ültraviyole ışık, morüstü ışık *ultraviolet microscope fiz.* ültraviyole mikroskop *ultraviolet radiation fiz.* ültraviyole radyasyon, morötesi ışınım *ultraviolet rays* morötesi ışınlar,

ültraviyole ışınlar **ultraviolet spectrometer** *fiz.* morötesi spektrometre, morüstü izgeölçer

ululate /'yu:lyuleyt/ *e.* ulumak

ululation /yu:lyu'leyşın/ *a.* uluma

umbel /'ambıl/ *a. bitk.* umbel, şemsiye

umbellate /'ambıleyt/ *s.* şemsiye biçiminde

umbellifer /'am'belifı/ *a.* şemsiye biçiminde bitki

umber /'ambı/ *a.* (boya) ombra

umbilical /ambi'laykıl/ *s. anat.* göbek ile ilgili **umbilical cord** göbek bağı

umbilicus /am'bilikıs/ *a.* göbek; göbek biçiminde girinti; tohum göbeği

umbra /'ambrı/ *a.* gölge; *gökb.* gölgeli alan

umbrage /'ambric/ *a.* gücenme, içerleme **give umbrage** gücendirmek **take umbrage** gücenmek

umbrageous /am'breycıs/ *s.* gölgelik, gölgeli; alıngan, şüpheli

umbrella /am'brelı/ *a.* şemsiye; himaye, koruyucu güç **umbrella antenna** şemsiye anten **umbrella stand** şemsiyelik

umlaut /'umlaut/ *a.* üzeri çift noktalı harf; harflerin üzerine konan çift nokta

umpire /'ampayı/ *a.* hakem ¤ *e.* hakemlik etmek, hakemlik yapmak

umpteen /amp'ti:n/ *s. kon.* birçok, pek çok sayıda, çok

unabashed /anı'beşt/ *s.* utanmaz, yüzsüz

unabated /anı'beytid/ *s.* dinmek bilmeyen, kesilmeyen, azalmayan

unabating /anı'beyting/ *s.* sürekli, aralıksız

unabbreviated /anıb'rivieyting/ *s.* kısaltılmamış

unable /an'eybıl/ *s.* yapamaz, elinden gelmez, gücü yetmez

unabridged /anı'bricd/ *s.* (yazı) kısaltılmamış, tam, eksiksiz

unaccented /anek'sentıd/ *s.* vurgusuz

unacceptable /anık'septıbıl/ *s.* kabul edilemez, uygunsuz

unaccompanied /anı'kampınid/ *s.* yalnız, eşlik edilmeyen; (şarkı) müziksiz

unaccountable /anı'kauntıbıl/ *s.* şaşırtıcı, garip, açıklanamaz, anlaşılmaz

unaccustomed /anı'kastımd/ *s.* garip,

tuhaf; (to ile) alışmamış, yadırgayan

unachievable /anı'çi:vıbıl/ *s.* yapılmamış, başarılmamış

unadulterated /anı'daltıreytid/ *s.* katışıksız, saf; tam, katışıksız

unadvised /anıd'vayzd/ *s.* mantıksız, düşüncesizce, aceleyle yapılan

unaffected /anı'fektid/ *s.* etkilenmemiş; yapmacıksız, doğal

unambiguous /anem'bigyuıs/ *s.* tam, kesin, belirli

unanimous /yu:'nenimıs/ *s.* hemfikir, aynı fikirde, ortak

unapproachable /anı'prouçıbıl/ *s.* (insan) uzak, ulaşılması güç, yaklaşılmaz, soğuk

unappropriated /anı'prouprieytid/ *s.* kullanılmamış; tahsis edilmemiş

unapproved /anı'pru:vd/ *s.* onaylanmamış, tasdik edilmemiş

unarmed /an'a:md/ *s.* silahsız

unary /'yu:nıri/ *s.* birli **unary operation** *biliş.* birli işlem

unassuming /anı'syu:ming/ *s.* alçakgönüllü, gösterişsiz, sessiz

unattached /anı'teçt/ *s.* bağlı/birleşik olmayan; kopuk, serbest; evli/nişanlı olmayan

unattended /anı'tendid/ *s.* yalnız, kimsesiz, başıboş **unattended time** *biliş.* işletilmeme zamanı

unauthorized /an'o:tırayzd/ *s.* yetkisiz; gayri resmi **unauthorized person** yetkili olmayan kişi

unavailable /anı'veylıbıl/ *s.* bulunmayan, mevcut olmayan

unavoidable /anı'vaydıbıl/ *s.* kaçınılmaz

unaware /anı'wei/ *s.* habersiz, farkında olmayan

unawares /anı'weiz/ *be.* farkında olmadan, bilmeyerek, habersiz **take sb unawares** gafil avlamak, şaşırtmak

unbacked /an'bekt/ *s.* desteklenmemiş, arkasız; ciro edilmemiş

unbalanced /an'beıinst/ *s.* dengesiz, kaçık, üşütük **unbalanced forces** denksiz kuvvetler

unbar /an'ba:/ *e.* sürgüyü açmak, kilidi açmak

unbearable /an'beırıbıl/ *s.* dayanılmaz, çekilmez

unbeatable /an'bi:tıbıl/ *s.* yenilmez,

mağlup edilemez

unbelievable /anbi'li:vıbıl/ s. inanılmaz, şaşırtıcı

unbend /an'bend/ e. teklifsizleşmek, ciddiyeti bırakmak, açılmak, rahat hareket etmek

unbending /an'bending/ s. kararlı, azimli, kararından dönmez

unbiased /an'bayıst/ s. yansız, taraf tutmayan, bitaraf *unbiased estimate* yansız tahmin, yansız kestirim

unblocked /an'blokt/ s. *biliş.* bloklanmamış, öbeklenmemiş *unblocked fixed records biliş.* bloklanmamış değişmez uzunlukta kayıtlar *unblocked variable records biliş.* bloklanmamış değişken kayıtlar

unbolt /an'boult/ e. cıvatasını sökmek; sürgüyü açmak

unborn /an'bo:n/ s. henüz doğmamış

unbound /an'baund/ s. (kitap) ciltsiz; bağlı olmayan, çözük; *dilb.* (morfem) bağımsız

unbounded /an'baundid/ s. sınırsız

unbreakable /an'breykıbıl/ s. kırılmaz

unbridled /an'braydld/ s. kontrolsüz, dizginsiz, önüne geçilemeyen

unbroken /an'broukın/ s. kırılmamış; aralıksız, devamlı

unbuckle /an'bakıl/ e. tokasını çözmek

unbuilt /an'bilt/ s. inşa edilmemiş

unburden /an'bö:dn/ e. derdini açmak, içini boşaltmak, ferahlamak

unburnt /an'bö:nt/ s. yanmamış; havada kurutulmuş, ham *unburnt brick* fırınlanmamış tuğla

unbutton /an'batn/ e. düğmelerini çözmek

uncalled /an'ko:ld/ s. çağırılmamış, davetsiz; talep edilmemiş; henüz piyasaya sürülmemiş *uncalled capital* apel yapılmamış sermaye

uncalled-for /an'ko:ldfo:/ s. yanlış, yersiz, haksız, hak edilmemiş, gereksiz

uncanny /an'keni/ s. anlaşılmaz, esrarengiz, acayip, gizemli

uncared-for /an'keıdfo:/ s. ihmal edilmiş, özen gösterilmemiş, bakımsız

unceremonious /anseri'mouniıs/ s. samimi, teklifsiz, resmiyetten uzak; inceliksiz, kaba, damdan düşme, apar topar

uncertain /an'sö:tn/ s. kuşkulu, şüpheli; kararsız, karar veremeyen; kararlaştırılmamış, kesin olmayan; değişebilir, kararsız

uncertainty /an'sö:tınti/ a. kuşku; kararsızlık, belirsizlik *uncertainty principle fiz.* belirsizlik ilkesi

uncertified /an'sö:tifayd/ s. onaylanmamış, doğrulanmamış

unchangeable /an'çeyncıbıl/ s. değişmez

unchanged /an'çeynct/ s. değişmemiş

uncharitable /an'çeritıbıl/ s. hoşgörüsüz, acımasız, sert

uncharted /an'ça:tid/ s. bilinmeyen, balta girmemiş

unchecked /an'çekt/ s. serbest bırakılmış, kontrolünden çıkmış, başıboş, engelsiz

uncivilized /an'sivilayzd/ s. vahşi, uygarlaşmamış

uncle /'ankıl/ a. amca; enişte; dayı *say uncle* pes demek *Uncle Sam kon.* Amerika, Sam Amca *Uncle Tom Aİ. hkr.* beyazlarla laubali olan zenci

unclear /an'kliı/ s. karışık, anlaşılması zor, müphem

unclose /an'klouz/ e. açmak; açılmak

unco /'ankou/ s. son derece, olağanüstü; acayip, garip; yabancı, meçhul

uncoil /an'koyl/ e. sarımı çözmek, sargıyı çözmek, kangalı açmak

uncoiler /an'koylı/ a. *met.* bobin açma aygıtı

uncollected /an'kılektıd/ s. biriktirilmemiş, tahsil edilmemiş; kendine hâkim olamayan

uncoloured /an'kalıd/ s. renksiz, basit, sıradan

uncombined /an'kımbaynd/ s. *kim.* birleşmemiş

uncomfortable /an'kamftıbıl/ s. rahatsız, rahat olmayan, konforsuz; rahatsız edici

uncommitted /ankı'mitid/ s. (to ile) bağımsız, bağlı olmayan; söz vermemiş

uncommon /an'komın/ s. nadir, seyrek, yaygın olmayan; acayip, olağandışı

uncommonly /an'komınli/ be. çok; olağandışı

uncommunicative /ankı'myu:nikıtiv/ s. suskun, sessiz, ağzı sıkı

uncompleted /an'kompli:tıd/ s. tamamlanmamış, sonuçlanmamış

uncompromising /an'komprımayzing/ *be.* uzlaşmaz, kararından dönmez

unconcern /ankın'sö:n/ *a.* kayıtsızlık, ilgisizlik, aldırmazlık; kaygısızlık

unconcerned /ankın'sö:nd/ *s.* kayıtsız, ilgisiz, aldırmaz; kaygısız

unconditional /ankın'dişınıl/ *s.* koşulsuz, kayıtsız şartsız; kesin, mutlak *unconditional love* sınırsız mükemmel aşk, koşulsuz sevi *unconditional surrender* kayıtsız şartsız teslim

unconditioned /ankın'dişınd/ *s.* kayıtsız şartsız kabul edilmiş; mutlak; doğuştan olan, fıtri *unconditioned reflex* koşulsuz tepke

unconditionally /ankın'dişınıli/ *be.* koşulsuz olarak, kayıtsız şartsız

unconfined /ankın'faynd/ *s.* kuşatılmamış, hapsedilmemiş, sınırsız

unconfirmed /ankın'fö:md/ *s.* doğrulanmamış, teyit edilmemiş

uncongenial /ankın'ci:niıl/ *s.* uyumsuz; elverişsiz, uygunsuz; nahoş

unconquerable /an'konkırıbıl/ *s.* fethedilemez, zapt olunamaz

unconscionable /an'konşınıbıl/ *s.* vicdansız; mantıksız *an unconscionable liar* vicdansız yalancı

unconscious /an'konşıs/ *s.* baygın, kendinde değil; bilmeden, kasıtsız ¤ *a.* bilinçaltı

unconsciousness /an'konşısnıs/ *a.* bilinçsizlik, şuursuzluk; baygınlık

uncontrollable /ankın'troulıbıl/ *s.* önlenemez, zapt edilemez; idare edilemez

unconventional /ankın'venşınıl/ *s.* alışılmamış, âdet edinilmemiş, garip

unconverted /ankın'vö:tid/ *s.* paraya çevrilmemiş; dinsiz, imansız

uncork /an'ko:k/ *e.* (şişenin) tıpasını açmak

uncountable /an'kauntıbıl/ *s.* sayılamayan, sayılamaz *uncountable nouns* sayılamayan isimler

uncouth /an'ku:t/ *s.* kaba saba, görgüsüz, yontulmamış

uncover /an'kavı/ *e.* örtüsünü ya da kapağını açmak; ortaya çıkarmak, meydana çıkarmak

uncovered /an'kavıd/ *s.* karşılıksız, kuvertürsüz *uncovered acceptance* karşılıksız kabul

uncritical /an'kritikıl/ *s.* (of ile) eleştirmeyen, olduğu gibi kabul eden

uncrossed /an'krosd/ *s.* çizgisiz, açık *uncrossed cheque* çizgisiz çek, açık çek

unction /'ankşın/ *a.* yağlama; yağ sürerek kutsama; yatıştırıcı (ilaç)

unctuous /'ankçuıs/ *s.* yağlı; yapmacık nezaket gösteren, yapmacıklı *unctuous clay* yağlı kil

uncultivated /'ankaltiveytıd/ *s. trm.* işlenmemiş, sürülmemiş *uncultivated farrow trm.* kara nadas

uncut /an'kat/ *s.* (film, kitap, vb.) kısaltılmamış, kesilmemiş; (değerli taş) yontulmamış, işlenmemiş

undamaged /an'demicd/ *s.* zarar görmemiş, sağlam

undamped /an'dempt/ *s.* sönümsüz *undamped oscillation* sönümsüz salınım *undamped wave* sönümsüz dalga

undaunted /an'do:ntid/ *s.* yiğit, gözü pek, korkusuz, yılmaz

undeceive /andi'si:v/ *e.* gözünü açmak, uyarmak; aydınlatmak, bilgi vermek

undeceived /andi'si:vd/ *s.* aldanmamış, aldatılmamış; gözü açılmış, aklı başına gelmiş

undecided /andi'saydid/ *s.* askıda, kararlaştırılmamış, muallakta; kararsız, karar vermemiş, tereddütlü

undeclared /andi'kleıd/ *s.* beyan edilmemiş

undefined /'andifaynd/ *s.* tanımlanmamış, tanımsız

undeniable /andi'nayıbıl/ *s.* inkâr edilemez, yadsınamaz, kesin

under /'andı/ *be.* altında, altına ¤ *ilg.* altında, altına, altından; -den az, -den aşağı, -in altında; -in yönetiminde *be under a cloud* şüphe altında olmak *do sth under one's own steam* kemdi yağı ile kavrulmak *under age* reşit olmamış *under cover (of)* -e sığınmış/gizlenmiş *under par* süngüsü düşük *under the counter* el altından *under the wire* zar zor/son dakikada

underage /andır'eyc/ *s.* yaşı küçük, reşit olmayan

underarm /'andıra:m/ *s.* koltukaltı; kol omuzdan aşağıda olarak yapılan ¤ *be.*

kolu omuzdan aşağıda hareket ettirerek ¤ *a.* koltukaltı **shave underarm** koltukaltı kıllarını tıraş etmek
underbelly /'andıbeli/ *a.* karnın alt kısmı
underbrush /'andıbraş/ *a. orm.* alt flora, çalı örtüsü
undercarriage /'andıkeric/ *a.* (uçak) iniş takımı, tekerlekler
undercharge /andı'ça:c/ *e.* değerinden az para istemek
underclothes /'andıkloudz/ *a.* iç çamaşırı
undercoat /'andıkout/ *a.* astar boya, taban boya
undercool /andı'ku:l/ *e.* aşırı soğutmak
undercover /andı'kavı/ *s.* gizli
undercurrent /'andıkarınt/ *a.* dip akıntısı; gizli eğilim
undercut /andı'kat/ *e.* altını oymak; başkalarından daha ucuza satmak, fiyat kırmak; (topa) alttan vurmak ¤ *a.* dip oyulması, erozyonla alttan oyulma; topa alttan vurma; *mutf.* sığır filetosu
underdeveloped /andıdi'velıpt/ *s.* azgelişmiş **underdeveloped country** azgelişmiş ülke **underdeveloped nation** azgelişmiş ülke
underdevelopment /andıdi'velıpmınt/ *a. fot.* sudevelopman, düşük açındırma
underdog /'andıdog/ *a.* ezilen kişi, mazlum; (yarışma, vb.'de) kaybetmesi beklenen taraf
underdone /andı'dan/ *s.* az pişmiş, tam pişmemiş
underdrain /'andıdreyn/ *e.* akaçlamak, sızıntı sularını kanalla akıtmak
underestimate /andır'estimeyt/ *e.* az/düşük olarak tahmin etmek
underexposed /andırik'spouzd/ *a. fot.* suekspoze, düşük ışıklı
underexposure /andırik'spouzı/ *a. fot.* suekspozisyon, düşük ışıklama
underfeeding /andı'fi:ding/ *a.* yetersiz beslenme, eksik beslenme
underflow /'andıflou/ *a. biliş.* aşağı taşma
underfoot /andı'fut/ *be.* ayak altında, yerde
underframe /andı'freym/ *a.* şasi, alt takım
underglaze /'andıgleyz/ *a.* alt sırlama
undergo /andı'gou/ *e.* -e uğramak,

çekmek, geçirmek
undergrad /'andıgred/ *a. kon.* üniversiteli
undergraduate /andı'grecyuıt/ *a.* üniversite öğrencisi
underground /'andıgraund/ *s.* yeraltı; gizli ¤ *a. İİ.* yeraltı treni, metro **underground cable** yeraltı kablosu **underground car park** yeraltı otoparkı **underground mining** *mad.* yeraltı madenciliği **underground survey** yeraltı ölçümü **underground tank** sarnıç **underground water** yeraltı suyu, taban suyu **underground water table** yeraltı suyu tablası, yeraltı suyu yüzeyi
undergrowth /'andıgrout/ *a. bitk.* ormanaltı bitkileri
underhand /andı'hend/ *s.* gizli, el altından, hileli **underhand stoping** *mad.* alttan kazı
underhanded /andı'hendid/ *s.* gerekli sayıda işçisi olmayan
underlie /andı'lay/ *e.* -in altında yatmak, temelinde olmak, temelini oluşturmak
underline /andı'layn/ *e.* altını çizmek; vurgulamak, belirtmek
underlying /andı'laying/ *s.* önde gelen, öncelikli
undermanager /andı'menıcı/ *a.* yardımcı müdür
undermanned /andı'mend/ *s.* personeli yetersiz, az çalışanı olan
undermentioned /andı'menşınd/ *s.* aşağıda sözü geçen
undermine /andı'mayn/ *e.* baltalamak, yıkmak, el altından çökertmeye çalışmak; temelini çürütmek
undermining /andı'mayning/ *a.* afuyman, altını oyma
underneath /andı'ni:t/ *ilg. be.* altına, altından, altında ¤ *a.* bir şeyin alt bölümü, bir şeyin altı, alt
undernourish /andı'nariş/ *e.* kötü beslemek, yeterli beslememek
underpaid /andı'peyd/ *s.* düşük maaşlı, yetersiz ücret alan
underpants /'andıpents/ *a.* külot, don
underpass /'andıpa:s/ *a.* yeraltı geçidi
underpay /andı'pey/ *e.* az ücret vermek
underpin /andı'pin/ *e.* alttan desteklemek
underprivileged /andı'privilicd/ *s.* temel sosyal haklardan yoksun

unflagging /an'fleging/ s. durmaz, yorulmaz, yılmaz, bıkmaz

unflinching /an'flinçing/ s. korkusuz, azimli, kararlı, sağlam

unfold /an'fould/ e. (katlanmış bir şeyi) açmak; göz önüne sermek, açıklamak, ortaya çıkarmak; göz önüne serilmek, çözülmek, ortaya çıkmak

unforeseen /anfo:'si:n/ s. beklenmedik, umulmadık, önceden tahmin edilmeyen

unforgettable /anfı'getıbıl/ s. unutulmaz

unforgivable /anfı'givıbıl/ s. bağışlanamaz, affedilmez

unforgiven /anfı'givın/ s. bağışlanmamış, affedilmemiş

unfortunate /an'fo:çunit/ s. talihsiz, şanssız, bahtsız; yersiz, uygunsuz ¤ a. şanssız, bahtsız kimse, kara bahtlı

unfortunately /an'fo:çunitli/ be. maalesef, ne yazık ki

unfounded /an'faundid/ s. asılsız, esassız, yersiz, gereksiz, temelsiz

unfriendly /an'frendli/ s. dostça olmayan, düşmanca, soğuk

unfunded /an'fandid/ s. değişen, değişken **unfunded debt** kısa vadeli devlet borcu

unfurl /an'fö:l/ e. (yelken, bayrak, vb.) açmak, çekmek, fora etmek

ungainly /an'geynli/ s. hantal, kaba; sakar

ungovernable /an'gavınıbıl/ s. kontrol edilemez, zapt edilemez, önüne geçilemez

ungracious /an'greyşıs/ s. terbiyesiz, inceliksiz, kaba

ungrateful /an'greytfıl/ s. nankör

ungrounded /an'graundıd/ s. elek. topraklanmamış, topraksız

ungual /'anwıl/ s. tırnak/pençe ile ilgili

unguarded /an'ga:did/ s. sakınmasız, ihtiyatsız, dikkatsiz; koruyucusuz, muhafazasız

ungulate /'angyuleyt/ s. a. toynaklı (hayvan)

unhappily /an'hepili/ be. mutsuzca; maalesef, ne yazık ki

unhappy /an'hepi/ s. mutsuz; uygunsuz, yersiz

unhealthy /an'helti/ s. sağlıksız, hastalıklı; sağlıksız, sağlığa zararlı; kon. tehlikeli, sağlıksız; anormal, sağlıksız

unheard /an'hö:d/ s. duyulmamış, dinlenmemiş, güme gitmiş

unheard-of /an'hö:dıv/ s. olağan dışı, görülmemiş, tuhaf, acayip

unheeded /an'hi:did/ s. önemsenmeyen, umursanmayan

unhinge /an'hinc/ e. menteşelerini sökmek; (aklını) oynatmak

unhook /an'huk/ e. kancadan kurtarmak; çözmek

uniaxial /yu:ni'eksııl/ s. fiz. tekeksenli

unicellular /yu:ni'selyulı/ s. birgözeli, tek hücreli

unicolour /yu:ni'kalı/ s. tek renkli

unicorn /yu:'niko:n/ a. tek boynuzlu at biçiminde hayali bir yaratık

unidentified /anay'dentifayd/ s. kimliği belirlenememiş, kimliği saptanmamış

unidirectional /yu:nidi'rekşınıl/ s. tek yönlü **unidirectional antenna** tek yönlü anten **unidirectional microphone** tek yönlü mikrofon **unidirectional transducer** elek. tek yönlü güç çevirici **unidirectional variables** biliş. başlangıç durumuna getirilmemiş değişkenler

unification /yu:nifi'keyşın/ a. birleşme; birleştirme

unified /'yu:nifayd/ s. birleşmiş, birleştirilmiş **unified bond** konsolide tahvil **unified debt** konsolide borç **unified field theory** fiz. birleşik alan kuramı **unified model** fiz. birleştirilmiş model

uniform /'yu:nifo:m/ a. üniforma ¤ s. tekbiçimli, aynı, birörnek; düzenli; benzer, aynı **uniform acceleration** fiz. düzgün hızlanma, tekbiçimli hızlanma **uniform convergence** mat. düzgün yakınsaklık **uniform distribution** uniform dağılım, tekbiçimli dağılım **uniform flow** düzgün akış, üniform akış **uniform hardness** üniform sertlik, tekbiçimli sertlik **uniform load** düzgün dağılmış yük **uniform structure** üniform yapı, tekbiçimli yapı

uniformed /'yu:nifo:md/ s. üniformalı

uniformity /yu:nifo:mıti/ a. tekbiçimlilik, eşbiçimlilik; benzerlik, aynılık

unify /'yu:nifay/ e. bir örnek yapmak, tekbiçimli kılmak; bütünleştirmek, birleştirmek, bütün haline getirmek

unilateral /yu:ni'letırıl/ s. tek yanlı, tek

taraflı **unilateral contract** tek taraflı sözleşme **unilateral impedance** elek. tek yönlü empedans **unilateral transducer** elek. tek yönlü dönüştürücü **unilateral transfer** karşılıksız transfer, tek yanlı transfer

unimaginative /ani'mecinıtiv/ s. hayal gücü zayıf

unimpeachable /anim'pi:çıbıl/ s. suçlanamaz; kuşkulanılamaz, dürüst

unimportant /anim'po:tınt/ s. önemsiz

uninformed /anin'fo:md/ s. habersiz; bilgisiz, cahil; cahilce yapılmış

uninhabitable /anin'hebitıbıl/ s. içinde oturulmaz, içinde yaşanmaz

uninhabited /anin'hebitid/ s. oturulmamış, ikamet edilmemiş; ıssız, boş, tenha

uninhibited /anin'hibitid/ s. serbest davranışlı, teklifsiz, çekinmesiz

unintentional /anin'tenşınıl/ s. kasıtsız, istemeden yapılan

uninterested /an'intristid/ s. (in ile) ilgisiz

uninterrupted /anintı'raptid/ s. devamlı, sürekli, kesintisiz

union /'yu:niın/ a. birleşme, birleştirme; birlik; sendika; dernek; evlilik, birleşme; rakor, boru bileziği; *teks.* karışık kumaş **union agreement** sendika sözleşmesi **union catalogue** biliş. birleşik katalog **union dues** sendika aidatı **Union Jack** İngiliz bayrağı **union linen** teks. yarı keten **union of goods** mal birliği **union silk** teks. yarı ipek **union wool** teks. yarı yün

unionization /yu:niınay'zeyşın/ a. sendikalaşma

unionize /'yu:niınayz/ e. sendikalaşmak; sendikalaştırmak

uniparous /yu:'nipırıs/ s. bir batında tek çocuk doğuran

unipartite /yu:ni'pa:tayt/ s. tek parçalı, bölünmemiş

unipolar /yu:ni'poulı/ s. tek kutuplu, tek ucaylı

unique /yu'ni:k/ s. yegâne, tek, biricik; *kon.* nadir, az bulunur, eşsiz

unisex /'yu:niseks/ s. kon. (giysi, vb.) hem kadın hem erkek için olan, üniseks

unison /'yu:nisın/ a. uyum, ahenk, birlik **in unison** hep bir ağızdan, hep birlikte **in unison with** ile uyum içinde

unisonous /yu:'nisınıs/ s. müz. aynı perdeden; uyumlu

unit /'yu:nit/ a. birim; ünite; parça, eşya, takım; *ask.* birlik; 1 sayısı; tek basamaklı sayı **unit affinity** biliş. ortak birim kullanımı, birim ortaklığı **unit area** birim alan **unit cell** birim hücre, birim göze **unit cost** birim fiyatı **unit element** biliş. birim eleman, birim öğe **unit elongation** birim uzama **unit fraction** mat. birim kesir, birim üleşke **unit length** birim uzunluk **unit of account** hesap birimi **unit operations** kim. unit operasyonlar, temel işlemler **unit pole** fiz. kutup birimi, birim ucay **unit record** biliş. birim kayıt **unit record equipment** biliş. birim kayıt ekipmanı **unit record machine** biliş. birim kayıt makinesi **unit record method** biliş. birim kayıt yöntemi, birim işlem yöntemi **unit separator** biliş. birim ayırıcı **unit stress** birim gerilme **unit string** biliş. birim dizgi, birim katar **unit trust** eko. birim tröstü **unit vector** mat. birim vektör, birim yöney **unit wages** birim ücretler **unit weight** birim ağırlık **units digit** mat. birler basamağı

Unitarian /yu:ni'teırıın/ a. din. teslis öğretisini benimsemeyen kimse

Unitarianism /yu:ni'teırıınizım/ a. din. teslis öğretisini benimsememe

unitary /'yu:nitıri/ s. üniteye ait, birimsel; bölünmez, bütün, üniter **unitary matrix** mat. birimsel matris, birimsel dizey

unite /yu:'nayt/ e. birleşmek; birleştirmek; (belli bir amaç için) birlikte hareket etmek, birlikte olmak

united /yu:'naytid/ s. birleşmiş, birleşik; ortak amaçlı **United Kingdom** Büyük Britanya **United Nations** Birleşmiş Milletler

uniterm /yu:ni'tö:m/ a. biliş. ortak terim **uniterm system** biliş. ortak terim sistemi

unitize /'yu:nitayz/ e. birimleştirmek, birime dönüştürmek

unity /'yu:niti/ a. birlik; birleşme

univalent /yu:ni'veylınt/ s. kim. tekdeğerli

universal /yu:ni'vö:sıl/ s. genel, yaygın; bir grubun tüm üyelerini ilgilendiren, ortak; dünyanın her yerinde olan/yapılan ¤ a. genel olgu; genel önerme; evrensel düşünce **universal character set** genel karakter takımı **universal chuck** üniversal ayna **universal constant** evrensel sabit **universal coupling** kardan mafsalı kavraması **universal dyestuff** üniversal boyarmadde **universal gravitation** *fiz.* gravitasyon, evrensel ağınım **universal indicator** *kim.* genel indikatör, genel belirteç **universal instrument** *gökb.* astronomik teodolit **universal joint** üniversal kavrama, kardan kavraması **universal motor** *elek.* üniversal motor **universal set** *mat.* evrensel küme **universal steamer** *teks.* üniversal buharlayıcı **universal succession** külli intikal **universal time** *gökb.* evrensel zaman **universal vice** üniversal mengene

universe /'yu:nivö:s/ *a.* evren

university /yu:ni'vö:siti/ *a.* üniversite

univocal /yu:ni'voukıl/ *s. a.* tek anlamlı (sözcük)

unjust /an'cast/ *s.* haksız, insafsız

unkempt /an'kempt/ *s.* (saç) dağınık

unkind /an'kaynd/ *s.* düşüncesiz, kaba, kırıcı; zalim, sert

unknown /an'noun/ *a. s.* bilinmeyen, meçhul, tanınmayan

unlace /an'leys/ *e.* bağlarını çözmek

unlade /an'leyd/ *e.* boşaltmak, tahliye etmek

unladen /an'leydın/ *s.* yüksüz **unladen weight** yüksüz ağırlık

unlatch /an'leç/ *e.* mandalını açmak

unlawful /an'lo:fıl/ *s.* yasalara aykırı, yasadışı, yolsuz

unleaded /an'ledid/ *s.* kurşunsuz

unlearned /an'lö:nid/ *s.* cahil

unleash /an'li:ş/ *e.* (köpek) çözmek, salıvermek

unleavened /an'levınd/ *s.* (ekmek) mayasız

unless /ın'les/ *bağ.* -medikçe, -madıkça, -mezse

unlike /an'layk/ *ilg.* -den farklı; -e benzemeyen, -den farklı; -e uymayan, ... için olağandışı olan ¤ *s.* farklı, değişik

unlikely /an'laykli/ *s.* muhtemel olmayan, olasısız

unlimited /an'limitid/ *s.* sınırsız, limitsiz **unlimited company** kolektif şirket **unlimited convertibility** sınırsız konvertibilite **unlimited order** sınırsız emir

unlisted /an'listid/ *s.* listeye girmemiş, borsada kote olmamış **unlisted number** rehberde olmayan numara **unlisted securities** kote olmayan hisse senetleri

unload /an'loud/ *e.* (yük, silah, film, vb.) boşaltmak

unloaded /an'loudid/ *s.* boş, yüksüz

unloading /an'louding/ *a.* boşaltma

unlock /an'lok/ *e.* kilidini açmak

unlooked-for /an'luktfo:/ *s.* beklenmedik, ani

unloose /an'lu:s/ *e.* gevşetmek; çözmek

unloosen /an'lu:sın/ *e.* çözmek, açmak, gevşetmek

unlucky /an'laki/ *s.* şanssız, talihsiz

unmade /an'meyd/ *s.* (yatak) yapılmamış, hazırlanmamış

unmanageable /an'menicıbıl/ *s.* yönetilemez, idare edilemez; zapt edilemez, ele avuca sığmaz

unmanned /an'mend/ *s.* adamsız, insansız

unmarked /an'ma:kt/ *s.* belirtisiz, işaretsiz; not verilmemiş

unmarried /an'merid/ *s.* evlenmemiş, bekâr

unmask /an'ma:sk/ *e.* maskesini düşürmek, foyasını ortaya çıkarmak

unmeasured /an'mejıd/ *s.* ölçülmemiş; ölçüsüz

unmentionable /an'menşınıbıl/ *s.* ağza alınmaz, söz edilmesi çirkin

unmistakable /anmi'steykıbıl/ *s.* aşikâr, kolay tanınan, başkasıyla karıştırılmayan, belli

unmixed /an'mikst/ *s.* karışmamış, saf

unmotivated /an'moutiveytid/ *s.* nedensiz

unmoved /an'mu:vd/ *s.* etkilenmeyen, acımayan, duygusuz; sakin, rahat, lakayt, aldırmaz, umursamaz

unnatural /an'neçırıl/ *s.* doğal olmayan; anormal; sapık, anormal

unnecessary /an'nesısıri/ *s.* gereksiz

unnerve /an'nö:v/ *e.* cesaretini kırmak

unobtrusive /anıb'tru:siv/ *s.* kolay görülemeyen, fark edilmeyen, göze çarpmayan, silik, dikkat çekmeyen

unofficial /anı'fişıl/ *s.* gayri resmi, resmi

olmayan **unofficial market** resmi olmayan piyasa **unofficial rate** resmi olmayan kur **unofficial strike** kanunsuz grev

unopened /an'oupınd/ s. açılmamış; faaliyete geçmemiş

unordered /an'o:dı/ s. *biliş.* sıralanmamış

unorthodox /an'o:tıdoks/ s. alışılmışın dışında, geleneksel olmayan

unpack /an'pek/ e. (bavul, paket, vb.) açmak, boşaltmak; eşyalarını çıkarmak

unpacked /an'pekd/ s. ambalajsız

unpaid /an'peyd/ s. ödenmemiş **unpaid bill** ödenmemiş senet, ödenmemiş poliçe **unpaid capital** ödenmemiş sermaye

unpalatable /an'pelıtıbıl/ s. tatsız, yavan; nahoş

unparalleled /an'perıleld/ s. benzersiz, eşsiz

unpleasant /an'plezınt/ s. nahoş, tatsız, çirkin; kaba

unplug /an'plag/ e. fişi çekmek; tapayı çıkarmak; tıkanıklığı açmak

unpopular /an'popyulı/ s. sevilmeyen, tutulmayan

unprecedented /an'presidentid/ s. eşi görülmemiş, emsalsiz, eşsiz, bu güne kadar görülmemiş

unpredictable /anpri'diktıbıl/ s. önceden bilinemeyen, tahmin edilemeyen

unprepared /anpri'peıd/ s. hazırlıksız; doğaçtan söylenmiş

unpretentious /anpri'tenşıs/ s. gösterişsiz, basit, mütevazı

unprincipled /an'prinsipıld/ s. kişiliksiz, karaktersiz, ahlaksız

unprintable /an'printıbıl/ s. basılması uygun düşmeyen, basılamaz

unprivileged /an'privılicd/ s. ayrıcalıksız, imtiyazsız

unproductive /anprı'daktiv/ s. verimsiz, randımansız, kısır **unproductive capital** ölü sermaye, atıl sermaye **unproductive coppice** bozuk baltalık **unproductive high forest** bozuk koru ormanı

unprofessional /anprı'feşınıl/ s. (davranış) meslek kurallarına aykırı

unprofitable /an'profitıbıl/ s. kazançsız, kârsız; verimsiz, randımansız; yararsız, faydasız

unprovoked /anprı'voukt/ s. kışkırtılmadan yapılmış

unputdownable /anput'daunıbıl/ s. sürükleyici, ilginç, bir solukta okunacak

unqualified /an'kwolifayd/ s. vasıfsız, ehliyetsiz, yetersiz; sınırsız, tam

unquestionable /an'kwesçınıbıl/ s. su götürmez, kesin, tartışmasız

unquote /an'kwout/ e. sonuna tırnak işareti koymak

unquoted /an'kwoutıd/ s. borsada kote ettirilmemiş

unravel /an'revıl/ e. (iplik, giysi, vb.) çözmek, sökmek; çözülmek, sökülmek; açıklığa kavuşturmak, çözmek, ortaya çıkarmak

unread /an'red/ s. okunmamış; okumamış, öğrenim görmemiş

unreadiness /an'redines/ a. hazır olmayış

unready /an'redi/ s. hazır olmayan

unreal /an'riıl/ s. gerçek olmayan, düşsel

unrealistic /'anriıl'listik/ s. gerçekçi olmayan, hayali

unrealizable /an'riılayzıbıl/ s. gerçekleştirilemez; satılamaz

unreason /an'ri:zın/ a. mantıksızlık, saçmalık

unreasonable /an'ri:zınıbıl/ s. mantıksız, saçma, akılsız; (fiyat, vb.) aşırı, fahiş

unreasoning /an'ri:zıning/ s. mantıksız, mantık dışı, nedensiz

unreceipted /an'risi:tid/ s. faturasız, fişsiz, makbuzsuz

unreconciled /an'rekınsayld/ s. uzlaşmamış, barışmamış

unrecorded /an'riko:did/ s. yazılmamış; kaydedilmemiş, geçirilmemiş

unreel /an'ri:l/ e. makaradan çözmek

unregeneracy /anri'cenırısi/ a. *din.* tövbe etmeme

unregenerate /anri'cenırıt/ s. *din.* tövbe etmeyen

unregistered /an'recistıd/ s. kayıtsız, tescil edilmemiş **unregistered letter** taahhütsüz mektup, adi mektup

unregreted /anri'gretid/ s. pişmanlık duyulmayan

unrelenting /anri'lenting/ s. sürekli, yavaşlamayan, düşme göstermeyen

unreliable /anri'layıbıl/ s. güvenilmez

unrelieved /anri'li:vd/ s. sürekli,

dinmeyen, bitmez, tam

unremitting /anri'miting/ *s.* sürekli, aralıksız

unrepair /anri'peı/ *a.* tamire muhtaçlık, haraplık

unrequited /anri'kwaytid/ *s.* karşılıksız, karşılık görmeyen

unreserved /anri'zö:vd/ *s.* açık, içten; sınırsız, kayıtsız

unrest /an'rest/ *a.* huzursuzluk, kargaşa

unrestful /an'restful/ *s.* huzursuz, rahatsız

unrestrained /anri'streynd/ *s.* aşırı, zapt edilmemiş, önü alınmamış, dinmeyen

unrestricted /anri'striktid/ *s.* sınırsız

unreturned /anri'tö:nd/ *s.* karşılıksız; cevapsız

unrevealed /anri'vi:ld/ *s.* açığa vurulmamış

unripe /an'rayp/ *s.* olgunlaşmamış, ham

unrivalled /an'rayvıld/ *s.* rakipsiz, eşsiz, çok iyi

unrope /an'roup/ *e.* çözmek; çözülmek

unroll /an'roul/ *e.* (örtü, vb.) açmak, yaymak; *teks.* sargıyı boşaltmak, sargıyı açmak

unround /an'raund/ *e. dilb.* düz ünlü oluşturmak, düzleştirmek *unrounded vowel* düz ünlü

unrounding /an'raunding/ *a.* düzleşme

unruly /an'ru:li/ *s.* azgın, ele avuca sığmaz, başa çıkılmaz

unsafe /an'seyf/ *s.* güvenilmez, emin olmayan, tehlikeli

unsaid /an'sed/ *s.* söylenmemiş, dile getirilmemiş

unsalaried /an'selırid/ *s.* stajyer *unsalaried clerk* gönüllü memur

unsaleable /an'seylıbıl/ *s.* sürümsüz, satılamaz

unsatisfactory /'ansetis'fektırı/ *s.* tatminkâr olmayan, yetersiz, uygunsuz

unsaturated /an'seçıreytid/ *s. fiz.* doymamış *unsaturated polyester* doymamış polyester

unsavoury /an'seyvırı/ *s.* rezil, aşağılık, çirkin, ahlaksız

unscathed /an'skeydd/ *s.* hasar görmemiş, sağ salim, yaralanmamış, burnu bile kanamamış

unscrew /an'skru:/ *e.* çevirerek açmak, döndüre döndüre açmak; (bir şeyin)

vidalarını sökmek

unscrupulous /an'skru:pyulıs/ *s.* ahlaksız, vicdansız

unseal /an'si:l/ *e.* mühürünü bozmak, mühürünü çıkarmak

unsealed /an'si:ld/ *s.* mühürsüz; açılmış

unseat /an'si:t/ *e.* görevden almak; (at) binicisini düşürmek

unsecured /ansi'kyuıd/ *s.* sağlam olmayan; güvensiz, emniyetsiz *unsecured credit* teminatsız kredi *unsecured creditor* teminatsız alacaklı

unseemly /an'si:mli/ *s.* uygunsuz, yakışık almaz, yakışıksız

unset /an'set/ *s. biliş.* kurulmamış *unset concrete* taze beton

unsettle /an'setl/ *e.* huzurunu kaçırmak; midesini bozmak, rahatsızlık vermek, hasta etmek

unsettled /an'setld/ *s.* henüz yerleşmemiş, konargöçer; henüz yerleşilmemiş, gayri meskûn; kararsız, değişken, istikrarsız

unshakable /an'şeykıbıl/ *s. bkz.* unshakeable

unshakeable /an'şeykıbıl/ *s.* (inanç) sarsılmaz, sağlam

unsharp /an'şa:p/ *s. fot.* flu, bulanık

unshaven /an'şeyvın/ *s.* tıraş olmamış, tıraşsız

unship /an'şip/ *e.* gemiden boşaltmak, gemiden indirmek

unshrinkable /an'şrinkıbıl/ *s. teks.* çekmez

unsightly /an'saytli/ *s.* çirkin, berbat, göz zevkini bozan

unskilled /an'skild/ *s.* vasıfsız, deneyimsiz, beceriksiz; (iş) vasıfsız, özel beceri gerektirmeyen

unslaked /an'sleykt/ *s.* (kireç) sönmemiş

unsophisticated /ansı'fistikeytid/ *s.* deneyimsiz, toy; mütevazı, basit

unsound /an'saund/ *s.* (düşünce) sağlam temele oturmayan; çürük, sağlam olmayan, sağlıksız, güçsüz

unsparing /an'speıring/ *s.* cömert, esirgemiyen

unspeakable /an'spi:kıbıl/ *s.* korkunç, müthiş, sözle anlatılmaz

unspecified /an'spesıfayd/ *s.* kesinlikle belirtilmemiş, ayrı ayrı gösterilmemiş *unspecified format file* biliş.

belirlenmemiş biçim kütüğü

unstable /an'steybıl/ *s.* kararsız, dengesiz, değişen *unstable equilibrium* kararsız denge, oynak denge *unstable phase* dengesiz faz *unstable state* kararsız durum, oynak durum

unsteadiness /an'stedinıs/ *a.* kararsızlık

unsteady /an'stedi/ *s.* kararsız

unstressed /an'strest/ *s.* vurgusuz *unstressed syllable* vurgusuz hece, vurgusuz seslem

unstuck /an'stak/ *s.* bağlı/yapışık olmayan, kopuk *come unstuck* kötü gitmek, başarısız olmak

unstudied /an'stadid/ *s.* zorlanmamış, yapmacıksız, doğal

unsuitable /an'su:tıbıl/ *s.* uygunsuz, elverişsiz

unsupported /ansı'po:tid/ *s.* desteksiz

unsuspecting /ansı'spekting/ *s.* güvenen, kuşku duymayan, saf

unswerving /an'swö:ving/ *s.* şaşmaz, yolundan sapmaz, sadık

unsyllabic /ansi'lebik/ *s. a.* sürtüşmeli ve kapantılı ünsüz (ses), selensiz

untangle /an'tengıl/ *e.* (karışık bir şeyi) açmak, çözmek

untapped /an'tept/ *s.* kullanılmayan, yararlanılmayan

untenable /an'tenıbıl/ *s.* (inanç, tartışma, vb.) çürük, savunulamaz

unthinkable /an'tinkıbıl/ *s.* olanaksız, düşünülmez, inanılmaz, düşünmesi bile hoş olmayan

unthinking /an'tinking/ *s.* düşüncesiz, dikkatsiz

untidiness /an'taydinıs/ *a.* düzensizlik, tertipsizlik, dağınıklık, savrukluk

untidy /an'taydi/ *s.* düzensiz, dağınık

untie /an'tay/ *e.* çözmek

until /an'til, ın'til/ *bağ. ilg.* -e kadar, -e dek, -inceye kadar

untimely /an'taymli/ *s.* vakitsiz, zamanından önce, mevsimsiz; uygunsuz, yersiz

untiring /an'tayring/ *s.* yorulmaz, yorulmak nedir bilmez

unto /'antu:/ *ilg. esk. bkz.* to

untold /an'tould/ *s.* muazzam, sayısız, büyük; anlatılmamış

untoward /antı'wo:d/ *s.* yersiz, istenmeyen, talihsiz, aksi, ters

untrained /an'treynd/ *s.* deneyimsiz, tecrübesiz; eğitilmemiş

untreated /an'tri:tid/ *s.* işlenmemiş

untrue /an'tru:/ *s.* yalan, uydurma; sahte; vefasız, sadakatsiz

untruth /an'tru:t/ *a.* yalan

untruthful /an'tru:tfıl/ *s.* yalancı; yalan, uydurma

untuned /an'tyu:nd/ *s.* akortsuz *untuned antenna* akortsuz anten

unused /an'yu:zd/ *s.* kullanılmamış ¤ /an'yu:st/ *s.* (to ile) alışmamış, alışık olmayan *unused time* biliş. kullanılmayan zaman

unusual /an'yu:juıl/ *s.* olağan olmayan, alışılmamış, ender, görülmedik

unusually /an'yu:juıli/ *be.* ender olarak, alışılmamış bir biçimde; çok, aşırı derecede

unvalued /an'velyu:d/ *s.* değer verilmemiş; değeri belirtilmemiş *unvalued policy* değerlendirilmemiş sigorta poliçesi

unvarnished /an'va:nişt/ *s.* cilasız, verniksiz; yalın, sade, süssüz, katıksız

unveil /an'veyl/ *e.* örtüsünü açmak; ortaya çıkarmak

unwarrantable /an'worıntıbıl/ *s.* hoş görülmez, affedilmez

unwarranted /an'worıntid/ *s.* nedensiz, yersiz, haksız

unwashed /an'woşt/ *s.* yıkanmamış

unweighted /an'weytid/ *s.* tartılmamış; saygısız, pervasız

unwell /an'wel/ *s.* hasta, rahatsız, kötü

unwieldiness /an'wi:ldinis/ *a.* hantallık; beceriksizlik

unwieldy /an'wi:ldi/ *s.* hantal, havaleli, ağır

unwilling /an'wiling/ *s.* isteksiz, gönülsüz

unwillingly /an'wilingli/ *be.* isteksizce, gönülsüzce

unwind /an'waynd/ *e.* (yumak) çözmek, açmak; çözülmek, açılmak; *kon.* gevşemek, rahatlamak

unwinking /an'winking/ *s.* uyanık, tetikte olan

unwisdom /an'wizdım/ *a.* akılsızlık

unwise /an'wayz/ *s.* akılsız

unwished /an'wişt/ *s.* dileğinden vazgeçmiş *unwished for* arzu edilmeyen

unwitting /an'witing/ *s.* kasıtsız, bilmeden yapılan

unwomanly /an'wumınli/ *s.* kadınca olmayan

unworked /an'wö:kt/ *s.* işlenmemiş

unworldly /an'wö:dli/ *s.* dünyevi olmayan, uhrevi; manevi; ruhani

unworthy /an'wö:di/ *s.* layık olmayan; yakışmaz, uygunsuz

unwound /an'waund/ *s.* kurulmamış; çözülmüş, açılmış

unwrap /an'rep/ *e.* (ambalajını) açmak

unwritten /an'ritın/ *s.* yazılmamış

unzip /an'zip/ *e.* fermuarını açmak

up /ap/ *be.* yukarıya; yukarıda, yüksekte; kuzeye, kuzeyde; sıkı sıkı, sıkıca; bir araya getirecek şekilde; bitirecek şekilde, sonuna kadar ¤ *ilg.* yukarısında, yukarısına, yukarıya, -e, -a, -de, -da; akıntıya karşı ¤ *s.* (yol) onarımda, onarılmakta olan; yukarı giden ¤ *e. kon.* artırmak, yükseltmek; kalkmak, zıplamak *be on the up and up* kendini toparlamak *up and down* bir yukarı bir aşağı, bir ileri bir geri *up against* karşı karşıya, yüz yüze *up and about* ayakta, yataktan çıkmış *up and coming* geleceği parlak *up to* -e kadar; -e uygun, yeterli; -e bağlı, -e kalmış; -e niyetli, -in peşinde *What's up kon.* Ne oluyor? Ne var? Ne oldu? Sorun ne?

up-and-coming /apın'kaming/ *s.* geleceği parlak

upas /'yu:pıs/ *a.* upas (ağacı)

upbeat /ap'bi:t/ *a.* vurgusuz tempo

upbraid /ap'breyd/ *e.* azarlamak, paylamak

upbringing /'apbringing/ *a.* çocuk bakım ve eğitimi, yetişme, yetişim

upcast /'apka:st/ *s.* yukarıya dönük, yukarıya yönelmiş ¤ *a. mad.* hava bacası *upcast ventilating shaft mad.* hava çıkış kuyusu

upcountry /ap'kantri/ *s.* sahilden uzak, iç tarafta

upcurrent /'apkarınt/ *a. hav.* yükselen hava akımı

update /ap'deyt/ *e.* modernleştirmek, çağdaşlaştırmak, güncelleştirmek

updraft /'apdra:ft/ *a.* havanın yukarı yükselişi *updraft carburettor oto.* alttan emişli karbüratör, dikey karbüratör

upend /ap'end/ *e.* dikine çevirmek, dikmek, dikine oturtmak

upfront /'apfront/ *s.* açık, belirgin, aşikâr; dürüst, doğru

upgrade /ap'greyd/ *e.* terfi ettirmek, yükseltmek; *biliş.* bir üst modele geçmek, yenilemek ¤ *a.* yokuş, çıkış, rampa

upheaval /ap'hi:vıl/ *a.* büyük değişiklik

uphill /ap'hil/ *be.* yokuş yukarı ¤ *s.* yokuş yukarı giden; güç, zor, çetin *uphill task* ömür törpüsü

uphold /ap'hould/ *e.* desteklemek, tarafını tutmak, arka çıkmak; onaylamak

upholder /ap'houldı/ *a.* destek, arka

upholster /ap'houlstı/ *e.* (koltuk) döşemek, kumaş kaplamak

upholsterer /ap'houlstırı/ *a.* döşemeci

upholstery /ap'houlstıri/ *a.* döşemecilik; döşemelik eşya, döşeme *upholstery fabric* döşemelik kumaş

upkeep /'apki:p/ *a.* bakım; bakım masrafı

upland /'aplınd/ *a.* yayla, yüksek arazi, dağlık bölge; *yerb.* (yerkabuğu) yükselme

uplift /ap'lift/ *e.* coşturmak

up-market /ap'ma:kit/ *a.* pahalı mal satılan yer

upon /ı'pon/ *ilg.* üzerinde, üzerine *upon sight* görüldüğünde

upper /'apı/ *s.* üst, üstteki ¤ *a.* ayakkabının üst kısmı *get/gain the upper hand* üstesinden gelmek *upper bound* üst sınır *upper case bas.* büyük harf kasası; büyük harf *upper class* yüksek tabaka, üst sınıf, yüksek sınıf *upper culmination gökb.* üst geçiş *upper deck den.* üst güverte, birinci kat güverte *upper end* üst uç *upper front metr.* yüksek cephe *upper layer* üst tabaka, örtü tabakası *upper limit* üst sınır *upper part* üst kısım, üst parça *upper roller* üst merdane *upper surface* üst yüzey

uppercut /'apıkat/ *a.* (boks) aparküt

uppermost /'apımoust/ *be. s.* en başta gelen, başlıca, egemen, en üstte, en yukarda

uppish /'apiş/ *s.* kibirli, kendini beğenmiş

upraise /ap'reyz/ *e.* yukarı kaldırmak

upright /'aprayt/ s. dik, dikey; doğru, dürüst, namuslu ¤ be. dimdik, dik

uprising /'aprayzing/ a. yukarı kalkma, yükselme; başkaldırı, ayaklanma, isyan

uproar /'apro:/ a. gürültü, patırtı, velvele, şamata

uproot /ap'ru:t/ e. kökünden sökmek

ups and downs /apsın'daunz/ a. inişler ve çıkışlar, iyi ve kötü zamanlar

upset /ap'set/ e. devirmek; devrilmek; bozmak, altüst etmek; üzmek, neşesini kaçırmak, telaşlandırmak; (midesini) bozmak; met. dövmek ¤ s. üzgün, üzüntülü, tedirgin; rahatsız, hasta; (mide) bulanmış, bozuk ¤ /'apset/ a. devirme, devrilme; altüst olma, allak bullak olma; (mide) bozukluk, rahatsızlık **upsetting machine** dövme makinesi **upsetting test** dövme deneyi **upset price** asgari satış fiyatı

upshot /'apşot/ a. sonuç, netice

upside down /apsayd 'daun/ be. altüst, karmakarışık; tepetaklak, baş aşağı, ters **upside-down flight** hav. ters uçuş

upstage /ap'steyc/ be. sahne arkasına doğru ¤ s. kon. kendini beğenmiş, kibirli

upstairs /ap'steız/ be. s. yukarıya, üst kata; yukarıda, üst katta ¤ a. üst kat

upstanding /ap'stending/ s. dürüst, namuslu

upstart /'apsta:t/ a. hkr. türedi, sonradan görme, yeni zengin

upstate /'apsteyt/ a. s. taşra

upstream /ap'stri:m/ be. s. akıntıya karşı, akış yukarı **upstream batter** kaynak yönü yüzü eğimi, memba yüzü eğimi **upstream cofferdam** kaynak yönü çevirme bendi, memba yönü çevirme bendi **upstream face** kaynak yönü yüzü, memba yüzü

upsurge /'apsö:c/ a. (duygu, öfke, vb.) patlama

upswing /'apswing/ a. artış, gelişme

upsy-daisy /apsi'deyzi/ ünl. hoppala!, hop!

uptake /'apteyk/ a. çekiş borusu, çekiş bacası **uptake shaft** mad. hava çıkış kuyusu

upthrust /'aptrast/ a. yukarı itme; yerb. yeryüzü kabuğunun kabarması

uptight /'aptayt/ s. kon. eli ayağına dolaşmış, telaşlı, heyecanlı

uptime /ap'taym/ a. biliş. çalışma zamanı, hizmet zamanı

up-to-date /'aptı'deyt/ s.güncel

uptown /'aptaun/ be. şehir merkezinin dışında

upward /'apwıd/ s. artan, yükselen; Aİ. bkz. upwards **upward compatibility** biliş. yukarı doğru uyarlık, yukarı bağdaşırlık **upward movement** yükselme eğilimi

upwards /'apwıdz/ be. yukarıya doğru

upwind /'apwind/ be. rüzgâra karşı

uraemia /yuı'ri:myı/ a. üremi

uracil /'yuırısil/ a. kim. urasil

uranalysis /yuırı'nelısis/ a. hek. idrar tahlili

uraninite /'yuırınayt/ a. min. uraninit

uranium /yu'reynim/ a. kim. uranyum **uranium reactor** fiz. uranyum reaktörü

uranography /yuırı'nogrıfi/ a. gök haritası

uranous /'yuırınıs/ a. uranyumlu, uranlı

Uranus /yu'reynıs/ a. Uranüs

urban /'ö:bın/ s. kent ile ilgili, şehirsel, kentsel **urban area** kentsel alan **urban geography** kent coğrafyası **urban growth** kent büyümesi **urban infrastructure** kentsel altyapı **urban planner** şehir planlayıcısı, kent tasarcısı **urban planning** şehir planlaması, kent tasarlaması **urban population** coğ. kentsel nüfus **urban renewal** kent yenileme, şehrin imarı **urban sprawl** kentsel boşalma, düzensiz gelişme **urban transportation** kentsel ulaşım **urban village** köykent

urbane /ö:'beyn/ s. nazik, yumuşak

urbanism /'ö:bınizım/ a. şehircilik

urbanization /ö:bınay'zeyşın/ a. kentleşme, şehirleşme

urchin /'ö:çin/ a. afacan, yumurcak; sokak çocuğu; kirpi **sea urchin** denizkirpisi, denizkestanesi

urea /'yuıriı/ a. üre

ureal /'yuırııl/ s. üre ile ilgili

urease /'yuırieys/ a. kim. üreaz

ureide /'yuıriayd/ a. kim. üreit

ureter /yuı'ri:tı/ a. anat. sidikyolu, idrar yolu

urethane /'yuıriten/ a. üretan

urethra /yuı'ri:trı/ a. siyek, sidikyolu, üretra

uretic /yuı'retik/ s. idrarla ilgili

urge /ö:c/ e. (on ile) teşvik etmek, sıkıştırmak, zorlamak; (on) ileri sürmek, sevk etmek; ısrar etmek, ısrarla söylemek ¤ a. dürtü, şiddetli istek, gereksinim

urgency /'ö:cınsi/ a. baskı, tazyik; ısrar; önem; acele; zorunluluk

urgent /'ö:cınt/ s. acil, ivedi urgent obligation acil mecburiyet, kaçınılmaz yükümlülük

uric /'yuırik/ s. ürik uric acid ürik asit

urinal /'yuırinıl/ a. ördek, sürgü; idrar kabı; pisuar; hela

urinary /'yuırinıri/ s. idrarla ilgili urinary bladder sidiktorbası

urinate /'yuırineyt/ e. işemek, idrara çıkmak

urine /'yuırin/ a. idrar, sidik

urn /ö:n/ a. semaver; yakılan ölü küllerinin saklandığı vazo

urology /yuı'rolıci/ a. üroloji, bevliye

ursine /'ö:sayn/ s. ayıya benzer, ayı gibi

us /as, ıs/ adl. bizi, bize; biz

usable /'yu:zıbıl/ s. kullanılır, elverişli

usage /'yu:sic/ a. kullanım, kullanış

usance /'yu:zıns/ a. yabancı tahvillerin ödenme vadesi

use /yu:z/ e. kullanmak; kullanmak, suiistimal etmek; kullanıp bitirmek, tüketmek ¤ /yu:s/ a. kullanma, kullanım; kullanma hakkı, yararlanma hakkı, kullanma yetisi; amaç, kullanım amacı; fayda, yarar in use kullanılan, kullanılmakta, geçerli make use of -den yararlanmak, kullanmak of use yararlı out of use kullanılmayan, modası geçmiş put to use kullanmak use an iron hand/fist in a velvet glove aba altından değnek göstermek use every trick in the book her yola başvurmak use one's head kafayı kullanmak use table biliş. kullanım tablosu

used /yu:zd/ s. kullanılmış, eski

used to /yu:st tu/ e. (eskiden) -erdi, -ardı be used to (doing) (yapmaya) alışık olmak

useful /'yu:sfıl/ s. yararlı, faydalı; yardımcı useful length kullanılır uzunluk, yararlı uzunluk useful load hav. uçak faydalı yükü

useless /'yu:slis/ s. yararsız, işe yaramaz

user /'yu:zı/ a. kullanıcı, kullanan user access biliş. kullanıcı erişimi user group biliş. kullanıcı grubu user hook biliş. kullanıcı oltası user-friendly biliş. kullanıcıya yakın, kullanımı kolay user library biliş. kullanıcı kitaplığı user program biliş. kullanıcı programı user qualification biliş. kullanıcı gerçeklemesi user testing biliş. kullanıcı testi, kabul denemesi

usher /'aşı/ a. teşrifatçı; (sinema, tiyatro, vb.) yer gösterici ¤ e. (in/out ile) eşlik etmek, götürmek; içeri getirmek usher in a new age yeni bir çağ açmak

usherette /aşı'ret/ a. (sinema, tiyatro, vb.) bayan yer gösterici

usual /'yu:juıl/ s. olağan, her zamanki, alışılmış as usual her zaman olduğu gibi

usually /'yu:juıli/ be. çoğunlukla, genellikle

usufruct /'yu:syufrakt/ a. intifa hakkı

usurer /'yu:jırı/ a. tefeci, faizci, murabahacı

usurious /yu'zyuıriıs/ s. aşırı faizli

usuriousness /yu'syuırisnıs/ a. tefecilik, faizcilik, murabahacılık

usurp /yu'zö:p/ e. gasp etmek, zorla almak

usurpation /yu:zö:'peyşın/ a. zorla alma; el koyma

usurper /yu:'zö:pı/ a. zorla alan kimse; el koyan kimse

usury /'yu:jırı/ a. hkr. tefecilik, faizcilik, murabahacılık practise usury tefecilik yapmak

utensil /yu:'tensıl/ a. alet, aygıt; kap

uterine /'yu:tırayn/ s. dölyatağı ile ilgili

uterus /'yu:tırıs/ a. anat. uterus, rahim, dölyatağı

utilitarian /yu:tili'teıriın/ s. yararcıl, yarar güden

utilitarianism /yu:tili'teıriınizım/ a. yararcılık, faydacılık

utility /yu:'tiliti/ a. yarar, fayda, yararlı olma, işe yararlık; kamu hizmeti yapan kuruluş utility man yedek işçi utility program biliş. yardımcı program, destek program, hizmet programı utility routine biliş. donatım yordamı, destek yordamı

utilizable /'yu:tilayzıbıl/ s. kullanılabilir

utilization /yu:tilay'zeyşın/ *a.* kullanma, yararlanma

utilize /'yu:tilayz/ *e.* kullanmak, yararlanmak, değerlendirmek

utmost /'atmoust/ *a. s.* elden gelen en büyük (gayret)

utopia /yu:'toupiı/ *a.* kusursuz toplum düşüncesi, kusursuz toplum, ütopya

utopian /yu:'toupiın/ *s.* düşülküsel, ideal ancak hayali

utricle /'yu:trikıl/ *a. bitk.* torbacık, kesecik

utter /'atı/ *s.* halis, tam, su katılmadık ¤ *e.* söylemek, demek; (çığlık, vb.) atmak, basmak, koparmak; piyasaya sürmek; tedavüle çıkarmak

utterance /'atırıns/ *a. dilb.* sözce, ifade

U-turn /'yu:tö:n/ *a.* U dönüşü *make a U-turn* U dönüşü yapmak

uvula /'yu:vyulı/ *a. anat.* küçükdil

uvular /'yu:vyulı/ *a.* küçükdil ünsüzü

uxorious /ak'so:rııs/ *s.* karısına çok düşkün

uxoriousness /ak'so:rıısnis/ *a.* karısına çok düşkünlük

V

V, v /vi:/ *a.* İngiliz abecesinin yirmi ikinci harfi; Romen rakamlarından 5

vacancy /'veykınsi/ *a.* (otel, pansiyon, vb.) boş oda, boş yer; (iş) boş yer, münhal yer; boşluk

vacant /'veykınt/ *s.* (ev, otel, vb.) boş; (iş) boş, açık, münhal; boş, dalgın

vacate /vı'keyt/ *e.* boşaltmak, tahliye etmek

vacation /vı'keyşın/ *a. İİ.* (üniversite) tatil; tatil; boşaltma, tahliye *the long vacation* yaz tatili *vacation shutdown* tatil, işyerinin kapanması

vacationist /vı'keyşınist/ *a. İİ.* (üniversite) tatil; tatil; boşaltma, tahliye

vaccinal /'veksinıl/ *s.* aşı ile ilgili

vaccinate /'veksineyt/ *e.* aşılamak, aşı yapmak

vaccination /'veksineyşın/ *a.* aşılama, aşı yapma

vaccinator /'veksineytı/ *a.* aşıcı; aşı iğnesi

vaccine /'veksi:n/ *a.* aşı *bovine vaccine* inek aşısı

vaccinia /vek'sinyı/ *a.* ineklerde çiçek hastalığı

vacillate /'vesileyt/ *e.* bocalamak, tereddüt etmek

vacillation /vesi'leyşın/ *a.* sallanma; kararsızlık, tereddüt

vacuity /ve'kyu:iti/ *a.* boşluk; işsizlik, tembellik; anlamsızlık, saçmalık

vacuous /'vekyuıs/ *s.* saçma, aptalca, mantıksız, akılsız

vacuum /'vekyuım/ *a.* boşluk; boşay, vakum ¤ *e. kon.* elektrik süpürgesiyle temizlemek *vacuum advance* oto. vakum avansı, basınç öndelemesi *vacuum ager* vakum buharlayıcı *vacuum bottle* termos *vacuum brake* vakum freni *vacuum cleaner* elektrik süpürgesi *vacuum coating* vakumlu örtme *vacuum control* oto. vakum kontrolü *vacuum distillation* vakum distilasyonu, boşluk damıtması *vacuum drier* vakumlu kurutucu *vacuum filter* vakum filtresi *vacuum flask* termos *vacuum furnace* vakum fırını *vacuum gauge* vakummetre *vacuum heat treatment* vakumlu ısıl işlem *vacuum indicator* vakummetre *vacuum pan* şek. vakum kazanı, pişirme kazanı *vacuum pipe* vakum borusu *vacuum pump* vakum pompası *vacuum steamer* teks. vakum buharlayıcı *vacuum switch* elek. vakumlu şalter, vakumlu anahtar *vacuum tube* elek. vakum tüpü, vakum lambası

vagabond /'vegıbond/ *a.* serseri, başıboş kimse, avare

vagabondage /'vegıbondic/ *a.* serserilik, avarelik

vagary /'veygıri/ *a.* kapris, acayip davranış

vagina /vı'caynı/ *a. anat.* dölyolu, vajina

vaginal /vı'caynıl/ *s. anat.* dölyolu +; vajinal *vaginal spray* vajina spreyi

vagrancy /'veygrınsi/ *a.* serserilik

vagrant /'veygrınt/ *a. s.* serseri

vague /veyg/ *s.* belirsiz, anlaşılmaz, üstü kapalı

vain /veyn/ *s.* boş, yararsız, sonuçsuz; kibirli, kendini beğenmiş *as vain as a peacock* ekin iti gibi (kibirli, burnu havada) *in vain* boşuna, boş yere

vainness /'veynnis/ a. boşluk, yararsızlık, sonuçsuzluk; kibirlilik, kendini beğenmişlik

valance /'velıns/ a. karyola eteği, farbala; *Aİ.* perde tahtası

vale /veyl/ a. vadi

valediction /'veli'dikşın/ a. veda

valence /'veylıns/ a. birleşme değeri, valans; değerlik *valence band* valans bandı, değerlik kuşağı *valence bond* değerlik bağı, valans bağı *valence electron* valans elektronu, değerlik elektronu *valence number* valans sayısı, değerlik sayısı

valency /'veylınsi/ a. *kim.* valans, birleşme değeri; değerlik

valentine /'velıntayn/ a. St. Valentine günü, sevgililer günü; sevgililer gününde gönderilen kart/mektup; sevgililer gününde seçilen sevgili

valerian /vı'liːriın/ a. kediotu

valeric /vılerik/ s. valerik, kediotundan elde edilen

valet /'velit, 'veley/ a. uşak, vale; (otel) oda hizmetçisi, vale

valetudinarian /'velityu:di'neıriın/ s. a. hastalıklı (kimse)

valetudinarianism /'velityu:di'neıriınizım/ a. hastalıklı olma

valiant /'veliınt/ s. kahraman, yiğit, cesur, yürekli

valid /'velid/ s. geçerli, muteber; yasal, meşru; mantıklı; doğru, haklı; sağlam

validate /'velideyt/ e. geçerli kılmak, tasdik etmek, onaylamak

validation /veli'deyşın/ a. onaylama, tasdik, doğrulama

validity /vı'lidıti/ a. yasallık, meşruluk; geçerlilik *validity check biliş.* onay denetimi, geçerlik denetimi, doğrulama denetimi

valine /'veyliːn/ a. *kim.* valin

valise /vı'liːz/ a. valiz

valley /'veli/ a. *coğ.* vadi, koyak; *inş.* çatı oluğu, dere *valley board inş.* çatı dere tahtası *valley bottom coğ.* vadi tabanı, koyak tabanı *valley breeze metr.* vadi meltemi *valley floor coğ.* vadi tabanı, koyak tabanı *valley glacier coğ.* vadi buzulu, koyak buzulu *valley lake coğ.* vadi gölü, koyak gölü, büğet gölü *valley plain coğ.* vadi tabanı, koyak tabanı *valley rafter inş.* dere merteği *valley wind metr.* vadi rüzgârı, koyak meltemi

valor /'velı/ a. *Aİ. bkz.* valour

valorization /velıray'zeyşın/ a. valorizasyon

valorize /'velırayz/ e. fiyatını saptamak

valour /'velı/ a. (özellikle savaşta) büyük kahramanlık

valuable /'velyubıl/ s. değerli, kıymetli; çok yararlı, değerli

valuables /'velyubılz/ a. değerli şeyler, mücevherat

valuation /velyu'eyşın/ a. (of ile) değer biçme, kıymet takdiri; fiyat, biçilen değer

value /'velyu:/ a. değer, kıymet; para değeri, kıymet, değer; önem, itibar ¤ e. değer biçmek, kıymet takdir etmek; önem vermek, değer vermek, kıymetini bilmek *value-added tax* katma değer vergisi *value adjustment* değer ayarlaması *value date* valör *value in exchange* trampa değeri, mübadele değeri *value received* elde edilen değer

valued /'velyu:d/ s. değerli, kıymetli *valued policy* takselenmiş sigorta poliçesi

valueless /'velyulis/ s. değersiz, kıymetsiz

valuer /'velyuı/ a. kıymet biçici, muhammin

values /'velyu:/ a. değer yargıları *moral values* ahlaki değerler

valuta /vı'lu:tı/ a. efektif

valve /velv/ a. valf, supap, vana, klape, ventil; radyo lambası, elektron tüpü *valve body* supap gövdesi *valve bounce* supap sıçraması *valve box* valf kutusu *valve cap* supap başlığı *valve chamber* supap yuvası, supap hücresi *valve clearance* supap aralığı *valve cone* supap konisi *valve core* supap iğnesi *valve diagram* valf diyagramı *valve gear* supap tertibatı, supap düzeni *valve head* supap başı, supap kafası *valve housing* supap yuvası *valve lap* supap tevzi aralığı *valve lifter* supap iticisi *valve lock* supap emniyeti *valve oil* supap yağı *valve opening* supap aralığı, supap açıklığı *valve piston* supap pistonu

valve plunger supap iticisi **valve push rod** supap tiji, supap itici çubuğu **valve rocker** oto. külbütör **valve rod** supap mili, supap kolu **valve rotator** supap döndürücüsü **valve seat** oto. supap yuvası, supap tablası yatağı **valve spindle** supap mili, supap kolu **valve spring** oto. supap yayı **valve spud** supap tabanı **valve stem** supap sapı, supap kolu **valve tappet** supap iticisi **valve timing** supap ayarı **valve voltmeter** elek. tüplü voltmetre **valve-in-head motor** üstten supaplı motor

valveless /'velvlıs/ s. valfsiz, supapsız

vamoose /vı'mu:s/ e. defolmak, çekip gitmek

vampire /'vempayı/ a. vampir

van /ven/ a. kamyonet; İİ. eşya ya da yük vagonu; öncü

vanadate /'venıdeyt/ a. vanadat

vanadic /vı'nedik/ s. vanadik

vanadinite /vı'nedinayt/ a. min. vanadinit

vanadium /vı'neydiım/ a. kim. vanadyum **vanadium steel** met. vanadyum çeliği

vandal /'vendl/ a. yararlı ya da güzel şeyleri tahrip eden kimse, vandal

vandalism /'vendılizım/ a. vandallık, vandalizm

vandalize /'vendılayz/ e. (özellikle halkın kullandığı eşya, araç, vb.'ni) tahrip etmek, zarar vermek

vane /veyn/ a. yeldeğirmeni kanadı, pervane kanadı; rüzgâr fırıldağı, rüzgârgülü

vaned /veynd/ s. fırdöndülü; yelkovanlı; pervaneli

vanguard /'venga:d/ a. ask. öncü kuvvet, öncü kolu; öncü, elebaşı

vanilla /vı'nilı/ a. vanilya

vanish /'veniş/ e. gözden kaybolmak, kayıplara karışmak, ortadan yok olmak; yok olmak, nesli tükenmek, tarihe karışmak **vanishing cream** az yağlı krem **vanishing line** kaçak çizgisi

vanity /'veniti/ a. kendini beğenmişlik, kibirlilik, kibir, azamet; işe yaramazlık, boşunalık, beyhudelik

vanquish /'venkwiş/ e. yenmek, mağlup etmek

vanquisher /'venkwişı/ a. galip

vantage /'va:ntic/ a. avantaj

vapid /'vepid/ s. lezzetsiz, tatsız

vapidity /ve'pidıti/ a. lezzetsizlik, tatsızlık

vapor /'veypı/ a. Aİ. bkz. vapour

vaporization /veypıray'zeyşın/ a. buharlaşma, buharlaştırma

vaporize /'veypırayz/ e. buharlaştırmak; buharlaşmak

vaporizer /'veypırayzı/ a. buharlaştırıcı, buğulaştırıcı

vapour /'veypı/ a. buğu; buhar **vapour blanket** buhar örtüsü, buğu örtüsü **vapour degreasing** buharlı degresleme, buğulu yağ giderme **vapour density** fiz. buhar yoğunluğu **vapour deposition** buharlı depozisyon, buğulu bırakım **vapour plating** buharlı kaplama, buğulu kaplama **vapour pressure** metr. buhar basıncı, buğu basıncı

varactor /'veırektı/ a. elek. varaktör

varan /'veren/ a. hayb. varan

varec /'verek/ a. hayb. deniz sazı

variability /veırıı'biliti/ a. değişkenlik

variable /'veırııbıl/ s. değişken; kararsız, değişken, sebatsız ¤ a. tek. değişken nicelik **variable address** biliş. değişken adres **variable block** biliş. değişken blok, değişken öbek **variable budget** değişken bütçe **variable capacitor** elek. değişken kondansatör, ayarlı kondansatör **variable condenser** fiz. döner levhalı kondansatör, değişken sığaç **variable connector** biliş. değişken bağlayıcı **variable cost** değişken maliyet **variable coupling** elek. değişken kuplaj **variable cycle operation** biliş. değişken çevrimli çalışma **variable expenses** değişken giderler **variable field** biliş. değişken alan **variable field length** biliş. değişken alan uzunluğu **variable focus lens** zum merceği, değişir odaklı mercek **variable format file** biliş. değişken format dosyası, değişken biçim kütüğü **variable length** biliş. değişken uzunluk **variable load** değişken yük **variable point representation** biliş. değişken noktalı gösterim **variable reluctance pickup** değişken relüktans pikabı **variable size record** biliş. değişken boylu kayıt **variable star** gökb. değişen yıldız **variable symbol** biliş. değişken simge **variable trace** biliş. değişken iz **variable transformer**

elek. değişken transformatör **variable winds** değişken rüzgârlar **variable word length** biliş. değişken sözcük uzunluğu **variable-area sound recording** sin. değişir alanlı seslendirme **variable-area sound track** sin. değişir alanlı ses yolu **variable-density recording** sin. değişik yoğunluklu kayıt **variable-density sound track** sin. değişir yoğunluklu ses yolu **variablelength operation** biliş. değişken uzunluklu işlem **variable-length record** biliş. değişken uzunluklu kayıt **variablespeed motor** elek. değişken devirli motor **variable-speed scanning** elek. değişken hızla tarama

variance /'veıriıns/ a. karşıtlık; anlaşmazlık, uyuşmazlık; değişiklik, varyans; tutarsızlık **be at variance (with)** ile uyuşamamak, uyuşmazlık içinde olmak

variant /'veıriınt/ s. değişik, değişiklik gösteren ¤ a. değişik biçim, varyant

variate /'veıriit/ a. rastlantı değişkeni, olasılıksal değişken

variation /veıri'eyşın/ a. değişme miktarı, değişme derecesi; değişim, değişme, varyasyon

varicose /'verikous/ s. hek. varisli, genişlemiş **varicose vein** genişlemiş damar, varisli damar **varicose bandage** varis çorabı

varicosis /veri'kousis/ a. varis

varied /'veırid/ s. değişik, farklı, değişken; çeşitli, türlü türlü

variegate /'veırigeyt/ e. alacalı bulacalı yapmak

variegated /'veırigeytid/ s. (çiçek, vb.) alacalı, rengârenk **variegated sandstone** alacalı kumtaşı, benekli kumtaşı

variety /vı'rayıti/ a. değişiklik, çeşitlilik; (of ile) tür, nevi, cins; varyete, şov

variform /'veırifo:m/ s. farklı biçimli, çok şekilli

variola /vı'rayılı/ a. hek. çiçek

variometer /veıri'omitı/ a. hav. varyometre

various /'veıriıs/ s. çeşitli, değişik, türlü türlü; çok sayıda, birçok

variscite /'verisayt/ a. min. varisit

varistor /vı'ristı/ a. elek. varistör

varix /'veıriks/ a. hek. varis

varlet /'va:lit/ a. şövalye uşağı

varmint /'va:mint/ a. zararlı böcek

varnish /'va:niş/ a. vernik; cila; parlaklık ¤ e. verniklemek, cilalamak; içyüzünü gizlemek

varsity /'va:sıti/ a. kon. üniversite

varved /va:vd/ s. yerb. varvlı **varved clay** tabakalı kil, yaprak yapılı kil

vary /'veıri/ e. çeşitli olmak, değişik olmak; değişmek, başka hale dönmek; değiştirmek

varying /'veıring/ s. değişen, değişiklik gösteren

vascular /'veskyulı/ s. damar +, vasküler **vascular tissue** damar doku

vase /va:z/ a. vazo

vasectomy /vı'sektımi/ a. hek. meni kanalı ameliyatı, vazektomi, kısırlaştırma (ameliyatı)

vaseline /'vesili:n/ a. vazelin

vassal /'vesıl/ a. trh. derebeyine bağlı kimse, vasal

vast /va:st/ s. çok geniş, engin; çok, pek çok, hesapsız

vastly /'va:stli/ be. çok

vastness /'va:stnis/ a. genişlik, enginlik; çokluk, büyüklük; uçsuz bucaksız arazi

vat /vet/ a. fıçı, tekne, küp **vat acid** küp asidi **vat dye** küp boyası, tekne boyası **vat dyeing** küp boyalarıyla boyama **vat pickling** met. teknede dekapaj, teknede paklama **vat printing** küp baskı, küp boyalarıyla baskı

vatting /'veting/ a. teks. küpleme

vaudeville /'voudıvil/ a. tiy. vodvil

vault /vo:lt/ a. yeraltı mezarı; kubbe; atlama ¤ e. kemer yapmak, kemer atmak; üzerinden atlamak

vaulted /vo:ltid/ s. tonozlu; kubbeli

vaulter /'vo:ltı/ a. atlayan/sıçrayan kimse

vaulting /'vo:lting/ a. tonoslu yapı; kubbe, kemer; atlama, sıçrama **vaulting horse** sp. kasa, atlama beygiri **vaulting pole** yüksek atlama sırığı

vaunt /vo:nt/ e. övmek; övünmek

vaunter /'vo:ntı/ a. övüngen kimse

veal /vi:l/ a. dana eti **veal chop** dana pirzola **veal cutlet** dana kotlet

vector /'vektı/ a. mat. vektör, yöney **vector mode display** biliş. vektörle gösterim **vector multiplication** mat. vektörel çarpım, yönel çarpım **vector**

potential elek. vektör gerilimi **vector product** mat. vektörel çarpım, yönel çarpım **vector quantity** biliş. vektör niceliği **vector space** mat. vektör uzayı, yöney uzayı, doğrusal uzay
vectorial /vek'to:rııl/ s. vektörel
vee /vi:/ a. V harfi **vee belt** V kayışı **vee engine** V tipi motor
veep /vi:p/ a. başkan yardımcısı
veer /vıı/ e. yön değiştirmek, dönmek
vegan /'vi:gın/ a. etin yanı sıra süt ve süt ürünleri de yemeyen vejetaryen
vegetable /'vectıbıl/ a. sebze **vegetable coal** bitkisel kömür **vegetable dyeing matter** teks. bitkisel boya maddesi **vegetable fibre** bitkisel lif **vegetable garden** trm. sebze bahçesi, bostan **vegetable kingdom** bitkiler âlemi **vegetable oil** bitkisel yağ **vegetable tanning** bitkisel tabaklama, bitkisel sepileme
vegetal /'vecitıl/ s. bitkisel **vegetal cover** bitkisel örtü
vegetarian /veci'teıriın/ a. vejetaryen, etyemez ¤ s. etyemezler için
vegetate /'veciteyt/ e. ot gibi yaşamak
vegetation /veci'teyşın/ a. bitki örtüsü, bitey
vegetative /'vecitıtiv/ s. biy. istemdışı çalışan; bitkisel yaşam süren
vehemence /'viımıns/ a. sertlik, şiddet, öfke
vehement /'viımınt/ s. öfkeli, şiddetli, sert
vehicle /'vi:ikıl/ a. binek aracı, taşıt, nakil aracı; araç, iletme aracı **vehicle body** oto. taşıt karoseri **vehicle lift** oto. taşıt asansörü **vehicle test stand** oto. taşıt deney standı
vehicular /vi:'hikyulı/ s. taşıtlara ilişkin, taşıtlara özgü
veil /veyl/ a. peçe, yaşmak; (bir şeyi) örten ya da gizleyen şey, maske, paravana ¤ e. peçe ile örtmek; gizlemek, saklamak **veil cloud** metr. tül bulut **draw a veil over sth** bir şeyin üstüne perde çekmek
veiled /veyld/ s. peçe takmış, yaşmaklı; gizli, saklı, örtük, dolaylı
veiling /'veyling/ a. teks. peçelik kumaş
vein /veyn/ a. anat. damar; (yaprak) damar; (böcek kanadı) damar; huy,

mizaç, yapı; maden damarı, filon **vein** ore mad. filon cevheri, damar tözü
veining /'veyning/ a. damar ağı
veinlet /'veynlit/ a. küçük damar
velar /'vi:lı/ s. a. artdamaksıl
velarize /'vi:lırayz/ e. damaksıllaştırmak
velleity /ve'li:ıti/ a. zayıf istek
vellum /'velım/ a. parşömen, tirşe
velocipede /vi'losipi:d/ a. velespit, bisiklet
velocity /vi'lositi/ a. çabukluk, sürat, hız **velocity head** dinamik yükseklik **velocity modulation** elek. hız modülasyonu, hız kiplenimi **velocity of circulation** paranın dolaşım hızı **velocity potential** hız potansiyeli **velocity resonance** fiz. hız rezonansı **velocity spectrograph** elek. hız spektrografı **velocity-modulated** elek. hız modülasyonlu
velodrome /'velıdroum/ a. velodrom, bisiklet yarış pisti
velour /vı'luı/ a. velur, kadife taklidi
veloute /vı'lu:tey/ a. mutf. et suyu yumurta sarısı ve kremadan yapılan beyaz sos veya çorba
velum /'vi:lım/ a. ince zar/örtü
velvet /'velvit/ a. kadife **velvet cutting machine** teks. kadife kesme makinesi, kadife tıraşlama makinesi **velvet finish** teks. kadife apresi **velvet knife** teks. kadife bıçağı
velveteen /velvi'ti:n/ a. teks. pamuklu kadife
velvety /'velviti/ s. kadife gibi, yumuşacık
venal /'vi:nl/ s. yiyici, rüşvetçi; para için yapılan
venality /vi:'neliti/ a. rüşvet alma, yiyicilik
vend /vend/ e. satmak, satıcılık yapmak; işportada satmak **vending machine** içine para atarak, sigara, pul, içki, vb. satın alınabilen makine
vendee /ven'di:/ a. alıcı
vender /'vendı/ a. bkz. vendor
vendetta /ven'detı/ a. kan davası
vendible /'vendıbıl/ s. satışı kolay
vendition /'vendişın/ a. satış
vendor /'vendı/ a. satıcı **vendor's shares** kurucu hisse senetleri
vendue /'vendyu:/ a. müzayede, açık arttırma
veneer /vi'niı/ a. kaplama maddesi, ince kaplamalık tahta; sahte görünüş,

maske ¤ e. kaplama yapmak
veneering /vi'niıring/ a. kaplama
venerable /'venırıbıl/ s. saygıdeğer,
kıymetli, muhterem; kutsal, mübarek
venerate /'venıreyt/ e. saygı göstermek,
tapmak
veneration /venı'reyşın/ a. büyük saygı
venerator /'venıreytı/ a. büyük saygı
gösteren kimse
venereal /vı'niırııl/ s. hek. zührevi **vene-**
real disease zührevi hastalık
venereologist /vınıiri'olıcist/ a. zührevi
hastalıklar uzmanı
Venetian /vı'ni:şın/ s. Venedik ile ilgili ¤
a. Venedikli **Venetian blind** jaluzi,
panjur **Venetian window** inş. üç gözlü
pencere
vengeance /'vencıns/ a. öç, intikam **take**
vengeance on/upon intikam almak
with a vengeance kon. şiddetle, aşırı
derecede, fena şekilde, delice
vengeful /'vencfıl/ s. intikamcı, intikam
güden
venial /'vi:nyıl/ s. affedilir, bağışlanabilir
venison /'venisın/ a. geyik eti
venom /'venım/ a. (yılan, böcek, vb.)
zehir; nefret, kin
venomed /'venımd/ s. zehirli
venomous /'venımıs/ s. zehirli
venomousness /'venımısnis/ a. zehirlilik
venose /'vi:nous/ s. toplardamarla ilgili
venous /'vi:nıs/ s. toplardamarla ilgili
vent /vent/ e. (on ile) (sinirini, vb.) -den
çıkarmak ¤ a. delik, menfez; (palto,
ceket, vb.) yırtmaç; kaçacak yer,
mahreç; baca deliği, hava deliği,
nefeslik **give vent to (sth)** (güçlü bir
duygu) tutamamak, ifade etmek, ortaya
dökmek **vent hole** hava alma deliği,
hava boşaltma deliği **vent pipe**
havalandırma borusu **vent plug** hava
boşaltma tapası **vent screw** hava
boşaltma vidası **vent valve** boşaltma
valfı
venter /'ventı/ a. karın
ventilate /'ventileyt/ e. (oda, yapı, vb.)
havalandırmak
ventilating /'ventileyting/ a.
havalandırma **ventilating brick** inş.
delikli tuğla **ventilating current** mad.
havalandırma akımı **ventilating fan**
vantilatör **ventilating shaft** mad.

havalandırma kuyusu
ventilation /venti'leyşın/ a. havalandırma
ventilation shaft mad. havalandırma
kuyusu
ventilator /'ventileytı/ a. vantilatör,
havalandırma sistemi
ventipane /'ventipeyn/ a. mek.
havalandırma penceresi
ventral /'ventrıl/ s. karın +, karınla ilgili
ventricle /'ventrikıl/ a. anat. kalp
karıncığı
ventricular /ven'trikyulı/ s. anat. karıncık
ile ilgili
ventriloquial /ventri'loukwiıl/ s.
vantriloluk ile ilgili
ventriloquism /ven'trilıkwizım/ a.
vantriloluk, karından konuşma sanatı
ventriloquist /ven'trilıkwist/ a. vantrilok
ventriloquy /ven'trilıkwi/ a. vantriloluk,
karından konuşma
venture /'vençı/ e. tehlikeye atmak;
tehlikeye atılmak; cüret etmek, göze
almak ¤ a. tehlikeli girişim, tehlikeli iş,
macera; girişim, teşebbüs **draw a bow**
at a venture boş atıp dolu tutmak
venturesom /'vençısım/ s. tehlikeli;
atılgan, gözü pek
venturi /ven'tyuıri/ a. venturi
venue /'venyu:/ a. buluşma yeri;
buluşma, randevu; sp. karşılaşma yeri
Venus /'vi:nıs/ a. Venüs gezegeni, Zühre
veracious /vı'reyşıs/ s. doğru sözlü
veracity /vı'resıti/ a. doğru sözlülük
veranda(h) /vı'rendı/ a. balkon, veranda
verb /vö:b/ a. dilb. fiil, eylem **verb affixa-**
tion transformation eksel dönüşüm
verb of predication ekfiil, ekeylem
verbs of emotion duygu belirten fiiller,
duygu filleri **verbs of thinking** düşünce
bildiren fiiller
verbal /'vö:bıl/ s. sözlü, ağızdan, sözel;
kelimesi kelimesine, aynen; dilb. fiilden
türemiş **verbal agreement** sözlü
anlaşma **verbal noun** dilb. ulaç, fiil
ismi, gerundium **verbal root** fiil kökü,
eylem kökü **verbal sentence** fiil
cümlesi, eylem cümlesi **verbal stem** fiil
gövdesi, eylem gövdesi
verbalize /'vö:bılayz/ e. sözcüklerle ifade
etmek, açıklamak
verbally /'vö:bıli/ be. sözlü olarak,
ağızdan

verbatim /vö:'beytim/ *be.* harfi harfine, kelimesi kelimesine

verbiage /'vö:bic/ *a.* yazı/konuşmada laf kalabalığı

verbose /'vö:bous/ *s.* gereksiz sözlerle dolu

verbosity /vö:'bo:siti/ *a.* gereğinden çok söz kullanma, laf salatası

verdancy /'vö:dınsi/ *s.* yeşillik, tazelik

verdant /'vö:dınt/ *s.* yeşillikli

verdict /'vö:dikt/ *a. huk.* jüri kararı; *kon.* kanı, hüküm, karar *bring in a verdict of guilty* suçlu bulmak *return a verdict of guilty* suçlu bulmak

verdigris /'vö:digris/ *a.* bakır pası, zengâr

verdure /'vö:cı/ *a.* bitki yeşilliği

verge /vö:c/ *a.* (yol, patika, vb.) kenar, sınır; eşik ¤ *e.* (on ile) kenarında olmak, sınırında olmak; varmak, meyletmek, çalmak *verge board inş.* çatı saçak pervazı *verge on* benzemek; gibi olmak *verge perforated card biliş.* kenar delgili kart

verglas /'veıgla:/ *a. metr.* cam buz

veriest /'veriist/ *s.* son derece

verifiable /verifayıbıl/ *s.* doğruluğu kanıtlanabilir

verification /verifi'keyşın/ *a.* gerçekleme, doğrulama, sağlama *verification of assets* aktiflerin teyidi

verifier /'verifayı/ *a. biliş.* gerçekleyici, sağlayıcı, doğrulayıcı

verify /'verifay/ *e.* doğruluğunu kanıtlamak; doğrulamak, gerçeklemek; *huk.* doğruluğuna yemin etmek

verily /'verıli/ *be.* gerçekten, hakikaten, sahiden

verisimilitude /verisi'milityu:d/ *a.* gerçeğe benzerlik

veritable /'veritıbıl/ *s.* gerçek, tam

verity /'veriti/ *a.* gerçek, hakikat; doğruluk, gerçeklik

verjuice /'vö:cu:s/ *a.* ham meyve suyu

vermeil /'vö:meyl/ *s.* parlak kırmızı

vermicelli /vö:mi'seli/ *a.* tel şehriye, erişte

vermicide /'vö:misayd/ *a.* solucan ilacı

vermiculated /vö:'mikyuleytid/ *s.* solucan gibi; solucanlı

vermiculite /vö:'mikyulayt/ *a. min.* vermikülit

vermiform /'vö:mifo:m/ *s.* solucan biçiminde

vermilion /vı'miliın/ *a. s.* alev kırmızısı

vermin /'vö:min/ *a.* zararlı böcek ya da hayvanlar

verminous /'vö:minıs/ *s.* zararlı hayvanlarla dolu

vermouth /'vö:mıt/ *a.* vermut

vernacular /vı'nekyulı/ *s.* anadilini kullanan ¤ *a.* anadil, yerli dil

vernal /'vö:nıl/ *s.* ilkbahar ile ilgili; gençliğe ait *vernal equinox gökb.* ilkbahar ekinoksu, ilkbahar ılımı *vernal point gökb.* ilkbahar noktası, Koç noktası

vernalization /vö:nılay'zeyşın/ *a. trm.* vernalizasyon

vernier /'vö:nyı/ *a.* verniye *vernier calipers mak.* verniyeli kompas, hassas sürmeli kompas *vernier capacitor elek.* ince ayarlı kondansatör *vernier scale* verniye taksimatı

veronica /vi'ronikı/ *a.* yavşanotu, veronika

verruca /vı'ru:kı/ *a.* nasır

versatile /'vö:sıtayl/ *s.* çok yönlü, elinden her iş gelen; birden fazla kullanım alanı olan, çok yönlü

versatility /vö:sı'tiliti/ *a.* çok yönlülük

verse /vö:s/ *a.* şiir, nazım, koşuk; mısra, dize; ayet

versed /vö:st/ *s.* (in ile) -den anlayan, deneyimli; *mat.* ters *be versed in* -den anlamak, usta olmak

versification /'vö:sifi'keyşın/ *a.* şiir sanatı

version /'vö:şın/ *a.* yorum; çeviri; tercüme; versiyon, uyarlama

versus /'vö:sıs/ *ilg.* -e karşı

vert /'vö:t/ *e.* din değiştirmek

vertebra /'vö:tibrı/ *a. anat.* omur, fıkra

vertebral /'vö:tibrıl/ *s. anat.* omurla ilgili

vertebrate /'vö:tibrit/ *a. s. hayb.* omurgalı

vertex /'vö:teks/ *a.* nokta, zirve, doruk; *mat.* tepe

vertical /'vö:tikıl/ *s.* dikey, düşey *vertical angle* düşey açı *vertical axis* düşey eksen *vertical blanking elek.* düşey karartma *vertical boring mill* dikey torna tezgâhı *vertical component* düşey bileşen *vertical deflection elek.* düşey saptırma *vertical drain* düşey dren *vertical drainage trm.* dikey drenaj, kuyu drenajı *vertical erosion* coğ. derine aşındırma **vertical fan cut** mad. düşey yelpaze kesim **vertical feed** biliş. dikey besleme **vertical frequency** elek. düşey frekans **vertical gust** hav. dikey savruntu **vertical hold** elek. düşey lineerlik ayarı, düşey doğrusallık ayarı **vertical intensity** fiz. düşey şiddet, düşey yeğinlik **vertical line** düşey doğru, düşey çizgi **vertical loading** düşey yükleme **vertical milling machine** dik freze makinesi **vertical movement** düşey hareket, düşey devinim **vertical oscillator** düşey osilatör **vertical panning** sin. tilt, düşey çevrinme **vertical plane** düşey düzlem **vertical polarization** düşey polarizasyon **vertical pressure** düşey basınç **vertical scanning** elek. düşey tarama **vertical section** mad. düşey kesit **vertical shaft** düşey mil **vertical speed** hav. dikey hız **vertical synchronization** elek. düşey senkronizasyon **vertical takeoff** hav. dikey kalkış **vertical tube boiler** yatay borulu kazan **vertical weld** düşey kaynak

vertiginous /vö:'ticinıs/ a. baş dönmesiyle ilgili

vertigo /'vö:tigou/ a. baş dönmesi

vervain /'vö:veyn/ a. bitk. mineçiçeği, güvercinotu

verve /vö:v/ a. coşku, canlılık, şevk

very /'veri/ be. çok, pek, gayet ¤ s. tam; ta kendisi, aynı; bile; en **very large-scale integration** biliş. çok büyük çapta tümleşme **very long shot** fot. çok uzak çekim, toplu çekim **very short range radar** çok kısa menzilli radar **very well** tamam tamam, pekâlâ, öyle olsun **very-high frequency** elek. çok yüksek frekans **very-high resistance** elek. çok yüksek direnç **very-high voltage** elek. çok yüksek gerilim **very-low frequency** elek. çok alçak frekans **very-low resistance** elek. çok alçak direnç

vesica /'vesikı/ a. sidiktorbası, mesane

vesical /'vesikıl/ s. sidiktorbası +, mesane ile ilgili

vesicant /'vesikınt/ a. hek. deriyi kabartan yakı

vesicate /'vesikeyt/ e. kabarcık oluşmak; kabarcık oluşturmak

vesication /'vesikeyşın/ a. kabarcık oluşumu

vesicle /'vesikıl/ a. kesecik

vesicular /vi'sikyulı/ s. kabarcıklı

vespers /'vespız/ a. (kilisede) akşam duası

vessel /'vesıl/ a. (kova, fıçı, şişe, vb.) kap; gemi, tekne **blood vessel** damar

vest /vest/ a. İİ. atlet, fanila; Aİ. yelek ¤ e. vermek; donatmak; cüppe giydirmek **vested interest** menfaat, çıkar; kazanılmış hak, müktesep hak **vesting order** haciz belgesi

vestibule /'vestibyu:l/ a. antre, hol

vestige /'vestic/ a. iz, eser

vestigial /ve'sticiıl/ s. iz bırakan; artakalan **vestigial sideband** elek. artık yan bant, izli yan bant

vestment /'vestmınt/ a. papaz giysisi

vestry /'vestri/ a. kilisede papazların giysilerini koydukları/giydikleri yer; ayin/toplantı yapılan yer

vesture /'vesçı/ a. kıyafet, esvap

vet /vet/ a. kon. veteriner, baytar ¤ e. kon. (birinin geçmişini, vb.) araştırmak; muayene etmek

vet(erinary) /'vetırinıri/ s. baytar, veteriner

veteran /'vetırın/ a. s. (of ile) kıdemli, eski, deneyimli; (eşya) eski, emektar; (otomobil) 1916'dan önce yapılmış; gazi

veterinarian /vetırı'neıriın/ a. Aİ. veteriner

veterinary /'vetırinıri/ s. hayvan hastalıklarıyla ilgili **veterinary surgeon** İİ. veteriner

veto /'vi:tou/ a. veto ¤ e. veto etmek

vetting /'veting/ a. güvenlik araştırması

vex /veks/ e. kızdırmak, canını sıkmak

vexation /vek'seyşın/ a. kızdırma, canını sıkma

vexatious /vek'seyşıs/ s. sinirlendirici, can sıkıcı

via /'vayı/ ilg. yolu ile, -den geçerek; kon. aracılığıyla

viability /vayı'bilıti/ a. yaşama yeteneği; finansal kapasite

viable /'vayıbıl/ s. uygulanabilir; varlığını sürdürebilir

viaduct /'vayıdakt/ a. viyadük, köprü, aşıt

vial /'vayıl/ a. küçük ilaç şişesi

viand /'vayınd/ a. yiyecek

vibes /vaybz/ *a.* vibrafon

vibrant /'vaybrınt/ *s.* canlı, hareketli, yaşam dolu; (renk, ışık) parlak, canlı

vibraphone /'vaybrıfoun/ *a.* vibrafon

vibrate /vay'breyt/ *e.* titremek, sallanmak; titretmek, sarsmak *vibrated concrete* titreme beton *vibrating conveyor* titreşimli konveyör, vibratörlü konveyör, titreşimli taşıyıcı *vibrating feeder* titreşimli besleyici *vibrating road roller* vibrasyonlu yol silindiri *vibrating roller* vibrasyonlu silindir, titreşimli silindir *vibrating screen* vibrasyonlu elek

vibration /vay'breyşın/ *a.* titreşim, vibrasyon *vibration analysis fiz.* titreşim analizi, titreşim çözümlemesi *vibration damper* titreşim amortisörü, titreşim yutucu *vibration frequency* titreşim sıklığı *vibration galvanometer* titreşimli galvanometre, titreşimli miniakımölçer *vibration measurement* titreşim ölçümü *vibration meter* vibrometre *vibration mill* titreşimli öğütücü *vibration test* titreşim deneyi *vibration-rotation spectrum fiz.* titreşim-dönme spektrumu, titreşim-dönme izgesi

vibrational /vay'breyşınıl/ *s.* titreşimsel, titreşimle ilgili *vibrational energy* titreşim enerjisi, titreşim erkesi *vibrational quantum number fiz.* titreşim kuantum sayısı *vibrational specific heat fiz.* titreşim özgül ısısı

vibrator /vay'breytı/ *a.* vibratör, titreşken

vibratory /vay'breytıri/ *s.* titreşimli, vibrasyonlu *vibratory compaction* titreşimli sıkıştırma, vibrasyonlu sıkıştırma *vibratory finishing* titreşimli bitirme

vibrometer /vaybrı'mi:tı/ *a.* vibrometre, titreşimölçer

vicar /'vikı/ *a. İİ.* bölge papazı, mahalle papazı

vicarious /vi'keıriıs/ *s.* vekil edilmiş, vekâlet verilmiş; başkası için yapılan *vicarious liability* temsil sorumluluğu

vice /vays/ *a.* ahlak bozukluğu, ahlaksızlık; kötülük; *kon.* kötü alışkanlık; mengene

vice- /vays/ *önk.* yardımcı, muavin

vice-chairman /vays'çeımın/ *a.* başkan yardımcısı

vice-chancellor /vays'ça:nsılı/ *a.* başhâkim yardımcısı; rektör yardımcısı

vice-consul /vays'konsıl/ *a.* viskonsül, konsolos vekili

vice-president /vays'prezidınt/ *a.* başkan yardımcısı

viceroy /'vaysroy/ *a.* kral naibi, genel vali

vice versa /vaysi'vö:sı/ *be.* belirtilenin aksine, tersine

vicinity /vi'siniti/ *a.* semt, çevre, yöre

vicious /'vişıs/ *s.* kötü amaçlı, gaddar, garazlı; tehlikeli; huysuz, saldırgan *vicious circle* kısırdöngü

vicissitude /vi'sisityu:d/ *a.* değişiklik, değişme

vicissitudinous /visisi'tyu:dinıs/ *s.* değişikliklere uğrayan

victim /'viktim/ *a.* kurban

victimize /'viktimayz/ *e.* kurban etmek, mağdur etmek, haksızca davranmak

victor /'viktı/ *a.* kazanan, galip; fatih

Victorian /vik'to:riın/ *s. a.* Kraliçe Viktorya dönemine ait (kimse); Kraliçe Viktorya dönemindeki gibi

victorious /vik'to:riıs/ *s.* muzaffer, galip

victory /'viktıri/ *a.* zafer, utku, galibiyet *victory rostrum* birincilik kürsüsü

victual /'vitıl/ *a.* yiyecek, erzak ¤ *e.* yiyecek sağlamak, erzak bulmak *victualling* erzak sağlama *victualling bill* kumanya beyannamesi *victualling ship* erzak gemisi

victualler /'vitılı/ *a.* erzak veren kimse, müteahhit

vicuna /vi'ku:nyı/ *a. teks.* vikunya

vide /'vaydı:/ *ünl.* bakınız

video /'vidiou/ *a. s.* video *video camera* video kamera *video cassette elek.* video kaset *video cassette recorder elek.* video, kaydedici oynatıcı video *video channel* video kanalı, televizyon kanalı *video communication* videoiletişim *video detector* video detektör *video disk elek.* video disk *video disk player* video disk çalıcısı *video display terminal biliş.* video gösterim terminali *video display unı biliş.* video görüntü birimi *video engineer elek.* video mühendisi, alıcı denetçisi *video frequency elek.* video frekansı *video game* video oyunu, bilgisayar oyunu *video mixing desk* *elek.* reji masası, yönetim masası *video player* oynatıcı video *video recorder* video teyp *video recording elek.* video kayıt *video signal elek.* video sinyali *video tape elek.* videobant *video tape recorder* video *video telephone* televizyonlu telefon *video track* video yolu

videotape /'vidiouteyp/ *a.* videoteyp, video bantı ¤ *e.* videoya çekmek

videotex /'vidiouteks/ *a. biliş.* videoteks

vidicon /'vidikon/ *a. elek.* vidikon *vidicon camera elek.* vidikon kamera *vidicon tube elek.* vidikon lamba

vie /vay/ *e.* (with/for ile) rekabet etmek, yarışmak, çekişmek

view /vyu:/ *a.* görüş, görünüş; manzara; bakış; görüş, düşünce, kanı ¤ *e.* incelemek, tetkik etmek; bakmak, görmek, muayene etmek; üzerinde düşünmek, değerlendirmek *in view of -* e bakarak, -i göz önünde bulundurarak *take a dim/poor view of kon.* küçük görmek *with a view to* amacıyla, -mek için *view with a jaundiced eye* öküz altında buzağı aramak

viewer /'vyu:ı/ *a.* televizyon izleyen kimse, seyirci, izleyici; *fot.* vizyonöz, bakımlık

viewfinder /'vyu:fayndı/ *a.* vizör, bakaç

viewpoint /'vyu:poynt/ *a.* görüş açısı, bakış açısı

viewy /'vyu:i/ *s.* gösterişli

vigil /'vicil/ *a.* (nöbet, vb. için) geceleyin uyumama, nöbet tutma

vigilance /'vicilınt/ *s.* uyanıklık, tetikte olma

vigilant /'vicilınt/ *s.* uyanık, tetikte

vigilante /vici'lenti/ *a.* yasal yetkisi olmadan kendi düşüncesine göre düzen korumaya çalışan kimse

vignette /vi'nyet/ *a. fot.* kaş, örtü

vigor /'vigı/ *a. Aİ. bkz.* vigour

vigorous /'vigırıs/ *s.* güçlü, dinç, enerjik

vigour /'vigı/ *a.* güç, kuvvet, dinçlik

vigoureux /vigurö/ *s. teks.* vigore *vigoureux printing teks.* vigore baskı *vigoureux steamer teks.* vigore buharlayıcı *vigoureux yarn teks.* vigore iplik

vile /vayl/ *s.* aşağılık, rezil, alçak, adi, utanmaz; *kon.* iğrenç, berbat, rezil

vileness /'vaylnis/ *s.* aşağılık, rezillik, adilik; *kon.* iğrençlik, berbatlık, rezillik

vilification /vilifi'keyşın/ *a.* yerme, kötüleme

vilify /'vilifay/ *e.* yermek, kötülemek, kara çalmak

villa /'vilı/ *a.* villa

village /'vilic/ *a.* köy

villager /'vilicı/ *a.* köylü

villain /'vilın/ *a.* (öykü, film, vb.'de) kötü adam; *İİ. kon.* suçlu

villainy /'vilıni/ *a.* kötü davranış, alçaklık

villein /'vilin/ *a.* ortaçağ köylüsü

villeinage /'vilinic/ *a.* kölelik, serflik

vinaigrette /vini'gret, viney'gret/ *a.* zeytinyağı, sirke, tuz ve karabiber karışımı sos

vincible /'vinsibıl/ *s.* mağlup edilebilir

vindicable /'vindikıbıl/ *s.* haklı çıkarılabilir, doğruluğu kanıtlanabilir

vindicate /'vindikeyt/ *e.* haklı çıkarmak, doğruluğunu kanıtlamak, temize çıkarmak

vindication /vindi'keyşın/ *a.* koruma; suçsuzluğunu kanıtlama

vindictive /vin'diktiv/ *s.* kinci, kin güden *vindictive damages huk.* cezai tazminat

vindictiveness /vin'diktivnis/ *a.* kincilik, kin gütme

vine /vayn/ *a. bitk.* asma; sarmaşık

vinegar /'vinigı/ *a.* sirke

vinery /'vaynıri/ *a.* asma limonluğu

vineyard /'vinyıd/ *a.* üzüm bağı *vineyard plough trm.* bağ pulluğu

vinicultural /vini'kalçırıl/ *s. trm.* bağcılık ve şarapçılıkla ilgili

viniculture /'vinikalçı/ *a. trm.* üzüm yetiştirme, bağcılık ve şarapçılık

vinosity /vay'nositi/ *a.* şarap tiryakiliği

vinous /'vaynıs/ *a.* şarapla ilgili, şarap +; şarapçı, şarap tiryakisi

vintage /'vintic/ *s.* (şarap) iyi mevsimde yapılmış; (otomobil) 1916-1930 yılları arasında üretilmiş; başarılı bir dönemde yapılmış ¤ *a.* bağbozumu

vintner /'vintnı/ *a.* şarap tüccarı

vinyl /'vaynil/ *a. kim.* vinil

viol /'vayıl/ *a. müz.* viyol

viola /vi'oulı/ *a. müz.* viyola

violable /'vayılıbıl/ *s.* bozulabilir,

çiğnenebilir

violate /'vayıleyt/ e. bozmak, çiğnemek, uymamak; saygısızlık etmek; tecavüz etmek, ırzına geçmek

violation /'vayıleyşn/ a. bozma, çiğneme, ihlal; saygısızlık, kutsallığını bozma; tecavüz, ırzına geçme **violation sub-routines** *biliş.* ihlal altyordamları, aykırılık altyordamları

violator /'vayıleytı/ a. bozan kimse, çiğneyen kimse, uymayan; tecavüz eden kimse

violence /'vayılıns/ a. şiddet; zorbalık

violent /'vayılınt/ s. sert, şiddetli; zorlu; acı veren, can yakan; şiddet yüzünden olan

violet /'vayılıt/ a. s. menekşe rengi

violin /vayı'lin/ a. *müz.* keman, viyolon **first violin** birinci kemancı **violin case** keman kutusu

violinist /vayı'linist/ a. kemancı, viyolonist

violoncellist /vayılın'çelist/ a. *müz.* viyolonselist

violoncello /vayılın'çelou/ a. *müz.* viyolonsel

viper /'vaypı/ a. *hayb.* engerek

virago /vi:'ra:gou/ a. cadaloz, şirret

viral /'vayrıl/ s. virüsle ilgili

virga /'vö:gı/ a. *metr.* virga, dönüş şeridi

virgin /'vö:cin/ a. bakire, kız ¤ s. erden, bakire; el değmemiş, saf, bozulmamış **virgin area** bakir alan **virgin forest** balta girmemiş orman, bakir orman **Virgin Mary** Meryem Ana **virgin medium** *biliş.* bakire ortam, temiz ortam **virgin neutrons** *fiz.* bakire nötronlar, körpe nötronlar **virgin soil** *trm.* bakir toprak **virgin wool** *teks.* kırpım yünü

virginal /'vö:cinıl/ s. bakireye ait, kızlık + **virginal membrane** kızlık zarı

virginity /vö:'ciniti/ a. bekâret, erdenlik

Virgo /'vö:gou/ a. Başak burcu

viridescent /viri'desınt/ s. yeşilimsi

viridity /vi'ridıti/ a. yeşillik, tazelik

virile /'virayl/ s. güçlü, enerjik, erkekçe; (cinsel yönden) güçlü, iktidarlı **virile member** erkeklik organı

virility /vi'rility/ a. erkeklik gücü, erkeklik

virology /vayı'rolıci/ a. viroloji, virüs bilimi

virtu /vö:'tu:/ a. güzel sanat **article of virtu** güzel sanat eseri

virtual /'vö:çuıl/ s. gerçekte olan, hakiki; fiili, edimsel; gerçek olmayan **virtual address** *biliş.* görünümsel adres, varsayılan adres **virtual cathode** *elek.* gerçek katot **virtual displacement** *fiz.* virtüel yol, edimsiz yerdeğişim **virtual entropy** *fiz.* virtüel entropi, gerçek entropi, edimsiz dağıntı **virtual focus** *fiz.* görünür odak **virtual height** görünür yükseklik **virtual image** *fiz.* zahiri görüntü, edimsiz görüntü **virtual machine** *biliş.* görünümsel makine **virtual memory** *biliş.* görünümsel bellek, varsayılan bellek **virtual storage** *biliş.* görünümsel bellek, varsayılan bellek **virtual temperature** *metr.* gerçek sıcaklık **virtual velocity** *fiz.* virtüel hız, edimsiz hız **virtual work** *fiz.* virtüel iş, edimsiz iş

virtually /'vö:çuıli/ be. hemen hemen, neredeyse; gerçekte, hakikatte, aslında

virtue /'vö:çu:/ a. fazilet, erdem; üstünlük; avantaj **by virtue of** -den dolayı, -in sayesinde

virtuosity /vö:çu'ositi/ a. *müz.* virtüözlük

virtuoso /vö:çu'ouzou/ a. *müz.* virtüöz; usta

virtuous /'vö:çuıs/ s. erdemli, faziletli; dürüst, namuslu

virulence /'virulıns/ a. öldürücülük, zehirlilik; (duygu) sertlik, şiddet, keskinlik

virulent /'virulınt/ s. öldürücü, zehirli; (duygu) sert, nefret dolu, keskin, şiddetli

virus /'vayırıs/ a. virüs **virus disease** virüs hastalığı

vis /vis/ a. güç, kuvvet **vis inertia** atalet, süredurum **vis major** zorlayıcı neden, mücbir sebep **vis mortua** ölüm gücü **vis viva** devimsel enerji

visa /'vi:zı/ a. vize

visage /'vizic/ a. yüz, çehre

vis-à-vis /vi:za:'vi:/ ilg. ile karşılaştırınca, -e bakınca; karşı karşıya, yüz yüze

viscera /'visırı/ a. *anat.* iç organlar **abdominal viscera** bağırsaklar

visceral /'visırıl/ s. *anat.* iç organlarla ilgili

viscid /'visid/ s. yapışkan

viscidity /vi'siditi/ a. yapışkanlık

viscometer /vis'komıtı/ a. viskozimetre, akışmazlıkölçer viscose /'viskous/ a. viskoz *viscose filament teks.* viskoz ipliği *viscose rayon teks.* viskoz reyonu *viscose silk teks.* viskoz ipeği

viscosimeter /viskouzi'mi:tı/ a. viskozimetre, akışmazlıkölçer

viscosity /vis'kositi/ a. viskozite, ağdalık, akışmazlık *viscosity coefficient* viskozite katsayısı, ağdalık katsayısı, akışmazlık katsayısı

viscount /'vaykaunt/ a. vikont

viscountess /'vaykauntis/ a. vikontes

viscous /'viskıs/ s. (sıvı) yapışkan, koyu, ağdalı, akmaz, akışkansı, viskoz *viscous filter* yapışkan filtre *viscous flow fiz.* viskozlu akış, koyu akış, ağdalı akış

vise /vays/ a. *Aİ.* mengene

visibility /vizı'biliti/ a. görüş netliği (derecesi); görünürlük *visibility distance* görüş mesafesi *visibility factor* görünürlük çarpanı

visible /'vizıbıl/ s. görülebilir, görünür *visible area* görülebilir saha *visible radiation fiz.* görünür radyasyon, görünür ışınım *visible reserve* açık yedek *visible spectrum fiz.* görünür spektrum, görünür izge

vision /'vijın/ a. görme gücü, görme; ileriyi görme, yaratıcılık; hayal, düş, tasavvur; kuruntu *vision break elek.* resim kesilmesi, görüntü kesilmesi *vision carrier elek.* resim taşıyıcı dalga *vision control elek.* kamera kontrol, alıcı deneti *vision modulation elek.* resim modülasyonu, resim değiştirimi *vision signal elek.* görüntü sinyali

visionary /'vijınıri/ s. ileriyi gören, görüş gücü olan; düşsel, hayali ¤ a. hayalci, hayalperest

visit /'vizit/ e. ziyaret etmek, görmeye gitmek; teftiş etmek, resmi ziyarete gitmek; (doktor) muayene etmek ¤ a. ziyaret; teftiş, resmi ziyaret; muayene, vizite

visitant /'vizitınt/ a. ziyaretçi

visitation /vizi'teyşın/ a. teftiş, resmi ziyaret

visitor /'vizitı/ a. ziyaretçi

visor /'vayzı/ a. (kasket) siperlik, siper; *oto.* güneşlik, güneş siperliği

vista /'vistı/ a. uzak manzara; koridor, dehliz *vista shot elek.* çok uzak çekim, toplu çekim

visual /'vijuıl/ s. görsel *visual aid* görsel eğitim aracı *visual angle* görüş açısı, optik açı *visual approach hav.* görerek yaklaşma *visual display unit biliş.* görsel gösterim birimi *visual flight rules hav.* görerek uçuş kuralları *visual inquiry station biliş.* görsel sorgulama istasyonu *visual magnitude gökb.* görsel parlaklık *visual range fiz.* görsel erim, gözle görülür uzaklık

visualization /vijuılay'zeyşın/ a. gözünde canlandırma, tasavvur etme

visualize /'vijuılayz/ e. gözünde canlandırmak, tasavvur etmek, hayal etmek, düşünmek

visualizer /'vijuılayzı/ a. ticari grafiker

vita /'vi:tı/ a. yaşam

vital /'vaytl/ s. çok önemli, can alıcı, çok gerekli; canlı, hayat dolu; yaşam için gerekli, hayati *vital statistics kon.* kadının göğüs, bel, kalça ölçüleri; yaşam istatistikleri

vitalization /vaytılay'zeyşın/ a. canlandırma, diriltme

vitalize /'vaytılayz/ e. canlandırmak, diriltmek

vitality /vay'teliti/ a. hayatiyet, canlılık, dirilik

vitally /'vaytıli/ be. en yüksek derecede

vitamin /'vitımin/ a. vitamin

vitiate /'vişıeyt/ e. bozmak, berbat etmek

vitiation /vişi'eyşın/ a. bozma, berbat etme

viticulture /'vitikalçı/ a. bağcılık

vitreous /'vitriıs/ s. cam gibi; cam +, camla ilgili; camlaşmış *vitreous enamel* camsı emay *vitreous rock* camsı kayaç

vitrescent /vi'tresınt/ s. cam haline gelebilen

vitrifaction /vitri'fekşın/ a. cam haline getirme

vitrified /'vitrifayd/ s. cam haline gelmiş; camlı, sırlı *vitrified brick* sırlı tuğla *vitrified tile* sırlı kiremit, çini *vitrified tile pipe* sırlı künk

vitrify /'vitrifay/ e. cam haline koymak; sırlamak

vitriol /'vitriıl/ a. vitriyol, demir sülfatı

vitriolic /vitri'olik/ s. sert, vahşi, kırıcı

vituperate /vi'tyu:pıreyt/ e. küfretmek,

sövüp saymak

vituperation /vityu:pı'reyşın/ *a.* küfretme, sövüp sayma

viva /'vi:vı/ *ünl.* yaşa!

vivacious /vi'veyşıs/ *s.* şen şakrak, yaşam dolu, neşeli, canlı

vivacity /vi'vesıti/ *a.* şen şakraklık, neşe, canlılık

vivarium /vay'veırıım/ *a.* vivaryum

vivid /'vivid/ *s.* (ışık/renk) parlak, canlı, güçlü; canlı, akılda kalıcı, güçlü

vividness /'vividnis/ *a.* parlaklık, canlılık

vivify /'vivifay/ *e.* canlandırmak

viviparous /vi'vipırıs/ *s.* doğurgan

vivisection /vivi'sekşın/ *a.* deney için canlı hayvan kesme, dirikesim

vixen /'viksın/ *a. hayb.* dişi tilki; cadaloz kadın, cadı

vixenish /'viksıniş/ *s.* huysuz, hırçın

viz /viz/ *be.* ismen, ki bu/bunlar, yani

vizier /vi'zıı/ *a.* vezir *grand vizier* sadrazam

vocable /'voukıbıl/ *a.* sözcük, kelime

vocabulary /vı'kebyulıri/ *a.* kelime hazinesi, sözcük dağarcığı; kısa sözlük

vocal /'voukıl/ *s.* sesle ilgili; *kon.* rahat konuşan *vocal cords* ses telleri *vocal tract* ses yolu

vocalic /vou'kelik/ *s.* sesli harfle ilgili

vocalist /'voukılist/ *a.* şarkıcı

vocalization /voukılay'zeyşın/ *a.* ünlüleşme, vokalleşme

vocation /vou'keyşın/ *a.* (for ile) yetenek, kabiliyet; yetenek isteyen iş, meslek; Allah çağrısı

vocational /vou'keyşınıl/ *s.* mesleki *vocational slang* özel dil, ağız, şive *vocational training* mesleki eğitim

vocative /'vokıtiv/ *s. a.* hitap hali, seslenme durumu *vocative case* hitap hali, seslenme durumu

vociferate /vou'sifıreyt/ *e.* bağırıp çağırmak, tantana etmek

vociferation /vousifı'reyşın/ *a.* bağırıp çağırma, tantana

vociferous /vı'sifırıs/ *s.* gürültülü; tantanalı; gürültücü, bağırıp çağıran

vodka /'vodkı/ *a.* votka

vogue /voug/ *a.* moda *all the vogue* çok moda *be in vogue* moda olmak

voice /voys/ *a.* ses; düşünce, fikir; *dilb.*

çatı ¤ *e.* dile getirmek, söylemek *at the top of one's voice/lungs* avazı çıktığı kadar *give voice to* ifade etmek, açıklamak *have a voice/say in sth* bir şeyde söz sahibi olmak *voice coil* ses bobini *voice frequency* ses frekansı *voice of conscience* vicdanın sesi *voice-grade channel biliş.* ses iletim kanalı

voiced /voyst/ *s.* sesli, titreşimli, ötümlü

voiceless /'voyslis/ *s.* sessiz, titreşimsiz, ötümsüz

void /voyd/ *s.* boş; (of ile) -den yoksun, -sız; *huk.* geçersiz, hükümsüz ¤ *a.* boşluk *void ratio* boşluk oranı

voidable /'voydıbıl/ *s.* geçersiz sayılabilir *voidable contract* iptal edilebilir sözleşme

voidness /'voydnıs/ *a.* geçersizlik

voile /voyl/ *a. teks.* vual

volant /'voulınt/ *s.* uçabilen, uçan

volatile /'volıtayl/ *s.* maymun iştahlı, değişken, dönek; (sıvı) uçucu, gaza dönüşebilen *volatile file biliş.* uçucu dosya/kütük *volatile liquid* uçucu sıvı *volatile matter* uçucu madde, uçucu özdek *volatile memory/storage biliş.* uçucu bellek

volatility /volı'tiliti/ *a.* uçuculuk, buharlaşırlık *volatility product* uçuculuk çarpanı

volatilization /vıletilay'zeyşın/ *a.* buharlaşma

volatilize /vo'letilayz/ *e.* buharlaştırmak; buharlaşmak

volcanic /vol'kenik/ *s. yerb.* volkanik, yanardağla ilgili *volcanic agglomerate yerb.* volkanik aglomera *volcanic ash* yanardağ külü, volkanik kül *volcanic bomb yerb.* yanardağ bombası, yanardağ yumrusu *volcanic cone coğ.* yanardağ konisi *volcanic earthquake* yanardağ depremi *volcanic eruption yerb.* volkanik püskürme, yanardağ patlaması *volcanic explosion yerb.* yanardağ patlaması *volcanic mud* yanardağ çamuru *volcanic rock* volkanik taş, püskürük kayaç

volcanism /'volkınizım/ *a. yerb.* volkanizm, volkanik faaliyet

volcano /vol'keynou/ *a.* volkan, yanardağ

volcanology /volkı'nolıci/ *a.* volkan

bilimi, yanardağ bilimi
vole /voul/ *a. hayb.* tarlafaresi; (iskambil) vale
volition /vı'lişın/ *a.* istem, irade **on one's own volition** kendi iradesiyle
volitional /vı'lişınıl/ *s.* irade ile ilgili
volitive /'volitiv/ *s.* irade ile ilgili
volley /'voli/ *a.* yaylım ateşi; *sp.* vole ¤ *e.* yaylım ateşi açmak; vole vurmak
volleyball /'volibo:l/ *a.* voleybol
volplane /'volpleyn/ *e.* süzülmek, süzülerek uçmak
volt /voult/ *a.* volt **volt velocity** *fiz.* volt hızı **volt-ammeter** *elek.* volt-akımölçer, volt-amper ölçeği **volt-ampere** *elek.* voltamper **volt-ampere hour** *elek.* volt-amper saat **volt-ampere meter** *elek.* volt-amper metre
voltage /'voultic/ *a.* voltaj, gerilim **voltage amplification** *elek.* gerilim yükseltimi **voltage amplifier** *elek.* voltaj amplifikatörü, gerilim yükselteci **voltage coil** *elek.* voltaj bobini, gerilim bobini **voltage decay** *elek.* gerilim azalışı **voltage dependent capacitor** *elek.* voltaj kontrollü kondansatör **voltage detector** *elek.* voltaj detektörü **voltage discriminator** *elek.* voltaj diskriminatörü **voltage divider** voltaj bölücü, gerilim bölücü, gerilimbölen **voltage doubler** *elek.* voltaj dublörü, gerilim katlayıcı **voltage drop** *elek.* voltaj düşmesi, gerilim düşüşü **voltage fed antenna** gerilimle beslemeli anten **voltage feedback** *elek.* gerilim geribeslemesi **voltage gain** *elek.* gerilim kazancı **voltage generator** *elek.* voltaj jeneratörü, gerilim üreteci **voltage gradient** *elek.* gerilim gradyanı **voltage level** *elek.* voltaj seviyesi, gerilim düzeyi **voltage limit** *elek.* gerilim sınırı **voltage multiplier** gerilim çoğaltıcı **voltage reference tube** gerilim referansı tüpü **voltage regulation** gerilim ayarı **voltage regulator** voltaj regülatörü, gerilim düzenleci **voltage relay** voltaj rölesi **voltage rise** *elek.* gerilim yükselişi **voltage saturation** *elek.* gerilim doyması **voltage sensitive** *elek.* gerilime duyarlı **voltage sensitivity** *elek.* gerilim duyarlığı **voltage transformer** voltaj transformatörü, gerilim dönüştüreci **voltage-controlled**

elek. voltaj kontrollü **voltage-current curve** *elek.* gerilim-akım eğrisi **voltage-equalizing resistors** *elek.* voltaj dengeleyici dirençler
voltaic /vol'teyik/ *s.* galvanik, elektrik üreten **voltaic cell** *elek.* galvanik pil **voltaic pile** *elek.* voltaik pil
voltameter /vol'temitı/ *a.* voltametre
volte-face /volt'fa:s/ *a.* yüz geri etme, yüz seksen derecelik dönüş, politika değiştirme
voltmeter /'voultmi:tı/ *a.* voltmetre, gerilimölçer **voltmeter sensitivity** *elek.* voltmetre duyarlığı
volubility /volyu'bilıti/ *a.* konuşkanlık, dillilik, gevezelik; (konuşma) akıcılık
voluble · /'volyubıl/ *s.* konuşkan, dilli, geveze; (konuşma) akıcı
volume /'volyu:m/ *a.* (ses) güç, şiddet; hacim, oylum; cilt, sayı; miktar, yığın **volume compressor** *fiz.* volüm sıkıştırıcısı **volume control** *fiz.* volüm ayarı, ses ayarı **volume expansion** hacim genişlemesi **volume indicator** *fiz.* volüm göstergesi **volume ionization** *fiz.* hacim iyonizasyonu **volume limiter** *elek.* ses şiddeti sınırlayıcısı **volume of trade** ticaret hacmi **volume table** hacim tablosu **volume testing** *biliş.* hacim testi, oylum denemesi
volumeter /vol'yu:mitı/ *a. fiz.* volümetre
volumetric /volyu'metrik/ *s.* hacimsel, oylumsal **volumetric analysis** volümetrik analiz, oylumsal çözümleme **volumetric flask** ölçü balonu, ölçü toparı, balonjoje
voluminous /vı'lu:minıs/ *s.* (giysi) bol, dökümlü; hacimli, büyük, geniş; (yazar) verimli
voluntariness /'volıntırinis/ *a.* gönüllülük; iradilik, istençlilik
voluntary /'volıntıri/ *s.* gönüllü; iradi, istençli; kasıtlı **voluntary jurisdiction** ihtilafsız yargı **voluntary liquidation** ihtiyari tasfiye **voluntary reserves** ihtiyari yedek akçe, akdi yedek akçe **voluntary saving** ihtiyari tasarruf
volunteer /volın'tiı/ *a.* gönüllü ¤ *e.* (orduya) gönüllü girmek, gönüllü asker olmak; bir hizmete gönüllü olarak girmek; (bir şeyi) sorulmadan anlatmak; gönüllü olarak teklif etmek, yapmaya gönüllü olmak

voluptuary /vɪ'lapçuɪri/ *a.* seks manyağı, zevke düşkün kimse

voluptuous /vɪ'lapçuɪs/ *s.* şehvetli; seksi

voluptuousness /vɪ'lapçuɪsnis/ *a.* şehvetlilik; seksilik

volute /'volyu:t/ *a. mim.* başlık kıvrımı, volüt *volute spring* konik yay, sarmal yay

voluted /'volyu:tid/ *s.* kıvrımlı; sarmal

vomit /'vomit/ *e.* kusmak ¤ *a.* kusmuk

vomitive /'vomitiv/ *s.* kusturucu

voodoo /'vu:du:/ *a.* büyü, büyü dini *voodoo priest* büyücü doktor

voodooism /'vu:du:izim/ *a.* büyü, büyü dini

voracious /vɪ'reyşıs/ *s.* obur, doymak bilmez

voracity /vo'resıti/ *a.* oburluk, doymak bilmezlik

vortex /'vo:teks/ *a.* girdap, burgaç, vorteks

vortical /'vo:tikıl/ *s.* girdaba benzeyen

votary /'vouttri/ *s.* kendini dine adamış

vote /vout/ *a.* oy; (the ile) oy hakkı ¤ *e.* oy vermek; önermek; *kon.* bildirmek, ilan etmek *put sth to the vote* oya koymak *take a vote on sth* oya koymak *vote sth down* oylarla yenmek, alt etmek, reddetmek

voteless /'voutlis/ *s.* oysuz

voter /'voutı/ *a.* seçmen

voting /'vouting/ *a.* oy kullanma ¤ *s.* oy kullanan *voting age* seçmen yaşı *voting machine* oyları kaydeden makine *voting paper* oy pusulası *voting power* oy hakkı *voting right share* oy imtiyazlı hisse senedi *voting scheme* biliş. oylama yöntemi

votive /'voutiv/ *s.* adak olarak verilen

vouch /vauç/ *e.* (for ile) kefil olmak

voucher /'vauçı/ *a.* senet, makbuz, belge; *İİ.* (çay, yemek, vb. için) fiş; kefil

voussoir /vu:'swa:/ *a.* kemer taşı, çevre taşı *voussoir brick* kemer tuğlası

vow /vau/ *a.* yemin, ant ¤ *e.* yemin etmek, ant içmek *make/take a vow* ant içmek

vowel /'vauıl/ *a.* sesli, ünlü (ses) *vowel gradation* ünlü almaşması *vowel harmony* ünlü uyumu *vowel mutation* ünlü değişimi

voyage /'voyic/ *a.* gemi seyahati, gemi yolculuğu ¤ *e.* (uzun) gemi yolculuğu yapmak *voyage charter* yolculuk üzerine çarter *voyage policy* seyahat poliçesi

vulcanite /'valkınayt/ *a.* ebonit

vulcanization /valkınay'zeyşın/ *a.* kükürtle sertleştirme, vulkanizasyon

vulcanize /'valkınayz/ *e.* kükürtle sertleştirmek, vulkanize etmek *vulcanized fiber* vulkanize lif *vulcanized rubber* vulkanize lastik

vulgar /'valgı/ *s.* kaba, terbiyesiz, bayağı, adi; müstehcen, ayıp; zevksiz, adi *vulgar fraction* mat. bayağı kesir

vulgarity /val'geriti/ *a.* terbiyesizlik, kabalık, bayağılık; kaba konuşma ya da davranış

vulgarize /'valgırayz/ *e.* bayağılaştırmak, adileştirmek; basitleştirmek

vulnerability /valnırı'bilıti/ *a.* kolay incinirlik, hassaslık; korunmasızlık, savunmasızlık

vulnerable /'valnırıbıl/ *s.* kolay incinir, hassas; korunmasız, savunmasız, zayıf

vulpine /'valpayn/ *s.* tilki ile ilgili

vulture /'valçı/ *a. hayb.* akbaba

vying /'vaying/ *s.* rekabetçi, rekabet eden

W

W, w /'dabılyu:/ *a.* İngiliz abecesinin yirmi üçüncü harfi

wacky /'weki/ *s.* deli, kaçık; mantıksız, saçma

wad /wod/ *a.* tutam, tomar; tıkaç, tapa, tampon; deste ¤ *e.* tomar yapmak; (tıkaç, vb. ile) tıkamak

wadding /'woding/ *a.* kıtık, dolgu, tela; tıkaç, tampon; vatka

waddle /'wodıl/ *e.* (ördek gibi) salına salına yürümek, badi badi yürümek ¤ *a.* badi badi yürüyüş

wade /weyd/ *e.* (su, çamur, vb. içinde) güçlükle ilerlemek, geçmek *wade into kon.* (zor bir işe) girişmek; saldırmak *wade through kon.* güç bela bitirmek

wafer /'weyfı/ *a.* ince bisküvi; mayasız ekmek; *elek.* dilim, taban *wafer-thin* ipince

waffle /'wofıl/ *a.* bir tür gözleme; *İİ. kon.*

zırvalama ¤ *e. İİ. kon.* zırvalamak, saçma sapan konuşmak, gevelemek

waft /wɑːft/ *e.* sürüklemek; sürüklenmek

wag /weg/ *a.* sallama, sallanış; şakacı kimse, gırgır kimse ¤ *e.* sallamak; sallanmak *have a wagging tongue* çenesi düşük olmak *wag one's tongue* boşboğazlık etmek

wage /weyc/ *a.* ücret, maaş ¤ *e.* (savaş, mücadele, vb.) açmak, başlatmak, sürdürmek *make a wage-claim* ücret artışı talep etmek *wage agreement* ücret anlaşması *wage bill* ücret gideri *wage claim* ücret artış talebi *wage dispute* ücret anlaşmazlığı *wage earner* ücretli *wage freeze* ücret ve maaşların dondurulması *wage fund* ücret fonu *wage incentive* parasal teşvik *wage intensive* ücret yoğun *wage level* ücret düzeyi *wage packet* ücret paketi; ücret zarfı *wage rate* ücret oranı *wage scale* barem; ücret cetveli *wage settlement* ücret uzlaşması *wage slave* bordro mahkûmu *wage slip* ücret bordrosu *wages clerk* ücret sorumlusu *wages per hour* saat ücreti

wager /'weycı/ *a.* bahis ¤ *e.* bahse girmek, bahis tutuşmak; (para) yatırmak, koymak

waggery /'wegırı/ *a.* şaka, latife

waggish /'wegiş/ *s.* şakacı, muzip; gülünç, güldürücü, komik

waggle /'wegıl/ *e.* sallamak, sağa sola oynatmak; sallanmak ¤ *a.* sallanma, sallanış

waggon /'wegın/ *a.* dört tekerlekli yük arabası, at arabası, kağnı; *İİ.* yük vagonu; üzerinde yiyecek taşınan küçük el arabası *hitch one's waggon to a star* gözü yükseklerde olmak

waggoner /'wegını/ *a.* arabacı; *gökb.* Arabacı (takımyıldızı)

wagon /'wegın/ *a.* yük arabası; yolcu arabası; tutuklu arabası; oyuncak araba; *demy.* yük vagonu *fix sb's wagon* canına okumak, mahvetmek *hitch one's wagon to the star* gözü yükseklerde olmak *off the wagon* yeniden içkiye başlamış *on the wagon* içkiyi bırakmış

wagon-lit /vagonli/ *a.* vagonli, yataklı vagon

wagtail /'wegteyl/ *a.* hayb.

kuyruksallayan

waif /weyf/ *a.* sahipsiz mal/eşya/hayvan; başıboş hayvan; kimsesiz çocuk, gariban çocuk *waifs and strays* evsiz barksız çocuklar

wail /weyl/ *e.* ağlamak, feryat etmek; sızlanmak, yakınmak, dövünmek, yırtınmak; (rüzgâr) uğuldamak ¤ *a.* ağlama, feryat

wailing /'weyling/ *a.* ağlama ¤ *s.* ağlayan

wain /weyn/ *a.* yük arabası

wainscot /'weynskıt/ *a.* lambri, tahta kaplama ¤ *e.* lambri kaplamak

waist /weyst/ *a.* bel

waistband /'weystbend/ *a.* kemer, kuşak

waistcoat /'weyskout/ *a.* yelek

waisted /'weystid/ *s.* belli

waistline /'weystlayn/ *a.* bel ölçüsü *watch one's waistline* kilosuna dikkat etmek

wait /weyt/ *e.* beklemek ¤ *a.* bekleme, bekleyiş *keep sb waiting* birini bekletmek *wait at table* servis yapmak *wait for dead men's shoes* mirasa konmak *wait on* hizmet etmek, servis yapmak *wait on sb hand and foot* canla başla hizmet etmek *wait up for sb* birini beklemek için yatmamak *have a long wait* uzun süre beklemek *lie in wait* pusuya yatmak *wait state biliş.* bekleme durumu *wait time biliş.* bekleme zamanı

waiter /'weytı/ *a.* garson; tepsi

waiting /'weyting/ *a.* bekleme ¤ *s.* bekleyen *waiting list biliş.* bekleme listesi, bekleme dizelgesi *waiting room* bekleme salonu

waitress /'weytris/ *a.* bayan garson

waive /weyv/ *e.* vazgeçmek, feragat etmek

waiver /'weyvı/ *a.* feragat, vazgeçme *waiver of premium* prim hakkından vazgeçme

wake /weyk/ *e.* (up ile) uyanmak; uyandırmak; canlandırmak, harekete geçirmek; farkına varmak, varlığından haberdar olmak ¤ *a.* (gemi, vb.'nin) suda bıraktığı iz, dümen suyu *bring sth in its wake* bir şeyi peşi sıra getirmek

wakeful /'weykfıl/ *s.* uyanık, uyuyamayan; uykusuz

waken /'weykın/ *e.* uyandırmak;

uyanmak

waking /'weyking/ s. uyanıkken olan, ayakta geçen

wale /weyl/ a. kumaştaki kabarık çizgi

walk /wo:k/ e. yürümek; yürüyerek gitmek; üzerinde yürümek; yürüyüşe çıkarmak, gezdirmek; gezinmek, dolaşmak; -e yürüyerek eşlik etmek ¤ a. yürüyüş, gezinti; yürüme, yürüyüş; yürüyüş biçimi; yürüyüş yeri **walk of life** toplumsal sınıf, kesim, meslek **walk off/away with** kon. yürütmek, araklamak, alıp gitmek; kolayca kazanmak **walk on air** sevinçten ayakları yere değmemek **walk on eggs** ayağını denk almak **walk out on** kon. yüzüstü bırakmak, terk etmek **walk over** kon. kötü davranmak, eziyet etmek; katlamak, yenmek, ezip geçmek **walk the floor** volta atmak

walk-up /wo:kap/ a. AĬ. kon. asansörsüz apartman

walkaway /'wo:kıwey/ a. çok kolay kazanılan yarış, çocuk oyuncağı

walkie-talkie /wo:ki'to:ki/ a. portatif alıcı-verici aygıt

walking /'wo:king/ a. yürüme, yürüyüş ¤ s. kon. canlı, ayaklı **give one one's walking papers** pasaportunu eline vermek **walking beam furnace** met. yürür kirişli fırın **walking boot** yürüyüş ayakkabısı **walking dictionary** ayaklı sözlük **walking excavator** mad. yürür ekskavatör, yürür kazaratar **walking stick** baston

walkout /'wo:kaut/ a. grev; (toplantı, vb.'ni) terk etme

walkover /'wo:kouvı/ a. kon. kolay yengi, kolay zafer

wall /wo:l/ a. duvar; sur; cidar, zar **go to the wall** sermayeyi kediye yüklemek **have one's back to the wall** köşeye sıkışmak **wall anchor** inş. duvar kenedi **wall board** duvar kaplaması **wall bracket** duvar paraçolu, duvar konsolu, duvar desteği **wall clock** duvar saati **wall effect** duvar etkisi **wall energy** duvar enerjisi, çeper erkesi **wall face** mad. ayak alnı **wall hook** duvar kancası, duvar çengeli **wall panel** duvar kaplaması **wall plate** duvar latası **wall plug** priz **Wall Street** New York hisse senedi piyasasının merkezi **wall**

switch duvar anahtarı **wall telephone** duvar telefonu **wall tile** duvar çinisi **wall-to-wall** (halı) duvardan duvara **wall washer** inş. duvar pulu **wall-less ionization chamber** fiz. duvarsız iyonlaşma hücresi **Walls have ears** Yerin kulağı vardır

wallaby /'wolıbi/ a. hayb. küçük bir tür kanguru, valabi

wallah /'wolı/ a. kimse, kişi

wallchart /'wo:lça:t/ a. öğretim aracı olarak kullanılan duvar resmi

wallet /'wolit/ a. cüzdan

walleye /'wolay/ a. hek. akçıl kornea

wallflower /'wo:lflauı/ a. bitk. sarı şebboy

walling /'wo:ling/ a. inş. duvar örme, duvar çekme; duvar malzemesi

wallop /'wolıp/ a. sert vuruş

walloping /'wolıping/ s. kon. büyük, kocaman

wallow /'wolou/ e. (in ile) yuvarlanmak, debelenmek; zevklenmek; acı çekmek; yüzmek **wallow in money** para içinde yüzmek **wallow in vice** sefahat içinde yaşamak

wallpaper /'wo:lpeypı/ a. duvar kâğıdı ¤ e. duvar kâğıdıyla kaplamak

walnut /'wo:lnat/ a. ceviz; ceviz ağacı

walrus /'wo:lrıs/ a. hayb. mors **walrus moustache** palabıyık

waltz /wo:ls/ a. müz. vals ¤ e. vals yapmak

wan /won/ s. solgun, soluk

wand /wond/ a. sihirbaz değneği

wander /'wondı/ e. (belli bir amacı olmadan) dolaşmak, gezmek; doğru yoldan ayrılmak, sapmak; (off ile) (esas konudan) ayrılmak, sapmak; konudan konuya atlamak, farklı şeylere dalıp gitmek, karışmak

wanderer /'wo:ndırı/ a. avare, amaçsızca dolaşan kimse

wanderlust /'wondılast/ a. yerinde duramama, gezip dolaşma arzusu

wane /weyn/ e. azalmak, eksilmek, zayıflamak; batmak, sönmek; (ay) gittikçe küçülmek; sonuna yaklaşmak, bitmek

wangler /'wenglı/ e. kon. ayarlamak; koparmak, sızdırmak; paçayı kurtarmak

wangle /'wengıl/ a. kon. dolandırıcı, üçkâğıtçı

wank /wenk/ *e. İİ. kab. arg.* otuzbir çekmek, tek atmak ¤ *a. İİ. kab. arg.* otuzbir çekme, tek atma

wanna /'wonı/ *e. kon.* -mek istemek

wanker /'wenkı/ *a. İİ. arg.* otuzbirci; bir işle ciddi olarak ilgilenmeyen kimse

want /wont/ *e.* istemek; gereksinimi olmak, istemek, ihtiyacı olmak; gereksinimi olmak, -ması gerekmek; -sız olmak, -den yoksun olmak; aramak; sıkıntı çekmek, muhtaç olmak ¤ *a.* gereksinim, gereksinme, ihtiyaç, lüzum; istek; yokluk; eksiklik, noksan; yoksulluk, fakirlik, sıkıntı **be found wanting** yetersiz bulunmak **want for ...** sıkıntısı çekmek, muhtaç olmak **want ad** küçük ilan

wanting /'wonting/ *s.* eksik, noksan

wanton /'wontın/ *s.* değişken, kaprisli, oyunbaz; kontrolsüz, vahşi; mantıksız, nedensiz **wanton negligence** *huk.* ahır ihmal

war /wo:/ *a.* savaş; savaşım, çatışma, mücadele, kavga ¤ *e.* savaşmak **be on the war path** babaları üstünde olmak **civil war** iç savaş **wage war against/on** savaş açmak **war crime** savaş suçu **war criminal** savaş suçlusu **war dance** savaş dansı **war gas** *ask.* savaş gazı **war of nerves** sinir harbi **war risk** savaş riski **war risk clause** savaş riski klozu **war risk insurance** savaş riski sigortası

warble /'wo:bıl/ *a.* kuş ötüşü, şakıma ¤ *e.* ötmek, şakımak

warbler /'wo:blı/ *a. hayb.* çalıbülbülü, ötleğen

ward /wo:d/ *a.* semt, bölge; koğuş; vasilik, vesayet; vesayet altındaki kimse; koruma; kilit dili ¤ *e.* (off ile) önlemek, kendini -den korumak

warden /'wo:dn/ *a.* bekçi; muhafız; *Aİ.* cezaevi müdürü; kolej, vb. müdürü

warder /'wo:dı/ *a.* gardiyan, bekçi

wardrobe /'wo:droub/ *a.* giysi dolabı, gardırop; kişisel giysiler **wardrobe trunk** elbise bavulu/sandığı

wardship /'wo:dşip/ *a.* vasilik

ware /weı/ *a.* eşya, mal ¤ *e. esk.* dikkat etmek

warehouse /'weıhaus/ *a.* depo, ambar, ardiye, antrepo; büyük mağaza **ware-**

house account depo hesabı, ambar hesabı **warehouse bond** ambar pusulası **warehouse keeper** depo memuru

warehouseman /'weıhausmın/ *a.* ambarcı, depocu, antrepocu

warehousing /'weıhauzing/ *a.* depolama, ambarlama

wares /weız/ *a.* mal, eşya

warfare /'wo:feı/ *a.* savaş; savaşım, mücadele

warhead /'wo:hed/ *a. ask.* patlayıcı savaş başlığı

warily /'weırili/ *be.* sakınarak, ihtiyatla, dikkatle

wariness /'weırinis/ *a.* ihtiyat, dikkat, sakınma

warlike /'wo:layk/ *s.* savaşsever, savaşçı; savaşla ilgili, askeri

warlock /'wo:lok/ *a. esk.* erkek büyücü

warm /wo:m/ *s.* sıcak, ılık; sıcak tutan; içten, candan; canlı, hoş; neşeli, sıcak, dostça; (oyun, vb.'de) sonuca/yanıta yakın ¤ *e.* ısıtmak; ısınmak; heyecanlandırmak ¤ *a.* sıcak yer, sıcak; ısınma **as warm as toast** fırın gibi sıcacık **warm air heater** kalorifer **warm air mass** *metr.* sıcak hava kütlesi **warm copper** (boya) mayalama küpü **warm front** *metr.* sıcak cephe **warm the cockles of sb's heart** gönlünü hoş etmek **warm to/towards** *kon.* sevmeye başlamak, hoşlanmak, ısınmak; ilgilenmek, ilgilenmeye başlamak **warm trough** (boya) mayalama küpü **warm up** ısıtmak; ısınmak; (tartışma, vb.) canlanmak, kızışmak, alevlenmek **warm vat** (boya) mayalama küpü

warm-blooded /wo:m'bladid/ *s. hayb.* sıcakkanlı

warm-hearted /wo:m'ha:tid/ *s.* iyi kalpli, cana yakın

warming /'wo:ming/ *a.* ısıtma; ısınma; dayak atma

warmish /'wo:miş/ *s.* ılık

warmonger /'wo:mangı/ *a. hkr.* savaş kışkırtıcısı, savaşa teşvik eden kimse

warmth /wo:mt/ *a.* sıcaklık; içtenlik

warm-up /'wo:map/ *a.* ısınma; motoru çalıştırarak ısıtma **warm-up time** *biliş.* ısınma zamanı

warn /wo:n/ *e.* uyarmak, ikaz etmek

warning /'wo:ning/ *a.* uyarı, ikaz, ihtar, tembih; ibret *warning bell* uyarma zili *warning light* uyarı ışığı *warning message biliş.* uyarı mesajı, uyarı iletisi *warning signal* ikaz işareti

warp /wo:p/ *a.* eğrilik, çarpıklık; çözgü, arış; *den.* palamar ¤ *e.* eğrilmek, yamulmak; eğriltmek, yamultmak; saptırmak *warp beam teks.* çözgü levendi *warp breakage teks.* çözgü kopması *warp dyeing teks.* çözgü boyama *warp thread teks.* çözgü ipliği *warp yarn teks.* çözgü ipliği *warping creel teks.* cağlık *warping mill* çözgü atelyesi, çözgü tezgâhı

warped /wo:pt/ *s.* eğrilmiş, yamulmuş; sapmış, sapıtmış

warper /'wo:pı/ *a. teks.* çözgücü

warrant /'worınt/ *a.* yetki; ruhsat; teminat, kefalet; varant; müzekkere; ilam ¤ *e.* mazur göstermek, hak tanımak; garanti etmek *search warrant* arama emri *warrant of apprehension* arama emri *warrant of arrest* tutuklama emri *warrant of attachment* haciz kararı *warrant of attorney* dava vekâletnamesi

warrantable /'worıntıbıl/ *s.* garanti edilebilir

warrantee /worın'ti:/ *a.* kendisine garanti belgesi verilen kimse

warrantor /'worınto:/ *a.* garanti eden kimse

warranty /'worınti/ *a.* garanti, garanti belgesi; yetki, hak *warranty deed* tapu senedi

warren /'worın/ *a.* tavşan kolonisi; aşırı kalabalık yer, labirent gibi yer

warring /'wo:ring/ *s.* savaşan, mücadele eden

warrior /'worıı/ *a.* savaşçı; asker

warship /'wo:şip/ *a.* savaş gemisi

wart /wo:t/ *a.* siğil *wart hog* afrikadomuzu *warts and all* olduğu gibi, kötü yönlerini gizlemeden

wartime /'wo:taym/ *a.* savaş zamanı

warweary /'wo:wiıri/ *s.* savaş yorgunu *warweary whoop* Kızılderililerin savaş narası *warweary widow* savaşta dul kalmış kadın

wary /'weıri/ *s.* sakıngan, ihtiyatlı, tedbirli; uyanık, tetikte, açıkgöz *be wary (of)* (-den) sakınmak

wash /woş/ *e.* yıkamak; ellerini, yüzünü, vb. yıkamak, temizlenmek; yıpranmadan yıkanabilir olmak; yalamak; taşımak, sürüklemek; *kon.* inanılmak, yutulmak, yenmek ¤ *a.* yıkama; yıkanma; (yıkanacak) çamaşırlar; çamaşırhane, çamaşır yıkama yeri; dalga/su sesi, çırpıntı *wash-and-wear teks.* yıkanıp giyilebilen, ütü istemeyen *wash away* (su) alıp götürmek; temizlemek; aşındırmak *wash down* bol suyla yıkamak; su, vb. yardımı ile yutmak *wash-fast teks.* yıkamaya dayanıklı *wash-leather* güderi *wash off* yıkayarak çıkarmak *wash one's hands of kon.* -den artık sorumlu olmadığını belirtmek *wash out* (kir, vb.) yıkayarak çıkarmak, temizlemek; (yağmur, vb. ile) engellemek, bozmak *wash up kon. İİ.* bulaşık yıkamak; *Aİ.* elini yüzünü yıkamak; sahile sürüklemek *wash boring mad.* sulu sondaj *wash box* yıkama teknesi *wash pipe* yıkama borusu *wash plain coğ.* sander, sandur *wash port den.* firengi lumbarı *wash-resistant teks.* yıkamaya dayanıklı *wash syrup* yıkama şurubu *wash up* elini yüzünü yıkamak; bulaşıkları yıkamak

washability /'woşıbılıti/ *a. mad.* yıkanabilirlik *washability curve mad.* lavabilite kurbu, yıkama eğrisi

washable /'woşıbıl/ *s.* yıkanır, yıkanabilir

washbasin /'woşbeysın/ *a.* lavabo

washbowl /'woşboul/ *a. Aİ.* lavabo

washcloth /'woşklot/ *a.* sabun bezi, el bezi

washed-out /woşd'aut/ *s. kon.* yorgunluktan ölmüş, bitkin

washed-up /woşd'ap/ *s. kon.* mahvolmuş, hiç başarı şansı kalmamış, bitmiş, tükenmiş, ölmüş

washer /'woşı/ *a.* yıkayıcı; çamaşır makinesi; delikli pul, rondela *washer woman* çamaşırcı kadın

washery /'woşıri/ *a. mad.* lavuar, yunak

washeteria /woşı'tiırıı/ *a.* çamaşırhane

washhand /'woşhend/ *s.* el yıkama ile ilgili *washhand basin* lavabo

washhouse /'woşhaus/ *a.* çamaşırhane

washiness /'woşinis/ *a.* sululuk; solgunluk

washing /'woşing/ *a.* çamaşır **washing agent** deterjan, yıkama maddesi **washing auxiliary** yıkama yardımcı maddesi **washing bath** *teks.* yıkama banyosu **washing bottle** *kim.* piset, püskürteç **washing machine** çamaşır makinesi; yıkama makinesi **washing powder** çamaşır tozu **washing soda** çamaşır sodası **washing trommel** *mad.* yıkama tamburu

washing-up /woşing'ap/ *a. İİ. kon.* bulaşık yıkama, bulaşıklar **do the washing-up** bulaşık yıkamak

washout /'woşaut/ *a. kon.* fiyasko

washroom /'woşru:m/ *a.* tuvalet

washstand /'woşstend/ *a.* lavabo

washy /'woşi/ *s.* sulu

washwater /'woşwo:tı/ *a.* yıkama suyu

wasp /'wosp/ *a.* eşekarısı

waspish /'wospiş/ *a.* sinirli, huysuz

wassail /'woseyl/ *a.* içki âlemi

wastage /'weystic/ *a.* israf, sarfiyat; zarar **wastage of energy** enerji israfı

waste /weyst/ *e.* harcamak, israf etmek, çarçur etmek; güçten düşmek, zayıflamak; güçten düşürmek, zayıflatmak ¤ *a.* israf, savurganlık; artık madde, artık; boş/kullanılmayan arazi ¤ *s.* artık; boş, çorak, kıraç, işe yaramaz; artık madde taşıyan **waste book** el defteri **waste energy** artık enerji **waste fill** *mad.* artık dolgusu **waste gas** çürük gaz, artık gaz, baca gazı **waste heat** artık ısı, yararlanılmayan ısı **waste instruction** *biliş.* harcama komutu, hiçbir şey yapmama komutu **waste lye** atık çözelti, kullanılmış çözelti **waste material** döküntü **waste oil** kullanılmış yağ **waste pipe** pissu borusu **waste product** ıskarta ürün, yan ürün **waste silk** *teks.* şap ipeği, floret ipeği **waste steam** *teks.* çürük buhar, atık buhar, kullanılmış buhar **waste trap** pissu sifonu **waste utilization** atıkları değerlendirme

wastebasket /'weystba:skit/ *a.* çöp sepeti

wasteful /'weystfıl/ *s.* savurgan, müsrif

wastefulness /'weystfulnnıs/ *a.* savurganlık, israf

wastepaper /'weystpeypı/ *a.* işe yaramaz

kâğıt, lüzumsuz kâğıt, kâğıt çöp

wastewater /'weystwo:tı/ *a.* atık su

wasting /'weysting/ *s.* harap eden, mahveden; aşırı zayıflatan

wastrel /'weystrıl/ *a.* müsrif, israfçı; defolu mal

watch /woç/ *e.* seyretmek, izlemek; beklemek, kollamak; ile ilgilenmek, bakmak, dikkat etmek; dikkat etmek, dikkatle izlemek ¤ *a.* seyretme, bakma; nöbet; nöbetçi, bekçi; kol saati, cep saati **watch for** beklemek, kollamak **Watch it** *kon.* Dikkat et! **watch out (for)** dikkatli olmak, dikkat etmek **watch over** korumak, göz kulak olmak **watch sb like a hawk** birini göz hapsinde tutmak **watch glass** saat camı **watch spring** saat zembereği

watchband /'woçbend/ *a.* saat kayışı

watchdog /'woçdog/ *a.* bekçi köpeği **watchdog timer** *biliş.* koruma saati, koruma zamanlayıcısı

watcher /'woçı/ *a.* bekçi; bakıcı

watchful /'woçfıl/ *s.* tetikte, uyanık, dikkatli, sakıngan

watchfulness /'woçfılnıs/ *a.* tetikte olma, uyanıklık, dikkat, sakınganlık

watchmaker /'woçmeykı/ *a.* saatçi

watchman /'woçmın/ *a.* bekçi, gözcü **night watchman** gece bekçisi

watchword /'woçwö:d/ *a.* parola; slogan

water /'wo:tı/ *a.* su ¤ *e.* sulamak; (ağız, göz) sulanmak **above water** *kon.* sıkıntıdan, dertten uzak, rahat **get in/into hot water** *kon.* başı derde girmek, ayvayı yemek **It's water under the bridge** köprünün altından çok su geçti **not hold water** zırva tevil götürmemek **spend money like water** su gibi para harcamak **still waters run deep** Yumuşak huylu atın çiftesi sert olur; Durgun sular derinden akar **the first water** birinci sınıf/üstüne yok **throw cold water on** *kon.* yıldırmak, desteklememek **water absorption** su emme, su absorpsiyonu **water analysis** su analizi **water bath** su banyosu **water bed** su yatağı **water bird** su kuşu **water bottle** su şişesi; matara **water buffalo** *hayb.* manda **water butt** su fıçısı, yağmur suyu fıçısı **water calender** su kalenderi **water cart** su arabası *water channel* su kanalı *water circulation* su dolaşımı *water clarifier* su arıtıcı *water clock* su saati *water closet* tuvalet, hela, yüznumara *water column* su sütunu *water conduit* su borusu, su mecrası *water consumption* su tüketimi *water contamination* su kirliliği *water content* su muhtevası, su içeriği *water cool* su ile soğutmak *water-cooled* su soğutmalı, su ile soğutulmuş *water cooler* su soğutucusu *water cooling* su ile soğutma *water demand* su ihtiyacı, su isteği *water density* su yoğunluğu *water ditch* mad. su arkı *water down* sulandırmak, su katmak *water drain* su boşaltma *water drainage* su drenajı *water equivalent* fiz. su eşdeğeri *water erosion* su erozyonu *water fastness* teks. su haslığı *water filter* su filtresi, su süzgeci *water flag* bitk. sarı iris *water gas* su gazı *water gas reaction* su gazı tepkimesi *water gate* set, kapak *water gauge* su seviye göstergesi *water gilding* sulu yaldız, tutkallı yaldız *water glass* su bardağı; su camı; sodyum silikat *water hammer* koç darbesi *water hardened* met. suda sertleştirilmiş *water hardening* met. suda sertleş(tir)me *water hardening steel* met. su çeliği *water hardness* su sertliği *water heater* su ısıtıcısı, termosifon, şofben *water hole* su çukuru *water hose* su hortumu *water imbibition value* teks. şişme değeri, su emme değeri *water-in-oil emulsion* yağda su emülsiyonu *water inlet* su girişi *water-insoluble* suda çözünmeyen *water jacket* su gömleği *water jet* su jeti *water jet pump* su enjektörü *water joint* su sızdırmaz ek *water level* su seviyesi, su düzeyi *water lily* bitk. nilüfer *water lime* su kireci *water main* yeraltı su borusu, yeraltı su şebekesi *water mangle* teks. su kalenderi *water meter* su saati, su sayacı *water mill* su değirmeni *water monitor* fiz. su kirliliği göstergesi *water-oil emulsion* su-yağ emülsiyonu *water outlet* su boşalma yolu *water parting* su ayrım çizgisi *water permeability* su geçirgenliği *water pipe* su borusu *water pollution* su kirlenmesi

water polo sp. sutopu *water power* su gücü *water pressure* su basıncı *water pump* su pompası *water purification* su arıtımı *water-quench* met. suda suvermek *water quenching tank* met. suda suverme teknesi *water-repellency* teks. su iticilik *water-repellent* teks. su itici *water repellent finishing* teks. su iticilik apresi *water reservoir* su deposu *water resistance* su direnci, su mukavemeti *water resources* su kaynakları *water retention value* su tutma gücü *water retting* teks. suda havuzlama *water rheostat* elek. su reostası *water separator* su ayırıcı, su separatörü *water skiing* su kayağı *water softener* su yumuşatıcısı *water softening* su yumuşatma, suyun sertliğini giderme *water softening agent* su yumuşatma maddesi *water-soluble* suda çözünen *water spot* su lekesi *water spraying* su püskürtme *water supply* su temini, su sağlama *water supply system* su getirme düzeni *water surface* su seviyesi *water table* yeraltı suyu düzeyi, taban suyu düzeyi *water tank* su deposu, su tankı *water temperature indicator* oto. su hararet göstergesi *water tower* su kulesi *water-tube boiler* su borulu kazan *water turbine* su türbini *water utilization* sudan yararlanma, su ekonomisi *water vapour* su buharı, su buğusu *water wagon* su arabası *water washing* şek. su ile yıkama *water way* suyolu *water wheel* su çarkı, su dolabı

waterborne /'wɔːtɪbɔːn/ s. gemiyle taşınan, su yoluyla taşınan

watercolour /'wɔːtɪkʌlɪ/ a. suluboya; suluboya resim

watercourse /'wɔːtɪkɔːs/ a. su yolu, dere

watercress /'wɔːtɪkres/ a. bitk. suteresi

watered /'wɔːtɪd/ s. sulanmış; teks. hareli

waterfall /'wɔːtɪfɔːl/ a. çağlayan, şelale

waterfront /'wɔːtɪfrant/ a. kentin su kıyısında olan kısmı, rıhtım

wateriness /'wɔːtɪrinis/ a. sululuk; tatsızlık, lezzetsizlik

watering /'wɔːtɪring/ a. sulama; teks. (ipek, vb) dalga, hare *watering place* içmeler; plaj *watering trough* suvat, suvarma yalağı

waterless /'wo:tılıs/ s. susuz

waterline /'wo:tılayn/ a. (gemilerde) su düzeyi, su hattı, su kesimi

waterlogged /'wo:tılogd/ s. suyla dolu, taşmış, su emmiş, içi su dolmuş **waterlogged ground** doygun zemin

watermark /'wo:tıma:k/ a. filigran

watermelon /'wo:tımelın/ a. karpuz

watermill /'wo:tımil/ a. su değirmeni

waterpower /'wo:tıpauı/ a. su gücü

waterproof /'wo:tıpru:f/ s. sugeçirmez ¤ a. sugeçirmez yağmurluk ¤ e. sugeçirmez hale getirmek

waters /'wo:tız/ a. sular, deniz; su kitlesi

watershed /'wo:tışed/ a. iki nehri ayıran arazi; dönüm noktası

waterside /'wo:tısayd/ a. deniz, ırmak, göl, vb. kıyısı

waterspout /'wo:tıspaut/ a. deniz hortumu; sağanak

watertight /'wo:tıtayt/ s. sugeçirmez, sızdırmaz; kusursuz, eksiksiz, hatasız

watertightness /'wo:tıtaytnıs/ a. sugeçirmezlik

waterway /'wo:tı:wey/ a. seyre elverişli su yolu/kanal/geçit

waterwheel /'wo:tıwi:l/ a. su çarkı

waterworks /'wo:tıwö:ks/ a. su dağıtım tesisatı; kon. gözyaşı **turn on the waterworks** gözyaşı dökmek, iki gözü iki çeşme ağlamak

watery /'wo:tıri/ s. sulu, cıvık, çok sulu; (renk) soluk

watt /wot/ a. vat

watt-hour /wot'auı/ a. elek. vat-saat

wattage /'wotic/ a. vat gücü, vat miktarı

wattle /'wotıl/ a. dallardan/çubuklardan örülmüş yapı; sarı çiçekli akasya; hayb. sarkık gerdan **wattle and daub** eskiden duvar yapımında kullanılan kil/çamur ve kamış karışımı

wattling /'wotling/ a. çubuklarla örme

wattmeter /'wotmi:tı/ a. elek. vatmetre, vatölçer

wave /weyv/ e. sallamak; sallanmak; el sallamak; el etmek; (saç, vb.) dalgalanmak; dalgalandırmak; el sallayarak hareket ettirmek ¤ a. dalga; radyo dalgası; saç dalgası, kıvrım; (el) sallama **long wave** uzun dalga **medium wave** orta dalga **short wave** kısa dalga **make waves** köstek olmak **wave analyser** elek. dalga analizörü, dalga çözümleci **wave angle** dalga açısı **wave antenna** dalga anteni **wave aside** burun kıvırmak, aldırmamak **wave beam** dalga demeti **wave crest** fiz. dalga tepesi **wave cyclone** metr. dalga siklonu **wave detector** elek. dalga detektörü **wave energy** dalga enerjisi **wave equation** fiz. dalga denklemi **wave filter** elek. dalga süzgeci **wave frequency** fiz. dalga frekansı, dalga sıklığı **wave front** dalga cephesi, dalga yüzü **wave function** fiz. dalga fonksiyonu, dalga işlevi **wave group** fiz. dalga grubu, dalga çıkını **wave impedance** elek. dalga empedansı, dalga çelisi **wave interference** fiz. dalga girişimi **wave mechanics** fiz. dalga mekaniği **wave motion** fiz. dalga hareketi, dalga devinimi **wave number** fiz. dalga sayısı **wave package** fiz. dalga grubu, dalga çıkını **wave period** fiz. dalga periyodu, dalga dönemi **wave polarization** elek. dalga polarizasyonu **wave propagation** fiz. dalga yayılımı **wave reflection** fiz. dalga yansıması **wave refraction** fiz. dalga kırınımı **wave surface** fiz. dalga cephesi, dalga yüzü **wave theory** dalga teorisi, dalga kuramı **wave train** fiz. dalga treni, dalga katarı **wave trap** elek. dalga kapanı **wave trough** fiz. dalga çukuru **wave velocity** fiz. dalga hızı **wave worn** dalgalarla aşınmış **wave-cut platform/terrace** yerb. dalga düzlüğü, dalga aşındırması düzlüğü

waveband /'weyvbend/ a. elek. dalga bandı

waveform /'weyvfo:m/ a. dalga biçimi **waveform distortion** elek. dalga biçimi bozulması

waveguide /'weyvgayd/ a. fiz. dalga kılavuzu **waveguide attenuator** elek. dalga kılavuzu zayıflatıcısı **waveguide coupler** elek. dalga kılavuzu bağlantısı **waveguide elbow** elek. dalga kılavuzu dirseği **waveguide filter** elek. dalga kılavuzu süzgeci **waveguide impedance** elek. dalga kılavuzu empedansı **waveguide junction** elek. dalga kılavuzu jonksiyonu **waveguide lens** fiz. dalga kılavuzu merceği **waveguide load** elek. dalga kılavuzu yükü

waveguide switch *elek.* dalga kılavuzu anahtarı **waveguide system** *elek.* dalga kılavuzu sistemi **waveguide transformer** *elek.* dalga kılavuzu transformatörü **waveguide wavelength** *elek.* dalga kılavuzu dalga boyu **waveguide wavemeter** *elek.* dalga kılavuzu dalgaölçeri **waveguide window** *elek.* dalga kılavuzu penceresi

wavelength /'weyvlɛngt/ *a.* dalga boyu, dalga uzunluğu **wavelength constant** *fiz.* dalga boyu sabitesi

wavemeter /'weyvmiːtı/ *a. fiz.* ondmetre, dalgaölçer

waver /'weyvı/ *e.* tereddüt etmek, duraksamak, bocalamak; zayıflamak, sürekliliğini yitirmek, boyun eğmek; sallanmak, sendelemek

wavering /'weyvıring/ *s.* tereddüt eden, kararsız; sallanan

wavy /'weyvi/ *s.* (saç) dalgalı

wax /weks/ *a.* balmumu; kulak kiri ¤ *e.* balmumu sürmek, mumlamak; (ay) giderek büyümek; *mec.* artmak, büyümek **wax finishing** *teks.* mum apresi **wax paper** yağlı kâğıt **wax resist** *teks.* batik rezerve **waxing machine** *teks.* mumlama makinesi **wax and wane** büyümek ve küçülmek **wax beautiful** güzelleşmek **wax fat** şişmanlamak

waxcloth /'weksklot/ *a. teks.* linolyum

way /wey/ *a.* yol; yön, taraf; mesafe; şekil, biçim, tarz; yöntem, yol; yön, bakım; imkân, olasılık, yol; hal, durum ¤ *be.* uzakta, uzak mesafede **by the way** sırası gelmişken, bu arada, aklıma gelmişken **by way of** yolu ile; amacıyla, niyetiyle, mahiyetinde, yollu **get/have one's own way** kendi bildiğine gitmek **get under way** başlamak **give way** boyun eğmek **have it both ways** her iki durumdan da yararlanmak **mend one's ways** davranışlarını düzeltmek, adam olmak **no way** *kon.* hayatta olmaz **out of the way** olağandışı, anormal **pay one's way** borca girmemek; kendi hesabını kendi ödemek **have one's way** başına buyruk olmak **you can't have it both ways** hem nalına hem mıhına **put sb out of the way** ortadan kaldırmak, öldürmek; başından atmak **right of way** (trafikte) geçiş hakkı **to**

my way of thinking bence, bana göre **way leave** geçiş hakkı **way out** çıkış **way port** ara liman **way station** ara istasyon **ways** alışkanlıklar, huylar, âdetler

waybill /'weybil/ *a.* taşıma senedi, nakliye senedi, irsaliye

wayfarer /'weyfeırı/ *a. esk.* yaya yolcu

waylay /'weyley/ *e.* yolunu kesmek, durdurmak

way-out /wey'aut/ *s. kon.* acayip, çok iyi, süper

wayside /'weysayd/ *a.* yol kenarı **by the wayside** yol kenarında **fall by the wayside** başarılı olamamak, suya düşmek

wayward /'weywıd/ *s.* sağı solu belli olmaz, kararsız, değişken; inatçı, dik başlı

waywardness /'weywıdnis/ *a.* düzensizlik; inatçılık

we /wiː, wi/ *adl.* biz

weak /wiːk/ *s.* güçsüz, zayıf; zayıf, yetersiz; sulu, açık **weak base** zayıf baz, yeğni baz **weak convergence** *mat.* zayıf yakınsaklık, arık yakınsaklık **weak coupling** *elek.* zayıf kuplaj, gevşek kuplaj **weak currency** zayıf para **weak current** *elek.* zayıf akım **weak interaction** *fiz.* zayıf etkileşim, yeğni etkileşim **weak signal** zayıf sinyal

weaken /'wiːkın/ *e.* zayıflamak, güçsüzleşmek; zayıflatmak, güçsüzleştirmek

weak-kneed /wiːk'niːd/ *s.* korkak, yüreksiz, tavşan yürekli; heyecanlı

weakling /'wiːkling/ *a.* cılız kimse, zayıf kimse

weakly /'wiːkli/ *s.* hasta, halsiz

weakness /'wiːknis/ *a.* hastalık, halsizlik; güçsüzlük, zayıflık

weal /wiːl/ *a.* mutluluk, refah, sağlık; kamçı vb. izi, bere **the common weal** toplum huzuru **the general weal** toplum huzuru **the public weal** toplum huzuru **weal and woe** iyi ve kötü günler

wealth /welt/ *a.* varlık, servet, para; bolluk, çokluk **wealth tax** servet vergisi

wealthy /'welti/ *s.* zengin, varlıklı

wean /wiːn/ *e.* sütten kesmek; *kon.* vazgeçirmek

weapon /'wepın/ *a.* silah

weaponless /'wepınlis/ *s.* silahsız

wear /weı/ *e.* giymek; takmak; takınmak; aşınmak, yıpranmak; aşındırmak, yıprandırmak, yıpratmak; açmak; dayanmak; genç kalmak ¤ *a.* giyme, giyinme, kullanma, kullanılma; giyim eşyası, giyim, elbise; aşınma, yıpranma, eskime; dayanıklılık, dayanma **wear away** zamanla aşınmak; aşındırmak **wear down** aşınmak; aşındırmak, yıpratmak; (gücünü, etkinliğini, vb.) azaltmak, zayıflatmak, kırmak, yenmek **wear more than one hat** bir koltukta iki karpuz taşımak **wear off** yavaş yavaş azalmak, geçmek, kaybolmak **wear on** uzamak, bitmek bilmemek **wear out** eskimek, yıpranmak, kullanılmaz hale gelmek; eskitmek, yıpratmak, kullanılmaz hale getirmek; çok yormak, yorgunluktan bitirmek, yıpratmak **wear out one's welcome** demir atmak, postu sermek, ziyareti uzatıp bıktırmak **wear and tear** kullanmayla eskime **wear resistance** *teks.* kullanım dayanıklılığı **wear the trousers** dediği dedik olmak

wearable /'weırıbıl/ *s.* giyilebilir

weariness /'wiırinis/ *a.* yorgunluk, bitkinlik

wearing /'weıring/ *a.* giyme; aşınma ¤ *s.* yorucu, bezdirici **wearing coat** aşınma tabakası **wearing course** aşınma tabakası

wearisome /'wiırisım/ *s.* sıkıcı, yorucu, bezdirici

weary /'wiıri/ *s.* yorgun, bitkin; bıkkın, usanmış, bezmiş; yorucu; yorgunluk gösteren ¤ *e.* bıkmak, yorulmak, usanmak

weasel /'wi:zıl/ *a. hayb.* gelincik; kurnaz kimse, tilki

weather /'wedı/ *a.* hava ¤ *e.* (fırtına, güçlük, vb.'yi) atlatmak, savuşturmak, geçiştirmek; hava etkisiyle değişmek; hava etkisine tutmak; (hava etkileri) aşındırmak; (hava etkileriyle) aşınmak **feel under the weather** keyfi bozuk olmak **keep one's weather eye open** gözünü dört açmak **make heavy weather of** gözünde büyütmek **weather chart** *metr.* meteorolojik harita **weather condition** hava durumu

weather forecast hava raporu, hava tahmini **weather insurance** hava sigortası **weather map** *metr.* hava haritası, meteorolojik harita **weather minimum** *metr.* hava minimumu, uçulabilecek en kötü hava durumu **weather moulding** *inş.* damlalık; denizlik **weather observer** *metr.* meteoroloji gözlemcisi **weather side** *den.* rüzgâr tarafı, rüzgâr üstü, orsa **weather station** meteoroloji istasyonu **weather strip** pencere bandı **weather vane** *metr.* rüzgâr fırıldağı **weathering agents** *coğ.* atmosfer etkenleri, dışgüçler

weather-beaten /'wedıbi:tn/ *s.* güneş, rüzgar, vb.'den etkilenmiş

weatherboard /'wedıbo:d/ *a.* bindirme, siper tahtası

weatherboarding /'wedıbo:ding/ *a.* bindirme kaplama

weathercock /'wedıkok/ *a. metr.* rüzgâr fırıldağı

weatherman /'wedımen/ *a.* (TV/radyoda) hava raporunu okuyan kimse

weatherproof /'wedıpru:f/ *s.* rüzgâr geçirmez, hava etkilerine karşı dayanıklı

weave /wi:v/ *e.* dokumak; örmek; kıvırmak, bükmek, sarmak, dolamak; ileri sürmek, sunmak, önermek, bildirmek, anlatmak; zikzak yapmak, zikzak yaparak ilerlemek ¤ *a.* dokuma; örme **get weaving** dört elle sarılmak

weaver /'wi:vı/ *a.* dokumacı

weaver-bird /'wi:vıbö:d/ *a.* dokumacıkuşu

weaving /'wi:ving/ *a.* dokumacılık, örmecilik ¤ *s.* dokuma +, dokumacı +, dokumacılık + **weaving fault** dokuma hatası **weaving industry** dokuma sanayisi **weaving loom** dokuma tezgâhı **weaving mill** dokuma fabrikası **weaving reed** *teks.* gücü

web /web/ *a.* örümcek ağı; ağ; dokuma; (ördek, vb. gibi hayvanların parmakları arasında bulunan) perde, deri, zar; kiriş gövdesi

web-footed /web'futid/ *s. hayb.* perdeayaklı

webbed /webd/ *s.* (ördek, vb. ayağı) perdeli

webbing /'webing/ *a.* dokuma

weber /'weybı/ *a. fiz.* weber

wed /wed/ *e.* evlenmek

wedding /'weding/ *a.* nikâh, düğün *wedding dress* gelinlik

wedel /'wedıl/ *e.* yelpazeleyerek kayak kaymak

wedge /wec/ *a.* kıskı, kama, takoz ¤ *e.* kama ile sıkıştırmak; araya sıkışmak/sıkıştırılmak *wedge of high pressure metr.* yüksek basınç oku *wedge-shaped* kama biçiminde

wedlock /'wedlok/ *a.* evlilik *out of wedlock* evlilik dışı

Wednesday /'wenzdey/ *a.* çarşamba

wee /wi:/ *s.* minik, küçük ¤ *a.* çiş ¤ *e.* çiş yapmak *the wee hours* çok erken saatler

weed /wi:d/ *a.* yabani ot, zararlı ot; *hkr.* çok zayıf kimse, iskelet, kemik torbası; *arg.* esrar, marihuana ¤ *e.* (bir yerden) zararlı otları temizlemek *weed catcher* şek. ot tutucu *weed killer trm.* zararlı otları yok eden ilaç *weed out* başından atmak, -den kurtulmak

weeder /wi:dı/ *a.* zararlı otları temizleyen kimse/makine

weedy /wi:di/ *s.* zararlı otlarla dolu

week /wi:k/ *a.* hafta

weekday /'wi:kdey/ *a.* hafta içi, iş günü

weekend /wi:k'end/ *a.* hafta sonu

weekly /'wi:kli/ *s. be.* haftalık, haftada bir ¤ *a.* haftalık gazete ya da dergi *weekly storage* haftalık birikme

weeny /'wi:ni/ *s.* küçücük, minicik

weep /wi:p/ *e.* ağlamak, gözyaşı dökmek

weepy /wi:pi/ *s.* ağlayan, gözyaşı döken; duygusal, içli

weevil /'wi:vil/ *a.* buğdaybiti, ekinbiti

weft /weft/ *a.* atkı, argaç *weft bar teks.* atkı bandı *weft effect teks.* atkı etkisi *weft knitted fabric teks.* atkılı örgü *weft pile carpet teks.* atkı havlı halı *weft stop motion teks.* atkı durdurma düzeneği *weft straightener teks.* atkı düzeltici *weft thread teks.* atkı ipliği *weft yarn teks.* atkı ipliği

weigh /wey/ *e.* (ağırlığını) tartmak; ... ağırlığında olmak; ölçünmek, düşünmek, tartmak *weigh a ton* kurşun gibi ağır olmak *weigh against* iki şeyi karşılaştırmak *weigh down* yüklemek

weigh on üzmek, düşündürmek *weigh one's words* sözlerini tartmak *weigh out* tartmak *weigh up* anlamak

weighbridge /'weybric/ *a.* kantar, baskül

weigher /'weyı/ *a.* tartıcı, kantarcı

weighing /'weying/ *a.* tartma *weighing machine* kantar, baskül, terazi

weight /weyt/ *a.* ağırlık; tartı; *sp.* halter; önem, değer; sıkıntı, yük ¤ *e.* üzerine ağırlık koymak; ağırlaştırmak; ağırlaştırmak, dolgunluk vermek *carry weight* önem taşımak; önemli/etkili olmak *lose weight* kilo vermek *over weight* fazla kilolu *pull one's weight* payına düşen işi yapmak *put on weight* kilo almak *throw one's weight about/around* ağırlığını koymak, istediğini yaptırmaya/lafını geçirmeye çalışmak *under weight* zayıf, normal kilonun altında *weight card* tartı kartı *weight down* yüklemek *weight note* emtia tartı belgesi

weighted /'weytid/ *s.* avantaj sağlayan *weighted average* ağırlıklı ortalama *weighted index* ağırlıklı indeks

weightiness /'weytinis/ *a.* ağırlık

weighting /'weyting/ *a. İİ.* (belli bir yerde diğer yerlerden fazla olan hayat pahalılığı için verilen) ek ücret *weighting agent teks.* şarj maddesi, ağırlaştırma maddesi *weighting bath teks.* şarj banyosu, ağırlaştırma banyosu *weighting size teks.* dolgunluk apresi, dolgu apresi, ağırlaştırma apresi

weightless /'weytlis/ *s.* (uzayda) ağırlıksız

weightlessness /'weytlisnis/ *a.* ağırlıksızlık

weightlifter /'weytliftı/ *a.* halterci

weightlifting /'weytlifting/ *a.* haltercilik, halter sporu

weighty /'weyti/ *s.* önemli, ciddi

weir /wiı/ *a.* su bendi, set

weird /wiıd/ *s.* esrarlı, tuhaf; *kon.* garip, acayip, tuhaf

weirdo /'wiıdou/ *a.* esrarlı şey, tuhaf şey; *kon.* tuhaf kimse, tip, âlem

welcome /'welkım/ *ünl.* hoş geldiniz ¤ *a.* karşılama ¤ *s.* istenilen, sevindirici; serbest ¤ *e.* içtenlikle karşılamak; kabul etmek, hoş karşılamak *wear out one's*

welcome demir atmak *make (sb) welcome* (bir misafiri) içtenlikle kabul etmek, ağırlamak *You're welcome* Rica ederim, Bir şey değil
weld /weld/ *e.* kaynak yaparak birleştirmek; kaynakla birleşmek ¤ *a.* kaynak *weld defect met.* kaynak kusuru
weldable /'weldıbıl/ *s. met.* kaynaklanabilir *weldable steel met.* kaynaklanabilir çelik
welded /'weldid/ *s.* kaynaklı *welded joint met.* kaynak bağlantısı
welder /'weldı/ *a.* kaynakçı
welding /'welding/ *a.* kaynak ¤ *s.* kaynak +, kaynaklı *welding apparatus* kaynak cihazı *welding blowpipe* kaynak hamlacı *welding current* kaynak akımı *welding electrode* kaynak elektrodu, kaynak çubuğu *welding filler* kaynak çubuğu, kaynak dolgu çubuğu *welding flux* kaynak dekapanı, kaynak eritkeni *welding furnace met.* kaynak fırını *welding iron* kaynak demiri *welding machine* kaynak makinesi *welding powder* kaynak tozu *welding press* kaynak presi *welding pressure* kaynak basıncı *welding rod* kaynak çubuğu *welding torch* kaynak hamlacı, kaynak şalumosu *welding transformer* kaynak transformatörü *welding wire* kaynak teli
welfare /'welfeı/ *a.* refah, gönenç, rahat; sağlık, sıhhat *welfare state* refah devleti *welfare work Aİ.* sosyal yardım çalışmaları *welfare worker Aİ.* sosyal yardım uzmanı
welkin /'welkin/ *a.* gök kubbe, sema
well /wel/ *a.* su/petrol kuyusu, kuyu; memba, pınar, kaynak; merdiven/asansör boşluğu ¤ *s.* sağlığı yerinde, iyi; iyi, uygun, yerinde; şanslı, talihli ¤ *be.* iyi; iyice; övgüyle; muhtemelen, belki; uygun olarak, makul olarak, haklı olarak; oldukça, hayli ¤ *ünl.* (şaşkınlık belirtir) vay, vay canına; (rahatlama belirtir) oh çok şükür; (şartları kabullenme belirtir) Elden ne gelir, ne yapalım, Eh; (anlaşma belirtir) pekâlâ, oldu; (bir olayı anlatırken) işte, neyse; peki, pekâlâ; ee, şey ¤ *e.* fışkırıp akmak *It's all very well* (hoşnutsuzluk belirtir) çok iyi, harika *Well done* Aferin!

well up in -den iyi anlayan, ... konusunda bilgili *as well* de, da, ayrıca *as well as* -e ek olarak, ile birlikte *be well out of* -i atlatmak, -den zarara uğramadan kurtulmak, -den paçayı kurtarmak *do well out of* -den kâr etmek *just as well* iyi ki *Oh well* Sağlık olsun *pretty well* hemen hemen, neredeyse; oldukça iyi *well and truly kon.* müthiş, çok, aşırı, süper *well conditioned* iyi durumda *wish sb well* -e şans ve başarı dilemek
well-advised /welıd'vayzd/ *s.* akıllıca, mantıklı, iyice düşünülmüş; akıllı, tedbirli, ihtiyatlı
well-appointed /welı'poyntid/ *s.* gerekli her türlü malzeme/donanıma sahip
well-balanced /wel'belınst/ *s.* aklı başında, mantıklı, dengeli; (beslenme, gıda) dengeli
well-behaved /'welbi'heyvd/ *s.* terbiyeli, uslu
wellbeing /wel'bi:ing/ *a.* refah, gönenç; vücut sağlığı; mutluluk, huzur
wellborn /wel'bo:n/ *s.* soylu bir aileden gelen
well-bred /wel'bred/ *s.* kibar, terbiyeli, iyi yetiştirilmiş
well-connected /welkı'nektid/ *s.* yüksek mevkideki kimselerle yakınlığı olan
well-defined /weldi'faynd/ *s. mat.* iyi tanımlanmış
well-disposed /weldis'pouzd/ *s.* iyi niyetli, nazik, yardıma hazır
well-done /wel'dan/ *s.* (et, vb.) iyi pişmiş
well-dressed /'wel'drest/ *s.* giyinip kuşanmış, güzel giyinmiş
well-earned /wel'ö:nd/ *s.* hak edilmiş
well-found /wel'faund/ *s.* (gemi, vb.) her türlü donanımı mevcut
well-founded /wel'faundid/ *s.* gerçeklere dayanan, yersiz olmayan
well-groomed /wel'gru:md/ *s.* temiz görünümlü, şık
well-grounded /wel'graundid/ *s.* gerçeklere dayanan, yersiz olmayan; (belli bir konuda) yeterli eğitim ve bilgiye sahip
well-heeled /wel'hi:ld/ *s. kon.* zengin, para babası
wellhole /wel'houl/ *a. inş.* merdiven boşluğu

well-informed /welin'fo:md/ s. bilgili, kültürlü

wellington /'welingtın/ a. dize kadar uzanan sugeçirmez (lastik) çizme

well-intentioned /welin'tenşınd/ s. (işe yaramasa bile) iyi niyetli

well-knit /wel'nit/ s. sıkı sıkı birleştirilmiş, sağlam; (vücut) sağlam, kaslı, atletik

well-known /wel'noun/ s. tanınmış, ünlü; birçok kişi tarafından bilinen

well-lined /wel'laynd/ s. kon. (cep, vb.) para dolu; (mide) dolu, tok

well-meaning /wel'mi:ning/ s. iyi niyetli

well-meant /wel'ment/ s. iyi niyetle yapılmış/söylenmiş, iyi niyetli

well-nigh /'welnay/ be. neredeyse, hemen hemen

well-off /wel'of/ s. zengin; şanslı

well-read /wel'red/ s. çok okumuş, kültürlü

welsh /welş/ e. borcunu ödememek; sözünü tutmamak

welsher /'welşı/ a. sözünü tutmayan kimse

well-spoken /wel'spoukın/ s. konuşması düzgün

well-thought-of /wel'to:tıv/ s. sevilen, sayılan, takdir edilen

well-timed /wel'taymd/ s. vaktinde, uygun zamanda

well-to-do /weltı'du:/ s. kon. zengin

well-tried /wel'trayd/ s. (yöntem, vb.) önceden denenip faydalı bulunmuş

well-wisher /'welwişı/ a. iyilik/mutluluk dileyen kimse

well-worn /wel'wo:n/ s. (söz, deyim, vb.) aşırı kullanılmaktan etkisini yitirmiş

welt /welt/ a. kırbaç, sopa, vb. izi; vardela, vardola, kösele şerit

welter /'weltı/ a. karmaşa, karışıklık

wen /wen/ a. hek. yağ kisti **the great wen** Londra

wench /wenç/ a. genç kadın, kız; fahişe ¤ e. fahişelerle düşüp kalkmak

wend /wend/ : **wend one's way** ağır ağır gitmek; ayrılmak, gitmek, yola çıkmak

were /wö:, wı/ e. idi

werewolf /'wııwulf, 'weıwulf/ a. kurtadam

west /west/ a. batı ¤ be. batıya doğru **the West** (Batı) Avrupa ve Amerika, Batı ülkeleri, Batı **the West End** Londra'nın işlek olan batı kısmı **west point** gökb.

batış noktası **west winds** metr. batı rüzgârları **go west** kon. ölmek; kaybolmak, mahvolmak

westbound /'westbaund/ s. batıya doğru yol alan, batıya giden

westerly /'westıli/ s. batıya giden; (rüzgâr) batıdan esen

western /'westın/ s. batı ¤ a. kovboy filmi/romanı

westernize /'westınayz/ e. batılılaştırmak

westernmost /'westınmoust/ s. en batıdaki

westward /'westwıd/ s. batıya doğru; Al. bkz. westwards

westwards /'westwıdz/ be. batıya doğru

wet /wet/ s. ıslak, yaş; (boya) kurumamış; yağmurlu; kon. hkr. pısırık ¤ a. yağmur, yağmurlu hava; ıslaklık ¤ e. ıslatmak; işemek, ıslatmak **be wet behind the ears** ağzı süt kokmak **get wet to the skin** iliklerine kadar ıslanmak **wet analysis** mad. yaş analiz, yaş çözümleme **wet blanket** kon. hkr. milletin neşesini kaçıran kimse, oyunbozan **wet cell** elek. yaş pil **wet crushing** mad. yaş kırma **wet cylinder liner** oto. ıslak silindir gömleği **wet decatizing** teks. ıslak dekatirleme **wet decatizing machine** teks. ıslak dekatirleme makinesi **wet dock** yüzer havuz, liman doku **wet drawing** met. yaş çekme **wet dressing** mad. yaş hazırlama **wet dusting** ıslak tozlama **wet electrolytic capacitor** yaş elektrolitik kondansatör **wet finishing** teks. yaş terbiye, yaş bitim işlemi **wet finishing machine** teks. yaş terbiye makinesi **wet galvanizing** met. yaş galvanizleme, elektrikli galvanizleme **wet goods** akar mallar, sıvı mallar **wet grinding** yaş öğütme **wet lamination** teks. yaş kaşeleme **wet liner** oto. yaş gömlek **wet milking** trm. ıslak sağım **wet mix** ıslak karışım **wet printing** yaş tiraj, yaş basım **wet pulp** şek. yaş küspe **wet return** yaş kondense, yaş dönüş borusu **wet screening** ıslak eleme **wet separation** yaş ayırma **wet setting** teks. yaş fiksaj **wet steam** yaş buhar **wet through** sırılsıklam **wet treatment** yaş işlem **wet wrinkle fastness** teks. yaş buruşmazlık haslığı **wet-bulb temperature** metr. yaş termometre sıcaklığı, yaş sıcaklık **wet-bulb thermometer** *metr.* yaş termometre, ıslak termometre **wetted perimeter** ıslak çevre

wether /'wedı/ *a.* iğdiş edilmiş koç

wetness /'wetnis/ *a.* ıslaklık

wettable /'wetıbıl/ *s.* ıslanabilir

wetting /'weting/ *a.* ıslanma, ıslatma **wetting agent** ıslatma maddesi, ıslatıcı **wetting angle** ıslatma açısı **wetting liquor** *teks.* ıslatma banyosu **wetting power** ıslatma gücü

wey /wey/ *a.* kuru yük

whack /wek/ *a.* küt diye vurma; vuruş sesi, küt, pat; *kon.* pay, hisse ¤ *e.* küt diye vurmak

whacked /wekt/ *s. kon.* yorgunluktan ölmüş, çok yorgun

whacking /'weking/ *be. kon.* çok ¤ *a.* dayak

whale /weyl/ *a. hayb.* balina **be a whale at** -in ustası olmak **whale of a time** *kon.* çok iyi vakit **whale the tar out of** eşek sudan gelinceye kadar dövmek

whaler /'weylı/ *a.* balina avcısı; balina avında kullanılan gemi

whaling /'weyling/ *a.* balina avcılığı **whaling gun** balina avlama tüfeği

whammy /'wemi/ *a.* nazar, göz değmesi

whang /weng/ *a.* şaplak ¤ *e.* şaplak atmak

wharf /wo:f/ *a.* iskele, rıhtım

wharfage /'wö:fic/ *a.* iskele ücreti, rıhtım resmi

wharfinger /'wo:fıncı/ *a.* iskele memuru

what /wot/ *s. adl.* ne; hangi **and what not** *kon.* ve benzeri şeyler, vesaire **so what** *kon.* ne olmuş yani, ne var bunda **give sb what for** *kon.* fırça çekmek, azarlamak, cezalandırmak, yuvasını yapmak **what d'you call him/her/it/them** *kon.* adı aklıma gelmiyor, her ne karın ağrısıysa **What for** ne için, niçin **What have you** *kon.* ve benzeri ıvır zıvır **What if** ya ... ise **What it takes** *kon.* başarı için gerekli nitelikler **what ... like** nasıl, nasıl bir şey **What of it** *kon.* ne olmuş yani, ne çıkar, kime ne **what though** -se ne fark eder, -se bile **what with** -in yüzünden **what you may call it** *kon.* zımbırtı, zamazingo **What's cooking?** Ne var,

ne yok? **What's his/her/its/their name** *kon.* adı aklıma gelmiyor, neydi adı **What's more** üstelik, dahası **What's what** neyin ne olduğu, neyin iyi neyin kötü olduğu

whatever /wo'tevı/ *s.* her türlü, her çeşit, ne tür olursa, her; herhangi bir; hiç ¤ *adl.* her ne, ne; (şaşkınlık belirtir) ne, neyin nesi; ne olursa, fark etmez **or whatever** *kon.* ya da öyle bir şey, ya da her neyse

whatsoever /wotsou'evı/ *s. adl. bkz.* whatever

wheat /wi:t/ *a.* buğday **wheat belt** buğday kuşağı, buğday yetiştirilen bölge **wheat starch** buğday nişastası

wheedle /'wi:dl/ *e.* tatlı dille ikna etmek; (out ile) tatlılıkla/yağcılıkla koparmak

wheedling /'wi:dling/ *s.* yaltakçı, pohpohçu, yağcı

wheel /wi:l/ *a.* tekerlek; direksiyon; çark; *den.* dümen dolabı **set the wheels in motions** baş çekmek **there are wheels within wheels** işin içinde iş var **wheel axle** *oto.* tekerlek dingili **wheel bearing** *oto.* tekerlek yatağı **wheel bolt** *oto.* tekerlek cıvatası **wheel brake** *oto.* tekerlek freni **wheel chain** *den.* dümen zinciri **wheel clearance** *oto.* tekerlek aralığı **wheel disk** *oto.* tekerlek diski **wheel dresser** tekerlek tesviye cihazı **wheel friction** tekerlek sürtünmesi **wheel hub** tekerlek göbeği **wheel jack** *oto.* tekerlek krikosu **wheel load** tekerlek yükü **wheel loader** tekerlekli yükleyici **wheel nut** *oto.* tekerlek somunu **wheel plate** çark levhası **wheel printer** *biliş.* tekerlek yazıcı **wheel rim** tekerlek jantı **wheel ropes** *den.* dümen halatları **wheel tractor** tekerlekli traktör **wheel wobble** *oto.* tekerlek titreşimi, tekerlek yalpası

wheelbarrow /'wi:lberou/ *a.* el arabası

wheelbase /'wi:lbeys/ *a.* dingil mesafesi, dingil açıklığı, dingil arası

wheelchair /'wi:lçeı/ *a.* tekerlekli sandalye

wheeled /'wi:ld/ *s.* tekerlekli **wheeled bed** *hek.* sedye

wheelhouse /'wi:lhaus/ *a. den.* dümen evi

wheelwright /'wi:lrayt/ *a.* tekerlek

tamircisi

wheeze /wi:z/ *e.* hırıltıyla solumak ¤ *a.* hırıltı

whelk /welk/ *a.* (yenir) bir tür deniz salyangozu ¤ *a. hek.* sivilce, kabarcık

whelm /welm/ *e.* bunaltmak, boğmak

whelp /welp/ *a.* hayvan yavrusu; genç kız; delikanlı

when /wen/ *be.* ne zaman; -dığı zaman ¤ *bağ.* -dığı zaman; -e rağmen, -dığı halde; iken, -dığı sürece; iken, -ken ¤ *adl.* ne zaman

whence /wens/ *be.* nereden ¤ *bağ.* -dığı yerden, -dığı yere

whenever /we'nevı/ *be. bağ.* her ne zaman, ne zaman; (şaşkınlık belirtir) ne zaman

where /weı/ *be.* nereye; nerede; nereden; -dığı, -diği ¤ *bağ.* -dığı yere; -dığı yerde; iken

whereabouts /weırı'bauts/ *be.* nereye, nerelere, nerede, nerelerde ¤ *a.* (bulunduğu) yer

whereas /weı'rez/ *bağ.* iken

whereby /weı'bay/ *be.* ki onun sayesinde, ki bu şekilde

wherein /weı'rin/ *be. bağ.* ki içinde; hangi yönden, ne bakımdan, ne şekilde, nasıl, nerde

whereof /weı'rov/ *be. bağ.* ki onun hakkında; ki onun

whereon /weı'ron/ *be. bağ.* ki onun üzerinde

wheresoever /weısou'evı/ *be. bağ.* (her) nereye, (her) nerede

whereupon /weırı'pon/ *bağ.* bunun üzerine, bundan dolayı

wherever /weı'revı/ *be. bağ.* her nereye, her nerede, nereye, nerede; (şaşkınlık belirtir) nerede, nereye

wherewithal /'weıwido:l/ *a.* gerekli para/vb.

wherry /'werı/ *a.* hafif kayık

whet /wet/ *e.* bilemek **whet sb's appetite** iştahını iyice kabartmak, daha fazlasını elde etmek için kışkırtmak

whether /'wedı/ *bağ.* -ip -mediği(ni); -ip, -meyeceği(ni); -se de, -mese de

whetstone /'wetstoun/ *a.* bileğitaşı

whey /wey/ *a.* kesilmiş sütün suyu **whey-faced** uçuk benizli

which /wiç/ *s.* hangi ¤ *adl.* hangisi(ni); ki

o, -en, -an; ki o, ki onu, ki ona, -dığı, -diği; ki bu, ki o, ve bu

whichever /wi'çevı/ *s. adl.* herhangi, hangi; herhangi bir(i); (şaşkınlık belirtir) hangi

whiff /wif/ *a.* esinti; koku

whiffle /'wifıl/ *e.* hafifçe üflemek

while /wayl/ *a.* süre, zaman ¤ *bağ.* -ken; -ken, -e karşın; -e rağmen ¤ *e.* (away ile) (zamanı) tembelce geçirmek **worth (one's) while** (harcanacak zamana) değer

whilst /waylst/ *bağ. İl.* iken; esnasında, süresinde; -dığı halde, -e karşın

whim /wim/ *a.* kapris **at one's own whim** keyfine göre

whimper /'wimpı/ *e.* inildemek, inlemek; sızlanmak, ağlamaklı bir şekilde konuşmak/söylemek ¤ *a.* inilti

whimsical /'wimzikıl/ *s.* kaprisli, garip fikirleri/istekleri olan

whimsy /'wimzi/ *a.* kapris, heves

whine /wayn/ *e.* haykırmak, ciyak ciyak ötmek, ciyak ciyak bağırmak; sızlanmak, zırıldamak; dırdır etmek, zırlamak ¤ *a.* ciyaklama, çığlık; zırıltı; motor, vb. gürültüsü, homurtu

whinny /'wini/ *e.* kişnemek ¤ *a.* kişneme

whip /wip/ *a.* kırbaç, kamçı; parlamentoda parti denetçisi; (tilki avında) tazıları idare eden kimse ¤ *e.* kırbaçlamak, kamçılamak; (yumurta, krema, vb.) çırpmak; *kon.* yenmek; hızla çıkarmak; hızla ilerlemek; hızla almak; *kon.* araklamak, yürütmek; çalkalamak, köpürtmek; (kumaş) bastırmak **be a bad whip** kötü araba kullanmak **be a good whip** iyi araba kullanmak **whip antenna** çubuk anten **whip pan** *sin.* hızlı çevrinme, bulanık çevrinme, yıldırım geçişi **whip saw** tomruk testeresi **whip up** tahrik/teşvik etmek; yapıvermek

whipper /'wipı/ *a.* kırbaç, kamçı; kırbaçlayan kimse

whippet /'wipit/ *a.* tazı

whipping /'wiping/ *a.* kırbaçla cezalandırma, kırbaçlama **whipping boy** şamar oğlanı

whip-round /'wipraund/ *a. İl. kon.* para toplama

whir /wö:/ *a. e. Aİ. bkz.* whirr

whirl /wö:l/ e. fırıl fırıl döndürmek; fırıl fırıl dönmek; hızla geçmek; (baş) dönmek ¤ a. hızla dönme, fırıl fırıl dönme; curcuna, keşmekeş; kafa karışıklığı

whirligig /'wö:ligig/ a. fırıldak; topaç

whirlpool /'wö:lpu:l/ a. girdap, burgaç, çevrinti

whirlwind /'wö:lwind/ a. hortum, kasırga; mec. çabuk kimse, hızlı kimse

whirlybird /'wö:lbö:d/ a. Aİ. helikopter

whirr /wö:/ a. kanat, pervane, vb. sesi, pır pır ¤ e. pır pır etmek

whisk /wisk/ a. toz fırçası; (yumurta, vb.) çırpma aleti; silkinme ¤ e. silkmek, sallamak; apar topar götürmek, hemen götürmek; çırpmak

whisker /'wiskı/ a. (hayvanda) bıyık by a whisker kıl payı

whiskers /'wiskız/ a. (yüzde) favori

whiskey /'wiski/ a. İrlanda ya da Amerikan yapımı viski

whisky /'wiski/ a. viski

whisper /'wispı/ a. fısıltı; dedikodu ¤ e. fısıldaşmak, fısıltı ile konuşmak; fısıldamak

whisperer /'wispırı/ a. fısıltı ile konuşan kimse

whispering /'wispıring/ s. fısıltı ile konuşan; fısıltılı, ıslıklı whispering campaign dedikodu/iftira kampanyası

whist /wist/ a. dört kişiyle eşli oynanan bir iskambil oyunu, vist ¤ ünl. pışt!, sus!

whistle /'wisıl/ a. ıslık; düdük ¤ e. ıslık çalmak; düdük çalmak; ıslıkla çalmak wet sb's whistle kafayı çekmek whistle for it avucunu yalamak

whistling /'wisling/ a. vınlama, vızıldama whistling thrush ötücü ardıç

whit /wit/ a. zerre, nebze no whit hiç, asla not a whit hiç, asla

Whit /wit/ a. bkz. Whitsun

white /wayt/ s. beyaz; soluk benizli, solgun; beyaz ırktan olan; (kahve) sütlü ¤ a. beyaz renk, beyaz; beyaz ırktan kimse, beyaz; yumurta akı; göz akı, gözün beyaz kısmı show the white feather gözü korkmak white ant hayb. beyaz karınca, termit white arsenic beyaz arsenik white brass met. beyaz pirinç white bronze met. beyaz tunç white cast iron met. beyaz dökme demir white cement beyaz çimento white coal beyaz kömür, su gücü, hidroelektrik white coat inş. perdah sıvası white compression elek. beyaz bastırma white direct consumption sugar şek. rafine şeker white discharge teks. beyaz aşındırma white dye teks. beyaz boya white elephant kimseye yar olmayan şey white frost metr. kırağı white gold met. beyaz altın white goods beyaz eşya white grub mayısböceği kurtçuğu White House Beyaz Saray white heat akkor, beyaz sıcaklık white iron met. beyaz demir white layer met. beyaz kat white lead üstübeç white level elek. beyaz seviyesi, beyaz düzeyi white light fiz. beyaz ışık, ak ışık white metal met. beyaz metal white mica akmika, muskovit white noise elek. beyaz gürültü white object fiz. beyaz cisim White paper hükümet raporu white peak elek. beyaz doruğu white pickling met. beyaz dekapaj, ak paklama white pine akçam white radiation fiz. beyaz radyasyon, ak ışınım white recording elek. beyaz kaydı white resist teks. beyaz rezerve white rust met. beyaz pas white spruce akçam, köknar white sugar beyaz şeker white sugar factory beyaz şeker fabrikası white sugar massecuite beyaz şeker lapası

white-collar /wayt'kolı/ s. büro işiyle ilgili, masa başı+, büro+ white-collar job büro işi white-collar work büro işi white-collar worker büro çalışanı

Whitehall /'waytho:l/ a. İngiliz hükümeti (politikası)

whiten /'waytın/ e. beyazlaşmak, ağarmak; beyazlaştırmak, ağartmak

whiteness /'waytnis/ a. beyazlık, aklık; saflık

whitening /'waytning/ a. ispanya whitening power (boya) renk açma gücü, ağartma gücü

whitewash /'waytwoş/ a. badana; (örtbas etmek için kullanılan) paravana, maske ¤ e. badanalamak; örtbas etmeye çalışmak

whitewater /'waytwo:tı/ a. Aİ. coğ. ivinti yeri

whitey /'wayti/ a. ırkçı beyaz

whither /'widı/ be. nereye; ki oraya, -diği;

-in geleceği ne, nereye

whiting /'wayting/ *a. hayb.* mezgitbalığı, merlanos; arıtılmış tebeşir tozu, ispanya

whitish /'waytiş/ *s.* beyazımsı

whitlow /'witlou/ *a. hek.* dolama

Whitsun /'witsın/ *a.* Paskalya yortusundan sonraki yedinci pazar günü

whittle /'witl/ *e.* yontmak; azaltmak

whiz /wiz/ *a.* vızıltı ¤ *e. kon.* vın diye gitmek, vınlamak, vızıldamak *whiz kid kon.* hayatta çabuk ilerleyen açıkgöz kimse

whizz /wiz/ *e.* santrifüjlemek, suyunu almak

who /hu:/ *adl.* kim; kime; kimi; ki o, -en, -an; ki onu/ona, -dığı, -diği

whoa /wou, hou/ *ünl.* (atı durdurmak için) çüş

whodunit /hu:'danit/ *a. kon.* dedektif romanı

whoever /hu:'evı/ *adl.* her kim; herkes; her kim ise, kim olursa olsun; (şaşkınlık belirtir) kim

whole /houl/ *s.* tek parça, bütün; bütün; *mat.* tam, kesirsiz ¤ *a.* bütün *on the whole* neticede, genelde *whole coverage* tam sigorta *whole number mat.* tamsayı

wholefood /'houlfu:d/ *a.* doğal besin

whole-hearted /houl'ha:tid/ *s.* yürekten, candan, içten, samimi

wholemeal /'houlmi:l/ *s.* kepekli

wholeness /'houlnis/ *a.* tamlık, bütünlük

wholesale /'houlseyl/ *a.* toptancılık, toptan satış ¤ *s. be.* toptan; toplu *wholesale banking* toptan bankacılık *wholesale dealer* toptancı *wholesale price* toptan fiyatı *wholesale purchase* toptan satın alma *wholesale trade* toptan ticaret, toptancılık

wholesaler /'houlseylı/ *a.* toptancı

wholesaling /'houlseyling/ *a.* toptancılık

wholesome /'houlsım/ *s.* sağlığa yararlı; sağlıklı

wholewheat /'houlwi:t/ *s.* kepekli, kepeği çıkarılmamış *wholewheat bread* kepekli buğday ekmeği

wholly /'houli/ *be.* tamamen, tümüyle

whom /hu:m/ *adl.* kim, kimi, kime; ki o/onu/ona, -dığı, -diği

whoop /wu:p/ *a.* bağırma, bağırış ¤ *e.* bağırmak, bağrışmak *not worth a*

whoop *kon.* beş para etmez

whoopee /'wu:pi/ *a.* şamata, curcuna *make whoopee* şamata yapmak, curcuna yapmak; seks partisi yapmak

whooping cough /'hu:ping kof/ *a. hek.* boğmaca öksürüğü

whoops /'wups/ *ünl.* hoppala

whoosh /wuş/ *e.* vızıldamak

whop /wop/ *e. kon.* dayak atmak, pataklamak

whopper /'wopı/ *a. kon.* kocaman bir şey; kuyruklu yalan

whore /ho:/ *a.* fahişe; *hkr.* orospu

whorl /wö:l/ *a.* (salyangoz, parmak izi, vb.'deki gibi) helezonlu şekil, sarmal şekil

whortleberry /'wö:tılberi/ *a.* çayüzümü

whose /hu:z/ *adl.* kimin; ki onun, -en, -an; (nesneler için) ki onun, -en, -an

whosit /'hu:zit/ *a.* şey, dalga, zımbırtı

whosoever /hu:sou'evı/ *adl. bkz.* whoever

why /way/ *be.* niçin, neden, niye *the reason why* (-in) nedeni *Why not* (öneri belirtir) neden olmasın

wick /wik/ *a.* (mum, gaz lambası, vb.) fitil

wicked /'wikid/ *s.* kötü, şeytani; nefret dolu; *kon.* yaramaz, muzip; ayıplanacak derecede kötü

wickedness /'wikidnis/ *a.* kötülük

wicker /'wikı/ *a.* sepet örmede kullanılan saz; sorkun dalı, sepetçisöğüdü dalı *wicker basket* hasır sepet *wicker chair* hasır koltuk *wicker furniture* hasır mobilya

wickerwork /'wikıwö:k/ *a.* sepet işi; sepet örgüsü

wicket /'wikit/ *a.* (krikette) kale *be on a good wicket* iyi durumda olmak

wide /wayd/ *s.* geniş; ... genişliğinde; geniş bir alanı kaplayan, geniş, geniş çaplı; iyice açılmış ¤ *be.* iyice; tamamen; (hedeften) uzağa *wide angle* geniş açı, büyük açı *wide angle lens fot.* geniş açılı mercek *wide band elek.* geniş bant *wide base rim oto.* geniş tabanlı jant *wide base tyre oto.* geniş tabanlı lastik *wide blade propeller hav.* geniş palli pervane *wide film fot.* geniş film *wide screen sin.* geniş ekran *wide vowel* geniş sesli, geniş ünlü

widely /'waydli/ *be.* her tarafa, sağa sola, geniş bir alana/alanda; geniş çapta, birçok kişi tarafından; oldukça, büyük ölçüde

widen /'waydn/ *e.* genişlemek; genişletmek *widened meaning* anlam genişlemesi, geniş anlamda kullanma, genişletilmiş anlam

wideness /'waydnis/ *a.* genişlik, en

widespread /'waydspred/ *s.* yaygın, geniş alana yayılmış

widgeon /'wicın/ *a. hayb.* yabanördeği

widow /'widou/ *a.* dul kadın *widow's pension* dul maaşı

widowed /'widoud/ *s.* dul

widower /'widouı/ *a.* dul erkek

widowhood /'widouhud/ *a.* dulluk

width /widt/ *a.* genişlik; genişlik, en; belli bir boyda kumaş parçası *width control elek.* genişlik ayarı *width in grey teks.* ham en, brüt en

wield /wi:ld/ *e.* sahip olmak ve kullanmak

wiener /'wi:nı/ *a.* sosis

wife /wayf/ *a.* karı, hanım, eş *wife swapping* seks partisinde karıları değiştirme

wifehood /'wayfhud/ *a.* karılık, eşlik

wifely /'wayfli/ *s.* iyi bir karı özelliklerine sahip; karıya yakışır

wifie /'wayf/ *a.* kadın, hanım

wig /wig/ *a.* peruka

wigan /'wigın/ *a. teks.* tela

wigged /wigd/ *s.* perukalı

wigging /'wiging/ *a. İİ.* azar, fırça

wiggle /'wigıl/ *e.* kıpır kıpır oynatmak, kıpırdatmak; kıpır kıpır oynamak, kıpırdaşmak

wight /wayt/ *a.* kimse, insan, tip

wigwam /'wigwem/ *a.* Kızılderili çadırı

wild /wayld/ *s.* vahşi, yabani; hiddetli, kızgın; şiddetli, sert; fırtınalı; çılgın; deli, hasta, düşkün; çılgınca; (kurşun) serseri; rasgele, düşünmeden yapılan ¤ *a.* vahşi tabiat, vahşi yerler/bölgeler *run wild* istediği gibi hareket etmek, başıboş bir şekilde davranmak, kontrolden çıkmak *Wild horses couldn't drag him/her/me* Kafasını/kafamı kesseler yapmaz/yapmam/gitmez/gitmem

wild-goose chase /wayld'gu:s çeys/ *a.* boş arayış; yararsız girişim

wildcat /'wayldket/ *s.* riskli, rizikolu; sağlam olmayan, güvenilmez; yasadışı, resmi olmayan ¤ *a.* yabankedisi; hırçın kimse; rizikolu iş; yasadışı grev, resmi olmayan grev *wildcat company* sağlam olmayan şirket *wildcat strike* yasadışı grev, sendika onayı olmadan yapılan grev

wilderness /'wildınis/ *a.* ekilmemiş boş arazi, çöl, kır; yığın

wildfire /'wayldfayı/ *a.* söndürülmesi güç yangın *like wildfire* hızla, çok çabuk

wildfowl /'wayldfaul/ *a.* av kuşları

wilding /'waylding/ *a.* yabani fidan, yabani ağaç

wildlife /'wayldlayf/ *a.* yabani hayvanlar ve bitkiler, vahşi tabiat

wildly /'wayldli/ *be.* çılgınca, çılgın gibi; çok

wildness /'wayldnis/ *a.* çılgınlık, delilik

wildwater /'waydwotı/ *a.* hırçın akan su

wile /wayl/ *a.* oyun, hile, düzenbazlık ¤ *e.* kandırmak, ayartmak

wilful /'wilfıl/ *s.* kafasının dikine giden, inatçı; kasıtlı *wilful deceit* kasıtlı kandırma *wilful murder* taammüden cinayet

wilfulness /'wilfılnis/ *a.* kafasının dikine gitme, inatçılık; kasıtlı yapma

will /wil/ *e.* -ecek, -acak ¤ *e.* (gerçekleşeceğine) kendini inandırmak, düşlemek; imgelemek; iradesini kullanarak -e zorlamak; takdir etmek; vasiyetle bırakmak ¤ *a.* irade, istem, istenç; istek, niyet; arzu; vasiyetname; takdir *at will* istediği zaman, istediği gibi *will you* yapar mısın(ız), eder misin(iz); olur mu

willed /wild/ *s.* iradeli

willies /'wiliz/ *a.* can sıkıntısı, bıkkınlık *get the willies* canı sıkılmak, bıkmak

willing /'wiling/ *s.* gönüllü; razı, hazır, istekli

willingly /'wilingli/ *be.* isteyerek, seve seve

willingness /'wilingnis/ *a.* isteklilik

willow /'wilou/ *a. bitk.* söğüt; *teks.* açıcı, açma makinesi

willowy /'wiloui/ *s.* söğütlü, söğüdü olan; fidan gibi, ince, narin

willpower /'wilpauı/ *a.* irade, irade gücü

willy nilly /'wili'nili/ *be.* ister istemez

wilt /wilt/ *e.* (çiçek, vb.) solmak; soldurmak **wilting coefficient** solma katsayısı **wilting percentage** *trm.* solma yüzdesi **wilting point** *trm.* solma noktası

wily /'wayli/ *s.* kurnaz, cingöz

wimble /'wimbıl/ *a.* matkap, burgu, delgi

wimple /'wimpıl/ *a.* ipek/keten atkı; Katolik rahibelerin başörtüsü

win /win/ *e.* kazanmak, ütmek; ulaşmayı başarmak ¤ *a.* galibiyet, yengi **win by a nose** kıl payı kazanmak **win hands down** *kon.* kolayca başarmak/kazanmak **win over/round** - e ikna etmek, çekmek **win the heart of sb** kalbini kazanmak

wince /wins/ *e.* irkilmek, ürkmek, geri kaçmak ¤ *a.* ürkme, çekinme; boyama dolabı, boyama çıkrığı

winch /winç/ *a.* vinç ¤ *e.* vinçle kaldırmak/çıkarmak/sökmek

wind /wind/ *a.* rüzgâr, yel; nefes, soluk; (midede) gaz; boş laf, hava cıva ¤ /waynd/ *e.* sarmak, dolamak; (çevirip) sıkmak/kurmak; (bir kolu, vb. çevirerek) hareket ettirmek, açmak, kapatmak, indirmek, yükseltmek; (yol, nehir, vb.) dolanmak, döne döne gitmek; (down ile) (saat) iyice yavaşlamak, duracak gibi olmak; (down ile) dinlenmek, rahatlamak, yatışmak; (up ile) (saat) kurmak; (up ile) bitmek, sona ermek; (up ile) bitirmek, sona erdirmek; (up ile) *kon.* son bulmak; (up ile) telaşlandırmak, ateşlendirmek, azdırmak, heyecanlandırmak **break wind** *kon.* osurmak, yellenmek **get the wind up** *kon.* ödü kopmak, korkudan ödü patlamak **get wind of** *kon.* duymak, haberdar olmak, kokusunu almak, şüphelenmeye başlamak **go like the wind** rüzgâr gibi geçmek **put the wind up** *kon.* ödünü patlatmak **see how the wind blows** ağız aramak **the wind** *müz.* üflemeli çalgılar **wind back** geri sarmak **wind chart** *metr.* rüzgâr haritası **wind clouds** *metr.* rüzgâr bulutları **wind-cut stone** *coğ.* rüzgâr çakılı **wind direction** *coğ.* rüzgâr esiş yönü **wind down** aşağı indirmek, kapamak **wind-driven generator** *elek.* rüzgârla çalışan jeneratör **wind erosion** *yerb.* rüzgâr erozyonu **wind force**

metr. rüzgâr gücü **wind forward** ileri sarmak **wind gauge** anemometre **wind instrument** *müz.* üflemeli çalgı **wind load** rüzgâr yükü **wind off** *teks.* sağmak, rolik açmak **wind rose** rüzgârgülü **wind scale** rüzgâr cetveli **wind-shaped stone** *coğ.* rüzgâr çakılı **wind speed** *metr.* rüzgâr hızı **wind tunnel** deneme tüneli, aerodinamik tünel **wind up** yukarı kaldırmak, açmak **wind vane** *metr.* rüzgâr bayrağı, yel bayrağı **wind velocity** rüzgâr hızı **wind wave** *metr.* rüzgâr dalgası

wind /wind/ *e.* soluğunu kesmek, nefesini kesmek, nefes nefese bırakmak **be winded** soluğu kesilmek, nefesi kesilmek, nefes nefese kalmak

windbreak /'windbreyk/ *a.* rüzgâr siperi, rüzgâr perdesi

winder /'wayndı/ *a.* saat anahtarı, zemberek; sarmaşık

windfall /'windfo:l/ *a.* rüzgârla düşen meyve; beklenmedik para/şans, devlet kuşu, talih kuşu

windiness /'windinis/ *a.* rüzgârlılık; çenesi düşüklük

winding /'waynding/ *a.* sargı, sarım; dönemeç; dolambaç ¤ *s.* sarmal, helezoni; dolambaçlı **winding engine** *mad.* ihraç makinesi, çıkarma makinesi **winding factor** *elek.* sarım faktörü **winding level** *mad.* ihraç katı, çıkarma katı **winding machine** sarma makinesi **winding number** *mat.* dolanım sayısı **winding stairs** döner merdiven, dairesel merdiven **winding up** tasfiye, likidasyon

windjammer /'windcemı/ *a. den.* yelkenli gemi

windlass /'windlıs/ *a.* bocurgat, ırgat

windless /'windlis/ *s.* rüzgârsız

windmill /'windmil/ *a.* yel değirmeni **throw one's cap over the windmill** hayal kurmak

window /'windou/ *a.* pencere, cam; vitrin **window bay** *inş.* pencere boşluğu **window blind** güneşlik, pencere storu **window box** *inş.* pencere ağırlık dolabı **window crank** *oto.* pencere açma kolu **window display** vitrin dekorasyonu **window dresser** vitrin dekorasyoncusu **window dressing** vitrin dekorasyonu;

göz boyama; bilançoyu şişirme **window envelope** üzerinde şeffaf adres yeri bulunan mektup zarfı **window frame** *inş.* pencere çerçevesi **window glass** pencere camı **window head** *inş.* pencere kirişi, pencere başlığı **window opener** *oto.* cam açma kolu **window sash** pencere çerçevesi, pencere kasası **window screen** *inş.* pencere kafesi, pencere teli **window seaι** pencere rafı **window shade** *Aİ.* güneşlik, gölgelik, panjur, stor, jaluzi **window shopper** vitrinlere bakan kimse **window shopping** vitrin gezmesi, vitrinlere bakma **window shutter** *inş.* pencere kepengi, panjur **window stile** *inş.* sürme pencere oluğu **window winder** *oto.* pencere açma kolu

windowpane /'windoupeyn/ *a.* pencere camı

windowsill /'windousil/ *a. inş.* denizlik, pencere denizliği

windpipe /'windpayp/ *a.* soluk borusu

windproof /'windpru:f/ *s.* rüzgâr geçirmez

windscreen /'windskri:n/ *a. oto.* ön cam **windscreen wiper** *İİ. oto.* silecek

windshield /'windşi:ld/ *a. oto. Aİ.* ön cam **windshield wiper** *Aİ. oto.* silecek

windsock /'windsok/ *a.* rüzgâr tulumu

windstorm /'windsto:m/ *a. metr.* kasırga

windswept /'windswept/ *s.* rüzgâra açık; dağınık

windward /'windwıd/ *s. metr.* rüzgâr tarafındaki, rüzgâr üstü

windy /'windi/ *s.* rüzgârlı; boş konuşan, çalçene

wine /wayn/ *a.* şarap ¤ *e.* şarap ikram etmek **wine and dine** yedirip içirmek, ağırlamak, izzetü ikramda bulunmak

winery /'waynıri/ *a.* şaraphane

wing /wing/ *a.* kanat; binanın yan çıkıntısı, ek bina; *sp.* kanat; *sp.* kanat oyuncusu; *İİ. oto.* çamurluk; *hav.* filo ¤ *e.* kanatlandırmak, uçurmak; kanatlanmak, uçmak; kanadından vurmak/yaralamak; *kon.* kolundan yaralamak **lend wings to** hızlandırmak, coşturmak **clip sb's wings** kolunu kanadını kırmak, ayağına bağ olmak **on the wing** uçan, uçmakta **take wings** uçmak, uçup gitmek, yok olmak **under sb's wing** kanatları altında, himayesinde **take sb under one's wing** kanatları altına almak **wing bracing** *hav.* kanat gergisi **wing commander** Kraliyet Hava Kuvvetleri'nde yarbay **wing flap** *hav.* kanat flabı **wing gap** *hav.* kanat açıklığı **wing loading** *hav.* kanat yükü **wing nut** kelebek somun **wing profile** *hav.* kanat profili **wing radiator** petekli radyatör **wing rail** *demy.* kulaklı ray, karşılık rayı **wing screw** kelebek vida **wing spar** *hav.* kanat lonjeronu **wing tip** *hav.* kanat ucu **wing wall** kanat duvarı

wingding /'wingding/ *a.* kudurma krizi, heyheyleri tutma

winged /'wingd/ *s.* kanatlı; hızlı, süratli **winged screw** kelebek vida somun

winger /'wingı/ *a. sp.* kanat oyuncusu, sağ açık, sol açık

wingover /'wingouvı/ *a. hav.* yarım yatış mihveri

wingspan /'wingspen/ *a. hav.* kanat açıklığı, kanat aralığı, açık iki kanat arası mesafe

wink /wink/ *e.* göz kırpmak; parıldayıp sönmek, parıldamak ¤ *a.* göz kırpma; çok kısa süre **easy as winking** çok kolay, çok basit **have/take forty winks** şekerleme yapmak, kestirmek **like winking** kaşla göz arasında, birden **wink at** göz yummak **not sleep a wink** gözüne uyku girmemek, gözünü kırpmamak **have/take forty winks** şekerleme/kestirme yapmak

winkle /'winkıl/ *a.* yenilebilir bir tür deniz salyangozu ¤ *e.* (out ile) *kon.* zorla çıkarmak/almak, elde etmek, sökmek

winner /'winı/ *a.* kazanan, galip

winning /'wining/ *s.* kazanan, yenen; çekici

winnings /'winingz/ *a.* (at yarışı, bahis, kumar, vb.'de) kazanılan para

winnow /'winou/ *e. trm.* harman savurmak, tahıl savurmak ¤ *a.* harman savurma; yaba, atkı **winnowing machine** *trm.* harman savurma makinesi

wino /'waynou/ *a.* ayyaş kimse

winsome /'winsım/ *s.* güzel, hoş, çekici

winter /'wintı/ *a.* kış ¤ *e.* kışlamak, kışı geçirmek **winter grazing** *trm.* kış

otlatması **winter lamb** trm. güz kuzusu **winter pasture** trm. kış merası **winter range** trm. kışlık, kışlık otlak **winter solstice** gökb. kış gündönümü **winter storage** kışlık birikme
winterize /'wintɪrayz/ e. kışa hazırlamak
wintertime /'wintɪtaym/ a. kış, kış mevsimi
wintery /'wintri/ s. bkz. wintry
wintriness /'wintrinis/ a. soğukluk
wintry /'wintri/ s. soğuk, kış gibi, kış +
wipe /wayp/ e. silmek; silip çıkarmak, silmek; (out ile) yok etmek, ortadan kaldırmak; (up ile) bezle silmek/kurulamak ¤ a. silme, temizleme **wipe out** yok etmek **wipe tinning** met. sürme kalaylaması
wiper /'waypı/ a. oto. silecek **wiper arm** oto. silecek kolu **wiper blade** oto. silecek lastiği **wiper motor** oto. silecek motoru
wire /'wayı/ a. tel; kon. telgraf ¤ e. elektrik teli, vb. bağlamak; telgraf göndermek **barbed wire** dikenli tel **wire basket** tel sepet **wire broadcasting** telle yayım **wire brush** tel fırça **wire cloth** tel doku, süzgeç bezi **wire communication** telle iletişim **wire cutter** tel makası **wire edge** kılağı **wire fence** tel örgü **wire fuse** elek. telli sigorta **wire gauge** tel mastarı, tel ölçeği; tel kalınlığı, tel numarası **wire gauze** tel örgü, süzgeç teli **wire glass** telli cam **wire mesh** tel kafes, tel örgü **wire mesh screen** tel süzgeç **wire netting** tel örgü **wire printer** biliş. telyazıcı **wire rope** tel halat, kablo **wire spring** met. tel yay **wire strainer** tel örmeli süzgeç **wire stripper** kablo soyucu **wire-draw** met. tel çekmek **wire-wound** elek. tel sargılı, telli
wired /'wayıd/ s. telli **wired television** elek. kablolu televizyon
wireless /'wayılis/ a. İİ. esk. radyo ¤ s. telsiz, kablosuz **wireless engineer** telsiz mühendisi **wireless operator** telsizci, telsiz operatörü **wireless receiver** telsiz alıcısı **wireless station** telsiz istasyonu **wireless telegraphy** telsiz telgraf
wireman /'wayımın/ a. telgraf/telefon/elektrik hattı döşeyen kimse

wireworm /'wayıwö:m/ a. hayb. telkurdu
wiring /'wayıring/ a. elektrik tertibatı **wiring diagram** kablaj şeması, elektrik şeması **wiring harness** kablo demeti
wiry /'wayıri/ s. adaleli ve ince
wisdom /'wizdım/ a. akıllılık, akıl; bilgelik **cut one's wisdom tooth** olgunlaşmak **wisdom tooth** akıldişi
wise /wayz/ s. akıllı; akıllıca, mantıklı ¤ a. esk. yol, tarz **none the wiser** bihaber, habersiz **get wise to sth** bir şeyden haberdar olmak **wise guy** kon. ukala dümbeleği, kendini beğenmiş **in any wise** herhangi bir şekilde **in no wise** asla, katiyen
wiseacre /'wayzeykı/ a. ukala (dümbeleği)
wisecrack /'wayzkrek/ a. kon. ukalalık, ukalaca laf ¤ e. kon. ukalaca laflar etmek
wisecracker /'wayzkrekı/ a. kon. şakacı kimse, hazırcevap kimse
wisely /'wayzli/ be. kon. akıllıca; bilgece
wish /wiş/ e. (şu anda olanaksız bir şey) istemek, dilemek; dilemek; istemek, arzu etmek; (on ile) -in başına gelmesini istemek ¤ a. dilek, istek, arzu **last wish** son arzu **make a wish** dilekte bulunmak, dilek tutmak **wish ill** kötülük dilemek, beddua etmek **wish sth on sb** başkasının başına dolamak/sarmak **wish the ground would open and swallow one** yer yarılsa içine gireceği gelmek **wish well** iyilik dilemek, mutluluk dilemek
wishbone /'wişboun/ a. lades kemiği; oto. süspansiyon üçgen kolu, askı üçgen kolu
wishful /'wişful/ s. istekli, arzulu; hasret dolu, hasretli **wishful thinking** hüsnükuruntu, hayal
wishy-washy /'wişiwoşi/ s. hkr. sudan, zayıf, temelsiz; (çay, çorba, vb.) sulu
wisp /wisp/ a. tutam; demet
wisteria /wi'stiırıı/ a. bitk. morsalkım
wistful /'wistfıl/ s. özlemli, hüzünlü
wit /wit/ a. akıl, zekâ, anlayış, zekâ kıvraklığı; nükte; nükteci kimse **at one's wits end** eli ayağına dolaşmış, ne yapacağını/diyeceğini şaşırmış, şaşkın **have/keep one's wits about one**

kıvrak, dikkatli ve mantıklı olmak
witch /wiç/ *a.* büyücü, cadı; büyüleyici/çekici kadın
witchcraft /'wiçkra:ft/ *a.* büyücülük, büyü
witchdoctor /'wiçdoktı/ *a.* kabile büyücüsü, büyücü
witchery /'wiçıri/ *a.* büyücülük, büyü; çekicilik, cazibe
witch-hunt /'wiçhant/ *a.* düzene karşı olanları yıldırma çalışmaları
with /wid/ *ilg.* ile, -le, -la; -li, -lı; -e rağmen; -in lehinde, -den yana; yanında, üzerinde; nedeniyle, sayesinde, ile; ile olan ilişkisini kesecek şekilde; -e karşı; ile ilgili *Down with* Kahrolsun *On with* ... devam etsin *Out with you* Çık dışarı *Up with* Yaşasın *with particular average* özel avarya dahil *with recourse* rücu hakkı saklı olarak, geriye dönüş hakkı saklı
withal /wi'do:l/ *be.* üstelik, ayrıca
withdraw /wid'dro:/ *e.* geri çekmek; (geri) çekilmek; çekmek; geri almak
withdrawal /wid'dro:ıl/ *a.* geri çekme/alma; geri çekilme
withdrawn /wid'dro:n/ *s.* içine kapanık
wither /'widı/ *e.* solmak, kurumak; soldurmak, kurutmak; sönmek, yok olmak; utandırmak, susturmak
withering /'widıring/ *s.* solan; utandıran, susturan, dondurucu
witherite /'widırayt/ *a. min.* witherit
withhold /wid'hould/ *e.* saklamak, vermemek
withholding /wid'houlding/ *a.* kaynakta kesme, stopaj *withholding tax* stopaj vergisi
within /wi'din/ *ilg.* içinde; -in dışına çıkmayacak şekilde, aşmadan ¤ *be.* içeride, içeriye
without /wi'daut/ *ilg.* -sız, -siz; -meden, -meksizin ¤ *be.* onsuz, (o) olmadan *without protest* protestosuz *without recourse* gayri kabili rücu, geriye dönüşü olanaksız
withstand /wid'stend/ *e.* karşı koymak, direnmek, dayanmak, göğüs germek
witless /'witlis/ *s.* akılsız, aptal
witness /'witnis/ *a.* tanık, şahit; tanıklık; kanıt, delil ¤ *e.* tanık olmak; tanıklık etmek; göstermek, kanıtlamak *bear witness to* -e delil olmak, kanıtlamak,

göstermek *get one's wits about one* kafasını toplamak *witness box* tanık kürsüsü *witness stand* tanık kürsüsü
witticism /'witisizım/ *a.* nükteli söz, espri
wittiness /'witinis/ *a.* espritüellik, nüktedanlık
wittingly /'witingli/ *be.* bile bile, kasten
witty /'witi/ *s.* zekice, nükteli
wizard /'wizıd/ *a.* sihirbaz, büyücü; deha, usta ¤ *s. arg.* müthiş, süper
wizardry /'wizıdri/ *a.* büyücülük
wizened /'wiznd/ *s.* buruşuk, buruşmuş
wo /wou/ *ünl. bkz.* whoa
woad /woud/ *a. bitk.* çivitotu; çivitotundan elde edilen mavi boya
wobble /'wobıl/ *e.* sallanmak, dingildemek; sallamak, dingildetmek; tereddüt etmek, bocalamak; titremek ¤ *a.* sallanma; titreme
wobbly /'wobli/ *s.* sallantılı, titrek
woe /wou/ *a.* üzüntü, dert, keder; üzüntü kaynağı
woebegone /'woubigon/ *s.* kederli, hüzünlü
woeful /'woufıl/ *s.* kederli, hüzünlü; üzücü
wok /wok/ *a.* kızgın yağda Çin usulü yemek pişirmek için derin tava
wold /would/ *a.* yayla
wolf /wulf/ *a. hayb.* kurt; *hkr.* zampara, kurt ¤ *e.* kurt gibi yemek, abur cubur yemek *a wolf in sheep's clothing* koyun postuna bürünmüş kurt *cry wolf* kurt masalı okumak, ortada hiçbir şey yokken tehlike işareti vermek *keep the wolf from the door* kıt kanaat geçinmek *wolf in sheep's clothing* koyun postuna bürünmüş kurt *wolf down* mideye indirmek
wolfish /'wulfiş/ *s.* kurt gibi
wolfram /'wulfrım/ *a.* tungsten, volfram
wolframite /'wulfrımayt/ *a. min.* volframit
wolverine /'wulvıri:n/ *a. hayb.* gulo, kutup porsuğu
woman /'wumın/ *a.* kadın; kadınlar, kadın; bayan
womanhood /'wumınhud/ *a.* kadınlık
womanish /'wumıniş/ *s.* kadınsı, kadın gibi
womanize /'wumınayz/ *e.* kadın peşinde dolaşmak
wo.ıanizer /'wumınayzı/ *a.* zampara

womankind /'wumınkaynd/ *a.* kadınlar

womanliness /'wumınlinis/ *a.* kadınsılık, kadına yakışır tutum

womanly /'wumınli/ *s.* kadınsı, kadınca, kadına yakışır

womb /wu:m/ *a. anat.* rahim, dölyatağı

wombat /'wombet/ *a. hayb.* Avustralya'da yaşayan ayıya benzer keseli bir hayvan

womenfolk /'wiminfouk/ *a. kon.* kadın milleti

wonder /'wandı/ *a.* şaşkınlık, merak, hayret; harika; şaşılacak şey, büyük olay; *kon.* mucize; *kon.* mucizeler yaratan kimse, dahi ¤ *s.* harika ¤ *e.* hayret etmek, şaşmak; (acaba diye) merak etmek **It's wonder (that)** Hayrettir (ki) **(It's) no wonder** tabii ki, doğal olarak, haliyle **work wonders** harikalar yaratmak

wonderful /'wandıfıl/ *s.* harika, şaşılacak derecede iyi

wondering /'wandıring/ *s.* şaşkın, şaşırmış

wonderland /'wandılend/ *a.* harikalar diyarı

wondrous /'wandrıs/ *s.* harika, olağanüstü

wonky /'wonki/ *s. İl. kon.* oynak, çürük, sakat, güvenilmez; bitkin, halsiz

wont /wount/ *a.* alışkanlık ¤ *s.* alışmış, alışık **be wont to (do)** (yapmayı) huy edinmek

wonted /wountid/ *s.* alışılmış, her zamanki, mutat

woo /wu:/ *e.* kur yapmak; desteğini kazanmaya çalışmak; elde etmeye çalışmak

wood /wud/ *a.* odun, ağaç, tahta; küçük orman, koru ¤ *s.* tahta; ahşap **be unable to see the wood for the trees** ayrıntılara dalmaktan temeli anlayamamak **out of the wood** dertten beladan uzak **not see the wood for the trees** ağaçlardan ormanı görememek **wood alcohol** odun ispirtosu **wood brick** ağaç takoz **wood chisel** ağaç kalemi, marangoz kalemi **wood coal** *mad.* odunkömürü **wood engraving** tahta oymacılığı; gravür **wood fiber** ağaç lifi **wood flour** ağaç unu **wood king fisher** *hayb.* İzmir yalı

çapkını **wood meal** odun unu **wood pile** ahşap kazık **wood pulp** odun hamuru **wood saw** ağaç testeresi, odun testeresi **wood screw** ağaç vidası **wood spirit** odun alkolü **wood sugar** odun şekeri **wood tar** odun katranı **wood wool** odun yünü **wood yard** odun deposu

woodcutter /'wudkatı/ *a.* oduncu, ağaç kesen adam

wooded /'wudid/ *s.* ağaçlık, ağaçlı, ağaçlarla kaplı, ormanlık

wooden /'wudn/ *s.* tahta, ahşap; odun gibi, katı **wooden ladle** çamçak, çapçak, tahta kepçe **wooden wedge** ağaç takoz

woodiness /'wudinis/ *a.* ormanlık olma

woodland /'wudlınd, 'wudlend/ *a.* ormanlık ülke/bölge/arazi

woodpecker /'wudpekı/ *a. hayb.* ağaçkakan

woodsman /'wudzmın/ *a.* ormancı, korucu

woodwind /'wudwind/ *a.* (tahtadan yapılmış) üflemeli çalgılar

woodwork /'wudwö:k/ *a.* marangozluk, dülgerlik, tahta işi; bir binanın ahşap kısımları; ağaç işleri, doğrama işleri

woodworm /'wudwö:m/ *a.* ağaçkurdu, tahtakurdu; ağaçkurdunun verdiği zarar

woody /'wudi/ *s.* ağaçlık, ormanlık; odun gibi, odunsu **woody peat** *trm.* odunsu turba **woody plant** ağaçsı bitki, odunsu bitki

woodyard /'wudya:d/ *a.* kereste deposu

wooer /'wu:ı/ *a.* flört eden kimse

woof /wuf/ *a. teks.* atkı, argaç; kumaş; dokuma, dokunuş ¤ *e.* ulumak, havlamak

woofer /'wu:fı/ *a. elek.* kalın ses hoparlörü, vufer

wool /wul/ *a.* yün; yapağı **pull the wool over sb's eyes** aldatmak, kandırmak **wool chlorination** yünü klorlama **wool fat** yün yağı **wool fiber** yün lifi **wool grading** yün sınıflandırması **wool grease** yün yağı **wool hair** yün lifi **wool in the yolk** yağıltılı yapak, kirli yün **wool scouring** yün yıkama, yün temizleme **wool thread** yün ipliği **wool yarn** yün ipliği

woolen /'wulın/ *s. Aİ. bkz.* woollen

woolgathering /'wulgedıring/ s. dalgın, aklı bir karış havada ¤ a. dalgınlık, aklı başka yerde olma **be engaged in woolgathering** başında kavak yelleri esmek

woollen /'wulın/ s. yünlü, yün **woollen draper** çuhacı, kumaşçı **woollen yarn** ştrayhgarn yün ipliği

woollens /'wulınz/ a. yünlü giysiler, yünlüler

woolly /'wuli/ s. yünlü; yün gibi; (düşünce, vb.) karışık, bulanık, dağınık ¤ a. kon. yünlü giysi

woolly-headed /wuli'hedid/ s. dağınık kafalı

woozy /'wu:zi/ s. kon. sersem, şaşkın, başı dönen

word /wö:d/ a. kelime, sözcük; söz; mesaj, haber, bilgi; kısa konuşma/görüşme; emir ¤ e. sözcüklerle ifade etmek, anlatmak **be as good as one's word** sözünü tutmak, sözünde durmak **big words** böbürlenme, büyük söz **break one's words** sözünü tutmamak **eat one's words** tükürdüğünü yalamak, sözünü geri alıp özür dilemek **from the word go** baştan **give sb one's word** söz vermek **go back on one's word** sözünde durmamak **have one's words stick in one's throat** nutku tutulmak/boğazı düğümlenmek **have words (with)** atışmak, tartışmak, kavga etmek, kapışmak **in a/one word** kısacası **in other words** başka bir deyişle, yani **keep one's word** sözünü tutmak, sözünde durmak **not get a word in edgeways** (başkalarından) bir kelime konuşacak fırsat bulamamak **say the word** kon. izin vermek, onaylamak, bırakmak **take sb's word for it** söylediğine inanmak/kabul etmek **word class** kelime türü, sözcük türü **word count register** biliş. sözcük sayma yazmacı **word for word** kelimesi kelimesine **word format** biliş. kelime formatı, sözcük biçimi **word formation** kelime yapımı, sözcük yapımı **word index** biliş. sözcük dizini **word length** biliş. sözcük uzunluğu **word mark** biliş. sözcük işareti **word order** sözdizim, sözdizimi **word oriented** biliş. sözcüğe yönelik **word processing** biliş. kelime işlem, sözcük işlem **word processing software** biliş. kelime işlem yazılımı **word processor** biliş. kelime işlemci, sözcük işlemci **word rate** biliş. sözcük aktarma hızı **word recognition** biliş. sözcük tanıma

wordiness /'wö:dines/ a. sözü fazla uzatma, laf kalabalığı, laf salatası

wording /'wö:ding/ a. ifade etmekte seçilen sözcükler, anlatım biçimi

wordless /'wö:dlis/ s. sözcüksüz, kelimesiz

word-perfect /wö:d'pö:fikt/ s. sözcükleri yinelemede kusursuz

wordy /'wö:di/ s. sözü fazla uzatan, gereğinden fazla sözcük kullanan/taşıyan **wordy warfare** söz düellosu

work /wö:k/ a. iş, çalışma; eser, yapıt ¤ e. çalışmak; çalıştırmak; işe yaramak; (yavaş yavaş) ilerletmek, sağlamak; (yavaş yavaş) ilerlemek; sokmak **all in the day's work** normal, beklendiği gibi **have one's work cut out** (belli bir müddet içinde bitirecek) zor bir işi olmak **in work** iş sahibi, çalışmakta **make hard work of** gözünde büyütmek, olduğundan zor görmek **make short work of** çabucak ve kolayca bitirmek **out of work** işsiz, boşta **set to work** işe başlamak, işe koyulmak **work a three-day week** haftada üç gün çalışmak **work area** iş alanı, çalışma alanı **work flextime** istediği saatlerde çalışmak **work flow diagram** iş akış diyagramı **work force** işçi mevcudu, toplam işçi sayısı; işgücü **work function** fiz. iş fonksiyonu, iş işlevi **work hardening** met. işleme sertleşmesi **work-in-progress queue** biliş. işlenmekte olan işler kuyruğu **work in the field** dışarıda çalışmak, ofiste çalışmamak **work in/into** (araya) sokmak, katmak **work like a horse** eşek gibi çalışmak **work load** iş yükü **work measurement** biliş. iş ölçümü **work nine to five** dokuzdan beşe kadar çalışmak **work of art** sanat yapıtı, sanat eseri **work off** (çalışarak, vb.) yok etmek, ortadan kaldırmak; çalışarak ödemek **work out** hesaplamak; mantıklı bir hesaplaması olmak, hesaplanmak; iyi bir sonuca ulaşmak, gitmek, yürümek; iyi bir sonuca ulaştırmak; bulmak, keşfetmek; çözmek; sonuçlanmak; anlamak; *kon.* idman yapmak *work over kon. Aİ.* saldırmak *work overtime* fazla mesai yapmak *work permit* çalışma izni *work print sin.* iş kopyası, çalışma kopyası *work program* iş programı *work sharing* iş bölümü *work sheet* mizan *work shifts* vardiyalı çalışmak *work tape biliş.* çalışma şeridi *work to rule* üretimi azalttığı halde çalışma şartlarına aşırı bağlı olmak *work unsocial hours* tatil zamanları çalışmak *work up* heyecanlandırmak, azdırmak; (bir şey) yapmak üzere olmak, ilerlemek; ilerletmek, iyi bir duruma getirmek *work up to* yükselmek

workability /wö:kı'bılıti/ *a.* işlenebilirlik

workable /'wö:kıbıl/ *s.* çalışır; işe yarar, uygulanabilir; elle şekillendirilebilir

workaday /'wö:kıdey/ *s.* sıradan, tekdüze, sıkıcı

workaholic /wö:kı'holik/ *a.* işkolik

workbench /'wö:kbenç/ *a.* (atölye, vb.'de) tezgâh

workbook /'wö:kbuk/ *a.* alıştırma kitabı

workday /'wö:kdey/ *a.* iş günü

worked up /wö:kt'ap/ *s.* çok heyecanlı/telaşlı

worker /'wö:kı/ *a.* işçi

workhorse /'wö:kho:s/ *a.* beygir; eşek gibi çalışan kimse

workhouse /'wö:khaus/ *a.* darülaceze; ıslahhane

working /'wö:king/ *a.* çalışma ¤ *s.* çalışan; işle ilgili, çalışmayla ilgili, iş ...; (zaman) işte geçen; işte kullanılan *working aperture opt.* diyafram açıklığı *working canal* iletim kanalı *working capital* işletme sermayesi *working class* işçi sınıfı *working condition* çalışma durumu; çalışma koşulu *working current* çalışma akımı *working day* iş günü *working drawing* atelye resmi, iş resmi, teknik resim, ayrıntılı çizim *working file biliş.* çalışma dosyası, çalışma kütüğü *working group biliş.* çalışma grubu, çalışma takımı *working hours* iş saatleri, mesai saatleri *working knowledge* gerekli iş bilgisi *working level mad.* üretim katı

working life ömür, dayanma süresi, çalışma ömrü *working lunch* iş yemeği, işyeri yemeği *working majority* mutlak çoğunluk *working method* iş yöntemi *working model* çalışma modeli *working order* çalışma durumu, bozuk olmama *working party* inceleme heyeti *working population* çalışan nüfus *working registers biliş.* çalışma yazmaçları *working storage biliş.* çalışma belleği *working stress* emniyet gerilmesi *working stroke* iş zamanı *working temperature* çalışma sıcaklığı *working width teks.* yararlı en, kullanılır en

workings /'wö:king/ *a.* çalışma sistemi, işleme sistemi, işleyiş; maden ocağında kazı yapılan yerler

workless /'wö:klis/ *s.* işsiz

workload /'wö:kloud/ *a.* iş yükü

workman /'wö:kmın/ *a.* işçi

workmanlike /'wö:kmınlayk/ *s.* iyi bir işçiye yakışır

workmanship /'wö:kmınşip/ *a.* işçilik, ustalık

workout /'wö:kaut/ *a. kon.* idman, antrenman

workpiece /'wö:kpi:s/ *a.* iş, işlenecek parça

workplace /'wö:kpleys/ *a.* iş yeri

workroom /'wö:krum/ *a.* çalışma odası

works /wö:ks/ *a.* fabrika; mekanizma *works manager* işletmeler müdürü

workshop /'wö:kşop/ *a.* atelye, işyeri, dükkân

workshy /'wö:kşay/ *s.* tembel

workspace /'wö:kspeys/ *a. biliş.* çalışma alanı

workstation /'wö:ksteyşın/ *a. biliş.* iş istasyonu, çalışma yeri

worktable /'wö:kteybıl/ *a.* çalışma masası

worktop /'wö:ktop/ *a.* mutfakta yemek hazırlamak için düz yer

work-to-rule /wö:ktı'ru:l/ *a.* (üretimin yavaşlamasına neden olan) çalışma kurallarına aşırı bağlılık gösterme

workwear /'wö:kweı/ *a.* iş giysisi, tulum

world /wö:ld/ *a.* dünya; çok *for all the world as if/like* tıpkı, aynı, -mış gibi *have the best of both worlds* her iki seçenekten de yararlanabilmek *in the*

world (vurguyu artırmak için kullanılır) **not for the world** hiçbir şekilde, asla **out of this world** *kon.* süper, olağanüstü, müthiş **world power** (Amerika gibi) dünya gücü, güçlü ülke **worlds apart** tamamen farklı, ayrı dünyalara ait
world-class /wö:ld'kla:s/ *s.* dünya çapında iyi
world-famous /wö:ld'feymıs/ *s.* dünyaca ünlü
worldliness /'wö:ldlinis/ *a.* dünyevilik, maddilik
worldly /'wö:ldli/ *s.* dünyevi, maddi
worldly-wise /wö:dli'wayz/ *s.* görmüş geçirmiş, gün görmüş, pişkin
worldwide /wö:ld'wayd/ *s. be.* dünya çapında
worm /wö:m/ *a.* kurt, solucan; korkak, ödlek; sonsuz vida ¤ *e.* ilerletmek; solucanlardan arıtmak, solucanları ayıklamak **worm conveyor** helezoni konveyör, sarmal taşıyıcı **worm feeder** helisel besleyici, sarmal besleyici **worm gear** sonsuz dişli **worm hole** (kereste) kurt deliği, kurt yeniği **worm wheel** sonsuz dişli çarkı **worm out** (bilgi, vb.) elde etmek **worm out of** ağzından almak
wormy /'wö:mi/ *s.* kurtlu; kurt gibi
worn /wo:n/ *s.* çok giyilmiş; aşınmış, yıpranmış; yorgun, halsiz, bitap; eskimiş, demode
worn-out /wo:n'aut/ *s.* yıpranmış, iyice eskimiş; bitkin, çok yorgun
worried /'warid/ *s.* endişeli, kaygılı, üzgün
worrier /'warıı/ *a.* endişeli kimse, kaygılı kimse, üzgün kimse
worriment /'warimınt/ *a.* endişe, kaygı, üzüntü
worrisome /'warisım/ *s.* endişe verici, kaygı verici, üzücü
worry /'wari/ *e.* üzülmek, kaygılanmak, merak etmek; üzmek, kaygılandırmak, rahatsız etmek; musallat olmak, ısırmak ¤ *a.* kaygı, üzüntü, sıkıntı, sıkıntı kaynağı
worse /wö:s/ *s.* daha kötü; daha hasta ¤ *be.* daha kötü; daha çok, daha kötü ¤ *a.* daha kötü şey **a change for the worse** kötü bir değişiklik **none the worse (for)**

(-den) zarar görmemiş
worsen /'wö:sın/ *e.* daha da kötüleşmek; daha da kötüleştirmek
worship /'wö:şip/ *e.* tapmak; ibadet etmek ¤ *a.* ibadet, tapınma; hayranlık, tapma **your Worship** zatıaliniz
worst /wö:st/ *s. be.* en kötü ¤ *a.* en kötü şey, en kötü **at (the) worst** en kötü ihtimalle **do one's worst** elinden gelen kötülüğü yapmak **get the worst of (it)** yenilmek **if the worst comes to the worst** en kötü aksilik çıksa
worsted /'wustid/ *a.* (bükülmüş) yün iplik; yünlü kumaş ¤ *s.* taranmış, kamgarn
wort /wö:t/ *a.* arpa mayası
worth /wö:t/ *s.* değerinde, eder, -lik; -e sahip; (-meye) değer ¤ *a.* değer **be worth its/one's weight in gold** ağırlığınca altına değmek **not worth a dime/red cent** beş para etmez
worthily /'wö:dili/ *be.* yaraşır biçimde, uygun biçimde
worthiness /'wö:dinis/ *a.* değer, liyakat
worthless /'wö:tlis/ *s.* değersiz, kıymetsiz; adi, karaktersiz, kötü
worthwhile /wö:t'wayl/ *s.* harcanan emeğe değer, yapmaya değer
worthy /'wö:di/ *s.* layık, değer, hak eden; saygıdeğer **be worthy of** -e değmek, layık olmak
would /wud/ *e.* (`will'in geçmiş biçimi olarak) -cekti, -caktı; -ecek, -acak; -erdi, -ardı; (hep) -er, -ar **would you** -er misiniz, -ar mısınız
would-be /'wudbi:/ *s.* sözde, sözümona, ... taslağı
wound /wu:nd/ *a.* yara ¤ *e.* yaralamak **lick one's wounds** yaralarını sarmak
woven /'wovın/ *s.* dokuma **woven felt** *teks.* keçe kumaş **woven goods** dokuma kumaşlar
wow /wau/ *ünl. kon.* vay, vay canına
wrack /rek/ *a.* sahil yosunu
wraith /reyt/ *a.* hayalet
wrangle /'rengıl/ *a.* gürültülü tartışma, ağız dalaşı ¤ *e.* atışmak, ağız dalaşı yapmak
wrangler /'renglı/ *a.* kavgacı; *Aİ.* sığırtmaç, kovboy
wrap /rep/ *e.* sarmak; sarmalamak; katlamak, koymak, yaymak, sermek, dolamak ¤ *a.* üste giyilen/örtülen atkı,

şal, vb. şey, örtü **be wrapped up in** kendini kaptırmak/iyice vermek/adamak **wrap up** sıcak giysiler giymek, bürünmek; gizlemek; sarmak, sarmalamak, ambalajlamak; *kon.* tamamlamak, bitirmek

wraparound /'repıraund/ *s.* saran, kaplayan **wraparound windscreen/windshield** panoramik ön cam

wrapper /'repı/ *a.* (postayla gönderilen) gazete, kitap, dergi, vb.'ne sarılan kâğıt kap; sabahlık

wrapping /'reping/ *a.* ambalaj, sargı **wrapping paper** ambalaj kâğıdı

wrath /rot/ *a.* gazap, öfke

wrathful /rotful/ *s.* gazaba gelmiş, öfkeli

wreak /ri:k/ *e.* (on ile) (öfke, hırs, vb.) almak, çıkarmak

wreath /ri:t/ *a.* çelenk; çiçekten yapılmış taç; duman, vb. halkası

wreathe /ri:d/ *e.* sarmak, kaplamak; (duman, vb.) süzülmek **wreathed column** *inş.* burmalı sütun

wreck /rek/ *a.* gemi enkazı; enkaz, mahvolmuş şey/kimse; mahvolma, yok olma, suya düşme; hurda, harabe, virane ¤ *e.* mahvolmasına neden olmak; enkaz haline getirmek; mahvetmek, yok etmek, suya düşürmek **wrecking bar** *inş.* sökme manivelası

wreckage /'rekic/ *a.* enkaz, yıkıntı, kalıntı

wrecker /'rekı/ *a. Aİ.* oto kurtarma aracı, kurtarıcı

wren /ren/ *a.* çalıkuşu, çitkuşu

wrench /renç/ *e.* zorlayarak çekmek/asılmak/bükmek/kanırtmak; burkmak ¤ *a.* çekme, bükme, asılma; burkma; *Aİ.* ingiliz anahtarı, ayarlı anahtar; *İİ.* kurbağacık, ayarlı pense

wrest /rest/ *e.* çekmek, asılmak, kanırtmak, çekip almak; burkmak; (zorla) elde etmek; (anlamını, vb.) saptırmak

wrestle /'resıl/ *e.* güreşmek, güreş yapmak; boğuşmak, didinmek; damgalamak için hayvanı yere yatırmak ¤ *a.* güreş; boğuşma, didinme, mücadele

wrestler /'reslı/ *a.* güreşçi, pehlivan

wrestling /'resling/ *a.* güreş, pehlivanlık

wretch /reç/ *a.* zavallı kimse, gariban; aşağılık kimse; işe yaramaz kimse/hayvan

wretched /'reçid/ *s.* perişan, zavallı; berbat, rezil, kötü

wriggle /'rigıl/ *e.* solucan gibi kıvrılmak, kıpır kıpır etmek; kıpır kıpır oynatmak; rahatsız etmek, keyfini kaçırmak ¤ *a.* kıpır kıpır etme **wriggle out of** kaçmak

wriggler /'riglı/ *a.* kıvranan/kıvrılan şey/kimse; sivrisinek türfesi

wring /ring/ *e.* burmak, bükmek; sıkmak; sıkıp (suyunu) çıkarmak; zorla almak/elde etmek ¤ *a.* sıkma **wringing machine** sıkma makinesi **wringing wet** sırılsıklam

wringer /'ringı/ *a.* çamaşır mengenesi, sıkmaç

wrinkle /'rinkıl/ *a.* kırışıklık; *kon.* ipucu ¤ *e.* kırıştırmak, buruşturmak; kırışmak, buruşmak **wrinkle-resistant finish** *teks.* buruşmazlık apresi

wrinkly /'rinkli/ *s.* (kaş, vb.) çatık; buruşuk, kırışık

wrist /rist/ *a.* kol bileği, bilek **wrist bone** bilek kemiği **wrist joint** bilek

wristlet /'ristlit/ *a.* bilezik; bileklik, bilek bağı

wristwatch /'ristwoç/ *a.* kol saati

writ /rit/ *a.* ferman, ilam, buyruk **writ of attachment** haciz emri **writ of execution** icra emri **writ of summons** celpname, mahkeme çağrı emri

write /rayt/ *e.* yazmak **write a cheque (to sb)** (birine) çek yazmak **write down** kaydetmek, yazmak, not almak; nominal değerini azaltmak **write head** *biliş.* yazma kafası **write in** mektupla başvurmak **write off** çizmek, listeden çıkarmak; silmek, iptal etmek hurda haline getirmek **write out** hepsini yazmak, tam olarak yazmak; (çek, vb.) yazmak **write rate** *biliş.* yazma hızı **write ring** *biliş.* yazma halkası **write time** *biliş.* yazma zamanı **write up** öyküsünü yazmak; övgüyle söz etmek; değerini yüksek göstermek **write-protect notch** *biliş.* yazma engeli çentiği, koruma çentiği

write-off /'raytof/ *a.* hurdaya/harabeye dönmüş şey, hurda; zarar olarak kabul edilen miktar

write-up /'raytap/ *a. kon.* makale, yazı; kritik, eleştiri yazısı; değerinden yüksek gösterme

writer /'raytı/ *a.* yazar

writhe /rayd/ *e.* kıvranmak, debelenmek

writing /'rayting/ *a.* yazı; yazma; yazarlık; el yazısı *see the writing on the wall* mahvolmanın yakın olduğunun farkına varmak *writing head biliş.* yazma kafası *writing pad* bloknot *writing paper* yazı kâğıdı *writing table* yazı masası

written /'ritın/ *s.* yazılı *written language* yazı dili *written law* kayda geçmiş kanun

wrong /rong/ *s.* yanlış; uygunsuz, ters; haksız; kötü, ahlakdışı; bozuk ¤ *be.* yanlış bir şekilde, yanlış ¤ *a.* ahlak açısından yanlış olan şey, yanlış; haksızlık ¤ *e.* haksızlık etmek, günahını almak *What's wrong with ...* -in nesi var *wrong side* arka yüz, ters yüz *get sth wrong* yanlış anlamak *go wrong* hata yapmak, yanılmak; kötü sonuçlanmak, ters gitmek; bozulmak, arıza yapmak *in the wrong* hatalı, kabahatli

wrongdoer /'rongdu:ı/ *a.* kötülük eden kimse; günahkâr

wrongdoing /'rongdu:ing/ *a.* kötülük; suç; günah

wrongful /'rongfıl/ *s.* haksız; yasaya aykırı

wrongly /'rongli/ *be.* yanlışlıkla; haksız yere

wroth /rout/ *s.* öfkeli, hiddetli

wrought /ro:t/ *s.* işlenmiş; çekiçle dövülmüş *wrought iron* dövme demir

wry /ray/ *s.* eğri, çarpık; hoşnutsuzluk belirten *make a wry face* yüzünü ekşitmek

wryneck /'raynek/ *a. hayb.* dönerboyun

wye /way/ *a.* Y biçimli boru *wye junction* Y kavşağı

X

X, x /eks/ *a.* İngiliz abecesinin yirmi dördüncü harfi; Romen rakamlarından 10; *mat.* bilinmeyen sayı, x *X frame oto.* X şeklinde şasi, X biçimli çatkı *x plate elek.* x plakası *X shaped* X biçimli *x-axis mat.* x-ekseni *X-band elek.* X bandı *X-cut fiz.* X kesimi *X-*

intercept *mat.* X-eksenini kestiği nokta, X-kesisi *x-position biliş.* x-konumu *X-punch biliş.* X deliği *X-radiation* X ışını radyasyonu *X-ray* röntgen ışını; röntgen filmi; röntgen muayenesi; röntgenini çekmek *X-unit fiz.* X-ışını birimi *X-wave fiz.* X dalgası *x-y plotter biliş.* x-y çizicisi, veri çizicisi

xanthate /'zenteyt/ *a.* ksantat, ksantogenat

xanthein /'zenti:n/ *a.* sarı çiçek boyası

xanthine /'zenti:n/ *a. kim.* ksantin

xanthippe /zen'tipi/ *a.* şirret, cadaloz, eli maşalı kadın

xanthophyll /'zentoufil/ *a.* ksantofil

xenogamy /ze'nogımi/ *a. bitk.* çapraz tozlaşma

xenon /'zenon/ *a. kim.* ksenon *xenon effect fiz.* ksenon etkisi *xenon lamp* ksenon lambası *xenon override* ksenon bastırma *xenon poisoning* ksenon zehirlenmesi

xenophobia /zenı'foubiı/ *a. ruhb.* yabancı düşmanlığı

xenophobic /zenı'foubik/ *s. ruhb.* yabancı sevmez, yabancı düşmanı

xerasia /zi'reyzı/ *a. hek.* saç kuruluğu

xerographic /ziırı'grefik/ *s.* kserografik *xerographic printer* kserografik yazıcı

xerography /zi'rogrıfi/ *a.* kserografi

xerophilous /zi'rofilıs/ *s.* kurakçıl

xerophyte /'ziırıfayt/ *a.* kurakçıl bitki

xerox /'ziıroks/ *e.* fotokopi çekmek ¤ *a.* fotokopi

xiphoid /'zifoyd/ *s.* kılıç biçiminde

Xmas /'krismıs/ *a. kon.* Noel

xylan /'zaylen/ *a. kim.* ksilan

xylem /'zaylım/ *a.* odunsu doku

xylene /'zayli:n/ *a.* ksilen

xylidine /'zaylidi:n/ *a.* ksilidin

xylograph /'zaylıgra:f/ *a.* tahta kalıptan resim

xylophone /'zaylıfoun/ *a. müz.* ksilofon

xylose /'zaylouz/ *a.* ksiloz, odun şekeri

Y

Y, y /way/ *a.* İngiliz abecesinin yirmi beşinci harfi

yacht /yot/ *a.* yat

yachting /'yoting/ a. yatçılık, kotracılık
yachtsman /'yotsmın/ a. yatçı
yachtsmanship /'yotsmınşip/ a. yatçılık
yah /ya:/ ünl. ya!; ah; kon. evet!, he!
yahoo /yı'hu:, 'ya:hu:/ a. kaba herif, ayı, kıro, maganda
yak /yek/ a. hayb. yak, tibetöküzü ¤ e. kon. laklak etmek, havadan sudan konuşmak
yam /yem/ a. Aİ. tatlı patates
yammer /'yemı/ e. Aİ. sızlanmak, yakınmak; durmadan konuşmak, kafa şişirmek
Yank /yenk/ a. kon. bkz. Yankee
yank /yenk/ e. kon. birden hızla çekmek ¤ a. birden hızla çekme
Yankee /'yenki:/ a. kon. (Kuzey) Amerikalı
yap /yep/ e. (köpek) acı acı havlamak; arg. zırvalamak, gevezelik etmek, geyik muhabbeti yapmak ¤ a. acı acı havlama; arg. gevezelik, geyik muhabbeti
yard /ya:d/ a. yarda (0.914 m.); den. seren; avlu; belli bir amaç için ayrılmış (kapalı) yer yard goods yardayla satılan kumaş
yardage /'ya:dic/ a. yarda ölçüsüyle uzunluk
yardarm /'ya:da:m/ a. den. seren ucu
yardman /'ya:dmın/ a. manevracı; serenlerde çalışan tayfa
yardstick /'ya:dstik/ a. bir yardalık ölçü çubuğu; ayar, miyar
yarn /ya:n/ a. iplik; kon. hikâye, masal, maval; seyahat macerası ¤ e. kon. (seyahat maceraları, vb.) anlatmak, muhabbet etmek yarn count teks. iplik numarası yarn dyeing teks. iplik boyama yarn dyeing apparatus teks. iplik boyama makinesi yarn dyeworks teks. iplik boyahanesi yarn finishing teks. iplik apresi yarn mercerizing teks. iplik merserizasyonu yarn mercerizing machine teks. iplik merserize makinesi yarn number teks. iplik numarası yarn printing teks. iplik basmacılığı yarn printing machine teks. iplik basma makinesi yarn singeing teks. iplik yakma yarn singeing machine teks. iplik yakma makinesi
yaw /yo:/ e. den. rotadan çıkmak, yalpa vurmak; hav. sağa sola sapmak, yunuslama hareket etmek; mec. tereddüt etmek, şaşırmak yaw meter hav. yunuslama ölçü aygıtı yawing moment hav. yunuslama momenti
yawl /yo:l/ a. yelkenli; gemi sandalı, filika
yawn /yo:n/ e. esnemek ¤ a. esneme
ye /yi:/ adl. esk. sen, siz
yea /yey/ a. olumlu oy, kabul oyu, olumlu oy veren kimse, olumlu yanıt
yeah /yeı/ be. kon. evet
yean /yi:n/ e. yavrulamak, doğurmak
yeanling /yi:nling/ a. kuzu; oğlak
year /yiı/ a. yıl, sene all the year round bütün yıl boyunca year end yıl sonu year of assessment tahakkuk yılı
yearbook /'yiıbuk/ a. yıllık
yearling /'yiıling, 'yö:ling/ a. bir yaşındaki hayvan yavrusu; bir yıllık bitki; (at yarışı) bir yaşındaki taylar yarışı ¤ s. bir yıllık, bir yaşındaki yearling wool teks. ilk kırkım yünü
yearlong /'yiılong/ s. bir yıl süren
yearly /'yiıli/ s. be. her yıl; yılda bir kere yearly precipitation metr. yıllık yağış
yearn /yö:n/ e. görmek için can atmak, istemek; can atmak, yanıp tutuşmak, çok istemek
year-round /yiı'raund/ s. bütün yıl süren
yeast /yi:st/ a. maya, bira mayası yeast fungus maya mantarı
yeasty /'yi:sti/ s. mayalı
yeggman /'yegmın/ a. hırsız
yell /yel/ e. (at/out ile) bağırmak, haykırmak ¤ a. bağırış, feryat, çığlık; Aİ. tezahürat
yellow /'yelou/ a. sarı renk; yumurta sarısı ¤ s. sarı; arg. ödlek, korkak as yellow as a guinea (hastalıktan dolayı) sapsarı turn yellow tavşan yürekli olmak yellow brass sarı pirinç yellow earth sarı toprak yellow fever hek. sarı humma yellow ochre toprakboya yellow screen fot. sarı filtre
yelp /yelp/ a. ciyaklama ¤ e. ciyak ciyak bağırmak, ciyaklamak
yen /yen/ a. yen, Japon parası; şiddetli istek, tutku, arzu
yeoman /'youmın/ a. küçük çiftçi
yep /yep/ be. kon. evet, he, olur
yes /yes/ be. evet, olur; elbette, hayhay, baş üstüne ¤ a. olumlu yanıt; olumlu oy;

olur sözü, olur

yes-man /'yesmen/ *a. hkr.* yağcı, dalkavuk, evetefendimci

yester /'yestı/ *s. esk.* geçen; dünkü

yesterday /'yestıdi/ *a. be.* dün

yet /yet/ *be.* henüz, daha; şu ana kadar, hâlâ; şu anda, şimdi; hâlâ; ilerde, şu anki duruma rağmen, hâlâ ¤ *bağ.* ama, yine de; aynı zamanda *as yet* şu/o ana kadar

yew /yu:/ *a. bitk.* porsukağacı

yield /yi:ld/ *e.* ürün/meyve vermek; (kâr) getirmek; çökmek, bel vermek, eğilmek, kırılmak; boyun eğmek; teslim olmak; teslim etmek, vermek ¤ *a.* ürün; kazanç, gelir, getiri, kâr; verim, randıman *yield curve* verim eğrisi, randıman eğrisi *yield of sugar* şek. şeker randımanı *yield per hectare* hektar verimi, hektar randımanı *yield point* akma noktası, akma sınırı *yield point elongation* akma sınırı uzaması *yield strain* akma uzaması, akma gerinimi *yield strength* akma mukavemeti, akma dayancı *yield stress* akma gerilmesi, sünme gerilmesi *yield to maturity* vadeye kadar olan verim

yielding /'yi:lding/ *s.* gevşek, kağşar, süner, zayıf *yielding point* inş. esneklik sınırı, akma sınırı, sünme noktası

yippee /yi'pi:/ *ünl. kon.* yaşasın, yihhu

yoheave-ho /youhi:v'hou/ *ünl.* heyamola!

yoyo /'youyou/ *a.* yoyo

yob /yob/ *a.* hödük, ayı

yodel /'youdl/ *e.* sesinin perdesini sık sık değiştirerek şarkı söylemek

yoga /'yougı/ *a.* yoga

yoghurt /'yogıt/ *a.* yoğurt

yogi /'yougi/ *a.* yoga öğretmeni, yogi

yoke /youk/ *a.* boyunduruk; bağ; hizmet, kulluk; boyunduruğa koşulmuş çift hayvan ¤ *e.* boyunduruğa koşmak; bağlamak; birlikte çalışmak

yokel /'youkıl/ *a. hkr.* hödük, maganda, kıro

yolk /youk/ *a.* yumurta sarısı; *teks.* yün yağıltısı

yon /yon/ *s.* oradaki, ötedeki; şu, ilerideki, ileride görülen

yonder /'yondı/ *s.* ötedeki, şuradaki,

oradaki ¤ *be.* ötede, şurada, orada; öteye, şuraya, oraya

yore /yo:/ *a.* eski zaman, geçmiş

you /yı, yu, yu:/ *adl.* sen, siz; seni, sizi; sana, size

young /yang/ *s.* genç; yeni, taze, körpe ¤ *a.* (the ile) gençler, gençlik; (hayvan) yavru *young valley* coğ. genç vadi, genç koyak

youngster /'yangstı/ *a.* çocuk, delikanlı

your /yı; yo:/ *s.* senin, sizin

yours /yo:z/ *adl.* senin, sizin, seninki, sizinki

yourself /yı'self, yo:'self/ *adl.* kendin, kendiniz, kendine, kendini

yourselves /yo:'selvz/ *adl.* kendiniz

youth /yu:t/ *a.* gençlik; gençler, gençlik; genç adam, genç

youthful /'yu:tfıl/ *s.* genç; taze; gençlere özgü, gençlere yakışır

youthfulness /'yu:tfılnis/ *a.* gençlik

yowl /yaul/ *e.* ulumak, ürümek; miyavlamak

ytterbium /i'tö:biım/ *a. kim.* iterbiyum

yttrium /'itriım/ *a. kim.* itriyum

yucca fiber /'yakı 'faybı/ *a.* yukka lifi

yuck /yak/ *ünl. arg.* öğ!, berbat!

yule /yu:l/ *a.* Noel

yummy /'yami/ *s.* harika, şahane

yum-yum /yam'yam/ *ünl.* mm!, nefis!, harika!

yuletide /'yu:ltayd/ *a.* Noel

yuppie /'yapi/ *a.* genç ve hırslı para avcısı

Z

Z, z /zed/ *a.* İngiliz abecesinin yirmi altıncı ve son harfi

zany /'zeyni/ *a.* soytarı ¤ *s.* komik, saçma ve gülünç

zap /zep/ *e.* yok etmek, öldürmek; gidivermek, yapıvermek; zaping yapmak, kanal değiştirmek ¤ *a.* enerji, şevk

zapper /zep/ *a.* uzaktan kumanda aygıtı

zaratite /'zerıtayt/ *a. min.* zaratit

zeal /zi:l/ *a.* istek, heves, çaba, gayret, şevk; coşkunluk, hararet

zealot /'zelıt/ *a.* bağnaz, fanatik

zealotry /'zelıtri/ *a.* bağnazlık, fanatiklik

zealous /'zelıs/ *s.* gayretli, istekli, şevkli, hararetli, coşkun

zebra /'zi:brı/ *a. hayb.* zebra ***zebra crossing*** yaya geçidi

zebu /'zi:byu:, 'zi:bu:/ *a. hayb.* hörgüçlü inek, zebu

zed /zed/ *a. İİ.* `z' harfi

zee /zi:/ *a. Aİ.* `z' harfi

zein /'zi:in/ *a. kim.* zein

Zen /zen/ *a.* Zen-Budizm

Zener /'zi:nı/ *a.* Zener ***Zener current*** Zener akımı ***Zener diode*** Zener diyodu ***Zener effect*** Zener etkisi, Zener olayı ***Zener voltage*** *elek.* Zener gerilimi

zenith /'zenit/ *a. gökb.* başucu, zenit; doruk, zirve ***zenith distance*** *gökb.* zenit uzaklığı, başucu uzaklığı ***zenith telescope*** *gökb.* zenit teleskopu, başucu ırakgörürü ***zenithal chart*** *gökb.* azimut haritası

zeolite /'zi:ılayt/ *a.* zeolit

zephyr /'zefı/ *a.* hafif esinti, meltem; batı rüzgârı; *teks.* zefir ***zephyr worsted*** zefir yün ipliği ***zephyr yarn*** zefir ipliği

zeppelin /'zepılin/ *a.* zeplin, hava gemisi

zero /'zıırou/ *a.* sıfır ***zero-access storage*** *biliş.* sıfır erişimli bellek ***zero-address instruction*** *biliş.* sıfır adres komutu ***zero allomorph*** sıfır alomorf, sıfır değişke ***zero anaphora*** sıfır yinelem ***zero beat*** *fiz.* sıfır batman, sıfır vuru ***zero bias*** *biliş.* sıfır öngerilim ***zero bit*** *biliş.* sıfır biti ***zero bond*** sıfır kuponlu tahvil ***zero compression*** *biliş.* sıfır kompresyonu, sıfır sıkışımı ***zero condition*** *biliş.* sıfır durumu ***zero connector*** sıfır bağlayıcı ***zero-dimensional*** sıfır boyutlu ***zero elimination*** *biliş.* sıfırları eleme ***zero-field emission*** *elek.* sıfır alan emisyonu, sıfır alan salımı ***zero fill*** *biliş.* sıfır doldurmak ***zero hour*** (eylem) başlangıç saati ***zero-length launcher*** *ask.* sıfır safhalı roketatar ***zero level*** sıfır seviyesi, sıfır düzeyi ***zero line*** *fiz.* sıfır çizgisi ***zero-morpheme*** sıfır biçimbirim ***zero output*** *biliş.* sıfır çıktı ***zero output signal*** *biliş.* sıfır çıktı işareti ***zero point*** sıfır noktası; nötr nokta ***zero potential*** *elek.* sıfır potansiyel ***zero power level*** sıfır güç düzeyi ***zero-power reactor*** *fiz.*

sıfır-güçlü reaktör ***zero resistance*** *elek.* sıfır direnç ***zero state*** *biliş.* sıfır durumu ***zero suppression*** *biliş.* sıfır bastırma, sıfır kaldırma

zest /zest/ *a.* tat, lezzet, çeşni; zevk, hoşlanma; şevk, heyecan; gayret azim ***add zest to*** -e heyecan ve çeşni katmak ***zest for life*** yaşama coşkusu

ziggurat /'ziguret/ *a.* zigurat

zigzag /'zigzeg/ *a.* zikzak ¤ *e.* zikzak yapmak ***zigzag riveting*** zikzak perçinleme

zilch /zilç/ *a. Aİ.* sıfır, hiçbir şey

zinc /zink/ *a. kim.* çinko, tutya ***zinc alloy*** çinko alaşımı ***zinc coated*** *met.* çinko örtülü ***zinc coating*** *met.* çinko örtü ***zinc dust*** çinko tozu ***zinc sheet*** çinko levha ***zinc white*** çinko beyazı, çinko oksit ***zinc yellow*** çinko sarısı

zincate /'zinkeyt/ *a.* zinkat

zinnia /'ziniı/ *a. bitk.* zenya

Zionism /'zayınizım/ *a.* Siyonism

zip /zip/ *a.* fermuar; (kurşun) vız sesi; güç, çaba, enerji ¤ *e.* fermuarla açmak/kapatmak; vınlamak; (up ile) *İİ.* (elbisenin) fermuarını çekmek ***zip code*** *Aİ.* posta kodu

zip-fastener /zip'fa:sını/ *a.* fermuar

zipper /'zipı/ *a.* fermuar ***zipper bag*** fermuarlı çanta

zippy /'zipi/ *s.* hareketli, enerjik

zircon /'zö:kon/ *a. min.* zirkon

zirconium /zö:'kouniım/ *a. kim.* zirkonyum ***zirconium lamp*** zirkonyum tüpü

zither /'zidı/ *a. müz.* kanun

zitherist /'zidırist/ *a. müz.* kanuni, kanuncu

zizz /ziz/ *a. İİ. kon.* şekerleme, kestirme, kısa uyku ¤ *e.* kestirmek, şekerleme yapmak

zodiac /'zoudiek/ *a.* burçlar kuşağı, zodyak ***signs of the zodiac*** on iki burç

zodiacal /zou'dayıkıl/ *s.* zodyak ile ilgili ***zodiacal constellation*** *gökb.* burçlar takımyıldızı ***zodiacal light*** *gökb.* burçlar ışığı

zoic /'zouik/ *s.* hayvansal; fosilleşmiş hayvanlar içeren

zombi(e) /'zombi/ *a.* ölüleri dirilten doğaüstü kuvvet; doğaüstü güçlerle canlanan ceset; (kimi kabilelerde) yılan tanrısı; *hkr.* uyuşuk kimse, ölü gibi hareket eden kimse, ruh

zonal /'zounıl/ *s.* bölgelerle ilgili *zonal fossil* kılavuz fosil, kılavuz taşıl

zonate /'zouneyt/ *s.* bölgelere ayrılmış, kuşaklara ayrılmış; bölgeli, bölgeler halinde

zone /zoun/ *a.* kuşak; bölge ¤ *e.* bölgelere ayırmak; çevirmek, sarmak *zone bit biliş.* bitler kümesi *zone digits biliş.* bölge sayıları *zone punch biliş.* bölge delgisi *zone refining* bölgesel arıtma *zone time gökb.* bölge zamanı

zoning /'zouning/ *a.* bölgeleme, bölgelere ayırma *zoning plan* imar planı, bölgeleme tasarı

zonked /zonkt/ *s. arg.* (içki/uyuşturucu ile) zom olmuş, uçmuş, kafayı bulmuş

zoo /zu:/ *a.* hayvanat bahçesi

zooblast /'zouıblest/ *a.* hayvan hücresi

zoochemistry /zouı'kemistri/ *a.* zoşimi, hayvan kimyası

zoogeny /zou'ocıni/ *a.* hayvan türlerinin oluşumu

zoogamy /zou'ogımi/ *a.* cinsel üreme

zoolite /'zouılayt/ *a.* hayvan fosili

zoological /zouı'locikıl/ *s.* hayvansal, zoolojik; hayvanbilimsel, zoolojik *zoological garden* hayvanat bahçesi

zoologist /zou'olıcist/ *a.* hayvanbilimci, zoolog

zoology /zou'olıci, zu'olıci/ *a.* hayvanbilim, zooloji

zoom /zu:m/ *e.* vınlamak, vızıldamak; (uçak) gürültü ile dikine yükselmek; zum yapmak, optik düzenle cismi yakın gibi göstermek ¤ *a.* vınıltı, vızıltı; dikine yükselme; zum yapma *zoom lens* zum merceği, değişir odaklı mercek

zoometry /zou'omitri/ *a.* hayvan ölçümü, hayvan bedeninin ölçülmesi

zoophile /'zouıfayl/ *a.* hayvansever, hayvan dostu

zoophyte /'zouıfayt/ *a.* bitkimsi hayvan

zootomy /zou'otımi/ *a.* zootomi, karşılaştırmalı hayvan anatomisi

zoster /'zostı/ *a. hek.* zona, zoster

zucchini /zu:'ki:ni/ *a. Aİ. bitk.* kabak, yeşil dolma kabağı

zwieback /'zwaybek/ *a.* peksimet

zwitterion /'tsivitırayın/ *a.* zwitterion, ikiz iyon

zygoma /zay'goumı/ *a.* elmacıkkemiği

zygote /'zaygout/ *a. biy.* zigot

zymase /'zaymeys/ *a. kim.* zimaz, maya özü

zymosis /zay'mousis/ *a.* mayalanma, fermentasyon; bulaşıcı hastalık

zymotic /zay'motik/ *s.* mayalanmayla ilgili; mayalanmadan ileri gelen; bulaşıcı hastalıkla ilgili *zymotic disease* bulaşıcı hastalık

FONO

İ N G İ L İ Z C E

BÜYÜK SÖZLÜK

———————

Part II

Turkish - English

FONO BÜYÜK SÖZLÜK

Türkçe - İngilizce

© Fono Açıköğretim Kurumu

hazırlayan

Ali BAYRAM

SÖZLÜK HAKKINDA

Sözlüklerin temel işlevinin güncel konuşma ve yazı dilini yansıtmak olduğunu düşünerek bu sözlüğün dağarcığını çağdaş Türkçe ve İngilizceden oluşturmaya özen gösterdik. Elden geldiğince Türkçe argoya İngilizce argo ile, Türkçe deyime İngilizce deyim ile karşılık vermeye çalıştık; kullanılan sözcüğün eski mi, resmi mi, argo mu, kaba mı, küçültücü mü, övücü mü, hakaret yollu mu, şaka yollu mu, konuşma diline mi özgü, İngiliz İngilizcesine mi özgü, Amerikan İngilizcesine mi özgü olduğunu göstermek için çeşitli kısaltmalar kullandık. Türünün standart özelliklerinin yanı sıra, siz okurlarımızı yönlendirmek ve bilgilendirmek için sözlüğe çeşitli yenilikler ekledik, bu nedenle aşağıdaki noktaları akılda tutmanız, sözlüğü daha etkin olarak kullanmanızı sağlayacaktır.

* Sözcük türünü gösteren *a.* (ad), *adl.* (adıl, zamir), *bağ.* (bağlaç), *be.* (belirteç), *e.* (eylem), *ilg.* (ilgeç, edat), *s.* (sıfat), *ünl.* (ünlem) kısaltmaları ana girişten sonra verilmiş, aynı girişin sözcük türü değişiyorsa bu ¤ ile belirtilmiştir.

acele *a.* haste, hurry, rush, precipitation *res.* ¤ *s.* urgent, hasty, hurried, precipitate, pressing, immediate ¤ *be.* hastily, in a hurry

* Zaman zaman Türkçe maddebaşı sözcüğün eşanlamlısı yıldız iminden (*) sonra belirtilmiştir. (Bunun uygulamadaki bir yararı da, verilen İngilizce karşılıklardan istediğimizi daha kolay seçmemizi sağlamasıdır. Aşağıdaki örneğe göre, **âdet** sözcüğünü "aybaşı" anlamında kullanmak istediğimizi varsayalım, bu durumda "menstruation" ya da "periods" sözcüğünü kullanmamız gerektiğini kolayca anlayabiliriz.)

âdet *a.* **1.** habit * alışkı **2.** custom, usage, practice * töre **3.** menstruation, periods * aybaşı

* *arg., esk., hkr.* gibi kısaltmalar bize sözcüğün nasıl bir niteliği olduğu hakkında bilgi verir. Aşağıdaki örnekten Türkçe

abazan sözcüğünün argo bir sözcük olduğunu, "uzun süre ilişkide bulunmamış, aşırı istekli" anlamı için argoda "horny" sözünün kullanıldığını, "randy" sözcüğünün İngiliz İngilizcesinde konuşma dilinde, "raunchy" sözcüğünün ise Amerikan İngilizcesinde konuşma dilinde kullanıldığını anlıyoruz. Bu sözcüğün "aç, yoksul" anlamları için İngilizce "poor, destitute, hungry" karşılıkları verilmiştir. (Bu tür kısaltmalar için sözlüğün başında verilen listeye bakınız.)

abazan *s.* **1.** horny arg, randy *İİ/kon.*, raunchy *Aİ/kon.* **2.** poor, destitute, hungry

* Aranan İngilizce karşılığın daha kolay bulunabilmesi için - özellikle çokanlamlı Türkçe sözcüklerde- ayraç içinde kısa açıklamalar verilmiştir. Aşağıdaki örneğe göre, **kabuk** sözcüğü ile **ağaç kabuğu**nu kastediyorsak "bark"; **meyve** ya da **sebze** kabuğunu kastediyorsak "pod, rind, peel, shell, skin, jacket"; **yeryüzü kabuğu**nu kastediyorsak "crust"; **yara kabuğu**nu kastediyorsak "scab" sözcüğünü kullanabiliriz. (Bu örnekte ayrıca **4.** ve **5.** karşılıklar için de ipuçları olduğuna dikkat ediniz.)

kabuk *a.* **1.** outer covering, cover **2.** (ağaç) bark **3.** (meyve, sebze) pod, rind, peel, shell, skin, jacket **4.** peelings * soyuntu **5.** *hayb.* skin, scale, shell, carapace **6.** (yeryüzü) crust **7.** (yara) scab

* Sözlükte maddebaşı olan sözcüğün altında yer alan yan girişler, kolayca bulunması amacıyla tümüyle alfabetik olarak verilmiştir.

* Sözlükte kullanılan diğer kısaltmaları, sözlüğün birinci bölümünün başında bulabilirsiniz.

A

A, a *a.* the first letter of the Turkish alphabet

a *ünl.* oh!

ab *a. esk.* water

aba *a.* aba, coarse woolen cloth **aba altından değnek göstermek** to use an iron hand in a velvet glove **(birine) abayı yakmak** to fall in love (with sb)

abacı *a.* aba maker; aba seller **abacı kebeci (ya) sen neci?** what's it to you?

abacılık *a.* aba making

abadi *a.* Manila paper

abajur *a.* lampshade, shade; floor lamp, table lamp; *inş.* skylight

abajurcu *a.* maker/seller of lampshades

abak *a.* spinner

abaka *a.* abaca

abaküs *a.* abacus * sayıboncuğu, çörkü

abalı *s.* wearing an aba; *mec.* poor, wretched ¤ *a.* scapegoat, fall guy *Aİ.*

abandone *a, sp.* abandonment, concession **abandone etmek** to concede defeat

abanmak *e.* to lean against, to lean over, to push against; *arg.* to batten on sb *hkr.*

abanoz *a.* ebony **abanoz gibi** a) black as ebony b) very hard, tough **abanoz kesilmek** a) to become as hard as ebony b) lo lose its lustre

abanozgiller *a, bitk.* ebenaceae

abanozlaştırmak *e.* to ebonize

abartı *a.* exaggeration * mübalağa

abartıcı *s.* who exaggerates ¤ *a.* exaggerator * mübalağacı

abartılı *s.* exaggerated, inflated * mübalağalı

abartılmak *e.* to be exaggerated, to be inflated * mübalağa edilmek

abartma *a.* exaggeration * mübalağa

abartmacı *s.* (habitually) exaggerating ¤ *a.* exaggerator

abartmacılık *a.* habit of exaggerating

abartmak *e.* to exaggerate, to magnify, to overstate, to romanticize, to romance, to blow sth up * mübalağa etmek

abartmalı *s.* exaggerated

abaşo *s, den.* lower

abat *s, esk.* prosperous, flourishing * bay-ındır, mamur

abataj *a.* mining

Abaza *a.* Abkhasian

abazan *s, arg.* horny *arg.*, randy *İİ./kon.*, raunchy *Aİ./kon.*; poor, destitute, hungry

abazanlık *a, arg.* horniness, randiness, raunchiness

Abbasi *a.* Abbasid

abdal *a.* wandering dervish

abdüktör *a.* abductor

abdülleziz *a, bitk.* earth almond

abe *ünl.* Hey!

abece *a.* alphabet * alfabe

abecesel *s.* alphabetic(al) * alfabetik
    abecesel dizgi alphabetic string
    abecesel dizin alphabetical index
    abecesel sözcük alphabetic word
    abecesel veri alphabetic data

abeci *a. arg.* foolish ¤ *a.* fool, idiot

abelit *a.* abelite

aberasyon *a.* aberration * sapınç

abes *s.* unreasonable, foolish; unnecessary, useless **(söz) abes kaçmak** to be out of place, to be improper, to be amiss **abesle uğraşmak** to waste one's time, to fool around

Abhaz *a. s.* Abkhaz, Abkhas, Abkhazian, Abkhasian

Abhazca *a. s.* Abkhaz, Abkhas, Abkhazian, Abkhasian

Abhazya *a.* Abkhazia, Abkhasia

abıhayat *a.* water of life * bengisu
    abıhayat içmiş looking young despite his age

abi *a, kon.* older brother

abide *a.* monument, memorial * anıt

abideleşmek *e.* to be commemorated, to be memorialized * anıtlaşmak

abideleştirmek *e.* to commemorate * anıtlaştırmak

abidevi *s.* monumental

abis *a.* abyss

abisal *s.* abyssal

Abisinya *a.* Abyssinia

abiye *s.* dressy, smart

abiyetat *a.* abietate

abiyetik asit *a.* abietic acid

abiyogenez *a.* abiogenesis, spontaneous generation

abiyotik *s.* abiotic

abla *a.* elder sister

ablacı *a, arg.* lesbian

ablak *s.* round, chubby
ablalık *a.* being an elder sister
ablasyon *a.* ablation
ablatif *a, dilb.* ablative * çıkma durumu
ablatya *a.* seine, large fishing net
abli *a, den.* vang **abliyi kaçırmak/bırakmak** *mec.* to be flabbergasted
abluka *a.* blockade **abluka etmek** to blockade **abluka altına almak** to blockade **ablukaya almak** to blockade **ablukayı kaldırmak** to raise the blockade **ablukayı yarmak** to run the blockade
abomasum *a.* abomasum
abone *a.* subscription; subscriber **abone bedeli/ücreti** subscription, subscription fee **abone olmak** to subscribe (to) **aboneyi kesmek** to cancel a subscription
abonelik *s.* having ... subscribers
abonman *a.* subscription; season ticket; *kon.* bus ticket
aborda *a, den.* alongside **aborda etmek** to go alongside
abosa *ünl. den.* Avast!
abra *a.* counterweight, makeweight
abrakadabra *a.* abracadabra
abrama *a, den.* steering * idare
abramak *e, den.* to steer * idare etmek, yönetmek
abraş *s.* speckled, dappled; *bitk.* chlorotic
abrazyon *a.* abrasion
abreaksiyon *a.* abreaction
absida *a.* apse
absolüsyon *a. din.* (Hıristiyanlık) absolution
absorban *s.* absorbent
absorbe *s.* absorbed **absorbe etmek** to absorb
absorplayıcı *a. s.* absorbent
absorplayıcılık *a.* absorbency
absorpsiyon *a.* absorption * emme **absorpsiyon bandı** absorption band **absorpsiyon eğrisi** absorption curve **absorpsiyon hızı** rate of absorption **absorpsiyon katsayısı** coefficient of absorption, absorption factor **absorpsiyon kaybı** absorption loss **absorpsiyon kenarı** absorption edge **absorpsiyon kolonu** absorption tower **absorpsiyon ondometresi** absorption wavemeter **absorpsiyon spektrumu** absorption spectrum

abstraksiyonizm *a.* abstractionism * soyutçuluk
abstre *s.* abstract * soyut **abstre sayı** abstract number * soyut sayı
absürd *s.* absurd
abu *ünl.* ah!, oh!
abuhava *a, esk.* climate * iklim
abuk sabuk *s.* incoherent, nonsensical ¤ *be.* incoherently, without rhyme or reason **abuk sabuk konuşmak** to talk nonsense, to talk drivel, to talk foolishly, to babble, to gibber, to burble, to jabber
abuli *a.* abulia * istenç yitimi
abullabut *s.* loutish, boorish
abullabutluk *a.* loutishness, boorishness
abur cubur *a.* all sorts of food eaten casually ¤ *s, mec.* nonsense, silly **abur cubur yemek** to eat greedily
abus *s.* sulky, sullen, glum *kon.*
abuse etmek *e. arg.* to stop, come to a halt
abuzambak *s, kon.* incoherent, nonsensical * abuk sabuk
Abuzettinbey *a. arg.* dandy
acaba *be.* I wonder (if/whether)
acar *s.* bold, plucky, hardy; clever, cunning; new * yeni
acayip *s.* strange, queer, bizarre, weird *kon./hkr.*, peculiar, odd, grotesque, astonishing, curious, outlandish *hkr.*, cranky *kon./hkr.*; *kon.* freakish, unusual, abnormal; *arg.* super, very, damn, nifty *kon.*, funky *kon./övg.* **acayip olmak** to become strange **acayibine gitmek** to seem strange (to sb)
acayipleşmek *e.* to become strange
acayiplik *a.* strangeness, peculiarity, oddity, queerness * tuhaflık
acele *a.* haste, hurry, rush, precipitation *res.* ¤ *s.* urgent, hasty, hurried, precipitate, pressing, immediate ¤ *be.* hastily, in a hurry **acele etmek** to hurry (up), to rush, to hasten, to buck up, to make haste, to get a move on *kon.*, to jump to it *kon.* **acele ettirmek** to hasten, to hustle, to rush **acele ile** in a hurry, hastily **acele işe şeytan karışır** great haste makes great waste **acele posta** express delivery **acelesi olmak** to be in a hurry **aceleye gelmek** to be done in a hurry (and improperly) **aceleye getirmek** a) to profit by another's haste

b) to do sth sloppily and hastily
aceleci *s.* hasty, precipitate, impatient ¤ *a.* hothead
acelecilik *a.* hastiness
aceleleştirmek *e.* to hurry, to hasten
acelesiz *s.* unhurried
aceleyle *be.* in haste, quickly
Acem *a.* Persian, Iranian **Acem halısı** Persian rug **Acem kılıcı gibi** double-dealing, double-faced **Acem mübalağası** excessive exaggeration
acemborusu *a, bitk.* bigonia radicams
Acemce *a.* Persian, Farsi
acemi *s.* untrained, inexperienced, raw, green *kon.*, callow *hkr.* ¤ *a.* beginner, novice, tyro, greenhorn, colt **acemi çaylak** *kon.* green *kon.*, callow *hkr.* **Acemi çaylak bu kadar uçar** You cannot expect more from a greenhorn **acemi er** raw recruit, rookie
acemice *be.* unskilfully, clumsily
acemileşmek *e.* to make careless mistakes, to lose practice
acemilik *a.* inexperience, callowness **acemilik çekmek** to suffer from inexperience
Acemistan *a. esk.* Persia
acemlalesi *a, bitk.* California poppy * güneştopu
acente *a.* agent, representative; agency
acentelik *a.* agency
acep *be.* I wonder (if/whether) * acaba
aceze *a, esk.* the destitute
acı *s.* (biber) hot; (kahve, bira vb.) bitter; (yağ) rancid; (koku/tat) acrid, sharp, biting, pungent; (söz) hurtful, cutting, tart, harsh, caustic, pungent; (bağırış) sharp, shrill, piercing; (üzücü) grievous, poignant, tragic, pitiful ¤ *a.* pain, ache, pang, affliction; agony, sorrow, distress, heartbreak, anguish, suffering, grief **acı biber** hot pepper **acı çekmek** to suffer, to grieve, to be in pain **acı çektirmek** to grieve, to persecute, to torment, to distress **acı gelmek** to find sth hurtful **acı gerçek** a home truth **acı görmüş** who has suffered **acı ilaç** *mec.* a bitter pill **acı kahve** coffee made without sugar **acı kuvvet** brute force **Acı patlıcanı kırağı çalmaz** A worthless vessel does not get broken **acı soğuk** bitter cold **acı söylemek** to tell the painful truth bluntly **acı söz** harsh words, biting words, cut,

lash **acı su** hard water, brackish water **acı tuz** epsom salt **acı tatlı** good and bad **acı yitimi** analgesia * analjezi **acı vermek** to afflict, to inflict pain, to trouble, to give sb pain **acısını çekmek** to pay the penalty (of an action), to suffer for it **acısını çıkarmak** to be/get even (with sb), to vent sth on sb/sth, to have/get one's own back on *kon.* **acısını paylaşmak** to commiserate (with sb) *res.*
acıağaç *a, bitk.* quassia * kavasya
acıbadem *a.* bitter almond **acıbadem kurabiyesi** macaroon, almond cooky
acıbademyağı *a.* bitter almond oil
acıbakla *a.* lupine * yahudibaklası
acıbalık *a.* bitterling
acıca *s.* somewhat bitter
acıçiğdem *a, bitk.* meadow saffron * güzçiğdemi
acıdaş *a.* fellow sufferer * hemdert
acıelma *a, bitk.* colocynth * acıhıyar, ebucehilkarpuzu
acıhıyar *a, bitk.* colocynth * acıelma, ebucehilkarpuzu
acık *a.* bitterness; mourning
acıkavun *a. bitk.* squirting cucumber
acıklı *s.* sad, moving, distressing, pathetic, pitiful, piteous
acıkmak *e.* to feel hungry, to be hungry, to be famished *kon.*
acılanmak *e.* to grieve
acılaşmak *e.* to go bitter; (tereyağı) to become rancid; (ses) to become poignant
acılı *s.* grieved, mourning, disconsolate; (tat) spicy, hot
acılık *a.* sourness, bitterness
acıma *a.* pity, mercy, compassion, clemency * merhamet; commiseration
acımak *e.* to hurt, to smart, to sting, to ache; to be/feel sorry for sb, to have/take pity on sb; to relent, to show mercy
acımalık *a.* alms
acımarul *a.* endive
acımasız *s.* merciless, pitiless, ruthless, savage, unmerciful, heartless, brutal, unrelenting, atrocious, remorseless, relentless, cruel *hkr.*, bestial *hkr.*, barbarous *hkr.*, cold-blooded *hkr.*
acımasızca *be.* mercilessly, without remorse

acımasızlık *a.* mercilessness, pitilessness, cruelty, atrocity, inhumanity, savagery, barbarity, bestiality
acımık *a. bitk.* darnel, chess, ryegrass
acımsı *s.* somewhat bitter
acın kabadayısı *a. arg.* penniless yet generous person
acınacak *s.* pitiful, sad, deplorable, miserable *acınacak durumda* deplorable, miserable
acındırmak *e.* to arouse pity for (sb), to ask for sympathy
acınmak *e.* to be pitied, to be regretted; to be sorry for, to feel sorry for
acıot *a. bitk.* black bryony
acırak *s.* bitterish, slightly bitter * acımsı
acırga *a, bitk.* horseradish * yabanturpu
acısız *s.* painless; (yiyecek) mild, not hot, without pepper
acıtıcı *s.* hurtful
acıtmak *e.* to hurt, to pain, to cause pain; (yiyecek) to make sth bitter
acıyavşan *a. bitk.* (a) germander
acıyıcı *s.* compassionate
acıyonca *a. bitk.* buckbean, bogbean
acibe *a.* strange thing, freakish thing
acil *s.* urgent, immediate, pressing, burning *acil bakım* emergency maintenance *acil çıkış kapısı* emergency door, emergency exit *acil durum* state of emergency *acil durumlarda* in case of emergency *acil frekans* emergency frequency *acil işareti* emergency signal *acil servis hek.* casualty department, casuality, casuality ward, emergency *Aİ. acil şifalar dilemek* to wish sb a quick recovery *acil tedavi* emergency treatment *acil vaka hek.* emergency
acilen *be.* urgently, promptly, immediately
acitato *be, müz.* agitato
aciz *a.* inability, helplessness, weakness
âciz *s.* unable, incapable (of); clumsy, inept, hopeless, feckless *hkr.* * beceriksiz *âciz bırakmak* to incapacitate *âciz kalmak* to be incapable of, not to manage (to do sth) *âciz olmak* to be unable to
âcizane *be.* humbly, modestly
acul *s.* impatient, impulsive
acun *a.* cosmos, universe
acunbilim *a.* cosmology
acunbilimsel *s.* cosmological
acundoğum *a.* cosmogony

acunsal *s.* cosmic
acur *a, bitk.* gherkin
acuze *a, hkr.* hag *hkr.*, crone *hkr.*
acyo *a, tic.* agio, premium
acyocu *a.* stockjobber
acyoculuk *a.* stockjobbing
acyotaj *a.* agiotage
aç *s.* hungry, empty *kon.*, peckish *kon.*; greedy, covetous * haris *aç acına* with an empty stomach *aç bırakmak* to starve (sb/sth), not to give any food to (sb/sth) *aç biilaç* destitute, poor *aç biilaç yaşamak* to beg one's bread *aç durmak* to do without food *aç kalmak* a) to go hungry b) to be poor *aç karnına* on an empty stomach *aç kurt gibi* like a hungry wolf *aç kurt gibi yemek* to wolf *kon.* *aç susuz* without food and water *aç susuz kalmak* to lead a poor life *acından ölmek* a) to starve to death b) to starve *kon.*, to be famished *kon.*
açacak *a.* opener *konserve açacağı* tin opener *İİ.*, can opener *Aİ. şişe açacağı* bottle opener
açalya *a.* azalea * azelya
açan *s.* that opens ¤ *a, anat.* extensor, tensor
açar *a.* key * anahtar; hors d'oeuvre, appetizer * aperitif
aççelerando *be, müz.* accelerando
açelya *a, bitk.* azalea
açevele *a, den.* sprit
açgözlü *s.* greedy, gluttonous, grasping, covetous, avaricious, acquisitive *hkr.* * haris
açgözlülük *a.* greed *hkr.*, gluttony, avarice, cupidity *res.* * tamah
açı *a.* angle; *mec.* angle, point of view, standpoint * bakım *açı çekimi* angle shot *açı freze bıçağı* angle cutter *açı gürültüsü* angle noise *açı kaynağı* fillet weld *açı modülasyonu* angle modulation
açıcı *s.* opening, that opens ¤ *a.* opener, willow
açık *s.* open; (çay/kahve) weak; (yol/geçit) free, clear; (hava) clear, cloudless; (renk) light; uncovered; naked, bare; clear, plain, distinct; frank, outspoken; vacant * boş, münhal; (çek) blank; (resim/kitap vb.) smutty, bawdy, pornographic, salacious *hkr.* ¤ *a.* open air;

open sea; vacant position; deficit; short-fall; *sp.* wing ¤ *be.* openly, baldly, frankly, straight out *açığa çıkarmak* a) to bring out into the open b) to remove from a government office *açığa imza* blank signature *açığa vurmak* to express, to expose, to divulge, to publish, to disclose *res. açığa vurmamak* to keep sth dark *açık açık* openly, baldly, frankly, straight out *açık adres* mailing address *açık ağızlı* half-witted, goofy *kon.*, daft *kon.*, dense *kon. açık akım elek.* open current *açık alan* open space, opening *açık alınlı* with clear conscience *açık altyordam* open sub-routine *açık artırma* public auction *açık artırma ile satmak* to auction off *açık artırmaya çıkarmak* to put up sth for auction *açık bırakmak* to leave open *açık bobin* open coil *açık bono* blank bill *açık bono vermek* to give sb a carte blanche *açık bölge* free zone *açık ciro* blank endorsement *açık çek tic.* blank cheque, blank check *Aİ. açık deniz* a) open sea, deep water b) high seas *açık derz* open joint *açık devre* open circuit *açık döngü* open loop *açık dren* open drain *açık durmak* to stand aside, not to interfere *açık eksiltme* by Dutch auction *açık eksiltme ile satın almak* to purchase by Dutch auction *açık elli* open-handed, generous *açık etmek* to publish, to express *açık fikirli* broadminded, open-minded, enlightened, liberal-minded *açık finansman eko.* deficit financing *açık gelmek arg.* to stay away, to stay aloof (from) *açık göbek* open core *açık göze* open cell *açık halde teks.* open-width *açık hat* open line *açık hava* a) open air, outdoor, fresh air b) clear weather c) open-air+ *açık hava ocağı* opencast mine *açık hava sineması* open-air cinema *açık hava tiyatrosu* open-air theatre *açık hava türbülansı* clear-air turbulence *açık havada* in the open air, outdoors, outside, out of doors *açık hece dilb.* open syllable *açık hesap tic.* charge account *açık hücre* open cell *açık imza* blank signature *açık işletme* open shop; surface mining *açık işsizlik eko.* open unemployment *açık işyeri* open shop *açık kalıp* open die *açık*

kalp ameliyatı hek. open-heart surgery *açık kalpli* openhearted *açık kalplilik* candour *açık kapı bırakmak* to leave the door open *açık kapı* open door *açık kapı politikası/siyaseti* open door policy *açık keson* open caisson *açık kod* open code *açık kontak* make contact *açık konuşmak* to talk frankly *açık kredi* open credit, blank credit *açık küme* open cluster *açık liman* open port; free port *açık mektup* open letter *açık merkez* open shop *açık ocak* open pit, open cast *açık olmak* to be on; to be aboveboard with *açık oturum* panel discussion *açık oy* open vote *açık öğretim bkz.* açıköğretim *açık önerme* open sentence, open condition *açık pazar* open market *açık poliçe* open policy *açık saçık* indecent, obscene, smutty, lewd, nasty, bawdy, pornographic, salacious *hkr. açık sandık* open caisson *açık seçik söylemek* not to put too fine a point on it *açık seçik* a) definitely, plainly, clearly b) clear, explicit, lucid *açık seçiklik* clarity, lucidity *açık şardonlama teks.* cross raising *açık teşekkür* public acknowledgement, public thanks *açık tohumlu* gymnosperm *açık uçlu biliş.* open-ended *açık vermek* a) to have a deficit b) *mec.* to be unable to hide sth, to reveal one's soft spot *açık yanma odası* open combustion chamber *açık yordam* open routine, direct-insert routine *açık yük vagonu* flat car *açık yürekli* openhearted *açıkta bkz.* açıkta *açıktan bkz.* açıktan

açıkça *be.* openly, clearly, frankly, freely; plainly, clearly *açıkça belirtmek* to express clearly, to specify *açıkça göstermek* to show clearly, to manifest *açıkça itiraf etmek* to make no bones of it *açıkça ortaya koymak* to lay bare *açıkça söylemek* to speak out/up, to profess, to make no bones about

açıkçası *be.* in plain words, to tell the truth

açıkçı *a, tic.* bear

açıkgöz *s.* clever, shrewd, cunning, sharp *hkr.*

açıkgözlük *a.* shrewdness, slyness *açıkgözlük etmek* to jump at the opportunity

açıkgözlülük *a.* shrewdness, slyness

açıkgözlülük etmek to jump at the opportunity

açıklama *a.* explanation, declaration, statement, exposition *res.* **açıklama yapmak** to make a statement **açıklamada bulunmak** to make a statement

açıklamak *e.* to explain, to expound *res.*; to clarify, to enlighten; to make public

açıklanmak *e.* to be explained, to be expounded

açıklaştırmak *e.* to lighten

açıklayıcı *s.* explanatory, illustrative **açıklayıcı deyim** declarative statement, declaration **açıklayıcı simge** annotation symbol **açıklayıcı sözcük** descriptor

açıklık *a.* openness; space, open space; (ormanda) clearing; aperture, opening, gap; (renk) lightness; clarity, unambiguity * anlaşılırlık **açıklığa kavuşturmak** to clear up **açıklık açısı** aperture angle **açıklık mastarı** gap gauge **açıklık sayısı** aperture number **açıklık getirmek/kazandırmak** to clarify

açıklıkölçer *a.* apertometer

açıköğretim *a.* the Open University

açıksözlü *s.* frank, plainspoken, outspoken, straightforward, unreserved

açıksözlülük *a.* frankness, outspokenness

açıkta *be.* in the open air, outdoors; offshore; unemployed **açıkta kalmak** a) to be homeless, to be jobless b) to be out in the cold **açıkta yatmak** to camp out

açıktan *be.* from a distance; without working/paying; additional, extra **açıktan açığa** in open day, openly, publicly **açıktan (para) kazanmak** to feather one's own nest *hkr.* **açıktan satış** *eko.* short sale

açıktohumlular *a, bitk.* gymnospermae

açıkyürekli *s.* open-hearted, sincere

açıkyüreklilik *a.* open-heartedness, candour

açılama *a, sin.* shooting from different angles

açılı *s.* angular, angulate

açılım *a.* expansion, opening; *gökb.* declination

açılır *s.* that can be opened **açılır kapanır** collapsible, folding **açılır kapanır köprü** swing bridge, drawbridge **açılır**

rayba expanding reamer

açılış *a.* opening; inauguration **açılış bilançosu** opening balance **açılış töreni** inauguration, opening ceremony

açılma *a.* opening; *sin.* fade-in; *bitk.* dehiscence * çatlama

açılmak *e.* to be opened, to open; (hava) to become clear, to clear; to put to sea; to become relaxed; to open up, to thaw, to blossom; to dilate; to unwind; to overspend; to move away **Açıl susam açıl!** Open sesame!

açım *a.* revelation; *hek.* incision

açımlama *a.* commentary, annotation * teşrih, şerh

açımlamak *e.* to comment, to annotate, to expound * şerh etmek, teşrih etmek

açımlı *s. hek.* performed with an incision

açındırmak *e, mat.* to develop

açınım *a, mat.* development

açınmak *e.* to develop * inkişaf etmek

açınsamak *e, coğ.* to explore * istikşaf etmek

açıortay *a.* bisector **açıortay düzlemi** bisecting plane

açıölçer *a.* protractor * iletki

açısal *s.* angular **açısal açıklık** angular aperture **açısal avans** angular advance **açısal çap** *gökb.* angular diameter **açısal dağılım** angular distribution **açısal devinirlik** angular momentum **açısal diskordans** angular unconformity **açısal dönme** angular rotation **açısal frekans** angular frequency **açısal hız** *fiz.* angular velocity, angular speed **açısal impuls** angular impulse **açısal itki** angular impulse **açısal ivme** angular acceleration **açısal korelasyon** angular correlation **açısal kutuplanma** angular polarization **açısal moment** angular momentum **açısal ölçü** angular measure **açısal polarizasyon** angular polarization **açısal sapma** angular deviation **açısal sıklık** angular frequency **açısal uyumsuzluk** angular unconformity **açısal yerdeğiştirme** angular displacement **açısal yükseklik** angular height

açış *a.* opening; inauguration **açış disketi** *biliş.* start-up disk

açıt *a.* fenestra

açil *a.* acyl

açilleme *a.* acylation

açkı *a.* polish * perdah; key * anahtar
açkıcı *a.* polisher; key maker
açkılamak *e.* to buff
açlık *a.* hunger; famine, starvation; poverty * yoksulluk **açlık çekmek** a) to starve, to be hungry b) to be poor **açlık grevi** hunger strike **açlıktan gebermek** *kon.* to be famished *kon.* **açlıktan imanı gevremek** *kon.* to be famished *kon.* **açlıktan gözü/gözleri kararmak** to starve, to be famished *kon.* **açlıktan öldürmek** to starve **açlıktan nefesi kokmak** to be destitute **açlıktan ölmek** to starve to death, to starve **açlıktan ölmeyecek kadar** just enough to survive, very little **açlığını bastırmak** to stay one's hunger
açma *a.* opening; clearing; deforestation; a kind of bun; *teks.* reduction of print pastes **açma banyosu** *teks.* bleaching bath **açma makinesi** *teks.* willow **açma patı** *teks.* reduction paste
açmak *e.* to open; to uncover, to bare; to unpack; to unwind; to unroll; to unfold; to unlock, to unbar, to unlatch; (radyo, ışık vb.) to turn sth on, to switch sth on, to put sth on; (sesini) to turn up; (hamur) to roll out; (işyeri) to open sth up;(konu, tartışma vb.) to begin, to open, to broach; (savaş, mücadele) to wage; to amplify, to explain more fully; (düğüm vb.) to untie, to undo, to untangle; (delik) to drill; (yol/tünel) to cut; (sır) to confide; to appeal (to sb); to please, to amuse; (giysi) to suit, to become; to sharpen, to whet *res.*; (çiçek) to bloom, to blossom; (hava) to clear up; (yelken) to unfurl
açmalık *a.* detergent, soap, cleaning material
açmaz *a.* (satranç) difficult position; impasse, dead end **açmaza düşmek** to get into a tight corner, to be caught in a cleft stick **açmaza düşürmek** to drive sb into a corner **açmaza girmek** to come to dead end
açmazlık *a.* difficulty; *mec.* secretiveness
ad *a.* name, forename; *dilb.* noun; reputation, fame, name, repute **ad almak** to be given a name **ad çekimi** *dilb.* declension **ad durumu** *dilb.* case **ad gövdesi** *dilb.* nominal stem **ad koymak** to name, to call, to give a name **ad**

kökü *dilb.* nominal root **ad takmak** to nickname, to call **ad tamlaması** possessive construction **ad tümcesi** *dilb.* nominal sentence **ad vermek** to name, to give a name **ad yapmak** to become famous **addan türeme ad** *dilb.* nominal noun, noun formed from a noun **adı batası(ca)** damn, bloody **adı batmak** to be forgotten **adı belirsiz** not well-known, of doubtful origin **adı çıkmak** to get a bad reputation **adı çıkmış** notorious, disreputable **adı geçen** abovementioned, aforementioned, aforesaid **adı geçmek** to be mentioned **adı karışmak** to be mixed up in (sth bad) **adı kötüye çıkmak** to get a bad reputation **adı sanı belirsiz** without a name and fame **adı sanı** one's name and reputation **adı üstünde** as befits the name, as the name implies **adı var** existing only in name **adı verilmek** to be named, to be called **adına** in the name of, in behalf of sb, in sb's behalf *Aİ.*, on behalf of sb, on sb's behalf **adına konuşmak** to speak for sb **adına sunmak** to dedicate to **adını ağzına almamak** not to mention sb's name **adını almak** to be named **adını anmak** to mention **adını kirletmek/lekelemek** to tarnish sb's name **adını vermek** to name
ad valorem *s, eko.* ad valorem **ad valorem vergi** ad valorem tax
ada *a.* island; city block ¤ *s.* insular **ada kavşak** roundabout
adabalığı *a.* sperm whale, cachalot * amberbalığı
adabımuaşeret *a.* manners, etiquette * görgü
adacık *a.* islet
adacyo *be, müz.* adagio ¤ *a.* adagio
adaçayı *a.* (bitki) garden sage; (içecek) sage tea
adadiyoz *a. arg.* tough, swaggering
adak *a.* vow, oblation **adak adamak** to vow
adaklanmak *e.* to become engaged
adaklı *s.* vowed, promised; engaged (to be married)
adaklık *s.* votive, to be sacrificed ¤ *a.* votive place
Adalar *a.* the Princes Islands **Adalar Denizi** the Archipelago

adale *a.* muscle * kas ¤ *a.* muscular
adaleli *s.* muscular, brawny * kaslı
adalesiz *s.* muscleless
adalet *a.* justice; equity *Adalet Bakanı* Minister of Justice *Adalet Bakanlığı* Ministry of Justice *Adalet Divanı* International Court of Justice *adalet sarayı* courthouse
adaletli *s.* just, equitable, fair, judicious, clean * adil
adaletsiz *s.* unjust, inequitable
adaletsizlik *a.* injustice, inequity
adalı *a.* islander
adali *s.* muscular
adam *a.* man, person, fellow *kon.*, guy *kon.*, chap *İİ./kon.*, bloke *İİ./kon.*, cookie *Aİ./kon.*, bastard *arg.*; human being; employee, worker; manpower; hired man, hired hand *(caddeler/sokaklar) adam almamak* to be very crowded *adam azmanı* strapping man *adam başı(na)* a/per head, apiece *adam beğenmemek* to be overcritical *adam değilim* I'll be damned if (I will/do) *adam etmek* a) to chastise, to lick sb into shape *kon.* b) to put in order, to rectify, to better *adam evladı* well-mannered person *adam gibi* properly *adam içine çıkmak* to go out in public *adam kaçırma* abduction *adam kayırma* favouritism, favoritism *Aİ. adam kıtlığı/yokluğu* manpower shortage *adam kullanmak* to know how to make sb work efficiently *adam olmak* a) to grow into manhood, to grow to be a man b) *mec.* to mend one's ways *adam olmamak* to come to no good *adam olmaz* hopeless, incorrigible, desperate *adam öldürme* manslaughter, homicide, murder *adam sarrafı* a good judge of character *Adam sen de* who cares?, never mind! *adam tutmak sp.* to mark a man *adam yerine koymak* to hold in esteem *adam yerine koymamak* to treat sb like dirt *adamdan saymak* to treat with respect *(tam) adamına çatmak* to meet one's match *adamına düşmek* (iş) to be given to the right man
adamak *e.* to devote, to vow; to dedicate, to devote, to consecrate
adamakıllı *be.* thoroughly, fully, completely

adamca *s.* in the right way, properly
adamcağız *a.* poor man, bugger *İİ./kon.*
adamcasına *be.* in the right way, properly
adamcık *a.* wretch, poor fellow
adamcıl *s.* tame
adamkökü *a, bitk.* mandrake * adamotu
adamlık *a.* humaneness; humanity, humanness
adamotu *a, bitk.* mandrake * adamkökü
adamsendeci *s.* indifferent, easygoing, not paying the necessary attention
adamsendecilik *a.* indifference, being easygoing, lack of commitment
adamsız *s.* without servants; without workers; without help; *kon.* without a husband
adamsızlık *a.* lack of employees/workers, manpower shortage
adanmak *e.* to be vowed; to be dedicated
adanmış *s.* dedicated *adanmış bilgisayar* dedicated computer *adanmış devre* dedicated circuit *adanmış kanal* dedicated channel
adap *a.* customs, good manners; way, method *adap erkân* rules and conventions, customary practices
adaptasyon *a.* adaptation
adapte *s.* adapted *adapte etmek* to adapt * uyarlamak *adapte olmak* to be adapted * uymak
adaptör *a.* adaptor
adasoğanı *a, bitk.* squill
adaş *a.* namesake
adatavşanı *a.* rabbit, cony
adavet *a, esk.* enmity, hostility
aday *a.* candidate, nominee; applicant * namzet *aday adayı* candidate for nomination *aday göstermek* to put sb in for *aday olmak* to be up for, to stand
adaylık *a.* candidacy, nomination *adaylığını koymak* to put oneself forward, to put (oneself) up for sth, to apply for, to present oneself as candidate (for)
adbilim *a.* onomastics, onomatology
adcı *s, fel.* nominalistic, nominalist ¤ *a.* nominalist
adcılık *a, fel.* nominalism
adçekme *a.* lot, drawing of lots * kura
adçekmek *e.* to draw lots * kura çekmek
addedilmek *e.* to be counted, to esteemed *res.* * sayılmak
addeğişimi *a.* figure of speech, trope

addetmek *e.* to count, to esteem *res.*, to deem *res.* * saymak

additif *a.* additive

adem *a, esk.* nonexistence; dead **ademi merkeziyet** decentralization

Âdem *a.* Adam

âdemelması *a.* Adam's apple

âdemiyet *a, esk.* humanity

âdemoğlu *a.* mankind, man, people

âdemotu *a, bitk.* mandrake * adamkökü

adenil siklaz *a, kim.* adenyl cyclase

adenin *a, kim.* adenine

adenit *a, hek.* adenitis

adenoid *s. hek.* adenoidal, adenoid

adenom *a. hek.* adenoma

adenozin *a, kim.* adenosine

adese *a, esk.* lens * mercek; *bitk.* lenticel * kovucuk

adesif *a. s. fiz.* adhesive

âdet *a.* habit * alışkı; custom, usage, practice * töre; menstruation, periods * aybaşı **âdet bezi** sanitary towel, sanitary pad **âdet edinmek/etmek** to get into the habit (of) **âdet görmek** to have one's period, to menstruate * aybaşı olmak **âdet üzere** according to custom **âdet yerini bulsun diye** as a matter of form, for form's sake **âdetten kesilmek** to reach menopause

adet *a.* number; piece **adeti mürettip** *esk.* integer * tümsayı

âdeta *be.* nearly, almost; simply, merely

adetçe *be.* in number

adezyon *a.* adhesion

adıl *a, dilb.* pronoun * zamir

adım *a.* step, footstep; pace; (vida) pitch **adım açısı** angle of pitch, pitch angle **adım adım** step by step **adım adım gezmek** to go and see every part of **adım atmak** a) to step b) to take the first step, to begin **(bir yere) adım atmamak** not to visit **adım ayarı** pitch setting **adım başı/başında** at every step **adım göstergesi** pitch indicator **adım işlevi** step function **adım sayıcı** step counter **adım uydurmak** to be in step (with) **adımını denk almak** to mind one's p's and q's

adımlamak *e.* to pace

adımlık *s.* ... paces away

adımölçer *a.* pedometer

adımsayar *a.* pedometer

adi *s.* mean, contemptible, vulgar, despicable, shabby, sordid, low-down *kon.*, dirty *kon.*, base *hkr.*; ordinary, common; customary, usual; cheap, cheapjack, tacky *kon.*, third-rate **adi alacak** unsecured claim **adi hisse senedi** *eko.* common stock **adi ışın** ordinary ray **adi hisse senetleri** common stock **adi iflas** nonfraudelent bankruptcy **adi kesir** common fraction **adi mektup** ordinary letter **adi metal** base metal **adi posta** surface mail **adi rondela** plain washer **adi şirket/ortaklık** unincorporated association **adi tuğla** common brick **adi yün** abb wool

adil *s.* just, equitable, fair, impartial, clean

adilane *be.* justly, equitably, fairly, judiciously

adileşmek *e.* to become common, to become vulgar

adilik *a.* commonness, inferior quality; vulgarity, baseness, turpitude; dirty trick

adipik asit *a.* adipic acid

adisyon *a.* bill, check

adiyabat *a.* adiabat

adiyabatik *s.* adiabatic **adiyabatik değişim** adiabatic change **adiyabatik denklem** adiabatic equation **adiyabatik eğim** adiabatic gradient **adiyabatik eğri** adiabatic curve **adiyabatik genleşme** adiabatic expansion **adiyabatik gradyan** adiabatic gradient **adiyabatik grafik** adiabatic chart **adiyabatik ısı düşüşü** adiabatic heat drop **adiyabatik işlem** adiabatic process **adiyabatik kalorimetre** adiabatic calorimeter **adiyabatik rüzgâr** adiabatic wind **adiyabatik sıkıştırma** adiabatic compression **adiyabatik soğutma** adiabatic cooling

adiyon *a.* adion

adlandırma *a.* nomenclature

adlandırmak *e.* to name, to call

adlanmak *e.* to be named; to get notorious

adlaşmak *e.* to be used as a noun

adlı *s.* named, called; famous * ünlü **adlı sanlı** famous * ünlü

adlık *a.* nomenclature

adli *s.* judicial, juridical, legal **adli hata** legal error **adli sicil** police record, record of previous convictions **adli tıp** medical jurisprudence, forensic medicine **adli yıl** court year

adliye *a.* (administration of) justice *adliye encümeni* judicial commission *adliye sarayı* courthouse *Adliye Vekâleti esk.* Ministry of Justice * Adalet Bakanlığı
adliyeci *a.* specialist in judicial affairs
admitans *a.* admittance
adneks *a.* adnexa
adrenalin *a, hek.* adrenalin
adres *a.* address *adres arama* address mapping *adres biçimi* address format *adres defteri* address book *adres değiştirme* address modification *ad. es dönüştürme* address mapping *adres düzeni* address format *adres hesaplaması* address computation *adres izi* address track *adres kısmı* address part *adres okumak* peek *adres parçası* address part *adres rehberi* address book, directory *adres sahibi* addressee *adres taşıtı* address bus *adres üretme* address generation *adres yazmacı* address register *adres yazmak* to address *adres yüzeyi* address space
adresleme *a.* addressing
adreslemek *e.* to address
adreslenebilir *s, biliş.* addressable
adreslenebilirlik *a, biliş.* addressability
adressiz *s.* without an address *adressiz komut biliş.* no-address instruction
Adriya Denizi *a.* the Adriatic Sea
Adriyatik *a.* Adriatic Sea
adsız *s.* nameless, anonymous
adsızparmak *a.* ring finger * yüzükparmağı
adsorban *s.* adsorbent
adsorbat *a.* adsorbate
adsorbe etmek *e.* to adsorb
adsorpsiyon *a.* adsorption *adsorpsiyon derecesi* adsorption degree *adsorpsiyon ısısı* adsorption heat *adsorpsiyon izotermi* adsorption isotherm *adsorpsiyon kromatografisi* adsorption chromatography *adsorpsiyon kuvveti* adsorption power *adsorpsiyon potansiyeli* adsorption potential
adveksiyon *a.* advection
advektif *s.* advective
adventif *s.* adventitious, adventive
aerenkima *a.* aerenchyma
aerob *a, biy.* aerobe
aerobatik *a.* aerobatics

aerobik *s.* aerobic ¤ *a.* aerobics
aerobiyoz *a.* aerobiosis
aerodin *a.* aerodyne
aerodinamik *a.* aerodynamics ¤ *s.* aerodynamic, streamlined *aerodinamik biçim vermek* to streamline *aerodinamik denge* aerodynamic balance *aerodinamik karoser* streamlined body *aerodinamik merkez* aerodynamic centre *aerodinamik moment* aerodynamic moment *aerodinamik profil* airfoil *aerodinamik tünel* air tunnel, wind tunnel
aerodinamikçi *a.* aerodynamicist
aerodrom *a.* aerodrome
aeroglisör *a.* air cushion vehicle
aerograf *a.* aerograph
aerografi *a.* aerography
aerogram *a.* aerogram
aerolit *a.* aerolite
aeroloji *a.* aerology
aerolojist *a.* aerologist
aerometre *a.* aerometer
aeronomi *a.* aeronomy
aeroplankton *a.* aeroplankton
aerosol *a.* aerosol
aerostatik *a.* aerostatics ¤ *s.* aerostatic
aeroteknik *a.* aerotechnics
af *a.* forgiveness, pardon; amnesty; exemption; dismissal, discharge *af dilemek* to apologize (to sb), to beg pardon *affa uğramak* to be pardoned
afacan *s.* unruly, mischievous, naughty ¤ *a.* imp, monkey *kon.*, urchin *esk.*
afacanlaşmak *e.* to become unruly/mischievous
afacanlık *a.* unruliness, mischievousness, naughtiness
afak *a. esk.* horizons, skylines
afakan *a.* boredom; palpitation
afaki *s.* (konuşma) small, wandering, rambling; objective * nesnel
afal afal *be.* in amazement
afalla(ş)mak *e.* to be bewildered, to be taken aback, to be astounded, to be astonished, to be flabbergasted *kon.*
afallatmak/afallaştırmak *e.* to astonish, to bewilder, to confuse, to stun, to dumbfound, to astound, to amaze, to daze, to stagger, to flummox *kon.*
afanit *a.* aphanite
afat *a, esk.* disasters, calamities
afatlamak *e. kon.* to curse a blue streak

afazi *a.* aphasia * söz yitimi
aferin *ünl.* bravo, well done, good for you
¤ *a.* good mark
aferist *a.* speculator; swindler
afet *a.* calamity, disaster, catastrophe, cataclysm; *mec.* femme fatale, siren, temptress
afetzede *s.* disaster stricken
affedilmek *e.* to be forgiven, to be pardoned
affetmek *e.* to forgive, to excuse, to pardon *res.*; to discharge, to dismiss *affedersiniz* excuse me, I'm sorry, sorry, I beg your pardon *affetmişsiniz* you're wrong
affettuose *be, müz.* affettuoso
affettuoso *a. müz.* affettuoso
affeylemek *e.* to forgive, to excuse, to pardon *res.*
affolunmak *e.* to be forgiven, to be pardoned
affolunmaz *s.* unpardonable, inexcusable
Afgan *a.* Afghan
Afganca *a, s.* Pashto, Pushtu
Afganistan *a.* Afghanistan
Afganlı *a.* Afghani
afi *a, arg.* show-off, swagger * çalım, caka, gösteriş
afif *s.* chaste, virtuous * iffetli
afili *s, arg.* swaggering, showy, flashy, swanky *kon./hkr.*
afin *s.* affine *afin dönüşüm* affine transformation
afine *s.* affinated *afine edilmiş şeker* affinated sugar, affination sugar *afine etmek* to affine
afinite *a.* affinity
afiş *a.* poster, placard, bill *afişte kalmak* to have a long run
afişe *s.* displayed, revealed *afişe etmek* to display, to reveal
afiyet *a.* health * esenlik *afiyet olsun!* enjoy your meal!, have a nice meal!
afoni *a.* aphonia * ses yitimi
aforizm *a.* aphorism
aforoz *a.* excommunication *aforoz etmek* to excommunicate
aforozlamak *e.* to excommunicate
aforozlu *s.* excommunicated
aforozname *a. arg.* walking papers
afortiori *be.* a fortiori, all the more
afra tafra *be.* pompously, swaggeringly * çalımla

afralı tafralı *s.* pompous
Afrika *a.* Africa
afrikabalığı *a.* chromide
afrikaceylanı *a.* gerenuk, koodoo
afrikaçayırı *a.* hardinggrass
afrikadomuzu *a, hayb.* wart hog
Afrikalı *a.* African ¤ *s.* African
afrikamenekşesi *a. bitk.* African violet, saint paulia
afrikaotu *a.* imphee
afrodizyak *a.* aphrodisiac
afsun *a, esk.* charm, spell * büyü, füsun
afsuncu *a, esk.* sorcerer, witch * büyücü
afsunculuk *a.* sorcery, enchantment
afsunlamak *e, esk.* to bewitch * büyülemek
afsunlu *s, esk.* bewitched * büyülü
aft *a, hek.* aphtha, canker
aftos *a, arg.* mistress, steady *esk./kon.*
aftospiyos *s. arg.* worthless, unimportant
afur tafur *be.* pompously, swaggeringly
afuyman *a, tek.* undermining, sapping
afyon *a.* opium *afyon ruhu* laudanum *afyonu başına vurmak* to fly into a rage, to go berserk *afyonunu patlatmak arg.* to make sb's blood boil
afyonkeş *a.* opium addict
afyonkeşlik *a.* opium addiction
afyonlamak *e.* to narcotize (sb) with opium
afyonlu *s.* containing opium
agâh etmek *e.* to make (sb) aware of
agâh olmak *e.* to become aware of
agâh *s, esk.* aware, knowing; foresighted *agâh olmak* to be aware of, to know
aganta *ünl.* avast!, hold on!
agaragar *a.* agar, agar-agar * jeloz
agat *a.* agate
agav *a.* agave
agave *a. bitk.* agave
aglomera *a.* agglomerate
aglomerasyon *a.* agglomeration
aglütinasyon *a.* agglutination * kümeleşim
aglütinin *a.* agglutinin
aglütinojen *a.* agglutinogen
agnosi *a.* agnosia * tanısızlık
agnostik *a.* agnostic * bilinemezci
agnostisizm *a.* agnosticism * bilinemezcilik
agonik *s.* agonic *agonik çizgi* agonic line
agora *a.* agora
agorafobi *a.* agoraphobia * alan korkusu

agraf a. hook; staple

agrafi a. agraphia

agrandise etmek e. to enlarge (a photograph)

agrandisman a. enlargement * büyültme *agrandisman yapmak* to enlarge, to blow up

agrandisör a. enlarger * büyülteç

agrega a. aggregate

agregasyon a. aggregation

agregatif s. aggregative

agreman a. diplomacy agrement

agrobiyoloji a. agrobiology

agronomi a. agronomy

agu a. gurgle

agucuk a. suckling

agulamak e. to gurgle

aguş a. *esk.* embrace, arms

aguti a. *hayb.* agouti, agouty

ağ¹ a. net; network; (tuzak) net, mesh; (örümcek ağı) web, cobweb *ağ gözü* mesh *ağ atmak/bırakmak* to cast a net *ağ çekmek* to draw the net *ağ tabaka* retina * retina *ağ yatak* hammock * hamak *ağına düşürmek* to ensnare, to trap

ağ² a. crotch * apışlık

ağa a. aga, agha, landowner; an old title used among common people

ağababa a. grandfather ¤ s. influential

ağabey a. elder brother; a title used when addressing a respected person who is older than the speaker

ağabeylik a. being an elder brother *ağabeylik etmek* to protect and support (as an elder brother)

ağaç a. tree; wood, timber ¤ s. wooden; timbered; arboreal *ağaç balı* resin (of certain trees) *ağaç bıçağı* drawing knife *ağaç burgusu* auger bit *ağaç çileği bkz.* ağaççileği *ağaç çivi* dowel, nog, peg, treenail *ağaç dalı* bough, tree branch *ağaç damarı* grain *ağaç delgisi* auger, gimlet *ağaç devirmek* to fell a tree *ağaç dikmek* to plant a tree *ağaç ebegümeci* tree mallow *ağaç etmek arg.* to stand sb up *ağaç gövdesi* bole, tree trunk *ağaç hacim cetveli* tree volume table *ağaç hacmi* tree volume *ağaç ıslahı* tree breeding *ağaç işleme makinesi* wood working machine *ağaç işleri* woodwork *ağaç kabuğu* bark *ağaç kalemi* wood chisel

ağaç kama cross-tongue, nog *ağaç kanseri* canker *ağaç kaplama* wooden panelling, wainscot, veneer *ağaç kesmek* to log, to lumber, to cut trees *ağaç kökü* stump *ağaç kurbağası hayb.* tree frog, tree toad *ağaç kurdu bkz.* ağaçkurdu *ağaç kuşak* binding piece *ağaç lifi* wood fiber *ağaç olmak kon.* to take root, to cool one's heels, to wait for an extremely long time *ağaç oyma* wood engraving *ağaç piçi* scion *ağaç sınıfı* tree class *ağaç sınırı* tree line *ağaç sökme makinesi* tree lifter *ağaç takoz* wooden wedge, wood brick *ağaç teknolojisi* wood technology *ağaç testeresi* wood saw *ağaç tokmak* maul *ağaç unu* wood flour *ağaç uru* gall *ağaç vidası* wood screw *ağaç yapı* a) wooden structure b) *biliş.* tree structure *ağaç yaşı* tree age *ağaç yumrusu* bur *Ağaç yaşken eğilir ats.* You can't teach an old dog new tricks *ağaca çıkmak* to climb a tree

ağaçbilim a. dendrology

ağaçbilimsel s. dendrologic

ağaçbiti a, *hayb.* psyllid, psylla, plant louse

ağaççık a. small tree, shrub

ağaççılık a. forestry

ağaççileği a. raspberry * ah ududu

ağaçfulü a. *bitk.* mock orange

ağaçkakan a. woodpecker

ağaçkavunu a. citron

ağaçkesen a, *hayb.* sawfly

ağaçkurbağası a. tree frog, tree toad

ağaçkurdu a. woodworm

ağaçlalesi a. *bitk.* tulip tree, tulip poplar

ağaçlamak e. to afforest, forest

ağaçlandırma a. afforestation

ağaçlandırmak e. to afforest

ağaçlı s. wooded, woody

ağaçlık a. thicket, copse, grove, wood ¤ s. wooded, woody, bosky

ağaçmantarı a. agaric

ağaçminesi a, *bitk.* lantana

ağaçsansarı a, *hayb.* pine marten

ağaçsı s. tree-like, dendritic ¤ a. shrub *ağaçsı bitki* woody plant

ağaçsıl s. arboreal

ağaçsız s. treeless

ağalanmak e. to lord it over sb, to swagger *hkr.*

ağalık a. being an aga; generosity

ağan *a. gökb.* shooting star
ağarık *s.* whitened, faded
ağarmak *e.* to bleach, to whiten; (saç) to grey, to turn white; (gün) to dawn, to break
ağartı *a.* whiteness, paleness
ağartma *a.* bleaching, whitening **ağartma banyosu** bleaching bath **ağartma çizmesi** bleaching J-box **ağartma gücü** whitening power **ağartma haslığı** fastness to bleaching **ağartma J-kutusu** bleaching J-box **ağartma maddesi** bleach, bleaching agent **ağartma tozu** bleaching powder **ağartmaya dayanıklı** fast to bleaching
ağartmak *e.* to bleach, to whiten, to blanch; to grey
ağbenek *a.* fungus disease of barley
ağda *a.* semisolid syrup; epilating wax
ağdalanmak *e.* to become viscous
ağdalaşmak *e.* to become viscous
ağdalı *s.* viscous; bombastic, high-flown, pompous, overloaded **ağdalı akış** viscous flow
ağdalık *a.* viscosity * viskozite, akışmazlık **ağdalık katsayısı** viscosity coefficient
ağdalıkölçer *a.* viscosimeter
ağdalıkölçüm *a.* viscosimetry
ağdırmak *e. yörs.* to boil (a liquid) down; to lift up, to elevate
ağı *a.* poison, venom * zehir **ağı gibi** very bitter
ağıağacı *a, bitk.* oleander
ağıkeser *a.* antivenin
ağıl *a.* sheep-fold, fold, pen, barn *Al.*; halo * hale **ağıl etkisi** halo effect
ağılamak *e.* to poison * zehirlemek
ağılanım *a.* toxication, poisoning
ağılı *s.* poisonous, venomous * zehirli
ağılıböcek *a, hayb.* ground beetle
ağıllamak *e.* to herd (animals) into a fold
ağıllanmak *e.* (sürü) to flock together; *gökb.* to have a halo
ağım *a.* instep
ağımlı *s.* high in the instep
ağınmak *e.* to roll on the ground
ağıotu *a, bitk.* hemlock * baldıran
ağır *s.* heavy; heavy, difficult, strenuous; dull, stodgy, ponderous *hkr.*; serious, grave, severe, nasty; stuffy, smelly *kon.*; (söz) offensive, hurtful, cutting, biting; slow, ponderous; (yiyecek) indigestible, rich, stodgy, heavy; thick, vis-

cous; (uyku) deep; valuable, precious * değerli ¤ *be.* slowly *(bir kimseyi) ağır basmak* to have a nightmare *ağır ağır* slowly *ağır aksak* very slowly, at a snail's pace *ağır basmak* to predominate, to turn the scale *ağır benzin* heavy petrol *ağır canlı* lazy, sluggish *ağır ceza* severe punishment *ağır ceza mahkemesi* criminal court *ağır çekim* slow motion *ağır darbe* nasty blow *ağır davranmak* to move slowly *ağır endüstri* heavy industry *ağır ezgi/endam* fıstıki makam *konuşmak* to drawl *ağır gelmek* a) to offend sb's feelings b) to find sth difficult *ağır hakaret* invective *ağır hapis cezası* heavy imprisonment *ağır hasta olmak* to be in a bad way *ağır hastalık* fatal disease, serious disease *ağır hidrojen kim.* heavy hydrogen, deuterium * döteryum *ağır iş* hard work, heavy duty *ağır işitmek/duymak* to be hard of hearing *ağır iyonlar* heavy ions *ağır kaçmak* to be offensive *ağır kanlı* lazy, sluggish *ağır kayıp* great losses *ağır kaza* severe accident *ağır kil* heavy clay *ağır makineli tüfek* heavy machine gun *ağır metal tek.* heavy metal *ağır ol* a) slow down! b) take it easy! *ağır ortam* heavy medium *ağır para cezası* heavy fine *ağır parçacık* heavy particle *ağır sanayi* heavy industry *ağır sıvı* heavy liquid *ağır söylemek* to use hard words *ağır sözler* harsh words *ağır spar* heavy spar *ağır spat* heavy spar * barit *ağır su* heavy water *ağır suç* felony *ağır toprak* heavy soil *ağır trafik* heavy traffic *ağır uyku* deep sleep *ağır yakıt* heavy fuel *ağır yaralı* seriously wounded *ağır yük* heavy duty, heavy goods *ağırdan almak* to take it easy, to play for time, to procrastinate *res./hkr. ağırına gitmek* to offend, to hurt (the feelings of), to take sth to heart
ağırayak *s.* enceinte, expecting, heavy with child
ağırbaşlı *s.* serious, grave, sedate, dignified, decorous, demure, solemn, sober * vakur, ciddi
ağırbaşlılık *a.* gravity, dignity, sedateness * vakar, ciddiyet
ağırca *s.* somewhat heavy

ağırkanlı s. slow, inactive, sluggish

ağırküre a. barysphere * barisfer

ağırlamak e. to entertain, to put sb up, to show hospitality to sb

ağırlanmak e. to be entertained, be shown hospitality

ağırlaşmak e. to become heavier; to become more serious; to slow down; to get harder, to become more difficult

ağırlaştırma a. making heavier; making more difficult; slowing (sth) down; tek. weighting, charging **ağırlaştırma apresi** teks. weighting size, weight giving finish, filling finish **ağırlaştırma banyosu** teks. weighting bath, weight giving finish **ağırlaştırma maddesi** teks. weighting agent

ağırlaştırmak e. to make heavier; to make more difficult; to slow (sth) down; to aggravate, to exacerbate

ağırlatmak e. to have (one person) entertain (another); lit to slow (sth) down

ağırlık a. weight; heaviness; slowness; gravity * ağırbaşlılık; severity; burden * yük; responsibility * sorumluluk; drowsiness, lethargy; foulness **ağırlığınca altın etmek** to be worth its weight in gold **ağırlığını koymak** to use one's influence **ağırlık barajı** gravity dam **ağırlık basmak** a) to get sleepy b) to have a nightmare **ağırlık kuvveti** force of gravity **ağırlık merkezi** the centre of gravity **ağırlık olmak** to be a burden to **ağırlık vermek** to concentrate, to feature, to work on

ağırlıklı s. weighted, heavy **ağırlıklı kod** biliş. weighted code

ağırlıkölçüm a. gravimetry

ağırlıksız s. weightless

ağırlıksızlık a. weightlessness

ağırsamak e. to give sb a cold shoulder; to trifle with sth

ağırsıklet a. heavyweight * başağırlık

ağırsu a. heavy water

ağırşak a. disk crusher

ağırşaklanmak e. (for a boil) to swell; to protrude

ağırşaklı s. having a disk crusher **ağırşaklı kırıcı** disk crusher **ağırşaklı süzgeç** disk filter

ağıryağ a. heavy fuel, heavy oil

ağısız s. nontoxic

ağısızlaştırma a. detoxification, detoxication

ağısızlaştırmak e. to detoxify, detoxicate

ağış a. ascension, rise

ağıt a. lament, dirge, threnody, requiem, elegy **ağıt yakmak** to lament, to wail for; to keen

ağıtçı a. (professional) mourner

ağıtlama a. elegy, dirge

ağıtsal s. elegiac

ağıtutar a. antitoxin

ağıtutkunluğu a. drug addiction, toxicomania

ağız[1] a. mouth, trap arg.; outlet, inlet, orifice; (bıçak, jilet vb.) blade, edge; (kap) rim, brim; (silah) muzzle; dilb. dialect, accent; persuasive talk, eyewash; (yol) crossroads, junction; coğ. inlet, estuary **ağız ağza dolu** completely full **ağız aramak** to feel the pulse, to see how the wind blows **ağız armonikası** harmonica **ağız dalaşı** spat, row, squabble kon. **ağız dalaşı yapmak** to brawl, to have a row **ağız değiştirmek** to change one's tune **ağız dolusu** mouthful **ağız kavgası** battle of words, spat, row, squabble kon. **ağız kavgası etmek** to bandy words (with sb), to have a row **ağız kokusu** bad breath, foul breath **ağız kokusu çekmek** to grin and bear it **ağız kuşağı** den. sheer strake **ağız mızıkası** mouthorgan, harmonica **ağız sıkılığı** secrecy **ağız sulandırıcı** mouth-watering övg. **ağız sütü** colostrum **ağız şakası** joke, jesting **ağız tadı** harmony, peace **ağız tadı ile** with full enjoyment, without any disturbance **ağız tıkacı** gag **ağızda sakız olmak** to spread like wildfire, to be the talk of the town **ağızdan ağıza** from mouth to mouth **ağızdan ağıza dolaşmak** to go the rounds **ağza alınmaz** obscene, unmentionable **ağza almak** to speak of, to mention **ağzı açık ayran delisi gibi bakmak** to stare like a stuck pig **ağzı açık dinlemek** to hang on sb's words **ağzı açık kalmak** to gape with astonishment **ağzı açık** imbecile, naive **ağzı aşağı** arg. cunt **ağzı bir karış açık kalmak** to bowl over **ağzı bozuk** abusive, coarse-mouthed **ağzı gevşek** a) indiscreet b) chatterbox **ağzı kalabalık** loudmouthed, windy **ağzı kilitli** tight-lipped *ağzı köpürmek* to foam at the mouth *ağzı kulaklarına varmak* to grin from ear to ear *ağzı kulaklarında* exceedingly happy, overjoyed *ağzı laf yapmak* to have the gift of the gab *ağzı pek* tightlipped *ağzı pis* abusive, coarse-mouthed *ağzı salyalanmak* to salivate *ağzı sıkı* secretive, reticent, close, tight-lipped, cagey *kon.* *ağzı sulanmak* to drool, to salivate *ağzı süt kokmak* to be an infant in arms, to be green *ağzı var dili yok* very quiet, buttoned up *ağzı varmamak* not to be willing to (to say), to hate (to tell) *ağzı yanmak* to burn one's fingers, to get one's fingers burnt *ağzına almamak* not to mention *ağzına biber çalmak* *şak. mec.* to rinse sb's mouth out (with soap) *ağzına geleni söylemek* to give sb a piece of one's mind *ağzına içki almamak* to be a teetotaller *ağzına kadar doldurmak* to cram *ağzına kadar dolu* brimful *ağzına kadar dolu olmak* to brim *ağzına kadar* up to the brim *Ağzına vur lokmasını al* He can't say boo to a goose *ağzında bakla ıslanmamak* to be indiscreet *ağzında gevelemek* to mumble, to beat about the bush *ağzından baklayı çıkarmak* to spill the beans *kon.* *ağzından bal akmak* to speak sweetly *ağzından girip burnundan çıkmak* to twist sb's arm *ağzından kaçırıvermek* to let sth slip *ağzından kaçırmak* to let sth slip, to blurt sth out, to let the cat out of the bag *ağzından kaçmak* to slip from sb's mouth *ağzından kapmak* to worm sth out of sb *ağzından laf almak* to wangle words out of (sb), to pump sb *ağzından laf kaçırmak* to let slip, to let a secret out *Ağzından yel alsın!* Heaven forbid! *ağzını açamamak* not to get a word in edgeways *ağzını açıp gözünü yummak* to go off the deep end *ağzını açmak* to open one's mouth *ağzını açmamak* to clam up *kon.* *ağzını aramak* to pump *kon.*, to sound sb out *ağzını bıçak açmamak* to be too sorry to say a word, to be with a long face, to have one's mouth sealed with grief *ağzını bozmak* to talk smut, to use bad language *ağzını havaya açmak* to be left empty-handed *ağzını hayra aç!*

Heaven forbid! *ağzını sıkı tutmak* to guard one's tongue, to keep one's mouth shut *ağzını sulandırmak* to make one's water mouth *ağzını tıkamak* to gag *ağzını tutmak* to hold one's tongue *ağzını yoklamak* to sound (sb) out *ağzının içine bakmak* to hang on sb's lips, to hang on sb's words, to hang on sb's every word *ağzının payını vermek* to score off sb *ağzının payını almak* to get bitten, to be snubbed *ağzının suyu akmak* to slaver (for) *hkr.* *ağzının tadını bozmak* to spoil the enjoyment (of) *ağzının tadını bilmek* to be a gourmet *ağzıyla kuş tutsa* even if he works miracles, no matter what he does *ağzıyla söylemek* to tell personally

ağız² *a.* first milk, beestings, colostrum

ağızbirliği *a.* agreement on what to say/do *ağızbirliği etmek* to agree to tell the same story

ağızcık *a.* stoma

ağızdan *be.* orally, verbally * şifahen

ağızlamak *e.* to ready (a mortise/hole) for a tenon; *den.* to enter the middle of (a strait/port)

ağızlaşma *a.* anastomosis

ağızlaşmak *e. anat.* to anastomose

ağızlık *a.* cigarette holder; mouthpiece; (hayvan) muzzle; funnel * huni *ağızlık takmak* (hayvana) to muzzle

ağızotu *a.* primer * falya barutu *ağızotu koymak* to prime

ağızsal *s. hek.* oral

ağızsıl *s, dilb.* oral *ağızsıl ünlü* pure vowel

ağızsız *s.* astomous

ağkatman *a.* retina

ağkepçe *a.* landing net

ağkurdu *a. hayb.* webworm

ağlama *a.* weeping, crying; complaining *Ağlama Duvarı* Wailing Wall

ağlamak *e.* to weep, to cry; to weep, to mourn (for); *kon.* to complain, to whine, to moan *kon.* *Ağlamayan çocuğa meme vermezler* the squeaking wheel gets the grease

ağlamaklı *s.* ready to cry, tearful, plaintive *ağlamaklı olmak* to feel like crying

ağlamsamak *e.* to whine

ağlamsı *s.* weepy

ağlamsık *s.* cry-baby

ağlaşmak *e.* to weep together

ağlatı *a, tiy.* tragedy

ağlatısal *s.* tragic

ağlatmak *e.* to make sb cry, to reduce sb to tears

ağlayık *s. yörs.* who is always crying

ağlayış *a.* crying, cry; whining, complaint

ağlı *s.* reticulate

ağma *a, gökb.* shooting star, falling star * akanyıldız, şahap

ağmak *e.* to hang down; to rise, to ascend

ağnamak *e.* to roll, to welter

Ağrı (dağı) *a.* Mount Ararat

ağrı *a.* ache, pain **ağrı vermek** to hurt

ağrık *a. yörs.* pain, ache

ağrıkesici *a, hek.* painkiller, analgesic, anodyne ¤ *s.* analgesic, anodyne

ağrıkesimi *a. hek.* analgesia

ağrılı *s.* aching, painful

ağrımak *e.* to ache, to hurt **Başım ağrıyor** I have a headache **Her yerim ağrıyor** I ache all over

ağrınmak *e.* to resent, to be offended, to be vexed

ağrısız *s.* painless ¤ *be.* painlessly

ağrıtıcı *s.* nociceptive

ağrıtmak *e.* to hurt, to cause pain

ağsı *s.* webby, weblike, reticulate

ağsılaşma *a.* reticulation

ağtabaka *a.* retina

ağtonoz *a.* arch, ribbed vault

ağustos *a.* August

ağustosböceği *a.* cicada * orakböceği

ağyar *a.* strangers, others

ah *ünl.* ah!, oh!, alas!, ouch! ¤ *a.* curse * beddua **ah almak** to be cursed for one's cruelty **ah çekmek** to sigh **ah etmek** a) to utter a sigh, to sigh b) to call down curses upon (sb) **ahı gitmek vahı kalmak** to be clapped out *İl./kon.* **ahı gitmiş vahı kalmış** clapped out *İl./kon.*

aha *ünl. yörs.* here, there

ahali *a.* inhabitants, people, population, folk

ahar *a.* sizing

aharlamak *e.* to size, to dress

aharlı *s.* dressed, sized, finished

ahbap *a.* friend, fellow *kon.*, pal *kon.*, chap *İl./kon.*, buddy *Aİ./kon.*, crony *hkr.* **ahbap çavuşlar** chums, cronies **ahbap olmak** to strike up a friendship with, to make friends with

ahbapça *be.* in a friendly manner

ahbaplık *a.* friendship, acquaintance **ahbaplık etmek** to be friends with

ahçı *a.* cook * aşçı **ahçı yamağı** kitchen boy, kitchen maid

ahçıbaşı *a.* head cook, chef * aşçıbaşı

ahçılık *a.* cookery, cooking, cuisine **ahçılık yapmak** to work as a cook

ahdetmek *e.* to resolve, to take an oath, to vow

ahdi *s. huk.* conventional, contractual

Ahdiatik *a.* the Old Testament

Ahdicedit *a.* the New Testament

ahenk *a.* harmony * uyum; accord, agreement **ahenk içinde yaşamak** to live in harmony

ahenkleştirmek *e.* to harmonize; to reconcile

ahenkleştirmek *e.* to harmonize

ahenkli *s.* harmonious, in tune * uyumlu; amusing, entertaining * eğlenceli

ahenksiz *s.* inharmonious, out of tune * uyumsuz

ahenksizlik *a.* disharmony

aheste *s.* slow, gentle ¤ *be.* slowly **aheste aheste** slowly, without hurrying

ahfat *a, ç.* grandchildren * torunlar

ahım şahım *s, kon.* beautiful, excellent, favourable **Ahım şahım bir şey değil** It's not much of a thing **Ahım şahım bir kız değil** She's not beautiful at all.

ahır *a.* stable, shed, barn *Aİ.* **ahır gibi** filthy and confused **ahır gübresi** stable manure **ahır yemlemesi** house feeding

âhır *s, esk, bkz.* âhir

ahir *a. esk.* the last, the final

âhir *s.* last, latter * son, sonraki ¤ *be.* finally * sonunda **âhir zaman** a) the latest time b) the end of the world

ahiren *be.* recently, lately * son zamanlarda, yakınlarda

ahit *a.* oath, vow * ant; treaty, pact * antlaşma; *esk.* time, period, age

ahitleşmek *e.* to make a pact with each other, to contract with each other

ahitname *a.* treaty, pact

ahize *a.* (telephone) receiver * almaç

ahkâm *a, ç.* judgments **ahkâm kesmek** to make judgments without hesitation

ahlak *a.* morals, ethics; manners, conduct **ahlak bozukluğu** moral corruption **ahlak polisi** vice squad **ahlaka aykırı** immoral **ahlakı bozuk** depraved

ahlakını bozmak to debauch, to pervert, to deprave *ahlakını düzeltmek* to moralise
ahlakan *be.* morally; ethically
ahlakbilim *a.* ethics * etik
ahlakça *be.* morally; ethically
ahlakçı *a.* moralist
ahlakdışçılık *a.* amoralism
ahlakdışı *s.* amoral * töredışı
ahlaken *be.* morally; ethically
ahlaki *s.* moral, ethical
ahlaklı *s.* well-behaved, moral, ethical
ahlaklılık *a.* good conduct, decency
ahlaksal *s.* moral
ahlaksız *s.* immoral, unscrupulous, unsavory, dissolute, unprincipled, depraved, debauched, corrupt ¤ *a.* debauchee
ahlaksızlık *a.* immorality, depravity, debauchery
ahlamak *e.* to sigh
ahlat *a.* wild pear * yabanarmudu
ahmak *a.* fool, idiot *kon.*, imbecile *kon.*, ass *kon.* ¤ *s.* stupid, silly, dumb, dim, dense *kon.*, thick *kon.* *ahmak ıslatan* drizzle
ahmakça *s.* silly, inept, asinine ¤ *be.* foolishly, stupidly *ahmakça davranmak* to play the fool
ahmaklaşmak *e.* to turn into a fool
ahmaklık *a.* stupidity, idiocy
ahret *a.* afterlife, the hereafter, the next world, the Great Beyond *ahret kardeşi* adoptive brother/sister *ahret korkusu* the fear of the Last Judgement *ahrete gitmek* to pass away, to die *ahreti boylamak* to depart (from) this life *esk.* *ahret suali sormak* to cross-examine
ahretlik *s.* otherworldly ¤ *a.* adopted girl
ahşa *a, ç.* intestines, bowels
ahşap *s.* wooden, made of timber *ahşap ayak* timber footing *ahşap kaplama* lagging *ahşap kazık* timber pile, wood pile *ahşap palplanş* plank pile
ahtapot *a, hayb.* octopus; *hek.* polypus * polip
ahu *a.* gazelle *ahu gibi* beautiful, comely *esk./res.* *ahu gözlü* gazelle-eyed
ahududu *a.* raspberry * ağaççileği
ahval *a, ç.* conditions, circumstances * durumlar, vaziyetler; behaviours * davranışlar; events, affairs * olaylar *ahvali umumiye* general conditions
ahzetmek *e, esk.* to take, to receive * almak, kabul etmek
aidat *a.* dues
aidiyet *a.* state of belonging, concern, relation
Aids *a.* Aids
aile *a.* family; wife ¤ *s.* domestic *aile adı* family name *aile babası* family man *aile bahçesi* tea garden *aile bireyleri* members of the family *aile boyu* king-size *aile çevresi* family circle *aile doktoru* family doctor *aile fertleri* members of a family *aile hayatı* domesticity, family life *aile ocağı* home *aile planlaması* family planning *aile reisi* head of the family, head of the household, householder *ailenin yüzkarası* black sheep
ailece *be.* as a family
ailecek *be.* as a family
ailevi *s.* domestic, familial, family+
ait *s.* concerning, relating to, regarding; belonging to, pertaining to, property of *ait olmak* to belong (to sb), to pertain to, appertain (to)
ajan *a.* agent, secret agent * casus; agent, representative * temsilci *ajan provokatör* agent provocateur
ajanda *a.* engagement book, diary
ajanlık *a.* agency
ajans *a.* agency, news agency; news bulletin *ajans bülteni* news bulletin
ajitasyon *a.* agitation
ajitatör *a.* agitator
ajite *s, ruhb.* agitated *ajite etmek* to agitate
ajur *a.* openwork; hemstitch
ajurlu *s.* open-worked (embroidery)
ajurlu *s.* openworked
ajüstör *a.* fitter
ak *s.* white * beyaz; (saç) hoary, hoar; honest ¤ *a.* white colour; white (of an egg/eye) *ak akçe* silver money *Ak akçe kara gün içindir* One must put by for a rainy day *ak düşmek* to go grey, to become grey *ak ışık* white light *ak ışınım* white radiation *akım derken bokum demek* to put one's foot in it *akla karayı seçmek* to meet a lot of difficulties; to be hard put to do sth
akabinde *be.* immediately afterwards, subsequently
akaç *a.* drain pipe
akaçlama *a.* drainage * drenaj, tefcir

akaçlamak *e.* to drain
akademi *a.* academy *akademi üyesi* academician
akademici *a.* academician
akademicilik *a.* academicism
akademik *s.* academic *akademik özgürlük* academic freedom
akademisyen *a.* academician
akademizm *a.* academism
akağa *a.* white eunuch of the sultan's palace
akağaç *a.* silverbirch
akaju *a.* mahogany * maun
akak *a.* channel
akalbatros *a.* wandering albatros
akalliyet *a.* minority
akamber *a.* ambergris
akamet *a, esk.* sterility, barrenness * kısırlık; failure, abortion * başarısızlık *akamete uğramak* to fail, to come to naught, to go for naught *akamete uğratmak* to foil, to frustrate
akant *a. bitk.* acanthus
akanthos *a.* acanthus
akantit *a.* acanthite
akantus *a. bitk.* acanthus
akanyıldız *a, gökb.* shooting star, falling star * ağma, şahap
akar *a.* landed property, real estate, real property
akaramber *a. bitk.* liquidambar
akarca *a, hek.* fistule * fistül; *coğ.* brook, stream; thermal spring, hot spring * kaplıca
akarcalı *s.* fistulous
akaret *a.* property rented out
akarisit *a.* acaricide
akarlar *a. hayb.* mites
akarp *s. bitk.* acarpous
akarsu *a.* river, stream *akarsu erozyonu* fluvial erosion *akarsu kavşağı coğ.* confluence *akarsu mecrası* watercourse *akarsu ortamı* fluvial environment *akarsu şebekesi* river system *akarsu yatağı* stream bed
akaryakıt *a.* liquid fuel *akaryakıt göstergesi* fuel gauge *akaryakıt tankeri* fuel tanker
akasma *a.* traveler's-joy
akasya *a.* acacia *akasya zamkı* acacia gum, gum arabic
akbaba *a.* vulture
akbalık *a. hayb.* dace; a large bonito

akbalıkçıl *a.* great white heron
akbasma *a, hek.* cataract * aksu, perde, katarakt
akbaş *a. hayb.* barnacle goose, bernicle
akbenek *a, hek.* leucoma
akburçak *a. bitk.* bitter vetch
akceviz *a.* butternut
akciğer *a.* lungs ¤ *s.* pulmonary *akciğer borusu* bronchus *akciğer kanseri* lung cancer *akciğer veremi* pulmonary tuberculosis *akciğer yangısı* pneumonia *akciğer zarı* pleura
akciğerli *s.* pulmonate
akça[1] *s.* whitish, quite white *akça pakça* pretty, beautiful
akça[2] *a.* coin; small silver coin
akçaağaç *a.* maple * isfendan *akçaağaç şekeri* maple sugar
akçakavak *a.* white poplar, silver poplar * akkavak
akçam *a.* white pine, white spruce, bull pine
akçayel *a.* southeaster
akçe *a.* coin; small silver coin
akçeleme *a.* financing
akçelemek *e.* to finance
akçeli *s.* fiscal
akçıl *s.* whitish, faded
akçıllaşmak *e.* to fade, to get gray
akçıllık *a.* whiteness; fadedness
akçöpleme *a. bitk.* white false hellebore
akdarı *a, bitk.* millet
akdemir *a.* wrought iron
Akdeniz *a.* the Mediterranean *Akdeniz iklimi* Mediterranean climate
akdenizmeyvesineği *a.* Mediterranean fruit fly
akderi *a.* leucoderma
akdetmek *e.* to make, to contract, to draw up
akdiken *a, bitk.* hawthorn
akdoğan *a.* gerfalcon
aken *a.* achene, akene, achenium
akfunda *a.* retem
akgünlü *s.* fortunate, lucky
akgünlük *a.* incense made from juniper gum
akhardal *a. bitk.* white mustard
akı *a.* flux *akı kaçağı* flux leakage *akı kapısı* flux gate *akı yoğunluğu* flux density
akıbet *a.* end, consequence, outcome
akıcı *s.* fluid, liquid; (dil) fluent ¤ *be.* flu-

ently *akıcı bir şekilde* fluently *akıcı konuşmak* to be fluent in, to speak fluently

akıcılık *a.* fluidity; (dil) fluency

akıl *a.* intelligence, brain, reason * us; memory * bellek; advice * öğüt; opinion, idea *akıl (sır) erdirememek* to be unable to make head or tail of *akıl almak* to ask for advice, to consult *akıl almaz* incredible, inconceivable, unbelievable *akıl danışmak* to ask for advice, to consult *akıl erdirmek* to conceive *akıl ermez* impenetrable, incomprehesible *akıl etmek* to think of *akıl fikir* complete attention *akıl hastalığı* psychosis, mental illness *akıl hastalıkları* mental disorders *akıl hastanesi* mental home, mental hospital *akıl hastası* mental patient; mad *akıl hocası* mentor *akıl kârı olmak* to be within reason *akıl kârı olmamak* to be unreasonable, to be wise (to do sth) *akıl öğretmek* to give advice to *akıl satmak* to give useless advice *akıl sormak* to inquire, to consult *akıl vermek* to counsel, to give advice to *akıl yaşı* mental age *Akıl yaşta değil baştadır* Age is no guarantee of wisdom *akıl yormak* to thik hard *akılda tutmak* to bear in mind, to keep in mind *akıldan çıkarmamak* to bear in mind, to take into consideration *akıllara durgunluk veren* mind-blowing, mind-boggling *akla gelmedik* unthinkable *akla getirmek* to bring to mind *akla hayale gelmez* undreamed-of, incredible, unimaginable *akla hayale sığmaz* unthinkable *akla sığmamak* to be unbelievable *akla sığmaz* unbelievable, preposterous *akla uygun* reasonable, sensible *övg. akla uygunluk* rationality *akla yakın* reasonable, sensible *akla yatkın* rational, advisable, plausible *aklı (başından) gitmek* to lose one's head *aklı almak* to conceive *aklı almamak* to be unable to understand *aklı başına gelmek* to come to one's senses, to sober down *aklı başında biri olmak* to have a good head on one's shoulders *aklı başında olmak* to be in one's right mind, to have both one's feet on the ground *aklı başında* in one's right mind, sane, rational, sensible *övg. aklı başından gitmek* to lose one's head, to

lose one's reason *aklı bir karış havada olmak* to have one's head in the clouds *aklı durmak* to be shocked, to be astonished *aklı ermek* to be able to understand *aklı karışmak* to be confused *aklı kesmek* to believe that sth is possible *aklı sıra* he/she thinks/expects *aklı yatmak* to believe that sth is possible, to be convinced of *aklıma gelmişken* by the way, incidentally *aklına eseni yapmak* to act according to one's whims *aklına esmek* to have sudden wish to do sth *aklına gelmek* to occur to, to come back (to sb) *aklına getirmek* a) to remind sb of sth, to evoke b) to call back to mind *aklına koymak* to have made up one's mind to *aklına parlak bir fikir gelmek* to hit on a good idea *aklına sokmak* to implant, to impress (up)on *aklına takılmak* to obsess *aklına takmak* to be obsessed by/with *aklına uymak* to be tempted by sb and do sth silly *aklında* on one's mind *aklında olmak* to have in mind *aklında tutmak* to keep in the memory, not to forget *aklında tutmamak* to lose track of *aklından çıkarmak* to put sth out of one's mind *aklından çıkmak* to escape *aklından çıkmamak* to stick in one's mind *aklından geçirmek* to think of *aklından geçmek* to occur to one's mind *aklından zoru olmak* to have bats in the belfry, to have queer ideas *aklını (bir şeye) takmak* to have a bee in one's bonnet (about sth) *aklını başına devşirmek/toplamak* to pull one's socks up *İl./kon. aklını başına getirmek* to bring sb to reason, to make sb see reason *aklını başına toplamak* to come to one's senses, to get one's wits about one *aklını başından almak* to sweep sb off his feet, to enrapture *res. aklını çelmek* to dissuade from, to bias *aklını kaçırmak* to lose one's mind, to go off the rails *aklını oynatmak* to go out of one's mind, to go mad *aklını karıştırmak* to confuse *aklını oynatmak* to be nuts, to be off one's nut

akılcı *a.* rationalist * uşçu, rasyonalist

akılcılık *a.* rationalism * uşçuluk, rasyonalizm

akıldışı *s.* irrational * usdışı

akıldişi *a.* wisdom tooth
akıllanmak *e.* to become wiser (by bitter experience)
akıllı *s.* clever, intelligent, smart, bright, brainy *kon.* **akıllı davranmak** to act wisely **akıllı dil** *biliş.* intelligent language **akıllı geçinmek** to pass for a wise man **akıllı terminal** *biliş.* intelligent terminal **akıllı uslu** wise, well-advised
akıllıca *be.* wisely, cleverly ¤ *s.* wise, reasonable
akıllılık *a.* intelligence, wisdom, cleverness **akıllılık etmek** to act intelligently
akılsız *s.* irrational, foolish, stupid, silly **akılsız terminal** *biliş.* dumb terminal
akılsızlık *a.* foolishness, stupidity, folly **akılsızlık etmek** to act stupidly
akım *a.* current * cereyan; trend, movement * cereyan, tarz **akım antinodu** current antinode **akım beslemesi** current feed **akım bobini** current coil **akım çevirme** commutation **akım devresi** current circuit **akım duyarlığı** current sensitivity **akım düğümü** current node **akım düzenlemesi** current regulation **akım gürültüsü** current noise **akım jeneratörü** current generator **akım kablosu** power line **akım kesici** current breaker, interrupter **akım kolektörü** current collector **akım regülasyonu** current regulation **akım regülatörü** current regulator **akım rölesi** current relay **akım sınırlayıcı** a) current limiting b) current limiter **akım şiddeti** current intenslty **akım terazisi** current balance **akım transformatörü** current transformer **akım tüketimi** current consumption **akım üreteci** current generator **akım üretimi** current generation **akım verimi** current efficiency **akım yoğunluğu** current density **akım yokluğu** absence of current **akım yükseltilmesi** current amplification **akım zayıflaması** current attenuation
akımlı *s.* carrying an electric current
akımlık *a.* river bed, watercourse
akımmıknatıslık *a.* electromagnetism
akımölçer *a.* ammeter * amperölçer, ampermetre
akımtoplar *a.* storage battery
akın *a.* rush, influx, flow; raid, incursion, invasion, inroad, foray **akın akın** in crowds **akın etmek** *a.* to surge into, to rush into, to invade
akıncı *a.* raider; *sp.* forward * forvet
akındırık *a.* gum
akınkayası *a.* goby
akıntı *a.* current, stream; flow, leak; *hek.* flux **akıntı ağı** drift net **akıntı aşağı** downstream **akıntı demiri** stream anchor **akıntı potansiyeli** streaming potential **akıntı yönünde** downstream **akıntıya kapılmak** to go adrift **akıntıya karşı** upstream **akıntıya karşı kürek çekmek** to row against the tide **akıntıya kürek çekmek** to beat the air
akıntılı *s.* flowing, sloping, having a current
akıntısız *s.* currentless, still
akıölçer *a.* fluxmeter
akış *a.* flow **akış aşağı** downstream **akış borusu** draft tube, outflow pipe **akış çizeneği** *biliş.* flowchart * akış şeması **akış çizgisi** flow line **akış denetimi** flow control **akış diyagramı** flow diagram **akış hattı** flow line **akış hızı** flow rate, rate of flow **akış kanalı** delivery canal **akış kontrolü** flow control **akış şeması** *biliş.* flowchart * akış çizeneği **akış yönü** flow direction **akış yukarı** upstream
akışbilim *a.* rheology
akışkan *s.* fluid ¤ *a.* fluid **akışkan atık** *çev.* effluent **akışkan mantığı** fluid logic **akışkan sürtünmesi** fluid friction **akışkan yağlaması** fluid lubrication **akışkan yatak** *çev.* fluidized bed **akışkanlar mekaniği** fluid mechanics
akışkanlaştırıcı *a.* liquefier; solvent
akışkanlaştırmak *e.* to liquefy
akışkanlık *a.* fluidity
akışkansız *s.* aneroid
akışmak *e.* to stream, to flow all together
akışmaz *a.* viscous
akışmazlık *a.* viscosity * ağdalık, viskozite
akışmazlıkölçer *a.* viscosimeter * viskozimetre
akışölçer *a.* flow meter
akıtım *a.* *hek.* drainage
akıtma *a.* drainage; discharge; fluxation; blaze **akıtma pompası** drainage pump **akıtma vanası** bleeder valve
akıtmak *e.* to let sth flow; to pour; to drain; (kan, gözyaşı) to shed
akide[1] *a.* religious faith, creed, doctrine
akide[2] *a.* sugar candy **akide şekeri** rock

candy, rock

akifer s. aquifer, water-bearing

akik a. agate **akik havan** agate mortar

akim s. fruitless, sterile * kısır, verimsiz; futile, unsuccessful **akim kalmak** to fail, to come to nothing

akis a. echo * yankı; reflection; inversion * evirtim; mec. effect, reaction

âkit a, huk. contracting party * bağıtçı

akit a. agreement, contract * mukavele; marriage agreement

akkan a. lymph * lenf **akkan düğümü** lymph node

akkansal s. lymphoid

akkarınca a. termite, white ant * divik, termit

akkavak a. white poplar, silver poplar

akkefal a. bleak

akkelebek a. hayb. a white-winged bud moth

akkor s. incandescent, white heat **akkor buji** glow plug **akkor ışıldak** inky-dinky **akkor kaybı** loss on ignition **akkor lambası** incandescent lamp

akkorlaşmak e. to glow

akkorluk a. incandescence

aklama a. acquittal * ibra

aklamak e. to acquit, to absolve, to exonerate * ibra etmek; (kara parayı) to launder

aklan a, coğ. catchment area; mountain slope

aklanma a. acquittal

aklanmak e. to be cleaned; to be acquitted, to be absolved * beraat etmek

aklaşmak e. to turn white/gray

aklen be. by reason, mentally

aklı s. spotted with white

aklık a. albedo

aklınca be. as he sees it, he thinks (that)

aklıselim a. common sense

akli s. mental, intellectual, rational **akli denge** mental balance **akli dengesi bozuk** unbalanced

aklinik s. aclinic

akliye a. mental diseases; mental clinic; rationalism * usçuluk

akliyeci a. mental specialist, psychiatrist

akma a. flow, flowing, runoff; creep **akma çelik** mild steel, ingot steel **akma dayancı** yield strength **akma demir** ingot iron **akma gerilmesi** yield stress **akma gerinimi** yield strain **akma hızı**

rate of creep **akma limiti** liquid limit **akma mukavemeti** yield strength **akma noktası** yield point **akma sınırı** yielding point, yield point

akmadde a. white substance, white matter

akmak e. to flow, to drain, to trickle; to leak; to run down, to overflow **akıp gitmek** (zaman) to elapse res.

akmantar a. bitk. field mushroom, meadow mushroom, agaric

akmaz s. stagnant, standing; viscous ¤ a, coğ. ox-bow lake

akmazlıkölçer a. viscometer

akmika a. white mica, potash mica

akne a. acne

akonit a. bitk. aconite

akonitaz a. aconitase

akonitik asit a, kim. aconitic acid

akonitin a. aconitine

akont a. installment, partial payment

akor a, müz. chord

akordeon a, müz. accordion; pleats **akordeon kapı** accordion door **akordeon pili** teks. accordion pleats

akordeoncu a. accordionist

akort a. tune; harmony **akordu bozuk** out of tune **akordu bozulmak** to go out of tune **akort ayarı** tuning control **akort bobini** tuning coil **akort eğrisi** tuning curve **akort etmek** to tune **akort göstergesi** tuning indicator **akort kondansatörü** tuning capacitor **akort ücret** piece rate

akortçu a. tuner

akortlamak e. to tune

akortlu s. tuned **akortlu amplifikatör** tuned amplifier **akortlu devre** tuned circuit **akortlu hücre** tuned cell **akortlu magnetron** tuned magnetron **akortlu röle** tuned relay **akortlu transformatör** tuned transformer

akortsuz s. out of tune **akortsuz anten** untuned antenna

akoz etmek e. arg. to shut up

akozlamak e. arg. to tell (sth) in secret

akörtü a. anat. aponeurosis

akpas a. bitk. white rust

akpelin a. santonica

akpirit a. marcasite

akpiritli s. narcastical

akraba a. relative, kin, kindred ¤ s, dilb. cognate

akrabalık a. kinship, relationship, affinity

akran s. of the same age * yaşıt, boydaş, öğür

akreditif a. letter of credit

akrep a, hayb. scorpion; (saatte) hour hand **Akrep burcu** Scorpio

akridin a. acridine

akriflavin a. acriflavine

akrilat a. acrylate

akrilik s. acrylic **akrilik asit** acrylic acid **akrilik elyaf** acrylic fibre **akrilik reçine** acrylic resin

akrilonitril a. acrylonitrile

akrobasi a. acrobatics

akrobat a. acrobat * cambaz

akrobatik s. acrobatic

akrobatlık a. acrobatics

akrofobi a. acrophobia

akrokarpus s. bitk. acrocarpous

akrolein a. acrolein

akromatik s. achromatic

akromatin a. achromatin

akromatizm a. achromatism

akromatopsi a. colourblindness

akromegali a. hek. acromegaly

akropetal s. bitk. acropetal

akropol a. acropolis

akrospor a. acrospore

akrostiş a. acrostic

akrozom a. acrosome

aks a. axle, journal; axis **aks başı pernosu** kingpin **aks başı saplaması** steering pivot **aks kovanı** axle housing, axle tube **aks mahfazası** axle housing **aks mili** axle shaft **aks tespit mandalı** axle latch **aks yatağı** axle bearing

aksak s. limping, lame; disorganized, unsystematic

aksaklık a. lameness, lopsidedness; hitch, defect, disorganization; trouble, malfunction **aksaklık süresi** downtime **Bir yerde bir aksaklık var** There's a hitch somewhere

aksam a, esk. parts, portions, sections

aksama a. limp, limping; disruption, delay; problem, difficulty

aksamak e. to limp, to hitch; to have a hitch

aksan a. accent

aksata a. business, commerce, trade * alışveriş

aksatmak e. to hinder, to hamper, to paralyse, to delay

aksedir a. bitk. arborvitae, white cedar, tree of life

akselorometre a. accelerometer

akseptans a. acceptance

akseptör a. acceptor

aksesuar a. accessory; tiy. prop; spare part **aksesuar dişli kutusu** accessory gear box

aksesuarcı a. tiy. property man, propman

aksetmek e. to be reflected, to echo, to reverberate; to be heard, to become known

aksettirmek e. to reflect, to echo, to mirror; to transmit, to convey

aksırık a. sneeze

aksırmak e. to sneeze

aksırtıcı s. sternutatory

aksırtmak e. to cause to sneeze

aksi s. opposite, contrary; peevish, grumpy, cross, perverse, churlish, cantankerous, moody, crotchety kon. **aksi gibi** unfortunately **aksi halde** if not, otherwise **aksi şeytan!** damn!, shit!, hell!, bloody hell! **aksi takdirde** or else, otherwise **aksi tesadüf** a) unfortunate coincidence b) unluckily **aksi tesir** adverse effect, reaction, counterstroke **aksini iddia etmek** to contradict **aksini kanıtlamak** to disprove **aksini söylemek** to say the opposite, to contradict

aksilenmek e. to act peevishly

aksileşmek e. to show bad temper, to be stubborn, to act peevishly

aksilik a. mishap, misfortune, hitch; peevishness, crossness, obstinacy, perversity **aksilik etmek** to be obstinate, to act peevishly

aksine be. on the contrary, counter to sth * tersine **aksine hareket etmek** to act against

aksiseda a. echo * echo

aksiyal s. axial **aksiyal tulumba** axial pump **aksiyal türbin** axial-flow turbine **aksiyal ventilatör** axial fan

aksiyom a. axiom * belit

aksiyomatik s. axiomatic **aksiyomatik teori** axiomatic theory

aksiyon a. action, event; eko. share, stock

aksiyoner a, eko. share holder

akson a, anat. axon

aksopot a. axopod

aksöğüt a. bitk. white willow

aksu *a.* cataract * akbasma, perde, katarakt
aksungur *a. hayb.* a white falcon
aksülamel *a, esk.* reaction * tepki, reaksiyon
aksülümen *a. kim.* corrosive sublimate, mercuric chloride
akşam *a.* evening ¤ *be.* in the evening *akşam akşam* this time of the night *akşam elbisesi* evening dress *akşam gazetesi* evening paper *akşam güneşi* evening sun, setting sun *akşam karanlığı* dusk, nightfall *akşam namazı* evening worship *akşam nüansı* evening shade *akşam okulu* night school *akşam olmak* to become evening *akşam sabah* day and night, all the time *akşam üstü bkz.* akşamüstü *akşam üzeri bkz.* akşamüzeri *akşam vakti* nightfall *akşam yemeği* supper, dinner *akşam yemeği yemek* to have dinner, to dine *akşam yıldızı* evening-star *akşama* this evening, tonight *akşama doğru* towards evening *akşama sabaha* at any moment *akşamdan akşama* every evening *akşamdan kalma* having a hangover *akşamdan kalmak* to have a hangover, to suffer from a hangover *akşamdan kalmışlık* hangover *akşamı bulmak* to last until evening *akşamı etmek* to stay until evening
akşamcı *a.* habitual evening drinker ¤ *s.* working in the evening
akşamgüneşi *a.* the colors of sunset
akşamki *s.* evening
akşamlamak *e.* to stay until evening; to spend the evening (somewhere)
akşamları *be.* in the evening, evenings
akşamleyin *be.* in the evening
akşamlı sabahlı *be.* morning and evening, always
akşamlık *s.* evening+, for the evening
akşamsefası *a. bitk.* four-o'clock
akşamüstü, akşamüzeri *be.* towards evening
Akşamyıldızı *a.* evening star, Venus * Venüs, Çulpan
akşın *s.* albino * çapar, albino
akşınlık *a.* albinism
aktar *a.* seller of medicinal herbs, herbalist; dealer in small wares
aktarıcı *a.* (roof) tiler; transposer, transmitter; *sp.* passer

aktarılmak *e.* to be transferred
aktarım *a.* transfer; transplantation *aktarım ağı* transmission network *aktarım şebekesi* transmission network *aktarım vektörü* transfer vector
aktarlık *a.* herbalist's trade
aktarma *a.* transfer; change, connection; quotation, quote, citation, excerpt * alıntı, iktibas; (çatı) retiling; *sp.* pass *aktarma adresi* transfer address *aktarma bileti* transfer ticket *aktarma denetimi* transfer control, transfer check *aktarma hızı* transfer rate *aktarma istasyonu* rebroadcasting station *aktarma işlemi* transfer operation *aktarma kartı* transfer card *aktarma komutu* transfer instruction *aktarma merdanesi* applicator roll *aktarma merkezi* relay centre *aktarma oranı* transfer rate *aktarma saati* transfer clock *aktarma treni* connection train *aktarma valsi* applicator roll *aktarma yapmak* to change, to transfer *aktarma yeri* transfer point *aktarma zamanı* transfer time
aktarmacı *a.* quoter; eclecticist
aktarmacılık *a.* eclecticism
aktarmak *e.* to transfer; to transmit * iletmek; to cite, to quote * alıntılamak, iktibas etmek; to translate * çevirmek; to narrate * anlatmak; (çatı) to retile
aktarmalı *s.* connecting, indirect, connected
aktarmasız *s.* direct, through
aktavşan *a, hayb.* jerboa
aktif *s.* active ¤ *a, tic.* assets *aktif akım* active current *aktif alan* active area *aktif anten* active antenna *aktif azot* active nitrogen *aktif bileşen* active component *aktif çamur tek.* activated slug *aktif çözücü* active solvent *aktif elektrot* active electrode *aktif enerji* active energy *aktif filtre* active filter *aktif gerilim* active voltage *aktif güç* active power *aktif hidrojen* active hydrogen *aktif hoparlör* active loudspeaker *aktif kafes* active lattice *aktif kömür* activated carbon *aktif kütle* active mass *aktif madde tek.* active matter *aktif merkez* active centre *aktif odunkömürü* activated charcoal *aktif oksijen tek.* active oxygen *aktif seviye*

active level *aktif su* activated water *aktif şebeke* active network *aktif transdüktör* active transducer *aktif uydu* active satellite *aktif yüzey* active surface
aktifleştirici *a.* activator
aktiflik *a.* activity *aktiflik katsayısı* activity coefficient *aktiflik periyodu* period of decay
aktinik *s.* actinic *aktinik ışınım* actinic radiation *aktinik ışınlar* actinic rays *aktinik radyasyon* actinic radiation *aktinik verim* actinic efficiency
aktinit *a.* actinide
aktinizm *a.* actinism
aktinograf *a.* actinograph
aktinolit *a.* actinolite
aktinometre *a.* actinometer
aktinometri *a.* actinometry
aktinomorf *s.* actinomorphic
aktinomorfik *s.* actinomorphic
aktinon *a.* actinon
aktinouranyum *a.* actino-uranium
aktinyum *a.* actinium
aktivasyon *a.* activation *aktivasyon analizi* activation analysis *aktivasyon eğrisi* activation curve *aktivasyon enerjisi* activation energy *aktivasyon potansiyeli* activation potential
aktivatör *a.* activator
aktivizm *a, fel.* activism * eylemcilik
aktomiyosin *a.* actomyosin
aktör *a.* actor
aktöre *a.* good conduct, morals, ethics
aktörecilik *a.* moralism
aktöredışı *s.* amoral
aktörêdışıcılık *a.* amoralism
aktöreli *s.* of good conduct
aktöresel *s.* moral, ethical
aktörlük *a.* acting
aktris *a.* actress
aktutma *a. hek.* albuminuria
aktüalite *a.* actuality; newsreel
aktüel *s.* actual, current, present-day
aktüer *a.* actuary
akun *a.* amyloid
akunlaşma *a. hek.* amyloidosis
akunsal *s.* amyloid
akuple *s.* coupled *akuple dingil* coupled axle *akuple tekerlek* coupled wheel
akupleman *a, tek.* coupling *akupleman biyeli* coupling rod *akupleman çubuğu* steering tie rod, coupling lever

akupunktur *a.* acupuncture
akustik *s.* acoustic ¤ *a.* acoustics *akustik absorpsiyon* acoustical absorption *akustik altimetre* sonic altimeter *akustik amplifikatör* sound amplifier *akustik atalet* acoustic inertia *akustik aygıt* acoustic device *akustik basınç* acoustic pressure *akustik bellek* acoustic storage, acoustic memory *akustik direnç* acoustic resistance *akustik distorsiyon* acoustic distortion *akustik ekran* acoustic baffle, baffle *akustik empedans* acoustic impedance *akustik eşleyici biliş.* acoustic coupler *akustik filtre* acoustic filter *akustik frekans* acoustic frequency *akustik gecikme* acoustic delay *akustik geribesleme* acoustic feedback *akustik gölge* acoustical shadow *akustik güç* acoustic power, acoustic capacity *akustik hız* acoustic velocity *akustik izolasyon* sound insulation *akustik jeneratör* alternating current generator *akustik kırılma* acoustic refraction *akustik mayın* acoustic mine *akustik modem* acoustic modem *akustik mühendisliği* acoustic engineering *akustik ohm* acoustic ohm *akustik perspektif* acoustic perspective *akustik pikap* sound box *akustik radyatör* acoustic radiator *akustik reaktans* acoustic reactance *akustik termometre* acoustic thermometer *akustik titreşim* acoustic oscillation *akustik yalıtım* acoustic insulation *akustik zayıflama* acoustic attenuation
akut *s.* acute
akutifolyat *s.* acutifoliate
akuzatif *a. s. dilb.* accusative (case)
akü *a, kon.* accumulator; battery * akümülatör *akü asidi* battery acid, accumulator acid *akü ızgarası* accumulator grid *akü kabı* accumulator case, battery box *akü kontrol aygıtı* battery tester *akü kutbu* battery pole, battery terminal *akü kutup başı* battery terminal *akü kutusu* accumulator case, battery box *akü plakası* battery plate *akü şarj aygıtı* battery charger *akü tablosu* battery tray
aküba *a. bitk.* aucuba
aküfer *s.* aquiferous
akülü *s.* containing an accumulator, with a

battery *akülü ateşleme* battery-coil ignition

akümülatör *a.* accumulator; storage battery * akü

akvam *a, ç, esk.* nations, peoples

akvarel *a.* aquarelle, watercolour

akvaryum *a.* aquarium

akyabalığı *a. hayb.* large bonito

akyazı *a.* luck, good luck

akyazılı *s.* lucky, fortunate

akyel *a.* south wind * lodos

akyem *a.* baitfish

akyeşim *a.* jad(e)ite

akyıldız *a.* luck, good luck

akyıldızlı *s.* lucky, fortunate

akyonca *a.* white clover

akyuvar *a, anat.* leucocyte * lökosit

akyuvarsızlık *a.* agranulocytosis

akzambak *a.* Madonna lily

al¹ *a.* trick, fraud * hile, dolap, düzen

al² *s.* red, vermilion, scarlet; (at) chestnut, bay ¤ *a.* rouge *al bayrak/sancak* the Turkish flag *al yanaklar* rosy cheeks, ruddy cheeks *al yanaklı* ruddy *al yanaklı maymun hayb.* rhesus

ala *s.* colourful, speckled; (göz) light brown ¤ *a.* trout * alabalık

âlâ *s.* very good, excellent

alabacak *s.* (at) with white feet

alabalık *a.* trout

alabanda *a, den.* broadside * borda *alabanda etmek* to put the helm hard over *alabanda iskele* hard to port *alabanda sancak* hard to starboard *alabandayı yemek* to get it in the neck

alabaş *a.* kohlrabi

alabık *s.* two-faced

alabildiğine *be.* to the utmost; at full speed *alabildiğine koşmak* to run at full speed

alabilirlik *a.* capacity

alabora *a, den.* capsizing, overturn *alabora etmek* to capsize, to overturn *alabora olmak* to capsize, to be overturned, to keel over

alaborina *be. den.* close to the wind

alabros *s.* crew-cut *alabros saç* flattop *alabros tıraş* crew cut

alaca *s.* piebald, pied, speckled, variegated, multicoloured *alaca kır* dapple-gray

alacaağaçkakan *a. hayb.* spotted woodpecker

alacabalıkçıl *a. hayb.* squacco heron

alacabaykuş *a. hayb.* tawny owl

alacak *a.* money owed to one, credit *alacağı olsun!* I will make him pay for it!, I'll show him! *alacak bakiyesi* credit balance *alacak senedi* note receivable, bill receivable *alacak ve verecek* credit and debit *alacaklılar hesabı tic.* accounts payable

alacakara *a.* marlberry

alacakaranlık *a.* twilight

alacaklı *a.* payee, creditor *alacaklı taraf* credit side

alacalamak *e.* to mottle

alacalanmak *e.* to become variegated

alacalı *s.* motley, mottled, pied, multicoloured, speckled

alacamenekşe *a.* pansy

aladoğan *a. hayb.* peregrine falcon

alafranga *s.* European, in the European style *alafranga hela taşı* toilet

alafrangalaşmak *e.* to adopt Western ways

alafrangalık *a.* European manners, Europeanism

alagarson *a.* urchin cut *alagarson kesmek* to bob *alagarson kestirmek* to bob *alagarson saç* bob

alageyik *a.* fallow deer * sığın *alageyik yavrusu* fawn

alagün *a.* cloudy weather

alaimisema *a.* rainbow * gökkuşağı

alaka *a.* interest, concern; connection, relation; attachment, affection *alaka duymak* to be interested in, to take an interest (in) *alaka göstermek* to show an interest (in), to take an interest (in) *alaka uyandırmak* to arouse interest *alakası olmak* to have sth to do with *alakayı kesmek* to break off relations (with), to finish with

alakadar *s.* interested; concerned, involved; connected *alakadar etmek* to concern, to interest *alakadar olmak* a) to be interested in, to be concerned with b) to see to, to see about

alakalandırmak *e.* to interest; to relate to, to concern

alakalanmak *e.* to show interest (in)

alakalı *s.* interested, concerned, involved; related

alakarga *a, hayb.* jay * kestanekargası

alakart *s.* à la carte

alakasız s. unconcerned, indifferent; not related, irrelevant

alakasızlık a. lack of interest

alakasya a. koa

alakok s. (yumurta) soft-boiled

alalama a. camouflage

alalamak e. to camouflage

alamana a, den. fishing smack, small lugger **alamana ağı** seine

alamet a. sign, mark, symbol; omen, portent **alameti farika** trade mark **alamet olmak** to augur **hayra alamet** it augurs well

alaminüt s. prepared in a minute

alan a. (open) space, area; field; sp. field, pitch * saha; airfield; clearing * kayran; mec. domain, sphere, field **alan araştırması** area search **alan aydınlatması** aerodrome lighting **alan bastırıcı** field suppressor **alan başı yapma** field flyback **alan boşalması** field discharge **alan boşluğu** field blanking **alan çalışması** fieldwork **alan denetimi** field control **alan düzleyici** field flattener **alan eğriliği** curvature of the field **alan emisyonu** field emission **alan etkili transistor** field effect transistor **alan etkisi** field effect **alan farı** aerodrome beacon **alan frekansı** field frequency **alan ışığı** airfield light **alan ışıklandırması** airfield lighting **alan kodu** area code **alan kontrolü** field control **alan korkusu** agoraphobia **alan kuramı** field theory **alan mıknatısı** field magnet **alan oranı** area ratio **alan reostası** field rheostat **alan salımı** field emission, autoemission **alan sargısı** field coil **alan silinmesi** field blanking **alan sonu işareti** end-of-field mark **alan supresörü** field suppressor **alan şiddeti** field intensity **alan taraması** field scanning **alan tehlike farı** aerodrome hazard beacon **alan teorisi** field theory **alan testi** field testing **alan trafiği** aerodrome traffic **alan uzunluğu** field length **alan ürküsü** agoraphobia **alan yeğinliği** field strength **alan yerbilimi** field geology

alan talan be. in utter confusion **alan talan etmek** to mess up

alanin a. alanine

alanölçer a. planimeter

alanölçüm a. planimetry

alansız s. field-free **alansız emisyon** field-free emission **alansız salım** field-free emission

alantoin a. allantoin

alantoit s. allantoid

alantopu a. tennis * tenis

alarga a, den. open sea ¤ ünl. keep clear! **alarga durmak** to stand aloof from sb/sth **alarga etmek** den. to cast off **alargada yatmak** den. to lie off

alarm a. alarm **alarm cihazı** annunciator **alarm dalgası** distress wave **alarm işareti** alert **alarm rölesi** alarm relay **alarm vermek** to give the alarm, to alert **alarma geçirmek** to alert **alarmı çalmak** to sound the alarm

alasulu s. half ripe

alaşağı etmek e. to overthrow, to overturn, to depose; to tear down, to pull down

alaşım a. alloy * halita

alaşımlı s. alloyed

alaturka s. in the Ottoman/Turkish style **alaturka hela** toilet **alaturka kiremit** pantile **alaturka musluk** bibcock

alaturkalaşmak e. to become very Turkish in one's manners/outlook

alaturkalık a. Turkish manners, Turkish outlook

alavere a. passing sth from hand to hand; den. gangway (for loading/unloading); confusion **alavere dalavere** dirty trick **alavere paleti** chaffing mat, paunch mat **alavere tulumbası** force pump

alavereci a. stockjobber, speculator

alay[1] a. procession, parade; crowd, troop; ask. regiment **alay alay** row upon row, in large crowds **alay oluşturmak** ask. to regiment

alay[2] a. mockery, ridicule, derision, gibe, jibe Aİ. **alay etmek** to make fun (of), to poke fun at, to take the piss (out of), to laugh at, to gibe at, to scoff, to ridicule, to tease, to jeer, to mock, to deride, to twit, to taunt **alay konusu** object of derision **alay konusu olmak** to become the butt off ridicule, to become an object of derision **alaya almak** to make fun (of), to guy

alaybozan a, esk. blunderbuss

alaycı s. ironic, derisive, disdainful, derisory, scornful, contemptuous

alaycıkuş a. mocking bird

alaycılık *a.* derisiveness, scornfulness, disdain

alayiş *a.* show, pomp, ostentation *hkr.* * gösteriş

alayişli *s.* showy, pompous

alayişsiz *s.* devoid of show, unshowy

alaylı *s.* ironic, scornful, disdainful, derisive

alaz *a.* flame, blaze

alazlamak *e.* to singe, to scorch

alazlanmak *e.* to be singed; to come down with erythema

alazlı *a.* having flames *alazlı kaplama* flame plating

albastı *a.* puerperal fever * loğusahumması

albatr *a.* alabaster

albatros *a.* albatross

albay *a.* colonel; captain

albaylık *a.* (kara/hava) colonelcy; (deniz) captaincy

albedo *a.* albedo

albeni *a.* charm, appeal, attraction * alım, çekicilik, cazibe

albenili *s.* appealing, charming

albertit *a.* albertite

albinizm *a.* albinism * akşınlık

albino *a.* albino * akşın, çapar

albit *a.* albite

albüm *a.* album; long-playing record

albümin *a.* albumin *albümin işeme hek.* albuminuria * aktutma

albüminat *a.* albuminate

albüminli *s.* albuminoid

alçacık *s.* very low

alçak *s.* low; short; low, mean, base, vile, abject, ignoble, contemptible ¤ *a, hkr.* son of a bitch, bastard, rascal *alçak basınçlı buhar* low pressure steam *alçak basınçlı lastik* low pressure tyre *alçak basınç* low pressure *alçak basınç silindiri* low-pressure cylinder *alçak basınç* low pressure *alçak basınç alanı* low pressure area, depression *alçak basınç merkezi* cyclone *alçak duvar* dwarf wall *alçak frekans* low frequency, bass frequency *alçak gerilim* low voltage, low tension *alçak herif* blackguard *alçak hızla tarama* low-velocity scanning *alçak hızlı* low-speed *alçak infilak maddesi* low explosive *alçak kabartma* low relief, bas-relief *alçak kıyı* low coast *alçak*

kompresyonlu low-compression *alçak rölanti* low idle *alçak sesle konuşmak* to speak below one's breath, to speak under one's breath *alçak sesle* low, under one's breath *alçaktan almak* to sing small

alçakça *s.* rather low ¤ *be.* viciously, shamefully, meanly, basely

alçakgeçiren *s, tek.* low-pass *alçakgeçiren filtre* low-pass filter

alçakgönüllü *s.* humble, modest * mütevazı

alçakgönüllülük *a.* humility, modesty * tevazu

alçakgönüllülükle *be.* humbly, modestly

alçaklık *a.* lowness; shamefulness, ignominy, infamy, vileness, meanness, turpitude

alçalma *a.* decline, descent, fall; *coğ.* settling; *coğ.* ebb * cezir; degradation, humiliation *alçalma yolu* descent path

alçalmak *e.* to decline, to go down, to fall; to degrade oneself; to descend, to lose altitude

alçaltıcı *s.* degrading, humiliating, debasing

alçaltmak *e.* to lower, to drop; to reduce; to degrade, to debase, to abase, to humiliate

alçarak *s.* somewhat low

alçı *a.* plaster, plaster of Paris; *hek.* plaster cast *alçı işi* plastering *alçı kalıbı* gypsum cast *alçı sıva* gypsum plaster *alçıya almak* to encase in plaster *alçıya koymak* to put in a plaster cast

alçıcı *a.* plasterer; gypsum worker

alçılamak *e.* to cover with plaster of Paris, to plaster

alçılı *s.* gypseous, gypsiferous

alçıpan *a.* gypsum plasterboard, gypsum lath, gypsum board

alçıtaşı *a.* gypsum, parget

alçıtaşlı *s.* gypseous

aldaç *a.* trick, ruse

aldanç *s.* gullible

aldangıç *a.* pitfall

aldanma *a.* deception, delusion

aldanmak *e.* to be deceived, to be duped, to be had; to be wrong, to be mistaken

aldatıcı *s.* deceptive, deceitful

aldatıcılık *a.* deceptiveness

aldatma *a.* deception, delusion

aldatmaca *a.* trick, catch

aldatmak *e.* to mislead; to cheat, to deceive, to fool, to swindle, to defraud, to delude, to trick, to hoodwink, to beguile (sb into doing), to fox, to dupe, to take sb in; to be unfaithful, to cuckold, to cheat on sb *Aİ.*
aldehit *a.* aldehyde
aldı *a. hek.* intake
aldırış *a.* care, attention **aldırış etmemek** not to care, not to pay any attention, not to give a hoot
aldırışsız *s.* indifferent, unheeding, lukewarm, unconcerned, nonchalant
aldırışsızlık *a.* indifference, disinterest, unconcern, nonchalance
aldırmak *e.* to make sb take; to get sb to take; *hek.* to have sth out; to mind, to care (about), to pay attention; to worry
aldırmamak *e.* to ignore, not to mind, to overlook, to pay no attention, to disregard, not to worry **Aldırma!** Never mind!
aldırmaz *s.* indifferent, disregardful
aldırmazlık *a.* indifference, disregard **aldırmazlıktan gelmek** (to pretend) not to care, to pay no attention
aldoheksoz *a.* aldohexose
aldoksim *a.* aldoxime
aldol *a.* aldol
aldopentoz *a.* aldopentose
aldosteron *a.* aldosterone
aldoz *a.* aldose
alef *a.* aleph **alef sıfır** aleph null, aleph zero
alegori *a.* allegory
alegorik *s.* allegorical
aleksi *a.* alexia, word blindness
alel *a.* allel(e)
alelacayip *s.* strange, odd, weird
alelacele *be.* hurriedly, hastily, in a hurry
alelade *s.* ordinary, usual, common, commonplace
aleladelik *a.* ordinariness, usualness
alelekser *be.* often, frequently; usually
alelhesap *be.* on account
alelomorf *s.* allelic, allelomorphic
alelusul *be. esk.* as a matter of form; according to the rules, properly
alem *a.* flag; the crescent and the star on top of a minaret
âlem *a.* world, universe * evren; *hayb.* kingdom, class of beings; state, condition; all the world, everyone, the public;

kon. scream *kon.*, comedian, caution *esk.*, card *esk.*; realm; *kon.* orgy, jamboree, merrymaking, carousal, spree, binge *kon.*, revelry, bust, rave-up **âlem yapmak** to have a rave-up, to go on a spree, to go on a binge, to have an orgy **Ne âlemdesiniz?** How are you getting on?
alemdar *a.* standard bearer; *mec.* leader * önder
âlemşümul *s. esk.* worldwide, universal
alenen *be.* publicly, openly
alengirli *s, arg.* showy, flashy * gösterişli
aleni *s.* public, open, overt *res.*
aleniyet *a.* publicity, openness
alerji *a.* allergy **alerjisi olmak** *mec.* to be allergic to sth
alerjik *s.* allergic
alerjisiz *s.* nonallergenic
alesta *s, den.* ready, prepared **alesta beklemek** to be on the alert
alet *a.* tool, instrument, device, implement, apparatus, appliance, utensil; *mec.* tool, instrument; *arg.* cock *kab.* **alet edavat** paraphernalia **alet etmek** to make an instrument **alet hatası** instrumental error **alet kutusu** tool box, tool chest **alet olmak** to be an instrument (to) **alet şöntü** instrument shunt **alet tablosu** instrument panel, dashboard **alet takımı** tool kit **alet transformatörü** instrument transformer **alet yüksekliği** height of instruments **aletle yaklaşma** *hav.* instrument approach
aletli *s.* instrumental **aletli dönüş** instrument turn **aletli iniş** instrument landing **aletli uçuş** instrument flying
aletsiz *s.* barehanded, without a tool **aletsiz dalgıç** skin diver **aletsiz dalış** skin diving
alev *a.* flame, blaze * yalım, yalaz, alaz **alev alev** in flames, aflame **alev alev yanmak** to blaze, to flame **alev almak** to catch fire **alev almayan film** nonflam film, safety film **alev borulu kazan** fire tube boiler **alev borusu** flame tube, fire tube, flue **alev fotometrisi** flame photometry **alev geciktirici** flame retardant **alev geçirmez** flameproof **alev ışığı** firelight **alev itici** flame repellent **alev lambası** flame-lamp **alev makinesi** flame thrower **alev perdesi** flame trap **alev reaksiyonu** flame reac-

tion *alev spektrumu* flame spectrum *alev tepmesi* flashback *alev testi* flame test *alev tuzağı* flame trap *alev yaldızı* fire-gilding *alevle kesme* flame cutting *alevle sertleştirmek* to flame-harden *alevler içinde* ablaze

alevçiçeği *a.* phlox

Alevi *a.* partisan of the caliph Ali

Alevilik *a.* Shiism

alevlendirmek *e.* to set on fire, to kindle; to exacerbate, to excite, to incense, to incite, to flame

alevlenebilir *s.* combustible

alevlenme *a.* taking fire; flaming *alevlenme noktası* flash point

alevlenmek *e.* to take fire, to blaze; *mec.* to grow violent, to flare up, to flame

alevli *s.* in flames, flaming, blazing, aflame *alevli kaplama* flame plating

alevsiz *s.* flameless *alevsiz yanmak* to smoulder, to glow

aleyh *a.* opposition *aleyhinde bulunmak* to talk against, to run down *aleyhinde konuşmak* to argue against, to speak out against *aleyhinde olmak* to be against, go against sb *aleyhinde oy vermek* to vote against *aleyhinde* against sb/sth *aleyhine dönmek* to backfire, to boomerang on *aleyhine olmak* to be disadvantageous to sb *aleyhte olmak* to be in opposition *aleyhte* against, in opposition

aleyhtar *a.* opponent ¤ *s.* opposed to

aleyhtarlık *a.* opposition

alfa *a.* alpha *alfa demiri* alpha iron *alfa hücresi* alpha chamber *alfa ışını* alpha ray *alfa ışınımı* alpha radiation *alfa parçacığı* alpha particle *alfa pirinci* alpha brass *alfa radyasyonu* alpha radiation *alfa sayacı* alpha counter *alfa selüloz* alpha cellulose *alfa taneciği* alpha particle

alfabe *a.* alphabet * abece

alfabetik *s.* alphabetical * abecesel *alfabetik dizi* alphabetic string *alfabetik indeks* alphabetical index *alfabetik karakter* alphabetic character *alfabetik kod* alphabetic code *alfabetik kodlama* alphabetic coding *alfabetik olarak* alphabetically, in alphabetical order *alfabetik sıra* alphabetical order *alfabetik sözcük* alphabetic word *alfabetik veri* alphabetic

data

alfalfa *a.* alfalfa

alfamerik *s.* alphameric *alfamerik kod* alphameric code

alfasayısal *s.* alphanumeric *alfasayısal karakter* alphanumeric character *alfasayısal kod* alphanumeric code *alfasayısal veri* alphanumeric data

alfenit *a.* kind of nickel silver

alfons *a. arg.* pimp

alg *a, bitk.* alga * suyosunu

algarina *a. den.* bow crane; floating crane

algarine *a, den.* floating crane

algı *a.* perception * idrak

algıcı *a.* perceptionist .

algıcı *a.* perceptionist

algıcılık *a.* perceptionism

algılama *a.* perception *algılama anahtarı* sense switch *algılama elemanı* sensing element *algılama istasyonu* sensing station

algılamak *e.* to perceive, to sense

algılanabilir *s.* perceptible

algılanabilirlik *a.* perceptibility

algılayıcı *a, tek.* sensor *algılayıcı tabanlı* sensor-based

algın *s.* lean, thin; lovesick

algısal *s.* perceptive

algısız *s.* lacking in perception

algin *a.* algin(e)

alginat *a.* alginate *alginat lifi* alginate fibre

alginik asit *a.* alginic acid

algler *a. bitk.* algae

algoritma *a.* algorithm

algoritmik *s.* algorithmic *algoritmik çeviri* algorithm translation *algoritmik dil* algorithmic language

alıcı *a.* purchaser, buyer, customer, client; *tic.* consignee; addressee; receiver; movie camera; acceptor *alıcı cihaz* receiving unit *alıcı devre* acceptor circuit *alıcı dişli* bottom sprocket *alıcı gözüyle bakmak* to look carefully *alıcı istasyon* receiving station *alıcı kuş* bird of prey *alıcı makara* take-up reel *alıcı merceği* camera lens *alıcı piyasası* *eko.* buyer's market *alıcı verici* two-way radio *alıcı ülke* purchasing country *alıcı yönetmeni* cameraman

alıç *a, bitk.* hawthorn

alık *s.* clumsy, stupid, imbecile ¤ *a.* booby

alık alık stupidly **alık alık bakmak** to hawk *kon.*, to gape *hkr.*

alıklaşmak *e.* to become imbecile

alıklık *a.* stupidity, imbecility

alıkoymak *e.* to keep, to keep back; to detain, to delay; to hinder, to stop, to prevent, to deter

alım *a.* purchase, buying; charm, glamour, glamor *Aİ.*; capacity, volume; *hek.* intake **alım gücü** purchasing power **alım satım** business, trade, buying and selling **alım vergisi** purchase tax

alımcı *a.* collector

alımlı *s.* attractive, charming, engaging

alımlılık *a.* attractiveness

alımsız *s.* unattractive

alımsızlık *a.* unattractiveness

alın *a.* forehead, brow; front ¤ *sg.* frontal **alın çatmak** to frown **alın kaynağı** butt weld **alın kemiği** frontal bone **alın teri dökmek** to graft (away), to work like a black **alın teri ile (para) kazanmak** to turn an honest penny **alın teri** great effort **alnı açık** honest, clean, blameless **alnına yazılmak** to be destined **alnına yazmak** to predestine **alnından öpmek** to kiss on the forehead, to applaud **alnını karışlamak** to defy, to challenge **alnının akıyla** honourably **alnının terini silmek** to mop one's brow **alnının teriyle** by the sweat of one's brow

alındı *a.* receipt * makbuz

alındılı *s.* registered

alıngan *s.* touchy, sensitive, thin-skinned, irritable, quick to take offence

alınganlık *a.* touchiness

alınkarası *a.* shame, disgrace

alınlık *a.* fronton, frontal, pediment **alınlık kirişi** face string

alınmak *e.* passive of almak; to resent, to take offence, to be offended

alıntı *a.* quotation, quote, citation, excerpt, extract **alıntı sözcük** borrowing **alıntı yapmak** to quote

alıntılama *a.* citation

alıntılamak *e.* to cite, to quote

alınyazısı *a.* fate, destiny, predestination

alırlık *a.* receptivity

alış *a.* taking; receiving; purchase, buying **alış fiyatı** purchase price

alışagelmek *e.* to be accustomed to

alışık *s.* accustomed (to), used (to) **alışık olmak** to be used to

alışıklık *a.* habit

alışılagelen *s.* ordinary, usual

alışılmadık *s.* unaccustomed

alışılmamış *s.* unusual, out of the ordinary

alışılmış *s.* usual, ordinary, customary, accustomed

alışım *a.* training course

alışkan *s.* used (to), accustomed (to)

alışkanlık *a.* habit, custom, wont *res.*; addiction **alışkanlık edinmek** to get in the habit of * itiyat edinmek **alışkanlık yapan** habit-forming

alışkı *a.* habit, usage

alışkın *s.* used (to), accustomed (to) **alışkın olmak** to be used to

alışmak *e.* to be used to, to be accustomed to; to get used to, to become accustomed to, to accustom oneself, to acclimatize oneself; to be in the habit of; to become addicted; to become reconciled to; to inure oneself to

alışman *a.* trainee

alıştırı *a.* training; exercise

alıştırma *a.* exercise, drill; practice; training **alıştırma kitabı** workbook **alıştırma macunu** lapping compound **alıştırma yapmak** to exercise, to practise

alıştırmak *e.* to accustom, to habituate, to acclimatize, to familiarize; to inure sb to; to train, to tame, to break in; *tek.* to run sth in **kendini -e alıştırmak** to accustom oneself to

alışveriş *a.* trade, buying and selling, shopping; *mec.* dealings, relations **alışveriş etmek** a) to shop, to do shopping b) to do business (with) **alışveriş listesi** shopping list **alışveriş merkezi** shopping centre **alışveriş sepeti** shopping basket **alışveriş yapmak** a) to go shopping b) to trade c) to have dealings (with sb) **alışverişe çıkmak** to go shopping

âli *s, esk.* high, sublime, exalted * yüce, yüksek

âlicenap *s, esk.* magnanimous, high-minded

âlicenaplık *a. esk.* magnanimity

alicengiz: alicengiz oyunu dirty trick

alidat *a.* alidade

alifatik *s.* aliphatic

alikıran: alikıran başkesen despot, bull-boy

alil[1] *s, esk.* diseased
alil[2] *a, kim.* allyl
alilen *a.* allylene
alilik *s.* allylic
alim *s.* knowing, who knows
âlim *s.* learned, wise ¤ *a.* scholar, scientist, savant *res.*
alimallah *ünl.* by God!
âlimane *be.* learnedly ¤ *s.* learned
âlimlik *a.* erudition
alinazik *a.* dish made with aubergine puree and grilled meatballs
alisiklik *s.* alicyclic
alisilik *s.* alicyclic
alit *a.* alite
aliterasyon *a.* alliteration
alivre *s.* to be delivered *alivre alım satım piyasası* futures market *alivre satış* time bargain
alizarin *a, kim.* alizarin
alize *a.* trade wind
aljinat *a.* alginate
alkali *a.* alkali *alkali çözelti* lye, alkaline solution *alkali haslığı teks.* alkali fastness, fastness to alkali *alkali hidroksit* caustic alkali *alkali metaller* alkali metals *alkali toprak* alkaline earth *alkaliye dayanıklı* fast to alkali
alkalik *s.* alkaline * kalevi *alkalik çözelti* alkaline lye *alkalik dağlama* alkaline etching *alkalik sıvı* alkaline fluid *alkalik temizleme* alkaline cleaning *alkalik temizleyici* alkaline cleaner
alkalileştiren *s.* alkalizing
alkalileştirme *a.* alkalinization
alkalileştirmek *e.* to alkalinize
alkalilik *a.* alkalinity
alkalimetre *a.* alkalimeter * alkaliölçer
alkalimetri *a.* alkalimetry * alkaliölçüm
alkalimetrik *a.* alkalimetric
alkaliölçer *a.* alkalimeter * alkalimetre
alkaliölçüm *a.* alkalimetry * alkalimetri
alkaliselüloz *a.* alkali cellulose
alkaloit *a.* alkaloid
alkalölçer *a.* alkalimeter
alkan *a, kim.* alkane
alkarna *a.* trawl (net)
alken *a, kim.* alkene
alkım *a, metr.* rainbow * gökkuşağı
alkış *a.* applause, clap, acclamation *alkış tufanı* storm of applaud, burst of applaud *alkış tufanı kopartmak* to bring down the house *alkış tutmak* to cheer,

to applaud
alkışçı *a.* applauder, clapper
alkışçılık *a.* flattery, fawning
alkışlama *a.* acclamation
alkışlamak *e.* to applaud, to clap, to acclaim
alkil *a, kim.* alkyl
alkilasyon *a.* alkylation
alkilen *a.* alkylene
alkilik *s.* alkylic
alkilleşme *a.* alkylation
alkilleştirmek *e.* to alkylate
alkin *a, kim.* alkyne
alkit *a.* alkyd
alkit reçinesi *a.* alkyd resin
alkoksit *a.* alkoxide
alkol *a.* alcohol *alkol derecesi* proof *alkol muayenesinden geçirmek* to breathalyse
alkolik *a.* alcoholic
alkoliz *a.* alcoholysis
alkolizm *a.* alcoholism
alkollü *s.* alcoholic, spirituous; intoxicated, drunk *alkollü araba kullanmak* to drink and drive *alkollü içecek* booze, alcoholic drink *alkollü içki* alcoholic drink, alcohol, liquor *alkollü mayalanma* alcoholic fermentation *alkollü olmak* to be under the influence drink *alkollü yakıt* alcohol fuel
alkolometri *a.* alcoholometry
alkolölçer *a.* alcoholometer
alkolölçüm *a.* alcoholometry
alkolsüz *s.* non-alcoholic, soft *alkolsüz içki* soft drink *alkolsüz içecek* soft drink
Allah *a.* God, Allah, the Almighty, the Lord, Father *Allah Allah!* gosh!, Heavens!, good Heavens! *Allah aşkına* for God's sake, for Heavens sake, for goodness' sake *Allah bağışlasın* God bless him/her *Allah belasını versin!* Damn!, Damn him! *Allah belanı versin!* God damn you!, blast you! *Allah bilir* God knows, Heaven knows, goodness' knows *Allah canını alsın!* God damn you! *Allah esirgesin!* God forbid! *Allah etmesin* God forbid (that), Heaven forbid (that) *Allah göstermesin* God forbid (that), Heaven forbid (that) *Allah ıslah etsin* may God reform him *Allah için* to be fair, honestly, verily *Allah işini rast getirsin*

God speed you! **Allah kahretsin** God damn it *arg.* **Allah kavuştursun** may God unite you again! **Allah kazadan beladan saklasın** God protect you from all evil **Allah kısmet ederse** God willing **Allah korusun** Heaven forbid (that), God forbid (that) **Allah müstahakını versin** damn him!, damn her!, damn it! **Allah rahatlık versin** good night **Allah rahmet eylesin** May God rest his soul **Allah razı olsun** may God be pleased (with you), thank you **Allah rızası için** for God's sake **Allah sabır(lar) versin** may God give you patience **Allah saklasın** God forbid (that), Heaven forbid (that) **Allah senden razı olsun** God bless you **Allah (uzun) ömürler versin** may God give you (him/her) a long life! **Allah vergisi** God's gift, gift, talent **Allah versin** a) ask God for it, not me!, may God help you! b) may you enjoy it! **Allah vere de** let's hope that **Allah yarattı dememek** to give sb a good beating **Allah yardımcımız olsun** God help us! **Allah yardımcın olsun** Godspeed! **Allaha şükür** thank God, thank goodness, thank Heaven **Allaha şükretmek** to return thanks to God **Allahın her günü** day in day out **Allahın izniyle** God willing **Allahın günü** every darn day **Allahın belası** damn, blasted, confounded **Allahın cezası** bloody *arg.*, god-damn(ed) *arg.* **Allahını seversen** please; for God's sake **Allahtan** fortunately, luckily, happily, thank God **Allahtan korkmaz** cruel, ruthless, remorseless

allahaısmarladık *ünl.* goodbye, bye-bye, farewell

allahlık *a.* simpleton, nitwit

allahsız *s.* godless, atheistic * Tanrısız; cruel, ruthless, unfeeling, cold-hearted * acımasız, insafsız, vicdansız

allahsızlık *a.* atheism * Tanrısızlık

Allahüekber *ünl.* God is most great, God is almighty

allak bullak *s.* confused, tangled, upside-down, messed-up ¤ *be.* in utter confusion, upside down **allak bullak etmek** a) to make a mess (of), to upset b) to confuse, to bewilder, to shake **allak bullak olmak** a) to turn into a mess, to

go topsy-turvy b) to be confused

allamak pullamak *e, kon.* to decorate, to deck out, to titivate, to smarten up

allame *s.* erudite

allamelik *a.* learnedness

allanit *a.* allanite

allasen *be. kon.* for the love of God

allegretto *be.* allegretto

allegro *be.* allegro

allem: allem etmek kullem etmek to try every cunning way

allı *s.* with red colouring **allı pullu** showily dressed

allık *a.* redness; rouge **allık sürmek** to rouge

allogami *a.* allogamy

allokson *a, kim.* alloxan

allomer *s, kim.* allomeric

allomorfik *s, kim.* allomorpous

allopatrik *s.* allopatric

allotrop *s, kim.* allotrope

allotropi *a, kim.* allotropy

allotropik *a, kim.* allotrope, allotropic

alma *a.* taking; receiving; buying **alma gücü** receptivity

almaç *a.* receiver * alıcı, ahize, reseptör

almak *e.* to take, to get; to receive; to buy; to take sb in marriage; to hold; to take along; to call for; to capture, to conquer; to catch (cold); to take on, to hire, to employ; to move; to remove, to take away; to sweep, to clean, to dust; to sense, to smell, to hear; to cover, to travel (a distance); to bag, to walk away/off with sth **alıp getirmek** to fetch **alıp satmak** to deal in sth **kendini - mekten alamamak** can't help (doing)

almamazlık *a.* refusal **almamazlık etmek** to refuse (to take)

Alman *a, s.* German **Alman gümüşü** bkz. almangümüşü **Alman usulü** *kon.* a Dutch treat **Alman usulü yapmak** to go Dutch (with sb)

almanak *a.* almanac, almanack

Almanca *a.* German

Almancı *a. kon.* Turk who works in Germany

almandin *a.* almandine

almangümüşü *a.* German silver, nickel silver * mayşor

almanpapatyası *a. bitk.* chamomile, camomile

Almanya *a.* Germany

Almanyalı *a.* native of Germany ¤ *s.* who is a native of Germany

almaş *a.* alternation; permutation

almaşık *s.* alternative; *bitk.* alternate **almaşık akım** *elek.* alternating current **almaşık dizi** alternating series **almaşık renk işlemi** sequential system

almaşma *a.* alternation

almukantarât *a.* almucantar

alnaç *a.* front, façade

alniko *a.* alnico

alo *ünl.* hello!

aloin *a.* aloin

alomorf *a.* allomorph

alonj *a, tic.* allonge

alopati *a.* allopathy

alopesi *a.* alopecia

alotrop *s.* allotrope

alotropi *a.* allotropy

alotropik *s.* allotropic

alöron *a.* aleurone

Alp *a.* Alp ¤ *s.* Alpine **Alp iklimi** Alpine climate **Alp kıvrımı** Alpine folding **Alpler** the Alps

alp *s.* alpine

alpaka *a, hayb.* alpaca **alpaka ipliği** alpaca yarn **alpaka yünü** alpaca

alpinist *a.* alpinist

alplık *a.* bravery, heroism

alpyıldızı *a. bitk.* edelweiss

alşimi *a, esk.* alchemy

alşimist *a, esk.* alchemist

alt *s.* lower, inferior, under, bottom ¤ *a.* bottom, underside, underneath **alt açı** low-angle shot **alt akıntı** undercurrent **alt alta** one under the other **alt alta üst üste** rough-and-tumble **alt baskı** bottom printing, first print **alt beynit** lower bainite **alt birikim** negative segregation **alt bodrum** subbasement **alt boşluk** ground clearance **alt cisim** subfield **alt determinant** subdeterminant **alt dren** underdrain **alt etmek** to beat, to overcome, to defeat, to surmount, to pulverize *kon.*, to get the better of, to bear down sb/sth **alt flora** underbrush **alt grup** subgroup **alt güverte** lower deck, orlop **alt harmonik** subharmonic **alt kanat** lower wing **alt karter** sump **alt kat** a) ground floor b) downstairs **alt kata** downstairs **alt katman** substratum **alt katta** downstairs **alt maya** bottom yeast **alt modül** submodule **alt olmak** to be overcome **alt ölü merkez** outer dead center **alt ölü nokta** bottom dead center **alt program** subprogram **alt sınır** lower bound, lower limit **alt sırlama** underglaze **alt sistem** subsystem **alt tabaka** substratum, subgrade **alt takım** under frame **alt tarafı** after all **alt taşıyıcı** subcarrier **alt temel** subbase, subgrade **alt toprak** subsoil **alt yüz** soffit **alt yüzey** soffit **altına** under, underneath, beneath **altına etmek** to shit oneself **altına kaçırmak** to mess one's clothes, to piss oneself, to shit oneself **altında** beneath, below, under, underneath **altında kalmak** to be unable to retort **altında kalmamak** to make it up to sb **altından girip üstünden çıkmak** to squander, to blow **altından kalkmak** to overcome, to surmount **altını çizmek** a) to underline b) to emphasize **altını ıslatmak** to wet one's clothes/bed **altını üstüne getirmek** a) to turn upside down b) to ransack, to delve in/into sth, to root about/around (for sth) **altta** beneath **altta kalmak** to be defeated **alttan** from below **alttan almak** to change one's tune, to sing another tune, to climb down **alttan boşaltma** bottom discharge **alttan dökme** bottom dumping **alttan motor** underfloor engine **alttan taşıyıcı** bottom belt conveyor

altakıntı *a.* undercurrent

altazimut *a.* altazimuth

altbaşlık *a.* subhead

altbilinç *a.* the subconscious

altcins *a.* subgenus

altçene *a.* mandible

altderi *a.* corium, derma

altdizey *a.* submatrix

altdizge *a.* subsystem

altdizgi *a, biliş.* substring

altdizin *a, biliş.* subdirectory

altdudak *a.* lower lip

altdüzey *a.* sublevel

alternans *a.* alternation

alternatif *a.* alternative ¤ *s.* alternate **alternatif akım** alternating current **alternatif gerilim** alternating voltage **alternatif gerilme** alternating stress **alternatif hareket** reciprocating movement **alternatif yük** alternating load

alternatör *a.* alternator

altes *a.* His Highness, Her Highness
altfamilya *a.* subfamily
altgeçit *a.* underpass, subway
altı *a, s.* six *altı okka etmek* to toss sb in a blanket *altı atomlu* hexatomic *altı fazlı* six-phase *altı köşe somun* hexagon nut *altı silindirli motor* six cylinder engine
altıgen *a.* hexagon
altık *a, mant.* subaltern
Altıkardeş *a. gökb.* Cassiopeia
altıklık *a. mant.* subalternation
altılı *a, isk.* six; *müz.* sextet, sextette ¤ *s.* sixfold
altılık *s.* containing six parts, holding six pieces
altın *a.* gold; gold coin ¤ *s.* golden *altın adını bakır etmek* to defame *Altın anahtar her kapıyı açar* Money opens all doors *altın ayarı* title *altın babası* in clover *kon. altın borsası* title *altın boya* gold paint *altın brokar* gold brocade *altın çağ(ı)* the golden age *altın esası* gold standard *altın kaplama* a) gold plating, gilding b) gold-plated, gilt *altın kaplamak* to gold-plate, to gild *altın kaplı* gold plated *altın kimyası* gold chemistry *altın kuyumcusu* goldsmith *altın külçe sistemi eko.* gold bullion standard *altın külçe* gold bullion *altın külçesi* bullion *altın madeni* goldmine *altın para* gold coin *altın renginde* golden *altın rezervi* gold reserve *altın sarısı* golden blonde *altın sayısı* gold number *altın sikke sistemi eko.* gold species standard *altın sikke* gold coin *altın standardı* gold standard *altın suyu bkz.* altınsuyu *altın tozu* gold dust *altın varak* gold foil, gold leaf *altın yaldızlı* gilt *altın yıkayıcı* gold washer *altın yıldönümü* golden wedding *altın yumurtlayan kazı kesmek* to kill the goose that lays the golden egg
Altın Sahili *a.* the Gold Coast
altınbaş *a. bitk.* muskmelon, cantaloupe
altıncı *s.* sixth *altıncı his* sixth sense
altınkökü *a, bitk.* ipecacuanha root * ipeka
altınlı *s.* auriferous
altınsuyu *a.* aqua regia
altıntop *a.* grapefruit * greyfrut
altıntopu *a.* marsh marigold
altıparmak *s.* six-fingered

altıpatlar *a.* six-shooter, revolver
altışar *s.* six each, six at a time
altıyüzlü *a.* hexahedron
altız *a.* sextuplet
altimetre *a.* altimeter
altkarşıt *a, mant.* subcontrary
altkritik *s.* subcritical
altkurul *a.* subcommittee
altkültür *a.* subculture
altküme *a.* subset
altlamak *e, mant.* to subsume
altlı *s.* including a bottom piece
altlık *a.* support; pad; pedestal; doily; mat; coaster
altmış *a, s.* sixty
altmışar *s.* sixty each, sixty at a time
altmışdörtlük *a. müz.* sixty-fourth note
altmışıncı *s.* sixtieth
altmışlık *s.* containing sixty (parts); sexagenarian
alto *a.* alto
altokümülüs *a, metr.* altocumulus
altometre *a.* altometer
altostratus *a.* altostratus
altöbek *a.* subgroup
altprogram *a, biliş.* subprogram
altroz *a.* altrose
altsınıf *a.* subclass
altşube *a.* subbranch
alttakım *a.* suborder
alttür *a.* subgenus, subtype, subspecies
altulaşım *a.* underground transportation, subway, metro
altuni *s.* gold-colored, golden
altutar *s. biy.* eosinophilic, eosinophilous
altüst *s.* upside-down, topsy-turvy, higgledy-piggledy *kon. altüst etmek* to turn upside down, to mess up, to disrupt, to upset, to dislocate, to disorganize *altüst olmak* to be disrupted, to be upset
altyapı *a.* infrastructure, substructure
altyapısal *s.* infrastructural
altyazı *a, sin.* subtitles
altyordam *a, biliş.* subroutine
Alundum *a.* Alundum
alümin *a.* alumina
alüminat *a.* aluminat
alüminosilikat *a.* aluminosilicate
alüminotermi *a.* aluminothermics
alüminoz *a.* aluminosis
alüminyum *a.* aluminium, aluminum *Al. alüminyum asetat* aluminium acetate

alüminyum boya aluminium paint
alüminyum emdirmek to calorize
alüminyum folya aluminium foil
alüminyum kablo aluminium cable
alüminyum kaplamak to aluminium-
coat *alüminyum kaplı* aluminium
coated *alüminyum kaynağı* aluminium
solder *alüminyum levha* aluminium
sheet *alüminyum oksit* aluminium ox-
ide, alumina *alüminyum sülfat* alumin-
ium sulphate *alüminyum tozu* alumin-
ium powder *alüminyum tüp* aluminium
tube
alüminyumlamak *e.* to aluminize
alüminyumlu *s.* aluminized, containing
aluminium *alüminyumlu ekran* alumin-
ized screen
alünit *a.* alunite
alüviyal *s.* alluvial
alüvyon *a.* alluvium, silt
alüvyonlaşma *a.* aggradation
alüvyonlu *s.* alluvial
alveol *a.* alveole
alyans *a.* wedding ring
alyon *s. arg.* very rich
alyuvar *a.* red blood cell, erythrocyte
am *a, kab.* cunt *kab.*, pussy *kab.* **am**
budalası kab. sucker for cunt
ama *bağ.* but, yet, still
âmâ *s.* blind * kör
amaç *a.* aim, goal, intention, objective,
purpose, target, intent *amacıyla* with a
view to, to the end that *amaç*
bilgisayar object computer *amaç dil*
object language, target language *amaç*
edinmek to aspire *amaç evresi* target
phase *amaç görünüm* object configu-
ration *amaç gütmek* to pursue a goal
amaç kod object code *amaç*
konfigürasyon object configuration
amaç küme object pack, object deck
amaç makine target machine, object
machine *amaç modül* object module
amaç program target program, object
program *amacına ulaşmak* to reach
one's goal
amaçlamak *e.* to aim, to intend, to pur-
pose
amaçlı *s.* having a purpose, purposeful
amaçlılık *a.* intentionality
amaçsız *s.* purposeless, aimless
amaçsızca *be.* aimlessly
amaçsızlık *a.* lack of purpose, purpose-
lessness
amade *s.* ready, prepared
amal *a, esk.* actions, acts
amalgam *a.* amalgam
âmâlık *a.* blindness * körlük
aman *ünl.* oh! help! for goodness sake! ¤
a. pardon, mercy, quarter *aman Allah!*
oh my God! *aman Allahım* oh dear!,
my God!, good God!, oh God! *aman*
bilmez grim; implacable *aman dilemek*
to ask for mercy *aman Tanrım* oh
God!, my goodness!, good God!, my
God!, goodness (gracious) me! *aman*
vermek to give quarter *aman*
vermemek to give no quarter *aman*
Yarabbim oh dear!, my God!, good
God!, oh God! *aman zaman dinlemez*
merciless *amana gelmek* to give in
amanın *ünl, kon.* oh my!, what now!
amansız *s.* merciless, cruel, ruthless, re-
lentless, stern
amansızca *be.* mercilessly, implacably
amarant *a, bitk.* amaranth
amatör *a, s.* amateur *amatör bandı* ama-
teur band *amatör filmi* small film, nar-
row film, narrow-gauge film *amatör film*
kamerası amateur movie camera
amatör kamerası narrow-gauge cine
camera
amatörce *s.* unprofessional
amatörlük *a.* amateurism
amazon *a.* amazon
amazontaşı *a.* amazonite, amazonstone
ambalaj *a.* packing; package *ambalaj ipi*
packthread *ambalaj kâğıdı* wrapping
paper, packing paper *ambalaj*
makinesi packer *ambalaj sandığı*
packing case *ambalaj talaşı* excelsior
ambalaj yapmak to pack, to wrap up
ambalajcı *a.* packer
ambalajlama *a.* packing
ambalajlamak *e.* to pack, to wrap up
ambalajsız *s.* in bulk, without packing
ambale *s.* confused, perplexed *ambale*
etmek to confuse, to perplex *ambale*
olmak to be confused, to be perplexed
ambar *a.* barn, granary; storehouse,
warehouse, depot *ambar ağzı* hatch-
way *ambar kapağı* hatch *ambar*
memuru storekeeper, warehouse offi-
cial *ambara koymak* to store
ambarcı *a.* storekeeper; trucker, express
agent

ambargo *a.* embargo *ambargo koymak* to embargo, to put an embargo (on) *ambargoyu kaldırmak* to lift the embargo (from), to remove the embargo (from)

ambarlamak *e.* to warehouse

amber *a.* ambergris; scent, perfume, fragrance

amberağacı *a.* amber tree

amberbalığı *a.* sperm whale, cachalot * adabalığı

amberbaris *a. bitk.* barberry

amberbu *a. bitk.* Indian rice, wild rice

amberçiçeği *a.* musk mallow

ambipar *s.* ambiparous

ambipolar *s.* ambipolar

ambiyans *a.* ambience

amblem *a.* emblem * belirtke

ambligonit *a.* amblygonite

amboli *a, hek.* embolism

ambreyaj *a.* clutch

ambulans *a.* ambulance

amca *a.* (paternal) uncle; a familiar address to an older man

amcalık *a.* unclehood

amcazade *a.* cousin

amcık *a, kab.* pussy *kab.*, cunt *kab.*, twat *kab. amcık herif kab.* cunt *kab.*

amel *a.* act, action, deed * fiil; practice, performance; diarrhoea, diarrhea *Aİ.*, the runs *arg.*, the trots *arg. amel olmak* to have the runs *arg.*, to have the trots *arg.*, to have diarrhoea

amele *a.* worker, workman, labourer

amelelik *a.* being a worker/labourer

ameli *s.* practical, applied

ameliyat *a.* (surgical) operation *ameliyat etmek* to operate (on) *ameliyat masası* operating table *ameliyat odası* operating theatre, operating room *Aİ. ameliyat olmak* to be operated, to have an operation

ameliyathane *a.* theatre, operating theatre

ameliye *a.* process, procedure, operation

amenajman *a.* forest management, forestry

amenna *ünl.* admitted!, agreed!

amenore *a. hek.* amenorrhea

amentü *a.* creed

amer *a.* drink made with bitters

amerika *s. arg.* rich, rolling in money

Amerika *a.* America; the States *kon.*

Amerika Birleşik Devletleri the United States of America

amerikaantilopu *a.* pronghorn

amerikaarmudu *a.* avocado

amerikabademi *a. bitk.* storax tree

amerikadevekuşu *a.* rhea

amerikaelması *a.* anacard * biladerağacı

Amerikalı *a, s.* American

Amerikalılaşmak *e.* to be Americanized

Amerikalılaştırmak *e.* to Americanize

amerikan *a. teks.* unbleached muslin

Amerikan *s.* American *Amerikan İngilizcesi* American English

amerikanbezi *a.* nettle cloth, grey cotton cloth

amerikançınarı *a.* sycamore

amerikanfıstığı *a.* peanut

amerikansığırı *a. hayb.* moose

amerikansığlası *a.* sweet gum

Amerikanvari *be.* in an American fashion

amerikapiresi *a. hayb.* a chigger

amerikasarmaşığı *a.* philodendron

amerikasincabı *a.* chipmunk

amerikatavşanı *a.* chinchilla

amerikatimsahı *a.* alligator

amerikaüzümü *a. bitk.* pokeweed

amerikayabankedisi *a.* wildcat

amerikyum *a.* americium

amerisyum *a.* americium

amet *a.* anus; buttocks, ass

ametabolik *s.* ametabolic

ametal *a.* nonmetal ¤ *s.* nonmetallic

ametçi *a. arg.* sodomite, pederast

ametist *a.* amethyst

amfetamin *a.* amphetamine

amfi *a, bkz.* amfiteatr

amfibi *a, hayb.* amphibian * ikiyaşayışlı; amphibian * yüzergezer *amfibi tank* amphibian tank *amfibi vasıta* amphibian vehicle *amfibi araç* amphibian *amfibi hayvan* amphibian

amfibol *a, min.* amphibole

amfibolit *a, yerb.* amphibolite

amfifil *s.* amphiphilic

amfiprotik *s.* amphiprotic

amfiteatr *a, okl.* lecture hall, lecture theatre * amfi; *mim.* amphiteatre

amfiteatr *a.* amphitheatre * amfi

amfolit *a, kim.* ampholyte

amfor *a.* amphora

amfora *a.* amphora

amfoter *s.* amphoteric *amfoter koloit* ampholytoid

amibik *s.* amoebic
amidin *a.* amidin(e)
amido grubu *a, kim.* amido group
amidol *a, kim.* amidol
amigdalin *a.* amygdalin
amigo *a.* cheerleader
amigoluk *a.* cheerleading
amikron *a.* amicron
amil *a.* factor, agent, reason * etmen, faktör
amilaz *a.* amylase
amilen *a.* amylene
amiloplast *a.* amyloplast
amiloz *a.* amylose
amin *a.* amine
âmin *ünl.* amen
aminoasit *a.* amino acid
aminobenzen *a.* phenylamine
aminobenzoik *s.* aminobenzoic
aminofenol *a.* aminophenol
amip *a.* amoeba ¤ *sg.* amoebic
amipli *s.* amoebic
amir *a.* superior, chief, governor ¤ *s.* commanding, imperative **amiri olmak** to be over sb, to call the shots
amiral *a.* admiral **amiral gemisi** flagship
amirallik *a.* admirality
amirane *s.* authoritative
amirlik *a.* superiority **amirlik taslamak** to boss about
amit *a.* amide
amitoz *a.* amitosis
amiyane *be.* vulgarly ¤ *s.* vulgar, common **amiyane söz** vulgarism
amma *bağ.* but, yet, still
amme *a.* the public **amme davası** public prosecution **amme hizmeti** public service **amme hukuku** public law **amme menfaatı** public law
ammin *a.* ammine
ammonal *a.* ammonal
ammonit *a.* ammonite
amnezi *a.* amnesia
amniyon *a.* amnion
amniyos *a. anat.* amnion
amniyosentez *a.* amniocentesis
amniyotik *s.* amniotic
amonoliz *a.* ammonolysis
amonyak *a.* ammonia; ammonia water **amonyak azotu** ammonia nitrogen **amonyak sentezi** ammonia synthesis **amonyak suyu** ammonia water
amonyaklamak *e.* to ammoniate

amonyaklı *s.* ammoniacal
amonyat *a.* ammoniate
amonyum *a.* ammonium **amonyum asetat** ammonium acetate **amonyum bikarbonat** ammonium bicarbonate **amonyum hidroksit** caustic ammonia **amonyum karbonat** ammonium carbonate **amonyum klorür** ammonium chloride **amonyum sülfat** ammonium sulphate
amoral *s.* amoral
amoralist *a.* amoralist ¤ *s.* amoralistic
amoralizm *a.* amoralism * töredışçılık, ahlakdışçılık
amorf olmak *e. arg.* to be abashed; to get a thrashing
amorf *s.* amorphous * biçimsiz
amorfluk *a.* amorphism
amors *a, sin.* film leader, leader
amorti *a.* paying off; (piyangoda) the smallest prize **amorti etmek** to amortise, to pay off
amortisman *a.* amortization, depreciation **amortisman faktörü** damping factor **amortisman kuvveti** damping force
amortisör *a.* shock absorber, damper, dashpot **amortisör devre** damping circuit **amortisör mesnedi** shock absorber bracket **amortisör yayı** cushioning spring
amortize etmek *e.* to depreciate
amper *a.* ampere, amp *kon.*
amperaj *a.* amperage
ampermetre *a.* ammeter * amperölçer, akımölçer
amperölçer *a.* ammeter * ampermetre, akımölçer
ampersaat *a.* ampere-hour
ampes *a, arg.* grass
ampirik *s.* empirical **ampirik formül** empirical formula **ampirik olasılık** empiric probability
ampirist *a.* empiricist
ampirizm *a.* empiricism
ampiyem *a. hek.* empyema
amplidin *a.* amplidyne generator
amplifikasyon *a.* amplification **amplifikasyon katsayısı** amplification factor
amplifikatör *a.* amplifier, amp
amplistat *a.* amplistat
ampul *a.* (electric) bulb; *hek.* ampoule; *arg.* boobs *arg.* **ampul duyu** bulb

holder, lamp socket
ampütasyon *a, hek.* amputation
amuden *be. esk.* perpendicularly
Amuderya *a.* the Amu Darya, the Jayhun
amudi *s.* vertical, perpendicular * dikey
amudufıkari *a. esk.* backbone, spinal column
amut *a, mat.* perpendicular **amuda kalkmak** to do a handstand
amyant *a.* asbestos, rock wool, slag wool **amyant gömlek** mantle **amyant kâğıdı** asbestos paper **amyant lifi** asbestos fibre
amyantlı *s.* containing asbestos **amyantlı salmastra** asbestos packing
an¹ *a.* moment, instant, point, jiffy *kon.* * lahza
an² *a.* mind, perception, intelligence * zihin
ana¹ *a.* mother, ma *kon.*, mum *kon.*, mama *İİ./kon.*, mom *Aİ.*, momma *Aİ.*, mammy *çoc.* ¤ *sg.* maternal **ana avrat düz gitmek** to swear like a trooper **ana baba** parents **ana baba günü** doomsday, tumult **ana babalık** parentage **ana kız** mother and daughter **ana kuzusu** a) baby-in-arms b) spoilt child **ana makinesi** brooder **ana oğul** mother and son **ana sütü** breast-milk **ana tarafından** on the mother's side **ana katili** matricide **ana kraliçe** queen mother **ana kucağı** mother's bosom **ana yüreği** mother's love **anadan doğma** a) stark naked, in the nude, in the buff *İİ./kon.* b) from birth, congenital **anan güzel mi** I'm no fool **anası ağlamak** to suffer a lot **anasından emdiği süt burnundan gelmek** to have a hell of a time **anasından emdiği sütü burnundan getirmek** to put sb through the wringer **anasını satayım** *arg.* Who cares?, Never mind!, Damn it! **anasının gözü** *arg.* very cunning, son of a gun **anasının nikâhını istemek** to ask an extortionate amount of money
ana² *s.* main, principal, basic, fundamental, chief, primary, cardinal **ana akım** main current **ana anahtar** master key **ana arma** standing rigging **ana bant** master tape **ana banyo** stock liquor **ana bellek** *biliş.* main memory, main storage, primary memory **ana bilgisayar** *biliş.* master computer, host computer **ana birim** master unit **ana biyel** master connecting rod **ana boru** main pipe, mains, main **ana boya** stock dye **ana cadde** *bkz.* anacadde **ana cıvata** king bolt **ana çizgi** ground line **ana çözelti** mother liquor **ana damar** mother lode **ana devre** main circuit **ana dikme** queen post **ana direk** mainmast **ana dizin** gross index **ana doğru** generatrix **ana dosya** main file, master file **ana duvar** main wall, common wall **ana düzlem** principal plane **ana fikir** main idea, central theme **ana frekans** basic frequency **ana galeri** main gallery **ana güverte** main deck **ana hat** main line, outline, trunk line **ana hatve** basic pitch **ana hava girişi** main intake **ana ırmak** trunk stream **ana istasyon** master station **ana işlem birimi** central processing unit **ana işlemci** master processor **ana işletici** prime mover **ana işletim istasyonu** master operating station **ana jikle** main jet **ana kablo** mains **ana kart** *biliş.* master card **ana kat** main level **ana kaya** parent rock, bedrock **ana kayıt** master record **ana kesim** main segment **ana kesit** principal section **ana kilit** king bolt **ana kireçleme** main defecation **ana kiriş** main beam, main girder **ana konsol** master console **ana kristal** fundamental crystal **ana kulak** major lobe **ana kumanda** program switching centre **ana kuşak** master copy **ana küp** stock vat **ana kütük** *biliş.* main file, master file **ana levha** *biliş.* motherboard **ana madde** parent material **ana mastar** check gauge **ana meme** main jet **ana metal** base metal **ana mil** main shaft, lead screw **ana mili** primary shaft **ana mod** fundamental mode **ana monitör** master monitor **ana nota** *müz.* keynote **ana osilatör** master oscillator **ana pist** main runway **ana plan** master plan **ana program** main program **ana renk** primary colour, fundamental colour **ana rezerve** stock resist **ana rotor** main rotor **ana rüzgârlar** cardinal winds **ana saat** master clock **ana seri** principal series **ana sermaye** original capital **ana sertifika** major **ana silindir** master cylinder, main cylinder **ana sürgü** king bolt **ana şalter** master switch **ana şurup** mother

syrup *ana taşıma katı* main haulage level *ana uçak meydanı* home station *ana veri biliş*. master data *ana yakıt deposu* main fuel tank *ana yapı* primary structure *ana yatak* main bearing *ana yay* main spring *ana yelken* mainsail *ana yol* a) artery, main road b) *biliş*. bus, main path *ana yordam biliş*. master routine *ana yön* main path

anaarı *a.* queen
anabatik *s.* anabatic *anabatik rüzgâr* anabatic wind
anabellek *a. biliş*. main memory, main storage
anabiyoz *a.* anabiosis
anabolizma *a.* anabolism
anaboru *a.* water main
anacadde *a.* high street
anacıl *s.* bound to his/her mother
anacıl *s.* bound to his mother
anaç *s.* (bitki, hayvan) mature; grown up, big; *mec.* experienced, shrewd
anaçlaşmak *e.* to reach maturity
anaçlık *a.* maturity; shrewdness
anadamar *a.* aorta
anadil *a.* primitive language
anadili *a.* mother tongue, native tongue
anadingil *a.* cranked shaft *anadingil kolu* crank arm, crank throw
Anadolu *a.* Anatolia ¤ *sg.* Anatolian
Anadolulu *a.* Anatolian
anadolumeşesi *a.* Turkey oak
anadolusığlası *a.* sweet gum
anadut *a.* pitchfork, hayfork
anaerki *a.* matriarchy
anaerkil *s.* matriarchal
anaerobik *s.* anaerobic
anaerobiyoz *a.* anaerobiosis
anafaz *a, biy.* anaphase
anafor *a.* countercurrent, eddy, counterflow; *arg.* illicit profit, rake-off, loot, boodle *anafora konmak arg.* to get sth for nothing
anaforcu *a.* cadger *hkr.*
anaforculuk *a.* freeloading
anaforez *a.* anaphoresis
anaforlamak *e.* to cadge, to sponge on
anaforlanmak *e.* to eddy
anaforlu *s.* having a countercurrent
anaglif *a.* anaglyph
anagram *a.* anagram
anahtar *a.* key; clue; code; wrench, spanner; *elek.* switch; *müz.* key, clef

anahtar deliği keyhole *anahtar devresi* switching circuit *anahtar dili* key bit *anahtar kelime* keyword *anahtar kutusu* switch box *anahtar panosu* switch panel *anahtar sözcük* keyword, descriptor *anahtar taşı* keystone *anahtar teslimi* turnkey *anahtar yazmacı* switch register
anahtarcı *a.* key-maker, locksmith
anahtarcılık *a.* locksmithing; making/selling keys
anahtarlık *a.* key holder, keyring
anakara *a.* continent
anakart *a. biliş*. master card
anakaya *a.* mother rock
anakent *a.* metropolis
anakonda *a, hayb.* anaconda
anakronizm *a.* anachronism
anal *s.* anal
analevha *a. biliş*. motherboard
analı *s.* having a mother
analık *a.* maternity, motherhood; stepmother, foster-mother *analık etmek* to be a mother (to sb)
analitik *s.* analytical *analitik geometri* analytical geometry *analitik kimya* analytical chemistry *analitik terazi* analytical balance
analiz *a.* analysis *analiz etmek* a) to analyse, to analyze *Aİ*. b) (tümce) to construe
analizci *a.* analyst
analizör *a.* analyzer, analyser
analjezi *a.* analgesia
analjezik *s.* analgesic
analog *s.* analogue, analogous, analog *analog aygıt* analog device *analog bilgisayar* analog computer *analog gösterim* analog representation *analog kanal* analog channel *analog kutup* analogous pole *analog toplayıcı* analog adder *analog veri* analog data *analog-sayısal dönüştürücü* analog-digital convertor
analoji *a.* analogy
analsim *a.* analcime
analsit *a.* analcite
anamal *a.* capital * kapital, sermaye
anamalcı *a.* capitalist ¤ *s.* capitalistic * kapitalist, sermayedar
anamalcılık *a.* capitalism * kapitalizm
anamallı *a.* capitalist
anamaya *a.* enzyme

anamorfoz *a.* anamorphosis *anamorfoz görüntü* anamorphic image

anamorfozcu *s.* anamorphic *anamorfozcu mercek* anamorphic lens, anamorphote

anamorfozör *a.* anamorphic lens, anamorphote

ananas *a.* pineapple

anane *a.* tradition

ananevi *s.* traditional

anaokulu *a.* nursery school, kindergarten, playgroup, playschool

anapara *a.* capital

anaprogram *a. biliş.* main program

anarşi *a.* anarchy

anarşik *s.* anarchic

anarşist *a.* anarchist

anarşizm *a.* anarchism

anartri *a.* anarthria

anasaat *a.* master clock

anasanlı *s.* matronymic

anasız *s.* motherless

anason *a.* anise *anason tohumu* aniseed

anasonlu *s.* anisic

anasoy *a.* race

anasoycu *a.* racist

anasoycul *s.* racial

anasoyculuk *a.* racism

anastigmat *s.* anastigmatic *anastigmat mercek* anastigmatic lens *anastigmat objektif* field flattener

anastomoz *a.* anastomosis

anataz *a.* anatase

anatomi *a.* anatomy

anatomici *a.* anatomist

anatomik *s.* anatomical, anatomic *anatomik olarak* anatomically

anavasya *a.* the upstream migration of fish

anavatan *a.* mother country, homeland, motherland

anaveri *a. biliş.* master data

anayasa *a.* constitution *anayasa hukuku* constitutional law *anayasaya aykırı* unconstitutional *anayasaya aykırılık* unconstitutionality

anayasacı *a.* constitutionalist; constitutional expert

anayasal *s.* constitutional

anayol *a.* main road, artery, trunk road, arterial road, highway *özl. Aİ.*

anayön *a.* cardinal point

anayurt *a.* mother country, homeland, motherland

anbean *be.* every moment, any moment, gradually

anca *be.* scarcely, narrowly, ill *anca beraber kanca beraber* for better or for worse

ancak *be.* hardly, barely, only, merely, just ¤ *bağ.* but, however

ançizlemek *e. arg.* to go away, to leave

ançüez *a.* tinned anchovy *ançüez ezmesi* anchovy paste

andaç *a.* souvenir, memento, keepsake

andante *a. müz.* andante

andantino *a. müz.* andantino

andavallı *a.* peasant *kon.*, bumpkin *hkr.*

andezin *a.* andesine

andezit *a.* andesite * ankarataşı

andıç *a.* memorandum, note

andık *a. hayb.* (a kind of) hyena

andıran *s.* analogous

andırı *a.* note, memo

andırış *a.* resemblance; analogy * analoji

andırışma *a.* resembling; being analogous, analogy

andırmak *e.* to remind, to resemble, to border on

andızotu *a. bitk.* elecampane

andızotu *a.* elecampane

Andorra *a.* Andorra ¤ *s.* Andorran, of Andorra

androjin *a.* androgyne

anekdot *a.* anecdote

anele *a. den.* ring (of an anchor)

anemi *a.* anaemia

anemik *s.* anaemic

anemili *s.* anaemic

anemofili *a.* anemophily

anemograf *a.* anemograph

anemokor *s.* anemochorous

anemokori *a.* anemochory

anemoloji *a.* anemology

anemometre *a.* anemometer, wind gauge

anemometri *a.* anemometry

anemon *a, bitk.* anemone * dağlalesi

anemoskop *a.* anemoscope

anensefali *a.* anencephalia

aneroid *a.* aneroid barometer

aneroit *s.* aneroid *aneroit altimetre* aneroid altimeter *aneroit barometre* aneroid barometer *aneroit kalorimetre* aneroid calorimeter

anestetik *s.* anaesthetic

anestezi *a.* anesthesia *anestezi uzmanı*

aneshesiologist **anestezi yapmak** to anaesthetize

anestezik *a, s.* anesthetic

anetol *a.* anethole

anevrizma *a. hek.* aneurysm

anfizem *a, hek.* emphysema

anfolit *a.* ampholyte

angaje *s.* engaged **angaje etmek** to engage

angajman *a.* engagement

angarya *a.* drudgery, grind, donkeywork *kon.*, fag *kon.*

angaryacı *a.* one who uses forced labor

angelik asit *a, kim.* angelic acid

angı *a.* memory

angıç *a.* cab (of a woven hurdle)

angın *s.* famous, renowned

anglezit *a.* anglesite

Anglikan *a, s.* Anglican **Anglikan Kilisesi** the Anglican Church

Anglikanizm *a.* Anglicanism

Anglikanlık *a.* being an Anglican; Anglicanism

Anglonorman *a. s.* Anglo-Norman

Anglosakson *a.* Anglo-Saxon

Angola *a.* Angola ¤ *s.* Angolan

Angolalı *a, s.* Angolan

angora *a.* angora **angora yün** angora

angström *a.* angström **angström birimi** angström unit

angudi *s.* ruddy, brick-colored

angut *a.* ruddy sheldrake; *kon.* fool, bumpkin *hkr.*, clot *İİ./kon./şak.*

anhidrit *a.* anhydride

anı *a.* memory, recollection, remembrance; memoir **anısına** in memory of

anıcı *a.* memoirist

anık *s.* ready * hazır

anıklamak *e.* to prepare; to recall

anıklık *a.* readiness * hazırlık

anılan *s.* aforementioned, aforesaid

anılık *a.* diary

anılmak *e.* to be remembered; to be mentioned; to be commemorated; to be called

anımsama *a.* remembering, recalling

anımsamak *e.* to remember, to recall, to recollect * hatırlamak

anımsanır *s, biliş.* mnemonic **anımsanır kod** *biliş.* mnemonic code

anımsanmak *e.* to be remembered, to be recollected * hatırlanmak

anımsatıcı *s, biliş.* mnemonic **anımsatıcı**

adres mnemonic address **anımsatıcı kod** mnemonic code **anımsatıcı simge** mnemonic symbol

anımsatmak *e.* to evoke, to remember sb of (sb/sth) * hatırlatmak

anında *be.* instantly ¤ *s.* immediate **anında adresleme** immediate addressing **anında çeviri** simultaneous translation **anında döküm** snapshot dump **anında erişim** immediate access **anında işlem** immediate processing

anırma *a.* bray

anırmak *e.* to bray, to hee-haw

anırtı *a.* bray, heehaw

anış *a.* remembrance; commemoration

anıştırma *a.* allusion

anıştırmak *e.* to hint, to imply, to allude (to)

anıt *a.* monument, memorial **anıt dikmek** to erect a monument

anıtkabir *a.* mausoleum **Anıtkabir** the tomb of Atatürk in Ankara

anıtlaşmak *e.* to be edified

anıtlaştırmak *e.* to cause to acquire a monumental status

anıtmezar *a.* mausoleum

anıtsal *s.* monumental

anıttaş *a.* megalith

anız *a.* stubble

anızlık *a.* field with stubble

ani *s.* sudden, abrupt, unexpected ¤ *be.* suddenly, short, all at once, bang *kon.* **ani akım** instantaneous current **ani kurutma** shock drying **ani olarak** all of a sudden **ani rüzgâr** air blast, scud **ani soğutma** shock cooling

anide *be.* instantly, at once, all at once, bang *kon.*

aniden *be.* suddenly, all of a sudden, all at once, short, bang *kon.* **aniden durmak** to stop short

anilin *a.* aniline **anilin tuzu** aniline salt

anilit *a.* anilide

animasyon *a.* animation

animato *a. müz.* animato

animator *a.* leader of group activities (at a holiday resort)

animizm *a.* animism * canlıcılık

anisol *a.* anisol(e)

anizaldehit *a.* anisaldehyde

anizogami *a.* anisogamy

anizol *a.* anisole

anizomer *s.* anisomeric

anizometrik s. anisometric
anizotonik s. anisotonic
anizotrop s. anisotropic, aeolotropic *anizotrop basınç* anisotropic pressure *anizotrop iletkenlik* anisotropic conductivity *anizotrop koma* anisotropic coma *anizotrop sıvı* anisotropic liquid
anizotropi a. anisotropy
anizotropik s. aeolotropic, anisotropic
anjin a, hek. angina * boğak, yutak yangısı, hunnak, farenjit *anjin olmak* to have a sore throat
Anka a. phoenix * Zümrüdüanka
Ankara a. Ankara, Angora *Ankara keçisi* Angora goat *Ankara kedisi* Angora cat *Ankara tavşanı* Angora rabbit *Ankara tavşanı yünü* angora rabbit hair *Ankara yünü* Angora wool
ankarakeçisi a. Angora goat
ankarakedisi a. Angora cat
ankarataşı a. andesite * andezit
ankastre s. embedded, fixed in *ankastre anahtar* flush switch *ankastre far* recessed headlight
ankes a, eko. cash in hand, cash balance
ankesör a. coin box
ankesörlü s. having a coin box *ankesörlü telefon* pay telephone
anket a. public survey, inquiry, questionnaire *anket yapmak* to take a poll, to investigate, to conduct a survey, to make a survey
anketçi a. pollster; inquirer
ankiloz a. hek. ankylosis
ankon a. ancon
ankor a. encore
ankraj a. anchorage, anchoring *ankraj bulonu* anchor chain, anchor bolt *ankraj plakası* anchor plate
anlak a. intelligence * zekâ
anlakalır s. reasonable
anlaklı s. intelligent, clever * zeki
anlaksal s. concerning intelligence
anlam a. meaning, sense * mana *anlam çıkarmak* to make sth of sb/sth *anlam vermek* to construe *anlamı olmak* to make sense *anlamına gelmek* to mean, to signify, to amount to *(falan yapmanın) bir anlamı yok* there's no point in *anlamını çarpıtmak* to skew *anlamını saptırmak* to pervert
anlama a. understanding, comprehension, apprehension

anlamak e. to understand, to catch, to catch on (to sth) *kon.*, to get *kon.*, to cotton on (to sth) *İİ./kon.*, to latch on *kon.*, to follow, to grasp, to comprehend, to apprehend; to find out, to figure sb/sth out; to know (about), to be familiar with; to gather, to infer; to appreciate, to enjoy; to make sb out *Anlamadım gitti* I just couldn't understand/get it *Anladıysam Arap olayım!* I'll be hanged if I understand! *anlarsın ya* you know *Anlayana sivrisinek saz anlamayana davul zurna az* A word is enough to the wise
anlamazlık a. lack of understanding, incomprehension *anlamazlıktan gelmek* to pretend not to understand
anlambilim a. semantics * semantik
anlambilimsel s. semantic * semantik
anlamdaş s. synonymous * eşanlamlı, sinonim, müradif
anlamdaşlık a. synonymity, synonymy * eşanlamlılık
anlamlandırma a. explanation, interpretation
anlamlandırmak e. to explain the meaning; to give the meaning
anlamlı s. meaningful, expressive, meaning, significant *anlamlı rakam* significant digit *anlamlı rakam kaybı* significance loss
anlamlılık a. meaningfulness *anlamlılık düzeyi* level of significance
anlamsal s. semantic *anlamsal hata biliş.* semantic error
anlamsız s. meaningless, inane; nonsensical, senseless, incoherent; absurd; pointless, purposeless; vacuous
anlamsızlık a. meaninglessness, senselessness; absurdity
anlaşık s. in accord, in agreement
anlaşılır s. clear, lucid, intelligible, comprehensible
anlaşılırlık a. clarity
anlaşılmak e. to be understood; to come out * ortaya çıkmak *anlaşılan* seemingly, apparently *anlaşılması güç* convoluted, abstruse
anlaşılmaz s. incomprehensible, unintelligible, complicated, involved, deep, obscure, enigmatic, inarticulate, impenetrable * muğlak, karışık
anlaşım a. agreement; consensus

anlaşma *a.* agreement, understanding, accord, covenant, arrangement, compact, bond **anlaşma yapmak** to contract, to make an agreement **anlaşmaya varmak** to strike a bargain, to come to an agreement **anlaşmayı bozmak** to break an agreement, to violate an agreement

anlaşmak *e.* to understand each other; to come to an agreement, to come to terms; to get on with sb; to get on well (with sb) **Anlaştık!** Done!

anlaşmalı *s.* contractual

anlaşmazlık *a.* disagreement, misunderstanding, conflict, dispute, discord, difference, friction **anlaşmazlık konusu/nedeni** a bone of contention, object at issue

anlatan *a.* narrator

anlatı *a.* narration, narrative; short story, story

anlatıbilim *a.* stylistics

anlatıbilim *a, dilb.* stylistics

anlatıcı *a.* narrator

anlatıl(a)maz *s.* indescribable, indefinable, inexpressible, ineffable, nameless

anlatılmak *e.* to be told; to be explained

anlatım *a.* exposition, expression

anlatımcı *a.* expressionist ¤ *s.* expressionistic

anlatımcılık *a.* expressionism * dışavurumculuk

anlatımlamak *e.* to express

anlatımlı *s.* expressive

anlatımsal *s.* concerning expression

anlatış *a.* narration **anlatış tarzı** way of narration, locution

anlatma *a.* telling; explaining; commentary

anlatmak *e.* to tell, to express, to narrate, to relate, to recount; to explain, to expound; to describe; (maç vb) to commentate (on sth)

anlayış *a.* understanding, comprehension; intelligence; intellect, mind **anlayış göstermek** to show understanding, to be tolerant **anlayışla karşılamak** to appreciate

anlayışlı *s.* intelligent; understanding

anlayışlılık *a.* understanding

anlayışsız *s.* intolerant, inconsiderate; lacking in understanding, obtuse **anlayışsız terminal** dumb terminal

anlayışsızlık *a.* intolerance, inconsiderateness; lack of understanding

anlı şanlı *s.* flamboyant, renowned

anlık *a.* intellect * müdrike, entelekt ¤ *s.* instantaneous **anlık adres** immediate address **anlık akım** instantaneous current **anlık frekans** instantaneous frequency **anlık güç** instantaneous power

anlıkçı *a. s. fel.* intellectualist

anlıkçılık *a.* intellectualism * zihniye, entelektüalizm

anlıksal *s.* intellectual, mental

anma *a.* remembrance; commemoration, celebration ¤ *sg.* rated **anma frekansı** assigned frequency **anma hızı** rated speed **anma töreni** commemoration **anma töreni yapmak** to memorialise **anmaya değer** memorable

anmak *e.* to remember, to call to mind; to mention; to commemorate; to call, to name * adlandırmak

anmalık *a.* keepsake, souvenir

anne *a.* mother, ma *kon.*, mum *kon.*, mummy *kon.*, momma *Aİ./kon.*, mommy *kon./Aİ.*, mom *Aİ./kon.*, mammy *Aİ./çoc.* **anne baba** parents **anne olmak** to become a mother **anneciğim** mummy, ma, mum **anneler günü** Mother's Day

anneanne *a.* (maternal) grandmother

annelik *a.* motherhood **annelik etmek** to be a mother to

anodik *s.* anodic, anodal **anodik dağlama** anodic etching **anodik kaplama** anodic coating **anodik oksidasyon** anodic oxidation **anodik temizleme** anodic cleaning

anofel *a, hayb.* anopheles

anolit *a.* anolyte

anomal *s.* anomalous **anomal yıl** anomalistic year

anomali *a.* anomaly

anomalistik *s.* anomalistic **anomalistik ay** anomalistic month

anonim *s.* anonymous; incorporated **anonim şirket/ortaklık** incorporated company, joint stock company

anonimlik *a.* anonymity

anons *a.* announcement **anons etmek** to announce

anorak *a.* anorak

anorganik *s.* inorganic **anorganik asit** mineral acid **anorganik bileşik** inorganic compound **anorganik kimya** inorganic chemistry *anorganik lif* mineral fibre

anormal *s.* abnormal, anomalous, freakish, unnatural, deviant *anormal bitiş biliş.* abend

anormalleşmek *e.* to become abnormal

anormallik *a.* abnormality, anomaly

anortik *s.* anorthic

anortit *a.* anorthite

anortozit *a.* anorthosite

anosmi *a.* anosmia

anoş *a. arg.* mistress, girl friend, lover

anot *a.* anode * artıuç *anot açıklığı* anode aperture *anot akımı* anode current, plate current *anot bataryası* anode battery, plate battery *anot bükümü* anode bend, bottom bend *anot çözeltisi* anolyte *anot dağılması* anode dissipation *anot detektörü* anode detector *anot devresi* anode circuit *anot direnci* anode resistance *anot doyması* anode saturation *anot düşüşü* anode drop, anode fall *anot empedansı* anode impedance *anot gerilimi* anode voltage *anot ışıltısı* anode glow *anot ışınları* anode rays *anot kızıllığı* anode glow *anot potansiyeli* anode potential *anot terminali* anode terminal *anot verimi* anode efficiency *anot yükü* plate load

anotlama *a.* anodizing, anodic treatment

anotlamak *e.* to anodize

anotsal *s.* anodic, anodal *anotsal işlem* anodic treatment

anöploid *a.* aneuploid

anöploidi *a.* aneuploidy

anroşman *a, inş.* rip-rap

ansal *s.* mental

ansefalit *a. hek.* encephalitis * beyin iltihabı

ansefalografi *a.* encephalography

ansefalogram *a.* encephalogram

ansımak *e.* to remember, to recollect * anımsamak

ansımak *e.* to remind, to call up

ansıtmak *e.* to remind (sb) of (sth)

ansız *a.* illegitimate child, natural child, bastard

ansızın *be.* suddenly, all of a sudden

ansiklopedi *a.* encyclopedia, encyclopaedia

ansiklopedik *s.* encyclopedic

ansikopedik *s.* enyclopedic, encyclopae-

dic

anşan *a.* lap dissolve

ant *a.* oath, pledge *ant içirmek* to swear sb in, to make a vow, to take a vow *ant içmek* to take an oat, to swear an oath *andını bozmak* to violate an oath

antant *a.* agreement, understanding, entente *antant kalmak* to come to an agreement

Antarktik *a. s.* Antarctic

antarktik *s.* antarctic *Antarktik daire* Antarctic Circle

Antarktika *a.* the Antarctic, Antarctica

antefiks *a.* antefix

antemiyon *a.* anthemion

anten *a, tek.* aerial, antenna *Aİ.; hayb.* antenna, feeler *anten ayarı* antenna tuning *anten bobini* antenna coil *anten devresi* antenna circuit *anten direği* antenna mast *anten direnci* antenna resistance *anten dizisi* antenna array *anten döndürücüsü* antenna rotator *anten duyu* antenna socket *anten empedansı* aerial impedance *anten endüktansı* antenna inductance *anten girişi* antenna input *anten gücü* antenna power *anten kapasitesi* antenna capacitance *anten kazancı* antenna gain, aerial gain *anten komütatörü* antenna changeover switch *anten kordonu* antenna cord *anten kuplajı* antenna coupling *anten sereni* antenna yard *anten verimi* antenna efficiency

antenli *s.* antenniferous

antepfıstığı *a.* pistachio

anter *a.* anther

anterit *a. hek.* enteritis

anterlin *a.* leading, space line

anterlit *a.* lead

antet *a.* letterhead *antetli kâğıt* letterhead, stationary with a letterhead

antiasit *a, hek.* antacid

antibakteriyal *s.* antibacterial

antibalistik *s.* antiballistic

antibiyotik *a.* antibiotic

antidemokratik *s.* antidemocratic

antidepresan *a, s.* antidepressant

antidiüretik *s.* antidiuretic

antidot *a.* antidote

antienzim *a.* antienzyme

antiferromanyetik *s.* antiferromagnetic

antiferromanyetizma *a.* antiferromagnetism

antifriksiyon *a.* antifriction *antifriksiyon metal* antifriction metal *antifriksiyon yatağı* antifriction bearing

antifriz *a.* antifreeze

antigorit *a.* antigorite

antigrizu *s.* explosion-proof, flameproof

antihalo *a.* antihalation

antihistamin *a.* antihistamine

antijen *a.* antigen

antik *s.* antique, ancient, archaic *antik çağlar* antiquity

antika *a, s.* antique ¤ *s, kon.* odd, funny, weird *antika eşya* antique *antika meraklısı* antiquary, antiquarian

antikacı *a.* antiquary, antique dealer

antikalık *a.* antiquity; *kon.* eccentricity

antikatalizör *a.* anticatalyst

antikatot *a.* anticathode

antikiklon *a.* high pressure area, anticyclone

antiklinal *s.* anticlinal

antiklor *a.* antichlor * klor giderici

antikoagülan *a.* anticoagulant

antikoensidans *a.* anticoincidence *antikoensidans devre* anticoincidence circuit

antikor *a.* antibody

antikorozif *s.* anticorrosive

antikorozyon *a.* anticorrosion

antilepton *a.* antilepton

antilogaritma *a.* antilogarithm

antilop *a.* antelope

antimer *a.* antimer

antimilitarist *s.* antimilitarist

antimilitarizm *a.* antimilitarism

antimon *a.* antimony

antimoniat *a.* antimoniate

antimonil *a.* antimonyl

antimuan *a.* antimony

antimuanlı *s.* antimonial

antin *a. arg.* prostitute, whore

antinötron *a.* antineutron

antiparazit *a.* anti-interference

antipartikül *a.* antiparticle

antipati *a.* antipathy

antipatik *s.* disagreeable, unpleasant, cold * sevimsiz, soğuk

antipersonel *a, ask.* antipersonnel

antipot *a.* antipode

antiproton *a.* antiproton

antiradar *a.* antiradar

antiradyasyon *a.* antiradiation

antirezonans *a.* antiresonance

antirezonant *s.* antiresonant *antirezonant devre* antiresonant circuit

antisemitik *s.* anti-Semitic

antisemitizm *a.* anti-Semitism

antisepsi *a.* antisepsis

antiseptik *a.* antiseptic

antiserum *a.* antiserum

antisiklon *a.* anticyclone

antisiklotron *a.* anticyclotron

antisimetri *a.* antisymmetry

antisimetrik *s.* antisymmetric

antisosyal *s, ruhb.* antisocial

antispazmodik *a, s.* antispasmodic

antistatik *s.* antistatic

antişambr *a.* antechamber

antitez *a.* antithesis * karşısav

antitiksotropi *a.* antithixotropy

antitoksik *s.* antitoxic

antitoksin *a.* antitoxin

antitrigonometrik *s.* antitrigonometric

antitröst *s.* anti-trust *antitröst yasa* anti-trust law

antlaşma *a.* pact, treaty

antlaşmak *e.* to conclude a treaty, to sign a treaty

antlı *s.* bound by an oath

antofilit *a.* anthophyllite

antoloji *a.* anthology * seçki, güldeste

antosiyanidin *a.* anthocyanidin

antosiyanin *a.* anthocyanin

antraflavin *a.* anthraflavine

antrakinon *a.* anthraquinone

antraks *a. hek.* anthrax

antrakt *a.* (tiyatro, dinleti) interval, interlude; (sinema) interval, intermission

antranilik asit *a, kim.* anthranilic acid

antrasen *a.* anthracene

antrasit *a.* anthracite

antre *a.* entrance, doorway, foyer * giriş, methal

antrenman *a, sp.* exercise, training, practice, workout * alıştırma, idman, egzersiz *antrenman yapmak* to practise, to practice *Aİ.*, to work out

antrenmanlı *s.* in practice

antrenmansız *s.* out of practice *antrenmansız olmak* to be out of practice

antrenör *a, sp.* trainer, coach

antrenörlük *a.* being a trainer/coach *antrenörlük etmek* to coach

antrepo *a.* bonded warehouse * ardiye *antrepo kâğıdı* bond note *antrepo* *limanı* warehousing port ***antrepoya koymak*** to put in a bonded warehouse

antrkot *a.* entrecote steak, rib steak

antrok *a. yerb.* entrochhite

antron *a.* anthrone

antropocoğrafya *a.* anthropogeography

antropoit *s.* anthropoid * insansı ¤ *a.* anthropoid (ape) * insansı

antropolog *a.* anthropologist * insanbilimci

antropoloji *a.* anthropology * insanbilim

antropolojik *s.* anthropological * insanbilimsel

antropometri *a.* anthropometry

antropomorfizm *a.* anthropomorphism

anut *s.* stubborn, obstinate * inatçı

anüs *a.* anus ¤ *sg.* anal

anyon *a.* anion ***anyon akımı*** anionic current ***anyon değişimi*** anion exchange ***anyon değiştirici*** anion exchanger

anyonik *s.* anionic ***anyonik boyarmadde*** anionic dyestuff

Anzak *a.* Anzac

anzarot *a.* sarcocol; *arg.* raki

aort *a.* aorta

apaçık *s.* wide open; very clear, self-evident, explicit, palpable, incontrovertible

apaçıklık *a.* being wide open; explicitness

Apaçi *a.* Apache

apak *s.* pure white, all white

apalak *s.* chubby, plump

apandis *a.* appendix, vermiform appendix

apandisit *a.* appendicitis ***apandisit ameliyatı*** appendectomy

apansız(ın) *be.* suddenly, all of a sudden, unexpectedly

apar *a.* aside

apar topar *be.* pell-mell, helter-skelter, precipitate, at a moment's notice

aparat *a.* apparatus

aparkat *a, sp.* uppercut

aparmak *e.* to carry away; *arg.* to make off with

apart otel *a.* apartment hotel

aparte *a, tiy.* aside

apartman *a.* apartment block *İİ.*, apartment house *Aİ.*, block of flats ***apartman katı*** flat, apartment

apaş *a.* hooligan * kabadayı

apati *a.* apathy

apatit *a.* apatite

apaydın *s.* very bright

apaydınlık *a.* great brightness

apayrı *s.* quite separate, quite different

apaz *a.* the palm of one's hand

apazlama *be.* abeam

apazlamak *e. den.* (gemi) to roll (gently); to take a handful of; *arg.* to seize, to grab

apeks *a.* apex

aperitif *a.* aperitif, aperitive, (pre-dinner etc) drink ***aperitif almak*** to have an aperitif/aperitive

aperiyodik *s.* aperiodic

apış *a.* fork, crotch ***apış arası*** the space between two legs

apışak *s. yörs.* (kişi) bowlegged; (hayvan) which has legs that are set wide apart

apışık *s.* astraddle

apışlık *a.* crotch

apışmak *e.* to collapse from tiredness; to squat down; to be astonished ***apışıp kalmak*** to be nonplussed

apıştırmak *e.* to exhaust (an animal) (extremely); to cow, to bring (sb) to heel; to bumfuzzle, to dumbfound

apikal *a.* apical

apiko *s, arg.* nifty

aplanatik *s.* aplanatic

aplik *a.* wall lamp

aplikasyon *a.* application; *teks.* appliqué

aplikatör *a.* applicator

aplike *a.* appliqué

aplit *a.* aplite

apoenzim *a.* apoenzyme

apofilit *a, min.* apophyllite

apofiz *a.* apophysis, pons

apogami *a.* apogamy

apokarp *a.* apocarpous

apokromatik *s.* apochromatic

apolet *a.* epaulet, epaulette

apolitik *s.* apolitic

apomorfin *a.* apomorphine

apopleksi *a. hek.* apoplexy

aport *ünl.* fetch it!

aposteriori *be.* a posteriori

apostrof *a.* apostrophe

apoşi *a. den.* wire trawl net

apotek *a. bitk.* apothecium, apothece

appassionato *a. müz.* appassionato

apraksi *a.* apraxia

apre *a.* finish, chemical finish ***apre fuları*** finishing padder, chemical finishing padder ***apre kalenderi*** finishing calender ***apre kazanı*** finish boiler ***apre***

kırma makinesi finish breaker, cloth breaking machine *apre maddesi* chemical finishing agent *apre makinesi* finishing machine *apre patı* finishing paste *apre tesisi* chemical finishing plant *apre tezgâhı* dressing machine *apre ustası* finisher

apreci *a.* finisher

apreleme *a.* finishing, chemical finishing

aprelemek *e.* to finish

apreli *s.* finished, dressed

apriori *s.* a priori

apron *a.* apron

apse *a.* abscess * çıban

apsent *a.* absinthe, absinth

apsidiyol *a.* apsidiole, absidiole

apsis *a, mat.* abscissa **apsis ekseni** axis of abscissas

apsit *a.* apse

aptal *s.* stupid, silly, half-witted, dense *kon.*, daft *kon.*, goofy *kon.*, potty *İİ./kon.*, dozy *İİ./kon.* ¤ *a.* fool, idiot, half wit, chump *kon.*, goof *kon.*, blockhead *kon.*, ninny *kon.*, clot *İİ./kon./şak.* **aptal yerine koymak** to make a fool of sb, to fool

aptalca *be.* stupidly, foolishly ¤ *s.* foolish, silly, asinine, crazy, stupid, nonsensical, ludicrous **aptalca davranış** foolery **aptalca davranmak** to fool (around/about), to play the fool

aptallaşmak *e.* to become confused, to be stupefied, to be dazed, to be dumbfounded, to be flabbergasted *kon.*

aptallaştırmak *e.* to stupefy

aptallık *a.* stupidity, foolishness, idiocy, foolery, folly, tomfoolery, crime **aptallık etmek** to fool (around/about), to play the fool **aptallığının cezasını çekmek** to get one's fingers burnt, to burn one's fingers

apteriks *a. hayb.* apteryx, kiwi

aptes *a.* ritual ablution; bowel movement **aptes almak** *din.* to perform an ablution **aptes bozmak** to relieve nature, to empty the bowels **aptesi gelmek** *din.* to be taken short **aptesi kaçmak** *din.* to have to perform an ablution again because one has relieved himself/herself **aptesini vermek** to give sb a good scolding

aptesbozan *a. hayb.* tapeworm

aptesbozanotu *a. bitk.* thorny burnet

apteshane *a.* toilet, water-closet

aptesli *s.* ritually clean

apteslik *a.* place for performing ablutions ¤ *s.* suitable for ablutions

aptessiz *s.* without ritual ablutions

apukurya *a.* Shrovetide

apul apul *be.* with waddling steps

ar[1] *a.* are

ar[2] *a.* shame; bashfulness, shyness, modesty **ar damarı çatlamak** to lose all sense of shame **ar etmek** to be ashamed **ar namus tertemiz** shameless, barefaced

ara *a.* distance, space; break, breather *kon.*; *okl.* break, playtime; interval, pause, cessation, intermission; interlude; *sp.* half time; relation, terms, footing ¤ *s.* intermediate, intermediary; middle **ara bellek** *biliş.* intermediate memory **ara bozmak** to destroy the friendship (between), to sow discord **ara bozucu** divisive **ara bozukluğu** rift **ara bulmak** to reconcile, to mediate **ara çevrim** intermediate cycle **ara çubuğu** spacebar **ara devre** intermediate circuit **ara dişli** intermediate gear **ara duvar** party wall **ara faslı** *müz.* interlude **ara faz** intermediate phase **ara frekans** intermediate frequency **ara grup** space group **ara iniş** intermediate landing **ara kablosu** connecting cable, lead **ara kat** interstage, mezzanine **ara kuplaj** intermediate coupling **ara levhası** spacer **ara mili** countershaft, layshaft **ara negatifi** intermediate negative **ara nötron** intermediate neutron **ara oksit** intermediate oxide **ara öbek** interblock **ara parça** connecting piece, connector **ara pozitifi** intermediate positive **ara reaktör** intermediate reactor **ara renk** intermediate colour **ara rölesi** slave relay **ara sacı** shim **ara seçim** by-election **ara sıra** from time to time, now and then, at times, on and off, every so often **ara soğutucu** intercooler **ara şanzıman** transfer case **ara takozu** link block **ara taşıyıcı** intercarrier **ara tavlama** intermediate annealing **ara tekerleği** intermediate wheel, idler **ara transformatörü** interstage transformer **ara uçlu direnç** tapped resistor **ara uçlu transformatör** tapped transformer **ara verme** cessation **ara verme**

komutu breakpoint instruction ***ara verme noktası*** breakpoint ***ara verme simgesi*** breakpoint symbol ***ara vermeden*** without a break, continuously, nonstop ***ara vermek*** a) to have break, to have a breather, to rest, to pause, to adjourn b) to discontinue ***ara yaklaşma*** intermediate approach ***ara yatak*** intermediate bearing ***arada*** bkz. arada ***aradan*** bkz. aradan ***araları açık*** they aren't on speaking terms, they are at loggerheads ***araları açılmak*** to fall out ***araları bozuk olmak*** to be at variance with ***aralarında*** among, amongst ***aralarından su sızmamak*** to be bosom friends ***aralarını bulmak*** to reconcile ***aralarını açmak*** to cause a rift between ***aralarını bozmak*** to sow discord ***aralarını bulmak*** to reconcile ***aralarını düzeltmek*** to smooth things over between (people) ***aramızda kalsın*** between you and me ***arası açık olmak*** to be at loggerheads ***arası açılmak*** to fall out with sb ***arası iyi olmak*** to hit it off (with sb) kon. ***araya*** between ***araya girmek*** to interfere, to intervene, to meddle, to step in, to interpose ***araya gitmek*** to be lost, to be wasted ***(birini) araya koymak*** to put in sb as intermediary ***araya sokmak*** to insert

araba a. car, motorcar, auto Aİ./kon., automobile Aİ.; carriage, vehicle; cart, wagon ***araba dingili*** axle tree ***araba gezintisi*** drive ***araba gezisi*** drive ***araba ile gitmek*** to drive ***araba ile götürmek*** to drive sb/sth ***araba kazası*** smash, smash-up ***araba konvoyu*** motorcade ***araba kullanmak*** to drive a car ***araba vapuru*** car ferry, ferryboat ***araba yarışı*** car racing ***arabasına almak*** to give sb a lift ***arabaya binmek*** to ride in a car ***arabaya koşmak*** to hitch (the horses) to a carriage ***arabayı gazlamak*** to gun the car up ***arabayla geçmek*** to drive by ***arabayla uzaklaşmak*** to drive away/off

arabacı a. driver, coachman, carter, wagoner; cartwright

arabalık a. garage * garaj ¤ s. for ... car(s)

arabesk a. arabesque

arabeyin a. diencephalon, thalamencephalon

arabeyinsel s. diencephalic

Arabi s. Arabian, Arabic ¤ a. Arabic * Arapça

arabinoz a, kim. arabinose

arabirim a, biliş. interface ***arabirim denetleyici*** biliş. interface checker ***arabirim kartı*** biliş. interface card

Arabistan a. Arabia

arabistandefnesi a. bitk. spurge flax

arabistanhurması a. date

Arabiyat a. Arabic studies

arabozan a. mischief-maker

arabozanlık a. mischief-making

arabozucu a. mischief-maker

arabozuculuk a. mischief-making

arabulma a. reconciliation

arabulucu a. mediator, intermediary, conciliator, go-between, peacemaker

arabuluculuk a. peacemaking, conciliation, mediation ***arabuluculuk etmek*** to mediate

aracı a. mediator, go-between, intermediary; agent, broker, middleman ***aracı olmak*** to mediate

aracılık a. mediation, intervention ***aracılığıyla*** by means of ***aracılık etmek*** to mediate, to intercede

araç a. means; tool, implement, apparatus, device, appliance; vehicle, transport

araççı a. s. fel. instrumentalist

araççılık a. fel. instrumentalism

araçizgi a, gökb. terminator

araçlı s. indirect

araçsız s. direct

arada be. in between; sometimes ***arada bir*** (every) now and then, occasionally, once in a while, now and then ***arada kalmak*** to be mixed up in an affair ***arada kaynamak*** to pass unnoticed ***arada sırada*** occasionally, now and then, now and again

aradan be. from then till now ***aradan çıkarmak*** to get (a small job) out of the way ***aradan çıkmak*** not to interfere

araeşeyli s. intersex

araeşeylilik a. intersexualism, intersexuality

araf a, din. purgatory

aragezinek a. tiy. foyer

aragonit a. aragonite

arak a. arrack, arak, arrak

araka a. large-sized pea

arakapak a. flyleaf

arakat *a.* intermediate level **arakat göçertmesi** sublevel caving
arakatmanlaşma *a.* interstratification
arakatmanlaştırmak *e.* to interstratify
arakçı *a, arg.* pilferer, shoplifter, booster, filcher; cribber
arakçılık *a, arg.* theft, pilferage, filchery
arakesit *a.* intersection
arakipleme *a, elek.* intermodulation
araklamak *e, arg.* to pilfer, to pinch, to crib, to collar, to walk off with *kon.*, to walk away with *kon.*, to filch, to lift *kon.*, to nick *İİ./arg.*, to snitch, to swipe *kon.*, to rip sth off *arg.*
arakonakçı *a.* intermediate host
arakonukçu *a.* alternate host
aral *a.* archipelago
aralamak *e.* to leave ajar; to open out, to space; to separate
aralevha *a. biliş.* clipboard
aralı *s.* intermittent **aralı akış** intermittent flow **aralı basıcı** intermittent printer **aralı hareket** intermittent movement **aralı ışık** intermittent light
aralık *a.* space, opening, interval, gap, aperture; interval, moment; corridor, passageway; (ay) December ¤ *s.* ajar, half-open **aralık bırakmak** to half close, to leave ajar **aralık dağılması** gap scatter **aralık dalgası** back wave **aralık etmek** to leave ajar **aralık karakteri** gap character **aralık mastarı** block gauge **aralık rölesi** distance relay **aralık sayısı** gap digit **aralık uzunluğu** gap length
aralıklı *s.* spaced; at intervals; intermittent **aralıklı akım** interrupted current **aralıklı delgileme** interstage punching **aralıklı dikiş kaynağı** stitch welding **aralıklı dizme** spacing **aralıklı hizmet** intermittent duty **aralıklı olarak** intermittently **aralıklı tarama** interlaced scanning
aralıksız *s.* continuous, ceaseless, incessant, perpetual ¤ *be.* continuously, nonstop
araltı *a.* plank separating stalls in a cattle shed
arama *a.* search, searching, seeking; (police) search **arama alanı** *biliş.* seek area **arama anahtarı** *biliş.* search key **arama belleği** *biliş.* searching storage **arama bobini** exploring coil **arama çevrimi** search cycle **arama döngüsü**

search cycle **arama emri** search warrant **arama hakkı** *huk.* right of search **arama programı** map program **arama radarı** search radar **arama süresi** *biliş.* search time, seek time **arama tarama** body search, police search **arama yapmak** to carry out a search, to make a search **arama zamanı** search time, seek time
aramak *e.* to look for, to seek, to hunt for, to rake about/around; to search, to frisk, to shake sb/sth down; to call, to give sb a buzz, to call sb up *Aİ.* * telefon etmek; to long for, to miss; to ask for **arayıp taramak** to rake about/around (for sth)
aranağme *a. kon.* tiresome refrain
aranjman *a, müz.* arrangement
aranmak *e.* to be looked for; to be searched; to be missed; to be in demand; to search one's own clothes and pockets; *kon.* to look for trouble
Arap *a.* Arab, Arabian ¤ *s.* Arabian, Arabic **Arap rakamları** Arabic numbers
Arapça *a.* Arabic
Araplaşmak *e.* to become like an Arab
Araplaştırmak *e.* to Arabize, to cause to become like the Arabs
Araplık *a.* being an Arab
arapsabunu *a.* soft soap
arapsaçı *a.* fuzzy hair; tangle, snarl **arapsaçı gibi** mixed up, tangled **arapsaçına çevirmek** to tangle **arapsaçına dönmek** to tangle
araptavşanı *a.* jerboa
arapzamkı *a.* acacia gum, gum arabic
ararot *a.* arrowroot (starch)
arasına *ilg.* between, among
arasında *ilg.* between, among, amongst, amid, amidst
arasından *ilg.* from between, from among; through, thru *Aİ.*
arasız *be.* continuously, incessantly, without interruption
arasöz *a.* disgression
arasta *a.* shops of the same trade built in a row
araşit *a. bitk.* peanut plant
araştırı *a.* research; investigation
araştırıcı *a.* researcher, investigator; explorer
araştırıcılık *a.* research
araştırma *a.* research, investigation, in-

quiry, exploration, study, search **araştırma delmesi** prospection drilling **araştırma istasyonu** research station **araştırma kuyusu** prospect shaft **araştırma laboratuvarı** research laboratory **araştırma merkezi** research center **araştırma programı** research programme **araştırma projesi** research project **araştırma sondajı** prospection drilling **araştırma yöntemi** investigation method

araştırmacı *a.* researcher, research worker

araştırmak *e.* to search, to seek, to investigate, to inquire, to explore, to research, to hunt, to study, to look into, to delve in/into

araştırman *a.* researcher

aratmak *e.* to make sb long for; to cause to search, to make sb search/look for (sth/sb)

aratmamak *e.* to be equally good (as the previous one), to be a complete substitute (for)

aratümce *a.* parenthetical clause

arayan *a.* caller

arayıcı *a.* searcher, seeker; *gökb.* finder **arayıcı fişeği** jumping cracker

arayığımlık *a.* bonded warehouse

arayış *a.* searching, seeking

arayön *a.* intercardinal point, quadrantal point

arayüz *a.* interface

arayüzey *a.* interface **arayüzey açısı** interfacial angle **arayüzey gerilimi** surface tension, interfacial tension **arayüzey yordamları** interface routines

araz *a.* symptoms

arazi *a.* land, country; ground, terrain; domain, estate, real property **arazi amenajmanı** land management **arazi arabası** jeep, land-rover **arazi basıncı** rock thrust **arazi doldurma** landfill **arazi drenajı** land drainage **arazi etüdü** land survey **arazi ıslahı** land improvement, reclamation **arazi kazanma** land reclamation **arazi kazanmak** to reclaim **arazi lastiği** cross-country tyre **arazi mühendisi** surveyor **arazi olmak** *arg.* to travel, to run away, to sneak off, to do a bunk *İİ./kon.*, to bunk off *İİ./kon.* **arazi parçası** lot, piece of land **arazi sahibi** landowner **arazi tesviye**

makinesi land leveler **arazi vasıtası** all-terrain vehicle **arazi vergisi** land tax **arazi yükseltme** landfill **araziye tecavüz** trespass **araziye uymak** *arg.* to go to earth, to go to ground, to run to earth, to run to ground

arazöz *a.* street sprinkler

arbede *a.* affray, row, tumult, uproar

arbitraj *a. eko.* arbitrage

arboretum *a.* arboretum

arda *a.* surveying stake, marking stake

ardıç *a.* juniper **ardıç rakısı** gin * cin

ardıçkuşu *a, hayb.* thrush

ardıl *a.* successor ¤ *s.* consecutive, successive

ardıllık *a.* succession

ardılmak *e.* to pester, to bother, to harass, to molest

ardın ardın *be.* backwards

ardınca *be.* (immediately) behind

ardışık *s.* consecutive, successive **ardışık bağlama** connection in series **ardışık işlem** serial processing **ardışık olarak** consecutively **ardışık örnekleme** sequential sampling

ardışıklık *a.* consecutiveness, sequence

ardışmak *e.* to come in succession

ardiye *a.* warehouse, storehouse * depo, antrepo **ardiye ücreti** storage

arduvaz *a.* slate * kayağantaş, kayrak

arena *a.* arena, bullring

areometre *a.* areometer, hydrometer

argaç *a.* weft, woof

argaçlamak *e.* to weave

argali *a. hayb.* argali, argal

argantit *a.* argentite

argın *s.* tired, weak; ham-handed, ham-fisted, inept

argınlık *a.* fatigue, tiredness, exhaustion

argıt *a. yörs.* mountain pass

arginaz *a.* arginase

arginin *a, kim.* arginine

argirodit *a.* argyrodite

argo *a.* slang; cant; jargon, argot

argon *a.* argon **argon lazeri** argon laser

argonot *a. hayb.* argonaut, paper nautilus

argüman *a.* argument

arı[1] *a.* bee **arı gibi** busy as a bee **arı iğnesi** stinger **arı kovanı** beehive, hive **arı maskesi** bee veil

arı[2] *s.* clean; pure; unadulterated; innocent

arıbeyi *a.* queen bee

arıcı *a.* beekeeper, apiarist **arıcı eldiveni**

bee gloves *arıcı körüğü* smoker
arıcılık *a.* beekeeping, apiculture
arık *s.* spare, lean, thin
arıkil *a.* kaolin * kaolin
arıkilleşme *a.* kaolinization
arıkilli *s.* kaolinic
arıklaşmak *e.* to get thin, to become lean
arıklık *a.* thinness, leanness, boniness
Arıkovanı *a. gökb.* beehive cluster, Praesepe
arıkurdu *a.* apivorous
arıkuşu *a.* bee eater
arılamak *e.* to absolve
arılaşmak *e.* to become pure
arılaştırmak *e.* to purify, to refine
arılık *a.* purity, pureness; cleanliness; innocence
arın *a, mad.* face *arın konveyörü* face conveyor
arındırma *a.* purification
arındırmak *e.* to purify
arınık *s.* aseptic, sterile
arınma *a.* purification
arınmak *e.* to become clean, to be purified
arısütü *a.* royal jelly
arış *a.* warp
arıtıcı *s.* purifying ¤ *a.* purifier
arıtım *a.* refining, refinement; purification
arıtımevi *a.* refinery
arıtkan *s.* antiseptic
arıtma *a.* purification, cleaning; refinement *arıtma fırını* refining furnace *arıtma havuzu* clearing pool
arıtmak *e.* to purify, to clean, to cleanse; to refine, to rectify
arız *s.* happening, accidental
arıza *a.* fault, failure, defect, breakdown, hitch; bug; roughness *arıza arama* trouble shooting *arıza bulma* fault finding, troubleshoot *arıza dökümü* hard dump *arıza kamyonu* breakdown lorry *arıza kaydı* failure logging *arıza kurtarma* fail soft *arıza süresi* biliş. downtime *arıza tahmini* failure prediction *arıza tespiti* trouble shooting *arıza yapmak* to conk out, to break down, to go wrong *arıza yordamı* malfunction routine *arıza zamanı* fault time
arızalanmak *e.* to break down, to go out of order
arızalı *s.* broken-down, out of order, defective; uneven, rough, rugged, broken
arızasız *s.* smooth, even, level; without a

hitch, working
arızi *s.* fortuitous *res. arızi hata* accidental error *arızi yetersizlik* chance failure
ari *s.* free (from), lacking; bare, naked
arif *s.* knowing, wise
arife *a.* eve
aril *a.* aryl
Aristo *a.* Aristotle
Aristocu *a. s.* Aristotelian
Aristoculuk *a.* Aristotelianism
aristogenez *a.* aristogenesis
aristokrasi *a.* aristocracy * soyluerki
aristokrat *a.* aristocrat ¤ *s.* aristocratic
aristokratik *s.* aristocratic
aristokratlık *a.* aristocracy
Aristoteles *a.* Aristotle
Aristotelesçi *a.* Aristotelian
Aristotelesçilik *a.* Aristotelianism
aritmetik *a.* arithmetic ¤ *s.* arithmetical *aritmetik adres* arithmetic address *aritmetik birim* arithmetic unit *aritmetik denetim birimi* arithmetic sequence unit *aritmetik dizi* arithmetical progression *aritmetik işlem* arithmetical operation *aritmetik kaydırma* arithmetic shift *aritmetik komut* arithmetic instruction *aritmetik/mantık birimi* biliş. arithmetic/logic unit (ALU) *aritmetik ortalama* arithmetic mean *aritmetik sağlama* arithmetic check *aritmetik seri* arithmetic series *aritmetik veri* arithmetic data *aritmetik yazmaç* arithmetic register
aritmetiksel *s.* arithmetical
ariya *a. den.* down from a loft
ariyet *s.* lent *ariyet çukuru* borrow pit *ariyet direk* jury mast
ariyeten *be.* as a loan, for temporary use, to be returned
Arjantin *a.* Argentina
Arjantinli *a.* Argentine, Argentinean
arjantit *a.* argentite
arjinaz *a.* arginase
arjinin *a.* arginine
ark *a.* ditch, canal * hark, cetvel, kanal; *elek.* arc *ark deflektörü* arc deflector *ark deşarjı* arc discharge *ark direnci* arc resistance *ark düşüşü* arc drop *ark fırını* arc furnace *ark halkası* arcing ring, guard ring *ark kalkanı* arcing shield *ark kaynağı* arc welding *ark kontağı* arcing contact *ark kosinüs* arc cosine *ark kotanjant* arc cotangent *ark*

krateri arc crater *ark lambası* arc lamp, flame-lamp *ark redresörü* arc rectifier *ark saptırıcı* arc deflector *ark sekant* arc secant *ark sinüs* arc sine, antisine *ark sönümü* arc extinction *ark spektrumu* arc spectrum *ark süresi* arc duration *ark tanjant* arc tangent *ark tüpü* arc tube

arka *a.* back, rear; the reverse (side); continuation, sequel; support, back-up, backing; supporter, backer; *kon.* backside, buttocks, behind ¤ *s.* back; reverse; hind; posterior *arka aks* rear-axle *arka apresi* back finish *arka arkaya gelen* consecutive *arka arkaya* one after another, one after the other, successively *arka ayaklar* hind legs *arka bacak* hind leg *arka bagaj* rear trunk *arka bahçe* backyard *arka çamurluk* rear mudguard, rear fender *arka çantası* knapsack *arka çıkmak* to support, to back, to back up *arka dingil* rear-axle, trailing axle *arka dolgusu* backing *arka ışığı* backlight *arka kanat* afterwing *arka kapı* back door, rear door *arka kenar* trailing edge *arka koltuk* rear seat, backseat *arka köprü* rear-axle tube *arka lamba* tail lamp, tail light *arka mil* back shaft *arka motor* rear engine *arka olmak* to back, to support *arka plaka* backplate *arka plan* background *arka planda kalmak* to keep/stay in the background *arka rüzgârı hav.* tail wind *arka sokak* back street *arka tampon* rear bumper *arka taraf* backside *arka tekerlek* rear wheel *arka üstü yatmak* to lie on one's back *arka yüz* reverse side, wrong side *arkada bırakmak* to pass, to overtake; to outdistance, to leave behind *arkada kalmak* to stay behind *arkada* back, behind *arkadan çekişli* rear-wheel drive *arkadan döker kamyon* end dump truck *arkadan söylemek* to backbite *arkadan* from behind *arkası gelmek* to continue *arkası kesilmek* to discontinue, to cease, to run out *arkası var* to be concluded *arkasında bırakmak* to leave behind *arkasında* behind *arkasından çekiştirmek* to backbite *arkasından konuşmak* to backbite *arkasından koşmak* to run after *arkasından* after *arkasını*

getirememek to be unable to complete *arkaya* backwards, back, behind
arkabölge *a.* hinterland
arkadaş *a.* friend, fellow *kon.*, mate *kon.*, crony *kon.*, pal *kon.*, chap *İİ./kon.*; companion *arkadaş canlısı* friendly, companionable, sociable, social *kon.* *arkadaş çevresi* company *arkadaş olmak* to become friends, to make friends (with), to be friends (with)
arkadaşça *be.* in a friendly manner
arkadaşlık *a.* friendship; company, companionship *arkadaşlık etmek* to associate, to make friends with, to be friends with *arkadaşlık kurmak* to make friends (with sb)
arkadaşsız *s.* without a friend, desolate
arkaik *s.* archaic
arkaizm *a.* archaism
arkalamak *e.* to take on one's back; *mec.* to support, to protect, to back up
arkalı *s.* backed up
arkalık *a.* back; porter's saddle, hod
arkalıklı *s.* having a back, backed
arkalıksız *s.* without a back, backless
arkdüzen *a.* service mains, sewarage system
arkebüz *a.* harquebus, arquebus
arkeen *a. yerb.* Archean formations
arkegon *a. bitk.* archegonium, archegone
arkeolog *a.* archaeologist * kazıbilimci
arkeoloji *a.* archaeology, archeology * kazıbilim
arkeolojik *s.* archaeological * kazıbilimsel *arkeolojik bulgu* archaeological find *arkeolojik kazı yeri* archaeological site
arkeopteriks *a.* archaeopteryx
arketip *a.* archetype
arkitektonik *s.* architectonic
arkoz *a.* arkose
Arktik *a.* Arctic
arktik *s.* arctic *arktik kuşak* Arctic Zone
Arktika *a.* the Arctic
arlanmak *e.* to feel ashamed
arlanmaz *s.* shameless *hkr.*
arma *a.* coat of arms; *den.* rigging *arma levhası* rig, rigging
armacılık *a.* heraldry
armada *a.* armada
armadillo *a, hayb.* armadillo * tespihböceği
armador *a.* rigger
armadora *a, den.* pin rail, pinrack

armadora çeliği belaying pin
armadura *a. den.* pinrack
armağan *a.* gift, present * hediye; award, prize * ödül *armağan etmek* to present (to)
armalı *s.* (decorated) with a coat of arms; *arg.* (söz) slippery
armatör *a.* shipowner
armatörlük *a.* operation of a shipping line
armatür *a.* armature
armoni *a, müz.* harmony
armonik *s.* harmonic *armonik dizi* harmonic progression *armonik kapı* folding door *armonik oran* harmonic ratio *armonik ortalama* harmonic mean
armonika *a.* harmonica * mızıka; accordion * akordeon
armonize etmek *e, müz.* to harmonise
armonyum *a, müz.* harmonium
armudi *s.* pear-shaped
armut *a.* pear; *arg.* sucker, pushover, sap
armutkabağı *a.* pear-shaped gourd
armuttop *a, sp.* punching bag
armuz *a.* seam
armür *a, teks.* armure *armür makinesi* dobby *armür raporu* weave repeat
Arnavut *a.* Albanian
arnavutbacası *a.* dormer window
arnavutbiberi *a.* cayenne, cayenne pepper
arnavutciğeri *a.* fried liver
Arnavutça *a.* Albanian (language)
arnavutkaldırımı *a.* cobblestone pavement
arnavutluk *a.* obstinacy, stubbornness
Arnavutluk *a.* Albania
arnika *a. bitk.* arnica
aroma *a.* aroma
aromalı *s.* aromatic
aromatik *s.* aromatic *aromatik bileşikler* aromatic compounds
aromatikleştirmek *e.* to aromatize
aromatiklik *a.* aromaticity
aromatizasyon *a.* aromatization
arozöz *a.* sprinkler, street sprinkler
arp *a, müz.* harp
arpa *a.* barley; *arg.* money, dough *arpa boyu* very short distance *arpa özü* malt extract *arpa suyu arg.* suds *arpa şekeri* barley sugar
arpacı *a.* barley seller *arpacı kumrusu gibi düşünmek* to brood (on/over sth)
arpacık *a, hek.* sty, stye; *ask.* foresight, bead
arpacıksoğanı *a. bitk.* shallot
arpağan *a.* wild barley
arpalama *a.* founder, laminitis
arpalamak *e. arg.* to lose one's job, to go broke
arpalık *a.* barley field; barley bin; *mec.* sinecure
arpasuyu *a. arg.* beer
arpçı *a, müz.* harpist
arpej *a. müz.* arpeggio
arsa *a.* lot, building land, building plot
arsenal *a.* arsenal
arsenat *a.* arsenate
arsenik *a.* arsenic * sıçanotu
arsenikli *s.* arsenical, arsenious
arsenit *a.* arsenite
arsenopirit *a.* arsenopyrite, mispickel
arsenür *a.* arsenide
arsıulusal *s.* international * uluslararası
arsız *s.* shameless, barefaced, impudent, cheeky, saucy, audacious, brazen *hkr.*; *bitk.* vigorous
arsızca *be.* cheekily
arsızlanmak *e.* to act shamelessly
arsızlaşmak *e.* to become shameless
arsızlık *a.* shamelessness, cheekiness, impudence, effrontery, sauce *kon.* *arsızlık etmek* to behave shamelessly
arsin *a.* arsine
arslan *a, bkz.* aslan
arş[1] *a.* the Ninth Heaven
arş[2] *ünl.* march
arşe *a.* violin bow
arşın *a.* Turkish yard (approximately 68 cm.)
arşınlamak *e.* to measure by the (Turkish) yard; to stride through
arşidük *a.* archduke
arşidüşes *a.* archduchess
Arşimet *a.* Archimedes ¤ *s.* Archimedean *Arşimet burgusu* Archimedean screw *Arşimet kanunu* Archimedes' principle *Arşimet sarmalı/spirali* spiral of Archimedes *Arşimet yasası* Archimedes' principle
arşiv *a.* archives * belgelik *arşiv filmi* library film *arşiv niteliği* archive attribute
arşivci *a.* archivist
arşivleme *a.* archiving
art *a.* back, rear, hinder part; sequel, end ¤ *s.* back; hind *ardı arkası gelmeyen*

continual, never-ending *ardı arkası kesilmeden* incessantly *ardı arkası kesilmeyen* continual, everlasting *hkr. ardı arkası kesilmemek* to go on incessantly, to drag on/out *ardı sıra* immediately after *ardına düşmek* to follow, to pursue *ardına kadar açık* wide open *ardında* behind *ardından* after *ardını bırakmamak* to follow up, to keep following *art arda* one after another, one after the other, on the trot *kon. art düşünce/niyet* ulterior motive *art fiksaj* postboarding *art kılavuz* tailleader *art yayılım* back emission

artağan *s.* fertile, fruitful, fecundant; increasing, incremental

artağanlık *a.* fruitfulness, productivity

artakalan *s.* remaining behind

artakalmak *e.* to remain over, to be left over

artam *a.* excellence, merit

artamlı *s.* excellent, virtuous

artan *s.* increasing; remaining, residual ¤ *a.* remainder *artan fonksiyon* increasing function *artan işlev* increasing function *artan sıralama* ascending sort

artar *a. tic.* interest

artavurt *a.* back part of a cheek pouch

artçı *a.* rear guard *artçı şok yerb.* aftershock

artçılık *a.* guarding the rear

artdamak *a.* hard palate

arter *a.* artery

arterioskleroz *a. hek.* arteriosclerosis

arterit *a, hek.* arthritis

arteriyoskleroz *a.* arteriosclerosis

artezyen (kuyusu) *a.* artesian well

artezyen *s.* artesian

artgöğüs *a.* metathorax

artı *a.* plus sign ¤ *s.* positive *artı dingil* differential spider *artı geribesleme* positive feedback *artı ışın* positive ray *artı ızgara* positive grid *artı işareti* positive sign, plus sign *artı kristal* positive crystal *artı sonsuz* plus infinite *artı tümsayı* positive integer *artı yük* positive charge

artıcık *a.* positron

artık[1] *a.* waste, waste material, refuse; leftovers, remains; residue; remnant ¤ *s.* waste; left over, remaining; residual *artık akım* residual current *artık bilgi* redundant information *artık denetimi*

residue check *artık dolgusu* waste fill *artık enerji* waste energy *artık etkinlik* residual activity *artık gaz* waste gas *artık gerginlik* residual stress *artık gerilim* residual voltage *artık hatası* residual error *artık ısı* waste heat *artık ışınım* residual radiation *artık indüksiyon* residual induction *artık mıknatıslık* residual magnetism *artık radyasyon* residual radiation *artık sözcük* optional word *artık su* surplus water *artık uzama* residual elongation *artık yük* residual charge

artık[2] *be.* from now on; any more, any longer, no more, no longer

artıkdeğer *a.* surplus value

artıkgün *a.* leap-year day, leap day

artıklık *a.* redundancy *artıklık denetimi* redundancy check

artıkyıl *a.* leap year

artım *a.* increase, increment

artımlı *s.* incremental

artırgan *s. hek.* adjuvant

artırıcı *s.* increasing ¤ *a.* augmenter

artırım *a.* economy, saving * tasarruf

artırma *a.* increasing; saving, economizing; auction

artırmak *e.* to increase, to raise, to augment, to enhance, to boost, to bump sth up *kon.*, to step sth up *kon.*; to put away, to economize, to save

artırmalı *s.* by auction

artısız *s.* nonpositive *artısız sayı* nonpositive number

artış *a.* increase, increment, augmentation, boost

artıuç *a.* anode

artist *a.* actor, actress; performer; *arg.* show-off *hkr. artist gibi kız* cracker *İl./kon./övg.*

artistik *s.* artistic *artistik patinaj* figure skating

artistlik *a, arg.* histrionics *hkr.*

artkafa *a.* occiput

artma *a.* increase, increment

artmak *e.* to increase, to go up, to augment, to mount; to remain, to be left over

artoda *a. anat.* posterior chamber

artrit *a.* arthritis

artrospor *a.* arthrospore

artroz *a. hek.* arthrosis

artyetişim *a.* background

artzamanlı *s.* diachronic
artzamanlılık *a.* diachrony
aruz *a.* prosody
arya *a, müz.* aria
Aryanizm *a.* Arianism
aryetta *a. müz.* arietta
aryoso *a. müz.* arioso
arz[1] *a, esk.* the earth * yer, yeryüzü
arz[2] *a, esk.* width * en, genişlik
arz[2] *a.* presentation, demonstration; submitting, submission; *eko.* supply *arz etmek* a) to present b) to offer (an opinion) c) to submit *arz ve talep* supply and demand * sunu ve istem *arz ve talep kanunu* law of supply and demand
arzu *a.* wish, desire, longing, craving, ambition; appetite *arzu edilen* desirable *arzu etmek* to wish, to desire, to fancy
arzuhal *a.* petition * dilekçe, istida
arzuhalci *a.* street letter-writer, petiton-writer
arzuhalcilik *a.* being a petiton-writer *arzuhalcilik yapmak* to write petitions (in the street)
arzulamak *e.* to desire, to wish, to long (for), to hanker, to lust after/for
arzulu *s.* desirous, wishing, longing, eager
as[1] *a.* ace
as[2] *a, hayb.* ermine, stoat * kakım
asa *a.* baton, stick, staff, scepter, scepter *Aİ.*
asabi *s.* irritable, peppery, prickly *kon.* * sinirli; neural * sinirsel
asabileşmek *e.* to have one's nerves on edge, to get peppery
asabilik *a.* irritability, pepperiness
asabiye *a.* nervous disease; neurology
asabiyeci *a.* neurologist
asabiyet *a.* irritability, pepperiness
asal *s.* basic, fundamental *asal bilgisayar* host computer *asal çarpan* prime factor *asal çarpanlara ayırma* prime factorization *asal düzlem* principal plane *asal eksen* principal axis *asal metal* noble metal, inert metal *asal sayı* prime number, prime
asalak *a, hayb.* parasite; *mec.* hanger-on, sponger, moocher, leech, parasite, drone *İİ./hkr. asalak salınım* spurious oscillation
asalakbilim *a.* parasitology
asalaklaşmak *e.* to parasitize

asalaklık *a.* parasitism; *mec.* sponging, freeloading
asalet *a.* nobility, nobleness * soyluluk
asaleten *be.* acting as principal
asam *a, mat.* surd
asamble *a.* assembly, council
asansör *a.* lift, elevator *Aİ. asansör bacası* elevator shaft *asansör boşluğu* well, elevator shaft *asansör kuyusu* lift shaft
asansörsüz *s.* low-rise, walkup *asansörsüz bina* walkup
asap *a.* nerves * sinirler *asap bozucu* harrowing *asap bozukluğu* nervous disorder *asabı bozulmak* to chafe, to be cross, to get nervous
asar *a. esk.* monuments, works
asarıatika *a. esk.* antiquities, ancient monuments
asayiş *a.* order, public order, public security *asayişi bozmak* to break the peace *asayişi korumak* to keep the peace
asbaşkan *a.* deputy chairman, vice-president
asbest *a.* asbestos * taşpamuğu, kayalifi *asbest kâğıdı* asbestos paper *asbest lifi* asbestos fibre *asbest yünü* asbestos wool
asbestli *s.* asbestine
asbestoz *a.* asbestosis
aselbent *a.* benzoin
asenkron *s.* asynchronous
asenkronizm *a.* asynchronism
asepsi *a. hek.* asepsis
aseptik *s.* aseptic
asetal *a.* acetal
asetaldehit *a.* acetaldehyde
asetamit *a.* acetamide
asetat *a.* acetate *asetat boyarmaddesi* acetate dyestuff *asetat boyası* acetate dye *asetat film* acetate film *asetat ipeği* acetate silk, acetate rayon *asetat ipliği* acetate yarn *asetat lifi* acetate fibre *asetat teli* acetate wire
asetik *s.* acetic *asetik asit* acetic acid
asetil *a.* acetyl *asetil değeri* acetyl value
asetilen *a.* acetylene *asetilen beki* acetylene burner *asetilen gazı* acetylene gas *asetilen hortumu* acetylene hose *asetilen jeneratörü* acetylene generator *asetilen kaynağı* acetylene welding *asetilen lambası* acetylene lamp *asetilen tesisi* acetylene plant

asetilklorür *a.* acetyl chloride
asetilkolin *a.* acetylcholine
asetilleme *a.* acetylation
asetillemek *e.* to acetylate
asetilsalisilik *s.* acetylsalicylic
asetin *a.* acetin
asetoasetik *s.* acetoacetic
asetofenon *a.* acetophenone
aseton *a.* acetone
asetonilaseton *a.* acetonylacetone
asetonitril *s.* acetonitrile
asfalt *a.* asphalt ¤ *s.* asphalted *asfalt betonu* asphalt concrete *asfalt blok* asphalt block *asfalt çimentosu* asphalt cement *asfalt distribütörü* asphalt distributor *asfalt kaplamak* to asphalt *asfalt makadam* asphalt macadam
asfaltit *a.* asphaltite
asfaltlamak *e.* to asphalt
asfaltlı *s.* asphaltic, asphalted *asfaltlı astar* asphalt primer
asfalyaları gevşemek *e. arg.* to go weak
asfiksi *a.* asphyxia
asgari *s.* minimum, least *asgari müşterek* least common denominator *asgari sürat* speed limit *asgari ücret* minimum wage
ası *a.* poster, placard
asıcıl *s.* selfish, egoistic
asık *s.* sulky, drawn * somurtkan; hanging * asılı *asık surat* sullen face *asık suratlı* sulky, sullen, glum *kon.*
asıl *a.* foundation, base; reality, truth; origin, source; the original ¤ *s.* real, true, genuine; essential, main, principal, primary; original ¤ *be.* actually *asıl amacından saptırmak* to sidetrack *asıl konuya geçmek* to get down to brass tacks *asıl kuvvet ask.* main body *asıl mesele* main point *asıl meseleye gelmek* to get down to brass tacks *asıl neden* mainspring *asıl normal* principal normal *asıl renk* natural colour *asıl sayı* cardinal number *asıl sorun* the name of the game, main point *aslı astarı yok* it's not true *aslı çıkmak* to prove to be true *aslına bakarsan* the truth of the matter is; to tell the truth
asılak *a.* parasite
asılı *s.* hanging, suspended; hanged, executed *asılı olmak* to hang
asılmak *e.* to hang, to be hung; to be hanged, to be executed * idam edilmek; to pull, to tug; to pester, to insist; *mec.* to try hard; *arg.* to make advances; (yüz) to fall
asılmışadam *a. bitk.* male orchis, early purple orchid
asılsız *s.* unfounded, baseless, trifling
asıltı *a.* colloid
asıltılama *a.* peptization
asıltılamak *e.* to peptize
asıltılanabilir *s.* peptizable
asıltılı *s.* colloidal
asım *a.* hanging, suspension
asıntı *a.* delay; *arg.* pesterer *asıntı olmak arg.* to pester, to plague
asır *a.* century * yüzyıl; age, period, time * çağ
asırlık *s.* a century old, centenary * yüzyıllık
asi *s.* rebellious, insurgent, insubordinate, refractory ¤ *a.* rebel, mutineer
asidik *s.* acidic *asidik şok boyama* acid shock dyeing
asidimetre *a.* acidimeter
asidite *a.* acidity
asidofil *s.* acidophil(e), acidophilic
asidoz *a.* acidosis
asiklik *s.* acyclic
asil *s.* noble; permanent * vekil karşıtı
asileşmek *e.* to become rebellious
asilik *a.* rebelliousness; rebellion
asilleme *a.* acylation
asillemek *e.* to acylate
asilleştirmek *e.* to ennoble
asillik *a.* nobility, high birth
asilzade *a.* noble, nobleman, noblewoman * soylu
asilzadelik *a.* nobility, nobleness
asimetri *a.* asymmetry * bakışımsızlık
asimetrik *s.* asymmetric(al) * bakışımsız
asimilasyon *a.* assimilation
asimile etmek *e.* to assimilate
asimptot *a.* asymptote
asimptotik *s.* asymptotic
asistan *a.* assistant to a professor; assistant doctor; assistant
asistanlık *a.* assistantship
asit *a.* acid *asit avivajı* brightening with acid *asit banyosu* acid liquor, acid bath *asit-baz dengesi* acid-base equilibrium *asit boya* acid dye *asit boyarmadde* acid dyestuff *asit buharı* acid vapour, acid fume *asit buharlaması* acid ageing *asit*

buharlayıcısı acid ager *asit çelik* acid steel *asit damacanası* acid carboy *asit değeri* acid value *asit deneyi* acid test *asit giderici* antacid *asit gücü* acidic strength *asit haslığı* resistance to acids *asit hidroliz* acid hydrolysis *asit içeriği* acid content *asit konsantrasyonu* acid concentration *asit kökü* acid radical *asit kulesi* acid tower *asit lekesi* acid stain *asit muhtevası* acid content *asit oluşturucu* a) acid forming b) acid former *asit teknesi* acid vat *asit tuzu* acid salt *asit vagonu* acid car *asit yağmuru* acid rain *asitle muamele* acid treatment *aside dayanıklı* acid-resisting *aside dayanıklılık* acid resistance *asidini giderme* deacidification *asidini gidermek* to deacidify, to disacidify

asitleme *a.* acidification
asitlenmek *e.* to acidify
asitleşmek *e.* to acidify
asitleştirmek *e.* to acidify
asitleyici *a.* acidifier
asitli *s.* acidic
asitlik *a.* acidity
asitölçer *a.* acidimeter
asitölçüm *a.* acidimetry
asitsiz *s.* acid-free
ask *a. bitk.* ascus
askarit *a.* threadworm
askat *a.* submultiple, aliquot part
asker *a.* soldier, conscript; military service, army; troops *asker gemisi* troopship *asker gibi* soldierlike *asker kaçağı* deserter, draft-dodger *asker ocağı* place for military service *asker olmak* to join the army *asker tıraşı* crew cut *asker toplamak* to recruit *asker üniforması* military uniform *asker yazılmak* to join up *askerden arındırılmış bölge* demilitarized zone *askerden arındırmak* to demilitarize *askere alma* conscription *askere almak* to conscript, to draft, to enlist, to recruit *askere çağırmak* to call sb up, to draft *askere gitmek* to join the army, to go into the army *askere kaydetmek* (to cause) to enlist *askere kaydolmak* to enlist *askere yazılmak* to enlist *askere yazmak* to enlist
askerce *s.* soldierly, befitting a soldier
askeri *s.* military *askeri akademi* military

academy *askeri bando* military band *askeri bölge* military zone *askeri devriye* patrol *askeri disiplin* military discipline *askeri heyet* military mission *askeri inzibat* military police, military policeman *askeri mahkemede yargılamak* to court-martial *askeri mahkeme* court-martial *askeri mıntıka* military zone *askeri okul* military school *askeri öğrenci* cadet *askeri zabıta* military police

askerileşmek *e.* to become militarized
askerileştirmek *e.* to militarize
askeriye *a.* the armed forces, the military
askerlik *a.* soldiership; military service *askerlik çağı* military age *askerlik hizmeti* national service *askerlik şubesi* recruiting office *askerlik yapmak* to do one's military service *askerlik yoklaması* roll call *askerlikten kaçmak* ask. to desert
askı *a.* hanger, clothes-hanger, coat-hanger, hook, coat-peg, stand, rack; suspenders, braces; suspension, banns; hangings, pendant; *hek.* sling *askı donanımı* suspension *askı kablosu* suspension cable *askı kirişi* suspended span *askı üçgen kolu* wishbone *askıda* undecided *askıda bırakmak* to leave in doubt *askıya almak* to suspend
askılı *s.* having a suspender *askılı buharlayıcı* festoon steamer, festoon ager *askılı etek* skirt with shoulder straps *askılı kurutucu* festoon drier, loop drier *askılı yatak* hammock
askılık *a.* coat hanger
askıntı *a, arg.* pesterer *askıntı olmak* to pester, to plague
askısız *s.* strapless
askıyeri *a.* coat closet
asklı *s. bitk.* ascomycetous
askogon *a.* ascogone, ascogonium
askojen *s.* ascogenous
askorbik *s, kim.* ascorbic *askorbik asit* ascorbic acid
askospor *a. bitk.* ascospore
asla *be.* never, in no way, not for the world, in no circumstances, under no circumstances, on no condition ¤ *ünl.* no way!
aslan *a.* lion; brave man *Aslan burcu* Leo *aslan gibi* a) strongly built, sturdy b)

healthy *aslan kesilmek* a) to be as strong as a lion b) to throw one's weight about *aslan payı* the lion's share *aslan sütü kon.* Turkish rakı *aslan terbiyecisi* lion tamer *aslan yatağı arg.* can, jug, poky *aslan yürekli* lionhearted *Aslanım!* My lad!

aslanağzı *a.* snapdragon; fountain

aslankuyruğu *a. bitk.* motherwort

aslanpençesi *a.* lady's mantle; *hek.* carbuncle, sore of anthrax * şirpençe

aslen *be.* originally, fundamentally, basically

aslık *s.* (kadın) sterile

aslında *be.* actually, as a matter of fact, essentially, in reality, in actual fact

asli *s.* original, fundamental, essential *asli maaş* basic salary *asli üye* founding member

asliye mahkemesi *a.* court of first instance

asma[1] *a.* hanging ¤ *s.* suspended, hung *asma bahçe* hanging garden *asma çatı* suspended roof *asma demiryolu* overhead railway *asma iskele* hanging scaffold *asma kapak* draw gate *asma kat* clerestory, mezzanine *asma kilit* padlock *asma köprü* suspension bridge *asma ray* suspended railway *asma tavan* suspended roof, ceiling floor *asma yatak* hanging bearing

asma[2] *a.* vine, grapevine *asma bıyığı* tendril *asma filizi* tendril *asma kütüğü* vine stock *asma yaprağı* grape leaf

asmabahçe *a.* hanging garden

asmabiti *a. hayb.* grape phylloxera, grape louse

asmak *e.* to hang (up), to put sth up; to hang out to dry; to hang, to execute (sb); *arg.* to play truant, to cut *kon.*

asmakabağı *a.* gourd

asmakat *a.* mezzanine

asosyatif *s.* associative

asparajin *a.* asparagine

asparajinaz *a.* asparaginase

aspartik asit *a.* aspartic acid

aspidistra *a, bitk.* aspidistra

aspiratör *a.* exhaust fan, suction fan, extractor fan

aspirin *a.* aspirin

aspur *a.* safflower

asri *s.* modern, up-to-date, contemporary * çağcıl, çağdaş

asrileşmek *e.* to be modernized, to become modern

asrileştirmek *e.* to modernize

asrilik *a.* modernity

ast *s.* under; junior ¤ *a.* subordinate

astar *a.* lining; (boya) undercoat, priming *astar bezi* printer's felt, printer's blanket, print back cloth *astar boya* primer, undercoat *astar boyası* undercoat *astar çekmek* to prime *astar sürmek* to prime *astar tabakası* prime coat *astar vurmak* to prime *Astarı yüzünden pahalı* The game's not worth the candle

astarlamak *e.* to line; to prime

astarlı *s.* (kumaş) lined; primed, undercoated

astarlık *s.* for lining *astarlık kumaş* lining fabric

astasım *a. mant.* episyllogism

astatik *s.* astatic

astatin *a.* astatine

asteğmen *a.* second-lieutenant

asteğmenlik *a. ask.* lowest rank of army officer

asteni *a. hek.* asthenia

aster *a, biy.* aster

asterisk *a.* asterisk

asteroit *a.* asteroid

astım *a, hek.* asthma

astımlı *s.* asthmatic

astigmat *s, hek.* astigmatic

astigmatik *s.* astigmatic

astigmatizm *a, hek.* astigmatism

astigmatlık *a, hek.* astigmatism

astik *a. arg.* pimp, pander, procurer

astragan *a.* astrakhan *astragan kürk* Persian lamb *astragan taklidi* imitation astrakhan

astrenjan *a, hek.* astringent

astrodinamik *a.* astrodynamics

astrodom *a.* astrodome

astrofizik *a.* astrophysics * gökfiziği ¤ *s.* astrophysical

astrofiziksel *s.* astrophysical

astrograf *a.* astrograph

astroid *a.* astroid

astrolog *a.* astrologer * müneccim

astroloji *a.* astrology * müneccimlik

astrolojik *s.* astrological

astrometre *a.* astrometer

astrometri *a.* astrometry

astronom *a.* astronomer * gökbilimci

astronomi *a.* astronomy * gökbilim
astronomik *s.* astronomical * gökbilimsel
astronot *a.* astronaut * uzayadamı
astronotluk *a.* being an astronaut
astropika *a.* the subtropics
astropikal *s.* subtropical
astrosit *a.* astrocyte
astsubay *a.* noncommissioned officer
astsubaylık *a. ask.* the rank/duties of a noncommissioned officer
asude *s.* calm, quite, tranquil
asuman *a.* the firmament *esk.* * gökyüzü
Asur *a.* Assyria ¤ *s.* Assyrian
Asurca *a. s.* Assyrian
Asya *a.* Asia ¤ *s.* Asian
Asyalı *s.* Asian
asyön *a.* a the intermediate direction between two cardinal directions
aş *a.* cooked food
aşağı *s.* lower, down, inferior; common, mean; less ¤ *a.* the lower part, bottom ¤ *be.* down, below **aşağı görmek** to look down (on sb/sth), to treat sb like dirt, to disparage **aşağı inmek** to go down, to walk down, to climb down, to descend **aşağı kalmak** to fall short of **aşağı kata** downstairs **aşağı katta** downstairs **aşağı tabaka** lower class **aşağı tükürsen sakal, yukarı tükürsen bıyık** I have to choose between the devil and the deep (blue) sea **aşağı yukarı** more or less, at a guess, rough, roughly, about **aşağısı kurtarmaz** that's the last price; I can't go below that
aşağıda *be.* below; downstairs; down
aşağıdaki *s.* following
aşağıdan *be.* from below **aşağıdan almak** to sing small, to climb down
aşağılamak *e.* to run down, to snub, to despise, to degrade, to abase, to look down, to lower, to insult
aşağılayıcı *s.* derogatory
aşağılık *a.* baseness, lowness, meanness ¤ *s.* base *hkr.*, mean, ignoble, contemptible, despicable, sordid, unsavoury, abject, shabby, dishonourable, shameful, low, vile **aşağılık duygusu** inferiority complex **aşağılık herif** asshole, worm **aşağılık kompleksi** inferiority complex **aşağılık köpek** cur *esk.*
aşağısama *a.* contempt
aşağısamak *e.* to trifle with sb/sth, to underrate, to despise

aşağısına *be.* down
aşağısında *be.* down, below
aşağıya *be.* down, downwards; downstairs **aşağıya doğru** downwards, downward *Aİ.*
aşama *a.* phase, stage * evre, merhale; rank * rütbe, mertebe **aşama aşama** gradually, step by step **aşama kaydetmek** to make progress **aşama sırası** hierarchy * hiyerarşi
aşamalı *s.* gradual
aşar *a. trh.* tithes
aşçı *a.* cook * ahçı
aşçıbaşı *a.* head cook, chef
aşçılık *a.* cooking, cookery ¤ *sg.* culinary
aşermek *e.* to crave for unusual foods
aşevi *a.* restaurant; soup kitchen
aşhane *a.* soup kitchen
aşı *a.* vaccine, shot *kon.*, jab *kon.*; vaccination, inoculation; grafting, budding; scion, graft, bud **aşı bıçağı** grafting knife **aşı iğnesi** hypodermic needle **aşı kalemi** cutting for grafting **aşı macunu** grafting wax **aşı olmak** to be inoculated, to be vaccinated **aşı takımı** grafting tool **aşı testeresi** grafting saw **aşı yapmak** a) *trm.* to graft, to bud b) *hek.* to inoculate, to vaccinate
aşıboyalı *s.* painted the color of red ocher
aşıboyası *a.* red ocher, ruddle
aşıcı *a. hek.* vaccinator; *trm.* grafter
aşık *a, anat.* knucklebone; *inş.* purlin, horizontal beam * aşırma **aşık atmak** to rival, to compete, to match, to vie **aşık kemiği** anklebone, astragalus
âşık *a.* lover; wandering minstrel; absent-minded person, dreamy person ¤ *s.* in love; absent-minded, dreamy **âşık olmak** to fall in love (with), to fall for
âşıkane *be.* amorously
âşıklık *a.* love, attachment
âşıktaş *a.* flirt, boyfriend, girlfriend
âşıktaşlık *a.* flirtation, love affair **âşıktaşlık etmek** to carry on (with sb)
aşılama *a.* inoculation, vaccination; (doku) implantation
aşılamak *e.* to vaccinate, to inoculate; to graft; *mec.* to instil, to instill *Aİ.*, to indoctrinate
aşılanma *a.* impregnation, inoculation
aşılayım *a.* inculcation
aşılı *s, hek.* inoculated, vaccinated; grafted

aşılmaz s. impassable
aşım a. insemination, breeding; passage, lapse of time
aşınabilir s. corrodible
aşınabilme a. corrodibility
aşındıran s. corrosive
aşındırıcı s. abrasive, corrosive *aşındırıcı kayış* abrasive belt
aşındırıcılık a. erosivity
aşındırma a. corrosion, erosion *aşındırma baskı* discharge printing *aşındırma baskı patı* discharge printing paste *aşındırma deseni* burnt-out pattern, cauterized pattern, etched-out pattern *aşındırma maddesi* discharging agent *aşındırma rezervesi* discharge resist
aşındırmak e. to erode, to corrode, to abrade, to wear away, to eat sth away, to eat away at sth; *mec.* to go very often
aşınım a. erosion; corrosion
aşınma a. abrasion, corrosion, wear; *coğ.* erosion; amortization, depreciation *aşınma astarı* antiwear lining *aşınma deneyi* abrasion test *aşınma direnci* abrasion resistance *aşınma tabakası* wearing course, wearing coat *aşınmaya dayanıklı* abrasion resistant, corrosion-proof, corrosion-resisting *aşınmaya dayanıklılık* abrasion resistance
aşınmak e. to be worn away, to be worn out; to corrode, to erode away; to depreciate
aşınmaz s. noncorroding
aşıntı a. detritus
aşıramento a. arg. theft, thievery
aşırı s. excessive, extreme, exorbitant, moderate; fulsome; *kon.* steep, stiff *kon.*, extortionate *hkr.* ¤ *be.* excessively, extremely *aşırı akım* overcurrent *aşırı basınç* excess pressure, overpressure *aşırı beslemek* to supercharge *aşırı delgilemek* to overpunch *aşırı derecede* exceedingly *aşırı doyma* oversaturation *aşırı doyurmak* to supersaturate *aşırı doz* overdose *aşırı drenaj* excessive drainage *aşırı gerilim* overvoltage *aşırı gerilme* overstress *aşırı germek* to overstretch *aşırı gitmek* to go too far *aşırı hız düzeni* overdrive *aşırı ısıtmak* to overheat

aşırı ışıklama overexposure *aşırı ışıklı* overexposed *aşırı kentleşme* overurbanization *aşırı kritik* supercritical *aşırı modülasyon* overmodulation *aşırı potansiyel* overpotential *aşırı sarmak* to overwind *aşırı sertleş(tir)me* overhardening *aşırı soğutmak* to undercool, to supercool *aşırı tarım* exhausting farming *aşırı yaşlanmak* to overage *aşırı yük* excess load, overload *aşırı yükleme* supercharging *aşırı zorlamak* to overstrain *aşırıya kaçmak* to overdo
aşırıbellem a. hypermnesia
aşırıbesi a. overfeeding, overeating
aşırıcı a. extremist; plagiarist
aşırıcılık a. extremism; plagiarism
aşırıdoldurma a. supercharging *aşırıdoldurma türbokompresörü* turbocharger
aşırıdoyma a. supersaturation
aşırıdoyurmak e. to supersaturate
aşırıduyu a. hyperesthesia
aşırıdüzlem a. hyperplane
aşırıergime a. fiz. supercooling
aşırıısıtma a. overheating
aşırıiletkenlik a. superconductivity
aşırıküp a. hypercube
aşırılık a. excessiveness, extremism *hkr.* *aşırılığa kaçmak* to overshoot
aşırınüfuslu s. overpopulated
aşırınüfusluluk a. overpopulation
aşırıodak sg. hyperfocal *aşırıodak uzaklığı* hyperfocal distance
aşırıüretim a. overproduction
aşırıüretmek e. to overproduce
aşırıyuvar a. hypersphere
aşırıyüzey a. hypersurface
aşırma a. pinching, filching, swiping; plagiarism ¤ s. plagiarized; stolen, pinched *aşırma yelken* lugsail
aşırmacı a. plagiarist
aşırmacılık a. plagiarism
aşırmak e. to pass over; *kon.* to pinch, to swipe *kon.*, to pilfer, to filch *kon.*, to bag, to nick, to crib, to run away with, to rip sth off *arg.*; plagiarize
aşırmasyon a. arg. theft, stealing
aşırtı a. embezzlement
aşırtıcı a. embezzler
aşısız s. unvaccinated; ungrafted
aşıt a. mountain pass; viaduct
aşıtaşı a. yerb. ocher

aşifte *a.* hussy, tart

aşikâr *s.* obvious, clear, open, manifest, evident, apparent, glaring

aşina *s.* familiar, knowing, conversant **aşina olmak** to be acquainted with, to be familiar to

aşinalık *a.* acquaintance; familiarity, proficiency

aşiret *a.* tribe

aşk *a.* love; passion **aşk etmek** to slap, to strike, to land **aşk hikâyesi** romance **aşk iksiri** love potion **aşk ile** eagerly, zealously **aşk ilişkisi** affair **aşk macerası** love affair **aşk mektubu** love letter **aşk yapmak** to make love **aşka düşmek** to fall in love, to fall for sb *kon.* **aşka gelmek** to get carried away, to become exulted **aşkına** for the love of

aşkın *s.* excessive; exceeding, beyond; transcendent, transcendental

aşkınlık *a.* transcendence

aşkolsun *ünl.* Shame on you!; Bravo!

aşkolsun *ünl.* well done!, bravo!; that's too bad of you!, shame on you!

aşlık *a.* supplies of food for cooking

aşma *a.* exceeding, overthrust **aşma adası** klippe **aşma borusu** bypass **aşma örtüsü** overthrust nappe

aşmak *e.* to pass over, to go beyond, to climb over; to surpass, to exceed; to surmount, to overcome

aşna fişne *a, arg.* secret lover, secret mistress, secret friend; secret friendship, secret love affair **aşna fişne olmak** to carry with

aşna *s.* familiar

aşnı *s.* archaic, ancient

aşnılık *a.* being outdated; archaism

aşoz *a, den.* rabbet

aşure *a.* Noah's pudding, a dessert with wheat grains, nuts, dried fruit, etc

aşüfte *a.* hussy *esk./hkr.*

at *a.* horse; (satranç) knight ¤ *sg.* equine **at arabası** coach, cart, carriage **at başlığı** bridle **at cambazı** horse dealer **at hırsızı** rustler **at kılı** horsehair **at koşmak** to harness **at kuyruğu** ponytail **at meydanı** hippodrome **at nalı kemer** horseshoe arch **at nalı mıknatıs** horseshoe magnet **at nalı** horseshoe **at sırtı** horseback **at sırtında** horseback **at yarışı** horse race **ata binmek** to mount a horse, to ride (a horse) **atı**

alan Üsküdar'ı geçti it's too late now **atı yormak** to override **atın ölümü arpadan olsun** I know it's bad for me but I like it **attan düşmek** to fall off a horse

ata *a.* father; ancestor, forefather

atacıl *s.* atavistic

atacılık *a.* atavism

ataç *s.* ancestral

ataerki *a.* patriarchy * pederşahilik

ataerkil *s.* patriarchal * pederşahi, patriarkal

atak[1] *s.* rash, foolhardy, reckless, daring * cüretkâr

atak[2] *a.* attack * saldırı, hücum, hamle

ataklık *a.* rashness, recklessness

ataksi *a. hek.* ataxia

ataktik *s.* atactic

atalet *a.* laziness * tembellik; unemployment * işsizlik; inertia * süredurum **atalet ekseni** axis of inertia **atalet koordinatları** inertial coordinates **atalet merkezi** centre of inertia **atalet momenti** moment of inertia **atalet sönümü** inertial damping **atalet şalteri** inertia switch **atalet yarıçapı** radius of gyration

ataletli *s, tek.* inertial **ataletli demarör** *tek.* inertia starter

atalık *a.* fatherliness

atama *a.* appointment, designation; *biliş.* assignment **atama kaldırma** *biliş.* deallocation

atamak *e.* to appoint, to designate, to assign, to nominate * tayin etmek, nasbetmek

ataman *a.* ataman, hetman

atanmak *e.* to be appointed * tayin olmak

atapulgit *a.* attapulgite

ataraksiya *a.* ataraxia, ataraxy

atarca *a.* pulsar **atarca yıldız** pulsar

atardamar *a.* artery ¤ *sg.* arterial

atardamaryolu *a. anat.* ductus arte-riosus

atarkanal *a. anat.* ejaculatory duct

atartoplardamar *a. hek.* arteriovenous

atasözü *a.* proverb, adage, saying, maxim

ataş *a.* paper clip

ataşe *a.* attaché

Atatürkçiçeği *a.* poinsettia

Atatürkçü *a, s.* Kemalist

Atatürkçülük *a.* Kemalism

atavik *s.* atavistic

atbaklası *a. bitk.* horsebean

atbalığı *a. hayb.* sheatfish
atçı *a.* horse breeder
atçılık *a.* horse breeding
ateist *a.* atheist ¤ *s.* atheistic
ateistik *s.* atheistic
ateizm *a.* atheism
atelye *a.* workshop * atölye; studio * atölye
  atelye resmi working drawing
aterina *a. hayb.* silversides, atherina
ateş *a.* fire; *hek.* fever, temperature; ardour, zeal, fervour; gunfire, discharge; light **ateş açmak** to open fire, to commence fire **ateş alma** inflammability **ateş almak** a) to catch fire b) (silah) to fire **ateş almama** misfire, ignition failure **ateş almamak** to misfire, to fail to fire **ateş almaz** flame resistant **ateş basmak** to go hot all over **ateş betonu** refractory concrete * refrakter beton **ateş çimentosu** fire cement **ateş etmek** to shoot, to fire, to discharge **ateş gemisi** fire ship **ateş gibi** a) fiery b) piping hot **ateş hattı** *ask.* firing line **ateş kesmek** to cease fire **ateş kili** fireclay, refractory clay **ateş maşası** fire tongs **ateş olmayan yerden duman çıkmaz** there's no smoke without fire **ateş pahası** very expensive **ateş püskürmek** to be very angry, to go off the deep end *kon.* **ateş siperi** fire screen **ateş toprağı** fireclay **ateş tuğlası** firebrick **ateş yakmak** to make a fire, to light a fire **ateşe atılmak** to throw oneself into the fire **ateşe dayanıklı** *tek.* refractory, fire resisting **ateşe vermek** to set fire to, to set on fire, to fire **ateşi çıkmak** to get a temperature **ateşi olmak** to have a temperature **ateşine yanmak** to fall in love with **ateşini ölçmek** to take sb's temperature **ateşle oynamak** to play with fire **ateşten gömlek** ordeal
ateşbalığı *a.* sardine
ateşböceği *a.* firefly, glow-worm
ateşçi *a.* fireman, stroker
ateşdikeni *a, bitk.* pyracantha
ateşkes *a.* cease-fire, armistice * mütareke
ateşleme *a.* ignition, priming **ateşleme anahtarı** ignition key, ignition switch **ateşleme arızası** ignition trouble **ateşleme avansı** ignition advance **ateşleme ayarı** ignition timing **ateşleme bobini** ignition coil **ateşleme bujisi** ignition plug **ateşleme devresi** ignition circuit **ateşleme distribütörü** ignition distributor **ateşleme düğmesi** starting button **ateşleme gecikmesi** ignition delay **ateşleme gerilimi** ignition voltage **ateşleme gücü** firing power **ateşleme kablosu** ignition cable **ateşleme kıvılcımı** ignition spark **ateşleme kilidi** ignition lock **ateşleme kondansatörü** ignition capacitor **ateşleme kontrolü** ignition control **ateşleme noktası** ignition point **ateşleme odası** combustion chamber **ateşleme pimi** firing pin **ateşleme potansiyeli** firing potential **ateşleme rötarı** ignition lag **ateşleme serisi** explosive train **ateşleme sıcaklığı** ignition temperature **ateşleme sırası** ignition order **ateşleme sistemi** ignition system **ateşleme tertibatı** firing mechanism **ateşleme vuruntusu** ignition knock **ateşleme zamanı** firing time **ateşleme zinciri** explosive train
ateşlemek *e.* to fire, to set fire (to), to set on fire; to ignite; to provoke, to inflame
ateşlendirmek *e.* to make feverish; to enliven; to aggravate
ateşlenmek *e.* to be fired; to be ignited; to run a temperature; to get angry
ateşleyici *a.* igniter, distributor
ateşli *s.* fiery; feverish; *mec.* ardent, fervent, hot-blooded, torrid **ateşli silah** firearm
ateşlik *a.* firepan, small brazier; fireplace
ateşlilik *a.* ardour
ateşperest *a.* fire-worshipper
ateştopu *a.* bolide
atfen *be.* referring to, considering
atfetmek *e.* to attribute (to), to ascribe to, to refer to, to impute to, to accredit with
atıcı *a.* marksman, good shot; *arg.* braggart, boaster, swaggerer
atıcılık *a.* marksmanship; boastfulness, braggardism
atıf *a.* attribution; reference
atık[1] *a.* small churn
atık[2] *s.* waste ¤ *a.* effluent **atık buhar** exhaust steam, waste steam, dead steam **atık çözelti** spent lye, waste lye **atık kâğıt** wastepaper **atık madde** effluent **atık su borusu** drainpipe **atık su** waste water **atıkları değerlendirme** waste

utilization, recycling

atıl *s.* inactive, inert *atıl gaz* inert gas

atılgan *s.* dashing, bold, reckless, plucky, audacious, aggressive

atılganlık *a.* boldness, recklessness, pluckiness

atılım *a.* leap, dash, lunge; development, progress

atılmak *e.* to be thrown; to be discarded; to be dismissed, to get the sack * kovulmak; to rush, to dash; to attack * saldırmak, hücum etmek; to break in on, to burst in upon; to begin, to go into * girişmek, başlamak

atım *a.* shot, discharge; range; *ask.* round; (kalp) beat, pulse *atım genliği* pulse amplitude

atımcı *a.* cotton/wool fluffer

atımyolu *a. anat.* ejaculatory duct

atış *a.* throwing; gunfire, shot; (kalp) beat *atış alanı* firing range *atış bilgisi* ballistics *atış cetveli* firing table *atış mangası ask.* firing squad *atış poligonu* shooting range *atış rampası* launching pad *atış talimi* target practice *atış yeri* target range

atışbilim *a.* ballistics

atışlı *s.* ballistic *atışlı sarkaç* ballistic pendulum

atışma *a.* quarrel, squabble, altercation, tiff, row *kon.*, breeze *İİ./kon.*

atışmak *e.* to quarrel, to bicker, to argue, to squabble, to have a row *kon.*, to have a tiff (with sb), to have words (with sb)

atıştırmak *e.* (yemek) to bolt down, to gobble; (yağmur) to drizzle, to mizzle

ati *a., esk.* the future * gelecek

atik *s.* agile, alert, swift, nimble

atiklik *a.* agility

Atina *a.* Athens

Atinalı *a. s.* Athenian

atkestanesi *a.* horse chestnut, conker *İİ./kon.*

atkı *a.* shawl, scarf, muffler, wrap; *teks.* woof, weft; *trm.* winnow * yaba *atkı bandı* weft bar *atkı düzeltici* weft straightener *atkı etkisi* weft effect *atkı ipliği* weft thread, weft yarn *atkı mekiği* fly shuttle *atkı raporu* repeat of weft threads

atkılamak *e.* to weave

atkuyruğu *a, bitk.* mare's-tail; ponytail

atlama *a.* jump, spring, leap; skipping, omitting, omission *atlama beygiri* vaulting horse *atlama halkası* guard ring *atlama komutu* jump instruction *atlama mesafesi* skip distance *atlama tahtası* diving board, springboard *atlama taşı* steppingstone

atlamak *e.* to jump, to spring, to leap, to hop; to leave out, to omit, to skip; *arg.* to fuck, to bang, to make, to lay *kab.*, to score *arg.*; *arg.* to leap at, to jump at

atlambaç *a.* leapfrog

atlandırmak *e.* to provide (sb) with a mount

atlangıç *a.* stepping-stone

atlanmak *e.* to acquire a horse

atlant *a.* telamon

Atlantik *a.* Atlantic

atlas *a.* atlas; satin *atlas perdahı* satin finish

Atlas Okyanusu *a.* the Atlantic Ocean

atlasağacı *a. bitk.* satinwood

atlasçiçeği *a, bitk.* cactus * kaktüs

atlassediri *a. bitk.* Atlas cedar

atlatma *a.* making sb jump; recovery *atlatma haber* scoop

atlatmak *e.* to make jump; to leap sth over sth; (hastalık) to recover from; to overcome; to escape, to elude, to avoid, to weather, to doge *kon.*; to throw sth/sb off, to get rid of, to cheat, to evade

atlayış *a.* jump, leap, spring

atlet *a, sp.* athlete; (sleeveless) undershirt, west *İİ.*

atletik *s.* athletic

atletizm *a.* athletics

atlı *s.* mounted; horse-drawn ¤ *a.* rider, horseman *atlı asker* mounted troops *atlı polis* mounted police *atlı şövalye* cavalier

atlıkaraca *a.* rocking horse; merry-go-round, carrousel

atlıkarınca *a.* roundabout *İİ.*, merry-go-round *İİ.*, carousel *Aİ.*, whirligig

atma *a.* throw, fling; elimination; expulsion; discharge

atmaca *a, hayb.* sparrow hawk, hawk; slingshot * sapan

atmak *e.* to throw, to fling, to cast, to sling *kon.*; to drop, to cast; to toss, to chuck *kon.*, to bung *İİ./kon.*; to turf sb/sth out (of sth); to insert; to eliminate, to remove; to expel; to dismiss, to fire, to boot sb out (of sth) *kon.*; to put out, to extend; to dump, to throw away; to impute, to throw on; to discard, to reject, to throw away; to blow up, to demolish; *kon.* to make up, to lie, to tell yearns, to boast; to pass * pas vermek; (imza) to fix; (mektup, kart) to drop; (sigorta) to fuse, to blow; (silah) to discharge, to fire; (kalp, damar) to beat, to pump, to pulsate; (çığlık, kahkaha) to let out; (yumruk) to strike *atıp tutmak* to boast, to swagger, to brag; to criticise

atmasyon *a, arg.* lie, story, hot air ¤ *s.* false, made up

atmasyoncu *a.* bull-shooter, braggart

atmasyonculuk *a. arg.* bull-shooting, braggardism

atmık *a.* sperm * bel, meni, sperma

atmidometre *a.* atmidometer

atmoliz *a.* atmolysis

atmometre *a.* atmometer, evaporimeter

atmosfer *a.* atmosphere; ambience ¤ *sg.* atmospheric *atmosfer basıncı* atmospheric pressure *atmosfer elektriği* atmospheric electricity *atmosfer etkenleri* weathering agents *atmosfer korozyonu* atmospheric corrosion *atmosfer tabakası* atmospheric layer *atmosfer yoğunluğu* atmospheric density

atmosferik *s.* atmospheric *atmosferik basınç* atmospheric pressure *atmosferik parazitler* atmospherics

atol *a.* atoll, coral island

atom *a.* atom *atom ağırlığı* atomic weight *atom bombası atmak* to nuke *atom bombası* atom bomb, atomic bomb, the bomb, A-bomb *atom çağı* atomic age *atom çekirdeği* atomic nucleus *atom duyarlığı* atomic susceptibility *atom enerji santralı* atomic power station *atom enerjisi* atomic energy *atom fiziği* atom physics *atom frekansı* atomic frequency *atom göçü* atomic migration *atom gövdesi* atomic core *atom hacmi* atomic volume *atom kütlesi* atomic mass *atom modeli* atom model *atom numarası* atomic number *atom pili* atom reactor *atom reaktörü* nuclear reactor, atomic pile *atom saati* atomic clock *atom sayısı* atomic number *atom silahları* atomic weapons *atom spektrumu* atomic spectrum *atom teorisi* atom theory *atom yarıçapı* atomic radius *atomlara ayırmak* to atomise

atomal *s.* atomic

atomcu *a. fel.* atomist

atomculuk *a. fel.* atomism

atomgram *a.* gram-atom

atomik *s.* atomic *atomik ağırlık* atomic weight *atomik alan* atomic field *atomik bağ* atomic bond *atomik bozunma* atomic disintegration *atomik dönüşüm* atomic transmutation *atomik güç* atomic power *atomik hidrojen* atomic hydrogen *atomik ısı* atomic heat *atomik kırılma* atomic refraction *atomik konfigürasyon* atomic configuration *atomik orbital* atomic orbital *atomik polarma* atomic polarization *atomik saat* atomic clock *atomik saçılma* atomic scattering *atomik uzaklık* atomic distance *atomik yörünge* atomic orbital *atomik zaman* atomic time

atomizasyon *a.* atomization

atomizör *a.* atomizer

atomlamak *e. arg.* to fail the class

atonal *s.* atonal

atölye *a. bkz.* atelye

atraksiyon *a.* attraction

atraktif *s.* attractive

atrium *a.* atrium

atriyum *a.* atrium

atrofi *a.* atrophy

atropin *a.* atropine

atsız *s.* unmounted

atsineği *a.* horsefly

augit *a.* augite

auramin *a.* auramine

aureomisin *a.* aureomycin

aurin *a.* aurine

aut *s.* out *aut atışı* goal kick *aut olmak sp.* to be out *auta çıkmak* to be out

av *a.* hunt, hunting, chase, shooting, fishing; game, prey; *mec.* victim, prey *av bekçisi* game warden *av bıçağı* hunting knife *av çantası* game bag *av eti* game *av hayvanı* game animal *av köpeği* hunting dog, hound *av mevsimi* the open season, hunting season, shooting season * av sezonu *av partisi* shoot *av sezonu bkz.* av mevsimi *av tüfeği* shotgun *ava çıkmak* to go hunting

avadan *a.* set of tools
avadanlık *a.* set of tools, equipment
aval *s, arg.* stupid, dummy, gawky, dozy *İİ.* *aval aval arg.* stupidly *aval aval bakmak arg.* to gawk (at sb/sth) *kon.*, to gawp (at sb/sth) *kon.*
avam *a.* the public, to populace, the common people *Avam Kamarası* the House of Commons, the Commons
avanak *a.* gull, boob, noodle, mug *kon.*, pats *Aİ./hkr.* ¤ *s.* gullible
avanaklık *a. arg.* gullibility
avangar *a.* avant-garde
avangart *a, s.* avant-garde
avanproje *a.* rough draft, preliminary draft
avans *a.* advance *avans açısı* angle of advance, angle of lead *avans almak* to get an advance *avans ayarı* timing *avans vermek* to advance money
avansen *a. tiy.* stage box
avanta *a, arg.* illicit profit, rake-off, pickings, gravy *özl. Aİ. arg.* *avantadan para kazanmak* to feather one's (own) nest *hkr.*
avantacı *a, arg.* freeloader, sponger
avantacılık *a. arg.* freeloading
avantaj *a.* advantage, head start, perk *kon. avantaj faktörü* advantage factor
avantajlı *s.* advantageous *avantajlı olmak* to have the edge on/over
avantajsız *s.* unadvantageous
avantür *a.* adventure
avantüriye *a.* adventurer ¤ *s.* adventurous
avara[1] *a, den.* shoving off ¤ *ünl.* shove off!
avara[2] *a, tek.* idling, free running *avara çalışmak* to run idle *avara çark* idler, idler wheel *avara demiri* outrigger *avara dişlisi* disengaging gear *avara etmek den.* to shove off *avara kasnağı* idle wheel, idle pulley *avara kasnak işlemek* to idle *avara kasnak* guide pulley, idler *avara kolu* disengaging lever *avara mili* jack shaft, countershaft *avarada çalışmak* to idle *avaraya almak* to disengage
avare *s.* idle, vagrant ¤ *a.* hobo, tramp, vagabond, vagrant, loafer, drifter *hkr.* *avare dolaşmak* to saunter, to meander, to rove
avareleşmek *e.* to become an idle rover
avarelik *a.* idleness, vagrancy *avarelik etmek* to loaf, to idle
avarya *a.* average

avaryalı *s. tic.* damaged
avaz *a.* cry, shout * nara *avaz avaz bağırmak* to shout at the top of one's voice, to scream blue-murder *avazı çıktığı kadar* at the top of one's voice *avazı çıktığı kadar bağırmak* to shout at the top of one's voice, to scream blue-murder
avcı *a.* hunter, huntsman; *ask.* skirmisher *avcı uçağı* fighter plane, fighter *avcı çukuru kazmak* to dig in
avcılık *a.* hunting, shooting, fishing
avcıotu *a. bitk.* yellow adonis
avdet *a, esk.* return *avdet etmek esk.* to return
avene *a.* helpers, accomplices
averaj *a.* average
avgın *a.* drainhole in a stone wall
avisto *be. tic.* at sight
avivaj *a.* scrooping, brightening *avivaj yapmak* to brighten, to scroop, to soften
avize *a.* chandelier
avizeağacı *a. bitk.* yucca
avizeağacı *a.* Spanish bayonet
avizo *a, den.* dispatch boat
avlak *a.* hunting ground, shoot, hunt *avlak bekçisi* gamekeeper
avlamak *e.* to hunt, to bag; *mec.* to trap, to snare, to deceive
avlanmak *e.* to be hunted; to be caught; to go hunting
avlu *a.* court, courtyard
avokado *a, bitk.* avocado
Avrasya *a.* Eurasia ¤ *s.* Eurasian
avrat *a.* woman, cow *hkr./arg.*; wife
Avrupa *a.* Europe ¤ *s.* European *Avrupa Ekonomik Topluluğu* the European Economic Community (EEC), Common Market
Avrupai *s.* European
avrupaladini *a.* Norway spruce
Avrupalı *a, s.* European
Avrupalılaşmak *e.* to become Europeanized
avrupamusu *a.* elk
avuç *a.* palm of the hand; handful *avuç açmak* to beg *avuç avuç* by handfuls, largely *avuç dolusu* handfuls of *avuç içi* palm (of the hand) *avuç içi kadar* very small, poky *hkr.* *avucunu yalamak* to draw a blank *avucunun içi gibi bilmek* to know (a place) like the

palm of one's hand *avucunun içine almak* to get sb under one's thumb

avuçlamak *e.* to grasp in the hand; to take by handfuls

avukat *a.* lawyer, solicitor, advocate, barrister, counsel, attorney *Aİ.*

avukatlık *a.* advocacy, attorneyship

avunç *a.* consolation, comfort * teselli

avundurmak *e.* to divert, to amuse; to console, to comfort * teselli etmek

avunmak *e.* to be consoled, to be comforted; to be divert oneself, to amuse oneself; *hayb.* to become pregnant

avuntu *a.* consolation, solace, comfort

avurt *a.* pouch, cheek pocket *avurt satmak* to talk big *avurt şişirmek* to puff out the cheeks *avurtları çökmüş* with sunken cheeks

avurtlamak *e.* to gobble up (food); *arg.* to put on airs, to swank

avurtlu *s. arg.* puffed up, conceited

Avustralya *a.* Australia ¤ *s.* Australian

avustralyakaratavuğu *a. hayb.* lyrebird

Avustralyalı *a.* Aussie *kon.*

Avusturya *a.* Austria

Avusturyalı *a, s.* Austrian

avutmak *e.* to soothe, to distract, to condole with, to solace; to comfort, to console; to amuse, to divert

ay[1] *ünl.* ouch!; ah!

ay[2] *a.* moon; crescent ¤ *sg.* lunar *ay çöreği bkz.* ayçöreği *ay dede bkz.* aydede *ay haritası* lunar map *ay ışığı* moonlight *ay ışığında* in the moonlight *ay ışını* moonbeam *ay parçası* a beauty *ay tutulması* lunar eclipse, eclipse of the moon *ay yılı* lunar year *ayın doğması* moonrise *ayın evreleri* the phases of the moon *ayın on dördü gibi* very beautiful *ayın on dördü* full moon

ay[3] *a.* month *ay başı* a) first days of a month b) *kon.* payday *ayda bir* monthly *ayda yılda bir* once in a blue moon *aydan aya* monthly, once a month

aya *a.* palm of the hand

ayak *a.* foot; leg; step, rung; *coğ.* tributary; gait, pace; *ed.* rhyme; *kon.* act, put-off *kon.*, histrionics *gen./hkr.* *ayağa fırlamak* to spring to one's feet *(ortalığı) ayağa kaldırmak* to alarm people *ayağa kalkmak* a) to stand up, to rise *res.* b) to get better, to recover

ayağı alışmak to frequent; to be a regular customer of *ayağı burkulmak* to sprain one's ankle *(kendi) ayağı ile gelmek* to come of one's own accord *ayağı kaymak* to lose one's footing *ayağı suya ermek* to realize the truth *ayağı sürçmek* to lose one's footing *ayağı uğurlu* who brings good luck *ayağına çabuk* light-footed *ayağına çağırmak* to call into one's presence *ayağına çelme takmak* to trip up *ayağına dolaşmak* to encumber *ayağına gitmek* to visit personally *ayağına kadar gelmek* to show modesty by visiting *ayağına kadar gitmek* to condescend to visit; to be obliged to visit *ayağına kapanmak* to implore mercy *ayağına tez* light *ayağına yatmak* *arg.* to pretend to be *ayağını atmak* to set foot in, to enter *ayağını burkmak* to sprain one's ankle *ayağını çekmek* to give up frequenting *ayağını çelmek* to trip up *Ayağını denk al!* Watch your step! *ayağını denk almak* to mind one's step, to watch one's step *ayağını giymek* to put on one's shoes *ayağını kaydırmak* to supplant, to oust *ayağını kesmek* to give up frequenting *ayağını sürümek* to shuffle *Ayağını yorganına göre uzat ats.* Cut your coat according to your cloth *ayağının altına almak* to give a beating, to trash *ayağının altına karpuz kabuğu koymak* to undermine sb's position *ayağının tozuyla* as soon as one comes *ayak altında* under foot *ayak altında çiğnemek* to tramp down *ayak altında olmak* to be in the way *ayak atmak* to go for the first time *ayak ayak üstüne atmak* to cross one's legs *ayak bağı olmak* tie sb down, to encumber *ayak bağı mec.* tie, a drag on sb *ayak bakımı* chiropody *ayak basmak* to set foot (in/on sth), to arrive, to visit *ayak bileği* ankle *ayak bileğini burkmak* to sprain one's ankle, to turn one's ankle *ayak çekici* oliver *ayak değirmeni* treadmill *ayak diremek* to put one's foot down *ayak duvarı* foot wall *ayak freni* foot brake *ayak işi* errand, donkeywork *ayak işlerine bakmak* to run errands *ayak izi* footprint, footstep *ayak kemeri* arch *ayak kirası* fee for a messenger; tip for a messenger * ayak-teri *ayak oyunları yapmak* sp. to side-step *ayak parmağı* toe *ayak sesi* step, footstep *ayak tedavisi* outpatient treatment *ayak tırnağı* toenail *ayak uydurma silindiri* compensating roller, dancing roller *ayak uydurmak* to keep in step with, to keep up (with sb/sth), to keep pace (with sb/sth) *kon*. *ayak üstü* bkz. ayaküstü *ayak üzeri* bkz. ayaküzeri *ayak vidası* foot screw *ayak yapmak* arg. to put on an act, to fake, to sham *ayak-lambert* foot-lambert *ayak-libre* foot-pound *ayak-mum* foot-candle *ayak-ton* foot-ton *ayaklar altına almak* to trample on sb/sth *ayaklar altında* underfoot *ayakları geri geri gitmek* to drag one's heels *ayakları yere değmemek* to be on top of the world *ayaklarına kapanmak* to grovel hkr., to go down on one's knees to sb *ayaklarına kara su inmek* to kick one's heels waiting for sb *ayaklarına kara su inmiş* footsore *ayaklarını çekmek* to tuck up ones legs *ayaklarını sürümek* to plod, to scuff *ayaklarını toplamak* to tuck up ones legs *ayaklarının ucuna basarak yürümek* to tiptoe *ayaklarının ucuna basarak* on tiptoe(s) *ayakta* standing, on foot *ayakta duracak hali kalmamak* to feel fatigued *ayakta durmak* to stand *ayakta kalmak* to stand, to remain standing *ayakta olmak* to be on one's feet *ayakta tedavi* ambulatory treatment *ayakta tutmak* to keep (sb/sth) alive *ayakta uyumak* to be dead on one's feet *ayaktan* on the foot

ayakaltı a. ground under the feet; much-frequented place *ayakaltında dolaşmak* to get in sb's way

ayakbastı a. octroi, city toll

ayakçak a. pedal; ladder

ayakçı a. errand-boy, footservant

ayakçık a. stalk

ayakçın a. treadle (of a loom)

ayakkabı a. shoe *ayakkabı bağı* shoe-lace, shoestring AÍ. *ayakkabı boyacısı* bootblack, shoeshine boy * boyacı *ayakkabı boyamak* to shine shoes *ayakkabı boyası* shoe polish *ayakkabı çekeceği* shoehorn *ayakkabı kalıbı* shoetree *ayakkabı tamir etmek* to cobble *ayakkabı tamircisi* cobbler

ayakkabıcı a. shoemaker; shoe-seller, shoe-dealer

ayakkabıcılık a. shoe-making; shoe trade

ayakkabılık a. shoe cupboard

ayaklamak e. to measure by pacing

ayaklandırmak e. to make revolt, to cause to revolt; to arouse, to provoke

ayaklanma a. rebel, rebellion, revolt, mutiny, rising, uprising, riot, insurrection

ayaklanmak e. to rebel, to revolt; to start walking

ayaklı s. footed, legged; movable *ayaklı kütüphane* well-read person, walking encyclopaedia *ayaklı lamba* floor lamp *ayaklı merdiven* stepladder

ayaklık a. pedal, treadle; stilt

ayaksı s. pedate

ayaksız s. hayb. apodal

ayaktakımı a. rabble, mob, riffraff, populace, trash AÍ./kon./hkr.

ayaktaş a. companion, friend * arkadaş, yoldaş

ayakteri a. fee for a messenger; tip for a messenger * ayak kirası

ayaktopu a. football * futbol

ayakucu a. foot; gökb. nadir; tiptoe *ayakucuna basarak yürümek* to walk on tiptoe

ayaküstü, ayaküzeri be. in haste, without sitting down

ayakyolu a. toilet, lavatory, lav kon., water-closet, WC

ayalamak e. to gather (sth) by handfuls

âyan a, esk. notables, chiefs; senators *âyan meclisi* the Senate

ayan s. clear, evident, manifest * belli, açık *ayan beyan* clearly, plainly

ayar a. adjustment, setting, alignment, tuning; tune-up; carat, karat AÍ.; degree, grade; accuracy, correctness; disposition, temper *ayar aleti* aligner *ayar anahtarı* adjusting wrench *ayar bileziği* adjusting ring *ayar butonu* adjustment knob, control knob *ayar cıvatası* adjusting bolt *ayar çubuğu* adjusting rod *ayar deliği* adjusting eye *ayar düğmesi* adjusting button *ayar etmek* to adjust, to set, to regulate, to calibrate, to fix *ayar flanşı* adjusting flange *ayar frekansı* standard frequency *ayar gönyesi* aligner *ayar göstergesi* adjustment indicator *ayar* *gözü* adjusting eye *ayar halkası* adjusting ring *ayar kamı* adjusting cam *ayar kolu* adjusting lever *ayar levyesi* adjusting lever *ayar mastarı* setting gauge *ayar pimi* adjusting pin *ayar resmi* test pattern, test card *ayar rondelası* adjusting washer *ayar somunu* adjusting nut *ayar tapası* adjusting plug *ayar vidası* adjusting screw *ayar yayı* adjustment spring *ayar yıldızı* standard star *ayarı bozuk* out of order

ayarlama *a.* adjustment, gauging, regulation *ayarlama kondansatörü* calibration condenser *ayarlama transformatörü* regulating transformer

ayarlamak *e.* to adjust, to tune, to regulate, to fix, to set; *kon.* to fix sb up (with sth); *kon.* to supply, to get, to lay sth on; *arg.* to chat (a girl) up; to line sb/sth up

ayarlanabilir *s.* adjustable, controllable

ayarlanamaz *s.* nonadjustable

ayarlanır *s.* adjustable, controllable

ayarlayıcı *s.* adjusting ¤ *a.* adjuster

ayarlı *s.* adjusted, tuned, regulated; adjustable *ayarlı anahtar* adjustable spanner, wrench *ayarlı gönye* try square *ayarlı kondansatör* variable capacitor *ayarlı rayba* adjustable reamer *ayarlı röle* tuned relay *ayarlı serici* finisher * finişer *ayarlı termometre* adjustable thermometer

ayarsız *s.* not regulated

ayarsızlık *a.* lack of adjustment; disproportion

ayartı *a.* temptation, seduction

ayartıcı *s.* seductive, corrupting, perverting

ayartıcılık *a.* seductiveness

ayartma *a.* seduction

ayartmak *e.* to seduce, to tempt, to entice, to pervert, to allure, to lure, to debauch, to lead astray

ayaz *a.* dry cold; frost ¤ *s.* frosty, crisp

ayazağa *a. arg.* cold and unfriendly person, cold fish

ayazlamak *e.* (hava) to become cold; to spend the night out in the cold; *arg.* to wait in vain

ayazlanmak *e.* to be cooled (in a cold place)

ayazlatmak *e.* to make (sb) wait in the cold; to expose to frost

ayazlı *s.* frosty

ayazlık *a.* porch, veranda

ayazma *a, din.* holy spring of Orthodox Greeks

aybalığı *a.* ocean sunfish

aybaşı *a.* menstruation, periods * âdet *aybaşı olmak* to menstruate

ayça *a.* new moon, crescent * yeniay, hilal

ayçiçeği *a.* sunflower * günebakan, gündöndü *ayçiçeği yağı* vegetable oil

ayçöreği *a.* croissant

aydede *a, çoc.* the moon

aydemir *a.* cooper's adze

aydın *s.* bright, sunlit, clear; intellectual, enlightened ¤ *a.* intellectual, highbrow *gen./hkr. aydın kesim* intelligentsia

aydıncılık *a.* intellectualism

aydınger *a.* tracing paper *aydınger kâğıdı* tracing paper

aydınlanma *a.* lightening *Aydınlanma Dönemi* Age of Reason

aydınlanmak *e.* to lighten, to become luminous, to brighten up; to become clear; to be enlightened, to be filled in

aydınlatıcı *s.* illuminating; enlightening

aydınlatma *a.* illumination; clarification *aydınlatma aynası* illuminating mirror *aydınlatma cephanesi ask.* flare *aydınlatma donanımı* lighting equipment *aydınlatma enerjisi* luminous energy *aydınlatma gazı* lighting gas *aydınlatma gücü* luminous energy *aydınlatma merceği* condensing lens *aydınlatma mühendisliği* illuminating engineering *aydınlatma şiddeti* luminous intensity

aydınlatmak *e.* to illuminate, to illumine, to lighten; to clarify, to enlighten, to fill sb in (on sth), to elucidate *res.*

aydınlık[1] *s.* bright, sunlit *aydınlık olmak* to brighten

aydınlık[2] *a.* light, daylight; illumination, radiance; clearness; *inş.* skylight, light shaft *aydınlık bacası* day drift *aydınlık camı* bull's eye

aydınlıkölçer *a.* luxmeter

aydırmak *e.* to bring (sb) back to his/her senses

aydos *a. den.* dogwatch

ayet *a.* verse of the Koran

ayevi *a.* halo

aygın baygın s. languid ¤ be. languidly, languorously
aygır a. stallion
aygıt a. apparatus, instrument, device, utensil aygıt adı biliş. device name aygıt hatası biliş. device error
ayı a, hayb. bear; mec., hkr. bear, oaf, lout, clodhopper, bumpkin, hick, yokel, yahoo, churl, boor hkr., caveman kon. ayı gibi hkr. bearish
ayıbalığı a. seal * fok
ayıboğan a. coarsely big and boorish person
ayıcı a. bear keeper; kon. lout, oaf
ayıelması a. bitk. Osage orange, Osage apple
ayıfındığı a, bitk. storax
ayıgülü a. bitk. garden peony
ayık s. sober; mec. wide awake
ayıklama a. sorting sth out; cleaning, picking, shelling; biliş. debugging ayıklama anahtarı biliş. sort key ayıklama birimi segregating unit ayıklama kesimi improvement cutting
ayıklamak e. to sort sth out; to clean, to pick, to shell
ayıklanma a. being sorted out; being cleaned; biy. selection * ıstıfa
ayıklanmak e. to be sorted out; to be cleaned, to be shelled
ayıklayıcı a. sorter; discriminator; biliş. debugger
ayıklık a. soberness
ayıkmak e. to come to oneself
ayıkulağı a. auricula
ayılık a. kon. loutishness, oafishness
ayılmak e. to sober up, to recover; to come to, to come round * kendine gelmek
ayıltı a. hangover
ayıltmak e. to bring round, to sober sb up
ayınga a. chopped tobacco; arg. tobacco smuggling
ayıngacı a. arg. tobacco smuggler
ayıp a. shame, disgrace, vice; fault, defect ¤ s. shameful, disgraceful, ignoble, discreditable; obscene, immoral ¤ ünl. shame (on you) ayıptır söylemesi without wishing to boast I'd like to say that ayıbını yüzüne vurmak to reproach sb, to tell his fault to his face
ayıplamak e. to blame, to reproach, to criticize, to condemn

ayıplı s. faulty, reproachable
ayıpsız s. free from defects
ayıraç a, kim. reagent
ayıran s, fiz. dispersive
ayırga a. discord, enmity
ayırıcı s. dispersive, separative; distinctive; discriminating ¤ a. separator, sorter, grader, jig
ayırım a. discrimination; distinction
ayırma a. separation, detachment; allocation ayırma çatalı selector fork ayırma devresi separator circuit ayırma garı marshalling yard ayırma gücü separating power ayırma ızgarası riffle ayırma işlemi separation process ayırma katsayısı separation factor ayırma kayışı sorting belt ayırma kolu release lever ayırma komutu discrimination instruction ayırma levyesi disengaging lever ayırma potansiyeli separation potential ayırma rölesi disconnecting relay ayırma şaftı selector shaft ayırma tamburu separating drum
ayırmaç a. distinguishing feature
ayırmak e. to separate, to part, to abstract; to detach, to divide; to segregate, to isolate; to sort sth out, to grade; to break, to intersect; to disconnect, to dissever, to disjoin; to sift, to screen; to distinguish, to discern, to discriminate, to differentiate, to demarcate; to appropriate (for), to allot, to allocate; to put sth by
ayırt a. characteristic ayırt edici distinctive ayırt etmek a) to distinguish, to discern, to differentiate b) to spot, to recognize
ayırtaç a. trademark
ayırtı a. nuance, shade * nüans
ayırtım a. reserving, reservation
ayırtkan s. characteristic
ayırtkanlaştırmak e. to characterize
ayırtkanlık a. feature, characteristic
ayırtmak e. to reserve, to book
ayırtman a. examiner
ayıt a. bitk. chaste tree, agnus castus
ayıüzümü a. bearberry
ayıyoncası a. acanthus
ayin a. rite; ceremony
ayinhan a. singer in a religious service
aykırı s. against, contrary to; crosswise, transverse, across; incongruous aykırı dağılım skew distribution aykırı

doğrular skew lines *aykırı düşmek* to contradict, to be incongruous (with) *aykırı küre* pseudosphere *aykırı olmak* to be contrary *aykırı simetrik* skew symmetric
aykırıkanı *a.* paradox
aykırılamak *e.* to cross (sth) perpendicularly
aykırılaşmak *e.* to become contrary
aykırılık *a.* opposition, disagreement, incongruity
ayla *a.* halo * ağıl, hale
aylak *a.* vagabond, tramp, loafer, vagrant, wanderer, drifter *hkr.* ¤ *s.* idle, vagrant *aylak aylak* idly *aylak aylak dolaşmak* to lounge, to loaf, to wander, to gad about/around *kon./hkr.*
aylakçı *a.* casual laborer
aylakçılık *a.* being a causal laborer; idleness
aylaklık *a.* idleness, unemployment *aylaklık etmek* to loaf, to gad about/around *hkr.*
aylamak *e.* to stay for a month; to wait; to turn; to fall down
aylandız *a.* tree of heaven
aylanmak *e. yörs.* to revolve, turn; to wander around idly, to idle
aylı *s.* moonlit
aylık *s.* monthly; ... months old; lasting a month ¤ *a.* salary, monthly pay * maaş *aylık almak* to be on salary *aylık bağlamak* to pension, to salary
aylıkçı *a.* person who lives on a salary
aylıklı *s.* salaried
aymak *e.* to come to one's senses, to awake
aymaz *s.* unaware, heedless
aymazlık *a.* carelessness, inattention
aymercek *a.* meniscus lens
ayna *a.* mirror, looking-glass; (kapı) panel; *mec.* reflection *ayna camı* mirror glass *ayna dişli* ring gear, bevel gear *ayna gibi* mirror-like, bright, clean *ayna görüntüsü* mirror image *ayna kıç* square stern *ayna mahruti dişli* bevelled gear
aynacı *a.* maker/seller of mirrors; *kon.* trickster
aynalı *s.* having a mirror, with a mirror *aynalı galvanometre* mirror galvanometer *aynalı kaplama işi* panelwork *aynalı rayba* chucking reamer *aynalı*

tonoz cavetto vault
aynalık *a., den.* stern-board, transom *aynalık testeresi* panel saw
aynasız[1] *s.* without a mirror; *arg.* bad, unpleasant, awry
aynasız[2] *a., arg.* cop *arg.*, copper *kon.*, pig, bull *Al./arg.* * polis
aynasızlanmak *e. arg.* to act unpleasantly
aynasızlık *a. arg.* unpleasantness
aynataşı *a.* ornamental slab of a fountain
aynaz *a.* bog, marsh, swamp, moor
aynen *be.* exactly, exactly the same, all over *aynen öyle* precisely *res.*
aynı *s.* same, identical, veritable, even, alike *aynı çatı altında* under the same roof *aynı derecede* equally *aynı düşüncede olmamak* to disagree (with sb) *aynı düşüncede olmak* to go along with sb *aynı fikirde olmak* to concur, to agree *aynı fikirde olmamak* to differ (from sb/sth) *aynı hizada* abreast *Aynı kapıya çıkar* It comes to the same thing *aynı kefeye koymak* to equate *aynı şekilde* in the same way, likewise, alike *aynı zamana rastlamak* to coincide *aynı zamanda* at the same time *aynısı* the same (of)
aynılık *a.* identity, sameness
aynısefa *a. bitk.* calendula; pot marigold
aynıyla *be.* as it is
ayni[1] *s., esk.* ocular
ayni[2] *s.* in kind *ayni yardım* aid in kind
ayniyat *a.* goods, belongings
ayniyet *a.* sameness
aynştanyum *a., kim.* einsteinium
aynülhir *a.* cat's eye
ayol *ünl.* well!, say!, hey!, you!
ayotu *a.* money plant
ayraç *a.* parenthesis, bracket *ayraç içine almak* to bracket
ayral *s.* exceptional
ayrallık *a.* being exceptional, exception
ayralsız *s.* having no exceptions
ayran *a.* drink made of yoghurt and water *ayran ağızlı* bumpkin *hkr.* *ayranı kabarmak* to go off the deep end *kon.*
ayrı *s.* separate, apart; different, dissimilar, distinct *ayrı ayrı* separately, singly, one by one *ayrı olarak* individually *ayrı seçi yapmak* to differentiate *ayrı tutmak* to segregate, to make a distinction *ayrı yaşamak* to separate
ayrıbasım *a.* offprint, reprint

ayrıca *be.* separately; besides, to boot, in addition, as well, furthermore, into the bargain, in the bargain *Aİ.*
ayrıcalı *s.* privileged; exceptional
ayrıcalık *a.* privilege, prerogative, concession **ayrıcalık tanımak** to bestow favours on
ayrıcalıklı *s.* privileged, preferential
ayrıcalıksız *s.* not granted any favours/privileges
ayrıcasız *s.* without exception
ayrıcinsten *s.* heterogeneous
ayrık *s.* separated; exceptional * müstesna; discrete **ayrık benzetim** discrete simulation **ayrık devreler** discrete circuits **ayrık gösterim** discrete representation **ayrık veri** discrete data
ayrıkkökü *a.* root of couch grass
ayrıklaşma *a. hek.* sequestration
ayrıklı *s.* exceptional * istisnai
ayrıklık *a.* exception * istisna; *gökb.* anomaly
ayrıkotu *a.* couch grass
ayrıksı *s.* eccentric * eksantrik **ayrıksı ay** *gökb.* anomalistic month **ayrıksı yıl** *gökb.* anomalistic year
ayrıksılık *a.* anomaly, heteromorphism
ayrıksın *s.* eccentric
ayrıksız *be.* without exception, indiscriminately * istisnasız, bilaistisna
ayrılabilir *s.* separable, detachable
ayrılanmak *e.* to separate out; to be isolated
ayrılaşmak *e.* to distinguish oneself, to stand out
ayrılı *s.* separated, disjoined
ayrılık *a.* separation; discrepancy, rift; gap
ayrılıkçı *a.* separatist
ayrılıkçılık *a.* separatism
ayrılım *a. hek.* detachment
ayrılır *s.* separable, detachable
ayrılış *a.* separation
ayrılışmak *e.* to separate, to part
ayrılma *a.* separation, detachment; breakaway; leaving, departure; *fiz.* divergence, deviation **ayrılma açısı** angle of departure, divergence angle
ayrılmak *e.* to be separated, to part; to leave, to depart; to break with sb; to break away, to drop out; to resign, to throw sth up; (yol) to diverge
ayrılmaz *s.* inseparable
ayrılmazlık *a. fel.* inherence

ayrılmış *s.* reserved, dedicated **ayrılmış bellek** *biliş.* dedicated storage **ayrılmış sözcük** *biliş.* reserved word
ayrım *a.* difference, distinction; segregation, discrimination **ayırım yapmak** to discriminate, to segregate, to differentiate
ayrımlama *a, sin.* continuity
ayrımlanmak *e.* to become different
ayrımlaşma *a.* differentiation
ayrımlaşmak *e, biy.* to become differentiated
ayrımlı *s.* different * farklı **ayrımlı suverme** *tek.* differential quenching
ayrımlılık *a.* difference * farklılık
ayrımsamak *e.* to distinguish, to perceive, to realize
ayrımsız *s.* similar, identical
ayrımsızlık *a.* similarity, identity
ayrıntı *a.* detail **ayrıntı basımı** detail printing **ayrıntı çekimi** extreme close-up **ayrıntı çizimi** detail drawing **ayrıntı dosyası** detail file **ayrıntı eşiği** threshold of detail **ayrıntı kartı** detail card **ayrıntı kütüğü** detail file **ayrıntılara girmek** to go into details **ayrıntıya girmek** to enter into details
ayrıntılı *s.* detailed, comprehensive, exhaustive, elaborate **ayrıntılı çizim** working drawing **ayrıntılı olarak** in detail
ayrışabilir *s.* biodegradable, decomposable, dissociable
ayrışık *s.* differential
ayrışıklık *a.* decomposition; heterogeneity
ayrışım *a.* decomposition, desintegration
ayrışma *a.* decomposition, desintegration **ayrışma gerilimi** decomposition voltage **ayrışma hızı** rate of decomposition **ayrışma ısısı** heat of dissociation **ayrışma noktası** decomposition point
ayrışmak *e.* to separate; *kim.* to decompose, to be decomposed
ayrışmaz *s.* indecomposable
ayrıştırma *a.* decomposition, degradation **ayrıştırma elemanı** separative element **ayrıştırma gücü** separative power **ayrıştırma verimi** separative efficiency
ayrıştırmak *e.* to decompose, to resolve
ayrıt *a, mat.* edge
ayrıtaçyapraklılar *a.* dialypetalous
aysar *s.* moonstruck
aysberg *a.* iceberg * buzdağı

aysfild *a.* ice field

aysız *a.* moonless

ayşekadın *a.* string bean, green bean

aytışmak *e.* to quarrel

ayva *a.* quince; *arg.* tit *arg./kab.*, boob *arg.* **ayva tüyü** peach fuzz **Ayvayı yedik!** That's a fine kettle of fish **ayvayı yemek** *arg.* to be in the soup *kon.*, to be in hot water

ayvalık *a.* quince orchard

ayvaz *a.* footman; *yörs.* husband

ayyaş *a.* drunkard, inebriate, alcoholic, sot, boozer *kon.*, soak *kon.*, tippler ¤ *s.* inebriate

ayyaşlık *a.* alcoholism, inebriation

ayyuk *a.* the highest point of the sky **ayyuka çıkmak** a) (ses) to rise, to be loud b) to come out, to be revealed

az *s.* little; few; small, inconsiderable; insufficient, skimpy ¤ *be.* rarely, seldom; insufficiently **az az** little by little **az buçuk** a little **az bulunur** rare **az çok** more or less, in some degree, after a fashion **az daha** almost, nearly **az doymuş** undersaturated **az gelmek** to be insufficient **az görmek** to find insufficient **az kaldı** almost, nearly **az kalmak** to be short of **az kalsın** almost **az önce** a short time ago, just now **az pişmiş** rare, underdone **az sonra** soon, shortly, by and by *esk.* **az ve öz** concise, pithy, short and sweet; concisely, shortly, in a nutshell

aza *a, esk.* member * üye; *anat.* limbs, organs

azade *s.* free * serbest, başıboş, erkin ¤ *be.* freely * başıboş, serbestçe

azadelik *a.* freedom

azakeyeri *a. bitk.* sweet flag

azalan *s.* descending, decreasing **azalan dizi** descending sequence **azalan güç** slowing-down power **azalan sıra** descending order

azalık *a.* membership * üyelik

azalma *a.* fall, decline

azalmak *e.* to become less, to lessen, to diminish, to decrease, to decline, to fall, to dwindle, to drop off, to lower; to let up, to abate

azaltım *a.* decrement, reduction

azaltma *a.* reduction, deduction, cut

azaltmak *e.* to lessen, to reduce, to lower, to decrease; to deplete, to cut back; to

curtail, to cut down; to relieve, to soothe, to alleviate, to allay; to deaden

azamet *a.* greatness, grandeur, majesty, magnificence, grandiosity, sublimity; pride, arrogance, conceit

azametli *s.* grand, great, magnificent, splendid; arrogant, conceited, ostentatious

azami *s.* greatest, maximum, utmost **azami fiyat** ceiling price **azami hız** maximum speed **azami irtifa** ceiling **azami sürat** speed limit **azami verim** maximum output **azami yük** maximum load

azap *a.* pain, torment, torture **azap çekmek** to suffer torment **azap çektirmek** to torment **azap vermek** to torment

azar *a.* rebuke, reproach, talking-to, reproof *res.* **azar işitmek** to get a rocket, to get a rap on/over the knuckles

azar azar *be.* little by little, inch by inch, gradually, bit by bit, in small amounts

azarlamak *e.* to scold, to rebuke, to reproach, to lecture, to reprimand, to tell off *kon.*, to blow sb up, to tear sb off a strip *kon.*, to take sb to task, to haul sb over the coals *kon.*, to bawl sb out *Aİ.*, to give sb a rocket, to come down on, to dress sb down, to give sb a rap on/over the knuckles, to reprove *res.*, to reprehend *res.*

azat *a.* emancipation, setting free **azat etmek** to free, to set free

azatlı *s.* freed, manumitted

azatlık *a.* freedom from slavery

azca *s.* rather little, rather few

azdırmak *e.* to inflame, to exacerbate; to turn sb on; to spoil * şımartmak; to deprave, to debauch

azelya *a. bitk.* azalea

azeotrop *s.* azeotropic * eşkaynar

Azerbaycan *a.* Azerbaijan

Azerbaycanlı *a. s.* Azerbaijani

Azeri *a, s.* Azerbaijani

Azerice *a, s.* Azerbaijani

azgelişmiş *s.* underdeveloped **azgelişmiş ülke** underdeveloped country

azgelişmişlik *a.* underdevelopment

azgın *s.* furious, mad, wild, unruly; (çocuk) naughty, unruly; oversexed, lustful, licentious, lecherous, horny *arg.*, hot, randy *kon./İİ.*, raunchy *Aİ./kon.*; (rüzgâr) wild, strong; (deniz) very rough

azgınlaşmak *e.* to get wild; to get naughty; to get horny, to become over-sexed, to rut

azgınlık *a.* wildness, fierceness, unruli-ness; naughtiness, unruliness; raunchi-ness

azı *a.* molar tooth

azıcık[1] *s.* very small, very little, a modicum of

azıcık[2] *be.* slightly; just a moment

azıdişi *a.* molar tooth

azık *a.* provisions; food

azıklı *s.* feeding poor people

azıksız *s.* without provisions

azılı *s.* ferocious, wild, savage

azımsamak *e.* to regard as too little, to consider insufficient

azın *a.* minimum

azınlık *a.* minority *azınlıkta kalmak* to be in the minority

azış *a.* forcefulness, intensity

azışık *s.* forceful, intense

azışmak *e.* to become furious; to grow worse

azıştırmak *e.* to aggravate

azıtmak *e.* to get out of control, to get wild, to go too far

azil *a.* dismissal, removal

azim *a.* determination, resolution, resolve, perseverance

azimle *be.* pertinaciously

azimli *s.* determined, resolute, sturdy, earnest, dogged *övg.*

azimlilik *a.* resolution

azimut *a.* azimuth

azin *a, kim.* azine *azin boyaları* azine dyes

azit *a.* azide

aziz[1] *a.* saint * ermiş, eren

aziz[2] *s.* dear

azizlik *a.* sainthood; *mec.* practical joke, trick, prank *azizlik etmek* to play a trick (on)

azletmek *e.* to dismiss, to discharge, to fire

azlık *a.* rarity, rareness, scarcity

azma *a.* hybrid, half-breed

azmak *e.* to go too far, to get out of hand, to overstep the mark, to be on the ram-page, to go on the rampage; to get wild, to become furious; to become de-praved, to go astray; to feel horny, to

rut; (deniz) to get rough; (ırmak) to be in flood; (yara) to get inflamed, to fes-ter; to be a hybrid

azman *s.* monstrous, enormous, over-grown; hybrid

azmanlaşma *a.* hypertrophy

azmanlaşmak *e.* to hypertrophy

azmetmek *e.* to be determined to, to re-solve upon

azmış *s.* horny *arg.*

aznavur *a.* burly person, strapping person

azo boyası *a.* azo dye

azobenzen *a.* azobenzene

azoik *s.* azoic

azoik boya *a.* azo dye, ice dyestuff

azol *a.* azol(e)

Azor *s.* Azorean

azot *a.* nitrogen *azot gidermek* to denitrify *azot içeriği* nitrogen content

azotlama *a.* nitrification

azotlamak *e.* to nitrify, to nitrogenize

azotlu *s.* nitrogenous *azotlu gübre* ni-trogenous manure

azotometre *a.* nitrometer

azotölçer *a.* nitrometer

azotsuzlaştırma *a.* denitrification

azotsuzlaştırmak *e.* to denitrify

Azrail *a.* Azrael, the angel of death; *mec.* death

azrak *s.* rare *azrak eleman* trace element *azrak toprak metalleri* rare earth met-als

Aztek *a. s.* Aztec

azurit *a.* azurite

azvay *a. bitk.* aloe

B

B, b *a.* the second letter of the Turkish alphabet

baba *a.* father, dad *kon.*, pa *kon.*, daddy *çoc.*; *den.* bollard; newel post ¤ *s, kon.* very good, great; very difficult *baba bir* of the same father *baba hindi* turkey cock, gobbler *baba katili* patricide *baba ocağı* family home *baba tarafı* the father's side *baba tarafından* on the father's side *babacığım* daddy *çoc.* *babadan kalma* inherited from one's father *babaları tutmak* to have a fit *babası olmak* to beget, to sire

babasının hayrına değil not just for love; for his own benefit **babasının oğlu** like father like son

babaanne a. father's mother, paternal grandmother

babacan s. fatherly, kindly, friendly

babacanlaşmak e. to become fatherly

babacanlık a. fatherliness

babacılık a. paternalism

babaç a. the largest and oldest male (animal)

babaçko s. arg. strong, imposing, manly

babafingo a, den. topgallant

babaköş a. hayb. blindworm

babalanmak e. to have a conniption fit; arg. to play the tough

babalık a. fatherhood, paternity; stepfather; father-in-law; old man **babalık davası** huk. paternity suit **babalık etmek** to father, to be the father of **babalık testi** paternity test

babasız s. fatherless

babayani s. unpretentious, free and easy

babayiğit a. brave fellow ¤ s. brave, virile

babayiğitlik a. bravado, guts

Babil a. Babylon

babon a. hayb. baboon

babuin a, hayb. baboon

baca a. chimney, flue, stack; den. funnel, stack; skylight, smoke hole; mad. shaft **baca çekişi** chimney draught İİ., chimney draft Aİ. **baca deliği** flue, vent **baca eteği** flashing **baca gazı** flue gas, waste gas **baca külahı** chimney cap, cowl, chimneypot **baca şapkası** chimney cap **baca temizleyicisi** chimney sweep, chimney sweeper

bacak a. leg; shank; isk. knave, jack **bacak bacak üstüne atmak** to cross one's legs **bacak kadar** tiny, very short, squat, knee-high to a grasshopper **bacak yapağısı** foot locks, skirtings

bacakkalemi a. anat. shank bone, tibia

bacaklı s. having legs; long-legged

bacaksız s. legless; short-legged ¤ a, kon. naughty child; kiddy; urchin

bacanak a. brother-in-law, wife's sister's husband

bacı a. elder sister; sister

baç a. protection money

baççı a. extortioner, extortionist

badana a. whitewash **badana etmek** to whitewash

badanacı a. whitewasher, painter, decorator

badanacılık a. painting

badanalamak e. to whitewash, to decorate

badanalı s. whitewashed; painted

badas a. threshing-floor sweepings

bade a. esk. wine

badeleyit a. baddeleyite

badem a. almond **badem gözlü** almond-eyed **badem kurabiyesi** macaroon

bademcik a. tonsil **bademcik iltihabı** tonsillitis **bademciklerini aldırmak** to have one's tonsils out

bademezmesi a. almond paste, marzipan

bademli s. with almonds, having almonds

bademlik a. almond orchard

bademşekeri a. sugared almond

bademyağı a. almond oil

baderna a. den. keckling

badıç a. pod

badi a. duck **badi badi yürümek** to waddle

badik a. duck; duckling; gosling

badiklemek e. to waddle

badire a. calamity, misfortune, crisis **badireyi atlatmak** to weather the crisis

badminton a, sp. badminton

bagaj a. luggage, baggage; oto. boot İİ., trunk Aİ. **bagaj fişi** baggage check **bagaj rafı** luggage rack

bagas a. bagasse

baget a. drumstick

bağ¹ a. tie, cord; bandage; bunch, sheaf; relation, connection; kim. bond; anat. ligament; mec. impediment, restraint **bağ açısı** bond angle **bağ enerjisi** bond energy **bağ sırası** bond order **bağ şiddeti** bond strength **bağ taşı** bond stone

bağ² a. vineyard; garden, orchard **bağ bahçe** vineyards and orchards **bağ bozmak** to harvest grapes **bağ pulluğu** vineyard plough

bağa a. tortoise shell

bağacık a. scutellum

bağalı s. carapaced, scutellate

bağan a. miscarried fetus; astrakhan

bağboğan a. dodder

bağbozumu a. grape harvest, vintage

bağcı a. vine grower

bağcık a. lace, cord, string, strap

bağcılık a. viniculture

bağdadi s. made of lath and plaster ¤ a. plasterboard **bağdadi çıtası** plasterboard **bağdadi kaplama** lath and plaster
bağdalamak e. to trip (sb) with one's foot
bağdamak e. to intertwine, to embrace
bağdaş a. sitting cross-legged **bağdaş kurmak** to sit cross-legged
bağdaşık s. homogeneous * homojen
bağdaşıklık a. homogeneity * homojenlik
bağdaşım a. coherence, accordance * tutarlık, insicam
bağdaşmak e. to agree with, to accord with, to suit; to get on well with
bağdaşmaz s. incompatible, incongruous
bağdaşmazlık a. incompatibility * uyuşmazlık
bağdaştırıcı s. mediating, reconciliatory, harmonizing
bağdaştırmak e. to harmonize, to reconcile, to accommodate
Bağdat a. Baghdad **Bağdat çıbanı** Aleppo button, leishmaniasis **Bağdat harap** very hungry
bağdoku a. connective tissue
bağdokulaşma a. fibroplasia
bağdokusal s. desmoid, histoid, mesenchymal
bağfiil a, dilb. gerund * ulaç
bağı a. spell, charm
bağıcı s. connective; binding; seductive
bağıl s. dependent, conditional; relative **bağıl hareket** relative motion **bağıl hız** relative velocity **bağıl nem** bkz. bağıl-nem **bağıl özkütle** relative density **bağıl parçacık** relativistic particle **bağıl verim** relative efficiency **bağıl yoğunluk** relative density **bağıl** relativistic
bağıldeğer a, mat. relative value
bağıllık a. relativity * izafiyet, rölativite
bağılnem a, metr. relative humidity
bağım a. dependence * tabiiyet
bağımlanmak e. to become dependent
bağımlaşmak e. to become dependent on each other
bağımlı s. dependent **bağımlı bellek** slave store **bağımlı birim** slave unit, slave **bağımlı değişken** dependent variable **bağımlı dosya** slave file **bağımlı istasyon** slave station **bağımlı kimse** addict **bağımlı olmak** to depend (on/upon) **bağımlı program** dependent

program **bağımlı yazmaç** dependent register
bağımlılık a. dependence; addiction **bağımlısı olmak** to be addicted to
bağımsız s. independent, free **bağımsız değişken** independent variable, argument **bağımsız heterodin** independent heterodyne **bağımsız program** standalone program **bağımsız yazmaç** independent register **bağımsız yordam** biliş. independent routine
bağımsızlaşmak e. to become independent
bağımsızlaştırmak e. to make independent
bağımsızlık a. independence, freedom
bağımsızlıkçı a. person in favor of independence
bağımsızlıkçılık a. independence movement
bağıntı a. relation, relationship; correlation
bağıntıcı a, fel. relativist
bağıntıcılık a. relativism * görecilik, izafiye, rölativizm
bağıntılı s. relative * göreli, izafi, nispi, rölatif
bağıntılılık a. relativity * görelilik, izafiyet, rölativite
bağır a. bosom, breast; middle part; internal organs **bağrı açık** with one's shirt open **bağrı yanık** heartsick, afflicted **bağrı yanmak** a) to suffer b) to be very thirsty **bağrına basmak** to hug, to cherish, to welcome with open arms **bağrına taş basmak** to grin and bear it
bağırış a. cheer, call
bağırma a. call, shout, yawp, yell
bağırmak e. to shout, to call, to cry, to cry out, to exclaim, to scream, to clamour, to yell **bağırıp çağırmak** to clamour, to make a lot of noise
bağırsak a. intestine(s), bowel(s), gut(s) ¤ s. intestinal **bağırsak askısı** mesentery * mezenter **bağırsak bozukluğu/düzensizliği** intestinal disorder **bağırsak solucanı** ascarid **bağırsak yangısı** enteritis
bağırsakçık a. midgut
bağırtı a. outcry, shout
bağırtlak a. hayb. sandgrouse
bağış a. grant, donation, charity, benefaction, largess, largesse **bağışta bulunan kimse** donor **bağışta**

bulunmak to subscribe
bağışçı *a.* benefactor, contributor, donor, subscriber
bağışık *s, hek.* immune; exempt ***bağışık kılmak*** to immunize
bağışıklama *a. hek.* immunization
bağışıklamak *e. hek.* to immunize (sb) against
bağışıklık *a.* immunity; exemption ***bağışıklık kazandırmak*** to immunize
bağışıklıkbilim *a.* immunology * immünoloji
bağışıt *a.* excuse
bağışlama *a.* forgiveness
bağışlamak *e.* to forgive, to pardon, to excuse; to absolve; to give, to donate, to grant, to bestow; to spare (another's life)
bağışlanabilir *s.* forgivable, pardonable, excusable
bağışlanamaz *s.* inexcusable, indefensible
bağışlayıcı *s.* gracious, merciful, forgiving
bağıt *a, huk.* agreement, contract * sözleşme, mukavale, akit, kontrat
bağıtçı *a.* party to a contract
bağıtlaşmak *e.* to contract (with)
bağıtlı *a.* bound by a contract
bağkesen *a. hayb.* stag beetle, pinchbug
bağlaç *a, dilb.* conjunction * rabıt
bağlaçlı *s. dilb.* having a conjunction
bağlağı *a.* dam, weir
bağlam *a.* bunch, bundle, sheaf; context
bağlama *a.* fastening, connecting, binding, tying; brace, crossbeam; *müz.* an instrument with three double strings ***bağlama cıvatası*** connecting bolt, coupling bolt ***bağlama çekmek*** *kon.* to try to persuade sb, to inveigle sb ***bağlama çubuğu*** coupling rod, tie rod ***bağlama direği*** belaying pin ***bağlama dirseği*** knee brace ***bağlama ipi*** packthread ***bağlama kondansatörü*** coupling capacitor ***bağlama kovanı*** connecting sleeve ***bağlama kuvveti*** binding power, bonding strength ***bağlama levhası*** fishplate ***bağlama limanı*** port of registry ***bağlama parçası*** joining piece ***bağlama pimi*** connection pin ***bağlama plakası*** joint plate ***bağlama şamandırası*** mooring buoy ***bağlama taşı*** jumper ***bağlama vidası*** binding screw ***bağlama zinciri*** drag chain

bağlamak *e.* to tie, to band; to fasten; to attach; to join; to bind, to bond; to hitch; to connect; to knot; to bandage; (telefonla) to connect, to put sb through (to sb/sth); (para) to invest; (konuşma vb) to end up, to conclude; (aylık) to assign; *arg.* to arrange, to fix; *arg.* to chat (a girl/woman) up; to settle; to obligate *res.*; to attribute
bağlamsal *s.* contextual
bağlanım *a.* fastening, tying; taking sides
bağlanma *a.* binding ***bağlanma enerjisi*** binding energy ***bağlanma zamanı*** connect time
bağlanmak *e.* to be tied, to be connected; to be occupied (with); to fall for
bağlantı *a.* tie, connection, contact, link ***bağlantı ağacı*** framing timber ***bağlantı demiri*** shackle ***bağlantı editörü*** linkage editor ***bağlantı hattı*** connecting line, tie line ***bağlantı kablosu*** connecting cable, junction cable ***bağlantı kirişi*** binding joist, tie beam ***bağlantı kordonu*** connecting cord ***bağlantı kovanı*** coupling sleeve ***bağlantı kuplajı*** junction coupling ***bağlantı kurmak*** to contact, to get in touch with sb ***bağlantı kutusu*** junction box ***bağlantı noktası*** linkup, nexus ***bağlantı parçası*** connecting piece ***bağlantı pimi*** connecting pin ***bağlantı taşı*** bonder ***bağlantı ucu*** connecting terminal ***bağlantı yıldızı*** reference star ***bağlantısını kesmek*** to disconnect
bağlantılı *s.* connected; related; engaged
bağlantısız *s.* nonaligned; asyndetic
bağlantısızlık *a.* unconnectedness; *pol.* non-alignment
bağlaşık *s.* allied; colligative
bağlaşıklık *a.* alliance
bağlaşım *a.* coupling
bağlaşmak *e.* to reach on agreement * ittifak etmek
bağlayıcı *s.* binding, connecting; obligatory, binding ¤ *a, tek.* binding agent, binder
bağlı *s.* tied, bound; dependent (on), contingent (on/upon); related (to), connected (with); faithful, devoted, loyal; impotent, spellbound ***bağlı altyordam*** linked subroutine ***bağlı kalmak*** to hold to ***bağlı olmak*** a) to depend on sb/sth b) to consist (in sth) c) to belong to, to

be affiliated (with)
bağlıbağış *a.* foundation, trust
bağlık *s.* (yer) abounding in vineyards
bağlılaşık *s.* reciprocally related
bağlılaşım *a.* correlation
bağlılaşmak *e.* to be interrelated
bağlılık *a.* dependence; devotion, faithfulness, loyalty, fidelity, adherence; allegiance
bağnaz *s.* fanatic, bigoted, narrowminded, straitlaced *hkr.* ¤ *a.* bigot, puritan, zealot
bağnazlık *a.* fanaticism, bigotry
bağönler *s.* antibonding
bağrıkara *a. hayb.* stonechat
bağrışmak *e.* to shout all at once; to shout at each other, to scold each other
bağsız *s.* loose
bahadır *s.* brave, gallant, valiant
Bahai *a. s.* Bahai
Bahailik *a.* Bahaism
Bahama *a.* Bahama ¤ *s.* Bahamian **Bahama Adaları** the Bahamas
Bahamalı *a, s.* Bahamian
bahane *a.* excuse, pretext, subterfuge, put-off *kon.* **bahane aramak** to seek a pretext **bahane bulmak** to find a pretext **bahane etmek** to plead, to allege **bahanesiyle** under/on the pretext of
bahaneci *a.* person who finds excuses
bahar *a.* spring; verdure, flowers, blossoms **bahar açısı** right ascension **bahar açmak** to blossom **bahar mevsimi** springtime **bahar noktası** spring equinox, vernal equinox **bahar sürgünü** spring budding
bahar(at) *a.* spices, seasoning **baharat katmak** to season; to spice
baharatçı *a.* spice seller
baharatçılık *a.* spice business
baharatlı *s.* spicy
baharatsız *s.* unseasoned, plain
baharlı *s.* spicy
bahçe *a.* garden; park **bahçe bitkileri** garden plants **bahçe makası** pruning shears **bahçe mimarı** landscape architect **bahçe mimarisi** landscape gardening **bahçe mimarlığı** landscape architecture **bahçe nanesi** *bitk.* spearmint **bahçe ürünü** garden crop
bahçeci *a.* landscape architect; nurseryman
bahçecik *a.* small garden

bahçecilik *a.* gardening, horticulture
bahçecilik *a.* gardening, horticulture
bahçekekiği *a. bitk.* garden thyme
bahçekent *a.* garden city
bahçekızılkuyruğu *a. hayb.* European redstart
bahçeli *a.* having a garden
bahçelik *a.* place full of gardens
bahçeötleğeni *a. hayb.* garden warbler
bahçesalyangozu *a. hayb.* garden snail
bahçesiz *s.* gardenless
bahçeteresi *a. bitk.* garden cress
bahçıvan *a.* gardener **bahçıvan beli** spade **bahçıvan kovası** watering can **bahçıvan makası** garden shears
bahçıvanlık *a.* gardening, horticulture
bahis *a.* subject, topic; bet, wager *esk./res.* **bahis açmak** to bring up (a subject) **bahis konusu** subject of discussion **bahis tutuşmak** to make a bet, to wager *esk./res.* **bahse girerim ...** I bet ..., I'm sure ... **bahse girmek** to bet, to wager *esk./res.* **bahsi geçen** aforementioned **bahsi kaybetmek** to lose the bet **bahsi kazanmak** to win the bet
bahisçi *a.* backer
Bahreyn *a.* Bahrain ¤ *s.* Bahraini
Bahreynli *a, s.* Bahraini
bahri *a. hayb.* kingfisher
bahriye *a.* navy, the Marine ¤ *sg.* naval **bahriye pirinci** Admiralty brass
bahriyeli *a.* seaman, marine, naval officer; naval cadet
bahsetmek *e.* to talk about, to mention
bahşetmek *e.* to give, to grant, to bestow
bahşiş *a.* tip, baksheesh, gratuity *res.* **bahşiş vermek** to tip
baht *a.* luck, fortune; good fortune, good luck **bahtı açık** lucky **bahtı kara** unlucky, ill-starred **bahtına küsmek** to be cross with one's luck
bahtiyar *s.* elated, fortunate, happy
bahtiyarlık *a.* bliss
bahtlı *s.* fortunate, lucky
bahtsız *s.* unfortunate, unlucky, hapless
bahtsızlık *a.* ill fortune
bakabunga *a. bitk.* brooklime
bakaca *a. hayb.* woodcock, becasse
bakacak *a.* observation place
bakaç *a.* finder, viewfinder
bakakalmak *e.* to stand in wonder; to gawp
bakalit *a.* bakelite

bakalorya *a.* bachelor's degree
bakam *a.* bloodwood
bakan *a.* minister, secretary *Aİ.* **Bakanlar Kurulu** Council of Ministers, cabinet
bakanlık *a.* ministry, department *Aİ.*, portfolio
bakapiston *a.* jig
bakara *a.* baccarat
bakarkör *a.* unobservant person
bakaya *a. tic.* balance due, arrears, arrearage; *ask.* new conscripts who are charged with desertion
bakı *a, coğ.* aspect; fortune * fal; inspection * teftiş
bakıcı *a.* attendant, guard, keeper, nurse; fortune teller * falcı
bakıcılık *a.* nursing; fortune telling * falcılık
bakım *a.* maintenance; care, attention; viewpoint, point of view, respect, way **bakımından** in point of **bakımını yapmak** to service
bakımcı *a.* caretaker; janitor; trainer
bakımevi *a.* dispensary; nursing home
bakımından *be.* from the point of view (of)
bakımlı *s.* well-cared for, well-kept
bakımsız *s.* neglected, unkempt, uncared-for, squalid
bakımsızlık *a.* neglect, disrepair, lack of proper care, want of care
bakımyurdu *a.* old people's home * darülacaze
bakıncak *a.* the back sight of a gun
bakınmak *e.* to look around
bakır *a.* copper **bakır asetat** copper acetate **bakır boru** copper pipe **bakır çeliği** copper steel **bakır ipeği lifi** cupro fiber **bakır ipeği** copper rayon **bakır kaplama** a) copper coating b) copper-plated **bakır kaplı** copper-clad **bakır karbonat** copper carbonate **bakır kaybı** copper loss **bakır kazan** copper boiler **bakır klorür** copper chloride **bakır levha** copper plate, sheet copper **bakır oksit** copper oxide **bakır pası** verdigris **bakır sac** sheet copper **bakır sayısı** copper number **bakır silindir** copper cylinder **bakır sülfat** copper sulphate, blue vitriol **bakır sülfür** cuprous sulphide **bakırla kaplamak** to copper
bakırcı *a.* coppersmith
bakırcılık *a.* coppersmithing

bakırhane *a.* workplace of a coppersmith
Bakırköy *a.* bughouse *Aİ./arg.*
bakırlaşmak *e.* to turn copper
bakırlı *s.* cupreous, cuprous
bakırtaşı *a.* malachite * malakit
bakış *a.* look, glance **bakış açısı** point of view, standpoint, angle
bakışık *s.* symmetrical * simetrik
bakışım *a.* symmetry * simetri
bakışımlı *s.* symmetric, symmetrical * simetrik
bakışımlılık *a.* zygomorphism, zygomorphy
bakışımsız *a.* asymmetrical * asimetrik
bakışımsızlık *a.* asymmetry * asimetri
bakışmak *e.* to look at one another
baki *s.* permanent, everlasting; remaining **baki kalmak** to remain over, to survive
bakir *s.* virgin, virginal **bakir orman** virgin forest, untrodden forest **bakir toprak** virgin soil
bakire *a.* virgin, maiden ¤ *s.* virgin, chaste *esk.* **bakire nötronlar** virgin neutrons **bakire ortam** virgin medium **bakire pelikül** non-exposed stock
bakirelik *a.* virginity * erdenlik
bakiye *a.* remainder; balance **bakiye asfalt** residual asphalt **bakiye göl** relict lake
bakkal *a.* (kişi) grocer; (dükkân) grocer's, grocery, grocery shop *İİ.*, grocery store *Aİ.* **bakkal çakkal** grocers and the like **bakkal dükkânı** grocer's, grocery, grocery shop *İİ.*, grocery store *Aİ.*
bakkaliye *a.* groceries; grocery store
bakkallık *a.* business of a grocer
bakkam *a.* bloodwood **bakkam ağacı** brazil
bakla *a.* broad bean, bean; link of a chain **baklayı ağzından çıkarmak** to spill the beans
baklagiller *a.* leguminosae
baklakırı *s.* (at) dappled gray
baklalık *a.* field/bed of broad beans
baklamsı *s.* bean-shaped
baklan *a. hayb.* ruddy sheldrake; great bustard
baklava *a.* finely layered pastry filled with nuts and steeped in syrup **baklava anten** rhombic antenna **baklava biçiminde** diamond-shaped, rhombus-shaped
bakliyat *a.* pulses

bakmak *e.* to look (at); to look around; to look for; to attend to; to take care of, to hold the fort; to look after, to care for, to nurse; to face, to overlook; to examine, to test, to try, to go over, to check; to be in charge (of sb/sth), to be responsible for; to superintend, to supervise; to see (that sth is so); to see to (sth); to pay attention; to mind; to maintain, to support, to rear **Bakalım!** Let's see! **Bakar mısın(ız)?** a) Excuse me b) (lokantada) Waiter! c) (hamala) Porter! **Bakarız** We'll see

bakraç *a.* copper bucket

bakteri *a.* bacterium **bakteriler** bacteria

bakteridi *a.* the anthrax bacillus

bakteriler *a.* bacteria

bakterisit *a.* bactericide

bakterisiz *s.* abacterial

bakteriyel *s.* bacterial

bakteriyofaj *a.* bacteriophage

bakteriyolog *a.* bacteriologist

bakteriyoloji *a.* bacteriology

bakteriyolojik *s.* bacteriological **bakteriyolojik savaş** bacteriological warfare

bakteriyoz *a.* bacteriosis

bal *a.* honey; *kon.* fluke *kon.* **bal alacak çiçeği bilmek** to know which side one's bread is buttered *kon.* **bal gibi** a) very sweet b) certainly **bal peteği** honeycomb, comb

bala *a. yörs.* child, baby

bala *a.* child, baby * yavru, çocuk

balaban *a.* sturdy, fat; huge, large

balabankuşu *a.* bittern

balabanlaşmak *e.* to become huge

balad *a.* ballad

balak *a.* young animal, cub

balalayka *a.* balalaika

balans *a.* balance **balans ayarı** wheel balance **balans bobini** balance coil

balar *a, inş.* shingle * padavra

balarısı *a.* honeybee

balast *a.* ballast

balata *a, oto.* brake lining

balayı *a.* honeymoon **balayı dairesi** honeymoon suite **balayı yapmak** to honeymoon **balayına çıkmak** to go on a honeymoon

balayöz *a.* street sweeper

balcı *a.* seller of honey; beekeeper

balcılık *a.* honey business; beekeeping

balçık *a.* slime, clay

balçıklamak *e.* to bedaub (sth) with wet clay

balçıklı *s.* clayey, loamy

baldaken *a.* baldachin

baldır *a.* calf **baldırı çıplak** vagabond, tramp, hobo

baldırak *a.* legging; gaiter, puttee

baldıran *a.* hemlock

baldırgan *a. bitk.* asafetida plant

baldırıkara *a, bitk* maidenhair fern

baldırsokan *a. hayb.* stable fly

baldız *a.* sister-in-law, wife's sister

baldudaklı *s.* honey-tongued

bale *a.* ballet **bale topluluğu** corps de ballet

balerin *a.* ballerina

balerinlik *a.* being a ballerina

balet *a.* male ballet dancer

baletlik *a.* being a male ballet dancer

balgam *a.* phlegm

balgamlı *s.* having sputum

balgamtaşı *a.* kind of chalcedony

balgümeci *a.* embroidery honeycomb pattern

balık *a.* fish **balığa çıkmak** to go fishing **balık ağı** fishing net **balık avı** fishing **balık avlamak** to fish **Balık burcu** Pisces **balık eti** *bkz.* balıketi **balık etinde** well-rounded **balık geçidi** fishway **balık gözü** fish eye **balık istifi** packed like sardines **balık istifi gibi** like sardines *kon.* **balık kavağa çıkınca** pigs might fly, when pigs fly **balık kılçığı** fishbone **balık konservesi** tinned fish, canned fish **balık oltası** fishing line **balık pazarı** fish market **balık pulu** fish scale **balık sapağı** fishway **balık sepeti** creel **balık sürüsü** shoal, school **balık tavası** fried fish **balık tutkalı** fish glue, isinglass **balık tutmak** to fish, to angle, to catch fish **balık üretme** fish breeding **balık üretme havuzu** nursery **balık üretme istasyonu** hatchery **balık yakalamak** to catch fish **balık yatağı** fishery **balık yumurtası** roe, spawn

balıkadam *a.* skin diver; frogman

balıkağzı *a. bitk.* snapdragon

balıkbilim *a.* ichthyology

balıkbilim *a.* ichthyology

balıkbilimci *a.* ichthyologist

balıkbilimsel *s.* ichthyologic(al)

balıkçı *a.* (kişi) fisherman; fishmonger;

(dükkân) fishmonger's **balıkçı ağı** fishing net **balıkçı bağı** fisherman's bend **balıkçı kayığı** fishing boat **balıkçı kazağı** turtleneck **balıkçı teknesi** smack **balıkçı yaka** a) turtleneck, polo neck b) turtlenecked **balıkçı zıpkını** gaff

balıkçıl s. fish-eating, piscivorous ¤ a. heron, egret

balıkçılık a. fishing, fishery, fishing industry

balıkçın a. hayb. tern

balıketi s. slightly stout

balıketi(nde) s. plumpish, fleshy, buxom

balıkgözü a. eyelet **balıkgözü objektif** fish-eye lens

balıkhane a. wholesale fish market

balıkkartalı a, hayb. osprey

balıklama be. headfirst, headlong; unthinkingly, thoughtlessly, like a shot kon. **balıklama dalmak** to fling oneself into **balıklama dalmak/atlamak** a) to dive headfirst b) mec. to jump at sth

balıklava a. good fishing ground

balıklı s. having fish

balıkotu a. elodea

balıksırtı s. herringbone **balıksırtı dam** gambrel roof **balıksırtı dişli** herringbone gear **balıksırtı eğe** half-round file **balıksırtı kiriş** fishbellied girder **balıksırtı örgü** diagonal bond

balıktutkalı a. isinglass

balıkyağı a. fish oil; cod-liver oil

balıkyumurtası a. roe, spawn

baliğ s. pubescent **baliğ olmak** a) to reach puberty b) to amount to

balina a. whale **balina avcılığı** whaling **balina avcısı** whaler **balina yağı** blubber

balinabilimci a. cetologist

balinabilimi a. cetology

balinalı s. stiffened with whalebone

balistik a. ballistics ¤ s. ballistic **balistik eğrisi** ballistic curve **balistik füze** ballistic missile **balistik galvanometre** ballistic galvanometer **balistik manyetometre** ballistic magnetometer **balistik sarkaç** ballistic pendulum

balkabağı a, bitk. squash; mec. fool, clot İİ./kon./şak.

Balkan s. Balkan, Balkanic

Balkanlar a. the Balkans

Balkanlaşmak e. pol. to become balkanized

Balkanlaştırmak e. pol. to balkanize

Balkanlı a. Balkanite

Balkanolog a. Balkanologist

Balkanoloji a. Balkanology

Balkar a. s. Balkar

Balkarca a. Balkarian Turkish ¤ s. Balkar, in Balka

balkelebeği a. hayb. honeycomb moth, bee moth

balkı s. attractive, striking; good-looking

balkımak e. to shimmer * parıldamak; to flash * şimşek çakmak

balkır a. shine; radiance

balkon a. balcony; (tiyatro vb'de) circle, balcony Aİ.; arg. boob, tit, titty

balkuşu a. honey eater

ballamak e. to honey; to spread honey (on)

ballandırmak e. to romance, to exaggerate

ballanmak e. to become sweet (like honey); to be spread with honey

ballı s. honeyed; kon. jammy, unusually lucky

ballıbaba a. dead-nettle

ballıbabagiller a. labiatae

ballıbasra a. hayb. fig scale (an insect pest on figs)

ballık a. nectary

balmumlu s. ceriferous

balmumu a. wax, beeswax

balmumuçiçeği a. bitk. wax plant

balo a. ball, dance **balo salonu** ballroom

balon a. balloon; kon. lie, empty words **balon çerçeve** balloon framing **balon hangarı** balloon shed **balon lastik** balloon tyre **balon uçurmak** mec. to fly a kite

balonbalığı a. hayb. globefish, puffer, swellfish

baloncu a. balloon seller; balloon operator

balonjoje a. volumetric flask

balonlamak e. den. to fill (a sail) with wind

balonlu s. having a balloon **balonlu çiklet** bubble gum

balonlufok a. hayb. hooded seal

balotaj a. runoff election, ballotage

baloz a. low-class cabaret

balözlü s. nectariferous, nectarous

balözü a. nectar

balözü a. nectar

balözülük *a.* nectary
balpeteği *a.* honeycomb
balrengi *a.* color honey ¤ *s.* honey-colored
balsa *a, bitk.* balsa
balsam *a.* balsam
balsıra *a.* honey-dew, manna
balta *a.* axe, ax *Aİ.*, chopper, hatchet; *arg.* bumpkin; hick; boor, lout **balta girmemiş orman** virgin forest **balta olmak** *arg.* to pester, to keep on at, to harass **baltayı taşa vurmak** to make a blunder, to drop a brick, to put one's foot in it
baltabaş *a. den.* straight-stemmed (ship)
baltaburun *s.* hook-nosed; *den.* straight-stemmed
baltacı *a.* axman; woodman, woodcutter; fireman equipped with an ax
baltalama *a.* sabotage, blow
baltalamak *e.* to cut with an axe, to hew down; *mec.* to sabotage
baltalayıcı *a.* saboteur
baltalı *s.* having/holding an ax
baltalık *a.* coppice forest
Baltık *s.* Baltic
Baltık *a.* the Baltic **Baltık Denizi** the Baltic Sea **Baltık Devletleri** Baltic States
baltıkkazı *a. hayb.* brant goose, brent goose
baltimorkuşu *a. hayb.* Baltimore bird
balya *a.* bale **balya makinesi** baling machine **balya yapmak** to make into bales
balyalamak *e.* to bale
balyoz *a.* sledge, sledgehammer **balyoz gibi** very heavy
balyozlamak *e.* to sledgehammer
balza *a. bitk.* balsa
bambaşka *s.* quite different, utterly different
bambu *a.* bamboo
bambul *a. hayb.* wheat chafer
bambulotu *a, bitk.* heliotrope
bamburuk *a, arg.* balls
bamteli *a.* string giving the lowest sound; *mec.* vital point, sore spot **bamteline basmak** to rub sb the wrong way, to touch sb on the raw, to irritate
bamya *a.* okra **bamya tarlası** resting place *ört.*
bana *adl.* me, to me; for me **Bana bak** Look here **Bana bakma** Don't count on me **bana gelince** as to me, for me

bana göre as far as I'm concerned **Bana göre hava hoş** It doesn't make any difference (to me), It's all the same to me **bana kalırsa** as far as I'm concerned **bana mısın dememek** a) to show no reaction to, not to care b) to have no effect, to change nothing, not to work **Bana ne** what's that to me, who cares **bana öyle geliyor ki** it seems to me that
banağacı *a. bitk.* horseradish tree
banal *s.* banal
banço *a, müz.* banjo
bandaj *a.* bandage
bandıra *a, den.* flag, colours, ensign
bandıralı *s.* having a flag
bandırmak *e.* to dip (into), to dunk
bando *a, müz.* band, brass band **bando şefi** *müz.* bandmaster
bandrol *a.* monopoly tax label; banderole, banderol
bangaboz *a. arg.* fool, idiot
bangır bangır *be.* too loudly **bangır bangır bağırmak** to shout loudly
bangırdamak *e.* to shout loudly
Bangladeş *a.* Bangladesh ¤ *s.* Bangladeshi
Bangladeşli *a, s.* Bangladeshi
bank *a.* bench
banka *a.* bank **banka cüzdanı** bankbook, passbook **banka çeki** bank cheque **banka faiz oranı** bank rate **banka havalesi** money order **banka hesabı açmak** to open a bank account **banka hesabı** bank account **banka ıskontosu** bank discount **banka kartı** banker's card **banka kasası** bank vault **banka kredisi** bank credit **banka memuru** bank clerk, bank official **banka mevduatı** deposits **banka müdürü** bank manager **banka poliçesi** bank draft **banka soygunu** bank robbery **banka şubesi** branch bank **banka veznedarı** teller **bankaya yatırmak** to bank
bankacı *a.* banker; bank employer
bankacılık *a.* banking
bankalararası *s.* interbank
bankamatik *a.* cash dispenser, cashomat
banker *a.* stockbroker; banker
banket *a.* shoulder, berm
bankiz *a, coğ.* floe
banknot *a.* banknote, bill *Aİ.*

banko *a.* counter
banliyö *a.* suburb **banliyö treni** suburban train, local train
banmak *e.* to dip (into), to dunk
banotu *a.* henbane
bant *a.* tape; band; ribbon, tie; sticky tape; (bilardo masası) cushion **banda almak** to record **bant amorsu** tape leader **bant anahtarı** band switch **bant delici** receiving perforator **bant geçirimi** band-pass **bant genişliği** band width **bant kayıt** tape recording **bant kenarı** band edge **bant kodu** *biliş.* tape code **bant seçici** band selector **bant spektrumu** band spectrum **bant sürücü** *biliş.* tape drive
bantam tüp *a.* bantam tube
bantgeçiren *s.* band-pass **bantgeçiren akort** band-pass tuning **bantgeçiren filtre** band-pass filter
bant-karikatür *a.* comic strip
bantlamak *e.* to stick with sticky tape
bantlı *s.* having a tape; having a band **bantlı debriyaj** band clutch **bantlı konveyör** conveyor belt, conveyor
bantsöndüren filtre *a.* band elimination filter
banyan *a. bitk.* banyan (tree)
banyo *a.* bath; liquor; bathtub; bathroom **banyo akışı** liquor flow **banyo alışı** liquor pickup **banyo almak** to have a bath, to take a bath **banyo arıtma** bath purification **banyo etmek** *fot.* to develop **banyo havlusu** bath towel **banyo küveti** bathtub **banyo oranı** *teks.* bath ratio, liquor ratio **banyo teknesi** bath vat, bathtub **banyo tuzu** bath salt **banyo yapmak** to have a bath *İİ.*, to take a bath *Aİ.*, to bathe
baobap *a. bitk.* baobab
bap *a. esk.* gate, door; chapter
bar bar *be.* at the top of one's voice **bar bar bağırmak** to shout at the top of one's voice
bar¹ *a.* a kind of folk dance
bar² *a.* bar, saloon *Aİ.*
baraj *a.* dam, barrage; (futbol) wall **baraj ateşi** *ask.* barrage **baraj yapmak** to dam
barak *a. yörs.* plush; long-haired dog
baraka *a.* hut, shed, shanty
baratarya *a.* law barratry
Barbados *a.* Barbados ¤ *s.* Barbadian

Barbadoslu *a, s.* Barbadian
barbakan *a.* barbican
barbar *a.* barbarian ¤ *s.* barbarian, barbaric, barbarous *hkr.*
barbarca *be.* barbarously
barbarizm *a.* barbarism
barbarlaşmak *e.* to become barbarous
barbarlık *a.* barbarism, barbarity
barbata *a. ask.* battlement, parapet
barbekü *a.* barbecue
barbitürat *a, kim.* barbiturate
barbitürik asit *a.* barbituric acid
barbitürik *s.* barbituric
barbunya *a, hayb.* red mullet; *bitk.* kidney bean **barbunya fasulyesi** small reddish bean
barbut *a.* a kind of dice game
barçak *a.* guard of a sword hilt
barda *a.* cooper's adze
bardacık *a.* fresh fig
bardak *a.* glass, cup **bardağı taşıran son damla** the last straw, the final straw (that breaks the camel's back) **bardak altı** coaster **bardak altlığı** coaster **bardaktan boşanırcasına yağmur yağmak** to rain cats and dogs, to rain buckets, to bucket (down), to teem *kon.*
bardakeriği *a, bitk.* greengage
barem *a.* scale of salaries **barem kanunu** law regulating official salaries
baret *a.* miner's helmet
barfiks *a, sp.* horizontal bar, chinning bar
bargam *a. hayb.* small mullet
barı *a.* garden wall, fence
barınak *a.* shelter, asylum, refuge, harbour, harbor *Aİ.* **barınak güverte** shelter deck
barınakçı *a.* owner of a boardinghouse
barındırmak *e.* to shelter, to accommodate, to lodge, to house
barınıcı *a.* boarder
barınmak *e.* to take shelter (in); to get along together
barış *a.* peace, concord, reconciliation **barış antlaşması** peace treaty **barış içinde** in peace, peacefully **barış yapmak** to bury the hatchet, to make peace **barışı bozmak** to break the peace
barışçı *a.* pacifist ¤ *s.* pacific, peaceful
barışçıl *s.* peace-loving, pacific, peaceable, peaceful
barışçılık *a.* pacifism

barışık s. at peace, reconciled
barışıklık a. concord, accord, reconciliation
barışmak e. to be reconciled, to make it up, to come to an agreement, to bury the hatchet
barışsever s. pacific, peaceful
barışseverlik a. pacifism
barıştırıcı s. conciliatory; peacemaking
barıştırmak e. to reconcile, to conciliate
bari bağ. at least; if so, then; may as well, might as well
barikat a. barricade **barikat kurmak** to barricade sth off
barisentrik s. barycentric
barisfer a. barysphere * ağırküre
barit a. barite * ağır spat
baritin a. barytine
bariton a. baritone
bariyer a. safety fence
bariz s. clear, obvious, marked, distinct
bark a. dwelling
barka a. large rowboat, barque
barkan a. barkhan
barkarol a. müz. barcarole
barkod a. barcode
barlam a. hayb. hake
barmen a. barman, bartender
barmenlik a. bartending
barmeyd a. barmaid
barn a. barn
baro a, huk. bar **barodan ihraç etmek** huk. to disbar
barograf a. barograph * yükseltiyazar
barogram a. barogram
barok a, s. baroque
barometre a. barometer
barometri a. barometry
barometrik s. barometric
baron a. baron
barones a. baroness
baronet a. baronet
baronluk a. barony
baroskop a. baroscope
barostat a. barostat
barosviç a. baroswitch
barotaksi a. barotaxis
barotermograf a. barothermograph
barparalel a. sp. parallel bars
barsam a. hayb. lesser weever
barsama a. bitk. milfoil, yarrow
barudi s. dark gray
barut a. gunpowder **barut gibi** a) irasci-

ble, irritable, brusque b) bitter, acrid **barut hakkı** charge **barut kesilmek** to fly into a rage, to hit the roof kon., to go off the deep end kon. **barutla oynamak** to play with fire
barutçu a. gunpowder maker/seller
baruthane a. powder magazine
barutluk a. powder horn/flask
baryon a. baryon
baryum a. barium **baryum monoksit** baryta
bas a, müz. bass; kon. bass guitar, bass
bas bas be. at the top of one's voice **bas bas bağırmak** to bawl
basadora a. footrope
basamak a. step, stair; round, rung; footboard, footstep; mat. order **basamak değeri** place value **basamak fonksiyonu** step function **basamak yüksekliği** riser
basamaklı s. graded **basamaklı ırgat** differential windlass **basamaklı kasnak** cone pulley
basamaksı s. steplike, scalariform
basarık a. yörs. pedal; treadle (of a loom)
basbayağı s. common, ordinary
basçı a, kon. bassist
basen a. the extent of (sb's) hipline; anat. pelvic cavity, pelvis
basgitar a. bass, bass guitar
basgitarist a. bassist
bası a. print, printing
basıcı a. printer, editor
basık s. flattened, depressed; low **basık kemer** drop arch, flat arch
basıklık a. flatness; lowness; mat. oblateness
basılı s. pressed (in); printed **basılı kâğıt** form, printed paper **basılı malzeme** printed matter
basılış a. printing, impression
basım a. printing, impression **basım ışığı** printing light **basım işlemi** printing process
basımcı a. printer
basımcılık a. printing
basımevi a. printing house, press
basın a. press, newspapers **basın bildirisi** press release **basın kurumu** press association **basın locası** the press gallery **basın mensupları** press **basın özgürlüğü** freedom of the press **basın sözcüsü** press agent **basın**

toplantısı press conference *basın ve yayın özgürlüğü* liberty of the press
basınç *a.* pressure, compression, stress, thrust *basınç açısı* pressure angle *basınç borusu* pressure pipe *basınç cephesi* pressure front *basınç çizgisi* pressure line *basınç denetimi* pressure control *basınç deneyi* pressure test *basınç deposu* pressure tank *basınç direnci* compressive strength *basınç düşürücü* pressure reducer *basınç eğimi* pressure gradient *basınç göstergesi* pressure indicator *basınç gradyanı* pressure gradient *basınç hücresi* pressure chamber *basınç kantarı* pressure balance *basınç kaybı* pressure loss *basınç kayması* pressure shift *basınç kaynağı* pressure welding *basınç kuvveti* compressive force *basınç merkezi* centre of pressure *basınç oranı* pressure ratio *basınç plakası* pressure plate *basınç pompası* pressure pump *basınç regülatörü* pressure regulator *basınç supabı* pressure valve *basınç uygulamak* exert pressure *basınç yatağı* thrust block *basınç yayı* pressure spring *basınç yüksekliği* pressure head *basınç yükü* pressure load
basınçlı *s.* pressurized, forced *basınçlı boyama* pressure dyeing *basınçlı buharlayıcı* pressure ager *basınçlı dolaşım* forced circulation *basınçlı döküm* die casting *basınçlı hava* compressed air *basınçlı kabin* pressure cabin *basınçlı kap* autoclave *basınçlı kurutucu* pressure dryer *basınçlı su* pressure water *basınçlı şalter* pressure switch *basınçlı tank* pressure tank *basınçlı tünel* pressure tunnel *basınçlı yağlama* pressure feed lubrication
basınçölçer *a.* barometer
basınçölçüm *a.* barometry
basıölçer *a.* manometer * manometre
basırganmak *e.* to have a nightmare
basil *a.* bacillus
basiret *a.* forethought, foresight, insight, discernment, prudence
basiretli *s.* cautious, prudent, watchful
basiretsiz *s.* imprudent, blind
basiretsizlik *a.* lack of foresight
basit *s.* easy * kolay; elementary, basic; simple, plain * sade; ordinary, commonplace; unimportant, small-time *kon.* *basit ark* simple arc *basit kesir* proper fraction *basit sarkaç* simple pendulum *basit tarama* sequential scanning *basit ton* simple tone *basit zincir* simple chain
basitleşmek *e.* to become simple, to become easy; to become ordinary
basitleştirmek *e.* to simplify
basitlik *a.* simplicity
Bask *a. s.* Basque
Baskça *a. s.* Basque
basket *a, kon.* basketball; basket *basket atmak* to make/shoot a basket
basketbol *a.* basketball *basketbol topu* basketball
basketbolcu *a.* basketball player, basketeer
basketçi *a.* basketballer, basketball player
baskı *a.* press; pressure; printing, edition, impression; oppression, compulsion, duress; (giyside) hem *baskı alanı* printing area *baskı altında tutmak* to keep down *baskı altında* under duress, under pressure *baskı arabası* printing car *baskı astarı* *teks.* back gray, back cloth *baskı bileziği* thrust collar *baskı blanketi* printing blanket *baskı bloğu* printing block *baskı boyası* print paste *baskı çekici* face hammer *baskı demiri* swage *baskı deseni* printing pattern, printing design *baskı grubu* pressure group *baskı hatası* misprint *baskı hızı* printing speed *baskı kalenderi* embossing calender *baskı kalıbı* swage *baskı kalitesi* print quality, letter quality *baskı kâğıdı* printing paper *baskı kuyruğu* print queue *baskı makinesi* printing press, printing machine, press *baskı masası* printing table *baskı mili* thrust shaft *baskı mürekkebi* printer's ink *baskı patı* printing paste *baskı plakası* pressure plate *baskı pulu* thrust washer *baskı sayısı* circulation *baskı silindiri* *teks.* printing cylinder, printing roller *baskı şablonu* printing screen, printing stencil *baskı tekniği* printing technique *baskı valsi* printing roller *baskı yapmak* to pressurize, to push, to coerce *res.* *baskı yatağı* thrust bearing *baskı yayı* pressure spring *baskı yoğunluğu* print

density *baskı yöntemi* printing method *baskı yüzeyi* printing area *baskısı tükenmiş* out of print *baskıya girmek* to go to press

baskıcı *s.* pressuring; repressive, oppressive

baskılamak *e.* to swage

baskılı *s.* printed *baskılı devre biliş.* printed circuit *baskılı devre levhası biliş.* printed circuit board

baskılık *a.* paperweight

baskın *a.* raid, inroad, foray, incursion; (polis baskını) bust; *mec.* descent (on/upon sb), unexpected visit ¤ *s.* dominant, predominant *baskın birlikleri ask.* shock troops *baskın çıkmak* to come off best, to prevail, to surpass *res. baskın dalga* dominant wave *baskın gelmek* to be heavy *baskın mod* dominant mode *baskın olmak* to predominate *baskın taarruzu ask.* surprise attack *baskın yapmak* a) to raid, to make a foray b) (polis) to bust, to descend (on/upon sb/sth) c) *mec.* to descend (on/upon sb/sth), to visit unexpectedly

baskıncı *a.* raider

baskısız *s.* undisciplined, uncontrolled

basklarnet *a. müz.* bass clarinet

baskül *a.* weighbridge, platform balance, platform scales *baskül köprü* bascule bridge

baskülcü *a.* check weighman

basküllü *s.* having a weighbridge *basküllü platform* tipping platform

basma *a.* printed cotton, calico; printed matter ¤ *s.* printed *basma atölyesi* print works *basma bileziği* thrust collar *basma çekici* print hammer *basma gerilmesi* compressive stress *basma kumaş* printed material, printed fabric *basma tulumba* force pump, forced pump

basmacı *a.* manufacturer/seller of printed cloth; *teks.* printer

basmacılık *a.* making/selling printed cloth

basmahane *a, teks.* print works

basmak *e.* to tread (on), to step (on), to trample; to press, to depress, to compress; to print; to raid; to bust; *kon.* to descend (on); to flood; (karanlık) to fall, to set in; (çığlık) to let out, to utter; (bir yaşa) to enter, to reach; (para) to strike,

to coin, to print; (mühür) to affix *Bas git!* Hop it! *arg.*, Buzz off! *İİ. kon.* basıp gitmek to go away, to walk away, to scram *arg.*

basmakalıp *s.* stereotyped, commonplace, stock, trite, hackneyed *basmakalıp söz* commonplace, cliché, platitude *res.*

basmalı *s.* operating by pushing/pressing *basmalı anahtar* push-button switch *basmalı düğme* push-button

Basra Körfezi *a.* the Persian Gulf

basso *a.* bass

bastı *a.* vegetable stew

bastıbacak *s.* short-legged, fubsy, shorty, podgy *kon./hkr.*, squat *hkr.*

bastırıcı *s.* suppressing ¤ *a.* suppressor *bastırıcı ızgara* suppressor grid

bastırma *a.* suppression

bastırmak *e.* to have (sth) printed; to make sb print; to subdue, to repress, to stifle, to contain; (isyan) to put sth down, to suppress, to quash, to quell; (açlık) to appease; (ses) to drown; (skandal vb) to hush up, to cover; (giysi) to hem

bastika *a.* snatch block

baston *a.* walking stick, stick *baston yutmuş gibi* as stiff as a poker

basur *a, hek.* piles, hemorrhoids * emoroit

basurotu *a.* celandine, pilewort

basya *a. bitk.* bassia, madhuca

baş *a.* head; chief, leader; beginning; end; top; *den.* bow ¤ *s.* main, chief, leading, principal, cardinal *baş ağır* top heavy *baş ağrısı* a) headache b) nuisance, pest *baş ağrıtmak* to annoy *baş aşağı* headfirst, headlong, upside down *baş başa vermek* to put their heads together *baş başa* tête-à-tête *baş belası* a) nuisance, pain, pest *kon.*, plague *kon.*, pain in the neck, troublemaker *hkr.* b) troublesome *baş bodoslaması* stem post, stem *baş çekimi* big close-up *baş dayak* headstock *baş direği* foremast *baş döndürücü* dazzling, dizzy, giddy *baş dönmesi* dizziness, vertigo *baş düşman* archenemy *baş edebilmek* to be able to cope (with), to manage successfully *baş edememek* to be unable to cope (with) *baş etmek* to cope (with), to do with, to stem the tide of *baş göstermek* to appear, to arise *baş göz etmek kon.* to marry (off), to give in marriage *baş gübresi* top dressing *baş kasarası* forecastle *baş kesme makinesi* header *baş kıç vurmak* pitch *baş koymak* to set one's heart/mind (on) *baş nedime* maid of honour *baş pilot* chief pilot *baş plan* big close-up *baş rüzgârı* head wind *baş sallamak* to nod *baş sayfa* title page *baş tacı etmek* to make a fuss over *baş tuğlası* head brick *baş üstünde tutmak* to welcome *baş üstüne* with pleasure, yes *başa baş* neck and neck *başa çıkılmaz* insurmountable, unruly *başa çıkmak* to cope with *başa geçmek* a) to reach the highest position b) to come in *Başa gelen çekilir* What can't be cured must be endured *başa gelmek* (something bad) to happen to *başa güreşmek* to struggle to get the best result *başı açık* bareheaded *başı ağrımak* to have got a head *kon. başı bağlı* married *başı belada olmak* to be in trouble *başı belada* in trouble *başı belaya girmek* to get into trouble *başı çekmek* to take the lead, to lead, to head *başı daralmak* to be pushed for money *başı darda olmak* to come to grief *başı derde girmek* to get into trouble, to get into a jam *kon. başı dertte olmak* to be in a jam *kon. başı dertte* in trouble, in deep water(s) *başı dinç* at ease *başı dönmek* to feel dizzy, to feel giddy *başı dumanlı* a) tipsy b) in love *başı havada* happy, over the moon *(bir şeyle) başı hoş olmamak* to be in bad with sth *başı için* in the name of *başı kalabalık* busy *başı önünde* with downcast eyes *başın sağ olsun* please accept my condolences *başına bela olmak* to trouble, to cause trouble to, to worry *başına bir hal gelmek* to get into hot water *başına buyruk olmak* to be one's own master *başına buyruk* independent; doing things without others' approval *başına çal arg.* (said when refusing a present, etc.) stick it up your ass *başına çorap örmek* to get sb into trouble *başına dert açmak* a) to borrow trouble, to get into a scrape b) to bring trouble on *başına dert etmek* to worry about *başına devlet kuşu konmak* to

hit the jackpot, to have a stroke of great luck *başına dikilmek* to stand over sb; to breathe down sb's neck *başına gelmek* to happen to, to befall *başına güneş geçmek* to get sunstroke *başına iş açmak* a) to borrow trouble, to get into a scrape b) to bring trouble on *başına kakınç etmek* to rub sb's nose in it *kon./hkr. başına kakmak* to rub it in *başına ödül koymak* to put a price on sb's head *başına üşüşmek* to mob *başına vurmak* to get to sb's head *başına yıkmak* to foist on *başına* per *başında bulunmak* to be at the head of *başında dikilip durmak* to breathe down one's neck *başında durmak* to stand over *başında kavak yelleri esmek* a) to be in one's salad days b) to daydream *başında olmak* to head *başından atmak* to get rid of sb/sth, to dispose of sb/sth, to throw sth/sb off, to ditch *kon. başından beri* all along *başından büyük işe girişmek* to bite off more than one can chew *başından büyük işlere girişmek (kalkışmak)* to bite off more than one can chew *başından geçmek* to experience, to happen to *başından savmak* to get rid of, to send away, to send sb packing *kon. başından sonuna kadar* all the way *başını ağrıtmak* a) to give sb a headache b) *mec.* to annoy *başını alıp gitmek* to go away by oneself *başını bağlamak* to marry (off) *başını belaya sokmak* to get into trouble *başını çekmek* to lead *başını derde sokmak* to get into trouble *başını dik tutmak* to hold one's head high, to save face *başını dinlemek* to live quietly *başını döndürmek* a) (alkol) to go to sb's head, to dizzy b) *mec.* to dazzle, to go to sb's head *başını gözünü yarmak* a) to make a mess of b) (dil) to murder *başını kaşıyacak vakti olmamak* to be snowed under with work, to be up to one's ears in work *başını kesmek* to decapitate, to behead *başını kurtarmak* to save one's skin *başını sallamak* to shake one's head *başını sokacak bir yer* a roof over one's head *başını sokacak bir yeri olmamak* to have no roof over one's head *başını sokmak* to find a place to live *başını taştan taşa vurmak* to knock one's head against the wall *başını yakmak* to get sb into a lot of trouble *başını yemek* a) to cause the death of b) to get sb into trouble *başının altından çıkmak* to be sb's doing, to be at the bottom of sth *başının çaresine bakmak* to save oneself, to fend for oneself, to look after oneself *başının etini yemek* to badger, to pester, to plague, to nag at sb *kon.*, to get at sb *kon.* *Başınız sağ olsun* May your life be spared *başta gelmek* to lead, to be in the lead *baştan* initially, anew, afresh, from the word go, beforehand *baştan ayağa* from top to toe *baştan aşağı süzmek* to eye from head to foot *baştan aşağı* from head to foot, from top to bottom; entirely, throughout *baştan başa* from top to bottom *baştan başa okumak* to read from cover to cover *baştan çıkarıcı* seductive *baştan çıkarma* seduction *baştan çıkarmak* to tempt, to seduce, to entice, to pervert, to corrupt, to debauch *baştan çıkmak* to go astray *baştan itibaren* from the first *baştan savma* a) slipshod, shoddy, sloppy, slack, perfunctory, botched, cursory *hkr.* b) slapdash, perfunctorily *baştan savma yapmak* to botch *baştan sona kadar* from beginning to end

başağaç *a.* wood cut to show growth rings
başağırlık *a. sp.* heavyweight
başak *a.* ear of grain, head, spike *Başak burcu* Virgo *başak bağlamak* to come into ear *başak kesme makinesi* header
başakçı *a.* gleaner
başakçık *a.* spicule, spikelet
başaklanmak *e.* to ear, to come into ear
başaklı *s.* spicate
başaksız *s.* earless, spikeless
başaltı *a.* (güreşte) second class; *den.* forward crew-quarters, steerage
başamiral *a.* navy admiral of the highest rank
başarı *a.* success, accomplishment, achievement, prosperity *başarı göstermek* to show success *başarıya ulaşmak* to accomplish
başarılı *s.* successful, crack, prosperous *başarılı olmak* to prosper, to come off,

to go like a bomb, to bring home the bacon
başarısız *s.* unsuccessful, abortive, fruitless *başarısız olmak* to fail, to come to grief *kon.*
başarısızlık *a.* failure *başarısızlığa uğramak* to come to grief , to mire down , to wash out
başarmak *e.* to succeed (in), to manage, to accomplish, to achieve, to pull off, to get ahead, to bring sth off *kon.*
başasistan *a.* chief intern
başasistanlık *a.* being a chief intern (in a hospital)
başat *s.* dominant * hâkim, dominant
başatlık *a.* dominance, dominancy * hâkimiyet
başbakan *a.* prime minister, premier *başbakan yardımcısı* deputy prime minister
başbakanlık *a.* premiership; the prime minister's office
başbuğ *a.* commander, chief, leader
başçavuş *a.* sergeant major
başçavuşluk *a. ask.* being a sergeant major
başçı *a.* seller of (cooked) heads of sheep/cattle; foreman, forewoman
başçık *a, bitk.* anther * haşefe
başdamar *a.* carotid artery
başdamarı *a. anat.* carotid artery
başdanışman *a.* chief adviser
başdiyakoz *a.* archdeacon
başdiyakozluk *a.* archdeaconry
başdizgici *a.* head typesetter, head compositor
başgardiyan *a.* head guard (in a prison)
başgarson *a.* head waiter
başgedikli *a. ask.* sergeant major; chief warrant officer
başhakem *a.* chief referee
başhekim *a.* head doctor
başhemşire *a.* head nurse
başheykeli *a.* bust
başıboş *s.* untied, free, loose; aimless; neglected, unattended; stray *başıboş bırakmak* to give free rein (to sb) *başıboş dolaşmak* to gad about/around, to wander around *başıboş gezmek* to ramble, to wander, to bum around, to hang about/around *kon.*

başıboşluk *a.* lack of control; lack of supervision
başıbozuk[1] *s.* irregular, undisciplined
başıbozuk[2] *a.* bashibazouk
başıbozukluk *a.* lack of discipline; being irregular soldier; status as a civilian
başıkabak *s.* completely bald, baldheaded
başimam *a. din.* chief imam
başimamlık *a. din.* chief imamate; duties/office of a chief imam
başka *s.* another; other; different ¤ *be.* else *-den başka* apart from, besides, except, excepting, exclusive of *başka başka* separately, one by one *başka bir* another *başka bir deyişle* in other words *başka bir zaman* another time *başka biri* someone else; another person, another *başka çare olmamak* there is nothing (else) for it (but to do sth) *başka olmak* to differ from *başka türlü* differently; otherwise *başka yerde* elsewhere *başka yere* elsewhere
başkaca *be.* somewhat different; further
başkahraman *a.* protagonist
başkaları *adl.* others
başkalaşım *a.* metamorphism * istihale, metamorfizm
başkalaşımlı *s.* heteromorphic, heteromorphous
başkalaşma *a.* metamorphosis; transformation; transmutation; heteromorphism
başkalaşmak *e.* to metamorphose, to change, to alter *başkalaşmış kayaç* metamorphic rock
başkalaşmış *s.* metamorphic, metamorphous
başkalaştırma *a.* mutagenicity, transmutation
başkalaştırmak *a.* to metamorphose
başkaldırı *a.* revolt, riot, uprising, rebellion, muting
başkaldırıcı *a.* rebel ¤ *s.* rebellious
başkaldırma *a.* rising, rebellion
başkaldırmak *e.* to revolt, to rebel, to rise (against)
başkalık *a.* difference; change; diversity
başkan *a.* president, chairman, head, chief *başkan vekili* acting president *başkan yardımcısı* vice-president
başkanlık *a.* presidency; chairmanship *başkanlık etmek* to preside, to chair
başkası *adl.* someone else *başkasının*

işine karışmak to interlope
başkâtip *a.* head clerk
başkâtiplik *a.* chief secretaryship
başkemer *a.* archivolt
başkent *a.* capital * başşehir
başkesit *a.* crosscut
başkeşiş *a.* abbot
Başkırdistan *a.* the Bashkir Republic
Başkırt *a. s.* Bashkir
Başkırtça *a. s.* Bashkir
başkilise *a.* cathedral
başkişi *a.* protagonist
başkomutan *a.* commander-in-chief * başkumandan, serdar
başkomutanlık *a.* supreme military command, High Command
başkonakçı *a. hayb.* primary host
başkonsolos *a.* consul general
başkonsolosluk *a.* consulate general
başkoşul *a.* main requirement
başkumandan *a.* commander-in-chief * başkomutan
başkumandanlık *a.* supreme military command, High Command
başlahana *a. bitk.* cabbage
başlama *a.* beginning, start *başlama vuruşu sp.* kickoff
başlamak *e.* to begin, to start, to commence *res.*, to come on, to enter into, to fall to, to get cracking *kon.*; to originate; (göreve) to accede (to sth)
başlangıç *a.* beginning, start, origin, commencement, inception *res.*; preface, foreword ¤ *sg.* elementary, preliminary *başlangıç basıncı* initial pressure *başlangıç biti* start bit *başlangıç durumu* initial state *başlangıç elemanı* start element *başlangıç hızı* initial speed *başlangıç hücresi* starter cell *başlangıç işareti* start signal *başlangıç konumu* initial position *başlangıç koşulu* initial condition *başlangıç meridyeni* prime meridian *başlangıç noktası* starting point *başlangıç noktası* starting point *başlangıç öğesi* start element *başlangıç sürtünmesi* starting friction *başlangıç yeri* starter cell *başlangıçta* at first, initially, to start with
başlantı *a. müz.* overture
başlatıcı *a. biliş.* initiator
başlatma *a.* starting, initialization *başlatma akımı* starting current

başlatma yordamı initializing routine
başlatmak *e.* to start, to initiate, to insti-
gate; to trigger, to cause; to cause to
swear
başlayıcı *a.* beginner
başlayış *a.* beginning, start, commence-
ment
başlı başına *be.* on its own
başlı *s.* headed **başlı kama** gib-headed
key **başlı matkap** crown bit
başlıca *s.* main, principal, chief, primary
başlık *a.* headgear, cap, helmet, bonnet,
hood; *mim.* capital; title, headline, head-
ing, caption; bride's price, money paid
by the bridegroom to the bride's family
başlık basma makinesi titler **başlık
etiketi** header label **başlık kartı** header
card, heading card **başlık kıvrımı** vo-
lute **başlık somunu** cap nut **başlık
vidası** cap screw
başlıklı *s.* calyptrate, cucullate(d),
pileate(d)
başlıksız *s.* bareheaded; (yazı) unheaded
başmadenci *a.* mine foreman
başmak *a.* shoe
başmakale *a.* editorial, leading article,
leader * başyazı
başmakçı *a.* shoemaker
başmaklık *a.* rack for shoes at a mosque
başmal *a.* capital * anamal, sermaye,
kapital
başman *a. hayb.* primate
başmelek *a.* archangel
başmisafir *a.* guest of honor
başmurakıp *a. esk.* chief auditor
başmüdür *a.* general director
başmüdürlük *a.* position/duties of a chief
executive officer; director generalship;
director general's office
başmüfettiş *a.* chief inspector
başmüfettişlik *a.* chief inspectorate
başmühendis *a.* chief engineer
başoyuncu *a.* featured actor/actress,
leading player
başöğretmen *a.* (school) principal
başörtü(sü) *a.* headgear, kerchief * eşarp
başörtülü *s.* wearing a head scarf
başpapaz *a. din.* archpriest, archpresbyter
başpapazlık *a. din.* archpresbyterate,
archipresbyterate
başpare *a.* knob on the mouthpiece of a
water pipe; *müz.* mouthpiece
başparmak *a.* thumb

başpehlivan *a.* wrestling champion
başpiskopos *a.* archbishop, primate
başpiskoposluk *a.* archbishopric
başrahibe *a.* abbess
başrahip *a.* abbot
başrol *a.* lead, leading role **başrol
oyuncusu** lead, leading man, leading
lady
başsağlığı *a.* condolence **başsağlığı
dilemek** to give sb one's condolences,
to condole (with sb) **başsağlığı
mektubu** letter of condolence
başsavcı *a.* attorney general
başsavcılık *a.* attorney generalship
başsayfa *a.* title page
başsız *s.* headless; leaderless **başsız
bulon** stud bolt **başsız çivi** brad
başsız vida headless screw
başsızlık *a.* acephalia, headlessness; lack
of government
başşehir *a.* capital * başkent
baştaban *a.* architrave
baştabip *a.* chief of staff in a hospital
baştan *be. bkz.* baş
baştanbaşa *be.* entirely, through and
through
baştanımaz *a.* anarchist
baştanımazlık *a.* anarchism
baştankara *a, hayb.* tit
başteknisyen *a.* chief technician
başucu *a.* head, bedside; *gökb.* zenith
başucunda at the bedside, close to
başuzman *a.* chief expert, chief specialist
başülke *a.* mother country of an empire
başvuran *s.* applicant
başvurma *a.* application; consultation
başvurmak *e.* to apply; to have recourse
to, to resort to, to turn to sb/sth, to fall
back on sb/sth; to consult; to appeal to;
to refer
başvuru *a.* application, request **başvuru
çizgisi** datum line **başvuru düzeyi** da-
tum level **başvuru formu** application
form **başvuru kitabı** reference book
başvuruda bulunmak to make an ap-
plication, to apply
başvurucu *a.* applicant
başyapıt *a.* masterpiece, magnum opus
başyardımcı *a.* chief assistant
başyargıcı *a. sp.* chief referee
başyarış *a.* championship
başyasa *a.* law code, codex
başyaver *a.* first aide-de-camp

başyazar *a.* editor, editorial writer
başyazarlık *a.* editorship
başyazı *a.* editorial, leading article, leader * başmakale
başyazman *a.* chief clerk
başyazmanlık *a.* chief secretaryship
başyıldız *a. gökb.* the primary star
batak *a.* swamp, marsh ¤ *s.* swampy, marshy, boggy; bad **batağa batmak** to bog down **batağa saplanmak** to bog down; to get into a dilemma **batak para** bad debt
batakçı *a.* bad payer, knocker
batakçıl *s.* palustrine, paludal, paludicoline
batakçılık *a.* fraudulence, fraudulent dealing
batakçulluğu *a.* snipe
batakgöl *a.* paralimnion
batakhane *a.* gambling den, den of thieves, dive *kon.*, joint *arg./hkr.*, clip joint *arg./hkr.*, honky-tonk *Aİ./arg.*
bataklı *s.* marshy, boggy
bataklık *a.* bog, marsh, swamp, fen, moor, slough, morass, quagmire, quicksand **bataklık gazı** marsh gas **bataklık kumu** quicksand **bataklık kunduzu** *hayb.* coypu
bataklıkbaştankarası *a. hayb.* marsh titmouse
bataklıkbaykuşu *a. hayb.* short-eared owl
bataklıkketeni *a. bitk.* cotton grass
bataklıkkırlangıcı *a. hayb.* pratincole
bataklıkserçcsi *a. hayb.* Spanish sparrow
bataklıksüseni *a. bitk.* yellow iris, yellow water flag
batar *a.* pain, pang; pneumonia
batardo *a, tek.* coffer, coffer-dam
batarya *a, ask, elek.* battery
bateri *a, müz.* drums
baterist *a.* drummer
batı *a.* (the) west; the West, the Occident ¤ *s.* western; Occidental **Batı Hint Adaları** the West Indies; West Indian **Batı Hint Adalı** West Indian **Batı Samoa** Western Samoa **Batı Yarıküre** the Western Hemisphere
Batı Almanya *a.* West Germany, the Federal Republic of Germany
batıcı *a.* proponent of westernization, westernizer, Occidentalist
batıcılık *a.* Westernism
batık *s.* sunk, sunken, submerged,

aground **batık kıyı** submerged shoreline **batık savak** drowned weir
Batıkâri *s.* Western-style, European-style
batıl *s.* superstitious; unreasoning **batıl inanç/itikat** superstition, superstitious belief **batıl inançlı** superstitious
batılı *s.* Occidental, western ¤ *a.* Occidental, westerner
batılılaşma *a.* westernization
batılılaşmak *e.* to become westernized
batılılaştırmak *e.* to westernize
batın *a, esk.* abdomen * karın; generation * göbek, kuşak
Batıni *a.* Batinite
batıni *s.* esoteric
Batıniye *a.* Batinism
batırma *a.* sinking; submerging; sticking, thrusting **batırma kuyu** sink shaft
batırmak *e.* to sink; to founder; to submerge; to dip, to dunk; to immerse; to stick, to thrust, to immerse, to dig sth into, to plung into; (gemiyi) to scupper, to scuttle; to disparage; to dirty; *kon.* to ruin, to spoil; to bankrupt * iflas ettirmek
batısal *s.* Western
batış *a.* sinking; (güneş) setting; decline, downfall
batik *a.* batik **batik baskı** batik printing **batik boyama** batik dyeing **batik rezerve** batik resist, wax resist
batisfer *a.* bathysphere
batiskaf *a.* bathyscaph, bathyscaphe
batist *a.* batiste
batiyal *s.* bathyal
batkı *a.* bankruptcy, crash
batkın *a.* bankrupt ¤ *s.* bankrupt, insolvent
batkınlık *a.* bankruptcy, crash
batmak *e.* to sink; to submerge; (gemi) to founder, to go down, to go under; (güneş, ay) to set, to go down; *kon.* to go bankrupt, to go under, to go bust * iflas etmek; to prick; to get dirty; to hurt, to offend; to be ruined; to disturb **bata çıka gitmek** to rub along **bata çıka** with difficulty **battı balık yan gider** in for a penny, in for a pound
batokrom *a.* bathochrome **batokrom grup** bathochrome group
batolit *a.* batholith
baton *a.* baton
batonsale *a.* breadstick
battal *s.* large and clumsy, oversize; void, canceled, abrogated

battaniye *a.* blanket
batur *a.* brave, valiant
batyal *s.* bathyal, bathybial
baud *a.* baud
baudot *a.* baudot
bav *a.* training for the chase
bavcı *a.* trainer of falcons/dogs for the chase
bavlı *s.* trained for hunting
bavlımak *e.* to train (a dog/a falcon) for hunting
bavul *a.* suitcase, trunk
Bavyera *a.* Bavaria ¤ *s.* Bavarian
Bavyeralı *a. s.* Bavarian
bay *a.* Mr., Sir, mister; gentleman
bayağı *s.* coarse, vulgar; ordinary, plain, banal, common *kon./hkr.* ¤ *be.* quite, simply, just, entirely
bayağıkesir *a.* common fraction
bayağılaşmak *e.* to become vulgar
bayağılaştırmak *e.* to coarsen, to vulgarize
bayağılık *a.* vulgarity; banality
bayan *a.* Mrs., Miss, Ms.; lady, madame, ma'am **bayan barmen** barmaid **bayan hizmetçi** maid **bayanlar (ve) baylar** ladies and gentleman **bayanlar tuvaleti** powder room *ört.*
bayas *a.* bias
bayat *s.* stale, rancid, old; trite, hackneyed, corny *kon.* **bayat espri** chestnut *kon.* **bayat fıkra** chestnut *kon.*
bayatlamak *e.* to get stale
bayatlık *a.* staleness
baygı *a.* coma
baygılı *s.* comatose
baygın *s.* unconscious, insensible, senseless; languorous, faint, languid; amorous, fond **baygın düşmek** to be dogtired
baygınlaşmak *e.* to become listless and droopy-eyed
baygınlık *a.* fainting fit, swoon, faint **baygınlık geçirmek** to feel faint
baygıntı *a.* feeling faint; fainting fit, swoon
bayıcı *s, kon.* boring, deadly *kon.*
bayılma *a.* faint; *den.* heeling, listing; *elek.* fading **bayılma önleyici** *tek.* antifading
bayılmak *e.* to faint, to pass out, to swoon *esk.*; *kon.* to swoon (over sb/sth), to love, to adore, to go crazy over, to be fond of, to fall for, to dote on sb/sth, be enamoured of sb/sth; *arg.* (money) to

pay up, to shell out, to cough up **bayıla bayıla** willingly, eagerly
bayıltıcı *s.* (koku, tat) sickly, nauseating, causing to faint; narcotic, anaesthetic
bayıltmak *e.* to make swoon, to cause to faint; to anaesthetize
bayındır *s.* developed, prosperous
bayındırlaşmak *e.* to be developed
bayındırlaştırmak *e.* to improve, to make prosperous
bayındırlık *a.* prosperity; public works **Bayındırlık Bakanlığı** Ministry of Public Works **bayındırlık işleri** public works
bayındırmak *e.* to improve
bayır *a.* slope, ascent, incline, hillside
bayırkuşu *a. hayb.* wood lark
bayırlaşmak *e.* to get steep
bayırturpu *a, bitk.* horseradish
bayi *a.* vendor, seller, dealer
bayilik *a.* franchise; being the holder of a franchise
baykuş *a.* owl
baymak *e, kon.* to turn sb off *kon.*
baypas *a, hek.* bypass
bayrak *a.* flag, standard, colours, ensign **bayrak çekmek** to hoist the flag **bayrak dikmek** to plant a flag **bayrak direği** flagstaff, flagpole, mast **bayrak ipi** halliard, halyard **bayrak koşusu** *sp.* relay **bayrak yarışı** relay race, relay **bayrakları yarıya indirmek** to fly the flag at half-mast
bayraklı *s.* decorated with a flag or flags
bayraklık *s.* suitable for making flags
bayraktar *a.* standard bearer
bayraktarlık *a.* being a standard-bearer
bayram *a.* Bairam, feast, fiesta, festival, holiday; rejoicing **bayram etmek** to rejoice, to exult (at/in sth), to be delighted, to be greatly pleased **bayram havası** a holiday atmosphere, a festive air **bayram tatili** festive holiday **bayramdan bayrama** rarely, very seldom, once in a blue moon **bayramınız kutlu olsun!** happy Bairam!
bayramlaşmak *e.* to exchange Bairam greetings
bayramlık *a.* one's best bib and tucker, glad rag **bayramlıklarını giymek** to dress up
bayramyeri *a.* fair grounds
bayrı *s.* old

bayrılık *a.* seniority
baysungur *a. hayb.* lammergeyer
bayt *a, biliş.* byte **bayt adresleri** byte addresses **bayt çoklama** byte multiplex **bayt işleme** byte manipulation **bayt izi** byte track
baytar *a.* veterinary surgeon, vet
baytarlık *a.* veterinary medicine
baz *a.* base **baz çizgisi** baseline **baz haslığı** alkali fastness
bazal *s, kim.* basic
bazalt *a.* basalt
bazanit *a.* basanite
bazen *be.* sometimes, occasionally, from time to time, now and then, now and again, every so often, on and off
bazı *s.* some, certain **bazı bakımlardan** in some ways **bazı bazı** now and then, from time to time, off and on
bazıları *adl.* some of them; some people, some
bazısı *adl.* some of them; some people, some
bazidiyospor *a. bitk.* basidiospore
bazik *s.* basic **bazik boyarmadde** basic dye **bazik cüruf** basic slag **bazik çözücü** basic solvent **bazik solvent** basic solvent **bazik tuz** basic salt
bazilika *a.* basilica; royal palace
bazit *a. bitk.* basidium
bazitli *s.* basidial
bazlama(ç) *a.* flat bread baked on a griddle
bazlaştırmak *e.* to basify
bazlık *a.* basicity
bazofil *s.* basophile, basophilic
bazuka *a.* bazooka
be *ünl, kon.* hey!, man!, buddy!
bebe *a.* baby
bebecik *a.* little baby
bebek *a.* baby, infant; doll, dolly *çoc.; arg.* girl, woman, baby *Aİ.*, babe *Aİ.* **bebek bakıcısı** sitter *kon.* **bebek beklemek** to be pregnant, to be in the family way *kon.* **bebek bezi** nappy *İİ. kon.*, napkin *İİ. res.*, diaper *Aİ.* **bebek gibi** a) (kadın) beautiful b) babyish, babylike, like a baby **bebek karyolası** cot, crib *Aİ.* **bebek muamelesi yapmak** to baby **bebek önlüğü** bib **bebek patiği** bootee
bebekçe *s.* babyish, like a baby
bebekleşmek *e.* to behave like a baby
bebeklik *a.* babyhood, infancy **bebeklik**

devresi babyhood
bebeksilik *a. ruhb.* infantilism
beberuhi *a. kon.* dwarfish man
becayiş *a. esk.* exchange (of offices)
becelleşmek *e.* to argue, to quarrel
beceri *a.* skill, ability, competence, faculty, facility; dexterity; *sp.* agility
becerikli *s.* skilful, efficient, capable, proficient, adroit, resourceful, clever, dexterous, deft, practised, accomplished (in sth)
beceriklilik *a.* skill, dexterity
beceriksiz *s.* clumsy, unskillful, awkward, incapable, inept, incompetent, hamfisted, ham-handed, hopeless *kon.*, feckless *hkr.*, amateurish *hkr.*; ineffectual, unsuccessful
beceriksizlik *a.* clumsiness, incompetence, incompetency, improficiency; awkwardness
becerili *a.* adept (at/in), competent
becermek *e.* to manage, to contrive *res.*; *kon.* to break up, to mess up, to ruin; *arg.* to seduce; to lay, to make
becet *a. zool.* sparrow
becit *s.* necessary, urgent; important
beç *a.* beche * kavraç
beçtavuğu *a.* guinea
bedava *s.* free, gratis, gratuitous, buckshee *arg.*; *kon.* dirt cheap, very cheap ¤ *be.* gratis, free, for free, for nothing **Bedava sirke baldan tatlıdır** Free vinegar is sweeter than honey
bedavacı *a, kon.* freeloader, sponger
bedavacılık *a.* sponging, trying to get everything gratis
bedavadan *be.* free, gratis
bedbaht *s.* unlucky, unfortunate
bedbahtlık *a.* unhappiness
bedbin *s.* pessimistic * kötümser, karamsar, pesimist
bedbinleşmek *e.* to become pessimistic
bedbinlik *a.* pessimism
beddua *a.* curse, malediction, imprecation **beddua etmek** to curse, to wish sb ill
bedel *a.* price, value, worth; equivalent, substitute; compensation **-e bedel** worth ...
bedelci *a.* one who has paid for his military service
bedelen *be.* in lieu of, in exchange for
bedelli *s. ask.* which has to be paid to be exempted

bedelsiz s. free, without charge *bedelsiz ithalat* unpaid non-quota imports
beden a. body, the flesh; trunk; (giysi) size *beden eğitimi okl.* physical education, P.E., gym *kon.*
bedenen be. physically
bedeni s. bodily, physical
bedensel s. physical, personal, bodily, corporal, sensual
bedesten a. covered bazaar
Bedevi a. s. Badawi
bedevi a, s. Bedouin
bedevilik a. Bedouinism
bedii s. esthetic
bedir a. full moon
begonya a. begonia
beğence a. commendatory preface * takriz
beğendi a. *mutf.* mashed aubergines with meat
beğendili s. served with a cream sauce made of mashed aubergines
beğeni a. taste, liking
beğenilmek e. to be liked, to be admired
beğenisizlik a. lack of taste
beğenmek e. to like, to enjoy, to admire; to choose, to prefer, to select; to approve (of), to applaud
beğenmemek e. to disapprove (of); to belittle, to snub
behemehal be. in any case
beher s. each, per
beherglas a. beaker
bej a, s. beige
bek a. gas burner; (futbol) back
beka a. *esk.* continuance; permanence; immortality
bekâr s. single, unmarried ¤ a. bachelor, single man; single girl, unmarried woman *bekâr erkek* bachelor *bekâr odası* bed-sitter, bed-sitting room *bekâr yaşamak* to live a single life, to be unmarried
bekâret a. virginity, maidenhood, chastity *bekâret kemeri* chastity belt *bekâretini kaybetmek* to lose one's virginity
bekârlık a. bachelorhood, celibacy; spinsterhood; the life of a single man/woman, the single life
bekas a. *hayb.* woodcock, becasse
bekasin a. *hayb.* snipe, becassine
bekçi a. watchman, night-watchman; guard, sentry *bekçi köpeği* watchdog

bekçilik a. watchman's duty *bekçilik etmek* to keep watch
bekhent a, sp. backhand
bekho a. backhoe
bekinmek e. to insist, to persist
bekleme a. waiting, wait; expectation, anticipation *bekleme noktası* holding point *bekleme odası* waiting room *bekleme sahası* holding area *bekleme salonu* a) waiting room b) (havaalanında) lounge *bekleme süresi* latency time *bekleme zamanı* wait time
beklemek e. to wait (for), to await, to hang on *kon.*, to hold on *kon.*, to stick around *kon.*; to expect, to anticipate; to guard, to watch (over) *Bekle de gör* Wait and see
beklemesiz s. (tren) express
beklenmedik s. unexpected, unforeseen, sudden, abrupt *beklenmedik bir biçimde/şekilde* unexpectedly
beklenmek e. to be expected
beklenmezlik a. unlikelihood
beklenti a. expectation
beklerulak a. poste restante
bekleşmek e. to wait together
bekletim a. impoundment, legal seizure
bekletmek e. to make (sb) wait, to keep sb waiting
bekleyiş a. waiting
beko a. backhoe
bekri a. drunkard
bekrilik a. habitual drunkenness
bektaşikavuğu a. *bitk.* spine cactus
Bektaşilik a. being a Bektashi
bektaşitaşı a. Oriental alabaster
bektaşiüzümü a. gooseberry
bel[1] a. waist, middle *kon.*; loins; sperm, semen, come, spunk *İİ./arg.*; mountain pass *bel ağrısı* lumbago *bel bağlamak* to rely on/upon, to count on, to bank on, to reckon on *bel suyu biy.* seminal fluid, sperm *bel vermek* to bulge, to sag, to yield *belden altı* smutty *beli bükük* broken, helpless, poor *beli gelmek* arg. to ejaculate, to come off, to come *kon. belini bükmek* a) (years) to bend double b) to weigh heavily on, to ruin, to cripple *belini doğrultmak* to recover
bel[2] a. spade; digging fork
bela a. trouble, misfortune, calamity, evil; nuisance, plague, pest *bela aramak* to

look for trouble, to ask for trouble/it *kon.*
bela çıkarmak to make trouble **bela
okumak** to curse **belasını bulmak** to
get one's deserts **belaya çatmak** to run
into trouble **belaya sokmak** to get sb
into trouble **belaya uğramak** to get into
trouble **belayı satın almak** to invite
trouble
belagat *a.* eloquence
belagatli *s.* eloquent
belalı *s.* calamitous, troublesome; toughy,
bully
belce *a.* the region between the eyebrows
Belçika *a.* Belgium
Belçikalı *a, s.* Belgian
belde *a.* city
beledi *s. esk.* municipal; *med.* endemic
belediye *a.* municipality ¤ *sg.* municipal
belediye başkanı mayor **belediye
binası** town hall **belediye meclisi** town
council, corporation *özl. İİ.* **belediye
tuvaleti** public convenience *İİ.*
belediyeci *a.* municipal employee
belediyecilik *a.* the business of governing
a city
belemek *e.* to swaddle (a baby); to soil
with, to smear/cover (sth) with
belemir *a. bitk.* bluebottle
belen *a.* mountain pass
belermek *e.* to stare, to be wide open
belertmek *e.* to open (one's eyes) wide
beleş *s, arg.* free, buckshee; on the house
beleşe konmak *arg.* to get on the
gravy train
beleşçi *a, arg.* sponger, cadger, free-
loader *Aİ./kon.*
beleşten *be, arg.* for nothing
belge *a.* document, certificate **belge
okuyucu** *biliş.* document reader
belgeci *a. sin.* producer of documentary
films
belgeleme *a.* documentation
belgelemek *e.* to document
belgeli *s.* documented; dismissed from
school
belgelik *a.* archive
belgesel *s.* documentary ¤ *a.* documen-
tary, documentary film
belgeselci *a.* producer of documentary
films
belgi *a.* sign, mark
belgili *s, dilb.* definite **belgili tanımlık**
dilb. definite article

belgin *s.* clear, evident, precise **belgin
tümlev** definite integral
belginleştirmek *e.* to make (sth) clear
belginlik *a.* clarity, precision
belgisiz *s.* indeterminate, vague; *dilb.*
indefinite **belgisiz adıl** indefinite pro-
noun **belgisiz sıfat** indefinite adjective
belgisiz tanımlık indefinite article
belgisiz tümlev indefinite integral
belgisiz zamir indefinite pronoun
belgit *a.* deed, voucher, receipt * senet;
proof, evidence
belik *a.* braid, plait
belinlemek *e.* to start with terror
belirgi *a.* syndrome
belirgin *s.* clear, evident, explicit, promi-
nent, marked
belirginleşmek *e.* to become clear, to
crystallize
belirginleştirmek *e.* to make clear, to
crystallize
belirginlik *a.* clarity
belirimsizlik *a.* indefiniteness, vagueness
belirleme *a.* determination, designation
belirlemek *e.* to determine, to designate,
to set, to fix, to assign
belirlenim *a.* designation, determination
belirlenimci *a. s. fel.* determinist
belirlenimcilik *a. fel.* determinism
belirleyici *s.* characteristic, diagnostic
belirli *s.* determined, certain, definite, par-
ticular **belirli belirsiz** dim, indistinct
belirli integral definite integral
belirlilik *a.* definiteness
belirme *a.* emergence, appearing
belirmek *e.* to appear, to emerge, to loom
belirsiz *s.* indefinite, indeterminate, uncer-
tain, dim, nebulous, ambiguous, inar-
ticulate **belirsiz integral** indefinite inte-
gral
belirsizlik *a.* indefiniteness, ambiguity,
uncertainty **belirsizlik ilkesi** uncertainty
principle
belirteç *a, dilb.* adverb * zarf; determinant,
indicator, reagent **belirteç kâğıdı** indi-
cator paper
belirten *a, dilb.* modifier
belirti *a.* sign, indication; *hek.* symptom
belirtibilim *a.* symptomatology
belirtici *a, dilb.* determiner
belirtik *s.* explicit **belirtik işlev** explicit
function

belirtilen *a. dilb.* the noun qualified by an adjective

belirtili *s.* definite, determined; defined, qualified **belirtili nesne** qualified noun **belirtili tamlama** possessive construction

belirtisel *s.* symptomatic

belirtisiz *s.* indefinite, undefined, unqualified **belirtisiz nesne** unqualified noun **belirtisiz tamlama** indeterminate construction **belirtme durumu** *dilb.* objective case

belirtke *a.* emblem

belirtmek *e.* to indicate, to state, to denote, to express, to remark, to frame, to signify, to designate, to mark

belit *a.* axiom

belitken *a.* axiomatics

belitsel *s.* axiomatic

Beliz *a.* Belize ¤ *s.* Belizean

Belizli *a, s.* Belizean

belkemiği *a, anat.* backbone, spine; *mec.* backbone, basis, foundation

belki *be.* perhaps, maybe **belki de** it's possible that ..., maybe

belkili *s.* contingent

belladonna *a. bitk.* belladonna, deadly nightshade

bellek *a.* memory; *biliş.* memory, storage, store **belleğini yitirmek** to lose one's memory **bellek adres yazmacı** *biliş.* memory address register **bellek anayolu** memory bus **bellek atama** *biliş.* memory allocation, storage allocation, allocation **bellek aygıtı** *biliş.* storage device **bellek ayrılması** memory allocation **bellek bankası** memory bank **bellek basımı** memory print **bellek bindirmesi** memory overlay **bellek binişimi** memory interleaving **bellek birimi** *biliş.* memory unit, storage unit **bellek bloğu** memory block **bellek çekirdeği** memory core **bellek çevrimi** *biliş.* memory cycle **bellek devamsızlığı** storage volatility **bellek doldurma** memory fill **bellek dökümü** *biliş.* memory dump, storage dump **bellek elemanı** storage element **bellek genişletme kartı** *biliş.* memory expansion card **bellek gözesi** storage cell **bellek gücü** memory power **bellek haritası** *biliş.* memory map **bellek hücresi** storage cell **bellek işareti**

storage mark **bellek kapasitesi** *biliş.* memory capacity, storage capacity **bellek kaybı (yitimi)** amnesia **bellek kesiti** memory map **bellek koruma** memory protection **bellek levhası** *biliş.* memory board **bellek öbeği** memory block **bellek öğesi** storage element **bellek paradoksu** memory paradox **bellek parçalanması** storage fragmentation **bellek sayfası** memory page **bellek sığası** *biliş.* memory capacity **bellek tampon yazmacı** *biliş.* memory buffer register **bellek temizleme** core flush **bellek testi** storage testing **bellek veri yazmacı** *biliş.* memory-data register **bellek yazımı** memory print **bellek yazmacı** *biliş.* memory register, storage register **bellek yeri** memory location **bellek yitimi** amnesia **bellek yoğunluğu** storage density **bellek yongası** *biliş.* memory chip **bellek yönetimi** *biliş.* memory management **bellekten belleğe komut** *biliş.* storage-to-storage instruction **bellekten yazmaca komut** *biliş.* storage-to-register instruction

bellekli *s.* having a memory **bellekli osiloskop** storage oscilloscope **bellekli tüp** storage tube

bellem *a.* memory, ability to memorize

bellemek[1] *e.* to learn by heart, to memorize; to suppose, to think * sanmak

bellemek[2] *e.* to spade, to dig with a spade

bellemsel *s.* mnemonic(al), mnestic

bellenim *a, biliş.* firmware

belleteç *a.* mnemonic (device)

belleten *a.* bulletin, learned journal

belletici *a.* tutor

belletmek *e.* to cause to learn by heart

belli *s.* evident, obvious, apparent, palpable, manifest *res.*; certain, definite **belli başlı** a) principal, chief, main, fundamental b) certain, definite **belli belirsiz** faint, shadowy, indistinct **belli etmek** to show, to express, to reveal **belli ki** obviously **belli olmak** to become perceptible, to become clear **Belli olmaz** It all depends., It depends., That depends.

bellik *a.* sign, mark

bellilik *a.* definiteness; obviousness

bellisiz *s.* unknown, uncertain

belsem *a.* balsam

belsoğukluğu *a.* gonorrhea, gonorrhoea,

arg. the clap
belveder *a.* gazebo
belvedere *a.* belvedere
bembeyaz *s.* snow-white, snowy
bemol *a, müz.* flat
ben[1] *a.* mole, beauty spot
ben[2] *adl.* I, me ¤ *a, ruhb.* ego **ben de** me too; same here *kon.*
benaktizin *a.* benactyzine
benbenci *s.* conceited, self-satisfied
bence *be.* as for me, in my opinion, in my estimation, as far as I'm concerned, I think
benci *s.* self-satisfied, smug
bencil *s.* selfish *hkr.*, self-centred *hkr.*, self-seeking, egoistic, thoughtless ¤ *a.* egoist, self-seeking
bencilce *be.* selfishly, egoistically
bencileyin *be.* like me
bencilik *a.* egotism; egoism
bencilleşmek *e.* to be selfish
bencillik *a.* selfishness, egoism **bencillik etmek** to act selfishly, to be selfish
bende *a.* slave, servant **bendeniz** your humble servant
bendeğil *a.* nonego
Benediktin *a. s.* Benedictine
benek *a.* dot, fleck, spot, speck, speckle, freckle; *gökb.* sunspot **benek benek** speckled, spotted
beneklemek *e.* to spot, to dot
benekli *s.* spotty, spotted, speckled, mottled, dappled **benekli şeker** spot sugar
beneklihani *a. hayb.* a spotted bass
bengalin *a.* bengaline
bengilemek *e.* to make (sth) eternal
bengileşmek *e.* to become eternal
bengilik *a.* eternity
bengisu *a.* water of life, elixir
beniçinci *s, fel.* egocentric
beniçincilik *a.* egocentricity
benim *s.* my ¤ *adl.* mine
benimki *adl.* mine
benimlemek *e.* to accept, to adopt
benimseme *a.* appropriation; assimilation
benimsemek *e.* to appropriate, to adopt
Benin *a.* Benin ¤ *s.* Beninese
Beninli *a, s.* Beninese
beniz *a.* colour of the face, complexion **benzi atmak** to grow pale **benzi sararmak** to grow pale (from illness)
benjuan *a. hek.* benzoin, benjamin

benlenmek *e.* to develop a mole; to become freckled
benli *s.* speckled; macular
benlik *a.* conceit, self-respect; egotism; personality, ego
benlikçi *a.* egotist *hkr.* ¤ *s.* egotistic
benlikçilik *a.* egotism *hkr.*
benmari *a, kim.* water bath
benözekçi *a.* egocentric person
benözekçil *s.* egocentric
benözekçilik *a.* egocentricity
bent *a.* dam, dike, barrage, weir; paragraph, article **bent kapağı** floodgate, hatch, sluice
bentonik *s.* benthonic
bentonit *a.* bentonite
bentos *a.* benthos
benzal klorür *a.* benzal chloride
benzaldehit *a.* benzaldehyde
benzaldoksim *a.* benzaldoxime
benzamin *a.* benzamine, betacaine
benzamit *a.* benzamide
benzanilit *a.* benzanilide
benzantron *a.* benzanthrone
benzek *a.* parody (of a poem)
benzemek *e.* to resemble, to look like, to imitate, to approximate (to); to take after * çekmek
benzemez *s.* dissimilar
benzen *a.* benzene
benzer *s.* similar, like, resembling, alike, akin (to), analogous (to/with) **benzer şekilde** alike
benzeri *s.* suchlike **benzeri şeyler** suchlike
benzerlik *a.* similarity, resemblance, likeness, similitude, sameness, comparison, affinity, correspondence, analogy, identity **benzerlik merkezi** centre of similarity
benzersiz *s.* unique, matchless, incomparable, unequalled
benzerşekilli *s.* homeomorphic
benzerşekillilik *a.* homeomorphism
benzeryapı *a.* homomorphism
benzeryapılı *s.* homomorphic
benzeş *a.* similar, resembling
benzeşik *s.* homological
benzeşim *a.* resemblance, similarity
benzeşlik *a.* resemblance
benzeşme *a, dilb.* assimilation
benzeşmek *e.* to resemble each other
benzeşmezlik *a, dilb.* dissimilation *

disimilasyon
benzeştirmek *e.* to assimilate (sth) to (sth else)
benzet *a.* imitation
benzetçi *a.* imitator
benzeteç *a.* simulator
benzeti *a.* comparison, simile * teşbih
benzetici *a, biliş.* simulator
benzetim *a, biliş.* simulation
benzetiş *a.* comparison
benzetlemek *e.* to imitate
benzetlemeli *s.* imitative
benzetme *a.* imitation; *ed.* simile
benzetmek *e.* to mistake (for), to mix sb up (with sb); to compare to, to liken; to ruin, to break, to smash; *kon.* to beat, to trash
benzeyiş *a.* resemblance, similarity
benzhidrol *a.* benzhydrol
benzidin *a.* benzidine
benzil *a.* benzil, benzyl
benzilamin *a.* benzylamine
benzin *a.* petrol *İİ.*, gas *Aİ.*, gasoline *Aİ.* **benzin almak** to tank up **benzin bidonu** petrol can, gasoline can **benzin deposu** petrol tank, gas tank **benzin düzeyi** petrol level, gasoline level **benzin göstergesi** gasoline gauge **benzin istasyonu** filling station, petrol station, service station, gas station *Aİ.* **benzin motoru** petrol engine **benzin pompası** petrol pump, gasoline pump **benzin seviyesi** petrol level, gasoline level **benzin süzgeci** gasoline strainer **benzin tüketimi** petrol consumption, gasoline consumption
benzinci *a.* filling station, petrol station, service station
benzinli *s.* petrol-driven *İİ.*, gasoline-powered *Aİ.* **benzinli motor** gasoline engine
benzinlik *a.* petrol station, filling station
benzoat *a.* benzoate
benzofenon *a.* benzophenone
benzohidrol *a.* benzohydrol
benzoik *a.* benzoic
benzoil *a.* benzoyl
benzoin *a.* benzoin
benzokinin *a.* benzoquinone
benzol *a.* benzol
benzonitril *a.* benzonitrile
benzopiren *a.* benzopyrene
beraat *a, huk.* acquittal **beraat etmek** to

be acquitted **beraat ettirmek** to acquit, to exonerate
beraber *be.* together; equal, level
beraberce *be.* together; with each other
berabere *s.* drawn **berabere bitmek** *sp.* to end in a draw **berabere kalmak** *sp.* to draw, to tie
beraberlik *a.* togetherness; *sp.* draw, tie
berat *a.* franchise, warrant, title of privilege
berazban *a.* tang
berbat *s.* terrible *kon.*, awful *kon.*, dreadful *kon.*, horrible *kon.*, horrid *kon.*, appalling *kon.*, beastly *kon.*, lousy *kon.*, grotty *kon.*, rotten *kon.*, abominable *kon.*, abysmal *kon.*, atrocious *kon.*, putrid *kon.*, diabolical *İİ./kon.*, chronic *İİ./kon.*, execrable *res.*, dire *res.* **berbat etmek** to spoil, to ruin *kon.*, to wreck, to mess up, to make a mess of, to muck sth up *kon.*, to foul sth up *kon.* **berbat olmak** to be spoilt, to be ruined, to go bad
berber *a.* barber; hairdresser
Berber Devletleri *a.* the Barbary States
berberbalığı *a. hayb.* barberfish
Berberce *a. s.* Berber
Berberi *a. s.* Berber
berberin *a.* berberine
Berberistan *a.* Barbary
berberistanördeği *a. hayb.* Muscovy duck, musk duck
berberlik *a.* being a barber; hairdressing
berbermaymunu *a. hayb.* Barbary ape
berduş *a.* vagabond, tramp, hobo, bum ¤ *s.* vagrant
bere *a.* beret; bruise, lesion
bereket *a.* abundance, fertility, increase; blessing; *kon.* rain **bereket versin (ki)** fortunately, luckily, happily, thank God **Bereket versin** (said by a person who receives money to the other) Thank you
bereketlenmek *e.* to proliferate
bereketli *s.* blessed, fruitful, plentiful, fertile, abundant, rich
bereketlilik *a.* fertility
bereketsiz *s.* unfruitful, scanty, infertile, barren
berelemek *e.* to bruise
bereli *s.* bruised
bergamot *a.* bergamot
berhudar *s.* happy; prosperous
beri *a.* the near side ¤ *be.* this way ¤ *ilg.* since, ever since; for **beri gel** come

near!
beriberi *a, hek.* beriberi
beriki *adl.* the nearest, the nearer one, this one
beril *a.* beryl
berilyum *a.* beryllium
berjer *a.* wing chair, winged chair
berk *s.* hard, solid, firm; strong, firm
berkelyum *a.* berkelium
berkemal *s.* complete, perfect
berkinmek *e.* to gain strength
berkitme *a.* fortification, reinforcement * sağlamlaştırma, takviye
berkitmek *e.* to fortify, to reinforce, to strengthen * sağlamlaştırmak, takviye etmek
berklik *a.* strength
Bermuda *a.* Bermuda ¤ *s.* Bermudan
bermuda *a.* Bermuda shorts
bermuda *a.* Bermuda shorts
bermutat *be.* as usual
berrak *s.* clear, limpid
berraklaşmak *e.* to become clear
berraklaştırmak *e.* to clarify
berraklık *a.* clearness, limpidity
bertaraf *s.* aside, out of the way *bertaraf etmek* to get rid of, to remove, to do away with, to eliminate
berzah *a, coğ.* isthmus, neck * kıstak
besbedava *be.* absolutely free of charge
besbelli *s.* obvious, evident, self-evident, patent ¤ *be.* obviously, evidently
besbeter *s.* altogether bad
besi *a.* fattening; nutrition, nourishing
besibilim *a.* dietetics
besibilimci *a.* dietitian
besibilimsel *s.* dietetic
besici *a.* breeder, stockbreeder
besicilik *a.* livestock fattening
besidoku *a.* endosperm, mycelium
besidokusal *s.* endospermic, mycelial
besidüzen *a.* diet
besidüzensel *s.* dietary
besili *s.* fattened, fleshy, fat
besin *a.* nourishment, nutrition, nutriment, food *besin maddesi* foodstuff
besinkapar *a.* lophophore
besinli *s.* nutritive
besinsel *s.* nutritional, trophic
besinsiz *s.* undernourished; unfed
besinsizlik *a.* lack of nourishment
besiörü *a. bitk.* perisperm
besisuyu *a.* sap

besiyeri *a.* culture medium
beslek *a.* girl servant brought up in the household
besleme *a.* feeding, nourishing, nutrition; *tek.* feeding, feed; servant girl *besleme akımı* feed current *besleme aralığı* feed pitch *besleme borusu* feed pipe, delivery pipe *besleme çözeltisi* feeding liquor *besleme değeri* feeding value, nutritive value *besleme denemesi* feeding experiment *besleme deposu* feed tank *besleme gerilimi* supply voltage *besleme hattı* feed line *besleme hızı* rate of feed *besleme hunisi* feed hopper *besleme kablosu* feed cable *besleme kanalı* admission channel *besleme kaynağı* power supply *besleme kolu* feeding lever *besleme mekanizması* feed mechanism *besleme oluğu* feed chute *besleme pistonu* delivery plunger *besleme pompası* feed pump, priming pump *besleme regülatörü* feed regulator *besleme silindiri* feeding roller, feed roller, delivery roller *besleme supabı* delivery valve *besleme suyu* feed-water *besleme valfı* feed valve *besleme valsi* feed roller, delivery roller
beslemek *e.* to feed, to nourish; to breed, to raise, to rear; to keep, to support, to maintain; to cherish, to nurse, to bear, to harbour
beslenme *a.* nutrition, alimentation *beslenme bölgesi* catchment area, catchment basin
beslenmek *e.* to feed; to be fed, to be nourished
besleyen *s.* alimentary
besleyici *s.* nutritive, nutrient *res.*, nutritious *res. besleyici konveyör* feeder conveyor
besmele *a. din.* the formula "bismillahirrahmanirrahim"
besmelesiz *s. din.* without pronouncing the formula "bismillahirrahmanirrahim"
beste *a.* tune, melody, composition *beste yapmak* to compose
besteci *a.* composer
bestecilik *a.* composition
bestekâr *a.* composer
bestelemek *e.* to compose, to set to music

besteli s. which has been set to music
bestesiz s. which has not been set to music
beş a, s. five **beş aşağı beş yukarı** after some haggling, approximately **beş numara** arg. queer, fairy, queen, fag **beş para etmemek** not to worth a shit **beş para etmez** worthless, good for nothing, useless, putrid kon., pathetic kon., no earthly use kon. **beş paralık** useless; spoilt, ruined **beş parasız olmak** to be stone broke **beş parasız** penniless, broke kon., skint İİ./arg.; poor **Beş parmak bir olmaz** Men are not all alike **beş taş oyunu** jacks **beş yıldız** arg. queer, fairy, queen, fag
beşamel a. mutf. Bechamel (sauce)
beşbıyık a. medlar
beşer a. man, mankind * insanoğlu, insan **beşer beşer** by fives
beşeri s. human **beşeri bilimler** humanities
beşeriyat a. esk. anthropology
beşeriyatçı a. esk. anthropologist
beşeriyet a. mankind, humanity
beşerüstü s. esk. superhuman
beşetkili s. quintuple effect+ **beşetkili buharlaştırıcı** quintuple effect evaporator
beşgen a. pentagon
beşik a. cradle; headstock; nacelle **beşiğe yatırmak** to cradle **beşik çatı** gable roof, saddle roof **beşik kemer** semicircular arch **beşik tonoz** barrel vault, tunnel vault **beşikten mezara** from the cradle to the grave
beşikçatı a. gable roof
beşikçi a. maker/seller of cradles
beşikkemer a. barrel arch
beşiksandalye a. rocking chair
beşiktonoz a. mim. barrel vault
beşinci s. fifth
beşiz s. quintuplet, quin, quint Aİ.
beşizli s. which contains five units; who has given birth to quintuplets
beşleme a. doing (sth) five times; increasing fivefold; müz. quintuplet, quintole; landscaping quincunx
beşlemek e. to do (sth) five times; to increase fivefold; to quintuple
beşli s. fivefold ¤ a, müz. quintet; isk. the five **beşli kod** five-unit code, quinary code **beşli nokta** quintuple point

beşlik a. five coin ¤ s. containing five pieces, holding five pieces **beşlik simit gibi kurulmak** to sit giving oneself airs
beşparmak a. hayb. oxlip
beşparmakotu a. silverweed
beştaş a. jackstones, jacks
bet¹ a. face **bet beniz kalmamak** to go pale **beti benzi atmak** to go white as a sheet, to pale **beti bereketi kalmamak** to become scarce, to run out
bet² s. bad, ugly
beta a. beta **beta çözünmesi** beta decay **beta ışınları** beta rays **beta parçacığı** beta particle **beta pirinci** beta brass
betain a, kim. betaine
betanaftol a. betanaphthol
betatopik s. betatopic
betatron a. betatron
betelmek e. to insist; to grow rude
beter s. worse **Beteri de var.** It might have been worse. **beterin beteri** the worst
beti a. figure, shape
betik a. book, letter, document
betili s. figurative, representational
betim a. description * tasvir
betimleme a. description * tasvir
betimlemek e. to describe, to depict, to represent, to portray * tasvir etmek
betimlemeli s. descriptive
betimlenemez s. ineffable
betimsel s. descriptive
betisiz s. nonfigurative, nonrepresentational
betleşmek e. to become disagreeable
betlik a. ugliness; wickedness
beton a. concrete **beton blok** concrete block **beton boru** concrete pipe **beton dökme** concreting **beton döşeme** concrete floor **beton gibi** very strong **beton kalıbı** tek. formwork, shuttering **beton karıştırıcı** concrete mixer **beton kazık** concrete pile **beton köprü** concrete bridge **beton levha** concrete slab **beton pist** concrete runway **beton plaka** concrete slab **beton temel** concrete foundation **betonla kaplamak** to concrete
betonarme a. reinforced concrete, armoured concrete, ferroconcrete **betonarme çatı** concrete roof **betonarme demiri** reinforcing steel **betonarme işi** concrete work

betonarme kazık reinforced concrete pile **betonarme kiriş** reinforced concrete beam
betoncu *a.* concreter, concreting worker, concrete mason
betonkarar *a.* concrete mixer
betonlamak *e.* to concrete
betonyer *a.* concrete mixer
bevatron *a.* bevatron
bevliye *a.* urology * üroloji
bevliyeci *a.* urologist * ürolog
bey *a.* gentleman, gent, sir; Mr., mister; prince, ruler; master; *isk.* ace
beyan *a.* statement, declaration, announcement **beyan etmek** to declare, to announce
beyanat *a.* statement, declaration, speech
beyanname *a.* declaration, proclamation, manifest
beyarmudu *a. bitk.* a large variety of pear
Beyaz Rus *a. s.* Belarussian, Byelorussian
Beyaz Rusça *a. s.* Belarussian, Byelorussian
Beyaz Rusya *a.* Belarus, Byelorussia
beyaz *s.* white ¤ *a.* white; white, white person; *arg.* heroin, snow **beyaz altın** white gold **beyaz arsenik** white arsenic **beyaz aşındırma** white discharge **beyaz bastırma** white compression **beyaz dekapaj** white pickling **beyaz demir** white iron **beyaz doruğu** peak white, white peak **beyaz düzeyi** white level **beyaz et** white meat **beyaz gürültü** white noise **beyaz ışık** white light **beyaz kat** white layer **beyaz metal** white metal **beyaz pas** white rust **beyaz pirinç** white brass **Beyaz Rus** Belarussian **Beyaz Rusça** Belarussian **Beyaz Rusya** White Russia, Belarus **beyaz radyasyon** white radiation **beyaz rezerve** white resist **Beyaz Saray** the White House **beyaz seviyesi** white level **beyaz sıcaklık** white heat **beyaz sos** *mutf.* white sauce **beyaz şarap** white wine **beyaz şeker** white sugar **beyaz şurup** clear syrup **beyaz tartar** cream of tartar **beyaz tunç** white bronze
beyazbalıkçıl *a. hayb.* white heron
beyazbalina *a. hayb.* white whale, beluga
beyazdiken *a. bitk.* hawthorn
beyazgözbalığı *a. hayb.* picarel

beyazımsı *s.* whitish
beyazkömür *a.* white coal
beyazkurt *a. hayb.* acorn barnacle
beyazkurtluca *a. bitk.* spindlewort
beyazlamak *e.* to whiten, to bleach, to get white; (saç) to go grey
beyazlaşmak *e.* to whiten, to get white; (saç) to go grey
beyazlaştırmak *e.* to whiten
beyazlatma *a.* whitening, bleaching **beyazlatma banyosu** bleaching bath **beyazlatma haslığı** fastness to bleaching **beyazlatma kaybı** loss through bleaching **beyazlatma maddesi** bleaching agent
beyazlatmak *e.* to whiten, to bleach, to blanch
beyazlık *a.* whiteness
beyazmukallit *a. hayb.* olivaceous warbler
beyazperde *a.* movie screen, the silver screen; the movies, the cinema
beyazpeynir *a.* white cheese
beyefendi *a.* gentleman, sir
beygir *a.* horse, packhorse, carthorse; *sp.* vaulting horse, horse
beygirci *a.* one who hires out horses
beygirgücü *a.* horsepower
beygirli *s.* horse-drawn
beygirotu *a. bitk.* pewter grass, horsetail
beyhude *be.* in vain ¤ *s.* vain, abortive, futile, useless
beyin *a.* brain; cerebrum; mind, brain, brains ¤ *sg.* cerebral **beyin göçü** brain drain **beyin iltihabı** *hek.* encephalitis **beyin kanaması** apoplexy, cerebral hemorrhage **beyin sarsıntısı** concussion **beyin yıkama** brainwashing **beyin yıkamak** to brainwash **beyni sulanmak** to become senile **beyninden vurulmuşa dönmek** to be shocked **beynini dağıtmak** to blow sb's brains out
beyincik *a.* cerebellum
beyinkeseleşimi *a. hek.* encephalocele
beyinli *s.* having a brain inside, with the brain in it; *mec.* brainy, smart
beyinorağı *a. anat.* falx cerebri, falx of cerebrum
beyinsel *s.* cerebral
beyinsi *s.* cerebroid
beyinsiz *s.* brainless, stupid
beyinsizlik *a. kon.* stupidity, idiocy
beyinüçgeni *a. anat.* cerebellum

beyinzarı *a.* cortex
beyit *a.* couplet, distich
beykın *a.* bacon
beylerbeyi *a. trh.* governor-general, military governor
beylik *s.* belonging to the State, governmental; hackneyed, stock, trite, stereotyped, commonplace ¤ *a.* principality **beylik laf** cliché, commonplace
beynamaz *s.* who neglects to perform the "namaz"
beynelmilel *s.* international * uluslararası, enternasyonal
beynit *a.* bainite
beysbol *a.* baseball **beysbol eldiveni** mitt **beysbol meraklısı** baseball fan
beysbolcu *a.* baseball player
beysoylu *a.* aristocrat
Beytullah *a.* the Kaaba
beyyine *a. huk.* clear proof
beyzade *a.* son of a prince; noble person
beyzi *s.* oval, elliptical * söbe, oval
bez *a.* fabric, cloth; dustcloth; *anat.* gland **bez afiş** banner **bez bebek** rag doll, rag baby
bezci *a.* cloth-seller
bezdirici *s.* tiresome, irksome, wearing, wearisome, tedious
bezdirmek *e.* to sicken, to plague, to harass, to weary, to tire out
bezdoku *a. anat.* glandular tissue
beze[1] *a, anat.* gland
beze[2] *a.* macaroon, meringue
bezek *a.* ornament * süs
bezekçi *a.* decorator
bezel *s. anat.* adenoid, adenoidal
bezelemek *e.* to knead (dough)
bezeli *s.* glandular, glandulous
bezelye *a.* pea, peas **bezelye çorbası** pea soup
bezem *a.* decor
bezemci *a.* interior decorator
bezeme *a.* adornment, decoration
bezemek *e.* to deck, to grace, to adorn, to embellish, to decorate
bezemeli *s.* decorated
bezemlemek *e.* to decorate
bezemsel *s.* decorative, ornamental
bezen *a.* ornament, decoration
bezenmek *e.* to decorate oneself; to be adorned
bezeyici *a.* decorator
bezgin *s.* weary (of)

bezginlik *a.* weariness, lethargy
bezik *a.* bezique
bezir *a.* linseed oil; flaxseed
bezirci *a.* dealer in linseed oil
bezirgan *a. kon.* grasping trader, hard bargainer; *esk.* merchant, trader
bezirgânlık *a. kon.* hard bargaining, graspingness; *esk.* being a merchant, trading
bezirlemek *e.* to treat (sth) with linseed oil
beziryağı *a.* linseed oil
bezli *s.* glandular
bezmek *e.* to be sick of, to get tired (of), to be fed up (with), to be weary (of)
bezmez *s.* tireless
bezsel *s.* glandular
bezürek *a.* adenoid growth
bıcıl *a.* knucklebones
bıcılgan *s. yörs.* (yara) infected
bıcır bıcır *be.* pattering, incessantly **bıcır bıcır konuşmak** to patter
bıçak *a.* knife, cutter **bıçak altına yatmak** to have an operation **bıçak bileyici** knife grinder **bıçak çekmek** to attack with a drawn knife **bıçak gibi** stabbing **Bıçak kemiğe dayandı** It's not bearable/tolerable any more
bıçakçı *a.* cutler
bıçakçılık *a.* making/selling knives
bıçaklamak *e.* to stab, to knife
bıçaklık *a.* knife box, knife case
bıçkı *a.* saw, crosscut saw, rip saw **bıçkı çukuru** saw pit **bıçkı tozu** sawdust
bıçkıcı *a.* lumberman, sawyer
bıçkıevi *a.* sawmill
bıçkıhane *a.* sawmill
bıçkın *a.* tough *kon.*, toughie *kon.* ¤ *s.* brave, fearless
bıçkınlaşmak *e.* to act like a rascal
bıdık *s.* squat, tubby *kon.*
bıkkın *s.* tired (of), sick (of), bored, fed-up
bıkkınlık *a.* weariness, boredom **bıkkınlık gelmek** to be fed up, to be tired, to be sick **bıkkınlık vermek** to tire out, to weary, to cloy *esk.*
bıkmak *e.* to be tired (of), to be sick (of), to be weary (of), to be fed up (about/with), to get bored (with), to sicken of, to have had a/one's bellyful of, to weary **bıkıp usanmak** to be sick and tired of sb/sth
bıktırıcı *s.* irksome, tiring
bıktırıcılık *a.* tedium

bıktırmak e. to sicken, to weary, to tire out, to plague
bıldır be. last year
bıldırcın a. quail
bıldırcınotu a. bitk. monkshood
bıllık bıllık s. quite plump
bıngıl bıngıl s. quivering like jelly
bıngıldak a, anat. fontanel, fontanelle
bıngıldamak e. to shake, to waggle
bırakım a. strike, walkout
bırakımcı a. striker
bırakışma a. cease-fire, armistice
bırakışmak e. to make a truce, to call a cease-fire
bırakıt a. estate/effects (of a deceased person)
bırakmak e. to leave; to stop, to give up, to quit, to drop out, to cut sth out, to cease, to discontinue, to desist, to renounce; to stop going out (with), to ditch kon.; to let, to allow, to permit; to let go; to let sb out; to drop; to set free, to release; to forgo, to forsake; to desert; to relinquish, to abdicate; to bequeath; to abandon; to put; (sınıfı geçirmemek) to fail; to bring (profit); (işini) to throw sth up; (sakal, bıyık) to grow; to make sth over (to) **bırak** let alone * şöyle dursun **bırakıp gitmek** to desert
bıyık a. moustache, mustache; hayb. whisker; bitk. tendril **bıyık altından gülmek** to laugh up one's sleeve **bıyık bırakmak** to grow a moustache
bıyıklanmak e. to grow a mustache
bıyıklı s. with a moustache, moustached
bıyıklıbalık a. hayb. barbel
bıyıklıbaştankara a. hayb. bearded titmouse
bıyıklıyarasa a. hayb. whiskered bat
bıyıksız s. without a moustache
bızbız a. short drumstick
bızdık a, arg. child, kiddy, tot
bızır a. clitoris * klitoris
biber a. pepper **biber değirmeni** pepper mill **biber dolması** stuffed green pepper(s)
biberağacı a. bitk. pepper tree
biberiye a. rosemary
biberlemek e. to pepper
biberli s. peppered, peppery
biberlik a. pepper-pot, pepper-shaker
biberon a. feeding bottle, baby's bottle

biberon emziği nipple
bibi a. yörs. paternal aunt
bibliyofil a. bibliophile
bibliyograf a. bibliographer * kaynakça
bibliyografi a. bibliography * kaynakça
bibliyografik s. bibliographic(al)
bibliyografya a. bibliography * kaynakça
bibliyoman a. s. bibliomaniac
bibliyomani a. bibliomania
bibliyotek a. library, bibliotheca
bibliyotekçi a. librarian
biblo a. trinket, knick-knack; bibelot, curio
bicik a. yörs. breast; teat
biçare s. poor, wretched, helpless
biçarelik a. destitution, wretchedness
biçem a. style * üslup
biçembilim e. stylistics
biçemci a. stylist
biçemcilik a. stylism
biçemlemek e. to stylize
biçemsel s. stylistic
biçerbağlar a. reaper, binder
biçerdöver a. combine, combine harvester
biçilmiş: biçilmiş kaftan mec. cut out for sth **biçilmiş kaftan olmak** to be tailor-made for, to be up sb's alley
biçim a. shape, form, figure; way, manner, mode **biçim vermek** to shape, to form **biçimini bozmak** to deform
biçimbilgisi a. morphology
biçimbilim a. morphology * yapıbilim
biçimbilimsel s. morphological
biçimbirim a, dilb. morpheme * morfem
biçimbozum a. deformation, distortion
biçimci a. formalist * formalist
biçimcilik a. formalism
biçimleme a. shaping, forming; dressing; biliş. formatting
biçimlemek e. to format
biçimlendirmek e. to shape, to form, to give shape to, to put into a form
biçimlenmek e. to take shape, to shape up
biçimli s. well-shaped, clean-cut, shapely övg.; -shaped
biçimsel s. formal **biçimsel dil** formal language
biçimsellik a. spatial harmony
biçimsiz s. ill-shaped, ugly; unsuitable, improper, awkward, cumbersome; deformed
biçimsizleşmek e. to become unshapely

biçimsizleştirmek *e.* to deform, to disfigure
biçimsizlik *a.* unshapeliness; deformity
biçintilik *a.* clothes pattern
biçit *a.* pattern
biçki *a.* cutting out
biçme *a.* shear, cutting; *mat.* prism * menşur, prizma; *inş.* cut stone
biçmek *e.* to cut; to saw; to cut out; to reap, to mow, to harvest; to estimate
bide *a.* bidet
bidon *a.* can, drum, metal barrel
bidüziye *be.* continuously
bienal *s.* biennial
bifenil *a.* biphenyl, diphenyl
bifokal *s.* bifocal
biftek *a.* beefsteak, steak
bigami *a.* bigamy
bigudi *a.* hair curler, curler
bihaber *s.* unaware (of), ignorant (of), uninformed, oblivious
biharmonik *s.* biharmonic
bijon *a.* wheel nut, lug nut
bijuteri *a.* jewellery, jewelry
bikarbonat *a.* bicarbonate
bikın *a.* beacon
bikini *a.* bikini
bikir *a.* virginity, maidenhood
biklorit *a.* bichloride
bikomponent *s.* bicomponent
bikromat *a.* bichromate
biksin *a, kim.* bixin
biladerağacı *a.* cashew
bilahare *be.* later; afterwards
bilaistisna *be. esk.* without exception
bilakis *be.* on the contrary
bilanço *a.* balance, balance sheet
bilar *a.* caulking mixture made of tar
bilardo *a.* billiards **bilardo çuhası** billiard cloth **bilardo masası** billiard table **bilardo oynamak** to play a game of billiards **bilardo salonu** pool hall **bilardo sopası** cue **bilardo topu** billiard ball
bilardocu *a.* billiard player
bilcümle *be. esk.* all
bildik *s.* known, not a stranger ¤ *a.* acquaintance
bildirge *a.* proclamation, manifesto
bildiri *a.* communiqué, declaration, notice, notification, announcement, manifesto, bulletin
bildirim *a.* announcement, notice, declaration

bildirişim *a.* communication
bildirişim, bildirişme *a.* communication
bildirişme *a.* communication
bildirme *a.* proclamation **bildirme kipi** *dilb.* indicative mood
bildirmek *e.* to tell, to inform, to announce, to notify, to state, to declare, to proclaim, to pronounce, to advertise, to apprise, to signify
bildirmen *a.* reporter
bile *be.* even; already ¤ *bağ.* even if, even though
bilecen *s.* know-it-all
bilecenlik *s.* being a know-it-all
bileği *a.* hone, grinder
bileğitaşı *a.* whetstone, grindstone, hone
bilek *a.* wrist **bilek güreşi** wrist wrestling
bileklik *a.* wrist supporter
bileme *a.* sharpening, grinding, honing **bileme makinesi** sharpening machine
bilemek *e.* to sharpen, to whet, to grind, to hone
bileşek *a. anat.* commissure
bileşen *a.* component, constituent **bileşen olasılık** marginal probability **bileşen yoğunluğu** component density
bileşik *s.* compound ¤ *a.* compound **bileşik bobin** compound coil **bileşik çekirdek** compound nucleus **bileşik devre** compound circuit **bileşik faiz** compound interest **bileşik fonksiyon** compound function **bileşik iletken** composite conductor **bileşik kesir** compound fraction **bileşik kiriş** compound arch, composite beam **bileşik kopya** combined print **bileşik mikroskop** compound microscope **bileşik motor** compound motor **bileşik sargı** compound winding **bileşik sargılı** compound wound **bileşik sarkaç** compound pendulum **bileşik sayı** composite number **bileşik simge** composite symbol **bileşik sinyal** compound signal **bileşik sözcük** compound word **bileşik süzgeç** composite filter **bileşik uyartım** compound excitation
bileşikgiller *a.* compositae
bileşikleşmek *e.* to form into a compound
bileşim *a.* composition, compound, combination
bileşimli *s.* combinational **bileşimli mantık** combinational logic
bileşke *a.* resultant, product **bileşke**

işlevi compound function *bileşke kuvvet* resultant force
bileşken *a.* component
bileşme *a.* combination
bileşmek *e, kim.* to combine
bileştirmek *e.* to compound, to combine
bilet *a.* ticket *bilet gişesi* ticket window, box office, ticket booth *bilet kesmek* to sell tickets *bilet koçanı* ticket stub *bilet parası* carfare, fare
biletçi *a.* bus conductor, conductor; ticket inspector, inspector; ticket seller; lottery ticket seller
biletçilik *a.* occupation of a ticket seller
bileyici *a.* knife grinder
bileyicilik *a.* knife-grinding
bilezik *a.* bracelet, bangle; metal ring, bush, collar, segment
bilezikli *s.* having a bracelet; having a metal ring *bilezikli yağlama* ring lubrication
bilfiil *be.* actually, really; actively, in deed
bilge *s.* learned, wise, sagacious ¤ *a.* wise man; scholar
bilgelik *a.* sagacity, wisdom
bilgi *a.* knowledge, learning; information *bilgi ağı biliş.* information network *bilgi almak* to get information *bilgi ayırıcı* information separator *bilgi azalması* data degradation *bilgi bankası biliş.* information bank *bilgi başlığı* information heading *bilgi bitleri biliş.* information bits *bilgi çekme* information retrieval *bilgi çıkarma* information retrieval *bilgi çıkışı biliş.* information output *bilgi desteği* information utility *bilgi deviri* data cycle *bilgi edinmek* to get information, to obtain information *bilgi elde etme* information retrieval *bilgi geribeslemesi* information feedback *bilgi girişi biliş.* information input *bilgi güvenliği* information security *bilgi hazırlama* data preparation *bilgi işlem biliş.* data processing, information processing *bilgi işlem merkezi biliş.* data processing centre, information processing centre *bilgi işlemci* data processor *bilgi işleme biliş.* information processing *bilgi kanalı* information channel *bilgi kazanma biliş.* knowledge acquisition *bilgi kuramı* epistemology *bilgi oluğu biliş.* information channel *bilgi saklama bilis.* information storage *bilgi*

sistemi biliş. information system *bilgi sözlüğü biliş.* data dictionary *bilgi vermek* to give information, to inform, to instruct, to enlighten, to acquaint (with), to fill sb in (on) *bilgi yarışması* quiz *bilgi yönetim sistemi biliş.* information management system (IMS)
bilgici *a.* sophist
bilgicilik *a.* sophism * sofizm
bilgiç *a.* pedant ¤ *s.* pedantic, self-righteous *hkr.*
bilgiçlik *a.* pedantry *bilgiçlik taslamak* to know all the answers *kon./hkr.*, to be a smart aleck
bilgiişlem *a.* data processing
bilgilendirmek *e.* to acquaint (sb with sth)
bilgilenmek *e.* to acquaint oneself with sth
bilgili *s.* well-informed, informed, learned, knowledgeable
bilgilik *a.* encyclopaedia * ansiklopedi
bilgililik *a.* learnedness, being learned
bilgin *a.* scholar, scientist
bilginlik *a.* scholarliness
bilgisayar *a.* computer *bilgisayar ağı biliş.* computer network, network *bilgisayar bilimi* computer science *bilgisayar çipi* computer chip *bilgisayar desteği* computer utility *bilgisayar destekli biliş.* computer-aided, computer assisted, computer-managed *bilgisayar destekli öğretim biliş.* computer-assisted instruction (CAI) *bilgisayar destekli tasarım biliş.* computer aided design (CAD) *bilgisayar destekli yönetim biliş.* computer aided management (CAM) *bilgisayar dili* computer language *bilgisayar donanımı* computer hardware *bilgisayar endüstrisi* computer industry *bilgisayar güvenliği* computer security *bilgisayar işletmeni biliş.* computer operator * bilgisayar operatörü *bilgisayar komutu* computer instruction *bilgisayar kullanıcısı* computer user *bilgisayar merkezi* computer center *bilgisayar mimarı* computer architect *bilgisayar mimarisi* computer architecture *bilgisayar mühendisi* computer engineer *bilgisayar mühendisliği* computer engineering *bilgisayar operatörü biliş, bkz.* bilgisayar işletmeni *bilgisayar*

oyunu video game **bilgisayar programcısı** *biliş.* programmer, programer *Aİ.* **bilgisayar programı** computer program **bilgisayar sistemi** computer system **bilgisayar yazılımı** computer software **bilgisayarla donatmak** to computerise
bilgisayarcı *a.* computer seller; computer operator
bilgisayarlaştırmak *e.* to computerize
bilgisayarlı *s.* computerized **bilgisayarlı tomografi** *hek.* computerized tomography, computed tomography
bilgisayım *a.* information theory
bilgisiz *s.* ignorant; uninformed, insensible
bilgisizlik *a.* ignorance * cehalet
bilhassa *be.* especially, particularly, peculiarly * özellikle
bili *a.* knowledge, information * bilgi, malumat
bili bili *ünl.* Here chick chick!
bilici *s.* knowing, aware
bilim *a.* science, learning **bilim adamı** scientist, boffin *kon.* **bilim dalı** discipline
bilimci *a.* scientist
bilimcilik *a. fel.* scientism
bilimdışı *s.* unscientific
bilimeri *a.* scientist
bilimkurgu *a.* science fiction, sci-fi *kon.*
bilimleştirmek *e.* to make (sth) scientific
bilimsel *s.* scientific **bilimsel araştırma** scientific research **bilimsel yöntem** scientific method
bilimsellik *a.* being scientific
bilimsiz *s.* unscientific
bilimsizlik *a.* unscientific behavior
bilinç *a.* the conscious, consciousness **bilincinde olmak** to be conscious of, to be awake to sth **bilincinde** conscious
bilinçaltı *a.* the subconscious, the unconscious ¤ *sg.* subconscious
bilinçdışı *a.* the unconscious
bilinçlendirmek *e.* to make (sb) conscious (of sth)
bilinçlenmek *e.* to become conscious
bilinçli *s.* conscious
bilinçlilik *a.* consciousness
bilinçsiz *s.* unconscious, insensible
bilinçsizce *be.* unconsciously
bilinçsizlik *a.* unconsciousness
bilindik *s.* known
bilineer *s.* bilinear

bilinemez *s.* unknowable
bilinemezci *a, s.* agnostic
bilinemezcilik *a.* agnosticism
bilinen *s.* known **bilinen gerçek** common knowledge
bilinmedik *s.* unfamiliar
bilinmek *e.* to be known
bilinmeyen *s.* unknown
bilinmez *s.* unknown; uncertain
bilinmezlik *a.* being unknown
bilirkişi *a.* expert
bilirkişilik *a.* expertise
bilirübin *a. biy.* bilirubin * ödsarısı
bilisiz *s.* uninformed; ignorant
biliş *a, ruhb.* cognition
bilişim *a.* data processing
bilişmek *e.* to become mutually acquainted
bilişsel *s.* cognitive
biliverdin *a.* biliverdin
billahi *ünl.* I swear to God!
billur *a.* crystal * kristal ¤ *s.* crystalline
billurcisim *a. anat.* crystalline lens
billurlaşma *a.* crystallization
billurlaşmak *e.* to crystallize
billurlaştırmak *e.* to crystallize
billurlu *s.* crystalline
billurumsu *s.* crystalloid
bilme *a.* knowing; cognition
bilmece *a.* riddle, puzzle; *mec.* enigma **bilmece gibi** enigmatic
bilmeden *be.* not knowing, unintentionally
bilmek *e.* to know; to be acquainted with sth; to guess (right); to remember; to recognize; to consider, to regard as **bildiğim kadarıyla** as far as I know, for all I know **bildiğime göre** to my knowledge **bildiğinden şaşmamak** to go one's own way **bildiğinden şaşmaz** strong-minded **bildiğini okumak/yapmak** to go one's own way, to take one's own way **bile bile** purposely, deliberately, intentionally, knowingly, by design, on purpose, with one's eyes open **bilemedin** at (the) most, or **bilerek** purposely, knowingly, deliberately, on purpose **bilindiği kadarıyla** as far as is known **bilmeden** unintentionally **bilmem nasıl** somehow or other
bilmez *s.* ignorant
bilmezlemek *e.* to show up (sb's) ignorance

bilmezlenmek *e.* to pretend not to know
bilmezlik *a.* ignorance *bilmezlikten gelmek* to pretend not to know
bilmukabele *be.* likewise to you, the same to you; *esk.* in return, in reply
bilseme *a.* curiosity
bilumum *s.* in general, all
bilya *a.* marble * bilye, misket; *tek.* ball *bilya oynamak* to play marbles, to have a game of marbles *bilya oyunu* marbles *bilya yuvası* ball race, ball socket
bilyalı *s.* having a ball *bilyalı bağlantı* ball coupling *bilyalı değirmen* ball mill *bilyalı fişek* ball cartridge *bilyalı kafes* ball cage *bilyalı mafsal* ball and socket, ball joint *bilyalı rulman* ball bearing *bilyalı supap* ball valve *bilyalı şamandıra* ball cock *bilyalı valf* ball cock *bilyalı yatak* ball bearing
bilye *a. bkz.* bilya
bilyeli *s, bkz.* bilyalı
bilyon *a.* billion
bilyonsaniye *a.* nanosecond
bimetal *a.* bimetal
bimetalik *s.* bimetallic
bimetalizm *a.* bimetallism
bimoleküler *s.* bimolecular
bimorf *s.* bimorph
bin *a, s.* thousand *bin bir* great many, numerous *bin dereden su getirmek* to beat about/around the bush *bin pişman olmak* to be very sorry *bini bir paraya* a) many, a lot of, lots of b) dirt cheap *binlerce* thousands of *binde bir kon.* once in a blue moon, very rarely
bina *a.* building, construction, edifice, structure *bina cephesi* façade *bina etmek* a) to build b) to base (sth on) *bina iskeleti* shell *bina vergisi* building tax *bina yüzü* façade
binaen *be. esk.* based on (sth); owing to, because of
binaenaleyh *be.* therefore
binbaşı *a.* major; *den.* commander; *hav.* squadron leader
binbaşılık *a. ask.* rank/duties of a major
binbirdelikotu *a.* Saint-John's-wort
bindallı *a.* long gown made of velvet and embroidered with silver thread
binder *a.* binding agent
bindi *a.* support, bearer * destek, hamil
bindirim *a.* increase (in price) * zam

bindirimli *s.* including the increase
bindirme *a.* overlap, joint; corbel; embarkation *bindirme kama* saddle key *bindirme kaplama* drop siding, weatherboarding *bindirme kaplamalı* clinker-built *bindirme kaynak* fillet weld *bindirme kiriş* tail beam, tail piece *bindirme rampası* loading ramp *bindirme sargı* lap winding
bindirmek *e.* to cause to mount; to help to get on; to add on; to overlap; to superpose; to run into, to bump into, to ram
bindirmeli *s, den.* clinker-built
bindirmelik *a.* corbel
binek *a.* saddle beast, mount ¤ *sg.* for riding *binek arabası* a) carriage b) passenger car *binek atı* saddle horse, riding horse *binek otomobili* passenger car
binektaşı *a.* mounting block
biner *a.* thousand each
bingi *a.* pendentive, sconce
bingo *a.* bingo
bingözotu *a. bitk.* scammony
bini *a. inş.* astragal
binici *a.* rider, horseman, horsewoman, equestrian *binici kırbacı* crop *binici kıyafeti* riding habit *binici pantolonu* riding breeches
binicilik *a.* horsemanship, horse-riding *binicilik okulu* riding school
bininci *s.* thousandth
biniş *a.* riding (style); gown, robe
binit *a.* mount, saddle mount
binlik *a.* a thousand lira banknote, a thousand lira coin, grand
binmek *e.* to get on, to get into; to board; to mount; to ride; to overlap; to be added *bindiği dalı kesmek* to cut one's own throat
binoküler *s.* binocular
binom *a.* binomial
binot *a.* binode
binyaprak *a. bitk.* milfoil
bip *a.* bleep, blip *bip bip yapmak* to bleep
bipolar *s.* bipolar
bir *s.* a, an; one; unique; the same; united ¤ *be.* once; only, alone; just; if only *bir ağızdan* with one voice *bir an önce* as soon as possible, right away *bir an* for a moment *bir anda* in a split second *bir anlamda* in a sense, in one sense *bir anlık* momentary *bir ara* a) for a mo-

ment b) some time *bir arada* all together *bir araya gelmek* to come together, to get together, to gather (round), to congregate *bir araya getirmek* to amass, to gather sth, to gather sth (together/up), to gather sb/sth up *bir araya toplamak* to round sb/sth up *bir aşağı bir yukarı* to and fro *bir ayağı çukurda olmak* to have one foot in the grave *bir ayağı çukurda* at death's door *bir bakayım* let me see *bir bakıma* in a sense, in one respect, in one way, kind of, as it were *bir bakışta* at a (single) glance *bir bakmak* to take a look at *bir baltaya sap olamamak* to be unable to find a job *bir bardak suda fırtına* a storm in a teacup *bir başına* all alone *bir bir* one by one *bir boka yaramamak* not to worth a shit, to be a dead loss *arg. bir çeşit* a kind of *bir çırpıda* at once, in a jiffy, in a tick *bir çuval inciri berbat etmek* to upset the applecart *bir daha* one more, once again, again *bir dakika* a) a minute b) just a minute *bir de* in addition to, and also *bir dediği bir dediğine uymamak* to blow hot and cold (about) *bir dediğini iki etmemek* to dance attendance on sb *bir defa* once *bir defalık* for once only *bir denemek* to have a bash (at sth) *bir derece* to a certain extent *bir dereceye kadar* to some extent, to a certain extent *bir deri bir kemik kalmak* to be nothing but skin and bones *bir deri bir kemik* gaunt, emaciated, skinny *kon./hkr.*, scrawny *hkr.*, scraggy *hkr. bir durumu* one condition, one-state *bir düşüneyim* let me see *bir elemanı* one element *bir eli yağda bir eli balda olmak* to be in clover *kon. bir eli yağda bir eli balda yaşamak* to live off the fat of the land *bir eli yağda bir eli balda* on easy street *bir elmanın iki yarısı* as like as two peas *bir geçidi* one gate *bir gömlek üstün olmak* to have an edge on sb/sth, to be a cut above *kon. bir gömlek üstün* a cut above *kon. bir göz atmak* to take a gander at, to take a look at *bir gün* one day, some day, someday *bir hayli* a good deal, a great deal, notably *bir hizada olmak* to be in line with *bir hizada* abreast *Bir içim su* She's an absolute knockout *kon. bir iki kere* once or twice *bir iki kez* once or twice *bir iki* one or two *bir ileri bir geri* up and down *bir işe yaramak* to be of service (to sb) *bir kalemde* at one whack *bir kapıya çıkmak* to come to the same result *bir kat daha* still more *bir kenara* aside *bir kenara bırakmak* to put sth on/to one side *bir kenara koymak* to set sth aside, to put sth by, to put sth aside, to lay sth aside *bir kere* a) once b) to start with, to begin with, in the first place *bir kerelik* for once *bir kez daha* once more, yet again, once again *bir kez* once *bir kimse* somebody, someone *bir konumu* one condition *bir kulağından girip öbür kulağından çıkmak* to go in (at) one ear and out (at) the other *kon. bir lahzada* as quick as a wink *bir mayıs* May Day *bir miktar* some, a little *bir müddet* awhile, for a while *bir nebze* a modicum of *bir nisan şakası yapmak* to make an April fool of sb *bir nisan* April Fool's day, All Fool's Day *bir öğesi* one element *bir parça* slightly, a bit, a modicum of, ounce of sth *bir saniye* a) one second b) just a moment!, just a second! *bir seviyede* level, at the same level *bir sırada* on a line *bir sonraki* next *bir süre* awhile, for a time *bir sürü* lots of, heaps of *Bir şey değil* You are welcome, Don't mention it, That's all right, Not at all *bir şey* a) something b) anything *Bir şeyler dönüyor* There is something afoot *bir tahtası eksik* balmy *bir tahtası eksik olmak* to have a screw loose *bir taşla iki kuş vurmak* to kill two birds with one stone *kon. bir tutam* a pinch of *bir tutmak* to identify, to consider equal *bir türlü* in one way or another *bir varmış bir yokmuş* once upon a time *bir yana* aside *bir yer* somewhere *bir yerde* a) somewhere, someplace *Aİ.* b) anywhere c) as it were *bir yere kadar* so far *kon. bir yere* a) somewhere, someplace *Aİ.* b) anywhere *bir yıllık bitki* annual plant *bir yolunu bulup* by hook or by crook, somehow *bir yukarı bir aşağı* up and down *bir zamanlar* at one time, once,

once upon a time **birin tamamlayıcısı** one's complement **birler basamağı** units digit
bira a. beer; ale; bitter **İl. bira fabrikası** brewery **bira mayası** barm
biracı a. brewer
biracılık a. brewing beer; selling beer
birader a. brother; kon. buddy, mate, man
birahane a. pub, beerhouse, public house
biraz s. a little, some, a bit kon. ¤ be. slightly; awhile **biraz sonra** a little later, soon
birazcık s. a little bit, ounce of sth
birazdan be. in a little while, a little later, soon, presently
birbelirteçli s. unimodular
birbiri adl. each other, one another **birbiri ardınca** one after the other **birbiri ardından** one after another **birbiri arkasından** one after another **birbiri peşi sıra** one after another **birbirine** each other, one another **birbirine bağlamak** concatenate, interconnect **birbirine bağlı** allied, interconnected, interdependent **birbirine düşürmek** to set at loggerheads, to set sb against sb, to play off against **birbirine geçirmek** to engage, to entwine, to interlace **birbirine geçmek** to engage **birbirine karıştırmak** to confuse **birbirini** each other, one another **birbirini tutan** coherent **birbirini tutmak** to cohere **birbirini tutmamak** to contradict
birci a. monist ¤ s. monistic(al)
bircilik a. monism
bircinsten s. homogeneous
birçenekli s. univalve, univalved, univalvular, monocotyledonous
birçoğu adl. most (of them)
birçok s. a lot of, lots of; many, numerous; a lot of, lots of, a good deal (of), a great deal (of)
birdeğerli s. one-valued **birdeğerli fonksiyon** one-valued function
birden be. suddenly, at once, short, bang kon., all of a sudden, all at once * ansızın, aniden; at a time, at the same time
birdenbire be. suddenly * ansızın, aniden
birdirbir a. leapfrog **birdirbir oynamak** to play leapfrog
birebir s. the most efficacious, just the job

kon.; one-to-one
birer s. one apiece, one each **birer birer** one by one, singly **birer birer saymak** to enumerate, to count sb/sth out
birerim a. eutectic
bireşeyli s. unisexed
bireşim a. synthesis * sentez
bireşimli s. synthetic * sentetik
bireşimsel s. synthetic
birevcikli s. bitk. monoecious
birey a. individual * fert
bireyci s. individualistic * ferdiyetçi
bireycilik a. individualism * ferdiyetçilik, individüalizm
bireyleşme a. individualization
bireyleşmek e. to be individualized
bireyleştirmek e. to individualize
bireylik a. individuality
bireyoluş a. ontogenesis, ontogeny
bireysel s. individual * ferdi
bireysellik a. individualism * ferdiyet
bireyüstü s. superindividual
birgözeli s, biy. unicellular, one-celled * tekhücreli
biri adl. one (of them); somebody, someone
biricik s. unique, only, sole
birikeç a, biliş. accumulator register
biriki a. reserve
birikici s. cumulative
birikim a. accumulation, aggregation; deposition
birikimli s. cumulative **birikimli dağılım** cumulative distribution **birikimli frekans** cumulative frequency **birikimli sıklık** cumulative frequency
birikimlik a. depot, water depot
birikimsel s. eluvial
birikinti a. accumulation, heap, conglomeration, talus **birikinti konisi** alluvial cone **birikinti su** backwater **birikinti yelpazesi** alluvial fan
birikişme a. agglutination
birikme a. accumulation **birikme eğrisi** cumulative curve
birikmek e. to accumulate; to pile up; to drift; to mass; to collect (together), to gather
biriktireç a. accumulator
biriktirici a. flush tank; grease trap
biriktirme a. saving (up); accumulation; collection **biriktirme barajı** storage dam

biriktirmek *e.* to save (up), to put sth aside; to accumulate; to collect; to gather; to amass

birileri *adl.* some people

birim *a.* unit, denomination **birim ağırlık** unit weight **birim alan** unit area **birim dizey** identity matrix **birim dizgi** unit string **birim eleman** unit element **birim fiyatı** unit cost **birimgerilme** unit stress **birim hücre** unit cell **birim katar** unit string **birim kayıt** unit record **birim kesir** unit fraction **birim matris** identity matrix **birim ortaklığı** unit affinity **birim öğe** unit element **birim uzama** unit elongation **birim uzunluk** unit length **birim vektör** unit vector

birinci *s.* first; primary ¤ *a.* champion **birinci elden** at first hand **birinci gelmek/olmak** to be the first **birinci kalite** first-rate **birinci kat** first floor *İİ.* **birinci kopya** answer print **birinci mevki** first class **birinci sınıf** a) first-class b) first-rate, excellent c) (okulda) first grade **birinci vites** low gear

birincil *s.* primary * esas **birincil alkol** primary alcohol **birincil bellek** primary storage **birincil faz** primary phase **birincil ışınım** primary radiation

birincilik *a.* first place, championship

birincizar *a. bitk.* epicarp, exocarp

birisi *adl.* one (of them); somebody, someone

birkaç *s.* a few, some, several

birkaçı *adl.* (a) few of

birlemek *e.* to unite

birleşen *s.* concurrent

Birleşik Arap Emirlikleri *a.* the United Arab Emirates

birleşik *s.* united, confederate, joint; compound, composite **Birleşik Arap Emirlikleri** the United Arab Emirates **birleşik cümle** compound sentence **birleşik dağılım** joint distribution **Birleşik Krallık** the United Kingdom **birleşik kafa** combined head **birleşik kod** macrocode **birleşik öğe** macroelement **birleşik sözcük** *dilb.* compound word **birleşik zaman** *dilb.* compound tense

birleşim *a.* session, sitting; union

birleşke *a.* cooperative (organization)

birleşkeci *a.* advocate of cooperatives

birleşkecilik *a.* the cooperative movement

birleşme *a.* union; combination, coalescence; association, alliance; junction, fusion; unification; coalition; merger; conjunction; (cinsel) sexual intercourse, intercourse, coitus **birleşme değeri** valence, valency **birleşme yeri** junction

birleşmek *e.* to unite; to join; to connect; to associate; to combine; to couple; to coalesce; to conjoin; to amalgamate; to merge; to incorporate; to band together; to confederate

Birleşmiş Milletler *a.* the United Nations

birleşmiş *s.* united **Birleşmiş Milletler Güvenlik Konseyi** the United Nations' Security Council **Birleşmiş Milletler** the United Nations

birleştirici *s.* uniting, connective ¤ *a.* splicer

birleştirme *a.* joining, union, incorporation **birleştirme birimi** assembly unit **birleştirme dili** tombolo, tying bar **birleştirme eğrisi** easement curve **birleştirme konisi** forcing cone

birleştirmek *e.* to unite, to bind; to join, to bond, to couple; to combine; to connect; to associate; to assemble; to merge; to confederate; to incorporate; to conjoin; to amalgamate; to band together; to put together; to attach

birli *a, isk.* ace

birlik *a.* unity; sameness, equality, similarity; union, association, corporation, confederation, alliance; combine; brotherhood, fraternity; *ask.* unit, force **birlik olmak** to gang together *hkr.*, to gang up (with sb) (against sb), to band together

birlikte *be.* together, along, in company **birlikte çalışmak** to play ball *kon.*, to cooperate, to collaborate **birlikte yaşama** cohabitation **birlikte yaşamak** to shack up (with sb/together), to cohabit *res.*

birliktelik *a.* togetherness

birlikteş *s.* federated

Birman *a, s.* Burmese

Birmanca *a, s.* Burmese

Birmanya *a.* Burma ¤ *s.* Burmese

birmanyakedisi *a. hayb.* Burmese cat

Birmanyalı *a, s.* Burmese

birörnek *s.* uniform

birtakım *s.* some, a certain number of, certain

birterimli *s, mat.* monomial
bis *a.* encore
biseksüel *s.* bisexual
bisiklet *a.* bicycle, bike *kon.*, cycle *kon.*, pushbike *kon.* **bisiklet çatalı** bicycle fork **bisiklet selesi** saddle **bisiklet sürmek** to cycle **bisiklete binmek** to bicycle, to bike *kon.* **bisikletle gezmek** to bicycle **bisikletle gitmek** to bicycle
bisikletçi *a.* bicycle dealer; bicycle repairer; bicyclist, cyclist
bisküvi *a.* biscuit, cookie *Aİ.*, cooky *Aİ.*
bismillah *ünl. din.* in the name of God!; Good God!
bistro *a.* bistro, bistrot
bisturi *a.* lancet, surgeon's knife
bisülfat *a, kim.* bisulphate
bisülfit *a.* bisulphite
bisülfür *a, kim.* bisulphide
bit[1] *a.* louse **bit kadar** tiny; very small **bit pazarı** flea market **biti kanlanmak** to get rich
bit[2] *a, biliş.* bit, binary digit **bit akıntısı** bit stream **bit dizgisi** bit string **bit izi** bit track **bit konumu** bit position **bit manipülasyonu** bit manipulation **bit oranı** bit rate **bit paterni** bit pattern **bit sürücüsü** bit driver **bit testi** bit test **bit yeri** bit location **bit yoğunluğu** bit density **bit zamanı** bit time
bitap *s.* exhausted, feeble, weary, deadbeat, tired out, all in **bitap düşmek** to be tired out
bitaraf *s.* neutral, impartial * yansız, tarafsız
bitaraflaştırmak *e.* to neutralize
bitaraflık *a.* neutrality; impartiality
bitartarat *a.* bitartrate
bitek *s.* fertile, rich * münbit
biteklik *a.* fertility * münbitlik
bitelge *a.* (toprak) fertility
biteviye *be.* continuously, incessantly * bidüziye
biteviyelik *a.* monotony
bitey *a.* flora
bitik *s.* exhausted, worn out; bad, serious, in trouble; (pil) flat
bitiklik *a.* exhaustion
bitim *a.* ending, end, conclusion, close **bitim işlemi** *teks.* finish
bitimli *s.* finite, limited
bitimsiz *s.* infinite, limitless
bitirim *s.* smashing, crack, smart

bitirimci *a.* manager of a gambling joint; gambler
bitirmek *e.* to finish, to end, to conclude; to break sth up, to break sth off; to get through, to consume, to use up; to complete, to accomplish, to get through; *kon.* to exhaust, to kill, to tire out
bitirmelik *a.* certificate
bitirmiş *s. arg.* cunning, experienced
bitiş *a.* ending, end, expiration; finish **bitiş biti** stop bit **bitiş etiketi** trailer label **bitiş kaydı** trailer record **bitiş öğesi** stop element **bitiş simgesi** terminal symbol **bitiş sinyali** stop signal
bitişik *s.* contiguous, adjacent, joining, touching, next to; next-door ¤ *a.* next-door house, neighbour **bitişik kiriş** adjacent beam **bitişik olmak** to adjoin, to abut
bitişiklik *a.* adjacency
bitişken *s, dilb.* agglutinative
bitişkenlik *a.* agglutination
bitişmek *e.* to join, to be contiguous, to be adjoining
bitiştirmek *e.* to join
bitki *a.* plant * nebat **bitki coğrafyası** plant geography **bitki hastalığı** blight **bitki ıslahı** plant breeding **bitki kimyası** phytochemistry **bitki mazarratlısı** pest **bitki öldürücü** herbicide **bitki örtüsü** plant cover, vegetation **bitki özü** sap **bitki topluluğu** plant association **bitkiler âlemi** vegetable kingdom
bitkibilim *a.* botany * botanik
bitkibilimci *a.* botanist * botanikçi
bitkibilimsel *s.* botanical * botanik
bitkicil *s.* herbivorous
bitkileşme *a.* vegetation
bitkileşmek *e.* to vegetate
bitkimsi *s.* phytoid
bitkin *s.* exhausted, weary, worn-out, tired out, dog-tired, all-in, dead beat *kon.* **bitkin düşmek** to be used up **bitkin düşürmek** to exhaust
bitkinleştirmek *e.* to wilt
bitkinlik *a.* exhaustion, fatigue
bitkisel *s.* vegetable, vegetal * nebati **bitkisel boya** vegetable dye **bitkisel boyarmadde** vegetable dyestuff **bitkisel hayat** *bkz.* bitkisel yaşam **bitkisel lif** vegetable fibre **bitkisel**

tabaklama *teks.* vegetable tanning
bitkisel yağ vegetable oil **bitkisel
yaşam** *hek.* cabbage existence, vege-
table existence
bitlemek *e.* to pick the lice off, to delouse;
arg. to pick a quarrel; *arg.* to make sus-
picious
bitlenmek *e.* to be infested with lice
bitli *s.* infested with lice, lousy **bitli kokuş**
slattern
bitmek *e.* to finish, to end, to be over, to
give out; to run out; to run out of sth;
kon. to be exhausted; to grow, to
sprout; *kon.* to fall for, to be fond of
bitmek bilmemek to drag (on) **bitmek
bilmez** interminable **bitmez tükenmez**
inexhaustible, perpetual, eternal *kon.*
bitnik *a.* beatnik
bitotu *a. bitk.* lousewort
bitpazarı *a.* flea market *kon.*
bittabi *be. esk.* naturally, of course
bitter *s.* bitter
bitüm *a.* bitumen
bitümleme *a.* bituminization
bitümlemek *e.* to bituminize
bitümlü *s.* bituminous **bitümlü beton**
bituminous concrete **bitümlü boya** bi-
tuminous paint **bitümlü dolgu** bitumi-
nous filler **bitümlü emülsiyon** bitumi-
nous emulsion **bitümlü harç** bitumi-
nous grout **bitümlü kaplama** bitumi-
nous coating **bitümlü karpet** bitumi-
nous carpet **bitümlü kayalar** bitumi-
nous rocks **bitümlü kâğıt** bituminized
paper **bitümlü keçe** bituminous felt
bitümlü kiremit asphalt shingle
bitümlü kömür bituminous coal
bitümlü muşamba bituminous fabric
bitümlü şist bituminous schist
bityeniği *a.* something fishy, catch, trick
bityeniği sezmek to smell a rat *kon.*
biüre *a.* biuret
bivefa *s. esk.* unfaithful, disloyal
biye *a.* bias tape
biyel *a.* connecting rod, piston rod **biyel
başı** big end **biyel cıvatası** connecting
rod bolt **biyel gövdesi** connecting rod
shank **biyel kafası** connecting rod big
end **biyel kolu** connecting rod **biyel
yatağı** big end bearing
biyocoğrafya *a.* biogeography
biyodinamik *a.* biodynamics ¤ *s.* biody-
namical

biyoekoloji *a.* bioecology
biyoelektrik *a.* bioelectricity
biyoelektriksel *s.* bioelectrical
biyoenerjetik *a.* bioenergetics
biyofizik *a.* biophysics
biyofizikçi *a.* biophysicist
biyogenetik *s.* biogenetic
biyogenez *a.* biogenesis
biyograf *a.* biographer
biyografi *a.* biography **biyografi yazarı**
biographer
biyografik *s.* biographic(al)
biyojeografi *a.* biogeography
biyokatalizör *a.* biocatalyst
biyokimya *a.* biochemistry
biyokimyacı *a.* biochemist
biyokimyasal *s.* biochemical
biyokinetik *a.* biokinetics
biyoklimatoloji *a.* bioclimatology
biyokütle *a.* biomass
biyolog *a.* biologist
biyoloji *a.* biology
biyolojik *s.* biological **biyolojik açıdan**
biologically **biyolojik bozunma** biodeg-
radation, biological degradation
biyolojik olarak biologically **biyolojik
silahlar** biological weapons **biyolojik
yarı-ömür** biological half-life
biyoluminesans *a.* bioluminescence
biyolüminesans *a.* bioluminescence
biyom *a, çev.* biome
biyometeoroloji *a.* biometeorology
biyometri *a.* biometry
biyometrik *s.* biometrical
biyonik *s.* bionic ¤ *a.* bionics
biyopsi *a.* biopsy
biyos *a.* bios
biyosentetik *s.* biosynthetic
biyosentez *a.* biosynthesis
biyosfer *a.* biosphere
biyostatik *a.* biostatics
biyostrom *a.* biostrome
biyotik *s.* biotic
biyotin *a.* biotin
biyotip *a.* biotype
biyotipoloji *a.* biotypology
biyotit *a.* biotite
biyotop *a.* biotope
biyotropizm *a.* biotropism
biz[1] *adl.* we **Biz kaçın kurasıyız!** (All) my
eye! *kon.*
biz[2] *a.* awl, bradawl
bizam sıçanı *a, hayb.* musk rat ٭

maskarat, misksıçanı, ondatra

Bizans *a.* Byzantium ¤ *s.* Byzantine

Bizanslı *a, s.* Byzantine

bizar *s.* weary of, fed up with *bizar etmek* to make sb weary of, to harass

bizatihi *be.* in and of itself

bizce *be.* according to us, in our opinion

bize *adl.* (to) us

bizi *adl.* us

bizim *s.* our ¤ *adl.* ours

bizimki[1] *adl.* ours

bizimki[2] *a, kon.* one's better half

bizlemek *e.* to pierce (sth) with an awl

bizmut *a.* bismuth

bizmutizm *a. hek.* bismuthism, bismuthosis

bizon *a.* bison

bizzat *be.* personally, in person

blastoderm *a.* blastoderm

blastodermik *s.* blastodermic

blastokarp *s.* blastocarpous

blastomer *a.* blastomere

blastosist *a.* blastocyst

blastula *a. biy.* blastula

blazer *a.* blazer

blend *a.* blende

blendaj *a.* screening

blendajlı *s.* screened, armoured

blender *a.* blender

blenoraji *a. hek.* blennorrhea

blok *a.* block; writing-pad *blok aktarma* block transfer *blok aralığı* block gap *blok başlığı* block header *blok çoklamalı* block multiplex *blok diyagram* block diagram *blok flüt* recorder *blok haddesi* blooming mill *blok işareti* block mark *blok kaplama* block pavement *blok konumu* block position *blok kopyası* block copy *blok radyatör* block radiator *blok sıralama* block sort(ing) *blok uzunluğu* block length

blokaj *a.* blockage, blocking *blokaj osilatörü* blocking oscillator *blokaj taşı* cobble *blokaj taşları* rubble *blokaj vidası* locking screw

bloke etmek *e.* to block; to stop

bloklamak *e.* to block

bloklararası *s.* interblock *bloklararası boşluk* interblock gap

bloklaşmak *e.* to form a bloc

bloknot *a.* notepad, writing pad

blöf *a.* bluff *blöf yapmak* a) to bluff, to try

it on b) *isk.* to bluff

blöfçü *a.* bluffer

blucin *a.* blue-jeans, jeans *blucin pantolon* dungarees *blucin tulum* dungarees

blum *a.* a card game

bluz *a.* blouse

boa *a, hayb.* boa, boa constrictor

bobin *a.* bobbin, coil, reel, spool *Aİ. bobin açma aygıtı* uncoiler *bobin boyamacılığı* package dyeing *bobin kalıbı* former *bobin sarımı* coil winding *bobin takımı* coil assembly *bobin taşıyıcısı* bobbin carrier *bobin teli* magnet wire *bobin yağı* coning oil *bobin yükleme* coil loading

bobinaj *a.* coil winding *bobinaj teli* coil wire

boca *a, den.* lee (side) *boca etmek* to tip *boca yönündeki* leeward *boca yönüne* leeward

bocalamak *e.* to falter, to flounder, to stumble, to waver, to vacillate

boci *a.* hand truck

bocuk *a.* pig, hog

bocurgat *a, den.* capstan

bodoslama *a, den.* sternpost

bodrum *a.* cellar *bodrum katı* basement

boduç *a.* wooden pitcher

bodur *s.* chunky, stumpy, dumpy, stocky, podgy *kon./hkr.*, squat *hkr.*, thickset; dwarfish

bodurçapak *a. hayb.* white bream

bodurlaşmak *e.* to become short/dwarf

bodurluk *a.* shortness

bodurmeşe *a. bitk.* British oak, red oak

bodurpas *a. bitk.* barley rust

bodursöğüt *a. bitk.* dwarf willow

boğ *a. hayb.* a venemous spider

boğa *a.* bull *Boğa burcu* Taurus *boğa güreşçisi* bullfighter, matador, toreador *boğa güreşi alanı* bullring *boğa güreşi* bullfight

boğada *a.* soaking laundry in lye leached from wood ashes *boğada suyu* lye

boğadikeni *a. bitk.* milk thistle, lady's-thistle

boğak *a.* angina * anjin

boğanak *a. yörs.* shower (of rain)

boğanotu *a.* wolfsbane

boğasamak *e.* (inek) to come into heat

boğası *a.* twilled cotton used for linings

boğata *a.* dead eye

boğayaprağı *a. bitk.* fleawort
Boğaz *a.* the Bosphorus
boğaz *a.* throat; gullet, esophagus; (şişe) neck; pass, defile; *coğ.* strait; *kon.* keep **boğaz ağrısı** sore throat **boğaz mikrofonu** throat microphone **boğaz tokluğuna çalışmak** to work for one's board **boğazı ağrımak** to have a sore throat **boğazı düğümlenmek** to have a lump in one's throat **boğazı gıcıklanmak** to have a tickle in one's throat **boğazı yanmak** to have a sore throat **boğazına dizilmek** to lose one's appetite (due to worry) **boğazına düşkün** gourmet, gluttonous **boğazına sarılmak** to clasp sb by the throat, to clutch sb's throat **boğazında kalmak** to stick in one's throat **boğazından kesmek** to cut down expenses on food **boğazını sıkmak** to throttle, to choke, to strangle
Boğaziçi *a.* the Bosphorus
boğazlak *s.* gluttonous, piggish
boğazlamak *e.* to throttle, to strangle, to choke; to cut sb's throat; to slaughter, to kill
boğazlaşmak *e.* to throttle each other
boğazlayan *a.* slaughterer
boğazlı *s.* having a throat; having a neck; *mec.* gluttonous **boğazlı yaka** polo neck
boğazsak *s. yörs.* gluttonous, piggish
boğazsız *s.* (şişe) neckless; who has a small appetite
Boğdan *a. trh.* Moldavia ¤ *s.* Moldavian
boğmaca *a.* whooping-cough
boğmacalı *s.* who has whooping cough
boğmacamsı *s.* similar to whooping cough
boğmak *a.* joint, articulation
boğmak *e.* to choke, to throttle, to strangle, to smother; to suffocate, to stifle, to asphyxiate; to drown (in); to constrict by binding; to overwhelm (with), to inundate, to load, to heap
boğmaklı *s.* jointed, articulate
boğmaklıkuş *a. hayb.* calandra lark
boğucu *s.* suffocating, stifling; airless, close, sultry, muggy
boğuk *s.* hoarse, raucous, deep, husky **boğuk sesle** hoarsely **boğuk sesli** hoarse **boğuk seslilik** hoarseness
boğuklaşmak *e.* to get hoarse

boğukluk *a.* hoarseness
boğulmak *e.* to stifle, to suffocate, to smother; to choke (on); to be drowned, to drown; (motor) to be flooded; to be inundated
boğulum *a. hek.* asphyxia
boğum *a.* node; articulation, joint; knuckle
boğumcuklu *s.* nodulose, nodulous
boğumlanma *a, dilb.* articulation
boğumlu *s.* knotty; gnarled; articulate
boğumluluk *a.* nodosity
boğumsal *s.* internodal
boğumsuz *s.* free from nodes
boğuntu *a.* suffocation; cheating, duping **boğuntuya getirmek** *arg.* to prevaricate; to gull (sb)
boğunuk *s.* hoarse
boğuşmak *e.* to quarrel, to fight; to struggle, to tussle, to grapple
bohça *a.* bundle, package, pack **bohçasını koltuğuna vermek** to give sb the sack
bohçaböreği *a.* bundle-shaped pastry
bohçalamak *e.* to wrap up in a bundle
bohem *a, s.* bohemian **bohem yaşamı sürmek** to lead a bohemian life **bohem yaşamı** bohemian life
Bohemya *a.* Bohemia
Bohemyalı *a. s.* Bohemian
boji *a.* bogie truck, bogie
bok *a, kab.* shit *kab.*, crap *arg.*, excrement ¤ *s.* bloody, damn; shitty **bok atmak** to throw mud (at) **bok etmek** to bugger (up) *İİ./kab.*, to fuck (up), to screw up *arg.*, to murder, to bungle, to mess up, to ball(s) up **bok gibi para kazanmak** *arg.* to rake in money **bok gibi** filthy *kon.* **bok üstün bok** *arg.* bad, lousy **Bok ye** Piss off!, Fuck off!, Eat shit! **bok yedi başı** smart arse, smart aleck; snooper **bok yemek düşmek** to have no right to say/do anything (against) **bok yolu** *arg.* bog **bok yoluna gitmek** to come to a sticky end *kon.*, to be fucked up, to be ruined, to go down the drain **boka batmak** to come to a total deadlock come to a total deadlock **boktan** ylousy, shitty *kab./arg.*, crappy *arg.*, rotten *kon.*, tacky *kon.*, pathetic *kon.*, diabolical *İİ./kon.* **boktan bir şey olmak** to not to be worth a shit **boku bokuna** for nothing, in vain **boku çıkmak** to be no more pleasant **boku**

yemek to have had it *kon.* ***bokunda boncuk bulmak*** to dote on/upon sb though they don't deserve it

bokböceği *a.* dung-beetle, scarab

bokçabülbül *a. hayb.* wren

bokçul *s.* coprophagous

bokçulluk *a.* coprophagy

boklamak *e. arg.* to soil, to befoul; to mess (sth) up, to foul sth up

boklaşmak *e. arg.* to be spoilt, to go bad

boklavat *s, arg.* bad, lousy

boklu *s.* shitty

bokluk *a. arg.* dunghill; piece of shit

boks *a, sp.* boxing ***boks eldiveni*** boxing glove, mitt *kon.* ***boks maçı*** bout ***boks yapmak*** to box

bokser *a. hayb.* boxer

boksermotor *a.* opposed cylinder engine

boksineği *a.* dung fly

boksit *a.* bauxite

boksör *a, sp.* boxer

bol *s.* plentiful, abundant, opulent, profuse, copious, ample; loose, wide ***bol bol*** abundantly, galore, amply, generously ***bol keseden atmak*** to be free with, to scatter promises around ***bol şanslar!*** good luck, all the best!

bolarmak *e.* to become plentiful, to become abundant; to get wide, to loosen

bolca *be.* amply, abundantly ¤ *s.* quite loose, quite wide

bolero *a.* bolero

boliçe *a.* Jewish woman

bolit *a.* bolide

Bolivya *a.* Bolivia ¤ *s.* Bolivian

Bolivyalı *a, s.* Bolivian

bollanmak, bollaşmak *e.* to get wide, to loosen; to abound, to become plentiful

bollaştırmak *e.* to let out

bolluk *a.* plenty, abundance, amplitude, profusion, opulence ***bolluk oranı*** abundance ratio

bolometre *a.* bolometer

bolometrik *s.* bolometric

Bolşevik *a. s.* Bolshevik

Bolşeviklik *a.* Bolshevism

Bolşevizm *a.* Bolshevism

bom *a. arg.* lie, story

bomba *a.* bomb ***bomba gibi haber*** shattering piece of news ***bomba gibi*** in the pink, in a fettle, in good fettle, as fit as a fiddle, right as rain *kon.* ***bomba gibi şey/kimse*** dynamite *kon.*

bombacı *a.* bomber; *ask.* bombardier

bombalama *a.* bombing, bombardment ***bombalama vizörü*** bombsight

bombalamak *e.* to bomb, to bombard

bombalı *s.* having a bomb, with a bomb ***bombalı saldırı*** bomb attack, bombing attack

bombardıman *a.* bombardment ***bombardıman etmek*** to bombard, to bomb ***bombardıman uçağı*** bomber

bombardon *a.* bombardon, bass tuba

bombazen *a, teks.* bombazine, bombasine

bombe *a.* camber

bombeli *s.* having a small swelling

bombok *s, kab.* terrible, awful, dreadful

bomboş *s.* quite empty

bombot *a.* bumboat

bonbon *a.* candy, confection

boncuk *a.* bead ***boncuk gibi*** beady

boncuklanmak *e.* to stand out in beads

bonderlemek *e.* to bonderize

bone *a.* bonnet, lady's hat; bathing cap

bonfile *a.* sirloin steak, fillet steak

bongo *a, müz.* bongo

bonjur *ünl.* Good morning!

bonmarşe *a.* department store

bono *a.* bond, bill

bonservis *a.* certificate of good service, testimonial

bopstil *a.* zoot suit

bor *a.* boron ***bor çeliği*** boron steel ***bor hücresi*** boron chamber ***bor sayacı*** boron counter

bora *a.* squall, tempest, gust

borağan *a.* whirlwind

borak *a. yörs.* uncultivated ground ¤ *s.* uncultivated

boraks *a.* borax ***boraks incisi*** borax bead

borakslı *s.* boracic

boran[1] *a.* thunderstorm

boran[2] *a, kim.* borane

boranbulut *a.* cumulonimbus

borasik *s.* boracic

borasit *a.* boracite

borat *a.* borate

borazan *a.* trumpet, bugle; trumpeter

borazancı *a.* bugler, trumpeter

borazancıbaşı *a.* head bugler

borç *a.* debt, loan; obligation, duty ***borca batmak*** to be deep en debt, to run into debt ***borca batmış*** deep in debt ***borca girmek*** to get into debt, to run into debt, to incur debts **borcu olmak** to owe **borcunu kapatmak** to pay one's debt **borç almak** to borrow **borç bakiyesi** balance of a debt **borç harç** on loan **borç vermek** to lend, to loan **borç yemek** to live on borrowed money **borçtan kurtulmak** to get out of debt

borçlanmak *e.* to get into debt; to become indebted (to)

borçlu *s.* indebted; obliged, grateful ¤ *a.* debtor **borçlu olmak** a) to owe b) *mec.* to be in sb's debt *res.* **borçlular hesabı** *tic.* accounts receivable

borçluluk *a.* indebtedness

borçsuz *s.* without any debt

borçsuzluk *a.* freedom from debts

borda *a, den.* broadside **borda ateşi** broadside **borda çalımı** sheer **borda etmek** to board **borda iskelesi** gangboard, gangplank **borda kaplaması** strake **borda tirizi** gunwale

bordo *s.* maroon, burgundy ¤ *a.* claret red; Bordeaux (wine)

bordro *a.* payroll; docket, list

bordür *a.* curb, kerb **bordür taşı** curbstone

borik *s.* boric **borik asit** boric acid **borik karbür** boric carbide

borina *a, den.* bowline

borit *a.* boride

borneol *a.* borneol

bornil *a.* bornyl

bornit *a.* bornite

bornoz *a.* bathrobe; barber's jacket

borohidrit *a.* borohydryde

borsa *a.* stock exchange, exchange, market **borsa tellalı** stockbroker, broker

borsacı *a.* stockbroker

boru *a.* pipe, tube, duct; *müz.* horn, bugle **boru anahtarı** pipe wrench **boru bileziği** union **boru burcu** conduit bushing **boru buşonu** conduit bushing **boru dingil** tubular axle **boru dirseği** pipe elbow, offset **boru dişi** pipe thread **boru flanjı** pipe flange **boru hattı** pipeline **boru iskele** tubular scaffolding **boru işi** pipefitting **boru kelepçesi** pipe bracket, pipe clamp **boru keskisi** pipe cutter **boru kıskacı** pipe tongs **boru menfez** pipe culvert **boru mengenesi** pipe vice **boru patlaması** pipe burst **boru perçin** tubular rivet **boru rakoru** pipe union **boru raspası** tube scraper

boru tapası pipe plug **boru tesisatı** piping **boru tıkacı** pipe plug **boru yolu** pipeline **borusu ötmek** *kon.* to be in authority, to be domineering

borucu *a.* fitter

borucuk *a.* tubule

boruçiçeği *a, bitk.* trumpet-flower, datura * çançiçeği

boruçiçekli *s.* tubuliflorous, tubulous

borukabağı *a. bitk.* an elongated gourd

borulu *s.* tubular, tubulous

borumsu *s.* tubular

borusal *s.* vasiform

borusuz *s.* ductless

boruyolu *a.* pipeline * payhlayn

bosaj *a.* bossage

Bosna *a.* Bosnia ¤ *s.* Bosnian

Bosna-Hersek *a.* Bosnia and Herzegovina

Bosnalı *a.* Bosnian ¤ *s.* Bosnian

bostan *a.* vegetable garden, market garden *İİ.*, truck farm *Aİ.*; melon field, water-melon field; melon, water-melon **bostan korkuluğu** a) scarecrow b) *mec.* puppet, figurehead

bostancı *a.* vegetable gardener, market gardener

bostancılık *a.* market gardening

bostanpatlıcanı *a. bitk.* bell eggplant

boş *s.* empty; bare; vacant; unemployed * işsiz; free; ignorant, useless; (kaset, kâğıt, vb) blank; vain, futile, abortive, barren; (anlamsız) blank, inane **boş alan** free field, free space **boş atıp dolu tutmak** to make a lucky shot, to draw a bow at a venture **boş boş** blankly **boş boş bakmak** to look blankly at **boş bulunmak** to be taken unawares **boş detektör** null detector **boş dizgi** empty string, null string **boş dosya** null file **boş film** non-exposed stock **boş geçirmek** to fiddle away, to kill **boş gezenin boş kalfası** loafer, idler, bum, hobo, wanderer **boş gezmek** to idle **boş gözlerle** blankly **boş gurur** false pride **boş hayal** pipe dream **boş inanç** superstition **boş kafalı** empty-headed **boş karakter** null character **boş katar** null string **boş küme** empty set, null set **boş kütük** null file **boş laf etmek** to palaver, to twaddle **boş laf** wind, claptrap, hot air, gas *hkr.* **boş olmak** a) to be empty b) to be unoccupied c) to be free **boş ortam** empty medium **boş oturmak** a) to be unemployed b) to have no work to do **boş paket** null packet **boş söz** empty word, vain promise **boş tohum** empty seed **boş umut** vain hope **boş vakit** a) spare time b) leisure **boş vaktinde** in one's spare time **Boş ver** Never mind *kon.* **boş vermek** to give sb/sth a miss *kon.*, not to bother (about), not to worry (about) **boş yere** a) in vain b) without a reason **boş zaman** a) spare time b) idle time **boş zamanlarında** at one's leisure **boşa** for nothing **boşa almak** to declutch **boşa çıkarmak** to defeat, to frustrate **boşa çıkmak** to fizzle out, to come to naught, to miscarry **boşa dönmek** to run idle **boşa geçirmek** to dream sth away **boşa gitmek** to come to naught, to go for nothing, to go up in smoke, to go down the drain *kon.* **boşa harcamak** to dissipate, to misspend, to fritter sth away (on sth) **boşta çalışmak** to idle **boşta gezmek** to be at loose ends **boşta olmak** (vites) to be in neutral **boşta** a) unemployed, out of work * işsiz b) (vites) neutral, out of gear **boşu boşuna** uselessly, in vain

boşalım *a.* discharge

boşalma *a.* discharge; evacuation; (meni) ejaculation, coming off

boşalmak *e.* to be emptied; to be discharged; to uncoil; to become free; to become vacant; to get sth off one's chest; to ejaculate, to come off, to come

boşaltaç *a.* vacuum pump

boşaltıcı *a.* bleeder, drainer; unloader

boşaltım *a.* excretion

boşaltma *a.* discharge; evacuation **boşaltma borusu** discharge pipe, drain pipe **boşaltma havzası** drainage basin, watershed **boşaltma kemeri** relieving arch **boşaltma köprüsü** discharge bridge **boşaltma kuyusu** bleeder well, relief well **boşaltma musluğu** drain cock, drain valve **boşaltma oluğu** drip groove **boşaltma pompası** drainage pump **boşaltma sifonu** drain trap **boşaltma tapası** drain plug **boşaltma tıkacı** drain plug **boşaltma valfı** discharge valve **boşaltma vanası** dis-

charge valve **boşaltma zamanı** takedown time

boşaltmak *e.* to empty; to tip, to turn sth out; to discharge; to evacuate, to vacate; to unload

boşama *a.* divorce

boşamak *e.* to divorce, to repudiate

boşanma *a.* divorce

boşanmak *e.* (karı ve koca) to get divorced; (hayvan) to break loose; (gözyaşları) to well up

boşbağırsak *a.* jejunum

boşboğaz *s.* indiscreet, communicative

boşboğazlık *a.* indiscretion **boşboğazlık etmek** to blab *kon.*

boşlamak *e.* to neglect, to abandon

boşluk *a.* emptiness; cavity; gap; *tek.* clearance; *fiz.* vacuum **boşluk açısı** clearance angle **boşluk akımı** space current **boşluk bastırma** space suppression **boşluk bırakmak** tolerate **boşluk damıtması** vacuum distillation **boşluk karakteri** blank character **boşluk listesi** space list **boşluk oluşumu** cavitation **boşluk oranı** void ratio **boşluk payı** headroom **boşluk rezonatörü** cavity resonator

boşluklu *s.* lacunar, lacunose, vacuolar, vacuolated

Boşnak *a, s.* Bosnian

Boşnakça *a, s.* Bosnian

boşuna *be.* in vain, for nothing **boşuna harcamak** to waste **boşuna nefes tüketmek** to waste one's breath **boşuna uğraşmak** to beat the air

bot *a.* boat; dinghy; (ayakkabı) boot

botanik *a.* botany * bitkibilim, nebatat ¤ *s.* botanic **botanik bahçesi** botanical gardens

botanikçi *a.* botanist * bitkibilimci

botanist *a.* botanist

Botsvana *a.* Botswana ¤ *s.* Botswanan

Botsvanalı *a, s.* Botswanan

botülin *a.* botulin

botülizm *a.* botulism

bovling *a, sp.* bowling **bovling oynamak** to bowl **bovling topu** bowl

boy[1] *a.* length; height; size; stature ¤ *sg.* (fotoğraf, vb) full-length **boy atmak** to grow tall **boy aynası** cheval glass **boy bos** figure, stature **boy çekimi** middle shot **boy göstermek** to appear **boy ölçüşmek** to compete, to match, to touch **boydan boya** all along, from end to end **boyu bosu yerinde** well-built **boyundan büyük işlere kalkışmak** to bite off more than one can chew **boyunu geçmek** to be over one's head **boyunun ölçüsünü almak** to get one's deserts

boy^2 a. tribe, clan

boya a. paint; dye, stain; colour; colouring **boya ağacı** dye wood **boya banyosu** dye bath, dye liquor **boya bazı** dye base **boya bobini** dye tube **boya çekmek** to shoot up **boya çıkarıcı** a) dye remover b) paint remover **boya çözeltisi** dye solution **boya fırçası** paintbrush **boya fuları** dye padder **boya geciktirici** dye retarder **boya haspeli** dye winch **boya kabı** dye back, dye beck, dye vessel **boya kusmak** to bleed **boya kutusu** paintbox **boya lekesi** blotch **boya levendi** dye beam **boya maddesi** colouring agent **boya merdanesi** dye feeding roller **boya mordanı** dye mordant **boya raklesi** colour doctor **boya sanayii** dyeing industry **boya tabancası** paint spray gun **boya teknesi** dye vat, dye back, dye beck **boyası akmak** to bleed **boyası çıkmaz** colourfast

boyaağacı a. bitk. camwood; bar wood

boyaalır s. chromophil, chromatophil

boyaalmaz s. chromophobe, chromophobic

boyacı a. dyer; painter; shoeblack, bootblack, shoeshine boy * ayakkabı boyacısı

boyacılık a. painting

boyacısumağı a. smoke tree

boyahane a. dye works, dyeing plant, dyehouse

boyakökü a. madder root

boyalamak e. to paint (sth) over (sth); to dye over (sth)

boyalı s. painted; dyed; coloured **boyalı basın** the tabloid press **boyalı kalem** crayon

boyama a. painting; dyeing; colouring ¤ s. painted; dyed; coloured **boyama aygıtı** dyeing apparatus **boyama bobini** dye bobbin, dye core **boyama çıkrığı** wince **boyama dolabı** wince **boyama gücü** dyeing power, colouring power, tinctorial power **boyama hızı** rate of dyeing

boyama kitabı colouring book **boyama levendi** dyeing beam **boyama makinesi** dyeing machine **boyama sıcaklığı** dyeing temperature

boyamak e. to paint; to dye, to stain; to colour; to polish, to black

boyanabilir s. dyeable

boyanabilirlik a. dyeability

boyanmak e. to be painted; to dye; to put on make-up

boyaotu a. bitk. dyer's madder

boyar a. paint

boyarmadde a. pigment, dye, dyestuff

boyasaptar a. mordant

boyasız s. unpainted; undyed; (ayakkabı) unpolished; without make-up * makyajsız

boyatutmaz s. achromatic

boyçekme a. shrinking of wood when drying

boydaş s. of the same height/age

boydaşlık a. being of the same height/age

boykot a. boycott **boykot etmek** to boycott **boykot yapmak** to boycott

boykotçu a. boycotter

boylam a. longitude

boylamak e. to end up in, to land in

boylamsal s. meridian, meridional

boylanmak e. to grow taller

boylatmak e. to throw (sb) into (prison)

boyler a. boiler, hot water tank

boylu s. tall **boylu boslu** of a slender and graceful build * şehlevent **boylu boyunca** a) at full length b) from end to end **boylu boyunca uzanmak** to recline

boyna a, den. scull **boyna etmek** to scull

boynuz a. horn; antler; antenna **boynuz takmak** kon. to be cuckolded

boynuzağacı a. bitk. redbud, Judas tree

boynuzcuk a. cornicle

boynuzlamak e. to gore; mec. give sb the run-around

boynuzlamak e. to gore; to cuckold, to cheat

boynuzlanmak e. to grow horns; kon. to be cuckolded; to be gored

boynuzlanmak e. to sprout horns; mec. to get the run-around

boynuzlaşma a. keratinization

boynuzlaşmış s. keratinous

boynuzlaştırma a. keratinization

boynuzlaştırmak e. to keratinize

boynuzlu s. horned; cuckolded **boynuzlu koca** cuckold
boynuzluteke a. hayb. cerambycid, long-horned beetle
boynuzotu a. bitk. hellebore
boynuzsu s. hornlike
boynuzsuz s. hornless
boynuzumsu s. cornual, keratoid
boyotu a. bitk. fenugreek
boysuz s. short, podgy
boyun a. neck; cervix; coğ. pass, col **boynu bükük** unhappy, destitute **boynu tutulmak** to have a stiff neck, to have a crick in one's neck **boynuna sarılmak** to embrace **boynunu bükmek** to show humility, to abase oneself **boynunu vurmak** to decapitate **boyun atkısı** neckerchief, scarf, muffler **boyun eğdirmek** to subjugate, to subdue **boyun eğme** submission **boyun eğmek** to submit, to yield, to truckle to sb, to bite the bullet, to give in (to sb/sth), to knuckle under kon., to succumb (to sth) res. **boyun mikrofonu** necklace microphone **boyun tutulması** stiff neck, crick
boyuna be. lengthwise; continually, ceaselessly, steadily, on and on, all the time, without cease **boyuna akım** longitudinal current **boyuna çekme** shrinkage in length **boyuna dalga** longitudinal wave **boyuna derz** longitudinal joint **boyuna kesit** longitudinal section **boyuna kiriş** longitudinal beam **boyuna profil** longitudinal profile **boyuna takviye** longitudinal bracing
boyunaltıbezi a. anat. thymus
boyunbağı a. necktie, tie, cravat
boyunburan a. hayb. wryneck
boyunca be. during, down, along
boyuncak a. necklace; (hayvanda) yoke
boyunduruk a. yoke; den. crowfoot; lintel; oppression **boyunduruğa vurmak** to yoke
boyunlu s. having a neck, necked
boyunluk a. thing worn around the neck
boyut a. dimension; extent
boyutsal s. dimensional
boyutsuz s. non-dimensional
boz s. grey, gray; (toprak) uncultivated
boza a. boza
bozarmak e. to take on a gray color
bozayı a. brown bear

bozbakkal a. hayb. fieldfare
bozca s. grayish
bozcamgöz a. hayb. cow shark
bozdoğan a. hayb. merlin
bozdoğan a. merlin, pigeon hawk
bozdurmak e. to cause to spoil/ruin; to change, to cash
bozgun a. unrest, disorder; rout, defeat, checkmate * hezimet ¤ s. routed, defeated **bozguna uğramak** to be routed, to be defeated, to be thrashed **bozguna uğratmak** to rout, to defeat, to checkmate, to thrash, to clobber kon., to cane İİ./kon., to put sb to rout
bozguncu a. defeatist
bozgunculuk a. defeatism
bozgunluk a. confusion, rout
bozkır a. steppe * step
bozkırkedisi a. hayb. manul, Pallas's cat
bozlamak e. (inek/deve) to bellow
bozluk a. grayness, gray color
bozma a. spoiling; quashing; cancellation, dissolution ¤ s. made out of, reconstructed
bozmacı a. wrecker
bozmadde a, anat. grey matter
bozmak e. to spoil, to ruin, to disrupt, to upset, to mar, to decompose, to decay, to rot, to frustrate, to undo, to demolish; to taint, to adulterate; to disarrange, to disorder; to flatten, to flummox kon., to disconcert, to mortify, to humiliate, to embarrass, to score off sb, to put sb down kon.; to cancel, to annul, to quash, to set sth aside; (para) to change; to violate, to infringe; to rout, to defeat; to change for the worse
bozrak s. grayish
bozucu s. destructive, disruptive **bozucu mercek** distorting lens **bozucu okuma** destructive reading **bozucu toplama** destructive addition
bozuk s. spoilt, ruined; (çalışmaz) out of order, out of action, on the blink, on the bum, dead, inactive; faulty; disordered, disarranged; (yazı, konuşma) broken; (hava) bad, foul, dirty; (gıda) rotten, tainted; (yol vb) bumpy; corrupt, depraved; not virgin **bozuk çalmak** to be angry, to be displeased **bozuk para** small change
bozukdüzen s. disordered, uncoordinated, confused

bozukluk *a.* small change, change; breakdown; defect; disorder
bozulgu *a.* damage
bozulma *a.* dissolution, degeneration, deterioration, decay, corruption
bozulmak *e.* to spoil, to deteriorate, to go bad, to go sour, to turn sour; to rot, to sour, to decompose, to decay; to be disconcerted, to be embarrassed, to look small, to feel small; to become depraved, to be corrupted; to break down, to go wrong, to conk out *kon.*
bozulum *a.* deformation
bozum *a, arg.* disconcertment, embarrassment, humiliation **bozum etmek** to flatten, to embarrass, to humiliate **bozum olmak** to be mortified, to be embarrassed
bozumca *a. hayb.* gray lizard
bozunma *a.* decomposition, degradation
bozunmak *e.* to decay, to disintegrate
bozuntu *a.* discomfiture, embarrassment **bozuntuya vermemek** to hide one's displeasure, to put a bold face on it
bozunum *a.* deformation, desintegration
bozuşma *a.* quarrel; breakup; decomposition
bozuşmak *e.* to fall out with, to break with, to quarrel
bozut *a.* disorder, sedition
bozutçu *a.* intriguer, plotter
bozyap *a.* jigsaw, jigsaw puzzle
bozyel *a.* southwester
bozyürük *a. hayb.* sandsnake
böbrek *a.* kidney **böbrek iltihabı** nephritis **böbrek makinesi** kidney machine **böbrek nakli** kidney transplant **böbrek sote** sautéed kidneys **böbrek taşı** kidney stone, renal calculus **böbrek yangısı** nephritis
böbreksel *s. anat.* renal
böbreksi *s.* reniform, nephroid
böbreküstü *s.* adrenal, suprarenal
böbreküstübezi *a, anat.* adrenal gland
böbür *a. hayb.* daman, Syrian hyrax
böbürlenmek *e.* to boast, to brag, to crow
böbürtü *a.* boasting, bragging
böcek *a.* insect, beetle, bug *Aİ.* * haşere; (denizde) crayfish **böcek ilacı** insecticide **böcek öldürücü** insecticide, acaricide
böcekbilim *a.* entomology * entomoloji
böcekbilimci *a.* entomologist

böcekbilimsel *s.* entomological
böcekçil *s, hayb.* insectivorous
böcekkabuğu *a.* wing case of insects
böcekkapan *a, bitk.* flytrap
böcekkıran *a.* insecticide, acaricide
böcekkovan *a.* bugbane
böceklenmek *e.* to become bug-infested
böcekli *s.* bug-infested, buggy
böceklik *a.* cocoonery
böceksiz *s.* free of insects
böcü *a.* maggot, worm; *kon.* ogre, bogy
böcül böcül *be.* rolling one's eyes
böğür *a.* side, flank
böğürmek *e.* to bellow, to moo; to roar
böğürtlen *a.* blackberry, bramble **böğürtlen çalısı** bramble
böğürtlenlik *a.* bramble patch
böğürtü *a.* bellow, moo
böke *a.* champion
bölecik *a.* fragment
böleç *a.* diaphragm
bölek *a.* clique; *anat.* mediastinum
bölekçi *a.* member of a clique
bölekçilik *a.* cliquishness
bölekleşmek *e.* to form a clique
bölen *a, mat.* divisor
bölge *a.* district, region, zone, area, belt, latitudes **bölge istasyonu** local station **bölge kodu** area code *Aİ.* **bölge savunması** *sp.* zone defence **bölge sayıları** zone digits **bölge tarama** sector scan **bölge zamanı** zone time
bölgeci *a.* regionalist
bölgecilik *a.* regionalism
bölgeleme *a.* zoning
bölgesel *s.* regional
bölgesellik *a.* regionalism
bölme *a.* division; partition, dividing wall; compartment, bay; *den.* bulkhead **bölme altyordamı** division subroutine **bölme duvarı** partition wall, party wall **bölme işareti** division sign
bölmecik *a. anat.* trabecula
bölmek *e.* to divide (into), to dismember, to partition, to carve sth up, to cleave; to separate
bölmeli *s.* partitioned, septate
bölü *a, mat.* divided by
bölücü *s.* dividing; divisive ¤ *a.* divider **bölücü devre** dividing network
bölücülük *a.* divisiveness
bölük *a.* part, division; group, body; braid * saç örgüsü; *ask.* company; *mat.* order

bölüm a. part, bay; portion, division; chapter, instalment; passage; *mat.* quotient; department
bölümce a. paragraph
bölümleme a. classification
bölümlemek e. to classify
bölümsel s. partial
bölünç a. partial payment
bölünebilir s, *mat.* divisible
bölünebilme a, *mat.* divisibility
bölünemeyen s. indivisible
bölünen a, *mat.* dividend
bölüngü a. fraction * fraksiyon
bölünme a. division, fission, partition, scission, segmentation, split
bölünmek e. to be divided; to break up, to split
bölünmeme a. nondisjunction
bölünmez s. indivisible
bölüntü a. partition, part
bölüntülemek e. to partition
bölünüm a. fission
bölünür s. divisible
bölüşmek e. to share, to go shares (with)
bölüştürmek e. to divide, to distribute, to share, to portion sth out
bölüşüm a. dividing, distribution
bölüt a, *biy.* segment, metamere
bölütlenme a. metamerization
bölütlü s. metameric
bön s. stupid, foolish, simple, naive, dew-eyed **bön bön bakmak** to gawp (at), to gape (at), to gawk (at)
bönleşmek e. to become foolish
bönlük a. stupid naivete
böö! *ünl.* ugh!
börek a. pastry, pie
börkenek a. honeycomb stomach, reticulum, second stomach
börtmek e. to cook (sth) lightly
börtü böcek a. bugs, insects
börtük s. cooked lightly
börüce a. *hek.* lupus
börülce a. kidney-bean, cowpea
bösmek e. to explode
böyle s, *be.* so, such, thus, like this, in this way **Böyle gelmiş böyle gider** That's life, It's inevitable **böyle giderse** at this/that rate
böylece *be.* thus, so
böyleleri *adl.* such people; things like this
böylelikle *be.* in this way, thus
böylemesine *be.* in this way, thus

böylesi s. such a, this kind of
böylesine *be.* such a, such, this
Brahma a. Brahma
Brahman a. s. Brahman
Brahmanizm a. Brahmanism
Brahmanlık a. Brahmanism
brahmatavuğu a. *hayb.* brahma, Brahmaputra fowl
brakisefal s. brachycephalous
branda a. sailor's hammock **branda bezi** canvas
branş a. branch * dal, kol
branşman a. branch pipe
braunit a. braunite
bravnit a. braunite
bravo *ünl.* bravo!, well done!
brazilin a. brasilin
brendi a. brandy
breş a. breach, breccia
breunerit a. breunnerite
brezil a. *bitk.* brazilwood
Brezilya a. Brazil **Brezilya balmumu** carnauba wax **Brezilya cevizi** Brazil nut **Brezilya odunu** Brazil wood
Brezilyalı s, a. Brazilian
brıçka a. buggy
briç a. bridge
brifing a. briefing **brifing yapmak** to brief
brik a, *den.* brig
briket a. briquette, briquet
briketlemek e. to briquette
brik-gulet a. brick-gullet
brit a. tab
Britanya a. Britain, Great Britain
Britanyalı a. Briton, Englishman
briyantin a. brilliantine, pomade, grease
briyantinli s. brilliantined, greased
brizan a. brisance
brizbiz a. cafe curtain, brise-bise
brizsoley a. *inş.* brise-soleil, solar screen, sun breakar
brokar a. brocade
brokatel a. brocatelle
brom a. bromine
bromal a. bromal
bromat a. bromate
bromik s. bromic **bromik asit** bromic acid
bromin a. bromine
bromizm a. bromism
bromlamak e. to bromate
bromlaştırma a. bromination
bromlaştırmak e. to brominate
bromlu s. brominated

bromür *a.* bromide
bronkoskop *a.* bronchoscope
bronkostomi *a.* bronchostomy
bronş *a, anat.* bronchus
bronşçuk *a, anat.* bronchiole
bronşit *a, hek.* bronchitis
bronşiyal *s. anat.* bronchial
brontozor *a, hayb.* brontosaurus
bronz *a.* bronze ¤ *s.* suntanned **bronz baskı** bronze printing **bronz gaze** bronze gauze **bronz rengi** bronze
bronzit *a.* bronzite
bronzlaşma *a.* suntan
bronzlaşmak *e.* to bronze, to get brown
bronzlaştırmak *e.* to bronze
broş *a.* brooch
broşür *a.* brochure, prospectus, booklet
brovnik *a.* Browning automatic pistol
brovning *a.* Browning (gun)
bröve *a.* diploma, certificate * diploma, şahadetname
Brunei *a.* Brunei ¤ *s.* Bruneian
Bruneili *a, s.* Bruneian
Bruney *a. s.* Brunei
Brüksel *a.* Brussels
brüksellahanası *a.* brussels sprout, sprout
brülör *a.* burner * yakmaç
brüsin *a.* brucine
brüt *s.* gross **brüt ağırlık** gross weight **brüt en** *teks.* width in grey **brüt gelir** gross income **brüt kâr** gross profit
bu *s, adl.* this **bu akşam** this evening, tonight **bu andan itibaren** henceforth *res.*, henceforward **bu arada** meanwhile, in the meantime, in the interim, by the way, incidentally **bu aralar** nowadays, recently **bu bakımdan** in this respect, from this point of view **bu defa** this time **bu devirde** *mec.* in these hard times **bu durumda** in/under the circumstances, then **bu gece** tonight **bu gibi** such **bu gidişle** at this rate, at that rate **bu günlerde** recently **bu hususta** in this connection **bu kadar** this much, such, this **bu münasebetle** in this connection **bu nedenle** therefore, so, consequently, hence **bu noktada** at this juncture **bu sebeple** that's why, therefore **bu sefer** for once **bu şartlar altında** under the circumstances **bu şekilde** thus, in that way **bu takdirde** so, in this case **bu vesile ile**

hereby **bu yüzden** accordingly, so, therefore, that's why **buna karşılık** on the other hand **buna mukabil** on the other hand **buna rağmen** still, notwithstanding *res.*
buat *a, elek.* conduit box, junction box
bubi tuzağı *a.* booby trap
bucak *a.* corner, nook; subdistrict **bucak bucak aramak** search every nook and cranny
buç *a.* end, limit
buçuk *s.* half
buçuklu *s.* having halves/fractions
Buda *a.* Buddha
budak *a.* knot, knurl, snag
budaklanmak *e.* to knot
budaklı *s.* knotty, gnarled
budala *s.* stupid, silly, birdbrained, blockheaded, dumb, dim *kon.*, daft *kon.*; mad on, silly about ¤ *a.* idiot, fool, gull, halfwit, ass *kon.*, dope *kon.*
budalaca *be.* silly, foolish
budalalaşmak *e.* to become foolish
budalalık *a.* foolishness, stupidity, idiocy **budalalık etmek** to behave foolishly, to be silly
budama *a.* pruning **budama bıçağı** pruning knife **budama makası** pruning shears
budamak *e.* to prune, to trim, to lop, to cut sth back
Budapeşte *a.* Budapest
budasen *a.* nipple
budayıcı *a.* tree pruner, tree trimmer
Budist *a, s.* Buddhist
Budizm *a.* Buddhism
budun *a.* tribe, people * kavim; nation * ulus, millet
budunbetim *a.* ethnography * entografya
budunbetimci *a.* ethnographer * entograf
budunbetimsel *s.* ethnographic(al)
budunbilim *a.* ethnology * etnoloji
budunbilimci *a.* ethnologist * etnolog
budunbilimsel *s.* ethnological * etnolojik
budunsal *s.* ethnic
budunsu *s.* ethnic; primitive social group
bufa *a. hayb.* lamprey
bufalo *a.* buffalo
bugün *a, be.* today **bugün yarın** soon **bugünden tezi yok** right now, this very day **bugüne bugün** undoubtedly, sure enough **bugüne dek** to date
bugünkü *s.* of today, today's, present,

current **Bugünkü tavuk yarınki kazdan iyidir** A bird in the hand is worth two in the bush

bugünlük *be.* for today

buğday *a.* wheat **buğday kepeği** bran **buğday nişastası** wheat starch

buğdaybiti *a.* weevil

buğdaycık *a. bitk.* goat grass

buğdaycıl *a.* blue throat

buğdaygüvesi *a. hayb.* angoumois grain moth

buğdaypası *a.* canker

buğdaysı *s.* wheatlike

buğdaysürmesi *a.* wheat bunt

buğra *a.* adult male Bactrian camel

buğu *a.* vapour, steam, condensation, mist

buğuevi *a.* fumigation station

buğulama *s.* steamed, poached

buğulamak *e.* to steam

buğulandırmak *e.* to mist sth up

buğulanmak *e.* to mist over, to mist up, to fog

buğulaşma *a.* evaporation

buğulaşmak *e.* to evaporate, to vaporize

buğulaştırıcı *a.* vaporizer

buğulaştırmak *e.* to vaporize

buğulu *s.* fogged, steamed up; covered with condensation; misty; dewy

buğuölçer *a.* evaporimeter

buhar *a.* steam, vapour, fume **buhar ayırıcı** steam separator, steam trap **buhar banyosu** steam bath **buhar basıncı** vapour pressure, steam pressure **buhar borusu** steam pipe **buhar çekici** steam hammer **buhar çıkmak** to steam **buhar damıtması** steam distillation **buhar deliği** steam port **buhar domu** steam dome **buhar gömleği** steam jacket **buhar gücü** steam power **buhar hamlacı** steam nozzle **buhar jeneratörü** steam generator **buhar kamarası** steaming chamber **buhar kapanı** steam trap **buhar kazanı** steam boiler **buhar kızdırıcı** steam superheater **buhar lokomotifi** steam locomotive **buhar makinesi** steam engine **buhar noktası** steam point **buhar otoklavı** steam autoclave **buhar örtüsü** vapour blanket **buhar pompası** steam pump **buhar salıvermek** steam **buhar sarnıcı** steam dome **buhar separatörü** steam separator **buhar serpantini** steam coil **buhar siyahı** steam black **buhar supabı** steam valve **buhar şişesi** air dome **buhar türbini** steam turbine **buhar vinci** steam winch **buhar yoğunluğu** vapour density **buhar yolu** port **buharda pişirmek** to steam **buharla havuzlama** steam retting **buharla kraking** steam cracking **buharla soğutma** sweat cooling **buharla yıkama** steam washing

Buhara *a.* Bukhara, Bokhara

buharlama *a, tek.* steaming, ageing **buharlama haslığı** resistance to steaming, resistance to ageing **buharlama odası** steaming chamber, cottage steamer **buharlama otaklavı** steam autoclave **buharlama ve fiksaj makinesi** steaming and setting machine

buharlaşabilir *s.* vaporizable

buharlaşma *a.* evaporation, vaporization **buharlaşma kaybı** boil-off

buharlaşmak *e.* to evaporate, to vaporize

buharlaşmaz *s.* nonvolatile

buharlaştıran *s.* evaporative

buharlaştırıcı *s.* evaporating ¤ *a.* evaporator

buharlaştırma *a.* evaporation, vaporization **buharlaştırma çanağı** evaporating dish **buharlaştırma istasyonu** evaporation station **buharlaştırma kazanı** evaporating boiler

buharlaştırmak *e.* to vaporize, to evaporate

buharlayıcı *a.* steamer, ager

buharlı *s.* steamy, vaporous **buharlı degresleme** vapour degreasing **buharlı depozisyon** vapour deposition **buharlı ısıtıcı** steam heater **buharlı ısıtma** steam heating **buharlı kalorifer** steam heating **buharlı pres** steam press **buharlı silindir** steamroller **buharlı ütü** steam iron **buharlı vapur** steamship

buharölçer *a.* vaporimeter

buhran *a.* crisis, depression

buhranlı *s.* marked by crises, stressful

buhur *a.* incense

buhurdan *a.* censer, thurible * buhurluk

buhurlamak *e.* to cense

buhurlu *a.* smelling of incense

buhurluk *a.* censer, thurible * buhurdan

buhurumeryem *a, bitk.* cyclamen

buji *a.* sparking plug, spark plug *buji gövdesi* spark plug barrel *buji izolatörü* spark plug insulator *buji kablosu* spark plug cable *buji tırnak aralığı* spark plug gap *buji yalıtkanı* spark plug insulator
bukağı *a.* fetter, hobble
bukağılamak *e.* to fetter
bukağılı *s.* furnished with a fetter, fettered
bukağılık *a.* pastern
bukalemun *a.* chameleon
buket *a.* bouquet
bukle *a.* curl, lock *bukle yapmak* to curl
buklet *a, teks.* bouclé
bukran *a.* wool for stuffing
bukuk *a.* goiter
bul *a.* plank
bula *a. yörs.* elder sister
bulada *a.* chicken
bulak *a.* spring, source
bulakotu *a. bitk.* watercress
bulamaç *a.* slurry
bulamak *e.* to besmear, to bedaub, to smear; to cover with
bulan *a.* finder; discoverer
bulandırmak *e.* to muddy, to roil; (stomach) to turn
bulanı *a. kim.* flocculation
bulanık *s.* turbid, muddy, blurred, dim; cloudy, overcast *bulanık suda balık avlamak* to fish in troubled waters
bulanıklaşmak *e.* to blur
bulanıklaştırmak *e.* to blur
bulanıklık *a.* turbidity; cloudiness
bulanıklıkölçer *a.* turbidimeter
bulanıklıkölçüm *a.* nephelometry, turbidimetry
bulanmak *e.* to get muddy, to get dirty; (hava) to become turbid, to cloud over; (mide) to be nauseated
bulantı *a.* nausea *bulantı vermek* to nauseate
bulaşıcı *s.* contagious, infectious, catching, communicable *bulaşıcı hastalık* contagious disease
bulaşıcılık *a.* infectiousness
bulaşık *a.* dirty dishes, dishes ¤ *s.* smeared over; soiled, dirty *bulaşık bezi* dishcloth *bulaşık damlalığı* dish drainer, dish rack *bulaşık makinesi* dishwasher *bulaşık suyu gibi* (tasting) like dish-water *bulaşık suyu* dishwater, washing-up water *bulaşık tası*

dishpan *bulaşık teknesi* kitchen sink *bulaşık yıkamak* to wash up, to do the washing-up, to do the dishes
bulaşıkçı *a.* dishwasher
bulaşıkçılık *a.* dish washing
bulaşıkhane *a.* scullery
bulaşıklık *a.* dish rack
bulaşım *a.* contamination
bulaşımkıran *a.* disinfectant
bulaşkan *s.* sticky, adhesive; contentious, pestiferous, combative, troublesome
bulaşkanlık *a.* stickiness; contentiousness
bulaşkırım *a. hek.* asepsis
bulaşma *a.* infection; contamination
bulaşmak *e.* to be smeared, to smudge; to be infected, to spread; to get involved in, to be embroiled
bulaştırmak *e.* to smear, to smudge, to blur; (hastalık) to infect, to spread, to transmit, to communicate; to involve, to embroil
bulbus *a.* medulla oblongata
buldok *a.* bulldog
buldozer *a.* bulldozer
bulduru *a.* index
Bulgar *a, s.* Bulgarian
Bulgarca *a.* Bulgarian
bulgari *a. müz.* a small guitar
Bulgaristan *a.* Bulgaria
bulgu *a.* finding, find; discovery
bulgucu *a.* discoverer
bulgulamak *e.* to discover
bulgur *a.* boiled and pounded wheat *bulgur pilavı* cracked wheat cooked with tomatoes
bulgurcuk *a.* granular element
bulgurlanma *a.* granulation
bulgusal *s.* heuristic
bulma *a.* detection, finding; invention
bulmaca *a.* crossword puzzle, crossword
bulmak *e.* to find; to detect, to determine; to find out; to discover; to invent, to devise; to amount to, to total *bulup buluşturmak* to scare up
bulon *a.* bolt
bulucu *s.* inventive ¤ *a.* inventor; discoverer; *tek.* detector * detektör *bulucu bobin* exploring coil *bulucu teleskop* finder
bulucuk *a.* joke
bulucukcu *a.* joker
buluculuk *a.* discovering

buluğ *a.* puberty * erinlik **buluğ çağı** puberty **buluğa ermek** to reach puberty

bulunak *a.* address

bulunç *a.* conscience

bulundurmak *e.* to provide, to have present, to have in stock

bulunmak *e.* to be found; to be discovered; to be, to exist; to lie; to turn up; to attend, to be present (at)

bulunmayış *a.* absence

bulunmaz *s.* unobtainable, rare

buluntu *a.* find, antique; foundling

bulunuş *a.* discovery; invention; detection

buluş *a.* invention; innovation; discovery

buluşbelgesi *a.* patent

buluşlu *s.* clever, resourceful

buluşma *a.* meeting, rendezvous

buluşmak *e.* to meet, to come together

buluşsal *s.* heuristic

buluşturmak *e.* to bring together

buluşturucu *a.* pimp, pander

buluşturuculuk *a.* pimping, pandering

buluşum *a.* visit at a house of prostitution

buluşumevi *a.* house of prostitution

bulut *a.* cloud **bulut gibi (sarhoş)** dead drunk, blind drunk, as pissed as a newt **bulut haritası** cloud chart, cloud map **bulut örtüsü** cloud cover **bulut simgeleri** cloud symbols **bulut tabakası** cloud layer **bulut tabanı** cloud base **bulut tavanı** cloud ceiling **bulut yüksekliği** cloud altitude **buluttan nem kapan** thin-skinned

bulutlanmak *e.* to get cloudy

bulutlu *s.* cloudy, overcast

bulutsu *a, gökb.* nebula * nebülöz

bulutsuz *s.* cloudless

bulvar *a.* boulevard, avenue

bum *a.* boom

bumba *a.* boom

bumbar *a.* large intestine

bumbarlık *a.* sausage stuffing

bumburuşuk *s.* very creased

bumerang *a.* boomerang

bun *a.* distress, depression, boredom

bunak *s.* senile, in one's dotage ¤ *a.* dotard

bunaklık *a.* dotage, senility

bunalım *a.* depression, collapse; crisis **bunalım geçirmek** to be in a depression

bunalmak *e.* to feel suffocated; to get bored, to be depressed

bunaltı *a.* anxiety

bunaltıcı *s.* oppressive, muggy, sultry

bunaltmak *e.* to suffocate; to oppress, to weary, to bore

bunama *a.* dementia

bunamak *e.* to become senile, to dote

bunamış *s.* in one's dotage, dotty

bunca *s.* this much, so much **bunca zaman** for such a long time, donkey's years

buncağız *s.* this poor little thing

bundan *be.* from this, about this **bundan başka** besides, furthermore, in addition, moreover **bundan böyle** from now on, henceforward, henceforth *res.* **bundan dolayı** for this reason, therefore, hence, accordingly **bundan sonra** from now on, in future

bungalov *a.* bungalow

bungun *s.* depressing; depressed

bunlar *adl.* these

bunlu *s.* distressed

bunluk *a. hek.* crisis

bunmak *e.* to be dissatisfied

Bunsen beki *a.* Bunsen burner

bunun *adl.* of this **bunun gibi** suchlike **bunun üzerine** thereupon

bununla *be.* with this **bununla birlikte** a) in addition to this b) still, nevertheless, however

bunyon *a, hek.* bunion

bura *adl.* this place, this spot

buracık *a.* this small place

burada *be.* here

buradan *be.* from here

burağan *a.* whirlwind

buralarda *be.* hereabout, about, hereabouts *res.*

buraları *adl.* these places

buralı *a.* native of this place

buram buram *be.* a lot, abundantly

buran *a.* buran

buranca *a. bitk.* great mullein

burası *adl.* this place; here

buraya *be.* here, hither, to this place

burcu *a.* scent

burcu burcu *be.* fragrantly

burcumak *e.* to smell good

burç[1] *a.* tower, bastion; zodiacal constellation, sign (of the zodiac) **Burcun(uz) ne?** What is your horoscope?

burç[2] *a, bitk.* mistletoe * ökseotu

burçak *a.* vetch

buret *a, teks.* bourette, silk noil
burgaç *a.* whirlpool, whirlwind, vortex
burgaçlanmak *e.* to eddy
burgaçlı *s.* vortical
burgata *a.* unit of 2.54 cm for rope thickness
burgu *a.* auger, gimlet; corkscrew; drill, borer
burgulamak *e.* to gimlet
burgulu *s.* with a screw/a borer; threaded
burjuva *a.* bourgeois * kentsoylu
burjuvalık *a.* bourgeois nature (of sb/sth)
burjuvazi *a.* bourgeoisie * kentsoyluluk
Burkina Faso *a.* Burkina Faso ¤ *s.* Burkinese, Burkinian
Burkina Fasolu *a, s.* Burkinese, Burkinian
burkma *a.* strain
burkmak *e.* to twist, to sprain, to turn
burkulma *a.* buckling **burkulma gerilmesi** buckling stress **burkulma yükü** buckling load
burkulmak *e.* to be twisted, to be sprained
burma *a.* twisting **burma deneyi** torsion test **burma süsü** guilloche
burmaç *a.* corkscrew
burmak *e.* to twist, to wring; to castrate * hadım etmek, iğdiş etmek; (mide, bağırsak) to gripe
burmalı *s.* having a spiral
burnaz *s.* having a big and long nose
burs *a.* scholarship, grant, bursary
bursiyer *a.* bursar, scholar, scholarship student
burslu *s.* receiving a scholarship ¤ *a.* bursar, scholar, scholarship student
burtlak *a.* piglet, sucking pig
buru *a.* torque
buruk *s.* acrid, puckery, astringent
burukluk *a.* astringency, puckeriness; resentment
burulma *a.* torsion, twisting **burulma açısı** angle of twist **burulma çubuğu** torsion bar **burulma esnekliği** elasticity of torsion **burulma momenti** twisting moment **burulma sarkacı** torsion pendulum **burulma süspansiyonu** torsion suspension **burulma titreşimi** torsional vibration **burulma yayı** torsion spring **burulma zorlaması** torsional stress
burulmak *e.* to be twisted
burulmaölçer *a.* torsiometer
burulmasız *s.* torsion-free

burulum *a.* torsion
burum *a.* roll, fold
burun *a.* nose, conk *İl./arg.*, hooter *İl./arg.*; beak, bill; *coğ.* cape, promontory, headland; pride, arrogance **burnu akmak** (sb's nose) to run **burnu büyük** haughty, conceited, supercilious *hkr.* **burnu büyümek** to become conceited, to have a swollen head, to get too big for one's boots *kon.* **burnu havada olmak** to be too big for one's boots *kon.* **burnu havada** conceited, arrogant, cocky *kon.*, snooty *hkr.*, bumptious *hkr.* **burnu Kaf dağında olmak** to be too big for one's boots *kon.* **burnu kanamak** to have a nosebleed **burnu sürtülmek** to eat humble pie **burnu tıkanmak** (sb's nose) to become stuffy **burnundan gelmek** to suffer so much after having something good **burnundan getirmek** to spoil the pleasure **burnunu çekmek** to sniff, to sniffle **burnunu karıştırmak** to pick one's nose **burnunu kırmak** to take sb down a peg (or two), to humiliate **burnunu silmek** to blow one's nose **burnunu sokmak** to poke one's nose into, to stick one's nose into, to nose into, to interfere, to meddle *hkr.* **burnunu tıkamak** to stuff up **burnunun dibinde** under sb's very nose *kon.* **burnunun direği kırılmak** to be disturbed by a bad smell **burun ağır** nose-heavy **burun boşluğu** nasal cavity **burun burmak** to turn one's nose up at **burun buruna gelmek** a) almost to collide with b) to come face to face **burun buruna** within an inch of sth, very close **burun bükmek** to turn up one's nose at **burun deliği** nostril **burun kanaması** nosebleed **burun kıvırmak** to turn one's nose up at sth *kon.*, to sniff at, to spurn **burun lonjeronu** nose spar **burun siniri** nose rib **burun sürtmek** to nuzzle **burun şişirmek** to get too big for one's boots *kon.* **burun tekerleği** nose wheel
Burundi *a.* Burundi ¤ *s.* Burundian
Burundili *a, s.* Burundian
burunduruk *a.* blacksmith's barnacles
burunlu *s.* nosed **burunlu kama** gibheaded key
burunluk *a.* respirator

burunotu *a.* snuff

burunsalık *a.* muzzle **burunsalık takmak** to muzzle

buruntu *a.* spasm of the colon

buruölçer *a.* torquemeter

buruş *a.* pucker, wrinkle

buruş buruş *s.* very wrinkled **buruş buruş olmak** to be very wrinkled

buruşma *a.* creasing, buckling

buruşmak *e.* to crumple, to crease, to crinkle, to ruck up

buruşmaz *s.* crease-resistant, creaseproof, noncreasing, non-iron

buruşmazlık *a.* crease resistance, resistance to creasing **buruşmazlık açısı** crease recovery angle **buruşmazlık apresi** crease-resist finish, wrinkle-resistant finish, no-crush finish

buruşturmak *e.* to pucker, to crinkle, to wrinkle, to crease, to crumple, to rumple, to ruffle

buruşuk *s.* crinkly, wrinkled, crumpled; wizened

buruşukluk *a.* pucker, wrinkle, crease

buruşuksuz *s.* unruffled

buse *a.* kiss * öpücük

buster *a.* booster

but *a.* thigh; rump, buttock, drumstick

butadien *a, kim.* butadiene

Butan *a.* Bhutan ¤ *s.* Bhutanese

butan *a.* butane

Butanlı *a, s.* Bhutanese

butanol *a.* butanol

butik *a.* boutique

butikçi *a.* owner of a boutique

butil *a.* butyl **butil kauçuğu** butyl rubber

butilen *a, kim.* butylene

butirik asit *a.* butyric acid

butlan *a. huk.* invalidity, nullity

buton *a.* button

butunbetim *a.* ethnography

buut *a.* dimension * boyut

buutlu *s.* dimensional

buymak *e.* to freeze to death

buyot *a.* hot-water bottle

buyruk *a.* command, decree, order, writ

buyrultu *a.* imperial edict; command

buyrum *a.* will (power)

buyrumlu *s.* strong-willed

buyur etmek *e.* to show sb in

buyurgan *s.* peremptory *res./hkr.*

buyurganlık *a.* dictatorship, tyranny

buyurmak *e.* to command, to order, to decree, to enjoin; to come, to enter; to have, to eat, to drink; to say, to utter **buyur** a) there you are b) come again *kon.*, pardon, pardon me *Aİ.*, excuse me *Aİ.* **Buyurun** a) Here you are b) help yourself

buyuru *a.* command

buyurucu *s.* peremptory *res./hkr.*, overbearing *hkr.*

buz *a.* ice **buz bağlamak** to freeze **buz boyası** ice colour **buz çağlayanı** ice cascade, icefall **buz çözücü** defroster **buz deposu** ice house **buz fabrikası** ice plant **buz gibi olmak** to be stone cold **buz gibi soğuk** as cold as ice **buz gibi** icy, frigid, freezing, as cold as ice, perishing *İİ.* **buz hokeyi** ice hockey **buz kalorimetresi** ice calorimeter **buz kaplı** icy **buz kesilmek** a) to freeze, to be frozen b) to stand aghast, to be stunned **buz kesmek** to freeze, to feel very cold **buz kıracağı** ice pick **buz makinesi** ice machine **buz örtüsü** ice mantle **buz pateni alanı** ice rink **buz pateni** skate, ice skate **buz saçağı** icicle **buz salkımı** icicle **buz sisi** ice fog **buz torbası** ice pack **buz tutmak** to ice up/over, to freeze **buz tutmaz** ice-free **buzları çözülmek/erimek** to defrost **buzlarını çözmek** to defrost **buzlarını çözmek/eritmek** to defrost **buzlarla kaplı** icebound

buzağı *a.* calf, fawn **buzağı doğurmak** to calve

buzağıburnu *a. bitk.* great snapdragon

buzağılamak *e.* to calve

buzağılık *a.* place where calves are penned

buzçiçeği *a. bitk.* ice plant

buzçözer *a.* defroster * defroster

buzdağı *a.* iceberg * aysberg

Buzdenizi *a.* the Arctic Sea

buzdolabı *a.* refrigerator, fridge *kon.*, icebox *Aİ.*; *mec.* a cold fish

buzhane *a.* ice house, ice plant

buzkar *a.* firn, névé

buzkıran *a.* icebreaker, iceboat

buzla *a.* ice field, pack * bankiz, aysfild

buzlanma *a.* icing **buzlanma noktası** ice point

buzlanmak *e.* to get icy, to become covered with ice, to ice up/over

buzlu *s.* iced, icy; (cam) translucent,

frosted; (içki) on the rocks **buzlu sis** frost fog
buzlucam a. frosted glass, ground glass
buzluk a. icebox, freezer
buzsul a. crystalline
buzsuz s. ice-free
buzuki a. müz. bouzouki
buzul a. glacier **buzul aşındırması** glacial erosion **buzul buzu** glacier ice **buzul çağı** glacial period, ice age **buzul çanağı** glacial basin **buzul çevresi** periglacial **buzul çizikleri** glacial striations **buzul çökeltisi** glacial deposit **buzul devri** ice age **buzul dili** glacier tongue **buzul gölü** glacial lake **buzul meltemi** glacier breeze **buzul rüzgârı** glacier wind **buzul toprağı** glacial soil **buzul yarığı** crevasse
buzulaltı s. subglacial
buzulbilim a. glaciology
buzulbilimci a. glaciologist
buzulbilimsel s. glaciological, glaciologic
buzulkar a. firn, névé
buzullaşma a. glaciation
buzullaşmak e. to glaciate
buzulmasası a. glacier table
buzultaş a. moraine * moren
buzyalağı a. cirque
bücür s. short, squat, fubsy
bücürleşmek e. to get short
bücürlük a. shortness
büfe a. sideboard; stall, buffet; kiosk
büğe a. hayb. gadfly
büğemek e. to dam
büğet a. dam **büğet gölü** valley lake
büğlü a, müz. bugle
bühtan a. calumny, slander **bühtan etmek** to calumniate, to slander
bük a. waterside thicket
büken a, anat. flexor
bükey a, mat. curve
büklüm a. coil, twist, convolution, curl; fold **büklüm büklüm** in curls, curly
bükme a. doubling, twist, bend **bükme halat** hawser laid **bükme makinesi** twister **bükme merdanesi** bending roller **bükme momenti** torque
bükmek e. to bend, to crook; to curl, to twist, to contort, to curve; to fold; to spin, to twine
Bükreş a. Bucharest
bükücü s. bending, twisting ¤ a. twister **bükücü moment** bending moment

bükük s. bent, twisted
bükülebilirlik a. reflexibility
bükülgen s. flexible, supple, pliable **bükülgen kablo** flexible cable
bükülgenlik a. flexibility
bükülme a. bend, curvature, twist **bükülme açısı** angle of twist **bükülme esnekliği** elasticity of flexure **bükülme noktası** inflection point
bükülmek e. to be bent, to be twisted, to bend, to sag, to curl, to curve
bükülmez s. rigid, inflexible, stiff
bükülmezlik a. rigidity, stiffness
bükülü s. twisted **bükülü kablo** twisted wire **bükülü tel** stranded wire
bükülüm a. flexion
bükülür s. pliable
bükülürlük a. pliability
büküm a. twisting **büküm makinesi** twisting frame **büküm noktası** inflection point
bükümlü s. twisted, spun **bükümlü ipek** tram silk **bükümlü iplik** doubled yarn
bükünmek e. to writhe (with pain)
büküntü a. bend, twist; hek. intestinal spasm
bülbül a. nightingale
bülten a. bulletin
bünye a. structure, constitution
bünyesel s. constitutional
büret a. burette
bürgü a. headgear, veil * başörtüsü; sheet * çarşaf
bürgücük a. bracteole
bürgücüklü s. bracteolate
bürgülü s. bracteate, paleaceous, spathaceous
bürgüsel s. bracteal
büro a. office, bureau İl., agency **büro elamanı** office employee, clerk **büro işi** office job, clerical job **büro makinesi** business machine
bürokrasi a. bureaucracy, red tape hkr.
bürokrat a. bureaucrat
bürokratik s. bureaucratic
bürudet a, esk. cold; coldness
bürülü s. wrapped up in; enveloped in
bürüm a. envelope
bürümcek a. clew, skein
bürümcük a. crimped fabric, crêpe
bürümcüklü s. involucellate
bürümek e. to cover up, to fill; to wrap, to enfold; to infest

bürümlü s. involucral, involucrate
bürünmek e. to wrap oneself up (in); to play the role of
bürünsel s. prosodic(al)
büsbütün be. altogether, wholly, completely, entirely
büst a. bust
bütadiyen a. butadiene
bütan a. butane
bütanon a. methyl ethyl ketone
bütçe a. budget **bütçe yapmak** to budget
büten a. butene
bütilen a. butene, butylene
bütiraldehite a. butyraldehyde
bütirat a. butyrate
bütirik s. butyric
bütirin a. butyrin
bütün s. whole, entire, total; all **bütün bütün** altogether, totally **bütün eserler** complete works **bütün gece** all night long **bütün gün** all day **bütün kalbimle** with all my heart **bütün olan bitenden sonra** after all
bütüncü a. fel. holist ¤ s. holistic
bütüncül s. totalitarian * totaliter
bütüncüllük a. totalitarianism
bütüncülük a. fel. holism
bütünleme a. completion, integration; make-up examination **bütünleme sınavı** make-up
bütünlemek e. to complete, to integrate
bütünlemeli s. conditioned
bütünler s. complementary, supplementary **bütünler açı** supplementary angle, supplement **bütünler açılar** mat. supplementary angles
bütünleşmek e. to become integrated
bütünlük a. entirety, integrity, totality
bütünsel s. total * total
bütünsellik a. integrality
bütünüyle be. all, entirely, completely, fully, clean, clear
büve(lek) a, hayb. warble fly
büvet a. refreshment counter, snack bar
büyü a. magic, spell, incantation, sorcery, charm **büyü yapmak** to put a spell (on), to cast a spell (over) **büyüyü bozmak** to break a spell
büyücek s. largish
büyücü a. witch; magician, sorcerer
büyücülük a. sorcery, witchcraft, magic
Büyük Britanya a. Great Britain
Büyük Okyanus a. the Pacific Ocean

büyük s. big, large, great, grand, massive, colossal, tremendous; extensive; important, serious, chief; great, exalted; old, older, elder; oldest, eldest **büyük açı** wide angle **büyük aptes bozmak** to have a bowel movement, to have a BM **büyük aptes yapmak** to defecate res. **büyük aptesini yapmak** to defecate **Büyük Britanya** Great Britain **büyük başarı** howling success **büyük bir olasılıkla** most likely, very likely **büyük boy** large-sized **büyük dede** great-grandfather **büyük harf** capital letter, capital **büyük harfle yazmak** to capitalize **büyük hatve** high pitch **büyük küçük** great and small **Büyük Millet Meclisi** the Grand National Assembly **büyük mağaza** department store **büyük nine** great-grandmother **Büyük Okyanus** the Pacific Ocean **büyük olasılıkla** probably **büyük ölçüde** on a large scale, largely **büyük önerme** major **büyük parantez** brace **büyük söylemek** to talk big **büyük söz** big talk **büyük söz söylemek** to talk big **büyük terim** major term
büyükamiral a. (deniz) full admiral
büyükanne a. grandmother, grandma kon., granny kon., grannie kon., gran İİ./kon.
Büyükayı a. the Great Bear, the Plough İİ., Charles's Wain İİ., the Big Dipper Aİ.
büyükayrıkotu a. bitk. dog's tooth grass
büyükbaba a. grandfather, grandad İİ./kon., grandpa kon.
büyükbaldıran a. bitk. poison hemlock
büyükbaş a. cattle
büyükçe s. somewhat large
büyükdevedikeni a. bitk. cardoon
büyükelçi a. ambassador * sefiri kebir
büyükelçilik a. embassy
büyükhindistancevizi a. coconut
büyükısırganotu a. bitk. stinging nettle
büyükkarga a. hayb. raven
büyükkervançulluğu a. hayb. European curlew
büyüklenme a. arrogance
büyüklenmek e. to become haughty
büyüklü küçüklü be. small and large; young and old
büyüklük a. greatness, enormity, magnitude; size; importance, gravity; seniority **büyüklük göstermek** to be magnani-

mous **büyüklük hastalığı** megaloma-
nia **büyüklük kompleksi** superiority
complex **büyüklük sabuklaması** delu-
sion of grandeur **büyüklük taslamak** to
put on airs, to become self-important
büyükmartı *a. hayb.* herring gull
büyüksemek *e.* to overrate, to overesti-
mate
büyükşehir *a.* metropolis
büyüktoykuşu *a. hayb.* great bustard
büyülemek *e.* to bewitch, to enchant, to
charm, to fascinate, to captivate, to en-
trance, to beguile
büyüleyici *s.* fascinating, enchanting,
bewitching, charming, ravishing, magi-
cal
büyülteç *a.* enlarger
büyültke *a.* majorant
büyültme *a.* enlargement
büyültmek *e.* to enlarge, to amplify
büyülü *s.* magical, magic
büyüme *a.* growth, development, expan-
sion
büyümek *e.* to grow, to blossom (out); to
grow up; to expand; to develop
büyürgöze *a.* blastomere
büyüsel *s.* magic(al)
büyüteç *a.* magnifying glass * pertavsız
büyütkendoku *a.* cambium
büyütme *a.* foster child; exaggeration
büyütme gücü magnifying power
büyütmek *e.* to enlarge, to expand; to
magnify; *mec.* to exaggerate, to mag-
nify, to overstate; to bring up, to nur-
ture, to foster, to rear, to breed
büyütmelik *a.* foster daughter
büyütüm *a.* magnification
büz *a.* cement pipe, pipe culvert
büzgen *a, anat.* sphincter
büzgü *a.* smocking, pucker **büzgü
yapmak** to ruffle
büzgülü *s.* smocked, shirred
büzmek *e.* to contract, to constrict, to
pucker
büzücü *s.* astringent
büzük *s.* wrinkled, crumpled, puckered,
constricted ¤ *a. kab.* arshole, anus; *arg.*
guts, courage
büzüktaş *a. kon.* close friend, buddy
büzülebilir *s.* contractile
büzülme *a.* shrinking, contraction
büzülme çatlaması shrinkage crack
büzülme derzi contraction joint

büzülme limiti shrinkage limit
büzülmek *e.* to contract, to be puckered;
to shrink, to dwindle; to crouch, to
cower, to cringe, to quail
büzülüm *a.* diastalsis
büzüşmek *e.* to pucker (up), to wrinkle, to
crinkle (up)
büzüşük *s.* puckered, wrinkled, crinkly

C

C, c *a.* the third letter of the Turkish al-
phabet
caba *s.* free, gratis; and ¤ *be.* into the bar-
gain, besides
cabadan *be.* free, gratis
cacık *a.* a dish made of chopped cucum-
ber in garlic-flavoured yoghurt
cacıklık *a. arg.* stupidity, tomfoolery
cadaloz *a.* shrew, hag, vixen, old trout
cadaloz kadın bitch, witch **cadaloz
kocakarı** dragon *hkr.*
cadalozlaşmak *e.* to behave like a shrew
cadalozluk *a.* being shrewish
cadde *a.* main road, main street, avenue
caddeyi tutmak to close the street
cadı *a.* witch, wizard; shrew, hag *hkr.* **cadı
kazanı** den of gossip **cadı maki** *hayb.*
tarsier
cadılaşmak *e.* to become ugly and can-
tankerous
cadılık *a.* witchcraft; bad temper
cadısüpürgesi *a.* witches' brooms
cafcaf *a, kon.* pomp, showiness
cafcaflı *s.* pompous, showy, swanky,
florid, flashy, garish
Caferi *a. s. din.* Djafari
cağ *a. yörs.* balustrade
cağlık *a, teks.* creel, warping creel, bank
creel
cahil *s.* ignorant; illiterate, uneducated;
inexperienced, green ¤ *a.* ignorant per-
son, ignoramus
cahiliye *a.* pre-Islamic age of ignorance
cahiliyet *a. esk.* ignorance
cahillik *a.* ignorance; inexperience
cahillik etmek to act foolishly
caiz *s.* religiously permissible; acceptable,
proper
caka *a.* show off, swagger, swank **caka
satmak** to swagger, to swank, to show

cakacı s. ostentatious ¤ a. show-off hkr.
cakacılık a. arg. show-off, pretense
cakalı s. showy, swanky
calip s. attractive
cam a. glass; window pane, window **cam açma kolu** window opener **cam balon** carboy **cam bezi** glass cloth **cam buz** clear ice, verglas **cam çubuk** glass rod **cam diyot** glass diode **cam elektrot** glass electrode **cam elması** glass cutter **cam elyafı** glass wool **cam fabrikası** glasshouse, glassworks **cam fabrikası** glasshouse **cam gibi** glassy **cam huni** glass funnel **cam kâğıdı** glass paper **cam kiremit** glass tile **cam lifi** glass fibre **cam seramik** glass ceramics **cam takmak** to glaze **cam üfleme** glass blowing **cam yapımcısı** glass blower
camadan a. reef
cambaz a. acrobat, rope dancer; horse dealer ¤ s. sly, cunning, crafty
cambazhane a. circus
cambazlık a. acrobatics; horse coping; mec. slyness, cunning, craftiness
cambul cumbul be. with a slopping sound
camcı a. glazier, glassman **camcı elması** glazier's diamond **camcı macunu** putty, glazier's putty
camcılık a. glassmaking; glassblowing; glaziery, glasswork; selling glass; arg. voyeurism, peeping
camekân a. shop window, showcase
camgöbeği a, s. glass-green
camgöz[1] s. artificial eyed; greedy, avaricious, stingy * açgözlü, tamahkâr
camgöz[2] a, hayb. tope
camgüzeli a. sultana
camız a. water buffalo
cami a. mosque **Cami yıkılmış (ama) mihrabı yerinde** She's beautiful although she's old
camia a. group, body, community, brotherhood * zümre
camit s, esk. lifeless * cansız; frozen * donmuş
camkanatlılar a. clearwing moths
camkaya a. obsidian
camkeser a. glass cutter
camlamak e. to glass
camlaşmak e. to become glassy, to vitrify
camlaştırma a. vitrification

camlı s. glazed, vitreous **camlı çatı** glass roof
camlık a. glassed-in area; small greenhouse
camotu a. pellitory
campamuğu a. glass wool, glass fibre
camsı s. glassy, vitreous **camsı doku** glassy texture **camsı emay** vitreous enamel **camsı göktaşı** obsidianite, tectite **camsı kayaç** vitreous rock
camsuyu a. water glass, sodium silicate
camyuvar a. tektite
camyünü a. glass wool
can a. soul, spirit; life; person, soul; vitality, energy, zeal, vigour; brother, friend **can acısı** severe pain **can alıcı nokta** the crucial point **can alıcı** crucial **can almak** to kill **can atmak** to be dying for, to long for, to crave, to yearn, to hanker, to itch kon. **can ciğer** very dear, intimate, bosom **can çekişmek** to be in the death agony **can damarı** vital point **can damarına basmak** to touch sb on the raw **can dayanmamak** to be irresistible **can düşmanı** mortal enemy **can evinden vurmak** to strike home **can havliyle** desperately **can korkusu** fear of death **can kulağı ile dinlemek** to be all ears, to breathe in **can kurtaran** (plajda) lifesaver, lifeguard **can pazarı** a matter of life and death **can sağlığı** health **can sıkıcı** boring, dull, dreary, bothersome, worrisome **can sıkıntısı çekmek** to be in the doldrums **can sıkıntısı** boredom **can sıkıntısından patlamak** to get bored to death **can sıkmak** to annoy **can simidi** life buoy **can vermek** a) to die b) to animate **can yeleği** life jacket **can yoldaşı** congenial companion **cana can katmak** to enliven, to refresh **cana yakın** genial, amiable, affable, pleasant **cana yakınlık** congeniality, friendliness **canı acımak** to feel pain **canı ağzına gelmek** to have one's heart in one's mouth **canı burnunda olmak** to be exhausted, to be tired out **canı cehenneme** To hell with him! **canı çekmek** to long for **canı istemek** to feel like **canı sıkılmak** to be bored; to worry **canı sıkkın olmak** to be out of sorts **canı sıkkın** in the doldrums **canı tatlı** afraid of disturbances **canı tez**

hustler **canım** darling, my dear, sweetheart, love, honey, dear **canın cehenneme!** go to blazes! **canın isterse** if you will, as you like **Canın sağ olsun!** Don't worry! **canına değmek** to hit/touch the spot **canına kıymak** a) to do away with oneself *kon.*, to commit suicide b) to do away with sb, to kill **Canına minnet!** So much the better! **canına okumak** to destroy; to kill; to ruin **canına susamak** to thirst for one's blood **canına tak demek** to be sick to death of sb/sth **canından bezmek** to be tired of life **canını acıtmak** to hurt, to inflict pain **canını bağışlamak** to spare one's life **canını dişine takmak** to make great efforts **canını kurtarmak** to save one's life **canını sıkmak** to annoy, to bother, to bore, to displease, to worry, to put sb out, to give sb the pip *İİ./kon.* **canını yakmak** to hurt **canının istediği gibi hareket etmek** to please oneself **canının istediği kadar** to one's heart's content **canla başla** with heart and soul

canan *a.* sweetheart, beloved; God

canavar *a.* monster; imp, monkey ¤ *s.* cruel, evil; *mec.* super **canavar düdüğü** siren **canavar gibi** *kon.* very good **canavar ruhlu** savage

canavarbalığı *a. hayb.* great white shark

canavarlaşmak *e.* to behave like a beast

canavarlık *a.* savagery, ferocity, brutality

canavarlık *a.* savagery, ferocity, brutality

canavarotu *a.* branched broomrapes

canciğer *s.* very close, intimate, chummy *kon.* **canciğer arkadaş** chum *kon.* **canciğer kuzu sarması olmak** to be as thick as thieves **canciğer kuzu sarması** very dear, intimate **canciğer olmak** to be intimate

candan *s.* sincere, cordial, warm, chummy ¤ *be.* cordially, sincerely

caneriği *a.* green plum

canfes *a.* taffeta **canfes gibi yaprak** thin and smooth leaf

cangıl *a.* jungle

cangıl cungul *be.* with a jinglejangle, with a dingdong

canhıraş *s.* heartbreaking, bitter

cani *a.* murderer, butcher, homicide

canice *s.* murderous ¤ *be.* murderously

canilik *a.* being a murderer

canip *a., esk.* side * yan, taraf

cankurtaran *a.* ambulance; lifeguard **cankurtaran arabası** ambulance **cankurtaran filikası** lifeboat **cankurtaran halatı** lifeline **cankurtaran kemeri** life belt **cankurtaran sandalı** lifeboat **cankurtaran simidi** life buoy **cankurtaran yeleği** life jacket **cankurtaran yüzücü** lifeguard

canlandırıcı *s.* enlivening, refreshing ¤ *a.* animator

canlandırım *a. mim.* reconstruction drawing

canlandırma *a.* animation, activation

canlandırmak *e.* to refresh, to renew, to liven up, to jazz up, to enliven, to perk sb up, to invigorate; to animate, to revive; to impersonate, to perform, to enact; to arouse

canlanma *a.* animation

canlanmak *e.* to come to life; to liven up, to perk up

canlı *a.* living creature, living being ¤ *s.* living, animate, alive; lively, brisk, active, vigorous, spry, bouncy, high-spirited; graphic, picturesque, sprightly; (yayın) live **canlı aks** live axle **canlı cenaze** skinny, a bag of bones **canlı odun** alburnum **canlı program** live programme **canlı yayın** live broadcast **canlı yük** live load, movable load **canlılar coğrafyası** biogeography

canlıcı *a. s.* animist

canlıcılık *a., fel.* animism * animizm

canlılık *a.* liveliness, vigour, animation, go *kon.*; (piyasa) boom

cansız *s.* lifeless, dead, inanimate; dull, uninteresting, soulless; weak; pale

cansızlaşmak *e.* to become lifeless, to become dull

cansızlaştırmak *e.* to make (sth) lifeless

cansızlık *a.* abiosis

cansiperane *be.* wholeheartedly

car *a.* veil covering the whole body

car car *be.* noisily

carcar *s., kon.* chatty

carcur *a. yörs.* cartridge clip

carcur etmek *e.* to chatter mindlessly

cari *s.* current, in force; flowing, running **cari aktifler** current assets **cari fiyat** current price **cari hesap** current account *İİ.*, checking account *Aİ.*

cariye *a.* female slave, concubine
cariyelik *a.* being a female slave
carlamak *e.* to talk loudly; to talk continously
carmakçur *a. arg.* raki, arrack
cart *a.* tearing noise ¤ *s.* showy **cart curt etmek** to shoot one's mouth off (about sth), to talk nonsense/threateningly **cart curt ötmek** *kon.* to brag, to shoot a line
carta *a, arg.* farting * yellenme **cartayı çekmek** *arg.* to kick the bucket *arg.*
cartadak *be. arg.* suddenly
cartadak, cartadan *be, kon.* suddenly and noisily
cascavlak *s.* completely bald/naked **cascavlak kalmak** to be left helpless, to be left out in the cold
casus *a.* spy
casusluk *a.* espionage **casusluk etmek/yapmak** to spy, to snoop
cav *a. yörs.* (hayvanda) penis
Cava *a.* Java ¤ *s.* Javanese
Cavaca *a, s.* Javanese
cavalacoz *s, arg.* worthless, insignificant
Cavalı *a. s.* Javanese
Cavalı *a, s.* Javanese
cavlak *s, kon.* naked, hairless, featherless
cavlaklık *a.* baldness; nakedness
cavlamak *e.* to kick the bucket *arg.*
caydırıcı *s.* dissuasive, deterrent
caydırıcılık *a.* dissuasiveness, deterrence
caydırma *a.* dissuasion
caydırmak *e.* to dissuade, to deter, to disincline, to deflect sb (from sth)
cayır cayır *be.* furiously **cayır cayır yanmak** to burn furiously
cayırdamak *e.* (ateş) to crackle, roar
cayırtı *a.* creak, rattle, crash
cayma *a.* giving up, breaking a promise
caymak *e.* to back out, to go back on, to back out of, to cry off
cayrodin *a.* gyrodyne
cayromanyetik *a.* gyromagnetic
cayropusula *a.* gyrocompass
cayroskop *a.* gyroscope
cayroskopik *s.* gyroscopic **cayroskopik pusula** gyrocompass
cayrostat *a.* gyrostat
caz *a.* jazz **caz yapmak** *arg.* to yammer, to squawk, to bellyache
cazbant *a.* jazz band
cazcı *a.* jazz musician
cazgır *a.* (wrestling) announcer ¤ *s.* vixen-ish
cazır cazır *be.* with a crackling noise
cazırdamak *e.* to crackle
cazırtı *a.* crackling
cazibe *a.* charm, allure, appeal, attractiveness * alım, alımlılık; *fiz.* attraction * çekim
cazibeli *s.* charming, appealing, attractive * çekici, alımlı, albenili
cazibesiz *s.* unattractive
cazip *s.* attracting, charming, attractive * çekici
ce *ünl. çoc.* Boo!
cebbar *s.* despotic, high-handed; *din.* almighty, omnipotent
cebel *a, esk.* mountain * dağ; deserted land; uncultivated land
Cebelitarık *a.* Gibraltar
Cebelitarıklı *a, s.* Gibraltarian
cebelleşmek *e, mec.* to grapple
cebellezi *a. arg.* stealing, copping
cebir *a.* algebra; compulsion, force, constraint
cebirci *a. kon.* algebra teacher
cebire *a.* splint * süyek, koaptör
cebirsel *s.* algebraic **cebirsel denklem** algebraic equation **cebirsel fonksiyon** algebraic function **cebirsel işaret** algebraic symbol **cebirsel işlev** algebraic function **cebirsel simge** algebraic symbol **cebirsel terim** algebraic expression
Cebrail *a.* the Archangel Gabriel
cebren *be.* by force, by compulsorily
cebretmek *e.* to compel, to force
cebri *s.* compulsory, forcible, forced **cebri çekiş** forced draught **cebri yağlama** forced lubrication **cebri yürüyüş** *ask.* forced march
cebrinefs *a, esk.* self-restraint
cefa *a.* suffering, pain **cefa çekmek** to suffer **cefa etmek** to inflict pain (on)
cefakâr *s.* who has suffered much
cefakeş *s.* long-suffering
cefalı *s.* long-suffering
cehalet *a.* ignorance
cehennem *a.* hell, inferno **cehennem gibi** boiling hot *kon.*, sweltering *kon.* **Cehennem ol!** Go to the devil!, Go to blazes! **Cehenneme kadar yolun var!** Go to blazes! **cehennemi boylamak** to kick the bucket *arg.*
cehennemi *s.* infernal, hellish

cehennemlik s. deserving of hell
cehennemtaşı a. kim. lunar caustic, silver nitrate
cehre a. spindle * iğ
cehri a, bitk. dyer's rocket; buckthorn
ceht a, esk. effort, exertion **ceht etmek** to exert oneself
ceket a. jacket, coat
ceketatay a. morning coat
ceketli s. with a jacket, wearing a jacket
ceketsiz s. shirtsleeve, without a jacket
celal a. din. glory, greatness; wrath, rage
celallenmek e. to get into a rage
celalli s. hot-blooded, irritable, peppery
celbe a. (hunter's) game bag
celbetmek e. to attract; huk. to summon
celep a. drover, cattle-dealer
celeplik a. dealing in sheep and cattle
celi s. apparent, clear, obvious * açık, aşikâr; bright, polished
cellat a. executioner, hangman
cellatlık a. duties of an executioner
celp a, huk. summons; ask. call, draft-paper **celp etmek** to attract; to summon **celp kâğıdı** citation
celpname a, huk. summons, process **celpname vermek** to serve a summons on
celse a. session; huk. hearing, sitting **celseyi açmak** to open the session **celseyi kapamak** to close the session
cemaat a. congregation, community
cemal a. beauty
ceman be. in all; as a whole
cemaziyülâhır a, gökb. the sixth lunar month
cemaziyülevvel a, gökb. the fifth lunar month
cembiye a. dagger
cemetmek e. to collect, to bring together; to add
cemi s. all ¤ a. collecting, bringing together; adding; dilb. plural * çoğul
cemile a. beau geste
cemiyet a. society, association; community; fraternity, fellowship
cemre a. increase of warmth in February
cenabet s. impure, unclean; arg. damn, bloody
cenah a. wing; flank
cenap a. majesty, excellency **Cenabı Hak** Supreme Being
cenaze a. funeral; corpse **cenaze alayı** funeral procession, funeral, cortege
cenaze arabası hearse **cenaze levazımatçısı** undertaker, mortician Aİ.
cenaze marşı funeral march **cenaze töreni** funeral
cendere a. press, mangle **cendereye sokmak** to put sb through the wringer
Ceneviz a. trh. Genoa
Cenevizli a. s. trh. Genoese
Cenevre a. Geneva
Cenevreli a. s. Genevan, Genevese
cengâver a. hero, warrior ¤ s. warlike
cengâverlik a. esk. heroism
cengel a. jungle
cengeltavuğu a. hayb. jungle fowl
cenin a. foetus, fetus * dölüt **cenini sakıt** hek. miscarriage
cenk a. battle, combat, war
cenkçi s. quarrelsome, bellicose
cenkleşmek e. to quarrel, to fight
cennet a. heaven; paradise **cennet bahçesi** din. Eden, Garden of Eden **cennet tozu** arg. coke
cennetağacı a. poinciana
cennetbalığı a. hayb. paradise fish
cennetçiçeği a. poinciana
cennetkuşu a. bird of paradise
cennetlik s. deserving of heaven
cennetmekân s. dwelling in paradise, deceased
Cenova a. Genoa
Cenovalı a. s. Genoese
centilmen a. gentleman
centilmence s. gentlemanly
centilmenlik a. gentlemanliness **centilmenlik anlaşması** gentleman's agreement, gentlemen's agreement
centiyan a. gentian
cenup a. esk. south; southern
cep a. pocket; lay-by İİ., rest stop Aİ. **cebe indirmek** to pocket **cebe koymak** to pocket **cep bilgisayarı** pocket computer **cebi delik** penniless, broke kon. **cebinden çıkarmak** to outdo sb, to excel **cebine atmak** to pocket **cebine koymak** to pocket **cebini doldurmak** to fill one's pockets, to line one's pocket **cep feneri** flashlight, flash lamp, torch **cep harçlığı** pocket money, allowance Aİ. **cep lambası** pocket lamp **cep radyosu** pocket radio **cep sözlüğü** pocket dictionary
cephane a. ammunition, munitions

cephanelik *a.* ammunition store, arsenal, magazine
cephe *a.* front; frontage, façade * alnaç, yüz; *mec.* side * yan, yön **cephe hattı** front line **cephe taarruzu** frontal attack **cepheyi yarıp geçme** *ask.* breakthrough
cepheleşmek *e.* to solidify in opposition
cepken *a.* short and close-fitting jacket
cepkitabı *a.* pocketbook, pocket edition
cepsözlüğü *a.* pocket dictionary
cer *a.* traction **cer çubuğu** drag bar, towing bar **cer dişlisi** sprocket **cer jeneratörü** traction generator **cer kuvveti** drawbar pull
cerahat *a.* matter, puss * irin **cerahat akmak** to run, to suppurate **cerahat toplama** purulence **cerahat toplamak** to suppurate
cerahatlenme *a.* maturation
cerahatlenmek *e.* to suppurate * irinlenmek
cerahatli *s.* suppurating
cerbeze *a.* the gift of the gab
cerbezeli *s.* convincing, loquacious, glib *hkr.*
cereme *a.* penalty; fine **ceremesini çekmek** to pay the piper
ceren *a. hayb.* gazelle, antelope
cereyan *a.* flow; draught, draft *Aİ.; elek.* current; course of events; movement, tendency, trend **cereyan etmek** to happen, to occur, to take place
cereyanlı *s.* draughty, drafty; live, plugged in **cereyanlı ray** live rail
Cermen *a.* Teuton ¤ *s.* Germanic
Cermence *s.* Germanic, Teutonic
cerrah *a.* surgeon
cerrahi *s.* surgical
cerrahlık *a.* surgery
cesamet *a, esk.* hugeness, magnitude *res.*
cesametli *s.* bulky, huge
cesaret *a.* courage, bravery, fortitude, gallantry, pluck *kon.*, guts *kon.* **cesaret almak** to take courage (from) **cesaret etmek** to venture, to dare **cesaret vermek** to encourage, to hearten **cesareti elden bırakmamak** to bear up **cesareti olmamak** not have the courage (to do sth) **cesaretini kaybetmek/yitirmek** to lose courage/heart **cesaretini kırmak** to dis-

courage, to disprit, to dishearten, to daunt, to demoralize **cesaretini toplamak** to pluck up one's courage
cesaretle *be.* boldly
cesaretlendirmek *e.* to encourage
cesaretlenmek *e.* to take courage
cesaretli *s.* courageous, bold, audacious
cesaretlilik *a.* bravery, courageousness
cesaretsiz *s.* timid, cowardly
cesaretsizlik *a.* discouragement
ceset *a.* corpse, body, stiff *arg.*
cesur *s.* brave, courageous, bold, plucky, gallant *res.*
cesurane *s.* brave, courageous ¤ *be.* bravely, courageously
cesurluk *a.* courage, bravery, audacity
cet *a.* ancestor, grandfather, forefather
cetvel *a.* list, table, schedule; ruler, straightedge **cetvel kalemi** drawing pen
cevaben *be.* in reply to, in answer to, in response to
cevabi *s.* responsive
cevahir *a.* jewellery * mücevher
cevahirci *a.* jeweler
cevap *a.* answer, reply * yanıt, karşılık **cevabı yapıştırmak** to hit on the right answer quickly **cevap almak** to receive an answer, to get an answer **cevap olarak** in reply to **cevap vermek** to answer, to reply (to), to give an answer * yanıt vermek, karşılık vermek **cevap yetiştirmek** to shoot back at sb
cevaplamak *e.* to answer
cevaplandırmak *e.* to answer, to reply * yanıtlandırmak
cevaplı *s.* having an answer
cevapsız *s.* unanswered * yanıtsız
cevaz *a.* permissibility, lawfulness
cevher *a.* jewel, gem; ore; ability, capacity; *fel.* essence, substance **cevher yatağı** ore deposit
cevherli *s.* containing ore; bejeweled; talented, gifted
cevhersiz *s.* devoid of ore; devoid of precious stones; untalented, inept
ceviz *a.* walnut **ceviz kıracağı** nutcrackers
cevizli *s.* containing walnuts
cevizlik *a.* walnut grove
cevvi *s.* atmospheric * atmosferik
ceylan *a.* gazelle, antelope * gazal **ceylan gibi** slim *övg.*
ceza *a.* punishment; penalty; fine **ceza**

almak a) to be punished b) to be fined **ceza hukuku** criminal law **ceza kanunu** criminal code **ceza kesmek/yazmak** to fine **ceza sahası** *sp.* penalty area **ceza vermek** a) to punish, to penalize b) to fine c) to pay a fine **ceza yemek** a) to be punished b) to be fined **cezasını bulmak** to get one's deserts **cezasını çekmek** a) to suffer for, to pay the penalty b) to serve a sentence **cezasını hafifletmek** to let off **cezaya çarptırmak** to fine, to punish

cezaevi *a.* prison, gaol, jail *Al.* **cezaevine kapatmak** to gaol, to jail

cezai *s.* criminal; penal **cezai ehliyet** criminal discretion

cezalandırma *a.* punishing, penalizing, correction *res.*

cezalandırmak *e.* to punish, to penalize, to discipline, to castigate; to fine

cezalı *s.* punished; fined; penalized

cezasız *s.* unpunished; unfined

Cezayir *a.* Algeria

Cezayirli *a.* Algerian

cezayirmenekşesi *a, bitk.* Madagascar periwinkle

cezbe *a.* ecstasy

cezbelenmek *e.* to be enraptured

cezbetmek *e.* to attract, to charm, to draw, to beguile, to allure, to appeal (to), to tempt

cezir *a.* ebb, ebb tide

Cezire *a.* Al Jazira, upper Mesopotamia

cezp *a. esk.* attraction

cezve *a.* coffeepot

cıbıl *s.* naked * çıplak

cıcığını çıkarmak *e.* to wear out

cıdağı *a.* withers of a horse

cıgara *a, kon.* cigarette, fag

cıgaralık *a. arg.* opium

cık *ünl.* no; impossible

cılız *s.* thin, lean, puny, gaunt, weak **cılız kimse** weakling

cılızlaşmak *e.* to waste away, to become emaciated

cılızlık *a.* thinness, weakness

cılk *s.* (yumurta) rotten, addled; (yara) running, festered, inflamed **cılk çıkmak** to be addled

cılklaşmak *e.* to rot, to spoil

cımbar *a, teks.* temple

cımbız *a.* tweezers

cımbızlamak *e.* to pluck (sth) with tweezers

cıncık *a.* glassware, porcelain

cıngıl *a.* small bunch of grapes; decoration of beads/coins

cır cır *be.* chattering continuously **cır cır konuşmak** to rattle on/away **cır cır ötmek** to chatter (away)

cırboğa *a.* jerboa; weak child

cırcır *a.* rattle * kaynanazırıltısı; cotton gin; cicada * ağustosböceği ¤ *s.* chatty * geveze **cırcır delgi** ratchet drill **cırcır matkap** ratchet brace **cırcır tornavida** ratchet screwdriver

cırcırböceği *a.* cricket

cırcırlı *s.* having a ratchet **cırcırlı anahtar** ratchet wrench **cırcırlı delgi** ratchet drill

cırdaval *a.* javelin

cırıldamak *e.* to chirp

cırıltı *a.* chirp

cırlak *s.* shrill, screechy **cırlak sıçan** hamster

cırlaksıçan *a.* hamster

cırlama *a.* ululation

cırlamak *e.* to chirp

cırlayık *a, hayb.* shrike

cırnak *a.* claw

cırnık *a.* spillway

cırt *a.* the sound of something being torn

cırtlak *s.* shrill; harsh, showy *hkr.*

cırtlamak *e.* to make a ripping sound

cıs *ünl, çoc.* fire!

cıscıbıl *s.* stark naked, in the nude

cıva *a.* mercury, quicksilver **cıva bellek** mercury memory **cıva buharı** mercury vapour **cıva gibi** like quicksilver **cıva mordanı** mercury mordant **cıva sütunu** mercury column

cıvadra *a, den.* jib boom **cıvadra sancağı** *den.* jack

cıvalama *a.* mercuration

cıvalamak *e.* to mercurate

cıvalı *s.* containing mercury **cıvalı alaşım** amalgam **cıvalı altın** gold amalgam **cıvalı anahtar** mercury switch **cıvalı ark** mercury arc **cıvalı barometre** mercury barometer **cıvalı basınçölçer** mercury barometer **cıvalı bellek** mercury storage **cıvalı manometre** mercury gauge **cıvalı pil** mercury cell **cıvalı termometre** mercury thermometer

cıvata *a.* bolt **cıvata başı** bolt head **cıvata keskisi** bolt cutter **cıvata rondelası**

bolt washer **cıvata somunu** screw nut, nut **cıvata tornası** screw-cutting lathe

cıvatalamak e. to bolt

cıvık s. soft, runny, thin; *mec.* impertinent, saucy, pert

cıvıklamak e. to squeeze (sth) in one's hand

cıvıklaşmak e. to get squishy; to become sticky; to get impertinent

cıvıklık a. squishiness; impertinence, cheek

cıvıl cıvıl be. chirping (away)

cıvıldamak e. to chirp, to cheep, to chirrup, to tweet, to twitter

cıvıldaşmak e. to chirp together

cıvıltı a. tweet, chirp, chirrup, cheep

cıvıma a, kim. thixotropy * tiksotropi

cıvımak e. to get softy and sticky; to be impertinent, to become too familiar

cıvıtmak e, kon. to make soft and sticky; to be impertinent; to work indifferently

cıvıyan s, kim. thixotrope * tiksotrop

cıyak cıyak be. with a shrill voice **cıyak cıyak bağırmak** to squawk, to squall

cıyaklamak e. to squall, to squawk

cıyırdamak e. to make a sound when ripped/torn

cıyırtı a. sound as of cloth tearing

cız a. sizzling sound; *çoc.* fire **cız etmek** to make a sizzling noise

cızbız a. grilled meat **cızbız köfte** grilled meatball

cızık a. yörs. line; trace, mark

cızıktırmak e. to write (down); to scribble

cızıldamak e. to sizzle

cızıltı a. sizzle

cızır cızır be. with a sizzling noise

cızırdamak e. to sizzle kon., to creak

cızırtı a. scratch, stray

cızırtılı s. scratchy

cızlam a. arg. fleeing, running away

cızlamak e. to hiss, to crackle; to have a pang (of sorrow)

cızsineği a. gadfly, horsefly

cibilliyet a. nature, temperament, character

cibilliyetsiz s. despicable, ignoble, characterless

cibin a. yörs. mosquito

cibinlik a. mosquito net **cibinlik kumaşı** mosquito netting

cibre a. pulp residue

Cibuti a. Djibouti, Jibuti

cici bici a. trinket, knick-knack, gimcrack ornament; gaudy clothes

cici s, kon. nice, pretty, sweet, good, darling **cicim** my dear, darling

cicianne a. grandma

cicik a. nipple

cicili bicili s. gaudy, garish, fussy

cicim a. light rug

cicoz a. marble; game of marbles; *arg.* there isn't ..., no, finished

cicozlamak e. arg. to finish; to die; to get lost, beat it

cidal a. fight, battle; quarrel

cidalci a. fighter

cidar a. wall * duvar; *biy.* membrane * çeper

Cidde a. Jidda, Jedda

cidden be. really, indeed, seriously, truly

ciddi s. serious, grave, nasty; true, real; important, significant; solemn, sober **ciddi olarak** seriously **ciddi olmak** to mean business kon. **ciddiye almak** to take sb/sth seriously

ciddileşmek e. to become serious

ciddileştirmek e. to aggravate

ciddilik a. seriousness, gravity, solemnity

ciddiyet a. seriousness, gravity, solemnity **ciddiyetini korumak** to keep a straight face **ciddiyetten uzak** flippant

ciddiyetsizlik a. levity res.

cife a. carcass, carrion * leş; *mec.* disgusting thing

ciğer a. liver; lungs; heart, affections **ciğer sarması** minced liver wrapped in lamb's fat **ciğeri beş para etmez** a) base, dishonourable, crumb Aİ./kon. b) a bad egg **ciğeri yanmak** to suffer great hardship **ciğerine işlemek** to hurt deeply, to move deeply

ciğerci a. seller of liver

ciğerotu a. hepatica, liverwort

ciğerpare a. darling

cihan a. world * dünya; universe * evren, âlem

cihangir a. world conqueror

cihannüma a. pinnacle

cihanşümul s. esk. worldwide, global

cihar a. four

ciharıdü a. four and two

ciharıse a. four and three

ciharıyek a. four and one

cihat a. holy war

cihaz a. apparatus, device * aygıt; trous-

seau * çeyiz
cihet *a.* direction, side * yön, yan; aspect, point of view
cik *a.* tweet
ciklemek *e.* to tweet
cila *a.* polish, varnish, glaze; finish, luster, shine; *arg.* (içki) chaser *kon.* ***cila makinesi*** polishing machine ***cila sürmek*** to varnish ***cila tozu*** putty powder
cilacı *a.* burnisher
cilacılık *a.* work of a finisher; finishing
cilalamak *e.* to polish, to shine, to finish, to burnish
cilalı *s.* polished, glazed, varnished, shiny ***cilalı taş devri*** neolithic age
cilasız *s.* unvarnished
cilasun *s.* dexterous, swift
cildiye *a.* dermatology * dermatoloji; dermatological ward
cildiyeci *a.* dermatologist * dermatolog
cilt *a.* skin, complexion; binding; volume ***cilt hastalığı*** skin disease ***cilt kremi*** cold cream, cream ***cilt makinesi*** binder
ciltçi *a.* bookbinder, binder * mücellit; bindery * ciltevi
ciltçilik *a.* bookbinding, bookbindery
ciltevi *a.* bindery
ciltlemek *e.* to bind
ciltli *s.* bound
ciltsiz *s.* unbound
cilve *a.* coquetry, grace manifestation, apparition; *mec.* twist ***cilve yapmak*** to be flirtatious, to behave coquettishly
cilvelenmek *e.* to put on coquettish airs
cilveleşmek *e.* to flirt with each other, to bill and coo; to joke with each other
cilveli *s.* flirtatious, coquettish, coy *hkr.*
cim *a.* a letter of the Arabic alphabet, jim
cima *a. esk.* sexual intercourse, coition
cimbakuka *s.* thin and ugly, puny
cimcime *a.* (small) watermelon ¤ *s. kon.* petite, tiny, mignon
cimnastik *a.* gymnastics, gym
cimri *s.* mean, miserly, close, closefisted, niggardly, stingy *kon.*, penny pinching *kon.*, tight *kon.*, parsimonious *res.* ¤ *a.* miser, niggard, penny pincher *kon.*, Scrooge *hkr.*, cheapskate *Aİ./kon.*
cimrileşmek *e.* to behave meanly
cimrilik *a.* meanness, stinginess, miserliness ***cimrilik etmek*** to be stingy
cin *a.* genie, demon, elf, spirit, goblin;

(içki) gin ***cin çarpması*** possession ***cin çarpmışa dönmek*** to in a terrible state, to be shocked ***cin fikirli*** astute ***cin gibi*** astute ***cinleri başına toplanmak/üşüşmek*** to get furious, to lose one's head
cinağacı *a. bitk.* Himalayan cedar, Indian cedar
cinai *s.* criminal
cinas *a.* play on words, pun
cinayet *a.* murder, crime, homicide, assassination ***cinayet işlemek*** to commit murder ***cinayet teşebbüsü*** attempted murder
cinci *a.* witch doctor
cingöz *s.* wily, cunning, crafty, sly
cingözlük *a. kon.* shrewdness, cleverness
cinli *s.* haunted; edgy, nervous
cinmısırı *a.* popcorn
cinnet *a.* insanity, madness, lunacy ***cinnet getirmek*** to go mad, to go off one's head
cins *a.* sort, type, kind, breed; genus, species; sex; *dilb.* gender; race, stock, breed; grade; crank, oddity ¤ *s.* purebred, thoroughbred; *arg.* queer, weird, screwy *kon.* ***cins adı/ismi*** *dilb.* common noun ***cinsi latif*** the fair sex *esk./şak.*
cinsaçı *a, bitk.* dodder * küsküt
cinsel *s.* sexual, carnal ***cinsel birleşme*** sexual intercourse, intercourse, coitus, coition ***cinsel cazibe*** sex appeal ***cinsel çekicilik*** sex appeal ***cinsel güç*** potency ***cinsel ilişki*** sexual relation, intercourse, sex; affair ***cinsel ilişkide bulunmak*** to have sex with, to go to bed with, to go all the way (with) ***cinsel istek uyandırmak*** to turn on ***cinsel organlar*** genitals ***cinsel sapık*** sexual deviant, pervert *hkr.* ***cinsel sapıklık*** sexual deviation ***cinsel taciz*** sexual harassment, molestation ***cinsel tacizci*** molester ***cinsel tacizde bulunmak*** to molest ***cinsel yaşam*** sex life
cinsellik *a.* sexuality
cinsi *s.* sexual, carnal ***cinsi münasebet*** sexual intercourse, intercourse
cinsiyet *a.* sex, sexuality
cinsiyetsiz *s.* asexual
cinslik *a.* sex; sexuality
cinslikbilim *a.* sexology
cinsliksiz *s. biy.* neuter

cinssiz s. neuter
cintonik a. gin and tonic
cip a. jeep
cips a. crisps *İİ.*, chips *Aİ.*
cipsit a. gibbsite
ciranta a, *tic.* endorser
cirit a. javelin, stick *cirit atma sp.* javelin throw *cirit atmak mec.* to swarm, to teem, to run wild
ciro a. endorsement *ciro etmek* to endorse
cirolu s. negotiable
cirostat a. gyrostat
cirosuz s. not negotiable
cisim a. matter, substance, body
cisimcik a. corpuscle, particle
cisimleştirmek e. to embody *res.*
cismani s. corporeal; material
cismen be. bodily; materially
civan a. handsome young man; beautiful young woman
civankaşı a. embroidery zigzag ornamentation
civanmert s. brave, generous, noble
civanmertlik a. bravery, generosity, munificence
civanperçemi a, *bitk.* yarrow * kandilçiçeği
civar a. neighbourhood, surroundings * yöre, dolay
civarında *ilg.* near; about, around
civciv a. chick *civciv büyütme makinesi* brooder *civciv çıkarmak* to hatch, to incubate
civcivli s. lively, busy and noisy
civcivlik a. chicken coop
civelek s. lively, vivacious, skittish, frisky, playful, brisk
civeleklik a. *kon.* liveliness, vivacity
ciyak: ciyak ciyak bağırmak to squall, to yelp
ciyaklamak e. to yelp
cizdam a. *arg.* fleeing, running away
Cizvit a. Jesuit ¤ s. Jesuitic, Jesuitical
cizvit a. Jesuit
coğrafi s. geographical *coğrafi koordinatlar* terrestrial coordinates
coğrafya a. geography
coğrafyacı a. geographer
cokey a. jockey
cokeylik a. work of a jockey
conkikirik a. *arg.* an Englishman, John Bull

conta a. gasket, sealing, seal, washer
cop a. truncheon, cosh, baton
coplamak e. to cosh *İİ.*
corum a. school of fish
coşku a. exuberance, vigour, ebullience, enthusiasm, fervour, fervor *Aİ.*, kick *kon.*
coşkulanmak e. to get excited; to get enthusiastic
coşkulu s. enthusiastic, ardent, vigorous, exuberant, ebullient
coşkun s. fervent, enthusiastic, ebullient, exuberant
coşkunluk a. exuberance, enthusiasm, ebullience
coşkusal s. enthusiastic, emotional, exciting, passionate
coşmak e. to get carried away, to become exuberant, to get enthusiastic, to brim over, to bubble over, to effervesce; (rüzgâr) to become violent; (ırmak) to rise
coşturmak e. to carry away, to excite, to enthuse
coşturucu s. exciting
coşturuculuk a. being exciting
coşu a. ecstasy * vecit
coşumcu s. romantic; Romantic ¤ a. Romantic writer
coşumculuk a. Romanticism
coşuntu a. enthusiasm, excitement
covino s. dressing dresses well
cömert s. generous, free with sth, liberal, open-handed, charitable, munificent *res.*, bounteous *esk.*; productive *cömert davranmak* to treat sb generously
cömertçe be. bounteously, magnanimously
cömertleşmek e. to become generous
cömertlik a. generosity, liberality, munificence *res.*, bounty *esk.*
cönk a. *den.* galley; manuscript collection of folk poems
cudam a. miserasle fellow, wretch
cuk a, *arg.* grass
cuma a. Friday
cumartesi a. Saturday
cumba a. bay window
cumbadak be. with a splash
cumbalak a. somersault
cumbalamak e. to rub smooth
cumbalı s. having a bay window *cumbalı*

pencere oriel window

cumbul *a, arg.* breadbasket

cumbul cumbul *be.*; with a slopping sound

cumbuldamak *e.* to make a sloshing sound

cumburlop *be.* plop, with a plop

cumburtu *a.* plopping sound

cumhur *a.* the general public, the people

cumhurbaşkanı *a.* president

cumhurbaşkanlığı *a.* presidency of a republic

cumhuriyet *a.* republic

cumhuriyetçi *a, s.* republican

cumhuriyetçilik *a.* republicanism

cumhurluk *a.* republic

cunda *a. den.* peak (of a gaff); arm (of a yard)

cunta *a.* junta

cuntacı *a. pol.* member of a junta

cup *ünl.* plop

cuppadak *be.* with a plash, plop

cura *a, arg.* the last drag on a cigarette

curcuna *a.* uproar, hubbub, carousal, clambake, pandemonium

curcunalı *s.* uproarious

curnal *a. bkz.* jurnal

cüce *a, s.* dwarf, pygmy, pigmy, midget *cüce yıldızlar* dwarf stars

cücebalaban *a. hayb.* little bittern

cücebaykuş *a. hayb.* scops owl

cücekarabatak *a. hayb.* pygmy cormorant

cücekartal *a. hayb.* booted eagle

cüceleştirmek *e.* to dwarf

cücelik *a.* hypopituitarism, microsomia, nanism

cücemartı *a. hayb.* little gull

cücesıçan *a. hayb.* harvest mouse

cücesinekyutan *a. hayb.* red-breasted flycatcher

cücük *a.* bud * tomurcuk; chick * civciv; *bitk.* heart (of onion, lettuce, etc.); tuft of beard, imperial

cücüklenmek *e.* to sprout

cüda *s. esk.* separated, remote

cühela *a. esk.* ignorant people

cülus *a. trh.* accession to the throne

cümbür cemaat *a.* the whole lot, the whole caboodle

cümbüş *a.* merrymaking, revel, jamboree, carousal, orgy, revelry, binge *kon.*, rave-up *esk.*; *müz.* a mandolin with a metal body *cümbüş yapmak* to live it

up, to have a wild time, to have a rave-up

cümbüşlü *s. kon.* hilarious

cümle *a, dilb.* sentence * tümce; *esk.* system * dizge, sistem; whole, all *cümle âlem* all the world, everybody *cümlemiz* all of us, we all

cümlecik *a, dilb.* clause

cümlelemek *e, müz.* to phrase

cümleten *be.* all together

cünüp *s. din.* unclean

cünüplük *a. din.* being unclean

cüppe *a.* robe, cope

cüret *a.* boldness, courage, daring; insolence, impudence, presumption, brass *kon. cüret etmek* a) to dare, to venture b) to have the face (to do sth)

cüretkâr *s.* bold, courageous, daring; insolent, impudent

cüretkârlık *a.* boldness; insolence

cüretlenmek *e.* to become bold

cüretli *s.* bold, daring; insolent

cüretlilik *a.* boldness, audaciousness

cüretsiz *s.* devoid of audacity

cüretsizlik *a.* lack of audacity

cüruf *a.* slag, scoria, dross, cinder, clinker, breeze *cüruf briketi* breeze block *cüruf çimentosu* slag cement *cüruf kıskacı* clinker tongs *cüruf yığını* spoil bank

cüruflu *s.* cindery, drossy *cüruflu beton* cinder concrete *cüruflu kömür* clinkering coal

cürüm *a.* crime, felony, offence, guilt *cürüm işlemek* to commit a crime *cürmü meşhut halinde huk.* in flagrante delicto *cürmü meşhut halinde yakalamak huk.* to catch sb red-handed, to catch sb in the act, to catch sb in flagrante delicto *cürmü meşhut halinde yakalanmak huk.* to be caught red-handed

cüsse *a.* body, bulk

cüsseli *s.* big-bodied, bulky, burly

cüssesiz *s.* undersized

cüş *ünl.* whoa!

cüz *a.* part, fragment, particle, component; fascicle

cüzam *a.* leprosy

cüzamlı *s.* leprous, suffering from leprosy ¤ *a.* leper

cüzdan *a.* wallet; purse; account book; portfolio

cüzi s. insignificant, trifling, slight, small

Ç

Ç, ç a. the fourth letter of the English alphabet

çaba a. effort, endeavour, exertion, striving, struggle *çaba göstermek* to make an effort, to strive, to strain, to endeavour, to exert oneself

çabalamak e. to endeavour, to strive, to struggle, to labour, to labor *Aİ.*, to exert oneself, to make an effort

çabalanmak e. to flounder

çabucacık be. in less than no time, in no time

çabucak be. quickly, in a flash, like a flash, in no time, in less than no time, chop-chop *İİ./kon.*

çabuk s. quick, fast, hasty, swift, immediate, speedy ¤ be. quickly, soon *çabuk adres* immediate address *çabuk buharlayıcı* rapid ager, rapid steamer *çabuk erişim* immediate access *Çabuk ol!* Come along!, Hurry up! *çabuk şarj* quick charge

çabuklaşmak e. to gain speed, to quicken

çabuklaştırmak e. to speed up, to quicken, to accelerate, to expedite

çabukluk a. quickness, speed, rapidness, haste

çaça a. madam

çaçabalığı a, hayb. sprat

çaçaca a. the cha-cha, the cha-cha-cha

çaçaron s. chatty, garrulous ¤ a. chatterbox

çaçaronluk a. garrulity, being a chatterbox

Çad a. Chad ¤ s. Chadian

çadır a. tent *çadır bezi* tent canvas *çadır direği* tent pole *çadır eteği* tent skirt *çadır kazığı* tent peg *çadır kurmak* to pitch a tent

çadırcı a. tentmaker; seller of tents

çadırcılık a. tentmaking; tent selling

çadırçatı a. pavilion roof

çadırçiçeği a. bitk. bindweed

çadırlı s. tented; covered with tents

çadıruşağı a. gum ammoniac

Çadlı a, s. Chadian

çağ a. time; age, period; era, epoch *çağ*

açmak to open a period *çağa ayak uydurmak* to keep up with the times *çağın gerisinde kalmak* to be behind the times *çağın gerisinde kalmamak* to keep up with the times

çağa a. yörs. baby; child

çağana a. small tambourine

çağanoz a, hayb. crab

çağaşım a. anachronism

çağaşımsal s. anachronistic

Çağatay a. Jagatai Turk ¤ s. Jagatai

Çağatayca a. s. Jagatai, Chagatai

çağcıl s. modern, up-to-date, contemporary

çağcıllaşmak e. to become modern

çağcıllaştırmak e. to modernize

çağcıllık a. modernity

çağdaş s. contemporary, modern * muasır ¤ a. coeval

çağdaşlaşmak e. to become modernized, to become contemporary

çağdaşlaştırmak e. to modernize, to contemporize

çağdaşlık a. contemporaneity; modernity

çağdışı s. antiquated, outdated, old-fashioned

çağıl çağıl be. with a babbling sound

çağıldamak e. to babble, to burble, to murmur, to purl

çağıltı a. burble, murmur, purl

çağırgan s. who shouts a lot

çağırıcı a. inviter, summoner

çağırış a. calling, call; shouting; singing; invitation; summons

çağırma a. call *çağırma devresi* call circuit *çağırma göstergesi* call indicator *çağırma komutu* call instruction *çağırma sırası* calling sequence

çağırmak e. to call; to invite, to ask; to send for sb; to get sb in; to summon; to shout, to call out

çağırtı a. call, shout

çağırtkan a. decoy

çağırtmaç a. town crier, crier

çağla a. green almond

çağlamak e. to burble, to murmur, to babble, to cascade

çağlayan a. waterfall, cascade, falls

çağlayık a. bubbling spring

çağlı s. yörs. well-built, robust

çağmak e. (güneş) to beat down (on)

çağrı a. invitation, call; summons *çağrı harfleri* call letters *çağrı kelimesi* call word **çağrı komutu** call instruction **çağrı numarası** call number **çağrı sırası** calling sequence **çağrı sözcüğü** call word

çağrıcı *a.* inviter, summoner

çağrılamak *e.* to call; to invite

çağrılı *a.* invited person

çağrılık *a.* written invitation

çağrışım *a, ruhb.* association

çağrışımcı *a. ruhb.* associationist ¤ *s.* associationistic

çağrışımcılık *a. ruhb.* associationism

çağrışımsal *s, biliş.* associative **çağrışımsal bellek** *biliş.* associative memory

çağrışmak *e.* to shout together; to sing in unison

çağrıştırmak *e.* to evoke

çağsama *a.* nostalgia

çağsamak *e.* to feel nostalgic

çakal *a.* jackal

çakaleriği *a.* sloe, wild plum

çakaloz *a. trh.* a swivel gun

çakar *a.* beacon

çakaralmaz *s. kon.* useless, dud, good-for-nothing ¤ *a. şak.* pistol (that won't fire)

çakaroz etmek *e. arg.* to understand, to cotton on

çakı *a.* penknife, jackknife, pocketknife

çakıcı *a.* maker/seller of pocketknives

çakıl *a.* pebble; gravel **çakıl balast** gravel ballast **çakıl dolgusu** hard core **çakıl döşemek** to gravel **çakıl kayaç** conglomerate **çakıl ocağı** gravel pit **çakıl taşı** pebble

çakıldak *a.* ratchet; (oyuncak) rattle; mill clapper

çakıldamak *e.* to rattle, to click

çakılı *s.* fixed; fastened

çakıllı *s.* pebbly, gravelly

çakıllık *a.* pebbly/gravelly place; gravel pit

çakıltı *a.* crunching sound

çakım *a.* scintilla

çakın *a.* flash of lightning

çakır *s.* greyish blue

çakırcı *a.* falconer

çakırdiken *a.* eryngo

çakırdoğan *a, hayb.* goshawk * çakırkuşu

çakırkanat *a. hayb.* teal

çakırkeyf *s.* tipsy *kon.*, light-headed, happy, jolly, merry *kon.*

çakırkeyif *s.* tipsy, light-headed

çakırkuşu *a, hayb.* goshawk * çakırdoğan

çakışık *s. mat.* congruent

çakışma *a.* coincidence **çakışma devresi** coincidence circuit **çakışma kapısı** coincidence gate

çakışmak *e.* to coincide; to fit into one another; to clash; to collide with one another; *mat.* to be congruent

çakışmasız *s.* anticoincidence+ **çakışmasız devre** anticoincidence circuit **çakışmasız öğe** anticoincidence element

çakıştırmak *e.* to make collide; *kon.* to drink, booze

çakız etmek *e. arg.* to understand, to cotton on

çakma *a.* pounding, nailing **çakma kapı** batten door **çakma kazık** raker pile

çakmak[1] *e.* to pound, to nail, to draw; *arg.* to clout, to hit, to deliver, to land, to strike * vurmak; to light, to strike; *arg.* to notice, to twig, to cotton on (to sth) *İl./kon.*; *arg.* to fail * kalmak; *arg.* to drink, to booze * içki içmek

çakmak[2] *a.* lighter, cigarette lighter

çakmakçı *a.* seller of lighters

çakmaklı *a.* flintlock gun

çakmaktaşı *a.* flint

çakmaktaşlı *s.* cherty

çakozlamak *e, arg.* to cotton on (to sth) *İl./kon.*, to latch on *kon.*, to twig

çakşır *a.* baggy trousers worn by men; leg feathers

çakşırlı *s.* wearing baggy trousers; with leg feathers **çakşırlı tavuk** bantam

çakşırotu *a. bitk.* ferula

çaktırmadan *be.* stealthily, on the sly, on the quiet, surreptitiously, secretly * gizlice

çaktırmak *e.* to let be noticed; *arg.* to fail (a student), to pluck, to pip

çalacak *a.* ferment, yeast

çalakalem *be.* with flowing pen, scribbling hastily

çalakaşık *be.* greedily, gobbling one's food down in a hurry **çalakaşık yemek** to gobble sth (up/down)

çalapa *a.* jalap, jalapa

çalapala *be.* with all one's might

çalar saat *a.* alarm clock

çalçene *s.* talkative, garrulous ¤ *a.* chatterbox, babbler

çaldırmak *e.* to make sb play; to let sb

play; to get sth stolen

çalgı *a.* musical instrument, instrument

çalgıcı *a.* musician

çalgıcılık *a.* being a musician

çalgıcıotu *a. bitk.* hedge mustard

çalgıç *a.* plectrum

çalgılı *s.* which has live music

çalgın *a. yörs.* diseased/frostbitten fruit; paralyzed person

çalı *a.* bush, shrub, thicket **çalı çırpı** brushwood, faggot, fagot *Aİ.* **çalı gibi** bushy **çalı süpürgesi** besom

çalıbülbülü *a, hayb.* warbler

çalıdikeni *a. bitk.* blackthorn, sloe

çalıfasulyesi *a.* string beans

çalıhorozu *a.* capercaillie

çalık *s.* crooked, awry; slanting, beveled; faded; pockmarked; crazy

çalıkuşu *a.* wren

çalılı *s.* shrubby

çalılık *a.* thicket, shrubbery, brushwood, scrub, copse, coppice, heath **çalılık arazi** moor

çalım *a.* swagger, strut, swank, dash, ostentation; *sp.* dribble; *den.* rake, ribband line **çalım satmak** to swagger, to show off, to swank, to brag

çalımlamak *e, sp.* to dribble

çalımlanmak *e.* to swagger; *sp.* to be faked

çalımlı *s.* pompous; arrogant, haughty

çalımsı *s.* shrubby

çalıntı *s.* stolen ¤ *a.* stolen goods, plagiarism **çalıntı mallar** spoils

çalışan *s.* working ¤ *a.* employee, worker

çalışım *a.* exercise, training

çalışkan *s.* hard-working, diligent, studious, industrious, sedulous

çalışkanlık *a.* diligence, industry *res.*

çalışma *a.* work, working, labour, labor *Aİ.*; running, working, operation; study; *sp.* training **çalışma akımı** working current, operating current **çalışma alanı** work area, workspace **çalışma belleği** working storage **çalışma dosyası** working file **çalışma dökümü** running order **çalışma eğrisi** dynamic characteristic **çalışma gerilimi** operating voltage **çalışma grubu** working group **çalışma izni** work permit **çalışma kampı** work camp **çalışma koşulları** working conditions **çalışma kütüğü** working file **çalışma noktası** operating

point **çalışma odası** workroom, study, den *kon.* **çalışma ömrü** working life **çalışma saatleri** working hours, office hours **çalışma sıcaklığı** *tek.* working temperature **çalışma sırası** running order **çalışma şartları** working conditions **çalışma şeridi** work tape **çalışma takımı** working group **çalışma yazmaçları** working registers **çalışma yeri** workstation **çalışma zamanı** uptime

çalışmak *e.* to work, to labour, to labor *Aİ.*; to study; to try, to strive, to attempt, to endeavour, to seek; to run, to work, to operate, to function, to go; (araba, motor) to start

çalışmalık *a.* wage, pay, fee

çalışman *a.* employee

çalıştırıcı *a, sp.* trainer; actuator

çalıştırıcılık *a. sp.* being a trainer

çalıştırma *a.* operating, running; employment; training; start-up **çalıştırma kolu** starting handle, crank handle **çalıştırma levyesi** operating lever

çalıştırmak *e.* to operate, to run; to activate, to actuate; (araba, motor) to start; to employ; to train, to coach

çalkağı *a.* cotton gin

çalkalama *a.* rinsing **çalkalama banyosu** rinsing bath **çalkalama makinesi** rinsing machine **çalkalama suyu** rinsing water

çalkalamak *e.* to shake, to agitate; to rinse; (yumurta, vb.) to beat, to whip

çalkalanmak *e.* to be shaken; (deniz) to be rough, to be wavy; to be told everywhere

çalkalayıcı *a.* shaker

çalkamak *e.* to agitate; to rinse; to slosh; to gargle

çalkantı *a.* agitation; fluctuation; nausea

çalkantılı *s.* surging

çalkantısız *s.* smooth, without waves

çalkar *a. yörs.* cotton gin; grain sieve; purgative

çalmak *e.* to steal, to run away with sth, to rip sth off *arg.*, to knock sth off *arg.*; to strike, to ring, to sound, to chime, to peal; *müz.* to play, to execute; (kapı) to knock; to blow; to border on, to verge on; to smear, to spread; to add, to mix into

çalpara *a.* castanets; lady crab

çalyaka *be.* by the collar
çam *a.* pine **çam ağacı** pine tree **çam asidi** abietic acid **çam devirmek** to drop a brick *kon.*, to drop a clanger *kon.*, to blunder, to boob **çam iğnesi** pine needle **çam kerestesi** pine wood **çam kozalağı** pine cone **çam sakızı çoban armağanı** small present, small gift **çam yarması gibi** gigantic, huge, burly **çam yarması** bull
çamaşır *a.* underwear; laundry, washing **çamaşır askısı** clotheshorse **çamaşır asmak** to hang out the laundry, to hang the washing (on the line) **çamaşır çividi** laundry blue **çamaşır değiştirmek** to change one's underwear **çamaşır dolabı** clothes press **çamaşır ipi** clothesline **çamaşır kurutma makinesi** tumbler drier **çamaşır makinesi** washing machine **çamaşır mandalı** clothes peg **çamaşır mengenesi** wringer, mangle **çamaşır sepeti** clothes basket **çamaşır sodası** washing soda **çamaşır suyu** bleach **çamaşır teknesi** washtub **çamaşır tozu** washing powder **çamaşır yıkamak** to wash the clothes, to do the washing
çamaşırcı *a.* washerwoman, laundryman
çamaşırcıayı *a. hayb.* raccoon, coon
çamaşırhane *a.* laundry, launderette, laundrette
çamaşırlık *a.* laundry room, laundry
çambaştankarası *a. hayb.* coal titmouse
çambiti *a. hayb.* jumping plant louse
çamca *a. hayb.* roach
çamçak *a.* wooden ladle
çamfıstığı *a.* pine nut
çamfunda *a.* retinispora
çamlı *s.* piny, piney, pine-clad
çamlık *a.* pine grove
çampaka *a. bitk.* champac, champak
çamsakızı *a.* pine resin
çamuka *a. hayb.* sand smelt
çamukabalığı *a.* smelt
çamur *a.* mud, mire, dirt; mortar, plaster ¤ *s, arg.* importunate, aggressive, filthy **çamur atmak** to slander, to throw mud at sb **çamur banyosu** mud bath **çamur ekskavatörü** mud dredger **çamur firesi** dirt tare **çamur havuzu** mud pond **çamur konveyörü** mud conveyor **çamur kutusu** bailer **çamur pompası**

sludge pump **çamur sıçratmak** to splash with mud, to spatter with mud **çamur teknesi** hod **çamura batırmak** to mire **çamura batmak** to mire **çamura bulamak** to muddy **çamura gömülmek** to bog down **çamura yatmak** *arg.* a) not to pay one's debts b) to break one's promise **çamurdan çekip çıkarmak** to raise sb from the dunghill
çamurcuk *a. hayb.* a type of carp
çamurcun *a.* teal
çamurlamak *e.* to muddy, to mire
çamurlanmak *e.* to get muddy
çamurlaşmak *e.* to turn into mud; to get importunate, to get aggressive
çamurlu *s.* muddy, miry
çamurluk *a, oto.* wing *İl.*, fender *Al.*; muddy place; gaiters; scraper, shoe scraper
çan *a.* bell; gong **çan dağılımı** bell distribution **çan dili** clapper **çan eğrisi** bell curve **çan kulesi** bell dome, belfry **çan metali** bell metal **çan sesi** chime **çan tokmağı** clapper **çanına ot tıkamak** to muzzle
çan çan *a.* loud and continuous chatter **çan çan etmek** to chatter loudly
çanak *a.* pot, bowl; *bitk.* calyx **çanak çömlek** pots and pans, earthenware, crockery **çanak tutmak** to invite, to ask for (trouble), to bring (sth) on oneself **çanak yalamak** to bootlick, to lick sb's boots *kon.*, to lick sb's arse *arg.* **çanak yalayıcı** bootlicker
çanakçı *a.* maker/seller of bowls
çanakçık *a.* calycle
çanakçıklı *s.* calyculate, chlamydeous
çanakçılık *a.* making/selling bowls
Çanakkale Boğazı *a.* the Dardanelles
çanaklı *s.* having a bowl **çanaklı klasifikatör** bowl classifier
çanaklık *a. den.* crow's nest
çanaksı *s.* calyceal, calyciform, calycinal, calycine
çanaksız *s.* acalycine
çanakyaprağı *a. bitk.* sepal
çanakyaprak *a, bitk.* sepal
çanakyapraklı *s.* sepalled, sepalous
çanakyapraksı *s.* sepaloid
çancı *a.* maker/seller of bells
çançiçeği *a, bitk.* campanula, bellflower
çançiçekli *s.* campanulaceous

çangal *a.* branch, twig
çangıl çungul *be.* with a clatter
çangırdamak *e.* to clatter, to clank
çangırtı *a.* clattering sound, clanking sound
çanıltı *a.* sound, ringing
çanlı *s.* having a bell **çanlı şamandıra** bell buoy
çanlık *a.* bell tower, belfry
çanta *a.* bag; case **çantada keklik** in the bag *kon.* **çantaya koymak** to bag
çantacı *a.* maker/seller of leather bags/cases; *arg.* purse-snatcher, pickpocket
çantacılık *a.* making/selling leather bags/cases; *arg.* purse-snatching; picking pockets
çantaçiçeği *a. bitk.* slipperwort
çap *a.* diameter; calibre, bore; size, scale; quality, worth * değer **çap kılavuzu** boring bar **çap pergeli** callipers **çaptan düşmek** to go downhill, to be undersized
çapa *a.* hoe, mattock; *den.* anchor **çapa atmak** to anchor **çapa makinesi** hoeing machine **çapa tarımı** hoe cultivation **çapa traktörü** row-crop tractor **çapa ürünü** hoe crop, row crop
çapacı *a.* hoer
çapaçul *s.* untidy, slovenly, sloppy
çapaçulluk *a. kon.* slovenliness, frowziness
çapak *a.* viscous crust round the eyes; burr
çapakbalığı *a. hayb.* bream
çapaklanmak *e.* to become gummy
çapaklı *s.* rheumy, crusty
çapalamak *e.* to hoe
Çapanoğlu *a.* snag, nigger in the woodpile
çapar *s.* albino
çaparı *a.* trawl, trawl line, setline
çaparız *a. kon.* hitch, snag, difficulty
çaparızlı *s. kon.* thorny, difficult
çapari *a.* trawl line, trawl
çapçak *a.* wooden ladle
çapçekme *a, bitk.* shrinkage
çapkın *a.* wolf, womanizer, womanchaser, casanova, philanderer, lecher *hkr.*, rake *esk.* ¤ *s.* coquettish, sensual, lecherous
çapkınlaşmak *e.* to become a philanderer
çapkınlık *a.* debauchery, dissipation, prof-

ligacy **çapkınlık etmek/yapmak** to have one's fling, to go on the loose, to womanize
çapla *a.* cold chisel
çaplamak *e.* to gauge, to calibrate, to dub, to square
çaplı *s.* wide bored **çaplı kereste** dimension lumber
çapmak *e.* to run, to trot; to raid; to pillage
çaprak *a.* saddlecloth, shabrack
çapraşık *s.* complicated, involved, confused, entangled, abstruse
çapraşıklaşmak *e.* to get complicated
çapraşıklık *a.* complicatedness, confusion
çapraşmak *e.* to get complicated; to intersect
çapraz *s.* crosswise, diagonal, transversal ¤ *be.* crosswise, diagonally, transversely **çapraz ateş** crossfire **çapraz bağlantı** crossbrace, crossbracing **çapraz bağlaşım** cross coupling **çapraz bobin** cross-wound bobbin, cheese **çapraz bombardıman** cross bombardment **çapraz bulmaca** crossword, crossword puzzle **çapraz çarpım** cross product **çapraz damar** cross vein **çapraz dayak** cross slide **çapraz dikiş** cross-stitch, herringbone stitch **çapraz dişli testere** crosscut saw **çapraz fırça makinesi** cross-brushing machine **çapraz gergi** counterbrace **çapraz ilişki** cross-correlation **çapraz kemer** cross vault, groined vault **çapraz kerteriz** cross bearing **çapraz kırık** oblique fault **çapraz kızak** cross slide **çapraz kiriş** cross girder, transom **çapraz kol** cross arm **çapraz korelasyon** cross-correlation **çapraz kuplaj** cross coupling **çapraz kuşak** cross springer **çapraz modülasyon** crossmodulation **çapraz oran** cross ratio **çapraz örgü** diagonal bond **çapraz polarizasyon** crosspolarization **çapraz sahın** transept **çapraz şerit** bias binding **çapraz takviye** angle brace **çapraz teyel** ladder-stitch **çapraz tonoz** cross vault, groined vault * haç tonoz **çapraz tozlaşma** cross-pollination **çapraz tuğla örgüsü** cross bond **çapraz yay** transverse spring
çaprazbant *a.* crossband
çaprazgaga *a. hayb.* crossbill
çaprazlama *be.* crosswise, diagonally,

transversely ¤ a. crossbreeding

çaprazlamak e. to cross

çaprazlaşmak e. to get complicated

çaprazlı s. (testere dişi) that has been set

çaprazlık a. transverseness, obliqueness

çaprazölçer a. set gage

çaprazsızr s. unbraced

çaprazvari be. crosswise, diagonally, transversely, obliquely

çapul a. booty, loot, plunder, the sack

çapulcu a. raider, pillager, looter ¤ s. marauding

çapulculuk a. plunder, looting

çapulculuk a. plunder, looting, sacking, pillaging, rapine **çapulculuk etmek** to loot, to sack, to pillage, to maraud

çapullamak e. to loot, to sack

çaput a. rag; cloth

çar a. czar, tzar, tsar

çarçabuk be. in a flash, like a flash, like a bat out of hell

çarçur a. extravagance **çarçur etmek** to waste, to squander, to blow, to run through, to fritter sth away (on sth)

çardak a. bower, trellis, pergola, arbour

çardaş a. czardas, csardas

çare a. way, means, expedient; remedy, cure, help **çare bulmak** to find a way, to remedy **Çaresi yok** It can't be helped **çaresine bakmak** to see to, to settle

çaresiz s. helpless, without means; irreparable, incurable ¤ be. inevitably **çaresiz bırakmak** to render helpless **çaresiz kalmak** to find no way out

çaresizlik a. helplessness, despair; incurability

çareviç a. czarevitch, tsarevitch

çarha a. ask. mounted skirmish

çarhacı a. ask. mounted skirmisher

çarık a. rawhide sandal

çarıkçı a. maker/seller of rawhide sandals

çarıkçılık a. making/selling rawhide sandals

çarıklı s. wearing rawhide sandals

çariçe a. czarina, tzarina, tsarina

çark a. wheel; lathe; flywheel, gear wheel; den. paddle wheel; grindstone; machine, machinery **çark dişi** cog **çark etmek** ask. to wheel

çarkçı a, den. engineer, mechanic; knife grinder

çarkçıbaşı a. den. chief engineer

çarkçılık a. being an engineer; being a knife grinder

çarkıfelek a, bitk. passion flower * fırıldakçiçeği; Catherine wheel firework; mec. fate, destiny * talih, kader

çarklı s. equipped with a wheel/paddle wheel

çarlık a. czardom, tsardom

çarliston a. (dans) charleston; (biber) banana pepper, sweet pepper

çarmıh a. cross, crucifix; den. mainstays, shrouds **çarmıha germek** to crucify

çarmık a, den. shroud

çarnaçar be. willy-nilly, like it or not

çarpan a, mat. multiplier, factor **çarpan yazmacı** multiplier register **çarpanlara ayırmak** to factor

çarpanbalığı a. hayb. greater weever

çarpı a. multiplication sign; rough coating, scratch coat; times, multiplied by

çarpıcı s. striking, impressive, compulsive, dramatic, conspicuous, devastating kon.

çarpık s. crooked, bent, warped, awry, skew, bandy **çarpık bacaklı** bandy-legged, knock-kneed, bow-legged **çarpık çurpuk** crooked **çarpık kentleşme** urban strawl

çarpıklık a. crookedness, deformity

çarpılan a, mat. multiplicand

çarpılma a. distortion

çarpılmak e. to be multiplied; to be robbed; to become paralyzed; to become crooked/warped, to warp; mec. to be offended

çarpım a, mat. product **çarpım tablosu** multiplication table

çarpımsal s. multiplicative

çarpınç a. sensation

çarpınçlı s. sensational

çarpıntı a. palpitation, throbbing **çarpışan araba** dodgem car

çarpışma a. collision, smash, smash-up; conflict, fight, combat, skirmish, action **çarpışma frekansı** collision frequency **çarpışma iyonlaşması** collision ionization **çarpışma kesidi** collision cross section **çarpışma yoğunluğu** collision density

çarpışmak e. to collide, to bump, to clash, to crash into each other; to fight, to battle **kafa kafaya çarpışmak** to collide head-on çarpıtmak e. to contort, to spring, to make crooked; to distort, to twist

çarpma a. bump, blow, stroke; *mat.* multiplication; five pointed fishing hook ¤ s. beaten **çarpma basıncı** impact pressure **çarpma çizelgesi** multiplication table **çarpma dalgası** shock wave **çarpma deneyi** impact test **çarpma etkili türbin** impulse turbine **çarpma etkisi** impact effect **çarpma kilit** snap lock **çarpma yükü** impact load

çarpmak e. to strike, to hit; to slam, to bang; to run into, to run sb/sth down, to smash, to dash, to bump, to crash, to ram, to collide, to cannon against/into; (kalp) to beat, to throb, to pump; to distort, to paralyze, to strike; *mat.* to multiply; (içki) to go to sb's head; to steal, to rip off

çarpmalı s. impact+ **çarpmalı konkasör** impact crusher **çarpmalı öğütme** impact grinding

çarşaf a. sheet, bedclothes **çarşaf gibi** calm **çarşafa dolaşmak** *arg.* to make a mess of it

çarşaflamak e.; to furnish with a sheet or sheets

çarşaflı s. furnished with a sheet or sheets; wearing a garment from head to foot

çarşaflık a. sheeting

çarşamba a. Wednesday

çarşı a. shopping centre, market, bazaar, downtown, town **çarşı esnafı** tradesman **çarşı pazar** shopping district **çarşıya çıkmak** to go shopping

çarşılı s. which has a bazaar

çarter a. charter **çarter seferi** charter flight

çaşıt a. spy * casus

çaşıtlamak e. to spy

çaşıtlık a. *yörs.* being a spy

çat a. crash, sudden noise **çat kapı** (knocking at the door) unexpectedly

çat pat be. a little, after a fashion **çat pat bilmek** to have a smattering of

çatadak be. with a sudden cracking sound

çatal a. fork; prong ¤ s. forked, bifurcated; ambiguous; (ses) hoarse; (dil) forked **çatal bıçak takımı** cutlery **çatal bıçak** knives and forks, silver **çatal çekiç** claw hammer **çatal dilli** forked-tongued **çatal dingil** forked axle **çatal dişi** tine

çatal gidon burgee **çatal kaldırıcı** fork lift **çatal kuyruk** swallow tail **çatal kuyruklu pancar** fanged beet **çatal pim** cotter pin **çatal ses** cracked voice **çatal uç** fishtail bit

çatalağız a, *coğ.* delta

çatallanım a. bifurcation, furcation, divarication

çatallanma a. bifurcation

çatallanmak e. (yol) to fork; to bifurcate

çatallaşma a. dichotomy

çatallaşmak e. to become forked; to get complicated

çatallaştırmak e. to bifurcate

çatallı s. forked

çatana a. steamboat

çatapat a. firework cracker

çatı a. framework; structure, skeleton; *mim.* roof, fabric; *dilb.* voice **çatı akıntısı** roof slope **çatı arduvazı** roofing slate **çatı aşığı** purlin **çatı bahçesi** roof garden **çatı bloku** roof block **çatı direği** puncheon, ridge pole **çatı eğimi** roof slope **çatı kapağı** scuttle **çatı kaplama malzemesi** roofing **çatı katı** garret **çatı kırması** chantlate **çatı kirişi** ridge piece, rafter **çatı makası** king post truss **çatı malzemesi** roofing **çatı merteği** common rafter, king post **çatı odası** attic **çatı oluğu** valley **çatı örtüsü** roofage **çatı penceresi** trap window, roof window **çatı sırtı** ridge

çatık s. frowning, sulky; joined **çatık kaşlı** beetle-browed

çatıkemiği a. pubic bone

çatıklaşmak e. to come together in a frown

çatılı s. roofed; (silah) stacked

çatınmak e. to knit one's brows

çatır çatır be. with a crackling noise, with a crunching noise; by force, willy-nilly; easily, with no difficulty **çatır çatır etmek** to crackle, to crunch, to scrunch

çatır çutur be. with a crunching noise **çatır çatur yemek** to crunch, to scrunch

çatırdamak e. to crackle, to crunch, to crash, to snap, to creak, to pop

çatırdatmak e. to clatter

çatırtı a. cracking noise, crunch, crackle, crackling, crash, snap, smash

çatısız s. roofless

çatışık s. contradictory

çatışkı *a.* antinomy * antinomi
çatışkılı *s. fel.* antinomic(al)
çatışma *a.* skirmish, clash; conflict; collision
çatışmak *e.* to clash, to collide, to conflict; to quarrel, to skirmish; to clash, to coincide
çatkı *a.* headband; chassis, frame
çatkılık *a.* ox yoke
çatkın *s.* (kaş) frowning; (yüz) sour, angry
çatkınlık *a.* sour/angry looks
çatlak *s.* cracked; split; (cilt) chapped; (ses) hoarse; *kon.* mad, cracked *kon.*, screwy *kon.*, goofy *kon.*, touched *kon.*, mental *kon./hkr.*, dotty *İİ./kon.*, crazy, loony, batty, barmy, balmy *AÍ.*, crack-brained, bananas, crackers *İİ./kon.*, nuts *arg.* ¤ *a.* crevice, crack, fissure, cleavage, chink, break, breakage, rift, chap **çatlak genişliği** crack width **çatlak izi** crack pattern **çatlak korozyonu** crevice corrosion **çatlak kümesi** *yerb.* joint set **çatlak sistemi** joint system **çatlak yayılması** crack propagation **çatlak yenimi** crevice corrosion
çatlakkaya *a.* septarium
çatlaklı *s.* interstitial, jointed, rimose
çatlaklık *a.* crack; *kon.* stupidity, craziness, goofiness
çatlama *a.* cracking, fracture
çatlamak *e.* to crack, to split, to fracture; (cilt) to chap; (dalga) to break; to burst with impatience; *kon.* to die (from overeating); *kon.* to go mad (from jealousy)
çatlatmak *e.* to crack, split, to fracture; (cildi) to chap; (atı) to ride to death
çatlayası *s. kon.* damned, darned
çatma *a.* assembly; construction ¤ *s.* assembled **çatma kiriş** flitch beam **çatma sütun** built-up column
çatmak *e.* to stack, to pile; to baste together, to tack; to attack, to tilt at, to pick a quarrel with; to come up; to wrinkle, to knit
çatra patra *be. kon.* a little, after a fashion
çav *a.* fame; news
çavalye *a.* creel (for fish)
çavdar *a.* rye **çavdar ekmeği** rye bread **çavdar viskisi** rye whisky
çavdarmahmuzu *a.* ergot
çavım *a.* leather whip
çavlan *a.* waterfall, cataract * şelale

çavmak *e.* to deviate; to spread, to radiate
çavşır *a, bitk.* Hercules' allheal
çavuş *a, ask.* sergeant; guard **çavuşu tokatlamak** *arg.* to wank, to jerk off
çavuşkuşu *a.* hoopoe * hüthüt, ibibik
çavuşluk *a.* sergeanthip; foremanship
çavuşüzümü *a.* sweet white grape
çay[1] *a.* tea; tea plant; tea party **çay demlemek** to steep tea **çay demliği** teapot **çay fincanı** teacup **çay kaşığı** teaspoon **çay şekeri** *arg.* grass **çay tabağı** saucer **çay yaprağı** tealeaf
çay[2] *a.* brook, rivulet, stream, creek *AÍ.*
çaycı *a.* tea seller; tea maker
çaycılık *a.* selling tea; growing tea
çaydanlık *a.* teapot
çayevi *a.* teahouse
çayevi, çayhane *a.* teahouse
çayır *a.* meadow, pasture, green; pasture grass **çayır köpeği** prairie dog **çayır tırmığı** hay rake
çayırbiçer *a.* mower, mowing machine
çayırbiti *a.* billbug
çayırdoğanı *a. hayb.* Montagu's harrier
çayırgüzeli *a. bitk.* love grass, tickle grass
çayırincirkuşu *a. hayb.* meadow pipit
çayırköpeği *a. hayb.* prairie dog, prairie marmot
çayırkurbağası *a. hayb.* grass frog
çayırkuşu *a, hayb.* lark
çayırlamak *e.* to graze, to pasture
çayırlanmak *e.* to graze, pasture
çayırlaşmak *e.* to become meadowy
çayırlatmak *e.* to graze, pasture
çayırlık *a.* a meadowy place
çayırmantarı *a.* meadow mushroom, agaric
çayırmelikesi *a. bitk.* goatsbeard
çayırotu *a.* pasture, meadow grass; timothy grass
çayırpeyniri *a.* fresh cream cheese
çayırsedefi *a. bitk.* meadow rue
çayırtavuğu *a, hayb.* prairie chicken
çayırteresi *a. bitk.* cuckooflower
çayırtirfili *a. bitk.* red clover
çayıryulafı *a. bitk.* oat grass, wild oat
çaylak *a, hayb.* kite; inexperienced person ¤ *s.* inexperienced, naive, callow *hkr.*
çaylık *a.* tea plantation
çayüzümü *a.* blueberry
çeç *a.* winnowed grain
çeçe *a, hayb.* tsetse, tsetse fly
Çeçen *a. s.* Chechen

Çeçence *a. s.* Chechen
çedar *a.* Cheddar
çedene *a.* flaxseed, linseed
çehre *a.* face, countenance; aspect, appearance
Çek *a, s.* Czech **Çek Cumhuriyeti** the Czech Republic
çek *a.* cheque *İİ.*, check *Aİ.* **çek bozdurmak** to cash a cheque **çek defteri** chequebook *İİ.*, checkbook *Aİ.* **çek hesabı** cheque account **çek koçanı** cheque stub **çek valf** check valve **çek yazmak** to write a cheque **çeki ciro etmek** to endorse a cheque
çekap *a, hek.* checkup
Çekçe *a, s.* Czech
çekçek *a.* handcart
çekçek *a.* handcart, pushcart
çeke *a.* comma
çekecek *a.* shoehorn * kerata
çekek *a, den.* slipway, hard
çekel *a.* small hoe
çekelemek *e.* to hitch, to pick at
çekelez *a. yörs.* squirrel
çekem *a. bitk.* mistletoe
çekememek *e.* to be unable to stand; to be jealous of, to envy
çekememezlik *a.* envy, jealousy, intolerance
çeken *a. tic.* drawer
çeker *a.* weighing capacity
çekerlik *a.* affinity
çeki *a.* weight of 250 kilos; draw **çeki demiri** drawbolt **çeki düğmesi** drawbutton **çeki kancası** tow hook **çeki kolu** drawbar
çekici *s.* attractive, adorable, inviting, charming, glamorous, devastating *kon.*, eye-catching, alluring, appealing, engaging, seductive, desirable **çekici kamyon** tow truck **çekici pervane** tractor airscrew **çekici taşıt** towing vehicle
çekicilik *a.* attractiveness, charm, appeal, allure
çekiç *a.* hammer **çekiç atma** *sp.* hammer throw **çekiç başı** hammer head **çekiç izi** hammer mark **çekiçle dövmek** to peen
çekiçbalığı *a. hayb.* hammerhead shark
çekiçkemiği *a, anat.* hammer
çekiçleme *a.* hammering **çekiçleme makinesi** swaging machine
çekiçlemek *e.* to hammer

çekiçli *s.* having a hammer **çekiçli değirmen** hammer mill
çekidüzen *a.* tidiness, orderliness **çekidüzen vermek** to put in order, to tidy, to tidy up, to smarten
çekik *s.* (göz) slanting; drawn in **çekik gözlü** slant-eyed **çekik su** low water
çekilgi *a.* seclusion, retirement
çekilgin *a.* recluse, hermit
çekilir *s.* tolerable, bearable
çekiliş *a.* draw
çekilme *a.* withdrawal; *coğ.* regression; resignation **çekilme akıntısı** ebb current
çekilmek *e.* to be pulled; to withdraw, to draw back, to recede; to retreat; (deniz) to ebb; to resign; to move (aside); to be bearable, to be tolerable
çekilmez *s.* unbearable, intolerable, insufferable
çekim *a.* attraction; *dilb.* inflection, declination, conjugation; *sin.* shot, take **çekim eki** ending **çekim merkezi** centre of attraction **çekim senaryosu** shooting script **çekim sulaması** gravity irrigation
çekimlemek *e. dilb.* to inflect, to conjugate, to decline
çekimli *s. dilb.* inflectible, conjugable, declinable
çekimsemek *e.* to refrain, to abstain
çekimser *s.* abstaining, uncommitted ¤ *a.* abstainer **çekimser oy** abstaining vote
çekimserlik *a.* abstention
çekimsiz *s. dilb.* indeclinable; not conjugable
çekince *a.* drawback, disadvantage; danger
çekinceli *s.* dangerous, risky **çekinceli durum** state of distress
çekingen *s.* timid, sheepish, hesitant, shy, mousy, bashful, reserved, diffident, backward
çekingenlik *a.* timidity, shyness, diffidence
çekinik *s.* recessive
çekiniklik *a.* recessiveness
çekinmeden *be.* straight out, without hesitation
çekinmek *e.* to avoid, to abstain, to shun, to refrain, to draw back; to beware of, to shrink, to hesitate
çekinti *a.* reluctance

çekirdecik *a. biy.* nucleolus
çekirdek *a.* pip, seed, stone; nucleus; *kon.* edible sunflower seed **çekirdeğini çıkarmak** to stone **çekirdek aile** nuclear family **çekirdek bellek** core storage, core memory **çekirdek bilgisi** nuclear physics **çekirdek dökümü** core dump **çekirdek duvarı** core wall **çekirdek ışınımı** nuclear radiation **çekirdek kadro** skeleton crew **çekirdek kahve** coffee beans **çekirdek kapsülü** seed capsule **çekirdek kuvveti** nuclear force **çekirdek merserizasyonu** core mercerizing **çekirdek numunesi** core sample **çekirdek parçalanması** nuclear fission **çekirdek potansiyeli** nuclear potential **çekirdek yükü** nuclear charge **çekirdekten yetişme** trained from the cradle
çekirdekçik *s.* nucleolus
çekirdekçikli *s.* nucleolate(d)
çekirdeklendirmek *e.* to nucleate
çekirdeklenme *a.* nucleation
çekirdeklenmek *e.* to nucleate
çekirdekli *s.* having seeds; nucleate **çekirdekli meyve** stone fruit
çekirdeksel *s.* nuclear **çekirdeksel atom** nuclear atom **çekirdeksel güç** nuclear power **çekirdeksel kaynaşma** nuclear fusion **çekirdeksel parçalanma** nuclear disintegration **çekirdeksel tepkime** nuclear reaction **çekirdeksel yakıt** nuclear fuel **çekirdeksel yapı** nuclear structure **çekirdeksel yük** nuclear charge
çekirdeksiz *s.* seedless, stoneless, pipless **çekirdeksiz kuru üzüm** sultana
çekirge *a.* grasshopper, locust
çekirgekuşu *a.* starling
çekiş *a.* pull, drive, hitch **çekiş beygirgücü** thrust horsepower **çekiş düzenleyicisi** draft regulator **çekiş göstergesi** draft gauge **çekiş gücü** traction, drawbar pull **çekiş jeneratörü** traction generator **çekiş ölçeği** draft gauge
çekişme *a.* quarrel, argument, strife; competition, contention, contest, rivalry
çekişmek *e.* to pull in opposite directions; to quarrel, to argue; to compete, to contest, to contend
çekişmeli *s.* arguable, debatable, contestable, contentious
çekiştirici *a.* tattletale, backbiter
çekiştirmek *e.* to pull (sth) at both ends; to run down, to backbite
çekit *a.* locomotive (of a train)
çekkin *s.* withdrawn from, removed from
çekme *a.* pull, draw, tug; endurance; extraction; shrinkage; drawer, till **çekme başlığı** draw head **çekme bataryası** traction battery **çekme çatlağı** tension crack **çekme çengeli** drawhook **çekme çubuğu** towing bar, drag bar, drawbar **çekme deneyi** tensile test, tension test **çekme direnci** tensile strength **çekme eğrisi** tractrix **çekme gerilmesi** tensile stress **çekme gücü** tractive force **çekme halatı** hauling cable, drag rope **çekme ipi** lanyard, drag rope **çekme kancası** towing hook, drag hook **çekme kat** *bkz.* çekmekat **çekme kepçe** dragline bucket **çekme kuvveti** force of attraction, tractive force **çekme makinesi** *teks.* drawing frame **çekme presi** drawing press **çekme sınırı** ultimate tensile stress **çekme takımı** drawgear **çekme testere** drag saw **çekme yükü** tensile load **çekme zinciri** tow
çekmece *a.* drawer
çekmeceli *s.* having a drawer or drawers
çekmek *e.* to pull; to draw; to drag; to haul, to tug, to lug; to tow; to withdraw; to hoist; to extract; to carry; to support; (silah vb.) to draw, to pull out; to suffer, to undergo; to bear, to endure, to abide, to put up with; to absorb, to inhale; to shrink; to make a copy of, to copy; to pay; to take after sb; (telgraf) to send; *kon.* to drink * içmek; (resim) to take; (kahve, vb.) to grind * öğütmek; (film) to shoot; (bayrak) to run up; (ilgi, dikkat) to catch; *dilb.* to conjugate, to decline; to weigh; to attract; to magnetize; to charm, to captivate, to appeal, to beguile; to distil; (kablo, vb.) to lay * döşemek; (dayak, vb.) to give; to give a meaning, to interpret; to last, to take; to drive; to put on, to wear, to pull on, to draw on * giymek; (boya) to apply **Çek arabanı** *hkr.* Go away!, Piss off!, Beat it! *arg.*, Buzz off! *İİ./kon.* **Çek git!** Shove off! *kon.* **Çekeceğin var** You're going to be in trouble (with) **çekip çevirmek** to manage, to run **çekip gitmek** to go

away
çekmekat *a.* penthouse
çekmen *a.* sucker
çekmez *s.* shrinkproof, non-shrinking, unshrinkable
çekmezlik *a.* unshrinkability **çekmezlik apresi** *teks.* shrinkproof finish, non-shrink finish
Çekoslovak *a, s.* Czechoslovakian
Çekoslovakya *a.* Czechoslovakia
Çekoslovakyalı *a, s.* Czechoslovak
çektiri *a. den. trh.* galley
çektirme *a, den.* galley; puller; impregnation **çektirme yöntemi** exhaust process
çekül *a.* plumb line, bob **çekül kurşunu** plummet **çekül sicimi** plumb line
çekvalf *a.* nonreturn valve
çekyat *a.* convertible
çelasyon *a.* chelation
çelat *a.* chelate
çelatlama *a.* chelation
çele *a.* silicle, siliqua
çelebi *a.* gentleman, educated person ¤ *s.* courteous, well-mannered
çelebilik *a.* gentility
çeleli *s.* siliculose, siliquaceous, siliquose, siliquous
çelenç *a, sp.* challenge match
çelenk *a.* wreath, garland
çelermek *e.* (hayvan) to die of bloat
çelgi *a.* head scarf
çeli *a.* impedance
çelik[1] *a, s.* steel **çeliğe su verme** hardening **çeliği demlendirme** soaking **çelik bant** steel belt **çelik bilezik** steel ring **çelik bilya** steel ball **çelik boru** steel pipe, steel tube **çelik çember** steel ring **çelik çubuk** steel bar, billet **çelik destek** steel support **çelik direk** steel prop, steel mast **çelik döküm** steel casting **çelik eritme** steel melting **çelik fabrikası** steelworks **çelik gibi** steely **çelik haddesi** cogging mill **çelik halat** steel rope, guy **çelik kablo** steel cable **çelik kayış** steel belt **çelik kiriş** steel beam **çelik kule** steel towel **çelik levha** steel plate **çelik maça** mandrel **çelik metre** tape measure **çelik pilon** steel towel **çelik profili** steel shape **çelik putrel** steel beam **çelik sac** sheet steel, steel sheet **çelik şerit** steel strip, steel tape **çelik tahkimat** steel support

çelik takviye steel reinforcement **çelik tel** steel wire **çelik testeresi** bow saw **çelik yün** steel wool **çelik zarf** steel shell
çelik[2] *a, bitk.* cutting, slip; (çelikçomakta) cat; *den.* belaying pin, marlinspike
çelikçomak *a.* tipcat
çelikhane *a.* steelworks
çelikleme *a, trm.* cutting
çeliklemek *e.* to propagate plants by cuttings
çelikleşmek *e.* to become steel
çelikpamuğu *a.* steel wool
çelim *a.* stature, form
çelimli *s.* strapping, statuette
çelimsiz *s.* puny, frail, weak
çelimsizlik *a.* puniness, scragginess, weakness
çelişik *s.* contradictory
çelişiklik *a.* contradiction
çelişken *s.* contradictory
çelişki *a.* contradiction, discrepancy
çelişkili *s.* contradictory, inconsistent
çelişme *a.* contradiction
çelişmek *e.* to contradict, to contrast
çelişmeli *s.* contradictory
çelişmezlik *a.* noncontradiction
çello *a. müz.* cello, violoncello
çelme *a.* trip **çelme takmak** to trip up
çelmek *e.* to divert, to deviate; to dissuade, to tempt
çelmelemek *e.* to trip
çelmik *a.* coarse straw
çeltik *a, trm.* paddy **çeltik fabrikası** rice mill **çeltik tarlası** paddy, paddy field
çeltikçi *a.* rice grower
çeltikçilik *a.* rice growing
çeltikkargası *a. hayb.* black stork
çeltiklik *a.* rice field, rice paddy
çembalo *a. mus.* harpsichord
çember *a.* circle; circumference; hoop; wooden ring, metal strip; large printed kerchief; *sp.* basket ring **çember anten** circular antenna **çember demiri** hoop iron **çember dişli** ring gear **çember içine almak** *ask.* to encircle **çember sakal** round trimmed beard
çemberçizer *a.* compass
çemberlemek *e.* to hoop, to band; *ask.* to surround
çemberli *s.* hooped **çemberli fren** band brake **çemberli kasnak** rim wheel
çembersel *s.* circular

çembersi *s.* circular, round
çemce *a.* wooden ladle
çemen *a.* cummin
çemiç *a.* dried mulberry
çemiş *s.* ill-bred, unrefined
çemkirmek *e.* to answer back
çemremek *e, yörs.* to roll up
çemrenmek *e.* (yen/paça/etek) to be rolled up
çene *a.* chin; jaw; *kon.* talkativeness, jaw, garrulity, loquacity, chinwag *İİ.*; the gift of the gab **çene çalmak** to chat, to chatter, to gas (about sth), to shoot the breeze *Aİ./kon.* **çene kemiği** jawbone, jowl **çene yarıştırmak** to talk nonstop **çene yormak** to talk in vain, to waste one's breath **çenesi açılmak/kopmak/düşmek** to start talking incessantly **çenesi düşük** talkative, loquacious, garrulous **çenesini kapatmak** to button (up) one's lip *Aİ./arg.*, to belt up *arg.* **çenesini tutmak** to hold one's tongue, to hold one's peace
çenealtı *a.* dimple, dewlap, hypocotyl
çeneayağı *a.* maxilliped
çenebaz *s.* chatty, talkative, garrulous, loquacious
çenebazlık *a.* chattiness, tongue-wagging
çenek *a, anat.* mandible; *bitk, hayb.* valve
çenekemiği *a. anat.* jawbone, mandible
çenekli *s.* cotyledonous
çeneksel *s.* cotyledonary
çeneksiz *s.* acotyledonous
çeneli *s.* talkative, garrulous, loquacious; having a jaw **çeneli ayna** jaw chuck **çeneli fren** block brake **çeneli kavrama** jaw clutch, dog clutch **çeneli kazıcı** clamshell dredge **çeneli kırıcı** jaw crusher, jawbreaker **çeneli konkasör** jaw crusher
çenet *a, bitk.* valve
çengel *a.* hook
çengelbezek *a. mim.* crocket
çengelcik *a. anat.* hamulus
çengellemek *e.* to hook
çengelli *a.* hooked, having a hook **çengelli cıvata** hook bolt **çengelli menteşe** hook-and-eye hinge
çengelliiğne *a.* safety pin
çengelsakızı *a.* chewing gum made from the juice of a cardoon/thistle
çengi *a.* dancing girl

çenilemek *e. yörs.* to howl in pain
çentik *a.* notch, nick ¤ *s.* notched, nicked
çentiklemek *e.* to notch, to nick
çentikli *s.* notched **çentikli çubuk** notched bar **çentikli somun** castle nut
çentiklilik *a.* serration, serrature
çentmek *e.* to notch, to nick, to chip, to indent
çep(e)çevre *s.* all around
çepel *a.* mud, mire, dirt; nasty weather, stormy weather ¤ *s.* muddy, dirty, filthy
çepellemek *e.* to muddy, to soi; to spoil; to adulterate
çepellik *a.* dirt, filthiness; muddy place
çepellilik *a.* muddiness; dirtiness, filthiness
çeper *a, biy.* membrane, wall **çeper enerjisi** wall energy **çeper etkisi** skin effect
çepiç *a.* a yearling kid
çepin *a.* gardener's hoe
çerçeve *a.* frame; window frame, sash; limits **çerçeve anten** frame antenna **çerçeve başlığı** cyma **çerçeve çıtası** sash bar **çerçeve çizgisi** frame line **çerçeve frekansı** frame frequency **çerçeve oranı** picture ratio
çerçeveci *a.* maker/seller of frames
çerçeveleme *a.* framing
çerçevelemek *e.* to frame
çerçeveli *s.* framed
çerçevesiz *s.* frameless
çerçi *a.* peddler, hawker
çerçilik *a.* being a peddler of sundries
çerçöp *a.* twigs; sweepings, trash *Aİ.*
çerden çöpten *s.* flimsily built
çerez *a.* hors d'oeuvres, appetizers; kickshaw, snack, nuts
çerezci *a.* seller of appetizers/nuts
çerezcilik *a.* selling appetizers/nuts
çerezlenmek *e.* to snack
çerezlik *s.* fit for eating as an appetizer
çerge *a.* small makeshift tent
çeri *a. trh.* army, troops, military force
çeribaşı *a.* Gypsy leader; *trh.* commander of troops
Çerkez *a, s.* Circassian
Çerkezce *a, s.* Circassian
çermik *a.* thermal spring
çernozyom *a.* chernozem, black earth
çerviş *a.* tallow
çeşit *a.* kind, sort, description, cast, breed; variety; assortment; sample **çeşit çeşit**

assorted, various, multifarious *res.*
çeşitgenlik *a.* pleomorphism
çeşitkenar *s, mat.* scalene
çeşitleme *a.* diversification, variation
çeşitlemek *e.* to diversify
çeşitlendirmek *e.* to diversify
çeşitlenmek *e.* to increase in variety
çeşitli *s.* different, diverse, assorted, various, miscellaneous, manifold, sundry, multifarious *res.*
çeşitlilik *a.* variety, diversity, variation
çeşme *a.* drinking fountain, fountain
çeşni *a.* flavour, flavor *Aİ.,* savour, savor *Aİ.,* taste
çeşnici *a.* taster
çeşnicibaşı *a.* chief taster/butler
çeşnilendirmek *e.* to season
çeşnilenmek *e.* to become tasty
çeşnili *s.* tasty, flavourful
çeşnilik *a.* condiment
çete *a.* gang, band, mob, crew; guerrilla, guerilla **çete başı** ringleader *gen. hkr.*
çeteci *a.* guerilla, brigand
çetecilik *a.* banditry, brigandage; partisan warfare, guerrilla warfare
çetele *a.* tally, tally stick **çetele tutmak** to keep tally
çetin *s.* hard, difficult, arduous, tough **çetin ceviz** a hard nut to crack *kon.,* a tough nut to crack *kon.*
çetinleşmek *e.* to become difficult
çetinleştirmek *e.* to make (sth) difficult
çetinlik *a.* difficulty
çetrefil *s.* complicated, confusing; incomprehensible
çetrefilleşmek *e.* to become complicated
çetrefillik *a.* complicacy
çevgen *a.* polo stick; polo
çevik *s.* nimble, agile, brisk, spry, swift
çevikleşmek *e.* to become nimble
çeviklik *a.* agility
çevireç *a.* converter, convertor
çevirge *a.* surrounding, besieging; *mat.* contour
çevirgeç *a.* transducer
çevirgi *a.* door handle
çeviri *a.* translation ¤ *s.* translated **çeviri dili** assembly language
çeviribilim *a.* science of translation
çevirici *a.* assembler; translator; commutator **çevirici dili** assembler language
çeviricilik *a.* translating, the work of a translator

çevirim *a.* shooting, filming, taking; development of a film **çevirim senaryosu** shooting script
çevirme *a.* turning; conversion **çevirme dili** translation language **çevirme kasa** grommet **çevirme listesi** assembly list **çevirme oranı** conversion ratio **çevirme programı** assembly program **çevirme sistemi** assembly system **çevirme yordamı** assembly routine
çevirmek *e.* to turn, to turn (sth) round; to point; to spin; to divert; (kamera, dürbün) to train; to wind; to rotate; to revolve; to reverse; to revoke, to annul; to send back; to translate (into), to render * tercüme etmek; to manage, to run * yönetmek, idare etmek; to convert; to turn into; to transform, to change; to surround, to encircle, to encompass * kuşatmak; to stop, to hold up; (plan, dolap, vb.) to make, to carry out, to hatch **çevir sesi** dial tone
çevirmen *a.* translator * mütercim
çevirmenlik *a.* translating, translation; being a translator
çevirti *a.* intentional misinterpretation
çevre *a.* surroundings; environs, environment; vicinity, neighbourhood; milieu, social surroundings, circle; people in one's circle; circumference, periphery, circuit **çevre aygıtı** peripheral device **çevre birimi** peripheral unit, peripheral **çevre bölümü** environment division **çevre çizgisi** contour **çevre dişlisi** ring gear **çevre gürültüsü** background noise **çevre havası** ambient air **çevre ışığı** ambient light **çevre işlemcisi** *biliş.* peripheral processor **çevre kirlenmesi** environmental pollution **çevre koruma** environmental protection **çevre sıcaklığı** ambient temperature **çevre taşı** voussoir **çevre uzunluğu** perimeter **çevre yolu** belt highway, ring road *II.* **çevresinde** about, around, round **çevresine** round, around **çevresini dolaşmak** to circle
çevrebilim *a.* ecology * ekoloji
çevrebilimci *a.* ecologist
çevrebilimsel *s.* ecological * ekolojik
çevreci *a.* envirormentalist
çevrecilik *a.* environmentalism
çevrel *s.* circumferential **çevrel bellek** *biliş.* peripheral memory **çevrel**

elektron peripheral electron **çevrel hız** peripheral speed **çevrel merkez** circumcenter

çevrelemek *e.* to surround, to encircle, to enclose; to circumscribe

çevrelenmek *e.* to be surrounded

çevrem *a.* whorl

çevremli *s.* whorled

çevren *a.* horizon * gözerimi, ufuk

çevreölçer *a.* perimeter

çevresel *s.* environmental, circumferential, peripheral **çevresel aygıt** peripheral device **çevresel birim** peripheral unit

çevreteker *a.* pericycle

çevri *a.* eddy

çevrik *s.* turned; surrounded, enclosed ¤ *a.* whirlpool, waterspout

çevrilebilir *s.* convertible

çevrilebilirlik *a. eko.* convertibility

çevrilemek *e.* to explain away, to evade, to mislead

çevrili *s.* surrounded, encircled; turned round, facing

çevrilmek *e.* to twirl

çevrim *a.* cycle * devir; circuit * devre **çevrim çalma** cycle stealing **çevrim-dışı** off-line **çevrim-dışı bellek** *biliş.* off-line storage **çevrim-dışı birim** off-line unit **çevrim-dışı işlem** *biliş.* off-line operation **çevrim-içi** on-line **çevrim-içi bellek** *biliş.* on-line storage **çevrim-içi birim** on-line unit **çevrim-içi işlem** on-line processing **çevrim ölçütü** cycle criterion **çevrim sayacı** cycle counter **çevrim sıfırlama** cycle reset **çevrim zamanı** cycle time

çevrimdışı *s. biliş.* off-line

çevrimiçi *s. biliş.* on-line

çevrimli *s.* skillful, efficient, clever

çevrimsel *s.* cyclic **çevrimsel bellek** circulating storage **çevrimsel devşirim** cyclic permutation **çevrimsel kaydırma** cyclic shift **çevrimsel kod** cyclic code **çevrimsel öbek** cyclic group **çevrimsel yazmaç** circulating register

çevrimsellik *a.* cyclicity

çevrimsi *s.* cycloidal

çevrimsiz *s.* acyclic **çevrimsiz makine** acyclic machine

çevrinme *a.* pan shot, panoramic

çevrinmek *e.* to pan

çevrinti *a.* whirlpool

çevriyazı *a.* transcription * transkripsiyon

çeyiz *a.* trousseau, dowry

çeyizlemek *e.* to furnish (a woman) with a trousseau

çeyizli *s.* who has a trousseau

çeyizlik *a.* set aside for a trousseau

çeyrek *a.* quarter **çeyrek daire** quadrant **çeyrek dalga** quarter-wave **çeyrek deveboynu** quarter bend **çeyrek dirsek** quarter bend **çeyrek dönüş** quarter-turn **çeyrek final** *sp.* quarterfinal **çeyrek saat** quarter hour

çıban *a.* boil, abscess, pustule, carbuncle

çıbanlaşma *a.* furunculosis

çıdam *a.* patience

çıdamak *e.* to be patient (with)

Çıfıt *a.* Jew * Yahudi

çıfıt *a.* trickster, cheat **çıfıt çarşısı** bedlam

çığ *a.* avalanche **çığ akımı** avalanche current **çığ empedansı** avalanche impedance **çığ gerilimi** avalanche voltage **çığ gibi çoğalmak** to snowball **çığ gürültüsü** avalanche noise **çığ yığıntısı** avalanche debris

çığa *a. hayb.* sterlet

çığıltı *a.* confused noise of animal cries

çığır *a.* path, way; epoch **çığır açmak** to break new ground, to mark a new epoch **çığırından çıkmak** to go off the rails

çığırmak *e.* to call; to sing (a song)

çığırtı *a.* shouting, yelling

çığırtkan *a.* decoy bird; tout, crier

çığırtma *a, müz.* recorder

çığırtmacı *a.* fife player

çığlık *a.* cry, scream, screech, shriek, clamour **çığlık atmak** to scream, to shriek, to let out a scream **çığlık çığlığa** shouting and screaming

çığlıkçı *a.* professional mourner, lamenter

çığrışmak *e.* to scream together, to cry out together

çıkagelmek *e.* to turn up, to come up, to blow in, to drop

çıkak *a.* outlet

çıkan *s.* going out, outgoing ¤ *a, mat.* subtrahend

çıkar *a.* self-interest, self-seeking; benefit, advantage, profit, interest **çıkar çatışması** conflict of interest **çıkar sağlamak** to cash in on

çıkarcı *a.* self-seeker ¤ *s.* selfish, self-interested, self-seeking, manipulative

çıkarcıl *s.* self-interested

çıkarcılık *a.* self-seeking, self-interest
çıkarıcı *s.* extractive ¤ *a.* extractor, subtracter
çıkarım *a.* inference
çıkarımsal *s. mant.* inferential
çıkarlanmak *e.* to profit from
çıkarma *a.* taking out; removal; *mat.* subtraction * tarh; *ask.* landing **çıkarma aracı** landing craft **çıkarma gemisi** landing ship **çıkarma halatı** haulage rope **çıkarma kafesi** drawing cage **çıkarma kuyusu** extraction shaft **çıkarma makinesi** winding engine **çıkarma metalbilimi** extractive metallurgy **çıkarma türbini** extraction turbine
çıkarmak *e.* to take out, to put out, to get out, to get off; to extract, to abstract, to mine; (giysi) to take off; to remember, to place * anımsamak, hatırlamak; to find, to find out, to discover; to make out, to figure out, to get; to dislodge; to remove * gidermek; to expel, to dismiss; to excrete; to omit, to leave out; to cross sth out, to cross sth off, to delete; to dislocate, to displace; to publish, to get sth out * yayımlamak; to produce, to bring out, to get out; to emit, to send out, to exhale, to give sth off; to cause, to raise * neden olmak, yol açmak; to issue, to bring out; *mat.* to subtract * tarh etmek; to deduct; to eliminate; to vomit, to bring sth up, to throw up, to spew; to offer * sunmak; (hastalık) to have; (şarkı, vb.) to play by ear; (diş) to cut; (dil, vb.) to stick sth out; (telefonda birini) to get through to sb; (sahneyi kesmek) to cut
çıkarsal *s.* based on self-interest
çıkarsama *a, fel.* inference * intikal
çıkarsever *s.* self-interested
çıkarseverlik *a.* self-interestedness
çıkartı *a.* excreta * ıtrah maddesi
çıkartılan *a, mat.* minuend
çıkartım *a.* extraction
çıkartma *a.* decal, transfer, sticker **çıkartma gemisi** landing craft
çıkartmabaskı *a.* offset lithography
çıkartmak *e.* to cause to take out; to let take out; to cause to remove; to let remove
çıkı *a.* small bundle
çıkık *s, hek.* dislocated; prominent, projecting ¤ *a.* dislocation

çıkıkçı *a.* bonesetter
çıkıkçılık *a.* bonesetting
çıkılamak *e.* to tie (things) up in a bundle
çıkın *a.* bundle, pack
çıkınlamak *e.* to make (things) into a bundle
çıkıntı *a.* projection, protuberance, prominence; marginal note * çıkma **çıkıntı oluşturmak** project, overhang
çıkıntılı *s.* projecting, protruding, bumpy, prominent, bulgy
çıkıntısal *s.* manubrial
çıkış *a.* exit; outlet; *ask.* sally, sortie; (yarış) the start; scolding **çıkış amplifikatörü** output amplifier **çıkış aralığı** output gap **çıkış bilgisi** output data **çıkış borusu** outlet pipe, escape pipe **çıkış devresi** output circuit **çıkış düğümü** ascending node **çıkış empedansı** output impedance **çıkış gerilimi** output voltage **çıkış gücü** power output **çıkış istasyonu** departure station **çıkış kapasitesi** output capacitance **çıkış kapısı** departure gate **çıkış katı** final stage **çıkış lambası** output tube **çıkış mili** output shaft **çıkış monitörü** actual monitor **çıkış salonu** departure lounge **çıkış terminali** departure terminal **çıkış transformatörü** output transformer **çıkış yükselteci** output amplifier
çıkışçı *a.* starter
çıkışlı *s.* graduate (of a school)
çıkışma *a.* scolding
çıkışmak *e.* to rebuke, to scold, to chide *esk.*; to be enough, to suffice
çıkıştırmak *e.* can afford (money)
çıkıt *a.* outlet
çıkma *a.* going out bow window, balcony; projection, promontory; marginal note * derkenar **çıkma durumu** *dilb.* ablative * -den hali
çıkmak *e.* to get out, to go out; to leave; to come off, to come away; to climb (up), to walk (up), to ascend, to mount, to scale; to be found; to cost; to amount to; to be enough for; to go up, to increase, to rise; to be dislocated; to stick out; to appear; to spring from, to originate from, to emanate; to result; to occur, to arise; to be released; to land; to come on (to) the market; to go out with sb; to date, to go with sb, go together

arg.; to fall to one's lot; to grow; to appear before; to turn out to be, to prove (to be); (kat) to build; (tahta) to accede; (bitki) to come up; (kitap, vb.) to come out, to be published, to appear; *kon.* (para) to fork out (money), to shell out; (yol, vb.) to go, to get to, to lead to; (yangın, savaş) to break out * patlak vermek; (rüya) to come true; (fırsat, vb.) to come along; (dedikodu, söylenti) to start; (diş, sivilce) to erupt; (güneş, ay, yıldızlar) to rise, to come out, to come up; (fotoğraf) to come out; (raydan, yoldan) to go off **çıkıp gelmek** to blow in *kon.*

çıkmalı *s. inş.* furnished with a projection; *dilb.* in the ablative case

çıkmaz *a.* dead end, blind alley, cul-de-sac; *mec.* dead end, blind alley, impasse ¤ *s.* indelible **çıkmaz ayın son çarşambası** at Greek Kalends **çıkmaz ayın son çarşambasına** till the cows come home *kon.* **çıkmaz sokak** blind alley, dead end, cul-de-sac **çıkmaza girmek** to come to a dead end, to reach a dead end, to bog down **çıkmaza sokmak** a) to bring to a deadlock, to bring to an impasse b) to place in a dilemma

çıkmazlık *a. fel.* aporia

çıkra *a.* thick bushes

çıkralık *a.* place covered with thick bushes, thicket

çıkrık *a.* spinning wheel; winding wheel; pulley

çıkrıkçı *a.* maker/seller of spinning wheels/windlasses

çıkrıkçılık *a.* making/selling spinning wheels/windlasses

çıkrıkçın *a. hayb.* garganey

çıkşağı *a.* yo-yo

çıktı *a.* output **çıktı akışı** output stream **çıktı alanı** output area **çıktı aygıtı** output device **çıktı bilgileri** output data **çıktı bloğu** output block **çıktı delgisi** output punch **çıktı ekipmanı** output equipment **çıktı kanalı** output channel **çıktı kaydı** output record **çıktı kesimi** output section **çıktı kuyruğu** output queue **çıktı modülü** output module **çıktı oluğu** output channel **çıktı programı** output program **çıktı sınırlamalı** output limited **çıktı sistemi**

output system **çıktı tablosu** output table **çıktı tamponu** output buffer **çıktı tasarımı** output design **çıktı yazmacı** output register **çıktı yordamı** output routine

çıktıölçer *a.* output meter

çılan *a.* jujube

çılbır *a.* poached eggs with yoghurt **çılbır tavası** poacher

çıldır çıldır *be.* with a sparkle, brilliantly

çıldırasıya *be.* madly, passionetly

çıldırı *a, ruhb.* psychosis

çıldırmak *e.* to go crazy/crackers/nuts/insane/bananas/barmy, to go off one's head

çıldırtmak *e.* to madden, to drive sb mad

çılgın *s.* mad, crazy, frenzied, insane, lunatic, demented, crackpot *kon.*, bats *kon.*, nutty *arg.* ¤ *a.* nut *arg./hkr.*, nutter *İl./arg.* **çılgın gibi** like a nut, beside oneself (with) **çılgına çevirmek** to drive sb to distraction **çılgına dönmek** to flip *arg.*, to have a fit, to throw a fit *kon.* **çılgınlar gibi eğlenmek** to whoop it up

çılgınca *be.* madly, wildly

çılgıncasına *be. kon.* madly, crazily

çılgınlaşmak *e.* to go hog wild

çılgınlık *a.* madness, insanity, lunacy, frenzy, mania

çıma *a, den.* hawser **çıma atmak** to throw a mooring line (to)

çımacı *a. den.* dockman, quayside hand

çımbar *a, teks.* temple

çımkırık *a.* bird's maure; gardener's watering pot

çımkırmak *e. yörs.* (kuş) to defecate, to evacuate faeces

çın *s.* real, true, correct

çın çın *be.* with a ringing sound

çınar *a.* plane

çınarlık *a.* grove of plane trees

çıngar *a.* quarrel, row, to-do, bust-up, dustup *kon.* **çıngar çıkarmak** to kick up a row, to make a scene

çıngı *a.* spark; mug; dipper

çıngır çıngır *be.* with a tinkle, with a rattle

çıngırak *a.* small bell; (oyuncak) rattle

çıngıraklı *s.* furnished with a bell/rattle

çıngıraklıyılan *a.* rattlesnake, rattler *Aİ./kon.*

çıngırdak *a.* rattle

çıngırdamak *e.* to jangle, to tinkle

çıngırdatmak *e.* to jangle

çıngırtı *a.* tinkle

çınlaç *a.* resonator

çınlak *s.* resonant, reverberant

çınlama *a.* clang, clink

çınlamak *e.* to tinkle, to clang, to clink, to chink; (kulak) to ring

çınlanım *a.* resonance

çınlatmak *e.* to tinkle, to clang, to ring, to clink, to jingle, to chink

çıpıl çıpıl *be.* splashingly

çıpıldak *s.* naked

çıplak *s.* naked, stark, nude, bare **çıplak bacaklı** barelegged **çıplak elektrot** bare electrode **çıplak göz** the naked eye **çıplak iletken** bare conductor **çıplak kablo** bare cable **çıplak nadas** bare fallow **çıplak parçacık** bare particle **çıplak tel** bare wire, open wire **çıplak yüzmek** to skinny-dip **çıplaklar kampı** nudist camp, nudist colony

çıplaklaşmak *e.* to become bare

çıplaklaştırmak *e.* to denude

çıplaklı *a.* nakedness, nudity

çıplaklık *a.* nakedness

çıplakyarasa *a. hayb.* naked bat

çıra *a.* resinous wood

çırak *a.* apprentice; pupil, novice **çırak olarak vermek** to apprentice

çıraklık *a.* apprenticeship

çırakma *a.* candlestand

çıralamak *e.* to light (a fire) with resinous wood

çıralı *s.* resinous

çırçıplak *s.* stark naked ¤ *be.* in the nude, in the buff *İl./kon.*

çırçır *a, teks.* gin; *coğ.* spring; *hayb.* cricket * cırcırböceği

çırçırbalığı *a. hayb.* wrasse

çırçırlamak *e.* to gin

çırılçıplak *s.* stark naked ¤ *be.* in the nude, in the buff *İl./kon.*

çırılçıplaklık *a.* stark nakedness

çırnık *a.* boat, barge

çırpı *a.* chip, clipping, dry twigs; chalk-line

çırpıcı *a.* fuller **çırpıcı kili** fuller's earth

çırpınım *a. hek.* fibrillation

çırpınış *a.* struggling; fluttering; writhing; chopping (of the sea)

çırpınma *a.* convulsion

çırpınmak *e.* to flutter, to struggle, to flop about; to be all in a fluster, to bustle about

çırpınmalı *s.* convulsive

çırpıntı *a.* flurry; choppiness, slight agitation

çırpıntılı *s.* choppy, slightly rough

çırpışmak *e.* to flutter

çırpıştırma *a.* striking lightly ¤ *s.* botched

çırpıştırmak *e.* to strike lightly; to botch, to knock off; to scribble

çırpma *a.* hemming stitch

çırpmak *e.* to beat; (kanat) to flutter, to flap; (el) to clap; (çamaşır) to rinse

çıt *a.* crack, cracking sound **çıt çıkarmamak** to make no noise, to keep silent **çıt çıkmamak** there be not a sound to be heard **Çıt yok** There is no sound

çıta *a.* lath, screed, slat

çıtak *a.* woodcutter; villager ¤ *s.* ill-tempered, crude, quarrelsome

çıtçıt *a.* snap fastener, press stud, popper *İl., kon.*

çıtı pıtı *s.* dainty, mignon

çıtır çıtır *be.* with a crackling sound **çıtır çıtır yemek** to crunch

çıtır pıtır *s.* delicate, dainty

çıtırdamak *e.* to crackle, to snap

çıtırtı *a.* crackle, crackling, rattle

çıtkırıldım *s.* fragile, feeble, puny, weak

çıtkırıldımlık *a.* excessive sensitivity; overnicety, overrefinement

çıtlamak *e.* to crack, to snap; to crackle

çıtlatmak *e.* to crack; to hint, to break

çıvdırmak *e.* to deflect

çıvgın *a.* shoot, tendril; sleet

çıvlamak *e.* to flow with a gush

çıvmak *e.* to jump, to hop

çıyan *a.* centipede

çıyancık *a. bitk.* bistort, snakeweed

çıyanlık *a.* treachery, betrayal

çıyanotu *a. bitk.* common polypody

çızıktırmak *e.* to scribble, to scrawl

çiçek *a.* flower; blossom, bloom; *hek.* smallpox ¤ *sg.* floral **çiçeği burnunda** a) fresh b) very young **çiçek açmak** to flower, to bloom, to blossom **çiçek demeti** posy **çiçek dürbünü** kaleidoscope **çiçek gibi** very clean **çiçek sapı** shank **çiçek soğanı** bulb **çiçek tarhı** flowerbed **çiçek vermek** to flower

çiçekbiti *a. hayb.* aphid

çiçekbozuğu *s.* pockmarked, pocked

çiçekçi *a.* florist

çiçekçik *a.* floret

çiçekçilik *a.* floriculture, floristry

çiçekevi *a.* flower shop

çiçeklemek *e.* to plant flowers; to decorate with flowers

çiçeklenme *a.* blossom, efflorescence, florescence

çiçeklenmek *e.* to flower, to blossom, to bloom

çiçekli *s.* flowered, flowery, with flowers **çiçekli bitkiler** *biy.* flowering plants

çiçeklik *a.* flower garden; vase; flower head, receptacle

çiçeksime *a. kim.* efflorescence

çiçeksimek *e. kim.* to effloresce

çiçeksiz *s.* without flowers **çiçeksiz bitkiler** *biy.* non-flowering plants

çiçeksuyu *a.* floral water

çiçektozu *a.* pollen

çiçekyağı *a.* sunflower oil

çiçekyaprağı *a.* perianth

çift *s.* double, dual; (sayı) even ¤ *a.* double, pair; yoke; pincers **çift ağızlı** double-edged **çift akımlı** double-current **çift akışlı türbin** double-flow turbine **çift akortlu** double tuned **çift aralıklı** double spaced **çift armatür** double armature **çift aşamalı** double-stage **çift ateşleme** double ignition **çift atomlu** diatomic **çift bağ** *kim.* double bond **çift başlı** double-headed **çift bazlı** dibasic **çift beslemeli** double-fed **çift cam** double-glazing **çift camlı pencere** double-glazed window **çift cinsiyetli** bisexual **çift delgi** double punch **çift denklik** even parity **çift dikiş** *arg, okl.* repeating (a year at school) **çift dikiş yapmak** *arg.* (öğrenci) to repeat a year **çift dikişçi** *arg.* pupil who is repeating a year at school, repeater *Aİ.* **çift dikme** double strut **çift dip** double bottom **çift dirsek** double bend **çift diyot** double diode, duo-diode **çift döşeme** double floor **çift ekran** double screen **çift eksenli** biaxial **çift etki** double action **çift etkili** double-acting **çift evreli** two-phase, double-stage **çift fazlı** diphase **çift frekans** double frequency **çift fren** duplex brake **çift harmonik** even harmonic **çift hat** double line **çift huzmeli** double-beam **çift ızgara** double grid **çift isimli** binominal **çift işlemci** *biliş.* dual processor **çift kalender** tandem calender **çift kanatlı uçak** biplane **çift kapı** double door **çift karbüratör** du-

plex carburettor **çift karineli** double keeled **çift katlı otobüs** doubledecker **çift katlı** doubledeck **çift katman** double layer **çift kayıt sistemi** (muhasebe) double entry **çift kırılma** double refraction **çift kollu** double-armed **çift koni** double cone **çift konik** biconical **çift koşmak** to harness to the plough **çift levha** double plate **çift maksatlı** dual purpose **çift melez** double cross **çift mercek** doublet **çift moleküllü** bimolecular **çift motor** twin engine **çift motorlu** twin-engined **çift namlulu** double-barrelled **çift odaklı gözlük** bifocals **çift odaklı** bifocal **çift paraşüt** double parachute **çift parite** even parity **çift pencere** double window **çift perçinli** double riveted **çift piston** double piston **çift plaka** double plate **çift plise** box pleat **çift rakle** double doctor knife **çift sarkaç** double pendulum **çift sayı** even number **çift sınırlayıcı** double limiter **çift sıralı** double row **çift standartlı** dual standard **çift sürmek** to plough *İİ.*, to plow *Aİ.* **çift sütun** double column **çift tabaka** double layer **çift taban** double floor **çift taraflı** double-sided **çift tekerlekli** two-wheeled **çift telli** bifilar **çift triyot** twin triode **çift tuz** double salt **çift uzunluk** double length **çift yan bant** double-sideband **çift yatak** double bearing **çift yataklı** double-bedded **çift yıldız** double stars **çift yol** double track **çift yollu musluk** two-way cock **çift yönlü** two-way **çift yönlü yol** dual carriageway *İİ.*, divided highway *Aİ.* **çift yüz apresi** double sizing **çift yüzlü** double-faced, reversible; *mat.* dihedral **çift yüzlü kumaş** reversible fabric **çift(er) çift(er)** in pairs, two by two **çiftler maçı** doubles

çiftçi *a.* farmer

çiftçilik *a.* agriculture, farming, husbandry **çiftçilik yapmak** to farm

çiftçilik *a.* agriculture, farming, husbandry **çiftçilik yapmak** to farm

çiftdesimetre *a.* double decimeter

çifte[1] *s.* paired, double; with two oars **çifte bozunma** double decomposition **çifte çukur** double concave **çifte dışbükey** double convex **çifte dirsek** double crank **çifte duyarlık** double precision

çifte *freze* straddle mill **çifte** *genlik* double amplitude **çifte** *kanca* sister hook **çifte** *kayıt* dual recording **çifte** *kesinlik* double precision, long precision **çifte** *namlulu* double-barrelled **çifte** *sağrılı* *çatı* knee roof **çifte** *standart* double standard **çifte** *vergilendirme* *eko.* double taxation **çifte** *yoğunluk* double density **çifte** *yoğunluklu* *biliş.* double-density

çifte[1] *s.* paired, double; with two oars **çifte** *bozunma* double decomposition **çifte** *çukur* double concave **çifte** *dışbükey* double convex **çifte** *dirsek* double crank **çifte** *duyarlık* double precision **çifte** *freze* straddle mill **çifte** *genlik* double amplitude **çifte** *kanca* sister hook **çifte** *kayıt* dual recording **çifte** *kesinlik* double precision, long precision **çifte** *namlulu* double-barrelled **çifte** *sağrılı* *çatı* knee roof **çifte** *standart* double standard **çifte** *vergilendirme* *eko.* double taxation **çifte** *yoğunluk* double density **çifte** *yoğunluklu* *biliş.* double-density

çifte[2] *a.* kick **çifte** *atmak* to kick

çifte[3] *a.* shotgun

çiftehane *a.* pairing cage (for birds)

çiftelemek *e.* to kick

çifteleşmek *e.* to kick each other (using both of their hind feet)

çifteli *s.* kicking (horse); bad-tempered; malicious

çiftenağra *a. müz.* small double drums

çifter çifter *be.* in pairs

çiftetelli *a.* kind of folk dance; music for this dance; *arg.* grass

çiftgözmercekli *s.* binocular

çiftkırılım *a.* birefringence

çiftkutuplu *s.* bipolar

çiftküme *a. gökb.* double cluster

çiftlemek *e.* to double; to mate, to pair

çiftleşme *a.* mating, copulation

çiftleşmek *e.* to become a pair; to mate, to copulate

çiftleştirme *a.* mating; doubling

çiftleştirmek *e.* to mate, to breed; to make a pair

çiftli *s.* diploidic, paired

çiftlik *a.* farm, ranch **çiftlik** *avlusu* farmyard, barnyard **çiftlik** *drenajı* farm drainage **çiftlik** *evi* farmhouse **çiftlik** *gölü* farm pond **çiftlik** *gübresi* farm manure **çiftlik** *hayvanları* farm animals **çiftlik** *kâhyası* bailiff **çiftlik** *merası* farm pasture **çiftlik** *ürünü* farm product

çiftsayı *a.* even number

çiftteker *a.* bicycle

çifttekerci *a.* bicyclist, cyclist

çifttekercilik *a.* bicycling, cycling

çiftucay *a.* dipole

çiftyarık *a.* double slit

çiftyıldız *a. gökb.* double star

Çigan *a.* Gypsy

çiğ *s.* raw, uncooked; unripe; crude, tactless **çiğ** *köfte* a dish made of minced meat, pounded wheat and chilli powder, raw meatballs

çiğde *a, bitk.* jujube * hünnap, unnap

çiğdem *a.* crocus, meadow saffron

çiğdene *a.* resinous pine board/plank

çiğin *a.* shoulder

çiğindirik *a.* shoulder yoke

çiğit *a.* cottonseed **çiğit** *yağı* cottonseed oil

çiğleşmek *e.* to become harsh; to act indelicately

çiğlik *a.* rawness; crudeness

çiğnek *a.* much-used route

çiğnem *a.* one bite, one mouthful

çiğnemek *e.* to chew, to masticate; to run over; to tread, to trample, to crush; to disobey, to violate, to infringe, to break, to contravene

çiğnetici *s. anat.* masticatory

çiğrenkçi *a. s.* Fauvist

çiğrenkçilik *a.* Fauvism

çiklet *a.* chewing gum, gum

çikolata *a.* chocolate, choc *İİ./kon.* **çikolata** *kaplı* *dondurma* choc-ice, choc-bar *İİ.* **çikolata** *renkli* chocolate-coloured, chocolate+ *sade* **çikolata** plain chocolate *sütlü* **çikolata** milk chocolate

çikolatacı *a.* maker/seller of chocolate

çikolatacılık *a.* making/selling chocolate

çikolatalı *s.* chocolate-flavoured, chocolate+ *çikolatalı* *kek* chocolate cake

çil[1] *a.* freckle, speckle ¤ *s.* freckled, speckled; (para) shiny, bright *çil* *yavrusu* *gibi* *dağılmak* to stampede

çil[2] *a, hayb.* hazel-grouse * dağtavuğu

çilardıcı *a. hayb.* reed warbler

çile[1] *a.* suffering, ordeal, trial *çile* *çekmek* to suffer a lot *çileden* *çıkarmak* to infuriate, to exasperate, to incense, to burn sb up *Aİ./kon.* **çileden çıkmak** to lose one's temper, to be in a rage

çile² *a, teks.* hank, skein; bowstring **çile boyama makinesi** hank dyeing machine **çile ipliği** hank yarn **çile merserizasyonu** hank mercerizing **çile taşıyıcı** hank holder **çile yıkama makinesi** hank washing machine

çileci *a.* ascetic

çilecilik *a.* asceticism

çilek *a.* strawberry

çilekeş *s.* suffering

çileklik *a.* strawberry field

çileli *s.* suffering, enduring; causing suffering

çilemek *e. yörs.* to drizzle; (bülbül) to sing

çilenti *a.* drizzle

çilingir *a.* locksmith **çilingir sofrası** *kon.* drinking bout, binge

çilingirlik *a.* locksmithery; *arg.* being a picklock

çilkeklik *a. hayb.* gray partridge

çilkuşu *a.* francolin

çillenmek *e.* to become speckled, to freckle

çilli *s.* freckled, speckled

çillik *a, arg.* cunt, pussy

çim *a.* grass, lawn, sod, sward **çim biçme makinesi** mower **çim fıskıyesi** lawn sprinkler **çim hokeyi** field hockey **çim makinesi** hay mower **çim tohumu** grass seed

çimbali *a. müz.* cymbal

çimçek *a.* small sparrow

çimdik *a.* pinch **çimdik atmak** to pinch, to nip

çimdiklemek *e.* to pinch, to nip

çimek *a.* bathing spot

çimen *a.* grass, turf, lawn, sward **çimen biçme makinesi** lawn mower

çimenimsi *s.* gramineous

çimenli *s.* grassy

çimenlik *s.* grassy ¤ *a.* meadow, lawn, grass

çimento *a.* cement **çimento bloku** cement block **çimento döşeme** cement floor **çimento enjeksiyonu** cement grouting **çimento harcı** cement mortar **çimento işi** cement work **çimento karıştırıcısı** cement mixer **çimento künk** cement pipe **çimento makadam** cement-bound macadam **çimento silosu** cement silo **çimento tabancası**

cement gun **çimento taşı** cement stone **çimento taşıyıcısı** cement conveyor

çimentolama *a.* cementation, cementing

çimentolamak *e.* to cement

çimentolu *s.* containing cement **çimentolu sıva** cement stucco, cement plaster

çimentosuz *s.* uncemented

çimil *a.* mosquito

çimlemek *e.* to grass

çimlendirme *a.* sprouting, germination **çimlendirme aygıtı** germinating apparatus

çimlendirmek *e.* to germinate; to cover with grass

çimlenebilir *s.* germinative

çimlenme *a.* germination **çimlenme gücü** germinating power **çimlenme kapasitesi** germination capacity **çimlenme testi** germination test **çimlenme yeteneği** germinating capacity **çimlenme yüzdesi** germination percent

çimlenmek *e.* to germinate, to sprout; to be covered with grass, to become grassy

çimmek *e.* to bathe

Çin *a.* China **Çin Halk Cumhuriyeti** People's Republic of China **Çin ham ipeği** Chinese raw silk **Çin mahallesi** Chinatown

Çin Cumhuriyeti *a.* the Republic of China

Çin Halk Cumhuriyeti *a.* the People's Republic of China

çinakop *a.* medium-sized bluefish

çinanasonu *a. bitk.* Chinese anise

çinayvası *a. bitk.* Japanese quince

çinbaklası *a.* tonka bean

çinbeyazı *a.* zinc white, zinc oxide

Çince *a, s.* Chinese

çinçilya *a, hayb.* chinchilla

Çingene *a.* gypsy, gipsy, Gypsy **çingene pembesi** shocking pink

çingene *s.* mean, stingy * cimri

Çingenece *a, s.* Romany

çingenelik *a.* state of being a gypsy; meanness, stinginess **çingenelik etmek** to be stingy, to act meanly

çingenepalamudu *a. hayb.* the young of the bonito

çingenepavuryası *a. hayb.* green crab

çingenepembesi *a.* shocking pink

çingenesarısı a. very bright shade of yellow

çingülü a. hibiscus

Çinhindi a. Indochina ¤ s. Indochinese

Çinhintli a, s. Indochinese

çini a. tile; china, porcelain **çini eşya** chinaware **çini mürekkebi** India ink

çinici a. ceramist

çinicilik a. the art of tile-making

çinili s. tiled, decorated with painted tiles

çinko a, s. zinc **çinko alaşımı** zinc alloy **çinko beyazı** zinc white **çinko emdirme** sherardizing **çinko klorür** zinc chloride **çinko lehimi** spelter **çinko levha** zinc sheet, sheet zinc **çinko oksit** zinc oxide **çinko örtü** zinc coating **çinko sülfat** zinc sulphate **çinko tozu** zinc dust

çinkograf a. zincographer

çinkografi a. zincography

çinkolama a. zincification

çinkolamak e. to zincify

çinkolu s. zincic, zinciferous, zincky

çinkotaşı a. zincite

çinleylağı a. bitk. chinaberry, pride of China, pride of India, pride of Persia

Çinli a. Chinese, Chink arg./hkr.

çinördeği a. mandarin duck

çintavuğu a. Cochin China

çinyasemini a. bitk. star jasmine, Chinese jasmine

çip a, elek. chip * kırmık, yonga

çipil s. (göz) blear, gummy

çipilleşmek e. (göz) to become blear

çipo a. anchor stock

çiposuz s. stockless **çiposuz demir** stockless anchor

çipura a, balk. gilt-head bream

çir a. prune

çiriş a. paste, glue **çiriş tezgâhı** dressing machine

çirişlemek e. to size

çirişli s. sized

çirişotu a. bitk. asphodel

çirkef a. slop, filthy water; cesspool, sewer; disgusting person ¤ s. disgusting

çirkeflik a. disgusting behavior

çirkin s. ugly, hideous, ill-favoured; unpleasant, unseemly, nasty, offensive, mean, shameful, unsavoury, obnoxious, repugnant, inelegant; indecent, dirty **çirkin sözler söylemek** to abuse

çirkince s. rather ugly

çirkinleşmek e. to get ugly

çirkinleştirmek e. to make ugly, to disfigure, to blemish

çirkinlik a. ugliness

çirkinsemek e. to consider (sb/sth) ugly

çiroz a. salted and dried mackerel; kon. skinny person **çiroz gibi** all skin and bone, a bag of bone

çirozlaşmak e. to become thin

çis a. manna, honeydew

çise a. serein

çiselemek e. to drizzle, to sprinkle

çisenti a. drizzle, sprinkle

çisentili s. drizzly

çiskin s. made wet by a drizzle

çiş a, çoc. wee, wee-wee, piddle, pee kon., piss arg. **çiş etmek/yapmak** çoc. to wee, to wee-wee, to piddle, to piss arg.

çişik a. leveret, young rabbit/hare

çişli s. wet with urine

çit a. hedge, fence **çitle çevirmek** to hedge

çita a, hayb. cheetah

çitari a. codfish; gadus

çitilemek e. to rub (clothes) while washing

çitişik s. tangled, matted, interwoven

çitişmek e. to become tangled/matted

çitkuşu a. hayb. wren

çitlembik a. terebinth berry

çitlembikağacı a. bitk. nettle tree

çitlemek e. yörs. to crack between one's teeth; to enclose (a place) with a fence

çitli s. enclosed with a fence

çitmek e. to rub a cloth in washing; to darn; to gather up, to join

çitmik a. subdivision of a bunch of grapes; a pinch

çitsarmaşığı a. bindweed, columbine

çivdirmek e. to deflect

çivi a. nail; peg, pin; hayb. tubercle, stud **çivi başı** nail head **çivi çakmak** to drive a nail **çivi gibi** a) healthy and brisk b) very cold, icy **çivi kesmek** to feel very cold, to freeze **çivi sökeceği** nail puller

çivici a. maker/seller of nails

çividi s. indigo-blue

çivileme a. nailing; feet-first dive

çivilemek e. to nail sth down

çivili s. spiky

çiviliköpekbalığı a. hayb. spiny shark

çivisizkalkan a. hayb. brill
çivit a. indigo **çivit mavisi** indigo blue
çivitağacı a. bitk. indigo plant
çivitleme a. blueing **çivitleme banyosu** blueing bath
çivitlemek e. to blue
çivitotu a, bitk. woad
çiviyazısı a. cuneiform
çivmek e. to jump, to hop
çiy a. dew **çiy damlası** dewdrop **çiy noktası** dew point
çiyan a. centipede
çiysemek e. to drizzle
çizburger a. cheeseburger
çizecek a. scriber
çizelge a. table, chart * tablo
çizelgeleme a. tabulation
çizelgelemek e. to tabulate
çizelgeleyici a. tabulator
çizem a. diagram, plan
çizemsel s. diagrammatic, schematic
çizenek a. chart, diagram
çizer a. cartoonist; illustrator
çizerlik a. being a cartoonist; being an illustrator
çizge a. graph * grafik
çizgesel s. graphic * grafik
çizgi a. line; stripe, bar; dash; scratch, mark; (tende) furrow **çizgi çekmek** to draw a line **çizgi film** animated cartoon, cartoon **çizgi frekansı** line frequency **çizgi genişliği** line width **çizgi jeneratörü** line generator **çizgi kalemi** ruling pen **çizgi roman** comic strip, strip cartoon **çizgi sayısı** line number **çizgi spektrumu** line spectrum **çizginin dışına çıkmak** to step out of line **çizgiyi aşmak** to overstep the mark
çizgilemek e. to line; to stripe, striate
çizgili s. lined; ruled; striped, stripy **çizgili kas** anat. striated muscle **çizgili pijama** striped pyjamas
çizgilik a. ruler, straightedge
çizgilimercanbalığı a. hayb. a striped sea bream
çizgilisırtlan a. hayb. striped hyena
çizgilisinek a. hayb. yellow-fever mosquito
çizgisel s. linear
çizgisiz s. unlined, without lines; un-striped, without stripes
çizi a. line; furrow

çizici a. plotter
çizik a. line; scrape, scratch ¤ s. drawn, striated
çizikli s. lined; scratched
çiziktirme a. scribble
çiziktirmek e. to scrawl, to scribble
çizili s. ruled, lined; marked, scratched; drawn, delineated; canceled, crossed out
çizim a. construction; drawing **çizim kâğıdı** drawing paper **çizim tahtası** drafting board
çizimbilim a. cartography
çizinti a. abrasion **çizinti sertliği** scratch hardness
çizit a. graph; design
çizme a. boot, top boot
çizmeci a. maker/seller of high-topped boots
çizmecilik a. making/selling high-topped boots
çizmek e. to draw; to picture; to describe; to cross out, to cancel, to strike off; to scratch
çizmeli s. wearing high-topped boots
çoban a. shepherd, herdsman **çoban köpeği** sheepdog
çobanaldatan a. hayb. goatsucker, night-jar
çobançantası a. bitk. shepherd's purse
çobandağarcığı a. bitk. pennycress
çobandeğneği a. shepherd's staff; bitk. knotgrass
çobandüdüğü a. bitk. asarabacca, hazel wort
çobankalkıtan a. bitk. star thistle
çobanlama a. pastoral
çobanlık a. being a shepherd
çobanmayası a. milkwort
çobanpüskülü a, bitk. holly
çobansüzgeci a. bitk. bedstraw, cleavers
çobantarağı a. bitk. shepherd's needle, lady's-comb
çobantuzluğu a. bitk. barberry
Çobanyıldızı a, gökb. Venus * Venüs
çocuğumsu s. childish
çocuk a. child, chit, youngster, kid kon.; infant; kid, boy, childish person ¤ sg. childish, infantile **çocuğu koymak** to knock sb up arg. **çocuğu olmak** to have a child **çocuk aldırmak** to have one's child aborted, to have an abortion, to abort **çocuk arabası** pram İİ.,

pushchair *İİ.*, perambulator *İİ./res.*, baby buggy *Aİ.*, baby carriage *Aİ.*, buggy *Aİ.*, stroller *Aİ.* **çocuk bahçesi** children's park, playground **çocuk bakıcılığı yapmak** to baby-sit **çocuk bakıcısı** nurse, nursemaid, babyminder, baby-sitter **çocuk bakımı** child care **çocuk bezi** nappy, napkin, diaper *Aİ.* **çocuk bisikleti** child's bicycle **çocuk doğurma** childbearing **çocuk doğurmak** to give birth to a child **çocuk doktoru** pediatrician **çocuk düşürme** miscarriage, abortion **çocuk düşürmek** to have a miscarriage, to miscarry, to abort **çocuk felci** polio, poliomyelitis *res.* **çocuk gibi** a) childishly b) childlike **çocuk giyimi** children's wear **çocuk hastalığı** children's disease **çocuk işi** child's play, pushover **çocuk külotu** panties **çocuk mahkemesi** juvenile court **çocuk odası** nursery **çocuk olmak** to behave childishly, to be a child **çocuk oyuncağı** a) toy b) child's play, gift *kon.*, doddle *kon.*, pushover *arg.*, a piece of cake *kon.*, cinch *arg.*, breeze *Aİ./kon.* **çocuk önlüğü** pinafore **çocuk ruhlu** childlike **çocuk suçlu** delinquent **çocuk tulumu** rompers **çocuk yapmak** to have a child/children **çocuk yetiştirmek** to raise a child **çocuk yuvası** nursery school, nursery

çocukbilim *a.* paedology, pedology *Aİ.* * pedoloji

çocukbilimci *a.* paedologist, pedologist *Aİ.* * pedoloji

çocukcağız *a. kon.* poor little child

çocukça *s.* infantile, puerile *hkr.*, childish *hkr.*

çocuklar *a.* children

çocuklaşmak *e.* to behave childishly

çocuklu *a.* having children

çocukluk *a.* childhood, infancy; boyhood; childishness **çocukluk aşkı** calf love **çocukluk etmek** to act childishly

çocuksu *s.* childish, childlike, infantile, puerile *hkr.*

çocuksuz *s.* childless

çocuksuzluk *a.* childlessness

çoğalma *a.* increase, augmentation

çoğalmak *e.* to increase, to multiply, to mount, to augment, to propagate, to accumulate

çoğaltıcı *a.* reproducer

çoğaltım *a.* duplication; multiplication; increase, augmentation

çoğaltma *a.* reproduction

çoğaltmak *e.* to increase, to raise; to reproduce; to augment; to propagate, to multiply

çoğu *s.* most, most of ¤ *be.* mostly, usually **çoğu kez** mostly, mostly **çoğu zaman** usually, mostly, more often than not

çoğul *a, s.* plural

çoğulcu *s.* pluralistic ¤ *a.* pluralist

çoğulculuk *a.* pluralism * plüralizm

çoğullaştırmak *e. dilb.* to pluralize

çoğulluk *a.* plurality

çoğumsamak *e.* to deem too much, to overestimate

çoğun *be.* often

çoğunca *be.* mostly

çoğunluk *a.* majority, the generality **çoğunluk emetörü** majority emitter

çoğunlukla *be.* mostly, commonly, usually, generally, as a rule, more often than not

çoğurcuk *a. hayb.* starling

çoğuz *a.* polymer * polimer

çoğuzlaşma *a.* polymerization

çoğuzlaştırmak *e.* to polymerize

çoğuzluk *a.* polyembryony, polymerism

çok *s, be.* many, much; very; so; a lot (of), lots (of), plenty (of), a deal (of), a good deal of, a great deal (of); too, extremely, awfully, dreadfully; abundant **çok alçak** very-low **çok az para** chickenfeed *kon.* **çok bantlı** multi-band+ **çok bilmiş** pseud *kon./hkr.*, smart aleck *kon./hkr.* **çok borulu** multitubular **çok boyutlu** multidimensional **çok büyük** extreme, enormous, almighty *kon.* **çok çok** at (the) most **çok delikli** multihole **çok düzeyli** multilevel **çok düzlemli** multiplane **çok elektrotlu** multielectrode **çok fazla** too many **çok fazlı** multiphase, polyphase **çok filamentli** multifilament **çok fonksiyonlu** multifunction **çok geçmeden** soon, before long **çok gelmek** to be too much, to seem too much **çok gizli** top-secret **çok görmek** to begrudge, to grudge **çok güzel** exquisite, adorable, admirable, very good, very beautiful **çok hızlı** high-speed **çok**

hücreli multicellular *çok ileri gitmek* to overstep the mark *çok istasyonlu* multistation *çok istemek* to be dying for (sth/to do sth) *çok işlevli* multifunction *çok iyi gitmek* to go like a bomb *çok iyi* very good, first-class *Çok iyi!* Very good; Not half bad!; All right! *çok kademeli* multistage *çok kanallı* multichannel *çok kanatlı uçak* multiplane *çok kanatlı* multi-blade *çok katlı* multistorey; multiplex *çok konumlu* multiposition *çok kötü* very bad, abysmal *kon.*, execrable *res. çok kullanıcılı* multiuser *çok kutuplu* multipolar *çok makaralı* multi-reel *çok maksatlı* multipurpose, general-purpose, all-purpose *Çok mersi!* Many thanks!, Thanks a lot! *Çok minnettarım* I am much obliged *çok noktalı* multipoint *çok olmak* to go too far, to overstep the mark, to overstep the line *çok oluklu* multichannel *çok renkli* multicoloured, polychrome *çok renklilik* polychromy *çok salonlu sinema* multiplex (cinema) *çok sevinmek* to exult (at/in sth) *çok seviyeli* multilevel *çok sevmek* to dote on sb/sth *çok şükür* a) Thank God!, Thank goodness!, Thank heaven! b) luckily *çok tabakalı* multilayer *Çok teşekkür!* Many thanks!, Thanks a lot! *çok yanlı* multilateral *Çok yaşa!* Bless you!; Viva! *Çok yaşayın!* Gesundheit! *Çok yazık!* What a pity!, It's a real! *çok yıllık bitk.* perennial *çok yollu* multiway; multitrack *çok yönlü* a) multidirectional, all-round b) versatile *çok yüksek* very-high

çokal *a.* plate armour
çokallı *s.* in armour
çokamaçlı *s.* multipurpose
çokanlamlı *s.* polysemous, polysemic
çokanlamlılık *a.* polysemy
çokayaklılar *a, hayb.* myriapods
çokbiçimli *s.* polymorphic
çokbiçimlilik *a.* polymorphism
çokbilmiş *s.* knowing
çokboyutlu *s.* multidimensional
çokça *s.* a good many
çokçu *a. fel.* pluralist
çokçuluk *a. fel.* pluralism
çokdeğerli *s.* multivalent, polyvalent, multiple valued
çokdeğerlik *a.* polyvalence

çokdeğerlikli *s.* multivalent, polyvalent
çokdeğişkenli *s.* multivariate *çokdeğişkenli çözümleme* multivariate analysis
çokdilli *s.* multilingual
çokdoğrusal *s.* multilinear
çokdüzlemli *s, mat.* polyhedral
çokeşli *s.* polygamous * poligam
çokeşlilik *a.* polygamy * poligami
çoketkili *s.* multiple-effect+ *çoketkili buharlaştırıcı* multiple-effect evaporator
çokevreli *s.* multiphase+, polyphase+
çokfazlı *s, elek.* polyphasal
çokgen *a.* polygon
çokgörevli *s.* multitasking
çokgözeli *s.* multicellular
çokhalkalı *s.* polycyclic
çokheceli *s.* polysyllabic
çokhücreli *s.* multicellular
çokkarılı *s.* polygynous
çokkarılılık *a.* polygyny * polijini
çokkatlı *s.* multiple
çokken *s.* dilapidated
çokkocalı *s.* polyandrous
çokkocalılık *a.* polyandry * poliandri
çokkutuplu *s.* multipolar
çoklamak *e.* to multiplex
çokları *adl.* most of them
çoklaşmak *e.* to become numerous
çoklayıcı *a.* multiplexer, multiplexor *çoklayıcı kanal* multiplexor channel
çoklu *s.* multiplet *çoklu adres* multiaddress *çoklu alan* multi-field *çoklu delgi* multiple punch *çoklu erişim* multi-access, multiple access *çoklu işlem* multiprocessing *çoklu işlemci* multiprocessor *çoklu iyonlaşma* multiple ionization *çoklu kaydetme* multiple recording *çoklu liste* multi-list *çoklu programlama* multiprogramming *çoklu rotalama* multiple routing *çoklu yöneltme* multiple routing
çokluk *a.* abundance, plenty, multitude; majority * çoğunluk ¤ *be.* mostly, usually
çokparmaklı *s.* polydactyl, polydactyle
çokparmaklılık *a.* polydactyly, polydactylism
çokramak *e.* to boil violently
çokrenkli *s.* polychromatic, polychrome
çokrenklilik *a.* polychromy

çoksamak e. to consider (sth) to be too much/many

çoksatar a. best seller * bestseller

çoksesli s. polyphonic

çokseslilik a. polyphony

çokşekilli s. multiform

çoktan be. long time ago; already *çoktan beri* for a long time

çoktandır be. for a long time

çoktanrıcı a. polytheist

çoktanrıcılık a. polytheism * paganizm

çoktanrılı s. polytheist

çoktasım a. polysyllogism

çokterimli a. polynomial

çoktürel s. heterogeneous

çokucaylı s. multipolar

çokuluslu s. multinational

çokyapımlı s. inhomogeneous

çokyarıklı s. multifid

çokyeme a. polyphagia

çokyıllık s. perennial ¤ a. perennial

çokyüzlü s. polyhedral ¤ a. polyhedron

çolak s. one-armed, one-handed ¤ a. one_armed person *çolak rod* steering arm

çolaklık a. one-handedness

çolpa s. clumsy, awkward, untidy

çolpalık a. clumsiness, awkwardness, untidiness

Çolpan a, gökb. Venus * Venüs

çoluk çocuk a. all the family, wife and children; children, offspring

çomak a. cudgel, stick, bat

çomakcan a. bacterium

çomakcankıran a. bactericide

çomakcanöldürücü s. bactericidal

çomakcanyiyen a. bacteriophage

çomakgöz a. ommatidium

çomakparmak a. clubbed finger

çomaksı s. bacillary, clavate, rodlike

çomar a. mastiff, watchdog

çopra a. thicket

çoprabalığı a, balk. loach

çopur a. pockmark ¤ s. pockmarked, pocked

çopurina a. hayb. cyprine

çopurlaştırmak e. to pit

çopurluk a. being pockmarked

çor a. disease, disorder; murrain, anthrax

çorak s. arid, barren, infertile; (su) bitter, undrinkable ¤ a. impervious clay; saltpetre bed

çoraklaşmak e. to become arid, to become barren

çoraklaştırmak e. to render (land) barren

çoraklık a. (toprak) aridity, barrenness, infertility; (su) bitterness, brackishness

çorap a. sock; stocking; hose *çorap askısı* suspender *çorap fabrikası* hosiery *çorap kaçığı* ladder, run Aİ. *çorap kaçmak* to ladder, to run Aİ. *çorap söküğü gibi* in rapid succession, easily and quickly

çorapçı a. hosier

çorapçılık a. hosiery (business)

çorapsız s. barelegged

çorba a. soup; mec. mess *çorba gibi* in a mess, confused *çorba kaşığı* soup spoon, tablespoon *çorbada tuzu bulunmak* to have a finger in the pie *çorbaya döndürmek* to make a mess of *çorbaya dönmek* to become a mess

çorbacı a. maker/seller of soup; arg. boss

çorbacılık a. making/selling soup

çorbalık s. suitable for making soup

çorduk a. bitk. hyssop; wild pear

çorlu s. yörs. diseased, ill

çotira a, balk. triggerfish

çotra a. wooden cup/fask

çotuk a. bare stock

çotur s. flat (nose); flat-nosed

çöğmek e. to descend gradually

çöğüncek a. seesaw

çöğünmek e. to seesaw

çöğür a. large thistle; müz. a lute-like instrument

çökek a. low spot, hollow, lowland; bog, marsh, swamp

çökel a. deposit, sediment

çökelebilir s. precipitable

çökelek a. skim-milk cheese; kim. precipitate

çökelme a. precipitation, sedimentation *çökelme sertleşmesi* precipitation hardening

çökelmek e, kim. to settle, to precipitate

çökelmez s. nonsedimentable

çökelten a. precipitin

çökelti a, kim. precipitate, sediment

çökeltici a. precipitant

çökeltilebilir s. precipitable

çökeltilebilirlik a. precipitability

çökeltili s. eluvial, illuvial, magmatic

çökeltme a. precipitation *çökeltme havuzu* settling basin *çökeltme kabı* settler *çökeltme maddesi* precipitant

çökeltmek *e.* to precipitate, to settle
çökermek *e.* to make (a camel) kneel down
çökerti *a. yerb.* sedimentation
çökertmek *e.* to make kneel; to cause to collapse, to break in, to stave in
çökkün *s.* collapsed; depressed
çökkünleten *s. hek.* depressive
çökkünlük *a.* collapse; depression
çökme *a.* collapse; *yerb.* subsidence, settlement
çökmek *e.* to collapse, to come down, to fall down; to cave in, to fall in, to give way; to sag; to sink; to subside; to kneel down, to crouch down; to drop; to settle, to be precipitated; to break down; to fall into a decline, to go into a decline; to decay; (karanlık) to fall
çöktüren *s.* precipitating
çöktürme *a.* precipitation
çöktürücü *s.* precipitant ¤ *a.* precipitator
çökük *s.* collapsed; sunken ¤ *a.* dent; *coğ.* graben, rift valley
çököklük *a.* depression; (yanak) hollowness; (göz) sunkenness
çöküm *a.* decline, degradation **çöküm gerilimi** breakdown voltage
çöküntü *a.* collapse, sinking; subsidence; debris, wreckage; sediment, deposit; depression, breakdown **çöküntü hızı** stalling speed
çöküş *a.* collapse; decline, decadence, decay, fall, downfall
çöküşmek *e.* to gather together around
çöl *a.* desert; wilderness, wasteland, waste **çöl iklimi** desert climate
çölfaresi *a. hayb.* jerboa
çölleşme *a.* desertification
çölleşmek *e.* to become desert
çöllük *a.* desert tract of a country; land full of deserts
çölsıçanı *a.* jerboa
çöltilkisi *a. hayb.* fennec
çömçe *a.* wooden ladle
çömelmek *e.* to squat, to crouch
çömez *a.* disciple
çömezlik *a.* blind devotion, uncritical obedience
çömlek *a.* earthenware pot **çömlek imalathanesi** pottery
çömlekçi *a.* potter **çömlekçi çamuru** potter's clay **çömlekçi çarkı** potter's wheel, lathe **çömlekçi spatulası** pallet

çömlekçikuşu *a. hayb.* baker bird, hornero
çömlekçilik *a.* pottery, ceramics
çömmek *e.* to squat down on
çöngül *a. yörs.* small swamp
çöp *a.* chip, straw; sweepings, litter, rubbish, garbage, refuse; matchstick; *bitk.* stalk **çöp arabası** dustcart *İİ.*, garbage truck *Aİ.* **çöp fırını** incinerator **çöp gibi** skinny, all skin and bone **çöp kamyonu** dustcart, refuse lorry **çöp kebabı** pieces of grilled meat on a stick **çöp kutusu** dustbin *İİ.*, garbage can *Aİ.*, trash-can *Aİ.*, bin *İİ.* **çöp öğütme aygıtı** garbage disposer **çöp öğütücü** disposal unit **çöp sepeti** wastepaper basket **çöp sepeti** waste-paper basket *İİ.*, wastebasket, wastebin *Aİ.* **çöp tenekesi** dustbin *İİ.*, garbage can *Aİ.*, trash can *Aİ.* **çöp torbası** litter bag **çöp yığını** dump **çöpe atmak** to cast away; to chuck ; to junk ; to toss
çöpçatan *a.* matchmaker
çöpçatanlık *a.* matchmaking
çöpçü *a.* street sweeper, scavenger, dustman *İİ.*, garbage man *Aİ.*
çöpleme *a, bitk.* hellebore
çöplenmek *e.* to nibble; *mec.* to get pickings
çöplük *a.* garbage dump, dump, rubbish heap; *mec.* dirty place, dump
çöpük *a.* bacterium
çöpükkıran *a.* bactericide
çöpüköldürücü *s.* bactericidal
çöpükyiyen *a.* bacteriophage
çördek *a.* halliard, halyard
çörek *a.* bun
çöreklenmek *e.* (yılan) to coil itself up, to be coiled; to settle down; to feel deeply
çöreklik *s.* suitable for making cookies
çöreotu *a.* black cumin
çörkü *a.* abacus * abaküs, sayıboncuğu
çörten *a.* gargoyle
çöven *a.* soapwort * sabunotu, helvacıkökü
çöz *a.* large intestine (of an animal)
çözelti *a.* solution **sulu çözelti** aqueous solution **tampon çözelti** buffer solution
çözgen *a. s.* solvent
çözgü *a, teks.* warp **çözgü atelyesi** warping mill **çözgü boyama** warp dyeing **çözgü ipliği** warp thread, warp yarn **çözgü kopması** warp breakage **çözgü**

levendi warp beam, loom beam *çözgü raporu* warp pattern *çözgü sehpası* bank creel, creel *çözgü tezgâhı* warping mill
çözgücü *a.* warper
çözgülemek *e.* to warp (a loom)
çözgülü *s.* warped (loom)
çözgün *s.* dissolved; untied, unfastened
çözmek *e.* to untie, to unfasten, to unbutton, to undo, to unloose; to solve, to resolve, to straighten sth out; to unravel, to find out, to penetrate; to detach; to disentangle; (bulmaca, vb.) to work sth out; (şifre) to break; (yumak) to unwind
çözücü *a.* resolvent, solvent ¤ *s.* solvent
çözük *s.* loose, untied, undone; unraveled
çözülebilir *s.* resolvable, soluble
çözülebilme *a.* dissolubility
çözülemez *s.* insoluble
çözülme *a.* resolution, thaw *çözülme enerjisi* separation energy
çözülmek *e.* to come unfastened, to loosen; to ravel; to be solved; to break up, to disintegrate; *ask.* to disengage; to become weak, to pine away; (buz) to thaw; (yumak) to unwind
çözülmez *s.* indecomposable, insoluble
çözülmezlik *a.* insolubility
çözülüm *a.* breakup, dispersal; *ruhb.* dissociation
çözülür *s.* solvable
çözülüş *a.* becoming solved; becoming untied; beginning to thaw; way of beginning to thaw; disintegration; *ask.* disengagement; *müz.* resolution
çözüm *a.* solution *çözüm bulmak* to find a solution, to sort sth out *çözüm yolu* a way out
çözümleç *a.* analyser, analyzer
çözümleme *a.* analysis * analiz, tahlil
çözümlemek *e.* to analyse, to analyze * analiz etmek, tahlil etmek
çözümlemeli *s.* analytic
çözümleyici *s.* analysing ¤ *a.* analyst
çözümsel *s.* analytic * analitik, tahlili *çözümsel geometri* analytical geometry *çözümsel kimya* analytical chemistry
çözündürmek *e.* to solubilize
çözünen *a.* solute
çözünme *a.* dissolution
çözünmek *e.* to dissolve; to decompose
çözünmez *s.* insoluble

çözünmezlik *a.* insolubility
çözüntü *a.* disintegration; ravelings
çözünük *s.* dissolved
çözünür *s.* soluble
çözünürlük *a.* solubility
çözüşebilir *s.* biodegradable
çözüşebilme *a.* biodegradability
çözüşme *a.* breakdown, decomposition, disaggregation, dissolution
çözüşmek *e, kim.* to dissociate, to disintegrate
çözüşmezlik *a.* insolubleness
çözüştüren *s.* decomposing, lytic
çözüştürme *a.* disaggregation, dissociation
çözüştürmek *e.* to break down into, to degrade, to disaggregate, to dissociate, to dissolve
çözüşük *s.* dissociated
çözüşüm *a, kim.* dissociation *çözüşüm hızı* dissociation rate *çözüşüm katsayısı* dissociation constant *çözüşüm noktası* dissociation limit *çözüşüm sınırı* dissociation limit
çubuk *a.* shoot, twig; stick, rod, bar, wand; tobacco pipe; chopsticks; stripe *çubuk anten* rod antenna, whip antenna *çubuk aşısı* grafting *çubuk grafiği* bar chart, bar diagram, bar graph *çubuk haddesi* slabbing mill *çubuk kod* bar code *çubuk kraker* pretzel *çubuk mıknatıs* bar magnet *çubuk süspansiyon* bar suspension
çubukçu *a.* maker/seller tobacco pipes
çubuklamak *e.* to beat (the dust out of)
çubuklu *s.* having rods/bars; (kumaş) striped
çubuksu *s.* bacilliform, baculiform
çuha *a.* broadcloth
çuhacı *a.* weaver/seller of broadcloth
çuhacılık *a.* weaving/selling broadcloth
çuhaçiçeği *a.* cowslip, polyanthus
çuhadar *a.* lackey, footman
çuhahane *a.* fullery
çuhçuh *a, çoc.* train
çuka *a. hayb.* sterlet
çukur *a.* hole, hollow, pit, cavity, dent; (yolda) pothole; ditch; *biy.* dimple; abyss, crater; *arg.* grave ¤ *s.* hollow, sunken; *fiz.* concave *çukur ağ* concave grating *çukur ayna* concave mirror *çukur kazmak* to dig a hole, to burrow *çukur korozyon* pitting corrosion

çukur mercek concave lens **çukur silo** pit silo **çukur taşlanmış** hollow-ground **çukur tuğla** concave brick **çukurunu kazmak** to dig sb's grave

çukurcuk *a.* crypt, vallecula, variole, fovea

çukurcuklu *s.* foveate, vallecular, valleculate, variolitic

çukurlaşmak *e.* to become depressed

çukurlatmak *e.* to depress; to pit

çukurlu *s.* having pits/cavities

çukurluk *a.* depression, scrobiculus

çukurumsu *s.* alveolar, glenoid(al)

çul *a.* haircloth; horse-cloth; (modest) clothes

çulha *a.* weaver

çulhakuşu *a.* penduline titmouse

çullamak *e.* to cover with a horsecloth

çullanmak *e.* to descend on/upon sb/sth

çullu *s.* covered with a horsecloth

çulluk *a, hayb.* woodcock

Çulpan *a.* evening-star

çulsuz *s.* poor, destitute, penniless

çurçur *a. hayb.* corkwing

çurçurcu *a. arg.* gambler who has little money

çuşka *a.* red pepper, chili pepper

çuval *a.* sack **çuval bezi** sackcloth, sacking, burlap **çuval gibi** baggy, loose **çuval konveyörü** bag conveyor **çuvala doldurmak** bag, sack **çuvala koymak** to bag, to sack

çuvalcı *a.* maker/seller of sacks

çuvaldız *a.* packing needle

çuvallamak *e.* to bag, to put in sacks; *arg.* to fail, to flunk, to fluff

Çuvaş *a. s.* Chuvash

Çuvaşça *a. s.* Chuvash

çük *a, kon.* penis, dick

çükündür *a.* beet * pancar

çünkü *bağ.* because, for, inasmuch as *res.*

çürük *s.* rotten, putrid; decayed, carious; (yumurta) addled; flimsy, jerry-built, unstable, unsound, wonky *İl.*; unfounded, untenable; *ask.* unfit for service, disabled ¤ *a.* bruise **çürüğe çıkarılmak** to be invalid out of the army **çürüğe çıkarmak** to invalid sb out of the army **çürük buhar** *tek.* waste steam, exhaust steam, dead steam **çürük çıkmak** a) to turn out rotten b) to prove to be untrue **çürük gaz** *tek.* waste gas **çürük**

tahtaya basmak to fall into a trap

çürükçe *a. hek.* gangrene

çürükçeleşmek *e.* to become gangrenous

çürükçül *s.* saprophyte * saprofit

çürüklük *a.* rottenness; garbage dump; unsoundness; putrefaction

çürüme *a.* decay, corrosion, corruption *res.*

çürümek *e.* to decay, to rot, to decompose, to putrefy, to go bad; to bruise; to mortify; to be refuted

çürüntü *a.* ptomaine

çürüten *s.* decomposing, putrefying, saprogenous, corrosive

çürütme *a.* decay, corrosion **çürütme çukuru** septic tank

çürütmek *e.* to decay, to rot, to putrefy, to decompose; to bruise, to contuse; to refute, to explode, to disprove, to rebut

çürüyebilir *s.* biodegradable

çüş *ünl.* wo!, whoa!

D

D, d *a.* the fifth letter of the Turkish alphabet

da *bağ.* too, also, as well; but; and

da, de *bağ.* too, as well, also; either; but; and; so, that's why

dadacı *a.* Dadaist ¤ *s.* Dadaistic

dadacılık *a.* Dadaism

dadanmak *e.* to frequent, to haunt; to acquire a taste, to want to have

dadaş *a.* brother; young man, youth

dadı *a.* nurse, nursemaid, nanny *İl.*

dadılık *a.* nannying, nursemaiding

dağ[1] *a.* mountain; heap, mound **dağ adamı** mountaineer, highlander **dağ basamağı** piedmont treppe **dağ başı** a) mountain top, summit b) wild and remote place, the sticks **dağ eteği buzulu** piedmont glacier **dağ eteği** foothill **dağ etkisi** mountain effect **dağ geçidi** notch **dağ gibi** mountainous **dağ kitlesi** massif **dağ sırtı** ridge **dağ silsilesi** mountain range **dağ taş** everywhere, all around **dağ(lar) kadar** enormous, great **dağa çıkmak** a) to climb a mountain b) to take to the hills **dağa kaldırmak** to kidnap **dağa tırmanmak** to climb a mountain *dağdan gelip bağdakini kovmak* to be an upstart who does not like the old-timers *dağlar kadar farklı* as different as chalk and cheese

dağ² *a.* brand, mark; *hek.* cautery, cauterization

dağakçaağacı *a.* sycamore maple

dağalası *a.* salmon trout

dağarcık *a.* leather bag; repertory

dağaslanı *a. hayb.* mountain lion, puma,

dağbilgisel *s.* orological

dağbilgisi *a.* orography, orology

dağbilimsel *s.* orographic

dağcı *a.* mountain climber, mountaineer

dağcılık *a.* mountain climbing, mountaineering

dağçileği *a. bitk.* strawberry tree

dağdağa *a.* tumult, turmoil, rumble

dağdağalı *s.* tumultuous, noisy

dağgelinciği *a, bitk.* ferret

dağılım *a.* dispersion; distribution; dissociation *dağılım eğrisi* distribution curve *dağılım kanunu* distribution law *dağılım katsayısı* partition coefficient *dağılım yasası* distribution law

dağılımsal *s.* distributive

dağılış *a.* dispersal, dispersion; disintegration

dağılma *a.* distribution; dispersal; diffusion; disintegration; decomposition *dağılma gücü* diffusivity *dağılma konisi* cone of dispersion *dağılma serisi* diffuse series

dağılmak *e.* to scatter, to disperse; to diffuse; to disintegrate; to dissipate; to fall into pieces; to break up, to disband, to disperse; to adjourn; to dissolve

dağılmaz *s.* shatterproof *dağılmaz cam* safety glass

dağınık *s.* scattered, dispersed; untidy, disorderly, tatty *kon.*; messy; sloppy, slovenly *hkr.*; (saç) unkempt, disheveled, disheveled *Aİ.*; disconnected *dağınık düzen ask.* extended order *dağınık faz* dispersed phase *dağınık ışık* diffused light *dağınık ışınım* stray radiation *dağınık indüktans* distributed inductance *dağınık radyasyon* stray radiation *dağınık sabit* distributed constant *dağınık sargı* distributed winding *dağınık yansıma* diffuse reflection *dağınık yük* distributed load

dağınıklık *a.* untidiness, disorder, muddle,

mess

dağınım *a.* dispersion *dağınım sertleşmesi* dispersion hardening

dağıntı *a.* entropy

Dağıstan *a.* Daghestan

dağıtıcı *s.* distributive ¤ *a.* distributor *dağıtıcı katot* dispenser cathode *dağıtıcı tablası* cam plate

dağıtıcılık *a.* being a distributor

dağıtılabilir *s.* distributable

dağıtılmayan *s.* undistributed

dağıtım *a.* distribution, delivery, dispensation *res. dağıtım amplifikatörü* distribution amplifier *dağıtım çatısı* distribution frame *dağıtım dingili* distribution shaft *dağıtım kablosu* distribution cable *dağıtım kapasitesi* distribution capacity *dağıtım katsayısı* distribution coefficient *dağıtım kutusu* distributing box, distribution box *dağıtım mili* distributing shaft *dağıtım noktası* distributing point *dağıtım şebekesi* distribution network, mains *dağıtım tablosu* distribution board *dağıtım zinciri* timing chain

dağıtımcı *a.* distributor, seller

dağıtımcılık *a.* distribution

dağıtımevi *a.* distribution center

dağıtma *a.* distribution

dağıtmak *e.* to disintegrate; to dissolve; to break up; to disperse; *kon.* to freak out, to lose one's self-control; *isk.* to deal, to scatter, to disperse; to distribute; to spread; to diffuse; to dissipate; to dispel; to hand out, to give out, to dispense, to deal out; to disband; to disarrange, to clutter, to muddle, to muss up, to mess up, to disrupt; to disintegrate; to dissolve; to break up; to disperse; *kon.* to freak out, to lose one's self control; *isk.* to deal

dağispinozu *a. hayb.* brambling, bramble finch

dağkeçisi *a.* chamois

dağkuyruksallayanı *a. hayb.* gray wagtail

dağlağı *a.* branding iron; cauterizing iron

dağlalesi *a, bitk.* anemone

dağlama *a.* branding, etching *dağlama çatlağı* etching crack *dağlama çözeltisi* etching solution

dağlamak *e.* to brand; to cauterize, to sear

dağlı *a.* mountaineer, highlander ¤ *s.*

rough, harsh, coarse

dağlıç *a.* a kind of fat-tailed sheep

dağlık *s.* mountainous, hilly *dağlık bölge* highlands, upland

dağmersini *a. bitk.* whortleberry, bilberry

dağoluş *a.* orogeny

dağoluşsal *s.* orogenetic, orogenic

dağoluşum *a.* orogenesis

dağserçesi *a.* tree sparrow

dağservisi *a, bitk.* cedar

dağsıçanı *a.* groundhog

dağtavuğu *a, hayb.* hazel-grouse

dağzebrası *a. hayb.* mountain zebra

dah *ünl.* Giddap!

daha *be.* more, further; yet, still; more, again; plus *daha alçak* lower *daha aşağı* lower *daha az* less *daha çok* a) more b) mainly *daha da* still, yet *daha doğrusu* or rather *daha fazla* more; any longer, any more *daha fena* worse *daha güzel* better *daha iyi* better *daha iyisi* better *Daha iyisi can sağlığı* Nothing could be better *daha kötü* worse *daha kötüsü* worse still *daha küçük* less *Daha neler* What next!, Rubbish! *daha önce* before; earlier *daha ötede* further *daha ötedeki* farther *daha öteye* further *daha sonra* later, afterwards, later on, then *daha şimdi* just now *daha uzak* farther, further *daha uzaktaki* farther *daha yüksek* higher

dahası *be.* what's more *Dahası var* That's not all

dahdah *a. çoc.* horsie, gee-gee

dâhi *a.* genius, prodigy

dahi *bağ.* also, too, even

dâhice *s.* brilliant, ingenious ¤ *be.* ingeniously

dahil[1] *a.* involvement, participation

dahil[2] *a.* interior, inside ¤ *be.* including, included, inclusive (of), counting *dahil etmek* to include, to count sb/sth in

dahilen *be.* internally, inwardly

dahili *s.* internal, interior, inner * iç, içsel *dahili anten* indoor antenna *dahili hat* extension *dahili kuyu* blind shaft *dahili numara* (telefon) extension *dahili telefon* interphone *dahili telefon numarası* extension *dahili telefon sistemi* intercom

dâhilik *a.* genius

dahiliye *a. esk.* internal affairs * içişleri;

internal diseases; ward for internal diseases

dahiliyeci *a.* internist, doctor of internal medicine

dâhiyane *s.* brilliant, prodigious

dahletmek *e.* to interfere with, to meddle in

daim *s.* lasting, permanent

daima *be.* always, forever, for ever

daimi *s.* constant, permanent, perpetual *daimi akış* steady flow *daimi başkan* permanent chairman *daimi komisyon* standing committee

daimilik *a.* permanence, permanency

dair *s.* about, regarding, concerning, relating to, on

daire *a.* circle; department, office, bureau; flat, apartment *Aİ.,* dwelling *res.;* limit, range *daire çevresi* circumference *daire dilimi* sector *daire kemer* circular arch *daire parçası* segment of a circle *daire testere* circular saw

dairesel *s.* circular *dairesel anten* circular antenna *dairesel fonksiyon* circular function *dairesel hareket* circular motion *dairesel kaydırma* circular shift *dairesel koni* circular cone *dairesel kutuplanma* circular polarization *dairesel kuyu* circular pit *dairesel merdiven* circular stair, winding stairs *dairesel mıknatıslanma* circular magnetization *dairesel permütasyon* circular permutation *dairesel yüzey* circular surface

dairevi *s.* circular, cycloidal *dairevi halka* circular ring *dairevi kemer* circular vault

dakbil *a.* duck-bill

dakik *s.* punctual, exact; minute, accurate, precise

dakika *a.* minute *dakikası dakikasına* punctually, on time *dakikası dakikasına uymaz* moody

dakikalama *a. sin.* timing

dakiklik *a.* punctuality

daktilo *a.* typewriter; typist *daktilo etmek* to type *daktilo kullanmak* to type *daktilo makinesi* typewriter *daktiloda yazmak* to type

daktilograf *a.* typist

daktilografi *a.* typewriting

daktiloluk *be.* eing a typist

daktiloskopi *a.* dactyloscopy

dal *a.* branch, bough, offshoot; branch, subdivision *dal budak salmak* to shoot out branches, to ramify *dal budak salmış* rampant *dal gibi* slender, graceful *daldan dala konmak* to jump from one thing to the other *dalına basmak* to tread on sb's corns, to annoy *dalına binmek* to pester *dallara ayrılmak* to branch

dalak *a.* spleen

dalakotu *a.* germander

dalalet *a.* heresy

dalama *a.* prickle

dalamak *e.* to bite; to sting, to prick, to irritate

dalan *a.* entry hall, hallway

dalaş *a.* fight, quarrel, brawl

dalaşma *a.* fight, quarrel, breeze *İİ./kon.*

dalaşmak *e.* to bite one another; to quarrel, to brawl, to squabble

dalavere *a, kon.* deceit, trick, intrigue, hanky-panky, subterfuge, ruse *dalavere çevirmek* to plot, to intrigue, to scheme

dalavereci *a.* intriguer, trickster ¤ *s.* crafty *hkr.*

dalaverecilik *a.* trickery, hoodwinking

dalavereli *s.* crooked, tortuous

dalayıcı *s.* irritant

dalcık *a.* twig

daldıraç *a.* catheter

daldırım *a.* catheterization

daldırma *a.* dipping, immersion *daldırma çözeltisi* dipping liquor *daldırma denemesi* immersion test *daldırma deneyi* Preece test *daldırma fidanı* layer *daldırma ısıtıcı* immersion heater *daldırma refraktometre* immersion refractometer *daldırma silindiri* dipping roller, immersion roller *daldırma tamburu* dipping drum *daldırma valsi* dipping roller, immersion roller *daldırma verniği* dipping varnish

daldırmak *e.* to dip, to plunge, to immerse, to submerge; (shoot) to layer

daldırmalı *s.* involving dipping/immersion *daldırmalı apre* dip finish, steeping finish *daldırmalı boyama* dip dyeing *daldırmalı ısıtma* submerged heating *daldırmalı kaplama* immersion plating *daldırmalı örtme* immersion coating *daldırmayla temizleme* soak cleaning

dalga *a.* wave; undulation; *arg.* trick, intrigue; *arg.* gadget, jigger; *arg.* affair, sweetie *dalga açısı* wave angle *dalga analizörü* wave analyser *dalga anteni* wave antenna *dalga bandı* waveband *dalga biçimi* waveform *dalga boyu* wavelength *dalga cephesi* wave front *dalga çukuru* wave trough *dalga dalga* a) in waves b) wavy *dalga demeti* wave beam *dalga denklemi* wave equation *dalga detektörü* wave detector *dalga devinimi* wave motion *dalga dönemi* wave period *dalga empedansı* surge impedance *dalga enerjisi* wave energy *dalga fonksiyonu* wave function *dalga frekansı* wave frequency *dalga geçmek* a) to make fun of, to kid, to take the piss (out of sb), to rib *kon.*, to banter, to rag *İİ./kon.* b) to shirk, to procrastinate, to slack off *dalga girişimi* wave interference *dalga grubu* wave package, wave group *dalga hareketi* wave motion *dalga hızı* wave velocity *dalga işlevi* wave function *dalga kapanı* wave trap *dalga karnı* antinode *dalga katarı* wave train *dalga kılavuzu* waveguide *dalga kırınımı* wave refraction *dalga köpüğü* surf *dalga kuramı* wave theory *dalga mekaniği* wave mechanics *dalga oyuğu* sea cave *dalga periyodu* wave period *dalga polarizasyonu* wave polarization *dalga sayısı* wave number *dalga sesi* wash, sound of a wave *dalga sıklığı* wave frequency *dalga siklonu* wave cyclone *dalga süzgeci* wave filter *dalga teorisi* wave theory *dalga tepesi* crest of a wave *dalga treni* wave train *dalga uzunluğu* wavelength *dalga yansıması* wave reflection *dalga yayılımı* wave propagation *dalga yüzü* wave front, wave surface *dalgaya getirmek* to pull the wool over sb's eyes

dalgacı *a, arg.* daydreamer, woolgatherer; shirker, slacker; malingerer; tricky fellow

dalgacık *a.* ripple *dalgacık gerilimi* ripple voltage

dalgacılık *a.* being a slacker; *arg.* trickery, hoodwinking

dalgakıran *a.* breakwater

dalgalandırmak *e.* to wave; to agitate

dalgalanım a. undulation

dalgalanma a. fluctuation, undulation **dalgalanma etkisi** ripple effect

dalgalanmak e. to wave, to undulate, to billow; (deniz) to become rough; to float, to fluctuate

dalgalı s. (deniz) rough, choppy; wavy; undulating; (ipek) watery; (metal) corrugated; fiz. alternating **dalgalı akım** alternating current **dalgalı akımı doğru akıma çevirmek** to rectify

dalgalılık a. waviness

dalgametre a, arg. thingamabob, thingamajig, thingummy, gadget

dalgamotor a. arg. sweetheart, sweetie

dalgaölçer a. wavemeter

dalgasız s. calm, not rough

dalgı a. yörs. inattention, carelessnes

dalgıç a. diver **dalgıç elbisesi** diving suit **dalgıç oksijen tüpü** aqualung

dalgıçböceği a. hayb. diving beetle

dalgıçböcek a. diving beetle

dalgıçlık a. diving

dalgın s. absent-minded, preoccupied, abstracted, distracted, pensive, lost

dalgınlaşmak e. to become lost in thought, to become abstracted

dalgınlık a. absent-mindedness, absence of mind, abstraction

dalgınlıkla be. abstractedly, absentmindedly

dalgır a. moire, water

dalınç a. ecstasy, rapture

dalış a. dive, plunge **dalış açısı** diving angle **dalış yüksekliği** diving altitude

dalız a, anat. vestibule; corridor, passageway

dalkavuk a. flatterer, bootlicker, toady hkr., creep kon./hkr., sycophant res./hkr.

dalkavuklaşmak e. to turn into a toady

dalkavukluk a. flattery, sycophancy, toadyism **dalkavukluk eden** obsequious **dalkavukluk etmek** to flatter, to blandish, to lick sb's boots kon., to play up to sb kon., to crawl (to sb) kon., to lick sb's arse arg.

dalkılıç be. with drawn sword

dalkıran a. wood borer, weevil

dalkurutan a. wood borer

dallandırmak e. to ramify; mec. to complicate, to overstate

dallanma a. branching **dallanma enzimi** branching enzyme **dallanma komutu** branch instruction **dallanma noktası** branch point **dallanma oranı** branching ratio

dallanmak e. to branch out, to ramify; to get complicated **dallanıp budaklanmak** to ramify

dallantı a. hek. dendrite

dallantı a. dendrite **dallantı büyümesi** dendritic growth

dallantılı s. dendritic

dallı s. branched **dallı damar** branched vein **dallı filon** branched vein

dalma a. plunge, submersion; sp. dive **dalma piston** plunger, pump plunger

Dalmaçya a. Dalmatia

Dalmaçyalı a. s. Dalmatian

dalmak e. to dive, to submerge; to plunge (into); to be engrossed in, to be immured in; to enter suddenly, to dash into, to plunge in, to sweep in(to some place); to drop off, to fall asleep; to lose consciousness **dalıp gitmek** to be engrossed in, to be in a brown study

daltaban s. barefoot; vulgar, unrefined

daltonizm a. daltonism * renkkörlüğü

daluyku a. deep sleep

dalya a. bitk. dahlia

dalyan a. fishpond, fishgarth, fishery

dalyarak a, kab. blockhead, pisser, jerk, ponce, twat kab., fucker kab., bugger kab.

dalyaraklık a. being a blockhead/pisser

dam a. roof; stable, animal shed * ahır; arg. jail, jug, clink arg., the cooler arg., the can Aİ. the nick İİ./arg. * tutukevi; isk. queen; lady partner **dam altı** loft **dam bahçesi** roof garden **dam çivisi** roofing nail **dam penceresi** dormer window **damdan düşer gibi** out of the blue

dama a. draughts İİ., checkers Aİ. **dama tahtası** draughtboard İİ., checkerboard Aİ. **dama taşı** draughtsman İİ., checker Aİ. **dama yapmak** to crown

damacana a. demijohn

damak a, anat. palate **damak zevki** palate (for)

damaklı s. having a palate

damaksı s. palatal

damaksı(l) s, dilb. palatal

damaksıl s. dilb. palatal

damaksıllaşma a. dilb. palatalization

damaksıllaşmak e. dilb. to be palatalized
damalı s. chequered
damar a, anat. blood vessel, vein; mad. vein, lode; mec. vein, character; bad temper **damar sertliği** arteriosclerosis **damar tıkanıklığı** embolism **damarı tutmak** to have a fit of **damarına basmak** to tread on one's corns, to exasperate
damarca a. hek. vascular disorder
damardaraltan a. hek. vasoconstrictor
damargenişleten a. hek. vasodilator
damariçi s. intravenous
damarkatman a. anat. choroid (of the eyeball)
damarlanma a. venation
damarlaşma a. veining
damarlı s. veined, vascular; striate, striated **damarlı akik** onyx **damarlı kablo** stranded cable
damarlılaşma a. vascularization
damarlılık a. vascularity, venosity, venousness
damarsal s. vasal, vascular
damarsız s. nerveless, veinless
damasko a. damask
damat a. bridegroom; son-in-law
damatlık a. being a son-in-law; clothes, gifts, etc. bought for the bridegroom
dambıl a, sp. dumbbell
damdazlak s. bald as a billiard ball
damga a. stamp; brand; mark; official seal; stigma, blemish, brand **damga basmak** to seal **damga pulu** revenue stamp **damga vurmak** to print **damgası vurmak** to tag sb as **damgasını vurmak** to label
damgacı a. stamper
damgalamak e. to stamp, to mark, to seal, to print; to brand; to stigmatize, to brand
damgalı s. stamped, marked, franked; stigmatized; branded
damgasız s. unstamped, unmarked
damıtıcı a. distiller; still, distillery, distilling apparatus
damıtık s. distilled **damıtık içki fabrikası** distillery **damıtık sıvı** distillate **damıtık su** distilled water
damıtılmış s. distilled
damıtım a. distillation
damıtımevi a. distillery
damıtma a. distillation **damıtma balonu**

distillation flask **damıtma kolonu** distillation column
damıtmak e. to distil, to distill Aİ., to rectify
damız a. stable, animal shed
damızlık a. animal for breeding, stallion **damızlık at** stallion **damızlık kısrak** brood mare **damızlık olarak beslemek** to breed
damkoruğu a. bitk. stonecrop
damla a. drop, drip, bead, globule; medicine dropper; hek. gout; very small quantity, bit **damla damla akmak** to trickle **damla damla** drop by drop **damla oluğu** drip groove **damla sayrılığı** gout **damla toplayıcı** drip pan
damlacık a. dew
damlaç a. burette
damlalık a. medicine dropper; draining board
damlama a. dripping
damlamak e. to drip, to drop, to dribble, to trickle; kon. to turn up, to pop in, to drop, to blow in kon. **Damlaya damlaya göl olur** Many a little makes a mickle
damlaölçer a. stactometer
damlasakızağacı a. mastic
damlasakızı a. mastic
damlataş a. stalactite
damlataşı a. boss
damlatmak e. to drip, to drop, to dribble
damlık a. corona
damörtüsü a. roofing, roof covering
damper a. tipping body, dump body Aİ.
damperli s. with a tipping body, with a dump body **damperli kamyon** dumper, dumper truck, dump truck Aİ.
damping a. dumping **damping yapmak** to dump
dan dun be. Bang! Bang!
dana a. calf **dana derisi** calf leather **dana eti** veal
danaayağı a. bitk. cuckoopint
danaburnu a. mole cricket
danakıranotu a. bitk. helleborine
Danca a, s. Danish
dandik s, arg. bad, lousy, phoney
dandini s. disorderly, untidy, in a mess
dang a. hek. dengue, breakbone
dangalak s. stupid, birdbrained, blockheaded ¤ a. dummy, blockhead kon., cretin hkr., twat kab.
dangalaklık a. foolishness, stupidity
dangıl a. arg. blockhead, pisser, hick

dangıl dungul *be.* boorishly, awkwardly
dangıldamak *e. kon.* to talk in an irritating way
danış *a.* conferring, consultation
danışık *a.* consultation; collusion
danışıklı *s.* prearranged, sham, contrived **danışıklı dövüş** a) sham fight, barney b) put-up job
danışıklık *a.* collusion
danışım *a.* conferring, consultation
danışma *a.* inquiry, consultation; information **danışma bürosu** information office **danışma kurulu** consultative committee
danışmak *e.* to consult, to confer (with)
danışman *a.* counsellor, counselor, consultant, adviser, advisor, mentor; (üniversitede) supervisor **danışman mühendis** consulting engineer
danışmanlık *a.* counseling
Danıştay *a.* Council of State, state council **danıştay başkanı** chief justice
Danimarka *a.* Denmark ¤ *s.* Danish
Danimarkalı *a.* Dane ¤ *s.* Danish
daniska *s.* the best, the finest
danit *a.* dunnite
dans *a.* dance **dans arkadaşı** partner **dans etmek** to dance **dans salonu** ballroom **dansa davet etmek** to ask sb to dance **dansa kaldırmak** to ask sb to dance
dansçı *a.* dancer
dansimetre *a.* densimeter
dansimetri *a.* densimetry
dansing *a.* dance hall
dansitometre *a.* densitometer
dansör *a.* male dancer
dansöz *a.* female dancer; belly-dancer
dantel *a.* lace, lace work
dantel(a) *a.* lace, lacework
dantelağacı *a. bitk.* lacebark
dantelli *s.* laced
dapdaracık *s.* very narrow, very tight
dar *s.* narrow; cramped; tight; scant, scanty; (zaman) short; limited, restricted ¤ *be.* narrowly, barely **dar açı** acute angle **dar boğaz** bkz. darboğaz **dar darına** narrowly, hardly, barely **dar film** narrow film, small film **dar geçit** bottleneck, defile **dar gelirli** having a small income, poor **dar görüşlü** narrow-minded, hidebound *hkr.*, insular *hkr.* **dar hat** narrow gauge **dar kafalı**

narrow-minded, old-fashioned, petty, bigoted **dar kafalılık** bigotry **dar karakter** *tek.* condensed type **dar üçgen** acute triangle **dar ünlü** close vowel **dara düşmek** to be in a difficulty **dara gelmek** a) to come to a pinch b) to be pressed for time **darda kalmak** a) to be short of money b) to feel the pinch **darda olmak** to be in dire straits, to feel the pinch **darı darına** narrowly
dara *a.* tare **darasını düşmek** to deduct the tare of
daracık *s.* quite narrow
daraç *s.* narrow; tight
daraf *a.* daraf
darağacı *a.* gallows, scaffold **darağacını boylamak** to go to the scaffold
daralabilir *s.* contractile
daralamak *e.* to tare
daralı *s.* gross **daralı ağırlık** gross weight
daralım *a.* diastalsis
daralma *a.* narrowing; contraction; shrinkage
daralmak *e.* to narrow, to become narrow; to shrink, to contract; to become tight; to become scanty; to become difficult
daraltıcı *s.* narrowing ¤ *a.* reducer
daraltma *a.* narrowing; reduction; restriction
daraltmak *e.* to narrow, to constrict; (giysi) to take sth in; to limit, to restrict; to scant
darasız *s.* gross (weight)
darbe *a.* blow, stroke, clout *kon.*; shock **darbe amplifikatörü** pulse amplifier **darbe basıncı** impact pressure **darbe boşluk oranı** pulse-duty factor **darbe direnci** impact resistance **darbe diskriminatörü** pulse discriminator **darbe frekansı** beat frequency **darbe genişliği** pulse width **darbe genliği** pulse amplitude **darbe gürültüsü** impulse noise **darbe jeneratörü** impulse generator, pulse generator **darbe kodu** pulse code **darbe modülasyonu** pulse modulation **darbe modülatörü** pulse modulator **darbe sayacı** pulse counter **darbe spektrumu** pulse spectrum **darbe süresi** pulse duration **darbe taşıyıcı** pulse carrier **darbe transformatörü** pulse transformer **darbe üreteci** impulse generator **darbe vurmak** to hit sb for six, to knock sb for

six *darbe yemek* to be hit for six, to be knocked for six *darbe yenileme* pulse regeneration

darbeli *s.* pulsed, operating by percussion *darbeli delici* percussion drill *darbeli radar* pulse radar *darbeli sondaj* percussion boring *darbeli tabla* percussion table

darbımesel *a. esk.* proverb

darboğaz *a, coğ.* narrow pass; *mec.* bottleneck

darbuka *a.* earthenware kettledrum

darbukacı *a.* earthenware kettledrum player

darbukatör *a.* earthenware kettledrum player

darçıkarır *a.* extrusion press

dardağan *s.* scattered, confused

dargın *s.* offended, cross, angry *dargın olmak* to be cross with

dargınlık *a.* anger, offence, irritability, falling-out, resentment

darı *a.* millet, millet plant; corn, maize *Darısı başına* (for a happy event) May your (his) turn come next

darıdünya *a.* the world

darılgan *s.* touchy, thin-skinned

darılganlık *a.* touchiness

darılmak *e.* to be cross, to be angry, to be offended, to take offence (at); to scold, to reprove

darıltmak *e.* to cause offence (to), to offend, to put sb out

darlaşmak *e.* to get narrow; to get tight; to decrease, to get scanty; to get to be difficult

darlaştırmak *e.* to make narrow

darlık *a.* narrowness, tightness; shortage, scantiness; poverty, need; difficulty, straits *darlık çekmek* to have trouble making ends meet *darlık içinde olmak* to be in dire straits

darmadağın(ık) *s.* cluttered, messed up, messy, unkempt, jumbled, disarrayed; (saç, vb.) tousled, unkempt, rumpled, dishevelled, tangled *darmadağın etmek* to disarray, to clutter, to mess up; to rumple, to tousle, to dishevel

darmadağınıklık *a.* clutter

darp *a.* blow, stroke; *mat.* multiplication

darphane *a.* mint

darülfünun *a. esk.* university

Darvinci *a. s.* Darwinian

Darvincilik *a.* Darwinism

dasit *a.* dacite

dasnik *a. arg.* pimp, pander

dastar *a.* head scarf

data *a.* data

datif *a.* the dative

datolit *a.* datolite

dav *a. hayb.* common zebra, Burchell's zebra

dava *a.* suit, lawsuit, action, process; trial; claim, assertion; thesis; problem, question, matter *dava açmak/etmek* to bring a suit (against), to sue, to plead, to litigate *dava özeti huk.* brief *dava vekili* lawyer, barrister, counsel *davadan vazgeçmek* to give up a claim *davaya bakmak* to hear a case

davacı *a.* plaintiff, claimant, suitor, litigant

davalı *a.* defendant, respondent ¤ *s.* contested, in dispute

davar *a.* sheep, goat; flock of sheep or goats

davet *a.* invitation, call; party, feast; *huk.* summons *davet etmek* a) to invite, to call b) to ask (to) c) to challenge d) to summon

davetçi *a.* inviter, summoner

davetiye *a.* written invitation, invitation card; summons *davetiye çıkarmak mec.* to invite

davetkâr *s.* inviting, come-hither *esk./kon.*

davetli *s.* invited ¤ *a.* guest

davetname *a. huk.* summons, citation

davetsiz *s.* uninvited *davetsiz misafir* intruder

davlumbaz *a.* chimney hood; *den.* paddle box

davranış *a.* behaviour, conduct, attitude, act, manner, demeanour *res.* *davranışlarına dikkat etmek* to mind one's p's and q's

davranışbilim *a.* behavioral science; ethology

davranışçı *a.* behaviorist

davranışçılık *a.* behaviourism

davranışsal *s.* behavioural

davranmak *e.* to act, to behave, to conduct, to treat; to bestir oneself; to reach for

davudi *s.* bass (voice)

davul *a.* drum *davul çalmak* a) to drum b) *mec.* to shout şth from the rooftops *davul gibi* bloated *davul sargı* drum

winding **davul sopası** drumstick **davul tokmağı** drumstick
davulcu *a.* drummer
davulculuk *a.* being a drummer
davya *a.* dentist's forceps/puller
dayak *a.* beating, thrashing, whacking, hiding *kon.*, going-over *arg.*; prop, support, stay **dayağı hak etmek** to deserve a whacking **dayak atmak** to give a thrashing, to give a beating, to give sb a hiding *kon.* **dayak yemek** to get a thrashing, to get a beating
dayaklamak *e.* to prop up, to shore up
dayalı *s.* leaning against; propped up; based on **dayalı döşeli** completely furnished
dayamak *e.* to lean against, to set against, to rest; to base on; to thrust
dayanak *a.* support, base; basis; *fel.* substratum **dayanak kolu** fulcrum lever **dayanak noktası** fulcrum
dayanaksız *s.* unfounded
dayanarak *be.* because of, on the basis of
dayanca *a.* basis, support
dayanç *a.* patience
dayançlı *s.* patient
dayançsız *s.* impatient
dayançsızlık *a.* impatience
dayandırmak *e.* to lean (sth) on; to base on, to ground on, to predicate sth on sth
dayanık *s.* propped against;; based on/upon
dayanıklı *s.* hard-wearing, durable, lasting, enduring * sağlam; resistant, tough, strong * güçlü, metin; -proof, -resistant * geçirmez **dayanıklı tüketim malları** durable consumer goods
dayanıklılık *a.* endurance, durability, resistance, strength, toughness
dayanıksız *s.* weak, frail, feeble, flimsy **dayanıksız tüketim malları** consumer nondurables
dayanıksızlık *a.* weakness, flimsiness
dayanılabilir *s.* endurable
dayanılır *s.* bearable, tolerable
dayanılmaz *s.* irresistible; unbearable, intolerable; insufferable
dayanım *a.* resistance, endurance **dayanım momenti** restoring moment
dayanırlık *a.* life, strength
dayanışçılık *a.* solidarism
dayanışık *s.* interdependent

dayanışma *a.* solidarity
dayanışmacı *a.* solidarist
dayanışmacılık *a.* solidarism
dayanışmak *e.* to act with solidarity
dayanışmalı *s.* mutually supportive
dayanma *a.* leaning; endurance **dayanma gerilimi** breakdown voltage **dayanma gücü** stamina **dayanma kemeri** *mim.* flying buttress **dayanma noktası** fulcrum **dayanma süresi** working life
dayanmak *e.* to lean; to be based on; to resist; to endure, to bear, to bear up, to stand, to put up with; to stomach; to withstand, to hold out, to last; to push, to press, to shove; to arrive, to reach; to rely on **dayanacak gücü kalmamak** to be at the end of one's tether
dayanmalık *a. mim.* window sill
dayatma *a.* insistence
dayatmacı *s.* insistent
dayatmak *e.* to cause to lean; to insist (on)
dayı *a.* maternal uncle, mother's brother; protector, backer; bully, roughneck
dayıcılık *a.* nepotism
dayılık *a.* being an uncle; *arg.* protection, nepotism; *arg.* bullying
dayızade *a.* cousin, son/daughter of one's maternal uncle
daz *a.* bald-headed; (toprak) bare
dazara dazar *be.* in a hurry
dazlak *s.* bald ¤ *a.* skinhead *İİ.* **dazlak kafalı** bald, baldheaded
dazlaklaşmak *e.* to go bald
dazlaklık *a.* baldness
dazlamak *e. yörs.* to find fault
dazlık *a.* baldness
-de hali *a, dilb.* locative case * kalma durumu
de, da *bağ.* too, as well, also; either; but; and; so, that's why
deaktivasyon *a.* deactivation
debdebe *a.* pomp, display, splendour
debdebeli *s.* magnificent, showy, splendid, grand
debe *a.* person with a hernia
debelenmek *e.* to thrash about, to welter; to struggle desperately
debelik *a.* rupture, hernia
debi *a.* discharge, run
debil *s. hek.* feeble, weak
debillik *a. hek.* debility
debimetre *a.* flow meter

debreye etmek *e. oto.* to declutch
debriyaj *a.* clutch **debriyaj balatası** clutch lining **debriyaj çatalı** clutch fork **debriyaj diski** clutch disc **debriyaj freni** clutch brake **debriyaj kapağı** clutch cover **debriyaj karteri** clutch case **debriyaj kolu** clutch lever **debriyaj levyesi** clutch lever **debriyaj mahfazası** clutch housing **debriyaj mili** clutch shaft **debriyaj pedalı** clutch pedal **debriyaj yapmak** to declutch, to disengage the clutch **debriyaj yayı** clutch thrust spring
Deccal *a.* the imposter who is believed will appear on doomsday
dede *a.* grandfather, grandpa *kon.*, grandad *İİ./kon.*
dedektif *a.* detective, sleuth *kon.*
dedektör *a.* detector
dedikodu *a.* gossip, tittle-tattle, rumour, rumor *Aİ.* **dedikodu çıkarmak** to spread rumours **dedikodu etmek/yapmak** to gossip
dedikoducu *a.* gossip, scandalmonger
dedikoduculuk *a.* gossiping, being a gossip
dedikodulu *s.* full of gossip, gossipy
dedüksiyon *a. mant.* deduction
dedveyt *a. den.* deadweight
def *a.* expelling, repelling; avoiding; *fiz.* repulsion
defa *s.* time
defalarca *be.* again and again, repeatedly, over and over again
defans *a.* defence **defans yapmak** to play a defensive game
defansif *s, sp.* defensive
defetmek *e.* to drive away, to repel, to fight off; to expel, to eject, to chase, to kick sb out (of sth); to get rid of sb/sth
defile *a.* fashion show
defin *a.* burial, interment
define *a.* treasure
defineci *a.* treasure hunter
definecilik *a.* treasure hunting
deflasyon *a, eko.* deflation * paradarlığı
deflektör *a.* baffle, deflector
deflemek *e.* to repel, to repulse; to drive off
defne *a.* laurel, bay-tree **defne yaprağı** bay leaf
defnegiller *a.* benzoin, ericaceous, lauraceae

defnetmek *e.* to bury, to inter, to lay sb to rest *ört.*
defneyaprağı *a. hayb.* a small bluefish
defo *a.* flaw, defect
defolmak *e.* to go away, to beat it, to piss off *arg.* **Defol!** Go away!, Beat it! *arg.*, Piss off *arg.*, Go to blazes!, Push off! *kab.* Sod off! *İİ./kab.* **Defol git!** Beat it!, Buzz off! *İİ./kon.*
defolu *s.* having a flaw, faulty **defolu mal** second
deformasyon *a.* deformation
deforme *s.* deformed **deforme etmek** to deform
defosuz *s.* flawless
defransiyel *a. oto.* differential gear; *arg.* rump, backside
defroster *a.* defroster
defter *a.* notebook, exercise book; register; account book **defter değeri** book value **defter tutma** bookkeeping **defter tutmak** to keep the accounts **defteri kebir** ledger **defterini dürmek** to do away with *kon.*, to kill
defterdar *a.* head of the financial department
defterdarlık *a.* financial office
degajman *a. sp.* goal kick
degazör *a.* degasifier
değdirmek *e.* to touch
değer *s.* worth, worthy ¤ *a.* value, worth; price; merit, worth **değer artışı** appreciation **değer azalması** depreciation **değer biçme** evaluation, valuation **değer biçmek** to evaluate, to assess, to appraise, to estimate **değer kaybetmek** to depreciate **değer vermek** to esteem, to appreciate **değer yargısı** standard of judgment, value judgment **değerden düşmek** to lose its value **değeri artmak** to appreciate, to increase in value **değeri düşmek** to go down in value **değerinde olmak** to cost **değerini bilmek** to appreciate **değerini yükseltmek** to raise the value of
değerbilir *s.* appreciative, grateful * kadirbilir, kadirşinas
değerbilirlik *a.* appreciation
değerbilmez *s.* unappreciative
değerbilmezlik *a.* unappreciativeness of value/worth
değerdeş *s.* covalent
değerdeşlik *a.* covalence

değerdüşürümü *a.* devaluation
değerlendirme *a.* evaluation; recycling
değerlendirmek *e.* to put to good use, to turn to account, to utilize, to avail oneself of; to evaluate, to appraise, to estimate; to appreciate; to judge; to recycle
değerlenmek *e.* to appreciate, to increase in value
değerli *s.* valuable, precious; dear, estimable **değerli kâğıt** *tic.* paper **değerli olmak** to be of value **değerli taş** gem, jewel
değerlik *a.* valence, valency **değerlik bağı** valence bond **değerlik elektronu** valence electron **değerlik sayısı** valence number
değersiz *s.* worthless, insignificant **değersiz çevrim** null cycle **değersiz karakter** null character
değersizlik *a.* worthlessness
değgin *s.* concerning, related to, connected with, about
değil *be.* not
değim *a.* value, merit
değimli *s.* worthy, deserving
değimsiz *s.* unworthy, undeserving
değin *ilg.* until, till, up to
değinmek *e.* to touch on, to mention
değirmen *a.* mill; grinder **değirmen çarkı** mill wheel **değirmen dolabı** mill wheel **değirmen taşı** millstone **Değirmenin suyu nereden geliyor?** Where the hell do the expenses come from?
değirmenci *a.* miller
değirmencilik *a.* miller's trade
değirmentaşı *a.* grindstone
değirmi *s.* round, circular
değirmilemek *e.* to make (sth) circular
değirmilik *a.* roundness
değiş *a.* exchange **değiş etmek** to exchange **değiş tokuş** exchange, barter, swap, interchange **değiş tokuş etmek** to barter, to exchange, to interchange, to trade, to swap *kon.*
değişik *s.* different; varied, various, diverse; new, unusual, original **değişik olmak** to vary, to differ
değişiklik *a.* change; variation, alteration; modification; amendment **değişiklik olsun diye** *kon.* for a change **değişiklik yapmak** to modify, to change

değişim *a.* changing, change; alteration; variation; *eko.* barter; *den.* change in the wind direction **değişim ölçüsü** gradient
değişimcilik *a.* mutationism
değişimsel *s.* metastatic
değişinim *a, biy.* mutation * mutasyon
değişinimci *a. biy.* mutationist
değişinimcilik *a. biy.* mutationism
değişir *s.* exchangeable, convertible
değişke *a, biy.* variation
değişken *s.* variable, changeable ¤ *a, mat.* factor **değişken adres** variable address **değişken alan** variable field **değişken bağlayıcı** variable connector **değişken blok** variable block **değişken kondansatör** variable capacitor **değişken kuplaj** variable coupling **değişken noktalı gösterim** variable point representation **değişken öbek** variable block **değişken simge** variable symbol **değişken transformatör** variable transformer **değişken uzunluk** variable length **değişken yük** variable load
değişkenlik *a.* variability, instability
değişkin *s.* modified
değişme *a.* change; variation; exchange **değişme bandı** change tape **değişme dosyası** change file **değişme dökümü** change dump **değişme kaydı** change record **değişme kütüğü** change file **değişme reaksiyonu** exchange reaction
değişmeceli *s.* figurative
değişmek *e.* to change; to alter; to vary; to exchange, to trade, to barter
değişmeli *s.* commutative
değişmez *s.* unchangeable, immutable, invariable, fixed, constant, stable **değişmez akım** constant current **değişmez alan** constant area, fixed field **değişmez bellek** fixed storage **değişmez çevrim** fixed cycle **değişmez değer** invariant **değişmez kafa** fixed head **değişmez rotalama** fixed routing **değişmez salınım** fixed cycle **değişmez sıcaklık** constant temperature **değişmez uzunluk** fixed length **değişmez yönlendirme** fixed routing
değişmezlik *a.* constancy, stability
değiştirge *a.* parameter

değiştirgeç *a.* converter, convertor
değiştirgen *a.* parameter, variable
değiştiri *a.* alteration, improvement
değiştirici *a.* modifier
değiştirilebilir *s.* exchangeable, convertible
değiştirim *a.* transformation
değiştirme *a.* change; alteration; conversion; exchange **değiştirme anahtarı** alteration switch **değiştirme kuvveti** exchange force
değiştirmek *e.* to change; to modify; to vary; to alter, to convert; to replace; to turn; to transform; to shift; to exchange, to trade, to barter, to swap *kon.*
değme[1] *a.* contact, touch * temas **değme açısı** angle of contact **değme başkalaşımı** contact metamorphism **değme direnci** contact resistance **değme katalizi** contact catalysis **değme noktası** point of contact **değme yatak** contact deposit **değme yüzeyi** contact area
değme[2] *s.* every, any
değmek *e.* to touch, to brush; to reach, to attain; to be worth (doing sth) **Değmesin!** Gangway!
değmeli *s.* involving contact **değmeli baskı** contact print
değmesiz *s.* contactless
değnek *a.* stick, cane, wand, rod **değnek gibi** skinny, scraggy
değnekçi *a.* person who is in charge of the queue at a shared taxi rank
değnekçilik *a.* being in charge of the queue at a shared taxi rank
değneklemek *e.* to beat with a stick
deh *ünl.* giddap
deha *a.* genius
dehdeh *a. çoc.* horsie, gee-gee
dehidrojenasyon *a.* dehydrogenation
dehidrojenaz *a.* dehydrogenase
dehlemek *e.* to urge on (an animal); *arg.* to fire, to sack; *arg.* to drive away, to send away
dehliz *a.* entrance-hall, vestibule, corridor
dehşet *a.* terror, horror, fear, alarm, dread, consternation ¤ *s, kon.* super, terrific **dehşet saçmak** to spread terror **dehşet verici** dreadful, fearful, grisly **dehşete düşmek (kapılmak)** to be horrified, to be terrified, to be appalled **dehşete düşürmek** to horrify, to terrify,

to appal
dehşetli *s.* terrible, horrible, dreadful, fearful, fearsome, awesome
deist *a.* deist ¤ *s.* deistic(al)
deizm *a.* deism
dejenerasyon *a.* degeneration
dejenere *s.* degenerate **dejenere gaz** degenerated gas **dejenere olmak** to degenerate
dejenereleşmek *e.* to become degenerate
dek *ilg.* until, till
dekadan *a. s.* decadent
dekadanlık *a.* decadentism, decadence
dekagram *a.* dekagramme, dekagram
dekalaj *a.* stagger
dekalin *a.* decalin
dekalitre *a.* decalitre
dekametre *a.* decametre
dekametrik *s.* decametric **dekametrik dalgalar** decametric waves
dekan *a.* dean
dekanlık *a.* dean's office
dekapaj *a.* pickling **dekapaj bileşiği** pickling compound **dekapaj çözeltisi** pickle, pickling solution **dekapaj gevrekliği** pickle brittleness **dekapaj nispeti** stripping ratio **dekapaj önleyici** pickling inhibitor **dekapaj sepeti** pickling basket **dekapaj solüsyonu** pickle **dekapaj teknesi** pickling tank **dekapaj testi** pickling test
dekape *s.* scoured **dekape etmek** to scour
dekar *a.* one-tenth of a hectare (0.247 acres)
dekarboksilaz *a.* decarboxylase
dekarbürasyon *a.* decarburization
Dekartçı *a. s. fel.* Cartesian
Dekartçılık *a. fel.* Cartesianism
dekaster *a.* dekastere, decastere
dekastil *a.* decastyle
dekatir *a, teks.* decatizing **dekatir bezi** decatazing cloth **dekatir haslığı** decatazing fastness **dekatir lekesi** decatazing stain **dekatir makinesi** decatazing machine
dekatirleme *a, teks.* decatizing *İİ.*, decating **dekatirleme haslığı** fastness to decating **dekatirleme valsi** decatizing roller **dekatirlemeye dayanıklı** fast to decatizing
dekatirlemek *e, teks.* to decataze, to decate

dekatlon *a.* decathlon
deklanşör *a.* release button ***deklanşör kablosu*** cable release ***deklanşöre basmak*** to press the shutter
deklarasyon *a.* declaration; *isk.* bid ***deklarasyon yapmak*** (briçte) to bid
deklare *s.* declared ***deklare etmek*** a) to declare b) *isk.* to bid
deklinometre *a.* declinometer
dekolte *s.* low-cut, décolleté ¤ *a.* low-cut dress, décolleté dress
dekompozisyon *a.* decomposition
dekompresör *a.* decompression device
dekont *a.* detailed account, breakdown (of an account); deduction
dekor *a.* decoration, decor; *sin.* set, setting; *tiy.* scenery, decor
dekorasyon *a, tiy.* scene-making; decoration
dekoratif *s.* decorative ***dekoratif lamba*** decorative lamp
dekoratör *a.* set-designer; internal decorator * içmimar
dekorcu *a.* designer, set designer
dekore *s.* decorated ***dekore etmek*** to decorate
dekovil *a.* narrow-gauge railway ***dekovil hattı*** tramway ***dekovil lokomotifi*** dolly ***dekovil rayı*** portable railway
dekstran *a.* dextran
dekstrin *a.* dextrin
dekstroz *a.* dextrose
dekupaj *a.* carving out, cutting out
dekuplaj *a.* decoupling ***dekuplaj filtresi*** decoupling filter
delalet *a.* guidance; indication, denotation ***delalet etmek*** a) to guide b) to indicate, to denote
delegasyon *a.* delegation
delege *a.* delegate, representative
delegelik *a.* delegacy
delfinin *a.* delphinin
delgeç *a.* punch
delgi *a.* drill, gimlet, auger, bit, punch ***delgi bıçağı*** punch knife ***delgi işletmeni*** *biliş.* card punch operator ***delgi konumu*** punch position ***delgi makinesi*** keypunch ***delgi operatörü*** *biliş.* keypunch operator
delgileme *a.* punching, perforation ***delgileme hızı*** perforation rate ***delgileme konumları*** punching positions ***delgileme oranı*** punching rate

delgileme yatağı punching track
delgileme yolu punching track
deli *s.* mad, insane, crazy, lunatic, maniac, demented, cuckoo *kon.*, daft *kon.*, batty *kon.*, bats *kon.*, crackers *İİ./kon.*, nutty, nuts *arg.*, mental *kon./hkr.*; crazy about, mad about, potty about, fond of ¤ *a.* madman, madwoman, lunatic, loony ***deli divane olmak*** to be madly fond of, to be wild about ***deli etmek*** to madden, to exasperate, to drive sb mad, to drive sb round the bend, to drive sb to distraction ***deli gibi âşık*** infatuated ***deli gibi sevmek*** to be mad about ***deli gibi*** madly, like anything *kon.*, like crazy *kon.*, like mad *kon.*, to distraction ***deli gömleği*** straitjacket ***deli numarası yapmak*** to feign madness ***Deli olmak işten değil*** It drives one crazy ***deli olmak*** a) to go mad, to be round the bend b) to be crazy about, to be nuts about/over, to crave ***deli saçması*** utter nonsense, bullshit ... ***delisi*** crazy about ... ***delisi olmak*** to be nuts about ***deliye çevirmek*** to drive sb to distraction ***deliye döndürmek*** to drive sb up the wall ***deliye dönmek***'to go crazy
delibalta *a.* cruel/vicious person
delibozuk *s.* erratic, unstable, eccentric
delice *be.* madly, like hell, like mad ¤ *s.* nutty, crazy, insane
deliceotu *a.* ergot
delicesine *be.* madly, like mad, to distraction
delici *s.* drilling, perforating ¤ *a.* driller, perforator
delicik *a.* *biy.* stoma, pore
deliçay *a.* mountain stream
delidoğan *a.* *hayb.* hobby
delidolu *s.* foolhardy, thoughtless, reckless, rash, tactless
deliduman *s.* foolhardy, daredevil
delifişek *s.* giddy; flighty; madcap
delik *a.* hole, opening, orifice, outlet, aperture, slot, rent; *arg.* jail, jug, clink, the cooler *arg.*, the can *Aİ.* * tutukevi ¤ *s.* bored, pierced ***deliğe girmek*** *arg.* to go to jail, to land in prison ***deliğe tıkmak*** *arg.* to put into jail, to clap sb in/into jail ***delik açıklığı*** aperture size ***delik açmak*** to make a hole, to drill, to bore ***delik akımı*** hole current ***delik deşik***

etmek to riddle *delik deşik olmak* to be riddled *delik deşik* full of holes *delik devingenliği* hole mobility *delik enjeksiyonu* hole injection *delik hareketliliği* hole mobility *delik iletimi* hole conduction *delik kaynağı* plug weld *delik testeresi* compass saw, keyhole saw *delik yoğunluğu* hole density

delikanlı *a.* young man, lad, youngster, kid *kon.*, chap *İİ./kon.*, youth *hkr.*

delikanlılık *a.* youth, youthfulness, adolescence

delikli *s.* perforated, punched, sprocketed, alveolate *delikli bant* perforated tape *delikli beton* porous concrete *delikli boru* perforated pipe *delikli budak* pith knot *delikli döşeme* open floor *delikli ekran* porous screen *delikli enjektör* hole-type nozzle *delikli kart* punched card *delikli maske* shadow mask *delikli sac* perforated plate *delikli supap* sleeve valve *delikli şerit* punched tape *delikli tuğla* hollow brick

deliklilik *a.* perforation

deliksiz *s.* without a hole; (uyku) sound ¤ *be.* soundly *deliksiz uyku* sound sleep

delil *a.* proof, evidence *delil göstermek* to adduce proofs

delilenmek *e.* to act crazily

delilik *a.* madness, insanity, lunacy; craze, mania; fad, rage *delilik etmek* to act foolishly

delim *a. hek.* puncture

delinmek *e.* to be worn through; to be pierced; to be punctured

delinmez *s.* impenetrable

deliotu *a. bitk.* alyssum, madwort

delirmek *e.* to go mad, to lose one's marbles

delirtmek *e.* to drive (sb) mad, to craze; *mec.* to enrage

delişmen *s.* flighty, giddy, madcap

delişmenlik *a.* frivolity, impulsiveness

delk *a.* rubbing * ovma, ovuşturma; friction * sürtünme

delme *a.* boring, drilling *delme aleti* boring tool *delme çekici* drilling hammer *delme halatı* boring rope *delme hızı* drilling rate *delme istasyonu* punching station *delme kapasitesi* drilling capacity *delme kulesi* boring tower *delme makinesi* boring machine, drill-

ing machine, perforator

delmek *e.* to pierce, to bore, to drill, to perforate, to prick

delrin *a.* Delrin

delta *a.* delta; *coğ.* delta * çatalağız *delta demiri* delta iron *delta ışını* delta ray *delta kanat* delta wing *delta metali* delta metal *delta parçacığı* delta particle *delta şebekesi* delta network

deltakası *a. anat.* deltoid muscle

dem^1 *a.* blood * kan

dem^2 *a.* breath * soluk, nefes; moment, time * zaman, çağ; (çay) being steeped; alcoholic drink * içki; smell * koku *dem çekmek* to drink, to booze *dem vurmak* to talk about

demagnetizör *a.* demagnetizer

demagog *a.* demagogue * halkavcısı

demagoji *a.* demagogy * halkavcılığı

demagojik *s.* demagogic

demarke *s, sp.* unmarked

deme *a.* (act of) saying; meaning

demeç *a.* declaration, statement, speech *demeç vermek* to make a statement

demek *e.* to say; to call, to name; to mean *dediği dedik* peremptory *res./hkr. Deme (ya)!* You don't say so! *Demedim mi? mec.* There you are! *demeğe gelmek* to come to mean, to add up to *demek istemek* to mean, to get at sth *demek ki* so, thus, therefore, in this case *demek olmak* to mean, to signify *demeye getirmek* to imply *demeye kalmadan* no sooner than *deyip geçmek* to underrate *diyebilirim ki* I dare say

demet *a.* bunch, bouquet; bundle, cluster; *fiz.* beam; sheaf *demet açısı* beam angle *demet genişliği* beam width *demet yapmak* to bunch

demetçik *a.* fascicle

demetlemek *e.* to tie in sheaves, to tie in bunches

demetsi *s.* fasciated

demin *be.* just now, just a moment ago

demincek *be.* just a moment ago, just now

deminden *be.* just now, a second ago

deminki *be.* of a moment ago

demir *a.* iron; *den.* anchor ¤ *s.* iron, made of iron; ferrous *demir almak den.* to weigh anchor *demir asetat* acetate of iron *demir atmak den.* to cast anchor, to anchor **demir başlık** capping, iron hat **demir cevheri** iron ore **demir cürufu** iron dross **demir çağı** Iron Age **demir çekirdek** iron core **demir çekme haddesi** forge roll **demir çember** strap iron **demir çubuk** iron bar **demir detektörü** iron detector **demir dövmek** to forge **demir fabrikası** ironworks **demir filizi** ironstone **demir gibi** strong, tough, cast-iron **demir işi** ironwork **demir kaybı** iron loss **demir kova** kibble **demir kütüğü** bloom **demir leblebi** a hard nut to crack **demir levha** iron plate, sheet iron **demir macunu** iron cement **demir muşta** knuckleduster, brass knuckles *Aİ.* **demir piriti** iron pyrite **demir sac** iron plate, sheet iron **demir sancağı** jack **demir sülfat** copperas, green vitriol *Demir tavında dövülür* Strike while the iron is hot **demir testeresi** hacksaw **demir tuzu** iron salt **demir yastığı** anchor lining **demir yeri** *den.* mooring berth, berth

demirağacı *a. bitk.* she-oak
demirağacı *a, bitk.* ironwood
demirbaş *a.* office stock, inventory stock/article, fixture
demirböceği *a.* wireworm
demirci *a.* ironmonger; smith, blacksmith **demirci çekici** forge hammer **demirci dükkânı** smithy **demirci keskisi** cold chisel **demirci körüğü** forge bellows **demirci ocağı** forge
demircilik *a.* forging
demirgülü *a.* flosferri
demirhane *a.* ironworks, forge
demirhindi *a, bitk.* tamarind; miser, cheapskate *Aİ.*
demirkapan *a.* magnet
Demirkazık *a.* polestar
demirkırı *a.* iron gray
demirleme *a.* anchoring, mooring **demirleme ücreti** anchorage **demirleme yeri** anchorage, moorings
demirlemek *e.* to cast anchor, to anchor; (kapı, vb.) to bar
demirleşmek *e.* to turn into iron
demirli *s.* ferrous; bolted, barred; anchored **demirli beton** reinforced concrete
demirlibeton *a.* reinforced concrete
demirperde *a.* the Iron Curtain
demirsiz *s.* non-ferrous **demirsiz alaşım** nonferrous alloy **demirsiz beton** plain concrete **demirsiz metal** nonferrous metal

demiryolcu *a.* railwayman, railway worker
demiryolu *a.* railroad, railway *Aİ.* **demiryolu araçları** rolling stock **demiryolu balastı** railroad ballast **demiryolu çeliği** rail steel **demiryolu gereci** railway equipment **demiryolu hattı** line **demiryolu inşaatı** railway construction **demiryolu istasyonu** railway station **demiryolu işletmesi** railway operation **demiryolu kavşağı** railway junction **demiryolu kazası** railway accident **demiryolu kılavuzu** railway guide **demiryolu köprüsü** railway bridge **demiryolu makası** switch, points *İİ.*, switches *Aİ.* **demiryolu malzemesi** railway equipment **demiryolu sinyali** railway signal **demiryolu şebekesi** railway network **demiryolu trafiği** railway traffic **demiryolu vagonu** railway carriage
demiurgos *a.* demiurge
demlemek *e.* to steep, to brew
demlendirmek *e.* to steep, to infuse
demlenmek *e.* to brew, to be steeped, to infuse; to drink, to booze
demli *s.* well-steeped, strong
demlik *a.* teapot
demode *s.* out of fashion, old-fashioned, out-of-date, behind the times, dated, outdated, outmoded *hkr.*, dowdy *hkr.*, obsolete, superannuated
demodülasyon *a.* demodulation
demodülatör *a.* demodulator
demograf *a.* demographer
demografi *a.* demography
demografik *s.* demographic
Demokles'in kılıcı *a.* sword of Damocles
demokrasi *a.* democracy
demokrat *a.* democrat ¤ *s.* democratic
Demokratik Almanya Cumhuriyeti *a. trh.* German Democratic Republic
demokratik *s.* democratic
demokratlaşmak *e.* to become democratic
demokratlaştırmak *e.* to democratize
demokratlık *a.* democracy
demonte *s.* demounted, disassembled **demonte etmek** to demount, to disassemble
den *a.* tact

-den hali *a, dilb.* ablative case
denatüran *s.* denaturant
denatürasyon *a.* denaturation
denatüre *s.* denatured **denatüre alkol** denatured alcohol, methylated spirit
denden *a.* ditto marks
dendrit *a.* dendrite **dendrit büyümesi** dendritic growth
dendritik *s.* dendritic
dendrokronoloji *a.* dendrochronology
dendroloji *a.* dendrology
denek *a.* test subject, guinea pig
denektaşı *a.* touchstone
denem *a. hek.* test
deneme *a.* test; shakedown; attempt, try; *ed.* essay **deneme alanı** proving ground **deneme aleti** testing apparatus **deneme bandı** control strip **deneme basıncı** test pressure **deneme cihazı** tester **deneme çekimi** test shot **deneme çukuru** test pit, trial pit **deneme filmi** test film **deneme gerilmesi** proof stress **deneme kopyası** rush print **deneme kuruluşu** pilot plant **deneme kuyusu** test pit, trial pit **deneme makinesi** testing machine **deneme paketi** test pack **deneme parçası** test strip **deneme pilotu** test pilot **deneme programı** test program **deneme sondajı** exploratory boring **deneme standardı** testing nominative **deneme tahtası** something or somebody which is treated as a plaything **deneme tüneli** wind tunnel **deneme uçuşu** test flight **deneme uzunluğu** test length **deneme verisi** test data **deneme voltajı** testing voltage **deneme yanılma yöntemi** trial and error **deneme yanılma** trial and error **deneme yanılmayla öğrenmek** to learn by trial and error **deneme yazarı** essayist **deneme yordamı** test routine **deneme yükü** test load **deneme zarfı** testing envelope
denemeci *a.* essayist
denemecilik *a.* essay writing
denemek *e.* to try, to attempt, to essay, to have a stab at; to test; to try sb/sth out; (giysi) to try sth on
denence *a.* hypothesis
denet *a.* control, inspection, supervision, audit * teftiş
denetçi *a.* inspector; auditor

denetçilik *a.* auditing, inspection
denetici *a.* controller
denetim *a.* control, check, supervision, inspection; audit; censure, censorship **denetim aktarımı** control transfer **denetim alanı** control field **denetim aygıtı** control apparatus **denetim bandı** control tape **denetim bilgisayarı** control computer **denetim birimi** control unit **denetim çubuğu** absorbing rod, control rod **denetim delikleri** control holes **denetim deyimi** control statement **denetim dili** control language **denetim döngüsü** control loop **denetim gerilimi** control voltage **denetim göstergesi** check indicator **denetim istasyonu** control station **denetim işareti** control mark **denetim işlemi** control operation **denetim işlevi** control function **denetim izi** audit trail **denetim karakteri** control character **denetim kartı** control card **denetim kodu** control code **denetim komutları** control instructions **denetim kümesi** control stack **denetim masası** control desk **denetim noktası** checkpoint, control point **denetim oranı** control ratio **denetim öbeği** control block **denetim paneli** control panel **denetim problemi** check problem **denetim programı** control program **denetim sayacı** control counter **denetim sayısı** check digit, check number **denetim sınırları** control limits **denetim sırası** control sequence **denetim simgesi** check symbol **denetim sözcüğü** check word **denetim toplamı** check sum, audit total **denetim verisi** control data **denetim yazmacı** check register **denetim yığını** control stack **denetim yordamı** checking routine **denetim yükselteci** monitoring amplifier
denetimli *s.* controlled **denetimli atmosfer** controlled atmosphere **denetimli değişken** controlled variable **denetimli soğutma** controlled cooling
denetimsel *s.* supervisory
denetimsiz *s.* uncontrolled
denetimsizlik *a.* lack of control/inspection/audit
denetleme *a.* inspection; supervision
denetlemek *e.* to control, to check, to inspect; to supervise, to oversee; to

audit
denetleyici s. controlling, supervisory ¤ a.
controller, inspector, supervisor
denetmen a. superintendent, inspector
denetsel s. supervisory
deney a. experiment, test **deney aleti**
testing apparatus **deney değeri** test
value **deney eleği** testing sieve **deney**
makinesi testing machine **deney**
örneği test piece, test specimen **deney**
parçası test piece **deney takımı** testing
set **deney tasarımı** experimental de-
sign **deney tüpü** test tube **deney**
yapmak to experiment **deney yöntemi**
testing method
deneyci a. experimenter
deneycilik a. empiricism
deneyim a. experience
deneyimli s. experienced, practiced
deneyimli kimse old hand
deneyimsiz s. inexperienced, unskilled,
raw, green kon.
deneyimsizlik a. inexperience
deneykap a. test tube
deneyleme a. experimentation
deneylemek e. to experiment on/with
deneylemeli s. experimental
deneyli s. experimental; empirical
deneylik a. laboratory
deneysel s. experimental, empirical
deneysel kimya experimental chemis-
try
deneyselci a. experimentalist; empiricist
deneyselcilik a. experimentalism; empiri-
cism
deneyüstü s. transcendental; metaphysi-
cal
deneyüstücü a. transcendentalist * tran-
sandantalist
deneyüstücülük a. transcendentalism *
transandantalizm
denge a. balance; equilibrium, equipoise;
composure, self-possession **denge**
ağırlığı balance weight **denge borusu**
balance pipe **denge denklemi** equation
of equilibrium **denge diyagramı** equi-
librium diagram **denge durumu** state of
equilibrium **denge halatı** balance rope
denge hali state of equilibrium **denge**
hatası balance error **denge karışımı**
equilibrium mixture **denge levhası**
compensation plate **denge pistonu**
balance piston, dummy piston **denge**

poligonu equilibrium polygon **denge**
profili graded profile **denge sabiti**
equilibrium constant **denge sıcaklığı**
equilibrium temperature **denge şartı**
stability condition **denge yanayı** graded
profile **denge yayı** balance spring
dengede tutmak to balance
dengeleç a. hayb. balancer
dengeleme a. balancing, compensation,
stabilization **dengeleme bobini** bal-
ance coil **dengeleme borusu** balance
pipe **dengeleme devresi** balancing cir-
cuit **dengeleme direnci** compensating
resistance **dengeleme sargısı** com-
pensating winding **dengeleme sarkacı**
compensation pendulum **dengeleme**
silindiri balancing cylinder **dengeleme**
zamanı equilibrium time
dengelemek e. to balance, to poise
dengeleyen s. stabilizing ¤ a. stabilizer,
poiser
dengeleyici s. balancing **dengeleyici**
anten balancing antenna **dengeleyici**
darbe equalizing pulse **dengeleyici**
devre equalizing network **dengeleyici**
empedans balancing impedance
dengeleyici kuvvet restoring force
dengeleyici sinyal equalizing signal
dengeleyici yay equalizing spring
dengeli s. balanced; well-balanced; level-
headed; stable **dengeli akımlar** bal-
anced currents **dengeli amplifikatör**
balanced amplifier **dengeli çıkarma**
balanced hoisting **dengeli çıkış** bal-
anced output **dengeli çözelti** balanced
solution **dengeli detektör** balanced de-
tector **dengeli devre** balanced circuit
dengeli filtre balanced filter **dengeli**
girdi balanced input **dengeli göbek**
balanced core **dengeli hat** balanced
line **dengeli karıştırıcı** balanced mixer
dengeli konvertisör balanced con-
verter **dengeli köprü** balanced bridge
dengeli makara balanced pulley
dengeli modülatör balanced modula-
tor **dengeli osilatör** balanced oscillator
dengeli stok balanced stock **dengeli**
şebeke balanced network **dengeli**
vatmetre compensated wattmeter
dengeli yarıiletken compensated
semiconductor **dengeli yük** balanced
load **dengesini bozmak** to overbal-
ance, to unbalance **dengesini**

kaybetmek to lose one's balance
dengelilik *a.* stability
dengesiz *s.* out of balance; unbalanced; unstable *dengesiz beslenme* malnutrition *dengesiz faz* unstable phase
dengesizlik *a.* imbalance; instability
dengetaşı *a.* statolith
deni *s, esk.* despicable
denim *a.* denim
deniz *a.* sea ¤ *s.* maritime, marine; naval, nautical *deniz alçalması* low tide *deniz aslanı bkz.* denizaslanı *deniz banyosu* sea bathing *deniz buzlası* ice floe, pack ice *deniz demiri* sea anchor, drift anchor *deniz dibi* seabed *deniz feneri* lighthouse *deniz filosu* navy *deniz gerilemesi* regression *deniz gezisi* cruise *deniz harp akademisi* naval academy *deniz hayvanı kabuğu* seashell *deniz hayvanı* marine animal *deniz hortumu* waterspout *deniz hukuku* maritime law *deniz iklimi* marine climate, maritime climate *deniz ilerlemesi* marine transgression *deniz işareti* sea mark *deniz kazası* shipwreck *deniz kazazedesi* castaway *deniz kenarı* sea coast, seaside *deniz kıyısı* sea coast, seaside *deniz kronometresi* marine chronometer *deniz kurdu mec.* old salt, salt, old seadog *deniz kuvvetleri* naval forces, navy *deniz manzarası* seascope *deniz meltemi* sea breeze *deniz mili* nautical mile, sea mile *deniz motoru* marine engine, motorboat *deniz musluğu* sea cock *deniz nakliyat şirketi* shipping company *deniz otobüsü* hydrofoil *deniz pili* sea cell *deniz salyangozu* limpet *deniz seviyesi* sea level *deniz sisi* sea fog *deniz sondajı* offshore drilling *deniz subayı* naval officer *deniz suyu* sea water *deniz trafiği* seaway *deniz tutmak* to get seasick *deniz tutması* seasickness *deniz tutmuş* seasick *deniz tuzu* sea salt *deniz uçağı* flying boat, seaplane *deniz ürünü* seafood *deniz üssü* naval base *deniz valfı* sea cock *deniz yatağı* lilo *deniz yolculuğu* voyage, sail *deniz yolu bkz.* denizyolu *deniz yosunu* seaweed *Denizde kum onda para* a) in clover *kon.*, loaded *arg.* b) He has pots of money, He is rolling in money

denizde afloat *denizden çıkmış balığa dönmek* to feel like a fish out of water *denizden esen* seaward *denizden esen rüzgâr* sea breeze *denize açılmak* to put (out) to sea *denize doğru* seaward *Denize düşen yılana sarılır* A drowning man will clutch at a straw *denize elverişli* seaworthy *denize girmek* to go swimming, to have a swim *denize indirmek* to launch *denizin alçalması* low tide *denizin kabarması* high tide
denizalası *a. hayb.* sea trout
denizaltı *a, den.* submarine, sub *kon.* ¤ *s.* submarine, undersea *denizaltı kamerası* underwater camera *denizaltı madenciliği* undersea mining *denizaltı roketi* submarine rocket *denizaltı tahrip* antisubmarine
denizaltıcı *a.* submariner
denizaltısavar *a.* antisubmarine
denizanası *a.* jellyfish
denizaslanı *a.* sea lion
denizaşırı *s.* oversea, overseas
denizatı *a.* seahorse
denizaygırı *a.* hippocamp
denizayısı *a.* sea cow, manatee
denizbilim *a.* oceanography
denizbilimci *a.* oceanographer
denizbilimsel *s.* oceanographic(al)
denizci *a.* seaman; sailor; navigator
denizcilik *a.* seamanship; navigation, sailing ¤ *sg.* nautical, maritime
denizçakısı *a. hayb.* razor clam
denizçulluğu *a. hayb.* sanderling
denizdanteli *a. hayb.* millepore
denizdibi *s.* submarine *denizdibi bitkileri* submarine plants *denizdibi engebeleri* submarine relief *denizdibi koyağı* submarine valley *denizdibi vadisi* submarine valley
denizel *s.* naval, marine
denizfili *a. hayb.* elephant seal
denizgergedanı *a. hayb.* narwhal
denizgüzeli *a. hayb.* maigre
denizhıyarı *a.* sea cucumber
denizısırganı *a.* sea nettle
deniziğnesi *a. hayb.* European pipefish
denizineği *a. hayb.* Steller's sea cow
denizkadayıfı *a. bitk.* henware, murlin
denizkaplumbağası *a.* sea-turtle, turtle
denizkazı *a. hayb.* barnacle goose
denizkedisi *a, balk.* rabbitfish * kedibalığı

denizkestanesi *a.* sea urchin
denizkırlangıcı *a, hayb.* tern
denizkızı *a.* mermaid
denizkozalağı *a. hayb.* cone shell
denizköpüğü *a.* meerschaum
denizkulağı *a, coğ.* lagoon * lagün; *hayb.*
   ormer, sea-ear
denizlalesi *a.* crinoid
denizlik *a, den.* washboard, splashboard;
   mim. windowsill, windowledge
denizmarulu *a. bitk.* sea lettuce
denizmaymunu *a. hayb.* ray
denizmenekşesi *a. bitk.* sea bells
denizminaresi *a. hayb.* screw shell
denizördeği *a.* storm petrel
denizörümceği *a.* spider crab
denizpalamudu *a.* acorn barnacle
denizperisi *a. hayb.* southern fur seal
denizrezenesi *a. bitk.* samphire
denizsamuru *a. hayb.* sea otter
denizsel *s.* marine; maritime
denizserçesi *a. hayb.* lapwing, pewit
denizşakayığı *a.* sea anemone
deniztarağı *a.* clam
deniztavşancılı *a.* osprey
deniztavşanı *a. hayb.* sea hare
deniztekesi *a. hayb.* shrimp, prawn
deniztilkisi *a. hayb.* sea fox
denizyılanı *a.* sea snake
denizyıldızı *a.* starfish
denizyolu *a.* seaway *denizyolları* mari-
   time lines *denizyoluyla* by sea, by wa-
   ter *denizyoluyla taşınan* waterborne
denizyosunu *a.* seaware, seaweed
denk *a.* bale; counterpoise; equal, match,
   peer ¤ *s.* equal; suitable, timely *denk
   empedans* matched impedance *denk
   etmek* to pack *denk gelmek* a) to be
   suitable b) to suit, to fit c) to run into, to
   come across *denk getirmek* a) to
   choose to right time, to act in the right
   time b) to hit (a target) *denk olmak* to
   be equal *denk şebeke* equivalent net-
   work
denklem *a, mat.* equation * muadele
   denklemler sistemi mat. system of
   equations
denklemek *e.* to balance, to make equal
denklenti *a.* compensation
denklentili *s.* compensatory
denkleşim *a.* equivalence; equilibrium
denkleşmek *e.* to reach equilibrium; to
   become equal

denkleştirici *s.* balancing
denkleştirim *a.* compensation
denkleştirmek *e.* to balance, to make
   equal; to manage to find (money)
denklik *a.* equality, balance, equivalence,
   parity
denkser *s.* equitable
denkserlik *a.* equity, justice
denksiz *s.* unbalanced; unstable *denksiz
   kuvvetler* unbalanced forces *denksiz
   vinç* differential windlass
denkteş *a.* peer, equal
denli *s.* discreet
denli[1] *s.* tactful
denli[2] *be.* so, so ... that
denlilik *a.* tactfulness
densiz *s.* tactless
densizlenmek *e.* to act tactlessly
densizleşmek *e.* to become tactless
densizlik *a.* tactlessness
denşirme *a.* denaturation * tağyir
denşirmek *e.* to denature * tağyir etmek
dentin *a.* dentine
denüdasyon *a.* denudation
denye *a, teks.* denier
denyo *s.* foolish, birdbrained
deodoran *a.* deodorant
deoksiribonükleaz *a.* deoxyribonuclease
deoksiribonükleik asit *a.* deoxyribonu-
   cleic acid
deoksiriboz *a.* deoxyribose
deontoloji *a.* deontology * ödevbilgisi
depar *a, sp.* start
departman *a.* department
depilaj *a.* depilation
depilasyon *a.* depilation
depilatif *s.* depilatory
depilatuar *a.* depilatory
deplasman *a, sp.* playing away; *tek.* dis-
   placement *deplasman akımı* dis-
   placement current *deplasman kanunu*
   displacement law *deplasman maçı*
   away   match   *deplasmana
   gitmek/çıkmak*   to   play   away
   deplasmanda away
depo *a.* depot; warehouse, store; tank,
   reservoir *depo etmek* to store, to lay
   sth up *depoya koymak* to put sth in
   storage,   to   store,   to   warehouse
   Depoyu doldur! oto. Fill it up!
depocu *a.* warehouseman, stockman
depoculuk *a.* warehousing
depolama *a.* storing, storage *depolama*

haslığı fastness to storage **depolama tankı** storage tank
depolamak e. to store, to lay sth up, to lay sth in
depolarizasyon a. depolarization
depolarize s. depolarized **depolarize etmek** to depolarize
depolimerizasyon a. depolymerization
depozit(o) a. deposit **depozit(o) vermek** to deposit
deppoy a, ask. depot
deprem a. earthquake, quake kon. **deprem bölgesi** seismic zone **deprem büyüklüğü** magnitude of an earthquake **deprem dalgası** tsunami **deprem merkezi** seismic focus **deprem ocağı** hypocentre
deprembilim a. seismology * sismoloji
deprembilimci a. seismologist
deprembilimsel s. seismological
depremçizer a. seismograph
depremölçer a. seismometer
depremölçüm a. seismometry
depremsel s. seismic
depremsellik a. seismicity
depremsiz s. aseismic
depremyazar a. seismograph * sismograf
depremyazım a. seismography
deprenmek e. to struggle to get free
depresif s. hek. depressive
depresyon a, ruhb. depression * çöküntü **depresyona girmek** to sink into a depression
depreşmek e. to reappear, to recur, to relapse
depreştirmek e. to renew (sth unpleasant)
derbeder a. vagrant, vagabond, tramp ¤ s. irregular, untidy, slovenly
derbederlik a. roving, vagrancy; untidiness, disorganization
derbi a. derby
dere a. brook, stream, rivulet, creek Al.; inş. eaves trough, gutter **dere tepe düz gitmek** to go up hill and down dale **Dereyi görmeden paçaları sıvama** Don't count your chickens before they're hatched **dereyi görmeden paçaları sıvamak** to count one's chickens (before they are hatched)
derebeyi a. feudal lord
derebeylik a. feudalism
derece a. degree; rank, grade; extent,

point; thermometer **derece derece** a) by degrees b) of various degrees
dereceleme a. calibrating, calibration
derecelemek e. to calibrate
derecelendirmek e. to grade; to graduate
dereceli s. graduated; graded **dereceli silindir** graduated cylinder
dereiskorpiti a. hayb. miller's-thumb, bullhead
derekayası a. hayb. freshwater goby
dereotu a. dill
derepisisi a. hayb. flounder
dergâh a. dervish convent
dergi a. magazine, periodical, journal, review, mag kon.
dergici a. magazine publisher
dergicilik a. magazine publishing
dergilemek e. to compile, to collect
dergilik ş. suitable for a magazine
dergin s. compiled
derginleme a. compilation, compiling
derginlemek e. to compile
derhal be. immediately, at once, directly, instantly, right away
deri a. skin, hide; leather; peel **deri hastalığı** skin disease **deri iltihabı** dermatitis **derisini sıyırmak** to bark **derisini soymak** to skin **derisini yüzmek** a) to skin, to bark b) to strip sb of sth, to clean sb out (of sth) c) to torture to dead
derialtı s. hypodermic, subcutaneous **derialtı iğne** hypodermic injection
deribilim a. dermatology
derice a. dermatosis
derici a. leather dealer
dericik a. cuticle, pellicle
dericilik a. leather trade
deriden s. hek. percutaneous
deriiçi s. hek. intradermal
derikeser a. hek. dermatome
derim a. anthology
derimsi s. dermoid
derin s. deep; profound; (uyku) sound, deep; extensive, deep, thorough **derin çekme** deep drawing **derin dağlama** deep etching **derin delme** deep drilling **derin deniz** deep sea **derin derin** deeply **derin derin düşünmek** to think deeply, to muse **derin derin uyumak** to sleep like a log **derin dondurucu** deep freeze **derin düşüncelere dalmak** to muse **derin düşüncelere**

dalmış immersed in thought, deep in thought **derin etek** continental slope **derin köklü** deep-rooted **derin kuyu** deep well **derin madenciliği** deep mining **derin sessizlik** hush **derin sondaj** deep drilling **derin sürme pulluğu** trenching plough **derin sürme** deep ploughing **derin uyku** dead sleep **derin uykuda** fast asleep **derin uykuya dalmak** to fall fast asleep **derin uykuya dalmış** fast asleep **derinlere dalmak** to be plunged in thought

derinlemesine *be.* in depth, deeply

derinleşmek *e.* to deepen, to become deep

derinleştirmek *e.* to deepen, to make deep

derinletmek *e.* to make (sth) deep

derinliğine *be.* in depth, deeply

derinlik *a.* depth; deepness; profundity **derinlik dozu** depth dose **derinlik kayaçları** plutonic rocks **derinlik mastarı** depth gauge **derinlik mikrometresi** micrometer depth gauge **derinlik ölçeği** depth gauge **derinlik ölçer** depth finder

derinlikölçer *a.* bathometer

derinti *a.* rabble

derisel *s.* dermatoid

derisidikenli *s.* echiniform, echinoid, echinoderm

derişik *s.* concentrated **derişik çözelti** concentrated solution **derişik madde** concentrate

derişim *a.* concentration **derişim pili** concentration cell

derişme *a.* concentration * konsantrasyon **derişme oranı** ratio of concentration

derişmek *e.* to be concentrated

deriştirmek *e.* to concentrate

derivasyon *a.* derivation, diversion

derken *be.* while trying to, when intending to; just at that moment

derkenar *a.* marginal note

derlem *a.* collection * koleksiyon

derlemci *a.* collector

derleme *a.* collecting, compilation, miscellany ¤ *s.* collected, selected **derleme süresi** compilation time **derleme yordamı** compiling routine

derlemek *e.* to collect, to compile **derleyip toplamak/toparlamak** to tidy (up)

derlence *a.* anthology

derleyici *a, biliş.* compiler **derleyici program** compiler program **derleyici sistemi** compiler system **derleyici yöneticisi** compiler manager

derleyicilik *a.* anthologizing

derli toplu *s.* tidy, neat, orderly, spick-and-span, trim *övg.*; (anlatım) compact

derman *a.* strength, power, energy; remedy, cure **derman aramak** to seek a remedy **derman bulmak** to find a remedy

dermansız *s.* exhausted, feeble * bitkin; irremediable, incurable * çaresiz

dermansızlaşmak *e.* to lose one's strength

dermansızlık *a.* debility, infirmity, weakness; incurability, incurableness

dermatit *a.* dermatitis

dermatofit *a.* dermatophyte

dermatolog *a.* dermatologist * cildiyeci

dermatoloji *a.* dermatology * cildiye

dermatoz *a. hek.* dermatosis

derme *a.* collection, collecting **derme çatma** jerrybuilt, rambling

dermek *e.* to gather, to collect, to pick

dermeyan etmek *e.* to express, to state

dernek *a.* association, society, club, institution, fraternity, fellowship

derneşik *s.* well-organized

derney *a.* series

derpiş etmek *e.* to consider, to intend

ders *a.* lesson, class, course, lecture, subject; lesson, moral, example, warning **ders almak** to take lessons from **ders anlatmak** to teach, to lecture **ders çalışmak** to study **ders kitabı** textbook **ders olmak** to be a lesson **ders programı** timetable, schedule *Aİ.* **ders vermek** a) to teach, to give lessons, to tutor, to lecture b) to rebuke, to scold, to teach sb a lesson **ders yılı** school year **dersi asmak** to cut a class, to play truant **dersini almak** to learn one's lesson **dersini yapmak** to prepare one's lesson, to do one's homework **dersleri kırmak** to play truant, to play hooky *Aİ.*

dershane *a.* classroom * derslik, sınıf; private teaching institution

derslik *a.* classroom

dert *a.* trouble, worry, sorrow; suffering, pain, affliction; nuisance, bother, plague *kon.*, a pain in the neck *kon.*; disease, sickness *derde girmek* to get into trouble *derdini açmak* to get sth off one's chest, to unburden oneself *derdini anlatmak* to make oneself understood *derdini deşmek* to stir up one's trouble *derdini dökmek* to confide one's troubles to *derdini paylaşmak* to commiserate (with sb) (on/over sth) *res. dert çekmek* to suffer *Dert değil* It's no trouble *dert etmek* to stew over *dert olmak* to become a worry (to) *dert ortağı* fellow sufferer *dert yanmak* to complain about one's troubles

dertlenmek *e.* to get worried, to be troubled

dertleşmek *e.* to pour out one's grief to each other

dertli *s.* pained, sorrowful, having a trouble

dertlilik *a.* having a trouble

dertop *be.* rolling into a ball *dertop etmek* to gather together *dertop olmak e.* to roll into a ball; to curl oneself up

dertsiz *s.* untroubled, carefree; easy

dertsizlik *a.* freedom from trouble

deruhte *a, esk.* undertaking *deruhte etmek* to undertake

deruhte etmek *e. esk.* to undertake

deruni *s. esk.* spiritual, inner

derviş *a.* dervish

dervişlik *a.* being a dervish; *kon.* humility

derya *a.* sea * deniz

derz *a, teks.* seam; *inş.* pointing *derz malası* edger *derz mastarı* jointing rule

derzli *s.* jointed

derzsiz *s.* jointless

desansör *a.* gravity conveyor

desen *a.* design, pattern, figure; drawing *desen kâğıdı* design paper *desen silindiri* design cylinder

desene *s. kon.* that means, that is to say

desenli *s.* figured, patterned *desenli makaslama* pattern shearing

desensiz *s.* without designs/patterns

desibar *a.* decibar

desibel *a.* decibel

desigram *a.* decigram

desikatör *a.* desiccator * kurutucu

desil *a.* decile *desil alkol* decyl alcohol

desilitre *a.* decilitre

desimal *s.* decimal

desimetre *a.* decimetre

desimetrik *s.* decimetric *desimetrik*

dalga decimetric wave

desinatör *a.* designer, stylist, couturier, sketcher

desinatörlük *a.* couture

desinormal *s, kim.* decinormal *desinormal çözelti* decinormal solution

desise *a.* trick, plot, ruse, intrigue

desiseli *s. esk.* tricky, deceitful

desister *a.* decistere

desmolaz *a.* desmolase

desorpsiyon *a.* desorption

despot *a.* despot ¤ *s.* despotic, high-handed

despotca *be.* high-handedly

despotizm *a.* despotism

despotluk *a.* despotism

destan *a.* epic, saga *destan gibi* very long

destancı *a.* an epic poet

destani *s.* epic(al); epic, heroic

destanlaşmak *e.* to become legendary

destansı *s.* epic * epik

deste *a.* bunch, bundle, bouquet; packet, package; *isk.* pack, deck *Aİ.*

destek *a.* support, prop, bracket, buttress, shore, strut, beam; support, backing, countenance; *ask.* reinforcements; *mec.* help, helper *desteğini çekmek* to withdraw one's support *destek akça* subsidy *destek ateşi ask.* supporting fire *destek birimi* support unit *destek birliği ask.* support unit *destek noktası* point of support *destek olmak* to support, to back, to stand by *destek program* utility program *destek vurmak* to put a prop to, to shore up, to brace *destek yordamı* utility routine

destekbağı *a. anat.* sustentaculum

destekçi *a.* backer, buttress

destekdoku *a.* stroma

destekdokusal *s.* stromatic

desteklemek *e.* to prop up, to shore up; to support, to back up, to countenance, to uphold, to champion, to endorse, to buttress sth (up), to stand for sth, to stand sb up for sb/sth; to subsidize

destekleyici *a.* champion

destekli *s.* supported, braced

desteksiz *s.* unsupported

destelemek *e.* to bunch, to wad

destemora *a.* cap

destroyer *a, ask.* destroyer

destur *a.* permission * izin, müsaade ¤

ünl. Gangway!, Make way!

destursuz *be.* without permission

deşarj *a.* discharge *deşarj akımı* discharge current *deşarj etmek* to discharge *deşarj hızı* discharge rate, rate of discharge *deşarj olmak* a) to be discharged b) to pour out one's feelings *deşarj tüpü* discharge tube *deşarj voltajı* discharge voltage

deşe ipek *a.* silk waste

deşelemek *e.* to scratch up; to search

deşifre *s.* deciphered *deşifre etmek* to decipher

deşik *s.* pierced ¤ *a.* hole

deşmek *e.* to prick, to incise, to dig up; (çıban) to lance; *mec.* to open up, to recall

detant *a.* détente

detay *a.* detail * ayrıntı *detay resmi* detail drawing *detaylarıyla* at great length

detaylı *s.* detailed, elaborate * ayrıntılı

detektif *a.* detective

detektör *a.* detector * bulucu

deterjan *a.* detergent *deterjan haslığı teks.* fastness to detergents

determinant *a.* determinant

determinasyon *a. mant.* determination

determinist *a. fel.* determinist ¤ *s.* deterministic

determinizm *a, fel.* determinism

detonasyon *a.* detonation *detonasyon direnci* antiknock value *detonasyon yapmak oto.* to knock

detonatör *a.* detonator

dev *a.* giant, colossus ¤ *s.* gigantic, monstrous, colossal *dev galaksi* giant galaxy *dev gezegen* giant planet *dev gibi* huge, enormous, immense, titanic, gigantic, colossal, gargantuan *dev gökada* giant galaxy *dev yıldız* giant star

deva *a.* remedy, cure, medicine * ilaç, çare, em

devalüasyon *a.* devaluation * değerdüşürümü

devalüe *s.* devalued *devalüe etmek* to devalue, to devaluate *Aİ. devalüe olmak* to be devalued, to fall in value

devam *a.* continuation, continuance, continuity, duration; attendance ¤ *ünl.* Go on! Keep on! Keep going! *devam etmek* a) to continue, to keep on, to go on, to keep going, to carry on b) to last,

to endure c) to persevere, to persist d) to attend (regularly) *devam ettirmek* to continue, to maintain, to keep up, to sustain, to perpetuate *devam mecburiyeti* compulsory attendance *devamı var* to be continued

devamlı *s.* continuous, continual, uninterrupted; assiduous, regular *devamlı fren* continuous brake *devamlı güç* continuous power *devamlı olarak* consistently *devamlı spektrum* continuous spectrum *devamlı yük* continuous load

devamlılık *a.* continuity, continuousness

devamsız *s.* without continuity; inconstant; irregular

devamsızlık *a.* lack of continuity; absence, absenteeism

devasa *s.* gigantic, colossal, gargantuan, enormous

devasız *s.* incurable, irremediable

devaynası *a.* convex mirror, magnifying mirror *(kendini) devaynasında görmek* to be eaten up with pride

deve *a.* camel *deve gibi* huge and awkward *deve yapmak arg.* to pocket, to appropriate *devede kulak* a drop in the ocean *devede kulak gibi* derisory *devenin başı/nalı/pabucu kon.* Stuff and nonsense!, Bullshit! *deveyi yüze çıkarmak* to overcome difficulties

deveboynu *a.* gooseneck, offset, ogee *deveboynu kemer* ogee arch *deveboynu torna* gap lathe

deveci *a.* cameleer

devecilik *a.* driving/keeping camels

devedikeni *a.* thistle

devedöşlü *s.* (at) hollow-bellied

deveelması *a. bitk.* woolly burdock

devekuşu *a.* ostrich

develope *s.* developed *develope etmek e.* to develop

developman *a.* development *developman banyosu* developing bath *developman küveti* developing tank *developman maddesi* developer

dever *a.* superelevation

deveran *a.* circulation, revolution, rotation *deveran etmek* to flow, to circulate

devetabanı *a, bitk.* philodendron

devetüyü *a.* camel hair, camel's hair; light brown colour, buff ¤ *s.* buff, light brown *devetüyü ipliği* camel's hair yarn

devgözeli *s.* macrocytic

devim *a.* movement, motion * devinim
devimbilim *a, fiz.* dynamics * dinamik
devimbilimsel *s.* dynamic
devimli *s.* moving, in motion
devimlilik *a.* being in motion
devimsel *s.* dynamic, kinetic, motional * hareki, dinamik
devimselci *a. fel.* dynamist ¤ *s.* dynamistic
devimselcilik *a. fel.* dynamism
devimsellik *a.* being in motion
devimsiz *s.* immobile
devindirici *s.* motive **devindirici güç** moving force
devindirmek *e.* to put in motion, to move, to impel
devinduyum *a.* kinesthesia, kinesthcsis
devinduyumsal *s.* kinesthctic
devingen *s.* mobile, movable * hareketli, müteharrik; dynamic * dinamik **devingen dayanç** dynamic strength
devingenlik *a.* mobility
devingi *a.* motion
devinim *a, fiz.* movement, motion * hareket
devinimli *s.* moving, mobile
devinimlilik *a.* dynamism
devinimsiz *s.* motionless
devinimsizlik *a.* immobility
devinirlik *a.* momentum
deviniş *a.* way of moving, motion
devinmek *e.* to move * hareket etmek
devir[1] *a.* era, epoch, period; reign **devir açmak** to open an era
devir[2] *a.* rotation, revolution, tour, circulation; circuit; transfer, cession, takeover **devir almak** *bkz.* devralmak **devir etmek** *bkz.* devretmek **devir periyodu** period of revolution **devir sayacı** revolution counter **devir sayısı** number of revolutions **devir yapmak** to cycle
devirli *s.* periodic, cyclic **devirli grup** cyclic group **devirli permütasyon** cyclic permutation
devirme *a.* overturning, upset **devirme platformu** tipping platform **devirme şalter** tumbler switch **devirme tertibatı** tipper
devirmek *e.* to overturn, to turn upside down; to upset; to topple; to knock down, to floor; to tip, to tilt to one side; to cut sth down; to overthrow, to subvert, overturn, to bring sb down; *kon.* to

drink down, to toss off, to down *kon.*, to knock sth back *kon.*; *arg.* to lay, to make
devirölçer *a.* tachometer
devirsiz *s.* aperiodic
devitken *s.* activating, actuating
devitkenlik *a.* activation, actuating
devitmek *e.* to move, to put into action; to operate (a machine)
devkazanı *a.* pothole
devleşmek *e.* to become gigantic
devlet *a.* state; government **devlet adamı** statesman **devlet baba** *kon.* the state **devlet bakanı** state minister **devlet bankası** national bank **devlet başkanı** head of the state, president **devlet hazinesi** state treasury, the Exchequer **devlet hizmeti** government service, civil service **devlet işleri** state affairs **devlet kuşu** windfall, godsend **devlet memurları** the Civil Service **devlet memurluğu** the Civil Service **devlet memuru** civil servant **devlet müdahalesi** state intervention **devlet okulu** public school **devlet sırrı** state secret **Devlet Şurası** Council of State
devletçe *be.* on the part of the state
devletçi *a.* partisan of state control
devletçilik *a.* state control, statism
devletlerarası *s.* interstate, interstatal
devletleştirme *a.* nationalization
devletleştirmek *e.* to nationalize
devletli *s.* fortunate ¤ *a. trh.* member of the Ottoman imperial family
devoniyen *s. yerb.* Devonian ¤ *a.* the Devonian period
devralma *a.* takeover
devralmak *e.* to take sth over
devran *a. esk.* time, times
devre *a.* period, term; *sp.* half time; *elek.* circuit **devre anahtarlaması** circuit switching **devre analizörü** circuit analyser **devre değiştirici** circuit changer **devre elemanı** circuit element **devre gürültüsü** circuit noise **devre hatası** circuit fault **devre kesici** circuit breaker, breaker **devre levhası** circuit board **devre mülk** time sharing **devre şeması** circuit diagram **devreyi açmak** to switch off **devreyi kapamak** to switch on
devren *be.* by session, by transfer
devretmek *e.* to turn over, to transfer, to

assign, to convey, to alienate, to make sth over (to sb/sth)

devri *s.* periodic, cyclic

devriâlem *a.* world tour

devridaim *a.* circulation, perpetual motion **devridaim pompası** circulating pump * dolaşım pompası **devridaim tulumbası** cooling water pump

devrik *s.* folded, turndown; *dilb.* inverted; overthrown

devrilmek *e.* to overturn, to upset; to capsize; to be overthrown; to fall over

devrim *a.* revolution; reform **devrim yapmak** to revolutionize **devrim yaratmak** to revolutionize

devrimci *a.* revolutionary, revolutionist ¤ *a.* revolutionary

devrimcilik *a.* revolutionism

devrimsel *s.* revolutionary

devrimsellik *a.* revolutionariness

devrisi *s.* the next, the following

devriye *a.* patrol, round **devriye arabası** patrol car **devriye gezme** cruise **devriye gezmek** to patrol **devriye polis** patrolman **devriye polisi** patrolman *Aİ.*

devrolunamaz *s.* inalienable

devşirim *a.* picking, gathering

devşirimli *s.* neat, tidy, in good order

devşirimsiz *s.* untidy, in disorder

devşirmek *e.* to gather, to collect, to pick; to fold, to roll up

deyi *a.* logos

deyim *a.* idiom, phrase, expression

deyimleşmek *e.* to become an idiom

deyiş *a.* style of speech; folk poem, folk song; saying, byword; expression

deyişbilim *a.* stylistics

deyyus *s.* cuckold, pander

dezavantaj *a.* disadvantage, drawback, handicap

dezavantajlı *s.* disadvantageous **dezavantajlı olmak** to be at a disadvantage

dezenfeksiyon *a.* disinfection

dezenfektan *a.* disinfectant

dezenfekte *s.* disinfected **dezenfekte etmek** to disinfect

dığdığı *s.* who pronounces r like g

dılak *a.* clitoris

dımbırdatmak *e.* to strum, to twang

dımdızlak *s, kon.* stark naked, bald * çırçıplak; destitute **dımdızlak kalmak**

to be left destitute

dır dır *be.* continuously, grumblingly

dırav *a. arg.* money, dough

dırdır *a.* grumble, nagging, squawk, whine **dırdır etmek** to grumble, to nag at sb, to bellyache *kon.*, to bitch *kon.*, to carp *hkr.*, to grouch *hkr.*, to grouse *hkr.*, to rabbit (on) *hkr.*

dırdırcı *a.* grumbler, grouch, whiner, nagger, nag

dırdırlanmak *e.* to grumble, to carp *hkr.*

dırıltı *a.* grumbling, beefing; squabble

dırlanmak *e.* to beef, to grumble, to whimper

dırlaşmak *e.* to squabble, to have a row

dış *a.* outside, exterior ¤ *s.* outer; external; foreign **dış açı** exterior angle **dış akım** external current **dış anten** outdoor antenna **dış astarı** facing **dış aygıt** external device, out device **dış ayrıklık** eccentric anomaly **dış bağlayıcı** outconnector **dış bellek** external memory, external storage **dış bilezik** outer ring **dış bilya** outer bearing **dış bölge** exterior region **dış çap** outside diameter **dış çember** epicycle **dış çizgi** outline **dış dağlama** macroetching **dış dehliz** narthex **dış duvar** exterior wall **dış elektron** peripheral electron **dış empedans** external impedance **dış etiket** exterior label **dış flap** external flap **dış gebelik** ectopic pregnancy **dış geribesleme** external feedback **dış gerilim** external voltage **dış gezegen** superior planet **dış görünüş** exterior, façade **dış haberler** foreign news **dış hat** external line, international line **dış kanat** outer wing **dış komut** *biliş.* external command **dış krank** outside crank **dış kuvvet** external force **dış lastik** *oto.* tyre, tire *Aİ.* **dış mahalle** outskirts **dış merkez** epicenter **dış motor** outboard engine **dış nokta** exterior point **dış pazar** foreign market **dış sahne** *sin.* exterior **dış ticaret dengesi** balance of trade **dış ticaret** foreign trade **dış uyarım** separate excitation **dış ülkeler** foreign parts **dış yatak** outer bearing **dış yazmaçlar** external registers **dış yüzey** exterior surface, facing

dışaçeken *s. anat.* abducent ¤ *a.* abductor

dışadönük *a.* extrovert

dışadönüklük *a.* extroversion
dışalım *a.* importation * ithalat; import(s)
dışalımcı *a.* importer * ithalatçı
dışalımcılık *a.* import business
dışarı *a.* outside, exterior ¤ *be.* out;
  abroad **dışarı atmak** to throw out, to
  put out, to eject, to expel, to throw sb
  out **dışarı çıkmak** to go out, to pop out
  dışarı gitmek a) to go out b) to go
  abroad **dışarı vurmak** to show, to
  manifest
dışarıda *be.* outside, outdoors, out, out of
  doors; abroad **dışarıda çevirim** loca-
  tion shooting **dışarıda yayın** outside
  broadcast
dışarıdan *be.* from the outside; from
  abroad; outwardly
dışarılı *s.* provincial
dışarıya *be.* out, outside, outwards, out-
  ward *Aİ.*; abroad **dışarıya çıkmak** a) to
  go out b) to take the air **dışarıya
  kaydırma** shift out **dışarıya okuma**
  readout **dışarıya yuvarlama** roll-out
dışarlık *a.* the provinces
dışarlıklı *s.* provincial
dışasalak *s.* ectoparasite
dışasalak *a.* ectoparasite, ektoparasite,
  ectozoa
dışavurum *a.* expression * ifade
dışavurumcu *a.* expressionist * ekspre-
  syonist
dışavurumculuk *a.* expressionism * ek-
  spresyonizm
dışbaşkalaşım *a. yerb.* exomorphism
dışbeslek *s, biy.* heterotrophic * heterotrof
dışbesleklik *a, biy.* heterotrophy * hetero-
  trofi
dışbeslenen *s.* heterotrophic
dışbeslenme *a.* heterotrophism
dışbükey *s.* convex * tümsek **dışbükey-
  dışbükey** convexo-convex **dışbükey-
  içbükey** convexo-concave **dışbükey
  pervaz** astragal **dışbükey yüzey** con-
  vex surface
dışbükeylik *a.* convexity
dışçanak *a.* epicalyx
dışdeğer *a.* extrapolation **dışdeğer
  bulmak** to extrapolate
dışdeğerbiçim *a.* extrapolation
dışderi *a.* ectoderm
dışevli *s.* exogamous
dışevlilik *a.* exogamy
dışgöç *a.* emigration

dışgüçler *a.* exogenous forces
dışık *a.* slag, cinder
dışıklı *s.* clinkery **dışıklı kömür** clinkering
  coal
dışına *ilg.* outside
dışında *ilg.* outside; except, exclusive of,
  with the exception of **dışında bırakmak**
  to exclude (from), to except **dışında
  tutmak** to exclude (from), to except
dışınlı *s. fel.* extrinsic
dışişleri *a.* foreign affairs * hariciye
  Dışişleri Bakanı Minister of Foreign Af-
  fairs **dışişleri bakanlığı** Foreign Office,
  Ministry of Foreign Affairs, the Depart-
  ment of State, the State Department
dışkabuk *a.* primine
dışkı *a.* excrement, faeces, feces *Aİ.*,
  stool * kazurat **dışkı boşaltmak** to
  defecate *res.*
dışkıcıl *s.* coprophagous, stercoricolous
dışkılama *a.* defecation
dışkılamak *e.* to defecate, to excrete
dışkılı *s.* faecal, stercoraceous, stercorous
dışkılık *a.* cloaca
dışkılıksal *s.* cloacal
dışkısal *s.* faecal, stercoraceous, sterco-
  rous
dışkulak *a.* outer ear
dışkutsal *s.* profane, secular
dışlak *s. fel.* extrinsic, accidental
dışlama *a.* exclusion
dışlamak *e.* to exclude, to externalize, to
  ostracize *res.*
dışlaşmak *e.* to be expressed
dışlaştırmak *e.* to express
dışmerkez *a.* epicentre
dışmerkezli *s.* eccentric
dışmerkezlik *a. mat.* eccentricity
dışmerkezlilik *a.* eccentricity
dışodun *a.* xylem
dışplazma *a.* ectoplasm
dışrak *s. fel.* exoteric
dışsal *s.* external
dışsatım *a.* exportation * ihracat; export
dışsatımcı *a.* exporter
dışsatımcılık *a.* exporting
dışsatımlama *a.* exportation
dışsatımlamak *e.* to export
dıştan *be.* from the outside, externally ¤ *s.*
  external
dıştersaçı *a.* alternate exterior angle
dışyüz *a.* exterior, outer surface, appear-
  ance

dışzar *a. bitk.* epicarp, exocarp
dızdık *a.* anus
dızdız *a.* gadfly, horsefly
dızdızcı *a. arg.* swindler, conman, shark
dızdızcılık *a. arg.* swindle, bunko, fraud
dızgal *a. arg.* beard
dızgallı *s. arg.* bearded
dızlak *s. yörs.* bald; *arg.* well, going well, like clockwork
dızlamak *e. arg.* to swindle
dia *a.* filmslide, transparency
dialkol *a. kim.* glycol
diamin *a.* diamine
diapozitif *a.* filmslide, transparency
diasetik asit *a.* diacetic acid
diasetil *a.* diacetyl
diasetilen *a.* diacetylene
diatomit *a.* diatomite
diazo *a.* diazo **diazo bileşiği** diazo compound **diazo boyası** ingrain dyestuff
diazolama *a.* diazotization
diazolamak *e.* to diazotize
diazonyum *a.* diazonium
dibazik *s.* bibasic, dibasic
dibek *a.* large mortar
dibenzil *a.* dibenzyl
dibromür *a.* dibromide
dibukain *a.* dibucaine
Dicle *a.* Tigris
didaktik *s.* didactic * öğretici ¤ *a.* didactics
didaktil *a.* didactyl(e)
didik didik *s.* pulled to shreds **didik didik etmek** a) to pull to shreds b) to turn upside down, to search in every nook and cranny
didiklemek *e.* to pull to shreds; to turn upside down, to search in every nook and cranny
didinmek *e.* to work hard, to toil, to slog, to drudge
didişim *a. fel.* verbal controversy
didişimci *a. s. fel.* eristic
didişimcilik *a. fel.* eristic
didişken *s.* who likes to struggle/contest, aggressive
didişmek *e.* to scuffle, to quarrel, to bicker, to wrangle
dielektrik *a, s.* dielectric **dielektrik akımı** dielectric current **dielektrik akışkanlığı** dielectric viscosity **dielektrik amplifikatör** dielectric amplifier **dielektrik dağılımı** dielectric dispersion **dielektrik direnç** dielectric resistance

dielektrik histerezis dielectric hysteresis **dielektrik ısınması** dielectric heating **dielektrik katsayısı** dielectric constant **dielektrik kaybı** dielectric loss **dielektrik kılavuz** dielectric guide **dielektrik kutuplanma** dielectric polarization **dielektrik mercek** dielectric lens **dielektrik sağlamlık** dielectric strength **dielektrik sertlik** dielectric rigidity **dielektrik yorulması** dielectric fatigue
dien *a.* diene
dietil *a.* diethyl
difana *a.* triple fishing net
difenil *a.* diphenyl
difenilamin *a.* diphenylamine
difenilasetilen *a.* diphenylacetylene
difenilin *a.* diphenyline
difenilmetan *a.* diphenylmethane
difenilüre *a.* carbanilide
diferansiyal *a.* differential
diferansiyel *a.* differential gear ¤ *s.* differential **diferansiyel amplifikatör** differential amplifier **diferansiyel basınç** differential pressure **diferansiyel boyama** differential dyeing **diferansiyel denklem** differential equation **diferansiyel geçirgenlik** differential permeability **diferansiyel geometri** differential geometry **diferansiyel hesap** differential calculus **diferansiyel istavrozu** differential spider **diferansiyel kanatçık** differential aileron **diferansiyel kazanç** differential gain **diferansiyel kondansatör** differential capacitor **diferansiyel manometre** differential manometer **diferansiyel mili** differential shaft **diferansiyel operatörü** differential operator **diferansiyel röle** differential relay **diferansiyel sargı** differential winding **diferansiyel selsin** differential selsyn **diferansiyel suverme** differential quenching **diferansiyel titrasyon** differential titration **diferansiyel transformatör** differential transformer **diferansiyel vidası** differential screw
diferansiyellenebilir *s.* differentiable
diferansiyellenebilirlik *a.* differentiability
difosgen *a.* diphosgene
difraksiyon *a.* diffraction
difteri *a.* diphtheria
diftong *a, dilb.* diphthong

difüzör a. diffuser
difüzyometre a. diffusiometer
difüzyon a. diffusion difüzyon akımı diffusion current difüzyon donanımı diffusion plant difüzyon engeli diffusion barrier difüzyon gücü diffusibility difüzyon hücresi diffusion cell difüzyon jonksiyonu diffused junction difüzyon katsayısı diffusion coefficient difüzyon kolonu diffusion column difüzyon potansiyeli diffusion potential difüzyon sabitesi diffusion constant difüzyon tulumbası diffusion pump difüzyon uzunluğu diffusion length
diğer s. other; different; another diğer bir deyişle in other words
dihibrit a. dihybrid
dihidrit a. dihydrite
dijital s. digital dijital bilgisayar digital computer dijital devre digital circuit dijital haberleşme digital communications dijital voltmetre digital voltmeter
dijitalein a. digitalein
dijitalin a. digitalin
dijitoksin a. digitoxin
dik s. perpendicular, vertical; straight, upright, erect; steep, rapid, precepitous; intent, fixed, penetrating; mat. right dik açı right angle dik bakış gaze dik başlı (kafalı) bullheaded, headstrong, obstinate, pigheaded, adamant, recalcitrant, stubborn hkr., bloody-minded İl./kon. dik başlılık obstinacy dik dik bakmak to stare (at), to glare (at), to glower (at) dik durmak to stand upright dik kemer straight arch dik kesit right section dik oturmak to sit up dik üçgen right triangle
dikarboksilik asit a. dicarboxylic acid
dikçe s. rather steep
dikçizgisel s. orthographic
dikdörtgen a. rectangle dikdörtgen biçiminde rectangular dikdörtgen dalga rectangular wave dikdörtgen darbe rectangular pulse
dikeç a. column
dikel a. digging fork
dikeleç a, trm. dibbler
dikelmek e. to become steep; to stand; to defy, to oppose
dikeltmek e. to set up (sth) straight
diken a. prickle, thorn; spine diken

üstünde jumpy diken üstünde oturmak to be on tender hooks
dikence a. hayb. spined stickleback
dikencik a. spinule
dikencikli s. spinulose
dikendutu a. blackberry
dikene a. hayb. small stickleback
dikenkurt a. hayb. echinococcus
dikenli s. thorny, prickly; spiny; covered with thorny plants dikenli tel barbed wire
dikenlibalık a. hayb. stickleback
dikenlik a. bramble patch, thorn patch
dikenlilik a. spinescence
dikenlisalyangoz a. hayb. murex
dikenliyılan a. hayb. death adder
dikensi s. thornlike
dikensiz s. without thorns; spineless
dikey s. perpendicular, vertical * amudi dikey besleme vertical feed dikey drenaj vertical drainage dikey hız vertical speed dikey izdüşüm orthogonal projection dikey kalkış vertical takeoff dikey karbüratör updraft carburettor dikey savruntu vertical gust dikey vektör orthogonal vector dikey yörünge orthogonal trajectory
dikgen a, mat. rectangular
dikici a. cobbler; tailor
dikicilik a. cobbling; tailoring
dikili s. set up vertically, erected; planted
dikilitaş a. obelisk * obelisk
dikilmek e. to be planted; to be erected, to be set up; to be sewn; to stand; to become erect; (gözler) to be fixed on
dikim a, trm. planting; teks. sewing
dikimevi a. sewing workshop, tailoring workshop
dikine be. upright, vertically
dikiş a. sewing, stitching; seam; hek. suture dikiş dikmek to sew dikiş iğnesi sewing needle dikiş ipliği sewing yarn dikiş kutusu housewife dikiş makinesi sewing machine dikiş tutturamamak to be unable to settle down/keep up dikiş yeri a) seam b) stitch scars
dikişçi a. dressmaker
dikişli s. sewed, stitched; hek. sutured
dikişsiz s. seamless
dikit a. stalagmite
dikitli s. stalagmitic
dikiz a, kon. peep, peek dikiz aynası

rearview mirror **dikiz etmek** *arg.* to peep, to peek

dikizci *a, arg.* peeper, peeping Tom

dikizcilik *a.* voyeurism, peeping

dikizleme *a.* peek, peeping

dikizlemek *e.* to peep, to peek

dikkat *a.* attention, caution; care, carefulness, heed, assiduity, regard ¤ *ünl.* Look out!, Watch out!, Be careful!, Attention! **dikkat çekici** striking, conspicuous **dikkat çekmek** to attract attention **Dikkat et!** Watch it! *kon.*, Look out! **dikkat etmek** a) to pay attention (to), to pay heed to, to give heed (to) b) to be careful, to watch out, to beware (of) c) to notice, to note, to observe d) to take care of **dikkat kesilmek** to be all ears **dikkate almak** to take into consideration, to consider **dikkate almamak** to take no notice (of sb/sth), not to take any notice (of sb/sth) **dikkate değer** noticeable, noteworthy, notable, remarkable **dikkatini çekmek** a) to call sb's attention b) to point sth out (to sb) **dikkatini çevirmek** to focus one's attention on **dikkatini dağıtmak** to divert, to distract **dikkatleri üzerine çekmek** to make a big splash

dikkatle *be.* carefully, intently, gingerly

dikkatli *s.* careful, cautious, chary, attentive, alert, scrupulous, circumspect, assiduous, diligent, regardful, studious, close **dikkatli olmak** to be careful; to watch out; to take care; to watch one's step

dikkatlice *be.* attentively, carefully

dikkatsiz *s.* careless, inattentive, heedless, negligent

dikkatsizce *be.* carelessly

dikkatsizlik *a.* carelessness, inattention, negligence

dikkenar *a.* cathetus

dikkıyı *a.* cathetus

diklemesine *be.* vertically, upright

diklenmek *e.* to become steep; to get stubborn, to be defiant, to challenge

dikleşebilir *s.* erectile

dikleşme *a.* erection

dikleşmek *e.* to become steep; to get stubborn, to be defiant, to challenge

dikleştirmek *e.* to erect

diklik *a.* erectness; steepness; escarpment; obstinacy, stubbornness

diklor *a.* dichloride

dikloraseton *a.* dichloroacetone

diklorbenzen *a.* dichlorobenzene

dikloretilen *a.* dichloroethylene

dikloroetan *a.* dichloroethane

diklorofen *a.* dichlorophen

diklorometan *a.* dichloromethane

diklorvos *a.* dichlorvos

dikme *a.* planting; erection; *mat.* perpendicular; seedling; only child; pole, post; derrick **dikme valf** poppet valve

dikmek *e.* to sew, to stitch; to plant; to set up, to erect, to raise; (gözlerini) to stare; (kulak) to prick up, to cock; to drink off, to drain, to down

dikmelik *a.* plantation; sine

dikmen *a.* conical hill

dikotiledon *a.* dicotyledon

dikotomi *a.* dichotomy

dikroik *s.* dichroic

dikroizm *a.* dichroism

dikromat *a.* dichromate

dikromatik *s.* dichromatic

dikromik *s.* dichromic

dikroskop *a.* dichroscope

diksiyon *a.* diction

dikta *a.* dictate, authoritarian ruling

diktacı *a.* supporter of absolute rule

diktacılık *a.* supporting a dictatorial regime

diktafon *a.* Dictaphone

diktatorya *a.* dictatorship

diktatör *a.* dictator

diktatörlük *a.* dictatorship

dikte *a.* dictation **dikte etmek** to dictate

diktiyospor *a.* dictyospore

diktiyozom *a.* dictyosome

dil *a.* tongue; language; *coğ.* spit **dil basacağı** *hek.* tongue depressor **dil bilgini** philologist **dil çevirici** language translator **dil dökmek** to talk sb round/over, to blandish, to flatter **dil işlemcisi** language processor **dil işleyicisi** language processor **dil laboratuvarı** language laboratory **dil pası** fur **dil sürçmesi** slip of the tongue **dil uzatmak** to talk against, to defame, to malign, to assail **dil yorumlayıcı** language interpreter **dilden dile** from mouth to mouth **dilden dile dolaşmak** to be talked about, to become notorious **dile düşmek** to be oneself talked about, to get oneself talked about **dile**

gelmek to start to talk *dile getirmek* to express, to depict, to reflect, to frame *dile kolay* easier said than done *dili çözülmek* to start to talk, to find one's tongue *dili damağına yapışmak* to be very thirsty *dili dolaşmak* to splutter, to mumble *dili dönmemek* to be unable to pronounce correctly *dili sürçmek* to stumble *dili tutuk* tongue-tied *dili tutulmak* to become tongue-tied, to be speechless *dili tutulmuş* speechless *dili uzun* impudent, insolent *dili varmamak* not to be willing to say *dilinde tüy bitmek* to be tired of repeating *dilinden anlamak* to have a feeling for *dilinden düşürmemek* to keep on saying, to harp on *dilini çıkarmak* to put out one's tongue *dilini çözmek* to loosen sb's tongue *dilini tutamamak* to be unable to hold one's tongue *dilini tutmak* to hold one's tongue *dilini yutmak* to have lost one's tongue; to be greatly surprised *dilini yutmuş* dumb *dilinin ucunda olmak* to be on the tip of one's tongue, to have sth on the tip of one's tongue *dillerde dolaşmak* to be in the limelight *dillere destan olmak* to set tongues wagging *dillere düşmek* to be oneself talked about, to get oneself talked about

dilaltı *s.* sublingual, hypoglossal

dilatometre *a.* dilatometer

dilbalığı *a.* sole

dilbasan *a, hek.* spatula

dilbaz *s.* eloquent, glib, talkative

dilber *s.* captivating, charming, beautiful, comely ¤ *a.* belle, beautiful girl, beautiful woman

dilbilgisel *s.* grammatical * gramatik

dilbilgisi *a.* grammar * gramer

dilbilim *a.* linguistics * lengüistik

dilbilimci *a.* linguist

dilbilimsel *s.* linguistic

dilci *a.* linguist

dilcik *a.* clitoris; ligula; hypopharynx

dilcilik *a.* language research

dildaş *s.* who speaks the same language

dilegetirim *a.* expression, expressing

dilek *a.* wish, desire, request *dilek dilemek* to make a wish *dilek kipi dilb.* subjunctive *dilek kuyusu* wishing well *dilek tutmak* to make a wish *dilekte bulunmak* to make a wish

dilekçe *a.* petition, application *dilekçe vermek* to make a petition, to petition

dilekçeci *a.* street letter-writer

dilekçi *a.* petitioner

dilemek *e.* to wish, to desire; to ask (for), to beg, to request, to plead, to implore

dilemma *a.* dilemma

dilenci *a.* beggar, mendicant

dilencilik *a.* begging, mendicancy, mendicity

dilenmek *e.* to beg, to panhandle *kon.*; to beg, to ask for

dilgoz *s. arg.* stupid, goofy, potty

dilici *s.* slicing ¤ *a.* chopper

dilim *a.* slice, round; segment *dilim dilim* in slices

dilimleme *a.* dissection

dilimlemek *e.* to slice, to cut into slices

dilimli *s.* cut up into slices; having slices *dilimli kazan* sectional boiler

dilimsel *s.* meristic, segmental

dilinim *a.* cleavage

dilinme *a.* cleavage

dillengeç *a.* common expression

dillenmek *e.* to begin to talk; to find one's tongue; to become overtalkative

dilleşmek *e.* to chat; *yörs.* to quarrel, to have a row

dilli *s.* talkative, glib

dillidüdük *a.* reed whistle; *mec.* chatterbox

dillilik *a.* talkativeness

dilmaç *a.* interpreter

dilmaçlık *a.* interpreting

dilme *a.* slicing, chopping *dilme testeresi* long saw, rip saw

dilmek *e.* to slice, to chop

dilmik *a.* lobe

dilmikçik *a. anat.* lobule

dilmikli *s.* lobed, lobulate

dilpeyniri *a.* a cheese made in long strips

dilsel *s.* linguistic

dilsiz *s.* dumb, mute; *kon.* silent, taciturn

dilsizlik *a.* dumbness

diluvyum *a.* diluvium

dilüviyum *a. yerb.* diluvium

dimağ *a.* brain

dimağçe *a, anat.* cerebellum * beyincik

dimdik *s.* bolt upright, straight as a rod; very steep, precipitous ¤ *be.* fixedly, intently; with one's head up

dimerizasyon *a.* dimerization

dimetil *a.* dimethyl

dimetilamin a. dimethylamine
dimetilbenzen a. dimethylbenzene
dimetilhidrazin a. dimethylhydrazine
dimetoat a. dimethoate
dimi a. fustian
diminuendo a. *müz.* diminuendo
dimorfizm a. dimorphisme
dimyat a. *bitk.* kind of white grape
Dimyat a. Damietta (in Egypt)
din[1] a, *tek.* dyne
din[2] a. religion *dinden imandan çıkarmak* to be enough to make a saint swear *dini bütün* pious, religious *Dini imanı para* All he/she thinks of is money *dinine yandığım arg.* damn, bloody
dinamik s. dynamic ¤ a. dynamics *dinamik altyordam* dynamic subroutine *dinamik atama* dynamic allocation *dinamik basınç* dynamic pressure *dinamik bellek* dynamic memory *dinamik benzerlik* dynamic similarity *dinamik denge* dynamic balance *dinamik direnç* dynamic resistance *dinamik döküm* dynamic dump *dinamik durdurma* dynamic stop *dinamik elektrik* dynamic electricity *dinamik frenleme* dynamic braking *dinamik gürültü* dynamic noise *dinamik hoparlör* dynamic loudspeaker *dinamik mikrofon* dynamic microphone *dinamik modülarite* dynamic modularity *dinamik mukavemet* dynamic strength *dinamik odaklama* dynamic focusing *dinamik sınama* dynamic check, dynamic test *dinamik tamponlama* dynamic buffering *dinamik test* dynamic test *dinamik yük* dynamic load *dinamik yükseklik* velocity head
dinamikleşmek e. to become dynamic
dinamit a. dynamite *dinamitle havaya uçurmak* to dynamite
dinamitlemek e. to dynamite
dinamizm a. dynamism
dinamo a. dynamo *dinamo sacı* dynamo sheet
dinamoelektrik s. dynamoelectric
dinamometre a. dynamometer
dinamotor a. dynamotor
dinar a. dinar
dinatron a. dynatron
dinbilim a. theology

dinbilimci a. theologist, theologian
dinbilimsel s. theological
dincelmek e. to become vigorous, to recover one's vivacity
dincierki a. theocracy
dincierkil s. theocratic
dinç s. vigorous, robust, spry, lusty
dinçleşmek e. to become vigorous, to become strong, to feel refreshed
dinçleştirici s. refreshing
dinçleştirmek e. to renew, to refresh, to invigorate
dinçlik a. robustness, strength, vigour
dindar s. religious, godly, devout, pious, faithful, god-fearing
dindarlık a. devotion, piety
dindaş a. co-religionist
dindışı s. secular, temporal
dindirmek e. to stop, to cease; to appease, to ease, to allay, to relieve, to soothe; (susuzluk) to slake, to quench
dinelmek e. *yörs.* to stand, to stand up; to oppose, to resist
dineri a. *isk.* cards diamonds
dinerkçi a. clericalist
dinerkçilik a. clericalism
dinerki a. theocracy
dinerkil s. theocratic
dingi a. *den.* dinghy
dingil a. axle, arbor *dingil açıklığı* wheelbase *dingil açısı* shaft angle *dingil ağırlığı* axle load *dingil anahtarı* axle wrench *dingil arası* wheelbase *dingil basıncı* axle pressure *dingil başlığı* nave *dingil çatalı* axle guide *dingil deliği* axle hole *dingil füzesi* stub axle *dingil gresi* axle grease *dingil kapağı* axle cap *dingil kilidi* axle lock *dingil kovanı* axle casing *dingil kutusu* axle box *dingil mesafesi* wheelbase *dingil pimi* steering swivel pin *dingil saplaması* steering swivel pin *dingil somunu* axle nut *dingil sürtünmesi* axle friction *dingil süspansiyonu* axle suspension *dingil ucu* axle end, axle journal *dingil yatağı* axle bearing *dingil yayı* axle spring
dingildek s. wobbly
dingildemek e. to rattle, to wobble
dingildetmek e. to wobble
dingin s. inert, motionless, static, stationary, serene; exhausted
dingincilik a. quietism

dinginleşmek e. to get calm
dinginlik a. inertia, rest; quietness, calm
dingo a, hayb. dingo **dingonun ahırı** arg. bear garden
dini s. religious
dinitrobenzen a. dinitrobenzene
dinitrofenol a. dinitrophenol
dinitrometan a. dinitromethane
dinkleme a, teks. fulling, milling **dinkleme haslığı** fastness to fulling, fastness to milling **dinkleme keçesi** fulling felt **dinkleme kırışığı** fulling fold, milling crease **dinkleme makinesi** fulling machine, milling machine, fuller **dinkleme merdanesi** fulling roller, fulling cylinder **dinkleme silindiri** fulling cylinder
dinklemek e, teks. to full, to mill
dinleme a. listening **dinleme amplifikatörü** bridging amplifier **dinleme fişi** listening plug
dinlemek e. to listen to; to pay attention to, to obey, to heed; hek. to auscultate
dinlence a. holiday, vacation * tatil
dinlendirici s. relaxing, restful, refreshing
dinlendirmek e. to rest, to relax; trm. to leave fallow; (şarap) to mature
dinlenek a. camp
dinlenme a. rest, relaxation, recreation, respite **dinlenme kampı** holiday camp **dinlenme yeri** resort, vacation place
dinlenmek e. to be listened; to be obeyed; to rest, to relax * istirahat etmek
dinleti a. concert * konser
dinleyici a. listener **dinleyiciler** the audience
dinleyicilik a. being a listener
dinmek e. to cease, to stop, to die down, to calm down, to go down, to let up
dinot a. dynode
dinozor a. dinosaur
dinsel s. religious, sacred
dinsellik a. religiosity, religiousness
dinsiz s. irreligious, impious, godless, undevout; kon. cruel, pitiless ¤ a. atheist, heathen, pagan **Dinsizin hakkından imansız gelir** Diamond cut diamond, Set a thief to catch a thief
dinsizlik a. atheism, irreligion; kon. cruelty, mercilessness
dinükleotit a. dinucleotide
dinyayar a. missionary
dinyayıcı a. missionary
dioksan a. dioxan

dioksibenzen a. dioxybenzene
dioksin a. dioxin
dioksit a. dioxide
diol a. diol
dioptaz a. dioptase
diorit a. diorite
dip a. bottom, lowest part; foot **dibe çökmek** to sink to the bottom **dibi görünmek** to run out **dibine darı ekmek** to use up; to squander **dip akıntısı** underset **dip buzultaşı** ground moraine **dip canlıları** benthos **dip dalgası** ground swell **dip koçanı** counterfoil **dip moreni** ground moraine **dip oyulması** undercut **dip savak** bottom weir **dip tapa** base fuse, tail fuse **dip tarama ağı** dragnet **dip tomruğu** butt log
dipçik a. butt
dipçiklemek e. to strike with a butt
dipdiri s. full of life, energetic, very robust
dipfriz a. deep freeze
dipleks a. diplex
diplemek e. arg. to fail (in school)
diplokok a. diplococcus
diploma a. diploma, degree **diploma töreni** graduation
diplomalı s. having a diploma/degree, certificated, qualified
diplomasız s. not having a diploma, uncertificated, unqualified
diplomasi a. diplomacy
diplomat a. diplomat
diplomatça be. diplomatically
diplomatik s. diplomatic **diplomatik dokunulmazlık** diplomatic immunity **diplomatik ilişkiler** diplomatic relations
diplomatlık a. diplomacy
diplopi a. double vision
dipnot a. footnote, postscript **dipnot koymak** to footnote
dipol a. dipole **dipol anten** dipole antenna **dipol molekül** dipole molecule **dipol moment** dipole moment **dipol radyasyonu** dipole radiation **dipol yönelimi** dipole orientation
dipolar s. dipolar **dipolar iyon** dipolar ion
dipsiz s. bottomless **dipsiz kayaç** batholith
dipter a. dipteral
dipteros a. dipteral
diptik a. diptych
dipyüzey a. background

dirayet *a.* ability, skillfulness, efficiency
dirayetli *s.* able, capable, efficient
dirayetsiz *s.* incapable, unskilled, inefficient
dirayetsizlik *a.* incapability, inefficiency
direk *a.* pole, post; *den.* mast, pole, spar; pillar, column *direk sökücü* prop drawer
direksi *s.* columnar
direksiyon *a.* steering wheel *direksiyon amortisörü* steering damper *direksiyon borusu* steering tube *direksiyon çubuğu* drag link *direksiyon dingili* steering axle *direksiyon dişlisi* steering gear *direksiyon füzesi* steering swivel pin *direksiyon kolonu* steering post *direksiyon kullanmak* to steer *direksiyon kumanda kolu* pitman arm *direksiyon kutusu* steering box *direksiyon mafsalı* steering knuckle *direksiyon mekanizması* steering mechanism *direksiyon mili* steering column *direksiyon parmağı* pitman arm *direksiyon rodu* steering rod *direksiyon sektörü* steering sector *direksiyon simidi* steering wheel *direksiyon somunu* steering nut *direksiyon şaftı* steering shaft
direkt[1] *s.* direct; through ¤ *be.* direct *direkt arama* direct dialing *direkt aramak* to dial direct to *direkt aydınlatma* direct lighting *direkt bağlantı* direct connection *direkt baskı* direct printing *direkt boyama* direct dyeing *direkt boyarmadde* direct dyestuff, substantive dyestuff *direkt çarpım* direct product *direkt dalga* direct wave *direkt enjeksiyon* direct injection *direkt ısıtmalı* directly-heated *direkt kayıt* direct recording *direkt kuplaj* direct coupling *direkt okuma* direct reading *direkt olarak* directly
direkt[2] *a, sp.* jab
direktif *a.* directive, instruction, order *direktif vermek* to give orders, to lay down the law
direktör *a.* director
direktörlük *a.* directorship
diremek *e.* to support, to hold up
diren *a, trm.* pitchfork, hayfork
direnç *a.* resistance; resistor *direnç alaşımı* resistance alloy *direnç bobini* resistance coil *direnç düşüşü* resistance drop *direnç fırını* resistance furnace *direnç gösteren* resistive *direnç gürültüsü* resistance noise *direnç katsayısı* resistance coefficient *direnç kaynağı* resistance welding *direnç köprüsü* resistance bridge *direnç kuplajı* resistance coupling *direnç kutusu* resistance box *direnç teli* resistance wire
dirençli *s.* resistant; tough, robust *dirençli amplifikatör* resistance amplifier *dirençli ısıölçer* resistance thermometer *dirençli termometre* resistance thermometer *dirençli yükselteç* resistance amplifier
dirençölçer *a.* ohmmeter
dirençsiz *s.* having low resistance
dirençsizlik *a.* low resistance
direngen *s.* tenacious
direngenlik *a.* pertinacity
direngi *a.* unwillingness, nolition
direnim *a.* obstinacy, persistance
direnirlik *a.* resistivity
direniş *a.* resistance * mukavemet
direnişçi *a.* resistance fighter
direnlemek *e.* to pitchfork
direnme *a.* resistance
direnmek *e.* to put one's foot down; to insist (on); to resist, to withstand
direnti *a.* resistance, opposition
direşim *a.* constancy
direşken *s.* determined, persistent
direşkenlik *a.* determination, perseverance
direşme *a.* determination, persistence
direşmek *e.* to persevere
diretmek *e.* to insist (on)
direy *a, biy.* fauna
direysel *s.* faunal, faunistic
dirgen *a.* pitchfork
dirhem *a.* drachma *dirhem dirhem* bit by bit, little by little
diri *s.* alive, living, live; fresh; energetic, lively, sharp *diri diri* alive
diricik *a.* microorganism
diriksel *s.* animal, physiological
diril *a, teks.* drill
dirilik *a.* liveliness, vivacity, vitality
diriliş *a.* revival, invigoration
dirilmek *e.* to return to life; to be revived, to be resuscitated
diriltgen *a.* biogen

diriltken s. hek. analeptic
diriltmek e. to bring to life, to resuscitate
dirim a. life * yaşam, hayat
dirimbilim a. biology * biyoloji
dirimbilimci a. biologist * biyolog
dirimbilimcilik a. fel. biologism
dirimbilimsel s. biological
dirimbireşim a. biosynthesis
dirimbireşimsel s. biosynthetic
dirimkıran a. hek. antibiotic
dirimkurgu a. bionics * biyonik
dirimkurgusal s. bionic * biyonik
dirimküre a. biosphere
dirimli s. living, alive
dirimlik s. vital
dirimlilik a. vitality
dirimölçüm a. biometrics, biometry
dirimölçümsel s. biometric(al)
dirimsel s. vital
dirimselci a. fel. vitalist ¤ s. vitalistic
dirimselcilik a. fel. vitalism
dirimsellik a. vitality
dirimsiz s. nonliving, inanimate
dirimsizlik a. lack of life, inanimateness
dirlik a. life, health, livelihood; peace, amity *dirlik düzenlik* peace and harmony
dirliksiz a. cantankerous, difficult to get on with
dirsek a. elbow; bend; crank, bracket *dirsek atmak* to elbow *dirsek çevirmek* to turn one's back on, to drop *dirsek çürütmek* to study hard *dirsekle dürtmek* to elbow
dirseklemek e. to elbow
dirseklenmek e. to make a turn, to bend
dirsekli s. having an elbow *dirsekli iskele* outrigger *dirsekli kol* angle arm *dirsekli mafsal* toggle-joint *dirsekli manivela* bell crank lever *dirsekli teleskop* Coudé telescope
disakkarit a. disaccharide
disazo a. disazo *disazo boya* disazo dye
disiplin a. discipline *disiplin altına almak* to discipline *disipline sokmak* to discipline
disiplinli s. disciplined
disiplinsiz s. undisciplined
disiplinsizlik a. indiscipline
disjonktür a. cutout
disk a, sp. discus; disc, disk AÍ. *disk adı* biliş. volume label *disk alanı* disk area *disk anot* disk anode *disk atma* discus

disk bellek disk storage *disk doktoru* biliş. disk doctor *disk dosyası* biliş. disk file *disk endüvi* disk armature *disk freni* disk brake *disk işletim sistemi* biliş. disk operating system (DOS) *disk kazası* biliş. disk crash *disk kilitleme* biliş. locking disk *disk kondansatör* disk capacitor *disk kütüğü* biliş. disk file *disk paketi* biliş. disk pack *disk sargı* disk winding *disk sürücü* biliş. disk drive *disk tarayıcı* disk scanner *disk testere* circular saw *disk yüklemesi* disk loading
diskalifiye s. disqualified *diskalifiye etmek* to disqualify *diskalifiye olmak* to be disqualified
diskcokey a. disc jockey, DJ
diskçi a, sp. discus thrower
disket a, biliş. floppy disk, floppy, diskette *disket kabı* sleeve
diskli s. having a disk *diskli filtre* disk filter *diskli fren* disk brake *diskli havöz* disk cutting machine *diskli kavrama* disk clutch *diskli kırıcı* disk crusher *diskli tekerlek* disc wheel *diskli telefon* dial telephone *diskli valf* globe valve *diskli zayıflatıcı* disk attenuator
disko a. disco *disko müziği* disco music
diskordans a. discordance
diskordant s. discordant
diskotek a. discotheque
diskriminant a, mat. discriminant
diskriminatör a. discriminator
diskrit s. discrete *diskrit devreler* discrete circuits *diskrit simülasyon* discrete simulation
diskur a. speech, discourse *diskur çekmek* arg. to sermonize *diskur geçmek* arg. to give a homily gen. hkr.
disleksi a, hek. dyslexia
dismenore a. hek. dysmenorrhea
dismutasyon a. dismutation
dispanser a. dispensary
dispeç a. average adjustment; average statement
dispeççi a. dispatcher
dispeççi a. dispatcher
dispeçer a. dispatcher
dispepsi a, hek. dyspepsia
dispers s. disperse
dispersivite a. dispersivity
dispersiyon a. dispersion

disperslemek *e.* to disperse
disponibilite *a. tic.* liquidity requirement
disprosyum *a.* dysprosium
dissolvens *a.* lap dissolve
distorsiyon *a.* distortion *distorsiyon katsayısı* distortion factor *distorsiyon payı* distortion allowance
distorsiyonsuz *s.* undistorted
distribütör *a.* distributor *distribütör avansı* distributor advance *distribütör başı* distributor head *distribütör başlığı* distributor cap *distribütör diski* distributor disk *distribütör kapağı* distributor cap *distribütör kolu* distributor arm *distribütör kutusu* distributor housing *distribütör mili* distributor shaft *distribütör tablası* cam plate
distrofi *a. hek.* dystrophy
distrofik *s.* dystrophic
disülfat *a.* disulphate
disülfit *a.* bisulfide, disulfide
disülfür *a.* disulphide
disüri *a. hek.* dysuria
diş *a.* tooth; tusk; *tek.* tooth, cog; screw thread; clove ¤ *sg.* dental *diş açma bıçağı* chaser *diş açma makinesi* thread cutter *diş adımı* screw pitch *diş ağrısı* toothache *diş bilemek* to nurse a grudge, to get one's knife into sb, to have one's knife in sb, to bear sb malice *diş cerrahisi* dental surgery *diş çekilmiş* tapped *diş çekmek* to pull out a tooth *diş çektirmek* to have a tooth out, to have a tooth pulled *diş çıkarmak* to cut a tooth, to teethe *diş çürüğü* tooth decay *diş fırçası* toothbrush *diş göstermek* to show one's teeth *diş halkası* teething ring *diş hatvesi* thread pitch *diş hekimi* dentist *diş hekimliği* dentistry *diş ipi* dental floss *diş ipliği* dental floss *diş kesme* gear cutting, thread cutting *diş kiri* plaque *diş macunu* toothpaste *diş mikrometresi* micrometer callipers *diş tabibi* dentist *diş taşı* tartar *diş teli* brace *dişe dokunur* worthwhile *dişi ağrımak* to have toothache *dişinden tırnağından artırmak* to pinch and save, to scrimp and save *dişine göre* within one's ability, that one can cope with *dişini gıcırdatmak* to gnash one's teeth *dişini karıştırmak* to pick one's teeth *dişini sıkmak* to grit one's teeth

and bear it *dişini tırnağına takmak* to work tooth and nail *dişlerini fırçalamak* to brush one's teeth, to do one's teeth *dişlerini gıcırdatmak* to grate one's teeth *dişlerini göstermek* to show one's teeth
dişbademi *a.* soft-shelled almond
dişbilim *a.* odontology
dişbilimsel *s.* odontologic(al)
dişbudak *a.* ash tree
dişçi *a.* dentist
dişçilik *a.* dentistry
dişemek *e.* to serrate, to tooth; to begin to cut teeth
dişeti *a.* gum *dişeti iltihabı* pyorrhea
dişi *s.* female, she *dişi aslan* lioness *dişi diş* female thread *dişi domuz* sow *dişi fiş* plug socket *dişi geyik* doe *dişi kaplan* tigress *dişi karaca* doe *dişi keçi* nanny goat *dişi konektör* female connector *dişi kopça* eye *dişi koyun* ewe *dişi köpek* bitch *dişi kuş* hen *dişi leopar* leopardess *dişi ördek* duck *dişi tavşan* doe *dişi tavus* peahen *dişi tilki* vixen *dişi vida* female screw
dişil *s, dilb.* feminine
dişileşmek *e.* to become feminine
dişili *s.* provided with a female
dişilik *a.* femininity
dişilleştirmek *e. dilb.* to put (a word) into its feminine gender
dişillik *a. dilb.* feminine gender
dişindirik *a.* muzzle, gag
dişiorgan *a.* pistil
dişiorganlı *s.* pistillate
dişlek *s.* bucktoothed, toothy
dişleme *a.* biting; serration, notching; indentation; toothing
dişlemek *e.* to bite, to nibble; to dent, to notch
dişlenmek *e.* to be bitten; to get strong, to gain authority
dişleyici *a.* indenter
dişli *s.* toothed; cogged, geared, toothed; serrated, jagged; *mec.* formidable, influential ¤ *a.* gear *dişli çark* cogwheel, gearwheel *dişli çubuk* toothed rack, rack *dişli demiryolu* rack railway *dişli freni* pinion brake *dişli frezesi* gear cutter *dişli geçme* threaded joint *dişli göbeği* gear hub *dişli halka* gear ring *dişli kutusu* gear case, gearbox *dişli mili* pinion shaft *dişli pim* threaded pin

dişli planya toothing plane *dişli pompa* gear pump *dişli takımı* gearing *dişli tekerlek* rack wheel *dişli tertibatı* gearing *dişli tezgâhı* gear cutter *dişli tren* rack railway
dişlilik *a.* serration, serrature
dişotu *a.* leadwort, plumbago
dişözü *a.* dental pulp
dişsel *s, dilb.* dental
dişsiz *s.* toothless; unserrated
dişsizgiller *a.* edentate
dişsizlik *a.* anodontia
diştacı *a.* dental crown
ditiramp *a.* dithyramb
ditme *a.* heckling, scutching *ditme makinesi* scutcher
ditmek *e.* to heckle, to tease, to scutch
divan *a.* divan, sofa, couch; council of a state; collected poems, divan
divane *s.* crazy, lunatic, mad *divane olmak* to be crazy (about)
divanelik *a.* craziness, lunacy
divanıharp *a.* court-martial, military court
divertikül *a.* diverticulum
divik *a.* termite
divil divil *be.* continuously
divinil *a.* divinyl
divit *a. trh.* ink and pen case
divitin *a, teks.* duvetyn, duvetyne, duvetine
divlek *a.* unripe melon
diya *a.* lantern slide
diyabaz *a.* diabase
diyabet *a.* diabetes
diyabetik *s.* diabetic
diyadik *s.* dyadic
diyafanometre *a.* diaphanometer
diyafiz *a.* diaphysis
diyafoni *a.* crosstalk
diyafram *a.* diaphragm; midriff *diyafram açıklığı* diaphragm opening *diyafram ayarı* diaphragm setting *diyafram obtüratörü* diaphragm shutter
diyaframlı *s.* having a diaphragm *diyaframlı ayırıcı* dialyzer *diyaframlı tulumba* diaphragm pump *diyaframlı valf* diaphragm valve
diyagenez *a.* diagenesis
diyagonal *s.* diagonal
diyagram *a* diagram *diyagramını çizmek* to diagram
diyakinez *a.* diakinesis
diyaklaz *a. yerb.* diaclase

diyakoz *a.* deacon
diyakroni *a.* diachrony
diyakronik *s.* diachronic
diyalaj *a. yerb.* diallage
diyalekt *a.* dialect
diyalektik *s.* dialectic
diyalektoloji *a.* dialectology
diyalel *a.* circular reasoning, diallelus
diyaliz *a.* dialysis *diyaliz cihazı* dialyzer *diyaliz etmek* to dialyze *diyaliz makinesi* kidney machine
diyalog *a.* dialogue, dialog *Aİ.*
diyamanyetik *s.* diamagnetic
diyamanyetizm *a.* diamagnetism
diyanet *a.* piety, devoutness; religion * din
diyapazon *a.* diapason, tuning fork
diyapir *a.* diapir
diyapozitif *a.* slide, transparency * slayt *diyapozitif film* diapositive film *diyapozitif projektörü* slide projector *diyar diyar dolaşmak* to kick around
diyar *a.* country, land
diyare *a.* diarrhoea, diarrhea *Aİ.*
diyaskop *a.* diascope
diyaspor *a.* diasphore
diyastaz *a.* diastase
diyastol *a.* diastasis, diastole
diyastrofizm *a.* diastrophism
diyatermi *a.* diathermy
diyatermik *s.* diathermic
diyatom *a.* diatomaceae
diyatome *a.* diatom
diyatomit *a.* diatomite, kieselguhr, diatomaceous earth
diyatomlu *s.* diatomaceous
diyazin *a.* diazine
diyazo *a.* diazo *diyazo bileşiği* diazo compound *diyazo boyaları* diazo dyes
diyazobenzen *a.* diazobenzene
diyazol *a.* diazole
diyazometan *a.* diazomethane
diye *be, ilg.* in order to; so that, lest; saying; thinking that; called, named *diye geçinmek* to pass oneself off as
diyecek *a.* something to say *diyeceği olmak* to have something to say *diyeceği olmamak* a) to have no objection b) to have nothing to say
diyet[1] *a.* blood money, ransom, wergeld
diyet[2] *a, hek.* diet *diyet uzmanı* dietician
diyetetik *a.* dietetics
diyetisyen *a.* dietician
diyez *a, müz.* sharp

diyoksan *a.* dioxane
diyoptometre *a.* dioptometer
diyoptri *a.* dioptre
diyorit *a. yerb.* diorite
diyosfenol *a.* diosphenol
diyot *a.* diode *diyot akımı* diode current *diyot detektörü* diode detector *diyot empedansı* diode impedance *diyot lambası* diode lamp, diode tube *diyot limitörü* diode limiter *diyot osilatörü* diode oscillator *diyot özeğrisi* diode characteristic *diyot redresörü* diode rectifier *diyot sınırlayıcı* diode limiter *diyot tüpü* diode tube *diyot yalıtımı* diode isolation *diyot yükü* diode load
diz *a.* knee *diz boyu* knee-deep *diz çökmek* to kneel (down) *diz eklemi* knee joint *dize gelmek* to surrender, to fall on one's knees *dize getirmek* to bring sb to his knees, to bring to heel *dizini dövmek* to feel very sorry, to rue *dizlerine kapanmak* to fall at sb's feet, to grovel *hkr. dizlerinin bağı çözülmek* to give way at the knees
dizanteri *a.* dysentery
dizayn *a.* design *dizayn yapmak* to design
dizayncı *a.* designer
dizayncı *a.* designer
dizbağı *a.* garter *dizbağı nişanı* blue ribbon
dizdar *a.* castellan, castle warden
dize *a.* line * mısra
dizeç *a.* file, file folder
dizel *a.* diesel, diesel engine ¤ *s.* diesel *dizel devresi* diesel cycle *dizel-elektrik* diesel-electric *dizel lokomotifi* diesel locomotive *dizel motoru* diesel, diesel engine *dizel yağı* diesel oil *dizel yakıtı* diesel fuel *dizel zamanı* diesel cycle
dizeleştirmek *e.* to poetize, to put (sth) into poetry
dizelge *a.* list * liste
dizelgelemek *e.* to list
dizelleştirmek *e.* to dieselize
dizem *a.* rhythm * tartım, ritim
dizemli *s.* rhythmic * tartımlı, ritimli, ritmik
dizemsel *s.* rhythmic
dizey *a.* matrix * matris
dizge *a.* system * sistem
dizgeleştirme *a.* systematization
dizgeleştirmek *e.* to systematize

dizgeli *s.* systematic * sistemli, sistematik
dizgesel *s.* systematic * sistematik
dizgesiz *s.* unsystematic * sistemsiz
dizgi *a.* composition, typesetting *dizgi bitişi* string break *dizgi hatası* typographic error *dizgi işleme* string manipulation *dizgi kırılması* string break *dizgi makinesi* typesetting machine, composing machine *dizgi teknesi* galley *dizgi uzunluğu* string length *dizgi yanlışı* misprint
dizgici *a.* typesetter, compositor
dizgicilik *a.* typesetting
dizgin *a.* rein, bridle *dizgin vurmak* to bridle *dizginini çekmek* to rein in/up *dizginini salıvermek* to give rein to *dizginleri ele almak* to take control *dizginleri ele geçirmek* to get the upper hand *dizginleri koparmak* to kick over the traces
dizginlemek *e.* to bridle; *mec.* to restrain, to curb, to inhibit, to bridle
dizginsiz *s.* uncontrolled, unbridled
dizgiyeri *a.* composing room
dizi *a.* series, serial; string; row, line; series; *dilb.* paradigm; *müz.* scale; *mat.* progression, series; *ask.* file *dizi anahtarı* order key *dizi denetimi* sequence check *dizi elemanı* array element *dizi öğesi* array element
dizici *a.* typesetter, compositor * dizgici
dizigotik *s.* dizygotic
dizilemek *e.* to arrange in a row
dizili *s.* lined up, arranged in a row; print, typeset
dizilim *a.* permutation
diziliş *a.* forming a line/row; being set up; arrangement, arranging
dizilmek *e.* to be arranged in an order; to be set in type; to be strung; to be lined up, to line up
dizilmıknatıs *a.* paramagnet
dizilmıknatıslık *a.* paramagnetism
dizilmıknatıssal *s.* paramagnetic
dizim *a.* composition, typesetting; *dilb.* syntagm
dizin *a.* index; *biliş.* directory *dizin çevrimi* index cycle *dizin dosyası* index file *dizin işareti* index marker *dizin kelimesi* index word *dizin konumları* index positions *dizin kütüğü* index file *dizin sözcüğü* index word *dizin yazmacı* index register

dizinleme *a.* indexing *dizinleme dili* indexing language

dizinlemek *e.* to index *dizinlenmiş adres* indexed address *dizinlenmiş dizi* indexed array *dizinlenmiş liste* indexed list

dizinli *s.* indexed *dizinli sıralı* index sequential

dizisel *s.* sequential

dizkapağı *a.* kneecap

dizkapaklı *s.* patellate

dizleme *a.* knee-length

dizlemek *e.* to sink knee-deep; to press with the knee

dizlik *a.* knee-guard; knee-breeches

dizmek *e.* to arrange, to align, to lay, to dispose; to string; to compose, to set, to typeset

dizmen *a.* typesetter, compositor * dizgici, mürettip

dizüstü bilgisayar *a.* laptop computer

do *a, müz.* do, doh

dobiç *s.* fatty

dobra dobra *be.* bluntly, frankly, boldly

dobra *s.* bluff, blunt, candid *dobra dobra* bluntly, frankly, baldly, outright, straight from the shoulder *dobra dobra konuşmak* to call a spade a spade

doçent *a.* lecturer, assistant professor

doçentlik *a.* associate professorship

dodekastil *a.* dodecastyle

dodo *a, hayb.* dodo

dogma *a.* dogma

dogmacı *s.* dogmatic * inakçı ¤ *a.* dogmatist * inakçı

dogmacılık *a.* dogmatism

dogmatik *s.* dogmatic * inaksal *dogmatik felsefe* dogmatic philosophy

dogmatizm *a.* dogmatism * dogmacılık

doğa *a.* nature; *mec.* make-up, nature *doğa bilgisi* natural history *doğa bilimleri* natural science *doğa bilimleri uzmanı* naturalist *doğa kanunu* law of nature

doğabilimci *a.* naturalist

doğacı *a.* naturist * natürist

doğacılık *a.* naturism * natürizm

doğaç *a.* improvisation

doğaçlamayla *be.* extemporaneously

doğaçtan *be.* extempore, ad lib *kon.* *doğaçtan söylemek* to improvise

doğadışı *s.* contrary to nature

doğal *s.* natural; artless; innate *doğal*

asfalt natural asphalt *doğal aydınlatma* natural lighting *doğal ayıklanma* natural selection *doğal besin* health food *doğal boyarmadde* natural dyestuff *doğal çevreyi koruma* environmental control *doğal çimento* natural cement *doğal dil* natural language *doğal eko* clutter, ground clutter *doğal elyaf* natural fibres *doğal frekans* natural frequency *doğal gaz* natural gas *doğal güzellik* natural beauty, scenic beauty *doğal ışık* natural light *doğal ışımetkinlik* natural radioactivity *doğal ipek* natural silk *doğal kauçuk* natural rubber, India-rubber *doğal kaynaklar* natural resources *doğal kum* natural sand *doğal kurutma* natural seasoning *doğal liman* natural harbour *doğal logaritma* natural logarithm *doğal mıknatıs* natural magnet *doğal olarak* naturally *doğal ortam* habitat *doğal periyot* natural period *doğal radyoaktivite* natural radioactivity *doğal reçine* natural resin *doğal renk* natural colour *doğal sayı* natural number *doğal selüloz* natural cellulose *doğal sertlik* natural hardness *doğal sıklık* natural frequency *doğal titreşim* natural vibration *doğal yaşlanma* natural ag(e)ing

doğalcı *a.* naturalist * natüralist

doğalcılık *a.* naturalism * natüralizm

doğalgaz *a.* natural gas

doğallık *a.* naturalness * tabiilik

doğan *a, hayb.* falcon

doğancı *a.* falconer

doğaötesi *s.* metaphysical * metafizik ¤ *a.* metaphysics * metafizik

doğasal *s.* natural

doğasallık *a.* naturalness

doğaüstü *s.* supernatural

doğaüstücü *a.* supernaturalist ¤ *s.* supernaturalistic

doğaüstücülük *a.* supernaturalism

doğay *a, hayb.* fauna

doğma *a.* birth *doğma büyüme* native, born and bred

doğmaca *a, tiy.* improvised play

doğmak *e.* to be born; (güneş, ay) to rise; (gün) to dawn; to happen, to arise, to spring, to result *doğduğuna pişman olmak* to rue the day one was born

doğram *a.* slice, piece

doğrama *a.* chopping, cutting up; woodwork, joinery

doğramacı *a.* carpenter, joiner

doğramacılık *a.* joinery, carpentry

doğramak *e.* to cut into pieces, to cut sth up, to chop, to slice, to mince, to carve

doğranmak *e.* to be chopped, to be carved; *kon.* to ache painfully

doğru *s.* straight, direct; true; right; correct, accurate, exact, precise; proper, suitable; fair; honest, faithful, straightforward, aboveboard ¤ *a, mat.* line; truth, right ¤ *ilg.* towards, toward; (zaman) around, about ¤ *be.* straight; rightly, correctly, truly **doğru açı** straight angle **doğru akım** direct current, continuous current **doğru bulmak** to approve **doğru bulmamak** to disapprove of **doğru çıkmak** to come out right, to prove to be right **doğru durmak** a) to stand straight b) to sit still, to behave oneself **doğru dürüst** a) properly, decently b) proper, decent, real **doğru gitmek** to go straight **doğru konuşmak** to be straight with **doğru orantılı** directly proportional **doğru oynamak** to play fair **doğru parçası** line segment **doğru sözlü** truthful, frank **doğru yol** the right way **doğru yola getirmek** to straighten sb out, to steady **doğru yoldan sapmak** to go astray **doğru yoldan saptırmak** to debauch **doğru(yu) söylemek** to tell the truth **doğru-uzay** linear space **doğrular kalemi** pencil of lines **doğruya doğru eğriye eğri demek** to call a spade a spade **doğruyu söylemek gerekirse** as a matter of fact

doğruca *be.* straight, directly, straight ahead

doğrucu *s.* truthful, veracious **doğrucu Davut** truthful person

doğruculuk *a.* truthfulness, veraciousness

doğrudan *be.* directly **doğrudan adres** direct address **doğrudan adresleme** direct addressing **doğrudan atama** direct allocation **doğrudan bağlantı** direct connection **doğrudan bağlaşım** direct coupling **doğrudan bağlı** direct action **doğrudan belleğe erişim** direct memory access, data break **doğrudan büküm** direct spinning **doğrudan**

denetim direct control **doğrudan doğruya** directly **doğrudan erişim** direct access **doğrudan etkili** direct action **doğrudan gösterim** direct display **doğrudan ışıklandırma** direct lighting **doğrudan iletişim** direct communication **doğrudan kayıt** direct recording **doğrudan kod** direct code **doğrudan kodlama** direct coding **doğrudan komut** direct instruction **doğrudan okuma** direct reading **doğrudan organizasyon** direct organization **doğrudan tahsis** direct allocation **doğrudan yazmak** to type through

doğrudaş *s.* collinear **doğrudaş noktalar** collinear points

doğrulama *a.* confirmation, verification

doğrulamak *e.* to confirm, to verify, to affirm, to bear out

doğrulmak *e.* to straighten out; to be straightened; to become erect; to sit up, to rise; to direct one's steps to

doğrultma *a.* rectification **doğrultma makinesi** straightening machine

doğrultmacı *a.* repairer of car hoods

doğrultmacılık *a.* repair of car hoods

doğrultmaç *a.* rectifier * redresör

doğrultmak *e.* to straighten; to correct; to point, to aim, to direct, to turn, level (at); *kon.* (para) to earn, to get

doğrultman *a.* directrix

doğrultu *a.* direction * yön, istikamet **doğrultu açısı** direction angle **doğrultu kosinüsü** direction cosine

doğrultucu *a.* rectifier

doğrulu *s.* linear, rectilinear

doğruluk *a.* straightness; truth, uprightness, honesty, probity, integrity, rectitude; precision, accuracy; rightness **doğruluk fonksiyonu** truth function **doğruluk işlevi** truth function **doğruluk tablosu** truth table

doğrulum *a, biy.* tropism * yönelim, tropizm

doğrusal *s.* linear **doğrusal bağımlı** linearly dependent **doğrusal bağlanım** linear regression **doğrusal birim** linear unit **doğrusal denklem** linear equation **doğrusal distorsiyon** linear distortion **doğrusal doğrultmaç** linear rectifier **doğrusal dönüşüm** linear transformation **doğrusal eleman** linear element **doğrusal hızlandırıcı** linear accelerator *doğrusal içdeğerbiçim* linear interpolation *doğrusal modülasyon* linear modulation *doğrusal molekül* linear molecule *doğrusal noktalar* collinear points *doğrusal olmayan* nonlinear *doğrusal olmayış* nonlinearity *doğrusal osilatör* linear oscillator *doğrusal programlama* linear programming *doğrusal redresör* linear rectifier *doğrusal tarama* linear scan *doğrusal uzay* linear space, vector space *doğrusal yükselteç* linear amplifier

doğrusallaştırma *a.* linearization

doğrusallaştırmak *e.* to linearize

doğrusallık *a.* linearity

doğrusu *be.* actually, to speak honestly, as a matter of fact

doğu *a.* the east; the Orient, the East ¤ *s.* eastern; oriental; (rüzgâr, vb.) easterly, eastward

Doğu Almanya *a. trh.* East Germany

doğubilim *a.* Oriental studies, Orientalism

doğubilimci *a.* Orientalist

doğuhaşhaşı *a, bitk.* Oriental poppy

doğulu *a.* easterner ¤ *s.* oriental

doğululuk *a.* being an Easterner; Oriental character

doğum *a.* birth; childbirth, delivery *doğum günü* birthday *doğum hastanesi* maternity hospital *doğum kontrol hapı* contraceptive pill, the pill *doğum kontrolü* birth control, contraception *doğum kütüğü* register of births *doğum oranı* birthrate *doğum öncesi* prenatal, antenatal *doğum sancısı* labour pain *doğum sonrası* postnatal *doğum tarihi* date of birth *doğum uzmanı* obstetrician *doğum yapmak* to give birth (to) *doğum yeri* birthplace

doğumbilim *a.* obstetrics

doğumevi *a.* maternity hospital, maternity ward

doğumlu *s.* born in (the year of)

doğumsal *s.* natal

doğurgan *s.* prolific, fecund, fertile

doğurganlık *a.* prolificacy, fecundity, fertility

doğurma *a.* childbirth

doğurmak *e.* to give birth (to), to bear, to breed; to bring about, to produce, to cause

doğurtmak *e.* to deliver (child)

doğusal *s.* eastern

doğuş *a.* birth; rise, rising

doğuştan *s.* innate, congenital, inborn, native ¤ *be.* naturally

doğuştancı *a. fel.* nativist ¤ *s.* nativistic

doğuştancılık *a. fel.* nativism

dok *a, den.* dock; warehouse on a wharf *doka çekmek* to dock *doka girmek* to dock

doksan *a.* ninety

doksanar *be.* ninety each

doksanıncı *s.* ninetieth

doksanlık *s.* containing ninety; ninety years old

doktor *a.* doctor; physician

doktora *a.* doctorate; doctoral examination

doktorlu *s. arg. isk.* marked

doktorluk *a.* doctorate; profession of a doctor

doktrin *a.* doctrine

doku *a, biy.* tissue; *hek.* texture *doku kalınlığı* case depth *doku nakli hek.* graft *doku sertleştirimi* case hardening *doku sertleştirmek* to case-hardened *doku sertliği* case hardness

dokubilim *a.* histology * histoloji

dokubilimci *a.* histologist * histolog

dokubilimsel *s.* histological

dokum *a.* texture

dokuma *a.* weaving; fabric, textile ¤ *s.* woven, textile *dokuma hatası* weaving fault *dokuma kumaş* textile, textile fabric *dokuma kumaşlar* woven goods *dokuma makineleri* weaving machinery *dokuma sanayii* weaving industry, textile industry *dokuma tarağı* reed *dokuma tezgâhı* weaving loom, loom *dokuma ustası* loom master

dokumacı *a.* weaver *dokumacı düğümü* weaver's knot

dokumacıkuşu *a.* baya

dokumacılık *a.* weaving; textile industry

dokumak *e.* to weave

dokunaç *a, biy.* feeler, tentacle

dokunaçlı *s.* actinal, palpate, tentacled, tentacular, tentaculated

dokunaklı *s.* moving, touching, affecting, pathetic, appealing, plaintive, poignant

dokunaklılık *a.* being moving/touching

dokunca *a.* harm, injury; damage, loss

dokuncalı *s.* hazardous, risky, harmful

dokuncasız *s.* harmless

dokundurmak *e.* to make touch; to let touch; to hint, to imply
dokunma *a.* touch; contact
dokunmak *e.* to touch; to move, to affect, to touch; to upset, to harm; to get on, to jar; to concern; to be woven
dokunsal *s.* tactile
dokunulmaz *s.* untouchable; immune
dokunulmazlık *a.* immunity
dokunum *a.* sense of touch *dokunum düzlemi* osculating plane *dokunum eğrisi* osculating curve *dokunum küresi* osculating sphere *dokunum noktası* point of osculation
dokunuş *a.* touching; texture
dokurcun *a.* stack
dokusal *s.* histoid
dokusallık *a.* being histoid
dokusuz *s.* without tissues *dokusuz kumaş teks.* bonded fabric, nonwoven fabric
dokuyucu *a.* weaver
dokuz *a, s.* nine *dokuz canlı* very strong, that won't die easily *dokuz doğurmak* to be on pins and needles *dokuz kuka oyunu* skittles
dokuzar *be.* nine each
dokuzgen *a.* nonagon
dokuzuncu *s.* ninth
doküman *a.* document
dokümanter *s.* documentary * belgesel
dolak *a.* puttee
dolam *a.* coil, turn, twist
dolama *a.* winding, twist; *hek.* whitlow, felon
dolamak *e.* to wind round, to encircle; to twist, to coil; to bandage
dolamaotu *a. bitk.* whitlowwort
dolambaç *a.* winding, sinuosity; *biy.* internal ear * içkulak
dolambaçlı *s.* devious, roundabout, winding, tortuous, sinuous; indirect, roundabout, complicated *dolambaçlı yol* ramble *dolambaçlı yoldan* in a roundabout way *dolambaçlı yoldan gitmek* to meander
dolamık *a.* trap, snare
dolamsız *s.* acyclic
dolan *a.* deceit, deception
dolandırıcı *a.* swindler, cheat, confidence trickster, conman, crook *kon.*, twister *kon.*, fraud, shark *hkr.*
dolandırıcılık *a.* swindle, cheat, bunko,

fraud, confidence trick, fiddle *arg.* *dolandırıcılık etmek* to swindle
dolandırmak *e.* to swindle *kon.*, to cheat, to nick, to defraud, to bunk, to con *arg.*, to screw *arg.*
dolangaç *a.* labyrinth
dolanım *a.* revolution *dolanım sayısı* winding number
dolanmak *e.* to wind round, to get entangled, to coil; to be wrapped around; to hang about, to rove, to stroll, to roam, to wander (about) *dolanıp durmak* to mill around
dolantaşı *a.* dolerite
dolantı *a. ed.* plot development
dolap *a.* cupboard; wardrobe; water wheel; *kon.* trick, plot, intrigue, game, subterfuge, monkey business; fridge *kon.*, refrigerator, ice-box *AI. dolap çevirmek* to pull a trick, to plot, to scheme, to intrigue, to collude
dolapçı *a.* maker/seller of cupboards; *arg.* plotter, crook
dolar *a.* dollar
dolaşı *a.* tour
dolaşık *s.* roundabout, sinuous, tortuous, circuitous *res.*; roundabout, confused, intricate; tangled, entangled
dolaşıklık *a.* entanglement; intricateness, intricacy
dolaşıksız *s.* direct ¤ *be.* directly
dolaşım *a.* circulation *dolaşım borusu* circulating pipe *dolaşım pompası* circulating pump * devridaim pompası *dolaşım suyu* circulation water
dolaşmak *e.* to walk around, to stroll, to ramble, to tour, to wander; to get about, to get around; to go the long way around; to tangle; (kan, vb.) to flow; (söylenti) to go around, to be afloat; to circulate
dolaştırmak *e.* to take for a walk, to walk; to show around; to entangle, to tangle, to entwine; to circulate
dolay *a.* surroundings, suburbs, outskirts
dolayı *ilg.* because of, on account of, due to, owing to
dolayında *ilg.* circa
dolayısıyla *be.* consequently, so ¤ *ilg.* because of, on account of
dolaylama *a.* metaphorical substitution
dolaylı *s.* indirect, oblique, roundabout *dolaylı adres* indirect address *dolaylı*

adresleme indirect addressing *dolaylı anlatım* dilb. reported speech, indirect speech *dolaylı denetim* indirect control *dolaylı ısıtılan* indirectly heated *dolaylı ışıklandırma* indirect lighting *dolaylı olarak* indirectly, obliquely *dolaylı tümleç* dilb. indirect object *dolaylı vergi* indirect tax *dolaylı yoldan* in a roundabout way

dolaylık a. suburb

dolaylılık a. circuitousness

dolaysız s. direct *dolaysız adres* one-level address *dolaysız çarpım* direct product *dolaysız tümleç* direct object *dolaysız vergi* direct tax

dolaysızlık a. directness

doldrums a. doldrums

doldurma a. filling, backfilling, charge *doldurma ağzı* charging hole *doldurma akımı* charging current *doldurma cihazı* charger *doldurma hunisi* feeding funnel, hopper *doldurma ışığı* booster light, fill light *doldurma ışık* booster light *doldurma karakteri* pad character *doldurma maşası* battery charging clips *doldurma merkezi* charging station *doldurma platformu* charging platform

doldurmak e. to fill, to fill sth up; to fill sth in, to fill sth out Al.; to crowd, to encumber; to urge, to egg sb on; to cram, to stuff; (akü) to charge; (silah) to load; (koku) to pervade

dolduruş a. act of filling *dolduruşa getirmek* arg. to egg sb on (to do sth), to incite

dolerit a. dolerite

dolgu a. filling, backfill, filler, packing *dolgu apresi* filling finish, weight giving finish, weighting size *dolgu efekti* filling effect *dolgu gereci* packing material *dolgu ışığı* fill light *dolgu iç kuyusu* fill raise *dolgu karakteri* fill character *dolgu kaynak* fillet weld *dolgu macunu* filler *dolgu maddesi* filling material, padding *dolgu makinesi* stowing machine *dolgu malzemesi* packing material *dolgu metali* filler metal *dolgu toprak* fill dirt *dolgu yapmak* to fill a tooth *dolgu zemin* made ground

dolgucu a. cogger

dolgulu s. with filling *dolgulu*

karbonlama pack carburizing *dolgulu tavlama* pack annealing *dolgulu uzunayak* backfilling longwall

dolgun s. filled, stuffed, full; plump, buxom; (ücret) high, satisfactory; (ses) rich *dolgun tutum* teks. full handle, firm handle

dolgunlaşmak e. to get plump

dolgunluk a. fullness, plenitude; buxomness *dolgunluk apresi* teks. filling finish, weight giving finish, weighting size *dolgunluk vermek* teks. to weight

dolgusuz s. without filling *dolgusuz derz* open joint

doli a. dolly

dolikosefal s. anat. dolichocephalic, dolichocephalous

dolma s. stuffed ¤ a. stuffed vegetables; reclaimed bank, embankment *dolma içi* stuffing *dolma lastik* solid tyre *dolma yutturmak* to chisel sb (out of sth) arg.

dolmabiber a. sweet pepper, bell pepper

dolmacı a. arg. trickster, cheat, liar

dolmacılık a. arg. lies, trickery

dolmak e. to get full, to fill, to fill up; to be packed (with); (süre) to be over, to expire *dolup taşmak* to swarm with sb/sth

dolmakalem a. fountain pen

dolmalık s. fit for stuffing *dolmalık biber* bell pepper

dolmen a. dolmen

dolmuş s. filled, stuffed, full ¤ a. jitney, shared taxi, dolmush

dolmuşçu a. driver of a shared taxi

dolmuşçuluk a. driving of a shared taxi

dolomit a. dolomite

dolomitleşme a. dolomitization

dolu¹ a. hail *dolu fırtınası* hailstorm *dolu sağanağı* hail shower *dolu tanesi* hailstone *dolu yağmak* to hail

dolu² s. full (of), filled (with), fraught (with); abundant (in); (silah) loaded; (akü) charged *dolu ağırlık* gross vehicle weight *dolu olmak* to teem with sth, to be alive with, to crawl with sth, to abound in/with sth *dolu savak* spillway

doludizgin be. at full gallop, at full speed, hell for leather *doludizgin gitmek* to ride at full speed, to ride hell for leather

doluluk a. fullness, plenitude

dolum a. filling

dolunay a. full moon
doluşmak e. to crowd
domalan a, bitk. truffle
domalıç s. bulging, protruding; humped
domalmak e. to squat down; kon. to be on all fours
domates a. tomato domates salçası tomato sauce domates suyu tomato juice
dombay a. buffalo * manda, susığırı
dominant s. dominant
Dominik a, s. Dominican Dominik Cumhuriyeti the Dominican Republic
Dominik Cumhuriyeti a. Dominican Republic
Dominikli a, s. Dominican
domino a. dominoes; (giysi) domino domino taşı domino
dominyon a. dominion
domur a. bubble * kabarcık; bud * tomurcuk
domuz a. pig, swine, hog; mec. pig, hog kon., swine hkr. ¤ s. obstinate, pigheaded domuz ağılı pigpen domuz ahırı pigsty, pigpen Aİ. domuz derisi pigskin domuz eti pork domuz gibi a) sturdy, strong, porky kon. b) obstinate, pigheaded domuz pastırması bacon domuz sosisi pork sausage domuz yağı lard domuz yavrusu piglet
domuzbalığı a. porpoise, sea hog
domuzca be. swinishly, hoggishly
domuzdamı a. chock, pigsty; pigsty work
domuzdamı a. chock
domuzlan a. hayb. bombardier beetle
domuzlaşmak e. to behave swinishly; to become maliciously obstinate
domuzluk a. pigsty; mec. obstinacy; swinish behaviour domuzluk etmek to be treacherous; to be obstinate
domuztırnağı a. jemmy
don¹ a. underpants, pants, briefs; (at) coat, colour; clothes, dress don gömlek in one's underpants
don² a, metr. frost, freeze don çözülmek (ice) to thaw don direnci frost resistance don pancarı frozen beet don sınırı frost line don tutmak to freeze
donakalan s. cataleptic
donakalım a. catatonia
donakalımlı s. catatonic
donakalmak e. to stand aghast, to freeze
donamak e. to decorate, to adorn, to embellish * süslemek, tezyin etmek

donanım a, biliş. hardware; den. rigging donanım dili assembly language donanım dökümü hardware dump donanım hatası biliş. hardware error, hard error donanım konfigürasyonu biliş. hardware configuration donanım kopyası hardware duplicate donanım monitörü biliş. hardware monitor donanım onarımı hardware recovery donanım uyabilirliği hardware compatibility donanım uyarlığı hardware compatibility donanım uyumluluğu biliş. hardware compatibility
donanma a. fleet, navy, armada; illuminations donanma fişekleri fireworks
donanmak e. to spruce oneself up, to do oneself up kon.; to be decorated; to be equipped
donargözleyim a. cryoscopy
donatı a. equipment, fittings, outfit
donatım a. equipment
donatımcı a. propman, property man
donatımlık a. accessory
donatmak e. to deck out, to ornament, to decorate, to adorn, to grace; to furnish; to equip, to rig; illuminate
donduraç a. deep freezer, deep-freeze
dondurma a. freezing, frosting; ice cream dondurma deliği freezing hole dondurma kepçesi scoop dondurma külahı ice cream cone
dondurmacı a. ice cream seller
dondurmacılık a. ice cream business
dondurmak e. to freeze, to chill, to frost dondurulmuş yiyecek frozen food
dondurmalı s. with ice cream, à la mode Aİ.
dondurucu s. freezing, cold, chilling, frosty, frigid ¤ a. freezer
dondurum a. freezing; cryogenics
dondurumlu s. cryogenic
done a. datum
donjuan a. Don Juan
donjuanlık a. Don Juanism
donki a. donkey pump donki tulumbası donkey pump
donkişotluk a. quixotism, quixotry
donma a. freezing donma düzeyi freezing level donma kabarması frost heave donma karışımı freezing mixture donma kuyu freezing shaft donma noktası freezing point, ice point

donma önleyici antifreezing, nonfreezing **donma seviyesi** freezing level, icing level **donma sıcaklığı** freezing temperature **donma şişmesi** frost heave **donma yapmaz** frost-proof
donmak e. to freeze; (çimento) to set, to bind; to curdle **donup kalmak** to be petrified
donmaönler a. antifreeze
donmaz s. frost-proof
donmuş s. frozen **donmuş pancar** frozen beet
donör a. donor
donra a. dandruff, scruff
donsuz s. having no underpants; *mec.* destitute, miserable
donuk s. matt, mat, matte *Aİ.* * mat; colourless, colorless; lifeless, dull
donuklaşmak e. to become frozen/dull/dim
donuklaştırmak e. to dim, to dull, to mat
donukluk a. dimness; dullness, opacity
donyağı a. tallow
dopdolu s. full-up, cramfull, chock-full (of), chock-a-block (with), chock-a-block full (of) **dopdolu olmak** to be honeycombed with, to be surcharged with
doping a. doping **doping yapmak** to dope
doru s. (at) bay, chestunt **doru at** bay
doruk a. summit, peak, apex, acme, top **doruğa ulaşmak** to peak
doruklaşmak e. to reach a peak
dorum a. camel colt
dosa a. gangboard, gangplank
dosdoğru s. correct, honest ¤ *be.* straight ahead, directly **dosdoğru gitmek** to go straigh ahead, to follow one's nose
dost a. friend, fellow *kon.*, pal *kon.*; lover, mistress, steady ¤ s. friendly **dost düşman** everybody **dost olmak** to make friends **dosta düşmana karşı** in front of everybody
dostça *be.* in a friendly manner ¤ s. friendly, amicable, cordial **dostça davranmak** to be friendly
dostluk a. friendship, amity, concord; company
dosya a. file, dossier, folder, binder; *biliş.* file * kütük **dosya adı** file name **dosya aralığı** file gap **dosya bakımı** file maintenance **dosya basımı** file print **dosya boyutu** file size **dosya bölümü** file ex-

tent **dosya değişimi** file volatility **dosya deposu** file store **dosya dolabı** file cabinet **dosya dönüştürme** file conversion **dosya etiketi** file label **dosya güvenliği** file security **dosya işareti** file marker **dosya işleme** file processing **dosya kesimi** file section **dosya koruma** file protection **dosya kurtarma** file recovery **dosya maskeleme** file mask **dosya organizasyonu** file organization **dosya silme** file purging **dosya sonu işareti** end-of-file mark **dosya sonu** end of file **dosya sorgulama** file interrogation **dosya tanımlaması** file description **dosya transferi** file transfer **dosya yapısı** file structure **dosya yöneticisi** file manager **dosya yönetimi** file management
dosyalamak e. to file
doyasıya *be.* until satiated **doyasıya içmek** to drink one's fill **doyasıya yemek** to eat one's fill
doygu a. one's daily bread, one's food
doygun s. contented, content; saturated **doygun buhar** saturated steam **doygun çözelti** saturated solution **doygun zemin** waterlogged ground
doygunluk a. satisfaction, contentedness; saturation
doyma a, *tek.* saturation **doyma açığı** saturation deficit **doyma akımı** saturation current **doyma değeri** saturation value **doyma gerilimi** saturation voltage **doyma noktası** saturation point **doyma skalası** saturation scale
doymak e. to eat one's fill, to be full (up); to be satisfied; to be saturated (with) **doya doya** to one's heart's content **doymak bilmez** insatiable
doymamış s, *kim.* unsaturated
doymaz s. insatiable, greedy
doymazlık s. insatiability, greed
doymuş s, *kim.* saturated; satiated, full **doymuş bileşik** saturated compound **doymuş buhar** saturated steam **doymuş çözelti** saturated solution
doyum a. satisfaction, satiety; orgasm **doyum olmaz** one cannot have enough of, one never gets sick of **doyuma ulaşmak** a) to achieve satisfaction, to be satisfied b) to have an orgasm

doyumluk s. enough to satisfy
doyumsamak e. to be satisfied
doyumsatmak e. to satisfy
doyumsuz s. unsatisfied
doyumsuzluk a. nonsatisfaction
doyunak a. restaurant
doyunmak e. to eat one's fill
doyuran s. feeding; saturant
doyurma a. satiating; saturation
doyurmak e. to fill up, to satisfy, to satiate; to saturate
doyurucu s. (yiyecek) filling; satisfying, satisfactory
doz a. dose **dozunu ayarlamak** to proportion correctly, to mix in the correct proportions **dozunu kaçırmak** to overdo
dozaj a. dosage **dozaj makinesi** dosing machine **dozaj supabı** metering valve
dozer a. bulldozer * yoldüzler
dozimetre a. dosimeter
dozimetri a. dosimetry
döğüş a. bkz. dövüş
döğüşmek e. bkz. dövüşmek
döker a. dumper
dökme a. pouring; casting ¤ s. poured; (metal) cast; in bulk **dökme bronz** cast bronze **dökme cam** plate glass **dökme çelik** cast steel **dökme çimento** bulk cement **dökme çivi** cast nail **dökme demir** cast iron, pig iron **dökme yem** bulk food
dökmeci a. moulder
dökmek e. to pour (out), to spill, to slop; to empty, to tip; (saç, kıl, vb.) to cast; to shed
döktürmek e. to have (sth) poured; to have (sth) thrown away; kon. to write/speak/dance, etc. well and easily
dökük s. hanging down; worn out, shabby, ramshackle
dökülmek e. to spill, to pour, to slop; to be shed; to be cast; to fall into ruin, to disintegrate; (ırmak) to flow into; to spill over
döküm a. casting, moulding; fall; inventory **döküm ağzı** gate **döküm deliği** ingate **döküm firesi** casting shrinkage **döküm kalıpçısı** pattern maker **döküm kâğıdı** report sheet **döküm kumu** core sand **döküm ocağı** cupola furnace, cupola **döküm yapmak** to cast **döküm yolu** gate
dökümcü a. founder, metal worker

dökümcülük a. foundry work
dökümevi, dökümhane a. foundry
dökümhane a. foundry
dökümlü s. (giysi) loose, nicely hanging
döküntü a. remains, remnants, remainder; scrap, refuse, rubbish; hek. skin eruption **döküntü demir** tramp iron **döküntü konisi** scree cone
döküntülü s. detrital
döl a. semen, sperm; young, offspring, generation; race, stock
dölek s. (kişi) serious, grave, dignified; (arazi) even, flat
döleşi a. placenta, afterbirth
dölet a. embryo
döletbilim a. embryology
döletbilimsel s. embryologic(al)
döletsel s. embryonic
dölleme a. fecundation, fertilization
döllemek e. to inseminate, to impregnate, to fertilize, to fecundate
döllenme a, bitk. fertilization, pollination **döllenme katsayısı** fertilization coefficient
döllenmek e. to be fertilized, to be inseminated
dölleyebilir s. virile
dölleyebilme a. virility
dölleyen s. procreant
dölleyici s. procreant, procreative
dölörtüsü a. anat. chorion
dölsüz s. childless, sterile
dölüt a. foetus, fetus Aİ.
dölütçük a. blastocyst
dölütsel s. fetal
dölüttorba a. amnion
dölyatağı a. uterus, womb * rahim **dölyatağı boynu** cervix
dölyolu a. vagina * vagina
dömifinal a. sp. semifinal
dömisek s. demi-sec, semi-dry
dönbaba a. bitk. cranesbill, Geranium
döndürgeç a. cyclotron
döndürmek e. to turn, to rotate; to wind, to spin; to reverse; to revolve; kon. to turn into, to make, to drive; kon. to manage, to run; to fail, to flunk; to change (the subject); to convert
döne döne be. by turning, by spinning
döneç a. armature
dönek s. fickle, flighty, capricious, rat kon. ¤ a. turncoat
döneklik a. fickleness **döneklik etmek** to

rat *kon.*
dönel *s.* rotational, rotary **dönel cisim** solid of revolution **dönel dağıntı** rotational entropy **dönel kavşak** rotary intersection **dönel yanma odası** turbulence chamber
dönelmek *e.* to begin to decline
dönem *a.* period, era, epoch; term, semester
dönemeç *a.* bend, curve, corner, turning
dönemeçli *s.* (yol) winding, curving
dönemli *s.* periodic
dönemsel *s.* cyclic
dönemsellik *a.* cyclicity
dönemsiz *s.* aperiodic
dönence *a.* tropic
dönencealtı *s.* subtropic(al)
dönencel *s.* tropic(al)
dönencelerarası *s.* intertropical
dönenmek *e. yörs.* to turn around
döner *s.* turning, revolving, rotating, rotary, gyratory **döner alan** rotary field, rotating field **döner anahtar** rotary switch **döner anten** rotary antenna **döner besleyici** rotary feeder **döner bileğitaşı** grinding wheel **döner bobin** moving coil **döner boru** swing pipe **döner çapa** rotary hoe **döner çevirici** rotary converter **döner disk** rotating disk **döner eklem** rotating joint **döner elek** rotary screen **döner far** rotating beacon **döner fener** revolving light **döner fırın** rotary furnace **döner fırtına** whirlwind **döner ızgara** travelling grate **döner imbik** rotary retort **döner kalbur** trommel **döner kanat** rotary wing **döner kanca** swivel hook **döner kapı** revolving door, swing door **döner kebap** compacted sliced meat, especially lamb, on a vertical spit **döner kemik** radius **döner kesici** rotary cutter **döner kırıcı** rotary crusher **döner koltuk** swivel chair **döner kondansatör** rotary capacitor **döner konkasör** gyratory crusher **döner körük** rotary blower **döner kurutucu** rotary drier, drum drier **döner lamba** swivel lamp **döner matkap** rotary drill **döner mengene** swivel vise **döner merdiven** spiral staircase, winding stairs **döner motor** rotary engine **döner piston** rotary piston **döner platform** turntable **döner pompa** rotary

pump **döner pulluk** half turn plough **döner sandalye** swivel chair **döner sermaye** working capital **döner süpürge** rotary broom **döner şalter** rotary switch **döner taret** *ask.* turret **döner valf** rotary valve
dönerbasar *a.* rotary press
dönergeçit *a.* turnstile
döngel *a.* medlar
döngelorucu *a.* (prolonged) fast
döngen *a.* rotator
döngü *a.* vicious circle * kısırdöngü; *biliş.* loop **döngü adımı** *biliş.* loop step **döngü artımı** *biliş.* loop increment **döngü denemesi** loop testing **döngü denetimi** *biliş.* loop check **döngü gövdesi** loop body **döngü kodu** loop code **döngü programı** *biliş.* loop program **döngü sayacı** *biliş.* loop counter **döngü sınaması** *biliş.* loop testing **döngü sistemi** loop system **döngü teknolojisi** *biliş.* loop technology
döngüleme *a, biliş.* looping
dönme *a.* turning; rotation; conversion; convert; *kon.* transsexual **dönme dolap** big wheel, Ferris wheel **dönme ekseni** axis of revolution **dönme frekansı** gyro-frequency **dönme gecikmesi** rotational delay **dönme hareketi** rotary motion **dönme hızı** rotational speed **dönme merkezi** centre of gyration **dönme momenti** torque, turning moment **dönme yarıçapı** turning radius **dönme yönü** sense of rotation **dönme yüzeyi** surface of revolution
dönmek *e.* to turn; to return, to turn back, to come back, to go back, to get back; to turn into, to become, to change into/to; to change; to go round; to swing; to spin; to swivel; to swerve; to gyrate; (baş) to whirl, to swim, to spin; to change one's religion, to be converted; to go back on/upon, to break (a promise)
dönü *a.* rotation
dönü *a.* spin; revolution **dönü/dakika** revolutions per minute **dönü kuantum sayısı** spin quantum number **dönü/saniye** revolutions per second
dönücü *s.* gyratory
dönük *s.* turned, facing; directed
dönüm *a.* a land measure of about 1000 square metres; turn, revolution **dönüm**

noktası turning point, crossroads, landmark

dönümlük *s.* of (...) thousand square meters

dönüş *a.* turning, rotation, turn; return, comeback **dönüş adresi** return address **dönüş borusu** return piping **dönüş dairesi** turning circle **dönüş devresi** return circuit **dönüş dirseği** return bend **dönüş freni** steering brake **dönüş göstergesi** turn indicator **dönüş hattı** return piping **dönüş hızı** speed of rotation **dönüş izi** revolver track **dönüş kavraması** steering clutch **dönüş kodu** return code **dönüş komutu** return instruction **dönüş noktası** turning point **dönüş sayısı** number of revolutions **dönüş süresi** cycle time **dönüş şeridi** virga **dönüş yarıçapı** turning radius

dönüşlü *s, dilb.* reflexive; *tek.* rotational **dönüşlü kaydırma** cyclic shift

dönüşlülük *a. dilb.* reflexivity

dönüşme *a.* transformation; conversion; *dilb.* regressive assimilation

dönüşmek *e.* to change, to transform, to turn (into)

dönüşölçer *a.* tachometer

dönüştüreç *a.* transformer

dönüştürme *a.* transformation; conversion **dönüştürme anahtarı** alteration switch **dönüştürme ekipmanı** conversion equipment **dönüştürme programı** conversion program **dönüştürme tablosu** conversion table

dönüştürmek *e.* to change/turn (into), to convert (to); to transform (into)

dönüştürücü *s.* transforming, converting ¤ *a.* convertor

dönüştürüm *a.* transformation

dönüşül *s.* critical * kritik

dönüşüm *a.* transformation, conversion

dönüşümce *a.* hysteria

dönüşümcü *a.* transformist ¤ *s.* transformational

dönüşümcülük *a.* transformism * transformizm

dönüşümlü *s.* alternate

dönüşümsel *s.* metaplastic

döpiyes *a.* two-piece suit

dörder *s.* four each

dördey *a.* quaternion

dördül *a, s, mat.* square * kare

dördün *a, gökb.* quarter

dördüncü *s.* fourth **dördüncü çağ** Quaternary **dördüncü dereceden** quartic **dördüncü kuşak bilgisayar** fourth generation computer

dördüz *a.* quadruplet, quad *kon.*

dördüzleme *a.* tetralogy

dört *a, s.* four **dörde ayırmak/bölmek** to quarter **dört açılı** tetragonal **dört adres** four address **dört ayak üzerine düşmek** to land on one's feet, to fall on all fours **dört başı mamur** perfect, prosperous, flourishing **dört bir tarafı** all around it, on all sides (of) **dört bir yandan** from all quarters **dört bit** nibble **dört değerli** quadrivalent **dört delikli** quadripuntal **dört dönmek** to search everywhere **dört dörtlük** perfect, excellent **dört elle sarılmak** to stick heart and soul, to go at sth, to get down to sth, to knuckle down (to sth) *kon.*, to buckle down to sth *kon.* **dört fazlı** four-phase **dört göz** *kon.* four-eyed **dört gözle beklemek** to look forward to **dört kanatlı** four-bladed **dört kat** quadruple **dört katlı** quadruplex **dört katmanlı** four-layer **dört kâğıtlı** *arg.* joint, reefer **dört kenarlı** quadrilateral **dört köşe somun** square nut **dört köşeli** four-cornered, quadrangular, quadrate **dört misli** quadruple **dört silindirli** four-roll, four-cylinder **dört tabakalı** four-layer **dört teker çekişli** fourwheel drive **dört tekerlek freni** fourwheel brake **dört tekerlekli** fourwheel **dört tekerlekten müteharrik** fourwheel drive **dört telli** four-wire **dört terimli** quadrinomial **dört yüzlü** tetrahedral **dört zamanlı** four-cycle, four-stroke **dörtte bir** one fourth, a quarter

dörtayak *a, hayb.* quadruped ¤ *be.* on all fours

dörtgen *a.* quadrangle ¤ *s.* quadrilateral

dörtgenel *s.* quadrangular

dörtkenar *a.* tetragon

dörtleme *a.* quadruplication

dörtlemek *e.* to make four, to quadruple; *kon.* to shift into fourth gear

dörtlenik *s.* quartic

dörtlü *a, isk.* four; *müz.* quartet

dörtlük *a, ed.* quatrain; *müz.* crotchet, quarter note *Aİ.; gökb.* quadrature

dörtnal *a.* gallop

dörtnala *be.* at a gallop, at full speed
dörtnala gitmek to gallop
dörtyol *a.* crossroads **dörtyol ağzı** crossroads, intersection
dörtyüz *a. arg.* poker
dörtyüzlü *a. mat.* tetrahedron ¤ *s.* tetrahedral
döş *a.* breast, bosom
döşek *a.* mattress; bed; ship's bottom
döşeli *s.* furnished; floored
döşem *a.* installation
döşemci *a.* installer, fitter, plumber
döşemcilik *a.* installation, fitting, plumbing
döşeme *a.* floor; floor covering; upholstery; furniture **döşeme cilası** floor polish **döşeme çinisi** floor tile **döşeme kirişi** floor beam **döşeme levhası** floor slab **döşeme paspası** floor carpet **döşeme tahtası** floor board **döşeme yükü** floor load
döşemeci *a.* upholsterer; furniture dealer **döşemeci çivisi** cut nail
döşemecilik *a.* upholstery
döşemek *e.* to furnish; to lay down, to spread; to pave, to floor; to install
döşemelik *s.* flooring ¤ *a.* upholstery **döşemelik kumaş** upholstery fabric
döşenmek *e.* to be furnished; to rebuke, to give sb a rap on the knuckles; to write a diatribe
döşeyici *a.* installer, fitter, plumber
döteron *a.* deuteron
döteryum *a, kim.* deuterium
döteryumlamak *e.* to deuterate
dötoplazma *a.* deutoplasm
dövdü *a.* mallet, beetle
döveç *a.* wooden mortar
döven *a.* threshing sled
döviz *a.* foreign currency, foreign exchange; motto, slogan **döviz hesabı** currency account **döviz kuru** exchange rate, rate of exchange **döviz piyasası** foreign exchange market **döviz rezervi** foreign exchange reserve
dövizci *a.* foreign-exchange dealer
dövlek *a.* unripe melon
dövme *a.* beating, battering, pounding; forging; tattoo ¤ *s.* forged, wrought **dövme altın** beaten gold **dövme çelik** forged steel **dövme demir** wrought iron **dövme iş** forging **dövme makinesi** beating machine, upsetting machine **dövme parça** forging **dövme presi**

forging press
dövmeci *a.* tattooer, tattooist
dövmek *e.* to beat, to flog, to thrash; to hammer, to forge, to pound; to bombard
dövücü *a.* beater, knocker
dövülebilir *s.* malleable **dövülebilir demir** malleable iron
dövülebilirlik *a.* malleabilization
dövülebilme *a.* malleability
dövülgen *s.* malleable, ductile **dövülgen demir** malleable iron
dövülgenlik *a.* ductility, malleability
dövülür *s.* malleable
dövünmek *e.* to beat one's breast, to lament, to deplore; to be frantic with sorrow
dövüş *a.* beating; fight, brawl **dövüş horozu** fighting cock
dövüşçü *a.* fighter
dövüşken *s.* bellicose, combative
dövüşkenlik *a.* combativeness, belligerence
dövüşme *a.* tussle *kon.*
dövüşmek *e.* to fight, to struggle; to combat; to box
dövüştürmek *e.* to cause to fight with one another
döyteron *a.* deuteron
draft *a.* draft *Aİ.*, draught *İİ.*
dragon *a.* dragon * ejderha
drahmi *a.* drachma
drahoma *a.* dower, dowry
draje *a, hek.* sugar-coated pill, dragée
dram¹ *a, tek.* drum
dram² *a, tiy.* drama; tragedy
drama *a.* drama
dramatik *s.* dramatic; tragic
dramatize etmek *e.* to dramatise
dramaturg *a.* playwright, dramatist
dramaturgi *a.* dramaturgy
dramlaştırmak *e.* to dramatise
draypak *a. inş.* drypack mortar
dren *a.* drain **dren deliği** weephole
drenaj *a.* drainage **drenaj borusu** drainage pipe **drenaj çukuru** drainage pit **drenaj galerisi** drainage gallery **drenaj havzası** drainage basin **drenaj hendeği** drainage ditch **drenaj kapağı** drainage gate **drenaj kuyusu** drainage well, sump **drenaj pulluğu** drainage plough **drenaj sifonu** drainage trap **drenaj tüneli** drainage tunnel **drenaj**

yapmak to drain
dretnot *a.* dreadnought
drezin *a.* trolley
dripling *a, sp.* dribbling *dripling yapmak sp.* to dribble
dropsonde *a.* dropsonde
drosera *a. bitk.* drosera
drozometre *a.* drosometer
Druid *a.* Druid
drumlin *a.* drumlin
dua *a.* prayer *dua etmek* to pray, to invoke *dua kitabı* prayer book *duasını almak* to receive sb's blessing
duacı *a.* one who prays God; well-wisher
duahan *a.* professional reciter of prayers
duayen *a.* doyen, dean; doyenne
duba *a, den.* barge, pontoon; floating bridge *duba gibi* gross
dubalı *s.* having a barge *dubalı iskele* floating pier *dubalı köprü* floating bridge *dubalı tarak* floating dredge *dubalı vinç* floating crane
dubar *a, hayb.* mullet
dubara *a.* double deuce; *arg.* trick, intrigue, hanky-panky
dubaracı *a. arg.* trickster, swindler, intriguer
dublaj *a.* dubbing, postsynching *dublaj stüdyosu* dubbing studio *dublaj yapmak* to dub
dublajcı *a.* dubber
dublajcılık *a. sin.* work of a dubber
duble *a.* double; (giysi) lining
dubleks *s.* duplex *dubleks baskı makinesi* duplex printing machine *dubleks baskı* duplex printing *dubleks kablo* duplex cable
dublör *a.* stunt man, stunt woman, stand-in, double; dubber
dublve *a.* double-u, the letter w
duçar *a.* subject (to), afflicted (with)
duçe *a.* duce
dudak *a.* lip *dudağını bükmek* to sneer *dudağını ısırmak* to bite one's lip *dudak boyası* lipstick *dudak bükmek* to curl one's lip, to sneer, to despise *dudak dudağa* lip to lip *dudak ısırtmak* to fascinate, to astonish *dudak mikrofonu* lip microphone *dudak okumak* to lip-read *dudaklarını şapırdatmak* to smack one's lips
dudakçık *a.* labellum
dudaklı *s.* labiate, lipped

dudaklıçiçekgiller *a.* labiatae
dudaksıl *s, dilb.* labial
dudaksıllaşma *a. dilb.* labialization
dudu *a.* Mrs *dudu dilli* pleasant talker, soft-spoken
duetto *a. müz.* short duet
duhul *a.* entering, entrance, entry; penetration
duhuliye *a.* entrance fee
duka *a.* duke
dukalık *a.* dukedom, duchy
dul *s.* widowed ¤ *a.* (erkek) widower; (kadın) widow *dul erkek* widower, divorcé *dul kadın* divorcée, widow *dul kalmak* to be widowed *dul kimse* divorcee
dulaptalotu *a. bitk.* mezereon, spurge olive
dulavratotu *a.* burdock
dulda *a.* recess in a hillside; sheltered place; lonely place
duldalamak *e.* to shelter
duldalanmak *e.* to take refuge (under)
duldalı *s.* sheltered (place)
dulluk *a.* widowhood
dulsin *a.* dulcin
dulsit *a.* dulcite
duluk *a.* face; temple
dumağı *a.* cold in the head
duman *a.* smoke, fume; mist, haze; *arg.* hash, hashish *duman attırmak* to whitewash, to intimidate *duman borusu* flue *duman çıkarmak* to fume *duman deflektörü* blinker plate *duman denemesi* smoke test *duman etmek* to defeat (completely) *duman gazı* flue gas *duman kanalı* smoke flue *duman olmak* to go up in smoke *duman yolu* flue *dumanı üstünde* quite-new, fresh
dumanlamak *e.* to fumigate
dumanlanmak *e.* to get smoky; to get confused
dumanlı *s.* smoky; misty, foggy; *kon.* tipsy *dumanlı sis* smog
dumanrengi *a.* smoke grey
dumansız *s.* smokeless
dumbel *a.* dumbbell
dumdum *a.* dumdum
dumur *a.* atrophy * körelme *dumura uğramak* to be atrophied *dumura uğratmak* to atrophy
duo *a. müz.* duet
duodinatron *a.* duodynatron

dupduru s. crystal clear
dupiyon a, teks. dupion
dura a. period, full stop
duraç a. stator
durağan s. fixed, stable, stationary **durağan dalga** standing wave **durağan hal** stationary state
durağanlaşmak e. to become stable
durağanlık a. stability, fixity
durak a. stop, bus stop; halt, pause, break; müz. rest
durakı a. bitk. nectarine
duraklama a. pause; ask. standstill; hesitation **duraklamadan** direct
duraklamak e. to pause, to stop; to hesitate, to waver
duraklatmak e. to bring (sth) to a standstill
duraklı s. fiz. stationary
duraksama a. hesitation * tereddüt
duraksamak e. to hesitate, to falter, to waver * tereddüt etmek
duraksamalı s. hesitant
dural s. static
duralama a. hesitation, boggling
duralamak e. to hesitate, to boggle, to falter, to waver * duraklamak
duralandırma a. punctuation
duralandırmak e. to punctuate
duralga a. station, terminal
duralı s. having a period
duralit a. hardboard
durallık a. stability
durduraç a. brake
durdurma a. stop, shutoff, interception **durdurma bobini** blocking choke **durdurma kodu** stop code **durdurma kolu** stop lever **durdurma komutu** halt instruction **durdurma pimi** stop pin **durdurma potansiyeli** stopping potential **durdurma zamanı** stop time
durdurmak e. to stop, to cease, to quit, to arrest, to halt, to discontinue; to detain; to stem, to staunch
durendiş s, esk. far-seeing, far-sighted
durgan s. constant **durgan hız** constant velocity **durgan ivme** constant acceleration
durgu a. interruption, stoppage; müz. cadence
durgun s. calm, quiet, still, placid, serene; stagnant, flat, dull **durgun hava** still air **durgun kütle** rest mass **durgun nokta**

stationary point **durgun olmak** to be in the doldrums **durgun su** dead water, stagnant water, still water **Durgun sular derinden akar** Still waters run deep
durgunlar a. doldrums
durgunlaşmak e. to get calm, to calm down, to still; to stagnate, to become dull
durgunlaştırmak e. to make calm; to depress
durgunluk a. calmness; heaviness; dullness; stagnation
durin a. dourine
durma a. stopping, cessation, halt
durmadan be. all the time, on and on, steadily, continuously, continually
durmak e. to stop, to cease, to halt; to remain, to stay; to suit, to go, to look; to wait; to come to rest; (yolculukta) to stop off (at/in); (sürücü, araba) to pull up, to draw up; (makine, motor) to pack up, to cut out; (araba motoru) to stall
durmaksızın be. continuously, ceaselessly, unceasingly, nonstop, without cease
duru s. clear, limpid * berrak
duruk s. static, motionless * statik **duruk basınç** static pressure **duruk bellek** static memory **duruk değişken** static variable **duruk denge** static equilibrium **duruk döküm** static dump **duruk gerilme** static stress **duruk hata** static error **duruk kütle** rest mass **duruk kütük** static file
durukbilgisi a. statics
duruklaştırmak e. to staticize
durukmıknatıslık a. magnetostatics
durukmıknatıssal s. magnetostatic
duruksun s. hesitant * mütereddit
duruksuz s. astatic
durukyük a. static charge ¤ s. electrostatic
durulamak e. to rinse
durulanmak e. to be rinsed; to rinse (oneself)
durulaşmak e. to become clear/transparent
durulaştırmak e. to decant
durulmak e. to become clear; to settle down, to calm down
durultma a, tek. defecation, clarification **durultma sarnıcı** clearing cistern

durultmak e. to clarify, to make clear

durultucu a. clarifier

duruluk a. clearness, limpidity

durum a. state, condition, case, things; situation, circumstance; status; position; dilb. case **durum açısı** position angle **durum astronomisi** positional astronomy **durum böyle olunca** in/under the circumstances **durum gökbilimi** positional astronomy **durum haritaları** status maps **durum sözcüğü** status word **durum yazmacı** status register **durumda olmak** to be in a position to **durumu iyi olmak** to be well off **durumunda** in case of sth, in the event of sth

duruş a. position, pose, posture, attitude; cessation, halt **duruş açısı** angle of repose

duruşma a, huk. hearing, trial

duş a. shower **duş yapmak/almak** to have a shower

duşak a. fetter

duşaklamak e. to hobble (an animal)

dut a. mulberry **dut gibi** blind drunk, as pissed as a newt **dut gibi olmak** to be as pissed as a newt **dut yemiş bülbüle dönmek** to become tongue-tied

dutçuluk a. mulberry cultivation

dutluk a. mulberry grove

duvak a. bridal veil

duvaklamak e. to put a bridal veil on

duvaklı s. wearing a bridal veil

duvar a. wall; barrier; sp. defensive barrier **duvar anahtarı** wall switch **duvar bölmesi** bay **duvar çekmek** to build a wall **duvar çinisi** wall tile **duvar desteği** wall bracket **duvar dirseği** flying buttress **duvar enerjisi** wall energy **duvar eteği** flashing **duvar etkisi** wall effect **duvar gazetesi** wall newspaper **duvar gibi** stone-deaf **duvar gibi sağır** stone-deaf, (as) deaf as a post, doorpost kon. **duvar halısı** tapestry, Gobelin **duvar ilanı** poster **duvar kaplaması** wall board, wall panel **duvar kâğıdı** wallpaper, paper **duvar kâğıdıyla kaplamak** to wallpaper, to paper **duvar latası** wall plate, tie beam **duvar malzemesi** walling **duvar örmek** to put up a wall **duvar paraçolu** wall bracket **duvar prizi** elek. wall plug **duvar resmi** fresco **duvar saati** wall clock, clock

duvar sarmaşığı ivy **duvar semeri** coping **duvar şamdanı** sconce **duvar telefonu** wall telephone **duvar yazısı** graffito, graffiti **duvardan duvara** wall-to-wall

duvarcı a. bricklayer, stonemason, mason **duvarcı işi** masonry **duvarcı sıvası** grout **duvarcı terazisi** mason's level

duvarcılık a. masonry, stonework

duvarlı s. vallate

duvarotu a. wall pellitory

duvarsedefi a. bitk. germander

duvartırmaşıkkuşu a. hayb. wall creeper

duy a. (electric light) socket

duyar s. sensitive, sensible * hassas

duyarca a. allergy

duyarcalı s. allergic

duyarga a, hayb. antenna, feeler

duyargacık a. antennule

duyargan a. allergen

duyarkat a, fot. emulsion

duyarlı s. sensitive

duyarlık a. sensitivity, sensibility, feeling

duyarlıkölçer a. sensitometer

duyarlıkölçüm a. sensitometry

duyarlılık a. sensitivity

duyarsız s. insensitive

duyarsızlaşma a. desensitization

duyarsızlaşmak e. to be desensitized

duyarsızlaştırma a. desensitization

duyarsızlaştırmak e. to desensitize

duyarsızlık a. insensitivity

duygan s. sensitive

duyganlık a. sensitivity

duygu a. feeling, emotion; sense, sensation

duygudaş a. sympathizer

duygudaşlık a. sympathy

duygulamak e. to affect, to touch

duygulandırıcı s. moving, appealing

duygulandırma a. moving, affecting

duygulandırmak e. to move, to affect, to touch

duygulanım a. emotion; affectivity

duygulanımsal s. affective

duygulanmak e. to be moved, to be affected, to be touched

duygulu s. sensitive; emotional

duygululuk a. sensitivity

duygun s. sensitive

duygunluk a. sensitivity

duygusal s. emotional; romantic, sentimental

duygusallık *a.* sensibility, sensuality, sentimentality

duygusuz *s.* unfeeling, impassive, insensitive, hardhearted, callous, stolid *hkr.*, cold-blooded *hkr.*

duygusuzlaşmak *e.* to dull

duygusuzlaştırmak *e.* to dull

duygusuzluk *a.* insensitivity, heartlessness, apathy

duyma *a.* audition, sensation **duyma birimi** sensation unit **duyma eşiği** sensation level **duyma menzili** earshot

duymak *e.* to hear; to hear about, to hear of; to feel, to sense; to be aware of **duymazlıktan gelmek** to pretend not to have heard

duysal *s.* sensual; emotional

duyu *a.* sense

duyuk *a.* news

duyulamaz *s.* inaudible

duyulmak *e.* to be heard; to be sensed; to get out

duyulmaz *s.* inaudible

duyultu *a.* rumor

duyultucu *a.* reporter of rumors

duyultulamak *e.* to spread (a rumor)

duyulur *s.* perceptible, audible

duyulurüstü *s.* extrasensory

duyum *a.* sensation * ihsas

duyumcu *a, ruhb.* sensationalist

duyumculuk *a, ruhb.* sensationalism

duyumlamak *e.* to sense

duyumölçer *a.* esthesiometer

duyumsal *s.* sensorial, sensual

duyumsamak *e.* to feel, to sense

duyumsamaz *s.* apathetic

duyumsamazlık *a.* apathy

duyumsuz *s.* insensible, senseless

duyumsuzlaştırıcı *s.* anesthetic

duyumsuzlaştırmak *e.* to anaesthetize

duyunç *a.* conscience

duyunçlu *s.* conscientious

duyunçluluk *a.* conscientiousness

duyunçsuz *s.* unscrupulous

duyunçsuzluk *a.* lack of scruples

duyurmak *e.* to announce, to advertise, to proclaim

duyuru *a.* announcement, notice, notification, proclamation

duyusal *s.* sensorial * duysal

duyuş *a.* hearing; perception; impression, feeling

duyuustü *s.* supersensory

duziko *a. arg.* raki

dü *a.* deuce

düalist *a.* dualist ¤ *s.* dualistic

düalizm *a.* dualism

dübel *a.* insertion piece, threaded insert

dübeş *a.* fives

düden *a.* doline, katavothre

düdük *a.* whistle, pipe **düdük çalmak** t whistle **düdük gibi** short and tigh **düdük makarnası** *arg.* clo *İl./kon./şak.*, bumpkin *hkr.*

düdüklemek *e, arg.* to fuck, to lay, t screw, to make

düdüklü *s.* having a whistle ¤ *a, kon* pressure cooker **düdüklü tencer** pressure cooker

düello *a.* duel **düello etmek** to due **düello yapmak** to duel, to fight a duel

düet *a, müz.* duet, duo

düğme *a.* button; electric switch; knol **düğme iliği** buttonhole **düğmelerin çözmek** to unbutton

düğmeci *a.* maker/seller of buttons

düğmecilik *a.* making/selling buttons

düğmek *e. yörs.* to knot, to button

düğmelemek *e.* to button sth (up)

düğmelenmek *e.* to button (up)

düğmeli *s.* having buttons; buttoned; having a switch/switches

düğmesiz *s.* buttonless; without switches

düğü *a.* boiled and pounded wheat; ric pounded in a mortar

düğüm *a.* knot; difficulty, rub; node; e climax **düğüm açmak** to untie a kno **düğüm atmak** to tie a knot **düğün çözmek** to untie a knot **düğüm düğün** in knots, with many knots **düğün noktası** crucial point, vital point, noda point **düğüm olmak** to get knotte **düğümünü çözmek** to solve the mys tery of

düğümcük *a.* nodule

düğümcüklü *s.* nodulose, nodulous

düğümlemek *e.* to knot

düğümlenmek *e.* to become knotted; kon to get tangled; to be jammed up

düğümlü *s.* knotted; nodular **düğümlü boyama yöntemi** tie-and-die methoc **düğümlü iplik** slub

düğümlülük *a.* nodosity

düğümsel *s.* nodal

düğün *a.* wedding, nuptials, wedding feast, marriage ceremony ¤ *sg.* nuptial bridal **düğün alayı** wedding procession **düğün bayram etmek** to rejoice (at/over) **düğün dernek** festival, merry-making **düğün etmek** to rejoice, to exult **düğün pastası** wedding cake **düğün yapmak** to hold a wedding

düğünçiçeği a. buttercup

dük a. duke

dükkân a. shop **dükkân açmak** to open a shop

dükkâncı a. shopkeeper, storekeeper Aİ.

düklük a. dukedom, duchy

düktil s. ductile * sünek

düldül a, kon. old horse; crate arg./şak., crock

dülger a. carpenter, builder **dülger baltası** broad ax(e)

dülgerbalığı a. hayb. dory

dülgerlik a. carpentry

dülsit a. dulcite

dümbelek a. tabor, timbal ¤ s, kon. silly, stupid

dümbelekçi a. drummer

dümbük a. pimp, pander

dümdüz s. very straight, very smooth, plane ¤ be. straight ahead

dümen a. rudder, helm; arg. trick, swindle, cheat **dümen anası** rudder post **dümen başı** rudder head **dümen çevirmek** to play tricks, to trick **dümen dolabı** steering wheel, wheel **dümen evi** wheelhouse **dümen göstergesi** telltale **dümen halatları** wheel ropes **dümen kanadı** rudder blade **dümen kırmak** to change course, to veer **dümen makinesi** steering engine **dümen pedalı** rudder bar **dümen suyu** dead water, furrow, wake **dümen tutmak** to steer **dümen yekesi** tiller **dümen yelpazesi** rudder blade **dümen zinciri** wheel chain

dümenci a. steersman, helmsman; arg. crook, swindler

dümencilik a. den. helmsmanship, steersmanship; arg. being the last at school; arg. trickiness, deceit

dümtek a. müz. tempo

dün a. yesterday; past ¤ be. yesterday **dün akşam** yesterday evening, last evening, last night **dün gece** last night **dün sabah** yesterday morning

dünden be. from yesterday **dünden hazır/razı** only too glad/pleased

dünden razı olmak to jump at sth, to be only too glad (to)

dünit a. dunite

dünkü s. yesterday's, of yesterday; kon. inexperienced, green

dünür a. the father-in-law or mother-in-law of one's child

dünürleşmek e. yörs. to become relatives by marriage

dünürlük a. alliance

dünya a. world, the globe; earth; the universe; everybody, people **dünya âlem** all the world, everybody **dünya çapında** global, worldwide **dünya durdukça** for ever and ever **dünya evine girmek** to enter into matrimony, to get married **dünya gözüyle görmek** to see (sth) before one dies **dünya kadar** a world of, lots of **dünya küresi** globe **dünya rekoru** world record **dünya savaşı** world war **dünya şampiyonu** world champion **dünya turu** world tour **Dünya varmış!** How wonderful!, What a relief! **Dünya yıkılsa umurunda değil** He doesn't give a damn **dünya yıkılsa umurunda olmamak** to be without a care in the world **dünya zindan olmak** to be in great distress, to lead a dog's life **dünyada** never in the world **dünyadan elini eteğini çekmek** to give up all worldly things **dünyadan elini eteğini çekmiş** recluse **dünyadan haberi olmamak** to be unaware of the happenings around oneself **dünyalar onun olmak** to rejoice (at/over) **dünyanın dört bucağı** four corners of the earth **dünyanın her tarafında** worldwide **dünyanın kaç bucak olduğunu göstermek** to teach sb a lesson **dünyanın öbür ucu** the far end of the world **dünyanın parası** a lot of money **dünyanın yedi harikası** the seven wonders of the world **dünyaya gelmek** to be born, to draw one's first breath **dünyaya getirmek** to bring into the world, to bear **dünyaya gözlerini kapamak** to die, to draw one's last breath **dünyayı dolaşmak** to globetrot kon. **dünyayı toz pembe görmek** to see things through rose-coloured glasses **dünyayı tozpembe görmek** to see the world through rose-colored glasses *dünyayı verseler* for (all) the world *dünyayı zindan etmek* to lead sb a dog's life

dünyaca *be.* worldwide

dünyalık *a, kon.* worldly goods, wealth

dünyevi *s.* worldly, earthly, terrestrial, secular

düo *a.* duet

düodenal *s.* duodenal

düpedüz *s.* sheer, palpable ¤ *be.* directly, straightforwardly

düralümin *a.* duralumin

dürbün *a.* binoculars, field glasses

dürbünlü *s.* fitted with a telescopic sight

dürmece *a. hayb.* vine moth

dürmek *e.* to roll up

dürtmek *e.* to poke, to prod, to goad; to incite, to provoke, to stimulate

dürtü *a.* drive, motive, impulse, incentive

dürtüklemek *e.* to prod continually, to nudge

dürtüşmek *e.* to push one another gently

dürtüştürmek *e. yörs.* to prod continually

dürülü *s.* rolled up; folded up

dürüm *a.* roll, fold; pleat

dürüm dürüm *be.* in rolls

dürüst *s.* honest, upright, fair, frank, truthful, direct, candid, moral, straight, straightforward, just

dürüstçe *be.* honestly, fairly

dürüstlük *a.* honesty, frankness, probity, candour, integrity, equity, rectitude *res.*

dürzü *a, kab.* scoundrel, traitor

düs *a, sp.* deuce

düse *a.* double three

düstur *a, esk.* principle, rule; code of laws

düş *a.* dream, daydream, fantasy *düş azması* nocturnal emission *düş görmek* to have a dream *düş gücü* imagination *düş kırıklığı* disappointment, frustration, letdown *kon. düş kırıklığına uğramak* to be disappointed *düş kırıklığına uğratmak* to disappoint *düş kurmak* to dream, to daydream

düşbilim *a.* oneirology

düşçü *a.* dreamer, daydreamer

düşçülük *a.* daydreaming

düşes *a.* duchess

düşeş *a.* (zar) double six; *mec.* windfall

düşey *s.* vertical * şakuli *düşey açı* vertical angle *düşey basınç* vertical pressure *düşey çevrinme* vertical panning *düşey çizgi* vertical line *düşey*

devinim vertical movement *düşey doğru* vertical line *düşey dren* vertical drain *düşey düzlem* vertical plane *düşey eksen* vertical axis *düşey frekans* vertical frequency *düşey hareket* vertical movement *düşey karartma* vertical blanking *düşey kaydırma* scrolling *düşey kaynak* vertical weld *düşey kesit* vertical section *düşey mil* vertical shaft *düşey osilatör* vertical oscillator *düşey polarizasyon* vertical polarization *düşey saptırma* vertical deflection *düşey senkronizasyon* vertical synchronization *düşey silinme* field blanking *düşey şiddet* vertical intensity *düşey tarama* vertical scanning *düşey yükleme* vertical loading

düşeyazmak *e.* to be on the verge of falling

düşeylik *a.* perpendicularity

düşeyölçer *a.* cathetometer

düşgelim *a.* chance happening

düşgelimsel *s.* random

düşgelmek *e.* to meet by chance, to chance upon, to come across

düşgücü *a.* imaginative power, imagination

düşkurucu *a.* daydreamer

düşkü *a.* hobby * hobi

düşkün *s.* addicted, devoted, doting, fond of, enamoured (of/with sth), inveterate *hkr.*; broken down, decayed; poor, needy ¤ *a.* devotee, addict, buff *düşkün olmak* to be keen on, to be hooked on, to be attached (to), to be addicted (to)

düşkünlerevi *a.* alms-house, poorhouse

düşkünleşmek *e.* to fall upon hard times

düşkünlük *a.* addiction, fondness, devotion; decay, being broken down; poverty, adversity

düşlem *a.* fantasy, imagination * fantazi

düşleme *a.* imagining, picturing

düşlemek *e.* to imagine, to picture

düşlemsel *s.* imaginary

düşman *a.* enemy, foe, adversary, antagonist ¤ *s.* hostile, antagonistic *düşman etmek* to antagonize, to turn sb against sb *düşman kesilmek* to behave like an enemy *düşman olmak* to turn against sb

düşmanca *s.* hostile, antagonistic ¤ *be*

antagonistically **düşmanı temizlemek** *ask.* to mop up

düşmanlık *a.* enmity, hatred, hostility, antagonism, animosity

düşme *a.* fall, falling **düşme göstermek** to drop off

düşmek *e.* to fall; to drop; to decline; (uçak) to crash; (çocuk) to be aborted; to fall down, to fall over, to go down; to fall on, to fall upon, to fall to (sb); to fall off, to decrease, to go down, to come down; to deduct, to subtract; to condescend (to), to stoop (to); to end up in, to land in; to chance on/upon; *kon.* to reduce, to make a reduction; to fall on hard times; to fall for, to become addicted to, to take to **düşe kalka** with great difficulty; struggling along/on **düşüp kalkmak** a) to carry on (with sb), to go with *arg.*, to have an affair (with) b) to consort (with)

düşsel *s.* imaginary

düşsever *a.* daydreamer

düşseverlik *a.* daydreaming

düşük *s.* fallen; drooping; low * az; (tümce) misconstrued ¤ *a, hek.* miscarriage, abortion **düşük banket** soft shoulders **düşük basınç** low pressure **düşük değerli** low-order **düşük devirli** low-speed **düşük düzeyli** low-level **düşük fiyat** low price **düşük fiyat vermek** to undercharge **düşük güçlü** low-power **düşük ısılı** low-heat **düşük ışıklama** underexposure **düşük ışıklı** underexposed **düşük kalite** poor quality **düşük kaliteli** poor **düşük karbonlu** low carbon **düşük kayıplı** low loss **düşük kilometre** low-mileage **düşük kuvvetli** low-power **düşük parlaklık** low lustre **düşük seviyeli** low-level **düşük sıcaklık** low temperature **düşük yapmak** to miscarry

düşüklük *a.* lowness; looseness, incorrectness; *coğ.* landfall

düşüm *a.* gradient

düşümdeşlik *a.* concurrence, coincidence

düşümdeşmek *e.* to concur, to coincide

düşün *a.* thought

düşünbilim *a.* philosophy

düşünbilimci *a.* philosopher

düşünce *a.* thought, consideration; idea, opinion; anxiety, worry, care **düşünceye dalmak** to be lost in

thought, to be immersed in thought

düşüncel *s.* ideational

düşünceli *s.* thoughtful, considerate, reflective; pensive, anxious, meditative

düşüncelilik *a.* thoughtfulness, considerateness; abstraction, pensiveness

düşüncellik *a.* ideation

düşüncesiz *s.* thoughtless, tactless, inconsiderate, imprudent, impulsive, indiscreet, unthinking, injudicious; reckless, rash, heedless, incautious, impetuous, unkind, cavalier; unworried, carefree

düşüncesizlik *a.* thoughtlessness, tactlessness, imprudence, inconsiderateness, indiscretion; recklessness, rashness, impetuosity **düşüncesizlik etmek** to act foolishly, to act without thought

düşündeş *s.* of the same opinion, in agreement

düşündeşlik *a.* like-mindedness

düşündürmek *e.* to make (sb) think; to weigh on sb, to preoccupy, to worry, to disturb

düşündürücü *s.* thought-provoking

düşüngü *a.* ideology

düşüngücü *a.* ideologist

düşüngüsel *s.* ideological

düşünme *a.* thinking, considartion, reflection; reasoning

düşünmeden *be.* off the cuff, without thinking **düşünmeden hareket etmek** to follow one's nose **düşünmeden söylemek** to blurt sth out

düşünmek *e.* to think; to think about, to think of, to think over, to think up; to consider; to contemplate; to take into account; to imagine, to conceive, to fancy; to expect; to ponder, to think over; to reflect, to deliberate, to think sth out, to chew sth over *kon.*; to plan; to suppose; to guess; to be worried (about), to be anxious about; to conceive, to invent, to devise, to think up **Düşündüm de ...** On second thought ... **düşünerek konuşmak** to weigh one's words **düşünüp taşınmak** to think over, to think sth out, to ponder over, to deliberate, to cogitate

düşünsel *s.* intellectual, ideational * fikri

düşünsellik *a.* intellectuality

düşünü *a.* idea * fikir, ide

düşünücü *a.* thinker
düşünülemez *s.* unthinkable
düşünülmek *e.* to be thought
düşünür *a.* thinker * mütefekkir
düşünürlük *a.* being a thinker
düşünüsel *s.* intellectual
düşünüş *a.* mentality, way of thinking
düşürmek *e.* to drop; to topple; to reduce; (fiyat) to mark sth down; (çocuk) to miscarry; (uçak) to bring sth down; (futbolda) to bring sb down; to overthrow, to topple, to bring sb down; *kon.* to get (sth) easily/cheaply
düşüş *a.* fall, falling; drop; decrease; downfall **düşüş başlığı** crash helmet **düşüş hızı** rate of fall **düşüş rüzgârı** fall wind
düşüt *a.* aborted foetus * düşükort
düşüzlemek *e. arg.* to come
düt *a.* toot
düttürü *s.* wearing a tight and short dress **düttürü Leyla** fright in a tight and short dress
düve *a.* heifer
düvel *a, ç.* states * devletler
düven *a.* threshing sledge * döven
düvesimek *e.* (bull) to come into heat
düyun *a, esk.* debts * borçlar **düyunu umumiye** public debts * genel borçlar
düz[1] *s.* smooth, even, flat; straight, direct; plain, simple ¤ *be.* straight **düz açı** flat angle, straight angle **düz akım** direct current **düz ayak** *bkz.* düzayak **düz ayna** plane mirror, face plate **düz baskı makinesi** platen machine **düz cam** flat glass **düz çatı** flat roof **düz çizgi** straight line **düz dalga** direct wave **düz damar** flat seam **düz dişli** spur gear, spur pinion **düz duvara tırmanmak** (a child) to be too naughty **düz eğe** flat file **düz getiri** flat yield **düz güverte** flush deck **düz ışık** direct light **düz ızgara** plane grate **düz kama** feather key **düz kanatlılar** *bkz.* düzkanatlılar **düz kayış** flat belt **düz kemer** flat arch, jack arch **düz motor** flat engine **düz nefes etmek** *arg.* to overcome **düz oluklu** straight fluted **düz plaka** flat slab **düz pul** plain washer **düz supap** poppet valve **düz şasi** straight chassis **düz tarama** sequential scanning **düz teras** level terrace **düz tümleç** direct object **düz viril** flat spin **düz vites** manual

transmission **düz yatak** plain bearing **düz yay** laminated spring, leaf spring **düz yazı** *bkz.* düzyazı **düz yüz** plane surface **düz zıvana** barefaced tenon **düze çıkmak** to weather a crisis **düze inmek** to give up brigandage
düz[2] *a.* unflavoured Turkish rakı * duziko
düzanlam *a, dilb.* denotation
düzayak *s.* without stairs, on a level with the street
düzbağırsak *a. anat.* rectum
düzbaskı *a.* offset * ofset
düzce *s.* quite flat
düzdeğiştirmece *a, dilb.* metonymy
düze *a.* dose * doz
düzeç *a.* level, spirit level * tesviye aleti
düzeçlemek *e.* to level
düzelme *a.* straightening; improvement; recovery
düzelmek *e.* to be put in order; to straighten; to get better, to improve, to reform, to rally; to get well, to recover, to rally; (hava) to clear up
düzelteç *a.* leveler, leveller
düzelti *a.* proof * tashih
düzeltici *s.* corrective ¤ *a.* proofreader * düzeltmen, musahhih **düzeltici jimnastik** remedial gymnastics, corrective gymnastics
düzelticilik *a.* proofreading * musahhihlik
düzeltilemez *s.* irrecoverable
düzeltim *a.* reform
düzeltimci *a.* reformist; reformer
düzeltimcilik *a.* reformism
düzeltme *a.* correction; amelioration, improving; proofreading; reform * reform, ıslahat **düzeltme imi** circumflex **düzeltme işareti** circumflex **düzeltme makinesi** straightening machine
düzeltmek *e.* to smooth, to straighten, to level; to arrange, to put in order; to sort sth out; to correct; to ameliorate, to improve; to reform; to remedy, to rectify; to repair; to proofread; to tidy up
düzeltmen *a.* proofreader, reader * musahhih
düzeltmenlik *a.* proofreading
düzem *a.* dosage * dozaj
düzemek *e.* to administer dosage
düzen *a.* order, regularity; regime; *müz.* tuning; *kon.* trick, lie, invention **düzen bağı** discipline **düzen kurmak** a) to get organized b) to use a trick, to swindle

düzene koymak/sokmak to put in order, to clear (sth) up **düzeni bozmak** to disorganize; to make waves **düzeni bozuk** out of order, in disorder **düzenini bozmak** to derange , to disconcert , to disarrange
düzenbaz a. cheat, fraud, trickster, twister *kon.*, fiddler *arg.* ¤ *s.* tricky, deceitful
düzenbazlık a. deceit, duplicity **düzenbazlık etmek** to machinate
düzence a. discipline
düzenci s. tricky, deceitful
düzencilik a. trickery
düzenek a. mechanism * mekanizma
düzengeç a. fiz. regulator
düzenleme a. arrangement, regulation, control
düzenlemek e. to put in order, to fix, to clear (sth) up; to arrange, to dispose; to arrange, to hold, to organize; (belge, sözleşme, vb.) to draw up; to control
düzenleşim a. coordination
düzenleyen a. organizer; *müz.* arranger
düzenleyici a. regulator * regülatör; organizer * organizatör ¤ s. regulating
düzenleyim a. arrangement
düzenli s. orderly, tidy, trim, neat; ordered, well-arranged; systematic, methodical; regular
düzenlik a. order, harmony
düzenlilik a. orderliness; regularity
düzensiz s. disorderly, untidy; disordered; unsystematic; irregular
düzensizlik a. disorder, untidiness, disarray, muddle, confusion
düzentasar a. development plan
düzenteker a. balance wheel, flywheel * volan
düzey a. level * seviye **düzey dengeleyici** level compensator **düzey göstergesi** level indicator
düzeylendirme a. level setting
düzeyli s. of good standing
düzeysiz s. low-quality, commonplace
düzeysizlik a. inferiority
düzgen s. normal
düzgenaltı s. subnormal
düzgü a. norm * norm
düzgülü s. normal * normal
düzgün s. smooth, level, even; orderly, clean-cut; shapely; correct; regular **düzgün akış** laminar flow **düzgün hızlanma** uniform acceleration **düzgün**

yakınsaklık uniform convergence **düzgün yansıma** specular reflection
düzgünlü s. made-up with foundation cream
düzgünlük a. regularity, order
düzgünsüz s. uneven
düzgünsüzlük a. unevenness
düzgüsel s. normative * normatif
düzgüsüz s. abnormal * anormal
düzine a. dozen **düzine ile** by dozens **düzinelerle** dozens of
düzkanatlı s. orthopterous
düzkanatlılar a. orthoptera
düzkare a, tek. flatsquare
düzlem a, mat. plane **düzlem açı** plane angle **düzlem dalga** plane wave **düzlem ekran** plane baffle **düzlem geometri** plane geometry
düzlemdeş s. coplanar
düzleme a. levelling **düzleme vidası** levelling screw
düzlemek e. to smooth, to level, to flatten
düzlemküre a. planisphere
düzlemölçer a. planometer
düzlemsel s. planar
düzleşmek e. to flatten, to become smooth, to become level, to become straight
düzleştirmek e. to flatten, to level, to smooth
düzletmek e. to smooth, to make (sth) flat
düzlük a. smoothness, flatness, levelness; straightness; flat place, plain, level **düzlüğe çıkmak** to get out of difficulties
düzme a. arranging, composing ¤ s. false, forged, fake, sham, spurious * sahte, düzmece
düzmece s. false, forged, fake, sham, spurious * düzme, sahte
düzmecelik a. falseness
düzmeci a. faker, cheat
düzmecilik a. faking, cheating
düzmek e. to arrange, to compose; to prepare; to make up, to invent * uydurmak; *kab.* to fuck, to screw, to lay *kab.*
düztaban s. flat-footed; ill-omened ¤ a. narrow plane; *hek.* flatfoot, fallen arch
düztabanlık a. flat-footedness; being ill-omened
düzün a. rhythm
düzünlü s. rhythmic
düzünsel s. rhythmical, rhythmic

düzüşme *a, arg.* fuck, screwing
düzüşmek *e, kab.* to fuck, to screw, to have it off/away (with sb) *arg.*
düzyazı *a.* prose * nesir
düzyazıcı *a.* prose writer, prosist, proser
düzyazısal *s.* prose

E

E, e *a.* the sixth letter of the Turkish alphabet
e *ünl.* well
ebabil *a. hayb.* goatsucker, nightjar
ebat *a.* dimensions
ebe *a.* midwife; (oyunda) it
ebebulguru *a.* graupel
ebedi *s.* eternal, never-ending, perpetual, everlasting, abiding
ebedileşmek *e.* to become eternal
ebedileştirmek *e.* to immortalize
ebedilik *a.* eternity, endlessness * sonsuzluk
ebediyen *be.* eternally, forever, for ever, evermore, for good
ebediyet *a.* eternity, endlessness * sonsuzluk
ebegümeci *a.* mallow
ebegümecigiller *a.* malvaceae
ebekuşağı *a.* rainbow
ebelemek *e.* to tag
ebelik *a.* midwifery
ebemkuşağı *a.* rainbow
ebeveyn *a.* parents
ebleh *s.* stupid, imbecile
eblehleşmek *e.* to become stupid
ebonit *a.* ebonite
ebru *a.* marbling, watering
ebrucu *a.* marbler of paper
ebrulama *a.* marbling, marbleization
ebrulamak *e.* to marble
ebruli *s.* variegated
ebrulu *s.* marbled
ebucehilkarpuzu *a. bitk.* colocynth, bitter apple
ebüliyoskopi *a.* ebullioscopy * kaynamaölçüm
ebülyoskop *a.* ebulliometer, ebullioscope
ecdat *a.* ancestors * dedeler, atalar
ece *a.* queen * kraliçe
ecel *a.* time of death, death **ecel teri dökmek** to be in mortal fear **eceline**

susamak to run into the jaws of death, to be daredevil **eceliyle ölmek** to die a natural death
ecinni *a, kon.* jinni
eciş bücüş *s.* shapeless, crooked, distorted
ecnebi *s.* foreign * yabancı ¤ *a.* foreigner * yabancı
ecza *a.* drugs, medicines, chemicals
eczacı *a.* chemist, pharmacist, druggist *Aİ.*
eczacılık *a.* pharmacy
eczalı *s.* containing chemicals
eczane *a.* pharmacy, chemist's, drugstore *Aİ.*
eda *a.* manner, air, tone
edalı *s.* charming, coquettish
edat *a, dilb.* particle, preposition * ilgeç
ede *a.* elder brother
edebi *s.* literary * yazınsal **edebi kelam** euphemism
edebiyat *a.* literature, letters * yazın **edebiyat yapmak** to use a pompous language
edebiyatçı *a.* man of letters; teacher of literature
edep *a.* breeding, manners, decorum, decency **edebe aykırı** vulgar **edebe aykırılık** indecorum
edeplenmek *e.* to acquire good manners
edepli *s.* well-behaved, well-mannered, polite
edepsiz *s.* immoral, ill-mannered, shameless, insolent, nasty
edepsizce *be.* impertinently, rudely
edepsizleşmek *e.* to become illmannered, to act insolently
edepsizlik *a.* bad manners, impertinence, crime, rudeness **edepsizlik etmek** to misbehave
eder *a.* price, cost * fiyat, paha
ederlik *a.* price list
edevat *a.* tools, instruments, implements
edi *a.* performance
edilgen *s, dilb.* passive **edilgen çatı** passive voice
edilgenlik *a.* passivity
edilgi *a. fel.* external cause
edilgin *s.* passive
edilginlik *a.* passiveness
edim *a.* act, action, deed
edimsel *s, fel.* actual * fiili, aktüel
edimsiz *s.* virtual **edimsiz dağıntı** virtual entropy **edimsiz görüntü** virtual image

edimsiz hız virtual velocity **edimsiz iş** virtual work **edimsiz yerdeğişim** virtual displacement

edimsizlik a. apraxia

edinç a. acquirement, gain * müktesebat; dilb. competence

edinme a. acquisition, obtaining

edinmek e. to obtain, to acquire, to gain, to get; (huy) to contract

edinsel s. acquired

edinti a. acquisition

edintisel s. acquired

edip a. man of letters

edisyon a. edition

editör a. editor

editörlük a. editorship

efe a. swashbuckler

efedrin a. ephedrine

efekt a. effects **efekt ipliği** effect thread **efekt lambası** spot lamp

efektif a. cash, ready money ¤ s. effective **efektif adres** effective address **efektif basınç** effective pressure **efektif beygirgücü** effective horsepower **efektif frekans** actual frequency **efektif kuvvet** effective power **efektif zaman** effective time

efelek a, bitk. patience dock * labada

efelenmek e. kon. to become defiant

efelik a. bravado, bullying

efemine s. effeminate hkr.

efendi a. master; gentleman; kon. husband ¤ s. polite, gentlemanly, courteous, dignified

efendice s. gentlemanly, polite ¤ be. in a gentlemanly way, politely, decently

efendilik a. gentlemanly behaviour, politeness

efendim ünl. sir! madam!; Yes!; pardon?, pardon me? Al., sorry? İl., I beg your pardon?, What did you say?

efervesan s. effervescent

efervesans a. effervescence

efil efil be. gently, softly

efkâr a. thoughts, ideas; wistfulness, dolefulness, the blues **efkâr basmak** to have the blues **efkâr dağıtmak** to drown one's sorrows

efkârıumumiye a. public opinion

efkârlanmak e. to become anxious, to worry

efkârlı s. wistful, doleful, dolorous, sad **efkârlı olmak** to be in the doldrums, to have the blues

Eflak a, s. Wallachian

Eflaklı a. s. Wallachian

Eflatun a. Plato

eflatun s. lilac-coloured, lilac

eflatuni s. light purple

efloresans a. efflorescence

efor a. effort, exertion

efrat a. esk. individuals; ask. private soldiers

efriz a, mim. frieze

efsane a. legend, myth, fable * söylence

efsaneleşmek e. to become legendary

efsaneleştirmek e. to make legendary

efsanevi s. legendary, mythical

efsun a. charm, spell * büyü, sihir

eftamintokofti a. arg. lie, whopper

eften püften s. flimsy, lightweight

efüzyon a. effusion

egavlamak e. arg. to get freely

ege a. anat. rib

Ege a. Aegean **Ege Denizi** Aegean Sea

egemen s. sovereign, dominant * hükümran, hâkim **egemen olmak** to rule, to dominate **egemenliği altında olmak** to be under the sway of

egemenlik a. sovereignty, dominance, ascendancy, domination, hegemony, dominion res.

egitbilimci a. educator, educationist, pedagogist

ego a. ego

egoist s. egoistic, egotistic, selfish ¤ a. egoist, egotist

egoistlik a. egoism

egoizm a. egoism

egosantrik s. egocentric

egosantrizm a. egocentricity

egotizm a. egotism gen. hkr.

egzama a. eczema

egzark a. exarch

egzarkhane a. exarchate, residence of an exarch

egzema a. eczema

egzersiz a. exercise **egzersiz yapmak** to do exercise, to exercise

egzibisyonist a. ruhb. exhibitionist ¤ s. exhibitionistic

egzibisyonizm a. exhibitionism

egzistansiyalist a. existentialist * varoluşçu

egzistansiyalizm a. existentialism * varoluşçuluk

egzogami *a.* exogamy
egzomorfizm *a.* exomorphism
egzotik *s.* exotic
egzoz *a.* exhaust (pipe) *egzoz borusu* exhaust pipe *egzoz buharı* exhaust steam *egzoz dirseği* exhaust elbow *egzoz filtresi* exhaust strainer *egzoz freni* exhaust brake *egzoz gazı* exhaust gas *egzoz gürültüsü* exhaust noise *egzoz kamı* exhaust cam *egzoz manifoldu* exhaust manifold *egzoz supabı* exhaust valve *egzoz susturucusu* exhaust muffler *egzoz zamanı* exhaust stroke
egzozcu *a.* repairer of exhaust pipes and mufflers
eğe¹ *a, tek.* file, riffler *eğe fırçası* file card *eğe talaşı* filings *eğe tarağı* file card *eğe tozu* file dust
eğe² *a, anat.* rib
eğeç *a.* evolute
eğelemek *e.* to file
eğer *bağ.* if * şayet
eğik *s.* bent; slant, slanting; *mat.* oblique *eğik çekim* canted shot *eğik düzlem* inclined plane *eğik etriye* bent-up bar *eğik kazık* raker pile *eğik koni* oblique cone *eğik kuyu* inclined shaft *eğik plan* canted shot *eğik üçgen* oblique triangle *eğik yapı* monocline *eğik yay* skew arch
eğiklik *a.* inclination, obliquity, tilt
eğilebilir *s.* bendable
eğilim *a.* tendency, inclination, trend, leaning, bias, bent, propensity *res.* *eğilimi olmak* to have a leaning (towards), to incline, to tend
eğilimli *s.* apt (to do sth), liable, capable *eğilimli olmak* to tend
eğilir *s.* flexible, limber
eğilme *a.* bending, bend, inflexion, flexure *eğilme dayancı* bending strength *eğilme deneyi* bending test *eğilme gerilmesi* bending stress *eğilme momenti* bending moment *eğilme mukavemeti* bending strength *eğilme yükü* bending load
eğilmek *e.* to bend, to bend down, to bend over; to bow; to stoop; to incline; to lean, to lean out, to tilt; to bend to, to yield
eğilmez *s.* rigid, inflexible, stiff
eğim *a.* slope, declivity, incline, inclination, gradient, grade *Aİ.* *eğim açısı* angle of dip, angle of inclination *eğim vermek* to bevel
eğimli *s.* inclined, sloping *eğimli çatı* inclined roof *eğimli teras* graded terrace
eğimölçer *a.* clinometer
eğimölçüm *a.* clinometry
eğin *a.* back, shoulders; body; stature
eğinik *s.* leaning; inclined to, keen
eğinim *a.* inclination
eğinmek *e.* to have an inclination for
eğinti *a.* filings
eğir *a.* orris
eğirme *a.* spinning *eğirme makinesi* spinner
eğirmek *e.* to spin
eğirmen *a.* spindle * kirmen, eğircek
eğirtmeç *a. yörs.* spindle; spinning wheel
eğitbilim *a.* pedagogy * pedagoji
eğitbilimsel *s.* pedagogic, pedagogical
eğitici *s.* educational, instructive ¤ *a.* trainer; tutor, instructor
eğitim *a.* education, instruction, schooling; training; *ask.* drill *eğitim cephanesi* dummy *eğitim görmek* to train *eğitim merkezi* training center *eğitim sistemi* system of education *eğitim uçağı* training plane *eğitim uzmanı* educationist
eğitimbilim *a.* pedagogy
eğitimbilimci *a.* pedagogue
eğitimci *a.* educationalist, educator; pedagogue
eğitimcilik *a.* education, occupation of a teacher
eğitimli *s.* educated, literate
eğitimsel *s.* educational
eğitimsiz *s.* uneducated
eğitimsizlik *a.* lack of education
eğitme *a.* training; education
eğitmek *e.* to educate; to train, to breed
eğitmen *a.* educator, instructor; village teacher
eğitsel *s.* educational
eğlek *a.* shady spot in a pasture; lodging for the night
eğlemek *e.* to retard, to delay; to stop
eğlence *a.* amusement, entertainment, fun, recreation, pastime, festivities, diversion; plaything, joy *eğlence programı* floor show
eğlenceli *s.* amusing, entertaining, funny, droll, enjoyable
eğlencelik *a.* titbits, nuts, sweets

eğlendiri *a.* humor
eğlendirici *s.* amusing, entertaining
eğlendirmek *e.* to entertain, to amuse, to divert, to regale
eğlenme *a.* entertainment, frolic; mockery; delaying
eğlenmek *e.* to enjoy oneself, to have a good time, to amuse oneself, to have fun; to mock, to make fun (of), to joke (with), to poke fun (at); to dally with sb/sth.; to delay, to dawdle
eğlenti *a.* feast, party, jollity, frolic
eğleşik *s.* residing, who lives (a place)
eğleşmek *e.* to linger, to dawdle; to live in, dwell in
eğme *a.* bending, bend **eğme demiri** bending iron **eğme makinesi** bending machine
eğmeç *a.* arc
eğmeçli *s.* arced, curved
eğmek *e.* to tip, to tilt; to bow, to bend, to incline, to curve
eğreltiotu *a.* bracken, fern
eğreti *s.* borrowed; temporary, makeshift; false, artificial
eğretileme *a.* metaphor * istiare
eğretilik *a.* temporariness, makeshift
eğri *s.* bent, crooked, skew, cockeyed *kon.*; bowed, curved; slanted, sloping; (bacak) bandy ¤ *a.* curve **eğri ayarı** adjustment of a curve **eğri büğrü** contorted, twisted **eğri çizgi** curved line **eğri çizici** curve plotter **eğri gönye** bevel square **eğri tonoz** skew vault * verev tonoz **eğriler ailesi** family of curves
eğrice *s.* rather bent/crooked
eğrilce *a. hayb.* a gadfly
eğrili *s.* curvilinear
eğrilik *a.* crookedness; curvature **eğrilik çemberi** circle of curvature **eğrilik merkezi** centre of curvature **eğrilik yarıçapı** radius of curvature
eğrilmek *e.* to become bent, to warp
eğriltmek *e.* to bend, to warp, to twist
eğrim *a.* whirlpool * burgaç
eğrisel *s.* curvilinear
eh *ünl.* well, all right, well enough
ehemmiyet *a.* importance, consequence *res.* * önem **ehemmiyet vermek** to attach importance * önem vermek
ehemmiyetli *s.* important * önemli, mühim
ehemmiyetsiz *s.* unimportant * önemsiz

ehil *a.* expert, connoisseur; owner, possessor
ehli *s.* tame, domestic **ehli hayvan** domestic animal
ehlibeyt *a. din.* the family of the Prophet Muhammad
ehlikeyf *s.* pleasure-loving
ehlileşmek *e.* to become tame * evcilleşmek
ehlileştirmek *e.* to tame, to domesticate * evcilleştirmek
ehlilik *a.* tameness
ehlisünnet *a. din.* Sunni Muslims, the Sunnis
ehlişia *a. din.* the Shi'a, the Shi'is
ehlivukuf *a. huk.* authority, expert
ehliyet *a.* efficiency, capacity * yeterlik, uzluk; driving licence *İİ.*, driver's license *Aİ.* * sürücü belgesi, ehliyetname **ehliyet kazanmak** to qualify
ehliyetli *s.* capable, competent; having a (driving) licence
ehliyetname *a.* certificate of competence * yeterlik belgesi; driving licence *İİ.*, driver's license *Aİ.* * sürücü belgesi, ehliyet
ehliyetsiz *s.* incapable, unqualified; not having a (driving) licence
ehliyetsizlik *a.* incapacity, disability
ehram *a. esk.* pyramid
ehven *s.* cheap, inexpensive; convenient; moderate
ehvenişer *a.* the lesser of two evils
ejder *a.* dragon * ejderha **ejder ayı** nodical month
ejderha *a.* dragon * ejder
ejektör *a.* ejector
ek *a.* addition, supplement, adjunct, addendum, extension, appendage; appendix; joint, patch; *dilb.* affix ¤ *s.* additional, supplementary, subsidiary, extra **ek bina** outbuilding, additional building **ek gelir** fringe benefit **ek kaynağı** joint welding **ek kök** adventitious root **ek kutusu** joint box **ek levhası** splice plate **ek makine** additional machine **ek masraflar** additional expenses **ek mercek** auxiliary lens **ek objektif** auxiliary lens **ek olarak** in addition (to) **ek ödenek** perquisite *res.*, perk *kon.* **ek parçası** joining piece **ek soğutucu** add-on cooler **ek vergi** surtax **ek yeri** joining, joint, seam **ek yük** additional

load
ekâbir a. important people, bigwigs; kon. smart aleck
ekalliyet a. minority **ekalliyette kalmak** to be in the minority
ekarte etmek e. to eliminate, to dispense with
ekbağırsak a. appendix, vermiform appendix **ekbağırsak çıkarımı** appendectomy **ekbağırsak yangısı** appendicitis
ekelemek e. to sprinkle (sth) on
ekenek a. cultivated land * mezraa
eker a. drill
ekici s. sower
ekili s. sown, planted
ekim a. sowing, planting; (ay) October **ekim derinliği** sowing depth **ekim makinesi** sowing machine * mibzer **ekim zamanı** seed time
ekimlik a. plantation
ekin a. crop, harvest; culture * kültür **ekin biçme makinesi** mowing machine, mower **ekin biçmek** to reap, to harvest
ekinbiti a. weevil
ekinci a. farmer
ekinç a. culture
ekinçsel s. cultural
ekinkargası a, hayb. rook
ekinli s. cultured
ekinokok a. hayb. hydatid worm
ekinoks a. equinox
ekinpası a. rust, yellow
ekinsel s. cultural
ekinsiz s. uncultured
ekinsizlik a. lack of culture
ekinti a, arg. standing up **ekintiye gelmek** arg. to be stood up **ekintiye getirmek** arg. to stand sb up
ekinus a. echinus
ekip a. team, group, party, crew, gang, outfit kon. **ekip çalışması** teamwork **ekip ruhu** team spirit
ekipman a. equipment
ekişlemci a. biliş. coprocessor
ekkoni a. adventive cone
eklampsi a, hek. eclampsia
eklektik a. s. eclectic
eklektizm a. eclecticism
eklem a, anat. joint, articulation **eklem yangısı** arthritis
eklembacaklı s. arthropod
eklembacaklılar a, hayb. arthropods
ekleme a. addition **ekleme cıvatası** ex-
tension bolt **ekleme çivisi** drift pin **ekleme kaybı** insertion loss **ekleme kazancı** insertion gain **ekleme parçası** extension piece **ekleme tabanı** extension plank
eklemek e. to add, to attach, to join, to append, to annex
eklemeli s. agglutinative
eklemeotu a. bitk. horsetail
eklemleme a. articulation
eklemlemek e. to connect by joints; dilb. to articulate
eklemlenme a. articulation
eklemleyici s. articulatory
eklemli s. articulate
eklemotu a. polygonum
eklemsel s, biy. articular
eklemsiz s. inarticulate
eklenti a. accessory * aksesuar
ekler a, mutf. éclair, chocolate éclair
ekleşmek e. dilb. to become an affix
ekli s. added; joined; attached; jointed
eklimetre a. clinometer
ekliptik s. ecliptic
ekliyıl a. leap year
ekmek[1] a. bread; food, subsistence; bread and butter kon., job **ekmeğine mani olmak** to take the bread out of sb's mouth **ekmeğine yağ sürmek** to play into sb's hands **ekmeğini çıkarmak** to earn one's bread **ekmeğini eline almak** to have a job **ekmeğini kazanmak** to earn one's bread, to earn one's living **ekmeğiyle oynamak** to threaten (one's) job **ekmek elden su gölden** living a life of ease **ekmek içi** crumb **ekmek kabı** bread bin İİ., bread box Aİ. **ekmek kabuğu** crust **ekmek kapısı** place where one earns his living, one's job **ekmek kırıntısı** crumb, breadcrumb **ekmek kızartıcısı** toaster **ekmek kızartma makinesi** toaster **ekmek parası** living, bread and butter kon. **ekmek sepeti** breadbasket **ekmek somunu** a loaf of bread **ekmek tahtası** breadboard **ekmek yemek** to gain money to live on
ekmek[2] e. to sow, to plant; to spread, to sprinkle; arg. to give sb the slip, to drop, to ditch; arg. to stand sb up kon. **ekip biçmek** to cultivate
ekmekağacı a. breadfruit tree
ekmekçi a. baker, bread seller

ekmekçilik *a.* bread baking, bakery
ekmeklik *s.* suitable for making bread ¤ *a.* bread box; *arg.* dupe (cheated in gambilng)
ekmeksiz *s.* breadless, without bread
eko *a.* echo
ekokardiyografi *a.* echocardiography
ekol *a.* school
ekolali *a.* echolalia
ekolayzer *a, elek.* equalizer
ekoloji *a.* ecology * çevrebilim
ekolojik *s.* ecological * çevresel, çevrebilimsel **ekolojik denge** ecological balance
ekolojist *a.* ecologist
ekonometri *a.* econometrics
ekonomi *a.* economy; economics **ekonomi bilimi** economics **ekonomi muhabiri** economics correspondent
ekonomik *s.* economic; economical **ekonomik coğrafya** economic geography **ekonomik kriz** depression
ekonomist *a.* economist
ekonomizm *a.* economism
ekonomizör *a.* economizer **ekonomizör jiklörü** economizer jet **ekonomizör supabı** economizer valve
ekopraksi *a.* echopraxia
ekose *s.* checked **ekose deseni** chequer **ekose kumaş** plaid
ekosistem *a.* ecosystem
ekotip *a.* ecotype
ekoylum *a. mim.* exedra, exhedra
ekramöz *a, trm.* creamer, cream separator
ekran *a.* screen, display **ekran faktörü** screen factor **ekran formatı** screen format **ekran ızgarası** screen grid **ekran lambası** picture tube **ekran modu** screen mode **ekran modülasyonu** screen modulation **ekran parlaklığı** screen brightness **ekran penceresi** shielding window **ekran yanması** screen burning
ekranlamak *e.* to screen
ekranlı *s.* having a screen **ekranlı hoparlör** baffle loudspeaker
ekrü ipeği *a.* ecru silk
eksantrik *s.* eccentric ¤ *a, tek.* eccentric, cam **eksantrik açısı** cam angle **eksantrik anomali** eccentric anomaly **eksantrik biyel** eccentric rod **eksantrik cıvatası** eccentric bolt **eksantrik dişlisi**

cam gear **eksantrik kol** eccentric rod **eksantrik mili** eccentric shaft **eksantrik muylusu** cam journal **eksantrik şaftı** eccentric shaft
eksantriklik *a.* eccentricity
eksedra *a.* exedra
ekselans *a.* Excellency
ekselans *a.* Excellency
Ekselans *a.* Excellency, Your Excellency **Ekselansları** His Excellency
eksen *a.* axis; axle **eksen düzlemi** axial plane **eksen pimi** pivot pin
eksendeş *s.* coaxial
eksenel *s.* axial **eksenel bakışım** axial symmetry **eksenel düzlem** axial plane **eksenel gerilme** axial stress **eksenel hatve** axial pitch **eksenel kompresör** axial compressor **eksenel oran** axial ratio **eksenel simetri** axial symmetry **eksenel tulumba** axial pump **eksenel yatak** axial bearing
ekser *a.* spike
ekseri *s.* most
ekseriya *be.* usually, mostly, commonly
ekseriyet *a.* majority
ekseriyetle *be.* generally, mostly, usually * çoğunlukla
eksi *a, s.* negative * negatif; minus * nakıs **eksi direnç** negative resistance **eksi elektrik** negative electricity **eksi geribesleme** negative feedback **eksi gösterimi** negative indication **eksi işareti** minus sign, negative sign **eksi işaretli** subtractive **eksi olmayan** nonnegative **eksi sayı** negative number **eksi sonsuz** minus infinite **eksi yük** negative charge
eksicil *s.* electrophilic
eksik *s.* missing, lacking, absent, short; less (than); incomplete, imperfect, defective, deficient; insufficient ¤ *a.* deficiency, lack, defect, shortfall **eksik çıkmak** to be lacking **eksik etek** woman **eksik etmemek** to have always in stock **eksik gedik** small necessities **eksik gelmek** to fail, not to be enough **Eksik olma** Thank you! **eksik olmak** to be lacking in sth **eksik olmamak** (always) to turn up
eksikli *s.* wanting, need ¤ *a. hkr.* woman
eksiklik *a.* deficiency, defectiveness; failure; defect; absence, lack, privation
eksiksiz *s.* complete, perfect, consum-

mate ¤ be. completely, perfectly
eksiksizlik a. exactitude
eksilen a. mat. minuend
eksilme a. decrease, diminution
eksilmek e. to decrease, to diminish, to grow less
eksilti a, dilb. ellipsis
eksiltili s. elliptical
eksiltme a. reduction, reducing; putting up to tender * münakasa, ihale
eksiltmek e. to diminish, to deduct, to reduce, to decrease
eksin a. anion
eksite s. excited **eksite elektron** excited electron **eksite hal** excited state **eksite iyon** excited ion
eksiuç a. cathode
eksiz s. seamless; without a supplement
ekskavatör a. excavator, digger, power shovel, steam shovel
ekskiton a. exciton
eksofili a. exophily
eksosmoz a. exosmosis
eksotermik s. exothermic * ısıveren **eksotermik bileşik** exothermic compound **eksotermik gaz** exothermic gas **eksotermik jeneratör** exothermic generator **eksotermik reaksiyon** exothermic reaction * ısıveren tepkime
eksper a. expert
eksperlik a. expertise
ekspertiz a. expert evaluation, expert appraisal **ekspertiz raporu** expert's report, valuer's report
ekspres a. express, express train ¤ s. quick, fast; (posta) express **ekspres karayolu** express highway **ekspres posta** express **ekspres taşımacılık** express **ekspres tren** express, express train **ekspresle göndermek** to express
ekspresyonist a. expressionist
ekspresyonizm a. expressionism
ekstansif s. extensive **ekstansif tarım** extensive agriculture
ekstensometre a. extensometer
ekstra s. extra, additional; best
ekstrafor a. binding, tape
ekstraksiyon a. extraction **ekstraksiyon cihazı** extraction apparatus
ekstraktif s. extractive **ekstraktif metalurji** extractive metallurgy
ekstrapolasyon a. extrapolation
ekstrasistol a. hek. extrasystole

ekstre a. extract; eko. statement
ekstrem s. extreme
ekstrüzif s. extrusive **ekstrüzif kaya** extrusive rock
ekstrüzyon a, tek. extrusion
ekşi s. sour, acid, tart **ekşi yüzlü** sourfaced, forbidding
ekşili s. flavoured with a sour substance
ekşilik a. sourness, acidity, tartness
ekşimek e. to become sour, to sour; to ferment; (mide) to be upset; arg. to be embarrassed
ekşimik a. cheese made of skim milk/yogurt curds
ekşimsi s. sourish
ekşimtırak s. sourish
ekşit a. acid
ekşiten a. acidifier
ekşitim a. acidification
ekşitleme a. acidification
ekşitlemek e. to acidify
ekşitlenim a. acidosis
ekşitlenme a. acidification
ekşitleştirim a. acidification
ekşitlik a. acidity
ekşitmek e. to turn, to sour
ekşitsizlik a. anacidity, achlorhydria
ekşittutar s. acidophil(e), acidophilic, oxyphilic
ekşiyonca a, bitk. oxalis
ekti a. drone
ektilik a. parasitism
ektima a. hek. ecthyma
ektoderm a. ectoderm
ektoplazma a. ectoplasm
ektozom a. ectosome
ektropi a. hek. ectropion, ectropium
Ekvador a. Ecuador ¤ s. Ecuadorian
Ekvadorlu a, s. Ecuadorian
ekvator a. equator * eşlek **ekvator çizgisi** axis of equator **ekvator ekseni** axis of equator **Ekvator Gineli** Equatorial Guinean **Ekvator Ginesi** Equatorial Guinea; Equatorial Guinean **ekvator iklimi** equatorial climate **ekvator yörüngesi** equatorial orbit
Ekvator Gineli a. s. Equatorial Guinean
Ekvator Ginesi a. Equatorial Guinea
ekvatoral s. equatorial **ekvatoral durgun alan** the doldrums
ekzotermik s. exothermic
ekzotoksin a. exotoxin
El Salvador a. El Salvador

El Salvadorlu *a. s.* Salvadoran
el[1] *a.* hand, mitt *arg.*; forefoot; handle; discharge, shot; possession, ownership; *isk.* deal, hand ¤ *sg.* manual **el açmak** to beg for **el aletleri** hand tools **el alışkanlığı** skill, practice **el altında** handy, on hand, to hand, ready **el altından** underhandedly, secretly, clandestinely **el arabası** wheelbarrow, barrow, truck, handcart, cart **el arabasına binmek** *arg.* to wank, to jerk off **el atmak** a) to lay hands on, to seize b) to attempt, to have a bash (at sth) **el avansı** hand advance **el ayak çekilince** in the dead of night, at dead of night **el ayak çekilmek** to be deserted **el baltası** hand axe, hatchet **el baskısı** hand printing, block printing, printing from plates **(-e) el basmak** to swear on **el bebek gül bebek** spoiled, coy **el bezi** hand towel **el bileği** wrist **el bilgisayarı** hand-held computer **el bombası** hand grenade **el burgusu** hand auger, auger bit **el çabukluğu** sleight of hand **el çantası** handbag, pursue *Aİ.* **el çekici** hand hammer **el çekmek** to give up, to abdicate, to relinquish **el çektirmek** to dismiss, to remove from a post **el çıkrığı** hand reel **el çırpmak** to clap the hands **el değirmeni** coffee mill, coffee grinder **el değiştirmek** to change hands **el değmemiş** intact, untouched, virgin **el delgisi** hand punch **el deliği** hand hole **el ele tutuşmak** to take each other by the hand **el ele vermek** to join forces, to cooperate **el ele** hand in hand **el emeği** hand work **el etek öpmek** to cringe (to/before sb) *hkr.*, to lick sb's arse *arg.* **el etmek** to wave (to), to beckon **el falcısı** palmist **el falı** palmistry **el feneri** torch, flashlight *Aİ.* **el freni** handbrake, parking brake **el gazı** hand throttle **el ilanı** handbill **el ile** manually **el işi** a) handiwork b) handmade **el kadar** very small **elde** in hand **elde avuçta bir şey kalmamak** to have nothing left **elde bir** cinch, certain thing **elde etmek** to obtain, to achieve, to acquire, to attain, to gain, to get, to secure, to extract, to procure *res.*, to derive *res.* **elde kalmak** to be left over **elde sayısı** carry **elde taşınır** hand-

held **elde tutmak** to keep in reserve **elden** by hand **elden ağıza yaşamak** to live from hand to mouth **elden ayaktan düşmek** to be unable to work (due to illness/old age) **elden çıkarmak** to sell sth off, to dispose of **elden düşme araba** secondhand car **elden düşme** secondhand **elden ele dolaşmak** to change hands many times **elden ele gezmek** to pass from hand to hand **elden ele** from hand to hand **elden geçirme** a) overhauling b) handling **elden geçirmek** a) to overhaul, to go over b) to handle **elden gitmek** to be lost **elden yemleme** hand feeding **ele alınır** in good condition **ele almak** to take up, to deal with, to treat, to discuss **ele avuca sığmaz** out of hand, mischievous, unruly, intractable **ele geçirmek** to take possession (of sth), to secure **ele geçmek** to be caught **ele geçmez** hard to find **ele vermek** to inform against/on (sb), to betray, to give sb/sth away, to denounce, to squeal **eli açık** open-handed, generous * cömert **eli ağır** a) slow-working b) heavy-fisted **eli alışmak** to become skilful **eli ayağı buz kesilmek** to be very cold, to freeze **eli ayağı dolaşmak** to be at one's wits end **eli ayağı tutmak** to be in good health **eli ayağı tutmaz** decrepit **eli bayraklı** shrew, quarrelsome **eli boş dönmek** to return empty-handed **eli boş** empty-handed **eli çabuk** fast working, efficient, deft **eli darda olmak** to be had up, to be pushed for money, to be short of money, to be pressed for money **eli değmek** to find time to do sth **eli ekmek tutmak** to earn one's bread **eli genişlemek** to gain money, to have money **eli işe yakışmaz** maladroit **eli işe yatkın** handy **eli işe yatmak** to be skilful **eli kolu bağlı olmak** to be bound/tied hand and foot **eli kulağında** about to happen, impending, imminent **eli maşalı** quarrelsome, shrew **eli sıkı** closefisted, stingy, tight, close, tightfisted *kon.* **eli uz** dexterous **eli uzun** thievish, light-fingered *kon.* **eli yatkın** skilled (at), apt (at) **eli yüzü düzgün** presentable, fairly pretty **elinde** at the mercy of **elinde bulunmak** to have, to possess **elinde kalmak** to remain unsold *elinde kozu olmak* to have an ace in the hole *elinde olmak* to be in one's power *elinde olmamak* a) to be beyond one's power b) can't help *elinde oyuncak olmak* to be putty in sb's hands *elinde tutmak* a) to monopolize b) not to sell *elinden almak* to bereave, to dispossess (sb of sth) *elinden bir şey gelmemek* not to be able to help/do anything *elinden geldiği kadar* as much as one can *elinden geleni ardına koymamak* to do one's worst *elinden geleni yapmak* to do one's best *elinden gelmek* to be able to *elinden gelmez* unable *elinden her iş gelen* versatile *elinden her iş gelen kimse* handyman, jack-of-all-trades *elinden iş gelmek* to be capable, to be skillful *elinden iş gelmeyen* feckless *elinden kaçırmak* a) to slip through one's fingers b) to miss *elinden kaza çıkmak* to cause an accident *elinden kurtulmak* to run away from (sb) *elinden tutmak* to help *eline almak* to handle *eline bakmak* to depend on (sb for a living) *eline düşmek* to fall into the hands of *eline geçirmek* to get hold of *eline geçmek* a) to earn b) to find, to get c) to catch *eline su dökememek* is not fit to hold a candle to sb *eline su dökmek* to touch *eline tutuşturmak* to slip *elini atmak* to make a grab for *elini ayağını bağlamak* to fetter *elini ayağını kesmek (çekmek)* to stop visiting *elini cebine atmak* to reach for one's wallet *elini çabuk tutmak* to hurry up, to jump to it *kon. elini eteğini çekmek* to be through with (sth) *elini eteğini öpmek* to lick sb's boots *elini kana bulamak* to kill, to commit a murder *elini kolunu bağlamak* to make (sb) unable to do anything, to tie sb's hands *elini sıcak sudan soğuk suya sokmamak* not to do any housework, to lead a comfortable life *elini uzatmak* to reach for *elini yüzünü yıkamak* to wash one's hands and face, to wash up *AĬ. elinin altında bulundurmak* to keep sth by one *elinin altında bulunmak* to have sth at one's fingertips *elinin altında olmak* to be within arm's reach *elinin altında* a) at one's disposal b) within easy reach

elinin tersiyle backhand *eliyle* in care of, c/o *eliyle koymuş gibi bulmak* to find very easily *elle beslemek* to hand feed *elle çalıştırılan* hand-operated *elle girdi* manual input *elle işlem* manual operation *elle işletmek* to manipulate *elle kumanda* manual control *elle sağım* finger milking *elle seyreltme* hand thinning *elle sıfırlama* hand reset *elle silme* hand reset *elle sökme* hand lifting *elle tutulamaz* intangible *elle tutulur* tangible *elle tutulur* tangible *elle vermek* trm. to hand feed *elle yapılan* manual *elle* manually, by hand *Eller yukarı* Hands up!, Stick 'em up! *kon. ellerini ovuşturmak* to wring one's hands

el² a. stranger; people; country *el kapısı* another's house *el oğlu* stranger, outsider *el gün* people, others *ele güne karşı* in the eyes of everybody

ela s. hazel

elado *ünl.* Come here!; Give me/us ...!

elâlem a. everybody, all the world *elâleme maskara olmak* to make an exhibition of oneself *elâleme rezil etmek* to pillory *elâlemin maskarası* butt

elaman *ünl. kon.* Enough of ...!

elan *be.* right now; still; yet

elastan a. spandex fibre

elastas a. elastase

elastik s. elastic

elastiki s. elastic, flexible * esnek

elastikiyet a. elasticity * esneklik

elastiklik a. elasticity

elastin a. elastin

elastisite a. elasticity

elastomer a. elastomer

elastometre a. elastometre * esneklikölçer

elbet(te) *be, ünl.* certainly, naturally, of course, sure, surely, absolutely, definitely, be my guest!

elbezi a. small damp cloth

elbirliği a. cooperation

elbise a. dress, frock; clothes, garment, togs *elbise askısı* clothes-hanger, coat-hanger, hanger *elbise dolabı* clothes press *elbise fırçası* whisk broom *elbise kalıbı* dress pattern *elbise kolu* sleeve *elbiselerini çıkarmak* to peel off one's clothes

elbiseci a. seller of ready-made clothes

elbiselik *s.* suitable for clothes *elbiselik kumaş* dress fabric, coating
elcil *s.* altruistic
elcillik *a.* altruism
elçi *a.* ambassador; envoy; prophet * peygamber
elçilik *a.* ambassadorship; embassy
eldeci *a.* possessor, holder
eldiven *a.* glove
elebaşı *a.* ringleader, chief, gang-leader
elebaşılık *a.* being a ringleader, chieftaincy
eleç *a.* eliminant
eleğimsağma *a.* rainbow
eleji *a.* elegy * ağıt
elek *a.* sieve, screen, griddle *elek analizi* sieve analysis *elek bezi* screen cloth *elek denemesi* sieve test *elek kontrolü* sieve test *elek tesisi* sifting plant *elekten geçirmek* a) to sift b) *mec.* to sift (through) sth
elekçi *a.* maker/seller of sieves; sifter, siever
elekçilik *a.* making/selling sieves; being a sifter/a siever
elektret *a.* electret
elektrifikasyon *a.* electrification
elektrik *a.* electricity ¤ *s.* electric; electrical *elektrik akımı* electric current *elektrik akısı* electric flux *elektrik alanı* electric field *elektrik arkı* electric arc *elektrik borusu* electric conduit *elektrik boşalımı* electric discharge *elektrik cereyanı* electric current *elektrik çarpması* electric shock *elektrik çeliği* electric steel *elektrik dalgası* electric wave *elektrik dengesi* electric balance *elektrik deplasmanı* electric displacement *elektrik deşarjı* electric discharge *elektrik devresi* electric circuit *elektrik direği* lamppost *elektrik düğmesi* switch *elektrik enerjisi* electric energy *elektrik fırını* electric furnace *elektrik gerilimi* electric voltage *elektrik gücü* electric power *elektrik ışığı* electric light *elektrik iletkeni* electric conductor *elektrik jeneratörü* electric generator *elektrik kablosu* electric cable *elektrik kaynağı* electric welding *elektrik kesintisi* power cut *elektrik kıvılcımı* electric spark *elektrik kontağı* electric contact *elektrik kutusu* conduit box *elektrik kuvveti* electric power *elektrik lambası* electric light *elektrik makinesi* electric machine *elektrik miktarı* quantity of electricity *elektrik momenti* electric moment *elektrik motoru* electric motor *elektrik mühendisi* electrical engineer *elektrik mühendisliği* electrical engineering *elektrik ocağı* electric stove *elektrik potansiyeli* electric potential *elektrik saati* electric meter *elektrik santralı* power station, power plant *AĬ. elektrik süpürgesi* vacuum cleaner, hoover *kon.* *elektrik süpürgesiyle temizlemek* to vacuum *elektrik şebekesi* electric network *elektrik şeması* wiring diagram *elektrik şoku tedavisi* electric shock therapy *elektrik teli* electric wire *elektrik yükü* electric charge *elektrik zili* electric bell *elektrikle aydınlatma* electric lighting *elektrikle ayrışım* electrolysis *elektrikle geçişme* electroosmosis *elektrikle ısıtma* electric heating *elektrikle ışıklandırma* electric lighting *elektrikle işleme* electric propulsion *elektrikle kaplama* electrodeposition *elektrikle lehimleme* electric soldering
elektrikbalığı *a.* *hayb.* electric ray, torpedo fish
elektrikçi *a.* electrician; electrician's
elektrikçilik *a.* work of an electrician
elektrikleme *a.* electrification
elektriklemek *e.* to electrify
elektriklendirme *a.* electrification
elektriklendirmek *e.* to electrify
elektriklenme *a.* electrification
elektrikli *s.* electric; (tel) live *elektrikli alet/aygıt* electrical appliance *elektrikli ayırma* electrolytic separation *elektrikli battaniye* electric blanket *elektrikli demiryolu* electric railroad/railway *elektrikli galvanizlemek* to electrogalvanize *elektrikli ısıtıcı* electric heater *elektrikli kalaylama* electrotinning *elektrikli kaplama* electroplating *elektrikli kaplanmış* electro-plated *elektrikli lokomotif* electric locomotive *elektrikli matkap* electric drill *elektrikli ocak* electric furnace *elektrikli parlaklaştırmak* to electrobrighten *elektrikli renklendirme* electrocolouring *elektrikli sandalye* the electric chair, the chair *elektrikli separasyon* electrolytic separation *elektrikli*

süpürge hoover *elektrikli süpürgeyle temizlemek* to hoover *elektrikli temizleyici* electrocleaner *elektrikli tıraş makinesi* electric shaver *elektrikli tramvay* electric tramway
elektrikliyılanbalığı *a. hayb.* electric eel
elektrikölçer *a.* electrometer
elektriksel *s.* electrical *elektriksel açı* electrical angle *elektriksel çift* electric doublet *elektriksel çöküm* electrical breakdown *elektriksel dayanım* electric strength *elektriksel fırtına* electric storm *elektriksel geçirgenlik* permittivity *elektriksel ısınma* electrical heating *elektriksel ışıldama* electroluminescence *elektriksel iletişim* electrical communication *elektriksel iletkenlik* electrical conductivity *elektriksel incesüzme* electro-ultrafiltration *elektriksel parçalama* electrical disintegration *elektriksel parlatma* electropolishing
elektriksiz *s.* without electricity
elektro *a. kon.* electrocardiogram
elektroakustik *s.* electroacoustic
elektroanaliz *a.* electroanalysis
elektroansefalograf *a.* electroencephalograph
elektroansefalografi *a.* electroencephalography
elektroansefalogram *a.* electroencephalogram
elektrobalistik *a.* electroballistics
elektrobiyoloji *a.* electrobiology
elektrodinamik *s.* electrodynamic ¤ *a.* electrodynamics
elektrodinamometre *a.* electrodynamometer
elektrodiyaliz *a, kim.* electrodialysis
elektroensefalograf *a.* electroencephalograph
elektroensefalogram *a.* electroencephalogram
elektroensefaloskop *a.* electroencephaloscope
elektrofil *s.* electrophilic
elektrofizyoloji *a.* electrophysiology
elektrofizyolojik *s.* electrophysiological
elektroflor *a.* electrofluor
elektrofon *a.* electrophone
elektrofonik *s.* electrophonic *elektrofonik etki* electrophonic effect
elektrofor *a.* electrophorus

elektroforetik *s.* electrophoretic
elektroforez *a, kim.* electrophoresis
elektrogitar *a, müz.* electric guitar
elektrograf *a.* electrograph
elektrografit *a.* electrographite
elektrogravimetri *a.* electrogravimetry
elektrojen *a.* electrogen
elektrokapilarite *a.* electrocapillarity
elektrokaplama *a.* electrodeposition
elektrokardiyograf *a.* electrocardiograph
elektrokardiyografi *a.* electrocardiography
elektrokardiyogram *a.* electrocardiogram
elektrokılcallık *a.* electrocapillarity
elektrokimograf *a.* electrokymograph
elektrokimya *a.* electrochemistry
elektrokimyacı *a.* electrochemist
elektrokimyasal *s.* electrochemical
elektrokinetik *s.* electrokinetic ¤ *a.* electrokinetics
elektrokinetiks *a.* electrokinetics
elektrokoagülasyon *a.* electrocoagulation
elektrokromatografi *a.* electrochromatography
elektrokronograf *a.* electrochronograph
elektrokronometre *a.* electrochronometer
elektrokültür *a.* electroculture
elektrolit *a.* electrolyte
elektrolitik *s.* electrolytic *elektrolitik ağartma* electrolytic bleaching *elektrolitik arıtım* electrorefining *elektrolitik bakır* electrolytic copper *elektrolitik çıkarma* electroextraction *elektrolitik çinko* electrolytic zinc *elektrolitik çözelti* electrolytic solution *elektrolitik çözünme* electrolytic dissociation *elektrolitik detektör* electrolytic detector *elektrolitik gaz* electrolytic gas *elektrolitik kondansatör* electrolytic capacitor *elektrolitik oksidasyon* electrolytic oxidation *elektrolitik parlatma* electrolytic polishing *elektrolitik polarizasyon* electrolytic polarization *elektrolitik redresör* electrolytic rectifier *elektrolitik tank* electrolytic tank *elektrolitik taşlama* electrolytic grinding
elektroliz *a.* electrolysis
elektroluminesans *a.* electroluminescence
elektromanyetik *s.* electromagnetic ¤ *a.* electromagnetics *elektromanyetik alan* electromagnetic field

elektromanyetik birim electromagnetic unit *elektromanyetik dalga* electromagnetic wave *elektromanyetik fren* electromagnetic brake *elektromanyetik frenleme* electromagnetic braking *elektromanyetik huni* electromagnetic horn *elektromanyetik kavrama* electromagnetic clutch *elektromanyetik moment* electromagnetic momentum *elektromanyetik parazit* electromagnetic interference *elektromanyetik pompa* electromagnetic pump *elektromanyetik radyasyon* electromagnetic radiation *elektromanyetik reaksiyon* electromagnetic reaction *elektromanyetik sapma* electromagnetic deflection *elektromanyetik tüp* electromagnetic tube

elektromanyetizma *a.* electromagnetism
elektromekanik *s.* electromechanical ¤ *a.* electromechanics
elektrometalurji *a.* electrometallurgy
elektrometalürji *a.* electrometallurgy
elektrometre *a.* electrometer
elektrometrik *s.* electrometric *elektrometrik titrasyon* electrometric titration
elektromıknatıs *a.* electromagnet
elektromiyograf *a.* electromyograph
elektromiyogram *a.* electromyogram
elektromotor *s.* electromotive ¤ *a.* electromotor *elektromotor kuvvet* electromotive force
elektron *a.* electron *elektron akışı* electron flow *elektron aynası* electron mirror *elektron bağlaşımı* electron coupling *elektron bandı* electron band *elektron bileşiği* electron compound *elektron bulutu* electron cloud *elektron çığı* electron avalanche *elektron çifti* electron pair *elektron çoğaltıcı* electron multiplier *elektron dağılımı* electron distribution *elektron dalgası* electron wave *elektron değerliği* electrovalence *elektron değiş tokuşu* electron exchange *elektron demeti* electron beam *elektron derişimi* electron concentration *elektron deşarjı* electron discharge *elektron emisyonu* electron emission *elektron gazı* electron gas *elektron iletimi* electron conduction

elektron jeti electron jet *elektron kabuğu* electron shell *elektron kamerası* electron camera *elektron kırılması* electron diffraction *elektron kuplajı* electron coupling *elektron kuşağı* electron band *elektron kütlesi* electron mass *elektron merceği* electron lens *elektron mikroskobu* electron microscope *elektron multiplikatörü* electron multiplier *elektron optiği* electron optics *elektron osilatörü* electron oscillator *elektron püskürteci* electron gun *elektron rölesi* electron relay *elektron spini* electron spin *elektron sürüklenmesi* electron drift *elektron tabancası* electron gun *elektron tüpü* electron tube *elektron volt* electron volt *elektron yakalanması* electron capture *elektron yarıçapı* electron radius *elektron yoğunluğu* electron density *elektron yörüngesi* electron orbit *elektron yükü* electronic charge *elektron zarfı* electron sheath

elektroncul *s.* electrophilic
elektronegatif *s.* electronegative
elektronegativite *a.* electronegativity
elektronik *s.* electronic ¤ *a.* electronics *elektronik ayarlama* electronic tuning *elektronik beyin esk.* computer * bilgisayar *elektronik bilgi işlem* electronic data processing *elektronik devre* electronic circuit *elektronik emisyon* electronic emission *elektronik flaş* electronic flash *elektronik fotometre* electronic photometer *elektronik gönderim* electronic mail *elektronik görüntü* electron image *elektronik güç* electronic power *elektronik hesap makinesi* electronic calculator *elektronik higrometre* electronic hygrometer *elektronik ısıtma* electronic heating *elektronik iletkenlik* electronic conductance *elektronik kalem* electronic pen *elektronik kamera* electronic camera *elektronik keşif* electronic reconnaissance *elektronik manipülasyon* electronic keying *elektronik mikrofon* electronic microphone *elektronik mühendisi* electronic engineer *elektronik mühendisliği* electronic engineering *elektronik müzik* electronic music *elektronik*

nemölçer electronic hygrometer *elektronik redresör* electronic rectifier *elektronik regülatör* electronic regulator *elektronik röle* electronic relay *elektronik saat* electronic clock *elektronik sayaç* electronic counter *elektronik spektrum* electronic spectrum *elektronik titreşimler* electronic oscillations *elektronik tüp* electronic tube *elektronik verim* electronic efficiency *elektronik vizör* electronic viewfinder *elektronik voltmetre* electronic voltmeter *elektronik voltölçer* tube voltmeter
elektronojen *s.* electronogenic
elektronvolt *a.* electron-volt
elektrooptik *a.* electrooptics
elektroosmoz *a.* electroosmosis * elektrikle geçişme
elektropnömatik *s.* electropneumatic
elektropolar *s.* electropolar
elektropolisaj *a.* electropolishing
elektropozitif *s.* electropositive
elektroretinograf *a.* electroretinograph
elektrosentez *a.* electrosynthesis
elektroskop *a.* electroscope
elektrostatik *s.* electrostatic ¤ *a.* electrostatics *elektrostatik akı* electrostatic flux *elektrostatik alan* electrostatic field *elektrostatik bağ* electrostatic bond *elektrostatik bellek* electrostatic memory *elektrostatik birim* electrostatic unit *elektrostatik çekim* electrostatic attraction *elektrostatik çökelme* electrostatic precipitation *elektrostatik ekran* electrostatic screen *elektrostatik endüksiyon* electrostatic induction *elektrostatik enerji* electrostatic energy *elektrostatik filtre* electrostatic precipitator *elektrostatik histerezis* electrostatic hysteresis *elektrostatik hoparlör* electrostatic speaker *elektrostatik jeneratör* electrostatic generator *elektrostatik kuplaj* electrostatic coupling *elektrostatik mercek* electrostatic lens *elektrostatik odaklama* electrostatic focusing *elektrostatik rüzgâr* electric wind *elektrostatik sapma* electrostatic deflection *elektrostatik voltmetre* electrostatic voltmeter *elektrostatik yapışma* electrostatic adhesion *elektrostatik yazıcı* electrostatic printer

elektrostatografi *a.* electrostatography
elektroşok *a.* electroshock *elektroşok tedavisi* electroshock therapy
elektrot *a.* electrode *elektrot akımı* electrode current *elektrot direnci* electrode resistance *elektrot gerilimi* electrode voltage *elektrot iletkenliği* electrode conductance *elektrot karakteristiği* electrode characteristic *elektrot kaybı* electrode dissipation *elektrot reaktansı* electrode reactance
elektrotaksi *a.* electrotaxis
elektroteknik *a.* electrotechnics
elektroterapi *a.* electrotherapy
elektrotermi *a.* electrothermics
elektrotermik *s.* electrothermic
elektroultrafiltrasyon *a.* electroultrafiltration
elektrovalans *a.* electrovalence
elektrovalf *a.* electrovalve
elem *a.* sorrow, grief, distress, pain, anguish
eleman *a.* staff member, employee, worker; *kim.* element, component *eleman aranıyor* help wanted
elemanter *s.* elementary
eleme *a.* sifting, screening; elimination *eleme maçı* elimination match *eleme sınavı* preliminary examination, selection examination *eleme tesisi* screening plant
elemek *e.* to sift, to sieve, to riddle; to eliminate, to select
element *a, kim.* element *elementler çizelgesi* periodic table
elemge *a.* swift, winder
Elen *a.* Hellene ¤ *s.* Hellenic
Elence *a. s.* Hellenic
elenmek *e.* to be sifted; to be eliminated
elenti *a.* siftings, screenings
elerki *a.* democracy
elerkil *s.* democratic
eleştirel *s.* critical
eleştiri *a.* criticism; critique, review *eleştiri almak* to come in for criticism
eleştirici *a.* critic ¤ *s.* critical
eleştiricilik *a.* criticism
eleştirim *a.* criticism
eleştirimci *s.* pertaining to critical philosophy
eleştirimcilik *a.* critical philosophy, criticism
eleştirisel *s.* critical, pertaining to criticism

eleştirme a. riticism, criticizing
eleştirmek e. to criticize, to knock, to crab kon.; to review
eleştirmeli s. critical, criticizing
eleştirmen a. critic, reviewer
eleştirmenlik a. criticism; being a critic
elevatör a. elevator
elevon a. elevon
elezer a. sadist * sadist
elezerlik a. sadism * sadizm
elgin a. stranger ¤ s. strange, foreign
elhamdülillah ünl. Thank God!
elhasıl be. in short
eliaçık s. generous, open-handed, charitable, liberal, munificent res., free with sth, bounteous esk.
eliaçıklık a. generosity, liberality, bounty esk., munificence res.
elif a. the first letter of the Arabic alphabet elifi elifine on the dot
elifba a. the Arabic alphabet
elik a. hayb. chamois
elim s. painful, deplorable * acınacak, acıklı
eliminant a, mat. eliminant
eliminasyon a. elimination
elindelik a. free will
elinvar a. Elinvar
elips a, mat. ellipse
elipsograf a. trammel
elipsoidal s. mat. ellipsoidal
elipsoit a. ellipsoid
eliptik s. elliptic, elliptical
elisıkı s. closefisted, stingy
elişi a. handwork, handiwork
elit s. select, élite elit tabaka élite gen. hkr. elit tohum pedigree seed
elitizm a. élitism
elitra a. wing case, wing sheath
elk a, hayb. elk
elkızı a. daughter-in-law; wife
elkitabı a. handbook, manual
elkitabı a. manual
elleme a. handling, touching ¤ s. hand-picked, choice
ellemek e. to touch (with the hand), to handle; arg. to grope hkr., to touch sb up arg.; to play with; to disturb
elleşmek e. yörs. to touch (with one's hand); to horse around; to shake hands; to hurt with words; to help each other
elli a, s. fifty elli sekiz arg. queer, fairy,

queen, fag
ellik a. glove; den. sailmaker's palm
ellinci s. fiftieth ellinci yıldönümü golden jubilee
ellişer s. fifty each
elma a. apple elma gibi rosy, ruddy elma püresi apple sauce elma şarabı cider elma şekeri sugar-coated apple
elmabaş a. hayb. great crested grebe
elmacık a, anat. high part of the cheek
elmacıkkemiği a, anat. cheekbone
elmalı s. having apples, with apples elmalı şeker toffee apple İİ.
elmalık a. apple orchard
elmas a. diamond; glazier's diamond, glass cutter elmas uç diamond bit elmas uçlu delici diamond drill
elmaslı s. diamond+, containing diamond elmaslı kalem diamond pencil elmaslı testere diamond saw
elmastıraş a. diamond glass cutter elmastıraş ayna diamond wheel
elmaşekeri a. candied apple
eloğlu a. stranger; son-in-law, husband
elsi s. palmate, palmatifid
elti a. sister-in-law
eltopu a. handball
elulağı a. helper * yardımcı, yamak
elüvyon a. eluvium
elvan a. colours ¤ s. multicoloured
elveda ünl. Farewell!, Goodbye!
elverişli s. convenient, suitable, practical, fit
elverişlilik a. convenience, suitability
elverişsiz s. inconvenient, unsuitable, adverse
elverişsizlik a. inconvenience, unsuitability
elvermek e. to be convenient; to be enough, to suffice
elvermemek e. not to be suitable, to be impossible
elyaf a. fibres
elyaflı s. fibrous
elzem s. indispensable
em a. medicine, remedy * ilaç, deva, çare
emanet a. trust, deposit; left-luggage office, baggage room Aİ. emanet etmek to commend, to confide, to entrust, to consign emanete hıyanet breach of trust emanete vermek to check, to check sth in Aİ.
emanetçi a. consignee, depository

emanetçilik *a.* being a checkroom attendant

emaneten *be.* for safe keeping, on deposit

emare *a.* sign, mark, indication * belirti, iz, ipucu

emay *a.* enamel

emaye *s.* enamelled **emaye boya** enamel paint **emaye tel** enamelled wire

emayit *a.* dope

emaylamak *e.* to enamel

emaysız *s.* unglazed

embilim *a.* pharmacology

emboli *s.* embolism

embriyo *a.* embryon

embriyolog *a.* embryologist

embriyoloji *a.* embryology

embriyolojik *s.* embryologic(al)

embriyon *a, anat.* embryo

embriyon *a.* embryo

emcek *a, yörs.* breast; nipple

emcik *a, yörs.* breast; nipple

emdirici *s.* impregnating, sorbefacient

emdirme *a.* nursing; *tek.* impregnation **emdirme banyosu** impregnating bath, padding liquor **emdirme-bekletme yöntemi** pad-roll method **emdirme-buharlama yöntemi** *teks.* pad-steam process **emdirme maddesi** impregnating agent **emdirme makinesi** impregnating machine, padding machine

emdirmek *e.* to nurse; to impregnate, to saturate, to soak

emeç *a.* haustorium

emek *a.* work, labour, labor *Aİ.*; effort, endeavour, pains **emeği geçmek** to contribute efforts **emek harcamak** to labour, to labor *Aİ.* **emek vermek** to take pains with, to labour

emekçi *a.* worker, labourer, laborer, proletarian **emekçi sınıfı** the proletariat

emekçileşme *a.* proletarianization

emekçilik *a.* being a worker

emekleme *a.* crawl, creeping

emeklemek *e.* to crawl, to creep

emekli *s.* retired ¤ *a.* (old age) pensioner **emekli aylığı/maaşı** retirement pay, pension **emekli olmak** to retire **emekliye ayırmak** to retire, to pension off **emekliye ayrılmak** to retire **emekliye sevk etmek** to retire

emeklilik *a.* retirement **emeklilik ikramiyesi** gratuity *İİ.* **emeklilik maaşı** old age pension **emeklilik yaşı** retiring age

emeksiz *s.* without effort, without exertion

emektar *s.* old and faithful

emektaş *a.* fellow worker, comrade

emel *a.* desire, wish, ambition, goal

emetin *a.* emetin(e)

emici *s.* sucking, absorbent ¤ *a.* absorber **emici vantilatör** suction fan

emicilik *a.* absorbency

emik *a.* bruise produced by sucking; throat

emilim *a.* absorption

emilme *a.* occlusion

emin *s.* safe, secure; sure, certain; trusty, reliable **emin ellerde** in safe hands **emin olmak** a) to be sure (of) b) to make sure (of/that) **eminim** Surely, I bet (that) ... *kon.*

emir[1] *a.* order, command, bidding, decree * buyruk, komut **emir almak** to receive orders **emir eri** *ask.* orderly, batman *İİ.* **emir subayı** adjutant **emir vermek** to order, to command **emre amade** at sb's service, at one's disposal **emre itaatsizlik** noncompliance **emre ödenecek** payable to order **emrinde olmak** to be at sb's disposal **emrinde** at sb's service **emrine girmek** to enter into sb's service **emrine vermek** to put under one's order **Emriniz olur** Your wish is my command *res./şak.*

emir[2] *a.* emir, amir

emircik *a.* kingfisher

emirlik *a.* emirate

emirname *a.* written command

emisyon *a.* emission, issue, issuing; transmission **emisyon akımı** emission current **emisyon çizgisi** emission line **emisyon hacmi** *tic.* banknotes issued, currency issued **emisyon spektroskopisi** emission spectroscopy **emisyon spektrumu** emission spectrum **emisyon verimi** emission efficiency

emiş *a.* suction **emiş ağzı** inlet port **emiş borusu** suction line **emiş kanalı** suction channel **emiş pompası** scavenge pump **emiş yolu** suction channel

emitör *a.* emitter **emitör akımı** emitter current **emitör direnci** emitter resistance **emitör gerilimi** emitter voltage

emlak *a.* real estate, property **emlak bankası** land bank **emlak**

komisyoncusu estate agent, realtor *Aİ.* **emlak vergisi** property tax, real estate tax
emlakçı *a.* real estate agent
emlakçılık *a.* the real estate business
emlemek *e.* to give (sb) medicine
emme *a.* suction, sucking; absorption; intake **emme aralığı** admission port **emme basıncı** admission pressure **emme basma tulumba** suction and force pump **emme borusu** admission pipe **emme deliği** admission port **emme dinamometresi** absorption dynamometer **emme gücü** absorbing capacity **emme hızı** suction speed **emme kamı** admission cam **emme karteri** inlet housing **emme katsayısı** absorption coefficient **emme kulesi** absorption tower **emme kurutucusu** suction drier **emme makinesi** suction extractor **emme manifoldu** induction manifold **emme stroku** induction stroke **emme supabı** admission valve **emme süzgeci** suction filter **emme tulumba** lift pump, suction pump **emme valfı** suction valve **emme yüksekliği** suction height **emme zamanı** admission stroke
emmeç *a.* aspirator * aspiratör
emmek *e.* to suck; to absorb
emmi *a, yörs.* (paternal) uncle
emniyet *a.* safety, security; confidence, trust, belief; the police, the law **emniyet adası** safety island, traffic island **emniyet altına almak** to make safe, to secure **emniyet amiri** chief of police **emniyet bağlantısı** safety coupling **emniyet bobini** safety coil **emniyet camı** shatterproof glass **emniyet cıvatası** safety bolt **emniyet çubuğu** safety rod **emniyet devresi** safety circuit **emniyet etmek** a) to trust b) to entrust **emniyet faktörü** safety factor **emniyet freni** emergency brake **emniyet gerilmesi** allowable stress **emniyet gözlüğü** safety goggles **emniyet halkası** guard ring **emniyet katsayısı** safety factor **emniyet kemeri** seat belt, safety belt **emniyet kemerini takmak** to belt up **emniyet kibriti** safety match **emniyet kilidi** safety lock **emniyet lambası** safety lamp **emniyet lastiği** safety tyre **emniyet mandalı** split pin **emniyet maşası** split pin

emniyet merdanesi safety roller **emniyet müdürü** chief of police **emniyet payı** margin of safety **emniyet pimi** pin, safety pin **emniyet rayı** check rail **emniyet somunu** lock nut **emniyet supabı** emergency valve, safety valve **emniyet şalteri** safety switch **emniyet tapası** safety fuse **emniyet tedbiri** safety measure, security measure **emniyet tertibatı** safety device **emniyet valfı** safety valve **emniyet zinciri** safety chain **emniyette** safe
emniyetli *s.* safe, secure; trustworthy, reliable; admissible, allowable, safe **emniyetli yük** admissible load, safe load
emniyetsiz *s.* unsafe, insecure; untrustworthy
emniyetsizlik *a.* insecurity
emoraji *a.* hemorrhage
emoroit *a. hek.* hemorrhoid
empati *a.* empathy
empedans *a.* impedance **empedans adaptasyonu** impedance matching **empedans bobini** impedance coil **empedans düzensizliği** impedance irregularity **empedans eşleme** impedance matching **empedans rölesi** impedance relay **empedans transformatörü** impedance transformer **empedans üçgeni** impedance triangle **empedans voltajı** impedance voltage
empedometre *a.* impedometer
empedor *a.* impedor
empermeabl *a.* waterproof, raincoat
emperyalist *a.* imperialist ¤ *s.* imperialistic
emperyalizm *a.* imperialism
empoze etmek *e.* to impose (an idea) on (sb)
empoze *s.* imposed **empoze etmek** to impose
emprenye etmek *e.* to impregnate
emprenye *s.* impregnated
empresyonist *a.* impressionist * izlenimci ¤ *s.* impressionistic * izlenimci
empresyonizm *a.* impressionism * izlenimcilik
emprevizyon *a. huk.* want of foresight
emprezaryo *a.* impresario
emprime *a, teks.* print **emprime kumaş** printed material
empromptü *be, müz.* impromptu

emretmek *e.* to order, to command, to instruct, to enjoin

emrivaki *a.* accomplished fact, fait accompli

emsal *a.* similars, equals; peer, compeer; precedent; *mat.* coefficient

emsalsiz *s.* matchless, peerless, incomparable, unequaled

emtia *a.* stock, goods, merchandise

emülasyon *a.* emulation

emülatör *a.* emulator

emülgatör *a.* emulsifying agent

emülsiyon *a.* emulsion *emülsiyon boya* emulsion paint *emülsiyon tabakası* emulsion layer *emülsiyon tabanı* emulsion carrier *emülsiyon temizleme* emulsion cleaning *emülsiyon temizleyici* emulsion cleaner

emülsiyonlaştırma *a.* emulsification

emülsiyonlaştırmak *e.* to emulsify

emval *a. tic.* assets

emzik *a.* dummy, pacifier *Aİ.*; teat, nipple *Aİ.*; spout; *arg.* narghile; *yörs.* cigarette holder

emzikçi *a.* wet nurse

emzikli *s.* having a spout; sucking a pacifier; giving suck

emzirmek *e.* to breast-feed, to suckle, to nurse

en[1] *be.* most, -est *en aşağı* at least *en az* a) minimal, least b) at least, fully *en azından* at least, fully *en başta gelen* foremost *en baştan* from the very beginning *en büyük* greatest, biggest *en büyük ortakbölen* greatest common divisor *en büyük ortakçarpan* greatest common factor *en çok* most, at (the) most *en düşük* minimum, least *en düşük basınç* minimum pressure *en fazla* at the (very) outside, at (the) most *en geç* at the latest *en iyi* best *en kötü* worst *en kötü ihtimal'e* at (the) worst *en küçük* least, minimal *en küçük ortakkat* least common multiple, lowest common multiple *en önce* first of all *en önemli* foremost, chief, cardinal *en önemlisi* above all, first and foremost *en son* a) last b) ultimate *en sonra* last of all *en sonunda* at last, at long last, finally, eventually, at length *en ufak bir fikri olmamak* not to have the faintest/foggiest idea *kon. en yakın akraba* next of kin *en yüksek* maximum, high-est

en[2] *a.* width, breadth * genişlik *eninde sonunda* in the end, at last *enine* a) breadthways, in width, transversely, athwart b) transverse, transversal *enine açıcı* expander, temple *enine ağır* wing-heavy *enine boyuna düşünmek* to think sth out, to cogitate *enine boyuna* a) in length and breadth b) fully, completely *enine çatlak* transverse crack *enine çekme* shrinkage in width *enine çizgili* cross-striped *enine dalga* transverse wave *enine damar* cross-lode *enine derz* transverse joint *enine düzlük* transverse plane *enine eğim* crossfall *enine fay* transverse fault *enine ısıtma* transverse heating *enine kesit* transverse section *enine kırık* transverse fault *enine kıvrım* transverse fold *enine kıyı* transverse coast *enine kiriş* transverse beam *enine kumul* transverse dune *enine kuvvet* transverse force *enine lağım* intercepting sewer *enine mecra* intercepting sewer *enine mihver* transverse axis *enine moment* transverse moment *enine profil* transverse profile *enine şardonlama* cross raising *enine yay* transverse spring *enine yük* transverse load *enine yüz* transverse plane

en[3] *a.* brand

enantiyomer *a.* enantiomer

enantiyomorf *a.* enantiomorph ¤ *s.* enantiomorphic

enantiyotrop *s.* enantiotrope

enantiyotropi *a.* enantiotropy

enargit *a.* enargite

enayi *a.* fool, booby, sucker, dupe, chump *kon.*, mug *kon.*, patsy *Aİ./hkr.*, gull *esk.* ¤ *s.* gullible, credulous *enayi dümbeleği arg.* idiot

enayice *s.* foolish ¤ *be.* foolishly

enayicesine *be.* foolishly

enayilik *a.* stupidity, idiocy, dupery *enayilik etmek* to act stupidly

enberi *a.* periastron *enberi nokta* periastron

enbiya *a.* prophets

encam *a. esk.* end, outcome, result

encik *a.* kitten

enciklemek *e.* to whelp

encümen *a.* council, committee *encümen üyesi* councillor, *Aİ.* councilor

ençekme *a, bitk.* shrinkage
endam *a.* stature, figure, shape, body
endamlı *s.* well-proportioned, shapely, statuesque
endamsız *s.* ill-proportioned
endaze *a.* measure, proportion
endazesiz *s.* unmeasured; measureless; limitless
endeks *a.* index; cost-of-living index
endeksli *s.* index-linked
endemik *a, hek.* endemic
ender *s.* (very) rare ¤ *be.* (very) rarely
enderun *a. trh.* ladies' apartments in a palace; palace school
endikasyon *a.* indication
endirekt *s.* indirect
endirekt, endirek *s.* indirect
endişe *a.* anxiety, worry, concern, solicitude, care, apprehension; doubt; fear **endişe duymak** to be concerned about **endişe etmek** to worry, to be anxious, to feel uneasy **endişe vermek** to disquiet **endişesini gidermek** to take a load off one's mind **endişeye düşürmek** to fret
endişelendirmek *e.* to distress, to disturb
endişelenmek *e.* to be anxious, to be worried (about)
endişeli *s.* anxious, worried, uneasy, concerned, apprehensive, solicitous, thoughtful
endişesiz *s.* carefree, unworried, untroubled
endoderm *a.* endoderm
endofili *a.* endophily
endogami *a.* endogamy
endokarp *a.* endocarp
endokrin *a. kim.* endocrin(e)
endokrinoloji *a.* endocrinology
endokrinolojik *s.* endocrinologic(al)
endoksil *a.* indoxyl
endomitoz *a.* endomitosis
endomorfizma *a.* endomorphism
Endonezya *a.* Indonesia ¤ *s.* Indonesian
Endonezyalı *a, s.* Indonesian
endoparazit *a.* endoparasite
endoplazma *a.* endoplasm
endoplazmik *s.* endoplasmic
endoskop *a.* endoscope
endoskopi *a.* endoscopy
endoskopik *s.* endoscopic
endosmoz *a.* endosmosis
endostom *a.* endostome

endotermik *s.* endothermic * ısıalan **endotermik atmosfer** endothermic atmosphere **endotermik jeneratör** endothermic generator **endotermik reaksiyon** endothermic reaction
endüklenen *s.* induced **endüklenen akım** induced current **endüklenen gerilim** induced voltage **endüklenen gürültü** induced noise **endüklenen radyoaktivite** induced radioactivity
endükleyici *s.* inductive
endüksiyon *a.* induction **endüksiyon akımı** induction current **endüksiyon alanı** induction field **endüksiyon bobini** spark coil **endüksiyon fırını** induction furnace **endüksiyon jeneratörü** induction generator **endüksiyon katsayısı** coefficient of induction **endüksiyon makinesi** induction machine **endüksiyon manifoldu** induction manifold **endüksiyon motoru** induction motor
endüktans *a.* inductance **endüktans bobini** inductance coil **endüktans köprüsü** inductance bridge **endüktans kuplajı** inductance coupling
endüktif *s.* inductive **endüktif devre** inductive circuit **endüktif direnç** inductive resistor **endüktif kuplaj** inductive coupling **endüktif olmayan** noninductive **endüktif yük** inductive load
endüstri *a.* industry * sanayi, işleyim **endüstri bölgesi** industrial district **endüstri merkezi** industrial centre **endüstri meslek lisesi** industrial school **endüstri mühendisi** industrial engineer **endüstri mühendisliği** industrial engineering
endüstrileşme *a.* industrialization
endüstrileşmek *e.* to be industrialized
endüstriyalizm *a.* industrialism
endüstriyel *s.* industrial **endüstriyel alkol** industrial alcohol **endüstriyel kimya** industrial chemistry **endüstriyel kumaşlar** industrial fabrics **endüstriyel sanatlar** industrial arts **endüstriyel yakıt** industrial fuel
endüvi *a.* armature **endüvi akımı** armature current **endüvi aralığı** armature gap **endüvi bobini** armature coil **endüvi göbeği** armature core **endüvi nüvesi** armature core **endüvi sargısı** armature winding

enek s. (hayvan) castrated
eneme a. castration
enemek e. to castrate
enerji a. energy, drive, go *kon.*, pep *kon.* *enerji aktarımı* energy transfer *enerji aralığı* energy gap *enerji birikimi* accumulation of energy *enerji birimi* energy unit *enerji dağılımı* energy distribution *enerji denkliği* energy balance *enerji dönüşümü* energy conversion *enerji düzeyi* energy level *enerji içeceği* pick-me-up *enerji kaybı* energy loss *enerji krizi* energy crisis *enerji santralı* power station *enerji tüketimi* consumption of energy *Enerji ve Tabii Kaynaklar Bakanlığı* Ministry of Energy and Natural Resources *enerji vermek* to energize *enerji yoğunluğu* energy density *enerjinin korunumu* conservation of energy
enerjik s. energetic, dynamic, perky, brisk, active, sprightly
eneze s. feeble, weak
enezeleşmek e. to become feeble, to weaken
enezelik a. *yörs.* feebleness, weakness
enfarktüs a, *hek.* infarction
enfeksiyon a. infection
enfes s. delightful, excellent, brilliant, exquisite, gorgeous *kon.*; delicious, gorgeous *kon.*, scrumptious *kon.*, slap-up *İl./kon.*, delectable *res.*
enfiye a. snuff *enfiye çekmek* to take snuff *enfiye kutusu* snuffbox
enflasyon a. inflation *enflasyonu aşağı çekmek* to bring down the rate of inflation
enflüanza a, *hek.* influenza * grip
enformasyon a. information *enformasyon bürosu* information bureau
enfraruj s. infrared *enfraruj analizör* infrared analyzer *enfraruj emülsiyon* infrared emulsion *enfraruj ışınları* infrared radiation *enfraruj kurutma* infrared drying *enfraruj spektroskopi* infrared spectroscopy *enfraruj spektrum* infrared spectrum
enfrastrüktür a. infrastructure * altyapı
engebe a. unevenness, roughness, rough ground
engebeli s. uneven, rough, broken, rugged, bumpy

engebelik a. roughness, unevenness
engebesiz s. even
engel a. handicap, drawback, hitch; barrier, barricade, obstacle, obstruction, hindrance, bar, impediment, block; *sp.* hurdle *engel çıkarmak* to raise difficulties *engel olmak* to hinder, prevent, to impede, to block, to obstruct, to cramp, to stop, to frustrate, to balk, to avoid, to encumber, to discourage, to check, to hamper
engelleme a. hindrance, obstruction, crackdown
engellemek e. to hinder, to impede, to obstruct, to prevent, to thwart, to frustrate, to restrain, to stop, to preclude, to inhibit, to block, to check, to hamper, to balk, to bar
engelleyici s. prohibitive, preventive
engelleyim a. embargo
engelli s. with obstacles *engelli koşu* hurdle race, steeplechase *engelli yarış* hurdle race
engelsiz s. without hindrance
engerek a, *hayb.* adder, viper
engerekotu a. *bitk.* viper's bugloss, blue weed
engin s. wide, vast, broad ¤ a. the open sea, the high sea *engin deniz* the high sea, the open sea *engine çıkmak* to make for open sea
enginar a. artichoke
enginlik a. wideness
engizisyon a. *trh.* the Inquisition
Engizisyon a. Inquisition
engizisyon a. the Inquisition
enik a. pub, puppy, cub, whelp
eniklemek e. to whelp
enikonu be. thoroughly, fully *enikonu düşünmek* to think sth out
enir a. *bitk.* butcher's-broom
enişte a. aunt's husband, sister's husband, brother-in-law
eniyileme a. optimization
enjeksiyon a. injection *enjeksiyon basıncı* injection pressure *enjeksiyon ızgarası* injection grid *enjeksiyon iğnesi* hypodermic needle *enjeksiyon motoru* injection engine *enjeksiyon pompası* injection pump *enjeksiyon supabı* injection valve *enjeksiyon yapmak* to inject
enjekte s. injected *enjekte etmek* to inject

enjektör *a.* injector, nozzle *enjektör gövdesi* nozzle holder *enjektör hamili* nozzle holder *enjektör iğnesi* injector needle *enjektör memesi* injection nozzle *enjektör şırıngası* hypodermic syringe

enkaz *a.* wreckage, wreck, debris, ruins

enklüzyon *a.* inclusion

enlem *a.* latitude * arz derecesi *enlem dairesi* circle of latitude *enlem derecesi* degree of latitude

enli *s.* wide, broad

enlilik *a.* wideness, broadness

enol *a.* enol

enöte *a.* apastron

ense *a.* nape, nape of the neck; *arg.* buttocks, arse *ense kökü* base of the neck *ense yapmak arg.* to indulge oneself doing no work, to shirk, to lie down on the job *ensesi kalın kon.* a) well-off, rich b) influential, powerful *ensesinde boza pişirmek* to keep a tight rein on

enselemek *e, arg.* to seize, to nail, to pinch *arg.*, to nab *İİ./kon.*, to nick *İİ./arg.*

enser *a.* spike

ensiz *s.* narrow

ensizleşmek *e.* to narrow

ensizlik *a.* narrowness

ensizyon *a, hek.* incision

enspektör *a.* inspector

enstantane *s.* instantaneous ¤ *a.* snapshot *enstantane fotoğraf* snapshot

enstitü *a.* institute

enstrüman *a, müz.* instrument * çalgı

enstrümantal *s, müz.* instrumental *enstrümantal müzik* instrumental music

enstrümantalizm *a. fel.* instrumentalism

ensülin *a.* insulin

ensülinaz *a.* insulinase

entalpi *a.* enthalpy

entari *a.* loose robe, dress

entegral *a.* integral

entegrasyon *a.* integration

entegre *s.* integrated

entel *a, hkr.* intellectual, highbrow *hkr.*, egghead *hkr.* ¤ *s.* intellectual, highbrow *hkr.*

entelekt *a.* intellect

entelektüalizm *a.* intellectualism

entelektüel *a, s.* intellectual

entelekya *a.* entelechy

entelicansiya *a.* intelligentsia

enteresan *s.* interesting * ilginç

enterese etmek *e.* to interest

enterkom *a.* intercom

enterlin *a.* space line

entermodülasyon *a.* intermodulation

enternasyonal *s.* international * uluslararası, milletlerarası

enternasyonalist *a.* internationalist

enternasyonalizm *a.* internationalism

enterne *s.* interned *enterne etmek* to intern

enteroskop *a.* enteroscope

entertip *a.* intertype

enterüptör *a.* interrupter, cutout switch

entimem *a. mant.* enthymeme

entipüften *s, kon.* insignificant, ridiculous, flimsy, trivial

entomoloji *a.* entomology * böcekbilim

entomolojisi *a.* entomologist

entomolojist *a.* entomologist * böcekbilimci

entonasyon *a, müz.* intonation

entrika *a.* intrigue *entrika çevirmek* to intrigue, to plot, to scheme

entrikacı *a.* intriguer, schemer, trickster

entropi *a.* entropy

enüstünlük *s, dilb.* superlative *enüstünlük derecesi dilb.* superlative degree

enva *a.* kinds

envanter *a.* inventory *envanter yapmak* to take stock

enversör *a.* inverter

envestisman *a.* investment

enzim *a.* enzyme

enzimatik *s.* enzymatic

enzimbilim *a.* enzymology

enzimoloji *a.* enzymology

enzimsel *s.* enzymic

eogen *a. yerb.* the Eogene (period)

eosen *a. yerb.* the Eocene (period)

eozin *a.* eosin

eozinofil *s.* eosinophil

epandim *a.* ependymal

epanyöl *a. hayb.* spaniel

epe *a, sp.* épée *

epediyaskop *a.* epidiascope

epey *be.* rather, quite, fairly, considerably; a great deal of, a lot of

epeyce *be.* rather, quite, fairly, pretty

epeydir *be.* in a coon's age

epiboli *a.* epiboly

epidemi *a.* epidemic

epidemik s. epidemic
epidemiyoloji a. epidemiology
epiderm a. epidermis
epidot a. epidote
epifarinks a. epipharynx
epifit a. aerophyte, epiphyte
epifiz a. epiphysis
epigastrik s. epigastric
epigenez a. biy. epigenesis
epigon a. epigone
epigraf a. epigraph
epigrafi a. epigraphy
epigram a. epigram
epik a, s. epic
epikardiyum a. epicardium
epikerem a. epichirema
epikotil a. epicotyl
Epikurosculuk a. fel. Epicureanism
Epikurosçu a. s. fel. Epicurean
epilasyon a. removal of unwanted hair
   epilasyon kremi hair-removing cream,
   depilatory cream epilasyon yapmak to
   remove the hair from one's legs
   epilasyon yaptırmak to have the hair
   removed
epilepsi a. epilepsy
epileptik s. hek. epileptic
epilog a. epilogue
epimer a. epimer
epimerleme a. epimerization
epimorf s. epimorphic
epimorfoz a. epimorphosis
epinasti a. epinasty
epipelajik s. epipelagic
epipetal s. epipetalous
episikl a. epicycle
episiklik s. epicyclic episiklik dişli epi-
   cyclic gear, planetary gear
episikloit a, mat. epicycloid ¤ s. epi-
   cycloidal episikloit dişli epicycloidal
   gear episikloit tekerlek epicycloidal
   wheel
episkop a. episcope
epistazi a. epistasis
epistemoloji a. epistemology
episternum a. episternum
epitaksi a. epitaxy
epitaksiyal s. epitaxial epitaksiyal
   tabaka epitaxial layer epitaksiyal
   transistor epitaxial transistor
epitalamus a. epithalamus
epitel a. epithelium
epitelyum a, biy. epithelium

epitermal s. epithermal
epitermik s. epithermal epitermik nötron
   epithermal neutron
epitrokoit a. epitrochoid
epizodik s. episodic
epizot a. episode
epoksi a. epoxy
epope a. epic
eprimek e. yörs. to spoil, to get rotten; to
   dissolve
epüre a. épuré
er[1] a. man * erkek; brave man, hero * kah-
   raman, yiğit; private, soldier * nefer er
   meydanı field of contest
er[2] be. early, soon * erken er geç sooner
   or later
erat a. privates, the rank and file
erbap a. expert, dab, connoisseur, past
   master erbabı olmak to be a dab
   (hand) (at sth)
erbaş a, ask. noncommissioned officer
erbezi a. testicle erbezi yokluğu anor-
   chism
erbiyum a. erbium
ercik a, biy. stamen ercik sapı bitk. fila-
   ment
ercikleşme a. staminody
ercikli s. stamened, staminal, staminate,
   staminiferous
erdem a. virtue, merit * fazilet
erdemli s. virtuous * faziletli
erdemlilik a. virtuousness, virtue * fazilet-
   lilik
erdemsiz s. without virtue
erdemsizlik a. lack of virtue
erden s. virgin, chaste esk. * bakir
erdenlik a. virginity * bakirlik
erdişi s. hermaphrodite, bisexual
erdişilik a. hermaphroditism * erseliklik
erek a. aim, purpose, goal * gaye, maskat,
   hedef
erekbilim a. teleology
erekçi a. fel. finalist ¤ s. finalistic
erekçilik a. fel. finalism
erekli s. purposeful, purposive
ereklilik a. fel. finality
ereksel s. final, pertaining to the end
ereksiyon a. erection
ereksiz s. aimless, purposeless
ereksizlik a. lack of aim, purposelessness
eren a. saint
Erendiz a. Jupiter
erepsin a. erepsin

erg *a.* erg
erganun *a.* organ
ergen *s.* adolescent; unmarried, single *
bekâr
ergene *a.* mineral deposit
ergenleşme *a.* pubescence
ergenlik *a.* adolescence; acne **ergenlik
çağı** adolescence
ergi *a.* attainment; success; luck
ergime *a.* melting, fusion * zeveban
ergime noktası fusing point
ergimek *e.* to melt, to fuse * zeveban et-
mek
ergimez *s.* infusible
ergin *s.* mature, ripe; adult, major * reşit
erginlemek *e.* to enlighten, to initiate (sb)
erginleşme *a.* maturation, ripening
erginleşmek *e.* to mature, to ripen * reşit
olmak, tekemmül etmek
erginlik *a.* maturity * kemal; majority, age
of consent * rüşt
ergitme *a.* melting
ergitmek *e.* to melt
ergiyebilir *s.* liquefiable
ergiyen *s.* liquescent
ergodik *s.* ergodic **ergodik durum** er-
godic state **ergodik teori** ergodic the-
ory
ergonomi *a.* ergonomics
ergonomik *s.* ergonomic
ergonovin *a.* ergonovine
ergosterol *a.* ergosterol
ergot *a.* ergot
ergotamin *a.* ergotamine
ergotoksin *a.* ergotoxine
ergölçer *a.* ergmeter
erguvan *a, bitk.* Judas tree, redbud
erguvanağacı *a.* Judas tree
erguvani *s.* purple
erguvanibalıkçıl *a. hayb.* purple heron
erigen *s.* easily melting
erik *a.* plum
eriklik *a.* plum orchard
eriksi *s.* plumlike
eril *s, dilb.* masculine * müzekker **eril cins**
dilb. masculine **eril sözcük** masculine
erillik *a. dilb.* masculine gender
erim[1] *a.* range, reach, shot * menzil
erim[2] *a.* good news * beşaret
erime *a.* melting; dissolution; fusion **erime
ısısı** heat of solution **erime noktası**
melting point
erimek *e.* to melt; to thaw; to dissolve; to

fuse; to waste away, to pine away
erimez *s.* insoluble
erimezlik *a.* insolubility, insolubleness
erimişlik *a. hek.* cachexia, cachexy
erin *s.* pubescent
erincek *s.* lazy
erinç *a.* peace, rest * dirlik, rahat, huzur
erinçli *s.* peaceful, tranquil, at ease
erinçsiz *s.* restless, uneasy
erinçsizlik *a.* unrest, uneasiness
erinlik *a.* puberty * buluğ
erinmek *e.* to be too lazy to do something
erir *s.* dissoluble
erirlik *a.* solubility
erirlikölçer *a.* lysimeter
eristik *s. fel.* eristic
erişilebilir *s.* accessible
erişilebilirlik *a.* accessibility
erişilir *s.* accessible
erişilirlik *a.* accessibility
erişilmez *s.* beyond reach, out of reach
erişim *a.* arrival; *biliş.* access **erişim
hakkı** access right **erişim izni** access
permission **erişim kolu** access arm
erişim mekanizması access mecha-
nism **erişim sınıfı** access category
erişim süresi access time **erişim
yöntemi** access method
erişkin *s.* adult, mature * kâhil
erişkinlik *a.* maturity * kâhillik
erişmek *e.* to reach, to attain; *biliş.* to ac-
cess; to mature, to ripen
erişmen *a. sp.* record holder
erişte *a.* vermicelli
eriten *a. s. kim.* solvent
eritici *s.* melting, dissolving
eritilebilir *s.* dissoluble
eritilebilirlik *a.* dissolubility
eritken *a.* flux
eritme *a.* melting, dissolution **eritme fırını**
melting furnace **eritme gücü** dissolving
power **eritme kaynağı** fusion welding
eritme kazanı digestion tank **eritme
ocağı** melting furnace **eritme şurubu**
remelt syrup
eritmek *e.* to melt; to thaw; to dissolve; to
fuse
Eritre *a.* Eritrea
Eritrea *a.* Eritrea ¤ *s.* Eritrean
Eritrealı *a, s.* Eritrean
Eritreli *a. s.* Eritrean
eritrit *a.* erythrite
eritritol *a.* erythritol

eritrofil s. erythrophilous
eritromisin a. erythromycin
eritrosin a. erythrosine
eritrosit a. *biy.* erythrocyte
eritroz a. erythrose
eriyebilir s. soluble
eriyebilirlik a. solubility
eriyik a. solution
eriyometre a. eriometer
erk a. power
erkân a, ç. high officials; important people; *ask.* senior officers; method, way, rule; fundamentals, basics **erkânı harbiyei umumiye** general staff * genelkurmay
erkânıharp a. *esk.* staff * kurmay
erke a. energy * enerji
erkeç a. he-goat, billy goat
erkeçsakalı a, *bitk.* spiraea * çayırmelikesi
erkek s. male, he; manly, courageous, reliable; rigid, hard ¤ a. man; husband **erkek Ayşe** tomboy **erkek adam** brave man **erkek arı** drone **erkek arkadaş** boyfriend **erkek berberi** hairdresser **erkek çocuk** boy **erkek delisi** nymphomaniac, nympho *hkr.* **erkek domuz** boar **erkek erkeğe** man to man **erkek evlat** son **erkek Fatma** hoyden, tomboy, butch *hkr.* **erkek fahişe** male prostitute **erkek geyik** stag **erkek gibi** mannish, manly, butch *hkr.* **erkek izci** boy scout **erkek kardeş** brother **erkek kaz** gander **erkek keçi** billy goat **erkek kedi** tomcat, tom **erkek kuğu** cob **erkek kuş** cock **erkek mayosu** swimming trunks **erkek müsveddesi** man of straw **erkek öğrenci** schoolboy **erkek öğretmen** master **erkek ördek** drake **erkek tavşan** jack **erkek torun** grandson **erkek yeğen** nephew **erkekler tuvaleti** the Gents *İİ./kon.*
erkekçe s. manly, manlike, manful ¤ *be.* manly, manfully
erkekçil s. man-chasing
erkeklenmek e. to act like a bully
erkekleşmek e. to become mannish
erkeklik a. manhood; masculinity; courage, bravery; sexual virility **erkekliğe toz kondurmamak** to put a bold face on it **erkeklik organı** penis
erkekorgan a, *bitk.* stamen
erkeksi s. (kadın) mannish, butch *hkr.*; manly, butch *övg.*
erken *be.* early **erken ateşleme** advanced

ignition **erken doğmuş** premature **Erken evlenen döl alır, er kalkan yol alır** *ats.* The early bird catches the worm **erken gelişmiş** precocious **erken gelmek** to come early, to be early **erken kalkan kimse** early riser **erken kalkmak** to get up early **erken uyarı radarı** early-warning radar **erken uyarı sistemi** early warning system **erken uyarı** early warning **erken yatmak** to go to bed early
erkence s. rather early, somewhat early
erkenci a. early riser; early comer
erkenden *be.* early
erkete a. *arg.* being a burglar's look-out man
erketeci a. *arg.* look-out man (in something illegal)
erkin s. free, liberal * serbest
erkinci a, s. liberal
erkincilik a. liberalism
erkinlik a. freedom
erkli s. powerful
erklilik a. power
erksizlik a. anarchy
erktekelci s. totalitarian
erlang a. erlang
erlenmayer a, *kim.* Erlenmeyer flask
erleştiren s. viriligenic
erlik a. manliness, courage, bravery; *ask.* soldierliness
ermek e. to attain, to reach; to ripen, to mature; to become a saint
Ermeni a, s. Armenian
Ermenice a, s. Armenian
Ermenistan a. Armenia
Ermenistan Cumhuriyeti a. the Republic of Armenia
ermin a, *hayb.* ermine * kakım
ermiş a. saint, holy person * veli, evliya
ermişlik a. being a saint
eroin a. heroin, junk *arg.*
eroinci a. maker/seller of heroin; heroin addict
eroinman a. heroin addict, junkie *arg.*
eros a. *ruhb.* Eros
erosal s. erotic
erosallık a. eroticism
erosçu s. erotic
erosçuluk a. eroticism, erotism
erotik s. erotic
erotizm a. eroticism
erozyon a. erosion **erozyon sekisi** ero-

sion terrace
erselik *a.* hermaphrodite, bisexual
ersıvı *a.* semen, sperm
ersıvıl *s.* seminal
ersiz *s.* without a husband
ersizlik *a.* being without a husband
ersuyu *a.* semen, sperm, spermatic fluid
ertak *ünl. arg.* Let's go
erte *a.* the next, the following
erteleme *a.* postponement, delaying
ertelemek *e.* to postpone, to delay, to defer, to put sth off, to put sth back, to hold over, to adjourn, to suspend
ertesi *s.* the next, the following *ertesi gün* the next day, the following day
erübesit *a.* erubescite
erüsik asit *a.* erucic acid
erzak *a.* provisions, supplies *erzak sağlamak* to victual
es *a, müz.* rest *es geçmek* to pass over, to skip
esami, esame *a, ç, esk.* names * isimler, adlar *esamisi okunmamak* to be a cog in the machine
esans *a.* perfume, essence, extract
esaret *a.* slavery, captivity, bondage
esas *a.* foundation, base, basis; principle, essence ¤ *s.* essential, cardinal, real, basic, fundamental *esas duruş/vaziyet ask.* attention *esas oğlan* leading man *esas renk* fundamental colour
esasen *be.* fundamentally, essentially; as a matter of fact, to tell the truth, actually; anyhow
esaslı *s.* based, founded; principal, basic, main; true, solid
esassız *s.* baseless; unfounded, false, untrue
esatir *a. esk.* myths, legends
esbap *a, ç, esk.* causes; reasons *esbabı mucibe esk.* necessary reasons, leading motives
esef *a.* regret *esef etmek* to be sorry, to regret, to rue *esk.* *esefle* regretfully
esefle *be.* regretfully
eseflenmek *e.* to be sorry, to regret
eseme *a.* logic
esen *s.* healthy, well * sağlıklı, sıhhatli, salim
esenlemek *e.* to greet
esenleşmek *e.* to greet each other
esenlik *a.* health, healthiness * afiyet, sıhhat, selamet

eser *a.* work, work of art, achievement, product; trace, sign, mark
esermek *e.* to take care of
esham *a, esk.* shares * paylar, hisseler
esin *a.* inspiration *esin perisi* muse
esindirmek *e.* to inspire (sb) (to do sth)
esinlemek *e.* to inspire
esinlenmek *e.* to be inspired * mülhem olmak
esinti *a.* breeze * nefha
esintili *s.* breezy
esintisiz *s.* without breeze, still
esir *a.* prisoner of war, captive * tutsak; slave * köle *esir almak* a) to hold sb captive, to capture b) *kon.* to buttonhole, to latch on to sb *kon.* *esir düşmek* to be taken captured *esir düşmüş* captive *esir etmek* to capture *esir ticareti* slave trade
esirci *a.* slave trader
esircilik *a.* slave trade
esirgeme *a.* protection
esirgemek *e.* to protect; to grudge, to begrudge *esirgemeden* unsparingly
esirgemez *s.* unstinting
esirgemezlik *a.* altruism, unselfishness, self-sacrifice
esirgeyici *s.* protective
esirlik *a.* captivity; slavery, bondage
esirme *a. yörs.* ecstasy
esirmek *e. yörs.* to get drunk; to go into an ecstasy; to go mad
eskatologya *a.* eschatology
eski *s.* old, bygone; ancient; former, veteran, ex, late, onetime, previous; obsolete, obsolescent; archaic, dated; old-fashioned, antiquated, out of date, outmoded, dated, corny *kon.*; worn-out, shabby; secondhand, used; back *Eski Ahit* the Old Testament *Eski çamlar bardak oldu* A lot of water has flowed under the bridge *Eski Dünya* the Old World *eski defterleri kapamak mec.* to let bygones be bygones *eski defterleri karıştırmak mec.* to rake up the past *eski eserler* antiques, antiquities *eski hamam eski tas kon.* the same old thing *eski kafalı* a) old-fashioned, fusty *hkr.* b) fuddy-duddy *eski kurt* old hand *eski moda* old-fashioned *eski püskü giysi* rags *eski püskü* shabby, ragged, worn-out, threadbare, tattered, tatty *kon.* *eski sayı* back number *eski*

sevgili old flame *eski toprak kon.* old stager, oldster full of energy, hale and hearty *eski tüfek* war-horse *eski yün* reclaimed wool *eski zaman* antiquity *eskisi gibi* the way it used to be, as before, as in the past

eskice *s.* oldish

eskici *a.* junk dealer, ragman, ragpicker, second-hand clothes dealer; shoe repairman, cobbler

eskicil *s.* archaic

eskicilik *a.* dealing in junk

eskiçağ *a.* prehistoric period

eskiden *be.* formerly, once, in the old days, in the past *eskiden kalma* handed down, passed down

Eskidünya *a.* the Old World

eskil *s.* archaic; old

eskileşmek *e.* to become old

eskilik *a.* oldness, seniority

eskimek *e.* to become worn out, to wear out; to age

eskimez *s.* ageless

eskimiş *s.* old; hackneyed

Eskimo *a.* Eskimo *Eskimo evi* igloo *Eskimo kayığı* kayak

Eskimoca *a.* Eskimo, the Eskimo language ¤ *s.* in Eskimo, Eskimo

eskişehirtaşı *a.* meerschaum

eskitmek *e.* to wear sth out, to age

eskivarlıkbilim *a.* paleontology

eskiz *a.* sketch

eskrim *a, sp.* fencing *eskrim kılıcı* foil *eskrim yapmak* to fence

eskrimci *a, sp.* fencer

eslek *s.* submissive * itaatli

eslemek *e.* to mind, to pay attention to; to watch (sb) secretly

esmek *e.* (rüzgâr) to blow; to come to one's mind

esmer *s.* dark, swarthy *esmer kadın* brunette *esmer şeker* brown sugar, bastards

esmeramber *a.* ambergris

esmerküf *a. bitk.* a dark mold, mildew

esmerleşmek *e.* to brown, to tan

esmerleştirmek *e.* to brown

esmerlik *a.* darkness, brownness

esmerpelikan *a. hayb.* brown pelican

esmerşeker *a.* brown sugar

esna *a.* moment, instant * sıra *esnasında* during, while

esnaf *a.* trades, guilds; tradesmen, artisan

esnaf birliği guild

esnaflık *a.* work of a tradesman

esnek *s.* elastic, flexible, resilient, supple *esnek çarpışma* elastic collision *esnek deformasyon* elastic deformation *esnek disk biliş.* floppy disk, diskette *esnek eklem* flexible joint *esnek gerinim* elastic strain *esnek kablo* flexible cable *esnek kavrama* flexible coupling *esnek kordon* flexible cord *esnek mil* flexible shaft *esnek olmayan* inelastic *esnek ortam* elastic medium *esnek saçılma* elastic scattering *esnek sünme* elastic yield *esnek şaft* flexible shaft *esnek uzama* elastic strain *esnek yay* elastic spring

esneklik *a.* elasticity, flexibility, resilience, give *esneklik denklemi* equation of elasticity *esneklik eğrisi* elastic curve *esneklik katsayısı* coefficient of elasticity *esneklik modülü* modulus of elasticity *esneklik sınırı* elastic limit, yielding point *esneklik yorgunluğu* elastic fatigue *esneklik yorulumu* elastic fatigue

esneklikölçer *a.* elastometre * elastometre

esneksiz *s.* inelastic

esneme *a.* flexion, shimmy *esneme bileziği* expansion sleeve *esneme eğrisi* elastic curve *esneme makarası* expansion roller *esneme sünüşü* elastic yield

esnemek *e.* to yawn, to gape; to stretch, to bend

esnemez *s.* inelastic, rigid

esnetmek *e.* to make (sb) yawn; to stretch; to bore

espas *a.* space

Esperanto *a.* Esperanto

esperi *a. hayb.* hobby

espressivo *a. müz.* espressivo

espri *a.* wit, joke, jest, crack, quip * nükte *espri anlayışı* sense of humour *espri yapmak* to make a wisecrack, to crack a joke

esprili *s.* witty

esprituel *s.* witty

esprituellik *a.* wit

esrar[1] *a.* mysteries, secrets * gizler, sırlar

esrar[2] *a.* hashish, marijuana, marihuana, shit *arg.*, grass *arg.*, pot *arg. esrar çekmek* to smoke hash, to be on the

grass *arg.* **esrar tekkesi** hashish den
esrarcı *a.* producer/seller of hashish; hashish addict
esrarengiz *s.* mysterious, inscrutable * esrarlı
esrarengizlik *a.* mysteriousness
esrarkeş *a.* hashish addict
esrarkeşlik *a.* hashish addiction
esrarlı *s.* mysterious * esrarengiz; containing hashish
esrik *s.* drunk * sarhoş; over-excited, ecstatic
esriklik *a.* drunkenness; ecstasy
esrime *a.* ecstasy * gaşiy
esrimek *e.* to get very excited * vecde gelmek; to get drunk * sarhoş olmak; to become intoxicated * gaşyolmak
esritmek *e.* to entrance
estağfurullah *ünl.* Don't mention it!, Not at all!
estamp *a.* print, engraving
estampaj *a.* estampage
Estçe *a, s.* Estonian
ester *a.* ester
esteraz *a.* esterase
esterleşme *a.* esterification
esterleşmek *e.* to esterify
esterleştirmek *e.* to esterify
estet *a.* aesthete
estetik *s.* aesthetic ¤ *a.* aesthetics **estetik ameliyat** face-lift, face-lifting **estetik cerrahi** plastic surgery
estetikçi *a.* aesthete
estetikçilik *a.* aestheticism, estheticism
estivasyon *a.* aestivation
estomp *a.* stump for shading
Estonya *a.* Estonia ¤ *s.* Estonian
Estonyalı *a, s.* Estonian
estriol *a.* estriol
estrojen *a.* oestrogen, folliculin
estron *a.* estrone, theelin
esvap *a.* clothes, garment, clothing, attire
esyum *a.* aecidium, aecium
eş *a.* match, counterpart, peer, equal; partner; mate; (karı veya koca) spouse, consort; (cinsel birleşmede) screw **eş ağırlık** counterbalance **eş dost** kith and kin **eş düzlemli** coplanar **eş eksenli** equiaxed **eş fazlı** equiphase, inphase **eş hacimli** isopycnic **eş yüzlü** coplanar **eşi benzeri olmayan** matchless **eşi bulunmaz** unequalled **eşi görülmemiş** unexampled

eşaçılı *s.* equiangular, isogonal
eşadlı *a.* homonym
eşaltıyüzlü *a.* rhombohedron
eşanjör *a.* heat exchanger
eşanlam *a.* synonym
eşanlamlı *s.* synonymous * anlamdaş, sinonim **eşanlamlı sözcük** synonym
eşanlamlılık *a.* synonymy, synonymity
eşanlı *a.* simultaneous **eşanlı bilgisayar** simultaneous computer **eşanlı denklemler** simultaneous equations **eşanlı dönüşüm** concurrent conversion **eşanlı erişim** simultaneous access **eşanlı işlem** concurrent processing **eşanlı işlemler** concurrent operations
eşanlılık *a.* simultaneity
eşantiyon *a.* sample, model
eşarp *a.* scarf * başörtüsü
eşas *a.* stilt (for walking)
eşayaklı *s.* isopod
eşbasınç *a.* equal pressure **eşbasınç eğrisi** isobar **eşbasınç haritaları** isobarometric charts
eşbasınçlı *s.* isobaric, isopiestic, isotonic
eşbasınçlılık *a.* isotonicity
eşbaskı *a.* reprint
eşbiçim *a.* isomorph * izomorf
eşbiçimli *s.* isomorphous * izomorfik
eşbiçimlilik *a.* isomorphism * izomorfizm
eşbölüşüm *a.* equipartition
eşbulutluluk eğrisi *a.* isoneph
eşcinsel *s.* homosexual, gay * homoseksüel ¤ *a.* homosexual * homoseksüel
eşcinsellik *a.* homosexuality * homoseksüellik
eşçarpan *a.* cofactor
eşçekirdekli *s.* homonuclear
eşçevrimli *s.* isocyclic
eşçoğuz *a.* copolymer
eşçoğuzlaşma *a.* copolymerization
eşdağılım *a.* equipartition
eşdağıntılı *s.* isentropic
eşdeğer *a.* equivalence ¤ *s.* equivalent **eşdeğer açıklık** equivalent orifice **eşdeğer ağırlık** equivalent weight **eşdeğer akım** equivalent current **eşdeğer devre** equivalent circuit **eşdeğer direnç** equivalent resistance **eşdeğer diyot** equivalent diode **eşdeğer-gram** gram-equivalent **eşdeğer iletkenlik** equivalent conductance **eşdeğer sıcaklık** equivalent

temperature **eşdeğer yükseklik** equivalent height
eşdeğerleme a. titration
eşdeğerlemek e. to titrate
eşdeğerlenebilir s. titratable
eşdeğerli s. equivalent
eşdeğerlik a. equivalence **eşdeğerlik öğesi** equivalence element
eşdeğerlikli s. isosteric
eşdeğersiz a. nonequivalent
eşdeğersizlik a. nonequivalence
eşdeğişkeli s. homoscedastic
eşdeğişkin s. covariant
eşdeprem s. isoseismal, isoseismic **eşdeprem çizgisi** isoseismal
eşderinlik eğrisi a. depth contour, isobath
eşdevingen s. isodynamic
eşdikmelik a. cosine
eşdüşer s. equal falling
eşdüzey a. at-grade
eşeğim çizgisi a. isocline
eşeğimli s. isoclinal, synclinal, (kaya katmanı) cataclinal
eşek a, hayb. donkey, ass; mec. ass, lout, bour hkr.; kon. (at) nag hkr. **eşek anırması** heehaw **eşek cennetini boylamak** to kick the bucket arg. **eşek gibi çalışmak** to graft (away), to slave away, to work like a black/Trojan, to work one's fingers to the bones **eşek herif** jackass **Eşek hoşaftan ne anlar** It's like casting pearls before swine **eşek kadar** grown up, mature, big **eşek sudan gelinceye kadar dövmek** to beat sb to a pulp, to give sb a good beating, to beat the daylights out of sb, to knock the daylights out of sb **eşek şakası** practical joke, horseplay, rag **eşek şakası yapmak** to rag
eşekarısı a. wasp, hornet
eşekçe be. stupidly, foolishly; rudely, coarsely
eşekçi a. donkey driver
eşekdavası a, esk, mat. pons asinorum
eşekdikeni a. thistle
eşekhıyarı a. squirting cucumber
eşekkengeri a. bitk. carline thistle
eşekkulağı a. bitk. comfrey
eşekleşmek e. kon. to behave rudely/coarsely
eşeklik a. stupidity, asinity
eşekmarulu a. bitk. sow thistle
eşekotu a. bitk. sainfoin

eşeksenli s. isodiametric, isometric
eşeksırtı a. gable roof
eşeksineği a. hayb. forest fly, horsefly
eşekturpu a. bitk. wild radish
eşelek a, yörs. core of a fruit
eşelektrik s, elek. isoelectric **eşelektrik nokta** elek. isoelectric point
eşelemek e. to grub; to investigate
eşelenmek e. to scratch
eşelmobil a. sliding scale
eşetkinlik a. hek. synergism
eşevreli s. coherent, equiphase **eşevreli ışık** coherent light **eşevreli osilatör** coherent oscillator **eşevreli saçılma** coherent scattering
eşevrelilik a. coherence
eşevresiz s. incoherent **eşevresiz ışık** incoherent light
eşey a. sex * cinslik, cinsiyet
eşeylerarası s. intersexual
eşeyleştirmek e. to sexualize
eşeyli s. sexed
eşeylik a. sexuality
eşeysel s. sexual * cinsel, cinsi
eşeysiz s. asexual, agamous * cinsliksiz
eşgamet a. isogamete
eşgametli s. isogamous
eşgametlilik a. isogamy
eşgerilimli s. isoelectric
eşgüçlü s. idempotent
eşgüdüm a. coordination * koordinasyon
eşgüdümcü a. coordinator * koordinatör
eşgüdümlemek e. to coordinate
eşgüdümlü s. coordinated * koordine
eşgüdümsel s. coordinate * koordine
eşhacimli s. isochoric
eşısıl s. isothermal **eşısıl boyama** isothermal dyeing **eşısıl çökelme** isothermal precipitation **eşısıl değişim** isothermal change **eşısıl denge** isothermal equilibrium **eşısıl dönüşüm** isothermal transformation **eşısıl tavlama** isothermal annealing
eşik a. doorstep; threshold **eşiğinde olmak** to be on the brink of sth, to be on the verge of sth **eşik akımı** threshold current **eşik barajı** sill dam **eşik değeri** threshold value **eşik elemanı** threshold element **eşik frekansı** threshold frequency **eşik gerilimi** threshold voltage **eşik öğesi** threshold element
eşinmek e. to paw; to scratch

eşişlev *a.* cofunction
eşit *s.* equal, equivalent, even **eşit olarak** equally **eşit olmak** to be equivalent to, to equal **eşit potansiyelli** equipotential **eşit saymak** to equate **eşit yanlı sınama** equal tails test **eşit yanlı test** equal tails test
eşitçenetli *s. hayb.* bivalved
eşitçi *s, a.* egalitarian
eşitçilik *a.* egalitarianism
eşitleme *a.* equalization, equation **eşitleme akımı** equalizing current **eşitleme yayı** equalizer spring
eşitlemek *e.* to make equal, to equalize
eşitleşmek *e.* to become equal
eşitleştirmek *e.* to make equal
eşitlik *a.* equality, parity **eşitlik birimi** equality unit **eşitlik biti** parity bit **eşitlik denetimi** parity check **eşitlik işlemi** equivalence operation **eşitlik sağlamak** to equalize
eşitlikçi *s, a.* egalitarian
eşitlikçilik *s, a.* egalitarianism
eşitsiz *s.* unequal * gayrimüsavi
eşitsizlik *a.* inequality, disparity *res.*
eşizleştirme *a.* isomerization
eşizlik *a.* isomerism
eşkâl *a.* shapes, figures; appearance
eşkanatlı *s.* homopterous
eşkaynar *s.* azeotropic * azeotrop **eşkaynar damıtma** azeotropic distillation
eşkenar *s, mat.* equilateral **eşkenar dörtgen** rhomb, rhombus **eşkenar üçgen** equilateral triangle
eşkesenlik *a.* cosecant
eşkıya *a.* brigand, bandit, highwayman
eşkıyalık *a.* brigandage, banditry
eşkıyılı *s.* equilateral
eşkin *a.* canter ¤ *s.* cantering **eşkin gitmek** to canter **eşkin sürmek** to canter
eşkoşmak *e.* to attribute a partner to God
eşkutuplu *s.* homopolar
eşküme *a.* coset
eşkütleli *s.* isobar
eşlek *a, coğ.* equator * ekvator
eşleksel *s, coğ.* equatorial * ekvatoral
eşlem *a.* copy * kopya
eşleme *a.* pairing; *sin.* synchronization * senkronizasyon **eşleme ayırıcı** synchronizing separator **eşleme sinyali** synchronizing pulse

eşlemek *e.* to pair, to match; (film) to synchronize
eşlemeli *s. sin.* synchronized
eşlemesiz *s. sin.* unsynchronized
eşlendirmek *e.* to match
eşlenik *s.* conjugate
eşleşik *s.* congruent
eşleşmek *e.* to pair off
eşleştirmek *e.* to match, to pair, to pair off
eşleyici *a.* synchronizer
eşlik *a.* accompaniment; companionship; parity **eşlik etmek** a) to accompany b) to escort, to convoy
eşme *a.* digging up, scratching; spring; source
eşmek[1] *e.* to dig up, to scratch
eşmek[2] *e.* to canter; to gallop
eşmerkezli *s.* concentric
eşofman *a.* track suit **eşofman yapmak** to warm up, to do warm-up exercises
eşoylumlu *s.* isochoric
eşölçüm *a.* isometry
eşözdek *s.* allotrope
eşözdeklik *a.* allotropy
eşpolimer *a.* copolymer * kopolimer
eşpolimerleşme *a.* copolymerization * kopolimerizasyon
eşraf *a.* notables, rich people
eşref *s, esk.* very noble, very honourable **eşref saati** propitious moment
eşsesli *a, dilb.* homophone * sesteş
eşsıcak *s.* isothermal * izoterm **eşsıcak eğrisi** isotherm
eşsıcaklıklı *s.* isogeothermal, isothermal
eşsiz *s.* unmatched, matchless, unique, incomparable, unequalled, peerless, inimitable, irreplaceable; without a mate
eşsizlik *a.* matchlessness, uniqueness
eşsoyluluk *a.* homogeny
eşspin *a.* isospin
eşsüreli *s.* isochronal, isochronous
eşsürelilik *a.* isochronism
eşsüresiz *s.* aperiodic
eşşoğlu eşek *a, arg.* son of a bitch
eşteğetlik *a.* cotangent
eştersüstel *a.* cologarithm
eştirmek[1] *e.* to make sb to dig up
eştirmek[2] *e.* to gallop, to ride at a gallop
eştuzlu *s.* isotonic
eştuzluluk *a.* isotonicity
eştür *a.* biotype, congener
eştürel *s.* isologous
eştürlü *s.* hom(o)eotypical

eşya *a.* things, objects, effects, goods, property, commodity; furniture; luggage, belongings; freight **eşya tekerleği** castor **eşya vagonu** luggage van
eşyağış eğrisi *a.* isohyet
eşyalı *s.* furnished
eşyapılı *s.* isomorphic, isomorphous
eşyapılılık *a.* isomorphism
eşyapraklı *s.* isocarpic, paripinnate
eşyazımlı *s.* homograph
eşyönlü *s.* isotropic * izotrop
eşyönlülük *a.* isotropy
eşyönsüz *s.* anisotropic
eşyönsüzlük *a.* anisotropy
eşyükselti *s.* having the same elevation
eşyükselti eğrisi *a.* contour line
eşzaman *s.* synchronous
eşzamangözler *a.* synchronoscope * senkronoskop
eşzamanlama *a.* synchronization, sync
eşzamanlamak *e.* to synchronize
eşzamanlı *s.* synchronous * senkronik **eşzamanlı bilgisayar** synchronous computer **eşzamanlı çalışma** synchronous working **eşzamanlı gönderme** synchronous transmission **eşzamanlı iletişim** synchronous communication **eşzamanlı işlem** concurrent processing **eşzamanlı işlemler** concurrent operations **eşzamanlı makine** synchronous machine **eşzamanlı operasyon** synchronous operation **eşzamanlı sistem** synchronous system
eşzamanlılık *a.* synchronism
eşzamansız *s.* nonsynchronous **eşzamansız bilgisayar** asynchronous computer **eşzamansız çalışma** asynchronous working **eşzamansız gönderim** asynchronous transmission **eşzamansız iletişim** asynchronous communication **eşzamansız işletim** asynchronous operation **eşzamansız makine** asynchronous machine
eşzamansızlık *a.* asynchronism
et *a.* meat; flesh; *bitk.* pulp **et kafalı** beef-witted, blockheaded, stupid **et suyu** a) broth, gravy b) consommé **etine dolgun** plump
etajer *a.* shelves, shelving unit, whatnot
etambütol *a.* ethambutol
etamin *a.* etamine, etamin
etan *a.* ethane
etanal *a.* ethanal

etanoik *s.* ethanoic
etanol *a.* ethanol
etanolamin *a.* ethanolamine
etap *a, sp.* lap, stage
etçik *a.* caruncle
etçil *s.* carnivorous
etçillik *a.* carnivorousness
etek *a.* skirt; bottom; (dağ) foot **eteği ayağına dolaşmak** to get in a tizzy **etek açısı** angle of slope **etek öpmek** to flatter, to lick sb's boots, to lick sb's arse *arg.*, to fawn on sb *hkr.* **etek yapağısı** foot locks, skirtings **etekleri tutuşmak** to be alarmed **etekleri zil çalmak** to walk on air, to be elated, to be on cloud nine *kon.*
eteklemek *e.* to lick sb's boots *kon.*
etekli *s.* wearing a skirt
eteklik *a.* skirt; material for a skirt
eten *a.* ethene
etene *a, anat.* placenta * son, eş, döleşi, meşime, plasenta
eteneli *s.* placentate
etenesiz *s.* implacental
etenli *s. bitk.* succulent
etenlilik *a.* succulency
eter *a, kim.* ether
eterlemek *e.* to etherize
eterleşmek *e. kim.* to become an ether
eterleştirmek *e.* to etherify
eternit *a.* roofing material made of asbestos and cement
Eti *a.* Hittite * Hitit
etik *a.* ethics * törebilim, ahlakbilim
etiket *a.* label, ticket, tag; *mec.* etiquette * teşrifat **etiket yapıştırmak** to label
etiketleme *a.* labelling **etiketleme makinesi** labelling machine
etiketlemek *e.* to label
etiketli *s.* labelled **etiketli bileşikler** labelled compounds
etil *a.* ethyl **etil alkol** ethyl alcohol
etilalkol *a. kim.* ethyl alcohol
etilat *a.* ethylate
etilen *a.* ethylene
etilenli *s.* ethylene, ethylenic
etiliden *a.* ethylidene
etilin *a.* ethylin
etilleme *a.* ethylation
etillemek *e.* to ethylate
etilli *s.* ethylic
etilüretan *a.* ethylurethane
etimolog *a.* etymologist

etimoloji *a.* etymology * kökenbilim
etimolojik *s.* etymological * kökenbilimsel
etin *a.* ethine, ethyne
etioloji *a.* etiology
Etiyopya *a.* Ethiopia
Etiyopyalı *a, s.* Ethiopian
etken *a.* agent, factor ¤ *s.* active **etken çatı** *dilb.* active, active voice **etken eylem** *dilb.* active verb
etkenlik *a.* effectiveness
etkesimi *a.* carnival before Lent
etki *a.* effect, action; impact; impression; influence, clout *kon.* **etki-tepki** action and reaction **etkisini göstermek** to take effect
etkilemek *e.* to affect, to colour; to influence; to impress, to fascinate; to move; to sway
etkilenim *a.* activation
etkilenmez *s.* impervious
etkileşim *a.* interaction, interplay **etkileşim aralığı** interaction gap **etkileşim bölgesi** interaction space **etkileşim dili** interactive language **etkileşim faktörü** interaction factor **etkileşim yokluğu** absence of interaction
etkileşimli *s.* interactive **etkileşimli bilgisayar** interactive computer **etkileşimli derleyici** conversational compiler **etkileşimli dil** conversational language **etkileşimli gösterim** interactive display **etkileşimli program** interactive program **etkileşimli sistem** interactive system **etkileşimli terminal** interactive terminal
etkileşimsel *s.* interactive
etkileşmek *e.* to interact
etkileyen *s.* penetrant
etkileyici *s.* affecting, impressive, fascinating, magical *kon.*
etkili *s.* effective, effectual, efficacious; forcible; influential **etkili güç** effective power **etkili ısı** available heat **etkili yükseklik** effective height
etkililik *a.* effectiveness, efficacy
etkime *a. kim.* action, effect
etkimek *e, kim.* to act (on)
etkin *s.* active, effective * aktif **etkin adres** effective address **etkin akım** active current **etkin alan** active area **etkin değer** effective value **etkin direnç** effective resistance **etkin gerilim** active voltage

etkin güç active power **etkin komut** effective instruction **etkin kömür** activated carbon **etkin kütle** effective mass **etkin madde** active matter **etkin odunkömürü** activated charcoal **etkin oksijen** active oxygen **etkin olmayan** ineffective, dormant **etkin sıcaklık** effective temperature **etkin su** activated water **etkin yanardağ** active volcano **etkin yarılanma süresi** effective half-life **etkin yüze tutma** activated adsorption **etkin yüzerme** activated adsorption **etkin zaman** effective time
etkinci *a. s. fel.* activist
etkincilik *a. fel.* activism
etkinlemek *e.* to activate
etkinleşme *a.* activation
etkinleşmek *e.* to become active
etkinleştirici *a.* activator
etkinleştirme *a.* activation
etkinleştirmek *e.* to activate, to reactivate
etkinleyici *a.* activator
etkinlik *a.* activity **etkinliğini gidermek** to deactivate **etkinlik katsayısı** activity coefficient **etkinlik kaybı** thrashing **etkinlik oranı** activity ratio
etkisel *s.* sympathetic
etkisiz *s.* ineffective, ineffectual, inefficient **etkisiz gaz** inert gas **etkisiz hale getirmek** to neutralize
etkisizleşmek *e.* to become ineffective
etkisizleştirici *s.* neutralizing ¤ *a.* deactivator
etkisizleştirme *a.* deactivation, inactivation, passivation
etkisizleştirmek *e.* to neutralize, to defuse, to hogtie
etkisizlik *a.* ineffectiveness
etlenmek *e.* to grow fat
etli *s.* fleshy, plump; (meyve) pulpy, fleshy; containing meat, meaty **etli börek** meat pie **etli butlu** plump, buxom *övg.* **etli canlı** plump and robust **etliye sütlüye karışmamak** to keep one's nose clean
etlik *s.* fattened
etlilik *a.* carnosity
etme *a.* doing, execution **etme bulma dünyası** one is eventually punished for his misdeeds
etmek *e.* to do, to make, to render; to cost; to amount to, to total; to be worth **Etme (yahu)** Really? **etmediğini bırakmamak** to do as much harm as

possible *etmediğini komamak* to do as much harm as possible *ettiği hayır ürküttüğü kurbağaya değmemek* to do more harm than good *ettiği yanına (kâr) kalmak* to get away with it *ettiğiyle kalmak* to be left only with the shame of an intended misdeed

etmen *a.* factor, consideration * faktör

etnik *s.* ethnic

etnograf *a.* ethnographer * budunbetimci

etnografi *a.* ethnography

etnografya *a.* ethnography * budunbetim

etnolog *a.* ethnologist * budunbilimci

etnoloji *a.* ethnology * budunbilim

etobur *s.* carnivorous ¤ *a.* carnivore *etobur hayvan* carnivore

etoburluk *a.* carnivorousness

etoksil *a.* ethoxyl

etoksilasyon *a.* ethoxylation

etol *a.* stole

etoloji *a.* ethology

etolojik *s.* ethological

etraf *a.* surroundings, environment; sides *etrafı kolaçan etmek* to prowl *etrafı sarmak* to infest *etrafını çevirmek* to circle, to encircle, to surround *etrafını dolaşmak* to round *etrafını sarmak* to surround, to beset; to beleaguer

etrafına *ilg.* around, round *etrafına bakınmak* to look around *etrafına toplanmak* to mob

etrafında *ilg.* around, round *etrafında dört dönmek* *mec.* to hover around

etraflı *s.* detailed, comprehensive, exhaustive, in depth

etraflıca *be.* fully, in detail, in depth

etriye *a.* stirrup

etsineği *a.* blowfly

etsiz *s.* meatless, without flesh; thin

etşeftalisi *a.* clingstone peach

ettirgen *s, dilb.* causative *ettirgen çatı dilb.* causative voice *ettirgen eylem dilb.* causative verb

ettirgenlik *a, dilb.* causativeness

etüt *a.* study, research, survey *etüt etmek* to study, to investigate

etütçü *a.* surveyor

etüv *a.* stove

etyaran *a. hek.* deep felon

etyemez *a, s.* vegetarian * vejetaryen

etyemezlik *a.* vegetarianism * vejetaryenlik

Etyopya *a.* Ethiopia ¤ *s.* Ethiopian

Etyopyalı *a, s.* Ethiopian

Euro *a.* Euro

Eurodolar *a.* Eurodollar

Europazar *a.* Euromarket

ev *a.* house, domicile, abode, habitation, place *kon.*, dwelling *res.*; home; household, family ¤ *sg.* domestic *ev açmak* to set up a house *ev bark sahibi* family man *ev bark* household *ev bilgisayarı biliş.* home computer *ev ekonomisi* home economics *ev halkı* household, family *ev hanımı* housewife *ev hayatı* domesticity *ev hırsızı* housebreaker *ev idare etmek* to keep house *ev idaresi* housekeeping *ev işi* housework *ev kadını* housewife *ev kıyafeti* housedress *ev kirası* house rent *ev köpeği* house dog *ev ödevi* homework, prep *İl./kon. ev sahibesi* hostess; landlady *ev sahibi takım* home team *ev sahibi* a) host b) landlord *ev sahipliği yapmak* to host *ev tutmak* to rent a house *evde kalmak* a) to stay home, to stay in b) (kız) not to be able to get married, to have been left on the shelf *evde kalmış kız* old maid *evde yapılmış* homemade *evde* at home, in *Evdeki hesap çarşıya uymaz* Things don't work out as one calculates *evden çıkarmak* to throw out *evden eve nakliye* removal *evden eve nakliye firması* removal firm *evden kaçmak* to elope *evine bırakmak* to see sb home

evaporatör *a.* evaporator

evaporimetre *a.* evaporimeter, atmometer

evaporit *a.* evaporite

evaze *s.* flared

evcek *be.* with the whole family

evci *a.* weekly boarder *evci çıkmak* to come home (from a boarding school, etc.) for the weekend

evcil *s.* domestic, tame *evcil hayvan* domestic animal

evcilik *a.* playing at families *evcilik oynamak* to play house

evcilleşme *a.* domestication, becoming tame

evcilleşmek *e.* to become tame * ehlileşmek

evcilleştirme *a.* domestication, domesticating

evcilleştirmek *e.* to tame, to domesticate * ehlileştirmek

evcimen *s.* home-loving, domestic
evdemonizm *a. fel.* eudemonism
evdeş *a.* housemate
evdirmek *e.* to hurry (sb)
evecen *s.* impatient, impulsive
evedi *a.* haste, hurry
evegen *s.* precipitate, impatient * ivecen, aceleci; *hek.* acute * ivegen, akut, hâd
evermek *e.* to give sb in marriage (to sb)
evet *be.* yes, aye, ay, yeah *kon.* **evet efendimci** yes-man, creep *hkr.*
evetlemek *e.* to verify, to confirm
evfaresi *a. hayb.* house mouse
evgin *s.* urgent
evham *a.* apprehensions, doubts, suspicions
evhamlanmak *e.* to become a hypochondriac, to have a nervous breakdown
evhamlı *s.* hypochondriac, full of anxieties
evin *a.* kernel, grain
evinsel *s.* nucellular
evireç *a.* inverter
evirgen *s.* efficient
evirmek *e.* to change, to alter, to convert **evirip çevirmek** to turn over and over **evire çevire dövmek** to give sb a good beating
evirteç *a.* invertase, invertin, sucrase
evirtik *s.* invert
evirtim *a.* inversion * akis
evirtmek *e.* to invert
evkaf *a. esk.* estates in mortmain; religious foundations
evkırlangıcı *a. hayb.* house martin, martin
evla *s.* better, preferable
evladiyelik *s.* (things) very strong, durable
evlat *a.* child, son, daughter ¤ *sg.* filial **evladım** deary, dearie *kon.* **evlat edinmek** to adopt
evlatlık *a.* adopted child, foster child **evlatlıktan reddetmek** to disown
evlek *a.* furrow; water channel **evlek kuramı** domain theory
evlendirme *a.* marrying off, giving in marriage **evlendirme dairesi** registry office, register office **evlendirme memurluğu** registry office, register office **evlendirme memuru** registrar
evlendirmek *e.* to marry off, to give in marriage
evlenme *a.* getting married **evlenme cüzdanı** marriage certificate **evlenme çağı** marriageable age, marrying age

evlenme ilanı banns **evlenme izni** marriage licence **evlenme teklif etmek** to propose, to pop the question *kon.* **evlenme teklifi** proposal **evlenme yıldönümü** wedding anniversary
evlenmek *e.* to get married (to sb), to marry **evlenecek yaşta olmak** to be of an age to marry
evlenmemiş *s.* unmarried
evli *s.* married, hitched
evlilik *a.* marriage, wedlock, matrimony *res.* ¤ *sg.* marital, conjugal, married **evliliğin ellinci yıldönümü** golden wedding **evlilik ilanı** banns **evlilik öncesi** premarital **evlilik teklif etmek** to propose (to sb) **evlilik teklifi** proposal, proposal of marriage
evlilikdışı *s.* extramarital, unlawful, out of wedlock **evlilikdışı cinsel ilişki** liaison *gen. hkr.* **evlilikdışı cinsel ilişkide bulunmak** to fornicate **evlilikdışı çocuk** natural child
evliya *a.* saint
evliyalık *a.* sainthood
evliyaotu *a. bitk.* sainfoin
evmek *e.* to hurry
evolüt *a.* evolute
evrak *a.* documents, papers **evrak çantası** briefcase, portfolio **evrak klasörü** filing cabinet
evre *a.* phase * safha, merhale, faz **evre açısı** phase angle **evre bozulması** phase distortion **evre kitaplığı** phase library **evre kuralı** phase rule **evre tersinimi** phase reversal
evren *a.* universe, cosmos * kâinat, kozmos; dragon * ejderha **evren ışını** cosmic ray
evrenbilim *a.* cosmology * kozmoloji
evrenbilimsel *s.* cosmological
evrendeğer *a.* parameter
evrendoğum *a.* cosmogony * kozmogoni
evrendoğumsal *s.* cosmogonic * kozmogonik
evrenotu *a.* cosmos
evrenpulu *a.* mica * mika
evrensel *s.* universal, cosmic, global * üniversal **evrensel ağınım** universal gravitation **evrensel küme** universal set **evrensel sabit** universal constant **evrensel zaman** universal time
evrenselleşmek *e.* to become universal
evrenselleştirmek *e.* to universalize

evrensellik *a.* universality
evreölçer *a.* phase meter
evresel *s.* phaseal
evrik *s.* inverse
evrilir *s.* reversal *evrilir duyarkat* reversal emulsion *evrilir film* reversal film
evrim *a.* evolution * tekâmül *evrim geçirmek* to evolve
evrimci *a.* evolutionist
evrimcilik *a.* evolutionism
evrimsel *s.* evolutionary
evrişik *s. mant.* converse
evropiyum *a.* europium
evsaf *a.* qualities * nitelikler, vasıflar
evsecek *a.* wooden tray for winnowing grain
evsel *s.* domestic
evsemek *e.* to be homesick
evsıçanı *a. hayb.* black rat
evsin *a.* hunter's hide
evsineği *a. hayb.* housefly
evsiz *s.* homeless *evsiz barksız* homeless
evvel *be.* ago, before, earlier * önce ¤ *a.* the first part, beginning *evvel Allah* with God's help *evvel zaman içinde* once upon a time
evvela *be.* first of all, in the first place * önce, ilkin
evvelce *be.* previously, formerly, before * önceleri, eskiden
evvelden *be.* formerly, previously, in the past * önceden, eskiden, evvelce
evveliyat *a.* first stages, beginnings
evvelki, evvelsi *s.* previous, former *evvelki/evvelsi gün* the day before yesterday, the previous day
evye *a.* kitchen sink
ey *ünl.* O!, Well!, Hey!, Ye!
eyalet *a.* province, state
eyer *a.* saddle
eyerci *a.* maker/seller of saddles
eyercilik *a.* making/selling saddles
eyerlemek *e.* to saddle
eyerli *s.* saddled
eyersiz *s.* bareback *eyersiz binmek* to ride bareback
eylem *a.* action, practice, deed *res.* * fiil, aksiyon; *dilb.* verb * fiil *eylem çekimi dilb.* conjugation * fiil tasrifi
eylemci *a.* activist
eylemcilik *a.* activism
eylemek *e.* to make, to do

eylemli *s.* actual; active
eylemlik *a, dilb.* infinitive * mastar
eylemlilik *a.* actuality
eylemsel *s.* actual, pertaining to action
eylemsi *s, dilb.* verbal * fiilimsi
eylemsiz *s.* passive * pasif; inert
eylemsizlik *a.* inaction, inertia *eylemsizlik anahtarı* inertia switch *eylemsizlik momenti* moment of inertia *eylemsizlik sönümü* inertial damping
eylül *a.* September
eytişim *a.* dialectics, dialectic * diyalektik
eytişimsel *s.* dialectic, dialectical *eytişimsel özdekçilik* dialectical materialism * diyalektik materyalizm
eytişmek *e.* to converse
eyvah *ünl.* Alas!, Alack!
eyvallah *ünl, kon.* Thanks!, Ta!, Cheers!; Good-bye!, Ta-ra!, Ta-ta!, Cheers! *İl./kon.*, Cheerio *İl./kon.*; Okay!, All right!
eyvan *a.* exedra
eyyam *a, ç.* days * günler *eyyam efendisi/ağası* time-server *hkr.*
eza *a.* torment, anguish *eza çekmek* to suffer torment
ezan *a.* call to prayer, the azan *ezan okumak* to recite the azan
ezber *a.* learning by heart, memorizing, rote *ezberden okumak* to recite
ezberci *a, s.* (a student) who learns parrot fashion
ezbercilik *a.* rote learning
ezbere *be.* by heart, by rote; without knowing *ezbere bilmek* to know sth backwards, to have sth at one's fingertips *ezbere konuşmak arg.* to talk without knowing it
ezberlemek *e.* to learn by heart, to commit to memory, to memorize
ezel *a.* past eternity * öncesizlik
ezeli *s.* eternal * öncesiz; *mec.* old * eski
ezgi *a.* melody, tune; song
ezgili *s.* melodious
ezgin *s.* broke, badly-off; oppressed, tormented; bruised, crushed
ezginlik *a.* being broke, poverty; being oppressed, being tormented; being bruised
ezgisel *s.* melodic
ezici *s.* crushing; overwhelming, oppressive ¤ *a.* breaker
ezik *s.* crushed, squashed ¤ *a.* bruise,

contusion; dent

eziklik *a.* being crushed, being squashed; bruise, contusion; frustration

ezilgen *s.* friable

ezilmek *e.* to be crushed, to squash

ezimevi *a.* oil mill

ezinç *a.* pain, torment

ezinti *a.* troubling feeling of hunger

eziyet *a.* torment, torture, persecution *eziyet çekmek* to suffer pain *eziyet etmek* to torment, to torture, to bait

eziyetli *s.* hard, painful, tiring

eziyetsiz *s.* without much effort, easy

ezkaza *be.* by chance, by accident, accidentally

ezme *a.* crushing; purée, paste; mash *ezme değirmeni* crushing mill, stamp mill

ezmek *e.* to crush, to pound; to mash; to squeeze, to squash, to liquidize; (arabayla) to run over; to tread, to trample; to oppress, to tyrannize; to overwhelm, to suppress, to trounce; to defeat, to massacre *ezip geçmek* to walk over sb *kon.*

ezoterik *s.* esoteric

Ezrail *a.* Azrael, the angle of death * Azrail

F

F, f *a.* the seventh letter of the Turkish alphabet

fa *a, müz.* fa, fah

faal *s.* active; industrious; busy; in working condition

faaliyet *a.* activity, movement *faaliyet alanı* scope

fabl *a.* fable

fabrika *a.* factory, works, plant, mill

fabrikasyon *a.* fabrication *fabrikasyon haslığı* teks. fastness to processing *fabrikasyon hatası* tek. faulty workmanship, manufacturing fault

fabrikatör *a.* industrialist, manufacturer

fabrikatörlük *a.* being a manufacturer

facia *a.* calamity, disaster, catastrophe

faça[1] *a. arg.* face * yüz, çehre, surat; clothes * giysi *façasını almak arg.* to embarrass, to fatten

faça[2] *a, den.* tacking *faça etmek* to tack

façeta *a.* facet, bezel

façetalı *s.* faceted, having facets

façuna *a. den.* service

fading *a.* sound fading

fagosit *a.* phagocyte

fagositoz *a.* phagocytosis

fagot *a, müz.* bassoon

fağfur *a.* Chinese porcelain

fahiş *s.* excessive, exorbitant, steep, stiff *kon.*, extortionate *hkr. fahiş faiz* ruinous interest *fahiş fiyat* excessive price, exorbitant price

fahişe *a.* prostitute, whore *hkr.*, harlot *esk.*, hustler *Aİ.* * orospu

fahişelik *a.* prostitution * orospuluk *fahişelik yapmak* to prostitute oneself

fahrenhayt *a.* Fahrenheit scale *fahrenhayt derecesi* Fahrenheit degree

fahri *s.* honorary, unpaid *fahri konsolos* consular agent

faik *s.* superior, excellent

fail *a.* agent, author; *dilb.* subject * özne

faiz *a.* interest *faiz almak* a) to get interest b) to charge interest *faiz getirmek* to draw interest, to pay interest *faiz oranı* interest rate, rate of interest *faize vermek* to lend (money) at interest *faize yatırmak* to put out at interest

faizci *a.* usurer, moneylender

faizcilik *a.* usury

faizli *s.* at interest

faizsiz *s.* interest-free

fak *a, esk.* snare, trap * tuzak, kapan *faka basmak arg.* to be deceived, to be duped

fakat *bağ.* but, however, yet

fakfon *a.* paktong, packfong

fakir *s.* poor, indigent, needy, badly-off * yoksul ¤ *a.* pauper; (Hindu) fakir *fakir fukara* the poor *fakir karışım tek.* poor mixture

fakirhane *a.* old people's home; *mec.* my (poor) house

fakirleşmek *e.* to get poor * yoksullaşmak

fakirleştirmek *e.* to make poor, to beggar, to impoverish

fakirlik *a.* poverty, indigence * yoksulluk

faks *a.* fax; fax machine *faks göndermek* to send (sb) a fax

faksimile *a.* facsimile

fakslamak *e.* to fax

faktitif *s. dilb.* factitive

faktör *a.* factor *faktör fiyatı* factor cost

faktöriyel *a, s.* factorial
fakül *a.* facula
fakülte *a.* faculty
fal *a.* fortune, fortune-telling *fal açmak* to tell fortunes *fal bakmak* to tell fortunes *falına bakmak* to tell sb his/her fortune
falaka *a.* bastinado *falakaya çekmek* to bastinado *falakaya yatırmak* to bastinado
falan *a, s.* such and such, so-and-so, or so; and such like *falan filan* and so on
falanca *s, adl.* so-and-so
falanj *a.* Falange
falanjist *a.* Falangist
falcı *a.* fortuneteller
falcılık *a.* fortunetelling
falçeta, falçete *a.* shoemaker's knife
falçete *a.* curved shoemaker's knife
falez *a.* cliff
fallop *a.* fallopian
falso *a, müz.* false note; *kon.* blunder, error *falso yapmak* a) to play a false note b) *kon.* to make a blunder
falsolu *s, müz.* having a false note; false, erroneous
falya *a, ask.* touch-hole *falya barutu* primer
falyanos *a. hayb.* kind of large dolphin
familya *a.* family
fanatik *s.* fanatic, bigoted ¤ *a.* fanatic, zealot
fanatiklik *a.* fanaticism, bigotry
fanatizm *a.* fanaticism
fanfan *s.* hard to understand (because of bad articulation)
fanfar *a, müz.* fanfare, flourish
fanfin *a.* foreign-sounding talk
fani *s.* mortal, transient
fanila *a.* flannel, vest, undershirt *Aİ.*
fanilik *a.* mortality
fanklüp *a.* fan club
fanotron *a.* phanotron
fanta *a. hayb.* blue tit
fantasma *a.* phantom, fantom
fantastik *s.* fantastic
fantezi *a.* fantasy; fancy ¤ *s.* fancy *fantezi iplik teks.* effect thread, fancy thread, fancy yarn
fanti *a. isk.* jack, knave
fantom *a.* phantom *fantom anten* phantom antenna *fantom devre* phantom circuit
fanus *a.* lantern; lamp glass

fanya *a.* fishnet with very wide mesh
far *a, oto.* headlight; eye shadow
farad *a.* farad
faraday *a.* faraday
faraş *a.* dustpan
faraza *be.* supposing (that)
farazi *s.* hypothetical * varsayımsal, hipotetik
faraziye *a.* hypothesis, supposition * varsayım, hipotez
farba *a.* furbelow, frill * fırfır, farbala
farbala *a.* furbelow, frill * fırfır, farba
fare *a.* mouse, rat *fare kapanı* mousetrap *fare kuyruğu eğe* taper file *fare zehiri* rat poison
farekulağı *a, bitk.* primrose
farekuşu *a. hayb.* coly, mousebird
farenjit *a, hek.* pharyngitis * anjin
fareotu *a. bitk.* ratsbane
farfara *s.* noisy, boasting
farfaracı *a.* big talker, noisy fellow
farfaralık *a.* big talk, bluster
farımak *e. yörs.* to get feeble, to get tired; to grow old
faringoskop *a.* pharyngoscope
farinks *a. anat.* pharynx
Farisi *a.* Persian, the Persian language ¤ *s.* in Persian, Persian
fariza *a.* sacred duty
fark *a.* difference, disparity *res.*; distinction; discrepancy; contrast *fark amplifikatörü* difference amplifier *fark edilebilir* perceptible, discernible *fark edilemez* indiscernible, imperceptible *fark edilir* appreciable *fark etmek* a) to notice, to perceive, to become aware of, to discern b) to realize c) to change d) to distinguish e) to matter *Fark etmez* It doesn't make any difference, It doesn't matter, It makes no odds, It's all the one to me *fark frekansı* difference frequency *fark gözetme* discrimination *fark gözetmek* to discriminate, to differentiate (between) *fark sargısı* differential winding *farkına varmak* to notice, to realize, to discover *farkında olmadan* unwittingly *farkında olmak* to be aware of, to be awake to sth, to be alive to sth *farkında olmamak* to be unaware of, to be oblivious to *farkında* conscious, aware (of)
farklı *s.* different; distinct, separate; discrepant; diverse; dissimilar *farklı*

olmak a) to differ (from sb/sth) b) to disagree (with sth) b) to diverge

farklılaşma a. differentiation, dissimilation, metamorphism

farklılaşmak e. to change, to become different, to differentiate

farklılaştırmak e. to make different, to differentiate

farklılık a. difference; diversity; variation; divergence; discrepancy; distinction

farksız s. identical, same

farksızlaşma a. dedifferentiation

farmakodinami a. pharmacodynamics

farmakodinamik s. pharmacodynamic

farmakolog a. pharmacologist

farmakoloji a. pharmacology

farmakolojik s. pharmacological

farmason a. freemason, mason

farmasonluk a. freemasonry, masonry

farnezol a. farnesol

Fars s. Persian ¤ a. Farsi, person from Fars

fars a, tiy. farce

Farsça a, s. Persian

fart furt be. bombastically **fart furt etmek** to talk big, to puff oneself up

farz a. religious duty; binding duty, obligation; supposition, assumption **farz edelim** what if ...; for the sake of argument **farz etmek** to assume, to presume

farzımuhal be. (maybe it is impossible but) let us assume (that) ...

Fas a. Morocco ¤ s. Moorish **Fas kemeri** moorish arch

fasa fiso a. fiddle-faddle, nonsense

fasarya a, arg. nonsense, empty talk

faset a. facet

faseta a. facet

fasıl a. chapter, section * bölüm, kısım

fasıla a. interval, interruption, break, pause, cessation

fasılalı s. intermittent, interrupted

fasılasız s. continuous, uninterrupted

fasikül a. fascicle

fasit s. vicious; mischief-making **fasit daire** vicious circle

fasiyes a. facies

Faslı a, s. Moroccan

fason a. cut, style * kesim

fasone a, teks. façonné, faconne

fasulye a. bean(s) **fasulye gibi kendini nimetten saymak** kon. to be full of

oneself, to have a high opinion of oneself **fasulye sırığı** beanpole **fasulye sırığı gibi** kon. like a bean pole

faşır faşır be. in gushes, splashing noisily

faşing a. Fasching

faşist a, s. fascist

faşistlik a. fascism

faşizm a. fascism

fatalist a. fatalist

fatalite a. fatality

fatalizm a. fatalism

fatih a. conqueror

fatura a. invoice, receipt, bill; tek. rabbet **fatura çıkarmak** to bill

faturalamak e. to write an invoice for

faturalı s. having an invoice/bill; having a rabbet **faturalı matkap** stop drill

faul a, sp. foul **faul yapmak** to foul

fauna a. fauna

fava a. mashed broad beans

favori[1] a. whiskers, sideboards, sideburns Aİ.

favori[2] s. favourite, favorite Aİ. ¤ a. the favourite

fay a, coğ. fault **fay atımı** fault throw **fay aynası** slickenside **fay kaynağı** fault spring

fayalit a. fayalite

fayans a. faience, porcelain

fayda a. use, utility, value, benefit, advantage **fayda etmek** to help **fayda etmemek** to cut no ice, not to work **faydadan çok zararı olmak** to do more harm than good

faydacı a, s. utilitarian

faydacıl s. utilitarian

faydacılık a, fel. utilitarianism

faydalanmak e. to utilize, to benefit from, to make use of, to take advantage of sth/sb, to cash in (on sth)

faydalı s. useful, beneficial **faydası dokunmak** to be of help (to) **Faydası yok** It's no use

faydasız s. useless; vain, of no use

fayrap ünl. Fire her up; Stoke her up! **fayrap etmek** to fire sb/sth up; arg. to open all the way; arg. to take off, to strip off

fayton a. phaeton, coach, cab * payton; hayb. tropic bird

faytoncu a. carriage driver, coachman

faytonculuk a. hiring carriages; carriage-driving

faz *a.* phase * evre, safha *faz açısı* phase angle *faz değişimi* phase change *faz değiştirici* phase shifter *faz detektörü* phase detector *faz distorsiyonu* phase distortion *faz diyagramı* phase diagram *faz evirme* phase inversion *faz farkı* phase difference *faz gecikmesi* phase delay *faz hızı* phase velocity *faz integrali* phase integral *faz kararlılığı* phase stability *faz kaydırıcı* phase shifter *faz kayması* phase shift *faz kitaplığı* phase library *faz kontrolü* phase control *faz kuralı* phase rule *faz modülasyonu* phase modulation *faz odaklama* phase focussing *faz regülatörü* phase regulator *faz rezonansı* phase resonance *faz sabiti* phase constant *faz sapması* phase deviation *faz terslenmesi* phase reversal *faz uzayı* phase space

fazilet *a.* virtue, merit * erdem

faziletli *s.* virtuous * erdemli

fazitron *a.* phasitron

fazla *s, be.* too, heartily; too much, too many; spare, extra; excessive; superfluous ¤ *a.* surplus *fazla akım* excess current, overcurrent *fazla basınç* excess pressure *fazla çalışmak* to overwork *fazla doldurmak* to overload, to over-charge *fazla elektron* excess electron *fazla gelmek* to be too much *fazla hava* excess air *fazla ısınmak* to overheat *fazla ısıtmak* to overheat *fazla kaçırmak* to overdo *Fazla mal göz çıkarmaz* Store is no sore *fazla mesai yapmak* to work overtime *fazla mesai* overtime *fazla modülasyon* overmodulation *fazla olmak* to go too far *fazla pancar* surplus beets *fazla samimi olmamak* to keep sb at a distance *fazla su* excess water *fazla yük* excess load, overload *fazla yüklemek* to over-charge, to overload *fazladan* extra

fazlalaşmak *e.* to increase

fazlalık *a.* excess, surplus, superfluity *fazlalık denetimi* redundancy check *fazlalık karakter* redundant character *fazlalık kod* redundant code

fazlasıyla *be.* exceedingly

fazmetre *a.* phase meter

fazör *a.* phasor

fecaat *a.* calamity, tragedy, catastrophe

feci *s.* tragic, disastrous, terrible ¤ *be, kon.* extremely, very *feci halde* disastrously

fecir *a.* aurora

feda *a.* sacrifice, sacrificing *feda etmek* to sacrifice *feda olmak* to be sacrificed

fedai *a.* bodyguard, bouncer

fedakâr *s.* self-sacrificing, self-denying, selfless, generous

fedakârlık *a.* self-sacrifice, sacrifice, altruism

Federal Almanya Cumhuriyeti *a. trh.* Federal Republic of Germany

federal *s.* federal *Federal Araştırma Bürosu* Federal Bureau of Investigation

federalist *a, s.* federalist

federalizm *a.* federalism

federasyon *a.* federation

federatif *s.* federative

federe *s.* federate

fekül *a. kim.* fecula

felah *a.* recovery, restoration

felaket *a.* disaster, calamity, catastrophe ¤ *s, kon.* abominable *kon.*, atrocious *kon.* *felakete uğramak* to meet with a disaster, to come to grief *kon.*

felaketzede *a.* disaster victim, survivor

felç *a.* paralysis, palsy, apoplexy, seizure *felce uğramak* to be paralysed *felce uğratmak* to paralyse, to paralyze *Aİ.* *felç etmek* to paralyse, to paralyze *Aİ.* *felç gelmek* to have a stroke *felç olmak* to become paralyzed

felçli *s.* paralyzed, paralytic, apoplectic *felçli kimse* paralytic

feldispat *a.* feldspar, felspar

feldispatımsı *s.* feldspathoid

feldispatlı *s.* feldspathic

feldmareşal *a.* field marshall *feleğin çemberinden geçmek* to go through the mill

feldspat *a.* feldspar

felek *a.* fate, destiny *felekten bir gece çalmak* to make a night of it *felekten bir gün çalmak* to go on a spree, to go on a binge, to go to town

Felemenk *s.* Dutch; Flemish

Felemenkçe *a. s.* Dutch

Felemenkli *a.* Dutchman; Dutchwoman; Netherlander, Hollander

felfelek *a. bitk.* betel nut

felfellemek *e. yörs.* to be bewildered, to be taken aback

fellah *a.* fellah; negro * zenci
fellek fellek *be.* anxiously hither and thither
fellik fellik *be. bkz.* fellek fellek
felsefe *a.* philosophy **felsefe ekolü** school of philosophy
felsefeci *a.* philosopher; philosophy teacher
felsefi *s.* philosophical, philosophic
felsit *a.* felsite
felsitli *s.* felsitic
feminist *a, s.* feminist
feminizm *a.* feminism
femur *a.* femur, thigh bone
fen *a.* science
fena *s.* bad; wicked, evil; ill; unpleasant ¤ *be.* badly; a lot **fena değil** not bad, all right, okay *kon.* **fena halde benzetmek** to beat sb to a pulp **fena halde** badly; a lot **fena olmak** to feel bad, to feel faint **fena olmamak** to be all right
fenakein *a.* phenacaine
fenalaşmak *e.* to get worse, to go bad, to worsen; to feel faint
fenalaştırmak *e.* to make (sth) worse, to deteriorate
fenalık *a.* badness, evil, mischief; fainting; injury, harm **fenalık geçirmek** to feel sick, to feel faint
fenantren *a.* phenanthrene
fenasetin *a.* phenacetin
fenazin *a.* phenazine
fenci *a.* scientist; *kon.* science teacher
feneol *a.* phenetole
fener *a.* lantern; lighthouse **fener alayı** torchlight procession **fener çarkı** lantern wheel **fener dişli** spur pinion **fener dişlisi** lantern wheel **fener dubası** floating light **fener gemisi** floating light, lightship **fener kulesi** lighthouse
fenerbalığı *a.* angler
fenerci *a.* maker/seller of lanterns; lighthouse keeper
fenerli *s.* having a light; *arg.* long-bearded
fenersiz *s.* without a light
fenesit *a.* phenacite
fenetidin *a.* phenetidine
fenformin *a.* phenformin
fenik *a.* pfennig
Fenike *a.* Phoenicia
Fenikeli *a. s.* Phoenician
fenil *a.* phenyl
fenilamin *a.* aniline

fenilbütazon *a.* phenylbutazone
fenilen *a.* phenylene
fenilhidrazin *a, kim.* phenylhydrazine
fenilketonurya *a. hek.* phenylketonuria
fenilketonüre *a.* phenylketonuria
fenkon *a.* fenchone
fenni *s.* scientific; professional
fenoksit *a.* phenolate, phenoxide
fenol *a, kim.* phenol **fenol kırmızısı** phenol red
fenolftalein *a, kim.* phenolphthalein
fenolik *s.* phenolic
fenoloji *a.* phenology
fenomen *a.* phenomenon * olay, olgu, görüngü
fenomenizm *a.* phenomenalism
fenomenoloji *a.* phenomenology
fenotiazin *a.* phenothiazine
fenotip *a.* phenotype
fent *a.* trick, ruse
feodal *s.* feudal
feodalite *a.* feudalism * derebeylik
feodalizm *a.* feudalism
fer *a.* lustre, radiance; brightness (of eyes)
ferace *a. esk.* ladies outdoor mantle
feraceli *s.* wearing a kind of outdoor mantel
feragat *a.* abnegation, self-sacrifice; renunciation, cession **feragat etmek** to abnegate, to abjure, to relinquish, to release, to renounce *res.*
feragatname *a.* conveyance
ferağ *a.* assignment, cession
ferah[1] *s.* spacious, roomy **ferah ferah** a) abundantly, amply b) at least
ferah[2] *a.* contentment, relief
ferahlamak *e.* to become spacious; to feel relieved
ferahlatıcı *s.* relieving
ferahlatmak *e.* to make spacious; to relieve, to lighten
ferahlık *a.* spaciousness, roominess; contentment, relief
feraset *a, esk.* understanding; sagacity
ferasetli *s.* sagacious
ferç *a.* vulva
ferdi *s.* individual * bireysel
ferdiyet *a.* individuality * bireysellik
ferdiyetçi *a.* individualist * bireyci
ferdiyetçilik *a.* individualism * bireycilik
feredoksin *a.* ferredoxin
ferforje *a.* wrought iron
feri *s.* secondary

feribot *a.* ferryboat, ferry
ferik *a.* chick
ferlemek *e. arg.* to clear off, to bunk off
ferma *a.* point *ferma yapmak* to point, to come to a point/make a point *fermaya oturmak* to come to a point, to make a point
ferman *a.* decree, edict, writ, firman, command
fermantasyon *a.* fermentation
fermejüp *a.* snap
fermene *a.* short embroidered vest
ferment *a.* ferment
fermi *a.* fermi
fermion *a.* fermion
fermiyum *a.* fermium
fermuar *a.* zip, zip fastener *İİ.*, zipper *Aİ.* *fermuarını açmak* to unzip, to zipper sth open *fermuarını kapamak* to zip sth up
fermuarlamak *e.* to zip sth up
fermuarlı *s.* fitted with a zipper
feromon *a.* pheromone
ferrat *a.* ferrate
ferrik *s.* ferric
ferrit *a.* ferrite
ferritin *a.* ferritin
ferritli *s.* ferritic
ferroelektrik *s.* ferroelectric
ferromanganez *a.* ferromanganese
ferromanyetik *s.* ferromagnetic *ferromanyetik bant* ferromagnetic tape *ferromanyetik rezonans* ferromagnetic resonance
ferromanyetizma *a.* ferromagnetism
ferrometre *a.* ferrometer
ferromolibden *a.* ferromolybdenum
ferronikel *a.* ferronickel
ferrosen *a.* ferrocene
ferrosilisyum *a.* ferrosilicon
ferrosiyanür *a.* ferrocyanide
fersah *a. esk.* parasang
fersiz *s.* lustreless, dull
fert *a.* person, individual * birey
fertik *a. arg.* scramming, clearing off, bunking off
fertiklemek *e. arg.* to scram, to clear off, to bunk off
feryat *a.* cry, scream, shriek, screech *feryadı basmak* to begin to scream *feryat etmek* a) to cry out, to scream b) to wail
fes *a.* fez

fesat *a.* disturbance, disorder; mischief, sedition, treachery, intrigue ¤ *s.* mischievous, factious *fesat çıkarmak* to conspire, to plot mischief *fesat karıştırmak* to stir up trouble *fesat kumkuması* mischief-maker
fesatçı *a.* mischief-maker, plotter
fesatlık *a.* sedition, disorder
feshetmek *e.* to abolish, to cancel, to annul, to rescind, to repeal, to abrogate; to dissolve
fesih *a.* abolition, cancellation, annulment, abrogation, repeal; dissolution
fesleğen *a.* (sweet) basil * reyhan
fesrengi *s.* crimson
festival *a.* festival
feston *a.* festoon *feston buharlayıcısı* festoon ager *feston kurutucusu* festoon drier
fesuphanallah *ünl.* Good God Almighty!
fethetmek *e.* to conquer
fetih *a.* conquest
fetiş *a.* fetish
fetişist *a.* fetishist
fetişizm *a.* fetishism
fettan *s.* seducing, cunning, come-hither *fettan kadın* coquette
fettanlık *a. kon.* seduction, enticement
fetus *a.* fetus
fetüs *a.* foetus
fetva *a.* fetwa, fatwa
feveran *a.* effervescence, ebullition
fevkalade *s.* extraordinary; exceptional, remarkable; wonderful, marvellous, great, very good ¤ *be.* unusually, extraordinarily
fevkaladelik *a.* singularity, being extraordinary * olağanüstülük
fevri *s.* sudden, impulsive
fevt *a, esk.* death *fevt olmak* to expire *esk./res.*
feyiz *a.* abundance; prosperity *feyiz almak* to be enlightened (by) *feyiz bulmak* to prosper, to flourish
feyizli *s.* abundant; prosperous
feylesof *a. esk.* philosopher
feyz *a.* abundance; prosperity
feza *a.* outer space * uzay
fezleke *a.* summary
fıçı *a.* barrel, cask, butt *fıçı birası* draught beer *fıçı deliği* bung *fıçı gibi* chunky, stumpy, gross *fıçı karnı* bilge *fıçı şamandıra* barrel buoy *fıçı tahtası*

stave *fıçı tapası* spigot *fıçı tono* barrel roll *fıçıda kaplama* barrel plating *fıçıda parlatma* burnishing *fıçıda temizleme* barrel cleaning *fıçıya koymak* to barrel

fıçıcı *a.* cooper

fıçıcılık *a.* cooperage

fıçılamak *e.* to barrel, to cask

fıkıh *a. din.* Muslim canonical jurisprudence

fıkır fıkır *be.* with a bubbling noise ¤ *s, mec.* full of beans, full of life, bubbly

fıkırdak *s.* lively, flirtatious, coquettish

fıkırdamak *e.* to bubble; to giggle, to flirt

fıkırdaşmak *e.* to talk and laugh together cheerfully

fıkırdatmak *e.* to make (sth) bubble and boil

fıkırtı *a.* bubbling noise

fıkra *a.* anecdote, joke; column, short feature; paragraph; *huk.* clause, subsection; *esk, anat.* vertebra * omur *fıkra anlatmak* to tell jokes *fıkra yazarı* columnist

fıkracı *a.* anecdotist; columnist

fıkracılık *a.* work of a columnist

fıkramak *e.* to go sour

fıldır fıldır *s.* moving/turning incessantly

fındık *a.* hazelnut, filbert *fındık ağacı* hazel *fındık kabuğu* nutshell *fındık kıracağı* nutcrackers

fındıkbiti *a. hayb.* nut weevil

fındıkçı *a.* seller/grower of hazelnuts; *arg.* hussy

fındıkçılık *a.* growing/selling of hazelnuts; *arg.* sly coquetry

fındıkfaresi *a.* dormouse

fındıkkıran *a.* nutcrackers

fındıkkurdu *a. hayb.* larva of the nut weevil

fındıklık *a.* hazelnut grove

fındıkmidyesi *a.* nutlet

fındıkşekeri *a.* sugar-coated hazelnut

fındıktavuğu *a. hayb.* hazel hen/grouse

fındiki *s.* nut-brown, hazel

fır *be.* with a whirling motion ¤ *a, arg.* bastard * piç, fırlama *fır dönmek* to hover around (sb)

fır fır *be.* around and around

Fırat *a.* Euphrates

fırça *a.* brush; *kon., mec.* dressing sb down, talking to *fırça atmak kon.* to chew out, to come down on, to blow sb up, to dress sb down, to give sb beans, to take sb to task, to give sb hell *kon.*, to tell sb off *kon.*, to tear sb off a strip *kon.*, to haul sb over the coals *kon.*, to tick sb off *kon. fırça baskısı* brush printing *fırça çekmek kon.* to chew out, to come down on, to blow sb up, to dress sb down, to give sb beans, to take sb to task, to give sb hell *kon.*, to tell sb off *kon.*, to tear sb off a strip *kon.*, to haul sb over the coals *kon.*, to tick sb off *kon. fırça makinesi* brushing machine *fırça silindiri* brush cylinder *fırça siperi* brush guard *fırça taşıyıcı tek.* brush holder *fırçayı yemek* to get it in the neck

fırçacı *a.* maker/seller of brushes

fırçacılık *a.* making/selling brushes

fırçalamak *e.* to brush, to scrub; *mec.* to chew out, to come down on, to give sb hell *kon.*, to tell sb off *kon.*

fırçalı *s.* having a brush *fırçalı püskürtücü* brush atomizer *fırçalı temizleme* brush cleaning

fırdolayı *be.* all the way around

fırdöndü *a.* swivel, lathe carrier, lathe dog *fırdöndülü makara* swivel block

fırfır *a.* furbelow, frill

fırfırlı *s.* frilly

fırıl fırıl *be.* whirling, spinning round *fırıl fırıl döndürmek* to whirl, to spin sth round *fırıl fırıl dönmek* to whirl, to spin round

fırıldak *a.* weathercock; ventilator; spinning top; intrigue, trick, hanky-panky *fırıldak çevirmek* to intrigue

fırıldakçı *a.* trickster, conman ¤ *s.* devious, dodgy

fırıldakçiçeği *a.* passionflower

fırıldanmak *e.* to whirl, to spin round

fırıldatmak *e.* to whirl, to spin sth round

fırın *a.* oven; furnace; bakery, baker's *fırın astarı* furnace lining *fırın gibi* very hot *fırın kapağı* furnace door *fırın küllüğü* ash pit *fırın tuğlası* furnace brick *fırın yükü* furnace charge *fırında kurutma* kiln drying *fırında pişirmek* to bake *fırında pişmek* to bake

fırıncı *a.* baker

fırıncılık *a.* work of a baker

fırınlama *a.* kiln drying

fırınlamak *e.* to bake; to kiln-dry, to fire *fırınlanmış* kiln-dried, oven-dry

fırka *a. ask.* division; (deniz) squadron

fırkata *a.* light galley, frigate
fırlak *s.* protruding, prominent, sticking out
fırlaklık *a.* protrusion
fırlama *a.* popping up, flying off; *arg.* bastard, son of a gun, son of a bitch *kab.*, brat *hkr.*
fırlamak *e.* to rush out, to dash; to fly off, to jump; to protrude, to stand out, to stick out; (fiyat) to soar
fırlatma *a.* fling, hurling, throw, cast, projection *fırlatma rampası* launcher
fırlatmak *e.* to hurl, to fling, to launch, to eject, to cast, to chuck *kon.*, to sling *kon.*, to bung *İİ./kon.*
fırlayış *a.* jumping, leaping up; soaring, sudden rise
fırsat *a.* opportunity, chance, occasion *fırsat aramak* to seek an opportunity *fırsat beklemek* to wait for an opportunity *fırsat bulmak* to find an opportunity *fırsat düşkünü* opportunist *fırsat kollamak* to bide one's time, to watch for an opportunity *fırsat vermek* to give an opportunity *fırsatı ganimet bilmek* to seize the opportunity *fırsatı kaçırmak* to miss an opportunity, to miss the bus, to miss the boat *fırsattan yararlanmak* to take advantage of an opportunity
fırsatçı *a.* opportunist *hkr.*, pusher *hkr.*
fırsatçılık *a.* opportunism
fırt *a.* pull, puff, drag *arg.*
fırt fırt *be.* continuously
fırtına *a.* storm, tempest, gale *fırtına bulutu* storm cloud, thundercloud *fırtına gibi* at the double, on the double *Aİ./kon. fırtına gözü* bull's-eye squall *fırtına işareti* storm signal *fırtına kopmak* a) (storm) to break out b) *mec.* (fight) to break out *fırtına uyarısı* storm warning *fırtınadan önceki sessizlik* the calm before a storm *fırtınaya yakalanmak* to be caught in a storm
fırtınakuşu *a.* storm petrel * denizördeği
fırtınakülahı *a.* monkshood
fırtınalı *s.* stormy, boisterous, tempestuous, rough
fıs fıs *be.* in whispers, whispering *fıs fıs konuşmak* to whisper
fıs geçmek *e. arg.* to whisper
fısfıs *a, kon.* atomizer
fısıl fısıl *be.* in whispers
fısıldamak *e.* to whisper, to breathe

fısıldaşmak *e.* to whisper to each other
fısıldayıcı *a. tiy.* prompter
fısıltı *a.* whisper
fısır fısır *be.* with a sizzle/a hiss
fısırtı *a.* whisper; hussing sound
fıskıye *a.* water jet, fountain
fıslamak *e.* to whisper
fıstık *a.* pistachio, pistachio nut, peanut; *arg.* chick *arg.*, peach *kon.*, cracker *övg.*, babe *Aİ.*, smasher of a girl, baby *Aİ. fıstık ezmesi* peanut butter *fıstık gibi* a) very beautiful b) very good
fıstıkağacı *a.* pistachio
fıstıkçamı *a.* stone pine
fıstıkçı *a.* seller/grower of pistachio nuts
fıstıkçılık *a.* selling/growing pistachio nuts
fıstıki *s.* pistachio green
fıstıklık *a.* pistachio grove
fış fış *be.* with a swish/a rustle
fışıldamak *e.* to whish, to fizz
fışıltı *a.* fizz
fışır fışır *be.* with a swish/a rustle
fışırdamak *e.* to rustle; (içecek) to fizz
fışırdatmak *e.* to make (sth) swish/rustle
fışırtı *a.* rustling sound; fizz
fışkı *a.* horse dung
fışkılamak *e.* to manure (ground) with horse dung; (atgiller) to dung
fışkın *a.* shoot, sucker
fışkırdak *a.* wash bottle
fışkırık *a.* water pistol
fışkırma *a.* ejaculation, offset
fışkırmak *e.* to spurt out, to gush, to squirt, to spout, to jet
fışkırtı *a.* gush
fışkırtıcı *a.* ejector, injector
fışkırtma *a.* spouting (out); ejaculation
fışkırtmak *e.* to spout, to spurt, to squirt, to jet; to ejaculate
fıtık *a.* hernia, rupture * kavlıç, yarımlık *fıtık bağı* truss *fıtık olmak* a) to get a hernia b) *arg.* to become irritated
fıtri *s.* native, innate
fıttırmak *e.* to go off one's head, to flip *arg.*
fıttırtmak *e.* to drive sb mad, to rub sb up the wrong way *kon.*
fıymak *e, arg.* to run away, to flee
fi tarihinde *be.* a long time ago
fiber *a.* fibre, fiber
fiberglas *a.* fibreglass, fiberglass *Aİ.*
fibril *a.* fibril
fibrin *a.* fibrin

fibrinojen *a.* fibrinogen
fibroblast *a.* fibroblast
fibroin *a.* fibroin
fibroma *a.* fibroma
fibrosit *a.* fibrocyte
fidan *a.* sapling, shoot **fidan daldırmak** to layer **fidan dikme makinesi** planter **fidan gibi** willowy, slim *övg.*
fidanbiti *a.* aphid
fidanlık *a.* nursery, nursery garden, plantation
fidbek *a.* feedback
fide *a.* seedling **fide dikme makinesi** transplanter **fide kazığı** dibbler
fideci *a.* grower/seller of seedlings
fidecilik *a.* growing/selling of seedlings
fideçökerten *a.* damping-off
fideizm *a. fel.* fideism
fidelemek *e. trm.* to plant with seedlings
fidelik *a.* seedbed, seed plot
fidye *a.* ransom * kurtulmalık **fidye ile kurtarmak** to ransom **fidye istemek** to demand a ransom (from sb) **fidye vermek** to pay a ransom (for)
fiesta *a.* fiesta
fifre *a. müz.* fife
figan *a, esk.* lamentation, groan, wail **figan etmek** to lament, to groan
figür *a.* figure
figüran *a, sin.* extra; *tiy.* walk-on, supernumerary
figüranlık *a. sin.* working as an extra
fiğ *a. bitk.* common vetch
fihrist *a.* index; *esk.* catalogue
fiil *a.* act, deed, action * eylem, edim, iş; *dilb.* verb * eylem **fiil çekimi** *dilb.* conjugation
fiilen *be.* actually, really
fiili *s.* actual, real, de facto * eylemsel, eylemli, edimsel
fiilimsi *a, dilb.* verbal * eylemsi
fiiliyat *a, esk.* acts, deeds
Fiji *a.* Fiji ¤ *s.* Fijian **Fiji Adaları** the Fiji Islands, the Fijis
Fijili *a, s.* Fijian
fikir *a.* thought, idea, opinion; advice, counsel **fikir ayrılığı** division **fikir birliği** consensus **fikir edinmek** to form an opinion about **fikir yürütmek** to put forward an idea
fikirsiz *s.* without an opinion
fikirsizlik *a.* lack of an opinion
fikren *be.* as an idea, in thought

fikri *s.* mental, intellectual **fikrinde olmak** to be of the opinion **fikrini almak** to ask sb's opinion **fikrini değiştirmek** a) to change one's mind b) to change sb's mind **fikrini kendine saklamak** to keep one's own counsel **fikrini söylemek** to state one's opinion
fikrisabit *a.* fixed idea, idee fixe
fiks *s.* fixed
fiksaj *a.* fixation **fiksaj banyosu** fixing bath **fiksaj çekmesi** heat-setting shrinkage **fiksaj maddesi** fixing agent, fixative **fiksaj makinesi** fixation machine, setting machine, crabbing machine
fiksatif *a.* fixative
fikse *s.* fixed **fikse etmek** to fix, to set
fikstür *a.* league table, fixture
fil *a.* elephant; (satranç) bishop **fil gibi** huge, enormous **fil hastalığı** elephantiasis **fil hortumu** trunk
filaman *a.* filament **filaman akımı** filament current **filaman direnci** filament resistance **filaman gerilimi** filament voltage **filaman reostası** filament rheostat **filaman sargısı** filament winding
filament *a, teks.* filament * kesiksiz lif **filament iplik** filament yarn
filan *s, a.* so and so; and such like, et cetera **filan falan** and so on
filanca *s, a.* so-and-so
filariz *a.* bat for beating out flax
filarizlemek *e.* to scutch (flax)
filarmoni *a.* philharmonic society **filarmoni orkestrası** philharmonic orchestra
filarmonik *s.* philharmonic
filateli *a.* philately, stamp collecting
filatelist *a.* philatelist, stamp collector
filbahar *a.* clematis, virgins's bower, mock orange * fulçiçeği
filbahri *a.* clematis, virgins's bower, mock orange * fulçiçeği
filci *a.* mahout
fildekos *a.* lisle thread, listle thread
fildekoz *a.* lisle
fildişi *a.* ivory **Fildişi Kıyılı** Ivorian **Fildişi Kıyısı** the Ivory Coast; Ivorian **fildişi kule** ivory tower **fildişi rengi** ivory **Fildişi Sahili** the Ivory Coast
Fildişi Kıyısı *a.* the Ivory Coast
file *a.* string bag; hair net; netting **file çorap** fishnet stocking

fileci *a. arg.* peeping Tom
filecilik *a. arg.* being a peeping Tom
filelması *a. bitk.* elephant apple
filelması *a.* elephant apple
fileminyon *a.* filet mignon
filet *a. den.* shallows, shoal
fileto *a.* fillet, loin, sirloin *fileto kesmek* to fillet
filfaresi *a. hayb.* elephant shrew
filibit *a.* phlebitis
filigran *a.* watermark *filigran basmak* to watermark
filigranlı *s.* watermarked
filika *a.* ship's boat, lifeboat, cutter
filinta *a, ask.* carbine *filinta gibi* smart, handsome
Filipin *a.* Philippine *Filipin Adaları* the Philippine Islands
Filipinler *a.* the Philippines *Filipinler Cumhuriyeti* the Republic of the Philippines
Filipinli *a, s.* Philippine
filispit *s. arg.* dead drunk
Filistin *a.* Palestine ¤ *s.* Palestinian
Filistinli *a, s.* Palestinian
filiz[1] *a, bitk.* young shoot, sprout, bud, tendril, offshoot
filiz[2] *a, yerb.* ore *filiz ayırıcı* ore separator
filizi *s.* light green
filizlemek *e.* to prune away the tendrils
filizlendirmek *e.* to germinate
filizlenebilir *s.* germinative, nondormant
filizlenme *a.* emergence, germination, pullulation
filizlenmek *e.* to germinate, to sprout; to begin to develop
filizli *s.* cirrate, cirrose, cirrous, tendrillar
filkulağı *a. bitk.* elephant's ear, taro
filler *a.* filler
fillit *a.* phyllite
film *a.* film; film, movie *Aİ. film arşivi* film archive *film banyosu* bath *film baskısı* screen printing *film bobini* film reel, film spool *film çekmek* a) to film b) to take an X-ray *film çevirmek* a) to make a film, to act in a film b) to be up to no good *film devre* film circuit *film direnç* film resistor *film hızı* film speed *film kamerası* moving picture camera *film kaseti* film cartridge *film kaydedici* film recorder *film kütüphanesi* film library *film makinesi* film camera, movie camera *film okuyucu* film reader, film

pickup *film stüdyosu* film studio *film şeridi* film strip *film tabanı* film base *film tarama* film scanning *film verici* film pickup, film scanner *film yapıştırıcısı* film splicer *film yıldızı* film star *filme almak* to film, to shoot *filmi ışıklamak* to expose *filmi seslendirmek* to dub *filmin çevirimi* shooting of a film
filmci *a.* film-maker, movie producer
filmcilik *a.* film-making, film industry
filmografi *a.* filmography
filo *a.* fleet; squadron
filodendron *a.* philodendron
filogenetik *s.* phylogenetic, phylogenic
filogenez *a, biy.* phylogeny
filojeni *a.* phylogeny
filoksera *a.* phylloxera
filolog *a.* philologist
filoloji *a.* philology
filolojik *s.* philologic(al)
filon *a.* lode, vein *filon cevheri* vein ore
filotilla *a.* flotilla
filoz *a.* fishermen's buoy
filozof *a.* philosopher
filozofça *s.* philosophical ¤ *be.* philosophically
filozoflaşmak *e.* to become philosophical
filozofluk *a.* being a philosopher
filtekoz *a, teks.* lisle thread
filtrat *a.* filtrate
filtre *a.* filter * süzgeç *filtre bezi* filter cloth *filtre bobini* filter choke *filtre çakılı* filter gravel *filtre elemanı* filter element *filtre etmek* to filter, to filtrate, to percolate *filtre kâğıdı* filter paper *filtre kumu* filter sand *filtre pastası* filter cake *filtre silindiri* filter drum *filtre tamburu* filter drum *filtre torbası* filter bag
filtreli *s.* with a filter, having a filter; (sigara) filter-tipped *filtreli sigara* filter-tip, filter-tipped cigarette
filtresiz *s.* without a filter
filum *a, biy.* phylum
Fin *s.* Finn, Finnish
final *s.* final ¤ *a, sp.* final, finals; *müz.* finale *final maçı* final match *final sınavı* final examination, finals *finale kalmak* *sp.* to go on to the finals
finalist *a.* finalist
finalizm *a. fel.* finalism
finans *a.* finance
finansal *s.* financial

finansçı *a.* financier
finanse etmek *e.* to finance
finansman *a.* financing, finance
finansör *a.* financier
fincan *a.* cup; *elek.* porcelain insulator *fincan tabağı* saucer
fincancı *a.* maker/seller of cups *fincancı katırlarını ürkütmemek* to let sleeping dogs lie
Fince *a, s.* Finnish
fingirdek *s.* coquettish, frivolous
fingirdemek *e.* to behave coquettishly, to coquet
fingirdeşmek *e.* to flirt with each other
finisaj *a, teks.* finish
finiş *a.* finish *finişe geçmek* *sp.* to spurt *finişe kalkmak* *sp.* to spurt
finişer *a, tek.* finisher * ayarlı serici
fink atmak *e, kon.* to gallivant, to gad about
Finlandiya *a.* Finland
Finlandiyalı *s.* Finn ¤ *a.* Finlander
Finli *s.* Finn ¤ *a.* Finlander
fino *a.* pet-dog, lap-dog
Fin-Ugor *s.* Finno-Ugric
firar *a.* running away, flight, escape; *ask.* desertion *firar etmek* a) to run away, to flee, to escape b) *ask.* to desert *firar kaportası* scuttle *firar kenarı* trailing edge
firari *a, s.* fugitive; *ask.* deserter
firavun *a.* pharaoh
firavunfaresi *a.* mongoose
firavuninciri *a.* sycamore
firavunlaşmak *e. kon.* to behave cruelly
fire *a.* ullage, wastage, shrinkage, loss, decrease *fire vermek* to be reduced by wastage, to diminish
firez *a.* stubble (of wheat)
firfiri *s.* purplish rose
firik *a.* unripe cereal
firkateyn *a, ask.* frigate
firkete *a.* hairpin
firketelemek *e.* to pin up (one's hair)
firma *a.* firm, company, business, concern
firuze *a.* turquoise
fiske *a.* flick, flip; pinch; pimple, blister *fiske atmak* to flick one's fingers, to flip *fiske vurmak* to flick, to flip
fiskelemek *e.* to give (sth) a flick
fisket *a.* boatswain's pipe
fiskos *a.* whispering
fistan *a.* woman's dress; kilt

fistanlı *s.* wearing a dress; kilted
fisto *a.* scallop *fisto yapmak* to scallop
fistolu *s.* trimmed with a scalloped ribbon
fistul *a. hek.* fistula
fistül *a.* fistula
fistüllü *s.* fistulous
fisür *a.* fissure
fisyon *a.* fission *fisyon nötronları* fission neutrons *fisyon odası* fission chamber *fisyon parametresi* fission parameter *fisyon spektrumu* fission spectrum *fisyon ürünü* fission product *fisyon verimi* fission yield *fisyon zinciri* fission chain
fiş *a, elek.* plug; (oyunda) counter, chip; receipt; ticket, check *Al.*; index card *fiş banan* banana plug *fiş kontağı* plug contact *fişi prize sokmak* to plug in *fişini prizden çekmek* to unplug
fişek *a.* cartridge; fireworks, squib *fişek bağı* cartridge clip *fişek pirinci* cartridge brass *fişek yatağı* chamber
fişekçilik *a.* pyrotechnics
fişekhane *a.* cartridge factory
fişeklik *a.* cartridge belt, bandoleer; cartridge box
fişka *a.* anchor hook (on the side of a ship)
fişlemek *e.* to make a card index (of)
fişli *s.* entered on an index card; on file at a police office
fişlik *a.* card catalogue
fit[1] *a.* instigation, incitement *fit vermek/sokmak* to incite, to instigate
fit[2] *a.* quits *fit olmak* to be quits (with sb)
fit[3] *a.* feet
fitçi *a.* mischief-maker, intriguer, provoker
fitçilik *a. kon.* mischief-making
fitik *s.* phytic
fitil *a.* wick; *hek.* suppository; *ask.* fuse *fitil gibi* drunk as a lord, blind drunk, as pissed as a newt *fitil makinesi* *teks.* fly frame, flyer *fitil olmak* to get very pissed/angry *fitil vermek* to anger; to incite *fitili almak* to flare up, to get into a rage
fitillemek *e.* to light the fuse of; to incite, to enrage
fitilli *s.* having a wick; corded; having a suppository; having a fuse *fitilli kadife* corduroy *fitilli kadife pantolon* cords *kon.* *fitilli kumaş* corduroy *fitilli pantolon* corduroys

fitin a. phytin
fitlemek e. to incite, to instigate
fitne a. instigation, disorder, sedition ¤ s. mischief-making, factious, factional **fitne fücur** mischief-maker, instigator, intriguer
fitneci a. mischief-maker, intriguer
fitnecilik a. mischief-making
fitnelemek e. to inform (on); to sneak (on); to denounce
fitnelik a. mischief-making
fitokimya a. phytochemistry
fitopatoloji a, bitk. pythopathology
fitre a. din. alms given at the close of Ramazan
fiyaka a. showing off, swagger, swank **fiyaka satmak** arg. to show off **fiyakasını bozmak** to ridicule sb's showing-off
fiyakacı s. ostentatious ¤ a. show-off hkr.
fiyakalı s. showy, nifty, swanky * gösterişli, cakalı
fiyasko a, kon. failure, fiasco, flop, washout kon. **fiyasko vermek** to end in failure
fiyat a. price **fiyat artışı** markup, increase in price **fiyat biçmek** to estimate a price (for) **fiyat etiketi** price tag **fiyat istemek** to charge **fiyat kırmak** to reduce the price **fiyat koymak** to fix the price (of) **fiyat listesi** price list **fiyat tavanı** price ceiling **fiyat teklif etmek** to bid **fiyat teklifi** offer, bid **fiyat vermek** to quote a price (for) **fiyatı düşmek** to come down in price **fiyatını artırmak** to mark sth up **fiyatları yükseltmek** to raise prices
fiyatlanmak e. to get expensive
fiyonk a. bowtie, bow
fiyor a. fjord
fiyort a, coğ. fiord, fjord
fizibilite a. feasibility **fizibilite çalışması yapmak** to do a feasibility study **fizibilite çalışması** feasibility study **fizibilite etüdü** feasibility study **fizibilite raporu** feasibility study
fizik a. (bilim) physics; physique **fizik laboratuvarı** physics laboratory **fizik tedavi** physical therapy
fizikçi a. physicist; physics teacher
fiziki s. physical
fizikokimya a. physicochemistry
fizikötesi a. metaphysics * doğaötesi, metafizik
fiziksel s. physical **fiziksel adres** physical address **fiziksel aşınma** mechanical weathering **fiziksel değişim** physical change **fiziksel dosya** physical file **fiziksel iz** physical track **fiziksel kayıt** physical record **fiziksel kimya** physical chemistry **fiziksel kütük** physical file **fiziksel özellik** physical property **fiziksel yapı** physical structure
fizyobiyoloji a. plant physiology
fizyokrat a. physiocrat ¤ s. physiocratic
fizyokratlık a. physiocratism, physiocracy
fizyolog a. physiologist
fizyoloji a. physiology
fizyolojik s. physiological
fizyolojist a. physiologist
fizyonomi a. physiognomy
fizyonomist a. physiognomist
fizyoterapi a. physiotherapy, physical therapy
fizyoterapist a. physiotherapist, physical therapist
flama a. signal flag, pennant, pendant, pennon; surveyor's pole
flamacı a. semaphorist
Flaman a. Fleming ¤ s. Flemish
Flamanca a, s. Flemish
flamankuşu a. flamingo * flamingo
Flamanlar a. the Flemish
flambaj a. buckling **flambaj gerilmesi** buckling stress **flambaj yükü** buckling load
flamenko a. flamenco
flamingo a. flamingo * flamankuşu
flandra a. pennant
flandra a, den. pennant, pendant, pennon
Flandra a. Flanders
flandrabalığı a. hayb. red bandfish
flanel a. flannel
flanş a, tek. flange
flanşlı s. flanged **flanşlı bağlama** flange coupling **flanşlı boru** flanged pipe **flanşlı kavrama** flange coupling
flap a. flap
flaş a. flash, flashlight; flashbulb **flaş ampulü** flashbulb **flaş haber** flash news **flaş lambası** flashbulb
flaşmetre a. flash metre
flaşör a. flasher
flat-twin a. flat twin
flavanon a. flavanone
flavin a. flavin

flavon a. flavone
flavoprotein a. flavoprotein
flavta a, müz. recorder
flavtacı a. flutist, flautist
flavtacı a. flutist
flayer a, teks. flyer, fly frame
flebit a, hek. phlebitis
flegmon a. hek. phlegmon
fleol a. bitk. timothy grass, cat's tail grass
fleşbek a. flashback
fletner a, hav. tab *fletner ayarlayıcısı* trimmer
flibit a. phlebitis
flit a. spray insecticide; spray gun (for insecticides)
flitlemek e. to spray with insecticide
flok a, den. jibsail; teks. flock *flok baskı* flock printing *flok baskı makinesi* flock printing machine *flok yelkeni* jib
floklama a. flocking
flopi disk a, biliş. floppy (disk)
flor a. fluorine
flora a. flora * bitey
floral a, teks. floral
floresan s. fluorescent * flüorışıl *floresan ışık* fluorescent light *floresan lamba* fluorescent lamp
floresans a. fluorescence
floret a, teks. floret silk *floret ipeği* schappe silk, waste silk
florışıma a. fluorescence
flori a. trh. florin, florence
florin a. florin, guilder
florofosfat a. fluophosphate
florür a. fluoride
florya a, hayb. greenfinch * yelve
floş¹ a, teks. floss silk
floş² a, isk. flush *floş royal* royal flush
flotasyon a. flotation
flotör a, tek. float
flöre a. (eskrim) foil
flört a. flirt; girlfriend, boyfriend *flört etmek* to flirt, to date
flu s. blurred, unsharp, out-of-focus *flu mercek* diffuser lens, soft-focus lens
fluoresin a. fluorescein
fluorimetre a. fluorimeter
fluorit a. fluorite
fluorografi a. fluorography
fluorokarbon a. fluorocarbon
fluoroskop a. fluoroscope
fluoroskopi a. fluoroscopy
fluorspat a. fluorspar

flurcun a. hayb. hawfinch
flurya a. hayb. greenfinch
flüidik a. fluidics
flümetre a. fluxmeter
flüor a. fluorine
flüoresan s. fluorescent *flüoresan lamba* fluorescent lamp
flüoresans a. fluorescence * flüorışıma
flüorışı a. fluorescence
flüorışıl s. fluorescent *flüorışıl ekran* fluorescent screen *flüorışıl lamba* fluorescent lamp
flüorışıllık a. fluorescence
flüorışıma a. fluorescence * flüoresans
flüorin a. fluorene
flüorit a. fluorite
flüorür a. fluoride
flüorürleme a. fluoridation
flüt a. flute
flütçü a. flautist, flutist Aİ.
fobi a. phobia
fodla a. a kind of bread formerly given in the soup kitchen
fodlacılık a. kon. freeloading
fodra a. lining of a coat
fodul s. bigheaded kon., too big for one's boots kon. ¤ a. bighead kon.
fodulca s. somewhat presumptuous/arrogant ¤ be. presumptuously
fodulluk a. presumption, arrogance
fok a, hayb. seal *fok avlamak* to seal *fok derisi* sealskin *fok yavrusu* pup
fokometre a. focometer
fokometri a. focometry
fokstrot a. foxtrot
fokur fokur be. boiling up, bubbling noisily
fokurdamak e. to boil up, to bubble noisily
fokurdatmak e. to make (sth) bubble noisily
fokurtu a. bubbling sound
fol a. nest egg *Fol yok yumurta yok* kon. It is all in the air as yet
folas a. hayb. piddock
folik s. kim. folic
folikül a. follicle
folk s. folk
folklor a. folklore; folk dancing
folklorcu a. folklorist; folk dancer
folklorik s. folkloric
folluk a. nesting-box
folyo a. foil
fon a. fund; background *fon gürültüsü* background noise *fon müziği* back-

ground music
fonda *a, den.* anchorage, moorings *fonda etmek* to anchor
fondan *a.* fondant
fondip *ünl.* Bottoms up!
fondöten *a.* foundation, foundation cream
fondü *a.* fondue
fonem *a, dilb.* phoneme * sesbirim
fonetik *a.* phonetics * sesbilgisi ¤ *s.* phonetic * sesçil *fonetik alfabe* phonetic alphabet *fonetik kod* phonetic code *fonetik yazım* phonetic transcription
fonetikçi *a.* phonetician, phoneticist
fonksiyon *a.* function * işlev *fonksiyon jeneratörü* function generator *fonksiyon tuşları* *biliş.* function keys
fonksiyonalizm *a.* functionalism
fonksiyonel *s.* functional * işlevsel
fonksiyonellik *a.* functionality
fonktör *a.* functor
fonograf *a.* phonograph * sesyazar, gramafon
fonografi *a.* phonography
fonojenik *s, müz.* phonogenic
fonolit *a.* phonolite * seslitaş
fonolog *a.* phonologist * sesbilimci
fonoloji *a.* phonology * sesbilim
fonon *a.* phonon
fonotelgraf *a.* telephoned telegram
font *a.* cast iron; fount, font
fontanel *a.* fonticulus
fora *ünl, den.* Open it!, Unfurl! *fora etmek* a) to open, to unfurl b) *arg.* to pull sth off, to draw
forklift *a.* forklift
form *a.* form, shape * biçim, şekil; *sp.* form, fitness *formda* in form, on form, in good shape *formda olmak* to be on form, to be in good shape *formda olmamak* to be out of shape *formunda olmak* to be at one's best *formunda olmamak* to be out of shape *formunu korumak* to keep fit
forma *a.* form, shape; uniform, sports gear, colours, strip; sheet of sixteen pages
formaldehit *a.* formaldehyde
formalin *a.* formalin, formol
formalist *a. s.* formalist
formalite *a.* formality; red tape *formalite icabı* as a matter of form
formalizm *a.* formalism
formasyon *a.* formation

format *a, biliş.* format
formatlamak *e, biliş.* to format
formatlı *s.* formated *formatlı disket* formated diskette
formen *a.* foreman
formik *s. kim.* formic
formik asit *a.* formic acid * karınca asidi
formika *a.* Formica
formil *a.* formyl
formilleme *a.* formylation
formillemek *e.* to formylate
formol *a. kim.* Formol, formaldehyde
Formoza *a.* Formosa ¤ *s.* Formosan
Formozalı *a, s.* Formosan
formsuz *s.* off form, out of form
formül *a.* formula *formül bulmak* to find a way (to)
formüle etmek *e.* to formulate
formüler *a.* formulary, collection of formulas
formülleştirmek *e.* to formulate
foron *a.* phorone
foroz *a.* haul (of fish)
fors *a.* personal flag; *kon.* power, influence *fors majör* force majeure *forsu olmak* to have influence
forsa *a.* galley slave
forseps *a, hek.* forceps
forslu *s.* influential
forsmajör *a.* force majeure, compulsion
forsterit *a.* forsterite
forte *a. müz.* forte
fortepiyano *a.* fortepiano
fortissimo *a. müz.* fortissimo
forum *a.* forum
forvet *a, sp.* forward * akıncı
fos *s, arg.* false, sham; empty, groundless, baseless, flimsy *fos çıkmak* to turn up false, to fizzle out
fosfat *a, kim.* phosphate
fosfataz *a.* phosphatase
fosfatit *a.* phosphatide
fosfatlama *a, kim.* phosphatization
fosfatlamak *e, kim.* phosphatize
fosfatlı *s.* phosphated, phosphatic
fosfin *a.* phosphine
fosfit *a.* phosphite
fosfokreatin *a.* phosphocreatine
fosfolipaz *a.* phospholipase
fosfolipit *a.* phospholipid(e)
fosfonyum *a.* phosphonium
fosfoprotein *a.* phosphoprotein
fosfor *a, kim.* phosphorus

fosforesan *s.* phosphorescent
fosforesans *a.* phosphorescence
fosforışı *a.* phosphorescence
fosforışıl *s.* phosphorescent
fosforışıllık *a.* phosphorescence
fosforik *s.* phosphoric **fosforik asit** phosphoric acid
fosforil *a.* phosphoryl
fosforilaz *a.* phosphorylase
fosforit *a.* phosphorite
fosforlamak *e.* to phosphorize
fosforlu *s.* phosphorous, phosphoric **fosforlu boya** luminous paint
fosforoskop *a.* phosphoroscope
fosforöz asit *a.* phosphorous acid
fosgen *a.* phosgene
fosgenit *a.* phosgenite
fosil *a.* fossil * taşıl **fosil kalıntı** fossil record
fosilleşme *a.* fossilization
fosilleşmek *e.* to fossilize * taşıllaşmak
fosilleştirmek *e.* to fossilize * taşıllaştırmak
fosilli *s.* fossiliferous
foslamak *e, arg.* to fail, to turn up false
foslatmak *e, arg.* to flatten, to disconcert
fosseptik *a.* cesspit, cesspool
fosur fosur *be.* in puffs **fosur fosur içmek** to smoke noisily
fosurdamak *e.* to breathe noisily, to puff
fosurdatmak *e.* to smoke noisily, to puff
fosurtu *a.* puffing sound
fota *a.* a kind of wine barrel
fotin *a.* ankle boot
foto *a.* photo; photographer **foto muhabiri** newspaper photographer
fotoakım *a.* photocurrent
fotobiyoloji *a.* photobiology
fotobiyolojik *s.* photobiologic(al)
fotoçözüşme *a.* photodissociation
fotodetektör *a.* photodetector
fotodinamik *a.* photodynamics
fotodiyot *a, elek.* photodiode
fotodizgi *a.* filmsetting, photocomposition, photosetting **fotodizgi makinesi** photocomposing machine
fotoduyarlık *a.* photosensitivity
fotoelektrik *s.* photoelectric ¤ *a.* photoelectricity **fotoelektrik akım** photoelectric current **fotoelektrik emisyon** photoelectric emission **fotoelektrik eşik** photoelectric threshold **fotoelektrik etki** photoelectric effect **fotoelektrik**

fotometre photoelectric photometer
fotoelektrik hücre photoelectric cell
fotoelektrik röle photoelectric relay
fotoelektrik sabiti photoelectric constant *fotoelektrik sayaç* photoelectric counter
fotoelektrolüminesans *a.* photoelectroluminescence
fotoelektromotor *s.* photoelectromotive
fotoelektron *a.* photoelectron * ışılelektron
fotoemisif *s.* photoemissive
fotoemisyon *a.* photoemission * ışılyayım
fotoesneklik *a.* photoelasticity * ışılesneklik
fotofiniş *a.* photo finish
fotofisyon *a.* photofission * ışılbölünüm
fotoflaş *a.* photoflash **fotoflaş lamba** photoflash lamb
fotofon *a.* photophone
fotoforez *a.* photophoresis * ışıldevinim
fotogenez *a.* photogenesis
fotogram *a.* photogram
fotogrametri *a.* photogrammetry
fotogrametrik *s.* photogrammetric(al)
fotogravür *a.* photogravure
fotoğraf *a.* photograph, picture, photo *kon.* **fotoğraf çekmek** to take photos, to take pictures **fotoğraf çektirmek** to have one's photo taken **fotoğraf klişesi** plate **fotoğraf makinesi** camera **fotoğraf sehpası** tripod
fotoğrafçı *a.* (kişi) photographer; (yer) photographer's shop
fotoğrafçılık *a.* photography **fotoğrafını çekmek** to photograph
fotoğrafhane *a.* photographer's studio
fotoğrafik *s.* photographic **fotoğrafik bellek** photographic storage **fotoğrafik emülsiyon** photographic emulsion **fotoğrafik kamera** photographic camera
fotoharita *a.* photomap
fotoiletim *a.* photoconduction
fotoiletken *s.* photoconductive ¤ *a.* photoconductor
fotoiyonlaşma *a.* photo-ionization
fotojelatinli *s.* photogelatin
fotojen *a, biy.* photogen
fotojenik *s.* photogenic
fotokataliz *a.* photocatalysis
fotokatot *a.* photocathode
fotokimya *a.* photochemistry

fotokimyasal *a.* photochemical
fotokinezi *a.* photokinesis
fotokopi *a.* photocopy, xerox *fotokopi* **çekmek** to photocopy, to xerox *fotokopi kâğıdı* photocopying paper *fotokopi makinesi* photocopier, copier
fotokopici *s.* photocopier
fotokromik *s.* photochromic
fotokromizm *a.* photochromism
fotolitografi *a.* photolithography
fotoliz *a.* photolysis
fotoloji *a.* photology
fotolüminesans *a.* photoluminescence * ışılışıldama
fotomakrografi *a.* photomacrography
fotomanyetik *s.* photomagnetic *fotomanyetik etki* photomagnetic effect
fotomekanik *s.* photomechanical
fotometre *a.* photometer * ışıkölçer
fotometri *a.* photometry * ışıkölçüm
fotometrik *a.* photometric
fotomezon *a.* photomeson
fotomikrograf *a.* photomicrograph
fotomodel *a.* model
fotomontaj *a.* photomontage
fotomozaik *a.* photomosaic
fotomultiplikatör *a.* photomultiplier
foton *a.* photon
fotonasti *a, bitk.* photonasty
fotonegatif *s.* photonegative
fotonötron *a.* photoneutron
fotonükleer *s.* photonuclear
fotooptik *s.* photo-optic *fotooptik bellek* photo-optic memory
fotoparçalanma *a.* photodisintegration
fotopik *s.* photopic
fotopolimer *a.* photo-polymer
fotoproton *a.* photoproton
fotoreseptör *a.* photoreceptor
fotoroman *a.* photo romance, photo love story
fotosel *a.* photocell
fotosentez *a, bitk.* photosynthesis
fotosfer *a.* photosphere * ışıkküre
fotoskop *a.* photoscope
fotoşimi *a.* photochemistry
fototaksi *a, biy.* phototaxis
fototaktik *s, biy.* phototactic
fototaktizm *a.* phototaxis
fototek *a.* photo library
fototeodalit *a.* phototheodolite
fototerapi *a.* phototherapy

fototip *a.* phototype
fototiristör *a.* photothyristor
fototopografya *a.* phototopography
fototransistor *a.* phototransistor
fototrof *s.* phototropic
fototropi *a.* phototropy
fototropizm *a, biy.* phototropism
fototüp *a.* phototube
fotovaristör *a.* photovaristor
fotovoltaik *s.* photovoltaic *fotovoltaik hücre* photovoltaic cell
fovizm *a.* Fauvism
foya *a.* foil; *mec.* falsity, fraud *foyası meydana/ortaya çıkmak* to give oneself away, to be shown up *foyasını meydana/ortaya çıkarmak* to debunk, to unmask *foyasını ortaya çıkarmak* to show sb up
fön *a, metr.* föhn
fötr *a.* felt *fötr şapka* felt hat
föy *a.* page, leaf
fragman *a.* trailer
frak *a.* tails, tailcoat
fraklı *s.* in swallow-tails
fraksiyon *a. pol.* faction
fraktokümülüs *a.* fractocumulus
fraktostratus *a.* fractostratus
fraktür *a.* fracture
frambuaz *a.* raspberry
francala *a.* French bread, white bread
francalacı *a.* baker/seller of fine white bread
frank *a.* franc
franklinit *a.* franklinite
frankolit *a.* francolite
Fransa *a.* France
Fransalı *a.* Frenchman, Frenchwoman
Fransız *a.* Frenchman ¤ *s.* French *Fransız Guyanalı* Guianan *Fransız Guyanası* French Guiana, Guiana *Fransızlar* the French, French people
Fransız Guyanalı *a. s.* French Guianese, French Guianan
Fransız Guyanası *a.* French Guiana
Fransızca *a, s.* French
fransiyum *a.* francium
frapan *s.* striking, flashy, attractive, eye-catching
fraz *a, müz.* phrase
frekans *a, fiz.* frequency * sıklık *frekans ayıklayıcı* frequency discriminator *frekans ayırımı* frequency allocation *frekans bandı* frequency band *frekans*

bölücü frequency divider *frekans çiftleyici* frequency doubler *frekans çoğaltıcı* frequency multiplier *frekans dağılımı* frequency distribution *frekans değişimi* frequency deviation *frekans değişmesi* frequency shift *frekans değiştirici* frequency changer *frekans eğrisi* frequency curve *frekans fonksiyonu* frequency function *frekans gösterici* frequency indicator *frekans grafiği* frequency graph *frekans hatası* frequency error *frekans kanalı* frequency channel *frekans kararlılığı* frequency stability *frekans kayması* frequency shift *frekans köprüsü* frequency bridge *frekans modülasyonu* frequency modulation *frekans modülatörü* frequency modulator *frekans monitörü* frequency monitor *frekans öteleme* frequency translation *frekans poligonu* frequency polygon *frekans regülatörü* frequency regulator *frekans rölesi* frequency relay *frekans sallanması* frequency swing *frekans sapması* frequency deviation *frekans spektrumu* frequency spectrum *frekans sürüklenmesi* frequency pulling *frekans süzgeci* frequency filter *frekans tablosu* frequency table *frekans toleransı* frequency tolerance *frekans transformatörü* frequency transformer

frekansmetre *a.* frequency meter
fren *a.* brake *fren aksı* brake shaft *fren balatası* brake lining *fren basıncı* brake pressure *fren çanağı* brake drum *fren çarığı* brake shoe *fren çarkı* brake wheel *fren devresi* brake circuit *fren dinamometresi* brake dynamometer *fren dinamosu* brake dynamo *fren direnci* brake resistance *fren diski* brake disc *fren flanşı* brake flange *fren gecikmesi* brake lag *fren göbeği* brake hub *fren gücü* brake power *fren halkası* brake ring *fren hidrolik yağı* brake fluid *fren hortumu* brake hose *fren izi* skid mark *fren kablosu* brake cable *fren kamı* brake cam *fren kampanası* brake drum *fren kasnağı* brake pulley *fren konisi* brake cone *fren kumandası* brake control *fren kuşağı* brake band *fren lambası* brake lamp, brake light *fren levyesi* brake

lever *fren mesafesi* stopping distance *fren mili* brake spindle *fren pabucu* brake shoe *fren paraşütü* brake parachute *fren pedalı* brake pedal *fren pistonu* brake piston *fren plakası* brake plate *fren regülatörü* brake regulator *fren silindiri* brake cylinder *fren supabı* brake valve *fren takozu* sprag *fren tamburu* brake drum *fren tekeri* brake wheel *fren testi* brake test *fren vagonu* brake van *fren verimi* braking efficiency *fren yağı* brake fluid *fren yapmak* to put on the brake, to brake *fren yayı* brake spring *fren zayıflaması* brake fading *frene basmak* to step on the brake
frengi[1] *a, hek.* syphilis, the pox *frengi çıbanı* chancre *frengi şişi* bubo
frengi[2] *a, den.* scupper *frengi deliği* scupper *frengi lumbarı* wash port
frengili *s, hek.* syphilitic
frengiotu *a.* lobelia
Frenk *a, esk.* European
frenkarpası *a.* pearl barley
frenkasması *a.* Japanese ivy, virginia creeper
Frenkçe *a.* European language
frenkçileği *a.* hautbois strawberry
frenkeriği *a.* greengage plum
frenkgömleği *a.* shirt
frenkinciri *a.* sycamore * firavununciri, hintinciri
frenkkimyonu *a.* caraway
frenklahanası *a.* Brussels sprout * brüksellahanası
Frenkleşmek *e.* to acquire European ways
frenkleşmek *e.* to behave like a European
frenkmaydanozu *a.* chervil
frenkmenekşesi *a.* rocket
frenksalatası *a. bitk.* rampion
frenksoğanı *a.* chive
frenküzümü *a, bitk.* redcurrant, currant
frenleme *a.* braking *frenleme gücü* braking force *frenleme mesafesi* braking distance *frenleme momenti* braking moment *frenleme pervanesi* braking airscrew *frenleme teçhizatı* braking equipment
frenlemek *e.* to brake; to restrain, to bridle, to curb, to choke sth back
frenleyici *s.* restraining, hnolding back
frenoloji *a.* phrenology

frenolojik *a.* phrenologic(al)
freon *a.* freon
fresk *a.* fresco
fret *a, mim.* fret
fretaj *a.* fretwork
freze *a, tek.* cutter **freze bıçağı** milling cutter **freze çarkı** milling wheel **freze makinesi** milling machine, shaping machine
frezeci *a.* milling cutter operator
frezelemek *e.* to mill
frezya *a.* freesia
fribord *a.* freeboard
friedelit *a.* friedelite
frigo *a.* ice-cream ¤ *s, arg.* unfriendly, chilly
frigocu *a.* seller of chocolate ice cream bar
frigorifik *s.* refrigerating **frigorifik vagon** refrigerator car
Frigya *a.* Phrygia
Frigyalı *a. s.* Phrygian
frijider *a.* fridge, refrigerator * buzdolabı, soğutucu
frijidite *a.* frigidity
frijit *s.* frigid * soğuk
frikik *a.* (futbol) free kick * serbest vuruş; *arg.* a glimpse of naked legs **frikik yakalamak** *arg.* to happen to see naked legs
friksiyon *a.* friction **friksiyon kalenderi** friction calender **friksiyon presi** friction screw press **friksiyon tekstüre** friction texturing
frisa *a.* fried herring
frişka *a.* fresh breeze
fritöz *a.* chip pan *İl.*, deep fryer
friz *a.* frieze
frizbi *a.* frisbee, frisby
frontojenez *a.* frontogenesis
frontoliz *a.* frontolysis
fronton *a.* fronton
fruko *a. arg.* cop (wearing a riot helmet)
fruktoz *a.* fructose, fruit sugar
früktoz *a.* fructose, fruit sugar
ftalamit *a.* phthalimide
ftalein *a.* phthalein
ftalik *s.* phthalic
ftalosiyanin *a.* phthalocyanine
fuar *a.* fair
fuàye *a.* foyer
fuel oil *a.* fuel oil
fuel-oil *a.* fuel oil

fuhuş *a.* prostitution **fuhuş yapmak** to act as a prostitute
fujer *a, bitk.* fern * eğreltiotu
fukara *s.* poor * yoksul, fakir **fukara babası** charitable person, person who helps poor people
fukaralık *a.* poverty * yoksulluk, fakirlik
fuksit *a.* fuchsite
fukusgiller *a, bitk.* brown seaweeds
ful *a.* Arabian jasmine
fular *a.* foulard; padding machine, padding mangle, impregnating machine, pad **fular jiger** pad jig **fular makinesi** foulard
fularlama *a, teks.* padding **fularlama banyosu** padding liquor **fularlama boyası** padding dye **fularlama-kurutma yöntemi** pad-dry process
fularlamak *e, teks.* to pad, to slop-pad
fule *a.* stride, step
fultaym *s.* full-time
fulya *a, bitk.* jonquil
fulyabalığı *a, hayb.* eagle ray
funda *a.* heath, heather **funda toprağı** *trm.* heather humus
fundagiller *a.* heathers, ericaceae
fundalık *a.* shrubbery, heath, scrub, moor
fundamentalist *a.* fundamentalist ¤ *s.* fundamentalistic
fundamentalizm *a.* fundamentalism
fundasıçanı *a, hayb.* degu
fundatavuğu *a. hayb.* brush turkey
funya *a, ask.* primer
furan *a.* furan
furfural *a.* furfural
furgon *a.* luggage van, baggage car *Aİ.*
furuş *a.* mutule
furya *a.* run, glut, rush
fussa *a. hayb.* fossa, foussa
fut *a.* foot **fut küp** cubic foot
futa[1] *a, esk.* silk apron
futa[2] *a, den.* skiff * kik
futbol *a.* football, soccer **futbol alanı** football field, football ground **futbol hastası** soccer freak **futbol karşılaşması** football match **futbol ligi** football league **futbol maçı** football match **futbol sahası** football field, football ground **futbol sezonu** football season **futbol takımı** football team, soccer team **futbol topu** football
futbolcu *a.* footballer, football player
futlambert *a.* foot-lambert

futurist *a.* futurist ¤ *s.* futuristic
fuzel *a.* fusel *fuzel yağı* fusel oil
fuzuli *s.* unnecessary, needless ¤ *be.* unnecessarily
fücceten *be, esk.* suddenly * birdenbire, ansızın *fücceten ölmek* to die a sudden death
füg *a, müz.* fugue
fügasite *a.* fugacity * kaçarlık
füjer *a. bitk.* fern
füksin *a.* fuchsine
fülminat *a.* fulminate
fülminik *s.* fulminic
füme *s.* (balık, et) smoked; smoke-coloured *füme dil* smoked tongue *füme etmek* to smoke *füme som* smoked salmon
fümerik *s.* fumaric
fümerol *a.* fumarole
fümerol *a.* fumarole
füniküler *s.* funicular
füniküler *s.* funicular, funicular railway
fünye *a.* primer, detonator
füsun *a.* magic * sihir, büyü, afsun
fütuhat *a. esk.* conquests; victories
fütur *a.* abatement, languor
fütursuz *s.* indifferent, unconcerned, undeterred
fütursuzca *be.* jauntily
fütürist *a.* futurist ¤ *s.* futuristic
fütürizm *a.* futurism
füze *a.* rocket, missile
füzeatar *a.* rocket launcher, rocket gun
füzen *a.* charcoal pencil; charcoal drawing
füzesavar *a.* antiballistic missile
füzyon *a, fiz.* fusion; *tic.* merger

G

G, g *a.* the eighth letter of the Turkish alphabet
gabardin *a.* gabardine, gaberdine
gabari *a.* template; gauge
gabi *s.* dull, slow
Gabon *a.* Gabon ¤ *s.* Gabonese
Gabonlu *a, s.* Gabonese
gabro *a, yerb.* gabbro
gabya *a, den.* topmast *gabya yelkeni* *den.* topsail
gacır gucur *be.* creakily
gacırdamak *e.* to creak

gacırdatmak *e.* (to make sth) to creak
gacırtı *a.* creak
gaco *a, arg.* woman; mistress
gaddar *s.* cruel, pitiless, ruthless, merciless, inhuman
gaddarca *be.* cruelly
gaddarlık *a.* cruelty, tyranny, ruthlessness, inhumanity, atrocity *gaddarlık etmek* to behave cruelly
gadir *a.* cruelty; injustice, unfair treatment
gadirlik *a.* cruelty; injustice, unfair treatment
gadolinit *a.* gadolinite
gadolinyum *a.* gadolinium
gadretmek *e.* to victimize
Gaelce *a, s.* Gaelic
gaf *a.* faux pas, blunder, gaffe, goof *kon.*, boob, booboo *kon.*, bloomer *İİ./kon.*, clanger *İİ./kon.* *gaf yapmak* to blunder, to boob, to pull a bloomer
gafil *s.* inattentive, unwary *gafil avlamak* to catch unawares, to catch sb napping *gafil avlanmak* to be caught unawares, to be caught off one's guard
gafillik *a.* unwariness; negligence; unawareness, obliviousness
gaflet *a.* carelessness, heedlessness, inattention *gaflete düşmek* to be careless, to be unaware
gag *a.* gag
gaga *a.* bill, beak; *arg.* mouth *gaga burun* aquiline nose *gagasını kısmak* to keep one's trap shut
gagalamak *e.* to peck
gagalaşmak *e.* to peck one another
gagalı *s.* rostral, rostrate
gagalıbalina *a. hayb.* bottle-nosed whale
gagalımemeli *a. hayb.* duckbill, platypus
gagamsı *s.* rostellar, rostral
Gagavuz *a. s.* Gagavuz
Gagavuzca *a.* Gagavuz ¤ *s.* Gagavuz, in Gagavuz
gaile *a.* anxiety, trouble, worry
gaileli *s.* troublesome; troubled, anxious
gailesiz *s.* trouble-free, free of cares
gailesizlik *a.* lack of trouble
gaip *a.* the invisible world ¤ *s.* absent, lost, missing *gaipten haber vermek* to foretell the future, to divine
gaiplik *a.* absence
gaita *a.* human excrement
gak *a.* caw
gaklamak *e.* to croak, to craw

Gal s. Welsh
gala a. gala, festivity, première
galaksi a. galaxy * gökada
galaktan a. galactan
galaktaz a. galactase
galaktik s. galactic **galaktik enberi** pericenter **galaktik enöte** apocenter
galaktonik s. galactonic
galaktoz a. galactose
galaktozamin a. galactosamine
galakturonik asit a. galacturonic acid
galalit a. galalith
galan a. arg. rich gambler
galat a. error, mistake
Galce a, s. Welsh
gale a. galley, composing galley
galebe a. victory * yengi; supremacy, predominance * üstünlük **galebe çalmak** to conquer, to overcome
galen a. galena
galenit a. yerb. galenite
galenli s. containing galena **galenli detektör** galena detector
galeri a. gallery **galeri ağzı** adit entrance **galeri orman** galleria forest
galeta a. hard biscuit, cracker; dried bread, rusk
galeyan a. agitation, excitement; ebullition **galeyan etmek** a) to boil b) to boil with rage **galeyana gelmek** to get worked up **galeyana getirmek** to lash sb into a fury, to stir up
gali a. galley
galiba be. probably, likely; I think (so), I daresay; presumably, apparently, seemingly
galibarda a. magenta
galibiyet a. victory, triumph * yengi
Galiçya a. Galicia
galik asit a. gallic acid
galik s. gallic
galip s. victorious; overwhelming **galip çıkmak** to come out victorious **galip gelmek** to win, to overcome
galiz s. dirty, filthy, obscene
Galler a. Wales
Galler Ülkesi a. Wales
Galli s. Welsh ¤ a. Welshman, Welshwoman **Galli erkek** Welshman **Galli kadın** Welshwoman **Galliler** the Welsh
galon a. gallon
galoş a. galosh
galsama a. branchia(e), gill

galvanik s. galvanic, voltaic **galvanik pil** voltaic cell
galvaniz a. galvanization **galvaniz banyosu** galvanizing bath **galvanizle kaplamak** to galvanize
galvanize s. galvanized **galvanize demir** galvanized iron
galvanizleme a. galvanization
galvanizlemek e. to galvanize
galvanizli s. galvanized **galvanizli boru** galvanized pipe **galvanizli sac** galvanized sheet **galvanizli tel** galvanized wire
galvanizm a. galvanism
galvano a. electrotype, electro
galvanokoter a. hek. galvanocautery
galvanometre a. galvanometer **galvanometre sabiti** galvanometer constant
galvanoplasti a. galvanoplasty
galvanoskop a. galvanoscope
galvanostat a. galvanostat
galvanostatik s. galvanostatic
galyot a. den. galliot, galiot
galyum a. gallium
gam[1] a. grief, anxiety, worry, gloom * tasa, kaygı, üzüntü **gam çekmek** to grieve, to sorrow **gam yememek** not to worry
gam[2] a, müz. scale
gama a. gamma **gama dağılımı** gamma distribution **gama demiri** gamma iron **gama detektörü** gamma detector **gama düzeltmesi** gamma correction **gama faktörü** gamma factor **gama fonksiyonu** gamma function **gama ışıması** gamma radiation **gama ışınları** gamma rays **gama işlevi** gamma function **gama radyasyonu** gamma radiation
gamaglobülin a. kim. gamma globulin
gamalı s. comprising a gamma
gamba a. kink
gambit a. (satranç) gambit
Gambiya a. Gambia ¤ s. Gambian
Gambiyalı a, s. Gambian
gambot a. gunboat
gamet a, biy. gamete
gamlanmak e. to worry (about)
gamlı s. worried, sorrowful, sad, anxious, gloomy
gammaz a. telltale, informer, snitcher, squealer, tale-teller, grass İl./arg.
gammazlamak e. to inform (on), to tell on,

to report on, to tell tales (about), to squeal, to snitch

gammazlık *a.* informing, talebearing; backbiting

gamsele *a.* raincoat, mackintosh

gamsız *s.* carefree, light-hearted, happy-go-lucky

gamsızlık *a.* carefreeness, light-heartedness

gamze *a.* dimple

Gana *a.* Ghana ¤ *s.* Ghanaian

Ganalı *a, s.* Ghanaian

gang *a.* gangue

gangliyon *a.* ganglion

gangster *a.* gangster

gangsterlik *a.* gangsterism; racketeering

gani *s.* abundant; rich, wealthy **gani gani** abundantly

ganilik *a.* abundance, plenty

ganimet *a.* spoils, booty, loot, plunder, trophy, capture

ganister *a.* ganister

ganit *a.* gahnite

ganyan *a.* winner; winning ticket **ganyan bayii** bookie

ganyot *a. arg.* the rake-off

gapar *a. hayb.* cheetah

gar *a.* (railway) station

garabet *a.* freak

garaj *a.* garage; bus terminal **garaja koymak** to garage

garanti *a.* guaranty, guarantee, warranty, surety **garanti belgesi** warranty **garanti etmek** a) to guarantee, to warrant, to assure b) to make sure **garantiye almak** to ensure, to make sure, to make certain of

garantilemek *e.* to guarantee; to make certain, to make sure, to cinch

garantili *s.* guaranteed, assured

garantör *a.* guarantor

garaz *a.* rancor, grudge

garaz, garez *a.* rancour, grudge, animosity, spite **garazı olmak** to have a grudge against sb **garazından** out of spite, from spite

garazkâr *s.* rancorous, spiteful

garazkârlık *a. esk.* grudge, spitefulness

garazlı *s.* rancorous, spiteful

garazsız *s.* unspiteful

gard *a, sp.* guard

gardenparti *a.* garden party

gardenya *a, bitk.* gardenia

gardıfren *a. demy.* brakeman

gardırop *a.* wardrobe; cloakroom

gardiyan *a.* jailer, warder *İİ.*, guard *Al.*, screw *İİ./arg.*

gardiyanlık *a.* work of a prison guard

garez *a, bkz.* garaz

gargara *a.* gargle **gargara yapmak** to gargle **gargaraya getirmek** to prevaricate, to quibble

gargı etmek *e. arg.* to risk all of one's money in gambling

gariban *a, kon.* poor-fellow, wretch

garip *s.* strange, odd, queer, curious, peculiar, unusual, weird, bizarre, grotesque, cranky *hkr.*, outlandish *hkr.*; lonely; poor, needy, destitute **garibine gitmek** to surprise one, to seem strange to **garip garip** oddly, strangely

garipleşmek *e.* to grow strange, become odd; to feel lonely

gariplik *a.* strangeness

garipsemek *e.* to feel lonely, to feel out of place; to find strange

gark *a.* drowning **gark etmek** a) to submerge, to drown b) to overwhelm, to inundate, to load with **gark olmak** a) to be submerged b) to be overwhelmed (with), to be inundated

garnitür *a.* trimmings; garnishing, trimmings, garniture

garnizon *a.* garrison

garp *a.* west * batı, günindi

garpçı *a. esk.* proponent of westernization, westernizer

garpçılık *a. esk.* Westernism

garplı *a. esk.* westerner

garplılaşma *a. esk.* westernization, occidentalization

garplılaşmak *e. esk.* to become westernized/occidentalized

garplılaştırma *a. esk.* westernization, occidentalization

garplılaştırmak *e. esk.* to westernize, to occidentalize

garplılık *a. esk.* westernism, occidentalism, occidentality

garson *a.* waiter

garsoniye *a.* service charge (in a restaurant)

garsoniyer *a.* bachelor's flat

garsonluk *a.* being a waiter **garsonluk yapmak** to be a waiter, to wait tables

gasıp *a.* usurper, extortioner

gasil a. washing of the dead
gasletmek e. to wash (the dead)
gasp a. seizure by violence, usurpation
gaspe etmek to seize, to usurp, to extort
gaspetmek e. to seize (sth) by violence; to snatch
gastrin a. gastrin
gastrit a, hek. gastritis
gastroenterit a, hek. gastroenteritis
gastroenterolog a. gastroenterologist
gastroenteroloji a. gastroenterology
gastrolog a. gastrologist
gastroloji a. gastrology
gastronom a. gastronome
gastronomi a. gastronomy
gastronomik s. gastronomic
gastroskop a. gastroscope
gastroskopi a. med. gastroscopy
gastrula a. gastrula
gastrulasyon a. gastrulation
gauss a. gauss
gaussmetre a. gaussmeter
gavot a. gavotte, gavot
gâvur s. kab. Non-Moslem, Christian, infidel; atheist, unbeliever ¤ s. merciless, cruel; obstinate, stubborn, pigheaded **gâvura kızıp oruç bozmak** to cut off one's nose to spite one's face
gâvurca a. hkr. a European language ¤ be. mercilessly, cruelly
gâvurcasına be. hkr. mercilessly, cruelly
gâvurlaşmak e. hkr. to become merciless/heartless
gâvurluk a. being a Non-Moslem; mec. cruelty **gâvurluk etmek** to be cruel/stubborn
gayakol a. guaiacol
gaybubet a. esk. absence
gayda a, müz. bagpipes, pipes
gaydacı a. piper
gaye a. aim, purpose, goal
gayeli s. who has an aim
gayesiz s. aimless, purposeless
gayesizlik a. lack of aim, purposelessness
gayet be. quite, very * amaç, erek, hedef **gayet açık ki** it goes without saying
gayetle be. extremely
gayret a. exertion, effort, endeavour, toil, labour, ardour, zeal, enthusiasm, energy, diligence, struggle **gayret etmek** to exert oneself, to make an effort, to

try hard, to strive, to endeavour **gayret sarf etmek** to exert oneself, to try hard **gayrete getirmek** to stimulate
gayretkeş s. overzealous, enthusiastic
gayretkeşlik a. overzealousness, zelotism
gayretlenmek e. to become enthusiastic, to get steamed up
gayretli s. fervent, sedulous, ardent, diligent
gayretlilik a. endeavoring, diligence
gayretsiz s. effortless
gayretsizlik a. lack of enthusiasm, expending no effort
gayrı be. any more; no more
gayri (a negative prefix before adjectives) im-, in-, un-, non- ¤ s. other than, besides **gayri ihtiyari** a) involuntary b) involuntarily **gayri kabili rücu** irrevocable **gayri Müslim** Non-Moslem **gayri menkul** a) immovable b) real estate, real property, realty **gayri meşru** a) illegal, illicit b) illegitimate **gayri resmi olarak** informally **gayri resmi** unofficial, informal **gayri safi milli hasıla** gross national product **gayri safi** eko. gross
gayzer a. geyser
gayzerit a. geyserite
gaz a. gas; kerosene, oil; (midede) flatulence, wind; arg. pep talk **gaz absorpsiyonu** gas absorption **gaz akışı** gas flow **gaz analizi** gas analysis **gaz analizörü** gas analyser **gaz aralığı** gas port **gaz basıncı** gas pressure **gaz beki** gas burner **gaz bezi** gauze **gaz boru hattı** gas pipeline **gaz boşalımı** gas discharge **gaz boşaltıcı** gas exhauster **gaz çıkarmak** to break wind **gaz çözümlemesi** gas analysis **gaz deliği** gas port **gaz dengesi** gas equilibrium **gaz deşarjı** gas discharge **gaz detektörü** gas detector **gaz dinamiği** gas dynamics **gaz diyodu** gas diode **gaz elektrotu** gas electrode **gaz faktörü** gas factor **gaz fırını** gas furnace **gaz giderici** degasifier, getter **gaz gürültüsü** gas noise **gaz hali** gaseous state **gaz halinde** aeriform **gaz-hava karışımı** gas-air mixture **gaz hızbilimi** gas kinetics **gaz ibiği** gas burner **gaz jeneratörü** gas generator **gaz kanunları** gas laws **gaz karbonlama** gas carburizing **gaz karışımı** gas mixture **gaz kaynağı** gas welding **gaz**

kelebeği throttle valve *gaz kelepçesi* gas pliers *gaz kesme* gas cutting *gaz kinetiği* gas kinetics *gaz kolometresi* gas coulometer *gaz kompresörü* gas compressor *gaz kömürü* gas coal *gaz körüğü* gas blower *gaz lambası* oil lamp *gaz mandalı* gas pliers *gaz maseri* gas maser *gaz maskesi* gas mask *gaz maskı* gas shielding *gaz memesi* gas jet *gaz motoru* gas engine *gaz mühendisliği* gas engineering *gaz odası* gas chamber *gaz pedalı* oto. accelerator pedal, accelerator *gaz pili* gas cell *gaz regülatörü* gas regulator *gaz saati* gas meter *gaz sabitesi* gas constant *gaz sayacı* gas counter, gas meter *gaz silindiri* gas cylinder *gaz sobası* gas stove, kerosene stove *Aİ. gaz soğutmalı reaktör* gas-cooled reactor *gaz soğutucu* gas cooler *gaz tekniği* gas engineering *gaz tüpü* gas tube *gaz türbini* gas turbine *gaz üreteci* gas generator *gaz vermek* to give (sb) a pep talk *gaz yıkama* gas washing *gaz yıkayıcı* gas washer *gaz yoğunluğu* gas density *gaz yolu* port *gaza basmak* to step on the gas, to accelerate *gaza getirmek* arg. to fire sb with enthusiasm for, to egg sb on *gazını almak/gidermek* to degas

gaza *a.* holy war
gazal *a, hayb.* gazelle, antelope
gazap *a.* wrath, rage, fury
gazaplandırmak *e.* to enrage, to infuriate
gazaplanmak *e.* to fall into a rage, to get furious
gazaplı *s.* wrathful, furious
gaze *a.* gauze
gazel[1] *a.* ode
gazel[2] *a.* autumn leaf
gazelboynuzu *a. bitk.* bird's-foot trefoil
gazellenmek *e.* to shed its leaves
gazete *a.* newspaper, paper; journal *gazete bayii* bookstall, newsstand *Aİ.* *gazete kâğıdı* newsprint *gazete kulübesi* newspaper kiosk *gazete muhabiri* newspaper correspondent, newspaper reporter *gazete sahibi* newspaperman
gazeteci *a.* journalist, pressman *İİ.*; newsagent, newsdealer *Aİ.*; bookstall, newsagent's, newsstand *Aİ.*
gazetecilik *a.* journalism

gazetelik *a.* newspaper rack
gazhane *a.* gasworks
gazışı *a.* luminescence
gazışıl *s, fiz.* luminescent
gazi *a.* warrior for the Faith or Islam; ghazi, war veteran
gazibiği *a.* gas burner
gazilik *a.* being a ghazi
gazino *a.* large coffee house, refreshment bar; night-club, club; officers' mess
gazinocu *a.* owner of a night-club/refreshment bar
gazinoculuk *a.* operating a night-club/refreshment bar
gaziye *a. bitk.* acacia
gazlamak *e.* to smear with paraffin; to step on the gas; arg. to travel, to run away
gazlaştırma *a.* gasification
gazlaştırmak *e.* to gasify
gazlı *s.* gassy, gaseous, gas-filled *gazlı bez* gauze bandage *gazlı fotosel* gas-filled photocell *gazlı fototüp* gas phototube *gazlı ısıtma* gas heating *gazlı kablo* gas-filled cable *gazlı kaplama* gas plating *gazlı lamba* gas-filled lamp *gazlı pike* power dive *gazlı redresör* gas-filled rectifier *gazlı röle* gas-filled relay *gazlı termometre* gas thermometer
gazoil *a.* gas oil
gazojen *a.* gas generator
gazolin *a.* gasoline
gazometre *a.* gasometer, gas holder
gazoz *a.* fizzy lemonade, pop kon. *gazoz ağacı* arg. Pigs might fly, bull-shit
gazozcu *a.* maker/seller of soda pop
gazozculuk *a.* making/selling soda pop
gazölçer *a.* eudiometer
gazölçer *a.* gas (flow) metre
gazölçüm *a.* eudiometry
gazölçümsel *s.* eudiometric
gaztaşı *a.* whetstone
gazyağı *a.* paraffin *İİ.*, kerosene *Aİ.*
gazyakıt *a.* gaseous fuel
gazyuvarı *a.* atmosphere * atmosfer
gebe *s.* pregnant, in the club *İİ./arg.* * hamile *gebe bırakmak* to make pregnant, to impregnate *gebe kalmak* to become pregnant, to conceive *gebe olmak* to be expecting (a baby/child) kon./ört.
gebelik *a.* pregnancy, gestation * hamile-

lik **gebelik önleme** contraception **gebelik önleyici** contraceptive **gebelikten korunma** contraception
geberik *s. arg.* dead
gebermek *e, kon.* to peg out *kon.*, to pop off *kon.*, to kick the bucket *arg.*, to croak *arg.*
gebertmek *e, kon.* to kill, to bump sb off *arg.*, to run sb out *Aİ./arg.*
gebeş *s.* stupid, half-witted, goofy *kon.*; chunky
gebeşaki *s. arg.* stupid, foolish, naive
gebeşlik *a. arg.* stupidity, foolishness, naivety
gebre *a.* caper
gebreotu *a, bitk.* caper, caperbush * kapari, kebere
gece *a, s.* night ¤ *be.* by night, at night ¤ *sg.* nocturnal, night+ **gece bekçisi** night watchman **gece elbisesi** evening dress **gece gündüz** night and day, day and night, round the clock, around the clock **gece körlüğü** night blindness **gece kulübü** nightclub **gece kuşu** *mec.* night owl **gece okulu** night school **gece vakti** nighttime **gece vardiyası** night shift **gece yarısı** a) midnight b) at midnight **gece yarısına kadar çalışmak** to burn the midnight oil **gece yatısı** overnight visit **gecenin körü** the dead of night **geceyi gündüze katmak** to burn the midnight oil
gecebalıkçılı *a. hayb.* night heron
gececi *a.* night-worker; night-watchman
gecekondu *a.* shanty, squatter's house **gecekondu mahallesi** slum
gecekonducu *a.* squatter
gecelemek *e.* to spend the night (in)
geceleri *be.* every night, every evening
geceleyin *be.* by night, at night, nightly
geceli gündüzlü *be.* night and day, all the time
gecelik *a.* nightgown, nightdress, nighty, nightie *kon.* ¤ *s.* overnight, lasting the night
gecemaymunu *a. hayb.* night ape, owl monkey
gecesefası *a. bitk.* four-o'clock
geciken *s.* delaying, lagging **geciken akım** lagging current **geciken yük** lagging load
gecikme *a.* delay; time lag; lateness **gecikme açısı** angle of lag, lag angle

gecikme etkisi lag effect **gecikme hattı** delay line
gecikmek *e.* to be late, to delay
gecikmeli *s.* delayed, retarded **gecikmeli adresleme** deferred addressing **gecikmeli ateşleme** retarded ignition **gecikmeli bomba** delayed action bomb **gecikmeli işlem** deferred processing **gecikmeli kapsül** delayed detonator
geciktirici *s.* retarding ¤ *a.* retarder **geciktirici devre** delay circuit **geciktirici madde** retarding agent **geciktirici röle** time-delay relay
geciktirim *a.* suspense
geciktirme *a.* postponement, retardation **geciktirme alanı** retarding field **geciktirme devresi** delay circuit **geciktirme elemanı** delay element **geciktirme hattı** delay line **geciktirme kablosu** delay cable **geciktirme öğesi** delay element **geciktirme rölesi** slow-acting relay
geciktirmek *e.* to delay, to postpone, to retard, to hold off sth, to hold sth up
geç *s.* late, delayed **geç kalmak** to be late
geçe *be.* past
geçeğen *s.* temporary
geçek *a.* place of passage
geçen *s.* last, past **geçen gün** the other day **geçen hafta** last week
geçenek *a.* aisle
geçenlerde *be.* the other day
geçer *s.* current; valid, in force; desired, acceptable **geçer not** passing grade **geçerken uğramak** to call by *kon.*
geçerli *s.* valid; current, in use, in force, in effect **geçerli kılmak** to validate **geçerli olmak** to go for sb/sth, to apply (to)
geçerlik *a.* validity, currency **geçerlik denetimi** validity check
geçerlilik *a.* validity, currency, effectiveness
geçersiz *s.* invalid, null, null and void **geçersiz delgi** invalid punch **geçersiz işlemler** illegal operations **geçersiz karakter** illegal character **geçersiz kılmak** to invalidate **geçersiz kod** illegal code **geçersiz komut** illegal instruction
geçersizlik *a.* invalidity, nullity
geçici *s.* temporary, transitory, transient, passing, makeshift, provisional, short-

lived, ephemeral; contagious, infectious *geçici akım* transient current *geçici bellek* temporary storage *geçici dalga* transient wave *geçici dosya* temporary file *geçici gerilim* transient voltage *geçici güverte* spar deck *geçici hal* transient state *geçici hata* transient error *geçici heves* whim *geçici hükümet* caretaker government *geçici kopya* soft copy *geçici köprü* flying bridge *geçici kütük* temporary file *geçici mıknatıs* temporary magnet *geçici mıknatıslık* temporary magnetism *geçici sertlik* temporary hardness, bicarbonate hardness

geçicilik *a.* temporariness

geçim *a.* living, livelihood, subsistence, maintenance, bread and butter *kon.*; getting on with somebody, harmony, compatibility *geçim derdi* struggle to earn a living *geçim indeksi* cost of living index *geçim yolu* means of subsistence

geçimli *s.* easy to get along with, easygoing, complaisant

geçimlik *a.* subsistence

geçimsiz *s.* difficult to get on with, incompatible, cantankerous ¤ *a.* tartar

geçimsizlik *a.* discord, lack of harmony; incompatibility, fractiousness

geçindirmek *e.* to support, to maintain

geçinecek *a.* livelihood, living wage

geçinge *a.* budget

geçinmek *e.* to live on, to subsist, to make one's living; to get on with sb, to get on (together); to pretend to be, to pass for

geçinmelik *a.* livelihood, living wage

geçirgen *s.* permeable, conductive

geçirgenlik *a.* permeability

geçirimli *s.* permeable

geçirimlilik *a.* permeability

geçirimölçer *a.* permeameter

geçirimsiz *a.* impermeable, impervious

geçirimsizlik *a.* impermeability, imperviousness

geçirme *a.* transmission *geçirme bandı* passband *geçirme eğrisi* absorption curve

geçirmek *e.* to conduct, to transmit; (hastalık) to infect, to pass on, to communicate; to slip on, to fit, to enter; to pass, to undergo, to experience, to have; (zaman) to pass, to spend; (giysi) to put sth on; (öğrenciyi) to pass; to see sb off * selametlemek; *arg.* to deal sb/sth a blow; *arg.* to defeat, to beat, to whip, to best

geçirmez *s.* impermeable, impervious

geçirmezlik *a.* impermeability; imperviousness

geçiş *a.* pass, passing; transit; *müz.* transition *geçiş admitansı* transfer admittance *geçiş akımı* transfer current *geçiş aracı* transit instrument *geçiş bölgesi* transition region *geçiş çeviricisi* cross assembler *geçiş derleyicisi* cross compiler *geçiş dönemi* transition period *geçiş elementi* *kim.* transition element *geçiş frekansı* crossover frequency *geçiş hakkı* right of way *geçiş hakkına sahip olmak* to have the right of way *geçiş hakkına uymak* to observe the right of way *geçiş hakkına uymamak* to ignore the right of way *geçiş iletimi* transconductance *geçiş işlevi* transfer function *geçiş karakteristiği* transfer characteristic *geçiş kartı* transition card *geçiş matrisi* transition matrix *geçiş metali* transition metal *geçiş noktası* transition point *geçiş olasılığı* transition probability *geçiş sıcaklığı* transition temperature *geçiş süresi* pass time, run time *geçiş ücreti* toll *geçiş üstünlüğü* (trafik) priority *geçiş vizesi* transit visa *geçiş zamanı* transit time

geçişim *a.* osmosis * osmoz *geçişim basıncı* osmotic pressure

geçişimölçer *a.* osmometer

geçişimsel *s.* introgressive, osmotic

geçişli *s, dilb.* transitive *geçişli fiil* transitive verb

geçişme *a.* intermixing; crossing; *tek.* osmosis * osmoz

geçişmek *e.* to intermix, to intermingle; to cross

geçişsiz *s, dilb.* intransitive *geçişsiz fiil* intransitive verb

geçiştirici *s. hek.* palliative, alleviative

geçiştirmek *e.* to avoid, to weather; to evade, to parry

geçit *a.* passageway, passage; subway; pass, ford; parade *geçit akımı* gate current *geçit gerilimi* gate voltage *geçit hakkı* huk. right of way *geçit kalası* catwalk *geçit sargısı* gate winding *geçit töreni yapmak* to parade, to pass in review *geçit töreni* parade *geçit vermez* impassable

geçkin *s.* elderly, not so young; (bitki) overripe

geçkinlik *a.* advanced age; overripeness, overmaturity

geçme *a.* passing, passage; tenon ¤ *s.* fitted into, dovetailed *geçme anahtar* box spanner, box wrench *geçme bağlantı* slip joint *geçme cıvata* driftbolt *geçme işareti sin.* cue mark *geçme lamba* tease tenon *geçme planyası* jointer *geçme yapmak* to dovetail

geçmek *e.* to pass; to pass by, to pass along, to pass through; to cross, to go through, to pass; to outdistance; to pass through, to experience; to give up, to stop; to happen, to take place, to pass off; to turn out; to overtake, to overhaul; to beat, to pass; to outdo, to surpass, to exceed, to transcend, to excel, to eclipse; to leave out; to omit; to skip; to pass by, to pay no attention to; to disregard; to be mentioned; to transfer; to sing, to play; (zaman) to go by, to go on, to pass, to elapse; (ağrı, etki, vb.) to pass off, to stop, to disappear; (hastalık) to be transmitted, to be caught (by), to spread; (hastalık) to clear up; (sınavdan) to pass, to get through; (yarışta) to outstrip, to pass; (tarihe) to go down (in history); (süresi) to expire; (para) to be current; (fırtına, vb.) to blow over, to pass, to be over; (karpuz, vb.) to overripe *geçip gitmek* a) to go by b) to pass by *geçmek bilmemek* to drag on, to wear on

geçmeli *s.* telescopic

geçmelik *a.* toll

geçmiş *s.* past, bygone ¤ *a.* past, background; history *Geçmiş olsun* Get well soon *geçmiş zaman dilb.* past tense *Geçmişe mazi yenmişe kuzu derler* Let bygones be bygones *Geçmişi unutalım* Let bygones be bygones *geçmişte* in the past *Geçti Bor'un pazarı (sür eşeğini Niğde'ye) kon.* It's too late now

gedik *a.* breach, gap; *coğ.* pass; difficulty; fault *gedik açmak ask.* to breach

gedikli *s.* breached, gapped, notched ¤ *a.*

regular *kon.*, patron, habitué; *ask.* regular noncommissioned officer

gedmek *e.* to make a notch

geğirmek *e.* to burp, to belch

geğirti *a.* burp, belch

geğirtmek *e.* to burp

geğrek *a.* lower rib, false rib

geko *a. hayb.* gecko

gelberi *a.* rake; *trm.* pruning hook

gele *a.* blank throw

gelecek *a.* future; prospect ¤ *s.* future, forthcoming; next *geleceği parlak* promising *gelecek ay* next month *gelecek hafta* next week *gelecek kuşaklar* posterity *gelecek program* trailer *gelecek yıl* next year *gelecek zaman dilb.* future tense *gelecekteki* to come

gelecekbilim *a.* futurology

gelecekbilimci *a.* futurologist

gelecekçi *a.* futurist * fütürist

gelecekçilik *a.* futurism * fütürizm

geleğen *a, s.* tributary

gelembe *a.* bedding; sheepfold

geleme *a.* field left uncultivated for two years

gelen *s.* coming, arriving, reaching, incoming ¤ *a.* comer *gelen geçen* passerby *gelen giden* visitors, passers by *gelen ışık* incident light, incident ray

gelenek *a.* tradition, custom, convention

gelenekçi *a.* traditionalist

gelenekçilik *a.* traditionalism

gelenekleşmek *e.* to become a tradition

gelenekleştirmek *e.* to make (sth) a tradition

geleneksel *s.* traditional, conventional

gelenekselleşmek *e.* to become a tradition

geleneksellik *a.* traditionalism

geleni *a. hayb.* meadow mouse

gelenit *a.* gehlenite

gelgeç *s.* fickle, inconstant, capricious

gelgel *a.* charm, appeal

gelgelelim *be.* but, however

gelgelli *s.* attractive, charming

gelgit *a, coğ.* tide *gelgit akıntısı* tidal current *gelgit dalgası* tide wave *gelgit genliği* tidal range *gelgit havuzu* tidal dock, tide lock *gelgit izi* tidemark *gelgit kanalı* tide lock, tideway *gelgit limanı* tidal harbour *gelgit nişanı* tidemark *gelgit ölçeği* tide staff, tide pole

gelgit suyu tidewater
gelgitsel s. tidal
gelignit a. gelignite
gelin a. bride; daughter-in-law ¤ sg. bridal
gelin alayı bridal procession **gelin olmak** to become a bride, to get married
gelinboğan a. bitk. a kind of wild pear
gelinböceği a. ladybug
gelinböceği a. ladybug * hanımböceği
gelincik a, bitk. corn-poppy; hayb. weasel
gelincikbalığı a. hayb. rockling
gelinçiçeği a. cockscomb
gelinfeneri a. bitk. European bird cherry
gelinkuşu a. pencilled lark
gelinlik s. bridal; (kız) marriageable ¤ a. wedding dress; the state of being a bride **gelinlik çağında** nubile
gelinotu a. bladder cherry, Chinese lantern
gelinsaçı a. bitk. dodder, love vine
gelir a. income, revenue, receipts, emolument res. **gelir gider** income and expense **gelir kaynağı** source of income **gelir vergisi** income tax
geliş a. coming, advent, arrival **geliş açısı** angle of incidence, incidence angle
gelişebilir s. viable
gelişememe a. hypoplasia
gelişen s. developing; accrescent, accretionary
gelişigüzel be. casually, at random, by chance ¤ s. casual, haphazard, random, dom, cursory, indiscriminate **gelişigüzel bir biçimde** casually, anyhow
gelişim a. development, progress, improvement
gelişimsel s. evolutionary
gelişkin s. mature, developed
gelişme a. advance, improvement, progress, progression, development
gelişmek e. to improve, to develop, to progress, to advance, to reform; to grow up, to come on; to grow, to come on, to come along; to blossom, to flourish, to thrive; to evolve; to mature **gelişmekte olan** developing **gelişmekte olan ülke** developing country
gelişmemiş s. undeveloped; primitive; primordial; rudimental, rudimentary
gelişmezlik a. hek. aplasia

gelişmiş s. developed, advanced
geliştirim a. sin. treatment
geliştirme a. development
geliştirmek e. to develop, to improve, to reform; to evolve
gelme a. coming, arriving
gelmek e. to come; to come back, to return; to arrive, to roll up kon.; to get in, to roll up kon., to arrive; to reach; to derive from sth; to fit, to suit; to seem, to appear; to endure, to bear, to put up with; to suffer; to amount to; to pretend, to feign; to come in; to cost; to have an orgasm, to come; (öğretmen) to teach; (mermi, vb.) to hit; (ağırlık) to weigh **-e gelince** as for, regarding, in regard to **gelip çatmak/dayanmak** to come, to arrive **gelip geçici** transient, passing, temporary **gelip gitmek** to come and go **gelmemek** not to come, to absent oneself (from sth)
gelmiç a. rib of a large fish
gem a. bit **gem vurmak** a) to bridle b) mec. to restrain, to bridle, to repress **gemi azıya almak** a) to take the bit between one's teeth b) to get out of control **gemi azıya almış** rampant
gembir a. gambier
gemi a. ship, boat, vessel, craft ¤ sg. nautical **gemi aslanı** mec. figurehead **gemi aynalığı** escutcheon **gemi bordası** ship's side, shipboard **gemi bölmesi** bulkhead **gemi demiri** anchor **gemi direği** mast **gemi enkazı** wreck, hulk **gemi filikası** ship's lifeboat **gemi güvertesi** shipboard **gemi havuzu** dock **gemi ızgarası** stocks **gemi ile gezmek** to navigate, to sail **gemi ile yola çıkmak** to sail **gemi ile yolculuk** sailing **gemi inşaatı** shipbuilding **gemi jurnalı** logbook **gemi kaburgası** timber **gemi kanalı** ship canal **gemi kazası** wreck **gemi kazası geçirmiş** shipwrecked **gemi kızağı** cradle, slip **gemi kronometresi** marine chronometer **gemi kullanmak** to navigate **gemi marangozu** ship carpenter **gemi mutfağı** galley **gemi mürettebatı** crew, ship's company **gemi omurgası** keel **gemi postası** timber **gemi sahibi** shipowner **gemi simsarı** shipbroker **gemi su çekimi** gauge, gage **gemi şantiyesi** shipbuilding yard **gemi tezgâhı** slipway

gemi uskuru marine screw propeller **gemi yakıtı** bunker fuel **gemi yapımı** shipbuilding **gemi yatağı** ship's boat **gemi yolculuğu** navigation **gemi yükü** shipload **gemide** on the boat, afloat **gemiden çıkarmak** to unship **gemiden indirmek** to unship **gemiye bindirmek** to embark **gemiye binmek** to embark

gemici a. sailor, mariner, seaman; shipowner **gemici feneri** hurricane lamp **gemici pirinci** Admiralty brass, naval brass **gemici pusulası** mariner's compass

gemicilik a. seamanship; navigation, seafaring

gemilik a. shipyard

gemlemek e. to bridle

gen¹ a, biy. gene

gen² s. broad, wide * geniş; (tarla) unploughed

gencecik s. very young

gencelmek e. to get younger, to become youthful

genç s. young; youthful; juvenile ¤ a. young man, kid, lad, youth; juvenile **genç vadi** yerb. young valley

gençleşme a. rejuvenation

gençleşmek e. to become young, to get younger, to grow young again, to rejuvenate; to look younger

gençleştiren s. rejuvenescent

gençleştirme a. rejuvenation

gençleştirmek e. to make young, to rejuvenate; to make (sb) look younger

gençlik a. youth, youthfulness; the young, youth **gençlik suyu** arg. firewater, booze, alcohol **Gençlik ve Spor Bakanlığı** Ministry of Youth and Sports

gençten s. youngish, young

gene be. again; still, yet, even so **gene de** all the same, yet, still

genel s. general, common; public **genel af** general amnesty **genel amaçlı** general-purpose **genel belirteç** universal indicator **genel çekim** long shot, master shot **genel değişken** global variable **genel dolaşım** general circulation **genel gider** general expenses **genel grev** general strike **genel indikatör** universal indicator **genel integral** general integral **genel kurul** general meeting, general assembly **genel merkez** central office **genel müdür** general di-

rector **genel olarak** in general, generally, by and large **genel plan** general plan **genel seçim** general election **genel sekreter** secretary general **genel toplam** final total

genelçekim a. gravitation

genelde be. generally, normally

geneleme a. tautology; pleonasm

genelev a. brothel, bordello, disorderly house

genelge a. circular, notice

genelgeçer s. generally accepted

genelgelemek e. to circulate, to circularize

genelkurmay a, ask. general staff

genelleme a. generalization **genelleme yapmak** to generalize

genellemek e. to generalize

genelleşme a. generalization, becoming general

genelleşmek e. to become general

genelleştirme a. generalization

genelleştirmek e. to generalize

genellik a. generality

genellikle be. generally, in general, usually, commonly, mostly, as a rule, more often than not * umumiyetle

genelmek e. to get wider, to become broader

general a, ask. general

generallik a. ask. generalship

genetik a. genetics ¤ s. genetic

gengüdüm a. strategy

gengüdümsel s. strategic

geniş s. wide, broad; spacious, vast, roomy, ample; comprehensive, extensive, exhaustive; carefree **geniş açı** obtuse angle, wide angle **geniş ekran** wide screen **geniş fikirli** broad-minded, liberal **geniş film** wide film **geniş görüşlü** liberal **geniş görüşlülük** liberality **geniş hat** broad gauge **geniş kapsamlı** well-rounded **geniş ölçekli tümleşme** large-scale integration **geniş ölçüde** on a large scale, greatly **geniş özet** indicative abstract **geniş plan** long shot, master shot **geniş tabanlı** wide base **geniş zaman** dilb. present tense

genişbant a. broadband, wide band **genişbant amplifikatörü** broadband amplifier **genişbant anteni** broadband antenna **genişbant gürültüsü** broad

band noise
genişçe *s.* rather wide
genişgagalıgiller *a. hayb.* broadbills
genişkanatlıyarasa *a. hayb.* serotine
genişleme *a.* broadening; expansion
  genişleme oranı ratio of expansion
  genişleme zamanı expansion stroke
genişlemek *e.* to widen, to broaden, to
  enlarge, to dilate; to expand, to extend;
  to ease up
genişlemiş *a.* capitate
genişlenim *a. hek.* ectasia
genişleten *a.* dilator
genişletici *a.* expander
genişletilebilir *s.* expandable
genişletilebilirlik *a.* expandability
genişletme *a.* broadening, enlargement
genişletmek *e.* to widen, to broaden, to
  enlarge, to dilate; to expand, to extend;
  (giysi) to let out
genişlik *a.* wideness, width, breadth, am-
  plitude; ease **genişlik ayarı** adjustment
  of width
genital *s.* genital
genitif *a.* possessive case
geniz *a.* nasal passages, nasal fossae
  genizden konuşmak to speak through
  the nose
genizsi *s, dilb.* nasal **genizsi ses** *dilb.*
  nasal
genizsil *s.* nasal
genizsileşme *a. dilb.* nasalization
genleşebilir *s.* malleable, expansible
genleşebilirlik *a.* expansibility, malleabil-
  ity
genleşebilme *a.* expansibility
genleşimli *s.* expansive
genleşme *a.* expansion, dilation
  genleşme derzi expansion joint
  genleşme eğrisi expansion curve
  genleşme katsayısı expansion factor,
  coefficient of expansion **genleşme
  makinesi** expansion engine **genleşme
  oranı** expansion ratio **genleşme
  supabı** expansion valve
genleşmek *e.* to expand, to dilate
genleşmeölçer *a.* dilatometer, extensom-
  eter
genleştiren *s.* expansive ¤ *a.* dilator
genleştirici *s.* expansive
genleştirme *a.* dilatation, dilation
genleştirmek *e.* to expand
genlik *a.* spaciousness; wealth; *fiz.* ampli-

tude **genlik bozulması** amplitude dis-
tortion **genlik modülasyonu** amplitude
modulation **genlik seçimi** amplitude
selection **genlik sınırlayıcısı** amplitude
limiter **genlik süzgeci** amplitude filter
genlik yanıtı amplitude response
genom *a. biy.* genom(e)
genotip *a.* genotype
gensoru *a.* interpellation * istizah
genzek *s.* speaking through his/her nose
genzel *s.* nasal
geodezi *a.* geodesy
geodezik *s.* geodesic **geodezik kubbe**
  geodesic dome
geofit *a.* geophyte
geoit *a.* geoid
geometri *a.* geometry * hendese
geometrik *s.* geometric, geometrical
  geometrik dağılım geometric distribu-
  tion **geometrik dizi** geometric progres-
  sion **geometrik kesit** geometric cross
  section **geometrik optik** geometrical
  optics **geometrik orantı** geometric
  proportion **geometrik ortalama** geo-
  metric average **geometrik seri** geo-
  metric series **geometrik sınır** geomet-
  ric frontier **geometrik şekil** geometric
  figure **geometrik toplam** geometrical
  sum **geometrik yer** locus **geometrik
  yüzey** geometrical surface
gep(e)genç *s, be.* very young
gepegenç *s.* very young
gerbera *a.* Gerber daisy
gerçek *s.* real; genuine, true, authentic;
  factual; actual ¤ *a.* reality; truth; fact;
  actuality **gerçeği gizlemek** to hide the
  truth, to keep the truth back **gerçeği
  söylemek** to tell the truth, to come
  clean *kon.* **gerçek adres** *biliş.* real ad-
  dress **gerçek anahtar** actual key
  gerçek anomali true anomaly **gerçek
  ayrıklık** true anomaly **gerçek bellek**
  real storage **gerçek biçim** true form
  gerçek dosya real file **gerçek entropi**
  virtual entropy **gerçek görüntü** real
  image **gerçek güç** actual power
  gerçek güneş true sun **gerçek katot**
  actual cathode **gerçek kerteriz** true
  bearing **gerçek kod** actual code
  gerçek komut effective instruction
  gerçek kütük real file **gerçek olmayan**
  virtual **gerçek öğle** apparent noon
  gerçek sayı *mat.* real number **gerçek**

sıcaklık virtual temperature **gerçek tamlayıcı** true complement **gerçek verim** actual output **gerçek yüzünü açığa vurmak** to throw off one's mask **gerçek zaman** real time
gerçekçi *a.* realist * realist ¤ *s.* realistic, down-to-earth *övg.* * realist **gerçekçi olmak** to come down to earth
gerçekçilik *a.* realism * realizm
gerçekdışı *s.* unreal, false
gerçekdışılık *a.* unreality
gerçekleme *a.* confirmation, verification
gerçeklemek *e.* to confirm, to verify
gerçekleşme *a.* realization, coming true
gerçekleşmek *e.* to come true; to materialize, to become fact
gerçekleştirme *a.* realization, making (sth) come true
gerçekleştirmek *e.* to realize, to materialize, to execute, to put sth through
gerçekleyici *a.* verifier
gerçekli *s.* real
gerçeklik *a.* reality
gerçeksiz *s.* unreal
gerçekte *be.* in reality, essentially, in actual fact
gerçekten *be.* truly, really, actually, indeed, honestly
gerçeküstü *s.* surreal
gerçeküstücü *a.* surrealist * sürrealist ¤ *s.* surrealistic * sürrealist
gerçeküstücülük *a.* surrealism * sürrealizm
gerçi *be.* although, though, tho'
gerdan *a.* neck, throat; double-chin **gerdan kırmak** to swing one's head (sexily)
gerdankıran *a. hayb.* wryneck
gerdanlık *a.* necklace
gerdek *a.* bridal chamber, nuptial chamber **gerdeğe girmek** to enter the nuptial chamber **gerdek gecesi** wedding night **gerdek yatağı** nuptial bed
gerdel *a.* pail
gereç *a.* material, equipment
gereğince *be.* as needed/required; in accordance with
gereğinde *be.* when necessary, as needed
gerek *a.* necessity, need, requirement ¤ *s.* necessary, needed ¤ *bağ.* whether ... or **gereği gibi** as is due, properly
gerekçe *a.* reason, motive, justification;

huk. ground
gerekçeli *s.* motivated, justified, justifiable
gerekçesiz *s.* unmotivated, unjustified, unjustifiable
gerekim *a.* requirement
gerekince *be.* when necessary
gerekirci *a.* determinist ¤ *s.* deterministic
gerekircilik *a.* determinism * belirlenimcilik, determinizm
gerekirse *be.* if need be
gerekli *s.* necessary, essential, requisite, needed, required
gereklik *a.* need, necessity
gereklilik *a.* necessity, need * lüzum
gerekmek *e.* to be necessary, to be needed; to need; to have to, must, should; to be supposed to **gerekirse** if need be, if necessary **gerektiği gibi** duly
gerekseme *a.* need, necessity, requirement
gereksemek *e.* to need
gereksemek, gereksinmek *e.* to need, to require, to be in need (of)
gereksinim *a.* need, necessity, requirement **gereksinim duymak** to need **gereksinimi olmak** to require, to need **gereksinimini karşılamak** to meet sb's requirements
gereksinme *a.* need, necessity, requirement
gereksiz *s.* unnecessary, needless, pointless, superfluous, uncalled-for, gratuitous **gereksiz bilgi** redundant information **gereksiz denetim** redundant check **gereksiz kılmak** to make redundant, to render unnecessary **gereksiz kod** redundant code **gereksiz yere** needlessly
gereksizce *be.* needlessly
gereksizlik *a.* lack of need, needlessness
gerektirim *a.* determination
gerektirme *a.* necessity, requirement
gerektirmek *e.* to necessitate, to require, to need, to involve, to exact, to entail, to demand, to call for sth
gerelti *a.* obstacle, barrier
geren *a.* clayey soil
gerey *a.* tensor
gergedan *a, hayb.* rhinoceros, rhino *kon.*
gergedanböceği *a, hayb.* rhinoceros beetle
gergef *a.* embroidery frame

gergi *a.* strainer, stretcher *gergi çubuğu* stay bar, tie bar, tie rod *gergi halatı* guy *gergi kasnağı* jockey pulley *gergi kirişi* girt *gergi teli* guy *gergi yayı* expansion spring
gergin *s.* tight, taut, stretched; strained, tense; jumpy
gerginleşmek *e.* to get stretched; to get tensed up
gerginleştirmek *e.* to tighten; to strain, to stretch, to tense
gerginlik *a.* tightness; tension
geri *a.* back, rear, reverse; rest, remainder ¤ *s.* back, hind; backward, undeveloped; (saat, vb.) slow; *arg.* stupid, half-witted, imbecile *kon.* ¤ *be.* back, backward(s) *geri akım* back current *geri akış* reflux *geri almak* a) to get back, to take back b) (satılan malı) to take sth back c) (söz, vb.) to withdraw d) (saati) to put sth back *geri ark* arcback *geri ateşleme* arcback *geri aynası* driving mirror *geri bağlaşım* back coupling *geri çağırmak* to recall *geri çekilmek* a) to recede, to fall back b) *ask.* to retire, to withdraw *geri çekmek* to draw back, to withdraw, to disengage *geri çevirmek* to send back, to turn back, to return, to repudiate, to reject, to turn sb away *geri döndürmek* to turn sb/sth back *geri dönmek* to come back, to return, to get back *geri dönüş* comeback *geri durmak* to refrain, to abstain (from) *geri emisyon* back emission *geri eşdeğerleyim* back titration *geri gelmek* to come back, to get back *geri getirici* recuperator *geri gitmek* a) to go back, to return b) to retrogress, to retrograde, to decline c) (taşıtla) to reverse *geri göndermek* to return *geri götürmek* to return *geri hareket* retrograde motion *geri ısıtma* backheating *geri iletim* back conduction *geri kafalı* reactionary, old-fashioned; fuddy-duddy *geri kalan* remainder, remnant *geri kalmak* a) to stay behind b) (saat) to be slow *geri kalmamak* a) to be as good as b) not to fail (to do sth) *geri kalmış* underdeveloped *geri kalmışlık* backwardness *geri kazanıcı* recuperator *geri kazanma* *tek.* recovery, recuperation *geri kazanmak* *tek.* to recover, to recuperate, to reclaim *geri kontak*

back contact *geri kuplaj* back coupling *geri ödeme* repayment; refund; drawback, payback *geri ödemek* to pay back, to repay; to refund; to reimburse *geri püskürtmek* to repulse *geri rasat* back sight *geri saçılım* backscattering *geri saçılma* backward scatter *geri sarıcı* rewinder *geri sarmak* to rewind *geri sayım* *bkz.* gerisayım *geri sekmek* to rebound *geri sürmek* to back *geri tepme* backfire, recoil, resilience *geri tepmek* to kick back, to backfire, to recoil *geri tepmeli motor* repulsion motor *geri titrasyon* back titration *geri tuşu* backspacer *geri vermek* a) to give back, to return, to turn sth in b) (borcunu) to pay sth back, to pay sb back *geri vites* *oto.* reverse, reverse gear *geri vitese almak* to reverse *geri zekâlı* a) mentally retarded, cretin *hkr.*, imbecile *kon.*, half-witted b) idiot, imbecile, half-wit, moron *hkr.* *geri zekâlılık* mental deficiency, mental retardation *gerisin geriye gitmek* to return, to go back
geriatri *a.* geriatrics
geriatrik *s.* geriatric
geribesleme *a.* feedback *geribesleme admitansı* feedback admittance *geribesleme amplifikatörü* feedback amplifier *geribesleme denetimi* feedback control *geribesleme devresi* feedback circuit *geribesleme direnci* feedback resistance *geribesleme döngüsü* feedback loop *geribesleme dönüştürücüsü* feedback transducer *geribesleme katsayısı* feedback factor *geribesleme oranı* feedback ratio *geribesleme osilatörü* feedback oscillator *geribesleme redresörü* feedback rectifier *geribesleme sargıları* feedback windings *geribesleme sinyali* feedback signal *geribesleme yolu* feedback path *geribesleme yüzdesi* feedback percentage
geribırakma *a.* desorption
geribildirim *a.* feedback
gerici *a, s.* reactionary
gericilik *a.* reaction
geride *be.* at the back *geride bırakmak* a) to leave behind, to pass b) to overtake c) to surpass, to outdistance d) (yarışta) to outstrip

geridon a. round pedestal table, gueridon
gerilebilir s. tensile
gerilek s. regressive
gerileme a. recession; withdrawal; regression, decline **gerileme katsayısı** regression coefficient
gerilemek e. to draw back, to go back, to recede; to retrograde, to retrogress
geriletme a. backspacing **geriletme karakteri** backspace character
geriletmek e. to cause to go back; to backspace
gerileyen s. regressive, retrograde, retrogressive
gerileyici s. regressive
gerili s. stretched, strained, tight, taut
gerilik a. backwardness
gerilim a. tension, stress; *elek.* voltage; frustration **gerilim ayarı** voltage regulation **gerilim azalışı** voltage decay **gerilim bobini** voltage coil **gerilim bölücü** voltage divider **gerilim çoğaltıcı** voltage multiplier **gerilim diyagramı** stress diagram **gerilim doyması** voltage saturation **gerilim dönüştüreci** voltage transformer **gerilim duyarlığı** voltage sensitivity **gerilim düşüşü** voltage drop **gerilim düzeyi** voltage level **gerilim geribeslemesi** voltage feedback **gerilim giderme** stress relieving **gerilim gradyanı** voltage gradient **gerilim katlayıcı** voltage doubler **gerilim kazancı** voltage gain **gerilim korozyonu** stress corrosion **gerilim sınırı** voltage limit **gerilim testi** stress test **gerilim üreteci** voltage generator **gerilim yükselişi** voltage rise **gerilim yükselteci** voltage amplifier **gerilim yükseltimi** voltage amplification
gerilimli s. tense
gerilimölçer a. strain gauge, voltmeter
gerilimsiz s. without tension, relaxed
gerilimsizlik a. lack of tension, relaxed state
gerilla a. guerilla, guerilla **gerilla savaşı** guerilla warfare
gerillacı ask. partisan
gerilme a. strain, stress, tension **gerilme çubuğu** tension bar **gerilme eğrisi** stress curve **gerilme mukavemeti** tensile strength **gerilme tansörü** stress tensor

gerilmek e. to be stretched, to be tightened; to be tensed
gerinim a. strain **gerinim sertleşmesi** strain hardening **gerinim yaşlanması** strain ageing
gerinmek e. to stretch oneself
gerisayım a. countdown
gerisinde ilg. behind, at he back of
gerisingeri be. kon. back
geritepki a. recoil **geritepki atomu** recoil atom **geritepki çekirdeği** recoil nucleus **geritepki ışınımı** recoil radiation **geritepki parçacığı** recoil particle
geriye be. back, backward(s), towards the back **geriye aşınma** headward erosion **geriye dönüş** flashback **geriye düzeltici** demodifier **geriye okuma denetimi** read-back check **geriye oluk** backward channel **geriye sayma** countdown **geriye saymak** to count down
geriz a. sewer
Germanist a. Germanist
Germanistik a. Germanics, Germanistics
Germanofil a. s. Germanophile
germanyum a, kim. germanium
germe a. stretching, strain, stress, tension **germe ağırlığı** tension weight **germe çubuğu** tension rod **germe donanımı** turnbuckle **germe haddesi** tension roll **germe halatı** guy rope **germe kaması** tightening key **germe kasnağı** take-up pulley **germe-kurutma makinesi** teks. tenter, stenter * ram **germe makarası** expanding roller **germe makinesi** stenter frame **germe yayı** detent spring
germek e. to tense, to extend
germeli s. braced **germeli düzelteç** stretcher leveller **germeli kurutucu** stenter drier
germen a. castle
gerontoloji a. gerontology
gerzek s. cretin hkr., dozy İİ./kon. ¤ a. fool, clot İİ./kon./şak.
Gestapo a. trh. Gestapo
gestasyon a. biy. gestation
geştalt a, ruhb. gestalt
getirgen s. afferent
getiri a, eko. yield
getirici s. afferent
getirmek e. to bring; to fetch; to bring in, to yield, to give; to put forward, to bring; to bring forth **getir götür işi** errand

getirtmek *e.* to cause to be brought; to send for; to order, to import from

getr *a.* leggings, gaiter, spat

getto *a.* ghetto

gevelemek *e.* to chew, to champ; to mumble, to hum and haw

geven *a. bitk.* gum-tragacanth plant

geveze *s.* talkative, chatty, communicative, garrulous, loquacious *res.* ¤ *a.* chatterbox, chatterer

gevezelenmek *e.* to chatter, to babble

gevezelik *a.* chattering, babbling, gab *kon.*, chingwag *İİ./kon.* **gevezelik etmek** a) to chatter, to babble b) to chat away, to have a chat

geviş *a.* rumination **geviş getirmek** to ruminate

gevişgetiren *s.* ruminating

gevişgetirenler *a, hayb.* ruminants

gevmek *e.* to chew, to mumble

gevrek *s.* crisp, crispy, brittle, crackly, crusty ¤ *a.* biscuit, cracker **gevrek kırılma** brittle fracture

gevrekleşmek *e.* to crisp

gevreklik *a.* crispness, brittleness

gevremek *e.* to become crisp, to get brittle

gevretmek *e.* to crisp

gevşek *s.* loose; flabby, flaccid; slack; baggy; lax **gevşek bağlantı** poor connection **gevşek bağlaşım** loose coupling **gevşek budak** loose knot **gevşek kuplaj** loose coupling, weak coupling **gevşek liste** loose list **gevşek toprak** loose ground **gevşek zemin** loose ground

gevşeklik *a.* looseness; slackness; laxity

gevşem *a.* diastasis, diastole

gevşeme *a.* relaxation **gevşeme süresi** relaxation time

gevşemek *e.* to loosen; to relax; to slacken, to diminish

gevşemli *s. hek.* diastolic

gevşetici *s.* relaxative ¤ *a. hek.* relaxant

gevşetme *a.* relaxation

gevşetmek *e.* to loosen, to slacken; to relax, to ease

gey *a, arg.* queer, fairy, queen, fag

geyik *a, hayb.* deer, stag; *arg.* cuckold **geyik eti** venison **geyik muhabbeti** *arg.* yap **geyik muhabbeti etmek** *arg.* to yap **geyik yavrusu** fawn

geyikböceği *a.* stag beetle

geyikdikeni *a. bitk.* buckthorn

geyikdili *a. bitk.* hart's-tongue fern

geyikdomuzu *a. hayb.* babirusa

geyikotu *a.* deerweed, dittany, stonemint

geyşa *a.* geisha

gez[1] *a.* (silah) backsight; (ok) notch

gez[2] *a.* plumbline

gezdirmek *e.* to show around, to show round; to take out walking, to walk

gezegen *a.* planet * seyyare, planet

gezegenlerarası *s, gökb.* interplanetary

gezeğen *s.* who likes gadding about/around

gezelemek *e.* to stroll, to walk around; to wander about, to roam

gezenek *a.* locus

gezenti *s.* who likes gadding about/around

gezer *s.* mobile, wandering, itinerant **gezer adres** floating address **gezer domuzdamı** temporary chock **gezer nokta** floating point **gezer vinç** crab winch, gantry crane

gezerev *a.* mobile home

gezge *a.* patrol

gezgin *s.* wandering, itinerant ¤ *a.* tourist

gezginci *s.* itinerant, pedlar

gezgincilik *a.* itinerancy

gezginlik *a.* being a tourist, traveling

gezi *a.* excursion, journey, tour, trip; outing, promenade, walk, ride

gezici *s.* itinerant; mobile, travelling, touring **gezici vinç** travelling crane

gezicilik *a.* itinerancy

gezimcilik *a, fel.* Peripateticism

gezinme *a.* strolling, rambling, tour

gezinmek *e.* to get about, to get around, to wander about, to stroll, to ramble, to roam

gezinti *a.* walk, stroll, outing, excursion, tour, jaunt; corridor **gezinti boşluğu** end play **gezinti güvertesi** promenade deck **gezintiye çıkmak** to go on an outing

gezlemek *e.* to measure; to aim (a weapon)

gezlik *a.* sword edge

gezmeci *a, kon.* excursionist

gezmek *e.* to wander, to ramble, to tour **gezip tozmak** to gallivant about *kon./hkr.*, to bum around **gezmeye gitmek** to go on a jaunt

gezmen *a.* traveler, traveller

gıcık *a.* tickle (in one's throat); *arg.* nerd, killjoy, disagreeable person ¤ *s.* crabby

kon., bloody-minded *İİ./kon.* **gıcık duymak** to have a tickle in one's throat **gıcık etmek** *arg.* to put sb back up, to get sb back up, to get on sb's tits, to get, to grate (on sb), to peeve, to rile *kon.*, to get on sb's nerves *kon.*, to give sb the pip *İİ./kon.* **gıcık herif** sod *İİ./arg.* **gıcık olmak** to become irritated, to become peeved, to be allergic to sth **gıcık vermek** to tickle one's throat

gıcıklamak *e.* to give one a tickle in one's throat

gıcıklanmak *e.* to have a tickle (in the throat); *kon.* to suspect, to doubt; *kon.* to be turned on

gıcır gıcır *s.* brand-new, crisp

gıcır *s, arg.* brand-new, new

gıcırdamak *e.* to creak, to squeak, to grate

gıcırdatmak *e.* to make sth creak; (dişlerini) to gnash, to grind

gıcırtı *a.* creak, squeak, scrape

gıcırtılı *s.* creaky

gıda *a.* food; nutrition, nourishment, nutriment, diet ¤ *sg.* alimentary **gıda boyası** colouring **gıda maddesi** foodstuff **gıda sanayisi** food industry

gıdaklama *a.* cluck, cackle

gıdaklamak *e.* to cackle, to cluck

gıdalı *s.* nutritious

gıdasız *s.* undernourished **gıdasız kalmak** to be undernourished

gıdasızlık *a.* undernourishment

gıdı *a. çoc.* the underpart of the chin

gıdı gıdı *ünl.* tickle, tickle! (said when tickling)

gıdı(k) *a.* jowl **gıdık almak** to chuck sb under the chin

gıdık *a. çoc.* the underpart of the chin

gıdıklamak *e.* to tickle

gıdıklanmak *e.* to have tickling sensation; to be tickled, to tickle; to be ticklish

gıgı *a. çoc.* the underpart of the chin

gık: **gık dedirtmemek** not to give a chance to move **gık demek** to object, to complain **gık dememek** to keep mum, to say nothing, not to object **gıkı çıkmamak** to keep mum, to say nothing, not to object **gıkını çıkarmamak** to clam up *kon.*

gıldır gıldır *be.* with a roaring sound

gına *a.* disgust, weariness, boredom **gına gelmek** to be sick and tired of sb/sth, to

have had enough of **gına getirmek** to be fed up with, to cloy *esk./res.*

gıpta *a.* envy * imrenti **gıpta edilecek** enviable **gıpta etmek** to envy; to admire

gır *a.* word; talk

gıradin *a, den.* boltrope

gırcala *a, den.* marline

gırgır *a.* fun, distraction, teasing; carpet sweeper; *den.* dragnet; scream *kon.*, a riot *kon.*, comedian ¤ *s, kon.* jocular, funny, amusing **gırgır geçmek** to make fun (of), to take the piss (out of sb) **gırgıra almak** to spoof **gırgırına** for the hell of it *kon.*, in jest, for fun, in fun, for the fun of it

gırgırlamak *e.* to clean with a carpet sweeper

gırla *be.* abundantly, amply **gırla gitmek** to be abundant, to be too much

gırnata *a.* clarinet

gırnatacı *a.* clarinet player, clarinetist

gırtlak *a.* throat; larynx, gullet **gırtlağına basmak** to force (sb to do sth) **gırtlağına kadar borçlu olmak** to be up to one's ears/eyes in debt, to be up to the hilt in debt **gırtlağına sarılmak** to choke, to throttle sb **gırtlak çıkıntısı** Adam's apple **gırtlak gırtlağa gelmek** to fly at one another's throat

gırtlaklamak *e.* to strangle, to throttle

gırtlaklaşmak *e.* to be at each other's throats

gırtlaksı *s.* (ses) guttural

gışa *a.* membrane *esk.* * örtü, perde; zar

gıvıl gıvıl *be. yörs.* all together, swarmingly

gıyaben *be.* in one's absence; by name only; *huk.* by default

gıyabi *s, huk.* defaulting; from a distance **gıyabi hüküm** judgement by default

gıyap *a.* absence * yokluk **gıyabında** in his absence

gibi *ilg.* like, such ... as, such as; as; as if, as though; kind of *kon.*; (zaman) about, around **gibi davranmak** to affect, to pretend **gibi gelmek** to seem, to appear, to sound (like) **gibi görünmek** to look like, to look as if, to appear **gibi yapmak** to pretend, to feign

gibisi *a.* equal

gibisinden *a.* from the likes of ¤ *be.* as if .to say

gicişmek e. to itch
gideğen a. coğ. outlet of a lake
gider a. expense, expenditure, outgoings
gider hesabı expense account
giderayak be. at the last moment
giderek be. gradually, slowly, step by step, by degrees
gidergen s. coercive
gidergenlik a. coercivity
gidergenlikölçer a. coercimeter
giderici s. removing ¤ a. remover
giderme a. removal; elimination
gidermek e. to remove, to dissolve sth (away); to cease, to stop, to dissipate, to dispel; to satisfy, slake; (açlık) to appease, to satisfy; (susuzluk) to quench, to slake
gidici s. about to go/die
gidim a. range
gidimli s. fel. discursive
gidiş a. departure, going; course; movement, gait; conduct, way of life gidiş bileti single, one-way ticket gidiş dönüş return İİ., round trip Aİ. gidiş dönüş/geliş bileti return ticket İİ., round trip ticket Aİ.
gidişat a. goings-on, affairs, things, situation; conduct
gidişgeliş a. coming and going, traffic
gidişmek e. to itch
gidon a, den. burgee * fors; (bisiklet) handlebar
giga a. giga
gigabayt a. biliş. gigabyte
gilbert a. gilbert
gill a. gill
gill-box a. gill box
gilsonit a. gilsonite
Gine a. Guinea ¤ s. Guinean
gine be. again, once again; still, nevertheless gine de but still
Gine-Bisav a. Guinea-Bissau ¤ s. Guinea-Bissauan
Gine-Bisavlı a, s. Guinea-Bissauan
ginedomuzu a. hayb. aperea
Gineli a, s. Guinean
ginko a, bitk. ginkgo, maidenhair tree
ginkoağacı a. bitk. ginkgo, gingko
ginseng a. ginseng
gipür a. guipure
girdap a. whirlpool, eddy
girdaplı s. vortical
girdi a. input girdi aygıtı input device

girdi belleği input storage girdi bilgisi input data girdi birimi input unit girdi bloğu input block girdi bölümü input section girdi çevirici input translator girdi donatısı input equipment girdi ekipmanı input equipment girdi günlüğü input log girdi hazırlığı input preparation girdi istasyonu input station girdi işlemi input process girdi kaydı input record girdi öbeği input block girdi programı input program girdi sınırlamalı input limited girdi yazmacı input register girdi yordamı input routine, input reader girdi yükleme input loading girdisi çıktısı the ins and outs of sth girdisini çıktısını bilmek to have sth at one's fingertips, to know all the ins and outs of sth
girdi/çıktı a, biliş. input/output girdi/çıktı bkz. girdi/çıktı girdi/çıktı anayolu input/output trunk girdi/çıktı aygıtları input/output devices girdi/çıktı çizelgesi input/output table girdi/çıktı denetimi input/output control girdi/çıktı işlemcisi input/output processor girdi/çıktı kanalı input/output channel girdi/çıktı kapısı input/output port girdi/çıktı kesilmesi input/output interrupt girdi/çıktı kitaplığı input/output library girdi/çıktı oluğu input/output channel girdi/çıktı sınırlamalı input/output limited girdi/çıktı sistemi input/output system girdi/çıktı tamponu input/output buffer girdi/çıktı yazmacı input/output register girdi/çıktı yordamları input/output routines
girgin s. sociable, companionable, gregarious
girginlik a. pushfulness, sociability
girift s. involved, intricate; (yazı) interlaced
girim a. entering, entrance
girimlik a. entrance ticket; entrance fee
girinti a. recess, dent, indentation
girintili s. recessed, indented girintili çıkıntılı wavy, indented, zigzag
giriş a. going in, entering; entry, entrance, access, inlet; foyer, hall; doorway; admittance, admission; introduction; input giriş ağzı inlet port giriş bacası access shaft giriş bilgisi input data giriş

borusu inlet pipe ***giriş çıkış*** entrance and exit ***giriş devresi*** input circuit ***giriş direnci*** input resistance ***giriş düzeyi*** input level ***giriş empedansı*** input impedance ***giriş galerisi*** access gallery ***giriş gerilimi*** input voltage ***giriş hakkı*** entrée ***giriş izni*** entrée ***giriş kablosu*** leading-in cable ***giriş kapasitesi*** input capacitance ***giriş kapısı*** entrance door, gateway ***giriş komutu*** entry instruction ***giriş koşulu*** entry condition ***giriş limanı*** port of entry ***giriş niteliğinde*** introductory ***giriş noktası*** entry point ***giriş öbeği*** entry block ***giriş rampası*** access ramp ***giriş rezonatörü*** input resonator ***giriş serbest*** admission free ***giriş sıcaklığı*** inlet temperature ***giriş sınavı*** entrance examination ***giriş sinyali*** input signal ***giriş sistemi*** input system ***giriş supabı*** inlet valve ***giriş teli*** drop wire ***giriş transformatörü*** input transformer ***giriş ücreti*** entrance fee, admission ***giriş valsi*** feeding roller ***giriş yelpazesi*** fan-in ***giriş yeri*** entrance

girişik *s.* intricate, complex ***girişik bezeme*** arabesque

girişim *a.* attempt, enterprise, undertaking; *fiz.* interference ***girişim engelleyici*** interference trap ***girişim enversörü*** interference inverter ***girişim evireci*** interference inverter ***girişim filtresi*** interference filter ***girişim saçağı*** interference fringe ***girişim tuzağı*** interference trap ***girişim zayıflaması*** interference fading ***girişimde bulunmak*** to attempt

girişimci *a.* entrepreneur, contractor

girişimcilik *a.* entrepreneurship

girişimölçer *a.* interferometer

girişken *s.* enterprising, pushful, energetic, aggressive

girişkenlik *a.* enterprise, initiative

girişlik *a.* introductory statement, introduction

girişmek *e.* to attempt, to enter into sth, to pitch into sth, to have a bash at; to go at sth, to knuckle down (to sth) *kon.*; (yemeğe) to pitch into sth; to begin to beat, to beat sb up

Girit *a.* Crete

giritkekiği *a. bitk.* Cretan dittany

giritladeni *a. bitk.* Cretan rockrose

giritlalesi *a. bitk.* ranunculus, crowfoot

Giritli *a. s.* Cretan

giritotu *a.* dittany

girizgâh *a.* introduction

girme *a.* entering, entrance

girmek *e.* to enter; to come in(to), to go in(to); to break into; to fit; to join, to participate in; to go into (details); to enter upon, to begin; to start; to reach (the age of ...); *arg.* to cost too much; to penetrate; to teach ***girilmez*** no admittance ***Girmek yasak*** No admittance; No Trespassing

girmelik *a.* entrance fee, admission

gişe *a.* box office, ticket office, ticket window, booking office *İİ.*; cash-desk, pay-desk ***gişe memuru*** booking clerk *İİ.*

git *a.* ebb

gitar *a.* guitar

gitarcı, gitarist *a.* guitarist

gitgide *be.* increasingly, gradually, more and more, by degrees

gitme *a.* going; leaving, departure

gitmek *e.* to go; to leave, to depart, to make a move; to leave for; to attend; to get on with sth; to go off; (taşıt) to move off, to leave; to travel, to make; (giysi, vb.) to go with, to suit, to become; to fit, to be suitable (for); to be enough (for), to suffice; to last, to endure; to be over, to end, to go; to be gone; to die, to pass away, to pass on, to go; to be sold, to go (for); to be damaged ***gidip gelmek*** to shuttle

gittikçe *be.* increasingly, gradually, steadily, more and more, by degrees

giydirici *a. sin., tiy.* dresser

giydirme *a.* dressing

giydirmek *e.* to dress, to clothe, to attire, to array; to rebuke, to abuse, to reproach ***giydirip kuşatmak*** to doll sb up *kon.*, to array

giyecek *a.* clothes, clothing, garment, gear

giyilebilir *s.* wearable

giyim *a.* clothing, clothes, attire, apparel, garment, dressing; turnout ***giyim endüstrisi*** clothing industry ***giyim kuşam*** clothes, apparel

giyimevi *a.* clothing store

giyimli *s.* dressed, clothed

giyinik *s.* dressed, clothed

giyiniş *a.* mode of dressing, turnout

giyinme *a.* dressing oneself

giyinmek *e.* to get dressed, to dress oneself *giyinip kuşanmak* to dress up, to dress oneself up, to prink oneself up, to spruce oneself up, to doll oneself up *kon.*

giyit *a.* garment, dress

giymek *e.* to wear, to have sth on; to put on, to slip on

giyotin *a.* guillotine *giyotinle idam etmek* to guillotine

giysi *a.* clothes, costume, garments, gear, tags *kon.*; dress, frock *giysi dolabı* wardrobe

giysilik *a.* wardrobe, armoire

giz¹ *a, den.* gaff

giz² *a.* secret

gizdeğer *a.* characteristic value, eigenvalue

gizdoküm *a.* confession, admission

gizem *a.* mystery * sır

gizemci *a.* mystic * mistik

gizemcilik *a.* mysticism * mistisizm

gizemli *s.* mysterious, inscrutable

gizemlilik *a.* being mystical

gizemsel *s.* mystical

gizil *s, fiz.* potential, latent * potansiyel

gizilgüç *a, fiz.* potential * potansiyel

gizleme *a.* hiding, concealment *gizleme sisi* screening smoke

gizlemek *e.* to hide, to bury; to conceal, to cloak, to mask; to belie, to suppress; to secrete; to disguise

gizlenmek *e.* to hide, to hide oneself, to lurk; to be kept secret

gizlev *a.* eigenfunction

gizli *s.* hidden, concealed; secret, covert, clandestine, dark, surreptitious *hkr.*; confidential; classified; occult, arcane; furtive *gizli ajan* secret agent, agent *gizli celsede huk.* in camera *gizli cemiyet* secret society *gizli dinleme aygıtı* bug *gizli dosya biliş.* hidden file *gizli gizli* secretly *gizli görüntü* latent image *gizli haber alma teşkilatı* secret service *gizli ısı* latent heat *gizli kablo tesisatı* concealed wiring *gizli kapaklı* clandestine, obscure *gizli kırlangıç kuyruğu* lap dovetail *gizli kütük biliş.* hidden file *gizli mikrofon yerleştirmek* to bug *gizli mikrofon* bug *kon.* *gizli nötronlar* latent neutrons *gizli oturum/celse* secret cession *gizli oy*

secret vote *gizli oylama* ballot *gizli polis teşkilatı* secret police *gizli tutmak* to hide, to keep secret, to hush up *gizli zaman* latent period *gizlisi saklısı olmamak* to lay one's card on the table, to put one's cards on the table

gizlice *be.* secretly, surreptitiously, on the quiet, under the rose, in secret, on the sly *gizlice bakmak* to peek, to peep *gizlice çıkmak* to sneak off/out of *gizlice girmek* to sneak in/on/into/onto *gizlice takip etmek* to shadow

gizlilik *a.* secrecy, stealth *gizlilik içinde* in secret

gizyöney *a.* characteristic vector, eigenvector

gladyatör *a.* gladiator

glase *a.* glacé

glasiyoloji *a.* glaciology

glasnost *a. pol.* glasnost, openness

glayöl *a, bitk.* gladiolus * kuzgunkılıcı

glif *a.* glyph

glikogenez *a. kim.* glycogenesis, glycogeny

glikojen *a, kim.* glycogen

glikol *a.* glycol

glikolik asit *a.* glycolic acid

glikolik *s.* glycol(l)ic

glikolipit *a.* glycolipid

glikoliz *a.* glycolysis

glikonat *a.* gluconate

glikoprotein *a.* glucoprotein, glycoprotein

glikoz *a.* glucose

glikozamin *a.* glucosamine

glikozid *a.* glycoside

glikozit *a.* glycoside

glikozlu *s.* glucosic

glikozüri *a.* glycosuria

glioksal *a.* glyoxal

glioksalin *a.* glyoxaline

glisemi *a.* glycemia, glycaemia

gliseraldehit *a.* glyceraldehyde

gliserik asit *a.* glyceric acid

gliserik *s.* glyceric

gliseril *a.* glyceryl

gliserin *a.* glycerine, glycerin *Aİ.*

gliserit *a.* glyceride

gliserol *a.* glycerol

glisil *a.* glycyl

glisin *a.* glycine

global *s.* global

globin *a.* globin

globül *a.* globule
globülin *a.* globulin
glokofan *a.* glaucophane
glokofanit *a.* glaucophanite
glokom *a.* glaucoma
glokoni *a. yerb.* glauconite
glokonit *a.* glauconite
gloksinya *a.* gloxinia
glomerül *s.* glomerulus; glomerule
glosit *a. hek.* glossitis
glotis *a.* glottis
glukonik asit *a.* gluconic acid
glukoz *a.* glucose
glukozamin *a.* glucosamine
glukozit *a.* glucoside
glukuronik asit *a.* glucuronic acid
glusin *a.* glucina
glusitol *a.* glucitol
glutamik asit *a.* glutamic acid
glutamin *a.* glutamine
glutelin *a.* glutelin
gluten *a.* fibrin, gluten
glutenli *s.* glutenous
glükagon *a.* glucagon
glütamat *a.* glutamate
glütamik *s.* glutamic
glütamin *a.* glutamine
glütaminaz *a.* glutaminase
glütaraldehit *a.* glutaraldehyde
glütation *a.* glutathione
glüten *a.* gluten
glüten asidi *a.* glutaric acid
gnays *a.* gneiss
goblen *a.* gobelin tapestry *goblen iğnesi* tapestry needle *goblen örgüsü* Gobelin stitch
gocuk *a.* sheepskin cloak
gocundurmak *e.* to offend
gocunmak *e.* to take offence (at)
gode *a.* godet
godoş *a, arg.* pimp
gofraj *a.* embossed finish
gofre *a, teks.* embossing *gofre kalenderi* embossing calender *gofre kâğıdı* crepe paper *gofre kâğıt* crepe paper *gofre keçesi* embossing felt *gofre makinesi* embossing machine *gofre silindiri* embossing cylinder
gofreleme *a.* embossed finish ·
gofrelemek *e.* to emboss
gofret *a.* wafer
gogo *a, arg.* hashish, coke
gokart *a.* go-kart

gol *a, sp.* goal *gol atmak* to score a goal, to kick a goal *gol çizgisi* goal line *gol yemek* to give away a goal
golcü *a, sp.* scorer
golf *a, sp.* golf *golf alanı* golf course, golf links *golf kıyafeti* golf togs *golf kulübü* golf club *golf oynamak* to golf *golf oyuncusu* golfer *golf pantolon* plus fours *golf pantolonu* knickerbockers *golf sahası* golf course, golf links, course *golf sopası* golf club
golfçü *a.* golfer
Golfstrim *a.* the Gulf Stream
golfstrim *a.* Gulf Stream
gollük *s.* that can score a goal
golyan balığı *a.* minnow
golyanbalığı *a. hayb.* minnow
gomalak *a.* shellack
gomene *a, den.* cable
gonadotropik *s.* gonadotrop(h)ic
gonat *a. anat.* gonad
gonca *a.* bud *gonca vermek* to bud
gondol *a.* gondola
gondolcu *a.* gondolier
gonk *a.* gong
gonokok *a.* gonococcus
gonore *a. hek.* gonorrhea
gonyometre *a.* goniometer
goril *a, hayb.* gorilla; *kon.* bouncer
goşist *a.* gauchist, extreme leftist
goşizm *a.* leftist extremism
Gotik *s, mim.* Gothic
gotik *s.* Gothic *gotik harfler* Gothic type *gotik kemer* Gothic arch *gotik mimari* Gothic architecture *gotik sanat* Gothic art
goygoycu *s.* chatty ¤ *a.* petit larcenist
goygoyculuk *a.* chattiness; petty larceny
göbek *a, anat.* navel, umbilicus; belly; *kon.* paunch; heart, centre; the middle (of); *oto.* rim; *bitk.* core; generation *göbeği bağlı/beraber kesilmiş* inseparable (friends) *göbeği çatlamak* to exert oneself to the utmost *göbek adı* name given at birth *göbek atmak* a) to dance the belly dance b) to be very pleased *göbek bağı* a) *anat.* umbilical cord b) *bitk.* funicle, funiculus *göbek bağlamak/salıvermek* to become paunchy *göbek çukuru* bellybutton *göbek dansı* belly-dance *göbek deliği* belly-button *kon. göbek flanşı* hub flange *göbek havası* a) belly-dance

music b) great fun **göbek karbonu** core carbon **göbek kordonu** anat. umbilical cord **göbek taşı** central massage platform in a Turkish bath

göbeklenmek e. to become paunchy

göbekli s. paunchy, potbellied

göbeklidomuz a. hayb. collared peccary

göbekmantari a. bitk. morel

göbel a. yörs. bastard; street urchin; child

göbelek a. (edible) mushroom

göbelez a. pup, puppy

göç a. migration, emigration, immigration **göç etmek** to migrate, to emigrate, to immigrate

göçebe a. nomad, migrant ¤ s. nomadic, migrant **göçebe nüfus** nomadic population

göçebeleşmek e. to become a nomad

göçebelik a. nomadic life, nomadism

göçelge a. migrant settlement

göçer s. nomadic, migratory

göçeri s. nomadic

göçerkonar s. nomadic, wandering

göçerlik a. nomadism

göçermek e. to transfer (sth) to (sb); (bitki) to transplant

göçertme a. collapsing, caving in **göçertme yöntemi** caving system

göçertmek e. to collapse, to cave in

göçkün s. about to collapse; nomadic, migratory; (kişi) very old

göçme a. migration; collapsing

göçmek e. to migrate, to emigrate; to move house; to dent; to collapse, to cave in; to die, to pass away ört.

göçmen a. immigrant, emigrant, settler ¤ s. migratory, migrant **göçmen işçi** migrant worker **göçmen kuş** bird of passage, migratory bird **göçmen nüfus** immigrant population

göçmenkeme a. hayb. brown rat

göçmenlik a. being an emigrant/immigrant

göçü a, yerb. landslide, landslip

göçücü s. migratory

göçük s. collapsed, caved in ¤ a. landslide, landslip **göçük alan** caved area

göçüm a, biy. taxis * taksi

göçümlü s. metastatic

göçürmek e. to cause to migrate or move; to collapse, to cave in, to dent * çökertmek; kon. to gobble up

göçüş a. migration; emigration; immigration; collapsing, collapse

göçüşme a, dilb. metathesis

göden a. large intestine, rectum

gödenbağırsağı a. rectum

gödenbilim a. proctology

gödensel s. cloacal

göğce a. mistletoe

göğem s. greenish violet

göğüs a. chest, breast, bosom; breast, boob * meme; mutf. brisket **göğsü kabarmak** to be proud, to boast **göğüs anjini** angina pectoris **göğüs çekimi** close shot **göğüs geçirme** sigh **göğüs geçirmek** to sigh **göğüs germek** to face, to stand up, to brave, to breast, to resist, to withstand **göğüs halatı** breastrope **göğüs kafesi** rib cage **göğüs kemiği** breastbone, sternum **göğüs matkabı** breast drill **göğüs ölçüsü** bust **göğüs paleti** breastrope **göğüs paraşütü** chest pack parachute **göğüs siperi** breastwork **göğüs yüzgeci** pectoral fin **göğüs zarı** pleura

göğüsiçi s. anat. endothoracic, intrathoracic

göğüsleme a. knee brace

göğüslemek e. to breast; to stand to, to resist

göğüslü s. broad-chested; full-bosomed, bosomy

göğüslük a. bib, apron

gök a. sky, heavens, firmament ¤ s. celestial; blue, azure **gök atlası** star atlas **gök aydınlığı** airglow **gök birimi** astronomical unit **gök delinmek** to rain cats and dogs **gök ekvatoru** celestial equator **gök günlüğü** ephemeris **gök gürlemek** to thunder **gök gürlemesi/gürültüsü** thunder, thunderclap **gök gürültülü** thunderous **gök gürültülü sağanak** thunderstorm **gök haritası** star map **gök ırakgörürü** astronomical telescope **gök kubbe altında** under the open sky **gök kubbe** the vault of heaven **gök mavisi** sky blue, azure **gök mekaniği** celestial mechanics **gök öğleni** celestial meridian **gök teleskopu** astronomical telescope **gök yuvarlağı** celestial globe **göklere çıkarmak** to praise (sb) to the skies, to oversell kon., to extol res., to exalt res. **gökte ararken yerde bulmak**

to find/meet (sb/sth) unexpectedly **gökten zembille inmek** to be faultless/perfect

gökada a. galaxy * galaksi **gökada enberisi** pericenter **gökada enötesi** apocenter

gökbalina a. blue whale

gökbilim a. astronomy * astronomi

gökbilimci a. astronomer * astronom

gökbilimsel s. astronomical * astronomik

gökcismi a. celestial body, heavenly body

gökçe s. celestial, heavenly; sky blue; beautiful, pretty

gökçeağaç a. bitk. willow; hornbeam

gökçebalığı a. hayb. bleak

gökçegüvercin a. hayb. stock dove

gökçek s. pretty, beautiful

gökçeyazın a. literature

gökçül s. bluish; celestial, heavenly

gökdalgası a. sky wave

gökdelen a. skyscraper

gökdoğan a. hayb. hen harrier

gökekseni a. gökb. axis of the celestial sphere

gökeşleği a. gökb. celestial equator

gökevi a. planetarium

gökfiziği a. astrophysics * astrofizi k

gökgözler a. astronomical telescope

gökkır s. (at) blue-roan

gökkumu a. chondrule

gökkuşağı a. rainbow

gökkutbu a. celestial pole

gökkuzgun a. hayb. blue jay

gökküresi a. celestial sphere

gökladin a. blue spruce

gökmavisi a, s. azure

gökmen a. blue-eyed and blond

gökölçüm a. astrometry

göksel s. celestial, heavenly

göksinek a. blowfly

göktaşı a. meteorite, aerolite, meteor

Göktürk a. Kok Turk

Göktürkçe a. the language of the Kok Turks

gökyakut a. sapphire * safir

Gökyolu a. Milky Way * Samanyolu

gökyüzü a. sky, the heavens

gökzümrüt a. beryl

göl a. lake **göl asfaltı** lake asphalt **göl birikintisi** lacustrine deposit **göl kıyısı** bank **göl kireçtaşı** lacustrine limestone **göl meltemi** lake breeze **göl olmak** to become a puddle **göl ortamı** lacustrine

environment **göl tortusu** lacustrine sediment

gölalası a. hayb. lake trout, salmon trout

gölbilim a. limnology

gölbilimi a. limnology

gölcük a. small lake, pond

gölcül s. lacustrine

gölek a. small lake; pond, puddle

gölermek e. to form a lake/poodle

gölet a. small lake, pond

gölge a. shadow, shade **gölge ağacı** shade bearer **gölge düşürmek** to overshadow **gölge etmek** to shade, to cast a shadow on **gölge kabine** shadow cabinet **gölge oyunu** shadow play **gölge vermek** to shade **gölge yapmak** to cast a shadow **gölge yoğunluğu** shade density **gölgede bırakmak** to overshadow, to surpass, to eclipse **gölgede kalmak** to keep in the background **gölgesinde kalmak** to play second string to **gölgesinden korkmak** to be afraid of one's own shadow

gölgebalığı a. umbra

gölgebitkisi a. bitk. sciophyte

gölgecil s. bitk. shade-loving

gölgekuşu a. umbrette

gölgelemek e. to leave in the shade; to overshadow; to shade in

gölgelendirmek e. to shadow

gölgelenmek e. to become shady, to get shaded

gölgeli s. shady, shaded

gölgelik a. shady spot; arbour, canopy, bower

gölgeolay a. fel. epiphenomenon

gölgeolaycı a. fel. epiphenomenalist

gölgeolaycılık a. fel. epiphenomenalism

gölgeölçer a. densitometer

gölgesiz s. without shade, shadeless

gölkestanesi a. bitk. water chestnut, water caltrop

göllemek e. to turn into a lake

göllenmek e. to form a lake

gölmidyesi a. hayb. freshwater mussel

gölotu a. pond lily

gölsel s. lacustrine

gölük a. pack animal

gömeç a. comb

gömgök s. intensely blue, dark blue

gömlek a. shirt; (doktor) white coat; cover, case; generation; (kitap) dust jacket;

(yılan) slough, skin; *tek.* sleeve **gömlek değiştirmek** *tek.* to reline, to rebore **gömlek geçirmek** *tek.* to jacket **gömlek kolu** shirtsleeve
gömlekçi *a.* maker/seller of shirts
gömlekçilik *a.* making/selling shirts
gömlekli *s.* tunicate(d)
gömleklik *a.* shirting ¤ *s.* enough to make ... shirts **gömleklik kumaş** shirting
gömlekliler *a.* tunicata
gömme *a.* burying, burial ¤ *s.* buried; let-in, countersunk, recessed, inlaid, flush, built-in **gömme anahtar** flush switch **gömme ayak** *mim.* pilaster * pilastr **gömme banyo** sunken bathtub **gömme baş** countersunk head **gömme belleği** nesting store **gömme dolap** a) built-in wardrobe b) built-in cupboard **gömme döngüsü** nesting loop **gömme kama** sunk key **gömme kilit** mortise lock **gömme mobilya** built-in furniture **gömme zıvana** chase mortise
gömmek *e.* to bury; to bury, to inter, to lay sb to rest *ört.*; to embed, to inlay
gömü *a.* treasure * define
gömük *s.* buried; recessed **gömük far** recessed headlight
gömüldürük *a.* bow of an ox yoke; breast strap
gömülmek *e.* to be buried; to sink (into)
gömültü *a. yörs.* hunting blind, hide
gömülü *s.* buried **gömülü kablo** buried cable
gömüt *a.* grave, tomb, sepulchre, sepulcher *Aİ.* * sin, mezar, kabir, makber
gömütçü *a.* gravedigger
gömütlük *a.* cemetery * mezarlık, kabristan
gön *a.* tanned hide, cowhide, leather; hide, skin
göncü *a.* leather dealer; cobbler
gönç *s. yörs.* wealthy, rich
gönder *a.* pole, staff; flagpole, mast; goad
gönderen *a.* sender; consignor
gönderi *a.* mail, post; sendoff
gönderici *a.* sender
gönderilen *a.* consignee
gönderim *a.* transfer; transmission **gönderim sistemi** transmission system
gönderme *a.* sending, transmission; dispatch; reference **gönderme hızı** transmission speed **gönderme sonu** end of transmission **gönderme yapmak** to refer to

göndermek *e.* to send; to transmit; to consign; to dispatch; to forward; to refer; to see (sb) off
gönen *a.* irrigating soil for seeding; moisture
gönenç *a.* prosperity * refah
gönençli *s.* prosperous * müreffeh
gönendirmek *e.* to bring prosperity to, to please
gönenmek *e.* to prosper, to be happy
gönül *a.* heart; soul; feelings; mind; inclination, desire **gönlü bol** generous-hearted **gönlü bulanmak** to feel sick, to feel nauseated **gönlü kalmak** to hanker after **gönlü olmak** a) to be willing b) to be in love with **gönlü razı olmamak** not to find it in one's heart **gönlü tok** contented **gönlü zengin** generous **gönlünce** after one's heart **gönlüne göre** according to one's heart's desire **gönlünü almak** to propitiate, to atone (for), to conciliate **gönlünü etmek** to prevail on, to coax **gönlünü hoş etmek** to please **gönlünü kaptırmak** to be smitten with **gönlünü yapmak** to conciliate, to humour **gönül açmak** to cheer sb up **gönül alıcı** conciliatory **gönül alma** conciliation **gönül almak** to placate, to please **gönül bağlamak** to set one's heart on **gönül borcu** gratitude **gönül bulandırmak** to nauseate **gönül çekmek** to be in love **gönül darlığı** anxiety **gönül eğlencesi** toy of love **gönül eğlendirmek** to amuse oneself **gönül ferahlığı** contentment **gönül hoşluğu** contentment **gönül hoşluğu ile** willingly **gönül kırmak** to hurt the feelings **gönül rahatlığı** contentment **gönül vermek** a) to lose one's heart to, to fall for sb *kon.* b) to set one's heart on **gönülden** a) heartfelt, sincere b) most sincerely, with all one's heart, from the heart, readily
gönüldeş *a.* symphatizer
gönüllenmek *e.* to resent, to be put out
gönüllü *s.* willing, ready; voluntary ¤ *a.* volunteer; lover ¤ *be.* of one's own accord, voluntarily **gönüllü asker** volunteer **gönüllü hizmet** voluntary service **gönüllü olarak** of one's own volition **gönüllü olmak** to volunteer

gönüllülük *a.* willingness, readiness
gönülsüz *s.* unwilling, reluctant, disinclined, loath, half-hearted, grudging, indisposed
gönülsüzce *be.* half-heartedly
gönülsüzlük *a.* unwillingness, reluctance
gönye *a.* set square *gönye testeresi* mitre saw
gönyelemek *e.* to measure (sth) with a set square
gördek *a, hayb.* bitterling * acıbalık
göre *ilg.* according to, considering, as to, in respect of, in accordance with
görece *s.* relative * bağıl, izafi
göreceli *s.* relative *göreceli adres* relative address *göreceli kod* relative code *göreceli kodlama* relative coding
görecelik *a.* relativity
göreci *a.* relativist
görecilik *a.* relativism * bağıntıcılık, izafiye, rölativizm
göreli *s.* relative * bağıntılı, izafi, nispi, rölatif *göreli adres* relative address *göreli adresleme* relative addressing *göreli kod* relative code *göreli kodlama* relative coding
görelik *a, fel.* relation * bağıntı, izaget
görelilik *a.* relativity * bağıntılılık, izafiyet, rölativite *görelilik kuramı* the theory of relativity
görenek *a.* custom, tradition, usage
görenekçi *a.* conventionalist, traditionalist
görenekçilik *a.* conventionalism, traditionalism
görenekli *s.* bound by custom, experienced
göreneksel *a.* conventional, customary, traditional
göresimek *e. yörs.* to miss
göresiz *s.* nonrelativistic
görev *a.* duty, task, assignment, charge *res.*; appointment; mission, service, commission; function *görev başında* on duty *görev kuyruğu* task queue *görev vermek* to commission *görev yönetimi* task management *görevden alınmak* to be dismissed *görevden almak* to dismiss, to relieve of duty *görevden uzaklaştırmak* to dismiss *göreve getirmek* to induct *görevi ihmal etme* delinquency *görevini yerine getirmek* to do one's duty *görevini yerine getirmeyen* delinquent

görevcilik *a.* functionalism
görevdeş *s.* having the same function
görevdeşlik *a.* synergism
görevlendirmek *e.* to commission, to charge, to employ
görevli *a.* official, attendant, employee ¤ *s.* in charge, on duty
görevlilik *a.* being in charge; being an official
görevsel *s.* functional
görevselci *a. s.* functionalist
görevselcilik *a.* functionalism
görevsiz *s.* out of work, unemployed
görevsizlik *a.* unemployment
görgü *a.* manners, etiquette; experience *görgü kuralları* rules of good manners, etiquette *görgü tanığı* eyewitness
görgücü *a.* empiricist
görgücülük *a.* empiricism
görgül *s.* empirical *görgül olasılık* empiric probability *görgül uslamlama* empirical reasoning
görgülenmek *e.* to become well-mannered, to gain experience
görgülü *s.* polite, cultivated, mannerly; experienced
görgüsüz *s.* impolite, ill-mannered, ill-bred, unmannerly, graceless, rude, ignorant *kon.*; inexperienced
görgüsüzlük *a.* lack of manners; inexperience, lack of experience
gör-işit *s.* audiovisual
görk *a.* beauty, charm, splendour
görkem *a.* glory, magnificence, pomp, majesty, splendour, splendor *Aİ.* * debdebe, ihtişam, tantana, haşmet
görkemli *s.* splendid, magnificent, brilliant, splendiferous, glorious, grand, august, imposing, majestic
görklü *s.* beautiful, charming
görme *a.* seeing, sight, vision *görme duyusu* eyesight *görme gücü* eyesight, eye, sight, vision *görme siniri* optic nerve *görme sürerliği* persistence of vision *görme yetisi* sight
görmece *be.* on condition of seeing
görmek *e.* to see; to overlook, to face; to understand, to see; to experience; to have/take (lessons); to consider, to deem; to visit; to regard (as); to travel; to perform (duty, etc.); to undergo (cure, etc.); to tip, to remember *gördüğüm kadarıyla* as far as I can

see **Gördün mü** There you are; You see **görerek uçuş** hav. contact flight **görmüş geçirmiş** experienced, worldly-wise **görmüş geçirmiş adam** man of the world **görmüş geçirmiş kimse** a man/woman of the world **görmüş geçirmiş olmak** to have been around **görüp geçirmek** to experience **görür görmez** at the sight of **-meye görsün** once, from the moment that

görmemiş a. upstart, parvenu ¤ s. uncouth, not refined

görmemişlik a. being an upstart; uncouthness

görmez s. blind

görmezlik a. blindness; connivance **görmezlikten gelmek** to pretend not to see, to ignore, to cut, to cut sb dead, to turn a blind eye (to), to connive

görmüşlük a. sense of having seen (sb/sth) before, sense of déjà vu

görsel s. visual **görsel basın** mass media **görsel erim** visual range **görsel parlaklık** visual magnitude **görsel sanatlar** visual arts **görsel yanılsama** optical illusion

görsel-işitsel s. audio-visual

görsellik a. visuality

görü a. vision

görücü a. woman sent to see a marriageable girl **görücü usulü ile evlenmek** to have an arranged marriage **görücüye çıkmak** (marriageable girl) to be seen/inspected **görücüye gitmek** to go and see a marriageable girl

görücülük a. matchmaker's visit for seeing a marriageable girl

görülebilir s. visible

görülmek e. to be seen **görülecek bir hesabı olmak** to have a bone to pick with sb **görülmeye değer** worth seeing, spectacular

görülmemiş s. unprecedented, unusual, singular, extraordinary

görülmez s. invisible

görüm a. faculty of sight, vision

görümce a. husband's sister, wife's sister-in-law

görümcelik a. relationship of the husband's sister to her sister-in-law

görümlük a. display item; present given by a bridegroom to his bride on the first sight of her face

görünçlük a. scene; stage

görünen s. apparent **görünen gözeneklilik** apparent porosity **görünen yoğunluk** apparent density

görünge a. perspective

görüngü s. phenomenon * fenomen

görüngübilim a. phenomenology

görünmek e. to be seen; to show oneself; to appear, to come in sight; to look; to seem, to appear **Göründüğü gibi değil** There is more in/to sb/sth than meets the eye.

görünmeyen s. invisible

görünmez s. invisible; unforeseen **görünmez arıza** invisible failure **görünmez olmak** a) to disappear b) to become invisible

görünmezlik a. invisibility

görüntü a. spectre, phantom; image; frame; picture; vision **görüntü admitansı** image admittance **görüntü bellek** biliş. virtual memory, virtual storage **görüntü biçimi** image pattern **görüntü boyutu** picture ratio **görüntü bozulması** image distortion **görüntü bölücüsü** image dissector **görüntü çözümleyici** image dissector **görüntü değiştirici** image converter **görüntü düzeyi** focal plane **görüntü empedansı** image impedance **görüntü eni** frame width **görüntü frekansı** image frequency **görüntü girişimi** image interference **görüntü hatırlama** afterglow **görüntü kesilmesi** vision break **görüntü kuvveti** image force **görüntü lambası** display tube, kinescope **görüntü negatifi** picture negative **görüntü oranı** aspect ratio, picture ratio **görüntü ortikonu** image orthicon **görüntü ölçeği** image scale **görüntü sayısı** number of frames **görüntü-ses montajı** picture-sound editing **görüntü sinyali** picture signal **görüntü tarayıcı** image dissector **görüntü tutulması** afterglow **görüntü tüpü** image tube **görüntü zayıflaması** image attenuation

görüntüleme a. display

görüntülemek e. to display

görüntülük a. screen

görüntüsel s. imaginal, phantasmal, spectral

görünüm a. appearance, view; dilb. aspect

görünümsel s. virtual **görünümsel adres** virtual address **görünümsel bellek** virtual memory **görünümsel makine** virtual machine
görünür s. apparent, visible **görünür çap** apparent diameter **görünür güç** apparent power **görünür ışınım** visible radiation **görünür odak** virtual focus **görünür radyasyon** visible radiation **görünür rezerv** proved reserve **görünür spektrum** visible spectrum **görünür yükseklik** apparent altitude
görünürde s. in sight **görünürde olmak** to be in evidence
görünürlerde be. in sight, in view
görünürlük a. visibility **görünürlük çarpanı** visibility factor
görünüş a. appearance, sight, spectacle, semblance; external view; aspect **görünüş oranı** aspect ratio **görünüşe bakılırsa** on the face of it, seemingly **görünüşe göre** apparently **görünüşü kurtarmak** to save face
görünüşte be. apparently, seemingly
görüş a. sight; point of view, standpoint; outlook; opinion **görüş açısı** angle of sight, angle of vision **görüş alanı** field of view **görüş alışverişinde bulunmak** to consult (with sb) **görüş ayrılığı** difference of opinion, divergence **görüş birliği** agreement, consensus **görüş hattı** line of sight **görüş mesafesi** visibility distance **görüş netliği** visibility **görüş noktası** standpoint **görüş uzaklığı** sighting distance
görüşme a. interview; debate, discussion, conference, intercourse, negotiation; meeting **görüşme odası** visiting room
görüşmeci a. negotiator
görüşmek e. to see each other; to have an interview; to see, to contact; to talk sth over (with sb), to discuss, to negotiate, to debate, to ˇconsult (with sb) **Görüşürüz** See you later **Sonra görüşürüz** See you later
görüşü a. interview
görüşücü a. interviewer
gösterge a. indicator, pointer, needle; chart, table, index; dilb. sign * belirtke **gösterge hatası** index error **gösterge ışığı** indicating lamp **gösterge kâğıdı** indicator paper **gösterge lambası** dashboard lamp **gösterge sayısı** index

number **gösterge tablosu** instrument panel, dashboard
göstergebilim a. semiology * semiyoloji
göstergebilimsel s. semiotic
gösteri a. demonstration, display, demo kon.; sin. tiy. show, performance; demonstration, protest **gösteri düzenlemek/yapmak** to demonstrate **gösteri müsabakası** exhibition contest **gösteri yapmak** to demonstrate **gösteri yürüyüşü** protest march
gösterici a. indicator; sin. projector * projektör; demonstrator **gösterici bitkiler** indicator plants **gösterici merceği** projection lens **gösterici penceresi** picture window **gösterici tüp** indicator tube
gösterim a, sin. projection; variety show **gösterim birimi** display unit **gösterim odası** projection room **gösterim penceresi** projection port **gösterim süresi** running time, screen time
gösteriş a. showing, demonstrating; affectation, airs, ostentation hkr.; eyewash **gösteriş meraklısı olmak** to be fond of show **gösteriş yapmak** to show off kon., to splurge, to swank hkr.
gösterişçi s. ostentatious, pretentious ¤ a. show-off hkr. * fiyakacı, cakacı
gösterişçilik a. pretentiousness
gösterişli s. imposing, dashing, dressy, showy, flashy, garish, flamboyant, poshy kon., swanky hkr., florid hkr., gaudy hkr.
gösterişsiz s. unimposing, inconspicuous, modest, plain, simple, unpretentious övg.
gösterişsizlik a. lack of showiness
gösterme a. showing, indication, display, exhibition **gösterme adılı** dilb. demonstrative pronoun * işaret zamiri
göstermeci a. exhibitionist * teşhirci
göstermecilik a. exhibitionism * teşhircilik
göstermek e. to show; to point; to display, to exhibit; to demonstrate; to indicate, to denote; to point out; to prove; to look (younger, etc.); to reflect, to express **göstere göstere** publicly, openly
göstermelik a. sample, specimen ¤ s. for show only, not real
göstermeparmağı a. index finger, forefinger
göt a, kab. arse kab., ass Aİ./kab., but

Aİ./kab., bottom, buttocks; bottom (of sth); bravery, courage, guts *kon.* **göt (içi) kadar** very narrow, very small, poky *hkr.* **göt veren** *arg.* queer, fairy, queen, fag **götten bacak** *arg.* shrimp **götten bacaklı** *arg.* dwarf, short-arsed **götü yemek** to have the guts (to do sth) **götü yere yakın** *arg.* shrimp, short-arsed **götünü yalamak** to lick sb's arse *arg.*, to lick sb's boots *kon.* **götünü yırtmak** *arg.* to strain every nerve

götçü *a.* bugger *İİ./kab.*

götlek *a, arg.* queer, fairy, queen, fag

götsüz *s. kab.* gutless, spineless

götün götün *be. kab.* backwards, rearward

götürme *a.* taking (to); conduction

götürmek *e.* to take (to), to take away; to drive; to carry, to convey, to transport; to bear, to put up with, to accept; to lead (to), to conduct to; to manage, to run (business, etc.); to arrest; to destroy; (geçmişe) to carry sb to back (to sth); *kon.* to gulp down * lüpletmek

götürü *be.* by the piece, by the job, in the lump, by contract, in bulk **götürü almak** to buy in the lump **götürü çalışmak** to do piecework **götürü iş** job work, piecework

götürüm *a.* endurance, toleration

götürümlü *s.* enduring, tolerating

götürümsüz *a.* unenduring, untolerating

gövde *a.* body; (ağaç) trunk, stem; *hav.* fuselage; *den.* hull **gövde deposu** belly tank **gövde gösterisi** show of strength **gövde merkezli** body-centred **gövde üzerine iniş** belly landing **gövdeye indirmek** to gulp down

gövdebilim *a.* anatomy * anatomi

gövdelenmek *e.* to form a body; to develop a trunk; to become corpulent

gövdeli *s.* hefty, bulky, beefy

gövdesel *s.* corporal, corporeal

gövek *a.* green shell of a walnut

gövem *a.* horsefly

gövemeriği *a. bitk.* buckthorn

göveri *a.* greens

gövermek *e. yörs.* to become green

göverti *a.* greens

göymek *e. yörs.* to burn

göynük *s.* burned, burnt; sunburned, tanned; overripe (fruit); grieved, sad

göynümek *e.* (meyve) to ripen; to feel sad

göyük *s.* burned ¤ *a.* fever

göz *a.* eye; glance, look; compartment, section, division; drawer, locker; (ağ) mesh; spring, source; bud **göz açıp kapayıncaya kadar** in the twinkling of an eye **göz açtırmamak** to give no respite (to), to give no chance to recover, to clamp down on sb *kon.* **göz ağrısı** *mec.* an old flame **göz akı** white **göz alabildiğine** as far as the eye can reach **göz alıcı** eye-catching, flashy, striking, attractive, glamorous **göz almak** to dazzle, to blind **göz ardı etmek** to rule sb/sth out **göz aşısı** eye cutting, budding **göz aşinalığı** bowing acquaintance, knowing sb by sight **göz atmak** to glance (at), to run an eye over, to scan **göz aydına gitmek** to pay a visit of congratulation **göz aynası** ophthalmoscope **göz banyosu** a) free show b) eyewash **göz boyama** window dressing *hkr.*, eyewash **göz boyamak** to hoodwink **göz çukuru** orbit, eye socket, cavity of the eye **göz damlası** eye drops, eye lotion **göz değmek** to be affected by the evil eye **göz demiri** bower anchor, bower **göz dikmek** to long to possess, to covet **göz doktoru** oculist, ophthalmologist **göz erimi** sight **göz etmek** to wink at, to make eyes at **göz farı** eyeshadow **göz gezdirmek** to look over, to scan, to leaf through **göz göre göre** openly, publicly, with one's eyes open **göz göze gelmek** to catch each other's eye **göz iltihabı** *hek.* ophthalmia **göz kalemi** eyeliner **göz kamaştırıcı** brilliant, flashy, wonderful **göz kamaştırmak** to dazzle, to blind **göz kararı** by rule of thumb, by just looking at it **göz kırpıştırmak** to twinkle **göz kırpmak** to wink, to blink **göz kırpmamak** to not sleep a wink **göz koymak** to covet, to lust after **göz kulak olmak** to look after, to take care of, to watch over, to keep an eye on, to hold the fort **göz küresi** eyeball **göz merceği** crystalline lens, eyepiece, ocular **göz nuru** eye-straining work **göz önünde bulundurmak** to bear in mind, to remember, to consider, take into consideration **göz önünde tutarak** in view of **göz önünde tutmak** to bear in mind, to remember, to consider, take into consideration *göz önünde tutulursa* given, considering *göz önüne almak* to allow for sb/sth, to make allowances for, to take sth into account, to take account of sth *göz önüne sermek* to flaunt *göz siniri* optic nerve, visual nerve *göz siperi* blinkers *göz süzmek* to make (sheep's) eyes at (sb) *göz ucuyla bakmak* to look at out of the corner of one's eye, to cast sidelong glances at *göz ucuyla bakmak* to look out of the corner of one's eye *göz yangısı hek.* ophthalmia *göz yanılması* optical illusion *göz yaşartıcı gaz* tear gas *göz yorgunluğu* eyestrain *göz yumma* connivance *göz yummak* to close one's eyes (to), to condone, to connive (at sth), to turn a blind eye (to) *göz zevkini bozan şey* eyesore *göz zevkini bozmak* to be an eyesore *gözden çıkarmak* to be prepared to sacrifice, to be willing to pay *gözden düşme* discredit, disgrace *gözden düşmek* to fall from favour, to come down, to fall into disfavour *gözden düşürmek* to discredit, to disgrace *gözden geçirmek* to scrutinize, to go over, to look over, to inspect, to review, to examine, to look through *Gözden ırak olan gönülden de ırak olur* Out of sight out of mind *gözden kaçırmak* to overlook *gözden kaçmak* to be overlooked *gözden kaybetmek* to lose sight of *gözden kaybolmak* to disappear, to dissolve, to fade away *gözden uzak* secluded *gözden uzak tutmamak* to keep in view *göze almak* to venture, to risk, to chance *kon. göze batmak* to offend the eye *göze çarpan* salient, outstanding, prominent, conspicuous, noticeable *göze çarpmak* to strike one's eyes, to catch one's eyes, to stand out *göze gelmek* to be affected by the evil eye, to be coveted *göze göz dişe diş* an eye for an eye *göze hoş görünmek* to please the eye *gözle görülebilir* visible *gözle görülemez* invisible *gözleri fal taşı gibi açılmak* to be moon-eyed *gözleri yaşarmak* (eyes) to fill with tears *gözleri yuvalarından fırlamak* to

smolder *gözlerine inanamamak* not to be able to believe one's eyes, to see things *gözlerini açmak* a) to wake up b) to be born *gözlerini bağlamak* to blindfold *gözlerini kaçırmak* to turn one's eyes away *gözlerini kamaştırmak* to dazzle *gözlerini kırpıştırmak* to blink *gözlerini kısarak bakmak* to squint *gözlerini yaşartmak* to make one's eyes water *gözlerinin içi gülmek* to have one's eyes shine with joy *gözü aç* avaricious, insatiable, greedy *gözü açık* shrewd, sharp *hkr. gözü açık gitmek* to die in disappointment *gözü açılmak* to become shrewd *gözü dalmak* to stare into space *gözü dışarıda* dissatisfied with what one has; likely to cheat one's spouse *gözü doymak* to become satisfied *gözü doymaz* grasping *gözü dönmek* to see red *kon. gözü dönmüş kimse* desperado *esk. gözü dönmüş* desperate *gözü dumanlanmak* to see red *gözü gönlü açılmak* to be cheered up *gözü ısırmak* to seem to know sb *gözü ile bakmak* to consider, to rate *gözü ilişmek* to notice *gözü kalmak* to hanker after *gözü kara* foolhardy, fearless *gözü kararmak* a) to feel giddy b) to see red, to lose temper *gözü kaymak* a) to look unwillingly b) to be slightly cross-eyed *gözü keskin* sharp-eyed, sharp-sighted *gözü korkmak* to show the white feather, to be daunted *gözü okşamak* to please the eye *gözü olmak* to have one's eyes on, to have designs on sb/sth *gözü önünde* in front of one's eyes, under/before one's very eyes, in sb's presence, in the presence of *gözü pek* plucky, bold, daring, daredevil, audacious, fearless, dauntless *gözü tok* contented *gözü tutmak* to take a fancy to *gözü tutmamak* not to think much of *gözü üstünde olmak* to keep an eye on *gözü yememek* not to have the courage *gözü yolda* waiting for sb to come *gözü yollarda kalmak* to have been waiting for a long time *Gözümle görmeden inanmam* Seeing is believing *Gözün aydın* Congratulations! *gözünde* in the eyes of sb, in sb's eyes *gözünde büyütmek* to exaggerate, to overestimate *gözünde tütmek* to long for **gözünden düşmek** to be in bad odour with, to be disenchanted with **gözünden kaçmak** to escape, to slip sb's notice **gözünden uyku akmak** to feel very sleepy **gözüne çarpmak** to catch one's eye **gözüne girmek** to find favour in sb's eyes, to win sb's favour, to be in sb's good books *kon.* **gözüne ilişmek** to glimpse **gözüne kestirmek** to feel oneself capable of **gözüne uyku girmemek** to lay awake **gözünü açmak** to open sb's eyes **gözünü almak** to blind **gözünü bağlamak** to mesmerise **gözünü boyamak** to throw dust in sb's eyes **gözünü dikip bakmak** to gaze (at) **gözünü dikmek** to stare, to fix one's eyes on **gözünü dört açmak** to keep one's eyes skinned **gözünü hırs bürümek** to be greedy for **gözünü kan bürümek** to see red **gözünü kapamak** a) to close one's eyes b) to turn a blind eye b) to die, to pass away **gözünü kırpmadan** without batting an eyelid, pitilessly **gözünü kırpmamak** not to sleep a wink **gözünü korkutmak** to daunt, to intimidate, to discourage **gözünü morartmak** to give sb a black eye **gözünü seveyim** please **gözünü yummak** to die, to pass away **(bir şeye) gözünü yummak** to pretend not to see **gözünün içine bakmak** to cherish dearly, to fuss over sb **gözünün önünde** under/before one's very eyes, under sb's (very) nose *kon.* **gözünün önüne gelmek** to conjure up a mental picture of **gözünün önüne getirmek** to visualize **gözünün ucuyla** out of the corner of one's eye **gözünün yaşına bakmamak** to have no pity (on sb) **gözüyle bakmak** to regard as, to consider **gözüyle görmek** to witness

gözakı *a.* sclera, the white of the eye

gözalıcı *s.* eye-catching

gözaltı *a.* house arrest, custody, surveillance **gözaltına almak** to put sb under house arrest, to take sb into custody, to intern **gözaltında** under surveillance

gözaşısı *a. trm.* bud graft

gözbağcı *a.* magician, conjurer

gözbağcılık *a.* work of magician, conjuring

gözbağı *a.* magic, conjuring, deception

gözbebeği *a.* pupil of the eye; *mec.* the apple of sb's eye

gözbilim *a.* ophthalmology

gözcü *a.* watchman; (sınavda) invigilator; *kon.* oculist * göz hekimi

gözcük *a.* alveolus

gözcülük *a.* observing, scouting; *kon.* ophthalmology **gözcülük etmek** to invigilate *İİ.*

gözdağı *a.* intimidation, threats **gözdağı vermek** to intimidate, to browbeat

gözde *s.* favourite, popular, in favour ¤ *a.* mistress **gözde olmak** to catch on (with sb), to come in

gözdemiri *a. den.* bower anchor

gözdibi *a, anat.* fundus

gözdikeği *a.* much coveted object/thing

gözdişi *a.* eyetooth

göze *a, biy.* cell * hücre; spring, source

gözebilim *a.* cytology * sitoloji

gözebilimci *a.* cytologist

gözebilimsel *a.* cytologic

gözecik *a.* cellule

gözedışı *s.* extracellular

gözeiçi *s.* intracellular

gözekseni *a.* axis

gözelerarası *s.* intercellular

gözeli *s.* cellular, celed * hücreli **gözeli silis** cellular silica

gözeme *a.* darning, mending **gözeme iğnesi** darning needle

gözemek *e.* to darn

gözene *a.* beekeeper's mask

gözenek *a.* pore

gözenekli *s.* porous

gözeneklilik *a.* porosity

gözenekölçer *a.* porosimeter

gözeneksiz *s.* nonporous

gözer *a. yörs.* coarse sieve

gözerimi *a.* horizon * ufuk

gözerlemek *e. yörs.* to sift, to riddle

gözesel *s.* cellular

gözetici *a.* guard, protector, caretaker

gözetim *a.* custody, surveillance; watching, care

gözetleme *a.* lookout, observation **gözetleme deliği** observation port, observation hole **gözetleme kulesi** watchtower

gözetlemek *e.* to observe secretly, to watch, to spy on

gözetmek *e.* to look after, to take care

(of), to mind; to guard, to protect; to re-
gard, to pay regard (to); to observe
gözetmen *a.* supervisor * mubassır
gözevi *a.* eye socket
gözeyutarlığı *a, biy.* phagocytosis
gözkapağı *a.* eyelid, lid
gözkapaklı *s.* palpebrate
gözküresi *a.* eyeball
gözleği *a.* lookout
gözlem *a.* observation **gözlem açısı** an-
gle of observation **gözlem çubuğu**
range pole **gözlem hatası** error of ob-
servation **gözlem matrisi** observation
matrix
gözlemci *a.* observer * müşahit
gözlemcilik *a.* observation
gözleme¹ *a.* observing, watching
gözleme² *a, mutf.* pancake
gözlemek *e.* to watch for, to wait for; to
observe
gözlemevi *a.* observatory * rasathane,
observatuvar
gözlemlemek *e.* to observe
gözlerarası *s.* interocular
gözleyici *a.* observer
gözlü *s.* eyed, having an eye **gözlü cıvata**
eye bolt **gözlü çubuk** eye bar
gözlük *a.* glasses, spectacles, eye-
glasses, specs *kon.*; goggles **gözlük
takmak** to wear glasses
gözlükçü *a.* optician
gözlükçülük *a.* the work of an optician
gözlüklü *s.* wearing glasses
gözlüklüçalıbülbülü *a. hayb.* spectacled
warbler
gözlüklüyılan *a.* hooded snake * kobra
gözotu *a. bitk.* eyebright, euphrasy
gözörtüsü *a. anat.* conjunctiva
gözpencere *a, mim.* oeil-de-boeuf, oxeye
gözpınarı *a.* inner corner of the eye
gözsel *s.* ocular
gözsüz *s.* eyeless
göztaşı *a.* copper sulphate, blue vitriol
gözükmek *e.* to be seen; to appear, to
seem; to show oneself
gözyaşı *a.* tear **gözyaşı bezi** lacrimal
gland **gözyaşı dökmek** to shed tears,
to weep **gözyaşı kesesi** lacrimal sac
gözyaşları boşanmak to dissolve in
tears **gözyaşlarına boğmak** to reduce
sb to tears **gözyaşlarına boğulmak** to
burst into tears, to burst out crying
gözyaşlarını tutmak to choke back

one's tears
gözyuvarı *a.* eyeball
gözyuvası *a.* eye socket
graben *a.* graben, rift valley
gradin halatı *a.* leech rope
grado *a.* proof, percentage of alcohol in a
liquid; grade, degree
gradyan *a.* gradient **gradyan altı rüzgâr**
subgradient wind **gradyan rüzgârı**
metr. gradient wind
grafekon *a.* graphecon
graffito *a.* graffito
grafik *a.* graph, diagram, chart; graphics ¤
s. graphic **grafik dizayn** graphic design
grafik gösterim graphic display **grafik
karakter** graphic character **grafik
panel** graphic panel **grafik sanatlar**
graphic arts, graphics **grafik sembol**
graphic symbol **grafik teorisi** graph
theory **grafik terminal** graphic terminal
grafiker *a.* grapher
grafit *a.* graphite **grafit boyası** graphite
paint **grafit elektrot** graphite electrode
grafit fırça graphite brush **grafit
karbonu** graphitic carbon **grafit lifi**
graphite fibre **grafit pota** graphite cru-
cible **grafit reaktör** graphite reactor
grafit tuğlası graphite brick
grafiti *a.* graffiti
grafitizasyon *a.* graphitization
grafitlemek *e.* to graphitize
grafitli *s.* graphitic
grafolog *a.* graphologist
grafoloji *a.* graphology * yazıbilgisi
grafometre *a.* graphometer
grahamit *a.* grahamite
gram *a.* gram, gramme **gram kalori** gram
calorie **gram molekül** gram-molecule
gramağırlık *a. fiz.* gram-force
gramaj *a.* weight in grams
gramatik *s, dilb.* grammatical
gramer *a.* grammar * dilbilgisi
gramerci *a.* grammarian
gram-negatif *s.* gram-negative
gramofon *a.* phonograph, gramophone *
sesyazar, fonograf
gram-pozitif *s.* gram-positive
gramsantimetre *a. fiz.* gram-centimeter
granat *a, yerb.* garnet
grandi *a, den.* mainmast **grandi ana
istralyası** *den.* mainstay
grandük *a.* grand duke
grandüklük *a.* grand duchy

grandüşes *a.* grand duchess
granit *a.* granite
granitleşme *a.* granitization
granitleşmek *e.* to become granite
granül *a.* granule
granülasyon *a.* granulation
granüler *s.* granular
granülit *a.* granulite
granülom *a. hek.* granuloma
granüloz *a. hek.* granulosis rubra nasi
graptolit *a.* graptolite
gravimetre *a.* gravimeter, gravity meter
gravimetri *a.* gravimetry
gravimetrik *s.* gravimetric
gravitasyon *a.* gravitation *gravitasyon alanı* gravitational field *gravitasyon ivmesi* gravitational acceleration *gravitasyon potansiyeli* gravitational potential *gravitasyon sabitesi* gravitational constant
graviton *a.* graviton
gravür *a.* engraving *gravür makinesi* engraving machine
gravürcü *a.* engraver
gravyer *a.* Gruyère
gre *a.* sandstone
Greenwich *a.* Greenwich *Greenwich ortalama güneş zamanı* Greenwich mean time *Greenwich zaman ayarı* Greenwich Mean Time
Gregoryen *a. s.* Gregorian
grej ipeği *a, teks.* unscoured silk
Grek *s.* ancient Greek ¤ *s.* the ancient Greeks *Grek dili* ancient Greek *Grekler* the ancient Greeks
Grekçe *s.* ancient Greek ¤ *a.* the ancient Greeks
grekoromen *a.* Graeco-Roman
gren *a.* grain
grena *a.* garnet
Grenada *a.* (the State of) Grenada
Grenadan *a. s.* Grenadian
grenadin *a, teks.* grenadine
gres *a.* grease, fat, lubricant, lubricating stuff *gres pompası* grease pump *gres tabancası* grease gun
gresör *a.* grease cup, oiler
gresörlük *a.* grease nipple
gresyağı *a.* grease
grev *a.* strike *grev gözcülüğü yapmak* to picket *grev gözcüsü* picket *grev kırıcı* strikebreaker, blackleg, scab *grev kırıcılığı* strikebreaking *grev yapmak* to strike, to go on strike *grevde olmak* to be out on strike *greve gitmek* to go on strike
grevci *a.* striker
greyder *a.* grader
greyfurt *a.* grapefruit
grezil *a.* graupel
gri *a, s.* grey, gray *Aİ. gri cisim* grey body *gri filtre* neutral filter *gri saha* grey area *gri skala* grey scale
grifon *a. hayb.* griffon; (söylence) griffin, gryphon
grip *a.* influenza, grippe, flu *kon. grip olmak* to have influenza *grip salgını* flu epidemic
gripal *s.* influenzal, grippal
griva *a, den.* cathead
grizu *a.* firedamp, pit gas *grizu göstergesi* firedamp indicator
grizuölçer *a.* firedamp gauge
grogren *a, teks.* grosgrain
gros *s.* gross, overall
grosa *s.* gross, twelve dozen
groston *a. den.* gross ton
grostonluk *s. den.* of (...) gross tons
grosüler *a.* grossularite
grotesk *a, s.* grotesque
Grönland *a, s.* Greenland
Grönlandca *a.* Greenland ¤ *s.* greenlandic
Grönlandlı *s.* Greenland ¤ *a.* Greenlander
grup *a.* group; *müz.* band; party; troop *grup ayırıcı* group separator *grup dişlisi* cluster gear *grup far* sealed beam headlight *grup frekansı* group frequency *grup hızı* group velocity *grup işareti* group mark, group marker *grup kodu* group code *grup kondansatör* gang capacitor *grup modülasyonu* group modulation *grup oluşturmak* to group *grup oylaması* group polling *grup selektörü* group selector *grup sigortası* group insurance *grup şalteri* group switch *grup tahriki* group drive *grup terapisi* group therapy *grup turu* package tour *grup yazma* group printing *gruplar teorisi* group theory *gruplara ayırmak* to group
gruplamak *e.* to group
gruplandırmak *e.* to group, to classify
gruplanmak *e.* to form a group
gruplaşma *a.* aggregation

gruplaşmak *e.* to form groups
grupoid *a, mat.* groupoid
grünerit *a.* grunerite
Guadalup *a.* Guadeloupe
Guam *a.* Guam
Guamlı *a. s.* Guamanian
guanako *a. hayb.* guanaco
guanako yünü *a.* guanaco wool
guanidin *a.* guanidine
guanin *a.* guanine
guano *a.* guano
Guatemala *a.* Guatemala ¤ *s.* Guatemalan
Guatemalalı *a, s.* Guatemalan
guatr *a, hek.* goitre, goiter *Al.* * guşa, cedre
guatrlı *s.* goitered, goitred
guava *a, bitk.* guava
gubar *a. arg.* hash, hashish
gudde *a, anat.* gland * bez, beze
guddecik *a.* glandule
guddeli *s.* glandular, glandulous
gudubet *s.* very ugly, hideous
gufran *a.* forgiveness of God
guguçiçeği *a. bitk.* sweet William, bunch pink
guguk *a.* cuckoo
gugukkuşu *a. hayb.* cuckoo
guguklu *a.* cuckoo clock **guguklu saat** cuckoo clock
gulaş *a.* goulash
gulden *a.* gulden, florin
gulet *a, den.* schooner
gulu gulu *a.* gobble
gulyabani *a.* ogre, ogress, goblin
gur gur *be.* with a grumbling sound
gurami *a. hayb.* gourami
gurbet *a.* foreign land, abroad; absence from home **gurbete düşmek** to be in a foreign land, to be far from home **gurbette** away from home
gurbetçi *a.* one living away from home; guest worker, gastarbeiter
gurbetçilik *a.* living far from one's home
gurcata *a, den.* crosstrees
gurk *a.* broody hen; turkey cock **gurk olmak** to be broody
gurklamak *e.* (tavuk) to be broody
gurlamak *e.* to rumble
guruldamak *e.* to rumble, to grumble
gurultu *a.* rumble
gurup *a.* sunset, sundown, setting
guruprengi *s.* sunset red

gurur *a.* pride; honour; conceit, arrogance **gurur duymak** to be proud of, to take pride (in) **gururunu bir yana bırakmak** to swallow one's pride **gururunu kırmak** to humiliate, to pique **gururunu okşamak** to praise, to flatter sb's pride
gururla *be.* proudly
gururlanmak *e.* to flatter oneself; to be/feel proud
gururlu *s.* proud; conceited, arrogant, self-imported *hkr.,* superior *hkr.*
gurur.suz *s.* abject
gururs.uzca *be.* abjectly
gusletmek *e. din.* to take a canonical shower bath
gusto *a.* taste, gusto
gusül *a.* ritual ablution of the whole body
guşa *a.* struma
guşalı *s.* strumatic, strumous
gut *a, hek.* gout
gutlu *s.* gouty
guvaş *a.* gouache
guvernör *a.* governor, managing director
Guyana *a.* Guiana, Guyana ¤ *s.* Guianan, Guyanan, Guyanese **Guyana bölgesi** Guiana, Guyana
Guyanalı *a, s.* Guyanan, Guyanese
gübre *a.* dung, manure, fertilizer, muck **gübre dağıtıcı** *trm.* manure distributor **gübre serpici** manure spreader **gübre yayıcı** fertilizer spreader
gübreböceği *a. hayb.* dung beetle, dung chafer
gübreleme *a.* fertilization
gübrelemek *e.* to manure, to fertilize, to dress
gübreli *s.* manured, fertilized
gübrelik *a.* dunghill, dung heap
gücendirmek *e.* to offend, to pique, to displease, to affront, to hurt the feelings of, to tread on sb's corns/toes
gücenik *s.* offended, hurt, cross, resentful, indignant, piqued
güceniklik *a.* resentment, umbrage, pique, indignation
gücenmek *e.* to resent, to take offence/amiss/umbrage, to be/feel offended
gücü *a, teks.* reed, weaving reed **gücü takımları** heddles
gücük *s.* short, squat; (hayvan) tailless
gücümsemek *e.* to find difficult
gücün *be.* just, barely, hardly

güç[1] *s.* difficult, hard, arduous, troublesome, stiff, strenuous, tough, laborious ¤ *be.* with difficulty **güce sarmak** to grow difficult **gücün gücüne** with difficulty **gücüne gitmek** to offend sb's feelings **gücüne koşmak** to make more difficult **güç bela** scarcely, with great difficulty **güç durumda olmak** to be in hot water **güç gelmek** to find difficult **güç halle** with great difficulty

güç[2] *a.* energy; effort; power, ability; force; strength, potency, might **gücü yetmek** a) to be strong enough b) to afford c) to be able to cope with **gücü yettiği kadar** as much as one can **gücünü artırmak** to amplify, to make more powerful **güç aktarımı** power transfer **güç amplifikatörü** power amplifier **güç birimi** power unit **güç çevirici** transducer **güç detektörü** power detector **güç diyodu** power diode **güç frekansı** power frequency **güç katı** power stage **güç katsayısı** power coefficient **güç kaybı** power dissipation **güç kaynağı** power supply **güç kazancı** power gain **güç kontrolü** power control **güç reaktörü** power reactor **güç redresörü** power rectifier **güç rölesi** power relay **güç şalteri** power switch **güç trafosu** power transformer **güç tüpü** power tube **güç vermek** to energize **güç yitimi** power dissipation **güç yoğunluğu** power density **güç yükselteci** power amplifier **güçten düşmek** a) to weaken, to get weak b) to lose one's power **güçten kuvvetten düşmek** to pine away

güçbela *be.* with great difficulty

güçlendirici *s.* refreshing, strengthening, making more powerful ¤ *a.* booster **güçlendirici batarya** booster battery **güçlendirici elektrot** intensifier electrode **güçlendirici kompresör** supercharger

güçlendirme *a.* strengthening, fortification, consolidation, reinforcement

güçlendirmek *e.* to strengthen, to reinforce, to invigorate, to consolidate, to buttress sth (up), to brace, to fortify, to refresh

güçlenmek *e.* to get strong, to gain strength, to strengthen, to consolidate

güçleşmek *e.* to grow difficult

güçleştirmek *e.* to make difficult, to complicate

güçlü *s.* strong, powerful, mighty; robust; potent, cogent, persuasive; influential, forcible; keen, acute, strong; furious, intense; high-powered **güçlü bellek** retentive memory **güçlü kuvvetli** beefy, sturdy, burly, hefty, able-bodied

güçlük *a.* difficulty, hardship, trouble, adversity, hassle *kon.* **güçlük çekmeden** readily, without difficulty **güçlük çekmek** to have difficultly in **güçlük çıkarmak** to make difficulties **güçlüklere göğüs germek** to take the bull by the horns **güçlüklerin üstesinden gelmek** to get over the difficulties, to overcome the difficulties **güçlüklerle karşılaşmak** to meet with difficulties

güçlükle *be.* with difficulty

güçlülük *a.* strength, power

güçölçer *a.* transmission dynamometer

güçsüz *s.* weak, feeble, strengthless, powerless, incapable, flimsy, languid, languorous, listless

güçsüzleşmek *e.* to weaken

güçsüzleştirmek *e.* to weaken, to debilitate

güçsüzlük *a.* weakness, feebleness, incapacity, debility, powerlessness

güdek *a.* intention, purpose

güdelemek *e.* to chase, to pursue, to run after

güderi *a.* buckskin, deerskin, chamois leather, shammy leather, shammy, wash-leather ¤ *s.* made of chamois leather, deerskin+

güdü *a.* motive, incentive, drive

güdücü *s.* guiding **güdücü teleskop** guiding telescope

güdük *s.* stumpy, stubby, short; incomplete, deficient, unfinished

güdükleşmek *e.* to become docked; to become limited

güdülenme *a, ruhb.* motivation

güdüm *a.* guidance, direction

güdümbilim *a.* cybernetics * kibernetik, sibernetik

güdümbilimci *a.* cybernetician

güdümbilimsel *s.* cybernetic(al)

güdümcü *a.* advocate of a planned economy

güdümcülük a. dirigisme, state economic planning

güdümlü s. controlled, directed **güdümlü bomba** guided bomb **güdümlü füze** guided missile **güdümlü mermi** guided missile

güdümlülük a. being guided, being directed

güdüsel s. motive

güfte a. lyrics

güfteci a. lyricist

güğüm a. copper vessel, kettle

güherçile a. saltpetre, nitre, niter

güherçileli s. nitrous

gül a. rose; rose window * gülpencere **gül gibi** a) swimmingly, very well b) beautiful, charming **gül gibi geçinmek** to hit it off (with sb), to get along quite well **gül goncası** rosebud **gül reçeli** rose jam **gül renkli** rose-coloured **Gülü seven dikenine katlanır** There's no rose without a thorn

gülağacı a. rosewood

gülbezek a, mim. rosette * gülçe

gülbiti a. rose aphis

gülböceği a. hayb. rose chafer

gülçe a, mim. rosette * gülbezek

güldefnesi a. bitk. oleander, rosebay

güldeste a. anthology * seçki, antoloji

güldür güldür be. very noisily

güldürmek e. to make (sb) laugh, to amuse

güldürü a. comedy * komedi ¤ s. comic, humorous **güldürü yazarı** humourist

güldürücü s. comic, funny, amusing, humorous **güldürücü gaz** laughing gas

güleç s. smiling, cheerful, merry

gülelması a. bitk. rose apple

gülen s. smiling; laughing

gülenkumru a. hayb. collared dove

gülermartı a. hayb. black-headed gull

gülhatmi a. hollyhock

gülibrişim a. silk tree

gülistan a, esk. rose garden, flower garden

gülkurusu s. dusty rose

güllabici a. esk. attendant in a lunatic asylum

güllabicilik a. being an attendant in a lunatic asylum

güllaç a. rice wafers stuffed with nuts, cooked in milk

gülle a. cannon ball, shell; sp. shot, weight **gülle atma** sp. shot put **gülle atmak** sp. to put the shot

gülleci a, sp. shot-putter

güllü s. arnamanted with roses; with rose motifs

güllük a. rose garden, rose bed **güllük gülistanlık** a bed of roses **güllük gülistanlık olmak** to be a bed of roses

gülme a. laughing **gülme krizi** convulsions, paroxysm of laughter

gülmece a. humour * mizah, humor

gülmek e. to laugh, to chortle **güle güle** a) goodbye, bye-bye, bye kon. b) laughing c) happily **güle oynaya** happily, joyfully **güler yüz** smiling face, friendliness **güler yüz göstermek** to behave in a friendly manner **güler yüzlü** genial, merry, cheerful **gülerek geçiştirmek** to laugh off, to laugh away **Güleyim bari** Don't make me laugh **gülmekten bayılmak** to faint with laughter, to be exhausted with laughter **gülmekten altına işemek** to piss oneself laughing **gülmekten kırılmak/katılmak** to be in fits of laughter, to split one's sides, to be doubled up with laughter, to fall about laughing kon., to fall about with laughter kon. **gülmekten ölmek** to die laughing **gülmekten yerlere yatmak** to be doubled up with laughter **gülüp geçmek** to laugh at/off/away

gülpencere a. rose window * gül

gülsuyu a. rosewater

gülsü s. rosaceous

gülsüngeri a. sweetbrier gall, bedeguar

gülücük a. smile, chuckle

gülük a. turkey

gülümseme a. smile * tebessüm

gülümsemek e. to smile, to beam

gülünç s. funny, laughable, amusing, humorous, hilarious; ridiculous, foolish, silly, laughable, ludicrous; kon. beggarly, very little

gülünçleme a. parody

gülünçleşmek e. to become funny

gülünçleştirmek e. to caricature

gülünçlü s. funny, comical

gülünçlük a. funniness, absurdity

gülünecek s. laughable

gülüş a. laughter

gülüşmek e. to laugh together, to laugh at each other

gülüt a. gag

gülütçü *a.* gagman
gülyağcı *a.* maker/seller of rose oil
gülyağcılık *a.* making/selling rose oil
gülyağı *a.* attar of roses
güm *a.* boom, hollow noise *güm güm vurmak* to thump, to batter
gümbedek *be. kon.* with a boom, all of a sudden
gümbür gümbür *be.* with a loud noise
gümbürdemek *e.* to boom, to thunder, to roar, to rumble; *arg.* to peg out, to croak, to kick off
gümbürtü *a.* boom, bump, rumble
gümbürtülü *s.* thunderous
güme *a.* (hunter's) blind; hut (for watch-man of crops in the field)
gümeç *a.* honeycomb
gümlemek *e.* to give out a booming sound; *arg.* to croak, to kick off, to peg out
gümletmek *e.* to thunder at/on
gümrah *s.* thick, dense, abundant, plenti-ful
gümrük *a.* customs; customs house; tariff, duty *gümrüğe tabi* dutiable *gümrük almak* to collect duty (on) *gümrük antreposu* bonded warehouse *gümrük beyannamesi* customs declaration *gümrük bildirgesi* customs declara-tion, manifest *gümrük birliği* customs union *gümrük dairesi* customs house *gümrük duvarı* trade barrier, tariff bar-rier *gümrük izni* clearance *gümrük kaçakçılığı* smuggling *gümrük kaçakçısı* smuggler *gümrük kapısı* port of entry *gümrük komisyoncusu* customs broker *gümrük kontrolü* cus-toms control *gümrük memuru* customs officer *gümrük muafiyeti* exemption from duty *gümrük ödemek* to pay cus-toms (on sth) *gümrük resmi* duty *gümrük tarifesi* customs tariff *Gümrük ve Tekel Bakanı* Minister for Customs and Monopolies *Gümrük ve Tekel Bakanlığı* Ministry for Customs and Monopolies *gümrük vergisi* customs duty, customs *gümrükten çıkarmak* to clear through the customs *gümrükten geçirmek* to clear through customs *gümrükten geçmek* to pass through the customs *gümrükten muaf* duty-free
gümrükçü *a.* customs officer; customs

agent
gümrükçülük *a.* work of a customs officer
gümrükleme *a.* clearance (of goods) through customs
gümrüklemek *e.* to clear through customs
gümrüklü *s.* dutiable, duty-paid
gümrüksüz *s.* duty-free
gümüş *a, s.* silver *gümüş banyosu* silver bath *gümüş kaplama* a) silver plating b) silver-plated *gümüş kaplamak* to silver-plate, to silver *gümüşle kaplamak* to silver *gümüşünü gidermek* to desilverize
gümüşbalığı *a.* sand-smelt, atherine
gümüşcün *a.* silverfish
gümüşçü *a.* silversmith; seller of silver-work
gümüşçün *a, hayb.* silverfish
gümüşi *s.* silvery
gümüşi, gümüşü *s.* silver-coloured
gümüşileşmek *e.* to become silver (in colour)
gümüşimartı *a. hayb.* herring gull
gümüşkavak *a. bitk.* white poplar, silver poplar
gümüşlemek *e.* to silver-plate, to silver
gümüşlü *s.* argentic, argentiferous, silver-bearing
gümüşlübalık *a.* dace
gümüşrengi *s.* silver, silver-colored
gümüşservi *a.* moonlight shining on water
gümüşsü *s.* silvery, resembling silver
gümüşsülün *a. hayb.* silver pheasant
gün *a.* day; sun; sunlight, sunshine; day-time; today, present; time; age, period; good times; date; at-home day *gün ağarmak* (day) to dawn *gün ağarması* aurora, dawn *gün aşırı* bkz. günaşırı *gün değmemiş su* juvenile water *gün değmemiş* juvenile *gün doğmak* a) (sun, morning) to rise, to dawn, to break b) (one's luck/day) to come *(birine) gün geçmek* to get a sunstroke *gün gibi açık* obvious, evident, clear as a day *gün gibi ortada* obvious, evident, clear as a day *gün görmek* to live a healthy and happy life *gün görmemek* to have hard times *gün görmüş* worldly-wise *gün ışığı* daylight *gün ışığına çıkarmak* to bring to light *gün ortası* midday *gün tutulması* solar eclipse *gün-tün eşitliği* equinox *günden güne* from day to day, day by

day **günlerce** for days **günleri sayılı** sb's/sth's days are numbered *kon.* **günü geçmiş** overdue **günü gelmek** to fall due **günü gününe** to the very day **gününün birinde** one day, someday **gününü gün etmek** to enjoy the day

günah *a.* sin, transgression, trespass; fault, blame; *kon. arg.* price, damages **günah çıkaran papaz** confessor **günah çıkarma hücresi** confessional **günah çıkarma** confession **günah çıkarmak** to confess (one's sins) **günah çıkartma** confession **günah çıkartma hücresi** confessional **günah çıkartmak** to confess **günah işlemek** to commit a sin, to sin **günah keçisi** scapegoat **günaha girmek** to sin, to commit a sin **günaha sokmak** to cause sb to sin **günahına girmek** to malign, to wrong *res.* **günahını almak** to accuse wrongly, to wrong (sb) **günahını çekmek** to suffer for one's sin

günahkâr *a.* sinner, wrongdoer ¤ *s.* sinful

günahkârlık *a.* sinfulness

günahlı *s.* sinful

günahsız *s.* sinless, innocent

günahsızlık *a.* sinlessness, innocence

günâşık *a.* sunflower

günaşırı *be.* every other day, on alternate days

günaydın *ünl.* Good morning!

günbalığı *a. hayb.* rainbow wrasse

günbatımı *a.* sunset, sundown * gurup

günbatısı *a.* west * batı

günbegün *be.* from day to day, day by day

günberi *a.* perihelion

günce *a.* diary

güncek *a.* umbrella

güncel *s.* current, actual, today's, daily **güncel olaylar** current events

güncelik *a.* diary, daybook

güncelleşmek *e.* to become current

güncelleştirme *a.* updating **güncelleştirme yorumlayıcısı** posting interpreter

güncelleştirmek *e.* to update

güncellik *a.* actuality, currency; up-to-dateness

güncül *s.* current, today's

günçiçeği *a.* helianthus

gündeleşmek *e.* to become a daily occurrence

gündelik *s.* daily, everyday ¤ *a.* daily wages

gündelikçi *a.* day labourer, dayworker; char, charwoman, charlady **gündelikçi kadın** charwoman, charlady

gündelikçilik *a.* day labour; being a cleaning woman

gündem *a.* agenda **gündeme almak** to put on the agenda

gündeş *s.* happening on the same day

gündeşlik *a.* happening on the same day

gündoğusu *a.* east * doğu; easterly wind

gündöndü *a.* sunflower * günebakan, ayçiçeği

gündönümü *a.* solstice

gündüşürücü *a.* heliostat

gündüz *a.* day, daytime; daylight ¤ *be.* in the daytime, during the day **gündüz feneri** black person, coon *hkr./arg.* **gündüz gözüyle** by the light of day **gündüz postası** day shift **gündüz vakti** in the daytime **gündüzleri** during the day, in the daytime

gündüzcü *be.* day worker; day pupil, day student

gündüzki *s.* which has happened during the day

gündüzleme *a. arg.* bastard, illegitimate child ¤ *s.* wily, cunning

gündüzlü *s.* (öğrenci) day ¤ *a.* day pupil, day student

gündüzsefası *a.* bindweed * kahkahaçiçeği

gündüzün *be.* during the day, by day

günebakan *a.* sunflower * ayçiçeği

güneç *a.* the sunny side

günedoğrulum *a. bitk.* heliotropism

güneğik *a.* chicory

güneküsen *a. bitk.* four-o'clock, marvel-of-Peru

günerek *a.* apex

günerkölçer *a.* pyrheliometer

güneş *a.* sun; sunshine ¤ *sg.* solar **güneş açmak** to become sunny **güneş banyosu yapmak** to sunbathe **güneş banyosu** sunbath, sunbathing **güneş batması** sundown, sunset **güneş çarpmak** to get sunstroke, to have sunstroke **güneş çarpması** sunstroke, heatstroke **güneş doğması** sunrise **güneş enerjisi** solar energy **güneş görmek** to be light and sunny **güneş gözlüğü** sunglasses, shades *kon.*

güneş günü solar day **güneş ışığı** sunlight, sunshine **güneş ışını** sun ray, sunbeam **güneş lekesi** sunspot **güneş pili** solar cell **güneş radyasyonu** solar radiation **güneş saati** sundial **güneş sabitesi** solar constant **güneş sistemi** the solar system **güneş şemsiyesi** sunshade, parasol **güneş tacı** solar corona **güneş takvimi** solar calendar **güneş tutulması** solar eclipse, eclipse of the sun **güneş yanığı** sunburn, tan **güneş yılı** the solar year **güneş zamanı** solar time **güneşin alnında** in/under the sun **güneşin batması** sunset **güneşin doğması** sunrise **güneşte kurutmak** to sun-dry **güneşte kurutulmuş** sun-dried **güneşte yanmak** to tan **güneşten yanmış** sun-burned

güneşbalığı *a. hayb.* sunfish
güneşçil *s, bitk.* heliophilous * helyofil
güneşlemek *e.* to sun
güneşlendirmek *e.* to sun
güneşlenme *a.* sunbathing, sunbath
güneşlenmek *e.* to sunbathe, to sun one-self, to bask
güneşletmek *e.* to sun
güneşli *s.* sunny, sunlit
güneşlik *a.* sunny place; awning, sun-shade, sunblind, parasol; *oto.* visor, sun visor, sun-shield; visor, peak
güneşölçer *a.* heliometer
güneşsel *s.* solar
güneşsiz *s.* sunless
güneşsizlik *a.* sunlessness
güneştopu *a. bitk.* California poppy
güney *a.* south ¤ *s.* southern, southerly **Güney Afrika** South Africa; South African **Güney Afrikalı** South African **Güney Amerika** South America; South American **Güney Amerikalı** South American **güney açısı** azimuth **güney fecri** *gökb.* aurora australis **güney fırtınası** souther **güney ışığı** *gökb.* aurora australis **güney kutbu** the South Pole **Güney Kutbu dairesi** Antarctic Circle **Güney Yarıküre** the Southern Hemisphere
Güney Afrika Cumhuriyeti *a.* the Republic of South Africa
Güney Kore *a.* South Korea
Güney Koreli *a. s.* South Korean

Güneybalığı *a. gökb.* Piscis Austrinus, the Southern Fish
güneybatı *a.* southwest ¤ *s.* southwestern, southwesterly
güneydoğu *a.* southeast ¤ *s.* southeastern, southeasterly
Güneyhaçı *a, gökb.* the Southern Cross
güneyli *a.* southerner
güneyönelim *a.* heliotropism
güneysel *s.* south, southern
günindi *a.* west
günlü *s.* dated
günlük[1] *s.* daily; everyday; ... days old; lasting ... days; of/for ... days ¤ *a.* diary, journal; memoirs **günlük defter** *tic.* journal **günlük elbiseler** casual clothes **günlük giderler** current expenses **günlük güneşlik** sunny (weather/place) **günlük kur** current rate of exchange **günlük tutmak** to keep a journal
günlük[2] *a.* incense, frankincense **günlük ağacı** sweetgum
günlükçü *a.* diarist
günmerkezli *s.* heliocentric
günorta *a.* midday, noon
günönü *a.* daybreak, dawn
günöte *a.* aphelion
günü *a.* envy, jealousy, covetousness, grudge * kıskançlık, çekememezlik, haset
günübirlik *be.* for the day
günübirlik, günübirliğine *be.* for one day, one-day
günücü *s.* envious, jealous
günülemek *e. yörs.* to envy, to be jealous of
günümek *e.* to envy * kıskanmak, çekememek, haset etmek
güpegündüz *be.* in broad daylight
gür gür *be.* gushingly
gür *s.* (bitki) luxuriant, lush, rank; (ses) rich, stentorian *res.*; (su) gushing
gürbüz *s.* sturdy, robust, lusty, bonny, bouncing, healthy
gürbüzleşmek *e.* to become sturdy
gürbüzlük *a.* sturdiness, robustness
Gürcistan *a.* Georgia
Gürcü *a, s.* Georgian
Gürcüce *a, s.* Georgian
güre *a. yörs.* rutted mare; colt between one and three years old ¤ *s.* vigorous, robust; timid, fearful, shy

güreci a. fel. dynamist ¤ s. dynamistic
gürecilik a. fel. dynamism
gürel s. fel. dynamic
güreş a. wrestling *güreş etmek/tutmak* to wrestle *güreş karşılaşması* bout
güreşçi a. wrestler
güreşçilik a. wrestling
güreşmek e. to wrestle
gürgen a. hornbeam, horn beech
gürleme a. rumble
gürlemek e. (gök) to thunder, to grumble, to rumble; to roar, to rumble, to boom, to roll
gürleşmek e. to become abundant
gürlük a. abundance, luxuriance; bountifulness; thickness, density; loudness *gürlük seviyesi* loudness level
güruh a. gang, band, group, mob, flock
gürül gürül be. with a gurgling sound; in a loud/rich voice *gürül gürül akmak* to run with a gurgling sound
gürüldemek e. to burble; to thunder
gürültü a. noise, racket *kon.*, din, rumble, crash; uproar, tumult, hubbub, hullabaloo, clamour, to-do; noisy quarrel, row *gürültü akımı* noise current *gürültü alanı* noise field *gürültü azaltıcı* noise limiter *gürültü azaltma* noise reduction *gürültü bastırıcı* noise suppressor *gürültü bastırma* noise suppression *gürültü çıkarmak* to kick up a row *gürültü diyodu* noise diode *gürültü düzeyi* noise level *gürültü faktörü* noise factor *gürültü filtresi* noise filter *gürültü gerilimi* noise voltage *gürültü giderici* noise killer *gürültü gücü* noise power *gürültü kaynağı* noise source *gürültü oranı* noise ratio *gürültü patırtı* rumpus *gürültü sıcaklığı* noise temperature *gürültü yapmak* to make a noise *gürültüye gitmek* to be lost in the confusion
gürültücü s. noisy
gürültülü s. noisy, boisterous, turbulent, rowdy
gürültüsüz s. noiseless, quiet, soundless, silent, still
gürz a. mace
gütaperka a. gutta-percha
gütmek e. to herd; *mec.* to cherish, to nourish
güve a, hayb. clothes moth, moth *güve yemiş* moth-eaten

güveç a. earthenware cooking pot, casserole; meat and vegetable stewed in an earthenware pot, casserole
güvelenmek e. to be moth-eaten
güvemeriği a. bitk. buckthorn
güven a. trust, confidence, reliance, faith, credit; security, safety *güven mektubu* credentials *güven olmaz* not trustworthy, unreliable *güveni olmak* to have confidence (in) *güveni sarsılmak* to distrust, to lose confidence (in) *güvenini kazanmak* to win (sb's) confidence *güvenini sarsmak* to discredit, to unnerve
güvence a. guarantee, guaranty, surety *güvence altına almak* to secure *güvence vermek* to guarantee
güvenceli a. guaranteed
güvenceli s. guaranteeo, secured
güvencesiz s. without guaranty
güvenç a. confidence, reliance * itimat
güvenışığı a. safelight
güvenilir s. reliable, dependable, trustworthy, confidential, credible, safe, sure, staunch
güvenilirlik a. reliability, trustworthiness, credibility
güvenilmez s. unreliable, dubious *hkr.*, slippery *kon.*, shifty, insecure
güvenirlik a. reliability
güvenle be. confidently
güvenli s. safe; trustworthy, reliable, dependable, faithful *güvenli alan* safe area *güvenli yük* safe load
güvenlik a. security, safety, safeness *güvenliği sağlamak* to pacify *güvenlik belleği* backup storage *güvenlik biti* guard bit *güvenlik görevlisi* security guard *güvenlik katsayısı* factor of safety *güvenlik kuvvetleri* arm of the law *güvenlik kütüğü* backup file *güvenlik vanası* safety valve *güvenlikte* safe
güvenme a. trusting, relying on
güvenmek e. to trust, to rely on/upon, to count on, to reckon on, to depend on, to bank on, to have faith (in), to believe (in), to credit *güvenmemek* to distrust
güvenoylaması a. putting up a vote of confidence
güvenoyu a. vote of confidence *güvenoyu almak* to obtain a vote of confidence *güvenoyu vermek* to give

a vote of confidence

güvensiz s. distrustful * itimatsız

güvensizlik a. distrust, mistrust * itimatsızlık **güvensizlik oyu** vote of no confidence

güvercin a. pigeon, dove

güvercinboynu a. dove colour

güvercinkökü a. hek. columbo, calumba

güvercinlik a. pigeon loft, dovecote

güvercinotu a. vervain

güverte a, den. deck **güverte kamarası** deck house **güverte kirişi** deck beam **güverte tahtası** deck plank **güverte yolcusu** deck passenger **güverte yükü** deck cargo, deck load

güvey a. bridegroom; son-in-law **güveyi girmek** to enter the bridal chamber

güveyfeneri a. winter cherry

güveylik a. being a bridegroom/son-in-law; clothes for a bridegroom ¤ s. suitable for a bridegroom

güveyotu a. oregano

güvez s. violet, dark red

güya be. supposedly, as if/though, it seemed that, one would think that

güz a. autumn, fall * sonbahar **güz aşısı** fall budding **güz ılımı** autumnal equinox **güz pancarı** fall-planted beets **güz sulaması** fall irrigation

güzçiğdemi a. meadow saffron

güzel s. beautiful, good-looking, elegant; pretty, nice, lovely; good, fine; (hava) fine, pleasant, favourable; shapely; enjoyable ¤ be. beautifully; well; nicely ¤ a. beauty; beauty queen ¤ ünl. Fine! Good! Well! **güzel güzel** calmly, peacefully **güzel sanatlar** fine arts, the arts

güzelavratotu a, bitk. belladonna

güzelce be. beautifully; properly, thoroughly

güzelduyu a. aesthetics * estetik

güzelduyucu a. aesthetician, esthetician

güzelduyuculuk a. aestheticism, estheticism

güzelduyusal s. aesthetical, esthetical

güzelhatunçiçeği a, bitk. deadly nightshade

güzelleme a. lyric folk poem in praise of a person

güzelleşmek e. to become beautiful

güzelleştirici s. embellishing; adorning; plastic

güzelleştirmek e. to beautify, to embel-

lish, to smarten

güzellik a. beauty; goodness; gentleness, kindness; grace, elegance **güzelliğini bozmak** to disfigure **güzellik kraliçesi** beauty queen **güzellik maskesi** facepack **güzellik salonu** beauty parlour, beauty shop **güzellik uykusu** beauty sleep **güzellik uzmanı** beautician **güzellik yarışması** beauty contest

güzellikle be. gently, without using force

güzergâh a. route

güzey a. the shady side, the lee

güzide s. distinguished, select, choice

güzlek a. fall range

güzlemek e. to spend the autumn (in/at)

güzlük a. autumnal

güzün be. in the autumn, in the fall Aİ.

H

H, h a. the tenth letter of the Turkish alphabet

ha ünl. come on now; aha; eh, huh; Oh, Oh yeah, I see **ha babam** all the time, continuously, nonstop **ha bire konuşmak** to rattle on/away **ha bire** continuously, uninterruptedly **ha bugün ha yarın** soon, in a short time **ha deyince** on the spur of the moment **Ha Hoca Ali ha Ali Hoca** It's all the same **Ha siktir!** Get stuffed! İİ./arg., Bullshit!, Balls! **Ha siktir be!** Fuck!, Christ!, Jesus!, Jesus Christ!

habak a. bitk. pennyroyal

habanera a. habanera

habazan s. arg. hungry, ravenous

habe a. arg. bread

habeci s. arg. stupid, foolish ¤ a. fool, dumbhead, blockhead

habeden be. arg. for nothing, free, gratis

haber a. news, information, notice, communication, message; knowledge **haber ajansı** news agency **haber alma** intelligence **haber almak** to hear, to hear from, to receive information **haber atlamak** to fail to report a news item **haber filmi** newsreel **haber göndermek** to send a message **haber merkezi** information center **haber salmak** kon. to send news (to) **haber sızdırmak** to leak information **haber**

spikeri newscaster, newsreader *haber toplamak* to gather news *haber uçurmak* to send a message (secretly/immediately) *haber vermek* to inform, to report, to tell, to notify, to apprise *haber yayını* newscast *haberi olmak* to know, to have heard (of/about), to be acquainted with sth *haberi olmamak* to be unaware (of sth/that), to be ignorant of *haberini almak* to hear about

haberci *a.* messenger, courier, herald, forerunner

haberdar *s.* knowing, aware of, informed *haberdar etmek* to inform sb of sth, to make sb aware of, to notify, to acquaint (sb with sth) *haberdar olmak* to hear about, to become aware of

haberleşme *a.* communication, correspondence *haberleşme alıcısı* communication receiver *haberleşme şebekesi* communications network *haberleşme uydusu* communication satellite

haberleşmek *e.* to communicate; to correspond

haberli *s.* informed, knowing, having knowledge about

habersiz *s.* uninformed, unaware, insensible; without warning, without a word *habersiz olmak* to be unaware of

habersizce *be.* without warning, secretly

Habeş *a, s.* Ethiopian

habeşi *s.* black-skinned

Habeşistan *a.* Ethiopia

habeşmaymunu *a.* baboon

habire *be.* continually

habis *s.* evil, bad, vicious, wicked; *hek.* malignant * kötücül

habitat *a.* habitat

hac *a.* hajj, hadj, pilgrimage (to Mecca) *hacca gitmek* to go an a pilgrimage to Mecca, to make a pilgrimage

hacamat *a.* cupping; *arg.* stabbing, knifing *hacamat etmek* a) to cup, to bleed b) *arg.* to stab *hacamat yapmak* to bleed

hacamatçı *a.* cupper

hacamatlamak *e.* to bleed (sb) by cupping; *arg.* to stab

haccetmek *e.* to go on a religious pilgrimage

hacet *a.* need, necessity, requirement *Hacet yok* There is no need

hacı *a.* hajji, hadji; Christian pilgrim

hacılarkuşağı *a.* rainbow

hacılık *a.* being a hajji, pilgrimage

hacıotu *a.* mandrake

hacıyağı *a.* a kind of strong perfume (used by hajjis)

hacıyatmaz *a.* tumbler, roly-poly

hacim *a.* volume, capacity, bulk

hacimli *s.* voluminous, bulky *hacimli iplik* high bulk yarn

hacimsel *s.* volumetric

hacir *a. huk.* interdict, interdiction

haciz *a.* sequestration, seizure, attachment *haciz emri* order of attachment *haciz koymak* to sequestrate

hacizli *s.* sequestered, distrained

haczetmek *e.* to sequestrate, to seize, to impound

Haç *a.* the Cross

haç *a.* the cross *haç çıkarmak* to cross oneself, to make the sign of the cross *haç işareti* the sign of the cross *haç tonoz* cross vault, groined vault * çapraz tonoz

haçlamak *e.* to crucify

Haçlı *a.* Crusader *Haçlı Seferleri* the Crusades

Haçlı Seferleri *a. trh.* the Crusades

Haçlılar *a.* the Crusaders

had *a.* limit, point, degree, bounds

had *a.* limit, boundary; degree, extent *haddi hesabı olmayan* incalculable *haddi hesabı yok* innumerable *haddi zatında* in itself, essentially *haddinden fazla* a) excessive, extravagant b) excessively *haddini aşmak* to overstep the limit, to go beyond the limit *haddini bildirmek* to put (sb) in his place *haddini bilmek* to know one's place *haddini bilmemek* to go too far, to presume *haddini bilmez* presumptuous

hâd *s.* sharp, pointed * keskin, sivri; acute * iveğen, akut; critical *hâd safhaya varmak* to reach a critical stage

hadde *a.* roll, rolling mill *hadde aynası* die plate *hadde fabrikası* rolling mill *hadde izi* roll mark *hadde levhası* draw plate *hadde makinesi* rolling mill *hadde tezgâhı* drawbench, drawing bench *haddeden geçirme* rolling, milling *haddeden geçirmek* a) *tek.* to roll b) *mec.* to sift (through) sth, to examine carefully

haddehane *a.* blooming mill, rolling mill

haddelemek *e, tek.* to roll, to mill

haddelenmiş *s.* rolled **haddelenmiş çelik** rolled steel **haddelenmiş çubuk** rolled bar **haddelenmiş tel** rolled wire **haddelenmiş ürün** rolled product

hademe *a.* caretaker, porter

hadım *a.* eunuch **hadım etmek** a) to castrate b) to neuter

hadımağası *a. trh.* chief eunuch

hadımlaştırmak *e.* to eunuchize, to castrate

hadi *ünl.* come on!, go on!, come along! **Hadi canım sen de!** You don't say! *kon.*, Get along with you! **Hadi ordan!** Get along with you!, My eye! *kon.* **Hadi ya!** You don't say! *kon.*

hadis *a.* (the study of) the Prophet Muhammad's sayings/deeds

hadise *a.* event, incident, case, occurrence **hadise çıkarmak** to provoke an incident

hadiseli *s.* eventful

hadisesiz *s.* uneventful

hadsiz *s.* unlimited, boundless

haf *a, sp.* halfback

hafakan *a.* palpitation **hafakanlar basmak/boğmak** to be exasperated

hafbek *a.* halfback

hafız *a.* person who has learned the Koran by heart; *arg.* bumpkin *hkr.*, swot *İİ./hkr.*, grind *Aİ./hkr.*

hafıza *a.* memory * bellek **hafızası zayıf olmak** to have a short memory

hafızlamak *e, arg.* to swot *İİ./kon.*, to grind *Aİ./kon.*

hafızlık *a.* being a hafiz; *arg.* rote memorization; *arg.* stupidity, idiocy; *arg.* gayness

hafif *s.* light * yeğni; easy * kolay; weak, dilute; slight, gentle, mild; (yiyecek, içecek, vb.) mild; (ağrı) dull; unimportant, insignificant; flighty * hoppa **hafif agregat** lightweight aggregate **hafif alaşım** light alloy **hafif atlatmak** to escape lightly **hafif demiryolu** light railway **hafif endüstri** light industry **hafif giyinmek** to dress lightly **hafif hafif** gently, slowly **hafif kabartma** low relief **hafif kalenderleme** light calendering **hafif maden** light metal **hafif makineli tüfek** light machine gun **hafif metal**

light metal **hafif mizaçlı** flighty **hafif müzik** light music **hafif rampa** slight gradient **hafif renk** tinge, tint **hafif rüzgâr** flurry **hafif sanayi** light industry **hafif silahlar** small arms **hafif toprak** light soil **hafif yağ** light oil **hafife almak** to underrate, to trifle with sb/sth

hafifçe *be.* lightly; slightly, gently

hafiflemek *e.* to get lighter; to abate, to subside; to be relieved, to feel relieved

hafifleşmek *e.* to get light; to get frivolous, to become flighty

hafifleştirmek *e.* to lighten

hafifletici *s.* lightening, reducing; *huk.* extenuating, mitigating **hafifletici nedenler** mitigating causes, extenuating circumstances

hafifletme *a.* lightening; diminishing; relieving **hafifletme kemeri** relieving arch

hafifletmek *e.* to allay

hafifletmek *e.* to lighten, to lessen; to diminish, to abate; to relieve, to ease, to alleviate, to allay

hafiflik *a.* lightness; mildness, slightness; relief, ease of mind; flightiness, frivolity

hafifmeşrep *s.* loose, frivolous, flighty, giddy *esk./hkr.*

hafifsemek *e.* to consider unimportant, to make light of

hafifsıklet *a, sp.* lightweight

hafiften *be.* lightly, gently

hafiye *a.* detective, sleuth *kon./şak.*

hafiyelik *a.* beign a detective, detection

hafniyum *a.* hafnium

hafriyat *a.* excavation(s) **hafriyat yapmak** to dig

hafta *a.* week **hafta arasında (içinde)** during the week **hafta başı** the first day of the week (usually Monday) **hafta ortası** midweek **hafta sekiz, gün dokuz** all the time, almost every day **hafta sonu** weekend **haftaya** in a week's time, next week

haftalarca *be.* for weeks

haftalık *s.* weekly, once a week; lasting ... weeks ¤ *a.* weekly wages

haftalıkçı *a.* worker paid by the week

haftaym *a.* half time

hah *ünl.* Ah!, Aha!, There! **hah şöyle** very good!

haham *a.* rabbi

hahambaşı *a.* chief rabbi

hahamhane *a.* rabbinate

hahamlık *a.* rabbinate
hahniyum *a.* hahnium
hahnyum *a. kim.* hahnium
hain *s.* traitorous, treacherous, perfidious *res.*; ungrateful, disloyal; malicious, cruel ¤ *a.* traitor, rat *kon.*, renegade *res.*
haince *be.* perfidiously
hainleşmek *e.* to become malicious
hainlik *a.* treachery, perfidy; malice
Haiti *a.* Haiti ¤ *s.* Haitian
Haitili *a, s.* Haitian
haiz *s.* possessing, containing
hâk *a.* earth, soil
Hak *a.* God *Hak dini* Islam *Hak getire* there's no, he/she has no *Hakkın rahmetine kavuşmak* to die, to pass away, to give up the ghost, to meet one's maker
hak[1] *a.* right; claim; justice, equity; share, due *hak etmek* to deserve, to merit *res. hak iddia etmek* to claim *hak kazanmak* to have a right to, to deserve *hak sahibi* holder of a right *hak talep etmek* to claim *hak vermek* to acknowledge (sb) to be right *hak yemek* to be unjust, to be unfair *hak yolu* the right way *hakkı için* for the sake of, in the name of *hakkı olmamak* to have no business to do sth *hakkı yenmek* to be wronged *Hakkı var* He/she is right *hakkından gelmek* a) to get the better of b) to defeat, to punish *hakkını almak* to get one's due *hakkını aramak* to demand justice, to demand one's fair share *hakkını vermek* to give sb his due *hakkını yemek* to be unfair (to sb), to cheat sb of his rights
hak[2] *a.* engraving, erasing
hakan *a.* khan, Turkish ruler, emperor, sultan
hakanlık *a.* imperial rule; khanate
hakaret *a.* insult, affront, indignity, offence, offense *Aİ. hakaret etmek* to insult, to affront *hakarete uğramak* to suffer an affront
hakça *be.* justly, rightly
hakem *a.* (futbol, boks, rugbi) referee, ref *kon.*; (tenis, kriket, hokey) umpire * yargıcı; arbitrator, adjudicator * yargıcı
hakemlik *a.* refereeing, umpiring; arbitration *hakemlik etmek* to judge *hakemlik yapmak* (futbol, boks, rugbi) to referee, to ref *kon.*; (tenis, kriket,

hokey) to umpire
hakeza *be. esk.* likewise
haki *a. s.* khaki
hâki *a, s.* khaki
hakikat *a.* fact, truth, reality ¤ *be.* really, truly
hakikaten *be.* really, truly, actually, indeed
hakikatli *s.* faithful, loyal, true, constant
hakikatsiz *s.* unfaithful, disloyal, perfidious
hakikatsizlik *a.* unfaithfulness, disloyalty, perfidy
hakiki *s.* true; real, genuine; original; authentic; sincere
hâkim *a.* ruler; judge ¤ *s.* ruling, dominating, masterful; supreme, dominant, predominant; overlooking, dominating *hâkim kürsüsü* bench *hâkim olmak* a) to rule, to dominate b) to master c) to control d) to overlook, to dominate *hâkim rüzgâr* prevailing wind *hâkim yaka* crew-neck
hakim *a.* sage * bilge; God * Tanrı
hâkimiyet *a.* sovereignty, domination, dominion
hâkimlik *a.* domination; judgeship * yargıçlık
hakir *s.* vile, despicable, low *hakir görmek* to despise, to slight, to look down on
hakkâk *a.* engraver *hakkâk kalemi* burin
hakkâklık *a.* engraving
hakkaniyet *a.* justice, equity * nasfet
hakketmek *e.* to engrave, to carve; to erase
hakkıhuzur *a.* money paid for attending a meeting
hakkında *ilg.* about, concerning, regarding, on *hakkında olmak* to be about, to concern, to deal with sth
hakkıyla *be.* properly, duly, thoroughly
haklamak *e.* to beat, to overcome, to vanquish; to break, to spoil; to eat up
haklaşmak *e.* to settle mutual rights/claims
haklı *s.* right, just; rightful, righteous *haklı çıkarmak* to justify, to excuse *haklı çıkmak* to turn out to be right, to be justified *haklı göstermek* to justify *haklı olarak* deservedly *haklı olmak* to be right
haklılık *a.* rightness, rightfulness
haksever *s.* just, fair

hakseverlik *a.* justness, fairness

haksız *s.* wrong, wrongful, unjust, unfair **haksız bir şekilde** wrongly **haksız çıkarmak** to prove to be wrong **haksız çıkmak** to turn out to be in the wrong **haksız kazanç** ill-gotten gains **haksız olarak** unjustly **haksız olmak** to be in the wrong **haksız yere** wrongly, unjustly

haksızlık *a.* injustice, unfairness, wrong, a raw deal *kon.*, a rough deal *kon.* **haksızlığa uğramak** to be wronged, to be hard done by **haksızlık etmek** to wrong, to be unfair (to), to do sb an injustice

haktanır *s.* just, righteous

haktanırlık *a.* justness, righteousness

hal[1] *a.* condition, state; circumstance, situation, position; case; behaviour, attitude, demeanour; the present time; strength, energy; *dilb.* case **hal böyleyken** and yet, nevertheless **hal değişimi** change of state **hal denklemi** equation of state **hal hatır sormak** to inquire after sb's health **halden anlamak** to show sympathy, to be understanding **hali harap/duman olmak** to be in great trouble **hali kalmamak** to have no strength left, to be tired out/worn-out **hali vakti yerinde** well-off, affluent, in clover *kon.* **halinde** in case of **halinden memnun** contented **halini anlamak** to have sympathy for

hal[2] *a.* (covered) marketplace

hal[3] *a.* solution * çözme, çözülme; melting * eritme **hal etmek** *bkz.* haletmek

hal[4] *a.* dethronement

hala *a.* paternal aunt, father's sister, aunt, auntie *kon.*, aunty *kon.*

hâlâ *be.* still, yet

halalım *a. arg.* dupe, sucker

halas *a. esk.* salvation, rescue

halaskar *a. esk.* savior, rescuer

halat *a.* rope, hawser **halat açıcı** rope opener, rope scutcher **halat bedeni** bight **halat bükümü** strand **halat fabrikası** rope factory **halat kılavuzu** rope guider **halat kolu** strand **halat kopması** rope breakage **halat makarası** rope pulley, headwheel **halat matafyonu** cringle **halat takımı** tackling **halat tamburu** hoisting drum **halat teli** rope wire **halatı mola etmek** *den.* to cast off the rope

halatçı *a.* rope maker

halatlı *s.* having a rope **halatlı sondaj** churn drilling **halatlı varagele** cable railway

halay *a.* Anatolian folk dance

halayık *a.* female slave, female servant

halayıklık *a.* being a female slave/servant

halazade *a.* paternal aunt's son/daughter, cousin

halazon *a.* halazone

halbuki *bağ.* whereas, while * oysa

halde *bağ.* although, though, tho'

haldır haldır *be.* fast and noisily

hale *a.* halo, aureola, corona * ağıl, ayla **hale etkisi** halo effect

halef *a.* successor * ardıl

halel *a.* injury, harm **halel gelmek** to be injured

halelenmek *e.* to form a halo

halen *be.* now, presently, at present

Halep *a, coğ.* Aleppo **Halep çamı** Aleppo pine **Halep çıbanı** Aleppo boil **Halep mazısı** Aleppo gall

halepçamı *a. bitk.* Aleppo pine, Jerusalem pine

halet *a. esk.* situation, condition

haletmek *e.* to dethrone * tahttan indirmek

halfa *a. bitk.* esparto grass

halhal *a.* anklet, bangle

halı *a.* carpet, rug **halı apre makinesi** carpet finishing machine **halı basma makinesi** carpet printing machine **halı döşemek** to carpet **halı ipliği** carpet yarn **halı süpürgesi** carpet sweeper **halı tezgâhı** carpet loom **halı yünü** carpet wool

halıcı *a.* carpet maker; carpet seller

halıcılık *a.* carpet business

Haliç *a.* the Golden Horn

haliç *a.* inlet, bay, estuary

halife *a.* caliph

halifelik *a.* caliphate

halihazır *a.* the present time **halihazırda** at the present time

halik *a. esk.* creator

Halikarnas *a.* Halicarnassus

halim *s.* mild, lenient, gentle * yumuşak huylu **halim selim** benign

halis *s.* pure, sheer, true, unmixed **halis muhlis** to the core

halita *a.* alloy * alaşım

haliyle *be.* naturally, consequently

halk *a.* people, nation, public, folk; people,

populace *halk dansı* folk dance *halk dili* colloquial language *halk düşmanı* public enemy *halk edebiyatı* folk literature *halk kütüphanesi* public library *halk matinesi* cheap afternoon performance, cheap session *halk müziği* folk music *halk oyunu* folk dance *halk ozanı* folk poet *halk sağlığı* public health *halk şairi* minstrel *halk şarkısı* folk song *halk türküsü* folk song *halka açık* open to the public *halka açılmak* tic. to make public offers, to go public *halkla ilişkiler* public relations *halkla ilişkiler görevlisi* public relations officer

halka *a.* hoop, ring; circle; (zincir) link; bangle *halka ağ* ring network *halka devre* ring circuit *halka endüvi* ring armature *halka halka* in circles, in rings *halka sayaç* ring counter *halka tonoz* annular vault *halka yay* annular spring

halkadizilişli *s. bitk.* verticillate

halkalamak *e.* to twist (sth) into a circle; to encircle

halkalanma *a.* annulation

halkalanmak *e.* to form a circle

halkalı *s.* ringed, linked, annular, annulate *halkalı somun* eye nut

halkalıdamar *a. bitk.* annular vessel

halkalılık *a.* whorl

halkalısolucanlar *a. hayb.* segmented worms

halkalısülün *a. hayb.* ring-necked pheasant

halkamsı *s.* annular

halkavcılığı *a.* demagogy * demagoji

halkavcısı *a.* demagogue * demagog

halkayay *a.* valve spring

halkbilgisi *a.* folklore

halkbilim *a.* folklore * folklor

halkbilimci *a.* folklorist * folklorcu

halkbilimsel *s.* folkloristic, folkloric

halkçı *a.* populist

halkçılık *a.* populism

halkdevinbilim *a.* demography

halkdevinbilimci *a.* demographer, demographist

halkdevinbilimsel *s.* demographic(al)

halketmek *e.* to create

halkevi *a.* people's house, community centre

halkoylaması *a.* referendum * referandum

halkoyu *a.* public opinion

hallaç *a.* carder, cotton fluffer, wool fluffer * atımcı *hallaç pamuğu gibi atmak* a) to scatter about b) to put to rout

hallaçlamak *e.* to card

hallaçlık *a.* cotton dressing, wool combing

hallenmek *e.* to obtain a new form; to feel faint; *arg.* to desire, to want

halleşmek *e.* to confide in each other

halletmek *e.* to solve, to work out, to sort sth out, to straighten sth out, to resolve, to clinch *kon.*; to dissolve, to melt; to complete, to finish up, to dispatch

hallice *s.* somewhat better (than)

hallolmak *e.* to be solved * çözümlenmek

halofit *a.* halophyte

halojen *a.* halogen

halojenleme *a.* halogenation

halojenlemek *e.* to halogenate

halojenli *s.* halogenous

halojenür *a.* halide

halometre *a.* salinometer

halon *a.* halon

halsiz *s.* exhausted, weary, tired out, weak, infirm *halsiz bırakmak* to pull sb down

halsizlik *a.* weakness, exhaustion, weariness, infirmity, langour, debility

halt *a.* improper act, blunder *halt etmek kon.* to do/say sth stupid *halt karıştırmak kon.* to be up to no good *halt yemek* to make a great blunder, to put one's foot in it

halter *a.* dumbbell, barbell, weights *halter sporu* weight lifting

halterci *a.* weight-lifter

haltercilik *a. sp.* weight lifting

halvet *a.* seclusion, isolation; hot cubicle in a public bath

ham hum *be.* humming and hawing *ham hum etmek* to hum and haw

ham *s.* unripe, green; raw, crude; inexperienced, tyro; *sp.* out of training; vain, useless *ham çelik* raw steel *ham demir* bloom *ham deri* raw hide *ham elyaf* crude fibre *ham en teks.* width in grey *ham film* unexposed film *ham ipek* raw silk, bast silk *ham iplik* grège yarn *ham katran* crude tar *ham kauçuk* raw rubber *ham kenevir* raw hemp *ham mamul* grey cloth *ham pamuk* raw cotton *ham petrol* crude oil *ham şeker* raw sugar *ham şerbet* raw juice *ham ürün* grey cloth *ham veri* raw data **ham yakut** unpolished ruby **ham yün** raw wool

hamail *a, bkz.* hamaylı

hamak *a.* hammock

hamal *a.* porter, carrier **hamal parası** porterage * hammaliye

hamalbaşı *a.* head of a group of public porters

hamaliye *a.* porter's fee

hamallık *a.* porterage **hamallığını etmek** to do the donkeywork **hamallığını yapmak** to do the donkeywork

hamam *a.* Turkish bath, public bath, baths **hamam gibi** very hot, boiling hot

hamamanası *a.* female bath attendent; beefy woman

hamamböceği *a.* cockroach

hamamcı *a.* bath attendant

hamamcılık *a.* business of running a public bath

hamamotu *a.* depilatory agent

hamamtası *a.* metal bowl (used in a public bath)

hamarat *s.* hard-working, diligent, sedulous

hamaratça *be.* diligently

hamaratlaşmak *e.* to get good at keeping house

hamaratlık *a.* diligence

hamaylı *a.* shoulder belt * hamail; amulet * muska

hamburger *a.* hamburger

hamdetmek *e.* to praise

hamhalat *s. kon.* rough, rude, coarse

hami *a.* protector; patron

hamil *s.* possessing, bearing ¤ *a.* bearer, holder; prop, support **hamiline** to bearer **hamiline ödenecek** payable to bearer

hamile *s.* pregnant, in the club *İİ./arg.* * gebe **hamile bırakmak** to impregnate, to make pregnant, to get (a girl) into trouble **hamile elbisesi** maternity dress **hamile kalmak** to fall/become pregnant **hamile olmak** to be expecting (a baby/child) *kon./ört.*, to be with child *esk.*

hamilelik *a.* pregnancy * gebelik **hamilelik testi** pregnancy test * gebelik testi

hamilik *a.* protectorate

haminne *a.* grannie

haminto *a.* illicit gain, swindle

hamiyet *a.* patriotic zeal, public spirit

hamiyetli *s.* patriotic, public-spirited

hamiyetsiz *s.* unpatriotic, lacking in public spirit

hamiyetsizlik *a.* lack of public spirit

hamla *a. den.* single stroke of a pair of strokes

hamlacı *a.* rowing stroke, chief oarsman

hamlaç *a.* blowpipe, torch **hamlaç kaynağı** torch welding

hamlama *a.* being out of shape; primary firing of pottery

hamlamak *e.* to get out of practice

hamlaşmak *e.* to get out of condition/practice

hamle *a.* attack, onslaught, lunge; drive; (satranç) move **hamle yapmak** to lunge

hamleci *s.* enterprising, venturesome

hamletmek *e.* to attribute, to ascribe

hamlık *a.* unripeness, greenness; inexperience; lack of condition

hammadde *a.* raw material

hampa *a, arg.* accomplice, henchman

hamsi *a.* anchovy **hamsi kuşu** fried anchovy

hamsin *a.* khamsin, khamseen

hamsin *a.* khamsin

Hamsin *a.* Pentecost **Hamsin bayramı** Pentecost **Hamsin yortusu** Pentecost

hamster *a.* hamster

hamt *a.* praising God, giving glory to God

hamule *a.* freight

hamur *a.* dough, paste; paper pulp; (kâğıt) quality; essence, nature **hamur açmak** to roll out dough **hamur işi** pastry **hamur lehimi** paste solder **hamur mayası** leaven **hamur odunu** pulpwood **hamur yoğurmak** to knead dough

hamurboya *a.* paint mixed by the artist on his palette

hamurcu *a.* bakery worker who kneads dough

hamurlamak *e.* to cover/smear with dough

hamurlaşmak *e.* to get doughy

hamursu *s.* doughy, soggy

hamursuz *a.* unleavened bread

hamurumsu *s.* doughy, soggy

hamut *a.* collar

han[1] *a.* khan, sovereign, ruler

han[2] *a.* inn; caravanserai; large commer-

cial building **han hamam sahibi** a man
of means **han hamam sahibi olmak** to
be in clover *kon.*
hanay *a. yörs.* two or three-storied house;
entrance hall
hancı *a.* innkeeper
hancılık *a.* keeping/running an inn; business of an inkeeper
hançer *a.* dagger
hançere *a.* larynx * gırtlak
hançerlemek *e.* to stab with a dagger
handavallı *a. arg.* stupid, foolish
handikap *a.* handicap
handiyse *be. kon.* pretty soon, any moment
hane *a.* house * ev, konut; household * ev
halkı; division, section; *mat.* place *
basamak; (satranç, vb.) square
hanedan *a.* dynasty ¤ *s.* of noble descent;
generous and hospitable
hanedanlık *a.* being a member of a dynastic family
Hanefî *a. s.* Hanafi
haneli *s.* of (...) houses/families
hanelik *s.* that contains (...) houses
hangar *a.* hangar
hangi *s.* which; what **Hangi akla hizmet
ediyor** Why on earth is he/she doing
such a silly thing? **hangi biri** which one
Hangi dağda kurt öldü How come?
hangisi *adl.* which one, which (of them)
hanım *a.* lady; Mrs, Miss; mistress; wife *
karı ¤ *s.* ladylike **hanım evladı** a) mollycoddle, mother's darling, milksop *hkr.*,
sissy *hkr.*, cissy *hkr.* b) bastard **hanım
hanımcık** a) model (housewife) b)
proper (lady) **hanım sultan** sultana
hanımanne *a.* mother-in-law
hanımböceği *a.* ladybug * gelinböceği
hanımefendi *a.* lady; madam, ma'am
hanımefendilik *a.* being a lady
hanımeli *a.* honeysuckle
hanımlık *a.* ladyhood
hanımördeği *a. hayb.* sheldrake
hani *be.* where; what happened to; you
know; well; to tell the truth; actually;
well; (said to sb who breaks his promise) you said/promised (that) **hanidir**
for a long time, donkey's years
hanlık *a.* khanate
hantal *s.* clumsy, gross, coarse, awkward;
cumbersome, awkward, bulky ¤ *a.*
slowcoach *İİ./kon.*, slowpoke *Aİ./kon.*

hantalca *be.* awkwardly
hantallaşmak *e.* to become clumsy
hantallık *a.* awkwardness
hanteriş *a. arg.* hashish, hash
hanzo *a, arg.* jerk, hick, yob
hap *a.* pill, tablet **hapı yutmak** *kon.* to be
in the soup, to be in trouble **Hapı
yuttuk!** That's a fine kettle of fish
hapaz *a. arg.* food, eats
hapçı *a, arg.* drug addict
hapıcık yapmak *e. çoc.* to swallow down
hapır hapır, hapır hupur *be.* guzzling,
scoffing **hapır hupur yemek** to scoff
arg., to guzzle
hapis *a.* imprisonment, confinement;
prison, gaol, jail; prisoner **hapis cezası
vermek** to send up **hapis yatmak** to be
in prison, to serve time **hapse atmak** to
gaol, to imprison, to jail *Aİ.*, to send sb
up *Aİ./kon.* **hapse mahkûm etmek** to
commit to prison **hapsi boylamak** to
end up in prison
hapishane *a.* prison, goal, jail *Aİ.*
hapishane gediklisi jailbird **hapishane
kaçağı** prison breaker **hapishane
müdürü** warden **hapishaneyi
boylamak** to end up in jail
hapislik *a.* imprisonment
haploit *s.* haploid
haploitlik *a.* haploidy
hapsetmek *e.* to imprison, to immure in,
to confine, to put in prison/jail, to jail, to
goal; to lock in, to coop sb/sth up (in
sth)
hapşırık *a.* sneeze
hapşırmak *e.* to sneeze
hapşu *ünl.* atishoo
hapur hupur *be.* hungrily and noisily
har: har har continuously and noisily **har
hur** hurly-burly, confusion **har vurup
harman savurmak** to waste, to squander, to misspend
hara *a.* stud farm, stud
harabat *a.* wine shop, bar, tavern
harabati *s.* untidy, slovenly, bohemian;
tippler
harabatilik *a.* untidiness, slovenliness
tippling
harabe *a.* ruins * ören, kalıntı; ramshackle
building * yıkı **harabeye çevirmek** to
devour **harabeye dönmek** to go to rack
and ruin
harabelik *a.* ruins * ören

haraç *a.* tribute, racket *haraca kesmek* to levy a tribute on *haraç mezat satmak* to sell by auction

haraççı *a.* racketeer *hkr.*, extortionist

haraççılık *a.* racketeering *hkr.*

harakiri *a.* hara-kiri *harakiri yapmak* to commit hara-kiri

haram *s.* forbidden by religion; ill-gotten, unlawful, wrong *haram etmek* to forbid sb the use/enjoyment of *haram lokma* ill-gotten food, ill-gotten gains

harami *a.* brigand, robber, waylayer, thief

haramilik *a.* brigandage, robbery, waylaying, thievery

haramsız *s.* religiously lawful

haramzade *a.* bastard

harap *s.* ruined, ramshackle, tumbledown; worn out, exhausted, tired out *harap etmek* to ruin, to destroy, to devastate *harap olmak* to be ruined

haraplaşmak *e.* to fall into ruin

haraplık *a.* desolation, ruin, decay

harar *a.* large haircloth sack

hararet *a.* heat; fever, temperature; thirst; ardour, fervour, exaltation *hararet basmak* to feel very thirsty *hararet söndürmek* to quench (one's) thirst

hararetle *be.* passionately

hararetlendirmek *e.* to make feverish; to excite, steam up

hararetlenmek *e.* to become feverish; to get excited, to get steamed up

hararetli *s.* feverish; active, excited, lively; vehement, intense, heated

haraşo *a.* stockinette; *arg.* Russian woman

haraza *a.* quarrel, dustup *kon.*

harbe *a.* short lance; ramrod

harbi *a.* ramrod ¤ *s.* straight, trustworthy, honest, outspoken; true, genuine, real

harbilik *a.* muzzle (of a firearm); *arg.* trustworthiness, honesty

harbiye *a.* military affairs

Harbiye *a.* Military College *Harbiye Nazırı esk.* Minister of War *Harbiye Nezareti esk.* Ministry of War

Harbiyeli *a.* cadet, military college student

harcama *a.* spending; expense, expenditure

harcamak *e.* to spend, to expenditure, to expend, to lay sth out *kon.*; to blow, to waste; to use, to use up; to sacrifice; *arg.* to kill; *kon.* to victimize

harcanmak *e.* to be spent; to be expended; *kon.* to be sacrificed; *arg.* to be killed

harcıâlem *s.* common, ordinary

harcırah *a.* travelling expenses

harç[1] *a.* mortar, plaster; soil mixture, compost; ingredients; trimming *(birinin) harcı olmak* to be within one's means *harç tahtası* hawk *harç teknesi* mortar board, hod

harç[2] *a.* expenditure, expenses * masraf; fees

harçlı *s.* made with mortar and plaster

harçlı[1] *s.* by paying fees

harçlı[2] *s.* containing mortar/plaster *harçlı makadam* grouted macadam

harçlık *a.* pocket money, allowance *Aİ.*

harçsız[1] *s.* without fees

harçsız[2] *s.* without mortar/plaster *harçsız duvar* dry wall

hard disk *a, biliş.* hard disk

hardal *a.* mustard *hardal lapası/yakısı* mustard plaster

hare *a.* moiré, watering

harekât *a, ask.* operations, manoeuvres, maneuvers *Aİ.*

hareke *a.* vowel point, vowel mark

harekelemek *e.* to mark with a vowel point

harekeli *s.* marked with a vowel point

hareket *a.* movement; move; motion; act, behaviour, conduct; activity, action; departure, start *hareket alanı* radius of action *hareket dingili* live axle *hareket dişlisi* running gear *hareket empedansı* motional impedance *hareket etmek* a) to move * devinmek b) (taşıt) to move off c) to get off, to set out * yola çıkmak d) to depart, to leave * kalkmak e) to act, to conduct, to behave * davranmak *hareket ettirmek* to move *hareket flaması* blue peter *hareket hızı* running speed *hareket kolu* motion bar, starting lever *hareket miktarı* quantity of motion *hareket özgürlüğü* freedom of movement *hareket pinyonu* drive pinion *hareket yarıçapı* radius of action *harekete geçirmek* a) to actuate, to activate, to set in motion b) to motivate, to awake *harekete geçmek* to make a move, to take action, to act

hareketlendirmek *e.* to set in motion, to activate

hareketlenmek e. to get into action/motion

hareketli s. moving, active; energetic, lively, brisk, agile, restless; hectic, busy *hareketli düğüm* slip knot *hareketli geçme* running fit *hareketli hedef* moving target *hareketli kanat* flapping wing *hareketli köprü* movable bridge *hareketli kum* running sand, shifting sand *hareketli ray* lighting rail *hareketli tekerlek* castering wheel *hareketli vizyonöz* animated viewer *hareketli yük* movable load, live load

hareketlilik a. activity; liveliness

hareketsiz s. motionless, inactive; still; static

hareketsizleştirmek e. to immobilize

hareketsizlik a. immobility, stillness, still, calm; inactivity

hareki s. motor

harelemek e, teks. to water

harelendirmek e. to moiré

harelenmek e. to become wavy

hareli s. moiré, watered *hareli kumaş* moire, moiré

harem a. harem, seraglio *harem dairesi* seraglio

haremağası a. eunuch

haremlik a. the part of a house alloted to ladies

harf a. letter *harf dizisi* slug *harf kasası* case *harf metali* type metal *harfi harfine* exactly, word for ford, to the letter

harfiyen be. exactly, word for word

harharyas a. hayb. man-eater, white shark

harıl harıl be. continuously, assidously *harıl harıl çalışmak* to work hard, to work like hell, to be hard at it

harılanmak e. (hayvan) to become bad-tempered

harıldamak e. to flow noisily; to to operate noisily; to burn furiously

harıltı a. roar

harım a. truck garden, market garden; hedge, fence

harın s. intractable (animal); bad-tempered

harın s. unruly, unmanageable; gluttonous

haricen be. outwardly, externally

harici s. external, exterior, outside, outer; foreign *harici anten* outdoor antenna

harici gerilim external voltage *harici iş* external work

hariciye a, pol. foreign affairs * dışişleri; hek. external diseases

hariciyeci a, pol. diplomat; hek. specialist in external diseases

hariciyecilik a. diplomatic profession

hariç a. the outside exterior, outer surface; abroad, foreign country, foreign place ¤ s. external; outside ¤ be. except, excepting, except for, apart from, excluding, exclusive of, with the exception of *hariç tutma* exclusion *hariç tutmak* to exclude, to except

harika a. wonder, miracle ¤ s. wonderful, fantastic kon., great kon., superb, marvellous, beautiful, dreamy kon., smashing kon., lovely kon., tremendous kon., terrific kon., gorgeous kon., sensational kon., fabulous kon., heavenly kon., divine kon. *Harika!* Great!, Wow! *harikalar yaratmak* to do miracles, to do wonders, to work miracles, to work wonders

harikulade s. extraordinary, wonderful, marvellous, stupendous

harikuladelik a. brilliance

haris s. greedy, acquisitive, ambitious * açgözlü, hırslı

harita a. map, chart *harita fotoğrafçılığı* mapping photography *harita kamarası* den. chart room *harita ölçeği* chart scale, map scale *harita programı* map program *harita sembolleri* map symbols *harita yapımı* mapping *haritadan silinmek* to be wiped off the map *haritasını yapmak* to map

haritacı a. cartographer

haritacılık a. cartography

hark a. conduit, canal, channel

harlamak e. to flare up, to be in flames; mec. to burst into anger

harlatmak e. to poke up (a fire)

harlı s. furiously burning

harman a. threshing; threshing floor; grain for threshing; harvest, harvest time; blend, admixture *harman döveni* flail *harman dövme makinesi* thrashing machine, thrasher *harman dövmek* to thresh *harman etmek* to blend *harman makinesi* threshing machine *harman savurma makinesi* trm. winnowing machine *harman savurma* winnow

harman savurmak to winnow **harman yeri** threshing floor

harmancı a. thresher

harmancılık a. threshing, work of a thresher

harmani a. kind of drugget cloak

harmani(ye) a. long cloak, mantle

harmanlamak e. to blend; to go in circles; den. to turn in a wide circle

harmoni a, müz. harmony * armoni

harmonik s. harmonic **harmonik anteni** harmonic antenna **harmonik bastırıcı** harmonic suppressor **harmonik bileşen** harmonic component **harmonik dalga** harmonic wave **harmonik girişim** harmonic interference **harmonik içeriği** harmonic content **harmonik jeneratör** harmonic generator **harmonik salınım** harmonic oscillation **harmonik serisi** harmonic series **harmonik soğurucu** harmonic absorber **harmonik süzgeci** harmonic filter **harmonik uyarım** harmonic excitation

harmonyum a. müz. harmonium

harmotom a. harmotome

harnup a. carob, locust bean * keçiboynuzu

harp[1] a. war * savaş **Harp Akademisi** War Academy **harp açmak** to wage war (against/on) **harp malulü** invalid, disabled soldier **Harp Okulu** Military College **harp okulu öğrencisi** cadet **harp zengini** war profiteer

harp[2] a, müz. harp **harp çalmak** to harp

harpsikord a, müz. harpsichord

harpuşta a. coping

harrangürra be. kon. in much ado, chaotically

hars a, esk. culture * kültür, ekin

hart hart be. with a crunching sound

hart hurt be. with a crunch **hart hurt yemek** to crunch

hart: hart diye with a loud crunch

hartadak be. kon. suddenly, abruptly

hartama a, inş. shingle **hartama kaplamak** to shingle

hartası hurtası olmamak e. to show disrespect

hartuç a. ask. cartridge

has s. peculiar to, special, proper to; pure, unmixed, unadulterated **has apre** fast finish **has boya** fast dye **has ipek** pure silk, thrown silk, all silk, mulberry silk **has keten** pure linen **has olmak** to pertain to **has un** fine flour

hasa a. teks. calico

hasar a. damage, loss, injury, harm **hasar vermek** to wreak damage on **hasar yapmak** to cause damage **hasara uğramak** to suffer damage, to be damaged **hasara uğratmak** to damage

hasat a. reaping, harvest **hasat etmek** to reap, to harvest **hasat zamanı** harvest

hasatçı a. harvester

hasatçılık a. harvesting, reaping

hasbahçe a. trh. sultan's priva park/garden

hasbelkader be. by chance, accidentally * tesadüfen

hasbıhal a. chitchat * söyleşi, sohbet **hasbıhal etmek** to chat, to commune

hasebiyle be. esk. on account of

hasekiküpesi a. columbine

haset a. envy, jealousy, covetousness, grudge, green-eyed monster * kıskançlık, çekememezlik, günü **haset etmek** to envy * kıskanmak, çekememek, günümek **hasetten çatlamak** to be green with envy

hasetçi s. envious, jealous

hasetlenmek e. to become envious

hasetlik a. kon. envy, jealousy

hasıl a. yörs. green barley (used as fodder)

hâsıl s. resulting, produced **hâsıl etmek** to produce, to engender **hâsıl olmak** to result, to ensue; be produced, to be obtained

hâsıla a. result, product

hasılat a. produce, products; revenue, returns, takings, proceeds, receipts

hâsılı be. in short, in brief

hasım a. enemy; rival; adversary, antagonist

hasımlık a. enmity, antagonism, hostility * düşmanlık, yağılık

hasır a. rush mat, mat, matting, wickerwork **hasır altı etmek** to shelve, to pigeonhole, to sweep sth under the carpet **hasır şapka** straw hat, boater

hasırcı a. mat maker; dealer in mats; arg. filcher, thief

hasırcılık a. mat making, dealing in mats; arg. filching, stealing

hasırlamak e. to cane

hasırlı s. matted over; wickered
hasırotu a. bitk. rush
hasırotu a. rush * kofa, kiliz
hasırsazı a. bitk. bulrush
hasiktir ünl. arg. Up yours!
hasis s. stingy, miserly, close, mean, tight ¤ a. miser
hasislik a. stinginess, niggardliness **hasislik etmek** to act stingily
haslet a. character, trait
haslık a. fastness
haspa a, kon. minx, shrewd young woman
hasret a. longing, yearning, nostalgia **hasret çekmek** to long for, to yearn for **hasret kalmak** to feel the absence of, to miss, to pine (for) **hasretini çekmek** a) to long to see again b) to miss
hasretlik a. separation, homesickness, longing
hasretmek e. to devote
hassa a. esk. special quality
hassas s. sensitive, delicate; touchy, thin-skinned, susceptible, oversensitive, impressionable **hassas alet** precision instrument **hassas bir noktaya dokunmak** to touch a sore point **hassas matkap** sensitive drill **hassas nivelman** precise levelling **hassas nokta** sore spot **hassas ölçü aleti** tek. precision instrument **hassas ölçüm** accurate measurement **hassas tapa** instantaneous fuse **hassas terazi** precision balance **hassas yaklaşma** precision approach
hassasiyet a. sensitiveness, sensitivity; touchiness, susceptibility
hassaslık a. sensitiveness, sensitivity
hasse a. teks. calico
hasta s. ill, sick, poorly kon.; kon. cracked, mad, crazy, freak kon., potty about sb/sth İİ./kon. ¤ a. patient; invalid; mec. fan, buff kon. **hasta düşmek** to fall ill **hasta etmek** a) to make (sb) ill b) mec. to make sb sick, to give sb the pip İİ./kon. **hasta odası** sickroom **hasta olmak** a) to become ill, to get sick b) mec. to be mad (about), to be crazy (about), to be keen on, to be fond of, to go overboard (about sb/sth) kon. **hasta yatağı** sickbed **hasta yatmak** to lie sick **hastası olmak** to be fond of, to be mad about/on, to be crazy about, to be hooked on * düşkün olmak **hastaya**

bakmak a) to look after a patient b) to examine a patient
hastabakıcı a. nurse
hastabakıcılık a. nursing
hastalandıran s. pathogenetic, pathogenic
hastalandırma a. pathogenicity
hastalandırmak e. to make (sb) sick
hastalanmak e. to get sick, to become ill
hastalık a. sickness, illness, disorder, complaint, trouble; disease, malady; addiction, passion **hastalığa yakalanmak** to catch an illness, to fall ill **hastalık geçirmek** to have an illness **hastalık hastası** hypochondriac **hastalık izni** sick leave **hastalık nöbeti** fit
hastalıklı s. diseased, sickly, ailing, morbid, unhealthy
hastane a. hospital, infirmary **hastaneye kaldırmak** to take to hospital, to hospitalize **hastaneye yatırmak** to hospitalize
hastanelik s. needing hospitalization **hastanelik etmek** to bash (sb) up, to beat (sb) up
hasut s. very jealous
haşa a. saddlecloth * belleme
hâşâ ünl. God forbid! **hâşâ huzurdan (huzurundan)** if you will excuse the expression
haşarat a. insects * böcekler; rabble, riff-raff
haşarı s. out-of-hand, naughty
haşarılaşmak e. to become naughty
haşarılık a. naughtiness, mischievousness
haşat s, arg. very bad, worn out **haşadı çıkmak** to be exhausted
haşerat a. insects, vermin
haşere a. insect * böcek **haşere ilacı** pesticide **haşere mücadelesi** pest control
haşhaş a. poppy **haşhaş tohumu** poppy seed
haşhaşyağı a. poppy-seed oil
haşıl a, teks. size, slashing product **haşıl alışı** size take-up **haşıl banyosu** size liquor **haşıl karıştırıcı** size mixer **haşıl maddesi** sizing agent **haşıl makinesi** sizing machine, slashing machine, slasher **haşıl sökme maddesi** desizing agent **haşıl sökme makinesi** desizing machine **haşıl sökmek** to desize **haşıl**

yağı sizing oil, size lubricant *haşıl yardımcı maddesi* sizing assistant *haşılı sökülmüş* desized, free of size

haşıllama *a, teks.* size application *haşıllama odası* sizing room *haşıllama silindiri* sizing roller

haşıllamak *e, teks.* to slash

haşılsız *s, teks.* desized, free of size

haşır haşır *be.* with a rustle

haşır haşır, haşır huşur *be.* with a crunching sound

haşırdamak *e.* to make a rustling sound

haşırtı *a.* rustling sound

haşırtılı *s.* rustling

haşin *s.* stern, rude, harsh, rough, fiendish

haşinleşmek *e.* to get harsh/stern

haşinlik *a.* harshness, asperity

haşir *a.* Day of Resurrection

haşiş *a.* hashish, hash *kon.*

haşiye *a.* footnote * dipnot

haşlama *a.* boiling; *tek.* scalding ¤ *s.* boiled, stewed *haşlama kazanı* scalding vat *haşlama teknesi* scalding trough

haşlamak *e.* to boil; to scald; *kon.* to scold, to tell sb off *kon.*, to blow sb up, to give sb a rap on/over the knuckles, to tear sb off a strip *kon.*, to haul sb over the coals *kon.*, to tick sb off *kon.*, to bawl sb out *Aİ.*

haşlanmak *e.* to be boiled, to boil; to be scalded

haşmet *a.* majesty, grandeur, pomp

haşmetli *s.* majestic, grand, sublime; His/Her majesty

haşmetmeap *a.* His/Her Majesty

Haşmetmeap *a.* Your/His/Her Majesty!, Sire!

haşur *a, teks.* hatching

hat *a.* line; *esk.* writing * yazı *hat bakımcısı* lineman *hat bekçisi* lineman *hat çekmek* to install a line *hat devresi* track circuit *hat distorsiyonu* line distortion *hat döşeme* track laying *hat filtresi* line filter *hat genişliği* demy. rail gauge *hat gerilimi* line voltage *hat gürültüsü* line noise *hat işçisi* lineman *hat kaçağı* line loss *hat kaybı* line loss *hat paraziti* line noise *hat rölesi* line relay *hat sanatı* calligraphy *hat seçici* line selector *hat transformatörü* line transformer *hat yükü* line load

hata *a.* mistake, error, failing, fault, defect *hata ayıklamak* to debug *hata ayıklayıcı* debugger *hata belirleme programı* fault-location program *hata bulma kodu* error-detecting code *hata bulma yordamı* error detection routine *hata bulma* error detection, checkout *hata bulmak* a) to find fault (with) b) to debug *hata bulucu* debugger, diagnotor *hata denetimi* error control *hata deneyi* diagnostic test, diagnostic check *hata dosyası* error file *hata düzeltme* error correction *hata emniyeti* fail safety *hata etmek/yapmak* to make a mistake, to go wrong, to err *res. hata fonksiyonu* error function *hata grubu* error burst *hata günlemesi* error log *hata güvenliği* fail safety *hata iletisi* error message *hata işlemek* to commit an error, to make a mistake *hata izolasyonu* error isolation *hata karakteri* error character *hata kaydı* error log *hata kodu* error code *hata koşulu* error condition *hata kütüğü* error file *hata listesi* error list *hata menzili* error range *hata mesajı* error message *hata oranı* error rate, failure rate *hata patlaması* error burst *hata raporu* error report *hata sınırı* error limit *hata sinyali* error signal *hata şeridi* error tape *hata tanıma* error diagnostics *hata yakalamak* to debug *hata yordamı* error routine *hata yüzdesi* error percentage *hata zinciri* error burst *hataya düşmek* to fall into error, to be mistaken

hatalı *s.* faulty, false, fallacious, erroneous, inaccurate, incorrect, errant, defective; wrong, mistaken *hatalı bilgi* false drop *hatalı boyama* off-shade dyeing *hatalı kalkış* false takeoff

hatasız *s.* faultless, perfect, irreproachable *Hatasız kul olmaz* Nobody is perfect.

hatıl *a.* balk, beam, girder

hatıllamak *e.* to strengthen with beams

hatır *a.* memory, mind; sake; one's feelings; influence, consideration, weight *hatır işi* labour of love *hatır senedi* accommodation bill *hatır sormak* to ask after *hatırda kalmak* to be remembered *hatırda tutmak* to bear in mind *hatırı için* for the sake of sb/sth *hatırı kalmak* to feel hurt, to take offence *hatırı sayılır* a) considerable, remarkable b) respectable, reputable *hatırı sayılmak* to have influence *hatırına gelmek* to occur to one, to come to mind, to come back (to sb) *hatırına getirmek* a) to remind sb of sth b) to call back to mind *hatırında* on one's mind *hatırında tutmak* to remember, to have in mind *hatırından çıkarmak* to forget, to pass out of one's mind *hatırından çıkmak* to escape *hatırını hoş etmek* to please *hatırını kırmak* a) to hurt the feelings of, to offend b) to disoblige *res.*

hatır hatır *be.* crunching *hatır hatır yemek* to crunch, to munch

hatır hutur *be.* crunching *hatır hutur yemek* to crunch, to munch

hatıra *a.* memory, remembrance, recollection, reminiscence; souvenir, memento, keepsake *hatıra defteri* diary *hatıra pulu* commemorative stamp *hatırasına* in memory of

hatıralık *s.* fit to be used as a souvenir

hatırat *a.* memoirs, recollections, memories, reminiscences

hatırlama *a.* remembering, recalling

hatırlamak *e.* to remember, to recollect, to recall, to think of sth

hatırlatmak *e.* to remind (sb of sb/sth), to call sth up

hatırlı *s.* influential, respected

hatırsız *s.* uninfluential, of no consequence

hatırşinas *s.* considerate, courteous, polite

hatim *a.* reading of the Koran from beginning to end

hatip *a.* preacher; orator

hatiplik *a.* preaching; oratory

hatmetmek *e.* to read (the Koran) from beginning to end

hatmi *a, bitk.* marshmallow

hatta *bağ, be.* even; in fact, as a matter of fact; as well, also, besides, moreover

hattat *a.* calligrapher

hattatlık *a.* calligraphy

hatun *a.* woman, lady; wife

hatve *a, hav.* pitch *hatve açısı hav.* pitch angle

hav *a.* nap, pile, down, fuzz *hav*

döküntüsü fluff

hav hav *ünl.* Bow wow!

hava *a.* air; weather; atmosphere; climate; *müz.* air, tune; wind; liking, pleasure; mood; style; attractiveness, charm; showing-off, airs, ostentation *hkr.*; naught, nothing, nil ¤ *sg.* aerial *hava akımı* air current, draught *hava akını* air raid *hava alığı tek.* air inlet *hava almak* a) to take the air, to go for a walk in the fresh air b) *arg.* to get nothing, to draw a blank c) to let air in *hava aralığı* air gap, airspace *hava atmak* to put on airs, to cut a dash, to show off *kon.*, to flaunt *hkr.*, to swank *kon. hava ayırıcı* air separator *hava bacası* jackhead pit, shaft, upcast *hava basıncı* atmospheric pressure, air pressure *hava basmak* a) to pump air (into) b) to cut a dash c) to become haughty *hava borusu* air hose, breather *hava boşaltma deliği* air vent, vent hole *hava boşaltma tapası* vent plug *hava boşluğu* a) air pocket, vacuum b) air shaft *hava çıkışı* air outlet *hava değişimi* change of air *hava deliği* air bleed, air hole, blowhole *hava deposu* air reservoir *hava dielektriği* air dielectric *hava direnci* air resistance *hava domu* air dome *hava dönüş yolu* return airway *hava durumu* weather condition *hava duvarı* air wall *hava ejektörü* air ejector *hava eşdeğeri* air equivalent *hava fırını* air furnace *hava filosu* air fleet *hava filtresi* air filter *hava fotoğrafçılığı* aerial photography *hava fotoğrafı* air photo, aerial photo *hava freni* air brake *hava gazı bkz.* havagazı *hava geçidi* airlane *hava geçirgenliği* air permeability *hava geçirmez yapmak* to airproof *hava geçirmez* airtight, airproof, hermetic *hava geçirmezlik* airtightness *hava gemisi* airship, zeppelin *hava girişi* air admission, air inlet *hava gömleği* air jacket *hava gözlemi* meteorological observation *hava habbesi* air pocket *hava haritacılığı* air surveying *hava haritası* aerial map, air map *hava haslığı* fastness to weathering *hava hattı* aerial line *hava hızı* airspeed *hava hortumu* air hose *hava ısıtıcısı* air heater *hava izolasyonu* air insulation *hava izoleli* air-spaced *hava jeti* air jet *hava kabarcığı* air bubble, bubble *hava kaçağı* air leakage *hava kaçırmak* to lose air *hava kamerası* aerial camera *hava kanalı* air duct *hava kararmak* to get dark *hava kartografı* aerocartograph *hava kelebeği* choke *hava kesesi* air bladder *hava kirlenmesi* air pollution *hava kirliliği* air pollution *hava kompresörü* air compressor *hava koridoru* air corridor *hava korsanı* skyjacker *hava köprüsü* air crossing, airlift *hava kutusu* air box *hava kuvvetleri* air forces *hava kuyusu* air shaft *hava kütlesi* air mass *hava memesi* air jet, air nozzle *hava meydanı* airfield *hava miktarı* air quantity *hava minimumu* weather minimum *hava motoru* air engine *hava mühendisi* aeronautical engineer *hava mühendisliği* aeronautical engineering *hava nemi* air humidity *hava nemlendirici* air humidifier *hava nemlendirme* air humidification *hava niteliği* air quality *hava odacığı* air chamber *hava parası* key money *hava pasajı* air passage *hava pilotu* air pilot *hava pisti* airstrip *hava pompası* air pump *hava prizi* admission of air *hava radarı* airborne radar *hava radyoaktivitesi* airborne radioactivity *hava raporu* weather report *hava rasatı* meteorological observation *hava rotası* air route *hava rutubeti* atmospheric moisture *Hava Savunma Komutanlığı* Air Defense Command *hava sahası* airspace *hava saldırısı* air raid *hava savunması* aerial defense, air defense *hava seyrüseferi* aerial navigation *hava sızdırmaz* airproof, airtight, hermetic *hava sızdırmazlık* airtightness *hava soğutmalı* air-cooled *hava soğutucu* air cooler *hava supabı* air valve *hava sürati* airspeed *hava sütunu* air column *hava süzgeci* air filter *hava tabakası* air layer *hava tahmin raporu* weather forecast *hava tahmini* weather forecast *hava tankı* air reservoir *hava taşıtı* aircraft *hava taşıyıcısı* air carrier *hava trafiği* air traffic *hava tüfeği* air gun *hava türbini* air turbine *hava üssü* airbase *hava verme* ventilation, insuf-

flation *hava vermek* to blow, to ventilate, to insufflate *hava-yakıt karışımı* air-fuel mixture *hava-yakıt oranı* air-fuel ratio *hava yalıtımı* air insulation *hava yastığı* air cushion *hava yıkayıcı* air washer *havada asıltı* aerosol *havada kurutma* air drying *havada kurutulmuş* air dried, air-seasoned *havada rakle* floating knife, skying doctor *havada sertleştirmek* to air-harden *havada suverme* air quenching *havada süzülmek* to float *havada yetişen kök* aerial root *havada* airborne, in the air *havadan* a) from the air b) effortlessly, for nothing c) empty, worthless *havadan ağır* heavier-than-air *havadan atmak* to air drop *havadan denize* air-to-sea *havadan erken uyarı* airborne early warning *havadan hafif* lighter-than-air *havadan havaya* air-to-air *havadan su içine* air-to-underwater *havadan sudan konuşma* small talk *havadan sudan konuşmak* to make small talk *havadan sudan* randomly, desultorily *havadan taşımak* to airlift *havadan tohumlama* aerial seeding *havadan yere* air-to-ground *havalara girmek* to put on airs, to give oneself airs *havasına girmek* to get the hang of *havasında olmak* to be in the mood *havasını almak* to deaerate *havasını boşaltmak* to deflate *havasını bulmak* to enjoy oneself *havasını gidermek* to deaerate *havaya gitmek* to go up in smoke *havaya savurmak* to waste *havaya uçmak* a) to blow up, to explode b) to go up in smoke *havaya uçurmak* to blow sth up, to blast, to explode *havayı temizlemek* to air-condition

havaalanı *a.* airport, airfield, aerodrome
havabilgisi *a.* meteorology
havabilim *a.* aerology
havabilimci *a.* aerologist
havacı *a.* aviator, airman, pilot
havacıl *s.* aerobe, aerobic
havacılık *a.* aviation, aeronautics, airmanship
havacıva *s, bitk.* alkanet; *mec.* hot air, wind ¤ *s.* trivial, useless
havadar *s.* airy, breezy, spacious
havadarlık *a.* airiness

havadeğişimi *a.* change of place with different climate
havadis *a.* news
havagazı *a.* coal gas, town gas; *arg.* nonsense, wind, hot air, rubbish *hkr.* **havagazı borusu** gas line **havagazı fabrikası** gasworks **havagazı gömleği** mantle **havagazı sayacı** gas meter
Havai *a.* Hawaii
havai *s.* sky blue; aerial; flighty, frivolous **havai fişek** firework **havai hat** overhead line **havai kablo** aerial cable **havai kök** aerial root
Havaice *a. s.* Hawaiian
Havaili *a. s.* Hawaiian
havailik *a.* flightiness, frivolousness
havakmak *e.* (yara) to become inflamed
havaküre *a.* atmosphere * havayuvarı, atmosfer
havalandırıcı *a.* aerator, breather
havalandırma *a.* ventilation, airing; air-conditioning **havalandırma borusu** aerating tube, breather pipe **havalandırma galerisi** intake airway **havalandırma kapısı** air door **havalandırma katı** air level **havalandırma kuyusu** ventilation shaft **havalandırma musluğu** air relief cock
havalandırmak *e.* to air, to ventilate; to fly, to cause to take off
havalandırmalı *s.* air-conditioned
havalanma *a.* being aired; takeoff, lift-off
havalanmak *e.* to be aired, to be ventilated; (uçak) to take off, to lift off
havale *a.* assignment; referring/transfer (of a matter); money order; *hek.* eclampsia **havale etmek** a) to assign, to transfer b) to refer **havale göndermek** to send a money order
havaleli *s.* bulky, top-heavy, cumbersome
havalı *s.* airy, breezy; attractive, eye-catching; *arg.* showy, flashy, flamboyant, stuck-up *kon.*, posh *kon.*, swanky *hkr.*; pneumatic **havalı ayırıcı** pneumatic separator **havalı çekiç** air hammer **havalı dolgu** pneumatic stowing **havalı fren** air brake, pneumatic brake **havalı kondansatör** air capacitor **havalı lastik** pneumatic tyre **havalı süspansiyon** air suspension **havalı tokmak** pneumatic hammer **havalı yatak** air bearing

havalık *a.* air vent, duct opening, vent hole, vent pipe
havali *a.* neighbourhood, environs, district
havalimanı *a.* airport
havan *a.* mortar **havan topu** howitzer **havanda su dövmek** to beat the air
Havana *a.* Havana **Havana purosu** Havana cigar
havaneli *a.* pestle
havaölçer *a.* aerometer
havari *a.* disciple, apostle **Havariler Amentüsü** the Apostles' Creed
havasal *s.* aerial
havasız *s.* airless, air-free, stuffy, close
havasızlık *a.* airlessness, stuffiness
havasızyaşar *s.* anaerobe, anaerobiotic
havasızyaşarlık *a. biy.* anaerobiosis
havataşı *a. gökb.* aerolite, aerolith
havayolu *a.* airline, airway **havayolu farı** airway beacon
havayuvarı *a.* atmosphere * atmosfer
have *a.* working face, breast
haver *a. arg.* partner
havhav *a, çoc.* doggy, doggie *çoç.*; bark, woof *kon.*
havi *s.* containing, including
havlamak *e.* to bark, to bay, to woof *kon.*
havlanmak *e.* to fuzz
havlı *s.* nappy, downy, fuzzy **havlı kumaş** pile fabric
havlıcan *a.* galangal, galingale
havlu *a.* towel, facecloth **havlu asacağı** towel rack **havlu atmak** to throw in the towel **havlu kumaş** terry cloth
havlucu *a.* maker/seller of towels
havluculuk *a.* making/selling towels
havluluk *a.* (asacak) towel rail; (dolap) towel cupboard ¤ *s.* (kumaş) for making towels **havluluk kumaş** towelling **havluyla kurulamak** to towel sb **havluyla kurulanmak** to towel oneself
havöz *a.* coal cutter
havra *a.* synagogue * sinagog
havruz *a. esk.* chamber pot
havsala *a.* intelligence, comprehension *anat.* pelvis * leğen; *hayb.* gizzard, crop **havsalası almamak** to be unable to comprehend
havsız *s, teks.* napless, shiny
havşa *a.* counterbore, sinker **havşa açmak** to counterbore, to countersink **havşa matkabı** countersink
havuç *a.* carrot

havut *a.* camel's packsaddle

havuz *a.* pond, pool; (kapalı) baths; *den.* dock **havuz balığı** cyprinoid **havuz işçisi** docker **havuza çekmek** to dock **havuza girmek** to dock **havuzdan çıkarmak** to undock

havuzbalığı *a. hayb.* goldfish

havuzcuk *a. anat.* renal pelvis, pelvis renalis

havuzlama *a, teks.* retting

havuzlamak *e, den.* to take into dry dock; *teks.* (keten) to ret, to steep

havuzlu *s.* having a swimming pool **havuzlu reaktör** swimming pool reactor

Havva *a.* Eve

havya *a.* soldering iron

havyar *a.* caviare

havza *a.* basin, river basin, catchment area

hay *ünl.* Hey!, Ah!, Oh!, Alas! **Hay Allah!** Oh dear!, Dash it!, Good grief!, Christ!, Jesus!, Jesus Christ!, My goodness!, Goodness me! **Hay aksi** Damn!, Shit!, Tut!, Tut-tut! **Haydan gelen huya gider** Easy come easy go

hayâ *a.* shame, modesty, bashfulness * utanç, utanma

haya *a.* testicle * erbezi

hayal *a.* dream, fantasy, daydream; image; reflection; fancy, imagination; spectre, phantom; pipe dream **hayal aleminde** in the clouds **hayal âlemi** the world of dreams **hayal edilemez** inconceivable **hayal etmek** to imagine, to picture **hayal gibi** like a dream **hayal görmek** to see things **hayal gücü kıt** unimaginative **hayal gücü kuvvetli** imaginative **hayal gücü** imagination, fancy **hayal kırıklığı** disappointment, rude awakening, letdown *kon.* **hayal kırıklığına uğramak** to be disappointed **hayal kırıklığına uğramış** disappointed **hayal kırıklığına uğratmak** to disappoint, to let sb down **hayal kurmak** to dream, to build castles in the air, to daydream **hayal meyal** shadowy, indistinct, faint, fuzzy **hayal olmak** a) to remain as a memory in the past b) to fizzle out **hayal ürünü** a figment of the imagination **hayale dalmak** to daydream, to fall into a reverie **hayale kapılmak** to build high hopes, to labour under a delusion **hayalinde**

canlandırmak to imagine

hayalci *a.* dreamer, daydreamer ¤ *s.* dreamy, visionary, fanciful

hayalet *a.* phantom, ghost, spectre, phantasm, apparition, spook *kon.* **hayalet devre** phantom circuit

hayâlı *s.* bashful, shy

hayali *s.* fantastic, imaginary

hayalifener *a. esk.* magic lantern; *kon.* skinny person

hayalperest *a.* dreamer ¤ *s.* dreamy, visionary, fanciful

hayalperestlik *a.* dreaming, castle-building

hayâsız *s.* shameless, impudent

hayâsızca *be.* shamelessly, brazenly

hayâsızlık *a.* shamelessness, brazenness

hayat *a.* life; existence; living; liveliness, movement **hayat arkadaşı** spouse, wife, husband **hayat dolu olmak** to be full of beans, to be full of life **hayat dolu** lively, full of beans, full of life **hayat hikâyesi** life story **hayat kadını** prostitute **hayat memat meselesi** a matter of life and death **hayat pahalılığı** high cost of living **hayat sigortası poliçesi** life insurance policy **hayat sigortası** life insurance **hayat standardı** living standard, standard of living **hayata atılmak** to begin to work **hayata gözlerini yummak** to die, to pass away, to give up the ghost **hayata küstürmek** to embitter **hayatı kaymak** *arg.* to be ruined **hayatım** my dear, love, lovely, darling, sweetheart, sweetie **hayatına girmek** to come into (one's) life **hayatını kazanmak** to earn one's living **hayatını kurtarmak** to save sb's life **hayatını yaşamak** to live freely **hayatta** alive **hayatta kalan** survivor **hayatta kalmak** to survive **hayatta olmak** to be alive **Hayatta olmaz** No way!, Not on your life!, No fear! *kon.*

hayatağacı *a. anat.* arborvitae; family tree, genealogical tree * soyağacı

hayati *s.* vital

hayatiyet *a.* vitality; liveliness

haybe *s, arg.* buckshee, on the house **haybeye kürek çekmek** to beat one's head against a stone wall

haybeci *a, arg.* cadger, sponger

haybeden *s, arg.* free, for nothing

Hayber *a.* Khyber **Hayber Geçidi** the

Khyber Pass
hayda *be.* giddap!; what next!
haydalamak *e.* to drive on (cattle); *arg.* to fire, to sack
haydi, hadi *ünl.* Come on!; All right!, OK!; maybe, say *Haydi bakalım* Come on then *haydi haydi* all the more *Haydi oradan* a) Go away! b) I don't believe you.
haydin *ünl. kon.* Come on!
haydindi *ünl.* Hurry up!
haydisene *ünl. kon.* come on!, come along!
haydisene, hadisene *ünl, kon.* Come on!, Come along!
haydut *a.* bandit, brigand, outlaw, robber
haydutlaşmak *e.* to start behaving like a roughneck
haydutluk *a.* banditry, brigandage
hayhay *be.* certainly, sure, of course
hayhuy *a.* uproar, tumult, confusion; fruitless struggle
hayıf *a. esk.* injustice; regret, sorrow
hayıflanmak *e.* to lament, to regret, to bemoan, to bewail
hayır[1] *be.* no *hayır demek* to say no
hayır[2] *a.* good, goodness; prosperity; fortune, well-being; usefulness, use; charity, beneficence *hayır cemiyeti* charity *hayır gelmemek* not to be helpful *hayır kalmamak* to be of no more use *hayır kurumu* charity, charitable institution *hayır sahibi* benefactor, donor *Hayırdır inşallah* I hope all is well., I hope there is nothing the matter *Hayra alamet değil* It augers no good, It bodes no good *hayra yormak* to interpret favourably *hayrını görmek* to benefit from, to enjoy the advantage of
hayırdua *a.* benediction, blessing *hayırdua etmek* to bless
hayırhah *s. esk.* benevolent
hayırhahlık *a. esk.* benevolence
hayırlı *s.* good, advantageous, beneficial; auspicious, favourable *Hayırlı yolculuklar* Bon voyage!, Have a good trip! *Hayırlısı olsun* Let's hope for the best
hayırsever *s.* beneficent, benevolent, philanthropic, charitable ¤ *a.* philanthropist
hayırseverlik *a.* benevolence, philanthropy charity

hayırsız *s.* good for nothing, useless, worthless; unfaithful
hayırsızlık *a.* uselessness; unfaithfulness
hayıt *a. bitk.* chaste tree, hemp tree
haykırı *a.* scream, outcry, shout
haykırış *a.* cry, shout, scream
haykırışmak *e.* to shout together
haykırmak *e.* to cry, to cry out, to shout, to scream, to exclaim, to shriek
haykırtı *a.* shouting
haylaz *s.* idle, lazy, naughty ¤ *a.* idler, loafer, scamp, scallywag, scalawag *AI.*
haylazca *be.* naughtily
haylazlaşmak *e.* to become lazy, not to work properly
haylazlık *a.* laziness *haylazlık etmek* to loaf, to dally, to goof off
hayli *s, be.* quite, fairly, pretty; much, many; a lot
haylice *be.* rather many, rather much, a fair amount of; rather
haymana *a.* grazing land; idler, scamp *haymana mandası* burly and bone-idle
haymatlos *s.* stateless
haymatlosluk *a.* statelessness
hayran *a.* admirer, fan, lover, devotee ¤ *s.* filled with admiration, potty about sb/sth *İİ./kon. hayran bırakmak* to strike with admiration, to charm, to impress *hayran kalmak* to be filled with admiration, to be fascinated *hayran olmak* to admire
hayranlık *a.* admiration *hayranlık duymak* to feel admiration (for) *hayranlık uyandırmak* to evoke admiration
hayranlıkla *be.* with admiration
hayrat *a.* charities, benefactions, donations
hayret *a.* amazement, astonishment, surprise, bewilderment ¤ *ünl.* Wow!, Gosh! *hayret etmek* to be astonished, to be surprised (at), to wonder *res. hayrete düşürmek* to astonish, to bowl sb over, to amaze *hayrete düşürücü* amazing *hayretler içinde bırakmak* to astound, to dumbfound *hayretler içinde kalmak* to be lost in amazement, to be astounded
hayrola *ünl.* What's the matter?, What's up?
haysiyet *a.* self-respect, personal dignity, pride; honour, honor *AI.* **haysiyet**

divanı court of honour
haysiyetli *s.* self-respecting, dignified
haysiyetsiz *s.* undignified, dishonourable
haysiyetsizlik *a.* lack of self-respect, dishonour
hayta *a, kon.* hooligan, hobo, bum *Aİ./arg.*
haytalık *a. kon.* goofing off, idling·away
hayvan *a.* animal; beast; biped; beast of burden; *arg.* brute, animal ¤ *s.* brute; boorish, rough *hayvan besleme* animal breeding *hayvan burnu* muzzle *hayvan derisi* hide *hayvan dışkısı* droppings *hayvan gibi* a) brutish, brute, bestial b) brutishly, brutally b) enormous, huge, very big/large/great *hayvan ini* earth *hayvan kömürü* animal charcoal *hayvan sürüsü* herd *hayvan yatağı* bedding *hayvan yavrusu* young *hayvan yemi* fodder, forage *hayvan yetiştiricisi* breeder *hayvan yetiştirme* cattle breeding *hayvan zinciri* tether *hayvanlar âlemi* the animal kingdom *hayvanları koruma derneği* society for the prevention of cruelty to animals
hayvanat *a.* animals *hayvanat bahçesi* zoo, zoological garden *res.*
hayvanbilim *a.* zoology * zooloji
hayvanbilimci *a.* zoologist
hayvanbilimsel *s.* zoological
hayvanca *be.* brutally, brutishly ¤ *s.* brute, brutish, brutal, bestial *hkr.*
hayvancasına *be.* bestially, very rudely
hayvancık *a.* little animal, very small animal
hayvancılık *a.* stockbreeding, breeding; cattle dealing
hayvani *s.* animal; bestial; *kon.* huge, great, enormous
hayvankömürü *a.* animal charcoal
hayvanlaşmak *e.* to become swinish, to become rude
hayvanlık *a.* animalism; *mec.* brutishness, bestiality, brutality
hayvansal *s.* animal *hayvansal ürün* animal product *hayvansal yağ* animal fat
hayvanseven *s.* zoophilic
hayvansever *a.* animal lover
hayvansı *s.* zooid, zooidal
haz *a.* pleasure, delight, enjoyment, gusto *haz duymak* to feel pleasure
haza *s. kon.* perfect, complete

hazan *a.* autumn, fall *Aİ.* * güz, sonbahar
hazar *a.* peace
Hazar *a, coğ.* Khazar
hazar *a, esk.* peace * barış *Hazar Denizi* Caspian Sea *hazar kuvveti* peacetime strength
Hazarca *a.* Khazar language
hazari *s.* peaceful
hazcı *a. fel.* hedonist ¤ *s.* hedonistic
hazcılık *a.* hedonism * hedonizm
hazım *a.* digestion *hazmı güç* indigestible
hazımlı *s.* tolerant, patient
hazımsız *s.* dyspeptic; intolerant, touchy
hazımsızlık *a.* indigestion, dyspepsia
hazır *s.* ready, prepared; willing; present; (giysi) ready-made ¤ *be.* now that, since, while, as long as *hazır bilgi* literal *hazır bulunmak* to be present, to attend *hazır elbise* ready-made clothes *hazır etmek* to prepare, to get (sth) ready *hazır fonksiyon* built-in function *hazır giyim* ready-made clothing *hazır ilaç* preparation *hazır işlev* built-in function *Hazır ol* Attention!, Shun! *hazır olmak* a) to prepare oneself b) to be present (at) *hazır öbek* standby block *hazır para* ready money *hazır prosedür* built-in procedure *hazır süre* available time *hazır sürücü* default drive *hazır yordam* built-in procedure
hazırcevap *s.* good at repartee, quick-witted, witty *hazırcevap olmak* to be good at repartee
hazırcevaplık *a.* repartee
hazırcı *a.* seller of ready-made clothing
hazırlamak *e.* to prepare; to make ready; to accustom; to cause; (sofra/masa) to set; (ilaç/reçete) to dispense; to make up
hazırlanmak *e.* to get ready, to prepare; to be prepared
hazırlayıcı *s.* preparatory
hazırlık *a.* readiness; preparation, arrangement *hazırlık apresi* preparatory finish *hazırlık çalışması* preparatory work *hazırlık işlemi* housekeeping operation *hazırlık okulu* preparatory school *İİ.*, prep school *İİ./kon. hazırlık yapmak* to make preparations *hazırlık yazmacı* standby register *hazırlık yordamı* housekeeping routine *hazırlık zamanı* set-up time, standby time
hazırlıklı *s.* prepared, well-prepared

hazırlıksız s. unprepared, extempore, impromptu ¤ be. extempore, impromptu, ad lib kon.

hazırlop s. (yumurta) hard-boiled; obtained effortlessly, ready

hazin s. sad, pathetic, melancholy, touching, moving

hazine a. treasure; treasury, strong room; treasure trove; exchequer, national treasury; source **hazine bonosu** treasury bond, treasury bill

haziran a. June

haziranböceği a. June bug * anızböceği

hazmedilebilir s. digestible

hazmetmek e. to digest; to stomach, to put up with, to be able to bear/stand

hazne a. (su) reservoir; (silah) chamber; esk. vagina * dölyatağı

haznedar a. treasurer

haznedarlık a. trh. being the keeper of a treasury

hazneli s. having a tank/reservoir **hazneli barometre** bulb barometer

hazzetmek e. to like, to relish

he be, kon. yeah, yea **he demek** to okay, to approve **He mi?** Is that all right?, Is it OK?, Do you agree?

heba a. waste, loss **heba etmek** to waste, to spoil **heba olmak** to be wasted, to go up in smoke

hebefreni a. hebephrenia

hebenneka s. fatuous

hebennekalık a. fatuity

hece a. syllable * seslem **hece ölçüsü/vezni** syllabic meter **hecelere ayırmak** to syllabify

heceleme a. syllabication

hecelemek e. to syllable, to utter the syllables of

heceli s. of (...) syllables

hecin a, hayb. dromedary

hedef a. target, mark; object, objective, aim, goal, cause * erek, amaç, gaye, maksat **hedef almak** to aim (at) **hedef bilgisayar** target computer **hedef fazı** target phase **hedef olmak** to come under sth **hedef program** target program **hedef takip radarı** tracking radar **hedef tespiti** target acquisition **hedefi vurmak** to hit the mark

hedeflemek e. to aim (at)

heder a. waste, loss **heder etmek** to waste **heder olmak** to be wasted

hedera a. ivy

hedik a. boiled wheat

hediye a. present, gift * armağan; price * fiyat **hediye çeki** gift token **hediye etmek** to give as a gift

hediyelik s. suitable for a present **hediyelik eşya dükkânı** souvenir shop **hediyelik eşya** souvenir

hedonist a. fel. hedonist ¤ s. hedonistic

hedonizm a. fel. hedonism

Hegelci a. s. fel. Hegelian

Hegelcilik a. fel. Hegelianism

hegemonya a. hegemony

hekim a. doctor, physician * doktor, tabip

hekimbaşı a. trh. Sultan's chief physician

hekimlik a. profession of a doctor; medicine, medical science

heksadekan a. hexadecane

heksadekanol a. hexadecanol

heksan a. hexane

heksanitrat a. hexanitrate

heksil a. hexyl

heksilen a. hexylene

heksojen a. hexogen

heksot a. hexode

heksoz a. hexose

hektar a. hectare

hektogram a. hectogram

hektolitre a. hectolitre

hektometre a. hectometre

hekzaklorofen a. hexachlorophene

hekzan a. hexane

hekzon a. hexone

hela a. toilet, water closet, lavatory, lav kon., bog İİ./arg., john Aİ./arg.

helak a. death; destruction; exhaustion **helak etmek** a) to destroy, to kill b) to exhaust **helak olmak** a) to die; to perish b) to be exhausted

helal s. (canonically) lawful, legitimate, permissible ¤ a, kon. lawful spouse **helal etmek** to give up sth to sb

helalinden be. legitimately, as a free present, willingly

helalleşmek e. to mutually acquit of any claim; to forgive each other (canonically)

helalli a. kon. (lawful) wife

helallik a. (lawful) wife; (canonically) legitimate thing

helalzade a. legitimate offspring; honest person

hele bağ, be. especially, above all; at last;

at least; just **Hele şükür** Thank God!

helecan *a.* palpitation, excitement * çarpıntı

helecanlanmak *e.* to feel one's heart palpitating

Helen *a.* Hellene

Helenik *s.* Hellenic

Helenist *a.* Hellenist

Helenistik *s.* Hellenistic

Helenizm *a.* Hellenism

helezon *a.* helix, spiral, helix * helis **helezon açısı** helix angle **helezon dişli** helical gear **helezon matkap** twist drill **helezon merdiven** corkscrew stair **helezon taşıyıcı** spiral conveyor

helezoni *s.* helical, spiral * helisel **helezoni dişli** spiral gear **helezoni konveyör** screw conveyor **helezoni tarama** spiral scanning **helezoni yay** helical spring

helezonlaşmak *e.* to form a spiral

helezonlu *s.* helical

heliantin *a.* helianthine

heliatron *a.* heliatron

helikoid *a.* helicoid

helikoit *a. mat.* helicoid

helikon *a. müz.* helicon

helikopter *a.* helicopter, chopper *kon.* **helikopter alanı** heliport

helis *a.* helix ¤ *s.* helical **helis açısı** helix angle **helis anten** helical antenna **helis dişli** helical gear **helis yay** coil spring

helisel *s.* helical, spiral * helezoni

helisin *a.* helicin

helke *a.* pail, bucket

helmintoloji *a.* helminthology

helva *a.* halvah, halva, sweet made from cereals, pine nuts, sesame oil and honey

helvacı *a.* maker/seller of halvah

helvacıkabağı *a.* pumpkin * kestanekabağı

helvacıkökü *a.* soapwort

helvacılık *a.* making/selling halvah

helyodor *a.* heliodor

helyograf *a.* heliograph

helyometre *a.* heliometer

helyosta *a.* heliostat

helyostat *a.* heliostat

helyoterapi *a.* heliotherapy

helyotrop *a.* heliotrope

helyotropik *s.* heliotropic **helyotropik rüzgâr** heliotropic wind

helyotropizm *a.* heliotropism

helyum *a, kim.* helium **helyum gazı** helium gas **helyum lambası** helium filled lamp

hem *bağ, be.* both ... and; besides, and also; anyway, anyhow; in fact, actually **hem ... hem de** both ... and **hem de nasıl** and how *kon.* **hem kel hem fodul** bigheaded *kon.*, too big for one's boots *kon.*

hemal *s.* hemal

hematein *a.* hematein

hemati *a. biy.* erythrocyte

hematin *a.* haematin, hematin

hematit *a.* haematite, hematite

hematofaj *a.* haemophagocyte

hematofobya *a.* hematophobia, hemophobia

hematoksilin *a.* haematoxylin

hematolog *a.* haematologist

hematoloji *a.* haematology

hematolojik *a.* haematological

hematuri *a.* haematuria

hematüri *a.* haematuria

hemcins *s.* of the same kind/race

hemdert *a, esk.* fellow sufferer * dert ortağı, acıdaş

hemen *be.* right now, right away, at once, immediately, instantly, directly, forthwith *res.*, straightaway *esk.*; nearly, almost **hemen hemen** almost, nearly, practically, about, all but, close on **hemen hemen hiç** scarcely

hemencecik *be.* at once, right away, in a flash, like a flash, chop-chop *İİ./kon.*

hemfikir *s.* of the same opinion, like-minded, agreeable **hemfikir olmak** to agree, to be in agreement

hemimorfit *a.* hemimorphite

hemin *a.* haemin, hemin

hemipleji *a. hek.* hemiplegia

hemiselüloz *a.* hemicellulose

hemlok, hemlock *a, bitk.* hemlock

hemodiyaliz *a. hek.* hemodialysis

hemofil *a, s.* hemophiliac

hemofili *a, hek.* hemophilia

hemoglobin *a.* haemoglobin

hemolisin *a.* haemolysin

hemolitik *s.* haemolytic

hemoliz *a.* h(a)emolysis, hemolysis

hemoroit *a. hek.* hemorrhoid

hemosiderin *a.* h(a)emosiderin

hempa *a.* cohort

hemşehri *a.* fellow townsman
hemşeri *a.* fellow countryman, fellow townsman, fellow citizen, countryman, compatriot
hemşerilik *a.* citizenship
hemşire *a.* sister * kız kardeş, bacı; nurse
hemşirelik *a.* sisterhood * kız kardeşlik; nursing * hastabakıcılık
hemze *a. dilb.* hamza, hamzah
hemzemin *s.* on the same level **hemzemin geçit** level crossing *İİ.*, grade crossing *Aİ.*
hendek *a.* ditch, trench, dike, moat **hendek açma makinesi** ditcher, trencher **hendek kazmak** to ditch
hengâme *a.* uproar, tumult; *kon.* rat race
henri *a.* henry
hentbol *a, sp.* handball
hentbolcu *a.* handball player
henüz *be.* yet, still; just now, only just, a little while ago
hep *be.* always, all the time, for ever, forever ¤ *adl.* all, the whole **hep aynı telden çalmak** to harp on sth **hep beraber/birlikte** all together, in chorus, with one accord, bodily **hep bir ağızdan** with one voice **hep birden** all at once **hepimiz** all of us **hepiniz** all of you
heparin *a.* heparin
hepatit *a, hek.* hepatitis
hepatoloji *a.* hepatology
hepçil *s.* omnivorous
hepçillik *a.* omnivorousness
hepsi *adl.* all, all of it, all of them; in all
heptaklor *a.* heptachlor
heptan *a.* heptane
heptanol *a.* heptanol
hepten *be.* completely, entirely
heptot *a.* heptode
heptoz *a.* heptose
hepyek *a.* double one
her *s.* every; each **her Allahın günü** every blessed day **her an** (at) any moment **her bakımdan** in every respect **her bir** every, each **her biri** every one, each one, each **her çareye başvurmak** to go to great lengths, to leave no stone unturned **her çeşit** every kind of, all manner of **her daim** every time, always **her derde deva** panacea **her derde deva ilaç** panacea **her gece** every night, nightly **her gün** every day, daily

her günkü day-to-day, everyday **her hafta** weekly **her halde** in any event **her halükârda** in any case, in any event **her iki** both **her ikisi (de)** both **her işte parmağı olmak** to have a finger in every pie *kon.* **her keresinde** at every turn **her kim** whoever **her nasılsa** somehow, someway *Aİ.* **her ne ise** a) anyway, anyhow b) whatever it is **her ne kadar** although, though, tho' **her ne karın ağrısıysa** what-d'you-call-him/-her/-it/-them **her ne pahasına olursa olsun** at all costs **her ne zaman** whenever **her ne zıkkımsa** what-d'you-call-it **her ne** whatever **her nedense** somehow, for some reason, someway *Aİ.* **her nerede** wherever **her nereye** wherever **her neyse** anyway, anyhow **her şey göz önüne alınırsa** all things considered **her şey** everything, all **her şeyden önce** to start with, above all, first and foremost **her şeye burnunu sokan** nosey *kon.*, nosy *kon.* **her şeye gücü yeten** almighty, omnipotent **her şeye inanan** credulous **her şeye inanma** credulity **her şeye kadir** almighty **her şeye karşın** nonetheless, for all that, after all **her şeye rağmen** after all **her şeyi bilen** omniscient **her şeyi itiraf etmek** to make a clean breast of **her tarafa** everywhere, every which way **her tarafına** all around, throughout **her tarafında** all around, throughout **her tarafta** all around, all over, everywhere, on all sides **her tür** every kind of **her tür haslık** *teks.* all-round fastness **her yer** every place, everywhere **her yerde** everywhere, all over, high and low **her yere** everywhere **her yerinde** all over **her yıl** every year, annually **her yolu denemek** to leave no stone unturned **her yöne** to every direction, every which way **her zaman olduğu gibi** as usual **her zaman** always, for ever, forever, evermore **her zamanki** ordinary, habitual, accustomed, usual **her zamanki gibi** as usual, as ever as
herbisit *a.* herbicide
hercai *s.* inconstant, fickle, capricious
hercailik *a.* inconstancy, fickleness
hercaimenekşe *a, bitk.* wild pansy
hercümerç *a.* shambles

herek *a.* stake
hereklemek *e.* to stake
hergele *a.* unbroken horse; scoundrel, rake, blackguard, rascal
herhalde *be.* possibly, presumably, surely; in any case
herhalükârda *be.* by all means
herhangi *s.* whoever, whatever, whichever **herhangi bir** any **herhangi bir şey** anything **herhangi bir yerde** anywhere **herhangi bir yere** anywhere **herhangi birisi** anyone, anybody
herif *a.* fellow *kon.*, beggar *kon.*, guy *kon.*, bloke *İl./kon.*, bastard *arg.*
herifçioğlu *a.* fellow, guy, beggar *kon.*, bastard *arg.*
herk *a. yörs.* fallow land
herkes *adl.* everybody, everyone, all
herkesçe *be.* by everybody, by everyone
Herkül *a.* Hercules
herpetoloji *a.* herpetology
herpetolojik *s.* herpetological
hers *a. tiy.* borderlight
Hersek *a.* Herzegovina
Hersekli *a. s.* Herzegovinian
hersinit *a.* hercynite
hertz *a.* hertz
heryerdelik *a.* omnipresence
herze *a.* nonsense
hesabi *s.* economical, thrifty
hesap *a.* calculation, calculus, computation; account; bill, check; estimate; arithmetic **hesaba almak** to take into account, to allow for, to make allowances for **hesaba geçirmek** to enter to an account **hesaba gelmez** countless **hesaba katmak** to take into account, to take into consideration, to allow for sb/sth, to make allowances for, to reckon with, to take account of sth, to consider **hesaba katmamak** to reckon without, to exclude **hesabı istemek** to ask for the bill/account **hesabı iyi olmak** to be good at figures **hesabı kapatmak** to pay one's debt **hesabı ödemek** to foot the bill, to square up **hesabına yazmak** to book sth to sb's account **hesabını görmek** a) to settle (sb's) account b) *mec.* to beat, to punish, to kill, to take care of **hesabını sormak** to pay sb back **hesabını temizlemek** to pay one's account **hesabını vermek** to answer for **hesap**

açmak to open an account **hesap cetveli** slide rule **hesap cüzdanı** bankbook, passbook **hesap defteri** account book **hesap denetimi** audit **hesap etmek** to calculate, to work out, to compute **hesap görmek** a) to pay the bill b) to settle accounts **hesap günü** doomsday **hesap kitap** a) after careful calculation b) after thinking out **hesap makinesi** calculator, calculating machine **hesap pusulası** bill **hesap sormak** to call (sb) to account (for) **hesap tutmak** to keep the accounts **hesap vermek** to account for **hesapta** *arg.* of a sort, of sorts *hkr.* **hesaptan düşmek** to deduct
hesapça *be.* according to the calculations
hesapçı *s.* dealing with calculations; careful with money
hesaplama *a.* calculation, compution
hesaplamak *e.* to calculate, to compute, to reckon, to figure out, to work sth out; to take into account **hesaplamak kitaplamak** to concider carefully
hesaplaşmak *e.* to settle accounts mutually; *mec.* to settle accounts with each other
hesaplı *s.* economical * ekonomik; thrifty, frugal * tutumlu; carefully considered, planned; temperate, moderate * ölçülü **hesaplı hareket etmek** to act rationally
hesapsız *a.* countless, incalculable; unplanned, not properly considered
hesapsızlık *a.* lack of calculation, rashness, precipitateness
hesperidin *a.* hesperidin
heterodin *s.* heterodyne **heterodin alıcı** heterodyne receiver **heterodin girişim** heterodyne interference **heterodin ıslığı** heterodyne whistle **heterodin osilatör** heterodyne oscillator
heterodont *a.* heterodont
heterogamet *a.* heterogamete
heterojen *s.* heterogeneous **heterojen reaksiyon** heterogeneous reaction
heterojenlik *a.* heterogeneousness
heterojin *s.* heterogynous
heterokramatin *a.* heterochromatin
heteromer *s.* heteromerous
heteromorf *s.* heteromorphic
heteropati *a.* heteropathy
heteroplasti *a. hek.* heteroplasty
heteropolar *s.* heteropolar

heteroseksüel *s, a.* heterosexual, straight
heterosiklik *s, kim.* heterocyclic * ayrık-halkalı
heterotrof *s, biy.* heterotrophic * dışbeslek
heterotrofi *a, biy.* heterotrophy * dışbesleklik
hevenk *a.* string of fruits/vegetables
heves *a.* desire, enthusiasm, inclination, zeal, gusto, fervour, fervor *Aİ.*; fad, fancy **heves etmek** to have a desire, to have a fancy for **hevesi kaçmak** to lose interest **hevesini almak** to satisfy a desire **hevesini kırmak** to discourage
heveslendirmek *e.* to make (sb) enthusiastic
heveslenmek *e.* to desire, to long for
hevesli *s.* enthusiastic, keen, eager, desirous, fervent ¤ *a.* dilettante, amateur **hevesli olmak** to be disposed (to do sth), to be keen on
heveslilik *a.* keenness, eagerness, readiness
hevessiz *s.* unwilling
hey *ünl.* Hey!, Here!
heyamola *ünl.* Heave ho!
heybe *a.* saddlebag
heybeci *a.* maker/seller of saddlebags
heybet *a.* grandeur, majesty * mehabet
heybetli *s.* grand, imposing, majestic, stately, august, sublime
heyecan *a.* excitement, thrill, flutter, fluster, the jitters, kick *kon.*; enthusiasm, emotion **heyecan duymak** a) to get excited b) to be enthusiastic **heyecan uyandırmak** to arouse excitement **heyecan verici** exciting
heyecanla *be.* excitedly
heyecanlandırıcı *s.* exciting
heyecanlandırmak *e.* to excite, to thrill; (cinsel açıdan) to turn sb on, to titillate
heyecanlanmak *e.* to get excited, to get carried away
heyecanlı *s.* excitable; excited; exciting, thrilling, stirring
heyecansız *s.* unexcited, stolid *hkr.*; unexciting
heyelan *a.* landslide, landslip
heyet *a.* committee, commission, board, corps
heyhat *ünl., esk.* alas!
heyhey *a.* the jim-jams, the jitters **heyheyler geçirmek** to have the jitters
heykel *a.* statue * yontu **heykel gibi** statuesque **heykel tabanı** pedestal **heykel yapmak** to sculpture
heykelci *a.* sculptor * yontucu, heykeltıraş
heykelcik *a.* statuette
heykelcilik *a.* sculpture * yontuculuk, heykeltıraşlık
heykeltıraş *a.* sculptor * yontucu, heykelci **heykeltıraş kalemi** chisel
heykeltıraşlık *a.* sculpture, statuary * yontuculuk, heykelcilik
heyula *a.* bogy, spook, spectre
hezaren *a.* rattan
hezel *a, ed.* burlesque of a poem
hezeyan *a.* talking nonsense; *ruhb.* delirium **hezeyan etmek** to rave
hezimet *a.* rout, checkmate **hezimete uğramak** to be completely defeated, to be pulverized *kon.* **hezimete uğratmak** to rout, to pulverize *kon.*
hıçkıra hıçkıra *be.* sobbingly
hıçkırık *a.* hiccup, hiccough; sob **hıçkıra hıçkıra ağlamak** to sob **hıçkırık tutmak** to have the hiccups, to hiccup, to hiccough
hıçkırma *a.* hiccuping; sobbing
hıçkırmak *e.* to hiccup, hiccough; to sob
hıdiv *a. trh.* khedive
hıdrellez *a.* spring feast (on May sixth)
hıfzıssıhha *a.* hygiene * hijyen
hıh *ünl.* big deal! *kon.*
hık *a.* hiccup **hık demiş burnundan düşmüş** spitting image of **hık mık etmek** to hum and haw
hım hım *be.* with a nasal sound
hım *ünl, kon.* hmm
hımbıl *s.* slothful, slack, lazy ¤ *a.* slowcoach *İİ./kon.*, slowpoke *Aİ./kon.*
hımbıllık *a.* slothfulness, slackness, slowwittedness
hımhım *a.* one who speaks through his nose
hımhımlık *a.* nasal speech
hımış *a.* beam filling, nog **hımış duvar** nogging, mud wall
hıncahınç *s.* chock-a-block, chock-full, jam-packed *kon.* ¤ *be.* chock-a-block
hınç *a.* grudge, hatred, rancour, rancor *Aİ.* **hıncını -den almak** to wreak one's anger on **hıncını almak** to get one's revenge, to revenge
hındımlamak *e. arg.* to attack
hınt *s.* crazy, nutty, batty, bats
hınzır *a. esk.* pig, hog * domuz; *mec.*

swine, malicious fellow

hınzırlık *a.* dirty trick

hır *a.* row, quarrel * kavga, dalaş **hır çıkarmak** *arg.* to start a quarrel, to kick up a row **hır gür** *bkz.* hırgür

hıra *s.* thin, lean, puny, weak; gluttonous

hırbo *s, arg.* loutish, boorish ¤ *a.* lemon, jerk, stupid bloke, bumpkin *hkr.*

hırboluk *a. arg.* oafishness, boorishness

hırçın *s.* ill-tempered, cross, peevish, sour, petulant, gruff, cantankerous

hırçınlaşmak *e.* to get ill-tempered; (deniz) to get rough

hırçınlık *a.* ill temper, peevishness

hırdavat *a.* hardware, ironmongery; junk, scraps, trash

hırdavatçı *a.* ironmonger *İİ.*, hardware dealer *Aİ.*

hırdavatçılık *a.* hardware business

hırgür *a, kon.* row, squabble, wrangle

hırıl hırıl *a.* with a bad wheeze

hırıldamak *e.* to snarl, to growl, to grunt

hırıldanmak *e. kon.* to mutter angrily

hırıldaşmak *e.* to growl at each other; *kon.* to quarrel, to have a row

hırıltı *a.* growl, grunt, snarl; quarrel, squabble

hırıltıcı *s.* quarrelsome, difficult to get on with

hırıltılı *s.* wheezy, rattling; growling, snarling

hırızma *a.* nose-ring, lip-ring

Hıristiyan *a, s.* Christian **Hıristiyan âlemi** Christendom

Hıristiyanlık *a.* Christianity; Christendom

hıristo teyeli *a.* a kind of cross-stitch

hırka *a.* cardigan; dervish's coat

hırlamak *e.* to grunt, to growl; to snarl (at); *mec.* to rail (at), to grunt

hırlanmak *e.* to snarl to oneself

hırlaşmak *e.* to snarl at each other; *kon.* to wrangle, to squabble

hırlı *s. kon.* good, honest, dependable; useless, good-for-nothing, spoiled

hırpalamak *e.* to ill-treat, to treat roughly, to manhandle, to maul; to rough up, to misuse; to beat

hırpani *s, kon.* ragged, shabby, tattered, unkempt

hırpanilik *a. kon.* raggedness, ungainliness

hırs *a.* passion, ambition, avarice, greed; fury, anger, rage **hırsından çatlamak**

to be ready to burst with anger **hırsını - den almak** to take out one's anger on sb **hırsını alamamak** to be unable to control one's anger **hırsını çıkarmak** to vent one's spleen (on)

hırsız *a.* thief; burglar ¤ *s.* thieving **hırsız alarmı** burglar alarm

hırsızlama *be.* furtively, stealthily

hırsızlık *a.* theft, thieving, thievery, larceny; burglary **hırsızlık etmek/yapmak** to steal, to thieve, to commit a theft

hırslandırmak *e.* to anger

hırslanmak *e.* to become furious, to get angry, to lose one's temper

hırslı *s.* ambitious, passionate, desirous, greedy, avaricious * tutkulu, haris; angry, furious * öfkeli, kızgın

hırt *s.* silly, stupid, ninny, boor * sersem, budala, ahmak

hırtı pırtı *a. kon.* junk, rubbish, trifles, odds and ends

hırtlamba *s.* miserable, ragged

Hırvat *a, s.* Croatian

Hırvatça *a, s.* Croatian

Hırvatistan *a.* Croatia

hısım *a.* relative, kin **hısım akraba** kith and kin

hısımlık *a.* kinship, relationship

hışıldamak *e.* to wheeze

hışıldatmak *e.* to make (sth) rustle

hışıltı *a.* wheeze, rustling noise

hışıltılı *s.* rustling

hışım *a.* anger, fury, rage **hışmına uğramak** to incur the wrath of

hışımlandırmak *e.* to anger

hışımlanmak *e.* to get angry

hışır *a.* unripe fruit ¤ *s.* exuberant, naughty; stupid, goofy, cretinous

hışır hışır *be.* with a rustling sound

hışırdamak *e.* to rustle

hışırdatmak *e.* to make sth rustle, to rustle

hışırlık *a. arg.* boorishness, cloddishness

hışırtı *a.* rustle, rustling **hışırtı süzgeci** scratch filter

hışırtılı *s.* rustling **hışırtılı tutum** *teks.* crunchy handle, scroopy feel

hışlamak *e.* to rustle

hıyanet *a.* treachery, perfidy; treason

hıyar[1] *a.* cucumber; *arg.* lemon, nignog, duffer, prick *hkr.*, arse *kab.*, twat *kab.*, bugger *İİ./kab.*, sod *İİ./arg.* **hıyar turşusu** pickled cucumber

hıyar² a. freedom of choice **hıyar hakkı** huk. option

hıyarağa(sı) a, arg. lemon, nignog, duffer

hıyarcık a. hek. inguinal bubo

hıyarlaşmak e. arg. to become boorish

hıyarlık a. arg. boorishness

hıyarşembe a. bitk. drumstick tree, cassia

hız a. speed, velocity * sürat; impetus **hız almak** to get up speed **hız ayarı** speed regulation **hız dişlisi** change speed gear **hız göstergesi** oto. speedometer, speedo kon., clock kon. **hız kolu** gearshift lever **hız kutusu** gearbox, transmission box **hız potansiyeli** velocity potential **hız regülatörü** speed regulator **hız rezonansı** velocity resonance **hız sınırı** speed limit **hız sınırını aşmak** to speed **hız spektrografı** velocity spectrograph **hız yapmak** to speed **hızını alamamak** to be unable to slow down **hızını almak** to slow down

hızar a. large saw, pit saw **hızar fabrikası** sawmill

hızarcı a. lumberman

hızarhane a. sawmill

hızbilim a. kinetics

Hızır a. an immortal person believed to come in time of need **Hızır gibi yetişmek** to be a godsend, to come as a godsend

hızla be. fast, rapidly

hızlandırıcı s. accelerating ¤ a. accelerator **hızlandırıcı elektrot** intensifier electrode **hızlandırıcı karışım** accelerating admixture **hızlandırıcı potansiyel** accelerating potential

hızlandırma a. acceleration, accelerating **hızlandırma elektrotu** accelerating electrode **hızlandırma gerilimi** accelerating voltage **hızlandırma odası** accelerating chamber **hızlandırma pompası** accelerating pump

hızlandırmak e. to speed sth up, to accelerate, to quicken, to precipitate, to expedite, to hurry sth up

hızlanma a. acceleration **hızlanma şeridi** acceleration lane

hızlanmak e. to gain speed, to accelerate, to speed up, to quicken

hızlı s. fast, quick, rapid, speedy, swift, express; kon. picking up girls readily ¤ be. fast, quickly; violently, strongly **hızlı ağartma** rapid bleaching **hızlı bellek**

fast memory **hızlı beyazlatma** rapid bleaching **hızlı buharlayıcı** rapid steamer **hızlı çevirim** high-speed shooting **hızlı erişim** rapid access **hızlı hareket** fast motion, quick motion **hızlı kurutma** flash drying **hızlı kurutucu** flash drier **hızlı nötron** fast neutron **hızlı reaksiyon** fast reaction **hızlı reaktör** fast reactor **hızlı soğutma** rapid cooling **hızlı şarj** boost charge, quick charge **hızlı trafik** express traffic **hızlı yağ** fast oil **hızlı yaşamak** kon. to lead a fast life

hızlılık a. speed, velocity

hızölçer a. speedometer

hibe a. donation, gift **hibe etmek** to donate, to give away

hibrit s. hybrid **hibrit devre** hybrid circuit

hibritleşme a. hybridization

hicap a. shame

hiciv a. satire, lampoon * yergi

hicivci a. satirist

hicivli s. satiric

hicivsel s. satiric

hicran a. separation; sadness, sorrow

Hicret a. the Hegira

hicret a. emigration; the Hegira

Hicri s. pertaining to the Hegira

hicri s. of the Hegira **hicri sene** Anno Hegirae, AH **hicri takvim** the Hegira calendar, Muslim calendar

hicvetmek e. to satirize

hicvi s. satiric(al)

hicviye a. satirical piece of writing

hiç be. never, not at all; (soruda) ever; (addan önce) no; any ¤ a. nothing **hiç bitmeyen** endless, everlasting hkr. **hiç de** at all **hiç değilse** at least **hiç durmadan** continually **hiç işlem komutu** no-operation instruction **hiç işlem** no-operation **hiç kimse** nobody, no one; anybody, anyone **hiç kuşku yok** undoubtedly **hiç kuşkusuz** no doubt **hiç mi hiç** not in the least **hiç olmazsa** at least **hiç şansı olmamak** not to have a dog's chance **hiç şüphesiz** no doubt **hiç tereddüt etmeden** without any hesitation **Hiç yoktan iyi** Better than nothing at all **hiç yoktan** for no reason, out of nothing **hiçe sayarak** in defiance of sb/sth **hiçe saymak** to think nothing of, to disregard, to snub, to treat sb like a dirt

hiçbir s. no, not any, neither **hiçbir değişiklik yapmadan** as is **hiçbir fikri olmamak** not to have a clue kon. **hiçbir surette** on no condition **hiçbir şekilde** in no way, by no means, not at any price, in/under no circumstances, not for the world, not on any account, on no account **hiçbir şey** nothing **hiçbir yerde** nowhere **hiçbir yere** nowhere **hiçbir zaman** never

hiçbiri adl. none

hiççi a, fel. nihilist * nihilist ¤ s. nihilistic * nihilist

hiççilik a, fel. nihilism * nihilizm

hiçlemek e. to deem insignificant, to ignore (sb/sth) completely

hiçleşmek e. to become insignificant

hiçleştirmek e. to reduce (sb) to a nonentity

hiçlik a. nothingness, nullity

hiçten s. worthless ¤ be. for no reason

hidantoin a. hydantoin

hidatik s. hydatic(al)

hidatit a. hek. hydatid, hydatid cyst

hidayet a. the right way; entering the right way

hiddet a. anger, rage, fury, wrath

hiddetlendirmek e. to anger, to incense, to exasperate

hiddetlenmek e. to get furious, to fly into a passion * öfkelenmek, kızmak

hiddetli s. angry, furious * öfkeli, kızgın

hidivlik a. trh. khediviate, khedivate

hidra a. hayb. hydra

hidrant a. hydrant

hidrarjilit a. hydrargillite

hidrasit a. kim. hydracid

hidrastik s. hydrastic

hidrastin a. hydrastine

hidrastinin a. hydrastinine

hidrat a, kim. hydrate

hidratasyon a. hydration

hidratlama a. hydration

hidratlamak e. to hydrate

hidraviyon a. seaplane, hydroplane

hidrazin a. hydrazine

hidrazit a. hydrazide

hidrazoik s. hydrazoic

hidrazon a. hydrazone

hidrit a. hydride

hidriyon a. hydrion

hidroakustik s. hydroacoustic

hidroaromatik s. hydroaromatic

hidrobiyoloji a. hydrobiology

hidroboron a. hydroboron

hidrobromik s. hydrobromic

hidrodinamik s. hydrodynamic ¤ a. hydrodynamics

hidroelektrik s. hydroelectric **hidroelektrik santral** hydroelectric power station

hidrofiksaj a. hydrofixation

hidrofil s. hydrophilic, hydrophile * susever **hidrofil pamuk** cotton wool, absorbent cotton

hidrofili a. hydrophily * suseverlik

hidrofit a. hydrophyte

hidroflüorik s. hydrofluoric

hidrofob s. hydrophobic * susevmez

hidrofobi a. hydrophobia

hidrofoil a. hydrofoil

hidrofon a. hydrophone

hidrofor a. air pressure tank

hidrograf a. hydrograph

hidrografi a. hydrography

hidrografik s. hydrographic(al)

hidrografya a. hydrography

hidrojel a. hydrogel

hidrojen a, kim. hydrogen **hidrojen bağı** hydrogen bond **hidrojen bombası** hydrogen bomb, H-bomb, the bomb **hidrojen elektrotu** hydrogen electrode **hidrojen gevrekliği** hydrogen embrittlement **hidrojen giderme** dehydrogenation **hidrojen iyonu** hydrogen ion **hidrojen klorür** hydrogen chloride **hidrojen maseri** hydrogen maser **hidrojen peroksit** hydrogen peroxide

hidrojenasyon a. hydrogenation

hidrojenit a. hydrogenite

hidrojenleme a. hydrogenation

hidrojenlemek e. to hydrogenize

hidrojenli s. hydrogenous

hidrojensülfür a, kim. hydrogen sulphide

hidrojeoloji a. hydrogeology

hidrokarbon a, kim. hydrocarbon

hidrokarbonat a. hydrocarbonate

hidrokinetik a. hydrokinetics

hidrokinon a. hydroquinol, quinol

hidroklasifikatör a. hydroclassifier

hidroklorik s. hydrochloric **hidroklorik asit** hydrochloric acid

hidroklorit a. hydrochloride

hidroklorür a. hydrochloride

hidrokortizon a. hydrocortisone

hidrokraking a. hydrocracking

hidroksil a, kim. hydroxyl **hidroksil iyonu** hydroxyl ion
hidroksilamin a. hydroxylamine
hidroksilleme a. hydroxylation
hidroksillemek e. to hydroxylate
hidroksilli s. hydroxyl, hydroxylated
hidroksit a, kim. hydroxide
hidrolik s. hydraulic ¤ a. hydraulics **hidrolik akupleman** hydraulic coupling **hidrolik amortisör** hydraulic shock absorber **hidrolik amplifikatör** hydraulic amplifier **hidrolik çimento** hydraulic cement **hidrolik devre** hydraulic circuit **hidrolik dolgu** hydraulic fill **hidrolik eğim** hydraulic gradient **hidrolik fren** hydraulic brake **hidrolik güç** hydraulic power **hidrolik harç** hydraulic mortar **hidrolik kaldırıcı** hydraulic lift **hidrolik kavrama** hydraulic coupling **hidrolik kazı** hydraulic excavation **hidrolik kireç** hydraulic lime **hidrolik konvertisör** fluid convertor **hidrolik kriko** hydraulic jack **hidrolik kuvvet** hydraulic power **hidrolik kürek** hydraulic shovel **hidrolik meyil** hydraulic gradient **hidrolik motor** hydraulic engine **hidrolik piston** hydraulic piston **hidrolik pompa** hydraulic pump **hidrolik pres** hydraulic press **hidrolik ramble** hydraulic stowing **hidrolik sıçrama** hydraulic jump **hidrolik sıvı** hydraulic fluid **hidrolik silindir** hydraulic cylinder **hidrolik sistem** hydraulic system **hidrolik supap** hydraulic valve **hidrolik tahrik** hydraulic drive **hidrolik tarak** hydraulic dredger **hidrolik test** hydraulic test **hidrolik transmisyon** hydraulic transmission **hidrolik volan** fluid flywheel **hidrolik yağı** hydraulic oil
hidrolit a. hydrolith
hidrolitik s. hydrolytic
hidroliz a. hydrolysis
hidrolizlemek e. to hydrolyse
hidrolog a. hydrologist
hidroloji a. hydrology
hidrolojik s. hydrologic(al)
hidromagnezit a. hydromagnesite
hidromekanik a. hydromechanics
hidrometeoroloji a. hydrometeorology
hidrometre a. hydrometer
hidrometri a. hydrometry
hidromorfik s. hydromorphic
hidron a. hydrone

hidroperoksit a. hydroperoxide
hidropnömatik s. hydropneumatic
hidrosefal s. hydrocephalic
hidrosefali a, hek. hydrocephalus
hidroselüloz a. hydrocellulose
hidrosfer a. hydrosphere
hidrosilikat a. hydrosilicate
hidrosiyanik s. kim. hydrocyanic
hidrosiyanik asit a, kim. hydrocyanic acid
hidroskop a. hydroscope
hidroskopi a. water-divining, water witching, rhabdomancy
hidrosol a. hydrosol
hidrostatik s. hydrostatic ¤ a. hydrostatics **hidrostatik basınç** hydrostatic pressure
hidrosülfat a. hydrosulfate
hidrosülfit a. hydrosulphite
hidrosülfür a. hydrosulphide
hidroterapi a. hydrotherapy
hidrotermal s. hydrothermal
hidrotropizm a. hydrotropism
hidrozol a. kim. hydrosol
higristör a. hygristor
higrodeik s. hygrodeik
higrofil s. hygrophilous
higrograf a. hygrograph
higrogram a. hygrogram
higrometre a. hygrometer * nemölçer
higrometri a. hygrometry
higromisin a. hygromycin
higroskop a. hygroscope
higroskopik s. hygroscopic
higrostat a. hygrostat
higrotermograf a. hygrothermograph
hijyen a. hygiene * sağlıkbilgisi
hijyenik s. hygienic * sağlıksal **hijyeni apre** antibacterial finish **hijyenik kadı bağı** sanitary napkin
hikâye a. story, tale, narrative; short stor * öykü; mec. yarn, fable, story, claptrap boloney, baloney **hikâye anlatmak** a to tell a story b) mec. to spin a yar **hikâye etmek** to relate **hikâye kitab** storybook
hikâyeci a. short story writer; storytelle narrator
hikâyecilik a. story writing; storytelling
hikâyeleme a. narration * öyküleme, anla
hikâyelemek e. to narrate * öykülemek
hikmet a. wisdom * bilgelik; esk. philoso phy * felsefe; hidden cause; aphorisr saying * vecize

hilaf *a.* conravention, opposition; *kon.* lie
hilafet *a.* caliphate * halifelik
hilafsız *be.* really, truly
hilal *a.* crescent, new moon * ayça, yeniay
hilali *s.* crescent-shaped, crescentic
hilalotu *a.* moonseed
hilat *a. trh.* robe of honor awarded by the sultan
hile *a.* trick, ruse, cheat, monkey business, wile, subterfuge, stratagem, fraud, deception, deceit, device, craft *hkr.*, do *İİ./arg.* **hile sezmek** to smell a rat **hile yapmak** to swindle, to cheat
hilebaz *a.* trickster, fraud, swindler; cardsharp, cardsharper ¤ *s.* deceitful, tricky, wily * hileci
hileci *a. s. bkz.* hilebaz
hilecilik *a.* trickery, fraud, deceit
hilekâr *a. s. bkz.* hilebaz
hilekârlık *a.* deceit, guile
hilekârlıkla *be.* deceitfully
hileli *s.* tricky, false; adulterate, impure *hileli film* trick film *hileli iflas* fraudulent bankruptcy
hilesiz *s.* straightforward, aboveboard; pure, unadulterated
hilkat *a, esk.* creation; natural disposition, nature * yaradılış, fıtrat **hilkat garibesi** monstrosity, freak of nature
hilozoizm *a. fel.* hylozoism
hilton *a, arg.* can, jug, poky
hilum *a.* hilum
him *a. yörs.* foundation, basement
Himalaya *a.* Himalaya
himalayaçamı *a. bitk.* Bhotan pine
Himalayalar *a.* the Himalayas
himalayasediri *a. bitk.* deodar cedar, deodar
himaye *a.* protection, defence, custody; patronage, auspices **himaye etmek** to protect, to patronize **himayesi altında** under the auspices of sb/sth **himayesine almak** to take sb under one's protection, to patronize
himayeci *a. eko.* protectionist
himayecilik *a. eko.* protectionism
himayeli *s.* protected; escorted
himayesiz *s.* unprotected; unescorted
himen *a, anat.* hymen * kızlık zarı
himmet *a.* help, favour; work, labour, effort
hin *s. kon.* cunning, crafty, foxy
hindi *a.* turkey **hindi gibi kabarmak** to get puffed up
hindiakbabası *a. hayb.* turkey buzzard
hindiba *a, bitk.* chicory, succory
Hindiçini *a.* Indochina
Hindistan *a.* India ¤ *s.* Indian
hindistancevizi *a.* coconut, coconut palm; nutmeg, nutmeg tree **hindistancevizi lifi** coir
hindistanfili *a. hayb.* Indian elephant, Asiatic elephant
Hindistani *s.* Hindustani
hindoloji *a.* the study of the languages of India
Hindu *a.* Hindu
Hinduizm *a.* Hinduism
Hindukuş *a.* the Hindu Kush
hinlik *a. kon.* cunning, guile, foxiness, slyness
hinoğluhin *a.* scoundrel, very cunning fellow
Hint *a, s.* Indian **Hint-Avrupa dilleri** Indo-European languages **Hint Okyanusu** the Indian Ocean **Hint Yarımadası** the Indian subcontinent
hintarmudu *a. bitk.* guava tree
hintayvası *a.* custardapple; sweetsop
hintbademi *a.* cacao
hintbaklası *a.* tonka bean
hintbamyası *a. bitk.* ambary
hintbezelyesi *a. bitk.* horse gram, horse grain
hintbiberi *a.* cubeb
Hintçe *a, s.* Hindi
hintdarısı *a. bitk.* pearl millet
hintdarısı *a.* durra
hintdomuzu *a.* Babyrusas pig; guinea pig * kobay
hinteriği *a.* mango
hinterlant *a, coğ.* hinterland * içbölge
hintfıstığı *a.* physic nut
hintfulü *a. bitk.* Indian lotus
hintgüreşi *a.* Indian wrestling
hinthıyarı *a. bitk.* pudding-pipe tree, cassia
hinthurması *a. bitk.* palmyra
hinthurması *a.* gomuti
hintinciri *a.* prickly pear
hintirmiği *a.* sago
hintkamışı *a.* bamboo * bambu
hintkeneviri *a.* Indian hemp, jute
hintkertenkelesi *a.* iguana
hintkirazı *a.* mango
hintkobrası *a. hayb.* Indian cobra

Hintli a, s. Indian, Hindu
hintmandası a. hayb. water buffalo
hintpirinci a. Indian rice
hintsafranı a. turmeric
hintsarısı a. Indian yellow
hintsarmaşığı a. derris
hinttimsahı a. marsh crocodile
hintyağı a. castor oil
hintyağıbitkisi a. mole bean
hiperbol a. hyperbola
hiperbolik s. hyperbolic **hiperbolik kosinüs** hyperbolic cosine **hiperbolik sekant** hyperbolic secant **hiperbolik sinüs** hyperbolic sine **hiperbolik tanjant** hyperbolic tangent
hiperboloidal s. mat. hyperboloidal
hiperboloit a. hyperboloid
hiperdüzlem a. hyperplane
hipereksitabilite a. hyperexcitability
hiperfokal s. hyperfocal
hiperfrekans a. ultrahigh frequency
hiperküp a. hypercube
hiperküre a. hypersphere
hipermarket a. hypermarket
hipermetrop s. longsighted, far-sighted Al., hypermetropic
hipermetropluk a. long sight
hiperon a. hyperon
hiperötektik s. hypereutectic
hiperötektoid s. hypereutectoid
hiperstatik s. statically indeterminate
hipertansiyon a, hek. hypertension
hipertermi a. hyperthermia
hiperteyp a. hypertape
hipertrofi a, hek. hypertrophy
hiperyüzey a. hypersurface
hipnotize s. hypnotized **hipnotize etmek** to hypnotize
hipnotizma a. hypnosis, hypnotism
hipnoz a. hypnosis
hipodermik s. hypodermic
hipodrom a. racecourse
hipofiz a. pituitary gland, hypophysis
hipofosfat a. hypophosphate
hipofosfit a. hypophosphite
hipofosforik s. hypophosphoric
hipofosforöz a. hypophosphorous
hipoglisemi a, hek. hypoglycemia
hipoit a. hypoid **hipoit dişli** hypoid gear
hipoklorit a. hypochlorite
hipokloröz asit a. hypochlorous acid
hipokondri a. hypochondria
hipokondriyak s. hypochondriac

hipoksantin a. hypoxanthine
hipoksi a. hypoxia
hiponitrik s. hyponitrous
hipoötektik s. hypoeutectic
hipoötektoid a. hypoeutectoid
hipopotam a, hayb. hippopotamus, hippo kon.
hiposikloit a. hypocycloid
hipostaz a. hypostasis
hipostil a. hypostyle
hiposülfit a. hyposulphite
hiposülfürik asit a. hyposulphuric acid
hiposülfüröz asit a. hyposulphurous acid
hipotalamus a. hypothalamus, subthalamus
hipotansiyon a. hypotension
hipotenüs a. hypotenuse
hipotermi a. hypothermia
hipotetik s. hypothetical
hipotez a. hypothesis * varsayım, faraziye
hipotonik s. hypotonic
hipotrofi a. hek. hypotrophy, abiotrophy
hipotrokoit a. hypotrochoid
hippi a. hippie, hippy
hippilik a. hippiness
hipsokrom a. hypsochrome
hipsometre a. hypsometer
his a. feeling; emotion; sensation; sense **hislerine kapılmak** to be carried away by one's feelings
hisar a. castle, fort
hislenmek e. to be moved, to be touched * duygulanmak
hisli s. sensitive, emotional
Hispanyola a. Hispaniola
hisse a. share, allotted portion, part, lot; mec. moral, lesson **hisse senedi** share certificate
hissedar a. shareholder, stock holder
hissedarlık a. being a shareholder
hisseli s. divided into shares
hissetmek e. to feel; perceive; to sense
hissi a. emotional, sentimental
hissiyat a. feelings, sentiments
hissiz s. insensitive, impassive, callous, unfeeling, stolid * duygusuz
hissizlik a. insensitivity; dullness; cruelty
histamin a. histamine
histaminaz a. histaminase
histerezis a. hysteresis
histeri a, hek. hysteria * isteri
histerik s. hysterical * isterik
histidin a. histidine

histogram *a.* histogram
histoliz *a.* histolysis, hystolysis
histolog *a, hek.* histologist
histoloji *a, hek.* histology
histolojik *a, hek.* histological
histon *a.* histone
histoplasmoz *a.* histoplasmosis
hiş, hişt *ünl, kon.* Hist!; Hey!, Look here!
hitabe *a, esk.* speech, address * söylev
hitaben *be.* addressing
hitabet *a.* elocution
hitap *a.* addressing, address *hitap etmek* to address
Hitit *a.* Hittite ¤ *s.* Hittite
Hititçe *a. s.* Hittite
Hititolog *a.* scholar specializing in Hittitology
Hititoloji *a.* Hittitology
hiyalin *a.* hyaline
hiyalit *a.* hyalite
hiyalofan *a.* hyalophane
hiyalojen *a.* hyalogen
hiyalüronidaz *a.* hyaluronidase
hiyerarşi *a.* hierarchy
hiyerarşik *s.* hierarchical
hiyeroglif *a.* hieroglyph(ic)
hiyetograf *a.* hyetograph
hiyetografi *a.* hyetography
hiyosiyamin *a.* hyoscyamine
hiza *a.* line, level, alignment *hizaya gelmek* a) to form a line, to line up b) *kon.* to get into line, to shape up, to behave *hizaya getirmek ask.* to dress; to subdue, to square sb away
hizalamak *e.* to align, to to bring (sth) into line; to get into line, to line up
hizip *a.* clique, faction
hizipçi *a.* sectarian
hizipçilik *a.* factionalism, cliquishness
hizipleşmek *e.* to separate into factions
hizmet *a.* service, employ; duty, function; care, attention *hizmet dışı* out of service *hizmet etmek* to serve, to attend *hizmet görmek* to see service *hizmet programı* service program *hizmet vermek* to serve *hizmet yordamı* service routine *hizmet zamanı* attended time, uptime *hizmete sokmak* to commission *hizmetinde olmak* to be in sb's employ *hizmetinde* at one's/sb's disposal *hizmetine girmek* to take service with
hizmetçi *a.* maidservant, maid, domestic

hizmetçi baldırı *arg.* joint, reefer
hizmetçi kadın maidservant, charlady, charwoman *hizmetçi kız* servant girl, wench
hizmetçilik *a.* being a maid, maiding
hizmetkâr *a.* manservant
hizmetkârlık *a.* working as a manservant
hizmetli *a.* employee, servant
hobi *a.* hobby
hoca *a.* hodja; teacher * öğretmen
hocalık *a.* profession/work of a teacher, teaching
hodan *a.* borage
hodbin *s.* egoistic, egotistic, conceited, selfish *hkr.*, self-centred *hkr.*
hodbinlik *a. esk.* selfishness, egocentricity
hodkâm *s. esk.* selfish, egoist
hodkâmlık *a. esk.* selfishness, egotism
hodograf *a.* hodograph
hodoskop *a.* hodoscope
hodpesent *s.* self-righteous *hkr.*
hodri: *hodri meydan* Let me see if you can! *hodri meydan demek* to call one's bluff
hohlamak *e.* to breathe (upon)
hokey *a, sp.* hockey
hokka *a.* inkpot, inkstand; cup, pot *hokka gibi* small and shapely (mouth)
hokkabaz *a.* juggler, conjurer, conjuror; *mec.* cheat, confidence trickster
hokkabazlık *a.* conjuring, juggling *hokkabazlık yapmak* to conjure, to juggle
hokkaçukuru *a.* acetabulum
hokus pokus *ünl.* abracadabra
hol *a.* hall
holding *a.* holding company
holdingleşmek *e.* to become a holding company
holigan *a.* hooligan
Hollanda *a.* Holland, the Netherlands ¤ *s.* Dutch
Hollanda Antilleri *a.* the Netherlands Antilles
Hollandaca *a, s.* Dutch
Hollandalı *s.* Dutch ¤ *a.* Dutchman, Dutchwoman *Hollandalı erkek* Dutchman *Hollandalı kadın* Dutchwoman *Hollandalılar* the Dutch
hollandatavşanı *a.* Dutch rabbit
holmiyum *a.* holmium
holofitik *s.* holophytic

holografi *a.* holography
hologram *a.* hologram
holomorf *s.* holomorphic
holosen *a. s.* Holocene
holştayn *a. s.* Holstein
homeomorf *s.* homeomorphic
homeomorfizm *a.* homeomorphism
homeopati *a.* hom(o)eopathy
homing *a.* homing
homo *a, s, kon.* homo, homosexual, gay, camp *kon.*, bent *İİ./arg.*
homojen *s.* homogeneous
homojenize *s.* homogenised **homojenize süt** homogenized milk
homojenleştirici *s.* homogenizing ¤ *a.* homogenizer
homojenleştirme *a.* homogenization
homojenleştirmek *e.* to homogenize
homojenlik *a.* homogeneity
homolog *s.* homologous
homoloji *a.* homology
homoluk *a.* homosexuality, gayness
homomorf *s.* homomorphic
homomorfizma *a.* homomorphism
homonim *a.* homonym
homonükleer *a.* homonuclear
homopolar *s.* homopolar * eşkutuplü, eşkutupsal
homoseksüel *s, a.* homosexual
homoseksüellik *a.* gayness
homosfer *a.* homosphere
homosiklik *a.* homocyclic, carbocyclic
homosistein *a.* homocysteine
homoskedastik *s.* homoscedastic
homoteti *a.* homothety
homotetik *a.* homothetic
homotop *s.* homotopic
homotopi *a.* homotopy
homozigot *a.* homozygote
homozigotluk *a.* homozygosis
homur homur *be.* muttering
homurdanma *a.* muttering, murmuring, snarl
homurdanmak *e.* to mutter, to murmur, to grumble, to bumble, to grouch *hkr.*, to grunt, to snarl, to grouse *hkr.*
homurtu *a.* muttering, mutter, grunt; growl of a bear
Honduras *a.* Honduras, Honduran ¤ *s.* Honduran
Honduraslı *a, s.* Honduran
honlama *a.* honing **honlama makinesi** honing machine

hop *ünl.* Up!, Now then!, Jump! **hop dedik** Look out!, Watch out! **hop diye** out of the blue, suddenly **hop hop** Stop!
hoparlör *a.* loudspeaker, speaker *kon.*
hopkalit *a.* hopcalite
hoplama *a.* bounce, bound
hoplamak *e.* to jump up and down, to bounce, to bound, to skip, to hop, to gambol, to caper (about) **hoplayıp sıçramak** to cavort (about/around)
hoplatmak *e.* to bounce
hoplaya hoplaya *be.* jumping up and down
hoppa *s.* flighty, frivolous, volatile, giddy *esk./hkr.*
hoppala *ünl.* There you go!; Upsydaisy!; How strange!, Gosh!
hoppalık *a.* frivolity, levity, flightiness
hopurdatmak *e.* to slurp
hor[1] *s.* contemptible, despicable **hor davranmak** to snub **hor görme** belittling, disdain **hor görmek** to despise, to scorn, to look down on sb/sth, to look down one's nose at *kon.*, to belittle, to disdain, to treat sb like a dirt, to disparage **hor kullanmak** to misuse, to mishandle
hor[2] *s.* nice, pleasing **hora geçmek** to be appreciated
hora *a.* cyclic dance **hora tepmek** to stomp
horain *a. arg.* heroin, junk
horanta *a. kon.* family, household
horasan *a. inş.* grog, khorasan
horda *a.* horde
horgörü *a.* contempt, scorn
horhor *a.* rushing water
horlamak[1] *e.* to snore
horlamak[2] *e.* to despise, to look down upon; to hurt (sb's) feelings
horlanmak *e.* to be despised; to be ill-treated
horluk *a.* contemptibility, despicability
hormon *a, biy.* hormone
hormonal *s.* hormonal
hornblent *a.* hornblende
horon *a.* a folk dance of the eastern Black Sea region
horoz *a.* cock, rooster *Aİ.*; (silahta) hammer, cock **horoz dövüşü** cockfight **horoz ibiği** cock's comb **horoz ötüşü** crow **Horozu çok olan köyün sabahı geç olur** Too many cooks spoil the

broth
horozayağı *a.* cartridge extractor
horozbina *a. hayb.* blenny
horozcukotu *a. bitk.* field cress, cow cress
horozgözü *a. bitk.* cicely
horozibiği *a, bitk.* celosia, cockscomb
horozlanmak *e.* to strut, to swagger, to swank
horozluk *a. kon.* bluster, swagger
horozmantarı *a. bitk.* chanterelle
horozsıklet *a. sp.* bantamweight
horozsıklet *a.* bantam weight
horst *a, yerb.* horst
hortikültür *a.* horticulture
hortlak *a.* ghost, spook *kon.*
hortlamak *e.* to rise from the dead/grave, to rise again
hortum *a.* hose, hosepipe; *hayb.* trunk, proboscis; *metr.* tornado, waterspout *hortum arabası* hose truck *hortum kelepçesi* hose clip *hortum makarası* hose reel *hortumla sulamak* to hose
hortumcuk *a.* cornicle
hortumlu *s.* proboscidian
horul horul *be.* snoring loudly
horuldamak *e.* to snore
horultu *a.* snore, snoring
hostes *a.* stewardess, air hostess
hosteslik *a.* being a stewardess
hoş *s.* pretty, lovely, pleasant, charming, nice, cute, genial, appealing, delightful, pleasing, agreeable; enjoyable, pleasurable ¤ *be.* nicely ¤ *bağ, be.* still, however, yet, nevertheless, even, well *Hoş geldiniz* Welcome *hoş görmek* to tolerate, to allow, to condone *hoş görmemek* to disapprove *hoş karşılamak* to approve, to connive *hoşa gitmek* to be liked *hoşuna gitmek* to please, to appeal (to sb), to relish
hoşaf *a.* stewed fruit, compote *hoşaf gibi* exhausted, tired out, worn-out, deadbeat, all in, buggered *İİ./kab. hoşafına gitmek arg.* to please, to amuse
hoşaflık *s.* suitable for making stewed fruit
hoşbeş *a.* chat, chingwag *İİ./kon. hoşbeş etmek* to chat, to have a chat
hoşça *be.* pleasantly *Hoşça kal/kalın!* Goodbye!, Bye-bye!, Bye! *kon.*, Ta-ta *İİ./kon.*, Cheerio *İİ./kon.*, Cheers *İİ./kon. hoşça vakit geçirmek* to have a good

time *hoşça vakit geçirtmek* to regale
hoşgörü *a.* tolerance, toleration, indulgence, forbearance *res.* * tolerans
hoşgörülü *s.* tolerant, indulgent, broadminded * müsamahakâr, toleranslı
hoşgörülülük *a.* tolerance
hoşgörürlük *a.* tolerance
hoşgörüsüz *s.* intolerant, strict * toleranssız
hoşgörüsüzlük *a.* intolerance * toleranssızlık
hoşhoş *a. çoc.* bowwow, woof-woof, dog
hoşlanmak *e.* to like, to enjoy, to go for sb/sth, to care for sb, to relish *hoşlanmama* dislike, aversion (to), distaste *hoşlanmamak* to dislike, to take an aversion (to)
hoşlaşmak *e, kon.* to like one another
hoşluk *a.* pleasantness, happiness, comfort
hoşnut *s.* satisfied, glad, pleased, content, contented (with) *hoşnut etmek* to satisfy, to please *hoşnut olmak* to be pleased (with)
hoşnutluk *a.* satisfaction, contentment
hoşnutsuz *s.* dissatisfied, discontented, displeased
hoşnutsuzluk *a.* dissatisfaction, displeasure, discontent, discontentment
hoşsohbet *s.* nice to talk to, companionable, sociable *kon.*
hoşt *ünl.* shoo!, scram!
hoşt! *ünl.* Shoo!
hoşur *s, arg.* plump and attractive
Hotanto *a. s.* Hottentot
Hotantoca *a.* Hottentot
hotoz *a.* crest
hotozlu *s.* tufted, crested
hovarda *s.* spendthrift, prodigal ¤ *a.* rake, gadabout, debauchee, libertine
hovardaca *be.* extravagantly
hovardalanmak *e.* to act like a big spender; to act like a woman chaser
hovardalaşmak *e.* to turn into a big spender; to turn into a woman chaser
hovardalık *a.* rakishness, debauchery *hovardalık etmek* to go to town, to live a debauched live
hoverkraft *a.* hovercraft
hoyrat *s.* rough, coarse, boorish, clumsy ¤ *a.* peasant, boor
hoyratlık *a.* clumsiness
hödük *s.* boorish ¤ *a.* boor, lout, peasant

hkr., bumpkin *hkr.*, hick *hkr.*, clodhopper, yahoo, yokel *şak./hkr.*

hödüklük *a.* boorishness

höpür höpür *be.* guzzling, slurping **höpür höpür içmek** to guzzle

höpürdetmek *e.* to slurp *kon.*

höpürtü *a.* slurp

hörgüç *a.* hump

hörgüçkaya *a, yerb.* roche moutonnée

hörgüçlenmek *e.* to form a protuberance

hörgüçlü *s.* humped; gibbous

höst *ünl.* Whoa!, Wo!

höt *ünl.* Boo!

hötö *a, arg.* queer, fairy, queen, fag

hötör(öf) *a, arg.* queer, fairy, queen, fag

höykürmek *e. din.* to chant together

höyük *a.* tumulus, mound

hu *ünl.* Hey!, Hi (there)!

hububat *a.* cereals, grains

Huda *a.* God

hudayinabit *s.* (growing) wild, self-sown; self-taught

hudut *a.* border, boundary, frontier * sınır; limit

hudutlandırmak *e.* to put a limit on

hudutlu *s.* limited * sınırlı

hudutsuz *s.* unlimited, boundless * sınırsız

huğ *a.* hut made of rushes

hukuk *a.* law * tüze; rights * haklar; friendship * ahbaplık, dostluk **hukuk bilimi** jurisprudence **hukuk doktoru** doctor of law **Hukuk Fakültesi** the Law Faculty **hukuk fakültesi** law school **hukuk mezunu** bachelor of law **hukuk müşaviri** legal adviser

hukukçu *a.* jurist

hukukçuluk *a.* being a jurist

hukuken *be.* legally

hukuki *s.* judicial

hukuki, hukuksal *s.* legal, juridical * tüzel

hukuklu *a. kon.* law student

hukuksal *s.* legal

hulasa *a.* summary, outline, extract * özet ¤ *be.* in short, in brief, in a word * kısacası

hulasaten *be.* in short

hulus *a.* sincerity, devotion **hulus çakmak** to lick sb's arse *arg.*, to court *esk.*

hulya *a.* daydream, dream, fancy **hulyaya dalmak** to fall into a reverie

hulyalı *s.* dreamy, fanciful, romantic

humik asit *a.* humic acid

humma *a.* fever

hummalı *s.* feverish

humulen *a.* humulene

humus *a, trm.* humus, mould, mold *Aİ.*

humuslu *s.* humic

hunhar *s.* bloodthirsty

hunharca *be.* blood-thirstily

hunharlık *a.* bloodthirstiness

huni *a.* funnel

hura *ünl.* Hurray!, Hurrah!

hurafe *a.* superstition

hurç *a.* very big bag (made of canvas)

hurda *s.* dilapidated ¤ *a.* scrap, junk; *kon.* old car, crock *İİ./kon.* **hurda araba** crock *İİ./kon.*, banger *İİ./kon.* **hurda demir** scrap iron **hurda fiyatına** for its scrap value **hurda ipek** silk waste **hurda maden** scrap metal **hurdaya çıkarmak** to scrap, to junk

hurdacı *a.* scrap dealer, junkman

hurdacılık *a.* scrap-iron business

hurdahaş *s.* smashed to bits, fallen to pieces, in rags and tatters

hurdalaşmak *e.* to become fit for the scrap heap

hurdalık *a.* junkyard

huri *a.* houri **huri gibi** very beautiful

hurma *a.* date **hurma ağacı** date palm **hurma yağı** palm oil

hurmailiği *a.* palmitin

hurmalık *a.* date grove

hurmayağı *a.* palm oil

hurra *ünl.* Hurrah!

huruç *a. esk.* coming out, going out

hurufat *a.* printing types; typeface **hurufat alaşımı** type metal **hurufat dökmek** to cast type **hurufat kasası** type case case rack

husul *a.* occurring, taking place **husule gelmek** to occur, to come into existence **husule getirmek** to produce, to bring about

husumet *a.* enmity, hostility * hasımlık, düşmanlık, yağılık

husus *a.* matter, subject, question; point, respect, consideration **hususunda** regarding, on, about

hususat *a.* matters, subjects; relations, respects

hususen *be.* in particular, particularly

hususi *s.* special * özel; particular * özel, private, personal * özel

hususiyet *a.* peculiarity * özellik; characteristic * özellik; intimacy * yakınlık

hususuyla *be.* particularly, especially

husye *a, anat.* testicle * erbezi, testis

huş *a, bitk.* birch

huşu *a.* awe **huşu duymak** to stand in awe of

hutbe *a.* discourse

huy *a.* habit, temper, disposition, temperament, make-up **huy edinmek** to form the habit of **huy kapmak** to contract a bad habit **huyuna (suyuna) gitmek** to humour

huylandırmak *e.* to disturb, to upset, to annoy, to make uneasy

huylanmak *e.* to become nervous, to become uneasy, to be disturbed, to get upset, to be restless; (at) to become restive; to become suspicious * kuşkulanmak işkillenmek, pirelenmek

huylu *s.* tempered; suspicious

huysuz *s.* bad-tempered, moody, disagreeable, difficult, fretful, ill-tempered, ill-natured, ill-humoured, cantankerous, bilious, sour, surly, contrary, perverse, peevish, petulant, fractious, grumpy, crabby *kon.*, crotchety *kon.*, cranky *Al.*

huysuzlanmak *e.* to become bad-tempered, to fret

huysuzlaşmak *e.* to become ill-tempered

huysuzluk *a.* bad temper, bile, petulance

huzme *a, fiz.* beam * demet **huzme açısı** angle of beam **huzme akımı** beam current **huzme anten** beam antenna **huzme ayarı** beam alignment **huzme deliği** beam hole **huzme iletimi** beam transmission **huzme saptırma** beam deflection **huzme titremesi** beam jitter **huzme yaklaştırma** beam convergence

huzmeli *s.* which has a beam

huzur *a.* presence, attendance; peace, ease, quiet, comfort, calm **huzurunu kaçırmak** to unsettle

huzurevi *a.* rest home, old age asylum

huzurlu *s.* peaceful, at ease; comfortable

huzursuz *s.* restless, ill at ease **huzursuz etmek** to hassle *kon.*

huzursuzlanmak *e.* to become restive

huzursuzluk *a.* uneasiness, unrest, disturbance, disquiet, restlessness, ferment

hücre *a, biy.* cell * göze; alcove, niche

hücre bölünmesi *biy.* cell division, nuclear division **hücre çeperi** cell wall **hücre sabiti** cell constant

hücrebilim *a.* cytology

hücrebilimsel *s.* cytologic

hücredışı *s. biy.* extracellular

hücreiçi *s. biy.* intracellular

hücrelerarası *s.* intercellular

hücreli *s.* cellular

hücresel *s.* cellular

hücresiz *s.* noncellular

hücreyutarlığı *a. biy.* phagocytosis

hücum *a.* attack, assault, charge; rush **hücum açısı** angle of attack **hücum etmek** a) to attack, to assault, to raid, to charge, to descend on/upon sb/sth b) to mob, to rush **hücum kenarı** leading edge

hücumbot *a.* assault boat

hükmen *be, sp.* by the decision of the referee **hükmen mağlup sayılmak** to default

hükmetmek *e.* to rule, to dominate; to judge, to conclude

hükmi *s.* judicial, corporate, nominal

hüküm *a.* rule, authority; command, edict; judgement, verdict; sentence, decree, judicial sentence/decision; government; effect, influence; importance; provision, condition **hükmü geçmek** a) to have authority (over) b) (validity) to expire **hükmü olmak** to be in force **hüküm giydirmek** to pass sentence (on) **hüküm giymek** to be sentenced, to be condemned **hüküm sürmek** a) to rule, to reign b) *mec.* to prevail **hüküm vermek** to adjudicate, to decide

hükümat *a. arg.* prison warden

hükümdar *a.* ruler, monarch, sovereign

hükümdari *s. esk.* sovereign ¤ *a.* sovereignty

hükümdarlık *a.* sovereignty; kingdom **hükümdarlık etmek** to rule

hükümet *a.* government, administration **hükümet darbesi** coup d'état **hükümet etmek** to govern, to rule **hükümet konağı** government office **hükümet kurmak** to form a government **hükümeti devirmek** to overthrow the government

hükümlü *s.* condemned, sentenced ¤ *a.* convict

hükümran *s.* ruling, sovereign * egemen

hükümranlık *a.* sovereignty * egemenlik, hâkimiyet

hükümsüz *s.* invalid, null, null and void * geçersiz **hükümsüz kılmak** to invalidate, to abolish * yürürlükten kaldımak, iptal etmek **hükümsüz olmak** to be in abeyance

hükümsüzlük *a.* nullity, invalidity * geçersizlik

hümanist *a, s.* humanist * insancıl

hümanitarizm *a.* humanitarianism

hümaniter *a. s.* humanitarian

hümanizm *a.* humanism * insancılık

hümayun *s.* imperial; felicitous

hüner *a.* skill, talent, dexterity, expertise, trick, accomplishment, knack

hünerli *s.* skilful, skilled, talented, dexterous, practised, adroit, adept, accomplished

hünersiz *s.* unskillful

hüngür hüngür *be.* crying one's eyes out **hüngür hüngür ağlamak** to cry one's eyes/heart out, to blubber *hkr.*

hüngürdemek *e.* to blubber, to sob

hüngürtü *a.* sobbing, sob

hünkâr *a.* sovereign, sultan

hünnap *a, bitk.* jujube

hür *s.* free * özgür **hür irade** free will **hür teşebbüs** free enterprise

hürle *a. bitk.* field pea

hürmet *a.* respect, regard, esteem * saygı **hürmet etmek** to respect, to honour * saymak, saygı göstermek

hürmeten *be.* out of respect

hürmetkar *s.* respectful

hürmetkârlık *a.* respectfulness

hürmetli *s.* respectful, respectable * saygılı

hürmetsiz *s.* disrespectful * saygısız

hürmetsizlik *a.* disrespect * saygısızlık

hürriyet *a.* freedom, liberty * özgürlük

hürriyetçi *s.* freedom-loving ¤ *a.* freedom-lover

hürriyetçilik *a.* love of freedom

hürriyetperver *s.* freedom-loving ¤ *a.* freedom-lover

hürriyetperverlik *a.* love of freedom

hürya *be. kon.* all together

hüsnühal *a. esk.* good conduct

hüsnühat *a.* calligraphy

hüsnükabul *a.* friendly reception

hüsnükuruntu *a.* wishful thinking

hüsnüniyet *a.* bona fides

hüsnüyusuf *a, bitk.* sweet william

hüsran *a. esk.* damage * zarar, ziyan; disappointment, frustration **hüsrana uğramak** to be disappointed/frustrated **hüsrana uğratmak** to frustrate

hüsün *a.* beauty**habbe** *a.* grain, seed, kernel; blister **habbeyi kubbe yapmak** to make a mountain out of a molehill

hüthüt *a.* hoopoe

hüviyet *a.* identity; *kon.* identity card **hüviyet cüzdanı** identity card

hüzün *a.* sadness, gloom, melancholy, sorrow, grief, the blues

hüzünlendirmek *e.* to sadden, to grieve

hüzünlenmek *e.* to feel sad, to grieve

hüzünlü *s.* sad, sorrowful, mournful, woeful, heartsick, plaintive, pensive, melancholy, blue *kon.* **hüzünlü olmak** to have the blues

I

I, ı *a.* the eleventh letter of the Turkish alphabet

ıcığı cıcığı *a.* every single detail about

ıcığına cıcığına *be.* in great detail

ığıl *a.* still water

ığıl ığıl *be.* very slowly

ığrıp *a.* lie, trick, ruse * yalan, düzen; seine-net * ırıp

ıhı *a, arg.* hashish

ıhlamak *e.* to breathe hard

ıhlamur *a.* lime, lime tree, linden, linden tree; *kon.* lime tea, lime-blossom tea

ıhlaya pıhlaya *be.* groaningly, puffingly

ıhmak *e.* (deve) to kneel

ıhtırmak *e.* to make (a camel) kneel

ıkıl ıkıl *be.* in gasps; with difficulty **ıkıl ıkıl nefes almak** to gasp for breath **ıkıl ıkıl yürümek** to toil

ıkınmak *e.* to hold one's breath while straining; to exert one's strength when bearing a child or defecating **ıkına sıkına** with great effort **ıkınıp sıkınmak** to grunt and strain

ıkıntı *a.* straining (while defecating)

ıklamak *e.* to breathe hard; to sob loudly

ıklım tıklım *be.* chockablock, to overflowing

ılgamak *e. yörs.* to make (a horse) gallop

ılgar *a. yörs.* gallop

ılgarcı *a. trh.* light-cavalry raider
ılgarlamak *e. trh.* to raid
ılgım *a.* mirage * serap, yalgın, pusarık
ılgın *a, bitk.* tamarisk
ılgıncar *a. bitk.* European bird cherry
ılgıt ılgıt *be.* slowly, gently
ılıca *a.* hot spring, spa * kaplıca, kudret hamamı
ılıcak *s.* slightly tepid
ılık *s.* lukewarm, tepid; temperate, balmy
ılıkça *s.* slightly tepid
ılıklaşmak *e.* to become lukewarm/tepid
ılıklaştırmak *e.* to make (sth) lukewarm/tepid
ılıklık *a.* tepidity, tepidness, lukewarmness
ılım *a.* moderation * itidal
ılımak *e.* to get lukewarm
ılıman *s.* temperate, mild, clement, genial *ılıman kuşak* temperate zone
ılımanlık *a.* temperateness, mildness, clemency
ılımlamak *e, fiz.* to moderate
ılımlayıcı *a.* moderator
ılımlı *s.* moderate, temperate, mild, modest
ılımlılık *a.* moderation
ılın *s.* neutral
ılıncık *a. fiz.* neutron
ılındırmak *e.* to make (sth) lukewarm/tepid
ılınlamak *e. fiz.* to neutralize
ılınmak *e.* to become tepid
ılıştırmak *e.* to make tepid, to make lukewarm
ılıtmak *e.* to make tepid, to warm up
ımızganma *a. yörs.* dozing; indecision, wavering
ımızganmak *e.* to doze, to be half asleep; (ateş) to die down
ıpıl ıpıl *be.* brightly
ıpıslak *s.* sopping wet
ıpıssız *s.* very lonely, desolate
ıra *a.* character * özyapı, seciye, karakter
ırabilim *a.* characterology
ırabilimsel *s.* characterological
Irak *a.* Iraq ¤ *s.* Iraqi
ırak *s.* far, distant, remote * uzak *ırak merceği* telelens
ırakgörür *a.* binoculars * dürbün; telescope * teleskop
ırakiletişim *a.* telecommunication
ıraklaşmak *e.* to go away
Iraklı *a, s.* Iraqi

ıraklık *a.* being far away *ıraklık açısı* parallax
ıraksak *s, mat, fiz.* divergent *ıraksak mercek* divergent lens, negative lens
ıraksaklık *a.* divergence
ıraksama *a.* divergence
ıraksamak *e.* to diverge
ıralamak *e.* to characterize
ıramak *e. yörs.* to go away
ırasal *s.* characteristic
ırgalamak *e.* to shake, to move; *kon.* to concern
ırgamak *e.* to shake, to rock; to sway
ırgat[1] *a.* labourer, workman *ırgat gibi çalışmak* to slave, to toil *ırgat pazarı* place where labourers can be hired *ırgat pazarına döndürmek* to mess up
ırgat[2] *a, den.* capstan, windlass *ırgat babası* capstan head *ırgat kastanyolası* chain compressor
ırgatlık *a.* being a laborer
ırk *a.* race *ırk ayrımı* racial discrimination, racial segregation, colour bar, color line *AĺI.,* apartheid
ırkbilim *a.* ethnology
ırkbilimsel *s.* ethnological, ethnologic
ırkçı *a, s.* racialist, racist
ırkçılık *a.* racialism, racism
ırki *s. esk.* racial
ırkiyat *a. esk.* ethnology
ırklararası *s.* interracial
ırksal *s.* racial
ırktaş *a.* person of the same race
ırmak *a.* river * nehir *ırmak ayağı* tributary *ırmak kaynağı* headwaters *ırmak kenarı* riverbank, riverside *ırmak kirlenmesi* river pollution *ırmak toprağı* fluvial soil *ırmak yatağı* riverbed
ırmık halatı *a. esk.* towrope
ırz *a.* honour, chastity *ırz düşmanı* rapist *ırza tecavüz* rape, violation *ırzına geçmek* to rape, to violate, to ravish *esk.*
ısdar *a.* loom for weaving carpets
ısgrafito *a.* sgraffito
ısı *a.* heat; temperature *ısı akışı* heat flow *ısı aktarımı* heat transfer *ısı alışverişi* heat exchange *ısı birimi* heat unit *ısı bobini* heat coil *ısı detektörü* heat detector *ısı eşdeğeri* heat equivalent *ısı geçiren* diathermanous, diathermic *ısı geçirme* diathermancy *ısı geçişi* heat

transmission *ısı iletimi* heat conduction, thermal conduction *ısı iletkeni* thermal conductor *ısı izolasyonu* thermal insulation *ısı izolatörü* heat insulator *ısı kaybı* heat dissipation, heat loss *ısı kaynağı* heat source *ısı kazancı* heat gain *ısı makinesi* heat engine *ısı nakli* heat transfer *ısı pompası* heat pump *ısı tüketimi* heat consumption *ısı yalıtımı* heat insulation, thermal insulation *ısı yalıtkanı* heat insulator *ısı yayan* radiant *ısı yutucu* heatsink
ısıalan *s.* endothermic * endotermik *ısıalan tepkime* endothermic reaction * endotermik reaksiyon *ısıalan üreteç* endothermic generator
ısıcam *a.* double glazing, insulating glass
ısıdam *a.* Turkish bath
ısıdenetir *a.* thermostat * termostat
ısıgözler *a.* thermoscope
ısıl *s.* thermal *ısıl analiz* thermal analysis *ısıl burgu* thermal drill *ısıl çatlak* fire crack *ısıl çevrim* thermal cycle *ısıl çökeltici* thermal precipitator *ısıl çözümleme* thermal analysis *ısıl dağlama* thermal etching *ısıl delme* flame-jet drilling *ısıl denge* thermal equilibrium *ısıl denklem* thermal equation *ısıl direnç* thermal resistance *ısıl ekran* thermal shield *ısıl enerji* thermal energy *ısıl genleşme* thermal expansion *ısıl gerilme* thermal stress *ısıl iletim* thermal conduction *ısıl iletkenlik* thermal conductance *ısıl işlem* heat treatment *ısıl iyonlaşma* thermal ionization *ısıl limit* thermal limit *ısıl nötron* thermal neutron *ısıl reaktör* thermal reactor *ısıl röle* thermal relay *ısıl sınır* heating limit *ısıl verim* thermal efficiency *ısıl yalıtım* thermal insulation *ısıl yazıcı* thermal printer *ısıl yorulum* thermal fatigue
ısılağırlıkölçüm *a.* thermogravimetry
ısılbozunma *a.* pyrolysis
ısılçekirdeksel *s.* thermonuclear
ısılçift *a.* thermocouple *ısılçift göze* thermopile
ısılçizer *a.* thermograph
ısılçözüşüm *a.* thermolysis
ısıldeğer *a.* calorific value
ısıldevimbilim *a.* thermodynamics
ısıldirenç *a.* thermistor

ısıldirik *s.* thermodynamic
ısıldiriksel *s.* thermodynamic
ısıldüzenleme *a.* thermoregulation
ısıldüzenleyici *a.* thermoregulator
ısılelektrik *a.* photoelectricity
ısılışıldama *a.* thermoluminescence
ısılkararlı *s.* thermostable * termostabil
ısılkararsız *s.* thermolabile
ısılkimya *a.* thermochemistry
ısılkimyasal *s.* thermochemical
ısılmıknatıssal *s.* thermomagnetic
ısılöğe *a.* thermoelement
ısılölçer *a.* thermometer
ısılölçüm *a.* thermometry
ısılplastik *s.* thermoplastic
ısılyuvar *a.* thermosphere
ısın *a.* calorie * kalori
ısınak *a.* heater, stove
ısındırmak *e.* to warm, to heat
ısınma *a.* heating, warm-up
ısınmak *e.* to grow warm, to warm up, to heat; to warm to/towards sb, to take to sb/sth; *sp.* to warm up
ısıot *a.* pepper
ısıölçer *a.* calorimeter * kalorimetre
ısıölçüm *a.* calorimetry * kalorimetri
ısıölçümsel *s.* calorimetric(al)
ısıran *a. yörs.* baker's peel
ısırgan *a, bitk.* nettle
ısırıcı *s.* cutting, biting; itchy, scratchy
ısırık *a.* bite
ısırma *a.* bite, biting
ısırmak *e.* to bite, to nip
ısısağıtım *a.* diathermy
ısısal *s.* caloric, thermic
ısısalan *s.* exothermic *ısısalan tepkime* exothermic reaction *ısısalan üreteç* exothermic generator
ısısallık *a.* caloricity
ısısız *s.* adiabatic
ısıtıcı *s.* heating ¤ *a.* heater
ısıtma *a.* heating; warming *ısıtma bobini* heating inductor *ısıtma borusu* heating tube *ısıtma buharı* heating steam *ısıtma bujisi* glow plug, heater plug *ısıtma ceketi* heating jacket *ısıtma eğrisi* heating curve *ısıtma elemanı* heating element *ısıtma geçidi* heating flue *ısıtma gücü* heating power *ısıtma hızı* heating rate *ısıtma kamarası* heating chamber *ısıtma kazanı* heating boiler *ısıtma kuvveti* heating power *ısıtma ocağı* hot plate *ısıtma*

serpantini heating coil **ısıtma sıcaklığı** heating temperature **ısıtma sistemi** heating system **ısıtma süresi** heating time **ısıtma tesisatı** heating plant **ısıtma yüzeyi** *tek.* heating surface

ısıtmak *e.* to heat; to warm, to warm up

ısıveren *s.* exothermic * eksotermik **ısıveren tepkime** exothermic reaction * eksotermik reaksiyon **ısıya dayanıklı** heat resistant, heat resisting

ısıyayar *a.* radiator

ısıyayım *a.* convection

ısıyuvarı *a.* thermosphere

ıska *a, arg.* miss, muff **ıska geçmek** a) to miss (a target) b) *arg.* to disregard, to ignore

ıskaça *a, den.* step

ıskala *a.* scale

ıskalamak *e.* to miss

ıskança *a. den.* relieving the watch

ıskaparma *a. den.* charterparty

ıskarça *a. den.* overcrowded port/anchorage; *den.* foul berth/anchorage

ıskarmoz *a.* thole

ıskarmoz[1] *a, den.* rib frame; rowlock, oarlock *Aİ.*

ıskarmoz[2] *a, hayb.* barracuda

ıskarta *a.* discard, scrap ¤ *s.* discarded **ıskarta mal** junk, reject, seconds **ıskartaya çıkarmak** to discard, to scrap, to junk, to reject

ıskat *a. esk.* throwing down; elimination; *esk.* overthrow

ıskata *a. arg.* jerk, bastard

ıskatçı *a.* graveside beggar

ıskoda *s. arg.* dowdy; knock-knee

ıskonto *a.* discount, reduction * indirim, tenzilat **ıskonto etmek** to discount * indirim yapmak

ıskontolu *s.* discounted; reduced

ıskuna *a, den.* schooner

ıslah *a.* improvement, reform, betterment, amelioration **ıslah etmek** to improve, to better, to redress, to chasten **ıslah olmak** to reform, to better, to improve, to mend one's ways **ıslah olmaz** incorrigible

ıslahat *a.* reforms, improvements **ıslahat yapmak** to make reforms

ıslahatçı *a.* reformer

ıslahevi *a.* reformatory

ıslahevi, ıslahhane *a.* approved school, detention centre, reformatory *Aİ.*

ıslak *s.* wet **ıslak dekatirleme** wet decatazing *İİ.*, wet decating *Aİ.* **ıslak eleme** wet screening **ıslak karışım** wet mix **ıslak sağım** wet milking **ıslak termometre** wet-bulb thermometer **ıslak tozlama** wet dusting

ıslaklık *a.* wetness

ıslamak *e.* to wet

ıslanabilir *s.* wettable

ıslanabilirlik *a.* wettability

ıslanır *s.* wettable

ıslanırlık *a.* wettability

ıslanmak *e.* to get wet, to soak

ıslatıcı *s.* wetting ¤ *a.* wetting agent **ıslatıcı olmayan** non-wetter

ıslatma *a.* wetting **ıslatma açısı** wetting angle **ıslatma banyosu** wetting liquor **ıslatma gücü** wetting power **ıslatma maddesi** wetting agent **ıslatma teknesi** steeping bowl, steeping tub

ıslatmak *e.* to wet, to soak, to drench, to saturate, to dampen; *arg.* to beat, to give sb a hiding *kon.*; *kon.* to drink to

ıslık *a.* whistle **ıslık çalmak** to whistle

ıslıklamak *e.* to hoot, to boo, to hiss

ıslıklı *s, dilb.* sibilant ¤ *a, dilb.* sibilant

ıslıklıtavşan *a.* pika

ısmarlama *a.* ordering ¤ *s.* ordered, made-to-measure, made-to-order; bespoke **ısmarlama dikilmiş** tailor-made **ısmarlama elbise** tailored suit **ısmarlama yapmak** to make to order

ısmarlamak *e.* to order; to buy, to stand, to treat; to entrust, to commend

ısot *a.* pepper; carrot

ıspala *a.* shoulder (of a garment)

ıspanak *a.* spinach

ısparmaça *a. den.* entanglement of several chains (in the sea)

ıspatula *a.* spatula

ıspavli *a. den.* twine, sewing twine

ıspazmoz *a.* spasm, convulsion

ısrar *a.* insistence, persistence **ısrar etmek** to insist (on), to persist

ısrarla *be.* insistently

ısrarlı *s.* insistent, persistent

ıssız *s.* solitary, lonely, desolate, isolated, deserted, out-of-the-way, secluded

ıssızlaşmak *e.* to become deserted, to become desolate

ıssızlık *a.* loneliness, desolation, solitude

ıstakoz *a, hayb.* lobster

ıstampa *a.* stamp; inking pad

ıstavroz *a.* cross * ıstavroz; spider *ıstavroz çıkarmak* to cross oneself *ıstavroz dişlisi* star pinion

ıstılah *a.* term

ıstırap *a.* pain, grief, heartbreak, agony, distress, anguish, misery, torment, suffering, sorrow *ıstırap çekmek* to suffer *ıstırap vermek* to distress

ıstıraplı *s.* painful, sore, anguished

ışığadoğrulum *a.* phototropism

ışığagöçüm *a.* phototaxis

ışığayönelim *a.* phototropism

ışık *a.* light; lamp *ışığa (karşı) duyarlı* light-sensitive, photosensitive *ışığa dayanıklı* light-fast, light resisting *(-in) ışığı altında* in the light of *ışık akımı* light current *ışık akısı* light flux, luminous flux *ışık baskısı* collotype *ışık demeti* light beam *ışık ekseni* optic axis *ışık filtresi* light filter *ışık haslığı* light fastness, light resistance, fastness to light *ışık hızı* light velocity *ışık huzmesi* light beam *ışık ışını* light ray, shaft *ışık kalemi* pen-light *ışık kapanı* light-trap *ışık kararlılığı* light stability *ışık kaynağı* light source *ışık kesici* dimmer, shutter *ışık penceresi* light *ışık-pozitif* light positive *ışık rayı* lighting rail *ışık rölesi* light relay *ışık saçmak* to shine, to beam *ışık soğurucu* light absorbing *ışık soğurulması* light absorption *ışık spektrumu* light spectrum *ışık süzgeci* light filter *ışık tutmak* a) to shed light (on) b) to light the way (for) *ışık verimi* light efficiency *ışık yılı* light year *ışık yutucu* light absorbing

ışıkbilgisi *a.* optics

ışıkçı *a. tiy., sin.* electrician

ışıketkin *s.* optically active

ışıkgözü *a.* photocell

ışıkkıran *a.* refractor

ışıkküre *a.* photosphere

ışıkküre *a.* photosphere * fotosfer

ışıklandırma *a.* illumination *ışıklandırma mühendisi* lighting engineer

ışıklandırmak *e.* to lighten, to illuminate

ışıklı *s.* illuminated, lightened *ışıklı akış* luminous flux *ışıklı bulut* luminous cloud *ışıklı ibre* luminous pointer *ışıklı kadran* luminous dial *ışıklı kalem* light gun, light pen *ışıklı reklam* neon sign

ışıklık *a.* skylight * aydınlık

ışıklılık *a.* luminosity

ışıkölçer *a.* photometer * fotometre

ışıkölçüm *a.* photometry * fotometri

ışıkölçümü *a.* photometry

ışıközü *a.* photon

ışıksal *s.* optical

ışıksever *s.* photophilic, photophilous

ışıkseverlik *a.* photophily

ışıksız *s.* without light, unlit, dark

ışıkyuvarı *a, gökb.* photosphere * fotosfer

ışıl ışıl *be.* shining brightly ¤ *s.* brilliant, bright

ışılak *s.* sparkly, shiny, twinkling

ışılakım *a.* photocurrent

ışılbireşim *a.* photosynthesis

ışılbireşimsel *s.* photosynthetic

ışılbozunma *a.* photolysis

ışılbölünüm *a.* photofission

ışılçekirdeksel *s.* photonuclear

ışılçoğaltıcı *a.* photomultiplier

ışılçözüşüm *a.* photodissociation

ışıldak *a.* projector, searchlight, floodlight * projektör

ışıldama *a.* luminescence, scintillation

ışıldamak *e.* to gleam, to shine, to glow, to flash, to glitter, to twinkle

ışıldatmak *e.* to make (sth) shine

ışıldayan *s.* luminescent

ışıldevinim *a.* photophoresis * fotoforez

ışılduyarlı *s.* sensitive to light

ışılduyarlık *a.* photosensitivity

ışılelektrik *s.* photoelectric * fotoelektrik

ışılelektriksel *s.* photoelectric

ışılelektron *a.* photoelectron * fotoelektron

ışılesnek *s.* photoelastic

ışılesneklik *a.* photoelasticity * fotoesneklik

ışılgerilimsel *s.* photovoltaic

ışılışıldama *a.* photoluminescence * fotolüminesans

ışıliletimsel *s.* photoconductive

ışıliletken *a.* photoconductor

ışıliletkenlik *a.* photoconductivity

ışılkimya *a.* photochemistry

ışılkimyasal *s.* photochemical

ışılküf *a.* actinomycete

ışılküflüce *a. hek.* actinomycosis

ışılmıknatıssal *s.* photomagnetic *ışılmıknatıssal etki* photomagnetic effect

ışılparçalanma *a.* photodisintegration

ışılsalım *a.* photoemission

ışıltı *a.* flash, twinkle, glimmer, glitter, gleam

ışıltılı *s.* glittering, sparkling, aglow *ışıltılı deşarj* glow discharge

ışılyayım *a.* photoemission * fotoemisyon

ışıma *a.* radiation *ışıma sayacı* radiation counter *ışıma şiddeti* radiant intensity

ışımak *e.* to dawn; to shine

ışımetkin *s.* radioactive

ışımetkinlik *a.* radioactivity

ışımışıldanım *a.* radioluminescence

ışın *a.* beam; ray *ışın bellek* beam store *ışın demeti* light beam, ray beam *ışın tutucu* beam trap

ışınbilim *a.* radiology

ışınbilimci *a.* radiology

ışınbilimsel *s.* radiological

ışınçekim *a.* radiography

ışınetki *a.* radioactivity

ışınetkin *s.* radioactive * radyoaktif

ışınetkinleştirmek *e.* to radioactivate

ışınetkinlik *a.* radioactivity * radyoaktivite

ışıngözlem *a.* radioscopy

ışıngözler *a.* radioscope

ışınım *a.* radiation * radyasyon *ışınım açısı* angle of radiation *ışınım akısı* radiation flux *ışınım alıcısı* radiation receiver *ışınım basıncı* radiation pressure *ışınım çelisi* radiation impedance *ışınım dengesi* radiative equilibrium *ışınım direnci* radiation resistance *ışınım geçiren* radioparent *ışınım geçirmeyen* radio-opaque *ışınım kapanı* radiation trap *ışınım kaynağı* radiation source *ışınım potansiyeli* radiation potential *ışınım sıcaklığı* radiation temperature *ışınım uzunluğu* radiation length *ışınım zararı* radiation damage

ışınımölçer *a.* bolometer

ışınımsı *s.* radiomimetic

ışınır *s.* radiant *ışınır akı* radiant flux

ışınırlık *a.* radiability, radiance

ışınkimyası *a.* radiochemistry

ışınlama *a.* irradiation

ışınlamak *e.* to irradiate

ışınlanım *a.* radiation

ışınlı *s.* radiate

ışınmantar *a.* actinomyces

ışınölçer *a.* radiometer * radyometre

ışınölçme *a.* dosimetry

ışınölçüm *a.* radiometry

ışınölçümsel *s.* dosimetric, radiometric

ışınölçümü *a.* actinometry

ışınsal *s.* radial

ışınsız *s.* rayless

ışıntaşı *a.* actinolite

ışınüretimsel *s.* radiogenic

ışıtaç *a.* lamp

ışıtmak *e.* to illuminate

ışıyan *s.* radiant

ışkı *a. yörs.* spokeshave, drawknife

ıtır *a.* perfume, attar, aroma, essence *ıtır çiçeği bitk.* geranium *ıtır yağı* geranium oil

ıtırçiçeği *a. bitk.* rose geranium

ıtırlı *s.* fragrant, aromatic

ıtırşahi *a.* sweet pea

ıtrışahi *a. bitk.* sweet pea

ıtri *s. esk.* fragrant, aromatic

ıtriyat *a.* perfumes

ıtriyatçı *a.* seller of perfumes and cosmetics; perfume shop

ıvır zıvır *a.* trifles, trivia, bagatelles, odds and ends, bits and pieces *kon.*, bits and bobs *kon.*; baubles ¤ *s.* trifling, trivial, frothy

ızbandut *a.* colossus, hulk, giant *ızbandut gibi* gigantic, colossal

ızbarço *a. den.* bowline knot

ızgara *a.* grate, grating; grill, gridiron; grill, barbecue ¤ *s.* grilled *ızgara akımı* grid current *ızgara bataryası* grid battery *ızgara çubuğu* grate bar, grate rod *ızgara devresi* grid circuit *ızgara direnci* grid resistor *ızgara emisyonu* grid emission *ızgara gerilimi tek.* grid potential, grid voltage *ızgara kaçağı* grid leak *ızgara karakteristiği* grid characteristic *ızgara katsayısı* screen factor *ızgara kontrolü* grid control *ızgara köfte* grilled meatballs *ızgara öngerilimi* grid bias *ızgara yapmak* to grill, to barbecue, to broil *Aİ. ızgara yüzeyi* grate surface *ızgarada pişirmek* to grill

ızgaralık *s.* suitable for grilling

i

i, i *a.* the twelfth letter of the Turkish alphabet

iade *a.* return; refusal; restoration *iade*

etmek a) to return, to give back b) turn sth in c) to refuse d) to restore

iadeli *s.* reply-paid *iadeli taahhütlü* registered and reply paid

iadesiz *s.* non-returnable, disposable

iane *a.* donation; help, aid

iaşe *a.* subsistence, feeding, victualing *iaşe etmek* to sustain, to feed *iaşe subayı* mess officer *iaşe ve ibate* board and lodging

ibadet *a.* worship; religious service *ibadet etmek* to worship

ibadethane *a.* temple, house of God, place of worship * tapınak

ibadullah *s.* abundant ¤ *a.* God's creatures

ibare *a.* sentence, expression, paragraph, clause

ibaret *s.* consisting (of), composed (of) *ibaret olmak* to consist (of), to be made up (of)

ibate *a. esk.* housing, lodging

ibibik *a.* hoopoe * çavuşkuşu, hüthüt

ibik *a, hayb.* comb, crest, cockscomb; *anat.* crista

ibikli *s.* carunculate(d), crested, cristate, hooded

ibis *a. hayb.* sacred ibis

ibiş *a. arg.* fool, idiot

iblis *a.* devil, demon, fiend, imp; evil person, demon

ibne *a, kab.* gay, queer *arg./hkr.*, queen *arg./hkr.*, fairy *arg./hkr.*, pansy *hkr.*, poof *İİ./hkr.*, poofter *İİ./hkr.*, fag *Aİ./hkr.*, faggot *Aİ./hkr.*; *arg.* bastard *arg./hkr.*, arsehole, son of a bitch *kab.* ¤ *s.* gay, camp *kon.*, bent *İİ./arg.*

ibnelik *a, kab.* gayness; roguery

ibnetor *a, arg.* queer, fairy, queen, fag

ibnoş *a, arg.* queer, fairy, queen, fag

ibra *a.* acquittal, absolution * aklama, temize çıkarma *ibra etmek* to acquit, to discharge * aklamak

ibraname *a.* quittance, release

İbranca *a. s.* Hebrew

İbrani *a, s.* Hebrew

İbranice *a.* Hebrew * İbranca

ibraz *a.* presentation, display *ibraz etmek* to present, to show *ibrazında ödenecek* payable on demand

ibre *a.* pointer, indicator; *bitk.* style; pine needle

ibret *a.* lesson, example *ibret almak* to

draw a lesson (from) *ibret olmak* to be a lesson to *ibret verici* exemplary *res.*

ibrik *a.* ewer

ibrikotu *a. bitk.* pitcher plant

ibrişim *a.* silk thread, sewing silk, tram silk *ibrişim kurdu* silkworm * ipekböceği

ibrişimci *a.* maker/seller of silk thread

icabet *a.* acceptance, answering favourably

icap *a.* necessity, requirement * gerek, gereklik, ister, lüzum *icabına bakmak* a) to see to b) *arg.* to take care of (sb), to do away with, to kill *icabında* if needed, if need be, if necessary * gerekirse *icap etmek* to be necessary, to require, to behove * gerekmek

icar *a. esk.* renting, leasing

icat *a.* invention *icat etmek* to invent, to devise, to fabricate

icazet *a.* permission, authorization

icazetname *a.* written authorization, permit

icbar *a.* compulsion * zorlama *icbar etmek* to compel, to constrain * zorlamak

icra *a.* carrying out, execution; performance *icra etmek* to execute, to perform *icra memuru* bailiff, executive officer *icraya vermek* to refer to the court of bailiff

icraat *a.* activities, actions, operations

icracı *a.* performer

icrai *s.* executive

iç *a.* inside, interior; stomach, intestines, offal; heart, mind ¤ *s.* internal, interior, inner, inside; domestic, home *iç açı* interior angle, internal angle *iç açıcı* cheering, pleasant *iç basınç* internal pressure *iç bellek* internal memory, internal storage *iç bölge* hinterland *iç çamaşırı* underwear, underclothes, underclothing *iç çap* inner diameter, bore *iç çekme* sigh *iç çekmek* to sigh *iç dağlama* microetching *iç değerbiçim* interpolation *iç değerleme* interpolation *iç deniz* bkz. içdeniz *iç devre* internal circuit *iç direnç* internal resistance *iç dişli* internal gear *iç döngü biliş.* inner loop *iç enerji* internal energy, intrinsic energy *iç eteklik* petticoat, underskirt *iç etki* internal action *iç etmek arg.* to pocket, to pinch, to nick *iç geçirmek* to sigh *iç gerilim* internal voltage, internal stress *iç giyim* underwear *iç göndeme* cross-reference *iç hastalıkları* internal diseases * dahiliye *iç hat* a) domestic line b) domestic communications *iç hatlar* domestic flights *iç ışık* interior light *iç içe sokma* pipelining *iç içe* one within the other *iç iletken* inner conductor *iç kabuk* inner bark *iç kalıp* internal mould *iç kapasite* internal capacitance *iç karartıcı* dismal, dreary *iç karina* keelson *iç komut biliş.* internal command *iç koni* inner cone *iç lastik oto.* inner tube *iç lastiksiz lastik* tubeless tyre *iç lastiksiz* tubeless *iç mimar* interior decorator *iç nokta* internal point *iç omurga* inner keel, keelson *iç organlar* internal organs, viscera *iç pazar* domestic market, home market *iç piyasa* domestic market *iç politika* domestic politics *iç potansiyel* inner potential *iç savaş* civil war *iç sıcaklık* internal temperature *iç sıkıntısı* chagrin *iç silindir* inside cylinder *iç sular* inland waters *iç sürtünme* internal friction *iç ticaret* domestic trade, home trade *iç tüketim* home consumption *iç veri* internal data *iç yatak* bearing cone *iç yüz* interior surface *iç yüzey* inner surface *içe doğma* foreboding *içe işleyen* cutting *içeride* within *içi açılmak* to feel relieved *içi bayılmak* to be famished *kon. içi boş* hollow *içi bulanmak* to feel nauseated *içi çekmek* to desire, to long for, to have a fancy for sth *içi daralmak* to get bored *içi ezilmek* to feel hungry *içi geçmek* to doze off, to drop off *içi gitmek* to desire, to hanker after *içi içine sığmamak* to be unable to contain oneself *içi içini yemek* to fret about *içi kan ağlamak* to be in deep sorrow *içi oyuk* hollow *içi parçalanmak* to be cut to the heart *içi rahat etmek* to be relieved *içi sıkılmak* to feel bored *içi sürmek* to have the squirts *içi titremek* a) to take great care b) to be very cold *İçime doğdu* I can feel it in my bones *içini açmak* to bare one's soul (to sb), to bare one's heart (to sb) *içini açmak* to unburden one's heart *içini bayıltmak* to cloy *esk./res. içini boşaltmak* to unburden one's heart *içini çekmek* to sigh *içini*

daraltmak to oppress *içini dökmek* to pour out one's heart, to get sth off one's chest *içini dökmek* to unburden oneself, to pour out, to bare one's heart (to sb), to bare one's soul (to sb), to get sth off one's chest *içini gıcıklamak* to titillate *içini karartmak* to depress *içler acısı* heart-rending, heartbreaking, pathetic, miserable
içağı *a. kim.* endotoxin
içalım *a.* importing, importation
içasalak *a.* endoparasite, entoparasite
içasalaksal *s.* endoparasitic
içbaşkalaşım *a.* endomorphism
içbölge *a, coğ.* hinterland * hinterlant
içbükey *s, fiz.* concave *içbükey-dışbükey* concavo-convex
içbükeylik *a.* concavity
içbükün *a, dilb.* internal inflexion
iççarpım *a.* inner product
içdeniz *a, coğ.* inland sea
içderi *a.* endoderm
içderisel *s.* hypoblastic
içebakış *a.* introspection
içebakışçı *a.* introspectionist ¤ *s.* introspectionistic
içebakışçılık *a.* introspectionism
içecek *a.* beverage, drink
içeçeken *a. anat.* adductor, adductor muscle
içedoğma *a.* intuition, presentiment
içedönük *s.* introverted *içedönük kimse* introvert
içedönüklük *a.* introversion
içek *a. dilb.* infix
içekapanık *s.* schizoid, autistic
içekapanıklık *a.* autism; *ruhb.* schizoidism
içerde *be.* inside, in; *kon.* in jail, in prison, inside *arg. içerden* from the inside
içeri *a.* inside, interior; *arg.* clink *arg.*, the cooler *arg.*, the nick *İİ./arg.*, the can *Aİ./arg.* * kodes ¤ *be.* in, inside, to the inside *içeri almak* to admit, to let sb/sth in, to show in *içeri atmak/tıkmak* to put (sb) in jail *içeri bırakmak* to let sb/sth in *İçeri buyurun* Please come in *içeri düşmek kon.* to go to jail *içeri girmek* a) to enter, to go in b) *kon.* to lose money c) *kon.* to go to jail *içeri sokmamak* to exclude, to keep sb out *içeri tıkmak* to clap sb in/into jail, to lock sb up
içerik *a.* content, contents

içerikleştirme *a.* internalization
içerikleştirmek *e.* to internalize
içerikli *s.* mainly dealing with
içeriksel *s.* related to content
içeriksiz *s.* devoid of content
içeriksizlik *a.* emptiness, lack of content
içerisi *a.* inside, the interior **içerisinde** inside **içerisine** inside
içeriye *be.* in, inwards, inside **içeriye akış** inflow **içeriye buyur etmek** to show sb in **içeriye çekmek** to retract
içerke *a.* intrinsic energy
içerlek *s.* set back, standing back, secluded
içerleme *a.* resentment
içerlemek *e.* to resent, to be grieved
içerme *a.* containing; *mant.* implication
içermek *e.* to include, to contain, to comprise, to cover, to involve, to embrace, to embody *res.*
içevlilik *a.* endogamy * endogami
içeyerleşim *a. hek.* implantation, being implanted
içeyerleştirim *a. hek.* implantation, implanting
içeyönelik *s.* autistic
içeyöneliklik *a.* autism
içgeçit *a.* tunnel
içgöbek *a.* chalaza
içgöç *a.* internal migration
içgöreç *a.* endoscope
içgörü *a.* insight
içgözlem *a.* introspection
içgözlemsel *s.* endoscopic
içgözleyim *a.* endoscopy
içgücü *a.* morale
içgüçler *a.* endogenous forces
içgüdü *a.* instinct
içgüdülü *s.* instinctive
içgüdüsel *s.* instinctive * insiyaki
içgüvey(i), içgüveyisi *a.* son-in-law living in his wife's parents' house
içici *s.* who likes drinking; who is addicted to drink
içilebilir *s.* drinkable, potable
içim *a.* sip, draught; taste
içimli *s.* which has (a certain) taste
için için *be.* secretly, slowly **için için yanmak** to smoulder, to smolder *Aİ.*
için *ilg.* for; about; to, in order to, so as to; so that, in order that; because, since
içinde *ilg.* in; within; included, including; aboard, on

içindekiler *a.* contents, index
içindeleme *a.* inclusion
içinden *ilg.* from inside (of); through, thru *Aİ.* **içinden çıkamamak** to be unable to work (sth) out **içinden çıkmak** to solve **içinden geçirmek** to consider, to think about **içinden gelmek** to feel like **içinden okumak** to read to oneself
içine *ilg.* into, in; aboard **içine almak** to include, to embrace, to encompass *res.* **içine atmak** to bottle up **içine çekmek** a) to absorb b) to inhale **içine dert olmak** to be a thorn in one's flesh **içine doğmak** to feel in one's bones, to have a hunch, to sense **içine etmek** to ball up, to fuck sth up **içine etmek/sıçmak** *kab.* to murder, to spoil, to bugger up, to fuck up, to muck sth up *kon.*, to foul sth up *kon.*, to mess up, to ball(s) up, to louse sth up *kon.*, to botch **içine işlemek** a) to touch sb deeply, to touch one's heart with sorrow b) to chill sb to the bone/marrow **içine kapanık** withdrawn, introverted **içine koymak** to enclose, to embed, to insert **içine kurt düşmek** to feel suspicious **içine sıçmak** to fuck sth up **içine sinmek** to be satisfied, to be happy, to be relieved
içirik *a.* stuffing, padding
içirme *a.* impregnation
içirmek *e.* to make sb drink; to let sb drink; to impregnate
içiş *a.* way of drinking/smoking
içişleri *a, pol.* internal affairs, home affairs **İçişleri Bakanı** Minister for Internal Affairs **İçişleri Bakanlığı** Ministry for Internal Affairs
içişmek *e.* to drink together
içit *a.* beverage, drink
içiter *a.* injector
içitim *a, hek.* injection * zerk
içitme *a. hek.* injection
içitmek *e, hek.* to inject * zerketmek
içken *s.* alcoholic, dipsomaniac
içki *a.* drink, liquor, booze *kon.*, tipple *kon.* **içki âlemi** drinking bout, binge, booze-up **içki âlemi yapmak** to carouse, to go on a binge **içki fabrikası** distillery **içki ısmarlamak** to buy a drink (for), to stand sb a drink **içki içmek** to drink, to tipple **içki kaçakçısı** bootlegger **içki sersemi** groggy **içki sersemliği** hangover **içkiye düşkün** addicted to drink

içkiyi fazla kaçırmak to have a drop too much, to take a drop too much **içkiyi sulandırmak** to cut an alcoholic drink with water

içkici a. maker or seller of alcoholic drinks; heavy drinker, drinker, boozer kon.

içkicilik a. selling/making alcoholic beverages; fondness for drink; addiction to drink

içkili s. drunk; spiked; (lokanta) selling alcoholic drinks

içkin s. immanent

içkinlik a. immanence

içkisiz s. without alcoholic drinks

içkulak a, anat. inner ear

içkuyu a. blind shaft

içlastik a. inner tube, tube

içlek s. spiritual

içlem a. comprehension, intension

içlemci s. comprehensive, inclusive

içlemcilik a. comprehensiveness, inclusiveness

içlemsizlik a. meaninglessness

içlenmek e. to take to heart, to grieve

içli s. having an inside part, having a kernel/pulp; sensitive, emotional; sad, touching, moving **içli köfte** meatballs stuffed with cracked wheat

içlidışlı s. intimate, familiar

içlik s. internal ¤ a. underwear, inner garment

içlilik a. sensitivity

içme a. drinking; mineral spring **içme suyu** drinking water

içmek e. to drink, to have, to consume res., to imbibe res.; to smoke, to puff

içmeler a. mineral springs

içmerkez a. hypocentre

içmimar a. interior decorator

içmimarlık a. interior decoration

içoğlanı a. page

içorgan a. viscus

içörtü a. anat. endothelium

içplazma a, biy. endoplasm

içrek s. esoteric

içrekçi a. s. esoteric

içsalgı a, anat. endocrine, hormone

içsalgıbezi a, anat. endocrine gland, ductless gland

içsalgıbilim a. endocrinology

içsalgıbilimsel s. endocrinologic(al)

içsalgısal s. hormonal

içsel s. internal, inner * dahili **içsel veri** internal data

içses a. dilb. medial sound in a word

içsıcaklık a. latent heat

içsıcaklık basamağı a. geothermic gradient

içsıvı a. endolymph

içsıvısal s. endolymphatic

içsürdürücü a. laxative, purgative

içten s. sincere, candid, frank, outspoken, openhearted, friendly, affable; true, unaffected, cordial, warm, heartfelt, hearty, devout ¤ be. from within, from the inside **içten pazarlıklı** sneaky, stealthy **içten yanmalı** internal combustion+ **içten yanmalı motor** internal combustion engine

içtenlik a. sincerity, frankness, candour

içtenlikle be. sincerely, frankly, truly, cordially

içtenliksiz s. insincere

içtenliksizlik a. insincerity

içtepi a. compulsion

içters açı a. mat. alternate interior angle

içtihat a. esk. opinion; din. interpretation

içtima a, ask. muster **içtima yapmak** ask. to muster

içtimai s. esk. social

içtümce a. dilb. object clause

içtüzük a. internal regulations, bylaw, standing orders

içtüzüksel s. related to internal regulations

içyağı a. suet

içyapı a. internal structure

içyaprak a. bitk. endodermis

içyarıçap a. mat. apothem

içyürekzarı a. anat. endocardium

içyüz a. inside story, real truth

içzar a. endothelium, intima, mesothelium

idam a. capital punishment; execution, hanging **idam etmek** to execute **idam hükmü** death warrant **idam mangası** firing squad **idam sehpası** gallows **idama mahkûm etmek** to condemn to death **idamın infazı** execution

idame a. continuation, maintenance **idame etmek** to continue, to keep up, to perpetuate

idamlık s. (suç) capital; (kişi) condemned to death ¤ a, kon. gallows bird

idare a. management, direction, conduct; control; administration, government;

board; economy, thrift, frugality, austerity **İdare eder** Okay, All right, It's all right/okay/enough, So-so **idare etmek** a) to manage, to direct, to run b) to control c) to administer, to govern d) to economize, to skimp, to scrimp (on), to scrape, to be frugal e) to subsist (on sth), to get by f) to make do with sth, to make sth do g) to be enough, to be sufficient h) to tolerate ı) to cover up, to conceal, to hide i) to tide sb over **idare heyeti** board of directors **idare meclisi** board of directors **idareyi ele almak** to take command

idareci *a.* administrator, manager, organizer * yönetici ¤ *s.* thrifty, frugal * tutumlu; tolerant * hoşgörülü

idarecilik *a.* administration, management * yöneticilik

idarehane *a.* executive office

idareimaslahat *a.* makeshift

idareli *s.* efficient, good at managing; economical; thrifty, frugal **idareli harcamak** to economize **idareli kullanmak** to skimp, to scamp, to economize, to eke sth out

idaresiz *s.* spendthrift, uneconomical

idaresizlik *a.* thriftlessness, wastefulness

idareten *be.* temporarily, as a stopgap

idari *s.* managerial, administrative

iddia *a.* assertion, claim, thesis, allegation; pretension; insistence; wager, bet **iddia etmek** a) to claim, to assert, to allege, to protest, to maintain b) to pretend, to purport c) to insist **iddiaya tutuşmak** to bet, to make a bet

iddiacı *s.* obstinate, stubborn

iddiacılık *a.* stubborn insistence, obstinacy

iddialı *s.* assertive, pretentious

iddianame *a, huk.* indictment

iddiasız *s.* unpretentious

iddiasızlık *a.* unassertiveness, simplicity

ide(a) *a, fel.* idea * fikir

ideal *a.* ideal * ülkü, mefkûre ¤ *s.* ideal * ülküsel **ideal çözelti** ideal solution **ideal esneklik** ideal elasticity **ideal gaz** ideal gas, perfect gas **ideal kristal** ideal crystal **ideal nokta** ideal point **ideal transformatör** ideal transformer

idealist *a.* idealist * ülkücü ¤ *s.* idealistic * ülkücü

idealize etmek *e.* to idealize

idealizm *a.* idealism * ülkücülük

idealleştirmek *e.* to idealize

idefiks *a.* idée fixe * saplantı, sabit fikir

ideleştirmek *e. fel.* to ideate

idempotent *s.* idempotent

identik *s. mat.* identical

ideolog *a.* ideologist

ideolog *a.* ideologist

ideoloji *a.* ideology

ideolojik *s.* ideological

idil *a, ed.* idyll, idyl

idilik *s.* idyllic

idiopati *a.* hypersensitivity

idman *a, sp.* training, exercise, practice, workout **idman yapmak** to work out, to practise, to practice *Aİ.*

idmancı *a.* athlete who is working out

idmanlı *s.* well-trained

idmansız *s.* out of trim

idokraz *a.* idocrase

idol *a.* idol

idoz *a.* idose

idrak *a.* comprehension, understanding, cognition; attainment, reaching; *fel.* perception * algı **idrak etmek** a) to perceive, to understand, to comprehend b) to attain, to reach

idrakli *s.* sensible, intelligent, perceptive

idraklilik *a.* perceptiveness

idraksiz *s.* insensible, unperceptive

idraksizlik *a.* lack of perception

idrar *a.* urine * sidik **idrar kabı** urinal **idrar torbası** urinary bladder **idrar tutulması** *hek.* retention of urine **idrar yolu iltihabı** urethritis **idrar yolu** urethra

idrarzoru *a.* retention of urine

idrisağacı *a. bitk.* mahaleb, mahaleb cherry

idrisotu *a. bitk.* broom sedge

ifa *a.* fulfilment, performance, execution, carrying out **ifa etmek** to perform, to execute, to fulfil

ifade *a.* expression; expression, look statement, evidence, deposition, testimony **ifade almak** to take statement(s **ifade etmek** to express, to signify, to state, to explain, to reflect, to convey, to frame, to couch *res.* **ifade vermek** to give evidence, to depose to doing sth to testify **ifadesini almak** a) to question b) to record one's testimony c) *arg.* to beat, to whip

ifadelendirmek *e.* to put into words

ifadeli s. expressive
ifadesiz s. deadpan, expressionless
iffet a. chastity * sililik; honesty * namus
iffetli s. chaste, pure * sili, afif
iffetsiz s. unchaste * silisiz
iffetsizlik a. unchastity, promiscuity
ifildemek e. yörs. to shiver slightly
iflah a. betterment, improvement, salvation **iflah olmak** to get better, to get well, to improve **iflah olmaz** incorrigible **iflahı kesilmek** kon. to be exhausted **iflahını kesmek** kon. to exhaust
iflas a. bankruptcy, insolvency, crash **iflas bayrağını çekmek** kon. to go bankrupt, to crash, to go under **iflas borusunu çalmak** kon. to go bankrupt, to crash, to under **iflas etmek** to go bankrupt, to crash, to go under, to go bust, to fail **iflas ettirmek** to bankrupt **iflas ilan etmek** to declare bankruptcy **iflasa sürüklemek** to drive sb to the wall **iflasın eşiğinde olmak** to go to the wall **iflasın eşiğinde** on the verge of bankruptcy **iflasın eşiğine getirmek** to drive sb to the wall
ifrat a. excess, overdoing **ifrata kaçmak** to overdo, to go far ahead **ifrata vardırmak** to carry to excess
ifraz a. parcelling out, allotment; biy. secretion * salgı **ifraz etmek** a) to parcel out, to allot b) to secrete * biy. salgılamak
ifrazat a, esk. secretions * salgılar
ifrit a. demon **ifrit etmek** to infuriate, to burn sb up Aİ./kon. **ifrit olmak** to go into a rage, to be furious
ifsat a. esk. corruption, contamination
ifşa a. disclosure, divulgence, exposé **ifşa etmek** to disclose, to reveal, to expose
fşaat a. revelations, disclosures
ftar a. the breaking of the Ramadan fast; the evening meal during Ramadan **iftar etmek** to break one's fast
ftarlık s. suitable for dinner in Ramadan
ftihar a. pride **iftihar etmek** to be proud (of), to take pride (in)
ftiharla be. proudly
ftira a. slander, slur, smear, aspersion, calumny, libel **iftira atmak** to cast aspersions (on), to slander **iftira etmek** to slander, to slur, to smear, to defame, to malign
tiracı a. slanderer, calumniator

iglu a. igloo, iglu
ignimbrit a. ignimbrite
ignitron a. ignitron
iguana a, hayb. iguana
iğ a. spindle
iğağacı a. spindle tree
iğde a, bitk. oleaster, elaeagnus
iğdemir a. carpenter's chisel
iğdiş s. castrated, neutered, gelded, emasculated **iğdiş etmek** to castrate, to neuter, to geld
iğdişleme a. castration
iğdişlemek e. to castrate
iğfal a. seduction **iğfal etmek** to seduce
iğimsi s. fusiform, spindle-shaped
iğne a. needle; pin, straight pin, safety pin; pointer, needle; hayb. spicule, sting; brooch, pin; fishhook; syringe, hypodermic, hypo kon.; injection, shot kon., jab kon.; kon. pinprick, sarcasm, dig (at sb) **iğne atsan yere düşmez** very crowded **iğne deliği** a) the eye of a needle b) pinhole, pinprick **iğne ipliğe dönmek** to become skin and bones, to pine away, to waste away **iğne işi** needlework **iğne olmak** to have on injection **iğne yapmak** to give an injection **iğneye iplik geçirmek** to thread a needle
iğneardı a. backstitch, herringbone stitch **iğneardı teyel** ladder-stitch
iğnebalığı a. pinfish
iğneci a. person who gives injections
iğnecik a. spinule
iğnecikli s. spinulose
iğnecilik a. making/selling needles
iğnedenlik a. pincushion
iğnekurdu a. oxyurid, pinworm
iğneleme a. acupuncture, sting
iğnelemek e. to pin, to prick; to hurt sb's feelings being sarcastic; to cut (sb)
iğnelenme a. being pinned; hearing sarcastic words; prickle
iğnelenmek e. to be pinned; to be hurt with sarcastic words; to feel a pricking
iğneleyici s. sarcastic, cutting, biting, sharp hkr., acid
iğneli s. having a needle; having a pin; having a thorn; pinned; sarcastic, biting, cutting, sharp **iğneli jikle** needle jet **iğneli rulman** needle bearing **iğneli söz** dig, quip **iğneli supap** needle valve **iğneli taşıyıcı** pin chain **iğneli**

vals porcupine **iğneli yatak** needle bearing
iğnelik *a.* pincushion
iğnemsi *s.* acicular
iğnesolucanı *a. hayb.* pinworm, seatworm
iğneyaprak *a.* needle
iğneyapraklı *s, bitk.* coniferous
iğrenç *s.* disgusting, dirty, revolting, hateful, loathsome, repulsive, repugnant, repellent, foul, hideous, offensive, nasty, monstrous, abominable, abject, abhorrent, obnoxious
iğrençlik *a.* loathsomeness, repulsiveness, nastiness
iğrendirmek *e.* to disgust, to revolt, to sicken
iğrengen *s.* easily feeling disgust
iğrenme *a.* disgust, repulsion
iğrenmek *e.* to be disgusted, to loathe, to revolt (at), to detest, to abominate
iğrenti *a.* revulsion, disgust
iğreti *s.* borrowed; temporary, makeshift; false, fake
iğretileme *a.* metaphor * eğretileme
iğsi *s.* fibroid
iğva *a. esk.* temptation; seduction
ihale *a.* adjudication, awarding **ihale etmek** to adjudicate, to award **ihaleye çıkarmak** to put out to tender
-i hali *a, dilb.* accusative (case) * belirtme durumu
ihanet *a.* treachery, betrayal, treason; unfaithfulness, infidelity, disloyalty **ihanet etmek** a) to betray, to doublecross *hkr.* b) to be unfaithful (to), to play (sb) false
ihata *a. esk.* surrounding, encirclement
ihbar *a.* denunciation; informing **ihbar etmek** a) to denounce, to squeal, to inform (against/on sb), to tell on sb *kon.* b) to inform, to notify
ihbarcı *a.* informer, denouncer
ihbarlamak *e.* to denounce, to inform on
ihbarlı *s.* informed; (telefon konuşması) person-to-person **ihbarlı konuşma** person to person call
ihbarname *a.* notice, notification
ihdas *a.* setting up, establishing
ihlal *a.* violation, disobeying, infraction, infringement, transgression, breach **ihlal etmek** to break to, to infringe, to violate, to contravene

ihmal *a.* neglect, negligence, carelessness, inattention, laxity **ihmal etmek** to neglect, to be careless, to omit **ihmal suçu** sin of omission
ihmalci *s.* negligent, neglectful, lax
ihmalcilik *a.* neglectfulness, negligence, laxity, laxness
ihmalkâr *s.* negligent, derelict
ihmalkârlık *a.* negligence
ihracat *a.* exportation * dışsatım **ihracat fazlası** export surplus **ihracat kredisi** export credit **ihracat vergisi** export duties **ihracat yapmak** to export
ihracatçı *a.* exporter * dışsatımcı
ihracatçılık *a.* the export business
ihraç *a.* export, exportation; expulsion; extraction **ihraç etmek** a) to export b) to expel c) to extract **ihraç halatı** haulage rope **ihraç katı** winding level **ihraç makinesi** winding engine **ihraç malı** export
ihsan *a.* gift, grant, benefaction **ihsan etmek** to grant, to bestow
ihtar *a.* warning, caution; admonition, reprimand **ihtar etmek** to caution, to warn, to remind
ihtarname *a.* official warning; protest
ihtida *a.* conversion
ihtilaç *a.* convulsion * çırpınma
ihtilaf *a.* conflict, dispute, disagreement, dissension, discord
ihtilal *a.* revolution
ihtilalci *a, s.* revolutionary
ihtilat *a.* complication; social relations **ihtilat yapmak** to create complications
ihtimal *a.* probability, possibility, chance, contingency ¤ *be.* probably, very likely eventually *res.* **ihtimal vermek** to deem likely
ihtimali *s.* probable, likely
ihtimaliyet *a.* probability
ihtimam *a.* care, careful attention, painstaking **ihtimam etmek/göstermek** to take great pains (with)
ihtimamlı *s.* careful, painstaking
ihtira *a. esk.* invention
ihtirak *a.* combustion, burning
ihtiraklı tapa *a, ask.* time fuse
ihtiram *a.* reverence, respect
ihtiras *a.* desire, greed, passion, ambition
ihtiraslı *s.* passionate, ambitious
ihtiraz *a.* caution; avoidance **ihtiraz kaye** *huk.* reservation, limitation

ihtisas *a.* specialization *ihtisas yapmak* to specialize

ihtişam *a.* magnificence, grandeur, splendour, splendor *Aİ.*, brilliancy, resplendence, resplendency

ihtişamlı *s.* magnificien, splendid, deluxe

ihtiva *a.* inclusion, containing, hold *ihtiva etmek* a) to contain, to hold b) to include, to cover, to compromise

ihtiyaç *a.* necessity, need, want, requirement; poverty * yoksulluk *ihtiyacı olmak* to be in need of, to need *ihtiyaç duymak* to feel the need (for), to need *ihtiyaç olmak* to be necessary

ihtiyar[1] *a.* old person, aged person; *kon.* gaffer, geezer, oldster, old-timer ¤ *s.* old, aged * yaşlı *ihtiyar kurt* old bird

ihtiyar[2] *a, esk.* selection, option

ihtiyari *s.* optional, voluntary

ihtiyarlamak *e.* to age, to grow old, to get old

ihtiyarlatmak *e.* to age (sb)

ihtiyarlık *a.* oldness, old age *ihtiyarlık sigortası* old age insurance

ihtiyat *a.* caution, prudence, precaution; *ask.* reserve *ihtiyat akçası* reserve fund * yedek akça *ihtiyat akçesi* reserves *ihtiyat çözeltisi* stock solution *ihtiyat fonu* contingency fund *ihtiyat kaydı ile* with reservation *ihtiyat kaydıyla* with a grain of salt *ihtiyat payı* tolerance *ihtiyatı elden bırakmak* to throw caution to the wind

ihtiyaten *be.* as a reserve, by way of precaution

ihtiyati *s.* precautionary

ihtiyatkâr *s.* cautious

ihtiyatla *be.* cautiously, gingerly

ihtiyatlı *s.* cautious, prudent, provident, discreet *ihtiyatlı davranmak* to be on the safe side

ihtiyatlılık *a.* cautiousness

ihtiyatsız *s.* imprudent, incautious, reckless, rash

ihtiyatsızlık *a.* imprudence, rashness *ihtiyatsızlık etmek* to act imprudently

ihya *a.* vivification, revitalization *ihya etmek* a) to invigorate, to enliven b) to bring good fortune *ihya olmak* to be fortunate

ikame *a.* substitution; stationing, posting

ikamet *a.* residence, habitation, dwelling *ikamet beyannamesi* declaration of residence *ikamet etmek* to inhabit, to dwell *esk.*, to reside *res.* *ikamet tezkeresi* residence permit

ikametgâh *a.* residence, abode, dwelling *res.*, domicile *res.*

ikaz *a.* warning, caution *ikaz bobini* exciter coil, exciting coil *ikaz etmek* to warn, to caution, to alert *ikaz işareti* warning signal

ikbal *a.* prosperity

ikebana *a.* ikebana

iken *bağ.* while, as, when

iki *a, s.* two, double *iki adresli* two-address *iki ağızlı* double-edged *iki aşamalı* two-stage *iki ateş arasında kalmak* to be caught between two fires *iki ayağını bir pabuca sokmak* to run sb (clean) off his feet, to rush sb (clean) off his feet *iki beşli* biquinary *iki büklüm* bent double (due to old age, infirmity, etc.) *iki cami arasında kalmış beynamaza dönmek* to be torn between two choices, to be in limbo *iki çift söz* a word or two *iki defa* twice *iki değerlikli* bivalent, divalent *iki dirhem bir çekirdek giyinmek* to slick oneself up *iki dirhem bir çekirdek* dressed up to the nines, dressed up to kill *iki eklemli* double-jointed *iki eli kanda olsa* no matter how busy he is *iki gözü iki çeşme ağlamak* to cry one's eyes out, to cry one's heart out *iki gözü iki çeşme* in tears *iki gözüm* my dear *iki hafta* fortnight, two weeks *iki haftada bir* fortnightly *iki hatveli* two-step *iki isimli* binominal *iki işlevli* dual purpose *iki kademeli* two-stage, two-step *iki kararlı* bistable *iki kat etmek* to double *iki kat* a) doubled b) folded double c) twice *iki katı* double the amount of *iki katına çıkarmak* to double *iki katlı otobüs* double-decker *iki katlı* two-storey *iki kere* twice *iki kez* twice *iki kişilik yatak* double bed *iki kişilik* double *iki kuyruklu* twin tail *iki misli olmak* to double *iki misli yapmak* to double *iki misli* double, twice as much *iki nokta üst üste* colon *iki nokta* colon *iki paralık etmek* to dishonour, to degrade *iki paralık* good for nothing, worthless *iki parçalı* bipartite *iki seksen uzanmak* to lick the dust *iki silindirli* two cylinder *iki taraflı* reciprocal *iki tek atmak* to have a drink *iki telli* two-wire *iki valanslı* bivalent *iki yakası bir araya gelmemek* to be unable to make two ends meet *iki yollu* two-way *iki yönlü bkz.* ikiyönlü *iki yüzü çukur* concavo-concave *iki yüzü tümsek* convexo-convex *iki zamanlı* two-cycle, two-stroke *ikide bir fikir değiştirmek* to chop and change *ikide bir(de)* again and again, now and then, constantly, all the time *ikisinden biri* either *ikiye bölmek* to bisect *ikiye katlamak* to double

ikianlamlı *s.* ambiguous, equivocal

ikiayaklı *s, a.* biped

ikibaşlı *a. anat.* biceps

ikibazlı *s. kim.* dibasic

ikibileşenli *s.* having two-components *ikibileşenli alaşım* two-component alloy

ikiboyutlu *s.* two-dimensional

ikicanlı *s.* pregnant

ikicenetli *s. bitk., hayb.* bivalve, bivalved

ikici *a, s, fel.* dualist * düalist

ikicil *s.* dualistic

ikicilik *a, fel.* dualism * düalizm

ikicinsli *s.* bisexual

ikicinslikli *s.* bisexual

ikicinslilik *a.* bisexuality

ikiçenekli *s.* bilabiate, dicotyledonous

ikiçenetli *s.* bivalve

ikideğerli *s.* divalent

ikideğerlikli *s.* bivalent

ikideğerlilik *a.* bivalency

ikidilli *s.* bilingual

ikidillilik *a.* bilingualism

ikidoğrusal *s.* bilinear

ikidurumlu *s.* flip-flop

ikidüzlemli *s.* dihedral ¤ *a.* dihedron *ikidüzlemli açı* dihedral angle

ikieşeyli *s.* bisexual

ikieşeylilik *a.* bisexuality

ikieşli *a, huk.* bigamist

ikieşlilik *a, huk.* bigamy

ikievcikli *s. bitk.* dioecious

ikievli *a.* bigamist

ikievlilik *a.* bigamy

ikievreli *s.* diphase, diphasic

ikifazlı *s.* diphase, two-phase

ikikanatlı *s.* bipennate, dipterous, two-winged

ikikanatlılar *a.* diptera

ikikarınlı *s.* digastric

ikikatlı *s.* double layered *ikikatlı integral* double integral *ikikatlı nokta* double point

ikikoşullu *s.* biconditional

ikikutuplu *s.* bipolar

ikikutupsal *s.* ambipolar

ikil *a, biliş.* bit

ikilem *a.* dilemma

ikileme *a.* doubling; repetition; *dilb.* assonant doublet

ikilemek *e.* to make two, to double; to get a second one; *kon.* to change/shift into second gear

ikilenik *s.* quadratic *ikilenik denklem* quadratic equation

ikileşme *a.* diplosis

ikileşmek *e.* to become two in number

ikili *s.* having two parts, bipartite; double, dual; bilateral; *mat.* binary ¤ *a.* twosome; couple; *isk.* two, deuce; *müz.* duet; *müz.* duo; *mat.* pair *ikili alaşım* binary alloy *ikili arama* binary search *ikili aritmetik* binary arithmetic *ikili besleyici* twin feeder *ikili bileşik* binary compound *ikili çevrim* duplex circuit *ikili çıkarma* binary subtraction *ikili değişken* binary variable *ikili denetim* twin check *ikili format* binary format *ikili gönderme* duplex transmission *ikili işlem* binary operation, dual operation *ikili kablo* twin cable *ikili kanal* duplex channel *ikili kayıt* dual recording *ikili kod* binary code *ikili kodlu* binary coded *ikili-onaltılı dönüşümü* binary-to-hexadecimal conversion *ikili-onlu dönüşümü* binary-to-decimal conversion *ikili oynamak* to play both ends against the middle *ikili öğe* binary element *ikili rakam* binary numeral *ikili satırı* binary row *ikili sayı sistemi* binary number system *ikili sayı* binary digit, binary number *ikili sayıcı* binary counter *ikili-sekizli dönüşümü* binary-to-octal conversion *ikili sistem* binary system, dual system *ikili skala* scale-of-two *ikili ünlü* diphthong *ikili yazım* binary notation *ikili yazmaç* binary register *ikili yükleyici* binary loader

ikilik *a.* duality; discord, disunion, difference; *müz.* half-note *ikilik özelliği* dichotomy

ikiluyumlu *s.* biharmonic

ikimetalli *s.* bimetallic *ikimetalli şerit* bimetallic strip

ikinci *s.* second; secondary ¤ *a.* second *ikinci derece denklemi* quadratic equation *ikinci dereceden* quadratic *ikinci dereceden denklem* equation of the second degree, quadratic equation *ikinci elden* second-hand *ikinci kalite* second quality, second-rate *ikinci kanal* second channel *ikinci kaptan den.* mate *ikinci kuşak bilgisayar* second generation computer *ikinci mevki* second class *ikinci ses* second sound *ikinci sınıf* second class, second-rate *ikinci türev* second derivative *ikinci vites* second

ikincil *s.* secondary, subsidiary *ikincil akım* secondary current *ikincil bellek* secondary memory *ikincil direnç* secondary resistance *ikincil elektron* secondary electron *ikincil etki* secondary effect *ikincil gerilim* secondary voltage *ikincil hava* secondary air *ikincil ışınım* secondary radiation *ikincil patlatma* secondary blasting *ikincil radar* secondary radar *ikincil sargı* secondary winding *ikincil sertleşme* secondary hardening

ikincizar *a. bitk.* secundine

ikindi *a.* mid-afternoon

ikindiyin *be.* in the afternoon

ikiodaklı *s.* bifocal

ikircik *a.* hesitancy, hesitation

ikirciklenmek *e.* to hesitate, to be hesitant

ikircikli *s.* hesitant

ikirciklik *a.* hesitancy

ikircil *s.* ambiguous, equivocal

ikircim *a.* hesitancy, hesitation

ikircimli *s.* hesitant

ikirenkli *s.* dichromatic, bicoloured, bicolored *Aİ.*

ikirenklilik *a.* dichroism

ikisel *s.* dualistic

ikişekilli *s.* dimorphous

ikişekillilik *a.* dimorphism

ikişer *s.* two each, two at a time *ikişer ikişer* two by two, in twos

ikitelli *s. müz.* two-stringed

ikiterimli *s, mat.* binomial *ikiterimli dağılım* binomial distribution *ikiterimli denklemi* binomial equation *ikiterimli katsayısı* binomial coefficient *ikiterimli serisi* binomial series

ikiyanlı *s.* bilateral

ikiyaşamsal *s.* amphibiotic

ikiyaşayışlı *s, hayb.* amphibious ¤ *a.* amphibian *ikiyaşayışlı hayvan* amphibian

ikiyıllık *s.* biennial

ikiyönlü *s.* bidirectional, bilateral *ikiyönlü akış* bidirectional flow *ikiyönlü amplifikatör* bilateral amplifier *ikiyönlü anten* bilateral antenna *ikiyönlü empedans* bilateral impedance *ikiyönlü hatlar* bidirectional lines *ikiyönlü iletişim* duplex communication *ikiyönlü işlem* bidirectional operation *ikiyönlü mikrofon* bidirectional microphone *ikiyönlü yazıcı* bidirectional printer *ikiyönlü yazma* bidirectional printing

ikiyüzlü *s.* hypocritical, twofaced, insincere ¤ *a.* hypocrite, double-dealer *hkr.*

ikiyüzlülük *a.* hypocrisy, two-facedness, double-dealing *ikiyüzlülük etmek* to double-cross *hkr.*

ikiz *a, s.* twin *ikiz eksen* twin axis *ikiz kristal* twin crystal

ikizanlam *a.* amphibology

ikizanlamlı *s.* amphibological, ambiguous

ikizçiçek *a.* strophanthus

ikizkenar *s, mat.* isosceles *ikizkenar üçgen* isosceles triangle *ikizkenar yamuk* isosceles trapezoid

ikizler *a, arg.* knocker, boobs *İkizler burcu* Gemini, the Twins

ikizleşme *a.* dimerization

ikizleştirme *a.* gemination

ikizleştirmek *e.* to dimerize

ikizli *s.* having twins; amphibological

ikizünlü *a.* diphthong

ikizyaprak *a.* guaiacum

iklim *a.* climate *iklim bölgesi* climatic zone

iklimbilim *a.* climatology

iklimbilimci *a.* climatologist

iklimleme *a.* air conditioning *iklimleme aygıtı* air conditioner

iklimsel *s.* climatic

iklimuyum *a.* acclimation, acclimatization

ikmal *a.* completion, finishing; servicing, replenishment; *ask.* reinforcement, supply; repeat examination *ikmal etmek* to complete, to finish *ikmale kalmak* to have to repeat an examination

ikmalci *s.* having to repeat an examination

ikna *a.* persuasion, inducement ***ikna edici*** persuasive, convincing, cogent ***ikna etmek*** to persuade, to convince, to induce, to get round sb, to get around sb, to talk sb into

ikon *a.* icon

ikona *a.* icon

ikonografi *a.* iconography

ikonometre *a.* iconometer

ikonoskop *a.* iconoscope

ikonostas *a.* iconostasis, iconostas

ikrah *a, esk.* disgust, loathing, abhorrence ***ikrah etmek*** to loathe ***ikrah getirmek*** to begin to loathe

ikram *a.* treating with respect and honour; gift, kindness; *kon.* discount, reduction ***ikram etmek*** a) to show honour to b) to offer, to treat to c) *kon.* to discount

ikramiye *a.* bonus, perquisite *res.*, perk *kon.*; prize, lottery prize ***ikramiye kazanmak*** to win a prize

ikrar *a, esk.* confession; acknowledgement ***ikrar etmek*** to confess, to acknowledge

ikraz *a. esk.* loaning, lending

iksa *a.* shoring

iksir *a.* elixir

iktibas *a, esk.* quotation, citation, extract, excerpt ***iktibas etmek*** to quote, to cite

iktidar *a.* ability, capacity, power; government, power; (male) sexual potency, virility ***iktidar partisi*** the party in power ***iktidara gelmek*** to come to power ***iktidarda olmak*** to be in power

iktidarcı *s.* supporting the party in power

iktidarlı *s.* potent, powerful, competent

iktidarsız *s.* weak, incapable; impotent

iktidarsızlık *a.* weakness, incapacity; impotency

iktifa *a.* contentment ***iktifa etmek*** to content oneself with sth * yetinmek; kanmak

iktisaden *be.* economically

iktisadi *s.* economic; economical; financial

iktisap *a. esk.* acquisition

iktisat *a.* economics; economy; economy, thrift, saving

iktisatçı *a.* economist

iktiyoloji *a.* ichthyology

il *a.* province * vilayet; country, nation * ülke, yurt, el

ila *ilg, esk.* up to; until

ilaç *a.* medicine, drug; remedy, cure ***ilaç dolabı*** medicine chest ***ilaç şişesi*** medicine bottle ***ilaç vermek*** to drug ***ilaçla tedavi*** medication ***ilaçla tedavi etmek*** to medicate

ilaçbilim *a.* pharmacology

ilaçlamak *e.* to apply medicine, to medicate; to disinfect

ilaçlı *s.* containing medicine/chemical; medicated; disinfected

ilaçsız *s.* without medicine; irremediable, remediless

ilah *a.* god, deity * tanrı

ilahe *a.* goddess * tanrıça

ilahi *s.* divine, celestial, heavenly ¤ *a.* hymn, psalm, anthem ¤ *ünl.* Christ!, For Christ's sake! ***ilahi takdir*** providence

ilahileşmek *e.* to become divine

ilahileştirmek *e.* to divinize

ilahilik *a.* divinity

ilahiyat *a.* theology * Tanrıbilim, teoloji ***ilahiyat fakültesi*** divinity school

ilahiyatçı *a.* theologian * Tanrıbilimci, teolog

ilam *a, huk.* writ, sentence

ilan *a.* notice, announcement; declaration, proclamation; advertisement, advert *İl./kon.*, ad *kon.*, bill, placard ***ilan etmek*** a) to declare, to announce b) to proclaim c) to advertise ***ilan tahtası*** notice board, bulletin board, boarding, billboard *Aİ.* ***ilanı aşk etmek*** to declare one's love (to) ***ilanla aramak*** to advertise

ilanat *a. esk.* announcements, declarations

ilancılık *a.* advertising

ilanen *be.* by public advertisement

ilanihaye *be.* to the end

ilarya *a. hayb.* thin-lipped gray mullet

ilave *a.* addition, adjunct, addendum, extension; excess; extra; supplement ¤ *s.* additional, supplementary ***ilave etmek*** to add (to), to append, to supplement ***ilave hava*** additional air ***ilave yük*** superimposed load

ilaveli *s.* having a supplement

ilaveten *be.* in addition (to), over and above

ilbay *a.* governor of a province

ilbaylık *a.* governorship of a province

ilçe *a.* district, county; commune

ilçebay *a.* head of a district

ilçebaylık *a.* headship of a district

ile *ilg, bağ.* with; by; and; by means of *ile beraber/birlikte* a) along with, together with b) as soon as, no sooner ... than c) apart from d) although *ile ilgili olarak* in connection with sb/sth

ilekinciri *a. bitk.* caprifig, wild fig

ileklemek *e.* to caprificate

ileksineği *a. hayb.* wasp

ilelebet *be.* forever

ilenç *a.* curse, malediction

ilenmek *e.* to curse

iler(i)de *be.* in the future, later on; further on, ahead; in front

ileri *a.* front part, forward part; future, the future part, the part to come ¤ *s.* forward; advanced; (saat) fast ¤ *be.* forward, forth, ahead *ileri almak* a) to take forward, to bring forward b) (saat) to put sth forward, to put sth on *ileri atılmak/çıkmak* to rush forward *ileri geçmek* to pass forward *ileri gelen* dignitary *ileri gelenler* notables *ileri gelmek* to result from, to arise from *ileri geri* back and forth *ileri-geri hareket* reciprocation *ileri geri konuşmak* to talk out of place *ileri geri sözler* inappropriate words *ileri gerilim* forward voltage *ileri gitmek* a) to go forward b) to go too far c) (saat) to gain, to go fast *ileri götürmek* to pass the limit, to carry too far *ileri karakol* outpost *ileri sürmek* to put sth forward, to bring sth forward, to allege, to raise, to propound, to contend *ileri teknoloji* advanced technology *ileri vites* forward speed

ilerici *a.* progressivist ¤ *s.* progressive

ilericilik *a.* progressivism

ileride *be.* in front; in the future

ilerisi *a.* the farther part; the future

ileriye *be.* forward, ahead *ileriyi görmek* to foresee the future, to predict the future

ilerlek *s.* advanced, developed

ilerleme *a.* advance, advancement, improvement, progress, progression, headway, breakthrough, development *ilerleme alnı* heading face *ilerleme kaydetmek* to make headway, to break through

ilerlemek *e.* to go forward, to move ahead, to move along, to advance; (time) to pass; to develop, to progress, to advance, to improve, to get better, to better, to come on, to come along, to make headway

ilerletmek *e.* to advance; to improve; to better

ilerleyen *s.* advancing, progressive *ilerleyen uzunayak* advancing longwall

ilerleyici *s.* progressive *ilerleyici benzeşme* dilb. progressive assimilation *ilerleyici felç* hek. progressive paralysis

ileti *a.* message * mesaj *ileti aktarıcısı* message exchange *ileti alıcısı* message sink *ileti kaynağı* message source *ileti kuyruğu* message queue *ileti numarası* message number *ileti öbekleri* message blocks *ileti yönlendirme* message routing

iletici *a.* transmitter, transporter

iletim *a.* transmittal, transmission *iletim yolu* transmission line

iletişim *a.* communication * bildirişim, haberleşme, komünikasyon *iletişim ağı* communications network *iletişim hattı* communication line *iletişim kanalı* communications channel *iletişim kopukluğu* lack of communication *iletişim kurmak* to communicate (with sb) *iletişim oluğu* communications channel *iletişim santralı* switching center *iletişim sözcüğü* communications word *iletişim terminali* communication terminal *iletişim uydusu* communication satellite *iletişim yöneticisi* communications executive

iletken *a.* conductor ¤ *s.* conducting, conductive *iletken bant* conduction band *iletken madde* conductor *iletken malzeme* conductive material *iletken ray* conductor rail

iletkenlik *a.* conductivity *iletkenlik oranı* conductance ratio

iletkenlikölçer *a.* conductometer * kondüktometre

iletkenlikölçüm *a.* conductimetry * kondüktometri

iletki *a, mat.* protractor

iletme *a.* conduction

iletmek *e.* to convey, to transmit; *fiz.* to conduct

ilga *a.* abrogation, annulment *ilga etmek* to abrogate, to annul

ilgeç *a, dilb.* postposition, particle, preposition * edat *ilgeç öbeği* prepositional phrase

ilgeçli *s. dilb.* postpositional, prepositional

ilgi *a.* relation, connection, bearing; concern, interest; care, attention; *kim.* affinity *ilgi adılı dilb.* relative pronoun * ilgi zamiri *ilgi cümleciği* relative clause *ilgi çekici* interesting, gripping *ilgi çekmek* to arouse interest *ilgi duymak* to be interested (in), to take interest in *ilgi göstermek* to show interest *ilgi merkezi/odağı* limelight *ilgi toplamak* to arouse interest *ilgi yantümcesi* relative clause *ilgi zamiri dilb.* relative pronoun * ilgi adılı *(ile) ilgisi olmak* to have something to do with *(ile) ilgisi olmamak* to have nothing to do with sb/sth *ilgisini çekmek* to intrigue, to interest *ilgisini uyandırmak* to arouse sb's interest, to intrigue

ilgilendirmek *e.* to concern, to interest, to bear on

ilgilenmek *e.* to be interested (in); to pay attention, to mind; to look after, to take care of; to see to, to see about, to attend to

ilgili *s.* interested (in); concerned, involved; relevant; connected (with), related; concerning, regarding *ilgili olmak* to concern, to pertain to, to deal with sth

ilgililik *a.* relatedness, connectedness

ilginç *s.* interesting; absorbing, gripping

ilginçlik *a.* being interesting

ilgisiz *s.* indifferent, disinterested *kon.*, absent, lukewarm, aloof, apathetic, casual *hkr.*; irrelevant, unconnected

ilgisizlik *a.* indifference, apathy; irrelevance

ilhak *a, esk.* annexation *ilhak etmek* to annex

ilham *a.* inspiration *ilham etmek* to inspire *ilham perisi* muse

ilhamlanmak *e.* to be inspired (by)

İlhanlı *a. s.* Ilkhanid

iliğimsi *s.* medullary

ilik[1] *a.* bone marrow *iliğine işlemek* to penetrate to the marrow *iliğini kemirmek* to bleed *iliğini kurutmak* to make sb sick and tired *iliklerine kadar ıslanmak* to be soaked to the skin *iliklerine kadar ıslanmış* wet to the skin

ilik[2] *a.* buttonhole, button loop *ilik makinesi* buttonhole machine

ilikbalığı *a. hayb.* bitterling

iliklemek *e.* to button up

ilikli *s.* marrowy, medullary

iliksel *s.* myelogenic, myelogenous, myeloid

iliksi *s.* myeloid

iliksiz *s.* marrowless; loopless, eyeless

ilim *a.* science * bilim

ilimcilik *a.* scientism

ilinek *a, fel.* accident * araz

ilineksel *s, fel.* accidental

ilinge *a.* topology

ilingebilgisi *a. mat.* topology, analysis situs

ilingesel *s. mat.* topologic(al)

ilinti *a.* connection, relation * ilinti; sorrow, worry * üzüntü, dert; boredom * iç sıkıntısı; tacking * teyel

ilintili *s.* connected, related

ilişik *s.* attached, enclosed; concerning, pertaining, relating (to) ¤ *a.* connection, relation, bond; enclosure *ilişiğini kesmek* a) to sever one's connection (with), to finish with b) to dismiss, to discharge, to give the sack *kon. ilişikte* herewith *ilişikteki* attached

ilişikli *s.* related to, connected with

ilişiksiz *s.* unattached, disingaged, without any connection

ilişki *a.* relation; connection, contact; intercourse *ilişki kurmak* a) to get in touch with b) to have sexual relations (with), to have an affair (with), to get off with sb *İİ./kon. ilişkisi olmak* to carry on (with sb) *(ile) ilişkisini kesmek* to sever one's connection with, to throw sb over, to break with sb, to finish with sb/sth *ilişkiyi kesmek* to give sb up

ilişkili *s.* connected, related

ilişkin *s.* concerning, regarding, relating to

ilişkinlik *a.* relatedness, connectedness

ilişkisiz *s.* unrelated, unconnected

ilişkisizlik *a.* unrelatedness, unconnectedness

ilişmek *e.* to touch; to interfere with; to tease; to perch (on the edge of sth)

iliştirmek *e.* to attach, to fasten; to enclose

ilk *s.* first; initial, beginning; elementary preliminary, primary; former *ilk ad* forename *ilk adım* first step, beginning, initiative *ilk bakışta* at first sight *ilk basınç* initial pressure *ilk defa* for the first time *ilk değer* initial value *ilk elden* firsthand *ilk etüt* preliminary study *ilk fırsatta* at the first opportunity, as soon as possible *ilk gerilim* initial stress *ilk görüşte* at first sight *ilk göz ağrısı* a) first child b) first love, puppy love *ilk hal* initial state *ilk ham şeker* first raw sugar *ilk hareket bobini* booster coil *ilk hareket kolu* starting crank *ilk hareket motoru* starting motor *ilk hareket rölesi* starting relay *ilk hareket* starting *ilk hız* initial speed, muzzle velocity *ilk iyonlaşma* initial ionization *ilk izlenim* first impression *ilk karbonatlama* first carbonation *ilk kireçleme* predefecation, preliming *ilk kireçlemek* to predefecate *ilk kompresyon* initial compression *ilk nova* prenova *ilk olarak* a) firstly, first b) to begin with *ilk önce* first of all *ilk örtü* first coat *ilk santrifüj* forerunner, foreworker *ilk sargı* primary winding *ilk temizleme* preliminary purification *ilk uçuş* maiden flight *ilk ürün lapası* high-grade massecuite *ilk ürün şekeri* first product sugar *ilk ürün* first product *ilk yaklaşma* initial approach *ilk yardım* bkz. ilkyardım *ilk yarı* sp. first half *ilk yük* initial load *ilk yükleyici* bootstrap loader

ilkah *a, esk.* fertilization; insemination

ilkbahar *a.* spring * bahar, ilkyaz *ilkbahar ekinoksu* vernal equinox *ilkbahar noktası* vernal point *ilkbaharda* in the spring

ilkbiçim *a.* germ plasma

ilkçağ *a.* antiquity

ilkdışkı *a.* meconium

ilkdördün *a, gökb.* (moon's) first quarter

ilke *a.* principle; element, basic unit; basis

ilkel *s.* primitive *ilkel toplum* primitive society

ilkelce *be.* primitively

ilkelci *a.* primitivist

ilkelcilik *a.* primitivism

ilkeleşmek *e.* to become a principle

ilkeleştirmek *e.* to make (sth) a principle

ilkelleşmek *e.* to become primitive

ilkellik *a.* primitiveness

ilkevre *a.* primordium

ilkevresel *s.* primordial

ilkin *be.* first, firstly, in the first place; at first, at the beginning, initially

ilklik *a.* firstness

ilkokul *a.* primary school

ilkomur *a. anat.* atlas

ilköğretim *a.* primary education

ilkönce *be.* first of all, first, firstly

ilkörnek *a.* prototype

ilkörneksel *s.* prototypic

ilksezi *a.* initial perception

ilksiz *s.* eternal

ilksizlik *a.* eternity

ilkyardım *a.* first aid *ilkyardım çantası* first aid kit

ilkyarı *a. sp.* first half

ilkyaz *a.* spring * bahar, ilkbahar

illa, illaki *be, bkz.* ille

illallah *ünl.* I've had enough of it! *illallah demek* to be sick to death of sb/sth, to be sick and tired of sb/sth

ille *be.* in any case, whatever happens; or else; especially, particularly; necessarily *ille de* necessarily

illegal *s.* illegal

illejitim *s.* illegitimate

illet *a.* disease, illness, malady *res.* * sayrılık, hastalık; bad habit, addiction; *fel.* cause, reason; *kon.* nuisance, pest *illet olmak* to get mad, to get very angry, to chafe

illetli *s.* diseased, maladive, sickly

illetsiz *s.* undiseased; *huk.* causeless

illetsizlik *a.* not being diseased; *huk.* causelessness

illit *a.* illite

illiyet *a, esk, fel.* causality * nedensellik

illojik *s.* illogical

illüminasyon *a. fiz.* illumination

illüstrasyon *a.* illustration

illüzyon *a.* illusion

illüzyonist *a.* illusionist

illüzyonizm *a.* illusionism

ilmek[1] *a.* loop, bow

ilmek[2] *e.* to tie loosely; (halı) to tie knots; to touch

ilmen *be.* scientifically

ilmenit *a.* ilmenite

ilmi *s.* scientific * bilimsel

ilmihal *a.* catechism

ilmik *a.* loop, bow; noose, running knot *ilmik yapmak* to loop

ilmiklemek *e.* to loop

ilmikli s. looped, having loops
ilmühaber a. certificate
iltica a. refuge, asylum **iltica etmek** to take refuge in **iltica hakkı** right of asylum
iltifat a. kind treatment, favour; compliment **iltifat etmek** to pay a compliment, to compliment
iltifatlı s. kind, complimentary
iltihabi a. hek. inflammatory
iltihak a. joining, adherence
iltihap a. inflammation * yangı
iltihaplandırmak e. hek. to inflame
iltihaplanma a. hek. inflammation
iltihaplanmak e. to get inflamed, to get infected * yangılanmak
iltihaplı s. inflamed, infected, inflammatory
iltimas a. protection, patronage, favour, favor Aİ., favouritism hkr., favoritism Aİ./hkr. **iltimas etmek** to favour, to protect
iltimasçı a. protector, patron
iltimaslı s. favoured, privileged
ilüvyon a. illuvium
ilüvyonlanma a. yerb. illuviation
ilüvyonlanmak e. yerb. to illuviate, undergo illuviation
im a. sign, signal, symbol, mark **im okuyucu** badge reader
ima a. allusion, innuendo, hint, insinuation, implication **ima etmek** to imply, to hint at, to allude, to get at sth, to intimate, to insinuate **imada bulunmak** to drop a hint
imaj a. image * imge
imal a. manufacture, production, making **imal etmek** to make, to produce, to manufacture
imalat a. manufactured goods; production, fabrication
imalatçı a. manufacturer
imalathane a. factory, workshop, mill
imalı s. allusive, implicit
imam a. imam
imambayıldı a. split aubergines with tomatoes and onions, eaten cold with olive oil
imamevi a. prison for women
imamlık a. imamate, being an imam
iman a. faith, belief, creed; religion **iman etmek** to have faith in God **iman getirmek** to convert to Islam **iman**

sahibi believer **imana gelmek** a) to convert to Islam b) to see reason **imanı gevremek** to be exhausted; to suffer a lot **imanını gevretmek** to put sb through the wringer
imanlı s. believing, religious ¤ a. believer
imansız s. godless, unbelieving, infidel esk./hkr.; cruel, merciless ¤ a. unbeliever **imansız peynir** skim milk cheese **imansız süt** skimmed milk, skim milk
imansızlık a. infidelity
imar a. public improvements, public works **imar etmek** to improve, to render prosperous **İmar ve İskân Bakanlığı** Ministry of Development and Housing
imarcı s. engaged in public works
imaret a. trh. soup kitchen
imaretçi a. trh. person in charge of a soup kitchen
imarethane a. trh. soup kitchen
imbat a. cool Aegean summer sea-breeze
imbik a. still, retort **imbikte damıtmak** to retort **imbikten çekme** a. distillation **imbikten çekmek** to distil, to distill Aİ.
imbilim a. semeiology
imbilimsel s. semiotic
imdat a. help, aid, assistance, succour, succor Aİ. ¤ ünl. Help! **imdadına yetişmek** to come to the help of, to come to sb's rescue, to succour, to succor **imdat frekansı** distress frequency **imdat freni** emergency brake **imdat köprüsü** emergency bridge **imdat sinyali** distress signal
imdi be. in that case, now
imece a. collective work **imece yapmak** to play ball kon.
imek e. to be
imge a. image * hayal, hulya, imaj
imgeci a, s. imagist
imgecilik a. imagism
imgelem a. imagination, fancy * muhayyile
imgeleme a. imagination
imgelemek e. to imagine, to fancy * tahayyül etmek
imgeleştirmek e. to imagine
imgesel s. imaginary * hayali
imha a. destruction, eradication, annihilation * yok etme, ortadan kaldırma **imha etmek** to destroy, to eradicate, to exterminate, to annihilate, to obliterate * yok etmek, ortadan kaldırmak
imidazol a. imidazole

imik *a. yörs.* throat
imin *a.* imine
iminazol *a.* iminazole
imipramin *a.* imipramine
imit *a.* imide
imitasyon *a.* imitation
imitator *a.* imitator
imkân *a.* possibility; opportunity, chance; means * olanak **imkân vermek** to allow, to enable; to make it possible * olanak sağlamak **İmkânı yok** It's impossible
imkânsız *s.* impossible, out of the question * olanaksız
imkânsızlaşmak *e.* to become an impossibility
imkânsızlık *a.* impossibility * olanaksızlık
imla *a.* spelling, orthography *res.* * yazım
imlacı *a.* orthographist
imleç *a, biliş.* cursor
imlemek *e.* to indicate; to imply, to allude to, to hint at * ima etmek
imlev *a.* signum function
immoral *s.* immoral
immoralite *a.* immorality
immoralizm *a.* immoralism
immünite *a. hek.* immunity
immünoloji *a.* immunology
imparator *a.* emperor ¤ *sg.* imperial
imparatoriçe *a.* empress
imparatoriçelik *a.* rank/office of empress
imparatorluk *a.* empire; emperorship ¤ *sg.* imperial
imparatorotu *a. bitk.* masterwort
implantasyon *a, hek.* implant **implantasyon yapmak** *hek.* to do an implant
import *a.* importation
impresario *a.* impresario
impuls *a.* impulse
imren *a.* envy, desire, covetousness * gıpta
imrendirmek *e.* to arouse sb's appetite, to make envious
imrenme *a.* coveting, desiring
imrenmek *e.* to envy, to covet
imrenti *a.* envy, desire
imsak *a. din.* beginning of before dawn in Ramadan
imsakiye *a.* timetable giving the hour when the fast begins
imsel *s.* symbolic
imtihan *a.* examination, exam, test * sınav

imtihan etmek to examine **imtihan olmak** to take an examination **imtihana girmek** to take an examination, to sit (for) an exam **imtihanı vermek** to pass an examination
imtina *a. esk.* avoidance, refraining
imtiyaz *a.* privilege, distinction * ayrıcalık; concession, franchise **imtiyaz vermek** to accord sb a privilege, to charter
imtiyazlı *s.* privileged * ayrıcalıklı
imtiyazsız *s.* having no special privileges
imyazar *a.* stenographer
imyazım *a.* stenography
imyazımcı *a.* stenographer
imza *a.* signature; autograph **imza atmak/etmek** to sign **imza sahibi** signer, signatory **imza sahipleri** the undersigned
imzalamak *e.* to sign; to ratify, to sign; to autograph
imzalı *s.* signed
imzasız *s.* unsigned
in *a.* lair, den, earth; cave
inadına *be.* deliberately, out of obstinacy/spite
inak *a, fel.* dogma
inakçı *s, fel.* dogmatic ¤ *a.* dogmatist * doggmacı
inakçılık *a, fel.* dogmatism * dogmacılık
inaksal *s, fel.* dogmatic * dogmatik
inal *a.* trusted confidant
inan *a.* belief; faith, trust, reliance
inanan *s.* believing ¤ *a.* believer **inananlar** the faithful
inanca *a.* assurance, guarantee * güvence
inancı *a. fel.* fideist ¤ *s.* fideistic
inancılık *a. fel.* fideism
inanç *a.* belief, creed, faith, conviction, credit; confidence, trust
inançlı *s.* believing, trusting
inançsız *s.* unbelieving, sceptical
inançsızlık *a.* disbelief, scepticism
inandırıcı *s.* persuasive, convincing, plausible, cogent
inandırıcılık *a.* plausibility, persuasiveness, cogency
inandırmak *e.* to persuade, to convince
inanılır *s.* believable, credible
inanılırlık *a.* credibility
inanılmaz *s.* unbelievable, incredible, inconceivable *kon.* **inanılmaz derecede** fabulously

inanış *a.* belief, faith
inanlı *a.* believer ¤ *s.* believing
inanmak *e.* to believe, to credit, to give credence to sth, to attach credence to sth; to believe in; to trust; to swallow *kon.*, to buy *kon.*
inanmamak *e.* to disbelieve, to discredit; not to believe in
inanmayan *s.* incredulous ¤ *a.* unbeliever
inanmazlık *a.* disbelief
inansız *a.* unbeliever ¤ *s.* unbelieving
inansızlık *a.* unbelief
inat *a.* obstinacy, stubbornness, persistence ¤ *s, kon.* obstinate, persistent, stubborn *hkr.* **inadı tutmak** to have a fit of obstinacy **inat etmek** to be stubborn, to persevere
inatçı *s.* obstinate, stubborn, pigheaded *hkr.*, bullheaded *hkr.*; dogged, tenacious, persistent **inatçı lekeler** tenacious stains
inatçılık *a.* obstinacy, stubbornness, pertinacity, persistence
inatla *be.* mulishly
inatlaşmak *e.* to be obstinate with each other
inayet *a.* blessing, grace
inayetli *s. esk.* benevolent, gracious
ince *s.* thin; slim; slender; fine; delicate; courteous, refined, graceful, elegant; sensitive; slight; subtle ¤ *be.* finely **ince agregat** fine aggregate **ince altın** gold foil **ince ayar** fine tuning **ince büküm** fine spinning **ince dizin** fine index **ince döküm** fine casting **ince eğrilmiş** fine spun **ince elek** fine sieve **ince eleyip sık dokumak** to split hairs **ince film** thin film **ince filtre** fine filter **ince hastalık** *bkz.* incehastalık **ince ince** finely **ince iş** *kon.* (love) affair **ince kireç** meager lime **ince kömür** fine coal, small coal **ince kum** fine sand **ince lehim** fine solder **ince levha** lamination **ince marangozluk** cabinet making **ince muslin** butter muslin, mull **ince perdah** satin finish **ince şayak** serge **ince tane** fine grain **ince tanecik** fine grain **ince taneli** close-grained, fine-grained **ince toprak** fine earth **ince toz** fine dust **ince yapı** *tek.* fine structure **inceden inceye** minutely
inceağrı *a.* tuberculosis
incebağırsak *a, anat.* small intestine

incecik *s.* very slender, very thin, very fine ¤ *be.* finely, minutely
incehastalık *a, kon.* tuberculosis
inceleme *a.* examination, investigation, observation, exploration, research, study, scrutiny
incelemek *e.* to examine, to scrutinize, to observe, to inspect, to look into, to look over, to look through, to go over sth; to investigate; to explore; to study
incelik *a.* thinness, slimness; courtesy, kindness, refinement, elegance, civility *res.*; subtlety, finesse; detail
incelikli *s.* refined, polite, courteous
inceliksiz *s.* crude, indelicate, gross, inelegant
incelmek *e.* to thin, to become thin/fine; to be refined; to slim, to lose weight
inceltici *a.* thinner * tiner
inceltmek *e.* to make thin, to thin
incerek *s.* somewhat thin
incesüzme *a.* ultrafiltration
inceyağ *a.* heating oil; lubricating oil
incezar *a. anat.* pia mater
inci *a.* pearl **inci gibi** a) (diş) pearly b) regular, neat; neatly
incibalığı *a.* bleak, pearl fish
inciçiçeği *a, bitk.* lily-of-the-valley
incik boncuk *a.* baubles, gewgaws, tinsel, trinket
incik² *a.* shin, shinbone **incik kemiği** shinbone
incik² *s.* sprained, hurt, bruised
İncil *a.* the New Testament; the Gospel
incili *s.* decorated with pearls, pearled
incinmek *e.* to be hurt, to be injured; to be bruised, to be sprained; to be offended, to be hurt
incir *a.* fig **incir çekirdeğini doldurmaz** trifling, trivial
incirkuşu *a.* pipit
incirlik *a.* fig grove
incitaş *a.* perlite
incitaşı *a.* perlite
incitici *s.* hurtful, cutting, sharp *hkr.*
incitmebeni *a. yörs.* cancer
incitmek *e.* to hurt, to injure, to strain; to offend, to hurt, to cut, to pique, to tread on sb's corns, to tread on sb's toes
inç *a.* inch **inç kare** square inch
indamin *a.* indamine
indantren *a.* indanthrene, **indantren mavisi** indanthrene blue

indeks *a.* index *indeks sayısı* index number
indeksleme *a.* indexing
inden *a.* indene
indeterminist *a. fel.* indeterminist
indeterminizm *a. fel.* indeterminism
indifa *a.* volcanic eruption *indifa etmek* to erupt
indigo *a.* indigo *indigo baskı* indigo printing *indigo beyazı* indigo white *indigo karmen* indigo carmine *indigo mavisi* indigo blue *indigo teknesi* indigo vat
indigoit *s.* indigoid *indigoit boyalar* indigoid dyes
indigosol *s.* indigosol *indigosol boyarmadde* indigosol dyestuff
indigotin *a.* indigotin
indikan *a.* indican
indikatör *a.* indicator *indikatör bitkiler* indicator plants *indikatör kâğıdı* indicator paper
indiken *a.* indican
indinde *ilg.* according to; in the presence of
indirgeme *a.* reduction
indirgemek *e.* to reduce
indirgen *a.* reducing agent
indirgenebilir *s.* reducible
indirgenir *s.* reducible
indirgenmez *s.* irreducible
indirgeyici *s.* reducing, reductive
indirim *a.* reduction, discount, cutback * tenzilat, ıskonto; sales *indirim yapmak* to discount, to make a deduction
indirimli *s.* reduced, at a discount, cut-price, cut-rate *Aİ. indirimli fiyat* reduced price *indirimli satış* sale *indirimli satmak* to close out
indirimsiz *s.* without discount, net
indirme *a.* lowering; reduction; deduction
indirmek *e.* to lower, to bring down; to reduce, to deduct, to bring sth down, to mark sth down; (taşıttan) to let sb down; (uçak/helikopter) to bring sth down; to land, to give to deal; (yük) to unload; (pencere, vb) to break
indis *a. mat.* subscript, index
individualist *a.* individualist ¤ *s.* individualistic
individüalizm *a.* individualism
indiyum *a, kim.* indium
indofenol *a.* indophenol
indoksil *a.* indoxyl

indol *a.* indole
indolasetik *s.* indoleacetic
İndonezya *a.* Indonesia
indulin *a.* induline
indükleç *a.* inductor
indükleme *a.* induction *indükleme bobini* induction coil, Ruhmkorff coil
indüklemek *e, fiz.* to induce
indükleyen *s. elek.* inductive
indüksiyon *a.* induction *indüksiyon bobini* induction coil *indüksiyon yapan* inductive
indüktans *a.* inductance
indüktif *s.* inductive
indüktör *a.* inductor *indüktör sargısı* field coil
ineç *a, coğ.* syncline
inek *a.* cow; *arg.* swot *İİ./kon.*, grind *Aİ./hkr. inek memesi* udder
inekağacı *a. bitk.* cow tree
inekçi *a.* dairy farmer; *arg.* swot
inekçilik *a.* being a dairy farmer; *arg.* swoting, grinding
ineklemek *e, arg.* to cram (for sth) *kon.*, to swot *İİ./kon.*, to grind *Aİ./kon.*
ineklik *a.* cowshed; *arg.* stupidity
inert *s.* inert
infaz *a, huk.* execution, carrying out *infaz etmek* to execute, to carry out
infial *a.* indignation
infilak *a.* explosion, blast, detonation, burst *infilak etmek* to burst, to explode, to go off *infilak ettirmek* to explode
infinitezimal *s, mat.* infinitesimal
İngiliz *s.* English ¤ *a.* Englishman *İngiliz anahtarı* monkey wrench *İngiliz bayrağı* Union Jack *İngiliz erkek* Englishman *İngiliz kadın* Englishwoman *İngiliz lirası* sterling *İngiliz Milletler Topluluğu* the Commonwealth *İngiliz Uluslar Topluluğu* the Commonwealth *İngilizler* the English
ingilizanahtarı *a.* monkey wrench
İngilizce *a.* English
ingiliztuzu *a.* Epsom salts
İngiltere *a.* England
İngiltereli *a.* native of England
ingin *s.* low, low-lying * münhat ¤ *a.* cold, head cold * nezle
inginlik *a.* lowness, depression; weakness
ingot *a.* ingot
inhibisyon *a.* inhibition
inhibitör *a.* inhibitor

inhiraf *a, esk.* deviation * sapma
inhisar *a, esk.* monopoly * tekel
inik *s.* pulled down, lowered; deflated, flat
inildemek *e.* to moan, to groan, to whimper
inilti *a.* moan, groan, whimper
iniltili *s.* moanful, groanful
inisiyatif *a.* initiative *inisiyatifini kullanmak* to take the initiative
iniş *a.* descent, landing; declivity, dip, downward slope *iniş alanı* landing area, landing ground *iniş borusu* downspout *iniş çıkış* a) descent and ascent b) rise and fall *iniş düğümü* descending node *iniş farı* landing beam *iniş güvertesi* landing deck *iniş ışıkları* landing lights *iniş kablosu* lead-in *iniş pisti* landing strip *iniş sahası* landing area *iniş şeridi* landing strip *iniş takımı* landing gear, undercarriage *iniş yardımcısı* landing aid *iniş yönü* landing direction
inişli *s.* sloping downwards *inişli çıkışlı/yokuşlu* uneven, rough, uphill and downhill
inişlik *a.* runway; landing strip
inkâr *a.* denial, refusal *inkâr edilemez* undeniable *inkâr etmek* to deny, to gainsay, to negate
inkılap *a.* revolution * devrim; transformation * dönüşüm
inkılapçı *a. s.* revolutionary
inkılapçılık *a.* revolutionism
inkıta *a.* cessation
inkişaf *a.* development * gelişim, gelişme *inkişaf banyosu* developing bath *inkişaf boyası* developing dyestuff, ingrain dyestuff *inkişaf maddesi* developer
inkoherent *s.* incoherent *inkoherent ışık* incoherent light
inkübatör *a.* incubator
inlemek *e.* to moan, to groan, to whimper; to resound
inletmek *e.* to cause to groan; to make resound; to oppress, to persecute
inleyiş *a.* moaning, groaning
inme *a.* descent, descending; *hek.* stroke, paralysis, apoplexy, palsy; ebb tide *inme inmek* to have a stroke
inmek *e.* to go down, to come down, to climb down, to descend; (araba, vb.) to get off, to get out of, to alight; (at, bisik-

let, vb.) to dismount; (fiyat, vb) to go down, to reduce; (yere) to land; (inme) to attack, to strike
inmeli *s.* paralysed, apoplectic
inorganik *s.* inorganic *inorganik kimya* inorganic chemistry
inosin *a.* inosine
inositol *a.* inositol
inozitol *a.* inositol
insaf *a.* justice, moderation, fairness, equity, mercy ¤ *ünl.* Have a heart!, Be fair! *insaf etmek* a) to take pity (on) b) to act with justice *insafa gelmek* a) to show mercy b) to come to reason
insaflı *s.* just, fair, equitable *insaflı davranmak* to have a heart
insaflılık *a.* justness, fairness
insafsız *s.* unmerciful, merciless, cruel, ruthless, inhumane, unfeeling; unfair, unjust; unreasonable
insafsızca *be.* pitilessly, unjustly, cruelly
insafsızlık *a.* cruelty, mercilessness; injustice, unfairness
insan *a.* human, human being, man, person, one ¤ *s.* human, humane *insan doğası* human nature *insan gibi* properly, decently *insan gübresi* human manure *insan gücü* manpower *insan hakları* human rights *insan ırkı* human race *insan içine çıkmak* to show one's face *insan ilişkileri* human relations *insan sarrafı* judge of character, connoisseur of human nature
insanbiçimci *s.* anthropomorphic
insanbiçimcilik *a.* anthropomorphism
insanbilim *a.* anthropology * antropoloji
insanbilimci *a.* anthropologist * antropolog
insanbilimsel *s.* anthropological * antropolojik
insanca *be.* humanely
insancı *a.* humanist
insancıl *s.* human, humane
insancıllık *a.* humanism * hümanizma
insancıllaştırmak *e.* to humanize
insangücü *a.* manpower
insanımsı *s.* hominine
insani *s.* humane
insaniçinci *s.* anthropocentric
insaniçincilik *a.* anthropocentricism
insaniyet *a, bkz.* insanlık
insaniyetli *s.* humane
insaniyetsiz *s.* inhuman

insaniyetsizlik *a.* inhumanity
insanlık *a.* humanity, mankind, human-kind; humaneness, kindness *insanlık dışı* inhuman *insanlık hali* it's only human nature *insanlıktan uzak* brutal, ruthless
insanoğlu *a.* man, mankind, human, human being
insanölçüm *a.* anthropometry
insansever *s.* philanthropic
insanseverlik *a.* philanthropy
insansı *a, s.* anthropoid
insansız *s.* unmanned *insansız uzay roketi* probe
insanüstü *s.* superhuman
insektaryum *a.* insectarium
insektisit *a.* insecticide
insicam *a.* consistency
insicamlı *s. esk.* coherent, consistent
insicamsız *s. esk.* incoherent, inconsistent
insiyak *a. esk.* instinct
insiyaki *s. esk.* instinctive
instabil *s, kim.* unstable
instrumentalizm *a. fel.* instrumentalism
inşa *a.* construction, building, erection *inşa etmek* to build, to construct, to erect, to raise *inşa halinde* in process of construction
inşaat *a.* constructions, buildings; *kon.* building; constructing, building *inşaat derzi* construction joint *inşaat malzemesi* building material *inşaat mühendisi* civil engineer *inşaat mühendisliği* civil engineering *inşaat ruhsatı* building license *inşaat sacı* structural plate *inşaat sahası* building lot *inşaat sanayi* building trade *inşaat sektörü* building trade *inşaat taşı* building stone *inşaat uzmanı* building expert *inşaat yoğunluğu* building density
inşaatçı *a.* contractor, builder
inşaatçılık *a.* the construction business, building
inşallah *ünl.* God willing!, I hope so!, I hope that ...
intaniye *a. esk.* infectious diseases
integral *a, mat.* integral *integral denklemi* integral equation *integral hesabı* integral calculus *integralini almak* to integrate
integralleme *a.* integration

integrallenebilir *s.* integrable
integralleyici *s.* integrating *integralleyici devre* integrating circuit
integrand *a.* integrand
integrasyon *a, mat.* integration
integratör *a.* integrator
interfaz *a.* interphase
interferometre *a.* interferometer
interferometri *a.* interferometry
interferon *a.* interferon
interglasiyel *s.* interglacial
interkinez *a. biy.* interkinesis
interkoneksiyon *a. elek.* interconnection
interlock *a, teks.* interlock fabric; interlock knitting machine
intermezzo *a. müz.* intermezzo
internet *a.* the Internet
İnterpol *a.* Interpol
interpolasyon *a.* interpolation
intiba *a, esk.* impression, feeling * izlenim
intibak *a.* adjustment, adaptation, accommodation * izlenim *intibak etmek* to adjust oneself (to), to be adapted *intibak ettirmek* to acclimatize
intibaksız *s.* maladjusted
intibaksızlık *a.* maladjustment
intihal *a.* plagiarism * aşırma *intihal etmek* to plagiarize * aşırmak
intihar *a.* suicide *intihar etmek* to commit suicide
intikal *a.* transition, passing, passage; change of place; understanding, comprehension; transfer (by) inheritance *intikal devresi* passing period *intikal etmek* to be inherited
intikam *a.* revenge, vengeance, reprisal *intikam almak* to take revenge (on sb), to get back at sb *kon. intikamını almak* to revenge, to avenge, to have/get one's own back (on sb)
intikamcı *s.* vengeful, revengeful ¤ *a.* revenger
intin *a.* intine
intisap *a.* membership, affiliation
intizam *a.* order, arrangement
intizamlı *s.* regular; orderly, tidy, neat * düzenli
intizamsız *s.* irregular, disordered; untidy * düzensiz
intizar *a.* expectation; cursing *intizar etmek* to curse
inulin *a.* inulin
inülaz *a.* inulase

inülin a. inulin
inversiyon a. inversion
inversiyon a. inversion * terselme
inversiyon sisi inversion fog
invert s. inverted *invert şeker* invert sugar
invertaz a. invertase
inverter a. inverter
inverzibl s. reversal * evrilir
involüt a. involute
inzibat a. discipline * sıkıdüzen; military police
inziva a. seclusion, becoming a hermit *inzivaya çekilmek* to retire into seclusion, to seclude oneself
ip a. string, rope, cord; *kon.* gallows, the rope *ip atlamak* to jump rope, to skip *ip cambazı* tightrope walker, funambulist *ip kaçkını* jailbird *ip merdiven* rope ladder *ipe çekmek* to hang, to string up *ipe dizmek* to string *ipe sapa gelmez* irrelevant, nonsensical, without rhyme or reason *(birinin) ipiyle kuyuya inilmez* He/she is not trustworthy *ipi kırık* drifter *hkr.*, bum *Aİ./arg. ipin ucunu kaçırmak kon.* to lose control of, to lose the thread of *iple bağlamak* to rope, to fasten with a string *iple çekmek* to look forward to *iple çekmek* to look forward to
ipçik a. filament
ipek a. silk ¤ s. silky, silken, made of silk *ipek ağırlaştırma* silk weighting *ipek apresi* silk finish, Schreiner finish *ipek banyosu* silk bath *ipek dokumacılığı* silk weaving *ipek gaze bezi* silk gauze, bolting silk *ipek gibi* silky *ipek iplik* silk yarn *ipek maymun hayb.* marmoset *ipek parlaklığı* silk luster, silk gloss *ipek pelüş* silk plush *ipek şarjı* silk weighting *ipek şerit* ferret *ipek tutumu* silk scroop *ipek tül* chiffon *ipek zamkı* silk gum, sericin
ipeka a. ipecac
ipekağacı a. *bitk.* kapok tree, silk cotton tree * satenağacı
ipekböceği a, *hayb.* silkworm
ipekböcekçiliği a. silkworm breeding
ipekçi a. maker/seller of silks; silk weaver; sericulturist
ipekçiçeği a. *bitk.* portulaca
ipekçilik a. sericulture
ipekhane a. cocoonery

ipekkurdu a. *hayb.* webworm
ipekkuyrukkuşu a. *hayb.* Bohemian waxwing
ipekli s. silken *ipekli kadife* silk velvet *ipekli kumaş* silk
ipekotu a. milkweed
ipeksi s. silken
ipektüylümaymun a. marmoset
iperit a. mustard gas
ipince s. very thin
iplemek e, *arg.* to care/give a damn, to give a shit/bugger
iplememek e. not to care/give a damn, not to give a shit/bugger, not to give a hoof *kon.*, not to care a hoot *kon.*
iplicik a. *hayb.* lungworm
iplik a. thread, yarn *iplik apresi* yarn finishing *iplik basmacılığı* yarn printing *iplik boyahanesi* yarn dyeworks *iplik boyama* yarn dyeing *iplik döküntüsü* thrum *iplik fabrikası* spinning mill, filature *iplik kılavuzu* thread guide *iplik makarası* hasp *iplik makinesi* spinning machine *iplik memeciği* spinneret, spinning nozzle *iplik merserizasyonu* yarn mercerizing *iplik numarası* yarn number, yarn count, count *iplik saçağı* thrum *iplik temizleyici* thread cleaner *iplik yakma* yarn singeing *iplik yapmak* to spin
iplikçi a. maker/sleer of thread/yarn
iplikçik a. hypha, promycelium
iplikçilik a. filature, spinning
iplikhane a. spinning mill, filature
iplikkurdu a. nemathelminth, nematode
ipliklenmek e. to separate into fibres/threads
iplikli s. cirrose, cirrous, filiform, filose
ipliksi s. filose
ipnotize s. hypnotized *ipnotize etmek* to hypnotize
ipnotizma a. hypnotism
ipnotizmacı a. hypnotizer
ipnoz a. hypnosis
ipotek a. mortgage *ipotek etmek* to mortgage
ipotekli s. mortgaged
ipotetik s. hypothetical
ipotez a. hypothesis
ipsi s. threadlike, filar; nematode
ipsiz s. without a rope; *arg.* drifting, footloose ¤ a. vagabond, vagrant, drifter, tramp, hobo *Aİ.*, bum *Aİ./arg. ipsiz*

sapsız a) meaningless, without rhyme or reason b) drifting, wandering, foot-loose

iptal *a.* cancellation, annulment, repeal *iptal etmek* to cancel, to annul, to call sth off, to rescind, to nullify, to scrub *kon. iptal karakteri* cancel character

iptidai *s.* primitive * ilkel

iptila *a.* addiction

ipucu *a.* clue *ipucu vermek* to give sb a clue, to clue sb in

irade *a.* will, desire, volition; command, decree, edict * buyruk

iradeci *a. fel.* voluntarist ¤ *s.* voluntaristic

iradecilik *a. fel.* voluntarism

iradedışı *s.* involuntary

iradeli *s.* strong-willed, resolute

iradesiz *s.* weak, irresolute

iradesizlik *a.* weakness of will

iradi *s.* voluntary

İran *a.* Iran *İran halısı* Persian carpet

İranlı *a, s.* Iranian

irat *a.* income, revenue * gelir

irbilim *a.* metallurgy

irca *a.* sending back; reduction *irca yayı* release spring, return spring

irdeleme *a.* research, scrutiny

irdelemek *e.* to examine, to study, to scrutinize

irfan *a.* understanding, insight; knowledge, culture

iri *s.* large, big, bulky, massive, huge; coarse *iri tane* coarse grain *iri taneli* coarse grained, coarse

iribaş *a.* tadpole

irice *s.* largish

iridosmin *a.* iridosmine, iridosmium

iridyum *a, kim.* iridium

iridyumlu *s.* iridic

irigöz *a.* bigeye

irikıyım *s.* coarsely chopped; huge, burly, big, colossal

irileşim *a.* hypertrophy

irileşme *a.* becoming large; *hek.* hypertrophy

irileşmek *e.* to grow large, to dilate

irileştirmek *e.* to make large, to coarsen

irili ufaklı *s.* large and small

irilik *a.* largeness, bigness

irin *a.* pus, matter *irin akmak* to run, to suppurate

irinlenme *a.* pyogenesis, pyosis

irinlenmek *e.* to suppurate, to fester

irinli *s.* purulent, suppurating * cerahatli

irinşiş *a.* abscess

irinyapan *s. hek.* pyogenic

iriölçekli *s.* macroscopic

iris *a, anat.* iris *iris diyaframı* iris diaphragm *iris fotometresi* iris photometer

iriyarı *s.* burly, beefy, bulky, hefty, strapping, colossal, big, huge

iriyuvarlı *s.* macrocytic

irkilim *a.* irritability

irkilirlik *a.* sensitivity

irkilme *a.* irritability

irkilmek *e.* to be startled, to start, to blench

irkinti *a.* pool, puddle * su birikintisi

İrlanda *a.* Ireland *İrlanda Cumhuriyeti* the Irish Republic, the Republic of Ireland, Eire *İrlanda Denizi* the Irish Sea *İrlanda kahvesi* Irish coffee

İrlandaca *a, s.* Gaelic, Irish

İrlandalı *s.* Irish ¤ *a.* Irishman, Irishwoman *İrlandalı erkek* Irishman *İrlandalı kadın* Irishwoman *İrlandalılar* the Irish

irmik *a.* semolina *irmik helvası* semolina helva

irmikli *s.* farinaceous, farinose

iron *a.* irone

ironi *a.* irony

ironik *s.* ironic

irrasyonalizm *a.* irrationalism

irrasyonel *s.* irrational

irredantizm *a.* irredentism

irs *a.* heredity * kalıtım, soyaçekim

irsal *a. esk.* sending, forwarding

irsaliye *a.* waybill, dispatch list, forwarding paper

irsi *s.* hereditary * kalıtsal

irsiyet *a.* heredity * soyaçekim, kalıtım

irşat *a. esk.* guidance

irtibat *a.* communications; connection, link *irtibat köşebendi* clip angle *irtibat kurmak* to get in touch with *irtibat parçası* connection piece *irtibat subayı* liaison officer

irtica *a, esk.* reaction * gericilik

irticai *s, esk.* reactionary

irtical *a.* improvisation

irticalen *be.* extempore, impromptu, ad lib *irticalen söylemek* to improvise

irtifa *a.* altitude, elevation *irtifa dümeni* elevator

irtifak *a.* sharing, access *irtifak hakkı*

easement, encumbrance, right of passage

irtihal *a.* dying, passing away *irtihal etmek* to pass away, to expire *esk./res.* * ölmek

irtikâp *a.* commission, corruption *irtikâp etmek* a) to take a bribe b) to commit

is *a.* soot, lampblack

İsa *a.* Jesus (Christ)

isabet *a.* hitting the mark, hit; well-timed action/word; falling to *isabet almak* to be shot, to be struck, to be hit *isabet etmek* a) to hit the mark b) to say a well-timed word, to do something well-timed c) (ödül, vb.) to fall to, to win *isabet ettirmek* to hit

isabetli *s.* right, exact, well-timed

isabetsiz *s.* inexact, inappropriate, untimely

isale *a.* conduction, conductance *isale borusu* conduit pipe

ise *bağ.* if *ise de* even if, although

İsevi *a. s.* Christian

İsevilik *a.* Christianity

isfendan *a, bitk.* maple * akçaağaç

isfilt *a.* ice field

ishakkuşu *a.* short-eared owl

ishal *a.* diarrhoea, diarrhea *Aİ.*, the runs *arg.*, the trots *arg.* *ishal olmak* to have diarrhoea, to have the trots *arg.*

isilik *a.* heat rash, heat spots * ısırgın *isilik olmak* to have heat spots

isim *a.* name; title; *dilb.* noun; reputation, name *isim hali* case *isim kartı* name tag *isim takmak* to nickname *isim vermek* to name, to give a name *isim yapmak* to become famous *ismi geçen* aforesaid, aforementioned *ismi geçmek* to be mentioned

isimfiil *a, dilb.* verbal noun

isimli *s.* named, called

isimsiz *s.* anonymous

iskalarya *a. den.* ratline

iskambil *a.* playing card(s); card game; pack/deck of cards *iskambil destesi* deck *iskambil kâğıdı* card, playing card *iskambil oynamak* to play cards

iskân *a.* housing; settling, inhabiting *iskân etmek* a) to house b) to settle, to inhabit

iskandil *a, den.* sounding; sounding lead, lead *iskandil borusu* sounding pipe *iskandil etmek* to fathom, to plumb

iskandil hattı sounding line *iskandil kurşunu* plummet, sounding lead *iskandil makinesi* sounding machine

İskandinav *a, s.* Scandinavian

İskandinavca *a. s.* Scandinavian

İskandinavya *a.* Scandinavia ¤ *s.* Scandinavian

İskandinavyalı *a, s.* Scandinavian

iskarpela *a.* chisel

iskarpin *a.* shoe

iskarto *a.* wool waste

iskele *a.* landing, landing place, quay, wharf, jetty, pier; gangway, gangplank; port town, port; *inş.* scaffolding, scaffold; (gemi) port side; *sin.* catwalk *iskele babası* bollard *iskele işi* trestlework *iskele kirişi* putlog *iskele kurdu* marine borer *iskele tahtası* gangplank *iskele tarafı* portside *iskele yanı* (gemi) port

iskelekuşu *a, hayb.* kingfisher * yalıçapkını, emircik

iskelet *a.* skeleton; framework; *kon.* skeleton, weed *hkr.* *iskelet gibi* very thin, skinny, like a skeleton *iskelet kod* skeletal code *iskelet kodlama* skeletal coding *iskelet toprak* skeletal soil *iskelet yapı* skeleton structure *iskelet yordam* skeletal routine

iskeletçik *a.* myotome

iskeletsiz *s.* askeletal

iskemi *a, hek.* ischemia

iskemle *a.* chair, stool

iskerlet *a, hayb.* murex * dikenlisalyangoz

iskete *a, hayb.* titmouse

İskit *a. s. trh.* Scythian

İskitçe *a.* the Scythian language

İskitler *a. trh.* the Scythians

İskoç *s.* Scotch ¤ *a.* Scot, Scotsman, Scotswoman *İskoç eteği* kilt *İskoç İngilizcesi* Scotch, Scots *İskoç ipliği* listle thread *İskoç teriye* Scotch terrier, scottie *İskoç tüvidi* Scotch tweed *İskoç viskisi* Scotch *İskoçlar* the Scotch, the Scots

İskoçça *a, s.* Gaelic, Scottish Gaelic

İskoçya *a.* Scotland *İskoçya halkı* the Scotch, the Scots

İskoçyalı *s.* Scot, Scotch ¤ *a.* Scotsman, Scotswoman *İskoçyalı erkek* Scotsman *İskoçyalı kadın* Scotswoman *İskoçyalılar* the Scots

iskonto *a.* discount * ıskonto, indirim

iskorbüt *a, hek.* scurvy
iskorçina *a. bitk.* Spanish salsify
iskorpit *a.* scorpion fish
iskota *a.* sheet
İslam *a.* Islam *İslam âlemi* the Crescent
İslamcı *a.* Pan-Islamist ¤ *s.* Pan-Islamic
İslamcılık *a.* Pan-Islam
İslami *s.* Islamic
İslamiyet *a.* Islamism
İslamlaşmak *e.* to Islamise
İslamlaştırmak *e.* to Islamise
İslav *a.* Slav ¤ *s.* Slavic
İslavca *a, s.* Slavic
islemek *e.* to soot
islenmek *e.* to become sooty
isli *s.* sooty
islıküf *a.* aspergillus, common mold
islim *a.* steam * istim
ismen *be.* by name *ismen tanımak* to know sb by name
isnat *a.* imputation; ascription, attribution *isnat etmek* to impute; to ascribe, to attribute, to predicate sth on sth
isot *a.* pepper
ispalya *a.* stake
İspanya *a.* Spain
ispanya *a.* whiting, whitening
İspanyol *s.* Spanish ¤ *a.* Spaniard *İspanyol paça* flared *İspanyollar* the Spanish
İspanyolca *a, s.* Spanish
ispanyolet *a.* espagnolette
ispaolo *a.* hemp twine
ispari *a.* annular gilt head
ispat *a.* proving; proof, evidence *ispat etmek* to prove, to substantiate
ispati *a. isk.* clubs
ispatlamak *e.* to prove * kanıtlamak
ispenç *a, hayb.* bantam
ispençiyari *a.* pharmaceutics, pharmacy
ispermeçet *a.* spermaceti
ispinoz *a, hayb.* chaffinch
ispinozcuk *a.* serin
ispir *a.* groom, stableman
ispiralya *a.* deck light
ispiritizma *a.* spiritualism
ispirto *a.* grain alcohol, ethyl alcohol, spirit *ispirto ocağı* spirit stove * kamineto
ispirtocu *a.* alcoholic who drinks grain alcohol
ispirtolu *s.* alcoholic
ispirtoluk *a.* spirit lamp
ispirya *a.* spiraea

ispit *a.* rim
ispiyon *a, arg.* informer, squealer, blabber, stool pigeon
ispiyoncu *a.* telltale, grass *İİ./arg.*
ispiyonculuk *a. arg.* informing on, snitching
ispiyonlamak *e, arg.* to inform on, to tell on sb *kon.*, to squeal, to snitch, to peach (on)
ispritizma *a.* spiritualism
ispritizmacı *a.* spiritualist
israf *a.* extravagance, waste, wastefulness *israf etmek* to waste, to squander, to misspend, to dissipate
israfil *a, arg.* grass
İsrail *a.* Israel ¤ *s.* Israeli
İsrailli *a, s.* Israeli
istadya *a.* stadia rod
istalagmit *a.* stalagmite
istalaktit *a.* stalactite
istasyon *a.* railway station; station *istasyon şefi* stationmaster
istatistik *a.* statistics ¤ *s.* statistical
istatistikçi *a.* statistician
istatistiksel *s.* statistical
istavrit *a, hayb.* horse mackerel
istavroz *a, din.* cross, crucifix * haç; *tek.* spider, pinion spider *istavroz çıkarmak din.* to cross oneself *istavroz kron tek.* four-point bit
istek *a.* wish, desire, aspiration; appetite; *tic.* demand, sale; request *isteği üzerine* at sb's request, at the request of sb *istek duymak* to desire, to hanker *istek üzerine* by request (of sb), at the request of sb
isteka *a.* cue, billiard cue; bone folder
istekle *be.* gladly, eagerly
isteklendirmek *e.* to encourage, to motivate
isteklenmek *e.* to want, to be eager
istekli *s.* willing, eager, disposed, ready; desirous; enthusiastic ¤ *a.* applicant *istekli olmak* to be disposed (to do sth)
isteklilik *a.* willingness, readiness, alacrity
isteksiz *s.* unwilling, disinclined, indisposed, reluctant, half-hearted, grudging, involuntary, loath, averse (to) ¤ *be.* unwillingly, involuntarily, grudgingly
isteksizce *be.* unwillingly, involuntarily, grudgingly, half-heartedly
isteksizlik *a.* unwillingness, reluctance, indisposition, disinclination

istem *a.* demand, request; will, volition
isteme *a.* wanting
istemek *e.* to want, to demand, to desire, to care (for), to fancy; to ask for; to beg; to need, to require, to entail, to exact, to call for; to order *istemeye istemeye* unwillingly, grudgingly, involuntarily *istemiyerek* unwillingly, reluctantly, grudgingly, accidentally *isteriz! isteriz! ünl.* encore! *istersen* if you like, for the asking *isterseniz* if you like, if you please *isteyerek* willingly, voluntarily, freely, readily
istemli *s.* optional; voluntary
istemseme *a.* velleity, slight desire
istemsiz *s.* involuntary
istemsizlik *a.* lack of voluntary control
istenç *a.* willpower
istençdışı *s.* involuntary
istençsel *s.* voluntary
istençsiz *s.* involuntary
istenilmek, istenmek *e.* to be desired; to be in demand; to be asked for *istenmeden* of one's own accord *istenmeyen kişi* persona non grata
istep *a.* steppe
istepne *a.* spare tyre
ister *a.* requirement, necessity ¤ *bağ.* whether ... or ... *ister inan ister inanma* believe it or not *ister istemez* willy-nilly *ister misin* say ..., suppose ..., what if ...
isteri *a, hek.* hysteria * histeri *isteri nöbeti* fit of hysterics
isterik *s.* hysterical * histerik *isterik bir şekilde* hysterically
isteyiş *a.* way of asking; desire, wish
istiap *a.* containing, holding *istiap haddi* a) load limit, capacity b) *den.* tonnage
istiare *a, ed.* metaphor * eğretileme; *esk.* borrowing
istibdat *a.* despotism * despotizm
istida *a.* demend; request; petition
istidat *a, esk.* ability, aptitude, talent
istidatlı *s.* gifted, talented
istidatsız *s.* incompetent
istidlal *a.* deduction, inference *istidlal etmek* to deduce
istif *a.* stack, stacking, stowage; storing, hoarding *istif etmek* to stow, to hoard, to stack, to pile *istifini bozmadan* with aplomb *istifini bozmamak* to keep up appearances

istifa *a.* resignation *istifa etmek* to resign *istifasını vermek* to give one's notice, to hand in one's notice, to hand in one's resignation
istifade *a.* profit, benefit, advantage *istifade etmek* to benefit, to make use of
istifadeli *s.* advantageous, useful
istifaname *a. esk.* letter of resignation
istifçi *a.* packer, stevedore; hoarder
istifçilik *a.* packing, stowage; hoarding, profiteering *istifçilik yapmak* to stockpile
istifham *a. esk.* query, inquiry
istifleme *a.* stowing *istifleme donanımı* cuttling frame
istiflemek *e.* to stow, to hoard, to cuttle, to pile
istifleyici *a.* piler
istifrağ *a. esk.* vomiting
istihbarat *a.* news, information; intelligence *istihbarat bürosu* information bureau *istihbarat servisi* news desk *istihbarat subayı* intelligence officer *istihbarat teşkilatı* intelligence service
istihdam *a.* employment *istihdam etmek* to employ, to hire
istihfaf *a, esk.* contempt * küçümseme, hor görme
istihkak *a, esk.* deserving, merit, right; share, due, ration
istihkâm *a.* fortification, strongholdbulwark, fortress; military engineering *istihkâm sınıfı* corps of engineers *istihkâm subayı* engineer officer
istihkâmcılık *a.* construction of fortifications
istihlak *a.* consumption *istihlak etmek* to consume
istihsal *a.* production * üretim *istihsal etmek* to produce * üretmek
istihza *a, esk.* sarcasm, irony
istihzalı *s.* ironic
istika *a.* slicker
istikamet *a.* direction * yön, doğrultu
istikbal *a, esk.* future * gelecek
istiklal *a.* independence * bağımsızlık *İstiklal Marşı* the Turkish National Anthem
istikrah *a. esk.* aversion
istikrar *a.* stability, stabilization, steadiness
istikrarlı *s.* steady, stable, stabilized

istikrarsız *s.* unstable, unsteady, inconsistent

istikrarsızlık *a.* instability, unsteadiness

istikraz *a. esk.* borrowing money, loan

istila *a.* invasion, occupation; infestation, plague *kon.* **istila etmek** a) to invade, to overrun b) to infest, to cover

istilacı *a.* invader

istim *a.* steam * islim **istim borusu** steam pipe **istim boşaltmak** to blow down **istim ceketi** steam jacket **istim çekici** steam hammer **istim kılıfı** steam jacket **istim kutusu** steam chest **istim memesi** steam nozzle **istimi kesmek** to throttle

istimator *a.* customs evaluator

istimbot *a.* steamboat * çatana

istimlak *a.* expropriation, nationalization **istimlak etmek** to expropriate, to nationalize

istimli *s.* operating by steam **istimli ekskavatör** steam shovel

istimna *a. esk.* masturbation

istinaden *be.* based on, relying on

istinaf *a, esk, huk.* appeal **istinaf mahkemesi** *a, esk.* court of appeal

istinat *a, esk.* relying upon **istinat duvarı** retaining wall **istinat etmek** to lean upon, to be based **istinat mili** bearing axle **istinat yatağı** trunnion bearing

istinga *a.* brail

istirahat *a.* rest, repose, recreation * dinlenme **istirahat etmek** to rest, to relax * dinlenmek

istiralya *a, den.* stay, triatic stay

istirham *a.* imploring, requesting * dinlenme **istirham etmek** to implore, to plead, to supplicate *res.*, to entreat *res.* * dinlenmek

istiridye *a, hayb.* oyster **istiridye yatağı** oyster bed

istiridyeci *a.* gatherer/seller of oysters

istismar *a.* exploitation; misuse, abuse **istismar etmek** a) to exploit b) to misuse, to abuse

istismarcı *a.* exploiter; abuser

istisna *a.* exception **İstisnalar kaideyi bozmaz** Exceptions don't break the rule

istisnai *s.* exceptional

istisnasız *be.* without any exceptions, bar none

istişare *a.* consultation

istişari *s.* consultative

istop *ünl.* stop!

istralya *a. den.* stay

istrongilos *a, balk.* picarel

İsveç *a.* Sweden ¤ *s.* Swedish **İsveç halkı** the Swedish

İsveççe *a, s.* Swedish

İsveçli *a.* Swede **İsveçliler** the Swedish

İsviçre *a.* Switzerland ¤ *s.* Swiss **İsviçre halkı** the Swiss **İsviçre peyniri** Swiss cheese

İsviçreli *a, s.* Swiss **İsviçreliler** the Swiss

isyan *a.* rebellion, revolt, mutiny, riot, rising, uprising, insurrection **isyan bayrağı** red flag **isyan etmek** to rebel, to revolt, to riot, to rise (against)

isyancı *a.* rebel, mutineer ¤ *s.* rebellious

isyankâr *s.* rebellious, mutinous

isyankârlık *a.* rebelliousness

iş *a.* work; job, occupation, profession, work, appointment, employment, calling, pursuit; duty; labour, labor *Al.*; business; service; trade; profit, benefit; act, doing, deed *res.*; matter, affair; *arg.* fuck, screw **iş adımı** job step **iş akış denetimi** job flow control **iş akış diyagramı** flow-process diagram **iş alanı** work area **iş anlaşmazlığı** labour dispute **iş başında olmak** to be at work **iş başında** at work **İş başka dostluk başka** Business is business **iş bilgi işlemi** business data processing **iş bilgisayarı** business computer **iş bilir** efficient, resourceful **iş bilişim sistemi** business information system **iş bitirmek** to go great guns **iş bulma bürosu** employment agency **iş bulmak** to find employment, to get a job **iş çevirmek** to wheel and deal **iş çıkarmak** a) to do a lot of work b) to cause difficulties **iş değil** a) it's a child's play b) it's bad/improper **iş denetim deyimi** job control statement **iş denetim dili** job control language **iş denetim kartları** job control cards **iş denetim programı** job control program **iş elbisesi** overalls **iş görmek** to be of use, to be of service, to function, to work **iş güç** occupation, business **iş günü** bkz. işgünü **iş hanı** office block **iş hukuku** labour office **iş ilişkileri** labour relations **iş istasyonu** workstation **iş işlevi** work function **iş işten geçmek** to be too late to do anything **İş işten geçti**

It's too late **iş kadını** businesswoman **iş karışımı** job mix **iş kazası** industrial accident, occupational accident **iş kopyası** cutting copy, work print **iş kuyruğu** job queue **iş merkezi** business quarter **iş miktarı** turnover **iş muhasebesi** job accounting **İş olacağına varır** What will be, will be. **iş olsun diye** just for the sake of doing sth **iş ölçümü** work measurement **iş önlüğü** overall **iş saatleri** working hours, office hours **iş seyahati** business trip **iş sözleşmesi** labour contract **iş tezgâhı** workbench **iş ve işçi bulma kurumu** employment agency, labour exchange, jobcentre **iş vermek** to employ **iş yapmak** to have dealings (with sb), to trade **iş yok** kon. (it's) hopeless/useless **iş yükü** work load **iş zamanı** working stroke **işe almak** to engage, to take sb on **işe başlamak** to clock in kon. **işe girişmek** to set to work **işe girmek** to get a job **işe koşmak** to make (sb) do a job **işe koyulmak** to get down to work, to get busy **işe sarılmak** to pitch in kon. **işe yaramak** to work, to help, to be of use **işe yaramaz kimse** dud kon. **işe yaramaz** useless, dud, good-for-nothing **işe yarar** useful, serviceable **işi ağırdan almak** to drag one's feet **işi azıtmak** to go too far, to run riot **işi başından aşkın** up to the elbows **işi başından aşmak/aşkın olmak** to be snowed under with work, to be up to one's ears in work **işi bırakmak** to knock off; to go out of business **işi bilmek** kon. to know one's onions kon., to know one's stuff kon., to know the ropes kon. **işi bitmek** to finish **işi bozmak** to throw a monkey wrench in the works **işi ciddiye almak** to treat sth seriously **işi düşmek** to need sb's help **işi genişletmek** to branch out (into sth) **işi görmek** to serve the purpose **işi halletmek** to turn the trick **işi kalmamak** to finish with sb/sth **işi oluruna bırakmak** to let things take their course **işi sağlama almak** to play (it) safe kon. **işi şakaya vurmak** to treat sth as a joke **işi tasfiye etmek** to go out of business **işi yavaşlatma grevi** go-slow **işi yüzüne gözüne bulaştırmak** to bungle the job **işi zorlaştırmak** to make heavy weather of sth **işin doğrusu** as a matter of fact **işin garibi** strange to say, funnily enough **İşin içinde iş var** There are wheels within wheels **işin içinden çıkamamak** to be unable to solve a problem, to be unable to settle a matter **işin içine etmek** to fuck up **işin içyüzü** the inside story, the real truth **işin kolayına kaçmak** to cut corners **işinden olmak** to lose one's job **işine gelmek** to suit, to suit one's purpose **işine yaramak** to serve **işini bilmek** to know one's business; to know which side one's bread is buttered **işini bitirmek** arg. a) to finish with sb/sth b) to do away with, to kill (sb), to finish sb off **işini bozmak** to cook one's goose **işini görmek** to serve **işini kolaylaştırmak** to smooth the way for sb **işinin ehli olmak** to be worth one's salt **işler nasıl?** how's work? **işleri karıştırmak** to rock the boat **işte olmak** to be at work **işten anlamak** to be an expert **işten atılmak** to get the push kon., to get the sack **işten atmak** to give sb the push kon., to sack kon., to fire kon., to boot sb out (of sth) kon. **işten çıkarılmak** to get the boot, to get the sack, to be dismissed **işten çıkarma tazminatı** redundancy pay **işten çıkarmak** to dismiss, to sack kon. **işten çıkmak** a) to give up working, to resign b) to clock out **işten kaçmak** to goldbrick, to skive (off) **işten kovmak** to fire kon., to give the sack kon. **işten kovulmak** to get the sack kon., to get the push kon.

işadamı a. businessman

işaret a. sign, indication; mark; signal **işaret algılama** mark-sensing **işaret ateşi** beacon **işaret biti** sign bit **işaret direği** signal post, signpost **işaret etmek** a) to point out, to indicate b) to make a mark **işaret fişeği** flare **işaret flaması** signal flag **işaret fonksiyonu** signum function **işaret istasyonu** signal station **işaret karakteri** sign character **işaret konumu** sign position **işaret koşullandırma** signal conditioning **işaret koymak** to mark **işaret kulesi** signal box **işaret lambası** indicator lamp **işaret levhası** sign **işaret normalleştirme** signal normalization **işaret okuma** mark reading **işaret okuyucu** badge reader **işaret sayısı** sign digit **işaret sıfatı** dilb. demonstrative adjective * gösterme zıfatı **işaret tarama** mark scanning **işaret vermek** to give a signal **işaret zamiri** dilb. demonstrative pronoun * gösterme adılı **işaret zımbası** prick punch

işaretçi a. signaller, flagger
işaretlemek e. to mark
işaretleşmek e. to make signs to one another
işaretli s. marked, tagged
işaretparmağı a. forefinger, index finger * göstermeparmağı
işba a. esk. saturation
işbaşı a. hour at which work begins **işbaşı yapmak** to start work, to clock in
işbırakımcı a. employee on strike
işbırakımı a. strike * grev
işbıraktırımı a. lockout
işbilim a. ergonomics * ergonomi
işbirliği a. cooperation, collaboration, conjunction **işbirliği yapmak** to collaborate, to play ball kon.
işbirlikçi a. collaborator
işbirlikçilik a. collaboration
işbirlikli s. collective, cooperative
işbölümü a. division of labour
işbu s. this
işçi a. worker, workman, employee, labourer, laborer **işçi başı** (erkek) foreman; (kadın) forelady, forewoman **İşçi Partisi** Labour Party **işçi sendikası** trade union, labour union **işçi sınıfı** the working class, the proletariat, lower class, masses, labour, labor Aİ. **işçi ücreti** labour wages
işçilik a. worker's pay; workmanship **işçilik hatası** faulty workmanship
işeme a. micturition, urination
işemek e, kon. to pee, to piddle, to wee, to piss arg., to urinate tek.
işetici s. hek. diuretic
işgal a. occupation, possession; distraction, obstruction **işgal altında** under military occupation **işgal etmek** a) to occupy, to take over b) to distract c) to keep busy **işgal kuvvetleri** the occupying forces **işgal ordusu** army of occupation

işgalci s. occupying ¤ a. occupant, occupier
işgücü a. manpower, workforce, labour force
işgüder a. chargé d'affaires * maslahatgüzar
işgüderlik a. position of a charge d'affaires
işgünü a. workday, working day, weekday
işgüzar s. officious, obtrusive ¤ a. busybody hkr.
işgüzarlık a. officiousness, obtrusiveness
işitilebilir s. audible
işitilebilirlik a. audibility
işitilir s. audible
işitilirlik a. audibility
işitilmez s. inaudible
işitim a. hearing
işitimölçer a. audiometer
işitme a. hearing, audition ¤ sg. auditory, audio, aural **işitme cihazı** hearing aid **işitme duyusu** hearing **işitme kanalı** auditory canal **işitme kesesi** biy. otocyst * otosist **işitme sınırı** auditon limit
işitmek e. to hear
işitmezlik a. disability to hear; pretending not to hear
işitmezlik, işitmemezlik a. pretending not to hear **işitmezlikten gelmek** to pretend not to hear
işitölçer a. audiometer
işitölçüm a. audiometry
işitsel s. aural, auditory
işkadını a. businesswoman
işkampaviye a. den. launch
işkapatımı a. lockout
işkembe a. rumen, paunch; tripe; kon. tummy, stomach **işkembe çorbası** tripe soup **işkembeden atmak** kon. to make up, to invent stories
işkembeci a. tripe restaurant
işkembecilik a. selling tripe/tripe soup
işkembeli s. containing tripe
işkence a. torture; inş. clamp **işkence etmek/yapmak** to torture, to torment, to bait
işkenceci a. torturer
işkil a. doubt, suspicion
işkillendirmek e. to couse to be suspicions
işkillenmek e. to become suspicious, to suspect * pirelenmek
işkilli s. suspicious, doubtful * vesveseli,

müvesvis
işkilsiz *s.* unsuspicious, unsuspecting
işkine *a, balk.* maigre
işkolik *a.* workaholic
işkolu *a.* branch of industry
işleç *s.* operator
işlek *s.* busy
işleklik *a.* busyness; (yazı) legibility
işlem *a.* operation; transaction; process, treatment **işlem birimi** processor **işlem bölümü** procedure division, processing section **işlem çevrimi** operation cycle **işlem denetimi** *biliş.* process control **işlem diyagramı** run diagram **işlem dosyası** transaction file **işlem kaydı** transaction record **işlem kısmı** operation part **işlem kitabı** run book **işlem kütüğü** transaction file **işlem önceliği** *biliş.* operation priority, operator precedence **işlem sınırlı** *biliş.* process bound **işlem süresi** run duration **işlem şeridi** transaction tape **işlem verileri** transaction data **işlem yapıcı** processor **işlem yazmacı** operation register **işlem yok** *biliş.* no-operation, no-op **işlem zamanı** operation time, run time
işlemce *a.* surgical operation
işlemci *a.* drawer; *biliş.* processor **işlemci durum sözcüğü** *biliş.* processor status word **işlemci programı** processor program **işlemci sınırlamalı** processor limited **işlemci sınırlı** *biliş.* processor bound
işleme *a.* working, running; processing; committing, commitment; treatment; embroidery, handwork, needlework **işleme hızı** running speed **işleme makinesi** machine tool **işleme mühendisi** process engineer **işleme sertleşmesi** work hardening
işlemeci *a.* embroiderer
işlemecilik *a.* embroidery
işlemek *e.* to operate, to work, to run, to function; to process, to treat; to embroider; to commit, to perpetrate; to penetrate; to influence; to embroider; (toprak) to cultivate; (konu) to treat, to deal with; to teach (a subject); (taşıt) to run, to ply; (çıban) to suppurate, to fester, to discharge
işlemeli *s.* embroidered
işlenebilir *s.* workable; cultivable
işlenen *a.* operand

işlenge *a.* embroidery
işlenir *s.* machinable
işlenirlik *a.* machinability
işlenmemiş *s.* untreated, raw; uncultivated **işlenmemiş veri** raw data
işlenmiş *s.* processed, treated; cultivated **işlenmiş arazi** cultivated land **işlenmiş kereste** dressed lumber
işletici *s.* operating, propelling, motive ¤ *a.* operator **işletici kuvvet** propelling force **işletici makine** prime mover
işletim *a.* operation **işletim el kitabı** operations manual **işletim gecikmeleri** operating delays **işletim göstericisi** operating display **işletim hızı** operating speed **işletim istasyonu** operating station **işletim karakteri** operational character **işletim kodu** operation code **işletim komutları** operating instructions **işletim konsolu** operating console **işletim oranı** operating ratio **işletim sistemi** *biliş.* operating system **işletim terminali** operating display **işletim yazmacı** operation register
işletimsel *s.* operational **işletimsel karakter** operational character **işletimsel olabilirlik** operational feasibility **işletimsel sistem** operational system
işletme *a.* undertaking, enterprise; administrating, managing; operating, running, working **işletme basıncı** operating pressure **işletme bölümü** production department **işletme dişlisi** driving gear **işletme düzeneği** driving gear **işletme düzeni** drive assembly **işletme fakültesi** school of business administration **işletme gübresi** farm manure **işletme kasnağı** driving drum, driving pulley **işletme kolu** operating lever, starting lever **işletme masrafları** operation expenses **işletme mekanizması** operating mechanism **işletme mili** drive shaft **işletme suyu** process water **işletme takımı** drive assembly **işletme tekerleği** driving wheel **işletme vergisi** excise tax; sales tax **işletme verimi** operating efficiency **işletme yayı** driving spring
işletmeci *a.* administrator, manager
işletmecilik *a.* business administration; managership
işletmek *e.* to run, to operate; to exploit;

to keep, to run; *kon.* to kid *kon.*, to hoax, to have sb on, to play a joke on sb, to play a trick on sb, to play a prank on sb, to lead sb up the garden path *İİ./kon.*

işletmen *a.* operator * operatör *işletmen konsolu* operator's console

işlev *a.* function * fonksiyon *işlev çizelgesi* function table *işlev delgisi* function punch *işlev deliği* function hole *işlev elemanı* function element *işlev işlevi* function of functions *işlev karakteri* function character *işlev kodu* function code *işlev sayısı* function digit *işlev seçme* menu selection *işlev tablosu* function table *işlev tahsisi* function allocation *işlev tuşları* function keys *işlev üreteci* function generator

işlevbilim *a.* physiology

işlevbilimsel *s.* physiologic

işlevci *a.* functionalist ¤ *s.* functionalistic

işlevcilik *a.* functionalism * fonksiyonalizm

işlevsel *s.* functional * fonksiyonel *işlevsel birim* function unit *işlevsel çözümleme* functional analysis *işlevsel diyagram* functional diagram *işlevsel grup* functional group *işlevsel karakter* functional character *işlevsel tasarım* functional design

işlevsellik *a.* functionality

işlevsiz *s.* nonfunctional

işlevsizlik *a.* lack of any function, uselessness

işleyim *a.* industry * sanayi, endüstri

işleyimleşme *a.* industrialization

işleyimsel *s.* industrial

işleyiş *a.* operation, working

işli *s.* embroidered, ornamented

işlik *a.* workshop * atölye; atelier, factory, studio * atölye; shirt * gömlek; work clothes

işmar *a.* *yörs.* gesture, signal, wink

işporta *a.* hawker's pushcart; peddling, pedlary *işporta malı* shoddy goods

işportacı *a.* hawker, pedlar, peddler *Aİ.*

işportacılık *a.* peddling, hawking *işportacılık yapmak* to hawk

işret *a.* drinking, carousing

işsiz *s.* unemployed, out of work ¤ *a.* unemployed person, person out of work *işsiz güçsüz* idle *işsiz olmak* to be out of work

işsizlik *a.* unemployment *işsizlik*

sigortası unemployment insurance *işsizlik yardımı almak* to go/be on the dole *işsizlik yardımı/tazminatı* dole *İİ./kon.*

iştah *a.* appetite, stomach; desire, urge *iştah açıcı* appetizing *iştah açmak* to whet the appetite, to whet sb's appetite *iştah kapamak* to kill one's appetite *iştahı açılmak* to develop an appetite, to feel like eating *iştahı kapanmak/kesilmek* to lose one's appetite *iştahı kesilmek* to lose one's appetite *iştahını açmak* to whet sb's appetite *iştahını kabartmak* to whet sb's appetite *iştahını kaçırmak* to take away one's/sb's appetite, to spoil sb's appetite

iştahlandırmak *e.* to arouse (one's) appetite

iştahlanmak *e.* to have an appetite; to have a desire (for)

iştahlı *s.* having an appetite; desirous

iştahsız *s.* having no appetite

iştahsızlık *a.* lack of appetite

işte *ünl.* Here!, Here it is!, Here you are!, There you are!; See!, Look!; you see *işte o kadar* that's flat *kon.*

İşteş *s.* *dilb.* reciprocal

işteşlik *a.* *dilb.* reciprocity

iştigal *a, esk.* being busy, occupying oneself *iştigal etmek* to occupy oneself with

iştirak *a.* partnership; participation *iştirak etmek* a) to participate b) to go in for sth c) to agree with, to go along with sb

iştirakçi *a.* participant

işve *a.* coquetry

işveli *s.* coquettish

işveren *a.* employer

işyazar *a.* ergograph

işyeri *a.* workplace, business, office

it *a.* dog; *kab.* blackguard, scoundrel, cur, rascal, rogue, bastard, son of a bitch/gun *it deliği* *arg.* can, jug, poky *it herif* *arg.* turd , asshole , cur , son of a bitch *it kopuk* a bad lot *it oğlu it* *arg.* son of a bitch *it sürüsü* pack of dogs

itaat *a.* obedience, compliance, observance, submission *itaat etmek* to obey, to comply (with sth), to submit *itaat etmemek* to disobey

itaatkâr *s.* obedient, compliant, submissive

itaatli s. obedient, submissive, dutiful
itaatsiz s. disobedient
itaatsizce be. disobediently
itaatsizlik a. disobedience, contempt **itaatsizlik etmek** to disobey
italik s. italic ¤ a. italics **italik harflerle basmak** to italicise **italik yazı** italics
İtalya a. Italy
İtalyan a, s. Italian
İtalyanca a, s. Italian
itboğan a. colchicum, dogbane, meadow saffron
itburnu a. rose hip, rose haw
itdirseği a, hek. sty, stye * arpacık
ite kaka be. with great hardship
itecek a. cam follower
iteklemek e, kon. to push roughly, to manhandle
itelemek e. to push repeatedly, to nudge
itenek a. piston
iterbiya a. ytterbia
iterbiyum a. ytterbium
iterbiyumlu s. ytterbous
itfa a, esk. extinguishing, putting out * söndürme; fiz. damping * sönüm; tic. redemption, amortization * sönüm **itfa etmek** a) to extinguish, to put out b) tic. to extinguish, to redeem, to amortize, to pay off * ödemek, sönümlemek c) fiz. to damp (an oscillation) * sönümlemek
itfaiye a. fire brigade **itfaiye arabası** fire engine **itfaiye binası** fire station **itfaiye merkezi** fire station **itfaiye teşkilatı** fire department
itfaiyeci a. fireman
ithaf a. dedication **ithaf etmek** to dedicate
ithal a. importation, importing ¤ s, kon. imported **ithal etmek** to import **ithal malı** import
ithalat a. imports; importation * dışalım **ithalat izni** import permit **ithalat kotası** import quota **ithalat vergisi** import duty
ithalatçı a. importer * dışalımcı
ithalatçılık a. import business * dışalımcılık
itham a. accusation, imputation, charge, indictment **itham etmek** to accuse, to charge, to indict
ithamname a. indictment
ithiyan a. bitk. bitter apple, colocynth
itibar a. esteem, prestige, eminence, regard, consideration; eko. credit * kredi **itibar etmek** a) to esteem, to consider

b) to respect **itibar görmek** a) to be respected b) to be in demand **itibardan düşürmek** to disgrace, to discredit **itibarı olmak** to be held in esteem **itibarını kaybetmek** to lose face
itibaren be. from, beginning from, dating from, as from, as of
itibarıyla be. in view of, as regards
itibari s. nominal * saymaca **itibari değer/kıymet** face-value, nominal value
itibarlı s. esteemed, influential
itibarsız s. discredited
itibarsızlık a. discredit
itici s. pushing, motive, driving, repulsive; mec. forbidding, off-putting, cold, standoffish **itici çubuk** tappet rod **itici güç** propulsion **itici mil** push rod **itici supap** tappet **itici tiji** tappet rod
iticilik a. propulsiveness; repulsiveness
itidal a. moderation, temperance, self-possession * ılım, ölçülülük **itidal sahibi** even-tempered **itidalini kaybetmek** to lose one's temper **itidalini muhafaza etmek** to keep one's temper
itidalli s. moderate, temperate * ölçülü, ılımlı, soğukkanlı, mutedil
itidalsiz s. immoderate
itidalsizlik a. extremeness
itikat a. belief, creed, faith * inan, inanç, iman **itikat etmek** to believe in * inanmak
itikatlı s. believing * inançlı, imanlı
itikatsız s. unbelieving * inançsız, imansız
itikatsızlık a. lack of religious faith
itilaf a, esk. entente, mutual agreement * anlaşma, uyuşma **İtilaf Devletleri** the Entente Powers, the Allies
itimat a. trust, reliance, confidence * güven, güvenç **itimat etmek** to trust, to rely on * güvenmek **itimat etmemek** to mistrust, to distrust **itimat mektubu** letter of credence * itimatname **itimat telkin etmek** to inspire confidence * güven vermek
itimatlı s. trustworthy * güvenilir
itimatname a. credentials, letter of credence
itimatsız s. distrustful * güvensiz
itimatsızlık a. distrust, mistrust * güvensizlik
itina e. care, attention * özen, ihtimam

itina etmek to take great pains with, to give close attention to * özenmek, özen göstermek *itina ile* carefully

itinalı s. careful, painstaking * özenli

itinasız s. careless, inattentive * özensiz

itinasızlık a. carelessness, inattentiveness

itiraf a. confession, admission, avowal *itiraf etmek* to confess, to admit, to avow, to concede

itiraz a. objection, disapproval, protest; *huk.* plea *itiraz etmek* to object (to), to protest

itirazcı a. objector

itirazsız be. without any objection

itişmek e. to push one another *itişip kakışmak* to scuffle

itiştirmek e. to make push one another

itiyat a. habit, custom * alışkanlık, huy *itiyat etmek/edinmek* to form the habit of, to get in the habit of * alışkanlık edinmek

itizar a. apology * özür dileme *itizar etmek* to apologize (to) * özür dilemek

itki a. impulsion

itlaf a, esk. killing, destruction *itlaf etmek* to kill, to destroy

itlik a. vileness, villainy

itmam a, esk. finishing, completing *itmam etmek* to finish, to complete

itme a. push, repulsion *itme çubuğu* push rod *itme işlemi* push operation *itme kuvveti* thrust

itmek e. to push, to jostle, to log *ite kaka ilerlemek* to push one's way *itip kakmak* to push and shove, to hustle, to jostle

itminan a, esk. confidence

itoğlu it a, kab. scoundrel, cunt *kab.*, son of a bitch *kab.*

itrik s. yttric

itriya a. yttria

itriyum a, kim. yttrium

ittifak a, esk. alliance; agreement, concord *ittifak etmek* to ally (with/to)

ittifakla be. unanimously

ittihat a, esk. union

itüzümü a, bitk. black nightshade * köpeküzümü

ivaz a. huk. consideration

ivdireç a. accelerator

ivdirme a. acceleration

ivdirmek e. to hurry, to hasten; to accelerate

ivecen s. impatient, impulsive, hasty

ivecenlik a. impatience, impulsiveness, hastiness

ivedi s. hasty, hurried; urgent, pressing ¤ a. haste, hurry *ivedi bakım* a. emergency maintenance

ivedilenmek e. to hurry

ivedileşmek e. to become urgent

ivedileştirmek e. to speed up

ivedili s. urgent

ivedilik a. urgency

ivedilikle be. urgently, hurriedly

iveğen s. acute

ivgi a. hatchet

ivinti a. speed, velocity, quickness, rapidity * çabukluk, hız, sürat *ivinti yeri* rapids, whitewater *Aİ.*

ivme a. haste; fiz. acceleration *ivme süresi* acceleration time

ivmek e. to hurry * acele etmek

ivmeölçer a. accelerometer

iye a. possessor, owner * sahip

iyelik a. possession, ownership *iyelik adılı* possessive pronoun * mülkiyet zamiri *iyelik durumu* possessive *iyelik eki* possessive suffix

iyi s. good; fine; well; suitable; (hava) fair, good ¤ be. well ¤ ünl. All right!, Ok! ¤ a. good *iyi akşamlar* good evening *İyi akşamlar!* Good evening! *iyi etmek* a) to cure b) to do well c) arg. to steal, to pinch, to nick *İyi geceler!* Good night! *iyi geçinmek* to rub along with sb/together, to hit it off (with sb) kon. *iyi gelmek* a) to do good, to benefit b) to fit, to suit *iyi gitmek* a) to go well, to progress well b) to suit *iyi gözle bakmamak* not to think much of sb/sth *iyi gün dostu* fair-weather friend *İyi günler!* Good day! *iyi hal kâğıdı* certificate of good conduct *iyi huylu* mild, good-natured *iyi kalpli* kindhearted, kind *iyi ki* luckily, fortunately, it's just as well (that) *iyi kötü geçinip gitmek* to muddle along/on *iyi kötü* a) somehow, in someway or other b) more or less *iyi münasebet* amity *iyi niyet* bona fides, goodwill *iyi niyetli* well-intentioned *iyi olmak* to recover, to get better, to get over *iyi olur* had better *iyi tatiller!* have a good holiday!, have a good vacation *Aİ.* *iyi yıllar!* happy New Year!

iyi yolculuklar! have a good journey!, enjoy your trip!, safe journey! *iyiden iyiye* thoroughly, fully, completely *iyisi mi* the best thing to do is ... *iyiye gitmek* to look up, to change for the better *iyiye işaret etmek* to bode well

iyice s. goodish, rather well, fairly good ¤ be. thoroughly, completely, fully *iyice düşünmek* to think sth over, to cogitate

iyicene be, kon. thoroughly, fully

iyicil s. benevolent, kind * hayırhah; hek. benign

iyileşme a. progress, recovery *iyileşme dönemi* convalescence

iyileşmek e. to get better; to improve, to better; to recover, to convalesce, to recuperate, to heal, to mend, to rally

iyileştirici s. curative, therapeutic

iyileştirme a. to curing; correcting; improving, amelioration *iyileştirme bandı* amendment tape *iyileştirme kütüğü* amendment file *iyileştirme tutanağı* amendment record

iyileştirmek e, hek. to cure, to heal, to doctor kon.; to correct, to reform; to improve, to better, to mend, to ameliorate

iyilik a. goodness; kindness, favour, favor Al., benefaction; good health; benefit, advantage *iyilik bilmek* to be grateful *iyilik etmek* to do (sb) a favour *iyilik görmek* to receive kindness, to be supported *İyilik sağlık* Fine, thanks *iyilik yapmak* to do sb a favour

iyilikbilir s. grateful * kadirşinas

iyilikbilirlik a. gratefulness * kadirşinaslık

iyilikbilmez s. thankless, ungrateful

iyilikçi s. benevolent, philanthropic, beneficient

iyilikle be. with soft words, without quarrelling/fighting

iyiliksever s. benevolent, philanthropic, charitable

iyilikseverlik a. benevolence

iyimser s. optimistic * nikbin, optimist

iyimserlik a. optimism * nikbinlik, optimizm

iyimserlikle be. optimistically

iyodat a. iodate

iyodik s. iodic

iyodit a. iodite

iyodofor a. iodophor

iyodoform a. iodoform

iyodol a. iodol

iyodometri a. iodometry

iyodopsin a. iodopsin

iyodür a. iodide

iyon a. ion *iyon akımı* ionic current *iyon alışverişi* ion exchange *iyon bağı* ionic bond *iyon bulutu* ionic atmosphere *iyon çifti* ion pair *iyon değiş tokuşu* ion exchange *iyon değiştirici* ion exchanger *iyon demeti* ion beam *iyon dozu* ion dose *iyon göçü* ion migration *iyon gücü* ionic strength *iyon hızlandırıcı* ion accelerator *iyon kapanı* ion trap *iyon kaynağı* ion source *iyon kuramı* ionic theory *iyon pompası* ion pump *iyon sayacı* ion counter *iyon tutucu* beam bender *iyon tuzağı* beam bender, ion trap *iyon yanığı* ion burn *iyon yarıçapı* ionic radius *iyon yoğunluğu* ion concentration

iyonik s. ionic *iyonik tüp* ionic valve

iyonize s. ionized

iyonlanma a. ionization

iyonlaşabilir s. ionizable

iyonlaşma a. ionization *iyonlaşma akımı* ionization current *iyonlaşma değişmezi* ionization constant *iyonlaşma gecikmesi* ionization delay *iyonlaşma odası* ionization chamber *iyonlaşma potansiyeli* ionization potential *iyonlaşma sabiti* ionization constant *iyonlaşma süresi* ionization time

iyonlaşmak e. to ionize

iyonlaştırıcı s. ionizing *iyonlaştırıcı radyasyon* ionizing radiation

iyonlaştırma a. ionization

iyonlaştırmak e. to ionize

iyonlu s. ionic *iyonlu manometre* ionization manometer *iyonlu nitrürleme* ionitriding *iyonlu yüzdürme* ion flotation

iyonon a. ionone

iyonosfer a. ionosphere *iyonosfer dalgası* ionospheric wave, sky wave *iyonosfer tabakası* ionospheric region

iyonosferik s. ionospheric

iyonsuz s. ion-free, without ion

iyonsuzlaştırma a. deionization

iyonsuzlaştırmak e. to de-ionize

İyonya a. Ionia

İyonyalı a. s. Ionian

iyonyum a. ionium

iyonyuvarı a, gökb. ionosphere

iyot a. iodine *iyot çözeltisi* iodine solution

iyotlama a. iodization

iyotlamak e. to iodise
iyotlaştırma a. iodination
iyotlaştırmak e. to iodinate
iyotlu s. iodic
iz a. trace, trail, track; print, mark *iz adresi* track address *iz aralığı* track pitch *iz etiketleri* track labels *iz sürmek* to trail, to trace *izinden yürümek* to follow in sb's footsteps *izine çıkmak* to go on holiday *izini kaybetmek* to lose tract (of) *izini sürmek* to trace, to track *izini takip etmek* to track
izabe a, esk, metl. melting, smelting *izabe fırını* blast furnace *izabe noktası* melting point
izaç a, esk. annoying, disturbing *izaç etmek* to annoy, to disturb
izafe a. attributing, attaching; joining, adding *izafe etmek* a) to attribute, to attach b) to join, to add
izafet a. relativity * bağıntı, görelik
izafeten be. referring, attributing; after, in memory of, in honour of
izafi s. relative * bağıl, bağıntılı, göreli, göreceli, nispi, rölatif *izafi hareket* relative motion *izafi hız* relative velocity
izafilik a. relativeness * görelik, görecelik
izafiye a. relativism * görelik, görecelik
izafiyet a. relativity * bağıntıcılık, görecilik, rölativizm *izafiyet teorisi* theory of relativity
izah a. explanation * açıklama *izah edilebilir* explicable *izah etmek* to explain, to expound
izahat a. explanations *izahat vermek* to account for, to explain
izale a, esk. removing *izale etmek* to remove
izalobar a. isallobar
izalobarik s. isallobaric
izaloterm a. isallotherm
izam¹ a, esk. sending (a person) * gönderme, yollama
izam² a, esk. exaggeration * abartma, büyütme *izam etmek* to exaggrate * abartmak, büyütmek
izan a, esk. intelligence, understanding *izan etmek* to be considerate
izanlı s. considerate; discerning
izanomal s. isanomalous *izanomal çizgi* isanomalous line
izansız s. inconsiderate; insensitive
izansızca be. inconsiderately; insensitively
izansızlık be. inconsiderateness; insensitivity
izatin a. isatin
izaz a, esk. entertaining, honour *izaz etmek* to entertain, to honour *izazü ikram* respect and entertaining
izbe s. secluded, isolated; dark, damp and dirty
izbiro a, den. sling
izci a. boy scout, scout; girl guide, guide *İİ.*, girl scout *Aİ.*
izcibaşı a. scoutmaster
izcilik a. tracking; scouting
izdeş a. follower, disciple
izdiham a. throng, crowd, crush, concourse, squash
izdivaç a, esk. marriage * evlenme *izdivaç etmek* to marry * evlenmek
izdüşüm a, fiz, mat. projection * projeksiyon
izdüşümsel s. projective
izdüşüren s. mat. projective
izge a. spectrum * tayf
izgeçizer a. spectrograph
izgeçizim a. spectrography
izgeçizimsel s. spectrographic
izgegözlemsel s. spectroscopic
izgeölçer a. spectrometer
izgeölçüm a. spectrometry
izgeölçümsel s. spectrometric
izgesel s. spectral
izin a. permission, leave, okay, OK, consent, the go-ahead; permit, licence, license *Aİ.*; *ask.* discharge *izin almak* to get permission *izin vermek* a) to give permission, to consent b) to let, to allow, to permit c) to license, to licence d) *ask.* to discharge *iznini kullanmak* to take one's vacation *izninizle* by/with your leave
izinli s. on leave
izinsiz be. without permission
izinsizlik a. detention
İzlanda a. Iceland *İzlanda alçağı* Icelandic low *İzlanda necefi* Iceland spar
İzlandaca a, s. Icelandic
İzlandalı s. Icelandic ¤ a. Icelander
izlandalikeni a. bitk. Iceland moss/lichen
izleç a. functor
izlek a. theme; path, track, trail
izlem a. observation, following
izlemci a. observer
izleme a. following; tracking *izleme*

anahtarı monitoring key *izleme çizelgesi* trace table *izleme deyimi* trace statement *izleme göstericisi* monitor display *izleme hoparlörü* monitoring loudspeaker *izleme istasyonu* monitoring station *izleme programı* trace program *izleme sistemi* monitor system *izleme yordamı* monitor routine, tracing routine

izlemek *e.* to follow, to dog; to pursue; to trace; to watch; to observe

izlence *a.* programme, program *Al.* * program

izlenim *a.* impression * intiba *izlenim bırakmak* to make an impression (on) *olumlu bir izlenim bırakmak* to make a hit (with sb)

izlenimci *a.* impressionist ¤ *s.* impressionist, impressionistic * empresyonis t

izlenimcilik *a.* impressionism * empresyonizm

izleyici *a.* spectator * seyirci; onlooker * seyirci; tracer *izleyici çekim* follow shot *izleyici projektör* follow spotlight *izleyiciler* audience

izli *s.* having a trace *izli karbon* spot carbon *izli mermi* tracer *izli piyade mermisi* tracer bullet

izmarit *a, hayb.* sea bream; butt, fag-end *İl./kon.*

izmihlal *a.* collapse, destruction

izoamil *a.* isoamyl

izobar *a.* isobar * eşbasınç *izobar haritası* isobaric chart

izobarik *s.* isobaric *izobarik yüzey* isobaric surface

izobarometrik *s.* isobarometric *izobarometrik haritalar* isobarometric charts

izobutan *a.* isobutane

izobutilen *a.* isobutylene

izobütan *a.* isobutane

izobütilen *a.* isobutylene

izobütilik *s.* isobutylic

izodinami *a.* isodynamism

izodinamik *s.* isodynamic

izodoz *s.* isodose *izodoz eğri* isodose curve *izodoz yüzey* isodose surface

izoedrik *s.* isohedric

izoelektrik *s.* isoelectric *izoelektrik nokta* isoelectric point

izoelektronik *s.* isoelectronic

izogami *a.* isogamy

izogon *a.* isogone

izogonal *s.* isogonal

izogram *a.* isogram

izohel *a.* isohel

izohips *a. coğ.* having the same elevation

izohiyet *a.* isohyet

izokinolein *a.* isoquinoline

izoklin *a.* isocline

izoklinal *s.* isoclinal

izokor *s.* isochoric, isopycnic

izokron *s.* isochronal, isochronous

izolasyon *a.* insulation; isolation *izolasyon duyu* insulating bush *izolasyon maddesi* insulation *izolasyon plakası* insulating plate

izolatör *a.* insulator * yalıtkan

izole *s.* insulated; isolated *izole bant* insulating tape, friction tape *izole etmek* a) to insulate b) to isolate *izole kablo* insulated cable

izolüks *a.* isolux

izomanyetik *s.* isomagnetic *izomanyetik eğri* isomagnetic line

izomer *a.* isomer

izomeraz *a.* isomerase

izomeri *a. kim.* isomerism

izomerik *s.* isomeric *izomerik geçiş* isomeric transition

izomerizm *a.* isomerism

izomerleştirme *a.* isomerization

izometri *a.* isometry

izometrik *s.* isometric

izomorf *s.* isomorphic, isomorphous

izomorfik *s.* isomorphic

izomorfizm *a.* isomorphism

izonef *a.* isoneph

izonitril *a.* isonitrile

izooktan *a.* isooctane

izoparafin *a.* isoparaffin

izopentan *a.* isopentane

izoperimetrik *a.* isoperimetrical

izoplet *a.* isopleth

izopren *a.* isoprene

izoprenli *s.* isoprenoid

izopropanol *a.* isopropanol

izopropil *a.* isopropyl

izosiklik *s.* isocyclic

izosiyanat *a, kim.* isocyanate

izosiyanik *s.* isocyanic

izosiyanin *a.* isocyanine

izosiyanür *a.* isocyanide

izospin *a.* isospin, isobaric spin

izostasi *a.* isostasy
izostatik *s.* isostatic
izostik *s.* isostic
izotaktik *s.* isotactic
izoter *a.* isothere
izoterm *a.* isotherm
izotermal *s.* isothermal *izotermal* **çökelme** isothermal precipitation *izotermal değişim* isothermal change *izotermal denge* isothermal equilibrium *izotermal dönüşüm* isothermal transformation *izotermal tabaka* isothermal layer *izotermal tavlama* isothermal annealing
izotermik *s.* isothermal *izotermik* **boyama** isothermal dyeing
izotip *a.* isotype
izoton *a.* isotone
izotonik *s.* isotonic
izotop *a.* isotope ¤ *s.* isotopic *izotop* **değişimi** isotope exchange *izotop* **kayması** isotope shift *izotop kütlesi* isotopic mass *izotop oranı* isotopic ratio *izotop spini* isotopic spin
izotopik *s.* isotopic
izotopluk *a.* isotopy
izotron *a.* isotron
izotrop *s, fiz.* isotropic * eşyönlü
izotropi *a.* isotropy
izotropik *s.* isotropic *izotropik anten* isotropic antenna *izotropik kaynak* isotropic source
izzet *a.* greatness, dignity, excellence, honour * büyüklük, yücelik, ululuk
izzetinefis *a.* self-respect, honour, honor *Aİ.* * onur, özsaygı

J

J, j *a.* the thirteenth letter of the Turkish alphabet
jabiru *a, hayb.* jabiru
jabo *a, giy.* jabot
jack *a.* jack
jadeit *a.* jadeite
jagar *a.* jaguar, American leopard
jaguar *a, hayb.* jaguar
jak kutusu *a.* jack box
jakamar *a, hayb.* jacamar
jakana *a, hayb.* jacana
jakar *a, teks.* jacquard *jakar dokuma*

tezgâhı jacquard loom *jakar dokumacılığı* jacquard weaving *jakar kartı* pattern card
jaketatay *a.* morning coat
jako *a, hayb.* grey parrot
jakobsit *a, min.* jacobsite
jakona *a, teks.* jaconet
jakuzi *a.* jacuzzi
jale *a.* dew * çiy
jalon *a.* range pole
jaluzi *a.* Venetian blind
Jamaika *a.* Jamaica
Jamaikalı *a, s.* Jamaican
Jamayka *a.* Jamaica
Jamaykalı *a. s.* Jamaican
jambon *a.* ham
jandarma *a.* police soldier, gendarme; gendarmerie
jandarmalık *a.* gendarme's duties
janjan *s.* changeable *janjan efekti* changeable effect, iridescent
janjanlı *s. kon.* changeable, iridescent, shot
janr *a.* type
Jansenizm *a.* Jansenism
jant *a, oto.* wheel rim *jant flanşı* rim flange *jant freni* rim brake *jant kapağı* hubcap *jant tabanı* rim base
Japon *a, s.* Japanese *Japon balmumu* japan wax *Japon ipeği* Japan silk *Japon verniği* japan
japonakçaağacı *a.* Japanese maple
japonayvası *a.* Japanese quince
japonböceği *a. hayb.* Japanese beetle
Japonca *a.* Japanese
japone *s.* sleeveless
japongülü *a.* camellia * kamelya
japonhurması *a.* persimmon
japonsarmaşığı *a.* kudzu
japontavuskuşu *a. hay.* green peafowl
Japonya *a.* Japan
Japonyalı *a. s.* Japanese
jardiniyer *a.* window box
jargon *a, dilb.* jargon
jarosit *a, min.* jarosite
jarse *a.* jersey
jartiyer *a.* garter
jaspe *a.* jaspé *jaspe iplik* jaspé thread
jato *a, hav.* jato *jato roketi hav.* jato rocket
Javel suyu *a.* Javel(le) water
javelo *a, sp.* javelin
jeantiklinal *a, yerb.* geanticline

jejunit *a, hek.* jejunitis
jel *a.* gel
jelada *a, hayb.* gelade monkey
jelatin *a.* gelatine *jelatin dinamiti* gelignite
jelatinlemek *e.* to gelatinize
jelatinli *s.* gelatinous
jeloz *a.* agar(-agar)
jenealoji *a.* genealogy * soybilim
jenerasyon *a.* generation * kuşak
jeneratör *a.* generator * üreteç *jeneratör gazı* generator gas, producer gas
jenerik *a.* credits, credits and titles
jenet *a, hayb.* genette
jenosid *a.* genocide
jenosit *a.* genocyte
jenotip *a.* genotype
jeobiyoloji *a.* geobiology
jeobotanik *a.* geobotanics
jeodezi *a.* geodesy * yerölçümbilim
jeodezik *s.* geodesic, geodetic *jeodezik kubbe* geodesic dome *jeodezik nokta* geodetic point
jeodinamik *a.* geodynamics
jeofizik *a.* geophysics * yerfiziği *jeofizik arama* geophysical exploration
jeofizikçi *a.* geophysicist
jeofiziksel *s.* geophysical
jeofon *a.* geophone
jeohidroloji *a.* geohydrology * hidrojeoloji
jeoit *a.* geoid
jeokimya *a.* geochemistry * yerkimyası
jeokimyasal *s.* geochemical *jeokimyasal çevrim* geochemical cycle
jeokorona *a.* geocorona
jeokronoloji *a.* geochronology
jeolog *a.* geologist * yerbilimci
jeoloji *a.* geology * yerbilim
jeolojik *s.* geological * yerbilimsel *jeolojik etüt* geological survey *jeolojik harita* geological map *jeolojik oluşum* geological formation *jeolojik zaman* geological time
jeomanyetik *s.* geomagnetic
jeomanyetizm *a.* geomagnetism
jeomorfolog *a.* geomorphologist
jeomorfoloji *a.* geomorphology * yerbiçimbilim
jeomorfolojik *s.* geomorphologic(al)
jeonomi *a.* geonomy
jeopolitik *a.* geopolitics ¤ *s.* geopolitical
jeosantrik *s.* geocentric *jeosantrik boylam* geocentric longitude

jeosantrik *enlem* geocentric latitude
jeosantrizm *a.* geocentricism
jeosenklinal *a, yerb.* geosyncline ¤ *s.* geosynclinal
jeosfer *a.* geosphere
jeosismik *s, yerb.* geoseismic
jeostrofik *s, yerb.* geosstrophic
jeot *a.* geode
jeoteknik *a.* geotechnics
jeotermal *s, yerb.* geothermal, geothermic *jeotermal enerji* geothermal energy
jeotermik *s.* geothermic, geothermal *jeotermik derece* geothermal gradient, geothermic gradient *jeotermik gradyan* geothermal gradient, geothermic gradient
jeotropizma *a. bitk.* geotropism
jeriyatri *a.* geriatrics
jeriyatrik *s.* geriatric
jest *a.* gesture; gesture, beau geste *jest yapmak* to gesture
jet *a.* jet, jet aircraft *jet gibi gitmek* to fly *jet gibi* double-quick *jet motoru* jet engine *jet saptırıcısı* jet deflector *jet sosyete* jet set *jet uçağı* jet plane *jet yakıtı* jet fuel
jeton *a.* token *Jeton düştü* The penny (has) dropped *İİ./kon. jetonlu telefon* pay telephone
jibon *a, hayb.* gibbon
jigger *a, teks.* jigger
jigolo *a.* gigolo *hkr.*
jikle *a.* choke, jet
jikleli *s.* having a choke/jet *jikleli karbüratör* jet carburettor
jiklet *a.* chewing gum
jile *a.* ladies' vest
jilet *a.* safety-razor *jilet bıçağı* razor blade *jilet gibi* very sharp
jiletlemek *e.* to cut with a razor blade
jimnastik *a, sp.* gymnastics, gym *kon.*, physical jerks *kon.*; physical education, gymnastics; *hek.* remedial gymnastics *jimnastik ayakkabısı* gym shoe *jimnastik salonu* gymnasium, gym *kon. jimnastik yapmak* to do gymnastic exercises, to do exercises
jimnastikçi *a.* gymnast
jinekolog *a.* gynaecologist
jinekoloji *a.* gynaecology, gynecology
jinekolojik *s.* gynecologic
jip *a.* jeep
jips *a.* gypsum

jipsli *s.* gypseous
jirasyon *a.* gyration
jiratör *a.* gyrator
jiromanyetik *s.* gyromagnetic
jiroskop *a.* gyroscope
jiroskopik *s.* gyroscopic
jiujitsu *a.* jujitsu
jogging *a.* jogging **jogging yapmak** to jog
joging *a. sp.* jogging
joker *a.* joker
jokey *a.* jockey
jonksiyon *a.* junction **jonksiyon devresi** trunk circuit **jonksiyon diyodu** junction diode **jonksiyon kablosu** junction cable, trunk cable **jonksiyon lazeri** junction laser **jonksiyon redresörü** junction rectifier **jonksiyon repartitörü** trunk distribution frame **jonksiyon transistoru** junction transistor
jorjet *a.* georgette
jöle *a.* jelly; gel
jön *a. tiy. sin.* juvenile; young man **Jön Türk** Young Turk
jönprömiye *a.* juvenile lead
Jöntürk *a. trh.* Young Turk
judo *a.* judo
judocu *a.* judoka, judo player
jul *a.* joule
jul-saniye *a.* joule-second
jumbo jet *a, hav.* jumbo, jumbo jet
Jura *a, yerb.* Jura
Jurasik *s. yerb.* Jurassic ¤ *a.* the Jurassic period
jurnal *a.* report of an informer **jurnal etmek** to inform against, to denounce
jurnalcı *a.* informer, denouncer
jurnalcılık *a.* informing, denouncement
jurnallemek *e.* to inform on, to denounce
jübe *a. mim.* jube
jübile *a.* jubilee
jülyen *s, gökb.* Julian ¤ *a, mutf.* julienne; *bitk.* rocket **Jülyen takvimi** Julian calendar **Jülyen tarihi** Julian date **Jülyen yılı** Julian year **Jülyen yüzyılı** Julian century
Jüpiter *a.* Jupiter * Erendiz, Müşteri
jüpon *a.* underskirt, petticoat
jüri *a.* jury **jüri üyesi** juror
jüt *a.* jute
jüvenil *s, yerb.* juvenile **jüvenil hormon** *kim.* juvenile hormone **jüvenil su** juvenile water

K

K, k *a.* the fourteenth letter of the Turkish alphabet
kaba *s.* rude, impolite, unkind, impertinent, bestial, mean, brutish, brusque, barbarous, disrespectful; graceless, inelegant; gruff, rough; vulgar, common; filthy, scurrilous, abrasive; coarse, rough; crude, rough, not well finished **kaba beton** coarse concrete **kaba çakıl** coarse gravel, cobble **kaba davranmak** to be rude (to sb) **kaba eğe** coarse file **kaba et** buttock(s) **kaba hadde** cogging mill, roughing roll **kaba kum** coarse sand **kaba kuvvet** force **kaba rende** rough plane, fore plane **kaba saba** a) rough, rude, coarse b) roughly made; sloppy, slack **kaba sıva vurmak** to rough cast **kaba sıva** roughcast, scratch coat **kaba tane** coarse grain **kaba taneli** coarse grained **kaba tarım** extensive agriculture **kaba tuz** bay salt **kaba yem** roughage **kabasını almak** to roughhew
kabaca *be.* roughly; crudely; coarsely ¤ *s.* rather bigger
kabadayı *a.* bully, tough guy, roughneck, rough *kon.*, toughie *kon.*
kabadayılık *a.* bluster **kabadayılık etmek** to bully **kabadayılık taslamak** to bluster, to play the tough
kabahat *a.* fault; offence, offense *Aİ.*, guilt **kabahat bulmak** to find fault with **kabahat etmek** to commit a fault **kabahati birinin üzerine atmak** to lay the blame on sb **kabahati üzerine almak** to bear the blame
kabahatli *s.* faulty, guilty, in the wrong, culpable **kabahatli olmak** to be in the wrong, to be at fault
kabahatlilik *a.* being at fault, guiltiness
kabahatsiz *s.* innocent, faultless, blameless
kabahatsizlik *a.* innocence, blamelessness
kabak *a, bitk.* marrow, vegetable marrow *İİ.*, marrow squash *Aİ.*, squash, courgette *İİ.*, zucchini *Aİ.*, gourd, pumpkin ¤ *s.* bold, bare * dazlak, tüysüz; (kavun, karpuz) unripe, tasteless **kabak başına patlamak** to carry the can **kabak**

çekirdeği pumpkin seed **kabak çıkmak** to turn out to be tasteless **kabak çiçeği gibi açılmak** kon. to become free and easy **kabak dolması** stuffed courgettes **kabak kafalı** bald, baldheaded **kabak kızartması** fried marrows **kabak tadı vermek** to become boring, to pall, to cloy **kabak tatlısı** pumpkin with syrup and walnuts

kabaklamak e. to prune (a tree) back to its trunk

kabaklaşmak e. to go bald

kabaklık a. kon. baldness; unripeness; boorishness

kabakulak a, hek. mumps **kabakulak olmak** to have the mumps

Kabala a. the Cabala

kabala a. cabala

kabalaşmak e. to become rough; to become impolite, to act rudely

kabalaştırmak e. to coarsen, to make coarse

kabalık a. roughness; coarseness; rudeness, discourtesy, disrespect **kabalık etmek** to be rude (to sb), to behave rudely

kaballama a. timbering, propping (in mines)

kaban a. reefer jacket, donkey jacket

kabara a. hobnail, boss

kabaralı s. hobnailed

kabarcık a. bubble; blister, pimple **kabarcık bellek** biliş. bubble memory **kabarcık fincanı** bubble cap **kabarcık noktası** bubble point **kabarcık odası** bubble chamber

kabarcıklanmak e. to break out in blisters/pimples; (for paint) to blister, become blistered

kabarcıklı s. having bubbles; having blisters **kabarcıklı düzeç** carpenter's level, plumb rule **kabarcıklı krep** blister style, cloqué

kabare a. cabaret

kabarık s. swollen, puffy, turgid; blistered; bulgy, protuberant

kabarıklık a. blister; swelling; puffiness; bulge; bulginess, protuberance

kabarma a. rising, swelling; coğ. high tide, flood tide * met; blistering; mec. being puffed up with pride **kabarma alçalma** ebb and flow

kabarmak e. to swell; to blister; to be

puffed out, to puff out; to increase; to expand; to become fluffy; (deniz) to become rough; (hamur) to rise; kon. to be puffed up, to boast

kabartı a. swelling; blister

kabartılı s. papulose

kabartma a. causing to swell; embossing; relief ¤ s. raised, in relief; embossed **kabartma apresi** embossed finish **kabartma baskı** embossed print, relief printing **kabartma efekti** embossing effect **kabartma krep** embossed crepe **kabartma makinesi** embossing machine **kabartma tozu** mutf. baking powder

kabartmak e. to cause to swell; to blister; to puff out, to fluff; to emboss

kabartmalı s. umbonate(d)

kabasakal s. kon. who has a bushy beard

kabasorta s. square-rigged

kabataslak s. roughly sketched out/outlined, crude

kabayonca a, bitk. alfalfa

Kabe a. din. the Kaaba

Kâbe a. Kaaba

kabız a. constipation * peklik ¤ s. constipated **kabız etmek** to constipate * peklik yapmak **kabız olmak** to be constipated * peklik olmak

kabızlık a. constipation **kabızlık çekmek** to suffer from constipation

Kabil a. Kabul

kabil[1] a. sort, kind * tür, çeşit **kabilinden** something like

kabil[2] s. possible, practicable * olanaklı, olabilir **kabil değil** (it's) impossible

kabile[1] a, esk. midwife * ebe

kabile[2] a. tribe, clan * boy **kabile reisi** chieftain **kabile üyesi** tribesman

kabiliyet a. ability, capability, aptitude, competence * yetenek

kabiliyetli s. able, capable, competent, skilful * yetenekli

kabiliyetsiz s. incapable, untalented * yeteneksiz

kabiliyetsizlik a. incompetence, incapacity, incapability * yeteneksizlik

kabin a. cabin; cubicle; cabinet; (telefon) booth

kabine a. cabinet; surgery room, consulting room; cubicle; water closet, toilet * hela

kabir a. grave, tomb * sin, gömüt, mezar

kablaj *a.* cabling, wiring **kablaj şeması** wiring diagram

kablo *a.* cable, flex, cord **kablo borusu** conduit **kablo çorabı** cable grip **kablo doldurucu** cable filler **kablo döşemek** to cable **kablo eki** cable joint, cable splice **kablo kelepçesi** cable clamp **kablo kılıfı** cable sheath **kablo kuplörü** cable coupler **kablo kutusu** cable box **kablo makarası** cable drum, cable reel **kablo mecrası** cable vault **kablo mumu** cable wax **kablo rakı** cable rack **kablo renk kodu** cable colour code **kablo soyucu** wire stripper **kablo takımı** cable assembly **kablo ucu** cable terminal **kablo vinci** cable crane **kablo zırhı** cable armour

kablolu *s.* having a cable **kablolu demiryolu** cable railway **kablolu fren** rope brake **kablolu televizyon** cable television **kablolu vinç** cable winch, blondin

kabotaj *a.* cabotage

kabristan *a.* cemetery, graveyard * sinlik, gömütlük, mezarlık

kabuk *a.* outer covering, cover; (ağaç) bark; (meyve, sebze) pod, rind, peel, shell, skin, jacket; peelings * soyuntu; *hayb.* skin, scale, shell, carapace; (yeryüzü) crust; (yara) scab **kabuğuna çekilmek** to withdraw into one's shell **kabuğunu ayıklamak** to hull **kabuğunu çıkarmak** to shell **kabuğunu soymak** to peel, to pare, to bark **kabuk bağlama** incrustation **kabuk bağlamak** a) to form a crust b) to form a scab **kabuk giderme** scale removing **kabuk soyma makinesi** huller

kabukbilimci *a.* conchologist

kabukbilimi *a.* conchology

kabukbilimsel *s.* conchological

kabuklanma *a.* cortication, incrustation

kabuklanmak *e.* to crust

kabuklu *s.* having a shell; having skin; having bark; crustaceous **kabuklu deniz hayvanı** shellfish **kabuklu hayvan** crustacean

kabuklubit *a.* scale insect

kabuklular *a.* Crustacea, shellfish

kabukluluk *a.* cortication

kabuksal *s.* cortical, peridermal, peridermic

kabuksu *s.* cortical, scaly, squamose, squamous, tegmenal

kabuksuz *s.* without bark; without skin; without shell

kabul *a.* acceptance; assent; acquiescence; admission; reception; approval ¤ *ünl.* OK *kon.*, Okay! *kon.*, All right!, Agreed!, Done **kabul edilebilir** acceptable, admissible **kabul etmek** a) to accept, to consent, to agree (to), to assent (to), to accede b) to admit, to concede, to acknowledge c) to receive (sb) d) to approve, to adopt e) to presume **kabul günü** visiting day **kabul salonu** reception room **kabul sayısı** acceptance number **kabul testi** acceptance test **kabul uçuşu** acceptance flight

kabullenmek *e.* to accept; to acquiesce; to acknowledge

kaburga *a.* rib; *den.* frame

kaburgalı *s.* ribbed **kaburgalı tonoz** *mim.* ribbed vault

kâbus *a.* nightmare * karabasan

kâbuslu *s.* nightmarish, dreadful

kabza *a.* handle, butt, hilt

kabzımal *a.* fruit and vegetable middleman

kabzımallık *a.* wholesale fruit and vegetable business

kaç *s.* how many; many **kaç para eder** what's the good/use of ..., what good is ... **Kaç para** How much?, How much is it? **kaç tane** how many

kaça *be.* how much (is it)?, What's the price?

kaçaburuk *a.* shoemaker's awl

kaçak *a.* runaway, fugitive; *ask.* deserter; leak, leakage ¤ *s.* smuggled, contraband, bootleg; illegal **kaçak akı** leakage flux **kaçak akım** fault current **kaçak akımı** leakage current **kaçak avlanan kimse** poacher **kaçak avlanmak** to poach **kaçak eşya** contraband **kaçak göstergesi** leakage indicator **kaçak hızı** rate of leak **kaçak kapasite** stray capacitance **kaçak kesim** illegal cut **kaçak kuyusu** katavothre, ponor **kaçak mal** smuggled goods, contraband goods **kaçak radyasyon** leakage radiation **kaçak reaktans** leakage reactance **kaçak su** leaking water **kaçak yapmak** (sıvı, gaz, vb.) to leak **kaçak yolcu** stowaway **kaçak yolu** leakage

path
kaçakçı *a.* smuggler
kaçakçılık *a.* smuggling **kaçakçılık yapmak** to smuggle, to bootleg
kaçaklık *a.* desertion; being a fugitive
kaçamak *a.* shift, subterfuge; *kon.* extra-marital affair, extra-marital escapade; pretext, excuse; loophole; refuge, shelter **kaçamak cevap(lar)/yanıt(lar) vermek** to hedge, to parry, to stall, to fence, to prevaricate **kaçamak yapmak** to do sth forbidden
kaçamaklı *s.* evasive, elusive **kaçamaklı konuşmak** to fence **kaçamaklı yanıt vermek** to stall
Kaçar *a. s.* Kajar
kaçar *be.* how many ... each?
kaçar *s.* how many each
kaçarlık *a, tek.* fugacity * fügasite
kaçarula *a.* saucepan; casserole
kaçık *s. kon.* cracked *kon.*, funny *kon.*, daft *kon.*, goofy *kon.*, off one's head *kon.*, cuckoo *kon.*, nutcase *arg.*, nuts *arg.*; (çorap) laddered ¤ *a.* (çorapta) ladder, run; loony, nut-case *arg.*, nut *hkr.*, nutter *İİ./hkr.*
kaçıklık *a. kon.* craziness, madness, eccentricity
kaçımsamak *e.* to avoid, to shun
kaçımsar *s.* evasive
kaçıncı *s.* which (in order), how manyth
kaçınık *s.* reclusive, secluded
kaçınılmaz *s.* inevitable, unavoidable, inescapable, necessary **kaçınılmaz şekilde** inevitably
kaçınmak *e.* to avoid, to keep away from, to get out of, to shun, to refrain, to abstain (from sth)
kaçıntı *a.* leakage, leak
kaçırmak *e.* to cause to escape; (otobüs) to miss; (fırsat) to miss, to let sth slip; to throw sth away, to miss out (on sth); (adam) to kidnap, to abduct; (uçak) to hijack; (çorap) to ladder; to smuggle; to steal, to walk away with; to drive/frighten (sb) away; to leak; *kon.* to go bananas, to go off the rails, to be off one's head *kon.* * üşütmek
kaçış *a.* escape, flight, escape **kaçış karakteri** escape character
kaçışmak *e.* to run away in different directions, to disperse
kaçkın *a.* runaway, deserter, fugitive, tru-

ant
kaçkınlık *a.* parallax
kaçlı *s.* of how many?; of what number?; which year was he/she born?
kaçlık *s.* of how much/many?; of what size?; of what age?
kaçma *a.* escape
kaçmak *e.* to run away, to get away, to flee, to escape, to break away, to break out, to bolt, to abscond, to make off *kon.*, to do a bunk *İİ./kon.*; to elope, to run away with sb; *kon.* to make a move, to go; to escape, to ooze, to leak; (çorap) to ladder, to run; (dust, insect etc.) to get into, to slip into; to avoid, to spare; to turn tail; to duck (out of) sth *kon.*, to slope off *İİ./kon.*; to verge on, to border on
kaçmaz *s, teks.* run-proof, ladderproof
kaçmazlık *a, teks.* being run-proof, being ladderproof **kaçmazlık apresi** ladderproof finish
kadana *a.* big horse **kadana gibi** strapping (woman)
kadans *a, müz.* cadence
kadar *ilg.* as ... as; as big as; as much as; until, till, by; up to; to; as far as; about or so, something like ¤ *a.* amount, degree **anladığım kadarıyla** as far as understand **bildiğim kadarıyla** as far as I know **kadarıyla** as far as
kadastro *a.* land survey ¤ *s.* cadastra **kadastro etüdü** cadastral surveying **kadastro haritası** cadastral ma **kadastro krokisi** cadastral sketch
kadavra *a.* corpse, cadaver, carcass
kadeh *a.* glass, cup, wineglass, goblet
kadehçiçeği *a.* spicebush
kadehçik *a.* cupula, cupule
kadem *a. esk.* foot * ayak, adım; foot * fu *mec.* good luck
kademe *a.* rank, grade; step, stair, rung basamak; *ask.* echelon **kadem kademe** step by step
kademelemek *e.* to line up in grade ranks
kademelendirmek *e.* to separate in graded ranks
kademeli *s.* graded; in steps; *ask.* echelons **kademeli anahtar** two-w switch **kademeli elde** cascaded car **kademeli frenleme** gradual brakir **kademeli kasnak** cone pull

kademeli kırma stage crushing **kademeli kompresör** stage compressor

kademli s. lucky, auspicious

kademsiz s. unlucky, inauspicious

kademsizlik a. unluckiness, inauspiciousness

kader a. fate, destiny, fortune, predestination * alınyazısı, yazgı **kadere boyun eğmek** to bow to fate, to bow to the inevitable **kaderin cilvesi** irony of fate **kaderinde olmak** to be destined

kaderci a, s. fatalist * fatalist

kadercilik a, fel. fatalism * cebriye, fatalizm

kadı a. cadi, kadi, Muslim judge

kadıköytaşı a. chalcedony

kadılık a. duties/rank of a qadi

kadın a. woman; married woman; lady; servant; female **kadın avcısı** wolf, womanizer, lady-killer **kadın berberi** hairdresser **kadın doktoru** gynaecologist **kadın düşmanı** misogynist **kadın garson** waitress **kadın giyimi** ladies' dress materials **kadın hakları** women's rights **kadın hastalıkları** gynaecological diseases **kadın iç çamaşırı** lingerie **kadın kuaförü** hairdresser **kadın külotu** panties **kadın mayosu** swimming costume **kadın milleti** kon. womankind, women, womenfolk **kadın olmak** to lose one's virginity, to be a woman **kadın öğretmen** mistress **kadın peşinde koşmak** to run after women, to womanize, to cruise **kadın polis** policewoman **kadın terzisi** dressmaker **kadınlar manastırı** convent

kadınbudu a. meat and rice croquettes

kadınca s. womanly, feminine

kadıncağız a. kon. the poor woman, the poor thing

kadıncık a. kon. poor woman

kadıncıl s. woman-chasing, womanizing

kadınlık a. womanhood; womanliness

kadınsı s. effeminate, sissy, womanish; womanly

kadınsılık a. femininity

kadıntuzluğu a. bitk. barberry

kadırga a, den. galley

kadırgabalığı a. hayb. sperm whale, cachalot

kadife a. velvet **kadife apresi** velvet finish

kadife bıçağı velvet knife **kadife gibi** soft and bright, velvety, silky **kadife pantolon** moleskin **kadife taklidi** velour(s)

kadifeçiçeği a. marigold

kadifemsi s. velvety

kadifeördek a. hayb. velvet scoter, velvet duck

kadim s. esk. ancient, old

kadir[1] a. worth, value * değer, kıymet; gökb. magnitude **kadir gecesi** the night of power **kadir gecesi doğmak** to be born under a lucky star **kadir gecesi doğmuş** born lucky **kadrini bilmek** to appreciate, to know the value of

kadir[2] s. mighty, powerful **Kadiri Mutlak** the Almighty

kadirbilir s. appreciative, grateful * değerbilir

kadirbilirlik a. appreciation

kadirşinas s. appreciative, grateful * değerbilir

kadirşinaslık a. appreciation

kadit s. very weak; esk. jerked meat

kadmiyum a. cadmium **kadmiyum klorür** cadmium chloride **kadmiyum sülfür** cadmium sulphide

kadran a. face, dial

kadranlı s. having a face/dial **kadranlı gösterge** dial gauge **kadranlı termometre** aneroid thermometer

kadril a. quadrille

kadro a. staff, personnel **kadro dışı** a) not on the permanent staff b) sp. on the bench

kadrolu s. on the permanent staff

kadron a. square timber

kadrosuz s. not on the permanent staff

kadrsız s. frameless

kaduseus a. caduceus

kadük s. obsolete, out-of-date, null and void

kafa a. head, nut arg.; mind, brain, brains, intelligence, head **kafa aralığı** head gap **kafa atmak** to butt **kafa çarpması** head crash **kafa dengi** like-minded, congenial **kafa derisi** scalp **kafa derisini yüzmek** to scalp **kafa işçisi** white-collar worker **kafa kafaya çarpışma** head-on collision **kafa kafaya vermek** to put their heads together **kafa kafaya** a) head-on b) neck and neck **kafa kalmamak** to be unable to think *kafa karışıklığı* confusion *kafa patlatmak* to rack one's brains, to cudgel one's brains *kafa şişirmek* to give sb a headache by noise or worrying, to bore *kafa tutmak* to oppose, to resist, to defy *kafa ütülemek* arg. to bore, to badger, to nag, to pester, to blabber *kon.*, to carp *arg.*, to rabbit (on) (about sb/sth) *hkr. kafa vurmak* to head *kafa yormak* to beat one's brains, to rack one's brains, to chew sth over *kon. kafadan* ad lib *kon.*, off the cuff *kafadan atmak* to make up, to cook sth up, to concoct *hkr. kafadan çatlak* crack-brained *kon. kafadan kızdırmalı motor* hot bulb engine *kafadan kontak olmak kon.* to be out of one's mind *kafadan kontak kon.* crack-brained *kon.*, cracked, nuts, bonkers *İİ./arg. kafadan sakat* crack-brained *kon.*, bonkers *İİ./arg. Kafana göre takıl* Please yourself *kon. kafası allak bullak olmak* to be stumped *kon. kafası almamak* to be unable to understand/get *kafası bozulmak* to get angry/annoyed *kafası çalışmak* to have a quick mind *kafası dumanlı* lightheaded *kafası işlemek* to have a quick mind *kafası karışmak* to get confused *kafası karışmış* confused *kafası kazan olmak* to get mixed-up, to get confused *kafası kıyak* jolly, merry *kon. kafası kızmak* to get angry, to fly into a temper *kafası şişmek* to get mixed-up, to get confused *kafası yerinde olmak* to have one's wits about one *kafasına dank etmek* to dawn on sb, to come home to sb *kafasına dank ettirmek* to bring sth home to sb *kafasına girmek* to understand, to get *kafasına göre* after one's own heart *kafasına koymak* to set one's mind (on sth), to be dead set on sth *kafasına sokmak* to drum sth into sb, to drum sth into sb's head, to impress, to implant, to inculcate *kafasına takılmak* to obsess *kafasına takmak* to keep one's mind (on), to turn one's mind (to) *kafasında* in one's mind's eye *kafasında canlandırmak* to envision, to envisage *kafasında kurmak* to incubate *kafasını karıştırmak* to perplex, to puzzle, to confuse, to muddle, to baffle *kafasını*

kızdırmak to make angry, to drive sb mad *kafasını kullanmak* to use one's life *kon. kafasını kurcalamak* to worry, to preoccupy *kafasını meşgul etmek* to engage sb's attention *kafasını patlatmak* to crown *kon. kafasını şişirmek* to talk sb's head off *kafasını takmak* to have a bee in one's bonnet (about) *kafasını toplamak* to collect one's thoughts *kafasını uçurmak* to behead *kafasını ütülemek* to talk sb's head off *kafasının dikine giden* headstrong, contrary *kafasının dikine gitmek* to go one's way *kafaya almak* arg. to take the piss (out of sb), to have sb on, to hoax, to play a joke on sb, to play a prick on sb, to play a prank on sb, to lead sb up the garden path *İİ./kon. kafaya dank etmek* to soak in *kafaya takmak* to have a bee in one's bonnet (about) *kafayı bulmak* arg. to get pissed, to be tanked up, to get tanked up *kafayı çalıştırmak* to use one's life *kon. kafayı çekmek kon.* to have booze-up, to booze *kon. kafayı oynatmak* to go off the rails *kafayı üşütmek* to be off one's head *kon.*, to be fucked up *kafayı üşütmüş* fuckedup *kafayı yemek* to be fucked up, to be out of one's mind, to be off one's nut *kafayı yemiş* arg. fucked-up, off one's head

kafadanbacaklı s. cephalopod

kafadar a. intimate friend, buddy, chum crony *hkr.* ¤ s. intimate, like-minded congenial

kafadarlık a. like-mindedness

kafaiçi s. anat. intercranial

kafakâğıdı a, kon. identity card, identity certificate * nüfus kâğıdı, hüviyet

kafalı s. intelligent, clever, clear-headed brainy *kon.*

kafasız s. brainless, stupid, thickheaded blockheaded, harebrained

kafasızlık a. stupidity, brainlessness

kafataşçı a. s. racist

kafatasçılık a. racism

kafatası a. skull, cranium

kafatassızlar a. acrania

kafe a. café, coffee bar *İİ.*

kafein a. caffeine

kafeinsiz s. caffeine-free, decafeinate *kafeinsiz kahve* decaffeinated coffee

kafes *a.* cage, hutch; lattice; grating, grill; *mim.* framework; *arg.* jail, clink *arg.*, the cooler *arg.*, the can *Aİ./arg.* **kafes anten** cage aerial **kafes bobin** cage coil, lattice coil **kafes boyutu** lattice dimension **kafes dinamiği** lattice dynamics **kafes enerjisi** lattice energy **kafes filtre** lattice filter **kafes işi** fretwork, lathwork, latticework **kafes kiriş** lattice beam, lattice girder **kafes köprü** truss bridge **kafes laması** lattice bar **kafes rotor** cage rotor **kafes sabitesi** lattice constant **kafes sargı** cage winding **kafes şebeke** lattice network **kafese girmek** to be duped, to be swindled **kafese koymak** a) to cage b) *mec.* to deceive, to gull, to swindle

kafesçi *a.* maker/seller of cages

kafeslemek *e, arg.* to swindle, to hoodwink

kafesli *s.* latticed

kafeterya *a.* cafeteria, coffee bar *İİ.*

kâfi *s.* enough, sufficient **kâfi gelmek** to suffice, to be enough

kafile *a.* convoy, procession **kafile numarası** lot number

kâfir *a.* unbeliever, Non-Muslim, infidel *esk./hkr.*

kafiye *a.* rhyme * uyak

kafiyeli *s.* rhyming, rhymed * uyaklı

kafiyesiz *s.* rhymeless * uyaksız

Kafkas *a, s.* Caucasian

Kafkasya *a.* the Caucasus

Kafkasyalı *a, s.* Caucasion

kaftan *a.* caftan, kaftan

kaftanböceği *a. hayb.* seven-spotted ladybug

kaftancı *a. trh.* keeper of the caftans

kâfur(u) *a.* camphor

kâfurlamak *e.* to camphorate

kâfurlu *s.* camphorated, camphoric

kâfuryağı *a.* camphor oil, camphorated oil

kâgir *s, mim.* built of stone, built of brick **kâgir baraj** masonry dam

kağan *a.* khan, ruler

kağanlık *a. trh.* khanate

kâğıdımsı *s.* paperlike

kâğıt *a.* paper; playing card; letter, note **kâğıda dökmek** to commit to paper, to write down **kâğıt bant** paper tape **kâğıt bıçağı** guillotine **kâğıt dağıtmak** to deal (out) cards **kâğıt fabrikası** paper mill **kâğıt hamuru** pulp **kâğıt helvası**

wafer **kâğıt kaplamak** to wallpaper, to paper **kâğıt kaplatmak** to have the walls papered **kâğıt kromatografisi** paper chromatography **kâğıt mendil** tissue, paper hanky **kâğıt para** paper money, banknote, bill *Aİ.* **kâğıt sepeti** wastepaper basket **kâğıt torba** paper bag **kâğıt üzerinde** in black and white **kâğıtları karmak/taramak** to shuffle the cards

kâğıtağacı *a.* paper mulberry

kâğıtbalığı *a.* ribbonfish

kâğıtçı *s.* manufacturer/seller of paper

kâğıtçılık *a.* paper business

kâğıtdutu *a.* paper mulberry

kâğıthelvası *a.* pastry wafers

kâğıtkurdu *a. hayb.* bookworm, paper worm

kâğıtlamak *e.* to paper; to wrap (sth) in paper

kâğıtlı *s.* having paper, containing paper **kâğıtlı kondansatör** paper capacitor

kâğıtsı *s.* paperlike, papery

kağnı *a.* oxcart

kağşak *s.* about to collapse, ruined, decrepit

kağşamak *e.* to sag

kâh *bağ.* sometimes, at one time * bazen, gâh **kâh ... kâh ...** now ... now, sometimes ... and sometimes ...

kahır *a.* grief, sorrow, remorse, distress **kahrını çekmek** to have to put up with sb

kahırlanmak *e.* to be grieved, to be distressed

kahırlı *s.* sorrowful, remorseful

kâhin *a.* soothsayer, diviner, seer, oracle

kâhinlik *a.* soothsaying, prophesying

kahir *s. esk.* crushing, irresistible

Kahire *a.* Cairo

kahkaha *a.* loud laughter, chuckle, chortle **kahkaha atmak** to laugh loudly **kahkaha tufanı** explosion of laughter **kahkahadan kırıp geçirmek** to bring the house down **kahkahadan yerlere yatmak** to split one's sides **kahkahayı basmak** to burst into laughter **kahkahayı koyuvermek** to burst into laughter

kahkahaçiçeği *a.* morning glory

kahpe *a.* prostitute, harlot, whore * orospu ¤ *s, hkr.* fickle, perfidious * dönek

kahpelik *a.* prostitution; treachery, dirty

trick **kahpelik etmek** to do sb a dirt, to fuck sb over

kahraman *a.* hero, heroine; protagonist ¤ *s.* brave

kahramanca *s.* heroic ¤ *be.* heroically

kahramanlık *a.* heroic deed, feat, exploit; heroism, bravery

kahredici *s.* overpowering, crushing

kahretmek *e.* to overpower, to overwhelm, to crush; to cast sb down, to distress, to upset; to feel sorrow, to be depressed; to curse * ilenmek, beddua etmek **Kahretsin!** *ünl.* Sod (it)!, Damn! *kon.*

kahrolmak *e.* to be grieved, to be depressed **kahrolası** damn, confounded, god-damn(ed) *arg.*, god-dam *Aİ./arg.*, bloody *İİ./arg.* **Kahrolsun!** Damn with!, Down with (sb/sth)!

kahvaltı *a.* breakfast **kahvaltı etmek** to have breakfast, to breakfast

kahvaltılık *s.* for breakfast

kahve *a.* coffee; coffee tree, coffee bean; coffeehouse, café **kahve cezvesi** coffeepot **kahve çekirdeği** coffee bean **kahve çekmek** to grind coffee **kahve değirmeni** coffee grinder, coffee mill **kahve demliği** coffee pot **kahve fincanı** coffee cup **kahve kaşığı** coffee spoon **kahve telvesi** coffee grounds **kahve yapmak** to make coffee

kahveağacı *a. bitk.* coffee plant

kahveci *a.* keeper of a coffeehouse

kahvecilik *a.* keeping a coffe/tea house; dealing in coffee

kahvehane *a.* coffeehouse

kahverengi *a, s.* brown

kahverengimsi *s.* brownish

kâhya *a.* steward, major-domo; butler; parking lot attendant; *kon.* busybody

kâhyalık *a.* being a parking lot attendant; being a taxi stand attendant; *kon.* meddlesomeness

kaide *a.* rule * kural; base, pedestal * taban, duraç, ayaklık **kaide kornişi** base moulding

kaideten *be. esk.* according to the rules, as a rule

kail *s. esk.* narrating, relating; convinced

kaim *s. esk.* substituting, replacing; existent, existing

kaime *a. esk.* document, certificate; bank note

kâin *s. esk.* existent, existing

kâinat *a.* cosmos, universe * evren, acun; everybody * herkes

kainit *a, min.* kainite

kak *a.* dried fruit ¤ *s.* skinny, wizened

kaka *a.* excrement, faeces ¤ *s, çoc.* dirty, bad **kaka yapmak** to poo-poo, to poop, to poop on

kakaç *a.* food that has been salted and dried; dried buffalo meat

kakadu *a, hayb.* cockatoo

kakalamak *e.* to poo-poo on, to poop on

kakalamak[1] *e.* to hustle, to jostle b) *mec.* to palm sth off *kon.*, to fob sth off on/onto sb

kakalamak[2] *e.* to excrete, to go potty

kakalı *s.* poopy

kakanoz *s.* (kadın) ugly

kakao *a.* cocoa **kakao tohumu** cacao bean **kakao yağı** cacao butter

kakaoağacı *a. bitk.* cacao tree

kakaoyağı *a.* cocoa butter

kakavan *s.* conceited, stupid

kakavanlık *a.* conceit, pride, imbecility

kakıç *a.* fisherman's gaff

kakım *a. hayb.* ermine, stoat

kakım, kakum *a, hayb.* stoat, ermine * ermin

kakımak *e. yörs.* to reprove, tell (sb) off

kakınç *a.* anger, fury, reproach

kakırca *a. yörs.* hazel mouse, dormouse

kakırdak *a.* cracklings, skinny parts of suet

kakırdamak *e.* to crackle, to rattle; to dry, to become dry; *arg.* to die, to pop off, to kick the bucket *arg.*

kakırtı *a.* crackling sound, crackle

kakışmak *e.* to push and shove each other

kakıştırmak *e.* to let push/tap (one another)

kakma *a.* push, shove; inlaying; driving in, nailing; inlay ¤ *s.* inlaid **kakma yapmak** to inlay

kakmacı *a.* repoussage worker, inlayer

kakmacılık *a.* ornamental inlaying, relief work, marquetry

kakmak *e.* to push, to prod; to drive in, to nail; to inlay

kakmalı *s.* inlaid, worked in relief or repoussage

kaknem *s.* ugly, shrewish, bad-tempered; puny, thin and weak

kakodil *a.* cacodyl

kakofoni *a.* cacophony
kaktüs *a, bitk.* cactus * atlasçiçeği
kaktüslü *s.* cactaceous
kaktüsümsü *s. bitk.* cactaceous, cactus-like
kakule *a, bitk.* cardamom
kakum *a.* ermine
kâkül *a.* bangs * perçem
kâküllü *s.* having bangs/curls
kal¹ *a, metl.* smelting **kal etmek** to smelt **kal ocağı** smelting furnace **kal potası** cupel
kal² *a, esk.* word, talk **kale almak** to take into consideration, to heed **kale almamak** not to pay any attention (to), to be heedless of
kala *ilg.* to **kala kala** only
kalaazar *a. hek.* kala-azar, dumdum fever
kalaba *a.* crowd, mass
kalabalık *a.* crowd, throng, concourse, multitude, crush, horde ¤ *s.* crowded, thronged **kalabalık etmek** to be in the way, to be superfluous
kalabalıklaşmak *e.* to get crowded
kalafat *a, den.* caulking; *arg.* cock, prick **kalafat çekici** caulking hammer **kalafat etmek** *den.* to careen **kalafat ipi** oakum **kalafat yeri** careening yard, caulking yard **kalafata çekmek** to draw a vessel for caulking
kalafatçı *a. den.* caulker
kalafatçılık *a. den.* caulking, work of a caulker
kalafatlamak *e, den.* to caulk, to calk *Aİ.*; to repair
kalafatlanma *a, den.* being caulked; being repaired
kalafatlanmak *e, den.* to be aulked; to be repaired
kalafatsız *s. den.* uncaulked
kalak *a.* nostrils (of an animal)
kalakalmak *e.* to stand aghast
kalamar *a, hayb.* squid, calamary
kalamin *a.* calamine
kalamit *a.* calamite
kalan *s.* remaining, residual ¤ *a.* the remainder, residue; rest
kalantor *a, s.* filthy rich, well-heeled ¤ *a.* well-heeled person
kalao *a. hayb.* calao
kalas *a.* plank, rafter, wooden beam **kalas döşemek** to plank **kalas gibi** brusque, indelicate

kalastra *a.* boat chock
kalaşnikof *a.* Kalashnikov
kalaverit *a.* calaverite
kalay *a.* tin; *arg.* cursing, swearing, strong language *ört.* **kalay cevheri** tinstone **kalay kaplama** tin plating **kalay klorürü** tin salt **kalay madeni** stannary **kalay mordanı** tin mordant **kalay potası** tinning pot **kalay şarjı** tin loading, tin weighting **kalay tuncu** tin bronze **kalayı basmak** to swear like a trooper
kalaycı *a.* tinman, tinner
kalaycılık *a.* tinning, coating with tin; *kon.* fraud
kalaylamak *e.* to tin; *arg.* to swear (at), to curse, to swear like a trooper
kalaylı *s.* tinned; containing tin; *arg.* sham, deceptively ornamented
kalaysız *s.* untinned, whose tin has worn off
kalben *be.* sincerely, in one's heart
kalbi *s.* heartfelt, sincere, cordial
kalbur *a.* sieve, riddle **kalbur gibi** riddled **kalbura çevirmek** to riddle **kalbura dönmek** to be riddled **kalburdan geçirmek** to sieve, to sift, to riddle
kalburcu *a.* maker/seller of sieves/riddles; sifter, screener
kalburkemiği *a.* ethmoid
kalburlamak *e.* to riddle, to sieve
kalbursu *s.* cribriform; sievelike
kalburüstü *s.* select, elite
kalcı *a.* smelter, refiner
kalça *a.* hip, haunch **kalça kemiği** hipbone, haunch bone
kalçakemiği *a. anat.* hipbone, haunch bone, hucklebone
kalçalı *s.* hipped, haunched
kalçete *a.* gasket
kaldera *a.* caldera
kaldıraç *a.* lever, rank
kaldırak *a.* winch, crane
kaldıran *a. anat.* levator
kaldırıcı *a.* jack
kaldırım *a.* pavement *İl.*, sidewalk *Aİ.* **kaldırım döşemek** to pave **kaldırım mühendisi** *arg.* loafer, tramp, bum, hobo, deadbeat *kon.* **kaldırım taşı** paving stone, cobble, cobblestone **kaldırım tuğlası** paving brick

kaldırımcı *a.* one who lays paving stones, street mason, paver; *arg.* pickpocket, purse-snatcher

kaldırımcılık *a.* paving; *arg.* picking pockets, purse snatching

kaldırımsı *s. biy.* squamous

kaldırma *a.* lift, lifting, hoist *kaldırma flabı* lift flap *kaldırma kapasitesi* lifting capacity *kaldırma katsayısı* lift coefficient *kaldırma kuvveti* buoyancy, lift *kaldırma merkezi* centre of lift *kaldırma silindiri* lifting cylinder *kaldırma tertibatı* lifting device

kaldırmaç *a.* forklift

kaldırmak *e.* to lift, to raise, to hoist, to elevate; to erect; to carry; to remove; to cancel, to abolish, to annul, to abrogate, to do away with sth *kon.*; to void; to put sth away; to clear sth away; to wake (sb up), to get sb up; to carry, to support, to bear; to stomach, to tolerate, to endure, to put up with; *arg.* to steal, to pinch

kale *a.* fortress, castle, citadel, stronghold; *sp.* goal, goal post; (satranç) castle, rook *kale burcu* bastion *kale çizgisi* goal line *kale direkleri sp.* goal posts *kale gibi* very strong/firm *kale hendeği* moat *kale mazgalı* porthole *kale vuruşu* goal kick

kalebent *a.* prisoner confined to a fortress

kalebentlik *a.* confinement in a fortress

kaleci *a., sp.* goalkeeper, goalie *kon.*

kalecilik *a., sp.* goalkeeping

kalem *a.* pen, pencil; chisel, gouge; office; item, entry; sort, kind *kalem açmak* to sharpen a pencil *kalem aşısı bkz.* kalemaşısı *kalem koyacağı* penholder *kalem kutusu* pencil box *kalem sapı* penholder *kalem ucu* nib *kaleme almak* to draw up, to write *kalemiyle geçinmek* to live by one's pen

kalemaşısı *a.* graft, scion

kalembek *a. bitk.* agalloch, eagle-wood

kalemci *a.* seller of pencils/pens

kalemis *a. hayb.* civet, civet cat

kalemkâr *a.* artist who paints designs on walls/ceilings

kalemkârlık *a.* profession of painting/engraving designs

kalemlik *a.* pencil box, pencil case; pen rack, penholder

kalemşor *a.* polemical writer, polemicist

kalemtıraş *a.* pencil sharpener

kalender[1] *s.* carefree, easygoing, unconventional

kalender[2] *a., tek.* calender *kalender apresi* calender finish *kalender silindiri* calender roll

kalenderce *be.* in a bohemian/easygoing manner

kalenderlemek *e., tek.* to calender

kalenderleşmek *e.* to become carefree and unconventional

kalenderlik *a.* modesty, unconventionality

kalensöve *a. bitk.* root cap, calyptra

kaleska *a.* light open carriage, calash

kaletmek *e.* to smelt

kalevi *s.* alkaline * alkalik

kalevileşmek *e. kim.* to become alkaline

kalevilik *a.* basicity

kaleydoskop *a.* kaleidoscope

kalfa *a.* master-builder, contractor; qualified workman, charge-hand; head of female servants

kalfalık *a.* rank/work of a master builder

kalgımak *e.* to bound, to spring

kalgon *a.* calgon

kalhane *a.* smelter, smeltery

kalıcı *s.* permanent, lasting, perpetual, resident *kalıcı apre* permanent finish *kalıcı bellek biliş.* nonvolatile memory, permanent memory, permanent storage *kalıcı görüntü* afterglow *kalıcı hata* permanent error *kalıcı plise* permanent crease *kalıcı program* resident program *kalıcı yordam* resident routine

kalıcılık *a.* continuance, permanence

kalıç *a. yörs.* sickle

kalık *s.* remaining, left ¤ *a.* spinster *gen. hkr.*

kalım *a.* staying; survival

kalımlı *s.* lasting, permanent; immortal * ölümsüz, baki, payidar, zevalsiz

kalımlılık *a.* permanence; immortality * ölümsüzlük

kalımsız *s.* transitory, impermanent; mortal * fani

kalımsızlık *a.* impermanence; mortality

kalın *s.* thick; stout, coarse; dense; (ses) deep; *arg.* rich *kalın adım* coarse pitch *kalın agregat* coarse aggregate *kalın diş* coarse thread *kalın gres* consistent grease *kalın hatve* coarse pitch *kalın kafalı* thickheaded, dull, slow, thick *kon.*, dense *kon.*, obtuse *res./hkr. kalın* *ünlü* back vowel *kalın zımpara* coarse emery

kalınbağırsak *a, anat.* large intestine *kalınbağırsak iltihabı* colitis

kalınlaşmak *e.* to thicken, to become thick

kalınlaştırmak *e.* to thicken, to make thick

kalınlık *a.* thickness; coarseness; (ses) depth *kalınlık mastarı* thickness gauge *kalınlık pergeli* callipers

kalıntı *a.* remnant, remainder, leavings; ruin, ruins; residue; mark, trace

kalınyağ *a.* lubricating oil

kalıp *a.* mould, mold *Aİ.*; pattern, model; template; (ayakkabı) last; (şapka) block; (sabun, vb.) bar, cake, piece; appearance; shape *kalıba dökmek* to cast, to mould, to mold *kalıbını almak* to take a mould (of) *kalıbını basmak kon.* to guarantee, to be dead certain *kalıbını çıkarmak* to model *kalıp çeliği* die steel *kalıp gibi oturmak* to fit like a glove, to fit perfectly *kalıp kumu inş.* moulding sand *kalıp tozu* moulding powder *kalıptan çekilmiş* extruded *kalıptan geçirme* extrusion *kalıptan geçirmek* to extrude

kalıpçı *a.* diesinker, moulder

kalıpçılık *a.* diesinking

kalıplama *a.* moulding *kalıplama makinesi* moulding machine *kalıplama presi* drawing press, moulding press *kalıplama tozu* moulding powder

kalıplamak *e.* to block, to mould

kalıplaşmak *e.* to take a fixed form; to become stereotyped

kalıplaşmış *s.* stereotyped, clichéd

kalıplı *s.* blocked, moulded

kalıt *a.* inheritance, heritage, legacy, patrimony, bequest * miras

kalıtbilim *a.* genetics

kalıtçı *a.* heir, inheritor * mirasçı, varis, muris

kalıtım *a.* heritage, heredity; inheritance *kalıtım yoluyla* by heredity/inheritance

kalıtımbilim *a.* genetics * genetik

kalıtımcı *a. s.* hereditarian

kalıtımcılık *a.* hereditarianism

kalıtımsal *s.* hereditary, genetic * irsi *kalıtımsal bellek biliş.* inherent storage *kalıtımsal hata biliş.* inherited error

kalıtışım *a.* chiasma

kalıtsal *s.* hereditary, genetic * kalıtımsal, irsi

kalıtsallık *a.* hereditability

kalibrasyon *a.* calibration *kalibrasyon eğrisi* calibration curve

kalibre *a, ask.* calibre, bore

kalifiye *s.* qualified *kalifiye işçi* qualified workman, skilled workman

kaliforniyum *a.* californium

kaligraf *a.* calligrapher

kaligrafi *a.* calligraphy

kaligrafik *s.* calligraphic

kalikant *a.* spicebush

kaliks *a.* calice, calyx

kalikssiz *s.* acalycine

kalina *a.* calina

kalinis *a. hayb.* a rail

kalinos *a. hayb.* European sea bass

kaliofilit *a.* kaliophilite

kalipso *a.* calypso

kaliptra *a.* calyptra

kaliptrojen *a.* calyptrogen

kalitatif *s.* qualitative *kalitatif analiz* qualitative analysis

kalite *a.* quality *kalite diagnostikleri* quality diagnostics *kalite faktörü* quality factor *kalite kontrolü* quality control, grade control *kalite mühendisliği* quality engineering

kaliteli *s.* of good quality, de luxe, fine, high-class

kalitesiz . *s.* of poor quality, third-rate, cheap, shoddy, cheapjack, tacky *kon.*

kalitesizlik *a.* lack of quality

kalkan[1] *a.* shield *kalkan duvarı* gable wall, gable

kalkan[2] *a, hayb.* turbot

kalkanbezi *a, anat.* thyroid gland, thyroid * tiroit

kalkanböceği *a. hayb.* tortoise beetle

kalkancı *a.* maker/seller of shields

kalkanlı *s.* armed with a shield; bearing a shield

kalkansı *s.* shieldlike, scutellate, scutate

kalkansı *s.* scutate, peltate

kalker *a.* limestone * kireçtaşı

kalkerleşme *a.* calcification

kalkerleşmek *e.* to calcify

kalkerli *s.* calcareous

kalkersiz *s.* noncalcareous

kalkık *s.* raised, risen; lifted; erect

kalkındırmak *e.* to develop, to improve

kalkınma *a.* development, progress, improvement, recovery *kalkınma ekonomisi* development economics

kalkınma hızı rate of growth, growth rate **kalkınma planı** development plan
kalkınmak e. to progress, to develop, to advance
kalkış a. departure; takeoff, lift-off **kalkış ağırlığı** takeoff weight **kalkış havaalanı** airport of departure **kalkış hızı** takeoff speed **kalkış noktası** boarding point **kalkış pisti** takeoff runway **kalkış rulesi** takeoff run **kalkışa geçmek** to take off
kalkışmak e. to attempt, to try, to dare
kalkmak e. (ayağa) to stand up; (yataktan) to get up; to rise; to depart, to leave, to move off * hareket etmek; (uçak) to take off, to lift off; (taşıt) to run; to recover, to be about again; to end; to be cancelled, to be abolished, to be annulled; to attempt, to try, to dare; (penis) to get erect, to get up; to go out, to become unfashionable **kalk borusu** ask. reveille
kalkojen a. kim. chalcogen
kalkolitik s. Chalcolithic, Aeneolithic
kalkopirit a. chalcopyrite
kalkopirit a. chalcopyrite, copper pyrites
kallavi s. big, large, huge
kalleş s. fickle, mean, treacherous, traitorous, perfidious res. ¤ a. rat
kalleşçe be. perfidiously
kalleşlik a. treachery, perfidy res., dirty trick **kalleşlik etmek** to do sb a dirt, to hit below the belt
kalma a. staying; remaining ¤ s. remaining from; handed down (from); dating from
kalmak e. to remain; to be left; to be left behind; to be left over; to stay; to put up; to stick around kon.; to be, to spend time; (sınavda) to fail; (yağmur, vb.) to stop, to cease; to be postponed (to/until); to fall to (sb); to descend from sb/sth, to be inherited (from); to be prevented (from) **kalacak yer** accommodation **kaldı ki** other than that, besides, moreover
kalmalı s, dilb. locative
Kalmuk a. s. Kalmuck
kalmuk a, teks. calmuc
Kalmukça a. s. Kalmuck
kalofan a. rosin
kaloma a. den. slack of a hawser
kalomel a. calomel
kalori a. calorie

kalorifer a. central heating; radiator **kalorifer dairesi** furnace room **kalorifer kazanı** heating boiler
kaloriferli s. centrally heated
kalorifersiz s. without central heating
kalorifik s. calorific **kalorifik değer** calorific value **kalorifik etki** calorific effect **kalorifik şiddet** calorific intensity
kalorimetre a. calorimeter * ısıölçer
kalorimetri a. calorimetry * ısıölçüm
kalorizatör a. calorisator
kalorize etmek e. to calorize
kalp[1] a. heart, ticker kon.; heart disease; sensitivity, sympathetic nature; centre, core, heart ¤ sg. cardiac **kalbi atmak** to beat, to pulsate **kalbi çarpmak** to palpitate, to throb **kalbi kırık** broken-hearted **kalbi olmak** to suffer from heart trouble **kalbini açmak** to open one's heart (to) **kalbini çalmak** to steal sb's heart **kalbini fethetmek** to take sb by storm **kalbini kırmak** to break sb's heart **kalp ağrısı** heartache **kalp atışı** heartbeat **kalp baypası** heart bypass **kalp çarpıntısı** tachycardia **kalp hastalığı** heart disease **kalp kası** myocardium **kalp kası iltihabı/yangısı** myocarditis **kalp krizi** heart attack **kalp nakli** heart transplant **kalp sektesi** heart failure **kalp yetmezliği** heart failure
kalp[2] s. counterfeit, false, forged, spurious **kalp para** counterfeit money **kalp para basmak** to counterfeit
kalpak a. fur cap
kalpakçı a. maker/seller of calpacs
kalpaklı s. wearing a calpac
kalpazan a. counterfeiter, forger
kalpazanlık a. counterfeiting, cheating, forgery
kalplaşmak e. to become forged; to become unreliable
kalplık a. being forged/false; unreliableness
kalpsiz s. heartless, pitiless, remorseless, cruel
kalpsizlik a. kon. heartlessness, pitilessness
kalsedon a. chalcedony
kalseduan a. chalcedony
kalsifikasyon a. calcification
kalsine etmek e. to calcine
kalsit a. calcite
kalsitonin a. calcitonin

kalsiyum *a, kim.* calcium **kalsiyum hidroksit** calcium hydroxide **kalsiyum karbonat** calcium carbonate **kalsiyum klorür** calcium chloride **kalsiyum nitrat** nitrate of lime **kalsiyum oksit** calcium oxide **kalsiyum sabunu** lime soap **kalsiyum sülfat** calcium sulphate

kalsiyumlu *s.* calcic

kaltaban *s.* dishonest; tricky, deceitful

kaltabanlık *a.* dishonesty; deceitfulness

kaltak *a. kon.* whore, floozie, turd, bitch *arg./hkr.*, hussy *esk./hkr.*; saddletree, saddle

kaltaklık *a. kab.* prostitution

kalyon *a.* galley, galleon

kâm *a.* wish

kam *a.* cam **kam levyesi** cam lever **kam mili** camshaft **kam muylusu** cam journal **kam profili** cam profile **kam şaftı** camshaft

kama *a.* dagger, poniard, dirk; wedge, cleat, cotter, key **kama oluğu** key groove **kama yatağı** key seat, keyway

kamacı *a.* maker/repairer of breechblocks

kamala *a.* kamala

kamalamak *e.* to wedge

kamalı *s.* having a dagger; having a wedge **kamalı cıvata** cotter bolt **kamalı pim** cotter pin

kamanço *a.* transfer, handling

kamara *a.* cabin

kamarilla *a.* camarilla

kamarot *a, den.* steward

kamarotluk *a.* duties of a ship's steward

kamasit *a.* kamacite

kamaşmak *e.* (göz) to be dazzled; (diş) to be set on edge

kamaştırmak *e.* to dazzle; to set on edge

kamber *a.* camber **kamber açısı** camber angle

kambiyo *a.* exchange, foreign exchange **kambiyo kuru** exchange rate, rate of exchange **kambiyo senedi** bill of exchange

kambiyocu *a.* dealer in exchange; exchange broker

kambiyum *a.* cambium

Kamboç *a.* Kampuchea

Kamboçça *a, s.* Kampuchean

Kamboçlu *a, s.* Kampuchean

Kamboçya *a.* Kampuchea

Kamboçyalı *a, s.* Kampuchean

kambriyen *a. yerb.* the Cambrian (period)

kambur *a.* hump, hunch; humpback, hunchback ¤ *s.* humpbacked, hunchbacked **kambur felek** cruel fate **kambur kemer** camber arch **kambur üstüne kambur, kambur kambur üstüne** one trouble after another **kamburu çıkmak** to become hunchbacked **kamburunu çıkarmak** to arch, to stoop

kamburbalina *a. hayb.* humpback whale

kamburlaşmak *e.* to become hunchbacked

kamburlaştırmak *e.* to hunch

kamburluk *a.* being hunchbacked; protuberance

kamburüzüm *a.* huckleberry

kamçı *a.* whip, scourge; *den.* pendant, tail; *biy.* flagellum **kamçı çalmak** to whip, to lash, to scourge **kamçı ipi** whiplash **kamçı izi** welt

kamçıbaşı *a.* schappe silk

kamçılamak *e.* to whip, to flog, to lash, to scourge; *mec.* to stimulate, to lash sb, to whip up

kamçılı *s.* flagellar

kamçısal *s.* flagelliform

kamelya *a, bitk.* camellia

kamer *a, esk.* moon * ay

kamera *a.* camera * alıcı **kamera açısı** camera angle **kamera arabası** camera car, camera dolly **kamera ayağı** camera stand **kamera desteği** camera support **kamera kablosu** camera cable **kamera lambası** camera tube **kamera merceği** camera lens **kamera mesafesi** shooting range **kamera tüpü** camera tube **kamera uzaklığı** shooting range **kamera vinci** camera crane

kameraman *a.* cameraman

kamerbalığı *a, hayb.* sunfish * aybalığı

kameri *s, esk.* lunar **kameri ay** lunar month

kameriye *a.* arbour, bower, summerhouse

Kamerun *a.* Cameroon ¤ *s.* Cameroonian

Kamerunlu *a, s.* Cameroonian

kamet *a. esk.* height, figure, stature

kamfen *a, kim.* camphene

kamga *a.* chip (of wood)

kamgarn *a, teks.* combed yarn **kamgarn iplik** worst (yarn)

kamış *a.* reed; bamboo; fishing rod, fishing pole; (içecek için) straw; cane; penis **kamış kırıcı** shredder **kamış şekeri**

cane sugar
kamışbaşı *a. anat.* glans, glans penis
kamışçık *a.* jeweler's blowpipe
kamışlı *s.* reedy, full of reeds
kamışlık *a.* reedy field, reed bed
kamışsı *s.* reedlike
kâmil *s.* perfect * mükemmel, yetkin, ek-siksiz; mature * olgun, erişkin; dignified, grave * ağırbaşlı
kamilen *be.* completely, entirely
kâmilen *be.* fully, entirely, perfectly
kamineto *a.* spirit lamp * ispirto ocağı
kamp *a.* camp; camping *kamp ateşi* campfire *kamp kurmak/yapmak* a) to pitch a camp, to set up a camp, to camp b) *ask.* to encamp *kamp sahası* campground *kamp yapmak* to camp *kamp yeri* campsite, campground
kampana *a.* bell
kampanacı *a.* bell ringer; *arg.* charlatan, quack
kampanalı *s.* having a bell *kampanalı fren* drum brake
kampanya *a.* drive, campaign *kampanya yapmak* to campaign
kampçı *a.* camper
kampçılık *a.* camping; being a camper
kamping *a.* campground, campsite
Kampuçça *a, s.* Kampuchean
Kampuçya *a.* Kampuchea ¤ *s.* Kampuchean
Kampuçyalı *a, s.* Kampuchean
kampus *a.* campus * yerleşke
kamu *a.* the public, the people ¤ *s.* public, civil *kamu alacakları* public claims *kamu arazisi* public domain *kamu düzeni* public order, public safety *kamu hizmeti* public service *kamu hukuku* public law *kamu kesimi* public sector *kamu maliyesi* public finance *kamu personeli* civil servant *kamu sağlığı* public health *kamu sektörü* public sector *kamu yararı* public inter-est *kamu yararına* for the public weal
kamuflaj *a.* camouflage
kamufle *s.* camouflaged *kamufle etmek* to camouflage
kamulaştırma *a.* nationalization, expro-priation
kamulaştırmak *e.* to nationalize, to se-questrate, to expropriate
kamuoyu *a.* public opinion *kamuoyu araştırması* Gallup poll *kamuoyu*

oluşturmak to mold public opinion *kamuoyu yoklaması yapmak* to can-vass *kamuoyu yoklaması* poll
kamus *a. esk.* (large) dictionary
kamusal *s.* public
kamusallaşmak *e.* to be nationalized
kamutanrıcı *a.* pantheist
kamutanrıcılık *a.* pantheism
kamyon *a.* lorry *İl.*, truck *Al. kamyon krikosu* truck jack *kamyon motoru* truck engine *kamyon şasisi* truck frame *kamyon şoförü* truck driver
kamyoncu *a.* lorry driver, truck driver *Al.*; transport-lorry operator
kamyonculuk *a.* lorry driving, trucking *Al.*
kamyonet *a.* small lorry, pick-up (truck)
kan *a.* blood; lineage, descent, family * soy *kan ağlamak* to be down in the mouth, to feel very dejected *kan akıtmak* a) to sacrifice an animal b) to shed blood *kan akmak* (blood) to be shed *kan akrabalığı* consanguinity *kan aktarımı* blood transfusion *kan alacak damarı bilmek* to know which side one's bread is buttered *kon. kan almak* to take blood *kan bağı* blood tie, con-sanguinity *kan bağışlamak* to donate blood *kan bankası* blood bank *kan basıncı* blood pressure *kan başına sıçramak* to go off the deep end *kon. kan beynine çıkmak* to see red, to get furious *kan çanağı gibi* (eyes) blood-shot *kan çekmek* to resemble (a rela-tive) *kan çıbanı* boil, furuncle *kan damarı* blood vessel *kan damlası* drop of blood *kan davası* blood feud, ven-detta *kan dolaşımı* blood circulation, bloodstream *kan dökme* bloodshed *kan dökmek* to shed blood, to spill blood *kan emici* bloodsucker *kon. kan gelmek* to bleed *kan gövdeyi götürmek* (a lot of people) to be killed *kan grubu* blood group, blood type *kan gütmek* to cherish a vendetta *kan kanseri hek.* leukaemia *kan kardeşi* blood brother *kan kaybetmek* to lose blood *kan kaybından ölmek* to bleed to death *kan kırmızı* blood-red, crimson *kan kusturmak* to cause great distress *kan kusup kızılcık şerbeti içtim demek* to hide the distress one suf-fered *kan lekesi* bloodstain *kan nakli* blood transfusion *kan pıhtılaşması*

blood coagulation **kan portakalı** blood orange **kan sayımı** blood count **kan şekeri** *hek.* blood sugar **kan tahlili** blood analysis, blood test **kan ter içinde** drenched in perspiration **kan zehirlenmesi** blood poisoning, toxaemia **kana kan** blood for blood **kana kana içmek** to quaff **kana kana** to repletion **kana susamış** bloodthirsty **kanı dindirmek** to staunch the flaw of blood **kanı donmak** to be shocked, to be petrified **kanı ısınmak** to warm to, to take a shine to sb *kon.* **kanı kaynamak** a) to take to sb/sth, to cotton to b) to be full of beans, to be full of life **kanı pahasına** at the cost of one's life **kanına dokunmak** to make one's blood boil **kanına girmek** to seduce, to tempt, to deflower **kanını dondurmak** to freeze one's blood **kanını emmek** to bleed

kana *a. den.* load line, waterline mark on a vessel

kanaat *a.* conviction, opinion; contentment, satisfaction **kanaat etmek** to be satisfied **kanaat getirmek** to be convinced, to satisfy oneself

kanaatkâr *s.* contented, satisfied

kanaatkârlık *a.* contentedness, modesty

kanaçiçeği *a. bitk.* canna

Kanada *a.* Canada ¤ *s.* Canadian

kanadageyiği *a.* elk

kanadakoyunu *a. hayb.* bighorn sheep

kanadakunduzu *a. hayb.* American beaver

Kanadalı *a, s.* Canadian

kanadiyen *a.* sheepskin jacket

kanağan *s.* credulous

kanağanlık *a.* credulity

kanaktarım *a. hek.* blood transfusion

kanal *a.* drain, duct; chute; *coğ.* canal; (televizyon) channel; *anat.* canal, duct **kanal açmak** to channel, to canalize **kanal akımı** channel flow **kanal baş kapağı** headgate **kanal değiştirmek** to switch over **kanal erozyonu** channel erosion **kanal eşzamanlayıcısı** channel synchronizer **kanal etkisi** channel effect **kanal frekansı** channel frequency **kanal genişlemesi** channel expansion **kanal genişliği** channel width **kanal karışması** channel interference **kanal köprü** bridge-canal

kanal programı channel program **kanal seçici** channel selector

kanalcık *a.* canaliculus

kanalizasyon *a.* sewerage system, sewers * lağım döşemi **kanalizasyon borusu** cesspipe **kanalizasyon pisliği** sewage

kanalize *s.* canalized **kanalize etmek** to canalize

kanallı *s.* canaliculated

kanalsız *s.* ductless

kanama *a.* bleeding, hemorrhage

kanamak *e.* to bleed

kanamisin *a.* kanamycin

kanara *a.* slaughterhouse * kesimevi

kanarya *a, hayb.* canary

Kanarya Adaları *a.* the Canary Islands

kanaryaçiçeği *a. bitk.* canary bellflower

kanaryalık *a.* aviary for canaries

kanaryaotu *a.* erigeron, ragweed, yellowweed

kanat *a.* wing; (balık) fin; (değirmen) sail; (kapı, pencere) wing, leaf, shutter; *ask.* flank, wing; *sp.* wing **kanadı altına almak** to take under one's protection **kanat açıklığı** wingspan, wingspread **kanat açmak** to protect, to defend **kanat duvarı** wing wall **kanat flabı** wing flap **kanat genişliği** chord, span **kanat gergisi** wing bracing **kanat geri çekikliği** sweepback **kanat ileri çıkıklığı** negative sweep **kanat lonjeronu** wing spar **kanat oyuncusu** *sp.* wing, winger **kanat profili** wing profile **kanat sarsıntısı** flutter **kanat ucu** wing tip **kanat yükü** wing loading

kanatçık *a, hav.* aileron; winglet **kanatçık açısı** aileron angle **kanatçık sapması** aileron deflection

kanatlandırmak *e. kon.* to make (sb) jump for joy; *arg.* to swipe, to walk off with

kanatlanmak *e.* to develop wings; to take wing; to be overjoyed

kanatlı *s.* winged; finned **kanatlı pencere** casement, sash **kanatlı pompa** vane pump **kanatlı supap** flap valve **kanatlı vida** thumbscrew

kanatmak *e.* to make (sth) bleed

kanatsı *s.* winglike, pteroid

kanatsız *s.* wingless, apteral, apterous, apterygial, impennate

kanatsızlar *a. hayb.* apterous insects

kanava *a.* canvas

kanaviçe a. canvas
kanbilim a. hematology
kanbilimci a. hematologist
kanca a. hook **kancayı takmak** to have one's knife into sb, to set one's cap at
kancalamak e. to hook; to grapple
kancalı s. hooked
kancalıiğne a. safety pin * çengelliiğne
kancalıkurt a. hayb. hookworm
kancalıkurt a. hookworm
kancamsı s. hamate
kancık s. bitch, female * dişi; fickle, treacherous, mean * dönek ¤ a, arg. woman, bitch arg./hkr.
kancıkça be. treacherously, sneakily
kancıklık a. treachery, dirty trick **kancıklık etmek** to double-cross, to play a dirty trick on
kançılar a. chancellor (of a consulate)
kançılarlık a. rank/duties of a chancellor
kançılarya a. consular or embassy secretariat
kandaş s. cognate, consanguineous
kandaşlık a. blood relationship, consanguinity
kandela a. candela
kandelilla a. candelilla wax
kandıraotu a. bitk. bushgrass
kandırıcı s. deceptive; convincing
kandırıcılık a. deceptiveness; convincingness
kandırmaca a. bluff
kandırmak e. to persuade, to convince, to get round sb, to get around sb * ikna etmek; to deceive, to fool, to cheat, to take sb in, to fox, to hoodwink, to cajole sb (into/out of sth), to delude, to dupe, to trick, to beguile (sb into doing); to seduce, to entice; to satisfy
kandil a. oil-lamp
kandilböceği a. hayb. glowworm
kandilçiçeği a. milfoil
kandilisa a. halliard, halyard
kandilli s. illuminated by an oil lamp; arg. dead drunk
kanepe a. sofa, settee, couch; mutf. canapé **kanepe kılıfı** slipcover
kangal a. coil, loop
kangallamak e. to coil
kangallanmak e. to coil
kangren a, hek. gangrene **kangren olmak** to gangrene, to become gangrenous

kangrenleşmek e. to sphacelate
kangrenleştirmek e. hek. to mortify
kangrenli s. gangrenous
kanguru a, hayb. kangaroo
kangurufaresi a. hayb. rat kangaroo, potoroo
kanı a. opinion, conviction, impression, view * kanaat **kanısında olmak** to be of the opinion that **kanımca** in my opinion, in my estimation
kanık s. satisfied, content
kanıklık a. satisfaction, contentedness
kanıkmak e. yörs. to be content (with)
kanıksamak e. to get used/accustomed (to); to be inured (to); to be sick/tired of
kanırmak e. to twist, to bend, to force back
kanırtmaç a. lever, crank
kanırtmak e. to twist loose, to bend, to force back
kanış a. opinion
kanıt a. evidence, proof * delil **kanıt göstermek** to adduce **kanıt listesi** proof list **kanıt rakamı** proof figure **kanıtı olmak** to attest
kanıtlama a. proving **kanıtlama sayısı** proof figure **kanıtlama testi** qualification testing **kanıtlama zamanı** proving time
kanıtlamak e. to prove, to demonstrate, to attest, to establish, to substantiate * ispat etmek
kanıtlı s. supported by evidence
kanıtsamak e. to accept (sth) as evidence
kanıtsav a. theorem
kani s. convinced **kani olmak** to be convinced, to believe
kaniş a. poodle
kanivo a. gutter
kank a. yörs. subsidiary irrigation ditch; patch of field between two ditches; furrow
kankan a. cancan
kankurutan a, bitk. mandrake * adamotu, hacıotu
kanlamak e. to stain (sth) with blood
kanlandırmak e. to make (sth) bloody; to revitalize, to invigorate
kanlanmak e. to become bloodstained; to become bloodshot; to become healthy/vigorous/robust
kanlı s. bloody, bloodstained; (et) rare, underdone; bloody, sanguinary, gory

bloodshot; guilty of murder, bloodguilty **kanlı basur** *hek.* dysentery * dizanteri **kanlı bıçaklı olmak** to be at daggers drawn (with sb) **kanlı canlı** hale and hearty
kanlılık *a.* bloodiness
kanmak *e. kon.* to believe, to swallow *kon.*, to buy *kon.*; to be fooled/cheated; to be satiated/satisfied/content
kano *a.* canoe
kanon *a, müz.* round
kanonik *s.* canonical
kanonlu *s. müz.* canonic
kanopi *a.* canopy
kanotiye *a.* boater
kansal *s.* haemic
kanser *a.* cancer **kanser olmak** to have cancer
kanserbilim *a.* cancrology, cancerology
kanserleşme *a.* canceration
kanserleşmek *e.* to become cancerous
kanserli *s.* cancerous; suffering from cancer
kanserojen *s.* carcinogenic, cancerogenic
kansıvı *a.* blood plasma
kansıvı *a.* plasma
kansıvısal *s.* plasmatic
kansız *s.* bloodless; *hek.* anaemic, anemic *Aİ.*; cruel; cowardly
kansızlaşmak *e.* to get anemic
kansızlık *a, hek.* anemia, anemia *Aİ.*; bloodlessness
kansu *a.* plasma
kansulu *s.* serous
kant *a.* hot lemonade
kantar *a.* steelyard; scales, weighbridge
kantarcı *a.* maker/seller of steelyards
kantarcılık *a.* making/selling steelyards
kantaridin *a, kim.* cantharidin
kantarlı *s.* heavy, severe
kantaron *a, bitk.* centaury
kantaşı *a.* bloodstone, heliotrope * hematit
kantat *a. müz.* cantata
kantatris *a.* cantatrice
kantin *a.* canteen
kantinci *a.* operator of a canteen
kantincilik *a.* operation of a canteen
kantitatif *s.* quantitative
kantite *a.* quantity
kanto *a, müz.* canto
kantocu *a.* singer of canto
kanton *a.* canton
kantri müzik *a.* country music

kanun *a.* law, act, rule; *müz.* zither **kanun dışı** illegal **kanun hükmünde olmak** to have the force of law **kanun koymak** to make a law, to legislate **kanun namına** in the name of the law **kanun tasarısı** bill, draft of a law **kanun tasarısını kabul etmek** to pass a bill **kanun tasarısını reddetmek** to throw out a bill **kanun teklifi** bill **kanun yapmak** to legislate **kanuna aykırı** illegal, unlawful **kanuna karşı gelmek** to break the law **kanuna uymak** to obey a law **kanunu çiğnemek** to violate a law **kanunu yürürlüğe koymak** to put a law into force
kanunen *be.* by law, according to the law; legally
kanuni[1] *s.* lawful, legal, legitimate, rightful
kanuni[2] *a, müz.* zither player
kanunilik *a.* legality
kanuniyet *a.* legality
kanunlaşmak *e.* to become a law
kanunlaştırmak *e.* to legalise
kanunname *a.* code, statute book
kanunsuz *s.* illegal, unlawful, lawless, illegitimate, illicit
kanunsuzca *be.* unlawfully
kanunsuzluk *a.* lawlessness
kanül *a. hek.* cannula
kanyak *a.* cognac, brandy
kanyon *a, coğ.* canyon
kaolen *a.* porcelain clay
kaolin *a.* kaolin * arıkil
kaolinit *a.* kaolinite
kaolinite *a.* kaolinite
kaolinleşme *a.* kaolinization
kaos *a.* chaos
kaotik *s.* chaotic
kap *a.* pot, vessel; dish, plate, utensil; container, receptacle; cover; (plak) sleeve, jacket *Aİ.*; course **kabına sığmamak** to be very excited **kap kacak** pots and pans **Kapa çeneni!** Shut up!, Shut your gob! *İİ./hkr.*
Kap Verd *a.* Cape Verde
kapacık *a.* valve
kapaç *a.* valve
kapaççık *a.* valvule
kapaçlı *s.* valved
kapaçsız *s.* valveless
Kapadokya *a.* Cappadocia
Kapadokyalı *a. s.* Cappadocian
kapak *a.* lid, cover, cap; stopper, tap; (ki-

tap) cover *(bir yere) kapağı atmak* to take refuge in *kapak kızı* cover girl

kapakçık *a.* valvula, valve

kapakçıklı *s.* valvate

kapakeyif *a. arg.* hashish

kapaklanmak *e.* to fall flat on one's face; *den.* to capsize

kapaklı *s.* lidded, operculate(d)

kapaksız *s.* (spor kesesi) inoperculate

kapalı *s.* closed, shut; (radyo vb.) off; blocked; covered; secret; obscure; secluded; introverted; (hava) overcast, muggy; (havasız) close *kapalı altyordam* closed subroutine *kapalı çevrim* closed cycle *kapalı deniz* inland sea, epicontinental sea *kapalı devre* closed circuit *kapalı döngü* closed loop *kapalı dren* closed drain *kapalı drenaj* subdrainage *kapalı far* sealed beam headlight *kapalı gişe oynamak* to play to a full house *kapalı gişe* sell-out *kapalı göze* closed cell *kapalı hece* closed syllable *kapalı hücre* closed cell *kapalı işletme* closed shop *kapalı kutu* closed book *kapalı küme* closed set *kapalı kütük biliş.* closed file *kapalı rastık* covered smut *kapalı tribün sp.* grandstand *kapalı yatak* closed bearing *kapalı yer korkusu* claustrophobia *kapalı yol* closed path *kapalı yordam* closed routine *kapalı yüzey* closed surface *kapalı zarf usulüyle* by sealed tender

kapalılık *a.* being closed

kapalıtohumlu *s.* angiospermal, angiospermous

kapama *a.* closing, closure; *mutf.* stew of lamb; *esk.* suit, clothes

kapamak *e.* to close, to shut; to block, to obstruct; to cover (up); to fill; to turn sth off, to switch sth off; to lock in; to confine; (hesabı) to close; (telefonu) to hang up; (konuyu) to hush up

kapan *a.* trap, snare *kapan kurmak* to set a trap *kapana kısılmak* to be caught in a trap *kapana kıstırmak* to snare

kapanca *a.* trap

kapanık *s.* closed, shut; (hava) cloudy, overcast; gloomy, dismal; shy, unsociable

kapanıklık *a.* cloudiness; gloominess; shyness

kapanış *a.* closure; closedown *kapanış*

saati closing time

kapanma *a.* closure *kapanma hatası* error of closure

kapanmak *e.* to close, to shut, to be closed, to be shut; to be blocked off; to be covered, to be concealed; (yayın) close down; (fabrika) to shut down; (yara) to heal up, to close up; (kadın) to veil oneself

kapantı *a. dilb.* stop

kapari *a.* caper * gebreotu, kebere

kaparo *a.* deposit, earnest money, key money *kaparo vermek* to deposit

kaparoz *a, arg.* kickback, payoff, pie

kaparozcu *a. arg.* thief, swindler

kaparozculuk *a. arg.* stealing, swindling

kaparozlamak *e. arg.* to steal, to pinch

kapasitans *a.* capacitance

kapasite *a.* capacity *kapasite katsayısı* capacitance coefficient *kapasite köprüsü* capacitance bridge *kapasite planlama* capacity planning *kapasite reaktansı* capacity reactance *kapasite rölesi* capacitance relay

kapasitif *s.* capacitive *kapasitif diyagram* capacitive diagram *kapasitif geribesleme* capacitive feedback *kapasitif kuplaj* capacitive coupling *kapasitif pencere* capacitive window *kapasitif potansiyometre* capacitive potentiometer *kapasitif reaktans* capacitive reactance *kapasitif yük* capacitive load

kapatma *a.* closing, closure; mistress, concubine * metres; *sp.* blocking

kapatmak *e.* to close, to shut; to bar; to confine, to lock sb up; to turn sth off, to switch sth off; to cover, to envelop; to blot sth out; (borcunu) to pay sth off; to get (sth) cheaply/by deceit; to keep (a mistress)

kapçık *a.* detonator; shell, husk

kapçıklı *s.* having a shell/husk *kapçıklı lokum* percussion cap

kapela *a.* hat; cap

kapı *a.* door; gate; possibility; employment, place of employment; cause (for expenditure); (tavlada) point *kapı almak* (tavlada) to make a block *kapı aralığı* doorway *kapı aynası* panel *kapı babası* gate post *kapı baca açık* unprotected *kapı basamağı* doorstep *kapı dışarı etmek* to throw out, to dis

.

miss, to eject, to chuck sb out (of sth), to boot sb out (of sth) *kon.* **kapı dikmesi** door post, jamb shaft **kapı eşiği** door sill **kapı gibi** large, colossal, big **kapı kapı dolaşmak** to go from door to door **kapı kasası** door frame, doorcase **kapı kilidi** door lock **kapı kolu** door handle **kapı komşu** next door **kapı mandalı** latch **kapı menteşesi** door hinge **kapı otomatiği** door check **kapı panosu** door panel **kapı sövesi** door jamb, gate post **kapı tamponu** doorstop **kapı tokmağı** door handle, knocker **kapı zili** doorbell **kapısını aşındırmak** to visit frequently, to frequent **kapısını çalmak** to apply to (sb) **kapısını yapmak** to lead up to **kapıya bakmak** to answer the door **kapıya dayanmak** a) to come/turn up b) to threaten (sb) to get (sth) **kapıya kadar geçirmek** to see sb out **kapıya kadar uğurlamak** to show sb out **kapıyı çalmak** to knock at/on the door **kapıyı göstermek** to show sb the door **kapıyı kapamak** to pull the door to

kapıcı *a.* doorkeeper, caretaker, porter, janitor, commissionaire

kapıcık *a.* micropyle

kapıcılık *a.* quality/duties of a doorkeeper

kapılanmak *e.* to enter the service (of); to stay in a job

kapılgan *s.* easily influenced/deceived

kapılı *s.* doored, gated

kapılmak *e.* to be seized; to be carried away, to give way (to sth)

kapısız *s.* doorless, gateless; *mec.* unemployed

kapış *a.* way of seizing, snatch; scramble **kapış kapış gitmek** to sell like hot cakes, to be snapped up **kapış kapış** greedily, in a mad scramble **kapış pompası** accelerating pump

kapışılmak *e.* to sell like hot cakes, to sell like wildfire

kapışma *a.* tussle *kon.*

kapışmak *e.* to scramble for sth; to snatch (sth) from one another; to quarrel, to fight, to tussle, to go at it hammer and tongs; to compete (with)

kapıştırmak *e.* to cause (people) to tussle with each other

kapız *a.* canyon

kapik *a, arg.* dough, jack, loot

kapilarimetre *a.* capillarimeter

kapilarite *a.* capillarity

kapiler *s.* capillary **kapiler aktivite** capillary activity **kapiler basınç** capillary pressure **kapiler boru** capillary tube **kapiler çekme** capillary attraction **kapiler doygunluk** capillary saturation **kapiler elektrometre** capillary electrometer **kapiler emme** capillary suction **kapiler enerji** capillary energy **kapiler itme** capillary repulsion **kapiler nem** capillary moisture **kapiler potansiyel** capillary potential **kapiler sifonlama** capillary siphoning **kapiler su** capillary water **kapiler yükselme** capillary elevation

kapital *a.* capital * sermaye, anamal, başmal

kapitalist *a.* capitalist ¤ *s.* capitalist, capitalistic * anamalcı

kapitalizm *a.* capitalism * anamalcılık

kapitone *s.* padded, upholstered, quilted

kapitülasyon *a.* capitulation

kapkaç *a.* stealing by snatching

kapkaççı *a.* snatcher, snatch thief, fly-by-nighter ¤ *s.* fly-by-night

kapkaççılık *a.* being a snatch-and-run thief

kapkara *s.* pitch-black, pitch-dark, coal-black

kapkaranlık *s.* completely dark

kaplak *a. anat.* capsule

kaplam *a, mant.* extension

kaplama *a.* covering, coating; plating; coat, plate; (diş) crowning; veneer; *den.* planking, planks ¤ *s.* covered; coated; plated; crowned **kaplama birimi** plating unit **kaplama kâğıdı** sheathing paper **kaplama raklesi** coating doctor **kaplama tahtası** clapboard, veneer **kaplama taşı** face stone, facing stone **kaplama ünitesi** plating unit **kaplama yapmak** to veneer

kaplamacı *a.* plater; liner; veneerer

kaplamacılık *a.* work of plater/liner

kaplamak *e.* to cover, to cake; to coat; (metal) to plate; to face; to surround; to include, to comprise; to veneer; (diş) to crown; to envelop; to fill, to pervade; to take up

kaplamalı *s.* veneered; plated

kaplamlı *s. mant.* extensional, extensive

kaplan *a, hayb.* tiger

kaplanboğan *a. bitk.* aconite
kaplanböcek *a. hayb.* tiger beetle
kaplankedisi *a.* margay
kaplanmış *s.* coated, clad *kaplanmış makadam* coated macadam *kaplanmış mercek* coated lens *kaplanmış mıcır* coated chippings
kaplanpitonu *a. hayb.* Indian python
kaplansazanı *a. hayb.* tiger barb
kaplı *s.* covered, coated, clad, plated, sheathed *kaplı filaman* coated filament *kaplı mercek* bloomed lens
kaplıca *a.* hot spring, thermal spring, spa *kaplıca kürü* a cure at a spa *kaplıca tedavisi* a course of treatment at a spa
kaplumbağa *a, hayb.* tortoise, turtle
kaplumbağamsı *s.* testudinate
kapma havzası *a.* catchment area, catchment basin
kapmak *e.* to snatch, to grab, to seize; (yer, vb.) to bag; to pick up, to catch on (to sth) *kon.*; (hastalık) to catch, to contract, to come down with sth; to carry off *kapanın elinde kalmak* to sell like hot cakes, to be in great demand
kapok *a.* kapok, silk cotton
kaporta *a, oto.* bonnet, hood *Aİ.; den.* skylight; *hav.* cowling
kaportacı *a.* man who repairs car bonnets
kaportacılık *a.* repairing car bonnets
kapriçyo *a, müz.* caprice
kaprik asit *a.* capric acid
kaprilik asit *a.* caprylic acid
kaprilik *s.* caprylic
kapris *a.* passing fancy, whim, fad
kaprisli *s.* capricious, whimsical, moody
kaproik asit *a.* caproic acid
kaproik *s.* caproic
kaprolak *a.* caprolactam
kaprolaktam *a, kim.* caprolactam
kapsam *a.* scope, range, coverage, extension, extent
kapsamak *e.* to comprise, to contain, to include, to involve, to cover, to embrace, to encompass *res.*
kapsamlı *s.* comprehensive, extensive, overall
kapsız *s.* coverless
kapsül *a.* capsule
kapsüllü *s.* calyptrate, capsular
kapşon *a.* hood
kaptan *a.* captain; *sp.* captain, skipper *kon. kaptan köşkü* pilothouse

kaptanıderya *a. trh.* admiral
kaptanlık *a.* captaincy, captainship *kaptanlık etmek* to captain
kaptıkaçtı *a.* minibus; a card game; stealing by snatching
kapuska *a.* cabbage stew
kapuskalık *s.* suitable for making stew
kaput *a.* military cloak; *oto.* bonnet *İİ.*, hood *Aİ.*; condom, rubber *Aİ.*, prophylactic *Aİ.* * prezervatif *kaput kilidi* hood lock
kaputbezi *a.* canvas, sail cloth
kapuz *a.* deep valley; dense jungle
kâr *a.* profit, gain, takings; benefit *kâr amacı gütmeyen* nonprofit, benevolent *kâr bırakmak* to bring profit *kâr dağıtımı* profit sharing *kâr etmek* a) to make a profit b) to help, to work *kâr getirmek* to bring profit, to pay, to yield, to bring sb in sth *kâr haddi* profit limit, rate of profit *kâr marjı* markup *kâr oranı* rate of profit *kâr payı* dividend *kâr ve zarar* profit and loss *kâr ve zarar hesabı* profit and loss account
kar *a.* snow *kar ayakkabısı* snowshoe *kar birikintisi* drift *kar düşmek* (snow) to fall *kar fırtınası* snowstorm, blizzard *kar gibi* snow white *kar gözlüğü* snow goggles *kar kaplı* snow-capped *kar kaplı* covered with snow *kar kızağı* bobsleigh, toboggan *kar lastiği* snow tyre *kar ölçeği* snow gauge *kar tanesi* snowflake *kar temizleme makinesi* snow plough *kar topu atmak* to snowball *kar topu oynamak* to play snowball *kar topu* a) snowball b) white and round *kar tutmak* (snow) to stick *kar yağışı* snowfall *kar yağmak* to snow *kar yığıntısı* snowdrift *kar yükü* snow load *kar zinciri* safety chain *kardan adam* snowman
kara[1] *s.* black; dark; gloomy; bleak; bad *a.* stain, dishonour, shame *kara büyü* black magic *kara cahil* crassly ignorant *kara cehalet* crass ignorance *kara cisim* black body *kara çalma* slandering, aspersion *kara çalmak* to calumniate, to slander, defame, to blacken, to traduce *res. kara gün dostu* a friend in need, true friend *kara haber* black news *kara huş* black birch *kara kar düşünmek* to brood (on/over sth) *kara kayın* black birch *kara kış* bkz. karakı

kara kuru dark and weak **kara kutu** flight recorder, black box **kara ladin** black spruce **kara leke** disgrace **kara liste** blacklist **kara listeye almak** to blacklist **kara mizah** black humour **kara nadas** bare fallow **kara nebula** dark nebula **kara nokta** black spot **kara sevdalı** lovesick, desperately in love **kara talih** misfortune, tragic destiny **kara tavlamak** to black-anneal **kara veba** black plague **karalar bağlamak** to wear mourning

kara² *a.* land, shore ¤ *s.* territorial, terrestrial **kara iklimi** continental climate **kara kablosu** land cable **kara kaplumbağası** tortoise **kara kurbağası** toad **kara kuvvetleri** land forces **kara mayını** land mine **kara meltemi** land breeze **kara mili** mile **kara parçası** (piece of) land **kara rüzgârı** land wind **kara sahanlığı** continental shelf **kara sisi** land fog **kara suları** *bkz.* karasuları **kara tahta** *bkz.* karatahta **kara taşımacılığı** land transport **kara toprak** chernozem, terra firma **kara yağmuru** heavy rain **karada** on land, on shore **karadan** by land **karaya ayak basmak** to go ashore, to disembark, to land **karaya çekmek** to beach **karaya çıkarmak** to disembark **karaya çıkmak** to land, to disembark, to go ashore **karaya oturmak** to run ashore, to run aground, to ground, to strand, to be stranded **karaya oturmuş** aground, stranded **karaya oturtmak** to ground, to strand

karaağaç *a.* elm

karaantilop *a. hayb.* black buck, Indian antelope

karaardıç *a. bitk.* sabine

karabacak *a. bitk.* blackleg

karabaldır *a. bitk.* maidenhair fern

karabalık *a. hayb.* tench

karabalık *a.* tautog

karaballık *a. bitk.* sooty mould

karabarut *a.* black powder

karabasan *a.* nightmare * kâbus

karabaş *a.* priest, monk * rahip, keşiş; *bitk.* French lavender; Anatolian sheep-dog

karabatak *a, hayb.* cormorant

karabenek *a.* anthracnose

karabiber *a.* black pepper

karabina *a.* carbine, blunderbuss

karabinyer *a.* carabiniere, Italian gendarme

karaborsa *a.* black market

karaborsacı *a.* black marketeer

karaborsacılık *a.* black-marketeering

karaboya *a, kon.* sulfuric acid

karabuğday *a.* buckwheat

karabuğdaygiller *a.* polygonaceae

karabulut *a.* nimbus * nimbüs

karaburçak *a.* ervil

karaca¹ *s.* dark, blackish

karaca² *a, hayb.* roe, roe deer

karaca³ *a, anat.* upper arm **karaca kemiği** humerus

karacaot *a. bitk.* Christmas rose

karaceviz *a.* black walnut

karacı¹ *a, ask.* member of land forces

karacı² *a.* slanderer, defamer

karacılık *a.* slandering

karaciğer *a, anat.* liver **karaciğer iltihabı** hepatitis

karaçalı *a, bitk.* blackthorn, gorse, furze, whin; *mec.* mischief-maker (between people)

karaçam *a.* black pine, tamarack

karaçayır *a.* ryegrass

karaçaylak *a. hayb.* black kite

karaçıban *a. hek.* carbuncle

karaçöpleme *a. bitk.* Christmas rose

Karadağ *a.* Montenegro ¤ *s.* Montenegrin

Karadağlı *a, s.* Montenegrin

Karadeniz *a.* the Black Sea

karadul *a, hayb.* black widow

karadut *a.* black mulberry

karaelmas *a.* black diamond, carbonado, bort * karbonado; *mec.* coal madenkömürü

karafa *a.* carafe, decanter

karafaki *a.* small carafe, small decanter

karafatma *a, hayb.* cockroach

karagöz *a, hayb.* (sea) bream

karağı *a.* poker

Karahan *a. gökb.* Pluto

Karahanlı *a. trh.* Karahanid

karahindiba *a, bitk.* dandelion

karahumma *a, hek.* typhus * tifo

karahücre *a.* melanophore

karaısırgan *a.* black horehound

karaiğne *a. hayb.* red ant

Karaim *a. s.* Karaite

Karaimce *a. dilb.* Karaite

karakabarcık *a.* anthrax * şarbon, kara-

yanık, yanıkara
karakaçan *a. kon.* a black donkey
karakafes *a. bitk.* comfrey
karakalem *a.* charcoal pencil
karakaplumbağasıgiller *a.* Testudinidae
karakavak *a.* Lombardy poplar
karakavza *a.* parsnip * yabanhavucu
karakayabalığı *a. hayb.* black goby
karakeçi *a, balk.* barbel
karakehribar *a.* jet
karakış *a.* the dead of winter *karakışta* in the dead of winter, in the depth of winter
karakol *a.* police station; patrol, outpost * devriye
karakolluk *s.* fit to be seen to by the police
karakoncolos *a.* black bogy, bugbear; *kon.* very ugly person
karakter *a.* character, personality, disposition * özyapı, ıra, seciye; *ed.* character *karakter alttakımı* character subset *karakter dağarcığı* character repertoire *karakter değiştiricisi* character modifier *karakter değiştirmek* to transliterate *karakter denetimi* character check *karakter dizgisi* character string *karakter doldurma* character fill *karakter dönüştürmek* to transliterate *karakter hızı* character rate *karakter kodu* character code *karakter okuyucu* character reader *karakter oranı* character rate *karakter öğesi* character element *karakter repertuvarı* character repertoire *karakter seti* character set *karakter sınırı* character boundary *karakter takımı* character set *karakter tanıma* character recognition *karakter yayıcı* character emitter *karakter yazıcı* character printer *karakter yazmaç* character register *karakter yoğunluğu* character density
karakteristik *a, s.* characteristic *karakteristik değer* characteristic value *karakteristik denklem* characteristic equation *karakteristik eğri* characteristic curve *karakteristik empedans* characteristic impedance *karakteristik fonksiyon* characteristic function *karakteristik kök* characteristic root *karakteristik maden* essential mineral *karakteristik radyasyon* characteristic radiation *karakteristik*

taşması characteristic overflow *karakteristik vektör* characteristic vector
karakterize *s.* characterized *karakterize etmek* to characterize
karakterli *s.* of ... character; having good character, good-natured
karakteroloji *a.* characterology
karaktersiz *s.* characterless, unprincipled
karaktersizlik *a.* lack of moral fiber
karakul *a. hayb.* karakul, caracul
karakulak *a, hayb.* lynx, caracal
karakurbağası *a.* toad
karakuş *a.* eagle
karalahana *a, bitk.* savoy cabbage
karalama *a.* writing exercise; scribble(s), doodle(s); crossing out; draft, rough draft; slander, aspersion *karalama bandı* scratch tape *karalama belleği* scratch-pad memory
karalamak *e.* to scribble, to scrawl; to cross sth out, to cross sth off; to draft, to sketch out; to blacken, to slander, to slur, to smear
karalaşmak *e.* to turn black
karaleylek *a. hayb.* black stork
karalı *s.* having black spots
karalık *a.* blackness; darkness
karaltı *a.* blur; silhouette; smudge, black spot
karamak *e.* to look down on (sb); to slander; to speak ill of
karamakak *a. hayb.* moor macaque, moor monkey
karaman *a.* drop stamp
karamandola *a.* prunella, prunelle prunello
Karamanlılar *a. trh.* the Karamanids
karamantar *a.* shaggy-mane
karamartı *a. hayb.* lesser black-backed gull
karamaru *a.* lepidosiren
karambol *a.* (bilardo) cannon; *kon.* collision, smashup; confusion
karamel *a.* caramel
karamela *a.* caramel
karamelalı *s.* sweetened with caramel
karamelleşmek *e.* to caramelize
karamelleştirmek *e.* to caramelize
karamika *a.* biotite
karamsar *s.* pessimistic ¤ *a.* pessimist kötümser, bedbin, pesimist
karamsarlık *a.* pessimism * kötümsürlü

bedbinlik, pesimizm **karamsarlıkla** pessimistically
karamsı s. blackish
karamuk a. bitk. corn rose, rose campion
karamusal a. mooring swivel
karanfilotu a. bitk. herb bennet, yellow avens
karanfil a. carnation, pink; clove
karanfilsi s. caryophylleous
karanfilyapraklılar a. caryophyllaceous
karanlık s. dark, gloomy; obscure, murky, dreamy ¤ a. the dark, darkness, gloom **karanlığa gömülmek** to be plunged into darkness **karanlık akım** dark current **karanlık basmak** (night) to fall **karanlık boşalım** dark discharge **karanlık direnci** dark resistance **karanlık nokta** dark spot **karanlık oda** darkroom **karanlıkta** in the dark
karanlıkçı a. s. obscurantist
karanlıkçılık a. obscurantism
karantina a. quarantine **karantina altına almak** to quarantine, to put in quarantine **karantina limanı** quarantine harbour, quarantine anchorage **karantina süresi** quarantine period **karantinaya almak** to quarantine, to put in quarantine
karapazı a. orach
karapelin a. bitk. southernwood
karar a. decision, resolution; huk. judgement, sentence, finding, decree; stability, constancy; proper degree, reasonable degree ¤ s. reasonable, decent **karar almak** to make a decision, to take a decision **karar çevrimi** decision circuit **karar devresi** decision circuit **karar elemanı** decision element **karar geçidi** decision gate **karar işlemi** decision process **karar kılmak** to decide on **karar komutu** decision instruction **karar kutusu** decision box **karar öğesi** decision element **karar süreci** decision process **karar tablosu** decision table **karar vermek** to decide, to make a decision, to resolve, to adjudicate, to choose, to elect **karara varmak** to reach a decision, to come to a decision **kararını değiştirmek** to change one's mind **kararını vermek** to make up one's mind
karargâh a, ask. headquarters
kararınca s. reasonable ¤ be. reasonably

kararlama a. estimation, approximation ¤ s. estimated ¤ be. by estimating roughly
kararlamadan be. at a guest, by rule of thumb
kararlamak e. to estimate by eye
kararlaşmak e. to be decided, to be agreed upon
kararlaştırmak e. to decide, to agree on; to arrange, to fix, to appoint, to determine
kararlı s. determined, resolute, decided, earnest; stable, constant, fixed, stationary **kararlı akış** steady flow **kararlı dalga** standing wave **kararlı denge** stable equilibrium **kararlı durum** tek. stable state **kararlı hal** stable state, steady state **kararlı olmak** to be determined to
kararlılaştırma a. stabilization
kararlılık a. determination, resolution; stability, consistency, consistence **kararlılık durumu** stationary state **kararlılık katsayısı** stability factor
kararma a. darkening; fade-out
kararmak e. to get dark, to blacken, to darken; to turn black; (ışık) to fade, to dim
kararname a. decree, legal decision
kararsız s. indecisive, hesitant; changeable; unstable, unsteady; undecided **kararsız denge** unstable equilibrium **kararsız durum** tek. unstable state
kararsızlık a. indecision, quandary; instability, unsteadiness
karartı a. indistinct figure, mist
karartma a, ask. blackout; darkening; blanking **karartma düzeyi** blanking level **karartma sinyali** blanking pulse **karartma yapmak** to black out
karartmak e. to darken, to dim; to black out
karasaban a. primitive plough
karasakız a. bitumen
karasal s. terrestrial, territorial
karasevda a. melancholia * malihulya, melankoli
karasevdalı s. melancholic * melankolik
karasığır a. water buffalo
karasinek a. housefly
karasoğan a. swift
karasöğüt a. bitk. black willow
karasu a. slow flowing water; hek. glaucoma * glokom

karasuları *a.* territorial waters, coastal waters

karaşın *s.* swarthy, dark-complexioned * esmer

karataban *a.* pebrine

karatahta *a.* blackboard

karataş *a.* sphalerite, zincblende

karatavuk *a, hayb.* blackbird

karate *a.* karate

karateci *a.* karateist

karaturp *a.* horseradish

karavan *a.* caravan *İİ.*, trailer *Aİ.*, mobile home

karavana *a.* mess-tin; mess; *arg.* miss (in shooting)

karavela *a.* caravel

karavide *a.* crayfish, crawfish

karayandık *a. bitk.* thistle

karayanık *a.* anthrax, smut

karayazı *a.* unhappy fate, bad luck

karayazılı *s.* unlucky, plagued by misfortune

karayel *a.* northwest wind

karayer *a.* grave, tomb * sin, gömüt, mezar

karayıkım *a.* disaster

karayılan *a.* blacksnake, black racer

Karayip *s.* Caribbean **Karayip Denizi** Caribbean Sea, the Caribbean

karayolu *a.* main road, highway *Aİ.* **karayoluyla** by land, by road

karayosunları *a. bitk.* mosses

karayüzgeç *a.* blackfin

karbamat *a.* carbamate

karbamik *s.* carbamic

karbamit *a.* carbamide

karbanyon *a.* carbanion

karbazol *a.* carbazole

karbilamin *a.* carbylamine

karbinol *a.* carbinol

karbohidraz *a.* carbohydrase

karboksil *a.* carboxyl

karboksilaz *a.* carboxylase

karboksilleştirmek *e.* to carboxylate

karbolik *s.* carbolic

karbon *a, kim.* carbon **karbon arkı** carbon arc **karbon artığı** carbon residue **karbon çeliği** carbon steel **karbon çevrimi** carbon cycle **karbon direnç** carbon resistor **karbon elektrot** carbon electrode **karbon fırçası** carbon brush **karbon filaman** carbon filament **karbon ipeği** carbon silk **karbon**

istemi carbon demand **karbon kâğıdı** carbon paper, carbon **karbon kiri** carbon deposit **karbon kontağı** carbon contact **karbon kopyası** carbon copy **karbon lifi** carbon fibre **karbon mikrofon** carbon microphone **karbon miktarı** carbon content **karbon niceliği** carbon content **karbon reosta** carbon rheostat **karbon talebi** carbon demand **karbonunu gidermek** to decarbonize

karbonado *a.* carbonado, bort

karbonat *a.* carbonate

karbonatlama *a.* carbonation **karbonatlama kazanı** carbonation tank **karbonatlama şerbeti** carbonation juice

karbonatlamak *e.* to carbonate

karbonatlaşma *a.* carbonation

karbonatlaştırma *a.* carbonatation

karbonatlaştırmak *e.* to carbonate

karbondioksit *a.* carbon dioxide

karbonhidrat *a, kim.* carbohydrate

karbonik *s.* carbonic **karbonik asit** carbonic acid

karbonil *a.* carbonyl

karbonitrürasyon *a.* carbonitriding

karbonizasyon *a.* carbonizing, carbonization **karbonizasyon banyosu** carbonizing bath **karbonizasyon fırını** carbonizing stove **karbonizasyon haslığı** fastness carbonizing **karbonizasyon lekesi** carbonizing stain **karbonizasyon maddesi** carbonizing agent **karbonizasyon makinesi** carbonizing machine **karbonizasyon tesisi** carbonizing plant

karbonlama *a.* carburization

karbonlamak *e.* to carburize

karbonlaşmak *e.* to become carbonized

karbonlaştırma *a.* carbonization

karbonlaştırmak *e.* to carbonize

karbonlu *s.* carbonaceous, carboniferous **karbonlu anot** carbonized anode **karbonlu filaman** carbonized filament **karbonlu nitrürleme** carbonitriding

karbonmonoksit *a.* carbon monoxide

karbonsuzlaşma *a.* decarburization

karbonsuzlaştırmak *e.* to decarburize

karbonyum *a.* carbonium

karborundum *a.* Carborundum

karbosiklik *s.* carbocyclic

karbür *a.* carbide

karbüran *a.* carburan

karbüratör *a, oto.* carburettor, carburetor *Aİ.* **karbüratör buzlanması** carburettor icing **karbüratör çanağı** carburettor bowl **karbüratör jiklesi** carburettor choke **karbüratör pompası** carburettor pump **karbüratör supabı** carburettor valve **karbüratör şamandırası** carburettor float

karbüratörlü *s.* having a carburettor **karbüratörlü motor** carburettor engine

karbürleme *a.* carburation

karbürlemek *e.* to carburate

karçiçeği *a. bitk.* snowflake, leucojum

kardan *a, tek.* universal joint, cardan **kardan kavraması** cardan joint, universal joint **kardan mafsalı** cardan joint **kardan mili** cardan shaft, drive shaft **kardan şaftı** cardan shaft

kardelen *a.* snowdrop

kardeş *a.* brother, sister, sibling *res.* ¤ *sg.* fraternal **kardeş kardeş** in a brotherly way, in a sisterly way, without fighting **kardeş katili** fratricide **kardeş payı** equal shares

kardeşçe *s.* fraternal, brotherly, sisterly

kardeşkanı *a.* kino, kino gum

kardeşlik *a.* brotherhood, sisterhood, fraternity; friendship

kardinal *a.* cardinal

kardinalkuşu *a.* cardinal

kardinallik *a.* cardinalate, cardinalship

kardioit *a.* cardioid **kardioit kondansatör** cardioid condenser **kardioit mikrofon** cardioid microphone

kardiyak *s.* cardiac

kardiyo *a. kon.* cardiogram

kardiyograf *a, hek.* cardiograph * elektrokardiyograf

kardiyografi *a, hek.* cardiography * elektrokardiyografi

kardiyogram *a, hek.* cardiogram * elektrokardiyogram

kardiyolog *a.* cardiologist

kardiyoloji *a, hek.* cardiology

kardiyopati *a.* cardiopathy

kardiyoskop *a.* cardioscope

kardiyovasküler *s.* cardiovascular

kare *a, s.* square **kare baş** square head **kare dalga** square wave **kare matris** square matrix **kare motor** square engine **kare piramit** square pyramid **kare sayı** square number **karesini almak** to square

karekök *a, mat.* square root

kareli *s.* chequered, checked **kareli kâğıt** plotting paper

Karelya *a.* Karelia ¤ *s.* Karelian

Karelyaca *a, s.* Karelian

Karelyalı *a, s.* Karelian

karfiçe *a.* finishing nail

karga *a.* crow

kargaburnu *a.* round pliers, pliers

kargaburun *s.* having a Roman nose

kargabüken *a, bitk.* nux vomica

kargacık burgacık *s.* scrawly; scratchy **kargacık burgacık yazmak** to scrawl

kargadöleği *a. bitk.* colocynth

kargaşa *a.* confusion, disorder, commotion, chaos, unrest, turmoil, tumult *res.*; anarchy * anarşi

kargaşacı *a.* anarchist ¤ *s.* anarchistic

kargaşacılık *a.* anarchism

kargaşalı *s.* tumultuous

kargaşalık *a.* confusion, disorder

kargatulumba *be.* frogmarching **kargatulumba etmek** to frogmarch

kargı *a.* spear, pike, javelin, lance

kargılamak *e.* to spear

kargılık *a.* cartridge belt

kargımak *e.* to curse * lanetlemek

kargın *a.* woodworking plane

kargış *a.* curse, imprecation * lanet, beddua, telin **kargış etmek** to curse * lanet etmek

kargışlamak *e.* to curse * lanetlemek

kargışlı *s.* cursed, accursed

kargo *a.* cargo, shipload **kargo uçağı** freighter

karha *a, esk.* ulcer * ülser

karı *a.* wife; *kab.* woman, cow *arg./hkr.*; crumpet *İl.*, bird *İİ./arg.*, dame *Aİ./arg.* **karı kız** skirt *esk.* **karı kız peşinde koşmak** to womanize *gen. hkr.* **karı koca** husband and wife **karı koca gibi yaşamak** to cohabit *res.*

karık[1] *a.* snow-blindness ¤ *s.* snow-blinded

karık[2] *a.* irrigation ditch; furrow

karıkmak *e.* (gözler) to be dazzled by the snow

karılaşmak *e. kab.* to become effeminate

karılı *s.* having a wife; having ... wives

karılık *a.* wifehood; fickleness

karımak *e. yörs.* (kadın) to get old

karın *a.* abdomen, belly; stomach, tummy *kon.*; womb ¤ *s.* abdominal **karın ağrısı**

a) stomachache, bellyache *kon.* b) nuisance, pest c) thingamajig, thingummy **karın boşluğu** abdominal cavity **karnı acıkmak** to be hungry, to get hungry **karnı acıkmış** hungry **karnı ağrımak** to have a stomachache **karnı burnunda olmak** to be pregnant, to have a bun in the oven *kon./şak.* **karnı burnunda** pregnant, in the club *İİ./arg.* **karnı geniş** lighthearted, carefree **karnı tok** full **karnı zil çalmak** *kon.* to be starving, to be famished *kon.* **(-e) karnım tok** I'm not prepared to believe that **karnından konuşan** ventriloquist **karnını doyurmak** to eat one's fill

karınca *a, hayb.* ant **karınca asidi** formic acid * formik acid **karınca kararınca** in a small way

karıncalanma *a.* prickle, pins and needles *kon.*

karıncalanmak *e.* to swarm; to prickle, to have pins and needles

karıncalı *s.* full of ants; honeycombed, vermiculated

karıncayiyen *a.* anteater

karıncık *a, anat.* ventricle

karıncıkiçi *s. hek.* intraventricular

karıncıl *s.* celiac

karınçatlağı *a. yörs.* abdominal hernia

karınlamak *e. den.* to pull up alongside

karınlı *s.* bellied; potbellied

karınmak *e.* to be mixed; to mate, to copulate

karınsa *a.* molting season (of birds)

karınsal *s.* abdominal, antinodal

karıntı *a.* whirlpool, vortex

karınzarı *a. anat.* peritoneum **karınzarı yangısı/iltihabı** *hek.* peritonitis

karış *a.* span, hand span **karış karış** every inch of, inch by inch **karış karış bilmek** to know every inch of (a place)

karışabilir *s.* miscible

karışabilirlik *a.* miscibility

karışgın *s. hek.* complicated

karışık *s.* mixed; complicated, complex, convoluted; indiscriminate; entangled; intricate; confused, confusing; untidy, disorderly; adulterated **karışık iplik** blended yarn, mixed yarn **karışık kristal** mixed crystal **karışık kumaş** blended fabric, union **karışık taban** mixed radix **karışık usare** mixed juice

karışıklık *a.* confusion, disorder, muddle, clutter, disarray; turmoil, tumult, disturbance, ferment, turbulence, commotion, chaos; complication **karışıklık çıkarmak** to stir up trouble, to kick up a row

karışım *a.* mixture, mix, admixture, blend **karışım noktası** mixing point **karışım odası** mixing chamber **karışım oranı** mixing ratio **karışım rengi** combination colour, mixed colour

karışır *s.* miscible

karışırlık *a.* miscibility

karışlamak *e.* to measure by the span

karışma *a.* mixing; interference * müdahale; involvement

karışmak *e.* to mix, to mingle; to tangle; to interfere, to intervene, to meddle; to become complicated, to be confused; to join (in); (ırmak, vb.) to flow into, to run into; to be involved in

karışmaz *s.* immiscible

karışmazlık *a.* immiscibility

karıştırıcı *a.* mixer ¤ *s.* mixing; *mec.* seditious, mischief-making

karıştırıcılık *a.* troublemaking

karıştırma *a.* mixing, mixture **karıştırma masası** mixing console **karıştırma tüpü** mixer tube **karıştırma valfı** mixing valve **karıştırma verimi** mixing efficiency

karıştırmak *e.* to mix, to mingle, to blend; to stir; to disturb, to disorder, to scramble; (burnunu, dişini) to pick; *isk.* to shuffle; to search (through/into), to rummage (about/through), to fumble (about/around); to confuse, to complicate, to confound *esk.*; to mix sth up, to muddle, to mistake sb for, to confuse with; to play with, to toy with, to tamper with, to muddle sth up; to involve

karibu *a. hayb.* caribou

karides *a, hayb.* shrimp **karides kokteyli** shrimp cocktail

kariha *a. esk.* creative intelligence, creative mind

karikatür *a.* caricature; cartoon **karikatürünü çizmek** to caricature

karikatürcü *a.* caricaturist

karikatürcülük *a.* art/work of a caricaturist

karikatürist *a.* caricaturist

karikatürize *s.* caricatured **karikatürize etmek** to caricature

karikatürleştirmek *e.* to caricature

karina *a, den.* bilge, underwater hull, bottom **karina etmek** *den.* to career **karinaya basmak** to career

karine *a.* clue; indication, trace **karine ile anlamak** to deduce from context

kariyer *a.* career **kariyer yapmak** to build a career

kariyon *a.* carillon, set of bells

karizma *a.* charisma

karizmatik *s.* charismatic

karkas *a.* skeleton; *inş.* skeleton

karkazı *a.* snow goose

karkuşu *a.* snow bunting

karlamak *e.* to snow

karlanma *a.* picture noise

kârlı *s.* profitable, advantageous, fruitful, productive, remunerative, lucrative

karlı *s.* snow-covered, snow-clad; snowy **karlı görüntü** picture noise

karlık *a.* snow-cooler; glass vessel for cooling water

karma *a.* mixing ¤ *s.* mixed, composite; (eğitim) coed **karma bilgisayar** hybrid computer **karma devre** hybrid circuit **karma eğitim** coeducation **karma ekonomi** mixed economy **karma gübre** mixed fertilizer **karma kablo** composite cable **karma kesir** mixed fraction, mixed number **karma makinesi** blunger **karma okul** coeducational school **karma toplam** hash total

karmacı *a.* advocate of a mixed economy

karmacılık *a.* advocacy of a mixed economy

karmaç *a.* mixer, mixing machine

karmak *e.* to mix, to blend; *isk.* to shuffle

karmakarışık *s.* in utter disorder, in a mess, in confusion, topsy-turvy, intricate, chaotic, higgledy-piggledy *kon.* **karmakarışık etmek** to tangle, to clutter, to jumble, to entangle **karmakarışık olmak** to be in a mess, to jumble

karmalık *a.* hybridism, hybridity

karman çorman *s.* in confusion, topsy-turvy, higgledy-piggledy, chaotic

karmanyola *a.* mugging

karmanyolacı *a.* mugger

karmaşa *a.* disorder, confusion, muddle, chaos; *ruhb.* complex * kompleks

karmaşık *s.* complex, complicated, involved, deep **karmaşık dalga** complex wave **karmaşık saçılma** incoherent scattering **karmaşık sayı** complex number

karmaşıklaşmak *e.* to get more complicated

karmaşıklık *a.* complexity

karmaşmak *e. hek.* to become complicated

karmaştırmak *e. hek.* to complicate; to jumble

karmık *a.* fishgarth, small dam/barrage in a river mouth

karmin *a.* carmine

karminik *s.* carminic

karmuk *a.* big hook

karnabahar *a, bitk.* cauliflower

karnalit *a.* carnallite

karnaval *a.* carnival

karne *a.* school report, report card; ration card **karneye bağlamak** to ration **karneyle vermek** to ration sth out

karnelit *a.* carnallite

karnıkara *a. bitk.* cowpea ¤ *s.* malicious, bad

karnıyarık *a.* split aubergines with (minced) meat filling

karni *a. kim.* retort

karnitin *a.* carnitin

karnotit *a.* carnotite

karo *a, isk.* diamonds; floor tile **karoyla kaplamak** to tile

karoser *a, oto.* coachwork, bodywork, body

karoserci *a. oto.* maker of vehicle bodies

karot *a, mad.* core, drilling core **karot alma** core sampling **karot numunesi** core sample **karot sondajı** core boring

karoten *a.* carotene

karotiyer *a.* core drill, concrete core drilling machine

karpel *a.* carpel

karpet *a.* carpet

karpit *a. kim.* carbide

karpit lambası *a.* limelight

karpofor *a.* carpophore

karpogon *a.* carpogonium

karpuz *a, bitk.* watermelon; globe

karpuzcu *a.* seller/grower of watermelons

karpuzculuk *a.* selling/growing watermelons

karsak *a. hayb.* corsac, Afghan fox

kârsız *s.* profitless

karsinogenez *a. hek.* carcinogenesis

karsinojen *a.* carcinogen

karsinoloji *a.* carcinology
karsinom *a. hek.* carcinoma
karsinoma *a.* carcinoma
karst *a.* karst *karst biçimleri* karst morphology *karst kaynağı* karst spring *karst morfolojisi* karst morphology *karst ovası* karst plain
karşı *s, ilg, be.* opposite; against; contrary; discordant; facing; toward, towards, to ¤ *a.* opposite side *karşı ağırlık* counterpoise, counterweight *karşı akın sp.* counterattack *karşı akış* counterflow *karşı ateş* counterfire *karşı casus* counterspy *karşı casusluk* counterespionage *karşı cins* opposite sex *karşı çıkmak* to oppose, to object, to protest, to frown on/upon sth, to come out against sth *karşı gelmek* to oppose, to buck, to go against sb/sth, to contravene, to defy, to revolt *karşı iyon* counter ion *karşı kama* counterwedge *karşı karşıya gelmek* to come face to face, to come across, to meet, to face *karşı karşıya kalmak* to come up against sb/sth, to encounter *res. karşı karşıya olmak* to face *karşı karşıya* face to face *karşı konulmaz* irresistible, seductive *karşı konum* opposition *karşı koymak* to resist, to withstand, to oppose, to go against sb/sth *karşı olmak* a) to be against b) to face, to overlook *karşı önlem* countermeasure *karşı ray* check rail *karşı saldırı* counterattack *karşı saldırıda bulunmak* to counterattack *karşıdan karşıya* across *karşıdan karşıya geçmek* to cross
karşıakım *a, tek.* countercurrent
karşıakımlı *s.* having countercurrent *karşıakımlı ısıtıcı* countercurrent juice heater
karşıbasınç *a, tek.* back pressure, counterpressure *karşıbasınç türbini* back pressure turbine
karşıcasus *a.* counterspy
karşıcasusluk *a.* counterespionage
karşıcı *a.* welcomer ¤ *s.* opposing, disagreeing
karşıcılık *a.* opposition
karşıdeğişkin *s, mat.* contravariant
karşıdevrim *a.* counterrevolution
karşıdevrimci *a, s.* counterrevolutionist
karşıdevrimcilik *a.* being a counterrevolutionary

karşıdöngü *a.* anticyclone
karşıgelim *a. biy.* antagonism
karşıgün *a.* counterglow, gegenschein
karşıki *a.* the one opposite ¤ *s.* the opposite, facing
karşılama *a.* welcome, greeting; accepting, receiving
karşılamak *e.* to welcome, to receive; to receive, to greet with; to meet, to cover; to compensate; *sp.* to block up
karşılaşma *a.* encounter; confrontation; meeting; *sp.* match, game, event
karşılaşmak *e.* to meet; to come across, to encounter, to run into; to confront
karşılaştırıcı *a.* comparator
karşılaştırılabilir *s.* comparable
karşılaştırılamaz *s.* incomparable
karşılaştırma *a.* comparison, contrast *karşılaştırma boyaması* comparative dyeing *karşılaştırma denetimi* comparator check *karşılaştırma elektrotu* reference electrode *karşılaştırma köprüsü* comparison bridge *karşılaştırma testi* comparison test
karşılaştırmak *e.* to compare, to contrast; to confront with; to match
karşılaştırmalı *s.* comparative *karşılaştırmalı anatomi* comparative anatomy *karşılaştırmalı dilbilim* comparative linguistics
karşılayıcı *a.* receiver, welcomer ¤ *s.* preventive; fulfilling; compensatory
karşılık *a.* response, reaction; answer, response, reply, acknowledgement; reciprocity; equivalent, counterpart; recompense, compensation, allowance; reward, consideration *karşılığında* in return (for sth) *karşılığını vermek* to recompense *karşılık birimi* answerback unite *karşılık kodu* answerback code *karşılık olarak* in reply to, in return, back *karşılık rayı* wing rail *karşılık vermek* a) to answer, to respond b) to answer back, to retort c) to counter
karşılıklı *s.* reciprocal, mutual; facing one another; corresponding ¤ *be.* mutually; alternatively *karşılıklı bağımlı* mutually dependent *karşılıklı çekim* mutual attraction *karşılıklı dayanışma* interdependence *karşılıklı endüktans* mutual inductance *karşılıklı fedakârlık* give-and-take *karşılıklı iletkenlik* mutual

conductance **karşılıklı ilişki** correlation **karşılıklı indüksiyon** mutual induction **karşılıklı özveri** give-and-take **karşılıklı teminat** collateral
karşılıklılık a. reciprocity
karşılıksız s. complimentary, gratis, unpaid; (çek) dud, worthless; (sevgi) unreturned, unrequited *res.*; unanswered **karşılıksız çek** bad cheque, dud cheque *kon.* **karşılıksız çıkmak** (çek) to bounce
karşıma a. *gökb.* opposition
karşın *ilg.* in spite of, despite, for all ¤ *be.* although, though
karşısav a. antithesis * antitez
karşısında *be, ilg.* opposite, across; in the face of
karşıt s. contrary, opposite, converse **karşıt anlamlı** antonym(ous) **karşıt katot** anticathode
karşıtağı a. antidote
karşıtçı a. opponent * aleyhtar
karşıtçılık a. opposition * aleyhtarlık
karşıtdeğerli s. ambivalent
karşıtdeğerlilik a. ambivalence
karşıtduygu a, *ruhb.* antipathy * antipati
karşıtetkin s. *hek.* antagonistic
karşıtetkinlik a. *hek.* antagonism
karşıtezgen a. anticatalyst
karşıtkuark a. antiquark
karşıtlamak e. to put forward an opposite theory
karşıtlamalı s. antithetical
karşıtlaşma s. contradicting each other
karşıtlaşmak e. to be opposed to each other
karşıtlı s. adversative
karşıtlık a. contrast; contradiction; *mat.* reciprocity; *biy.* antagonism
karşıtnötron a. antineutron
karşıtparçacık a. antiparticle
karşıtten a. *kim.* antibody
karşıtten a. antibody
karşıyenim a. anticorrosion
kart[1] s. old, aged; tough, not fresh/tender **kart kız** old maid
kart[2] a. card; calling card, visiting card; postcard **kart alanı** card field **kart algılama** card sensing **kart besleyici** card feed **kart biçimi** card format **kart çoğaltıcısı** card reproducer **kart delgi makinesi** card punch machine **kart delgileme** card punching **kart delici**

card punch **kart denetici** card verifier **kart denetimi** card verification **kart deseni** card format **kart destesi** card deck **kart fihristi** card index **kart formatı** card format **kart görüntüsü** card image **kart kafesi** card cage **kart kataloğu** card catalogue **kart kodu** card code **kart kolonu** card column **kart okuyucu** card reader **kart sıkışması** card jam, card wreck **kart sırtı** card back **kart sütunu** card column **kart tutucu** card hopper **kart tüylenmesi** card fluff **kart yatağı** card bed, card track **kart yığıcı** card stacker **kart yolu** card bed, card track **kart yükleyici** card loader **kartlarını iyi oynamak** *mec.* to play one's cards well **karttan banda** card-to-tape **karttan banda dönüştürücü** card-to-tape converter **karttan karta** card-to-card
Kartaca a. s. *trh.* Carthage
Kartacalı a. s. Carthaginian
kartal a, *hayb.* eagle **kartal yavrusu** eaglet, young eagle **kartal yuvası** eagle's nest
kartalağacı a. *bitk.* eaglewood, agalloch, aloes
kartallı s. having an eagle **kartallı eğreltiotu** *bitk.* bracken
kartalmak e. to get old
kartaloş, kartaloz s, *arg.* aged, old
kartaloz s. *arg.* old, over the hill
kartavuğu a. ptarmigan
kartel a, *eko.* cartel, combine
kartela a. numbered card (in a lottery)
karter a, *oto.* crankcase
kartezyen a. s. *fel.* Cartesian
kartlaşmak e. to grow old; to become tough
kartlık a. being past one's prime, oldness; staleness, toughness
kartograf a. cartographer
kartografi a. cartography
kartografik s. cartographic
karton a. pasteboard, cardboard; *kon.* (sigara) carton **karton kutu** carton, box
kartonpiyer a. papier-mâché
kartopu a, *bitk.* guelder rose
kartotek a. card catalogue, card file
kartpostal a. postcard
kartuk a. large rake
kartuş a. cartridge **kartuş sigorta** cartridge fuse

kartvizit a. visiting card, calling card Aİ.
Karun a. Croesus, Rockefeller **Karun gibi** (as) rich as Croesus
karvakrol a. carvacrol
karven a. carvene
karvon a. carvone
karya a. bitk. hickory
karyağdı s. pepper-and-salt
karyatit a. caryatid
karyokinez a, biy. karyokinesis
karyola a. bedstead, bed
karyops a. caryopsis
kas a. muscle ¤ sg. muscular **kas ağrısı** hek. myalgia **kas kirişi** sinew **kas tonusu** hek. muscle tone **kas uru** myoma **kas zarı** anat. sarcolemma
kasa a. safe, strongbox, coffer; till; safe-deposit box; box, chest; cab, bodywork; door frame, window frame; case, crate; checkout, desk; sp. horse; den. grommet, grummet **kasa mevcudu** ready cash
kasaba a. small town, borough **kasaba halkı** townsfolk, townspeople
kasabalı a. townsman, town-dweller
kasadar a. cashier, treasurer
kasadarlık a. being a cashier
kasalamak e. to crate
kasanmak e. to stop and stale
kasap a. butcher; butcher's shop **kasap satırı** cleaver
kasaphane a, esk. slaughterhouse * kesimevi, mezbaha, kanara
kasaplık s. kept for meat
kasar, kastar a. bleaching agent **kasar atölyesi** bleaching works, bleachery **kasar maddesi** bleaching agent **kasar sodası** bleaching soda
kasara a, den. deck-cabin
kasarlama a. bleaching **kasarlama kazanı** bleaching boiler **kasarlama tozu** bleaching powder
kasarlamak e. to bleach
kasatura a. bayonet
kasavet a. gloom, depression, desolation
kasavetlenmek e. to feel anxious
kasavetli s. gloomy, depressed, desolate
kasavetsiz s. unworried, untroubled
kasbilim a. myology
kasdoku a. muscle tissue
kasdokumsu a. myoid
kâse a. bowl
kasem a. esk. oath

kaset a. cartridge, cassette, tape
kasetçalar a. tape recorder
kasık a. groin, crotch
kasıkbağcı a. maker/seller of trusses for hernias
kasıkbağı a. truss
kasıkbiti a, hayb. crab louse, crab
kasıkçatlağı a. hek. inguinal hernia
kasıkotu a. cockle
kasıksal s. inguinal
kasıl s. anat. muscular
kasılabilir s. contractile
kasılım a. spasm
kasılımgözler a. myoscope
kasılımlı s. spastic, spasmodic
kasılma a. contraction; mec. swagger
kasılmak e. to contract; to shorten, to get shorter; to swagger, to swank, to give oneself airs, to brag, to posture **kasıla kasıla yürümek** to swagger hkr., to strut hkr.
kasım a. November
kasım kasım be. posturing, swaggering **kasım kasım kasılmak** to posture, to swagger
kasımlı s, hek. systolic, spasmodic
kasımpatı a, bitk. chrysanthemum * krizantem
kasınç a. cramp, spasm * kramp
kasınçlı s. spasmodic
kasınma a. contraction; spasm, cramp; swagger
kasınmak e. to become cramped, to contract; to swagger, show off
kasıntı a. tacking; arg. swagger, swank ¤ s. swanky, bumptious hkr.
kasıntılı s. swanky, swaggering
kasır a. summer palace, pavilion
kasırga a. hurricane, cyclone
kasıt a. intention, purpose; evil purpose (-e) **kastı olmak** to have evil intentions against
kasıtlı s. deliberate, intentional, purposeful
kasıtsız s. inadvertent, unwitting
kasiçi s. intramuscular
kaside a, ed. eulogy
kasis a. culvert
kasiterit a. cassiterite
kasiyer a. cashier
kask a. crash helmet, helmet
kaskat a. cascade **kaskat amplifikatör** cascade amplifier **kaskat bağlama** cascade connection **kaskat kontrol**

cascade control **kaskat konversitör** cascade converter

kaskatı s. very hard, rigid; *mec.* merciless, intolerant * acımasız, hoşgörüsüz

kasket a. cap

kasketçi a. maker/seller of caps

kasketli s. wearing a cap

kasko a. automobile insurance

kaslı s. muscular, brawny

kasmak e. (giysi) to take in; to stretch tight *kasıp kavurmak* to terrorize, to tyrannize

kasnak a. hoop, rim; embroidery frame, embroidery hoop; *tek.* belt pulley *kasnak yüzü* pulley face

kasnaklamak e. to hoop; to give (sb) a bear hug

kasnaklı s. encased in a hoop/a rim

kasnı a. gum ammoniac

kaspanak be. arg. by force

kast a. caste

kastanyet a. castanets

kastanyola a. click, pawl, tripper

kastar a. bleaching

kastarcı a. bleacher

kastarhane a. bleachery

kastarlama a. bleaching

kastarlamak e. to bleach

kastarlı s. bleached

kastellanus a. castellanus

kastellatus a. castellatus

kasten be. intentionally, deliberately, purposely, on purpose, by design, knowingly

kastetmek e. to mean; to have a design against

kasti s. intentional, deliberate, premeditated

kastor a. beaver

kasvet a. depression, gloom; desolation

kasvetli s. depressing, gloomy, desolate, dismal, dreary, cheerless, glum *kon.*

kaş a. eyebrow, brow; bezel, vignette *kaş göz etmek* to wink, to make signs with eye and brow *kaş kalemi* eyebrow pencil *kaş yapayım derken göz çıkarmak* to make things worse (while trying to be helpful) *kaşla göz arasında* in the twinkling of an eye, in a trice, on the quiet *kaşlarını çatmak* to frown, to knit one's brows

kaşa a. barley gruel

kaşağı a. currycomb; back-scratcher

kaşağılamak e. to curry, to groom

kaşalot a, hayb. cachalot, sperm whale; *arg.* half-wit, booby, cretin *hkr.*

kaşalotzade a. arg. idiot

kaşamak e. to curry, to groom

kaşan a. (hayvan) staling, urinating

kaşandırmak e. to let (an animal) rest and stale

kâşane a. mansion * köşk

kaşanmak e. to stale, to exect urine

kaşar a. a kind of yellow cheese made of sheep's milk

kaşarlanmak e. to become callous/hard-boiled

kaşarlanmış s. callous, hard-boiled, hardened

kaşarlı s. containing cheese made of sheep's milk; hard boiled, experienced

kaşe a, hek. capsule; cachet, stamp

kaşeksi a, hek. cachexia

kaşelemek e. to laminate

kaşık a. spoon; spoonful *kaşık düşmanı kon.* one's wife, the missus, one's better half

kaşıkçı a. maker/seller of spoons

kaşıkçıkuşu a. pelican * pelikan

kaşıkçılık a. making/selling spoons

kaşıkçın a, hayb. shoveler

kaşıkgaga a. shoveler

kaşıklamak e. to spoon up

kaşıklı s. having a spoon

kaşıklı balıkçıl a. hayb. spoonbill

kaşıklıbalıkçıl a. hayb. spoonbill, broadbill

kaşıkotu a. bitk. scurvy grass

kaşımak e. to scratch

kaşınan s. pruritic

kaşındırmak e. to make itch, to irritate

kaşınmak e. to itch; *kon.* to ask for trouble, to look for trouble, to make a rod for one's own back

kaşıntı a. itch

kaşıntılı s. itchy

kaşıyacak a. back scratcher

kâşif a. explorer, discoverer

kaşkariko a. arg. tricks, lies, deceit

kaşkariko a, arg. plant, ripoff

kaşkarikocu a. liar, trickster, cheater

kaşkaval a. round sheep's cheese; *arg.* chump *kon.*, goon *kon.*, ninny *kon.*; *den.* fid

kaşkavallık a. arg. stupidity

kaşkemer a. ogive

kaşkol a. scarf, neckerchief

kaşkorse *a.* camisole
kaşlı *s.* having eyebrows, -browed
kaşmer *a.* clown
kaşmerdikoz *a.* queer fish
kaşmir *a.* cashmere **kaşmir yünü** cashmere wool
kat *a.* floor; storey, story *Aİ.*; layer, stratum; covering; fold; coat, coating; *mat.* multiple; time(s) **kat çıkmak** to add a storey **kat kat** a) in layers b) many times more **(-den) kat kat iyi** streets ahead (of sb/sth) *kon.* **kat mülkiyeti** ownership by apartment, condominium *Aİ.* **kat planı** *mim.* floor plan
katabatik *s.* katabatic **katabatik rüzgâr** katabatic wind
katabolizm *a.* catabolism, katabolism
katafalk *a.* catafalque
kataforez *a.* cataphoresis
katafot *a.* reflector
kataklasis *a.* cataclasis
kataklastik *s.* cataclastic
katakofti *a. arg.* lie
katakomp *a.* catacomb
katakostik *a.* catacoustics
katakulli *a, arg.* trick, ruse, shift **katakulliye gelmek** to be swindled, to be had *kon.*
Katalan *a, s.* Catalan
Katalanca *a, s.* Catalan
katalaviz *be. arg.* understand?, get it?
katalaz *a.* catalase
katalepsi *a. hek.* catalepsy
kataleptik *s. hek.* cataleptic
katalitik *s.* catalytic
kataliz *a.* catalysis
katalizlemek *e.* to catalyse
katalizör *a.* catalyst, catalyzer **katalizör zehirlenmesi** catalyst poisoning
katalog *a.* catalogue, catalog *Aİ.* **katalog fiyatı** list price
kataloglamak *e.* to catalogue, to catalog *Aİ.*
Katalonya *a.* Catalonia
katalpa *a.* catalpa
katapult *a.* catapult, launcher
Katar *a.* Qatar ¤ *s.* Qatari
katar *a.* train, file; convoy; railway train **katar etiketi** *biliş.* trailer label **katar kaydı** *biliş.* trailer record
katarakt *a, hek.* cataract * aksu, akbasma, perde
katarlamak *e.* to arrange in a file

Katarlı *a. s.* Qatari
Katarlı *a, s.* Qatari
katarsis *a.* catharsis
katbek *a.* cutback
katbilim *a.* stratigraphy
kateçin *a.* catechin
kateçü *a.* catechu
katedral *a.* cathedral
kategori *a.* category
kategorik *s.* categorical
katekol *a.* catechol
katepsin *a.* cathepsin
katetmek *e.* to travel over, to traverse, to cover, to make
katetometre *a.* cathetometer
katgüt *a, hek.* catgut
katı[1] *s.* hard, stiff, rigid; hard, tough; *fiz.* solid; (yumurta) hard-boiled; strict, severe, stern; callous, unfeeling **katı açı** solid angle **katı asıltı** suspension **katı cisim** solid body **katı çözelti** solid solution **katı çözünürlüğü** solid solubility **katı eğrisi** solidus curve **katı elektrolit** solid electrolyte **katı geometri** solid geometry **katı hal fiziği** solid-state physics **katı hal** solid state **katı kalpli** unfeeling **katı madde** solid matter, solid **katı yakıt** solid fuel **katı yürekli** hardhearted, callous, heartless **katıdan özütleme** leaching
katı[2] *a, hayb.* gizzard * taşlık, konsa
katık *a.* something eaten with one's bread
katıklı *s.* (ekmek) eaten with something else
katıksız *s.* unmixed, unadulterated, pure; sheer, unmitigated **katıksız hapis** confinement on bread and water
katılama *a.* cementation **katılama fırını** cementation furnace
katılan *s.* participating ¤ *a.* participant
katılaşma *a.* hardening, solidification **katılaşma büzülmesi** solidification shrinkage **katılaşma çekmesi** solidification shrinkage **katılaşma sıcaklığı** freezing temperature
katılaşmak *e.* to harden, to stiffen; to solidify, to congeal
katılaştırmak *e.* to harden, to stiffen; to solidify, to congeal
katılgandoku *a.* connective tissue
katılık *a.* hardness, stiffness; solidity, solidness; severity, rigidity
katılım *a.* participation

katılma *a.* being added, addition; joining, participation **katılma bileşiği** *kim.* addition compound **katılma işlemi** additive process **katılma polimerizasyonu** *kim.* addition polymerization **katılma tepkimesi** *kim.* addition reaction
katılmak[1] *e.* to be added (to); to mingle; to join, to come in on sb/sth, to amalgamate; (yarışma, sınav) to go in for sth; to attend, to be absent; to agree with, to go along with sb/sth; (suça) to abet **katılmamak** a) not to be added b) not to join c) to absent oneself (from sth) d) to disagree (with sb/sth)
katılmak[2] *e.* to get out of breath (from laughing), to fall about laughing *kon.* **katıla katıla gülmek** to die laughing, to fall about with laughter *kon.*
katım *a.* adding; joining, mixing
katıntı *a.* mixture; party-crasher
katır *a.* mule ¤ *s, kon.* stubborn, bad-tempered **katır gibi (inatçı)** as stubborn as a mule, as obstinate as a mule **katır sidiği** *arg.* suds
katır kutur *be.* with a crunching sound ¤ *s.* hardened, very hard **katır kutur yemek** to crunch, to munch
katırboncuğu *a.* cowry, cowry shell
katırcı *a.* muleteer, mule skinner
katırcılık *a.* being a muleteer
katırkuyruğu *a. bitk.* horseshoe vetch
katırtırnağı *a, bitk.* broom, besom
katıryılanı *a. hayb.* viper
katışık *s.* mixed, impure
katışıklık *a.* impurity
katışıksız *s.* unmixed, unadulterated, pure
katışkı *a.* impurity
katışmaç *a. biy.* colony, cluster
katışmak *e.* to join in, to mix with
katıştırmak *e.* to add, to mix
katıyağ *a.* solid grease, grease **katıyağ tabancası** grease gun
kati *s.* definite, final, absolute, exact, conclusive
kâtibe *a.* woman secretary
katil[1] *a.* murderer, killer, assassin, butcher *hkr.* ¤ *s.* murderous
katil[2] *a.* murder, killing, homicide, assassination
katileşmek *e.* to become definite
kâtip *a.* clerk, secretary
kâtiplik *a.* secretaryship, clerkship
katiyen *be.* by no means, not at any price, never; absolutely, definitely
katiyet *a.* certainty, definiteness, decisiveness, certitude *res.*
katkı *a.* contribution, help; additive **katkı maddesi** a) additive, addition agent b) preservative **katkıda bulunmak** to contribute to
katkılama *a.* doping **katkılama dengelemesi** doping compensation
katkılı *s.* mixed, adulterated; containing an additive
katkısız *s.* unmixed, unadulterated, pure
katlama *a.* folding, doubling **katlama arabası** folding truck **katlama makinesi** folding machine, folder, doubler **katlama tezgâhı** doubling frame
katlamak *e.* to fold, to pleat; *mec.* to walk over sb
katlanabilir *s.* collapsible
katlanılır *s.* bearable
katlanılmaz *s.* insufferable
katlanır *s.* collapsible, folding **katlanır iskele** folding scaffold **katlanır kapı** folding door **katlanır masa** folding table **katlanır mezura** folding rule
katlanma *a.* being folded; endurance
katlanmak *e.* to fold, to bend; to put up with, to bear, to stand, to endure, to tolerate, to abide
katlayıcı *a, teks.* cuttler
katletmek *e.* to murder, to kill, to butcher, to assassinate; *mec.* to murder, to spoil
katlı *s.* folded; -storied, having ... storeys
katlıterim *a.* multinomial
katliam *a.* massacre, slaughter, carnage, genocide, pogrom, bloodbath * kırım **katliam yapmak** to massacre
katma *a.* adding, addition ¤ *s.* added, additional **katma bütçe** supplementary budget **katma değer vergisi, KDV** value added tax, VAT **katma vergi** supertax, surtax
katmak *e.* to add; to mix in, to mingle; to incorporate, to include; to count sb/sth in; to send with; to annex
katman *a.* layer, stratum * tabaka
katmanbilgisel *s.* stratigraphic
katmanbilgisi *a.* stratigraphy
katmanbulut *a.* stratus * stratus
katmanlaşma *a, yerb.* stratification, bedding
katmanlaşmak *e.* to stratify

katmanlaştırmak e. to stratify
katmanlı s. bedded, lamellar, stratified
katmer a. layer; flaky pastry
katmerlenme a. imbrication
katmerlenmek e. to imbricate
katmerleşmek e. to become layered
katmerli s. in layers; having many folds; (çiçek) double *katmerli kiriş* laminated beam
katmerlibadem a. bitk. flowering almond
katmerlipapatya a. bitk. China aster
katodik s. cathodic *katodik buharlaştırma* cathodic evaporation *katodik gravür* cathodic etching
katodofon a. cathodophone
Katolik a, s. Catholic *Katolik kilisesi* the Roman Catholic church; Catholicism
Katoliklik a. Catholicism
katolit a. catholyte
katot a, kim. cathode *katot akımı* cathode current *katot bakırı* cathode copper *katot birikintisi* cathode deposit *katot düşüşü* cathode drop *katot emisyonu* cathode emission *katot gerilimi* cathode voltage *katot ışıldaması* cathodoluminescence *katot ışıltısı* cathode glow *katot ışını* cathode ray *katot ızgarası* cathode grid *katot kaplaması* cathode coating *katot kuplajı* cathode coupling *katot kuplajlı* cathode coupled *katot noktası* cathode spot *katot osiloskopu* cathode ray oscilloscope *katot öngerilimi* cathode bias *katot parçalanması* cathode disintegration *katot parlaklığı* cathode glow *katot tozlanması* cathode sputtering *katot verimi* cathode efficiency
katrak a. gang saw
katran a. tar; bitumen *katran fırçası* tar brush *katran sürmek* to tar
katranağacı a. hemlock, turpentine tree
katranardıcı a. prickly juniper
katrançamı a. wild pine
katranköpüğü a. bitk. polypore
katranlamak e. to tar
katranlı s. tarred, tarry *katranlı kâğıt* felt roofing *katranlı levha* tar board *katranlı makadam* tarmac, tarmacadam
katranruhu a. creosote
katrantaşı a. pitchstone
katrat a. quadrat, quad
katre a. drop * damla *katre katre* drop by drop, by drops
katrilyon a. quadrillion
katsayı a, mat. coefficient
katyon a. cation *katyon alışverişi* cation exchange
katyonik s. cationic
katyuvarı a, gökb. stratosphere * stratosfer
kauçuk a. rubber *kauçuk ağacı* rubber plant *kauçuk balata* rubber lining *kauçuk kaplama* rubber coating *kauçuk kaplı* rubber-covered
kauçukağacı a. bitk. rubber tree
kauçuklu s. containing rubber
kav a. tinder, punk, amadou
kavaf a. seller/maker of cheap shoes
kavaflık a. cheap shoe trade
kavak a, bitk. poplar
kavakçılık a. commercial growing of poplars
kavaklık a. poplar grove
kaval a. shepherd's pipe *kaval mil* hollow shaft *kaval zımba* hollow punch
kavalcı a. piper
kavaliyer perspektif a. cavalier perspective
kavalkemiği a, anat. tibia
kavallanmak e. arg. to give someone a headache
kavalye a. male dancing-partner
kavalyelik a. being a male dancing-partner *kavalyelik etmek* to escort
kavanço a. den. shifting; arg. change, exchange, substituting
kavanoz a. jar, pot
kavanozlamak e. to jar
kavara a. empty honeycomb
kavas a. trh. kavass, chasseur, footman
kavasya a. quassia
kavata a. woodenbowl; sour green tomato (for pickling)
kavela a, den. marlinespike
kavga a. fight, quarrel, brawl, dissension, strife, affray, altercation, tussle kon.; (evli çift) bust-up; mec. struggle, battle *kavga çıkarmak* to pick a quarrel, to pick a fight *kavga etmek* to fight, to quarrel, to brawl, to fall out with sb, to have words (with sb), to have a tussle, to have a row kon.
kavgacı s. quarrelsome, combative, belligerent, contentious, aggressive, pugnacious res.

kavgalaşmak *e.* to quarrel/fight with each other

kavgalı *s.* disputed; cross/angry (with)

kavgasız *be.* without a quarrel/fight

kavgımak *e. yörs.* to walk fast, to run

kavi *s. esk.* powerful, soild, firm

kavil *a. esk.* words, remarks; agreement, accord

kavileşmek *e.* to become strong

kavileştirmek *e.* to make (sth) strong

kavilleşmek *e. kon.* to make an agreement

kavim *a.* tribe, people, nation * budun

kavis *a.* arc, curve, bow

kavisli *s.* curved

kavitasyon *a.* cavitation

kavite *a, anat.* cavity

kavkı *a.* shell **kavkı eğrisi** conchoid

kavkılı *s.* full of shells

kavlak *a.* barkless; peeled off

kavlama *a.* spalling

kavlamak *e.* to flake (off/away)

kavlaşmak *e.* to become tinder

kavlatmak *e.* to let become tinder

kavletmek *e. esk.* to make an agreement (with)

kavlıç *a.* hernia

kavmi *s. esk.* ethnic(al)

kavmiyat *a. esk.* ethnography

kavmiyet *a. esk.* tribalism, ethnicity

kavraç *a.* beche * beç

kavram *a.* concept **kavram eşgüdümü** concept coordination **kavram koordinasyonu** concept coordination **kavramlar dizini** thesaurus

kavrama *a.* comprehension, understanding, cognition, apprehension; *tek.* coupling, clutch **kavrama bağlantısı** clutch coupling **kavrama çatalı** clutch fork, coupling fork **kavrama diski** clutch disc **kavrama flanşı** coupling flange **kavrama freni** clutch brake **kavrama kapağı** clutch cover, clutch housing **kavrama katsayısı** coupling constant **kavrama kolu** clutch lever, coupling lever **kavrama kovanı** coupling box **kavrama kutusu** clutch case **kavrama manşonu** coupling sleeve **kavrama mili** clutch shaft **kavrama pedalı** clutch pedal **kavrama somunu** coupling nut **kavrama tabanı** clutch facing, clutch lining **kavrama vidası** coupling screw **kavrama yayı** clutch thrust spring

kavrama zinciri coupling chain

kavramak *e.* to comprehend, to understand, to apprehend; to grasp, to seize, to grip, to bite, to snatch; to clutch

kavramcı *a. fel.* conceptualist ¤ *s.* conccptualistic

kavramcılık *a. fel.* conceptualism

kavramsal *s.* conceptual

kavranılmaz *s.* incomprehensible

kavrayış *a.* comprehension

kavrayışlı *s.* quick/clever at understanding, apt

kavrayışlılık *a.* quickness of comprehension

kavrayışsız *s.* unintelligent, dull

kavrayışsızlık *a.* slowness of comprehension

kavruk *s.* scorched, dried up, arid; undersized, stunted, wizened

kavrukluk *a.* being scorched, witheredness; stuntedness

kavrulmak *e.* to be roasted, to roast; to be scorched

kavrulmuş *s.* roasted **kavrulmuş cevher** roasted ore

kavşak *a.* junction, crossroads, intersection **kavşak diyodu** junction diode **kavşak doğrultmacı** junction rectifier **kavşak transistoru** junction transistor

kavuk *a.* quilted turban

kavuklu *s.* turbaned

kavun *a, bitk.* melon

kavunağacı *a.* papaw

kavuniçi *a.* pale orange

kavurga *a.* roasted wheat/corn

kavurma *a.* roasting; fried meat ¤ *s.* roasted, fried **kavurma fırını** roasting furnace

kavurmaç *a.* roasted wheat

kavurmak *e.* to roast, to fry; to scorch, to blast, to parch, to blight, to sear

kavurmalık *s.* suitable for roasting

kavurucu *s.* torrid

kavuşmak *e.* to come together; to regain; to reach, to attain; to obtain; to join, to touch

kavuşmaz *s.* asymptote, asymptotic

kavuşturmak *e.* to cause to meet, to bring together, to unite; (kollarını) to cross

kavuşum *a, gökb.* conjunction * içtima **kavuşum ayı** synodic month

kavut *a.* parched pulse/corn

kavuz *a, bitk.* glume

kavuzlu s. glumaceous
kavzamak e. to hold (sth) firmly, to grip; to guard, to protect; to swell, to blister
kay a. vomiting
kaya a. rock **kaya asfaltı** rock asphalt **kaya delici** rock drill **kaya döküntülü kıyı** reef **kaya döküntüsü** rock debris, detritus **kaya düşmesi** rock fall **kaya ezilmesi** cataclasis **kaya gibi** rock-hard **kaya kristal** rock crystal **kaya matkabı** jackhammer **kaya mekaniği** rock mechanics **kaya patlaması** rock burst **kaya tabakası** rock stratum **kaya unu** rock flour
kayaarmudu a. Juneberry
kayabalığı a, hayb. goby
kayabaşı a. shepherd's song
kayacıl s. saxatile
kayaç a. rock **kayaç fasiyezi** lithofacies **kayaç mineral** accessory mineral
kayaçbilgisel s. petrographic(al)
kayaçbilgisi a. petrography
kayaçbilim a. petrology
kayagüvercini a, hayb. rock dove
kayağan s. slippery, slick
kayağanlık a. slipperiness
kayağantaş a. slate
kayahanisi a. hayb. a grouper
kayahorozu a. hayb. cock-of-the-rock
kayak a. ski; skiing **kayak sopası** ski stick **kayak yapmak** to ski **kayakla atlama** ski jumping
kayakartalı a. hayb. golden eagle
kayakçı a. skier
kayakçılık a. skiing
kayakekiği a. bitk. wild thyme
kayakeleri a. hayb. chameleon, cameleon
kayakoruğu a. bitk. stonecrop
kayalık s. rocky ¤ a. rocky place
kayalifi a. asbestos * taşpamuğu, asbest
kayan s. sliding; gliding ¤ a. mountain torrent, rapid
kayar a. reusing an old horseshoe
kayarlamak e. to reuse old horseshoes with new nails; arg. to swear at, to curse
kayarto a, arg. queer, fairy, queen, fag
kayasıvacıkuşu a. hayb. rock nuthatch
kayatuzu a, min. rock salt
kaybetmek e. to lose * yitirmek
kaybolmak e. to get lost, to lose ones' bearings; to disappear
kaydedeci s. recording ¤ a. recorder, log-

ger **kaydedici cihaz** registering apparatus **kaydedici oynatıcı video** video cassette recorder
kaydedici s. recording
kaydetme a. recording; registration **kaydetme yoğunluğu** recording density
kaydetmek e. to enrol, to enroll, to register; to write sth down, to take sth down, to note sth down, to set sth down, to enter; (ses, müzik, vb.) to record
kaydıhayat a. huk. condition of being alive
kaydırak a. flat round stone; hopscotch; (oyun aracı) slide
kaydırma a. sliding; sin. travelling, tracking, dollying **kaydırma arabası** camera car, dolly **kaydırma askısı** lighting rail **kaydırma oluğu** tek. chute **kaydırma yazmacı** shift register
kaydırmak e. to slide, to skid
kaydırmalı çekim a. dolly shot
kaydiye a. esk. registration fee
kaydolmak e. to enrol, to enroll
kaygan s. slippery, slick, greasy **kaygan akış** streamline flow **kaygan kavrama** sliding clutch
kaygana a. omelette; dessert made with eggs
kayganlık a. slipperiness
kaygı a. anxiety, worry, care, concern, solicitude, misgiving res. **kaygı verici** worrying
kaygılandırmak e. to worry, to make anxious, to disturb, to perturb res.
kaygılanmak e. to worry, to feel anxious
kaygılı s. worried, anxious, concerned, apprehensive, solicitous res.
kaygılılık a. uneasiness, anxiety
kaygın s. slippery, slick; (deve) pregnant
kaygısız s. carefree, happy-go-lucky, light-hearted, buoyant, jaunty
kaygısızlık a. untroubledness
kayıcı s. sliding **kayıcı gövde** sliding block **kayıcı halka** slipring **kayıcı kontak** sliding contact **kayıcı yatak** sliding bearing
kayık a. small boat, rowing boat, rowboat, caïque **kayıkla gezmek** to go boating, to boat
kayıkçı a. boatman
kayıkçılık a. selling/renting caiques
kayıkhane a. boathouse, boat shed
kayın[1] a, bitk. beech

kayın[2] *a.* brother-in-law
kayınbaba *a.* father-in-law
kayınbirader *a.* brother-in-law
kayınpeder *a.* father-in-law
kayıntavuğu *a, hayb.* black grouse, black game
kayıntı *a, kon.* chow *arg.*
kayınvalide *a.* mother-in-law
kayıp *a.* loss; *ask.* casualties; disadvantage ¤ *s.* lost, missing **kayıp açısı** loss angle **kayıp eşya** lost property **kayıp faktörü** loss factor **kayıp hareket** lost motion **kayıplara karışmak** to disappear, to vanish into thin air
kayır *a. yörs.* sandbank, sandbar
kayırıcı *a.* protector, supporter; patron
kayırıcılık *a.* preferential treatment
kayırma *a.* favour, favor *Aİ.*
kayırmacılık *a.* favouritism *hkr.*, favoritism *Aİ./hkr.*
kayırmak *e.* to support, to back, to help, to sponsor, to protect * himmet etmek; to favour, to favor *Aİ.*, to show favour, to treat preferentially * iltimas etmek
kayısı *a, bitk.* apricot
kayış *a.* strap, belt, thong, strop **kayış çatalı** belt fork, strap fork **kayış gerici** belt tightener **kayış gerilimi** belt tension **kayış gibi** leathery, like leather, as tough as a leather **kayış kancası** belt fastener **kayış kayması** belt slip **kayış kelepçesi** belt clamp **kayış mengenesi** belt stretcher **kayışa çekmek** *arg.* to cheat, to chisel sb (out of sth) *arg.* **kayışla bağlamak** to strap **kayışla tahrik** belt drive **kayışla tahrikli** belt driven
kayışbalığı *a. hayb.* cusk eel
kayışçı *a.* maker/seller of leather belts/straps; *arg.* swindler, cheat
kayışdili *a.* vulgar speech, slang language
kayışkıran *a. bitk.* restharrow
kayışlı *s.* containing a belt, having a belt **kayışlı konveyör** conveyor belt, conveyor **kayışlı taşıyıcı** band conveyor, belt conveyor
kayıt *a.* registration, enrolment, enlistment; entry; proviso; restriction, reservation; caring, attention; recording **kayda değer** noteworthy **kayda geçirmek** to register, to enter in the register **kaydını silmek** to delete the record of **kayıt aralığı** record gap **kayıt**

ayırıcı record separator **kayıt başlığı** record header **kayıt biçimi** record format **kayıt bloklaması** record blocking **kayıt bölümü** record section **kayıt defteri** register, record book **kayıt formatı** record format **kayıt gürültüsü** recording noise **kayıt iğnesi** recording stylus **kayıt işareti** record mark **kayıt kafası** recording head **kayıt kitaplığı** record library **kayıt öbeklemesi** record blocking **kayıt parçası** record section **kayıt sayımı** record count **kayıt sonu** end of record **kayıt stüdyosu** recording studio **kayıt tekniği** recording technique **kayıt uzunluğu** record length **kayıt üreteci** record generator **kayıt yaptırmak** to check in (at), to check into
kayıtlamak *e.* to limit, to restrict
kayıtlı *s.* recorded; registered, enrolled; conditional, restricted
kayıtsız *s.* indifferent, unconcerned, stolid, apathetic, negligent, reckless; unregistered, unrecorded; unconditional **kayıtsız kalmak** to be indifferent (to) **kayıtsız şartsız** unconditionally
kayıtsızlık *a.* indifference, unconcern, negligence, apathy
kaykay *a.* skateboard
kaykılmak *e.* to lean (back)
kayma *a.* slide, sliding, slip **kayma açısı** angle of slip **kayma çizgisi** slip line **kayma çukuru** skid pan **kayma direnci** sliding resistance **kayma düzlemi** slip plane **kayma önleme** antiskid protection **kayma önleyici** antiskating, antiskid **kayma sürtünmesi** sliding friction **kayma yüzeyi** sliding surface
kaymak[1] *e.* to slip; to slide; to slid; to glide; to ski; to move (to one side); to change (into); *arg.* to lay *arg./kab.*, to fuck *arg./kab.*, to make
kaymak[2] *a.* cream; clotted cream **kaymağını almak** to skim **kaymak altı** skimmed milk, skim milk **kaymak ayırıcı** cream separator, creamer **kaymak bağlamak/tutmak** to cream, to form cream
kaymakağacı *a.* sweetsop
kaymakam *a.* head official of a district
kaymakçı *a.* cream maker; cream seller **kaymakçı kaşığı** skimmer

kaymakçılık *a.* making/selling cream
kaymakkâğıdı *a.* glossy paper
kaymaklanmak *e.* to form cream
kaymaklı *s.* creamy
kaymaktaşı *a.* alabaster
Kayman Adaları *a.* Cayman Islands, Caymans
kaymaoluşum *a.* diastrophism, tectonism
kaymaoluşumsal *s.* tectonic, diastrophic
kaymaz *s.* (lastik) nonskid; nonslip *kaymaz lastik* nonskid tyre
kaymazlık *a.* being nonskid; being nonslip *kaymazlık apresi teks.* antislip finish, nonslip finish
kayme *a.* bank note, bill
kaynaç *a.* geyser * gayzer
kaynaçtaşı *a. yerb.* geyserite
kaynak[1] *a.* spring, fountain * memba; origin * menşe; source *kaynak belge* source document *kaynak bilgisayar* source computer *kaynak bölgesi* source region *kaynak dil* source language *kaynak dosya* source file *kaynak empedansı* source impedance *kaynak kod* source code *kaynak kodu biliş.* source code *kaynak kütük* source file *kaynak makine* source machine *kaynak modül* source module *kaynak program* source program *kaynak suyu* spring water
kaynak[2] *a.* weld, welding *kaynak akımı* welding current *kaynak bağlantısı* welded joint *kaynak basıncı* welding pressure *kaynak çubuğu* welding rod *kaynak dekapanı* welding flux *kaynak demiri* welding iron *kaynak elektrotu* welding electrode *kaynak eritkeni* welding flux *kaynak fırını* welding furnace *kaynak hamlacı* welding blowpipe *kaynak kusuru* weld defect *kaynak makinesi* welding machine *kaynak metali* filler metal *kaynak presi* welding press *kaynak şalumosu* welding torch *kaynak teli* welding wire *kaynak tozu* welding powder *kaynak yapmak* a) to weld b) *arg.* to jump the queue
kaynakça *a.* bibliography * bibliyografya, bibliyografi
kaynakçasal *s.* bibliographical * bibliyografik
kaynakçı *a.* welder
kaynakçılık *a.* welder's work

kaynaklamak *e.* to weld
kaynaklanabilir *s.* weldable
kaynaklanabilirlik *a.* weldability
kaynaklanmak *e.* to be welded; to arise from, to result from, to stem from, to originate *res.*
kaynaklı *s.* welded; originating from
kaynaksız *s.* solderless, seamless *kaynaksız bağlantı* solderless connection
kaynama *a.* boiling, ebullition *kaynama ısısı* boiling temperature *kaynama noktası* boiling point *kaynama sıcaklığı* boiling temperature
kaynamak *e.* to boil; to ferment, to effervesce; (mide) to burn, to sour; to surge up, to seethe; to swarm with sb/sth, to teem with, to crawl with, to be alive with, to abound in/with sth; (kemik) to knit
kaynana *a.* mother-in-law
kaynanadili *a, bitk.* prickly pear
kaynanalık *a.* being a mother-in-law
kaynanazırıltısı *a.* rattle
kaynar *s.* boiling; very hot, piping hot *kaynar su* boiling water
kaynarca *a.* hot spring, thermal spring; spring
kaynargözleyim *a.* ebullioscopy
kaynaşan *s.* coalescent
kaynaşık *s.* fused; *kon.* restless, changeable
kaynaşım *a.* fusion
kaynaşma *a.* fusion; agitation, surge *kaynaşma kaynağı* fusion welding
kaynaşmak *e.* to fuse, to amalgamate, to unite, to coalesce; to swarm with, to teem with; *kim.* to combine; to become friendly at once, to click (with sb *ii./kon.*
kaynaşmaz *s.* infusible
kaynaştırmak *e.* to fuse; to combine; to help (people) to become good friends
kaynata *a.* father-in-law
kaynatalık *a.* being a father-in-law
kaynatma *a.* boiling *kaynatma haslığ* boiling fastness *kaynatma kaybı* boiling-off loss *kaynatma kazanı* boiling tub, scalding vat *kaynatma tesisi* boiling plant
kaynatmak *e.* to boil; to weld; *kon.* chat, to gossip
kaypak *s.* slippery * kayağan, kaygar

slippery, unreliable, shifty, fickle *
dönek
kaypaklık *a.* slipperiness; unreliability
kaypamak *e. yörs.* to slide; to slip
kayra *a.* grace, favour, benevolence *
lütuf, ihsan, atıfet, inayet
kayracı *a.* providcntialist
kayracı *a.* providentialist
kayracılık *a.* providentialism
kayrak *a.* slate
kayralmak *e. yörs.* (ırmak) to become
choked with sand
kayran *a.* glade, clearing
kayser *a.* (Roma) caesar; (Alman) kaiser
kayşa *a, yerb.* landslide, landslip * heye-
lan
kayşamak *e.* to slip, to fall in
kayşat *a.* scree
kaytak *s. yörs.* secluded, remote; unreli-
able
kaytan *a.* cotton cord, silk cord, braid
kaytan bıyıklı with long and thin mous-
tache
kaytarıcı *a.* shirker, goldbricker, slacker,
truant ¤ *s.* slack, work-shy *hkr.*
kaytarıkçı *a.* shirker, truant, layabout
İl./kon.
kaytarmak *e.* to shirk, to slack, to loaf
kon., to wriggle out of sth, to slope off
İl./kon., to skive *İl./arg.*, to duck (out of)
sth *kon.*
kayyum *a. esk.* caretaker of a mosque;
administrator, trustee
kayyum, kayyım *a. esk.* mosque care-
taker; *huk.* administrator, trustee
kaz *a.* goose, gander; *arg.* fool *hkr.*, idiot
kon., ass *kon.*, dope *kon.* **kaz adımı**
goose step **kaz kafalı** stupid, thick-
headed **kaz palazı** gosling **kaz sürüsü**
gaggle **kaz yavrusu** gosling **Kazın
ayağı öyle değil** The truth of the matter
is different
kaza[1] *a.* accident, smash, smash-up,
crash, misadventure **kaza dökümü**
disaster dump **kaza geçirmek** to have
an accident **kaza ile** by accident **kaza
kurşunu** stray bullet **kaza önleme** ac-
cident prevention **kaza sigortası** acci-
dent insurance **kaza yapmak** to have
an accident, to have a crash **kazaya
uğramak** to come to grief *kon.*
kaza[2] *a.* administrative district; jurisdiction,
adjudication

kazaen *be.* by accident, by chance
Kazak *a, s.* Kazakh
kazak *a.* pullover, jersey, jumper, sweater
¤ *s.* (koca) despotic, masterful
Kazakça *a, s.* Kazakh
Kazakistan *a.* Kazakhstan
kazalizlemek *e.* to catalyse
kazamat *a.* casemate
kazan *a.* cauldron, kettle; boiler, kier
kazan armatürleri boiler fittings *kazan
basıncı* boiler pressure *kazan
besleme suyu* boiler feeding water
kazan besleme boiler feeding *kazan
borusu* boiler tube *kazan çamuru*
boiler slurry, boiler sludge *kazan
dairesi* boiler house, boiler room *kazan
dekatir makinesi* kier-decatizing ma-
chine *kazan dilimi* boiler section *kazan
kaldırmak* to mutiny, to revolt, to rebel
against *kazan kapasitesi* boiler capac-
ity *kazan kaplaması* boiler covering
kazan kömürü boiler coal *kazan nipeli*
boiler nipple *kazan ocağı* boiler furnace
kazan taşı *bkz.* kazantaşı *kazan
yüklenmesi* boiler loading *kazanda
pişirme* kier boiling *kazanda pişirmek*
to kier-boil
kazanan *s.* winning ¤ *a.* winner
kazancı *a.* boiler maker, boilersmith, cop-
persmith; stoker, fireman
kazancılık *a.* making/selling boilers; stok-
ing
kazanç *a.* profit, gain, income, earnings,
takings, proceeds, emolument *res.*; ac-
quisition; advantage, benefit, gain
kazanç getirmek to bring (sb) in sth
kazanç kontrolü gain control *kazanç
sağlamak* to profit, to gain ground
kazançlı *s.* profitable, lucrative, remunera-
tive *kazançlı çıkmak* to get the bet-
ter/best of
kazançsız *s.* profitless, unprofitable
kazandırmak *e.* to bring (sb) in sth
kazandibi *a.* pudding with a caramel base
kazanılmış *s. huk.* acquired
kazanma *a.* earning; winning; acquiring,
gaining, obtaining
kazanmak *e.* to earn, to gain, to pull sth
in, to pull sth down; (yarış, mücadele,
savaş, ödül, bahis) to win, to carry sth
off, to notch sth up *kon.*; (sınav) to
pass; to get, to obtain, to acquire, to
procure *res.* *kazandığını yemek* to live

from hand to mouth
kazantaşı *a, tek.* boiler scale, fur *İİ.*, scale *Aİ.* **kazantaşı çözücüsü** boiler cleansing compound **kazantaşı önleyici** anti-incrustant **kazantaşı temizleyici** descaler **kazantaşını temizlemek** to descale
kazara *be.* by accident, by chance, accidentally
kazaratar *a.* excavator * ekskavatör
kazartaşır *a.* road grader, road scraper
kazasker *a. trh.* a military judge
kazayağı *a.* crowfoot
kazaz *a.* maker of silk thread
kazazede *a.* disaster victim, castaway ¤ *s.* wrecked, shipwrecked, struck down by an accident
kazboku *a.* khaki colour
kazein *a.* casein
kazeinojen *a.* caseinogen
kazevi *a.* a large basket of reeds
kazı *a.* excavation, dig; carving, engraving **kazı kovası** sinking bucket **kazı makinesi** earth-moving machinery **kazı yapmak** to dig, to excavate **kazı yeri** dig, excavation site
kazıbilim *a.* archaeology * arkeoloji
kazıbilimci *a.* archaeologist * arkeolog
kazıbilimsel *s.* archaeological * arkeolojik
kazıcı *a.* excavator, digger, scarifier
kazık *a.* stake, pale, pile, picket; *arg.* trick, swindle, con *arg.*; rip-off *arg.* ¤ *s.* exorbitant, dear, costly, too expensive, pricey *İİ./kon.*, pricy *İİ./kon.*; (soru) hard, difficult **kazık atmak** *kon.* a) to cheat, to deceive, to do *kon.*, to pull a fast one (on sb) *kon.*, to chisel sb (out of sth) *arg.* b) to overcharge, to soak, to fleece *kon.*, to screw *arg.*, to rip sb off *arg.* **kazık kadar** *kon.* lanky, gangly, huge **kazık kök** *bitk.* taproot **kazık marka** *kon.* pricey *İİ./kon.*, pricy *İİ./kon.* **kazık marka olmak** to cost an arm and a leg **kazık temel** *inş.* pile foundation **kazık yemek** *kon.* to be cheated, to be done *kon.*, to pay through the nose *kon.*
kazıkçı *s, arg.* fleecing, soaking
kazıklamak *e.* to stake off, to stake out; to deceive, to cheat, to have (sb) on, to do *kon.*, to con *arg.*; to overcharge, to soak, to screw *arg.*, to fleece *kon.*, to rip sb off *arg.*
kazıklanmak *e.* to be overcharged, to be

cheated, to be stung, to be had, to be done *kon.*, to pay through the nose *kon.*
kazıklı *s.* supported with stakes/piles
kazıklıhumma *a.* tetanus, lockjaw * tetanos
kazıkotu *a.* cocklebur
kazılı *s.* dug up; excavated; trenched; scraped
kazıma *a.* scrape, scraping
kazımak *e.* to scrape, to scrape off; to shave
kazınmak *e.* to scrape oneself; to scratch oneself hard
kazıntı *a.* scrapings; erasure
kazıntılı *s.* with erasures, erased
kazıyıcı *a.* scaler, scraper
kaziye *a. mant.* proposition
kazma *a.* pickaxe, pick *kon.*, pickax *Aİ.*; digging, excavation; *arg.* jerk *arg.*, fool *hkr.*, idiot *kon.*, ass *kon.* **kazma gibi** large and protruding **kazma kürek** digging tools
kazmacı *a. ask.* sapper; digger, pickman
kazmaç *a.* excavator
kazmadiş *a. s. kon.* bucktoothed (person)
kazmak *e.* to dig, to excavate, to trench, to burrow
kazmir *a.* cassimere, kerseymere
kazulet *a.* huge, enormous
kazurat *a.* stool
kebabiye *a. arg.* cigarette butt
kebap *a.* kebab
kebapçı *a.* maker/seller of kebap
kebapçılık *a.* making/selling shish kebab
kebe *a.* a felt jacket
kebere *a, bitk.* caper, caperbush * gebreotu, kapari
kebezit *a.* chabazite
kebir *s. esk.* big, grand, great; old, elderly
kebze *a.* shoulder blade, scapula
keçe *a.* felt; mat, carpet **keçe bileziği** sealing ring **keçe conta** felt gasket, felt packing **keçe filtre** felt filter **keçe halı** felt carpet **keçe kumaş** felt cloth, woven felt **keçe makinesi** felting machine **keçe rondela** felt washer **keçe salmastra** felt packing **keçe tampon** felt pad **keçe yuvası** seal housing
keçeci *a.* maker/seller of felt
keçecilik *a.* making/selling felt
keçedelen *a.* light rain
keçeleşme *a.* felting **keçeleşme büzülmesi** felting shrinkage

keçeleşme çekmesi felting shrinkage
keçeleşme etkisi felting effect
keçeleşme gücü felting power
keçeleşme önleyici antifelting
keçeleşme yeteneği felting power
keçeleşmek *e.* to felt
keçeleştirme *a.* felting, planking
keçeleştirme makinesi planking machine
keçeleştirmek *e.* to felt, to plank
keçeli *s.* felted *keçeli kalem* felt-pen, felt-tip, felt-tipped pen *keçeli kalender* felt calender
keçi *a.* goat ¤ *s, kon.* obstinate, stubborn *keçi ayağı silindir* sheepsfoot roller *keçi kılı* goat hair *keçileri kaçırmak* to go out of one's mind, to go bananas *keçileri kaçırmış* cracked, touched *kon.*, bonkers *İİ./arg.*
keçiboynuzu *a, bitk.* carob, locust-tree
keçileşmek *e. kon.* to become obtinate
keçilik *a. kon.* stubbornness
keçimantarı *a. bitk.* meadow mushroom, field mushroom
keçisağan *a. hayb.* goatsucker, nightjar
keçisakal *a.* goatee
keçisakalı *a, bitk.* spiraea
keçisedefi *a. bitk.* goat's-rue
keçisöğüdü *a.* sallow
keçitırnağı *a.* vee chisel
keçiyemişi *a, bitk.* cranberry
keçiyolu *a.* path, pathway, footpath, track, trail * patika, çığır
keder *a.* grief, sorrow, distress, anguish, the blues, heartbreak, woe *esk. keder vermek* to grieve
kederlendirmek *e.* to sadden
kederlenmek *e.* to grieve, to sorrow, to feel blue
kederli *s.* sorrowful, grieved, sad, doleful, downcast, disconsolate, anguished, dejected, heavyhearted, blue *kon.*, woeful *res. kederli olmak* to have the blues, to be down in the dumps *kon.*
kedersiz *s.* free from grief, carefree
kedi *a.* cat, pussy, pussycat
kediayağı *a. bitk.* cat's foot
kediayası *a. bitk.* celandine, pile-wort
kedibalı *a.* gum of fruit trees
kedibalı *a.* resin
kedibalığı *a, hayb.* dogfish
kedidili *a.* slender biscuits eaten with ice cream

kedigil *a.* feline
kedigözü *a, oto.* reflector, red rearlight; (yolda) cat's eye
kedikuşu *a.* catbird
kedinanesi *a. bitk.* catnip
kediotu *a.* valerian
kef *a.* scum
kefal *a, hayb.* grey mullet
kefalet *a, huk.* bail, guaranty, surety *kefaleten tahliye etmek* to grant sb bail *kefaletle* on bail *kefaletle salıvermek* to release on bail *kefaletle serbest bırakmak* to admit to bail *kefaletle serbest bıraktırmak* to bail out *kefaletle tahliye* release on bail *kefaletle tahliye etmek* to release sb on bail
kefaletname *a.* surety bond, bail bond
kefaret *a.* penance, atonement, expiation *kefaret etmek* to atone *kefaretini ödemek* to atone for sth
kefe *a.* scale (of a balance)
kefeki *a.* tartar
kefekili *s.* tartareous
kefekitaşı *a.* calcareous sinter, freshwater limestone, travertin(e)
kefelemek *e.* to curry/trim (a horse) with a brush/haircloth glove
kefen *a.* shroud, winding sheet *kefeni yırtmak* to cheat death, to return from death's door
kefenci *a.* maker/seller of shrouds; grave robber
kefenlemek *e.* to shroud (a corpse)
kefenli *s.* wrapped in a shroud
kefere *a.* heathen
kefil *a.* guarantor, sponsor, surety *kefil göstermek* to give security *kefil olmak* to stand surety (for sb), to go bail (for sb), to stand bail (for sb), to guarantee
kefillik *a.* guarantee, security
kefir *a.* kefir, kephir
kefiye *a.* kaffiyeh
kefne *a.* sailmaker's palm
kehanet *a.* soothsaying, prediction, prophecy, augury *kehanette bulunmak* to prophesy, to divine, to foretell
kehle *a. esk.* louse
kehribar *a.* amber * samankapan *kehribar balı* clear yellow honey *kehribar rengi* amber
kehribarcı *a.* maker/seller of amber objects

kek *a.* cake
kekâ *ünl.* cool!, this is nice!
keke *s.* stammering, stuttering
kekelemek *e.* to stammer, to stutter; *mec.* to falter, to stammer
kekeme *s.* stammering, stuttering ¤ *a.* stammerer, stutterer
kekemeleşmek *e.* to develop a stammer/a stutter
kekemelik *a.* stammer, stutter
kekez *a. arg.* gay, fag
kekik *a, bitk.* thyme
kekikli *s, bitk.* containing thyme
kekikyağı *a.* oil of thyme
keklik *a, hayb.* partridge **keklik kerestesi** partridge wood
keklikotu *a.* oregano
kekre *s.* astringent, acrid, pungent
kekrelik *a.* astringency
kekremsi *s.* somewhat acrid; *mec.* sour-faced
kekremsilik *a.* mild astringency; *mec.* being sour-faced
kekresi *s.* somewhat astringent
kel *s.* bald; bare ¤ *a.* bald spot; ringworm **kel başa şimşir tarak** unnecessary luxury **kel olmak** to become bald-headed, to go bald
kelam *a, esk.* word, remark * söz
kelamcı *a. din.* theologian
Kelamıkadim *a.* the Koran
kelaynak *a, hayb.* hermit ibis
kele *a.* young bull
kelebek *a.* butterfly; liver-fluke; butterfly valve **kelebek devre** butterfly circuit **kelebek eğrisi** lemniscate **kelebek rezonatör** butterfly resonator **kelebek somun** *tek.* thumbnut, wing nut, butterfly nut **kelebek supap** butterfly valve **kelebek vida** butterfly screw, wing screw
kelebekli *s.* full of butterflies; having a butterfly valve **kelebekli somun** finger nut
kelebekotu *a. bitk.* black medic, nonesuch
kelebeksi *s.* papilionaceous
kelek *a.* unripe melon; *arg.* fickleness ¤ *s.* unripe; partly bald; *arg.* fickle; *arg.* stupid **keleğe gelmek** *arg.* to be had, to be taken in **keleğe getirmek** *arg.* to trick, to fox
kelem *a.* cabbage
kelep *a.* reel, hank, bunch, coil

kelepçe *a.* handcuffs, manacle; *tek.* pipe clip, clamp, shackle **kelepçe cıvatası** clamp bolt, strap bolt **kelepçe halkası** clamping ring **kelepçe takmak** to handcuff, to manacle **kelepçe vurmak** to handcuff
kelepçelemek *e.* to handcuff, to manacle
kelepçeli *s.* handcuffed
kelepir *s, kon.* very cheap, dirt cheap ¤ *a.* bargain, buy, steal *kon.*, gift *kon.*, snip *İİ./kon.* **kelepire konmak** to get a bargain
kelepirci *a.* bargain-hunter
kelepser *a.* checkrein
keler *a, hayb.* lizard
kelerbalığı *a.* monkfish
keleş *s.* brave * yiğit, cesur; beautiful, handsome * güzel, yakışıklı; bald * kel; bad, ugly * çirkin, kötü
keleşlik *a.* baldness; idiocy
kelime *a.* word * sözcük **kelime formatı** *biliş.* word format **kelime hazinesi** vocabulary **kelime işlem** *biliş.* word processing **kelime işlemci** *biliş.* word processor **kelime oyunu** pun, wordplay, play on words **kelimelere sığmaz** inexpressible **kelimesi kelimesine** word for word, literally
kelle *a.* head, knob, nut *arg.* **kelle şekeri** loaf sugar, cone sugar **kellesini uçurmak** to behead, to cut off one's head
kellendirme *a, bitk.* deforestation
kelli *be.* seeing that, since
kellifelli *s.* well-dressed, serious, dignified, showy
kellik *a.* baldness; *hek.* favus, ringworm; bare wasteland
keloit *a, hek.* keloid, cheloid
kelpe *a.* prop, pole, stake
Kelt *a.* Celt, Kelt ¤ *s.* Celtic, Keltic
Keltçe *a, s.* Celtic, Keltic
kelvin *a.* kelvin
kem küm *be.* faltering, hesitantly **kem küm etmek** to falter, to hum and haw
kem *s.* bad, evil, malicious **kem göz** evil eye
kemal *a.* perfection * yetkinlik; maturity * olgunluk **kemale ermek** a) to reach perfection b) to reach maturity
Kemalist *a, s.* Kemalist
Kemalizm *a.* Kemalism
keman *a, müz.* violin, fiddle *kon.* **keman**

çalmak to fiddle *kon.*
kemancı *a.* violinist, fiddler *kon.*; violin maker
kemancılık *a.* being a violinist; being a violin-maker
kemane *a.* violin bow
kemani *a.* violinist
kemankeş *a. esk.* bowman, archer
keme *a. hayb.* rat; *bitk.* truffle
kemençe *a.* small three-stringed violin
kemençeci *a.* kemancha player; kemancha seller
kement *a.* lasso, lariat *Aİ.* **kement atmak** to throw a lasso at
kementlemek *e. arg.* to swindle
kemer *a.* belt, girdle; (giyside) waist; *mim.* arch, vault; *anat.* arch; *yerb.* anticline; *kon.* safety belt, seat belt * emniyet kemeri **kemer ayağı** abutment, haunch **kemer baraj** arch dam **kemer çatı** arched roof, barrel roof **kemer damlalığı** head moulding **kemer döşeme** arched floor **kemer koltuğu** haunch **kemer kornişi** head moulding **kemer sırtı** extrados **kemer taşı** arch stone, voussoir **kemer tokası** belt buckle **kemer tuğlası** arch brick, voussoir brick **kemer yapmak** to arch, to vault **kemerini sıkmak** to tighten one's belt **kemerle bağlamak** to belt **kemerleri sıkma politikası** austerity programme **kemerleri sıkmak** to tighten one's belt
kemeraltı *a.* arcade, portico
kemere *a.* beam
kemerlemek *e.* to round the spine of (a book)
kemerli *s.* belted, girdled; arched, vaulted **kemerli kiriş** arched beam **kemerli köprü** arch bridge **kemerli menfez** arched culvert **kemerli payanda** flying buttress **kemerli tonoz** annular vault **kemerli yol** ambulatory
kemerpatlıcanı *a.* a long and thin aubergine
kemersiz *s.* without a belt; without a vault, trabeated
kemfin *a.* camphene
kemik *a.* bone **kemik çıkmak** (bone) to be dislocated **kemik erimesi** *hek.* osteolysis **kemik gibi** as hard as a bone, as dry as a bone **kemik iltihabı/yangısı** *hek.* osteitis **kemik kömürü** boneblack

kemik oluşumu osteogenesis **kemik torbası** skinny, weed *kon./hkr.* **kemik yağı** bone oil **kemikleri sayılmak** to be skinny, to be all skin and bone **kemikleri sızlamak** to turn in one's grave **kemiklerine kadar işlemek** to penetrate right to one's bones **kemiklerini ayıklamak** to bone **kemiklerini kırmak** to beat sb up ta a pulp, to tan sb's hide
kemikbaşı *a. anat.* apophysis
kemikbilim *a.* osteology * osteoloji
kemikbilimsel *s.* osteologic(al)
kemikçik *a, anat.* ossicle
kemikdoku *a.* bone tissue
kemikleşme *a.* ossification, ostosis
kemikleşmek *e.* to ossify
kemikleştirmek *e.* to ossify
kemikli *s.* having bones, bony
kemiksi *s.* osteoid; bonelike
kemiksiz *s.* boneless, without bones
kemircik *a.* cartilage
kemirdek *a. yörs.* the bones of a tail
kemirgen *s, hayb.* rodent
kemirgenler *a, hayb.* rodents
kemirici *s.* gnawing, rodent; corrosive
kemiriciler *a.* Rodentia
kemirmek *e.* to gnaw; to corrode; to eat into
kemisorpsiyon *a.* chemisorption
kemiyet *a, esk.* quantity * nicelik
kemlik *a.* evil, malicious act
kemosentez *a.* chemosynthesis
kemosfer *a.* chemosphere
kemostat *a.* chemostat
kemotaksi *a.* chemotaxis
kemoterapi *a.* chemotherapy
kemotropizm *a.* chemotropism
kemre *a.* dung
kenaf *a.* kenaf
kenar *a.* edge; side; corner, nook; (kap) brim; (kumaş) selvage, selvedge; (giysi) hem; (göl, ırmak) bank, margin; (deniz) shore; (uçurum) brink; (bilardo masası) cushion **kenar açıcı** selvedge spreader **kenar baskısı** selvedge printing **kenar devre** side circuit **kenar dikişi** hemstitch **kenar düzeltme** edging **kenar etkisi** edge effect **kenar kesici** selvedge cutter **kenar kılavuzu** selvedge guide **kenar kıvırma** flanging **kenar kirişi** border beam **kenar mahalle** slum, outskirts **kenar malası** edger

kenar pürüzü burr **kenar rendesi** edge plane **kenar süsü** fret, hemstitch **kenar şeridi** edging **kenar yapmak** to edge **kenara çekilmek** to get out of the way, to step aside **kenara kaldırmak** to put aside

kenarcı a. fisherman who stays close to the shore

kenarlı s. marginate, vallate

kenarlık a. edging, border; railing

kenarortay a, mat. median

kenarsuyu a. border, edging

kendi adl. self ¤ s. own ¤ be. in person **kendi aleminde yaşamak** to live in one's own world **kendi başına** on one's own, by himself **kendi bildiğini okumak** to get one's own way, to have one's own way **kendi borusunu çalmak** to blow one's own trumpet **kendi derdine düşmek** to be preoccupied with one's own troubles **kendi dünyasında yaşamak** to live in a world of one's own **Kendi düşen ağlamaz** As you make your bed, so you must lie in it **kendi eliyle** himself, with his own hand **kendi gölgesinden korkmak** to be afraid of one's own shadow **kendi halinde** harmless, quiet **kendi haline bırakmak** to let sb alone **kendi havasında olmak** to do what one feel likes doing **kendi iradesiyle** of one's own volition **kendi işini kendi görmek** to paddle one's own canoe kon. **kendi kazdığı kuyuya kendi düşmek** to be hoist with one's own petard **kendi kendime** a) by myself b) to myself **kendi kendine gelin güvey olmak** to reckon without one's host **kendi kendine** a) by oneself, on one's own b) automatically **kendi kendini yemek** to eat one's heart out (for sb/sth) **kendi kendinize** by yourself **kendi kendisine** by himself, all alone **kendi sahasında** home **kendi yağıyla kavrulmak** to stand on one's own (two) feet, to fend for oneself, to paddle one's own canoe kon. **kendileri** a) themselves b) they c) he, she **kendim** myself **kendimiz** ourselves **kendinde olmamak** to be unconscious **kendinde** conscious **kendinden emin olmak** to be sure of oneself **kendinden emin** confident **kendinden geçirmek** to entrance, to enrapture res. **kendinden geçmek** a) to lose one's self-control, to break down b) to lose consciousness, to faint, to pass out c) to be overexcited, to be entranced **kendinden pay biçmek** to live and let live **kendine ... süsü vermek** to pretend (to be) **kendine dikkat etmek** to take care of oneself **Kendine gel** Pull yourself together **kendine gelmek** a) to come round, to come to b) to pull oneself together c) to behave oneself **kendine güven** assurance, self-assurance **kendine güveni artmak** to take heart **kendine güvenmek** to be sure of oneself **kendine hâkim olmak** to simmer down **kendine hâkim** self-possessed **kendine hâkimiyet** self-control **kendine mal etmek** to appropriate **kendine özgü** distinctive **kendine yedirememek** to be unable to bring oneself to **kendini ... sanmak** to fancy oneself as sth kon. **kendini alamamak** to be able to desist (from) **kendini alçaltmak** to demean oneself **kendini beğenmek** to be full of oneself **kendini beğenmiş** conceited, arrogant, haughty, immodest, cocksure kon., cocky kon., self-satisfied, self-important hkr., self-righteous hkr., bumptious hkr., superior hkr., supercilious hkr. **kendini beğenmişlik** conceit, arrogance, pride hkr. **kendini bilmek** a) to be in one's right mind b) to have self-respect c) to have grown up, to have reached maturity **kendini bilmez** presumptuous, impertinent **kendini bir şey sanmak** to think oneself important, to be too big for one's boots kon. **kendini dev aynasında görmek** to be too big for one's boots kon. **kendini fasulye gibi nimetten saymak** to think no small beer of oneself **kendini göstermek** to distinguish oneself, to do one's stuff kon. **kendini gülünç duruma düşürmek** to make a fool of oneself, to become a laughing stock **kendini kaptırmak** a) to get carried away b) to abandon oneself to, to be engrossed in, to be wrapped up in sth **kendini kaybetmek** a) to lose consciousness, to break down, to be beside oneself (with) b) to fly into a rage **kendini küçük düşürmek** to demean oneself, to lower oneself **kendini rezil etmek** to make an exhibition of oneself **kendini sevdirmek** to endear oneself to sb **kendini toparlamak/toplamak** to pull oneself together, to bounce back **kendini tutmak** to refrain, to hold oneself back, to contain oneself **kendini vermek** to devote oneself to **kendiniz** a) yourself b) yourselves **kendisi** a) herself, himself b) he, she **kendisini küçük düşürmek** to make oneself cheap

kendibeslek *s.* autotrophic **kendibeslek bitki** autotroph

kendibesleklik *a.* autotrophy

kendibiter *s. bitk.* wild, self-sown

kendiliğinden *be.* of one's own accord; automatically; by oneself **kendiliğinden ateşleme** self-ignition **kendiliğinden fisyon** spontaneous fission **kendiliğinden iyonlaşma** autoionization **kendiliğinden tutuşma** auto-ignition **kendiliğinden yükseltgenme** self-oxidation

kendiliğindenlik *a.* spontaneity

kendilik *a. fel.* entity

kendince *be.* in his/her opinion

kendincelik *a.* subjectivity

kendir *a.* hemp

kendirci *a.* producer/grower of hemp

kendircilik *a.* producing/growing hemp

kene *a, hayb.* tick, acarid

kenef *a, kab.* toilet, lavatory, bog *İl./arg.*, john *Aİ./arg.*

kenegöz *s. kon.* small-eyed

keneotu *a.* mole bean

kenet *a.* clamp, clasp, clisp, cramp **kenet çivisi** clinch nail **kenet demiri** cramp iron, clevis

kenetlemek *e.* to clamp, to fasten together

kenetlenmek *e.* to be clamped together; (eller) to clasp; (uzaygemisi) to dock

kenetli *s.* clamped together

kenevir *a.* hemp

kenevircilik *a.* producing/growing hemp

kenevirkuşu *a.* linnet

kengel *a. bitk.* cardoon

kenger *a.* acanthus

kenotaf *a.* cenotaph

kenotron *a.* kenotron

kent *a.* city ¤ *sg.* civic **kent büyümesi** urban growth **kent coğrafyası** urban

geography **kent dışı** the country **kent merkezi** business quarter **kent tasarcısı** town planner, urban planner **kent tasarlaması** urban planning **kent toplumbilimi** urban sociology

kental *a.* quintal

kentbilim *a.* urbanology

kentbilimci *a.* urbanologist

kentçilik *a.* town planning

kentilyon *a.* quintillion

kentleşme *a.* urbanization

kentleşmek *e.* to become urbanized

kentleştirmek *e.* to urbanize

kentli *a.* citizen, town-dweller

kentlileşmek *e.* to become urbanized

kentsel *s.* urban, civic **kentsel alan** urban area **kentsel altyapı** urban infrastructure **kentsel ulaşım** urban transportation

kentsoylu *a.* bourgeois * burjuva **kentsoylu sınıfı** bourgeoisie * burjuvazi

kentsoyluluk *a.* being bourgeois

Kenya *a.* Kenya ¤ *s.* Kenyan

Kenyalı *a, s.* Kenyan

kep *a.* cap; mortarboard

kepaze *s.* scandalous, shameless, disgraceful **kepaze etmek** to disgrace, to dishonour, to degrade

kepazelik *a.* ignominy, vileness

kepbastı *a.* double-netted fishing weir

kepçe *a.* ladle, scoop, skimmer; dip net, scoop net; butterfly net

kepçekulak *s.* flap-eared

kepçekuyruk *a. arg.* sponger

kepçelemek *e. sp.* to hit back (a low ball) with both hands

kepçeli *s.* having a ladle **kepçeli çark** scoop wheel **kepçeli ekskavatör** bucket excavator **kepçeli elevatör** bucket elevator

kepçesurat *s. kon.* who has a small face

kepek *a.* bran; (saçta) scuff, dandruff

kepekçe *a. hek.* pityriasis

kepekçi *a.* seller of bran

kepeklenmek *e.* to become scurfy

kepekli *s.* containing bran; scurfy, having dandruff **kepekli melas** bran molasses **kepekli un** middlings

kepenek *a.* shepherd's felt cloak

kepenk *a.* pull-down shutter

kepez *a.* rock on a seashore; bridal veil

kepir *a.* arid and unproductive land

kepmek *e. yörs.* to collapse

kerahet *a. esk.* dislike, repugnance

keramet *a.* miracle, miraculous deed **keramette bulunmak** to work a miracle

kerata *a. kon.* son of a gun, dog, rascal, rogue *şak.*; shoehorn; cuckold

keratin *a.* ceratine, keratin

keratinleşme *a.* keratinization

keratinleştirmek *e.* to keratinize

keratinli *s.* ceratinous

keratit *a. hek.* keratitis

keratoz *a. hek.* keratosis

kere *a.* time(s)

kerem *a. esk.* favour, kindness, benevolence

kerempe *a.* spit of land; the highest peak of a mountain

keres *a.* big cooking pot

kereste *a.* timber, lumber; *arg.* lout, caveman *kon.*, boor *hkr.* **kereste deposu** lumberyard **kereste fabrikası** sawmill **kereste kütüğü** saw log **kereste mağazası** timberyard, lumber yard **kereste tomruğu** saw log

keresteci *a.* lumberman, timber merchant

kerestecilik *a.* being a lumber merchant

keresteli *s. kon.* strapping, burly

kerestelik *s.* suitable for timber **kerestelik orman** timber

kerevet *a.* wooden bedstead

kerevit *a. hayb.* crayfish, crawfish

kerevit, kerevides *a.* crayfish, crawfish * karavide

kereviz *a, bitk.* celery

kerez *a. arg.* food/drink offered a guest

kerhane *a.* brothel * genelev

kerhaneci *a. kon.* brothel keeper; *kab.* son of a bitch

kerhen *be.* reluctantly, unwillingly, grudgingly

kerih *s. esk.* disgusting, dirty

kerim *s.* generous, gracious

kerime *a. esk.* daughter

keriz *a.* drain, sewer * geriz, lağım; *arg.* gambling * kumar; *arg.* dupe, sucker *kon.*, dupe, gull *esk.*; frolic, party * eğlenti ¤ *s.* gullible, green *kon.*

kerizci *a.* musician; gambler who cheats

kerizlemek *e. arg.* to play an instrument

kerkenez *a, hayb.* Egyptian vulture, kestrel

kerki *a.* large ax

kermen *a.* castle, fortress

kermes *a.* fair, kermis, kermess

kernit *a.* kernite

kerotik asit *a.* cerotic acid

kerpeten *a.* pliers, pincers

kerpiç *a.* cob *İİ.*, adobe **kerpiç toprak** adobe soil

kerpiççi *a.* maker of adobe bricks

kerrat *a, esk.* many times **kerrat cetveli** multiplication table, times table

kerte^1 *a.* notch

kerte^2 *a, den.* rhumb; degree, point **kerte hattı** rhumb line **kerte kerte** little by little, by degrees, gradually **kertesine getirmek** to choose the right time

kerteleme *a.* gradualness

kerteli *s.* gradual

kertenkele *a, hayb.* lizard

kertenkelegiller *a.* Sauria

kerteriz *a, den.* bearing **kerteriz almak** to take a bearing **kerteriz hattı** line of bearing **kerteriz noktası** point of bearing **kerteriz pusulası** bearing compass

kerti *a.* notch, score ¤ *s.* stale, not fresh, old

kertik *a.* notch, score, gash, incision, tally

kertiklemek *e.* to notch

kertikli *s.* notched

kertme *a.* notching; kerfing; scrape

kertmek *e.* to notch, to gash, to nick, to indent; *kon.* to scrape, to rub against

kervan *a.* caravan

kervanbaşı *a.* leader of a caravan

kervancı *a.* organizer/leader of a caravan

kervançulluğu *a. hayb.* curlew

Kervankıran *a. gökb.* Venus

kervansaray *a.* caravanserai

Kervanyıldızı *a. gökb.* Venus

kes *a.* gym boot, sneaker

kesafet *a.* density

kesat *s.* stagnant, flat ¤ *a.* slackness, dullness; scarcity

kesatlaşmak *e.* to slack off

kesatlık *a.* slackness, stagnation

kesbetmek *e.* to gain, to acquire, to earn

kese^1 *a.* coarse bath-glove for washing the body; purse, small bag, money bag; *hayb.* marsupium, pouch; cyst; sac **kesenin ağzını açmak** to loosen one's purse strings, to push the boat out

kese^2 *a.* short cut **keseden gitmek** to take a short cut, to cut across, to cut corners

kesecik *a, anat.* saccule

kesecikli *s.* follicular, folliculated

keseciksi *s. anat.* aciniform
kesek *a.* clod; turf **kesek kırma makinesi** rotary tiller **kesek kırmak** to harrow
kesekâğıdı *a.* paper bag
keselek *a. hek.* cyst
keselemek *e.* to rub with a coarse bath-glove
keselenmek *e.* to rub oneself with a coarse bath-glove; to get rubbed with a coarse bath-glove
keseleşme *a.* encystation, encystment
keseleşmek *e.* to encyst
keseli *s.* having a purse; *hayb.* marsupial, pouched
keseliayı *a. hayb.* koala, koala bear
keselikurbağa *a. hayb.* marsupial frog
keselikurt *a.* bladder worm, thylacine
keseliler *a, hayb.* marsupials
kesen *s.* cutting, that cuts ¤ *a, mat.* secant
kesene *a.* agreement, contract; subscription; lump job
kesenek *a.* deduction; farming of revenues
kesenekçi *a.* tax farmer
kesenkes *be.* very definitely, absolutely; by no means, in no way
kesenlik *a, mat.* secant
keser *a.* adze, adz *Aİ.*
kesici *s.* cutting, incisive ¤ *a.* cutter; slaughterman **kesici devre** clipping circuit **kesici kenar** cutting edge **kesici kıskaç** cutting nippers **kesici yükleyici** cutter loader **kesici yüz** cutting edge
kesicidiş *a.* incisor
kesif *s.* dense, thick
kesik *s.* cut; off, out; curdled, coagulated; interrupted; *arg.* broke, penniless ¤ *a.* cutting, clipping *Aİ.*; cut, incision; *arg.* ogle **kesik atmak** *arg.* to ogle **kesik** intermittently
kesikli *s.* discontinuous, intermittent **kesikli gösterim** discrete representation **kesikli lif** staple fibre **kesikli spektrum** discontinuous spectrum **kesikli veri** discrete data
kesiklik *a.* discontinuity
kesiklilik *a.* discontinuity
kesiksiz *s.* uninterrupted, unbroken, continuous **kesiksiz lif** filament
kesilme *a.* interruption **kesilme çözümleyici** interrupt analyser **kesilme noktası** arrest point **kesilme sinyali** interrupt signal

kesilmek *e.* to be cut; to be clipped; to be sheared; to be exhausted; (süt) to curdle; to cease, to stop; to be interrupted; to become; to present oneself as, to pretend to be; (ışıklar, vb.) to go off, to go out; to fall for sb, to go for sb/sth
kesim *a.* cutting; slaughter, slaughtering; cut, shape, form; cut, fashion; zone, region; *eko.* sector; *hek.* section **kesim baltası** felling axe **kesim frekansı** critical frequency **kesim gerilimi** cutoff voltage **kesim işareti** segment mark **kesim noktası** breakpoint
kesimci *a. trh.* tax farmer
kesimevi *a.* slaughterhouse * mezbaha, kanara
kesimleme *a.* segmentation
kesimlemek *e.* to section
kesimlik *s.* fit for slaughter
kesin *s.* definite, certain, definitive, decisive, absolute, accurate, precise, exact, categorical, final; indisputable, incontrovertible **kesin olarak** certainly, for certain, without fail
kesinleşmek *e.* to become definite
kesinleştirmek *e.* to make definite
kesinlik *a.* certainty, definiteness, accuracy, precision, certitude *res.*
kesinlikle *be.* certainly, definitely, clearly, surely, absolutely, for certain, without fail; not on any account, on no account
kesinsizlik *a.* indefiniteness, uncertainty
kesinti *a.* cut, snip; interruption; deduction; stoppage **kesinti yapmak** to cut sth back, to cut back (on sth)
kesintili *s.* discontinuous, intermittent **kesintili akım** intermittent current **kesintili akış** intermittent flow **kesintili hareket** intermittent movement **kesintili ışık** intermittent light **kesintili suverme** interrupted quenching
kesintisiz *s.* continuous, uninterrupted, solid; gross, without deduction **kesintisiz ağartma** continuous bleaching **kesintisiz boyama** continuous dyeing **kesintisiz buharlayıcı** continuous ager **kesintisiz güç kaynağı** uninterruptable power supply **kesintisiz yöntem** continuous process
kesir *a, mat.* fraction
kesirli *s, mat.* fractional **kesirli hatve** fractional pitch **kesirli sayı** fractional number **kesirli veri** fractional data

kesirsiz s. indivisible
kesişen s. mat. intersecting
kesişme a. intersection **kesişme açısı** angle of intersection **kesişme noktası** intersection point
kesişmek e. to intersect, to cross; arg. to ogle at each other
kesit a. cross-section **kesit alanı** cross-sectional area
keski a. chisel, cutter, chaser **keski çeliği** chisel steel
keskin s. sharp; tart, bitter, pungent, piquant, acrid; keen, acute; severe; (ses) shrill, strident; (rüzgâr) cutting **keskin ağız** sharp edge **keskin dönüş** sharp curve **keskin gözlü** eagle-eyed **keskin kenar** edge **keskin nişancı** dead shot **keskin viraj** hairpin bend, sharp bend
keskinleşmek e. to get sharp
keskinleştirmek e. to sharpen
keskinlik a. sharpness; keenness; pungency
kesme a. cutting; shears; sector; chop ¤ s. cut; definite, fixed **kesme açısı** cutting angle **kesme almak** to tweak **kesme cam** cut glass **kesme dalgası** shear wave, transverse wave **kesme deformasyonu** shear deformation **kesme etkisi** shearing action **kesme hatası** truncation error **kesme imi** dilb. apostrophe **kesme işareti** dilb. apostrophe **kesme kafası** cutting head **kesme kondansatörü** blocking capacitor **kesme kuvveti** shear force, shearing force **kesme makinesi** cutting machine, shearing machine **kesme modülü** shear modulus **kesme musluğu** stop cock **kesme öngerilimi** cutoff bias **kesme silindiri** cutting cylinder **kesme takımı** cutting tool **kesme taş** face stone
kesmece s. (melon) that will be cut and shown for approval
kesmek e. to cut; to chop, to hew; to clip; to cut sth off; to cut sth down, to cut down (on sth); to dock; to sever; to cut, to stop, to cease res.; to discontinue; to disconnect, to cut off; to turn sth out, to turn sth off; to block; to shut up, to cut, to cut sth out; arg. to tell tall stories; arg. to ogle, to eye up; (organı) to amputate; (hayvanı) to butcher **Kes sesini!** arg. Belt up! **kesip çıkarmak** to

excise **kesip/kestirip atmak** to settle once and for all
kesmeşeker a. cube sugar, lump sugar
kesmik a. curd
keson a. caisson **keson kuyu** sink shaft
kesret a. esk. abundance
kestane a. chestnut **kestane kebabı** roasted chestnuts
kestaneci a. maker/seller of roasted chestnuts
kestanecik a. prostate * prostat; fetlock, fetterlock
kestanefişeği a. firecracker, squib
kestanekabağı a. pumpkin
kestanekargası a. hayb. jay
kestanekargası a. jay
kestanelik a. chestnut grove
kestanerengi a, s. chestnut, maroon, auburn
kestaneşekeri a. candied chestnuts, marron glacé
kestere a. tragacanth
kestiri a. prediction
kestirici a. estimator
kestirim a. guess, estimate, prediction, conjecture
kestirme a. estimate, guess; short cut; nap, doze, catnap ¤ s. direct, short, concise **kestirme yol** short cut **kestirmeden gitmek** to take a short cut, to cut corners, to cut across
kestirmece s. conjectural, approximate
kestirmek e. to have (sth) cut; to estimate, to predict, to conjecture; to nap, to doze, to have a snap, to snooze kon.
keş a, arg. junkie arg.
keşen a. halter chain
keşfetmek e. to discover
keşide a. lottery drawing
keşideci a. drawer
keşif a. discovery, exploration; investigation, detection, find; ask. reconnaissance, recce kon. **keşfe çıkmak** to reconnoitre, to reconnoiter Aİ. **keşif balonu** blimp **keşif gezisi** expedition of discovery **keşif kuyusu** wildcat **keşif uçağı** ask. reconnaissance plane **keşif uçağı** scout plane **keşif yapmak** ask. to reconnoitre; to scout
keşifsel s. heuristic **keşifsel yaklaşım** heuristic approach
keşik a. turn; shift
keşikleşe be. by turns **keşikleşe yapmak**

to take turns (at sth)
keşikleşmek *e.* to work in shifts
keşiş *a.* monk
keşişhane *a.* monastery
keşişleme *a.* southeast; southeaster, southeast wind
keşişlik *a.* monasticism; monastery
keşke, keşki *bağ, be.* would that ..., if only ..., I wish ...
keşkek *a.* boiled wheat with meat
keşkül *a.* a milk pudding with coconut
keşlemek *e. arg.* to take no notice of
keşmekeş *a.* confusion, disorder, bustle
Keşmir *a.* Kashmir ¤ *s.* Kashmirian *Keşmir Vadisi* the Vale of Kashmir
Keşmirli *a, s.* Kashmiri, Kashmirian
keşşaf *a.* scout
ket *a.* obstacle *ket vurmak* to inhibit, to hinder, to handicap, to impede
ketal *a.* starched and glazed cloth
ketçap *a.* ketchup, catchup, catsup *Aİ.*
keten *a.* linen; flax *keten havuzlaması* flax retting *keten ipliği* flax yarn *keten kumaş* linen *keten tarağı* flax comb, ripple *keten tiftiği* lint *keten tohumu* flax seed *keten tokmağı* swingle
ketenci *a.* linen weaver; seller of linen cloth
ketencik *a. bitk.* eelgrass; *bitk.* gold-of-pleasure
ketencilik *a.* flax dressing; flax spinning; linen weaving
ketenhelva *a.* cotton candy
ketenhelva(sı) *a.* cotton candy
ketenhelvacı *a.* maker/seller of cotton candy
ketenkuşu *a.* linnet
ketenpere *a, arg.* plant, ripoff
ketentohumu *a.* flaxseed, linseed
kethüda *a. trh.* chief steward
ketoheksoz *a.* ketohexose
ketoksim *a.* ketoxime
ketol *a.* ketol
keton *a.* ketone
ketoz *a.* ketose
ketozis *a.* ketosis
ketum *s.* tight-lipped, reticent, discreet, secretive, close, cagey *kon.*
ketumiyet *a.* secrecy, caginess
ketumluk *a.* discreetness, reticence
kevgir *a.* skimmer, perforated ladle; colander, cullender
Kevser *a.* name of a river in Paradise

keyfetmek *e.* to have a good time
keyfi *s.* arbitrary
keyfiyet *a.* condition, circumstance; quality
keyif *a.* health; temper, mood, spirits; pleasure; merriment, fun; slight intoxication *keyfi bozulmak* to be out of sorts *keyfi gelmek* to feel in a good mood *keyfi iyi olmak* to feel well *keyfi kaçmak* to be out of spirits, to be annoyed, to be put off *keyfi olmamak* to be out of sorts *keyfi yerinde* in fine fettle *keyfi yerinde olmak* to be in high spirits *keyfi yerinde olmamak* to feel out of sorts, to be in the doldrums, to be down in the dumps *kon. keyfine bakmak* to take one's ease *keyfini bozmak* to bring sb down *keyfini çıkarmak* to get a kick out of, to enjoy *keyfini kaçırmak* to disprit, to depress, to cast down, to put off, to give sb the pip *İİ./kon. keyif çatmak* to enjoy oneself, to make merry *keyif için* for pleasure *keyif sürmek* to lead a life of pleasure *keyif vermek* a) to exhilarate b) to make (sb) tipsy
keyiflendirmek *e.* to exhilarate
keyiflenmek *e.* to cheer up, to buck up, to liven up; to get tipsy
keyifli *s.* cheerful, in high spirits *keyifli olmak* to be in high spirits
keyifsiz *s.* indisposed, rough *kon.*, seedy *kon.*; depressed, in low spirits, in poor spirits, in the doldrums, out of sorts *kon. keyifsiz olmak* to be in low spirits
keyifsizlenmek *e.* to feel depressed, to be in low spirits
keyifsizlik *a.* ailment, being seedy; being depressed, being out of sorts
keylüs *a.* chyle
keymüs *a.* chyme
keynit *a.* kainite
kez *a.* time * defa, kere, sefer
keza *be.* ditto, the same
kezzap *a.* aqua fortis, nitric acid
kıble *a.* the direction of Mecca; south wind *kıbleye dönmek* to turn towards Mecca
Kıbrıs *a.* Cyprus ¤ *s.* Cypriot
Kıbrıslı *a, s.* Cypriot
kıç *a.* buttocks, bottom, rump *şak.*, posterior *şak.*, backside *kon.*, behind *kon.*, bum *İİ./kon.*, rear *ört.*; hind part; *den.* stern *kıç bodoslaması* stern post *kıç*

güvertesi poop deck, quarter deck *kıç kasarası* poop deck *kıç omuzluk* quarter *kıç postası* stern frame *kıçına tekmeyi atmak* to give sb the boot *kıçına tekmeyi yemek* to get the boot *kıçını yırtmak* to exert all one's strength, to break one's neck *kon.*

kıçın kıçın *be. kon.* backwards, rearward

kıdem *a.* seniority, precedence, priority; length of service

kıdemli *s.* senior

kıdemlilik *a.* seniority

kıdemsiz *s.* without seniority, junior

kıdemsizlik *a.* lack of seniority

kığ *a.* dung (of sheep in pellets)

kıh *s. çoc.* dirty

kıkır kıkır *be.* gigglingly *kıkır kıkır gülmek* to giggle, to chuckle, to cackle, to titter

kıkırdak *a.* cartilage, gristle; crackling

kıkırdakdoku *a.* cartilaginous tissue

kıkırdaklaşmak *e.* to chondrify

kıkırdaklı *s.* cartilaginous, gristly

kıkırdama *a.* chuckle, giggling; freezing; *arg.* dying

kıkırdamak *e.* to giggle, to chuckle, to chortle, to titter, to cackle; to freeze, to be very cold; *arg.* to die, to croak, to pop off, to kick the bucket *arg.*

kıkırdatmak *e.* to make (sb) giggle

kıkırtı *a.* cackle, giggling

kıl *a.* hair; bristle; *arg.* nerk, nerd, wanker, killjoy, weirdo, drip *arg.* ¤ *s, arg.* irksome, pesky, pesty, fussy *hkr.*, blood-minded *İİ./kon. kıl çizgi* hairline *kıl etmek* to nettle *kıl giderici* depilatory *kıl herif* fussy bloke, sod *İİ./arg. kıl mordanı* hair mordant *kıl payı kaçış/kurtuluş* a close shave, a narrow shave *kıl payı kalmak* to come within an inch of *kıl payı kaybetmek* to lose by a hair's breadth *kıl payı kurtulma* a close shave *kıl payı kurtulmak* to have a close call *kıl payı* by a neck, by hair's breadth, by the skin of one's teeth *kon. kıl süzgeç* hair sieve *kıl testere* fret saw *kıl yay* hairspring *kılı kıpırdamadan* in cold blood *kılı kırk yaran* a) pedant *hkr.* b) meticulous *kılı kırk yarmak* to split hairs *kılına dokunmamak* not to touch a hair of sb's head, not to lay a finger on sb *kılını bile kıpırdatmamak* to not to turn a hair *kılını kıpırdatmadan* in cold blood *kılını kıpırdatmamak* not to turn a hair, not to move a muscle, not to bat an eyelid *kon.*

kılağ *a.* reticle, reticule * retikül

kılağı *a.* wire edge *kılağı taşı* hone

kılağılamak *e.* to hone

kılağılı *s.* sharp, keen

kılaptan *a.* gold thread

kılaptancı *a.* maker/seller of gold thread

kılaptanlı *a.* worked/trimmed with gold thread

kılavuz *a.* guide; leader; manual; *den.* pilot *kılavuz çekme* tapping *kılavuz çubuk* guide bar *kılavuz dingil* leading axle *kılavuz döküm* die casting *kılavuz fosil* key fossil, zonal fossil *kılavuz halatı* guide rope *kılavuz ışığı* pilot light *kılavuz kablo* messenger *kılavuz kanat* guide vane *kılavuz kasnak* guide pulley, jockey pulley *kılavuz kol* guide bar *kılavuz motoru* pilot boat *kılavuz pabuç* guide shoe *kılavuz pim* guide pin *kılavuz plaka* guide plate *kılavuz ray* guide rail, check rail *kılavuz salmak* to hob *kılavuz silindir* guide roller *kılavuz supabı* pilot valve *kılavuz takoz* guide block *kılavuz tekerlek* guide wheel, leading wheel *kılavuz vida* guide screw, leading screw *kılavuz yıldız* guide star

kılavuzluk *a.* guidance, lead; pilotage *kılavuzluk etmek* to conduct, to guide

kılbiti *a.* crab louse

kılcal *s.* capillary *kılcal basınç* capillary pressure *kılcal boru* capillary tube *kılcal çatlak* hair crack, microcrack *kılcal damar* capillary (vessel) *kılcal düzeltme* capillary correction *kılcal elektrometre* capillary electrometer *kılcal etkinlik* capillary activity *kılcal nem* capillary moisture

kılcallık *a.* capillarity

kılcan *a.* bird trap made of horsehair

kılçık *a.* fish bone; *bitk.* awn, beard; (fasulye) string *kılçığını çıkarmak* to string *kılçıklarını ayıklamak* a) (balık) to bone b) (fasulye) to string

kılçıklı *s.* (balık) bony; (fasulye) stringy

kılçıksız *s, hayb.* boneless; awnless; stringless

kılgı *a, fel.* application, practice, carrying

out * uygulama, tatbik, ameliye, pratik

kılgılı *s, fel.* applied * ameli, tatbiki, pratik

kılgın *s.* practical, applicable * ameli, pratik

kılgısal *s.* applied, practical

kılıbık *s.* henpecked ¤ *a.* henpecked husband

kılıbıklaşmak *e.* to become henpecked

kılıbıklık *a.* being henpecked

kılıcına *be.* edgewise, on edge

kılıç *a.* sword **kılıç çekmek** to draw the sword **kılıç kabzası** hilt **kılıç kını** scabbard **kılıçtan geçirmek** to put to the sword

kılıçbacak *s.* bandy-legged

kılıçbalığı *a.* swordfish

kılıççı *a.* maker/seller of swords

kılıççiçeği *a.* gladiolus

kılıçgagalı *a. hayb.* avocet

kılıçhane *a. esk.* manufacture of swords

kılıçkırlangıcı *a. hayb.* swift

kılıçkuyruk *a.* swordtail

kılıçkuyruklu *s.* xiphosuran

kılıçlama *be.* edgewise, crosswise **kılıçlama hatvesi** feathered pitch

kılıçlı *s.* wearing a sword

kılıçotu *a.* rose of Sharon

kılıçoyunu *a.* sword dance

kılıçsı *s. bitk.* ensiform

kılıf *a.* case, cover; sheath, scabbard; *kon.* sheath, condom * prezervatif **kılıfına koymak** to sheathe

kılıfımsı *s.* tegumental, tegumentary

kılıflama *a.* invagination

kılıflamak *e.* to put in a case/a cover

kılıflı *s.* arillate, ocreate, thecate, vaginate, vaginiferous, volvate

kılık *a.* appearance; dress, costume; guise **kılığına girmek** to masquerade (as sth)

kılıklandırmak *e.* to imagine

kılıklı *s.* looking like, -dressed

kılıksız *s.* ragged, shabby, seedy, dowdy * sünepe, süfli

kılıksızlık *a.* shabby/untidy appearance

kılkıran *a. hek.* alopecia

kılkök *a.* hair root

kılkurdu *a.* oxyurid, pinworm

kılkuyruk *a, hayb.* pintail ¤ *s, kon.* broke and shabby

kıllandıran *s.* piliferous

kıllanma *a.* pilosism

kıllanmak *e.* to become hairy; *arg.* to become suspicious

kıllı *s.* hairy

kıllık *a, arg.* peevishness, irritation **kıllık yapmak** *arg.* to nettle **Kıllık yapma!** *arg.* Don't be difficult!, Be a sport!

kıllılık *a.* pilosity

kılmak *e.* to render, to make

kılsız *s.* hairless

kımıl *a. hayb.* shield bug

kımıl kımıl *be.* continuously, restlessly

kımıldamak *e.* to move, to stir

kımıldamak, kımıldanmak *e.* to move, to stir, to budge

kımıldamaz *s.* immotile

kımıldanma *a.* movement

kımıldatmak *e.* to move, to stir, to budge

kımıltı *a.* slight movement, motion

kımız *a.* koumiss, kumiss

kın *a.* sheath, scabbard **kınına koymak** to sheathe **kınına sokmak** to sheathe **kınından çıkarmak** to unsheathe

kına *a.* henna **kına yakmak/sürmek/vurmak** to apply henna **kınalar yakmak** to gloat, to be overjoyed at sb's misfortune

kınacık *a.* rust, yellow

kınaçiçeği *a.* garden balsam

kınakına *a.* cinchona

kınalamak *e.* to henna

kınalı *s.* hennaed, dyed with henna

kınalıkeklik *a.* rock partridge

kınalıyapıncak *a.* golden red coloured grapes

kınama *a.* blame, censure, reproach, reprimand, disapproval, reproof *res.*

kınamak *e.* to condemn, to censure, to reproach, to blame, to reprimand

kınamsık *s.* faultfinding, blaming, mocking

kınamsımak *e.* to find fault with, to criticize, to blame

kındıraç *a.* spoke shave

kınkanat *a.* elytron, wing case

kınkanatlı *a.* beetle **kınkanatlı böcek** beetle

kınkanatlılar *a, hayb.* coleoptera

kınlamak *e.* to sheathe

kınlı *s.* sheathed, vaginate

kınnap *a.* twine, string

Kıpçak *a. s.* Kipchak

Kıpçakça *a. s.* Kipchak

kıpı *a.* instant, moment

kıpık *s.* (göz) partly closed

kıpıklık *a, hek.* ptosis

kıpır kıpır *be.* restlessly ¤ *s.* restless **kıpır**

kıpır etmek to wriggle, to fidget
kıpırdak s. active, lively, restless
kıpırdamak e. to move, to stir, to budge
kıpırdatmak e. to stir, to budge
kıpırtı a. slight movement, stirring, motion
kıpıştırmak e. to blink (one's eyes)
kıpkırmızı s. very red, carmine, crimson
  kıpkırmızı olmak (face) to glow
kıpmak e. to wink; to blink
Kıptı a. Copt; Gypsy ¤ s. Coptic
Kıptice a. s. Coptic
kır[1] a. countryside, the country, rural area
  kır çiçeği wildflower **kır koşusu** cross-country race
kır[2] a. grey, gray Aİ. ¤ s. grey, gray Aİ.;
  (saç) hoary, hoar, grey, gray Aİ. **kır
  düşmek** to turn grey **kır saçlı** grey
  haired
kıraat a. reading * okuma
kıraathane a. coffee house
kıraca a. hayb. a small saurel
kıracak a. nutcrackers
kıraç s. waste, sterile, arid, barren **kıraç
  arazi** moorland
kıraçlık a. aridity
kırağı a. frost, hoarfrost, white frost **kırağı
  çalmak** to become frostbitten, to nip
  kırağı düşmek to frost
kırağılı s. frosty
kıran[1] s. breaking, destructive ¤ a. epidemic, murrain * ölet, afet
kıran[2] a. edge; hillside
kıranta a. middle-aged man with gray hair
kırat a. carat
kıratlık s. of (...) carats
kırba a. water bottle; hek. rickets
kırbacı a. maker/seller of leather water
  bottles
kırbacık a. anat. utricle, utriculus
kırbaç a. whip, scourge
kırbaçkurdu a. hayb. whipworm
kırbaçlamak e. to whip, to flog, to
  scourge, to lash
kırcın a. murrain
kırç a. heavy frost
kırçıl s. greying, grizzled
kırçıllaşmak e. to become sprinkled with
  gray
kırçoz a. graying man
kırçozlaşmak e. arg. to go gray, to become gray
kırdırmak e. to cause to break
kırdırtmak e. to cause to break; to dis-

count
kırgın s. hurt, offended, resentful, disappointed, sore
kırgınlık a. resentment, offense, pique;
  ailment, trouble, fatigue * kırıklık
Kırgız a, s. Kirghiz, Kyrgyz
Kırgızca a, s. Kirghiz, Kyrgyz
Kırgızistan a. Kirghizia, Kyrgyzstan
kırıcı s, tek. breaking, crushing; mec. offensive, cutting, biting, hurtful, acid, unkind, abrasive, scathing, sharp hkr. ¤ a.
  breaker **kırıcı merdane** crushing rolls
  kırıcı silindir crushing rolls
kırıcılık a. hurtfulness
kırık s. broken; cracked; hayb. mongrel,
  hybrid; mec. offended, hurt, resentful ¤
  a. break, fracture; fragment; yerb. fault;
  kon. bad mark, fail **kırık atımı** fault
  throw **kırık aynası** slickenside **kırık çatı**
  curb roof, mansard roof **kırık çizgi** broken line **kırık çizgisi** fault line **kırık
  düzlemi** fault plane **kırık not** bad mark
kırıkçı a. bonesetter
kırıkçılık a. bonesetting
kırıkkırak a. cracker stick
kırıklık a. brokenness; fatigue, weakness
kırılabilir s. refractable; refrangible
kırılabilme a. refrangibility
kırılca a. crystal
kırılcabilim a. crystallography
kırılcal s. crystalline
kırılcasal s. crystallitic
kırılgan s. fragile, brittle, frail; touchy
kırılganlık s. fragility, brittleness; touchiness
kırılım a. refraction
kırılımölçer a. refractometer
kırılımölçme a. refractometry
kırılımölçüm a. refractometry
kırılımsal s. refractive, refringent
kırılır s. clastic, fragmental, fragmentary
kırılırlık a. refractivity
kırılma a. breaking; refraction **kırılma
  açısı** angle of refraction **kırılma direnc.**
  ultimate strength **kırılma gerilmes.**
  breaking stress **kırılma indisi** refractive
  index **kırılma momenti** failure momen·
  kırılma mukavemeti breaking strengtr
  kırılma noktası breaking point **kırılm·
  sınırı** breaking limit **kırılma yükı**
  breaking load, ultimate load
kırılmak e. to be broken, to break, to frac·
  ture, to snap, to smash, to shatter; t·

be hurt, to resent; to be refracted; to die, to be killed

kırım *a.* slaughter, massacre; fold, pleat

Kırım *a.* the Crimea ¤ *s.* Crimean

kırım *a.* slaughter, massacre, carnage

Kırım *a.* the Crimea ¤ *s.* Crimean

kırım kırım *be.* coquettishly

Kırımlı *a. s.* Crimean

kırınım *a.* diffraction **kırınım açısı** diffraction angle **kırınım ağı** diffraction grating **kırınım halkası** diffraction ring

kırınımsal *s.* diffractive, dioptrical

kırınma *a.* diffraction

kırıntı *a.* fragment, piece, scrap, bit, chip; crumb

kırışık *a.* wrinkle, crease, pucker ¤ *s.* wrinkled, creased **kırışık oluşumu** crease formation

kırışıklık *a.* ruck, crease, pucker; furrow **kırışıklık frekansı** ripple frequency **kırışıklık süzgeci** ripple filter

kırışıksız *s.* crease-free

kırışmak *e.* to wrinkle, to crinkle, to crease, to crush, to crumple, to ruck up; to kill one another; to bet with each other; to divide among/between themselves

kırışmazlık *a, teks.* resistance to creasing

kırıştırmak *e.* to wrinkle, to ruffle, to rumple, to crinkle, to crease, to crumple, to crush; *mec.* to carry on (with sb), to have it off (with sb), to get off with sb *İl./kon.*

kırıta kırıta *be. kon.* flirtatiously

kırıtış *a.* coquettish behaviour

kırıtkan *s.* coquettish

kırıtkanlık *a.* coquetry

kırıtmak *e.* to behave coquettishly

kıristal *a. arg.* cocaine, snow

kırk *a, s.* forty **kırk tarakta bezi olmak** to have many irons in the fire **kırk yılda bir** once in a blue moon *kon.*, seldom **kırk yılın başı(nda)** just for once

kırkambar *a.* depot, stores; bins; *den.* mixed cargo; learned man, erudite

kırkar *be.* forty each

kırkayak *a, hayb.* centipede; crab louse * kasıkbiti

kırkbayır *a. hayb.* manyplies

kırkgeçit *a.* very winding/sinuous river

kırkı *a.* shearing; shears

kırkıcı *a.* sheep/goat shearer

kırkım *a.* shearing, clipping; shearing sea-

son

kırkıncı *s.* fortieth

kırkıntı *a.* clipping, clippings

kırkırlangıcı *a. hayb.* barn swallow

kırklamak *e.* to make up forty (days *etc.*); to become forty (years old)

kırkma *a.* clip, shear

kırkmak *e.* to trim; to clip, to shear

kırkmerak *s. kon.* very curious

kırkmerdiven *a.* very steep ascent

kırkurdu *a, hayb.* coyote

kırlağan *a.* pestilence, plague

kırlangıç *a.* swallow; martin **kırlangıç kuyruğu** dovetail **kırlangıç kuyruğu geçme** dovetail joint **kırlangıç kuyruğu kama** dovetail key

kırlangıçbalığı *a.* red gurnard

kırlangıçkuyruğu *a.* dovetail

kırlangıçotu *a.* celandine

kırlaşmak *e.* to turn grey, to grey

kırlaştırmak *e.* to make grey, to grey

kırlık *a.* open country

kırma *a.* breaking, fracture; pleat; groats; mongrel, half-breed ¤ *s.* hybrid; (silah) collapsible, folding **kırma çatı** jerkin head **kırma deneyi** breaking test **kırma kapı** folding door **kırma kuruluşu** crushing plant **kırma makinesi** folding machine, breaker **kırma tesisi** breaking plant, crushing plant **kırma yapmak** to goffer, to ruffle

kırmacı *a.* bookbinding folder; miller (of flour *etc.*)

kırmak *e.* to break, to snap, to smash, to shatter, to fracture, to bust *kon.*; to fold, to pleat, to crease; to hurt, to offend, to break one's heart; to kill, to destroy, to exterminate; to turn (a steering wheel, etc.) to one side; (tavlada) to take; (para) to clean (sth) up; (fiyat) to reduce, to discount, to mark sth down; (ışık) to refract; (rekor) to break; (gitmemek) to cut *kon.* **kırıp dökmek** to smash, to destroy **kırıp geçirmek** a) to rage b) to destroy, to ravage c) to amuse

kırmalamak *e.* to pleat

kırmalı *s.* pleated

kırmataş *a.* broken stone, railroad ballast, ballast

kırmız *a.* cochineal

kırmızböceği *a.* cochineal insect, kermes

kırmızı *a, s.* red **kırmızı balık** goldfish

kırmızı çürüklük hastalığı red rot
kırmızı fener mahallesi arg. red
lamp/light district *kırmızı fener* arg.
brothel *kırmızı hat* hot line *kırmızı kil*
red clay, laterite *kırmızı pirinç* red
brass *kırmızı şarap* red wine *kırmızı*
toprak terra rossa
kırmızıbalık a. hayb. goldfish
kırmızıbiber a. red pepper, cayenne pepper, capsicum, chilli, chili Aİ.
kırmızıdut a. bitk. red mulberry
kırmızıkeklik a. hayb. red-legged partridge
kırmızılaşmak e. to redden, turn red
kırmızılaştırmak e. to redden
kırmızılık a. redness, ruddiness
kırmızımsı s. reddish
kırmızımsı, kırmızımtırak s. reddish, somewhat red
kırmızımtırak s. reddish
kırmızısandal a. bitk. red sandal wood
kırmızıtilki a. hayb. red fox
kırmızıturp a. radish
kırmızmeşesi a. kermes oak
kıro a. yahoo, bumpkin hkr., yokel şak./hkr., hick Aİ./hkr. ¤ s. bearish, lowbrow
kıroluk a. being a yahoo/bumpkin, bearishness
kırpık s. clipped, shorn
kırpıntı a. clippings, brash, snip *kırpıntı*
pamuk cotton waste
kırpışım a. scintillation
kırpışmak e. to wink
kırpışmasız s. flicker-free
kırpıştırmak e. to blink eyes
kırpma a. trimming; shearing, clipping *kırpma makası* clippers
kırpmak e. to trim; to clip, to shear, to snip; to wink (an eye)
kırsal s. rural, rustic; pastoral *kırsal*
bölge/kesim countryside, the country *kırsal nüfus* rural population
kırsallaşma a. ruralization
kırsansarı a. polecat
kırsıçanı a. hayb. field mouse, meadow mouse
kırtasiye a. stationery
kırtasiyeci a. stationer; bureaucrat
kırtasiyecilik a. stationery business; bureaucracy, red tape hkr.
kırtipil s, kon. trivial, petty, common
kıs kıs be. sniggering *kıs kıs gülmek* e.

to snigger, to laugh up one's sleeve
kısa s. short; brief, concise; fleeting; succinct, compendious *kısa boylu* short *kısa çizgi* dash, hyphen *kısa çorap* sock *kısa dalga* fiz. short wave *kısa*
devre short circuit, short kon. *kısa*
dingil stub axle *kısa dönemli* short-range, short-term *kısa geçme* stub tenon *kısa kesinlik* short precision *kısa*
kesmek to cut short, to break short, to curtail *kısa kurslu* short stroke *kısa lifli* short-fibred *kısa menzil* short-range *kısa mertek* jack rafter *kısa mesafe* short-range *kısa metrajlı film* short film, one-reeler Aİ. *kısa ömürlü* short-lived, ephemeral *kısa pantolon* shorts *kısa vadeli* short-range, short-term
kısaad a. acronym
kısaayak a. shortwall
kısaca be. shortly, briefly, in short ¤ s. quite short *kısaca anlatmak* to hit sb/sth off
kısacası be. shortly, in brief, in short, in a word
kısacık s. very short
kısakafalı s. brachycephalous
kısakafalılık a. brachycephalism
kısalık a. shortness; brevity
kısalmak e. to become shorter, to shorten; to shrink; (günler) to draw in, to close in
kısaltma a. shortening; abbreviation; abridgment; contraction *kısaltma kondansatörü* shortening capacitor
kısaltmak e. to shorten; to abbreviate; to abridge
kısaltmalı s. shortened, abbreviated
kısas a. retaliation, reprisal *kısasa kısas* an eye for an eye
kısık s. (ses) hoarse, chocked, husky, raucous, low; (radyo, vb.) turned down; (gözler) narrowed, slitted, screwed up
kısıklık a. hoarseness
kısım a. part, portion, piece; section, division; kind
kısımlamak e. to grasp with one hand, to take a handful
kısınmak e. yörs. to abstain (from)
kısıntı a. cut, curtailment, cutting down *kısıntı yapmak* to curtail, to cut down
kısır s. sterile, infertile, barren esk.; unproductive
kısırdöngü a. vicious circle

kısırganmak *e. yörs.* to refuse to give (to)
kısırlaşmak *e.* to become sterile, to become barren ·
kısırlaştırma *a.* podzolisation
kısırlaştırmak *e, hek.* to sterilize, to neuter
kısırlık *a.* barrenness, sterility
kısıt *a.* interdiction; distraint
kısıtlama *a.* constraint, crackdown
kısıtlamak *e.* to restrict, to limit, to cramp; to put under restraint
kısıtlayıcı *s.* restricting, restrictive, limiting
kısıtlı *s.* restrictive, restricted, limited; *huk.* under legal disability
kıskaç *a.* pincers, pliers; claw, pincer, chela; *tek.* clamp, vice; folding steps
kıskaçlama *a.* chelation
kıskaçlamak *e.* to complex
kıskaçlı *s.* chelate
kıskanç *s.* jealous, envious (of)
kıskançlık *a.* jealousy, envy, green-eyed monster **kıskançlıktan çatlamak** to be green with envy
kıskandırmak *e.* to make (sb) jealous
kıskanmak *e.* to be jealous of, to envy
kıskı *a.* quoin
kıskıvrak *be.* very tightly **kıskıvrak yakalamak** to catch tightly, to hold tightly
kısma *a.* pinching; choking; reducing **kısma musluğu** pinch cock **kısma supabı** reducing valve
kısmak *e.* to turn sth down; (göz) to screw up, to narrow; to shorten, to cut sth back * kısaltmak; to reduce, to curtail, to cut sth back, to cut back (on sth); to skimp, to scamp
kısmen *be.* partly, partially, in part
kısmet *a.* destiny, fortune, lot; luck, chance; chance of marriage for a girl, match **kısmeti açık** fortunate, lucky **kısmeti açılmak** a) to be in luck b) (evlenecek kız) to receive a marriage proposal **kısmeti ayağına gelmek** to have unexpected luck
kısmetli *s.* fortunate, lucky
kısmetsiz *s.* unfortunate, unlucky
kısmık *s. yörs.* stingy, close-fisted
kısmi *s.* partial, fractional **kısmi bağdaşım** partial compatibility **kısmi basınç** partial pressure **kısmi boşluk** partial vacuum **kısmi kapasite** partial capacitance **kısmi kesir** partial fraction

kısmi sıralı partially ordered **kısmi uygunluk** partial compatibility **kısmi yük** part-load
kısrak *a.* mare, filly
kıssa *a, esk.* story, tale, anecdote **kıssadan hisse** the moral (of a story)
kıstak *a, coğ.* isthmus * berzah
kıstas *a.* criterion * ölçüt
kıstırmak *e.* to squeeze, to pinch; to corner
kış[1] *a.* winter **kış gündönümü** winter solstice **kış kıyamet** severe winter cold **kış merası** winter pasture **kış sporları** winter sports **kış uykusu** hibernation **kış uykusuna yatmak** to hibernate **kışı geçirmek** to spend the winter
kış[2] *ünl.* shoo!
kışın *be.* in (the) winter
kışır *a.* scab
kışkırtı *a.* incitement, provocation
kışkırtıcı *s.* provocative, inciting ¤ *a.* agitator, inciter, instigator, provoker **kışkırtıcı ajan** agent provocateur
kışkırtıcılık *a.* provocation, agitation, instigation
kışkırtma *a.* provocation, incitement, instigation
kışkırtmak *e.* to provoke; to induce, to instigate, to incite, to prompt, to goad (into); to frighten away
kışkışlamak *e.* to shoo
kışla *a, ask.* barracks
kışlak *a.* winter quarters
kışlamak *e.* to spend the winter, to winter; to become winter
kışlatmak *e.* to let sb pass the winter
kışlık *s.* wintery, suitable for the winter ¤ *a.* winter house; *trm.* winter range **kışlık birikme** winter storage
kıt *s.* insufficient, inadequate, scarce, scanty, skimpy **kıt kanaat geçinmek** to keep the wolf from the door, to eke out a living, to scrape a living, to live from hand to mouth, to make both ends meet, to subsist (on sth) **kıtı kıtına yetişmek** to be barely sufficient
kıta *a.* continent * anakara; *ask.* detachment; *ed.* quatrain **kıta sahanlığı** continental shelf **kıta tatbikatı** *ask.* field exercise
kıtalararası *s.* intercontinental
kıtaötesi *s.* transcontinental
kıtasal *s.* continental

kıtık *a.* stuffing, tow

kıtıpiyos *s.* grotty

kıtır *a, arg.* lie, story *kon.*; crackly sound; popcorn **kıtır atmak** *arg.* to lie, to spin a yarn **kıtıra almak** *arg.* to mock, to scoff, to make fun of

kıtır kıtır *s.* crispy, crisp, crunchy ¤ *be.* with a crackling sound **kıtır kıtır yemek** to munch, to crunch

kıtırbom *a. arg.* lie

kıtırcı *a. arg.* liar

kıtırdamak *e.* to crackle

kıtırdatmak *e.* to crackle

kıtırtı *a.* crackle, crackling sound

kıtlaşmak *e.* to become scarce

kıtlık *a.* famine; scarcity, shortage, dearth (of sth)

kıvam *a.* consistency, consistence; propitious moment

kıvamlanmak *e.* to become consistent/thick enough;; to reach the right moment/stage

kıvamlaştırıcı *a.* thickener

kıvamlaştırma *a.* thickening **kıvamlaştırma maddesi** thickening matter, thickener

kıvamlaştırmak *e.* to thicken

kıvamlı *s.* thickened, tempered, consistent

kıvamlılık *a.* viscosity

kıvamsız *s.* not properly consistent/mature

kıvanç *a.* gladness, pleasure; proper pride **kıvanç duymak** to feel proud

kıvançlı *s.* glad, joyful; proud

kıvandırmak *e.* to make feel justly proud

kıvanmak *e.* to be glad about, to be delighted; to take pride in, to be feel proud of

kıvıl kıvıl *be.* continually, vigorously

kıvılcım *a.* spark **kıvılcım atlama aralığı** spark gap **kıvılcım bobini** spark coil **kıvılcım saçmak** to spark, to emit sparks **kıvılcım siperi** spark arrester **kıvılcım spektrumu** spark spectrum **kıvılcım tutucu** spark arrester

kıvılcımlanmak *e.* to sparkle, to emit sparks

kıvıldevinbilim *a.* electrodynamics

kıvılkesilgen *a.* electrolyte

kıvılkesim *a.* electrolysis

kıvılkesimsel *s.* electrolytic

kıvılkimya *a.* electrochemistry

kıvılkimyasal *s.* electrochemical

kıvıllandırma *a. fiz.* electrification

kıvıllandırmak *e. fiz.* to electrify

kıvıllık *a.* electricity

kıviluç *a.* electrode

kıvır kıvır *s.* in curls

kıvır zıvır *s.* trifling, fiddling

kıvırcık *s.* curly, frizzy **kıvırcık baş hastalığı** curly-top, leaf curl **kıvırcık salata** cabbage lettuce, head lettuce

kıvırcıklaştırma *a.* crimping, creping **kıvırcıklaştırma makinesi** crimping machine

kıvırcıklaştırmak *e.* to make curly; to crepe, to crimp

kıvırcıklık *a.* crispation

kıvırcıknane *a.* spearmint

kıvırma *a.* twist, curling

kıvırmak *e.* to curl, to frizz; to twist, to crook; to crimp, to crinkle; to dance/walk in a sexy way; to fold back; *kon.* to pull off, to succeed in; *kon.* invent, to make up

kıvırtmak *e.* to let curl/twist; *kon.* to try to wriggle out of doing something

kıvrak *s.* brisk, agile, lively; fluent * akıcı

kıvraklık *a.* briskness, alertness, agility; fluency * akıcılık

kıvramak *e.* to kink and tangle

kıvranmak *e.* to writhe, to squirm; to be badly in need of

kıvrık *s.* curled, twisted, curly; hemmed, folded

kıvrıklık *a.* sinus

kıvrılmak *e.* to be curled; to coil up, to curl up; to twist

kıvrım *a.* curl, twist, pleat; bend; *coğ.* fold, folding

kıvrımbağırsak *a. anat.* ileum

kıvrımlanmak *e.* to become curled, to become folded

kıvrımlı *s.* curled, curly; twisted; folded **kıvrımlı iplik** looped yarn **kıvrımlı pelüş** looping plush

kıvrımlılık *a.* crispation

kıvrıntı *a.* winding, turn

kıya *a.* murder, homicide

kıyabilim *a.* criminology

kıyabilimci *a.* criminologist

kıyacı *a.* murderer * cani

kıyafet *a.* clothes, dress, attire, clothing, costume **kıyafet balosu** fancy-dress party

kıyafetli *s.* dressed like, of (...) appearance

kıyafetsiz s. ill-dressed, shabby
kıyafetsizlik a. shabbiness of dress, shabby appearance
kıyak s, arg. nice, pretty, fine, great, super *kıyak geçmek* arg. to smooth the way for sb *kıyak yapmak* arg. to do sb a (great) favour
kıyakçı a. gambler who can risk all his money; person who likes doing favours
kıyaklaşmak e. kon. to begin to look cool/great
kıyaklık a. kon. being great/super
kıyam a. esk. standing up; attempt, endeavor; revolt, rebellion
kıyamamak e. to spare, not to have the heart to
kıyamet a. Doomsday, the end of the world; tumult, rumpus, uproar, disturbance, turmoil, chaos *kıyamet gibi* very much, lots of, heaps of *kıyamet günü* doomsday, Judgement Day, the Day of Judgement, the Last Judgement *kıyamete kadar* till Doomsday, forever *kıyameti/kıyametleri koparmak* to kick up a rumpus, to raise hell, to raise cain
kıyas a. comparison * karşılaştırma; analogy * örnekseme; mant. syllogism * tasım *kıyas etmek* to compare *kıyas kabul etmez* incomparable
kıyasal s. murderous, homicidal
kıyasıya be. mercilessly, ruthlessly
kıyasla ilg. by comparison, in comparison with, beside
kıyaslama a. comparison, comparing
kıyaslamak e. to compare
kıyaslanamaz s. incomparable
kıygı a. injustice; cruelty, tyranny
kıygın s. wronged, unjustly treated
kıygınlık a. being wronged, being unjustly treated
kıyı a. shore, coast, seashore, coastline; (ırmak, göl) bank; seafront; edge, border, side *kıyı akıntısı* coastal current, littoral current *kıyı balıkçılığı* coastal fishing *kıyı boyu* coastline *kıyı bölgesi* littoral zone, seaboard *kıyı dili* sandbar *kıyı erozyonu* beach erosion *kıyı etkisi* edge effect, shore effect *kıyı gölü* lagoon *kıyı kordonu* littoral cordon, sandbar *kıyı kumulu* coastal dune *kıyı ortamı* littoral environment *kıyı şeridi* shoreline
kıyıcı[1] a, esk. beachcomber

kıyıcı[2] s. cutting, mincing, chopping; pitiless, merciless, cruel
kıyıcılık a. cruelty, barbarity
kıyık s. minced, chopped up
kıyılamak e. to sail along the coast
kıyım a. cutting, chopping, mincing; injustice, wronging, mistreatment; massacre
kıyımlı s. minced, cut
kıyın a. cruelty, oppression, tyranny
kıyınmak e. to ache
kıyıntı a. hunger pang; tiny bit
kıyısal s. coastal
kıyışmak e. to come to an agreement; to compete, to rival; to dare
kıyma a. mincing, chopping; mince
kıymak e. to mince, to chop; to kill, to murder, to massacre; to sacrifice, to not to spare
kıymalı s. filled with ground meat
kıymet a. value, worth * değer *kıymet biçmek* to evaluate, to assess *kıymet takdir etmek* to assess, to appraise *kıymet vermek* to esteem, to appreciate *kıymetini bilmek* to value, to appreciate, to know the value of *kıymetten düşmek* to depreciate
kıymetlendirmek e. to increase the value of * değerlendirmek
kıymetlenmek e. to rise in value, to gain value * değerlenmek
kıymetli s. valuable, precious * değerli *kıymetli madenler* precious metals *kıymetli taş* precious stone
kıymetsiz s. worthless, valueless * değersiz
kıymetsizlik a. worthlessness
kıymettar s. valuable
kıymık a. splinter, sliver; (şeker) beet slices
kıymıklanmak e. to splinter
kız a. girl; daughter, girl; isk. queen ¤ s. virgin, maiden *kız arkadaş* girl, girlfriend *kız evlat* daughter *kız gibi* kon. a) girlish b) brandnew *kız kardeş* sister *kız kardeşlik* sisterhood *kız kurusu* old maid, spinster hkr. *kız oğlan kız* virgin, maiden * erden, bakire *kız öğrenci* schoolgirl *kız tarafı* the bride's relatives *kız tavlamak* kon. to chat up girls, to try and pick up birds/girls *kız torun* granddaughter *kız yeğen* niece
kızak a. sledge, sled Aİ., sleigh, bobsleigh, bobsled; den. slipway, launching

ways; stiffener *kızağa çekmek* a) to lay (a ship) on the stocks b) to put sb on the shelf *kızak kaymak* to slide on ice, to skate *kızak yapmak* to slide *kızakla gitmek* to sledge *kızakla kaymak* to sledge, to sled

kızaklama *a. oto.* skidding

kızaklamak *e. oto.* to skid

kızaklık *a.* joisting, floor framing

kızamık *a, hek.* measles, rubeola *kızamık çıkarmak* to have the measles

kızamıkçık *a, hek.* German measles

kızamıklı *s.* measly

kızan *a.* boy; lad, young man

kızarıklık *a.* rubescence, rubor

kızarmak *e.* to turn red, to redden; (yüzü) to blush; (yiyecek) to be fried, to be toasted, to be roasted *kızarıp bozarmak* to change colour *kızarmış ekmek* toast

kızartı *a.* red place; blush

kızartma *a.* frying; toasting, roasting; fried food, broiled food ¤ *s.* fried *kızartma tavası* frying pan, skillet *Aİ.*

kızartmak *e.* to redden; to fry, to toast, to roast

kızböceği *a. hayb.* dragonfly

kızdırıcı *a, tek.* superheater

kızdırma *a.* superheating *kızdırma bujisi* glow plug, heater plug

kızdırmak *e.* to anger, to annoy, to irritate, to rile *kon.*, to peeve *kon.*, to put sb's back up, to rub sb up the wrong way; *tek.* to superheat

kızgın *s.* hot, red-hot; angry, furious, cross, black; in heat, in rut *kızgın buhar* superheated steam *kızgın bulut* nuée ardente *kızgın levha* hot plate *kızgın nokta* hot spot *kızgın olmak* to be angry (with) *kızgın tel* hot wire *kızgın telli ampermetre* hot-wire ammeter *kızgın yağda boyama* hot-oil dyeing

kızgınlaşmak *e.* to become red-hot

kızgınlık *a.* anger, fury; rut, heat

kızıl *s.* red, scarlet ¤ *a.* redhead; *hek.* scarlet fever; *kon.* communist, red *kızıl balçık* terra cotta *kızıl bayrak* red flag *kızıl humma* scarlet fever *kızıl ışık* glow *kızıl pirinç* red brass *kızıl sertlik* red hardness *kızıl sıcaklık* red heat

kızılağaç *a, bitk.* alder

kızılaltı *a.* infrared * enfraruj *kızılaltı*

ışınım infrared radiation *kızılaltı kurutma* infrared drying *kızılaltı maseri* infrared maser

Kızılay *a.* the Red Crescent

kızılca *s.* reddish *kızılca kıyamet* great uproar

kızılcık *a, bitk.* cornelian cherry

Kızıldeniz *a.* the Red Sea

Kızılderili *a.* American Indian, Red Indian, redskin *Kızılderili çadırı* tepee

kızılgerdan *a.* robin, robin redbreast

kızılgeyik *a, hayb.* red deer

kızılgöz *a. hayb.* roach

Kızılhaç *a.* Red Cross

kızılımsı *s.* rufous

kızılkanat *a. hayb.* rudd

kızılkantaron *a. bitk.* purple gentian

kızılkeklik *a. hayb.* red-legged partridge

kızılkök *a.* madder

kızılkurt *a.* red worm

kızılkuyruk *a. hayb.* redstart, brantail

kızıllaşmak *e.* to turn red

kızıllık *a.* redness, glow

kızıllıkotu *a. bitk.* comfrey

Kızılordu *a.* the Red Army

kızılötesi *s.* infrared *kızılötesi detektörü* infrared detection

kızılsöğüt *a. bitk.* red willow

kızılşahin *a. hayb.* long-legged buzzard

kızılşap *a.* the color lilac, light purple

kızıltı *a.* reddish glow

kızılyaprak *a, bitk.* liverwort

kızılyara *a.* carbuncle * şirpençe

kızılyıldız *a. gökb.* Mars

kızılyonca *a. bitk.* red clover

kızılyörük *a. hek.* erysipelas

kızışık *s.* violent, intense, fierce

kızışma *a. hayb.* rut

kızışmak *e.* to get angry, to get excited; (hayvan) to be on heat

kızıştırmak *e.* to encourage; to incite, to provoke, to abet

kızkalbi *a. bitk.* bleeding heart

kızkuşu *a.* lapwing

kızlık *a.* girlhood; maidenhood, virginity *kızlığını bozmak* to deflower *esk./ört. kızlık adı* maiden name *kızlık zarı* hymen, maidenhead

kızmak *e.* to get angry, to resent, to be cross (with sb) (about sth); to get hot

kızmemesi *a, kon.* grapefruit * altıntop, greyfrut; a kind of peach

kızsaçı *a, bitk.* ginkgo, maidenhair tree

ki *bağ.* which; that; who; but; to my/his/her surprise

kibar *s.* polite, kind, refined, courteous, civil, well-bred; noble, distinguished

kibarca *be.* politely

kibarlaşmak *e.* to become polite

kibarlık *a.* refinement, courtesy, chivalry, civility *res.*

kibernetik *a.* cybernetics

kibir *a.* conceit, self-importance, arrogance; pride **kibiri bırakmak** to get down off one's high horse

kibirlenmek *e.* to become arrogant, to be conceited

kibirli *s.* conceited, haughty, arrogant, stuck-up *kon.*, self-important *hkr.*, superior *hkr.*, supercilious *hkr.*

kibirlilik *a.* arrogance, vanity

kibirsiz *s.* modest, free from pride

kibrit *a.* match **kibrit çakmak** to strike a match **kibrit çöpü** matchstick **kibrit kutusu** matchbox

kibritçi *a.* match seller; miser, cheapskate *Aİ./kon.* ¤ *s.* mean, stingy

kibutz *a.* kibbutz

kifaflanmak *e.* to make do with what is available

kifayet *a.* sufficiency; efficiency

kifayetli *s.* enough, sufficient

kifayetsiz *s.* insufficient, inadequate

kifayetsizlik *a.* insufficiency, inadequacy

kik *a, den.* gig, skiff, shell

kikirik *s.* lanky, gangly ¤ *a.* bean pole, tall and lanky person

kikla *a. hayb.* ballan wrasse

kiklon *a.* cyclone * siklon

kiklotron *a.* cyclotron

kil *a.* clay, argil **kil baraj** clay dam **kil betonu** clay concrete **kil çamuru** clay mud **kil çekirdek** clay core **kil damarı** clay seam **kil dolgu** clay embankment **kil enjeksiyonu** clay grouting **kil fraksiyonu** clay fraction **kil harcı** clay mortar **kil imla** clay embankment **kil katmanı** clay layer, clay stratum **kil minerali** clay mineral **kil muhtevası** clay content **kil ocağı** clay pit **kil tabakası** clay layer, clay stratum

kilburun *a.* spit of land extending into the sea

kile *a.* bushel (36.5 kg.)

kiler *a.* pantry, larder, cellar, storeroom

kilerci *a.* steward, butler

kilermeni *a.* Armenian bole

kilim *a.* carpet, rug

kilimci *a.* seller/maker of kilims

kilimcilik *a.* making/selling kilims

kilise *a.* church **kilise avlusu** churchyard **kilise hukuku** canon law **kilise mezarlığı** churchyard

kilit *a.* lock, padlock; *den.* shackle **kilit altında** under lock and key **kilit aynası** finger plate **kilit boylaması** lock rail **kilit cıvatası** shackle bolt **kilit çarkı** locking wheel, ratchet wheel **kilit dili** lock bolt, bolt, catch, ward **kilit kuşağı** lock rail **kilit noktası** a) key person b) key position **kilit pulu** lock washer **kilit somunu** binding nut **kilit sürgüsü** lock bolt **kilit taşı** keystone, corner stone

kilitçi *a.* locksmith

kilitleme *a.* locking **kilitleme pimi** locking pin **kilitleme rölesi** locking relay **kilitleme somunu** lock nut

kilitlemek *e.* to lock

kilitlenmek *e.* to lock, to be locked

kilitli *s.* locked; having a lock

kilitsiz *s.* lacking a lock, without a lock

kilittaşı *a.* keystone, arch key

kiliz *a.* rush, reed

kilizbalığı *a.* tench

kilizman *a.* reedbed

killeşme *a.* laterization

killi *s.* argillaceous, clayey **killi çökelti** argillaceous sediment **killi kaya** argillaceous rock **killi kumtaşı** argillaceous sandstone **killi marn** argillaceous marl **killi şist** argillaceous schist **killi toprak** clay soil, hardpan

kilo *a.* kilo, kilogram **kilo almak** to put on weight **kilo vermek** to lose weight, to reduce *Aİ./kon.*

kilobar *a.* kilobar

kilobaut *a.* kilobaud

kilobayt *a.* kilobyte

kilobit *a. biliş.* kilobit

kilogram *a.* kilogram, kilogramme

kilogramkuvvet *a, fiz.* kilogram-force

kilogrammetre *a, fiz.* kilogram-metre

kilohertz *a.* kilohertz

kilojul *a.* kilojoule

kilojül *a.* kilojoule

kilokalori *a.* kilocalorie

kiloküri *a.* kilocurie

kilolitre *a.* kilolitre, (ABD) kiloliter

kiloluk *s.* that weighs (...) kilos

kilometre *a.* kilometre, kilometer *Aİ.*
kilometre kare square kilometer
kilometre saati speedometer
kilometre sayacı mileage indicator
kilometre taşı milestone
kilometrik *s.* kilometric
kilomikron *a.* chylomicron
kilomol *a.* kilomole
kiloohm *a.* kiloohm
kilosikl *a.* kilocycle
kiloton *a.* kiloton
kilovat *a.* kilowatt **kilovat saat** kilowatt-hour
kilovolt *a.* kilovolt **kilovolt amper** kilovolt-ampere
kilovoltmetre *a.* kilovoltmeter
kils *a. esk.* lime, chalk
kilsi *s. esk.* calcareous
kiltaşı *a.* schist
kilükal *a. esk.* gossip
kilüs *a.* chyle
kilüslü *s.* chylaceous
kim *adl.* who; whoever **kim bilir** who knows **Kim o** Who is it?
kime *adl.* to whom **kimi zaman** sometimes
kimi[1] *adl.* whom, who
kimi[2] *adl.* some
kimin *adl.* whose
kimlik *a.* identity; identity card **kimliğini saptamak** to identify **kimlik belgesi** identity card **kimlik belgesi/kartı** identity card, ID card **kimlik bunalımı** identity crisis **kimlik cüzdanı** identity card **kimlik kartı** identity card, ID card **kimlik okuyucu** badge reader **kimlik sormak** to challenge
kimlikleyici *a.* identifier
kimono *a.* kimono
kimotripsin *a.* chymotrypsin
kimotripsinojen *a.* chymotrypsinogen
kimse *adl.* someone, somebody; anybody, anyone; nobody, no one **kimseye muhtaç olmamak** to stand on one's own two feet
kimsecik *a.* not a soul, not a single soul **Kimsecikler yok** There is not a soul here
kimsesiz *s.* desolate, lonely, lone; empty, deserted, forlorn, desolate
kimsesizlik *a.* desolation, destitution
kimüs *a. hek.* chyme
kimüs *a.* chyme

kimüslü *s.* chymous
kimya *a.* chemistry **kimya mühendisi** chemical engineer **kimya mühendisliği** chemical engineering
kimyaca *be.* chemically **kimyaca arı** chemically pure
kimyacı *a.* chemist; teacher of chemistry
kimyacılık *a.* being a chemist
kimyadoğrulumu *a. bitk.* chemotropism
kimyager *a.* chemist
kimyagerlik *a.* being a chemist
kimyagöçümü *a. biy.* chemotaxis
kimyasal *s.* chemical * kimyevi **kimyasal afinite** chemical affinity **kimyasal analiz** chemical analysis **kimyasal aşınma** corrosion * korozyon **kimyasal ayrışma** chemical decomposition **kimyasal bileşik** chemical compound **kimyasal bileşim** chemical composition **kimyasal bileşme** chemical combination **kimyasal çözümleme** chemical analysis **kimyasal değişme** chemical change **kimyasal denge** chemical equilibrium **kimyasal denklem** chemical equation **kimyasal element** chemical element **kimyasal enerji** chemical energy **kimyasal eşdeğer** chemical equivalent **kimyasal fondü** laboratory fade **kimyasal higrometre** chemical hygrometer **kimyasal ilgi** chemical affinity **kimyasal işlem** chemical treatment **kimyasal işleme tabi tutmak** to treat **kimyasal kararma** laboratory fade **kimyasal kayma** chemical shift **kimyasal kinetik** chemical kinetics **kimyasal madde** chemical **kimyasal özellikler** chemical properties **kimyasal parlaklaştırma** chemical brightening **kimyasal parlatma** chemical polishing **kimyasal potansiyel** chemical potential **kimyasal radikal** chemical radical **kimyasal reaksiyon** chemical reaction **kimyasal savaş** chemical warfare **kimyasal sembol** chemical symbol **kimyasal simge** chemical symbol **kimyasal tepkime** chemical reaction **kimyasal tutunma** chemisorption **kimyasal yüzerme** chemical adsorption
kimyevi *s, bkz.* kimyasal
kimyon *a, bitk.* cummin
kimyoni *s.* brownish-green

kimyonlu *s.* containing cumin; flavoured with cumin

kin *a.* hatred, grudge, rancour, rancor *Aİ.*, malice, spite, animosity **kin beslemek** to nurse a grudge **kin gütmek** to bear a grudge, to nourish hatred

kinaye *a.* allusion, hint, innuendo; *ed.* figure of speech

kinayeli *s.* allusive, sarcastic

kinaz *a.* kinase

kinci *s.* grudging, vindictive

kinci, kindar *s.* vindictive, rancorous

kincilik *a.* vindictiveness

kinematik *s.* kinematic **kinematik ağdalık** kinematic viscosity **kinematik viskozite** kinematic viscosity **kinematik zincir** kinematic chain

kinetik *s.* kinetic ¤ *a.* kinetics **kinetik empedans** motional impedance **kinetik enerji** kinetic energy **kinetik moment** kinetic moment **kinetik sürtünme** kinetic friction

kinetogenez *a.* kinetogenesis

kinhidron *a, kim.* quinhydrone

kinidin *a.* betaquinine, quinidine

kinik *a, fel.* cynic ¤ *s.* cynical * sinik

kinin *a.* quinine

kininli *s.* quininic

kiniş *a.* slot, groove, mortise **kiniş planyası** matching machine **kiniş rendesi** grooving plane **kinişli geçme** rabbeting

kinişli *s.* grooved

kinizm *a, fel.* cynicism * sinizm

kinlenmek *e.* to develop a grudge (against)

kinli *s.* having grudge, rancorous

kinol *a.* quinol

kinolin *a.* quinoline

kinon *a.* quinone

kinotoksin *a.* quinicine

kip *a. esk.* example; *dilb.* mood * sıyga ¤ *s.* fitting, suitable

kipe *a. sp.* kip

kiplemek *e.* to modulate

kiplenik *s.* modulated

kiplenim *a.* modulation

kipleyici *s.* modulating ¤ *a.* modulator

kiplik *a.* modality

kir *a.* dirt, filth, grime **kir firesi** dirt tare **kir itici** dirt-repellent, soil-repellent **kir taşıyıcı madde** antiredeposition agent **kir taşıyıcı** soil carrier **kir tutmak** to show dirt

kira *a.* renting, leasing, hiring; rent, hire **kira getirmek** to rent **kira ile tutmak** to hire, to rent, to tenant **kira kontratı/sözleşmesi** lease, rental contract **kira sözleşmesi** lease **kira süresi** tenancy **kiraya vermek** to rent out, to hire out, to let sth (out/off) (to sb)

kiracı *a.* renter, lessee, tenant

kiracılık *a.* tenancy

kiralamak *e.* (mal sahibi) to let out, to let; to hire out, to rent out, to rent; (kiracı) to rent; to hire; to charter

kiralayan *a.* renter, lessor

kiralık *s.* (oda, vb.) to let *İİ.*, to rent *Aİ*; (araba, vb.) for hire *İİ.*, for rent *Aİ.* **kiralık ev** house to let **kiralık kasa** safe-deposit box, safety-deposit box **kiralık katil** hired killer, professional killer, contract killer, hitman *arg./Aİ.*

kirasız *s.* rent-free

kiraz *a.* cherry

kirazelması *a.* cherry apple, Siberian crab apple

kirazeriği *a. bitk.* cherry plum

kirazlık *a.* cherry orchard

kirde *a.* thin cake of bread

kireç *a.* lime; (çaydanlık, vb'de) fur **kireç badanası** limewash, limewhite **kireç boya** distemper **kireç boya sürmek** to distemper **kireç feldispatı** lime feldspar **kireç gibi** deathly pale, very white **kireç harcı** lime mortar **kireç ışığı** limelight **kireç kuyusu** lime pit **kireç lambası** limelight **kireç ocağı** lime kiln **kireç ocakçısı** lime burner **kireç sıvısı** lime cast **kireç söndürme** lime slaking **kireç söndürmek** to slake lime **kireç suyu** lime water **kireç tuzları** lime salts **sönmüş kireç** slaked lime

kireççi *a.* lime seller; lime burner

kireççil *s.* calcicolous

kireçkaymağı *a.* bleaching powder, slaked lime

kireçleme *a, tek.* liming **kireçleme kazanı** liming tank

kireçlemek *e.* to lime; to whitewash

kireçlendirmek *e.* to calcify

kireçlenim *a.* calcification

kireçlenme *a.* calcification

kireçlenmek *e.* to calcify, to become calcareous

kireçleşme *a.* calcification

kireçleşmek e. to calcify
kireçleştirme a. calcination
kireçli s. limy, calcareous *kireçli karbonatlama* defecocarbonation *kireçli kumtaşı* chalky sandstone *kireçli su* limewater *kireçli süngertaşı yerb.* calc-tufa
kireçlik a. lime pit
kireçsever s. *bitk.* calcicolous
kireçsevmez s. calcifugous
kireçsilemek e. *kim.* to calcine
kireçsizlendirmek e. to delime, to decalcify
kireçsizleşmek e. to be decalcified
kireçsizleştiren a. decalcifier
kireçsizleştirme a. decalcification
kireçsizleştirmek e. to decalcify
kireçsütü a. milk of lime *kireçsütü kumu* milk-of-lime grit
kireçtaşı a. limestone * kalker *kireçtaşı kırıntısı* limestone chips
kireçyeren s. calcifugous, calciphobic
kiremit a. roof tile, tile *kiremit kaplamak* to tile *kiremit rengi* brick red *kiremitle kaplamak* to tile
kiremitçi a. tiler
kiremitçilik a. tile making; tile selling; tiling work
kiremitli s. roofed with tiles
Kiril s. Cyrillic *Kiril alfabesi* Cyrillic alphabet
kiriş a. beam, joist, girder, rafter, balk; *müz.* violin string; *anat.* tendon; catgut; *mat.* chord *kiriş köprü* girder bridge *kiriş silmesi* fascia *kirişi kırmak* to scram, to take to one's heels
kirişçi a. maker/seller of catgut
kirişlemek e. to tighten the bowstring; to joist
kirişli s. having a beam *kirişli köprü* girder bridge
kirizma a. trenching of land *kirizma pulluğu* subsoil plough *kirizma yapmak/etmek* to double-trench
kirizmalamak e. to trench
kirkit a. comb, loom reed
kirlenme a. getting dirty, pollution
kirlenmek e. to get dirty, to dirty, to smudge, to foul, to soil; (kadın/kız) to be raped, to be ravished; to menstruate * aybaşı olmak
kirlenmez s. dirt-repellent
kirletici s. contaminating ¤ a. contaminant

kirletici madde pollutant, contaminant
kirletme a. dirtying, soiling, pollution, contamination
kirletmek e. to dirty, to soil, to smudge, to muck sth up *kon.*; to pollute; to blot; to contaminate; to calumniate, to slander; to rape, to ravish
kirli s. dirty, filthy, foul, sordid, squalid, dingy, nasty, scruffy *kon.*, grubby *kon.* *kirli çamaşır* dirty linen, laundry *kirli çamaşırlarını ortaya çıkarmak* to show one's misdeeds *kirli yün* grease wool, greasy wool, wool in the yolk
kirlikan a. venous blood
kirlilik a. dirtiness, filthiness, pollution, impurity *kirlilik denetimi* pollution control *kirlilik önleyici* antipollution
kirloş, kirloz s. slovenly ¤ a. slob *hkr.*
kirloz s. dirty, slovenly
kirman a. fortress
kirmen a. spindle
kirpi a. hedgehog
kirpibalığı a. *hayb.* porcupine fish
kirpik a. eyelash, lash; *biy.* cilium
kirpikli s. ciliary, ciliated
kirpiksi s. ciliary
kirtil a. lobster trap
kirve a. somebody helping a boy being circumcised
kispet a. wrestler's tights
kist a, *hek.* cyst
kistik s. cystic
kistli s. vesicular
kisve a. garb, garment, costume *kisvesi altında* under the guise of, under the cover of, under the pretence of
kişi a. person, individual; dramatis persona *kişi adılı dilb.* personal pronoun * şahıs zamiri *kişi başına* a head, per head *kişi başına tüketim* per capita consumption
kişileştirme a. personification
kişileştirmek e. to personify
kişilik a. personality, character, make-up; individuality
kişilikdışı s. impersonal
kişilikli s. having a strong personality
kişiliksiz s. characterless
kişilim a, *biliş.* liveware
kişioğlu a. man, human being
kişisel s. personal, individual *kişisel bilgi işlem* personal data processing *kişisel bilgisayar* personal computer *kişisel*

çıkar self-interest **kişisel kodlama** own coding

kişiselci *a.* personalist ¤ *s.* personalistic

kişiselcilik *a. fel.* personalism

kişizade *s.* highborn, of gentle birth

kişizadelik *a.* being highborn, nobleness

kişmiş *a.* sultanas, Corinth raisins

kişneme *a.* neigh

kişnemek *e.* to neigh, to whinny

kişniş *a, bitk.* coriander

kitabe *a.* inscription, epitaph * yazıt

kitabet *a.* secretaryship; (literary) composition

kitabevi *a.* bookshop, bookstore *Aİ.*

kitabi *s, esk.* bookish

kitap *a.* book **kitaba el basmak** to swear on the Koran **Kitabı Mukaddes** Holy Scripture, Bible, Scripture **kitap açacağı** paperknife **kitap eleştirisi** book review **kitap kabı** dust cover, dust jacket, book jacket, jacket **kitap kurdu** bookworm **kitap rafı** bookshelf **kitap sırtı** spine

kitapçı *a.* bookseller; bookshop, bookstore *Aİ.*

kitapçık *a.* booklet, brochure

kitapçılık *a.* bookselling

kitaplık *a.* bookcase; library **kitaplık altyordamı** library subroutine **kitaplık izi** library track **kitaplık programı** library program **kitaplık şeridi** library tape **kitaplık yazılımı** library software **kitaplık yordamı** library routine

kitaplıkçı *a.* librarian **kitaplıkçı programı** librarian program

kitaplikbilim *a.* library science

kitapsarayı *a.* public library

kitapsever *a.* bibliophile, booklover

kitapsız *s.* bookless; atheistic

kitin *a.* chitin

kitinli *s.* chitinoid, chitinous

kitle *a.* mass; crowd of people **kitle iletişim** mass media **kitle iletişim araçları** the media, mass communication, mass media

kitlemek *e, kon.* to lock

kitre *a.* gum tragacanth

kivi *a, bitk.* kiwifruit, kiwi; *hayb.* kiwi

kiyanit *a.* kyanite

kiyanus *a. kim.* cyanogen

kiyaset *a.* sagacity, cleverness

kiyasi *s. esk. dilb.* regular; analogical

kizelgur *a.* kieselguhr

kizerit *a.* kieserite

kizir *a.* village beadle, rural bailiff

klakson *a, oto.* horn, honk **klakson çalmak** to honk

klamidospor *a.* chlamydospore

klan *a.* clan

klapa *a.* lapel

klape *a.* valve

klark çekmek *e. arg.* to reject

klarnet *a, müz.* clarinet

kiarnetçi *a, müz.* clarinettist, clarinetist

klas *s, kon.* first-rate, classy

klasifikatör *a.* classifier

klasik *s.* classical; classic; standard, classic, usual ¤ *a.* classic; classicist **klasik silahlar** conventional weapons

klasikçi *a.* classicist

klasikçilik *a.* classicism

klasikleşmek *e.* to become a classic

klasisizm *a.* classicism

klasman *a, sp.* classification

klasör *a.* file, loose-leaf file; filing cabinet

klastik *s, yerb.* clastic **klastik tortu** clastic sediment

klavikord *a.* clavichord

klavsen *a, müz.* clavichord

klavsenci *a.* harpsichordist

klavye *a.* keyboard

klavyeli *s. müz.* played using a keyboard

kleptoman *a, ruhb.* kleptomaniac

kleptomani *a, ruhb.* kleptomania

klerans *a.* clearance **klerans vermek** to tolerate

klevit *a.* cleveite

klidonograf *a.* klydonograph

klik *a.* clique, faction *gen. hkr.* * hizip

kliket *a.* pinking

klima *a.* air conditioner **klima tesisatı** air-conditioning

klimalı *s.* air-conditioned

klimatolog *a.* climatologist

klimatoloji *a.* climatology * iklimbilim

klinik *a.* clinic ¤ *s.* clinical

klinker *a.* clinker **klinker asfalt** clinker asphalt

klinometre *a.* clinometer

klips *a.* clip

klipsli *s.* furnished with a spring clip

kliring *a.* clearing

klistron *a.* klystron

klişe *a.* cliché, plate; cliché, commonplace, platitude *res./hkr.*

klişeci *a.* plater; electrotyper

klişeleşmek *e.* to become a cliché
klitoris *a.* clitoris * bızır
klivaj *a.* cleavage
klog *a.* cloqué, blister style
klon *a.* clone
klor *a.* chlorine *klor ağartması* chlorine bleaching *klor giderici* antichlor *klor savaş gazı* chlorine war gas *klora dayanıklı* chlorine resistant *klorunu giderme* dechlorination *klorunu gidermek* to dechlorinate
kloral *s.* chloral
kloramin *a.* chloramine
klorat *a.* chlorate
klordan *a.* chlordan(e)
klorhidrik *s.* hydrochloric
klorik *s.* chloric
klorit *a.* chlorite *klorit ağartması* chlorite bleaching
kloritli *s.* chloritic
klorlama *a.* chlorination
klorlamak *e.* to chlorinate
klorlu *s.* chlorinated *klorlu kireç* chlorinated lime
kloroasetik *s.* chloroacetic
klorobenzen *a.* chlorobenzene
klorofan *a.* chlorophane
klorofenol *a.* chlorophenol
klorofil *a, bitk.* chlorophyll
klorofilaz *a.* chlorophyllase
klorofilli *s.* chlorophyllaceous
kloroform *a.* chloroform *kloroformla uyutmak* to chloroform
klorohidrin *a.* chlorohydrin
kloroplast *a.* chloroplast
kloropren *a.* chloroprene
kloroz *a.* chlorosis
klorölçer *a.* chlorometer
klorpromazin *a.* chlorpromazine
klorsuzlaştırma *a.* dechlorination
klorsuzlaştırmak *e.* to dechlorinate
klorür *a.* chloride
klostrofobi *a.* claustrophobia
kloş *s, giy.* flared, bell-shaped
klozet *a.* commode
klüz *a. coğ.* mountain pass
knidosil *a.* cnidocil
koagülasyon *a.* coagulation
koaksiyal *s.* coaxial *koaksiyal anten* coaxial antenna *koaksiyal filtre* coaxial filter *koaksiyal fiş* coaxial plug *koaksiyal hat* coaxial line *koaksiyal kablo* coaxial cable *koaksiyal*

ondometre coaxial wavemeter *koaksiyal röle* coaxial relay *koaksiyal transistor* coaxial transistor
koala *a.* koala, koala bear
koalisyon *a.* coalition
koanosit *a.* choanocyte
koaptör *a.* splint
kobalamin *a.* cobalamin
kobalt *a, kim.* cobalt *kobalt bombası hek.* cobalt therapy unit, telecobalt machine
kobaltin *a.* cobaltine
kobaltlı *s.* cobaltic, cobaltous
kobay *a.* guinea pig, cavy
kobra *a, hayb.* cobra
koca[1] *a.* husband *koca bulmak* to find a hubby *kocaya kaçmak* (woman) to elope *kocaya vermek* to marry sb off
koca[2] *s.* large, huge, enormous, great, big, gargantuan; old, aged *koca göbek* paunch, potbelly, pot
kocabaş *a, hayb.* hawfinch * flurcun; *bitk.* beet * pancar, şekerpancarı
kocabaşı *a.* notable, alderman
kocakarı *a, arg.* old woman, hag, crone *hkr.*
kocalak *a. hayb.* Arabian kite
kocalı *s.* having a husband
kocalık *a.* old age; being a husband
kocalmak *e.* to grow old
kocaltmak *e.* to age, to make old
kocamak *e.* to age, to grow old
kocaman *s.* huge, enormous, large, big, colossal, gigantic, gargantuan, monstrous, massive, immense, tremendous
kocamanca *s.* fairly huge
kocasız *s.* husbandless
kocasızlık *a.* being husbandless
kocatmak *e.* to age, to make old
kocayemiş *a, bitk.* arbutus
kocuşmak *e.* to embrace each other
koç[1] *a, sp.* coach, trainer
koç[2] *a, hayb.* ram *koç boynuzu* cleat *Koç burcu* Aries *koç darbesi* water hammer
koçak *s.* brave, plucky * yiğit, yürekli; generous * cömert, eli açık
koçaklama *a, ed.* epical folk poem
koçaklamalı *s.* epical
koçaklık *a.* bravery
koçan *a.* (mısır) corncob; (sebze) stem, heart; stub, counterfoil
koçanlı *s.* spadiceous
koçbaşı *a.* battering ram

koçboynuzu *a, den.* cleat
koçkar *a.* large fighting ram
koçlanmak *e.* to become a ram; to bully
koçmak *e.* to hug, to embrace
koçu *a.* grenary; cattle shed with a cellar
koçyumurtası *a.* ram's testicle
kod *a.* code **kod açar** decoder **kod açmak** to decode, to decipher **kod adı** code name **kod alanı** code area **kod çevirici** code converter **kod çözmek** to decode, to decipher **kod çözücü** decoder **kod değeri** code value **kod deliği** code hole **kod dönüşümü** *biliş.* code conversion **kod duyarlığı** code sensitivity **kod hatası** code error **kod kesimi** code segment **kod konumu** code position **kod öğesi** code element **kod satırı** *biliş.* line of code **kod takımı** code set
koda *a, müz.* coda
kodaman *a.* bigwig *kon.*, a big noise *kon.*, a big shot *kon.*, a big cheese *arg.*, tycoon *kon.*, magnate ¤ *s.* influential, powerful, notable
kodamanlık *a.* being a big shot
kodein *a.* codein
kodeks *a. hek.* codex
kodes *a, arg.* gaol, jail *Aİ.*, clink *arg.*, the cooler *arg.*, jug *arg.*, the nick *İİ./arg.*, can *Aİ./arg.* **kodese tıkmak** to clap sb in/into jail **kodeste** in gaol, inside *arg.*
kodlama *a.* coding **kodlama denetimi** coding check **kodlama dili** coding language **kodlama formu** coding form **kodlama kâğıdı** coding form, coding sheet
kodlamak *e.* to code, encode
kodlayıcı *a, biliş.* encoder
kodlu *s.* coded **kodlu durdurma** coded stop **kodlu gösterim** coded representation **kodlu ondalık** coded decimal
kodoş *a. arg.* pimp
koenzim *a.* coenzyme
koersimetre *a.* coercimeter
koersivite *a.* coercivity
kof *s.* hollow, empty; rotten; weak; stupid, ignorant **kof çıkmak** to prove to be worthless
kofa *a.* sinking bucket
kofaktör *a.* cofactor
kofana *a, hayb.* large bluefish
koferdam *a.* coffer, coffer-dam

koflaşmak *e.* to become hollow; to get weak
kofluk *a.* hollowness; ignorance; worthlessness
kofonksiyon *a.* cofunction
kofra *a.* conduit box, cutout box
kofti *a. arg.* lie, empty words
koful *a.* vacuole
kofullu *s.* vacuolar, vacuolate
koğuş *a.* large room; dormitory, dorm *kon.*; ward
koğuşkent *a.* dormitory town
koherens *a.* coherence
koherent *s.* coherent **koherent ışık** coherent light **koherent osilatör** coherent oscillator **koherent saçılma** coherent scattering
koherer *a.* coherer
kohezif *s, fiz.* cohesive
kohezyon *a.* cohesion
kok *a.* coke **kok fabrikası** coking plant **kok fırını** coke furnace, coke oven **kok kömürü** coking coal **kok mıcırı** coke breeze **kok tozu** coke breeze, coking duff
koka *a. bitk.* coca shrub
kokain *a.* cocaine, coke *arg.*, snow *arg.*
kokainoman *a.* cocaine addict
kokak *s.* stinking
kokana *a.* overdressed woman
kokarağaç *a.* tree of heaven
kokarca *a, hayb.* skunk, polecat
kokart *a.* cockade
koket *a.* coquette
koketlik *a.* coquetry
kokidiyosis *a.* coccidiosis
kokiks *a.* tail bone
kokil döküm *a, metl.* chilled casting
kokkömürü *a.* coke
koklama *a.* smelling, sniffing **koklama duyusu** the sense of smell
koklamak *e.* to smell
koklaşmak *e.* to smell each other; to neck, to bill and coo
koklaştırma *a.* coking
koklatmak *e.* to make (sb) smell (sth); to give (sb) a sniff (of sth)
koklatmamak *e. arg.* not to give at all
kokmak *e.* to smell; to smell of; to go bad, to smell; to stink, to pong *İİ./kon.*
kokmuş *s.* smelly *kon.*; putrid, rancid, rotten; stinking
koko *a.* macaroon; *arg.* coke

kokona *a.* excessively made-up woman
kokoniça *a. arg.* young girl
kokoreç *a.* lamb's/sheep's intestines grilled on a spit
kokoroz *s, arg.* bad, unpleasant, lousy
kokorozlanmak *e. arg.* to try to frighten
kokorozlu *s. arg.* dressed fit to kill
kokot *a, arg.* fast/loose woman
kokoz *s. arg.* broke, penniless
kokozlamak *e. arg.* to become penniless
kokozluk *a. arg.* pennilessness
kokpit *a.* cockpit
kokteyl *a.* cocktail; cocktail party
koku *a.* smell, scent, odour, odor *Aİ.*; perfume; stink, pong *İİ./kon.* **kokusunu almak** to scent, to pick up the scene of
kokucu *a.* seller of perfumes
kokulandırma *a.* aromatization
kokulandırmak *e.* to aromatize
kokulu *s.* having a smell; fragrant, perfumed
kokulukiraz *a. bitk. St.* Lucie cherry
kokusal *s.* olfactive
kokusuz *s.* scentless, odourless
kokuşmak *e.* to smell rotten
kokuşuk *s.* putrid, bad
kokutmak *e.* to give off a smell; to make a place smell; to break wind; to let sth spoil
kol *a.* arm; sleeve; foreleg; flipper; branch; bar, handle, crank, lever; (okulda) club; team, gang, troupe; patrol; *ask.* column **kol akarsu** tributary stream **kol bobini** tapped coil **kol dayanağı** arm rest **kol düğmesi** cuff link **kol evi** armhole **kol gezmek** to patrol, to go the rounds **kol ırmak** side stream, tributary stream **kol istasyonu** tributary station **kol kemiği** humerus **kol kola** arm in arm **kol saati** wristwatch **kol testeresi** bow saw, frame saw **kollara ayırmak** to ramify **kollara ayrılmak** to ramify, to branch **kolları sıvamak** to gird one's loins **kollarını kavuşturmak** to fold one's arms **kollarını sıvamak** to roll up one's sleeves **koluna girmek** to take sb's arm, to give one's arm to sb **kolunu kıpırdatacak hali olmamak** to be dead beat
kola *a.* starch; *kon.* coke *kon.* **kola yapmak** to starch clothes
kolaçan *a.* rummage, prowl **kolaçan etmek** to prowl, to rummage about

kolaj *a.* collage
kolajen *a.* collagen
kolajenaz *a.* collagenase
kolalamak *e.* to starch
kolalı *s.* starched, starchy; made with cola extract
kolan *a.* broad band, broad belt; girth, saddle girth
kolay *s.* easy ¤ *a.* easy way of doing sth **Kolay gelsin** (said to sb at work) May it be easy **kolay iş** cushy job, cinch *arg.* **kolay lokma** doss **kolayda** within easy reach **kolayına gelmek** to be easy for sb, to find sth easy **kolayını bulmak** to find an easy way
kolayca *be.* easily, readily ¤ *s.* easy
kolaycacık *be.* very easily
kolaylamak *e.* to have nearly finished, to break the back of
kolaylaşmak *e.* to get easy
kolaylaştırmak *e.* to facilitate, to expedite, to make easy
kolaylık *a.* easiness; facility, means
kolaylıkla *be.* easily
kolbaşı *a.* foreman; head of a team/group
kolcu *a.* watchman, guard
kolculuk *a.* being a watchman/guard
kolçak *a.* mitten, mitt
kolçisin *a.* colchicine
koldaş *a.* workmate, colleague
koldaşlık *a.* colleagueship
koledok *a.* choledoch
kolej *a.* private high school
kolejli *a. esk.* student at a private high school
koleksiyon *a.* collection
koleksiyoncu *a.* collector
koleksiyonculuk *a.* collecting
kolektif *s.* collective, joint **kolektif ortak** general partner **kolektif çiftlik** collective farm **kolektif mülkiyet** collective ownership
kolektivist *a. s.* collectivist
kolektivizm *a.* collectivism
kolektör *a, tek.* collector * toplaç **kolektör akımı** collector current **kolektör bileziği** collector ring **kolektör direnci** collector resistance **kolektör gerilimi** collector voltage **kolektör kapasitesi** collector capacitance **kolektör kavşağı** collector junction **kolektör kaybı** collector dissipation **kolektör kesimi** collector cutoff **kolektör verimi** collector effi-

ciency
koleoptil *a.* coleoptile
kolera *a, hek.* cholera
koleralı *s.* infected with cholera
kolesterin *a.* cholesterin
kolesterol *a.* cholesterol
kolhoz *a.* kolkhoz
koli *a.* parcel, package *Aİ.*
kolibasil *a.* colon bacillus
kolibri *a. hayb.* hummingbird
koliform *a.* coliform
koligatif *s.* colligative
kolik *a, hek.* colic
kolimasyon *a.* collimation
kolimator *a.* collimator
kolin *a.* choline
kolineasyon *a.* collineation
kolinerjik *s.* cholinergic
kolit *a, hek.* colitis
kollamak *e.* to watch, to search; to pro-
   tect, to look after
kollergang *a.* edge mill
kollu *s.* armed, having an arm **kollu fren**
   lever brake **kollu makas** lever shears
   kollu pergel trammel **kollu pres** fly
   press **kollu şalter** lever switch **kollu**
   vinç jib crane
kolluk[1] *a.* cuff; armband, armlet
kolluk[2] *a.* police
kolmanit *a.* colemanite
kolodyum *a, kim.* collodion **kolodyum**
   pamuğu collodion cotton
kolofan *a.* rosin
kolofonyum *a.* colophony, rosin
kologaritma *a.* cologarithm
koloidal *s, kim.* colloidal **koloidal çözelti**
   colloidal solution **koloidal elektrolit**
   colloidal electrolyte **koloidal hal** colloi-
   dal state **koloidal yakacak** colloidal
   fuel
koloit *a, kim.* colloid **koloit çözeltisi** sol
   koloit değirmeni colloid mill **koloit**
   kimyası colloidal chemistry
kolokyum *a.* colloquium
kolombit *a.* columbite
Kolombiya *a.* Colombia ¤ *s.* Colombian
Kolombiyalı *a, s.* Colombian
kolombiyum *a. kim.* columbium
kolon *a.* column; *anat.* colon; *kon.* loud-
   speaker, speaker *kon.* **kolon ayırıcı**
   column split **kolon göstergesi** column
   indicator
koloni *a.* colony

kolonicilik *a.* colonialism
kolonileştirmek *e.* to colonize
kolonya *a.* cologne, eau de Cologne
kolordu *a.* army corps
koloridye *a. hayb.* young chub mackerel
kolorimetre *a.* colorimeter * renkölçer
kolorimetri *a.* colorimetry * renkölçüm
kolostot *a.* coelostat
kolostrum *a.* colostrum
kolpo *a.* (bilardo) shot; *arg.* right moment,
   chance **kolpo yapmak** *arg.* to intrigue,
   to cheat **kolpoya düşmek** *arg.* to be
   bamboozled, to be hoodwinked
   kolpoya düşürmek *arg.* to hoodwink,
   to dupe
kolsal *s. anat.* brachial
kolsu *s.* brachial
kolsuz *s.* sleeveless
kolsuzluk *a.* abrachia
koltuk *a.* armchair, easy chair; armpit;
   flattery; *sin.* stalls; *kon.* support, protec-
   tion; *kon.* official position, chair **koltuk**
   altı armpit, underarm **koltuk ayarı** seat
   adjustment **koltuk çıkmak** to support
   financially **koltuk değneği** crutch
   koltukları kabarmak to swell with pride
koltukçu *a.* maker/seller of armchairs;
   seller of used furniture; *kon.* flatterer
koltukçuluk *a.* making/selling armchairs;
   kon. flattery
koltuklamak *e.* to support by the arm; to
   take (sth) under one's arm; *kon.* to flat-
   ter
kolumbit *a.* columbite
kolye *a.* necklace, chain
kolyeli *s.* torquate
kolyoz *a, hayb.* chub mackerel
kolza *a, bitk.* rape
koma *a, hek.* coma **koma halinde** coma-
   tose, in a coma **komada** comatose
   komadan çıkmak to come out of a
   coma **komalık etmek** *kon.* to tan sb's
   hide **komaya girmek** to go into a coma
komalık *s.* badly beaten up
komandit şirket *a.* limited partnership
komanditer (ortak) *a. tic. İİ.* sleeping
   partner, *Aİ.* silent partner
komando *a.* commando
kombina *a.* combine
kombinasyon *a.* combination
kombinasyonal *s.* combinatorial
kombine *s.* combined **kombine ağartma**
   combined bleaching **kombine**

•

dinkleme combined milling ***kombine karbon*** combined carbon ***kombine kömür*** combined carbon
kombinezon *a.* arrangement, combination; (giysi) slip, petticoat ***kombinezon çizgisi*** combination line
komedi *a.* comedy ¤ *sg.* comic
komedon *a, hek.* comedo, black head
komedyen *a.* comedy actor, comedian; comedy actress, comedienne
komi *a.* bellboy
komik *s.* comic, comical; funny; ridiculous ¤ *a.* comic, comedian
komikleşmek *e.* to become funny
komiklik *a.* humour, humor *Aİ.*
Kominform *a. trh.* Cominform
Komintern *a. trh.* Comintern, Komintern
komiser *a.* police superintendent *İİ.*, superintendent *İİ.*, police captain *Aİ.*, captain
komiserlik *a.* commissariat, commissionership
komisyon *a.* commission, committee * yarkurul, encümen, komite; commission, percentage * simsariye ***komisyon üyesi*** commissioner
komisyoncu *a.* agent, broker
komisyonculuk *a.* agency, brokering
komita *a.* secret society, resistance movement
komite *a.* committee
komodin *a.* bedside table, commode
komodor *a, den.* commodore
Komor Adaları *a.* the Comoro Islands
Komorlar *a.* the Comoros
komot *a.* chest of drawers, dresser
kompaksiyon *a.* compaction
kompakt disk *a.* compact disk
kompakt *s.* compact ***kompakt disk*** compact disc
kompansatör *a.* compensator
komparatör *a.* comparator
kompartıman *a.* compartment
kompas *a, mat.* dividers
kompetan *a.* specialist, expert
komple *s.* complete, full, bang ***komple ağaç*** all-wood ***komple bobin*** coil assembly ***komple kablo*** cable assembly ***komple metal*** all-metal
kompleks *s.* complex, complicated ¤ *a, ruhb.* complex, hang-up *arg.* * karmaşa; *kim.* complex * karmaşık, mudil; (endüstriyel) complex ***kompleks iyon***

complex ion ***kompleks kesir*** complex fraction ***kompleks sayı*** complex number ***kompleks tuz*** complex salt ***kompleks yapıcı*** complexing agent, sequestering agent
kompleksli *s.* mixed-up, hung-up
komplemanter *s.* complementary ***komplemanter renk*** complementary colour
komplikasyon *a, hek.* complication
komplike *s.* complicated
kompliman *a.* compliment ***kompliman yapmak*** to pay compliments to
komplo *a.* plot, conspiracy ***komplo kurmak*** to conspire
komplocu *a.* conspirator
kompost *a.* compost
komposto *a.* (yemek) cold stewed fruit, compote; (gübre) compost
kompoze *s.* composed, composite ***kompoze kiriş*** compound arch
kompozisyon *a.* composition
kompozit *s.* composite ***kompozit kablo*** composite cable
kompozitör *a, müz.* composer
komprador *a.* comprador, compradore
kompres *a, hek.* compress
kompresibilite *a.* compressibility
kompresif *s.* compressive ***kompresif çektirme*** compressive shrinkage
kompresör *a.* compressor
kompresyon *a.* compression ***kompresyon basıncı*** compression pressure ***kompresyon kursu*** compression stroke ***kompresyon oranı*** compression ratio ***kompresyon segmanı*** compression ring
komprime *a. hek.* tablet
kompüter *a.* computer * bilgisayar
komşu *a.* neighbour, neighbor *Aİ.* ¤ *s.* neighbouring, adjacent; next-door ***komşu açılar*** adjacent angles
komşuluk *a.* neighbourhood, neighborhood *Aİ.*
komut *a.* order, command, instruction ***komut adresi*** *biliş.* instruction address ***komut alanı*** *biliş.* instruction area ***komut çevrimi*** *biliş.* instruction cycle ***komut dağarcığı*** *biliş.* instruction repertoire ***komut değiştirme*** *biliş.* instruction modification ***komut ekleme*** *biliş.* hook ***komut formatı*** *biliş.* instruction format ***komut girme*** *biliş.* switch inser-

tion *komut işlemcisi* biliş. command processor *komut izleme* biliş. instruction trace *komut karakteri* biliş. instruction character *komut kodu* biliş. instruction code *komut kodu* biliş. instruction code, order code *komut kümesi* biliş. instruction deck *komut listesi* biliş. command list *komut paketi* biliş. instruction pack *komut repertuvarı* biliş. instruction repertoire *komut satırı* biliş. command line *komut sayacı* biliş. instruction counter *komut simülatörü* biliş. instruction simulator *komut sözcüğü* biliş. instruction word *komut süresi* biliş. I-time, instruction time *komut takımı* biliş. instruction set *komut uyabilirliği* biliş. instruction compatibility *komut uzunluğu* biliş. instruction length *komut yapısı* biliş. order structure *komut yazmacı* biliş. instruction register *komut zinciri* biliş. command chain

komuta a. command, control *komuta etmek* to command

komutan a. commander, commandant

komutanlık a. commandership; command post

komün a. commune

komünikasyon a. communication * iletişim

komünist a, s. communist, commie hkr.

komünizm a. communism

komünyon a. communion *komünyon almak* to communicate *komünyon vermek* to communicate

komütasyon a. commutation *komütasyon devresi* switching circuit *komütasyon katsayısı* commutation factor *komütasyon kondansatörü* commutating capacitor *komütasyon kutbu* commutating pole *komütasyon tüpü* switching tube

komütatif s. commutative

komütatör a. commutator, change-over switch *komütatör çubuğu* commutator bar *komütatör dilimi* commutator segment

konaç a. coordinate * koordinat

konak a. mansion; government house; stage, day's journey; host

konakçı a. host

konaklama a. accommodation *konaklama kapasitesi* accommodation capacity

konaklamak e. to stay for the night, to spend the night; ask. to be billeted

konalga a. halting place

konargöçer a, s. nomad

konca a, bkz. gonca

konç a. leg of a boot/stocking

konçerto a, müz. concerto

konçlu s. having long leg

konçsuz s. having short leg

kondansasyon a. condensation *kondansasyon makinesi* polymerizing machine *kondansasyon reçinesi* condensation resin

kondansat a. condensate, condensation water

kondansatör a. capacitor * yoğunlaç *kondansatör borusu* condenser pipe *kondansatör kapasitesi* condenser capacity *kondansatör pikap* capacitor pickup

kondansör a. condenser

kondansat a. condensation water, condensate * yoğuşku

kondil a, anat. condyl

kondisyon a. condition, form

kondisyonlama a, teks. conditioning *kondisyonlama maddesi* conditioning agent *kondisyonlama makinesi* conditioning machine

kondisyonlamak e, teks. to condition

kondom a. condom

kondrin a. chondrin

kondrit a. chondrite

kondroblast a. chondroblast

kondroma a. chondroma

kondrul a. chondrule

kondurmak e. to put on, to place on; to attribute to

kondüktometre a. conductometer * iletkenkölçer

kondüktometri a. conductimetry * iletkenkölçüm

kondüktometrik s. conductometric *kondüktometrik titrasyon* conductometric titration

kondüktör a. ticket inspector; guard İİ., conductor Aİ.

kondüvit a. tiy. callboy

konfederasyon a. confederation

konfederatif s. confederal, confederative

konfedere s. confederate

konfeksiyon a. ready-made garment;

garment industry, manufacture of ready-made clothes *konfeksiyon sanayii* clothing industry
konfeksiyoncu *a.* ready-made seller
konfeksiyonculuk *a.* the business of ready-made clothes
konferans *a.* lecture *konferans bağlantısı* conference call *konferans salonu* auditorium *konferans vermek* to give a lecture, to lecture
konferansçı *a.* lecturer
konfeti *a.* confetti
konfigürasyon *a.* configuration
konfirans vermek *e. arg.* to vomit
konfirmasyon *a.* confirmation
konfirme etmek *e.* to confirm
konfor *a.* comfort, ease, luxury
konforlu *s.* comfortable, comfy *kon.*, luxurious
konformist *a, s.* conformist
konformizm *a.* conformism
konforsuz *s.* comfortless, austere
konglomera *a.* conglomerate * yığışım
Kongo *a.* Congo ¤ *s.* Congolese
Kongolu *a, s.* Congolese
kongövde *a.* stipe, stipes
kongre *a.* congress
koni *a, mat.* cone *koni anten* horn antenna *koni besleme* horn feed *koni hoparlör* horn loudspeaker
konidiyum *a, bitk.* conidium
koniferil *a.* coniferyl
koniferin *a.* coniferin
konik *s.* conical *konik anten* cone antenna *konik bilyalı yatak* taper roller bearing *konik bobin* cone *konik çark* bevel wheel *konik debriyaj* cone clutch *konik dişli* bevel gear, cone gear *konik kavrama* cone coupling *konik kılavuz* taper tap *konik kırıcı* cone crusher *konik konkasör* cone crusher *konik mil* taper pin *konik pim* taper pin, tapered pin *konik rayba* taper reamer *konik sarkaç* conical pendulum *konik segman* taper-faced piston ring *konik spiral* conical spiral *konik şamandıra* conical buoy *konik tarama* conical scanning *konik tornalama* taper turning *konik valf* globe valve, mitre valve *konik yatak* bevel seat, cone bearing *konik yay* conical spring, volute spring *konik yüzey* conical surface
koniklik *a.* taper, conicity

konimsi *s.* conoidal
konjenital *s.* congenital
konjonktiva *a. anat.* conjunctiva
konjonktivit *a, hek.* conjunctivitis
konjonktür *a.* conjuncture, the economic situation
konjonktürel *s.* cyclical
konka *a. anat.* concha
konkasör *a.* breaker, crusher *konkasör çenesi* crusher jaw
konkav *s, fiz.* concave *konkav şebeke* concave grating
konken *a.* cooncan, coon king
konkoid *a.* conchoid
konkoidal *s.* conchoidal *konkoidal çatlak* conchoidal fracture
konkordato *a.* concordat; *huk.* composition of debts
konkur *a.* competition, contest
konkurhipik *a.* horse show, gymkhana
konmak^1 *e.* to perch, to settle; to stay the night; to camp; to happen to have (something good)
konmak^2 *e.* to be put
konsa *a, hayb.* gizzard * taşlık, katı
konsantrasyon *a.* concentration
konsantre *s.* concentrated ¤ *a.* concentrate *konsantre olmak* to concentrate (on)
konsantrik *s.* concentric
konsept *a.* concept
konseptüalizm *a. fel.* conceptualism
konser *a.* concert * dinleti *konser salonu* auditorium *konser vermek* to appear in concert
konservatuar *a.* conservatory
konservatuvar *a, müz.* school, academ (of music, drama, etc.)
konserve *a.* tinned food *İl.*, canned foo *Al.*, preserves ¤ *s.* tinned *İl.*, canned *A konserve açacağı* tin opener *İl.*, ca opener *Al. konserve fabrikası* canner *konserve kutusu* can *konserv yapmak* to can
konservecilik *a.* making/selling canne food
konservelemek *e.* to can, to tin
konsey *a.* council
konsinye *s.* sent on consignme *konsinye olarak* on consignme *konsinye satış* consignment sale
konsol *a.* chest of drawers; conso *konsol kiriş* cantilever beam *kons*

köprü cantilever bridge *konsol plak* cantilever slab *konsol yazıcısı* console typewriter

konsolidasyon *a.* consolidation

konsolide *s, tic.* consolidated, perpetual *konsolide etmek tic.* to consolidate

konsolit *a.* consol, consolidated annuity

konsolitçi *a.* stockbroker

konsolos *a.* consul *konsolos yardımcısı* vice-consul

konsoloshane *a.* consulate

konsolosluk *a.* consulate; consulship

konsomasyon *a.* food/drink served in a bar

konsomatris *a.* hostess

konsome *a.* consommé

konson *a, dilb.* consonant * ünsüz

konsorsiyum *a.* consortium

konsül *a.* consul

konsültasyon *a.* (medical) consultation *konsültasyon yapmak* to hold a consultation

konşimento *a.* bill of lading

kont *a.* count, earl

kontak *a.* short circuit, short; contact *kontak anahtarı* ignition key, ignition switch *kontak aralığı* contact gap *kontak basıncı* contact pressure *kontak direnci* contact resistance *kontak gürültüsü* contact noise *kontak kopya fot.* contact copy *kontak kurutucu* contact drier *kontak metali* contact metal *kontak metamorfizmi* contact metamorphism *kontak noktası* contact point *kontak potansiyeli* contact potential *kontak redresörü* contact rectifier *kontak vidası* contact screw *kontak yayı* contact spring

kontaklens *a.* contact lens

kontaksız *s.* contactless

kontaktör *a.* contactor

kontekst *a.* context

kontenjan *a.* quota

kontes *a.* countess

konteyner *a.* container

kontinental *s.* continental *kontinental kahvaltı* continental breakfast

kontinuum *a.* continuum

kontinü *s.* continuous *kontinü apre* continuous finishing *kontinü beyazlatma* continuous bleaching *kontinü boyama* continuous dyeing *kontinü buharlayıcı* continuous ager

kontluk *a.* county

kontör *a.* subscriber's meter

kontr *a.* (briç) double

kontra *a, den.* topgallant, tack ¤ *be.* against *kontra flanş* counterflange *kontra flok den.* flying jip *kontra güverte* spar deck *kontra mizana* jigger *kontra omurga* centreboard, false keel *kontra somun* check nut, lock nut *kontra tavlon* orlop

kontralto *a.* contralto

kontrapunto *a. müz.* counterpoint

kontrast *s.* contrast *kontrast aralığı* contrast range *kontrast ayarı* contrast control *kontrast duyarlığı* contrast sensitivity *kontrast oranı* contrast ratio *kontrast renk* contrasting colour

kontrat *a.* contract *kontrat yapmak* to contract

kontratabla *a.* blockboard

kontratak *a, sp.* counterattack *kontratak yapmak* to counterattack, to make a counterattack

kontravaryant *a.* contravariant

kontrbas *a, müz.* double bass, contrabass, bass

kontrbasçı *a. müz.* double bass player

kontrendikasyon *a.* contraindication

kontrgerilla *a.* counterguerrilla

kontrjur *a.* back lighting

kontrol *a.* control, check; inspection; command; composure *kontrol akımı* controlling current *kontrol aleti* survey instrument *kontrol aygıtı* control apparatus, tester *kontrol çubuğu* control rod, absorbing rod *kontrol deliği* inspection hole *kontrol deneyi* control test *kontrol devresi* control circuit *kontrol düğmesi* knob *kontrol eğrisi* control characteristic *kontrol elektrotu* control electrode *kontrol etmek* a) to control, to check b) to inspect c) to test d) to audit *kontrol gerilimi* control voltage *kontrol grafiği* control chart *kontrol histerezisi* control hysteresis *kontrol ızgarası* control grid *kontrol kalemi elek.* neon-tester *kontrol kapısı* control port *kontrol kulesi hav.* control tower *kontrol kutusu* control box *kontrol lambası* pilot lamp, pilot light *kontrol listesi* checklist *kontrol noktası* checkpoint *kontrol numunesi* control sample *kontrol odası* control room **kontrol oranı** control ratio **kontrol parseli** check plot **kontrol raporu** inspection report **kontrol sargıları** control turns **kontrol sondajı** check bore hole **kontrol supabı** control valve **kontrol şeridi** control tape **kontrol tablosu** control panel **kontrol tapası** inspection plug **kontrol tuşu** control key **kontrol tüpü** control tube **kontrol uçuşu** check flight **kontrol vanası** control valve

kontrolcü a. inspector

kontrollü s. controlled **kontrollü atmosfer** controlled atmosphere **kontrollü değişken** controlled variable **kontrollü soğutma** controlled cooling

kontrolör a. controller, auditor; ticket inspector

kontrplak a. plywood

kontrplonje a. low-angle shot

kontrpuan a, müz. counterpoint

kontrtip a. dupe

kontur a. contour, outline

konu a. subject, topic; matter; theme **konu dışı** extraneous, irrelevant **konu dışına çıkmak** to digress

konu komşu a. the neighbours, kith and kin

konuk a. guest, visitor * misafir; parasite **konuk ağırlamak** to host **konuk bilgisayar** guest computer **konuk etmek** to put sb up

konukçu a. official companion/attendant

konukevi a. guest-house

konuklamak e. to entertain, to put (sb) up

konukluk a. being a guest

konuksever s. hospitable * misafirperver, mükrim

konukseverlik a. hospitality * misafirperverlik

konum a. site, location; position, situation **konum bulma** position finding **konum ilerletme** form feed **konum kodu** position code **konum vektörü** position vector

konumlamak e. to position

konumsal s. positional **konumsal değer** positional value **konumsal gösterim** positional notation **konumsal parametre** positional parameter **konumsal yazım** positional notation

konumtasar a. layout plan

konur s. brown

konuş a. placing, putting; location, situation; ask. deployment

konuşkan s. talkative

konuşkanlık a. chattiness

konuşlandırma a. ask. positioning

konuşlandırmak e. to deploy

konuşlanma a. deployment

konuşlanmak e. to deploy

konuşma a. speaking; talk; lecture; speech; conversation **konuşma anahtarı** speaking key **konuşma borusu** speaking tube **konuşma frekansı** speech frequency **konuşma kılavuzu** phrasebook **konuşma tanıma** speech recognition **konuşma yapmak** to speak **konuşma yeteneği** the gift of the gab

konuşmacı a. lecturer; speaker

konuşmak e. to talk, to speak; to discuss; to speak (to each other), to be on speaking terms; arg. to look trendy, to look showy, to look attractive

konuşturmak e. to make (sb) speak; to draw sb out (about sth); arg. to play (a musical instrument) very well

konuşu a. colloquy

konuşucu a. lecturer, speaker

konut[1] a. abode, residence, habitation, dwelling res., domicile res. **konut noksanlığı** housing shortage

konut[2] a. postulate * koyut, postulat

konvansiyon a. convention

konvansiyonel s. conventional **konvansiyonel silahlar** conventional weapons

konveks s. convex * dışbükey

konveksiyon a. convection **konveksiyon akımı** convection current

konvektör a. convector

konverter a. converter

konvertibilite a. eko. convertibility

konvertibl s. convertible

konvertisör a. converter, convertor

konveyör a. conveyor, conveyer

konvoy a. convoy

konyak a. cognac

kooperatif a. cooperative, co-op kon.

kooperatifçi a. member of a cooperative

kooperatifçilik a. the cooperative system

kooperatifleşmek e. to become a cooperative

koordinasyon a. coordination * eşgüdüm

koordinat a, mat. coordinate **koordinat**

adresleme coordinate addressing *koordinat bellek* coordinate store *koordinat ekseni* coordinate axis *koordinat sistemi* frame of reference
koordinatör *a.* coordinator
koordine etmek *e.* to coordinate
kopal *a.* copal *kopal verniği* copal varnish
kopanaki *a, teks.* pillow lace
koparma *a.* breaking off *koparma yükü* breaking load
koparmak *e.* to break sth off; to snap; to tear off/away; to pick, to pluck; *kon.* to wheedle (sth) out, to coax; to utter, to give, let out
kopça *a.* hook and eye
kopçalamak *e.* to fasten with hooks and eyes
kopçalı *s.* furnished with a hook and eye
kopek *a.* kopeck, kopek
kopil *a.* urchin, brat *hkr.*
kopilya *a.* cotter, detent pin
kopkolay *s.* very easy
kopma *a.* breaking off, breakaway, rupture, snap *kopma açısı* angle of rupture *kopma dayancı* breaking strength *kopma dayanıklılığı* ultimate tensile stress *kopma direnci* breaking strength *kopma direnci* ultimate strength *kopma esnemesi* elongation at break *kopma gerilimi* breaking tension *kopma gerilimi* breaking tension *kopma kuvveti* ultimate tensile strength *kopma modülü* modulus of rupture *kopma mukavemeti* breaking strength *kopma noktası* point of break *kopma noktası* point of break *kopma uzaması* elongation at rupture *kopma uzunluğu* breaking length
kopmak *e.* to come off; to break off; to snap; (fırtına, savaş, vb.) to break out; *kon.* to ache badly
kopolimer *a.* copolymer * eşpolimer
kopolimerizasyon *a.* copolymerization * eşpolimerleşme
kopolimerleşme *a.* copolymerization * eşpolimerleşme
kopoy *a.* bloodhound
kopra *a.* copra
koprofaj *s.* coprophagous
koprofaji *a.* coprophagy
koprofili *a.* coprophilia
koprolit *a, hek.* coprolite

koproloji *a.* coprology, scatology
kopsi kefali etmek *e. arg.* to behead
kopuk *s.* broken off, torn; disjointed, disconnected ¤ *a.* vagabond, tramp, drifter *hkr.*
kopukluk *a.* disunity
kopuntu *a.* broken bit, fragment
kopuz *a.* a kind of lute-like instrument
kopükcam *a.* foamglass, foamed glass
kopüklenme *a.* foaming
kopya *a.* copy, duplicate; (sınavda) cheating, cribbing *kopya çekmek* to cheat, to crib, to copy (from sb) *kopya etmek* to copy, to duplicate, to replicate, to trace *kopya ışığı* printing light *kopya kâğıdı* carbon paper *kopya makinesi* tracer *kopya sınaması* duplication check *kopya yordamı* duplicate routine *kopyasını çıkarmak* to copy *kopyasını yapmak* to copy, to replicate
kopyacı *a.* copier; cheater, cribber
kopyacılık *a.* copying; cribbing, cheating
kopyalama *a.* copying *kopyalama masası* copying table
kopyalamak *e.* to copy
kor *a.* cinder, ember *kor kayaç* igneous rock
kora *a, hek.* chorea
koral *a. müz.* chorale, choral
koramiral *a.* vice-admiral
koramirallik *a.* vice admiralty
kord *a.* cord *kord bezi* cord fabric *kord bezli lastik* cord tyre
kordalı *s.* chordate
kordalılar *a.* Chordata
kordiplomatik *a.* Diplomatic Corps
kordit *a, kim.* cordite
kordiyerit *a.* cordierite
kordon *a.* cord; cordon *kordon altına almak* to cordon sth off *kordon devresi* cord circuit *kordon makinesi* trimming machine
kordone *a, teks.* cordonnet
Kore *a.* Korea ¤ *s.* Korean
Kore Cumhuriyeti *a.* the Republic of Korea
Kore Demokratik Halk Cumhuriyeti *a.* the Democratic People's Republic of Korea
Korece *a, s.* Korean
koregraf *a.* choreographer
koregrafi *a.* choreography
korelasyon *a.* correlation *korelasyon*

analizi correlation analysis *korelasyon katsayısı* coefficient of correlation

Koreli *a, s.* Korean

koreograf *a.* choreographer

koreografi *a.* choreography

korgeneral *a.* lieutenant general

korgenerallik *a. ask.* lieutenant general-ship

koridor *a.* corridor

korindon *a.* corundum

korkak *s.* cowardly *hkr.*, timid, spineless, chickenhearted, craven, yellow *kon.*, yellow-bellied *kon.* ¤ *a.* coward, chicken *arg.*

korkakça *s.* cowardly, craven ¤ *be.* timidly

korkaklık *a.* cowardice *hkr.*, timidity, cowardliness

korkmak *e.* to be frightened; to be afraid (of), to fear; to scare, to be scared; to worry, to be anxious (about)

korku *a.* fear, fright, dread; alarm, anxiety, care; danger, threat, menace; phobia *korku filmi* horror film *korku salmak* to spread terror *korkuya kapılmak* to be seized with fear

korkulu *s.* frightening, horrifying; dangerous

korkuluk *a.* scarecrow; banister, parapet, balustrade; mere figurehead *korkuluk babası* rail post

korkunç *s.* terrible, dreadful, horrible, horrific, horrifying, horrendous; *kon.* terrific *kon.*, superb ¤ *be.* terribly, very *korkunç ayı hayb.* grizzly bear

korkunçayı *a. hayb.* grizzly bear

korkunçluk *a.* dreadfulness

korkusuz *s.* fearless, audacious, courageous, daring, dauntless, reckless

korkusuzluk *a.* fearlessness, audacity

korkutmak *e.* to frighten, to scare, to cow, to daunt, to startle, to horrify; to worry; to threaten

korkutucu *s.* frightening, threatening, scary *kon.*

korlanmak *e.* to become a glowing fire of red hot embers

korlu *s.* containing live coals

korluk *a.* brazier

korna *a, oto.* horn *korna çalmak* to honk, to toot (the horn), to sound one's horn

kornea *a.* cornea

korner *a, sp.* corner *korner atışı* corner kick

kornet *a, müz.* cornet

kornetçi *a.* cornetist

korniş *a.* cornice; curtain rod

kornişon *a.* gherkin

korniyer *a.* angle

korno *a. müz.* French horn

koro *a.* chorus, choir *koro şefi* conductor

koroit *a.* choroid

koroloji *a.* chorology

korona *a.* corona

koroner *s, hek.* coronary *koroner atardamar hek.* coronary artery *koroner kalp hastalığı hek.* coronary heart disease *koroner yetmezlik hek.* coronary insufficiency

koroydo *s.* foolish, stupid

korozif *s.* corrosive

korozyon *a.* corrosion *korozyon önleyici* anticorrosive

korporasyon *a.* corporation

korsa *a.* bodice

korsaj *a.* bodice

korsan *a.* (gemi) pirate; (uçak) hijacker *korsan dinleyici* pirate listener *korsan gemisi* corsair *korsan verici* pirate sender

korsanlık *a.* piracy; hijacking

korse *a.* corset, girdle

korseci *a.* maker/seller of corsets

korsecilik *a.* making/selling corsets

Korsika *a.* Corsica

Korsikalı *a. s.* Corsican

korsit *a.* corsite

kort *a.* tennis court, court

korte *a.* flirting, love affair * âşıktaşlık, flört *korte etmek* to carry on (with sb), to flirt (with sb) * âşıktaşlık etmek

kortej *a.* cortege

korteks *a.* cortex

kortikosteron *a.* corticosterone

kortikotropin *a.* corticotropin

kortin *a.* cortin

kortizol *a.* cortisol

kortizon *a.* cortisone

koru *a.* grove, copse, coppice *koru ormanı* high forest

korucu *a.* forest warden *İl.*, ranger *Al.*, forester

korugan *a.* blockhouse

koruk *a.* unripe grape

koruluk *a.* coppice forest, copse

koruma *a.* protection, defence, guard; conservation; patronage; *hek.* prevention, prophylaxis *koruma anahtarı* protection switch *koruma görevlisi* guard, bodyguard *koruma halkası* protection ring *koruma kuşağı* shelterbelt *koruma saati* watchdog timer *koruma şalteri* protection switch *koruma teli* guard wire

korumacı *a. s.* protectionist

korumacılık *a.* protectionism

korumak *e.* to protect; to save; to defend; to guard; to watch over; to preserve, to conserve

korumasız *s.* unguarded

korumsu *s.* woodsy

korun *a, biy.* stratum corneum

korunak *a.* shelter, refuge

korunaklı *s.* sheltered

koruncak *a.* case, box

korundokusu *a. anat.* tissue of the stratum corneum

korunga *a.* trefoil

korungalık *a.* a field of sainfoin

korunma *a.* protection, preservation

korunmak *e.* to be protected; to defend oneself, to protect oneself; to avoid

korunmalı *s.* protected *korunmalı alan* protected field *korunmalı denetim* protected check *korunmalı kayıt* protected record *korunmalı yer* protected location

korunmasız *s.* defenceless; unguarded

korunum *a.* preservation, conservation

koruyucu *s.* protective, preventive; *hek.* contraceptive, prophylactic; preservative ¤ *a.* protector *koruyucu apre* protective finish *koruyucu atmosfer* protective atmosphere *koruyucu bakım* preventive maintenance *koruyucu bant* guard band *koruyucu çember* guard circle *koruyucu etki* protective effect *koruyucu filtre* protective filter *koruyucu gözlük* goggles, safety goggles *koruyucu hekimlik* preventive medicine *koruyucu ilaç hek.* prophylactic *koruyucu koloit* protective colloid *koruyucu kuşak* shelterbelt *koruyucu madde* preservative *koruyucu melek* guardian angel *koruyucu önlemler* protective measures *koruyucu örtü* protective coating *koruyucu tabaka* protective layer

koruyuculuk *a.* protection, support

korvet *a.* corvette

korza *a. den.* fouling of cables/chains

kosekant *a.* cosecant

koset *a.* coset

kosinüs *a, mat.* cosine

koskoca *s.* very big, enormous

koskocaman *s.* huge, enormous, tremendous

kosletlemek *e.* to coslettize

Kosta Rika *a.* Costa Rica ¤ *s.* Costa Rican

Kosta Rikalı *a. s.* Costa Rican

Kosta Rikalı *a, s.* Costa Rican

kostak *s.* elegant, graceful, dressed fit to kill

koster *a, den.* coaster

kostik *s.* caustic *kostik alkali* caustic alkali

kostiklemek *e.* to causticize

kostüm *a.* suit, costume

kostümlük *s.* suit-length *kostümlük kumaş* suiting

koşaç *a. dilb.* copula, linking verb

koşaltı *a.* harnessing two animals together

koşam *a.* double handful

koşma *a.* running, run; *ed.* ballad; *den.* stiffener, stay

koşmaca *a.* tag

koşmak¹ *e.* to run; to go in haste, to race about *koşar adım* at the double, on the double *AI./kon.*

koşmak² *e.* to harness; to put to work

koşnil *a.* cochineal

koşturmak *e.* to cause to run, to make run; to scurry, to buzz about, to rush

koşu *a.* running, run; race *koşu alanı* hippodrome *koşu atı* racehorse *koşu yolu* racecourse *II.*, racetrack *AI.*

koşucu *a.* runner *koşucu devekuşu hayb.* emu

koşuk *a, ed.* verse, poetry * nazım, manzume

koşul *a.* circumstance, condition; stipulation, clause *koşul yantümcesi dilb.* conditional clause * şart cümleciği *koşuluyla* on condition that

koşullandırmak *e.* to condition

koşullanma *a.* conditioning, being conditioned

koşullanmak *e.* to become conditioned

koşullu *s.* conditional; conditioned *koşullu aktarma* conditional transfer *koşullu atlama* conditional jump

koşullu dallanma conditional branch
koşullu denklem conditional equation
koşullu olasılık conditional probability
koşullu önerme conditional statement
koşullu sapma conditional branch
koşullu tepke conditioned reflex
koşulluluk a. conditionality
koşulsuz s. unconditional **koşulsuz aktarma** unconditional transfer
koşulsuz atlama unconditional jump
koşulsuz dallanma unconditional branch **koşulsuz kararlı** unconditionally stable **koşulsuz sapma** unconditional branch
koşulsuzluk a. unconditionality
koşum a. harness **koşum atı** carriage horse, draught horse **koşum çengeli** drawhook **koşum demiri** drawbolt **koşum hayvanı** draught animal **koşum takımı** drawgear, harness **koşum zinciri** drag chain
koşumlu s. harnessed
koşun a. line of soldiers, rank; row of people
koşuntu a. followers, accomplices
koşuşma a. bustle
koşuşmak e. to run together; to run about, to rush about
koşuşturma a. rat race, hustle and bustle
koşuşturmak e. to bustle about
koşut s. parallel * paralel **koşut aktarım** parallel transfer **koşut aritmetik** parallel arithmetic **koşut bağlama** connection in parallel **koşut bellek** parallel storage **koşut bilgisayar** parallel computer **koşut çalışma** parallel running **koşut çalıştırma** parallel operation **koşut çizgi** parallel line **koşut dönüşüm** parallel conversion **koşut erişim** parallel access **koşut iletim** parallel transmission **koşut işlem** parallel processing **koşut işletim** parallel running **koşut toplayıcı** parallel adder
koşutaç a. collimator
koşutluk a. parallelism * paralellik
koşutyüzlü s. parallelepiped
kot[1] a. denim; jeans **kot pantolon** jeans
kot[2] a. elevation, altitude **kot farkı** rise
kota a. quota
kotan a. large plough
kotanjant a. cotangent
kotarmak e. to dish up; to serve out; to complete

kotasyon a. quotation
kotiledon a. cotyledon, seed leaf
kotlet a. cutlet, chop
kotletpane a. mutf. breaded cutlet
kotonperle a. pearl cotton
kotra a, den. cutter **kotra omurgası** fin keel
kov a. yörs. gossip, malicious talk, slander
kova a. bucket, pail; arg. bad goalkeeper/team **Kova burcu** Aquarius
kovalama a. pursuit, chase
kovalamaca a. tag
kovalamak e. to chase, to pursue, to run after
kovalans a. covalence
kovalent s. covalent **kovalent bağ** covalent bond
kovalı s. having a bucket **kovalı konveyör** bucket conveyor **kovalı tarak makinesi** bucket dredger **kovalı tarak** bucket chain dredger **kovalı yükseltici** bucket elevator **kovalı zincir** chain and bucket
kovan a. beehive, hive; cartridge case, shell case **kovan anahtarı** box spanner **kovan aynası** bell chuck
kovanlık a. apiary
kovanotu a. lemon balm
kovaryans a. covariance
kovaryant s, mat. covariant
kovboy a. cowboy **kovboy filmi** western
kovcu s. talebearing; backbiting
kovculuk a. yörs. talebearing; backbiting
kovlamak e. to denounce, to backbite
kovma a. expulsion, dismissal, the chop
kovmak e. to drive away, to expel, to throw sb out, to kick sb out (of); to dismiss, to fire kon., to sack; to banish; to turn back, to repel; to get rid of, to send sb packing kon.; to shoo
kovolüm a, kim. co-volume
kovucuk a, bitk. lenticel
kovucuklu s. lenticellate
kovuk a. hollow, cavity
kovuklu s. hollow, not solid
kovuksal s. geodic
kovulma a. expulsion, being dismissed
kovulmak e. to be kicked out; to be dismissed
kovumsamak e. to give (sb) a cold reception
kovuntu a. expellee, dismissed person
kovuşturma a. prosecution **kovuşturma**

açmak to start a prosecution
kovuşturmak *e.* to prosecute
koy *a.* bay, cove, inlet
koyacak *a.* receptacle
koyak *a.* valley, gorge * vadi
koyar *a.* confluence, place of junction of two streams
koygun *s.* touching, moving
koymak *e.* to put, to place, to set, to lay; (çay, vb.) to pour; (vergi) to impose; *arg.* to affect, to sadden, to move
koyu *s.* (sıvı) thick, dense; (renk) deep, dark, husky; (çay) strong; fanatic, extreme, fervent, rabid *koyu akış* viscous flow *koyu asit* strong acid *koyu şerbet* thick juice
koyulaşmak *e.* to thicken, to condense, to coagulate; to darken
koyulaştırıcı *a, tek.* thickener
koyulaştırma *a.* thickening, condensation
koyulaştırmak *e.* to thicken, to coagulate; to darken
koyulmak *e.* to thicken; to darken; to pitch into sth, to buckle down to sth *kon.*, to get cracking *kon.*
koyultmak *e.* (sıvıyı) to thicken; (rengi) to darken
koyultucu *a.* concentrator
koyuluk *a.* thickness, density; depth, darkness
koyun[1] *a.* sheep *koyun ağılı* sheep pen, sheepfold *koyun bakışlı* sheepish, stupid-looking *koyun eti* mutton *koyun kırkma* sheep shearing *koyun postu* fleece, sheepskin *koyun postuna bürünmüş kurt* a wolf in sheep's clothing *koyun sürüsü* fold *koyun yünü* sheep's wool *Koyunun bulunmadığı yerde keçiye Abdurrahman Çelebi derler* In the country of the blind the one-eyed man is king
koyun[2] *a.* bosom, breast; arms, embrace *koyun koyuna* in each other's arms, cuddling up together in bed *koynuna girmek* to go to bed with *koynunda yılan beslemek* to nurse a viper in one's bosom
koyungözü *a. bitk.* feverfew
koyunkenesi *a. hayb.* sheep tick
koyunotu *a.* hepatic
koyuntu *a. yörs.* sorrow, pain, chagrin
koyut *a.* postulate
koyuvermek *e.* to let go, to release

koyuvermek, koyvermek *e.* to release, to set free, to let sb/sth go, to let sb out
koz *a.* walnut; *isk.* trump; *mec.* a card up one's sleeve *koz çakmak* to trump *koz kırmak* to trump *koz oynamak* to trump *kozlarını paylaşmak* to square accounts (with) *kozunu iyi oynamak* *mec.* to play one's cards well *kozunu oynamak* to play one's trump card *kozunu paylaşmak* to settle accounts with
koza *a.* cocoon; seed capsule, pod *koza açıcı* cocoon opener
kozak *a.* cone
kozalak *a, bitk.* cone, pine cone
kozalaklı *s.* coniferous *kozalaklı ağaç* conifer
kozalaksı *s.* pineal *kozalaksı bez* *anat.* pineal body, pineal gland
kozhelva *a.* nougat
kozhelva(sı) *a.* nougat
kozmetik *s.* cosmetic ¤ *a.* cosmetics
kozmik *s.* cosmic *kozmik ışınlar* cosmic rays *kozmik toz* cosmic dust
kozmogoni *a.* cosmogony * evrendoğum
kozmogonik *s.* cosmogonic(al)
kozmografya *a.* cosmography
kozmoloji *a.* cosmology * evrenbilim
kozmolojik *s.* cosmologic(al)
kozmonot *a.* cosmonaut * uzayadamı
kozmonotik *a.* cosmonautics
kozmopolit *a, s.* cosmopolitan
kozmos *a.* cosmos * evren
köçek *a.* foal of a camel; dancer boy
köçeklemek *e.* (deve) to foal
köfte *a.* meatball, croquette, rissole, patty
köfteci *a.* maker and seller of grilled meatballs
köftecilik *a.* making and selling grilled meatballs
köftehor *a, kon.* rascal, rogue, dog, lucky beggar
köğ *a.* meter, metrical pattern
köğük *a.* line of poetry
köhne *s.* dilapidated, ramshackle; outdated, oldfashioned, fusty *hkr.*
köhnelik *a.* oldness, wornness, dilapidation
köhnemek *e.* to become old/dilapidated
kök *a.* root; origin; base, basis; *kim.* radical; *mat.* root *kök çürüklüğü* root rot *kök işareti* radical sign *kök salmak* to take root, to strike root, to root *kök*

sökme aleti rooter **kök söktürmek** kon. to give (sb) a hard time **kök sürgünü** stool **kök tutmak** to root **kök tümörü** bacterial crown gall **kök ürünleri** root crops **kökünden sökmek** to uproot **kökünü kazımak** to exterminate, to extirpate, to eradicate, to root sth out **kökünü kurutmak** to extirpate, to eradicate
kökaltı a. radicand
kökanlam a. dilb. root meaning
kökayaklı s. rhizopodous
kökayaklılar a. rhizopoda
kökbacaklı a. s. hayb. rhizopod
kökbacaklı s. rhizopod
kökboya a. madder
kökboyası a. madder, alizarin
kökçü a. herbalist
kökçük a, bitk. radicle, rootlet
kökçül s, hayb. radicivorous
köken a. origin, source; root
kökenbilim a. etymology
kökenbilimci a. etymologist
kökenbilimsel s. etymological
kökertmek e. to layer
kökiki a. square root
kökkerevizi a. celery root
kökkırmızısı a. alizarin
kökkurdu a. mole cricket
köklemek e. to uproot; kon. (gazı, freni) to step on
köklendirmek e. to root
köklenmek e. to take root, to root
kökleşik s. deeply rooted
kökleşmek e. to take root; to become established
kökleşmiş s. ingrained
kökleştirmek e. to root
köklü s. having roots, rooted; deep-seated
kökmantar a. mycorrhiza, fungus root
köknar a, bitk. fir, fir tree
köksap a, bitk. rhizome
köksel s. radical
köksü a. tendril
köksüz s. rootless; baseless, unfounded
kökten s. fundamental, radical * radikal
köktenci a, s. radical * radikal
köktencilik a. radicalism * radikalizm
köktendinci a. religious fundamentalist
köktendincilik a. religious fundamentalism
kökteş s, dilb. cognate
köküç a. cube root

kölçer a. darnel; vetch
köle a. slave **köle bellek** slave store **köle birim** slave unit **köle gibi çalışmak** to slave (away) **köle istasyon** slave station **köle kütük** slave file **köle modu** slave mode **Kölen olayım!** I beg you!
köleleşmek e. to turn into a slave
köleleştirmek e. to make (sb) into a slave
kölelik a. slavery, bondage, servitude res.
kölemen a. Mameluke, Mamluk
kömeç a. capitellum, capitulum, flowerhead
kömür a. coal; charcoal **kömür alnı** coal face **kömür ambarı** bunker **kömür bölgesi** coalfield, coal district **kömür çıkarma** coal drawing **kömür damarı** coal seam **kömür fırçası** carbon brush **kömür gazı** coal gas **kömür gemisi** collier İİ. **kömür gibi** as black as coal, coal-black **kömür havzası** coalfield, coal district **kömür hunisi** coal hopper **kömür işçisi** collier **kömür katranı** coal tar **kömür kesici** coal cutter **kömür kovası** hod, scuttle, coal-scuttle **kömür madeni işçisi** collier **kömür madeni** coal mine, colliery **kömür ocağı** coal mine, colliery **kömür oluşumu** coal formation **kömür öğütme** coal grinding **kömür tabakası** coal measure **kömür teli** carbon filament **kömür tozu** coal dust **kömür vagonu** hutch **kömür yatağı** coal field **kömür yığını** coal pile
kömürcü a. coal dealer; charcoal burner
kömürcülük a. dealing in coals; charcoal burning
kömürleşme a. carbonization
kömürleşmek e. to become carbonized, to char
kömürleştirme a. carbonization
kömürleştirmek e. to char, to carbonize
kömürlü s. carboniferous **kömürlü filaman** carbonized filament
kömürlük a. coal-hole; den. bunker, coalbunker
kömüş a. water buffalo
köpek a. dog; kab. bastard, son of a bitch, dog esk., cur esk. ¤ sg. canine **köpek kulübesi** kennel, doghouse Aİ. **köpek tasması** dog collar **köpek yavrusu** puppy, pup
köpekayası a. horehound
köpekbalığı a, hayb. shark, dogfish

köpekbalığıgiller *a.* selachian
köpekdişi *a.* canine tooth, canine
köpekelması *a.* mandrake
köpeklemek *e. yörs.* to be exhausted, to be worn out; to be downcast
köpeklenmek *e.* to fawn on sb *hkr.*, to lick sb's arse *arg.*
köpekleşmek *e.* to cringe, to fawn
köpeklik *a.* cringing, fawning
köpekmemesi *a. hek.* bubo, tumour (in the armpit)
köpekotu *a.* black horehound
köpeküzümü *a.* black nightshade
köpoğlu *a. arg.* bastard, scoundrel; fox, cunning person
köprü *a.* bridge *köprü altında yatmak kon.* to doss, to sleep under the arch of a bridge *köprü ayağı* abutment, bridge pier *köprü devresi* bridge circuit *köprü geribeslemesi* bridge feedback *köprü gözü* arch of a bridge *köprü kurmak* to bridge *köprü redresör* bridge rectifier *köprü vinci* bridge crane *köprüleri atmak* to burn one's bridges, to burn one's boats *Köprünün altından çok sular aktı* A lot of water has flowed under the bridge
köprübaşı *a, ask.* bridgehead
köprücü *a.* bridge builder; *ask.* pontoon soldire
köprücük *a.* small bridge; *anat.* clavicle, collarbone
köprücük(kemiği) *a.* collarbone, clavicle
köprücükkemiği *a.* clavicle, collarbone
köprücükkemikli *s.* claviculate
köprücülük *a.* bridge building
köprüleme *a, fiz.* bridging *köprüleme amplifikatörü* bridging amplifier *köprüleme kaybı* bridging loss *köprüleme kazancı* bridging gain *köprüleme transformatörü* bypass transformer *köprüleme yitimi* bridging loss
köprülü *s.* having a bridge *köprülü bağlantı* bridging connection *köprülü kapsül* bridge wire detonator *köprülü kavşak* interchange *köprülü osilatör* bridge oscillator *köprülü vinç* goliath crane
köprülüm *a.* bridgeware
köpük *a.* foam; froth; (sabun/deterjan) lather; scum *köpüğünü gidermek* to defoam, to defroth *köpük basıncı* froth

pressure *köpük bellek* bubble memory *köpük giderici madde* defrothing agent, defoaming agent *köpük giderici* defoaming, defrothing *köpük önleyici* antifoam additive, foam inhibitor
köpüklenmek *e.* to foam, to froth
köpüklü *s.* fizzy, frothy, bubbly *köpüklü şarap* sparkling wine
köpülemek *e.* to tie (a mattress)
köpüren *s.* effervescent
köpürme *a.* foaming, frothing *köpürme gücü* foaming power
köpürmek *e.* to froth, to foam; to lather, to make suds; to effervesce; to foam at the mouth, to be furious, to fly into a rage
köpürtmek *e.* to make foam, to froth up
köpüz *a.* scum (on water)
kör *s.* blind; (bıçak, vb.) blunt, dull; (kuyu) dry *kör baca* dead end, jackhead pit *kör burgu* blunt drill *kör delik* blind hole *kör deney* blank test *kör dövüşü* muddle *kör dren* French drain *kör etmek* to blind *kör flanş* blank flange, blind flange *kör iniş* blind landing *kör kadı* forthright person *kör kütük* dead drunk, on the booze, as pissed as a newt *kör kütük sarhoş* blind drunk *kon.*, paralytic *İİ./kon. kör kütük sarhoş olmak* to get paralytic *İİ./kon. kör nefes* blackdamp, choke damp *kör nokta* blind spot *kör olası(ca)* a) cursed, damned b) bloody *kör soluk* blackdamp, choke damp *kör şeytan* evil destiny *kör talih* bad luck *kör tapa* blind flange *kör topal* after a fashion, perfunctorily *kör tüp* blank vat *kör uçmak* to fly blind *kör uçuş* blind flying *kör vadi* blind valley *körü körüne* blindly, carelessly *körü körüne inanmak* to have blind confidence in
körbağırsak *a.* cecum, blind gut
kördöşeme *a.* blind floor
kördüğüm *a.* knot that can't be untied; Gordian knot, deadlock
körebe *a.* blind man's buff
körelik *s.* atrophic
körelme *a.* becoming blunt; dying down; atrophy
körelmek *e.* (bıçak, vb.) to become blunt; (ateş) to die down; to dry up; to atrophy
köreltmek *e.* to blunt, to dull; to cause to atrophy

köreşe *a.* snow crust
körfez *a.* gulf, bay
körfezcik *a.* inlet, cove
körfezotu *a.* gulfweed
köri *a, mutf.* curry; curry powder
körkandil *s.* as drunk as a lord, corked, blotto
körkaya *a. den.* invisible/submarina rock
körkemer *a.* blind archway
körkuyu *a. kon.* dry well
körlemeden *be. kon.* blindly, at random, carelessly
körleşmek *e.* (gözler) to become blind; (kesici araç) to become blunt; to dull; to become useless; to go dry
körleştirmek *e.* to blind; to blunt; to dull
körletmek *e.* to blind; to deaden
körlük *a.* blindness; bluntness, dullness
körocak *a.* childless family
körpe *s.* fresh, tender **körpe ağaç** sapling **körpe nötronlar** virgin neutrons
körpecik *s.* very fresh, very young, very tender
körpelik *a.* succulency, turgor
körsıçan *a.* mole * köstebek
köruzantı *a. anat.* diverticulum
körük *a.* bellows; folding hood
körükçü *a.* bellows maker; bellows operator
körüklemek *e.* to fan the flames (with bellows); to incite, to stir up
körükleyici *s.* instigative
körüklü *s.* having a bellows **körüklü kapı** folding door
köryılan *a, hayb.* blindworm, slowworm
kös *a.* very large kettledrum
kös kös *be.* pensively
köse *s.* with little/no beard
köseği *a.* poker
kösele *a.* stout leather **kösele salmastra** leather packing
köseletaşı *a.* corundum whetstone; shoemaker's lapstone
köselik *a.* being naturally beardless
kösemen *a.* bellwether, lead goat, lead ram
kösemenlik *a.* being a guide
köskötürüm *s. kon.* completely paralyzed
kösnü *a.* sexual desire, lust, passion; heat, rut
kösnücül *s.* enslaved by lust
kösnük *s.* in heat, in rut
kösnül *s.* erotic; lustful, sensual

kösnüllük *a.* eroticism; sensuality, lust
kösnülmek *e.* to be on heat
kösnümek *e.* to be in rut
köstebek *a, hayb.* mole **köstebek dren** mole drain **köstebek kürkü** moleskin
köstek *a.* watch chain; fetter, hobble; obstacle, tie, a drag on sb
kösteklemek *e.* to hobble, to tether; *mec.* to hinder, to impede, to prevent, to hamper
köstekli *s.* tethered, fettered; (watch/key) that is on a chain
köşe *a.* corner; nook; (gazetede) column **köşe atışı** corner kick **köşe başı** street corner **köşe bucak** every nook and cranny *kon.* **köşe kadısı** bone-idle *hkr.* **köşe kapmaca** puss-in-the corner **köşe rendesi** edge plane **köşe silmesi** corner bead **köşe takozu** corner block **köşe taşı** corner stone, quoin **köşe tuğlası** angle brick **köşe vuruşu** corner, corner kick **köşe yazarı** columnist **köşeye sıkışmak** to be up against the wall, to be snookered **köşeye sıkıştırmak** to corner, to drive sb into a corner **köşeyi dönmek** to strike it rich *kon.*, to feather one's (own) nest *hkr.*
köşebent *a.* angle iron, brace clamp, brace, gusset **köşebent makinesi** beading machine
köşegen *a, mat.* diagonal
köşek *a.* camel colt
köşeklemek *e.* (deve) to foal
köşeleme *be.* diagonally
köşeli *s.* cornered, angled, angular **köşeli agregat** angular aggregate **köşeli ayraç** bracket **köşeli mesnet** angle bracket **köşeli tampon** corner bumper **köşeli yansıtıcı** corner reflector
köşelik *a.* piece of furniture for a corner squinch, pendentive
köşesiz *s.* agonic, without a corner
köşk *a.* summerhouse, pavilion; villa, chalet
kötek *a.* beating, thrashing, cudgeling drubbing **kötek atmak** to give (sb) beating, to give a thrashing **kötek yemek** to get a beating, to get a thrashing
köteklemek *e.* to beat, to give (sb) a beating
kötü *s.* bad, evil, nasty, foul **kötü beslenme** malnutrition **kötü çalışma**

to malfunction **kötü davranmak** to maltreat, to walk over sb *kon.* **kötü kader** bad fate **kötü kaderine yanmak** to bewail one's bad fate **kötü kadın** prostitute, streetwalker **kötü kalpli** malevolent **kötü kimse** evildoer **kötü kokmak** to reek *hkr.* **kötü koku** reek *hkr.* **kötü niyetli** malicious, malignant, evilminded **kötü yola düşmek** to be on the streets **kötü yola sevk etmek** to debauch **kötü yola sürüklemek** to corrupt **kötüye gitmek** to suffer, to retrogress, to go downhill, to deteriorate **kötüye kullanma** misuse, abuse **kötüye kullanmak** to misuse, to abuse, to trespass on sth

kötücül *s.* malicious, malevolent; *hek.* malignant

kötülemek *e.* to speak ill of, to run down, to backbite, to decry

kötüleşim *a. hek.* deterioration

kötüleşme *a.* growing worse, deterioration

kötüleşmek *e.* to become bad, to worsen, to deteriorate

kötüleştirmek *e.* to worsen, to exacerbate, to aggravate

kötülük *a.* badness; bad action, wrong, harm, wrongdoing, disservice; evil, wickedness, malice **kötülük etmek** to harm, to do sb dirt

kötülükçü *s.* evil, bad

kötümsemek *e.* to disparage, to belittle, to think ill of

kötümser *s.* pessimistic ¤ *a.* pessimist

kötümserlik *a.* pessimism

kötürüm *s, hek.* paralysed, crippled ¤ *a.* cripple **kötürüm bırakmak** to cripple **kötürüm etmek** to mutilate, to paralyze **kötürüm olmak** to be paralysed

kötürümleşmek *e.* to become paralytic

köy *a.* village ¤ *sg.* rustic **Köy İşleri Bakanlığı** Ministry of Village Affairs **köy muhtarı** village headman **köyden kente göç** rural depopulation, migration from the country to town

köycü *a.* advocate of rural development

köydeş *a.* fellow villager, inhabitants of the same village

köykent *a.* urban village

köylü *a.* peasant, villager

köylülük *a.* being a villager; *mec.* churlishness

köz *a.* embers, cinders

közleme *a.* food cooked on embers

közlemek *e.* to grill/cook on the embers, to barbecue

krablama *a.* crabbing **krablama çözeltisi** crabbing liquor **krablama makinesi** crabbing machine

kraft kâğıdı *a.* kraft paper

kraker *a.* cracker

kraking *a.* cracking

kral *a.* king; baron, tycoon *kon.* **kral gibi** kingly, majestically, comfortably **kral naibi** regent **kral naipliği** regency **kral suyu** aqua regia **krallar gibi yaşamak** to live like fighting cocks *kon./özl. İİ.*

kralağacı *a. bitk.* kingwood

kralcı *a.* royalist **kraldan çok kralcı olmak** to be more royalist than the king

kraliçe *a.* queen

kraliçelik *a.* queenship, queenhood

kraliyet, krallık *a.* kingdom; kingship ¤ *sg.* royal

kramp *a.* cramp **kramp girmek** to have cramp

krampon *a.* stud; spike

kramponlu *s.* having studs **kramponlu ayakkabı** spikes

kraniyoloji *a.* craniology

krank *a.* crank **krank karteri** crankcase **krank kolu** crank arm, crank handle **krank mili** crankshaft, cranked shaft

kranyum *a.* cranium

krater *a.* crater

kravat *a.* necktie, tie, cravat **kravat iğnesi** tiepin

kravl *a, sp.* crawl stroke

kreasyon *a.* creation

kreatin *a.* creatine

kreatinin *a. kim.* creatinine

kreatör *a.* creator

kredi *a.* credit, loan; trust **kredi kartı** credit card, plastic money *kon.* **kredi veren** creditor

krem *a, s.* cream; conditioner **krem peyniri** cream cheese **krem rengi** cream **krem şantiyi** whipped cream **krem tartar** cream of tartar

krema *a.* cream, custard **krema makinesi** cream separator, creamer

kremalı *s.* creamy **kremalı pasta** cream cake

krematoryum *a.* crematorium

kremayer *a.* toothed rack, rack

kremayerli *s.* having a toothed rack

kremayerli demiryolu rack railway
kremayerli direksiyon rack-and-pinion steering
kremkaramel a. caramel custard, creme caramel
kremlemek e. to apply a cream
Kremlin a. the Kremlin
kremşantiyi a. whipped cream
kreozot a. creosote
kreozotlamak e. to creosote
krep a. crepe, crêpe, crape **krep efekti** crimp effect **krep ipliği** crepe yarn
krepdöşin a, teks. crepe de Chine
krepe a. backcombing **krepe yapmak** to backcomb
krepjorjet a, teks. crêpe Georgette
krepon a. crepon **krepon kâğıdı** crepe paper
krepsüzet a, teks. crêpe suzette
kresil a. cresyl
kresilik s. cresylic **kresilik asit** cresylic acid
kresol a. cresol
kreş a. day nursery, créche
kreşendo a, müz. crescendo
kreten a, hek. cretin
kretenizm a. hek. cretinism
kretin a. creatine
kreton a, teks. cretonne
krevas a. crevasse
krezol a. cresol
kriket a, sp. cricket
kriko a. jack, car lifter **krikoyla kaldırmak** to jack up
kriminolog a. criminologist
kriminoloji a. criminology
kripta a. crypt
kriptograf a. cryptograph
kriptografi a. cryptography
kriptolog a. cryptologist, cryptographer
kriptoloji a. cryptology
kriptomerya a. bitk. Japanese cedar
kripton a, kim. krypton
kriptopin a. cryptopine
kriptos a. mim. crypt
kriptoskop a. kryptoscope
kristal a. crystal * billur **kristal ağı** crystal grating **kristal analizi** crystal analysis **kristal anizotropisi** crystal anisotropy **kristal büyümesi** crystal growth **kristal çekirdeği** crystal nucleus **kristal detektör** crystal detector **kristal diyot** crystal diode **kristal fırını** crystal oven

kristal kafesi crystal lattice **kristal karıştırıcı** crystal mixer **kristal katı** crystalline solid **kristal kontrolü** crystal control **kristal kusuru** crystal defect **kristal küre** crystal ball **kristal mikrofon** crystal microphone **kristal pikap** piezoelectric pickup **kristal sınırı** crystal boundary **kristal simetrisi** crystal symmetry **kristal sistemi** crystal system **kristal süzgeç** crystal filter **kristal şeker** crystal sugar **kristal tanesi** crystal grain **kristal yapı** crystalline structure **kristal yapısı** crystal structure
kristalin a. crystalline solid
kristalit a. crystallite
kristalizatör a. crystallizer
kristallenmek e. to candy
kristalleşir s. crystallizable
kristalleşme a. crystallization
kristalleşmek e. to crystallize, to candy
kristalleştirme a. crystallization **kristalleştirme kabı** crystallizer **kristalleştirme kazanı** crystallizer pan
kristalleştirmek e. to crystallize
kristalli s. crystalline **kristalli alıcı** crystal receiver, crystal set **kristalli kalibratör** crystal calibrator **kristalli osilatör** crystal oscillator **kristalli pikap** crystal pickup **kristalli redresör** crystal rectifier **kristalli sayaç** crystal counter **kristalli spektrometre** crystal spectrometer **kristalli şist** crystalline schist
kristaloblastik s. crystalloblastic
kristalografi a. crystallography
kristalografik s. crystallographic
kristaloit a. crystalloid
kristobalit a. cristobalite
kriter a. criterion * ölçüt
kritik s. critical, crucial ¤ a. critic; critique **kritik açı** critical angle **kritik akım** critical flow **kritik amortisman** critica damping **kritik basınç** critical pressure **kritik bölge** critical range, critical region **kritik dalga boyu** critical wave length **kritik deformasyon** critical de formation **kritik frekans** critical fre quency **kritik gerilim** critical voltage **kritik hacim** critical volume **kritik ha** critical state **kritik hız** critical spee **kritik ızgara akımı** critical grid curren **kritik kütle** critical mass **kritik nok** critical point **kritik sıcaklık** critical tem

perature *kritik yük* critical load, ultimate load

kritisizm *a.* criticism

kriyohidrat *a.* cryohydrate

kriyohidrik *s.* cryohydric *kriyohidrik nokta* cryohydric point

kriyojeni *a.* cryogenics

kriyojenik *s.* cryogenic

kriyolit *a.* cryolite

kriyometre *a.* cryometer

kriyosar *a.* cryosar

kriyoskopi *a.* cryoscopy

kriyoskopik *s.* cryoscopic

kriyostat *a.* cryostat

kriyotron *a.* cryotron

kriz *a.* crisis; fit, attack, bout *kriz geçirmek* to have a fit of hysterics

krizalis *a.* chrysalis

krizalit *a, biy.* chrysalis

krizantem *a, bitk.* chrysanthemum * kasımpatı

krizolit *a.* chrysolite

kroket *a.* croquet

kroki *a.* drawing, sketch, plan

krokodil *a.* crocodile

krokodil pensi *a.* alligator clip

krol *a, sp.* the crawl

krom *a, kim.* chrome, chromium *krom asetat* chromium acetate *krom boyası* chrome dyestuff *krom jelatin* chrome gelatine *krom kaplamak* to chromium-plate

kromaj *a.* chromium plating

kromat *a.* chromate

kromatik *s.* chromatic ¤ *a.* chromatics *kromatik sapınç* chromatic aberration

kromatiklik *a.* chromaticity

kromatin *a.* chromatin, karyotin

kromatit *a. biy.* chromatid

kromatit *a.* chromatid

kromatofor *a. biy.* chromatophore

kromatografi *a.* chromatography

kromatografik *s.* chromatographic

kromatron *a.* chromatron

kromik *s.* chromic

krominans *a.* chrominance *krominans bilgisi* chrominance information *krominans demodülatörü* chrominance demodulator *krominans modülatörü* chrominance modulator *krominans sinyali* chrominance signal

kromit *a.* chromite

kromlamak *e.* to chromium-plate, to chromize

kromlu *s.* chromous

kromoblast *a.* chromoblast

kromofor *s.* chromophore

kromogen *s.* chromogen

kromojen *s.* chromogen

kromoplast *a.* chromoplast

kromorfit *a.* pyromorphite

kromosfer *a.* chromosphere

kromotropizm *a.* chromotropism, chromotropy

kromozom *a, biy.* chromosome

kron *a.* crown

kronaksi *a.* chronaxia, chronaxy

kronik *a.* chronicle, annals * vakayiname ¤ *s, hek.* chronic * süreğen

kronlu *s.* having a crown *kronlu matkap* crown bit

kronograf *a.* chronograph

kronoloji *a.* chronology

kronolojik *s.* chronological

kronometre *a.* chronometer; *sp.* stopwatch

kronometreci *a.* timekeeper

kronopotansiyometri *a.* chronopotentiometry

kronoskop *a.* chronoscope

kropi *a.* knot

kropi bağı *a, den.* figure-of-eight knot

kros *a.* cross-country (running)

krosçu *a. sp.* cross-country runner

krosein *a.* crocein(e)

kroshed *a.* crosshead

kroşe *a.* (boksta) hook *kroşe yapmak* to crochet

kroton *a.* croton

kroton yağı *a.* croton oil

krotonil *a.* crotonyl

kröze *a.* crucible

krupiye *a.* croupier

krupiyelik *a.* work of a croupier

kruvaze *s, giy.* double-breasted

kruvazör *a, den.* cruiser

ksantan *a, kim.* xanthene

ksantat *a.* xanthate

ksanten *a.* xanthen

ksantik *s.* xanthic

ksantin *a.* xanthine

ksantiyum *a.* xanthium

ksantofil *a.* xanthophyll

ksantogenat *a.* xanthate

ksanton *a.* xanthone

ksantosiderit *a.* xanthosiderite

ksenon *a.* xenon ***ksenon etkisi*** xenon effect ***ksenon lambası*** xenon lamp
kserografi *a.* xerography
ksilan *a.* xylan
ksilem *a.* xylem
ksilen *a, kim.* xylene
ksilenol *a.* xylenol
ksilidin *a.* xylidine
ksilofon *a, müz.* xylophone
ksilolin *a.* xylolin
ksilotil *a.* xylotile
ksiloz *a.* xylose
kslilolin ipliği *a.* xylolin yarn
kuadrofoni *a.* quadraphony, quadrophony
kuadrofonik *s.* quadraphonic, quadrophonic
kuadrupol *a.* quadrupole ***kuadrupol momenti*** quadrupole moment ***kuadrupol radyasyonu*** quadrupole radiation
kuaför *a.* hairdresser, coiffeur
kuantum *a, fiz.* quantum
kuart *a.* quart
kuartet *a, müz.* quartet
kuaterner *a.* Quaternary
kuaterniyon *a.* quaternion
kubaşmak *e.* to do a job together
kubat *a.* rude, coarse
kubbe *a.* dome, cupola; sky, vault ***kubbe çatı*** dome roof ***kubbe sırtı*** extrados
kubbeli *s.* domed ***kubbeli baraj*** dome dam
kubbemsi *s.* domed
kubur *a.* hole in a toilet fixture
kuburluk *a.* holster; powder flask
kucak *a.* embrace, lap; armful ***kucağına almak*** to take on one's lap ***kucak açmak*** to receive with open arms ***kucak dolusu*** armful ***kucak kucağa*** in each other's arms ***kucak kucak*** by armfuls
kucaklama *a.* embrace, cuddle
kucaklamak *e.* to embrace, to cuddle, to hug, to clasp, to take in one's arms
kucaklaşmak *e.* to embrace one another, to cuddle
kuçu kuçu *ünl.* Here! (said to call a dog)
kuçukuçu *a, kon.* doggie
kudas *a.* liturgy
kudret *a.* power, might * güç, erk, erke; ability * yetenek; wealth * zenginlik
kudrethelvası *a.* manna
kudretli *s.* powerful, mighty

kudretnarı *a.* balsam apple
kudretsiz *s.* powerless, incapable
kudretsizlik *a.* powerlessness, weakness
kudu *a. hayb.* koodoo, kudu
kudurgan *s.* uncontrollable, easily enraged
kudurmak *e.* to become rabid; *kon.* to go mad, to be furious, to boil over *kon.*, to go berserk, to fly off the handle *kon.*
kudurtmak *e.* to cause to become rabid; *mec.* to madden, to enrage, to send sb berserk, to make sb's blood boil, to burn sb up *Aİ./kon.*
kuduruk *s.* rapid; *kon.* mad, furious, rabid
kuduz *a.* rabies, hydrophobia ¤ *s.* rabid
kuduzböceği *a.* Spanish fly
kuduzotu *a.* plumbago
kudüm *a. müz.* a small double drum
Kudüs *a.* Jerusalem
kuersetin *a.* quercetin
kuersitrin *a.* quercitrin
kufi *s.* Kufic, Cufic
kuğu *a.* swan ***kuğu boynu*** swan-neck ***kuğu yavrusu*** cygnet
kuğurmak *e.* to coo
kuinol *a.* quinol
kuinolin *a.* quinoline
kuinon *a.* quinone
kuintet *a, müz.* quintet, quintette
kuite ipeği *a.* cuite
kuka *a.* ball of thread
kukla *a.* puppet, marionette; *mec.* pawn, tool, puppet *hkr.* ***kukla hükümet*** puppet government ***kukla oyunu*** puppet show
kuklacı *a.* puppeteer
kuklacılık *a.* puppetry
kuku *a. hayb.* cuckoo
kukuç *a.* shell of the seed of peaches/apricots
kukuleta *a.* hood, cowl
kukuletalı *s.* having a hood/cowl, hooded
kukulya *a.* silkworm cocoon
kukumav *a.* little owl ***kukumav gibi*** alone ***kukumav gibi düşünüp kurmak*** to be very thoughtful, to be worried
kukuriko *a. çoc.* rooster, cock
kukuriku *a.* cock-a-doodle-doo
kul *a.* slave; *din.* man, servant ***kul köle olmak*** to be at sb's back and call
kula *s.* bay
kulaç *a.* fathom; *sp.* stroke
kulaçlamak *e.* to measure in fathoms; t

swim a stroke/crawl, to crawl
kulağakaçan *a, hayb.* earwig
kulak *a.* ear; gill; flange; tuning peg ¤ *sg.*
aural *kulağı ağır işitmek* to be hard of
hearing *kulağı ağrımak* to have ear-
ache *kulağı delik* quickly-informed,
alert *kulağı kirişte olmak* to keep an
ear to the ground *kulağı okşamak* to
sound nice *kulağı tetikte olmak* to
keep an ear to the ground *kulağına
çalınmak* to come to one's ears
kulağına küpe olmak to be a lesson to
kulağına söylemek to whisper in sb's
ear *kulağını açmak* to open one's ears
kulağını bükmek to admonish *kulağını
çekmek* to pull sb's ears *kulak ağrısı*
earache *kulak ardı etmek* to turn a
deaf ear *kulak asmak* to lend an ear,
to pay attention to, to heed (of sth)
kulak asmamak to turn a deaf ear, to
be deaf to sth, to turn a deaf ear (to
sb/sth) *kulak burun boğaz uzmanı*
ear, nose and throat specialist *kulak
burun boğaz* otorhinolaryngology
kulak dolgunluğu hearsay, knowledge
acquired by listening *kulak erimi* ear-
shot *kulak kabartmak* to prick up one's
ears *kulak kepçesi* earlap, the external
ear *kulak kesilmek* to be all ears *kulak
kiri* earwax *kulak menzili* earshot
kulak mikrofonu ear microphone
kulak misafiri olmak to overhear, to
listen in *kulak tırmalamak* to jar *kulak
tırmalayıcı* discordant *kulak vermek* to
give ear, to listen out, to heed, to pay
attention (to sb/sth) *Kulakları çınlasın* I
hope his ears are burning *Kulaklarıma
inanamadım* I couldn't believe my ears
kulaklarını dikmek to prick up one's
ears *kulaklarını tıkamak* to turn a deaf
ear to *kulaktan* by ear *kulaktan
kapmak* to pick up a language
kulaktan kulağa on the grapevine
ılakaltı *a.* parotid
ılakaltı *s, anat.* parotid *kulakaltı bezi
anat.* parotid gland *kulakaltı bezi
yangısı hek.* parotitis
ılakbilim *a.* otology
ılakbilimsel *s.* otologic
ılakçı *a. kon.* ear doctor, ear specialist
ılakçık *a, anat.* atrium, auricle
ılakçıklı *s.* auriculate
ılakdavulu *a.* drum

kulakdemiri *a.* moldboard (of a plough)
kulakkepçesi *a, anat.* auricle
kulaklı *s.* eared *kulaklı ray* wing rail
kulaklık *a.* earflap, earlap; headphones,
headset *Aİ.*; hearing aid
kulakmemesi *a, anat.* earlobe, lobe
kulaksız *s.* earless
kulaktozu *a. anat.* mastoid process
kulakzarı *a.* eardrum, tympanic mem-
brane
kulampara *a, kab.* pederast, paederast,
bugger
kulamparalık *a, kab.* pederasty, buggery
kulan *a. hayb.* kulan, koulan
kule *a.* tower, turret *kule kurutucu* tower
drier *kule saati* tower clock *kule silo*
tower silo *kule teleskopu* tower tele-
scope *kule yapı* high-rise building
kuleli *s.* towered
kulis *a.* backstage, wings *kulis yapmak*
to work behind the scenes
kullanıcı *a.* user *kullanıcı erişimi* user
access *kullanıcı grubu* user group
kullanıcı kitaplığı user library *kullanıcı
oltası* user hook *kullanıcı programı*
user program *kullanıcı testi* user test-
ing *kullanıcı yazılımı* home-grown
software
kullanılabilir *s.* available, practicable,
utilizable *kullanılabilir güç* available
power *kullanılabilir ısı* available heat
kullanılabilir kapasite available capac-
ity
kullanılabilirlik *a.* availability
kullanılabilirlik oranı availability ratio
kullanılır *s.* usable *kullanılır en* working
width *kullanılır uzunluk* useful length
kullanılırlık *a.* availability *kullanılırlık
oranı* availability ratio
kullanılmış *s.* used, second-hand
kullanılmış buhar dead steam, waste
steam *kullanılmış çözelti* spent lye,
waste lye *kullanılmış hava* used air
kullanılmış yağ waste oil *kullanılmış
yakıt* spent fuel *kullanılmış yün* re-
claimed wool
kullanım *a.* use; usage *kullanım tablosu*
use table *kullanıma hazır* ready for
use *kullanımı kolay biliş.* user-friendly
kullanış *a.* way of using, usage
kullanışlı *s.* useful, handy, practical
kullanışsız *s.* cumbersome, clumsy, awk-
ward

kullanma a. use, application; handling; manipulation **kullanma faktörü** coefficient of utilization **kullanma katsayısı** coefficient of utilization

kullanmak e. to use, to draw on/upon sth, to employ, to utilize; (taşıt) to drive; (gözlük, vb.) to wear; (şeker, vb.) to take; (sigara, vb) to smoke

kullap a. device for winding gold or silver thread

kulluk a. slavery, servitude res.; trh. police station

kulomb a. coulomb **kulomb enerjisi** coulomb energy **kulomb kuvveti** coulomb force **kulomb potansiyeli** coulomb potential

kulon a. coulomb

kulonmere a. coulometer

kulonmetre a. coulometer

kulp a. handle, grip; pretext **kulpunu bulmak** to find a pretext for **kulp takmak** to find fault with

kulplu s. having a handle

kuluçka a. broody hen; incubation **kuluçka dönemi/devri** incubation period, incubation **kuluçka makinesi** incubator, hatcher **kuluçka olmak** to be broody **kuluçkaya yatırmak** to incubate **kuluçkaya yatmak** to brood, to incubate

kuluçkalık a. sitting

kulun a. newborn foal

kulunç a. severe pain; cramp; colic; shoulder pain

kulunlamak e. to foal

kulunluk a. uterus (of an animal)

kulübe a. hut, shed, cabin, shack, shanty, cottage; sentry box; telephone booth, telephone box; tollbooth

kulüp a. club; clubhouse **kulüp binası** clubhouse

kulvar a. lane, track, course

kum a. sand; hek. gravel **kum asfaltı** sand asphalt **kum banyosu** sand bath **kum dalgacığı** ripple mark **kum değirmeni** sand crusher **kum eleği** sand screen **kum fırtınası** sandstorm **kum filtresi** sand filter **kum kutusu** sand box **kum ocağı** sand pit **kum pompası** sand pump **kum püskürtmek** to sandblast **kum saati** sandglass, hourglass **kum serpmek** to sand **kum tabakası** sand stratum **kum taşı** grit-stone **kum torbası** sandbag **kum tutucu** sand catcher

kuma a. fellow wife, second wife

Kuman a. s. Cuman, Kuman

kumanda a. command, control **kumanda bataryası** control battery **kumanda çubuğu** control stick **kumanda dişlisi** control gear **kumanda düdüğü** boatswain's pipe **kumanda etmek** to command **kumanda ızgarası** control grid **kumanda kablosu** control cable **kumanda kolu** control lever, joystick **kumanda masası** control desk, audiomixer **kumanda mekanizması** control mechanism **kumanda mili** drive shaft, driving axle **kumanda tablosu** control panel, dashboard

kumandan a. commander * komutan

kumandanlık a. commandership; command post

kumanya a. provisions; ask. portable rations

kumar a. gambling, gamble, play **kumar masası** card table **kumar oynama** gambling **kumar oynamak** to gamble **kumarda kaybetmek** to gamble sth away

kumarbaz a. gambler

kumarbazlık a. (addiction to) gambling

kumarcı a. (habitual) gambler

kumarcılık a. (addiction to) gambling

kumarhane a. gambling house, gaming house

kumarin a. coumarin

kumaron a. coumarone

kumaş a. cloth, fabric, material **kumaş açıcı** cloth expander **kumaş ağırlığ** fabric weight **kumaş apresi** cloth finishing **kumaş baskısı** cloth printing, fabric printing **kumaş besleme** cloth supp **kumaş dinkleme** cloth fulling, clo milling **kumaş germe donanır** spreading machine **kumaş görünün** fabric appearance **kumaş kenarı** se vage, selvedge, list **kumaş roliği** clo beam, cloth roller **kumaş sarn makinesi** cloth take-up machir **kumaş telefi** cloth waste **kumaş tift** lint **kumaş topu** cloth batch, ba **kumaş tutumu** feel, cloth feel **kum yumuşatıcı** fabric softener **kum yüzü** right side **kumaşın ön yüzü** go side **kumaşın ters yüzü** fabric back

kumaşçı *a.* draper *İİ.*
kumbalığı *a. hayb.* sand eel
kumbara *a.* money-box
kumcu *a.* seller of sand, sandman
kumcul *a.* arenicolous
kumkat *a. bitk.* kumquat
kumkırlangıcı *a.* sand martin
kumkuma *a.* a jug, flask, bottle; center, source
kumla *a.* sandbank, sandy place
kumlamak *e.* to sand
kumlu *s.* sandy, arenaceous; speckled *kumlu marn* sandy marl
kumluk *a.* sandy place, sands
kumotu *a. bitk.* scabious
kumpanya *a.* (foreign) company; *tiy.* troupe
kumpas *a.* composing stick; callipers; mariner's compass; *arg.* trick, plot, intrigue *kumpas kurmak* to intrigue, to conspire
kumral *s.* (saç) brown, auburn; (kişi) brown-haired, brown-skinned
kumru *a.* dove, turtledove *kumrular gibi sevişmek* to bill and coo
kumsal *a.* beach, sands
kumsallık *a.* sandiness
kumtaşı *a.* sandstone
kumtutan *a.* spinifex
kumuç *a. hayb.* aphid
Kumuk *a. s.* Kumyk, Kumik, Kumuk
Kumukça *a. s.* Kumyk, Kumik, Kumuk
kumul *a.* sand dune, dune
kunda *a. hayb.* a kind of large and poisonous spider
kundak *a.* swaddling clothes; gunstock *kundak gemisi* fire ship
kundakçı *a.* arsonist, incendiary, firebug, fire-raiser; gunstock maker; mischief maker
kundakçılık *a.* arson, fire-raising
kundaklamak *e.* to swaddle; to set fire to; to wreck, to sabotage
kundaklı *s.* swaddled
kundura *a.* shoe
kunduracı *a.* shoemaker; repairer of shoes; seller of shoes
kunduz *a, hayb.* beaver *kunduz kuyruğu anten* beavertail antenna *kunduz kuyruğu ışın* beavertail beam *kunduz kürkü* beaver
kunduzördek *a.* duckbill
kung fu *a.* kung fu

kunt *s.* stout, solid, strong
kupa¹ *a.* metal cup; *sp.* cup; *isk.* hearts *kupa finali* cup final *kupa galibi* cup winner
kupa² *a.* brougham, coupé
kupes *a. hayb.* bogue, bogue bream
kupkuru *s.* bone-dry, arid, dry
kuplaj *a.* coupling *kuplaj açıklığı* coupling aperture *kuplaj direnci* coupling resistance *kuplaj ilmeği* coupling loop *kuplaj transformatörü* coupling transformer
kuplör *a.* coupler
kupol *a.* cupola *kupol fırını* cupola furnace
kupon *a.* coupon
kuprit *a.* cuprite
kuproksit *a.* copper-oxide *kuproksit redresör* copper-oxide rectifier
kupromonyum ipeği *a.* cuprammonium rayon
kupula *a.* cupula
kupür *a.* cutting, clipping *Al.*
kur¹ *a.* rate of exchange; course * kurs *kur farkı* difference of exchange
kur² *a.* courting, wooing *kur yapmak* to pay court to, to make advances to, to flirt, to court *esk.*
kura *a.* drawing of lots; lot; *ask.* conscription (by lots) *kura çekmek* to draw lots, to cast lots (for sth)
kurabiye *a.* shortbread
kurada *s.* dried up, shrivelled, worn
kurak *s.* arid, dry *kurak bölge* dry land *kurak iklim* arid climate
kurakçıl *s, bitk.* xerophytic *kurakçıl bitki* xerophyte
kurakçıllık *a.* xerophytism
kuraklık *a.* drought, aridity
kuraksal *s.* xerophile
kural *a.* rule * kaide *kural koymak* to set up a rule
kuralcı *s.* normative, prescriptive
kuralcılık *a.* prescriptivism
kuraldışı *s.* exceptional, irregular
kurallaşmak *e.* to become a rule
kurallaştırmak *e.* to make into a rule
kurallı *s.* regular *kurallı fiil dilb.* regular verb
kuralsız *s.* irregular
kuram *a.* theory * teori, nazariye *kuram oluşturmak* to theorize
kuramcı *a.* theorist, theoretician, doctri-

naire *hkr.* * teorisyen
kuramsal *s.* theoretical, doctrinaire *hkr.*
kuramsal fizik pure physics
kuran *a.* current, flow
kuran *a.* current, flow
Kuran *a.* the Koran
kurander *a.* air current
kurbağa *a.* frog
kurbağaadam *a.* frogman
kurbağacık *a.* adjustable spanner
kurbağalama *a, sp.* breaststroke; climbing frogwise
kurbağaotu *a. bitk.* ranunculus
kurban *a.* victim; sacrificial animal; *kon.* Muslim festival of sacrifices **kurban bayramı** Muslim Festival of Sacrifices **kurban etmek** a) to sacrifice b) to victimize **kurban gitmek** to fall a victim (to), to suffer an accident **kurban olayım** a) please; for God's sake b) How great! **kurban olmak** to be a victim **kurban vermek** to lose as casualties
kurbanlık *s.* sacrificial, to be sacrificed
kurcalamak *e.* to tamper with, to monkey with, to meddle with, to toy with, to fiddle with; to scratch, to rub, to irritate; to go into, to rake sth up, to talk about
kurdele *a.* ribbon
kurdelebalığı *a.* banded fish
kurdeleli *s.* ribboned
kurdeşen *a, hek.* rash, nettle rash
kurgan *a.* tomb; tumulus; mound, tell
kurgu *a.* winding key, clock key, watch stem; winding up; installation, mounting; *sin.* montage, editing **kurgu masası** editing bench **kurgu odası** *sin.* cutting room
kurgucu *a.* mounter, assembler; *sin.* film editor
kurguculuk *a.* mounting, assembling; *sin.* film editing
kurgusal *s, fel.* speculative
kuriye *a.* courier
kurk *a.* broody hen bird; setting hen bird
kurlağan *a. hek.* whitlow
kurma *a.* establishment, erection
kurmaca *s.* fictional **kurmaca yazın** fiction
kurmacı *a.* constructivist
kurmacılık *a.* constructivism
kurmak *e.* to set up, to establish, to organize, to found; to mount, to assemble; to form; (silah) to cock; (kamp,

çadır) to pitch; (saat) to wind; (plan) to hatch; (turşu) to make; (sofra/masa) to set; (tuzak) to set, to lay; *kon.* to incite
kurmay *a, ask.* staff **kurmay subay** staff officer **kurmay yönetim** staff management
kurmaylık *a. ask.* being a general staff officer
kurna *a.* basin of a bath
kurnaz *s.* cunning, foxy, sly, shrewd, canny, wily, astute, artful, crafty *hkr.*, sharp *hkr.*
kurnazca *be.* craftily, cunningly, foxily
kurnazlık *a.* cunning, guile, ruse, craft *res./hkr.*
kuron *a.* crown; (para) kuron, krona **kuron takmak** to crown
kurs *a.* course; disk **kurs görmek** to take a course
kursak *a.* crop, craw; *kon.* stomach, tummy, maw **kursağında kalmak** to stick in one's gizzard
kursaklı *s.* having a crop/maw
kursiyer *a.* person attending a course
kurşun *a, kim.* lead; bullet; (oltada) sinker ¤ *s.* lead, leaden **kurşun ağacı** lead tree **kurşun alaşımı** lead alloy **kurşun asetat** lead acetate **kurşun banyosu** lead bath **kurşun boru** lead pipe **kurşun cam** lead glass **kurşun çekiç** lead hammer **kurşun çerçeve** leading **kurşun eşdeğeri** lead equivalent **kurşun geçirmez** bulletproof **kurşun gibi** very heavy **kurşun kaplı** lead coated, leaded **kurşun kâğıdı** silver paper **kurşun kromat** lead chromate **kurşun levha** sheet lead **kurşun örtü** lead coating **kurşun tel** lead wire **kurşun tozu** black lead **kurşun tuncu** leaded bronze **kurşuna dizmek** to execute by shooting
kurşunboyası *a.* massicot
kurşuni *s.* leaden, dull grey
kurşunkalem *a.* lead pencil
kurşunlamak *e.* to cover with lead; to shoot
kurşunlu *s.* leaded, containing lead; lead-covered **kurşunlu akümülatör** lead accumulator
kurşunsuz *s.* without lead **kurşunsuz benzin** lead-free petrol *İİ.*, unleaded gas *Aİ.*
kurt *a.* wolf; worm, maggot; shrewd per-

son, old hand *kurt adam* werewolf *kurt dişli testere* gullet saw *kurt dişlisi* starting jaw *kurt dökmek* to pass a worm *kurt gibi acıkmak* to starve *kon.* *kurt gibi aç* ravenous, peckish *kurt gibi yemek* to wolf *kon.* *kurt köpeği* wolf dog, wolfhound *kurt yeniği* (kereste) worm hole *kurtlarını dökmek* to have one's fling

kurtağzı *a, inş.* dovetail; *den.* fairlead *kurtağzı cıvata* expansion bolt *kurtağzı geçme* hook-and-but joint

kurtarıcı *a.* saviour, savior *Aİ.*; breakdown lorry

kurtarma *a.* rescue, recovery, deliverance *kurtarma aracı* salvage crane *kurtarma dosyası* recovery file *kurtarma dökümü* rescue dump *kurtarma hatası* recovery error *kurtarma helikopteri* rescue helicopter *kurtarma kamyonu* salvage lorry *kurtarma kapsülü* rescue capsule *kurtarma kütüğü* recovery file *kurtarma tekniği* recovery technique *kurtarma vinci* salvage crane *kurtarma yordamı* recovery routine

kurtarmak *e.* to save; to rescue, to deliver; to redeem (sth pawned); to bring sb through; to get sb off; *kon.* (fiyat) to be acceptable

kurtayağı *a.* clubmoss

kurtbağrı *a, bitk.* ligustrum

kurtbilim *a.* helminthology

kurtboğan *a, bitk.* monkshood

kurtçuk *a, hayb.* larva, grub, maggot

kurtçul *s.* larvivorous

kurtlanma *a.* helminthiasis, myiasis

kurtlanmak *e.* to get wormy; *mec.* to become impatient, to fidget

kurtlu *s.* wormy; *mec.* fidgety

kurtluca *a. bitk.* germander

kurtmantarı *a. bitk.* puffball

kurtmantarı *a, bitk.* puffball

kurtmasalı *a. kon.* false excuses, lies

kurtpençesi *a. bitk.* bistort, snakeweed, tormentil

kurtsineği *a.* bluebottle

kurtulma *a.* escaping, being rescued, deliverance

kurtulmak *e.* to be rescued, to be saved; to escape; to get rid of sb/sth, to dispose of sb/sth, to elude; to dodge *kon.*; (bir cezadan) to get off (with sth); to recover; to be finished

kurtulmalık *a.* ransom

kurtuluş *a.* liberation; escape; salvation; deliverance

kuru *s.* dry; dried; arid; (bitki) dead, withered; skinny, thin; bare, unfurnished; empty, vain *kuru ağırlık* dry weight *kuru apreleme* dry finishing *kuru arazi* terra firma *kuru basınçölçer* aneroid barometer *kuru batarya* dry battery *kuru buhar* dry steam *kuru buz* dry ice *kuru çekme* dry drawing *kuru çürüklük* dry rot *kuru damıtma* dry distillation *kuru debriyaj* dry clutch *kuru doğrultmaç* dry rectifier *kuru döküm kumu* dry sand *kuru erik* prune *kuru fasulye* haricot bean *kuru galvanizleme* dry galvanizing *kuru gaz* dry gas *kuru gürültü* a) much ado about nothing b) bluster, empty talk, nonsense *kuru hava* dry air *kuru havuz* dry dock *kuru iftira* sheer calumny *kuru işleme* dry process *kuru işletim* dry run *kuru kalabalık* useless crowd *kuru kalıplama* dry-press *kuru karter* dry sump *kuru kavrama* dry clutch *kuru kavşak* dry joint *kuru kırma* dry crushing *kuru kuyu* dry well *kuru küspe* dried pulp *kuru madde* dry matter *kuru meyve* dried fruit *kuru ot* fodder, hay *kuru öksürük* dry cough *kuru ölçek* dry measure *kuru pancar* dried sugar beet *kuru pil* dry cell *kuru pus* haze *kuru pusula* dry compass *kuru redresör* dry rectifier, metal rectifier *kuru soğuk* dry cold, black frost *kuru sürtünme* dry friction *kuru tarım* dry farming *kuru taşlama* dry grinding *kuru tehdit* sheer brutality, brutish threat *kuru temizleme dükkânı* dry cleaner's *kuru temizleme yapmak* to dry-clean *kuru temizleme* dry cleaning *kuru temizleyici* dry cleaner's *kuru temizleyiciye vermek* to have sth drycleaned *kuru termometre* dry thermometer *kuru üzüm* raisin *kuru vadi* dry valley *kuru vejetasyon* dried vegetation *kuru yem* dry fodder *kuru yemiş* bkz. kuruyemiş *kuru yemiş* dried fruit *kuru ziraat* dry farming

kurucu *s.* founding, establishing; constituent ¤ *a.* founder, promoter; organizer *kurucu meclis* constituent assembly

kurucu üye charter member
kurukafa *a.* skull
kurukahve *a.* roasted and ground coffee
kurukahveci *a.* coffee store
kuruköprü *a.* viaduct
kurul *a.* committee, commission, board, corps **kurul üyesi** councillor, counselor
kurulama *a.* drying **kurulama bezi** tea towel, tea cloth, dish towel
kurulamak *e.* to dry
kurulanmak *e.* to be dried; to dry oneself
kurulmak *e.* to be founded, to be established; (saat) to be wound; (masa) to be set; to settle down, to set oneself, to ensconce oneself (in sth); to posture, to swagger
kurultay *a.* general assembly, council, congress
kurulu *s.* established, set up; (saat) wound up; (silah) ready to fire
kuruluk *a.* dryness
kuruluş *a.* foundation, establishment, formation; institution, organization, enterprise; *dilb.* construction **kuruluş planlaması** installation planning **kuruluş süresi** installation time **kuruluş testi** installation testing **kurum kurum kurulmak** to be stuck-up **kurum satmak** to put on airs, to swagger, to swank, to show off **kurum tutucu** *tek.* soot catcher, soot arrester
kurum[1] *a.* association, society, institution, council; establishment, corporation
kurum[2] *a.* soot
kurum[3] *a.* pose, conceit, self-importance, arrogance
kuruma *a.* drying **kuruma hızı** rate of drying
kurumak *e.* to dry; (akarsu, kuyu, vb.) to dry up, to run dry; (bitki) to wither; (insan) to become thin and weak
kurumlanmak[1] *e.* to put on airs, to swagger, to swank, to cock up the nose
kurumlanmak[2] *e.* to get sooty, to smut
kurumlaşmak *e.* to become an association, to turn into an institution
kurumlaştırma *a.* institutionalization
kurumlaştırmak *e.* to institutionalize
kurumlu[1] *s.* sooty
kurumlu[2] *s.* conceited, self-important
kurumsal *s.* institutional
kurunmak *e.* to dry oneself
kuruntu *a.* illusion, strange fancy, apprehension, imagination *kon.* * evham, vesvese **kuruntu etmek** to be apprehensive
kuruntucu *s.* apprehensive, suspicious * işkilli, müvesvis
kuruntulu *s.* full of imaginary fears, neurotic
kurusıkı *a.* bluff; *ask.* blank cartridge **kurusıkı fişek** blank cartridge
kuruş *a.* piastre, piaster, kurus
kuruşlandırmak *e.* to give a breakdown of an account
kuruşluk *s.* worth (...) piastres, for (...) piastres
kurut *a.* dried milk/whey
kurutaç *a. kim.* desiccator
kurutarım *a, trm.* dry farming
kurutma *a.* drying, desiccation, seasoning **kurutma alanı** drainage area **kurutma aygıtı** drying apparatus, desiccator **kurutma birimi** drying unit **kurutma çardağı** hake **kurutma dolabı** drying chamber **kurutma donanımı** drying equipment **kurutma fırını** drying stove **kurutma hızı** drying rate **kurutma kâğıdı** blotting paper **kurutma kâğıdıyla temizlemek** to blot **kurutma kulesi** drying tower **kurutma maddesi** drying agent, dehydrating agent **kurutma makinesi** dryer, drying machine **kurutma odası** drying chamber **kurutma rafı** drying rack **kurutma silindiri** drying cylinder **kurutma tamburu** drying cylinder **kurutma tesisi** drying plant, drying installation
kurutmaç *a.* blotting paper
kurutmak *e.* to dry; to drain; to wither; to desiccate, to dehumidify
kurutucu *s.* drying ¤ *a.* dryer, drier **kurutucu madde** dehumidifier, desiccant
kuruyemiş *a.* dried fruit/nuts
kuruyemişçi *a.* seller of dried fruit and nuts
kurye *a.* courier
kuskun *a.* crupper-strap (of a saddle)
kuskunsuz *s.* crupperless; neglected, messy-looking
kuskus *a.* couscous
kusma *a.* vomiting, vomitus, desorption, emesis
kusmak *e.* to vomit, to throw sth up, to bring sth up, to be sick, to spew *kon.*, to

puke *arg.*
kusmuk *a.* vomit, puke *arg.*
kusturmak *e.* to cause to vomit
kusturucu *a, s.* emetic
kusuntu *a.* vomited matter
kusur *a.* fault, defect, flaw, failing, blemish, offence, offense *Aİ.*; deficiency, imperfection; disadvantage **kusur bulmak** to find fault (with), to pick holes in sth, to criticize **kusur etmek** to be at fault **kusur yakma** *tek.* scarfing **Kusura bakma(yın)** I beg your pardon!, Excuse me! **kusura bakmamak** to overlook, to excuse **kusuruna bakmamak** to excuse
kusurlu *s.* faulty, defective, imperfect **kusurlu oranı** fraction defective
kusursuz *s.* faultless, flawless, impeccable, blameless, perfect, stainless, irreproachable, excellent * mükemmel **kusursuz kereste** clear lumber
kusursuzluk *a.* faultlessness, impeccability, perfection
kuş *a.* bird; *kon.* inexperienced person, callow guy **kuş beslemek** to breed birds **kuş beyinli** birdbrained *hkr.*, harebrained, stupid **kuş kafesi** bird cage **kuş misali** like a bird **kuş tutmak** to catch birds, to hunt birds **kuş uçmaz kervan geçmez** out-of-the way, desolate **kuş uçurtmamak** to keep a sharp lookout **kuş yavrusu** young bird, fledgling, fledgeling **kuş yumurtası** bird's egg **kuş yuvası** bird's nest **kuşa benzetmek** to spoil sth while trying to improve, to change into worse **kuşu ötmek** *arg.* to get a hard-on
kuşak *a.* belt, sash, girdle; diagonal beam, brace; *sin.* band, track; *coğ.* zone; generation * nesil **kuşak farkı** generation gap **kuşak numarası** generation number **kuşakla bağlamak** to belt **kuşaktan kuşağa devretmek** to hand down
kuşaklama *a.* brace ¤ *s.* diagonal **kuşaklama dreni** intercepting drain
kuşaklamak *e.* to brace, to support
kuşaktaş *s.* of one's generation
kuşaktaşlık *a.* being of the same generation
kuşam *a.* dress, apparel
kuşanmak *e.* to gird on, to put on, to dress

kuşantı *a.* dress, apparel, garment
kuşatma *a.* surrounding; siege **kuşatma altına almak** to lay siege to
kuşatmak *e.* to surround, to enclose, to encircle, to close in (on sb/sth); *ask.* to besiege
kuşbakışı *a.* bird's-eye view, top view
kuşbaşı *s.* in small pieces ¤ *a.* small pieces of casseroled meat **kuşbaşı kar** flake, snowflake
kuşbaz *a.* raiser/trainer of birds
kuşbilim *a.* ornithology * ornitoloji
kuşbilimci *a.* ornithologist
kuşbilimsel *s.* ornithological
kuşburnu *a, bitk.* dog rose
kuşçu *a.* bird fancier, bird catcher, dealer in birds
kuşçuluk *a.* raising/selling birds
kuşdili *a. bitk.* rosemary
kuşe (kâğıdı) *a.* glossy paper * kaymak-kâğıdı
kuşekmeği *a.* mallow
kuşet *a.* berth, bunk, couchette
kuşgömü *a.* fillet of mutton as bacon
kuşhane *a.* aviary; small saucepan
kuşkirazı *a.* bird cherry * ılgıncar, gelin-feneri
kuşkonmaz *a.* asparagus **kuşkonmaz filizi** asparagus spear
kuşku *a.* suspicion, doubt, misgiving *res.* * şüphe **kuşku dolu** suspicious **kuşku duymak** to suspect **kuşku götürmez** undoubted **kuşku uyandırmak** to arrouse suspicion **kuşkuyla bakmak** to discredit
kuşkucu *a.* sceptic, skeptic *Aİ.* * septik
kuşkuculuk *a, fel.* scepticism, skepticism *Aİ.* * şüphecilik, septisizm
kuşkulandırmak *e.* to make suspicious * şüphelendirmek
kuşkulanmak *e.* to suspect, to doubt, to question, to query, to smell a rat *kon.*
kuşkulu *s.* suspicious, doubtful, questionable, dubious, debatable, incredulous
kuşkululuk *a.* suspiciousness
kuşkusuz *s.* unsuspecting, trustful, secure ¤ *be.* of course, certainly, surely, no doubt, doubtless
kuşkusuzluk *a.* lack of suspicion
kuşlak *a.* district abounding in birds
kuşlamak *e.* to bone
kuşlokumu *a.* a kind of sweetish cake
kuşluk *a.* mid-morning, late morning

kuşmar *a.* bird trap
kuşotu *a. bitk.* common chickweed
kuşpalazı *a, hek.* diphtheria
kuşsütü *a.* any nonexistent thing **kuşsütü ile beslemek** to cherish, to pamper
kuştüyü *a.* feather, down, plume **kuştüyü geçmez** down resistant **kuştüyü yatak** bed of down **kuştüyü yorgan** eiderdown
kuşüzümü *a, bitk.* currant, blackcurrant
kuşyemi *a.* canary grass
kut *a.* happiness * mutluluk
kutan *a.* large plough
kutlama *a.* celebration; congratulation
kutlamak *e.* to celebrate; to congratulate **Kutlarım!** Congratulations!
kutlu *s.* lucky, blessed
kutlulamak *e.* to congratulate; to celebrate
kutluluk *a.* auspiciousness, luck
kutsal *s.* holy, sacred, blessed, celestial, divine **Kutsal Kitap** the Bible **Kutsal Ruh** Holy Ghost, Holy Spirit **Kutsal Toprak** the Holy Land **kutsal yer** sanctuary, sanctum
kutsallaşmak *e.* to become holy
kutsallaştırmak *e.* to sanctify
kutsallık *a.* holiness, sanctity
kutsama *a.* blessing, sanctification, benediction
kutsamak *e.* to bless, to sanctify, to consecrate, to hallow
kutsi *s.* sacred, holy * kutsal
kutsiyet *a.* holiness * kutsallık
kutsuz *s.* unlucky, inauspicious, unhappy
kutsuzluk *a.* bad luck, inauspiciousness
kuttören *a.* religious ceremony
kutu *a.* box, case, container; casket; chest; tin, can **kutu ekran** box baffle **kutu fırın** box furnace **kutu gibi** small and cosy **kutuya koymak** to box, to casket
kutucu *a.* maker/seller of boxes
kutulamak *e.* to case, to box
kutup *a.* pole ¤ *s.* polar **kutup ayısı** polar bear **kutup bölgesi** polar zone **kutup cephesi** polar front **kutup çarığı** pole shoe **kutup ekseni** polar axis **kutup havası** polar air **kutup ışığı** aurora polaris **kutup ışıkları** polar lights **kutup iklimi** polar climate **kutup kuşağı** frigid zone **kutup uzaklığı** polar distance
kutupaltı *s.* subpolar

kutupayısı *a.* polar bear
kutupengel *a. elek.* depolarizer
kutuplanabilir *s.* polarizable
kutuplanabilirlik *a.* polarizability
kutuplanma *a, fiz.* polarization **kutuplanma düzlemi** plane of polarization
kutuplanmak *e.* to polarize
kutuplaşabilir *s.* polarizable
kutuplaşabilirlik *a.* polarizability
kutuplaşma *a.* polarity
kutuplaşmak *e.* to polarize
kutuplaştırmak *e.* to polarize
kutupmartısı *a.* puffin
kutupölçer *a.* polarimeter
kutupölçüm *a.* polarimetry
kutupölçümsel *s.* polarimetric
kutupsal *s.* polar **kutupsal açı** polar angle **kutupsal bağ** polar bond **kutupsal eğri** polar curve **kutupsal koordinatlar** polar coordinates
kutupsuz *s.* nonpolar
kutupsuzlaştırma *a.* depolarization
kutupsuzlaştırmak *e.* to depolarize
kutuptilkisi *a. hayb.* arctic fox, white fox
Kutupyıldızı *a.* pole star
kutur *a.* diameter; bore * çap
kuvantum *a.* quantum **kuvantum elektrodinamiği** quantum electrodynamics **kuvantum elektroniği** quantum electronics **kuvantum fiziği** quantum physics **kuvantum geçişi** quantum transition **kuvantum hali** quantum state **kuvantum istatistiği** quantum statistics **kuvantum kimyası** quantum chemistry **kuvantum mekaniği** quantum mechanics **kuvantum sayısı** quantum number **kuvantum sınırı** quantum limit **kuvantum teorisi** quantum theory
kuvantumlama *a.* quantization
kuvars *a.* quartz **kuvars camı** quartz glass **kuvars filtre** quartz filter **kuvars kama** quartz wedge **kuvars kristali** quartz crystal **kuvars lambası** quartz lamp **kuvars lifi** quartz fibre **kuvars osilatörü** quartz oscillator **kuvars termometresi** quartz thermometer **kuvars tozu** quartz powder
kuvarsit *a.* quartzite
kuvarslı *s.* quartzic, quartziferous, quartzy
kuvertür *a.* bedspread
Kuveyt *a.* Kuwait ¤ *s.* Kuwaiti
Kuveytli *a, s.* Kuwaiti

kuvöz *a.* incubator

kuvve *a, esk.* intention; force, power; faculty **kuvveden fiile çıkarmak** to put into execution

kuvvet *a.* strength, power, might * güç; *mat.* power **kuvvet almak** to take courage **kuvvet çizgisi** line of force **kuvvet ekseni** radical axis **kuvvet gösterisi** show of strength **kuvvet katsayısı** force constant **kuvvet komutanları** commanders-in-chief of armed forces **kuvvet kullanmak** to use forcible means **kuvvet momenti** moment of force **kuvvet politikası** power politics **kuvvet serisi** power series **kuvvet zamanı** power stroke **kuvvete başvurmak** to resort to force **kuvveti tükenmek** to be done up **kuvvetini toplamak** to muster one's forces **kuvvetler çokgeni** polygon of forces **kuvvetler dengesi** equilibrium of forces **kuvvetler ölçeği** scale of forces **kuvvetler poligonu** polygon of forces **kuvvetler üçgeni** triangle of forces **kuvvetten düşmek** to lose strength

kuvvetle *be.* by force

kuvvetlendirici *s.* strengthening * güçlendirici

kuvvetlendirmek *e.* to strengthen, to fortify, to brace * güçlendirmek

kuvvetlenmek *e.* to gain strength, to strengthen * güçlenmek

kuvvetli *s.* strong, powerful, mighty, forceful, potent * güçlü

kuvvetölçer *a.* dynamometer

kuvvetsiz *s.* powerless, weak, feeble, languid * güçsüz

kuvvetsizlik *s.* weakness, feebleness * güçsüzlük

kuyruk *a.* tail; queue, file; *kon.* follower, shadow; (giysi) train **kuyruğa girmek** to join the queue, to queue **kuyruğu ağır** tail-heavy, stern heavy **kuyruğu hafif** stern light **kuyruğu kapana kısılmak** to have one's back against the wall **kuyruğu titretmek** to peg out *kon.*, to kick the bucket *arg.* **kuyruğuna basmak** to provoke **kuyruğuna teneke bağlamak** to make a laughingstock of sb **kuyruğunu kısmak** to catch sb by the tail **kuyruk acısı** rancour, grudge **kuyruk acısını çıkarmak** to square accounts (with) **kuyruk ayarı** rigging

kuyruk disiplini queue discipline **kuyruk halatı** tail rope **kuyruk kızağı** tail skid **kuyruk lambası** taillight **kuyruk mahmuzu** tail skid **kuyruk olmak** to queue up **kuyruk oluşturmak** to queue **kuyruk paraşütü** tail parachute **kuyruk pervanesi** tail rotor **kuyruk rüzgârı** tail wind **kuyruk sallamak** a) to wag the tail b) to play up to, to cringe **kuyruk stabilizörü** tail fin **kuyruk şaftı** tail shaft, shell bossing **kuyruk takımı** tail assembly, tail unit **kuyruk tekerleği** tail wheel **kuyruk ucu** trailing end **kuyruk virili** tail spin **kuyruk yüzeyi** tail surface, tailplane **kuyrukta beklemek** to stand in a queue **kuyruktakilerin önüne geçmek** to jump the queue **kuyruktan dolma** breech-loading **kuyruktan dolma top** breech-loader

kuyrukkakan *a. hayb.* wheatear

kuyrukkemiği *a.* coccyx

kuyruklu *s.* having a tail **kuyruklu piyano** grand piano, grand **kuyruklu yalan** whopper *kon.*

kuyrukluyıldız *a.* comet **kuyrukluyıldız saçı** coma

kuyruksallayan *a, hayb.* wagtail

kuyruksokumu *a, anat.* sacrum

kuyruksuz *s.* tailless, without a tail **kuyruksuz uçak** tailless plane

kuyrukyağı *a.* cooking fat obtained from the tail of a sheep

kuytu *s.* snug, cosy, out-of-the-way ¤ *a.* nook

kuyu *a.* well; oil well, well; shaft **kuyu açma** shaft sinking **kuyu açmak** to dig a well, to dig a pit **kuyu başı** pit top **kuyu dibi** pit bottom **kuyu drenajı** vertical drainage **kuyu fırın** pit furnace **kuyu kablosu** shaft cable **kuyu kafesi** pit cage **kuyu kazmak** to sink a well **kuyu kulesi** gallows frame, hoist frame **kuyu topuğu** shaft pillar **kuyu yakası** shaft collar **kuyusunu kazmak** to dig a pit for sb

kuyucu *a.* well sinker, well digger

kuyum *a. esk.* jewelry

kuyumcu *a.* jeweller, jeweler *Aİ.*, goldsmith **kuyumcu dükkânı** jeweller's shop **kuyumcu tartısı** troy weight

kuyumculuk *a.* jewellery

kuz *a.* shady side of a place

kuzen *a.* (male) cousin
kuzey *a.* north ¤ *s.* northern *Kuzey Buz Denizi* Arctic Ocean *Kuzey Denizi* the North Sea *kuzey fecri gökb.* aurora borealis *Kuzey Irlanda* Northern Ireland *kuzey ışığı gökb.* aurora borealis *Kuzey Kutbu* the North Pole *Kuzey Kutbu dairesi* Arctic Circle *Kuzey Kutup Bölgesi* Arctic *kuzey kutbu* the North Pole *kuzey noktası* north point *Kuzey Yarıküre* the Northern Hemisphere *kuzey yarımküre* northern hemisphere
kuzeybatı *a.* northwest *kuzeybatı rüzgârı* northwester
kuzeydoğu *a.* northeast *kuzeydoğu rüzgârı* northeaster
kuzeyli *a.* northerner
kuzgun *a, hayb.* raven *Kuzguna yavrusu şahin görünür* All his geese are swans
kuzgunayağı *a. bitk.* plantain
kuzguncuk *a.* grilled window in the door of a prison cell
kuzguni *s.* pitch dark
kuzgunkılıcı *a, bitk.* gladiolus * glayöl
kuzgunotu *a. bitk.* brake
kuzin *a.* (female) cousin
kuzine *a.* kitchen stove; Dutch oven
kuzu *a.* lamb *kuzu çevirmek* to broil lamb on a spit *kuzu derisi* lambskin *kuzu dolması* stuffed and roasted lamb *kuzu eti* lamb *kuzu gibi* as meek as a lamb *kuzu kesilmek* to become as gentle as a lamb *kuzu kuzu* without any objections, submissively *kuzu pirzolası* lamb chop *kuzu sarması* lamb chitterlings *kuzu yünü* lamb's wool
kuzucuk *a.* little lamb
kuzudişi *a.* baby tooth, milk tooth * sütdişi
kuzugöbeği *a. bitk.* agaric
kuzukestanesi *a.* small chestnut
kuzukulağı *a, bitk.* sorrel *kuzukulağı asidi* oxalic acid
kuzulamak *e.* to lamb
kuzulaşmak *e.* to become as gentle as a lamb
kuzulu *s.* pregnant (ewe); having a lamb
kuzuluk *a.* lamb fold; *kon.* docility, gentleness
kuzumantarı *a.* morel
kuzusarmaşığı *a. bitk.* field bindweed, wild morning glory
Küba *a.* Cuba *Küba maunu* Cuban ma-

hogany *Küba şekeri* Cuban sugar
kübabe *a, bitk.* cubeb
Kübalı *a, s.* Cuban
kübik *s.* cubic *kübik denklem* cubic equation *kübik sistem* cubic system
kübiklik *a.* cubicity
kübist *a, s.* cubist
kübizm *a.* cubism
küçücük *s.* tiny, teeny weeny, wee, minute, minuscule
küçük *s.* little; small; young, little; petty, insignificant, piddling *hkr.* ¤ *a.* child, kid *küçük ad* first name *küçük aptes* urination *küçük burjuvazi* petit bourgeoisie *küçük çapta* on a small scale *küçük dağları ben yarattım demek* to suffer from a swollen head *küçük dilini yutmak* to be dumbfounded *küçük düşmek* to look small, to feel small, to lose face *küçük düşürmek* a) to humiliate, to abase, to mortify, to degrade, to put sb down *kon.* b) to abase oneself *küçük düşürücü* humiliating *küçük eksen* minor axis *küçük evren* microcosm *küçük gezegen* minor planet, planetoid *küçük görme* disdain, belittling *küçük görmek* to disdain, to belittle *küçük göstermek* to look younger (than one is) *küçük harf* lower case, minuscule *küçük hindistancevizi* nutmeg *küçük ilanlar* classified advertisements, classified ads, want ads *AÎ.* *küçük olmak* to be under age *küçük önerme* minor premise *küçük parmak* little finger/toe *küçük su dökmek* to urinate, to make water *küçük şalgam* rape
Küçükayı *a, gökb.* Ursa Minor, the Little Bear
küçükbaş *a.* generic term for sheep and goats
küçükdil *a, anat.* uvula *küçükdilini yutmak* to fall of one's chair
küçükhindistancevizi *a.* nutmeg
küçüklemek *e.* to humiliate (sb)
küçükleşmek *e.* to grow smaller
küçüklü büyüklü *s.* of all sizes; of all ages
küçüklük *a.* smallness, littleness; childhood; pettiness, indignity, meanness
küçükşalgam *a. bitk.* rape
küçülme *a.* contraction; abasing oneself
küçülmek *e.* to become small, to dwindle;

to shrink, to contract; to abase oneself, to be humiliated

küçülmez *s.* shrinkproof

küçültme *a.* diminishing; humiliation; deprecation **küçültme eki** diminutive suffix

küçültmek *e.* to make small, to shrink, to contract, to diminish; to humiliate, to disgrace, to degrade, to lower

küçültücü *s.* derogatory, humiliating

küçümen *s.* rather small, very litıle, pee-wee

küçümseme *a.* contempt, despising

küçümsemek *e.* to despise, to belittle, to scorn, to underrate, to minimize, to disparage, to snub, to look down on sb/sth, to look down one's nose at *kon.* *küçümseyen* contemptuous, snooty *kon./hkr.*

küçürek *s.* rather small

küf *a.* mould, mold *Aİ.*, mildew **küf bağlamak** to become mouldy **küf kokulu** fusty *hkr.* **küf tutmak** to become mouldy

küfe *a.* large basket, pannier; *arg.* buttocks, arse, ass *Aİ.*

küfeci *a.* maker or seller of panniers; porter

küfelik *s.* basketful; *arg.* dead-drunk, paralytic *İİ./kon.*, stoned *arg.* **küfelik olmak** to be blind drunk, to get paralytic *İİ./kon.*, to be as pissed as a newt

küffar *a.* heathen

küflendirmek *e.* to cause to be mouldy, to mildew

küflenmek *e.* to mildew, to get mouldy; to become fusty, to get mouldy

küflenmezlik *a.* mildewproofing **küflenmezlik apresi** mildewproofing finish

küflü *s.* mouldy, moldy *Aİ.*, mildewed, musty; mouldy, moldy *Aİ.*, fusty *hkr.*, old-fashioned

küflüce *a.* mycosis; fungus disease

küflülük *a.* mouldiness

küfran *a.* *esk.* ungratefulness

küfretmek *e.* to swear, to curse; *din.* to blaspheme

küfür *a.* swearword, abuse, oath, curse, strong language *ört.*; *din.* blasphemy, impiety, sacrilege **küfür etmek** to abuse, to curse **küfür savurmak** to revile **küfürü basmak** to swear, to hurl abuse at sb

küfür küfür *be.* pleasantly and coolly

küfürbaz *s.* foul-mouthed, abusive

küfürbazlık *a.* being foul-mouthed, abusiveness

küfürlü *s.* scurrilous, foul

küfüv *a.* equal

küheylan *a.* purebred Arab horse

kükre *a.* enraged, mad, aggressive (animal)

kükremek *e.* to roar

kükürt *a,* *kim.* sulphur *İİ.*, sulfur *Aİ.* *kükürdünü gidermek* to desulphurize *kükürt bakterileri* sulphur bacteria *kükürt dioksit* sulphur dioxide *kükürt lekesi* sulfur stain *kükürt oksit* sulphur oxide *kükürt siyahı* sulphur black *kükürtle sertleştirmek* to vulcanize

kükürtatar *a.* *yerb.* solfatara

kükürtçiçeği *a.* flowers of sulphur

kükürtleme *a.* sulfuration, sulfurization, vulcanization

kükürtlemek *e.* to sulphur, to sulphurize

kükürtlü *s.* sulphurous, sulfurous *Aİ.*

kükürtsüzleştirme *a.* desulfurization

kükürtsüzleştirmek *e.* to desulfurize

kül *a.* ash, cinders **kül etmek** to ruin, to destroy, to consume **kül olmak** to be reduced to ash **kül tablası** ashtray **kül tenekesi** ash bin **kül vinci** ash hoist **kül yutmak** *arg.* to be sucked, to be duped **kül yutmamak** to be no flies on sb **kül yutmaz** hard-boiled

külah *a.* conical hat; cone-shaped container; (dondurma) cornet *İİ.*; *mec., kon.* trick **külah giydirmek** to play a dirty trick on **külah sallamak** to flatter, to toady **Külahıma anlat** Tell me another **külahını havaya atmak** to be beside oneself with joy **külahları değişmek** to fall out with

külahçı *a.* maker/seller of conical hats; maker/seller of cornets

külahlı *s.* cucullate(d)

külbastı *a.* grilled cutlet

külbütör *a.* rocker arm, rocker

külçe *a.* ingot, bullion, nugget; pile, heap **külçe demir** ingot iron

külçelemek *e.* to sinter

külçeleşmek *e.* to harden in a lump

küldösak *a.* dead end

külek *a.* wooden pail, wooden bucket

külfet *a.* trouble, bother, fatigue; great expense

külfetli s. burdensome

külfetsiz s. easy, untroublesome

külhan a. furnace **külhan kapağı** furnace door

külhanbeyi a. tough kon., toughie kon., rough kon., hoodlum, hooligan

külhancı a. stoker (of a Turkish bath)

külhani a. tough, hoodlum; urchin, little rascal

Külkedisi a. Cinderella

külkedisi s, mec. bone-idle hkr., slothful res.

külleme a. covering with ashes; vine mildew, oidium

küllemek e. to cover with ashes; to damp the fire down

küllenmek e. to be covered with ashes; to die down; to fade away

külli s. total, universal; abundant

külliyat a. complete works, the entire corpus (of sb)

külliye a. complex of buildings adjacent to a mosque

külliyen be. entirely, totally * tamamen

külliyet a. totality, entirety; abundance

külliyetli s. abundant, plentiful

küllü s. ashy

küllük a. ashtray; ash heap, ash pile; ash can, ashpan

külot a. (erkek) underpants, pants İl., briefs; (kadın) knickers, pants İl., panties kon.

külotlu s. having/wearing underpants; having/wearing knickers **külotlu çorap** tights, panty-hose

külrengi s, a. grey, gray Al. * gri

külsüz s. ashless

kült a. cult

külte a. ingot; yerb. rock

kültivatör a. cultivator

kültive s. cultured, culture

kültür a. culture **kültür bitkisi** crop plant **kültür farkı** culture gap **kültür şoku** culture shock **Kültür ve Turizm Bakanlığı** Ministry of Culture and Tourism **kültür yapmak** to culture

kültürel s. cultural

kültürfizik a. physical-fitness exercises

kültürlü s. cultured, cultivated, literate, well-read

kültürsüz s. uncultured, uneducated, lowbrow hkr.

külünk a. crowbar, pick

külüstür s. dilapidated, shabby, shoddy, ramshackle **külüstür araba** jalopy kon., crate arg./şak., crock İl./kon., banger İl./kon.

küm a. yörs. heap, pile; small sheepfold

kümbet a. vault, cupola, dome

küme a. heap, pile, mass; group; cluster; troop, flock; (bitki, ağaç) clump; (bulut, vb.) bank; sp. league; mat. set **küme düşmek** to be relegated **küme elemanı** element of a set **kümeler kuramı** set theory

kümebulut a. cumulus cloud

kümeç a. biy. colony

kümekent a. conurbation

kümelemek e. to heap, to pile; to group together

kümelendirmek e. to group

kümelenmek e. to be heaped up; to come together in heaps; to cluster

kümeleşim a. hek. agglutination

kümeleşmek e. to form groups

kümeleyici a. classifier

kümen a. cumene

kümes a. poultry-house, coop; kon. hut, hovel hkr. **kümes hayvancılığı** poultry raising **kümes hayvanı** fowl **kümes hayvanları** poultry

kümülatif s. cumulative

kümülonimbüs a. cumulonimbus

kümülostratüs a. cumulostratus

kümültü a. small hut, cabin, log cabin

kümülüs s. cumulus cloud * kümebulut

küncü a. sesame seeds

künde a. fetters, shackles; mec. cheat, trick

küney a. sunny side (of a place)

künk a. clay tile, pipe drain, soil pipe, clay water pipe, cement water pipe

künklü s. having a clay tile **künklü drenaj** tile drain

künye a. personal record; identity disc **künyesi bozuk** disreputable

küp[1] a. large earthenware jar; vat **küp asidi** vat acid **küp baskı** vat printing **küp boyası** vat dye **küp gibi sağır** stone-deaf **küp gibi** very fat, porky kon. **küp yıkamak** arg. to live it up **küpe sıçan düşmek** arg. to get pregnant **küplere binmek** to lose one's temper, to boil over kon., to see red **küpünü doldurmak** to feather one's nest

küp[2] a, mat. cube * mikâp **kübünü almak**

mat. to cube **küp kök** cube root **küp şeker** cube sugar **küp şeker** cube sugar **küpünü bulmak** to cube

küpe *a.* earring

küpeçiçeği *a, bitk.* fuchsia

küpeli *s.* earringed

küpeşte *a, den.* gunwale, railing; *inş.* banister, handrail **küpeşte kapağı** capping

küpleği *a.* eye, handle-hole

küpleme *a.* cubage, cubature, vatting

küplü *s.* furnished with a large earthenware jar; *arg.* cheap bar; *arg.* drunkard, sot

küpür *a.* reduction of print pastes

kür *a.* course of treatment, special treatment, cure

kürar *a.* curare

küraso *a.* curaçao

küratif *s.* curative

kürdan *a.* toothpick **kürdan gibi** skinny

kürdanlık *a.* toothpick holder

küre *a.* globe, sphere, ball **küre kesmesi** spherical sector **küre parçası** spherical segment **küre supap** ball valve

kürecik *a.* globule; corpuscle

kürek *a.* shovel; *den.* oar, paddle; (fırıncı) baker's peel **kürek çekmek** to row, to scull **kürek palası** blade

kürekçi *a.* oarsman, oarswoman, rower **kürekçi rendesi** spokeshave

kürekkemiği *a.* shoulder blade, scapula

kürekli *s.* having a shovel **kürekli yükleyici** shovel loader

küreme *a.* shovelling **küreme makinesi** shovelling machine

küremek *e.* to shovel up

küremsi *s.* spheroidal ¤ *a.* spheroid

küreölçer *a.* spherometer

küresel *s.* spherical, globular **küresel açı** spherical angle **küresel dalga** spherical wave **küresel düzeç** circular lever **küresel grafit** nodular graphite **küresel küme** globular cluster **küresel mafsal** ball joint, globe joint **küresel sapınç** spherical aberration **küresel trigonometri** spherical trigonometry **küresel üçgen** spherical triangle **küresel vana** spherical valve **küresel yüzey** spherical surface

küreselleşme *a.* globalization

küreselleşmek *e.* to spread throughout the world

küret *a.* curette

kürevi *s. esk.* spherical

küri *a.* curie

küriyum *a.* curium

kürk *a, s.* fur **kürk manto** fur coat **kürk taklidi** imitation fur

kürkas *a.* physic nut

kürkçü *a.* furrier **kürkçü dükkânı** furrier's shop

kürkçülük *a.* furriery; business of a furrier

kürklü *s.* furry

kürnemek *e.* to huddle together

kürsör *a, biliş.* cursor

kürsü *a.* podium, rostrum, lectern; *din.* pulpit; professorship chair; (mahkemede) stand **kürsü başkanı** chairman

Kürt *a.* Kurd ¤ *s.* Kurdish

kürtaj *a.* curetting, curettage; abortion

kürtajcı *a.* abortionist

Kürtçe *a, s.* Kurdish

kürtosis *a.* kurtosis

kürtün *a.* snowdrift

kürümek *e.* to shovel

küs küs *be.* angrily, peevishly

küs *s.* angry, cross, offended, peeved

küseğen *s.* easily offended, touchy, peevish

küskü *a.* crowbar

küskün *s.* cross, offended, sulky, sore, resentful

küskünlük *a.* vexation, sulk, resentment

küsküt *a, bitk.* love vine

küskütük *s. kon.* stiff as a board; dead drunk

küsmek *e.* to be offended, to miff, to sulk *hkr.*; (bitki) to become stunted

küspe *a.* pulp, residue; oil cake **küspe çukuru** pulp silo **küspe elavatörü** pulp elevator **küspe kanalı** pulp flume **küspe konveyörü** cossette conveyor **küspe makinesi** pulper **küspe presi** pulp press **küspe silosu** pulp silo **küspe transportörü** cossette conveyor

küstah *s.* impudent, insolent, saucy, cheeky, impertinent, flippant, arrogant, audacious, brazen *hkr.*, brash *hkr.*

küstahça *be.* impudently, insolently, cheekily

küstahlaşmak *e.* to become arrogant

küstahlık *a.* impudence, insolence, cheekiness, cheek, arrogance, audacity, effrontery, sauce *kon.*, brass *kon.* **küstahlık etmek** to act insolently, to be rude to

küstere *a.* carpenter's plane; grindstone

küstümotu *a, bitk.* sensitive plant, mimosa * küseğen

küstürmek *e.* to offend

küsur *a.* fractions; remainder, odd

küsurat *a.* fractions

küsü *a. yörs.* sulk, vexation

küsülü *s. yörs.* offended, sulky, cross

küsüşmek *e.* not to be on speaking terms

küşat *a.* opening

küşne *a.* black vetchling

küt küt *be.* with several knocks **küt küt atmak** to throb, to pound

küt¹ *s.* stubby; blunt, dull

küt² *a.* knock **küt diye** with a thud

kütikül *a.* cuticle

kütin *a.* cutin

kütinleşme *a.* cutinization

kütinleştirme *a.* cutinization

kütle *a.* mass; group, social body **kütle balansı** mass balance **kütle betonu** mass concrete **kütle denkliği** mass balance **kütle eksiği** mass defect **kütle korunum yasası** law of conservation of mass **kütle merkezi** centre of mass, barycenter **kütle noksanı** mass defect **kütle numarası** mass number **kütle numune** bulk sample **kütle örnek** bulk sample **kütle sayısı** mass number **kütle spektrografı** mass spectrograph **kütle spektrometresi** mass spectrometer **kütle spektrometrisi** mass spectrometry **kütle spektrumu** mass spectrum

kütlemek *e.* to bump, to emit a thudding noise

kütleşmek *e.* to become blunt

kütletmek *e.* to let emit a thudding/knocking sound

küttedek *be. kon.* with a thudding/knocking sound

kütük *a.* stump, stub; chump; vine-stock; ledger, register; *biliş.* file * dosya **kütüğe kaydetmek** to enrol in the register **kütük adı** *bkz.* kütükadı **kütük aktarımı** file transfer **kütük aktarma** *biliş.* file transfer **kütük aralığı** file gap **kütük ayırıcı** file separator **kütük bakımı** *biliş.* file maintenance **kütük basımı** file print **kütük boyutu** *biliş.* file size **kütük bölümü** file section **kütük deposu** file store **kütük dönüşümü** *biliş.* file conversion **kütük düzenleme**

biliş. file organisation **kütük erişim yöntemi** *biliş.* file access method **kütük etiketi** *biliş.* file label **kütük gibi** a) greatly swollen b) stubby c) dead drunk **kütük görünümü** *biliş.* file record layout **kütük güncelleştirme** *biliş.* file updating **kütük güvenliği** file security **kütük işareti** file marker **kütük işlekliği** file activity **kütük işleme** *biliş.* file processing **kütük kesimi** file extent **kütük kıskacı** ingot tongs **kütük kilitleme** *biliş.* file locking, locking file **kütük kimlikleme** file identification **kütük koruma** *biliş.* file protection **kütük maskeleme** file mask **kütük numarası** generation number **kütük onarma** file recovery **kütük örgütlemesi** file organization **kütük silme** file purging **kütük sonu** *biliş.* end of file (EOF) **kütük sorgulama** file interrogation **kütük takımı** file set **kütük tanımlaması** file description **kütük tepesi** *biliş.* top of file **kütük uçuculuğu** file volatility **kütük vinci** ingot crane **kütük yapısı** *biliş.* file structure **kütük yedeği** *biliş.* file backup **kütük yöneticisi** file manager **kütük yönetimi** file management

kütükadı *a, biliş.* filename **kütükadı uzantısı** *biliş.* filename extension

kütüklük *a.* cartridge belt

kütüphane *a.* library; bookcase

kütüphaneci *a.* librarian

kütüphanecilik *a.* librarianship; library science

kütür kütür *be.* with a crunching sound ¤ *s.* (meyve) crunchy, crisp, fresh

kütürdemek *e.* to make a crashing sound, to crack

kütürdetmek *e.* to snap, to crunch

kütürtü *a.* crunching sound, crunch

küvet *a.* washbasin, wash-hand-basin, basin, wash-bowl *Aİ.*; (banyoda) bath, bath-tub, tub

küvöz *a, hek.* incubator

L

L, l *a.* the fifteenth letter of the Turkish alphabet

la *a, müz.* la, A **la notası** *müz.* la

labada *a, bitk.* patience dock * efelek
labirent *a.* labyrinth, maze
laborant *a.* laboratory assistant
laborantlık *a.* being a laboratory assistant
laboratuvar *a.* laboratory, lab *kon.*
labrador *a.* labradorite
Labrador *a.* Labrador ¤ *s.* Labradorean
labradorköpeği *a.* Labrador retriever, Labrador
Labradorlu *a, s.* Labradorean
labros *a, hayb.* large wrasse
labunya *a, arg.* queer, fairy, queen, fag
laci *a. kon.* navy (blue)
lacivert *a.* dark blue, navy blue *lacivert taşı* azure, lapis lazuli
laçka *s.* slack *laçka olmak* to slacken, to get slack
laçkalaşmak *e. kon.* to stop working/running properly
laçkalık *a.* backlash
laden *a, bitk.* rockrose *laden reçinesi* labdanum
lades *a.* a bet with the wishbone *lades kemiği* wishbone *lades tutuşmak* to make a bet by pulling a wishbone
ladin *a, bitk.* spruce, spruce tree
ladini *s. esk.* laic, lay, secular
laedri *s. esk.* anonymous, unknown
laf *a.* word, remark; conversation, talk; expression, statement; empty talk *laf aramızda* between you and me *laf atmak* a) to have a chat b) to make a pass at, to put the make on sb, to put the hard word on sb *laf dinlemek* to listen to reason, to listen to advice *laf ebesi bkz.* lafebesi *laf etmek* a) to gossip about (sth) b) to talk (with), to chat (with) *laf işitmek* to be told off *laf kalabalığı* verbiage *laf ola beri gele* stuff and nonsense *laf olsun diye* just for the sake of conversation *laf salatası* double-talk *laf taşımak* to be a talebearer *lafa boğmak* to sidetrack, to turn off *lafa dalmak* to be lost in conversation *lafa girmek* to cut in (on sb/sth), to chip in (with sth) *kon. lafa karışmak* to interrupt, to chime in (with sth) *kon.*, to cut in (on sb/sth), to interpose *lafa tutmak* to buttonhole *lafı ağzına tıkamak* to shut (sb) up *lafı ağzında gevelemek* to beat about the bush *lafı ağzından almak* to take the words out of sb's mouth *lafı çevirmek*

to change the subject *lafı dolandırmak* to hedge, to beat about the bush *lafı fazla uzatmayalım* to put it in a nutshell *lafı gevelemek* to beat about the bush *lafı kıvırmak* to prevaricate *res. Lafı mı olur* Don't mention it *lafına dikkat etmek* to be guarded in what one says *lafını bilmek* to weigh one's words *lafını esirgememek* not to mince matters/one's words *lafını esirgemez* blunt *lafını etmek* to talk about (sth), to mention *lafını kesmek* to break in on sb's conversation *lafını sakınmaz* blunt *Lafla peynir gemisi yürümez* Fine words butter no parsnips *lafta* so-called *gen. hkr.*
lafazan *s.* talkative, chatty
lafazanlık *a.* garrulousness, garrulity, tall talk, bragging
lafçı *a. kon.* talkative, garrulous, chatty
lafçılık *a. kon.* talkativeness, garrulousness, chattiness
lafebesi *s.* chatty
lafız *a.* utterance
laflamak *e.* to chat away, to shoot the breeze *Aİ./kon.*
lagar *s.* lean
lagün *a.* lagoon * denizkulağı
lağım *a.* sewer, drain; *ask.* sap, mine *lağım barutu* blast powder *lağım borusu* sewer pipe, cesspipe *lağım çukuru* cesspit, cesspool *lağım deliği* blast hole *lağım gazı* sewer gas *lağım künkü* sewer pipe *lağım mili* borer *lağım pisliği* sewage *lağım sifonu* drain trap, house trap *lağım sürme* heading *lağım tozu* boring dust *lağım tuğlası* sewer brick
lağımcı *a, ask.* sapper *lağımcı ustası* master borer *lağımcı varyozu* drilling hammer
lağımcılık *a.* work of a sewerman; sapping
lağıv *a.* abolition
lağvetmek *e.* to abolish, to abrogate, to cancel
lağvolmak *e.* to be abolished, to be cancelled
lahana *a, bitk.* cabbage *lahana dolması* stuffed cabbage leaves *lahana turşusu* pickled cabbage
lahika *a.* appendix, addendum
lahit *a.* tomb
lahmacun *a.* pancake with spicy meat

filling **lahmacun pidesi** *arg.* dunderhead

lahos, lagos *a, hayb.* a kind of grouper * kayahanisi

lahuri *a.* Lahore shawl

lahuti *s.* divine, spiritual

lahza *a.* instant

lahzada *be.* in an instant, in the twinkling of an eye

laik *s.* laic, secular, lay

laikleşmek *e.* to be secularized, to be laicized

laikleştirme *a.* secularization, laicizing

laikleştirmek *e.* to secularize, to laicize

laiklik *a.* secularism, laicism

lailaheillallah *ünl.* There is no god but God

lak *a.* lacquer, lac **lak boyası** lac-dye **lak lak etmek** to gabble

laka *a.* lacquer

lakacı *a.* lacquerer

lakap *a.* nickname **lakap takmak** to give a nickname, to nickname

lakaplı *s.* nicknamed

lakaydi *a. esk.* indifference, unconcern

lakayt *s.* indifferent, unconcerned, disinterested *kon.*

lakaytlık *a.* indifference, unconcern

lake *s.* lacquered **lake baskı** lacquer printing

lakerda *a.* salted tunny

lakırdı *a.* word, talk; conversation, talk; nonsense, gossip

lakırdıcı *s.* chatty

lakin *bağ.* but, however * ama, fakat

laklak *a.* clacking noise made by storks; chatter, small talk, chitchat *kon.* **laklak etmek** to chat, to gas (about sth), to banter, to natter *İl./kon.*, to shoot the breeze *Aİ./kon.*

laklaka *a.* clatter, yakking; nonsense, idle talk

laklakıyat *a.* clatter, yakking

lakolit *a, yerb.* laccolith

lakonik *s.* laconic, pithy

lakoz *a. hayb.* large mullet

lakrimal *s.* lachrymal, lacrimal

laksatif *s.* laxative

laktam *a.* lactam

laktasyon *a.* lactation

laktat *a.* lactate

laktaz *a.* lactase

laktik *s.* lactic **laktik asit** lactic acid * süt asidi

laktit *a.* lactide

laktoflavin *a.* lactoflavin, riboflavin

lakton *a.* lactone

laktonik *s.* lactonic

laktonlaşma *a.* lactonization

laktonlaştırma *a.* lactonization

laktonlaştırmak *e.* to lactonize

laktoz *a.* lactose, milk sugar

lal *a.* ruby, carbuncle; red ink

lala *a.* male servant in charge of a boy

lalanga *a.* sweet pastry/omlet

lale *a, bitk.* tulip

laleağacı *a.* tulip poplar

lalelik *a.* tulip garden

lalettayin *s.* whatsoever, any ¤ *be.* at random, indiscriminately

lalezar *a.* tulip bed, tulip garden

lam *a.* microscope slide, slide

lama[1] *a, hayb.* llama

lama[2] *a, din.* Lama, Buddhist monk

lama[3] *a.* metal sheet, plate **lama cıvatası** fish bolt

lamba[1] *a.* lamp; radio tube **lamba duyu** bulb holder, lamp holder **lamba ışığı** lamplight **lamba teli** filament

lamba[2] *a, inş.* rabbet, mortice, mortise **lamba açmak** to gouge **lamba ve zıvana** tongue-and-groove joint

lambalamak *e.* to candle (eggs); to mortise, to rabbet

lambalı *s.* morticed, grooved **lambalı geçme yapmak** to rabbet **lambalı geçme** rabbet

lambalık *a.* lamp stand

lambri *a.* panel, wainscot, dado **lambri kaplamak** to wainscot, to panel

lambrili *s.* paneled, wainscoted

lame *a, teks.* lamé

lamel *a.* (mikroskop) cover glass; *bitk.* lamella ¤ *s.* lamellar **lamel yapı** lamellar structure

lamina *a.* lamina

laminarya *a. bitk.* kelp

laminat *a.* laminate

lamine *s.* laminated **lamine etmek** to laminate

laminer akım *a.* laminar flow

laminer *s.* laminar

lamise *a. esk.* the sense of touch; *hayb.* antenna

lamprofir *a.* lamprophyre

lan *ünl, kab.* bud, man, mate *İl./arg*

buddy *Aİ./kon.*
landon *a.* landau
lanet *a.* curse, imprecation ¤ *s.* cursed, damned, bloody **lanet etmek** to curse, to damn **lanet okumak** to damn **lanet olası** bloody *İİ./arg.* **Lanet olsun** Damn it!, Sod (it)!
lanetlemek *e.* to curse, to damn
lanetli *s.* cursed, damned **lanetli olmak** to be cursed
langbeinit *a.* langbeinite
langır lungur *be. kon.* with a clatter; thoughtlessly, loutishly
langırt *a.* pinball game; table football
langust *a. hayb.* langouste
lanolin *a.* lanolin, lanoline
lanse *s.* launched **lanse etmek** to launch, to introduce
lantan *a.* lanthanum
lantanit *a.* lanthanite
Lao *a, s.* Lao
Laoca *a, s.* Lao
Laos *a.* Laos ¤ *s.* Laotian
Laoslu *a, s.* Laotian
lap *a.* flop, plop
lapa *a.* slop, mash; fill mass, massecuite **lapa arabası** massecuite wagon **lapa lapa** in large flakes **lapa topağı** ball of massecuite
lapacı *s.* languid, flabby
laparoskop *a. hek.* laparoscope
laparoskopi *a. hek.* laparoscopy
lapilli *a, yerb.* lapilli
lapina *a. hayb.* wrasse
Lapon *a, s.* Lapp
Laponca *a, s.* Lapp
Laponya *a.* Lapland
Laponyalı *a.* Laplander
lappadak *be.* with a flop
larenjit *a, hek.* laryngitis
larghetto *be. müz.* larghetto
largo *be. müz.* largo
larinks *a. anat.* larynx
larp diye *be. kon.* suddenly, abruptly
larpadak *be. kon.* suddenly, apruptly
larva *a.* larva, grub * kurtçuk
larvacıl *s. hayb.* larvivorous, larva-eating
lasanya *a, mutf.* lasagna
laser *a, bkz.* lazer
laskine *a. isk.* lansquenet
laso *a.* lasso
lasta *a.* last, a ship's lastage
lasteks *a.* Lastex

lastik *a.* rubber; elastic band, rubber band; *oto.* tyre, tire *Aİ.* **lastiği patlamak** to have a blowout **lastik conta** rubber gasket, rubber joint **lastik çizme** wellington boot, wellington **lastik damga** rubber stamp **lastik eldiven** rubber glove **lastik gibi** *mec.* rubbery **lastik hortum** rubber hose, rubber tube **lastik iplik** rubber thread **lastik kayış** rubber belt **lastik kılıfı** tyre casing **lastik levyesi** tire iron **lastik mühür** rubber stamp **lastik patlağı** blowout **lastik patlaması** *oto.* blowout **lastik pompası** tyre pump, tire pump **lastik salmastra** rubber gasket **lastik sırtı** tread **lastik supabı** tyre valve **lastik tampon** rubber pad **lastik tapa** rubber stopper **lastik tırnağı** tread **lastik tırtılı** tread **lastik yanağı** side wall **lastik zinciri** tyre chain
lastikağacı *a. bitk.* rubber plant
lastikli *s.* made of rubber; elastic, flexible; *kon.* ambiguous, equivocal **lastikli söz** double-entendre
lata *a.* lath, batten, slat
latanya *a. bitk.* Chinese fan palm
lateks *a, bitk.* latex
latent *s. biy.* latent
laterit *a.* laterite
laterna *a, müz.* barrel organ
laternacı *a.* organ grinder
latif *s.* lovely, nice, pleasant, elegant
latife *a.* joke, leg-pul **latife etmek** to joke
latifeci *a.* joker
latilokum *a.* Turkish delight
Latin *a, s.* Latin **Latin alfabesi** Latin alphabet, Roman alphabet **Latin harfleri** Latin characters, Roman characters
Latince *a.* Latin
latinçiçeği *a.* nasturtium
laubali *s.* saucy, pert, familiar (with sb), free *hkr.*, casual *hkr.* **laubali olmak** to be too familiar (with sb)
laubalileşmek *e.* to become saucy, to take liberties with
laubalilik *a.* sauciness, pertness, familiarity, levity *res.*
laurik *s.* lauryl
laurit *a.* laurite
lav *a.* lava **lav akıntısı** lava flow
lava *ünl. den.* pull!, hoist away!
lavabo *a.* washbasin *İİ.*, washbowl *Aİ.* **lavabo musluğu** lavatory faucet

lavabo pompası plunger
lavaj *a.* irrigation *lavaj yapmak* to irrigate
lavanta *a.* lavender water
lavantacı *a.* person who sells dried lavender flowers
lavantaçiçeği *a, bitk.* lavender
lavdanom *a.* laudanum
lave *s.* washed *lave cevher* jigged ore
lavman *a, hek.* enema
lavrensyum *a.* lawrencium
lavsonit *a. yerb.* lawsonite
lavta *a, müz.* lute
lavtacı *a.* lutanist
lavuar *a.* washery
layık *s.* worthy, deserving *layığını bulmak* to get one's deserts *layık olmak* to be worthy of, to deserve, to merit
layıkıyla *be.* properly, duly, deservedly
layiha *a.* explanatory document, project; *huk.* bill
layner *a.* shim
layter *a.* lighter
laytmotif *a.* leitmotiv, leitmotif
Laz *a. s.* Laz
laza *a.* trough for honey
Lazca *a. s.* Laz
lazer *a.* laser *lazer bellek* laser memory *lazer eşiği* laser threshold *lazer ışını* laser beam *lazer yazıcı* laser printer
lazım *s.* necessary, required * gerek, gerekli *lazım olmak* to be necessary, to be required
lazımlık *a.* chamber pot, bedpan
leb *a. esk.* lip; *esk.* brim, edge, border
lebalep *s. esk.* brimful
lebiderya *a.* seashore
leblebi *a.* roasted chickpea
leblebici *a.* maker/seller of roasted chickpeas
leblebicilik *a.* making/selling roasted chickpeas
ledebürit *a.* ledeburite
ledün *a. esk.* consciousness of God
legal *s.* legal
legalleşmek *e.* to become legal/lawful
legato *a. müz.* legato
legorn *a, hayb.* leghorn fowl
legümin *a.* legumin
leğen *a.* bowl, basin; *anat.* pelvis * havsala
leh *a.* benefit *lehimde* in my favour *lehinde* in favour of him/her *lehine* in one's favour

Leh *a.* Pole ¤ *s.* Polish
lehçe *a, dilb.* dialect * diyalekt
Lehçe *a, s.* Polish
lehim *a.* solder *lehim havyası* soldering bolt, copper bit *lehim macunu* soldering paste *lehim suyu* soldering fluid
lehimci *a.* solderer
lehimcilik *a.* soldering
lehimlemek *e.* to solder
lehimli *s.* soldered
lehimsiz *s.* solderless, seamless
Lehistan *a. esk.* Poland
lejant *a.* legend
lejyon *a, trh.* legion
lejyoner *a, trh.* legionary; legionnaire; holder of the legion of honour
leke *a.* stain, spot, speckle, mark, smear, blot; *mec.* smear, blot, blemish, dishonour *leke çıkarıcı* a) stain removing b) stain remover *leke çıkarma* removal of stain *leke çıkarmak* to remove a stain *leke itici* stain-repellent *leke olmak* to become stained *leke sürmek* to besmirch, to taint, to traduce *res. leke yapmak* to stain
lekeci *a.* cleaner of clothes *lekeci kili* fuller's earth
lekecilik *a.* tachism(e)
lekelemek *e.* to stain, to blot, to mar, to smear, to spot, to soil; *mec.* to blemish, to tarnish, to dishonour, to taint
lekelenmek *e.* to stain, to be stained *mec.* to be tainted
lekeli *s.* spotted, stained; dishonoured *lekeli şeker* spot sugar
lekelihumma *a, hek.* typhus, spotted fever * tifüs
leken *a.* snowshoe
lekesiz *s.* stainless, spotless; blameless
leksikograf *a.* lexicographer
leksikografı *a.* lexicography
leksikografi *a.* lexicography
leksikolog *a.* lexicologist
leksikoloji *a.* lexicology
lektör *a.* lecturer
lemming *a, hayb.* lemming
lemniskat *a.* lemniscate
lenduha *s.* cumbersome
lenf *a, biy.* lymph * akkan *lenf boğun* lymph node *lenf damarı* anat. lymph duct *lenf damarları* lymph ducts *le düğümleri* lymph nodes
lenfatik *s.* lymphatic

lenfatizm *a. hek.* lymphatism
lenfoblast *a.* lymphoblast
lenfoma *a.* lymphoma
lenfosit *a. biy.* lymphocyte
lenfositoz *a.* lymphocytosis
lenger *a.* large deep copper dish; *den.* anchor * demir *lenger atmak* to anchor *lenger halkası* anchor ring
lengerli *s. den.* (boat) furnished with an anchor; anchored
lengüist *a.* linguist
lengüistik *s.* linguistics
Leninci *a. s.* Leninist
Lenincilik *a.* Leninism
lens *a.* lens * mercek; contact lens * kontaklens
lente teli *a.* stay wire
lento[1] *be, müz.* lento
lento[2] *a.* lintel * boyunduruk
leopar *a, hayb.* leopard
lepidolit *a.* lepidolite
lepiska *a.* leipzig silk ¤ *s.* (saç) flaxen
lepra *a.* leprosy
lepton *a.* lepton
lesepase *a.* laissez-passer
lesitin *a.* lecithin
lesitinaz *a.* lecithinase
Lesoto *a.* Lesotho
leş *a.* carcass, carrion, stiff *arg. leş gibi* foul-smelling, putrid, stinking *leş gibi kokmak* to stink *kon.*, to reek *leş gibi uyumak* to sleep like a log *kon.*, to sleep like a top *kon. leş gibi serilmek* to lie all sprawled out *leş kokmak* to reek of carrion *leşi çıkmış* dog-tired, dead beat *kon. leşini çıkarmak* to give sb a real going-over *arg. leşini sermek* to bump sb off
leşböceği *a, hayb.* carrion beetle
leşçil *s.* carrion, eating carrion ¤ *a.* scavenger
leşkargası *a.* carrion crow
Let *a.* Lett
letafet *a.* grace
letarji *a, hek.* lethargy
letarjik *s. hek.* lethargic
Leton *a, s.* Latvian
Letonca *a, s.* Latvian, Lettish
Letonya *a.* Latvia
Letonyalı *a. s.* Latvian
Letonyalı *a, s.* Latvian
leva *a.* lev
levandel *a.* lavender

Levanten *a, s.* Levantine
levazım *a.* necessities, materials, supplies *levazım subayı* quartermaster *levent boyama* beam dyeing
levazımatçı *a.* supplier
levent[1] *s.* handsome, tall; fearless, bold, agile
levent[2] *a, teks.* beam
levha *a.* signboard, sign; plate, plaque; tablet, slab *levha kurşun* sheet lead
levhalı *s.* laminated *levhalı konveyör* apron conveyor
levisit *a.* lewisite
levizit *a.* lewisite
levrek *a, hayb.* sea bass, bass
levrekgillerden *a.* percoidean
levülik asit *a.* laevolinici acid
levülin *a.* levulin
levülinik *s.* levulinic
levüloz *a.* laevulose, levulose
levye *a.* lever; crank *levye kolu* lever arm
ley *a.* leu, ley
leydi *a.* lady
leyla *s. arg.* dead drunk, blotto
Leyla *s, arg.* drunken, smashed *arg.*, pissed *İl./arg. Leyla olmak* to be as pissed as a newt
leylak *a, bitk.* lilac *leylak rengi* mauve
leylek *a, hayb.* stork *leylek bacaklı* spindly legged *leylek gibi* lanky
leylekgagası *a.* pantograph
lezar *a.* lizard, lizard leather
lezbiyen *s, a.* lesbian * sevici
lezbiyenizm *a.* lesbianism
lezbiyenlik *a.* lesbianism
leziz *s.* delicious, tasty, scrumptious *kon.*
lezyon *a, hek.* lesion
lezzet *a.* taste, flavour, flavor *Aİ.*, savour, savor *Aİ.*; pleasure, enjoyment, zest *lezzet almak* to find pleasure in *lezzet vermek* to flavour, to flavor *Aİ.*
lezzetlendirmek *e.* to make savoury, to give flavour
lezzetlenmek *e.* to become tasty
lezzetli *s.* delicious, tasty, palatable, dainty
lezzetlilik *a.* savouriness
lezzetsiz *s.* tasteless, insipid *hkr.*
lezzetsizlik *a.* tastelessness, lack of taste
lığ *a.* alluvium, silt * alüvyon
lığlanma *a.* aggradation, alluviation
lığlanmak *e.* to become covered with alluvium

lığlaşma a. alluviation
lığlı s. alluvial
lıkır lıkır be. with a gurgling sound
lıkırdamak e. to gurgle, to bubble
lıkırtı a. gurgle
liberal s. liberal
liberalizm a. liberalism
liberalleşmek e. to become liberal, to liberalize
liberallik a. liberality
libero a. (futbol) sweeper * son adam, serbest adam
Liberya a. Liberia ¤ s. Liberian
Liberyalı a, s. Liberian
libido a. libido
libre a, esk. pound
librelik s. weighing (...) pounds
libretto a. libretto
Libya a. Libya ¤ s. Libyan
Libyalı a, s. Libyan
liçing a. leaching
lider a. leader, head; chieftain
liderlik a. leadership liderlik etmek to lead
lidit a. lyddite
lif a. fibre, fiber Aİ.; loofah, luffa Aİ. lif afinitesi fiber affinity lif demeti fiber bunch, fiber bundle lif kalınlığı fiber thickness lif kökü fiber root lif ucu fiber end lif uzunluğu fiber length lif yapısı fiber structure
lifçik a. fibril
lifleme a. scrubbing with fibres lifleme makinesi scutcher
liflemek e. to scrub with date-palm fibers
liflendirme a. fibrillation
liflenme a. fibrillation
liflenmek e. to fibrillate
lifli s. fibrous lifli turba fibrous peat
lifsiz s. (kas) unstriated
liftin uskuru a. turnbuckle
lig a, sp. league
lignin a. lignin
ligroin a. ligroin
Lihtenştayn a. Liechtenstein
Lihtenştaynlı a. Liechtensteiner
lika a. silk refuse; floss-silk; coating of size
liken a, bitk. lichen
likenbilim a. lichenology
likidasyon a, tic. liquidation * tasfiye
likide etmek e. tic. to liquidate
likidite a. liquidity
likit a, s. liquid

likopen a. lycopene
likorinoz a. smoked mullet, smoked mugil
likör a. liqueur
lila a. lilac
limafasulyesi a. lima bean
liman a. harbour, harbor Aİ., port liman idaresi port authority liman işçisi longshoreman liman kenti coastal town, seaport, port liman resmi keelage liman vinci gantry crane
limanlamak e. to come into harbor; to become calm
limanlık s. calm, smooth
limbo a. a river barge
lime a. strip lime lime ragged, in strips, in tatters lime lime etmek to tear to shreds lime lime olmak to be torn to shreds
limit a. limit
limitet s. limited limitet ortaklık/şirket limited company, limited liability company
limitör a. limiter
limnoloji a. limnology
limon a, bitk. lemon limon asidi citric acid
limonağacı a. bitk. lemon tree
limonata a. lemonade, still lemon drink
limonatacı a. lemonade seller
limonen a. limonene
limoni s. of lemon yellow colour; kon. sour, bad; peevish
limonit a. limonite
limonküfü a. bluish green
limonlu s. containing lemon juice, flavored with lemon juice
limonluk a. greenhouse, hothouse, conservatory; lemon squeezer
limonotu a. citronella (grass)
limontozu, limontuzu a, kon. citric acid * sitrik asit
limontuzu a. citrate
limonyağı a. citronella oil
limuzin a. limousine
linalol a. linalool
linarit a. linarite
linç a. lynching linç etmek to lynch
linden a. lindane
lindera a. spicebush
linear a. linear
lineer s. linear lineer direnç linear resistor lineer doğrultma linear rectification lineer dönüştürücü linear transducer lineer hız linear velocity lineer

hızlandırıcı linear accelerator *lineer motor* linear motor *lineer olmayan* nonlinear *lineer süpürme* linear sweep
lineerlik *a.* linearity
linin *a.* linin
link *a.* trot, trotting, pace
linoksin *a.* linoxyn
linoleik *s.* linoleic
linolyum *a.* linoleum, waxcloth
linotip *a.* linotype
linter makinesi *a.* linter
linters *a, teks.* linters
linyit *a.* lignite
lipari *a.* mackerel with with spotted belly
liparit *a.* liparite
lipaz *a.* lipase
lipit *a.* lipid
lipofil *s.* lipophilic * yağsever
lipoit *a.* lipoid
lipokrom *a.* lipochrome
lipom *a, hek.* lipoma
lipoma *a.* lipoma
lipoprotein *a.* lipoprotein
lipsos *a, balk.* scorpion fish
lir *a, müz.* lyre
lira *a.* lira
liralık *s.* worth (...) liras
liret *a.* lira
lirik *s.* lyrical *lirik şiir* lyric
lirizm *a.* lyricism
lirkuşu *a.* lyrebird
lisa *a.* sheet
lisan *a.* language * dil
lisans *a.* bachelor's degree; licence
lisanslı *s.* licensed; certified
lisansüstü *s.* postgraduate, graduate *Aİ.* *lisansüstü öğrencisi* graduate student
lise *a.* high school *lise mezunu* high-school graduate
liseli *a.* high-school student
lisin *a.* lysine
lisozim *a.* lysozyme
liste *a.* list *liste alanı* list area *liste fiyatı* list price *liste işleme* list processing
listeleme *a.* listing
listelemek *e.* to list *listesini yapmak* to list
litemi *a.* lithemia
literatür *a.* literature
litofasiyez *a.* lithofacies
litografi *a.* lithograph
litografik *s.* lithographic
litografya *a.* lithograph

litografyacı *a.* lithographer
litoloji *a.* lithology
litopon *a.* lithopone
litosfer *a.* lithosphere * taşyuvarı
Litovca *a, s.* Lithuanian
litre *a.* litre *İİ.*, liter *Aİ.*
litrelik *s.* which holds (...) liters
liturji *a.* liturgy
liturjik *s.* liturgical
liturya *a.* liturgy
Litvanya *a.* Lithuania ¤ *s.* Lithuanian
Litvanyaca *a, s.* Lithuanian
Litvanyalı *a, s.* Lithuanian
Litvanyali *a. s.* Lithuanian
lityum *a.* lithium
lityumlu *s.* lithic
liva *a.* flag, ensign; brigade
livar *a.* fishgarth, fish weir, fish pond
liyakat *a.* merit, suitability; capacity, competence *liyakat nişanı* order of merit
liyakatli *s.* capable, efficient
liyakatsiz *s.* incapable, inefficient
liyakatsizlik *a.* incapacity, inefficiency
liyezon *a.* liaison
liyofil *s.* lyophilic * sıvısever *liyofil koloit* lyophilic colloid
liyofilik *s.* lyophilic
liyofob *s.* lyophobic * sıvısevmez *liyofob koloit* lyophobic colloid
liyotropik *s.* lyotropic *liyotropik dizi* lyotropic series
lizimetre *a, trm.* lysimeter
lizol *a.* Lysol
lobelin *a.* lobeline
lobelya *a, bitk.* lobelia
lobi *a.* lobby
lobici *a. pol.* lobbyist, lobbier
loblin *a.* lobeline
lobut *a.* club, cudgel; *sp.* Indian club
loca *a, tiy.* box; Masonic lodge
loça *a.* hawse
loden *a, teks.* loden
lodos *a.* sou'wester, southwester * bozyel, akyel; south
lodosçu *a.* beachcomber
lodoslamak *e.* (rüzgâr) to get to the southwest
lodosluk *a.* side facing the the southwest
logaritma *a, mat.* logarithm, log *kon.* *logaritma tablosu* table of logarithms
logaritmik *s.* logarithmic *logaritmik amplifikatör* logarithmic amplifier *logaritmik azalma* logarithmic decre-

ment *logaritmik boru* logarithmic horn
logaritmik direnç logarithmic resistance *logaritmik transformasyon* logarithmic transformation
logo *a.* logo
logos *a.* logos
loğ *a.* stone roller
loğusa *a.* woman after childbirth
loğusahumması *a. hek.* childbed fever
loğusalık *a.* confinement, childbirth
loğusaotu *a. bitk.* birthwort
lojistik *a, ask.* logistics; symbolic logic
lojman *a.* flat/house (provided to employees/workers)
lok *a.* lock
lokal¹ *s.* local * yerel, mevzii *lokal osilatör* local oscillator *lokal taşıyıcı* local carrier
lokal² *a.* club, clubhouse
lokalizasyon *a.* localization
lokalize *s.* localized *lokalize etmek* to localize
lokanta *a.* restaurant
lokantacı *a.* restaurateur, restauranteur
lokantacılık *a.* keeping a restaurant
lokatif *a.* the locative
lokavt *a.* lockout *lokavt yapmak* to lock out
lokma *a.* bit, morsel, bite *kon.*; *mutf.* doughnut; *anat.* condyl; *tek.* screw die *lokma anahtarı* socket wrench *lokma başlığı* die box
lokmagöz *s.* popeyed, bug-eyed
lokmalı anahtar *a.* box spanner, box wrench
lokmanruhu *a.* ether * eter
lokomobil *a.* locomobile
lokomotif *a.* locomotive, engine *lokomotif çukuru* engine pit *lokomotif kazanı* locomotive boiler *lokomotif mahmuzu* cow catcher
lokum *a.* Turkish delight; *tek.* blasting cartridge *lokum gibi* very sweet, very beautiful
lolipop *a.* lollipop, lolly *kon.*
lolo *a. arg.* stuff and nonsense
lombar *a, den.* port, porthole *lombar ağzı* gangway, hatchway
Lombardiya *a.* Lombardy
lomboz *a, den.* porthole, bull's eye, scuttle *lomboz kapağı* deadlight
lonca *a.* guild * korporasyon
Londra *a.* London

Londralı *a.* cockney
longpley *a.* long-playing record * uzunçalar
lonjeron *a.* longeron
lop¹ *a, anat.* lobe
lop² *s.* soft and round; (yumurta) hard-boiled *lop diye* with a plop *lop et* boneless meat *lop yumurta* hard-boiled egg
lopçuk *a.* lobule
loplu *s.* lobar, lobate, lobular, lobulate
loppadak *be.* with a plop
lopur lopur *be. kon.* greedily, voraciously
lor *a.* goat's milk curd *lor peyniri* goat's cheese
lordoz *e. hek.* lordosis
lorentiyum *a. kim.* lawrencium
lort *a.* lord *Lortlar Kamarası* House of Lords
lortluk *a.* lordship
lostra *a.* shining shoes, shoe shining *lostra salonu* shoeshine parlour
lostracı *a.* shoeshiner
lostromo *a, den.* boatswain, bosun
losyon *a.* lotion
loş *s.* dim, gloomy, dusky, murky
loşlaşmak *e.* to dim, to become dark
loşlaştırmak *e.* to dim, to make dim
loşluk *a.* gloom
lota *a. hayb.* burbot
lotarya *a.* lottery
loto *a.* lotto
lotus *a.* lotus
Lozan *a.* Lausanne
lök *s.* heavy, awkward ¤ *a.* male camel; lute, luting, putty * lökün
lökit *a.* leucite
löko *s.* leuco *löko boya* leuco dye
lökobaz *a.* leuco base
lökoblast *a.* leucoblast, leukoblast
lökokrat *s.* leucocratic
lökoman *a.* leucomaine
lökoplast *a.* leucoplast
lökosit *a.* leucocyte * akyuvar
lökotürev *a.* leuco compound
lökün *a.* lute, luting, putty * lök
lös *a.* loess
lösemi *a.* leukaemia * kan kanseri
lösemili *s. hek.* leukemic
lösin *a.* leucine
lubun *a. arg.* fag, gay
lubun(ya) *a, arg.* queer, fairy, queen, fag
lumbago *a.* lumbago
lunapark *a.* fun fair, amusement park

lup *a.* loop
lupinin *a.* lupinine
lustur *a. arg.* shoeshiner
luteolin *a.* luteolin
luteotropin *a.* luteotropin
lutesyum *a.* cassiopeium
lutr *a. hayb.* otter
Lübnan *a.* Lebanon ¤ *s.* Lebanese
Lübnanlı *a., s.* Lebanese
lübnansediri *a. bitk.* Lebanon cedar
lüfer *a, hayb.* bluefish
lügat *a.* dictionary * sözlük *lügat paralamak* to use a pompous language
lügatçe *a.* glossary
lügatçi *a.* lexicographer
lügatçilik *a.* lexicography
lüks *a.* luxury; *fiz.* lux ¤ *s.* luxurious, de luxe, gracious, posh *kon. lüks içinde yaşamak* to luxuriate *lüks vergisi* luxury tax, tax on luxury expenditures
Lüksemburg *a.* Luxembourg ¤ *s.* Luxembourgian
Lüksemburglu *a.* Luxembourger ¤ *s.* Luxembourgian
Lüksemburglu *a.* Luxembourger
lüksmetre *a.* luxmeter
lüle *a.* (saç) curl, lock, ringlet; fold, roll; pipe bowl; spout; pipe
lüleci *a.* maker of pipe bowls; seller of pipe bowls *lüleci çamuru* pipe clay
lületaşı *a.* meerschaum * denizköpüğü
lümen *a.* lumen
lümensaat *a.* lumen hour
lüminesans *a.* luminescence
lümpen *s.* lumpen *lümpen proletarya* lumpen proletariat *lümpen proleter* lumpen proletarian
lüp *a.* something got without effort/cost, windfall *lüp diye yutmak* to gulp down
lüpçü *a, arg.* operator *lüpe konmak* to get sth without effort/cost
lüpçülük *a. arg.* freeloading
lüpletmek *e, kon.* to gulp down
lüsiferaz *a.* luciferase
lüsiferin *a.* luciferin
lütein *a.* lutein
lüteolin *a.* luteolin(e)
lüteotropin *a.* luteotrophin
Lüterci *a. s.* Lutheran
Lütercilik *a.* Lutheranism, Lutherism
Lüteriyen *a, s.* Lutheran
lütesyum *a.* lutecium
lütfen *be.* please; kindly

lütfetmek *e.* to be so kind as to, to deign, to condescend
lütidin *a.* lutidine
lütuf *a.* kindness, grace, boon, blessing, favour, favor *Aİ.*
lütufkâr *s.* gracious, kind
lüzuci *s. esk.* viscous
lüzum *a.* necessity, need *lüzum görmek* to deem necessary
lüzumlu *s.* necessary, required * gerek, gerekli, lazım
lüzumsuz *s.* unnecessary, needless, uncalled-for, superfluous * gereksiz *lüzumsuz yere* unnecessarily
lüzumsuzluk *a.* unnecessariness, needlessness * gereksizlik

M

M, m *a.* the sixteenth letter of the Turkish alphabet
maada *ilg.* in addition to, besides; apart from, besides
maaile *be.* with all the family
maalesef *be.* unfortunately, more's the pity *kon.*; sorry, I'm afraid
maalmemnuniye *be. esk.* with pleasure
maarif *a, esk.* learning, education; system of education
maaş *a.* salary, stipend, pay, payment, screw *İİ./arg.*; pension *maaş almak* to receive a salary *maaş bağlamak* to put on a salary *maaş bordrosu* payroll *maaş günü* payday *maaş vermek* to pay a salary *maaş zammı* increase in salary, rise, *Aİ.* raise *maaşına zam almak* to get a rise in one's salary *maaşına zam işine son vermek kon.* to pay sb off
maaşlı *s.* salaried, receiving a salary
maatteessüf *be. esk.* regrettably
maazallah *ünl.* God forbid!
mabat *a. esk.* continuation, sequel
mabet *a.* temple * tapınak
mabeyinci *a.* chamberlain
mablak *a.* spatula
mabut *a.* god, idol
Macar *a, s.* Hungarian
Macarca *a, s.* Hungarian
Macaristan *a.* Hungary
macera *a.* adventure, exploit *şak.*

maceracı *s.* adventurous ¤ *a.* adventurer
maceralı *s.* adventurous; hazardous
maceraperest *s.* adventurous *maceraperest kimse* adventurer
macun *a.* paste, putty, dope *macun çekmek* to apply putty
macuncu *a.* maker/seller of a gumlike candy
macunlamak *e.* to putty
macunlaşmak *e.* to become like putty
maç *a, sp.* match, game, bout
maça[1] *a, isk.* spade
maça[2] *a, mad.* core *maça kumu* core sand *maça yatağı* core print
maço *a. arg.* macho
maçuna *a.* derrick, crane *maçuna kolu* gibbet
Madagaskar *a.* Madagascar ¤ *s.* Madagascan
madagaskargülü *a.* poinciana
Madagaskarlı *a, s.* Madagascan, Madagascarian
madalya *a.* medal, decoration *madalya sahibi* medallist, medalist *Aİ. madalyanın ters tarafı/tersi* the reverse of the medal
madalyon *a.* medallion, locket
madam *a.* madam, ma'am, Mrs.
madampol *a. teks.* madapolam
madara *s, arg.* worthless; common, vulgar *madara etmek* to debunk *madara olmak* to be humiliated
madde *a.* matter, substance; material; stuff; entry; *huk.* clause, article, paragraph; subject *madde madde* a) item by item b) divided into separate articles *maddenin korunumu* conservation of matter *maddenin sakınımı* conservation of matter *maddenin sakınımı kanunu* law of conservation of matter
maddeci *a, s.* materialist
maddecilik *a.* materialism
maddesel *s.* material, physical
maddeten *s.* materially, physically
maddi *s.* material, physical, worldly; tangible, substantial; materialistic
maddileşmek *e.* to become materialistic; to become material
maddilik *a.* materiality
maddiyat *a.* material things
madem(ki) *bağ.* since, as, now that *madem öyle* then
maden *a.* mine; gold mine; mineral; metal

maden aramak to prospect for *maden araştırma kuyusu* prospecting shaft *maden araştırma* prospecting, prospection *maden arayıcısı* prospector *maden bulma* strike *maden cevheri* mineral ore *maden cürufu* dross *maden çıkarmak* to mine *maden damarı* streak, lode, vein *maden değirmeni* stamp mill *maden dökümcüsü* metal founder *maden endüstrisi* mining industry *maden eritme ocağı* blast furnace *maden filizi* mineral ore *maden galerisi* adit *maden işçisi* miner *maden kuyusu* mine shaft *maden levhası* sheet *maden lokomotifi* mine locomotive *maden makası* shears *maden matkabı* metal drill *maden mühendisi* mining engineer *maden mühendisliği* mining engineering *maden ocağı* mine, pit *maden okulu* mining school *maden posası* dross *maden sodası* carbonated water *maden şirketi* mining company *maden tozu* metal powder *maden tuzu* metallic salt *maden yatağı* mineral stratum, ore bed *maden yerbilimi* mining geology *madenle kaplamak* to metal
madenci *a.* miner; mine owner; mine expert *madenci kazması* hack *madenci lambası* miner's lamp
madencilik *a.* mining
madengazı *a.* firedamp
madeni *s.* metallic, metal; mineral *madeni eşya* hardware *madeni para* coin, piece *madeni termometre* metallic thermometer *madeni toprak* mineral soil *madeni yağ* mineral oil
madenkırmız *a.* kermes mineral
madenkömürü *a.* hard coal, anthracite
madenleştirme *a.* mineralization
madenli *s.* mineral
madenpamuğu *a.* mineral wool
madensel *s.* metal, metallic; mineral *madensel sepileme* mineral tanning
madensi *s.* metalloid
madensuyu *a.* mineral water
madenyünü *a.* mineral wool
maderşahi *s.* matriarchal
maderşahilik *a.* matriarchy
madi *s, arg.* bad, lousy
madiden *s, arg.* bad, lousy
madik *a, arg.* trick, ruse; marbles *madik*

atmak to cheat, to trick, to chisel sb (out of sth) *arg.*

madikçi *a, arg.* trickster, swindler, cheat

madrabaz *a.* middleman; crook, cheat, swindler

madrigal *a.* madrigal

madun *s, a.* subordinate

madura ayağı *a. hek.* athlete's foot, dermatophytosis

maestoso *a. müz.* maestoso

maestro *a, müz.* maestro, conductor

mafiş *a, kon.* finished, not to be found ¤ *a.* a kind of light fritter

mafsal *a, anat.* joint; *tek.* articulation, joint, bell crank *mafsal çolağı* steering arm *mafsal ıstavrozu* spider *mafsal iltihabı* arthritis *mafsal pimi* knuckle pin, pivot shaft

mafsallı *s.* articulated, jointed *mafsallı anahtar* toggle switch *mafsallı araç* articulated vehicle *mafsallı bağlantı* articulated joint *mafsallı dirsek* knee joint *mafsallı konveyör* apron conveyor *mafsallı mil* articulated shaft

mafsalsız *s.* inarticulate

mafya *a.* mafia

maganda *a, arg.* yahoo, lout, yokel *şak./hkr.*, hick *Aİ./hkr.*

magazin *a.* magazine, mag *kon.*

magma *a, yerb.* magma; *mat.* groupoid

magmatik *s.* magmatic

magnalyum *a.* magnalium

magnetron *a.* magnetron

magnezit *a.* magnesite

magnezya *a.* magnesia

magnezyum *a, kim.* magnesium *magnezyum klorür* magnesium chloride *magnezyum oksit* magnesium oxide *magnezyum sülfat* magnesium sulphate, epsom salt

magnezyumlu *s.* magnesic

Magosa *a.* Famagusta

magri *a. hayb.* conger eel, conger

mağara *a.* cave, cavern, den *mağara adamı* caveman

mağarabilim *a.* speleology

mağarabilimci *a.* speleologist

mağarasemenderi *a. hayb.* olm

mağaza *a.* large store, shop

mağdur *s.* wronged, mistreated, aggrieved, put-upon

mağduriyet *a.* unjust treatment

mağdurluk *a.* being wronged, unjust treatment

mağfiret *a.* the forgiveness of God

mağfur *s. esk.* whose sins have been pardoned by God

mağlubiyet *a.* defeat * yenilgi

mağlup *s.* defeated, overcome, beaten * yenik *mağlup etmek* to defeat, to overcome, to beat *mağlup olmak* to be beaten, to be defeated, to lose

Mağrip *a.* the Maghreb, northwestern Africa

mağrur *s.* self-confident, proud; conceited, superior *hkr.*, supercilious *hkr.*

mahal *a.* place, spot * yer, yöre, mevzii *mahal kalmamak* to be no longer necessary

mahalle *a.* quarter, district, street *kon.* *mahalle çapkını* inept womanizer *mahalle karısı* unmannerly woman, quarrelsome woman *mahalleyi ayağa kaldırmak* to set the neighbourhood in an uproar

mahallebi *a, bkz.* muhallebi

mahallebici *a, bkz.* muhallebici

mahalleli *a.* the inhabitants of a quarter

mahalli *s.* local *mahalli idare* local government

mahallileşmek *e.* to become localized

maharet *a.* skill, proficiency, dexterity

maharetli *s.* skilful, proficient, dexterous

maharetsiz *s.* unskilful, inept, awkward

mahcubiyet *a.* shyness, bashfulness, shame

mahcup *s.* ashamed, abashed, shy *mahcup etmek* *e.* to embarrass, to shame, to mortify, to show sb up *mahcup olmak* to be ashamed, to be embarrassed

mahcupluk *a, bkz.* mahcubiyet

mahcur *s. huk.* interdicted; under an interdict

mahcuz *s. huk.* seized, attached

mahdum *a, esk.* son

mahdut *s, esk.* bounded by, bordered by; restricted, limited

mahfaza *a.* case, box, cover

mahfazalı *s.* with a box/case

mahfe *a.* howdah

mahfil *a.* gathering-place; those attending a meeting

mahfuz *s.* protected, conserved, looked after

mahfuzen *s. esk. huk.* under custody

mahıv a. destruction, annihilation, extermination

mahir s. expert, skilful, proficient * becerikli, usta

mahirane be. skillfully, ably

mahiyet a. true nature, character

mahkeme a. law court; trial, hearing ¤ sg. forensic *mahkeme binası* courthouse *mahkeme kararı* sentence, verdict *mahkemeye başvurmak* to litigate *mahkemeye celp etmek* to summons *mahkemeye çağırmak* to cite *mahkemeye çıkmak* to appear in court *mahkemeye düşmek* to go to court, to sue one another *mahkemeye itaatsizlik huk.* contempt of court *mahkemeye vermek* to have sb up (for sth) *kon.*

mahkemelik a. a matter for the courts *mahkemelik olmak* to have a dispute to be settled in court

mahkûm s, huk. sentenced, condemned, in chains; obliged to, forced to ¤ a. convict *mahkûm etmek* a) to condemn, to sentence b) to oblige, to doom *mahkûm olmak* a) to be condemned, to be sentenced b) to be obliged (to do sth), to be doomed

mahkûmiyet a. conviction, sentence, condemnation

mahlas a, esk. pen name, pseudonym

mahlep a. mahaleb

mahluk a, esk. creature, being * yaratık

mahlukat a. esk. all living creatures

mahlul a. esk. kim. solution; huk. lapsed property

mahlut s. mixed, mingled; adulterated

mahmude a, bitk. scammony

mahmur s. sleepy, groggy, logy; sleepy-eyed, heavy-eyed; fuddled, having a hangover; languid

mahmurçiçeği a. bitk. mountain saffron

mahmurluk a. drowsiness, sleepiness; hangover

mahmuz a. spur; cock's spur; den. (ship's) ram, beak, cutwater; mim. (bridge) fender

mahmuzlamak e. to spur

mahmuzlu s. calcarate(d)

mahonya a. mahonia

mahpus s. imprisoned ¤ a. prisoner

mahpushane a. prison, jail

mahpusluk a. imprisonment

mahra a. wooden container used for grapes

mahreç a, esk. outlet; source, origin

mahrek a. gökb. orbit, trajectory

mahrem s. private, intimate, confidential; confidant; within the relationships forbidden for marriage *mahrem yerler* private parts, privates

mahremiyet a. privacy, intimacy, confidentiality

mahrum s. deprived, destitute (of sth), devoid (of sth) *mahrum bırakmak* to shortchange *mahrum etmek* to deprive sb/sth of, to debar sb (from sth), to deprive of, to shear of *mahrum kalmak* to go without *mahrum olmak* to be deprived of

mahrumiyet a. deprivation, destitution, privation *mahrumiyet bölgesi* hardship area *mahrumiyet içinde yaşamak* to lead a life of a privation, to rough it

mahsuben be. to the account of

mahsul a. product; produce, crop, harvest, yield; result, fruit *mahsul vermek* to crop

mahsup s. calculated, entered in an account

mahsur s. confined, cut off; stuck *mahsur kalmak* to be stuck (in)

mahsus s. peculiar to, proper to; reserved for ¤ be. intentionally, purposely, on purpose; just for fun, for fun, in jest

mahşer a. the last judgement; mec. great crowd, great confusion *mahşer günü* the last day

mahşeri s. crowded, tremendous

mahuncevizi a. cashew

mahunya a, bitk. mahonia

mahut s. marked, well-known

mahv a. downfall, destruction

mahvetmek e. to destroy, to ravage, to devastate; to ruin; to spoil; to cut sb up

mahvolmak e. to be destroyed; to be ruined; to be spoiled; to be cut up

mahya a. roof ridge *mahya aşığı* ridge purlin *mahya hatılı* ridge piece *mahya kiremidi* ridge tile *mahya kirişi* ridge beam

mahyalı s. having a roof ridge *mahyalı çatı* ridged roof

mahzen a. cellar, granary

mahzun s. sad, grieved, gloomy, crestfallen, downcast, doleful

mahzunlaşmak *e.* to become sad/depressed

mahzunluk *a.* sadness, gloom

mahzur *a.* objection, drawback; obstacle, handicap

mahzurlu *s.* disadvantageous, objectionable * sakıncalı

mai *s. esk.* pertaining to water

mail *s.* leaning, slanting; fond of, willing

maişet *a.* living, livelihood

maiyet *a.* suite, retinue, attendants, entourage, escort

majeste *a.* His majesty, Her majesty *Majesteleri* Your/His/Her Majesty

majolika *a.* majolica

majör *a, müz.* major *majör gam müz.* major scale *majör perdesi* major key

majüskül *a.* capital letter, majuscule

makabil *a.* preceding thing(s), the precedent

makadam *a.* macadam

makadamya *a.* macadamia

makak *a. hayb.* macaque

makale *a.* article

makam *a.* post, office; *müz.* mode

Makao *a.* Macao

makara *a.* pulley, block; reel, bobbin, spool; drum, barrel *makara bülbülü* becket *makara sayısı* reel number *makara takımı* block and tackle

makaralı *s.* having a pulley *makaralı itecek* roller tappet *makaralı konveyör* roller conveyor *makaralı yatak* roller bearing *makaralı zincir* block chain, roller chain *makaraya sarmak* a) to spool b) *mec.* to poke fun at sb, to take the piss (out of sb), to have sb on

makarna *a.* macaroni; spaghetti

makarnacı *a.* seller/maker of macaroni; Italian

makaryos *a. arg. isk.* king

makas *a.* scissors, clippers, clipper; shears; *demy.* points *İİ.*, switches *Aİ.*; *oto.* spring *makas almak* to tweak *makas değiştirmek* to shunt *makas dili* switch rail *makas göbeği* frog *makas klipsi* spring clip *makas kolu demy.* points lever *makas köprücüğü* hanger *makas köprüsü* gantry *makas küpesi* spring shackle *makas traversi* switch tie

makasçı *a.* pointsman; shunter *makasçı kulübesi* signal box *makasla kesmek* to snip, to cut with scissors

makaslama *a.* cutting with scissors, shear, shearing; *sp.* scissors kick ¤ *be.* diagonally *makaslama açısı* angle of shear *makaslama direnci* shear strength *makaslama etkisi* shearing action

makaslamak *e.* to cut with scissors/shears; to tweak sb's cheek; to expurgate, to blue-pencil

makaslı *s.* having a pair of scissors *makaslı kiriş* trussed beam *makaslı köprü* truss bridge

makaslıböcek *a.* pinchbug

makaslık *a. arg.* toilet hole

makastar *a.* fitter

makat *a.* the behind, anus, rear

makber *a.* grave, tomb

makbul *s.* acceptable, satisfactory, desirable

makbuz *a.* receipt

Makedonca *a, s.* Macedonian

Makedonya *a.* Macedonia ¤ *s.* Macedonian

Makedonyalı *a, s.* Macedonian

maket *a.* (scale) model

makferlan *a.* macfarlane

maki[1] *a, bitk.* maquis, scrub

maki[2] *a, hayb.* lemur

makine *a.* machine, device, contraption *kon.*; machinery; engine; car *makine adresi* machine address *makine algılamalı* machine sensible *makine çevrimi* machine cycle *makine denetimi* machine check *makine devri* engine speed *makine dili* machine language *makine fabrikası* machine shop, engine works *makine hatası* machine error *makine hızı* engine speed *makine işlemi* machine operation *makine kelimesi* machine word *makine kesilmesi* machine interruption *makine kodu* machine code *makine komutu* machine instruction *makine mantığı* machine logic *makine mengenesi* machine vice *makine mühendisi* mechanical engineer *makine mühendisliği* mechanical engineering *makine odası* machine room *makine operatörü* machine operator *makine öğrenimi* machine learning *makine tuğlası* machine made brick *makine yağı* machine oil *makinece* *algılanabilir* machine sensible *makinece okunabilir* machine-readable *makinede yapılmış* machine made *makineden bağımsız* machine independent *makineye bağımlı* machine dependent

makineci *a.* machine repairman

makineleşme *a.* mechanization

makineleşmek *e.* to become mechanized, to become mechanical

makineleştirme *a.* mechanization

makineleştirmek *e.* to mechanize, to automate

makineli *s.* having a machine, with a machine; driven by a machine, mechanical *makineli tüfek* machine gun

makineyağı *a.* grease

makinist *a, den.* engineer; *demy.* engine driver *İİ.*, engineer *Aİ.*; machine repairman, machinist

makinistlik *a.* engine driving

makosen *a.* moccasin

makrame *a.* macramé

makro *s.* macro *makro akış şeması* macro flowchart *makro işlem biliş.* macro operation *makro iz* macro trace *makro izleme* macro trace *makro programlama* macro programming *makro prototip* macro prototype

makroçevirici *a.* macroassembler

makrografi *a.* macrography

makroiktisat *a.* macroeconomics

makroişlemci *a.* macroprocessor

makrokimya *a.* macrochemistry

makroklima *a.* macroclimate

makrokod *a.* macrocode

makrokodlama *a.* macrocoding

makrokomut *a.* macroinstruction

makrometeoroloji *a.* macrometeorology

makromolekül *a.* macromolecule

makroöğe *a.* macroelement

makrosefal *s.* macrocephalous

makrosefali *a.* macrocephaly

makrosit *a. biy.* macrocyte

makroskopik *s.* macroscopic

makrospor *a.* macrospore

makroüreteç *a.* macrogenerator

makroyapı *a.* macrostructure

maksadıyla *be.* with the intention of

maksat *a.* intention, intent, aim, object, purpose

maksatlı *s.* purposeful, intentional

maksatsız *s.* purposeless, aimless

maksi *a, s.* maxi

maksimal *s.* maximal

maksimum *a, s.* maximum *maksimum akım* maximum current, peak current *maksimum gerilim* maximum voltage, peak voltage *maksimum güç* maximum power, peak power *maksimum randıman* maximum output *maksimum sıcaklık* maximum temperature *maksimum ve minimumlu termometre* maximum and minimum thermometer

maksimumlu termometre *a.* maximum thermometer

maksure *a.* maksoorah, pew

maksvel *a.* maxwell

makta *a.* end grain

maktu *s.* cut, truncated; fixed (price)

maktul *s.* killed, slain

makul *s.* reasonable, possible, rational, amenable, modest, sane, advisable, plausible, sensible

makulluk *a.* reasonableness, rationality

makyaj *a.* make-up *makyaj çantası* vanity case *makyaj temizleyicisi* make-up remover *makyaj yapmak* to make up, to paint *makyajını silmek/temizlemek* a) to remove the make-up from, to take the make-up off b) to take one's make-up off, to remove one's make-up

makyajcı *a.* make-up artist

makyajlı *s.* made-up

Makyavelci *a. s.* Machiavellian

Makyavelcilik *a.* Machiavellianism

mal *a.* property, possession, assets; effects; wealth, riches; goods, commodity, merchandise; cattle, livestock; *arg.* hash, heroin * esrar; *arg.* loose woman, slag *İİ./hkr.*; *arg.* cock, prick *mal bildirimi* declaration of property *mal canlısı* avaricious *mal düşkünü* acquisitive *hkr. mal etmek* a) to appropriate for oneself b) to produce at *ma gönderme* consignment *mal müdürü bkz.* malmüdürü *mal mülk* property goods, possessions *mal olmak* to cost to set sb back sth *kon. mal sahib* owner, proprietor *malı olmak* to belon to *malın gözü* a) tricky, sly b) (kadın loose

mala *a.* trowel

malafa *a.* arbor, mandrel; *arg.* cock, prick tool

Malaga *a.* Málaga
malak *a.* young buffalo calf
Malaka Yarımadası *a.* the Malay Peninsula
malakâri *a.* decorative plasterwork
malakit *a.* malachite
malaklamak *e.* to calve
malakof *a.* hoopskirt
malakoloji *a.* malacology
malaksör *a.* agitator, mixer
malalamak *e.* to trowel
malarya *a, hek.* malaria
malat *a.* malate
Malavi *a.* Malawi ¤ *s.* Malawian
Malavili *a, s.* Malawian
Malay *a, s.* Malay
malayaayısı *a. hayb.* Malayan bear
malayakirpisi *a. hayb.* moonrat
Malayca *a, s.* Malay
malaz *a.* uncultivated field; weedridden field
malca *be.* as to property/goods
malç *a.* mulch
malçlamak *e.* to mulch
Maldiv Adaları *a.* the Maldive Islands, the Maldives
Maldiv *s.* Maldivian *Maldiv Adaları* the Maldives
Maldivli *a, s.* Maldivian
maleat *a.* maleate
maleik *s.* maleic
malez *a. hek.* malaise
Malezya *a.* Malaysia ¤ *s.* Malaysian
Malezyalı *a, s.* Malaysian
malgama *a.* amalgam
Malgaş *a.* Malagasy *Malgaş Cumhuriyeti* the Malagasy Republic *Malgaş halkı* the Malagasy
Malgaşça *a, s.* Malagasy
Malgaşlar *a.* the Malagasy
malıtaşı *a.* stone anchor
Mali *a.* Mali ¤ *s.* Malian
mali *s.* financial, fiscal *mali bilanço* financial statement *mali durum* financial standing, circumstances *mali yıl* fiscal year
malihulya *a.* melancholy; illusion, fancy
malik *a, esk.* possessor, owner *malik olmak* to own, to have
malikâne *a.* large estate, stately home, manor
Maliki *a. s. din.* Maliki, Malikite
Malili *a, s.* Malian

maliye *a.* finance; finance office *Maliye Bakanı* Minister of Finance *Maliye Bakanlığı* Ministry of Finance, the Exchequer *İİ. maliye politikası* fiscal policy, financial policy
maliyeci *a.* financier
maliyet *a.* cost *maliyet fiyatı* cost price *maliyet muhasebesi* cost accounting
malkıran *a.* cattle killing plague
mallanmak *e.* to acquire property
malmüdürü *a.* head of the finance office
malonik *s.* malonic
malt *a.* malt *malt ekstraktı* malt extract *malt yapmak* to malt
Malta *a.* Malta ¤ *s.* Maltese
malta *a.* maltha
Maltaca *a, s.* Maltese
maltaeriği *a, bitk.* loquat
maltahumması *a.* Malta fever
Maltalı *a. s.* Maltese
Maltalı *a, s.* Maltese
maltapalamudu *a. hayb.* pilot fish
maltataşı *a.* white sandstone, Malta stone
maltaz *a.* maltase
Maltız *a. s.* Maltese
Maltızca *a. s.* Maltese
maltlaşmak *e.* to malt
maltlı *s.* malty
maltoz *a.* maltose, malt-sugar
malul *s.* invalid, disabled
malulen *be.* as an invalid, with a physical disability
maluliyet *a.* disablement *maluliyet maaşı* disability pension
malum *s.* known *(birine) malum olmak* to have a presentment, to sense
malumat *a.* information, knowledge * bilgi *malumat vermek* to supply information, to give information *malumatı olmak* to know about
malumatfuruş *s. esk.* pedantic; affected
malumatlı *s.* well-educated, enlightened
malumatsız *s.* uninformed
malzeme *a.* material; equipment; ingredients *malzeme hatası* structural defect *malzeme kutusu* accessory box *malzeme taşıma* material handling *malzeme yükleme* material handling
mama *a.* baby food, feed; *çoc.* food
mamafih *bağ.* however, yet, nevertheless
mambo *a.* mambo (dance)
mamma *a.* mammatus
mammatus *a.* mammatus

mamul *s.* made of, manufactured from ¤ *a.* product, manufacture * ürün **mamul eni** finished width

mamulat *a.* products, manufactures

mamur *s.* cared for; flourishing, developed; prosperous

mamut *a, hayb.* mammoth

Man *a.* Manx **Man Adası** the Isle of Man **Man halkı** the Manx

mana *a.* meaning, significance * anlam **mana vermek** to interpret, to construe

manalı *s.* meaningful * anlamlı

manas *a. hayb.* white grub

manasız *s.* meaningless, senseless, pointless, inane * anlamsız

manasızlık *a.* meaninglessness

manastır *a.* monastery, cloister **manastır hayatı** monasticism **manastır kilisesi** minster **manastır tonozu** cloister vault, square vault **manastır yemekhanesi** refectory **manastıra kapamak** to cloister **manastıra kapatmak** to cloister

manav *a.* greengrocer's, fruit and vegetable store; greengrocer, fruit seller, vegetable man

manavlık *a.* being a seller of vegetables and fruits

manca *a.* food; dog food, cat food

Manca *a, s.* Manx

manca *a.* lights

mancana *a. den.* water tank

mancelina *a. bitk.* manchineel, manzanillo

mancınık *a.* catapult, ballista **mancınıkla atmak** to catapult

Mançu *a, s.* Manchu

Mançuca *a, s.* Manchu

Mançurya *a.* Manchuria ¤ *s.* Manchurian

Mançuryalı *a, s.* Manchurian

manda[1] *a, hayb.* water buffalo

manda[2] *a, pol.* mandate

mandacı *a.* mandatory

mandal *a.* latch, thumb latch, tumbler; clothes-peg, clothes pin *Aİ.*

mandalina *a, bitk.* mandarin, tangerine

mandallamak *e.* to latch

mandallı *s.* latched; buttoned; *den.* cleated

mandalsız *s.* lacking a latch/a catch

mandapost *a.* post office order

mandar *a. den.* small pulley, small tie-block

mandarin *a. dilb.* mandarin

mandater *s.* mandatary

mandater *a.* mandatory

mandepsi *a, arg.* trick, trap, snare **mandepsiye bastırmak** *arg.* to chisel sb (out of sth) *arg.*

mandıra *a.* dairy, dairy farm

mandıracı *a.* dairyman, dairy woman

mandibula *a.* mandibula

mandolin *a, müz.* mandolin

mandoz *a.* pulley block

mandrel *a.* mandrel

mandril *a.* mandrill

manej *a.* manège

manen *be.* spiritually

manevi *s.* spiritual, moral; adoptive **manevi evlat** adopted child

maneviyat *a.* spirit, morale, backbone

manevra *a.* manoeuvre, maneuver *Aİ.;* *demy.* shunting **manevra fişeği** drill cartridge **manevra garı** marshalling yard **manevra kulesi** signal box **manevra lokomotifi** dummy, pony engine **manevra yapmak** a) to manoeuvre, to maneuver *Aİ.* b) to shunt

manevracı *a.* shunter

manga *a, ask.* squad

mangal *a.* brazier **mangal kömürü** charcoal

mangalkömürü *a.* charcoal

mangan *a.* manganese **mangan çeliği** manganese steel

manganat *a.* manganate

manganez *a.* manganese

manganezli *s.* manganic, manganous

manganik *s.* manganic

manganin *a. kim.* manganin

manganit *a.* manganite

mangır *a, arg.* money, dough *arg.*, bread *arg.*, brass *İl./arg.*

mangiz *a.* dough *arg.*, bread *arg.*, lolly *arg.*, brass *İl./arg.*

mango *a.* mango

mangostan *a, bitk.* mangosteen

mangrov *a.* mangrove

mani *a.* mania

mâni *a.* obstacle, impediment, hindrance * engel **mâni olmak** to prevent, to hinder, to obstruct, to stop, to balk

mânia *a.* obstacle, barrier

mânia *a.* obstacle, difficulty; barrier

mânialı *s.* having obstacles, hampered (arazi) rough, difficult

manidar *s.* meaning, meaningful

manifatura *a.* drapery and haberdashery

manifaturacı *a.* draper *İİ.*
manifaturacılık *a.* selling dry goods and notions
manifesto *a.* manifest
manifold *a.* manifold
manifolt *a.* manifold
manik *s. ruhb.* manic
manika *a. den.* wind sail
manik-depresif *s, ruhb.* manic-depressive
manikür *a.* manicure ***manikür yapmak*** to manicure
manikürcü *a.* manicurist
manila *s.* manila ***manila kendiri*** Manila hemp
maniplasyon *a.* manipulation
maniple *a.* sending key
manipülatör *a.* telegraph operator
manisalalesi *a. bitk.* European pasque-flower
manişka *a. den.* block and tackle with two doublebocks
manita *a, arg.* girlfriend, bird, sweetie, *Aİ.* chick
manitacı *a.* swindler, cheat
manitacılık *a.* swindling, cheating
manitol *a.* mannitol
manivela *a.* lever; crank ***manivela kolu*** lever arm, crowbar
maniyerizm *a.* mannerism
mankafa *s.* stupid, thickheaded, block-headed *kon.*, dozy *İİ./kon.* ¤ *a.* booby, dunce, blockhead *kon.*, obtuse *res./hkr.*
mankafalık *a. kon.* foolishness, stupidity
mankedisi *a.* Manx cat
manken *a.* (kişi) model; (nesne) dummy, mannequin
mankenlik *a.* modelling ***mankenlik yapmak*** to model
Manlı *a.* Manxman, Manxwoman ***Manlı erkek*** Manxman ***Manlı kadın*** Manx-woman
Manlılar *a.* the Manx
manliher *a.* Mannlicher rifle
mannoz *a.* mannose
mano *a, arg.* money gained in a gamble
manolya *a, bitk.* magnolia
manometre *a.* manometer * basıölçer ***manometre basıncı*** gauge pressure
manometrik *s.* manometric ***manometrik basınç*** pressure above atmospheric
mansap *a.* river mouth, downstream ***mansap yüzü*** downstream face
mansart *a.* curb roof ***mansart çatısı*** mansard roof

Mansart çatı *a.* mansard roof
mansiyon *a.* honourable mention
Manş Denizi *a.* the English Channel
manşet *a.* cuff; headline; caption
manşon *a.* muff, coupling, sleeve ***manşon anten*** sleeve antenna ***manşon kuplaj*** muff coupling
manşonlu *s, tek.* sleeved ***manşonlu bağlantı*** sleeve joint
mantalite *a.* mentality
mantar *a.* mushroom; fungus; cork, bottle cork ***mantar amilazı*** fungal amylase ***mantar gibi büyümek*** to mushroom ***mantar gibi yerden bitmek*** to mushroom ***mantar ilacı*** fungicide ***mantar kent*** mushroom town, boom town ***mantar meşesi*** cork oak ***mantar tabancası*** pop gun ***mantar tapa*** cork stopper ***mantar toplamak*** to gather mushrooms ***mantara çıkmak*** to go mushrooming
mantarağacı *a. bitk.* cork tree
mantarbilim *a.* mycology
mantarbilimsel *s.* mycologic(al)
mantarcı *a.* grower/seller of mushrooms; *arg.* liar
mantarcılık *a.* growing/selling mushrooms; *arg.* telling lies
mantardoğuran *s. bitk.* phellogenic
mantardoku *a.* phelloderm, suberin
mantarımsı *s.* corky, fungoid, subereous, suberose
mantarlamak *e, arg.* to deceive, to chisel sb (out of sth) *arg.*
mantarlaşma *a.* dry rot, mycetoma, suberification, suberization
mantarlaşmak *e.* to suberize
mantarlı *s.* corky, subereous, suberose
mantarmeşesi *a. bitk.* cork oak
mantarözü *a.* suberin
mantarsı *s.* fungal ***mantarsı kayaç*** laccolith
mantı *a.* meat pasty
mantık *a.* logic; reason, sense ***mantığa aykırı*** against logic ***mantık akış şeması*** logic flowchart ***mantık çevrimi*** logic circuit ***mantık devresi*** logic circuit ***mantık diyagramı*** logic diagram ***mantık geçidi*** logic gate ***mantık hatası*** logic error, logical error ***mantık işlemi*** *biliş.* logic operation ***mantık komutu*** logic instruction ***mantık öğesi*** logic

element *mantık tasarımı* logic design
mantıkçı *a.* logician
mantıkçılık *a.* logicism
mantıkdışı *s.* alogical, preposterous
mantıki *s.* logical
mantıklı *s.* logical, reasonable, rational, sensible *övg.*, level-headed, advisable, sane
mantıklılık *a.* rationality
mantıksal *s.* logical, reasonable *mantıksal akış diyagramı* logical flowchart *mantıksal altyordam* logical subroutine *mantıksal birim* logical unit *mantıksal diyagram* logical diagram *mantıksal dosya* logical file *mantıksal eleman* logical element *mantıksal ilişki* logical relation *mantıksal işleç* logical operator *mantıksal işlem* logical operation *mantıksal iz* logical track *mantıksal karar* logical decision *mantıksal karşılaştırma* logical comparison *mantıksal kaydırma* logic shift *mantıksal kayıt* logical record *mantıksal komut* logical instruction *mantıksal kütük* logical file *mantıksal öğe* logical element *mantıksal simge* logical symbol *mantıksal yapı* logical structure
mantıksız *s.* illogical, unreasonable, irrational, nonsensical, inconsequent, impractical, preposterous
mantıksızlık *a.* illogicality, illogical statement
mantin *a. teks.* heavy taffeta
mantinota *a. arg.* concubine
mantis *a.* mantissa
manto *a.* (woman's) coat; *yerb.* mantle
mantoluk *s.* suitable for a coat
manuel *s.* manual
manüel *a.* manual, handbook
manya *a.* barmy, balmy *Aİ.*
manyak *a.* maniac ¤ *s. arg.* crazy, mad, barmy, balmy *Aİ.*
manyakça *be.* maniacally, like a maniac ¤ *s.* maniacal
manyaklık *a.* mania; craziness, stupidity, idiocy
manyat *a.* small fishing vessel
manyetik *s.* magnetic *manyetik ağdalık* magnetic viscosity *manyetik akı* magnetic flux *manyetik akım* magnetic current *manyetik alan* magnetic field *manyetik alaşım* magnetic alloy

manyetik amortisman magnetic damping *manyetik amplifikatör* magnetic amplifier *manyetik arama* magnetic prospection *manyetik armatür* magnetic armature *manyetik ateşleme* magnetic ignition *manyetik ayna* magnetic mirror *manyetik azimut* magnetic azimuth *manyetik bant* magnetic tape *manyetik basınç* magnetic pressure *manyetik baskı* magnetic printing *manyetik baş* magnetic heading *manyetik bellek* magnetic memory, magnetic store *manyetik çekirdek* magnetic core *manyetik deklinasyon* magnetic declination *manyetik depolama* magnetic storage *manyetik detektör* magnetic detector *manyetik devre* magnetic circuit *manyetik dipol* magnetic dipole *manyetik direnç* magnetic resistance, reluctance * relüktans *manyetik disk* magnetic disk *manyetik doyma* magnetic saturation *manyetik eğim* magnetic dip *manyetik ekran* magnetic screen *manyetik eksen* magnetic axis *manyetik endüksiyon* magnetic induction *manyetik enerji* magnetic energy *manyetik fırtına* magnetic storm *manyetik film* magnetic film *manyetik fren* magnetic brake *manyetik gecikme* magnetic lag *manyetik geçirgenlik* magnetic permeability *manyetik göze* magnetic cell *manyetik histerezis* magnetic hysteresis *manyetik hoparlör* magnetic loudspeaker *manyetik hücre* magnetic cell *manyetik ibre* magnetic needle *manyetik kaçak* magnetic leakage *manyetik kafa* magnetic head, sound head *manyetik karakter* magnetic character *manyetik kart* magnetic card *manyetik kavrama* magnetic clutch *manyetik kaydedici* magnetic recorder *manyetik kayıt* magnetic recording *manyetik kesici* magnetic cutter *manyetik kutup* magnetic pole *manyetik kuvvet* magnetic force *manyetik malzeme* magnetic material *manyetik mayın* magnetic mine *manyetik mercek* magnetic lens *manyetik mikrofon* magnetic microphone *manyetik mikroskop* magnetic microscope *manyetik modülasyon* magnetic modulation **manyetik moment** magnetic moment **manyetik monopol** magnetic monopole **manyetik mürekkep** magnetic ink **manyetik odaklama** magnetic focusing **manyetik olmayan** nonmagnetic **manyetik pikap** magnetic pickup **manyetik polarizasyon** magnetic polarization **manyetik pompalama** magnetic pumping **manyetik potansiyel** magnetic potential **manyetik pusula** magnetic compass **manyetik rezonans** magnetic resonance **manyetik rijitlik** magnetic rigidity **manyetik rota** magnetic course, magnetic track **manyetik sapma** magnetic deflection **manyetik sarkaç** magnetic pendulum **manyetik separatör** magnetic separator **manyetik sertlik** magnetic rigidity **manyetik ses** magnetic sound **manyetik sızıntı** magnetic leakage **manyetik silici** demagnetizer **manyetik silindir** magnetic drum **manyetik spektrograf** magnetic spectrograph **manyetik spektrum** magnetic spectrum **manyetik suseptibilite** magnetic susceptibility **manyetik sürtünme** magnetic friction **manyetik şalter** magnetic switch **manyetik şerit** magnetic tape **manyetik şiddet** magnetic intensity **manyetik şönt** magnet keeper, keeper **manyetik tambur** magnetic drum **manyetik tedirginlik** magnetic disturbance **manyetik tel** magnetic wire **manyetik termometre** magnetic thermometer **manyetik transmisyon** magnetic transmission **manyetik vektör** magnetic vector **manyetik viskozite** magnetic viscosity **manyetik yaprak** magnetic shell **manyetik yoğunluk** magnetic density

manyetit a. magnetite
manyetizan s. magnetizing **manyetizan kuvvet** magnetizing force
manyetizasyon a. magnetization **manyetizasyon şiddeti** intensity of magnetization
manyetize s. magnetized **manyetize etmek** to magnetize
manyetizma a. mesmerism, hypnotism; magnetism
manyetizmacı a. mesmerizer, hypnotist
manyetizmacılık a. hypnotism

manyeto a. magneto **manyeto jeneratörü** magneto generator **manyeto sistemi** magneto system **manyeto zil** magneto bell
manyetodirenç a. magnetoresistance
manyetoelektrik s. magnetoelectric ¤ a. magnetoelectricity **manyetoelektrik indüksiyon** magnetoelectric induction **manyetoelektrik jeneratör** magnetoelectric generator
manyetofon a. tape recorder
manyetohidrodinamik a. magnetohydrodynamics
manyetoiyonik s. magnetoionic
manyetokalorik s. magnetocaloric
manyetokimya a. magnetochemistry
manyetokimyasal s. magnetochemical
manyetolu s. with magneto **manyetolu ateşleme** magneto ignition
manyetometre a. magnetometer
manyetomotor s. magnetomotive **manyetomotor kuvvet** magnetomotive force
manyeton a. magneton
manyetooptik s. magnetooptical
manyetopoz a. magnetopause
manyetosfer a. magnetosphere
manyetosferik s. magnetospheric
manyetoskop a. magnetoscope
manyetoskopik s. magnetoscopic
manyetostatik s. magnetostatic ¤ a. magnetostatics
manyetostriksiyon a. magnetostriction
manyetostriktif s. magnetostrictive
manyetotermik s. magnetothermal
manyetron a. magnetron **manyetron çekmesi** magnetron pulling **manyetron etkisi** magnetron effect **manyetron itmesi** magnetron pushing **manyetron modu** magnetron mode **manyetron sürüklemesi** magnetron pulling
manyezi a. magnesia
manyezit a. meerschaum
manyok a. cassava
manzara a. view, sight, panorama, spectacle, outlook
manzaralı s. having a fine view, scenic
manzum s. written in verse
manzume a. poem
Maocu a. s. Maoist
Maoculuk a. Maoism
mapa a. eye bolt
maraba a. sharecropper

marabu *a. hayb.* marabou (stork)
marabut *a.* marabou
maral *a, hayb.* doe
marangoz *a.* carpenter, joiner, cabinet-maker **marangoz atölyesi** joiner's workshop **marangoz cetveli** carpenter's rule **marangoz çekici** carpenter's hammer **marangoz kalemi** carpenter's pencil **marangoz makinesi** wood working machine **marangoz mengenesi** carpenter's vice **marangoz rendesi** carpenter's plane
marangozbalığı *a. hayb.* sawfish
marangozhane *a.* carpenter's shop
marangozluk *a.* carpentry, joinery, cabinetmaking
maranta *a. bitk.* arrowroot
maraskino *a.* maraschino
maraton *a.* marathon race
maraz *a.* disease, sickness, illness
maraza *a.* quarrel, row
marazi *s.* morbid
marazlı *s.* sickly
marda *a.* bonus, gratuity
maregraf *a.* tide recorder
mareşal *a.* Field Marshal
mareşallik *a. ask.* marshalship
margarat *a.* margarate
margarik asit *a. kim.* margaric acid
margarin *a.* margarine, marge *İİ./kon.*
margarit *a. bitk.* daisy
Mari banyosu *a.* double boiler, bain-marie
marifet *a.* skill, talent, ability; *kon.* mess
marifetli *s.* skilled, talented, deft
marihuana *a.* marijuana, marihuana, pot *arg.*, grass *arg.*
marina *a, den.* marina
mariz *a, arg.* beating, licking, shellacking *Aİ.*
marizlemek *e, arg.* to beat, to tan sb's hide, to whip, to clobber *kon.*
marizlenmek *e, arg.* to be beaten, to be clobbered *kon.*
marj *a.* margin
marjinal *s.* marginal **marjinal olasılık** marginal probability
mark *a.* German mark
marka *a.* make, mark, brand; ticket, counter
markacı *a.* marker
markaj *a.* (futbol) marking
markajcı *s. sp.* who is good at covering an opponent

markalamak *e.* to mark
markalı *s.* marked
markasız *s.* unmarked, without marking; not stamped
marke etmek *e.* (futbol) to mark
marker *a.* marker
market *a.* grocery, grocer's; supermarket
marki *a.* marquis, marquess
markiz *a.* marchioness
markizet *a, teks.* marquisette
Marksçı *a, s.* Marxist
Marksçılık *a.* Marxism
Marksist *a, s.* Marxist
Marksizm *a.* Marxism
marley *a.* vinyl floor covering
Marmara *a.* the Sea of Marmara
Marmara Denizi *a.* the Sea of Marmara
marmelat *a.* marmalade
marmenevişleme *a.* martempering
marmoset *a, hayb.* marmoset
marmot *a.* marmot
marn *a.* marl
marnlamak *e.* to marl
marnlı *s.* marly **marnlı kireçtaşı** marly limestone
maroken *a.* morocco, morocco leather **maroken koltuk** morocco armchair
maron *a, s.* maroon
marpuç *a.* tube for a hubble bubble
marpuççu *a.* maker/seller of hubble bubble tubes
mars *a.* gammon **mars etmek** to gammon, to skunk *Aİ.* **mars olmak** to be gammoned
Mars *a.* Mars
marsık *a.* badly burnt bit of charcoal
marsıvan *a.* ass, donkey
marsıvan eşeği *a.* jackass
marsıvanotu *a. bitk.* tansy
marsipet *a.* footrope
Marslı *s, a.* Martian
marsuverme *a.* marquenching
marş *a.* march; *oto.* starter ¤ *ünl.* Forward march! **marş durumu** starting position **marş düğmesi** starter button **marş kablosu** starter cable **Marş marş** a) *ask.* Quick march! b) *kon.* Go at the double! **marş motoru** starter, starting motor **marşa basmak** to press the starter
marşandiz *a.* goods train, freight train
marşpiye *a.* running board, footboard
mart *a.* March **Mart kapıdan baktırı**

kazma kürek yaktırır Cast ne'er a clout till may is out

martaval *a.* bunkum, hot air, humbug, boloney, baloney, story *kon.* *martaval atmak/okumak* to spin a yarn

martavalcı *a.* liar, bullshitter, storyteller *kon.*

martavalcılık *a. arg.* swaggering, boasting, bullshitting

martensit *a.* martensite *martensit menevişleme* martempering *martensit suverme* marquenching

martensitli *s.* martensitic

martı *a.* gull, seagull

martika *a.* seagoing boat with two masts

martin *a.* Martini rifle

martini *a.* martini (cocktail)

Martinik *a.* Martinique

Martinikli *a. s.* Martinican

martoperforatör *a.* machine drill

martopikör *a.* pick hammer

maruf *s.* well-known, famous; proper, right

marul *a.* romaine lettuce, cos lettuce

marulcu *a.* grower/seller of cos

marulcuk *a. bitk.* hellebore

Maruni *a. s.* Maronite; Maronite

maruz *s.* exposed to, liable *maruz bırakmak* to expose (to) *maruz kalmak* to be exposed to, to experience

maruzat *a. esk.* petition, explanations, statements

maruziyet *a.* aspect

marya *a.* ewe

maryaşlandırma *a.* maraging

maryaşlanma *a.* maraging *maryaşlanma çeliği* maraging steel

mas *a. esk.* absorption; suction; imbibing

masa *a.* table; desk *masa matkabı* bench drill *masa mikrofonu* table microphone *masa örtüsü* tablecloth *masa saati* clock *masa tipi torna* bench type lathe *masa üstü yayıncılık* desk top publishing *masa yalpalığı* fiddle

masaj *a.* massage *masaj yapmak* to massage, to knead

masajcı *a.* masseur, masseuse

masal *a.* tale, fable, fairy tale, folk tale; *mec.* lie, yarn, fairy story, fairy tale, a tall story, story *kon.* *masal anlatmak* to tell a tale *masal okumak* to spin a yarn

masalcı *a.* storyteller

masarif *a. esk.* expenses, charges

masat *a.* sharpening steel

masatenisi, masatopu *a.* table tennis, ping-pong

masatepe *a.* mesa

masatopu *a.* table tennis, ping-pong

masaüstü *a.* desktop *masaüstü bilgisayar* desktop computer *masaüstü yayımcılık* desktop publishing

maser *a.* maser

maserasyon *a.* maceration *maserasyon şerbeti* maceration juice

masif *s.* solid

mask *a.* mask

maskara *a.* buffoon; butt, laughingstock; cute child, little dear; masquerade, masquerader; mascara * rimel *maskara etmek* to mock, to make a laughing-stock *maskara olmak* to be ridiculed *maskaraya çevirmek* to make a fool of

maskaralanmak *e. kon.* to play the buffoon

maskaralaşmak *e.* to become a laughing-stock

maskaralık *a.* buffoonery, drollery, antics; dishonour, shame *maskaralık etmek* to play the fool, to clown *hkr.*

maskarat *a, hayb.* musk rat * bizam sıçanı, misksıçanı, ondatra

maskarata *a.* toe cap, toe piece

maskaron *a.* mascaron

Maskat *a.* Muscat

maske *a.* mask; *mec.* cover *maske biti* mask bit *maske takmak* to mask *maske yazmacı* mask register *maskesi altında* under the mask of *maskesi düşmek* to show one's true colours *maskesini düşürmek* to unmask *maskesini kaldırmak* to unmask

maskeleme *a.* masking *maskeleme tabakası* shadow mask

maskelemek *e.* to mask, to camouflage, to belie

maskeli *s.* masked *maskeli balo* masked ball, masquerade *maskeli tüp* shadow mask tube

maskot *a.* mascot

maslahat *a, esk.* affair, business; *arg.* cock *arg.*

maslahatgüzar *a.* chargé d'affaires * işgüder

maslahatgüzarlık *a.* work of a charge d'affaires

maslak *a.* stone trough, watering trough
masmavi *s.* deep blue, literally blue
mason *a.* mason, Mason, freemason *mason locası* lodge
masonluk *a.* masonry, Masonry, freemasonry
masör *a.* masseur
masöz *a.* masseuse
masraf *a.* expense, expenditure, outgoings, cost *masraf etmek* to go to expense *masraf hesabı* expense account *masrafa girmek* to put oneself to expense, to incur expense *masrafa sokmak* to put sb to expense *masrafı çekmek* to bear the expense of *masrafı karşılamak* to cover expenses *masrafını çekmek* to pay for *masrafını çıkarmak* to pay for itself *masraftan kaçmak* to avoid expense *masraftan kaçmamak* to spare no expense
masraflı *s.* expensive, costly
masrafsız *s.* without expense
massetmek *e. esk.* to absorb, to suck up
mastar *a, dilb.* infinitive * eylemlik; jig, template, gauge *mastar çubuğu* gauge rod
mastara *a. esk.* alidade
mastarlama *a.* gauging
master *a.* master's degree
mastı *a.* mastiff
mastıçiçeği *a. bitk.* arnica
mastır *a.* master
mastik *s.* mastic *mastik asfalt* mastic asphalt
mastika *a.* mastic
mastor *s.* dead drunk, blotto
mastorlaşmak *e.* to get stinking drunk
mastosit *a.* mastocyte
masturi *a. den.* the beam
mastürbasyon *a.* masturbation *mastürbasyon yapmak* to masturbate
masum *s.* innocent, guiltless
masumane *be.* innocently, guiltlessly
masumiyet *a.* innocence
masumluk *a.* innocence
masun *s. esk.* safe, secure; guarded, protected; free from
masuniyet *a. esk.* safety, security; exemption
masura *a.* bobbin, cop; spout *masura tezgâhı* copping rail *masurada boyanmış* cop-dyed
maş *a. bitk.* mung bean, green gram

maşa *a.* tongs, pincers; *mec.* cat's paw, tool *maşa gibi kullanmak* to use sb as a tool *maşası olmak* to be sb's pawn
maşacı *a.* maker/seller of tongs
maşalamak *e.* to crimp/straighten (hair) with a curling iron
maşallah *ünl.* Wonderful!, Praise be!, Magnificent!
maşatlık *a.* Jewish graveyard
maşrapa *a.* metal drinking cup, mug, tankard
maşuk *s. esk.* beloved (a man)
maşuka *s. esk.* beloved (a woman)
mat[1] *a.* checkmate *mat etmek* to checkmate *mat olmak* to be checkmated
mat[2] *s.* matt, mat, matte *Aİ.*, dull, lustreless *mat efekt* dull effect *mat reyon* delustered rayon
matador *a.* matador, bullfighter
matafora *a.* davit
matafyon *a, den.* eyelet *matafyon bağı* eyelet knot *matafyon yakası* eyelet leach
matah *a.* prize package, great shakes
matara *a.* flask, canteen, water bottle
matbaa *a.* printing house, printing press * basımevi *matbaa makinesi* printing press, printing machine, press *matbaa mürekkebi* printing ink *matbaa provası* proof sheet
matbaacı *a.* printer * basımcı
matbaacılık *a.* printing * basımcılık
matbah *a. esk.* kitchen
matbu *s.* printed * basılı *matbu madde* printed matter
matbua *a.* printed matter * basma
matbuat *a.* the press * basın
mate *a.* maté, Paraguay tea
matem *a.* mourning * yas *matem elbisesi* mourning *matem tutmak* to mourn * yas tutmak
matematik *a.* mathematics, maths *İİ./kon.*, math *Aİ.*
matematikçi *a.* mathematician; mathematics teacher
matematiksel *s.* mathematical *matematiksel altyordam* mathematical subroutine *matematiksel denetim* mathematical check *matematiksel mantık* mathematical logic *matematiksel tümevarım* mathematical induction
matemli *s.* mournful * yaslı

materyal *a.* material * gereç, malzeme
materyalist *a, s.* materialist * özdekçi, maddeci
materyalizm *a.* materialism * özdekçilik, maddecilik
matine *a.* matinée, matinee
matiz *s, arg.* pissed *İİ./arg.*, stoned *arg.*, pickled *kon.* **matiz olmak** *arg.* to be as pissed as a newt
matkap *a.* drill, gimlet, bit, auger, punch * delgi **matkap ağzı** drill bit **matkap aynası** boring head, drill chuck **matkap başı** boring head **matkap çekici** drilling hammer **matkap çeliği** drill steel **matkap kolu** brace drill, drill brace **matkap kovanı** drill socket **matkap makinesi** driller **matkap mili** boring bar **matkap tablası** drilling table **matkap ucu** drill bit, drilling bit **matkapla delmek** to drill
matlaşmak *e.* to become dull, to become lustreless
matlaştırma *a.* delustering **matlaştırma kalenderi** delustering calender **matlaştırma maddesi** delustering agent
matlaştırmak *e.* to deluster, to tarnish
matlık *a.* being dull/mat **matlık apresi** dull finish
matlup *a.* credit, receivable account
matmazel *a.* mademoiselle, miss
matrah *a.* tax assessment
matrak *a.* cudgel ¤ *s.* funny, amusing **matrağa almak** to make fun of **matrak geçmek** to rib, to tease
matrakçı *a. arg.* joker
matrakuka *a. arg.* penis, tool
matriarkal *s.* matriarchal
matris *a.* matrix **matris bellek** matrix storage **matris cebiri** matrix algebra **matris dökümü** die casting **matris karakteri** matrix character **matris yazıcı** matrix printer
matuf *s. esk.* directed to, aimed at, inclined
maun *a.* mahogany
maval *a, arg.* lie, yarn, a tall story **maval okumak** *arg.* to tell lies
mavi *a, s.* blue **mavi gevreklik** blue brittleness **mavi kereste lekesi** blue stain **mavi tavlamak** to blue anneal
mavibaştankara *a.* blue titmouse, blue tit
maviçürük *a.* blue stain

mavikantaron *a. bitk.* cornflower, bluebonnet
maviküf *a. bitk.* blue mould
mavileme *a.* blueing **mavileme tuzu** blueing salt
mavileşmek *e.* to turn blue
mavileştirmek *e.* to make blue
mavili *s.* dressed in blue
mavilik *a.* blueness
mavimsi *s.* bluish
mavisuyosunları *a. bitk.* blue-green algae
maviş *a. kon.* blonde and blue-eyed person
mavitilki *a.* blue fox
maviyengeç *a.* blue crab
maviyıldız *bitk.* scilla
mavizambak *a.* blue flag
mavna *a.* barge, lighter
mavnacı *a.* bargee, lighterman
mavzer *a.* Mauser rifle
maya *a.* yeast, ferment * ferment; make-up, nature, disposition * yaradılış; female animal; female camel; *arg.* shameless person, cheeky person **maya mantarı** yeast fungus **maya tozu** baking powder
mayaağacı *a. bitk.* African oil palm
mayabozan *s.* antifermentative
mayalama *a.* fermentation **mayalama küpü** (boya) warm copper, warm trough
mayalamak *e.* to ferment, to leaven
mayalanabilir *s.* fermentable
mayalanabilirlik *a.* fermentability
mayalandırmak *e.* to ferment, to cure
mayalanma *a.* fermentation, zymosis **mayalanma önleyici** antifermentative
mayalanmak *e.* to ferment
mayalı *s.* fermented, leavened
mayasıl *a.* eczema * egzama; haemorrhoids, piles * basur
mayasız *s.* unfermented, unleavened **mayasız ekmek** unleavened bread
maydanoz *a, bitk.* parsley
mayhoş *s.* pleasantly acid, tart; (ilişki) slightly strained, cool
mayhoşluk *a.* tartness, sourish taste
mayın *a, ask.* mine **mayın çukuru** mine crater **mayın detektörü** mine detector * mayın algılayıcısı **mayın dökmek** *ask.* to mine **mayın döşemek** to mine, to lay mines **mayın gemisi** minelayer **mayın tarama** mine sweeping **mayın tarama gemisi** mine-sweeper **mayın taramak**

to sweep mines **mayın tarlası** minefield
mayıncı a. miner
mayınlamak e. to mine, to lay mines
mayıs a. May
mayısböceği a, hayb. cockchafer, May beetle
mayısotu a. mayweed
mayıssineği a. caddisfly
mayışmak e, arg. to get drowsy; to stare stupidly
mayi a, s. liquid, fluid * sıvı
mayistra a, den. mainmast **mayistra yelkeni** mainsail
maymun a. monkey, ape **maymun iştahlı** capricious, inconstant, flighty
maymunbalığı a. hayb. monkfish, angelfish
maymuncuk a. master key, pass key
maymunluk a. apery, apishness
mayna a, den. lowering the sails; arg. ending, finish **mayna etmek** to down sails, to lower **mayna olmak** a) to be lowered b) to calm down
mayo a. (erkek) trunks, swimming trunks; (kadın) swimming costume, swimsuit, bathing suit
mayolika a. majolica
mayonez a. mayonnaise
mayonezli s. dressed with mayonnaise
Mayorka a. Majorca ¤ s. Majorkan
Mayorkalı a, s. Majorkan
mayşe a. mash **mayşe kazanı** mingler
maytap a. small fireworks, squib
mazak a. hayb. streaked gurnard
mazbata a. report, petition
mazbut s. esk. captured, conquered; recorded, registered, written down; unforgotten; orderly, neat; well-protected
mazeret a. excuse, put-off kon. **mazeret beyan etmek** to make excuses
mazeretli s. excused, having an excuse
mazeretsiz s. unexcused, inexcusable
mazgal a. crenel, loophole, embrasure **mazgal deliği** loophole **mazgal dişi/siperi** merlon
mazgala a. burnishing tool
mazgallı s. embrasured; loopholed
mazhar s. obtained, attained
mazı a. arborvitae; gallnut, gall apple, oak gall
mazıböceği a. hayb. gallfly
mazımeşesi a. bitk. gall oak
mazıtozu a. tannin

mazi a. the past, bygone **maziye karışmak** to belong to past days
mazlum s. wronged, aggrieved, downtrodden; mec. quiet, mild, modest
maznun a. esk. suspect ¤ s. suspected * sanık
mazoşist a. masochist ¤ s. masochistic * özezer
mazoşizm a. masochism * özezerlik
mazot a. diesel oil, diesel fuel; arg. fag, cigarette; booze, drink **mazot pompası** fuel feed pump
mazur s. excused, excusable **mazur görmek** to excuse, to pardon **mazur görülemez** indefensible **mazur göstermek** to excuse
mazurka a. mazourka
meal a. meaning, sense
mebde a. beginning; origin **mebde trafiği** originating traffic
meblağ a. amount, sum of money
mebus a. deputy, member of parliament * milletvekili
mebusluk a. pol. deputyship
mebzul s, esk. abundant, opulent * bol, çok
mecal a. strength, power * derman, takat **mecali kalmamak** to have no strength left
mecalsiz s. weak, feeble, unable
mecalsizlik a. weakness, feebleness, exhaustion
mecaz a. metaphor, figure of speech
mecazen be. metaphorically
mecazi s. figurative, metaphorical
mecbur s. compelled, forced, bound **mecbur etmek** to compel, to force, to coerce res., to obligate res. **mecbur olmak** to be compelled, to be forced, to have to
mecburen be. compulsorily, willy-nilly
mecburi s. compulsory, obligatory, forced, necessary, mandatory res. **mecburi eğitim** compulsory education **mecburi hizmet** compulsory service, conscription **mecburi iniş** forced landing, emergency landing
mecburiyet a. compulsion, obligation, necessity **mecburiyetinde kalmak** to be obliged to, to have to
meccanen be. esk. free, without paying
meccani s. esk. free, gratuitous
meclis a. assembly, council, board; Turk

ish Grand National Assembly; social gathering **meclis başkanı** speaker **meclis soruşturması** parliamentary inquiry **meclis üyesi** councillor, councilor *Al.* **meclisten geçirmek** to put through **meclisten geçmek** to go through, to get through

mecmu *s.* assembled, gathered together ¤ *a.* total, aggregate * toplam

mecmua *a, esk.* periodical, magazine, review * dergi

mecmualık *a.* magazine rack

mecnun *s, esk.* madly in love, love-crazed

mecra *a.* channel, conduit, duct

mecruh *s. esk.* wounded, injured; hurt

Mecusi *a. s.* Zoroastrian, Mazdean

Mecusilik *a.* Zoroastrianism, Mazdaism

meczup *s.* attracted; in ectasy, crazy, insane

meç^1 *a.* rapier, foil

meç^2 *a.* hairpiece, streak **meç yapmak** to streak

meçhul *s.* unknown, nameless

meçli *s.* streaked (hair)

medar *a.* means; reason, cause **medarı iftihar** source of pride, glory

meddah *a.* public storyteller and mimic; praiser, flatterer

meddahlık *a.* being a public storyteller; praising, flattery

meddücezir *a, coğ.* ebb and flow * gelgit

medeni *s.* civilized; *huk.* civil **medeni cesaret** moral courage **medeni hal** marital status *res.* **medeni hukuk** civil law **medeni hukukla ilgili** civil **medeni kanun** code of civil law, civil code **medeni nikâh** civil marriage

medenileşmek *e.* to become civilized * uygarlaşmak

medenileştirmek *e.* to civilize * uyygarlaştırmak

medenilik *a.* civilization, being civilized

medeniyet *a.* civilization * uygarlık

medeniyetsiz *s.* uncivilized

medet *a.* help, aid **medet ummak** to hope for help

medih *a.* praise * meth

medikososyal *s.* medico-social

Medine *a.* Medina

medinekurdu *a. hayb.* Medina worm

meditasyon *a.* meditation **meditasyon yapmak** to meditate (on)

mediyastin *a. anat.* mediastinum ·

medley *a.* medley

medrese *a.* Moslem theological school

medüz *a.* jellyfish

medya *a.* media, mass media

medyum *a.* medium

medyumluk *a.* being a medium

medyun *s.* indebted, in debt

mefhum *a, esk.* concept * kavram

mefkure *a.* ideal

mefkûre *a, esk.* ideal * ülkü, ideal

mefkûreci *a.* idealist

mefkûrecilik *a.* idealism

meflaket *a. arg.* fat woman

mefluç *s. esk.* paralyzed

mefruşat *a.* fabrics, furnishings, interior fittings

meftun *s.* captivated, fascinated

meftunluk *a.* captivation, fondness

mega *s.* mega

megabayt *a.* megabyte

megabit *a. biliş.* megabit

megafon *a.* megaphone

megahertz *a.* megahertz, megacycle

megaloman *s.* megalomaniac

megalomani *a.* megalomania

megalosefal *s. anat.* megalocephalic

megametre *a.* megameter

megaton *a.* megaton

megavat *a.* megawatt **megavat saat** megawatt-hour

megavolt *a.* megavolt

megohm *a.* megohm

megohmmetre *a.* megohmmeter

megom *a.* megohm

meğer(se) *bağ.* to my/his/her surprise; but

meğerki *be.* unless

mehil *a.* term, time; days of grace, respite, delay

mehle *a.* mutton cutlet

mehlika *s.* beautiful

Mehmetçik *a.* the Turkish tommy

mehtap *a.* moonlight **mehtaba çıkmak** to go for a walk in the moonlight

mehtaplı *s.* moonlit

mehter *a.* member of Janissary band (of musicians) **mehter takımı** Janissary band (of musicians)

mehterbaşı *a.* director of a Janissary band (of musicians)

mehterhane *a.* Janissary band, military band

mekân *a.* place; residence, abode; space

mekanik *s.* mechanical ¤ *a.* mechanics

mekanik aşınma mechanical weathering *mekanik avantaj* mechanical advantage *mekanik davranış* mechanical behaviour *mekanik ekskavatör* navy *mekanik empedans* mechanical impedance *mekanik eşdeğer* mechanical equivalent *mekanik filtre* mechanical filter *mekanik kürek* mechanical shovel *mekanik pres* arbor press *mekanik regülatör* mechanical governor *mekanik tarama* mechanical scanning *mekanik verim* mechanical efficiency
mekanikçi *a. fel.* mechanist ¤ *s.* mechanistic
mekanikçilik *a. fel.* mechanism
mekanize *s.* mechanized *mekanize etmek ask.* to mechanise
mekanizma *a.* mechanism
mekik *a.* shuttle *mekik değiştirme* shuttle change *mekik diplomasisi* shuttle diplomacy *mekik dokumak* to shuttle *mekik gözü* shuttle eye *mekik iği* shuttle spindle *mekik konveyör* shuttle belt conveyor *mekik kutusu* shuttle box *mekik oyası* tatting *mekik taşıyıcı* shuttle belt conveyor *mekik trafik* shuttle traffic *mekik yatağı* shuttle race
mekiksiz *s.* shuttleless
Mekke *a.* Mecca
mekonyum *a.* meconium
mekruh *s.* disgusting, revolting; abominable
meksefe *a.* capacitor
Meksika *a.* Mexico ¤ *s.* Mexican
Meksikalı *a, s.* Mexican
mekşuf *s.* evolute
mektep *a, esk.* school * okul
mektepli *a.* pupil, student
mektup *a.* letter *mektup açacağı* letter opener *mektup arkadaşı* pen-friend, pen pal *Aİ. mektup kâğıdı* writing paper, notepaper *mektup kutusu* letterbox *İİ.*, mailbox *mektup zarfı* envelope *mektupla* by letter *mektupla öğretim* correspondence course
mektuplaşma *a.* correspondence
mektuplaşmak *e.* to correspond (with)
melaike *a. esk.* angels
melal *a.* depression, gloom
Melami *a. s.* Malami
melamin *a.* melamine
melanet *a.* malice, mischief
Melanezya *a.* Melanesia ¤ *s.* Melanesian

Melanezyalı *a. s.* Melanesian
Melanezyalı *a, s.* Melanesian
melanin *a.* melanin
melanit *a.* melanite
melanj iplik *a, teks.* melange yarn, blended yarn
melankoli *a.* melancholia, melancholy
melankolik *s.* melancholic, melancholy
melanom *a. hek.* melanoma
melanosit *a.* meianocyte
melanurya *a. hayb.* saddled bream
melas *a.* molasses *melas bakiyesi* molasses vinasses *melas deposu* molasses tank *melas küspesi* molasses pulp *melas şekeri* sugar extracted from molasses
melce *a.* asylum
melek *a.* angel *melek gibi* angelic
melekbalığı *a. hayb.* angelfish
meleke *a.* faculty, natural faculty * yeti; skill, proficiency, experience
melekotu *a, bitk.* angelica
meleme *a.* bleat, bleating
melemek *e.* to bleat, to baa
melengiç *a.* hackberry
meles *s. yörs.* swaybacked (horse)
meleş *a.* ewe with two lambs
meleşmek *e.* to bleat together
melez *s.* half-bred, crossbred, hybrid *melez arayüzey* hybrid interface *melez bilgisayar* hybrid computer *melez bobin* hybrid coil *melez dizge* hybrid system *melez jonksiyon* hybrid junction *melez monitör* hybrid monitor *melez sistem* hybrid system
melezçam *a.* larch
melezleme *a.* hybridization
melezlemek *e.* to crossbreed, to cross
melezleşme *a.* hybridization
melezleşmek *e.* to hybridize
melezleştirme *a.* breeding, hybridization
melezleştirmek *e.* to hybridize
melezlik *a.* dihybridism, hybridism, hybridity
melhem *a, bkz.* merhem
melik *a.* king, sovereign
melike *a.* queen, sovereign
melinit *a.* melinite
melisa *a.* balm
melodi *a.* melody * ezgi
melodik *s.* melodic, melodious * ezgili
melodram *a.* melodrama
melodramatik *s.* melodramatic

melon *a.* bowler, bowler hat, derby *Aİ.*
meltem *a.* breeze
meltemli *s.* breezy
melton *a, teks.* melton *melton apresi* melton finish
melun *s.* damned, cursed
melül *s.* sad, low-spirited, gloomy
memba *a.* spring, fountain; source, origin *memba suyu* spring water *memba yüzü* upstream face
membran *a.* membrane
meme *a.* breast, *kon.* boob, tit *arg.; hayb.* udder, dug, teat; teat, nipple; *tek.* nipple; *oto.* jet, nozzle; *tek.* ejector; (kulak) lobe *meme başı/ucu* nipple, teat, tit *arg. meme emmek* to nurse, to suck *meme vermek* to suckle, to nurse *memeden kesmek* to wean *memeyle beslemek* to breast-feed
memecik *a, tek.* spinneret, spinning nozzle
memeli *s, hayb.* mammalian ¤ *a.* mammal *memeli hayvanlar* mammals
memelik *a.* stall for a sore nipple
memeliler *a, hayb.* mammals
mememsi *s.* mamillary, mammiform
memeş *a.* slaver (of an ox)
memişhane *a.* can
memleket *a.* country; hometown, homeland; mother country, fatherland
memleketli *a.* fellow countryman, compatriot
memluk *a. esk.* slave; mameluke
Memluk *a. s.* Mamluk
memnu *s.* forbidden, prohibited
memnun *s.* pleased, glad, happy, content, contented *memnun edici* satisfactory *memnun etmek* to please, to delight, to gladden, to satisfy *memnun olmak* to be pleased, to be glad
memnuniyet *a.* pleasure, gladness, satisfaction
memnuniyetle *be.* gladly, eagerly, willingly, with pleasure
memnuniyetsizlik *a.* displeasure, dissatisfaction
memnunluk *a.* gladness, satisfaction
memorandum *a.* memorandum
memur *a.* official, employee *memur etmek* to appoint, to commission
memure *a.* female civil servant, female employee
memuriyet *a.* government job, official post, charge, position
memurluk *a.* tenancy
men *a.* forbidding, prohibition, prevention
menajer *a, sp.* coach; promoter
mendebur *s.* disgusting, slovenly
mendelevyum *a.* mendelevium
menderes *a.* meander
mendil *a.* handkerchief, hankie *kon.*, hanky *kon. mendil açmak* to beg
mendirek *a.* breakwater
menekşe *a.* violet
menekşegülü *a.* China rose, Bengal rose
menengiç *a.* terebinth
menenjit *a, hek.* meningitis
menetmek *e.* to forbid, to prohibit, to debar sb (from sth) * yasaklamak, engel olmak
meneviş *a.* temper *meneviş gevrekliği* temper brittleness *meneviş rengi* temper colour
menevişleme *a, metl.* tempering *menevişleme fırını* tempering furnace *menevişleme sıcaklığı* tempering temperature *menevişleme yağı* tempering oil
menevişlemek *e, metl.* to temper
menevişlenmek *e.* to appear wavy; to be tempered
menevişli *s.* tempered
menfaat *a.* benefit, advantage, interest * yarar, fayda, çıkar
menfaatçi *s.* self-seeking * çıkarcı
menfaatperest *s.* self-seeking * çıkarcı
menfaatperestlik *a.* self-seeking, self-interest, egoism
menfez *a.* culvert, headwall *menfez tuğlası* sleeve brick
menfi *s.* negative * olumsuz, negatif
menfur *s.* atrocious
mengeç *a. teks.* large shuttle
mengel *a. yörs.* anklet, ankle ring
mengene *a.* vice, vise *Aİ.*; clamp; mangle; press *mengeneyle sıkıştırmak* to clamp
menhol *a.* manhole, cable manhole
menhus *s.* inauspicious, baleful
meni *a.* semen, sperm, spunk *İİ./arg.* * atmık, bel, sperma
menili *s.* seminiferous
menisk *a.* meniscus lens
menkıbe *a.* epic, saga
menkul *s.* movable, portable, conveyable * taşınır *menkul kıymetler* stocks and

bonds **menkul kıymetler borsası** stock exchange, stock market **menkul mal** personal property, personal estate **menkul mallar** movable goods

menopoz a. menopause, change of life * yaşdönümü

menoz a. mannose

menstrüasyon a. menstruation

menstrüel s. menstrual

mensucat a. textiles

mensup s. connected with, belonging/related to ¤ a. member

mensur s. in prose

menşe a, esk. origin, root, source

menşeli s. exported from, of ... origin

menteşe a. hinge **menteşe takmak** to hinge **menteşelerini sökmek** to unhinge

menteşelemek e. to hinge

menteşeli s. hinged

mentin a. menthene

mentol a. menthol

mentollü s. mentholated

menü a. menu **menü seçeneği** biliş. menu item **menü sürümlü** biliş. menu-driven **menüyle yürüyen** biliş. menu-driven

menüsküs a. anat. meniscus

menzil a. range, shot, gunshot; stage, day's journey; ask. army transport corps

menzilci a. trh. postrider, courier

mepakrin a. mepacrine

meperidin a. meperidine

meprobamat a. meprobamate

mera a. pasture, pasturage, range **mera tarımı** pasture farming

merak a. curiosity; great interest, concern, passion; anxiety, solicitude, worry **Merak etme** Don't worry! **merak etmek** a) to wonder b) to be curious about c) to be anxious about, to worry **merak içinde** anxious **merak içinde olmak** to worry (about) **merak sarmak** to develop a passion, to take sth up **merakta bırakmak** to keep sb in suspense **meraktan** out of curiosity **meraktan çatlamak** to keep sb guessing

meraklandırmak e. to make anxious, to worry; to make sb curious

meraklanmak e. to be anxious, to worry; to get curious

meraklı s. curious, inquisitive, nosey, nosy; keen (on), interested (in); interesting, gripping, piquant; meticulous, peevish; anxious, solicitous res. ¤ a. fan, buff kon., Nosey Parker İİ./hkr. **meraklı olmak** to be keen on **meraklısı olmak** to be into, to go in for

meraksız s. indifferent, uninterested

meraksızlık a. lack of curiosity, indifference

meral a. female deer

meram a. intention, aim **meramını anlatmak** to explain oneself, to make oneself understood, to put oneself across **meramını ifade etmek** to express oneself

merasim a. ceremony, celebration, commemoration * tören

merasimli s. ceremonious

merasimsiz s. without ceremony, simply

merbromin a. merbromin

merbut s. bound, tied; joined, attached; devoted, faithful

mercan a. coral **mercan kayalığı/resifi** coral reef

mercanada a. atoll, coral island * atol

mercanadası a. coral, coral island

mercanağacı a. bitk. coral tree

mercanbalığı a, hayb. bream

mercanımsı s. coralloid

mercankök a. sweet marjoram

mercanköşk a. sweet marjoram * şile, merzengûş

mercanlı s. coralliferous

mercanotu a. pearlweed

mercanyılanı a. coral snake

mercek a. lens * lens **mercek açıklığı** lens opening **mercek anten** lens antenna **mercek diyaframı** lens diaphragm **mercek gücü** power of a lens **mercek kapağı** lens cap **mercek tablası** lens turret **mercek yuvası** lens mount

merceksel s. lenticular **merceksel bulut** lenticular cloud

merceksi s. lenticular **merceksi ekran** lenticular screen

merci a. recourse, reference; competent authority, department or office concerned

mercimek a, bitk. lentil **mercimeği fırına vermek** to fall in love with, to have it off/away (with sb) arg., to get off together İİ./kon. **mercimek taşı** pisolite

merdane[1] *be, esk.* bravely, valiantly
merdane[2] *a.* roller, cylinder; rolling pin; wringer, mangle
merdiven *a.* stairs, staircase, stairway; (portatif) ladder, stepladder, steps *merdiven babası* newel *merdiven basamağı* step, stair *merdiven boşluğu* well, wellhole *merdiven böğürü* stringboard *merdiven kirişi* notch board, stringboard *merdiven korkuluğu* stair rail *merdiven küpeştesi* stair rail *merdiven parmaklığı* balustrade, banister, handrail *merdiven sahanlığı* landing *merdiven sereni* newel *merdiven şebeke* ladder network *merdiven yolluğu* stair carpet
merdivenli *s.* having stairs
merdümgiriz *s.* unsociable
mereng *a.* meringue
meret *s. arg.* damn, awful, ugly
merhaba *ünl.* Hello!, Hi! *merhabayı kesmek* to break off with sb
merhabalaşmak *e.* to greet one another
merhale *a.* stage, phase
merhamet *a.* mercy, compassion, pity, clemency * acıma *merhamet etmek* to pity, to take pity on *merhamete gelmek* to relent, to become merciful
merhameten *be.* out of pity
merhametli *s.* merciful, compassionate, clement, humane; gracious
merhametsiz *s.* merciless, pitiless, relentless, inhumane, ruthless, cold-blooded *hkr.* * acımasız, kalpsiz
merhametsizce *be.* pitilessly
merhametsizlik *a.* mercilessness, savagery * acımasızlık, kalpsizlik
merhem *a.* ointment, salve *merhem sürmek* to salve
merhum *a.* the deceased ¤ *s.* deceased, departed *res., ört.*
merhume *a.* the deceased, the dead (Muslim) woman
mer'i *s. esk.* in force, valid
meridyen *a.* meridian
Merih *a, gökb.* Mars
Merihli *a. s.* Martian
merinos *a, hayb.* merino sheep, merino *merinos ipliği* merino yarn *merinos koyunu* merino *merinos yünü* merino wool
mer'iyet *a. esk.* validity, force

merkaptal *a.* mercaptal
merkaptan *a.* mercaptan, thiol
merkep *a.* donkey, ass * eşek
merkepçi *a.* donkey driver
merkez *a.* centre, center *Aİ.*; headquarters, central office, head office; administrative centre; police station * karakol *merkez açı* central angle *merkez bankası* central bank *merkez bataryası* central battery *merkez büro* headquarters, central office *merkez deliği* centre hole *merkez dişlisi* sun wheel *merkez gönyesi* centre square *merkez hattı* centre line *merkez nokta* centre point *merkez terminal* central terminal *merkez zımbası* centre punch
merkezci *a.* centralist
merkezcil *s.* centripetal *merkezcil kuvvet* centripetal force
merkezcilik *a.* centralism
merkezi *s.* central, centric *merkezi çark* sun wheel *merkezi denetim birimi* central control unit *merkezi ısıtma* central heating *merkezi işlem birimi* central processing unit *merkezi işlemci* central processor *merkezi kontrol* central control *merkezi kuvvet* central force *merkezi nokta* central point *merkezi yağlama* central lubrication
merkezileşmek *e.* to be centralized
merkezileştirilmek *e.* to centralise
merkezileştirme *a.* centralization
merkezileştirmek *e.* to centralize
merkeziyet *a.* centralism
merkeziyetçi *a.* centralist
merkeziyetçilik *a.* centralism
merkezkaç *s.* centrifugal * santrifüj *merkezkaç ayırıcı* centrifugal separator *merkezkaç bilgi işlem* decentralized data processing *merkezkaç debriyaj* centrifugal clutch *merkezkaç kuvvet* centrifugal force *merkezkaç kuvveti* centrifugal force *merkezkaç pompa* centrifugal pump *merkezkaç vantilatör* centrifugal fan
merkezleme *a.* centring *merkezleme kontrolü* centring control *merkezleme pimi* dowel pin
merkezlemek *e. tek.* to center
merkezsiz *s.* acentric
Merkür *a, gökb.* Mercury * Utarit
merkürat *a.* mercurate
merlanos *a, hayb.* whiting

merlengeç *a. bitk.* nettle tree, honey berry
mermer *a.* marble *mermer ocağı* marble quarry
mermerci *a.* marble layer; marble cutter; marble mason
mermerimsi *s.* marmoreal
mermerşahi *a.* white muslin, book muslin
mermi *a.* bullet; shell; bombshell; projectile *mermi yolu* trajectory
meromorf *s.* meromorphic
merserizasyon *s.* mercerizing, mercerization *merserizasyon banyosu* mercerizing liquor *merserizasyon haslığı* fastness to mercerizing
merserize *s.* mercerized *merserize etmek* to mercerize
merserizeleme *a.* mercerization, mercerizing
merserizelemek *e.* to mercerize
mersi *ünl.* Thank you!, Thanks!
mersin *a, bitk.* myrtle
mersinbalığı *a, hayb.* sturgeon
mersingiller *a.* myrtaceae
mersinmorinası *a. hayb.* beluga, white sturgeon
mersiye *a.* elegy * ağıt
mert *s.* brave, manly, courageous * yiğit; dependable, trustworthy
mertçe *be.* courageously
mertebe *a.* degree, stage; rank, position; grade
mertek *a.* beam, baulk
mertlik *a.* bravery, manliness, courage * yiğitlik, erkeklik
Meryem Ana *a.* the Virgin Mary, Mother Mary, the Madonna
meryemanaasması *a. bitk.* clematis, virgin's bower
meryemanadikeni *a.* milk thistle
meryemanaeldiveni *a. bitk.* bellflower
meryempelesengi *a.* calaba (tree)
merzengûş *a.* sweet marjoram
mesa *a.* mesa
mesafe *a.* distance, space, interval *mesafe tayini* ranging
mesaha *a.* measurement; area *mesaha bilimi* surveying *mesaha etmek* to survey *mesaha memuru* surveyor
mesai *a.* efforts, work *mesai arkadaşı* fellow worker *mesai saatleri* working hours, office hours *mesaiye kalmak* to work overtime
mesaj *a.* message * ileti *mesaj alıcısı*

message sink *mesaj anahtarlama* message switching *mesaj başlangıcı* start of message *mesaj başlığı* message header *mesaj bırakmak* to leave a note, to leave a message *mesaj blokları* message blocks *mesaj formatı* message format *mesaj kaynağı* message source *mesaj kuyruğu* message queue *mesaj numarası* message number *mesaj rotalama* message routing *mesaj santralı* message exchange *mesaj sonu* end of message
mesamat *a.* pores, holes; stomata
mesamatlı *s.* cancellate, cancellous
mesame *a. biy.* pore, stoma
mesameli *s.* porous, stomatous
mesane *a, anat.* urinary bladder * sidiktorbası, kavuk
mescit *a.* small mosque
mesel *a.* parable
mesela *be.* for example, for instance
mesele *a.* problem, question, matter, issue, affair, case *mesele çıkarmak* to make a fuss, to cause trouble, to create *İl./kon. mesele yapmak* to make a to-do about sth
meshetmek *e. din.* to wipe with the palm of one's hand during a canonical ablution; to anoint
Mesih *a.* the Messiah, Christ
mesire *a.* promenade, excursion spot
mesire yeri *a.* recreation spot, picnic spot
mesitilen *a.* mesitylene
meskalin *a.* mescaline
mesken *a.* dwelling, habitation, domicile *mesken bölgesi* residential district *meskene tecavüz* break-in
meskûn *s.* inhabited *meskûn kılmak* to populate
meslek *a.* profession, occupation, job; career; trade *meslek okulu* technical school *meslek sırrı* trade secret
mesleki *s.* professional, occupational
mesleksiz *s.* without a profession/career
mesleksizlik *a.* being without a profession/career
meslektaş *a.* colleague
mesmercilik *a.* mesmerism, hypnotism
mesnet *a.* support, basis, bearer, abutment, back rest *mesnet levhası* bearing plate *mesnet noktası* point of support

mesosiderit *a.* mesosiderite
mesotron *a.* mesotron
mest[1] *a.* light thin-soled boot
mest[2] *s.* drunk, intoxicated; enchanted *mest etmek* a) to intoxicate b) to entrance, to enrapture *mest olmak* a) to be intoxicated b) to be entranced, to be enraptured
mestçi *a. esk.* boot maker
mesul *s, esk.* responsible, accountable, liable, answerable to sb (for sth) * sorumlu
mesuliyet *a, esk.* responsibility, accountability, liability, blame * sorumluluk
mesuliyetli *s.* responsible
mesut *s.* happy * mutlu
meşakkat *a.* hardship, trouble *meşakkat çekmek* to suffer hardship
meşakkatli *s.* troublesome, difficult, gruelling, grueling *Aİ.*
meşale *a.* torch, flambeau
meşcere *a, çev.* stand *meşcere sıklığı* stand density *meşcere yapısı* stand structure *meşcere yaşı* stand age
meşe *a, bitk.* oak *meşe kerestesi* oak timber *meşe palamudu* acorn
meşebüken *s. arg.* strong, brawny
meşecik *a.* germander
meşelik *a.* oak forest
meşgale *a.* business; occupation, pursuit; preoccupation
meşgul *s.* busy, engaged *meşgul etmek* to keep busy, to occupy *meşgul olmak* to be busy (with), to busy oneself (with), to employ oneself in, to attend (to)
meşguliyet *a.* occupation, preoccupation, activity
meşhur *s.* famous, well-known, famed, noted, celebrated * ünlü *meşhur olmak* to become famous
meşhut *s. esk.* seen, witnessed
meşime *a, esk, anat.* placenta
meşin *a.* buff, leather
meşk *a.* practice, exercise
meşrep *a.* character, disposition
meşru *s.* lawful, legal, rightful, legitimate *meşru müdafaa* self-defence
meşrubat *a.* soft drinks, beverage
meşruluk *a.* legality
meşrut *s.* conditional * koşullu
meşruta *a. esk.* mortmain, inalienable trust/estate
meşruten *be.* conditionally

meşruti *s.* constitutional
meşrutiyet *a.* constitutional monarchy
meşum *s.* inauspicious, ill-omened, sinister
meşveret *a. esk.* consultation; deliberation; council
met *a.* high tide, flood tide, flow
meta *a.* goods, merchandise
metabiyoz *a.* metabiosis
metabolik *s.* metabolic
metabolizma *a, biy.* metabolism
metadon *a.* methadone
metafaz *a, biy.* metphase, aster phase
metafizik *a.* metaphysics
metafizikçi *a.* metaphysician
metafosfat *a.* metaphosphate
metafosforik *s.* metaphosphoric
metagalaksi *a.* metagalaxis
metagenez *a.* metagenesis
metakrilik *s.* methacrylic
metakrom *s.* metachrome *metakrom boyama* metachrome dyeing
metal *a.* metal *metal-amyant conta* metal asbestos gasket *metal boru* metal pipe, metal tube *metal boya* metallic paint *metal detektörü* metal detector *metal devre* metallic circuit *metal döküm* metal casting *metal ekstraksiyonu* metal extraction *metal kaplamak* to metal-coat, to metallize *metal levha* sheet metal *metal örtü* metallic coating *metal özütleme* metal extraction *metal püskürtme* metal spraying *metal sac* metal sheet *metal tel* metal wire *metal tutturma* metal bonding *metal yalıtkan* metal insulator *metal yaprak* foil *metal yorgunluğu* fatigue of metals
metalbilim *a.* metallurgy
metalbilimsel *s.* metallurgical
metaldehit *a.* metaldehyde
metalik *s.* metallic *metalik conta* metallic packing *metalik elektrot* metal electrode *metalik iletim* metallic conduction *metalik mordan* metallic mordant *metalik olmayan* nonmetallic *metalik parlaklık* metallic lustre *metalik redresör* metallic rectifier *metalik salmastra* metallic packing
metalize *s.* metallized *metalize etmek* to metallize
metallemek *e.* to metallize
metalli *s.* metalliferous

metalograf *a.* metallographer, metallographist
metalografi *a.* metallography
metaloit *a.* metalloid
metalsi *s.* metalloid
metalurji *a.* metallurgy **metalurji mühendisliği** metallurgical engineering
metalurjik *s.* metallurgical
metamanyetik *s.* metamagnetic
metamatematik *a.* metamathematics
metamer *a.* metamer
metameri *a.* metamery, metamerism
metamerizm *a.* metamerism, metamery
metamorfik *s.* metamorphic **metamorfik fasiyez** metamorphic facies
metamorfizm *a.* metamorphism
metamorfoz *a.* metamorphosis
metan *a.* methane
metanal *a.* methanal
metanet *a.* fortitude, firmness **metanet göstermek** to show firmness
metanetli *s.* firm, steady
metanetsiz *s.* spineless, yielding, weak
metanetsizlik *a.* want of courage/firmness, weakness, submission
metanol *a.* methanol
metaplazi *a.* metaplasia
metapsişik *s.* metapsychic
metastabl *s.* metastable **metastabl hal** metastable state
metastaz *a.* metastasis
metatez *a.* metathesis
metatip *a.* metatype
metazori *be. arg.* by force, forcefully
metelik *a.* sou, cent, bean, farthing **meteliğe kurşun atmak** to be stony broke, to be flat broke **metelik etmez** not worth a sou/cent **metelik vermemek** not to care a fig
meteliksiz *s.* penniless, broke *kon.*, skint *İl./arg.*, impecunious *res.* **meteliksiz kalmak** to lose one's shirt **meteliksiz olmak** to be stone broke
meteliksizlik *a. kon.* pennilessness
meteograf *a.* meteograph
meteor *a.* meteor ¤ *sg.* meteoric **meteor akımı** meteor shower **meteor yağmuru** meteor shower
meteorik *s.* meteoric
meteorit *a.* meteorite * göktaşı
meteorolog *a.* meteorologist
meteoroloji *a.* meteorology **meteoroloji balonu** observation balloon

meteoroloji bürosu weather bureau **meteoroloji gözlemcisi** weather observer **meteoroloji haritası** weather map **meteoroloji istasyonu** weather station **meteoroloji raporu** meteorological report **meteoroloji uydusu** meteorological satellite
meteorolojik *s.* meteorological **meteorolojik harita** weather chart, weather map **meteorolojik koşullar** meteorological conditions **meteorolojik minimum** meteorological minimum
meteortaşı *a.* meteorite * göktaşı
metfen *a. esk.* grave, tomb
metfun *s. esk.* buried
meth *a.* praise
methal *a. esk.* entrance, entry; inlet; introduction
methaldar *s. esk.* involved in, associated; implicated
methetmek *e.* to praise, to extol *res.*, to eulogize *res./şak.* * övmek
methiye *a.* eulogy
metil *a.* methyl **metil alkol** methyl alcohol **metil kırmızısı** methyl red
metilal *a.* methylal
metilamin *a.* methylamine
metilat *a.* methylate
metilen *a.* methylene
metilik *s. kim.* methylic
metilleme *a.* methylation
metillemek *e.* to methylate
metilli *s.* methylated
metin[1] *a.* text * tekst **metin başlangıcı** start of text **metin editörü** text editor **metin işleme** text manipulation **metin sonu karakteri** end-of-text character
metin[2] *s.* solid, strong **metin olmak** to grit one's teeth, to steel oneself
metionin *a.* methionine
metis *a, s.* mongrel
metisilin *a.* methicillin
metiyonin *a.* methionine
metodoloji *a.* methodology * yöntembilim
metodolojik *s.* methodological * yöntembilimsel
metoksiklor *a.* metoxychlor
metoksil *a.* methoxyl
metol *a.* metol
metot *a.* method * yöntem
metotlu *s.* methodic * yöntemli
metotreksat *a.* methotrexate
metotsuz *s.* unmethodical * yöntemsiz

metraj a. length in metres
metrdotel a. headwaiter, maître d'hôtel
metrdotellik a. work/positon of a head-waiter
metre a. metre, meter Aİ. **metre kare** square metre **metre küp** cubic metre **metre sistemi** metric system
metre-amper a. meter-ampere
metres a. mistress, kept woman **metres tutmak** to keep a mistress
metrik s. metric **metrik numara** metric count **metrik sistem** metric system **metrik tansör** metric tensor **metrik ton** metric ton **metrik uzay** metric space
metris a. ask. entrenchment; redoubt; breastwork
metro a. underground, tube, subway Aİ. **metro istasyonu** subway station **metro peronu** subway platform
metroloji a. metrology
metronom a, müz. metronome
metropol a. metropolis
metropolit a, din. metropolitan, metropolitan bishop
metropoliten s. metropolitan ¤ a. underground, subway * metro
metruk s. deserted, desolate, derelict; disused
metrukât a. esk. estate/effects of a deceased person
mevcudat a. esk. all existing things; creation; universe
mevcudiyet a. existence, being; presence
mevcut s. present; existing; available; in stock ¤ a. the number present; stock, supply **mevcut olmak** to exist
mevduat a. deposits **mevduat hesabı** deposit account
mevki a. class * sınıf; place, site, locality * yer; position, rank * orun; position, situation * durum
mevkuf s. esk. arrested, detained, confined
Mevla a. God
Mevlevi a. s. Mevlevi
Mevlevihane a. convent of Mevlevi dervishes
Mevlevilik a. Mevlevi teachings and practices
mevlit a. Islamic memorial service, ceremony
mevlithan a. chanter of the Mevlit
mevsim a. season

mevsimlik s. for one season, seasonal **mevsimlik işçi** seasonal worker
mevsimsiz s. unseasonable, untimely, inopportune
mevt a. esk. death
mevta a. corpse, the dead **mevta olmak** to die
mevzi a. place, position * yer, mahal **mevzi almak** ask. to take up a position
mevzii s. local, regional * yerel, lokal
mevzilendirmek e. to deploy * konuşlandırmak
mevzilenme a. deployment * konuşlanma
mevzilenmek e. to deploy * konuşlanmak
mevzu a. subject, topic * konu
mevzuat a. subjects under discussion; the body of current law
mevzubahis s. in question **mevzubahis etmek** to talk about
mevzun s. weighed, balanced; well-proportioned; graceful; metrically correct (verse)
mevzuubahis a. the topic of conversation
mey a, esk. wine
meyan a. liquorice plant
meyanbalı a. licorice extract
meyancı a. go-between, mediator
meyane a. roux
meyankökü a. liquorice, licorice Aİ.
meydan a. square, circus İl.; arena, ring, ground; hav. field; opportunity, occasion, possibility **meydan farı** boundary light **meydan muharebesi** pitched battle **meydan okuma** challenge, defying **meydan okumak** to challenge, to defy **meydan vermek** a) to give an opportunity b) to allow (sth) happen **meydan vermemek** to prevent, not to allow, to avert, to clamp down on sth kon. **meydana atılmak** to come forward, to offer oneself **meydana atmak** to put forward, to suggest **meydana çıkarmak** a) to bring out, to bring to light, to expose, to detect b) to reveal, to disclose **meydana çıkmak** a) to be revealed, to come to light b) to appear, to come into view **meydana gelmek** a) to occur, to happen, to take place b) to come into existence **meydana getirmek** to create, to produce, to constitute, to compose **meydanda** a) obvious, evident, clear, patent b) in sight, within view, around **meydanı boş**

bulmak to do whatever he wants in the absence of rivals

meydancı *a.* sweeper (of courts/squares); superviser (in the courtyards of the prisons)

meydanlık *a.* free space, open space

meyhane *a.* wine shop, bar, pub, joint, public house, saloon *Aİ.*

meyhaneci *a.* barkeep, barkeeper, publican

meyhanecilik *a.* barkeeping

meyhaneciotu *a. bitk.* asarabacca

meyil *a.* slope, incline, inclination, declivity, slant; tendency, inclination, propensity *res.*; fondness, liking, bent *meyil açısı* rake angle, tilt angle *meyil vermek* a) to splay b) *mec.* to fall in love with

meyilli *s.* sloping, inclined, slanting; inclined, capable *meyilli rampa* sloping ramp *meyilli teras* graded terrace

meyletmek *e.* to incline, to be inclined; to have a liking

meymenet *a.* auspiciousness, fortune

meymenetsiz *s.* inauspicious, unlucky

meyus *s.* despondent, despairing

meyve *a.* fruit *meyve ağacı* fruiter *meyve bahçesi* orchard *meyve çekirdeği* stone *meyve eti* pulp *meyve özü* pulp *meyve salatası* fruit salad *meyve satıcısı* fruiterer *meyve sepeti* fruit basket *meyve suyu* fruit juice, crush, cordial *İİ. meyve şekeri* fruit sugar, fructose *meyve vermek* to fruit

meyvebilim *a.* carpology

meyvebilimsel *s.* carpological

meyveci *a.* fruiterer

meyvecil *s.* carpophagous, frugivorous

meyvecilik *a.* fruit growing; fruit selling

meyvedışı *a. bitk.* epicarp, exocarp

meyvegöze *a.* carpogonium

meyvehoş *a. esk.* dried fruit

meyveiçi *a. bitk.* endocarp

meyveli *s.* fruitful, fruited, fruity *meyveli dondurma* sundae *meyveli pasta* flan

meyvelik *a.* orchard

meyvemsi *s.* fruity

meyveortası *a.* fruit pulp

meyvesineği *a. hayb.* fruit fly

meyvesiz *s.* infertile, fruitless

meyveyaprak *a. bitk.* calyx

meyyal *s, esk.* apt (to do sth) * eğilimli, eğimli

mezalim *a. esk.* atrocities, cruelties, outrages

mezar *a.* grave, tomb, sepulchre, sepulcher *Aİ. mezar kaçkını kon.* very skinny person *mezar taşı* gravestone, headstone *mezar taşı yazıtı* epitaph *mezara koymak* to entomb *mezardan çıkarmak* to exhume *mezarı boylamak* to end up dead *mezarında kemikleri sızlamak* to turn in one's grave

mezarcı *a.* gravedigger

mezarcılık *a.* gravedigging

mezarlık *a.* graveyard, cemetery

mezat *a.* auction *mezat malı* cheap ordinary merchandise *mezat tellalı* auctioneer *mezata çıkarmak* to put up for auction

mezatçı *a.* auctioneer

mezbaha *a.* slaughterhouse, abattoir * kesimevi, kanara, salhane

mezbele *a.* rubbish-heap

meze *a.* appetizer, snack, hors d'oeuvre, starters

mezeci *a.* delicatessen *mezeci dükkânı* delicatessen

mezenşim *a.* mesenchyma

mezenter *a. anat.* mesentery * bağırsak askısı

mezgit *a, hayb.* whiting

mezhep *a.* sect, cult, denomination *mezhebi geniş* free and easy

mezitilen *a.* mesitylene

meziyet *a.* excellence, virtue, merit, assets

meziyetli *s.* virtuous, meritorious

meziyetsiz *s.* without merit/virtue

mezkûr *s, esk.* aforesaid, aforementioned

mezmur *a.* psalm

Mezmurlar *a.* the Psalms (in the Old Testament)

mezoderm *a.* mesoderm

mezofit *a.* mesophyte

mezokarp *a. bitk.* mesocarp

mezon *a.* meson *mezon alanı* meson field

Mezopotamya *a.* Mesopotamia

mezosefal *a.* mesocephal

mezosfer *a.* mesosphere

mezotoryum *a.* mesothorium

mezozoik *a. yerb.* the Mesozoic era ¤ s Mesozoic

mezra *a.* arable field

mezun *s.* graduate; authorized; on leave

a. graduate, old boy, old girl **mezun etmek** to graduate **mezun olmak** to graduate

mezuniyet *a.* graduation **mezuniyet sınavı** leaving examination, final examination *Aİ.*

mezura *a.* tape measure, tape, measuring tape

mezür *a.* tape measure

mezzosoprano *a. müz.* mezzo-soprano

mıcır *a.* stone chips

mığrıbalığı *a, hayb.* conger, conger eel

mıh *a.* nail, peg

mıhladız *a.* magnet

mıhlamak *e.* to nail; to nail sb down

mıhlanmak *e.* to be nailed; to be nailed to the spot

mıhlı *s.* nailed; set, fixed

mıhsıçtı *s, arg.* closefisted *kon.*, tightfisted *kon.* * elisıkı, cimri

mıhsıçtılık *a, arg.* meanness, stinginess

mıknatın *a.* magneton

mıknatıs *a.* magnet **mıknatıs çekirdeği** magnet core **mıknatıs çeliği** magnet steel **mıknatıs çubuğu** magnetic bar **mıknatıs momenti** magnetic moment **mıknatıs taşı** loadstone

mıknatısi *s.* magnetic

mıknatısiyet *a.* magnetism

mıknatıskimyasal *s.* magnetochemical

mıknatıslama *a.* magnetization **mıknatıslama akımı** magnetizing current

mıknatıslamak *e.* to magnetize

mıknatıslanabilir *s.* magnetizable

mıknatıslanabilirlik *a.* magnetizability

mıknatıslanma *a.* magnetization **mıknatıslanma eğrisi** magnetization curve

mıknatıslanmaz *s.* nonmagnetic

mıknatıslayıcı *a.* magnetizer

mıknatıslı *s.* having a magnet, with a magnet; magnetic **mıknatıslı ayırıcı** magnetic separator **mıknatıslı film** magnetic film **mıknatıslı iğne** magnetic needle **mıknatıslı tav** magnetic annealing

mıknatıslık *a.* magnetism **mıknatıslık giderimi** demagnetization **mıknatıslığını gidermek** to demagnetize

mıknatısölçer *a.* magnetometer

mıknatısölçüm *a.* magnetometry

mıknatısölçümsel *s.* magnetometric

mıknatıssal *s.* magnetic **mıknatıssal akı** magnetic flux **mıknatıssal alan** magnetic field **mıknatıssal alınganlık** magnetic susceptibility **mıknatıssal büzülme** magnetostriction **mıknatıssal direnç** reluctance **mıknatıssal eğim** magnetic dip **mıknatıssal ekdirenç** magnetoresistance **mıknatıssal gecikim** magnetic lag **mıknatıssal geçirgenlik** magnetic permeability **mıknatıssal kuvvet** magnetic force **mıknatıssal mercek** magnetic lens **mıknatıssal sapma** magnetic declination **mıknatıssal sönüm** magnetic damping **mıknatıssal yaprak** magnetic shell **mıknatıssal yeğinlik** magnetic intensity

mıknatıssızlaştırmak *e.* to demagnetize

mıncık mıncık *s.* wet and sticky

mıncıklamak *e.* to squeeze and squash; to pinch

mıntıka *a.* zone, region, district

mır mır *be.* in a grumbling murmur

mırıl mırıl *be.* with a mutter

mırıldamak *e.* to murmur, to mutter; (kedi) to purr

mırıldanmak *e.* to mutter, to mumble, to grumble, to murmur, to burble, to croon, to bumble (on) (about sth); (şarkı) to hum

mırıltı *a.* murmur, muttering, grumbling; (kedi) purr

mırın kırın etmek *e.* to show reluctance, to grumble

mırlamak *e.* to purr

mırmır *a. balk.* worm eel

mırnav *a.* miaow

mısdak *a. esk.* proof, document, criterion

Mısır *a.* Egypt ¤ *s.* Egyptian

mısır *a.* maize *İİ.*, Indian corn *Aİ.*, corn *Aİ.* **mısır başağı** ear of maize, ear of corn **mısır buğdayı** popcorn **mısır ekmeği** corn bread **mısır gevreği** cornflakes **mısır kabuğu** corn husk **mısır koçanı** corncob **mısır nişastası** maize starch **mısır patlatmak** to pop corn **mısır püskülü** corn tassel **mısır sapı** cornstalk **mısır şekeri** corn sugar **mısır tanesi** the kernel of Indian corn **mısır tarlası** cornfield **mısır unu** cornflour, cornstarch *Aİ.*

mısırbiti *a. hayb.* corn borer

mısırcı s. seller of corn
mısırfulü a. bitk. Egyptian lotus
Mısırlı a, s. Egyptian
mısırlık a. corn-growing region
mısırözü a. germ of the corn kernel
mısırtavuğu a. hayb. turkey
mısırturnası a, hayb. sacred ibis
mısıryağı a. corn oil
mıskal a. müz. panpipe, fife
mıskala a. burnisher *mıskala vurma* burnishing
mısra a, ed. line * dize
mışıl mışıl be. soundly *mışıl mışıl uyumak* e. to be sound asleep
mışmış a. apricot
mıymıntı s. sluggish, slack ¤ a. slowcoach İİ./kon., slowpoke Aİ./kon.
mıymıntılık a. sluggishness, slackness
mızıka a. brass band * bando; harmonica, mouth organ * armonika
mızıkacı a. müz. harmonica player
mızıkçı a. spoilsport, killjoy, wet blanket
mızıkçılık a. cheating at games *mızıkçılık etmek* not to play the game
mızıklanmak e. kon. not to play the game; to behave unsportsmanlike
mızırdanmak e. to beef, to carp hkr.
mızmız s. fussy, pernickety, whiny, finicky hkr.
mızmızlanmak e. to carp hkr.
mızmızlık a. kon. slowness, laziness, sluggishness
mızrak a. spear, lance
mızraklı a. armed with a spear
mızraksı s. lanceolate
mızrap a, müz. plectrum
mi a, müz. E; mi, me
miat a. time, term, due time
mibzer a, trm. sowing machine
mibzerli pulluk a. drill plough
miço a, den. cabin boy
mide a. stomach, tummy kon. ¤ sg. gastric *mide ağrısı* collywobbles kon. *mide bozukluğu* stomach upset *mide bulandırıcı* nauseous *mide bulandırmak* to turn one's stomach, to nauseate *mide bulantısı* nausea *mide ekşimesi* hek. heartburn *mide fesadı* indigestion *mide genişlemesi* hek. tympanites *mide iltihabı* gastritis *mide kanaması* gastric bleeding *mide sancısı* gripe *mide ülseri* stomach ulcer, gastric ulcer *midesi ağrımak* to

have a stomachache *midesi bulanmak* to feel sick *midesi kazınmak* to be famished kon. *midesini bozmak* to upset one's stomach, to unsettle one's stomach *midesini bulandırmak* to turn one's stomach, to sicken *mideye indirmek* to put sth away kon. *mideye oturmak* to lie heavy on the stomach
mideci a. kon. self-seeker; gourmand, glutton
midecilik a. kon. self-seeking; gluttony
midesel s. gastral, gastric
midesiz s. tasteless
midevi s. gastric
midi s. that comes to the middle of the lower leg
midilli a, hayb. pony
Midilli a. Lesbos ¤ s. Lesbian
Midillili a, s. Lesbian
midye a, hayb. mussel *midye dolma* stuffed mussels *midye tava* fried mussels
midyeci a. seller of mussels
migmatit a. migmatite
migren a. migraine
miğfer a. helmet
miğfercik a. galea
mihaniki s. mechanical
mihengir a. marking gauge
mihenk a. touchstone
mihmandar a. host/hostess (accompanying a foreign guest of distinction)
mihnet a. trouble, worry *mihnet çekmek* to suffer
mihrace a. maharajaha, maharajah
mihrak a, esk. focus * odak
mihraki s. focal
mihrap a. niche of a mosque indicating the direction of Mecca
mihver a. gudgeon, mandrel
mika a. mica *mika buji* mica spark plug
mikado a. mikado; mahjong
mikalı s. micaceous *mikalı cam* triplex glass *mikalı kondansatör* mica capacitor
mikâp a. esk. cube
mikaşist a. mica schist
Miken a. Mycenae
miki, mikifare a. Mickey Mouse
mikleb a. tuck-in
mikoloji a. mycology
mikoz a. hek. mycosis
mikozis a. mycocosis

mikro s. micro **mikro akış şeması** micro flowchart **mikro çatlak** microcrack, hairline crack
mikroalaşımlı s. microalloyed
mikroamper a. microamp
mikroamperölçer a. microammeter
mikroanahtar a. microswitch
mikroanaliz a. microanalysis
mikrobar a. microbar
mikrobarograf a. microbarograph
mikrobik s. microbic
mikrobilgisayar a. microcomputer, micro kon.
mikrobilişim a. microcomputing
mikrobiyolog a. microbiologist
mikrobiyoloji a. microbiology
mikrobiyolojik s. microbiological
mikrocerrahi a. microsurgery
mikroçip a. microchip, chips
mikrodalga a. microwave **mikrodalga detektörü** microwave detector **mikrodalga fırın** microwave oven **mikrodalga fırını** microwave oven **mikrodalga radyometresi** microwave radiometer **mikrodalga rezonatörü** microwave resonator
mikrodevre a. microcircuit
mikroelektronik a. microelectronics
mikrofaj a. microphage
mikrofarad a. microfarad
mikrofauna a. microfauna
mikrofibril a. microfibril
mikrofil a. microphyll
mikrofilm a. microfilm
mikrofiş a. microfiche
mikrofit a. microphyte
mikrofon a. microphone, mike kon. **mikrofon amplifikatörü** microphone amplifier **mikrofon arabası** microphone boom **mikrofon vinci** microphone boom
mikrofonik a. microphonic
mikrofosil a. microfossil
mikrofotoğraf a. microphotograph
mikrogram a. microgram
mikrohenri a. microhenry
mikrohm a. microhm
mikroiklim a. microclimate
mikroiktisat a. microeconomics
mikroişlem a. microcomputing
mikroişlemci a, biliş. microprocessor
mikrokimya a. microchemistry
mikrokimyasal s. microchemical

mikroklima a. microclimate
mikroklin a. microcline
mikrokod a. microcode
mikrokodlama a. microcoding
mikrokok a. micrococcus
mikrokomut a. microinstruction
mikrokopya a. microcopy
mikrokristalin a. microcrystalline
mikroküri a. microcurie
mikrolit a. microlite
mikrolitre a. microliter
mikrometre a. micrometer
mikrometrik s. micrometric **mikrometrik kumpas** micrometer callipers
mikromikrofarad a. micromicrofarad
mikromilimetre a. micromillimetre
mikrominyatürleştirme a. microminiaturization
mikromodül a. micromodule
mikron a. micron
Mikronezya a. Micronesia ¤ s. Micronesian
Mikronezyalı a. s. Micronesian
Mikronezyalı a, s. Micronesian
mikroorganik s. micro-organic
mikroorganizma a. microorganism
mikrop a. microbe; germ, bug kon.; arg. bastard, son of a bitch **mikrop kapmak** to fester **mikrop öldürücü** disinfectant **mikroplardan arındırmak** to sterilize, to sanitize
mikroplankton a. microplankton
mikroplu s. septic, germy, contaminated
mikropluluk a. septicity
mikroprogram a. microprogram
mikroprogramlama a. microprogramming
mikropsuz s. sterilized, sterile
mikropsuzlandırmak e. to disinfect, to decontaminate
mikropsuzlaştırmak e. to sterilize
mikroradyograf a. microradiograph
mikroradyografi a. microradiography
mikrosam a. microsoma
mikrosaniye a. microsecond
mikrosefal s. microcephalic
mikrosefali a. microcephaly
mikrosinema a. cinephotomicrography
mikroskobik s. microscopic
mikroskop a. microscope
mikroskopi a. microscopy
mikroskopik s. microscopic
mikrospor a. microspore
mikroşerit a. microstrip

mikroterazi *a.* microbalance
mikrotom *a.* microtome
mikrotomi *a.* microtomy
mikrovat *a.* microwatt
mikrovatmetre *a.* microwattmeter
mikrovolt *a.* microvolt
mikrovoltmetre *a.* microvoltmeter
mikroyapı *a.* microstructure
miksefe *a.* capacitor
mikser *a.* mixer, blender, beater **mikser tübü** mixer tube
miksoamip *a.* myxamoeba
miksotrofik *s.* mixotrophic
miktar *a.* quantity, amount; extent
mikyas *a.* scale
mil^1 *a.* axle, pivot; metal bar **mil akuplemanı** shaft coupling **mil kavraması** shaft coupling **mil kovanı** journal box **mil yatağı** journal bearing
mil^2 *a.* mile
mil^3 *a, coğ.* silt
miladi *s.* pertaining to the Christian era **miladi takvim** the Gregorian calendar **miladi tarih** Christian era
milat *a.* the birth of Christ **milattan önce** before Christ, B.C. **milattan sonra** after Christ, D.C.
mildiyu *a, bitk.* mildew
milerit *a.* millerite
milföy *a.* napoleon, mille-feuille
mili- *s.* milli
miliamper *a.* milliampere
miliampermetre *a.* milliammeter
miliamperölçer *a.* milliammeter
milibar *a.* millibar
milifarad *a.* millifarad
miligram *a.* milligram
milihenri *a.* millihenry
miliküri *a.* millicurie
milikütle *a.* millimass **milikütle birimi** millimass unit
mililambert *a.* millilambert
mililitre *a.* millilitre
milim *a. kon.* millimetre
milimetre *a.* millimetre **milimetre kare** square millimetre
milimetrik *s.* millimetric **milimetrik dalga** millimetric wave **milimetrik kâğıt** graph paper
milimikrofarad *a.* millimicrofarad
milimikrohenri *a.* millimicrohenry
milimikron *a.* millimicron
miliohm *a.* milliohm

miliohmmetre *a.* milliohmmeter
miliradyan *a.* milliradian
miliröntgen *a.* milliroentgen
milis *a.* militia, home reserve, territorial reserve, national guard **milis kuvvetleri** militia forces, militia
milisaniye *a.* millisecond
militan *a.* militant
militanlık *a.* militancy, activism
militarist *a.* militarist ¤ *s.* militaristic
militarizm *a.* militarism
milivat *a.* milliwatt
milivolt *a.* millivolt
milivoltmetre *a.* millivoltmeter
milkşeyk *a, mutf.* milk shake
millet *a.* nation; people; *kon.* everybody **millet meclisi** the National Assembly
milletlerarası *s.* international * uluslararası, internasyonal **Milletlerarası Adalet Divanı** the International Court of Justice **milletlerarası konuşma** long distance call
milletvekili *a.* deputy, MP **milletvekili dokunulmazlığı** parliamentary immunity
milletvekilliği *a.* deputyship
milli *s.* national * ulusal **milli bayram** national holiday **Milli Eğitim Bakanı** Minister of Education **Milli Eğitim Bakanlığı** Ministry of Education **milli gelir** national income **milli marş** national anthem **milli park** national park **Milli Savunma Bakanı** Minister of Defence **Milli Savunma Bakanlığı** Ministry of Defence **milli takım** national team
millileşmek *e.* to be nationalized
millileştirme *a.* nationalization * ulusallaştırma
millileştirmek *e.* to nationalize * ulasallaştırmak
milliyet *a.* nationality
milliyetçi *a, s.* nationalist * ulusçu
milliyetçilik *a.* nationalism * ulusçuluk
milliyetperver *s.* patriotic
milliyetsiz *s.* lacking in patriotism, unpatriotic
milonit *a.* mylonite
milyar *a.* milliard, billion *Aİ.*
milyarder *a.* billionaire
milyarderlik *a.* being a billionaire
milyarlık *s.* of (...) billion
milyon *a, s.* million

milyoner *a.* millionaire
milyonerlik *a.* being a millionaire
milyonluk *s.* of (...) million
milyö *a.* milieu, environment
mim *a, tiy.* mime **mim koymak** a) to mark · so as not to forget b) to underline, to insist
mim[1] *a.* Arabic letter M
mim[2] *a.* mime; mimer, mime
mimar *a.* architect
mimari *s.* architectural
mimarlık *a.* architecture; being an architect
mimetit *a.* mimetite
mimik *a.* mimic
mimlemek *e.* to mark; to blacklist
mimli *s.* suspect
mimoza *a, bitk.* mimosa
minakop *a.* umbra
minare *a.* minaret
minber *a.* minbar
minder *a.* cushion, mattress; wrestling mat
mine *a.* enamel
mineci *a.* enameler, enamelist
mineçiçeği *a.* verbena
mineçiçeğigiller *a.* verbenaceae
minelemek *e.* to enamel
mineli *s.* enameled
minelibalık *a. hayb.* dragonet
mineral *a, s.* mineral **mineral boyarmadde** mineral dyestuff **mineral gidermek** to demineralize **mineral gübre** mineral fertilizer **mineral lif** mineral fibre **mineral mordan** mineral mordant **mineral yağı** mineral oil
mineralbilim *a.* mineralogy
mineralbilimsel *s.* mineralogical
mineralleştirme *a.* mineralization
mineralleştirmek *e.* to mineralize
mineralleyici *s.* mineralizing ¤ *a.* mineralizer
mineralog *a.* mineralogist
mineraloji *a.* mineralogy
mineralsizleştirme *a.* demineralization
mineralsizleştirmek *e.* to demineralize
mini *s.* mini **mini etek** miniskirt, mini *kon.*
minibilgisayar *a.* minicomputer
minibüs *a.* minibus
minibüsçü *a.* minibus driver
minibüsçülük *a.* being a minibus driver
minican *a.* bacterium
minicicansız *s.* abacterial

minicik *s.* tiny, wee, diminutive
minidalga *a.* microwave
minidisk *a.* minidisk
minifilm *a.* microfilm
minigöreç *a.* microscope
miniışımölçer *a.* radiomicrometer
minik *s.* diminutive, dear, small and sweet
minimal *s.* minimal
minimini *s.* tiny, teensy-weensy, diminutive
minimum *a, s.* minimum **minimum basınç** minimum pressure **minimum boşluk** minimum clearance **minimum değer** minimum value
minimumlu termometre *a.* minimum thermometer
miniölçer *a.* micrometer
miniskül *a.* lower case
minitartaç *a.* microbalance
minitaşıl *a.* microfossil
miniyonga *a, biliş.* microchip
mink *a, hayb.* mink
minkale *a. esk.* protractor
minnacık *s.* tiny, teeny-weeny, itty-bitty
minnet *a.* gratitude, indebtedness **minnet altında kalmak** to be under obligation **minnet altında kalmamak** to repay a favour **minnet etmek** to ask a favour, to plead
minnetarlık *a.* gratitude, indebtedness, appreciation
minnetle *be.* gratefully
minnettar *s.* grateful, indebted, thankful, obliged, appreciative **minnettar olmak** to be obliged to sb
minnettarlık *a.* gratitude
minnoş *a, kon.* little darling
Minorka *a.* Minorca ¤ *s.* Minorcan
Minorkalı *a, s.* Minorcan
minör *s, müz.* minor **minör gam** *müz.* minor scale
mintan *a.* shirt
minüskül *a.* small letter, minuscule
minval *a.* method, art, manner
minyatür *a.* miniature **minyatür lamba** bantam tube **minyatür tüp** miniature tube
minyatürcü *a.* miniaturist
minyatürcülük *a.* art of painting miniatures
minyatürleştirme *a.* miniaturization
minyatürleştirmek *e.* to miniaturize
minyon *s.* petite, slender, small

minyum *a.* minium
mir *a.* resolution wedge, test pattern
mira *a.* surveyor's rod
miracı *a.* rodman
miraç *a.* the Prophet Mohammed's ascension
miralay *a. esk.* (full) colonel
miras *a.* inheritance, heritage, patrimony, legacy, bequest *miras bırakmak* to bequeath *miras kalmak* to inherit, to pass to *miras olarak almak* to inherit, to come into sth *mirasa konmak* to inherit, to come into an inheritance
mirasçı *a.* heir, inheritor, beneficiary *mirastan mahrum etmek* to disinherit, to cut sb off *mirastan yoksun bırakmak* to disinherit *mirastan yoksunluk* disinheritance
mirasyedi *a.* spendthrift ¤ *s.* extravagant
mirasyedilik *a.* prodigality, lavishness; reckless spending, squandering
miri *s. esk.* stateowned, public
mirisin *a.* myricin
mis *s.* musk *mis gibi* a) fragrant b) excellent, proper *mis kokulu* fragrant
misafir *a.* guest, visitor, company *misafir ağırlamak* to entertain a guest *misafir etmek* to put sb up *misafir odası* guest room, drawing room *misafir olmak* to lodge, to visit *misafiri eksik olmamak* to do a lot of entertaining
misafireten *be.* as a guest
misafirhane *a.* guesthouse
misafirlik *a.* being a guest; visit *misafirliğe gitmek* a) to pay a visit to b) to go on a visit to
misafirperver *s.* hospitable * konuksever
misafirperverlik *a.* hospitality * konukseverlik
misak *a, esk.* agreement, treaty * sözleşme, antlaşma
misal *a.* example, model * örnek
misel *a, kim.* micelle
miselyum *a.* mycelium
misil *a.* a similar one; an equal amount
misilleme *a.* retaliation, reprisal *misilleme olarak* as a reprisal *misilleme yapmak* to retaliate, to give sb tit for tat *misillemede bulunmak* to retaliate
misina *a.* fishing line
misk *a.* musk
miskçiçeği *a. bitk.* field scabious

misket[1] *s.* scented, sweet smelling ¤ *a.* muscatel wine, muscatel *misket limonu* lime *misket şarabı* muscatel wine *misket tüfeği* musket *misket üzümü* muscatel grape
misket[2] *a.* grapeshot; marble
miskfaresi *a.* muskrat
miskgeyiği *a.* musk deer
miskin *s.* slothful, indolent, lazy, bonelazy; *esk.* poor, helpless, wretched
miskinhane *a. kon.* den of idlers; *isk.* lazaretto, hospital for lepers
miskinleşmek *e.* to become indolent, to become lazy
miskinlik *a.* sloth, indolence, sluggishness * meskenet
miskkavunu *a.* muskmelon
miskkeçisi *a. hayb.* musk deer
miskkedisi *a.* civet
miskkedisi *a.* civet, civet-cat
miskotu *a.* moschatel
misköküzü *a.* musk ox
misksıçanı *a, hayb.* musk rat * bizam sıçanı, maskarat, ondatra
misksığırı *a.* musk ox
missa *a. din.* (Hıristiyanlıkta) Mass
mistik *s.* mystical
mistisizm *a.* mysticism
mistral *a.* mistral
misvak *a.* stick toothbrush (used in Arabia)
misvakağacı *a. bitk.* toothbrush tree
misyon *a.* mission
misyoner *a.* missionary
misyonerlik *a.* being a missionary
mit *a.* myth
mitil *a.* a type of eiderdown
miting *a.* demonstration, meeting *miting yapmak* to hold a public demonstration
mitingci *a.* demonstrator
mitleştirmek *e.* to mythicize
mitokondri *a.* chondriome
mitokondriyum *a.* mitochondrion
mitoloji *a.* mythology
mitolojik *s.* mythological
mitos *a.* mythos, myth * mit
mitoz *a, biy.* mitosis * karyokinez
mitral *s, anat.* mitral *mitral kapakçık anat.* mitral valve *mitral yetersizlik hek.* mitral insufficiency
mitralyöz *a.* machinegun * makineli tüfek, makineli
miyar *a.* standard; *kim.* reagent *miyar*

pusulası standard compass

miyav *a.* meow, miaow

miyavlama *a.* miaou, miaowing

miyavlamak *e.* to meow, to miaow, to mew, to yowl

miyelin *a.* myelin(e)

miyelom *a. hek.* myeloma

miyelosit *a.* myelocyte

miyoblast *a.* myoblast

miyoglobin *a.* myoglobin

miyokard *a. anat.* myocardium

miyokardit *a, hek.* myocarditis

miyokart *a, anat.* myocardium * yürek kası *miyokart enfarktüsü* myocardial infarction

miyom *a, hek.* myoma

miyop *s, hek.* myopic, shortsighted, nearsighted *Aİ.* ¤ *a.* shortsighted person

miyopluk *a, hek.* myopia, shortsightedness

miyosen *a. yerb.* the Miocene epoch ¤ *s.* Miocene, Miocenic

miyosin *a.* myosin

miyoskop *a.* myoscope

miza *a.* stake

mizacen *be.* by nature

mizaç *a.* temperament, make-up, disposition, nature, humour, humor *Aİ.*

mizaçlı *s.* of (a certain) temperament

mizah *a.* humour * gülmece *mizah anlayışı* sense of humour

mizahçı *a.* humorist

mizahi *s.* humorous

mizan *a.* trial balance

mizana *a, den.* mizzen *mizana direği den.* mizzenmast *mizana gabya çubuğu den.* mizzen topmast

mizanpaj *a.* make-up, making up, page-setting

mizanpili *a.* set *mizanpili yaptırmak* to have a set, to have one's hair set

mizansen *a, tiy.* production

mizitra *a.* fresh cheese of goat's milk

mnemotekni *a.* mnemonics

mobilya *a.* furniture

mobilyacı *a.* maker of furniture; seller of furniture, furniture shop *mobilyacı sistiresi* cabinet scraper

mobilyacılık *a.* making/selling furniture

mobilyalı *s.* furnished *mobilyalı daire* furnished flat

mobilyasız *s.* unfurnished

mod *a.* mode *mod atlaması* mode jump

mod ayrımı mode separation *mod çevirici* mode transformer *mod kayması* mode shift *mod sekmesi* mode skip *mod transformatörü* mode transformer

moda *a.* fashion; cult ¤ *s.* in fashion, fashionable, stylish, modish *moda olmak* to be in fashion, to come into fashion, to come in *modada* in fashion *modası geçmek* to be out of fashion, to go out of date, to go out *modası geçmiş* out of fashion, out of date, old-fashioned, outdated, dated, antiquated, behind the times, obsolete, corny *kon.*, outmoded *hkr. modaya uygun* fashionable, à la mode *modayı izlemek* to follow the fashion

modacı *a.* couturier, fashion designer

modacılık *a.* fashion design

modaevi *a.* fashion house

modakrilik *a.* modacrylic fibre

model *a.* model *model atölyesi* model workshop *model geliştirme* model building *model uçak* model airplane *modelini yapmak* to model

modelaj *a.* sculpture modeling

modelci *a. inş.* patternmaker

modelcilik *a. inş.* patternmaking

modelist *a.* designer

modellik *a.* modeling *modellik etmek/yapmak* to model

modem *a.* modem

moderato *be. müz.* moderato

moderatör *a.* moderator

modern *s.* modern * çağcıl, asri

modernize *s.* modernized *modernize etmek* to modernize

modernizm *a.* modernism

modernleşmek *e.* to become modern; to modernize * çağcıllaşmak

modernleştirmek *e.* to modernize * çağcıllaştırmak

modernlik *a.* modernity

modifikasyon *a.* modification

modistra *a.* lady milliner, mantua maker

modül *a.* module *modül anahtarı* module key *modül kuplajı* module coupling

modülasyon *a.* modulation *modülasyon derinliği* modulation depth *modülasyon distorsiyonu* modulation distortion *modülasyon elektrotu* modulating electrode *modülasyon frekansı* modulation frequency

modülasyon gürültüsü modulation noise **modülasyon karakteristiği** modulation characteristic **modülasyon monitörü** modulation monitor **modülasyon yeteneği** modulation capability **modülasyon yüzdesi** modulation percentage

modülatör *a.* modulator

modüle *s.* modulated **modüle amplifikatör** modulated amplifier **modüle etmek** to modulate **modüle osilatör** modulated oscillator

modüler *s.* modular **modüler dönüşüm** modular conversion **modüler koordinasyon** modular coordination **modüler programlama** modular programming **modüler sistem** modular system

modülerite *a.* modularity

modülo *a.* modulo

modülometre *a.* modulation meter

Moğol *a, s.* Mongol, Mongolian

Moğolca *a, s.* Mongolian

Moğolistan *a.* Mongolia

moher *a, teks.* mohair, angora wool **moher yünü** mohair wool

moka *a.* mocha

mokasen *a.* moccasin

moket *a, teks.* moquette

mol *a.* mole, mol **mol dren** mole drain **mol elektroniği** mole-electronics **mol pulluğu** mole plough

mola *a.* break, respite, pause, breather *kon.*; stopover **mola etmek** *den.* to cast off **mola noktası** breakpoint **mola vermeden** without a break **mola vermek** a) to have a break b) to stop off (at/in)

molal *a.* molal

molallik *a.* molality

molar *s, kim.* molar **molar ısı** molar heat **molar iletkenlik** molar conductance

molarite *a.* molarity

molarlık *a.* molarity

molas *a.* molasse

moldavit *a.* moldavite

Moldavya *a.* Moldavia ¤ *s.* Moldavian

Moldavyalı *a, s.* Moldavian

Moldova *a.* Moldova ¤ *s.* Moldovan

Moldovalı *a. s.* Moldovan

Moldovalı *a, s.* Moldovan

molekül *a.* molecule **molekül ağırlığı** molecular weight **molekül yapısı** molecular structure

moleküler *s.* molecular **moleküler bağ** molecular bond **moleküler birleşme** molecular association **moleküler çekim** molecular attraction **moleküler damıtma** molecular distillation **moleküler ışın** molecular beam **moleküler orbital** molecular orbital **moleküler spektrum** molecular spectrum **moleküler yapı** molecular structure

molekülerlik *a.* molecularity

molekülgram *a.* gram molecule

moleküliçi *s.* intramolecular

moleküllerarası *s.* intermolecular

molekülsel *s.* molecular

moleskin *a, teks.* moleskin

molet *a.* die **molet makinesi** die milling machine

molibdat *a.* molybdate

molibden *a, kim.* molybdenum

molibdenit *a.* molybdenite

molibdenli *s.* molybdenous

molibdenum *a.* molybdenum

molibdik asit *a.* molybdic acid

molizit *a.* molysite

molla *a.* mullah

molotofkokteyli *a.* petrol bomb

moloz *a.* rubble, debris; *arg.* good-for-nothing person **moloz taş** rubble stone **moloz toprak** colluvial soil

molozlaşmak *e. arg.* to get old and ugly

molozluk *a.* heap of rubble/debris

molton *a.* molleton, mollitan, swanskin

Molük *a.* Molucca ¤ *s.* Moluccan **Molük Adaları** the Molucca Islands, the Moluccas

Molüklü *a, s.* Moluccan

moment *a.* moment, momentum **moment eğrisi** moment curve

monad *a.* monad

monadik *s.* monadic **monadik işlem** monadic operation

monadnok *a.* monadnock

Monako *a.* Monaco ¤ *s.* Monacan, Monegasque

Monakolu *a, s.* Monacan, Monegasque

monarşi *a.* monarchy * tekerklik

monarşist *a.* monarchist * tekerkçi

monarşizm *a.* monarchism * tekerklik

monat *a. fel.* monad

monatçılık *a. fel.* monadism

monazit *a.* monazite

monden s. mundane, worldly
mongolizm a. mongolism
mongoloit a. s. mongoloid
monist a. monist
monitör a. monitor **monitör göstericisi** monitor display
monizm a. monism
mono s, a. mono kon.
monoalkol s. monoalcoholic
monoasit a. monoacid
monoatomik s. monoatomic
monobazik s. monobasic
monoblast a. monoblast
monoblok s. monobloc
monofaze s. single-phase **monofaze akım** single-phase current
monofil a. monofilament
monofilament a. monofilament **monofilament iplik** monofilament yarn
monogam s. monogamous
monogami a. monogamy * tekeşlilik
monografi a. monograph
monogram a. monogram
monohibrit a. monohybrid
monohidrat a. monohydrate
monoit a. monoid
monokl a. monocle, eyeglass
monoklinal s, yerb. monoclinal
monokloroetan a. monochloroethane
monokok s. monocoque **monokok gövde** monocoque fuselage
monokrom a. monochromatic
monokromatik s. monochromatic **monokromatik ışık** monochromatic light **monokromatik radyasyon** monochromatic radiation
monokromatör a. monochromator
monoksit a. monoxide
monokültür a. monoculture
monolitik s. monolithic **monolitik bellek** monolithic storage **monolitik devre** monolithic circuit
monolog a. monologue, monolog Aİ.
monomer a. monomer
monomerik s. monomeric
monomoleküler s. monomolecular
mononükleoz a. mononucleosis
monopol a. monopoly * tekel
monoray a. monorail
monosakkarit a. monosaccharid
monosit a. monocyte
monoskop a. monoscope, monotron
monosom a. monosome

monoteist a. monotheist * tektanrıcı
monoteizm a. monotheism * tektanrıcılık
monotheist a. monotheism
monotip a. monotype
monoton s. monotonous, dull, flat, humdrum, vapid * tekdüze, yeknesak
monotonluk a. monotony, vapidity * tekdüzelik, yeknesaklık
monotrofik s. biy. monotrophic
monotropik s. monotropic
monsenyör a. Monsignor; Monseigneur
monşer a. my dear, mon cher
mont a. coat, jacket
montaj a. fitting, assembling, assembly, installation, mounting **montaj atölyesi** erecting shop, fitting shop **montaj hattı** assembly line **montaj masası** editing bench **montaj odası** sin. cutting room **montaj perçini** field rivet **montaj planı** assembly plan **montaj şeması** set-up diagram
montajcı a. fitter
montajcılık a. mounting, assembling, fitting; sin. film editing
monte etmek e, tek. to assemble, to mount, to put together
montör a, tek. engine fitter, erecting engineer
monzonit a. monzonite
moped a. moped
mor a, s. violet, purple **mor etmek** arg. to embarrass, to flatten **mor kuvars** amethyst **mor olmak** arg. to be embarrassed, to be flattened
Mora a. the Morea ¤ s. Morean
moral a. morale **moral bozukluğu** despondency **moral takviyesi** moral support **moral vermek** to give sb moral support, to bolster sb's morale, to cheer sb up, to buoy sb up, to reassure **morali bozuk** depressed, despondent, in the doldrums **morali bozulmak** to be demorilezed **morali düzelmek** to recover one's morale **moralini bozmak** to get sb down, to demoralize, to drive sb to despair **moralini düzeltmek** to cheer sb up
Moralı a, s. Morean
moralist a. fel. moralist
moralizm a. fel. moralism
moramık a. hek. purpura
morarım a. hek. cyanosis
morarma a. cyanosis, purpura, hepatiza-

tion

morarmak *e.* to become purple; to become bruised; *arg.* to be embarrassed/humiliated, to eat crow

morartı *a.* bruise, black and blue spot

morartılı *s.* purpuric

morartmak *e.* to make purple; to black (sb's eye); to make black-and-blue, to bruise; *arg.* to embarrass, to humiliate, to score off sb

moratoryum *a.* moratorium

mordan *a, teks.* mordant ***mordan boyama*** mordant dyeing ***mordan boyarmaddesi*** mordant dyestuff ***mordan boyası*** mordant dye

mordanlama *a, teks.* mordanting ***mordanlama efekti*** mordanting effect ***mordanlama gücü*** mordanting power ***mordanlama maddesi*** chemical mordanting agent

moren *a, yerb.* moraine * buzultaş

morfem *a, dilb.* morpheme * biçimbirim

morfin *a.* morphine

morfinoman *a.* morphine addict

morfogram *a.* morphogram

morfolin *a.* morpholine

morfoloji *a.* morphology * yapıbilim, biçimbilim

morfolojik *s.* morphologic

morg *a.* morgue, mortuary

morina *a, hayb.* cod, codfish

Moritanya *a.* Mauritania ¤ *s.* Mauritanian

Moritanyalı *a, s.* Mauritanian

Morityus *a.* Mauritian ¤ *s.* Mauritius

Morityuslu *a, s.* Mauritian

morlaşmak *e.* to turn purple

morluk *a.* being purple; purple spot; bruise, black-and-blue mark

moron *a.* moron

morötesi *a, s.* ultraviolet ***morötesi ışınım*** ultraviolet radiation ***morötesi ışınlar*** ultraviolet rays ***morötesi süzgeci*** ultraviolet filter

mors[1] *a, hayb.* walrus

mors[2] *a.* Morse Code ***Mors alfabesi*** Morse alphabet, Morse code

morsalkım *a. bitk.* wisteria

morsalkım *a, bitk.* wisteria

mort *s. arg.* dead

mortaş *a.* amethyst

morti *s. arg.* dead

mortlamak *e.* to croak, to kick the bucket

mortlatmak *e.* to kill, bump (sb) off; to win all of (sb's) money (in gambling)

morto *s, arg.* corpse, stiff *arg.* ***mortoyu çekmek*** *arg.* to die, to pop off, to kick the bucket *arg.*

mortocu *a.* driver of a hearse; person paid to recite Koranic passages at a funeral

moruk *a, arg.* decrepit old man, codger, gaffer, old-timer, crone, pop *kon.*, crock *İİ./kon.*, dodderer *hkr.*

moruklamak *e. arg.* to get old

moruklaşmak *e. arg.* to get old

morula *a.* morula

morumsu *s.* purplish

morumsu, morumtırak *s.* purplish

morüstü *a, s.* ultraviolet

Moskof *a.* Russian; ruthless, tyrannical

moskofcamı *a.* muscovite

moskoftoprağı *a.* rottenstone, tripoli

Moskova *a.* Moscow

mosmor *s.* deep purple; black and blue all over ***mosmor kesilmek*** to turn red in the face

mostra *a.* sample, pattern ***mostra kartı*** pattern card

mostralık *a.* sample, model; figurehead

motamo *be.* word for word, literally

motamo(t) *be.* word for word

motel *a.* motel

motelci *a.* operator of a motel

motelcilik *a.* operating a motel

motif *a.* pattern, motif

motifli *s.* containing a motif

motivasyon *a.* motivation * güdülenme

motive *s.* motivated ***motive etmek*** to motivate ***motive olmak*** to be motivated

motokros *a.* motocross

motopomp *a.* motor-pump, water-pumping set

motor *a.* motor; engine; motorboat; motorbike, motorcycle ***motor arızası*** engine breakdown ***motor ayarı*** tune-up ***motor bloku*** engine block ***motor frenlemesi*** engine braking ***motor gövdesi*** cylinder block ***motor gücü*** engine power ***motor hızı*** engine speed ***motor kapağı*** bonnet *İİ.*, hood *Aİ.* ***motor kaputu*** engine bonnet ***motor karteri*** crankcase ***motor kasnağı*** motor pulley ***motor mesnedi*** engine bearer ***motor mili*** motor shaft ***motor revizyonu*** engine overhaul ***motor***

sehpası engine bed **motor silindir hacmi** engine capacity **motor süspansiyonu** engine suspension **motor şaftı** engine shaft **motor verimi** engine output **motor yağı** bkz. motoryağı **motor yenileme** engine overhaul

motorbot a. motorboat

motorcu a. operator of a motorboat

motorin a. diesel oil, diesel fuel

motorize s, ask. motorized **motorize etmek** to motorize

motorlu s. motorized, motor-driven **motorlu bisiklet** autocycle, moped **motorlu deniz aracı** motor vessel **motorlu taşıt** motor vehicle **motorlu taşıt yolu** motorroad **motorlu tekne** motor ship **motorlu torna** engine lathe

motorsuz s. motorless

motoryağı a. motor oil, engine oil

motosiklet a. motorcycle, motorbike, bike kon., cycle kon. **motosiklet sepeti** sidecar **motosiklet yarışı** speedway **motosiklete binmek** to bike kon.

mototren a. train pulled by a motor car

motris a, demy. motor coach, motor car, rail coach, rail car **motris mil** driving axle **motris tekerleği** driving wheel

moz olmak e. arg. to drink oneself into a stupor

mozaik a. mosaic; mosaic disease **mozaik cam** stained glass **mozaik yapı** mosaic structure

mozaikçi a. mosaicist

mozak a. young pig, suckling pig

Mozambik a. Mozambique ¤ s. Mozambican, Mozambiquean

Mozambikli a, s. Mozambican, Mozambiquean

mozole a. mausoleum

mö a. moo

möble a. furniture

möbleli s. furnished

möblesiz s. unfurnished

mönü a. menu, bill of fare

mösyö a. monsieur

muaccel s, esk. executory; mature, immediately to be paid **muaccel borç** mature debt, debt due

muadelet a. esk. equivalency

muadil s, esk. equivalent, equal

muaf s, esk. exempt; excused; immune **muaf olmak** to be exempt (from) **muaf tutmak** to exempt (from), to excuse

muafiyet a. exemption * bağışıklık; hek. immunity * bağışıklık

muaflık a. exemption, freedom; hek. immunity

muahede a. esk. treaty, covenant

muahedename a. esk. signed treaty

muallak s, esk. suspended **muallakta kalmak** to remain in suspense **muallakta** in suspense, in abeyance

muallim a, esk. teacher * öğretmen

muallime a, esk. female teacher * öğretmen

muamele a. treatment, conduct, dealing; formality, procedure; kim. reaction **muamele etmek** to treat **muamele vergisi** transaction tax; turnover tax

muamma a. enigma, mystery, riddle, puzzle

muammalı s. enigmatic, mysterious

muare a, teks. moiré, watered fabric **muare etkisi** moiré effect **muare ipek** moiré silk **muare kalenderi** moiré calender

muarız a. opponent, antagonist

muasır s. contemporary, contemporaneous * çağdaş

muaşeret a. social intercourse **muaşeret adabı** etiquette * adabımuaşeret

muavenet a. esk. help, aid, assistance

muavin a. helper, assistant

muayene a, hek. examination; examination, inspection, scrutiny **muayene deliği** inspection hole **muayene etmek** a) to examine b) to examine, to inspect

muayeneci a. customs officer

muayenehane a. doctor's office, consulting room, surgery İl.

muayyen s. definite, determined, known

muazzam s. enormous, tremendous, prodigous, colossal, stupendous; strong, important

muazzep s. esk. tormented, pained; worried

muazzez s, esk. esteemed; honoured

mubah s. permissible

mubayaa a. purchasing, buying

mubayaacı a. purchaser, buyer

mucibince be. in compliance with

mucip a. cause, requirement, motive ¤ s. causing, leading to; implying, involving

mucit a. inventor

mucize a. miracle, wonder **mucizeler yaratmak** to work miracles, to work

wonders
mucizeli s. miracle-working, miraculous
mucizevi s. miraculous
mucuk a. a type of small fly
mucur a. gravel
muço a. cabin boy
mudi a. depositor
mufassal s, esk. elaborate * ayrıntılı
mufassalan be. esk. in detail, at length, fully
mufla a. muffle **mufla fırını** muffle furnace
muflon a, hayb. mouflon, moufflon; teks. wool lining
muflonlu s. teks. having a wool lining
mugalata a. fallacy
mugayir s. esk. contrary to, against, opposed
muğber s. esk. offended, hurt; hek. pulverulent
muğlak s. obscure, complicated, confusing, ambiguous
muhabbet a. affection, love; chat, small talk, chitchat kon. **muhabbet etmek** to have a chat, to chat **muhabbet tellalı** pimp, procurer hkr.
muhabbetçiçeği a. mignonette
muhabbetkuşu a, hayb. budgie, budgerigar, parakeet, lovebird
muhabbetli s. affectionate, friendly
muhabbetli s. convivial
muhaberat a. correspondence, communications
muhabere a. correspondence, communication **muhabere sınıfı** ask. signal corps
muhabereci a. ask. soldier in the Signal Corps
muhabir a. reporter, correspondent, interviewer
muhabirlik a. being a reporter/correspondent
muhaceret a. esk. immigration, emigration, migration
muhacir a, esk. emigrant, immigrant, refugee * göçmen
muhacirlik a. being an immigrant/emigrant/refugee
muhafaza a. protection, conservation, preservation, care; maintenance **muhafaza altına almak** to protect, to guard **muhafaza etmek** to keep, to protect, to preserve
muhafazakâr s, a. conservative * tutucu

muhafazakârlık a. conservatism * tutuculuk
muhafazalı s. protected, sheltered
muhafazasız s. unprotected, exposed
muhafız a. guard, defender, escort, bodyguard **muhafız alayı** troop of guardsmen
muhakeme a. trial; judgement, discernment; reasoning **muhakeme etmek** a) to hear a case, to judge b) to reason
muhakkak s. certain, sure ¤ be. certainly, surely
muhalefet a. opposition **muhalefet etmek** to oppose **muhalefet partisi** the opposition party
muhalif s. opposing, contrary; cantradictory ¤ a. adversary, opponent
muhallebi a. milk pudding **muhallebi çocuğu** milksop hkr.
muhallebici a. maker/seller of milk dishes
muhallebicilik a. making/selling milk puddings
Muhammed a. the Prophet Muhammad
Muhammedi s. Mohammedan; Moslem
muhammen s. tic. estimated, evaluated, appraised
muhammin a. tic. estimator, assessor, appraiser
muharebe a. war, battle, action **muharebe meydanı** battlefield **muharebe uçağı** combat plane, combat aircraft
muharip s. belligerent, combatant
Muharrem a. Muharram (the first month of the Arabian lunar year)
muharrik s. motive, moving; agitating, instigating **muharrik güç** moving force **muharrik makine** power engine
muharrir a. writer, author * yazar
muharrirlik a. being a writer, authorship * yazarlık
muhasara a. siege * kuşatma, sarma, çevirme **muhasara etmek** to besiege, to beleaguer
muhasebe a. accountancy, bookkeeping; business office, cashier's office
muhasebeci a. accountant, bookkeeper
muhasebecilik a. accountancy, bookkeeping
muhasım a. esk. hostile, adversary
muhasip a. esk. accountant, bookkeeper; calculator
muhatap a. one spoken to; tic. drawee

muhavere *a. esk.* conversation, talk, dialogue

muhayyel *s, esk.* imaginary

muhayyer *s, esk.* on approval, on trial, on approbation

muhayyile *a.* imagination, fancy * imgelem

muhbir *a.* informer, telltale, blabber, blab, squealer, stoolpigeon *kon.*

muhit *a.* environment, surroundings * çevre, yöre; circle, milieu * çevre

muhkem *s.* fast, firm, strong

muhlis *s. esk.* sincere

muhrip *a.* destroyer * destroyer

muhtaç *s.* needy, dependent, destitute, deprived ¤ *a.* dependant **muhtaç olmak** to be in need of, to need

muhtar[1] *s, esk.* autonomous * özerk

muhtar[2] *a.* headman, chief (in a village or a neighbourhood in a city)

muhtariyet *a, esk.* autonomy * özerklik

muhtarlık *a.* being a chief in a village or a neighbourhood in a city

muhtasar *s. esk.* short, brief, abridged, abbreviated

muhtasaran *be. esk.* briefly, summarily

muhtekir *a.* usurer, engrosser; hoarder

muhtelif *s.* various, different * çeşitli, türlü

muhtelit *s. esk.* mixed, joint

muhtemel *s.* probable, likely, possible **muhtemel hata** probable error **muhtemel olmak** to be possible, to be on the cards *kon.*

muhtemelen *be.* probably, presumably, the chances are (that) *kon.*

muhterem *s.* respected, estimable *res.* * saygıdeğer, sayın

muhteris *s.* covetous, eager

muhteşem *s.* magnificent, splendid, majestic, grand, great, glorious

muhteva *a.* contents * içerik

muhtevi *s. esk.* containing, including, comprising

muhteviyat *a. esk.* contents

muhtıra *a.* memorandum, note

mujik *a.* mujik, muzhik

mukabele *a.* reciprocation, retaliation **mukabele etmek** a) to retaliate, to respond, to react b) to retort **mukabelede bulunmak** to return, to repay

mukabeleci *a.* collator of the recital of the Koran

mukabil *s.* opposite, counter ¤ *be.* in return/exchange **mukabiline şamil** retroactive

mukaddeme *a. esk.* commencement, beginning; introduction, preface

mukadder *s.* predestined, foreordained **mukadder kılmak** to ordain

mukadderat *a.* fate, destiny

mukaddes *s.* sacred, holy * kutsal

mukaddesat *a.* holy things

mukallit *a. esk.* imitator; mimic, buffoon

mukavele *a.* contract, agreement, covenant, bond * sözleşme **mukavele yapmak** to make a contract * sözleşmek

mukaveleli *s.* bound by a contract; under contract

mukavelename *a.* contract, deed, written agreement

mukavemet *a.* resistance, endurance, strength **mukavemet etmek** to resist **mukavemet göstermek** to show resistance

mukavemetçi *a.* member of a resistance movement

mukavemetli *s.* resisting, strong

mukavemetsiz *s.* resistless, weak

mukavim *s.* strong, resisting, unyielding

mukavva *a.* cardboard, pasteboard **mukavva kutu** carton

mukayese *a.* comparison * karşılaştırma, kıyaslama **mukayese etmek** to compare, to contrast * karşılaştırmak, kıyaslamak

mukayeseli *s.* comparative * karşılaştırmalı

mukayyet *s.* conditional, restricted; registered, written down; watchful **mukayyet olmak** *e.* to attend to, to look after

mukim *s. esk.* dwelling, domiciled

mukoza *a, anat.* mucous membrane

muktedir *s.* able, capable, powerful **muktedir olmak** to be able to

mulaj *a.* moulding

mullit *a.* mullite

multilineer *s.* multilinear

multimetre *a.* multimeter

multiplet *a.* multiplet

multivibratör *a.* multivibrator

mum *a.* candle; candlepower; watt; wax **mum apresi** wax finishing **mumla aramak** to crave for, to hanker for

mumağacı *a.* bayberry

mumcu *a.* candlemaker; seller of candles
mumçiçeği *a.* wax plant
mumgücü *a.* candle power
mumlama *a.* waxing ***mumlama makinesi*** waxing machine
mumlamak *e.* to wax
mumlaşım *a. hek.* cirrhosis
mumlaşmak *e.* to become waxy
mumlu *s.* waxy, waxed ***mumlu kâğıt*** stencil
mumluk *a.* candlestick, candleholder ¤ *s.* of ... candle power
mumpalmiyesi *a. bitk.* wax palm
mumya *a.* mummy
mumyalamak *e.* to mummify, to embalm
mumyalaşmak *e.* to be mummified
mundar *s.* unclean, filthy
mungo *a.* mungo
munis *s.* sociable, friendly; tame
muntazam *s.* regular; tidy, orderly
muntazaman *be.* regularly
munzam *s.* added, appended ***munzam vergi*** supertax, surtax
murabaha *a. esk.* usury
murabahacı *a. esk.* usurer
murabahacılık *a. esk.* usury; usuriousness
murabba *a. esk. mat.* square ¤ *s. esk. mat.* squared
murabıt *a.* marabout
murabıtkuşu *a.* marabou
murabutkuşu *a. hayb.* marabou
murahhas *a, esk.* envoy, delegate
murakabe *a, esk.* inspection, supervision
murakıp *a, esk.* auditor * denetçi
murana *a, hayb.* moray
murat *a.* wish, desire; aim, intention ***muradına ermek*** to attain one's desire
murç *a.* broach, chisel
murdar *s.* dirty, filthy
murdarağacı *a. bitk.* purple loosestrife
murdarlık *a.* dirtiness, filthiness
mus *a.* elk *İİ.*, moose *Aİ.*
Musa *a.* Moses
musahhih *a. esk.* proofreader
musahhihlik *a. esk.* proofreading
musakka *a.* moussaka
musalla *a.* part of mosque where funeral services are performed
musallat *s.* worrying, annoying ***musallat olmak*** to bother, to pester
musandıra *a.* sideboard; enslab
Musevi *a.* Jew ¤ *s.* Jewish

Musevilik *a.* Judaism; Jewishness
Mushaf *a.* the Koran
musibet *a.* calamity, disaster; nuisance, pest *kon.*, plague *kon.* ¤ *s.* ill-omened
musikar *a.* flageolet, Pandean pipes
musiki *a.* music
musikişinas *a.* musician
musin *a.* mucin
muska *a.* charm, amulet
muskaböreği *a.* triangles of pastry filled with cheese, parsley, etc.
muskacı *a.* writer of charms
muskacılık *a.* being a writer of charms
muskarat *a.* muskrat
muskovit *a.* moscovite, muscovite
muslin *a.* muslin
musluk *a.* tap, cock, faucet *Aİ.* ***musluk suyu*** tap water ***musluk taşı*** sink
muslukçu *a.* plumber
muslukçuluk *a.* maker/seller of taps/faucets; being a plumber
muson *a.* monsoon
mustarip *s.* suffering from ***mustarip olmak*** to suffer from
musulin *a, teks.* muslin
muşamba *a.* oilcloth, oilskin; linoleum; oilskin, raincoat
muşikâf *a.* hairsplitter, quibbler
muşmula *a, bitk.* medlar
muşta *a.* knuckleduster, brass knuckles *Aİ.*
muştalamak *e.* to strike with one's fist or brass knuckles
muştu *a.* good news
muştucu *a.* herald
muştulamak *e.* to tell the good news
mut *a.* happiness * kut, saadet
mutaasıp *s.* fanatical, bigoted * bağnaz
mutaassıp *s.* fanatical, bigoted
mutabakat *a.* agreement * uyuşma, anlaşma
mutabık *s.* agreeable (to) ***mutabık kalmak*** to agree ***mutabık olmak*** to agree, to be in agreement
mutaf *a. esk.* hair-cloth; goat hair, horse hair
mutasarrıf *a.* owner, possessor, proprietor
mutasavvıf *a.* mystic
mutasyon *a.* mutation ***mutasyona uğramak*** *biy.* to mutate ***mutasyona uğratmak*** to mutate
mutasyonizm *a.* mutationism

mutat s. customary, habitual

mutavassıt a. esk. intermediary, go-between, medium

mutçu s. fel. eudaemonistic(al) ¤ a. eudaemonist

mutçuluk a. fel. eudaemonism

muteber s. esteemed, respected * saygın; valid, legal

muteberan a. esk. notables, prominent people

mutedil s. mild, moderate, temperate, equable * ılımlı, ılıman

mutekit s. esk. believing, faithful

mutemet a. fiduciary, paymaster, trustee

mutemetlik a. trust, paymastership

mutena s, esk. select, choice * seçkin

mutfak a. kitchen; cuisine ¤ sg. culinary **mutfak robotu** food processor **mutfak takımı** set of kitchen utensils

muti s. obedient; docile, peacful

mutlak s. absolute, unconditional * salt, saltık ¤ be. absolutely * mutlaka **mutlak adres** absolute address **mutlak alkol** absolute alcohol **mutlak birim** absolute unit **mutlak çevirici** absolute assembler **mutlak değer** absolute value **mutlak elektrometre** absolute electrometer **mutlak geçirgenlik** absolute permittivity **mutlak hata** absolute error **mutlak kodlama** absolute coding **mutlak manometre** absolute pressure gauge **mutlak nem** absolute humidity **mutlak potansiyel** absolute potential **mutlak sıcaklık** absolute temperature **mutlak sıfır** absolute zero **mutlak tavan** absolute ceiling **mutlak viskozite** absolute viscosity **mutlak yakınsak** absolutely convergent **mutlak yoğunluk** absolute density **mutlak yükseklik** absolute altitude

mutlaka be. absolutely, without fail, necessarily

mutlakıyet a. autocracy; absolutism * saltçılık

mutlandırmak e. to make (sb) happy

mutlanmak e. to become happy

mutlu s. happy, glad, gay, elated **mutlu etmek** to please, to gratify, to gladden, to warm the cockles (of sb's heart) **mutlu yıllar!** happy birthday!

mutluluk a. happiness, joy, bliss **mutluluktan havalara uçmak** to be bursting with happiness

mutlulukla be. happily

mutsuz s. unhappy, miserable, down-hearted, in low spirits, in poor spirits

mutsuzluk a. unhappiness, misery

muttasıl s. joined, attached; continuous

muvacehe a. esk. confrontation, coming face to face with

muvafakat a, esk. consent **muvafakat etmek** to agree, to consent

muvaffak s, esk. successful * başarılı **muvaffak olmak** to succeed * başarmak, başarılı olmak

muvaffakıyet a, esk. success * başarı

muvaffakıyetli s. successful

muvaffakıyetsiz s. unsuccessful

muvaffakıyetsizlik a. failure, lack of success

muvafık s. agreeing, confirming; suitable, convenient, fit

muvakkat a, esk. temporary * geçici

muvakkaten be, esk. temporarily, for the time being * geçici olarak

muvasala a. esk. communication

muvazaa a, esk. collusion * danışık, danışıklık

muvazaalı s. esk. simulated, false; feigned, pretended

muvazene a, esk. equilibrium, balance, stability * denge

muvazeneli s, esk. balanced * dengeli

muvazenesiz s, esk. unbalanced * dengesiz

muvazenesizlik a. lack of balance, imbalance

muvazi s. esk. parallel

muvazzaf s, ask. regular **muvazzaf hizmet** ask. active service **muvazzaf subay** active officer

muylu a. trunnion **muylu ekseni** axis of trunnions **muylu yatağı** trunnion bearing

muymul a. hayb. hen harrier; marsh harrier

muz a, bitk. banana **muz cumhuriyeti** banana republic

muzaffer s. victorious, triumphant

muzafferane be. victoriously, triumphantly

muzafferiyet a. esk. victory, triumph

muzır s. harmful, detrimental; mischievous; spicy

muzırlık a. harmfulness; mischievousness

muzip s. teasing, mischievous, naughty, sly, waggish esk.

muzipleşmek e. to get in a teasing mood
muziplik a. teasing, hoax, rag, prank, trick, practical joke *muziplik etmek* to play a trick on sb, to play a prank on sb
mübadele a, esk. exchange, barter * değiş, değiş tokuş *mübadele etmek* to exchange, to interchange * değiş tokuş etmek
mübadil s. exchanged ¤ a. exchangee; something exchanged
mübalağa a. exaggeration * abartma, abartı *mübalağa etmek* to exaggerate * abartmak
mübalağacı a. exaggerator * abartıcı
mübalağalı s. exaggerated * abartılı
mübarek s. blessed, holy, sacred * kutsal
mübarekotu a. bitk. wood avens
mübaşeret a. beginning
mübaşir a. usher, process-server
mübayenet a, esk. difference; divergence, conflict
mübeşşir s, esk. bringing good news
mübeyyiz a, esk. copying clerk
mübrem a. urgent, inevitable
mücadele a. struggle, strife, contention, fight, battle, contest, crusade, combat *mücadele etmek* to struggle, to fight, to combat, to crusade, to battle
mücadeleci s. combative
mücahit a. combatant, fighter; champion of Islam, fighter for Islam
mücamaa s, esk. sexual intercourse
mücavir s, esk. neighbouring, adjacent
mücazat a, esk. punishment
mücbir s, esk. compelling, coercive *mücbir sebep huk.* force majeure
mücehhez s, esk. equipped; ready *mücehhez olmak* to be equipped
mücella s, esk. polished, shining, bright
mücellit a, esk. bookbinder * ciltçi
mücellithane a, esk. bookbindery
mücellitlik a. bookbinding * ciltçilik
mücerrep s, esk. tried, tested, proved
mücerret s, esk. abstract * soyut; unmarried * evlenmemiş, bekâr; dilb. nominative case * yalın durum ¤ be. only; simply
mücessem s. solid
mücevher a. jewel *mücevher kutusu* jewel box, jewel case
mücevherat a. jewellery, jewelery
mücevherci a. jeweller, jeweler Aİ.
mücmel s. concise, succinct

mücrim s, esk. guilty * suçlu
mücver a. vegetable patty
müçtehit a. interpreter of Islamic law
müdafaa a. defence * savunma, koruma *müdafaa etmek* to defend * savunmak, korumak
müdafaaname a, esk. written defence * savunma
müdafaasız s. undefended, unprotected, defenseless
müdafi a. defender, champion
müdahale a. interference, intervention *müdahale etmek* to interfere, to intervene, to step in
müdahil s. intervening, interfering
müdana a. obligation, indebtedness *müdana etmek* to ask a favour, to bow to
müdavi s. treating, curative
müdavim a. habitué, frequenter, regular kon.
müddei s. asserting, claiming
müddeialeyh a, esk. defendant * davalı
müddeiumumi a, esk. public prosecutor * savcı
müddeiumumilik a. esk. public prosecutor's office; attorney generalship
müddet a. period, duration * süre
müddetçe bağ. while, as long as
müdebbir s. prudent, cautious * tedbirli
müderris a. professor
müdevven s. collected; compiled
müdevvenat a. collections, collected works
müdevver s. circular, round * yuvarlak
müdire a. directress, manageress
müdrik s. perceiving, comprehending
müdrike a. intellect * anlık
müdür a. director, manager; (okulda) headmaster, principal
müdüriyet a, bkz. müdürlük
müdürlük a. directorate; directorship
müebbeden be. perpetually, for ever
müebbet s. perpetual, eternal; lifelong *müebbet hapis* life imprisonment
müellif a. author
müessese a. establishment, institution, foundation * kuruluş, kurum
müesseseleştirmek e. to institutionalise
müessif s, esk. regrettable, sad
müessir s, esk. effective, effectual
müessis a. esk. founder, establisher; creator, originator

müeyyide *a.* sanction * yaptırım

müezzin *a.* muezzin

müezzinlik *a.* being a muezzin

müfettiş *a.* inspector, investigator, superintendent, supervisor

müfettişlik *a.* inspectorship

müflis *s.* bankrupt, insolvent * batkın, iflas etmiş

müfredat *a, esk.* details * ayrıntılar *müfredat programı* curriculum * öğretim izlencesi

müfreze *a, ask.* detachment

müfsit *s. esk.* corrupt, seditious, wicked

müfteri *a. esk.* slanderer, detracter, calumniator

müftü *a.* mufti

müftülük *a.* office/rank of mufti

müge *a.* lily of the valley

mühendis *a.* engineer

mühendislik *a.* engineering *mühendislik firması* engineering company *mühendislik yerbilimi* engineering geology *mühendislik zamanı* engineering time

mühim *s.* important * önemli

mühimmat *a, ask.* munitions, ammunition *mühimmat deposu* ammunition dump

mühimsemek *e, esk.* to consider important, to pay attention * önemsemek

mühlet *a.* term, respite, delay

mühre *a.* burnisher

mühtedi *a.* convert * dönme

mühür *a.* seal, signet; signet ring; stamp *mühür basmak* to seal *mühür mumu* sealing wax *mühür yüzüğü* seal ring

mühürcü *a.* engraver of seals

mühürcülük *a.* being an engraver of seals

mühürdar *a.* private secretary (of a high official)

mühürlemek *e.* to seal, to stamp with a seal

mühürlü *s.* sealed, under seal; stamped

mühürsüz *s.* unsealed

müjde *a.* good news

müjdeci *a.* herald, harbinger, forerunner, precursor *müjdecisi olmak* to herald

müjdelemek *e.* to tell the good news

mükâfat *a.* reward, compensation * ödül

mükâfatlandırmak *e.* to reward, to recompense, to give a reward (to sb)

mükâleme *a.* conversation, colloquy

mükellef *s.* charged with, obliged to, liable; grand, sumptuous ¤ *a.* taxpayer

mükellefiyet *a.* obligation, duty, liability

mükemmel *s.* perfect, excellent, exquisite, glittering, superb, impeccable, faultless, prodigous, consummate, fabulous *kon.*, terrific *kon.*, smashing *kon. mükemmel dielektrik* perfect dielectric *mükemmel küme* perfect set *mükemmel sayı* perfect number

mükemmelen *be.* perfectly

mükemmelleştirmek *e.* to perfect, to consummate

mükemmellik *a.* perfection, excellence

mükerrer *s, esk.* repeated, reiterated

mükrim *s. esk.* hospitable, kind, generous

müktesep *s, esk.* acquired

mülahaza *a. esk.* consideration, reflection, meditation, pondering

mülahazat *a. esk.* considerations, observations; remarks, notes

mülakat *a.* interview * görüşme *mülakat yapmak* to have an interview (with sb)

mülayemet *a. esk.* mildness, gentleness; moderation; easiness; softness

mülayim *s, esk.* mild, gentle, soft, bland, benign

mülayimlik *a.* mildness, gentleness

mülazım *a.* novice, assitant; *ask.* lieutenant; probationer

mülhem *s. esk.* inspired, suggested, led

mülk *a.* real estate, property *mülk sahibi* tenant

mülki *s, esk.* civil, civilian

mülkiye *a.* the civil service

mülkiyet *a.* ownership, possession *mülkiyet zamiri dilb.* possessive pronoun * iyelik adılı

mülklenmek *e.* to acquire real estate

mülteci *a.* refugee *mülteci kampı* refugee camp

mültefit *s. esk.* polite, attentive, courteous, sociable

mültezim *a. trh.* tax farmer

mültimilyoner *a.* multimillionaire

mültipleks *a.* multiplex

mümbit *s, esk.* fertile, rich, productive * bitek, verimli

mümbitlik *a.* fertility * biteklik, verimlilik

mümessil *a.* representative; agent

mümessillik *a.* being a representative, representation; agency

mümeyyiz *a.* examiner, examining official

mümin *s.* believing * mutekit ¤ *a.* Muslim * Müslüman *müminler* the faithful

mümkün s. possible * olası, muhtemel *mümkün kılmak* to enable *mümkün mertebe* as far as possible

mümtaz s. distinguished * seçkin; privileged

münacat a. supplication (addressed to God); thanksgiving (to God)

münafık a. mischief-maker

münafıklık a. mischief-making

münakasa a. adjudication

münakaşa a. dispute, argument, controversy, altercation *münakaşa etmek* to argue, to dispute

münasebet a. relation, connection; intercourse; occasion *münasebetiyle* on the occasion of

münasebetli s. reasonable; related to; connected with; apropos; in place

münasebetsiz s. improper, unseemly; inconsiderate, tactless, impertinent

münasebetsizlik a. impertinence

münasip s. fit, suitable, proper, apt, appropriate *münasip görmek* to see fit, to approve

münavebe a. alternation *münavebe ile* alternately

münavebeli s. alternate *münavebeli tarım* rotation of crops

münazaa a. esk. quarrel; dispute; litigation

münazara a. debate, discussion

münderecat a. esk. contents (of sth written)

münebbih s. esk. stimulative ¤ a. stimulant, stimulative drug; alarm clock

müneccim a. astrologer * astrolog

müneccimbaşı a. trh. chief astrologer/astronomer

müneccimlik a. astrology * astroloji

münekkit a. esk. critic; reviewer

münevver s, esk. enlightened, intellectual

münevveran a. esk. intellectuals, intelligentsia

münezzeh s. esk. exempt, free from

münfail s. esk. offended, hurt, resentful, indignant

münferit s, esk. separate, discrete, isolated, individual

münfesih s. disintegrated; mec. abolished, cancelled

münhal s. esk. dissolved, decomposed; vacant, empty

münhasır s. restricted to

münhasıran be. esk. only, solely

münkir a. denier; atheist ¤ s. denying, refusing; godless

müntahabat a. esk. choice pieces, anthology

müntahap s. esk. chosen, selected; elected; mec. choice, select

münzevi s. secluded *münzevi kimse* recluse, hermit

müphem s. vague, indefinite, ambiguous, obscure

müphemiyet a. vagueness, uncertainty; ambiguity

müptela s. addicted to; in love with; suffering from *müptela olmak* a) to be addicted b) be in love with

müptezel s. esk. common, vulgar; abundant, plentiful

mür a. myrrh

müracaat a. reference, application *müracaat etmek* to apply (to), to consult *müracaat formu* application form

müracaatçı a. applicant

mürai s, esk. hypocritical * ikiyüzlü

mürailik a. esk. hypocrisy

mürdesenk a. litharge

mürdolmak e. to die

mürdümeriği a, bitk. damson, damson plum

mürebbiye a. governess

müreccah s, esk. preferable * yeğ, yeğrek

müreffeh s, esk. prosperous, well-to-do

mürekkep[1] a. ink *mürekkep hokkası* inkwell *mürekkep lekesi* blot, blur *mürekkep yalamış* educated

mürekkep[2] s. consisted of ¤ a. compound *mürekkep kiriş* built-up beam, composite beam

mürekkepbalığı a, hayb. cuttlefish * supya

mürekkepçi a. maker/seller of ink

mürekkeplemek e. to spread ink (over); to blot (sth) with ink

mürekkeplenmek e. to become inky; to become ink-stained

mürekkepli s. inky, ink-stained

mürekkeplik a. inker; inking roller

mürettebat a. complement, crew

mürettip a, esk. compositor, typesetter * dizgici

mürettiphane a, esk. composing room * dizgiyeri

mürettiplik a. esk. typesetting

mürit a. disciple, follower

mürnel *a.* marline
mürrüsafi *a.* myrrh
mürşit *a.* guide, pilot; leader; mentor
mürteci *s, esk.* reactionary * gerici
mürtet *s.* apostatizing from Islam
mürur *a. esk.* passage; lapse; transit
müruriye *a. esk.* toll, fee paid for passage
mürüruzaman *a, esk.* prescription, limitation * süreaşımı, zamanaşımı
mürüvvet *a.* joy felt by parents when they see their child get married, be circumcised, etc.; *esk.* braver, courage * yiğitlik, mertlik; genoristy, bounty *esk.* * cömertlik *mürüvvetini görmek* to live to see one's children grow up and get married
mürüvvetli *s.* generous, kind
mürüvvetsiz *s.* ungenerous; stingy; unkind
mürver *a, bitk.* elder
müsaade *a.* permission, permit, leave, the go-ahead * izin *müsaade etmek* to permit, to allow, to let
müsabaka *a, esk.* competition, contest, race * yarış, yarışma, karşılaşma
müsabık *a.* competitor, contestant
müsademe *a, esk.* dash, skirmish * çarpışma *müsademeye girmek* to skirmish
müsademeli tapa *a, ask.* percussion fuse
müsadere *a.* confiscation, seizure, annexation *müsadere etmek* to confiscate, to seize
müsait *s.* convenient, favourable, available * uygun, elverişli
müsamaha *a.* tolerance, toleration, forbearance *esk.* * hoşgörü, tolerans *müsamaha etmek* to tolerate, to indulge
müsamahakâr *s.* tolerant, indulgent * hoşgörülü, toleranslı
müsamahakârlık *a.* tolerance, indulgence
müsamahalı *s.* tolerant, indulgent * hoşgörülü, toleranslı
müsamahasız *s.* intolerant * hoşgörüsüz, toleranssız
müsamere *a.* show
müsavat *a. esk.* equality, evenness
müsavi *s, esk.* equal * eşit, denk
müsebbip *s. esk.* cause, motive, factor
müseccel *s.* registered *müseccel marka* registered trade mark
müsekkin *a.* sedative, tranquillizer, tranquilizer *Aİ.* * yatıştırıcı

müselles *s. esk.* triangle
müshil *a.* purgative, laxative
müskirat *a. esk.* alcoholic beverages
Müslim *a. s.* Muslim
Müslüman *a, s.* Moslem, Muslim, Muhammadan, Mohammedan
müslüman *s.* pious, religious; *mec.* honest
Müslümanlık *a.* Islam * İslamiyet
müspet *s.* positive * olumlu, pozitif
müsrif *s.* extravagant, profligate *res./hkr.* ¤ *a.* spendthrift * tutumsuz, savurgan
müsrifçe *be.* extravagantly
müsriflik *a.* extravagance * tutumsuzluk, savurganlık, israf
müstacel *s. esk.* urgent, pressing
müstacelen *be. esk.* urgently
müstaceliyet *a. esk.* urgency, pressingness
müstahak *s.* worthy of, deserving of *müstahakını bulmak* to get one's deserts
müstahdem *a.* employee, servant, cleaner, messenger, doorman
müstahkem *s.* fortified, strengthened
müstahsil *a.* producer
müstahzar *a.* ready-made drug, preparation
müstahzarat *a. esk.* factory-made chemicals/cosmetics
müstakbel *s.* future
müstakil *s.* independent * bağımsız; (ev) detached
müstakil *s.* independent, detached *müstakil bina* detached building
müstamel *s, esk.* second-hand, old * kullanılmış, eski
müstear *a. esk.* borrowed, temporary
müstebit *s. esk.* despotic, tyrannical
müstebitlik *a. esk.* despotism, tyranny
müstecir *a.* hirer, tenant, lessee, lodger
müstehcen *s.* obscene, lewd, smutty, pornographic, bawdy, salacious *hkr.* * açık saçık
müstehcenlik *a.* obscenity
müstehlik *a.* consumer
müstehzi *s.* sarcastic
müstemleke *a, esk.* colony * sömürge
müstemlekeci *a. s.* colonialist
müstemlekecilik *a. esk.* colonialism
müsteniden *be. esk.* based on (sth), relying on; as a result of, due to
müstenit *s.* based on, supported by

müsterih s. at ease, relieved *müsterih olmak* to be at ease

müstesna s. except; exceptional

müsteşar a. undersecretary

müsteşarlık a. rank/duties of an undersecretary

müsteşrik a. esk. Orientalist

müstevi s. level, flat; smooth

müsvedde a. rough copy, draft; typescript *müsvedde defteri* exercise book, notebook *müsvedde kâğıdı* scratch paper *müsveddesini hazırlamak* to draught

müşahede a, esk. observation * gözlem *müşahede etmek* to observe * gözlemlemek

müşahhas s. concrete; personified; symbolic

müşahit a. esk. observer ¤ s. observing, seeing

müşavere a, esk. consultation * danışma, danış

müşavir a, esk. consultant, counsellor, counselor, adviser, advisor * danışman *müşavir mühendis* consulting engineer

müşavirlik a. consultancy

müşerref s. honoured *müşerref olmak* to be honoured

müşfik s. kind, kindly, tender, tenderhearted, affectionate, compassionate

müşir a. gauge, pointer, indicator

müşkül s. difficult, hard arduous * güç, zor, çetin ¤ a. difficulty * engel, güçlük, zorluk

müşkülat a. difficulties *müşkülat çıkarmak* to raise difficulties, to cause problems

müşküle a. a type of grape

müşkülpesent s. fastidious, exacting, particular, choosy kon., choosey kon., fussy hkr., pernickety hkr., finicky hkr.

müşrik a. polytheist ¤ s. polytheistic

müştak s. derived from

müşteki s. esk. complaining (about/of)

müştemilat a. annexes, outhouses, appurtenances

müşterek s. common, collective, joint, communal *müşterek bahis* totebetting, parimutuel *müşterek hesap* tic. joint account

müştereken be. in common, jointly

Müşteri a. gökb. Jupiter

müşteri a. customer, purchaser, buyer, client *müşteriye uyarlamak* to customize

mütalaa a, esk. study; opinion *mütalaa etmek* to examine, to scrutinize

mütalaahane a. esk. study hall

mütareke a, esk. truce, armistice * ateşkes

müteaddit s, esk. numerous, many, several, multifarious

müteahhit a. contractor * üstenci

müteahhitlik a. being a contractor; construction business

müteakiben be. subsequently; afterwards

müteakip s. successive ¤ ilg. after

mütebessim s. smiling

mütecanis s. esk. homogeneous, of the same kind

mütecaviz s. aggressive ¤ a. aggressor; rapist

mütecessis s. prying, inquisitive, curious

mütedavil s. esk. current, in circulation

mütedeyyin s. devout, religious

müteessif s. sorry, ragratful, distressed, afflicted

müteessir s, esk. grieved, sad, sorry * üzüntülü; influenced * etkilenmiş *müteessir olmak* a) to be grieved, to be sorry, to deplore b) to be influenced

mütefekkir s. esk. thinking; thoughtful ¤ a. thinker; philosopher

müteferrik s. esk. diverse, miscellaneous; scattered, dispersed

müteferrika a. esk. sundries, petty cash

mütegallibe a. esk. warlords, usurpers, despots

mütehakkim s. overbearing hkr. * hâkim olan, hükmeden

müteharrik s, esk. movable, portable; running, working, driven by

mütehassıs a. specialist, expert * uzman

mütehassis s, esk. moved, touched *mütehassis olmak* to be moved

mütehayyir s. esk. amazed, bewildered, surprised

müteheyyiç s. excitable * heyecanlı

mütekabil s, esk. reciprocal, mutual

mütekabiliyet a, esk. reciprocity

mütekait s. esk. retired (on a pension)

mütekebbir s. esk. haughty, arrogant

mütemadi s. continuous, continual sürekli, aralıksız *mütemadi kiriş* continuous beam

mütemadiyen *be.* continuously, continually, all the time
mütemayil *s.* inclined, apt (to do sth)
mütenahi *s, esk.* finite, having an end
mütenasip *s.* proportional, commensurate with; well-proportioned
mütenavip *s, esk.* alternate * almaşık
mütenazır *s.* corresponding, symmetrical *mütenazır hareket* reciprocating movement
mütercim *a, esk.* translator * çevirmen
mütercimlik *a, esk.* being a translator * çevirmenlik
mütereddit *s.* hesitant, undecided * ikircikli, kararsız
müteselsil *s, esk.* in continuous succession *müteselsil alacaklılar* joint creditors *müteselsil borçlular* joint debtors *müteselsil kefil* joint surety
müteşebbis *s.* enterprising ¤ *a.* entrepreneur * girişimci
müteşekkil *s.* composed (of sth)
müteşekkir *s.* thankful, grateful
mütevazı *s.* modest, humble, unpretentious *övg.*
mütevazi *s.* parallel * koşut, paralel
müteveccih *s.* turned (toward), directed (to); sympathetic (to)
müteveccihen *be. esk.* in the direction of, bound for
müteveffa *s.* deceased ¤ *a.* the deceased * ölü
mütevekkil *s.* resigned
mütevelli *a.* trustee *mütevelli heyeti* board of trustees
mütevellit *s, esk.* caused, resulting
müthiş *s.* terrible, horrible, awful, fearful; excessive; *kon.* wonderful, great *kon.*, terrific *kon.*, super *kon.* sensational *kon.*, out of this world *kon.*, funky *kon./övg.*
müttefik *a.* ally ¤ *s.* allied
müttefiklik *a.* alliance
müttehit *s. esk.* united; unanimous
müvekkil *a, huk.* client
müverrih *a.* historian
müvezzi *a.* distributor * dağıtıcı
müzakere *a.* consultation, conference, debate, negotiation *müzakere etmek* to discuss, to debate, to confer, to negotiate
müzakereci *a. esk.* tutor, assistant master
müzayede *a.* auction

müze *a.* museum *müze müdürü* curator
müzeci *a.* museum curator; museum employee
müzehhep *s.* adorned/covered with gold
müzehhip *a.* gilder
müzelik *s.* worthy of a museum; *kon.* ramshackle, ancient
müzevir *a.* sneak, talebearer, telltale
müzevirlemek *e.* to sneak, to tell on
müzevirlik *a.* mischief-making
müzeyyen *s.* adorned, decorated, ornamented
müziç *s.* worrying, bothering, troublesome
müzik *a.* music ¤ *sg.* musical *müzik kutusu* music box *müzik seti* music centre
müzikal *s.* musical ¤ *a.* musical, musical comedy
müzikbilim *a.* musicology
müzikbilimci *a.* musicologist
müzikçi *a.* musician; teacher of music
müzikhol *a.* music hall, variety theatre
müzikli *s.* musical
müzikolog *a.* musicologist
müzikoloji *a.* musicology
müziksever *s.* music-loving, keen on music ¤ *a.* music lover
müzisyen *a.* musician
Müzler *a.* the (nine) Muses
müzmin *s, hek.* chronic * süreğen *müzmin bekâr* confirmed bachelor
müzminleşmek *e.* to become chronic * süreğenleşmek
müzminlik *a.* being chronic

N

N, n *a.* the seventeenth letter of the Turkish alphabet
na, nah *ünl, kab.* There!, There it is!, There you are!
naaş *a, esk.* corpse, body * ceset
naat *a.* eulogy; encomium about the Prophet Muhammad
nabla *a, mat.* nabla *nabla işleci* nabla operator *nabla operatörü* nabla operator
nacak *a.* hatchet
naçar *s.* helpless * çaresiz, umarsız
naçiz *s.* insignificant, worthless * değersiz, önemsiz

naçizane *be.* humbly

nadan *s, esk.* ignorant, uneducated * bilgisiz, cahil; rude, churlish * nobran, kaba

nadanlık *a.* impertinence, rudeness, tactlessness

nadas *a.* fallowing *nadasa bırakılmış* fallow *nadasa bırakılmış toprak* fallow, fallow land *nadasa bırakmak* to fallow

nadide *s.* rare, precious

nadim *s, esk.* penitent, repentant * pişman

nadir[1] *s.* rare, unusual, scarce, infrequent, few and far between *kon. nadir toprak elementleri* rare earth elements *nadir toprak madenleri* rare earth metals

nadir[2] *a, gökb.* nadir

nadirat *a.* rare things *nadirattan bir şey* a rarity, a rara avis *nadirattan olmak* to be a rarity

nadiren *be.* seldom, rarely

nadirlik *a.* rarity, rareness

nafaka *a.* livelihood, subsistence; alimony

nafia *a. esk.* public works

nafile *s.* useless, futile ¤ *be.* uselessly, in vain *nafile yere* uselessly, in vain, for nothing

nafiz *s. esk.* penetrating; influential

nafta *a.* naphtha

naftalen *a.* naphthalene

naftalin *a, kim.* naphthalene

naftalinlemek *e.* to put naphthalene (among)

naftalinli *s.* naphthalenic

naften *a.* naphthene

naftenik *s.* naphthenic

naftilamin *a.* naphthylamine

naftol *a, kim.* naphthol *naftol boyama* naphthol dyeing *naftol boyası* naphthol dye

naftollemek *e.* to naphtholate

nagant *a.* Nagant revolver

nağme *a.* tune, song; musical note *nağme yapmak kon.* to pretend to be ignorant of

nahak *s. esk.* unjust, unfair, wrong

Nahçıvan *a.* Nakhichevan

nahif *s.* thin, emaciated, frail

nahiv *a. dilb.* syntax

nahiye *a.* sub-district; district, region; *anat.* region

nahoş *s.* unpleasant, undesirable, disagreeable, distasteful, objectionable

nahoşluk *a.* unpleasantness

nail *s.* who attains, who obtains, enjoying *nail olmak* to attain, to gain, to enjoy

naip *a.* regent

naiplik *a.* regency; viceroyalty

nakarat *a.* refrain, chorus

nakavt *a, sp.* knockout *nakavt etmek* to knock sb out

nakden *be.* in cash, in ready money

nakdi *s.* in cash

nakıs *s. esk.* incomplete, missing, failing; defective, imperfect; minus

nakış *a.* embroidery *nakış iğnesi* tapestry needle *nakış ipliği* embroidery yarn *nakış işlemek* to embroider

nakışçı *a.* embroiderer, tambour stitcher

nakışçılık *a.* embroidering, embroidery

nakışlamak *e.* to embroider

nakışlı *s.* embroidered

nakız *a. esk.* breach, violation

nâkil *s. esk.* carrying, conveying, transporting; telling, quoting, citing

nakil *a.* transport, transportation, transfer; narration; commentary *nakil supabı* delivery valve *nakil tekerleği* castor *nakil vasıtaları* means of transport

nakiliyet *a.* conductivity

nakisa *a.* defect, fault, defect, imperfection

nakit *a.* ready money, cash *nakit para* cash, hard cash

nakka *a. arg.* gay, queen, fairy

nakkare *a.* kettledrum; timbal

nakkaş *a.* muralist; frescoist

naklen *be.* by transfer *naklen program* live programme *naklen yayın* live broadcast *naklen yayınlamak* to relay

nakletmek *e.* to transport, to convey, to carry; to transfer; *elek.* to conduct; to narrate, to tell; to commentate (on sth); (organ) to transplant

nakliyat *a.* transport, forwarding, shipping, freighting

nakliyatçı *a.* shipper, freighter

nakliye *a.* transport, shipping; transport expenses, carriage, haulage *nakliye acentesi* forwarding agent *nakliye kamyonu* removal van *nakliye ücreti* carriage, haulage

nakliyeci *a.* transporter, carrier, shipper, forwarding agent

nakliyecilik *a.* transport business, shipping business

nakşetmek *e.* to design, to decorate; to leave an imprint

Nakşibendi *a. s.* Nakhshibendi

nakzetmek *e. esk.* to break, to violate; to overthrow (the decision of a lower court)

nal *a.* horseshoe *nal çakmak* to shoe

nalbant *a.* blacksmith, smith, horseshoer, farrier

nalbantlık *a.* horseshoeing, farriery

nalbur *a.* ironmonger *İİ.*, hardware dealer *Aİ.*

nalburiye *a.* hardware

nalça *a.* heel iron

naldöken *a.* rough country, road full of stones

nalet *s, arg.* cursed, damned, bloody

nalın *a.* patten, clog

nalıncı *a.* maker/seller of bath clogs

nallamak *e.* to shoe; *arg.* to croak *arg.*, to bump sb off *arg.* *nalları dikmek arg.* to peg out *kon.*, to pop off *kon.*, to croak *arg.*, to kick the bucket *arg.*

nam *a.* name * ad; name, repute, reputation, character, fame; notoriety * ün *nam kazanmak* to become famous *namı diğer* alias *namına leke sürmek* to blot one's copybook *kon.* *namına* in the name of, on behalf of sb, on sb's behalf, in behalf of sb, in sb's behalf *Aİ.* *namında* called, named *namıyla* under the name of

namağlup *s.* undefeated

namahrem *s. din.* whose marriage is legitimate; outsider

namalum *s. esk.* unknown

namaz *a.* ritual worship, prayer *namaz kılmak* to perform the ritual prayers (of Islam) *namaz vakti* prayer time

namazgah *a.* place for public worship

namazlık *a.* prayer rug

namazsız *s.* who is menstruating

namdar *s. esk.* famous, renowned

name *a.* letter, love-letter

namert *s.* cowardly, despicable, vile

namertçe *be.* despicably, treacherously

namertlik *a.* cowardice, vileness

Namibya *a.* Namibia ¤ *s.* Namibian

Namibyalı *a, s.* Namibian

namlı *s.* famous, celebrated, renowned; notorious

namlu *a.* gun barrel, barrel *namlu ekseni* axis of the bore

namuhesabına *be.* on behalf of

namus *a.* honour; good name; rectitude; honesty *namus sözü* word of honour *namusuna leke sürmek* to dishonour *res.*

namuslu *s.* honest, straight, pure, chaste, honourable, honorable *Aİ.*; *kon.* proper

namusluluk *a.* honesty, chastity

namussuz *s.* dishonest, dishonourable, deceitful, devious, crooked *kon.*, dodgy *İİ./kon.*, bent *İİ./arg.*

namussuzca *be.* dishonestly

namussuzluk *a.* dishonesty, deceit

namütenahi *s. esk.* infinite, endless

namzet *a.* candidate, applicant * aday

namzetlik *a.* candidacy * adaylık

nanay *s, arg.* there is no

nane *a.* mint, peppermint *nane yemek arg.* to make a blunder; to do sth stupid

naneli *s.* containing peppermint, tasting of peppermint

nanemolla *a.* weakling, milksop

naneruhu *a.* oil of peppermint

naneşekeri *a.* peppermint drop, peppermint

nanik *a.* long nose *nanik yapmak* to cock a snook at, to make a long nose

nanizm *a. hek.* nanism, dwarfism

nankin *a.* nankeen

nankör *s.* ungrateful, thankless

nankörce *be.* ungratefully

nankörlük *a.* ungratefulness, ingratitude *nankörlük etmek* to show ingratitude

nannik *a. arg.* mistress

nano *s.* nano

nanofarad *a.* nanofarad

nanometre *a.* nanometer

nansuk *a.* nainsook

nap *a.* nappe

napalm *a.* napalm

Napolyon *a.* Napoleon *Napolyon kirazı* Bing cherry

Napolyon kirazı *a.* Bing cherry

nâr *a. esk.* fire

nar *a.* pomegranate *nar gibi* well toasted, well roasted

nara *a.* loud cry, shout, yell *nara atmak* to let out a yell, to yell

narbülbülü *a. hayb.* European robin

narcıl *a.* coconut

narçiçeği *a.* grenadine red, reddish orange

nardenk *a.* astringent syrup, treacle

nardin *a. bitk.* eryngo
narenciye *a, bitk.* citrus fruits; citrus trees
nargile *a.* hubble-bubble, water pipe, hookah
narh *a.* officially fixed price **narh koymak** to set a fixed price
narin *s.* slender, slim * yepelek, nazenin; delicate, brittle, fragile, frail
narinlik *a.* slimness, slenderness; delicacy, frailty
narkotik *a, s.* narcotic
narkoz *a.* narcosis **narkoz vermek** to narcotize, to anaesthetize
narkozcu *a.* anaesthetist
narkozitör *a.* anesthetist
narsin *a.* narceine
narsisist *a.* narcissist
narsisizm *a.* narcissism * özseverlik
narsislik *a.* narcissism
narsist *a.* narcissist
narteks *a.* narthex
nasbetmek *e. esk.* to appoint, to nominate
nasıl *be.* how, what sort ¤ *ünl.* What did you say?, How is it?, Come again? **Nasıl gidiyor?** How's things? **nasıl ki** just as **nasıl olmuşsa** somehow **nasıl olsa** somehow or other, sooner or later **Nasıl olur?** How come? *kon.* **Nasılsınız** How are you?
nasılsa *be.* in any case, somehow or other
nasır *a.* corn, callus **nasır bağlamak** to become callous, to become corny
nasırlanmak *e.* to become corny/callous/hard
nasırlaşmak *e.* to form a corn; *mec.* to become callous
nasırlı *s.* callous
nasihat *a.* advice, counsel *res.* **nasihat etmek/vermek** to advise
nasip *a.* portion, share; destiny, luck **nasibini almak** to have one's share (of) **nasip olmak** to be vouchsafed
nasiplenmek *e.* to get one's lot/portion
nasipsiz *s.* who is unlucky to get a portion
nasiye *a. esk.* forehead
Nasrani *a. s.* Christian
naşi *be. esk.* due to, owing to
naşir *a. esk.* publisher
naşirlik *a. esk.* being a publisher
natamam *s. esk.* incomplete, imperfect
natıka *a. esk.* faculty of speech
natıkalı *s. esk.* eloquent
natır *a.* female bath attendant

nativist *a. s. fel.* nativist
nativizm *a. fel.* nativism
nato kafa *a. arg.* idiot, blockhead, obtuse
natrolit *a.* natrolite
natron *a.* natron
natuk *s. esk.* eloquent, loquacious
natura *a.* nature, temperament
natüralist *a.* naturalist * doğalcı ¤ *s.* naturalistic * doğalcı
natüralizm *a.* naturalism * doğalcılık
natürel *s.* natural * doğal
natürmort *a.* still life
Nauru *a.* Nauru ¤ *s.* Nauruan
Naurulu *a, s.* Nauruan
naval *s. arg.* stupid
navar *a. hav.* navar
navçağan *a.* downy thorn apple
navlun *a.* freight; freight rate **navlun faturası** freight invoice **navlun masrafları** freight charges **navlun sözleşmesi** affreightment, contract of affreightment
naylon *a.* nylon ¤ *s, kon.* artificial, fake
nayloncu *a. kon.* peddler of polyethylene ware
naz *a.* coquetry, whims; disdain, coyness **naz etmek/yapmak** to feign reluctance, to show coyness **nazı geçmek** to have influence (over) **nazını çekmek** to put up with sb's whims
nazar *a.* look, glance * bakış; the evil eye; opinion, consideration * görüş **nazar boncuğu** blue bead worn against the evil eye **nazar değmek** to be affected by the evil eye **Nazar değmesin** Touch wood! **nazara almak** to take into account **nazarı dikkatini çekmek** to attract sb's attention into consideration **nazarıyla bakmak** to consider, to regard as
nazaran *be.* compared to, in comparison to
nazari *s.* theoretical * kuramsal, teorik
nazariyat *a, esk.* theories * kuramlar; theory kuram
nazariyatçı *a. esk.* theorist
nazariye *a, esk.* theory * kuram, teori
nazarlık *a.* charm, amulet
nazenin *s.* delicate, nice; graceful; beautiful, dainty
nâzım *s.* regulatory, regulating ¤ *a.* regulator
nazım *a, ed.* verse, poetry * koşuk

nazır s. facing, overlooking ¤ a, esk. minister * bakan **nazır olmak** to overlook, to face, to dominate

Nazi a. Nazi

nazik s. polite, kind, courteous, graceful, genial, gentle, civil, gracious; delicate, fragile, brittle

nazikâne s. kindly, politely

nazikçe be. gently, kindly

nazikleşmek e. to become polite; mec. to become delicate

naziklik a. politeness, refinement

nazir a. esk. match, parallel, equal

Nazizm a. Nazism

nazlanmak e. to feign reluctance; to behave coquettishly

nazlı s. coquettish, coy hkr.; spoilt, petted; delicate **ne ... ne de ...** neither ... nor ...

nazlılık a. coquettishness, coyness

ne adl, s, be. what **Ne alakası var** What's the connection?, What's it got to do with it? **ne âlemde** how **ne biçim** what kind of **Ne çare** It can't be helped **Ne çıkar** so what? kon., what of it **ne de olsa** after all **Ne dedin?** Pardon?, Come again? kon. **Ne demek** a) What does it mean? b) Not at all c) Be my guest! **ne demeye** why (on earth), why (ever) **ne denli** how **(-e) Ne dersin** What about ...?, How about ...? **ne diye** why (on earth), why (ever) **Ne ekersen onu biçersin** As you sow, so shall you reap **ne gibi** what sort **ne güzel** how nice **Ne haber** a) What's the news?, How are things/you? b) There you are! I told you! c) What about ...?, How about ...? **Ne haddine** How would he dare? **ne hali varsa görmek** to stew in one's own juice kon. **Ne hali varsa görsün** Let him stew in his own juice **ne hikmetse** heaven knows why **ne için** what for, why **ne istediğini bilmek** to know one's own mind **ne kadar zamandır** how long **ne kadar** how much **ne kâr ne zarar etmek** to break even **ne mal olduğunu anlamak** to see through sb **Ne münasebet** Not by a long chalk!, Of course not! **Ne oldu?** What happened?, What's up? kon. **ne olduğu belirsiz** nondescript **ne oldum delisi** parvenu **Ne olmuş yani** What of it?, So what? kon. **ne olur ne olmaz** just in case **ne olur** please **ne olursa olsun** in any case, not on any account, on no account, at any rate, in any case **Ne oluyor** What's up? kon. **ne pahasına olursa olsun** at any cost, at all costs **ne vakit** when, what time **ne var ki** but **ne var ne yok** How is it going? **Ne var** What's the matter?, What's up? **ne yapacağını bilmemek** to be at a loss **ne yapıp edip** somehow, someway Aİ. **ne yazık ki** unfortunately, more's the pity kon. **Ne yazık** What a pity **ne zaman** when **(-in) nesi var** what's wrong with ...

nebat a. plant * bitki

nebatat a. esk. plants; botany

nebati s. vegetable, botanical * bitkisel **nebati yağ** vegetable oil

nebevi s. pertaining to the Prophet Muhammad

nebi a. prophet * savacı

nebula a. nebula

nebülöz a, gökb. nebula * bulutsu

nebze a. particle, bit

nece be. what language ...?

neceftaşı a. rock crystal

neci adl. of what trade

nedamet a. penitence, regret, remorse * pişmanlık

nedbe a. scar, cicatrix

neden a. cause, reason ¤ be. why, what for **neden olmak** to cause, to lead to, to bring, to breed, to give rise to sth, to create, to induce, to produce, to excite, to spark sth off kon. **nedenini açıklamak** to account for sth

nedenbilim a, fel. etiology * etioloji

nedenbilimsel s. etiological

nedeniyle be. because of, due to, owing to

nedenli s. having a reason

nedense be. somehow, someway Aİ., for some reason

nedensel s. causal

nedensellik a. causality, causation

nedensiz s. causeless, groundless ¤ be. without a reason

nedim a. trh. companion; prince's buffon

nedime a. lady-in-waiting

nef a. nave

nefaset a. excellence, exquisiteness

nefelin a. nepheline

nefelinit a. nephelinite

nefelometre a. nephelometer

nefelometri *a.* nephelometry
nefer *a, ask.* private
nefes *a.* breath; puff, draw, drag *nefes almak* a) to breathe, to respire b) to take a short break *nefes borusu* trachea *nefes darlığı* difficulty in breathing; asthma *nefes kesici* breathtaking *nefes nefese bırakmak* to puff sb out *nefes nefese kalmak* to get out of breath *nefes nefese olmak* to be out of breath *nefes nefese* out of breath, breathless *nefes tüketmek* to waste one's breast *nefes vermek* to breathe out, to expire *nefesi daralmak* to be short of breath *nefesi kesilmek* to be out of breath *nefesini kesmek* to take sb's breath away *nefesini tutmak* to hold one's breath
nefeskop *a.* nephoscope
nefeslemek *e.* to blow one's breath upon
nefesleşmek *e. arg.* to smoke a pipe of hashish together
nefesli *s, müz.* wind *nefesli çalgı müz.* wind instrument *nefesli saz* wind instrument
nefeslik *a.* lantern, vent
nefis[1] *a.* self, personality; the flesh, the body; the cravings of the flesh *nefsine düşkün* self-indulgent *nefsine uymak* to yield to flesh, to sin *nefsine yedirememek* to be unable to bring oneself to do sth *nefsini köreltmek* to take the edge off one's desires
nefis[2] *s.* excellent, wonderful, great *kon.*, lovely *kon.*, smashing *kon.*, gorgeous *kon.*, heavenly *kon.*, dreamy *kon.*, tremendous *kon.*, mouthwatering *övg.*; delicious, dainty, scrumptious *kon.*, slap-up *İİ./kon.*, delectable *res.*
nefiy *a. esk.* exile, banishment; *dilb.* negation
nefoloji *a.* nephology
nefometre *a.* nephometer
nefret *a.* hate, hatred, loathing, disgust, dislike, detestation, repulsion, distaste, aversion, animosity *nefret dolu* baleful *nefret etmek* to hate, to detest, to dislike, to loathe, to abhor *nefret uyandırıcı* abhorrent *nefret uyandırmak* to arouse hatred *nefret verici* hateful
nefridyum *a.* nephridium
nefrit *a, hek.* nephritis * böbrek yangısı

nefroloji *a.* nephrology
nefron *a.* nephron
nefrosit *a.* nephrocyte
nefrotomi *a. hek.* nephrotomy
nefsani *s.* carnal, sensual, fleshly
nefsaniyet *a.* sensuality; enmity, hatred
nefsi *s.* sensual
neft *a.* naphtha
nefti *s.* dark green, naphta coloured
neftyağı *a.* naphtha
nefyetmek *e. esk.* to exile; to banish; to negate
negatif *s, mat.* minus; *fiz.* negative ¤ *a, fot.* negative *negatif direnç* negative resistance *negatif distorsiyon* negative distortion *negatif elektrik* negative electricity *negatif elektron* negative electron *negatif empedans* negative impedance *negatif film* negative film *negatif geribesleme* negative feedback *negatif görüntü* negative image *negatif işareti* negative sign *negatif kataliz* negative catalysis *negatif katalizör* negative catalyst *negatif korelasyon* negative correlation *negatif kristal* negative crystal *negatif kurgu* negative cutting *negatif kutup* negative pole *negatif modülasyon* downward modulation *negatif olmayan* nonnegative *negatif öngerilim* negative bias *negatif pelikül* negative stock *negatif plaka* (akü) negative plate *negatif polarma* negative bias *negatif proton* negative proton *negatif reaksiyon* negative reaction *negatif segregasyon* negative segregation *negatif yük* negative charge
negatron *a.* negatron
negentropi *a.* negentropy
neglije *a. teks.* negligee
nehari *s. esk.* diurnal; daily, day (school/student)
nehir *a.* river * ırmak *nehir ağzı* mouth of a river *nehir barajı* barrage *nehir çakılı* river gravel *nehir havzası* river basin *nehir kenarı* riverside *nehir kıyısı* bank *nehir kirlenmesi* river pollution *nehir suyu* river water *nehir taşımacılığı* river navigation *nehir toprağı* fluvial soil *nehir yatağı* riverbed, channel
nehiy *a. esk.* forbidding, prohibition; negation

nehyetmek *e. esk.* to forbid, to prohibit
nekahet *a.* convalescence
nekes *s.* stingy, tightfisted * eli sıkı, cimri
nekeslik *a.* stinginess, avarice
nekre *a.* comic, entertaining person
nekrofil *a.* necrophile ¤ *s.* necrophilic, necrophilous
nekrofili *a.* necrophilia
nekrojen *s. biy.* necrogenic, necrogenous
nekroz *a.* necrosis
nektar *a.* nectar
nektarin *a.* nectarine
nektarkuşu *a. hayb.* sunbird
nektarlı *s.* nectariferous, nectarous
nekton *a.* nekton
neli *s.* what ... made of?
nem *a.* moisture, damp, humidity * rutubet
nem ayarlayıcı humidistat *nem içeriği* moisture content *nem itici* moisture-repellent *nem niceliği* moisture content *nem soğurumu* absorption of humidity *neme karşı dayanıklı* moisture resistant *nemini almak* to dehumidify
nema *a.* growth, inarease; *eko.* interest
nemalanmak *e.* (para) to accumulate interest
nematik *s.* nematic *nematik kristal* nematic crystal
nematodoz *a.* nematode disease
nemcil *s, bitk.* hygrophilous
Nemçe *a. esk.* Austria; Austrian
nemçeker *s.* hygroscopic
nemçeker *s.* hygroscopic * higroskopik
nemdenetir *a.* humidistat, hygrostat
nemelazımcı *s.* indifferent, unconcerned
nemelazımcılık *a.* indifference, unconcern
nemf *a. hayb.* nymph
nemfoman *a, s.* nymphomaniac, nympho *hkr.*
nemfomani *a.* nymphomania
nemfomanyak *a, s, bkz.* nemfoman
nemgözler *a.* hygroscope
nemkapar *s.* hygroscopic
nemlendirici *s.* humidifying, moisturizing ¤ *a.* humidifier, moisturizer
nemlendirme *a.* humidification, moistening *nemlendirme maddesi* moistening agent
nemlendirmek *e.* to humidify, to dampen, to moisten; to moisturize
nemlenmek *e.* to become damp, to gather moisture
nemletmek *e.* to dampen, to moisten

nemli *s.* moist, damp, humid, dank * rutubetli
nemlilik *a.* moistness, dampness
nemölçer *a.* hygrometer * higrometer
nemölçüm *a.* hygrometry * higrometri
nemölçümsel *s.* hygrometric(al)
nemrut *s.* atrocious, cruel
nemyazar *a.* hygrograph
nen *a.* thing, object, substance
neoblast *a.* neoblast
neodim *a.* neodymium
neogen *a. yerb.* the Neocene, the Neogene
neolitik *s.* Neolithic
neolojizm *a.* neologism
neomisin *a.* neomycin
neon *a.* neon *neon ışığı* neon light *neon lambası* neon lamp, neon glow lamp *neon tüpü* neon tube
neoplazma *a, hek.* neoplasm
neopren *a.* neoprene
neozoik *a. yerb.* the Neozoic (period) ¤ *s.* Neozoic
Nepal *a.* Nepal ¤ *s.* Nepalese, Nepali
Nepalce *a, s.* Nepali
Nepalli *a, s.* Nepalese, Nepali
neper *a.* neper
Neptün *a.* Neptune
neptünyum *a, kim.* neptunium
nere *adl.* what place, what part, whatsoever place
nerede *be.* where *nerede ise bkz.* neredeyse *nerede olursa olsun* anywhere
nereden *be.* from where, from what place, whence *esk.*
neredeyse *be.* soon, before long; almost, nearly; about, close on
nereli *s.* from what place, where from *Nerelisiniz?* Where do you come from?, Where are you from?
neresi *adl.* what place, what part, where *neresi olursa olsun* anywhere
nereye *be.* where, to what place *nereye olursa olsun* anywhere
nergis *a, bitk.* narcissus, daffodil
neritik *s.* neritic
nervür *a.* rib
nervürlü *s.* ribbed *nervürlü cıvata* ribbed bolt
nesep *a.* ancestry, pedigree
nesiç *a. esk.* tissue
nesil *a.* generation; descendants *nesli tükenme* extinction *nesli tükenmek* to

be extinct **nesli tükenmiş** extinct

nesir *a, ed.* prose * düzyazı

nesistor *a.* nesistor

neskafe *a.* instant coffee

nesne *a.* thing, anything * şey, obje; *fel.* object * obje; *dilb.* direct object

nesnel *s.* objective * objektif **nesnel olarak** objectively

nesnelci *a.* objectivist ¤ *s.* objectivistic

nesnelcilik *a. fel.* objectivism

nesneleşmek *e.* to turn into an object

nesneleştirmek *e.* to objectify

nesnelleşmek *e.* to become objective

nesnellik *a.* objectivity

nesnesiz *s.* without an object; intransitive

Nesturi *a. s.* Nestorian

Nesturilik *a.* Nestorianism

neşe *a.* joy, gaiety, merriment *res.*, mirth *res.* **neşesi yerinde olmak** to be in high spirits

neşelendirmek *e.* to enliven, to exhilarate, to buck sb up, to brighten, to perk sb up, to cheer sb up

neşelenmek *e.* to grow merry, to cheer up, to buck up, to brighten, to perk up

neşeli *s.* cheerful, cheery, goodhumoured, gay, lively, hilarious, buoyant, joyful, joyous, jovial, merry, gleeful, sunny, blithe, bright, breezy, convivial, in high spirits, chirpy *İİ./kon.*

neşelilik *a.* cheerfulness, bonhomie

neşesiz *s.* joyless, low-spirited, down in the mouth, in the doldrums, in low spirits, in poor spirits, out of sorts *kon.*

neşesizlik *a.* cheerlessness, dullness, dejection

neşet *a. esk.* coming into existence, emergence, birth

neşetli *s. esk.* who graduated in (...)

neşeyle *be.* joyfully, gaily

neşide *a.* hymn, song

neşir *a.* broadcasting; publishing, publication; spreading, giving off, diffusion

neşren *be.* through the mass media, in print

neşretmek *e.* to publish; to broadcast; to spread, to diffuse, to give off

neşriyat *a.* publications

neşter *a.* lancet

neşvünema *a. esk.* growth, development

net *s.* clear, distinct, sharp, explicit, lucid; net, clear **net ağırlık** net weight **net gelir** net income **net kazanç** net profit

net kesit net section **net maaş** takehome pay **net ürün** net profit

netameli *s.* sinister, ominous, accidentprone

netice *a.* result, conclusion, outcome, consequence, effect * sonuç **neticede** eventually, after all, all in all

neticelendirmek *e.* to bring to an end * sonuçlandırmak

neticelenmek *e.* to result in, to come to a conclusion * sonuçlanmak

neticesiz *s.* fruitless, useless, vain, inconclusive * sonuçsuz

netlemek *e. fot.* to focus

netlik *a.* definition, sharpness

neuzübillah *ünl.* God forbid!

nevada *a.* nevada

nevale *a.* food, chow *arg.* **nevaleyi düzmek** to provide the food

nevazil *a.* cold, common cold, catarrh * nezle, ingin, dumağı

nevcivan *a. esk.* young man, youth, youngster

neve *a.* firn, névé **neve buzu** firn ice

nevi *a.* sort, kind, variety * çeşit, cins, tür **nevi şahsına münhasır** the only one of its kind

nevir *a.* complexion **nevri dönmek** to become angry

nevmit *s. esk.* hopeless, desperate

nevralji *a, hek.* neuralgia

nevraljik *a, hek.* neuralgic

nevrasteni *a.* nervous breakdown

nevrastenik *s.* neurasthenic

nevresim *a.* case used to cover a quilt

nevroloji *a, hek.* neurology * nöroloji

nevropat *a.* neuropath

nevropati *a.* neuropathy

nevropatik *s.* neuropathic

nevrotik *a, s.* neurotic

nevroz *a, hek.* neurosis * sinirce

nevrozlu *s.* neurotic

nevruz *a.* spring festival at the vernal equinox

nevruzotu *a. bitk.* toadflax, flax weed

nevzat *s. esk.* newborn (child)

newton *a.* newton

ney *a, müz.* reed flute **Neyiniz var?** What's wrong with you?, What's ailing you?

neyse *bağ.* anyway **neyse ki** luckily, fortunately

neyzen *a.* flute player

nezaket *a.* politeness, kindness, decency, courtesy, chivalry, civility res
nezaketen *be.* as a matter of courtesy
nezaketle *be.* politely, mildly
nezaketli *s.* polite, kind, civil
nezaketsiz *s.* impolite, indelicate, disrespectful, discourteous *res.*
nezaketsizlik *a.* impoliteness, disrespect, discourtesy
nezaret *a.* prospect, view; *esk.* ministry * bakanlık; custody, surveillance * gözaltı, gözetim; supervision, inspection * denetim, kontrol **nezaret altına almak** to take under surveillance **nezaret etmek** to superintend, to supervise, to oversee, to inspect
nezarethane *a.* custodial prison, remand prison
nezih *s, esk.* upright, moral, pure
nezir *a. esk.* vowing, pledging
nezle *a.* cold, common cold, catarrh * ingin, dumağı **nezle olmak** to catch (a) cold
nezleotu *a.* pyrethrum
nezretmek *e. esk.* to pledge, to vow
nezt *a.* presence
nıkris *a.* gout
nısfınnehar *a. esk. coğ.* meridian line
nışadır *a.* sal ammoniac
nışadırkaymağı *a.* ammonium carbonate
nışadırruhu *a.* ammonia
nice *s, be.* how many, many a; how
nicel *s.* quantitative **nicel çözümleme** quantitative analysis **nicel olarak** quantitatively
nicelendirmek *e.* to quantize
niceleyici *a.* quantor
nicelik *a.* quantity, number **nicelik sayısı** cardinal number
nicem *a.* quantum **nicemler kuramı** quantum theory
nicemleme *a.* quantization
niçin *be.* why, what for
nida *a, esk.* shout, cry; *dilb.* interjection, exclamation * ünlem
nifak *a.* discord, dissension **nifak sokmak** to cause a fit between
nihai *s.* final, last, decisive, definitive **nihai basınç** ultimate pressure **nihai direnç** ultimate strength **nihai karar** final decision **nihai moment** ultimate moment
nihale *a.* mat (under plates)
nihayet *a.* end * son ¤ *be.* finally, at last, at long last, in the end, in the long run, at length * sonunda
nihayetlenmek *e.* to come to an end
nihayetsiz *s.* endless, infinite
nihilist *a.* nihilist * hiççi ¤ *s.* nihilistic * hiççi
nihilizm *a.* nihilism * hiççilik
Nijer *a.* Niger ¤ *s.* Nigerien, Nigerois
Nijerli *a, s.* Nigerien, Nigerois
Nijerya *a.* Nigeria ¤ *s.* Nigerian
Nijeryalı *a, s.* Nigerian
nikâh *a.* marriage **nikâh dairesi** marriage office **nikâh düşmek** (marriage) to be legally possible **nikâh kâğıdı** marriage licence **nikâh kıymak** to perform a marriage ceremony
nikahlamak *e.* to marry (sb) to
nikahlanmak *e.* to get married
nikâhlanmak *e.* to get married
nikâhlı *s.* married
nikâhsız *s.* unmarried, out of wedlock **nikâhsız olarak yaşamak** to live in sin **nikâhsız yaşamak** to cohabit
Nikaragua *a.* Nicaragua ¤ *s.* Nicaraguan
Nikaragualı *a, s.* Nicaraguan
nikbin *s.* optimistic
nikbinlik *a.* optimism
nikel *a, kim.* nickel **nikel bakırı** cupronickel **nikel banyosu** nickel bath **nikel çeliği** nickel steel **nikel gümüşü** nickel silver **nikel kaplamak** o nickel-plate **nikel sülfat** nickel sulphate **nikel sülfür** nickel sulphide **nikel tuncu** nickel bronze
nikelaj *a.* nickeling, nickel-plating
nikelajlı *s.* nickel-plated
nikelat *a.* nickelate
nikelli *s.* nickelic, nickeliferous, nickelous
nikolit *a.* niccolite
nikotin *a, kim.* nicotine
nikris *a.* podagra
nikrom *a.* Nichrome
nil *a.* indigo
Nil *a.* the Nile
nilüfer *a, bitk.* water lily
nim *s. esk.* half; semi-
nimbostratus *a.* nimbostratus
nimbus *a.* nimbus * karabulut
nimet *a.* blessing; boon; *mec.* food, bread
nimetşinas *s. esk.* grateful, appreciative
nimfa *a.* nymph
nimresmi *s. esk.* semiofficial, half official
nine *a.* grandmother, grandma *kon.*,

granny *kon.*, grannie *kon.*, gran *İl./kon.*; old woman

ninhidrin *a.* ninhydrin

ninni *a.* lullaby **ninni ile uyutmak** to sing a baby to sleep **ninni söylemek** to sing a lullaby

nipel *a.* nipple

nirengi *a.* triangulation **nirengi merkezi** triangulation station **nirengi noktası** triangulation point, triangulation station **nirengi yapmak** to triangulate

nisai *s.* gynecological

nisaiye *a.* gynaecology * jinekoloji

nisaiyeci *a.* gynaecologist * jinekolog

nisan *a.* April **nisan bir** April Fool's day, All Fool's Day

nisanbalığı *a.* April fool

nisap *a, esk.* quorum * yetersayı

nispet *a.* ratio, proportion * oran ¤ *be.* from spite, just to spite **nispet etmek** to do/say out of spite **nispet vermek/yapmak** to say sth out of spite, to spite

nispetçi *s.* spiteful

nispeten *be.* relatively, comparatively; in comparison with

nispetsiz *s.* disproportionate, out of proportion

nispetsizlik *a.* disproportion

nispi *s.* relative, comparative * göreli, bağıntılı, izafi **nispi randıman** relative efficiency **nispi rutubet** relative humidity **nispi temsil** proportional representation

niş *a.* niche

nişan *a.* sign, mark; aim, target; decoration, order; engagement; engagement ceremony **nişan almak** to take aim (at), to aim (at), to train sth on sb/sth **nişan koymak** to make a mark **nişan yapmak** to arrange an engagement **nişan yüzüğü** engagement ring **nişanı atmak** to break off an engagement * nişanı bozmak **nişanı bozmak** *bkz.* nişanı atmak

nişancı *a.* marksman, good shot

nişancılık *a.* marksmanship

nişane *a.* trace, mark; sign

nişangâh *a.* target; rear sight

nişangeç *a.* marking gauge

nişanlamak *e.* to engage, to betroth; to take aim at

nişanlanma *a.* engagement

nişanlanmak *e.* to be marked; to get engaged

nişanlı *s.* engaged (to be married) ¤ *a.* (erkek) fiancé; (kız) fiancée

nişanlılık *a.* engagement

nişasta *a.* starch **nişasta kolası** starch paste **nişasta parçalanması** starch decomposition **nişasta patı** starch paste **nişasta şekeri** starch sugar

nişastalı *s.* farinaceous, starchy, amylaceous

nital *a.* nital

nite *be.* how, why

nitekim *bağ.* as a matter of fact

nitel *s.* qualitative **nitel çözümleme** qualitative analysis **nitel deney** qualitative test **nitel test** qualitative test

niteleme *a.* qualification **niteleme sıfatı** descriptive adjective

nitelemek *e.* to describe; *dilb.* to modify, to qualify

nitelendirme *a.* qualification

nitelendirmek *e.* to qualify, to describe

nitelik *a.* quality; feature, character; attribute **nitelik denetimi** quality control, grade control

nitelikli *s.* qualified, having the quality

niteliksel *s.* qualitative

niteliksiz *s.* lacking quality

nitrasyon *a.* nitration

nitrat *a.* nitrate **nitrat filmi** nitrate film **nitrat ipeği** nitrate rayon **nitrat mordanı** nitrate mordant

nitratin *a. kim.* nitratine

nitratlama *a.* nitration

nitratlamak *e.* to nitrate

nitratlaşma *a.* nitrification

nitratlaşmak *e.* to become nitrous

nitratlaştırma *a.* nitration

nitratlaştırmak *e.* to nitrate, to nitrify

nitratlı *s.* nitric

nitratsızlaştırmak *e.* to denitrate, to denitrify

nitrik *s.* nitric **nitrik asit** nitric acid

nitril *a.* nitrile, nitryl

nitrit *a.* nitrite

nitro *s.* nitro **nitro boyası** nitro dye, nitroso dye

nitrobenzen *a.* nitrobenzene

nitrofüren *a.* nitrofuran

nitrogliserin *a.* nitroglycerine

nitrojen *a.* nitrogen * azot

nitrojenli *s.* nitrogenous, nitrous

nitrolik *s.* nitrolic
nitrometan *a.* nitromethane
nitroparafin *a.* nitroparaffin
nitropruzit *a.* nitroprusside
nitrosamin *a.* nitrosamine
nitroselüloz *a.* nitrocellulose ***nitroselüloz ipeği*** nitrocellulose silk
nitrosil *a.* nitroso, nitrosyl
nitrozamin *a.* nitrosamine
nitrozil *a.* nitrosyl
nitröz *a.* nitrous
nitröz asit *a.* nitrous acid
nitrür *a.* nitride ***nitrür sertleştirmesi*** nitride hardening
nitrürleme *a.* nitriding ***nitrürleme çeliği*** nitriding steel
nitrürlemek *e.* to nitride ***nitrürlenmiş çelik*** nitrided steel
Niue *a.* Niue
Niueli *a. s.* Niuean
nivelman *a.* levelling
nivo *a.* levelling instrument
niyabet *a.* regency, regentship
niyasin *a.* niacin
niyaz *a.* entreaty, supplication ***niyaz etmek*** to entreat for, to supplicate
niye *be.* why, what for
niyet *a.* intention, intent, purpose, plan ***niyet etmek*** to intend ***niyet tutmak*** to make a wish ***niyeti bozmak*** to change one's mind ***niyeti bozuk*** having an evil intention ***niyetinde olmak*** to intend (to do)
niyetiyle *be.* with the intention of
niyetlenmek *e.* to intend, to plan
niyetli *s.* disposed, who has an intention; fasting ***niyetli olmak*** a) to mean business *kon.* b) to be fasting
niyobat *a.* niobate
niyobit *a.* niobite
niyobyum *a, kim.* niobium
niza *a.* dissension, quarrel
nizam *a.* order, regularity; law, regulation
nizamen *be. esk.* properly; by regulation
nizami *s.* regular; legal
nizamiye *a.* the regular army ***nizamiye kapısı*** the main entrance (to a barracks/garrison)
nizamlı *s.* regular, in order; legal
nizamname *a.* regulations * tüzük
nizamsız *s.* irregular * düzensiz; illegal
nizamsızlık *a.* irregularity; disorder; illegality

nobelyum *a.* nobelium
nobran *s.* churlish, rude, discourteous * nadan
nobranca *be.* churlishly, rudely
nobranlık *a.* churlishness, arrogance
noda *a.* haystack
nodul *a.* spike on a goad
nodullamak *e.* to goad
nodullanmak *e.* to be goaded
nodül *a.* nodule
nodüllü *s.* noduled
Noel *a.* Christmas, Xmas *kon.* ***Noel ağacı*** Christmas tree ***Noel arifesi*** Christmas Eve ***Noel Baba*** Father Christmas, Santa Claus ***Noel ilahisi*** carol ***Noel mevsimi*** Yuletide ***Noel yortusu*** Yule
nohudi *s.* chickpea coloured
nohut *a.* chickpea, garbanzo ***nohut oda bakla sofa*** small-roomed (house)
nohutlu *s.* containing chickpeas
nokra *a.* warble ***nokra sineği*** warble fly
noksan *s.* missing; incomplete, unfinished; imperfect, deficient
noksanlık *a.* defect, deficiency
noksansız *s.* complete, perfect ¤ *be.* completely
nokta *a.* point, dot; full stop *İİ.*, period *Aİ.*; speck, spot; place, spot; subject, point; *ask.* military post, police post ***nokta basıcı*** dot printer ***nokta çarpımı*** dot product ***nokta çevrimi*** dot cycle ***nokta frekansı*** dot frequency ***nokta gama*** point gamma ***nokta inişi*** spot landing ***nokta kaynağı*** point welding, spot welding ***nokta kaynağı yapmak*** to spot-weld ***nokta koymak*** to bring to an end, to finish, to end ***nokta küme*** point set ***nokta matris*** dot-matrix ***nokta pergeli*** bow compass ***nokta teması*** point contact ***nokta üreteci*** dot generator ***nokta yazıcı*** dot printer ***nokta yük*** point charge ***nokta yükü*** point load ***nokta zımbası*** centre punch
noktacı *a.* pointillist
noktacılık *a.* pointillism
noktainazar *a.* point of view * görüş açısı
noktalama *a.* punctuation ***noktalama işareti*** punctuation mark
noktalamak *e.* to dot; to punctuate; *mec.* to finish, to conclude, to break sth up * sona erdirmek
noktalanmak *e.* to be punctuated; to come to an end

noktalı *s.* punctuated; dotted *noktalı virgül* semicolon
noktasız *s.* without stops/dots
noktürn *a, müz.* nocturne
nomenklatür *a.* nomenclature
nominal *s.* nominal, rated *nominal akım* nominal current *nominal beygirgücü* nominal horsepower *nominal boyut* nominal dimension *nominal büyüklük* nominal size *nominal değer* nominal value *nominal empedans* rated impedance *nominal gerilim* nominal voltage *nominal hız* rated speed *nominal kapasite* rated ·capacity *nominal yük* rated load
nominalist *a, fel.* nominalist * adcı
nominalizm *a, fel.* nominalism * adcılık
nominatif *a, dilb.* nominative * yalın durum
nomografi *a.* nomography
nomogram *a.* nomogram
nomonik *s.* gnomonic *nomonik harita* gnomonic chart
nonfigüratif *s.* nonfigurative
nonkonformist *a. s.* nonconformist
nonkonformizm *a.* nonconformism
nonoş *a.* darling; *arg.* gay
nonwoven *s, teks.* nonwoven *nonwoven kumaş* nonwoven fabric
nope *a.* burl, nep, nub, knop *nope cımbızı* burling tweezer
nopeli *s.* neppy
Nordik *a, s.* Nordic
norm *a.* norm
normal *s.* normal; natural *normal basınç* normal pressure *normal benzin* two-star petrol *İl.*, regular gas *Al. normal boy* standard size *normal çözelti* normal solution, standard solution *normal dağılım* normal distribution *normal doğru* normal line *normal düzlem* normal plane *normal ebat* standard size *normal elektrot* normal electrode *normal endüksiyon* normal induction *normal film* standard gauge film *normal fonksiyon* normal function *normal gerilim* standard voltage *normal gerilme* normal stress *normal hal* normal state *normal hat* standard gauge *normal hız* normal speed *normal hızlanma* normal acceleration *normal kesit* normal section *normal kuvvet* normal force *normal*

mıknatıslama normal magnetization *normal mod* normal mode *normal olarak* normally *normal sıcaklık* normal temperature *normal tarama* sequential scanning *normal yansıma* regular reflection *normal yük* normal load
normalaltı *a, mat.* subnormal
normalde *be.* normally
normalite *a.* normality
normalizasyon *a.* normalization
normalize *s.* normalized *normalize admitans* normalized admittance
normalleşmek *e.* to become normal
normalleştirme *a.* normalizing *normalleştirme sayısı* noise digit
normalleştirmek *e.* to normalize
normallik *a.* normality, normalcy *Al.*
normatif *s.* normative * düzgüsel
Norveç *a.* Norway ¤ *sg.* Norwegian
Norveççe *a.* Norwegian
Norveçli *a.* Norwegian
nostalji *a.* nostalgia * yurtsama
nostaljik *s.* nostalgic
nosyon *a.* notion
not *a.* note; memo, memorandum; (okulda) mark, grade; (mektupta) postscript; message *not almak* a) to take notes/a note/a message b) to get a mark *not bırakmak* to leave a message *not defteri* note-book, pocket-book, jotter *not· düşmek* to write down *not etmek* to note sth down, to write sth down, to put sth down, to get sth down *not tutmak* to take notes *not vermek* a) to mark, to give marks to b) to size up *notunu kırmak* to mark sb down *notunu vermek* to judge he is no good *notunu yükseltmek* to mark sb up
nota *a.* note, musical note; memorandum, diplomatic note *nota kitabı* music book *nota sehpası* music stand
notasız *be, müz.* by ear *notasız çalmak* to play sth by ear
notasyon *a.* notation
noter *a.* notary public *notere onaylatmak* to notarize
noterlik *a.* position/duties of a notary public; notary office
nova *a.* nova
novokain *a.* novocaine
nöbet *a.* turn; guard, watch; *hek.* attack,

fit, bout **nöbet beklemek/tutmak** to stand guard, to mount guard **nöbet değiştirmek** to relieve guard **nöbeti devralmak** to relieve guard **nöbetini devralmak** to relieve **nöbette olmak** to be on the watch
nöbetçi s. on duty ¤ a. sentry, watchman **nöbetçi asker** sentry **nöbetçi doktor** doctor on call **nöbetçi eczane** pharmacy on duty **nöbetçi er** sentry **nöbetçi kulübesi** sentry box **nöbetçi olmak** to be on duty (for the day) **nöbetçi subayı** duty officer **nöbetçiyi değiştirmek** to relieve the watch
nöbetçilik a. being on duty, watch
nöbetle be. by turns
nöbetleşe be. in turns, alternately **nöbetleşe ekim** trm. crop rotation **nöbetleşe yapmak** to take turns
nöbetleşmek e. to take turns
nöbetşekeri a. sugar candy
nörin a. neurine
nörobiyoloji a. neurobiology
nöroblast a. neuroblast
nörofizyoloji a. neurophysiology
nöroliz a. hek. neurolysis
nörolog a. neurologist
nöroloji a. neurology * sinirbilim, nevroloji
nöron a, biy. neuron
nöroplazma a. neuroplasm
nöropor a. neuropore
nörotik s. neurotic
nötr s. neutral * yansız **nötr alev** neutral flame **nötr atmosfer** neutral atmosphere **nötr buharlayıcı** neutral steamer **nötr çözelti** neutral solution **nötr denge** neutral equilibrium **nötr devre** neutral circuit **nötr durum** neutral state **nötr eksen** neutral axis **nötr filtre** neutral filter **nötr iletken** neutral conductor **nötr nokta** neutral point **nötr röle** neutral relay **nötr tel** neutral wire **nötr toprak** neutral ground
nötralize etmek e. to neutralize
nötrino a. neutrino
nötrleme a. neutralizing **nötrleme gerilimi** neutralizing voltage **nötrleme kondansatörü** neutralizing capacitor
nötrlemek e. to neutralize
nötrleşmek e. to be neutralized
nötrleştirme a. neutralization **nötrleştirme indisi** neutralization value
nötrleştirmek e. to neutralize

nötrlük a. neutrality
nötrodin a. neutrodyne
nötrofil a. neutrophil
nötron a. neutron **nötron akısı** neutron flux **nötron bombası** neutron bomb **nötron çevrimi** neutron cycle **nötron çoğaltımı** neutron multiplication **nötron dengesi** neutron balance **nötron deteksiyonu** neutron detection **nötron enerjisi** neutron energy **nötron fazlalığı** neutron excess **nötron jeneratörü** neutron generator **nötron kalkanı** neutron shield **nötron kapımı** neutron capture **nötron kaynağı** neutron source **nötron kırınımı** neutron diffraction **nötron radyografisi** neutron radiography **nötron sayısı** neutron number **nötron sertleştirmesi** neutron hardening **nötron sıcaklığı** neutron temperature **nötron soğurumu** neutron absorption **nötron spektrometresi** neutron spectrometer **nötron tabancası** neutron gun **nötron üreteci** neutron generator **nötron yakalaması** neutron capture **nötron yayılması** neutron diffusion **nötron yoğunluğu** neutron density
nuar a. round of beef
nuga a. nougat
Nuh a. Noah **Nuh deyip peygamber dememek** to be as stubborn as a mule **Nuh Nebi'den kalma** very old, old-fashioned **Nuh'un gemisi** Noah's ark
nuha a, esk. spinal marrow * ilik **nuhai şevki** spinal cord * omurilik
nuhuset a, esk. inauspiciousness, evil omen
nukut a, ç, esk. moneys
numara a. number * rakam; grade, mark; (giysi, vb.) size; performance, act, stunt; trick, ruse **numara yapmak** to act, to pretend, to sham, to play-act, to put sth on, to act, to fake **... numarası yapmak** to feign, to affect, to pretend **numaraları çevirmek** to dial **numarasını vermek** to size sb up
numaracı a, kon. faker, tall talker, charlatan
numaralamak e. to number
numaralı s. numbered
numarasız s. unnumbered
numen a, fel. noumenon
numune a. sample, pattern, model,

specimen * örnek *numune alıcısı* sampler *numune alma* sampling *numune asit* standard acid, test acid *numune çifliği* model farm *numune defteri* pattern book *numune kaşığı* sampling spoon *numune pancarı* specimen beet *numune şişesi* sample bottle *numune tüpü* sampling tube

numunelik *s.* sample

nur *a.* light; glory, divine light *Nur içinde yatsın* May he rest in peace *Nur ol* Bravo! *nur topu gibi çocuk* cherub *nur topu gibi* cherubic, healthy and beautiful

nurani *s.* luminous, shining

nurlu *s.* shining, bright

nursuz *s.* unlovely

nuş *a.* drink; carouse *nuş etmek* to drink, to carouse

nutuk *a.* speech, oration, discourse, address; *arg.* harangue, sermon *kon.* *nutku tutulmak* to be tongue-tied, to choke up *nutuk atmak/çekmek* to sermonize, to harangue, to hold forth

nü *a.* nude * çıplak

nüans *a.* nuance; shade, hue *nüans sapması* deviation in shade

nüanslama *a, teks.* shading, toning *nüanslama boyası* shading dye, toning dye

nüanslamak *e, teks.* to shade, to tint

nübüvvet *a.* being a prophet

Nübye *a.* Nubia

nüfus *a.* population; inhabitants *nüfus cüzdanı* identity card *nüfus fazlalığı* overpopulation *nüfus kâğıdı* identity card *nüfus kütüğü* state register of persons *nüfus memurluğu* Registry of Births *nüfus memuru* registrar *nüfus patlaması* population explosion *nüfus planlaması* family planning *nüfus sayımı* census *nüfus yoğunluğu* population density

nüfusbilim *a.* demography * demografi

nüfusbilimci *a.* demographer * demograf

nüfusbilimsel *s.* demograpic * demografik

nüfuslu *s.* with a population of ...; populated

nüfuz *a.* influence, power, clout, ascendancy; penetration, permeation *nüfuz etmek* to penetrate, to permeate, to sink in *nüfuz sahibi* influential

nüfuzlu *s.* influential

nüfuzsuz *s.* having no influence

nükleaz' *a.* nuclease

nükleer *s.* nuclear * çekirdeksel *nükleer alan* nuclear field *nükleer artık/atık* nuclear waste, atomic waste *nükleer atom* nuclear atom *nükleer başlık* nuclear warhead *nükleer bombardıman* nuclear bombardment *nükleer emisyon* nuclear emission *nükleer emülsiyon* nuclear emulsion *nükleer enerji* nuclear energy *nükleer fisyon* nuclear fission *nükleer fizik* nuclear physics *nükleer füzyon* nuclear fusion *nükleer güç* nuclear power *nükleer izomer* nuclear isomer *nükleer kimya* nuclear chemistry *nükleer kuvvet* nuclear force *nükleer moment* nuclear moment *nükleer parçalanma* nuclear disintegration *nükleer pil* nuclear battery *nükleer polarizasyon* nuclear polarization *nükleer radyasyon* nuclear radiation *nükleer reaksiyon* nuclear reaction *nükleer reaktör* nuclear reactor, atom reactor *nükleer rezonans* nuclear resonance *nükleer salım* nuclear emission *nükleer santral* nuclear power station, atomic power station *nükleer savaş başlığı* nuclear warhead *nükleer savaş başlığı* nuclear warhead *nükleer savaş* nuclear war *nükleer silah* nuclear weapon, nuke *nükleer silahlar* nuclear weaponry *nükleer silahsızlanma* nuclear disarmament *nükleer spin* nuclear spin *nükleer yakıt* nuclear fuel *nükleer yapı* nuclear structure

nükleik *s.* nucleic *nükleik asit* nucleic acid

nüklein *a.* nuclein

nükleinaz *a.* nucleinase

nükleofil *s.* nucleophilic

nükleon *a.* nucleon

nükleonik *a.* nucleonics

nükleosidaz *a.* nucleosidase

nükleosit *a.* nucleoside

nükleotidaz *a.* nucleotidase

nükleotit *a.* nucleotide

nüklid *a. fiz.* nuclide

nüklit *a.* nuclide

nüks *a. hek.* relapse, recurrence

nüksetme *a.* relapse, recrudescence

nüksetmek *e.* to relapse, to recur, to recrudesce

nükte *a.* witty remark, witticism *nükte yapmak* to make witty remarks

nükteci *s.* witty, humorous

nüktecilik *a.* wittiness

nüktedan *s.* witty, humorous

nüktedanlık *a.* wittiness

nükteli *s.* witty, subtle * esprili

nükul *a.* *esk.* withdrawal, retractation, going back on (a promise)

nükul *a.* withdrawal *nükul etmek* to withdraw

nümayiş *a.* demonstration * gösteri; show, display * gösteriş

nümayişçi *a.* demonstrator

nümayişkâr *a.* demonstrative, showy

nümerasyon *a.* numeration

nümismat *a.* numismatist

nümismatik *a.* numismatics

nüsha *a.* copy, edition; (gazete, vb.) issue, number

nütasyon *a, gökb.* nutation * üğrüm

nüve *a.* nucleus * çekirdek

nüveli *s.* containing a core *nüveli transformatör* core transformer

nüveyt *a.* *biy.* nucleolus **nabız** *a.* pulse *nabız atışı* pulse *nabzı atmak* to pulsate, to pulse *nabzına bakmak* to take sb's pulse *nabzına göre şerbet vermek* to handle sb with tact *nabzını yoklamak* to put out a feeler, to sound sb out

nüzul *a, esk.* apoplexy, stroke * inme

nüzullü *s, esk.* apoplectic * inmeli

O

O, o *a.* the eighteenth letter of the Turkish alphabet

o *adl.* he; she; it ¤ *s.* that, those *o anda* at that moment *o arada* in the meantime *o biçim* bloody İl./arg., funky kon./övg. *o civarda* thereabouts *o da bir şey mi* big deal kon. *o gün bu gün(dür)* since that day, since then *o halde* in that case, then *o kadar ki* insomuch that, so much so *o kadar* a) so, so much b) such c) that's all *o sırada* at that point *o suretle* thereby *o şekilde* like that *o takdirde* in that case *o taraflı olmamak* to take no notice of *o yüzden* so, therefore *o zaman* then *o*

zamandan beri ever since *o zamanlar* then

oba *a.* large nomad tent; nomad group

obelisk *a.* obelisk * dikilitaş

objektif *s.* objective, detached, disinterested * nesnel ¤ *a, fiz.* objective, objective glass *objektif kapağı* shutter *objektif mercek* objective lens

objektiflik *a.* objectivity

objektivist *a.* objectivist

objektivizm *a. fel.* objectivism

obligasyon *a.* bond * tahvil

obruk *s.* concave ¤ *a, yerb.* katavothre, ponor

observatuar *a.* observatory * gözlemevi

obsidiyen *a.* obsidian

obstrüksiyon *a. pol.* obstruction; *sp.* blocking

obtüratör *a.* shutter *obtüratör hızı* shutter speed

obua *a, müz.* oboe

obuacı *a.* oboist

obur *s.* gluttonous, insatiable ¤ *a.* glutton

oburca *be.* greedily

oburlaşmak *e.* to become gluttonous

oburluk *a.* gluttony, greediness

obüs *a.* howitzer

ocak¹ *a.* January

ocak² *a.* furnace, kiln; hearth, fireplace; cooker; quarry, mine; association, organization, society; family, home; source, centre *ocağına düşmek* to be at the mercy of *ocağına incir dikmek* to ruin sb's family, to destroy the family of *ocağını söndürmek* to destroy sb's family *ocak arabası* mine car *ocak ayaklığı* fire dog *ocak bacası* flue *ocak başı* fireside *ocak dairesi* stokehold *ocak demiri* fire iron, dog, poker *ocak direği* pit prop *ocak havası* mine air *ocak kapağı* fire door *ocak kapısı* fire door *ocak küreği* fire iron *ocak levhası* hearth plate *ocak maşası* fire iron *ocak rafı* mantel, mantelpiece *ocak siperi* fire screen *ocak tablası* hearth plate *ocak taşı* quarrystone *ocak vinci* mine hoist

ocakçı *a.* chimney sweep; stoker

ocakçılık *a.* being a chimney sweep

ocaklı *s.* having a fireplace; containing a furnace/a kiln

ocaklık *a.* fireplace; hearthstone; chimney

od *a.* fire

oda *a.* room; chamber, association, society *oda anteni* indoor antenna *oda arkadaşı* roommate *oda hizmetçisi* chambermaid *oda müziği* chamber music *oda müziği konseri* chamber concert *oda orkestrası* chamber orchestra *oda sıcaklığı* room temperature *oda takımı* suite of furniture *oda termostatı* room thermostat
odabaşı *a.* steward of an inn
odacı *a.* servant, janitor
odacık *a.* cubicle
odak *a.* focus *odak beneği* focal spot *odak dışı* out-of-focus *odak düzlemi* focal plane *odak gücü* power of a lens *odak kirişi* focal chord *odak lekesi* focal spot *odak noktası* focal point *odak uzaklığı* focal length, focal distance
odaklama *a.* focusing *odaklama bileziği* focusing ring *odaklama bobini* focusing coil *odaklama elektrotu* focusing electrode *odaklama kontrolü* focus control *odaklama mıknatısı* focusing magnet
odaklamak *e.* to focus
odaklanmak *e.* to focus
odaklaşmak *e.* to focalize
odaklaştırmak *e.* to focalize
odakölçer *a.* focometer
odakölçüm *a.* focometry
odaksal *s.* focal
odaksız *s.* afocal
odakuyum *a.* accommodation
odalı *s.* chambered
odalık *a, esk.* concubine, odalisque
odeon *a.* odeum, odeon
oditoryum *a.* auditorium
odometre *a.* odometer, mileometer
odometri *a.* hodometry
odun *a.* firewood, wood; *arg.* caveman *kon.*, boor *hkr.* ¤ *s.* wooden; *mec.* dull, lowbrow *odun alkolü* wood spirit *odun deposu* wood yard *odun hamuru* wood pulp *odun ispirtosu* wood alcohol *odun katranı* wood tar *odun şekeri* wood sugar *odun testeresi* wood saw *odun unu* wood meal *odun yünü* wood wool
odunarısı *a. hayb.* carpenter bee
oduncu *a.* seller of firewood; woodcutter, woodsman
odunculuk *a.* dealing in firewood; wood trade

odunkömürü *a.* charcoal, wood coal
odunlaşma *a.* lignification
odunlaşmak *e.* to lignify
odunlaştırmak *e.* to lignify
odunluk *a.* woodshed; tree suitable for firewood
odunözü *a.* heartwood, lignin
odunsu *s.* ligneous, woody *odunsu bitki* woody plant *odunsu doku* xylem *odunsu turba* woody peat
odyoamplifikatör *a.* audio amplifier
odyometre *a.* audiometer
odyovizüel *s.* audiovisual
of *ünl.* Ugh! ¤ *a.* sigh *of çekmek* to sigh, to heave a sigh
ofans *a.* offence
ofansif *s, sp.* offensive
ofis *a.* office, department *ofis otomasyonu* office automation
ofitik *s.* ophitic *ofitik doku* ophitic texture
ofiyolit *a.* ophiolite
oflamak *e.* to breathe a sigh, to grunt with vexation
oflaz *s.* exquisite, fine, choice
ofor *a.* etching
ofort *a.* aqua fortis, nitric acid
ofris *a. bitk.* twayblade, ophrys
ofsayt *a, sp.* offside
ofset *a.* offset (printing) *ofset baskı* offset printing
oftalmi *a.* ophthalmia
oftalmolog *a.* ophthalmologist
oftalmoloji *a.* ophthalmology
oftalmometre *a.* ophthalmometer
oftalmoskop *a.* ophthalmoscope
Oğan *a.* God
oğlak *a, hayb.* kid *Oğlak burcu* Capricorn *Oğlak Dönencesi* tropic of Capricorn
oğlan *a.* boy; *isk.* jack; *arg.* gay, queen *arg./hkr.*, queer *arg./hkr.*, pansy *hkr.*
oğlancı *a.* pederast, paederast, bugger *İl./kab.*, sodomite *esk./res.*
oğlancılık *a.* pederasty, buggery, sodomy
oğul *a.* son, boy; swarm of bees
oğulcuk *a.* little son; *biy, bitk.* embryo
oğuldoku *a.* blastema
oğuldokusal *s.* blastemal, blastematic
oğulduruk *a.* womb
oğullama *a.* swarming
oğulluk *a.* sonship; *yörs.* adopted son *yörs.* stepson
oğulotu *a, bitk.* balm * melisa

oğunmak *e.* to faint, to lose consciousness

oğuz *s.* good-hearted (person)

Oğuz *s.* Oghuz ¤ *a.* Oghuz Turk, Ghuz

Oğuzca *a. s.* Oghuz

oh *ünl.* ah, good ¤ *a.* sigh of relief *oh be* well! *oh çekmek* to gloat over another's misfortunes *oh demek* a) to give a sigh of relief b) to have a breather

oha *ünl.* stop!, whoa!

ohm *a, elek.* ohm *ohm değeri* ohmic value *ohm direnci* ohmic resistance *Ohm yasası* Ohm's law

ohmik *s, elek.* ohmic *ohmik kayıp* ohmic loss *ohmik kontak* ohmic contact

ohmmetre *a, elek.* ohmmeter * dirençölçer

oje *a.* nail polish * tırnak cilası

ojit *a.* augite

ojiv *a.* ogive

ok *a.* arrow; (kirpi) quill; (araba) beam, pole *ok atmak* to shoot arrows *ok gibi fırlamak* to dart *ok kılıfı* quiver *Ok yaydan çıktı* The die is cast

okaliptüs *a, bitk.* eucalyptus

okapi *a. hayb.* okapi

okçu *a.* bowman, archer

okçuluk *a.* archery

okey *a, ünl.* okay *kon.*, OK *kon.*

okeylemek *e.* to okay *kon.*, to OK *kon.*

okka *a.* oke (128³ gr.)

okkalamak *e.* to hold (sth) with the intention of estimating its weight; to praise, to flatter

okkalı *s.* heavy; large, big

oklamak *e.* to shoot (sth) with an arrow

oklava *a.* rolling pin

oklu *s.* furnished with arrows, arrowed

okluk *a.* quiver

oklukirpi *a.* porcupine

oklüzyon *a.* occlusion

okramak *e.* (at) to whinny (at the sight of food/water)

oksalat *a.* oxalate

oksalik asit *a.* oxalic acid

oksalik *s.* oxalic

oksamit *a.* oxamide

oksazin *a.* oxazine

oksazol *a.* oxazole

oksi *ünl. arg.* Piss off!, Beat it!

oksiasetilen *a.* oxyacetylene

oksiasit *a.* oxacid

oksiazo boyası *a.* oxy-azo dye

oksidasyon *a.* oxidation *oksidasyon bazı* oxidation base *oksidasyon boyası* oxidation dye *oksidasyon haslığı* resistance to oxidation *oksidasyon siyahı* oxidation black

oksidaz *a.* oxidase

okside *s. kim.* oxidized

oksidimetri *a.* oxidimetry

oksihidrojen *a.* oxyhydrogen

oksijen *a.* oxygen *oksijen çadırı* oxygen tent *oksijen giderme* deoxidation *oksijen kaynağı* oxyacetylene welding *oksijen maskesi* oxygen mask *oksijen şişesi* oxygen bottle *oksijen tüplü dalma aygıtı* scuba *oksijen tüpü* oxygen bottle *oksijenle kesme* flame cutting, torch cutting

oksijenleme *a.* oxygenation

oksijenlemek *e.* to oxygenate, to oxygenize

oksijenli *s.* oxygenic *oksijenli su* hydrogen peroxide

oksijensiz *s.* oxygen-free

oksijensizlik *a.* anoxia

oksiklorit *a.* oxychloride

oksim *a.* oxime

oksimit *a.* oximide

oksin *a.* auxin

oksiselüloz *a.* oxycellulose

oksisülfit *a.* oxysulfide

oksit *a.* oxide *oksit giderici* antioxidant *oksit yalıtımı* oxide isolation

oksitleme *a.* calcining

oksitlemek *e.* to oxidize

oksitlenebilirlik *a.* oxidability

oksitlenebilme *a.* oxidizability

oksitlenir *a.* oxidable, oxidizable

oksitlenme *a.* oxidation

oksitlenmek *e.* to be oxidized, to oxidize

oksitlenmemiş *a.* unoxidized

oksitleyen *a.* oxidizer

oksitleyici *s.* oxidizing ¤ *a.* oxidizing agent

oksitliyen *a.* oxydant

oksitosik *s.* oxytocic

oksitosin *a.* oxytocin

oksiyür *a.* threadworm

oksokrom *a.* auxochrome

oksonyum *a.* oxonium

oksulamak *e. arg.* to get rid of

okşama *a.* caress

okşamak *e.* to caress, to fondle; to stroke; to flatter; *kon.* to beat, to tan

okşantı *a.* caress
okşayış *a.* caressing, fondling
oktahedrit *a.* octahedrite
oktan *a.* octane *oktan değeri* octane rating *oktan sayısı* octane number
oktant *a.* octant
oktav *a.* octave *oktav analizatörü* octave analyser *oktav süzgeç* octave filter
oktet *a.* octet
oktil *a.* octyl
oktilyon *a.* octillion
oktot *a.* octode
oktruva *a. esk.* octroi, city toll
okul *a.* school * mektep *okul arkadaşı* schoolfellow, schoolmate *okul binası* schoolhouse *okul çağı* school age *okul çantası* satchel *okul harcı/ücreti* tuition *okul kaçağı* truant, hooky *okul müdürü* headmaster, principal *okul ödevi* schoolwork *okul parası* school fee *okul ücreti* tuition *okul yönetim kurulu* school board *okuldan kaçmak* to play truant, play hooky *Aİ. okulu asmak* to cut classes, to bunk off *İl./arg. okulu bırakmak* to drop out *okulu kırmak* to cut classes, to bunk off *İl./arg.*
okuldaş *a.* schoolmate
okullu *a.* pupil, student
okulöncesi *a.* preschool time ¤ *s.* preschool
okulsal *s.* scholastic
okulsonrası *a.* post-school time ¤ *s.* post-school
okuma *a.* reading *okuma doğruluğu* accuracy of reading *okuma hızı* read rate, reading rate *okuma istasyonu* reading station *okuma kafası* reading head; replay head *okuma kitabı* reader *okuma oranı* reading rate, read rate *okuma salonu* reading room *okuma-yazma* read-write *okuma-yazma kafası* read-write head *okuma zamanı* read time
okumak *e.* to read; to study; to sing; (dua) to say; to decipher; to understand
okumaz yazmaz *s.* illiterate
okume *a. bitk.* okoume
okumuş *s.* well-read, learned, educated, literate
okumuşluk *a.* being literate; being well-educated
okunabilirlik *a.* readability

okunaklı *s.* legible, readable
okunaklılık *a.* readability
okunaksız *s.* illegible
okunaksızlık *a.* illegibility
okunurluk *a.* readability
okunuş *a.* way of reading; pronunciation
okur *a.* reader
okuryazar *s.* literate
okuryazarlık *a.* literacy
okus pokus *a. arg.* trick, maneuver, intrigue
okutmak *e.* to teach, to instruct, to educate; *arg.* to palm sth off *kon.*, to fob sth off on/onto sb
okutman *a.* lecturer
okutmanlık *a.* lectureship
okuyucu *a.* reader; singer ¤ *s.* reading *okuyucu mikroskop* reading microscope
okuyuş *a.* way of reading; way of singing
oküler *a.* eyepiece ¤ *s.* ocular
okültasyon *a.* occultation
okyanus *a.* ocean *okyanus akıntısı* ocean current *okyanus dibi* ocean bed, ocean bottom
Okyanusya *a.* Oceania ¤ *s.* Oceanian
Okyanusyalı *a, s.* Oceanian
okyılanı *a. hayb.* horned viper
okzalat *a.* carbonite
ol *s.* that; those
olabilir *s.* possible; maybe
olabilirlik *a.* possibility; feasibility *olabilirlik oranı* likelihood ratio
olacak *s.* suitable; reasonable ¤ *a.* something inevitable *olacağına varmak* to take its course *Olacak gibi değil* It's impossible, It's unbelievable *Olacak şey/iş değil* It's incredible.
olagelmek *e.* to continue, to go on, to perpetuate, to be usual
olağan *s.* usual; ordinary, common, everyday; normal *olağan bakım* routine maintenance *olağan dağılım* normal distribution *olağan ışın* ordinary ray *olağan yansıma* regular reflection
olağandışı *s.* unusual, out of the ordinary; extraordinary; abnormal *olağandışı bitiş biliş.* abend, abnormal termination
olağandışılık *a.* unusualness
olağanlaşmak *e.* to become commonplace
olağanlık *a.* normality
olağanüstü *s.* extraordinary; unusual;

spectacular, exceptional, magnificent, phenomenal, prodigious, remarkable, tremendous *kon.*, out of this world *kon.*
olağanüstü durum emergency **olağanüstü gösteri** spectacular **olağanüstü ışın** extraordinary ray
olağanüstülük *a.* extraordinariness
olamaz *s.* impossible
olanak *a.* possibility, chance * imkân **olanak vermek** to enable, to allow
olanaklı *s.* possible * mümkün, kabil **olanaklı kılmak** to enable
olanaklılık *a.* possibility
olanaksız *s.* impossible, out of the question * imkânsız
olanaksızlaşmak *e.* to become impossible
olanaksızlaştırmak *e.* to make (sth) impossible
olanaksızlık *a.* impossibility * imkânsızlık
olanca *s.* utmost, all of
olarak *be.* as **olarak geçmek** to pass for, to be accepted as
olası *s.* probable, likely, possible, on the cards *kon.* * muhtemel, mümkün **olası yanılgı** probable error
olasıcı *a. s.* probabilist
olasıcılık *a. fel.* probabilism
olasılı *s.* probable, contingent * ihtimali, muhtemel
olasılık *a.* probability, contingency, chance, eventuality *res.* * ihtimal **olasılık dağılımı** probability distribution **olasılık eğrisi** probability curve **olasılık fonksiyonu** probability function **olasılık hesabı** probability calculus **olasılık işlevi** probability function **olasılık yoğunluğu** probability density
olay *a.* event, incident, case, fact, happening, occurrence; phenomenon **olay çıkarmak** to kick up a fuss/row/shindy/stink, to make a scene **olay yeri** scene **olaylar dizisi** *ed.* action
olaybilim *a, fel.* phenomenology * görüngübilim, fenomenoloji
olaycılık *a, fel.* phenomenalism * görüngücülük, fenomenizm
olaylı *s.* eventful
olaysız *s.* uneventful
olçum *a.* quack doctor
oldu *be.* well, very well, okay *kon.*, OK *kon.*

oldubitti *a.* fait accompli * olupbitti, emrivaki **oldubittiye getirmek** to confront with a fait accompli
oldukça *be.* quite, fairly, rather, pretty
oldulamak *e.* to okay
oldurgan *s. dilb.* causative (verb)
oldurmak *e.* to ripen; to mature
ole *ünl.* Olé!
oleat *a.* oleate
olefin *a.* olefin(e)
oleik asit *a, kim.* oleic acid
oleik *s.* oleic
olein *a.* olein
oleometre *a.* oleometer
oleum *a.* oleum
olgu *a.* fact, event * vakıa
olgucu *a.* positivist ¤ *s.* positivistic * pozitivist
olguculuk *a, fel.* positivism * pozitivizm
olgun *s.* ripe, mature, mellow; experienced, mellow
olgunlaşmak *e.* to ripen; to mature, to mellow
olgunlaştırmak *e.* to ripen; to mature, to mellow
olgunluk *a.* ripeness; maturity
olgusal *s. fel.* factual
oligarşi *a.* oligarchy * takımerki
oligarşik *s.* oligarchic(al)
oligoklaz *a.* oligoclase
oligomer *a.* oligomer
oligosen *a. yerb.* the Oligocene (epoch) ¤ *s.* Oligocene
Oligosen *a.* Oligocene
oligtrof *a.* oligotroph
olijist *a. yerb.* oligist
olimpiyat *a.* Olympiad **olimpiyat oyunları** the Olympic Games **olimpiyatlar** the Olympic Games
olivenit *a.* olivenite
olivin *a.* olivine
olmadık *s.* uncommon; unseen; unusual
olmak *e.* to be; to become; to exist; to happen, to occur, to take place, to go no, to come about, to transpire *kon.*; to get; to fit, to be suitable for; to be present; to ripen; to mature; (hastalık) to catch, to have, to get; to undergo; to be ready/prepared/cooked, etc.; to be done out of sth *kon.* **Olan oldu** What's done cannot be undone **Oldu olacak kırıldı nacak** It's no use crying over split milk **oldu olacak** ... might as well,

there is no reason not to ... *olduğu gibi* as is *oldum olası* always *-den olmak* to lose, to be deprived (of) *olmasaydı* but for *olsa olsa* at (the) most, at the (very) outside *olup bitmekte* afoot *olursa* in case of sth

olmamış *s.* unripe

olmamışlık *a.* immatureness, immaturity

olmayacak *s.* unseemly, unsuitable; impossible, improbable *olmayacak duaya amin demek* to square the circle

olmaz *s, be.* no, impossible

olmazlamak *e.* to veto

olmazlı *s.* absurd, irrational

olmazlık *a.* absurdity

olmuş *s.* ripe

olsun *ünl.* never mind ¤ *bağ.* if only

olta *a.* fishing line *olta balığı* fish caught with a fishing line *olta balıkçısı* angler *olta iğnesi* fishhook, hook *olta ipi* fishing line *olta kamışı* fishing rod, fishing pole *Aİ. olta mantarı* bob *olta takımı* fishing tackle *olta yemi* bait *oltaya vurmak* to bite *oltayla balık avlamak* to angle

oltacı *a.* angler

oluk *a.* gutter; groove, channel; chute *oluk açmak* to chamfer, to groove, to rabbet *oluk genişliği* channel width *oluk kapağı* sluice *oluk karışması* channel interference *oluk keskisi* paring chisel *oluk planyası* matching machine *oluk rendesi* grooving plane, fluting plane *oluk seçici* tuner *oluk seçme* channel tuning *oluk uyarlayıcısı* channel adapter

olukçuk *a.* small groove; *anat.* sulculus

oluklanım *a.* channelling

oluklu *s.* grooved, channeled; corrugated *oluklu karton* corrugated paper *oluklu kasnak* grooved drum *oluklu kayış* troughed belt *oluklu kiremit* pantile *oluklu matkap* pod auger *oluklu pres* rotary press *oluklu ray* flange rail, flanged rail *oluklu sac* corrugated sheet, corrugated iron

olumlama *a.* affirmation

olumlamak *e.* to affirm

olumlu *s.* positive, affirmative; favourable, favorable *Aİ.,* constructive *olumlu cevap vermek* to answer in the affirmative

olumlulaşmak *e.* to become positive

olumluluk *a.* positiveness, affirmativeness; constructiveness

olumsal *s, fel.* possible, contingent * mümkün

olumsallık *a.* contingency *olumsallık çizelgesi* contingency table

olumsuz *s.* negative * menfi, negatif

olumsuzlaşmak *e.* to become negative

olumsuzluk *a.* negativeness, negativity

olupbitti *a, be.* fait accompli * oldubitti, emrivaki

olur *s.* possible ¤ *be.* all right, okay, OK *olur olmaz* unnecessarily, needlessly *Olur şey değil* It's incredible *oluruna bırakmak* to let sth ride *kon.*

olurlamak *e.* to accept

olurlu *s.* possible; permissible *olurlu patlayıcı* permitted explosive

olurluk *a.* possibility; feasibility *olurluk incelemesi* feasibility study

oluş *a.* existence, being; genesis, formation

oluşma *a.* forming, formation

oluşmak *e.* to come into existence/being; to be formed, to be constituted; to take shape; to consist of, to comprise, to be made up of; to arise; to originate

oluşturan *a.* constituent

oluşturma *a.* constitution

oluşturmak *e.* to form, to constitute, to compose, to make up

oluşuk *a.* formation

oluşum *a.* formation, constitution *oluşum ısısı* heat of formation

oluşumsal *s.* morphogenetic, morphogenic

om *a, bkz.* ohm

omaca *a. yörs.* stump (of a tree); rumpbone

ombra *a.* umber

omca *a.* trunk, stock (of a grapevine), vine-stock

omça *a.* stock

omega *a.* omega

omfazit *a.* omphacite

omik *s.* ohmic

omlet *a.* omelette, omelet

ommatidyum *a. hayb.* ommatidium

ommetre *a.* ohmmeter

omnibüs *a.* omnibus

omur *a, anat.* vertebra

omurga *a, anat.* backbone, spine; *den*

keel

omurgalı *s, hayb.* vertebrate, spined ¤ *a.* vertebrate **omurgalılar** *a.* Vertebrata

omurgasız *s, hayb.* invertebrate, spineless ¤ *a.* invertebrate

omurilik *a, anat.* spinal cord

omurilikiçi *s.* intraspinal

omursal *s.* scalenous

omuz *a.* shoulder **omuz askısı** shoulder strap **omuz çantası** shoulder bag **omuz çekimi** close-up **omuz omuza** shoulder to shoulder **omuz plan** close-up **omuz silkmek** to shrug one's shoulders **omuz vurmak** to shoulder **omuzlarda taşımak** to chair **omuzuna almak** to shoulder

omuzdaş *a.* accomplice, confederate, companion

omuzlamak *e.* to shoulder; to hit with the shoulder; *arg.* to walk off with * aşırmak

omuzluk *a.* epaulette, epaulet * apolet

on *a, s.* ten **on altı** sixteen **on altıncı** sixteenth **on beş** fifteen **on beşinci** fifteenth **on bir** eleven **on birinci** eleventh **on dokuz** nineteen **on dokuzuncu** nineteenth **on dördüncü** fourteenth **on dört** fourteen **On Emir** the Ten Commandments **on iki** twelve **on ikinci** twelfth **on kat** tenfold **on misli** tenfold **on para etmez** worthless **on parmağında on marifet olan kimse** jack-of-all-trades **on sekiz** eighteen **on sekizinci** eighteenth **on üç** thirteen **on üçüncü** thirteenth **on yedi** seventeen **on yedinci** seventeenth **on yıl** decade

ona *adl.* to him, him; to her, her; to it, it **ona gelince** as to him **ona göre** a) according to him, according to her b) accordingly **ona kalırsa** as far as he is concerned **ona sebep** for that reason, accordingly **ona sorarsan** as far as he is concerned

onaltılı *s.* hexadecimal, sexadecimal **onaltılı gösterim** hexadecimal notation **onaltılı sayı** hexadecimal digit **onaltılı yazım** sexadecimal notation

onaltılık *a. müz.* sixteenth note

onama *a.* acceptance, approval, assent

onamak *e.* to approve, to assent (to)

onanizm *a.* onanism, masturbation * mastürbasyon, istimna

onanmak *e.* to be approved

onar *s.* ten each

onarılmaz *s.* that cannot be mended, irrecoverable **onarılmaz hata** irrecoverable error

onarım *a.* repair, reparation; restore, restoration **onarım zamanı** repair time

onarımcı *a.* repairer; restorer

onarma *a.* repair, restoration

onarmak *e.* to repair, to mend, to fix, to recondition; to restore, to renovate

onat *s.* neat, careful; useful; honest, upright, straightforward

onay *a.* approval, approbation, consent, assent, okay, OK

onaylama *a.* approval, ratification

onaylamak *e.* to approve, to ratify, to applaud, to accept, to accede (to), to countenance, to okay *kon.*, to OK *kon.*

onaylanmak *e.* to go through

onaylı *s.* approved, certified **onaylı suret** certified copy

onaysız *s.* not approved

onbaşı *a, ask.* corporal

onbaşılık *a. ask.* corporalship, corporalcy

onca *be.* according to him/her; in his/her opinion

onculayın *be.* like him/her; according to him/her

ondabirlik *s.* decile

ondalık *a.* a tenth part; *trh.* tithe ¤ *s.* decimal **ondalık gösterim** decimal notation **ondalık hanesi** decimal place **ondalık kesir** decimal fraction, decimal **ondalık noktası** decimal point **ondalık notasyon** decimal notation **ondalık sayı** decimal number **ondalık sistem** decimal system **ondalık skala** scale-of-ten **ondalık virgülü** decimal point

ondalıkçı *a.* commission agent (who gets a commision of ten percent)

ondan *adl.* from him; from her; from it ¤ *be.* for that reason **ondan sonra** then, thereafter *res.*

ondatra *a, hayb.* musk rat * bizam sıçanı, maskarat, misksıçanı

ondmetre *a.* wavemeter

ondograf *a.* ondograph

ondoskop *a.* ondoscope

ondurmak *e.* to improve, to ameliorate, to make better

ondülasyon *a.* permanent wave; undulation; corrugation

ondüle *s.* curled, curly

ongen *a.* decagon

ongun *s.* productive, fertile; prosperous, flourishing * bayındır; happy * mutlu ¤ *a.* totem * totem

ongunculuk *a.* totemism

ongunluk *a.* prosperity; good fortune

Oniki Ada *a.* the Dodecanese

onikigen *a.* dodecagon

onikilik *s.* duodecimal **onikilik sayı** duodecimal number **onikilik sistem** duodecimal system

onikiparmakbağırsağı *a, anat.* duodenum

onikiyüzlü *a.* dodecahedron, duohedron

oniks *a.* onyx * balgamtaşı

onkojenik *s.* oncogenic

onkolog *a.* oncologist

onkoloji *a.* oncology

onlar *adl.* they

onlara *adl.* (to) them

onları *adl.* them

onların *s.* their

onlarınki *adl.* theirs

onlayn *s.* on-line

onlu *s.* having ten parts; tenfold; decimal * ondalık ¤ *a, isk.* the ten **onlu dizge** decimal system **onlu rakam** decimal digit **onlu sayı sistemi** decimal number system **onlu sayılama sistemi** decimal numeration system **onlu üleşke** decimal fraction **onlu yazım** decimal notation

onmadık *s.* not cured, not healed; incorrigible

onmak *e.* to improve, to get better; to be happy; to heal up

onmaz *s.* irreparable; incurable

onomatope *a.* onomatopoeia

ons *a.* ounce

onsuz *be, adl.* without him/her/it

ontogenez *a. biy.* ontogeny, ontogenesis

ontoloji *a.* ontology

onu *adl.* him, her, it

onulmaz *s.* incurable * iyileşmez

onum *a.* betterment, improvement

onun *s.* his; her; its **onun için** for that reason, that's why **onun için** so, therefore, accordingly

onuncu *s.* tenth

onunki *adl.* his, hers

onur *a.* honour, honor *Aİ.*; pride, self-respect **onur kırıcı** derogatory **onur meselesi** matter of honour, point of honour **onur vermek** to honour, to honor *Aİ.* **onuruna** in honour of **onuruna dokunmak** to hurt sb's pride **onuruna yedirememek** not to be able to stomach

onurlandırmak *e.* to honour

onurlanmak *e.* to be honoured

onurlu *s.* honourable, honorable, self-respecting, dignified

onursal *s.* honorary * fahri

onursuz *s.* ignoble, dishonourable

onursuzluk *a.* dishonour *res.*

onyum *a.* onium **onyum boyarmaddesi** onium dyestuff

onyüzlü *a.* decahedron

oolit *a.* oolite, eggstone, roestone

oosfer *a.* oosphere

oosit *a. biy.* oocyte

opak *s.* opaque, nontransparent

opaklık *a.* opacity

opal *a, yerb.* opal

opalin *a.* opaline

opera *a, müz.* opera ¤ *sg.* operatic **opera dürbünü** opera glasses

operakomik *a.* comic opera

operasyon *a.* operation

operatör *a.* surgeon * cerrah; operator * işletmen

operatörlük *a.* surgery

operet *a, müz.* operetta

oportünist *s.* opportunist

oportünizm *a.* opportunism

opossum *a.* opossum, possum *Aİ.*

opsiyon *a, tic.* option

opsonik *s.* opsonic

opsonin *a.* opsonin

optik *a.* optics ¤ *s.* optical **optik aberasyon** optical aberration **optik açı** visual angle **optik ağ** diffraction grating **optik ağartıcı** optical whitener, optical brightener **optik ağartma** optical bleaching, optical brightening **optik alet** optical instrument **optik basım** optical printing **optik bellek** optical memory **optik beyazlatıcı** optical brightener **optik beyazlatma** optical bleaching **optik derinlik** optical depth **optik distorsiyon** optical distortion **optik dönme** optical rotation **optik düzlü** optical flat **optik eksen** optic axis **optik etkinlik** optical activity **optik görüntü** optical image **optik gösterge** optical indicator **optik illüzyon** optical illusio

optik izolatör optical isolator **optik izomer** optical isomer **optik karakter okuyucu** biliş. optical character reader **optik karakter tanıma** biliş. optical character recognition **optik kırılma** optical refraction **optik maser** optical maser **optik merkez** optical center **optik parlatma** fluorescent brightening **optik pirometre** optical pyrometer **optik ses** optical sound **optik seslendirici** optical sound recorder **optik tarayıcı** optical scanner **optik yoğunluk** optical density
optimal s. optimal, optimum **optimal alkalite** optimal alkalinity
optimist a. optimist
optimizasyon a. optimization
optimizm a, fel. optimism * iyimserlik
optimum a, s. optimum **optimum kod** optimum code **optimum kodlama** optimum coding **optimum programlama** optimum programming **optimum yük** optimum load
optometri a. optometry
opus a, müz. opus
ora a. that place
oracıkta be. just over there
orada be. there, in that place **orada burada** here and there
oradan be. from there, thence **oradan burdan konuşmak** to shoot the breeze Aİ./kon.
orain a. arg. heroin, junk
oraj a, metr. thunderstorm **oraj bulutu** metr. thundercloud **oraj sirrusu** metr. thunderstorm cirrus
orak a. sickle, reaping hook **orak makinesi** trm. reaping machine, reaper **orakla biçmek** to sickle
orakböceği a, hayb. cicada * ağustosböceği
orakçı a, trm. harvester, mower, reaper
orakkuşu a. hayb. green grasshopper
oraklamak e. to sickle
oral s. oral **oralarda** in those parts **oraları** those parts, thereabouts
oralı s. of that place **oralı olmamak** to pay no attention, to pay no heed to sth
oramiral a. vice admiral
oran a. proportion; estimate; ratio, rate **oran detektörü** ratio detector
orandışı s, mat. irrational
orangutan a, hayb. orangutan, orangoutang, orangoutan

oranla be. relatively, beside, in proportion (to)
oranlamak e. to calculate; to estimate; to compare
oranlı s. proportional, commensurate **oranlı sayılar** rational numbers
oranlılık a. balance, proportion
oransız s. out of proportion, disproportionate
oransızlık a. lack of proportion, disproportion
orantı a. proportion * oran, tenasüp
orantılı s. proportional; commensurate **orantılı aralıklama** proportional spacing **orantılı denetim** proportional control **orantılı sayaç** proportional counter
orası a. that place
oratoryo a. oratorio
oraya be. there
orbital s. orbital **orbital elektron** orbital electron
ordinaryüs a. professor in ordinary
ordinat a, mat. ordinate **ordinat ekseni** axis of the ordinate
ordino a. tic. order for money; den. mate's receipt
ordonat a. ordnance
ordovisyen a. s. yerb. Ordovician
ordövr a. hors d'oeuvre
ordu a. army, the military
ordubozan a. spoilsport; mischief-maker, conspirator; hek. varicosis, varix
ordubozanlık a. being a spoilsport; mischief-making, conspiration
ordudonatım a. ordnance
orduevi a, ask. officer's club
ordugâh a, ask. military camp, encampment **ordugâh kurmak** to encamp
orfoz a. grouper
org a, müz. organ, pipe organ Aİ. * erganun
organ a. organ, member **organ bankası** organ bank **organ nakli** transplantation
organaktarımı a. hek. transplantation of an organ
organbilim a. organology
organbilimsel s. organologic
organdi a. organdy
organik s. organic **organik bileşik** organic compound **organik hastalık** organic disease **organik kimya** organic chemistry **organik madde** organic matter **organik olarak** organically **organik**

pigment organic pigment **organik toprak** organic soil **organik yapı** organic structure
organizasyon *a.* organization, organisation
organizatör *a.* organizer
organize *s.* organized **organize etmek** to organize
organizma *a.* organism
organlaşma *a.* organogenesis
organlaşmak *e.* to develop organs
organoklor *a.* organochlorine
organometalik *s.* organometallic
organosol *a.* organosol
organotipik *s.* organotypic
organsallık *a.* organicism
organtin *a, teks.* organdy, organdie
organze *a.* organza
organzin *a.* organzine
orgazm *a.* orgasm, climax **orgazm olmak** to have an orgasm, to come *kon.* **orgazma ulaşmak** to achieve (an) orgasm, to climax
orgcu *a.* organist
orgçu *a.* organist
orgeneral *a.* full general
orijin *a.* origin
orijinal *s.* original * özgün; unusual ¤ *a.* original **orijinal kopya** master copy **orijinal ses** original sound
orijinalite *a.* originality
orijinallik *a.* originality; authenticity
orkestra *a, müz.* orchestra **orkestra şefi** conductor, maestro
orkestralama *a. müz.* orchestration
orkestralamak *e. müz.* to orchestrate
orkestrasyon *a, müz.* orchestration
orkide *a, bitk.* orchid
orkinos *a, hayb.* tuna, tunny, tuna fish
orkit *a. hek.* orchitis
orlon *a.* orlon
orman *a.* forest, wood **orman açma** clearing **Orman Bakanlığı** Ministry of Forestry **orman bekçisi** ranger **orman botaniği** forest botany **orman ekolojisi** forest ecology **orman kibarı** *mec.* caveman *kon.*, bumpkin *hkr.* **orman mühendisi** forester **orman mühendisliği** forestry **orman otlatması** forest grazing **orman sınırı** timber line **orman tahribatı** forest destruction **orman toprağı** forest soil **orman yangını** forest fire **orman**

zararlıları forest pests
ormancı *a.* forester, forest guard; forest engineer
ormancılık *a.* forestry
ormangülü *a.* rhododendron
ormanhorozu *a.* capercaillie
ormanlaşmak *e.* to become forested
ormanlaştırma *a.* afforestation
ormanlaştırmak *e.* to afforest
ormanlık *s.* wooded, covered with trees ¤ *a.* woodland **ormanlık arazi** timberland
ormansarmaşığı *a. bitk.* virgin's bower
ormansı *s.* woodsy
ormansıçanı *a. hayb.* wood mouse
ormansız *s.* forestless
ormansızlaştırma *a.* deforestation
ormansızlaştırmak *e.* to deforest
ormantavuğu *a.* grouse
ormantırmaşıkkuşu *a. hayb.* tree creeper
ormantik *s. arg.* romantic
ormantoygarı *a. hayb.* wood lark
ornatma *a.* substitution
ornatmak *e.* to substitute
ornitin *a.* ornithine
ornitolog *a.* ornithologist * kuşbilimci
ornitoloji *a.* ornithology * kuşbilim
ornitorenk *a. hayb.* ornithorhynchus, duckbill
orograf *a.* orograph
orografi *a.* orography
orografik *s.* orographic
orojenez *a.* orogenesis
orojeni *a, coğ.* orogeny, orogenesis * dağoluş
orojenik *s.* orogenic
orospu *a, kab.* prostitute, scarlet woman, tart *arg.*, whore *esk./hkr.*, harlot *esk./hkr.*, hustler *Aİ./arg.* **orospu çocuğu** son of a bitch *kab.*
orospuluk *a, kab.* prostitution; fickleness; dirty trick **orospuluk etmek/yapmak** to prostitute oneself, to whore, to hustle *Aİ./arg.*
orostopolluk *a. arg.* trick, ruse
orpiment *a.* orpiment
orsa *a, den.* windward side **Orsa alabanda!** Down with the helm!
orsalamak *e, den.* to hug the wind **orsasına seyretmek** *den.* to beat to windward
orsalatmak *e. den.* to make (a ship) luff up in the wind
orsein *a.* orcein

orsinol *a, kim.* orcinol

orta *a.* middle, centre ¤ *s.* central; average, medium, middle, middling; intermediate; moderate, tolerable; mediocre, indifferent **Orta Afrika Cumhuriyeti** the Central African Republic **Orta Amerika** Central America **orta boy** a) middle size b) medium-sized **orta boylu** medium-sized **orta çizgi** centre line, midline **orta dalga** medium wave **orta direk** a) mainmast b) *kon.* middle class **orta frekans** centre frequency **orta güverte** middle deck **orta halli** of moderate means **orta karar** moderate **orta katta kiracısı olmak** *arg.* to have a bun in the oven **orta kemer** central arch, centre arch **orta malı** a) common to all b) prostitute **orta menzilli** medium range **orta mertek** intermediate rafter **orta metrajlı film** medium-length film **orta nokta** mid-point **orta orantılı** mean proportional **orta plan** middle shot **orta refüj** central refuge **orta sahın** nave **orta sıklet** *bkz.* ortasıklet **orta sınıf** middle class **orta şerbet** middle juice **orta yaş** middle age **orta yaşlı** middle-aged **ortada kalmak** to be in a fix **ortada** a) in the middle b) clear, obvious, evident, self-evident, apparent, patent, palpable **ortadan kaldırmak** a) to remove, to put away, to clear away b) to wipe sth out c) to kill **ortadan kalkmak** a) to be removed b) to be destroyed c) to disappear **ortadan kaybolmak** to disappear, to fade away **ortasında** midway, amid, amidst **ortaya atılmak** a) to come forward, to offer oneself b) to be put forward **ortaya atmak** to suggest, to put sth forward, to bring sth up, to bring sth forward, to raise, to propound **ortaya çıkarmak** a) to find out, to determine, to detect, to discover, to unravel b) to expose, to reveal c) to bring to light d) to unearth e) to create **ortaya çıkmak** a) to appear, to show oneself b) to arise c) to come out, to transpire **ortaya koymak** to put forward, to expose, to exhibit, to manifest

Orta Afrika Cumhuriyeti *a.* the Central African Republic

ortaağırlık *a, sp.* middleweight * ortasıklet

ortabeyin *a.* mesencephalon, midbrain

ortaböbrek *a.* Wolffian body

ortacık *a.* meson

ortaç *a, dilb.* participle * partisip

ortaçağ *a.* the Middle Ages ¤ *sg.* medieval, mediaeval

ortadamar *a. bitk.* midrib

ortaderi *a.* mesoderm * mezoderm

Ortadoğu *a.* the Middle East

ortaelçi *a.* minister plenipotentiary, minister

ortaelçilik *a.* legation

ortak *a.* partner, associate ¤ *s.* common, shared, joint, mutual, communal, collective, corporate **ortak alan** common area **ortak anten** communal aerial, common antenna **ortak bazlı** common-base **ortak çarpan** *mat.* ratio of a geometrical progression **ortak dil** common language **ortak donanım** common hardware **ortak elektronlar** paired electrons **ortak emitörlü** common-emitter **ortak hat** unibus **ortak kapasite** mutual capacitance **ortak kat** *bkz.* ortakkat **ortak mod** common mode **ortak olmak** a) to become a partner (with) b) to share **Ortak Pazar** the Common Market, the European Economic Community **ortak payda** common denominator **ortak program** common program **ortak salım** associated emission **ortak terim** uniterm **ortak veri tabanı** common data base **ortak yazılım** common software

ortakaldırım *a.* safety stripe, street refuge

ortakbölen *a.* common divisor

ortakçı *a.* sharecropper

ortakçılık *a.* commensalism

ortakdeğişke *a.* covariance

ortakkat *a, mat.* common multiple

ortaklaşa *be.* jointly, collectively; together

ortaklaşacı *s.* collectivist * kolektivist

ortaklaşacılık *a.* collectivism * kolektivizm

ortaklaşım *a.* covalence

ortaklaşmak *e.* to enter into partnership (with sb)

ortaklık *a.* partnership * iştirak, müşareket; firm, company, corporation *Aİ.* * şirket, kumpanya **ortaklık sözleşmesi** deed of partnership

ortakulak *a.* middle ear, tympanum

ortakyapım *a.* coproduction

ortakyaşam *a, biy.* symbiosis * simbiyoz

ortakyaşama *a.* symbiosis
ortakyaşar *s., biy.* symbiont
ortakyaşarlık *a.* symbiosis
ortakyönetim *a.* coalition * koalisyon
ortalama *s.* medium, average *ortalama akım* average current, average flow *ortalama basınç* mean pressure *ortalama büyüklük* average size *ortalama değer* average value, mean value *ortalama gerilim* average voltage *ortalama güç* mean power *ortalama güneş* mean sun *ortalama hata* average error *ortalama hız* average velocity *ortalama ivme* average acceleration *ortalama kalori* mean calorie *ortalama numune* average sample *ortalama olarak* on an average *ortalama öğle* mean noon *ortalama ömür* mean life *ortalama rüzgâr* average wind *ortalama sapma* average deviation *ortalama sıcaklık* mean temperature *ortalama su düzeyi* mean water level *ortalama verimlilik* average performance *ortalama yanılgı* average error *ortalama yıl* average year *ortalama yoğunluk* average density *ortalamasını almak* to average
ortalamak *e.* to reach the middle; *sp.* to centre
ortalık *a.* surroundings, the world around *ortalığı birbirine katmak* to turn the place upside down *ortalığı karıştırmak* to stir up trouble *ortalığı toplamak* to tidy up *ortalığı tozpembe görmek* to have stars in one's eyes *ortalığı velveleye vermek* to fuss *ortalık ağarmak* (dawn) to break *Ortalık kararıyor* It's getting dark *ortalık kararmadan* before dark, while it is light *ortalık kararmak* to close in, to get dark, to fall *ortalık karışmak* (rebellion, disturbance) to break out *ortalık karıştırmak* *kon.* to stir *kon./hkr.* *ortalıkta* in sight, around *ortalıktan kaybolmak* to disappear
ortam *a.* environment; medium; habitat; *mec.* ambience; circle, milieu *ortam gürültüsü* ambient noise *ortam havası* ambient air *ortam ışığı* ambient light *ortam sıcaklığı* ambient temperature
ortanca¹ *s.* middle ¤ *a.* middle child
ortanca² *a., bitk.* hydrangea
ortaokul *a.* middle school, junior high school
ortaöğretim *a.* secondary education
ortaparmak *a.* middle finger
ortasıklet *a., sp.* middleweight * ortaağırlık
ortaşım *a. ruhb.* association
ortay *a.* bisector
ortayuvar *a., gökb.* mesosphere * mezosfer
ortikon *a.* orthicon
ortit *a.* orthite
Ortodoks *a.* Greek Orthodox
Ortodoksluk *a.* Greek Orthodox Church, Orthodoxy
ortodonti *a.* orthodontics
ortofosfat *a.* orthophosphate
ortofosforik *s.* orthophosphoric
ortogenez *a.* orthogenesis
ortogneiss *a.* orthogneiss
ortografik *s.* orthographic
ortohidrojen *a.* orthohydrogen
ortoklaz *a.* orthoclase
ortokromatik *s.* orthochromatic
ortonormal *s.* orthonormal
ortopedi *a.* orthopaedics, orthopedics *ortopedi uzmanı* orthopedist
ortopedik *s.* orthopaedic, orthopedic
ortopedist *a.* orthopaedist, orthopedist
ortoskop *a.* orthoscope
oruç *a.* fasting, fast *orucunu açmak* to break one's fast *oruç bozmak* to break the fast *oruç tutmak* to fast *oruç yemek* not to observe the fast
oruçlu *s.* who is fasting
oruçsuz *s.* not fasting
orun *a.* place, site; office, post
orya *a. isk.* diamond
oryantal *s.* oriental *oryantal dans* bally dancing *oryantal dansöz* belly dancer
oryantalist *a.* orientalist
oryantalizm *a.* orientalism
osazon *a.* osazone
osein *a.* ossein
Oset *a.* Ossete, Ossetian ¤ *s.* Ossetian, Ossetic
Osetçe *a., s.* Ossetic
Osetiya *a.* Ossetia
Osetya *a.* Ossetia
osilasyon *a.* oscillation
osilatör *a.* oscillator *osilatör devresi* oscillator circuit *osilatör kayması* oscillator drift *osilatör kristali* oscillator crystal
osilograf *a.* oscillograph

osilogram *a.* oscillogram

osiloskop *a.* oscilloscope, scope *osiloskop tüpü* oscilloscope tube

osişleme *a.* ausforming

Osmanlı *a, s.* Ottoman *Osmanlı İmparatorluğu* the Ottoman Empire

Osmanlıca *a.* Ottoman Turkish

osmenevişleme *a.* austempering

osmik *s.* osmic

osmiridyum *a.* osmiridium

osmiyum *a, kim.* osmium

osmiyumlu *s.* osmious

osmotik *s.* osmotic *osmotik basınç* osmotic pressure

osmoz *a.* osmosis

ostenit *a.* austenite *ostenit işleme* ausforming *ostenit menevişleme* austempering

ostenitlemek *e.* to austen(it)ize

ostenitli *s.* austenitic *ostenitli çelik* austenitic steel

osteoloji *a.* osteology * kemikbilim

osteom *a. hek.* osteoma

osteoporoz *a. hek.* osteoporosis

osurgan *s. kab.* who farts a lot

osurganböceği *a.* bombardier beetle

osurmak *e, kab.* to fart, to break wind *ört.*

osuruk *a, kab.* fart *osuruğu cinli* touchy, readily provoked *osuruk atmak* to fart

osurukağacı *a.* ailanthus, tree of heaven * aylandız

oşinografi *a.* oceanography

oşinografik *s.* oceanographic(al)

ot *a.* grass; (zararlı) weed; (yemlik) fodder; medicine * ilaç, em; poison * zehir, ağı; *arg.* hashish, grass *arg.*, pot *arg.* * esrar *ot gibi yaşamak* to vegetate *ot tutucu* trash catcher, weed catcher *ot yığını* haycock, hayrick, mow *ot yoldurmak* to give a hard job, to tell sb to do something very difficult *ot yükleyici* hayloader

otacı *a.* doctor, physician

otağ *a.* marquee, pavilion

otalamak *e.* to poison * ağılamak; to treat, to cure * tedavi etmek, otamak

otama *a.* treatment, curing * tedavi

otamak *e.* to treat, to cure

otantik *s.* authentic

otantiklik *a.* authenticity

otarmak *e.* to pasture, to graze * otlatmak

otarşi *a.* autarky

otbilim *a.* herbal

otçu *a.* village doctor

otçul *s, hayb.* herbivorous ¤ *a.* herbivore

otel *a.* hotel *otelden ayrılmak* to check out

otelci *a.* hotel-keeper, hotelier

otelcilik *a.* hotel management

otistik *s.* autistic

otizm *a, ruhb.* autism * içeyöneliklik

otlak *a.* pasture, pasturage, grassland, grass

otlakçı *a, arg.* sponger, freeloader *Aİ./kon.*, cadger *hkr.*

otlakçılık *a, arg.* sponging, freeloading *otlakçılık etmek* to sponge on another *kon.*, to freeload *Aİ./kon.*, to cadge *hkr.*

otlakıye *a.* rent for pasture

otlamak *e.* to graze, to browse; *arg.* to sponge, to cadger *hkr.*, to freeload *Aİ./kon.*

otlanmak *e.* to graze, to browse; to be grazed; *arg.* to sponge, to bum, to cadge *hkr.*, to scrounge *hkr.*

otlatmak *e.* to pasture, to graze

otlu *s.* grassy

otlubağa *a.* toad * karakurbağa

otluk *a.* hayrick, hayloft, haystack; grassy place

otnit *a.* autunite

oto *a.* auto, car *oto gövdesi* car body *oto kaloriferi* car heater

otoban *a.* autobahn, motorway *İİ.*, expressway *Aİ.*, freeway *Aİ.* * otoyol

otobiyografi *a.* autobiography * özyaşamöyküsü

otobiyografik *s.* autobiographic

otobur *s, hayb.* herbivorous

otoburluk *a.* herbivorousness

otobüs *a.* bus; coach *otobüs durağı* bus stop *otobüs terminali* bus station *otobüsle gitmek* to bus (it)

otobüsçü *a.* bus driver

otobüsçülük *a.* being a bus driver

otodidakt *s.* self-taught ¤ *a.* autodidact * özöğrenimli

otodin *a.* autodyne

otoemisyon *a.* autoemission, cold emission

otoendüktif *s.* autoinductive *otoendüktif kuplaj* autoinductive coupling

otoerotizm *a.* autoeroticism, autoerotism * özünerosluk

otofaji *a.* autophagia, autophagy

otogami *a.* autogamy

otogar a. coach station
otogözlemci a. automonitor
otojir a. autogiro
otokar a. autocar
otokatalitik s. electroless
otokataliz a. autocatalysis
otoklav a. autoclave, pressure cooker
otokod a. autocode
otokö a. goof sheet, teleprompter
otokrasi a. autocracy
otokrat a. autocrat ¤ s. autocratic
otokratik s. autocratic
otokritik a. self-criticism * özeleştiri
otoksidasyon a. autoxidation
otolit a. otolith
otoliz a. autolysis
otoman a, teks. ottoman rib
otomasyon a. automation * özdevin
otomat a. automaton; flash heater; timed light switch
otomatik s. automatic, self-acting **otomatik alarm** automatic alarm **otomatik anahtar** automatic switch **otomatik arama** direct distance dialling **otomatik artırma** autoincrement **otomatik ateşleme** self-ignition **otomatik avans** automatic advance **otomatik ayar** automatic tuning **otomatik azalma** autodecrement **otomatik besleme** automatic feed **otomatik besleyici** automatic feeder **otomatik bilgisayar** automatic computer **otomatik çağırma** autocall **otomatik debriyaj** automatic clutch **otomatik deklanşör** automatic tripping device **otomatik delgi** automatic punch **otomatik denetim** automatic check **otomatik denetleyici** automatic controller **otomatik diyafram** automatic diaphragm **otomatik durdurma** automatic stop **otomatik enterüptör** automatic cutout **otomatik fletner** servo tab **otomatik fren** automatic brake **otomatik gerçekleyici** automatic verifier **otomatik jikle** automatic choke **otomatik kamera** automatic camera **otomatik kapanma** automatic shutdown **otomatik kavrama** automatic clutch **otomatik kaydırma** automatic zoom **otomatik kesilme** automatic interrupt **otomatik kilitlemeli** self-locking **otomatik kodlama** automatic coding **otomatik kontrol** automatic control

otomatik marş self-starter **otomatik odaklama** automatic focusing **otomatik olarak** automatically **otomatik oylama** autopolling **otomatik öğrenme** machine learning **otomatik öngerilim** automatic bias **otomatik pilot** automatic pilot **otomatik programlama** automatic programming **otomatik santral** automatic exchange **otomatik seçicilik** automatic selectivity **otomatik sıralama** automatic sequencing **otomatik sigorta** automatic fuse **otomatik silah** automatic weapon **otomatik sözlük** automatic dictionary **otomatik şahmerdan** automatic pile driver **otomatik şalter** automatic switch **otomatik şanzıman** automatic transmission **otomatik tabanca** automatic pistol **otomatik tarama** automatic scanning **otomatik taşıyıcı** automatic carriage **otomatik tekrar** auto-repeat **otomatik telefon** automatic telephone **otomatik tezgâh** automatic loom **otomatik tüfek** automatic rifle **otomatik vites** automatic transmission **otomatik yağlamalı** self-lubricating **otomatik yemlik** self-feeder **otomatik yordam** automatic routine **otomatik zamanlayıcı** automatic timer **otomatik zum** automatic zoom, power zoom
otomatikleşmek e. to become automatic
otomatikleştirme a. automation
otomatikleştirmek e. to automatize, to automate
otomatikman be. automatically
otomatizm a. automatism * özdevinim
otomobil a. car, motorcar, auto kon., automobile Aİ. **otomobil karoseri** car body **otomobil tamircisi** car mechanic
otomorf s. automorphic
otomorfizma a. automorphism
otomotiv s. automotive **otomotiv sanayii** automative industry
otomotris a. motor car, raul motor car
otonom s. autonomous * özerk
otonomi a. autonomy * özerklik
otooksidasyon a. autooxidation
otopark a. car park İİ., parking lot Aİ.; multistorey car park **otopark sayacı** parking meter
otoplasti a. autoplasty
otopsi a. autopsy, postmortem
otoray a. railcar

otorite a. authority * yetke, sulta, velayet
otoriter s. authoritarian * yetkeli
otosist a. anat. otocyst
otoskop a. hek. otoscope
otostop a. hitchhiking otostop yapmak to hitchhike, to hitch kon., to thumb a lift
otostopçu a. hitchhiker
ototipi a. autotype
ototomi a. autotomy
ototransformatör a. autotransformer
ototrof a. autotroph; s. autotrophic
ototrofi a. autotrophy
otoyol a. motorway İİ., expressway Aİ., freeway Aİ. * otoban
otozom a. autosome
otsu s. herbaceous
otsu, otsul s. herbaceous
ottaş a. pyrite
oturacak a. seat
oturak a. seat; chamber pot, badpan * lazımlık; foot, stand, bottom; den. thwart oturak âlemi drinking party with dancing girls
oturaklı s. well-settled, foursquare; sedate, dignified; well-chosen, timely
oturaklılık a. kon. sedateness, dignity
oturan a. inhabitant * sakin
oturma a. sitting; habitation, residence; inş. settlement oturma grevi sit-down strike oturma izni residence permit oturma odası living room, sitting room
oturmak e. to sit; to sit down; to squat kon.; to live, to reside, to inhabit, to occupy, to dwell esk.; to fit well; (bina) to settle, to sink
oturmuş s. settled
oturtmak e. to seat, to sit sb down; to let sb dwell; to allow to rest; to set, to mount; to embed, to bed; to deal (sb a blow)
oturtmalık a. mim. stereobate
oturum a. session, sitting; huk. hearing; residence, residing
oturuş a. (way of) sitting
oturuşmak e. to sit together; to calm down
otuz a, s. thirty otuz bir kab. wank İİ./arg. otuz bir çekmek kab. to wank İİ./arg., to play with oneself, to jerk (oneself) off arg. otuz birci kab. wanker İİ./arg.
otuzar be. thirty each
otuzuncu s. thirtieth
ova a. plain, lowland, savanna

oval s. oval * söbe, beyzi
ovalamak e. to rub (one's hands together); to scrub; to break sth up, to crumble
ovalı s. living in a plain/lowland
ovalık s. having grassy plains
overdrayv a. overdrive overdrayv transmisyonu overdrive transmission
overdrive a. overdrive
overlok dikiş a. overlock seam
ovmak e. to rub (with the hand), to massage, to knead; to scrub, to wipe
ovogon a. bitk. oogonium
ovolit a. yerb. oolite
ovunmak e. to massage oneself
ovuşturmak e. to rub (against each other), to massage
ovülasyon a. ovulation
oy a. vote * oy; ballot oy çokluğu by a large majority oy hakkı right to vote, franchise oy hakkına sahip entitled to vote, qualified to vote oy pusulası ballot oy sandığı ballot box oy verme hakkı franchise oy vermek to vote, to cast one's vote
oya a. pinking, embroidery on the edge of a garment oya koymak to put (sth) to the vote
oyacı a. crochet maker
oyalamak e. to detain, to put sb off, to gain time; to divert, to distract (sb's) attention
oyalanmak e. to linger, to hang about, to dawdle; to amuse oneself
oyalayıcı s, hek. palliative * palyatif
oyalı s. pinked
oybirliği a. unanimity, consensus oybirliği ile by a unanimous vote, by common consent
oydaş s. of the same opinion (as)
oylama a. voting, polling oylama aralığı polling interval oylama karakterleri polling characters oylama listesi polling list oylama yapmak to take a vote oylama yöntemi voting scheme oylamaya koymak to put to the vote
oylamak e. to put to the vote
oylanmak e. to be put to a vote
oylaşım a. discussion, debate, negotiation
oylaşmak e. to discuss, to debate
oylum a. volume * hacim, cirim ¤ s. hollowed out

oylumlamak *e.* to give a three-dimensional appearance

oylumlu *s.* having volume; voluminous, large

oylumsal *s.* volumetric

oyma *a.* carving, engraving ¤ *s.* engraved, carved, cut in, incised *oyma makinesi* engraving machine *oyma testeresi* bow saw, scroll saw *oyma zıvana* chase mortise

oymabaskı *a.* engraving

oymacı *a.* carver, engraver *oymacı kalemi* carving chisel

oymacılık *a.* carving, engraving

oymak¹ *e.* to carve, to engrave; to bore; to scour; to scoop out; *arg.* to punish, to beat, to tell off

oymak² *a.* clan, tribe; boy scout troop

oymalı *s.* carved, engraved

oynak *s.* moving, playing; unreliable, unstable; playful, frisky, lively, active; skittish, flirtatious; wobbly ¤ *a, anat.* joint, articulation *oynak bobin* moving coil *oynak denge* unstable equilibrium *oynak durum* unstable state *oynak yeri* joining, juncture

oynaklık *a.* instability; playfulness; liveliness, mobility

oynama *a.* playing; moving; play *oynama payı* play, tolerance

oynamak *e.* to play; to dance; to frolic, to romp; to move, to budge; to fiddle with, to toy with, to tamper with; to tinker; (film, oyun) to be on; to perform, to act, to play, to enact, to portray; to dally with sb/sth; to risk; to back

oynamaz *s.* fixed, steady

oynaş *a, hkr.* sweetheart, lover, paramour

oynaşmak *e.* to play with one another; *mec.* to carry on (with sb), to have it off (with sb)

oynatmak *e.* to cause to play; to cause to dance; to move, to budge; to exhibit, to perform, to show; to dislocate; *kon.* to go off one's head, to go mad, to flip

oynayanlar *a.* cast

oysa, oysaki *bağ.* but, yet, however; whereas; though

oyuk *a.* cavity, hole ¤ *s.* hollowed out

oyuklu *s.* canaliculated, glenoid(al), scrobiculate

oyulga *a. yörs.* basting (before sewing), tacking

oyulgalamak *e.* to baste, to tack

oyulgalamak *e.* to baste together, to tack; to stick into, to thrust into

oyum *a.* excavation, digging out

oyumlamak *e.* (bitki) to form its taproot

oyun *a.* game; play, performance; drama; dance; *mec.* trick, ruse, game, hoax, prank *oyun alanı* playground *oyun almak* to win a game *oyun arkadaşı* playfellow, playmate. *oyun bozmak* to spoil the game *oyun etmek/oynamak* to play a trick on sb, to play a prank on sb, to play a joke on sb *oyun havası* belly dance music *oyun kâğıdı* card, playing card(s) *oyun vermek* to lose a game *oyun yazarı* dramatist, playwright, scriptwriter *oyuna gelmek* to be deceived *oyundan atmak* (futbol) to send sb off *İİ.*

oyunbaz *s.* playful, frisky

oyunbazlık *a.* playfulness, friskiness

oyunbozan *a.* killjoy, spoilsport, wet blanket; double-crosser

oyunbozanlık *a.* being a spoilsport *oyunbozanlık etmek* to be a killjoy/wet blanket/spoilsport

oyuncak *a.* toy, plaything; cinch, child's play; laughingstock, plaything *oyuncak at* cockhorse *oyuncak ayı* teddy bear

oyuncakçı *a.* toy maker, toy seller *oyuncakçı dükkânı* toyshop, toy store

oyuncakçılık *a.* making/selling toys

oyuncu *a.* player; (erkek) actor; (kadın) actress; trickster ¤ *s.* playful, frisky, frolicsome; tricky *oyuncu seçimi* casting *oyuncular* cast

oyunculuk *a.* acting

oyunlaştırma *a.* dramatization

oyunlaştırmak *e.* to dramatize

oyuntu *a.* carved out piece, hollow **obje** *a.* object, thing * nesne

oz *a.* ose

ozalit *a.* blueprint *ozalit baskısı* blueprint, ozalid print *ozalit makinesi* blueprint apparatus

ozan *a.* poet * şair

ozanlık *a.* being a poet

ozansı *s.* poetic * şairane

ozansılık *a.* poetic quality * şairanelik

ozmos *a, fiz.* osmosis * geçişme

ozokerit *a.* ozokerite, earth wax * yerm-umu

ozon *a.* ozone *ozon ağartması* ozon

bleach *ozon solması* o-fading *ozon tabakası* ozone layer *ozon üreticisi* ozonizer

ozonatör *a.* ozonizer

ozongözler *a.* ozonoscope * ozonoskop

ozonit *a.* ozonide

ozonlama *a.* ozonization

ozonlamak *e.* to ozonize

ozonlaşmak *e.* to ozonize

ozonlaştırma *a.* ozonization

ozonlaştırmak *e.* to ozonize

ozonlu *s.* ozoniferous

ozonoliz *a.* ozonolysis

ozonometre *a.* ozonometer * ozonölçer

ozonosfer *a.* ozonosphere

ozonoskop *a.* ozonoscope * ozongözler *ozonoskop kâğıdı* ozone paper * ozongözler kâğıdı

ozonölçer *a.* ozonometer * ozonometre

ozonyuvarı *a.* ozonosphere

Ö

Ö, ö *a.* the nineteenth letter of the Turkish alphabet

öbek *a.* group, mass, heap, pile; *biliş.* block *öbek aktarma* block transfer *öbek aralığı* block gap *öbek başlığı* block header *öbek işareti* block mark *öbek konumu* block position *öbek kopyası* block copy *öbek öbek* in groups *öbek sıralama* block sorting *öbek uzunluğu* block length

öbekleme *a.* classification; blocking *öbekleme çarpanı* blocking factor *öbekler kuramı* group theory

öbeklerarası *s, biliş.* interblock *öbeklerarası boşluk* interblock gap

öbeksi *a, mat.* groupoid

öbür *s.* the other; the next *öbür dünya* the other world, afterlife *öbür gün* the day after tomorrow

öbürleri *adl.* the other ones

öbürü, öbürkü *adl.* the other one

öcü *a, kon.* ogre, bogy, bogey, bogeyman *öcünü almak* to revenge, to avenge

öç *a.* revenge *öç almak* to take revenge (on sb), to get back at sb *kon.*

öd *a.* gall, bile * safra *ödü kopmak/patlamak* to be scared to death, to have the heebie-jeebies, to

get the wind up *kon.* *ödünü koparmak/patlatmak* to frighten sb to death, to scare sb to death, to frighten sb out of his wits, to make sb's blood run cold, to make sb's hair stand on end, to put the wind up sb *kon.*

ödağacı *a.* aloes-wood tree

ödem *a, hek.* oedema

ödeme *a.* payment, pay *ödeme aracı* legal tender *ödeme emri* draft, order of payment *ödeme gücü* solvency *ödeme güçlüğü* financial difficulty *ödemede bulunmak* to make a payment

ödemek *e.* to pay; (borç) to settle, to pay sth off, to pay sth back, to pay sb back, to discharge *res.*; to indemnify *ödemeler dengesi* balance of payments

ödemeli *s.* cash on-delivery, COD *ödemeli konuşma* reverse-charge call, collect call *ödemeli telefon görüşmesi yapmak* to reverse (the) charge(s), to call collect *Aİ.*

ödemli *s.* edematose

ödence *a.* indemnity

ödenebilir *s.* payable

ödenek *a.* appropriation, allowance, grant *ödenek ayırmak* to appropriate funds (for)

ödenti *a.* dues, subscription, monthly contribution

ödeşmek *e.* to settle accounts (with one another)

ödetmek *e.* to make sb pay; *mec.* to pay sb back

ödev *a.* duty, obligation; homework

ödevbilgisi *a.* deontology * deontoloji

ödevcil *s.* true/devoted to duty

ödevli *s.* in charge, on duty

ödkanalı *a.* bile duct, biliary duct, gall duct

ödkesesi *a.* gallbladder * safrakesesi

ödlek *s.* cowardly *hkr.*, craven, yellow *hkr.*, yellow-bellied *hkr.* ¤ *a.* coward *hkr.*

ödometre *a.* oedometer

ödsüz *s.* acholic

ödtaşı *a.* gallstone

ödül *a.* reward, prize, award, trophy *ödül kazanmak* to win a prize *ödül vermek* to reward

ödüllendirmek *e.* to reward, to award a prize

ödün *a.* compensation, concession * ivaz, taviz *ödün vermek* to make conces-

sions
ödünç s. loaned, lent, borrowed ¤ *be.* as a loan **ödünç alan** borrower **ödünç almak** to borrow **ödünç veren** lender **ödünç vermek** to lend
ödünlemek *e.* to concede, to make concessions * taviz vermek
ödyeşili *s.* biliverdin
ödyolu *a. anat.* bile duct
öf *ünl.* pooh!, oof!, pew!
öfke *a.* anger, rage, fury **öfkeden deliye döndürmek** to send sb berserk **öfkeden deliye dönmek** to go berserk, to be berserk **öfkeden kudurmak** to rage, to see red *kon.*
öfkelendirmek *e.* to infuriate, to enrage, to exasperate, to anger, to provoke, to incense, to nettle
öfkelenmek *e.* to get angry, to lose one's temper, to be furious (with sb) (at sth)
öfkeli *s.* furious, angry, mad, irate *res.* **öfkesi burnunda olmak** to be in a temper **öfkesi burnunda** irascible *res.* **öfkesi burnunun ucunda olma** a chip on one's shoulder **öfkesini yenmek** to keep one's temper **öfkeye kapılmak** to lose one's temper **öfkeye kapılmamak** to keep one's temper
öglena *a.* euglena
öğe *a.* element, constituent
öğesel *s.* elementary
öğle *a.* noon, midday **öğle tatili** lunch hour **öğle üstü** around noon **öğle yemeği yemek** to have lunch, to lunch **öğle yemeği** lunch, luncheon *res.* **öğleden önce** in the forenoon **öğleden sonra** in the afternoon
öğlen *a.* meridian; *kon.* noon, midday ¤ *be, kon.* at noon **öğlen çemberi** meridian
öğlenci *a.* afternoon student
öğlende *be.* at noon
öğleüstü *be.* around noon
öğleyin *be.* at noon
öğrence *a.* lesson, course
öğrenci *a.* student, pupil; (kız) schoolgirl; (erkek) schoolboy; (askeri) cadet **öğrenci derneği** students' union **öğrenci karnesi** report card **öğrenci yurdu** dormitory *Aİ.*, dorm *kon./Aİ.*
öğrencilik *a.* studentship, being a student
öğrenim *a.* education * tahsil **öğrenim görmek** to receive education, to study

öğrenimli *s.* educated
öğrenimlilik *a.* being educated
öğrenimsiz *s.* uneducated
öğrenimsizlik *a.* being uneducated
öğrenmek *e.* to learn; to find out; to hear of; to acquaint oneself with sth
öğreti *a.* doctrine, teaching * doktrin
öğretici *s.* instructive, didactic, educational * didaktik
öğreticilik *a.* instructiveness
öğretim *a.* instruction, education, schooling * tedris, tedrisat, talim **öğretim bilgisi** didactics * didaktik **öğretim görevlisi** lecturer **öğretim izlencesi/programı** curriculum **öğretim üyeleri** faculty **öğretim üyesi** professor, assistant professor, lecturer **öğretim yılı** school year
öğretmek *e.* to teach, to instruct; to instil, to instill *Aİ.*, to indoctrinate *hkr.*
öğretmen *a.* teacher; instructor; tutor; schoolmaster, master; schoolmistress; professor *Aİ.* **öğretmen okulu** teacher's training school **öğretmenler odası** common room
öğretmenlik *a.* teaching; profession/duties of a teacher **öğretmenlik yapmak** to teach
öğün *a.* meal
öğür *s.* of the same age; used to, accustomed to ¤ *a.* group
öğürleşmek *e.* to get used to
öğürlük *a.* familiarity, friendship
öğürmek *e.* to retch; to bellow
öğürtlemek *e.* to select, to choose, to pick
öğürtü *a.* retching sound; bellow
öğüt *a.* advice, counsel *res.* **öğüt vermek** to advise, to give advice
öğütçü *a.* adviser, counselor
öğütlemek *e.* to advise, to counsel
öğütme *a.* grinding, milling **öğütme makinesi** disintegrator, grinder **öğütme merdanesi** grinding roll
öğütmek *e.* to grind; to digest
öğütücü *s.* grinding
öjenik *a.* eugenics
öjenol *a.* eugenol
ökaliptüs *a. bitk.* eucalyptus
ökaryot *a, biy.* eukaryote, eucaryote
ökaryotik *s, biy.* eukaryotic, eucaryotic
ökçe *a.* heel **ökçe kemiği** calcaneum, calcaneus **ökçe takmak** to heel

ökçekemiği *a. anat.* heel bone, calcaneus

ökçeli *s.* heeled

ökçesiz *s.* heelless

öke *a.* genius * dâhi

ökelik *a.* genius, geniality

öklez *a.* euclase

ökromatin *a.* euchromatin

ökromozom *a.* euchromosome

ökse *a.* birdlime

ökseinciri *a. bitk.* mistletoe fig

öksenit *a.* euxenite

ökseotu *a, bitk.* mistletoe

öksü *a.* firebrand, half-burnt piece of wood

öksürmek *e.* to cough

öksürtücü *s.* cough-inducing

öksürük *a.* cough, coughing **öksürük şurubu** cough syrup

öksürüklü *s.* who coughs

öksürükotu *a. bitk.* coltsfoot

öksüz *s.* motherless; without relations/friends ¤ *a.* orphan, motherless child **öksüz bırakmak** to orphan **öksüz kalmak** to be orphaned **öksüz perde** swash plate **öksüzler yurdu** orphanage

öksüzbalığı *a.* piper

öksüzlük *a.* orphanhood

öküz *a.* ox; *kab.* oaf, yahoo, lout, jerk *hkr.*, boor *hkr.*, berk *İİ./hkr.* **öküz arabası** oxcart **öküz gibi bakmak** to gawk (at sb/sth) *kon.*, to gawp *hkr.* **öküz trene bakar gibi bakmak** to gawk (at sb/sth) *kon.*, to gape *hkr.*

öküzbalığı *a, hayb.* walrus

öküzburnu *a. hayb.* hornbill

öküzdili *a. bitk.* bugloss, alkanet

öküzgözü *a, bitk.* arnica * sığırgözü, mastıçiçeği, arnika

öküzlük *a. kon.* stupidity, boorishness

öküzsoğuğu *a.* a spell of cold weather in the latter half of April

öl *a.* moistness of the soil

ölçek *a.* scale, measure

ölçekdeş *s.* commensurable

ölçekdeşlik *a.* commensurability

ölçekleme *a.* scaling **ölçekleme devresi** scaling circuit **ölçekleme katsayısı** scaling factor

ölçeklemek *e.* to scale

ölçeklendirmek *e. biliş.* to scale

ölçer *a. yörs.* poker (for a fire)

ölçme *a.* measuring **ölçme hassaslığı** accuracy of measurement **ölçme makinesi** measuring machine **ölçme savağı** notched weir

ölçmek *e.* to measure, to gauge; to consider, to weigh **ölçüp biçmek** to consider carefully

ölçmen *a.* engineer

ölçmenlik *a.* engineering

ölçü *a.* measure; measurement, dimension; size; moderation; *ed.* metre **ölçü aleti** measuring device **ölçü balonu** volumetric flask **ölçü birimi** unit of measurement **ölçü kabı** measuring tank **ölçü latası** surveyor's rod **ölçü nivosu** surveyor's level **ölçü noktası** measuring point **ölçü şişesi** measuring flask **ölçüsünü almak** to take sb's measurements, to measure sb **ölçüyü kaçırmak** to pass the limit, to overdo

ölçülebilir *s.* measurable

ölçülemek *e.* to adjust, to set

ölçülemez *s.* unmeasurable

ölçülü *s.* measured; temperate, moderate **ölçülü büret** measuring jar

ölçülülük *a.* moderation, self-possession

ölçüm *a.* measure, measurement, survey **ölçüm bilgisi** metrology **ölçüm kuramı** measure theory

ölçümlemek *e.* to reason; to value

ölçün *a.* standard

ölçünleme *a.* standardization

ölçünlemek *e.* to standardize

ölçünleştirme *a.* standardization

ölçünleştirmek *e.* to standardize

ölçünlü *s.* standard

ölçünmek *e.* to deliberate, to think sth over * teemmül etmek

ölçüsüz *s.* unmeasured; measureless, incalculable; immoderate

ölçüsüzlük *a.* unmeasuredness; measurelessness; excess

ölçüşmek *e.* to measure mutually

ölçüştürmek *e.* to let be measured; to let be compared

ölçüt *a.* criterion * kıstas, mısdak, kriter

öldüresiye *be.* savagely, murderously, violently, ruthlessly, to death

öldürme *a.* killing, bloodshed

öldürmek *e.* to kill, to murder, to butcher, to assassinate, to put sb to death, to do away with sb *kon.*

öldürücü *s.* deadly, terminal, mortal, fatal, lethal **öldürücü darbe** deathblow

öldürücülük *a.* fatality
ölesiye *be.* to death, madly, badly
ölet *a.* epidemic of a deadly disease
öleyazmak *e.* to have a close brush with death; to become faint
ölgün *s.* withered, shrivelled, lifeless
ölgünlük *a.* being withered, lifelessness
ölker *a.* pile (of cloth); down (on fruit)
ölmek *e.* to die, to croak *arg.*, to pass away *ört.*, to perish, to pop off *kon.*, to expire *esk./res.*; to be (as) dead as a dodo *kon.*; to fade; to wither
ölmez *s.* undying, immortal; everlasting
ölmezdikeni *a. bitk.* butcher's broom
ölmezleştirmek *e.* to immortalize
ölmezlik *a.* immortality
ölmezoğlu *s. kon.* enduring, lasting, resistant
ölmüş *s.* dead; faded, withered ¤ *a.* dead person
ölü *s.* dead; faded, withered; lifeless, inanimate ¤ *a.* corpse, (dead) body *ölü açı* dead angle *ölü bellek* dead storage *ölü bölge* dead zone *ölü deniz* swell *ölü deri* scurf *ölü dil* dead language *ölü dingil* dead axle *ölü gibi* deadly *ölü hat* dead line *ölü kent* ghost town *ölü mil* pivot shaft *ölü nokta* dead centre *ölü oda* dead room *ölü sayısı* ask. body count *ölü sezon* slack season, off season *ölü tel* dead wire *ölü yük* dead load *ölü zaman* dead time *ölüler* the dead *ölüyü yakmak* to cremate
ölüdoğa *a.* still life
ölük *s.* exhausted, lifeless, weak
ölüm *a.* death, end, decease *res.*, demise *res.*; murder *kon.* *ölüm cezası* capital punishment, death penalty *ölüm döşeği* death bed *ölüm döşeğinde olmak* to be on one's deathbed, to be on the danger list *kon.* *ölüm döşeğinde* on the danger list *kon.* *ölüm gibi* deathlike *ölüm halinde* at the point of death *ölüm hücresi* condemned cell *ölüm ilanı* obituary (notice) *ölüm kalım meselesi* a matter of life and death *ölüm mangası* death squad *ölüm oranı* mortality, death rate *ölüm saçan* murderous *ölüm sıklığı* death rate *ölüm sonrası* postmortem *ölümle kalım arasında olmak* to be/live on the razor's edge *ölümü göze almak* to risk one's life *ölümün*

eşiğinde at death's door *ölümüne koşmak/susamak* to run into the jaws of death
ölümcül *s.* mortal, fatal, deadly; about to die, on one's deathbed
ölümcüllük *a.* fatality
ölümlü *s.* mortal * fani
ölümlük *a.* sum of money put aside for one's funeral expenses
ölümlülük *a.* mortality
ölümsek *s.* moribund, mortal, fatal
ölümsü *s.* deathly
ölümsüz *s.* immortal, everlasting, eternal; deathless, unforgettable
ölümsüzleştirmek *e.* to immortalize, to perpetuate
ölümsüzlük *a.* immortality
ömür *a.* life, lifetime *ömrü vefa etmemek* not to live long enough to *ömür boyu hapis* life imprisonment, life sentence *ömür boyu* for life; lifelong, lifetime *ömür çürütmek* to waste one's life
ömürlü *s.* long-lived
ömürsüz *s.* short-lived, ephemeral
ön *a.* front; foreground; face; breast, chest; the future ¤ *s.* front, foremost, forward; fore; prior; preparatory, preliminary; anterior, frontal *ön aks* front axle *ön amplifikatör* preamplifier *ön apre* preparatory finish *ön ateşleme* preignition *ön avlu* forecourt *ön ayak olmak* to pioneer, to lead, to instigate *ön ayak* a) *hayb.* foreleg b) *mec.* mitt *arg.*, paw *kon./şak./hkr.* *ön baskı* first print, preprint *ön buharlama* preevaporation *ön buzultaş* terminal moraine *ön cam* oto. windscreen *İİ.*, windshield *ön cephe* inş. frontage, front facade *ön çamurluk* front fender, front mudguard *ön çözüşme* predissociation *ön deneme* preliminary test *ön deney* preliminary test *ön dingil* front axle *ön distorsiyon* predistortion *ön düzlük* front porch *ön far* front headlight *ön fiksaj* preboarding, presetting *ön fren* front-wheel brake *ön iyonlaşma* preionization *ön kapı* front door *ön kurutma* predrying *ön makas* front spring *ön monitör* preview monitor *ön mordan* bottom mordant *ön mordanlamak* to premordant *ön moren* end moraine *ön oyun* foreplay *ön plan* the foreground *ön sayfa* front

page *ön silindir* front roller *ön tampon* front bumper *ön tekerlek* front wheel *ön uç* leading end *ön vals* front roller *ön yay* front spring *ön yüz bkz.* önyüz *ön yüzbaşı* lieutenant commander *önde* ahead *önde gelen* leading *önde gelmek* to be in the most important place *önde gitmek* to lead *önde olmak* to get ahead *öndeki* forward *önden* from the front *önden çekişli* front-wheel drive *önden görünüş* front elevation *önden gösterim* front projection *önden müteharrik* front drive *önden projeksiyon* front projection *öne* to the front, ahead *öne almak* to advance, to bring sth forward *öne düşmek* to lead the way *öne geçmek* to go to the fore *öne sürmek* to put sth forward, to bring forward *önü alınmak* to be prevented *önümüzdeki* next *önünde* a) in front of b) before, in sb's presence, in the presence of sb *önüne düşmek* to show sb the way *önüne geçmek* to prevent, to avert, to preclude *önüne gelen* anyone, everybody *önünü almak* to prevent, to arrest *önünü kesmek* to waylay

önad *a.* adjective

önalım *a.* preemption * şufa *önalım hakkı* right of preemption * şufa hakkı

önalyuvar *a. biy.* erythroblast

önavurt *a. anat.* alveolar ridge

önayak *a.* foreleg, manus, protopodite

önayrışım *a.* predissociation

önbelirti *a, hek.* prodrome, early symptom

önbellek *a. bilg.* cache memory

önbeyin *a.* endbrain, forebrain, prosencephalon, telencephalon

önbileşen *a. mant.* antecedent

önbilgi *a.* introductory information, first principles

önbili *a.* soothsaying, prediction

önbilici *a.* soothsayer, seer

önce *be.* first, at first, firstly, initially; before; ago *önce gelmek* to precede

öncecilik *a.* initiative

önceden *be.* at first, in the beginning, initially, previously, formerly; beforehand, in advance; before *önceden belirlemek* to predetermine *res.* *önceden bildirmek* to predict *önceden görmek* to foresee *önceden haber vermek* to foretell, to forewarn

önceden hesaplamak to anticipate **önceden saptamak** to predetermine *res.* **önceden tasarlamak** to premeditate **önceden uyarmak** to forewarn

önceki *s.* preceding, former, ex, previous, back, preceding, foregoing *önceki gibi* as before, as heretofore *önceki gün* the day before yesterday

öncel *a.* predecessor * selef

öncelemek *e.* to give (sth) priority

önceleri *be.* at first, initially; previously, formerly

öncelik *a.* precedence, priority * tekaddüm *öncelik hakkı* preference *öncelik tanımak* to give priority to *öncelik yordamı bilş.* priority routine

öncelikle *be.* first of all

öncelikli *s.* privileged *öncelikli işlem bilş.* foreground processing *öncelikli program bilş.* foreground program

önceliksiz *s.* without priority *önceliksiz işlem bilş.* background processing *önceliksiz program bilş.* background program

öncesi *s.* the previous history of

öncesiz *s.* eternal, initial, origianl

öncesizlik *a.* eternity, eternalness

öncü *a.* avant-gardist * avangard, müjdeci; pioneer, spearhead, precursor; *ask.* vanguard *öncü kıta ask.* vanguard

öncül *a, dilb.* antecedent; *mant.* premise, premiss * mukaddem

öncülük *a.* pioneering, leadership, lead *öncülük etmek* to pioneer

önçalışma *a.* preparatory work

öndamak *a. anat.* palate

öndelik *a.* advance * avans

önder *a.* leader, chief * lider, şef

önderlik *a.* leadership, lead * öncülük, liderlik *önderlik etmek* to lead

öndeyiş *a.* prologue, prolog *Aİ.*

önebükülüm *a. hek.* anteflexion

önedönüm *a. hek.* anteversion

önek *a, dilb.* prefix *önek gösterimi* prefix notation

önel *a.* reprieve, respite, delay, time

önem *a.* importance, emphasis, magnitude *res.*, consequence *res.* *önem taşımak* to carry weight *önem vermek* to attach importance; to take heed (of sth) *önem vermemek* to ignore, to discount *önemi olmak* to matter *Önemi yok* Never mind, It makes no odds

önemli s. important, great, big, considerable, burning * mühim **önemli değil** not at all, think nothing of it * rica ederim **önemli olmak** to matter

önemsemek e. to care (about), to mind

önemsememek e. to disregard, to make light of sth

önemsenmek e. to be considered important

önemsiz a. unimportant, insignificant, trifling, trivial, paltry, negligible, immaterial, inconsiderable, inconsequential, small-time kon., piddling hkr.

önemsizlik s. unimportance

önerge a. proposal, motion, resolution **önerge vermek** to make a motion

öneri a. suggestion, proposal **öneride bulunmak** to propose

önerme a. proposing, suggesting; mant. proposition

önermek e. to propose, to suggest, to counsel, to bring sth forward, to think of sth; to recommend

önermesel s. mant. prepositional

önerti a. mant. antecedent

önevre a. prophase

öneze a. yörs. hunter's blind

öngerilim a. bias **öngerilim voltajı** bias voltage

öngerilmeli s. prestressed **öngerilmeli beton** prestressed concrete

öngöğüs a. prothorax (of an insect)

öngörme a. intention; anticipation; consideration

öngörmek e. to stipulate, to anticipate

öngörü a. foresight, prudence, forethought

öngörülü s. prudent, far-sighted, far-seeing

öngün a. the day before, the eve * arife

önısıtıcı a. preheater

önısıtma a. preheating **önısıtma fırını** preheating furnace **önısıtma odası** preheating chamber

önısıtmak e. to preheat

önişlem a. pretreatment

önişlemci a. preprocessor

önkafa a. sinciput

önkırıcı a. precrusher

önkırma a. precrushing

önkol a, anat. forearm **önkol kemiği** anat. radius

önkoşul a. precondition

önköpürtücü a. rougher

önlem a. precaution, measure, disposition **önlem almak** to take measures, to take precautions

önleme a. avoidance

önlemek e. to prevent, to prohibit, to block, to stop, to check, to avoid, to repress, to thwart, to avert

önlemli s. cautious

önlemlilik a. cautiousness

önlemsizlik a. carelessness

önleyici s. preventive, restrictive, deterrent **önleyici bakım** preventive maintenance

önlük a. apron, pinafore; bib

önoda a. anat. anterior cavity

önoluşum a. biy. the theory of preformation

önörgü a. frame, basic structure

önsağım a. premilking **önsağım kabı** fore-milk cup

önsav a. hypothesis, lemma

önseçici a. preselector

önseçim a. primary election

önseçme a. preselection

önsel s. a priori * apriori

önses a. dilb. initial phoneme

önsezi a. intuition, hunch, presentiment, premonition, foreboding

önsezili a, s. visionary

önsoğutucu a. precooler

önsoruşturma a. preliminary investigation

önsöz a. preface, foreword, introduction **önsöz yazmak** to preface

önsözleşme a. preliminary agreement

öntakı a. prefix

öntanımlı s. predefined **öntanımlı süreç** predefined process

öntasar a. preliminary design/project

öntasım a, mant. presupposition

öntaslak a. preliminary sketch

öntüreme a. dilb. prothesis

önuyum a. preadaptation

önüretim a. prefabrication * prefabrikasyon

önüretimli s. prefabricated * prefabrike

önyanma a. precombustion **önyanma odası** precombustion chamber

önyargı a. prejudice, preconception, bias * peşin hüküm **önyargıda bulunmak** to prejudge

önyargılı s. prejudiced, preconceived

önyargılılık a. being prejudiced

önyargısız s. unprejudiced
önyargısızlık a. lack of prejudice
önyıkama a. fore-wash, prewashing
önyükselteç a. preamplifier, A-amplifier
önyüz a. front face; *inş.* frontage **önyüz çizgisi** building line **önyüz duvarı** face wall
önyüzbaşı a, ask. senior captain
öö! *ünl.* ugh!
öperlemek e. *arg.* to kiss each other
öpmek e. to kiss
öpücük a. kiss
öpüş a. (way of) kissing
öpüşmek e. to kiss (each other) **öpüşüp koklaşmak** to bill and coo
örcin a. rope ladder
ördek a, *hayb.* duck; urinal, bedpan **ördek gagası** duck-bill **ördek yavrusu** duckling
ördekbalığı a, *hayb.* stripped wrasse
ördekbaşı s. greenish blue, duck-head green
ördekgagası s. light orange colour
öreke a. distaff
ören a. ruin * harabe
örengülü a. *bitk.* sweetbrier, eglantine
örenyavşanı a. *bitk.* wormwood
örf a. common usage, custom **örf ve âdet** custom and usage **örf ve âdet hukuku** common law **örfi idare** martial law
örfen be. according to the usage/custom
örfi s. customary, conventional; martial
örge a. motif * motif
örgen a, anat, biy. organ * organ, uzuv
örgenci a. *fel.* organicist
örgencilik a. *fel.* organicism
örgenlemek e. *fel.* to organize
örgenleşmek e. *biy.* to develop organs
örgenlik a. organism
örgensel s. organic * organik, uzvi
örgensellik a. organicity
örgü a. knitting, knit; plait, braid; *anat.* plexus; *mim.* bond **örgü eşya** knitwear **örgü ipliği** knitting yarn **örgü makinesi** knitting machine **örgü mallar** knitted fabrics **örgü örmek** to knit **örgü şişi** knitting needle **örgü taşı** bonder **örgü tezgâhı** knitting loom **örgü yünü** knitting wool
örgücü a. maker/seller of knitted articles
örgülü s. plaited, braided
örgün s. organizide
örgüt a. organization, association * teşki-

lat, teşekkül
örgütçü a. organizer * teşkilatçı
örgütçülük a. being an organizer * teşkilatçılık
örgütlemek e. to organize
örgütlendirmek e. to organize * teşkilatlandırmak
örgütlenme a. organization
örgütlenmek e. to be organized, to become organized * teşkilatlanmak
örgütleyici a. organizer
örgütlü s. organized * teşkilatlı
örgütlülük a. organization
örgütsel s. organizational
örgütsüz s. unorganized, disorganized * teşkilatsız
örgütsüzlük a. disorganization
örifajik s. euryphagic
öritermik s. eurythermal
örme a. knitting; plaiting; darning ¤ s. knitted; plaited; darned **örme ipliği** darning yarn
örmek e. to knit; to darn; to weave; (saç) to plait, to braid *Aİ.; inş.* to build, to lay
örneğin be. for example, for instance
örnek a. specimen, sample; model, type, pattern; copy; example ¤ s. exemplary; typical **örnek alma** sampling **örnek almak** to copy, to imitate **örnek hazırlama** specimen preparation **örnek nokta** sample point **örnek olmak** to be a model/sample, to set an example **örnek uzay** sample space **örnek vermek** to give an example
örnekleme a. sampling **örnekleme hatası** sampling error **örnekleme oranı** sampling rate
örneklemek e. to give an example of, to exemplify
örneklendirme a. exemplification
örneklendirmek e. to give an example of, to exemplify
örneklik s. sample * numunelik
örneksel a. analog **örneksel aygıt** analog device **örneksel bilgisayar** analog computer **örneksel gösterim** analog representation **örneksel toplayıcı** analog adder **örneksel veri** analog data
örnekseme a. analogy * kıyas, analoji
örneksemek e. to take as an example
öropiyum a. europium
örs a. anvil
örselemek e. to rumple; to spoil; to handle

roughly; to wear out; to weaken
örsenti a. *hek.* lesion
örskemiği a, *anat.* incus, anvil
örtbas a. coverup, hushing up **örtbas etmek** to cover (sth) up, to hush up, to suppress, to conceal
örtenek a, *anat.* mantle
örtev a. surjection
örtme a. coating, covering **örtme gücü** (boya) covering power
örtmece a. euphemism * edebi kelam
örtmek e. to cover; to cloak, to veil, to envelop; to hide, to conceal; to shut, to close
örtü a. covering, cover, wrap; roof
örtük s. covered; implicit
örtülme a. being covered; *gökb.* eclipse
örtülü s. covered, veiled; shut, closed; concealed, hushed up **örtülü ipotek** blanket mortgage **örtülü ödenek** secret fund, slush fund **örtülü sermaye** camouflaged capital
örtünmek e. to cover oneself; to veil oneself
örtüsüz s. uncovered, unveiled, open
örtüşmek e. to overlap
örtüşüm a. overlapping
örü a. knitting; knitted thing; pasture
örücü a. knitter; darner; mason
örücülük a. knitting; masonry
örülü s. knitted; woven; *inş.* bonded
örümceğimsi a. arachnid
örümcek a, *hayb.* spider; cobweb **örümcek ağı** spider's web, cobweb **örümcek bağlamak** a) to be covered with cobwebs b) not to have been used for a long time **örümcek kafalı** *kon.* old-fashioned, square, bigoted b) bigot, fuddy-duddy **örümcek kafalılık** bigotry
örümcekgiller a. arachnid
örümcekkuşu a, *hayb.* shrike
örümceklenmek e. to become covered with cobwebs
örümcekli s. covered with cobwebs
örümceksi s, *anat.* arachnoid **örümceksi zar** arachnoid, arachnoid membrane
örüntü a. pattern
örüt a. text
örütbilim a. philology
östaki borusu a, *anat.* Eustachian tube
östatik s. eustatic **östatik hareketler** eustatic movements
östrojen a. oestrogen, estrogen *Aİ.*

öşür a. tithe
öşürcü a. tithe collector
ötanazi a. euthanasia
öte a. the further side, the other side; the rest, the other ¤ s. farther, further, beyond **öte yandan** at the same time, on the other hand **ötede** over there, beyond **ötede beride** here and there, about **öteden** from the other side **öteden beri** for a long time, all along **ötesinde** beyond **ötesine** beyond **öteye** farther on, over there, beyond **öteye beriye** here and there, about
öteberi a. this and that, different things
ötedeğişim a. metasomatism, metasomatosis
ötedeğişimsel s. metasomatic
ötedevim a. telekinesis
öteduyum a. telepathy
ötegöç a. metastasis
ötegöçmek e. to metastasize
öteki s. the other ¤ a. the other one; the one over there **öteki beriki** anybody and everybody
ötektik s. eutectic
ötektoid s. eutectoid
öteleme a, *fiz.* transition * intikal; translation
ötelemek e. to translate
ötelenme a. translation **ötelenme hareketi** translatory motion
öteprotein a. metaprotein
ötleğen a, *hayb.* warbler
ötleği a. *hayb.* golden eagle, lammergeier
ötmek e. (kuş) to sing, to chirp; (horoz) to crow; to sound, to toot; to resound, to echo; *arg.* to talk foolishly; *arg.* to squeal, to squeak
öttürmek e. to cause to sing; to sound, to blow, to toot
ötücü s. singing well **ötücü kuş** songbird, singing bird
ötümlü s. *dilb.* voiced (consonant)
ötümsüz s. *dilb.* unvoiced (consonant)
ötürmek e. to have diarrhea
ötürü *ilg.* because of, on account of
ötürük a. *yörs.* diarrhea
ötüş a. way of singing
ötüşmek e. to chirp, to chirrup
övendire a. goad
övgü a. praise, panegyric, compliment, applause, commendation **övgüye değer** laudable, commendable, credit-

able
övgücü *a.* praiser; flatterer
övgücülük *a.* praising; flattery
övme *a.* praise, commendation
övmek *e.* to praise, to commend, to compliment, to eulogize, to celebrate *res.*, to exalt *res.*, to extol *res.*
övülmek *e.* to be praised **övülmeye değer** praiseworthy
övünce *a.* source of pride
övünç *a.* pride, self-respect, sense of success
övüngen *s.* boastful
övüngenlik *a.* boasting, bragging
övünmek *e.* to be proud of; to praise oneself on sth, to boast (about/of sth), to brag, to blow one's own trumpet *kon.* **övünmek gibi olmasın** without wishing to boast
övüş *a.* praising, laudation
öykü *a.* short story, story * hikâye
öykücü *a.* story writer; story teller
öykücülük *a.* storytelling; short-story writing
öyküleme *a.* narration
öykülemek *e.* to narrate
öykünce *a, ed.* fable * fabl
öykünme *a.* imitation
öykünmeci *a.* imitator; mimic
öykünmek *e.* to imitate, to copy * taklit etmek
öykünüm *a.* emulation; simulation
öyküsel *s.* narrative, story-like
öyküsellik *a.* story-like quality
öyle *s, be.* such; so; that; like that **öyle ... ki** such ... that **Öyle mi** Is that so? **Öyle olsun** So be it **öyle ya** of course **Öyle yağma yok** Not on your life!
öylece *be.* just so, just in that way, that way
öylelikle *be.* and thus ...
öylesi *be.* such, the like
öylesine *be.* so, excessively
öyleyse *be.* if so, then
öz[1] *a.* self; essence; kernel, pith; extract **öz çürüklüğü** crown rot **öz kerestesi** heartwood **özü sözü bir** candid, sincere **özü sözü doğru** very honest
öz[2] *s.* own; essential, main; real, genuine **öz anne** one's own mother **öz beöz** *bkz.* özbeöz **öz kardeş** full brother/sister **öz Türkçe** pure Turkish
öz[3] *a.* brook, stream

özağılanım *a. hek.* autointoxication
özağırlık *a.* specific weight
özartırma *a.* autoincrement
özayarlı *s.* self-regulating
özazalma *a.* autodecrement
özbağışıklama *a. hek.* autoimmunization
özbağışıklık *a.* auto-immunisation
Özbek *a, s.* Uzbek **Özbek halkı** the Uzbek
Özbekçe *a, s.* Uzbek
Özbekistan *a.* Uzbekistan
Özbekler *a.* the Uzbek
özbeöz *s, kon.* real, true, german
özbeslenen *a.* autotrophic
özbeslenme *a. biy.* autotrophy
özbiçimli *s.* automorphic
özboşalım *a.* self-discharge
özbulaşım *a.* auto-infection
özçağırma *a.* autocall
özçevrebilimi *a.* autecology
özçözümleme *a.* self-analysis
özdeciksel *s.* molecular
özdeğer *a.* eigenvalue
özdek *a.* substance, matter; *fel.* material; goods, merchandise
özdekçi *a. s.* materialist
özdekçilik *a, fel.* materialism * maddecilik, materyalizm
özdeksel *s.* material * maddi
özden *a, anat.* thymus, thymus gland * timüs
özdenetim *a.* self-control
özdenge *a.* hom(o)eostasis
özdenlik *s.* aseity
özdeş *s.* same, identical
özdeşbaskı *a.* reproduction
özdeşleme *a.* identification
özdeşlemek *e.* to make identical, to identify
özdeşleşmek *e.* to become identical, to identify with sb/sth
özdeşleştirmek *e.* to identify with
özdeşlik *a.* identity
özdevim *a.* automation * otomasyon
özdevimli *s.* automatic
özdevimsel *s.* automatic
özdevimsellik *a.* automaticity
özdevingen *s.* automatic
özdevinim *a.* automatism * otomatizm
özdevinme *a.* motility
özdeyiş *a.* saying, maxim, epigram, aphorism, adage
özdışı *s, fel.* extrinsic * dışınlı
özdirenç *a.* specific resistance, resistivity

özdizinleme a. self-indexing
özdoyma a. self-saturation
özdöllenme a. self-fertilization
özdönüştüreç a. autotransformer
öze s. peculiar to, proper to
özek a. centre * merkez
özekbağ a. centromere
özekçik a. centriole
özekçil s. centripetal
özekdeş s. concentric
özekdoku a, biy. parenchyma * parankima
özekdokulu s. parenchymal, parenchymatous
özekkaç s. centrifugal * merkezkaç
özekleşmek e. to come to a focus
özekleştirmek e. to bring (sth) to a focus
özeksel s. central * merkezi
özel s. private; personal; special; particular; specific; distinctive **özel ad** dilb. proper noun **özel adres** specific address **özel ağ** private network **özel amaçlı** special-purpose **özel apre** special finish **özel avarya** particular average **özel çelik** special steel **özel dedetkif** private detective, private investigator res., private eye kon., gumshoe Aİ. **özel demiryolu** private railway **özel ders** private lesson **özel dosya** private file **özel efektler** special effects **özel girişim** private enterprise **özel girişimci** private contractor **özel girişimcilik** private enterprise **özel görev** mission **özel haber** exclusive story **özel hacim** private volume **özel hat** leased line **özel hayat** private life **özel imtiyaz** exclusive privilege **özel indirim** special discount **özel isim** dilb. proper noun **özel karakter** special character **özel kesim** private sector * özel sektör **özel kod** specific code **özel kodlama** specific coding **özel komut** privileged instruction **özel kütük** private file **özel mülk** private property **özel mülkiyet** private property **özel okul** private school **özel olarak** in private, peculiarly **özel oylum** private volume **özel öğretmen** private teacher, tutor, coach **özel program** specific program **özel sekreter** private secretary **özel sektör** private sector * özel kesim **özel şebeke** private network **özel şoför** chauffeur **özel teşebbüs** private enter-

prise **özel ulak** express delivery **özel yaşam** private life **özel yazılım** middleware **özel yol** private road **özel yordam** specific routine **özel zevk** hobby
özelci a. advocate of private enterprise
özeleştiri a. self-criticism
özelik a, fel. property, attribute
özelleşme a. biy. specialization
özelleşmek e. to become special/private; to be specialized
özelleştirme a. privatization
özelleştirmek e. to privatize
özellik a. feature, peculiarity, character, characteristic, attribute, property, qualification, quality, nature
özellikle be. particularly, specially; in particular; especially
özen a. care, attention, pains * itina, ihtimam **özen göstermek** to take pains
özenci a. s. amateur
özencilik a. amateurism
özendirici s. encouraging, incentive
özendirmek e. to encourage, to tempt * teşvik etmek
özengen a. s. amateur
özengenlik a. amateurism
özenle be. painstakingly, carefully
özenli s. painstaking, careful, attentive
özenlilik a. painstakingness
özenmek e. to take pains, to try hard; to imitate, to ape **özene bezene** painstakingly
özensiz s. carelessly done, slipshod
özensizlik a. negligence, carelessness
özenti a. affectation, emulation ¤ s. affected
özentili s. painstaking, careful, meticulous
özentisiz s. careless, unmindful, slipshod
özerime a. autolysis
özeriten s. autolytic
özerk s. autonomous * muhtar, otonom
özerklik a. autonomy * muhtariyet, otonomi
özet a. summary, synopsis, digest, précis, abstract, résumé * hulasa, fezleke
özetle be. in brief, briefly
özetleme a. summarization
özetlemek e. to summarize, to condense, to compress, to abstract, to sum sth up **özetlemek gerekirse** to sum up, in short
özevrimleşme a. recapitulation

özezer *a, ruhb.* masochist ¤ *s.* masochistic * mazoşist
özezerlik *a, ruhb.* masochism * mazoşizm
özfrekans *a.* natural frequency
özge *s.* other, another; different, uncommon
özgeci *a.* altruist * diğerkâm
özgecil *s.* altruistic, selfless *res.*
özgecilik *a.* altruism * diğerkâmlık
özgeçmiş *a.* cv, curriculum vitae, résumé *Aİ.*, biodata *Aİ.* * tercümeihal
özgelişim *a.* orthogenesis
özgelişimsel *s.* orthogenetic
özgidimli *s.* automotive
özgözlemci *a.* automonitor
özgü *s.* peculiar (to), proper (to), special (to) *özgü olmak* to be intrinsic to, to pertain to
özgül *s.* specific *özgül ağırlık* specific gravity *özgül direnç* specific resistance *özgül dönme* specific rotation *özgül enerji* specific energy *özgül erke* specific energy *özgül etkinlik* specific activity *özgül frekans* natural frequency *özgül hacim* specific volume *özgül hız* specific speed *özgül ısı* specific heat *özgül iletkenlik* specific conductivity *özgül iyonlaşma* specific ionization *özgül kırılma* specific refraction *özgül nem* specific humidity *özgül yük* specific charge
özgülemek *e.* to allocate, to allot * hasretmek, tahsis etmek
özgüllük *a.* specificity
özgülük *a.* specialness
özgün *s.* original * orijinal; authentic, genuine
özgünleşmek *e.* to acquire originality
özgünleştirmek *e.* to give (sth) originality
özgünlük *a.* originality
özgür *s.* free; liberated * serbest, hür *özgür bırakmak* to free, to set free
özgürce *be.* freely
özgürleşmek *e.* to become free
özgürleştirmek *e.* to free
özgürlük *a.* freedom, liberty, latitude * hürriyet, serbesti *özgürlüğüne kavuşturmak* to free, to emancipate
özgürlükçü *s.* liberalistic
özgürlükçülük *a.* advocacy of freedom
özgürlüksüz *s.* unfree, lacking freedom
özgürlüksüzlük *a.* lack of freedom
özgüven *a.* self-confidence, self-reliance,
self-assurance, assurance
özgüvenli *s.* self-reliant
özgüvensiz *s.* diffident
özısı *a.* specific heat
özışın *a. bitk.* pith
özışını *a.* medullary ray
özindükleme *a.* self-induction
özindüktans *a.* self-inductance
özişlerlik *a.* automatism
özişlev *a.* parachor
özitme *a.* self-propulsion
özitmeli *s.* self-propelling
özkalıtım *a.* homozygosis
özkalkanlama *a.* self-shielding
özkansıvı *a.* idioplasm
özkaynak *a.* equity capital
özkını *a.* medullary sheath
özkilitleyici *s.* self-locking
özkiriş *a.* latus rectum
özlem *a.* longing, yearning, aspiration * hasret, tahassür *özlemini çekmek* to hanker (after/for) *özlemini duymak* to hunger for
özlemek *e.* to miss; to long for; to wish for; to yearn for
özleşmek *e.* to be purified
özleştirme *a.* purification
özleştirmeci *a. dilb.* purist
özleştirmecilik *a. dilb.* purism
özleştirmek *e.* to purify
özleyiş *a.* missing, yearning, longing
özlü *s.* sappy, juicy, pulpy, pithy; concise, compendious, brief, compact, succinct *övg.*; fertile *özlü budak* pith knot *özlü toprak* loam
özlük *a.* nature, character; person in charge, employee *özlük işleri* personnel affairs
özlülük *a.* sappiness
özmaya *a.* enzyme
özmayabilim *a.* enzymology
özne *a.* subject
öznel *s.* subjective * sübjektif
öznelci *a, fel.* subjectivist * sübjektivist
öznelcilik *a, fel.* subjectivism * sübjektivizm
öznellik *a.* subjectivity
özodunu *a.* heartwood, duramen
özöğrenim *a.* self-education
özöğrenimli *s.* self-educated
özöngerilim *a.* self-bias
özörgütlü *s.* self-organizing
özsaçılım *a.* self-scattering

özsaygı a. self-respect, pride * haysiyet, izzetinefis
özsel s. essential
özsever a. narcissist
özseverlik a. narcissism * narsisizm
özsığa a. self-capacitance
özsoyut s. auto-abstract
özsönümlü a. self-quenching
özsu a, biy. juice; bitk. sap
özsulu s. juiced
özten a. autosome
öztezleştirme a. autocatalysis
özuyarım a. self-excitation
özuyarımlı s. self-excited
özuyumlu s. self-adapting
özümleme a. assimilation * asimilasyon
özümlemek e. to assimilate
özümlenme a. assimilation
özümlenmek e. to assimilate
özümsel s. anabolic
özümseme a. intussusception
özümsemek e. to digest; to imbibe; to assimilate
özünerosluk a. autoerotism
özünlü s, fel. intrinsic * deruni, zati
özür a. excuse, apology, pardon * mazeret; defect, impediment özür dilemek to apologize (to)
özüreme a. autogeny
özürlü s. having an excuse; defective; handicapped
özürsüz s. without excuse; faultless Özürü kabahatinden büyük His excuse is worse than his fault
özüştürüm a. metabolism
özüt a. extract
özütleme a. extraction
özvektör a. eigenvector
özveren s. self-sacrifying, self-denying * özverili, fedakâr
özveri a. self-sacrifice, self-denial, sacrifice * fedâkarlık
özverili s. self-sacrificing, self-denying * fedakâr
özyanma a. kindling
özyapı a. character * karakter
özyapısal s. characteristic
özyaşamöyküsü a. autobiography * otobiyografi
özyazı a. aphorism
özyineleme a. recursion
özyiti a. hek. absence, absentia
özyönetim a. self-government

özyükleme a. bootstrap
özyükleyici a. autoloader
özyükseltgenme a. autooxidation

P

P, p a. the twentieth letter of the Turkish alphabet
pabuç a. shoe pabucu dama atılmak to fall into discredit pabucunu dama atmak to put sb's nose out of joint pabucunu eline vermek to give sb the gate, to boot sb out (of sth) kon. pabuç balatası shoe lining pabuç bırakmamak not to be discouraged by
pabuççu a. shoemaker; seller of shoes
pabuççuluk a. shoemaking; selling shoes
pabuçgagalı a, hayb. shoebill
pabuçlu s. wearing shoes
pabuçluk a. shoe shelf
pabuçsuz s. without shoes
paça a. lower part of the trouser leg; (hayvanda) trotters; mutf. dish made from trotters paçaları sıvamak to gird up one's loins paçaları tutuşmak to be in a stew paçalarını kıvırmak to turn sth up paçasını kurtarmak to evade, to elude
paçacı a. seller of trotters
paçal a. mixture of various grains for making bread
paçalı s. with legs; containing trotters
paçalışahin a. hayb. rough-legged hawk
paçavra a. rag paçavra yünü mungo paçavraya çevirmek to make a mess of, to botch paçayı kurtarmak to save one's skin, to escape
paçavracı a. ragman, ragpicker
paçavraotu a. ragweed
paçoz a. arg. prostitute; hayb. grey mullet
paçuz a. hayb. gray mullet
padavra a, inş. shingle * balar padavra kaplamak to shingle
padişah a. (Ottoman) ruler, sultan
padişahlık a. sultanate; reign
padok a. paddock
pafta a. die plate, screw plate pafta kolu bit stock, diestock pafta lokması screw die, die
paftalama a. cuttling, folding paftalama donanımı cuttling frame

paftalamak *e.* to cuttle, to fold
pagan *a.* pagan
paganizm *a.* paganism * çoktanrıcılık
pagoda *a.* pagoda
pah *a.* chamfer *pah rendesi* chamfer plane
paha *a.* price, value, cost * eder, değer, fiyat *paha biçilmez* priceless, invaluable, without price *paha biçmek* to estimate a price, to appraise *pahasına* at the expense of
pahalandırmak *e.* to increase the price (of)
pahalanmak, pahalılaşmak *e.* to become more expensive
pahalı *s.* expensive, costly, dear *İİ.*, pricey *İİ./kon.*, pricy *İİ./kon.* ¤ *be.* expensively
pahalılık *a.* expensiveness, costliness
pahalıya *be.* expensively *pahalıya oturmak* to cost very much *pahalıya patlamak* to pay an arm and a leg for
pahlamak *e.* to bevel
pahlı *s.* chamfered
pak *s.* clean
paket *a.* parcel, package *Aİ.*; pack, packet *paket anahtarlama* packet switching *paket dönüştürücü* packet converter *paket etmek* to parcel up, to package *paket formatı* packet format *paket gönderme* packet transmission *paket kâğıdı* packing paper *paket modu* packet mode *paket program* biliş. packaged software *paket sıralaması* packet sequencing *paket tur* package tour *paket yapmak* to pack
paketçi *a.* packer
paketleme *a.* packing *paketleme faktörü* packing factor *paketleme yoğunluğu* packaging density
paketlemek *e.* to parcel sth up, to pack, to package, to wrap up
Pakistan *a.* Pakistan ¤ *s.* Pakistani
Pakistanlı *a, s.* Pakistani
pakiten *a.* pachytene
paklama *a.* pickling, cleaning *paklama bileşiği* pickling compound *paklama çözeltisi* pickling solution *paklama deneyi* pickling test *paklama gevrekliği* pickle brittleness *paklama önleyici* pickling inhibitor *paklama sepeti* pickling basket
paklamak *e.* to clean
paklayıcı *a.* pickle, pickling solution

paklık *a.* cleanness, cleanliness; chastity
pako *a.* paco *pako tüyü* paco hair
pakt *a.* pact, treaty * antlaşma
pal *a.* a pigeon
pala *a.* scimitar, cutlass; blade *pala açısı* blade angle *pala genişliği* blade width *pala yüzeyi* blade face
palabıyık *a.* handlebar moustache
palabıyıklı *s.* having full and curved moustache
paladyen *a.* palladiana, Berliner, Venetian mosaic
paladyum *a. kim.* palladium
paladyumlamak *e.* to palladize
paladyumlu *s.* palladic
palalık *a.* edge of a rafter
palamar *a, den.* hawser *palamar babası* capstan head *palamar gözü* hawse hole *palamar lombarı* hawse hole *palamar takımı* moorings *palamarla bağlamak* to berth, to moor
palamut *a, hayb.* bonito; tunny; *bitk.* valonia oak; *bitk.* acorn
palamutlu *s.* glandiferous
palamutmeşesi *a.* valonia oak
palan *a.* saddle without a frame
palandız *a.* tap stone (of a public fountain)
palandöken *a.* stony slope
palanga *a.* tackle, block, jigger, chain hoist *palanga takımı* block and tackle
palanka *a.* fort, redoubt
palanlamak *e. arg.* to put (sb) in jail
palas *a.* luxury hotel
palas pandıras *be.* abruptly, suddenly, helter-skelter *palas pandıras yollamak* to bundle
palaska *a.* cartridge belt
palavra *a, arg.* a tall story, fairy story, fairy-tale, whopper, bunk, baloney, humbug *palavra atmak* to shoot the bull, to spin a yarn, to swagger
palavracı *a.* braggart, boaster, blowhard
palavracılık *a. arg.* being a boaster, spinning a yarn
palaz *a, hayb.* duckling, gosling
palazlanmak *e.* to grow fat; (çocuk) to grow up; to get rich
paldım *a.* crupper strap
paldır küldür *be.* headlong, pell-mell, helter-skelter *paldır küldür gitmek* to crash *paldır küldür yürümek* to stump
paleobiyolog *a.* palaeobiologist
paleobiyoloji *a.* palaeobiology

paleobiyolojik s. palaeobiological
paleoekoloji a. palaeoecology
paleografi a. paleography
paleolitik s. trh. Paleolithic
paleontoloji a. palaeontology
paleontolojik s. palaeontological
paleontolojist a. paleontologist
paleozoik a. s. yerb. Paleozoic
paleozoolog a. palaeozoologist
paleozooloji a. palaeozoology
palet a. palette; den. flippers; caterpillar
    tread palet makarası track roller palet
    mili track rod palet pabucu track shoe
paletli s. tracked paletli traktör track-type
    tractor paletli yükleyici track-type
    loader
palikarya a. Greek rowdy
palinoloji a. palynology
palisatdokusu a. bitk. palisade paren-
    chyma
palladyen a. terrazzo
palladyum a, kim. palladium palladyum
    kaplama palladium plating
palmik s. palmic
palmira a. palmyra
palmitat a. palmitate
palmitik s. palmitic
palmitin a. palmitin
palmiye a, bitk. palm tree
palmiyemsi s. palmate
palpasyon a, hek. palpation
palplanş a, inş. sheet pile
palto a. overcoat, topcoat, coat
paluze a. blancmange
palyaço a. clown, buffoon
palyaçoluk a. clownery, tomfoolery
palyatif s, hek. palliative * oyalayıcı
palye a. float palyeye geçmek to flatten
    out
palyoş a. short sword, dagger, hunting
    knife
pami ünl. arg. Let's get going!, Come on!
pampa a. pampa
pampaotu a. pampass grass
pampatavşanı a. hayb. viscacha
pamuk a. cotton; cottonwool pamuk
    ağartma cotton bleaching pamuk
    barutu guncotton pamuk bezi calico
    pamuk çekirdeği cottonseed pamuk
    çırçırı cotton gin pamuk döküntüsü
    cotton waste pamuk endüstrisi cotton
    industry pamuk fabrikası cotton fac-
    tory, cotton mill pamuk fidanı cotton

plant pamuk gibi very soft pamuk
    helva candyfloss pamuk ipliği cotton
    yarn pamuk kurdu boll weevil pamuk
    lifi cotton fibre, cotton staple Pamuk
    Prenses Snow White pamuk tiftiği lint
    pamuk toplama makinesi cotton pick-
    ing machine, cotton picker pamuk yağı
    cottonseed oil
pamukaki a. cotton embroidery yarn
pamukbalığı a. hayb. blue shark
pamukbarutu a. pyroxylin
pamukçu a. cotton cultivator; seller of
    cotton
pamukçuk a, hek. thrush
pamukçuluk a. cultivating/selling cotton
pamukelması a. cotton boll
pamuklaştırmak e. to cottonize
pamuklu s. cotton, made of cotton ¤ a.
    cotton cloth pamuklu bez cotton
    pamuklu kadife cotton velvet, velvet-
    een pamuklu kumaş cotton cloth, cot-
    ton fabric
pamukotu a. bitk. cottonweed
pamuktaş a. travertine
pamukyağı a. cottonseed oil
pan a, teks. panne; pan shot pan başlığı
    panning head pan yapmak to pan
panama a. Panama hat, Panama
Panama a. Panama ¤ s. Panamanian
    Panama Kanalı the Panama Canal
Panamalı a, s. Panamanian
panayır a. fair, market panayır yeri fair-
    ground
panayırcı a. seller in a stall at a fair
pancar a, bitk. beet, beetroot pancar başı
    beet top pancar bıçağı beet knife, sli-
    cer pancar çapası beet hoe pancar
    çeşidi beet variety pancar delici sam-
    pler pancar dolabı beet wheel pancar
    helezonu beet screw conveyor pancar
    kanalı beet flume pancar kıyma
    makinesi beet slicing machine pancar
    kökü beetroot pancar kuyruğu beet
    tail pancar küspesi beet pulp pancar
    melası beet syrup pancar pası beet
    rust pancar sineği beet fly pancar
    sökme makinesi beet lifter pancar
    şekeri beet sugar pancar şerbeti beet
    juice pancar şurubu beet syrup
    pancar tarlası beet field pancar
    temizleme makinesi beet cleaning
    machine, beet washing machine
    pancar tohumu beet seed pancar

turşusu pickled beets *pancar üreticisi* beet grower *pancar yaprağı* beet leaf *pancar yıkama makinesi* beet washer
pancarcı *a.* beet grower; beet seller
pancarcılık *a.* growing/selling beets
pancur *a, bkz.* panjur
panço *a.* poncho
panda *a.* panda
pandantif *a.* pendant
pandemi *a.* pandemic
pandispanya *a.* sponge cake
pandomim *a.* mime *pandomim yapmak* to mime
pandomima *a.* pantomime
pandül *a.* pendulum
panel *a.* panel; panel discussion *panel ısıtma* panel heating
pangodoz *a. arg.* un untidy old man
pangolin *a.* pangolin
panik *a.* panic *paniğe kapılmak* to panic, to lose one's head *paniğe kapılmış* panic-stricken *paniğe uğratmak* to panic *panik yaratmak* to cause a panic
paniklemek *e.* to panic
Panislamizm *a.* Pan-Islamism
panjur *a.* slatted shutter, shutter
pankardit *a. hek.* pancarditis
pankart *a.* placard, poster, banner
pankras *a. sp.* pancratium, pancration
pankreas *a.* pancreas
pankreatin *a.* pancreatin
pankreozimin *a.* pancreozymin
pankromatik *s.* panchromatic
pano *a.* panel; notice board *İİ.*, bulletin board *Aİ.*; hoarding *İİ.*, billboard *Aİ.*; dashboard
panorama *a.* panorama *panorama başlığı* pan-and-tilt head
panoramik *s.* panoramic, sweeping ¤ *a.* pan shot, panning *panoramik adaptör* panoramic adapter *panoramik alıcı* panoramic receiver *panoramik ekran* panoramic screen *panoramik radar* panoramic radar
pansiyon *a.* board and lodgings, bed and board, boarding house, lodgings, digs; students' hostel *pansiyon olarak vermek* to board
pansiyoncu *a.* boarding house keeper *pansiyoncu kadın* landlady
pansiyonculuk *a.* operating a pension
pansiyoner *a.* boarder, lodger *pansiyoner olmak* to board

pansuman *a, hek.* dressing *pansuman yapmak* to dress
pansumancı *a.* someone who dresses wounds
panteist *s.* pantheistic ¤ *a.* pantheist
panteizm *a.* pantheism
panteon *a.* pantheon
panter *a, hayb.* panther
pantograf *a.* pantograph
pantolon *a.* trousers, breeches *şak.*, pants *Aİ. pantolon askısı* braces, suspenders *Aİ. pantolon balığı* arg. cock, prick
pantoloncu *a.* maker/seller of trousers
pantomim *a.* mime *pantomim oynamak* to pantomime
pantotenik *s.* pantothenic
pantufla *a.* felt slippers
pantuflacı *a.* maker/seller of felt slippers; *arg.* swindler, conman
Panturanizm *a.* Pan-Turanism
Pantürkizm *a.* Pan-Turkism
panya *a, den.* stern painter
panyol tahtası *a.* dunnage
panzehir *a.* antidote *panzehir taşı* a) bezoar b) opal * opal
panzehirotu *a. bitk.* white swallowwort
panzehirtaşı *a.* opal
panzer *a.* panzer
papa *a.* Pope
Papa *a.* the Holy Father
papağan *a, hayb.* parrot
papağanbalığı *a. hayb.* parrot fish
papağanlık *a. ruhb.* psittacism
papağanyemi *a.* safflower
papain *a.* papain
papak *a.* high lambskin cap
papalık *a.* Papacy
papara *a.* dish of dry bread and broth; scolding *papara yemek* to be told of, to get a rocket
papatya *a, bitk.* daisy, camomile *papatya çayı* camomile tea
papatyateker *a, biliş.* daisywheel
papav *a.* papaw
papaverin *a.* papaverine
papaya *a.* papaya
papaz *a.* priest, minister, clergyman, chaplain; *isk.* king *papaz cüppesi* cassock *papaza dönmek* (one's hair) to be too long and untidy *papaza kızıp oruç/perhiz bozmak* to cut off one's nose to spite one's face

papazbalığı a. hayb. rock fish, goby
papazkaçtı a. a card game
papazlık a. priesthood, ministry
papazyahnisi a. a mutton stew
papel a, arg. banknote
papelci a. arg. cardsharp(er)
papik a. arg. drug, narcotic
papikçi a. arg. drug addict
papirüs a. papyrus; papyrus plant
Papua a. Papua ¤ s. Papuan **Papua Yeni Gine** Papua New Guinea
Papualı a, s. Papuan
Papua-Yeni Gine a. Papua New Guinea
papuçgagalı a. hayb. shoebill
papura a. heavy plough with two pairs of oxen
papus a. pappus
papuslu s. pappose
papyebuvar a. blotting paper
papyekuşe a. glossy paper
papyon a. bow tie **papyon kravat** bow tie
par par be. brightly, flashingly
para a. money, cash kon., dough arg.; (kâğıt) banknote; (madeni) coin ¤ sg. pecuniary res. **para babası** a) money-bags hkr. b) loaded arg. **para basmak** to mint, to coin **para biriktirmek** to save money **para birimi** monetary unit **para bok gibi olmak** arg. to be rolling in money, to be filthy rich **para bozdurmak** to change money **para canlısı** a) avaricious b) miser **para cezası** fine, penalty **para cezasına çarptırmak** to fine **para cüzdanı** wallet, purse **para çantası** purse **para çekmek** to draw money **para çıkarmak** to issue money **para çıkışmamak** (money) not to suffice **para darlığı** deflation **para dökmek** to spend a lot of money **para etmek** a) to be worth b) to tell, to work **para getirmek** to bring in **para harcamak** to spend money **para havalesi** money order, remittance **para hırsı** avarice **para ile değil** very cheap **para kazanmak** to earn money **para kesmek** a) to mint b) to rake in money **para kırmak** to rake in money, to coin it, to money kon. **Para parayı çeker** Money begets money **para piyasası** money market **para politikası** monetary policy **para saymak** to pay **para sıkıntısı** financial pressure **para sıkıntısı çekmek** to be hard up for

money **para sızdırmak** to squeeze money out of sb, to bleed, to extort money **para şişkinliği** inflation **para teorisi** monetary theory **para tutmak** to save money **para yapmak** to earn money **para yatırmak** to invest **para yedirmek** to bribe **para yemek** a) to play ducks and drakes with money b) to accept a bribe **paranın üstü** change **parasını çarpmak** to swindle kon. **parasını sokağa atmak** to throw one's money away **parasını vermek** to foot the bill **parasını yemek** to live at sb's expense **parasının karşılığını almak** to get one's money's worth **paraya çevirmek** to cash in **paraya kıymak** to spare no expense **parayı bayılmak/sökülmek** to shell out **parayı denize atmak** to waste money **Parayı veren düdüğü çalar** He who pays the piper calls the tune
parabellum a. ask. Parabellum
parabol a. parabola
parabolik s. parabolic **parabolik anten** parabolic antenna **parabolik ayna** parabolic mirror **parabolik eğri** parabolic curve **parabolik far** paraboloid headlight **parabolik hız** parabolic speed, parabolic velocity **parabolik kiriş** parabolic girder **parabolik mikrofon** parabolic microphone **parabolik reflektör** parabolic reflector **parabolik spiral** parabolic spiral
paraboloit a. paraboloid
paraca be. as far as money is concerned
paraçol a. knee
paradarlığı a. deflation * deflasyon
paradi a. tiy. upper gallery
paradigma a. paradigm
paradoks a. paradox
paradoksal s. paradoxical **paradoksal olarak** paradoxically
paraf a. abbreviated signature
parafazi a. paraphasia
parafe s. initialed **parafe etmek** to initial
parafelemek e. to initial
parafin a. paraffin, paraffin wax **parafin mumu** paraffin
parafinlemek e. to wax
parafinli s. waxed **parafinli kâğıt** wax paper
parafuy a. cutoff wall
paragnays a. paragneiss

paragonit *a.* paragonite
paragöz *s.* money-grubbing, greedy for money ¤ *a.* Scrooge *hkr.*
paragraf *a.* paragraph *paragraf başı yapmak* to indent
Paraguay *a.* Paraguay *Paraguay çayı* Paraguay tea, maté
Paraguaylı *s.* Paraguayan ¤ *a.* Paraguayan
parahidrojen *a.* parahydrogen
paraka *a.* groundline, trawl line, trotline
parakete *a.* multi-hooked fishing line, setline *Aİ.*; *den.* log chip, log *parakete savlosu* log line *parakete seyri* dead reckoning navigation *parakete tahtası* logboard
parakor *a.* parachor
paralaks *a.* parallax
paralaktik *s.* paralactic
paralama *a.* tearing, ripping up *paralama hakkı* bursting charge
paralamak *e.* to tear, to rip up
paralanmak *e.* to be torn to pieces; to strain every nerve; to get money, to become rich
paraldehit *a.* paraldehyde
paralel *a, s.* parallel * koşut *paralel aktarma* parallel transfer *paralel aritmetik* parallel arithmetic *paralel bağlama* connection in parallel *paralel bağlamak* to shunt *paralel bağlantı* parallel connection *paralel bar sp.* parallel bars *paralel bellek* parallel storage *paralel besleme* parallel feed *paralel bilgisayar* parallel computer *paralel bobin* shunt coil *paralel çizgi* parallel line *paralel daire coğ.* parallel, parallel of latitude *paralel devre* parallel circuit *paralel dönüştürme* parallel conversion *paralel erişim* parallel access *paralel geribesleme* parallel feedback *paralel gönderme* parallel transmission *paralel işleme* parallel processing *paralel kama* parallel key *paralel port* parallel port *paralel rezonans* parallel resonance *paralel telefon* extension *paralel toplayıcı* parallel adder *paralel yüzlü* parallelepiped
paralelizm *a. fel.* parallelism
paralelkenar *a.* parallelogram
paralellik *a.* parallelism * koşutluk
paralelogram *a.* parallelogram

paralelyüz *a.* parallelepiped
paralı *s.* rich, moneyed; fee-paying *paralı asker* mercenary *paralı otoyol* turnpike *paralı yol* turnpike *Aİ.*
paralık *s.* for (so much) money
paralitik *s.* paralytic
paralizi *a.* paralysis
paralojizm *a. mant.* paralogism
paramanyet *a.* paramagnet
paramanyetik *s.* paramagnetic
paramanyetizm *a.* paramagnetism
parametre *a.* parameter *parametre kartı* parameter card *parametre kelimesi* parameter word
parametrik *s.* parametric *parametrik amplifikatör* parametric amplifier *parametrik denklem* parametric equation *parametrik test* parametric test
parametrium *a.* parametrium
paramparça *s.* all in pieces *paramparça etmek* to break to pieces, to smash, to shatter *paramparça olmak* to be broken to pieces, to shatter, to break to smithereens
parankima *a.* parenchyma * özekdoku
paranoit *a. s.* paranoid
paranoya *a.* paranoia
paranoyak *a, s.* paranoiac, paranoid
paranoyalı *s.* paranoiac
parantez *a.* parenthesis, bracket * ayraç *parantez içine almak* to bracket
parantezli *s.* having a bracket/parenthesis *parantezli yazım* infix notation
parapet *a.* breastwork, parapet
parapleji *a.* paraplegia
paraplejik *s.* paraplegic
parapsikoloji *a.* parapsychology
parasal *s.* monetary, pecuniary *res.*
parasempatik *s.* parasympathetic
parasetamol *a.* paracetamol
parasız *s.* without money, penniless, broke, badly-off, impecunious *res.*; free, complimentary * bedava ¤ *be.* free, gratis, for nothing
parasızlık *a.* lack of money, pennilessness, indigence
parasimen *a.* paracymene
parasol *a.* sun visor, sunshade
paraşişkinliği *a. eko.* inflation
paraşüt *a.* parachute, chute *kon. paraşüt birlikleri ask.* paratroops *paraşütle atlamak* to parachute, to bale out *paraşütle indirmek* to parachute

paraşütçü *a.* parachutist, parachuter; *ask.* paratrooper **paraşütçü asker** paratrooper **paraşütçü kıtası** paratroops
paraşütçülük *a.* parachuting
paratifo *a, hek.* paratyphoid
paratiyon *a.* parathion
paratoner *a.* lightning conductor
paravan, paravana *a.* folding screen, folding partition; *mec.* cover, screen **paravan olarak kullanmak** *mec.* to use as a screen **paravan şirket** dishonest company, fly-by-night company, bubble company *kon.*
parazit *a, biy.* parasite; *elek.* static, interference, atmospherics; *kon.* sponger, parasite, cadger, leech, drone *İİ./hkr.* **parazit akımı** disturbing current **parazit azaltıcı** noise limiter **parazit bastırıcı** suppressor **parazit eliminatörü** interference eliminator **parazit giderici** anti-interference, noise killer **parazit giderme** noise suppression **parazit kaynağı** disturbing source **parazit salınım** spurious oscillation **parazit seviyesi** noise level **parazit sürüklenme** parasite drag **parazit süzgeci** interference eliminator **parazit voltajı** noise voltage **parazit yapmak** to jam
parazitli *s.* stray
parazitlik *a.* parasitism
parazitoloji *a.* parasitology
parça *a.* piece; bit; fragment; particle; component; morsel; item; *oto.* part; *müz.* piece, song; *arg.* chick; quotation, quote, passage **parça başı iş** piecework **parça başına** per piece **parça kömür** lump coal **parça kumaş** fent **parça parça etmek** to break to pieces, to tear sth up **parça parça olmak** to be broken to pieces **parça parça** in pieces, in bits
parçacı *a.* seller of piece goods; seller of spare parts
parçacık *a.* particle **parçacık büyüklüğü** particle size **parçacık hızlandırıcısı** particle accelerator **parçacık radyasyonu** corpuscular radiation
parçalama *a.* breaking **parçalama gücü** brisance **parçalama makinesi** disintegrator
parçalamak *e.* to break into pieces, to cut into parts, to break sth up, to break sth down, to smash, to disintegrate, to dismember, to fragment
parçalanma *a.* break-up, disintegration **parçalanma gerilimi** disintegration voltage **parçalanma sabiti** disintegration constant
parçalanmak *e.* to break into pieces, to break up, to smash, to disintegrate, to fragment; to wear oneself out
parçalı *s.* pieced, in parts; patched
pardon *ünl.* Pardon!, Pardon me!, I beg your pardon!, I'm sorry!, Excuse me!
pardösü *a.* light overcoat, top coat
pare *a.* piece; part, morcel, bit
parenkima *a.* fundamental tissue
parfüm *a.* perfume, scent *İİ.* **parfüm sürmek** to wear perfume
parfümeri *a.* perfumery
parfümlü *s.* scented, sweet-smelling
parıl parıl *be.* brilliantly, glitteringly **parıl parıl parlamak** to shine brightly
parıldamak *e.* to gleam, to glitter, to twinkle, to flash, to glisten, to glimmer, to glint
parıltı *a.* gleam, glitter, twinkle, glint, sparkle, flash, shine, sheen, lustre, luster *Aİ.*
parıltılı *s.* gleaming, glittering, sparkling
Paris *a.* Paris **Paris siyahı** Paris black **Paris yeşili** Paris green
parite *a.* parity
park[1] *a.* public garden, park
park[2] *a.* car park *İİ.*, parking lot *Aİ.*; parking **park etmek** to park **park ışığı** parking light **Park yapılmaz** No parking **park yeri** parking space
parka *a.* parka
parke *a.* parquet; cobblestone pavement **parke döşemek** to parquet **parke taşı** cobble, cobblestone
parkeci *a.* parquet layer
parkerlemek *e.* to parkerize
parkmetre *a.* parking meter
parkur *a, sp.* racecourse *İİ.*, racetrack *Aİ.*
parlak *s.* bright, shining, brilliant, gleaming, garish, aglow; successful, bright, brilliant; glorious, glittering **parlak başarı** brilliant achievement **parlak buluş** brainchild **parlak daldırma** bright dipping **parlak düşünce** brainchild **parlak fikir** inspiration, brainwave *kon.* brainstorm *Aİ./kon.* **parlak ışık** blaze **parlak kaplama** bright plating

parlak kömür anthracite, hard coal **parlak nokta** highlight **parlak tavlama** bright annealing

parlakkuş *a. hayb.* jacamar

parlaklaşmak *e.* to get brighter

parlaklaştırıcı *s.* brightening ¤ *a.* brightener

parlaklık *a.* brilliance, brightness, shine, gloss, sheen, radiance, lustre, luster *Aİ.*; splendour, brilliance ` **parlaklık apresi** lustre finish **parlaklık ayarı** brightness control **parlaklık efekti** gloss effect **parlaklık kanalı** luminance channel **parlaklık sıcaklığı** brightness temperature **parlaklık sinyali** luminance signal **parlaklık verimi** luminous efficiency

parlama *a.* shining, flash, flashing **parlama gerilimi** breakdown voltage **parlama noktası** flashing point **parlama potansiyeli** glow potential

parlamak *e.* to shine, to gleam, to glitter, to brighten, to blaze, to glint, to glisten, to sparkle; *mec.* to flare up, to flame up; *mec.* to acquire influence

parlamentarizm *a.* parliamentarism

parlamenter *a.* member of parliament ¤ *s.* parliamentary **parlamenter sistem** parliamentary system

parlamento *a.* parliament

parlatma *a.* polishing, lustring, brightening **parlatma apresi** *teks.* chintz finish **parlatma aygıtı** polisher **parlatma çarkı** polishing disk **parlatma efekti** *teks.* chintz effect **parlatma harcı** polishing paste **parlatma kalenderi** *teks.* chintz calender, lustring calender, glazing calender **parlatma macunu** polishing paste **parlatma maddesi** brightening agent **parlatma makinesi** polishing machine, lustring machine, glazing machine **parlatma presi** lustring press **parlatma tekerleği** polishing disk **parlatma tozu** polishing powder, putty powder

parlatmak *e.* to polish; to shine, to make bright, to brighten·(up)

parlayıcı *s.* flammable, inflammable

parmak *a.* finger; toe; (tekerlek) spoke; inch **parmağı olmak** to have a finger in **parmağında oynatmak** to have sb in one's pocket **parmağını bile kıpırdatmamak** not to lift a finger, not to raise a finger, not to stir a finger

parmak atmak *arg.* to goose sb **parmak basmak** to draw attention (to) **parmak hesabı** counting on the fingers **parmak ısırtmak** to astonish **parmak izi** fingerprint **parmak izini almak** to fingerprint sb **parmak kaldırmak** to raise one's hand **parmak tırnağı** fingernail **parmak ucu** fingertip **parmakla gösterilmek** to be pointed at **parmakla göstermek** to point at

parmaklamak *e.* to touch with fingers; to eat (sth) with one's fingers

parmaklı *s.* digitate(d)

parmaklık *a.* railing, balustrade, banisters, grating **parmaklık babası** fence post **parmaklık küpeştesi** ledger board **parmaklık rendesi** spokeshave **parmaklıkla çevirmek** to rail off

parmaksız *s.* adactylous

parmıcan *a.* Parmesan cheese

parodi *a.* parody, send-up, burlesque, spoof *kon.*

parola *a.* password, watchword; motto

parpa *a.* young turbot

pars *a, hayb.* leopard

parsa *a.* money gathered up from a crowd **parsa toplamak** to pass the hat round **parsayı başkası toplamak** somebody else to get the benefit

parsal *s.* shabby

parsek *a.* parsec

parsel *a.* plot, lot

parselasyon *a.* subdivision

parsellemek *e.* to divide into plots

parselli *s.* divided into plots

parşömen *a.* parchment, vellum **parşömen kâğıdı** parchment paper

partal *s.* shabby

partenogenez *a.* parthenogenesis

parter *a.* stalls *İİ.*, orchestra *Aİ.*

parti *a.* party, political party; party, do *İİ./kon.*; (mal) consignment; batch **parti programı** *pol.* party programme, party platform **parti vermek** to have a party **partiyi kaybetmek** to lose the game

partici *a.* partisan

particilik *a.* partisanship

partikül *a.* particle

partili *a.* party member

partisip *a.* participle

partisyon *a, müz.* score; *inş.* division wall, partition

partizan *a.* partisan
partizanlık *a.* partisanship
partner *a.* partner
parttaym *s, be.* part-time * yarımgün
parvolin *a.* parvoline
parya *a.* rabble, pariah
pas[1] *a.* rust, tarnish, corrosion *pas giderici* rust remover *pas lekesi* rust stain, iron mould *pas önleyici* a) antirust b) antioxidant *pas tutmak* to rust
pas[2] *a, sp.* pass *pas demek isk.* to pass *pas vermek* a) *sp.* to pass b) *arg.* to give sb the glad eye
pasa *a. inş.* cover fillet, cover strip, cover moulding
pasaj *a, mim.* arcade, precinct; *ed.* passage
pasak *a.* dirt, filth * kir
pasaklı *s.* slovenly *hkr.*, dowdy, tatty, shabby, sloppy, scruffy *kon.* ¤ *a.* scruff *kon.*, slob *hkr.*, sloven *esk./hkr. pasaklı kadın* slattern *res./hkr.*
pasaklılık *a.* untidiness, slovenliness
pasaparola *a. ask.* password, watchword
pasaport *a.* passport *pasaportunu eline vermek arg.* to boot sb out (of sth) *kon.*
pasavan *a.* laissez-passer
pasif *s, dilb.* passive; inactive ¤ *a, tic.* liabilities *pasif devre* passive circuit *pasif direniş* passive resistance *pasif istasyon* passive station *pasif metal* passive metal *pasif öğe* passive component *pasif radar* passive radar *pasif şebeke* passive network *pasif uydu* passive satellite
Pasifik Okyanusu *a.* the Pacific Ocean
pasifleştirmek *e.* to passivate
pasiflik *a.* passivity
paskal *s.* clownish, funny
paskallık *a.* clownery, buffoonery
paskalya *a.* Easter *Paskalya yortusu* Easter *Paskalya yumurtası* Easter egg *paskalya yumurtası* Easter egg
paslandırıcı *s.* oxidizing, corrosive
paslandırmak *e.* to rust, to corrode
paslandırmaz *s.* noncorrosive
paslanma *a.* oxidation
paslanmak *e.* to rust, to corrode; *mec.* to be rusty, to be out of practice
paslanmaz *s.* noncorrosive, stainless, rustproof *paslanmaz çelik* stainless steel
paslaşmak *e, sp.* to pass to each other;

arg. to give each other the glad eye
paslı *s.* rusty, tarnished, oxidized
pasmantarı *a.* rust fungus
pasmantarıgiller *a.* Uredines
pasmantarları *a.* uredinales
paso *a.* pass
paspal *a.* flour containing a lot of bran
paspartu *a.* mat *paspartu geçirmek* to mat
paspas *a.* doormat *paspas yapmak* to mop
paspaslamak *e.* to mop up
pasrengi *a.* the colour rust ¤ *s.* rust-coloured, rusty
pasta[1] *a.* cream-cake, sweet-cake, pastry, tart
pasta[2] *a.* pleat, fold
pastacı *a.* confectioner, pastrycook
pastacılık *a.* pastry making
pastal *a.* dried tobacco leaves
pastalı *s.* with cakes
pastane *a.* cake shop, confectionery, confectioner's
pastel *a.* pastel colours/crayons ¤ *s.* pastel *pastel kalemi* pastel *pastel renk* pastel *pastel resim* pastel
pastırma *a.* preserve of dried meat *pastırma yazı* Indian summer *pastırmasını çıkarmak* to give a good beating (to)
pastırmacı *a.* maker/seller of pastrami
pastırmacılık *a.* making/selling pastrami
pastil *a.* pastille, lozenge
pastiş *a.* pastiche
pastoral *s.* idyllic
pastörizasyon *a.* pasteurization
pastörize *s.* pasteurized *pastörize etmek* to pasteurize *pastörize süt* pasteurised milk
pastra *a.* a card game
paşa *a.* pasha; general, admiral
paşaağacı *a. bitk.* obeche, arere
paşaçadırı *a. bitk.* beefsteak begonia
paşalık *a.* being a pasha
pat[1] *s.* flat
pat[2] *a.* pop, thud *pat diye* pop, with a pop *pat pat etmek* to chug
pat[3] *a, bitk.* aster
pat[4] *a.* (satranç) stalemate
pata *s. isk.* equal, quit
patagos *a. arg.* a coin of five piastres
patak *a, kon.* beating, whacking
pataklamak *e, kon.* to tan sb's hide, to

give sb a beating/whacking, to beat sb up, to clobber *kon.*

patalya *a. den.* jolly boat, punt

patates *a, bitk.* potato, spud *kon.* ***patates kızartması*** chips *İİ.*, French fries *Aİ.* ***patates nişastası*** potato starch ***patates püresi*** mashed potatoes, mash ***patates sınıflayıcı*** potato sorter ***patates tava*** chip(s) *İİ.*, French fries *Aİ.*

patatesböceği *a. s.* potato bug

patavatsız *s.* indiscreet, tactless, gauche, disrespectful

patavatsızlık *a.* indiscretion, tactlessness

patçiçeği *a.* aster

paten *a.* skate, roller skate ***paten yapmak/kaymak*** to skate

patenci *a.* skater

patent *a.* patent; *den.* bill of health ***patent almak*** to patent ***patent hakkı*** patent right ***patent kanunu*** patent law ***patent ofisi*** patent office ***patent sahibi*** patentee ***patent ücreti*** royalty ***patent vermek*** to charter ***patentini almak*** to patent

patentli *s.* patent

patetik *s.* pathetic

patır kütür *be.* with a clattering noise

patır patır *be.* with tapping sounds

patırdamak *e.* to patter, to clatter

patırdatmak *e.* to patter, to crackle

patırtı *a.* clatter, noise, din, racket *kon.*; row *kon.*, to-do, uproar, disturbance, disorder, tumult *res.*, clamour, clamor *Aİ.* ***patırtı çıkarmak*** to kick up a row ***patırtıya vermek*** to put into confusion

patırtılı *s.* noisy, tumultuous

patik *a.* baby shoe, bootee

patika *a.* path, pathway, footpath, track, trail * keçiyolu, çığır

patina *a.* patina

patinaj *a, sp.* skating; *oto.* skidding, spinning ***patinaj alanı*** skating rink ***patinaj yapmak*** a) *sp.* to skate b) *oto.* to skid, to spin ***patinaj yapmaz lastik*** nonskid tyre ***patinaj zinciri*** safety chain

patinajcı *a, sp.* skater

patis *a. teks.* cambric

patiska *a.* cambric

patlak *a.* explosion; bursting; (lastik) puncture ¤ *s.* burst ***patlak gözlü*** goggle-eyed, pop eyed ***patlak lastik*** flat tyre ***patlak verme*** outbreak ***patlak vermek*** to break out

patlama *a.* explosion, burst, blast, detonation; eruption ***patlama gazı*** explosion gas ***patlama gücü*** bursting strength ***patlama mukavemeti*** bursting strength ***patlama odası*** explosion chamber ***patlama yükü*** explosive charge

patlamak *e.* to burst, to explode, to go off, to blow up, to pop, to detonate; (yanardağ) to erupt; (lastik) to puncture; to break out, to blow up; to burst out; to be bored to death; to cost ***patlamış mısır*** popcorn

patlamalı motor *a.* internal combustion engine

patlamaönler *s.* explosion-proof

patlamasız motor *a.* diesel engine

patlangaç *a.* popgun; peashooter

patlatmak *e.* to blow up, to burst, to explode, to touch sth off, to set sth off, to detonate; (lastik) to puncture; to infuriate, to exasperate; to hit, to clout *kon.*, to deal sb/sth a blow

patlatman *a.* blaster, shot firer

patlayıcı *a, s.* explosive

patlayış *a.* bursting, explosion

patlıcan *a, bitk.* aubergine, eggplant *Aİ.* ***patlıcan kebabı*** aubergine wrapped around pieces of meat and roasted ***patlıcan kızartması*** fried aubergines ***patlıcan salatası*** aubergine purée

Patmos *a.* Patmos ¤ *s.* Patmian

Patmoslu *a, s.* Patmian

patolog *a.* pathologist

patoloji *a.* pathology

patolojik *s.* pathological

patpat *a. kon.* rug-beater, carpet-beater

patriarkal *s.* patriarchal

patrik *a.* patriarch

patrikhane *a.* patriarchate

patriklik *a.* patriarchate

patrise *a.* backstays

patron *a.* boss; employer; (kodaman) magnate; (elbise patronu) pattern, dress pattern

patrona *a. trh.* vice-admiral

patronluk *be.* being a boss

pattadak *be. kon.* suddenly, unexpectedly

pattadak, pattadan *be.* all of a sudden, suddenly

paund *a.* pound, quid *İİ./kon.*

pavkırmak *e. yörs.* (tilki) to bark; (çakal) to howl; to be furious

pavndal *a.* poundal

pavurya a. (hermit) crab
pavyon a. night club; pavilion
pay a. share; *mat.* numerator *pay bırakmak* to leave a margin *pay biçmek* to take as an example *pay etmek* to share out *payı olmak* to have a share in, to share in *payını almak* to get one's share
payanda a. prop, strut, support, shore, buttress *payanda ayak inş.* abutment wall, pier *payanda kemeri* squinch *payanda vurmak* to shore up, to underpin
payandalamak e. to support, to underpin
payda a, *mat.* denominator
paydaş a. partner, sharer; shareholder
paydaşlı s. jointly owned
paydaşlık a. being a shareholder
paydos a. break, rest, recess, respite *paydos etmek* to stop working, to knock off, to call it a day
paye a. rank, position, grade
payet a. sequin, spangle
payidar s. enduring, lasting, perpetual
payitaht a. capital city
paylama a. scolding
paylamak e. to scold, to flay, to lecture, to rebuke, to take sb to task, to tell sb off *kon.*, to tear sb off a strip *kon.*, to tick sb off *kon.*, to reprehend *res.*, to reprove *res.* * azarlamak
paylaşım a. sharing
paylaşımlı s, *biliş.* shared *paylaşımlı bellek* shared storage *paylaşımlı dosya* shared file *paylaşımlı kütük* shared file *paylaşımlı prosedür* shared procedure
paylaşmak e. to share *paylaşacak kozu olmak* to have a bone to pick with sb
paylaştırmak e. to portion sth out, to carve sth up, to deal sth out, to share, to divide, to apportion
payplayn a. pipeline (for oil/gas)
payreks a. Pyrex
paytak s. knock-kneed, bandylegged ¤ a. (satranç) pawn *paytak paytak yürümek* to waddle
paytaklık a. bandy-leggedness, bow-leggedness
payton a. phaeton
paytoncu a. carriage driver
paytonculuk a. carriage-driving
pazar a. market, bazaar, marketplace;

Sunday *pazar kurmak* to set up on open market *pazar yeri* marketplace, market-square *pazara çıkarmak* to put on sale
pazarcı a. seller in a market, stallholder
pazarlama a. marketing
pazarlamacı a. marketing expert
pazarlamak e. to market
pazarlaşmak e. to bargain
pazarlık a. bargaining, bargain *pazarlık etmek* to bargain, to haggle
pazartesi a. Monday
pazaryeri a. marketplace
pazen a. cotton flannel
pazı[1] a, *bitk.* chard
pazı[2] a, *anat.* biceps, muscle *pazı kemiği* humerus * kol kemiği
pazıbent a. armband, armlet
pazval a. shoemaker's knee-strap
pazvant a. *trh.* night watchman, guard
peçe a. veil
peçelemek e. to camouflage
peçeli s. chlamydate
peçete a. napkin, table napkin, serviette *İl.*
peçiç a. pachisi
ped a. pad
pedagog a. pedagogue; educationalist, educator
pedagoji a. pedagogy * eğitbilim
pedagojik s. pedagogic(al)
pedal a. pedal, treadle * ayaklık *pedal kumandası* pedal control *pedal mili* pedal shaft
pedalye a. pedal keyboard
peder a, *esk.* father * baba
pederane s. fatherly ¤ be. in a fatherly way
pederşahi s. patriarchal * ataerkil
pederşahilik a. patriarchy
pediatr a. pediatrician
pediatri a. paediatrics, pediatrics *Al.*
pediatrik s, *hek.* pediatric
pediatrist a. pediatrician
pedikür a. pedicure
pedikürcü a. pedicurist
pediyatri a. pediatrics
pedofil a. pedophile
pedofili a. pedophilia
pedogenetik s. paedogenetic
pedogenez a. paedogenesis
pedolog a. soil scientist, pedologist
pedoloji a. pedology
pedometre a. pedometer

pedotekni *a.* applied paidology
pegmatit *a.* pegmatite
pehlivan *a.* wrestler
pehlivanlık *a.* being a wrestler
pehpeh *ünl.* Fine!, Bravo! (used sarcastically or jokingly)
pehpehlemek *e.* to flatter
pejmürde *s.* shabby, ragged, tatty *kon.*, down at heel *pejmürde kılıklı* ragged
pejoratif *s.* pejorative
pek[1] *be.* very much, a lot, quite, fairly, rather, very *pek az* seldom, scarcely *pek çok* very much
pek[2] *s.* hard, firm, rigid; strong, solid
pekâlâ *be.* all right, well, very well, okay, good
pekan *a.* pecan
pekdoku *a. bitk.* collenchyma
pekent *a. yerb.* barrier
peki *be.* all right, okay *kon.*, OK *kon.*; well; well then
Pekin *a.* Peking
pekin *s.* firm, solid, resisting; *fel.* certain
pekin *a, teks.* pekin
pekinlik *a.* firmness, resistance, endurance; *fel.* certainty, certainness
pekinördeği *a.* Peking duck
pekişmek *e.* to become hard, to become tight, to harden, to tighten; to consolidate, to become strong
pekiştirmek *e.* to harden, to stiffen, to solidify; to consolidate, to strengthen
pekiştirmeli *s. dilb.* intensive, intensifying
pekitmek *e.* to strengthen, to fortify, to stiffen
pekleşmek *e.* to harden, to become rigid
peklik *a.* constipation * inkıbaz, kabız *peklik çekmek* to suffer from constipation *peklik vermek* to constipate
pekmez *a.* grape molasses
pekmezci *a.* maker/seller of molasses
pekmezli *s.* containing molasses
pekmezlik *s.* suitable for making molasses
pekmeztoprağı *a.* marl
peksimet *a.* hard biscuit, zwieback
pektat *a.* pectate
pektaz *a.* pectase
pektin *a.* pectin
pektinaz *a.* pectinase
pektinli *s.* pectic
pektinoz *a.* arabinose
pektoral *s. anat.* pectoral

pektoz *a.* pectose
pelagra *a.* pellagra
pelajik *s.* pelagic
pelerin *a.* cape, cloak
pelerinli *s.* chlamydate
pelesenk *a.* balm, balsam; balm of Gilead
pelesenkağacı *a.* rosewood, balsam
pelet *a.* pellet
peletleme *a.* pelletizing
peletlemek *e.* to pelletize
pelikan *a, hayb.* pelican
pelin *a, bitk.* absinth
pelit *a.* acorn; valonia
Peloponez *a.* the Peloponnese, the Peloponnesus ¤ *s.* Peloponnesian
Peloponezli *a, s.* Peloponnesian
pelte *a.* starch pudding
peltek *s.* having a lisp *peltek konuşmak* to lisp
peltekleşmek *e.* to develop a lisp
pelteklik *a.* lisp
pelteleşme *a.* congealment, gelation, jellification, pectization
pelteleşmek *e.* to jelly
pelteleştirme *a.* gelation, pectization
pelteleştirmek *e.* to congeal, to jelly, to pectize
pelteli *s.* gelatinous
peltemsi *s.* gelatinoid
pelür *a.* onionskin *pelür kâğıdı* onionskin paper
pelüş *a.* plush
pelvis *a, anat.* pelvis
pembe *a, s.* pink *pembe şarap* rosé *pembe yanaklar* ruddy cheeks
pembeleşmek *e.* to turn pink
pembelik *a.* rosiness
pembemsi *s.* pinkish
pena *a.* plectrum
penaltı *a, sp.* penalty
Pencap *a, s.* Panjabi
Pencapça *a, s.* Panjabi
Pencaplı *a, s.* Panjabi, Punjabi
pencere *a.* window *pencere ağırlığı* sash weight *pencere bandı* weather strip *pencere başlığı* window head *pencere boşluğu* window bay *pencere camı* pane, windowpane, window glass *pencere çerçevesi* window frame *pencere denizliği* windowsill, windowledge *pencere dikmesi* jamb shaft *pencere düzeni* fenestration *pencere kafesi* window screen *pencere kanadı*

casement *pencere kapağı* scuttle *pencere kasası* window sash *pencere kepengi* window shutter *pencere kilidi* sash lock *pencere kirişi* window head *pencere mandalı* sash lock *pencere örtüsü* film gate mask *pencere rafı* window seat *pencere storu* window blind *pencere teli* window screen *pencere tirizi* mullion

pencerekırlangıcı *a.* house martin

pencüdü *a.* a five and a two

pencüse *a.* a five and a three

pencüyek *a.* a five and a one

pençe *a.* paw, claw, talon; (ayakkabı) sole *pençe atmak* to paw, to claw *pençe vurmak* a) to paw, to claw b) to sole (a shoe) *pençesinden kurtulmak* to escape from sb's clutches *pençesine düşmek* to fall sb's clutches

pençelemek *e.* to claw, to paw; (ayakkabı) to resole

pençeleşmek *e.* to grapple (with), to struggle

pençeli *s.* taloned, ungual, unguiculate(d)

pençemsi *s.* unguiculate(d)

pençesiz *s. hayb.* unarmed

pendifrank *a. arg.* blow, sock, punch

peneplen *a.* peneplain, peneplane

penes *a.* gold-coloured spangle

penetrasyon *a.* penetration

penetrometre *a.* penetrometer

penguen *a, hayb.* penguin

peni *a.* penny

penis *a.* penis, member *ört. penisi sertleşmek* to get an erection

penisilamin *a.* penicillamine

penisilin *a.* penicillin

penisilyum *a.* penicillium

peniz etmek *e, arg.* to disclose (a secret)

pens *a.* pliers; pleat, dart

pense *a.* pliers

pentaboran *a.* pentaborane

pentan *a.* pentane

pentanol *a.* pentanol

pentatlon *a, sp.* pentathlon

pentil *a.* pentyl

pentosan *a.* pentosan

pentot *a.* pentode

pentoz *a.* pentose

penyör *a.* doffer

pepe *s.* stammering

pepelemek *e.* to stutter, to stammer

pepelik *a.* stutter

pepeme *s.* stammering ¤ *a.* stammerer

pepemelik *a.* stutter

pepsin *a.* pepsin

peptidaz *a.* peptidase

peptik *s.* peptic *peptik ülser* peptic ulcer

peptit *a.* peptide

pepton *a.* peptone

peptonlamak *e.* to peptonize

peptonlaşma *a.* peptonization

peptonlaştırıcı *a.* peptonizer

peptonlaştırma *a.* peptonization

peptonlaştırmak *e.* to peptonize

Pera *a.* Pera

perakende *s.* retail *perakende fiyatı* retail price *perakende satın almak* to buy sth retail *perakende satış* retail *perakende satmak* to retail

perakendeci *a.* retailer

perakendecilik *a.* retail sailing

perasit *a.* peracid

perborat *a.* perborate

perçem *a.* fringe, bang *Aİ.*; (at) forelock

perçemli *s.* having bangs

perçin *a.* rivet *perçin başı* rivet head *perçin çekici* riveting hammer *perçin çivisi* clinch nail

perçinleme *a.* riveting *perçinleme makinesi* riveting machine

perçinlemek *e.* to rivet, to clinch

perçinleşmek *e.* to become strong/firm

perçinli *s.* riveted, clenched *perçinli ek* riveted joint

perdah *a.* polish, glaze, gloss, lustre *perdah çarkı* lap *perdah dolabı* tumbling barrel *perdah eğesi* smoothing file *perdah makinesi* finishing machine *perdah rendesi* smoothing plane *perdah sıvası* finishing coat *perdah silindiri* finishing roll *perdah takımı* finishing tool

perdahçı *a.* glazier

perdahlama *a.* polishing, buffing, glazing *perdahlama makinesi* honing machine

perdahlamak *e.* to polish, to burnish, to glaze, to buff

perdahlı *s.* polished *perdahlı kâğıt* calendered paper

perdahsız *s.* unpolished

perde *a.* curtain; screen; *tiy.* act; *müz.* pitch; *hek.* cataract; partition *perde arkasından* behind the scenes *perde inmek* (eye) to have a cataract *perdeyi kapamak* to draw the curtain

perdeayaklı *s.* webfooted, web-toed ¤ *a.* palmiped
perdeayaklılar *a, hayb.* palmipedes
perdeci *a.* maker/seller of curtains
perdeduvar *a.* curtain wall
perdeleme *a.* screening **perdeleme sabiti** screening constant **perdeleme sisi** screening smoke
perdelemek *e.* to curtain; to conceal, to veil
perdeli *s.* curtained; *hayb.* webbed; *müz.* fretted
perdelik *s.* suitable for making curtains
perdesiz *s.* uncurtained, curtainless
perdesizlik *a.* lack of curtains
perdövites *a, hav.* stall
perdövitesli iniş *a.* pancake landing
pere *a. inş.* pitching, stone pitching, riprap, stone facing
perende *a.* somersault **perende atmak** to turn a somersault
perese *a. inş.* line, cord; *kon.* state, condition
perestiş *a.* worship; adoration
perforasyon *a.* sprocket hole
perforeli *s.* sprocketed
performans *a.* performance
pergel *a.* compasses, pair of compasses, dividers **pergelleri açmak** *kon.* to take long steps
pergellemek *e.* to measure (sth) with a pair of compasses
pergola *a.* pergola
perhidrol *a.* perhydrol ·
perhiz *a.* diet, regimen * imsak, riyazet, diyet, rejim; abstinence **perhiz yapmak** to diet
perhizli *s.* on a diet
peri *a.* fairy, genie, spirit, elf **peri gibi** fairylike **peri masalı** fairy tale, fairy story
peribacası *a.* (capped) earth pillar, erosion column, chimney rock
pericik *a.* little fairy; *kon.* epilepsy; *kon.* hysteria
peridot *a.* peridot
peridotit *a.* peridotite
periferik *s, anat.* peripheral **periferik sinir sistemi** peripheral nervous system
perihastalığı *a. kon.* epilepsy; hysteria
perikard *a, anat.* pericardium
perikardit *a. hek.* pericarditis
periklaz *a.* periclase

periklin *a.* pericline
perili *s.* haunted (by fairies/demons)
peripatetizm *a. fel.* Peripateticism
peripiramidi *a. yerb.* earth pyramid, earth pillar
peripteros *a.* peripteral
periskop *a.* periscope
perisperm *a.* perisperm
perişan *s.* miserable, wretched; distraught; disordered, scattered **perişan etmek** a) to perturb, to ruin b) to scatter **perişan olmak** a) to become miserable, to be wretched b) to be scattered
perişanlık *a.* misery, wretchedness; state of disorder
peritektik *s, metl.* peritectic
peritelyum *a.* perithelium
periton *a.* peritoneum
peritonit *a, hek.* peritonitis
periyodat *a.* periodate
periyodik *s.* periodic, periodical, cyclic, cyclical **periyodik asit** periodic acid **periyodik bakım** periodic maintenance **periyodik büyüklük** periodic quantity **periyodik cetvel** periodic table **periyodik nicelik** periodic quantity **periyodik sönüm** periodic damping **periyodik süre** periodic time
periyodiklik *a.* periodicity
perkal *a. teks.* percale
perkende *a. den.* small brig, brigantine
perki *a. hayb.* European perch
perklorat *a.* perchlorate
perklorik *s.* perchloric
perkolasyon *a.* percolation
perkromat *a.* perchromate
perkromik *s.* perchromic
perküsyon *a. hek.* percussion
perlit *a.* pearlite, perlite
perlitli *s.* perlitic **perlitli demir** pearlite iron
perlon *a.* Perlon
perma *a.* perm, permanent wave **perma yapmak** to perm **perma yaptırmak** to have a perm
perma, permanant *a.* permanent wave, permanent
permanganat *a.* permanganate
permanganik *s.* permanganic
permeabilite *a.* permeability
permeabl *s.* permeable
permeametre *a.* permeameter
permeçe *a.* tow rope

permi *a.* permit (for export/import); railroad pass

permiyen *a. s. yerb.* Permian

permütasyon *a.* permutation **permütasyon kontağı** change-over contact

perno mafsalı *a.* steering knuckle

peroksi *a.* peroxy

peroksidaz *a.* peroxidase

peroksit *a, kim.* peroxide

peron *a.* platform

perotin baskı *a.* perrotine printing

Pers *a, s.* Persian

persenk *a.* ritornel, ritornello

persentil *a.* percentile

persistans *a.* persistence

personel *a.* personnel, staff **personel bölümü** personnel department **personel müdürü** personnel manager **personel yönetimi** personnel management

perspektif *a.* perspective

perşembe *a.* Thursday

pertavsız *a, esk.* magnifying glass * büyüteç

pertit *a.* perthite

Peru *a.* Peru **Peru balsamı** balsam of Peru

peruk *a.* wig, toupee

peruka *a.* wig

peruklu *s.* wearing a wig/toupee

Perulu *a, s.* Peruvian

perva *a.* fear; heed, concern

pervane *a, hayb.* moth; propeller, screw-propeller, prop *kon.; den.* screw **pervane adımı** propeller pitch **pervane burcu** propeller boss **pervane diski** propeller disk **pervane hatvesi** propeller pitch **pervane kanadı** screw blade **pervane kayışı** fan belt **pervane pali** propeller blade **pervane performansı** propeller performance

pervanebalığı *a.* ocean sunfish

pervaneli *s.* having a propeller **pervaneli pompa** propeller pump **pervaneli vantilatör** propeller fan

pervasız *s.* fearless, reckless, unrestrained

pervasızca *be.* fearlessly

pervasızlık *a.* fearlessness; unconcern

pervaz *a.* border, cornice, fringe, moulding **pervaz taşı** jambstone

pes¹ *s.* low, soft, low-pitched **pes**

perdeden konuşmak to speak softly

pes² *ünl.* This is the limit!, I give up! **pes demek** to give in, to say uncle *Al.* **Pes doğrusu** That beats all **pes etmek** to cry small, to give in

pesek *a.* tartar

peseta *a.* peseta

pesimist *a.* pessimist * kötümser, karamsar

pesimizm *a.* pessimism * kötümserlik, karamsarlık

peso *a.* peso

pespaye *s.* vulgar, mean, common

pespayelik *a.* vulgarity, commonness

pespembe *s.* rose-pink

pestenkerani *s.* nonsensical, worthless, meaningless

pestil *a.* dried layers of fruit pulp **pestil gibi** exhausted **pestile çevirmek** to tire out **pestili çıkmak** to be tired out **pestilini çıkarmak** a) to beat sb to a jelly b) to tire out, to exhaust

pestilleşmek *e. kon.* to become dog-tired

pestisit *a.* pesticide

pesüs *a.* rough open lamp

peş *a.* space behind, the back **peş peşe** one after the other, one after another **peşi sıra** behind him, following him **peşinde dolaşmak** to go around with sb **peşinde koşmak** to run after, to go after **peşinde** in pursuit of sb/sth **peşinden gitmek** to go after, to follow **peşinden** after **peşine düşmek** to pursue, to give chase, to chase **peşine takılmak** to tail after, to tag along **peşini bırakmak** to stop following **peşini bırakmamak** to dog

peşin *s.* paid in advance, cash, ready ¤ *be.* beforehand, in advance; before, earlier * önceden **peşin almak** to buy for cash **peşin fiyatı** cash price **peşin hüküm** prejudice, preconception * önyargı **peşin ödeme** prepayment **peşin ödemek** to pay in advance **peşin para** cash, ready money, the ready *kon.* **peşin satış** cash sale **peşin söylemek** to tell in advance **peşin yargı** prejudice * önyargı

peşinat *a.* advance payment

peşinci *a.* a seller on cash payment only

peşinen *be.* in advance, beforehand

peşkir *a.* napkin; towel

peşmelba *a.* peach Melba

peşrev *a.* overture, prelude
peştamal *a.* loincloth
peştamalcı *a.* maker/seller of waist cloths
peştemallık *a.* goodwill
Peştuca *a, s.* Pashto, Pushtu
petal *a.* petal
petalimsi *s.* petaline
petalinis *a. hayb.* European limpet
petalleşme *a.* petalody
petalli *s.* petalous
petalsiz *s.* apetalous
petek *a.* honeycomb, comb **petek balı** honey in the comb **petek bobin** honeycomb coil **petek radyatör** honeycomb radiator
petekgöz *a.* compound eye
petekli *s.* alveolate **petekli radyatör** cellular radiator
petrografi *a.* petrography
petrojenez *a.* petrogenesis
petrokimya *a.* petrochemistry
petrokimyasal *s.* petrochemical
petrol *a.* petroleum, oil **petrol alanı** oil field **petrol asfaltı** petroleum asphalt **petrol boru hattı** pipeline **petrol bulmak** to strike oil **petrol koku** petroleum coke **petrol kuyusu** oil well, well **petrol mumu** paraffin **petrol rafinerisi** oil refinery **petrol sahası** oil field **petrol şirketi** oil company **petrol tankeri** oil tanker **petrol ürünü** petroleum product **petrol yatağı** oil field
petrolatum *a.* petrolatum
petrolcü *a.* oilman
petrollü *s.* oil-bearing, petrolic
petroloji *a.* petrology
petunya *a, bitk.* petunia
pey *a.* earnest money, deposit **pey akçesi** earnest money, deposit **pey sürmek** to make a bid
peyda *s.* manifest, clear, visible **peyda etmek** to beget, to create **peyda olmak** to appear, to spring up
peydahlamak *e.* to have (a child) illegitimately
peydahlanmak *e.* to appear, to crop up, to spring up
peyderpey *be.* step by step, gradually
peygamber *a.* prophet * yalvaç, elçi, resul, nebi
peygamberağacı *a.* lignum vitae
peygamberçiçeği *a. bitk.* cornflower, bluebottle

peygamberdevesi *a, hayb.* praying mantis
peygamberdikeni *a. bitk.* blessed thistle
peygamberlik *a.* prophethood, prophecy * yalvaçlık
peyk *a.* satellite * uydu **peyk dişli** planetary gear
peyke *a.* wooden bench
peylemek *e.* to book, to engage
peynir *a.* cheese **peynir akarı** cheese mite **peynir ekmek gibi gitmek** to go like hot cakes **peynir kalıbı** cheese hoop **peynir kurdu** cheese mite **peynir mayası** rennet **peynir tarağı** cheese rake
peyniragacı *a. bitk.* silk-cotton tree
peynirci *a.* maker/seller of cheese
peynircilik *a.* cheesemaking
peynirhane *a.* cheesery
peynirleşmek *e.* to become cheesy
peynirli *s.* containing cheese **peynirli kek** cheesecake
peynirmayası *a.* rennet
peyzaj *a.* landscape **peyzaj mimarı** landscape architect **peyzaj mimarisi** landscape architecture
pezevenk *a, kab.* pimp, pander, procurer *hkr.*; bastard, son of a bitch *kab.*
pezevenklik *a.* procuring, pimping **pezevenklik etmek** to pimp, to procure *hkr.*
pezo *a, kab.* pimp, procurer *hkr.*
pH *a.* pH **pH değeri** pH-value **pH-metre** pH-meter
pıhtı *a.* clot, coagulum
pıhtıçözer *a.* anticoagulant
pıhtıgöze *a. biy.* thrombocyte
pıhtılandırıcı *s.* coagulant
pıhtılanmak *e.* to coagulate
pıhtılaşma *a.* coagulation **pıhtılaşma noktası** flocculation point
pıhtılaşmak *e.* to clot, to coagulate, to congeal
pıhtılaştıran *s.* coagulant
pıhtılaştırıcı *s.* coagulating ¤ *a.* coagulant
pıhtılaştırıcı *s.* coagulative **pıhtılaştırıcı madde** coagulant
pıhtılaştırma *a.* coagulation **pıhtılaştırma sıvısı** coagulation liquid
pıhtılaştırmak *e.* to congeal, to coagulate
pılı pırtı *a.* junk *kon.*, traps; belongings **pılı pırtıyı toplayıp gitmek** to leave bag and baggage **pılıyı pırtıyı toplayıp**

gitmek to pull up stakes
pıltılaştırıcı *s.* thromboplastic
pınar *a.* spring *pınar suyu* spring water
pınarbaşı *a.* fountainhead
pır *a.* whirring, whizzing
pır pır *be.* whirring *pır pır etmek* to whir
pırasa *a, bitk.* leek
pırazvana *a.* tang
pırıl pırıl *be.* brightly, glitteringly ¤ *s.* bright, gleaming, glittering, glistening; spick-and-span, stainless, spotless; brand-new; perfect, brilliant, stainless
pırıldak *a.* blinker
pırıldamak *e.* to glitter, to gleam, to glisten, to sparkle
pırıltı *a.* glitter, gleam, sparkle
pırlak *a.* a decoy bird
pırlamak *e.* (kuş) to flutter; (insan) to take to one's heels
pırlangıç *a.* child's whirl
pırlanmak *e. yörs.* to try to fly, to flutter
pırlanta *a.* brilliant *pırlanta gibi* valuable, first-class, as a brilliant
pırna *a. arg.* raki
pırnal *a, bitk.* holm, oakholm, holly oak, ilex
pırnallık *a.* thicket of holm oak
pırpırı *a.* womanizer, skirt-chaser
pırpıt *s.* worn out, ragged
pırtı *a. kon.* trash, junk; (one's) belongings
pırtlak *s.* bulging, bulgy
pırtlamak *e.* to bulge (out), to protrude
pısırık *s.* shy, diffident
pısırıklık *a.* diffidence
pışpışlamak *e.* to lull a baby to sleep
pıt *ünl.* Drip!
pıt pıt *be. kon.* with a patter
pıtır pıtır *be. kon.* with a patter
pıtırdamak *e.* to patter, to crackle
pıtırdatmak *e.* to make (sth) patter
pıtırtı *a.* tapping, patter
pıtrak *a.* burr *pıtrağını çıkarmak* to bur
pi *a.* pi
pianissimo *be.* pianissimo
pibal *a.* pibal
piç *a.* bastard; brat *hkr.*; *bitk.* offshoot, sucker *piç kurusu* brat *hkr.*, little devil
piçleşmek *e. kon.* to turn into a ball-up
piçlik *a.* bastardy, illegitimacy
pide *a.* round and flat bread, pitta bread
pideci *a.* baker/seller of pita
piezoelektrik *s.* piezoelectric ¤ *a.* piezo-electricity *piezoelektrik filtre* piezo-

electric filter, quartz filter *piezoelektrik kristal* piezoelectric crystal *piezoelektrik pikap* piezoelectric pickup *piezoelektrik rezonatör* piezoelectric resonator
piezometre *a.* piezometer
piezometrik *a.* piezometric
Pigme *a, s.* Pygmy
pigme *a.* Pygmy
pigment *a.* pigment *pigment baskı* pigment print *pigment boyama* pigment dyeing *pigment boyarmadesi* pigment dyestuff
pigmentasyon *a, biy.* pigmentation
pigmentlemek *e.* to pigment
pijama *a.* pyjamas, pajamas *AI.*
pik[1] *a.* cast iron * font *pik demir* *a.* pig iron, cast iron
pik[2] *a, den.* gaff topsail
pik[3] *a, isk.* spades * maça
pikaj *a.* stripping
pikajcılık *a.* stripping
pikajci *a.* stripper
pikap *a.* record player; pick-up, small van, small truck *pikap iğnesi* stylus *pikap kafası* cartridge *pikap kolu* pickup arm, pickup *pikap platformu* turntable
pike[1] *a.* piqué, quilting
pike[2] *a.* nosedive *pike yapmak* to dive
piknik *a.* picnic *piknik yapmak* to picnic
piknometre *a, tek.* pycnometer, pyknometer, density bottle * yoğunluk şişesi
piknometri *a.* pycnometry
piknospor *a.* pycnospore
pikofarad *a.* picofarad
pikolin *a.* picoline
pikolo *a, müz.* piccolo
pikosaniye *a.* picosecond
pikral *a.* picral
pikrat *a.* picrate
pikrik asit *a.* picric acid
pikrik *s.* picric
pikrit *a.* picrite
pikrotoksin *a.* picrotoxin
piktograf *a.* pictograph
pil *a.* battery; cell; pile
pilaki *a.* cold white beans vinaigrette
pilastr *a, mim.* pilaster * gömme ayak
pilav *a.* rice, pilaf, pilaff
pilavlık *s.* suitable for making pilaf
pile *a.* pileus
piliç *a.* chicken, chick; *mec.* bird *İI./arg.*, crumpet *İI.*, chick *esk./arg.*, cracker

İl./kon./övg.
pilli *s.* battery-operated
pilokarpin *a.* pilocarpine
pilon *a.* pylon
pilor *a.* pylorus
pilot *a.* pilot **pilot alevi** pilot light **pilot balon** pilot balloon **pilot bant** pilot tape **pilot çalıştırma** pilot running **pilot elektrotu** pilot electrode **pilot hatası** pilot's error **pilot işletim** pilot running **pilot kabini** cabin **pilot kopya** pilot print **pilot lamba** pilot lamp **pilot mahalli** cockpit **pilot model** pilot model **pilot olmak** *mec.* to be as pissed as a newt **pilot paraşüt** pilot parachute **pilot raporu** pilot report **pilot sistem** pilot system **pilot taşıyıcı** pilot carrier **pilot tesis** pilot plant
pilotaj *a.* flying, piloting, pilotage
pilotluk *a.* piloting, flying
pim *a, tek.* pin **pim burcu** pin bushing **pim deliği** pin hole **pim yuvası** pin hole
pimelik *s.* pimelic
pimpirik *s.* old and decrepit
pinakolon *a.* pinacolone
pinakon *a.* pinacone
pineklemek *e.* to doze, to slumber
pinel *a.* dogvane
pinen *a.* pinene
pines *a, hayb.* pinna
pingpong *a.* table tennis, ping-pong * masatopu
pinit *a.* pinite
pinpon *a, kon.* geezer, codger, gaffer
pinter *a, tek.* fyke
pinti *s.* miserly, stingy *kon.*, tight *kon.*, tightfisted *kon.*, closefisted *kon.*, penny-pinching, niggardly, parsimonious *res.* ¤ *a.* miser, niggard, penny pincher *kon.*, Scrooge *hkr.*, cheapskate *Aİ./kon.*
pintileşmek *e.* to become stingy
pintilik *a.* miserliness, stinginess
pinyon *a.* pinion, conical gear **pinyon mili** pinion shaft
piperazin *a.* piperazine
piperidin *a.* piperidine
piperin *a.* piperine
pipet *a.* pipette
pipi *a. çoc.* penis
pipo *a.* (tobacco) pipe **pipo içmek** to smoke a pipe
pir *a.* patron saint, founder of an order

piramidal *s. mat.* pyramidal
piramit *a.* pyramid * ehram
piranometre *a.* pyranometer
pirazol *a.* pyrazole
pire *a.* flea **pire gibi** very agile **pire için yorgan yakmak** to cut off one's nose to spite one's face **pireyi deve yapmak** to make a mountain out of a molehill
pirekapan *a.* pyrethrum
pirelendirmek *e. kon.* to make (sb) suspicions
pirelenmek *e.* to be infested with fleas; to be suspicious and restless, to smell a rat
pireli *s.* infested with fleas, flea-bitten; *kon.* suspicious
piren *a.* pyrene
pireotu *a.* fleabane
pirgeometre *a.* pyrgeometer
piridin *a.* pyridine
piridoksin *a.* pyridoxine
pirimidin *a.* pyrimidine
pirinç[1] *a.* rice; *bitk.* rice plant **pirinç biti** rice weevil **pirinç kâğıdı** rice paper **pirinç tarlası** rice field **pirinç unu** ground rice, rice flour
pirinç[2] *a, metl.* brass **pirinç boru** brass pipe **pirinç kaplama** brass plating **pirinç kaynak** brazing **pirinç levha** brass plate **pirinç sac** sheet brass
pirit *a.* pyrite
piritli *s.* pyritic, pyritous
piritrin *a.* pyrethrin
pirofilit *a.* pyrophyllite
pirofosfat *a.* pyrophosphate
pirofosforik *s.* pyrophosphoric
pirogalik *s.* pyrogallic
pirogallik asit *a.* pyrogallic acid
pirogallol *a.* pyrogallol
pirogalol *a.* pyrogallic acid, pyrogallol
pirogravür *a.* pyrography
pirokatekol *a.* pyrocatechin, pyrocatechol
piroklor *a.* pyrochlore
piroksen *a.* pyroxene
piroksenit *a.* pyroxenite
piroksenli *s.* pyroxenic
pirolidin *a.* pyrrolidine
pirolitik *s.* pyrolytic
piroliz *a.* pyrolysis
piroluzit *a.* pyrolusite
pirometre *a.* pyrometer
pirometri *a.* pyrometry
piromorfit *a.* pyromorphite

piron *a.* pyrone
pirop *a.* pyrope
pirosfer *a. yerb.* pyrosphere
pirostat *a.* pyrostat
pirosülfat *a.* pyrosulfate
pirosülfürik *s.* pyrosulfuric
pirotekni *a.* pyrotechnics
piroteknik *s.* pyrotechnic ¤ *a.* pyrotechnics
piruet *a.* pirouette
piruhi *a. mutf.* piroshki, pirogen
pirüpak *s.* very clean, immaculate
pirzola *a.* lamb chops, chop, cutlet
pirzolalık *s.* suitable for cutting into chops
pis *s.* dirty, filthy, unclean, impure, foul, messy, scruffy *kon.*, grubby *kon.*; nasty, obnoxious, disgusting, offensive, sordid, squalid; foul, obscene ¤ *a.* scruff *kon.* **pis kokmak** to stink *kon.* **pis koku** stench, stink *kon.* **pis kokulu** fetid, smelly *kon.* **pis laf** smut *kon./hkr.* **pis pis bakmak** to leer (at) **pis pis gülmek** to grin, to chuckle **pisi pisine** for nothing, in vain
pisbıyık *a.* scraggly moustache
pisboğaz *s.* greedy, gluttonous, insatiable
pisen *a.* picene
piset *a.* washing bottle
pisi *a, çoc.* pussycat, pussy, kitty, puss
pisibalığı *a, hayb.* plaice
pisik *a.* cat
pisin *a.* swimming pool
pisipisi *a, çoc.* pussy, pussycat, kitty; puss
pisipisiotu *a. bitk.* wild barley
piskopos *a.* bishop ¤ *sg.* episcopal
piskoposhane *a.* bishop's residence
piskoposluk *a.* episcopacy; episcopate
pislemek *e.* to dirty, to soil
pislenmek *e.* to get dirty, to foul, to dirty
pisletmek *e.* to make dirty, to foul, to dirty, to contaminate, to muck sth up *kon.*
pislik *a.* dirt, filth, muck *kon.*; impurity; dirtiness, filthiness; obscenity; *kon.* dirty trick; nastiness; mess; excrement, faeces, muck, mess, shit *arg.* * dışkı, necaset
pislikarkı *a.* sewer system
pislikböceği *a.* sacred beetle
pisolit *a.* peastone
pissu *a.* sewage, slops, waste water **pissu borusu** drain, drainpipe, sewage pipe, waste pipe **pissu boşaltımı** sewage disposal **pissu sifonu** waste trap

pist[1] *ünl.* shoo!
pist[2] *a.* (yarış) track; (uçak) runway; dance-floor **pist aydınlatması** field lighting **pist ışığı** runway light
pistil *a. bitk.* pistil
pistilli *s.* pistillate
pistole *a.* spray gun
piston *a, tek.* piston; *mec.* string-pull **piston aralığı** piston clearance **piston başı** piston head **piston contası** piston packing **piston eteği** piston skirt **piston hacmi** piston displacement **piston hızı** piston speed **piston kafası** crosshead **piston kapağı** piston cover **piston kolu** piston rod **piston kursu** piston stroke **piston pimi** piston pin, gudgeon pin **piston segmanı** piston ring **piston stroku** piston stroke **piston supabı** piston valve **piston vuruntusu** piston knock **piston yatağı** piston bearing
pistonlu *s.* having a piston **pistonlu kompresör** piston compressor **pistonlu motor** piston engine **pistonlu pompa** piston pump
pisuar *a.* urinal
pişdar *a. ask.* vanguard, advance guard
pişeğen *s.* easy to cook
pişik *a.* nappy rash, heat rash, diaper rash *AI.*
pişim *a.* cooking, baking; firing
pişirme *a.* cooking; pan boiling, strike; kier boiling **pişirme çözeltisi** kier boiling liquor, kiering liquor, scouring liquor **pişirme haslığı** kier boiling fastness **pişirme istasyonu** boiling house **pişirme jiggeri** kier boiling jigger **pişirme kaybı** boiling-off loss, scouring loss **pişirme kazanı** pan, boiling tub, scouring boiler **pişirme lekesi** kier stain **pişirme maddesi** kiering agent **pişirme ocağı** baking oven **pişirme sıcaklığı** baking temperature **pişirme tesisi** kier boiling plant **pişirme yağı** kiering oil
pişirmek *e.* to cook; to irritate the skin; to mature, to ripen; *tek.* to fire
pişkin *s.* well-cooked, well-done; experienced, hardened, worldly-wise; brazen brazen-faced
pişkinlik *a.* being well-cooked; experience, maturity; sauce *kon.* **pişkinliği**

vurmak to brazen it out

pişman *s.* regretful, sorry, penitent, contrite, repentant **pişman etmek** to make sb feel sorry **pişman olmak** to repent, to feel sorry

pişmanlık *a.* regret, penitence, repentance, remorse, contrition, compunction **pişmanlık duymak** to repent, to rue *esk./res.*

pişmek *e.* to be cooked, to cook; to ripen, to mature; to become experienced; *tek.* to ` be fired; *mec.* to bake, to broil **pişmiş aşa su katmak** to upset the apple-cart **pişmiş kelle gibi** with a big green **pişmiş kelle gibi sırıtmak** to simper, to grin like a Cheshire cat

pişpirik *a.* a card game

pişti *a.* a card game

piştov *a. esk.* pistol

pita *a.* Spanish dagger fibre

pitman kolu *a.* drop arm

pito *a.* pitot **pito başlığı** pitot head

pitometre *a.* pitometer

piton *a, hayb.* python

pitoresk *s.* picturesque

pitsikato *a. müz.* pizzicato

piyade *a, ask.* foot soldier, infantryman; (satranç) pawn

piyan *a, hek.* yaws

piyanço *a. arg.* louse, bug, flea

piyango *a.* lottery; raffle **piyango bileti** lottery ticket **piyango çıkmak** to win a lottery

piyangocu *a.* lottery ticket seller

piyanist *a.* pianist

piyano *a.* piano **piyano çalmak** to play the piano **piyano resitali** piano recital

piyasa *a.* market **piyasa değeri** market value **piyasa fiyatı** market price **piyasada** on the market **piyasaya çıkarmak** to put on the market **piyasaya çıkmak** a) to come onto the market b) to show oneself, to appear **piyasaya sürmek** to put sth on the market **piyasayı boğmak** to glut the market

piyastos *a. arg.* catching, seizing

piyata *a.* plate, dish

piyaz *a.* haricot bean salad; *arg.* blarney *kon.*

piyazcı *a.* seller/maker of haricot bean salad; *arg.* flatterer

piyazcılık *a. arg.* flattery

piyazlamak *e. arg.* to flatter, to coax

piyes *a, tiy.* play * oyun

piyezometre *a.* piezometer

piyiz *a. arg.* raki

piyizlenmek *e, arg.* to booze *kon.*

piyogenez *a.* pyogenesis

piyogeni *a.* pyogenesis

piyogenik *s.* pyogenic

piyon *a.* (satranç) pawn * piyade; *mec.* tool, pawn

piyoniye *a.* pioneer

piyore *a, hek.* pyorrhoea, pyorrhea

pizolit *a. yerb.* pisolite

pizza *a.* pizza

pizzacı *a.* pizzeria, pizza parlour

plaçka *a.* loot, booty, spoil

plaçkacı *a.* looter, plunderer

plafoniye *a.* ceiling lamp, ceiling lighting fixture

plaj *a.* beach **plaj topu** beachball

plajiyoklaz *a. yerb.* plagioclase

plak *a, müz.* record, disc, disk *Aİ.* **plak kabı** sleeve, jacket *Aİ.*

plaka *a.* numberplate, license plate *Aİ.*; plaque, plate, tablet **plaka akımı** plate current **plaka devresi** plate circuit **plaka numarası** registration number **plaka voltajı** plate voltage

plakacı *a.* maker/seller of numberplates

plakaj *a.* cladding

plakalı *s.* having a numberplate

plakasız *s.* which has no numberplate

plakçalar *a.* record player * pikap

plaket *a.* plate, plaque

plan *a.* plan, scheme, project, design **plan kurmak** to plan **plan yapmak** to make a plan **planını çizmek** to plan

plancı *a.* planner

plancılık *a.* being a planner

plançete *a.* plane table

planet *a. gökb.* planet

planetaryum *a.* planetarium

planimetre *a.* planimeter

planimetri *a.* planimetry

planjon *a.* dive

plankton *a, hayb.* plankton

planlama *a.* planning **planlama bölümü** planning department **planlama mühendisi** planning engineer

planlamacı *a.* planner, town planner

planlamak *e.* to plan, to arrange, to map sth out

planlı *s.* planned

planör *a.* glider *planörle uçmak* to glide
planörcü *a.* person who operates a glider
planörcülük *a.* gliding, hang gliding
plansız *s.* without plans; unplanned
plantasyon *a.* plantation
planya *a.* planer *planya makinesi* planing machine *planya tezgâhı* planing machine
planyacı *a.* planer
planyalamak *e.* to plane
plasebo *a, hek.* placebo *plasebo etkisi* placebo effect
plasenta *a.* afterbirth, placenta
plaser *a.* placer *plaser madenciliği* placer mining
plasman *a. eko.* investment
plaster *a.* sticking-plaster, plaster, adhesive plaster
plastik *a, s.* plastic *plastik akış* plastic flow *plastik ameliyat* plastic surgery *plastik bronz* plastic bronze *plastik cerrahi* plastic surgery *plastik deformasyon* plastic deformation *plastik kil* plastic clay *plastik limit* plastic limit *plastik malzeme* plastic material *plastik patlayıcı* plastic explosive *plastik sanatlar* the plastic arts
plastikleştirici *a.* plasticizer
plastisite *a.* plasticity
plastisol *a.* plastisol
plastometre *a.* plastometer
plastron *a.* plastron
platerina *a. hayb.* sandsmelt
platform *a.* platform, rostrum
platika *a. hayb.* ruff
platin *a, kim.* platinum; *oto.* points *platin kaplamak* to platinum-plate *platin kontağı* platinum contact *platin siyahı* platinum black *platin sünger* platinum sponge *platin tel* platinum wire *platin ucu* platinum point
platinit *a.* platinite
platinlemek *e.* to platinate
platinli *s.* platiniferous, platinized, platinous
platinoit *a.* platinoid
plato *a, coğ.* plateau; *sin.* set *plato bazaltı* plateau basalt
Platon *a.* Plato
Platoncu *a. s. fel.* Platonist
Platonculuk *a.* Platonism
platonik *s.* platonic *platonik sevgi* platonic love

plazma *a, biy.* plasma, plasm *plazma frekansı* plasma frequency
plazmatik *s.* plasmatic
plazmodyum *a.* plasmodium
plazmogami *a.* plasmogamy
plebisit *a.* plebiscite
pleistosen *a. s. yerb.* Pleistocene
pleksiglas *a.* acrylic glass
pleokroizm *a.* pleochroism
plevra *a, anat.* pleura ·
plevral *s.* pleural
pleybek *a.* playback
pleyboy *a.* playboy
pleyof *a, sp.* play-off
pli *a.* pleat, fold *pli yapmak* to pleat
plili *s.* pleated
plise *s.* pleated ¤ *a.* plait, pleat *plise makinesi* pleating machine
pliye demiri *a.* bent-up bar
pliyosen *a. s. yerb.* Pliocene
plonje *a.* high-angle shot
plutokrasi *a.* plutocracy
plutokrat *s.* plutocrat
plutonyum *a, kim.* plutonium *plutonyum reaktörü* plutonium reactor
plüralist *a, s.* pluralist
plüralizm *a.* pluralism
plütokrasi *a.* plutocracy
Plüton *a, gökb.* Pluto
plütonik *s.* plutonic
plüvyograf *a.* pluviograph
plüvyometre *a.* pluviometer
pnömatik *s.* pneumatic *pnömatik bilgisayar* pneumatic computer *pnömatik fren* pneumatic brake *pnömatik kriko* pneumatic jack *pnömatik lastik* pneumatic tyre *pnömatik matkap* pneumatic drill *pnömatik pres* pneumatic press *pnömatik püskürtme* air injection *pnömatik ramble* pneumatic stowing *pnömatik regülatör* pneumatic governor *pnömatik separatör* pneumatic separator *pnömatik süspansiyon* air suspension *pnömatik şahmerdan* pneumatic rammer *pnömatik taşıyıcı* pneumatic conveyor *pnömatik vinç* pneumatic hoist *pnömatik yastık* air bag
pnömatoliz *a.* pneumatolysis
pnömokok *a.* pneumococcus
poca *a.* lee

pocalamak *e. den.* to bear away to leeward

podüsüet *a.* suede

podyum *a.* podium, dais

podzol *a.* podzol

podzollaşma *a.* podzolization

pofur pofur *be.* in great puffs

pofurdamak *e.* to puff, to snort

pofyos *s.* empty, worthless, rubbish

poğaça *a.* pastry with meat/cheese filling

pohpoh *a.* flattery

pohpohçu *a.* flatterer

pohpohlamak *e.* to flatter

poker *a.* poker

pokerci *a.* poker player

polar *s.* polar

polarimetre *a.* polarimeter

polarimetri *a.* polarimetry

polarimetrik *a.* polarimetric

polariskop *a.* polariscope

polarite *a.* polarity

polarizasyon   *a.*   polarization *polarizasyon açısı* angle of polarization *polarizasyon akımı* polarization current *polarizasyon filtresi* polarizing filter *polarizasyon hatası* polarization error

polarize *s.* polarized *polarize ışık* polarized light *polarize kondansatör* polarized capacitor *polarize olmayan* nonpolarized *polarize röle* polarized relay

polarizör *a.* polarizer

polarma *a.* polarization *polarma açısı* angle of polarization *polarma düzlemi* plane of polarization

polarmak *e.* to polarize

polarograf *a.* polarograph

polarografi *a.* polarography

polaroid *a.* polaroid

polarölçer *a.* polarimeter

Polca *a, s.* Polish

polder *a.* polder

polemik *a.* polemic, argument *polemiğe girmek* to enter into an argument (with sb)

polen *a.* pollen

polenli *s.* pollened, polliniferous

polensiz *s.* pollenless

polialkol *a.* polyalcohol

poliamin *a.* polyamine

poliamit *a.* polyamide

poliandri *a.* polyandry * çokkocalılık

poliasit *a. kim.* polyacid

polibazit *a.* polybasite

poliçe *a.* bill of exchange

polielekrolit *a.* polyelectrolite

poliester *a, bkz.* polyester

polieter *a.* polyether

polietilen *a.* polythene, polyethylene

polifoni *a.* polyphony

polifonik *s.* polyphonic

poligam *s.* polygamous

poligami *a.* polygamy * çokeşlilik

poligenetik *s.* polygenetic

poliglot *a.* polyglot

poligon *a.* polygon; *ask.* artillery range

poligonal *s.* polygonal

polihalit *a.* polyhalite

polikarbonat *a.* polycarbonate

poliklinik *a.* out-patients' clinic

polikondansasyon *a.* polycondensation * çoğulyoğuşma

polikristal *a.* polycrystal

polim *a. arg.* swagger, strut; lie

polimer *a.* polymer

polimeri *a.* polymerism

polimerik *s.* polymeric

polimerizasyon *a.* polymerization

polimerleşme *a.* polymerization

polimerleşmek *e. kim.* to polymerize

polimerleştirme *a.* polymerization

polimerleştirmek *e.* to polymerize

polimerlik *a. kim.* polymery

polimorf *s.* polymorphic

polimorfizm *a.* polymorphism

Polinezya *a.* Polynesia ¤ *s.* Polynesian

Polinezyalı *a, s.* Polynesian

polinozik *s.* polynosic *polinozik lif* polynosic fibre

poliolefin *a.* polyolefin *poliolefin lifi* polyolefine fibre

polip *a, hayb.* polyp; *hek.* polyp, polypus

polipeptit *a.* polypeptide

polipli *s.* polypous

polipropilen   *a.*   polypropylene *polipropilen lifi* polypropylene fibre

polis *a.* (the) police, the law *kon.*, the fuzz *arg.*; policeman, copper *kon.*, bobby *İİ./kon.*, cop *arg.*, bull *Aİ./arg.*, constabulary *polis baskını* raid *polis devleti* police state *hkr. polis memuru* constable, police constable *polis nezareti altında* under police observation *polis okulu öğrencisi* cadet

polisakkarit *a.* polysaccharide

polisiklik *s.* polycyclic

polisiye s. detective **polisiye film** detective film **polisiye roman** detective novel
polislik a. police duties
polistiren a. polystyrene
polisülfon a. polysulfone
polisülfür a. polysulphide
politeist a. polytheist
politeizm a. polytheism * çoktanrıcılık
politik s. political * siyasi, siyasal
politika a. politics; policy **politikaya atılmak** to go into politics
politikacı a. politician
politikacılık a. politics
poliüretan a. polyurethane
polivalan s, kim. polyvalent
polivinil a. polyvinyl
polivinilalkol a. polyvinyl alcohol
polivinilasetat a. polyvinyl acetate
poliviniliden a. polyvinylidene
polivinilidenklorür a. polyvinylidene chloride
polivinilklorür a. polyvinyl chloride
poliyester a. polyester
polka a. müz. polka
polo a, sp. polo
Polonez a. Pole ¤ s. Polish
polonez a. polonaise
Polonya a. Poland ¤ s. Polish
Polonyalı a. Pole, Polish ¤ s. Polish
polonyum a. polonium
polyester a. polyester **polyester lifi** polyester fibre
Pomak a. Pomak
pomak a. Pomak, Bulgarian Muslim
Pomakça a. s. Pomak
pomat a. pomade
pompa a. pump **pompa enjektörü** pump nozzle **pompa girişi** pump inlet **pompa istasyonu** pumping station **pompa kolu** pump handle **pompa pistonu** pump plunger **pompa supabı** pump valve
pompaj a. pumping
pompalama a. pumping **pompalama hareketi** pumping action **pompalama hızı** pumping speed **pompalama istasyonu** pumping station
pompalamak e. to pump
pompalı s. furnished with a pump
pompuruk s. arg. old (man)
ponje a, teks. pongee
ponksiyon a. hek. puncture, punction

ponor a. sinkhole
ponpon a. pompom; powder puff
ponton a. pontoon
ponza a. pumice
ponza(taşı) a. pumice
ponzalamak e. to pumice
pop a. pop kon. **pop konseri** pop concert **pop müzik** pop music **pop sanat** pop art **pop şarkıcısı** pop singer
popçu a. lover of pop music
poplin a. poplin
popo a, kon. buttocks, bottom, backside kon., behind kon., rump şak., posterior kon./şak., bum İİ./kon., butt Aİ./kon., rear ört. * kıç
popülarite a. popularity
popülasyon a. population
popüler s. popular **popüler olmak** to catch on (with sb)
popülerleştirmek e. to popularize
popülerlik a. popularity
popülist a. s. populist
popülizm a. populism
porfir a, yerb. porphyry
porfirik s. porphyritic **porfirik doku** porphyritic texture
porfirin a. porphyrin
porfirit a. porphyrite
porfiroblast a. porphyroblastic rock
porfiroit a. porphyroid
porfirsi s. porphyroid
porno a, kon. pornography, porn kon. **porno film** blue film, porno film, skinflick arg.
pornografi a. pornography, porn kon.
pornografik s. pornographic
porozimetre a. porosimeter
porozite a. porosity
porselen a. porcelain, china **porselen izolatör** porcelain insulator **porselen kili** porcelain clay
porselenci a. maker/seller of porcelain
porsiyon a. helping, portion, serving
porsuk a, hayb. badger
porsukağacı a, bitk. yew
porsumak e. to shrivel up, to wizen
porsun a. boatswain
port a, biliş. port
portakal a. orange **portakal bahçesi** orange grove **portakal çiçeği** orange blossom
portakallık a. orange grove
portakalrengi a, s. orange (colour)

portal *a.* portal

portatif *s.* portable, movable, collapsible **portatif alıcı** portable receiver **portatif kamera** portable camera **portatif makine** portable machine **portatif merdiven** stepladder

portbagaj *a.* roof rack, luggage rack

portbebe *a.* carrycot *İİ.*, portacrib *Aİ.*

porte *a., müz.* stave

Portekiz *a.* Portugal ¤ *s.* Portuguese

Portekizce *a, s.* Portuguese

Portekizli *a, s.* Portuguese

portföy *a.* wallet, purse

portik *a. mim.* portico

Portland *a.* inş Portland cement

portmanto *a.* coat hanger, coat stand, hat stand

portmone *a.* change purse, portemonnaie

porto *a.* port (wine)

Porto Riko *a.* Puerto Rico ¤ *s.* Puerto Rican

Porto Rikolu *a, s.* Puerto Rican

portolon *a, den.* chart

portör *a, hek.* contact, carrier

portre *a.* portrait **portre ressamı** portrait painter

portreci *a.* portraitist

posa *a.* dregs, dross, sediment, dregs **posasını çıkarmak** to squeeze almost to death

posbıyık *s.* having a bushy moustache

posbıyıklı *s.* having a bushy moustache

post *a.* skin, hide, pelt, fur, coat **post yünü** plucked wool, pelt wool, skin wool **postu deldirmek** to be shot, to be killed **postu kurtarmak** to save one's skin **postu sermek** to outstay one's welcome

posta *a.* post, mail *Aİ.*; postal service; mail coach, mail train, mail steamer; team, gang, crew; time * kez, defa, sefer; relay, shift * vardiya **posta arabası** stagecoach **posta çeki** postal cheque **posta damgası** postmark **posta güvercini** carrier pigeon, homing pigeon **posta havalesi** postal order, money order **posta kartı** postcard **posta kodu** postcode, postal code, Zip code *Aİ.* **posta koymak** to cow, to intimidate **posta kutusu** postbox *İİ.*, pillar-box *İİ.*, mailbox *Aİ.* **posta pulu** postage stamp **posta torbası** mailbag

posta treni mail train **posta uçağı** mail plane **posta ücreti** postage **posta vagonu** mail car **postaya atmak** to post *İİ.*, to mail *Aİ.* **postayla göndermek** to post, to mail **postayla** by post

postacı *a.* postman, postwoman, mailman *Aİ.* **postacı çantası** mailbag

postacılık *a.* being a postman/a postwoman

postal *a.* (army) boots

postalamak *e.* to post, to mail *Aİ.*; *arg.* to send away, to send off, to dismiss, to sack

postane *a.* post office **postane memuru** post office clerk **postane müdiresi** postmistress **postane müdürü** postmaster

poster *a.* poster

postiş *a.* switch

postlüt *a. müz.* postlude

postnişin *a.* head of a religious order

postrestant *a.* poste restante *İİ.*, general delivery *Aİ.*

postulat *a.* postulate

postülat *a.* postulate

posyon *a, hek.* potion

poşet *a.* nylon bag, carrier bag *İİ.* **poşet çay** teabag

poşu *a.* kerchief with silk tassels worn around the head

pot *a.* crease, pucker, wrinkle; *mec.* blunder, faux pas, gaffe, goof *kon.*, clanger *İİ./kon.* * gaf; jackpot **pot kırmak** to blunder, to drop a brick *kon.*, to drop a clanger *kon.*

pota *a, tek.* crucible, cupel; (basketbol) backboard **pota maşası** crucible tongs **pota ocağı** crucible furnace

potalı *s.* having a crucible **potalı fırın** crucible furnace

potamoloji *a.* potamology

potansiyel *a.* potential **potansiyel bobini** potential coil **potansiyel bölücü** potential divider **potansiyel düşüşü** potential drop **potansiyel enerji** potential energy **potansiyel engeli** potential barrier **potansiyel farkı** potential difference **potansiyel gradyanı** potential gradient **potansiyel katsayısı** potential coefficient **potansiyel kuyusu** potential well **potansiyel saçılma** potential scattering **potansiyel teknesi** potential trough

potansiyel zayıflatıcı potential attenuator

potansiyometre a. potentiometer

potansiyostatik s. potentiostatic

potantiyostat a. potentiostat

potas a. potash

potaslı s. containing potash **potaslı gübre** potash fertilizer

potasyum a, kim. potassium **potasyum klorür** potassium chloride **potasyum oksit** potassium oxide **potasyum sülfat** potassium sulphate

potin a. boot

potkopaç a. kirving

potlaç a. potlatch, potlach

potpuri a, müz. medley

potur a. jodhpurs

pound a. pound, pound sterling

poyra a. hub

poyraz a. northeaster, north-east wind

poyrazlamak e. to begin to blow from the northeast

poz a. pose; exposure **poz vermek** to pose for **poz yapmak** to affect

pozisyon a. position

pozitif a, s. positive * olumlu, müspet **pozitif baskı** positive printing **pozitif elektrik** positive electricity **pozitif elektron** positive electron **pozitif elektrot** positive electrode **pozitif emülsiyon** positive emulsion **pozitif geribesleme** positive feedback **pozitif görüntü** positive picture **pozitif ışın** positive ray **pozitif ızgara** positive grid **pozitif iyon** positive ion **pozitif kristal** positive crystal **pozitif kutup** positive pole **pozitif levha** positive plate **pozitif mercek** positive lens **pozitif olmayan** nonpositive **pozitif plaka** positive plate **pozitif sütun** positive column **pozitif tamsayı** positive integer

pozitivist a, s. positivist

pozitivizm a, fel. positivism * olguculuk

pozitron a. positron, positive electron

pozitronyum a. positronium

pozometre a. exposure meter, light meter

pöç a. anat. coccyx

pörç a, arg. queer, fairy, queen, fag

pörsük s. shrivelled, withered

pörsüklük a. being shrivelled, being withered

pörsümek e. to shrivel up, to wrinkle, to wither

pörtlek s. yörs. protruding (eyes)

pörtlemek e. yörs. (göz) to protrude

pösteki a. sheepskin, pelt **pösteki saydırmak** to make sb do a tiresome job **pöstekisini sermek** to beat sb all to pieces, to thrash

pötifur a. petti four

prafa a. a card game

pragmacı a. pragmatist ¤ s. pragmatic

pragmacılık a. pragmatism

pragmatik s. pragmatic

pragmatist a. pragmatist

pragmatizm a. pragmatism

pranga a. fetters, shackles, irons **prangaya vurmak** to shackle, to fetter, to clap sb in irons

praseodim a. kim. praseodymium

praseodimyum a. praseodymium

prasya a. brace

pratik s. practical, handy; applied ¤ a. application, practice; practical experience/skill/knowledge **pratik yapmak** to practise, to practice Aİ. **pratik zekâ** ingenuity **pratik zekâlı** ingenious

pratika a. den. pratique, bill of health

pratikleşmek e. to become practical

pratiklik a. practicality

pratisyen a. trainee **pratisyen hekim** practitioner

prefabrik(e) s. prefabricated * önüretimli **prefabrike ev** prefabricated house

prefabrikasyon a. prefabrication * önüretim

prehistorik s. prehistoric

prehistorya a. prehistory * tarihöncesi

prekambriyen a. s. Precambrian

prekast s. precast **prekast beton** precast concrete

prelüd a. prelude

prematüre s. premature **prematüre bebek** premature baby

prens a. prince **Prens Adaları** the Princes Islands

prenses a. princess

prenseslik a. being a princess; principality, principate

prensip a. principle * ilke

prensipsiz s. unprincipled

prenslik a. principality; princedom

preparasyon a. preparation

preparat a. preparation

pres a. press, pressing machine **pres bezi** press cloth

presbit *s.* long-sighted, far-sighted *Aİ.*, presbyopic
presbitlik *a, hek.* presbyopia
presbord *a.* pressboard
presçi *a.* press operator
prese *s.* pressed **prese çelik** pressed steel **prese tuğla** pressed brick
presesyon *a.* precession
presizyon *a.* precision
prespan *a.* pressboard, fishpaper
prespapye *a.* paperweight
prestij *a.* prestige
presto *be.* presto
presürstat *a.* pressurestat
presyon *a.* pressure
prevantoryum *a, hek.* preventorium
prez *a, arg.* a pinch of heroin
prezantabl *s.* presentable
prezantasyon *a.* presentation
prezante etmek *e.* to introduce (sb to)
prezervatif *a.* condom, sheath, rubber *Aİ.*, prophylactic * kaput
prifiks *a. tic.* fixed price
prim *a.* premium; bonus; bounty **prim yapmak** to appreciate in value
primadonna *a.* prima donna, diva
primat *a.* primate
primer *s.* primary **primer akım** primary current **primer alkol** primary alcohol **primer bobin** primary coil **primer devre** primary circuit **primer faz** primary phase **primer gerilim** primary voltage **primer iyonizasyon** primary ionization **primer pil** primary cell **primer radar** primary radar **primer radyasyon** primary radiation **primer sargı** primary winding
primitif *s.* primitive
primitivist *a.* primitivist
primitivizm *a.* primitivism
primordiyal *s.* primordial
primordiyum *a.* primordium
printer *a.* printer
priz *a.* socket; drive; (çimento) setting **priz adaptörü** socket adapter **priz direkt** direct drive **prizden çekmek** to unplug
prizli *s.* having a socket **prizli direnç** tapped resistor **prizli transformatör** tapped transformer
prizma *a.* prism * biçme
prizmatik *s.* prismatic
prizmatoid *a.* prismatoid
prizmoid *a.* prismoid

probabilizm *a, fel.* probabilism * olasıcılık
problem *a.* problem
problematik *s.* problematic, problematical * sorunsal
problemli *s.* having a problem, having many problems **problemli çocuk** problem child
prodüksiyon *a.* production * yapım
prodüktivite *a.* productivity * üretkenlik
prodüktör *a.* producer * yapımcı; üretici
proenzim *a.* proenzyme
prof *a, kon.* prof *kon.*, professor
profaz *a, biy.* prophase
profesör *a.* professor, prof *kon.*
profesörlük *a.* professorship
profesyonel *s.* professional, pro
profesyonelleşmek *e.* to become a professional, to professionalize
profesyonellik *a.* professionalism
profil *a.* profile **profil demiri** structural shape **profil kâğıdı** profile paper **profil kesit** transverse section **profilini yapmak** to profile
profilaksi *a, hek.* prophylaxis
profilaktik *s.* prophylactic
profiterol *a.* profiterole
proforma *s.* pro forma **proforma fatura** pro forma invoice
progesteron *a.* progesterone
prognoz *a, hek.* prognosis
program *a.* programme, program *Aİ.* * izlence **program adımı** program step **program akış diyagramı** program flowchart **program bağdaşırlığı** program compatibility **program bandı** program tape **program belgelemesi** program documentation **program belirtimi** program specification **program belleği** program storage **program bindirmesi** program overlay **program birimi** program unit **program bölümlemesi** program segmentation **program çiftleri** suite of programs **program değişimi** program modification **program değiştirme** program modification **program deneme** program testing **program denetçisi** program controller **program denetimi** program check, program control **program denetleyicisi** program controller **program derleme** program compilation **program dili** program language **program düzeltme** program debugging **program düzeyi**

program level **program eşleri** suite of programs **program geliştirme** program development **program gerçeklemesi** program verification **program hatası** program error **program kartları** program cards **program kesimlemesi** program segmentation **program kitaplığı** program library **program komutu** program instruction **program modülü** program module **program parametresi** program parameter **program sağlaması** program checkout **program sayacı** program counter **program sıralayıcı** program sequencer **program sistemi** program system **program tasarımı** program design **program tekerleği** star wheel **program testi** program test **program uyarlığı** program compatibility **program üreteci** program generator **program yazmacı** program register

programcı a, biliş. programmer, programer Aİ.

programcılık a, biliş. software engineering

programlama a. programming **programlama desteği** programming support **programlama dili** programming language **programlama esnekliği** programming flexibility **programlama sistemi** programming system

programlamak e. to programme, to program Aİ.

programlanabilir s. programmable **programlanabilir aygıt** programmable device **programlanabilir bellek** programmable memory

programlanır s, biliş. programmable **programlanır bellek** biliş. programmable memory **programlanır fonksiyon tuşu** biliş. programmable function key **programlanır mantık dizisi** biliş. programmable logic array

programlı s. programmed, systematical **programlı bakım** scheduled maintenance **programlı denetim** programmed check **programlı komut** programmed instruction **programlı mantık** programmed logic **programlı uçuş** scheduled flight

programsız s. unsystematic; unmethodical

proje a. project; plan; design; scheme, design **proje bürosu** design office **proje paftası** design sheet **proje yapmak** to design **proje yükü** design load

projeksiyon a. projection **projeksiyon ekranı** projection screen **projeksiyon kabinesi** projection booth **projeksiyon kaynağı** projection welding **projeksiyon lambası** projection lamp **projeksiyon merceği** projection lens **projeksiyon mesafesi** projection distance **projeksiyon odası** projection room **projeksiyon penceresi** projection port **projeksiyon süresi** running time **projeksiyon televizyonu** projection television

projektif s. projective **projektif geometri** projective geometry **projektif uzay** projective space

projektör a. projector; searchlight; floodlight **projektörle aydınlatmak** to floodlight

projelendirmek e. to project, to design

prokain a. procaine

prolaktin a. prolactin

prolamin a. prolamine

prolan a. prolan

proletarya a. the proletariat

proleter a, s. proletarian * emekçi

proleterleşmek e. to proletarianize

prolin a. proline

prolog a. prologue, prolog Aİ.

prolüsit a. pyrolusite

prometyum a, kim. promethium

promosyon a. promotion

proötektik s, metl. proeutectic

proötektoid a. proeutectoid

propaganda a. propaganda **propaganda yapmak** to propagandize

propagandacı a. propagandist

propagandacılık a. propagandism

propan a. propane

propanal a. propanal

propanol a. propanol

propanon a. propanone

propen a. propene

propenal a. acrolein

propenil a. propenyl

propil a. propyl

propilen a. propylene

propilik s. propylic

propilit a. propylite

prosedür *a.* procedure
proses *a.* process
prosodi *a.* prosody
prospektüs *a.* prospectus
prostat *a.* prostate, prostate gland
prostela *a.* apron * önlük
prostetik küme *a, kim.* prosthetic group
prostil *a.* prostyle
protaktinyum *a.* protactinium
protamin *a.* protamine
proteaz *a.* protease
protein *a.* protein **protein lifleri** protein fibres
proteinaz *a.* proteinase
proteinli *s.* proteinaceous
protektora *a.* protectorate
proteoz *a.* proteose
Protestan *a, s.* Protestant
Protestanlık *a.* Protestantism
protesto *a.* protesting; protest **protesto çekmek** to make a formal protest **protesto etmek** to protest **protesto mitingi** indignation meeting
protestocu *a.* protester, protestor
protez *a.* prosthesis
protezci *a.* maker/seller of prostheses
protofilik *s.* protophilic
protofit *a.* protophyte
protojenik *s.* protogenic
protojin *a. yerb.* protogine
protokateşik asit *a, kim.* protocatechuic acid
protokol *a.* protocol
proton *a, kim.* proton **proton mikroskobu** proton microscope **proton rezonansı** proton resonance **proton sayısı** proton number
protonema *a. bitk.* protonema
protonsuz *s.* aprotic
protoplazma *a, biy.* protoplasm
protoporfirin *a.* protoporphyrin
prototip *a.* prototype
protrombin *a.* prothrombin
prova *a.* rehearsal; (giysi) fitting; proof **prova etmek** a) to rehearse b) to try sth on **prova okumak** to proofread
provizyon *a.* provision
provokasyon *a.* provocation * kışkırtma
provokatör *a.* agent provocateur * kışkırtıcı
prömiyer *a.* premiere, premiere performance
prunello *a.* prunella

prusiat *a.* prussiate
prusik asit *a.* prussic acid, hyrocyanic acid * hidrosiyanik asit
Prusya *a.* Prussia ¤ *s.* Prussian
Prusyalı *a, s.* Prussian
pruva *a, den.* bow, prow, head **pruva direği** foremast **pruva rüzgârı** head wind **pruva yelkeni** foresail
psikanalist *a.* psychoanalyst, analyst *Aİ.*
psikanalitik *s.* psychoanalytic(al)
psikanaliz *a.* psychoanalysis **psikanaliz tedavisi uygulamak** to psychoanalyse, to analyse **psikanaliz yapmak** to psychoanalyze
psikanalizci *a.* psychoanalyst
psikasteni *a.* psychasthenia
psikiyatr *a.* psychiatrist, headshrinker *arg.*, shrink *Aİ./arg.*
psikiyatri *a.* psychiatry **psikiyatri uzmanı** psychiatrist
psikiyatrist *a.* psychiatrist
psikobiyoloji *a.* psychobiology
psikolengüistik *a.* psycholinguistics ¤ *s.* psycholinguistic
psikolog *a.* psychologist * ruhbilimci
psikoloji *a.* psychology * ruhbilim
psikolojik *a.* psychological * ruhbilimsel, ruhsal **psikolojik savaş** pyschological warfare
psikolojizm *a.* psychologism
psikometri *a.* psychometry
psikopat *a.* psychopath ¤ *s.* psychopathic
psikopati *a.* psychopathy
psikopatoloji *a.* psychopathology
psikopatolojik *s.* psychopathologic
psikosomatik *s.* psychosomatic
psikoterapi *a.* psychotherapy
psikoterapist *a.* psychotherapist
psikoz *a.* psychosis
psikrometre *a.* psychrometer
psikrometri *a.* psychrometry
psişik *s.* psychical, psychic
psödoperiyot *a.* pseudoperiod
puan *a.* point **puan almak** to score **puan kazanmak** to score a point **puan vermek** to give points **puan yapmak** to knock up
puanlamak *e.* to mark, to give points, to grade (a test)
puanlı *a.* dappled
puansız *s.* pointless
puanter *a.* pointer
puantiye *s.* (cloth) dotted

puantiyizm a. pointillism, pointillage
puantör a. time clock
puding a. pudding, pud kon.
pudra a. powder, face powder *pudra kutusu* compact *pudra ponponu* powder puff *pudra sürmek* to put powder on
pudralamak e. to powder
pudralık a. compact, powder compact * pudriyer
pudraşeker a. powdered sugar, icing sugar, castor sugar
pudriyer a. compact, powder compact * pudralık
puf a. pouffe, pouf, pouff
pufböreği a. meat/cheese pastry
pufla a, hayb. eider *pufla gibi* very soft and puffed out *pufla yorgan* eiderdown
puflamak e. to puff
puhu a, hayb. eagle owl
pul a. stamp; (balık, yılan) scale; spangle, sequin * payet; (oyunda) piece *pul kanatlılar* bkz. pulkanatlılar *pul koleksiyonculuğu* philately *pul koleksiyoncusu* stamp collector, philatelist *pul pul* in scales *pul pul dökülmek* to flake off *pullarını ayıklamak* to scale
pulat a. steel
pulcu a. stamp collector, philatelist
pulcuk a. lodicule
pulculuk a. stamp collecting, philately
pulkanatlı s. lepidopterous
pulkanatlılar a, hayb. Lepidoptera
pullamak e. to put a stamp on (sth)
pullanma a. exfoliation
pullu s. stamped; scaly; spangled
pulluk a. plough, plow Aİ. *pulluk demiri* plowshare *pulluk oku* plough-beam
pulluluk a. squamation
pulman koltuk a. seat with an adjustable back
puls a. pulse *puls amplifikatörü* pulse amplifier *puls modülasyonu* pulse modulation *puls modülatörü* pulse modulator
pulsar a. pulsar
pulsometre a. pulsometer
pulsu s. flaky *pulsu grafit* flake graphite
pulsuz s. without stamps; without scales
puluç s. (sexually) impotent
puluçluk a. (sexual) impotence
puma a, hayb. puma, cougar, mountain lion
punç a. punch
punt a. appropriate time *punduna getirmek* to find a suitable opportunity
punta a. centre İl., center Aİ. *punta deliği* centre hole *punta mastarı* centre gauge *punta matkabı* centre bit
puntal a. stanchion *puntal pabucu* stanchion socket
puntalama a. centring
puntasız s. centreless *puntasız taşlama* centreless grinding
punto a. point, type size
pupa[1] a, den. stern; den. poop deck, poop ¤ be, den. astern, from the rear *pupa rüzgârı* den. tail wind *pupa yelken* full sail *pupa yelken gitmek* to go in full sail
pupa[2] a, hayb. pupa
pupalaşma a. pupation
pupalaşmak e. to pupate
purin a. purine
purinçina a. bush
puro a. cigar
pus s. mist, haze, slight fog *pus tabakası* mist layer
pusarık s. misty, hazy
pusarmak e. to get misty
pusat a. tool, equipment * araç; weapon
pusatlanmak e. to be armed; to become equipped
pusatlı s. armed; equipped
puset a. pushchair İl., stroller Aİ.
puslanmak e. to become misty, to get cloudy
puslu s. misty, hazy
pusmak e. to shrink
pusu a. ambush *pusu kurmak* to lay an ambush *pusuda beklemek* to wait in ambush *pusuya düşürmek* to trap, to ambush *pusuya yatmak* to lie in ambush, to be in ambush, to lie in wait, to lurk
pusucu a. ambusher, bushwhacker
pusula[1] a. compass *pusula dolabı* binnacle *pusula hatası* compass error *pusula ibresi* compass needle *pusula iğnesi* compass needle *pusula kartı* compass card *pusula kerterizi* compass bearing *pusulayı şaşırmak* to lose one's bearings, to lose one's head
pusula[2] a. note, memorandum, bill
puşt a, arg. catamite, fairy, queen; mec.

bastard *arg.*, son of a bitch *kab.*, cunt *kab.*

puştluk *a, arg.* fickleness, untrustworthiness **puştluk yapmak** *arg.* to fuck sb over

put[1] *a.* idol, god, fetish * sanem, fetiş, tapıncak; the cross * haç **put gibi** as still as a statue **put gibi durmak** to stand as still as a statue **put kesilmek** to be petrified

put[1] *a.* twisted silk tread

putlaşmak *e.* to be idolized

putlaştırmak *e.* to idolize

putperest *a.* idolater, heathen

putperestlik *a.* idolatry

putrel *a.* iron beam, beam, I-beam

putresin *a.* putrescine

puzolan *a.* pozz(u)olana **puzolan çimentosu** pozzolanic cement

püf *ünl.* puff **püf desen uçacak** skinny *kon.*, scrawny *hkr.* **püf noktası** the weak spot (of sth) **püf püf** *arg.* hashish, grass

püfkürmek *e.* to sprinkle by blowing

püflemek *e.* to blow upon, to blow out, to puff

püfür püfür *be.* pleasantly and coolingly **püfür püfür esmek** to blow gently, to breeze

pülverizasyon *a.* pulverizing

pülverizatör *a.* sprayer, atomizer

pünez *a.* drawing pin *İİ.*, thumbtack *Aİ.*

pür *s, esk.* full (of) **pür hiddet** full of fury

pürahenk *s.* very harmonious ¤ *be.* very harmoniously

pürazamet *s.* very grand ¤ *be.* very grandly

pürçek *a.* lock, curl

pürçeklenmek *e. yörs.* to become curly

pürçekli *s.* curly-headed

pürçüklü *a.* carrot

püre *a.* purée, puree **püre haline getirmek** to purée **püre yapmak** to purée, to mash

pürgatif *a, s.* purgative

pürhiddet *s.* fury, irascible

pürin *a.* purine

püriten *a.* puritan

Püriten *a.* Puritan

püriten *a.* puritan

pürjör *a, tek.* air relief cock `

pürmüs lambası *a.* blowlamp, blowtorch

pürmüz *a.* blowtorch **pürmüz lambası** blowtorch

pürneşe *s.* joyful, merry ¤ *be.* joyfully

pürtelaş *be.* in haste and agitation

pürtük *a.* knob, slight protuberance **pürtük pürtük** full of knobs, knobby

pürtüklendirmek *e.* to lenticulate

pürtüklenmek *e.* to become knobby/rough

pürtüklü *s.* full of knobs, knobbly, rough

pürümit *s.* very hopeful ¤ *be.* very hopefully

pürüz *a.* roughness, unevenness; hitch, difficulty, problem

pürüzalır *a.* reamer

pürüzlendirmek *e.* to roughen

pürüzlenmek *e.* to roughen

pürüzlü *s.* rough, rugged, uneven; difficult, knotty **pürüzlü yüzey** rough surface

pürüzlülük *a.* roughness

pürüzsüz *s.* smooth, even; without a hitch

püskül *a.* tassel, tuft

püsküllenme *a.* penicillation

püsküllü *s.* tasseled **püsküllü bela** a great nuisance

püskülotu *a.* spiderwort

püskürgeç *a.* sprayer, atomizer

püskürme *a.* eruption; ejection ¤ *s.* scattered about, splashed **püskürme boya** spray paint **püskürme memesi** injection nozzle

püskürmek *e.* to blow out liquid from one's mouth; (yanardağ) to erupt

püskürteç *a.* atomizer, sprayer, spray gun

püskürtme *a.* spraying; injection; repelling **püskürtme aleti** spray **püskürtme borusu** injection pipe **püskürtme boya** spray paint **püskürtme harç** gunite **püskürtme kulesi** spray tower **püskürtme makinesi** spraying machine **püskürtme memesi** spray nozzle, jet orifice **püskürtme pompası** fuel injection pump **püskürtme tabancası** spray gun

püskürtmek *e.* to spray, to belch; to repulse, to repel, to fight sb/sth off

püskürtmeli *s.* involving pulverization/spraying **püskürtmeli apre** spray finish **püskürtmeli baskı** spray printing **püskürtmeli boyama** spray dyeing **püskürtmeli buharlayıcı** jet ager **püskürtmeli karbüratör** injection carburettor **püskürtmeli kondansatör** jet condenser **püskürtmeli kondansör** injection condenser **püskürtmeli örtme** spray coating **püskürtmeli sertleştirme** shot peening **püskürtmeli suverme** spray quenching **püskürtmeli temizleme** spray cleaning

püskürtü *a, yerb.* lava

püskürtücü *a.* pulverizer, sprayer

püskürük *s.* extrusive **püskürük kaya** igneous rock **püskürük kayaç** eruptive rock

püstül *a.* pustule

püsür *a.* filth, rubbish; pain in the neck, headache

pütür *a.* knob, slight protuberance **pütür pütür** a) full of small protuberances, rough b) chapped, cracked

pütürlendirmek *e.* to chap (skin); to make (sth) become full of small protuberances

pütürlenmek *e.* to chap; to become full of small protuberances

pütürlü *s.* rough, shaggy; chapped, cracked

pütürsüz *s.* smooth, not rough

R

R, r *a.* the twenty-first letter of the Turkish alphabet

Rab *a.* God

rabbani *s.* divine, godly

Rabbi *ünl.* My God!

rabıta *a.* tie, bond; relation; order, system, method

rabıtalı *s.* orderly, well-conducted; level-headed (person); coherent, consistent

rabıtasız *s.* disorderly, untidy; incoherent

raca *a.* rajah, raja

raci *s.* belonging, concerning

racon *a, arg.* way, method, procedure; showing off, swagger **racon kesmek** *arg.* to show off, to swagger

radansa *a.* cringle, thimble

radar *a.* radar **radar ekranı** radar scope **radar farı** radar beacon **radar görüntüsü** radar image **radar menzili** radar range **radar yankısı** radar echo

radarcı *a.* radar operator; *arg.* informer, mole

radarcılık *a.* being a radar operator

radde *a.* degree, point

radika *a. bitk.* dandelion

radikal *s, a.* radical * köktenci

radikalist *a.* radical

radikalizm *a.* radicalism * köktenci

radikal-sosyalist *a.* radical-socialist

radikal-sosyalizm *a.* radical-socialism

radom *a.* radome

radon *a.* radon

radyal *s.* radial **radyal basınç** radial pressure **radyal dağılım** radial distribution **radyal dingil** radial axle **radyal kapak** radial gate **radyal kompresör** radial compressor **radyal lastik** radial, radial tyre **radyal matkap** radial drilling machine **radyal motor** radial engine **radyal sapma** radial deviation **radyal türbin** radial flow turbine **radyal vana** radial valve

radyan *a.* radian

radyasyon *a, fiz.* radiation * ışınım **radyasyon açısı** angle of radiation **radyasyon akısı** radiation flux **radyasyon alıcısı** radiation receiver **radyasyon amortismanı** radiation damping **radyasyon basıncı** radiation pressure **radyasyon dengesi** radiative equilibrium **radyasyon detektörü** radiation detector **radyasyon direnci** radiation resistance **radyasyon empedansı** radiation impedance **radyasyon kapanı** radiation trap **radyasyon kaybı** radiation loss **radyasyon kaynağı** radiation source **radyasyon pirometresi** radiation pyrometer **radyasyon potansiyeli** radiation potential **radyasyon sayacı** radiation counter **radyasyon sıcaklığı** radiation temperature **radyasyon şiddeti** intensity of radiation **radyasyon uzunluğu** radiation length **radyasyon zararı** radiation damage

radyatör *a.* radiator **radyatör borusu** radiator tube **radyatör boşaltmak** *arg.* to urinate **radyatör deposu** radiator tank **radyatör hortumu** radiator hose **radyatör kapağı** filler cap **radyatör kaportası** radiator cowl **radyatör mesnedi** radiator bracket **radyatör panjuru** radiator shutter **radyatör peteği** radiator core **radyatör suportu** radiator stay **radyatör termostatı** radiator thermostat

moluminescence

radyotoryum *a.* radiothorium

radyoyıldız *a.* radio star

radyum *a, kim.* radium

radyus *a.* radius

raf *a.* shelf **raf ömrü** shelf life **rafa koymak/kaldırmak** a) to shelve b) *mec.* to shelve, to postpone

rafadan *s.* soft-boiled **rafadan yumurta** soft-boiled egg

rafinaj *a.* refining

rafine *s.* refined **rafine etmek** to refine **rafine şeker** white refined sugar, white sugar **rafine tuz** boiled salt

rafineri *a.* refinery, oil refinery * arıtımevi, tasfiyehane **rafineri atığı** refinery waste **rafineri kleresi** raw sugar liquor **rafineri melası** refinery molasses

rafinman *a.* refinement

rafinoz *a.* raffinose

rafit *a.* raphide

rafting *a. sp.* rafting

rafya *a.* raffia, raphia; *bitk.* raffia, raffia palm

ragbi *a.* Rugby, Rugby football

rağbet *a.* demand; popularity **rağbet etmek** to demand, to like **rağbet görmek** to be in demand **rağbette** in demand **rağbetten düşmek** to be no longer in demand

rağbetli *s.* in demand

rağbetsiz *s.* not in demand, undesirous

rağbetsizlik *a.* lack of demand

rağmen *ilg.* in spite of, despite, in the face of, for all, notwithstanding *res.* ¤ *bağ.* although, though, tho'

rahat *a.* peace, calm; comfort, ease ¤ *s.* comfortable, comfy *kon.*; peaceful; relieved; free and easy; (iş) cushy, easy ¤ *be.* easily ¤ *ünl, ask.* at ease! **rahat bırakmak** to leave sb in peace **rahat bırakmamak** to bother, to pester, to badger, to harass, to persecute **rahat durmak** to behave oneself **rahat etmek** a) to be at ease b) to make oneself comfortable **rahat rahat** easily **rahat vermemek** to bother, to pester, to badger, to harass, to persecute **rahat yüzü görmemek** to have no peace **rahatına bakmak** a) to look after one's own comfort b) to make oneself at home

rahatça *be.* comfortably; easily, smoothly

rahatlamak *e.* to become comfortable; to feel relieved; to relax, to rest; to calm down

rahatlanmak *e.* to feel relieved; to calm down

rahatlatıcı *s.* soothing, calming

rahatlatmak *e.* to relieve, to reassure, to relax, to lighten, to pacify, to set sb's mind at rest

rahatlık *a.* comfort, ease, quiet

rahatlıkla *be.* easily

rahatsız *s.* uncomfortable; anxious, uneasy; (hafif hasta) unwell, indisposed, poorly *kon.*, funny *kon.*, rough *kon.*. **rahatsız etmek** to disturb, to bother, to annoy, to pester, to fuss, to worry, to trouble, to put sb out, to agitate, to perturb *res.* b) to intrude **rahatsız olmak** a) to be disturbed b) to feel under the weather * keyifsiz olmak **Rahatsız olmayın** Don't trouble yourself

rahatsızlanmak *e.* to become ill, to fall ill

rahatsızlık *a.* discomfort, inconvenience, uneasiness, disturbance; ailment, trouble, indisposition, complaint; bother **rahatsızlık vermek** to disturb, to bother

rahibe *a.* nun **rahibe manastırı** nunnery, convent

rahibelik *a.* being a nun, nunhood

rahim[1] *a, anat.* uterus, womb * dölyatağı **rahim boynu** cervex

rahim[2] *s.* merciful, gracious

rahip *a.* monk, priest, clergyman

rahiplik *a.* monkhood; priesthood

rahle *a.* bookrest, reading desk

rahmani *s.* divine

rahmet *a.* God's mercy and grace; *mec.* rain

rahmetli *s.* deceased, late, departed *res./ört.* ¤ *a.* the deceased, the late **rahmetli olmak** to die, to pass away

rahne *a. esk.* rent, breach; crack, fissure

rahvan *a.* amble **rahvan gitmek** to amble

rak *a, müz.* rock, rock music

rakam *a.* number, figure, numeral, digit

rakamlı *s.* having an altitude of ...

raket *a, sp.* racket, racquet; bat

rakı *a.* (Turkish) rakı

rakıcı *s.* maker/seller of raki; someone who likes raki

rakım *a.* altitude, elevation * yükselti

rakınrol *a, müz.* rock and roll, rock 'n' roll

rakik *s. esk.* thin, fine; slender, delicate; frail, flimsy

rakip *a.* rival, competitor, antagonist, opponent, adversary

rakipsiz *s.* unrivalled, unrivaled, peerless

rakit *s.* stagnant, still

rakkas *a.* pendulum * sarkaç, pandül; male dancer *rakkas silindir/vals* dancing roller, dancer roller

rakkase *a.* belly dancer

rakle *a.* scraping knife, stripping knife, doctor knife, doctor scraper *rakle bıçağı* doctor blade, doctor knife *rakle izi* doctor streak *rakleyle apre* coating finish

rakor *a.* coupling, union, bush

rakordman *a.* transition curve

rakorlu *s.* with a union *rakorlu dirsek* union bend, union elbow

raks *a.* dance

raksetmek *e.* to dance

rakun *a.* raccoon *İİ.*, coon *Aİ./kon.*

ralanti *a, bkz.* rölanti

rali *a.* rally

ralli *a.* rally

ram *a, teks.* tentre, stenter * germe-kurutma makinesi

ramazan *a.* Ramadan, Ramadhan

ramazanlık *s.* reserved for Ramadan

ramble *a.* packing, stowing

rami *a.* ramie *rami lifi* ramie fibre

ramnoz *a.* rhamnose

ramp *a. tiy.* proscenium, apron

rampa *a.* ramp, access ramp, gradient, upgrade; loading ramp *rampa gerilimi* ramp voltage

rampalamak *e. den.* to board; *arg.* to come uninvited

randa *a, den.* spanker

randevu *a.* appointment, engagement, rendezvous, date *kon. randevu almak* to get an appointment (from/with) *randevu vermek* to make an appointment (with sb) *randevusu olmak* to have an appointment (with sb) *randevusuna gitmek* to keep an appointment *randevusuna gitmemek* to break an appointment

randevucu *a.* keeper of a brothel

randevuevi *a.* clandestine brothel

randıman *a.* output, yield, production, profit, efficiency *randıman eğrisi* yield curve

randımanlı *s.* productive; profitable

randımansız *s.* unproductive; unprofitable

rant *a.* unearned income

rantabilite *a.* profitability

rantabl *s.* profitable

rantiye *a.* rentier

ranza *a.* berth, bunk, bunk bed

rap rap *be.* tramplignly

rapor[1] *a.* report *rapor üreteci* report generator *rapor üretimi* report generation *rapor vermek* to make a report *rapor yazmak* to draw up a report

rapor[2] *a, teks.* repeat

raporcu *a.* reporter

raporlu *s.* on sick leave

raportör *a.* reporter

rappadak *be.* suddenly, unexpectedly

rapsodi *a, müz.* rhapsody

rapt *a. esk.* connecting, fastening, binding, attaching

raptetmek *e.* to tie, to connect, to fasten, to attach

raptiye *a.* drawing pin *İİ.*, thumbtack *Aİ.*

raptiyelemek *e.* to fasten with a drawing pin

rasat *a.* observation * gözlem

rasathane *a.* observatory * gözlemevi, observatuvar

rasemik *s.* racemic

rasgele *be.* at random, haphazardly, anyhow; by chance, accidentally ¤ *s.* random, indiscriminate ¤ *ünl.* Good luck! *rasgele arıza* random failure *rasgele değişken* random variable *rasgele erişim* random access *rasgele erişimli bellek* random-access memory *rasgele gürültü* random noise *rasgele işlem* random processing *rasgele konumlama* random positioning *rasgele örnek* random sample *rasgele parazit* random noise *rasgele prob* random probe *rasgele yanılgı* random error

rasgeleleştirme *a.* randomization

rasgelelik *a.* randomness

rasit *a. esk.* observer

raspa *a.* scraper, rasp * kazıyıcı *raspa etmek* to scrape, to rasp

raspacı *a.* scraper; *arg.* glutton, pig

raspalamak *e.* to scrape, to rasp

rast *s, esk.* straight; right, correct ¤ *a.* coincidence, encounter; hitting the target *rast gelmek* a) to meet by chance, to

run into b) to hit the mark/target c) to find **rast getirmek** a) to cause to hit the mark b) to choose the right time, to watch for the best time c) to succeed in meeting ç) (God) to allow to succeed **rast gitmek** to go well, to succeed
raster a. raster
rastık a. kohl; smut
rastıklı s. smutty
rastlamak e. to meet, to come across sb/sth, to run across sb/sth, to run into sb, to encounter, to bump into sb kon., to rub up against sb kon., to come on/upon sb/sth, to stumble across/on sb/sth, to chance on sb/sth res.; to coincide, to happen at the same time
rastlantı a. coincidence, accident * tesadüf **rastlantı değişkeni** variate **rastlantı deneyleri** random experiments **rastlantı hatası** random error **rastlantı sayısı** random number
rastlantısal s. coincidental, accidental, random, incidental, casual, fortuitous res.
rastlaşma a. encounter
rastlaşmak e. to meet by chance, to rub up against sb kon. * tesadüf etmek; to coincide with, to happen at the same time
rasyonalist a. rationalist
rasyonalite a. rationality
rasyonalizasyon a. rationalization
rasyonalizm a. rationalism
rasyonel a. rational **rasyonel sayı** mat. rational number
raşitik s, hek. rachitic
raşitizm a, hek. rickets
ratanya a. bitk. rhatany
ratine a. ratiné **ratine etmek** to ratine, to frieze **ratine makinesi** friezing machine
raunt a, sp. round
ravent a, bitk. rhubarb
ravinsonda a. rawinsonde
ray a. rail, track **ray açıklığı** rail gauge **ray başlığı** rail head **ray çivisi** rail spike **ray döşeme** track laying **ray döşemek** to rail **ray genişliği** railway gauge **ray itici** rail shifting machine **ray mantarı** rail head **ray siperi** rail guard **ray şebekesi** grid **ray yatağı** rail chair **raydan çıkarmak** to derail **raydan çıkmak** to go off the rails **rayına oturmak** to stay on the rails **rayına**

oturtmak to put right, to put on the right track
rayba a, tek. reamer **rayba çekmek** to ream
raybalamak e. to ream
rayiç a. market value, current value **rayiç değer** current value **rayiç fiyat** market price, current price
rayiha a. fragrance
rayihalı s. fragrant
rayon a, bkz. reyon
razı s. willing, ready, agreeable, contented, satisfied **razı etmek** to persuade, to convince, to reconcile sb to, to argue/cajole (sb) into (doing sth), to induce, to prevail on (sb to do sth) **razı olmak** to reconcile oneself to, to consent (to sth), to comply (with sth), to acquiesce, to accept, to accede (to sth), to agree (to), to assent (to)
raziyane a. fennel
re a, müz. re, D
reaksiyon a. reaction * tepki, tepkime **reaksiyon bobini** reaction coil **reaksiyon derecesi** reaction order **reaksiyon devresi** reaction circuit **reaksiyon hızı** reaction rate, reaction velocity, rate of reaction **reaksiyon hızlandırıcı** reaction accelerator **reaksiyon ısısı** heat of reaction **reaksiyon kondansatörü** reaction capacitor **reaksiyon odası** reaction chamber **reaksiyon sırası** order of reaction **reaksiyon süresi** reaction time **reaksiyon süresi** reaction time **reaksiyon türbini** reaction turbine **reaksiyon ürünü** reaction product
reaktans a. reactance **reaktans bobini** reactance coil **reaktans devresi** reactance circuit **reaktans kuplajı** reactance coupling **reaktans modülatörü** reactance modulator
reaktant a. reactant
reaktif s. reactive * tepkin **reaktif akım** reactive current **reaktif bileşen** reactive component **reaktif boyarmadde** reactive dyestuff **reaktif faktör** reactive factor **reaktif güç** reactive power **reaktif voltamper** reactive volt-ampere **reaktif yük** reactive load
reaktör a. reactor **reaktör gürültüsü** reactor noise **reaktör kabı** reactor vessel **reaktör osilatörü** reactor oscillator

reaktör simülatörü reactor simulator
realist a. realist ¤ s. realistic
realite a. reality
realizm a. realism
reanimasyon a, hek. reanimation
reasürans a. reinsurance
reaya a. the raya(h)
recim a. stoning (sb) to death
recmetmek e. to stone sb to death
reçel a. jam, preserve, conserve
reçellik s. suitable for making jam
reçete a, hek. prescription; recipe
reçetesiz s. nonprescription
reçine a, bitk. resin **reçine cebi** pitch
  pocket **reçine rezervesi** resin resist
  reçine sabunu resin soap, resinate
reçineleşmek e. to resinify
reçineleştirmek e. to resinify
reçineli s. resinous **reçineli ağaç** resin-
  ous wood
redaksiyon a. writing; compiling, compila-
  tion; editing; editorial staff
redaktör a. writer; compiler; editor
redaktörlük a. editorship
reddetmek e. to refuse, to decline, to ne-
  gate, to reject, to repudiate, to disdain,
  to turn sb/sth down, to throw sth out
redingot a. frock coat
redoks a. redox
redresör a. rectifier **redresör ampulü**
  rectifier bulb **redresör devresi** rectifier
  circuit **redresör diyodu** rectifier diode
  redresör lambası rectifier tube
  redresör tüpü rectifier tube
redüksiyon a. reduction * indirgeme
  redüksiyon faktörü reduction factor
  redüksiyon katsayısı reduction coeffi-
  cient **redüksiyon supabı** reducing
  valve
redüktör a. reducer, reducing agent
  redüktör dişlisi reduction gear
reeksport a. reexportation, reexport
reel s. real **reel sayı** real number
reenkarnasyon a. reincarnation
reeskont a. rediscount **reeskont etmek** to
  rediscount
refah a. prosperity, opulence, ease, com-
  fort * gönenç **refah içinde** in clover
  kon.
refakat a. companionship; müz. accom-
  paniment **refakat etmek** to accompany,
  to escort
refakatsiz s. unaccompanied

referandum a. referendum
referans a. reference, credentials
  referans adresi reference address
  referans çizgisi reference line
  referans düzeyi datum level **referans
  düzlemi** datum plane **referans
  elektrotu** reference electrode **referans
  eşdeğeri** reference equivalent **referans
  frekans** reference frequency **referans
  gerilim** reference voltage **referans
  gücü** reference power **referans
  gürültüsü** reference noise **referans
  işareti** benchmark **referans kaydı** ref-
  erence record **referans listeleme** ref-
  erence listing **referans noktası** point of
  reference **referans numarası** refer-
  ence number **referans resmi** reference
  picture **referans sistemi** reference sys-
  tem **referans yıldızı** reference star
refetmek e. esk. to raise, to lift; to remove,
  to abolish
refik a. companion; associate
refika a. wife
refleks a. reflex * tepke, yansı **refleks
  devresi** reflex circuit **refleks klistron**
  reflex klystron
reflektometre a. reflectometer
reflektometri a. reflectometry
reflektör a. reflector * yansıtaç **reflektör
  lamba** reflector lamp
reflü a. hek heartburn
reform a. reform, improvement **reform
  yapmak** to reform, to improve
reformcu a. reformist
reformculuk a. reformism
refraksiyon a. refraction
refrakter s, tek. refractory * ateşe
  dayanıklı **refrakter alaşım** refractory al-
  loy **refrakter beton** tek. refractory con-
  crete * ateş betc..u **refrakter malzeme**
  refractory material **refrakter tuğla** re-
  fractory brick, fire brick * ateş tuğlası
refraktometre a. refractometer
refraktometri a. refractometry
refraktör a. refractor
refüj a. traffic island, island, refuge, safety
  island, safety zone Aİ.
rege a, müz. reggae
regl a. menstruation, period
reglaj a, tek. adjustment; tuning
reglaj a. rigging
reglan a. raglan
regolit a. regolith

regresif *s.* regressive
regülatör *a, tek.* regulator, governor * düzenleyici *regülatör bilyası* governor ball *regülatör çubuğu* governor rod *regülatör kolu* governor arm *regülatör mahfazası* governor housing *regülatör valfı* governor valve
rehabilitasyon *a, hek.* rehabilitation *rehabilitasyon merkezi* rehabilitation centre
rehavet *a.* languor, slackness *rehavet çökmek* to feel sluggish
rehber *a.* guide; guidebook * kılavuz; *kon.* telephone directory, telephone book, phone book *rehber feneri* leading light *rehber kart* header card *rehber öğretmen* guidance counselor
rehberlik *a.* guidance, lead * kılavuzluk *rehberlik etmek* to guide, to lead, to conduct, to lead the way
rehin *a.* pawn, pledge, mortgage, security *rehinden kurtarmak* to redeem *rehine koymak* to pawn, to pledge *rehine vermek* to pawn
rehinci *a.* pawnbroker
rehine *a.* hostage * tutak *rehine almak* to take (sb) hostage *rehine olarak tutmak* to hold as a hostage
reis *a.* head, chief; chieftain; president; *den.* skipper
reisicumhur *a.* president * cumhurbaşkanı
reislik *a.* chieftaincy; leadership; chairmanship
Rejans *a. trh.* the Regency
rejenerasyon *a.* regeneration
rejenere *s.* regenerated *rejenere etmek* to regenerate, to reclaim, to recuperate *rejenere selüloz* regenerated cellulose *rejenere su* regenerated water *rejenere yün* mungo
reji *a, tiy, sin.* directing, direction *reji masası* mixer console
rejim *a.* regime, government; diet, regimen *rejim yapmak* to diet, to go on a diet
rejisör *a, tiy, sin.* director * yönetmen
rejisörlük *a. tiy. sin.* being a director
rekabet *a.* rivalry, competition, competing *rekabet etmek* to rival, to compete, to emulate
rekâket *a. esk.* stutter, stammer, lisping
rekât *a.* genuflection

reklam *a.* advertisement, advert *İİ./kon.*, ad *kon.*, publicity *reklam ajansı* advertising agency *reklam kampanyası* advertising campaign, publicity campaign *reklamını yapmak* to advertise, to boom, to promote, to publicize
reklamcı *a.* advertiser, publicity agent
reklamcılık *a.* advertising
rekolte *a.* harvest, crop, yield
rekor *a.* record *rekor kırmak* to break a record
rekortmen *a.* record holder
rekreasyon *a.* recreation *rekreasyon alanı* recreation area
rektal *s.* rectal
rektifikasyon *a.* rectification
rektifiye *s.* reconditioned *rektifiye etmek* to recondition, to rebore, to regrind *rektifiye tezgâhı* grinding machine
rektör *a.* president, rector *İİ.*
rektörlük *a.* presidency, rectorship
rektum *a.* rectum ¤ *sg.* rectal
rekzetmek *e. esk.* to set up, to erect, to fix upright
relüktans *a, fiz.* reluctance * manyetik direnç
relüktivite *a.* reluctivity
remayöz *a, teks.* linking machine, looping machine, binding-off machine
remil *a.* geomancy
remilci *a.* geomancer
remiz *a.* sign, symbol
renar *a.* fox fur
rencide *s.* offended, hurt *rencide etmek* to hurt sb's feelings, to offend
rençper *a.* farmhand; farmer * çiftçi
rençperlik *a.* being a farmhand
rende *a.* (marangoz) plane; grater
rendelemek *e.* to plane; to grate
rendeli *s.* planed
rendzina *a.* rendzina
rengârenk *s.* colourful, multicoloured
rengeyiği *a, hayb.* reindeer
renk *a.* colour *İİ.*, color *Aİ. rengi atmak* a) to turn pale, to blanch (with sth) b) to fade, to decolorize *rengi atmaz* colourfast, non-fading *rengi değişmek* to discolour *rengi uçmaz* colourfast, non-fading *rengini açmak* to decolorize *rengini değiştirmek* to change the colour (of), to discolour *rengini gidermek* to decolorize *renk ayrımı* colour separation *renk bileştirici* col-

orplexer *renk bilgisi* chromatics *renk bulaşması* colour contamination *renk çözücü* colour decoder, decoder *renk çözülmesi* colour breakup *renk çubuğu* colour bar *renk değeri* colour value, tristimulus value of a light *renk değişimi* colour change *renk değiştirmek* to colour *İİ.*, to color *Aİ.* *renk dengesi* colour balance *renk derinliği* depth of colour, depth of shade *renk diski* colour disc *renk doğruluğu* colour fidelity *renk duyarlığı* colour sensitivity *renk duyusu* colour sense *renk düzeltme* colour correction *renk eşiği* colour threshold *renk farkı* offshade *renk filtresi* colour filter *renk göstergesi* colour indicator *renk harmonisi* colour harmony *renk haslığı* colour fastness *renk hatası* colour error *renk hücresi* colour cell *renk karışımı* colour blending *renk kataloğu* colour chart *renk katmak* to tinge *renk kılavuzu* pilot print *renk kimyası* colour chemistry *renk kodlayıcı* colour coder *renk kodu* colour code *renk kombinasyonu* colour combination *renk kontrastı* colour contrast *renk kontrolü* colour control *renk koyuluğu* depth of colour *renk lekesi* colour stain *renk merkezi* colour centre *renk negatifi* colour negative *renk nüansı* colour hue *renk ölçeği* colour scale *renk patlaması* colour burst *renk reaksiyonu* colour reaction *renk sapması* colour deviation, chromatic aberration *renk sıcaklığı* colour temperature *renk sırası* colour sequence *renk skalası* colour scale *renk süzgeci* colour filter *renk testi* colour test *renk titremesi* chromaticity flicker *renk tonu* shade *renk uyumu* colour harmony *renk üçgeni* colour triangle *renk üstünlüğü* colour cast *renk vermemek* not to show one's colours *renkten renge girmek* to go all shades of red, to change colour

renkbilim *a.* colorimetry
renkçi *a.* colorist
renkgideren *a. s.* decolorant
renkkörlüğü *a, hek.* colour blindness
renkkörü *s.* colour-blind
renkküre *a.* chromosphere
renklemek *e.* to make (sth) colourful

renklendirici *a.* colorant
renklendirme *a.* colouring, coloration
renklendirmek *e.* to colour, to color *Aİ.*, to give colour to; to liven up, to enliven, to jazz sth up
renklenmek *e.* to become colourful, to colour, to color *Aİ.*; to become more amusing, to be enlivened
renkli *s.* coloured, colored *Aİ.*, colourful, colorful *Aİ.*; *mec.* colourful, colorful *Aİ.*, lively, vivid *renkli alıcı* colour receiver *renkli aşındırma* coloured discharge *renkli baskı* colour printing *renkli cam* stained glass *renkli emay* coloured enamel *renkli film* colour film *renkli fotoğrafçılık* colour photography *renkli kabartma* coloured embossing, colour embossing *renkli kalem* crayon *renkli kineskop* colour kinescope *renkli kumaş* coloured cloth *renkli rezerve* colour resist *renkli saptayıcı* colour kinescope *renkli televizyon* colour television, colour TV
renklilik *a.* chrominance *renklilik bilgisi* chrominance information *renklilik sinyali* chrominance signal
renkölçer *a.* colorimeter * kolorimetre
renkölçüm *a.* colorimetry * kolorimetri
renkönleyici *a.* colour killer
renkseçmezlik *a. hek.* colour blindness
renkseme *a.* chromatography, chrominance
renksemez *s.* achromatic * akromatik
renksemezlik *a.* achromatism
renkser *s.* chromatic * kromatik
renkserlik *a.* chromaticity
renkseven *a.* chromatophile
renksiz *s.* colourless *İİ.*, colorless *Aİ.*, pale; *mec.* dull, dead *kon.*, uninteresting, boring, colourless, colorless *Aİ.*
renksizleştirme *a.* decoloration
renksizleştirmek *e.* to decolorize
renksizlik *a.* colorlessness
renkteş *s.* procryptic
renkteşlik *a.* procrypsis
renkveren *a.* pigment
renkyapan *a.* chromophore
renkyuvarı *a.* chromosphere
renyum *a, kim.* rhenium
reoloji *a.* rheology
reomür *a.* reaumur (thermometer)
reopeksi *a.* rheopexy
reorganizasyon *a.* reorganization

reorganize *s.* reorganized *reorganize etmek* to reorganize

reosta *a, elek.* rheostat

reostatik *s.* rheostatic *reostatik frenleme* rheostatic braking

reparforatör *a.* receiving perforator

repartitör *a.* distribution frame

repertuar *a.* repertoire, repertory

replik *a, tiy.* cue

repo *a, eko.* repo

reprezantabl *s.* presentable (person)

repriz *a.* darning (a garment)

resen *be.* on one's own account; independently

resepsiyon *a.* reception; reception desk *resepsiyon memuru* receptionist

resepsiyonist *a.* receptionist, reception clerk *Aİ.*

reseptör *a.* receiver

reshabar *a.* reshabar

resif *a.* reef

resim *a.* picture; photograph, photo * fotoğraf; illustration; drawing; due, tax, toll *resim çekmek* to take a photo, to take a photograph, to take a picture *resim çerçevesi* picture frame *resim çizmek* to draw a picture *resim defteri* drawing book *resim elemanı* picture element *resim eşlemesi* picture synchronization *resim frekansı* picture frequency *resim galerisi* picture gallery *resim kâğıdı* drawing paper *resim kütüphanesi* stills library *resim lambası* picture tube *resim monitörü* picture monitor *resim negatifi* picture negative *resim netliği* picture definition *resim noktası* picture point *resim pergeli* drawing compass *resim sayacı* frame counter *resim sinyali* picture signal *resim tahtası* drawing board *resim tarama* picture scanning *resim taşıyıcı* picture carrier *resim tüpü* picture tube *resim yapmak* to draw, to paint *resmini çektirmek* to have one's photograph taken *resmini yapmak* to paint, to picture, to portray

resimci *a.* photographer; art teacher; artist, illustrator

resimçizit *a.* pictograph

resimlemek *e.* to illustrate (a book)

resimlemek, resimlendirmek *e.* to illustrate

resimli *s.* illustrated, pictorial

resimlik *a.* picture frame; album * albüm

resimyazı *a.* hieroglyphic writing, hieroglyphics * hiyeroglif

resital *a, müz.* recital

resitatif *a. müz.* recitative

resmen *be.* officially, formally; *kon.* openly, publicly

resmetmek *e.* to draw, to picture; to describe, to depict, to portray

resmi *s.* official, formal, ceremonial; *mec.* frigid, stiff *resmi dil* official language *resmi formalite* official formality *resmi gazete* official gazette *resmi olarak* officially *resmi olmayan* unofficial *resmi tatil* legal holiday, bank holiday *İİ.*

resmileştirmek *e.* to formalise

resmilik *a.* formality, ceremony

resmiyet *a.* formality, ceremony; official character, officialism *resmiyete dökmek* to make official

ressam *a.* painter, artist *ressam sehpası* easel

ressamlık *a.* painting

rest *a. isk.* last stake

resto *ünl. arg.* enough!, stop!, shut up!

restoran *a.* restaurant

restorasyon *a.* restoration; *trh.* the Restoration

restore etmek *e.* to restore (a building)

restore *s.* restored *restore etmek* to restore, to renovate

resul *a.* prophet * yalvaç; messenger

Resulullah *a.* the Messenger of God, the Prophet

reşit *s.* major, of full legal age *reşit olmak* to come of age, to be of age

ret *a.* refusal, rejection, denial; rebuff; repudiation

reten *a.* retene

retikül *a.* reticle, reticule

retikülat *a.* reticulate

retina *a.* retina

retinal *a.* retinal, retinene

retorik *a.* rhetoric

retrospektif *s.* retrospective

reva *s.* suitable, proper *reva görmek* to deem proper

revaç *a.* demand, request, currency *revaç bulmak* to be in demand, to be in vogue *revaçta olan* fashionable, in the limelight *revaçta olmak* to be in demand

revaçlı *s.* in demand, easily saleable

revaçsız *s.* not in demand, unsalable

revak a. porch, colonnade, portico
Revaki a. s Stoic
Revakiye a. Stoicism
revaklı s. porched, porticoed **revaklı avlu** cloister
revalüasyon a. revaluation
revalüe etmek e. to revalue
revan s. going, flowing; moving along
revani a. sweet semolina pastry
reverans a. bow; curtesy, curtsy **reverans yapmak** a) to bow b) to curtsy
reversal a. reversal **reversal film** reversal film
reveyon a. New Year's Eve party
revir a. infirmary, sick bay
revize etmek e. to revise
revizyon a. overhaul; reconsideration, revision **revizyondan geçirmek** to overhaul
revizyonist a. revisionist
revizyonizm a. revisionism
revnak a. esk. brightness, lustre; slendour, brilliance
revolver a. revolver
revü a. revue
rey a, esk. vote * oy; opinion, idea, judgement * görüş, düşünce
reye s, teks. cross-striped
reyhan a, bitk. basil * fesleğen
reyon[1] a. department; section
reyon[2] a. rayon, artificial silk
reyting a. rating
rezalet a. scandal, disgrace, outrage, ignominy, infamy, infamies ¤ s, kon. dreadful kon., awful kon., lousy kon., grotty kon. **rezalet çıkarmak** to cause a scandal, to make a scene, to scandalize
reze a. hinge
rezede a. bitk. dyer's rocket
rezeksiyon a. hek. resection
rezelemek e. to hinge
rezeli a. hinged
rezene a, bitk. fennel
rezerpin a. reserpine
rezerv a. reserve
rezervasyon a. reservation, booking **rezervasyon yaptırmak** to book
rezerve s. reserved **rezerve baskı** teks. reserve printing, resist printing **rezerve boyamak** teks. to resist-dye **rezerve etkisi** resist effect **rezerve etmek** to reserve, to book **rezerve maddesi**

teks. reserving agent, resisting agent **rezerve patı** teks. resist paste
rezervuar a. reservoir, flush tank
rezil s. disgraceful, scandalous, dissolute, shocking, infamous, ignoble, shameful, unsavoury; kon. awful kon., terrible kon., dreadful kon., horrible kon., chronic kon., appalling kon., atrocious kon., beastly kon., abominable kon., lousy kon., rotten kon., putrid kon. **rezil etmek** to disgrace, to humiliate, to show sb up **rezil olmak** to be disgraced, to disgrace oneself
rezilce be. scandalously, shamefully
rezillik a. disgracefulness, infamy; disgrace, scandal
rezistans a, fiz. resistance
rezonans a, fiz. resonance **rezonans eğrisi** resonance curve **rezonans eleği** resonance screen **rezonans entegrali** resonance integral **rezonans frekansı** resonance frequency **rezonans köprüsü** resonance bridge **rezonans nötronları** resonance neutrons **rezonans radyasyonu** resonance radiation **rezonans seviyesi** resonance level
rezonatör a. resonator **rezonatör ızgarası** resonator grid
rezüme a. résumé
rıhdan a. sandbox, sand bottle
rıhtım a. quay, wharf, dock
rıka a. the most commonly used style of Arabic handwriting
rıza a. consent, approval, assent, compliance **rıza göstermek** to consent, to assent to
rızk a. one's daily bread, food, sustenance **rızkını çıkarmak** to earn one's daily bread
ria a. ria
rialı kıyı a. ria coast
riayet a. respect, esteem; conformity, obedience **riayet etmek** to respect, to obey, to observe, to abide by sth
riayeten be. out of respect for
riayetkar s. respectful; deferential
riayetsiz s. disrespectful, impolite
riayetsizlik a. disrespect, violation
ribaunt a, sp. rebound
riboflavin a. riboflavin
ribonükleaz a. ribonuclease
ribonükleik s. ribonucleic

riboz *a.* ribose
ribozom *a.* ribosome
rica *a.* request **rica ederim** not at all, you're welcome, don't mention it, think nothing of it **rica etmek** to request, to ask for, to appeal, to plead, to beseech, to beg, to implore, to entreat *res.* **ricada bulunmak** to ask a favour of sb
ricacı *a.* implorer; petitioner; intermediary, go-between
rical *a. esk.* men; statesmen, high officials
ricat *a, ask.* retreat **ricat etmek** to loose ground
rijidite *a.* rigidity **rijidite çubuğu** stiffener
rijit *a.* rigid
rijitlik *a.* rigidity, stiffness
rikkat *a. esk.* fineness, delicacy; compassion, mercy
rikkatli *s. esk.* compassionate, tender-hearted
rimel *a.* mascara * maskara
rimellemek *e.* to apply mascara to
rimelli *s.* mascaraed (eyelash)
rina *a, balk.* ray, skate * tırpana
ring *a, sp.* ring, boxing ring
ringa *a, hayb.* herring
rinit *a. hek.* rhinitis
rint *s.* carefree, easygoing, jovial
riper *a.* ripper
rips *a, teks.* rep, reps, repp
risale *a.* pamphlet
risin *a.* ricin
risinoleik *s.* ricinoleic
risinolein *a.* ricinolein
risk *a.* risk * riziko **riske etmek** to risk, to hazard **riske girmek** to take a risk, to run a risk, to chance *kon.* **riske girmemek** to play (it) safe
riskli *s.* risky, chancy, perilous, dicey *kon.*, dodgy *İİ./kon.* * rizikolu
ritim *a.* rhythm
ritmik *s.* rhythmic
rivayet *a.* rumour, hearsay * söylenti **rivayet olunmak** to be rumoured **rivayete göre** rumour has it that
riya *a.* hypocrisy * ikiyüzlülük
riyakâr *s.* hypocritical * ikiyüzlü
riyakârlık *a.* hypocrisy * ikiyüzlülük
riyal *a.* riyal
riyala *a. trh.* rear admiral
riyaset *a.* presidency, chairmanship
riyaseticumhur *a. esk.* presidency of a republic

riyasız *s.* free of hypocrisy, candid, sincere
riyazet *a, esk.* self-denial
riyazi *s. esk.* mathematical
riyaziye *a. esk.* mathematics
riyaziyeci *a. esk.* mathematician
riyolit *a.* rhyolite
riziko *a.* risk * risk
rizikolu *s.* risky, dicey *kon.* * riskli
rizofora *a.* mangrove
roadster *a.* roadster
roba *a.* yoke
robalı *s. teks.* having a yoke
robdöşambr *a.* dressing gown *İİ.*, bathrobe *Aİ.*, robe *Aİ.*
robot *a.* robot
robotlaşmak *e.* to become a robot
robotlaştırmak *e.* to robotize
robotluk *a.* robotism
roda *a, den.* coil **roda etmek** *den.* to coil
rodaj *a.* running in **rodaj yapmak** to run sth in, to grind
rodamin *a.* rhodamine
rodeo *a.* rodeo
rodik *s.* rhodic
rodonit *a.* rhodonite
rodoplast *a.* rhodoplast
rodopsin *a.* rhodopsin
Rodos *a.* Rhodes ¤ *s.* Rhodian
Rodoslu *a, s.* Rhodian
rodyum *a, kim.* rhodium
roka *a, bitk.* kind of watercress
rokay *a.* rocaille, rococo
roket *a.* rocket, projectile **roket atmak** to launch a rocket
roketatar *a.* bazooka
roketli *s.* having a rocket **roketli kalkış** rocket assisted takeoff
roketsavar *a.* antimissile
rokfor *a.* Roquefort cheese
rokoko *a.* rococo
rol *a.* role, part; *mec., arg.* act **rol almak** to have a part (in) **rol dağıtımı** casting **rol oynamak** to play a part **rol vermek** to cast **rol yapmak** to act, to pretend, to play-act, to sham, to put on an act **rolü olmak** to play a part in **rolünü oynamak** to act, to play the part of
roller-gin *a, teks.* roller gin * silindirli çırçır makinesi
rom *a.* rum
Roma *a.* Rome ¤ *s.* Roman **Roma hukuku** Roman law, civil law **Roma**

İmparatorluğu the Roman Empire
Romalı *a, s.* Roman
roman *a.* novel
Roman *a.* Romany ¤ *s.* Romanesque, Romany
Romanca *a, s.* Romany
romancı *a.* novelist
romancılık *a.* novel writing
romanesk *s.* novelesque
Romanesk *s.* Romanesque
romans *a.* romance
Romanşça *a, s.* Romansh
romantik *s.* romantic ¤ *a.* romantic, romanticist
romantikleştirmek *e.* to romanticize
romantiklik *a.* romance
romantize etmek *e.* to romanticize
romantizm *a.* romanticism; *ed.* the Romantic Movement
Romanya *a.* Romania ¤ *s.* Romanian
Romanyalı *a, s.* Romanian
romatizma *a, hek.* rheumatism
romatizmal *s.* rheumatic
romatizmalı *s.* rheumatic
rombik *s.* rhombic
romboedrik *s.* rhombohedral
Romen *a.* Roman **Romen dilleri** Romance languages **Romen rakamı** Roman numeral **Romen rakamları** Roman numerals
rondela *a.* washer
rondo *a, müz.* catch
rop *a.* frock
ropluk *s.* suitable for a dress
rosto *a, mutf.* roast meat
rostoluk *s.* suitable for roasting
rot *a.* rod; steering rod
rota *a.* course **rota çizgisi** course line **rota düzeltmesi** course correction **rota hattı** course line **rota jurnalı** logbook **rota sapması** course deviation **rota üçgeni** course triangle **rotadan çıkmak** to sheer, to yaw
rotacı *a.* navigator
rotang *a.* rattan, rotan
rotasyon *a.* rotation, shift; rotation in office **rotasyon baskı** rotary screen printing
rotatif *a, tek.* rotary press ¤ *s.* rotary, rotatory **rotatif anten** rotary antenna **rotatif brulör** rotary burner **rotatif freze** rotary cutter **rotatif supap** rotary valve
rotatör *a.* rotator

rotond *a.* rotunda
rotonda *a, mim.* rotunda
rotor *a.* rotor, armature
roza *a.* rose diamond
rozas *a. inş.* rosace
rozbif *a.* roast beef
rozbit *a.* rose bit
roze *a.* rosé
rozet *a.* badge; rosette
rödövans *a.* royalty
röfle *s.* that has highlights in it
röfuj *a.* safety island
rögar *a, tek.* manhole
rökonstrüksiyon *a. mim.* reconstruction, rebuilding
rölans *a. isk.* raising one's bid/bet
rölanti *a, tek.* slow running, idling **rölanti ayarı** idling adjustment **rölanti devri** idling speed **rölanti durumu** idle position **rölanti gürültüsü** idling noise **rölanti hızı** idling speed **rölanti jiklörü** idling jet **rölantide çalışmak** to tick over, to idle **rölantiye almak** to idle
rölatif *s.* relative
rölativist *a.* relativist
rölativite *a, fel.* relativity
rölativizm *a, fel.* relativism
röle *a.* relay **röle istasyonu** relay station **röle mıknatısı** relay magnet **röle radarı** relay radar **röle yayı** relay spring
rölik *a.* relic
rölöve *a.* relief
rölyef *a.* relief **rölyef baskı** relief printing **rölyef harita** relief map
römork *a.* trailer (vehicle)
römorkaj *a. den.* towing, towage
römorkör *a.* tug, tugboat, towing boat
Rönesans *a.* the Renaissance
röntgen *a.* X-ray; *arg.* peeping, peep **röntgen filmi** X-ray, radiograph **röntgen ışını** X-ray **röntgen muayenesi** X-ray **röntgenini çekmek** to x-ray
röntgenci *a.* X-ray specialist; *arg.* peeper, voyeur, peeping Tom *hkr.*
röntgencilik *a.* radiography; *arg.* peeping, voyeurism, peep, peek
röntgenlemek *e, arg.* to peep, to peek (at)
röper *a.* benchmark **röper noktası** bench mark
röportaj *a.* report; reportage; interview; commentary, running commentary **röportaj yapmak** to interview

röportajcı *a.* reporter; interviewer
röportajcılık *a.* writing feature articles
röprodüksiyon *a.* reproduction
rötar *a.* delay *rötar açısı* angle of lag
rötarlı *s.* delayed, overdue *rötarlı ateşleme* retarded ignition
rötre *a.* shrinkage, shrinking *rötre limiti* shrinkage limit
rötuş *a.* retouching, retouch *rötuş etmek* to retouch
rötuşçu *a.* retoucher
rötuşlamak *e.* to retouch
rötuşlu *s.* retouched
rövanş *a, sp.* return match, revenge *rövanş maçı* return game, return match
ruam *a, hek.* glanders
Ruanda *a.* Rwanda ¤ *s.* Rwandan
Ruandalı *a, s.* Rwandan
rub *a. esk.* a quarter, one fourth
ruba *a. esk.* clothes, clothing
rubi *a.* ruby
rubidyum *a.* rubidium
ruble *a.* rouble, ruble
ruf *a.* roof
rugan *a.* patent leather
ruganlamak *e.* to give (leather) a glassy shine
rugbi *a.* rugby
ruh *a.* soul, spirit; essence, extract; animation, liveliness, spirit; zombie *kon.* *ruh çağırma* necromancy *ruh doktoru* psychiatrist, shrink *ruh hali* frame of mind, mood *ruh hastası* psychopath *ruh hekimi* psychiatrist *ruh hekimliği* psychiatry
ruhani *s.* spiritual; clerical
ruhanilik *a.* spirituality
ruhaniyet *a.* spirituality
ruhban *a, esk.* clergy
ruhbaniyet *a.* monasticism
ruhbilim *a.* psychology * psikoloji
ruhbilimci *a.* psychologist * psikolog
ruhbilimsel *s.* psychological * psikolojik
ruhçözümcü *a.* psychoanalyst
ruhçözümsel *s.* psychoanalytic
ruhçözümü *a.* psychoanalysis
ruhçu *a. kon.* psychiatrist
ruhen *be.* in spirit, spiritually *ruhen yıkılmak* to break down
ruhgöçü *a.* palingenesis
ruhi *s.* psychological, psychic(al)
ruhiyat *a. esk.* psychology

ruhiyatçı *a. esk.* psychologist
ruhlanmak *e.* to be animated
ruhlu *s.* lively, spirited, full of life
ruhölçüm *a.* psychometry
ruhölçümü *a.* psychometry * psikometri
ruhötesi *s.* metapsychic
ruhsağaltım *a.* psychotherapy
ruhsağaltımcı *a.* psychotherapist
ruhsal *s.* psychological *ruhsal durum* mood, frame of mind
ruhsat *a.* permission, licence, license *Aİ.* *ruhsat vermek* to license, to licence
ruhsatlı *s.* licensed, authorized
ruhsatname *a.* permit, licence, license *Aİ.*
ruhsatsız *s.* unlicensed, unauthorized
ruhsuz *s.* inanimate, lifeless; impassive, soulless, lifeless, stolid *hkr.*
ruhsuzluk *a.* spiritlessness, lifelessness
Ruhullah *a.* Jesus Christ
Ruhülkudüs *a.* the Holy Ghost/Spirit
ruj *a.* lipstick
rule *a, hav.* taxiing *rule kaçırmak* to overshoot
rulet *a.* roulette
rulman *a.* bearing, ball bearing *rulman yatak* roller bearing
rulo *a.* roll; cylinder, roller *rulo baskı* roller printing *rulo köfte* meat loaf
Rum *a.* Greek of Turkish nationality *Rum Ortodoks Kilisesi* the Eastern Orthodox Church
rumba *a, müz.* rumba
rumbatron *a.* rhumbatron
Rumca *a, s.* Greek, Romaic
Rumeli *a.* Rumelia ¤ *s.* Rumelian
Rumelili *a, s.* Rumelian
Rumen *a, s.* Romanian
Rumence *a, s.* Romanian
ruminasyon *a.* rumination
rumuz *a.* sign, symbol * simge, remiz; *kon.* pseudonym
rupi *a.* rupee
Rus *a, s.* Russian *Rus ruleti* Russian roulette *Rus salatası* Russian salad (mayonnaise, peas, carrots, etc.)
Rusça *s.* Russian; in Russian ¤ *a.* Russian (language)
Rusya *a.* Russia
Rusyalı *a. s.* Russian
rutenik *s.* ruthenic
rutenyum *a.* ruthenium
rutherfordyum *a.* rutherfordium
rutil *a.* rutile

rutin *a, s.* routine
rutubet *a.* humidity, dampness
rutubetlendirici *a.* humidifier
rutubetlendirmek *e.* to humidify, to moisten
rutubetlenmek *e.* to become humid/damp
rutubetli *s.* humid, damp, moist, dank
ruva *a. isk.* king
ruzname *a. esk.* diary; agenda
rücu *a.* rescinding, revoking; returning **rücu hakkı** right of recourse
rüçhan *a.* priority, preference **rüçhan hakkı** precedence, priority
rüçhanlı *s.* preferred, preemptive
rüesa *a. esk.* chiefs, heads
rüfeka *a. esk.* companions, associates
rükün *a. esk.* fundamental principle, babis
rüküş *s.* dowdy *hkr.*
rüstik *s.* rustic
rüsum *a. esk.* taxes, duties, charges
rüsumat *a.* customhouse; customs
rüsup *a.* sludge
rüşeym *a. esk.* embryo
rüşt *a.* majority, age of consent **rüştünü ispat etmek** to be of age, to come of age **rüştünü ispat etmemiş** under age; minor **rüştünü ispat etmiş** of age **rüştünü ispatlamak** to reach one's majority
rüştiye *a. trh.* middle school
rüşvet *a.* bribe; bribery **rüşvet almak** to accept a bribe **rüşvet vermek** to bribe, to square, to buy sb off, to grease sb's palm
rüşvetçi *a.* bribe-taker, grafter
rüşvetçilik *a.* bribery, corruption
rütbe *a, ask.* rank; grade; degree **rütbe almak** to rise in rank **rütbesini indirmek** to demote sb
rütil *a.* rutile
rütilli *s.* rutilated
rüya *a.* dream **rüya gibi** dreamlike, fantastic **rüya görmek** to dream, to have a dream **rüya tabiri** interpretation of dreams **rüyasında görmek** to dream (of sth/doing sth) (about sth/doing sth)
rüyet *a. esk.* seeing, sight; examination
rüzgâr *a.* wind * yel **rüzgâr altı** *den.* downwind, lee side **rüzgâr bayrağı** wind vane **rüzgâr bilgisi** anemology **rüzgâr birikintisi** aeolian deposit **rüzgâr bulutları** wind clouds **rüzgâr cetveli** wind scale **rüzgâr çakılı** wind-cut stone **rüzgâr dalgası** wind wave **Rüzgâr eken fırtına biçer** Sow the wind and reap the whirlwind **rüzgâr erozyonu** wind erosion **rüzgâr feneri** hurricane lamp **rüzgâr fırıldağı** weathercock, weather vane **rüzgâr geçirmez** windproof **rüzgâr gibi** double-quick, at the double, on the double *Aİ./kon.* **rüzgâr gücü** wind force **rüzgâr haritası** wind chart **rüzgâr hızı** wind speed **rüzgâr sağanağı** gust **rüzgâr siperi** windbreak **rüzgâr sörfü** windsurfing **rüzgâr tarafı** weather side **rüzgâr tulumu** *hav.* windsock, windsleeve **rüzgâr üstü** windward, weather side **rüzgâr yığıntısı** aeolian deposit **rüzgâr yönünde** downwind **rüzgâr yükü** wind load **rüzgâra karşı** upwind
rüzgârgülü *a.* wind rose
rüzgârlanmak *e.* to get windy**rabal** *a.* rabal
rüzgârlı *s.* windy, blustery, blowy, rough
rüzgârlık *a.* windbreak
rüzgârölçer *a.* anemometer
rüzgârsız *s.* windless, still, calm

S

S, s *a.* the twenty-second letter of the Turkish alphabet
saadet *a.* happiness, bliss
saat *a.* hour; time; watch, clock; meter **saat açısı** hour angle **saat anahtarı** winder **saat ayarı** time signal **saat başı** hourly **saat başına ücret** hourly rate **saat camı** watch glass **saat çarkı** hour wheel **saat dairesi** hour circle **saat frekansı** clock frequency **saat gibi işlemek** to run smoothly **saat gibi** like clockwork **saat hakemi** timekeeper **Saat kaç?** What's the time?, What time is it? **saat kaçta** at what time **saat kayışı** watchstrap *İİ.*, watchband *Aİ.* **saat kösteği** watch chain **saat kulesi** clock tower **saat maşası** escapement **saat oranı** clock rate **saat sayacı** clock counter **saat sıklığı** clock frequency **saat tutmak** to time, to clock **saat üreteci** clock generator **saat yelkovanı** minute hand **saat yelkovanı yönünde** clockwise **saat yelkovanının aksi**

yönünde anticlockwise *saat zembereği* watch spring *saati ayarlamak* to set a watch *saati geri almak* to put the clock back *saati geriye almak* to set a clock/a watch back *saati ileri almak* to put the clock forward *saati ileriye almak* to set a clock/a watch forward *saati kurmak* to wind a watch/clock *saati saatine uymamak* to chop and change *saati saatine uymayan* temperamental *saati saatine* punctually *Saatiniz var mı?* Have you got the time?

saatçi *a.* watchmaker; watch seller

saatli *s.* having a clock/timer *saatli bomba* time bomb

saatlik *s.* which lasts for (...) hours

saba *a.* zephyr

sabah *a.* morning ¤ *be.* in the morning *sabah akşam* all the time *sabah kahvaltısı* breakfast *sabah kahvaltısı yapmak* to have breakfast *Sabah ola hayır ola* Sleep on it *sabah sabah* early in the morning, at the crack of dawn *sabaha çıkmamak* (an ill person) not to live till the morning *sabaha doğru/karşı* towards morning *sabaha kadar* all night long *sabaha kadar eğlenmek* to make a night of it *sabahı bulmak/etmek* to sit up all night, to stay awake all night *sabahın körü* the small hours, the crack of dawn *sabahın köründe* early in the morning, at the crack of dawn *Sabahlar hayrolsun!* Good morning!

sabahçı *a.* early riser; pupil who attends school only in the mornings; person who works on a morning shift

sabahki *s.* morning's

sabahlamak *e.* to sit up all night

sabahları *be.* in the morning; every morning

sabahleyin *be.* in the morning

sabahlı akşamlı *be.* every morning and every evening

sabahlık *a.* dressing gown *İİ.*, bathrobe *Aİ.*, robe *Aİ.*

sabal *a, bitk.* palmetto

saban *a.* plough *İİ.*, plow *Aİ. saban demiri* ploughshare. share *saban izi* furrow *saban kulağı* plough share *saban oku* plough-beam *saban sürmek* to plough, to plow *Aİ.*

sabanbalığı *a. hayb.* thresher, fox shark

sabankemiği *a.* vomer

sabankıran *a. bitk.* restharrow

sabık *s.* former, previous, preceding, late, ex

sabıka *a, huk.* previous conviction

sabıkalı *s.* previously convicted

sabır *a.* patience, forbearance *sabrı taşmak/tükenmek* (one's patience) to be exhausted *sabrını taşırmak/tüketmek* to put sb out of patience, to exhaust one's patience

sabırla *be.* patiently

sabırlı *s.* patient

sabırsız *s.* impatient

sabırsızlanmak *e.* to grow impatient, to champ

sabırsızlık *a.* impatience

sabırsızlıkla *be.* impatiently

Sabi *a. s.* Sabian

sabih *s.* floating, afloat

Sabin *a. s.* Sabine

sabit *s.* fixed; stationary; constant; static; stable, firm; immobile, immovable; (renk, boya) fast; indelible; built-in *sabit ağırlık* constant weight *sabit akım* constant current *sabit alan* constant field *sabit anten* fixed antenna *sabit arma* standing rigging *sabit dingil* fixed axle *sabit direnç* fixed resistor *sabit disk* hard disk *sabit fikir* fixed idea, obsession *sabit fikirli* intransigent, hidebound *hkr. sabit fiyat* fixed price *sabit flanş* fixed flange *sabit frekans* fixed-frequency *sabit gelir* fixed income *sabit gerilim* constant voltage *sabit hatve* fixed pitch *sabit havuz* dry dock *sabit hedef* fixed target *sabit hız* constant speed *sabit ivme* constant acceleration *sabit kasnak* fixed pulley *sabit kiriş* fixed beam *sabit kondansatör* fixed capacitor *sabit mesnet* fixed support *sabit mil* fixed shaft *sabit motor* fixed engine *sabit mürekkep* indelible ink *sabit nicelik* invariant *sabit nokta* fixed point *sabit odaklı* fixed focus *sabit öngerilim* fixed bias *sabit potansiyel* constant potential *sabit sıcaklık* constant temperature *sabit tavan* fixed roof *sabit uç* fixed end *sabit varlıklar* capital assets *sabit yağ* fixed oil *sabit yük* constant load

sabite *a.* coefficient, constant
sabitleşmek *e.* to become fixed/stable
sabitleştirmek *e.* to fix, to consolidate
sabitlik *a.* fastness
sabo *a.* clog
sabotaj *a.* sabotage **sabotaj yapmak** to sabotage
sabotajcı *a.* saboteur
sabote etmek *e.* to sabotage * baltalamak
sabretmek *e.* to be patient **Sabreden derviş muradına ermiş** Everything comes to him who waits
sabuklama *a, ruhb.* delirium
sabun *a.* soap **sabun banyosu** soap bath **sabun bezi** flannel **sabun kalıbı** bar of soap **sabun köpüğü** soap suds, suds, lather **sabun tası** soap dish **sabun tozu** soap powder
sabunağacı *a.* soapbark, soapberry
sabuncu *a.* maker/seller of soap
sabunculuk *a.* manufacturing/selling soap
sabunhane *a.* soapery
sabunlama *a.* soaping **sabunlama haslığı** fastness to soap **sabunlama makinesi** soaping machine
sabunlamak *e.* to soap, to lather
sabunlanmak *e.* to soap oneself; to be soaped
sabunlaşabilen *s. kim.* saponifiable
sabunlaşamayan *s. kim.* unsaponifiable
sabunlaşma *a.* saponification
sabunlaşmak *e.* to saponify
sabunlaşmaz *s.* nonsaponifiable
sabunlaştıran *s.* saponifying ¤ *a.* saponifier
sabunlaştırma *a.* saponification
sabunlaştırmak *e.* to saponify
sabunlu *s.* soapy, with soap **sabunlu dinkleme** soap milling
sabunluk *a.* soap dish
sabunotu *a.* soapwort
sabuntaşı *a, yerb.* soapstone, steatite; tailor's chalk
sabura *a. den.* ballast
sac *a.* sheet iron, sheet metal ¤ *s.* made of sheet iron **sac haddesi** sheet mill
sacayağı *a.* trivet
sacayağı, sacayak *a.* trivet
sacayak *a.* trivet
saç *a.* hair **saç bağı** hair ribbon **saç bandı** headband **saç boyası** hair dye **saç fırçası** hairbrush **saç filesi** hairnet **saç kremi** hair conditioner, hair cream **saç**

kurutma makinesi hair dryer **saç kurutucusu** hair dryer **saç losyonu** hair lotion **saç maşası** curling tongs, curling irons **saç örgüsü** plait **saç saça baş başa gelmek** to come to blows **saç spreyi** hair spray **saç stili** coiffure **saç tokası** hairgrip **saçı başı ağarmak** to grow old **saçına ak düşmek** (hair) to turn grey **saçını başını düzeltmek** to preen oneself **saçını başını yolmak** to tear one's hair **saçını kestirmek** to have one's hair cut **saçını süpürge etmek** (woman) to exert oneself **saçını yapmak** to do one's hair **saçları dökülmek** to lose one's hair **saçlarını düzeltmek** to do one's hair **saçlarını kıvırmak** to wave one's hair
saçak *a, mim.* eaves; fringe **saçak buzu** icicle **saçak kiremidi** eaves tile **saçak pervazı** barge board **saçak silmesi** *mim.* cornice
saçakbulut *a.* cirrus cloud, cirrus
saçakkök *a.* fibrous root
saçaklanmak *e.* to become frayed/raveled
saçaklı *s.* fimbriated, fringed
saçaklık *a, mim.* entablature
saçalamak *e.* to strew, to scatter
saçı *a.* presents strewn over a bride; bridal gift
saçık *s.* strewn, scattered
saçılım *a.* scattering **saçılım açısı** scattering angle **saçılım diyagramı** scatter diagram **saçılım genliği** scattering amplitude
saçılmak *e.* to be scattered; (ışık) to radiate
saçıntı *a.* strewings, scatterings
saçıştırmak *e.* to scatter (in small amounts)
saçkıran *a.* ringworm
saçlı *s.* ... -haired **saçlı higrometre** hair hygrometer
saçma *a.* scattering, strewing; nonsense, bunkum, bunk, drivel; buckshot, pellet ¤ *s.* nonsensical, silly, foolish, stupid, crazy, ridiculous, ludicrous, asinine, absurd, fatuous, impractical, preposterous ¤ *ünl.* Rubbish!, Nonsense! *arg.* Bullshit!, Balls! **saçma sapan** nonsensical, foolish **saçma sapan konuşmak** to talk nonsense, to talk rubbish, to drivel, to talk through one's hat
saçmacı *a.* one who talks nonsense

saçmak *e.* to scatter, to strew; to sprinkle; to radiate *saçıp savurmak* to play ducks and drakes with (money), to squander

saçmalamak *e.* to talk nonsense, to piffle, to blather, to drivel, to babble, to prate, to twaddle, to talk tripe *arg.* *Saçmalama* Come off it! *kon.*

saçmalık *a.* nonsense, drivel, claptrap, bullshit, absurdity, toomfoolery, garbage *kon.*, bilge *arg.*, tripe *arg.*, shit *arg.*, cock *arg.*, codswallop *İİ./kon.*, cobblers *İİ./arg.*, rubbish *hkr.*

saçmaviyat *a. kon.* nonsense

saçsız *s.* hairless

saçula *a.* wooden mould/form

sadak *a.* quiver

sadaka *a.* alms, charity

sadakat *a.* faithfulness, fidelity, loyalty, allegiance, constancy, adherence *sadakat göstermek* to show loyalty

sadakatle *be.* loyally

sadakatli *s.* loyal, faithful, devoted

sadakatsiz *s.* disloyal, faithless, unfaithful

sadakatsizlik *a.* disloyalty, unfaithfulness, infidelity

sadaret *a. trh.* grand vizierate

sade *s.* plain; simple; pure; austere, modest; unmixed, neat; unadorned, unornamented; (kahve) black, without sugar

sadece *be.* only, solely, merely, just

sadedil *s.* naive, guileless, simple

sadedillik *a.* naivety, lack of guile, simplicity

sadegöz *a.* stemma, ommatidium

sadeleşmek *e.* to become plain, to become simple; to be simplified

sadeleştirmek *e.* to simplify

sadelik *a.* plainness, simpleness, simplicity

sadet *a.* the point *sadete gelmek* to come to the point, to get to the point, to stick to the point, to get down to basics, to get down to brass tacks *kon.*

sadeyağ *a.* clarified butter, butter

sadık *s. esk.* true, veracious; faithful, loyal, truehearted, true, constant, devoted, staunch * sadakatli *sadık kalmak* to stand by

sadır *a. esk.* breast, chest

sadist *a.* sadist ¤ *s.* sadistic

sadistçe *be.* sadistically

sadistlik *a.* sadism * elezerlik, sadizm

sadizm *a.* sadism * elezerlik, sadistlik

sadme *a.* collision; violent blow; shock

sadomazoşist *s.* sadomasochist

sadomazoşizm *a.* sadomasochism

sadrazam *a.* grand vizier

sadrazamlık *a. trh.* grand vizierate

saf¹ *a.* row, line; *ask.* rank, line *saf saf* in rows, in ranks

saf² *s.* pure, unmixed * halis, has; gullible, credulous, simple, innocent, artless, dew-eyed, green *kon.* *saf alkol* absolute alcohol *saf altın* pure gold *saf bellek* pure memory *saf ipek* pure silk *saf keten* pure linen *saf kod* pure code *saf kömür* pure coal *saf kurşun* chemical lead *saf meşcere* pure stand *saf renk* pure colour *saf su* pure water *saf ton* simple tone *saf üreteç* pure generator *saf yün* pure wool

safa *a.* entertainment, pleasure, untroubledness

safalı *s.* pleasant, enjoyable

safari *a.* safari

safça *be.* naively

safdil *s.* dupe

safen *a.* saphena

saffet *a. esk.* purity, cleanness

safha *a.* stage * evre; *fiz.* phase * faz

safi *s.* pure, clean; net ¤ *be.* only, merely

safir *a.* sapphire

safirin *a.* sapphirine

safiyet *a.* purity; naivety

safizm *a.* sapphism, lesbianism

safkan *s.* purebred, thoroughbred

safkanlılık *a.* homozygosis

saflaştırmak *e.* to purify; to refine

saflık *a.* purity, pureness; gullibility, innocence, artlessness

safra¹ *a, den.* ballast * balast *safra atmak* to get rid of *safra suyu* water ballast

safra² *a.* bile, gall * öd *safra asidi* bile acid *safra taşı* gallstone

safrakesesi *a, anat.* gall bladder * ödkesesi

safralı *s.* billious

safran *a.* saffron

safranin *a.* safranin(e)

safrol *a.* safrol(e)

safsata *a.* sophistry, fallacy, casuistry

safsatacı *a.* sophist, casuist, quibbler

safsatalı *s.* sophistic(al), casuistical

sagu *a.* sago

sağ¹ *s.* right *sağ direkt* (boksta) straight

right **sağ gözünü sol gözünden sakınmak** to be very jealous **sağ kanat** pol. right wing **sağ kol** right-hand man **Sağ ol** Thank you!, Ta! İİ./kon. **Sağ yap!** oto. Turn right! **sağ yapmak** to cut the wheels (of an automobile) **sağa** to the right **sağa sola** here and there **sağa sola bakmadan** inconsiderately, carelessly **sağda** on the right **sağda solda** right and left, everywhere **sağda solda sürtmek** to hang around in bad places/company **sağdan** from the right **Sağdan gidiniz** Keep to the right **sağı solu olmamak** to chop and change **sağlı sollu** right and left, on both sides

sağ^2 s. alive; sound, healthy; unadulterated, unmixed, pure * katkısız **sağ çıkmak** to live through, to come through **sağ kalanlar** the survivors **sağ kalmak** to remain alive, to survive **sağ kurtulmak** to survive, to save one's skin **sağ salim** safe and sound **sağ salim çıkmak** to live through

sağaçık a, sp. outside right

sağalmak e, hek. to get well, to recover

sağaltğmbilim a. therapeutics

sağaltıcı s, hek. therapeutic, curative

sağaltım a, hek. treatment, therapy, cure * tedavi

sağaltımevi a. sanatorium

sağaltmak e, hek. to treat, to cure, to heal

sağaltman a. therapist

sağanak a. downpour, shower, cloudburst **sağanak cephesi** squall front **sağanak lağımı** storm sewer

sağanaklı s. squally

sağbeğeni a. good taste

sağbek a, sp. right back

sağcı a, s. rightist

sağcılık a. pol. rightism

sağdıç a. (bridegroom's) best man

sağduyu a. common sense, reason

sağduyulu s. having common sense

sağgörü a. foresight

sağgörülü s. foresighted, clear-sighted

sağgörüsüz s. lacking foresight

sağgörüsüzlük a. lack of foresight

sağhaf a, sp. right halfback

sağı a. bird's excrement

sağım a. milking; milk-giving animal

sağımlı s. milch

sağımlık s. milch (animal)

sağın s. exact, precise, correct

sağınım a. peristalsis

sağınımlı s. peristaltic

sağınma a. peristalsis

sağır s. deaf; giving no sound, dull ¤ a. deaf person **sağır değişken** dummy variable **sağır etmek** to deafen **sağır kemer** relieving arch **sağır tohum** empty seed **sağır ve dilsiz** deaf-and-dumb, deaf-mute **sağırlar** the deaf

sağırlaşmak e. to grow deaf

sağırlaştırmak e. to deafen

sağırlık a. deafness

sağıryılan a. hayb. viper, adder

sağiç a, sp. right centre

sağistem a. good will, good intention * iyi niyet, hüsnüniyet

sağlam s. sound; healthy; strong, robust, sturdy; trustworthy, reliable, sure, safe, solid, staunch; solid, firm, durable, substantial, hardwearing; all right, in good order/condition; whole, undamaged **sağlam ayakkabı değil** (he's) unreliable, untrustworthy **sağlam kazığa bağlamak** to make safe/sure **sağlama almak** to make sure of/that **sağlama bağlamak** to make safe/sure

sağlama a. supplying; proof, check **sağlama sayısı** check digit **sağlamasını yapmak** to crosscheck

sağlamak^1 e. to supply, to obtain, to provide, to get, to secure, to procure res.; to ensure; mat. to prove

sağlamak^2 e. to keep to the right, to drive on the right

sağlamlamak e. to strengthen, to reinforce; to get it confirmed

sağlamlaşmak e. to become strong, to consolidate

sağlamlaştırma a. strengthening, fortification

sağlamlaştırmak e. to strengthen, to reinforce, to consolidate, to fortify

sağlamlık a. soundness; health; solidity, firmness

sağlı sollu be. on both sides, right and left

sağlıcakla be. in good health and mood

sağlık a. health ¤ sg. sanitary **sağlığa zararlı** insanitary **sağlığına içmek** to toast, to drink to the health of **sağlığına kavuşmak** to recuperate **sağlığında** in his lifetime, while he was alive **Sağlığınıza** To your health!, Cheers! **sağlık belgesi** bill of health **sağlık**

bilgisi *bkz.* sağlıkbilgisi *sağlık fiziği* health physics *sağlık görevlisi* government health official *sağlık koruma* sanitation *sağlık memuru* health officer *sağlık merkezi* health centre *sağlık ocağı* village clinic *Sağlık olsun* Never mind! *kon.* *sağlık raporu* medical report *sağlık sigortası* health insurance *Sağlık ve Sosyal Yardım Bakanlığı* Ministry of Health

sağlıkbilgisi *a.* hygiene * hijyen
sağlıkbilim *a.* (the science of) medicine
sağlıkbilimsel *s.* medical
sağlıklı *s.* healthy, bonny, in good health; sound, reliable
sağlıklılık *a.* healthiness
sağlıksal *s.* sanitary
sağlıksız *s.* unhealthy, ill; unhealthy, insanitary; unreliable, wrong
sağma *a.* milking *sağma makinesi* milker, milking machine
sağmak *e.* to milk; to run off, to unreel, to wind off
sağmal *s.* milch
sağrı *a.* rump *sağrı bölgesi* pelvis *sağrı kemiği* sacrum *sağrı pervazı* hip molding
sağrıkemiği *a. anat.* sacrum
sağu *a.* dirge, lamentation
sağyağ *a.* clarified butter, cooking butter
sağyazı *a.* correct spelling
sah *a. esk.* paraph, stet
saha *a.* zone; area; *sp.* field, ground, pitch; open space; domain, field *saha çalışması* fieldwork *sahaya çıkarmak* to field
sahabe *a.* the companions of the Prophet Muhammad
sahabet *a. esk.* support, protection
sahaf *a.* second-hand bookseller
sahaflık *a.* second-hand book trade
sahan *a.* shallow frying-pan *sahanda yumurta* fried eggs
sahanlık *a.* landing (stairs)
sahavet *a. esk.* generosity, liberality
sahi *be.* really, truly *Sahi mi* Really?
sahibe *a.* female owner, mistress
sahici *s, kon.* real, genuine, true
sahiden *be.* really, truly, indeed
sahih *a. esk.* real, true, correct, exact
sahil *a.* seashore, shore, coast, beach; seafront *sahil çakılı* shingle *sahil hattı* shore line *sahil kesimi* seaboard *sahil*

kırılması coastal refraction *sahil kordonu* sandbar *sahil koruma görevlisi* (member of a) coastguard *sahil koruma* coastguard *sahil şeridi* coastline *sahile çekmek* to beach *sahile vurmak* to be stranded

sahileşmek *e.* to come true
sahip *a.* owner, possessor, holder, master; patron, protector *sahip çıkmak* to claim *sahip olmak* to have (got), to own, to possess, to hold, to enjoy
sahiplik *a.* ownership, possession
sahipsiz *s.* ownerless, unowned; unprotected, abandoned, derelict
sahipsizlik *a.* being ownerless/unclaimed
sahne *a, tiy.* stage; *tiy, sin.* scene *sahne amiri* stage manager *sahne görevlisi* stagehand *sahneye çıkmak* to appear *sahneye koymak* a) to stage, to put sth on b) to direct, to produce *sahneye uyarlamak* to dramatize
sahnelemek *e.* to stage
sahra *a.* open country; desert, wilderness; *ask.* field *sahra hastanesi* field hospital *sahra silahları* field weapons *sahra talimatnamesi* *ask.* field manual *sahra topçu sınıfı* *ask.* field artillery *sahra topçusu* field artillery *sahra topu* field gun
Sahra *a.* the Sahara ¤ *s.* Saharan
sahte *s.* false, counterfeit, fake, phoney *hkr.*, phony *hkr.*, spurious, mock; affected, deceitful, sham *sahte bilgi* false drop *sahte büküm* false twist *sahte dip* false bottom *sahte gözyaşları* crocodile tears *sahte hata* false error *sahte isim* alias *sahte tesis* decoy *sahtesini yapmak* to forge
sahtekâr *a.* forger, counterfeiter, imposter, sham, falsifier, faker
sahtekârlık *a.* forgery, fraud, counterfeiting
sahtelik *a.* falsity; pretense, affectation
sahtiyan *a.* morocco leather, Russia leather
sahur *a.* meal before dawn during Ramadan
saik *a, esk.* motive, incentive
saika *a. esk.* motive, reason, incentive
sair *be.* other, different
sairfilmenam *a. esk.* somnambulist, sleepwalker
sak[1] *s.* wide awake, sharp ¤ *a.* light

sleeper

sak² *a.* stalk **sak kabuğu** bast **sak kırma makinesi** breaking scutcher **sak lifi** stalk fibre, bast fibre

saka¹ *a.* water carrier

saka² *a, hayb.* goldfinch, finch

sakağı *a. hek.* glanders

sakak *a.* double chin; dewlap

sakakuşu *a. hayb.* goldfinch

sakal *a.* beard **sakal bırakmak** to grow a beard **sakalı ele vermek** to allow oneself to be led by the nose

sakalık *a.* work of a water carrier, carrying drinking water

sakallanmak *e.* to sprout a beard

sakallı *s.* bearded **sakallı guguk** *hayb.* puffbird

sakalsız *s.* beardless

sakamonya *a. bitk.* scammony

sakandırık *a.* chin strap (on headwear)

sakangur *a. hayb.* skink; coarse bookmuslin

sakar *s.* clumsy, butterfingered, awkward, ham-fisted, ham-handed ¤ *a.* blaze

sakarat *a.* saccharate

sakarca *a. hayb.* white-fronted goose

sakarik asit *a.* saccharic acid

sakarik *s.* saccharic

sakarimetre *a.* saccharimeter

sakarimetri *a.* saccharimetry

sakarin *a.* saccharin

sakarinli *s.* saccharinated, saccharated

sakarit *a.* saccharide

sakarlaşmak *e.* to become awkward/clumsy

sakarlık *a.* clumsiness

sakarmeke *a. hayb.* greylag, greylag goose

sakaroz *a.* saccharose, sucrose

sakarozölçer *a.* saccharometer

sakat *s.* disabled, crippled, handicapped, lame, game; risky, insecure; untrustworthy, shifty; wobbly, shaky ¤ *a.* invalid, cripple **sakat etmek** to disable

sakatat *a.* offal, giblets, entrails

sakatatçı *a.* offal seller

sakatlamak *e.* to disable, to cripple, to mutilate, to maim

sakatlanmak *e.* to become disabled, to become mutilated

sakatlık *a.* disability, deformity; defect; mishap, accident **sakatlık maaşı** disability pension

sakf *a. esk.* roof

sakım *a. fiz.* conservation

sakın *ünl.* Mind!, Beware!, Don't do it!; You dare!, Don't you dare! **Sakın ha** a) Mind you don't! b) Don't you dare!

sakınca *a.* objection, drawback, inconvenience

sakıncalı *s.* inconvenient, objectionable, undesirable

sakıncasız *s.* having no drawbacks/disadvantages

sakıngan *s.* prudent, cautious, chary

sakınganlık *a.* prudence, cautiousness

sakınım *a.* conservation

sakınımlı *s.* prudent

sakınmak *e.* to take care of oneself; to avoid, to refrain, to shun; to beware of; to protect

sakıntı *a.* precaution, prudence, vigilance

sakıntılı *s.* cautious, prudent

sakıntısız *s.* incautious, imprudent

sakırdamak *e.* to shiver, to tremble

sakırga *a, hayb.* tick

sakırtı *a.* shiver, trembling

Sakıt *a. esk.* Mars

sakıt *a.* falling; null, invalid; *hek.* stillborn (fetus)

Sakız *a.* Chios

sakız *a.* chewing gum, gum; mastic **sakız çiğnemek** to chew gum

sakızağacı *a, bitk.* mastic tree, lentisc

sakızbademi *a.* Chian almond

sakızkabağı *a, bitk.* vegetable marrow

Sakızlı *a. s.* Sciot, Chiot

sakızlı *s.* resinous

saki *a. esk.* cupbearer

sakil *s.* heavy, weighty; wearisome, tedious; ugly, ill-proportioned

sakim *s. esk.* faulty, defective, erroneous

sakin *s.* calm, cool, placid, self-possessed, serene, imperturbate; quiet, taciturn; tranquil, peaceful, easy ¤ *a.* inhabitant, dweller, resident, occupier, occupant * sekene **sakin olmak** to calm down

sakince *be.* calmly

sakinleşmek *e.* to calm, to calm down, to cool down, to quiet down, to simmer down

sakinleştirici *s.* placatory

sakinleştirmek *e.* to calm, to calm sb down, to cool sb down, to soothe, to mollify, to quiet (down), to quieten (down), to pacify; to sedate, to tranquillize, to tranquilize *Al.*

sakinlik *a.* calmness, composure, coolness, self-possession, serenity, tranquility, equanimity

sakit *s. esk.* silent, mute

saklama *a.* storage, preservation *saklama aygıtı* storage device *saklama birimi* storage unit *saklama ortamı* storage medium

saklamak *e.* to hide, to conceal, to secret, to bury; to disguise; (sır) to keep, to keep sth back (from); to save, to preserve

saklambaç *a.* hide-and-seek *saklambaç oynamak* to play hide-and-seek

saklanmak *e.* to hide, to hide oneself; to be kept secret (from); to be kept (in a place); to be saved for

saklantı *a.* something which has been hidden, cache

saklı *s.* hidden, concealed; secret, covert; reserved, put aside; *huk.* legally guaranteed

saklık *a.* watchfulness, caution

sako *a. esk.* sack coat

sakoleta *a. esk.* canister

saksağan *a, hayb.* magpie

sakshorn *a. müz.* saxhorn

saksı *a.* flowerpot, vase; *arg.* head, nut *arg. saksıyı çalıştırmak* to use one's life *kon.*

saksıgüzeli *a, bitk.* pennywort, navelwort

saksılık *a.* stand for flowerpots

saksofon *a, müz.* saxophone, sax *kon.* *saksofon çalmak arg.* to give a blowjob, to eat it

saksofoncu *a, müz.* saxophonist

saksofonculuk *a. müz.* being a saxophonist

saksonya *a.* Dresden china, Meissen china

Saksonya *a.* Saxony (in Germany)

sal *a.* raft

sala *a.* special call/cry from a minaret for prayers on certain on certain occasions

salabet *a. esk.* firmness, hardness, rigidity, strength

salacak *a.* bench on which a corpse is washed

salah *a. esk.* improvement, amelioration

salahiyet *a, esk.* authority, power * yetki

salahiyetli *s.* authorized, empowered

salahiyetsiz *s.* lacking authority

salak *s.* silly, foolish, stupid, daft *kon.*, cuckoo *kon.*, dim *kon.*, dense *kon.* ¤ *a.* fool, clot, booby, idiot *kon.*, ass *kon.*, ninny *kon.*, goon *kon.*, dope *kon.*, chump *kon.*, cretin *hkr.*

salaklaşmak *e.* to begin to act like an idiot

salaklık *a.* silliness, stupidity

salam *a.* salami

salamandra *a.* salamander stove

salamanje *a.* dining room

salamura *a.* brine, souse; soused food *salamuraya yatırmak* to souse

salamuralık *s.* suitable for making brine

salangan *a, hayb.* salangane

salapurya *a.* barge, lighter

salaş *a.* booth, market stall, temporary shed

salaşpur *a. teks.* cotton fabric (used for linings)

salat *a.* ritual prayer, namaz

salata *a.* salad

salatalık *a, bitk.* cucumber * hıyar ¤ *s.* used for making salad

salavat *a.* a prayer for the Prophet Muhammad and his descendants

salcı *a.* raftsman

salça *a.* tomato sauce/paste

salçalı *s.* containing sauce/gravy

salçalık *a.* sauceboat

saldırgan *s.* aggressive ¤ *a.* attacker, assailant, aggressor *saldırgan su* aggressive water

saldırganlık *a.* aggressiveness

saldırı *a.* attack, aggression, assault, charge, invasion * hücum, taarruz, tecavüz *saldırıyı püskürtmek* to repel an attack, to repulse an attack, to beat off an attack

saldırıcı *s.* aggressive, truculent

saldırmak *e.* to attack, to assault, to assail, to charge, to go at sb, to go for sb, to come at sb, to set on sb, to set about sb *kon.*; to set sb/sth on sb; *kim.* to attack, to act on

saldırmazlık *a.* nonaggression *saldırmazlık paktı* nonaggression treaty

salep *a.* salep, sahlep; drink made from sahlep root in hot milk and cinnamon

salepçi *a.* maker/seller of salep

salepçilik *a.* making/selling salep

salgı *a.* secretion * ifraz

salgıbezi *a.* glandula
salgıç *a.* emitter
salgılama *a.* secretion
salgılamak *e.* to secrete, to excrete
salgılı *s.* eccentric *salgılı ayna* eccentric chuck *salgılı pres* eccentric press
salgın *s.* contagious, epidemic ¤ *a.* epidemic *salgın hastalık* epidemic
salgınbilim *a.* epidemiology
salgısal *s.* excretive, humoral
salhane *a.* slaughterhouse, abattoir * kesimevi, kanara, mezbaha
salı *a.* Tuesday
salıcı *s.* emissive *salıcı güç* emissive power
salıcılık *a.* emissivity
salık *a.* advice, recommendation *salık vermek* to recommend, to advise, to counsel
salım *a.* emission *salım çizgisi* emission line *salım izgesi* emission spectrum
salımsal *s.* emissive
salıncak *a.* swing; hammock
salıncaklı *s.* rocking *salıncaklı sandalye* rocking chair, rocker
salıngaç *a.* oscillator
salınım *a.* oscillation; *gökb.* libration *salınım devresi* oscillating circuit *salınım merkezi* centre of oscillation *salınım ölçütü* cycle criterion *salınım sayacı* cycle counter *salınım zamanı* cycle time
salınımçizer *a.* oscillograph
salınımgözler *a.* oscilloscope
salınımlı *s.* with oscillation, oscillatory, oscillating *salınımlı açıcı* oscillating expander *salınımlı boşalma elek.* oscillatory discharge *salınımlı devre* oscillatory circuit *salınımlı gerici* oscillating expander *salınımlı kalbur* oscillating screen
salınmak *e.* to swing, to wave; to sway; to oscillate
salıntı *a.* shaking; swell (at sea); looseness
salıntılı *s.* shaky; agitated
salıvermek *e.* to let go, to let sb out, to release, to set free
salih *s.* suitable, fit, usable, good
salik *a. esk.* follower
salim *s, esk.* safe, sound
salimen *be.* safely, safe and sound
salinometre *a.* salinometer

salip *a. esk.* crucifix, cross
salis *s. esk.* third
salise *a.* one sixtieth of a second
salisen *be. esk.* thirdly
salisil *a.* salicyl
salisilat *a.* salicylate
salisilik asit *a.* salicylic acid
salisilik *s.* salicylic
salisin *a.* salicin
salkım *a.* bunch, cluster; *bitk.* wistaria, wisteria *salkım ağacı* acacia * akasya *salkım saçak* hanging down in rags
salkımağacı *a. bitk.* black locust
salkımak *e.* to hang flaccidly
salkımcık *a.* sororis
salkımmercikli *s. bitk.* adelphous
salkımlanmak *e.* to form bunches
salkımlı *s.* corymbose, paniculated, racemic, racemiferous, racemose, thyrsoidal
salkımsı *s.* aciniform, racemose
salkımsöğüt *a, bitk.* weeping willow
sallabaş *s.* shaking his head (iinvoluntarily)
sallamak *e.* to swing, to sway, to dangle; to rock; to shake, to wave, to wag, to brandish, to waggle *kon.*; to wobble; *kon.* to leave in suspense; *arg.* to make up
sallandırmak *e.* to cause (sth) to sway/shake; *kon.* to hang (sb)
sallanmak *e.* to swing, to rock, to sway, to dangle, to wave, to wag, to waggle, to reel; to wobble; to linger, to dawdle *sallana sallana yürümek* to amble *Sallanma!* Chop-chop! *İİ./kon.*
sallantı *a.* rocking, rolling; quandary *sallantı noktası* libration point *sallantıda* on the rocks *sallantıda bırakmak* to leave up in the air, to suspend
sallantılı *s.* shaking, wobbling
sallapati *s.* careless, tactless ¤ *be.* carelessly, tactlessly
sallasırt etmek *e. kon.* to shoulder
sallı *a. yörs.* wide, sprawling, straggling
salma *a.* release, releasing; sending *salma omurga* fin *salma sulama* flooding method
salmak *e.* to let go, to set free, to loose, to release; to send; to emit; to add, to put
salmalık *a.* pasture
salmastra *a.* gasket, packing *salmastra bileziği* packing ring *salmastra*

cıvatası packing bolt *salmastra fitili* packing cord *salmastra halkası* packing ring *salmastra kovanı* gland box, gland *salmastra kutusu* stuffing box *salmastra malzemesi* packing material *salmastra manşonu* packing sleeve *salmastra rondelası* packing washer

salname *a.* yearbook

salol *a.* salol

salon *a.* living room, sitting room, drawing room; lounge; parlour, parlor *Aİ.*; hall, auditorium; showroom

saloz *s, arg.* silly, foolish, stupid, daft *kon.*, cuckoo *kon.*, dim *kon.*, dense *kon.*

salozlaşmak *e. arg.* to begin to do idiotic things

salozluk *a. arg.* stupidity, foolishness

salpa *s.* loose, slack, inefficient

salpalık *a.* looseness, slackness

salt *be.* merely, solely, only ¤ *s.* pure, absolute *salt çoğunluk* absolute majority *salt değer* absolute value *salt okunur bellek* read-only memory

salta *a. esk.* short jacket, bolero

salta durmak/etmek *e.* (köpek) to stand on the hind legs

saltanat *a.* sovereignty, rule; sultanate; magnificence, splendour, pomp *saltanat sürmek* a) to reign b) to live in luxury

saltanatlı *s. kon.* sultanic, magnificent, pompous

saltanatsız *s. kon.* devoid of pomp/splendour, simple

saltçılık *a.* absolutism * mutlakiyet

saltık *s.* absolute * mutlak *saltık adres* machine address *saltık akışmazlık* absolute viscosity *saltık birim* absolute unit *saltık kod* one-level code *saltık nem* absolute humidity *saltık sıcaklık* absolute temperature *saltık sıfır* absolute zero

saltıkçı *a. s.* absolutist

saltıkçılık *a.* absolutism

saltin *be.* absolutely, certainly

salvo *a.* salvo (of artillery fire)

salya *a.* saliva, slaver, spittle, slobber, sputum *salyası akmak* to slobber, to slaver, to drool, to dribble

salyafora *a, den.* hauling enough chain *salyafora haladı* chain rope *salyafora kancası* chain hook

salyangoz *a, hayb.* snail

sam *a.* simoom, simoon

saman *a.* straw; hay, chaff *saman altından su yürütmek* to act on the sly, to do sth secretly *saman bıçağı* chaff cutter *saman çatı* thatched roof *saman eğesi* bastard cut file *saman gibi* insipid *saman kesici* chaff cutter *saman nezlesi* hay fever *saman rengi* straw-coloured

samani *s.* straw coloured

samankâğıdı *a.* tracing paper

samankapan *a.* yellow amber

samanlı *s.* strawy, chaffy

samanlık *a.* hayloft, loft, haymow

samanrengi *a.* straw yellow ¤ *s.* straw-coloured

Samanyolu *a, gökb.* the Milky Way, the Galaxy * gökyolu, hacılaryolu, Kehkeşan

samaryum *a, kim.* samarium

samba *a, müz.* samba

Sami *s, dilb.* Semitic

samia *a. esk.* hearing

samimi *s.* sincere, cordial, frank, open-hearted, hearty, candid, devout, intimate, close, chummy *kon.*, thick (with sb) *kon. samimi davranmak* to let down one's hair *samimi dost* bosom friend *samimi olmak* to be on familiar terms with sb, to be thick with sb *kon.*

samimilik, samimiyet *a.* sincerity, cordiality, familiarity, intimacy, closeness, candour * içtenlik

samimiyetle *be.* sincerely, truly * içtenlikle

samimiyetsiz *s.* formal, reserved, distant, insincere

samimiyetsizlik *a.* insincerity, cant, formality

Samoa *a.* Samoa ¤ *s.* Samoan *Samoa Adaları* the Samoa Islands

Samoaca *a, s.* Samoan

Samoalı *a, s.* Samoan

samsa *a.* pastry with syrup

samur *a.* sable *samur kürk* sable skin coat, sable

samuray *a.* samurai

samyeli *a.* simoom, simoon

san *a.* fame, reputation; title, appellation *San Marino* *a.* San Marino ¤ *s.* San Marinese *San Marinolu* San Marinese

San Marino *a.* San Marino

San Marinolu *a. s.* San Marinese

sana *adl.* you, to you; for you *sana ne*

radyatörcü *a.* maker of radiators; seller of radiators; repairer of radiators

radye *a.* raft *radye jeneral* raft footing *radye temel* raft foundation

radyo *a.* radio *radyo alıcısı* radio receiver *radyo dalgası* radio wave *radyo devresi* radio circuit *radyo dinlemek* to listen to the radio, to listen in *radyo eko* radio echo *radyo frekansı* radio frequency *radyo istasyonu* radio station *radyo kanalı* radio channel *radyo lambası elek.* vacuum tube *radyo link* radio link *radyo röle* radio relay *radyo seyir* radio navigation *radyo tiyatrosu* radio play *radyo vericisi* radio transmitter *radyo yayını* radio broadcasting *radyoyu açmak* to switch on the radio *radyoyu kapamak* to switch off the radio

radyoaktif *s.* radioactive * ışınetkin *radyoaktif birikinti* active deposit *radyoaktif bulaşma* radioactive contamination *radyoaktif çekirdek* radionuclide *radyoaktif çözülme* radioactive decay *radyoaktif denge* radioactive equilibrium *radyoaktif eleman* radioactive element *radyoaktif izleyici* radioactive tracer *radyoaktif izotop* radioactive isotope *radyoaktif kalıntı* radioactive fallout *radyoaktif kaynak* radioactive source *radyoaktif parçalanma* radioactive disintegration *radyoaktif seriler* radioactive series *radyoaktif serpinti* fallout *radyoaktif tortu* radioactive deposit *radyoaktif tüp* radioactive tube *radyoaktif ürün* radioactive product *radyoaktif yarıömür* radioactive half-life *radyoaktif zincir* radioactive chain

radyoaktiflik *a.* radioactivity
radyoaktinyum *a.* radioactinium
radyoaktivite *a.* radioactivity * ışınetkinlik
radyoastronomi *a.* radio-astronomy
radyobiyolog *a.* radiobiologist
radyobiyoloji *a.* radiobiology
radyocu *a.* maker/seller/repairer of radios
radyoelektrik *a.* radioelectricity
radyoelektriksel *s.* radioelectric
radyoelement *a.* radioelement
radyoevi *a.* broadcasting house
radyofon *a.* radiophone
radyofoni *a.* radiophony

radyofonik *s.* radio, suitable for radiobroadcasting
radyofosfor *a. kim.* radiophosphorus, radioactive phosphorus
radyofoto *a.* radiophotograph
radyofotoışıldama *a.* radiophotoluminescence
radyofotolüminesans *a.* radiophotoluminescence
radyofrekans *a.* radiofrequency
radyogonyometre *a.* radiogoniometer
radyogökbilimi *a.* radio-astronomy
radyograf *a.* radiograph
radyografi *a.* radiography
radyogram *a.* radiogram
radyogüdüm *a.* radioguidance
radyoiletişim *a.* radio communication
radyoiyot *a.* radio-iode
radyoizotop *a.* radioisotope
radyokarbon *a.* radiocarbon
radyokaynak *a.* radio source
radyokimya *a.* radiochemistry
radyokimyasal *s.* radiochemical
radyokobalt *a.* radio cobalt
radyokoloit *a.* radiocolloid
radyokumanda *a.* radio command
radyolink *a.* radio link
radyoliz *a.* radiolysis
radyolog *a.* radiologist
radyoloji *a.* radiology
radyolojik *s.* radiological
radyolüminesans *a.* radioluminescence
radyometal *a.* radiometal
radyometre *a.* radiometer
radyometri *a.* radiometry
radyometrik *a.* radiometric
radyomikrometre *a.* radiomicrometer
radyomimetik *s.* radiomimetic
radyopusula *a.* radiocompass
radyoreseptör *a.* radioreceptor
radyoskop *a.* radioscope
radyoskopi *a.* radioscopy
radyosonda *a.* radiosonde *radyosonda gözlemi* raob
radyostronsiyum *a.* radiostrontium
radyoteknik *a.* radiotechnology
radyoteknoloji *a.* radio technology
radyotelefon *a.* radiotelephone
radyoteleskop *a.* radiotelescope
radyotelgraf *a.* radiotelegraph
radyoterapi *a.* radiotherapy
radyoterapisi *a.* radiotherapist
radyotermolüminesans *a.* radiother-

What's that to you?

sanal *s, mat.* imaginary **sanal eksen** imaginary axis **sanal parça** imaginary part **sanal sayı** imaginary number **sanal seks** cybersex

sanat *a.* art; craft, trade; skill, ability **sanat enstitüsü** trade school **sanat eseri/yapıtı** work of art

sanatçı *a.* artist, performer; craftsman, artisan

sanatçılık *a.* artistry; craftsmanship, artisanship

sanatkâr *a.* artist; craftsman, artisan

sanatkârlık *a.* artistry; craftsmanship, artisanship

sanatlı *s.* artistic

sanatoryum *a.* sanatorium, sanitarium *Al.*

sanatsal *s.* artistic

sanatsever *a.* art-lover

sanatsız *s.* artless

sanayi *a.* industry **sanayi devrimi** industrial revolution **sanayi merkezi** industrial centre **sanayi sitesi** industrial estate **sanayi suyu** process water

sanayici *a.* industrialist

sanayicilik *a.* industrialism

sanayileşme *a.* industrialization

sanayileşmek *e.* to become industrialized, to industrialize

sanayileştirme *a.* industrialization

sanayileştirmek *e.* to industrialize

sancak *a.* flag, standard, banner; starboard

sancakbeyi *a. trh.* governor of a sanjak/province

sancaktar *a.* standard-bearer

sancı *a.* pang, twinge, colic, stitch, stomachache

sancılanmak *e.* to have an internal pain, to have a stomachache; to have labour pains

sancılı *s.* pained; painful

sancımak *e.* to ache, to twinge

sançmak *e. yörs.* to stick into, to pierce

sandal[1] *a, bitk.* sandalwood

sandal[2] *a, den.* small boat, rowing boat, rowboat **sandal vinci** davit **sandalla gezmek** to go boating, to boat

sandalağacı *a.* sandalwood

sandalcı *a.* boatman; maker/seller of sandals

sandalet *a.* sandal

sandalye *a.* chair; *mec.* office, post

sandalyeci *a.* maker/seller of chairs

sander *a.* sandur

sandık *a.* chest, coffer, box; crate; ballot box; bank; fund; cash department **sandık geçmesi** dovetail joint **sandık kiriş** box girder

sandıkbalığı *a, hayb.* boxfish, trunkfish

sandıkçı *a.* maker/seller of chests/coffers/boxes

sandıklamak *e.* to box, to crate

sanduka *a.* sarcophagus

sandur *a.* sandur, wash plain

sandviç *a.* sandwich **sandviç duvar** cavity wall, hollow wall **sandviç ekmeği** rolls **sandviç film** sandwich film

sanem *a.* idol

sanforizasyon *a.* sanforizing

sanforlama *a, teks.* sanforizing

sanforlamak *e, teks.* to sanforize

sangı *s.* stupefied, confused, dazed

sangılamak *e. yörs.* to be stupefied, to become confused

sangılık *a. yörs.* stupefaction, confusion, daze

sanı *a.* supposition, surmise * zan

sanık *a.* suspect, the accused, culprit, defendant

sani *s.* second

sanidin *a.* sanidine

saniye *a.* second **saniye ibresi** second hand **saniyede çevrim** cycle per second **saniyede resim** picture repetition frequency

saniyelik *s.* taking a very short time

saniyen *be.* secondly

sank *a.* bird dung

sanki *bağ.* as if, as though, supposing that

sanlı *s.* famous, well-known

sanmak *e.* to suppose, to imagine, to think, to expect, to reckon, to guess; to flatter oneself **Sanırım** I think, I daresay, Surely

sanrı *a, ruhb.* hallucination * birsam

sanrılamak *e.* to hallucinate

sanrısal *s.* hallucinatory, hallucinative

sansar *a, hayb.* marten

sansasyon *a.* sensation **sansasyon yaratmak** to cause a sensation

sansasyonel *s.* sensational

sansitometre *a.* sensitometer

sansitometri *a.* sensitometry

Sanskritçe *a, s.* Sanskrit

sansör *a.* censor

sansüalist *a. fel.* sensationalist, sensualist

sansüalizm *a. fel.* sensationalism, sensualism

sansür *a.* censorship *sansürden geçirmek* to censor, to blue-pencil, to expurgate

sansürcü *a.* censor

sansürcülük *a.* censorship

sansürlemek *e.* to censor, to expurgate

sansürlü *s.* censored

santiar *a.* centare, centiare

santigram *a.* centigram

santigrat *a.* centigrade

santilitre *a.* centilitre

santim *a.* centimetre; (para) centime

santiman *a.* sentiment

santimantal *s.* sentimental

santimantalite *a.* sentimentality

santimantalizm *a.* sentimentalism

santimetre *a.* centimetre *santimetre kare* square centimetre *santimetre küp* cubic centimetre

santimetrik *s.* centimetric

santonin *a.* santonin

santra *a, sp.* centre spot

santral *a.* telephone exchange, exchange, switchboard, central; powerhouse, power station *santral memuru* telephone operator, telephonist

santralcı *a.* switchboard operator

santralizasyon *a.* centralization

santralize *s.* centralized

santrfor *a, sp.* centre-forward

santrhaf *a, sp.* centre-half

santrifüj *s.* centrifugal ¤ *a.* centrifugal, centrifugal machine *santrifüj anahtar* centrifugal switch *santrifüj ayırıcı* centrifugal separator *santrifüj değirmen* centrifugal mill *santrifüj düğme* centrifugal switch *santrifüj filtre* centrifugal filter *santrifüj fren* centrifugal brake *santrifüj kompresör* centrifugal compressor *santrifüj kurutucu* hydro-extractor *santrifüj kuvvet* centrifugal force *santrifüj pompa* centrifugal pump *santrifüj sepeti* centrifugal basket *santrifüj şurubu* centrifugal running *santrifüj tamburu* centrifugal drum *santrifüj vantilatör* centrifugal fan

santrifüjleme *a, tek.* centrifuging

santrifüjlemek *e, tek.* to centrifuge

santrifüjlü *s.* centrifugal *santrifüjlü debriyaj* centrifugal clutch *santrifüjlü regülatör* centrifugal regulator *santrifüjlü vantilatör* paddle-wheel fan

santrifüjör *a.* centrifugal machine

santrozom *a. biy.* centrosome

santur *a. müz.* dulcimer, santour

santurcu *a. müz.* dulcimer player

sap *a.* handle, grip; stalk, stem; single thread; stack; *arg.* boyfriend, lover; *arg.* a boy without a girlfriend *sap malcı* straw mulch *sapı silik kon.* vagrant, drifter *hkr.*, bum *Aİ./arg. sapına kadar* to the core, utterly

sapa *s.* off the road, out of the way, secluded

sapak *a.* turn

sapaklık *a.* divergence, anomaly

sapan *a.* sling shot; catapult

sapanbalığı *a. hayb.* sawfish, fox shark

sapanorya *a. arg.* ugly, shapeless

saparna *a, bitk.* sarsaparilla

saparta *a.* broadside *sapartayı çekmek* to give sb a blessing out *sapartayı vermek* to jump down sb's throat

sapasağlam *s.* well and sound

sapçık *a, anat.* pedunculus

sapçıklı *s.* stipellate

sapık *a.* pervert *hkr.* ¤ *s.* perverted *hkr.*, deviant *hkr.*; crazy, lunatic

sapıklaşmak *e.* to become perverted

sapıklık *a.* perversion

sapınç *a, fiz, gökb.* aberration

sapınçsız *s.* aplanatic

sapır sapır *be.* in great quantities and continuously *sapır sapır dökülmek* to fall abundantly and continuously

sapıtmak *e.* to go off one's head, to go nuts, to lose one's bearings; to drivel, to talk nonsense

sapkı *a, hek.* aberration

sapkın *s.* aberrant, perverted; *biy.* aberrant; erratic

sapkınlık *a.* aberration

sapkıntaş *a.* erratic block

saplama *a.* stud bolt; balancing weight *saplama kalemi* cape chisel *saplama keskisi* firmer chisel

saplamak *e.* to stick (into), to thrust (into), to plunge into, to dig sth into

saplanım *a. ruhb.* fixation

saplanmak *e.* to sink into, to be stuck in, to lodge

saplantı *a.* fixed idea, fixation, obsession, a bee in one's bonnet, hang-up *arg.* * sabit fikir, fikrisabit, idefiks
saplantılı *s.* obsessive
saplantısal *s.* obsessive
saplı *s.* stuck in; having a handle; having a stalk ¤ *a.* saucepan *saplı sultan arg.* queer, fairy, queen, fag *saplı şeker* lollipop
saplımeşe *a. bitk.* pedunculate oak
sapma *a.* deviation, deflection *sapma açısı* angle of deviation *sapma karakteri* skew character *sapma oranı* deviation ratio
sapmak *e.* to turn, to swerve, to turn off; to deviate, to deflect; to go astray; to fall into sin
sapmaölçer *a.* declinometer
sapogenin *a.* sapogenin
saponin *a.* saponin
saponit *a.* saponite
sapotağacı *a. bitk.* sapodilla, sapota
saprofit *s. biy.* saprophytic
sapsarı *s.* very yellow, bright yellow; ghastly, very pale *sapsarı kesilmek* to turn pale
sapsız *a.* handleless; *bitk.* stalkless, stemless; *arg.* without a boyfriend; without a girlfriend
sapsızlık *a.* sessility
saptama *a.* fixing, determination
saptamak *e.* to fix, to determine, to establish, to arrange, to set
saptayıcı *a. s.* fixative, fixatif
saptırma *a.* diversion *saptırma boyunduruğu* deflection yoke *saptırma duyarlığı* deflection sensitivity *saptırma elektrotu* deflecting electrode *saptırma gerilimi* deflecting voltage *saptırma plakası* deflector plate
saptırmak *e.* to divert; to deflect; to distort, to misrepresent, to twist
sara *a. hek.* epilepsy * tutarak, tutarık, tutarga, yilbik ¤ *sg.* epileptic *sarası tutmak* to have an epileptic fit
saraciye *a.* leather goods
saraç *a.* harness maker
saraçhane *a.* saddlery mart
saraçlık *a.* saddlery, harness-making; making leather goods
sarahat *a. esk.* clarity, explicitness, lucidity

sarahaten *be. esk.* clearly, distinctly, explicitly
sarahatli *s. esk.* clear, distict, explicit
sarak *a, mim.* stringcourse
saraka *a.* pulling sb's leg *sarakaya almak* to pull sb's leg
sarakacı *a. arg.* mocker
saralı *s, a, hek.* epileptic
sararmak *e.* to turn yellow; to turn pale, to pale
sarartmak *e.* to yellow
Saravak *a.* Sarawak ¤ *s.* Sarawakese
Saravaklı *a, s.* Sarawakese
saray *a.* palace; court *saray gibi* palatial *saray mensubu* courtier *saray soytarısı* court fool
saraylı *s. trh.* (woman) who is a member of the sultan's harem
saraypatı *a.* Michaelmas daisy
sardalye *a, hayb.* sardine * ateşbalığı
Sardca *a. s.* Sardinian
Sardinya *a.* Sardinia ¤ *s.* Sardinian
Sardinyaca *a, s.* Sardinian
Sardinyalı *a, s.* Sardinian
sardoğan *a.* yellow falcon, hobby
sardunya *a. bitk.* geranium
Sardunya *a.* Sardinia
sardunya *a, bitk.* geranium
sarf *a.* expenditure, consumption; *esk.* grammar * dilbilgisi, gramer *sarf etmek* a) to spend, to expend b) to use, to exert
sarfınazar *be.* apart from *sarfınazar etmek* to disregard, to overlook
sarfiyat *a.* costs, expenditures; consumption
sargı *a.* bandage, dressing; *elek.* coil, winding *sargı bezi* absorbent gauze *sargı sarmak* to bandage *sargıyı açmak* to unroll *sargıyı çözmek* to uncoil
sargılamak *e.* to bandage
sargılı *s.* bandaged
sarhoş *s.* drunk, drunken, blind, boozy, canned, inebriated, pickled *kon.*, smashed *arg.*, pissed *İİ./arg.* ¤ *a.* drunk, drunkard, boozer, tippler *sarhoş etmek* to intoxicate, to make drunk *sarhoş olmak* to get drunk
sarhoşluk *a.* drunkenness; *mec.* exhilaration, intoxication
sarı *a, s.* yellow; (saç) fair, flaxen, blond *sarı benizli* sallow *sarı filtre* yellow

screen **sarı ırk** the yellow race **sarı ışık** amber **sarı iris** water flag **sarı kaynağı** brazing **sarı kız** sorrel-coloured cow; *arg.* grass **sarı pirinç** yellow brass **sarı toprak** yellow earth
sarıağaç *a.* smoke tree
sarıağız *a, hayb.* maigre
sarıasma *a. hayb.* golden oriole
sarıbalık *a. hayb.* chub
sarıbaş *a.* doronicum, verdin
sarıbenek *a.* chloasma, macula lutea
sarıboya *a.* flavin, quercetin, xanthone
sarıca *s.* yellowish
sarıcık *a.* zeaxanthin
sarıçalı *a. bitk.* banksia
sarıçam *a.* Scotch pine
sarıçiçek *a.* yellowweed
sarıçiğdem *a. bitk.* saffron crocus
sarıdiken *a. bitk.* golden thistle
sarıhalile *a. bitk.* myrobalan
sarıhumma *a.* yellow fever
sarık *a.* turban
sarıkanat *a, hayb.* medium-sized bluefish
sarıkantaron *a. bitk. St.* Barnaby's thistle
sarıklı *s.* turbaned
sarılgan *s.* twining, running
sarılı *s.* wrapped; bandaged; covered; surrounded by; (in) yellow
sarılıcı *s. bitk.* climbing, clutching
sarılık *a.* yellowness, yellow colour; *hek.* jaundice
sarılma *a.* cuddle, embrace
sarılmak *e.* to embrace, to hug, to cuddle; to clasp, to hang on; to be surrounded; to pitch into sth, to go at sth; (bitki) to creep **sarılıp sarmalanmak** to wrap up
sarım *a.* winding **sarım faktörü** winding factor
sarımsı *s.* yellowish
sarımsı, sarımtırak *s.* yellowish
sarımtırak *s.* yellowish
sarınmak *e.* to wrap oneself in; to gird oneself
sarıpapatya *a. bitk.* golden marguerite
sarıpas *a.* yellow rust
sarısabır *a.* aloe
sarısalkım *a.* laburnum
sarısütleğen *a. bitk.* sun spurge
sarışebboy *a.* wallflower
sarışın *s.* fair, fair-haired, fair-skinned, blond, blonde ¤ *a.* blond, blonde
sarışınlık *a.* blondness
sarıyasemin *a. bitk.* wild jasmine

sarıyonca *a.* lupulin
sarızambak *a.* day lily
sâri *s.* contagious, infectious
sarig *a.* opossum
sarih *s.* clear, evident, explicit * açık, belirli, belgin
sarkaç *a.* pendulum * rakkas, pandül **sarkaç çubuğu** pendulum rod **sarkaç regülatör** pendulum governor **sarkaç topu** pendulum bob
sarkaçlı *s.* having a pendulum **sarkaçlı saat** pendulum clock
sarkık *s.* pendulous, drooping
sarkıntı *a.* hanging/drooping object
sarkıntılık *a.* molestation **sarkıntılık etmek** to molest
sarkıt *a.* stalactite * istalaktit
sarkıtlı *s.* stalactitic
sarkıtmak *e.* to dangle, to let sth hang down
sarkmak *e.* to hang, to hang down, to dangle, to sag; to lean out
sarkom *a, hek.* sarcoma
sarkoma *a.* sarcoma
sarkoplazma *a.* sarcoplasm
sarkosin *a.* sarcosine
sarma *a.* wrapping; surrounding; *arg.* joint, reefer
sarmaç *a.* hoisting drum
sarmak *e.* to wrap up, to muffle up, to lap, to envelop; to pack; to bandage, to bind; to embrace, to hug; to wind ... round, to wrap ... around; to furl; to cover, to spread over; to surround, to enclose, to encircle; to infest; to close in; to appeal to, to interest, to grow on sb **sarıp sarmalamak** to bundle sb up
sarmal *s.* spiral; helical * helisel, helezoni **sarmal besleyici** worm feeder **sarmal dişli** helical gear, spiral gear **sarmal oluk** spiral chute **sarmal tarama** spiral scanning **sarmal taşıyıcı** screw conveyor **sarmal yay** helical spring
sarmalamak *e.* to wrap up, to envelop
sarmalımsı *s.* spiroid(al)
sarman *a.* yellow cat
sarmaş dolaş *be.* in a close embrace **sarmaş dolaş olmak** to be locked in a close embrace
sarmaşan *s. bitk.* twining, climbing
sarmaşık *a.* ivy, creeper **sarmaşık eğrisi** cissoid
sarmaşmak *e.* to embrace one another

sarmısak *a, bitk.* garlic **sarmısak dişi** clove of garlic

sarmısakotu *a. bitk.* garlic mustard

sarnıç *a.* cistern; tank **sarnıç vagonu** tank wagon, tank car

sarnıçlı *s.* furnished with a cistern/tank

sarp *s.* steep, precipitous *res.* **sarpa sarmak** to become complicated

sarpa *a. hayb.* sea bream

sarpın *a.* hopper

sarplaşmak *e.* to become very steep

sarraf *a.* dealer of gold and other precious metals; moneychanger, moneylender

sarraflık *a.* money changing

sarsaç *a.* vibrator

sarsak *s.* shaky, wavering **sarsak oluk** shaking channel, grasshopper conveyor

sarsaklık *a.* parakinesia

sarsı *a.* shock, jolt

sarsıcı *a.* traumatic

sarsık *s.* trembling in walking, shaky

sarsılma *a.* oscillation, shock

sarsılmak *e.* to jolt, to shake; *mec.* to be cut up, to be shocked

sarsılmaz *s.* unshakeable

sarsım *a.* shaking, jolting; *gökb.* perturbation

sarsıntı *a.* shake, jolt; concussion; shock

sarsıntılı *s.* shaky, jolty **sarsıntılı elek** jigging screen, griddle **sarsıntılı oluk** shaking channel, shaking conveyor

sarsıntısız *s.* smooth

sarsma *a.* shaking, shake **sarsma cihazı** shaker **sarsma yükü** pulsating load

sarsmak *e.* to shake, to jar, to jolt; to give a shock, to shock, to rock, to devastate; to weaken, to debilitate

sartiye *a, den.* shroud

Sasani *a. s. trh.* Sassanid

sası *s.* smelling rotten and mouldy

sasımak *e.* to smell rotten and mouldy

sataşkan *s.* molesting, assailing; teasing

sataşmak *e.* to tease, to annoy, to needle, to taunt; to ask for trouble; to molest

saten *a.* satin **saten düşes** satin duchess **saten kalenderi** riffle calender

sathi *s.* superficial **sathi kaplama** surface dressing

sathileşmek *e.* to become superficial

sathileştirmek *e.* to make (sth) superficial

sathilik *a.* superficiality, superficialness

satı *a.* sale, selling **satıya çıkarmak** to put up for sale

satıcı *a.* seller, salesperson; salesman; saleswoman, saleslady; dealer, peddler

satıcılık *a.* salesmanship, selling

satıh *a.* surface; plane * yüz, yüzey **satıh tesviyesi** surface finish

satılık *s.* for sale, on sale **satılığa çıkarmak** to put up for sale

satılmak *e.* to be sold, to sell

satım *a.* sale, selling

satımlık *a.* commission received by a seller

satın: satın alma purchase **satın alma gücü** purchasing power **satın alma opsiyonu** option to purchase **satın almak** to buy, to purchase

satır[1] *a.* line **satır aralığı** row pitch **satır basıcı** line printer **satır basma** line printing **satır boşluğu** line blanking **satır eşlemesi** line synchronization **satır frekansı** line frequency **satır ilerletme** line feed **satır sayısı** line number **satır senkronizasyonu** line synchronization **satır silinmesi** line blanking **satır süresi** line duration **satır taraması** line scanning **satır üreteci** line generator **satır yazıcı** line printer **satır yazma** line printing

satır[2] *a.* chopper, meat cleaver

satırbaşı *a.* paragraph indentation **satırbaşı yapmak** to indent

satış *a.* sale, selling **satış elemanı** sales clerk **satış fiyatı** selling price **satış için önceden hazırlanan sözler** pitch **satış müdürü** sales manager **satış mühendisi** sales engineer **satış mühendisliği** sales engineering **satış sonrası servis** after-sales service **satış temsilcisi** commercial traveller **satış yeri** outlet **satışa çıkarmak** to put up for sale, to market, to release **satışa çıkmak** to come onto the market

satine *a.* satinet, satinette

satinet *a.* satinet(te)

satir[1] *a, ed.* satire * yergi

satir[2] *a.* satyr

satirik *s, ed.* satirical

satlıcan *a, yörs.* pleurisy

satmak *e.* to sell, to flog *İİ./kon.*; to pretend; *arg.* to get rid of (sb), to choke (sb) off, to dispose of sb/sth; *arg.* to sell sb out **satıp savmak** to sell all one has

satranç *a.* chess **satranç tahtası** chessboard **satranç taşı** chessman

satrançlı *s.* checkered, checked
satsuma *a.* satsuma
Satürn *a, gökb.* Saturn * Sekendiz, Zühal
sauna *a.* sauna
sav *a.* thesis, claim, assertion, allegation * tez, iddia; *esk.* word; *esk.* proverb
sava *a. yörs.* news; good news
savacı *a.* bringer of (good) news
savak *a.* floodgate, flume, sluice **savak kanalı** sluiceway **savak kapağı** sluice gate **savak yatağı** sluiceway
savan *a.* savanna
savana, savan *a.* savannah, savanna
Savaş *a. gökb.* Mars
savaş *a.* war; battle; fight, struggle, combat ¤ *sg.* martial **savaş açmak** to wage war (on/against) **savaş alanı** battlefield **savaş başlığı** warhead **savaş esiri** prisoner of war **savaş esiri/tutsağı** prisoner of war, POW **savaş gazı** war gas **savaş gemisi** battleship, warship **savaş hali** state of war **savaş ilan etmek** to declare war (on/against sb) **savaş kurbanları** victims of war **savaş muhabiri** war correspondent **savaş narası** battle cry **savaş oyunu** *ask.* war game **savaş öncesi** prewar **savaş sonrası** postwar **savaş suçlusu** war criminal **savaş suçu** war crime **savaş tanrısı** war god **savaş uçağı** warplane **savaş zamanı** wartime
savaşçı *a.* fighter, combatant, warrior ¤ *s.* warlike, bellicose
savaşım *a.* struggle, fight, battle, crusade **savaşım vermek** to struggle, to crusade
savaşımcı *a.* struggler, fighter
savaşkan *s.* bellicose, warlike
savaşmak *e.* to fight, to battle, to war; *mec.* to fight (against) sth, to battle, to combat
savaşöncesi *s.* prewar, antebellum
savaşsonrası *s.* postwar, postbellum
savat *a.* tula work, niello work
savatlamak *e.* to niello
savatlı *s.* ornamented with tul work, nielloed
savca *a.* written indictment
savcı *a.* attorney general, public prosecutor
savcılık *a.* attorney generalship
savla *a, den.* signal halyard
savlamak *e.* to assert, to maintain, to claim

savlecan *a.* polo mallet
savlet *a. esk.* attack, onset
savmak *e.* to send away, to turn away; to get rid of; to avoid, to escape; to get over (an illness)
savruk *s.* careless, untidy
savrukluk *a.* carelessness, untidiness
savruntu *a, trm.* chaff
savsak *s.* negligent, dilatory
savsaklamak *e.* to delay, to put off, to neglect
savulmak *e.* to stand aside, to get out of the way **Savulun!** Get out of the way!
savunma *a.* defence, defense *Aİ.*; *huk.* plea **savunma anlaşması** defensive alliance **savunma hattı** *ask.* line of defence
savunmak *e.* to defend; to advocate, to champion, to maintain, to stand sb up for sb/sth
savunmalık *s.* defensive
savunmasız *s.* defenceless
savunu *a.* defence, defense *Aİ.*
savunucu *a.* champion, advocate
savurgan *s.* extravagant, wasteful, improvident *res.*, prodigal *res./hkr.*, profligate *res./hkr.* * müsrif
savurganlık *a.* extravagance, prodigality, improvidence *res.*
savurma *a.* fling **savurma kumu** drift sand **savurma makinesi** *trm.* winnowing machine
savurmak *e.* to toss about, to throw about, to hurl, to fling; to winnow; to brandish, to wave around; to spend extravagantly
savuşmak *e.* to slip away
savuşturmak *e.* to cause to go away; to avoid, to escape, to parry
saw-gin *a, teks.* saw gin * testereli çırçır makinesi
say *a. esk.* work, effort, exertion
saya *a.* vamp, shoe-upper
sayacı *a.* person who cuts out shoe uppers, clicker
sayaç *a.* counter, meter **sayaç tüpü** counter tube **sayaç verimi** counter efficiency
saydam *s.* transparent * şeffaf
saydamlamak *e.* to make (sth) transparent
saydamlaşmak *e.* to become transparent

saydamlaştırmak *e.* to make (sth) transparent
saydamlık *a.* transparency * şeffaflık
saydamsız *s.* opaque, nontransparent
saye *a, esk.* shade, shadow; protection, help **sayesinde** a) thanks to, owing to b) by means of
sayetmek *e. esk.* to work, to strive
sayfa *a.* page **sayfa adresleme** page addressing **sayfa ayırıcı** decollator **sayfa başlığı** header **sayfa besleyici** sheet feeder **sayfa çerçevesi** page frame **sayfa çevirme** page turning **sayfa çevresi** page frame **sayfa düzeni** page-setting **sayfa numaralama** paging **sayfa yazıcı** page printer **sayfalarına göz atmak** to leaf through
sayfalama *a.* paging
sayfalık *s.* of (...) pages
sayfiye *a.* summer house, summer place
saygı *a.* respect, esteem, regard, consideration * hürmet, ihtiram **saygı duymak** to respect **saygı göstermek** to show respect, to look up to sb, to observe, to esteem *res.* **saygılarımla** yours respectfully, yours faithfully **saygılarını sunmak** to pay one's respects (to sb)
saygıdeğer *s.* esteemed, reputable, respectable, honourable, honorable *Aİ.,* estimable *res.*
saygıdeğerlik *a.* estimableness
saygılı *s.* respectful, considerate
saygılılık *a.* respectfulness
saygın *s.* respectable, respected, reputable, esteemed * itibarlı, muteber
saygınlık *a.* esteem, respect, prestige, credit, eminence * itibar, prestij **saygınlığını yitirmek** to be discredited
saygısız *s.* disrespectful, saucy, impertinent, impudent, brusque, audacious, brash *hkr.*
saygısızca *be.* disrespectfully
saygısızlık *a.* disrespect, impudence, discourtesy, audacity, contempt
sayha *a. esk.* cry, shriek, roaring
sayı *a.* number, figure; number, issue; *sp.* basket **sayı cismi** number field **sayı delgisi** digit punch **sayı dönemi** digit period **sayı düzlemi** digit plane **sayı filtresi** digit filter **sayı gösterimi** number representation **sayı ile kaybetmek** to lose on points **sayı ile kazanmak** to

win on points **sayı konumu** digit position **sayı parçalayıcı** number cruncher **sayı saymak** to count **sayı seçici** digit selector **sayı sıfatı** numeral adjective **sayı sıkıştırma** digit compression **sayı sistemi** number system **sayı süzgeci** digit filter **sayı üreteci** number generator **sayı zamanı** digit period **sayılar kuramı** number theory
sayıboncuğu *a.* abacus * abaküs, çörkü
sayıklamak *e.* to talk in one's sleep, to be delirious
sayıl *s.* scalar **sayıl çarpım** scalar product **sayıl nicelik** scalar quantity
sayılabilen *s.* countable **sayılabilen adlar/isimler** *dilb.* countable nouns
sayılabilir *s.* countable
sayılamak *e.* to indicate in numerical terms
sayılamayan *s.* uncountable **sayılamayan adlar/isimler** uncountable nouns
sayılamaz *s.* uncountable
sayılayıcı *a.* numbering machine
sayılı *s.* counted, numbered; limited in number; special, important
sayılmak *e.* to be counted; to be respected; to be taken into account **sayılmazsa** apart from
sayım *a.* counting, count, enumeration; census **sayım yapmak** to take stock
sayımbilim *a.* statistics * istatistik
sayımlama *a.* statistics
sayımlamacı *a.* statistician
sayın *s.* esteemed; dear
sayısal *s.* numerical, digital **sayısal alan** numeric field **sayısal bilgisayar** digital computer **sayısal bölücü** digital divider **sayısal çarpıcı** digital multiplier **sayısal çevirici** digital converter **sayısal çıkarıcı** digital subtractor **sayısal değer** numerical value **sayısal değişken** numeric variable **sayısal delgileme** numeric punching **sayısal denetim** numerical control **sayısal dizgi** numeric string **sayısal gösterim** digital representation **sayısal iletişim** digital communications **sayısal karakter** numeric character **sayısal katar** numeric string **sayısal kelime** numeric word **sayısal kod** numeric code **sayısal olmayan** nonnumeric **sayısal saat** digital clock **sayısal**

seçici numerical selector **sayısal sıralama** numerical sorting **sayısal sinyal** digital signal **sayısal sözcük** numeric word **sayısal veri** digital data
sayısallaştırıcı a. digitizer
sayısallaştırmak e. to digitize
sayısız s. numerous, countless, innumerable, numberless, myriad
sayışmak e. to settle accounts with each other
sayışman a. accountant
Sayıştay a. Exchequer and Audit Department
saykal a. esk. metal polish
saykallamak e. esk. to apply metal polish
sayklorama a. cyclorama
saylamak e. yörs. to choose, to prefer
saylav a. deputy, member of parliament
sayma a. count, enumeration * tadat **sayma makinesi** counting machine **sayma sayıları** counting numbers
saymaca s. nominal, arbitrary * itibari
saymak e. to count; to number; to enumerate; to include, to count; to consider, to regard, to count, to rate; to respect, to esteem; to regard as; to suppose
sayman a. accountant, bookkeeper * muhasip, muhasebeci
saymanlık a. accountancy, accounting, bookkeeping
saymazlık a. disrespect
sayrı s. ill * hasta
sayrıbakıcı a. nurse
sayrıevi a. hospital
sayrıl s. pathological
sayrılanmak e. to get sick, to become ill
sayrılarevi a. hospital * hastane
sayrılık a. sickness, illness, disease * hastalık
sayrılıkbilim a. pathology
sayrılıklı s. morbid, diseased
sayrımsak s. pretending to be ill
sayrımsamak e. to feign ill * temaruz etmek
sayvan a. awning, roof, tent, canopy; esk., anat. auricle
saz¹ a. musical instrument; a stringed instrument; group of musicians **saz şairi** minstrel **saz takımı** orchestra, band
saz² a. rush, bulrush, rushes, reed
sazan a, hayb. carp

sazlık a. reed bed, marshy place
sazrengi s. sedge-colored
se a. three
seans a. (film) projection, showing, performance, screening Al.; sitting; séance
sebasik asit s. sebacic acid
sebat a. perseverance, persistence, constancy **sebat etmek** to persevere övg.
sebatkâr, sebatlı s. persevering, enduring, stable
sebatlı s. perseverant, firm; steadfast, steady
sebatsız s. inconstant, fickle
sebatsızlık a. inconstancy; levity, fickleness
sebayüdü a. three and two
sebebiyet a. causing **sebebiyet vermek** to cause * neden olmak, yol açmak, sebep olmak
sebep a. cause, reason * neden **sebebiyle** because of, owing to **sebep olmak** to cause, to occasion
sebeplenmek e. to get a share of the pie
sebepli s. having a cause/reason **sebepli sebepsiz** without any reason
sebepsiz s. without a cause/reason ¤ be. for no reason
sebil a. public fountain; free distribution of water
sebilci a. distributor of free drinking water
sebilhane a. building for the dispensing of free drinking water
sebketmek e. esk. to precede; to occur, to happen
sebze a. vegetable **sebze bahçesi** kitchen garden, vegetable garden **sebze suyu** vegetable juice
sebzeci a. vegetable seller, greengrocer
sebzecilik a. selling vegetables
sebzelik a. vegetable garden; vegetable bowl
sebzevat a. esk. vegetables
seccade a. prayer rug, prayer mat
secde a. prostrating oneself in prayer **secde etmek** to prostrate oneself **secdeye varmak** to prostrate oneself
seci a. esk. rhymed prose
seciye a. character, moral quality
seciyeli s. of high moral/character
seciyesiz s. characterless, abominable
seçenek a. alternative, choice **seçenek anahtar** alternate key **seçenek iz** alternate track **seçenek yol** alternate route

seçi *a.* choosing, selection
seçici *s.* selective ¤ *a.* grader, selector *seçici kanal* selector channel *seçici kurul* jury, selection committee *seçici soğurum* selective absorption *seçici yansıma* selective reflection *seçiciler kurulu* selection committee, jury
seçicilik *a.* selectivity
seçik *s.* clear, distinct
seçiklik *a.* clearness, distinctness
seçilmek *e.* to be chosen; to come in, to get in; to be distinguished
seçim *a.* (siyasal) election, poll; choice, selection *seçim bölgesi* constituency *İİ.*, district *Aİ. seçim propagandası yapmak* to electioneer *seçim sandığı* the polls *seçim sistemi* electoral system *seçimde kazanmak* to head the poll *seçimde oy vermek* to go to the poll
seçimli *s.* optional *seçimli döküm* selective dump *seçimli geçirgenlik* differential permeability *seçimli izleme* selective trace
seçimlik *s.* optional
seçki *a.* anthology * güldeste, antoloji
seçkin *s.* select, distinguished, choice *seçkin sınıf* élite *gen. hkr.*
seçkincilik *a.* élitism
seçkinleşmek *e.* to become outstanding
seçkinlik *a.* distinction, superiority
seçkisiz *a.* random *seçkisiz değişken* random variable *seçkisiz işlem* in-line processing *seçkisiz sayı* random number *seçkisiz yanılgı* random error
seçme *a.* choosing, selecting ¤ *s.* select, choice, outstanding *seçme denetimi* selection check *seçme ormanı* selection forest *seçme parça* extract
seçmece *s.* sold by allowing the customer to pick and choose
seçmeci *a, s, fel.* eclectic * eklektik
seçmecilik *a, fel.* eclecticism * eklektizm
seçmek *e.* to choose, to pick, to pick out; to select; to elect; to perceive, to distinguish, to see, to spot, to discern
seçmeli *s.* optional, selective; multiple-choice *seçmeli ders* optional subject *İİ.*, option *İİ.*, elective *Aİ. seçmeli karbonlama* selective carburizing *seçmeli sözcük* optional word *seçmeli suverme* selective hardening *seçmeli yüzdürme* selective flotation

seçmen *a.* voter, elector, constituent *seçmen kütüğü* electoral roll, register of electors *seçmenler* electorate
seda *a.* voice, sound * ses, sada
sedalı *s. dilb.* voiced, vocal
sedasız *s. dilb.* unvoiced, voiceless
sedatif *a. s.* sedative
sedde *a, coğ.* seawall
seddetmek *e.* to shut, to close
sedef *a.* mother-of-pearl, nacre ¤ *s.* made of mother-of-pearl *sedef bulutlar* nacreous clouds *sedef hastalığı hek.* psoriasis
sedefçi *a.* inlayer of mother-of-pearl
sedefli *s.* decorated with mother-of-pearl, nacreous
sedefotu *a, bitk.* rue
sediman *a.* sediment
sedimantasyon *a.* sedimentation
sedimentoloji *a.* sedimentology
sedir *a, bitk.* cedar * dağservisi
sedir *a.* divan, sofa, coach
sedye *a.* stretcher
sedyeci *a.* stretcher-bearer
sefa *a.* enjoyment, pleasure *Sefa bulduk* Thank you (said in reply to "welcome") *Sefa geldin(iz)* Welcome! *sefa sürmek* to enjoy oneself, to have a good time *sefasını sürmek* to enjoy sth to the utmost
sefahat *a.* debauchery, debauch
sefain *a. esk.* ships, vessels
sefalet *a.* misery, poverty, the gutter *sefalet çekmek* to suffer privation, to live in misery, to rough it *kon.*
sefalin *a.* cephalin
sefaret *a.* ambassadorship; embassy, legation
sefarethane *a.* embassy, legation * elçilik
sefer *a.* journey, voyage; expedition; *ask.* campaign, state of war; time, occasion *sefere çıkmak den.* to set sail
seferber *s.* mobilized for war *seferber etmek* to mobilize *seferber olmak* to be mobilized
seferberlik *a.* mobilization *seferberliği kaldırmak* to demobilize *seferberliğin bitmesi* demobilization
seferi *s.* expeditionary *seferi kuvvetler ask.* expeditionary force
seferlik *s.* for ... times
sefertası *a.* portable food container
sefih *s.* prodigal, dissolute, debauched,

dissipated *hkr.*
sefil *s.* miserable, poor, indigent; mean, base, vile
sefine *a. esk.* ship, vessel
sefir *a.* ambassador; envoy
sefire *a.* ambassadress
sefirlik *a.* ambassadorship; envoyship
segman *a, oto.* piston ring, segment
segregasyon *a.* segregation
seğirdim *a.* footrace; recoil
seğirdişmek *e.* to bound about together
seğirmek *e.* to twitch
seğirtmek *e.* to rush, to scamp, to scurry
seher *a.* daybreak, dawn
sehim *a. esk.* share, portion
sehiv *a. esk.* slip, error, mistake
sehpa *a.* tripod; coffee table; easel; gallows **sehpa başlığı** tripod head **sehpa köprü** trestle bridge **sehpa vinci** gantry crane
sehven *be. esk.* by mistake
sek *s.* dry, straight, neat **sek içmek** to drink sth straight
sekans *a.* sequence
sekant *a.* secant
Sekendiz *a. gökb.* Saturn
sekene *a. esk.* inhabitants
seki *a.* terrace
sekilemek *e.* to step, to terrace
sekinci *a. s. fel.* quietist
sekincilik *a. fel.* quietism
sekiz *a, s.* eight **sekiz köşeli** octagonal **sekiz silindirli motor** eight cylinder engine **sekiz yüzeyli** octahedral
sekizer *be.* eight each
sekizgen *a, mat.* octagon
sekizinci *s.* eighth
sekizli *s.* having eight; octal ¤ *a, isk.* the eight; *müz.* octave, octet **sekizli sayı** octal digit **sekizli yazım** octal notation
sekizlik *a.* octant
sekizyüzlü *a.* octahedron
seklüzyon *a.* seclusion
sekme *a.* ricochet, skip **sekme uzaklığı** skip distance
sekmek *e.* to hop; to skip; (taş, kurşun, vb.) to ricochet
sekmen *a.* stool; step, stair
sekonder *s.* secondary **sekonder akım** secondary current **sekonder bobin** secondary coil **sekonder devre** secondary circuit **sekonder direnç** secondary resistance **sekonder elektron**

secondary electron **sekonder emisyon** secondary emission **sekonder fren** secondary brake **sekonder gerilim** secondary voltage **sekonder radar** secondary radar **sekonder radyasyon** secondary radiation **sekonder röle** secondary relay **sekonder sargı** secondary winding **sekonder sertleşme** secondary hardening **sekonder yayın alanı** secondary service area
sekoya *a, bitk.* sequoia
sekreter *a.* secretary, typist
sekreterkuşu *a. hayb.* secretary bird
sekreterlik *a.* secretariat; secretaryship ¤ *sg.* secretarial **sekreterlik etmek** to be a secretary, to do the typing
sekreterya *a.* secretariat
sekretin *a.* secretin
seks *a.* sex **seks bombası** *arg.* sexpot *arg.* **seks filmi** porno(graphic) film/movie, blue film **seks hayatı** sex life **seks manyağı** sex maniac **seks yapmak** to have sex, to make love
seksapel *s.* sexy ¤ *a.* sex appeal
seksek *a.* hopscotch
seksen *a, s.* eighty
seksener *be.* eighty each
sekseninci *s.* eightieth
seksenlik *s.* octogenarian
seksi *s.* sexy *kon.*, dishy *kon.*, luscious, nubile, suggestive, desirable
seksiyon *a.* section, department
seksolog *a.* sexologist
seksoloji *a.* sexology
seksolojik *s.* sexologic, sexological
seksomanyak *a.* sex maniac
sekstant *a.* sextant
seksüel *s.* sexual
sekte *a.* stoppage, interruption; *hek.* apoplexy **sekte vurmak** to interrupt, to impede
sekteikalp *a. esk.* heart attack
sekter *a. s.* sectarian
sekterlik *a.* sectarianism, bigotry
sektirmek *e.* to cause to hop; to cause to ricochet
sektör *a.* sector * bölüm , kesim **sektör dişlisi** sector gear **sektör kapak** sector gate **sektör taraması** sector scan
sel *a.* torrent, flood **sel basmak** to flood, to inundate **sel çukuru** ravine **sel gibi akmak** to flood, to stream **sel kanalı** floodway **sel yarıntısı** gully **sel yatağı**

gully

selam *a.* greeting, salutation, salute ¤ *ünl.* hi! *Selam dur! ask.* Present arms! *selam göndermek* to send one's compliments *selam söylemek* to give one's kind regards to *selam vermek* to greet, to salute

selamet *a.* safety, security; healthiness, soundness *selamete çıkmak* to reach safety *selamı sabahı kesmek* to break with *selamını söylemek* to remember sb to sb

selametlemek *e.* to see (sb) off

selamlamak *e.* to greet

selamlaşmak *e.* to greet each other

selamotu *a.* lovage

selamsız *be.* without greeting

selamünaleyküm *ünl.* peace be with you

Selanik *a.* Salonika, Thessalonica

selaset *a. esk.* fluency

selatin *a.* sultans

Selçuk *a.* Seljuk

Selçuklu *a. s.* Seljuk

sele *a.* flattish wicker basket; (bisiklet) saddle, seat

selef *a, esk.* predecessor * öncel

selek *s. yörs.* generous, liberal

seleksiyon *a.* selecting, selection

selektif *s.* selective *selektif yüzdürme* selective flotation

selektivite *a.* selectivity

selektör *a, oto.* selector

selen *a.* sound, noise

selenat *a.* selenate

selenik *s.* selenic

selenit *a.* selenite

selenitli *s.* selenitic

selentere *a.* coelenterata

selenür *a.* selenide

selenyöz *s.* selenious *selenyöz asit* selenious acid

selenyum *a, kim.* selenium *selenyum diyodu* selenium diode *selenyum selülü* selenium cell

selesta *a. müz.* celesta

selestin *a.* celestine

selfaktör *a.* selfactor mule, mule

selfservis *a, s.* self-service

selika *a. esk.* ability to speak/write well

selim *s. esk.* sound, honest, perfect; *hek.* benign

selinti *a.* small torrent

selis *s. esk.* fluent

sellenme *a.* rainwash *sellenme erozyonu* gully erosion *sellenme yarıntısı* gully

selman etmek *e. arg.* to beg for alms

selobiyaz *a.* cellobiase

selobiyoz *a.* cellobiose, cellose

selofan *a.* cellophane

seloteyp *a.* Sellotape, Scotch tape *Aİ.*, adhesive tape *seloteyple yapıştırmak* to sellotape

seloteyplemek *e.* to sellotape

selp *a. esk.* taking away; eliminating, destroying

selülaz *a.* cellulase

selülit *a.* cellulitis

selüloit *a.* celluloid

selüloz *a, kim.* cellulose *selüloz asetat* cellulose acetate *selüloz lifi* cellulose fibre

selülozik *s.* cellulosic

selülozlu *s.* cellulosic

selülozluluk *a.* cellulosity

selva *a. coğr.* tropical rain forest, selva

selvi *a, bitk.* cypress

selviçe *a.* running rigging

sem *a. esk.* poison, venom

sema *a, esk.* sky, the firmament *esk.* * gök, gökyüzü

Semadirek *a.* Samothrace ¤ *s.* Samothracian

Semadirekli *a, s.* Samothracian

semafor *a.* semaphore

semaforcu *a.* semaphorist

semahat *a, esk.* bounty * cömertlik

seman *a.* cementum; cement

semantasyon *a.* cementation

semantem *a. dilb.* semanteme

semantik *a.* semantics * anlambilim ¤ *s.* semantic * anlamsal, anlambilimsel

semaver *a.* samovar

semavi *s.* celestial

sembiyotik *s.* symbiotic

sembiyoz *a, biy.* symbiosis

sembol *a.* symbol * simge *sembolü olmak* to symbolize

sembolik *s.* symbolic, symbolical * simgesel *sembolik mantık* symbolic logic

sembolist *a.* symbolist

sembolizm *a.* symbolism

sembolleştirmek *e.* to symbolize

seme *s.* stupid, dozy, dull

semeleşmek *e.* to become stupid/dull

semen *a. esk.* fatness, obesity

semender *a, hayb.* salamander
semender *a.* salamander, newt
Semendirek *a.* Samothrace ¤ *s.* Samothracian
sementasyon *a.* cementation *sementasyon çeliği* case hardened steel *sementasyon fırını* cementation furnace
sementit *a.* cementite
semer *a.* packsaddle; pad, stout *semer noktası* saddle point
semerci *a.* maker/seller of packsaddles
semercilik *a.* making/selling packsaddles
semere *a. esk.* fruit; *mec.* result, profit, fruit *semeresini vermek* to prove fruitful
semereli *s.* fruitful, productive
semi *a. esk.* hearing
semih *s, esk.* bounteous * cömert
semikarbazit *a.* semicarbazide
semikarbazon *a.* semicarbazone
seminer *a.* seminar
semirgin *s.* fat and lazy
semirmek *e.* to grow fat, to get fat
semirtmek *e.* to fatten
semiyoloji *a.* semeiology
semiyotik *s.* semiotic
semiz *s.* fat
semizleşmek *e.* to get fat
semizlik *a.* fatness
semizotu *a, bitk.* purslane
sempati *a.* attraction, liking; sympathy *sempati duymak* to take to, to like
sempatik *s.* likable, attractive, congenial
sempatiklik *a.* bonhomie
sempatin *a.* sympathin
sempatizan *a.* sympathizer *sempatizanı olmak* to sympathize (with)
sempozyum *a.* symposium
semptom *a, hek.* symptom
semptomatik *s, hek.* symptomatic
semt *a.* neighbourhood, district, quarter, part *semtine uğramamak* to stop going
semtikadem *a.* nadir
semtürres *a. esk.* zenith
semum *a. esk.* simoom, samiel
sen *adl.* you *Sen kendi işine bak* Mind your own business!
sena *a. esk.* praise
senarist *a.* scenarist, scriptwriter
senarmontit *a.* senarmontite
senaryo *a.* scenario, script, film script,

screenplay *senaryo yazarı* scenario writer, scriptwriter, scenarist
senaryocu *a.* scenarist
senato *a.* senate
senatör *a.* senator
senatörlük *a.* senatorship
senbernar *a. hayb.* Saint Bernard
sence *be.* in your opinion
sendelemek *e.* to totter, to stagger, to lurch, to reel
senden *be.* from you
sendika *a.* (işçi) trade union, union; (işveren) union, syndicate
sendikacı *a.* trade unionist
sendikacılık *a.* trade unionism
sendikal *s.* trade-union +, union +
sendikalaşmak *e.* to form a trade union, to unionize; to join a trade union
sendikalaştırmak *e.* to unionize
sendikalı *s.* belonging to a (trade) union ¤ *a.* union member
sendikasız *s.* nonunion
sendrom *a.* syndrome
sene *a.* year * yıl *senelerce* for ages
Senegal *a.* Senegal ¤ *s.* Senegalese
Senegalli *a, s.* Senegalese
senek *a.* jug made of pine wood
senelik *s.* yearly, annual * yıllık
senet *a.* promissory note, IOU; title deed; voucher, receipt *senet vermek* a) to give (sb) written certification b) to guarantee
senetleşmek *e.* to give one another written certifications
senetli *s.* based on a receipt or note of hand
senetsiz *s.* not based on a receipt, uncertified
senevi *s. esk.* annual, yearly
senfoni *a, müz.* symphony *senfoni orkestrası* symphony orchestra
senfonik *s, müz.* symphonic
seni *adl.* you *Seni ilgilendirmez!* None of your business!
senin *s.* your *Senin yerinde olsam* If I were you
seninki *adl.* yours
senklinal *s.* synclinal ¤ *a.* syncline *senklinal kıvrım* synclinal fold *senklinal vadisi* synclinal valley
senkop *a, hek.* syncope
senkoplamak *e, müz.* to syncopate
senkoplu *s, müz.* syncopated

senkretizm *a, fel.* syncretism
senkromeç *s.* synchromesh **senkromeç dişli** constant mesh gear **senkromeç vites** synchromesh gear
senkron *s.* synchronous * eşzamanlı **senkron çevirici** synchronous converter **senkron demodülatör** synchronous demodulator **senkron hız** synchronous speed **senkron jeneratör** synchronous generator **senkron makine** synchronous machine **senkron motor** synchronous motor **senkron saat** synchronous clock **senkron uydu** synchronous satellite
senkronik *s.* synchronic
senkronizasyon *a.* synchronization * eşleme **senkronizasyon ayırıcı** synchronizing separator **senkronizasyon sinyali** synchronizing signal
senkronize *s.* synchronized **senkronize etmek** to synchronize
senkronizm *a.* synchronism
senkronizör *a.* synchronizer
senkronoskop *a.* synchronoscope
senkrosiklotron *a.* synchrocyclotron
senkroskop *a.* synchroscope
senkrotron *a.* synchrotron
senlibenli *s.* familiar, free-and-easy **senlibenli olmak** to be on familiar terms with, to be on intimate terms with, to hobnob with
senogenez *a.* cenogenesis
senozoik *a. s. yerb.* Cenozoic
sent *a.* cent, penny *Aİ.*
sentagma *a.* syntagm
sentaks *a.* syntax
sentaktik *s. dilb.* syntactic(al)
sentetik *s.* synthetic * bireşimli **sentetik adres** synthetic address **sentetik lif** synthetic fiber **sentetik reçine** synthetic recin, artificial resin
sentez *a.* synthesis * bireşim **sentez yapmak** to synthesize
sentriyol *a, biy.* centriole
sentrozom *a.* centrosome
senyör *a. trh.* seignior, seigneur
sepal *a, bitk.* sepal
sepalosporin *a.* cephalosporin
separatör *a.* separator
sepek *a.* pivot for a millstone
sepet *a.* basket; sidecar **sepet bobin** basket coil **sepet havası çalmak** to give sb the boot **sepet santrifüj** basket centrifuge

sepetçi *a.* maker/seller of baskets
sepetçilik *a.* making/selling baskets
sepetçisöğüdü *a, bitk.* basket osier, basket willow * sorkun
sepetkulpu *a.* basket-handle
sepetlemek *e.* to put into baskets, to basket; *kon.* to fire *kon.*, to sack *kon.*, to boot sb out (of sth) *kon.*, to chuck sb out (of sth), to give sb sack *kon.*, to give sb the push *kon.*; to get rid of, to send sb packing *kon.*
sepetlenmek *e.* to be put into baskets; *mec.* to get the sack *kon.*, to get the push *kon.*, to get the chop *arg.*
sepetlik *s.* suitable for making baskets
sepettopu *a, sp.* basketball * basketbol
sepi *a.* tanning, currying * tabaklık
sepici *a.* tanner * tabak
sepicilik *a.* tanning * tabaklık
sepileme *a.* tannage, tanning
sepilemek *e.* to tan
sepili *s.* tanned, dressed
sepmek *e. yörs.* to sprinkle, to fall in a sprinkle
septik *s, fel.* sceptical, skeptical *Aİ.* * kuşkucu, şüpheci **septik çukur** septic tank **septik kimse** sceptic, skeptic *Aİ.*
septisemi *a, hek.* septicemia
septisizm *a, fel.* scepticism, skepticism *Aİ.* * kuşkuculuk, şüphecilik
sepya *a.* sepia
ser *a.* head
ser, sera *a.* greenhouse, hothouse, conservatory * limonluk **sera etkisi** *fiz.* greenhouse effect
seracı *a.* builder/seller of greenhouses
seracılık *a.* building/selling greenhouses; cultivation of plants in hothouses
serak *a. yerb.* serac
seramik *a.* ceramics ¤ *s.* ceramic **seramik amplifikatör** ceramic amplifier **seramik eşya** ceramics **seramik filtre** ceramic filter **seramik fotosel** ceramic photocell **seramik kondansatör** ceramic capacitor **seramik mıknatıs** ceramic magnet **seramik mikrofon** ceramic microphone **seramik reaktör** ceramic reactor
seramikçi *a.* ceramicist, ceramist
seramikçilik *a.* ceramics
serap *a.* mirage * ılgım, yalgın, pusarık
serapa *be. esk.* totally, entirely

serasker *a. trh.* the Minister of War for the Sultan

serazat *a. esk.* free, independent

serbaz *s. esk.* brave, audacious

serbest *s.* free; liberated **serbest alan** free field **serbest bırakmak** to set free, to let sb/sth loose, to free, to liberate, to emancipate, to release **serbest bölge** free zone **serbest düşüş** free fall **serbest elektron** free electron **serbest empedans** free impedance **serbest enerji** free energy **serbest güreş** catch-as-catch-can (wrestling) **serbest hareket** free motion **serbest ızgara** floating grid **serbest kum** running sand **serbest liman** free port **serbest meslek sahibi** self-employed person **serbest nazım** blank verse **serbest nem** free moisture **serbest piston** free floating piston **serbest rutubet** free moisture **serbest salınım** free oscillation **serbest stil** freestyle **serbest su** free water **serbest tekerlek** free wheel **serbest titreşim** free vibration **serbest vuruş** (futbol) free kick **serbest yük** free charge **serbest yüzme** freestyle swimming

serbestçe *be.* freely

serbesti *a.* freedom * erkinlik, serbestlik

serbestlemek *e.* to feel relieved; to get more freedom

serbestlik *a.* freedom, latitude

serçe *a, hayb.* house sparrow

serçeparmak *a.* little finger; little toe

serdar *a. trh.* commander-in-chief (of an army)

serdengeçti *a.* self-sacrificing soldier

serdengeçtilik *a.* self-sacrifice

serdetmek *e. esk.* to assert, to express, to put forward

serdümen *a.* helmsman; quartermaster

sere serpe *be.* spreading out, comfortably

serebellum *a. anat.* cerebellum

serebral *s.* cerebral

serebrum *a. anat.* cerebrum

seremoni *a.* ceremony

seren *a, den.* yard, boom, spar; doorpost **seren ucu** yardarm **seren yakası** eyelet leach

serenat *a.* serenade **serenat söylemek** to serenade **serenat yapmak** to serenade

serencam *a. esk.* end, result; adventure, experience

serezin *a.* ceresin

serf *a.* serf

serflik *a.* bondage

sergen *a.* shelf; shopwindow

sergerde *a. esk.* chief bandit

sergi *a.* exhibition, show, display, exposition *res.* **sergi salonu** showroom

sergici *a.* salesman who displays his goods outdoors

sergievi *a.* art gallery, exhibition hall

sergileme *a.* exhibition, display; presentation

sergilemek *e.* to exhibit, to display; to present; to show

sergin *s.* spread out, laid out; sick in bed

sergüzeşt *a.* adventure

sergüzeştçi *a.* adventurer

serhat *a. esk.* frontier, boundary

seri *a.* series ¤ *s.* serial

seri *s.* quick, swift, speedy, fast **seri açılımı** expansion in series **seri aktarım** serial transfer **seri arayüzey** serial interface **seri aritmetik** serial arithmetic **seri bağlama** connection in series **seri bağlantı** series connection **seri bellek** *biliş.* serial memory, serial storage **seri besleme** series feed **seri bilgisayar** serial computer **seri çalıştırma** serial operation **seri direnç** series resistance **seri erişim** serial access **seri gönderme** serial transmission **seri imalat** mass production **seri işlem** serial processing **seri işletim** serial operation **seri kapı** *biliş.* serial port **seri kol** series arm **seri kondansatör** series capacitor **seri modülasyon** series modulation **seri motor** series motor **seri numarası** serial number **seri olarak üretmek** to mass-produce **seri-paralel** serial-parallel **seri port** serial port **seri programlama** serial programming **seri regülatör** series regulator **seri rezonans** series resonance **seri toplayıcı** serial adder **seri transfer** serial transfer **seri üretim** mass production **seri yazıcı** serial printer

serian *be. esk.* quickly

serici *a.* spreader

serigrafi *a.* silk screen printing, screen printing

serik *s.* ceric

serili *s.* spread otu, set out, laid out

serilmek *e.* to be spread out/over; to lie at full length; to sprawl (out); to drop in a faint
serin *s.* cool, chilly
serinkanlı *s.* coolheaded, self-possessed, cool, dispassionate
serinkanlılık *a.* cool-headedness
serinlemek *e.* to become cool, to cool
serinlenmek *e.* to cool oneself off
serinleşmek *e.* to get cool, to get chilly
serinletmek *e.* to cool
serinlik *a.* coolness, chilliness, the cool
serisin *a.* sericin, silk gum
serit *a. yerb.* cerite
serj *a.* serge
serkeş *s.* unruly, rebellious, disobedient
serkeşlik *a.* rebelliousness, disobedience
serlevha *a. esk.* title, heading
sermaye *a.* capital * anamal, kapital; riches, wealth * varlık, servet; *kon.* prostitute **sermaye hesabı** capital account **sermaye koymak** to invest capital **sermaye piyasası** capital market
sermayeci *a.* capitalist; investor
sermayecilik *a.* capitalism
sermayedar *a.* capitalist, investor
sermek *e.* to spread out/over, to lay; to hang up; to beat down; to neglect
sermest *s, esk.* ecstatic * sarhoş
sermet *a.* cermet
sermuharrir *a. esk.* editor-in-chief
sermürettip *a. esk.* chief typesetter
seroloji *a.* serology
seronograf *a.* ceraunograph
serotik asit *a.* cerotic acid
serotonin *a.* enteramine, serotonin
serpantin *a.* antigorite
serpelemek *e.* to spit, to sprinkle down
serpici *a.* sprayer, sprinkler
serpilmek *e.* to be sprinkled, to be scattered; to thrive; to blossom (out)
serpinti *a.* drizzle, spray; repercussion
serpiştirme *a.* drizzling; scattering
serpiştirmek *e.* to drizzle, to spit; to scatter, to sprinkle
serpme *a.* sprinkling, scattering **serpme ekim** broadcast sowing
serpmek *e.* to sprinkle, to scatter; to spit, to drizzle
serpuş *a.* headgear
sersefil *s.* wretchedly poor, destitude
sersem *s.* stupefied, dazed, stunned, bewildered; confused, muddled; stupid,

dozy *İİ./kon.* **sersem etmek** to bewilder, to daze **sersem gibi** dopey, dopy *kon.* **sersem sepelek** dazed; in a daze **serseme çevirmek** to daze, to stupefy
sersemlemek *e.* to be stupefied, to become dazed, to become stunned; to become confused; to get muddled
sersemletmek *e.* to daze, to stun, to stupefy
sersemlik *a.* daze, stupefaction, stupor; confusion; stupidity.
serseri *a.* vagabond, tramp, vagrant, hooligan, drifter *hkr.*, bum *Aİ./arg.* hobo ¤ *s.* drifting, wandering, footloose; (kurşun) stray, wild **serseri kurşun** stray bullet **serseri mayın** floating mine
serserileşmek *e.* to become vagrant
serserilik *a.* vagabondage, vagrancy, bum *arg.*
sert *s.* hard, rigid; stiff, firm; severe; harsh; strict, stern, drastic; violent; cutting, biting, hurtful, scathing, sharp *hkr.*; gruff, stiff, surly, brusque, forbidding, unkind; abrupt, curt *hkr.*; (içki) strong, stiff, heady; (sigara, vb.) strong; (tat, koku) acrid, pungent; (penis) erect, hard; (rüzgâr) piercing, bitter; (sakal, kıl, vb.) bristly; (et, vb.) tough; (hava) inclement *res.* **sert anotlama** hard anodizing **sert bronz** hard bronze **sert cam** hard glass **sert çelik** hard steel **sert demir** hard iron **sert dil** strong language **sert disk** hard disk **sert içki** hard drink **sert ipek** ecru silk **sert kauçuk** hard rubber **sert kıl** bristle **sert kurşun** hard lead **sert lehim** hard solder **sert lehimleme** brazing **sert lehimli** brazed **sert metal** hard metal **sert rüzgâr** gale **sert sabun** hard soap **sert su** hard water **sert tabaka** hardpan **sert toprak** hardpan **sert tuğla** hard brick **sert tutum** harsh feel **sert yüzeyleme** hard surfacing **sert zemin** firm soil
sertabip *a. esk.* chief physician
sertdoku *a.* sclerenchyma
sertelmek *e.* to become harsher
sertifika *a.* certificate
sertlenmek *e.* to get tough
sertleşim *a, hek.* sclerosis
sertleşme *a.* hardening; becoming severe; erection
sertleşmek *e.* to harden, to stiffen, to toughen; to become severe; (penis) to

become erect
sertleştirici *a.* hardener
sertleştirme *a.* hardening ***sertleştirme fırını*** hardening furnace ***sertleştirme işlemi*** hardening process ***sertleştirme maddesi*** hardening agent
sertleştirmek *e.* to harden, to stiffen, to toughen
sertlik *a.* hardness, toughness; sharpness, pungency, potency; severity, rigour, rigor *Aİ.*; acrimony, asperity; violence ***sertlik apresi*** stiffness finish ***sertlik ayarı*** contrast control ***sertlik çarpanı*** rigidity modulus ***sertlik deneyi*** hardness test ***sertlik oranı*** contrast ratio ***sertlik ölçeği*** hardness scale ***sertlik sayısı*** hardness number ***sertlik testi*** hardness test
sertlikölçer *a.* hardness tester
serum *a.* serum ***seruma bağlanmak*** to be on the drip
serumlu *s.* serous
serüven *a.* adventure * macera ***serüven filmi*** adventure film, cliff hangover *Aİ.* * macera filmi
serüvenci *a.* adventurer * maceracı, maceraperest
serüvencilik *a.* adventuresomeness
serüvenli *s.* adventurous * maceralı
serüzit *a.* cerussite
servet *a.* wealth, riches, fortune, possessions, assets
servetli *s.* wealthy
servi *a, bitk.* cypress
servialtı *a. arg.* grave
servikavağı *a. bitk.* Lombardy poplar
serviks *a.* cervix
servilik *a.* cypress grove
servis *a.* service; department ***servis atmak*** *sp.* to serve ***servis borusu*** service pipe ***servis çatalı*** serving fork ***servis freni*** service brake ***servis istasyonu*** service station ***servis kaşığı*** tablespoon ***servis merdiveni*** service stairs ***servis tabağı*** platter ***servis ücreti*** cover charge ***servis yapmak*** to serve food (to) ***servis yolu*** service road ***servis yordamı*** service routine
servo *s, a.* servo ***servo amplifikatör*** servo amplifier ***servo link*** servo link
servofren *a.* servo brake
servokumanda *a.* servo control
servomekanizma *a.* servomechanism

servomotor *a.* servomotor
servovalf *a.* servo valve
serya *a.* ceria
seryum *a.* cerium
serzeniş *a, esk.* reproach ***serzenişte bulunmak*** to reproach
ses *a.* voice; sound; noise ***ses alanı*** sound field ***ses amplifikatörü*** speech amplifier ***ses analizi*** sound analysis ***ses aralığı*** sound interval ***ses arşivi*** sound library ***ses ayarı*** volume control ***ses bandı*** audio tape ***ses basıncı*** sound pressure ***ses bilgisi*** sonics ***ses bobini*** voice coil ***ses bozulması*** sound distortion ***ses çatalı*** tuning fork ***ses çıkarmadan*** without further ado ***ses çıkarmamak*** a) not to make a noise b) to say nothing, not to object, to acquiesce ***ses çıkmamak*** not to be heard, to get no news (from) ***ses dalgası*** sound wave ***ses duvarı*** sound barrier, sonic barrier ***ses düzeyi*** sound level ***ses efektleri*** sound effects ***ses enerjisi*** sound energy ***ses engeli*** sound barrier ***ses erimi*** hearing ***ses eşiği*** threshold of sound ***ses etkileri*** sound effects ***ses frekansı*** speech frequency, audiofrequency ***ses geçirmez hale getirmek*** to soundproof, to noiseproof ***ses geçirmez*** soundproof ***ses geribeslemesi*** acoustic feedback ***ses görüntüsü*** sound image ***ses gürlüğü*** sound volume ***ses hızı*** sound velocity ***ses izi*** sound track ***ses kanalı*** sound channel ***ses kaydı*** sound recording ***ses kısma*** sound fade ***ses kurgusu*** sound editing ***ses kuşağı*** audio tape ***ses montajı*** sound editing ***ses nakli*** sound transmission ***ses negatifi*** sound negative ***ses perdesi*** *müz.* register ***ses pozitifi*** sound positive ***ses rengi*** timbre ***ses sentezi*** speech synthesis ***ses sinyali*** sound signal, audiosignal ***ses sistemi*** audio system ***ses soğurucu*** sound absorber ***ses soğurumu*** sound absorption ***ses şeridi*** audio tape ***ses şiddeti*** sound intensity ***ses tanıma*** speech recognition ***ses taşıyıcısı*** sound carrier ***ses teli*** vocal cord ***ses vermek*** to ring ***ses volümü*** sound volume ***ses yalıtımı*** sound insulation ***ses yayını*** sound broadcasting ***ses yeğinliği*** sound intensity ***ses yolu***

sound track *ses yutma* sound absorption *ses yutucu* sound absorber *ses yüksekliği* loudness *ses yükselteci* sound amplifier *sesini açmak* to turn sth up *sesini kesmek* to shut up, to pipe down *kon.*, to button (up) one's lip *Aİ./arg. sesini kısmak* to turn sth down *sesini yükseltmek* to speak up *sesten hızlı* supersonic
sesalıcı *a.* tape recorder
sesaltı *s.* infrasonic; subsonic
sesbilgisi *a.* phonetics * fonetik
sesbilim *a.* phonology * fonoloji
sesbirim *a, dilb.* phoneme * fonem
sesborusu *a.* megaphone
sesbüyütür *a.* microphone
sesçi *a, tek.* sound man
sesçil *s.* phonetic * fonetik
sesdağılımı *a.* acoustics
seselim *a.* resonance
sesgeçirmez *s.* soundproof
sesgeçirmezleştirmek *e.* to deafen, to soundproof
seslem *a, dilb.* syllable * heçe
seslemek *e. yörs.* to listen to
seslendirme *a.* sound recording; post-synching *seslendirme arabası* recording car *seslendirme masası* mixing table, audiomixer *seslendirme odası* soundproof booth
seslendirmek *e.* to dub
seslenim *a.* phonation
sesleniş *a.* call, calling out; addressing
seslenmek *e.* to call out; to address, to speak to * hitap etmek
sesli *s.* voiced; vocalic; (film) talking ¤ *a, dilb.* vowel *sesli alıcı* sound camera *sesli film* sound film *sesli gösterici* sound projector *sesli gösterim* sound projection *sesli harf* vowel *sesli kamera* sound camera *sesli okumak* to read aloud *sesli projeksiyon* sound projection *sesli sinema* sound cinematography
seslitaş *a. yerb.* phonolite, clinkstone
sesölçer *a.* sonometer
sessiz *s.* voiceless; soundless; quiet, silent, tranquil, serene, still, mute; buttoned up, taciturn; dumb; *dilb.* consonantal * ünsüz *sessiz film* silent film *sessiz harf* consonant *sessiz kalmak* to keep silent *sessiz sinema oyunu* charades

sessizce *be.* silently
sessizleşmek *e.* to become quiet/silent
sessizlik *a.* silence, hush; taciturnity *sessizlik konisi* (radar) cone of silence
sesteş *a. dilb.* homonym
sestoplar *a.* microphone
sesüstü *s.* supersonic, ultrasonic *sesüstü bilgisi* ultrasonics *sesüstü detektör* ultrasonic detector *sesüstü frekans* supersonic frequency *sesüstü üreteci* ultrasonic generator
sesyayar *a.* loudspeaker
sesyazar *a.* phonograph
set¹ *a.* dam, dike; terrace *set çekmek* a) to dike b) to hinder, to barricade *set resifi* barrier reef
set² *a, sp.* set
set³ *a, kon.* music set, stereo
setan *a.* cetane *setan sayısı* cetane number
seter *a, hayb.* setter
setil *a.* cetyl
setil alkol *a.* cetyl alcohol
setir *a. esk.* covering, concealing
setre *a.* frock coat
setretmek *e. esk.* to cover, to conceal
setuskur *a.* stay bolt
sevap *a.* good works/deed *sevaba girmek* to acquire merit in God's sight *sevap işlemek* to acquire merit
sevda *a.* love, passion *sevda çekmek* to be passionately in love
sevdalanmak *e.* to fall in love (with), to lose one's heart (to), to fall for sb *kon.*
sevdalı *s.* in love
sevdiceğim *a.* my darling, my beloved
sevdirmek *e.* to cause to be loved, to endear sb to sb
sevecen *s.* tender, affectionate, compassionate, kindly, merciful
sevecenlik *a.* tenderness, compassion, kindness
sevgi *a.* love, affection
sevgili *a.* lover, darling, sweetheart, love; girlfriend, girl; boyfriend ¤ *s.* dear, beloved *sevgililer günü* St. Valentine's Day *sevgilim* darling, honey *Aİ.*
sevi *a.* love * aşk
sevici *a, s.* lesbian * lezbiyen
sevicilik *a.* lesbianism, gayness
sevilgen *s.* popular
sevimli *s.* pretty, charming, likable, pleasant, cute, dainty, darling, adorable,

amiable * şirin

sevimlileşmek *e.* to become likable/friendly

sevimlilik *a.* likableness, amiability

sevimsiz *s.* unlovable, unlikable, unattractive

sevimsizleşmek *e.* to become unlovable/unfriendly

sevimsizlik *a.* unlovableness, unfriendliness

sevinç *a.* joy, delight, glee, elation, mirth *res.* **sevincinden ayakları yere değmemek** to walk on air **sevincinden havalara uçmak** to go to raptures, to be on cloud nine *kon.* **sevincinden uçmak** to exult, to walk on air **sevinç gözyaşları** tears of joy **sevinçten uçmak** to be over the moon, to exult (at/in sth)

sevinçli *s.* joyful, glad, glee, elated

sevindirici *s.* pleasing, joyful

sevindirmek *e.* to please, to delight, to gladden, to gratify, to satisfy, to warm the cockles (of sb's heart)

sevinmek *e.* to be pleased, to be delighted, to be happy, to be glad

Sevir *a. esk.* Taurus

sevişme *a.* lovemaking

sevişmek *e.* to love/like each other; to make love (to sb), to have sex, to pet *kon.*, to neck *kon.*, to sleep together *ört.*, to sleep with sb *ört.*

seviye *a.* level * düzey **seviye göstergesi** level indicator

seviyelendirme *a.* level setting

seviyeli *s.* outstanding, elite, gifted

seviyesiz *s.* worthless, common, vulgar

sevk *a.* sending, shipping, dispatch, consignment; driving, urging, inciting **sevk borusu** conduit pipe **sevk etmek** a) to send, to forward, to consign, to dispatch b) to incite, to urge, to impel **sevk levhası** guide plate **sevk oluğu** conveyor chute **sevk tertibatı** conveying plant **sevk zinciri** conveyor chain

sevkıtabii *a. esk.* instinct

sevkıyat *a.* dispatch; consignment

sevkulceyş *a. esk.* strategy

sevmek *e.* to love; to like, to enjoy, to be fond of, to care for sb/sth, to go for sb/sth; to fondle, to caress, to stroke (a cat, etc.) **seve seve** willingly, gladly, readily, with pleasure

sevmemek *e.* to dislike, to take an aversion (to)

seyahat *a.* travel, journey, trip, voyage **seyahat acentası** travel agency, travel bureau **seyahat çantası** holdall, carryall *Aİ.* **seyahat çeki** traveller's cheque, traveler's check *Aİ.* **seyahat etmek** to travel, to journey **seyahat rehberi** phrasebook

seyahatname *a.* travel book

seyek *a.* three and one

seyelan *a.* flowing, flow, rainwash

seyir *a.* course, progress; looking at, watching; cruising **seyir defteri** logbook, deck log, log, journal **seyir feneri** navigation light **seyir hızı** cruising speed **seyir jurnalı** journal

seyirci *a.* spectator, viewer, member of the audience; onlooker, bystander **seyirci kalmak** not to be involved in, to be a mere spectator, to look on, to stand by **seyirciler** audience

seyirlik *a. mim.* belvedere

seyirtmek *e.* to run

seyis *a.* groom

seyislik *a.* being a groom

seyit *a.* a descendant of the Prophet Muhammad

Seylan *a. trh.* Ceylon

seylantaşı *a.* almandine

seylap *a. esk.* flood, torrent

seyran *a.* walking, promenade, excursion

seyrek *s.* rare, uncommon, infrequent; few and far between *kon.*; wide apart; loosely woven, sparse; (saç) thin ¤ *be.* rarely, seldom **seyrek olarak** rarely

seyrekleşmek *e.* to become sparse/rare/seldom

seyrekleştirmek *e.* to make rare, to make less frequent; to let sth become wide apart

seyreklik *a.* rarity, rareness, infrequency; sparseness, sparsity

seyrelmek *e.* to become rare; to become less frequent; to become wide apart

seyreltici *s.* diluent ¤ *a.* diluting agent

seyreltik *s.* diluted, dilute **seyreltik çözelti** dilute solution

seyreltme *a.* dilution; making rare **seyreltme pipeti** dilution pipette

seyreltmek *e.* to dilute; to make rare

seyretmek *e.* to watch, to look; to sail, to cruise; to look on

seyrfilmenam *a. esk.* somnambulism, sleepwalking

seyrüsefer *a.* navigation **seyrüsefer haritası** pilotage chart

Seyşel *a, s.* Seychelles, Seychellois **Seyşel Adaları** the Seychelles Islands

Seyşeller *a.* the Seychelles

Seyşelli *a, s.* Seychellois, Seychelloise

seyyah *a.* tourist, traveller

seyyal *s. esk.* fluid, flowing

seyyale *a. esk.* (a) fluid, liquid

seyyanen *be. esk.* equally, evenly

seyyar *s.* itinerant, travelling; portable, movable, mobile **seyyar kriko** trolley jack **seyyar merdiven** stepladder **seyyar satıcı** street hawker, pedlar, peddler *Aİ.* **seyyar vinç** travelling crane

seyyare *a. esk.* planet

seyyiat *a. esk.* sins

seyyie *a.* vice, evil; sin, offence

seza *s.* worthy, fit, deserving

sezaryen *a, hek.* Caesarean, Cesarian, Caesarean section **sezaryenla doğmak** to be born by caesarean section

sezgi *a.* intuition

sezgici *s.* intuitionist

sezgicilik *a, fel.* intuitionism

sezgili *s.* intuitive

sezgisel *s.* intuitional

sezi *a.* intuition, foreboding

sezinç *a.* tact

sezinçli *s.* tactful

sezindirmek *e.* to make sb sense, to let sb sense; to hint, to intimate

sezinlemek *e.* to sense, to feel

sezinlemek, sezinmek *e.* to sense, to feel, to understand, to perceive

seziş *a.* perception, discernment

sezmek *e.* to sense, to perceive, to feel, to foresee, to discern, to scent

sezon *a.* season

sezonluk *s.* seasonal

sezü *a.* cork oak

sezyum *a, kim.* cesium

sfagnum *a.* sphagnum

sfenks *a.* sphinx

sfenoit *s, anat.* sphenoid

sferoit *a.* spheroid

sferometre *a.* spherometer

sıcacık *s.* cosy, cozy

sıcak *s.* hot; warm; *mec.* cordial, friendly ¤ *a.* heat; hot place **sıcağı sıcağına** while

the iron is hot **sıcak cephe** warm front **sıcak çarpması** *hek.* heat stroke **sıcak çekme** hot drawing **sıcak dalgası** heat wave, hot wave **sıcak galvanizlemek** to hot-galvanize **sıcak geçme** shrink fit **sıcak gofraj** hot embossing **sıcak haddelemek** to hot-roll **sıcak hava dalgası** heat wave **sıcak hava** hot air **sıcak işleme** hot working **sıcak işlemek** to hot-work, to heat-treat **sıcak işlenik** hot-worked **sıcak işlenmiş** heat treated, hot-worked **sıcak kalender** hot calender **sıcak katot** hot cathode **sıcak kırılgan** red short **sıcak kırılganlık** red shortness **sıcak kuşak** *coğ.* the Torrid Zone **sıcak merserizasyon** hot mercerization **sıcak pres** hot-press **sıcak renkler** warm colours **sıcak rüzgâr** hot wind **sıcak su kazanı** hot water boiler **sıcak su torbası** hot water bottle **sıcak su** hot water **sıcak suverme** hot quenching **sıcak testere** hot saw **sıcak tez** hot-short **sıcak tezlik** hot-shortness **sıcak tutmak** to keep warm **sıcakta kırılır** hot-short **sıcakta kırılırlık** hot-shortness **sıcakta sertleşen** thermosetting

sıcakkanlı *s.* friendly, companionable; *hayb.* warm-blooded

sıcakkanlılık *a.* warm-bloodedness; friendliness, geniality

sıcaklık *a.* heat, warmth **sıcaklık aralığı** temperature range **sıcaklık artışı** temperature increase **sıcaklık dağılımı** temperature distribution **sıcaklık eğimi** temperature gradient **sıcaklık evrilmesi** temperature inversion **sıcaklık farkı** temperature difference **sıcaklık göstergesi** temperature indicator **sıcaklık gradyanı** temperature gradient **sıcaklık inversiyonu** temperature inversion **sıcaklık katsayısı** temperature coefficient **sıcaklık kontrolü** temperature control **sıcaklık ölçeği** temperature scale **sıcaklık sınırlı** temperature limited **sıcaklık terselmesi** temperature inversion

sıcaklıkölçer *a.* thermometer

sıcaklıkölçüm *a.* thermometry

sıcakölçer *a.* thermometer * derece, termometre

sıçan *a, hayb.* rat; mouse

sıçandişi *a.* hemstitch

sıçankırı s. mouse-coloured, mouse-gray

sıçankulağı a. bitk. marjoram

sıçankuyruğu a. rat-tailed file **sıçankuyruğu eğe** round file **sıçankuyruğu testere** backsaw

sıçanotu a. arsenic

sıçantüyü a. mouse-coloured, mouse-gray

sıçanyolu a. sap

sıçırgan s. (hayvan) incontinent

sıçmak e, kab. to shit arg., to crap arg., to have a crap arg.; mec. to mess up, to bugger up **sıçıp batırmak** to screw up arg., to fuck sth up kab./arg. **Sıçtı Cafer bez getir** He's buggered it up, He's messed things up.

sıçrama a. jumping, bounce, bound **sıçrama tahtası** springboard

sıçramak e. to leap, to jump, to spring, to bounce, to bound, to skip, to start, to hop, to gambol; to spread; to spurt out

sıçratmak e. to cause to jump; to splash, to spatter

sıçrayış a. jumping, bounce, bound **sıçrayış açısı** immediate crease recovery angle

sıfat a. capacity, role; quality, attribute; dilb. adjective **sıfatıyla** in the capacity of

sıfat-fiil a. dilb. participle

sıfatfiil a, dilb. participle * ortaç

sıfır a. zero, cipher; nothing, nought **sıfır bastırma** zero suppression **sıfır batman** zero beat **sıfır boyutlu** zero-dimensional **sıfır çıktı** zero output **sıfır çizgisi** zero line **sıfır direnç** zero resistance **sıfır doldurmak** to zero fill **sıfır durumu** zero condition **sıfır düzeyi** zero level **sıfır göstergesi** null indicator **sıfır gösterici** nil pointer **sıfır hipotezi** null hypothesis **sıfır kaldırma** zero suppression **sıfır kompresyonu** zero compression **sıfır matrisi** null matrix **sıfır noktası** zero point **sıfır potansiyel** zero potential **sıfır seviyesi** zero level **sıfır sıkışımı** zero compression **sıfır vuru** zero beat **sıfır yöntemi** zero method **sıfırdan başlamak** to start from scratch again, to go back to square one **İl. sıfırı tüketmek** arg. a) to have no strength left b) to be down and out, to be on one's beam ends **sıfırı tüketmiş** bust, busted

sıfırcı a. arg. teacher who often gives zeros or very low grades

sıfırgüçlü s. nilpotent

sıfırlamak e. to zeroize

sığ s. shallow

sığa a, fiz. capacity * kapasite

sığamak e. yörs. to tuck up, to roll up

sığamsal s. peristaltic

sığdırmak e. to squeeze, to fit in, to cram in, to force into

sığın a. fallow deer

sığınak a. shelter, asylum, refuge, harbour

sığınma a. taking shelter (in a place); taking refuge (in) **sığınma hakkı** right of asylum

sığınmacı a. refugee

sığınmak e. to take shelter in, to take refuge (in); to crouch down

sığıntı a. parasite, sponger, intruder

sığır a, hayb. cattle **sığır eti** beef **sığır filetosu** sirloin

sığırcık a, hayb. starling

sığırdili a. anchusa

sığırgözü a. bitk. corn marigold

sığırkuyruğu a, bitk. mullein

sığırtmaç a. herdsman, drover, herder, cowboy

sığışmak e. (people) to squeeze in

sığıştırmak e. to squeeze into, to force into

sığla a, bitk. sweetgum

sığlaşmak e. to get shallow

sığlık a. shallowness; shoal, sandbank

sığmak e. to fit into

sıhhat a. health * sağlık; correctness * doğruluk **sıhhatine içmek** to drink a toast to, to toast **Sıhhatinize** To your health!, Cheers! **Sıhhatler olsun** Good health to you!

sıhhatli s. healthy, robust * sağlıklı

sıhhi s. hygienic, sanitary **sıhhi tesisat** plumbing **sıhhi tesisatçı** plumber **sıhhi tesisatçılık** plumbing

sıhhiye a. sanitary matters

sıhhiyeci a. public health official

sıhriyet a. esk. relationship by marriage

sık s. dense, thick; frequent ¤ be. closely; frequently **sık sık** frequently, often, time after time, again and again, times without number **sık sık gitmek** to frequent res.

sıkacak a. squeezing machine

sıkaç *a.* compressor

sıkboğaz *a.* hustling, pinning down **sıkboğaz etmek** to hustle, to pin down, to keep on at, to rush sb, to importune sb

sıkça *be.* rather frequently

sıkı *s.* tight; firm, fast; dense, compact; thick; strict; severe; close, fine; *kon.* tightfisted *kon.*, tight *kon.*, stingy, miserly ¤ *a.* straits, trouble, difficulty ¤ *be.* hard **sıkı ağızlı** secretive **sıkı bağlaşım** tight coupling **sıkı bükümlü** hard twisted **sıkı çalışmak** to work hard **sıkı durmak** to hold fast **sıkı fıkı olmak** to be on intimate terms (with), to be thick with sb *kon.*, to be as thick as thieves *kon.* **sıkı fıkı** intimate, thick (with sb) *kon.*, as thick as thieves *kon.* **sıkı geçme** driving fit **Sıkı ise/Sıkıysa** *arg.* You dare! **sıkı kuplaj** tight coupling **sıkı pazarlık etmek** to haggle **sıkı tutmak** a) to hold tight, to hang on, to grip b) to control firmly

sıkıca *be.* tightly **sıkıca tutmak** to clutch, to grip, to hold tight

sıkıcı *s.* boring, dull, deadly *kon.*, dreary *kon.*, tiresome, irksome, wearisome, drab, tedious, prosaic, arid, flat, colourless, colorless *Aİ.* ¤ *a.* tightener

sıkıcılık *a.* tedium

sıkıdenetim *a.* censorship * sönsür

sıkıdüzen *a.* discipline * disiplin, zapturapt

sıkılama *a.* stemming, tamping **sıkılama çubuğu** stemming rod

sıkılaşmak *e.* to tighten

sıkılaştırmak *e.* to tighten

sıkılgan *s.* shy, timed, bashful

sıkılganlık *a.* shyness, bashfulness

sıkılık *a.* tightness; strictness; stinginess

sıkılmak *e.* to be squeezed, to be pressed; to be bored; to feel embarrassed; to be in straits

sıkılmaz *s.* shameless

sıkılmazlık *a.* shamelessness

sıkınmak *e.* to constrain oneself

sıkıntı *a.* discomfort, hardship, difficulty, adversity; trouble, inconvenience; boredom; annoyance, worry; depression; straits, shortage, distress **sıkıntı çekmek** to have troubles **sıkıntı vermek** to annoy, to bother, to oppress, to afflict **sıkıntıda olmak** to be in straits **sıkıntıdan patlamak** to be bored stiff

sıkıntıdan patlatmak to bore sb to death **sıkıntıya düşmek** to be hard up **sıkıntıya gelememek** to be unable to stand the gaff

sıkıntılı *s.* troublesome, trying, uneasy; (hava) close, muggy

sıkıntısız *s.* untroubled

sıkış tepiş *be, kon.* like sardines *kon.*

sıkışabilir *s.* compressible

sıkışabilirlik *a.* compactibility

sıkışık *s.* close, serried; crowded; cramped **sıkışık olmak** to be pressed for sth

sıkışıklık *a.* closeness; jam

sıkışır *s.* compressible

sıkışırlık *a.* compressibility

sıkışma *a.* jamming **sıkışma gerilmesi** compression stress **sıkışma yükü** compression load

sıkışmak *e.* to be closely pressed together; to move up closer, to move closer together; to get jammed; to be caught (between); to jam; to squash; to be in trouble; to be pushed for sth; to need to urinate

sıkıştıraç *a.* compressor

sıkıştırılmış *s.* compressed **sıkıştırılmış asfalt** compressed asphalt **sıkıştırılmış gaz** compressed gas **sıkıştırılmış hava** compressed air **sıkıştırılmış küspe** pressed pulp

sıkıştırma *a.* pressing; squeezing; compression **sıkıştırma basıncı** compression pressure **sıkıştırma bileziği** compression ring **sıkıştırma cıvatası** expansion bolt **sıkıştırma deneyi** compression test **sıkıştırma kursu** compression stroke **sıkıştırma odası** compression chamber **sıkıştırma oranı** compression ratio **sıkıştırma perçini** clinch bolt **sıkıştırma somunu** jam nut **sıkıştırma vidası** tightening screw

sıkıştırmaç *a.* anamorphic lens, anamorphote

sıkıştırmak *e.* to press; to squeeze; to pinch; to compress; to force; to tighten; to jam; to crowd; to cram; to corner (sb); to oppress; to slip (money, etc. into sb's hand)

sıkıt *a. hek.* tablet

sıkıyönetim *a.* martial law * örfi idare

sıkişeme *a.* polyuria

sıkkın *s.* troubled, distressed, worried,

depressed, bored

sıkkınlık *a.* being troubled/distressed

sıklaşmak *e.* to become frequent; to be close together

sıklaştırmak *e.* to increase the frequency (of)

sıklet *a.* weight; heaviness

sıklık *a.* frequency; density **sıklık çizelgesi** frequency table **sıklık çokgeni** frequency polygon **sıklık dağılımı** frequency distribution **sıklık eğrisi** frequency curve **sıklık işlevi** frequency function

sıklıkölçer *a.* frequency meter

sıkma *a.* pressing, squeeze **sıkma geçme** shrink fit **sıkma makinesi** squeezing machine **sıkma merdanesi** expression roller **sıkma roliği** mangle roller **sıkma silindiri** expression roller **sıkma vidası** clamping screw

sıkmaç *a.* wringer

sıkmak *e.* to press; to squeeze; to wring; to tighten; to bore, to turn sb off *kon.*; to bother, to trouble; to annoy, to plague, to embarrass; to clench

sıkmalık *s.* suitable for squeezing the juice out

sıla *a.* one's home/homeland; reunion **sıla hasreti** homesickness **sıla hasreti çekmek** to be homesick

sımak *e.* to break, to smash

sımsıkı *s.* very tight ¤ *be.* very tightly **sımsıkı tutmak** to cling, to clasp

sınaat *a. esk.* art, craft; trade

sınai *s.* industrial

sınamak *e.* to try; to test; to examine

sınav *a.* examination, exam *kon.* **sınav harcı** fee **sınav kâğıdı** examination paper **sınav olmak** to have an exam **sınava girmek** to take an exam, to sit for an exam **sınavda kalmak** to fail (in) an exam, to flunk **sınavdan geçirmek** to examine **sınavdan geçmek** to pass an examination **sınavdan kalmak** to fail an examination **sınavı vermek** to pass the exam

sıncan *a. bitk.* box-thorn

sındı *a.* scissors

sındırmak *e.* to defeat, to rout

sıngın *s.* frightened, intimidated; timid, reserved; worried, sad

sınıf¹ *a.* class; classroom; grade *Aİ.*; form **sınıf arkadaşı** classmate **sınıf başkanı**

class prefect *İİ.*, class monitor *İİ.*, class president *Aİ.* **sınıf öğretmeni** class teacher, form teacher, form master, form mistress **sınıfta bırakmak** to fail **sınıfta çakmak** to flunk **sınıfta kalmak** to fail

sınıf² *a.* class; category; caste **sınıf bilinci** class consciousness **sınıf çatışması/kavgası** class conflict/struggle **sınıf mücadelesi** the class struggle, the class war

sınıflama *a.* classification * tasnif

sınıflamak, sınıflandırmak *e.* to classify, to categorize, to grade * tasnif etmek

sınıflandırıcı *a.* sorter

sınıflandırma *a.* classification

sınıflandırmak *e.* to classify

sınıflanmak *e.* to be classified

sınıfsız *s.* classless

sınık *s. yörs.* broken; defeated

sınıkçı *a. yörs.* bonesetter

sınır *a.* border; frontier; boundary, limit; division **sınır basınç** ultimate pressure **sınır denetimi** limit check **sınır dışı etmek** to deport **sınır gerilme** ultimate pressure **sınır ihlali** frontier infringement **sınır işareti** landmark **sınır koşulu** boundary condition **sınır koymak** to limit **sınır tabakası** boundary layer **sınır tanımamak** to cut across all boundaries **sınır taşı** landmark **sınır yük** breaking load

sınırdaş *s.* bordering, limitrophe **sınırdaş olmak** to border **sınırı geçmek** to cross the frontier

sınırdaşlık *a.* sharing a common border

sınırlama *a.* restriction, limitation **sınırlama yoğunluğu** limiting density

sınırlamak, sınırlandırmak *e.* to limit, to border, to restrict

sınırlandırmak *e.* to limit

sınırlanmak *e.* to be limited

sınırlayıcı *s.* limiting, restrictive ¤ *a.* delimiter, limiter

sınırlı *s.* bounded by; limited, restricted

sınırsız *s.* boundless, limitless, unlimited, unbounded, infinite

sınırsızlık *a.* infinity

sınmak *e. yörs.* to be broken; to be defeated

sıpa *a, hayb.* colt, foal, donkey-foal **sıpa iskele** horse scaffold

sır¹ *a.* secret, confidence **sır olarak** in

confidence **sır saklamak/tutmak** to keep (a) secret **sır vermek** to betray a secret **sır vermemek** to keep dark **sırra kadem basmak** to vanish into thin air

sır² *a.* glaze; silvering

sıra *a.* queue, line, file; order, sequence; turn; (oyunda) go *kon.*; regularity; right time, occasion; desk, bench **sıra beklemek** to await one's turn **sıra dayağı yemek** to run the gauntlet **sıra motor** in-line engine **sıra olmak** to be lined **sıra sayacı** sequence counter **sıra sayısı** ordinal, ordinal number **Sıra sende** It's your turn **sıra sıra** in rows **sıra yazmacı** sequence register **sırası gelmişken** by the way **sırasını savmak** to have done one's turn **sıraya dizmek** to align **sıraya girmek** to line up **sıraya koymak** to put in order, to arrange, to align **sırayla yapmak** to take turns (at sth)

sıraca *a, hek.* scrofula, king's evil

sıracalı *s.* strumatic, strumous

sıracaotu *a, bitk.* figwort

sıradağ(lar) *a.* mountain chain, mountain range

sıradan *s.* ordinary, banal, common, commonplace, small-time *kon./hkr.*

sıralaç *a.* file

sıralama *a.* ordering, grading **sıralama şişi** sorting needle **sıralama yordamı** sorting routine

sıralamak *e.* to arrange in order, to align, to sequence; to enumerate

sıralanım *a.* sequence **sıralanım denetimi** sequence check **sıralanım hatası** sequence error

sıralanmak *e.* to be arranged; to form into a row/file; to queue

sıralı *s.* ordered, arranged in order; timely, appropriate **sıralı arama** ordered seek **sıralı bellek** *biliş.* sequential storage **sıralı erişim** serial access **sıralı işlem** serial processing **sıralı küme** ordered set **sıralı sayılar** consecutive numbers

sıralıoluş *a. biy.* epigenesis

sırasal *s.* sequential **sırasal denetim** sequential control **sırasal erişim** sequential access **sırasal işlem** sequential operation **sırasal mantık** sequential logic **sırasal örgütleme** sequential organization

sırasında *be.* when necessary ¤ *ilg.* during

sırasıyla *be.* in turn, in order

sırasız *s.* out of order; ill-timed, inconvenient, out of turn

sırat köprüsü *a. din.* Al Sirat

sırayla *be.* by turns, alternately

Sırbistan *a.* Serbia

sırça *a.* glass

sırdaş *a.* confidant

sırf *be.* pure, mere, sheer, only

sırık *a.* pole, stick **sırık gibi** *kon.* gangling, gangly, lanky **sırıkla atlama** *sp.* pole vault

sırıklamak *e.* to stake, to pole; *arg.* to steal, to walk off with (sth)

sırılsıklam *s.* soaked to the skin, sopping, sopping wet, soaked, sodden, soaking, soaking wet, soggy, wet through **sırılsıklam âşık** head over heels in love **sırılsıklam âşık olmak** to be head over heels in love (with) **sırılsıklam etmek** to soak, to saturate, to drench **sırılsıklam olmak** to soak

sırım *a.* leather strip, thong, strap **sırım gibi** wiry

sırıtkan *s.* given to grinning

sırıtmak *e.* to grin; to show up

sırlamak *e.* to glaze; to silver

sırlı *s.* glazed, vitrified **sırlı çini** glazed tile **sırlı kiremit** vitrified tile **sırlı künk** vitrified tile pipe **sırlı tuğla** glazed tile

sırma *a.* silver thread, silver-gilt thread; *ask.* stripe **sırma tel** gold thread

sırmakeş *a.* maker of silver thread

sırmalı *s.* embroidered with gilded silver thread

sırnaşık *s.* saucy, tiresome, importunate

sırnaşıklık *a.* importunity, shamelesshess

sırnaşmak *e.* to annoy, to worry

Sırp *a.* Serb, Serbian ¤ *s.* Serbian

Sırpça *a, s.* Serbian

Sırp-Hırvatça *a, s.* Serbo-Croatian

Sırplı *a. s.* Serbian

sırrolmak *e.* to disappear mysteriously

sırsıklam *s.* soaked, soaked to the skin, soaking, soaking wet **sırsıklam âşık** head over heels in love **sırsıklam olmak** to be soaked to the skin, to get wet through

sırsız *s.* unglazed

sırt *a.* back; ridge ¤ *sg. anat.* dorsal **sırt ağrısı** backache **sırt çantası** rucksack, knapsack, backpack *Aİ. sırt çevirmek* to turn one's back on *sırt ekimi* ridge planting *sırt paraşütü* back-type parachute *sırt sırta* back to back *sırt yapağısı* back wool *sırt yünü* back wool *sırtı yere gelmek* to be overcome *sırtından geçinmek* to live at sb's expense *sırtından vurmak* to doublecross *hkr. sırtını yere getirmek* to overcome

sırtar *a. hayb.* a lizard

sırtarbalığı *a. hayb.* a freshwater bream

sırtarmak *e.* to grin (unpleasantly); to prepare to oppose; (a dfecet) to become apparent

sırtlamak *e.* to take on one's back, to shoulder; to back, to support

sırtlan *a, hayb.* hyena, hyaena

sırtüstü *be.* on one's back *sırtüstü yatmak* to lie on one's back *sırtüstü yüzme* backstroke

sıska *s.* puny, bony, spare, lean, gaunt, skinny *hkr.*, scrawny *hkr.*, scraggy *hkr.*

sıskalaşmak *e.* to get thin and weak

sıskalık *a.* leanness, puniness

sıtma *a, hek.* malaria * malarya *sıtma ateşi hek.* ague

sıtmaağacı *a, bitk.* eucalyptus

sıtmabilim *a.* malariology

sıtmalı *s.* malarial

sıva *a.* plaster, parget *sıva altı* embedded, encastered *sıva malası* float *sıva tirizi* lath *sıva vurmak* to plaster

sıvacı *a.* plasterer *sıvacı küreği* plasterer's hawk *sıvacı macunu* putty

sıvacıkuşu *a. hayb.* nuthatch

sıvadibi *a.* baseboard, mopboard

sıvalamak *e.* to coat (sth) with plaster

sıvalı *s.* coated, plastered; rolled up (sleves/legs of trousers)

sıvama *a.* plasting ¤ *s.* covered with ¤ *be.* to the brim

sıvamak *e.* to plaster; to daub, to bedaub; to roll up

sıvaşmak *e.* to get smeared on; to become sticky

sıvaştırmak *e.* to smear (sth) on; to make sticky

sıvazlamak *e.* to stroke, to caress

sıvı *a, s.* liquid, fluid *sıvı asıltı* emulsion *sıvı basıncı* liquid pressure *sıvı durum* liquid state *sıvı evre* liquid phase *sıvı gaz* liquid gas *sıvı gübre* liquid manure

sıvı hal liquid phase *sıvı hava* liquid air *sıvı hidrojen* liquid hydrogen *sıvı karbonlama* liquid carburizing *sıvı kristal* liquid crystal *sıvı lazer* liquid laser *sıvı nitrürleme* liquid nitriding *sıvı ölçüsü* liquid measure *sıvı soğutmalı* liquid-cooled *sıvı şeker* liquid sugar

sıvık *s.* sticky, semi-fluid

sıvılaşabilir *s.* liquefiable

sıvılaşma *a.* condensation, liquefaction *sıvılaşma eğrisi* liquidus

sıvılaşmak *e.* to condense, to liquefy

sıvılaştırılabilir *s.* liquefiable

sıvılaştırılamaz *s.* incondensable

sıvılaştırma *a.* liquefaction

sıvılaştırmak *e.* to liquefy, to condense

sıvındırmak *e.* to liquefy (a gas)

sıvınmak *e.* (a gas) to be liquefied

sıvıölçer *a.* hydrometer

sıvıölçüm *a.* areometry, hydrometry

sıvıölçümsel *s.* hydrometric(al)

sıvırya *be.* incessantly, continually

sıvısever *s.* lyophilic * liyofil

sıvısevmez *s.* lyophobic * liyofob

sıvısız *s.* aneroid

sıvışık *s.* sticky, adhesive, gooey

sıvışmak *e.* to slip away, to sneak off, to abscond, to scuttle, to clear out (of) *kon.*, to clear off *kon.*, to make off *kon.*, to do a bunk *İİ./kon.*, to bunk off *İİ./arg.*; to slope off *İİ./kon.*

sıvıyağ *a.* liquid oil

sıyanet *a.* protection, guarding

sıyga *a. esk.* mood

sıyırga *a.* stripper, duffing comb

sıyırıcı *a.* scraping knife, stripping knife, doctor blade, doctor knife * rakle

sıyırmak *e.* to tear off, to peel off, to scrape; to graze, to brush; to polish off *sıyırıp geçmek* to graze

sıyrık *s.* grazed, peeled, skinned, abraded ¤ *a.* abrasion, graze, scrape, scratch, nick

sıyrılmak *e.* to be scraped/barked/skinned/abraded; to elude, to get out of

sıyrıntı *a.* scraping

sızak *a.* trickle, rill

sızdırmak *e.* to leak, to ooze out; to squeeze; to leak, to make known

sızdırmaz *s.* watertight, leakproof

sızgıt *a.* fried meat preserve

sızı *a.* ache, pain

sızıcı s. leaky, leaking; *dilb.* fricative, spirant

sızıldanmak e. to complain, to groan

sızıltı a. complaint; discontent

sızım a. effusion

sızıntı a. leak, ooze, escape, leakage *sızıntı akımı* leakage current *sızıntı detektörü* leak detector *sızıntı suyu* percolating water *sızıntı vanası* sluice valve *sızıntı yolu* leakage path

sızıntılı s. leaky

sızlamak e. to ache, to smart, to sting

sızlanmak e. to complain, to grouch, to whimper, to bemoan, to gripe *hkr.*

sızma a. escape, exudation, leak

sızmak e. to leak, to ooze, to exude; to permeate; to seep, to escape; (sır) to leak out; to infiltrate

si a. müz. ti

si a, müz. B; ti, te, si

sibernasyon a. cybernation

sibernetik a. cybernetics * güdümbilim, kibernetik

sibernetikçi a. cybernetician

Sibirya a. Siberia ¤ s. Siberian

sibiryakazı a. hayb. red-breasted goose

Sibiryalı a, s. Siberian

sicil a. register; record, dossier, file; qualification *sicil memuru* registrar *sicile kaydetmek* to enter into the register

sicilli s. registered; having a criminal record

Sicilya a. Sicily ¤ s. Sicilian

Sicilyalı a, s. Sicilian

sicim a. string, twine, cord, packthread

siderit a. siderite

siderolit a. siderolite

sideroz a. siderosis

sidik a. pee, urine, piss *arg.* * idrar *sidik yarışına çıkmak* to keep up with the Joneses

sidikborusu a, anat. ureter

sidikkavuğu a. anat. urinary bladder

sidikli s. stained with urine; who wets the bed

sidiktorbası a, anat. bladder * mesane

sidikyolu a, anat. urethra *sidikyolu hastalığı* urinary disease *sidikyolu yangısı* hek. urethritis

sidikzoru a, hek. urine retention

Sierra Leone a. Sierra Leone ¤ s. Sierra Leonean

Sierra Leoneli a, s. Sierra Leonean

sifilis a. syphilis

sifon a. siphon; culvert; toilet flush tank *sifon borusu* siphon *sifonu çekmek* to pull the chain, to flush the toilet, to flash the lavatory

siftah a. first sale of the day, handsel *siftah etmek* to make the first sale of the day

siftahlamak e. to make the first sale; *mec.* to begin, to commence

siftinmek e. to fool around, to waste time; to scratch oneself by rubbing against (sth)

sigara a. cigarette, cigaret *Aİ.*, fag *İİ./kon.* *sigara filtresi* filter tip *sigara içilebilen vagon* smoker *Sigara içilmez* No smoking *sigara içmek* to smoke (a cigarette) *sigara izmariti* stub *sigara sarmak* to roll a cigarette *sigara tiryakisi* chain smoker

sigaraböceği a. hayb. cigarette beetle

sigaraböreği a. cigar-shaped fried pastry filled with cheese, parsley or mince

sigaralık a. cigarette box

sigma a. sigma *sigma fazı* sigma phase *sigma mezonu* sigma meson *sigma taneciği* sigma particle

sigorta[1] a. insurance, assurance *sigorta edilebilir* insurable *sigorta edilemez* uninsurable *sigorta eksperi* insurance surveyor *sigorta etmek* to insure, to assure, to cover *sigorta ettirmek* to insure, to assure *sigorta olmak* to insure *sigorta poliçesi* insurance policy *sigorta primi* insurance premium *sigorta simsarı* insurance broker *sigorta şirketi* insurance company

sigorta[2] a, elek. fuse *sigorta atmak* (fuse) to blow *sigorta bloku* fuse block *sigorta duyu* fuse socket *sigorta kutusu* fuse box *sigorta tablosu* fuse panel *sigorta tutucu* fuse holder *sigorta yuvası* fuse holder *sigortayı attırmak* to blow the fuse

sigortacı a. insurer

sigortacılık a. selling insurance

sigortalamak e. to insure

sigortalı s. insured ¤ a. the insured

sigortasız s. uninsured

siğil a, hek. wart

siğilli s. warty

siğilotu a. bitk. dandelion

sihir a. magic, spell; sorcery, witchcraft *

büyü

sihirbaz *a.* magician, sorcerer * büyücü

sihirbazlık *a.* magic, sorcery, witchcraft * büyücülük

sihirli *s.* magic, magical; bewitched * büyülü, afsunlu **sihirli değnek** magic wand

sik *a, kab.* cock *arg.*, dick *kab.*, prick *arg.*, pecker *Aİ./arg.* **Sikimden aşağı Kasım paşa** *arg.* I don't give a fuck *arg.* **sikine takmamak** *arg.* not to give a fuck, not to give a shit, not to care a hoot *kon.*, not to give a hoot *kon.*

sikas *a.* sago palm

sikatif *a, s.* siccative

sikiş *a, kab.* fuck *kab.*, bonk *arg.*, screw *arg.*, bang *arg.*, ass *Aİ./kab.*

sikişme *a, arg.* fuck, cunt

sikişmek *e, kab.* to fuck *kab.*, to screw *arg.*, to hump *arg.*, to bonk *arg.*, to have it away/off together

sikke *a.* coin

sikl *a, fiz.* cycle

siklamate *a.* cyclamate

siklamen *a, bitk.* cyclamen

siklememek *e, kab.* not to give a fuck, not to give a shit

siklobutan *a.* cyclobutane

siklograf *a.* cyclograph

siklogram *a.* cyclogram

sikloheksan *a.* cyclohexane

siklohekzan *a.* cyclohexane

siklohekzanol *a.* cyclohexanol

siklohekzanon *a.* cyclohexanone

siklohekzen *a.* cyclohexene

siklohekzilamin *a.* cyclohexylamine

sikloit *a.* cycloid

siklojenez *a.* cyclogenesis

siklon *a.* cyclone * kiklon

siklopropan *a.* cyclopropane

siklorama *a.* cyclorama

siklotomik *s.* cyclotomic

siklotron *a.* cyclotron

sikmek *e, kab.* to fuck *kab.*, to lay *kab.*, to make; to bugger (up), to balls up, to fuck

siktiriboktan *s.* shitty *arg./kab.*

siktirici *s, kab.* bloody, fucking, damn

siktirmek *e, kab.* to let sb fuck; to piss off **Siktir!** *kab.* Fuck off! *kab.*, Piss off! *kab.*, Bugger off! *İİ./kab.* **Siktir et!** *kab.* Never mind! **siktir etmek** *kab.* to send away, to get rid of **Siktir git!** *kab.*

Shove off *kon.*, Piss off! *kab.* Fuck off! *kab.*, Push off! *kab.*, Beat it! *arg.*, Bugger off! *İİ./kab.*, Sod off *İİ./kab.* **siktir olup gitmek** to piss off, to fuck off *kab.*, to bugger off *İİ./kab.*, to scram *arg.* **Siktir ordan!** Get stuffed! *İİ./arg.*

silah *a.* weapon, arm **silah altına almak** to call to arms, to mobilize **silah arkadaşları** brothers in arms **silah atmak** to fire a weapon **Silah başına** To arms! **silah çatmak** to pile arms **silah çekmek** to pull out a weapon; to threaten with a weapon **silah deposu** arsenal, armoury **silah kaçakçılığı** gunrunning **silah kaçakçısı** gunrunner **silah sesi** shot **silah zoruyla** at gunpoint **silaha davranmak** to go for a weapon **silaha sarılmak** to take up arms **silahına davranmak** to reach for one's gun

silahendaz *a. esk.* marine

silahhane *a.* arsenal

silahlandırma *a.* armament

silahlandırmak *e.* to arm

silahlanma *a.* armament, arming **silahlanma yarışı** arms race

silahlanmak *e.* to arm

silahlı *s.* armed **silahlı haydut** gunman **silahlı kuvvetler** the armed forces **silahlı soygun** armed robbery

silahlık *a, ask.* gun rack

silahsız *s.* unarmed

silahsızlandırma *a.* disarmament

silahsızlandırmak *e.* to disarm

silahsızlanma *a.* disarmament

silahsızlanmak *e.* to be disarmed, to disarm

silahşor *a.* man-at-arms, musketeer, warrior

silahşorluk *a.* being a man-at-arms

silaj *a.* silage

silan *a.* silane

silecek *a, oto.* windscreen wiper *İİ.*, windshield wiper *Aİ.* **silecek kolu** wiper arm **silecek lastiği** wiper blade **silecek motoru** wiper motor

sileks *a.* fire stone

Silezya *a.* Silesia ¤ *s.* Silesian

Silezyalı *a, s.* Silesian

silgi *a.* rubber *İİ.*, eraser *Aİ.*; (karatahta) duster

sili *s.* clean; chaste

silici *a.* cleaner, polisher, wiper, scrabber

silik *s.* worn, rubbed out; indistinct, insignificant
silikat *a.* silicate
silikatlaşma *a.* silication
silikleşmek *e.* to become indistinct
siliklik *a.* indistinctness
silikon *a.* silicone **silikon apresi** silicon finish
silikoz *a.* silicosis
sililik *a.* cleanness; chastity, honesty
silindir *a.* cylinder, roller; road roller **silindir bloğu** cylinder block **silindir ceketi** cylinder jacket **silindir çeperi** cylinder wall **silindir eteği** cylinder skirt **silindir gömleği** cylinder liner **silindir hacmi** cylinder volume **silindir iççapı** cylinder bore **silindir kafası** cylinder head **silindir kapağı** cylinder cover **silindir kovanı** cylinder barrel **silindir musluğu** cylinder cock **silindir sayısı** number of cylinders **silindir şapka** top-hat, tall-hat **silindir yağı** cylinder oil **silindir yatağı** trunnion
silindiraj *a.* rolling, calendering
silindirik *s.* cylindrical **silindirik bobin** cylindrical coil **silindirik dalga** cylindrical wave **silindirik düzeç** tubular level **silindirik fonksiyon** cylindrical function **silindirik koordinatlar** cylindrical coordinates **silindirik somun** round nut **silindirik taşlama** cylindrical grinding
silindirli *s.* with a cylinder, with cylinders **silindirli baskı** cylinder printing, roller printing **silindirli çırçır makinesi** roller gin **silindirli dinkleme makinesi** cylinder milling machine, cylinder fulling machine **silindirli fiksaj makinesi** cylinder setting machine **silindirli kırıcı** rolling crusher **silindirli kurutma makinesi** cylinder drying machine **silindirli pres** cylinder press
silindiroit *a.* cylindroid
silindirsel *s.* cylindrical
silindirsi *s.* cylindroid
silinebilir *s.* erasable **silinebilir bellek** erasable storage
silinir *s.* erasable
silinmez *s.* indelible, nondeletable **silinmez bellek** *biliş.* nonerasable storage
silis *a, kim.* silica **silis jeli** silica gel **silis peltesi** silica gel
silisçil *s. bitk.* silicicolous

silisik *s. kim.* silicic
silisik asit *a.* silicic acid
silisiz *s.* unchaste, dishonest
silisli *s.* siliceous **silisli kalker** siliceous limestone
silisyum *a.* silicon **silisyum çeliği** silicon steel **silisyum tuncu** silicon bronze
silisyumlamak *e.* to siliconize
silkelemek *e.* to shake, to shake off, to shake sth out
silkinmek *e.* to shake oneself
silkinti *a.* start, movement, starts, trembling
silkmek *e.* to shake; to shake off; to shake down
sill *a.* sill
sille *a.* cuff, slap **sille atmak** to cuff, to slap
silme *a.* erasure; blanking; moulding ¤ *s.* full to the brim, brimful **silme dolu olmak** to brim **silme kafası** erasing head **silme karakteri** delete character **silme rendesi** bead plane
silmece *be.* up to the brim
silmek *e.* to wipe; to erase, to rub sth out, to efface, to obliterate; to delete; to rub up, to polish **silip süpürmek** to devour
silo *a.* silo, elevator *Aİ.*
siloksan *a.* siloxane
silolamak *e.* to ensile, to silo
silsile *a.* series, chain; (mountain) chain; genealogy, pedigree
silsilename *a.* genealogical list/tree
silt *a.* silt
siluet *a.* silhouette
silüriyen *a.* silurian
silüryen *a.* Silurian
silvanit *a.* sylvanite
silvinit *a.* sylvinite
silvit *a.* sylvine
sim *a.* silver
sima *a.* face, features; personage; *coğ.* sima
simbal *a, müz.* cymbal
simbiyoz *a, biy.* symbiosis * ortakyaşam
simen *a.* cymene
simetri *a.* symmetry * bakışım **simetri düzlemi** plane of symmetry **simetri ekseni** axis of symmetry **simetri sayıları** symmetry numbers **simetri sınıfı** symmetry class
simetrik *s.* symmetric, symmetrical * bakışımlı **simetrik devre** symmetrical

circuit **simetrik iletkenlik** symmetrical conductivity **simetrik kanal** symmetrical channel **simetrik kıvrım** symmetrical fold **simetrik saptırma** symmetrical deflection

simetrisiz s. asymmetrical

simge a. symbol, emblem, attribute, byword, personification * sembol **simge değeri** symbol value **simge dizgisi** symbol string **simge katarı** symbol string **simge listesi** symbol list **simge tablosu** symbol table **simgesi olmak** to personify

simgeci a. symbolist

simgecilik a. symbolism * sembolizm

simgelemek e. to symbolize, to represent

simgeleşmek e. to become a symbol

simgeleştirmek e. to symbolize

simgesel a. symbolic * sembolik **simgesel ad** symbolic name **simgesel adres** symbolic address **simgesel değer** symbol value **simgesel dil** symbolic language **simgesel kimlikleyici** symbolic identifier **simgesel kod** symbolic code **simgesel kodlama** symbolic coding **simgesel komut** symbolic instruction **simgesel mantık** symbolic logic **simgesel numara** symbolic number **simgesel programlama** symbolic programming **simgesel tanıtıcı** symbolic identifier

simgesellik a. symbolicalness

simit a. life buoy; ring-shaped bread covered with sesame seeds

simpleks s. simplex **simpleks çalışma** simplex operation **simpleks devre** simplex circuit **simpleks kanal** simplex channel

simsar a. broker, middleman

simsariye a. commission

simsarlık a. brokerage

simsiyah s. coal black, jet black

simultane s. simultaneous

Simurg a. Simurgh, Simurg

simülasyon a. simulation

simülatör a. simulator

simültane s. simultaneous **simültane çeviri** simultaneous translation

simya a. alchemy

simyacı a. alchemist

sin a. grave, tomb, sepulchre, sepulcher

Sina a. Sinai **Sina Dağı** Mount Sina **Sina Yarımadası** the Sina Peninsula

sinagog a. synagogue

sinagrit a. hayb. dentex

sinameki a, bitk. senna

sinaps a. hek. synapse

sinapsis a. biy. synapsis

sinara a. fish hook

sincabi s. dark gray

sincap a, hayb. red squirrel **sincap kafesi** squirrel cage

sincapmaymunu a. hayb. squirrel monkey

sindirici s. digestive, peptic

sindirim a. digestion ¤ sg. alimentary **sindirim borusu** alimentary canal **sindirim güçlüğü** dyspepsia, indigestion **sindirim sistemi** the digestive tract **sindirim sistemi** digestive system, digestive track

sindirimbilim a. gastroenterology

sindirimbilimci a. gastroenterologist

sindirimsel s. peptic

sindirimsizlik a. dyspepsia

sindirmek e. to digest, to assimilate; to cow, to daunt

sindiyotaktik s. syndiotactic

sine a. bosom, breast **sineye çekmek** to swallow kon., to take sth lying down, to put up with

sinek a, hayb. fly; isk. clubs * ispati **sinek avlamak** (shopkeeper) to have no customers **sinek kâğıdı** flypaper

sinekağırlık a. (boxing) featherweight

sinekçil a. hayb. flycatcher

sinekkapan a, bitk. Venus's flytrap

sinekkaydı s. very smooth, close ¤ be. very smoothly

sinekkuşu a, hayb. hummingbird

sineklenmek e. to become infested with flies

sinekli s. full of flies

sineklik a. flyswatter, fly whisk; flypaper

sinekoloji a. synecology

sineksıklet a. (boxing) featherweight

sinema a. cinema, the movies; movie house, movie theater **sinema endüstrisi** the screen **sinema filmi** motion picture **sinema makinesi** cinematograph

sinemacı a. film-maker; keeper of a picture theatre; film distributor

sinemacılık a. cinematography

sinemasever a. cinemagoer

sinemaskop a. Cinemascope

sinematek *a.* film library, film club
sinematik *s.* cinematic
sinematograf *a.* cinematograph
sinematografi *a.* cinematography
sinematografik *s.* cinematographic
sineradyografi *a.* cineradiography
sinerama *a.* cinerama
sinerez *a.* syneresis
sinerin *a.* cinerin
sinerji *a.* synergism
sinerjik *s.* synergic
sinestezi *a.* synesthesia
sineztezi *a.* synesthesia
Singala *a, s.* Sinhalese
Singalaca *a, s.* Sinhalese
Singapur *a.* Singapore ¤ *s.* Singaporean
Singapurlu *a, s.* Singaporean
singin *s.* timid, shy
singlet *a.* singlet
sini *a.* large and round tray used as a table
sinigrin *a.* sinigrin
sinik *s.* cynic
sinik¹ *s.* crouching, cowed
sinik² *a, fel.* cynic ¤ *s.* cynical
sinir *a, anat.* nerve; sinew, fibre; anger, irritation; emotional balance, equanimity ¤ *s, kon.* crabby *kon.*, irritating, irksome, annoying *sinir ağrısı* neuralgia *sinir argınlığı* neurasthenia, nervous breakdown *sinir bozukluğu* breakdown *sinir etmek* to aggravate, to rub sb up the wrong way *kon.*, to get sb's back up, to put sb's back up *sinir gazı* nerve gas *sinir harbi* war of nerves *sinir hastalığı* neuropathy *sinir hastalıkları uzmanı* neurologist *sinir hastası* neurotic *sinir herif* sod *İİ./arg.* *sinir hücresi* nerve cell *sinir kesilmek* to become all nerves *sinir kökenli hek.* neurogenic *sinir krizi* attack of nerves, fit of hysterics *sinir olmak* to chafe *sinir sistemi* nervous system *siniri tutmak* to have a fit of nerves *sinirine dokunmak* to get on sb's nerves *kon.*, to grate one's nerves *sinirine hâkim olmak* to keep one's temper *sinirleri altüst olmak* to be very upset *sinirleri tepesinde olmak* to be in a bad mood *sinirlerini bozmak* to get on sb's nerves
sinirbilim *a, hek.* neurology * nöroloji
sinirbilimci *a.* neurologist

sinirbilimsel *s.* neurological
sinirce *a, anat.* neurosis * nevroz
sinirdoku *a, anat.* neural tissue
sinirdokusu *a.* nerve tissue, neurine
sinirgi *a.* psychoneurosis
sinirgin *s.* psychoneurotic
sinirkanatlı *s.* neuropteran
sinirlemek *e.* to separate the sinews/tendons (of); to deprive of sinews, to hamstring
sinirlendirmek *e.* to annoy, to make (sb) nervous, to rub sb the wrong way, to irritate, to nettle, to displease, to rile *kon.*
sinirlenmek *e.* to be/get annoyed/irritated, to be cross (with sb) (about sth)
sinirli *s.* (et) sinewy; (kişi) quick-tempered, hot-blooded, testy, surly, peppery, irritable, easily angered, cross, prickly *kon.*, irascible *res.*
sinirlilik *a.* bad temper, irritability, prickliness, bile; sinewiness
sinirotu *a.* plantain
sinirsel *s.* neural, nervous
sinirsiz *s.* nerveless
sinizm *a, fel.* cynicism * kinizm
sinkaf *a. arg.* penis, cock
sinkaflamak *e. arg.* to lay, to fuck
sinkarp *a.* syncarp
sinklinoryum *a.* synclinorium
sinlik *a.* cemetery, graveyard * gömütlük, mezarlık, kabristan
sinmek *e.* to crouch down; to pervade, to permeate; to cower, to cringe
sinodal *s.* synodic
sinolog *a.* Sinologist
sinoloji *a.* Sinology
sinonim *a.* synonym ¤ *s.* synonymous
sinoptik *s.* synoptic *sinoptik harita* synoptic chart
sinsi *s.* sly, stealthy, sneaky *hkr.*; (hastalık) insidious
sinsice *be.* stealthily
sinsileşmek *e.* to become sly
sinsilik *a.* stealthiness
sinsin *a.* a folk dance performed around the fire at night
Sint *a.* Sind ¤ *s.* Sindhi
Sintçe *a, s.* Sindhi
sinter *a.* sinter
sinterleme *a.* sintering *sinterleme tesisatı* sintering plant
sinterlemek *e.* to sinter
sintesayzır *a.* synthesizer

sintigrafi *a. hek.* scintigraphy
sintigram *a. hek.* scintigram, scintiscan
sintilasyon *a.* scintillation
sintilatör *a.* scintillator
sintine *a, den.* bilge *sintine dönümü* bilge turn *sintine kuyusu* bilge well *sintine oluğu* limber *sintine suyu* bilge water, bilge *sintine tulumbası* bilge pump
sintisayzır *a.* synthesizer
Sintli *a, s.* Sindhi
sinüs *a, anat.* sinus; *mat.* sine *sinüs eğrisi* sine curve *sinüs galvanometresi* sine galvanometer *sinüs kanunu* law of sines *sinüs potansiyometresi* sine potentiometer *sinüs teoremi* sine law
sinüzit *a, hek.* sinusitis
sinüzoidal *s.* sinusoidal
sinüzoit *a, mat.* sinusoid
sinyal *a.* signal; dialling tone; *oto.* indicator *sinyal dalgası* signal wave *sinyal düzenleme* signal shaping *sinyal jeneratörü* signal generator *sinyal lambası oto.* turn indicator *sinyal müziği* signature tune *sinyal plakası* signal plate *sinyal sargıları* signal windings *sinyal seviyesi* signal level *sinyal uzaklığı* Hamming distance *sinyal üreteci* signal generator *sinyal vermek* to indicate
sinyalizasyon *a.* signalling
sipariş *a.* order *sipariş almak* to receive an order *sipariş etmek/vermek* to order *sipariş mektubu* letter of order *sipariş vermek* to place an order *siparişte bulunmak* to place an order
siper *a.* shield, shelter; trench, foxhole; bulwark; battlements; (şapka) peak *siper demiri* guard rail *siper harbi* trench warfare *siper kazmak ask.* to dig in *siper tahtası* weatherboard
siperisaika *a. esk.* lightning rod
siperlenmek *e.* to shelter
siperli *s.* peaked
siperlik *a.* peak, visor; shelter
sipolin *a.* cipolin
sipsi *a.* boatswain's pipe; *arg.* fag, cigarette *sipsi majör arg.* joint, reefer
sipsivri *s.* very sharp
sirayet *a.* contagion, infection *sirayet etmek* (disease) to spread
siren *a.* siren

sirk¹ *a, coğ.* cirque *sirk buzulu* cirque glacier *sirk gölü* cirque lake
sirk¹ *a.* circus *sirk yöneticisi* ringmaster
sirkat *a. esk.* stealing, theft, robbery
sirke¹ *a.* vinegar *sirke asidi* acid of vinegar
sirke² *a, hayb.* nit
sirkeci *a.* maker/seller of vinegar
sirkecilik *a.* making/selling vinegar
sirkelenmek *e.* to become infested with nits
sirkeleşme *a.* acetic fermentation, acetification
sirkeleşmek *e.* to turn into vinegar
sirkeleştirme *a.* acetification
sirkengebin *a. esk.* oxymel
sirkesineği *a. hayb.* fruit fly
sirkülasyon *a.* circulation *sirkülasyon borusu* circulating pipe
sirkülatör *a.* circulator
sirküler *a.* circular * genlge, tamim
sirmo *a. bitk.* crow garlic, wild garlic
siroko *a, coğ.* sirocco
sirokumulus *a.* cirrocumulus * yumakbulut
sirostratüs *a.* cirrostratus * tülbulut
siroz *a, hek.* cirrhosis
sirrus *a, coğ.* cirrus * saçakbulut
sirrüs *a.* cirrus
sirtaki *a.* sirtaki
sirto *a.* a folk dance
sis *a.* fog, mist, haze *sis basmak* to fog *sis bombası* smoke bomb *sis düdüğü* foghorn *sis farı oto.* foglamp *sis lambası oto.* foglamp *sis odası* cloud chamber *sis perdesi* smoke screen
sisal *a.* sisal
Sisam *a.* Samos
Sisamlı *a. s.* Samian
sislemek *e.* to smoke
sislendirmek *e.* to smoke
sislenmek *e.* to get foggy
sisli *s.* foggy, misty, hazy
sismik *s.* seismic *sismik detektör* seismic detector
sismograf *a.* seismograph * depremyazar
sismogram *a.* seismogram
sismolog *a.* seismologist
sismoloji *a.* seismology * deprembilim
sissoid *a.* cissoid
sistein *a.* cysteine
sistem *a.* system; *anat.* tract, system *sistem analisti* systems analyst

sistem analizi system analysis **sistem arızası** system failure **sistem bakımı** system maintenance **sistem bütünlüğü** system integrity **sistem değerleme** system evaluation **sistem denetimi** system check **sistem diski** system disk **sistem dizaynı** system design **sistem elkitabı** system manual **sistem geliştirme** system development **sistem güvenilirliği** system reliability **sistem kaydı** system log **sistem kitaplığı** system library **sistem konfigürasyonu** system configuration **sistem mühendisi** systems engineer **sistem mühendisliği** system engineering **sistem noktası** system point **sistem operatörü** systems operator **sistem programcısı** systems programmer **sistem programı** system program **sistem programlama** systems programming **sistem simülasyonu** system simulation **sistem tanımı** systems definition **sistem teorisi** systems theory **sistem üretimi** system generation **sistem yazılımı** systems software **sistem yönetimi** system management

sistematik s. systematic * dizgesel, dizgeli

sistemik s. systemic

sistemik s. systemic **sistemik hastalık** systemic disease

sistemlerarası s. intersystem **sistemlerarası iletişim** intersystem communications

sistemleşmek e. to become systematized

sistemleştirme a. systematization

sistemleştirmek e. to systematize

sistemli s. systematic, methodical

sistemsiz s. unsystematic, desultory

sistin a. cystine

sistire a. cabinet scraper

sistirelemek e. inş. to plane, to smooth

sistit a, hek. cystitis

sistokarp a. cystocarp

sistol a. systole

sistolik s. systolic

sistolit a. cystolith

sistoskop a. cystoscope

sitar a, müz. sitar

sitayiş a. praise, tribute

site a. housing estate; city-state

sitem a. reproach, rebuke **sitem etmek** to reproach

sitemkâr s. reproachful

sitemli s. reproachful

sitidin a. cytidine

sitil a. copper bucket

sitogami a. cytogamy

sitogenetik s. cytogenetic

sitokimya a. cytochemistry

sitokinez a, biy. cytokinesis

sitokrom a. cytochrome

sitoloji a. cytology

sitolojik s. cytologic(al)

sitoplazma a, biy. cytoplasm **sitoplazma bölünmesi** cytoplasmic division

sitoplazmik s. cytoplasmic

sitosterol a. sitosterol

sitotoksik s. cytotoxic

sitotoksin a. cytotoxin

sitozin a. cytosine

sitozom a. cytosome

sitral a. kim. citral

sitrat a. citrate

sitratlı s. citrated

sitrik asit a. citric acid * limon asidi

sitrik s. citric

sitrin a. citrine

sitrulin a. kim. citrulline

sitteisevir a. storms supposed to last six days in APril

sittinsene be. for ronkey's years

sivil s. civilian; in civilian clothes, in civvies, in mufti; arg. naked, bare ¤ a. civilian **sivil giyinmek** (asker) to dress in civilian clothes, to wear civvies kon.; (polis) to dress in plain clothes **sivil polis** plain-clothes policeman, policeman in plan clothes **sivil savunma** civil defence

sivilce a. pimple, acne

sivilcelenmek e. to pustulate

sivilceli s. pimply, pimpled

sivişmek e. to sneak off

sivri s. sharp; pointed, keen; mec. extreme **sivri akıllı** clever dick, smart aleck(y) **sivri kama** taper key **sivri kemer** lancet arch, ogive **sivri tonoz** ogival vault, pointed vault **sivri uç** point, cusp, jag **sivri uçlu** pointed

sivribiber a. long green pepper, hot pepper

sivriburunlutanrek a. solenodon

sivrifare a, hayb. shrew

sivrikuyruk a, hayb. threadworm

sivrileşmek *e.* to become pointed, to taper

sivrilik *a.* sharp-pointedness, tapering form

sivrilmek *e.* to become pointed; to distinguish oneself, to advance rapidly

sivriltmek *e.* to point, to sharpen

sivrisinek *a, hayb.* mosquito

siya *a. den.* rowing backwards

siyah *s.* black; dark ¤ *a.* black; negro, black *siyah altı* infrablack *siyah beyaz* black and white *siyah cisim* black body *siyah doruğu* peak black *siyah düzeyi* black level *siyah ekran* black screen *siyah elmas* black diamond *siyah harf* boldface *siyah kuşak* *sp.* black belt *siyah nokta* black spot *siyah tepe* black peak *siyah yaprakbiti* black aphid

siyahımsı *s.* blackish

siyahi *s.* black ¤ *a.* black, negro * zenci, fellah

siyahlaşmak *e.* to turn black

siyahlaşmak, siyahlatmak *e.* to blacken

siyahlatmak *e.* to blacken

siyahlık *a.* blackness; black spot

siyal *a.* sial

siyalik asit *a.* sialic acid

siyalik *s.* sialic

Siyam *a.* Siam ¤ *s.* Siamese *Siyam ikizleri* Siamese twins *Siyam kedisi* Siamese

Siyamca *a, s.* Siamese

siyamkedisi *a.* Siamese

Siyamlı *a, s.* Siamese

siyanamit *a.* cyanamide

siyanat *a.* cyanate

siyanik asit *a.* cyanic acid

siyanik *s.* cyanic

siyanin *a.* cyanine

siyanit *a.* cyanide, cyanite, prussiate

siyanoasetik asit *a.* cyanoacetic acid

siyanoguanidin *a.* cyanoguanidin

siyanohidrin *a.* cyanohydrin

siyanojen *a.* cyanogen

siyanür *a, kim.* cyanide *siyanür asidi* cyanuric acid

siyanürleme *a.* cyanidation

siyasa *a.* politics

siyasal *s.* political * siyasi, politik

siyaset *a.* politics; policy * politika

siyasetçi *a.* politician * politikacı

siyaseten *be.* politically

siyasi *s.* political *siyasi düzen* political system *siyasi iltica* political asylum *siyasi tutuklu* political prisoner

siyasiyat *a.* politics, political affairs

siyatik *a, hek.* sciatica

siyeç *a.* garden wall, fence

siyek *a.* urethra

siyenit *a.* syenite

siymek *e.* (a cat/a dog) to urinate

Siyonist *a, s.* Zionist

siyonist *a.* Zionist

Siyonizm *a.* Zionism

siyonizm *a.* Zionism

siz *adl.* you *Siz bilirsiniz* It's up to you, As you like *siz diye hitap etmek* to address sb formally, not to be on Christian-name terms

sizce *be.* according to you, in your opinion

size *adl.* to you, for you

sizi *adl.* you

sizin *adl.* your

sizinki *adl.* yours

skala *a.* scale

skaler *s.* scalar *skaler büyüklük* scalar quantity *skaler çarpım* scalar product

skalpel *a.* scalpel

skandal *a.* scandal

skandiyum *a.* scandium

skanoskop *a.* scannoscope

skapolit *a.* scapolite

skatol *a.* skatole

skavut *a, ask.* scout

skeç *a.* sketch, skit, radio sketch

ski *a.* ski

skif *a, den.* skiff

skink *a. hayb.* skink

sklerofil *a. bitk.* sclerophyll, sclerophyllous

sklerometre *a.* sclerometer

skleroskop *a.* scleroscope

skleroz *a, hek.* sclerosis

Skoç *a.* Scotch *Skoç viski* Scotch

skolastik *s.* scholastic

skolesit *a.* scolecite

skopolamin *a.* hyoscine, scopolamine

skor *a.* score

skorbord *a.* scoreboard

skrayper *a.* scraper

skreyper *a.* scraper *skreyper konveyörü* scraper conveyor

skrotum *a. anat.* scrotum

skualen *a.* squalene

skunk *a.* skunk fur

skuter *a.* scooter, motor scooter

slalom *a.* slalom
Slav *a.* Slav ¤ *s.* Slavic
Slavca *a. s.* Slavic
Slavonca *a, s.* Old Church Slavonic
Slavonya *a.* Slavonia
slayt *a.* slide, transparency *slayt gösterimi* slide projection *slayt magazini* slide magazine *slayt projeksiyonu* slide projection *slayt projektörü* slide projector *slayt şarjörü* slide magazine *slayt vizyonözü* slide viewer
slip *a.* briefs
slogan *a.* slogan, motto
Slovak *a, s.* Slovak
Slovakça *a, s.* Slovak
Slovakya *a, s.* Slovakia
Slovakyalı *a, s.* Slovakian
Sloven *a, s.* Slovene
Slovence *a, s.* Slovene, Slovenian
Slovenya *a.* Slovenia
Slovenyalı *a, s.* Slovene, Slovenian
slow *a.* slow fox-trot
smaç *a, sp.* smash *smaç vurmak* to smash *smaç yapmak* to smash
smaçlamak *e. sp.* to smash
smaçör *a. sp.* smasher
smetana *a.* sour cream
smir *a, hek.* smear
smitsonit *a.* smithsonite
smokin *a.* dinner jacket, dj *kon.*, tuxedo *Aİ.*, tux *Aİ./kon.*
snobizm *a.* snobbism
snop *a.* snob
snopluk *a.* snobbery
soba *a.* stove *soba borusu* stove pipe
sobacı *a.* maker/seller of stoves
sobacılık *a.* making/selling stoves
sobe *ünl.* Home free!
sobelemek *e.* to get home free
soda *a.* soda; soda water; sodium carbonate
sodalit *a.* sodalite
sodamit *a.* sodamide
sodyum *a, kim.* sodium *sodyum hidroksit* caustic soda *sodyum klorür* sodium chloride *sodyum nitrat* nitrate of sodium *sodyum silikat* water glass *sodyum sitrat* sodium citrate *sodyum soğutmalı* sodium cooled *sodyum sülfat* sodium sulphate *sodyum sülfür* sodium sulphide
sodyumamit *a.* sodamide

sof *a. teks.* woolen cloth: silk cloth for lining
sofa *a.* hall, anteroom
sofi *a. s.* Sufi
sofist *a. s.* Sophist
sofizm *a.* sophism, specious reasoning
sofra *a.* dining table; meal *sofra başında* at the table, while eating *sofra örtüsü* tablecloth *sofra takımı* table service *sofra tuzu* table salt *sofraya oturmak* to sit down to a meal *sofrayı kaldırmak* to clear the table *sofrayı kurmak* to lay the table
softa *a.* fanatic, blind follower
softalaşmak *e.* to become fanatical
softalık *a.* fanatical adherence
sofu *s.* religious, pious, godly, devout ¤ *a.* devotee
sofuluk *a.* piety, religiousness
soğan *a, bitk.* onion; bulb *soğan erkeği* paper tiger
soğancık *a.* shallot
soğanilik *a.* medulla oblongata
soğanlı *s.* bulbous *soğanlı bitkiler* bulbous plants
soğanlık *a.* onion bed
soğansı *s.* bulbous
soğubilim *a.* cryogenics
soğuk *s.* cold, nippy; frosty; stiff, chilly; cool, standoffish, distant, frosty, aloof; cold-hearted; asexual, frigid; (rüzgâr, vb.) piercing ¤ *a.* cold, chill *soğuk ağartma* cold bleaching *soğuk algınlığı* cold *soğuk almak* to catch cold *soğuk asfalt* cold asphalt *soğuk bekletme* cold pad-patch method *soğuk boyama* cold dyeing *soğuk cephe* cold front *soğuk çekilmiş* cold drawn *soğuk çekme* cold drawing *soğuk dalgası* cold wave *soğuk damga* embossed stamp *soğuk davranmak* to give sb the cold shoulder *soğuk deformasyon* cold deformation *soğuk döküm* cold casting *soğuk elektrot* cold electrode *soğuk emisyon* cold emission *soğuk espri* joke in bad taste *soğuk fosfatlama* cold phosphating *soğuk galvanizleme* cold galvanizing *soğuk hadde* cold roll *soğuk haddeli* cold rolled *soğuk hava* cold air *soğuk ısırması* frostbite *soğuk iş* cold work *soğuk işleme* cold working, cold work *soğuk işlenik* cold

worked **soğuk karşılamak** to give sb a cold welcome **soğuk katot** cold cathode **soğuk keski** cold chisel **soğuk kimse** a cold fish **soğuk meltem** glacier breeze **soğuk nötron** cold neutron **soğuk presleme** cold pressing **soğuk savaş** cold war **soğuk suverme** cold quenching **soğuk test** cold test **soğuk testere** cold saw **soğuk tezlik** cold shortness **soğuk yansıtıcı** cold-mirror reflector **soğuktan donmak** to be frozen to death

soğukbez a. teks. jaconet

soğukkanlı s. cool, coolheaded, calm, self-possessed, imperturbable; hayb. cold-blooded

soğukkanlılık a. coolheadednes, calmness, self-possession, equanimity **soğukkanlılığını yitirmemek** to play it cool kon.

soğukkanlılıkla be. in cold blood, coolly

soğuklamak e. to catch cold

soğuklaşmak e. to get cold

soğukluk a. coldness; chilliness; (cinsel) frigidity; cold sweat, compote

soğukseven s. psychrophilic

soğuktaş a. cryolite

soğulcan a. earthworm

soğulmak e. to go dry, to dry up

soğuma a. cooling, chilling; alienation (from) **soğuma çatlağı** cooling crack **soğuma eğrisi** cooling curve **soğuma hızı** rate of cooling

soğumak e. to become cold, to get cold, to cool, to chill; mec. to take a dislike to, to be alienated from

soğuölçer a. cryometer

soğuölçüm a. cryometry

soğurgan s. absorbent

soğurganlık a. absorbency, absorptivity

soğurma a. absorption, absorbing **soğurma devresi** absorption circuit **soğurma eğrisi** absorption curve **soğurma gücü** absorbing power **soğurma katsayısı** absorption coefficient **soğurma kulesi** absorption tower **soğurma modülasyonu** absorption modulation

soğurmak e. to absorb

soğurtucu s. sorbefacient

soğurucu s. absorptive

soğuruculuk a. absorbency

soğurulabilir s. absorbable

soğurum a. absorption **soğurum katsayısı** absorption factor **soğurum kenarı** absorption edge **soğurum kuşağı** absorption band

soğuşmak e. (soil) to absorb enough water

soğutan a. coolant, refrigerant

soğutkan s. cooling, refrigerant

soğutma a, tek. cooling, refrigeration **soğutma aygıtı** cooling apparatus **soğutma borusu** cooling pipe **soğutma gömleği** cooling jacket **soğutma havası** cooling air **soğutma havuzu** cooling pond **soğutma kanadı** cooling fin **soğutma kulesi** cooling tower **soğutma maddesi** cooling agent **soğutma mühendisliği** refrigeration engineering **soğutma ortamı** cooling medium **soğutma serpantini** cooling coil **soğutma sıvısı** cooling liquid **soğutma suyu** cooling water **soğutma tekniği** refrigeration technology **soğutma tesisi** cooling plant **soğutma vantilatörü** cooling fan **soğutma yüzeyi** cooling surface

soğutmaç a. cooler

soğutmak e. to cool, to chill; mec. to alienate (from); to estrange

soğutmalı s. frigorific

soğutucu a. cooler; refrigerator; freezer; coolant ¤ s. frigorific, cooling

sohbet a. conversation, talk, chat, small talk, banter, chitchat kon. **sohbet etmek** to have a chat, to chat

sokak a. street **sokağa çıkma yasağı** curfew **sokak çocuğu** street Arab, street urchin, urchin **sokak çöpçüsü** street sweeper **sokak kadını** street walker **sokak kapısı** street door **sokak lambası direği** lamppost **sokak lambası** street lamp **sokak serserisi** hooligan **sokak sokak dolaşmak** to walk the streets **sokak süpürme makinesi** street sweeper **sokaktaki adam** the man in the street

soket a. ankle sock

sokma a. bite

sokmak e. to thrust into, to insert, to stick in, to put in, to plunge into, to dip, to poke; to let in; to sting, to bite; to introduce; to involve, to embroil; to put sb through sth, to put to

sokmamak e. to bar

sokman *a.* high boot

sokra *a. den.* butt seam between two plank ends

soku *a. yörs.* stone mortar for pounding

sokulgan *s.* sociable *kon.*, friendly, companionable, convivial, affable, gregarious

sokulganlık *a.* sociability, affability

sokulmak *e.* to be inserted, to be put in; to be let into; to snuggle, to creep

sokum *a.* morsel, bite; *anat.* coccyx

sokur[1] *a, esk.* mole

sokur[2] *s.* sunken; blind; one-eyed

sokuşmak *e.* to squeeze into

sokuşturmak *e.* to slip (bad goods) in with the good ones (in selling)

sol[1] *a, s.* left *sol direkt* (boksta) straight left *sol kanat* left wing *sol şerit* left lane *sol yan den.* port *sol yapmak* to steer to the left *sola çeviren* laevorotatory *sola çevirme* left-handed rotation *solda* on the left *solda sıfır* a mere cypher

sol[2] *a, müz.* G; soh *sol anahtarı müz.* treble clef

solaçık *a, sp.* left-winger, outside left

solak *s.* left-handed ¤ *a.* left-hander *solak kutuplu* left-handed polarized

solaklık *a.* left-handedness

solanahtarı *a, müz.* treble clef

solaryum *a.* solarium

solbek *a. sp.* left fullback, left back

solcu *a.* leftist

solculuk *a.* leftism

soldurmak *e.* to cause to fade, to fade, to wilt, to wither

solenoit *a.* solenoid *solenoit fren* solenoid brake *solenoit şalter* solenoid switch *solenoit valf* solenoid valve

solfatar *a. yerb.* solfatara

solfej *a, müz.* solfège, solfeggio

solgun *s.* pale, pallid, green, pasty; wilted

solgunluk *a.* paleness, pallor

solhaf *a, sp.* left halfback, left half

soliç *a. sp.* left inner

solidarist *a.* solidarist

solidarite *a.* solidarity

solidarizm *a.* solidarism

solipsist *a, s.* solipsist

solipsizm *a.* solipsism

solist *a.* soloist

sollamak *e.* to overtake (a vehicle)

solma *a.* discolouration; withering *solma*

katsayısı wilting coefficient *solma noktası* wilting point *solma yüzdesi* wilting percentage

solmak *e.* to fade, to become pale; to wilt, wither

solmaz *s.* colourfast, fast, non-fading *solmaz boya* fast dye

solo *a.* solo *solo yapmak* to solo

solucan *a, hayb.* worm *solucan gibi kıvrılmak* to wriggle

solucanbiçimli *s.* vermicular, vermiform, helminthoid

solucanbilim *a.* helminthology

solucanlı *s.* vermiculate(d)

solucanotu *a.* tansy

solucansı *s.* vermicular

soluğan *s.* (hayvan) wheezy ¤ *a, arg.* queer, fairy, queen, fag

soluk[1] *s.* pale, pallid; faded

soluk[2] *a.* breath * nefes *soluğu kesilmek* to be out of breath *soluk aldırmamak* to give no respite *soluk almak* a) to breathe in, to breath, to respire b) to have a rest, to rest *soluk benizli* sallow *soluk benizlilik* pallor *soluk borusu* trachea, windpipe *soluk kesici* breathtaking *soluk soluğa bırakmak* to puff sb out *soluk soluğa olmak* to be out of breath *soluk soluğa* out of breath *soluk verme* expiration *soluk vermek* to breathe out, to expire

soluklanma *a.* respite

soluklanmak *e.* to take a long deep breath; to have a rest

solukölçer *a.* pneumatometer

soluksuzluk *a.* apnea

soluma *a.* breathing *soluma kemeresi* panting beam

solumak *e.* to breathe; to pant

solungaç *a, hayb.* gill

solungaçlı *s.* branchiate

solunmak *e.* to breathe

solunum *a.* respiration ¤ *sg.* respiratory *solunum aygıtı/sistemi* respiratory system, respiratory tract

solunumdalcığı *a, anat.* bronchiole

solunumdalı *a, anat.* bronchus

solunumölçer *a.* spirometer

solunumyazar *a.* spirograph

solutmak *e.* to make breath

solüsyon *a.* solution

solvent *s.* solvent

som[1] *s.* solid, massive; pure, unadulter-

ated
som² *a, hayb.* salmon
soma *a.* raki without aniseed
somak *a, bitk.* sumach
somaki *a.* porphyry
Somali *a.* Somalia ¤ *s.* Somalian
Somalili *a, s.* Somalian
somata *a.* almond syrup
somatik *s.* somatic
somatoloji *a.* somatology
somatoplazma *a.* somatoplasm
somatoplöra *a.* somatopleure
sombalığı *a.* salmon
somit *a.* somite
somon *a.* salmon **somon füme** smoked salmon
somruk *a.* pacifier (for babies)
somun¹ *a.* loaf (of bread)
somun² *a, tek.* nut **somun anahtarı** spanner *İİ.*, wrench *Aİ.* **somun dişi** female thread
somunlu *s.* having a nut, having nuts **somunlu kavrama** bayonet coupling
somurdanmak *e.* to mutter to oneself
somurtkan *s.* sulky, sullen, grumpy, morose
somurtkanlık *a.* sulkiness
somurtmak *e.* to sulk, to pout
somurtuk *s.* sulky
somut *s.* concrete * müşahhas, konkre
somutlamak *e.* lit to concretize
somutlaşmak *e.* to concretize, to become concrete
somutlaştırmak *e.* to concretize, to embody
somutluk *a.* concreteness
somya *a.* spring mattress
son *s.* last; recent; latest; final; definitive ¤ *a.* last; end, conclusion, close; ending; final; expiration; end, death; result; breakup; *anat.* placenta, afterbirth **son anda** at the eleventh hour **son apre** final finish **son avivaj** after-scrooping **son basınç** final pressure **son baskı** final **son bulmak** to come to an end, to end **son cemaat yeri** narthex **son darbe** deathblow **son derece** enormously, in the extreme, extremely, exceedingly **son dördün** last quarter **son durak** terminus **son gofraj** final embossing **son günlerde** lately, recently **son hacim** final volume **son hız** final velocity **son hızla** flat out **son işareti**

end mark **son işlem** final treatment **son işlemci** post processor **son işleme** aftertreatment **son karbonatlama** final saturation **son kat** final stage, finishing coat **son kireçleme** main defecation **son kontrol** program switching centre **son kozunu oynamak** to play one's last trump **son kükürtleme** final sulphitation **son lapa** final massecuite **son melas** final molasses **son moda** trendy *kon.* **son nefesini vermek** to breathe one's last, to draw one's last breath **son nemlilik** ultimate humidity **son nokta** end point **son olarak** a) lastly b) once and for all **son pres** additional press **son rapor** final report **son seçici** final selector **son sıcaklık** final temperature **son soğutucu** aftercooler **son söz** last word **son sürat** at full speed **son şeker** afterproduct **son ürün** afterproduct, end product **son vermek** to end, to finish, to put an end to, to terminate, to break sth off **son yakma** afterburning **son yumuşatma** after-scrooping **son zamanlarda** recently, lately **sona erdirmek** to end, to break sth up, to conclude **sona erme** dissolution, expiration **sona ermek** to end, to finish, to terminate, to conclude, to break up, to come to an end, to give out, to expire **sonu gelmeyen** everlasting *hkr.* **sonuna kadar** to the last, till the last **sonunu getirmek** to complete, to finish, to accomplish
sonar *a, den.* sonar
sonat *a, müz.* sonata
sonbahar *a.* autumn, fall *Aİ.* **sonbahar noktası** autumnal equinox **sonbahar sulaması** fall irrigation
sonda *a.* probe; *yerb.* bore; *hek.* catheter
sondaj *a.* boring, drilling; *kon.* inquiry, sounding **sondaj aleti** drill **sondaj balonu** sounding balloon **sondaj çarkı** bull wheel **sondaj çubuğu** boring bar **sondaj deliği** borehole **sondaj kesiti** boring profile **sondaj kuyusu** bore **sondaj mili** boring mill **sondaj teçhizatı** boring equipment **sondaj tesisatı** boring rig **sondaj tiji** sounding rod **sondaj yapmak** a) to bore b) to sound
sondajcı *a. den.* sounder; driller

sondalamak *e.* to bore; to sound
sondeyiş *a.* epilogue
sondör *a.* fathometer
sone *a.* sonnet
sonek *a, dilb.* suffix, ending, affix
sonik *s.* sonic
sonkânun *a. esk.* January
sonlu *s.* finite **sonlu küme** finite set
sonluötesi *s.* transfinite
sonometre *a.* sonometer
sonra *be.* after; afterwards; later; then; in future; otherwise **sonraya bırakmak** to defer
sonradan *be.* later, afterwards **sonradan beyazlatmak** to after-bleach **sonradan eşleme** postscoring, postsynch **sonradan görme** parvenu, upstart *hkr.* **sonradan senkronizasyon** postsynchronization **sonradan seslendirmek** to postsynchronize
sonraki *s.* following, subsequent, next
sonraları *be.* afterwards, later on
sonrasız *s.* eternal, endless
sonrasızlık *a.* eternity
sonsal *s, fel.* a posteriori * aposteriori
sonses *a. dilb.* final phoneme
sonsöz *a.* epilogue
sonsuz *s.* endless, eternal, infinite, abiding, boundless **sonsuz blanket** endless blanket **sonsuz dişli** perpetual screw **sonsuz döngü** *biliş.* endless loop, infinite loop **sonsuz hat** infinite line **sonsuz kayış** endless belt **sonsuz küçük** immeasurably small **sonsuz küme** infinite set **sonsuz uzay** infinite space **sonsuz vida** endless screw, worm **sonsuz zincir** endless chain **sonsuza kadar** forever, for ever, evermore
sonsuzlaşmak *e.* to become eternal
sonsuzluk *a.* infinity, eternity
sonteşrin *a. esk.* November
sonuç *a.* result, consequence, outcome, conclusion, product, effect * netice **sonucuna varmak** to deduce **sonucunu çıkarmak** to infer **sonuç çıkarmak** to draw a conclusion, to conclude **sonuç olarak** consequently, eventually **sonuçta** all in all
sonuçlamak *e.* to conclude, to accomplish; to result in
sonuçlandırmak *e.* to bring to a conclusion, to conclude, to finish

sonuçlanmak *e.* to come to a conclusion, to conclude; to result in, to end in sth
sonuçsuz *s.* fruitless, abortive, ineffective, inconclusive, vain
sonuncu *s.* last, final
sonunda *be.* at last, in the end, finally, eventually, at long last, at length, in the long run
sonurgu *a.* logical consequence
sonurtu *a. mant.* consequent
sonuşmaz *s, mat.* asymptote
sop *a.* clan
sopa *a.* stick, cudgel, cane; *sp.* club, bat; beating, hiding *kon.*, going-over *arg.* **sopa atmak/çekmek** a) to beat sb up, to give sb a hiding *kon.* b) to chastise **sopa ile dövmek** to club **sopa ile vurmak** to bat **sopa yemek** to get a beating
sopalamak *e.* to club
soprano *a, müz.* soprano
sopsoğuk *s.* very cold
sorbik asit *a.* sorbic acid
sorbit *a.* sorbite
sorboz *a.* sorbose
sorgu *a.* interrogation, inquiry **sorgu karakteri** enquiry character **sorgu yargıcı** interrogator **sorguya çekmek** to interrogate, to examine, to question, to grill *kon.*
sorguç *a.* crest; aigrette
sorguçlu *s.* tufted
sorgulama *a.* interrogation, inquiry **sorgulama birimi** inquiry unit **sorgulama dili** query language **sorgulama istasyonu** inquiry station **sorgulama karakteri** inquiry character **sorgulama sistemi** query system **sorgulama terminali** inquiry terminal
sorgulamak *e.* to interrogate, to question, to grill *kon.*
sorgum *a.* sorghum
sorgun *a. bitk.* basket osier
sorit *a. mant.* sorites
sorites *a.* sorites * zincirleme tasım
sormaca *a.* questionnaire, inquiry
sormak *e.* to ask, to query; to ask about; to inquire
sorpsiyon *a.* sorption
sorti *a.* sortie
soru *a.* question, query ¤ *sg.* interrogative **soru işareti** question mark, query **soru sözcüğü** interrogative

sorum a. responsibility * sorumluluk, mesuliyet

sorumlu s. responsible, accountable, answerable, liable **sorumlu olmak** to be in charge (of sb/sth), to answer for **sorumlu tutmak** to blame **sorumlusu olmak** to be to blame (for sth)

sorumluluk a. responsibility, commitment, trust, liability, blame, duty * mesuliyet

sorumsuz s. irresponsible, feckless hkr. * mesuliyetsiz

sorumsuzluk a. irresponsibility * mesuliyetsizlik

sorun a. problem, question, matter, strife, complication, affair, case * problem, mesele **sorun betimi** problem description **sorun çıkarmak** to stir up trouble, to act up **sorun dili** problem language **sorun programı** problem program **sorun tanımı** problem definition **sorun yaratmak** to make difficulties

sorunlu s. problematic, problem

sorunsal s. problematic, problematical

sorunsuz s. free of problems

soruşmak e. to dry up

soruşturma a. investigation, inquiry, inquest; questionnaire

soruşturmak e. to investigate, to inquire into, to ascertain

sos a. sauce

sosis a. sausage, banger İİ./kon.

sosisli s. containing sausage ¤ a, kon. hot dog **sosisli sandviç** hot dog

sosluk a. sauceboat

sosyal s. social * toplumsal, içtimai **sosyal bilimler** social science, social studies **sosyal çevre** social surroundings, milieu **sosyal dayanışma** social solidarity **sosyal demokrasi** social democracy **sosyal demokrat** social democrat **sosyal eşitsizlik** social inequality **sosyal güvenlik** social security **sosyal hizmet** social service **sosyal sigorta** social security İİ. **sosyal tabaka** social stratum **sosyal yapı** social structure **sosyal yardım** social welfare

sosyalist a, s. socialist * toplumcu

sosyalizasyon a. socialization * toplumsallaştırma

sosyalizm a. socialism * toplumculuk

sosyalleşme a, ruhb. socialization

sosyalleşmek e. to become socialized

sosyalleştirme a. socialization

sosyalleştirmek e. to socialize

sosyete a. esk. society; society, high society; kon. society man, society woman, socialite **sosyete sütunu** society gossip column

sosyetik s. society +, fashionable

sosyoekonomik s. socioeconomic

sosyokültürel s. sociocultural

sosyolengüistik a. sociolinguistics

sosyolog a. sociologist * toplumbilimci

sosyoloji a. sociology * toplumbilim

sosyolojik s. sociological * toplumsal

sosyopolitik s. sociopolitical

sote a. sauté

soul a, müz. soul, soul music

Sovyet a, s. Soviet **Sovyet Rusya** Soviet Russia **Sovyet Sosyalist Cumhuriyetleri Birliği** the Union of Soviet Socialist Republics

Sovyetler a. the Soviets **Sovyetler Birliği** the Soviet Union

soy a. race * ırk; line, lineage, descent, breed, family, ancestry, pedigree, birth, blood; sort, kind **soy gaz** inert gas, noble gas **soy metal** noble metal **soy sop** family, relations

soya a. soya bean, soy bean Aİ. **soya çekmek** to take after one's family **soya sosu** say sauce

soyaçekim a. heredity * kalıtım, irsiyet, veraset

soyadı a. family name, surname

soyağacı a. family tree, genealogical tree, genealogy, pedigree

soyaktaran a. biy. chromosome

soybilim a. genealogy

soycak be. as a family

soydaş s. of the same kind/race

soydaşlık a. being of the same kind/race as another

soyga a. hayb. jay, jackdaw

soygun a. pillage, spoliation; robbery

soyguncu a. plunderer, pillager; robber

soygunculuk a. robbery

soyka a. yörs. clothes taken off a corpse

soykırımı a. genocide * genosit

soylu s. noble ¤ a. nobleman, noblewoman, noble **soylular sınıfı** the nobility

soyluerki a. aristocracy * aristokrasi

soylulaştırmak e. to ennoble

soyluluk a. nobility, blue blood

soyma *a.* peeling; stripping *soyma bıçağı* paring knife *soyma çekici* face hammer *soyma makinesi* peeler

soymak *e.* to peel, to skin, to shell; to undress, to skin, to strip; to rob, to hold up sth; to burgle, to burglarize *Aİ.; mec.* to fleece *kon. soyup soğana çevirmek* to clean sb out (of sth) *kon.*

soymuk *a.* bast

soymuk *a.* bast *soymuk damar* phloem

soyoluş *a.* phylogeny

soyserim *a.* phenotype

soysuz *s.* of bad stock/family; base, ignoble; degenerated

soysuzlaşma *a.* degeneration, degeneracy

soysuzlaşmak *e.* to degenerate

soysuzlaştırmak *e.* to degenerate

soysuzluk *a.* meanness, baseness; degeneracy

soytarı *a.* clown, buffoon, jester; *mec.* clown, zany

soytarılık *a.* buffoonery, antics *soytarılık etmek* to clown *hkr.*

soyucu *s.* peeling ¤ *a.* peeler

soyunma *a.* undressing oneself *soyunma odası* changing room

soyunmak *e.* to get undressed, to undress oneself, to take one's clothes off, to strip

soyuntu *a.* peel, bark, paring

soyut *s.* abstract * mücerret *soyut matematik* abstract mathematics

soyutçu *a. s.* abstractionist

soyutçuluk *a, fel.* abstractionism * abstraksiyonizm

soyutlama *a.* abstraction

soyutlamak *e.* to abstract

soyutlaşmak *e.* to become abstract

soyutluk *a.* abstractness

soyyapı *a. biy.* genotype

söbe *s.* oval * beyzi, oval

söğüş *s.* boiled meat, cold meat

söğüt *a, bitk.* willow

söğütlük *a.* willow grove

sökel *s.* disabled, crippled

sökme *a.* pulling out; tearing down; unstitching; removal *sökme aleti* ripper *sökme banyosu* stripping bath *sökme maddesi* (boya) stripping agent *sökme makinesi* trm. lifter, lifting plough *sökme manivelası* wrecking bar

sökmek *e.* to pull out, to pull up, to uproot; to tear down; to unravel, to rip, to unstitch; to take sth apart, to take sth down, to dismantle, to disassemble; to extract; to decipher; to be able to read; to break through; to break; *arg.* to be effective, to work

söktürücü *a. s.* expectorant

sökücü *a.* extractor, ripper

sökük *a.* dropped stitch, rent, tear ¤ *s.* unravelled, unstitched

sökülmek *e.* to be uprooted; to be unstitched, to unravel; *arg.* to pay up, to cough up, to shell out *kon.*, to fork out *kon.*

sökün etmek *e.* to come up suddenly, to crop up

söküntü *a.* rip in a seam

söküotu *a. bitk.* eagle's claw

sölpük *s.* flabby, hanging, drooping

sölpümek *e. yörs.* to hang flabbily

sömestr *a.* term, semester * yarıyıl

sömikok *a.* semicoke

sömürge *a.* colony, dependency, possession ¤ *sg.* colonial * müstemleke, koloni

sömürgeci *a.* colonist ¤ *s.* colonial * müstemlekeci

sömürgecilik *a.* colonialism * müstemlekecilik

sömürgeleşmek *e.* to turn into a colony

sömürgeleştirmek *e.* to colonize

sömürgelik *a.* being a colony

sömürmek *e.* to exploit, to presume on; to gobble sth (up/down)

sömürü *a.* exploitation

sömürücü *a.* exploiter

sömürücülük *a.* exploitation

söndürme *a.* extinction, quenching *söndürme devresi* quenching circuit *söndürme frekansı* quenching frequency *söndürme kulesi* quenching tower *söndürme mıknatısı* blowout magnet

söndürmek *e.* to extinguish; to put out; to quench, to slake; to deflate; to turn sth off, to turn out, to douse; (sigara) to stub sth out; (üfleyerek) to blow out

söndürücü *a.* damper, quencher

sönme *a.* extinction, deflation *sönme süresi* quench time

sönmek *e.* to go out, to be out, to blow out; to burn (itself) out; to be deflated; (yanardağ) to become extinct; to die, to wither *sönmemiş kireç* unhydrated

lime, quick lime

sönük s. extinguished; deflated, flat; dim, faint; obscure, undistinguished

sönükleşmek e. to dim

sönüklük a. dimness, faintness; dullness, staleness

sönüm a. damping **sönüm bobini** damping coil **sönüm çarpanı** damping factor **sönüm gerilimi** extinction voltage **sönüm katsayısı** extinction coefficient **sönüm mıknatısı** damping magnet **sönüm sargısı** damper winding

sönümlemek e, fiz. to damp (an oscillation) * itfa etmek; tic. to extinguish, to redeem, to amortize, to pay off * itfa etmek

sönümlü s. damped **sönümlü osilasyon** damped oscillation **sönümlü salınım** damped oscillation

sönümsüz s. undamped **sönümsüz dalga** undamped wave **sönümsüz osilasyon** continuous oscillation **sönümsüz salınım** undamped oscillation

sör a. sister (in a religious order)

sörf a. surfing **sörf yapmak** to surf, to go surfing

söve a. jamb

söven a. big stick

sövgü a. swearword, abuse, oath, cussword, invective res.

sövgülü s. scurrilous

sövmek e. to curse, to swear

sövüşlemek e. arg. to extort money, to fleece

sövüşmek e. to swear at each other

söylem a. pronunciation * telaffuz, sesletim, söyleyiş

söyleme a. saying; singing; disclosure

söylemek e. to say, to tell, to speak, to remark; to declare; to utter; to sing (a song); to confess; to confide, to divulge, to let on kon. **Söylemeye gerek yok** It goes without saying, Needless to say **söyleyeceğini söylemek** to say one's say **söyleyecek söz bulamamak** to be at a loss for words

söylenbilim a. mythology

söylence a. legend, myth * efsane

söylencebilim a. mythology

söylencebilimsel s. mythological

söylencesel s. mythical, legendary

söyleniş a. pronunciation * telaffuz,

sesletim

söylenmek e. to be said; to be pronounced; to grumble, to mutter, to grouse hkr. **söylendiğine göre** reportedly, supposedly **söylenilmeden anlaşılan** understood

söylenti a. rumour, rumor Aİ., hearsay, buzz **söylentilere bakılırsa** reportedly, rumour has it (that) **söylentiye göre** rumour has it (that)

söyleşi a. chat, conversation * sohbet

söyleşmek e. to chat, to commune, to converse; to discuss, to talk sth over

söyletmek e. to make sb say; to let sb say; to draw sb out (about sth)

söylev a. speech, discourse, address, oration **söylev vermek** to give a speech, to address

söyleyiş a. way of saying/speaking

söz a. word, remark; speech, talk; saying; rumour, gossip; promise, assurance, commitment; engagement **söz almak** a) to begin to speak b) to obtain a promise **söz altında kalmamak** to be quick to retort **söz anlamak** to be reasonable **söz aramızda** between you and me **söz çözümleme** speech analysis **söz dinleme** obedience **söz dinlemek** to listen to advice, to obey **söz dinlememek** to disobey **söz dinlemez** disobedient **söz dinlemezlik** disobedience **söz dinler** obedient **söz dinleyen** obedient **söz etmek** to talk about, to mention **söz geçirmek** to make oneself listened to **söz götürmez** beyond doubt, indisputable **söz istemek** to ask for permission to speak, to ask to speak **söz işitmek** to be told off **söz kesmek** to agree to give in marriage **söz konusu olamaz** out of the question **söz konusu** in question **söz olmak** to be the subject of gossip **söz vermek** to promise, to give a promise, to make a promise, to give sb one's word **söz yöneltmek** to address **söze karışmak** to interrupt, to chime in (with sth) kon., to chip in (with sth) kon. **sözle anlatılamaz** speechless **sözlerine dikkat etmek** to weigh one's words **sözlerini çarpıtmak** to twist sb's words **sözlerini tartarak konuşmak** to weigh one's words **sözü ağzına tıkamak** to shut sb up **sözü ağzında**

gevelemek to beat about the bush *sözü çevirmek* to change the subject *sözü geçerlik* influence, power *sözü geçmek* a) to be talked about b) to be influential *sözü uzatmak* to be wordy *sözüm meclisten dışarı* present company excepted, excepting present company *sözün kısası* in short *sözünde durmak* to keep one's word, to be as good as one's word *kon. sözünde durmamak* to break one's word *sözünden dönmek* to go back on one's word, to break one's promise, to cry off *sözünden dönmemek* to keep one's word *sözünü dinlemek* to follow sb's advice *sözünü esirgemeden* baldly, not mincing matters *sözünü esirgememek* not to mince matters, not to mince one's words *sözünü etmek* to make mention of *sözünü geri almak* to eat one's words *sözünü kesmek* to cut in (on sb/sth), to interrupt, to chip in (with sth) *kon. sözünü tutmak* to keep one's word, to be as good as one's word *kon. sözünü tutmamak* to back out, to break one's words, to break a promise *sözünün eri* a man of his word

sözavcılığı *a.* demagogy

sözavcısı *a.* demagogue

sözbilim *a.* rhetoric

sözbilimsel *s.* rhetorical, rhetoric

sözbirliği *a.* agreement, unanimity of thought *sözbirliği etmek* to agree to say/do the same thing, to be unanimous in

sözbölükleri *a. dilb.* parts of speech

sözcü *a.* spokesman

sözcük *a.* word * kelime *sözcük biçimi* word format *sözcük dağarcığı* vocabulary *sözcük dizini* word index *sözcük hazinesi* vocabulary *sözcük işareti* word mark *sözcük işlem* word processing *sözcük işlemci* word processor *sözcük organizasyonu* word organization *sözcük oyunu* pun *sözcük oyunu yapmak* to pun *sözcük örgütleme* word organization *sözcük tanıma* word recognition *sözcük türü dilb.* part of speech *sözcük uzunluğu* word length *sözcük zamanı* word time

sözcülük *a.* spokesmanship

sözde *be.* supposedly ¤ *s.* ostensible, would-be, so-called *hkr.*

sözdizim *a.* syntax * nahiv, sentaks *sözdizim hatası* syntactic error

sözdizimi *a.* syntax

sözdizimsel *s, dilb.* syntactic * sentaktik *sözdizimsel çözümleme* syntactic analysis

sözel *s.* oral

sözgelimi, sözgelişi *be.* for example, for instance * örneğin, mesela

sözgelişi *be.* for example, for instance

sözlendirici *a. sin.* dubber

sözlendirme *a. sin.* dubbing

sözlendirmek *e.* to dub

sözleşme *a.* agreement, contract, compact, covenant, bond *sözleşme yapmak* to contract *sözleşmeyi bozmak* to break a contract *sözleşmeyi feshetmek* to annul the contract, to cancel the contract, to dissolve the contract

sözleşmek *e.* to promise each other; to make an appointment

sözleşmeli *s.* contractual

sözlü *s.* oral, verbal; engaged to be married ¤ *a.* fiancé, fiancée *sözlü film* talking picture *sözlü sınav* oral exam

sözlük *a.* dictionary, lexicon * lügat

sözlükbilim *a.* lexicology

sözlükbilimci *a.* lexicologist

sözlükbilimsel *s.* lexicological, lexicologic

sözlükçü *a.* lexicographer * sözlükbilimci

sözlükçülük *a.* lexiocography * sözlükbilim

sözlüksel *s.* lexical

sözsüz *s.* dumb, speechless

sözügeçer *s.* influential, powerful

sözümona *s, kon.* alleged, so-called *hkr.*

spagetti *a.* spaghetti

spangolit *a.* spangolite

spanyel *a.* spaniel

spastik *s, a.* spastic

spatula *a.* spatula

spazm *a. hek.* spasm

spazmodik *s.* spasmodic

spektral *s.* spectral *spektral analiz* spectral analysis *spektral duyarlık* spectral sensitivity *spektral karakteristik* spectral characteristic *spektral selektivite* spectral selectivity *spektral seriler* spectral series *spektral yoğunluk* spectral density

spektrofotometre *a.* spectrophotometer

spektrofotometri *a.* spectrophotometry
spektrograf *a.* spectrograph
spektrometre *a.* spectrometer
spektrometri *a.* spectrometry
spektrometrik *a.* spectrometric
spektroradyometre *a.* spectroradiometer
spektroskop *a.* spectroscope
spektroskopi *a.* spectroscopy
spektroskopik *s.* spectroscopic
spektrum *a.* spectrum
spekulum *a.* speculum
spekülasyon *a.* speculation *spekülasyon yapmak eko.* to play the market
spekülatif *s.* speculative
spekülatör *a.* speculator, bull *kon.*
spekülom *a.* speculum
sperm(a) *a.* sperm(a)
sperma *a.* sperm
spermatozoit *a.* spermatozoid, spermatozoon
spermin *a.* spermine
spermsiz *s.* aspermous
spesifik *s.* specific
spesiyal *s.* special
spesiyalist *a.* specialist
spesiyalite *a.* specialty
spiker *a.* announcer; commentator
spikerlik *a.* work of an announcer
spilit *a.* spilite
spin *a.* spin *spin momenti* spin moment
spinel *a, min.* spinel
spiral *s.* spiral ¤ *a.* spiral; *hek.* coil *spiral boru* spiral tube *spiral dişli* spiral gear *spiral hortum* spiral hose *spiral merdiven* spiral staircase *spiral nebula* spiral nebula
spiril *a. biy.* spirillum
spiritualist *a. s.* spiritualist
spiritualizm *a.* spiritualism
spiritüalist *a, fel.* spiritualist
spiritüalizm *a, fel.* spiritualism
sponson *a.* sponson
sponsor *a.* sponsor
sponsorluk *a.* sponsorship, sponsoring
spontane *s.* spontaneous ¤ *be.* spontaneously
spor[1] *a, biy.* spore
spor[2] *a.* sports, games ¤ *s.* sports, sporting *spor ayakkabı* trainers *spor araba* sports car *spor ceket* sports jacket *spor giysi* sportswear *spor gömlek* sport shirt *spor muhabiri* sports correspondent *spor yapmak* to play sports

sporcu *a.* sportsman, athlete, player
sporkesesi *a, bitk.* sporangium
sporlaşma *a.* sporation, sporulation
sporlaşmak *e.* to sporulate
sporlu *s.* spored
sporogoni *a.* sporogony
sporosit *a.* sporocyst
sporozoit *a.* sporozoite
sporsever *a.* sports fan
sporsuz *s.* asporogenic, asporogenous
sportif *s.* sports, sporting
sportmen *a.* sportsman ¤ *s.* sportsmanlike
sportmence *s.* sportsmanlike
sportmenlik *a.* sportsmanship
sportoto *a.* football pools, the pools
spot *a.* spot, spotlight
spoyler *a, hav.* spoiler
sprey *a.* spray; sprayer
sprinkler *a, trm.* sprinkler
sprint *a.* sprint
Sri Lanka *a.* Sri Lanka ¤ *s.* Sri Lankan
Sri Lankalı *a, s.* Sri Lankan
stabil *s. fiz.* stable
stabilite *a.* stability
stabilizasyon *a.* stabilizatio
stabilizatör *a.* stabilizer
stabilize *s.* stabilized *stabilize etmek* to stabilize
stabilizör *a.* stabiliser
staccato *be.* staccato
stadya *a.* stadia
stadyum *a.* stadium
stafilokok *a.* staphylococcus
stagflasyon *a.* stagflation
staj *a.* training period; training course *staj görmek* to undergo a period of training, to go on a (training) course
stajyer *a.* trainee, intern, probationer *stajyer doktor* houseman *İİ.*, inter *Al.*
stajyerlik *a.* traineeship, apprenticeship
stakkato *a.* staccato
stalagmit *a.* stalagmite
stalagmometre *a.* stalagmometer
stalagmometri *a.* stalagmometry
stalaktit *a.* stalactite
stamen *a.* stamen
stand *a.* stall
standardizasyon *a.* standardization
standardize *s.* standardized *standardize etmek* to standardize
standart *a.* standard ¤ *s.* standardized *standart altyordam* standard subrou-

tine *standart arayüzey* standard interface *standart asit* standard acid *standart atmosfer* standard atmosphere *standart aydınlatıcı* standard illuminant *standart basınç* standard pressure *standart biçim* standard form *standart bileşen* standard component *standart boy* standard size *standart çözelti* standard solution *standart elektrot* standard electrode *standart film* standard film *standart format* standard format *standart frekans* standard frequency *standart hal* standard state *standart hata* standard error *standart kablo* standard cable *standart konvertisörü* standards convertor *standart olmayan* nonstandard, untrue *standart parça* standard part *standart pil* standard cell *standart propagasyon* standard propagation *standart sapma* standard deviation *standart şartlar* standard conditions *standart teçhizat* standard equipment *standart uzunluk* standard length *standart vakit* standard time *standart yıldız* standard star

standartlaşmak *e.* to become standardized

standartlaştırma *a.* standardization

standartlaştırmak *e.* to standardize

stanit *a.* stannite

stannat *a.* stannate

stannik *s.* stannic *stannik asit* stannic acid

stannit *a.* stannite

star *a.* star

start *a.* the start *start vermek* *sp.* to give the start signal

starter *a.* starter *starter kablosu* starter cable *starter motoru* cranking motor

stasyoner *s.* stationary *stasyoner dalga* stationary wave

stat *a.* stadium

statik *a.* statics ¤ *s.* static *statik akım* static current *statik altyordam* static subroutine *statik basınç* static pressure *statik bellek* static memory *statik değişken* static variable *statik denge* static balance *statik dosya* static file *statik döküm* static dump *statik elektrik* static electricity *statik enerji* static energy *statik gerilme* static stress *statik hata* static error *statik

moment statical moment *statik sürtünme* static friction *statik yük* static charge

statikleştirmek *e.* to staticize

statolit *a. anat.* otolith

stator *a.* stator

statosist *a. anat.* statocyst

statoskop *a, hav.* statoscope

statü *a.* statute, regulation

statüko *a.* status quo

steapsin *a.* steapsin

stearat *a.* stearate

stearik *s. kim.* stearic

stearik asit *a.* stearic acid

stearin *a.* stearin

stedit *a.* steadite

stellit *a.* stellite

sten *a.* Sten gun

steno *a.* shorthand, stenography *Aİ.*

stenograf *a.* shorthand typist, stenographer *Aİ.*

stenografi *a.* shorthand, stenography *Aİ.*

stenotip *a.* stenotype

step *a.* steppe * bozkır

stepne *a, oto.* spare tyre *stepne askısı* tyre carrier

ster *a.* stere

steradyan *a.* steradian

stereo *a.* stereo ¤ *s.* stereophonic, in stereo *stereo etkisi* spatial effect *stereo mikrofon* stereomicrophone

stereofoni *a.* stereophony

stereofonik *s.* stereophonic

stereografi *a.* stereography

stereografik *s.* stereographic

stereoizomer *s.* stereoisomer

stereoizomerizm *a.* stereoisomerism

stereokimya *a.* stereochemistry

stereokomparatör *a.* stereocomparator

stereomikroskop *a.* stereomicroscope

stereoözgül *s.* stereospecific

stereoskop *a.* stereoscope

stereoskopik *s.* stereoscopic

stereotip *a.* stereotype

stereotipi *a.* stereotype

steril *s.* sterile

sterilizasyon *a.* sterilization

sterilizatör *a.* autoclave

sterilize etmek *e.* to sanitize, to sterilize

sterilize *s.* sterilized *sterilize etmek* to sterilize

sterillik *a.* sterility

sterlin *a.* sterling, pound, quid *İİ./kon.*

steroit *a, kim.* steroid
sterol *a.* sterol
stetoskop *a.* stethoscope
steyşın *a.* estate car, shooting-brake, station wagon *Aİ.* **steyşın araba** hatchback, station wagon
stibin *a.* stibine
stibnit *a.* stibnite
stigma *a.* stigma
stigmasterol *a.* stigmasterol
stigmatik *s.* stigmatic
stil *a.* style * biçem, üslup, tarz
stilben *a.* stilbene
stilbit *a.* stilbite
stilist *a.* clothes designer, dress designer
stilistik *a.* stylistics
stilo *a.* fountain pen
stiptik *a, s.* styptic
stiren *a.* styrene
stoacı *a, s.* stoic
stoacılık *a, fel.* Stoicism
stoik *s.* stoic(al)
stok *a.* stock; inventory **stok etmek** to stock **stok kontrol** stock control **stok seviyesi** stock level
stokastik *a.* stochastic
stokçu *a.* hoarder, stockist
stokçuluk *a.* stockpiling **stokçuluk yapmak** to stockpile
stokes *a.* stokes
stoklamak *e.* to hoard
stop *ünl.* Stop! **stop etmek** a) to stop b) to cut out, to stall, to pack up **stop ettirmek** a) to stop b) to stall **stop lambası** stop lamp
stopaj *a.* collection at source, deduction at source
stor *a.* roller blind *İİ.*, shades *Aİ.*
storolit *a.* staurolite
stratej *a.* strategist
strateji *a.* strategy
stratejik *s.* strategical
stratiform *a.* stratiform
stratigrafi *a.* stratigraphy
stratokumulus *a.* stratocumulus
stratosfer *a.* stratosphere
stratus *a.* stratus
stratüs *a.* stratus * katmanbulut
streç *a.* stretchpants **streç pantolon** stretchpants
streptokok *a.* streptococcus
streptomisin *a, hek.* streptomycin
streptotrisin *a.* streptothricin

stres *a.* stress, tension, the jitters
striknin *a.* strychnine
stripping *a.* stripping
striptiz *a.* striptease, strip-show
striptizci *a.* stripper, striptease artist
stroboskop *a.* stroboscope
stroboskopik *s.* stroboscopic
strofantin *a.* strophanthin
strok *a.* stroke **strok genişliği** stroke width **strok kenarı** stroke edge
stroma *a.* stroma
stronsianit *a.* strontianite
stronsiya *a.* strontia
stronsiyum *a, kim.* strontium
strüktüralist *a, s.* structuralist
strüktüralizm *a.* structuralism
strüktürel *s.* structural
stüdyo *a.* studio **stüdyoda çevirim** studio shooting
stük *a.* stucco
stükko *a.* stucco
su *a.* water; juice; sap; broth; stream, brook ¤ *sg.* aquatic **su ağzı** hydrant **su akarken testiyi doldurmak** to strike while the iron is hot **su almak** (boat) to make water, to leak **su analizi** water analysis **su arıtıcı** water clarifier **su arıtımı** water purification **su arıtma tesisi** waterworks **su arkı** water ditch **su ayırıcı** water separator **su balesi** water ballet **su banyosu** water bath **su bardağı** water glass **su basıncı** water pressure **su baskını** flood **su basmak** to flood, to inundate **su basması** flood **su bendi** weir **su birikintisi** puddle, pool * irkinti **su bitkisi** hydrophyte **su bombası** depth charge **su borusu** water pipe **su böreği** *bkz.* suböreği **su buharı** water vapour **su camı** water glass **su cenderesi** hydraulic press **su çarkı** water wheel **su çekmek** to draw water **su çeliği** water hardening steel **su çevrimi** hydrologic cycle **su çukuru** water hole **su değirmeni** water mill **su deposu** a) water reservoir b) *demy.* feed trough **su devri** hydrologic cycle **su direnci** water resistance **su dolabı** water wheel **su dolaşımı** water circulation **su dökmek** to make water, to urinate **su döşemi** plumbing **su drenajı** water drainage **su düzeyi** water level **su emme** water absorption **su enjektörü** water jet pump **su erozyonu**

water erosion *su eşdeğeri* water equivalent *su fıçısı* water butt *su fışkırtma* hydroblasting *su filmi* film of water *su filtresi* water filter *su gazı* water gas *su geçirgenliği* water permeability *su gibi* like water; easily; fluently *su gibi bilmek* to know sth backwards *(para) su gibi gitmek* (money) to be spent like water *su gibi para harcamak* to spend money like water *su girişi* water inlet *su gömleği* water jacket *su götürmez* beyond doubt, indisputable, incontrovertible, unquestionable, undoubted *su götürür* disputable, controversial *su gücü* waterpower *su haslığı* water fastness *su hattı den.* waterline *su hortumu* water hose, hose *su ısıtıcısı* water heater *su içeriği* water content *su ihtiyacı* water demand *su ile soğutma* water cooling *su ile soğutmak* to water-cool, to quench *su ile yıkama* water washing *su itici* water-repellent *su iticilik* water-repellency *su jeti* water jet *su kabağı* gourd *su kalenderi* water calender *su kanalı* water channel *su kaplumbağası* turtle *su kayağı yapmak* to water-ski *su kayağı* water skiing *su kaybı* loss of water *su kaynakları* water resources *su kemeri* aqueduct *su kesimi den.* waterline *su kireci* water lime *su kirlenmesi* water pollution *su kirliliği* water contamination *su koçu* hydraulic ram *su korkusu* hydrophobia *su koyvermek* to overstep the mark, to back on one's word *su kulesi* water tower *su kuvveti* water power *su lekesi* water spot *su mecrası* water conduit *su muhtevası* water content *su mukavemeti* water resistance *su patlaması* inrush of water *su perisi* nymph *su pompası* water pump *su püskürtme* water spraying *su reostası* water rheostat *su saati* water meter *su sağlama* water supply *su sayacı* water counter *su seddi* weir *su separatörü* water separator *su sertliği* water hardness *su seviyesi* water level *su seviyesi* water level *su soğutmalı* water-cooled *su soğutucusu* water cooler *su sporları* aquatic sports *su sütunu* water column *su süzgeci* water filter *su şebekesi* water main *su şişesi* water bottle *su tabancası* squirt gun *su tankı*

water tank *su taşı* boiler scale, incrustation *su tedavisi* hydrotherapy *su temini* water supply *su tesisatı* waterworks *su toplamak* to blister *su tüketimi* water consumption *su türbini* water turbine *su vermek* a) to water b) *bkz.* suvermek *su yatağı* water bed *su yoğunluğu* water density *su yumuşatıcı* water softener *su yumuşatıcısı* water softener *su yumuşatma* water softening *su yüzüne çıkmak* to come to light *suda balık satmak* to make an empty promise *suda çözünen* water-soluble *suda çözünmeyen* water-insoluble *suda havuzlama* water retting *suda sertleşme* water hardening *suda sertleştirme* water hardening *suda suvermek* to water-quench *sudan bahane* lame excuse *sudan çıkmış balığa dönmek* to be like a fish out of water *sudan ucuz* very cheap, dirt cheap *kon.*, as cheap as dirt *kon.* *suya atlamak/dalmak* to dive *suya bastırmak* to soak *suya batırmak* to bathe *suya boğulmak* to be flooded with water *suya dayanıklı* water-resistant *suya düşmek* to fall through, to fizzle out, to miscarry, to go up in smoke, to come to grief *kon.* *suya düşürmek* to defeat *suya sabuna dokunmamak* to avoid meddling *suyuna gitmek* to rub sb the right way, to jolly sb along *kon.* *suyuna tirit* botched *suyunu alma* hydro-extraction *suyunu almak* to dehydrate, to hydro-extract *suyunu çekmek* to run out *suyunu çıkarmak* to liquidize *suyunu giderme* a. dehydration *suyunu gidermek* to dehydrate, to dewater

sual *a.* question * soru *sual açmak* to interrogate *sual etmek* to question *sual sormak* to ask (sb) a question

sualtı *s.* underwater, subaqueous *sualtı anteni* underwater antenna *sualtı mayını* submarine mine

suare *a.* evening performance

suaygırı *a, hayb.* hippopotamus, hippo *kon.*

subaldıranı *a. bitk.* water hemlock

subay *a, ask.* officer

subaylık *a. ask.* officership, being an officer

suberik s. suberic
subiberi a. bitk. water pepper
subilgisi a. hydrography
subilim a. hydrology * hidroloji
subilimci a. hydrologist
subiti a. hayb. water flea
suboyası a. water-soluble wood paint
suböceği a. water beetle
suböreği a. layered pastry
subra a. dress shield
subret a. soubrette
substantif s. (boya) substantive
subtropikal s. subtropic(al)
subye a. foot strap
sucamı a. waterglass
sucismi a. hek. aqueous humor
sucu a. water-bearer
sucuk a. (garlic-flavoured) sausage **sucuğunu çıkarmak** a) to give a good beating b) to tire out **sucuk gibi** wringing, wringing wet **sucuk gibi ıslanmak/olmak** to get wet through
sucul s. (hayvan) aquatic; absorbent **sucul bitkiler** aquatic plants
suculuk a. selling drinking water
suç a. crime, offence, offense Aİ., fault, guilt ¤ sg. criminal **suç işlemek** to commit a crime, to offend **suçu -e yüklemek** to put the blame on **suçu üstlenmek** to carry the can kon. **suçu üzerine atmak** to lay sth at sb's door **suçunu bağışlamak** to forgive sb's offence, to pardon sb **suçunu itiraf etmek** to come clean kon.
suçbilim a. criminology
suçbilimci a. criminologist
suçeker a. dehydrating agent
suçiçeği a, hek. chicken pox
suçlama a. accusation, charge, indictment * itham
suçlamak e. to accuse, to indict, to blame, to charge sb (with sth) * itham etmek
suçlandırmak e. to sentence, to charge, to find (sb) guilty
suçlu s. guilty, culpable, delinquent ¤ a. criminal, felon, offender, culprit, delinquent * mücrim **suçlu bulmak** to find guilty, to convict **suçlu bulunmak** to be found guilty **suçlu çıkarmak** to incriminate **suçlu çocuk** juvenile delinquent **suçlu olmak** to be guilty (of) **suçluların iadesi** extradition **suçlusu olmak** to be to blame (for sth) **suçluyu**

iade etmek to extradite (to)
suçlularevi a. prison
suçluluk a. guilt, guiltiness
suçortağı a. accomplice, accessory, accessary, abettor, confederate **suçortağı olmak** to connive
suçortaklığı a. complicity **suçortaklığı yapmak** to abet
suçsuz s. innocent, blameless **suçsuz çıkarmak** to exonerate
suçsuzluk a. innocence
suçulluğu a. snipe
suçüstü be. red-handed, in flagrante delicto, in the act **suçüstü yakalamak** to find sb out, to catch sb red-handed **suçüstü yakalanmak** to be caught red-handed
sudak a. hayb. zander
Sudan a. the Sudan ¤ s. Sudanese **Sudan Cumhuriyeti** the Sudan
Sudanlı a, s. Sudanese
sudantavuğu a. hayb. a guinea fowl
sudevelope s. underdeveloped
sudevelopman a. underdevelopment
sudkostik a. caustic soda, sodium hydroxide **sudkostik banyosu** lye bath **sudkostik çözeltisi** lye
sudolabı a. waterwheel; noria
sudur a. esk. emergence, appearance
suekspoze s. underexposed
suekspozisyon a. underexposure
sufle[1] a, tiy. prompting **sufle etmek** to prompt
sufle[2] a, mutf. soufflé
suflör a, tiy. prompter
suflörlük a, tiy. prompting **suflörlük etmek** tiy. to prompt **suflörlük yapmak** to prompt
suga a, den. belaying **suga etmek** to belay
sugeçirmez s. waterproof, watertight **sugeçirmez hale getirmek** to waterproof
sugeçirmezleştirme a. waterproofing
sugeçirmezleştirmek e. to waterproof
sugeçirmezlik a. waterproofness, watertightness
suhulet a. esk. facility, ease
suibriği a. bitk. pitcher plant
suiistimal a. misuse, abuse **suiistimal etmek** to misuse, to abuse, to presume on, to trespass on sth
suikast a. murder attempt, assassination

attempt, conspiracy; assassination **suikast yapmak** to assassinate **suikasta kurban gitmek** to be assassinated **suikastta bulunmak** a) to assassinate b) to conspire to kill
suikastçı *a.* conspirator
suiniyet *a.* malicious intent
suişöhret *a. esk.* bad name
suit *a. müz.* suite
suizan *a. esk.* suspicion; distrust
sukabağı *a, bitk.* gourd, calabash
sukamışı *a.* cattail, bulrush, red mace
sukaranflli *a. bitk.* wood avens
sukeleri *a. hayb.* newt, eft
sukemeri *a, mim.* aqueduct
sukestanesi *a.* water chestnut
suketeni *a. bitk.* hemp agrimony
sukobayı *a. hayb.* capybara, capibara
suköstebeği *a. hayb.* otter shrew
sukuşu *a.* waterfowl
sukut *a.* falling, fall, drop
suküre *a.* hydrosphere * suyuvarı, hidrosfer
sulak *s.* watery, marshy
sulama *a.* watering; irrigation **sulama arkı** irrigation ditch **sulama kanalı** irrigation canal **sulama verimi** irrigation efficiency
sulamaç *a.* sprinkling truck
sulamak *e.* to water; to irrigate
sulandırma *a.* dilution
sulandırmak *e.* to make watery; to dilute, to water sth down
sulanmak *e.* to be irrigated; to become watery; to water; *arg.* to get fresh with, to slaver *hkr.*
sularında *be.* about, around, towards
sulfata *a, kim.* quinini sulphate
sulh *a.* peace **sulh hâkimi** *bkz.* sulh yargıcı **sulh mahkemesi** court of first instance, minor court **sulh olmak** to come to agreement **sulh yargıcı** judge of the peace, magistrate
sulhçu *a. s.* pacifist
sulhen *be. esk.* peacefully
sulhname *a.* peace treaty
sulhperver *s.* peace-loving, pacific * barışsever, barışçıl
sulhsever *s.* peace-loving, pacific * barışsever, barışçıl
sulp *a.* backbone, spinal column * belkemiği, omurga; offspring * döl, nesil, zürriyet

sulta *a.* authority, power * yetke, otorite
sultan *a.* sultan; sultana
sultani *s.* sultanic, sultan-like ¤ *a. esk.* secondary school; *bitk.* sultana **sultani tembel** bone-idle *hkr.*
sultanlık *a.* sultanship; sultanate
sulu *s.* watery, soggy; runny; dilute, thin; juicy, succulent *övg.*; *kon.* silly, saucy, familiar (with sb) **sulu çimento** slurry **sulu çözelti** aqueous solution **sulu dolgu** hydraulic packing **sulu gözlü kimse** cry-baby *kon./hkr.* **sulu harç** grout **sulu kümeleyici** hydroclassifier **sulu sondaj** wash boring **sulu şerbet** thin juice **sulu yaldız** water gilding **sulu yem** succulent feed
suluboya *a.* watercolour, watercolor *AI.*
suluk *a.* birds' water bowl
sululaşmak *e. kon.* to get fresh
sululuk *a.* wateriness; juiciness; *kon.* being too familiar
sulusepken *a.* sleet **sulusepken yağmak** to sleet
sumak *a.* sumac
Sumatra *a.* Sumatra ¤ *s.* Sumatran
Sumatralı *a, s.* Sumatran
sumatrasakızı *a.* guttapercha
sumaydanozu *a.* marshwort
sumen *a.* desk pad
sumercimeği *a. bitk.* duckweed, water lentil
sumermeri *a.* alabaster
suna *a.* drake
sunak *a.* altar
sundurma *a.* lean-to roof, porch, penthouse, shed
sungu *a.* gift to a superior
sungur *a, hayb.* white falcon
suni *s.* artificial; false; affected **suni anten** artificial antenna **suni deri** artificial leather **suni devre** circuit cheater **suni döllenme** artificial insemination **suni gübre** artificial fertilizer **suni gürültü** man-made noise **suni hat** artificial line **suni havalandırma** artificial ventilation **suni ışık** artificial light **suni ipek** artificial silk, rayon **suni kuluçka** artificial incubation **suni liman** artificial harbour **suni mermer** artificial marble **suni mıknatıs** artificial magnet **suni seleksiyon** artificial selection **suni solunum** artificial respiration **suni süet** artificial suede **suni taş** artificial stone,

cast stone **suni teneffüs cihazı** pulmotor **suni teneffüs** artificial respiration **suni tohumlama** artificial insemination **suni ufuk** artificial horizon **suni yağmur** artificial rain

sunilik a. artificialness * yapaylık

sunma a. offer

sunmak e. to offer; to present, to submit; to bestow; to perform, to play

sunta a. chipboard

suntıraç a. butteris, farrier's knife

sunturlu s. severe, terrible, awful; glorious, imposing

sunu a, eko. supply, offer **sunu ve istem** supply and demand * arz ve talep

sunucu a. compère, emcee, host

sunuculuk a. compèring, emceeing **sunuculuk yapmak** to compère

sunuş a. presentation

suoku a. bitk. arrowhead, waterplantain

suopossumu a. hayb. yapock, yapok, water opossum

suölçer a. hydrometer

suörümceği a. hayb. water spider

sup(anglez) a, mutf. chocolate pudding

supanglez a. chocolate pudding

supap a. valve, clack **supap açıklığı** valve opening **supap aralığı** valve clearance **supap ayarı** valve timing **supap başı** valve head **supap başlığı** valve cap **supap döndürücüsü** valve rotator **supap düzeni** valve gear **supap emniyeti** valve lock **supap gövdesi** valve body **supap hücresi** valve chamber **supap iğnesi** valve core **supap iteceği** cam follower **supap iticisi** valve lifter **supap kafası** valve head **supap kolu** valve rod **supap konisi** valve cone **supap mili** valve rod **supap pistonu** valve piston **supap sapı** valve stem **supap sıçraması** valve bounce **supap tabanı** valve spud **supap tertibatı** valve gear **supap yağı** valve oil **supap yayı** valve spring **supap yuvası** valve seat

supaplı s. valved

supapsız s. valveless **supapsız motor** sleeve valve engine

supet a, arg. blowjob

suphanallah ünl. Good grief! Good God!

supiresi a. daphnia, water flea

supleman a. supplement

suples a. flexibility, suppleness

supozituvar a. hek. suppository

supya a. cuttlefish * mürekkepbalığı

sur a. city wall, rampart

sura a, teks. surah

surat a. face, mug arg. * yüz, çehre; sour face **surat asmak** to make a sour face, to pull a face (at sb), to sulk hkr. **surat mahkeme duvarı** kon. brazen-faced, sulky **suratından düşen bin parça olmak** to pull a long face **suratını asmak** to pull a long face **suratını buruşturmak** to grimace

suratlı s. -faced, -looking

suratsız s. ugly; sour faced, morose, sulky

sure a. sura, section of the Koran

suret a. appearance, form * görünüş, biçim; manner, way * biçim, yol, tarz; copy, duplicate * nüsha; esk. face * yüz, çehre **suret çıkarmak** to make a copy, to duplicate **suretine girmek** to assume the form of

sureta be. outwardly, seemingly; in pretence

surezenesi a. bitk. water hemlock

Surinam a. Surinam ¤ s. Surinamese

Surinamlı a. s. Surinamese

Surinamlı a, s. Surinamese

Suriye a. Syria

Suriyeli a, s. Syrian

susak s. thirsty; stupid, dense kon., daft kon.

susallar a. aquatic plants; aquatic animals

susam a. sesame; sesame seed

susamak e. to be thirsty; mec. to thirst for, to hunger after sb/sth

susamçiçeği a. flag

susamış s. thirsty, dry

susamışlık a. thirst

susamlı s. containing sesame seeds

susamsı s. sesamoid

susamuru a, hayb. otter * lutr

susamyağı a. sesame oil

susarmısasağı a. bitk. water germander

susatıcı s. thirsty

susatmak e. to make thirsty

susever s. hydrophilic * hidrofil

suseverlik a. hydrophily * hidrofili

susevmez s. hydrophobic * hidrofob

susevmezlik a. hydrophoby * hidrofobi

susığırı a, hayb. water buffalo * manda

susineği a. hayb. water fly

susku s. silence * sükût

suskun s. quiet, taciturn, silent, mute,

dumb **suskun kalmak** to be silent (on)
suskunluk *a.* quietness, taciturnity
susmak *e.* to be silent, to hush, to pipe down *kon.*; to stop speaking/talking, to hold one's tongue **Sus!** Shut up!, Hush! **sus payı** hush money
susmalık *a.* hush money
suspansuvar *a.* jockstrap
suspus *s.* silent and cowering **suspus olmak** to keep silent, to cower
susta¹ *a.* safety catch
susta² *a.* standing on hind legs **susta durmak** (dog) to stand on its hind legs
sustalı *s.* with a safety catch **sustalı bıçak** clasp knife **sustalı çakı** flick knife, switch blade *Aİ.* **sustalı kanca** spring hook **sustalı kilit** snap lock
susturmak *e.* to silence, to quieten, to hush, to muzzle, to gag, to shut (sb) up
susturucu *a.* silencer, muffler
susuz *s.* waterless, dry; thirsty
susuzluk *a.* waterlessness, aridity, drought; thirst **susuzluğunu gidermek** to slake one's thirst
susümbülü *a.* water hyacinth
suşeridi *a. bitk.* bur reed
sut *a.* soda, sodium carbonate
sutaşı *a.* soutache
sutaşır *s.* aquifer, water-bearing
sutavuğu *a, hayb.* European coot
suterazisi *a.* water-balance tower
suteresi *a.* watercress, garden cress
sutopu *a, sp.* water polo
sutyen *a.* brassiere, bra
sutyensiz *s.* braless
Suudi *a.* Saudi, Saudi Arabian **Suudi Arabistan** Saudi Arabia; Saudi Arabian **Suudi Arabistanlı** Saudi Arabian
suvare *a.* evening performance
suvarma *a.* watering **suvarma yalağı** watering trough
suvarmak *e.* to water
suvat *a.* watering trough
suverme *a.* quenching **suverme çatlağı** quenching crack **suverme hızı** quenching rate **suverme sıcaklığı** quenching temperature **suverme şiddeti** severity of quench **suverme yağı** quenching oil
suvermek *e, metl.* to temper, to quench
suyarpuzu *a. bitk.* water mint
suyayönelim *a.* hydrotropism
suyelvesi *a.* water rail
suyılanı *a, hayb.* water snake

suyolcu *a. esk.* person responsible for maintaining the waterways
suyolu *a.* waterline, water conduit, duct, gutter; watermark * filigran; soutache * sutaşı
suyosunu *a.* seaweed, alga * alg
suyuk *a.* humour
suyuvarı *a.* hydrosphere * suküre, hidrosfer
suziş *a. esk.* deep sorrow, anguish
suzişli *s. esk.* pathetic, moving
sübek *a.* urinal tube (attached to the baby's cradle)
sübjektif *s.* subjective * öznel
sübjektiflik *a.* subjectivity
sübjektivist *a.* subjectivist
sübjektivite *a.* subjectivity
sübjektivizm *a.* subjectivism * öznelcilik
süblimasyon *a.* sublimation
süblime *a.* sublimate ¤ *s.* sublime
süblimelemek *e.* to kyanize
süblimleşme *a.* sublimation
süblimleşmek *e.* to sublimate
süblimleştirmek *e.* to sublimate
sübut *a.* being proved; certainty, certitude **sübut bulmak** to be proved * tanıtlanmak, ispat edilmek
sübvansiyon *a.* subsidy **sübvansiyonla desteklemek** to subsidize
sübyan *a, ç.* children * çocuklar
sübyancı *a.* pedophile
sübyancılık *a.* pedophilia
sübye *a.* emulsion
sübyemsi *s.* emulsive
südreme *a.* getting drunk
südremek *e.* to get drunk * sarhoş olmak
süet *a.* suede **süet makinesi** sueding machine
süfli *s.* low, mean, base; shabby, ragged * kılıksız, hırpani
süflilik *a.* lowness, meanness, baseness; shabbiness
süfrajet *a.* suffragette
Süheyl *a. gökb.* Canopus
sühulet *a.* ease, facility * kolaylık; gentleness **sühulet göstermek** to offer facilities
sühunet *a, esk.* heat; temperature * sıcaklık
süit *a, müz.* suite
süje *a.* subject, matter * konu; *dilb.* subject * özne
süklüm püklüm *be.* with one's tail be-

tween one's legs, sheepishly

sükna *a. esk.* dwelling place, abode

sükraz *a.* invertase, invertin, sucrase

sükse *a.* success, hit, showy feat **sükse yapmak** to make a splash **süksesini bozmak** to take the wind out of sb's sails

süksinik asit *a.* succinic acid

süksinimit *a.* succinimide

sükûn, sükûnet *a.* calm, quiet, rest, repose, tranquility **sükûnet akımı** quiescent current **sükûnet aralığı** quiescent period **sükûnet bulmak** to be calmed **sükûnet durumu** stationary state

sükût *a.* silence, hush **sükût etmek** to keep silent, to keep mum **Sükût ikrardan gelir** Silence gives consent **sükûtla geçiştirmek** to pass over in silence

sükuti *s. esk.* taciturn, silent, quiet

sükûti *s, esk.* quiet, taciturn, silent

sükûtilik *a.* quietness, taciturnity

sülale *a.* family, line, lineage

sülf *a, esk.* sulphur * kükürt

sülfa *a.* sulfa

sülfadiazin *a.* sulfadiazine

sülfamat *a.* sulphamate

sülfamit *a.* sulphonamide

sülfat *a, kim.* sulphate, sulfate *Aİ.* **sülfat külü** sulfate ash

sülfatlaşma *a.* sulfation

sülfatlaşmak *e.* to sulfate

sülfatlaştırma *a.* sulfation

sülfatlaştırmak *e.* to sulfate

sülfatlı *s.* sulfated

sülfinil *a.* sulfinyl

sülfit *a.* sulphite, sulfite *Aİ.*

sülfitleme *a.* sulphitation

sülfitli *s.* sulfitic

sülfoksilik asit *a.* sulphoxylic acid

sülfoksit *a.* sulphoxide

sülfon *a.* sulphone

sülfonamit *a.* sulphonamide

sülfonat *a.* sulfonate

sülfonatlaştırma *a.* sulfonation

sülfonatlaştırmak *e.* to sulfonate

sülfonik *s.* sulphonic **sülfonik asit** sulphonic acid **sülfonik oksit** sulphoxide

sülfonil *a.* sulfonyl

sülfonyum *a.* sulfonium

sülfür *a, kim.* sulphide, sulfide *Aİ.*

sülfürik *s, kim.* sulphuric, sulfuric *Aİ.* **sülfürik asit** sulphuric acid

sülfüril *a.* sulfuryl

sülfürleme *a.* sulfurizing, sulphurizing

sülfürlemek *e.* to sulfurize, sulphurize

sülfüröz asit *a.* sulphurous acid

sülfüröz *s.* sulfurous

süline *a. hayb.* razor shell, razor clam

sülüğen *a.* red lead **sülüğen sürmek** to vermilion

sülük *a, hayb.* leech, bloodsucker; *bitk.* tendril; *mec.* leech, bloodsucker *kon.* **sülük gibi yapışmak** to cling like a leech **sülük vurmak** to apply leeches (to)

sülükçü *a.* catcher/seller of leeches

sülükdal *a.* tendril

sülüksü *s.* hirudinoid

sülün *a, hayb.* pheasant **sülün gibi** tall and graceful

sülünlük *a.* pheasantry

sülüs *a.* a third

sülyen *a.* red lead

sümbül *a, bitk.* hyacinth

sümbüli *s.* cloudy, overcast

sümbülteber *a, bitk.* tuberose

sümek *a.* carded wool

Sümer *a.* Sumer ¤ *s.* Sumerian

Sümerce *a. s.* Sumerian

Sümerolog *a.* Sumerologist

Sümeroloji *a.* Sumerology

sümkürmek *e.* to blow one's nose

sümmettedarik *s. esk.* last-minute, slapdash

sümsük *s.* sluggish, slothful, uncouth

sümsükkuşu *a.* solan

sümsükleşmek *e. kon.* to become sluggish/slothful

sümsüklük *a.* sluggishness, slothfulness

sümük *a.* mucus; snot

sümükdoku *a.* mucosa, mucous membrane

sümüklü *s.* mucous, snotty; snivelling

sümüklüböcek *a, hayb.* slug

sümüksel *s.* mucous

sümüksü *s.* mucous, mucus-like

sümüksülük *a.* mucosity

sündürmek *e.* to stretch, to expand

süne *a. hayb.* shield bug

sünek *s.* ductile * düktil **sünek kırılma** ductile fracture

süneklik *a.* ductility

sünepe *s.* sluggish, slovenly

sünepelik *a.* sluggishness, slovenliness

sünger *a.* sponge; foam rubber *(üzerine)*

sünger çekmek to pass the sponge over sth **sünger gibi** spongy
süngerci *a.* sponge seller
süngercilik *a.* sponge fishing
süngerdoku *a.* spongeous tissue
süngerimsi *s.* cancellate, cancellous
süngerimsilik *a.* sponginess
süngersi *s.* spongy
süngertaşı *a.* pumice, pumice stone
süngertaşlı *s.* pumiceous
süngü *a.* bayonet **süngüsü düşük** depressed, crestfallen, dejected **süngüsü düşük olmak** to mope, to be depressed
süngülemek *e.* to bayonet
süngüleşmek *e.* to attack each other with bayonets
süngülü *s.* having a bayonet **süngülü duy** bayonet lampholder **süngülü kavrama** bayonet coupling
sünme *a.* creep **sünme deneyi** creep test **sünme eğrisi** creep curve **sünme gerilmesi** yield stress **sünme noktası** yielding point
sünmek *e.* to creep, to stretch
sünnet *a.* circumcision; circumcision feast; *din.* Sunna **sünnet derisi** *anat.* foreskin **sünnet düğünü** circumcision feast **sünnet etmek** to circumcise **sünnet olmak** to be circumcised
sünnetçi *a.* circumciser
sünnetçilik *a.* work of a circumciser
sünnetlemek *e.* to eat up, to lick (sth) clean
sünnetli *s.* circumcised
sünnetsiz *s.* uncircumcised
Sünni *a.* Sunni, Sunnite
Sünnilik *a.* Sunnism
süper *s.* super *kon.*, superb, funky *kon./övg.*, fantastic *kon.*, terrific *kon.*, smashing *kon.*, nifty *kon.*, divine *kon.*, almighty *kon.*, fabulous *kon.*, out of this world *kon.*, bloody *İİ./arg.*, swell *Aİ./kon.* **süper benzin** four star petrol *İİ.*, high-octane gasoline *Aİ.* **süper bilgisayar** super computer **süper devlet** superpower **süper dosya** super file **süper iletken** a) superconducting b) superconductor **süper kütük** super file
süperalaşım *a.* superalloy
süperemitron *a.* superemitron
süperfosfat *a.* superphosphate
süpergalaksi *a.* supergalaxy

süperheterodin *a.* superheterodyne
süperikonoskop *a.* supericonoscope
süpermarket *a.* supermarket
süpermen *a.* superman
süpernova *a.* supernova
süperortikon *a.* superorthicon **süperortikon kamera** superorthicon camera
süpersonik *s.* supersonic
süperstar *a.* superstar
süperstrüktür *a.* superstructure
süperşarj *a.* supercharging
süpertanker *a.* super tanker
süpet *a, arg.* blowjob
süpozituvar *a. hek.* (a) suppository
süprüntü *a.* sweepings, refuse, rubbish, garbage, trash *Aİ.*
süprüntücü *a.* street sweeper, dustman
süprüntülük *a.* rubbish heap, dump
süpürge *a.* broom **süpürge sapı** broomstick
süpürgeci *a.* maker of brooms; seller of brooms
süpürgeçalısı *s.* bush broom
süpürgedarısı *a.* sorghum
süpürgelik *a.* skirting board *İİ.*, baseboard *Aİ.*
süpürgeotu *a, bitk.* heath
süpürme *a.* sweep **süpürme devresi** sweep circuit **süpürme frekansı** sweep frequency **süpürme gerilimi** sweep voltage **süpürme hızı** sweep rate
süpürmek *e.* to sweep; to sweep away
süpürücü *a.* sweeper
sürahi *a.* decanter, carafe, water-bottle
sürat *a.* speed; velocity; quickness, rapidity **sürat göstergesi** speed indicator **sürat koşucusu** *sp.* sprinter **sürat koşusu** sprint **sürat motoru** speedboat **sürat şeridi** fast lane
süratle *be.* quickly, rapidly, fast * çabucak, çabuk, hızla
süratlenmek *e.* to go faster, to speed up
süratli *s.* quick, speedy, rapid, express * hızlı
sürç *a.* stumble **sürçü lisan** slip of the tongue
sürçmek *e.* to stumble, to slip; to make a mistake
sürdevelope *s.* overdeveloped
sürdevelopman *a.* overdevelopment
sürdürmek *e.* to continue, to carry on, to keep on, to keep sth up, to maintain, to

perpetuate
sürdürüm *a.* subscription * abonman
sürdürümcü *a.* subscriber
sürdürürn *a.* subscription
süre *a.* period, duration, space *süre sonu* expiration *süresi bitmek/dolmak* to expire, to be out of date *süresi sona ermek* to expire
süreaşımı *a.* prescription * zamanaşımı, mürüruzaman
sürece *be.* while, as long as
süreç *a.* process *sürecinde olmak* to be in the process (of) *süreç denetici* process controller *süreç denetimi* process control *süreç durumu* process state *süreç kurma* process construction *süreç tamponu* process buffer
süredizin *a.* chronology
süreduran *s.* inert, inertial
süredurum *a, fiz.* inertia * atalet
süregelen *s.* lasting, continual
süregelmek *e.* to continue
süreğen *s.* chronic * müzmin, kronik
süreğenleşmek *e.* to become chronic
süreğenlik *a.* chronicity
sürek *a.* duration; drove (of cattle) ¤ *s.* driving fast; going fast *sürek avı* drive
sürekli *s.* continual, continuous, constant, permanent, perpetual, incessant ¤ *be.* ceaselessly, without cease, all the time *sürekli akım* continuous current *sürekli akış* continuous flow *sürekli benzetim* continuous simulation *sürekli çarpım* continued multiplication *sürekli dalga* continuous wave *sürekli denetim* continuous control *sürekli difüzyon* continuous diffusion *sürekli fırın* continuous furnace *sürekli fonksiyon* continuous function *sürekli form* continuous form *sürekli gaz* permanent gas *sürekli güç* continuous power *sürekli hata* permanent error *sürekli işlev* continuous function *sürekli kâğıt* continuous form *sürekli kiriş* continuous beam *sürekli kontrol* continuous control *sürekli mıknatıs* permanent magnet *sürekli ocak* continuous furnace *sürekli olarak* continuously, continually, all the time *sürekli simülasyon* continuous simulation *sürekli tavlama* continuous annealing *sürekli yük* continuous load
süreklilik *a.* continuity *süreklilik denklemi* continuity equation *süreklilik testi* continuity test
süreksiz *s.* discontinuous, transient *süreksiz fonksiyon* discontinuous function *süreksiz işlev* discontinuous function
süreksizlik *a.* discontinuity *süreksizlik noktası* point of discontinuity
sürekspoze *s.* overexposed
sürekspozisyon *a.* overexposure
sürelge *a.* calendar
süreli *s.* periodical *süreli yayın* periodical
sürelpotansiyelölçüm *a.* chronopotentiometry
sürempresyon *a.* superimposition
süreölçer *a.* chronometer; stopwatch * kronometre
süreölçüm *a.* chronometry, chronoscopy
süreölçümsel *s.* chronoscopic
sürerdurum *a.* the status quo
sürerlik *a.* persistence
süresince *be.* during, throughout
süresiz *s.* indefinite ¤ *be.* indefinitely, for an indefinite period of time *süresiz olarak* indefinitely
süreyazar *a.* chronograph
sürfe *a, hayb.* maggot, larva, grub * kurtçuk
sürfile *a. teks.* overcasting
sürgen *s.* cathartic
sürgendoku *a.* meristem
sürgit *be.* endlessly, forever, interminably
sürgü *a.* (kapı) bolt; *trm.* harrow * tapan; plasterer's trowel; *hek.* bedpan *sürgü çubuğu* slide rod *sürgü dayağı* slide rest *sürgü geçirmek* to harrow *sürgü kolu* slide rod *sürgü mesnedi* slide rest *sürgü takozu* slide block *sürgü teli* slide wire *sürgü valf* sleeve valve
sürgülemek *e.* to bolt, to bar
sürgülü *s.* bolted; sliding *sürgülü anahtar* slide switch *sürgülü bobin* slide coil *sürgülü cetvel* slide rule *sürgülü koltuk* sliding seat *sürgülü kontak* sliding contact *sürgülü supap* flap valve *sürgülü valf* gate valve *sürgülü vana* slide valve
sürgün *a.* banishment, exile; deportation; *hek.* diarrhoea, diarrhea *Aİ.*; *bitk.* shoot, sucker, sprout, offshoot *sürgün etmek* to banish, to exile *sürgün olmak* to have diarrhoea * ishal olmak *sürgüne göndermek/yollamak* to send into ex-

ile, to exile

sürme[1] *a.* continuation; application; driving; sliding; bolt; *bitk.* bunt **sürme ağırlık** sliding weight **sürme kama** spile **sürme kapak** slide gate **sürme kapı** sliding door **sürme küreği** push hoe **sürme pencere** sliding window **sürme raklesi** coating doctor **sürme valf** sleeve valve

sürme[2] *a.* kohl **sürme çekmek** to tinge with kohl

sürmek *e.* (taşıt) to drive; (at, bisiklet, vb.) to ride; to lead; to banish (from), to exile; to drive away, to expel; to apply, to lay/rub on, to smear, to spread; to release, to place on sale; (toprağı) to plough; to spend (life/time); to continue, to go on; to last; to take (time); to germinate, to shoot out

sürmelemek *e.* (kapı) to bolt; (göz) to tinge with kohl

sürmeli *s.* bolted; sliding **sürmeli kilit** deadlock **sürmeli kumpas** slide gauge

sürmelik *a.* box for stibium

sürmenaj *a, hek.* fatigue, exhaustion from overwork

sürmetaşı *a.* antimony

sürpriz *a.* surprise **sürpriz yapmak** to surprise

sürrealist *a.* surrealist * gerçeküstücü ¤ *s.* surrealistic * gerçeküstücü

sürrealizm *a.* surrealism * gerçeküstücülük

sürşarj *a.* surcharge

sürtme *a.* rubbing, friction; wandering, loitering

sürtmek *e.* to rub (sth against sth); to rub with the hand; to loaf, to wander, to roam, to loiter (about/around) *kon.*, to hang about/around *kon.*, to gad about/around *hkr.*

sürtük *a.* slut, hussy; streetgirl, streetwalker

sürtüklük *a.* streetwalking, sluttishness

sürtünme *a.* friction **sürtünme açısı** angle of friction **sürtünme balatası** friction lining **sürtünme çarkı** friction wheel **sürtünme dayanıklılığı** rubbing fastness **sürtünme direği** friction post **sürtünme direnci** friction resistance **sürtünme diski** friction disc **sürtünme düzeneği** friction gear **sürtünme elektriği** frictional electricity **sürtünme halkası** friction ring **sürtünme haslığı** fastness to rubbing **sürtünme kasnağı** friction pulley **sürtünme katsayısı** coefficient of friction **sürtünme kaybı** friction loss, frictional loss **sürtünme kuvveti** frictional force **sürtünme mekanizması** friction gear **sürtünme perdahı** friction glazing **sürtünme yitimi** friction loss

sürtünmebilim *a.* tribology

sürtünmek *e.* to rub oneself (against), to brush; to seek a quarrel

sürtünmeli *s.* frictional **sürtünmeli fren** friction brake **sürtünmeli kavrama** friction clutch **sürtünmeli tahrik** friction drive **sürtünmeli tekstüre** friction texturing **sürtünmeli transmisyon** friction drive

sürtünmesiz *s.* frictionless **sürtünmesiz metal** antifriction metal **sürtünmesiz yatak** antifriction bearing

sürtünmesizlik *a.* antifriction

sürtünüm *a.* friction

sürtüşme *a.* rubbing against each other; *mec.* friction

sürtüşmek *e.* to rub against each other; to disagree, to dispute

sürtüştürmek *e.* to rub (two things) together

sürü *a.* herd, flock, pack, horde, flight; crowd, gang, troop, drove **sürü içgüdüsü** herd instinct **sürüden ayrılmak** to go astray **sürüyle** oceans of sth *kon.*

sürücü *a.* driver; motorist; *biliş.* drive, disk drive **sürücü adı** *biliş.* drive name **sürücü belgesi** driving licence *İl.*, driver's license **sürücü gerilim** driving potential **sürücü harfi** *biliş.* drive identifier **sürücü katı** driver stage **sürücü kuvvet** propelling force **sürücü sinyal** driving signal **sürücü tanıtıcısı** *biliş.* drive identifier **sürücü yeri** cab, driver's cap

sürücül *s.* gregarious

sürücülük *a.* driving, motoring

sürükleme *a.* drag, drift **sürükleme açısı** drag angle **sürükleme direnci** drag resistance **sürükleme halatı** hauling cable **sürükleme katsayısı** drag coefficient **sürükleme merkezi** centre of drag

sürüklemek *e.* to drag; to drift; to involve,

to entail, to lead to
sürüklenme *a.* drift *sürüklenme açısı* drift angle *sürüklenme bölgesi* drift space *sürüklenme hatası* drift error *sürüklenme hızı* drift velocity *sürüklenme transistoru* drift transistor
sürüklenmek *e.* to be dragged; to drift
sürükleyici *s.* fascinating, absorbing, engrossing, gripping, riveting
sürüm *a.* demand, sale * revaç; circulation * tedavül
sürümdeğer *a.* market value, commercial value
sürümek *e.* to drag along
sürümlü *s.* easily sold, much in demand
sürümsüz *s.* difficult to sell, not in demand
sürünceme *a.* delay; negligence *sürüncemede bırakmak* to drag out *sürüncemede kalmak* to drag on, to be delayed
süründürmek *e.* to make crawl; to lead sb a dog's life
sürüngen *a, hayb.* reptile *sürüngen sap bitk.* runner
sürüngenbilim *a.* herpetology
sürüngenbilimsel *s.* herpetological
sürüngenler *a.* Reptilia
sürünme *a.* crawl; rubbing against; roughing it
sürünmek *e.* to crawl, to creep; to rub against; to rub on, to rub in; *kon.* to vegetate, to rough it *kon.*, to lead a dog's life
sürüntü kili *a.* boulder clay
sürür *a. kim.* red mercuric oxide
sürüşmek *e.* to rub (sth) on each other
sürüştürmek *e.* to let rub together
sürütme *a.* making sb drag *sürütme ağı* trawl, trawl net *sürütme yolu* skid road
sürütmek *e.* to make sb drag
sürvaltör *a.* booster
sürveyan *a.* surveyor
Süryani *a, s.* Syrian
Süryanice *a, s.* Syriac
süs *a.* ornament, adornment, decoration, trimming *süs bitkileri* ornamental plants ... *süsü vermek* to pose as, to pretend to, to pass oneself off as
süsen *a, bitk.* iris * susam
süsengiller *a.* iridaceae
süseptans *a, elek.* susceptance
süsleme *a.* decoration

süslemek *e.* to decorate, to ornament, to embellish, to rim, to deck, to adorn, to grace, to bedeck (with); (yemeği) to garnish *süsleyip püslemek* to smarten up, to doll sb up *kon.*
süslemeli *s.* decorated, ornamented
süslenmek *e.* to be decorated; to adorn oneself out, to deck oneself out *süslenip püslenmek* to smarten oneself up, to primp, to prink, to spruce oneself up, to titivate oneself *kon.*, to doll oneself up *kon.*, to do oneself up *kon.*
süsleyici *s.* decorative, ornamental
süslü *s.* ornamented, decorated, decked, adorned, fancy, florid *hkr.*
süsmek *e.* to butt
süspans *a.* suspense
süspansiyon *a.* suspension *süspansiyon borusu* suspension tube *süspansiyon yayı* suspension spring
süssüz *s.* undecorated, unadorned, plain, bald, austere, chaste, bare
süt *a.* milk *süt asidi* lactic acid * laktik asit *süt çocuğu* suckling *süt damarı bitk.* milk vein *süt dökmüş kedi gibi* with his tail between his legs *süt gibi* white and clean *süt ineği* dairy cattle *süt kuzusu* suckling lamb, suckling *süt sağım makinesi* milking machine *süt sağım odası* milking parlour *süt sağmak* to milk *süt şekeri* milk sugar, lactose *süt ürünleri* dairy products *süt ürünü* dairy produce, dairy product *süt vermek* a) to suckle, to nurse b) (inek) to milk *Sütten ağzı yanan yoğurdu üfleyerek yer* Once bitten twice shy *sütten kesmek* to wean *sütü bozuk* base, ignoble *sütüne havale etmek* to put one on one's honour
sütağacı *a. bitk.* cow tree, milk tree
sütana, sütanne *a.* wet-nurse, foster mother *sütana-baba* foster-parent
sütbaba *a.* foster father
sütbaşı *a.* cream (of milk)
sütbeyaz *s.* milk-white
sütçocuk *a.* foster child
sütçü *a.* milkman *sütçü dükkânı* dairy
sütçülük *a.* selling milk, dairy business
sütdişi *a.* milk tooth, baby tooth *Aİ.*
sütevlat *a.* foster child
süthane *a.* dairy
sütkardeş *a.* foster brother, foster sister

sütkırı *s.* milk-white (horse)
sütkızı *a.* foster daughter
sütlaç *a.* rice pudding
sütleğen *a, bitk.* spurge, euphorbia
sütlenmek *e.* to lactate; to become milky
sütliman *s.* dead calm
sütlü *s.* milky; with milk; milch **sütlü kahve** white coffee, coffee with milk
sütlüce *a. bitk.* buttercup
sütlüot *a. bitk.* sea milkwort
sütmavisi *s.* very pale blue
sütnine *a.* wet nurse, foster nurse
sütoğul *a.* foster son
sütotu *a, bitk.* milkwort
sütölçer *a.* lactometer
sütsü *s.* lactic
sütsüz *s.* without milk; (kahve) black; *mec.* ignoble, base **sütsüz kahve** black coffee
süttozu *a.* milk powder, dried milk
sütun *a.* column, pillar **sütun ayırıcı** column split **sütun başı** capital **sütun başlığı** capital **sütun baştabanı** architrave **sütun göbekliği** entasis **sütun gövdesi** scape, shaft **sütun grafiği** bar chart **sütun ikili biliş.** column binary **sütun kaidesi** column base, plinth **sütun kornişi** fascia **sütun matris** column matrix **sütun pervazı** entablature **sütun tabanı** plinth
sütunlu *s.* columnar, with columns **sütunlu bazalt** columnar basalt **sütunlu matkap** pillar drill
sütür *a. hek.* suture
süvari *a.* cavalry man, cavalry; captain of a ship **süvari eri** trooper **süvari kılıcı** sabre, saber *Aİ.* **süvari sınıfı** cavalry
süvarilik *a.* being a cavalryman
süveter *a.* sweater
süveyda *a. esk.* endosperm
süveyk *a. esk.* tigella
Süveyş *a.* Suez **Süveyş Kanalı** the Suez Canal
süyek *a.* splint **süyek bağlamak** to fishplate
süyeklemek *e. hek.* to put a splint on
süzdürme *a.* draining **süzdürme kuyusu** draining well **süzdürme künkü** pipe drain
süzdürücü *a.* dialyser
süzdürüm *a.* dialysis
süzdürümsel *s.* dialytic
süzek *a.* strainer, filter

süzgeç *a.* strainer, filter; colander, cullender **süzgeç bezi** wire cloth **süzgeç devresi** filter network **süzgeç katsayısı** filter factor **süzgeç kâğıdı** filter paper **süzgeç kondansatörü** filter capacitor **süzgeç peteği** filter cartridge **süzgeç tekeri** filter wheel **süzgeç teli** wire gauze
süzgeçli *s.* provided with a filter
süzgü *a.* drainboard
süzgün *s.* languid, languorous, languishing
süzgünlük *a.* paleness, gauntness; drowsiness
süzme *a.* filtering, filtration, percolation, decantation; looking attentively ¤ *s.* strained **süzme aygıtı** filtering apparatus **süzme bezi** filter cloth **süzme cenderesi** filter press **süzme hızı** rate of filtration **süzme künkü** drainage pipe **süzme peynir** cottage cheese **süzme sifonu** drain trap **süzme torbası** filtering bag **süzme yoğurt** strained yoghurt
süzmek *e.* to filter; to strain; to eye from head to foot, to look attentively
süzülme *a.* infiltration; gliding **süzülme açısı** gliding angle **süzülme oranı** *hav.* gliding ratio **süzülme uçuşu** *hav.* gliding flight **süzülme yolu** gliding path
süzülmek *e.* to be filtered, to be strained; to trickle; to glide, to soar; to lose weight, to get thin; to slip away, to creep away, to steal, to infiltrate; (gözyaşları) to run down
süzüm *a.* filtration
süzüntü *a.* filtrate
svastika *a.* swastika
Svazi *a, s.* Swazi
Svazice *a, s.* Swazi
Svaziland *a.* Swaziland
Svaziland *a.* Swaziland
Svazilandlı *a. s.* Swazi
sving *a.* pan shot
svip *a.* sweep **svip devresi** sweep circuit **svip frekansı** sweep frequency **svip voltajı** sweep voltage
Swazi *a.* Swazi **Swazi halkı** the Swazi
Swazice *a, s.* Swazi
Swaziland *a.* Swaziland
Swaziler *a.* the Swazi

Ş

Ş, ş *a.* the twenty-third letter of the Turkish alphabet

şaban *a.* bumpkin *hkr.*, clot *İl./kon.*

şabanlaşmak *e. arg.* to get stupid

şabanlık *a. arg.* stupidity

şablon *a.* stencil; template, pattern; gauge; *mec.* pattern, routine, cliché **şablon baskısı** screen printing **şablon lakı** screen varnish

şad *s.* merry, joyful

şadan *s. esk.* happy, joyful

şadırdamak *e.* (water) to plash, to gush

şadırtı *a.* plash, gushing

şadırvan *a.* water-tank with a fountain

şafak *a.* dawn, daybreak, cockcrow **şafak atmak** a) (dawn) to break b) *arg.* to down on sb **şafak sökmek** (down) to break

Şafii *a.* Shafi'i

şaft *a, tek.* shaft, axle **şaft yatağı** journal

şaful *a.* small tray (for carrying honey)

şagren *a.* shagreen

şah[1] *a.* shah; (satranç) king **şah çekmek** to check

şah[2] *a.* (at) rearing **şaha kalkmak** to rear

şahadet *a.* testimony * tanıklık, şahitlik; martyrdom * şehitlik

şahadetname *a.* diploma, certificate

şahadetparmağı *a.* index finger, forefinger

şahane *s.* magnificent, superb, splendid, majestic, tremendous

şahap *a, esk.* shooting star, falling star * akanyıldız

şahbaz *s.* brave, heroic

şahdamarı *a.* carotid artery

şaheser *a.* masterpiece, masterwork * başyapıt

şahım *a. esk.* fat

şâhıs *a. esk.* surveyor's rod

şahıs *a.* person, individual * kişi, kimsa, zat; *dilb.* person * kişi; *ed.* character * kişi **şahıs zamiri** *dilb.* personal pronoun * kişi adılı

şahika *a. esk.* summit, peak

şahin *a, hayb.* falcon

şahit *a.* witness, eyewitness * tanık **şahit olmak** to witness * tanık olmak **şahit tepe** butte, outlier

şahitlik *a.* giving evidence, testimony; witnessing **şahitlik etmek** to bear witness, to give evidence

şahkartal *a. hayb.* imperial eagle

şahlandırmak *e.* to make (a horse) rear up

şahlanmak *e.* (at) to rear up; *mec.* to fly into a passion

şahlık *a.* shahdom

şahmerdan *a.* pile driver, steam hammer, beetle, battering ram **şahmerdan makinesi** monkey engine

şahniş *a. esk.* bay window

şahsen *be.* personally; in person; by sight

şahsi *s.* personal, private * kişisel

şahsiyat *a.* personal matters

şahsiyet *a.* personality * kişilik; personage

şahsiyetli *s.* having a strong personality * kişilikli

şahsiyetsiz *s.* characterless, low, mean * kişiliksiz

şahtere *a. bitk.* fumitory

şaibe *a.* stain, blemish, defect

şaibeli *s.* stained, blemished, defected

şair *a.* poet * ozan

şairane *s.* poetic, poetical * ozansı

şairlik *s.* being a poet * ozanlık **şairlik taslamak** to pretend to be a poet

şaka *a.* joke, jest, fun **şaka bir yana** joking apart **Şaka değil** It's no joke **şaka etmek** to joke **şaka götürmemek** not to be a joking matter **şaka kaldırmak** to be able to take a joke **şaka olarak söylemek** to say sth in jest **şaka olsun diye** for the fun of it, (just) for fun, (just) in fun **şaka söylemek** to joke **şaka yapmak** to play a joke on sb; to joke, to jest, to kid *kon.* **şaka yapmamak** to mean business *kon.* **şakadan** in jest **şakaya bozmak/dökmek** to turn sth into a joke **şakaya vurmak** to laugh sth off

şakacı *a.* joker, wag *esk.* ¤ *s.* jocular, waggish *esk.*

şakacıktan *be.* as a joke

şakacılık *a.* being a joker, joking

şakadan *a.* as a joke, jokingly

şakak *a, anat.* temple

şakalaşmak *e.* to joke with one another, to banter

şakasız *be.* not as a joke, in earnest

şakayık *a.* peony

şakımak *e.* to twitter, to warble, to trill

şakır şakır *be.* pelting, pouring; jingling, rattling; easily, fluently; brightly **şakır şakır yağmak** to rain cats and dogs, to rain buckets, to bucket (down), to pelt (down), to pour

şakır şukur *be.* with a rattle

şakırdamak *e.* to rattle, to splash, to jingle, to clank

şakırdatmak *e.* to clank, to rattle, to jingle

şakırtı *a.* clank, rattle, clatter

şakıt *a. hayb.* moray eel, lamprey

şaki *a, esk.* bandit, brigand, robber

şakilik *a, esk.* brigandage, robbery

şakir *s. esk.* thankful, grateful

şakirt *a, esk.* pupil; disciple * öğrenci

şakkadak *be.* all of sudden, unexpectedly

şaklaban *a.* buffoon, jester, clown

şaklabanlık *a.* buffoonery, mimicry

şaklamak *e.* to crack, to snap

şaklatmak *e.* to crack, to snap

şakrak *s.* jovial, lively, mirthful

şakrakkuşu *a.* bullfinch

şakraklık *a.* merriness, joviality

şakramak *e.* to warble, to sing

şakşak *a.* slapstick; applause

şakşakçı *a.* toady, yes-man

şakşakçılık *a.* toadying

şakul *a, esk.* plumb line * çekül

şakuli *s, esk.* perpendicular * düşey

şakullemek *e.* to plumb

şakulsüz *s.* out of plumb

şal *a.* shawl

şalak *a.* unripe watermelon

şale *a.* challet

şalgam *a, bitk.* turnip

şali *a.* alpaca

şallak *s.* naked; shabby, dowdy *hkr.* **şallak mallak** stark naked, in the buff *İİ./kon.*

şalopa *a, esk.* sloop

şaltak *s.* quarrelsome, clamorous

şalter *a.* power switch, breaker arm, circuit breaker **şalter bıçağı** switch blade **şalter kutusu** switch box **şalter panosu** switch panel

şalumo *a.* blowgun, blowpipe

şalupa *a. den.* sloop

şalümo *a.* blowpipe *İİ.*, welding torch *Al.* **şalümo lehimi** torch brazing

şalvar *a.* baggy trousers

şalvarlı *s.* wearing baggy trousers

Şam *a.* Damascus **Şam kumaşı** damask

şama *a.* wax taper

şamalı *s.* made of wax taper

şamama *a.* muskmelon

şaman *a.* shaman

Şaman *a.* shaman

şamandıra *a.* buoy, float, ballcock **şamandıra iğnesi** float needle

Şamanizm, Şamanlık *a.* shamanism

şamanlık *a.* shamanism

şamar *a.* slap (in the face) **şamar atmak** to slap, to cuff, to clock sb one **şamar oğlanı** scapegoat, fall guy *Al.* **şamar vurmak** to clock sb one

şamarlamak *e.* to slap

şamata *a.* commotion, hubbub, uproar, din, hilarity, pandemonium, row *kon.; kon.* a riot *kon.* **şamata olsun diye** for the hell of it *kon.*

şamatacı *s.* noisy, boisterous

şamatalı *s.* noisy, clamorous, boisterous, hilarious

şambaba *a.* a type of sweet; *kon.* irresponsible father

şambrfort *a.* strong room, vault

şambriyel *a.* inner tube

şambriyelli *s.* having an inner tube **şambriyelli lastik** tubed tyre

şambriyelsiz *s.* tubeless **şambriyelsiz lastik** tubeless tyre

şambrnuar *a.* darkroom

şamdan *a.* candlestick

şamdancı *a.* maker/seller of candlesticks

şamfıstığı *a.* pistachio, pistachio nut

şamil *s.* including, comprising

şamme *a. esk.* (the sense of) smell

şamot *a.* fireclay **şamot tuğlası** fireclay brick

şampanya *a.* champagne

şampinyon *a.* mushroom, champignon

şampiyon *a.* champion, champ *kon.*

şampiyona *a.* championship

şampiyonluk *a.* championship, title

şampuan *a.* shampoo **şampuanla yıkamak** to shampoo

şampuanlamak *e.* to shampoo

şamua *a.* chamois

şan[1] *a.* fame, renown * ün, san, şöhret; pomp, glory * gösteriş **şan kazanmak** to become famous **şanına yakışmak** to befit one's dignity

şan[2] *a.* singing **şan öğretmeni** singing master

şandel *a.* chandelle

şangır şungur *be.* with a crash/smash

şangırdamak *e.* to clink, to crash
şangırtı *a.* smash, crash
şangur şungur *be.* with a crash
şanjan *s.* shot * yanardöner, janjan **şanjan efekti** shot effect **şanjan ipek** shot silk **şanjan kumaş** shot cloth
şanjanlı *s. teks.* shot, changeable
şanjman *a. bkz.* şanzıman
şankr *a, hek.* canker
şanlı *s.* famous * ünlü; glorious, great
şano *a. tiy.* stage
şanon *a.* shannon
şans *a.* luck, chance, good fortune, break **şans dilemek** to wish sb well **şans eseri olmak** to chance **şans eseri** by chance **şans tanımak** to give sb a break **şansı olmak** to have a chance **şansı olmamak** to be out of luck **şansı rast gitmek** to have a lucky streak **şansı rast gitmemek** to have a losing streak **şansı ters gitmek** to have a run of bad luck **şansı yaver gitmek** to be lucky, to land on one's feet **şansı yaver gitmemek** to be out of luck **şansını denemek** to take one's chance, to try one's luck **şansını zorlamak** to push one's luck
şansız *s.* inglorious, unrenowned
şanslı *s.* lucky, fortunate, jammy ¤ *a.* lucky devil, lucky dog, jammy so-and-so **şanslı olmak** to be in luck
şanslılık *a.* luckiness
şansölye *a.* chancellor
şanssız *s.* unlucky, unfortunate **şanssız olmak** to be out of luck
şanssızlık *a.* misfortune, bad luck, adversity, bad break
şantaj *a.* blackmail, racket, shakedown **şantaj yapmak** to blackmail
şantajcı *a.* blackmailer, racketeer
şantiye *a.* (inşat) building site; (gemi) shipyard, shipbuilding yard
şantör *a.* male singer
şantöz *a.* female singer, chanteuse
şantung *a, teks.* shantung
şanzıman *a, oto.* gearbox, transmission box **şanzıman kutusu** gearbox, transmission box
şap[1] *a.* smack, smacking noise **şap diye** with a smack
şap[2] *a, kim.* alum **şap gibi kalmak** to be dumbfounded **şap kesilmek** to be dumbfounded **şap mordanı** alum mor-

dant **şap taşı** alum stone, alunite **şapa oturmak** to be up a gum tree
şap[3] *a.* schappe **şap ipeği** schappe silk, waste silk **şap ipliği** schappe silk yarn
şapçı *a, arg.* pederast
şapçılık *a. arg.* pederasty
şapel *a.* chapel
şapır şapır *be.* smacking one's lips loudly
şapır şupur *be.* smacking one's lips **şapır şupur öpmek** to smack, to kiss noisily **şapır şupur yemek** to gobble sth (up/down)
şapırdamak *e.* to make a smacking sound
şapırdatmak *e.* to smack, to blur *kon.*
şapırtı *a.* smack
şapka *a.* hat **şapka çıkarmak** to take one's hat off to sb **şapka siperi** brim
şapkacı *a.* hatter, milliner; hatter's, milliner's
şapkacılık *a.* making/selling hats
şapkalı *s.* wearing a hat, hatted
şapkalık *a.* hat rack, hatstand
şapkalımantar *a.* toadstool
şapkalımaymun *a. hayb.* bonnet monkey, bonnet macaque
şaplak *a.* smack, slap **şaplak atmak** to give a smack, to smack **şaplak yemek** to get a smack
şaplamak[1] *e.* to treat with alum
şaplamak[2] *e.* to make a smacking noise
şaplatmak *e.* to make clap/smack; to slap
şaplı *s.* alumed, aluminous
şappadak *be.* all of sudden
şaprak *a.* horse cloth, saddlecloth
şapşal *s.* stupid, imbecile *kon.*, goofy *kon.*, potty *İİ./kon.*, dummy *Aİ./kon.*; baggy, ragged, slovenly ¤ *a.* booby, cretin *hkr.*, goon *kon.*, clot *İİ./kon.*
şapşalak *s.* untidy, slovenly
şapşallık *a.* stupidity, sloppiness
şaptaşı *a.* alum stone
şar şar *be.* with a splashing sound
şarabi *s.* wine-red
şarampol *a.* shoulder, stockade
şarap *a.* wine **şarap kadehi** wineglass **şarap mahzeni** wine cellar
şarapçı *a.* wine maker/seller; wine addict
şarapçılık *a.* making/selling wine
şaraphane *a.* winery
şarapnel *a, ask.* shrapnel, case shot
şaraprengi *a.* wine red
şarbon *a.* anthrax * karakabarcık, karayanık, yanıkara

şardon *a, teks.* raising şardon döküntüsü raising waste şardon makinesi teasel raising machine şardon yağı raising oil

şardonlama *a.* raising, napping şardonlama efekti napping effect şardonlama makinesi napping machine şardonlama silindiri napping roller

şardonlamak *e, teks.* to nap, to raise, to tease, to gig

şarıl şarıl *be.* with a splashing sound, flowing splashingly

şarıldamak *e.* to flow with a splashing noise

şarıltı *a.* splash, splashing sound

şarj *a, fiz.* charge; charging, loading şarj akımı charging current şarj banyosu *teks.* weighting bath şarj dinamosu charging generator şarj etmek to charge şarj göstergesi charge indicator şarj istasyonu charging station şarj kapasitesi charge capacity şarj maddesi *teks.* weighting agent şarj redresörü charger şarj süresi charging time şarj tablosu charging panel

şarje *s.* charged (battery)

şarjör *a.* magazine

şark *a, esk.* east * doğu

şarkadak *be.* with a thump, clappingly, crashingly

şarkçıbanı *a. hek.* Aleppo boil, Aleppo button

şarkı *a.* song; chant şarkı söylemek a) to sing (a song) b) to chant şarkı sözleri lyrics şarkı sözü yazarı lyricist

şarkıcı *a.* singer

şarkıcılık *a.* singing, being a singer

şarki *a. esk.* eastern, east

şarkiyat *a.* Oriental studies

şarkiyatçı *a.* Orientalist

şarklı *a.* easterner

şarklılık *a.* being an Easterner; Oriental character

şarküteri *a.* delicatessen

şarlamak *e.* (water) to flow with a splashing sound

şarlatan *a.* charlatan, fake, quack *kon.* şarlatan hekim quack doctor

şarlatanlık *a.* charlatanism, quackery

şarmöz *a, teks.* charmeuse

şarpi *a, den.* sharpie

şart *a.* condition, stipulation, provision; article, clause * koşul şart koşmak to stipulate, to provide şart olmak to become inevitable şarta bağlı conditional şartıyla on condition that

şartlamak *e.* to cleanse (canonically)

şartlandırmak *e.* to condition * koşullandırmak

şartlanmak *e.* to be conditioned * koşullanmak

şartlaşmak *e.* to agree mutually

şartlı *s.* conditional, conditioned * koşullu şartlı olarak conditionally şartlı refleks conditioned reflex * koşullu tepke şartlı tahliye parole

şartname *a.* list of conditions; specification; contract

şartröz *a.* chartreuse

Şartrözlü *a. s.* Carthusian

şartsız *s.* unconditional, unconditioned * koşulsuz

şaryo *a.* (daktilo) carriage; camera car, camera dolly

şasi *a, oto.* chassis, frame şasi traversi chassis cross member

şaşaa *a.* glitter, brilliance, luster

şaşaalı *s.* glittering, splendid, resplendent

şaşakalmak *e.* to be taken aback

şaşalamak *e.* to be bewildered, to be taken aback

şaşı *s.* cross-eyed, squinting, squint-eyed, cockeyed *kon.*, boss-eyed *kon.* şaşı bakmak to squint

şaşılacak *s.* prodigious, miraculous, astonishing

şaşılası *s.* strange, odd, surprising

şaşılaşmak *e.* to get cross-eyed

şaşılık *a.* squint

şaşırmak *e.* to be surprised, to be confused, to be astonished, to be taken aback; to make a mistake şaşırıp kalmak to be astonished/amazed/shocked/flabbergasted

şaşırtıcı *s.* surprising, astonishing, amazing, starting

şaşırtmak *e.* to surprise, to amaze, to astonish, to stagger, to stun, to puzzle, to perplex, to bowl sb over, to flummox *kon.*, to bamboozle *kon.*; to confuse, to baffle; (bitki) to transplant

şaşkaloz *s.* cross-eyed; bewildered

şaşkın *s.* confused, bewildered, blank; stupid, daft *kon.*, dense *kon.* şaşkın şaşkın in surprise şaşkına çevirmek to stupefy, to dumbfound, to stun, to muddle **şaşkına dönmek** to be stupefied, to be stumped *kon.*

şaşkınlaşmak *e.* to become bewildered

şaşkınlık *a.* bewilderment, confusion, astonishment, perplexity, consternation **şaşkınlık içinde** in a daze

şaşmak *e.* to be amazed, to be astonished, to be surprised; to lose one's way, to go astray, to deviate

şaşmaz *s.* infallible

şataf *a. esk.* bevel

şatafat *a.* ostentation, show, display, pomp

şatafatlı *s.* ostentatious, showy, pompous, gaudy *hkr.*

şataflı *s. esk.* beveled

şatır *s. esk.* merry, gay, joyful

şato *a.* castle, château

şatobriyan *a.* châteaubriand

şavalak *s.* stupid, goofy *kon.*, imbecile *kon.* ¤ *a.* booby, goon *kon.*, blockhead *kon.*, cretin *hkr.*

şavk *a.* light * ışık

şavkımak *e.* to shine

şavul *a.* plumb line

şavullamak *e.* to set up with a plumb-line

şayak *a, teks.* frieze, serge

şayan *s, esk.* worthy, deserving

şayet *bağ.* if (by any chance)

şayi *s. esk.* spread, widespread

şayia *a.* hearsay, rumour, rumor *Aİ.* **şayialara göre** rumour has it (that)

şayka *a. den.* saic

şaz *s.* exceptional * müstesna, kuraldışı, ayrık

şeamet *a. esk.* bad luck, inauspiciousness

şeametti *s. esk.* unlucky, inauspicious

şeb *a. esk.* night

şebboy *a, bitk.* wallflower

şebek *a, hayb.* baboon

şebeke *a.* network, system; grating; band, gang (of criminals); student's pass **şebeke analizi** network analysis **şebeke anteni** mains antenna **şebeke arızası** network failure **şebeke çözümleyici** network analyzer **şebeke frekansı** mains frequency **şebeke hattı** feeder **şebeke hesaplayıcısı** network calculator **şebeke sabitesi** network constant **şebeke tamponu** network buffer **şebeke tayfı** grating spectrum **şebeke tıkanması** network congestion

şebeke topolojisi network topology

şebnem *a, esk.* dew * çiy

şecaat *a, esk.* courage, bravery * yiğitlik, cesaret

şecaatli *s.* brave

şecere *a.* pedigree, genealogy, genealogical tree, family tree

şecereli *s.* having a long pedigree

şeci *s, esk.* courageous, brave * yiğit, cesur

şeddadi *s.* colossal, enormous

şedit *s.* hard, strong

şedövr *a.* chef d'oeuvre

şef *a.* chief, leader **şef garson** headwaiter

şefaat *a.* intercession **şefaat etmek** to intercede

şefaatçi *a.* intercessor

şefdötren vagonu *a.* brake van

şeffaf *s.* transparent * saydam

şeffaflaşmak *e.* to become transparent * saydamlaşmak

şeffaflaştırmak *e.* to make (sth) transparent

şeffaflık *a.* transparency * saydamlık

şefik *s.* compassionate, tender

şefkat *a.* compassion, affection, kindness, tenderness, tenderheartedness * sevecenlik

şefkatli *s.* compassionate, affectionate, tenderhearted, tender, merciful * sevecen

şefkatlilik *a.* compassion, tenderness

şefkatsiz *s.* without affection, pitiless

şefkatsizlik *a.* hardheartedness, unfeelingness

şeflik *a.* work/office of a chief

şeftali *a.* peach **şeftali ağacı** peach tree **şeftali baharı** peach blossom

şeftren *a.* conductor, guard

şehamet *a.* .ravery

şehbender *a.* consul

şehbenderlik *a.* consulship

şehevi *s.* sensual, lustful * kösnül, erotik

şehik *a. esk.* sob, gasp

şehir *a.* city, town * kent **şehir devleti** city state **şehir dışı** the country **şehir halkı** townspeople **şehir içi konuşma** local call **şehir merkezi** downtown **şehir plancısı** town planner **şehir planlaması** town planning, urban planning **şehir planlayıcısı** urban planner **şehir şebekesi** mains

şehirci *a.* town planner * kentçi

şehircilik *a.* town planning
şehirlerarası *s.* interurban, intercity; (telefon görüşmesi) long-distance **şehirlerarası devre** toll circuit **şehirlerarası konuşma** trunk call **şehirlerarası santralı** trunk exchange **şehirlerarası telefon konuşması** trunk call *İİ.*, long-distance call *Aİ.* **şehirlerarası trafik** intercity traffic
şehirleşme *a.* urbanization
şehirleşmek *e.* (place) to become urbanized
şehirli *a.* city-dweller, townsman * kentli
şehirlileşmek *e.* (person) to become urbanized
şehit *a.* martyr **şehit etmek** to martyr **şehit olmak** a) to die for one's fatherland b) to die for the Islam
şehitlik *a.* martyrdom
şehla *s.* having a slight cast in it
şehname *a. trh.* chronicle (written in verse)
şehnameci *a. trh.* person who wrote chronicles in verse
şehremaneti *a.* municipality
şehremini *a.* mayor
şehriye *a.* vermicelli **şehriye çorbası** vermicelli soup
şehvani *s.* sensual, lustful
şehvaniyet *a.* sensuality, eroticism
şehvet *a.* lust, sexual desire, sexual appetite, sensuality, concupiscence *res./hkr.* * kösnü **şehvet dolu** amorous **şehvet düşkünü** lewd, lascivious
şehvetle *be.* lasciviously
şehvetli *s.* lustful, sensual, lascivious, licentious
şehvetperest *s.* lewd
şehzade *a.* sultan's son, prince
şek *a, esk.* doubt * sanı, şüphe
şekavet *a, esk.* brigandage
şeker *a.* sugar; lump of sugar, sugar lump, sugar cube; candy; *hek.* diabetes ¤ *s.* sweet, pretty, lovely **şeker bayramı** feast following Ramadan **şeker çamı** sugar pine **şeker endüstrisi** sugar industry **şeker fabrikası** sugar factory **şeker gibi** sweet **şeker hastalığı** diabetes **şeker hastası** diabetic **şeker kabı** sugar basin **şeker kellesi** sugar loaf **şeker kimyası** chemistry of sugar **şeker kireci** sugar lime **şeker kurutucusu** granulator **şeker lapası**

massecuite **şeker maşası** sugar tongs **şeker pekmezi** treacle **şeker pişirici** sugar man **şeker rafinerisi** sugar refinery **şeker randımanı** yield of sugar **şeker santrifüjü** sugar centrifugal **şeker silosu** sugar storage bin **şeker şerbeti** sugar syrup, sugar juice **şeker tayini** determination of sugar **şeker tekniği** sugar mill technology **şeker topağı** tailings **şeker yüzdesi** percentage of sugar **şekere çevirme** saccharification **şekere çevirmek** to saccharify **şekerim** sugar *kon.*, honey *Aİ.* **şekerini almak** to desaccharify
şekerağacı *a. bitk.* raisin tree
şekerci *a.* candy maker, confectioner; confectioner's shop, candy seller **şekerci dükkânı** confectionery
şekerciboyası *a. bitk.* pokeberry
şekercilik *a.* confectionery
şekerkamışı *a.* sugarcane **şekerkamışı şekeri** cane sugar
şekerleme *a.* sugaring; candy, goody; *mec.* doze, nap, catnap, snooze *kon.* **şekerleme yapmak** a) to candy b) *mec.* to have a nap, to doze, to nap, to snooze *kon.*
şekerlemek *e.* to sugar, to candy
şekerlenmek *e.* to be sugared, to be candied
şekerleşmek *e.* to turn into sugar, to get sugary
şekerli *s.* sugared, sugary; *hek.* diabetic
şekerlik *a.* sugar-bowl
şekerölçer *a.* saccharimeter * sakarimetre
şekerölçüm *a.* saccharimetry * sakarimetri
şekerpancarı *a.* sugar beet, white beet **şekerpancarı küspesi** sugar beet cossettes
şekerpare *a.* small cakes with syrup
şekerrenk *s. kon.* sourish, precarious
şekersiz *s.* without sugar, unsweetened
şekil *a.* shape, form; diagram, figure; way, manner **şekil almak** to take shape **şekil bozukluğu** malformation **şekil değiştirme** deformation **şekil vermek** to give form/shape (to) **şeklini bozmak** to disfigure
şekilbilgisi *a. dilb.* morphology
şekilbilim *a. biy.* morphology
şekilci *a.* formalist * biçimci, formaliteci, formalist

şekilcilik *a.* formalism * biçimcilik
şekildeğişimci *a.* transformist
şekildeğişimcilik *a.* transformism
şekildeğişimi *a.* transformation
şekildeş *s.* homomorphous
şekildeşlik *a.* homomorphism
şekillendirmek *e.* to shape, to form, to give shape (to)
şekillenmek *e.* to take shape
şekilperest *a.* formalist ¤ *s.* formalistic
şekilsiz *s.* shapeless, amorphous; ugly
şekilsizlik *a.* amorphism, amorphousness
şeklen *be.* in form
şekva *a. esk.* complaint
şelale *a.* waterfall, cataract, cascade, falls * çavlan
şelek *a.* pack on one's back
şelf *a, coğ.* shelf
şelit *a.* scheelite
şema *a.* scheme; plan, diagram; sketch **şema dili** schema language
şemacılık *a. fel.* schematism
şemail *a. esk.* (outward) features
şematik *s.* schematic **şematik diyagram** schematic diagram
şemmetmek *e. esk.* to smell
şempanze *a, hayb.* chimpanzee, chimp *kon.*
şems *a. esk.* the sun
şemse *a.* a decorative figure of the sun
şemsi *s. esk.* solar
şemsiye *a.* umbrella, brolly *İİ./kon.*; parasol; beach umbrella **şemsiye anten** umbrella antenna
şemsiyeağacı *a.* umbrella tree
şemsiyeci *a.* maker/seller of umbrellas
şemsiyecik *a.* umbellet, umbellule
şemsiyecilik *a.* making/selling umbrellas
şemsiyeli *s.* umbelliferous
şemsiyelik *a.* umbrella stand
şemsiyemsi *s.* umbellar
şemssiper *a. esk.* visor
şen *s.* joyous, cheerful, cheery, good-humoured, gleeful, gay, jovial, blithe **şen şakrak** bubbly, breezy, chirpy *İİ./kon.*
şenaat *a.* meanness, baseness
şendere *a.* barrel stave
şenelmek *e. yörs.* (place) to be well-populated and developed
şeneltmek *e.* to populate
şeni *s. esk.* vile, infamous, foul
şenia *a. esk.* infamy, dishonour

şenlendirmek *e.* to cheer, to enliven, to liven up
şenlenmek *e.* to become cheerful, to cheer up, to liven up; to be populated
şenlik *a.* cheerfulness, merriment; festival, gala, carnival, festivities **şenlik ateşi** bonfire **şenlik görmemiş** ill-mannered, ill-bred, coarse, dirty
şenlikli *s.* joyful, gay; *yörs.* prosperous, flourishing
şenliksiz *s.* uncultivated, waste
şenör *a.* chainman
şer *a.* enormity, evil
şerait *a. esk.* conditions, terms
şerare *a. esk.* spark
şerbet *a.* sweetened fruit juice; *tek.* juice **şerbet akışı** juice flow **şerbet buharları** juice vapours **şerbet dökme** grouting **şerbet ekstraksiyonu** juice extraction **şerbet fabrikası** râperie **şerbet ısıtıcı** juice heater **şerbet kanalı** juice channel **şerbet oluğu** juice channel **şerbet özütleme** juice extraction **şerbet pompası** juice pump **şerbet sifonu** montejus **şerbet süzme** juice straining **şerbet tasfiyesi** juice clarification **şerbet tutucu** juice catcher
şerbetçi *a.* maker/seller of sherbet
şerbetçilik *a.* making/selling sherbet
şerbetçiotu *a.* hop
şerbetleme *a.* grouting
şerbetlemek *e.* tou cure from the poisoning of a snake bite
şerbetlenmek *e.* to be given liquid fertilizer
şerbetli *s.* nectariferous
şerç *a. esk.* anus
şeref *a.* honour, honor *Aİ.*; glory **şeref kıtası** *ask.* guard of honor **şeref konuğu** guest of honor **şeref meselesi** point of honour **şeref sözü** word of honour **şeref vermek** to honour, to grace **Şerefe** Cheerio!, Cheers! *İİ./kon.* **şerefine içmek** to drink a toast to **şerefine nail olmak** to have the honour of **şerefine** in honour of **şerefini lekelemek** to be to sb's discredit
şerefe *a.* minaret balcony
şerefiye *a.* betterment tax
şereflendirmek *e.* to honour, to honor *Aİ.* to grace
şerefli *s.* honourable, honorable *Aİ.*, esteemed, glorious

şerefsiz *s.* dishonourable, ignoble
şerefsizlik *a.* dishonour
şerefyap olmak *e.* to be honored
şergi *a.* chergui
şergil *s.* malevvolent, naughty
şerh *a. esk.* explanation; commentary, annotation
şerha *a. esk.* cut, split
şeri *a.* sherry
şeriat *a.* Muslim canonical laws, religious law
şeriatçı *a.* supporter of Muslim canonical laws
şerik *a. esk.* partner
şeriklik *a. esk.* partnership
şerir *s.* evil, wicked
şerit *a.* tape, ribbon; band, belt, strip; (yol) lane; *hayb.* tapeworm * tenya **şerit aktarıcı** tape transport **şerit atlatıcı** tape skip **şerit besleme** tape feed **şerit birimi** tape unit **şerit bölücü** tape mark **şerit çekirdek** tape core **şerit çizgisi** lane line **şerit çoğaltıcı** tape reproducer **şerit delgileyici** tape punch **şerit delici** tape punch **şerit dosyası** tape file **şerit döndürücü** tape transport **şerit etiketi** tape label **şerit gerçekleyicisi** tape verifier **şerit grubu** tape group **şerit ilerletme** tape feed **şerit istasyonu** tape station **şerit karşılaştırıcı** tape comparator **şerit kılavuzu** leader **şerit kitaplığı** tape library **şerit kümesi** tape cluster **şerit kütüğü** tape file **şerit metre** tape measure **şerit mikrofon** ribbon microphone **şerit okuyucu** tape reader **şerit salkımı** tape cluster **şerit sigorta** strip fuse **şerit sürücü** tape drive **şerit temel** continuous footing **şerit testere** band saw, belt saw, strap saw **şerit tıpkılayıcı** tape reproducer
şeritdöken *a.* teniafuge
şeritlemek *e.* to furnish/decorate with ribbons
şeritli *s.* banded, vittate
şeş *a, esk.* six **şeşi beş görmek** to get confused
şeşbeş *a.* six and five
şeşcihar *a.* six and four
şeşüdü *a.* six and two
şeşüse *a.* six and three
şeşyek *a.* six and one
şetaret *a. esk.* gaiety, joy

şetaretli *s. esk.* gay, joyful
şetim *a. esk.* cursing, reviling
şetland *a.* Shetland
şetland yünü *a, teks.* Shetland wool
şetlant *a.* shetland
şetmetmek *e. esk.* to curse, to revile
şev *a.* bevel, chamfer, slope **şev açısı** angle of slope **şev dişli** mitre gear **şev gönye** mitre square, mitre **şev kayması** slope failure **şev kırılması** slope failure **şev testeresi** mitre saw **şev vermek** to bevel, to splay
şevk *a.* eagerness, enthusiasm, alacrity, fervour, fervor *Aİ.* **şevke gelmek** to become eager **şevki kırılmak** to be dispirited
şevket *a. esk.* majesty, magnificence
şevketli *s. trh.* majestic, magnificent
şevkle *be.* eagerly, enthusiastically
şevkli *s.* eager
şevlemek *e.* to bevel
şevlenmek *e.* to slope
şevli *s.* bevelled
şevyot *a, teks.* cheviot **şevyot yünü** cheviot wool
şey *a.* thing, stuff, object; *kon.* what-d'you-call-him/-her/-it; what's-his/-her/-its-name; thingummy, thingumabob, thingumajig ¤ *ünl.* well
şeyh *a.* sheikh, sheik
şeyhlik *a.* being a sheikh
şeyhülislam *a.* Sheikh ul-Islam, Shaikh al-Islam
şeytan *a.* Satan, the Devil; *mec.* demon *kon.*, devil *kon.* ¤ *s. mec.* crafty, cunning, sly **şeytan aldatmak** to have nocturnal emissions **şeytan diyor ki** I have a good/half a mind to ... **şeytan gibi** as cunning as a fox **Şeytan kulağına kurşun!** Touch wood! **Şeytan kulağına** Touch wood! **şeytan tüyü olmak** to have an attractive personality **şeytana tapma** Satanism **şeytana uydurmak** to tempt **şeytana uymak** to yield to temptation **şeytanın bacağını kırmak** to get the show on the road at last
şeytanca *s.* satanic, devilish, diabolic ¤ *be.* satanically, devilishly
şeytanelması *a.* jimsonweed
şeytanet *a. esk.* devilry
şeytanfeneri *a. bitk.* Chinese lantern, Japanese lantern
şeytani *s.* satanic, devilish, diabolical,

baleful
şeytankuşu *a. hayb.* horseshoe bat
şeytanlık *a.* devilment, mischief, trick, cunning
şeytanmaymun *a. hayb.* couxia, couxio
şeytanminaresi *a, hayb.* whelk
şeytanotu *a. bitk.* scabious
şeytanörümceği *a. hayb.* ballooning spider
şeytansaçı *a.* love vine
şeytanşalgamı *a.* bryony
şeytantersi *a, bitk.* asafoetida
şeytantırnağı *a, bitk.* hangnail
şeytantükürüğü *a. hayb.* spittlebug, froghopper
şezlong *a.* chaise longue, deck chair
şık[1] *s.* smart, fashionable, stylish, chic, elegant, spruce, dressy, natty *kon.*, posh *kon.*, swanky *hkr.* ¤ *be.* with chick
şık[2] *a.* alternative, choice * seçenek, alternatif
şıkır şıkır *be.* with a clinking noise
şıkırdamak *e.* to rattle, to jingle
şıkırdatmak *e.* to clink, to jingle
şıkırdım *a. arg.* boy, lad
şıkırtı *a.* jingle, clink
şıklaşmak *e.* to begin to look smart
şıklık *a.* smartness, chic, elegance
şıllık *a.* hussy *esk./hkr.*, bitch *arg./hkr.*
şımarık *s.* spoiled, saucy, brazen *hkr.*
şımarıklık *a.* sauciness, impertinence, sauce *kon.*
şımarmak *e.* to be spoilt
şımartmak *e.* to spoil, to indulge, to pamper *hkr.*, to cosset *hkr.*
şınav *a, sp.* press-up *İİ.* push-up *Aİ.*
şıngır şıngır *be.* clinkingly
şıngırdamak *e.* to clink, to jingle, to rattle
şıngırdatmak *e.* to jingle
şıngırtı *a.* clink, rattle, jingle
şıp *a.* plop *şıp diye* a) quickly, unexpectedly b) at once, immediately, easily
şıpıdık *a.* scuff, slippers
şıpınişi *be.* quickly and easily *şıpınişi yapıvermek* to knock off
şıpır şıpır *be.* (falling) in drops
şıpırtı *a.* gentle splashing sound
şıpka *a. den.* torpedo net
şıplan *be. arg.* in an instant
şıppadak *be. kon.* suddenly, in a trice
şıpsevdi *s.* quick to fall in love, susceptible
şıra *a.* must, unfermented grape-juice

şıracı *a.* maker/seller of grape must
şırak *a.* crack, crash, sharp sudden sound
şırakkadak *be.* all of a sudden, suddenly
şıralı *s.* juicy
şırfıntı *a.* slut *hkr.*, bitch *arg./hkr.*, hussy *esk./hkr.*
şırıl şırıl *be.* flowing with a pleasant noise
şırıldamak *e.* to babble, to burble
şırıltı *a.* gentle splash
şırınga *a, hek.* hypodermic syringe, hypodermic
şırıngalamak *e.* to syringe
şırlağan *a.* sesame oil
şırlamak *e.* to plash gently
şırlop *a.* eggs fried with sour curds
şırpadak *be. yörs.* all of a sudden
şırvan *a.* attic, loft
Şia *a.* the Shi'a, the Shi'ites
şiar *a.* sign, token; characteristic
şibih *a. esk.* resemblance; counterpart, equal
şiddet *a.* violence; rage; vehemence; intensity; severity; fierceness; rigour, rigor *Aİ.*; turbulence; brute force; force, strength *şiddet kullanmak* to use violence *şiddet modülasyonu* intensity modulation *şiddete başvurmak* to resort to violence/force
şiddetle *be.* violently; *kon.* a lot, badly, urgently
şiddetlendirmek *e.* to intensify, to make more violent
şiddetlenmek *e.* to become violent, to become intensified
şiddetli *s.* violent; intense, intensive; severe; acute; bitter; furious; drastic; passionate; excruciating *şiddetli akım* heavy current *şiddetli rüzgâr* fresh breeze *şiddetli yağmur* heavy rain
şif *a. yörs.* cotton boll
şifa *a.* healing, recovery, cure *şifa bulmak* to recover health *şifa bulmaz* incurable *şifa verici* curative *şifa vermek* to restore to health *şifa yurdu* nursing home *şifayı kapmak kon.* to fall ill
şifahen *be.* orally
şifahi *s. esk.* oral, verbal
şifalı *s.* healing, curative *şifalı bitki* herb
şifaotu *a.* solidago
şifasız *s.* incurable
şifayap olmak *e.* to recover one's health
şiflemek *e. yörs.* to clean cotton

şifon a, teks. chiffon
şifoniyer a. chiffonier, chest of drawers, dresser Aİ.
şifre a. cypher, cipher, code şifresini çözmek to decode şifreyi çözmek to decipher, to decode
şifreci a. cryptographer, cryptanalyst
şifrelemek e. to cipher, to code
şifreli s. in cipher, in code şifreli kilit combination lock şifreli telgraf cypher telegram
Şiilik a. Shi'ism
şiir a. poem; poetry şiir gibi very nice, very beautiful şiir yazmak to write poetry
şiirsel s. poetic
şikâr a. esk. game, prey
şikâyet a. complaint, grumble, grouse hkr. şikâyet etmek to complain, to grumble, to crab hkr., to grouch hkr.
şikâyetçi a. complainant
şikâyetname a. letter of complaint
şike a, sp. rigged game, thrown game, set-up şike yapmak sp. to throw a game
şikeli s. sp. rigged
şikemperver s. gluttonous
şile a. marjoram
şilep a. freighter, tramp steamer, cargo boat
şilepçi a. owner/operator of a freighter
şilepçilik a. owning/operating freighters
Şili a. Chile Şili değirmeni edge mill Şili güherçilesi Chile saltpetre
şiligüherçilesi a. Chile saltpetre, caliche
Şilili a. s. Chilean
şilin a. shilling
şilt a. shield
şilte a. mattress
şim a. shim
şimal a, esk. north * kuzey
şimalen be. esk. to the north
şimali s. esk. northern, north
şimalli a. esk. northerner
şimdi be. now, at the moment, at present, just now şimdiye dek as yet şimdiye kadar so far, until now, up to now
şimdicik be. just now
şimdiden be. already now şimdiden sonra henceforward, henceforth res.
şimdiki s. present, current
şimdilerde be. nowadays
şimdilik be. for the present, for the time

being, for now
şimendifer a, esk. railway, railroad Aİ. * demiryolu; train * tren
şimi a. shimmy şimi damper shimmy damper
şimik s. chemical
şimiotaksi a. chemotaxis
şimioterapi a. chemotherapy
şimioterapik s. chemotherapeutic
şimiotropizm a. chemotropism
şimşek a. lightning flash şimşek çakmak (lightning) to flash şimşek gibi like lightning, like a bat out of hell şimşek yazıcısı lightning recorder
şimşeklenmek e. (lightning) to flash
şimşektaşı a. yerb. meteorite
şimşir a, bitk. boxwood
şinanay ünl. Yippee!, Hurrah! ¤ s. gaudy; arg. finished, over
şinşilla a. chinchilla
Şinto a. Shinto, Shintoism
şintz a, teks. chintz şintz kalenderi teks. chintz calender
şinuk a. chinook
şinuvazöri a. chinoiserie
şipşak be, arg. immediately, in a flash şipşak resim snap, snapshot
şipşakçı a. street-photographer
şipşaklamak e. to warn immediately; to inform immediately
şipşirin s. charming, adorable
şiraze a. headband (of a book)
şirden a. abomasum, fourth stomach
şirin s. cute, sweet, pretty, pleasant, dainty, darling, adorable
şirinlik a. sweetness, loveliness
şirk a. polytheism
şirket a. company, firm, corporation Aİ.; partnership * ortaklık şirketten kon. on the house
şirpençe a, hek. carbuncle * kızılyara
şirret s. malicious, quarrelsome, bad-tempered şirret kadın dragon hkr.
şirretleşmek e. to begin to act maliciously
şirretlik a. maliciousness, being quarrelsome
şirürji a. surgery
şiryan a. artery
şist a. schist
şistli s. schistose, schistous, shaly
şistosit a. schistocyte
şiş[1] s. swollen; protuberant ¤ a. swelling, bulge, bump şiş göbek potbelly, pot,

paunch

şiş[2] *a.* spit, skewer; knitting needle; *kon.* shish kebab ¤ *s.* cooked on a skewer **şiş kebap** shish kebab

şişe *a.* bottle; flask **şişe açacağı** bottle opener **şişe çekmek** to cup **şişe geçirmek** to skewer **şişe mantarı** cork

şişeci *a.* maker/seller of bottles

şişek *a. yörs.* yearling lamb

şişelemek *e.* to bottle

şişenengerek *a. hayb.* puff adder

şişinmek *e.* to put oneself up, to swell with importance

şişirme *a.* blowing sth up, inflating; exaggeration ¤ *s.* botched, shoddy, slipshod

şişirmece *s. kon.* shoddy, sloppy

şişirmek *e.* to blow sth up, to inflate, to distend *res.*; *kon.* to exaggerate, to overstate, to romance; to do (sth) hastily/carelessly/slackly

şişkebap *a.* shish kebab

şişkin *s.* swollen, bloated, puffed up

şişkinleşmek *e.* to swell

şişkinlik *a.* swelling, bulge, puffiness

şişko *s, kon.* fat, fatty, porky *kon.*, obese *res.*, corpulent *res./ört.* **şişko göbek** corporation *İİ./şak.*

şişkoluk *a.* fatness, obesity

şişleme *a.* spitting; rodding **şişleme galeri** transverse gallery

şişlemek *e.* to spit, to skewer; *arg.* to stab

şişli *s.* containing a skewer/spit

şişlik *a.* swelling, bulge, nodule, protuberance

şişman *s.* fat, obese, corpulent *res./ört.*, rotund *şak./ört.* **şişman göbek** potbelly **şişman göbekli** potbellied

şişmanlamak *e.* to get fat, to grow fat

şişmanlatmak *e.* to fatten

şişmanlık *a.* fatness, obesity

şişme *a.* swelling, swell, inflation ¤ *s.* inflatable **şişme basıncı** swelling pressure **şişme bot** rubber dinghy **şişme değeri** water imbibition value **şişme haslığı** resistance to swelling **şişme indisi** swelling index

şişmece *a. hek.* emphysema

şişmek *e.* to swell; to become swollen; to become inflated; to get/grow fat; to be distended; to expand; *kon.* to feel ashamed; *kon.* to be too tired to go on

şişmez *s.* non-swelling, swell resistant

şişmezlik *a.* non-swelling quality

şişmezlik apresi non-swelling finish

şişmiş *s.* inflated

şita *a. esk.* winter

şitap *a. esk.* haste

şive *a.* accent

şiveli *s.* with a marked accent

şivesiz *s.* speaking with a bad accent

şivesizlik *a.* speaking with a bad accent

şizofren *a, ruhb.* schizophrenic, schizo *kon.*

şizofreni *a, ruhb.* schizophrenia

şizofrenik *a, ruhb.* schizophrenic

şizogami *a.* schizogamy

şizogoni *a.* schizogony

şlam *a.* slime, sludge, slurry **şlam çukuru** strake **şlam tulumbası** sludge pump

şnitzel *a.* schnitzel

şnorkel *a.* snorkel

şofaj *a.* heating, warming

şofben *a.* geyser, water heater

şoför *a.* chauffeur, driver, motorist **şoför aynası** driving mirror **şoför ehliyeti** driving licence * sürücü belgesi **şoför mahalli** driver's cap

şoförlük *a.* being a driver

şok *a.* shock, concussion **şok bobini** choke coil **şok buharlama** *tek.* flash ageing **şok buharlayıcı** flash-ageing steamer **şok dalgası** shock wave **şok direnci** shock resistance **şok dirençli** shock resistant **şok gerilimi** surge voltage **şok kuplajı** choke coupling **şok kurutma** *tek.* flash drying, shock drying **şok kurutucu** flash drier **şok modülasyonu** choke modulation **şok parametresi** impact parameter **şok soğutma** *tek.* shock cooling **şok tedavisi** *hek.* electroshock therapy

şoke *s.* shocked **şoke etmek** to shock, to appal, to horrify **şoke olmak** to be shocked, to be appalled, to be devastated

şoking *a. kon.* shocking

şokola *a.* chocolate

şol *s. esk.* this, that

şom *s.* ominous, sinister **şom ağızlı** who always predicts misfortune

şop *a. esk.* beer mug

şopar *a. arg.* child

şorlamak *e.* to flow noisily

şorolo *a, arg.* queer, fairy, queen, fag

şorolop *be.* in one great gulp

şort *a.* shorts

şose *a.* macadamized road **şose yapmak** to macadamise

şoset *a.* anklet, sock

şoson *a.* overshoe, rubber

şov *a.* show **şov yapmak** to make a show of, to show off

şovel *a.* power shovel

şoven *a.* chauvinist ¤ *s.* chauvinistic

şovenizm *a.* chauvinism

şovenlik *a.* chauvinism

şöhret *a.* fame, renown, name, eminence, repute * ün; famous person, celebrity

şöhretli *s.* famous, famed, celebrated, illustrious

şöhretsiz *s.* not famous

şölen *a.* banquet, feast; *mec.* exhibition

şömine *a.* fireplace, hearth **şömine ızgarası** fireguard **şömine rafı** mantelpiece, chimneypiece

şömiz *a.* dust cover, dust jacket, wrapper

şömizet *a. teks.* chemisette

şömizye *a.* shirt-blouse **şömizye bluz** shirtwaist

şönt *s, elek.* shunted ¤ *a.* shunt **şönt akımı** shunt current **şönt bobin** shunt coil **şönt devre** shunt circuit **şönt jeneratör** shunt generator **şönt motor** shunt motor **şönt motor** shunt motor **şönt regülatör** shunt regulator **şönt rezistans** shunt resistance **şönt rezonans** shunt resonance **şönt sargılı** shunt-wound **şönt sargısı** shunt winding **şönt yapmak** to shunt

şöntlemek *e.* to shunt

şövale *a.* easel

şövalman *a.* gallows frame, headframe

şövalye *a.* knight, chevalier

şövalyelik *a.* chivalry

şöyle *be.* in this way, like this, like that, thus ¤ *s.* this kind of, that kind of, such **şöyle böyle** a) fair, mediocre, tolerable, indifferent b) so so, after a fashion **Şöyle buyurun lütfen** Kindly step this way, please **şöyle dursun** let alone **şöyle ki** a) in such a way that b) as follows

şöylece *be.* in this way, thus

şöylesi *a.* this/that sort of thing/person

şöylesine *be. kon.* like this/that

şu *s.* that, this ¤ *adl.* that one **şu ana kadar** as yet **şu anda** just now, at present, at the moment **şu anki** present **şu günlerde** in these days **şu halde** in

that case, then **şu var ki** however, only **şundan bundan konuşmak** to talk of this and that **Şunu bunu bilmem** But me no buts **şunun surasında** just, only

şua *a, esk.* ray, beam * ışın

şubat *a.* February

şube *a.* branch, department, section; subsidiary, affiliate **şube akımı** branch current **şube bobini** tapped coil **şube devre** branch circuit

şuh *s.* lively, full of fun, coquettish, pert

şule *a. esk.* flame

şunca *a.* this/thak much/many

şunlar *adl.* those

şûra *a.* council

şura *a.* this place; that place **şurada** there **şurada burada** here and there, about **şuralarda** in these parts, about **şuraları** these places **şuram** this part of me

şuracık *a.* just here/there

şurası *a.* this/that place; this/that fact

Şûrayıdevlet *a. esk.* the Council of State

şuriş *a. esk.* uproar, confusion

şurup *a.* syrup

şut *a, sp.* shot, kick **şut atmak** *sp.* to shoot the ball **şut çekmek** to shoot

şutör *a.* good kicker

şuur *a.* the conscious, consciousness * bilinç

şuuraltı *a, s.* subconscious * bilinçaltı

şuurdışı *s.* unconscious

şuurlu *s.* conscious * bilinçli

şuurluluk *a.* consciousness

şuursuz *s.* unconscious * bilinçsiz

şuursuzluk *a.* unconsciousness

şükran *a, esk.* gratitude, thanksgiving **Şükran Yortusu** Thanksgiving Day

şükretmek *e.* to thank God; to give thanks to; to be grateful for

şükür *a.* thanks, gratitude ¤ *ünl.* Thank God! **şükür ki** fortunately **Şükürler olsun** Thank God, thank heavens, thank goodness

şümul *a. esk.* comprising, including; extension, extent

şümullendirmek *e. esk.* to extend, to develop

şümullü *s. esk.* comprehensive, extensive

şüphe *a.* doubt, suspicion * kuşku **şüphe etmek** to doubt, to suspect, to question **şüphe götürmez** beyond doubt **şüphe uyandırmak** to cause suspicion

şüpheye düşmek to begin to suspect, to have a suspicion **şüpheye düşürmek** to misgive, to throw suspicion on, to discredit

şüpheci s. suspicious; fel. sceptical * septik

şüphecilik a, fel. scepticism * kuşkuculuk, septisizm

şüphelendirmek e. to cause sb to suspect

şüphelenmek e. to have a suspicion/doubt (about), to doubt, to suspect, to question

şüpheli s. uncertain; suspicious, questionable, debatable; doubtful, dubious

şüphelilik a. suspiciousness

şüphesiz s. certain, sure, doubtless ¤ be. doubtless, of course, no doubt, without doubt, surely, certainly, clearly

şüphesizlik a. doubtlessness

şüyu a. publicity, circulation

T

T, t a. the twenty-fourth letter of the Turkish alphabet **T cetveli** a. T-square

ta be. even, even until **ta başından** all along **ta baştan** right from the word go **ta kendisi** his very self **ta ki** so that, even

taabbüt a. esk. worship; adoration

taaccüp a. esk. astonishment

taaddüt a. esk. plurality

taaffün a. esk. putrefaction, putrescence

taahhütlü s. (mektup) registered **taahhütlü göndermek** to register **taahhütlü mektup** registered letter **taahhütlü olarak göndermek** to register **taahhütlü posta** registered post, certified mail Aİ.

taahhütname a. written contract

taalluk a. esk. connection, relation

taallukat a. esk. kindred, relatives

taallül a. esk. excuse, pretext

taam a. esk. food, meal, dish

taammüden be, huk. with premeditation, with malice aforethought **taammüden cinayet** premeditated murder **taammüden yapmak** to premeditate

taammüm a. esk. spreading, propagation

taammüt a, huk. premeditation

taannüt a. esk. obstinacy, stubbornness

taarruz a. attack, assault, aggression, charge * saldırı **taarruz etmek** to attack, to assault **taarruza geçmek** to charge, to take the offensive

taarruzi s. esk. offensive

taassup a. bigotry, fanaticism * bağnazlık

taat a. esk. piety, cult, devotion

taayyün a. being determined/fixed

taba s. tobacco-coloured

tabaat a. esk. printing

tababet a. esk. medical science

tabak[1] a. plate, dish **tabak çanak** dishes **tabak gibi** very flat

tabak[2] a. tanner * sepici **tabak yünü** teks. tanner's wool

tabaka[1] a. layer, stratum; (kâğıt) sheet; class, category; (boya, vb.) coat **tabaka asfalt** sheet asphalt

tabaka[2] a. tobacco case, cigarette case

tabakalanmak e. to stratify

tabakalaşma a. bedding, stratification * katmanlaşma **tabakalaşma yüzeyi** bedding plane

tabakalı s. bedded, stratified **tabakalı deşarj** striated discharge **tabakalı örnekleme** stratified sampling **tabakalı yanardağ** stratovolcano

tabakat a. esk. layers, strata

tabakhane a. tannery, tanyard

tabaklamak e. to tan, to curry

tabaklık[1] a. plate rack

tabaklık[2] a. tanning * sepi, sepicilik

tabaksalyangozu a. hayb. planorbid

taban a. sole (of a foot/shoe); base; floor; heel; coğ. bed; yerb. subsoil **taban adresi** base address **taban altlığı** ground sill **taban boya** undercoat **taban buzu** bottom ice **taban dili** base language **taban döşek** raft **taban duvarı** foot wall **taban fiyatı** the lowest price, minimum price **taban hali** ground state **taban levhası** base plate **taban noktası** radix point **taban oluğu** scotia **taban plakası** bed plate **taban sayfası** base page **taban sayısı** base number **taban supabı** foot valve **taban suyu** underground water, groundwater **taban tamamlayıcı** radix complement **taban taşı** foot stone **taban tepmek** to walk a long way **taban valfı** foot valve **taban vidası** foot screw **taban yatağı** thrust block **taban yazımı** radix notation

taban yazmacı base register **taban zaman** base time **tabanları yağlamak** to take to one's heels, to show a clean pair of heels, to clear off *kon.*, to scoot *kon.*

tabanca *a.* pistol, gun, rod *Aİ./arg.*; paint gun **tabanca akımı** gun current **tabanca çekmek** to draw one's gun **tabanca kabzası** pistol grip **tabanca kılıfı** holster **tabanca mikrofon** line microphone **tabanca sapı** pistol grip

tabanlık *a.* ground sill, sole plate

tabansız *s.* soleless; cowardly *hkr.*, chickenhearted *arg.* ¤ *a.* coward *hkr.*, chicken *arg.*

tabansızlık *a.* cowardice

tabanvayla *be.* on foot, on Shank's pony, on Shank's mare **tabanvayla gitmek** to go on foot, to go on Shanks's pony, to go on Shank's mare

tabasbus *a.* flattery, adulation

tabela *a.* sign, signboard; list of food; card of treatment **tabela yapamamak** to be unplaced **tabela yapmak** (at yarışı) to be placed

tabelacı *a.* sign painter

tabetmek *e.* to print * basmak

tabı *a, esk.* print * bası

tabi *s.* dependent, subordinate, subject **tabi olmak** to be dependent on **tabi tutmak** to subject sb/sth to sth, to put to, to put sb through sth **tabi tutulmak** to be subjected to

tabiat *a.* nature; character, disposition, temperament; habit **tabiat ana** Mother Nature **tabiat bilgisi** natural history

tabiatıyla *be.* naturally

tabiatlı *s.* -natured, -charactered

tabiatsız *s.* difficult, ill-tempered

tabiatsızlık *a.* ill-temperedness

tabiattan *be.* by nature, naturally

tabiatüstü *s.* supernatural * doğaüstü

tabii *s.* natural * doğal ¤ *be.* naturally, of course ¤ *ünl.* Certainly!, Of course!, Definitely!, Sure *Aİ./kon.*, Be my guest! **tabii ki** needless to say, it goes without saying

tabiilik *a.* naturalness

tabiiyat *a. esk.* the natural sciences

tabiiyet *a. esk.* dependence; nationality

tabiiyetsiz *s.* stateless

tabip *a.* doctor, physician * hekim, doktor

tabiplik *a.* medical practice

tabir *a.* word, expression, phrase, idiom; (rüya) interpretation, oneiromancy **tabir caizse** so to speak/say **tabir etmek** a) to express b) to interpret

tabirname *a.* book for dream reading

tabiye *a. esk.* tactics

tabiyeci *a. esk.* tactician

tabla *a.* circular tray; ashtray; flat surface

tablalı *s.* having a circular tray

tabldot *a.* table d'hôte

tablet *a.* tablet

tablo *a.* painting, picture; scene, view; table; schedule **tablo yapıcı** tabulator

tabu *a.* taboo

tabulaşmak *e.* to become regarded as sacrosanct

tabulator *a.* tabulator

tabur *a, ask.* battalion; line, row

taburcu *s.* discharged from a hospital **taburcu etmek** to discharge from hospital **taburcu olmak** to be discharged from hospital

tabure *a.* stool; footstool

tabut *a.* coffin, casket *Aİ.*

tabutlamak *e.* to coffin

tabya *a.* bastion

Tacik *a, s.* Tadjik, Tadzhik, Tajik

Tacikçe *a, s.* Tadjiki, Tadzhiki, Tajiki

Taciki *a, s.* Tadjiki, Tadzhiki, Tajiki

Tacikistan *a, s.* Tadjikistan, Tadzhikistan, Tajikistan

tacil *a. esk.* acceleration, hastening

tacir *a.* merchant, trader

taciz *a.* annoyance, disturbing, harassment **taciz etmek** to annoy, to disturb, to harass, to fuss, to hassle *kon.*

tacizlik *a. kon.* annoying, harassment

taç[1] *a.* crown; coronet; *bitk.* corolla; *gökb.* corona; cap stone **tacını tahtını terk etmek** to abdicate **taç giydirmek** to crown, to enthrone *res.* **taç giyme töreni** coronation **taç giymek** to be crowned **taç kuron** crown

taç[2] *a, sp.* touch **taç çizgisi** *sp.* touchline

taçdamar *a, anat.* coronary

taçdamarsal *s.* coronary

taçkapı *a.* portal

taçkemer *a.* archivolt

taçlandırmak *e.* to crown

taçlanmak *e.* to be crowned

taçlı *s.* crowned; *biy.* coronate **taçlı somun** acorn nut, slotted nut

taçsal *s.* coronary

taçsız s. uncrowned; *bitk.* apetalous
taçyaprağı *a, bitk.* petal
taçyaprak *a.* corolla
taçyapraklı s. corollate, petalous, petaliferous, petalled
taçyapraksız s. apetalous
tadat *a. esk.* enumaration, counting
tadıcı *a.* taster
tadım *a.* taste; the sense of taste
tadımlık s. a taste (of sth)
tadil *a.* modification * değişiklik *tadil etmek* to modify, to amend, to alter *tadil teklifi* motion
tadilat *a.* modifications, alterations, change
taflan *a, bitk.* cherry laurel
tafra *a.* conceit, pride *tafra satmak* to boast, to brag
tafracı *a.* big talker, braggart
tafsil *a. esk.* entering into details
tafsilat *a.* details, particulars * ayrıntılar
tafsilatlı s. detailed * ayrıntılı
tafsilen *be. esk.* in detail
tafta *a, teks.* taffeta *tafta şanjan* shot taffeta
tafting *a, teks.* tufting *tafting makinesi* tufting machine
tagaddi *a.* feeding, nourishing
tagallüp *a. esk.* domination; oppression
Tagalog *a.* Tagalog
taganni *a. esk.* singing
tagayyür *a. esk.* changing, alteration
tağdiye *a. esk.* feeding, nourishing
tağşiş *a. esk.* adulteration
tağyir *a.* denaturation *tağyir etmek* to denature *tağyir maddesi* denaturant
tahaccür *a. esk.* petrifaction, petrification
tahaddüs *a. esk.* coming into existence, occurence
tahaddüsi s. *esk.* intuitional, intuitive
tahaffuz *a. esk.* guarding oneself, taking precautions
tahaffuzhane *a. esk.* lazaretto
tahaffuzi s. *esk.* precautionary, protective
tahaffüf *a. esk.* becoming lighter
tahakkuk *a.* realization * gerçekleşme *tahakkuk etmek* to be realized, to come true *tahakkuk memuru* tax assessor
tahakküm *a.* domination, tyranny *'baskı, zorbalık *tahakküm etmek* to dominate, to tyrannize, to oppress
tahallül a. *esk.* decomposition, dissolution

tahammuz *a. esk.* oxidation
tahammül *a.* endurance, tolerance, patience, forbearance *tahammül edilir* bearable *tahammül etmek* to endure, to stand, to tolerate, to bear, to put up with
tahammülfersa s. *esk.* intolerable, unbearable
tahammüllü s. tolerant, patient
tahammülsüz s. intolerant, impatient
tahammür *a, kim.* fermentation *tahammür etmek* to ferment
taharet *a.* cleanliness, purity
taharetlenmek *e.* to cleanse oneself (after urinating/defecating)
taharri *a. esk.* search, seeking; investigation
taharrüş *a. esk.* irritation
tahassul *a. esk.* taking place, emerging; resulting; happening
tahassun *a. esk.* entrenchment, taking shelter
tahassür *a. esk.* longing, missing
tahassüs *a. esk.* sensation, feeling
tahaşşüt *a. esk.* concentration (of troops)
tahattur *a. esk.* recalling, remembering
tahavvül *a.* change, transformation *tahavvül etmek* to change, to turn into
tahayyül *a.* imagination, fancy * imgeleme *tahayyül etmek* to imagine, to fancy * imgelemek
tahdidat *a. esk.* limitations; restrictions
tahdidi s. *esk.* restricting, limiting
tahdit *a.* limitation, restriction, delimitation *tahdit etmek* to limit, to restrict, to confine *tahdit musluğu* stop cock
tahfif *a. esk.* lightening; alleviation; relief
tahıl *a.* cereals, grain *tahıl ambarı* granary, grain elevator *tahıl borsası* corn exchange *tahıl kabuğu* chaff
tahin *a.* sesame oil
tahinhelvası *a.* halvah, halva
tahini s. yellowish grey
tahinrengi s. tan, tan-coloured
Tahiti *a.* Tahiti ¤ s. Tahitian
Tahitice *a, s.* Tahitian, Tahitian
Tahitili *a, s.* Tahitian
tahkik *a.* investigation * soruşturma *tahkik etmek* to investigate * soruşturmak
tahkikat *a.* investigations, inquiries, research, inquest * soruşturmalar *tahkikat heyeti* huk. grand jury

tahkikat yapmak to investigate
tahkim *a, esk.* strengthening, fortification **tahkim etmek** to strengthen, to fortify
tahkimat *a, ask.* fortifications **tahkimat yapmak** to fortify
tahkimli *s. esk.* strengthened, fortified
tahkir *a.* affront **tahkir etmek** to insult, to affront
tahkiye *a. esk.* narration, story telling
tahlif *a. esk.* swearing (a witness)
tahlil *a.* analysis * analiz, çözümleme **tahlil etmek** to analyse * çözümlemek, analiz etmek **tahlil laboratuvarı** analytical laboratory
tahlilci *a.* analyst
tahlili *s.* analytic
tahlisiye *a. esk.* rescue, salvage; *den.* lifeboat service **tahlisiye sandalı** lifeboat
tahliye *a.* emptying, evacuation; discharge, unloading; release, discharge **tahliye borusu** bleeder pipe **tahliye etmek** a) to empty, to evacuate b) to discharge, to unload c) to release, to set (sb) free **tahliye ettirmek** *huk.* to evict
tahmil *a. esk.* loading; charging; attributing; imputation
tahmin *a.* guess, estimate, prediction, conjecture, forecast, presumption, supposition **tahmin etmek** to guess, to estimate, to foresee, to forecast, to reckon, to surmise *res.* **tahminde bulunmak** to guess, to speculate
tahminci *a.* estimator
tahminen *be.* approximately, roughly, circa, at a guess
tahmini *s.* conjectural; approximate
tahmis *a. esk.* roasting coffee; shop selling roasted and ground coffee
tahmisçi *a. esk.* coffee roaster, coffee seller
tahmishane *a. esk.* shop selling roasted and ground coffee
tahnit *a.* embalming **tahnit etmek** to embalm
tahnitçi *a.* embalmer; taxidermist
tahnitçilik *a.* embalming; taxidermy
tahra *a.* pruning knife
Tahran *a.* Tehran, Teheran
tahretsiz *s. arg.* non-Muslim, infidel
tahribat *a.* destruction, devastation, ravages

tahrif *a, esk.* falsification, distortion **tahrif etmek** to falsify, to distort, to doctor
tahrifat *a, esk.* falsification, alterations **tahrifat yapmak** to falsify
tahrik *a.* incitement, provocation, instigation; excitement, stimulation; *tek.* drive, propulsion **tahrik cereyanı** actuating current **tahrik dingili** driving axle **tahrik düzeni** driving gear **tahrik edici** provocative **tahrik etmek** a) to incite, to provoke, to instigate b) to excite, to stimulate **tahrik gücü** driving power, motive power **tahrik kamı** actuating cam **tahrik kasnağı** driving drum, driving pulley **tahrik kayışı** driving belt **tahrik kuvveti** moving force, moving power **tahrik mekanizması** actuating mechanism, driving gear **tahrik mili** actuating shaft, driving shaft **tahrik momenti** driving torque **tahrik motoru** driving engine, driving motor **tahrik tekerleği** driving wheel **tahrik torku** driving torque **tahrik yayı** actuating spring **tahrik zinciri** driving chain
tahrikat *a.* provocations, instigations
tahrikçi *a.* agitator, instigator
tahril *a.* line, stripe
tahrillemek *e. esk.* to make up and darken (one's eyes)
tahrilli *s. esk.* lined; striate
tahrip *a.* destruction, demolition, devastation **tahrip bombası** demolition bomb **tahrip etmek** to destroy, to devastate, to ruin
tahripkâr *s.* destructive, devastating
tahrir *a, esk.* writing, composition; essay
tahrirat *a. esk.* official correspondence
tahriren *be. esk.* in writing
tahriri *s. esk.* written
tahriş *a.* irritation **tahriş edici** irritant **tahriş etmek** to irritate
tahsil *a.* education, study * öğrenim; collecting * toplama, alma **tahsil etmek** a) (para, vergi) to collect * toplamak b) to study * okumak, öğrenim görmek **tahsil görmek** to have education; to study * öğrenim görmek
tahsilat *a.* collection of revenues **tahsilat yapmak** to make collections
tahsildar *a.* tax collector
tahsildarlık *a.* tax collecting
tahsilli *s.* educated, lettered
tahsilsiz *s.* uneducated

tahsis *a.* allocation, assignment, appropriation, allotment *tahsis etmek* to allocate, to allot, to assign, to appropriate (for)

tahsisat *a.* appropriations, allowance, grant

tahsisli *s.* reserved for a special use

tahşit *a. esk.* assembling, concentration

tahşiye *a. esk.* writing margianl notes, annotating

taht *a.* throne *tahta çıkarmak* to enthrone *res. tahta çıkmak* to ascend the throne *tahta geçirmek* to enthrone *tahta oturmak* to ascend the throne *tahttan çekilmek* to abdicate *tahttan indirmek* to dethrone, to depose

tahta *a.* piece of wood; board, plank; board, flat surface; blackboard; garden-bed ¤ *s.* wooden *tahta at* cockhorse *tahta kaldırım* boardwalk *tahta kaplama* panelling, wainscot *tahta kaplamak* to board, plank *tahta kiremit* shingle *tahta mozaik* inlay *tahta oymacılığı* wood engraving *tahta perde* hoarding, partition *tahtadan* wooden

tahtaboş *a.* terrace

tahtakurdu *a, hayb.* woodworm

tahtakurusu *a, hayb.* bedbug

tahtalı *s.* boarded, planked *tahtalı güvercin* cushat *tahtalı köy arg.* cemetery, resting place *ört. tahtalı köyü boylamak arg.* to croak, to peg out, to pop off, to end up dead, to kick the bucket *arg. tahtası eksik kon.* having a screw loose, screwy *tahtaya kaldırmak* to call (a student) to the blackboard

tahtapamuk *a.* padding used for upholstery

tahtelarz *s. esk.* subterranean, underground

tahtelbahir *s.* submarine

tahtelcilt *s. esk.* subcutaneous

tahtelhıfz *s. esk.* under custody

tahteravalli *a.* seesaw, teeter-totter

tahterevalli *a.* teeter-totter, seesaw

tahteşşuur *a. esk.* the subconscious

tahtezzemin *s. esk.* subterranean, underground

tahtırevan *a, esk.* sedan, sedan-chair

tahvil *a.* transformation, conversion; bond, debenture *tahvil sahibi* bondholder

tahvilat *a. eko.* debenture bonds

tak[1] *a.* tock, tack, knock *tak tak vurmak* to knock repeatedly

tak[2] *a.* arch, vault

taka *a, den.* small sailing boat; *kon.* jalopy *kon.*, crate *arg./şak.*, crock *İİ./kon.*

takaddüm *a. esk.* antecedence; precedence

takallüs *a. esk.* contraction; shrinking

takamak *a.* tacamahac

takanak *a.;* outstanding debt; outstanding obligation; relationship, relations

takarrüp *a. esk.* approach, becoming near

takarrür *a.* being decided

takas *a.* barter, exchange, swap; clearing * kliring *takas etmek* a) to exchange, to barter, to swap *kon.* b) to clear

takat *a.* strength, energy * güç, hal, derman *takat getirmek* to tolerate, to put up with *takat katsayısı* power factor *takatı kesilmek* to be worn out, to languish, to be pooped out *takatını kesmek* to sap one's strength, to debilitate *takati kalmamak* to be exhausted * bitmek

takatli *s.* full of strength

takatsız *s.* weak, powerless

takatsızlık *a.* debility

takatuka *a.* noise, tumult

takayyüt *a.* care, attention; vigilance

takaza *a.* pressure, pressing, urging

takbih *a.* reproach, disapproval

takdim *a.* presentation, introduction; offer *takdim etmek* a) to present, to offer b) to introduce

takdimci *a.* presenter; compère

takdimcilik *a.* compèring, emceeing

takdir *a.* predestination, fate; appreciation, admiration; estimate; understanding; case *takdir etmek* a) to appreciate b) to estimate, to evaluate c) to applaud d) to predestine *takdiri ilahi* dispensation, predestination *takdirini kazanmak* to win sb's approval

takdirde *bağ.* in case of sth, in the event of, if

takdirkâr *a.* admiring, appreciating

takdirname *a.* letter of appreciation, testimonial

takdis *a.* benediction, sanctification, consecration *takdis etmek* to bless, to sanctify, to consecrate, to hallow

takeometre *a.* tachymeter

takı *a, dilb.* suffix, case ending; gift of jewelry (to the bride)

takılgan *s.* teasing

takılı *s.* affixed, attached

takılmak *e.* to be attached, to be fastened; to get caught, to catch; *kon.* to banter, to chaff, to josh, to tease, to jest, to joke, to kid *kon.*; *arg.* to hang out (with sb), to frequent, to haunt; *arg.* to go round with sb, to go about with sb, to hobnob, to consort (with sb), to travel with sb; to dabble (at/in sth); (ayak) to trip; (plak) to get stuck; to lodge

takım *a.* set; lot; suit; suite; *sp.* team; *ask.* squad, platoon; class; kind, sort, type; *biy.* order; crew, gang; cigarette-holder *takım çalışması* teamwork *takım çeliği tek.* tool steel *takım dayağı* tool post *takım delgi* gang punch *takım elbise* lounge suit *takım ruhu* team spirit *takım taklavat* a) bag and baggage, paraphernalia b) *arg.* private parts *ört.*, privates *ört. takım tezgâhı* machine tool

takımada *a, coğ.* archipelago

takımerki *a.* oligarchy * oligarşi

takımhane *a.* tool room

takımyıldız *a, gökb.* constellation

takınak *a, ruhb.* obsession

takınaklı *s.* obsessed

takınmak *e.* to put on, to wear; to assume, to affect, to put sth on

takıntı *a.* relation, affair; small debt; condition, subject which a student has flunked; hang-up *arg.*

takır *a.* salt lake

takır takır *s.* stiff/hard and dry

takırdamak *e.* to rattle, to clatter

takırdatmak *e.* to rattle, to clatter

takırtı *a.* clatter, clack

takışmak *e.* to quarrel with each other, to squabble

takıştırmak *e.* to put on a lot of jewels, to adorn oneself

takıyye *a.* dissimulation, hiding under false appearance

takibat *a, huk.* prosecution * kovuşturma

takim *a. esk.* sterilization

takimetre *a.* tachometer

takip *a.* pursuit, chase; follow-up; persecution; *huk.* prosecution *takip etmek* to follow, to pursue, to chase, to dog

takipçi *a.* follower, pursuer

takipsiz *s.* which has not been pursued

takipsizlik *a.* lack of pursuit

takizafer *a. esk.* triumphal arch

takkadak *be. kon.* all of a sudden

takke *a.* skullcap, nightcap, cap

takla *a.* somersault *takla atmak* to turn a somersault, to somersault

taklaböceği *a.* click beetle

takliden *be.* imitatively; after

taklidi *s. esk.* imitative

taklip *a. esk.* changing, reversing; overthrow; turning over; inversion

taklit *a.* imitation; takeoff; counterfeit ¤ *s.* imitated, false, counterfeit, sham, fake, spurious *taklidini yapmak* to impersonate, to ape, to mimic, to send sb up *İl./kon. taklit etmek* a) to imitate b) to counterfeit, to forge c) to mimic, to ape, to take sb off *taklit mücevher* imitation jewellery, costume jewellery

taklitçi *a.* imitator; mimic, copy-cat *hkr.*

taklitçilik *a.* imitating, copying; mimicry, mimicking

takma *a.* attaching, fastening ¤ *s.* artificial, false *takma ad* a) nickname b) pseudonym, pen name, nom de plume *takma diş* false teeth, denture *takma saç* false hair, wig

takmak *e.* to attach; to affix; to fasten, to hitch; to set; to put on; to wear, to put sth on; to give (a name, nickname, etc.); to incur, not to pay (debts); *arg.* to have it in for sb, to have a down on (sb), to make a dead set at (sb); *arg.* to care, to give a damn/shit; *arg.* to surpass, to beat, to thrash *takıp takıştırmak* to put on one's best bib and tucker

takometre *a.* tachometer

takometre *a.* tachometer, revolution counter

takometrik *s.* tachometric *takometrik elektrometre* tachometric electrometer *takometrik mira* stadia rod

takoz *a.* wooden wedge, wedge, chock; *den.* chock *takoz koymak* to chock

takozlamak *e.* to put a wedge (under/behind)

takriben *be.* approximately, about

takribi *s.* approximate, rough

takrip *a. esk.* drawing near, making approach

takrir *a.* motion, proposal *takrir vermek*

to submit a motion
takriz *a. esk.* laudatory preface to a book
taksa *a.* postage due *taksa pulu* postage-due stamp
taksalı *s.* bearing a postage-due stamp, requiring extra postage
taksi *a.* taxi, taxi-cab, cab *Aİ. taksi çevirmek* to flag (down) a taxi *taksi durağı* taxi rank, cab rank *Aİ.* cab stand *Aİ.* taxi stand *Aİ. taksi şoförü* taxi driver, cabby *taksi tutmak* to take a taxi, to take a cab
taksici *a.* taxi driver, cabdriver
taksicilik *a.* working as a taxi driver
taksim *a.* division; partition; *müz.* improvisation, instrumental solo *taksim borusu* manifold *taksim etmek* to divide, to parcel sth out *taksim işareti* slant line, slash mark
taksimat *a.* divisions
taksimatlı *s.* calibrated, graduated
taksimetre *a.* taximeter
taksir *a. esk.* curtailing, shortening; fault; failure
taksirat *a.* sins, misdeeds, faults
taksit *a.* instalment, installment *Aİ. taksit ödemek/vermek* to pay an instalment
taksitçi *a.* dealer on hire purchase
taksitle *be.* by instalments, on hire purchase *taksitle almak* to buy sth on hire purchase, to buy on hire-purchase terms *taksitle satın almak* to buy on instalment *taksitle satış* instalment sale
taksonomi *a.* taxonomy
takt *a.* tact *takt sahibi* tactful
taktazol *a.* tactosol
takti *a. esk.* cutting up
taktik *a.* tactics * tabiye ¤ *s.* tactical *taktik değiştirmek* to change (one's) tactics
taktikçi *a.* tactician
taktir *a. esk.* distillation
taktisyen *a.* tactician
taktsız *s.* tactless
takunya *a.* clog, sabot
takva *a.* piety, devotion
takvim *a.* calendar *takvim yılı* calendar year
takviye *a.* reinforcement *takviye banyosu* replenishing liquor *takviye etmek* to reinforce, to consolidate *takviye kirişi* stringer *takviye kuvvetleri ask.* reinforcements *takviye*

levhası reinforcing plate *takviye plakası* backing plate *takviye sulaması* supplemental irrigation
takyidat *a. esk.* restrictions, limitations
takyit *a.* restriction, limitation
tal *a.* thallus
talak *a. din.* divorce
talakat *a. esk.* eloquence
talakatli *s. esk.* eloquent
talamak *e. yörs.* to pillage, to plunder
talamus *a.* thalamus
talan *a.* plunder, raid, the sack, pillage *res. talan etmek* to plunder, to sack, to pillage
talancı *a.* predatory
talaş *a.* wood shavings; sawdust; filings *talaş kalemi* chip breaker
talaşkebabı *a.* pastry with meat inside
talaşlamak *e.* to spread wood shavings; to cover with sawdust
talaz *a.* wave (in the sea)
talazlanmak *e. yörs.* (the sea) to billow, to undulate
talazlık *a. den.* washboard, washstroke
talebe *a, esk.* student, pupil * öğrenci
talebelik *a.* being a student/pupil
talep *a.* request; demand, sale; claim *talep etmek* to require, to demand, to ask for, to claim *talep sahibi* claimant
talepname *a.* written request
taler *a.* (madeni para) thaler
tali *s.* secondary; subordinate, subsidiary *tali boru* bypass *tali gerilme* secondary stress *tali havalandırma* auxiliary ventilation *tali kiriş* secondary beam *tali yol* side street
talidomit *a.* thalidomide
talih *a.* luck, good fortune, chance, lot *talih kuşu* good luck *talihi yaver gitmek* to be lucky *talihine küsmek* to curse one's fate
talihli *s.* lucky, fortunate
talihsiz *s.* unlucky, luckless, unfortunate, ill-fated
talihsizlik *a.* misfortune, bad luck, mishap, mischance, misadventure
talik *a.* suspension; postponement
talika *a.* telega
talim *a. esk.* teaching, instruction * öğretim; practice, drill, exercise; *ask.* drill *talim etmek kon.* to have to eat (the same food) *talim yapmak* to drill *talim yaptırmak* to drill

talimar *a.* cutwater

talimat *a.* instructions, directions *talimat kitabı* instruction book *talimat vermek* to give instructions, to instruct

talimatname *a, esk.* regulations * yönetmelik

talimgah *a.* training centre

talimhane *a. ask.* drill field

talimi *s. esk.* instructional

talimli *s.* trained, skilled

talimname *a, ask.* field manual

talip *s.* desirous, seeking ¤ *a.* candidate *talip olmak* to put oneself in for, to desire, to seek

talk *a.* talc, talcum *talk pudrası* talcum powder, talc

talkım *a.* cyma

talkımlı *s.* cymose

talklı *s.* talcose, talcous

talkşist *a.* talc schist

tallı *s.* thalloid

Talmut *a.* the Talmud

talol *a.* tall-oil

taltif *a, esk.* gratifying; rewarding *taltif etmek* a) to gratify b) to reward

talveg *a.* thalweg

talyum *a.* thallium

talyumlu *s.* thallic, thallous

tam *s.* complete, entire, whole; exact, precise, perfect; prompt, sharp ¤ *be.* just, very; completely, exactly, precisely, bang *kon. tam adamına düşmek* to find the very man *tam aksine* the other/opposite way round *tam anlamıyla* properly *tam apre* full finish *tam avans* full advance *tam bölen mat.* factor *tam çiçek bitk.* perfect flower *tam dalga* full-wave, all-wave *tam devir* complete revolution, full speed *tam diferansiyel* exact differential *tam dupleks* full duplex *tam elde* complete carry *tam fonksiyon* entire function *tam gaz* flat out *tam gelmek* to fit well *tam gönlüne göre* after one's own heart *tam -e göre olmak* to be up sb's alley *tam hız* full speed *tam ışınlayıcı* complete radiator *tam ikiyönlü* full duplex *tam işlem* complete operation *tam kesir* proper fraction *tam modülasyon* total modulation *tam o anda/sırada* just then *tam olarak* precisely, exactly, in full *tam otomatik* full automatic, fully automatic

tam oturmak to fit like a glove *tam oturmak* to fit like a glove *tam pansiyon* bed and board *tam sertleşme* full hardening *tam sürat* full speed *tam taşıma* complete carry *tam tavlama* full annealing *tam tersine* the other/opposite way round *tam ton* full shade *tam toplayıcı* full adder *tam tutulma* total eclipse *tam uzunluk* overall length *tam üstüne basmak* to hit the nail on the head *tam vaktinde* just in time *tam vaktinde/zamanında* just in time, just at the right time *tam yanma* complete combustion *tam yansıma* total reflection *tam yetki* full authority *tam yol* full speed *tam yordam* complete routine *tam yük* full-load *tam yükseklik* overall height *tam zamanında* bang on time *tamı tamına* just, exactly

tamah *a.* avarice, greed * açgözlülük, hırs *tamah etmek* to covet, to desire

tamahkâr *s.* avaricious, greedy * açgözlü

tamahkârlık *a.* greediness, avarice

tamalgı *a.* apperception

tamam *s.* complete, ready; finished, over; correct, right ¤ *a.* the whole ¤ *ünl.* All right!, Okay!, OK!, Done! *tamam olmak* to end, to be over

tamamen *be.* completely, entirely, fully, exactly, quite, clean, clear, altogether, diametrically, in full, to the core, bang *kon.*

tamamıyla *be.* completely, totally, fully, absolutely

tamamiyet *a. esk.* completeness, entireness

tamamlama *a.* completion, integration *tamamlama direnci* compensating resistance

tamamlamak *e.* to complete, to consummate, to complement; to finish

tamamlayıcı *s.* complementary, supplementary *tamamlayıcı bakım* supplementary maintenance *tamamlayıcı fotometre* integrating photometer *tamamlayıcı kayıt* trailer record *tamamlayıcı renk* complementary colour *tamamlayıcı sulama* supplementary irrigation

tamasalak *a, biy.* heterophyte

tambölen *a. mat.* factor

tambur[1] *a, müz.* classical lute

tambur² *a, tek.* drum *tambur çizici* drum plotter *tambur işareti* drum mark *tambur sargı* drum winding *tambur yazıcı* drum printer

tambura *a. müz.* smaller lute

tamburlu *s.* having a drum *tamburlu fren* drum brake *tamburlu kurutucu* drum drier

tamgün *s, be.* full-time *tamgün iş* full-time job

tamik *a.* deepening

Tamil *a, s.* Tamil

Tamilce *a, s.* Tamil

tamim *a.* circular * genelge, sirküler; *esk.* generalization * genelleme *tamim etmek* to circulate

tamir *a.* repair * onarım; overhaul, maintenance; restoration *tamir atölyesi* repairshop *tamir çukuru* repair-pit *tamir etmek* a) to repair, to mend, to fix b) to overhaul *tamir kamyonu* breakdown lorry *tamir takımı* repair kit

tamirat *a.* repairs

tamirci *a.* repairman, repairer; mechanic

tamirhane *a.* repair-shop

tamlama *a, dilb.* noun phrase, propositional phrase

tamlanan *s, dilb.* determined, defined

tamlayan *s, dilb.* determining, determinative, defining *tamlayan durumu dilb.* genitive case, possessive

tamlık *a.* precision, integrity, accuracy

tampiko *a.* tampico fibre

tampon *a, hek.* tampon, wad, plug; buffer, cushion; *oto.* bumper *tampon alanı* buffer area *tampon amplifikatörü* buffer amplifier *tampon batarya* buffer battery *tampon bellek* buffer memory, cache memory *tampon bölge* buffer zone *tampon çözelti* buffer solution *tampon devlet* buffer state *tampon etkisi* buffer action *tampon mastarı* plug gauge *tampon yayı* buffer spring *tamponun tozunu almak arg.* to tailgate

tamponlama *a.* buffering, cushioning

tamponlamak *e.* to tampon

tamponlu *s.* buffered; having a buffer *tamponlu aktarım* buffered transfer *tamponlu aygıt* buffered device

tamsayı *a, mat.* whole. number, integer *tamsayı veri* integer data

tamtakır *s.* absolutely empty, bare

tamtam *a.* tom-tom

tamu *a, esk.* hell * cehennem

tamusal *s.* hellish, infernal

tan *a.* dawn, daybreak *tan ağarmak* (day) to break, to dawn *tan aydınlığı* twilight airglow

tanassur *a. esk.* becoming a Christian

tanat *a.* tannate

Tanca *a.* Tangier

tandans *a.* tendency

tandem *a, s.* tandem *tandem aks* tandem axle *tandem motor* tandem engine *tandem piston* tandem piston *tandem tahrik* tandem drive

tandır *a.* oven made in a hole in the earth

tandırkebabı *a.* meat roasted in an oven in the ground

tandırname *a.* old wives' tale

tane *a.* grain, seed; pip, berry; particle; piece *tane biçimi* particle shape *tane büyüklüğü* grain size, particle size *tane büyümesi* grain growth *tane konumlu* grain oriented *tane sınırı* grain boundary *tane tane* piece by piece *tane tane söylemek* to articulate *tanesi* apiece, each

tanecik *a, bitk.* granule; particle; grain *tanecik hızı* particle velocity *tanecik yörüngesi* particle orbit

tanecikli *s.* granular

tanecil *s.* granivore, granivorous

tanekaya *a.* granulite

tanelemek *e.* to separate into grains; to granulate

tanelendirme *a.* sintering

taneli *s.* granular, grained

tanen *a.* tannin *tanen asidi* tannic acid

tanenli *s.* tannic

tanesel *s.* chondritic, grainy, graniform, saccharoid

tanga *a.* G-string

Tanganika *a.* Tanganyika ¤ *s.* Tanganyikan

Tanganikalı *a, s.* Tanganyikan

Tanganyika *a.* Tanganyika ¤ *s.* Tanganyikan

Tanganyikalı *a, s.* Tanganyikan

tangır tangır *be.* clatteringly

tangır tungur *be.* with a rude clatter

tangırdamak *e.* to clang

tangırdatmak *e.* to clatter

tangırtı *a.* clatter, clang

tangırtılı *s.* clattering, clattery

tango *a.* tango *tango yapmak* to tango
tanı *a.* diagnosis * teşhis
tanıbilim *a.* diagnostics
tanıdık *a.* acquaintance
tanık *a.* witness, eyewitness * şahit *tanık kürsüsü* witness box *İİ.*, witness stand *Aİ.* *tanık kürsüsüne çıkmak* to take the witness stand *tanık olmak* to witness
tanıklık *a.* witness, testimony, evidence * şahitlik *tanıklık etmek* to give evidence, to testify, to depose to doing sth
tanıktepe *a.* butte, outlier
tanılamak *e.* to diagnose * teşhis etmek
tanılayıcı *s.* diagnostic *tanılayıcı deney* diagnostic check *tanılayıcı program* diagnostic program *tanılayıcı yordam* diagnostic routine
tanım *a.* definition, description * tarif
tanımak *e.* to recognize; to know, to be acquainted with sb; to identify, to acknowledge; to distinguish; to accept; to obey
tanımazlık *a.* pretending not to know *tanımazlıktan gelmek* to pretend not to know, to ignore
tanımlama *a.* definition, description * tarif
tanımlamak *e.* to define, to describe * tarif etmek
tanımlanamaz *s.* indefinable, indescribable, inexpressible
tanımlanmaz *s.* ineffable
tanımlayıcı *s.* descriptive
tanımlık *a, dilb.* article * artikel
tanımsal *s.* definitional
tanınmak *e.* to be known; to be well-known, to win fame; to be recognized; to be acknowledged
tanınmış *s.* well-known, famous, recognized, noted, celebrated, reputable
tanısal *s.* diagnostic
tanısızlık *a. hek.* agnosia
tanış *a, kon.* acquaintance
tanışık *a.* acquaintance
tanışıklık *a.* acquaintance, acquaintanceship
tanışmak *e.* to be acquainted with sb, to meet *Tanıştığımıza memnun oldum* How do you do
tanıştırma *a.* introduction * takdim
tanıştırmak *e.* to introduce sb to, to present
tanıt *a.* proof, evidence

tanıtıcı *a.* introducer, presenter; advertiser ¤ *s.* introductory, promotional, informative *tanıtıcı kılavuz* identification leader *tanıtıcı özet* indicative abstract *tanıtıcı terim* docuterm
tanıtıcılık *a.* advertising
tanıtım *a.* introduction; advertisement, publicity; promotion *tanıtımını yapmak* to promote
tanıtımcı *a.* publicity agent
tanıtlamak *e.* to prove, to demonstrate
tanıtma *a.* introduction, presentation * takdim *tanıtma amorsu* identification leader *tanıtma delikleri* designation holes *tanıtma filmi* trailer *tanıtma kartı* test card *tanıtma sinyali* identification signal
tanıtmacı *a. tic.* presenter, anouncer, speaker
tanıtmak *e.* to introduce, to present; to advertise, to promote, to publicize
tanıtmalık *a.* prospectus
tanin *a. esk.* ringing (noise); resounding; tinkling
tanjant *a, mat.* tangent
tank *a.* tank *tank hattı* tank line *tank mayını* tank mine
tankçı *a. ask.* tanker
tanker *a.* tanker
tanksavar *a, s.* antitank *tanksavar topu* antitank gun
tanlamak *e. esk.* to be amazed
tannan *s. esk.* ringing, reverberating
Tanrı *a.* God, the Creator, the Lord, Father, Heaven, god, deity, divinity *Tanrı misafiri* unexpected guest *Tanrı vergisi* gift, talent *Tanrı'nın günü* every blessed day *Tanrım* Goodness me!, Goodness gracious me!, My goodness!
Tanrıbilim *a.* theology * ilahiyat, teoloji
Tanrıbilimci *a.* theologian * ilahiyatçı, teolog
Tanrıcı *a.* theist
Tanrıcılık *a.* theism
Tanrıça *a.* goddess, deity, divinity
tanrıdeveciği *a. hayb.* sow bug
tanrıdoğum *a.* theogony
tanrıkuşu *a. hayb.* peacock, peafowl
tanrılaşmak *e.* to become a god
Tanrılaşmak *e.* to become a god
tanrılaştırmak *e.* to deify
Tanrılaştırmak *e.* to deify

tanrılık *a.* divinity
tanrısal *s.* divine
Tanrısal *s.* divine, godlike, celestial
Tanrısallık *a.* divinity
tanrısız *s.* godless, impious
Tanrısız *a.* atheist ¤ *s.* atheistic
tanrısızlık *a.* lack of a god
Tanrısızlık *a.* atheism
Tanrıtanımaz *a.* atheist ¤ *s.* atheistic * ateist
Tanrıtanımazlık *a.* atheism * ateizm
tansık *a.* miracle * mucize
tansif *a. esk.* halving, bisection
tansiyometre *a.* tensiometer
tansiyometri *a.* tensiometry
tansiyon *a.* blood pressure; tension, stress *tansiyon düşüklüğü* hypotension *tansiyon yüksekliği* hypertension
tansör *a.* tensor *tansör kuvveti* tensor force
tantal *a, kim.* tantalum
tantalat *a.* tantalate
tantalik *s.* tantalic
tantalit *a.* tantalite
tantana *a.* pomp, magnificence, splendour, splendor *Aİ.* * görkem, şaşaa; *kon:* pandemonium, ado, to-do
tantanalı *s.* pompous, magnificent, splendid * görkemli, gösterişli
tanuki *a. hayb.* raccoon dog
tanyeli *a.* zephyr, dawn breeze
tanyeri *a.* dawn, daybreak
Tanzanya *a.* Tanzania ¤ *s.* Tanzanian
Tanzanyalı *a, s.* Tanzanian
tanzif *a. esk.* cleaning
tanzifat *a. esk.* street-cleaning
tanzim *a.* putting in order; organizing, arrangement; regulating *tanzim etmek* a) to put in order b) to organize, to arrange c) to draw up *tanzim satışı* sale of foodstuffs by a municipality so as to regulate the prices *tanzim supabı* regulating valve *tanzim valfı* regulating valve
tanzimat *a.* reforms, reorganizations
Tanzimat *a.* the political reforms made in the Ottoman State in 1839
Taoist *a, s.* Taoist
Taoizm *a.* Taoism
tapa *a.* stopper, bung, cork, plug; *ask.* fuse, fuze *Aİ.*
tapalamak *e.* to stopper, to cork, to plug
tapalı *s.* stoppered; furnished with a fuse

tapan *a, trm.* harrow *tapan çekmek* to harrow
tapanlamak *e.* to harrow
tapı *a, esk.* god, deity * mabut
tapıcı *a.* worshiper
tapınak *a.* temple, sanctuary * mabet, ibadethane
tapıncak *a.* fetish, idol * fetiş
tapıncakçı *a.* fetishist ¤ *s.* fetishistic
tapıncakçılık *a.* fetishism * fetişizm
tapınma *a.* adoration
tapınmak *e.* to worship; *kon.* to adore, to worship
tapırdamak *e.* to patter, to tap, to pat
tapırtı *a.* tapping, patter
tapir *a, hayb.* tapir
tapma *a.* adoration
tapmak *e.* to worship, to adore, to deify; *mec.* to adore
tapon *s, kon.* shoddy, second-rate, crummy *tapon mal* second, seconds, worthless goods
taptaze *s.* very fresh
tapu *a.* title deed *tapu senedi* title deed *tapu sicili* land register, property register
tapulamak *e.* to register with a tittle deed
tapyoka *a.* tapioca
taraça *a.* terrace *taraça katı* penthouse *taraça tarımı* terrace farming
taraf *a.* side; aspect; direction; district; part *taraf çıkmak* to take the part of, to support *taraf tutmak* to take sides (-den) *tarafa olmak* to be on sb's side, to be on the side of *tarafından* a) by b) a kind of *tarafını tutmak* to take sides with sb, to side with sb
tarafeyn *a.* both sides; the two parties
tarafgir *s.* partial
tarafgirlik *a.* partiality
taraflı *s.* sided
tarafsız *s.* impartial, objective, dispassionate, detached, disinterested *tarafsız bölge* neutral zone
tarafsızlaştırmak *e. pol.* to neutralize
tarafsızlık *a.* impartiality, detachment
taraftar *a.* supporter, follower, advocate, partisan, adherent *taraftar olmak* to be in favour of, to be for
taraftarlık *a.* partisanship, partiality, advocacy
tarak *a.* comb; card, comb, comber, doffer; rake, harrow; (ayak) instep;

hayb. scallop, scollop *tarak dubası* dredger *tarak gemisi* dredger *tarak makinesi* carding machine, carding engine *tarak silindiri* doffing cylinder

tarakaltı *a, teks.* comber waste, noil

tarakçı *a.* maker/seller of combs

taraklamak *e.* to rake

taraklaşma *a.* pectination

taraklı *s.* having a comb; crested; broadfooted *taraklı nefoskop* comb nephoscope *taraklı transportör* raker conveyor

taraklıkuş *a. hayb.* great bustard

taraklılar *a.* ctenophora

tarakotu *a.* teasel

taraksı *s.* pectiniform

taralı *s.* combed

tarama *a.* roe pâté; hatching, shading; surveillance *tarama ağı* dragnet *tarama bobini* scanning coil *tarama çizgisi* scanning line *tarama diski* scanning disk *tarama doğrusallığı* scanning linearity *tarama dönemi* scanning period *tarama frekansı* scanning frequency *tarama hızı* scanning rate *tarama huzmesi* scanning beam *tarama jeneratörü* scanning generator *tarama lineerliği* scanning linearity *tarama noktası* scanning spot *tarama periyodu* scanning period *tarama satırı* scanning line *tarama spotu* scanning spot *tarama üreteci* scanning generator

taramak *e.* to comb; to rake, to harrow; to tease, to card, to heckle, to rove; *den.* to drag (anchor); to scan; to rake (with gunfire); to rake about/around

taranga *a. hayb.* bream

taranmak *e.* to be combed; to be raked; to comb oneself

tarantı *a.* combings

tarantula *a, hayb.* tarantula

tarassut *a.* watching, observing *tarassut etmek* to watch, to observe

tarator *a.* nut and garlic sauce

taravet *a. esk.* freshness

taravetli *s.* fresh, ruddy

tarayıcı *s.* scanning ¤ *a.* scanner *tarayıcı benek* scanning spot *tarayıcı demet* scanning beam *tarayıcı tüp* dissector tube

taraz *a.* combings, ravelling

tarazlandırmak *e.* to fray

tarazlanmak *e.* to fray

tarçın *a.* cinnamon

tarçınelması *a.* soursop

tarçıni *s.* cinnamon-coloured

tarçınlı *s.* cinnamic

taret *a, ask.* turret

tarh *a.* flower bed, bed

tarhana *a.* soup with dried yoghurt, tomato and pimento

tarhetmek *e. esk.* to subtract

tarhun *a.* tarragon

tarım *a.* agriculture, farming * ziraat ¤ *sg.* agrarian *tarım aletleri* agricultural implements, agricultural tools *tarım arazisi* agricultural land *Tarım Bakanlığı* Ministry of Agriculture *tarım istasyonu* agricultural experiment station *tarım işçisi* agricultural labourer *tarım kimyası* agricultural chemistry *tarım kooperatifi* agricultural cooperative *tarım kredisi* agricultural credit *tarım makinesi* agricultural machine *tarım mühendisi* agricultural engineer *tarım mühendisliği* agricultural engineering *tarım tekniği* agricultural technique *tarım uzmanı* agriculturalist *tarım ürünleri* agricultural produce *tarıma elverişli* arable

tarımbilim *a.* agronomy

tarımcı *a.* agriculturist * ziraatçı

tarımcılık *a.* agriculture, farming

tarımsal *s.* agricultural * zirai *tarımsal üretim* agricultural production *tarımsal ürünler* agricultural products

tarif *a.* definition, description * tanım; recipe *tarif etmek* to define, to describe *tarifi olanaksız* nameless

tarife *a.* price list, tariff; timetable, schedule *Aİ.*; directions, instructions

tarifeli *s.* scheduled *tarifeli uçuş* scheduled flight

tarifesiz *s.* unscheduled

tarifname *a.* instruction book

tarifsiz *s.* ineffable, indescribable, indefinable

tarih *a.* history; date *tarih atmak* to date *tarih koymak* to date *tarihe geçmek* to make history *tarihe göre* historically *tarihe karışmak* to be (as) dead as a dodo *kon.*, to vanish

tarihçe *a.* short history

tarihçi *a.* historian; history teacher

tarihçilik *a.* historiography

tarihi *s.* historical **tarihi an** historic moment **tarihi roman** historical novel
tarihleme *a.* dating
tarihlendirmek *e.* to date
tarihli *s.* dated
tarihöncesi *a.* prehistory * prehistorya ¤ *s.* prehistoric
tarihsel *s.* historical **tarihsel coğrafya** historical geography **tarihsel yerbilim** historical geology
tarihsiz *s.* undated
tarik *a. esk.* road; way
tarikat *a.* dervish order, religious order, sect, denomination
tarikatçı *s.* sectarian ¤ *a.* sectarian, sectary
tarikatçılık *s.* sectarianism
tariz *a.* insinuation, allusion
tarla *a.* field, arable field; garden bed **tarla açma** land clearing **tarla drenajı** field drainage **tarla kapasitesi** field capacity **tarla nemi** field moisture **tarla ürünleri** field crops **tarladan kaldırmak** to harvest
tarlafaresi *a, hayb.* common vole
tarlakoz *a.* fishing boat (with two pairs of oars)
tarlakuşu *a, hayb.* skylark, lark
tarlasincabı *a. hayb.* ground squirrel
tarlatan *a.* tarlatan
tarpan *a. hayb.* tarpan
tarpuş *a.* tarboosh
tarsin *a. esk.* strengthening, consolidation
tart[1] *a.* expulsion, dismissal
tart[2] *a, mutf.* flan
tartaç *a.* balance, scales
tartaklamak *e.* to manhandle, to assault
tartan *a.* tartan
tartar *a.* tartar **tartar sos** tartar sauce
tartarat *a.* tartrate
tartarıcı *s.* garrullous, indiscreet
tartarik *s. kim.* tartaric
tartarik asit *a.* tartaric acid
tartı *a.* weighing; scales, balance, weighing machine * terazi; weight * ağırlık; *den.* hoisting rope **tartı kartı** weight card **tartıya vurmak** to weigh
tartıcı *a.* weigher
tartıl *s. kim.* quantitative, quantitive
tartılı *s.* weighed
tartılmak *e.* to be weighed; to weigh oneself
tartım *a.* rhythm

tartımlı *s.* rhythmical
tartımsal *s.* rhythmical
tartımsal *s.* rhythmical
tartısız *s.* unweighed
tartışı *a.* debate; discussion
tartışılmaz *s.* incontrovertible, indisputable
tartışma *a.* discussion, argument, dispute, tiff, debate, contention, controversy **tartışmaya açık olmak** to be open to dispute
tartışmacı *a.* participant in a debate, disputant
tartışmak *e.* to argue, to dispute, to have words (with sb), to have a tiff (with sb), to have a row *kon.*; to discuss, to debate, to talk sth over (with sb)
tartışmalı *s.* controversial
tartışmasız *s.* beyond question
tartmak *e.* to weigh, to weigh sth out; to evaluate; to think sth over
tartrazin *a.* tartrazine
tartura *a.* lathe used for turning spinning wheels
tarumar *s.* scattered, topsy-turvy **tarumar etmek** to rout, to disarray
tarz *a.* manner, way, mode *res.*; style * stil, üslup, biçem
tarziye *a, esk.* apology **tarziye vermek** to atone (for)
tas *a.* bowl, cup, basin **tası tarağı toplamak** to pack bag and baggage
tasa *a.* worry, anxiety, grief **tasa etmek** to worry **Tasası sana mı düştü** It's none of your business!, Mind your own business!
tasaddi *a. esk.* attempt, audacious enterprise
tasalanmak *e.* to worry
tasalı *s.* anxious
tasallut *a.* molestation
tasallüp *a. esk.* hardening, stiffening; *hek.* sclerosis
tasannu *a. esk.* affectation, feint; pretence
tasar *a.* plan, project
tasarçizim *a.* design
tasarçizimci *a.* designer
tasarı *a.* plan, scheme, project; *huk.* draft law, bill **tasarı geometri** descriptive geometry
tasarım *a.* imagination * tasavvur; design * tasarçizim; *fel.* representation **tasarımını yapmak** to design

tasarımcı a. designer
tasarımlamak e. to imagine, to picture to oneself * tasavvur etmek
tasarlama a. planning, designing
tasarlamak e. to plan, to project, to design; to draft, to sketch out; to intend
tasarruf a, huk. possession, use; economy, saving **tasarruf bankası** savings bank **tasarruf etmek** to save, to economize **tasarruf hesabı** savings account **tasarruf sandığı** savings bank
tasarruflu s. economical, thrifty
tasasız s. carefree, happy-go-lucky, lighthearted
tasasızlık a. carefreeness
tasavvuf a. Sufism, Islamic mysticism
tasavvufi s. Sufistic, Sufic
tasavvur a. imagination; plan **tasavvur edilemez** inconceivable, undreamed-of **tasavvur etmek** to imagine, to conceive (of), to picture
tasavvuri s. esk. conceptional, imaginative
tasavvut a. esk. phonation
tasdi a. esk. worrying, troubling, vexing
tasdik a. confirmation; affirmation, assertion; ratification **tasdik etmek** a) to affirm, to confirm b) to ratify
tasdikli s. certified
tasdikname a. certificate
tasdiksiz s. uncertified
tasfiye a. purification; refinement; tic. liquidation; discharge, elimination, purge **tasfiye etmek** a) to purify, to refine b) to liquidate c) to discharge, to purge **tasfiye fırını** refining furnace
tasfiyeci a. purist
tasfiyehane a. refinery * arıtımevi, rafineri
tashih a. correction **tashih etmek** to correct
tashihat a. esk. corrections
tasım a, mant. syllogism
tasımlamak e. to syllogize
tasımsal s. mant. syllogistic(al)
taskebabı a. diced lamb with potatoes/rice
taslak a. draft, sketch, study; kon. wishy-washy person **taslağını yapmak** to draft **taslak halinde** in draft
taslamak e. to pretend, to feign, to fake
tasma a. collar **tasma kayışı** leash **tasma takmak** to collar
tasman a. settlement, settling **tasman olmak** to subside, to settle

Tasmanya a. Tasmania ¤ s. Tasmanian
Tasmanyalı a, s. Tasmanian
tasmim a. esk. determination; resolution
tasni a. esk. inventing, concocting, devising
tasnif a. classification * bölümleme, sınıflama **tasnif edici** sorter **tasnif etmek** to classify * bölümlemek, sınıflamak
tasrif a, esk, dilb. declension * çekim **tasrif etmek** dilb. to decline * çekmek
tasrih a. esk. explication, disposition
tastamam s. quite complete, perfect
tasvip a. approval, approbation, assent, countenance **tasvip etmek** to approve, to assent (to) **tasvip etmemek** to disapprove
tasvir a. description * betim, betimleme; picture, design * resim **tasvir etmek** to describe, to depict, to represent, to portray
tasviri s. esk. descriptive
taş a. stone; rock; precious stone; piece, man; kon. allusion, innuendo, dig (at sb); hek. calculus, stone **taş atmak** to have a dig at (sb) **taş bordür** stone curb **taş çatlasa** at the (very) outside **taş çıkartmak** to make rings round sb, to surpass sb **taş damarı** grain **taş devri** the Stone Age **taş dolgu** rubble **taş döküntüsü** detritus **taş duvar** stone wall **taş gibi** hard as stone, stony **taş işi** rockwork **taş işleme** stone dressing **taş kârgir** stone masonry **taş kesilmek** to be petrified **taş kesme makinesi** stone cutter **taş kesme** stone cutting **taş kırıcı** stone crusher **taş kırma makinesi** stone breaker **taş kıskacı** stone tongs **taş ocağı** bkz. taşocağı **taş taş üstünde bırakmamak** to level with the ground **taş testeresi** stone saw **taş tozu** stone dust, rock dust **taş ustası** stonemason **taş yontma** stone dressing **taş yürekli** hard-hearted **taşa tutmak** to stone **taşı gediğine koymak** to hit the nail on the head
taşak a, kab. testicle, ball kon., bollocks arg., nuts arg. **taşak geçmek** arg. to pull sb's leg
taşaklı s, arg. virile; bold; influential, big
taşbalığı a. hayb. rockfish
taşbaskı a. lithography

taşbaskıcı *a.* lithographer
taşbasması *a.* lithograph
taşbebek *a.* doll
taşbilgisi *a.* petrography
taşbilim *a.* lithology * litoloji
taşbilimci *a.* petrologist
taşbilimsel *s.* lithological, petrological
taşböceği *a.* stonefly
taşçı *a.* stonemason, knapper *taşçı çekici* stone hammer *taşçı tokmağı* bush-hammer
taşçık *a.* caliculus
taşçılık *a.* stone cutting, stonework
taşemen *a, hayb.* lamprey
taşeron *a.* subcontractor *taşerona vermek* to subcontract
taşıl *a.* fossil * fosil *taşıl buz* fossil ice *taşıl döşek* biostrome *taşıl kalıntı* fossil record *taşıl kümesi* fossil community
taşılbilim *a, yerb.* paleontology * paleontoloji
taşılbilimci *a.* paleontologist
taşıllaşma *a.* fossilization
taşıllaşmak *e.* to fossilise
taşıllaştırmak *e.* to fossilise
taşıllı *s.* fossiliferous
taşıma *a.* carriage, transport, transmission, conduction, haulage *taşıma alanı* bearing area *taşıma arakesiti* transport cross-section *taşıma baklası* tenter clip *taşıma gerilmesi* bearing stress *taşıma gücü* bearing capacity *taşıma saati* transfer clock *taşıma teorisi* transport theory *taşıma ücreti* freight *taşıma yolu* haulage drift *taşıma yüzeyi* bearing surface
taşımacı *a.* carrier, transporter
taşımacılık *a.* transport, transporting, carrying, shipping * nakliyecilik, nakliyat, transport
taşımak *e.* to carry; to transport, to convey, to ferry; to wear; to bear
taşınabilir *s.* portable
taşınabilirlik *a.* portability
taşınabilirlik *a.* portability
taşınır *s.* portable *taşınır mallar* personal estate, personal property
taşınmak *e.* to be carried, to be transported; to move (out), to move (to); to move (in)
taşınmaz *s.* immovable *taşınmaz mal* real estate, realty, real property

taşırma *a.* causing to overflow *taşırma suyu den.* displacement
taşırmak *e.* to cause to overflow
taşıt *a.* vehicle, conveyance, transport *taşıt asansörü* vehicle lift *taşıt kablosu* bus cable *taşıt karoseri* vehicle body *taşıt yolu* carriageway
taşıtçı *a.* driver
taşıyıcı *a.* porter; bearer; conveyor, transporter; *hek.* carrier *taşıyıcı akım* carrier current *taşıyıcı baklası* tenter clip *taşıyıcı bant* conveyor line *taşıyıcı bastırma* carrier suppression *taşıyıcı dalga* carrier wave *taşıyıcı duvar* bearing wall *taşıyıcı frekans* carrier frequency *taşıyıcı gaz* carrier gas *taşıyıcı gürültüsü* carrier noise *taşıyıcı hattı* carrier line *taşıyıcı kablo* messenger *taşıyıcı kanat* carrying wing *taşıyıcı kayması* carrier shift *taşıyıcı kazık* bearing pile *taşıyıcı kiriş* breastsummer, bressummer *taşıyıcı repetörü* carrier repeater *taşıyıcı sistemi* carrier system *taşıyıcı süzgeci* carrier filter
taşikardi *a, hek.* tachycardia
taşkın *a.* flood * seylap, feyezan ¤ *s.* overflowing; exuberant, boisterous *taşkın duvarı* flood wall *taşkın düzeyi* flood level *taşkın izi* flood mark *taşkın kontrolü* flood control *taşkın ovası* flood plain *taşkın seddi* flood dam *taşkın yolu* floodway *taşkın zararı* flood damage
taşkınlık *a.* overflowing; flooding; excess; impetuosity
taşkırançiçeği *a. bitk.* saxifrage, breakstone
taşkıranotu *a. bitk.* saxifrage, breakstone
taşkırım *a. hek.* lithotomy
taşkömürü *a.* coal, anthracite * madenkömürü
taşkuşu *a. hayb.* stonechat
taşküre *a.* lithosphere
taşlama *a.* stoning; grinding; *ed.* satire, lampoon *taşlama çatlağı* grinding crack *taşlama makinesi* honing machine *taşlama tezgâhı* grinding machine
taşlamacı *a.* grinder; *ed.* satirist
taşlamak *e.* to stone; to grind; *ed.* to satirize
taşlaşma *a.* petrifaction, petrification
taşlaşmak *e.* to petrify

taşlaştırma *a.* petrifaction, petrification
taşlaştırmak *e.* to petrify
taşlevreği *a.* umbra
taşlı *s.* stony
taşlık *a.* stony place; gizzard * katı, konsa ¤ *s.* stony
taşma *a.* overflow, effusion **taşma alanı** overflow bucket **taşma borusu** overflow pipe **taşma göstericisi** overflow indicator **taşma işlemi** overflow operation **taşma kanalı** floodway **taşma savağı** spillway
taşmak *e.* to overflow, to flood; to boil over, to run over; to lose one's patience
taşmantarı *a. bitk.* lichen
taşmumu *a.* mineral wax
taşocağı *a.* stone quarry **taşocağı aynası** quarry face
Taşoz *a.* Thasos ¤ *s.* Thasian
Taşozlu *a, s.* Thasian
taşpamuğu *a.* asbestos * asbest
taşpudra *a.* cake powder
taşra *a.* the provinces, the country
taşralı *a.* countryman, bumpkin *arg.*, hick *arg.*
taşsı *s.* lithic
taştahta *a.* slating
taşyağı *a.* rock oil
taşyoncası *a. bitk.* sweet clover, melilot
taşyuvarı *a.* lithosphere * taşküre, litosfer
taşyürekli *s.* hardhearted, stonyhearted
taşyüreklilik *s.* hardheartedness
tat *a.* taste, flavour, flavor *Aİ.*, savour, savor *Aİ.*; sweetness; pleasure, delight **Tadı damağımda kaldı** I still remember its delicious taste **tadı kaçmak** to lose its taste, to pall **tadı tuzu yerinde** savoury, tasty **tadı tuzu yok** tasteless **tadına bakmak** to taste **tadında bırakmak** not to overdo **tadını almak** to taste, to enjoy **tadını çıkarmak** to enjoy fully, to luxuriate in sth, to savour, to savor *Aİ.* **tadını kaçırmak** to mar, to spoil, to go too far **tat almak** a) to taste b) to enjoy **tat vermek** to flavour, to flavor *Aİ.*
Tatar *a.* Tatar
tatarböreği *a. mutf.* stuffed patties boiled and dressed with sour curds
Tatarca *a. s.* Tatar
tatarcık *a, hayb.* sandfly
Tataristan *a.* Tatar Autonomous Soviet Socialist Republic, Tatarstan

Tatarsı *s.* Tatar-like
tatarsı *s.* underdone
tatbik *a.* application * uygulama, kılgı **tatbik etmek** to apply * uygulamak **tatbik sahasına koymak** to put into practice **tatbik yükü** applied load
tatbikat *a.* application * uygulama; *ask.* manoeuvres, military exercises * manevra
tatbikatçı *a.* person who puts something into practice
tatbiki *s.* practical, applied * uygulamalı, kılgılı, pratik
tatil *a.* holiday, vacation; suspension of work; stoppage (of activity); rest ¤ *s.* closed for a holiday **tatil etmek** to close temporarily **tatil olmak** a) to be closed b) to break up *İİ.* **tatil yapmak** to take a holiday, to holiday, to vacation *Aİ.*, to get away **tatile çıkmak** to go on a holiday **tatile girmek** to break up *İİ.* **tatile gitmek** to go on a holiday
tatilci *a.* holiday-maker, vacationist *Aİ.*
tatlandırıcı *a.* sweetener
tatlandırma *a.* sweetening **tatlandırma gücü** sweetening power
tatlandırmak *e.* to sweeten, to flavour
tatlanmak *e.* to sweeten, to become sweet
tatlı *s.* sweet; tasty; pretty, nice, sweet, pleasant, pleasing; (ses) dulcet; mellifluous, mellifluent; (su) fresh, drinkable ¤ *a.* sweet, dessert **tatlı bela** sweet curse **tatlı biber** sweet pepper **tatlı dil** soft words **Tatlı dil yılanı deliğinden çıkarır** Kindness does more than harshness **tatlı dilli** soft-spoken **tatlı kaşığı** dessert spoon **tatlı patates** sweet potato **tatlı sesli** soft-spoken **tatlı sözler** sweet words, sugary words **tatlı su** fresh water **tatlı su balıkçılığı** fresh-water fishing **tatlım** love, sweetheart, darling, dear, sugar *kon.*, honey *Aİ.* **tatlıya bağlamak** to settle a matter amicably
tatlıca *s.* sweetish
tatlıcı *a.* maker/seller of sweetmeats
tatlıcılık *a.* making/selling of sweetmeats
tatlılaşmak *e.* to soften, to become sweet
tatlılaştırmak *e.* to soften, to sweeten
tatlılı *s.* containing sweetmeats
tatlılık *a.* sweetness; pleasantness, amiability **tatlılık alıcı** sweetwater

tatlılıkla *be.* kindly, gently, mildly
tatlımsı *s.* sweetish
tatlıpatates *a. bitk.* sweet potato, yam
tatlısuıstakozu *a.* crawfish
tatlısulevreği *a.* perch
tatlısülümen *a.* calomel
tatmak *e.* to taste; to sample; to experience
tatmin *a.* satisfaction; reassurance *tatmin etmek* a) to satisfy b) to appease *tatmin olmak* to be satisfied
tatminkâr *s.* satisfactory, satisfying
tatminsizlik *a.* dissatisfaction
tatsal *s.* gustatory, gustatorial
tatsız *s.* tasteless, insipid *hkr.*; unpleasant, disagreeable, distasteful, prosaic
tatsızlaşmak *e.* to become insipid; to become unpleasant
tatsızlık *a.* tastelessness, insipidity, lack of taste; unpleasantness, disagreeableness
tatula *a.* jimsonweed
taun *a. esk.* plague; pest
taurin *a.* taurine
tautomer *a.* tautomer
tav *a.* temper, annealing; opportune moment, right time *tav vermek* to anneal, to dampen *tavına getirmek* to bring to the right condition
tava *a.* frying pan, fry-pan *Aİ.*; fried food *tava sapı* panhandle
tavaf *a.* circumambulation (of the Kaaba, etc.)
tavan *a.* ceiling *tavan arası* attic, garret, loft *tavan basıncı* roof pressure *tavan fiyat* maximum price, ceiling price *tavan fiyatı* ceiling price · *tavan göçertme* roof caving *tavan kancası* ceiling hook *tavan kaplaması* roof panel *tavan kaynağı* overhead welding *tavan kirişi* ceiling beam *tavan lambası* roof light *tavan saplaması* roof bolt *tavan tahtası* ceiling board *tavan yüksekliği* stud
tavassut *a. esk.* mediation; intervention
tavattun *a. esk.* settling (in a place)
tavazzuh *a. esk.* becoming clear
tavcı *a.* swindler, cheat
tavcılık *a. arg.* swindling, cheating
taverna *a.* tavern, nightclub
tavhane *a. esk.* hothouse; asylum
tavır *a.* manner, attitude, behaviour, bearing; arrogance, pose *tavır almak* to

take a stand *tavır takınmak* to assume an attitude
tavik *a.* delaying
tavikli *s, ask.* delayed action *tavikli bomba* delayed action bomb
taviksiz tapa *a.* non-delay fuse
taviz *a.* concession; compensation *taviz vermek* to compensate
tavizci *a.* appeaser, compensator
tavizcilik *a.* appeasement, making concessions
tavla[1] *a.* backgammon *tavla atmak* to play backgammon
tavla[2] *a.* stable
tavlacı *a.* stableman, groom
tavlama *a.* annealing, heat treatment *tavlama çekmesi* temper rolling *tavlama fırını* annealing furnace
tavlamak *e.* to anneal; to dampen; *arg.* to chat up, to try and pick up, to try and get off with; *kon.* to cajole sb (into/out of sth), to coax sb (into/out of sth)
tavlı *s.* annealed, heat treated
tavlon *a.* lower deck
tavsamak *e.* to peter out, to slacken
tavsız *s.* unannealed; not in a proper condition
tavsif *a. esk.* description; characterization
tavsifi *s. esk.* descriptive
tavsit *a. esk.* interposition
tavsiye *a.* advice, recommendation *tavsiye etmek* to advise, to recommend, to counsel *tavsiye mektubu* letter of recommendation, recommendation
tavsiyeli *s.* recommended; backed, supported
tavşan *a, hayb.* rabbit, hare, bunny *tavşan kız* bunny girl
tavşanağzı *a.* pink
tavşanbıyığı *a. bitk.* meadow grass
tavşancıl *s. hayb.* eagle
tavşancılotu *a. bitk.* eagle's claw
tavşancıltaşı *a.* aetites, eaglestone
tavşandudağı *a.* harelip
tavşandudak *a.* person who has a harelip
tavşandudaklı *s.* harelipped
tavşankanı *s.* light crimson; (çay) dark and strong
tavşankulağı *a, bitk.* cyclamen
tavşanlık *a.* rabbit hutch
tavşanmemesi *a. bitk.* butcher's-broom

tavşanpaçası *a. bitk.* hare's-foot clover, old-field clover

tavuk *a, hayb.* hen **tavuk çiftliği** poultry farm **tavuk çorbası** chicken soup **tavuk göğsü** chicken breast pudding **tavuk yemi** feed stuff

tavukbiti *a. hayb.* poultry louse

tavukçu *a.* chicken farmer; poultry seller

tavukçuluk *a.* poultry rearing, poultry husbandry

tavukgöğsü *a.* blancmange of rice flour and very finely shredded chicken

tavukgötü *a. kab.* wart

tavukkarası *a.* night blindness, nyctalopia

tavuklama *a.* handpicking

tavuklamak *e, mad.* to pick **tavuklanmış cevher** picked ore

tavukotu *a.* henbit

tavuksu *s. hayb.* gallinaceous

tavulga *a. bitk.* strawberry tree

tavus *a.* peacock

tavuskuşu *a, hayb.* peacock

tavzif *a. esk.* appointing, charging

tavzih *a. esk.* explanation

Tay *a, s.* Thai

tay[1] *a, hayb.* foal, colt

tay[2] *a.* counterpoise ¤ *s.* equal, peer **tay durmak** (baby) to stand up

taya *a. esk.* child's nurse, nanny

Tayca *a, s.* Thai, Siamese

taydaş *a.* counterpart

tayeran *a. esk.* flying, flight

tayf *a, fiz.* spectrum **tayf analizi** spectrum analysis **tayf analizörü** spectrum analyzer **tayf çizgisi** spectrum line **tayf örneği** spectral type **tayf rengi** spectral colour **tayf seviyesi** spectrum level

tayfa *a, den.* crew

tayfçizer *a. fiz.* spectrograph

tayfölçer *a. fiz.* spectroscope

tayfölçümü *a.* spectroscope

tayfun *a.* typhoon

tayga *a.* taiga

taygeldi *a. yörs.* (a man's) stepchild

tayın *a.* ration(s)

tayin *a.* appointment * atama; designation, indication, determination **tayin etmek** a) to appoint, to assign, to dominate, to designate b) to determine, to fix, to settle

tayip *a. esk.* reproach

taylak *a.* young camel; camel colt

Tayland *a.* Thailand

Taylandlı *a.* Thailander ¤ *s.* Thai

taymanit *a.* tiemannite

tayt *a.* tights

Tayvan *a.* Taiwan ¤ *s.* Taiwanese

Tayvanlı *a, s.* Taiwanese

tayyar *s. esk.* flying; volatile

tayyare *a, esk.* aeroplane * uçak

tayyareci *a. esk.* (airplane) pilot

tayyarecilik *a. esk.* being a pilot

tayyetmek *e. esk.* do delete, to remove

tayyör *a.* coat and skirt, (lady's) suit

tazallüm *a. esk.* lamentation; complaining (of oppresion)

tazammun *a. esk.* including, comprising; *fel.* implication

tazarru *a. esk.* humble entreaty

taze *s.* fresh; new, recent; young **taze beton** unset concrete **taze buhar** live steam **taze fasulye** green beans **taze hava** fresh air **taze kan** *mec.* a shot in the arm, new blood, fresh blood **taze soğan** spring onion

tazelemek *e.* to freshen up; to renew; to replenish **Tazeleyeyim mi?** *kon.* Would you like a refill?

tazeleşmek *e.* to become fresh again

tazelik *a.* freshness; newness

tazı *a, hayb.* greyhound **tazı gibi** skinny

tazılaşmak *e. kon.* to get very thin

tazim *a. esk.* reverence, bow, honouring

tazimat *a. esk.* reverence, great respect

tazip *a. esk.* torment, vexation

tazir *a. esk.* scolding, reprimand

taziye *a.* condolence **taziyede bulunmak** to condole (with sb)

taziz *a. esk.* cherishing

tazmin *a.* indemnification, compensation **tazmin etmek** to compensate, to make amends, to recompense, to indemnify

tazminat *a.* compensation, indemnity, damages **tazminat almak** to recover damages **tazminat davası** *huk.* action for damages **tazminat talebi** claim for damages **tazminat vermek** to recompense

tazyik *a.* pressure * basınç; oppression * baskı **tazyik supabı** pressure valve

tazyikli *s.* pressurized **tazyikli su** pressurized water

teadül *a. esk.* equivalence

teakup *a. esk.* succession, sequence

teali *a. esk.* exaltation; rise, ascent

teamül *a, esk.* custom, practice, prece-

dent; *kim.* reaction * tepkime
tearuz *a. esk.* contradiction
teati *a.* exchange
teatral *a.* theatrical
teavün *a. esk.* cooperation, mutual assistance
tebaa *a, esk.* subject * uyruk
tebadül *a. esk.* exchange; permutation
tebahhur *a. esk.* evaporation, vaporization
tebaiyet *a. esk.* submission; compliance
tebarüz *a. esk.* becoming clear, prominence
tebcil *a. esk.* veneration, glorification
tebdil *a.* change, alteration *tebdil etmek* to change, to alter *tebdil gezmek* to go about in disguise *tebdili kıyafet* disguise
tebdilihava *a.* change of air
tebeddül *a. esk.* changing; alteration
tebeddülat *a. esk.* changes; alterations
tebelleş *s. kon.* pestiferous; importunate
tebellüğ *a. esk.* being notified
tebellür *a. esk.* crystallization
teber *a.* battle ax
teberru *a, esk.* charitable gift, donation *teberru etmek* to donate, to subscribe
teberruat *a. esk.* donations, benefactions
teberrüken *be.* auspiciously, for good luck
tebessüm *a.* smile * gülümseme *tebessüm etmek* to smile * gülümsemek
tebeşir *a.* chalk; piece of chalk *tebeşir çırpısı* chalk line *tebeşir dönemi* Cretaceous
tebeşirli *s.* chalky, cretaceous
tebevvül *a. esk.* urination
tebeyyün *a. esk.* becoming clear/manifest
tebid *a. esk.* driving away; removal
tebligat *a, esk.* declarations, communications
tebliğ *a, esk.* communiqué, edict, notification, service *tebliğ etmek* to notify, to communicate, to serve
tebrik *a.* congratulation * kutlama *tebrik etmek* to congratulate, to compliment *tebrik kartı* greeting card *Tebrikler* Congratulations!, Congrats! *kon.*
tebriye *a. esk.* acquittal, exoneration
tebşir *a. esk.* good news
tebyiz *a.* making a fair copy (of)
tecahül *a. esk.* feigning ignorance
tecanüs *a. esk.* homogeneity

tecavüz *a.* aggression, attack, invasion; transgression, excess; rape *tecavüz etmek* a) to attack, to invade b) to transgress, to exceed, to encroach (on/upon sth) c) to rape, to violate
tecavüzi *a. esk.* aggressive, offensive
tecavüzkâr *s.* aggressive
tecazüp *a. esk.* sympathy
tecdit *a. esk.* renewal; replacement
teceddüt *a. esk.* renovation; revival; innovation
tecelli *a, esk.* manifestation; fate, luck *tecelli etmek* to be manifested, to appear
tecemmu *a. esk.* assembling, coming together
tecennün *a. esk.* going mad, becoming insane
tecerrüt *a. esk.* becoming isolated, isolation
tecessüm *a. esk.* assuming a bodily form; embodiment
tecessüs *a. esk.* spying; curiosity, nosiness
tecezzi *a. esk.* fragmentation, disintegration
tecil *a.* postponement, delay, deferment *tecil etmek* to postpone, to defer
tecim *a.* commerce, trade
tecimen *a.* trader
tecimevi *a.* store; shop
tecimsel *s.* commercial, mercantile
teclit *a. esk.* binding (a book)
tecribi *s. esk.* experimental
tecrim *a. esk.* finding (sb) guilty
tecrip *a. esk.* experimentation
tecrit *a.* insulation, separation, isolation *tecrit etmek* to isolate, to separate, to isolate
tecrübe *a.* trial, test; experience; experiment * deney *tecrübe etmek* to try, to test
tecrübeli *s.* experienced * deneyimli
tecrübesiz *s.* inexperienced * deneyimsiz
tecrübesizlik *a.* inexperience
tecrübi *s. esk.* experimental
tecvit *a.* proper reading (of the Koran)
tecviz *a. esk.* approval; approbation
tecziye *a. esk.* punishment
teçhil *a. esk.* deeming ignorant, humiliation
teçhiz *a, esk.* equipping *teçhiz etmek* to equip

teçhizat *a, esk.* equipment, outfit; kit
tedabir *a. esk.* measures, means
tedafüi *s. esk.* defensive
tedahül *a. esk.* intermixture; interpenetration
tedai *a. esk.* association
tedaiye *a. esk.* associationism
tedansan *a.* tea party, tea dance
tedarik *a.* procuring, supplying, preparation *tedarik etmek* to procure, to provide, to supply, to furnish, to prepare
tedariklemek *e.* to prepare
tedarikli *s.* prepared, ready
tedariksiz *s.* unprepared, unready
tedavi *a.* treatment, therapy, cure *tedavi edici* curative *tedavi etmek* to treat, to cure, to doctor *kon.*
tedavül *a, eko.* circulation, currency *tedavülde olmak* to circulate *tedavüldeki para* current money, money in circulation *tedavülden kalkmak* to be taken out of circulation *tedavüle çıkarmak* to put into circulation
tedbir *a.* precaution, measure * önlem *tedbir almak* to take measures * önlem almak
tedbirli *s.* circumspect, chary, prudent, cautious
tedbirlilik *a.* prudence
tedbirsiz *s.* improvident, incautious
tedbirsizlik *a.* imprudence
tedenni *a. esk.* fail, decline, decadence
tedfin *a. esk.* burial, interment
tedhiş *a, esk.* terror * terör
tedhişçi *a, esk.* terrorist * terörist
tedhişçilik *a.* terrorism * terörizm
tedip *a. esk.* chastisement; punishment
tedirgin *s.* uneasy, anxious, grumbling, restless, discontented *tedirgin etmek* to discompose, to disquiet
tedirginlik *a.* restlessness, discontent; *gökb.* perturbation
tediyat *a. esk.* payments
tediye *a, esk.* payment * ödeme
tedricen *be.* gradually
tedrici *s.* gradual
tedriç *a. esk.* gradual movement
tedris *a. esk.* teaching, instruction
tedrisat *a. esk.* teaching, instruction, education
tedvin *a. esk.* codification; compilation
tedvir *a. esk.* rotation, revolving, turning

teeddüp *a. esk.* feeling ashamed
teehhül *a. esk.* marriage
teehhür *a. esk.* delay
teemmül *a. esk.* mature consideration, reflection
teenni *a. esk.* deliberation, caution
teessüf *a, esk.* regret, sorrow, sadness *teessüf etmek* to regret, to deplore
teessür *a, esk.* sorrow, grief; emotion
teessüri *s. esk.* affective, emotional
teessüs *a. esk.* establishment, foundation
teeyyüt *a. esk.* confirmation, corroboration
tef *a, müz.* tambourine
tefahür *a. esk.* boasting, vaunting
tefcir *a, trm.* drainage
tefe *a, teks.* sley, slay
tefeci *a.* usurer *tefeci dükkânı* pawn shop
tefecilik *a.* usury
tefehhüm *a.* comprehension, understanding
tefekkür *a.* contemplation
tefekkürat *a. esk.* thoughts, meditations
tefeli *s. esk.* closely woven
teferruat *a, esk.* details, particulars * ayrıntılar
teferruatlı *s, esk.* detailed, exhaustive * ayrıntılı
teferrüç *a. esk.* walk, promenade, excursion
teferrüt *a. esk.* being unique
tefessüh *a. esk.* putrefaction, decomposition
tefevvuk *a. esk.* superiority, excelling
tefeyyüz *a. esk.* enlightenment
tefhim *a.* telling, explaining
teflon *a.* Teflon
tefrik *a. esk.* distinguishing, differentiating
tefrika *a.* serial
tefriş *a.* furnishing (a room/house)
tefrit *a, yerb.* tephrite
tefsir *a.* commentary; interpretation *tefsir etmek* to comment * yorumlamak
teftiş *a.* inspection, control, check *teftiş etmek* a) to inspect b) *ask.* to review
tefviz *a. esk.* transfer, adjudication
tegafül *a. esk.* feigning inattention
teğelti *a.* saddle blanket
teğet *a.* tangent *teğet düzlemi* tangent plane *teğet galvanometre* tangent galvanometer *teğet geçme* tangency *teğet geçmek* to be tangent to *teğet noktası* tangent point
teğetaltı *a.* subtangent

teğetlik *a.* tangent
teğetsel *s.* tangential
teğmen *a, ask.* lieutenant
teğmenlik *a. ask.* lieutenancy
tehacüm *a.* attack, assault; rush, crowding
tehalüf *a. esk.* difference, being dissimilar
tehalük *a. esk.* eagerness, keenness
tehcir *a. esk.* deportation
tehdit *a.* threat, menace **tehdit etmek** to threaten, to menace
tehditkâr *s.* threatening, menacing
tehevvür *a. esk.* fury, rage
teheyyüç *a. esk.* emotion, excitement
tehi *a. esk.* empty; void
tehir *a.* delay, postponement **tehir etmek** to delay, to defer, to postpone, to put off
tehirli *s.* delayed, late
tehlike *a.* danger, hazard; risk; emergency **tehlike farı** hazard beacon **tehlike işareti** alarm **tehlike köprüsü** emergency bridge **tehlike sınıfı** danger class **tehlikede** in danger, at stake **tehlikeye atılmak** to court danger **tehlikeye atmak** to risk, to endanger, to jeopardize, to hazard **tehlikeye sokmak** to endanger, to imperil *res.* **tehlikeyi bildirmek** to alarm **tehlikeyi göze almak** to take the risk
tehlikeli *s.* dangerous, perilous, treacherous, dodgy *İl./kon.*, noxious res; risky
tehlikesiz *s.* safe, dangerless; free of risk; *hek.* benign
tehyiç *a. esk.* exciting, agitation
tehzil *a. esk.* ridiculing, derision
tein *a.* thein(e)
teizm *a, fel.* theism * Tanrıcılık
tek *s.* single, unique; alone; only, merely; (sayı) odd ¤ *a.* single thing **tek adım** single step **tek adres** one address **tek aşamalı** single-stage **tek atmak** a) to jerk (oneself) off *arg.*, to wank *İl./kab.* b) *arg.* to knock back a drink **tek banyo** one-bath, single-bath **tek banyolu** one-bath, single-bath **tek başına** alone, by oneself, on one's own, single-handed **tek bir kelime etmemek** to clam up *kon.* **tek bobinli** single coil **tek devre** single circuit **tek dingilli** single-axle **tek eşlem** odd parity **tek etkili** single acting **tek evreli** single-stage **tek fazlı** single-phase **tek filament** monofilament **tek**

fonksiyon odd function **tek frekanslı** single-frequency **tek gözlü** one-eyed **tek gözlük** monocle, eyeglass **tek hat** single track **tek işlev** odd function **tek kanallı** single-channel **tek kâğıtlı** *arg.* joint, reefer **tek kişilik uçak** single seater **tek kullanıcılı** single user **tek lif** individual fibre **tek lonjeronlu** single-spar **Tek mi çift mi?** Odd or even? **tek parçalı** one-piece, single-piece **tek parite** odd parity **tek raylı** single-rail **tek renk** single shade **tek resim** single frame **tek saçılma** single scattering **tek sayı** odd number **tek sıralı** single-row **tek sinyalli** single-signal **tek taraflı** unilateral, single-sided, one-sided **tek tek** one by one **tek tük** few and far between *kon.* **tek uzunluk** single length **tek yanlı** unilateral, single-sided **tek yönlü** one-way **tek yumurta ikizleri** identical twins **tek yüzlü** single sided
teka *a.* theca
tekabbül *a. esk.* acceptance
tekabül *a. esk.* correspondence, equivalence
tekâlif *a. esk.* proposals; taxes, levies
tekâmül *a, esk.* evolution * evrim, gelişim; maturation * olgunluk
tekâmüliye *a. esk.* evolutionism
tekâpu *a. esk.* sycophancy, toadying
tekasüf *a. esk.* condensation, densening; concentration
tekâsül *a. esk.* negligence; inactivity, laziness
tekatomlu *s.* monoatomic
tekaüdiye *a. esk.* retirement pay, pension
tekaüt *a. esk.* retirement (from work); retired person
tekaütlük *a. esk.* retirement from work
tekbağ *a.* single bond
tekbazlı *s.* monobasic
tekbenci *a, s.* solipsist
tekbencilik *a, fel.* solipsism * solipsizm
tekbiçim *s.* standard, uniform * standart
tekbiçimli *s.* uniform **tekbiçimli dağılım** uniform distribution **tekbiçimli hızlanma** uniform acceleration **tekbiçimli sertlik** uniform hardness **tekbiçimli yapı** uniform structure
tekbiçimlilik *a.* uniformity
tekbir *a. din.* saying "Allahuekber/God is great"
tekçe *a, mat.* monoid

tekçekirdekli *s.* mononuclear
tekçenekli *s.* monocotyledonous
tekçevrim *a.* monocycle
tekçevrimli *s.* homocyclic, monocyclic
tekçi *a.* monist
tekçilik *a.* monism
tekdeğerli *s.* single valued *tekdeğerli işlev mat.* single valued function
tekdeğerlik *a.* univalence, univalency
tekdeğerlikli *s.* univalent
tekdeğerlilik *a.* monovalence, monovalency
tekdelikli *s. hayb.* monotreme
tekdir *a.* reproach, scolding, reprimand *tekdir etmek* to reprimand, to chide *esk.*
tekdizer *a.* monotype
tekdüşüncelik *a.* monoideism
tekdüze *s.* monotonous, humdrum, flat, dull, drab * monoton, yeknesak
tekdüzeleşmek *e.* to become monotonous
tekdüzelik *a.* monotony * monotonluk, yeknesaklık
teke *a, hayb.* male goat, billy goat; prawn
tekebbür *a. esk.* haughtiness, self-conceit
tekeböceği *a. hayb.* long-horned beetle
tekeffül *a. esk.* becoming a surety/bail; guaranteeing
tekeklemsel *s. anat.* uniarticular
tekeksenli *s.* uniaxial
tekel *a.* monopoly * inhisar, monopol *tekel bayii* off-license, package store *tekeli altına almak* to monopolize *tekeline almak* to monopolize
tekelci *a.* monopolist
tekelcilik *a.* monopolism
tekelleştirmek *e.* to monopolize
tekellüf *a. esk.* painstaking effort; empty formality
tekellüm *a. esk.* speaking, talking
tekemmül *a. esk.* perfection, completion
tekenerjili *s.* monoenergic, monoenergetic
teker *a.* wheel; disk *tekerine çomak sokmak* to circumvent, to put a spoke in sb's wheel
teker teker *be.* individually, singly
tekerkçi *a.* monarchist * monarşist
tekerkçilik *a.* monarchy * monarşizm
tekerklik *a.* monarchy
tekerlek *a.* wheel *tekerlek açıklığı* toe-out *tekerlek aralığı* wheel clearance

tekerlek cıvatası wheel bolt *tekerlek çamurluğu* splasher *tekerlek dingili* wheel axle *tekerlek diski* wheel disk *tekerlek freni* wheel brake *tekerlek göbeği* wheel hub, hub *tekerlek izi* rut *tekerlek jantı* wheel rim *tekerlek kapanıklığı* toe-in *tekerlek krikosu* wheel jack *tekerlek merkezi* hub *tekerlek pabucu* skid *tekerlek parmağı* rung *tekerlek parmaklığı* spoke *tekerlek poyrası* nave *tekerlek somunu* wheel nut *tekerlek sürtünmesi* wheel friction *tekerlek titreşimi* wheel wobble *tekerlek yalpası* wheel wobble *tekerlek yatağı* wheel bearing *tekerlek yatıklığı* camber *tekerlek yazıcı* wheel printer *tekerlek yükü* wheel load
tekerlekli *s.* wheeled *tekerlekli paten* roller skate, skate *tekerlekli sandalye* wheelchair *tekerlekli traktör* wheel tractor *tekerlekli yükleyici* wheel loader
tekerleksi *a.* rotifer
tekerleme *a.* rolling (sth); tongue-twister
tekerlemek *e.* to roll (sth)
tekerli *s.* wheeled
tekerrür *a.* repetition; recurrence *tekerrür etmek* to recur, to happen again, to occur again
tekesakalı *a. bitk.* goatsbeard
tekessür *a. esk.* increase, augmentation
tekeşeyli *s.* homogametic, homogamous, diclinous, monoclinous, monogenic
tekeşeylilik *a.* diclinism, unisexuality, homogamy
tekeşli *s.* monogamous
tekeşlilik *a.* monogamy
tekevvün *a. esk.* coming into existence, origination, formation
tekfin *a. esk.* shrouding
tekfur *a. trh.* Christian feudal lord
tekgövde *s.* monobloc
tekgövdeli *s.* monobloc
tekgözeli *s.* unicellular
tekgözlük *a.* monocle
tekhücreli *s.* unicellular * birgözeli
tekhücreliler *a.* protozoa
tekhücrelilik *a.* unicellularity, unilocularity
tekil *s, dilb.* singular *tekil çözüm* singular solution *tekil nokta* singular point
tekila *a.* tequila

tekilleşmek e. dilb. (word) to become singular
tekilleştirmek e. dilb. to make (a word) singular
tekillik a, dilb. singularity
tekin s. empty; auspicious
tekinsiz s. unlucky, inuspicious; taboo
tekir[1] s. (kedi) striped, spotted, tabby **tekir kedi** tabby, tabby cat
tekir[2] a, hayb. red mullet
tekit a. esk. repetition, confirmation
tekiz a. monomer
tekizleştirme a. depolymerization
tekkararlı s, elek. monostable
tekkat a. monolayer
tekkatman a. monolayer
tekkaynakçılık a. monogenesis
tekke a. dervish lodge; arg. can, jug, poky
tekkristal a. monocrystal
tekkristalli s. single-crystal
tekkutup a. monopole
tekkutuplu s. unipolar, single pole
teklem a. singlet
teklemek e. (motor) to pink, to ping Aİ.; trm. to thin, to single; arg. to stammer
teklif a. offer, proposal, suggestion; motion, proposal; tender, bid Aİ.; etiquette, formality, ceremony **teklif etmek** to offer, to propose, to suggest **teklifte bulunmak** to tender (for), to bid
teklifli s. formal, ceremonious
teklifsiz s. informal, free and easy, familiar (with sb) **teklifsiz olmak** to be on familiar terms with sb
teklifsizce be. familiarly, unceremoniously
teklifsizlik a. familiarity
teklik a. oneness, uniqueness
tekme a. kick, boot kon. **tekme atmak** to give a kick, to kick **tekme tokat girişmek** to beat sb up **tekme yemek** to get a kick
tekmelemek e. to kick, to boot
tekmelik a. kickplate, kicking plate
tekmil s. kon. all; the whole, entire
tekmillemek e. to complete, to finish
tekmotorlu s. one-engined
tekne a. wooden trough; ship's hull; ship, boat, craft; sink, tub, basin, tank; yerb. basin, syncline **tekne boyası** vat dye **tekne kurutucu** trough drier **teknede dekapaj** vat pickling
teknesyum a. technetium
teknetonoz a. trough vault

teknetyum a. technetium
teknik a. technics, technology; technique; method ¤ s. technical **teknik büro** technical bureau **teknik danışman** technical adviser **teknik dil** technical language **teknik litaratür** technical literature **teknik okul** technical college İİ., tech kon. **teknik olabilirlik** technical feasibility **teknik özellik** specification **teknik rapor** technical report **teknik resim** working drawing **teknik ressam** draughtsman, draftsman Aİ. **teknik sözlük** technical dictionary **teknik terim** technical term
teknikçi a. technician * teknisyen, tekniker
tekniker a. technician * teknikçi
teknikokul a. technical school, technical college
tekniköğretim a. technical education
teknisyen a. technician
teknokrasi a. technocracy
teknokrat a. technocrat
teknoloji a. technology * uygulayımbilim
teknolojik s. technological * uygulayımsal
tekörnek s. monotonous
tekparça s. one-piece
tekparmaklı s. hayb. monodactylous
tekparmaklı s. perissodactylous, monodactylous
tekrar a. repetition; (televizyonda) action replay ¤ be. again * yine, gene, yeniden **tekrar etmek** to repeat * yinelemek **tekrar tekrar** again and again, time after time, time ant (time) again, times without number, repeatedly * defalarca
tekrarlama a. repeat, repetition **tekrarlama bobini** repeating coil
tekrarlamak e. to repeat, to reiterate res. * yinelemek
tekrarlamalı s. repetitive, recursive **tekrarlamalı altyordam** recursive subroutine
tekrarlanmak e. to be repeated * yinelenmek
tekrarlı s. iterative **tekrarlı ondalık** recurring decimal
tekrenkli s. monochromatic, single-colour **tekrenkli ışık** monochromatic light **tekrenkli ışınım** monochromatic radiation
tekrenklilik a. monochromy
tekresimlik a. monoscope
teks a, teks. tex

teksif *a, esk.* concentration, condensation **teksif etmek** to concentrate, to condense

teksir *a.* duplication * çoğaltma **teksir etmek** to dupicate * çoğaltmk **teksir makinesi** duplicator

tekst *a.* text * metin

tekstil *a.* textile **tekstil apresi** textile finishing **tekstil endüstrisi** textile industry **tekstil kalenderi** textile calender **tekstil lifi** textile fibre **tekstil makineleri** textile machines **tekstil mühendisi** textile engineer **tekstil terbiyesi** textile finishing

tekstür *a.* texture

tekstüre *s, teks.* textured, texturized **tekstüre etmek** to texture, to bulk **tekstüre iplik** textured yarn, bulk yarn **tekstüre makinesi** texturing machine

tekşekilli *s.* uniform

tektanrıcı *a.* monotheist * monoteist ¤ *s.* monotheistic * monoteist

tektanrıcılık *a.* monotheism * monoteizm

tektanrılı *s.* monotheistic

tektaraflı *s.* unilateral, one-sided

tektaraflılık *a.* unilaterality, one-sidedness

tektaş *a.* monolith

tekterimli *s.* monomial

tektit *a.* tectite, tektite

tektonik *s.* tectonic **tektonik göl** tectonic lake

tektürel *s.* homogeneous

tektürellik *a.* homogeneity

tekucay *a.* monopole

tekucaylı *s.* unipolar

tekvando *a.* tae kwon do

tekvin *a. esk.* creation, genesis

tekvin *a.* creation; production

tekyanlı *s.* unilateral

tekyanlılık *a.* unilaterality; one-sidedness

tekyazı *a.* monograph

tekyönlü *s.* one-way, unidirectional **tekyönlü anten** unidirectional antenna **tekyönlü devre** simplex circuit **tekyönlü dönüştürücü** unilateral transducer **tekyönlü empedans** unilateral impedance **tekyönlü gönderme** simplex transmission **tekyönlü kanal** one-way channel **tekyönlü kavrama** free wheeling clutch **tekyönlü mikrofon** unidirectional microphone **tekyönlü oluk** simplex channel **tekyönlü supap** check valve **tekyönlü**

tepkime irreversible reaction **tekyönlü yol** one-way street

tekzip *a.* contradiction, denial * yalanlama **tekzip etmek** to contradict, to deny * yalanlamak

tel *a.* wire; *biy.* fibre; *(çalgı)* string, chord; *kon.* telegram, cable **tel çekmek** a) to enclose with wire b) to send a wire, to cable **tel fırça** wire brush **tel halat** wire rope **tel kadayıf** *bkz.* telkadayıf **tel kafes** wire mesh **tel kalınlığı** wire gauge **tel makası** wire cutter **tel mastarı** wire gauge **tel numarası** wire gauge **tel örgü** wire fence, wire netting **tel sargılı** wire-wound **tel sepet** wire basket **tel süzgeç** wire mesh screen **tel şehriye** vermicelli **tel yay** wire spring **tel zımba** stapler

tela *a.* buckram, interlining, stiffening cloth

telaffuz *a.* pronunciation * söyleyiş, söyleniş, sesletim **telaffuz etmek** to pronounce * söylemek, sesletmek

telafi *a.* compensation **telafi etmek** to compensate, to recompense, to atone (for), to make amends, to make up for sth **telafisi olanaksız** irreparable

telaki *a, esk.* meeting

telakki *a.* consideration; viewpoint **telakki etmek** to consider, to regard as

telalamak *e. teks.* to interface

telamon *a.* telamon

telaro *a.* batterboard, window frame

telaş *a.* rush, haste, fluster, flutter, bustle, alarm, precipitation *res.* **telaş etmek** to bustle, to be flustered **telaş içinde** in a hurry **telaş içinde olmak** to be in a flap **telaşa düşmek** to get flurried, to take alarm, to flap *kon.* **telaşa düşürmek** to alarm, to flurry **telaşa kapılmak** to be in a flap, to get into a flap *kon.*, to flap *kon.* **telaşa vermek** to alarm

telaşçı *a.* panic-monger, alarmist

telaşe *a. kon.* flutter, flurry

telaşla *be.* hastily, helter-skelter

telaşlandırmak *e.* to fluster, to trouble, to alarm, to confuse, to worry

telaşlanmak *e.* to be in a flap, to get into a flap *kon.*, to flap *kon.*

telaşlı *s.* flurried, hectic, agitated, anxious, precipitate

telaşsız *s.* unagitated, calm

telatin *a.* Russia leather, shargeen

telcik *a.* fiber

telediyafoni a. far-end cross-talk
telef a. destruction; waste; teks. waste, trash, husks, cuttings telef olmak to be destroyed, to perish
telefat a. esk. losses, casualties
teleferik a. cableway; cable car
telefon a. telephone, phone kon.; call, telephone call, phone call telefon devresi telephone circuit telefon direği telephone pole telefon etmek to telephone, to phone kon., to ring sb/sth up, to give sb a ring, to give sb a buzz, to give sb a tinkle İİ./kon., to call sb up Aİ. telefon frekansı telephone frequency telefon hattı line telefon kondansatörü telephone capacitor telefon konuşması call, phone call telefon kulübesi telephone box, phone box, telephone booth, phone booth, call box telefon rehberi telephone directory, telephone book, phone book telefon santralı telephone exchange, exchange telefon teli telephone wire telefona bakmak to answer the telephone telefonda olmak to be on the telephone telefonu kapamak to hang up telefonu kapatmak to hang up telefonu kapatmamak to hold the line
telefoncu a. seller/installer of telephones; telephone repairman; switchboard operator, telephonist
telefonculuk a. selling/installing telephones
telefonik s. telephonic
telefonist a. telephonist
telefonlaşmak e. to talk over the telephone
telefoto a. telephoto
telefotografi a. telephotography
teleişlem a, biliş. teleprocessing
telejeni a. telegeny, videogeny
telejenik s. telegenic, videogenic
telek a. quill feather, quill
teleke a. remige
telekız a. call girl
telekinezi a. telekinesis
telekomünikasyon a. telecommunication * uziletişim telekomünikasyon şebekesi telecommunication network telekomünikasyon uydusu telecommunication satellite
telekontrol a. telecontrol
teleks a. telex teleks cihazı teletypewriter

teleks çekmek to telex
telem a. teleprinter
telematik a. telematics
teleme a. a kind of soft and unsalted cheese
teleme peyniri a. cottage cheese
telemetre a. telemeter
telemetri a. telemetry
telemetrik s. telemetric
teleobjektif a. telephoto lens
teleoloji a. teleology
teleolojik s. teleologic(al)
telepati a. telepathy * uzaduyum
telepatik s. telepathic
teles s. threadbare
telesekreter a. answerphone İİ., answering phone Aİ. telesekretere mesaj bırakmak to leave a message on (a/sb's) answerphone
telesimek e. yörs. to be fagged otu, to get thin
telesine a. telecine
telesinema a. telephotography
telesiyej a. chair lift
teleskop a. telescope * ırakgörür
teleskopik s. telescopic teleskopik amortisör telescopic shock absorber teleskopik anten telescopic antenna teleskopik çatal telescopic fork teleskopik kriko telescopic jack teleskopik şaft telescopic shaft
teletayp a. teletype
teleteks a. teletex
teletekst a. Teletext
teletip a. teletype
teletipsetter a. teletypesetter
televizyon a. television, telly İİ./kon., the box İİ./kon. televizyon alanı television field televizyon alıcısı television receiver televizyon amplifikatörü television amplifier televizyon anteni television antenna televizyon bandı television band televizyon ekranı television screen televizyon filmi television film, telefilm televizyon görüntüsü television picture televizyon göstericisi television projector televizyon istasyonu television station televizyon izleyicisi televiewer, watcher of TV * televizyon seyircisi televizyon kablosu television cable televizyon kamerası television camera televizyon kanalı television channel televizyon kulesi

television tower *televizyon mikroskopu* television microscope *televizyon seyircisi bkz.* televizyon izleyicisi *televizyon seyretmek* to watch television *televizyon standardı* television standard *televizyon stüdyosu* television studio *televizyon tüpü* teletube *televizyon vericisi* television transmitter *televizyon yayını* television broadcast(ing) *televizyona çıkmak* to be on television *televizyonda göstermek* to show on television, to televise *televizyonda yayınlamak* to televise

televizyoncu *a.* maker/seller of television sets; person working at a television studio

televizyonculuk *a.* making/selling television sets; working at a television studio

televoltmetre *a.* televoltmeter

telgen *s.* tensile

telgraf *a.* telegraph; telegram, cablegram, cable, wire *telgraf çekmek* to send a telegram, to telegraph, to cable *telgraf direği* telegraph pole *telgraf kablosu* telegraph cable *telgraf kodu* telegraph code *telgraf maniplesi* telegraph key *telgraf mesajı* cablegram *telgraf repetörü* telegraph repeater *telgraf sistemi* telegraph system

telgrafçı *a.* telegrapher

telgrafçılık *a.* telegraphy

telgrafçiçeği *a.* wandering Jew

telgrafhane *a. esk.* telegraph office

telhis *a.* summarization

telif *a. esk.* reconciliation; compilation *telif hakkı* copyright *telif hakkı ücreti* royalty

telin *a.* cursing, malediction, damnation

telkadayıf *a.* shredded wheat stuffed with nuts in syrup

telkari *a.* filigree, damaskeen

telkâri *a.* filigree

telkih *a.* inoculation, vaccination

telkin *a.* suggestion, inspiration *telkin etmek* to inspire, to inculcate

telkurdu *a, hayb.* wireworm

telküflüce *a. hek.* sporotrichosis

tellak *a.* bath attendant

tellal *a.* town crier, crier; broker, middleman

tellallık *a.* being a town crier; brokerage

tellemek *e.* to furnish with wire; to wire

tellendirmek *e.* to puff

telli *s.* wired *telli cam* wire glass *telli çalgı* stringed instrument *telli sigorta* wire fuse

tellikavak *a. bitk.* silver poplar, abele

telliturna *a, hayb.* demoiselle crane

tellür *a.* tellurium

tellürat *a.* tellurate

tellürik *a.* telluric

tellürit *a.* tellurite

tellürlü *s.* telluric

tellürometre *a.* tellurometer

tellüröz *s.* tellurous

telmih *a. esk.* allusion

telsel *s.* fibrous

telsi *s.* fibrous

telsiz *a.* radio, radio-set *telsiz aldatması* radio deception *telsiz alıcısı* wireless receiver *telsiz dalgası* radio wave *telsiz istasyonu* wireless station *telsiz kanalı* radio channel *telsiz karıştırması* radio jamming *telsiz mikrofon* radiomicrophone *telsiz mühendisi* wireless engineer *telsiz operatörü* wireless operator *telsiz telefon* radio telephone *telsiz telgraf* wireless telegraph, radiotelegraph

telsizci *a.* wireless operator

telsizcilik *a.* radiotelegraphy

telşehriye *a.* vermicelli

telve *a.* coffee grounds

telvis *a. esk.* dirtying, fouling

tema *a.* theme

temadi *a. esk.* continuation, prolongation

temaruz *a. esk.* feigned sickness

temas *a.* contact *temas alanı* contact area *temas basıncı* contact pressure *temas etmek* to touch *temas gerilimi* contact potential *temas kurmak* to get on to sb, to contact *temas noktası* contact point *temas yüzeyi* contact surface *temas zehiri* contact insecticide *temasa geçmek* to get in touch (with sb), to get on to sb *temasla kurutma tek.* contact drying

temaşa *a.* show, spectacle

tematik *s.* thematic

temayül *a, esk.* inclination, tendency

temayüz *a. esk.* distinction

tembel *s.* lazy, idle, indolent, inactive, indolent *res.*, slothful *res.*, shiftless *hkr.* ¤ *a.* lounger, lazybones

tembelhane *a.* den of idlers

tembelhayvan *a. hayb.* sloth
tembelleşmek *e.* to grow lazy
tembellik *a.* laziness, inaction, indolence *res.*, sloth *res.* **tembellik etmek** to laze (about/around), to fool around/about, to slack
tembih *a.* warning, admonition * uyarı; *hek.* stimulation **tembih etmek** to warn, to admonish
tembihleme *a.* warning, admonishing
tembihlemek *e.* to warn, to admonish
tembihli *s.* who has been warned
tembul *a. bitk.* betel
temcit *a.* glorification of God
temdit *a. esk.* extension, prolongation
temeddüh *a. esk.* boasting
temek *a. yörs.* stable window
temel *a.* foundation; basis; base; ground, groundwork ¤ *s.* main, chief, basic, fundamental, principal, primary, elementary **temel atma töreni** groundbreaking ceremony **temel atmak** to lay a foundation **temel ayağı** footing **temel bağlaç** basic linkage **temel biçim** fundamental form **temel bileşen** fundamental component **temel birim** fundamental unit **temel çukuru** foundation pit **temel dalga** fundamental wave **temel dil** basic language **temel dizin** gross index **temel durum** ground state **temel duvarı** foundation wall **temel frekans** basic frequency **temel grup** fundamental group **temel ızgarası** grillage **temel işlemler** unit operations **temel kazığı** foundation pile **temel kodlama** basic coding **temel komut** basic instruction **temel levhası** foundation plate **temel mod** fundamental mode **temel mühendisliği** foundation engineering **temel öbek** fundamental group **temel parçacık** elementary particle **temel plakası** foundation plate **temel seri** fundamental series **temel sıklık** fundamental frequency **temel şartları** ground conditions **temel tabakası** base course **temel taşı** foundation stone, cornerstone **temel tekniği** foundation engineering **temel toprağı** foundation soil **temel yapı** fundamental structure **temel zaman** base time **temel zemini** foundation soil
temelde *be.* fundamentally

temelleşmek *e.* to settle down permanently
temelleştirmek *e.* to make permanent
temelli *s.* well-founded; permanent; fundamental ¤ *be.* for good, permanently, for good and all **temelli olarak** for good
temellük *a. esk.* taking possession (of a property), acquisition
temelsiz *s.* without foundation; unfounded, groundless
temenni *a.* wish, desire **temenni etmek** to wish, to desire
temerküz *a.* concentration **temerküz kampı** concentration camp * toplama kampı
temerrüt *a. esk.* obstinacy; intracatbility
temessül *a. esk.* assimilation; transfiguration
temettü *a.* profit * kazanç **temettü hissesi** dividend * kâr payı
temevvüç *a. esk.* undulation; fluctuation
temeyyüz *a. esk.* distinction
temhir *a.* sealing
temin *a.* assurance; getting, obtaining; achieving, realization **temin etmek** a) to assure, to ensure b) to provide, to procure
teminat *a.* guaranty, guarantee; security **teminat akçesi** guarantee fund
teminatçı *a.* guarantor
teminatlı *s.* guaranteed
teminatsız *s.* not guaranteed
temiz *s.* clean; tidy, neat; pure; fresh; chaste, virtuous; clear, net; sanitary **temiz bant** clear band **temiz bir dayak atmak** to give a good thrashing **temiz hava** fresh air **temiz kalpli** ingenuous **temiz kereste** dressed lumber **temiz ortam** virgin medium **temiz raporu** certificate of good health **temize çekmek** to make a fair copy of **temize çıkarmak** to clear, to acquit, to absolve, to exonerate
temizkan *a. biy.* arterial blood
temizleme *a.* cleaning; purification **temizleme fırçası** cleaning brush **temizleme gücü** detergency **temizleme haslığı** fastness to cleaning **temizleme katsayısı** decontamination factor **temizleme maddesi** purifying agent, cleanser **temizleme sıvısı** cleaning fluid **temizleme zamanı** takedown time

temizlemek *e.* to clean, to clean sth up; to cleanse; to pick; to tidy, to do out; to purify; to clear away; to rid; (borç) to pay sth off; *arg.* to kill, to bump off, to rub out, to do away with, to rub sb out *Al./arg.*

temizleyici *s.* cleansing ¤ *a.* cleaner; cleanser *temizleyici dükkânı* cleaners

temizlik *a.* cleanliness; cleanness; purity, pureness; honesty *temizlik yapmak* to do cleaning

temizlikçi *a.* cleaner, domestic, char, charwoman, charlady

temkin *a.* self-possession, equanimity

temkinli *s.* self-possessed, poised, deliberate

temkinsiz *s.* undignified; uncouth

temlik *a. huk.* alienation, transferral

temlikname *a.* letter of conveyance

temmuz *a.* July

tempo *a.* tempo, beat *tempo tutmak* to keep time, to beat time

temren *a.* arrowhead

temrin *a. esk.* practice, exercise

temriye *a.* lichen

temsil *a.* representation; performance, show ¤ *be.* for example *temsil etmek* a) to represent b) to present, to perform c) to symbolize, to typify

temsilci *a.* representative, agent, envoy, substitute, delegate

temsilcilik *a.* representation

temsilen *be.* as a representative for

temsili *s.* representative; imaginative

temyiz *a.* discernment; *huk.* appeal *temyiz etmek* a) to discern b) to appeal *temyiz mahkemesi* court of appeal

ten *a.* complexion; skin; body, the flesh

tenafür *a. esk.* cacophony

tenakus *a. esk.* decrease, diminution

tenakuz *a. esk.* contradiction, contrast

tenasüh *a. esk.* metempsychosis

tenasül *a.* reproduction, generation *tenasül organları* genitals

tenasüli *s. esk.* reproductive; genital

tenasüp *a. esk.* proportion; symmetry

tenazur *a. esk.* symmetry

tencere *a.* saucepan, pot *Tencere dibin kara seninki benden kara* The pot calling the kettle black *Tencere yuvarlanmış kapağını bulmuş* Birds of a feather flock together

tender *a, demy.* tender

tendürüst *s.* robust, healthy

tendürüstlük *a.* robustness, good health

teneffüs *a.* respiration, breathing * solunum; recess, break *teneffüs etmek* to breathe

teneffüshane *a. esk.* recreation room

teneke *a.* tin, tinplate; (large, tin) can/canister ¤ *s.* (made of) tin *teneke kutu* can, canister *teneke levha* sheet tin, tinplate *teneke makası* shears

tenekeci *a.* tinman, tinner *tenekeci lehimi* tinman's solder *tenekeci makası* snips

tenekecilik *a.* tinsmithery

tenekeli *s.* tinned, covered with tin

teneşir *a.* the bench on which the corpse is washed

tenevvü *a. esk.* variety, diversity

tenevvür *a. esk.* becoming illuminated

tenezzüh *a, esk.* excursion * gezinti

tenezzül *a.* deigning, condescension *tenezzül etmek* to deign, to condescend *hkr.*

tenezzülen *be. esk.* condescendingly, kindly

tenha *s.* desolate, deserted, secluded, solitary

tenhalaşmak *e.* (place) to become less crowded

tenhalık *a.* solitude

tenis *a, sp.* tennis *tenis kortu* tennis court *tenis raketi* tennis racket *tenis sahası* tennis court

tenisçi *a, sp.* tennis player

tenkıye *a.* enema, clyster

tenkil *a. esk.* suppression, subduing

tenkis *a. esk.* reduction, lowering

tenkit *a.* criticism * eleştiri *tenkit etmek* to criticize * eleştirmek

tenkitçi *a.* critic ¤ *s.* critical, faultfinding

tenor *a, müz.* tenor

tenorit *a.* tenorite

tenrengi *s.* flesh-coloured

tensel *s.* sensual, corporeal

tensik *a. esk.* putting in order, reorganizing

tensikat *a. esk.* reforms, improvements, reorganization

tensip *a. esk.* approval, approbation

tente *a.* awning

tenteli *s.* provided with an awning

tentene *a.* lace

tenteneli *s.* furnished with lace

tentür *a.* tincture

tentürdiyot a. tincture of iodine
tenvir a. esk. illumination; enlightenment
tenvirat a. esk. illuminations, lighting
tenya a, hayb. tapeworm, taenia * şerit
tenyazis a. hek. taeniasis
tenzih a. esk. considering (sb) to be free of sins/defects
tenzil a. reduction tenzil etmek to reduce
tenzilat a. reduction * indirim, ıskonto tenzilat yapmak to make reductions
tenzilatlı s. reduced in price tenzilatlı fiyat reduced price tenzilatlı satış sale
tenzilatsız s. not reduced, not discounted
teobromin a. theobromine
teodise a. theodicy
teodolit a. theodolite, altometer
teofaji a. theophagy
teofilin a. theophyline
teogoni a. theogony
teokrasi a. theocracy * dinerki
teokrat a. theocrat
teokratik s. theocratic
teolog a. theologian * Tanrıbilmci, ilahiyatçı
teoloji a. theology * Tanrıbilim, ilahiyat
teolojik s. theologic(al)
teorem a. theorem
teori a. theory * kuram, nazariye teoride in theory
teorik s. theoretical, theoretic * kuramsal, nazari teorik fizik pure physics teorik olarak in theory
teorikman be. theoretically
teorisyen a. theorist
teozofi a. theosophy
tepe a. hill; top; summit, peak; crest tepe akımı peak current tepe budaması top pruning tepe camı bull's eye tepe değeri peak value tepe gerilimi peak voltage tepe gücü peak power tepe kırpıcı peak clipper tepe penceresi skylight tepe sınırlayıcı peak limiter tepe yükü peak load tepeden bakan snooty kon./hkr. tepeden bakma disdain tepeden bakmak to look down on (sb/sth), to disdain, to scorn, to look down one's nose at kon. tepeden tepeye peak-to-peak tepeden tırnağa silahlı armed to the teeth tepeden tırnağa from top to toe tepesi atmak to fly into a temper, to fly into a rage, to lose one's temper, to hit the roof kon., to hit the ceiling kon., to fly off the han-

dle kon., to see red kon., to blow one's top kon., to go off the deep end kon., to blow one's stack Aİ./kon. tepesi üstü headfirst, headlong tepesini attırmak to make sb's blood boil, to burn sb up Aİ./kon. tepesinin tası atmak to fly into a rage, to go off the deep end kon. tepesinin tasını attırmak to make sb's blood boil, to burn sb up Aİ./kon. tepeye çıkmak to go up a hill
tepecamı a. skylight, bull's eye
tepecik a. mound, knoll, hillock; bitk. stigma
tepecikli s. stigmatic
tepegöz a, tek. overhead projector
tepel s. anat. apical
tepeleme s. brimful
tepelemek e. to beat to death
tepeli s, hayb. crested tepeli ağaçkakan pileated woodpecker tepeli akbaba condor tepeli baştankara crested tit
tepeliakbaba a. hayb. condor
tepelibaştankara a. tufted titmouse
tepelibülbül a. bulbul
tepelidalgıç a. hayb. great crested grebe
tepelidevekuşu a. hayb. cassowary
tepelik a. cap stone
tepelikarabatak a. hayb. green corborant
tepeliköstebek a. starnose
tepelipatka a. hayb. tufted duck
tepelitavuk a. hayb. hoatzin
tepelitoygar a. hayb. crested lark
tepemsi s. apical
tepetakla be. headlong, headfirst
tepetaklak be. on one's head, upside down
tephir a. esk. vaporization, evaporation
tephirhane a. esk. fumatorium
tepi a, ruhb. impulse * itki
tepik a. kick
tepiklemek e. to kick
tepinmek e. to kick and stamp, to cavort (about/around)
tepir a. yörs. horse-hair sieve
tepirlemek e. to sift (finely)
tepisel s, ruhb. impulsive
tepişmek e. (animals) to kick at each other
tepke a. reflex * refleks
tepkebilim a. reflexology
tepkeli s. reflex
tepken a. reactant
tepki a. reaction; recoil, thrust tepki

göstermek to react

tepkili *s.* reactive, reacting; recoil-operated **tepkili jet uçağı** ram jet airplane **tepkili motor** jet engine

tepkime *a, kim.* reaction * reaksiyon **tepkime hızı** reaction rate, reaction velocity, rate of reaction **tepkime hızlandırıcı** reaction accelerator **tepkime ısısı** heat of reaction **tepkime odası** reaction chamber **tepkime sırası** order of reaction **tepkime süresi** reaction time **tepkime ürünü** reaction product

tepkimek *e.* to react

tepkin *s.* reactive

tepkir *a.* reactor

tepkisel *s.* reactive

tepkisiz *s.* non-reacting

tepkiten *a. kim.* enzyme

tepmek *e.* to kick; to boot; (hastalık) to recur; to turn down, to spurn

tepsi *a.* tray

ter *a.* sweat, perspiration **ter basmak** to break out into a sweat **ter bezi** sweat gland **ter boşanmak** to perspire suddenly **ter dökmek** to sweat **tere batmak** to be covered with perspiration

terakki *a, esk.* progress, advancement, advance **terakki etmek** to *esk.* progress, to advance

terakkiperver *s. esk.* progressive

teraküm *a. esk.* gathering, accumulation

teramisin *a.* terramycin

terane *a.* chant, same old story

terapi *a.* therapy * tedavi, sağaltım, iyileştirme

terapist *a.* therapist

terapötik *s.* therapeutic(al)

teraryum *a.* terrarium

teras *a.* terrace **teras çakılı** bank gravel

teraslamak *e.* to terrace, to step

terazi *a.* balance, scales, weighing machine * tartı **Terazi burcu** Libra **terazi gözü** scale **terazi kolu** beam

terazilemek *e.* to weigh (sth) in one's hand

terbezi *a. anat.* sweat gland

terbi *a. esk.* quadrature; *gökb.* quarter (of the moon)

terbiye *a.* bringing up; breeding; training; (good) manners, decency; correction, punishment; seasoning for food, sauce; *teks.* finish, finishing **terbiye etmek** a) to bring up, to educate b) to tame, to train c) to chasten d) (yemek) to season e) *teks.* to finish **terbiye görmek** to be trained **terbiyesini bozmak** to be rude **terbiyesini takınmak** to behave oneself

terbiyeci *a.* educator; tamer

terbiyeli *s.* well-behaved, well-bred, cultivated, decorous, polite; (yemek) with a sauce

terbiyesiz *s.* ill-mannered, ill-bred, impolite, insolent, rude, impudent, impertinent, graceless, abrupt, dirty, saucy, nasty, coarse; (yemek) undressed

terbiyesizce *be.* impolitely

terbiyesizlik *a.* rudeness, impoliteness, impropriety, impudence, misbehaviour, misbehavior *Aİ.* **terbiyesizlik etmek** to behave rudely, to misbehave

terbiyevi *s. esk.* educational

terbiyum *a.* terbium

tercih *a.* preference, choice **tercih etmek** to prefer, to choose, to opt for sth

tercihan *be.* preferably

tercihen *be.* by preference

tercihli *s.* preferential

tercumeci *a.* translator

tercüman *a.* interpreter, translator * çevirici, dilmaç

tercümanlık *a.* work of interpreter * çeviricilik, dilmaçlık **tercümanlık etmek/yapmak** to act as interpreter, to interpret

tercüme *a.* translation, rendering * çeviri **tercüme etmek** to translate (into), to interpret, to render * çevirmek

tercümeci *a.* translator

tere *a, bitk.* cress

terebent *a. bitk.* terebinth tree

terebenten *a. kim.* terebenthene

terebentin *a.* turpentine, turps *kon.*

terebentinli *s.* turpentinic

tereci *a.* seller of cress **tereciye tere satmak** to teach one's grandmother to suck eggs

tereddi *a. esk.* degeneration

tereddüt *a.* hesitation, indecision **tereddüt etmek** to hesitate, to waver

tereddütle *be.* hesitantly

tereddütlü *s.* hesitant

tereddütsüz *s.* unhesitant, unwavering ¤ *be.* without hesitation, without demur

terek *a.* shelf

tereke a, huk. estate
terekküp a. esk. composition
terelelli a. giddy, flighty, nutty
terementi a. turpentine, turps kon.
teremerti a. turpentine, turps kon.
terennüm a. esk. singing (sweetly)
teres a. kab. bastard, son of a bitch; pimp, procurer
teressüp a. esk. sedimentation
terettüp a. esk. incumbency, obligation
tereyağı a. butter **tereyağı sürmek** to butter **tereyağından kıl çeker gibi** very easily
tereyağlı s. buttery
terfi a. promotion, advancement **terfi etmek** to be promoted, to get promotion **terfi ettirmek** to promote
terfih a. esk. amelioration, improvement
tergal a. tergal
tergit a. tergite
terhin a. esk. pawning, mortgaging
terhis a, ask. discharge, demobilization **terhis etmek** ask. to discharge, to demobilize **terhis olmak** to be discharged
terilen a. Terylene
terim a. term
terimbilim a. terminology
terimbilimsel s. terminological
terimsel s. terminological
teriye a. terrier
terk a. leaving, abandonment **terk edilmiş** derelict **terk edilmişlik** desolation **terk etmek** a) to leave, to abandon, to forsake, to walk out on sb kon. b) to give up, to quit, to renounce res.
terki a. the back part of a saddle
terkip a, esk, kim. composition, compound * bileşim; phrase **terkip etmek** to compose, to compound
terleme a. perspiration, sweat, transpiration
terlemek e. to sweat, to perspire; to be covered in condensation; (bıyık) to begin to grow; kon. to be very tired
terletici s. perspiratory, sudatory, sudorific
terletmek e. to sweat
terli s. sweating, perspiring
terlik a. (house) slipper
terlikçi a. maker/seller of slippers
terlikçilik a. making/selling slippers
terliksi a, hayb. paramecium
termal a. thermal **termal çökeltici** thermal precipitator **termal dağlama** thermal etching **termal denge** heat interchange **termal reaktör** thermal reactor **termal rüzgâr** thermal wind **termal sular** thermal waters **termal yazıcı** thermal printer

terme a. bitk. horse radish
termik s. thermic, thermal * ısıl ¤ a. science of heat **termik burgu** thermal drill **termik cihaz** thermal instrument **termik delme** flame-jet drilling **termik denklem** thermal equation **termik enerji** thermal energy **termik işlem** heat treatment **termik kapasite** thermal capacity **termik kaynaşma** thermal agitation **termik limit** heating limit **termik nötron** thermal neutron **termik radyasyon** thermal radiation **termik santral** thermal power plant **termik şalter** thermal switch **termik şok** thermal shock **termik verim** thermal efficiency
terminal a. terminal station, terminus **terminal düğümü** terminal node **terminal empedansı** terminal impedance **terminal izleme** terminal trace **terminal kullanıcısı** terminal user **terminal simülatörü** terminal simulator **terminal yazılım** terminal software
terminoloji a. terminology
terminüs a. terminus
termistör a. thermistor **termistör köprüsü** thermistor bridge
termit a, kim. thermite; hayb. termite **termit kaynağı** thermite welding
termiyon a. thermion
termiyonik s. thermionic **termiyonik akım** thermionic current **termiyonik amplifikatör** thermionic amplifier **termiyonik detektör** thermionic detector **termiyonik diyot** thermionic diode **termiyonik emisyon** thermionic emission **termiyonik iletim** thermionic conduction **termiyonik jeneratör** thermionic generator **termiyonik katot** thermionic cathode **termiyonik osilatör** thermionic oscillator **termiyonik redresör** thermionic rectifier **termiyonik salım** thermionic emission **termiyonik tüp** thermionic tube
termobalans a. thermobalance
termodinamik a. thermodynamics ¤ s. thermodynamic **termodinamik potansiyel** thermodynamic potential

termoelektrik s. thermoelectric ¤ a. thermoelectricity **termoelektrik etki** thermoelectric effect **termoelektrik pil** thermopile **termoelektrik soğutma** thermoelectric cooling

termoelektromotor a. thermoelectromotive

termoelektron a. thermoelectron

termoeleman a. thermoelement

termofiksaj a. thermofixing, thermosetting, heat-setting, hot-air setting **termofiksaj makinesi** thermofixing machine, thermosetting machine

termofil a. s. thermophile

termofobi a. thermophobia

termofon a. thermophone

termofor a. hot-water bottle

termograf a. thermograph

termogram a. thermogram

termogravimetri a. thermogravimetry * ısılağırlıkölçüm

termokimya a. thermochemistry

termokimyasal s. thermochemical

termokoter a. thermocautery

termokupl a. thermocouple

termolabil s. thermolabile

termoliz a. thermolysis

termolüminesans a. thermoluminescence

termomanyetik s. thermomagnetic

termomekanik s. thermomechanical

termometre a. thermometer * sıcaklıkölçer

termometri a. thermometry

termonükleer s. thermonuclear **termonükleer bomba** fusion bomb

termoplast a. thermoplastic

termoplastik s, a. thermoplastic

termoplastik s. thermoplastic

termoregülasyon a. thermoregulation

termoregülatör a. thermoregulator

termoröle a. thermal relay

termos a. vacuum flask, Thermos flask, flask, vacuum bottle Aİ., Thermos bottle Aİ.

termosfer a. thermosphere

termosifon a. hot water heater, bath stove

termostabil s. thermostable * ısılkararlı

termostat a. thermostat '

termoterapi a. thermotherapy

Ternöv a, s. Newfoundland **Ternöv köpeği** Newfoundland

Ternövlü s. Newfoundland ¤ a. Newfoundlander

terör a. terror * tedhiş **terör örgütü** terror organization

terörist a. terrorist * tedhişçi

terörizm a. terrorism * tedhişçilik

terpen a. terpene

terpin a. terpin

terpineol a. terpineol

terpinolen a. terpinolene

terra rosa a. terra rossa

ters s. reverse; opposite, contrary; converse, inverse; wrong; inverted; surly, grumpy, moody, churlish, perverse, forbidding, curt hkr. ¤ be. upside down, the wrong way round ¤ a. back/reverse of sth; excrement, dung, droppings **ters açı** opposite angle **ters adım** reverse pitch **ters akım** inverse current **ters akıntı** countercurrent **ters akış** back flow, counterflow **ters anlamak** to misunderstand **ters apre** back finish **ters bağıntı** reciprocal relation **ters cevap** rebuff **ters cevap vermek** to bite sb's nose off **ters çevirmek** to reverse **ters diyot** backward diode **ters doğrultmaç** inverted rectifier **ters fay** reverse fault **ters fonksiyon** inverse function **ters geribesleme** inverse feedback, degenerative feedback **ters gerilim** inverse voltage, reverse voltage **ters gitmek** to go wrong **ters hatve** reverse pitch **ters işlem** inverse operation **ters işler yapmak** to get the cart before the horse **ters işlev** inverse function **ters kanat** inverted limb **ters karbüratör** downdraft carburettor **ters kemer** inverted arch **ters kırık** reverse fault **ters kosinüs** inverse cosine **ters kubbe** inverted vault **ters logaritma** inverse logarithm **ters metris** inverse matrix **ters motor** inverted engine **ters oran** inverse ratio **ters orantılı** inversely proportional **ters öngerilim** reverse bias **ters reaksiyon** reverse reaction **ters redresör** inverted rectifier **ters supap** drop valve **ters taraf** reverse **ters tarafından kalkmak** to get out of the wrong side **ters ters bakmak** to look daggers at, to glare, to glower (at sb/sth) **ters trigonometrik** inverse trigonometric **ters uçuş** upside-down flight **ters yüz apresi** back finish **ters yüz** reverse side

tersaçı a. mat. opposite angle
tersane a. shipyard, shipbuilding yard * gemilik, tezgâh **tersane işçisi** docker
tersaneli a. naval officer
tersbakışım a. antisymmetry
tersbakışımlı s. antisymmetric
tersdeğişim a. dismutation
terselme a. inversion
tersevirme a. mant. contraposition
tersim a. drawing, tracery
tersine be. on the contrary, counter to sth **tersine akış** back flow **tersine çevirmek** to turn inside out, to invert
tersinir s, fiz. reversible **tersinir koloit** reversible colloid **tersinir reaksiyon** reversible reaction **tersinir sayaç** reversible counter **tersinir tepkime** reversible reaction
tersinirlik a, fiz. reversibility
tersinmek e. yörs. to go backwards; to get cantankerous
tersinmez s, fiz. irreversible **tersinmez koloit** irreversible colloid **tersinmez reaksiyon** irreversible reaction
tersinmezlik a. irreversibility
tersip a. precipitation **tersip havuzu** settling basin
tersiyer a, yerb. Tertiary
terskoşut s, mat. antiparallel
tersleme a. rebuff
terslemek e. to rebuff, to scold, to snap et, to snub
terslenmek e. to talk sharply to, to growl at
tersli yüzlü s. teks. reversible
terslik a. contrariety, contrariness; peevishness, grumpiness, cantankerousness; mishap, hitch, misfortune
terso s. arg. penniless, broke
tersparalel s, mat. antiparallel
terstürev s. antiderivative
tersüstel a. logarithm ¤ s. logarithmic
tersyüz a. reverse ¤ be. inside out **tersyüz etmek** to invert, to reverse
tertemiz s. very clean, spotless, stainless, immaculate, spick-and-span **tertemiz yapmak** to cleanse, to clean (sth) up
tertibat a. arrangements, dispositions; apparatus, gear, appliances
tertip a. order, arrangement, disposition; composition; type-setting; hek. prescription; plot, trick **tertip etmek** a) to arrange b) to organize

tertipçi a. organizer, arranger
tertiplemek e. to organize, to plan, to arrange
tertipleyici a. arranger; organizer
tertipli s. tidy, neat, orderly; prearranged, organized
tertipsiz s. disarranged, disorderly, untidy
tertipsizlik a. untidiness, disorder
terviç a. esk. supporting, backing
terzi a. tailor **terzi tebeşiri** French chalk
terzihane a. tailor's shop
terzikası a. sartorius
terzikuşu a. tailorbird
terzil a. esk. disgracing
terzilik a. tailoring
tesadüf a. chance event, chance meeting; coincidence, accident **tesadüf etmek** a) to meet by chance, to come across b) to coincide with
tesadüfen s. by chance, by coincidence, by accident, accidentally, incidentally **tesadüfen karşılaşmak** to chance on sb/sth res. **tesadüfen olmak** to chance
tesadüfi s. chance, casual, incidental, accidental, coincidental, fortuitous res.
tesahup a. esk. protection, favouring
tesalüp a. esk. biy. crossbreeding, interbreeding; anat. decussation, chiasma
tesanüt a. esk. mutual support, solidarity
tescil a. registration
tescilli s. officially registered **tescilli marka** registered trademark
tescilsiz s. not officially registered
tesdis a. esk. increasing (sth) sixfold; dividing (sth) into six
teselli a. consolation, solace, comfort * avunç, avuntu **teselli bulmak** to console oneself **teselli etmek** to console, to comfort * avutmak, avundurmak **teselli mükâfatı** consolation prize
tesellüm a. esk. receiving
teselsül a. esk. uninterrupted succession, concatenation
tesemmüm a. esk. toxication
tesettür a. covering/veiling oneself
teseyyüp a. esk. negligence, carelessness, remissness
teshil a. esk. facilitation
teshin a. esk. warming, heating
teshir a. esk. bewitching, charming
tesir a. effect, influence **tesir etmek** a) to act, to affect b) to influence, to impress
tesirli s, esk. effective, efficacious; im-

pressive, moving * etkili **tesirli mesafe** effective range

tesirsiz *s, esk.* ineffective, inefficacious * etkisiz

tesis *a.* establishing; institution, association, foundation, establishment; plant **tesis etmek** to found, to establish

tesisat *a.* installation * döşem

tesisatçı *a.* installer * döşemci

tesisatçılık *a.* plumbing

tesit *a. esk.* celebration

teskere *a.* handbarrow; stretcher

teskereci *a.* stretcher-bearer

teskin *a.* calming, soothing, tranquilization **teskin etmek** to soothe, to calm, to pacify, to relieve, to alleviate

tesla *a.* tesla **Tesla bobini** Tesla coil **Tesla transformatörü** Tesla transformer

teslim *a.* delivery; admission, acknowledgement; *ask.* surrender, submission, yielding **teslim almak** to take delivery of **teslim bayrağı çekmek** to strike one's flag, to yield **teslim etmek** a) to deliver, to consign b) to give sth in, to hand sth in c) to commit d) to turn sb over to sb e) to surrender f) to admit, to acknowledge, to accept, to grant **teslim müddeti** delivery period **teslim olmak** to submit, to surrender, to yield, to give in (to sb/sth), to knuckle under *kon.*

teslimat *a.* delivery

teslimiyet *a.* submission

teslis *a.* the Trinity

tespih *a.* rosary, prayer-beads, beads **tespih çekmek** to tell one's beads **tespih tanesi** bead

tespihağacı *a. bitk.* chinaberry tree, bead tree

tespihböceği *a, hayb.* wood-louse, pill bug

tespit *a.* establishing, fixing; determination **tespit banyosu** fixing bath **tespit bileziği** retaining ring **tespit cıvatası** anchor bolt **tespit çubuğu** stay rod **tespit devresi** clamping circuit **tespit etmek** a) to fix, to make firm b) to determine, to fix, to set **tespit flanjı** connecting flange **tespit kolu** locking lever **tespit kulesi** anchor tower **tespit levhası** stay plate **tespit maddesi** fixing agent, fixative **tespit makinesi** fixation machine **tespit pimi** anchor pin,

retaining pin **tespit plakası** fixing plate **tespit rondelası** retaining washer **tespit segmanı** retaining ring **tespit vidası** fastening screw, setscrew **tespit yayı** retaining spring

tesri *a. esk.* speeding up, hastening

test *a.* test **test değeri** test value **test diyası** test pattern **test kuvveti** power of a test **test metodu** testing method **test numunesi** test specimen **test paketi** test pack **test programı** test program **test resmi** test card, test pattern **test takımı** testing set **test yatağı** test bed **test yordamı** test routine **test yükü** test load

testere *a.* saw **testere ağzı** saw blade **testere çaprazı** saw set **testere dişi** sawtooth **testere eğesi** saw file **testere talaşı** sawdust **testere tezgâhı** saw horse

testerebalığı *a, hayb.* sawfish

testeregagalı *a. hayb.* merganser, sawbill

testereli *s.* saw-toothed

testi *a.* jug, pitcher, crock

testici *a.* maker/seller of earthenware jugs

testicilik *a.* making/selling earthenware jugs

testis *a.* testicle * erbezi

testosteron *a.* testosterone

tesvit *a. esk.* making a rough draft

tesviye *a.* levelling, grading, smoothing **tesviye aleti** leveler, levellers **tesviye eğrisi** contour line **tesviye etmek** to level, to smooth **tesviye tablası** dressing plate **tesviye vidası** levelling screw

tesviyeci *a.* fitter

tesviyecilik *a.* fitting

tesviyeruhu *a.* plumb level, spirit level

teşbih *a.* comparison, simile * benzetme, benzeti **teşbihte hata olmaz** let it not be misunderstood

teşdit *a. esk.* intensification; aggravation

teşebbüs *a.* enterprise, undertaking; attempt; initiative, effort **teşebbüs etmek** to attempt, to have a bash (at sth)

teşekkül *a.* formation; organization, institution, association **teşekkül etmek** a) to be formed b) to consist (of)

teşekkür *a.* thankyou, thanking, appreciation **Teşekkür ederim** Thank you **teşekkür etmek** to thank **Teşekkürler** Thanks

teşerrüf *a. esk.* feeling honoured (to meet sb)

teşevvüş *a. esk.* confusion, disturbance

teşhir *a.* display, exhibition, exposé; flash, flashing, exposing oneself *teşhir etmek* to exhibit, to display *teşhir salonu* showroom

teşhirci *a, ruhb.* exhibitionist, flasher *kon.* * göstermeci

teşhircilik *a, ruhb.* exhibitionism * göstermecilik *teşhircilik yapmak* to expose oneself, to flash *kon.*

teşhis *a, hek.* diagnosis * tanı; identification, recognition; *ed.* personification * kişileştirme *teşhis etmek* a) *hek.* to diagnose b) to identify, to recognize

teşkil *a.* forming; formation; organizing *teşkil etmek* to form, to constitute

teşkilat *a.* organization(s)

teşkilatçı *a.* organizer

teşkilatçılık *a.* organizing skill

teşkilatlandırmak *e.* to organize

teşkilatlanmak *e.* to be organized

teşkilatlı *s.* organized

teşkilatlılık *a.* organization

teşkilatsız *s.* unorganized

teşkilatsızlık *a.* unorganized state

teşmil *a. esk.* embracing, including

teşne *s.* thirsty; eager

teşrif *a.* honouring; visit, arrival *teşrif etmek* to honour

teşrifat *a.* protocol, etiquette; ceremonial

teşrifatçı *a.* master of the ceremonies, marshal

teşrih *a, esk.* dissection; anatomy * anatomi; skeleton * iskelet *teşrih etmek* to dissect

teşrii *s. esk.* legislative

teşrik *a. esk.* making (sb) participate

teşrikimesai *a, esk.* cooperation

teşrinievvel *a. esk.* October

teşrinisani *a. esk.* November

teşvik *a.* encouragement; incitement *teşvik edici* encouraging *teşvik etmek* a) to encourage b) to incite *teşvik primi* incentive bonus, incentive pay

teşvikçi *a.* encourager; provoker

teşvikkâr *s.* encouraging; inciting

teşviş *a. esk.* confusing, troubling

teşyi *a. esk.* seeing (sb) off

tetabuk *a. esk.* agreement, conformity, coincidence

tetanos *a, hek.* tetanus

tetebbu *a.* research, investigation

tetik[1] *a.* trigger

tetik[2] *s.* alert, vigilant; delicate, fine

tetikçi *a.* triggerman

tetikleme *a.* triggering *tetikleme darbesi* trigger pulse *tetikleme devresi* trigger circuit *tetikleme düzeyi* trigger level *tetikleme rölesi* trigger relay *tetikte beklemek* to be on the alert *tetikte olmak* to be on the alert *tetikte* on the alert

tetiklik *a.* agility, promptness

tetir *a. yörs.* walnut leaf

tetkik *a.* study, scrutiny *tetkik etmek* to scrutinize, to study, to examine, to explore

tetkikat *a.* investigations, scrutinies

tetrabromür *a.* tetrabromide

tetradimit *a.* tetradymite

tetraetil *a.* tetraethyl

tetraklorür *a.* tetrachloride

tetralin *a.* tetralin(e)

tetrametil *a. kim.* tetramethyl

tetrapot *a.* tetrapod

tetrasiklin *a.* tetracycline

tetril *a.* tetryl

tetrod *a.* tetrode

tetroksit *a.* tetroxide

tetrot *a.* tetrode

tetroz *a.* tetrose

tevafuk *a. esk.* concordance, agreement

tevahhuş *a.* fear, horror

tevakki *a. esk.* bewaring, avoiding, caution

tevakkuf *a. esk.* stopping, pausing, sojourning

tevali *a. esk.* continuous succession; uninterrupted continuation

tevarüs *a. esk.* inheritance; heredity

tevatür *a. esk.* rumour, hearsay

tevazu *a, esk.* humility, modesty * alçakgönüllülük

tevazün *a. esk.* balance, equilibrium

tevbih *a. esk.* reprimand, reproach

tevcih *a.* turning towards; directing, pointing *tevcih etmek* a) to turn towards b) to direct, to point

tevdi *a.* entrusting, consigning *tevdi etmek* to entrust, to consign

tevdiat *a.* deposits

teveccüh *a, esk.* favour, kindness *teveccüh göstermek* to show favour, to be kind (to)

tevehhüm *a. esk.* groundless fear

tevek *a. bitk.* shoot

tevekkel *s. kon.* who leaves things to chance

tevekkeli *be.* for no reason **tevekkeli değil** small wonder

tevekkül *a.* putting oneself in God's hands

tevekküllü *s.* who has put himself/herself in God's hands

tevellüt *a. esk.* birth

teverrüm *a. esk.* tumefaction

tevessü *a. esk.* widening; extension, expansion

tevessül *a.* starting, attempting

tevettür *a. esk.* tension

tevfikan *be. esk.* in accordance with

tevhit *a. esk.* unification, uniting; God's unity, monotheism

tevil *a. esk.* willful misinterpretation

tevki *a.* cipher of the former Sultans

tevkif *a, esk.* stopping, halting; arrest, detention, apprehension **tevkif etmek** to arrest * tutuklamak **tevkif yayı** detent spring

tevkifat *a. esk. huk.* arrests

tevkifhane *a. esk.* jail, lockup

tevkil *a.* deputing **tevkil etmek** to depute

tevlit *a. esk.* giving birth to (a child); causing, producing, bringing about

Tevrat *a.* the Pentateuch **Tevrat ile İncil** the Bible

tevsi *a. esk.* extending, widening, enlarging

tevsik *a.* authentication **tevsik etmek** to authenticate

tevzi *a.* distribution, dispensation *res.* **tevzi dişlisi** timing gear **tevzi etmek** to distribute **tevzi kutusu** distribution box **tevzi mili** distributing shaft **tevzi tablosu** distribution board **tevzi zinciri** timing chain

tevziat *a. esk.* distributions; deliveries

teyakkuz *a.* watchfulness, caution, vigilance

teyel *a.* basting, tacking **teyel ipliği** basting thread **teyelle tutturmak** to tack

teyellemek *e.* to baste, to tack

teyelli *s. teks.* basted, tacked

teyemmüm *a.* ablution with dust/dry earth when water is not available

teyit *a, esk.* confirmation **teyit etmek** to confirm

teyp *a.* tape-recorder, cassette-player,

cassette-recorder * kasetçalar **teybe almak** to record (on tape)

teyze *a.* (maternal) aunt, aunty *kon.*, auntie *kon.* **tez canlı** hustling, impetuous, impatient **tez elden** without delay

teyzezade *a.* cousin (child of a maternal aunt)

tez[1] *s.* quick, swift ¤ *be.* quickly, promptly

tez[2] *a.* thesis; treatise

tezahür *a, esk.* appearing **tezahür etmek** to appear

tezahürat *a.* public demonstration, ovation **tezahürat yapmak** to cheer

tezat *a.* contrast **tezat oluşturmak** to contrast

tezatlı *s.* antithetic

tezayüt *a. esk.* increase, augmentation

tezdişilik *a.* protogyny

tezduyarca *a. hek.* anaphylaxis

tezek *a.* dried dung

tezekkür *a. esk.* discussing, consideration; remembering, recalling

tezelzül *a. esk.* being shaken, shock

tezene *a. müz.* pick, plectrum, striker

tezgâh *a.* workbench, bench; *teks.* loom; counter; shipbuilding yard; conspiracy, trick **tezgâh hazırlamak** to collude **tezgâh mengenesi** bench vice **tezgâh rendesi** bench plane **tezgâh tırnağı** bench stop

tezgâhlamak *e.* to concoct, to hatch, to brew, to mastermind

tezgâhtar *a.* shop assistant, salesclerk *Aİ.*, clerk *Aİ.*

tezgâhtarlık *a.* salesmanship

tezgen *a.* catalyst, catalyzer

tezhip *a.* illumination; gilding

tezkere *a.* note; memorandum; official certificate; licence; *ask.* discharge papers **tezkere almak** *ask.* to receive one's discharge papers **tezkeresini eline vermek** *arg.* to give sb his marching orders, to fire

tezlemek *e. yörs.* to speed up (a job)

tezleşmek *e.* (a job) to be done more quickly

tezleştirme *a.* catalysis * kataliz

tezleştirmek *e.* to speed up (a job)

tezlik *a.* quickness, speed

tezvir *a. esk.* malicious lie; malicious instigation

tezyif *a. esk.* contempt, scorn; deriding, ridiculing

tezyin *a. esk.* adorning, ornamenting, decorating, embellishment

tezyinat *a. esk.* decorations, ornaments, embellishments

tezyini *s. esk.* ornamental, decorative

tezyit *a. esk.* increase, augmentation

tıbben *be.* medically

tıbbi *be.* medical **tıbbi termometre** fever thermometer, clinical thermometer

tıbbiye *a.* medical school, school of medicine

tıbbiyeli *a.* medical student

tıfıl *a.* child, kiddie, nipper

tıgala *a.* euphorbium

tığ *a.* crochet-hook; bodkin, awl

tığlamak *e.* to lance (a wound); to pierce (sth) with a needle

tığmak *e. arg.* to leave quickly

tık *a.* tapping sound

tıka basa *be.* chock-a-block **tıka basa doldurmak** to cram, to pack, to stuff **tıka basa dolu** cramfull, overcrowded, jam-packed *kon.*, chock-full (of sth/sb), chock-a-block (with sth/sb) **tıka basa dolu olmak** to be overcrowded **tıka basa yedirmek** to stuff sb **tıka basa yemek** to make a pig of oneself, to stuff oneself, to glut oneself, to gorge (oneself) (on/with sth)

tıkaç *a.* plug, stopper, bung, wad **tıkaç bobini** choke

tıkaçlamak *e.* to plug, to choke up, to stopper

tıkaçlı *s.* plugged, stoppered

tıkalı *s.* stopped up, plugged; blocked; (burun) congested, stuffed up, stuffy *kon.*

tıkama *a.* block, blockage **tıkama bobini** choke coil **tıkama kondansatörü** blocking capacitor

tıkamak *e.* to plug, to stop, to wad, to bung sth up, to choke sth (up) (with sth); to block, to obstruct; to clog, to congest

tıkanı *a. hek.* embolism

tıkanık *s.* congested, choked

tıkanıklık *a.* stoppage, blockage, congestion; (trafik) bottleneck, jam, congestion

tıkanım *a. hek.* occlusion

tıkanma *a.* congestion

tıkanmak *e.* to be stopped up, to be bunged up (with sth), to be chocked (up) (with sth), to clog; to lose one's

breath

tıkayıcı *s.* obstruent **tıkayıcı kas** *anat.* obturator muscle

tıkım *a.* a mouthful

tıkınmak *e.* to gorge (oneself) (on/with sth), to tuck in, to stuff oneself

tıkır *a.* rattle, click **tıkır tıkır** like clockwork **tıkırında gitmek** to go like clockwork

tıkırdamak *e.* to click, to clack, to rattle, to clink

tıkırdatmak *e.* to click, to clack, to tap

tıkırtı *a.* click, clack, rattle, clink

tıkışık *s.* crammed, packed, squeezed

tıkışıklık *a.* crowded condition

tıkışmak *e.* (people) to cram themselves (into)

tıkıştırmak *e.* to cram, to squeeze; (yiyecek) to bolt

tıkız *s.* podgy, fat; compact, hard, dense

tıkızlamak *e.* to briquette

tıkızlık *a.* compactness

tıklamak *e.* to make a tapping sound; *biliş.* to click

tıklatmak *e.* to tap

tıklım tıklım *s.* very crowded, jammed, jampacked, chock-full (of sth/sb), congested (with sth)

tıkmak *e.* to thrust, to squeeze, to stuff, to cram (into); to coop sb/sth up (in sth)

tıknaz *s.* chunky, stumpy, thickset, dumpy, stocky, tubby *kon.*, podgy *hkr.*

tıknefes *s.* short of breath

tıksırık *a.* suppressed sneeze

tıksırmak *e.* to sneeze with the mouth shut

tılsım *a.* talisman, amulet, charm; spell **Tılsım bozuldu** The spell is broken

tılsımlı *s.* provided with a talisman; enchanted, under a spell

tımar *a.* grooming **tımar etmek** to groom

tımarcı *a.* groom, stableman

tımarhane *a.* lunatic asylum, mental hospital, nuthouse *arg./hkr.*, bughouse *Aİ./arg.* **tımarhane kaçkını** nutty, crazy, bonkers *İİ./arg.*

tımarhanelik *s.* fit for a mental asylum

tımarlamak *e.* to groom (a horse)

tımarlı *s.* groomed (horse)

tın *a.* loam

tınaz *a.* haystack, hayrick, stack, rick **tınaz makinesi** fanning mill, haymaker

tıngadak *be.* rattlingly, clinkingly

tıngıldamak *e. yörs.* to clang, to rattle

tıngır *a.* clinking noise; *arg.* bread *arg.*, brass *İİ./arg.* * para
tıngırdamak *e.* to tinkle, to cling, to clang
tıngırdatmak *e.* to strum, to twang
tıngırtı *a.* jingle, clink, clang
tını *a.* timbre, tone
tınlama *a.* clang, clink
tınlamak *e.* to clang, to clink, to ring, to resonate, to resound
tınlatmak *e.* to clink, to clang
tınlı *s.* loamy
tınmak *e.* to make a sound *tınmamak* a) not to make a sound b) *kon.* not to care, not to turn a hair, not to bat an eyelid *kon.*
tınnet *a. esk.* timbre, tone
tıp *a.* medicine
tıpa *a.* stopper *tıpa burgusu* cork screw
tıpatıp *be.* exactly, to the life
tıpır tıpır *be.* with a pattering sound
tıpırdamak *e.* to patter
tıpırtı *a.* patter
tıpış tıpış *be.* pattering *tıpış tıpış gitmek* a) to patter, to toddle b) to go willy-nilly *tıpış tıpış yürümek* to toddle
tıpkı *s, be.* exactly like, just like, in just the same way, all over *tıpkı donanım* duplicate hardware
tıpkıbasım *a.* facsimile
tıpkıçekim *a.* photocopy
tıpkıçizer *a.* pantograph
tıpkısı *s.* living image of
tırabzan *a.* banister, handrail, balustrade *tırabzan babası* newel post, newel *tırabzan direği* baluster *tırabzan parmaklığı* balustrade
tırak *a.* banging noise
tıraka *a.* fear, cowardice; swagger, showing off
tırakalı *s.* cowardly, fearful; showy, pompous
tıraş *a.* shaving, shave; haircut; *arg.* boring talk, bragging, rhetoric *hkr.* *tıraş bıçağı* razor blade *tıraş etmek* a) to shave b) to cut *tıraş fırçası* shaving brush *tıraş kremi* shaving cream *tıraş losyonu* aftershave *tıraş macunu* shaving cream *tıraş makinesi* shaver, electric razor *tıraş olmak* a) to shave (oneself) b) to have a haircut
tıraşçı *a.* prater, blab
tıraşlama *a.* shaving *tıraşlama kesimi* clear-cutting *tıraşlama sahası* clear-cut

area *tıraşlama şeridi* clear-cut strip
tıraşlamak *e.* to plane; *arg.* prate, to blab
tıraşlı *s.* shaved
tıraşsız *s.* unshaved
tırfıl *a.* clover
tırık *a.* rattling sound
tırıl *s.* penniless, broke, skint
tırıllamak *e.* to become penniless
tırınk *a.* cling of coins
tırıs *a.* trot *tırıs gitmek* to trot *tırısa kaldırmak* to trot
tırkaz *a.* sliding bar, bolt
tırkazlamak *e.* to bolt, to bar (a door)
tırkazlı *s. yörs.* bolted, barred
tırlamak *e.* (a cat) to purr; *arg.* to run away, to beat it
tırmalamak *e.* to scratch, to claw; *mec.* to irritate, to jar on
tırmanıcı *s.* climbing, creeping
tırmanış *a.* climbing, climb
tırmanma *a.* climbing, climb *tırmanma hızı* climbing speed
tırmanmak *e.* to ciimb, to clamber; to cling to; to increase, to escalate, to go up
tırmaşıkkuşu *a, hayb.* tree-creeper
tırmık *a.* scratch; rake, harrow *tırmık çekmek* to harrow
tırmıklamak *e.* to scratch; to rake, to harrow
tırnak *a.* nail, fingernail, toenail; *hayb.* claw, hoof; *dilb.* inverted commas, quotation marks *tırnak aralığı* spark gap *tırnak boyası* nail varnish, nail polish *Aİ. tırnak cilası* nail polish *tırnak çekici* claw hammer *tırnak fırçası* nail brush *tırnak işareti* quotation marks, quotes, inverted commas *İİ. tırnak makası* nail clippers *tırnak törpüsü* nail file *tırnak vurusu* sprocket pulse *tırnak yuvası* bead seat *tırnaklarını yemek* to bite one's nails
tırnakçı *a. arg.* pickpocket
tırnaklamak *e.* to scratch; to claw
tırnaklı *s.* having nails; having claws; *tek.* spiked *tırnaklı anahtar* spanner wrench *tırnaklı ayna* prong chuck *tırnaklı kavrama* claw clutch *tırnaklı kavrayıcı* grab
tırnaklık *a.* notch for the fingernail
tırnakotu *a. bitk.* mouse-ear hawkweed
tırnaksı *s.* naillike, ungual
tırnaksız *s.* nailless; clawless; hoofless
tırpan *a.* scythe *tırpanla biçmek* to

scythe
tırpana *a, hayb.* skate * rina
tırpancı *a.* mower
tırpankurdu *a. hayb.* cutworm
tırpanlamak *e.* to scythe
tırtık *a.* dentation, peristome, crenation, crenature
tırtıkçı *a. arg.* pickpocket
tırtıklamak *e. arg.* to steal, to pilfer
tırtıklı *s.* rough, uneven, jagged
tırtıl *a, hayb.* caterpillar; track; knurl **tırtıl çarkı** milling wheel **tırtıl çekmek** to knurl **tırtıl testere** backsaw
tırtıllamak *e.* to serrate
tırtıllanmak *e.* (a tree) to get full of caterpillars
tırtıllı *s.* tracked, perforated **tırtıllı çeker** crawler tractor **tırtıllı kapak** caterpillar gate **tırtıllı palet** caterpillar tread **tırtıllı somun** acorn nut
tırtılsı *s.* caterpillar-like; *bitk.* ament-shaped
tırtılsineği *a. hayb.* tachina fly, tachina
tırtır *a. hayb.* ichneumon fly
tırvırı *a. arg.* boor, yokel, lout
tıs *a.* hiss
tıslamak *e.* to hiss, to sizzle
tıynet *a. esk.* nature, character
tıynetsiz *s. esk.* characterless, dishonest by nature
Tibet *a.* Tibet ¤ *s.* Tibetan
tibetatı *a. hayb.* kiang, kyang, kiyang
Tibetçe *a, s.* Tibetan
Tibetli *a, s.* Tibetan
tibetöküzü *a.* yak
ticaret *a.* trade, trading, commerce, business **ticaret açığı** trade deficit, trade gap **Ticaret Bakanlığı** Ministry of Commerce **ticaret dengesi** balance of trade **ticaret filosu** merchant marine **ticaret gemisi** trader, merchantman **ticaret hukuku** commercial law **ticaret mahkemesi** commercial court **ticaret merkezi** commercial centre **Ticaret Odası** Chamber of Commerce **ticaret odası** chamber of commerce **ticaret yapmak** to trade **ticaret yolu** trade route **... ticareti yapmak** a) to deal in sth b) to traffic (in sth)
ticaretevi *a.* business, firm
ticaretgâh *a.* trading center
ticarethane *a.* firm, business, office
ticari *s.* commercial, trading, mercantile

ticari ağırlık commercial weight **ticari araba** commercial car **ticari ataşe** commercial attaché **ticari senet** commercial paper, bill **ticari taşıt** commercial vehicle
ticarileştirmek *e.* to commercialize *hkr.*
tifdruk *a.* photogravure printing
tifo *a, hek.* typhoid, typhoid fever
tiftik *a.* angora wool, mohair **tiftik keçisi** Angora goat
tiftiklenmek *e.* (cloth) to become fuzzy
tifüs *a, hek.* typhus
tiglik asit *a.* tiglic acid
tiglik *s.* tiglic
tik *a.* tic, twitching
tik tak *a.* tick
tikağacı *a, bitk.* teak
tike *a.* patch, piece; bite, mouthful
tikel *s.* partial **tikel basınç** partial pressure **tikel sıralı** partially ordered
tikellik *a.* particularity
tiksindirici *s.* loathsome, abhorrent, disgusting, revolting, sickening, abominable, offensive, repugnant, repulsive, repellent
tiksindirmek *e.* to disgust, to sicken
tiksinmek *e.* to detest, to loathe, to abhor, to abominate
tiksinti *a.* disgust, revulsion, repulsion
tiksotrop *s.* thixotrope * cıvıyan
tiksotropi *s.* thixotropy * cıvıma
tilavet *a.* reading the Koran aloud (and beautifully)
tilki *a, hayb.* fox **tilki avı** fox hunting **tilki gibi** as wily as a fox, foxy, foxlike, cunning **tilki iletisi** fox message **tilki kuyruğu** brush, fox's tail
tilkikuyruğu *a. bitk.* foxtail grass
tilkileşmek *e. kon.* to get foxy, to become cunning
tilkilik *a. kon.* foxiness, craftiness, cunning
tilkitaşağı *a. bitk.* early purple orchid
tilkiüzümü *a. bitk.* night shade
till *a, yerb.* till
tillit *a, yerb.* tillite
tilmiz *a. esk.* student
tilt *a.* vertical panning
tim *a.* team
timbal *a. müz.* kettledrum, tymbal
timin *a.* thymine
timol *a.* thymol
timolftalein *a.* thymolphthalein

timpan *a. anat.* tympanum, eardrum
timpani *a, müz.* timpani
timpanist *a. müz.* timpanist
timsah *a, hayb.* crocodile; alligator **timsah derisi** orange peel, pebbling
timsahbekçisi *a. hayb.* crocodile bird
timsal *a.* symbol, quintessence
Timurlenk *a.* Tamerlane, Tamburlaine
timüs *a. anat.* thymus
tin *a.* spirit, soul; psyche; *fel.* nous
tin tin *be.* toddlingly, timidly, on tiptoe
tiner *a.* paint thinner, thinner * inceltici
tingoz *a. arg.* cuff, slap
tinka *a. hayb.* tench
tinkal *a.* tincal
tinsel *s.* spiritual, moral, immaterial
tinselci *a.* spiritualist
tinselcilik *a.* spiritualism * spiritualizm
tinsellik *a.* spirituality
tip *a.* type, sort, kind; style; *kon.* character *kon.*, bird *kon.*, specimen *kon.*, sort *kon.* ¤ *s.* interesting, unusual, eccentric
tipi *a.* blizzard, snowstorm
tipik *s.* typical, characteristic **tipik bir örneği olmak** to typify
tipilemek *e.* (weather) to become snowdrift
tipleme *a, sin.* typecasting
tipo *a.* typographical printing
tipo, tipografi *a.* typography
tipograf *a.* typographer
tipografik *s.* typographic
tipografya *a.* typography
tipsiz *s. arg.* ugly
tir tir *be.* shivering, trembling **tir tir titremek** to tremble like an aspen leaf, to be all of a tremble *kon.*
tiraj *a.* circulation
tiramin *a.* tyramine
tiramola *a, den.* tacking, tack **tiramola etmek** *den.* to tack, to go about
tiran *a.* tyrant
tirat *a.* harangue **tirat söylemek** to harangue
tiratron *a.* thyratron
tirbuşon *a.* corkscrew
tire[1] *a.* cotton thread
tire[2] *a, dilb.* hyphen, dash
tireli *s.* hyphenated
tirendaz *a. esk.* archer
tirfil *a. bitk.* trefoil, clover
tirfillenmek *e.* to become threadbare
tirfon *a. müh.* coach screw

tirhos *a. hayb.* sardine
tiril tiril *s.* crisp and clean
tirildemek *e.* to shiver, to tremble
tirim *a, den.* trim **başa tirimli** trimmed by the head **kıça tirimli** trimmed by the stern
tirinket *a, den.* foresail
tiristor *a, tek.* thyristor
tirişko *s. arg.* false, made-up
tirit *a.* sop of bread stewed with broth
tiritleşmek *e. kon.* to become a decreipt
tiriz *a.* batten **tiriz çekmek** to batten
tirlatmak *e.* to go nuts, to go crackers
tirle *a.* breast pump
tirlin *a.* drawing pen, ruling pen
tiroit *a, hek.* thyroid, thyroid gland
tiroksin *a.* thyroxin(e)
tirosidin *a.* tyrocidin
tirosin *a.* tyrosine
tirosinaz *a.* tyrosinase
tirotrisin *a.* tyrothricin
tirozin *a.* tyrosine
tirozinaz *a.* tyrosinase
tirpidin *a.* spud
tirpit *a.* spud
tirsi *a. hayb.* twaite, thwaite
tirşe *a.* parchment
tiryak *a.* theriaca, theriac
tiryaki *s.* addicted, inveterate *hkr.* ¤ *a.* addict **tiryakisi olmak** to be addicted (to sth)
tiryakilik *a.* addiction
tişört *a.* T-shirt, tee shirt
titan *a, kim.* titanium * titanyum
titanat *a.* titanate
titanik *s.* titanic
titanit *a.* titanite
titanlı *s.* titaniferous, titanous
titanyum *a.* titanium * titan
titanyumlu *s.* titanic, titaniferous
titiz *s.* particular, fastidious, choosy *kon.*, choosey *kon.*, fussy *hkr.*, finicky *hkr.*; close, precise, meticulous, scrupulous
titizlenmek *e.* to become cross/peevish; to become fastidious
titizlik *a.* fastidiousness, fussiness; meticulousness
titizlikle *be.* fastidiously, painstakingly
titrasyon *a.* titration
titre *a, kim.* titre **titre etme** titration **titre etmek** to titrate
titrek *s.* trembling, tremulous, shaking, shaky, quivering, quaky, flickering **titrek**

kavak aspen
titrekkavak *a.* trembling poplar
titreklik *a.* shakiness
titreleme *a.* titration
titrelemek *e. kim.* to titrate
titrem *a.* tone
titrembirim *a. dilb.* toneme
titreme *a.* trembling; flicker **titreme beton** vibrated concrete
titremek *e.* to tremble, to shiver, to shudder, to quiver; (alev, ışık) to flicker; (ses) to falter; (korkudan, soğuktan) to quake
titrenti *a. hek.* clonus
titrentili *s. hek.* clonic
titrersinek *a.* midge
titreşim *a.* vibration; resonance; oscillation **titreşim amortisörü** vibration damper **titreşim analizi** vibration analysis **titreşim çözümlemesi** vibration analysis **titreşim deneyi** vibration test **titreşim düzlemi** plane of vibration **titreşim enerjisi** vibrational energy **titreşim erkesi** vibrational energy **titreşim frekansı** oscillation frequency **titreşim merkezi** centre of oscillation **titreşim ölçümü** vibration measurement **titreşim sabiti** oscillation constant **titreşim sıklığı** vibration frequency **titreşim süresi** period of vibration **titreşim yutucu** vibration damper **titreşim yükü** pulsating load
titreşimli *s.* vibratory, oscillatory **titreşimli besleyici** vibrating feeder **titreşimli devre** oscillatory circuit **titreşimli galvanometre** vibration galvanometer **titreşimli konveyör** vibrating conveyor **titreşimli miniakımölçer** vibration galvanometer **titreşimli öğütücü** vibration mill **titreşimli sıkıştırma** vibratory compaction **titreşimli silindir** vibrating roller **titreşimli tabla** oscillating table **titreşimli taşıyıcı** vibrating conveyor
titreşimölçer *a.* vibrometer
titreşimsel *s.* vibrational
titreşimsiz *s.* non-vibrating
titreşimyazar *a.* vibrograph
titreşken *a.* vibrator
titreşme *a.* flicker
titreşmek *e.* to shiver, to tremble (together)
titretmek *e.* to cause to tremble; to quiver
titrimetrik *s.* titrimetric **titrimetrik**

standart titrimetric standard
tiuram *a.* thiuram
tiyamin *a.* thiamine
tiyatro *a.* theatre, theater *Aİ.* **tiyatro yazını** drama
tiyatrocu *a.* theater owner; *kon.* actor; actress
tiyatroculuk *a.* dramatics
tiyatrolaştırmak *e.* to dramatize/adapt (sth) for the stage
tiyatrosever *a.* theatre-goer, playgoer
tiyazin *a.* thiazine
tiyazol *a.* thiazole
tiyofen *a.* thiophen(e)
tiyofenol *a.* thiophenol
tiyokarbamit *a.* thiocarbamide
tiyokarbonat *a.* thiocarbonate
tiyokarbonik *s.* thiocarbonic
tiyokol *a.* thiokol
tiyol *a.* thiol
tiyonil *a.* thionyl
tiyonin *a.* thionine
tiyopental *a.* thiopental
tiyosiyanat *a.* thiocyanate
tiyosiyanik *s.* thiocyanic
tiyosiyanojen *a.* thiocyanogen
tiyosülfat *a.* thiosulphate
tiyosülfürik asit *a.* thiosulphuric acid
tiyosülfürik *s.* thiosulfuric
tiyoürasil *a.* thiouracil
tiyoüre *a.* thiourea, thiocarbamide
tiz *s.* (ses) shrill, treble, sharp, strident; *müz.* high, high-pitched **tiz hoparlör** tweeter
tizleşmek *e.* to become shrill, to get higher/sharper
tizlik *a.* being shrill/sharp **tizlik ayarı** treble control
tizreftar *s. esk.* fast, hasty
Tobago *a.* Tobago ¤ *s.* Tobagan
Tobagolu *a, s.* Tobagan
tobogan *a.* toboggan
Togo *a.* Togo
Togolu *a. s.* Togolese
toğrul *a. hayb.* goshawk
tohum *a, bitk.* seed; lineage, family; semen, sperm **tohum ekme makinesi** seeding machine **tohum ekme** seeding, dibbling **tohum ekmek** to seed **tohum ilaçlama** seed dressing **tohum kabuğu** boll **tohum mibzeri** seed drill **tohum vermek** to seed **tohum yatağı** seedbed, drill **tohum zarfı** boll, pod

tohuma kaçmak to go to seed **tohuma kaçmış** seedy **tohuma kalkmak** trm. to run to seed **tohuma kalkmayan** bolting resistant
tohumcu a. raiser/seller of seed
tohumcuk a. ovule
tohumculuk a. raising/selling seed
tohumeker a. seed drill
tohumlama a. insemination
tohumlamak e. to inseminate
tohumlu s. seedy, having seeds
tohumluk a. ovary ¤ s. suitable for seed **tohumluk mısır** seed corn
tohumsuz s. aspermous, seedless
tok s. (ses) deep; full, satiated, filled **tok karnına** on a full stomach **tok ses** dead sound **tok tutum** firm handle, full handle
toka¹ a. buckle, clasp; hairclip
toka² a. shaking hands **toka etmek** to shake hands
tokaç a. mallet, swager
tokaçlamak e. to beat (washing) with a clothes stick
tokalamak e. to clasp
tokalaşma a. handshake
tokalaşmak e. to shake hands
tokat a. slap, cuff, smack, blow, buffet, sock kon., clout kon. **tokat atmak** to slap, to cuff, to box sb's ears **tokat yemek** to be slapped
tokatçı a. swindler
tokatçılık a. swindle
tokatlamak e. to slap, to smack, to cuff, to buffet; arg. to swindle kon.
tokgözlü s. contented, satiated
tokgözlülük a. kon. lack of greed/covetousness
toklaşmak e. (cloth) to mat, to get thick; (voice) to deepen
toklu a. yearling sheep
tokluk a. (mide) being full; (ses) being deep; toughness
tokmak a. mallet, beetle; knocker, knob **tokmakla dövmek** to mall, to swingle
tokmakbaş a. hayb. black goby
tokmakçı a. arg. gigolo
tokmaklamak e. to beat with a mallet
tokoferol a. tocopherol
toksik s. toxic
toksikolog a. toxicologist
toksikoloji a. toxicology
toksikoman s. toxicomaniac

toksikomani a. toxicomania
toksin a. toxin
toksisite a. toxicity
toksözlü s. outspoken, candid
toksözlülük a. outspokenness, candour
toktağan s. perpetual, perennial
tokurdamak e. (a nargileh) to make a bubbling sound
tokurdatmak e. to make (a nargileh) bubble
tokurtu a. bubbling sound (of a nargileh)
tokuşmak e. (animals) to butt each other
tokuz s. teks. stout, full
Tokyo a. Tokyo
tokyo a. thong, flip flop
tolan a. tolan(e)
tolerans a. tolerance
toleranslı s. tolerant * hoşgörülü, müsamahalı
tolga a. war helmet
tolidin a. tolidine
tolil a. toluyl, tolyl
tolit a. kim. tolite, trinitrotoluene
tolu a. tolu balsam
toluen a. toluene
toluidin a. toluidine
tolüen a. kim. toluene
tomak a. yörs. wooden ball
tomar a. roll, scroll
tombak a. tombac, tombak
tombala a. tombola, lotto, bingo
tombalacı a. seller of lotto chances
tombalak s. kon. plump, chubby
tombaz a. pontoon **tombaz köprü** pontoon bridge
tombolo a. tombolo, tying bar
tombul s. plump, buxom, chubby, rotund ört./şak.
tombullaşmak e. to get plump
tombulluk a. plumpness
tomografi a. hek. tomography
tomruk a. log, plank timber, round timber **tomruk arabası** log carriage **tomruk çekme** log haul, logging **tomruk kamyonu** logging truck **tomruk kızağı** logging sled **tomruk sınıfı** log grade **tomruk sürütme** ground skidding **tomruk testeresi** whip saw **tomruk üretimi** logging production **tomruk vagonu** logging car **tomruk yapı** log house **tomruk zinciri** logging chain
tomrukçuluk a. logging
tomson a. Thompson submachine gun

tomurcuk *a, bitk.* bud, sprout

tomurcuklanma *a.* blastogenesis, gemmation, proliferation

tomurcuklanmak *e.* to burst into bud, to bud

tomurcuklu *s.* gemmate

ton[1] *a.* ton *tonla* a) by the ton b) tons of

ton[2] *a, müz.* tone; tone, shade; manner *ton ayarı* tone control

tonaj *a.* tonnage

tonalite *a. müz.* tonality

tonbalığı *a, hayb.* tuna, tunny

toner *a.* toner *toner kartuşu* toner cartridge

tonga *a. arg.* trick, fast one

tonga *a, arg.* trick *tongaya basmak* to be trapped, to be taken in *tongaya bastırmak* to trap, to take in

Tonga *a, s.* Tonga *Tonga Adaları* the Tonga Islands

Tongaca *a, s.* Tongan

Tongalı *a, s.* Tongan

tonik *a.* tonic water, tonic

tonilato *a.* tonnage

tonilatoluk *s. den.* of (...) tonnage

tonlama *a.* toning *tonlama boyası* toning dye

tonlamak *e.* to tone, to tint

tonlayıcı *a. fot.* toner

tonluk *s.* of (...) tons

tono *a, hav.* roll *tono ekseni* roll axis

tonoz *a, mim.* vault; *den.* beach gear, ground gear, ground tackle *tonoz atmak den.* to warp *tonoz bingi mim.* squinch *tonoz demiri den.* kedge anchor, stream anchor *tonoz halatı* guest rope *tonoz kemer* cradle vault

tonozbingi *a, mim.* squinch * tromp

tonozlamak *e.* to kedge

tontin *a.* tontine

tonton *a.* darling

tonus *a, hek.* tone

top *a.* ball; *ask.* cannon; (kâğıt) roll; (kumaş) bolt; knob, ball; gay *top atışıyla selamlamak* to fire a salute *top atmak* to crash, to go bust *top güllesi* cannonball *top kızağı* chassis *top kundağı* gun carriage *top kuyruğu* breech *top oynamak* to play (foot)ball *top sarmak* to wind up *top sürmek* to dribble *top tuncu* gunmetal *topa tutmak* to bombard *topu atmak* to go bankrupt, to go bust *topu topu* in all,

altogether *topu uzaklaştırmak sp.* to clear the ball

topaç *a.* teetotum, top

topak *a.* lump; pellet *topak kırıcı* sugar breaker

topaklama *a.* pelletizing

topaklamak *e.* to pelletize

topaklanmak *e.* to become round, to flake

topaklaşma *a.* flocculation

topaklı *s.* with lumps, caked

topaksız *s.* without lumps, smooth

topal *s.* lamed, crippled, game ¤ *a.* cripple *topal etmek* to lame

topalak *s. yörs.* round, rounded

topallamak *e.* to limp, to hobble

topallık *a.* lameness

topaltı *a.* area just outside the walls of a castle

toparcık *a.* shot; ball

toparlak *s.* round, spherical * küre, kürevi ¤ *a.* sphere

toparlamak *e.* to collect together; to tidy (up), to clear (sth) up; to summarize

toparlanmak *e.* to be collected together; to be summarized; to recover, to rally; to pull oneself together

toparsı *s.* spheroid

topatan *a, bitk.* fragrant yellow muskmelon

topaz *a.* topaz

topçeker *a.* navy gunboat

topçu *a, ask.* artilleryman, gunner *topçu sınıfı* artillery

topçuluk *a.* gunnery

tophane *a.* arsenal

topla *a.* three-pronged pitchfork

toplaç *a.* collector

toplahana *a. bitk.* head cabbage

toplam *s.* total, overall, in all ¤ *a.* total, aggregate *toplam akım* total current *toplam basınç* total pressure *toplam denetimi* summation check *toplam en* overall width *toplam kadir* integrated magnitude *toplam karbon* total carbon *toplam kazanç* overall gain *toplam kül* total ash *toplam maliyet* total cost *toplam olarak* all told *toplam reaksiyon* overall reaction *toplam sertlik* total hardness *toplam tepkime* overall reaction *toplam verim* overall efficiency

toplama *a.* collecting, collection, accumulation; *mat.* addition *toplama çevrimi* adder **toplama çizelgesi** addition table **toplama deposu** storage reservoir **toplama devresi** adder **toplama eğrisi** cumulative curve **toplama havuzu** storage reservoir **toplama kampı** concentration camp * temerküz kampı **toplama süresi** add time

toplamak *e.* to collect, to gather, to assemble, to gather sb/sth round; *mat.* to add, to total; to amass, to accumulate; to pick, to gather sth; (ekin) to reap; to put on weight; to tidy up; to convene, to convoke

toplanan *a.* addend

toplanık *s.* gathered, assembled

toplanmak *e.* to be collected, to be gathered; to be added; to be picked; to gather, to come together, to congregate, to assemble, to crowd, to meet, to get together, to gather (round)

toplantı *a.* meeting; congress, conference; assembly, gathering **toplantı başkanı** chairman **toplantıya çağırmak** to convene **toplantıyı açmak** to start a meeting

toplardamar *a, anat.* vein

toplaşık *s.* sintered

toplaşmak *e.* to gather together, to assemble

toplatılmak *e.* to be collected

toplayıcı *s.* collecting, accumulative ¤ *a.* adder, collector **toplayıcı anten** communal aerial **toplayıcı-çıkarıcı** adder-subtracter **toplayıcı dren** collecting drain **toplayıcı hat** mains **toplayıcı ışıldak** spot lamp **toplayıcı ızgara** collecting grid **toplayıcı makara** take-up reel

toplu *s.* collected, gathered; neat, tidy; global, overall; buxom, plump, rotund *ört./şak.*; collective; having a knob/round head **toplu anten** communal aerial **toplu çekim** establishing shot, vista shot **toplu eksikatör** bus driver **toplu işlem** batch processing **toplu kondansatör** gang capacitor **toplu konut** housing estate **toplu pazarlık** collective bargaining **toplu sözleşme** *bkz.* toplusözleşme **toplu taşıma** *bkz.* toplutaşıma

topluca *be.* as a whole

toplugörüşme *a.* panel discussion

topluiğne *a.* pin

toplukıyım *a.* massacre

topluluk *a.* group; community; *müz.* band **topluluk adı** *dilb.* collective noun

toplum *a.* community, society **toplum bilimleri** social science, social studies

toplumbilim *a.* sociology * sosyoloji, içtimaiyat

toplumbilimci *a.* sociologist * sosyolog, içtimaiyatçı

toplumbilimcilik *a.* sociologism

toplumbilimsel *s.* sociological * sosyolojik

toplumcu *a, s.* socialist * sosyalist

toplumculuk *a.* socialism * sosyalizm

toplumdaş *a.* fellow member of a society

toplumdışı *s.* extrasocial, not related to society

toplumdışılık *a.* being extrasocial, not being related to society

toplumdilbilim *a.* sociolinguistics

toplumlararası *s.* intersocietal

toplumlaşmak *e.* to form a society, to become a society

toplumsal *s.* social * sosyal **toplumsal bilimler** social sciences

toplumsallaşmak *e.* to become socialized

toplumsallaştırmak *e.* to socialize

toplumsallık *a.* sociality, socialness

toplusözleşme *a.* collective agreement, collective contract

toplutaşıma *a.* mass transport

topograf *a.* topographer

topografik *s.* topographic(al) **topografik etüt** land survey

topografya *a.* topography **topografya haritası** topographic map

topoloji *a.* topology

topolojik *s.* topological

toprak *a.* earth; ground; soil; land; clod; country; domain ¤ *s.* earthen, earthenware **toprağa bakmak** to be on the brink of death **toprağa vermek** to bury **toprak ağası** squire **toprak akımı** earth current **toprak akması** solifluction **toprak alkali metaller** alkaline earth metals **toprak analizi** soil analysis **toprak anteni** ground antenna **toprak arızası** earth fault **toprak asiditesi** soil acidity **toprak aşınması** soil erosion **toprak bağlantısı** earth connection **toprak baraj** earth dam **toprak basıncı** soil pressure **toprak betonu** clay concrete **toprak canlısı** edaphone **toprak çizgisi** ground line **toprak çözeltisi** soil solution **toprak derinliği** soil depth **toprak devresi** earth circuit **toprak direnci** earth resistance **toprak dönüşü** ground return **toprak drenajı** soil drainage **toprak duvar** earth wall, dike **toprak erozyonu** soil erosion **toprak gübrelemesi** soil dressing **toprak hafriyatı** earthwork **toprak harç** clay mortar **toprak haritası** soil map **toprak hattı** ground line **toprak ıslahı** soil amelioration **toprak kablosu** ground cable **toprak kap** earthenware **toprak kapasitesi** earth capacitance **toprak kayması** landslide, landslip **toprak kazanma** land reclamation **toprak kıvamı** soil consistence **toprak koruma** soil conservation **toprak kullanımı** land use **toprak künk** soil pipe, earth pipe **toprak levhası** ground plate **toprak macunu** soil paste **toprak mekaniği** soil mechanics **toprak metaller** earth metals **toprak nemi** soil moisture **toprak numunesi** soil sample **toprak olmak** to depart (from) this life *esk.* **toprak plakası** earth plate **toprak set** embankment, earthwork **toprak seviyesi** ground level **toprak stabilizasyonu** soil stabilization **toprak tabyası** earthwork **toprak tavı** mellowness of soil **toprak teli** ground wire **toprak terminali** ground terminal **toprak tesviyesi** grading **toprak verimliliği** soil fertility **toprak yapısı** soil structure

toprakaltı *s.* subsoil, subterranean **toprakaltı drenaj** subdrainage **toprakaltı dreni** closed drain

toprakbilim *a.* pedology, soil science * pedoloji

toprakbilimci *a.* soil scientist, pedologist

toprakbilimsel *s.* pedologic(al)

toprakboya *a.* yellow ochre, ochre

toprakkaya *a.* mantle rock, regolith

topraklama *a.* earthing, grounding **topraklama levhası** ground plate

topraklamak *e.* to earth **topraklanmamış** ungrounded **topraklanmış** grounded, earthed

topraklandırmak *e.* to give land to, to let possess land

topraklı *s.* mixed/soiled with earth; land-owning, landed

topraksıçanı *a. hayb.* field vole

topraksız *s.* not mixed/soiled with earth; landless

topsalata *a. bitk.* head lettuce

topsarmaşık *a.* balloon vine

toptan *s.* wholesale ¤ *be.* collectively, completely **toptan fiyat** wholesale price **toptan fiyatı** wholesale price **toptan satış** wholesale trade **toptan satmak** to wholesale

toptancı *a.* wholesaler, wholesale dealer

toptancılık *a.* wholesaling

topuk *a.* heel **topuk alma** pillar extraction **topuk kayması** slope failure

topukdemiri *a.* hinge pin (of a door)

topukkemiği *a. anat.* anklebone, talus

topuklamak *e.* to heel

topuklu *s.* high-heeled

topuksuz *s.* flat-heeled, low-heeled

topur *a.* chestnut hull

toput *a. kim.* deposit, sediment

topuz *a.* (silah) mace, war club; globular knob, knob; (saç) knot, bun **topuz çatı** pavilion roof

topuzcuk *a.* tubercle

topuzlu *s.* with a knob **topuzlu çekiç** ball peen hammer **topuzlu kantar** steelyard

topyekûn *be.* altogether, all told, entirely

tor *a.* torus

torak *a.* pit for burning coal

toraks *a.* thorax

toraman *a. kon.* strapping and sturdy lad

torba *a.* bag, sack; *anat.* scrotum **torba filtre** bag filter **Torbada keklik** It's in the bag **torbaya doldurmak** to bag

torbacık *a.* cisterna, diverticulum, theca, utricle, vesicle

torbalamak *e.* to bag

torbalaşım *a. hek.* aneurysm

torbalı *s.* pouched, saccate

torbamsı *s.* utricular

torbernit *a.* torbernite

toreador *a.* toreador

torero *a.* torero

torik *a.* large bonito

torin *a.* taurine

torit *a.* thorite

tork *a.* torque **tork anahtarı** torque wrench **tork değiştirici** torque converter **tork mili** torque shaft **tork motoru** torque motor

torlak *s.* inexperienced, green; unbroken (colt)

torluk *a. yörs.* greenness, lack of experience

torna *a.* lathe ***torna aynası*** lathe chuck ***torna başlığı*** lathe chuck ***torna fırdöndüsü*** carrier ***torna işi*** turnery ***torna kalemi*** turning chisel ***torna kızağı*** lathe bed ***torna mesnedi*** lathe dog ***torna takımı*** lathe tool ***torna tezgâhı*** turning lathe ***torna yatağı*** lathe bed

tornacı *a.* turner

tornacılık *a.* turnery, turning

tornado *a, metr.* tornado

tornalamak *e.* to cut on a lathe

tornalı *s.* turned (on a lathe), lathed

tornavida *a.* screwdriver

tornistan *a, den.* sternway ***tornistan etmek*** *den.* to go astern

toroidal *s.* toroidal

torpido *a.* torpedo boat ***torpido gözü*** *oto.* glove compartment

torpidobot *a.* torpedo boat

torpil *a.* torpedo; *arg.* string-pulling, pull; *arg.* backer, supporter ***torpil yaptırmak*** to pull strings/wires (for sb) *kon.* ***torpili olmak*** to have friends in the right places, to have friends who can pull strings

torpilbalığı *a.* electric ray

torpillemek *e.* to torpedo

torsiyometre *a.* torquemeter, torsiometer

torsiyon *a.* torsion, twisting ***torsiyon çubuğu*** torsion bar ***torsiyon sarkacı*** torsion pendulum ***torsiyon terazisi*** torsion balance ***torsiyon testi*** torsion test

tortop *s. kon.* as round as a ball

tortu *a.* sediment, deposit; *mec.* dregs ***tortu asfalt*** sludge asphalt

tortul *s.* sedimentary ***tortul kayaçlar*** sedimentary rocks

tortulaşma *a.* sedimentation

tortulaşmak *e.* to be deposited

tortulaşmaz *s.* nonsedimentable

tortulbilim *a.* sedimentology

tortulu *s.* with sediment ***tortulu su*** connate water

tortusuz *s.* free of sediment, clear

torun *a.* grandchild, descendant

toryum *a.* thorium

toryumlu *s.* thoriated

tos *a.* butt ***tos vurmak*** to butt

tosbağa *a, kon.* turtle, tortoise * kaplumbağa

toslamak *e.* to butt; to bump, to ram, to barge; *arg.* to pay, to shell out

toslaşmak *e.* to butt each other

tost *a.* toasted sandwich ***tost ekmeği*** sliced bread for toasting ***tost makinesi*** toaster ***tost yapmak*** to toast

tostçu *a.* maker/seller of toasted sandwiches

tostoparlak *s. kon.* as round as a ball

tosun *a.* bullock ***tosun edebiyatı*** graffiti ***tosun gibi*** plump

tosuncuk *a.* a big newborn baby

totalitarizm *a.* totalitarianism

totaliter *a, s.* totalitarian

totalizator *a.* totalizer, totalizator

totem *a.* totem * ongun

totemcilik *a.* totemism * ongunculuk

toto *a.* football pools, pools ***toto kuponu*** pools coupon

totoloji *a.* tautology

toy[1] *s.* inexperienced, raw, naive, green *kon.*, callow *hkr.* ¤ *a.* novice

toy[2] *a, esk.* feast

toy[3] *a, hayb.* bustard

toyaka *a.* cudgel, twisting stick

toydan *a. hayb.* great bustard

toygar *a, hayb.* lark * tarlakuşu

toyluk *a.* callowness, greenness

toynak *a, hayb.* hoof * duynak

toynaklı *s.* hoofed, ungual

toynaklılar *a.* Ungulata

toz *a.* dust; powder; *arg.* heroin, snow, angel powder ¤ *s.* powdered, in powder form ***toz ağacı*** aspen ***toz almak*** to dust ***toz bezi*** dustcloth ***toz bulutu*** cloud of dust ***toz çekirdek*** dust core ***toz çökertme*** dust settling ***toz fırçası*** whisk ***toz fırtınası*** dust storm ***toz geçirmez*** dust-proof, dust-tight ***toz kolektörü*** dust collector ***toz kondurmamak*** not to allow anybody to speak ill of sb ***toz koparmak*** to raise the dust ***toz kömür*** dust coal ***toz maskesi*** dust mask ***toz metalurjisi*** powder metallurgy ***Toz ol*** Buzz off!, Shove off! *kon.* ***toz olmak*** *arg.* to run away, to make oneself scarce, to clear out (of) *kon.* ***toz patlaması*** dust explosion ***toz püskürtücü*** duster ***toz sabun*** soap powder ***toz sereni*** ram ***toz şeker*** *bkz.* tozşeker ***toz toplayıcı*** dust arrester ***toz yüzlüğü*** dust mask

tozağacı *a. bitk.* poplar

tozaklaşma *a.* pollination, pollinization
tozalaksal *s.* pineal
tozan *a.* molecule
tozarmak *e.* to pollinate
tozboya *a.* powder paint
tozkoparan *s. kon.* very windy (place)
tozlamak *e.* to dust
tozlanma *a.* efflorescence, pollinization
tozlanmak *e.* to get dusty
tozlaşma *a.* becoming dust; pollination, fertilization
tozlaşmak *e.* to become dust * tozarmak
tozlaştırmak *e.* to atomize
tozlu *s.* dusty
tozluk *a.* gaiters, leggings
tozlukbağı *a.* annectent
tozmak *e.* to turn into dust/powder
tozpembe *s.* light pink **tozpembe görmek** to see things/the world through rose-coloured glasses
tozsabun *a.* soap-powder
tozsuz *s.* dustfree, without dust
tozşeker *a.* granulated sugar **tozu dumana katmak** a) to rise clouds of dust b) to kick up a dust **tozunu almak** to dust **tozunu silkmek** to beat out the dust
tozumak *e.* to form a cloud of dust
tozuntu *a.* cloud of dust
tozutmak *e.* to raise dust; *kon.* to go nuts
töftün *a.* oil cake
töhmet *a.* imputation, blame
töhmetli *s.* guilty
tökezlemek *e.* to stumble, to stagger, to trip
tömbeki *a.* tumbak(i), tumbek(i)
töre *a.* mores; customs, traditions; rules, moral laws
törebilim *a.* ethics * etik, ilmi ahlak
törebilimci *a.* ethician, ethicist
törebilimsel *s.* ethical
töreci *a.* ethicist, moralist
törecilik *a.* ethicism, moralism
töredışı *s.* amoral
töredışıcı *a.* immoralist
töredışıcılık *a.* immoralism
törel *s.* ethical, moral
törellik *a.* ethicalness, morality
törelsiz *s.* unethical, immoral
törelsizlik *a.* unethicalness, immorality
tören *a.* ceremony, celebration * merasim **tören alanı** parade ground **törenle açmak** to inaugurate

törenci *a.* ritualist
törencilik *a.* ritualism
törenli *s.* ceremonial, solemn, formal
törensel *s.* ceremonial
törensiz *s.* not celebrated with a ceremony
töresel *s.* moral
töresiz *s.* unethical, immoral
töresizlik *a.* unethicalness, immorality
töretanımaz *s.* immoral * immoral
töretanımazlık *a.* immoralism * immoralizm
törpü *a.* rasp, file
törpülemek *e.* to file, to rasp
törpülü *s.* filed, rasped
töskürmek *e. yörs.* (horse) to move backward
töskürtmek *e.* to back (a horse)
töskürü *be.* backwards
tövbe *a.* repentance, penitence **tövbe etmek** to forswear, to repent
tövbekâr *s.* penitent, repentant
tövbeli *s.* penitent, repentant
töz *a.* root; *fel.* substance, essence
tözcü *a.* substantialist
tözcülük *a.* substantialism
tözel *s, fel.* substantial
tözellik *a. fel.* substantiality
Trablus *a.* Tripoli
Trablusgarp *a.* Tripoli, Tarabulus el Gharb
trabzonhurması *a.* persimmon
trafik *a.* traffic **trafik akışı** traffic flow **trafik birimi** traffic unit **trafik gürültüsü** traffic noise **trafik hacmi** traffic volume **trafik ışığı** traffic light, stoplight **trafik işareti** road sign, traffic sign **trafik işaretleri** traffic signs **trafik kapasitesi** traffic capacity **trafik kazası** traffic accident **trafik lambası** traffic light **trafik mühendisliği** traffic engineering **trafik polisi** traffic police; traffic policeman **trafik sayımı** traffic count **trafik sıkışıklığı** traffic jam **trafik sinyali** traffic signal **trafik şeridi** traffic lane **trafik tıkanıklığı** traffic jam **trafik tıkanması** traffic congestion **trafik yoğunluğu** traffic density **trafik yükü** traffic load
trafikçi *a. kon.* traffic policeman
trafo *a, elek.* transformer
tragedya *a.* tragedy
trahom *a, hek.* trachoma

trajedi *a, tiy.* tragedy * ağlatı
trajedyen *a.* tragedian, tragedienne
trajik *s.* tragic
trajikomedi *a.* tragicomedy
trajikomik *s.* tragicomic
trake *a.* trachea
trakeotomi *a, hek.* tracheotomy
trakit *a.* trachyte
traksiyon *a, hek.* traction
traktör *a.* tractor **traktör lastiği** tractor tyre **traktör pulluğu** tractor plough
traktörcü *a.* tractorist; seller/repairer of tractors
traktörlü *s. ask.* tractor-drawn
traktris *a.* tractrix
trakunya *a. hayb.* greater weever
Trakya *a.* Thrace
Trakyalı *a, s.* Thracian
trambolin *a.* trampoline
tramp gemi *a. den.* tramp ship/steamer
trampa *a.* barter, exchange, swap **trampa etmek** to barter, to exchange
trampet *a.* side drum
trampetbalığı *a.* drumfish
trampetçi *a.* drummer
tramplen *a.* springboard, diving board; trampoline
tramvay *a.* tram, tramcar, streetcar *Aİ.*, trolley *Aİ.* **tramvay arabası** trolley car **tramvay hattı** tramline, tramway
tramvaycı *a.* streetcar driver, tramway-man
trança *a, hayb.* sea bream
trans *a, ruhb.* trance
transadmitans *a.* transadmittance
transaminaz *a.* transaminase
transandant *s.* transcendental
transandantal *s.* transcendent **transandantal meditasyon** transcendental meditation
transandantalizm *a.* transcendentalism
transatlantik *s.* transatlantic ¤ *a, den.* transatlantic liner
transbordör *a.* traveller
transdüktör *a.* transductor
transept *a.* transept
transfer *a.* transfer **transfer baskı** transfer printing **transfer dişlisi** transfer gear **transfer etmek** *sp.* to transfer **transfer fonksiyonu** transfer function **transfer olmak** *sp.* to transfer **transfer sabiti** transfer constant **transfer ücreti** *sp.* transfer fee **transfer vektörü** trans-

fer vector **transfer yeri** transfer point
transformasyon *a.* transformation
transformatör *a, elek.* transformer **transformatör sacı** transformer plate **transformatör sargısı** transformer winding **transformatör yağı** transformer oil
transformizm *a. biy.* transformism
transfüzyon *a. hek.* transfusion
transfüzyon *a, hek.* transfusion
Transilvanya *a.* Transylvania ¤ *s.* Transylvanian
Transilvanyalı *a, s.* Transylvanian
transistor *a, elek.* transistor
transistorlu *s.* transistorized **transistorlu amplifikatör** transistor amplifier **transistorlu radyo** transistor, transistor radio
transit *a.* transit **transit geçmek** to pass in transit **transit ticareti** transit trade **transit trafik** through traffic **transit vizesi** transit visa **transit yolcu salonu** transit lounge **transit yolu** through street
transitron *a.* transitron
Transkafkasya *a.* Transcaucasia
transkondüktans *a.* transconductance
transkripsiyon *a.* transcription
transliterasyon *a.* transliteration
transmikser *a.* truck mixer
transmisyon *a.* transmission **transmisyon dişlisi** transmission gear **transmisyon düzeyi** transmission level **transmisyon düzlemi** transmission plane **transmisyon freni** transmission brake **transmisyon hattı** transmission line **transmisyon kaybı** transmission loss **transmisyon kayışı** transmission belt **transmisyon kazancı** transmission gain **transmisyon limiti** transmission limit **transmisyon mili** transmission shaft **transmisyon şaftı** transmission shaft **transmisyon zinciri** driving chain
transmitans *a.* transmittance
transmitör *a. elek.* transmitter; transmitting set
transparan *s.* transparent
transplantasyon *a.* transplantation
transport *a.* transport
transportasyon *a.* transportation
transpoze *s.* transposed
transpozisyon *a.* transposition
trap *a, sp.* trapshooting

trapez *a.* trapeze **trapez distorsiyonu** trapezium distortion
trapezci *a.* trapeze artist
tras *a.* trass
travay *a.* research paper, discourse
traverban *a.* transverse gallery
travers *a.* sleeper *İİ.*, tie *Aİ.*
traverten *a.* travertine
travertin *a, yerb.* travertine
travesti *a.* transvestite
travma *a, hek.* trauma
travmatik *s.* traumatic
travmatoloji *a.* traumatology
tredünyon *a.* hyphen
trefl *a. teks.* trefoil
trehaloz *a.* trehalose
trema *a. dilb.* dieresis, diaeresis
tremolit *a.* tremolite
tremolo *a. müz.* tremolo
tren *a.* train **tren istasyonu** railway station
trençkot *a.* trench coat, raincoat **treni kaçırmak** a) to miss the train; *mec.* to miss the bus, to miss the boat
trend *a.* trend
treno *a.* sled, sleigh
treonin *a.* threonine
trepan *a. hek.* trephine, trepan
trepanasyon *a. hek.* trephination, trepanation
treponem *a. hayb.* treponema, treponeme
trete *a.* textbook
tretman *a.* treatment
trevira *a. teks.* trevira
treyler *a.* trailer
triangel *a, müz.* triangle
triasetat *a.* triacetate
triasit *a.* triacid
triazin *a.* triazine
triazol *a.* triazole
triazon *a.* triazone
triboloji *a, tek.* tribology
tribolüminesens *a.* triboluminescence
tribün *a, sp.* stands, stand, grandstand
tridimit *a.* tridymite
trietilamin *a.* triethylamine
trifaze *s.* three-phase **trifaze akım** three-phase current
trifenilmetan *a.* triphenylmethane
trigonometri *a, mat.* trigonometry
trigonometrik *s.* trigonometric **trigonometrik fonksiyon** trigonometric function

triklinik *s.* triclinic
trikloretan *a.* trichloroethane
trikloretilen *a.* trichlorethylene
triko *a.* tricot
trikosefal *a. hayb.* whipworm
trikotaj *a.* knitting things by machine
trikotajcı *a.* maker/seller of knit goods
trikromatik *s.* trichromatic
trikromi *a.* trichromatism
trikromik *s.* three-colour, trichromatic
tril *a, müz.* trill, quaver **tril yapmak** to quaver
trilyon *a.* trillion
trimestr *a.* trimester
trimetilen *a.* trimethylene
tringa *a.* gammoning; *arg.* elegant, dandyish
Trinidad *a.* Trinidad ¤ *s.* Trinidadian
Trinidad ve Tobago *a.* Trinidad and Tobago
Trinidadlı *a, s.* Trinidadian
trinitrat *a.* ternitrate
trinitrogliserin *a.* trinitrin
trinitrokresol *a.* trinitrocresol
trinketa *a, den.* foresail
trinko para *a.* hard cash, the ready *kon.*
trio *a.* trio
trioksit *a.* trioxide, tritoxide
trioz *a.* triose
tripanozoma *a.* trypanosome
tripleks *a.* triplex glass
tripo *a. arg.* gambling den
tripoli *a, yerb.* opal dust
tripolit *a.* tripolite
triportör *a.* three-wheeled van
tripsin *a.* trypsin
triptan *a.* triptane
triptik *a.* triptyque
triptofan *a.* tryptophan(e)
tripuhit *a.* tripuhyite
trisakarit *a.* trisaccharide
trisektris *a.* trisectrix
trisiklik *s, hek.* tricyclic
trişin *a, hayb.* trichina
trişinoz *a.* trichinosis
trişinozlu *s.* trichinous
trişör *a.* cardsharp(er)
triterpen *a.* triterpene
triton *a.* triton
trityum *a.* tritium
triumvir *a.* triumvir
triumvirlik *a.* triumvirate
triyak *a, elek.* triac

triyangülasyon *a.* surveying triangulation

triyot *a.* triode, three-electrode tube

triyör *a.* sorting/separating machine

trofe *a.* trophy

trokoid *a.* trochoid

trol *a.* trawl, trawl net *trol avcılığı yapmak* to trawl *trol balıkçı teknesi* drifter *trol ile balık avlamak* to trawl *trol teknesi* trawler

troley *a.* trolley *troley teli* trolley wire

troleybüs *a.* trolleybus

trombin *a.* thrombin

trombon *a, müz.* trombone

tromboncu *a.* trombone player, trombonist

trombosit *a. biy.* thrombocyte, blood platelet

tromboz *a.* thrombosis

trombus *a. hek.* thrombus

tromp *a, mim.* squinch * tonozbingi

trompet *a, müz.* trumpet

trompetçi *a.* trumpet player, trumpeter

trona *a.* trona

tropik *s.* tropic

tropika *a.* tropic, tropics

tropikal *s.* tropical *tropikal iklim* tropical climate *tropikal kuşak* tropics

tropin *a.* tropine

tropizm *a.* tropism

tropopoz *a.* tropopause

troposfer *a.* troposphere

trotinet *a.* scooter

trotuar *a.* pavement, sidewalk *Aİ.* * yaya kaldırımı

troyka *a.* troika

tröst *a.* trust *tröst şirketi* trust company

trubadur *a.* troubadour

trup *a, tiy.* troupe; (theatrical) company

trustit *a.* troostite

Truva *a.* Troy ¤ *s.* Trojan *Truva atı* the Trojan horse

truvakar *a. teks.* (lady's) three-quarter coat

Truvalı *a, s.* Trojan

trük *a.* gimmick

tsunami *a.* tidal wave, tsunami

tuba *a, müz.* tuba

Tuba *a.* tree of life

tubacı *a.* tuba player

tufa *a. arg.* profit gained by skulduggery

tufacı *a. arg.* robber, holdup man

tufacılık *a. arg.* armed robbery

tufalamak *e. arg.* to pilfer, to steal

tufan *a.* the Flood, the Deluge; *mec.* violent rainstorm

tufeyli *a.* sponger, hanger-on; *hayb.* parasite * asalak, parazit

tufeylilik *a. biy.* parasitism

tugay *a, ask.* brigade

tuğ *a.* plume, aigrette * sorguç

tuğamiral *a, ask.* rear admiral

tuğamirallik *a. ask.* rear admiralship

tuğgeneral *a, ask.* brigadier general

tuğgenerallik *a. ask.* brigadier generalship, brigadiership

tuğla *a.* brick *tuğla asmelon* floor tile *tuğla dizisi* brick course *tuğla duvar* brick wall *tuğla fabrikası* brick plant *tuğla fırını* brick kiln *tuğla harmanı* brick field *tuğla hımışı* brick nogging *tuğla ile örmek* to brick *tuğla inşaat* brick masonry *tuğla işi* brickwork *tuğla kaldırım* brick pavement *tuğla kaplama* brick paving *tuğla kemer* brick arch *tuğla ocağı* brick kiln *tuğla toprağı* brick earth, brick clay

tuğlacı *a.* brick maker *tuğlacı çamuru* pug

tuğlacılık *a.* brickmaking; selling bricks

tuğlamsı *s.* refractory

tuğra *a. trh.* tughra, toughra, tugra; heads (of a coin)

tuhaf *s.* strange, odd, queer, outlandish *hkr.*, cranky *hkr.*; unusual; funny, comical, ridiculous ¤ *be.* strangely, oddly *tuhaf tuhaf* strangely, oddly

tuhafiye *a.* millinery, drapery *tuhafiye dükkânı* haberdashery

tuhafiyeci *a.* milliner, draper, haberdasher *İİ.*

tuhafiyecilik *a.* business of selling sundries/notions

tuhaflaşmak *e.* to get odd/strange

tuhaflık *a.* strangeness, oddness, peculiarity

tukan *a, hayb.* toucan

tul *a, esk.* longitude * boylum

tulani *s. esk.* longitudinal, lengthwise

tulu *a. esk. gökb.* rising (of a heavenly body)

tuluat *a, tiy.* improvisations *tuluat yapmak* to improvise

tuluatçı *a.* actor who improvises

tulum *a.* skin made into a bag; bagpipes * gayda; tube * tüp; jump suit, boiler suit, overalls; rompers *tulum gibi* gross

tulumba *a.* pump *tulumba dairesi* pump room **tulumba pistonu** bucket *tulumba tatlısı* semolina doughnut in syrup
tulumbacı *a.* maker/seller of pumps
tulumbacılık *a.* making/selling pumps
tulumcu *a. müz.* bagpiper
tulumcuk *a.* utricle
tulumpeyniri *a.* goat's milk cheese made in a skin
tulya *a.* thulia
tulyum *a.* thulium
tumağı *a. yörs.* head cold, cold in the head
tuman *a. yörs.* long underpants, long underwear
tumba *a, den.* turning upside down *tumba etmek* to turn upside down, to overturn
tumbadız *s. yörs.* short and fat
tumşuk *a. hayb.* hooked beak
tumşuk, tomşuk *a.* curved beak
tumturak *a.* pompous language
tumturaklı *s.* pompous, bombastic, high-flown, stilted, turgid *hkr. tumturaklı söz* bombast
Tuna *a.* Danube
tunasombalığı *a.* huchen
tunç *a.* bronze ¤ *s.* made of bronze
tunçlaşmak *e.* to bronze
tundra *a.* tundra *tundra iklimi* tundra climate
tungstat *a.* tungstate
tungsten *a, kim.* tungsten *tungsten lambası* tungsten lamp
tungstenli *s.* tungstic
Tunguz *a.* Tungus, Tunguz
Tunguzca *a.* Tungus, Tunguse
Tunguzlar *a.* the Tungus, the Tunguz
tunik *a.* tunic
Tunus *a.* Tunisia ¤ *s.* Tunisian
Tunuslu *a, s.* Tunisian
tur *a.* tour, trip, outing; (yürüyerek) walk, stroll; (taşıtla) drive, spin; *sp.* round, lap *tur atmak* to take a stroll *tur operatörü* tour operator
tura *a.* heads; skein
turaç *a.* francolin
turalamak *e.* to skein
Turan *a.* Turan
Turancı *a.* Pan-Turanist, Pan-Turkist
Turancılık *a.* Pan-Turanism, Pan-Turkism
Turanlı *a. s.* Turanian
turba *a.* peat, turf *turba bataklığı* peat

bed, peat moor *turba tozu* peat dust
turbalık *a.* peat bed, peat moor
turbiyer *a.* peat bed, peat moor
turf *a.* peat
turfa *a. kon.* worthless
turfalamak *e. kon.* to regard as worthless
turfanda *s.* (sebze, meyve) very early; *mec.* new *turfanda ürün* forced crop
turfandacı *a.* raiser/seller of early fruits/vegetables
turfandalık *a.* place where early fruits/vegetables are raised, forcing house
turgor *a, biy.* turgor
turing *a.* touring
turist *a.* tourist, sightseer *turist mevkii* tourist class
turistik *s.* touristic, with great tourist attractions, popular with (the) tourists
turizm *a.* tourism *turizm acentesi* tourist agency *turizm bürosu* tourist bureau *turizm sezonu* tourist season
turkuaz *a, s.* turquoise
turmalin *a.* tourmaline
turna *a, hayb.* crane *turnayı gözünden vurmak* to hit the jackpot
turnaayağı *a.* crowfoot * düğünçiçeği
turnabalığı *a, hayb.* pike
turnacık *a.* runner
turnagagası *a, bitk.* cranesbill, geranium * ıtır çiçeği
turnageçidi *a, metr.* spring storm
turne *a, tiy.* tour *turneye çıkmak* to go on tour
turnike *a.* turnstile; *hek.* tourniquet *turnike anten* turnstile antenna
turnusol *a, kim.* litmus *turnusol kâğıdı* litmus paper
turnuva *a.* tourney, tournament
turnür *a.* bustle, tournure
turp *a, bitk.* radish *turp gibi* hale and hearty, robust, (as) right as rain *kon.*, (as) fit as a fiddle, as sound as a bell *turp gibi olmak* to be a picture of health
turşu *a.* pickle *turşu gibi* worn-out, dog-tired, all in, dead beat *kon.*, buggered *İİ./kab. turşu gibi olmak* to be fagged out *turşu kurmak* to pickle
turşucu *a.* maker/seller of pickles
turşuculuk *a.* making/selling pickles
turşulaşmak *e.* to get crushed to a pulp
turşuluk *s.* suitable for pickling *turşuluk*

hıyar gherkin **turşusu çıkmak** to be worn-out, to be exhausted, to be tired out **turşusunu çıkarmak** to fag sb out **turşusunu kurmak** to pickle **turşuya dönmek** to be tuckered out

turta *a.* tart

turuncu *a, s.* orange (coloured)

turunculaşmak *e.* to turn orange

turunç *a, bitk.* Seville orange, bitter orange

turunçgiller *a, bitk.* citrus fruits

tusah ipeği *a, teks.* tussah silk

tusor *a, teks.* tussore

tuş *a.* key; *sp.* touch

tuşe *a. müz. hek.* touch

tuşlamak *e.* to enter

tuşlamalı *s.* key driven

tuşlu *s.* having keys **tuşlu telefon** touchstone telephone

tutacak *a.* pot-holder

tutaç *a.* byssus

tutak *a.* handle; potholder; hostage * rehine

tutam *a.* pinch; small handful

tutamaç *a.* handle

tutamak *a.* handle, grip; support

tutamlamak *e.* to measure by handfuls

tutanak *a.* minutes; written report; signed proceedings; protocol **tutanak tutmak** to take the minutes (down); to take a/the statement down * zabıt tutmak

tutanakçı *a.* keeper of the minutes

tutar *a.* total, sum, amount, totality; sum of money

tutarak *a.* fit of epilepsy

tutarak, tutarık, tutarga *a, hek.* fit, seizure; epilepsy * sara

tutaraklı *s. yörs.* epileptic

tutarlı *s.* consistent, coherent, consequent **tutarlı olmak** to cohere

tutarlık, tutarlılık *a.* consistency, consistence, coherence

tutarlılık *a.* consistency; coherence

tutarsız *s.* inconsistent, incoherent, inconsequent, contradictory, disconnected

tutarsızlık *a.* inconsistency, incoherency

tutkal *a.* glue

tutkallamak *e.* to glue, to size

tutkallı *s.* glued **tutkallı badana** distemper **tutkallı macun** gap-filling glue

tutkallı *s.* mucilaginous, viscid

tutkalsı *s.* colloid, colloidal

tutku *s.* passion, ambition, craving, aspiration * ihtiras

tutkulu *s.* passionate, ambitious, fervent

tutkun *s.* fond of, mad about/for, crazy about, hooked on **tutkun olmak** to be addicted (to sth)

tutkunluk *a.* passion, love, admiration

tutkuyla *be.* passionately

tutma *a.* hold, holding, detention **tutma havzası** catchment area **tutma komutu** hold instruction

tutmak *e.* to hold; to stop, to detain; to catch, to seize; to keep; to cover, to take; to take up, to occupy; to hold with sth, to agree with, to approve of; to employ, to engage; to keep sb on; to hire, to rent; to make sick; to amount to, to total, to add up to; to suppose; to start, to begin; to take, to last; to stick well, to adhere; to work, to take effect; to contain, to bridle, to dam, to curb, to hold sth back, to stifle; to tally (with), to accord (with); to catch on, to take on; to take root; *kon.* to like, to dig; (söz, vb.) to keep; (takım, vb.) to support; (ağrı, vb.) to come on; (çimento) to bind; *sp.* to mark * marke etmek

tutmazlık *a. hek.* incontinence

tutsak *a.* prisoner; captive ¤ *s.* in chains **tutsak etmek** to capture

tutsaklık *a.* captivity * esaret, esirlik

tutturaç *a.* holder, clasp

tutturmak *e.* to cause to hold; to attach; to fasten; to pin; to clip; to insist, to assert, to nag

tutturmalık *a.* fastener (for clothes)

tutu *a.* mortgage, pledge * rehin, ipotek

tutucu *s.* conservative; holding ¤ *a.* catcher; holder; retainer; trap; conservative, fuddy-duddy *hkr./şak.* * muhafazakâr **tutucu anot** holding anode **tutucu devre** hold circuit **tutucu diyot** catching diode **tutucu huzme** holding beam **tutucu moment** restoring moment

tutuculuk *a.* conservatism * muhfazakârlık

tutuk *s.* tongue-tied, hesitant; stopped up

tutukevi *a.* prison, jail * tevkifhane

tutuklama *a.* arresting, detention, apprehension

tutuklamak *e.* to arrest, to apprehend, to bust sb, to run sb in *kon.*

tutuklu *s.* arrested, imprisoned, under

arrest ¤ *a.* detainee, prisoner

tutukluk *a.* timidity, shyness; stuttering, lisping; breakdown, stoppage, jamming, malfunction ***tutukluk yapmak*** a) to misfire b) to jam

tutukluluk *a.* imprisonment, detention

tutulma *a.* being held; *gökb.* eclipse

tutulmak *e.* to be held; (güneş, ay) to be eclipsed; to fall for, to fall/be in love with; to catch on, to click (with sb) *İİ./kon.*; to become stiff, to be stiff; (hastalık) to go down with sth

tutulum *a.* ecliptic ***tutulum düzlemi*** plane of the ecliptic

tutum *a.* attitude, demeanour *res.*; manner, conduct; thrift, economy, frugality

tutumbilim *a.* science of economics

tutumlu *s.* thrifty, economical, frugal

tutumluluk *a.* thriftiness, frugality

tutumsal *s.* economic

tutumsuz *s.* wasteful, extravagant, improvident *res.*

tutumsuzluk *a.* extravagance, improvidence *res.*

tutunmak *e.* to take hold (of); to hold out/on, to hang on, to endure; to catch on, to take on; to last

tuturuk *a.* kindling; tinder

tutuşabilir *s.* inflammable, flammable

tutuşkan *s.* inflammable

tutuşma *a.* combustion, inflammation ***tutuşma noktası*** kindling point

tutuşmak *e.* to catch fire, to catch alight, to kindle, to blaze, to ignite

tutuşmaz *s.* flameproof, uninflammable

tutuşturma *a.* ignition ***tutuşturma kablosu*** ignition cable

tutuşturmak *e.* to set on fire, to set alight, to fire, to kindle, to ignite; to slip into, to thrust into

tutuşturucu *s.* kindling, igniting ¤ *a.* igniter

tutya *a.* zinc ***tutya taşı*** calamine

tuval *a.* canvas

tuvalet *a.* water closet, toilet, lavatory, lav *kon.*, loo *İİ./kon.*, cloakroom *İİ./ört.*, bathroom *Aİ.*, john *Aİ./arg.*, rest room *Aİ./ört.*; evening dress, toilet ***tuvalet eşyaları*** toiletries ***tuvalet kâğıdı*** toilet paper ***tuvalet masası*** dressing table ***tuvalet odası*** dressing room ***tuvalet takımı*** toiletries ***tuvalete gitmek*** to go to the toilet

Tuvalu *a.* Tuvalu

tuvönan *a.* raw coal, run-of-mine coal

tuz *a.* salt, common salt ***tuz banyosu*** salt bath ***tuz bataklığı*** salt marsh ***tuz çözeltisi*** salt solution ***tuz domu*** salt dome ***tuz ekmek*** to salt ***tuz gölü*** salt lake ***tuz içeriği*** salt content ***tuz koymak*** to salt ***tuz muhtevası*** salt content ***tuz sırı*** salt glaze ***tuz tümseği*** salt dome ***tuzla buz etmek*** to smash to smithereens, to break to pieces ***tuzla buz olmak*** to be smashed to smithereens, to break to smithereens ***tuzu kuru olmak*** to have nothing to worry about, to sit pretty ***tuzunu almak*** to de-salt

tuzak *a.* trap, snare, decoy ***tuzağa düşmek*** to fall into a trap ***tuzağa düşürmek*** to trap, to entrap, to snare ***tuzak amplifikatörü*** trap amplifier ***tuzak kurmak*** to lay a trap

tuzakçı *a.* trapper ***tuzakla yakalamak*** to snare

tuzcu *a.* seller of salt

tuzcul *a.* halobiont, halophilous, halophyte, halophytic

tuzla *a.* saltpan, pan * memleha

tuzlak *a.* salt meadow

tuzlamak *e.* to salt

tuzlu *s.* salty, saline; *kon.* very expensive, dear, pricey *İİ./kon.*, pricy *İİ./kon.* ***tuzlu eriyik*** salt solution ***tuzlu göl*** salt lake ***tuzlu su*** a) brine b) saltwater ***tuzlu toprak*** saline soil

tuzlubalgam *a. hek.* tetter

tuzluk *a.* saltcellar, saltshaker *Aİ.*

tuzluluk *a.* saltiness; salinity

tuzölçer *a.* salinometer

tuzruhu *a.* hydric chloride, marine acid, spirit(s) of salt, hydrochloric acid

tuzsever *s. bitk.* halophilic

tuzsuz *s.* unsalted; saltless; *mec.* insipid, boring

tuzul *a.* alkali

tuzüreten *a.* halogen

tüberkülin *a, hek.* tuberculin ***tüberkülin testi*** *hek.* tuberculin test

tüberküloz *a, hek.* tuberculosis, TB

tüccar *a.* merchant, trader, dealer (in sth)

tüccarlık *a.* trade, commerce

tüf *a, yerb.* tufa

tüfek *a.* rifle, gun ***tüfek atmak*** to fire a rifle ***tüfek bombası*** rifle grenade ***tüfek***

çatmak to stack arms **tüfek fişeği** ball cartridge **tüfek mekanizması** bolt **tüfek namlusu** gun barrel **tüfek patlamaksızın** without fighting

tüfekçi a. gunsmith

tüfekçilik a. gunsmithing

tüfekhane a. armoury

tüfeklik a. gun rack

tüflü s. tuffaceous

tüh ünl. Dash it!, Alas!, Tut, Tut-Tut **Tüh be** Dash it!

tükel s. perfect, ideal

tükenik s. exhausted

tükenmek e. to run out, to be used up, to come to an end; to run out of sth; to be sold; to be exhausted, to give out

tükenmez s. inexhaustible, endless ¤ a. ball-point, ball-point pen

tükenmezkalem a. ball-point, ball-point pen; biro

tükenmezlik a. inexhaustibleness, endlessness

tüketici a. consumer * müstehlik ¤ s. consuming **tüketiciyi koruma** consumerism

tüketim a. consumption * yoğaltım, istihlak **tüketim maddeleri** consumer goods **tüketim maddesi** consumable item **tüketim oranı** consumption rate

tüketmek e. to consume, to deplete; to use up, to expend; to spend; to exhaust; to drain sb

tükürmek e. to spit; to spit out **tükürdüğünü yalamak** to eat one's words

tükürük a. spit, spittle, saliva, slaver, sputum res. **tükürük bezleri** salivary glands **tükürük hokkası** cuspidor, spittoon **tükürük salgılamak** to salivate

tükürüklemek e. to slaver

tükürükotu a, bitk. ornithogallum

tül a. tulle; tulle curtain **tül makinesi** tulle machine **tül perde** net curtain

tülaremi a. hek. tularemia

tülbent a. muslin, gauze, cheesecloth

tülbulut a. cirrostratus * sirostratüs

tülemek e. yörs. (a bird) to moult

tüm a. the whole of ¤ s. whole, all; entire; total, absolute **tüm dalga** all-wave **tüm sağanak** squall **tümünü satın almak** to buy up

tümaçı a. round angle

tümamiral a, ask. vice admiral

tümamirallik a. ask. vice admiralship

tümbaşkalaşım a. holometabolism

tümbaşkalaşma a. hayb. holometabolism

tümbek a. yörs. small mound

tümbölen s. aliquot

tümbölmez a, s, mat. aliquant

tümce a, dilb. sentence * cümle

tümcebilim a. syntax

tümcebilimsel s. syntactic(al)

tümden be. completely, entirely

tümdengelim a. deduction * talil, dedüksiyon

tümdengelimli s. deductive

tümdevre a. integrated circuit

tümel s, mant, fel. universal **tümel önerme** universal sentence

tümellik a. universality

tümen a, ask. division

tümevarım a. induction

tümevarımlı s. inductive

tümevarımsal s. inductive

tümgeneral a, ask. major general; air vice-marshal

tümgenerallik a. ask. major generalship; air marshalship

tümişlev a. entire function

tümleç a, dilb. complement

tümleme a. complementation

tümlemek e. to complete

tümlenik s. integrated

tümler s, mat. complementary **tümler açı** complementary angle

tümleşik s. integrated **tümleşik devre** integrated circuit **tümleşik emülatör** integrated emulator **tümleşik yazılım** integrated software

tümlev a. integral

tümlevci a. integrator

tümlevleme a. integration

tümlevlenebilir s. integrable

tümlevlenen a. integrand

tümleyici s. complementary

tümlük a. totality, entirety

tümör a, hek. tumour, growth * ur

tümöral s. hek. tumoral

tümörlü s. tumoral

tümsayı a. integer

tümsek a. mound, hump; protuberance ¤ s. convex **tümsek ayna** convex mirror **tümsek mercek** convex lens

tümsekli s. bumpy; convex

tümseklik a. protuberance

tümselmek e. to swell, to be protuberant

tümtanrıcı *a.* pantheist * panteist
tümtanrıcılık *a.* pantheism * panteizm
tümülüs *a.* tumulus, barrow
tümür *a. anat.* villus
tümüyle *be.* completely, totally, fully, entirely, absolutely, diametrically, altogether, quite
tün *a.* night
tünaydın *ünl.* good evening!, Good night!
tünek *a.* perch, roost
tüneklemek *e.* to perch (on)
tünel *a.* tunnel *tünel açmak* to drive a tunnel, to tunnel *tünel diyodu* tunnel diode *tünel fırın* tunnel furnace *tünel kaplaması* tunnel lining *tünel kazmak* to burrow *tünel kurutucu* tunnel dryer *tünel olayı* tunnel effect
tünemek *e.* to perch, to roost
tünik *a.* tunic
tünmek *e.* (night) to fall
tünsel *s.* nocturnal
tüp *a.* tube; test tube *tüp bebek* test-tube baby *tüp gürültüsü* tube noise *tüp sayaç* tube counter
tüplük *a.* rack for test tubes
tür *a.* kind, sort, type, description *kon.*; *biy.* species
türban *a.* turban
türbanlı *s.* turbaned
türbe *a.* tomb, mausoleum
türbeeriği *a. bitk.* a red plum
türbidimetre *a.* turbidimeter
türbidimetri *a.* turbidimetry
türbidite *a.* turbidity
türbin *a.* turbine *türbin çarkı* turbine wheel *türbin kanadı* turbine blade *türbin rotoru* turbine rotor *türbin tekerleği* turbine wheel
türbit *a.* turpeth
türboalternatör *a.* turbogenerator
türbojet *a.* turbojet *türbojet motoru* turbojet engine
türbokompresör *a.* turbocompressor
türboprop *a.* turboprop
türbülans *a.* turbulence *türbülans odası* turbulence chamber
türbülanslı *s.* turbulent *türbülanslı akım* eddy flow
türdeş *s.* of the same kind; homogeneous * mütecanis
türdeşli *s.* homogamous
türdeşlik *a.* homogeneity
türdeşsiz *s.* dichogamous

türdeşsizlik *a.* dichogamy
türe *a.* justice * adalet
türedi *a.* upstart *hkr.*
türel *s.* judicial
türeme *a.* springing up, sprouting up; derivation
türemek *e.* to spring up, to sprout up, to appear, to come into existence; to derive (from) *türetilmiş birim* derived unit
türeti *a.* invention
türetici *a.* inventor
türetke *a.* differential
türetme *a.* creation, formation; derivation
türetmek *e.* to bring into existence, to create, to form; to derive
türev *a.* derivative * müştak
türevsel *s.* differential
türgen *s.* allel(e), allelic, allelomorphic
türgenleşme *a.* allelomorphism
Türk *a.* Turk ¤ *s.* Turkish *Türk kahvesi* Turkish coffee *Türk kırmızısı* Turkey red
Türkçe *a.* Turkish
Türkçeci *a. kon.* teacher of Turkish
Türkçeleşmek *e.* to become part of the Turkish language
Türkçeleştirmek *e.* to adopt into Turkish; to translate (sth) into Turkish
Türkçü *a. s.* Turkist
Türkçülük *a.* Turkism
Türki *a, s.* Turki
Türkistan *a.* Turkistan
Türkistanlı *a. s.* Turkistani
Türkiye *a.* Türkiye, Turkey
Türkiyeli *a.* citizen of Turkey
Türkleşmek *e.* to be Turkicized
Türkleştirmek *e.* to Turkicize
Türklük *a.* Turkishness
Türklükbilim *a.* Turcology
Türklükbilimci *a.* Turcologist
Türklükbilimcilik *a.* Turcology
Türkmen *a.* Turkoman, Turcoman
Türkmence *a, s.* Turkmen, Turkoman
Türkmenistan *a.* Turkmenistan
Türkmenler *a.* the Turkmen
Türkolog *a.* Turcologist
Türkoloji *a.* Turcology
türkuvaz *a.* turquoise
türkü *a.* folk song, ballad *türkü çağırmak/söylemek* to sing a song
türleşmek *e.* to speciate
türlü *s.* various, diverse, assorted * muhtelif ¤ *a.* meat and vegetable stew

türlü türlü all sorts of, miscellaneous, manifold, sundry

türsel *s.* generic, varietal

türüm *a.* genesis; *fel.* emanation

türümcü *a. fel.* emanationist

türümcülük *a. fel.* emanationism

türüzotu *a. bitk.* honeysuckle

tüs *a.* fuzz, down

tüsor *a. teks.* tussah, tussore

tüten *a, yerb.* fumarole

tütmek *e.* to smoke, to fume; to miss, to long for

tütsü *a.* incense

tütsüleme *a.* fumigation

tütsülemek *e.* to cense; to smoke

tütsülü *s.* censed; smoked

tütsülük *a.* incense burner

tüttürmek *e.* to smoke (cigarette, pipe, etc.)

tütün *a, bitk.* tobacco; smoke

tütünbalığı *a.* smoked fish

tütüncü *a.* tobacconist

tütüncülük *a.* selling/growing tobacco

tütünçiçeği *a. bitk.* flowering tobacco

tütünrengi *s.* tobacco brown

tüvana *s. esk.* strong, vigorous

tüveyç *a. esk.* corolla

tüvinset *a. teks.* twinset

tüvit *a.* tweed

tüy *a.* feather; quill; down; bristle, hair *tüy dikmek* to add insult to injury *tüy döküntüsü* fluff *tüy gibi* as light as a feather, feathery *tüy kalem* quil pen *tüy takmak* to feather *tüyler ürpertici* hair-raising, spine-chilling, bloodcurdling, eerie, creepy *tüyleri diken diken olmak* (hair) to stand on end, to get goose bumps *tüyleri ürpermek* to get the shivers *tüylerini diken diken etmek* to give sb the willies *tüylerini ürpertmek* to make sb's hair stand on end, to curdle one's blood

tüyağırlık *a, sp.* featherweight * tüysıklet

tüybiti *a. hayb.* bird louse, biting louse

tüybulut *a.* cirrus

tüycük *a.* cilium

tüycüklü *s.* ciliated

tüyçimen *a.* feather grass

tüydöken *a. arg.* straight razor, razorblade

tüydürmek *e. arg.* to steal, to pinch

tüylendirme *a, teks.* raising, napping *tüylendirme etkisi* napping effect

tüylendirme makinesi raising machine, napping machine *tüylendirme silindiri* napping roller *tüylendirme telefi* raising waste

tüylendirmek *e, teks.* to raise, to nap, to tease, to gig

tüylenmek *e.* to grow hair; to grow feathers; *mec./kon.* to get rich

tüylü *s.* feathery; downy *tüylü kumaş* pile fabric

tüylülük *a.* pilosity, plumosity

tüymek *e, arg.* to travel, to flee, to slip away, to sneak off, to scuttle, to clear off *kon.*, to clear out (of) *kon.*, to make off *kon.*, to do a bunk *İİ./kon.*, to bunk off *İİ./arg.*

tüyo *a.* tip, tip-off *tüyo vermek* to tip, to give a tip

tüyocu *a.* tipster

tüysıklet *a, sp.* featherweight * tüyağırlık

tüysü *a.* plumate

tüysüz *s.* hairless; featherless; pileless, napless; beardless, young *tüysüz apre* napless finish

tüysüzşeftali *a. bitk.* nectarine

tüze *a.* justice; law * hukuk

tüzeci *a.* jurist

tüzel *s.* judicial; corporate

tüzelkişi *s, huk.* juristic person, corporation, artificial person

tüzelkişilik *a.* juristic personality

tüzemen *a.* jurist**taahhüt** *a.* obligation, contract, commitment *taahhüt etmek* to undertake

tüzük *a.* regulations, bylaw *Aİ.*

tvist *a, müz.* twist

U

U, u *a.* the twenty-fifth letter of the Turkish alphabet *U borusu* U-tube *U cıvatası* U-bolt *U vadi* U valley, trough valley

ubudiyet *a. esk.* slavery, bondage

uca *a. anat.* coccyx, tailbone

ucay *a.* pole * kutup

ucaylanım *a.* polarization * polarma

ucaylanma *a.* polarization * polarma

ucaylanmak *e.* to polarize

ucaylık *a. fiz.* polarity

ucaylık *a.* polarity

ucaysal *s.* polar

ucaysı s. fiz. polaroid
ucaysız s. nonpolar
ucaysızlanma a. depolarization
ucaysızlaştırma a. depolarization
ucaysızlaştırmak e. to depolarize
ucube a. freak, freak of nature, monstrosity
ucun ucun a. kon. little by little, slowly
ucuz s. cheap, inexpensive; mec. easy, facile hkr. **ucuz atlatmak/kurtulmak** to get off cheap
ucuza be. cheaply, on the cheap kon. **ucuza almak** to get sth on the cheap **ucuza düşürmek** to get/buy (sth) cheaply **ucuza gitmek** to go for a song
ucuzcu s. cheap, charging low prices ¤ a. cheapjack
ucuzlamak e. to become cheaper, to cheapen, to come down
ucuzlatmak e. to cheapen, to lower the price (of)
ucuzluk a. cheapness, inexpensiveness; sale
uç a. tip; point; extremity, end; pen-nib; esk. reason **ucu bucağı olmamak** to be endless **ucu ucuna** ill, only with difficulty **ucunu kaçırmak** to lose the thread of **ucunu kesmek** to truncate, to lop **uç boşluğu** end play **uç çapı** tip diameter **uç değeri** peak value **uç değiştirme** polarity reversal **uç empedansı** terminal impedance **uç etkisi** end effect **uç frezesi** end mill **uç gerilimi** terminal voltage **uç kıskacı** terminal clamp **uç parçası** end piece **uç plakası** end plate **uç silindiri** tip cylinder **uç uca gelmek** to be just enough **uç uca** end to end **uç yatak** end bearing
uçak a. aeroplane, plane, airbus, aircraft, craft, airplane Aİ. **uçak benzini** aviation gasoline **uçak bileti** flight ticket **uçak donatısı** aircraft equipment **uçak elektroniği** aircraft electronics **uçak endüstrisi** aircraft industry **uçak fabrikası** aircraft factory **uçak faydalı yükü** useful load **uçak gemisi** aircraft carrier **uçak gövdesi** fuselage **uçak hangarı** aircraft hangar **uçak inşaatı** aircraft construction **uçak istasyonu** aircraft station **uçak kaçırmak** to skyjack **uçak kanadı** aerofoil **uçak kazası** air crash **uçak korsanı** skyjacker **uçak**

lastiği aircraft tyre **uçak makinisti** ack-ack-emma **uçak motoru** aircraft engine **uçak mutfağı** galley **uçak mühendisi** aircraft engineer **uçak mürettebatı** aircrew **uçak parkı** airplane park **uçak pisti** runway, airstrip **uçak postası** airmail **uçak sanayii** aircraft industry **uçak taksi** air taxi **uçak teçhizatı** aircraft equipment **uçak terminali** air terminal **uçak tutmak** to be airsick **uçak tutması** airsickness **uçak yakıtı** aircraft fuel **uçakla** a) by plane b) by airmail **uçakla gitmek** to fly, to go by plane **uçakla göndermek** to send by airmail, to airmail **uçakla taşımak** to airlift
uçaksavar a. antiaircraft weapon **uçaksavar füzesi** antiaircraft missile **uçaksavar topu** antiaircraft gun
uçan s. flying; volatile, fugitive **uçan iskele** inş. hanging buttress **uçan kuşa borcu olmak** to be up to one's ears/eyes in debt **uçan kuştan medet ummak** to grasp at straws **uçan kül** flue dust, fly ash
uçanbalık a. hayb. flying fish
uçandaire a. flying saucer, unidentified flying object, UFO
uçankeseli a. hayb. flying phalanger
uçantop a. volleyball
uçar s. flying **uçara atmak** to shoot a flying bird
uçarbalık a. hayb. flying fish
uçarı s. dissolute, debauched, giddy esk./hkr. ¤ a. debauchee
uçarılık a. debauchery
uçarkefal a. Atlantic flying fish
uçarköpek a. hayb. flying fox
uçarkurbağa a. hayb. flying frog
uçarlık a. fugacity
uçarmaki a. hayb. flying lemur
uçarsincap a. hayb. flying squirrel
uçbeyi a. trh. marcher lord
uçdeğer a. extremum
uçkun a. spark
uçkur a. waistband, belt **uçkuruna gevşek** promiscuous, incontinent
uçkurutan a. fungus harmful to citrus plants
uçlanmak e, arg. to give, to pay, to shell out kon., to fork out kon.
uçlu s. pointed; tipped **uçlu yazıcı** stylus printer
uçmak a. paradise

uçmak *e.* to fly; *fiz.* to evaporate, to vaporize; (renk) to fade; to vanish, to disappear; to be wild with joy, etc.; *arg.* to have a trip; to go very fast, to travel *arg.*; *arg.* to tell lies, to fabricate stories; to go off the wall, to go bananas; *kon.* to be starry-eyed

uçmaz *s.* nonvolatile

uçsuz *s.* pointless, without a point; untipped; endless *uçsuz bucaksız* endless, vast, immense, broad

uçucu *s.* flying; volatile ¤ *a.* pilot * pilot *uçucu bellek biliş.* volatile memory, volatile storage *uçucu dosya* volatile file *uçucu kül* fly ash *uçucu kütük* volatile file *uçucu madde* volatile matter *uçucu olmayan* nonvolatile *uçucu sıvı* volatile liquid

uçuculuk *a.* volatility, fugacity *uçuculuk çarpanı* volatility product

uçuçböceği *a, hayb.* ladybug * uğurböceği, hanımböceği

uçuk[1] *s.* pale, faded; *kon.* eccentric ¤ *a. kon.* crackpot *kon.*

uçuk[2] *a, hek.* blain, vesicle; herpes

uçuklamak *e.* to have vesicles

uçuksu *s. hek.* herpetic

uçun *a.* gas

uçundurmak *e.* to sublimate, to sublime

uçunma *a.* sublimation

uçunmak *e.* to sublime

uçunum *a.* sublimation

uçurmak *e.* to fly, to cause to fly, to let fly; to evaporate; to cut off, to chop off; *kon.* to nick, to pinch

uçurtma *a.* kite *uçurtma uçurmak* to fly a kite

uçurum *a.* cliff, abyss, precipice; *mec.* gulf, chasm, rift

uçuş *a.* flight *uçuş ağırlığı* flying weight *uçuş alanı* flying field *uçuş başlığı* flying helmet *uçuş defteri* flight book *uçuş emniyeti* flying safety *uçuş görevlisi* flight attendant *uçuş güvertesi* flight deck *uçuş hattı* flight line *uçuş hızı* flying speed *uçuş kabini* cockpit *uçuş kontrolü* flight control *uçuş koridoru* flying corridor *uçuş personeli* flying personnel *uçuş pisti* airstrip *uçuş planı* flight plan *uçuş rotası* course of flight *uçuş seviyesi* flight level *uçuş simülatörü* flight simulator *uçuş süresi* flight time *uçuş*

şeridi flight strip *uçuş yolu* flight path *uçuş yüksekliği* flight altitude *uçuş zamanı* flight time, flying time *uçuşa elverişli* airworthy, flightworthy *uçuşa elverişlilik* airworthiness

uçuşmak *e.* to fly about, to flit about

uçürün *a.* end product

udi *a.* lute player, lutist

udometre *a.* udometer

uf *ünl.* Ouf!, Oof!

ufacık *s.* tiny, minute, skimpy, very small *ufacık tefecik* tiny; petite

ufak *s.* small, little; *mec.* minor, inconsiderable, trivial *ufak çapta* on a small scale *ufak para* small change *ufak tefek* a) small and short b) unimportant, trivial *ufak tefek şeyler* odds and ends *ufak ufak* a) in small pieces b) *arg.* slowly, but by bit *kon.*

ufakça *s.* quite small

ufaklık *a.* smallness; small change, change; child, kid, boy

ufalamak *e.* to break into small pieces, to crumble, to disintegrate

ufalanma *a.* disintegration, efflorescence

ufalanmak *e.* to be broken into small pieces, to crumble, to disintegrate

ufalanmış *s.* detrital

ufalayıcı *a.* crusher, disintegrator, granulatorgrinder

ufalmak *e.* to become smaller; to shrink

ufaltmak *e.* to make (sth) smaller

ufarak *s. kon.* fairly small

ufki *s, esk.* horizontal * yatay

uflamak *e.* to say "oof" *uflayıp puflamak* to keep saying "oof"

ufuk *a.* horizon *ufuk çizgisi* skyline, horizon *ufuk paralaksı* horizontal parallax

ufunet *a.* stench, stink *kon.*; pus, matter

ufunetlenmek *e. esk.* to become putrid; to become foul

Uganda *a.* Uganda ¤ *s.* Ugandan

Ugandalı *a, s.* Ugandan

uğrak *a.* haunt, much frequented place

uğramak *e.* to call by/on, to drop in on, to drop by, to stop by, to stop round *Aİ.*, to call (in/round) (on sb), to pop in, to come over, to come round; to stop off (at/in); to meet with, to experience; to suffer, to undergo

uğraş *a.* profession, occupation, pursuit; struggle, fight

uğraşı *a.* profession, occupation

uğraşmak *e.* to struggle, to exert oneself, to seek *res.*; to fight (with); to deal with

uğraştırmak *e.* to cause a lot of work; to annoy, to trouble, to bother

uğru *a.* thief

uğrulamak *e.* to steal

uğrun *be.* secretly

uğuldamak *e.* to hum, to buzz; (rüzgâr) to howl, to boom, to roar

uğultu *a.* hum, buzz, murmur, boom **uğultu çizgisi** hum bar **uğultu önleyici** antihum

Uğur *a. gökb.* Jupiter

uğur[1] *a.* good luck, luck, talisman, mascot **uğur getirmek** to bring good luck **Uğurlar olsun!** Have a good trip!

uğur[2] *a.* purpose, aim **uğruna** for the sake of sb/sth, for **uğrunda harcamak** to sacrifice

uğurböceği *a, hayb.* ladybird, ladybug *Aİ.*

uğurlamak *e.* to see (sb) off

uğurlu *s.* lucky, auspicious, fortunate

uğursamak *e.* to deem auspicious, to regard (sth) as a good omen

uğursuz *s.* ill-omened, inauspicious, ominous, black, ill-fated

uğursuzluk *a.* bad luck; curse **uğursuzluk getirmek** to jinx *kon.*

uhde *a. esk.* responsibility, duty

uhrevi *s.* spiritual, otherworldly

uhuvvet *a. esk.* brotherhood, fraternity

ukala *s, kon.* smart-alecky, cocky *kon.*, cocksure *kon.*, superior *hkr.* ¤ *a.* smart aleck *kon./hkr.*, clever Dick *kon./hkr.*, pseud *kon./hkr.*, wise guy *kon./hkr.*, wiseacre, know-all, know-it-all **ukala dümbeleği** smart arse, wise guy *kon./hkr.*, bighead *kon.*, clever Dick *kon./hkr.*, smart aleck *kon./hkr.*

ukalalık *a.* cockiness, bigheadedness, arrogance **ukalalık etmek** to know all the answers *kon./hkr.*

ukde *a. esk.* knot; *anat.* node; trouble in one's minde, sore subject

Ukrayna *a.* Ukrainia, Ukraine ¤ *s.* Ukrainian

Ukraynaca *a, s.* Ukrainian

Ukraynalı *a, s.* Ukrainian

ukubet *a.* punishment * ceza ¤ *s.* ugly, wearisome

ulaç *a, dilb.* gerund

Ulah *a.* Vlach, Wallach

Ulahça *a. s.* Wallachian

ulak *a.* messenger, courier * haberci

ulam *a.* group * grup; category * kategori

ulama *a.* addition, appendix; *dilb.* liaison

ulamak *e.* to append, to join, to unite

ulan *ünl.* buddy! *Aİ./kon.*

ulantı *a.* addition, extension, supplement

ulaşım *a.* communication; access; transport **ulaşım aracı** means of transport **ulaşım araçları** means of transport

ulaşma *a.* access; communications

ulaşmak *e.* to arrive (at/in), to reach, to hit *kon.*; to attain, to reach, to get; (telefonda) to get through to sb

ulaştırma *a.* communications, transportation **Ulaştırma Bakanı** Minister of Communications **Ulaştırma Bakanlığı** Ministry of Communications **ulaştırma coğrafyası** transport geography **ulaştırma uçağı** transporter

ulaştırmak *e.* to communicate, to transport, to transmit, to convey

uleksit *a.* ulexite

ulema *a.* ulema, Muslim theologians and scholars

ultramikroskop *a.* ultramicroscope

ulu *s.* grand, high, sublime, supreme, exalted

ululamak *e.* to extol, to honour

ululuk *a.* greatness, exaltedness; majesty

ulum *a. esk.* sciences

ulumak *e.* to howl, to bay, to yowl

uluorta *be.* rashly, indiscreetly, recklessly

ulus *a.* nation, people * millet

ulusal *s.* national * milli **ulusal anıt** national monument **ulusal banka** national bank **ulusal kahraman** national hero **ulusal yas günü ilan etmek** to declare a day of national mourning **ulusal yas günü** day of national mourning

ulusalcı *a.* nationalist ¤ *s.* nationalistic

ulusalcılık *a.* nationalism

ulusallaştırmak *e.* to nationalize

ulusallık *a.* nationality * milliyet

ulusçu *a.* nationalist * milliyetçi ¤ *s.* nationalistic * milliyetçi

ulusçuluk *a.* nationalism * milliyetçilik, nasyonalizm

uluslararası *s.* international * milletlerarası, beynelmilel, enternasyonel **uluslararası hukuk** international law **Uluslararası Para Fonu** the International Monetary Fund

uluslararasıcı *a.* internationalist

uluslararasıcılık *a.* internationalism
uluslaşmak *e.* to become a nation
uluslaştırmak *e.* to make into a nation
ulussever *a.* patriot
ulusseverlik *a.* patriotism
ulvi *s.* exalted, high
ulviyet *a. esk.* exaltedness, sublimity
umacı *a.* bogeyman, ogre *umacı gibi* ugly
and frightening
umar *a.* remedy, expedient, solution *
çare *umarım* I hope, hopefully, surely
umarsız *s.* hopeless, irremediable * çare-
siz
umarsızlık *a.* hopelessness
umde *a. esk.* principle
ummadık *s.* unexpected
ummak *e.* to hope; to expect, to anticipate
umman *a.* ocean
umman *a, esk.* ocean * okyanus
Umman *a.* Oman ¤ *s.* Omani
Ummanlı *a. s.* Omani
Ummanlı *a, s.* Omani
umu *a.* hope; desire
umulmadık *s.* unexpected
umulmak *e.* to be hoped; to be expected
umulmadık unforeseen
umum *a.* all, the whole; the public
umumhane *a, esk.* brothel, disorderly
house * genelev
umumi   *s.*   general,   common;   public
umumi af general amnesty * genel af
umumi efkâr public opinion * kamuoyu
umumi masraflar general expenses *
genel giderler
umumiyet *a.* generality
umumiyetle *be.* in general * genellikle
umur *a.* minding, caring; matters, affairs
umursamak *e.* to care (about), to mind
umursamamak not to take any notice
(of sb/sth), to take no notice (of sb/sth),
to disregard
umursamaz *s.* indifferent, careless, reck-
less
umursamazlık *a.* indifference, unconcern
umut   *a.*   hope;   expectation   *umudunu
kesmek* to give up hope of, to despair
(of sb/sth); to give sb up *umudunu
kırmak* to destroy sb's hopes, to disap-
point *umuduyla* in the hope of *umut
etmek* to hope *umut ışığı* a glimmer of
hope *umut verici* hopeful, promising
umut vermek to give hope to
umutlandırmak *e.* to give hope to

umutlanmak *e.* to begin to hope; to be-
come hopeful
umutlu *s.* hopeful
umutluluk *a.* hopefulness
umutsuz *s.* hopeless, desperate, despon-
dent * ümitsiz
umutsuzca *be.* hopelessly, despairingly
umutsuzluk   *a.*   hopelessness,   despera-
tion, despair, despondency * ümitsizlik
umutsuzluğa düşmek to sink into de-
spair *umutsuzluğa düşürmek* to drive
to despair *umutsuzluğa kapılmak* to
abandon oneself to despair
un *a.* flour *un ufak olmak* to be broken
into pieces *ununu elemiş tarağını
asmış* elderly
unböceği *a. hayb.* yellow mealworm
uncu *a.* flour seller
unculuk *a.* flour business
undekan *a.* undecane
undekanoik asit *a.* undecanoic acid
undulatus *a.* undulatus
ungüvesi *a. hayb.* flour moth
uniform *s.* uniform
unimodüler *s.* unimodular
unlamak *e.* to flour
unlu *s.* floury, containing flour
unluk *a.* flour bin (in a mill)
unsur *a.* element, component * öğe, ele-
man
unutkan *s.* forgetful
unutkanlık *a.* forgetfulness
unutmabeni *a, bitk.* forget-me-not
unutmak *e.* to forget
unutturmak *e.* to cause to forget, to make
(sb) forget
unutulmak *e.* to be forgotten
unutulmaz *s.* unforgettable, memorable
unvan *a.* title * san
upuygun *s. kon.* very suitable
upuzun *s.* very long, lengthy
ur *a, hek.* tumour, tumor, growth * tümör
urağan *a.* hurricane
Ural *s.* Ural, Uralian
Ural-Altay *s.* Ural-Altaic
uran *a.* industry
uranat *a.* uranate
uranil *a.* uranyl
uranil asetat *a.* uranyl acetate
uraninit *a.* uraninite
uranit *a.* uranite
Uranus *a, gökb.* Uranus
uranyum *a, kim.* uranium *uranyum*

reaktörü uranium reactor
urasil a. uracil
urba a. dress, robe, clothes
Urban a. Bedouin(s)
urbanist a. urbanist
urbanizm a. urbanism
urbilim a. oncology
Urduca a, s. Urdu
urena a. urena
urgan a. rope
urlaşma a. neoplasia
urlu s. tuberose, tuberous, tumoral
urluluk a. tuberosity
urmak e. to hit, to strike
uruç a, din. ascension; Ascenbion Day
Uruguay a. Uruguay ¤ s. Uruguayan
Uruguaylı a, s. Uruguayan
uruk a. clan
us a. reason, mind
usanç a. boredom **usanç getirmek** to get
bored **usanç vermek** to bore
usandırıcı s. tedious, irksome, boring
usandırmak e. to bore, to sicken, to
weary
usanmak e. to be tired of (sb/sth), to be
sick (of), to be fed up (about/with
sb/sth), to be weary of, to weary, to
have enough of
usare a. sap, juice
usavurma a. reasoning
usavurmak e. to reason
usçu a. rationalist
usçuluk a, fel. rationalism * akliye,
rasyonalizm
usdışı s. irrational * irrasyonel
usdışıcılık a. irrationalism * irrasyonalizm
usdışılık a. irrationalism
uskumru a, hayb. mackerel
uskuna a, den. schooner
uskur a. propeller, screw, screw-propeller,
prop kon. * pervane
uskurlu s. having a propeller **uskurlu
parakete** patent log
uskuru a. bolt thread; bolt chamfer
uskut ünl. arg. Quiet!, Shut up!
uskutlamak e. arg. to get quiet, to shut up
uslamlama a. reasoning * usavurma, mu-
hakeme
uslamlamak e. to reason
uslanmak e. to become well-behaved; to
come to one's senses
uslanmaz s. incorrigible
uslu s. well-behaved, good, demure **uslu**

durmak to keep quiet, to be good
usluluk a. good behavior
ussal s. rational, mental * akli, rasyonel
ussallaştırmak e. to rationalize
ussallık a. rationality * rasyonalite
usta a. master, wizard; craftsman, jour-
neyman; artisan; foreman ¤ s. skilful,
clever, dexterous, adept (at/in), adroit,
competent, crack, proficient **ustası
olmak** to be a dab (hand) (at sth)
ustabaşı a. foreman, overseer, head
workman
ustaca be. skilfully
ustalaşmak e. to become skilled
ustalık a. mastery; skill, proficiency, dex-
terity, competence, expertise, knack,
masterstroke
ustalıkla be. skilfully, ably
ustalıklı s. masterly
ustunç a. portable case of surgical in-
struments
ustura a. razor, straight razor **ustura ağzı**
razor blade **ustura kayışı** strop
usturamidyesi a. solen
usturlap a. astrolabe
usturmaça a. collision mat
usturuplu s, kon. striking, impressive
usul a. method, way * yöntem, tarz; müz.
tempo, time **usul usul** be. gently, qui-
etly
usul usul be. kon. slowly, gently, quietly
usulca be. quietly
usulcacık be. kon. slowly, gently, quietly
usulsüz s. unmethodical; irregular; illegal
usulsüzlük a. infraction of rules, illegality
uşak a. male servant; boy, youth; mec.
lackey
uşakkapan a. hayb. bearded vulture
uşaklık a. being a manservant; kon. de-
grading task
uşkun a. bitk. rhubarb
ut a, müz. lute
utaçıcı a. ruhb. exhibitionist
utaçıcılık a. ruhb. exhibitionism
utanç a. shame; modesty, bashfulness;
embarrassment **utancından yerin
dibine geçmek** to feel cheap, to feel
like 30 cents **utanç duymak** to feel
shame (for) **utanç verici** shameful, dis-
creditable
utandırıcı s. shameful, disgraceful
utandırmak e. to shame, to mortify, to
humiliate, to embarrass, to show sb up

utangaç s. shy, timid, bashful, sheepish, backward
utangaçlık a. shyness, bashfulness
utanılacak s. discreditable
utanma a. blush, shame, feeling ashamed
utanmadan be. unblushingly
utanmak e. to be ashamed (of), to be embarrassed, to blush, to feel cheap, to look small, to feel small
utanmaz s. shameless, barefaced, brazen, immodest, unabashed, profligate res./hkr.
utanmazlık a. shamelessness, impudence
Utarit a. gökb. Mercury
utçu a. maker/seller of lutes; lute player, lutist
uterus a. anat. uterus
utku a. victory, triumph * yengi, zafer
utkulu s. triumphant
utmak e. to defeat, to win
uvertür a, müz. overture
uvunmak e. yörs. to feel faint; to lose one's mind
uyabilme a. adaptability
uyak a. rhyme * kafiye
uyaklı s. rhymed, rhyming * kafiyeli
uyaklılık a. being rhymed
uyaksız s. unrhymed, blank
uyaksızlık a. lack of rhyme
uyandırmak e. to wake, to wake (sb) up, to waken, to awake; to rouse, to arouse, to evoke
uyanık s. awake; kon. wide-awake, smart, canny, sharp hkr.
uyanıklık a. wakefulness; alertness, vigilance
uyanış a. awakening
uyanmak e. to wake, to wake up, to rouse; kon. to realize, to understand, to get, to latch on kon.; (bitki) to come up
uyaran s. exciting ¤ a. stimulus
uyarcık a. exciton
uyarı a. warning, caution, notice * ikaz, ihtar, tembih; stimulus, excitation uyarı ışığı warning light uyarı iletisi warning message uyarı mesajı warning message
uyarıcı s. warning; exciting, stimulating ¤ a, hek. stimulant; exciter uyarıcı lamba exciter lamp
uyarık s. excited
uyarılgan s. excitable
uyarılganlık a. excitability

uyarım a. stimulation; excitation
uyarınca be. in accordance with
uyarlaç a. adaptor * adaptör
uyarlama a. adaptation * adaptasyon ¤ s. adapted * adapte
uyarlamak e. to adapt * adapte etmek
uyarlayıcı a. adapter, adaptor
uyarlık a. conformity, compatibility
uyarma a. excitation, stimulation uyarma akımı excitation current uyarma anodu excitation anode uyarma bobini exciting coil uyarma dinamosu excitation dynamo uyarma enerjisi excitation energy uyarma fonksiyonu excitation function uyarma gerilimi excitation voltage uyarma zili warning bell
uyarmak e. to warn, to caution, to admonish; to alert * ikaz etmek; to stimulate
uyarsız s. nonconforming
uyartı a. warning; stimulus; stimulation
uydu a. satellite uydu bilgisayar satellite computer uydu çanak anten satellite dish aerial uydu devlet satellite state, satellite uydu dişli epicyclic gear uydu fotoğrafçılığı satellite photography uydu iletişimi satellite communications uydu istasyonu satellite station uydu işlemci satellite processor uydu televizyonu satellite television uydu yayını satellite broadcasting
uydukent a. satellite town
uydulaşmak e. to become a satellite nation
uydurma s. invented, made-up, fictitious
uydurmak e. to make up, to cook sth up, to concoct hkr., to fabricate, to trump up, to invent, to think sth up kon.; to devise; to improvise; to coin, to mint; to adapt, to fit, to tailor, to adjust, to scale, to accommodate
uydurmasyon a, kon. fabrication, invention, fable, concoction ¤ s. made-up, invented
uydurmasyoncu a. arg. bull-shooter, liar
uydurmasyonculuk a. arg. bull-shooting, lying
uyduruk s, kon. made-up, fake, invented, sloppy
uydurukçu a. kon. bull-shooter, liar
uygar s. civilized * medeni
uygarlaşma a. civilization
uygarlaşmak e. to become civilized medenileşmek

uygarlaştırmak *e.* to civilize
uygarlık *a.* civilization, civilisation * medeniyet
uygulama *a.* practice, application, execution *uygulama aşaması* run phase *uygulama çizelgesi* run chart *uygulama incelemesi* applications study *uygulama noktası* application point *uygulama paketi* application package *uygulama programcısı* application programmer *uygulama programı* application program *uygulama sistemi* application system *uygulama yazılımı* applications software *uygulama zamanı* execution time, run duration *uygulamada* in practise
uygulamak *e.* to apply, to carry out, to put into practice, to enforce, to execute, to realize, to practise, to practice *Aİ.*
uygulamalı *s.* practical, applied *uygulamalı araştırma* applied research *uygulamalı kimya* applied chemistry *uygulamalı matematik* applied mathematics *uygulamalı mekanik* applied mechanics *uygulamaya koymak* to put into practice
uygulaman *a.* technician
uygulanabilir *s.* applicable
uygulanabilirlik *a.* practicability
uygulanamaz *s.* impracticable
uygulanan *s.* applied *uygulanan basınç* applied pressure *uygulanan gerilim* applied pressure *uygulanan güç* applied power *uygulanan kuvvet* applied force *uygulanan şok* applied shock
uygulanış *a.* application
uygulayıcı *a.* person who puts into practice
uygulayım *a.* technique * teknik
uygulayımbilim *a.* technology * teknoloji
uygulayımbilimsel *s.* technologic(al)
uygulayımcı *a.* technician; technologist
uygulayımcıerki *a.* technocracy
uygun *s.* appropriate, fit, fitting; agreeable, favourable; suitable, convenient, apt; (fiyat) reasonable; (giysi) becoming, correct; eligible, qualified; sensible *uygun bulmak/görmek* to approve, to countenance, to choose, to see fit *uygun bulmamak/görmemek* to frown on/upon sth, to disapprove of sth

uygun olarak in conformity with sth, in accordance with *uygun olmak* to suit, to correspond
uygunluk *a.* appropriateness, fitness; agreeableness, favourableness; suitability, convenience
uygunsuz *s.* inappropriate, unsuitable, inconvenient; improper, indecent, obnoxious; inept, out of turn, out of place, untimely *uygunsuz teklifte bulunmak* to proposition *uygunsuz zamanda* untimely
uygunsuzluk *a.* unsuitability, unfitness; impropriety
Uygur *a. s.* Uighur
Uygurca *a. s.* Uighur
uyku *a.* sleep, shut-eye *kon.*, kip *İİ./arg.* *uyku basmak* to be overcome by sleep *uyku gözünden akmak* to be very sleepy *uyku hapı* sleeping pill, sleeping tablet *uyku sersemi* groggy *uyku sersemliği* drowsiness *uyku tulumu* sleeping bag *uyku tutmamak* to be unable to get to sleep *uyku yitimi* insomnia *uykuda* asleep *uykuda sayıklamak* to talk in one's sleep *uykusu açılmak* (one's sleepiness) to pass off *uykusu gelmek* to feel sleepy *uykusu hafif kimse* light sleeper *uykusu hafif* light sleeper *uykusu kaçmak* to lose one's sleep *uykusunu almak* to sleep the night through *uykuya dalmak* to fall asleep
uykucu *a.* late riser, sleepyhead
uykuculuk *a. kon.* being a great sleeper
uykulu *s.* sleepy, drowsy, dozy, dopey *kon.*, dopy *kon.* *uykulu olma* drowsiness *uykulu uykulu* sleepily
uykuluk *a.* sweetbread, pancreas; scurf on baby's hand
uykusuz *s.* sleepless; wakeful
uykusuzluk *a.* sleeplessness; *hek.* insomnia
uykutulumu *a.* sleeping bag
uylaşım *a. fel.* convention
uyluk *a.* thigh *uyluk kemiği* thighbone, femur
uylukkemiği *a.* femur, thigh bone
uyma *a.* fitting; obedience, observance, submission, respect
uymacı *a.* conformist * konformist
uymacılık *a.* conformity * konformizm
uymak *e.* to fit; to suit; to conform; to cor-

respond; to match, to go with sth; to adjust oneself, to adapt oneself; to agree, to conform to; to obey, to respect, to comply with, to keep, to abide by

uyruk *a.* citizen, subject, national

uyruklu *s.* a citizen/subject of (...)

uyrukluk *a.* citizenship

uyruksuz *s.* stateless

uysal *s.* submissive, conciliatory, easygoing, compliant, docile, meek, mild, obedient

uysalca *be.* meekly

uysallaşmak *e.* to become docile

uysallık *a.* submissiveness, docility, compliance

uyuklamak *e.* to doze, to drowse, to doze off, to slumber

uyum *a.* harmony; accommodation; adaptation; accord **uyum göstermek** to adjust **uyum sağlamak** to be attuned to **uyum seçimi** match select **uyum yeteneği** adaptability

uyumak *e.* to sleep, to be asleep, to kip *İİ./arg.*; to fall asleep, to go off

uyumlu *s.* harmonious; concordant; compatible (with sb/sth), adaptable **uyumlu dalga** harmonic wave **uyumlu devinim** harmonic motion **uyumlu dizi** harmonic progression **uyumlu oran** harmonic ratio **uyumlu ortalama** harmonic mean **uyumlu tabakalar** conformable strata

uyumluluk *a.* harmony

uyumsuz *s.* inharmonious, discordant; maladjusted; incompatible, not adaptable **uyumsuz girdi** asynchronous input **uyumsuz kıvrım** disharmonic fold **uyumsuz kimse** misfit **uyumsuz tabakalar** unconformable strata **uyumsuz yapı** discordant structure

uyumsuzluk *a.* lack of harmony, disharmony, discord, discordance, dissonance

uyuntu *s.* indolent, lazy, shiftless *hkr.*

uyur *s.* sleeping; still (water)

uyurgezer *a.* sleepwalker, somnambulist

uyurgezerlik *a.* sleepwalking, somnambulism

uyuşkan *s.* congruous, amicable

uyuşma *a.* agreement, concordance **uyuşma denetimi** consistency check **uyuşma programı** concordance program **uyuşma sınayıcısı** consistency checker

uyuşmak[1] *e.* to go to sleep, to get numb

uyuşmak[2] *e.* to coincide, to cohere; to harmonize, to go well together; to reach an agreement

uyuşmaz *s.* inconsistent, incongruous

uyuşmazlık *a.* conflict, disagreement, discord, dispute, difference

uyuşturanbalığı *a. hayb.* electric ray, crampfish

uyuşturmak *e.* to numb; to deaden; to anaesthetize

uyuşturucu *s.* narcotic; anaesthetic, anesthetic *Aİ.* ¤ *a.* narcotic(s), drug(s) **uyuşturucu bağımlılığı** drug habit, drug addiction **uyuşturucu bağımlısı** drug addict **uyuşturucu kullanmak** to use drugs, to be on drugs **uyuşturucu madde** drug, dope **uyuşturucu satıcısı** pusher *arg.*

uyuşuk *s.* numb, dead; lazy, sluggish, lethargic, shiftless *hkr.*, indolent *res.*

uyuşukluk *a.* numbness, stupor; indolence, inertia

uyuşum *a.* harmony, agreement

uyuşumsuz *s.* discordant, inharmonious

uyutmak *e.* to put to sleep, to make (sb) sleep; *arg.* to deceive, to fool

uyutucu *s.* soporific, drowsy

uyuyakalmak *e.* to drop asleep

uyuyamazlık *a.* insomnia

uyuz *a.* scabies, mange ¤ *s.* mangy, scabby; sluggish, indolent; *arg.* bloody-minded *İİ./kon.* **uyuz etmek** to irritate, to make (sb) sick, to get on sb's tits, to bug *Aİ./kon.* **uyuz olmak** a) to have scabies b) to become irritated, to get pissed off (with) *arg.*

uyuzböceği *a, hayb.* itch mite

uyuzlaşmak *e. kon.* to get bloody-minded

uyuzlu *s.* scabietic

uyuzotu *a. bitk.* scabious

uyuzsineği *a. hayb.* tiger beetle

uz *s.* skilful, clever

uzadevim *a.* telekinesis * telekinezi

uzaduyum *a.* telepathy * telepati

uzak *s.* distant; far, far-off, faraway, remote, off the beaten track, out-of-the-way; improbable, unlikely, outside ¤ *a.* distance place **uzağa** away, far **uzağı görmek** to have foresight **uzak akraba** distant relative **uzak çekim** extreme long shot **uzak durmak** to keep away from, to keep off (sb/sth), to avoid, to abstain (from sth), to shun, to keep one's distance (from sb/sth) *uzak istasyon* remote station *uzak işlemci* remote processor *uzak plan* long shot *uzak terminal* remote terminal *uzak tutmak* to keep sb/sth out (of sth) *uzak yazılım* tele-software *uzakta* far, far afield, afar, away, distant, apart *uzaktan* a) from afar b) distant *uzaktan bilişim* teleinformatics *uzaktan denetim* remote control *uzaktan erişim* remote access *uzaktan hesaplayıcı* remote calculator *uzaktan işlem* remote processing *uzaktan kontrol* remote control *uzaktan kumanda* remote control *uzaktan kumandalı* remote controlled *uzaktan sorgulama* remote inquiry

uzakça *s.* somewhat distant

uzakçeker *a.* telephoto lens

Uzakdoğu *a.* the Far East

uzakgörüş *a.* farsight, foresight

uzakgörüşlü *s.* farsighted, farseeing

uzakgörüşlülük *a.* farsightedness, fore-sightedness

uzaklaşma *a.* going far/away; alienation (from)

uzaklaşmak *e.* to go far, to go away; to grow away from; to digress; to be es-tranged/alienated

uzaklaştırmak *e.* to take away; to send away; to estrange, to alienate; to re-move

uzaklık *a.* distance; remoteness; space, interval *uzaklık işareti* (radar) distance mark *uzaklık modülü* distance modulus

uzaklıkölçer *a.* telemeter

uzaksamak *e.* to regard (a place) as re-mote

uzakyazıcı *a.* teletype

uzam *a.* extent, extension, size

uzama *a.* extension, elongation *uzama esnekliği* elasticity of elongation *uzama ölçeri* strain gauge *uzama ölçümü* strain measurement *uzama sertleşmesi* strain hardening *uzama yaşlanması* strain ageing

uzamak *e.* to get longer, to lengthen; to get taller; to extend, to stretch; to drag on; to be prolonged; (günler) to draw out *uzayıp gitmek* to drag (on)

uzambilgisel *s.* geometric

uzambilgisi *a.* geometry

uzamdaş *s.* homotopic

uzamdaşlık *a.* homotopy

uzameşiz *a.* stereoisomer

uzamkimya *a.* stereochemistry

uzamsal *s.* steric

uzanım *a.* elongation

uzanmak *e.* to lie down, to recline; to stretch (oneself) out; to go to, to go over to; to reach (out); to extend

uzantı *a.* extension; prolongation *uzantı yazmaç* extension register

uzatılabilir *s.* protractile

uzatım *a.* prolongation, extension

uzatma *a.* lengthening, protraction; exten-sion, prolongation; *sp.* extra time; seine net *uzatma eki* extension tube *uzatma hatılı* extension plank *uzatma işareti* circumflex * düzeltme işareti *uzatma kablosu* extension cable *uzatma kordonu* extension cord *uzatma parçası* extension piece *uzatma tüpü* extension tube

uzatmak *e.* to elongate, to extend, to lengthen; to prolong; (süre) to protract; to hand, to pass, to reach; (saç, sakal, bıyık, vb.) to grow; to drag sth out, to draw sth out, to enlarge on sth; to stick sth out *uzatmayalım* in short; to cut a long story short

uzatmalı *s.* with an extension on the time limit

uzay *a.* space, outer space ¤ *sg.* spatial *uzay aracı* spacecraft, spaceship *uzay başlığı* space-helmet *uzay çağı* space age *uzay dalgası* space wave *uzay elbisesi* space suit *uzay faktörü* space factor *uzay gemiciliği* cosmonautics *uzay geometri* solid geometry *uzay kafesi* space lattice *uzay kapsülü* space capsule *uzay kümesi* space group *uzay mekiği* space shuttle *uzay seyrüseferi* astronavigation *uzay uçuşu* space flight *uzay yolculuğu* cosmonautics *uzay yükü* space charge *uzay-zaman* space-time *uzaya fırlamak* to blast off *uzaya fırlatma* blast-off

uzayadamı *a.* spaceman, astronaut * as-tronot

uzaycı *a.* astronaut; astronautical engi-neer

uzaycılık *a.* astronautics

uzaygemisi *a.* spaceship, spacecraft
uzaysal *s.* spatial
uzgören *s.* far-sighted
uziletişim *a.* telecommunication(s)
uzişlem *a.* teleprocessing
uzlaşı *a.* convention
uzlaşıcı *a. s.* conventionalist
uzlaşıcılık *a. fel.* conventionalism
uzlaşım *a.* convention
uzlaşımsal *s.* conventional
uzlaşma *a.* agreement, accord, arrange-ment; understanding; compromise
uzlaşmak *e.* to come to an agreement, to make it up, to strike a bargain, to com-promise
uzlaşmalı *s.* reconciled, agreed
uzlaşmaz *s.* intransigent
uzlaşmazlık *a.* disagreement, intransi-gence
uzlaştırıcı *s.* conciliatory, conciliative
uzlaştırmak *e.* to reconcile, to conciliate
uzlet *a. esk.* isolation
uzluk *a.* mastery, expertise
uzman *a.* expert, specialist, connoisseur, consultant, dab, pundit *şak.* ***uzmanı olmak*** to be a dab (hand) (at sth)
uzmanlaşmak *e.* to specialize (in sth)
uzmanlık *a.* expertise; specialization
uzun *s.* long; tall ***uzun araç*** long vehicle ***uzun atlama*** long jump, broad jump *Aİ.* ***uzun boylu*** tall ***uzun budak*** spike knot ***uzun çizgi*** dash ***uzun dalga*** long wave ***uzun film*** full-length film ***uzun hav*** high pile ***uzun hikâye*** long story ***uzun huzme*** high beam ***uzun kesinlik*** long precision ***uzun kurslu*** long-stroke ***uzun lafın (sözün) kısası*** in short, to put it in a nutshell ***uzun menzilli*** long-range ***uzun mesafe*** long-distance ***uzun metrajlı film*** full-length film ***uzun ömürlü*** durable, hardwearing ***uzun stroklu*** long-stroke ***uzun ton*** long ton ***uzun tüy*** high pile ***uzun uzadıya düşünmek*** to ruminate (about/on/over sth) ***uzun uzadıya*** in detail, at length ***uzun uzun düşünmek*** to ponder, to think about ***uzun uzun*** at length ***uzun vadede*** in the long run ***uzun vadeli*** long-term
uzunayak *a.* longwall
uzunbacaklı *s.* macropodian
uzunbacaklılık *a.* macropodia
uzunca *s.* rather long

uzunçalar *a.* long-playing record, long play, album
uzuneşek *a.* leapfrog
uzunkafalı *s. anat.* dolichocephalic, doli-chocephalous
uzunkulaklıyarasa *a.* long-eared bat
uzunkuyruk *a. hayb.* long-tailed titmouse
uzunlamasına *be, s.* lengthways, length-wise, longways, longwise ***uzunlamasına akım*** longitudinal cur-rent ***uzunlamasına derz*** longitudinal joint ***uzunlamasına kiriş*** longitudinal beam ***uzunlamasına takviye*** longitudi-nal bracing
uzunlar *a. oto.* bright lights
uzunlevrek *a.* pike perch
uzunluğuna *be.* lengthways
uzunluk *a.* length; tallness ***uzunluk ayarı*** adjustment of lengths ***uzunluk ölçümü*** length measuring ***uzunluk sayacı*** length counter
uzuv *a.* organ, limb
uzvi *s. esk.* organic
uzviyet *a. esk.* organism
uzyazar *a.* teleprinter * telem
uzyazım *a.* telex * teleks

Ü

Ü, ü *a.* the twenty-sixth letter of the Turk-ish alphabet
ücra *s.* remote, out-of-the-way, solitary
ücret *a.* wages, pay, payment, screw *İl./arg.*; fee; cost, price ***ücret artışı*** wage rise ***ücret bordrosu*** payroll ***ücretlerin dondurulması*** wage freeze
ücretli *s.* paid, salaried; that has to be paid for ***ücretli asker*** mercenary ***ücretli yol*** turnpike *Aİ.*
ücretsiz *s.* unpaid; free, gratis, compli-mentary *be.* gratis
üç *a.* three ***üç adım atlama*** *sp.* the triple jump ***üç adres*** three address ***üç aşağı beş yukarı*** approximately ***üç bazlı*** tribasic ***üç boyutlu*** *bkz.* üçboyutlu ***üç buçuk atmak*** *arg.* to have the heebie-jeebies, to shake in one's shoes ***üç düzeyli*** three-level ***üç fazlı*** three-phase ***üç kat*** triple ***üç kat sıva*** three-coat plaster, render float and set ***üç katına çıkarmak*** to triple ***üç katına çıkmak*** to

triple **üç katlı** triple, triplex **üç köşeli** triangular **üç kuruş para** chickenfeed *kon*. **üç misli** triple **üç palli** three-bladed **üç silindirli** three-cylinder, three-roll **üç tekerlekli** three-wheeled **üç yollu** three-way **üçe beşe bakmamak** not to haggle about the price

üçayak *a*. tripod

üçboyutlu *s*. three dimensional, three-D, 3-d **üçboyutlu cisim** solid **üçboyutlu film** stereoscopic film **üçboyutlu görüntü** stereoscopic image **üçboyutlu televizyon** stereoscopic television

üçdeğerli *s*. trivalent

üçdüzlemli *s, mat*. trihedral **üçdüzlemli açı** trihedral angle

üçeksenli *s*. triaxial **üçeksenli gerilme** triaxial stress

üçer *s*. three each, three at a time **üçer üçer** three by three

üçeşbölüm *a*. trisection **üçeşbölüm eğrisi** trisectrix

üçetkili *s*. triple effect+ **üçetkili buharlaştırıcı** triple effect evaporator

üçevreli *s*. three-phase **üçevreli üreteç** three-phase generator

üçfazlı *s. fiz*. three-phase

üçgen *a*. triangle ¤ *s*. triangular **üçgen bağlantı** delta connection **üçgen kanat** delta wing **üçgen paraşüt** triangular parachute **üçgen piramit** triangular pyramid

üçgenli *s*. triangulate

üçgenölçü *a*. trigonometry

üçgensel *s*. cuneate, deltoid, trigonal

üçgül *a, bitk*. trefoil, clover * yabanyoncası, tirfil

üçhalkalı *s*. tricyclic

üçkâğıt *a*. swindling, trick, dodge *kon.*, confidence trick, monkey business, fiddle *arg.*, con *arg.*, do *İİ./arg*. **üçkâğıda getirmek** to deceive, to dupe, to trick, to con *arg.*, to bamboozle sb out of sth **üçkâğıt açmak** to deceive, to dupe, to hoodwink

üçkâğıtçı *a*. conman, crook, swindler, trickster, confidence trickster, twister *kon.*, fiddler *arg.*, shark *kon./hkr.* ¤ *s*. devious, dodgy *İİ./kon*.

üçkâğıtçılık *a*. confidence game, ripoff

üçlemek *e*. to make three; to divide by

three; to plough a field three times

üçlenme *a*. trichotomy

üçleşmek *e*. to become a trio

üçlü *s*. consisting of three parts ¤ *a, isk.* the three; *müz.* trio **üçlü alaşım** ternary alloy **üçlü bağ** triple bond **üçlü durum** triplet state **üçlü grup** triad **üçlü kablo** triple-core cable **üçlü karbonatlama** triple carbonation **üçlü kesinlik** triple precision **üçlü nokta** triple point **üçlü sistem** ternary system

üçrenkli *s*. three-colour, trichromatic

üçteker *a*. tricycle

üçterimli *s*. trinomial

üçüncü *s*. third **Üçüncü Dünya** the Third World **Üçüncü Dünya Ülkeleri** the Third World **üçüncü dereceden denklem** equation of the third degree **üçüncü kuşak bilgisayar** third generation computer **üçüncü sınıf** third class **üçüncü şahıs** the third person **üçüncü vites** third speed **üçüncü zaman** Tertiary

üçüncül *s*. tertiary * sülasi, tersiyer

üçüncülük *a*. third place

üçüz *s*. triplet; tripartite

üçüzlü *s*. triple; tripartite

üçyapraklı *s*. three-leaved

üçyüzlü *s*. trihedral ¤ *a*. trihedron

üdeba *a. esk.* men of letters

üf *ünl.* boy *Aİ./kon*.

üfleç *a*. blowpipe, torch

üfleme *a*. blowing, blow, puff **üfleme bobini** blowout coil

üflemek *e*. to blow; to puff; to blow upon; to blow out

üflemeli *s, müz.* wind **üflemeli çalgı** wind instrument

üful *a. esk. gökb.* setting (of a heavenly body); dying, passing away

üfürmek *e*. to blow

üfürük *a*. puff, exhaled breath

üfürükçü *a*. quack who claims to cure by breathing

üfürükçülük *a*. breathing on sick people in order to cure them

üfürüm *a*. murmur

üğrüm *a, gökb.* nutation * nütasyon

üleksit *a*. ulexite

üleş *a*. share, lot * pay

üleşmek *e*. to share * bölüşmek, paylaşmak

üleştirimli *s*. distributive

üleştirmek *e.* to share out, to portion out, to distribute

ülfet *a. esk.* familiarity, acquaintancee; friendship

ülger *a.* down

ülgerli *s.* sericeous

ülke *a.* country; domain

Ülker *a. gökb.* the Pleiades

ülkü *a.* ideal * ideal

ülkücü *a, s.* idealist * idealist

ülkücülük *a.* idealism * idealizm

ülküdeş *a.* one who shares the same ideals as another

ülküleştirmek *e.* to idealize * idealleştirmek

ülküsel *s.* ideal * ideal

ülser *a, hek.* ulcer **ülsere dönüşmek** to ulcerate **ülsere dönüştürmek** to ulcerate

ülserimsi *s.* ulcerous

ülserleşme *a.* ulceration

ülserleşmek *e.* to ulcerate

ülserleştirmek *e.* to ulcerate

ülserli *s.* ulcerous

ültimatom *a.* ultimatum

ültra *s.* ultra

ültrafiltrasyon *a.* ultrafiltration

ültrafiltre *a.* ultrafilter

ültramikrodalga *a.* ultramicrowave

ültramikroskop *a.* ultramicroscope

ültramodern *s.* ultramodern

ültramonten *a.* ultramontane

ültrasantrifüj *a.* ultracentrifuge

ültrason *s.* ultrasound

ültrasonik *s.* ultrasonic ¤ *a.* ultrasonics *ültrasonik dalga* ultrasonic wave *ültrasonik detektör* ultrasonic detector *ültrasonik iletişim* ultrasonic communication *ültrasonik jeneratör* ultrasonic generator *ültrasonik kaynak* ultrasonic welding *ültrasonik koagülasyon* ultrasonic coagulation *ültrasonik lehimleme* ultrasonic soldering *ültrasonik matkap* ultrasonic drill

ültraviyole *s.* ultraviolet * morötesi *ültraviyole filtresi* ultraviolet filter *ültraviyole ışık* ultraviolet light *ültraviyole ışınlar* ultraviolet rays *ültraviyole lambası* ultraviolet lamp *ültraviyole mikroskop* ultraviolet microscope *ültraviyole radyasyon* ultraviolet radiation

ülethiyet **üluhiyet** *a. esk.* divinity, godhead

ümera *a. esk.* chiefs; commanders; *ask.* senior officers

ümit *a.* hope; expectation *ümidini kesmek* to give up hope of *ümidiyle* on the (off) chance *ümit bağlamak* to pin one's hopes on *ümit etmek* to hope *ümit vermek* to give hope

Ümit Burnu *a.* the Cape of Good Hope

ümitlendirmek *e.* to make hopeful, to fill with hope

ümitlenmek *e.* to become hopeful, to be hopeful

ümitli *s.* hopeful

ümitlilik *a.* hopefulness

ümitsiz *s.* hopeless, desperate

ümitsizce *be.* hopelessly, despairingly

ümitsizlik *s.* hopelessness, desperation, despair *ümitsizliğe kapılmak* to give way to despair

ümmet *a.* community, people *ümmeti Muhammet* the Moslems

ümmi *a. esk.* illiterate

ümmilik *a. esk.* illiteracy

ümran *a, esk.* prosperity * bayındırlık

ümük *a, yörs.* throat, gullet

ün *a.* fame, reputation, repute, celebrity, glory, name, renown, character * şöhret, şan, nam; voice, sound * ses *ün almak/kazanmak/salmak/yapmak* to become famous, to acquire fame *ününe leke sürmek* to defame

ündeş *a.* pun * cinas

üniform *s.* uniform, even *üniform akış* uniform flow *üniform sertlik* uniform hardness *üniform yapı* uniform structure

üniforma *a.* uniform, official dress

üniformalı *s.* uniformed

üniformite *a.* uniformity

ünilateral *s.* unilateral

üniseks *s.* unisex

ünite *a.* unity; unit

üniversal *s.* universal, allround *üniversal ayna* universal chuck *üniversal boyarmadde* universal dyestuff *üniversal buharlayıcı* universal steamer *üniversal haslık* allround fastness *üniversal kavrama* universal joint *üniversal mengene* universal vice *üniversal motor* universal motor

üniversite *a.* university *üniversite mezunu* graduate, bachelor *üniversite öğrencisi* undergraduate *üniversitede*

birinci sınıf öğrencisi fresher *İİ.*, freshman *Aİ.* **üniversiteden atmak** to send sb down *İİ.*
üniversitelerarası *s.* interuniversity
üniversiteli *a.* university student
ünlem *a, dilb.* exclamation, interjection **ünlem işareti** exclamation mark *İİ.*, exclamation point *Aİ.*
ünlemek *e.* to call (out) to proclaim
ünlü *s.* famous, well-known, celebrated, eminent, famed, renowned, illustrious, noted, prominent, reputable * meşhur, şanlı, namlı ¤ *a, dilb.* vowel * sesli **ünlü uyumu** vowel harmony
ünlüleşme *a, dilb.* vocalization
ünsiyet *a, esk.* familiarity, friendship
ünsüz *s.* unknown, obscure ¤ *a, dilb.* consonant **ünsüz uyumu** consonant harmony
ürat *a.* uric acid salt
üratik *s.* uratic
ürbanist *a.* city planner, urbanist
ürbanizm *a.* city planning, urbanism
Ürdün *a.* Jordan ¤ *s.* Jordanian
Ürdünlü *a, s.* Jordanian
üre *a.* urea
üreaz *a.* urease
üreit *a.* ureide
ürem *a.* interest * faiz
üreme *a.* reproduction, propagation **üreme hücresi** germ cell **üreme organları** genitals
üremek *e.* to reproduce, to multiply, to propagate
üremi *a, hek.* uremia
üremik *s.* uraemic, uremic
üremsel *s.* biogenetic, biogenous
üreometre *a. hek.* ureometer
üretan *a.* urethane
üreteç *a, elek.* generator * jeneratör
üreter *a.* ureter
üretici *a.* producer, grower ¤ *s.* producing, generating **üretici program** generating program **üretici riski** producer's risk
üreticilik *a.* being a producer
üretim *a.* production * istihsal **üretim araçları** means of production **üretim denetimi** production control **üretim gecikmesi** backlog **üretim kapasitesi** production capacity **üretim katı** working level **üretim maliyeti** production cost **üretim müdürü** product manager **üretim oranı** breeding ratio **üretim**

payı royalty **üretim reaktörü** production reactor
üretimevi *a.* factory
üretimlik *a.* factory * fabrika
üretimsel *s.* productional; *dilb.* generative
üretken *s.* productive **üretken reaktör** breeder
üretkenlik *a.* productivity
üretme *a.* generation, breeding **üretme çiftliği** hatchery **üretme yordamı** generating routine
üretmek *e.* to produce, to generate, to breed, to propagate, to put sth out, to bring sth out, to turn sth out
üretmen *a.* producer
üretra *a. anat.* urethra
üreyebilir *s.* reproducible
üreyebilirlik *a.* reproducibility
ürik asit *a.* uric acid
ürik *s.* uric
ürin *a.* urine
ürkek *s.* timid, fearful, shy **ürkek ürkek** timidly
ürkekçe *be.* timidly, fearfully
ürkekleşmek *e.* to become timid
ürkeklik *a.* timidity, fearfulness
ürkmek *e.* to start with fear; to be frightened, to be scared (of), to scare; (at) shy
ürkü *a.* panic * panik
ürkünç *s.* frightening, frightful, dreadful, gruesome, horrifying, horrific, scary, eerie, eery
ürküntü *a.* fright, scare, panic
ürkütmek *e.* to terrify, to startle, to frighten, to scare
ürkütücü *s.* dreadful, frightful, gruesome, formidable, grisly, scary, eerie, eery
ürogenital *s.* genitourinary
ürografi *a. hek.* urography
ürolog *a.* urologist * bevlliyeci
üroloji *a.* urology * bevliye
ürpermek *e.* to get goose pimples, to have one's hair stand on end; to shudder, to shiver; to get the creeps
ürperti *a.* shudder, shiver
ürtiker *a, hek.* nettle rash, hives, urticaria
ürümek *e.* to howl, to bay, to yowl
ürün *a.* produce, product; crop, harvest, yield; work; result **ürün müdürü** product manager **ürün nöbeti** crop rotation **ürün rotasyonu** crop rotation **ürün toplamak** to reap **ürün vermek** to

crop, to give a yield **üs almak** to exponentiate

ürüşmek *e.* to howl together

üryan *s. esk.* naked, bare

üs[1] *a, mat.* exponent **üsler kuralı** law of exponents

üs[2] *a, ask.* base, installation; base camp

Üsküp *a.* Skoplje, Skopje

üslenmek *e. ask.* to establish a base (in)

üslup *a.* style * biçem, tarz, stil

üslupçu *a.* stylist

üslupçuluk *a.* stylism

üsluplaştırmak *e.* to stylize

üst *a.* upper side, upper part, top; outside surface; clothing, dress; body; (para) remainder, change; superior ¤ *s.* upper, uppermost **üst açı** high-angle shot **üst baskı** overprint **üst baş** clothes, apparel **üst dişli** top gear **üst düzey** senior **üst eşik** lintel **üst geçiş** upper culmination **üst germe** ledger **üst gökada** supergalaxy **üst güverte** upper deck **üst kanal** head race **üst kat** upstairs **üst kata** upstairs **üst katta** upstairs **üst merdane** top roller **üst ölü nokta** top dead center **üst parça** upper part **üst sınır** upper bound, upper limit **üst tabaka** upper layer, top layer **üst toprak** topsoil **üst uç** upper end **üst üste** a) one on the top of the other b) on the trot *kon.*, one after the other, successively **üst üste bindirmek** to imbricate **üst üste çekim** superimposition **üst üste koymak** to superimpose **üst yatak** top bearing **üst yüzey** upper surface, top surface **Üstü kalsın!** Keep the change! **üstü kapalı** covert, veiled; obscure **üstü kapalı söylemek** to hint **üstü kapalı söz** hint **Üstüme iyilik sağlık** Good heavens! **üstünden atmak** to throw sth/sb off, not to take over the duty, to get rid of **üstünü aramak** to search, to frisk *kon.* **üstünü başını düzeltmek** to tidy oneself up **üstünü çıkarmak** to take off one's clothes **üstünü çizmek** to scratch out **üstünü değişmek** to change **üstünü değiştirmek** to change **üstünü giymek** to put on one's clothes, to dress oneself, to get dressed **üstünü örtmek** to clothe

üstalize *a.* antitrade wind

üstat *a.* master, expert

üstben *a, ruhb.* superego

üstbenlik *a.* superego

üstbitken *a. bitk.* epiphyte ¤ *s.* epiphytic

üstçavuş *a. ask.* staff sergeant

üstçene *a.* upper jaw

üstdamak *a.* soft palate

üstdamaksıl *a.* retroflex(ed)

üstderi *a.* epidermis, cuticle

üstderisel *s.* cuticular

üstdevler *a.* supergiants

üste *be.* in addition **üste vermek** to give in addition **üstesinden gelmek** to cope with, to overcome, to manage, to bring sth off *kon.*, to conquer, to surmount

üsteğmen *a, ask.* first lieutenant

üsteğmenlik *a. ask.* first lieutenancy

üstel *s, mat.* exponential **üstel dağılım** exponential distribution **üstel denklem** exponential equation **üstel fonksiyon** exponential function **üstel horn** exponential horn **üstel huni** exponential horn **üstel işlev** exponential function **üstel seri** exponential series

üstelemek *e.* to persist, to insist (on/that), to dwell on; *hek.* to recrudesce, to recur

üstelik *be.* furthermore, moreover, besides, in addition, what's more, to boot, into the bargain, in the bargain

üstenci *a.* contractor * mütehhit

üstencilik *a.* being a contractor

üstenmek *e.* to undertake, to engage oneself

üstfamilya *a. biy.* superfamily

üstgeçiş *a. gökb.* culmination

üstgeçit *a.* flyover, overpass

üstim *a.* superscript

üstinsan *a.* superman

üstkarın *a.* epigastrium

üstlenici *a.* contractor

üstlenme *a.* undertaking, commitment

üstlenmek *e.* to take sth on, to undertake, to bear

üstlük *a.* overcoat; headscarf

üstmut *a.* transcendent happiness

üstnova *a.* supernova

üstsınıf *a. biy.* superclass

üstsubay *a, ask.* field officer

üstsüz *s.* topless

üsttakı *a.* superscript

üsttakım *a.* superorder

üstten *be.* from above **üstten görünüş** top view **üstten görüş** high-angle shot **üstten supap** drop valve, overhead

valve
üstübeç *a.* white lead
üstün *s.* superior; above; predominant, preeminent *üstün gelmek* to come out on top, to prevail, to preponderate *üstün iletken* superconductor *üstün nitelikli* high-grade, superior *üstün olmak* to be superior, to outdo, to predominate, to surpass *res. üstün tutmak* to prefer
üstünde *ilg.* on; above, over, across; about, with * yanında *üstünde durmamak* to take sth in one's stride
üstüne *be.* about, on; onto, on, over, above *üstüne almak* to shoulder, to take sth on *üstüne atmak* to lay the blame on *üstüne basmak* a) to hit the nail on the head b) to emphasize *Üstüne bir bardak soğuk su iç* You can whistle for it *üstüne çıkmak* to stand on sth *üstüne çullanmak* to swoop *üstüne düşmek* to coddle, to be very interested in *üstüne kalmak* to be saddled with *üstüne oturmak* to appropriate, to pocket *üstüne salmak* to set sb/sth on sb *üstüne titremek* to coddle, to fuss over *üstüne toz kondurmamak* to consider above blame *üstüne tuz biber ekmek* to rub salt in the wound, to be the last straw *üstüne üslük* to crown it all *üstüne üstlük* to make matters worse *üstüne varmak* a) to keep on at sb b) to attack, to assault *üstüne yatmak* not to give back, to appropriate *üstüne yazmak* biliş. to overwrite *üstüne yıkmak* to impute
üstünkörü *s.* superficial, skin-deep, cursory *hkr.* ¤ *be.* superficially
üstünlük *a.* superiority; ascendancy, hegemony; priority; advantage, head start *üstünlük derecesi* dilb. comparative degree *üstünlük duygusu* superiority complex *üstünlük duygusu/kompleksi* superiority complex
üstüpü *a.* oakum
üstüpülemek *e.* to caulk (sth) with oakum/tow
üstüpülü *s.* caulked with oakum/tow
üstüvane *a.* cylinder, roller
üstüvani *s. esk.* cylindrical
üstyapı *a.* superstructure

üstyapısal *s.* superstructural
üşenç *a.* laziness, sloth
üşengeç *s.* lazy, slothful
üşengeç, üşengen *s.* lazy, slothful
üşengeçlik, üşengenlik *a.* laziness, sloth
üşenmek *e.* to be too lazy to, not to take the trouble to
üşmek *e. yörs.* to crowd, to throng (a place)
üşümek *e.* to be cold, to feel cold
üşüntü *a.* crowding, thronging
üşürmek *e.* to set the dog on sb
üşüşme *a.* crowding, thronging
üşüşmek *e.* to crowd together, to flock, to descend on/upon sb/sth
üşütmek *e.* to cause to feel cold; to catch cold; *arg.* to go nuts, to go crazy, to go crackers, to go bananas
üşütük *s.* touched *kon.*, cracked *kon.*, funny *kon.*, off one's head *kon.*, screwy *kon.*, bats *kon.*, batty *kon.*, barmy *İl./kon.*, balmy *Aİ.* potty *İl./kon.*, dotty *İl./kon.*, crackers *İl./kon.*, bonkers *İl./arg.* ¤ *a.* nut-case *arg.*, nut *arg./hkr.*, nutter *İl.*
ütmek *e. yörs.* to hold (sth) over/to the fire; to singe
ütopi *a.* utopia
ütopik *s.* utopian
ütopist *a.* utopian
ütopya *a.* utopia
ütopya, ütopi *a.* utopia
ütopyacı *s.* utopian
ütü *a.* iron, flat iron; ironing, pressing *ütü haslığı* fastness to ironing *ütü makinesi* ironing machine, pressing machine *ütü masası* ironing board *ütü presi* ironing machine *ütü sehpası* ironing board *ütü tahtası* ironing board
ütücü *a.* ironer, presser
ütüleme *a.* ironing *ütüleme presi* ironing press
ütülemek *e.* to iron, to press
ütülü *s.* ironed
ütüsüz *s.* unironed, needing ironing
üvea *a.* uvea
üvendire *a.* ox-goad
üvey *s.* step, adoptive, foster *üvey ana* stepmother *üvey anne* stepmother *üvey anne baba* foster parent *üvey baba* stepfather *üvey çocuk* stepchild *üvey erkek kardeş* stepbrother, half-brother, foster-brother *üvey evlat* step-

child *üvey evlat muamelesi yapmak* to ill-treat, to treat unfairly *üvey kardeş* stepbrother, stepsister *üvey kız* stepdaughter *üvey kız kardeş* half sister *üvey kız kardeş* foster-sister, stepsister, half-sister *üvey oğul* stepson, foster-son

üveyik *a, hayb.* stock dove

üveymek *e, hayb.* to coo

üvez[1] *a, bitk.* rowan, rowan tree

üvez[2] *a, hayb.* a kind of mosquito

üye *a.* member * aza; *anat.* organ *üye olmak* to be affiliated (with) *üyesi olmak* to belong to sth

üyelik *a.* membership *üyelik kartı* membership card

üzengi *a.* stirrup *üzengi hattı* spring line

üzengikemiği *a, anat.* stapes

üzengitaşı *a.* impost

üzere *ilg.* on the point of, on the brink of, on the verge of; (just) about to; on condition of; (in order) to; according to; for the purpose of *(-mek) üzere olmak* to be about to

üzeri *a.* upper surface; outer surface, outside surface; clothing; change; remainder (of money)

üzerinde *ilg.* on, over, above; across; on, with *üzerinde bulundurmak* to carry *üzerinde durmak* to dwell on/upon (sth), to deliberate *üzerinde durmamak* to take sth in stride *üzerinde düşünmek* to consider, to think about *üzerinde ... olmak* to have sth on, to wear *üzerinde oynamak* to falsify, to doctor *kon.* * tahrif etmek *üzerinden atmak* to throw off, to shake off

üzerine *ilg.* on, onto, over; about *üzerine almak* to undertake *üzerine basmak* to tread on *üzerine boyamak* to overdye, to cross-dye *üzerine düşmek* a) to persist, to press b) to dote on, to cosset *hkr.* *üzerine fonksiyon* surjection *üzerine titremek* to treasure, to dote on, to cosset *hkr.*

üzerlik *a.* harmal

üzgeç *a.* rope ladder

üzgü *a.* oppression, torment * eziyet, eza, cefa

üzgülü *s.* tormenting, troublesome

üzgün *s.* unhappy, sad, worried, heavyhearted, downhearted, dejected, doleful, downcast, crestfallen, in low spirits, in poor spirits, glum *kon.*, blue *kon.*; sorry *Üzgünüm* I'm sorry, Sorry

üzgünbalığı *a.* dragonet

üzgünlük *a.* unhappiness, sadness

üzgüsüz *s.* easy, trouble-free * eziyetsiz

üzlük *a.* small earthenware bowl

üzmek *e.* to upset, to sadden, to distress, to worry, to disturb, to trouble, to cut, to afflict, to affect, to agitate, to put sb out, to hurt (sb's feelings), to break (sb's) heart, to perturb *res.*

üzücü *s.* sad, upsetting, distressing, bitter, heartrending, harrowing, poignant, dismal, pathetic, tragic

üzülmek *e.* to be sorry (for), to feel sorry (for), to feel for sb, to sadden, to worry, to regret, to sorrow, to grieve

üzüm *a, bitk.* grape *üzüm asması* grape vine *üzüm bağı* vineyard *üzüm kütüğü* vine stock *üzüm salkımı* bunch of grapes *üzüm suyu* grape juice *üzüm şekeri* grape sugar, glucose *üzüm yetiştirme* viniculture *üzüm üzüme baka baka kararır* a man is known by the company he keeps *üzüm zarı* grape skin *üzümünü ye de bağını sorma* don't look a gift horse in the mouth

üzümcü *a.* grower/seller of grapes

üzümcülük *a.* growing/selling grapes

üzümlü *s.* prepared with grapes/raisins

üzümsü *s. bitk.* aciniform, grape-like

üzünç *a.* sorrow, grief

üzüntü *a.* worry, trouble, care, sorrow, distress, grief, gloom, agitation, affliction, regret, tribulation, woe *esk./şak.*

üzüntülü *s.* sad, worried, unhappy, distressed, sorrowful; unhappy, sad, distressing, sorrowful

üzüntüsüz *s.* carefree

V

V, v *a.* the twenty-seventh letter of the Turkish alphabet *V bandı* V-band *V demeti* V-beam *V dişi* V thread *V kayışı* V-belt, vee-belt *V motor* V-type engine *V vadi* V valley *V yaka* V neck; V-necked *V yakalı* V-necked

vaat *a.* promise * söz *vaat etmek* to promise *vaatte bulunmak* to make a promise, to promise

vaaz *a.* sermon; *mec.* homily *hkr.* **vaaz çekmek** to preach *hkr.* **vaaz etmek** to preach **vaaz vermek** to preach

vabeste *s. esk.* dependent on, subject to

vacip *s.* necessary, obligatory **vacip olmak** to be necessary

vade *a, tic.* settlement date, redemption date, maturity date; term, fixed term, fixed date; *mec.* the day of reckoning, the fatal date **vadesi dolmak** to fall due, to come to maturity **vadesi dolmuş** mature **vadesi geçmek** to be overdue **vadesi geçmiş** overdue **vadesi gelmek** to fall due, to come to maturity **vadesi gelmemiş** ` undue **vadesi gelmiş** due **vadesini uzatmak** to prolong a term

vadeli *s.* having a fixed term **vadeli çek** *tic.* postdated check **vadeli hesap** deposit account *İİ.*, time deposit *Aİ.* **vadeli istikraz** time loan **vadeli mevduat** deposit account *İİ.*, time deposit *Aİ.* **vadeli poliçe** time draft **vadeli satış** forward sale

vadesiz *s.* having no fixed term **vadesiz hesap** current account, checking account *Aİ.* **vadesiz istikraz** call loan **vadesiz mevduat** current account, checking account *Aİ.*

vadi *a.* valley * koyak **vadi buzulu** valley glacier **vadi gölü** valley lake **vadi meltemi** valley breeze **vadi rüzgârı** valley wind **vadi tabanı** valley bottom

vaftiz *a.* baptism **vaftiz anası** godmother **vaftiz annesi** sponsor **vaftiz babası** godfather **vaftiz çocuğu** godchild **vaftiz etmek** to baptize **vaftiz evladı** godchild **vaftiz kurnası** font

vaftizevi *a.* baptistery, baptistry

vagon *a.* railway car, carriage *İİ.* **vagon baskülü** track scales **vagon damı** wagon roof **vagon restoran** wagon restaurant, dining car, diner

vagonet *a.* small coach

vagonli *a.* sleeping car, sleeper

vagotoni *a. hek.* vagotonia, vagotony

vagus *a. anat.* vagus (nerve)

vah *ünl.* ah!, alas!, what a pity!

vah vah *ünl.* What a pity!, Oh dear!

vah! *ünl.* Alas!, What a pity!

vaha *a.* oasis

vahamet *a.* gravity, peril **vahamet kesp**

etmek to become critical, to become perilous

vahdaniyet *a. esk.* the unity of God

vahdet *a.* unity; uniqueness

vahi *s. esk.* futile, nonsensical

vahim *a.* grave, serious, desperate, perilous

vahit *s.* one, single, sole

vahiy *a.* divine inspiration **vahiy etmek** to inspire

vahşet *a.* wildness, savageness; savagery, atrocity; fear; *esk.* solitude

vahşi *s.* wild, savage, brutal, barbaric, barbarian, ferocious

vahşice *be.* bestially, brutally **vahşice saldırmak** to savage

vahşileşmek *e.* to become wild

vahşilik *a.* wildness, savageness; savagery, barbarity, brutality

vahyetmek *e.* (God) to reveal

vaiz *a.* preacher; cheplain

vaizlik *a. rin.* preaching, work of preacher

vajina *a, anat.* vagina

vajinal *s.* vaginal

vajinismus *a. hek.* vaginismus

vak vak *ünl.* Quack quack!

vaka *a.* event, occurrence * olay, hadise

vakans *a.* vacation, holiday

vakanüvis *a.* chronicler

vakar *a.* gravity, dignity, solemnity, sedateness * ağırbaşlılık

vakarlı *s.* dignified, sedate, grave

vakarsız *s.* undignified

vakayiname *a.* chronicle, annals * kronik

vaketa *a.* calfskin

vakfe *a.* stop, pause * duruş, duraklama

vakfetmek *e.* to devote oneself to

vakfiye *a.* deed of trust of a pious foundation

vakıa *a. esk.* fact, event ¤ *bağ.* although

vakıa *a.* fact ¤ *bağ.* albeit

vakıf *a.* (pious) foundation

vâkıf *s.* aware, cognizant, proficient **vâkıf olmak** to be aware of, to be cognizant of

vaki *a.* happening, occurring, taking place **vaki olmak** to happen, to occur, to take place

vakit *a.* time; the right time; appointed time; time, season **vakit almak** to take time, to take up time **vakit bulmak** to get round to **vakit geçirmek** to pass the time, to kill time **vakit**

kaybetmeden without loss of time, without delay **vakit kaybetmek** to lose time **vakit kazanmak** to buy time *kon.* **vakit öldürmek** to kill time **vakit vakit** from time to time **(-me) vakti geldi** it is time to **vaktini almak** to take (sb's) time **vaktiyle** formerly

vakitli *s.* timely, well-timed; opportune **vakitli vakitsiz** at all sorts of time

vakitsiz *s.* untimely, inopportune, ill-timed; premature

vaklamak *e.* to quack

vaksin *a.* vaccine

vaktaki *bağ.* when, at the time when

vaktinde *be.* on time, in time

vakum *a.* vacuum * boşluk **vakum avansı** vacuum advance **vakum borusu** vacuum pipe **vakum buharlayıcı** vacuum ager **vakum distilasyonu** vacuum distillation **vakum fırını** vacuum furnace **vakum filtresi** vacuum filter **vakum freni** vacuum brake **vakum kazanı** vacuum pan **vakum lambası** vacuum tube **vakum pompası** vacuum pump **vakum tüpü** vacuum tube

vakumlu *s.* vacuum **vakumlu anahtar** vacuum switch **vakumlu damıtma** vacuum distillation **vakumlu kurutucu** vacuum drier **vakumlu şalter** vacuum switch

vakummetre *a.* vacuum gauge, vacuum indicator, vacuum meter

vakur *s.* dignified, grave, solemn * ağırbaşlı, onurlu

vaküol *a. biy.* vacuole

vakvak *a, çoc.* duck * ördek; quack

vakvaklamak *e.* to quack

valans *a.* valence, valency **valans bağı** valence bond **valans bandı** valence band **valans elektronu** valence electron **valans sayısı** valence number

vale *a, isk.* jack, knave * oğlan, bacak **vale odası** valet room

valensiya *a. bitk.* Valencia orange

valerik asit *a.* valeric acid

valerik *s.* valeric

valeriyan *a. bitk.* valerian

valf *a.* valve, clack, cock, gate * vana **valf diyagramı** valve diagram **valf kutusu** valve box

valflı *s.* valvate, valved

valfsiz *s.* valveless

vali *a.* governor * ilbay

valide *a, esk.* mother **valide sultan** mother of a reigning sultan

valilik *a.* governorship

valin *a.* valine

valiz *a.* suitcase

valla(hi) *ünl.* honestly, on the level *kon.*

vallabi *a, hayb.* wallaby

vallahi *ünl.* I swear it's true!

valorizasyon *a.* valorization

valör *a.* value

vals¹ *a.* waltz **vals yapmak** to waltz

vals² *a. tek.* cylinder, roller, roll

valuta *a.* price, value, market value

vamp *a.* foxy woman, siren

vampir *a.* vampire; *hayb.* vampire bat

vana *a.* valve, gate, turncock

vanadat *a.* vanadate

vanadik *s.* vanadic

vanadinit *a.* vanadinite

vanadit *a.* vanadite

vanadyum *a.* vanadium **vanadyum çeliği** vanadium steel

vanasız *s.* valveless

vandal *a.* vandal

vandalizm *a.* vandalism

vandallık *a.* vandalism

vandöz *a.* shopgirl

vanilin *a.* vanillin

vanilya *a.* vanilla

vanilyalı *a.* vanilla+, vanilla-flavoured

vanite *a.* vanity

vanstep *a.* one-step (a dance)

vantilasyon *a.* ventilation

vantilatör *a.* fan, ventilator **vantilatör kanadı** fan blade **vantilatör kasnağı** fan pulley **vantilatör kayışı** fan belt **vantilatör poyrası** fan hub **vantilatör yuvası** fan housing **vantilatörle soğutma** fan cooling

vantrilok *a.* ventriloquist

vantrilokluk *a.* ventriloquy, ventriloquism

vantuz *a, hek.* cupping-glass; *hayb.* sucker **vantuz çekmek** to cup, to apply a cupping-glass (to)

vantuzbalığı *a. hayb.* sucking fish, shark sucker

vaporizasyon *a.* vaporization

vaporizatör *a.* vaporizer

vapur *a.* steamship, steamer, ferry, boat **vapuru kaçırmak** to miss the boat, to miss the bus *kon.*

vapurculuk *a.* operating a steamship line

vapurdumanı *s.* smoke-grey

var *s.* existent, available, present; there is/are; (saatlerde) to ¤ *a.* possessions, belongings **var etmek** to create **var gücüyle** with all one's strength **Var ol!** May you live long! **var olmak** to exist, to be **vara yoğa karışmak** to poke one's nose into everything **varı yoğu** all that he has **varını yoğunu elinden almak** to deprive of one's possessions **varını yoğunu kaybetmek** to lose one's all

varagele *a, den.* cableway **varagele bıçkı** reciprocating saw **varagele halatı** *den.* guess rope

varak *a.* foil, gold leaf, silver leaf; leaf **varak altın** beaten gold

varaka *a. esk.* printed form

varakçı *a.* gold beater

varaklamak *e.* to ornament with gold leaf

varaklı *s.* gilded; silvered

varaktör *a.* varactor

varda *ünl. den.* look out!, keep clear!

vardabandıra *a, den.* signalman

vardakava *a, den.* guest rope

vardakorda *a, den.* chaffing board

vardakosta *a, den.* coastguard vessel

vardamana *a.* manrope, handrope

vardavela *a, den.* hand rail, guard rail

vardela *a.* welt

vardırmak *e.* to let (sth) reach (a certain point)

vardiya *a.* shift, relay; *den.* watch **vardiya değişmesi** shift change-over **vardiya ile çalışmak** to work in relays **vardiya verimi** output per shift

vardola *a.* welt

varek *a, hayb.* kelp

vareste *s. esk.* free from, relieved from

vargel *a, tek.* cableway, trolley **vargel ekskavatörü** dragline excavator **vargel hattı** dragline **vargel kazıcısı** dragline excavator **vargel kepçesi** dragline bucket **vargel rampası** gravity plane **vargel testere** hacksaw **vargel tezgâhı** shaper

vargı *a.* conclusion

varış *a.* arrival, coming, advent; *sp.* finish * finiş **varış adresi** destination address **varış dosyası** destination file **varış kütüğü** destination file **varış oranı** arrival rate **varış trafiği** terminating traffic **varış yeri** destination

varışlı *s.* intelligent, sharp

varışlılık *a.* acumen

vari *a. hayb.* vari, ruffed lemur

varidat *a. esk.* income; revenue

varil *a.* barrel, cask, butt

varis *a, hek.* varicose vein, varix

vâris *a.* heir, inheritor * mirasçı, kalıtçı

varisit *a.* variscite

varisli *s.* varicose

varistör *a.* varistor

varit *s.* probable, likely to happen **Varit değildir** It's unlikely to happen

variyet *a.* wealth, riches * varlık, zenginlik

variyetli *a.* wealthy, rich * varlıklı, zengin

varlık *a.* existence, presence, being * mevcudiyet; living creature, being; life * yaşam, hayat; entity; wealth, riches, affluence, opulence; assets **varlık göstermek** to make one's presence felt **varlık içinde yaşamak** to live a life of luxury

varlıkbilim *a.* ontology * ontoloji

varlıkbilimci *a.* ontologist

varlıkbilimsel *s.* ontologic(al)

varlıklı *s.* rich, wealthy, well-to-do, well-off, affluent, opulent

varlıksal *s.* existential

varlıksız *s.* poor, needy

varmak *e.* to arrive (at/in), to get to, to reach, to attain, to appear, to hit *kon.*; to amount to; to approach; to end in; (kadın kocaya) to marry (sb) **Varsın gitsin** Let him go

varoluş *a, fel.* existence

varoluşçu *s.* existentialist * egzistansiyalist

varoluşçuluk *a, fel.* existentialism * egzistansiyalizm

varoluşsal *s.* existential

varoş *a.* suburbs, outskirts

varsayım *a.* hypothesis * hipotez, faraziye; supposition, assumption, presumption

varsayımlı *s.* hypothetical

varsayımsal *s.* hypothetical * hipotetik, farazi **varsayımsal adres** presumptive address **varsayımsal komut** presumptive instruction

varsaymak *e.* to suppose, to assume, to presume

varsıl *s.* rich, wealthy * zengin

varsılerkçi *a.* plutocrat * plutokrat

varsılerki *a.* plutocracy * plutokrasi

varsıllaşmak *e.* to become/get rich

varsıllaştırmak *e.* to enrich
varsıllık *a.* wealth, wealthiness, affluence * zenginlik
Varşova *a.* Warsaw
varta *a.* danger *vartayı atlatmak* to escape a great danger, to get out of a tight spot
varvlı *s, yerb.* varved
varyans *a.* variance *varyans oranı* variance ratio
varyant *a.* variant; variant reading; detour *varyanttan gitmek* to detour
varyasyon *a.* variation
varyemez *s.* tight-fisted * cimri
varyemezlik *a.* miserliness, stinginess
varyete *a.* variety show
varyometre *a, hav.* variometer
varyos *a.* sledgehammer
vasal *a.* vassal
vasallık *a.* vassalage
vasat *s.* mediocre, middling, average, fair, moderate ¤ *a.* middle, average; environment
vasati *s.* central, middle; mean; average
vasıf *a.* quality; qualification
vasıflandırmak *e.* to qualify; to describe
vasıflı *s.* qualified, skilled
vasıfsız *s.* unqualified, unskilled *vasıfsız işçi* unqualified worker
vasıl *s.* arriving *vasıl olmak* to arrive
vasıta *a.* means; vehicle; implement, instrument
vasıtalı *s.* indirect ¤ *be.* indirectly
vasıtasıyla *be.* by means of, through
vasıtasız *s.* direct; without intermediary *vasıtasız vergi* direct tax
vasi *a, huk.* guardian; executor; trustee
vâsi *s, esk.* wide, broad, vast
vasilik *a, huk.* guardianship; executorship; trusteeship
vasistas *a.* fanlight *İİ.*, transom *Aİ.*, transom window *Aİ.*
vasiyet *a.* will, testament *vasiyet etmek* to bequeath *vasiyetini yazmak* to make one's will *vasiyetle bırakmak* to will
vasiyetname *a.* (written) will
vasletmek *e. esk.* to join, to unite
vaşak *a, hayb.* lynx
vaşington *a.* navel orange
vat *a, elek.* watt *vat-saat* watt-hour *vat-saniye* watt-second
vatan *a.* native country, motherland,

homeland, country *vatan hainliği* treason *vatan hasreti* homesickness *vatan özlemi* nostalgia *vatana ihanet* treason
vatandaş *a.* compatriot, countryman, fellow-citizen
vatandaşlık *a.* citizenship *vatandaşlığa kabul etmek* to naturalize *vatandaşlık hakları* civil rights
vatani *s.* pertaining to one's country *vatani hizmet* national service *vatani hizmetini yapmak* to do one's national service *vatani vazife* military service
vatanperver *s.* patriotic * yurtsever
vatanperverlik *a.* patriotism * yurtseverlik
vatansever *a.* patriot * yurtsever ¤ *s.* patriotic * yurtsever
vatanseverlik *a.* patriotism * yurtseverlik
vatansız *s.* stateless
vatansızlık *a.* statelessness
Vatikan *a.* the Vatican
vatka *a.* shoulder padding
vatman *a.* motorman
vatmetre *a.* wattmeter
vatoz *a, hayb.* thornback ray
vatölçer *a.* wattmeter
vavelit *a.* wavellite
vaveyla *a.* shout, shouting *vaveyla koparmak* to raise a shout
vay *ünl.* Oh!, Wow!, Well!, Boy! *Aİ./kon. Vay başıma!* Woe is me! *Vay be* My!, Wow! *kon.*, Boy *Aİ./kon. Vay canına* Wow! *kon.*, Gosh!, Well!, Christ!, Jesus!, Jesus Christ!, Boy! *Aİ./kon.*
vazektomi *a, hek.* vasectomy
vazelin *a.* vaseline, petroleum jelly
vazelinlemek *a.* to vaseline
vazetmek *e.* to put down, to place
vazgeçilmez *s.* indispensable
vazgeçirme *a.* dissuasion
vazgeçirmek *e.* to dissuade, to deter, to discourage, to talk sb out of
vazgeçme *a.* giving up, renunciation, cession
vazgeçmek *e.* to give up, to quit, to abandon, to abdicate, to desist, to forsake, to back out, to relinquish, to renounce *res.*; to change one's mind
vazıh *s.* clear, obvious * açık, belli
vazıhamil *a, esk.* birth, parturition * doğurma
vazııkanun *a, esk.* legislator
vazıyet *a, esk.* seizure * el koyma

vazife *a.* duty, task, charge *res.*; situation, post *vazife başında* on duty
vazifelendirilmek *e.* to be charged, to be appointed
vazifelendirmek *e.* to charge, to appoint
vazifeli *s.* in charge * görevli; on duty * görevli
vazifesiz *s.* without a duty
vazifeşinas *s, esk.* dutiful
vaziyet *a.* condition, circumstance, things; position, situation
vazo *a.* vase
vazodilatör *a.* vasodilator
vazokonstriktör *a. hek.* vasoconstrictor
vazomotor *a. hek.* vasomotor
ve *bağ.* and *ve başkaları* and so forth *ve benzeri* et cetera *ve benzeri şeyler* and so on, and what not *kon.*
veba *a, hek.* plague, pestilence
vebal *a.* sin *Vebali kendi boynuna* His blood is on his own head
vebalı *s, hek.* stricken with plague
veca *a.* pain * ağrı
vecibe *a.* duty * ödev
vecih *a, esk.* face; way, manner
vecit *a, esk.* ecstasy * esrime *vecde gelmek* to be enraptured
veciz *s.* laconic, terse
vecize *a.* saying, epigram, maxim, aphorism * özdeyiş
veçhe *a. esk.* direction, way
veda *a.* farewell, good-bye *veda busesi* parting kiss *veda etmek* to say good-bye, to bid farewell *veda yemeği* farewell dinner
vedalaşmak *e.* to say good-bye to each other
vefa *a.* loyalty, faithfulness, fidelity
vefakâr *s.* faithful
vefakârlık *a.* faithfulness
vefalı *s.* loyal, faithful, constant, true-hearted, true
vefasız *s.* disloyal, unfaithful, faithless, fickle, perfidious *res.*
vefasızca *be.* perfidiously
vefasızlık *a.* disloyalty, perfidy *res.*
vefat *a.* death, decease *res.*, demise *res.* *vefat etmek* to die, to pass away
vehim *a.* groundless fear/suspicion, illusion * kuruntu
vehleten *be. esk.* suddenly, at first
vehmetmek *e.* to imagine groundlessly, to suspect unduly

vejetalin *a.* vegetable butter
vejetarizm *a.* vegetarianism
vejetaryen *a, s.* vegetarian
vejetaryenlik *a.* vegetarianism
vejetasyon *a.* vegetation
vejetatif *s.* vegetative
vekâlet *a.* proxy * vekillik; *esk.* ministry * bakanlık *vekâlet etmek* to represent, to deputize (for sb), to substitute *vekâlet vermek* to give the procuration
vekâleten *be.* by proxy
vekâletname *a.* power of attorney, proxy
vekil *a.* agent, representative; deputy; attorney; proxy; *esk.* minister * bakan *vekil tayin etmek* to depute
vekilharç *a.* steward, majordomo
vekillik *a.* agency, attorneyship
vektör *a, mat.* vector *vektör gerilimi* vector potential *vektör niceliği* vector quantity *vektör uzayı* vector space
vektörel *s.* vectorial *vektörel çarpım* vector multiplication
veladet *a.* birth * doğum
velayet *a.* guardianship *velayet hakkı* parental right
velena *a, den.* staysail
velespit *a, esk.* bicycle * bisiklet
velestralya *a, den.* fore gaff
velet *a.* kid, child; brat *hkr.*, rascal *şak.*, imp, scamp *veledi zina* bastard * piç
velev *bağ.* even if ...
velhasıl *be.* in short
veli *a.* guardian, protector; saint * evliya, ermiş, eren
veliaht *a.* crown prince, heir apparent
veliahtlık *a.* heir apparency
velilik *a.* guardianship, wardship
velinimet *a.* benefactor, patron
velodrom *a.* velodrome
velum *a, biy.* velum
velur *a.* velour
velut *a, esk.* productive; prolific
velvele *a.* fuss, uproar, hullabaloo, outcry, clamour, hubbub, racket, rumpus *velveleye vermek* to rock the boat
velveleci *s.* noisy, fussy ¤ *a.* fusspot *kon.*
velveten *a.* velveteen
vena *a. anat.* vein
vendaval *a.* vendaval
vendetta *a.* vendetta
Venedik *a.* Venice
venedikmozaiği *a.* Venetian mosaic, Berliner

venedikstoru *a.* Venetian blind, jalousie
veneryen *s. hek.* venereal
Venezuela *a.* Venezuela ¤ *s.* Venezuelan
Venezuelalı *a. s.* Venezuelan
Venezuelalı *a, s.* Venezuelan
venin *a.* venin, venene
ventil *a.* valve, cock
vento *a, den.* guy, topping lift
venturi *a.* venturi
Venüs *a, gökb.* Venus, evening star * Çulpan, Çobanyıldızı, Zühre
venüsçarığı *a, bitk.* lady's slipper orchid
veranda *a.* veranda, verandah, porch *Aİ.*
veraset *a.* inheritance; heredity * kalıtım, soyaçekim **veraset ilamı** determination of heirship **veraset vergisi** inheritance tax
veratrin *a.* veratrine
verdi *a.* debit, rate of flow
vere *a. trh.* surrender (of a castle)
verecek *a.* debt, money owed, debit
verecekli *a.* debtor
verek *a, arg.* queer, fairy, queen, fag
verem *a, hek.* tuberculosis, consumption *esk.*
veremli *s.* tuberculous
verese *a. esk.* heirs, inheritors
veresiye *be.* on credit, on tick *kon.* **veresiye alış** purchase on credit **veresiye satış** sale on credit
verev *s.* diagonal, oblique; bias **verev bant** bias binding **verev kemer** skew arch **verev köprü** skew bridge
vergi *a.* tax, duty; gift, talent **vergi bağışıklığı** tax exemption, immunity from taxation **vergi baskısı** tax pressure **vergi beyannamesi** tax return **vergi hukuku** tax law **vergi iadesi** tax refund **vergi indirimi** tax relief **vergi kaçırma** tax evasion **vergi koymak** to tax **vergi mükellefi** taxpayer **vergi oranı** tax rate **vergi tahsildarı** tax collector **vergiden muaf** tax-free **vergiye tabi** taxable
vergici *a.* tax collector
vergicilik *a.* collecting taxes
vergilemek *e.* to tax
vergilendirme *a.* taxation
vergilendirmek *e.* to tax
vergili *s.* taxed; *mec.* generous * eli açık, cömert
vergisiz *s.* untaxed, tax-free **vergisiz gelir** non-taxable income

veri *a.* datum **veri açıklanması** data description **veri adı** data name **veri ağı** data net, data network **veri akış diyagramı** data flow diagram **veri akışı** data flow, data stream **veri aktarımı** data transfer **veri alanı** data area **veri alıcısı** data sink **veri arıtımı** data purification **veri azaltımı** data reduction **veri bağımsızlığı** data independence **veri bağlacı** data link **veri bağlayıcı** data link **veri bankası** data bank **veri batağı** data sink **veri betimi** data description **veri biçimi** data format **veri birimi** data unit **veri bozulması** data contamination **veri bölümü** data division **veri bütünlüğü** data integrity **veri çevirici** data converter **veri çevrimi** data circuit **veri çizici** data plotter **veri çizicisi** x-y plotter **veri çoklayıcısı** data multiplexor **veri denetimi** data check, data control **veri deviri** data cycle **veri devresi** data circuit **veri deyimleri** data statements **veri dizeyi** data matrix **veri dizisi** data array **veri dosyası** data file **veri dönüştürme** data conversion **veri düzenleme** data organization **veri düzeyi** data level **veri edinme** data acquisition **veri elemanı** data element **veri fon** data phone **veri formatı** data format **veri geçerliği** data validity **veri girme** switch insertion **veri göçü** data migration **veri gönderme** data transmission **veri göstericisi** data display unit **veri gösterimi** data representation **veri gözesi** data cell **veri grubu** data group **veri günlükleme** data logging **veri güvenilirliği** data reliability **veri güvenliği** data security **veri hazırlama** data preparation **veri hiyerarşisi** data hierarchy **veri hücresi** data cell **veri ırmağı** data stream **veri iletimi** data transmission **veri iletişimi** data communications **veri istasyonu** data station **veri işleci** data operator **veri işlem** data processing **veri işlemci** data processor **veri işleyici** data processor **veri kademelenmesi** data staging **veri kanalı** data channel **veri kaydedici** data logger **veri kaydı** data record **veri kaynağı** data source **veri kelimesi** data word **veri kesimi** data segment **veri kodu** data code **veri kütüğü** data file **veri maddesi** data item **veri**

matrisi data matrix *veri merkezi* data center *veri oluğu* data channel *veri onayı* data validity *veri operatörü* data operator *veri organizasyonu* data organization *veri ortamı* data medium *veri öbeği* data group *veri öğesi* data element *veri özeği* data center *veri özelliği* data attribute *veri saklama* data storage *veri seti* data set *veri sıkıştırma* data compaction *veri sınırlayıcısı* data delimiter *veri sistemi* data system *veri sonu* end of data *veri sözcüğü* data word *veri sözlüğü* data dictionary *veri şebekesi* data network *veri tabanı* data base *veri tableti* data tablet *veri takımı* data set *veri tanımı* data description *veri taşıyıcı* data carrier *veri terminali* data terminal *veri tıkızlama* data compaction *veri toplama* data collection *veri tümleşikliği* data integrity *veri yakalama* data capture *veri yapısı* data structure *veri yoğunlaştırıcı* data concentrator *veri yoğunluğu* data density *veri yöneticisi* data administrator *veri zinciri* data chain *veri zincirlemesi* data chaining *veriler* data

verici *a.* giver; *hek.* donor; *tek.* transmitter ¤ *s.* giving; transmitting *verici anten* transmitting antenna *verici boru* penstock *verici istasyon* transmitting station *verici mikrofon* transmitting microphone

verile *ünl.* let it be given ¤ *a.* order to pay

verilmek *e.* to be given *Verilmiş sadakası varmış* He's had a lucky escape

verim *a.* output, product, yield *verim diyodu* booster diode *verim eğrisi* yield curve *verim oranı* efficiency ratio

verimli *s.* productive, fertile, rich; profitable, fruitful; prolific, productive

verimlilik *a.* productivity, fruitfulness, fertility

verimsiz *s.* unproductive, unfruitful, sterile, inefficient, infertile, barren

verimsizlik *a.* unproductiveness

veriştirmek *e.* to give sb a good scolding

verit *a. esk.* vein

verkaç *a, sp.* pass and run, one-two

vermek *e.* to give; to hand; to pass; to give sth away, to concede; to deliver, to give in, to hand sth in; to provide, to furnish; to dispense; to present; to yield, to bear; to afford; to apply, to bend; to donate, to bestow, to grant; to assign; to devote; to sell; (para) to pay; (ödül, ceza) to award; (ilaç) to prescribe; (sır) to confide; (söylev) to deliver; (kızını kocaya) to marry; *isk.* (kâğıtları) to deal; to convey; to attach; to offer; to turn (towards); to lean *verip veriştirmek* to swear at, to vituperate, to give sb a good scolding

vermikülit *a.* vermiculite

vermikülit *a.* vermiculite

vermut *a.* vermouth

vernalizasyon *a, trm.* vernalization

vernerit *a.* wernerite

vernik *a.* varnish, lacquer

verniklemek *e.* to varnish, to lacquer

vernikli *s.* varnished

verniksiz *s.* unglazed

vernisaj *a.* varnishing day, vernissage

verniye *a, tek.* vernier *verniye taksimatı* vernier scale

veronika *a.* speedwell

versatil kalem *a.* mechanical pencil

versiyon *a.* version

vertebra *a.* vertebra

vertij *a. hek.* vertigo

veryansın etmek *e.* to launch into a verbal attack

vesaire *a.* and so forth, and so on, et cetera, and what not *kon.*

vesait *a. esk.* means of transportation, vehicles

vesayet *a.* guardianship *vesayetini vermek* to give sb custody of

vesika *a.* document, certificate * belge

vesikalı *s.* licensed, professional (prostitute)

vesikalık *s.* suitable for a document *vesikalık fotoğraf/resim* passport photograph

vesile *a.* means, cause; opportunity *vesile olmak* to conduce (to)

vesselam *ünl.* And that's that!

vestern *a. sin.* Western

vestibül *a.* vestibule

vestiyer *a.* cloakroom, checkroom *Aİ. vestiyere bırakmak* to check sth in *Aİ.*

vestiyerci *a.* checkroom attendant

vesvese *a.* apprehension, anxiety, misgiving

vesveseli *s.* apprehensive, scrupulous

veter *a.* tendon
veteriner *a.* veterinary surgeon, vet *kon.*, veterinarian *Aİ.*
veterinerlik *a.* veterinary medicine
vetire *a. esk.* process
veto *a.* veto **veto etmek** to veto
veya, veyahut *bağ.* or * ya da
veyöz *a.* night-light
vezin *a, ed.* metre, meter *Aİ.*
vezinli *a, ed.* metrical
vezinsiz *a, ed.* lacking metre
vezir *a.* vizier; (satranç) queen
veziriazam *a.* grand vizier
vezirlik *a. trh.* vizierate, viziership
vezne *a.* treasury; pay-office, cashier's office
vezneci *a.* cashier, teller
veznedar *a.* treasurer; cashier
veznedarlık *a.* treasurership; cashier's office, cashier's window
vıcık *s.* gooey, sticky
vıcıklamak *e. kon.* to make (sth) into a goo, to knead
vıcırdamak *e. yörs.* to chirp
vıdı vıdı *s. kon.* nagging, grumbling
vınlamak *e.* to whiz, to whir, to buzz, to hum
vır vır *a.* tiresome talk **vır vır etmek** to nag
vıraklamak *e.* to croak
vırıldamak *e. kon.* to mutter continuously
vırıltı *a.* nagging, yammering
vırlamak *e.* to nag
vırvır *a. kon.* continuous grumbling
vırvırcı *a. kon.* grumbler; babbler
vız *a.* buzz, hum **Vız gelir tırıs gider** I don't give a damn **vız gelmek** to be a matter of indifference
vızıldamak *e.* to buzz, to hum, to whiz; *kon.* to bellyache, to grumble, to gripe
vızıltı *a.* buzz, fizz
vızır vızır *be.* continuously, busily
vızlamak *e.* to buzz, to hum
vibrasyon *a.* vibration
vibrasyonlu *s.* vibratory **vibrasyonlu elek** vibrating screen **vibrasyonlu sıkıştırma** vibratory compaction **vibrasyonlu silindir** vibrating roller
vibrato *a. müz.* vibrato
vibratör *a.* vibrator
vibratörlü *s.* having a vibrator **vibratörlü konveyör** vibrating conveyor
vibriyo *a. biy.* vibrio

vibrograf *a.* vibrograph
vibrometre *a.* vibrometer
vicahen *be. esk.* face-to-face
vicahi *s. esk.* face-to-face, personal
vicdan *a.* conscience * bulunç **vicdan azabı** prick of conscience, remorse, compunction **vicdan özgürlüğü** liberty of conscience **vicdan rahatlığı** clear conscience **vicdanı el vermemek** to scruple **vicdanı elvermemek** to scruple **vicdanını rahatlatmak** to salve one's conscience
vicdanen *be.* conscientiously
vicdani *s.* pertaining to one's conscience
vicdanlı *s.* just, fair; conscientious; scrupulous
vicdansız *s.* unjust, unfair; conscienceless, unscrupulous, remorseless
vicdansızlık *a.* unscrupulousness; unjustness
vida *a.* screw **sonsuz vida** endless screw, worm **vida açma** threading **vida adımı** screw pitch **vida anahtarı** screw spanner **vida bağlantısı** screw connection **vida başı** screw head **vida dişi** screw thread, thread **vida dişli** threaded **vida duyu** screw socket **vida hatvesi** screw pitch **vida kılavuzu** screw tap **vida lokması** screw plate **vida makinesi** screw machine **vida presi** fly press **vida somunu** nut **vida yuvası** screw socket **vida yüzü** screw surface
vidala *a.* calfskin
vidalamak *e.* to screw
vidalı *s.* screwed; threaded **vidalı cendere** screw press **vidalı cıvata** screw bolt **vidalı kanca** screw hook **vidalı kavrama** screw coupling **vidalı kazık** screw pile **vidalı kriko** screw jack **vidalı mikrometre** screw micrometer **vidalı pres** screw press **vidalı rakor** screwed connection **vidasını çıkarmak** to unscrew
vidanj *a.* sewage
vidanjör *a.* pump for removing sewage from septic tanks
videla *a, tek.* caif leather
video *s, a.* video **video detektör** video detector **video disk** video disk **video frekansı** video frequency **video kamera** video camera **video kanalı** video channel **video kaset** videotape, video cassette, video **video kayıt** video

recording *video mühendisi* video engineer *video oyunu* video game *video sinyali* video signal *video teyp* video recorder *video yolu* video track

videobant *a.* video tape

videografi *a.* videography

videoiletişim *a.* video communication

videojeni *a.* videogeny

videojenik *s.* videogenic

videoteks *a.* videotex

videoteyp *a.* videotape

vidikon *a.* vidicon *vidikon kamera* vidicon camera *vidikon lamba* vidicon tube

Vietnam *a.* Vietnam

Vietnamca *a, s.* Vietnamese

Vietnamlı *a, s.* Vietnamese

vigla *a. den.* crow's nest

vigore *a, teks.* vigoureux *vigore baskı* vigoureux printing, melange print *vigore buharlayıcı* vigoureux steamer *vigore iplik* vigoureux yarn

vikaye *a.* protection *vikaye etmek* to protect

vikont *a.* viscount

vikontes *a.* viscountess

vikunya *a.* vicuna

viladi *s. esk.* inborn, congenital

vilayet *a.* province * il *vilayet konağı* cprovincial government offices

villa *a.* villa

villüs *a. biy.* villosity, villus

villüslü *s.* villous

vinç *a.* crane; winch *vinç çengeli* crane hook *vinç kancası* crane hook *vinç kıskacı* lifting tongs *vinç kolu* gibbet *vinçle kaldırmak* to crane

vinççi *a.* derrickman, rigger

vinçester *a.* Winchester (rifle)

vinçli *s.* having a crane; having a winch *vinçli vagon* derrick car

vinil *a.* vinyl *vinil klorür* vinyl chloride

viniliden *a.* vinylidene

vinter *a. den.* trawl-net

vinyet *a.* vignette

viomisin *a.* viomycin

viosterol *a.* viosterol

vira *be.* incessantly *vira almak* arge. to tell lies *vira etmek* den. to haul *vira yapmak* to cut a corner, to take a corner

viraj *a.* bend, curve * dönemeç *viraj alma* cornering *viraj almak* to corner *viraj*

aşınması cornering wear *virajı dönmek* to take a bend

virajlı *s.* crooked

viral *s, hek.* viral

viran *s.* ruined, in ruins, tumbledown, ramshackle

virane *a.* ruin, ruined building *viraneye çevirmek* to devastate

viraneleşmek *e.* to come to ruin

viraneleştirmek *e.* to destroy, to ruin

viranelik *a.* place containing ruins

viremya *a. hek.* viremia

virga *a.* virga

virgül *a.* comma

viril *a, hav.* spin *viril tüneli* spin tunnel *virille süzülüş* spiral gliding

virman *a.* transfer, bank transfer

virolog *a.* virologist

viroloji *a.* virology

virtüöz *a.* virtuoso

virtüözlük *a. müz.* virtuosity

virüs *a.* virus ¤ *sg.* viral

visal *s. esk.* reunion with one's lover

visamiral *a.* vice admiral

viski *a.* whisky

viskoelastisite *a.* viscoelasticity

viskonsül *a.* vice-consul

viskoz *a, kim.* viscose *viskoz ipeği* viscose silk *viskoz ipliği* viscose filament *viskoz reyonu* viscose rayon

viskozimetre *a.* viscosimeter * akışmazlıkölçer

viskozimetri *a.* viscosimetry

viskozite *a.* viscosity * akışmazlık, ağdalık *viskozite katsayısı* viscosity coefficient

viskozlu *s.* viscous *viskozlu akış* viscous flow

visruva *a.* viceroy

vist *a. isk.* whist

vişne *a, bitk.* sour cherry, black cherry, morello *vişne suyu* black cherry juice

vişneçürüğü *s.* purple-brown, oxidebrown

vitalite *a.* vitality

vitalizm *a.* vitalism

vitamin *a.* vitamin *vitamin eksikliği* vitamin deficiency

vitaminli *s.* with vitamins

vitaminsiz *s.* without vitamins

vitaminsizlik *a.* avitaminosis

vitelin *a.* vitellin

vitellus *a. biy.* vitellus

vitellüs *a.* vitellus

viterit *a.* witherite

vites *a.* gear, transmission *vites büyültmek* to shift up, to change up *vites değiştirme* gear shifting *vites değiştirmek* to shift, to change gears *vites dişlisi* change speed gear *vites kolu* gear lever *İİ.*, gear stick *İİ.*, gear shift *Aİ.*, shift stick *Aİ. vites kutusu* gearbox *vites küçültmek* to shift down, to change down *vitesi büyültmek* to shift up *vitesi küçültmek* to shift down

vitray *a.* stained glass

vitrin *a.* shopwindow; china cabinet *vitrin dekorasyonu* window dressing

vitriyol *a.* vitriol *beyaz vitriyol* white vitriol, zinc sulphate *vitriyol küpü* copperas vat

vivaryum *a.* vivarium

viviseksiyon *a.* vivisection

viya *a. den.* holding a straight course

viyadük *a.* viaduct

viyak *a.* squawk *viyak viyak* squawking

viyaklamak *e.* to squawk

Viyana *a.* Vienna

viyola *a, müz.* viola

viyolacı *a.* violist

viyolist *a.* violist, viola player

viyolon *a.* violin

viyolonist *a.* violin player

viyolonsel *a, müz.* violoncello, cello

viyolonselist *a, müz.* violoncellist, cellist

vizavi *a.* vis-à-vis

vize *a.* visa

vizite *a.* doctor's rounds/fee; domiciliary/medical visit; fee (in a brothel) *viziteye çıkmak* to walk the wards

viziyer *a.* visor, peak

vizon *a, hayb.* mink * mink *vizon etol* mink stole *vizon kürk* mink fur *vizon manto* mink coat

vizör *a.* finder, viewfinder

vizyon *a.* vision

vizyonöz *a.* viewer

vodvil *a.* vaudeville

vokal *s.* vocal *vokal müzik* vocal music

vokalist *a.* vocalist

volan *a.* flywheel, balance wheel * düzenteker *volan etkisi* flywheel effect *volan flanşı* flywheel flange *volan manyetosu* flywheel magneto

volastonik *s.* wollastonite

vole *a, sp.* volley *vole vurmak* to volley

voleybol *a, sp.* volleyball

voleybolcu *a.* volleyball player

volfram *a.* wolfram, tungsten

volframit *a.* wolframite

voli *a.* cast of a net; *arg.* booty, scoop, killing *voli vurmak arg.* to make a killing, to rake it in

volkan *a.* volcano * yanardağ

volkanik *s.* volcanic *volkanik aglomera* volcanic agglomerate *volkanik faaliyet* volcanism *volkanik kül* volcanic ash *volkanik püskürme* volcanic eruption *volkanik taş* volcanic rock

volkanizm *a.* volcanism

volt *a, elek.* volt *volt hızı* volt velocity

volta *a, den.* fouling of a cable; *arg.* pacing back and forth *volta atmak* to pace back and forth *volta cetveli den.* traverse table *volta etmek den.* to tack about, to belay *volta seyri den.* traverse

voltait *a.* voltaite

voltaj *a.* voltage *voltaj amplifikatörü* voltage amplifier *voltaj bobini* voltage coil *voltaj bölücü* voltage divider *voltaj detektörü* voltage detector *voltaj diskriminatörü* voltage discriminator *voltaj dublörü* voltage doubler *voltaj düşmesi* voltage drop *voltaj jeneratörü* voltage generator *voltaj regülatörü* voltage regulator *voltaj rölesi* voltage relay *voltaj seviyesi* voltage level *voltaj transformatörü* voltage transformer *voltajı yükseltmek* to boost

voltalamak *e. arg.* to pace back and forth

voltalanmak *e.* to go away, to run away

voltametre *a.* voltameter

voltamper *a.* volt-ampere *voltamper metre* volt-ampere meter *voltamper ölçeği* volt-ammeter *voltamper saat* volt-ampere hour

voltmetre *a.* voltmeter *voltmetre duyarlığı* voltmeter sensitivity

voltölçer *a.* voltmeter

volüm *a.* volume *volüm ayarı* volume control *volüm göstergesi* volume indicator

volümetrik *s.* volumetric *volümetrik analiz* volumetric analysis

volüt *a.* volute

vombat *a, hayb.* wombat

vonoz *a. hayb.* young mackerel

vorteks *a.* vortex

votka *a.* vodka
voyvo *ünl. arg.* hey!, ey!
voyvoda *a. trh.* vaivode, voivode
voyvodalık *a. trh.* rank/office of a vaivode
vual *a.* voile
vualet *a.* veiling made of voile
vufer *a.* woofer
vuku *a, esk.* occurrence, happening *vuku bulmak* to happen, to occur, to befall, to transpire *kon. vuku halinde* in case
vukuat *a.* events, incidents; police case, crime
vukuf *a.* knowledge, comprehending
vukuflu *s.* knowledgeable, well-informed
vukufsuz *a.* uninformed, ignorant
vukufsuzluk *a.* lack of information
vulfenit *a.* wulfenite
vulgarize *s.* vulgarized
vulkanizasyon *a.* vulcanization
vulkanize *s.* vulcanized *vulkanize etmek* to vulcanize *vulkanize lastik* vulcanized rubber
vulva *a, anat.* vulva
vurdumduymaz *s.* thick-skinned, callous, insensitive, stolid *hkr. vurdumduymaz kör Ayvaz* thick-skinned, insensitive
vurdumduymazlık *a. kon.* callousness, insensitivity
vurgu *a, dilb.* stress; accent
vurgulamak *e.* to emphasize, to stress, to highlight; to accent, to accentuate, to stress
vurgulu *s.* stressed, accented
vurgun *s.* in love with, struck on, smitten (with) ¤ *a.* booty, scoop; the bends, caisson disease, rapture of the deep *vurgun vurmak* to make a killing, to rake it in, to clean (sth) up, to profiteer *hkr. vurgun yemek* to be crippled by the bends; to die from the bends
vurguncu *a.* profiteer, speculator
vurguncu *a.* speculator, profiteer *hkr.*
vurgunculuk *a.* profiteering
vurgunculuk *a.* profiteering *vurgunculuk yapmak* to profiteer
vurgusuz *s.* unstressed
vurma *a.* strike, bump *vurma çalgılar* the percussion, percussion section *vurma çalgılar çalan müzisyen* percussionist
vurmak *e.* to hit; to strike, to bash, to dash; to bump; to knock; to bang; to slap, to clip *kon.*, to clout *kon.*, to deal sb/sth a blow; to shoot; to shoot dead;

to wound; to be reflected (on); to feign, to pretend to be, to fake; to hurt deeply; to make ill; to put (on one's shoulder/back); (kalp, nabız) to beat; (boya, vb.) to apply; (ayakkabı) to pinch; to chafe; (piyango) to fall (on); (iğne) to give, to inject *Vur abalıya* Hit a man when he's down *vur patlasın çal oynasın eğlenmek* to live it up, to have a wild time *vurup devirmek* to gun sb down
vurmalı *s.* percussive *vurmalı delme* percussive drilling *vurmalı tabla* percussion table
vurtut *a.* armed riot
vuru *a.* beat, impulse, pulse *vuru frekansı* beat frequency
vurucu *s.* hitting ¤ *a.* (beysbolda) batter; beater
vuruk *a.* dent
vurulmak *e.* to be hit/struck/shot, etc.; to fall for, to fall in love with, to be stuck on, to have a crush on
vuruntu *a.* knock, pinking, detonation *vuruntu direnci* antiknock value *vuruntu önleyici* antidetonant, antiknock *vuruntu yapmak* *oto.* to knock
vuruş *a.* blow, stroke; *müz.* beat *vuruş basıncı* impact pressure *vuruş noktası* point of impact *vuruş sayısı* number of strokes
vuruşkan *s.* belligerent, combative
vuruşkanlık *a.* belligerence, combativeness
vuruşmak *e.* to fight each other
vuruşturmak *e.* to make (people) fight each other; *arg.* to drink together
vuslat *a. esk.* lover's union
vusul *a. esk.* arrival
vuzuh *a.* clarity, clearness
vücut *a.* body; the flesh; existence, being *vücuda getirmek* to bring into being, to create *vücut bulmak* to come into existence *vücut geliştirme* body-building
vücutçu *a, kon.* body-builder
vücutlu *s. kon.* corpulent, hulking
vükela *a. trh.* ministers of state
vülgarizasyon *a.* popularization, vulgarization
vürut *a. esk.* arrival
vüsat *a. esk.* breadth; extent
vüzera *a. trh.* viziers

W

W, w *a.* not a Turkish letter but used in few borrowings
walkman *a.* walkman
weber *a, elek.* weber
western *a.* western * kovboy filmi
witherit *a, kim.* witherite
wolfram *a.* wolfram * tungsten
wurtzit *a, min.* wurtzite

X

X, x *a.* not a Turkish letter but used in few borrowings **X bandı** X-band **X biçimli** X shaped **X dalgası** X-wave **x ekseni** x-axis **X ışını** *a.* X-ray **X ışını birimi** X-unit **X ışını radyasyonu** X-radiation **X ışını spektrumu** x-rays spectrum **x konumu** x-position **x-y çizicisi** x-y plotter

Y

Y, y *a.* the twenty-eighth letter of the Turkish alphabet **Y borusu** Y-pipe **Y ekseni** y-axis **Y nivosu** Y level **Y sinyali** Y signal **y delgi** y punch **y konumu** y-position
ya[1] *bağ.* or; especially; (but) what if; what about?, how about? **ya ... ya ...** either ... or ... **Ya bu deveyi güdersin ya da bu diyardan gidersin!** You must either fish or cut bait! **ya da** or **Ya devlet başa ya kuzgun leşe** Either victory or death **Ya herrü ya merrü** Sink or swim, Hit or miss
ya[2] *ünl.* O!, Oh!, Hi!; You see!; yes **ya Rabbi** Oh my God! **Ya sabır** God give me patience! **ya sabır çekmek** to put up with sth with patience
yaba *a, trm.* winnow * atkı
yabalamak *e.* to winnow
yaban *a.* desert, wilderness; stranger ¤ *s.* wild **yabana atmak** to sniff at, to sneeze at
yabanarısı *a, hayb.* wasp, bumblebee
yabanasması *a.* clematis
yabancı *s.* strange, exotic; foreign, alien ¤ *a.* stranger; foreigner * ecnebi **yabancı**

dil foreign language **yabancı düşmanlığı** xenophobia **yabancı gelmemek** to ring a bell *kon.*, to sound familiar **yabancı sözcük** foreign word **yabancı ülke** foreign country **yabancısı olmak** to be a stranger to
yabancılaşma *a.* estrangement, alienation
yabancılaşmak *e.* to become estranged
yabancılaştırmak *e.* to estrange (from), to alienate (from)
yabancılık *a.* being a stranger; being a foreigner; unfamiliarity, strangeness
yabandomuzu *a, hayb.* wild boar
yabaneşeği *a, hayb.* wild ass
yabangülü *a, bitk.* dog rose
yabanhavucu *a.* parsnip
yabanıl *s.* wild; savage, primitive
yabanıllık *a.* wildness
yabani *s.* wild; untamed; rough, boorish, unmannerly **yabani çiçek** wild flower **yabani hayvan** wild animal
yabaniakdiken *a. bitk.* alder buckthorn
yabanigül *a.* dog rose
yabanıspanak *a. bitk.* wild spinach
yabanikekik *s.* wild thyme
yabanikimyon *a. bitk.* bean caper
yabanilik *a.* savageness
yabanimarul *a.* endive
yabanimercanköşk *a. bitk.* wild marjoram
yabanisarmısak *a.* scallion
yabanitütün *a. bitk.* tree tobacco, wild tobacco
yabaniyasemin *a. bitk.* bittersweet
yabankazı *a, hayb.* wild goose
yabankeçisi *a. hayb.* bezoar goat
yabankedisi *a, hayb.* wildcat
yabanlaşmak *e.* to go wild
yabanmersini *a, bitk.* bilberry, cranberry * keçiyemişi
yabanördeği *a.* mallard
yabansı *s.* strange, odd
yabansığırı *a. hayb.* gaur
yabansılık *a.* strangeness, peculiarity
yabansımak *e.* to find strange
yabantırak *a.* dill
yabanturpu *a.* horseradish
yabanyulafi *a. bitk.* wild oat
yâd *a.* remembrance **yâd etmek** to remember
yad *s.* strange **yad elde** a) in a foreign land b) away from home **yad eller** a) foreign land b) far-away land
yadbiçim *a.* paramorph

yadbiçimleşme *a.* paramorphism
yadbiçimli *s.* paramorphic, paramorphous
yaderklik *a.* foreign domination; *fel.* heteronomy
yadestetik *s.* unaesthetic, unesthetic
yadgerekirci *s, fel.* indeterminist * belirlenmezci, indeterminist
yadgerekircilik *a, fel.* indeterminism * belirlenmezcilik, indeterminizm
yadımlamak *e. biy.* to catabolize, to dissimilate
yadınkurun *s.* asynchronous, asynchronistic
yadırgamak *e.* to regard as a stranger; to find (sth) strange/odd
yadırganmak *e.* to be found strange
yadigâr *a.* keepsake, souvenir, remembrance, heirloom
yadrasyonel *s. mat.* irrational
yadsıma *a.* denial
yadsımak *e.* to deny, to reject, to negate
yadsınamaz *s.* undeniable
yafa *a.* Jaffa orange
yafta *a.* label
yağ *a.* oil; fat; grease; lubricant; ointment; mineral/vegetable oil; attar, essential oil; *kon.* flattery, blarney **yağ asidi** fatty acid **yağ ayırıcı** *tek.* oil separator; grease separator **yağ bağlamak** to put on fat **yağ banyosu** oil bath **yağ basıncı** oil pressure **yağ bileziği** oil ring **yağ borusu** oil pipe **yağ contası** grease seal **yağ çekmek** to flatter, to butter sb up *kon.*, to crawl (to sb) *kon.*, to play up to sb *kon.*, to lick sb's boots *kon.*, to lick sb's arse *arg.*, to bow and scrape *hkr.*, to fawn on sb *hkr.*, to suck up (to sb) *arg./hkr.* **yağ çözücü** fat solvent **yağ çubuğu** oil dipstick **yağ deflektörü** oil slinger **yağ değirmeni** oil mill **yağ deliği** oil hole **yağ deposu** oil tank **yağ düzeyi** oil-level **yağ filtresi** oil filter **yağ freni** oil brake **yağ giderici madde** degreasing agent **yağ giderme** degreasing, desuinting, scouring **yağ itici** oil repelling **yağ kanalı** oil duct, oil line **yağ karteri** oilpan, sump **yağ keçesi** oil seal **yağ kutusu** grease box **yağ lambası** oil lamp **yağ lekesi** oil stain **yağ manifoldu** oil manifold **yağ miktarı** fat content **yağ oluğu** oil groove **yağ pompası** oil pump **yağ püskürtme** oil spray **yağ rezervuarı** oil

reservoir **yağ segmanı** oil ring, oil control ring **yağ seviyesi** oil level **yağ sıyırma segmanı** scraper ring **yağ sifonu** grease trap **yağ siperi** oil catcher **yağ soğutmalı** oil cooled **yağ soğutucusu** oil cooler **yağ sürmek** to butter (bread) **yağ süzgeci** oil filter **yağ tabakası** layer of fat **yağ tabancası** oil gun **yağ tekneciği** oil trough **yağ toplayıcı** oil collector **yağ tortusu** oil sludge **yağ tulumu** fatty **yağ tutucusu** oil retainer **yağ yolu** oil line **yağdan kıl çeker gibi** as easy as pie *kon.*, as easy as falling off a log **yağını gidermek** (yün) to degrease, to desuint
yağbezi *a.* oil gland
yağbezleri *a, anat.* sebaceous glands
yağcı *a, kon.* toady, flatterer, creep *hkr.*, scyhophant *res./hkr.*
yağcılık *a.* flattery **yağcılık etmek** to butter sb up *kon.*, to suck up (to sb) *hkr./arg.*
yağdanlık *a.* grease box, grease cup, lubricator, oil can, oil feeder, oiler
yağdırma sulaması *a.* overhead irrigation
yağdırmak *e.* to shower
yağdoku *a, anat.* adipose tissue, fatty tissue
yağemer *a.* lipophilic
yağhane *a.* oil mill
yağı *a.* enemy * düşman, hasım
yağılaşmak *e. yörs.* to become enemies
yağılık *a. yörs.* enmity
yağıltı *a.* yolk, grease
yağıltılı *s.* having yolk, greasy **yağıltılı yapak** wool in the yolk, greasy wool, grease wool **yağıltılı yün** raw wool
yağımsı *s.* oleaginous, oily
yağır *a. yörs.* withers (of a horse)
yağış *a.* raining, snowing; precipitation, rain(fall), snow(fall) **yağış alanı** precipitation area **yağış miktarı** rainfall
yağışlı *s.* rainy, snowy
yağışölçer *a.* rain gauge
yağışsız *s.* arid, without rain
yağız *s.* (at) black; (insan) dark, swarthy **yağız kömür** brown coal
yağlama *a.* lubrication, oiling, greasing; *kon.* flattery **yağlama aygıtı** lubricator, oil feeder **yağlama çukuru** lubrication hole **yağlama halkası** lubricating ring **yağlama keçesi** lubricating felt **yağlama keçesi** lubricating felt

yağlama maddesi greasing agent, lubricant *yağlama makinesi* lubricating equipment *yağlama musluğu* lubricator cock *yağlama pompası* lubricating pump *yağlama segmanı* oiling ring *yağlama yağı* lubricating oil

yağlamak *e.* to lubricate, to oil, to grease; *kon.* to flatter, to butter sb up *kon.*

yağlanmak *e.* to be lubricated, to be oiled, to be greased; to get fat

yağlayıcı *s.* lubricating, greasing ¤ *a.* greaser

yağlı *s.* fat; adipose; fatty, greasy, oily; *kon.* rich *yağlı dinkleme* grease milling *yağlı ipek* oiled silk *yağlı kablo* oil-filled cable *yağlı kâğıt* wax paper *yağlı keten* oiled linen *yağlı kil* unctuous clay *yağlı kömür* fat coal *yağlı kuyruk* pie counter *yağlı mordan* fatty mordant *yağlı soğutma* oil cooling *yağlı şalter* oil circuit breaker

yağlıboya *a.* oil paint; oil painting ¤ *ünl.* Gangway! *yağlıboya resim* painting

yağlık *a. yörs.* large handkerchief

yağlılık *a.* pinguidity

yağma *a.* raining; snowing; booty, loot, plunder, the sack, pillage *res.* * çapul, talan *yağma etmek* to loot, to plunder, to pillage, to sack *Yağma yok* Sold again!, Nothing doing!

yağmacı *s.* predatory, marauding ¤ *a.* looter, plunderer, pillager

yağmacılık *a.* plunder, pillage *res.*

yağmak *e.* (yağmur) to rain; (kar) to snow; *kon.* to rain down on, to be poured out in abundance

yağmalamak *e.* to loot, to plunder, to sack, to pillage, to ravage, to ransack

yağmur *a.* rain; barrage *yağmur borusu* downspout *yağmur damlası* raindrop *yağmur deresi* eaves trough *yağmur geçirmez* rainproof *yağmur haslığı* fastness to rain *yağmur mevsimi* rainy season *yağmur ormanı* rain forest *yağmur seli* freshet *yağmur suyu* rain water *Yağmur yağarken küpünü doldur* Make hay while the sun shines *yağmur yağmak* to rain *yağmur yazıcısı* recording rain gauge *yağmura yakalanmak* to be caught in the rain *yağmurdan kaçarken doluya tutulmak* to jump out of the frying pan into the fire *yağmurdan kaçıp doluya*

tutulmak to jump out of the frying pan into the fire *... yağmuruna tutmak* to bombard, to deluge

yağmurca *a. hayb.* chamois

yağmurkuşağı *a.* rainbow * gökkuşağı

yağmurkuşu *a. hayb.* plover

yağmurlama *a.* irrigating by sprinkling water *yağmurlama deneyi* rain test *yağmurlama sistemi* sprinkling system *yağmurlama tesisatı* sprinkler system

yağmurlamak *e.* to become rainy; to irrigate by sprinkling water

yağmurlu *s.* rainy, wet *yağmurlu bölge* rainy zone

yağmurluk *a.* raincoat, trench coat, mackintosh *İİ.*, mac *İİ./kon. yağmurluk taşı* *inş.* dripstone, hood mould

yağmurölçer *a.* rain gauge, pluviometer

yağmursuz *s.* rainless, dry

yağölçer *a.* butyrometer

yağsever *s.* lipophilic * lipofil

yağsı *s.* oleaginous

yağsız *s.* without oil/fat; (süt, peynir) skim; (et) lean *yağsız süt* skim milk, skimmed milk

yağsızlık *a.* lack of oil/fat/grease/butter

yağtaşı *a.* oilstone

yağyakıt *a.* fuel oil

yahey *ünl.* hurrah!, yippee!

yahni *a.* meat stew with onions

yahşi *s. yörs.* good, pretty, beautiful

yahu *ünl, kon.* hey!, Look here!; for God's sake!; man!

Yahudi *a.* Jew ¤ *s.* Jewish *Yahudi düşmanı* anti-Semite *Yahudi düşmanlığı* anti-Semitism

yahudibaklası *a.* lupine

Yahudice *a, s.* Yiddish, Ladino

Yahudilik *a.* Jewishness; Judaism

yahut *bağ.* or

Yahya *a.* John the Baptist

yak *a, hayb.* yak

yak *a, hayb.* yak

yaka *a.* collar; side; bank, shore *yaka balinası* collar stay *yaka mikrofonu* lapel microphone *yaka paça* by the head and ears, by force *yaka paça çıkarmak* to give sb the bum's rush *yaka paça dışarı atmak* to chuck sb out (of sth) *yaka paça götürmek* to give sb the bum's rush *yaka silkmek* to be fed up (with) *yakası açılmadık* unheard of *yakasına yapışmak* to collar, to badger **yakayı ele vermek** to be caught **yakayı kurtarmak/sıyırmak** to escape, to evade, to elude, to get rid of

yakacak a. fuel

yakalamak e. to catch, to collar; to grip, to grasp, to seize; to seize, to nail kon., to nab İİ./kon.; (avcı) to bag; to arrest, to run sb in kon.; to stop (sb going)

yakalanmak e. to be caught; to be arrested; to contract, to go down with sth, to catch

yakalı s. collared

yakalık a. (removable) collar

yakamoz a. phosphorescence (in the sea)

yakamozlanmak e. (sea) to phosphoresce intermittently

yakarca a. hayb. sand fly

yakarı, yakarış a. prayer, entreaty

yakarmak e. to beg, to implore, to invoke, to entreat, to supplicate res.

yakaza a. esk. wakefulness, alertness

yakı a. plaster, blister

yakıağacı a. bitk. Mediterranean mezereon

yakıcı s. burning, smarting; torrid; biting; caustic

yakıcılık a. causticity

yakın s. near, close, nearby; akin (to), analogous (to/with); mec. intimate; mec. impending, imminent ¤ a. nearby place, neighbourhood; friend, relation; recent time, near future **yakın arkadaş** close friend, chum kon. **yakın benzerlik** close resemblance **yakın çekim** big close-up **yakın zamanlarda** lately

yakınçağ a. the modern times

yakında be. near; soon, anon, presently, shortly; recently

yakından be. closely **yakından bilmek/tanımak** to be closely acquainted with

Yakındoğu a. Near East

yakınında ilg. near, by, about

yakınlarda be. near; lately, recently

yakınlaşma a. approach

yakınlaşmak e. to draw near, to approach, to come near; to get closer

yakınlaştırmak e. to bring together; to bring closer

yakınlık a. nearness, closeness; proximity; affinity, friendliness **yakınlık göstermek** to behave warmly, to be friendly

yakınma a. complaint, grumble, grouse hkr., grouch hkr. * şikâyet

yakınmak e. to complain, to grumble, to grouse hkr., to grouch hkr., to gripe hkr. * şikâyet etmek

yakınsak s, mat, fiz. convergent **yakınsak dizi** convergent sequence **yakınsak mercek** convergent lens

yakınsaklık a. convergence **yakınsaklık dairesi** circle of convergence **yakınsaklık yarıçapı** radius of convergence

yakınsama a. convergence **yakınsama bobini** convergence coil **yakınsama yüzeyi** convergence surface

yakınsamak e, mat. to converge

yakıotu a. bitk. willow herb, epilobium

yakışık a. suitability **yakışık alır** becoming, proper **yakışık almak** to be suitable **yakışık almaz** improper, unseemly res.

yakışıklı s. handsome, good-looking

yakışıksız s. unsuitable, unbecoming, inappropriate, indecent, improper, unseemly res.

yakışıksızlık a. unsuitability, impropriety

yakışmak e. to suit, to become; to befit, to be suitable

yakıştırma a. making (sth) go with; ascription, imputation

yakıştırmaca a. fabrication

yakıştırmak e. to make (sth) go with; to think (sth) becoming to; to ascribe (to), to impute; to expect (sth) of (sb)

yakıt a. fuel **yakıt almak** to fuel **yakıt basıncı** fuel pressure **yakıt besleme** fuel feed **yakıt borusu** fuel line **yakıt deposu** fuel tank **yakıt düzeyi** fuel level **yakıt ekonomisi** fuel economy **yakıt filtresi** fuel filter **yakıt gazı** fuel gas **yakıt göstergesi** fuel gauge **yakıt hortumu** fuel hose **yakıt ikmal etmek** to refuel **yakıt iletimi** fuel supply **yakıt kamı** fuel cam **yakıt maddesi** fuel element **yakıt oranı** fuel rating **yakıt pompası** fuel pump **yakıt püskürtme** fuel injection **yakıt sarfiyatı** fuel consumption **yakıt sevkıyatı** fuel supply **yakıt süzgeci** fuel filter **yakıt tankeri** fuel truck **yakıt tasarrufu** fuel economy **yakıt tüketimi** fuel consumption **yakıt vermek** to fuel

yakıtlık a. fuel tank, gasoline tank

yakıtyağ *a.* liquid heating fuel
yakinen *be.* for sure, certainly
yaklaşık *s.* approximate, rough, about, circa, more or less, something like * takribi **yaklaşık olarak** approximately, roughly * takriben
yaklaşım *a.* approach
yaklaşma *a.* approach **görerek yaklaşma** *hav.* visual approach **yaklaşma açısı** approach angle **yaklaşma bikını** approach beacon **yaklaşma hızı** approach speed **yaklaşma ışıkları** approach lighting **yaklaşma kontrolü** approach control **yaklaşma rotası** approach route
yaklaşmak *e.* to approach, to near, to draw near, to come near; to approximate, to verge on
yaklaştırıcı *a.* adductor
yaklaştırma *a.* approximation **yaklaştırma mıknatısı** convergence magnet **yaklaştırma yöntemi** approximate method
yaklaştırmak *e.* to approximate
yakma *a.* burning **yakma deneyi** burning test **yakma deseni** burnt-out pattern **yakma makinesi** *teks.* singeing machine
yakmaç *a.* burner * brülör
yakmak *e.* to burn; to fire, to set on fire; to burn, to scorch, to singe; to inflame; (ışık) to turn on; (kibrit) to strike; (sigorta) to blow; (motor, vb.) to blow sth out; (soğuk) to sting; *kon.* to ruin; *kon.* to shoot, to kill; to hurt; *hek.* to cauterize; to consume **yakıp kül etmek** to incinerate, to burn sth down, to burn sth out
Yakut *a.* Yakut
yakut *a.* ruby
Yakutça *a. s.* Yakut
yal *a. yörs.* mash used as dog food
yalabık *s.* shinning, glittering ¤ *a.* brightness
yalabımak *e. yörs.* to shine, to glitter
yalak *a.* feeding trough; drinking basin
yalaka *a. kon.* flatterer, toady
yalama *a.* lick, licking; erosion, abrasion ¤ *s.* worn **yalama olmak** to be worn, to be eroded
yalamak *e.* to lick; to graze **yalayıp yutmak** to devour
yalamuk *a.* bark of the pine tree * soy-

muk; sap of the pine tree
yalan *a.* lie, story *kon.*, fabrication, falsehood ¤ *s.* false, untrue **yalan çıkmak** to turn out to be untrue **yalan söylemek** to lie, to tell lies **yalan yere yemin etmek** to perjure oneself, to forswear oneself **yalan yere şahadet** perjury **yalan yere yemin** perjury **yalanını çıkarmak** to show up sb's lies
yalancı *a.* liar, storyteller *kon.*, twister *kon.* ¤ *s.* false, counterfeit, deceitful, artificial **yalancı büküm** false twist **yalancı çıkarmak** to belie, to contradict **yalancı işlem** pseudo-operation **yalancı kayıt** pseudo-record **yalancı kod** pseudocode **yalancı komut** pseudo instruction **yalancı mermer** stucco **yalancı odun** sapwood, sap **yalancı operatör** pseudo-operator **yalancı öbek** groupoid **yalancı ödağacı** eaglewood **yalancı tanık** perjurer **yalancı tanıklık** perjury **yalancı tanıklık etmek** to perjure
yalancıakasya *a. bitk.* black locust, false acacia
yalancıayak *a. biy.* pseudopodium, pseudopod(e)
yalancıktan *be.* in pretence
yalancılık *a.* lying, telling lies, falsehood
yalancımermer *a.* stucco
yalancımeyve *a. bitk.* pseudocarp, accessory fruit
yalancıodun *a. bitk.* false annual ring
yalancısafran *a, bitk.* safflower
yalancısoğan *a.* pseudobulb
yalandan *be.* not seriously, for appearance sake **yalandan yapmak** to pretend, to feign
yalanlama *a.* contradiction
yalanlamak *e.* to deny, to contradict
yalanmak *e.* to lick oneself; to be licked
yalap şalap *be.* quickly and carelessly
yalap yalap *be.* sparklingly
yalapşap *be.* superficially, perfunctorily **yalapşap yapmak** to botch
yalayıcı *a.* licker
yalaz *a.* flame * alev **yalaz deneyi** flame test
yalazlamak *e.* to sear
yalazlı *s.* flaming
yalçın *s.* steep, precipitous *res.*; smooth, slippery
yaldırak *s.* bright, shining

yaldız *a.* gilding, silvering; false decoration, veneer *yaldız boya* metallic point
yaldızcı *a.* gilder; silverer
yaldızcılık *a.* gilding; silvering
yaldızlamak *e.* to gild
yaldızlı *s.* gilt, gilded, silvered *yaldızlı kâğıt* silver paper
yale *a.* Yale lock
Yale kilidi *a.* Yale lock
yalgın *a.* mirage * ılgım
yalı *a.* shore, beach, bank; waterside residence *yalı bindirmesi kaplama* drop siding *yalı boyu* waterfront
yalıçapkını *a, hayb.* kingfisher * emircik, iskelekuşu
yalım *a.* flame * alev; (kesici yüz) blade
yalın *s.* bare, stripped; simple, austere; plain, modest, chaste; *dilb.* nominative *yalın çift* lone pair *yalın durum* dilb. nominative case, nominative * mücerret, nominatif *yalın empedans* intrinsic impedance *yalın kök* bare root *yalın sarkaç* simple pendulum
yalınayak *s.* barefooted ¤ *be.* barefoot
yalınca *a.* simplex
yalıncak *s.* naked, bare
yalıngaç *s.* scaly-barked (tree)
yalınkat *s, bitk.* single
yalınkılıç *be.* with his sword drawn
yalınlaşmak *e.* to become spare and clean
yalınlaştırmak *e.* to simplify
yalınlık *a.* simplicity
yalıtıcı *s.* insulating ¤ *a.* insulator
yalıtık *s.* insulated, isolated *yalıtık kablo* insulated cable *yalıtık nokta* isolated point
yalıtılabilir *s.* isolable
yalıtım *a.* insulation, isolation * izolasyon, tecrit *yalıtım diyodu* isolation diode *yalıtım duyu* insulating bush *yalıtım malzemesi* insulating material *yalıtım transformatörü* isolation transformer
yalıtkan *a.* insulator * izolatör ¤ *s.* insulating, non-conducting *yalıtkan madde* insulant, insulator
yalıtma *a.* isolation
yalıtmak *e.* to insulate, to isolate * izole etmek, tecrit etmek
yalıyar *a.* seaside cliff
yalız *s. anat.* unstriated (muscle)
yallah *ünl. kon.* get going!, go away!

yalman *s.* sloped, inclined; steep ¤ *a.* blade, cutting edge
yalnız *s.* alone, lonely, lone, desolate, solitary ¤ *be.* alone, on one's own; only, solely ¤ *bağ.* but, however *yalnız yaşamak* to live alone, to lead a solitary life
yalnızca *be.* alone, on one's own; merely, only
yalnızcı *a.* isolationist
yalnızcılık *a. pol.* isolationism
yalnızlaşmak *e.* to become isolated
yalnızlık *a.* loneliness, desolation, solitude
yalpa *a.* lurch, rolling *yalpa açısı* angle of bank *yalpa omurgası* bilge keel *yalpa vurmak* to roll, to lurch
yalpak *s.* companionable
yalpalamak *e.* to lurch, to totter, to reel, to sway about
yalpık *s.* broad and shallow
yalpılı *s.* thicker/higher on one side
yaltak *s.* fawning, slimy *hkr.*
yaltakçı *s.* unctuous, slimy *hkr.* ¤ *a.* toady, soft-soaper
yaltakçılık *a.* flattery, fawning
yaltaklanmak *e.* to toady (on), to flatter, to lick sb's boots *kon.*, to crawl (to sb) *kon.*, to fawn on sb *hkr.*, to bow and scrape *hkr.*, to lick sb's arse *arg.*, to suck up (to sb) *arg./hkr.*
yaltaklık *a. kon.* toadying, fawning
yalvaç *a.* prophet * peygamber, resul
yalvaçlık *a.* prophethood
yalvararak *be.* beseechingly
yalvarı *a.* begging, imploring
yalvarış *a.* entreaty
yalvarmak *e.* to beg, to implore, to plead, to appeal, to beseech, to entreat *res.*, to supplicate *res.* * niyaz etmek
yama *a.* patch *yama vurmak* to put a patch (on)
yamacı *a.* shoe repairman
yamaç *a.* slope, hillside; side
yamak *a.* helper, assistant
yamaklık *a.* apprenticeship
yamalamak *e.* to patch
yamalı *s.* patched
yamamai ipeği *a.* yamamai silk
yamamak *e.* to patch; *mec.* to pin on, to palm off (on)
yaman *s.* strong, violent; capable, intelligent, efficient; bad, disagreeable
yamanmak *e.* to be patched; to get one's

claws into sb *kon.*
yampiri *be.* crabwise
yamru yumru *s.* gnarled, bumpy
yamuk *s.* inclined, oblique, crooked, bent ¤ *a, mat.* trapezoid; *arg.* deceit, bamboozling **yamuk distorsiyonu** trapezium distortion **yamuk kuralı** trapezoidal rule **yamuk yapmak** *arg.* to take sb for a ride
yamuk yumuk *s. kon.* very crooked/twisted
yamulmak *e.* to become crooked/twisted/bent, to dent
yamultmak *e.* to make crooked/twisted/bent, to dent
yamyam *a.* cannibal
yamyamca *s.* cannibalistic
yamyamlık *a.* cannibalism
yamyassı *s.* quite flat/level
yamyaş *s.* very damp/moist
yan *a.* side; direction; place ¤ *s.* auxiliary, subsidiary ¤ *be.* askew, sidelong **yan açısı** azimuth angle **yan bakmak** to look askance, to squint **yan bant** sideband **yan bellek** secondary storage **yan boşluk** side clearance **yan cephe** side frontage **yan çarkı** paddle wheel **yan çevrim** tributary circuit **yan çizmek** to shirk, to evade **yan dalga** side wave **yan devre** tributary circuit **yan dolusavak** lateral spillway **yan etki** side effect **yan frekans** side frequency **yan geçit** bypass **yan gelip yatmak** to sit back, to lie about/around **yan görünüş** side elevation **yan gözle bakmak** a) to look askance b) to look hostilely **yan hakemi** linesman, lineman *Aİ.* **yan hat** shunt **yan istasyon** tributary station **yan kesit** lateral section **yan kulak** side lobe **yan kuşak** sideband **yan lamba** sidelight **yan moren** lateral moraine **yan rüzgâr** cross-wind **yan savurma** sideslip **yan ses** side tone **yan sokak** by-street, side street **yan tahtası** sideboard **yan ton** side tone **yan ürün** by-product, spin-off **yan yan** edgewise **yan yan gitmek** to sidle **yan yana** side by side, abreast, collateral **yan yatmak** to list, to rake **yan yol** bypass **yan yüz** side frontage *(-den)* **yana olmak** to take sides with sb, to side with sb **yana yatırmak** to tip, to tilt **yana yatmak** to tilt, to tip **yandan**

aşınma lateral erosion **yandan boşaltma** lateral discharge **yandan çarklı gemi** paddle steamer **yandan görünüş** side view **yandan supap** side valve **yanı başında** by the side of, just beside, close by **yanı sıra** as well as **yanımda** with me, on me **yanına** beside, along, with, alongside **yanına almak** to take into one's service **yanına bırakmamak** not to leave unpunished, to get even **yanında** a) near, beside, next to, by, along, alongside b) with, on c) over and above, in addition (to) d) in the company of **yanında olmak** to stand by sb
yanabilme *a.* combustibility
yanak *a.* cheek
yanal *s, mat.* lateral **yanal alan** lateral area **yanal basınç** lateral pressure **yanal kenar** lateral edge **yanal kuvvet** transverse force **yanal sapma** lateral deviation **yanal terslik** lateral inversion **yanal yüz** lateral face **yanal yüzey** lateral face
yananlam *a, dilb.* connotation
yanar *s.* flammable
yanardağ *a.* volcano * volkan **sönmüş yanardağ** extinct volcano **yanardağ ağzı** crater, chimney * krater **yanardağ bombası** volcanic bomb **yanardağ çamuru** volcanic mud **yanardağ depremi** volcanic earthquake **yanardağ konisi** volcanic cone **yanardağ külü** volcanic ash **yanardağ patlaması** volcanic eruption **yanardağ yumrusu** volcanic bomb
yanardağbilim *a.* volcanology
yanardağbilimci *a.* volcanologist
yanardağbilimsel *s.* volcanologic(al)
yanardöner *s.* shot, changeable * şanjan **yanardöner ipek** shot silk **yanardöner kumaş** shot cloth **yanardöner parlaklık** iridescent lustre **yanardöner renk** iridescent colour
yanardönerlik *a.* opalescence
yanaşık *s.* drawn up alongside; adjcent; touching; close, tight
yanaşlık *a.* quay, wharf, landing stage, pier, dock
yanaşma *a.* approaching; casual labourer, hireling
yanaşmak *e.* to draw near, to approach, to come near/closer; to draw up along-

side, to pull alongside; to accede (to a request)

yanaştırmak *e.* to draw up alongside (a place); to let approach

yanay *a.* vertical section, profile

yanbolu *a.* fool, idiot

yancümle *a, dilb.* subordinate clause

yandaş *a.* supporter, partisan, advocate, follower, proponent

yandaşlık *a.* partisanship

yandık *s. bitk.* thistle

yangeçit *a.* bypass

yangı *a, hek.* inflammation

yangılanmak *e.* to become inflamed

yangılı *s.* inflamed; inflammatory

yangın *a.* fire, blaze; fever *yangın alarmı* fire alarm *yangın bombası* incendiary bomb *yangın bölmesi* draft stop *yangın bulucu* fire watch *yangın çıkarmak* to start a fire *yangın detektörü* fire watch *yangın duvarı* fire wall *yangın kancası* pike pole *yangın köpüğü* fire foam *yangın kulesi* fire tower *yangın maddesi* incendiary *yangın merdiveni* fire escape *yangın mevsimi* fire season *yangın musluğu* fire plug, hydrant *yangın önleme şeridi* firebreak *yangın önleme* fire prevention *yangın riski* fire risk *yangın söndürme aleti/aygıtı* fire extinguisher *yangın söndürme gemisi* fireboat *yangın tehlikesi* fire danger *yangın tuğlası* firebrick *yangın tulumbası* fire engine *yangın vanası* fire hydrant, fireplug *Aİ. yangına körükle gitmek* to add fuel to the flames *yangını söndürmek* to put out the fire

yangıncı *a.* fireman, fire fighter

yanıcı *s.* combustible, inflammable, flammable *yanıcı gazlar* combustion gases *yanıcı madde* inflammable matter *yanıcı sıvı* inflammable liquid

yanık *a.* burn; scald; *bitk.* blight ¤ *s.* burnt, scorched; tanned; blighted; lighted, turned on; pathetic, touching *yanık kokmak* to smell of burning

yanıkara *a. hek.* anthrax, charbon

yanıkçı *a.* complainer

yanıkmak *e. yörs.* to complain

yanılgı *a.* mistake, error * hata

yanılmak *e.* to be mistaken; to make a mistake, to go wrong, to blunder, to err *res. Yanılmıyorsam* If I'm not mistaken

yanılmaz *s.* infallible, unfailing

yanılsama *a, ruhb.* illusion * illüzyon

yanıltı *a.* slip, error

yanıltıcı *s.* misleading, deceptive

yanıltmaca *a.* sophism, fallacy

yanıltmaç *a.* paradox

yanıltmak *e.* to mislead, to lead into error

yanışölçer *a. kim.* Orsat apparatus

yanıt *a.* answer, reply, response * cevap *yanıt süresi* response time *yanıt vermek* to give an answer, to answer, to reply * cevap vermek

yanıtlamak *e.* to answer, to reply * cevaplamak

yani *bağ, kon.* that is, that is to say, namely, so to speak, in other words; in a word, in short; you know

yankesici *a.* pickpocket

yankesicilik *a.* picking pockets

yankı *a.* echo * aksiseda, inikâs, eko; repercussion * akis *yankı bastırıcı* echo suppressor *yankı kutusu* echo box *yankı odası* echo chamber *yankı yapmak* to echo

yankıbilim *a.* acoustics * akustik

yankıca *a, ruhb.* echolalia * ekolali

yankılamak, yankılanmak *e.* to echo, to reverberate * inikâs etmek

yankılaşım *a.* resonance

yankısız *s.* anechoic *yankısız oda* anechoic room

Yanki *a.* Yankee

yanki *a.* Yankee *yanki makinesi tek.* yankee machine

yanlama(sına) *be.* sideways, edgeways, askew, sidelong

yanlamak *e.* to move sideways, to sidle

yanlı *s.* partial

yanlılık *a.* partiality

yanlış *a.* error, blunder, mistake, wrong, fault ¤ *s.* wrong, incorrect, false, mistaken, improper, inaccurate, inexact, fallacious ¤ *be.* wrong *yanlış adım atmak* to put a foot wrong *yanlış anlama* misunderstanding *yanlış anlamak* to get sb wrong, to mistake, to misinterpret, to misunderstand, to misapprehend *res.*, to misconstrue *res. yanlış anlaşılma* misunderstanding *yanlış bilgi vermek* to misinform *yanlış çevirmek* to mistranslate *yanlış hesap etmek* to miscalculate *yanlış kapı çalmak* to bark up the wrong tree, to come to the wrong shop **yanlış kullanmak** to misuse **yanlış söylemek** to mispronounce **yanlış tedavi** malpractice **yanlış telaffuz** mispronunciation **yanlış telaffuz etmek** to mispronounce **yanlış tercüme etmek** to mistranslate

yanlışlık a. mistake; error

yanlışlıkla be. by mistake

yanlışsız s. accurate, correct

yanma a. combustion, burning; oxidation **yanma artığı** combustion residue **yanma basıncı** combustion pressure **yanma davranışı** burning behaviour **yanma enerjisi** combustion energy **yanma gerilimi** burning voltage **yanma hücresi** combustion chamber **yanma ısısı** combustion heat **yanma noktası** burning point **yanma odası** combustion chamber **yanma verimi** combustion efficiency

yanmak e. to burn, to be on fire, to be alight, to kindle, to blaze; (ışık, vb.) to be on; (ampul, sigorta) to blow; (motor, vb.) to burn out; to bake; to get sunburnt/suntanned; to have high temperature/fever; to be ruined, to be done for; to hurt, to sting, to smart; to feel grieved; to be infatuated with/by (sb); to fall in love with; to become invalid; (oyunda) to be out **yanıp kül olmak** to be burnt out, to burn down **yanıp tutuşmak** mec. to burn, to yearn **yanıp yakılmak** to bemoan

yanmaz a. incombustible

yanmaz s. nonflammable, incombustible, fireproof **yanmaz film** non-flam film **yanmaz pelikül** safety stock

yanmaztaş a. asbestos

yansı a. reflex * akis

yansıca a. ruhb. echopraxia

yansılamak e. to be reflected; to imitate

yansıma a. reflection; echo **yansıma açısı** angle of reflection **yansıma devresi** reflex circuit **yansıma katmanı** reflection layer **yansıma katsayısı** reflection coefficient **yansıma kaybı** reflection loss **yansıma noktası** reflection point **yansıma tabakası** reflection layer **yansıma yitimi** reflection loss

yansımak e. (ışık) to be reflected; (ses) to echo

yansımaölçer a. reflectometer

yansımaölçüm a. reflectometry

yansımış s. reflected **yansımış dalga** reflected wave **yansımış empedans** reflected impedance **yansımış ışın** reflected ray

yansıtaç a. reflector * reflektör

yansıtıcı a. reflector * reflektör ¤ s. reflective **yansıtıcı lamba** reflector lamp **yansıtıcı uydu** passive satellite

yansıtıcılık a. reflectivity

yansıtırlık a. reflectance

yansıtmak e. to reflect, to mirror, to echo

yansız s. impartial, objective, detached, disinterested, dispassionate * tarafsız, bitaraf; neutral * nötr **yansız alaz** neutral flame **yansız atmosfer** neutral atmosphere **yansız çözelti** neutral solution

yansızlaştırma a. neutralization **yansızlaştırma indisi** neutralization value

yansızlaştırmak e. to neutralize

yansızlık a. impartiality; neutrality

yanşak s. chatty

yanşaklık a. garrulity

yanşamak e. yörs. to prate, to blab

yantümce a, dilb. subordinate clause, dependent clause, clause

yapağı a. fleece

yapay s. artificial, synthetic * suni; affected, mannered, phoney hkr. * yapmacık **yapay adres** synthetic address **yapay anten** artificial antenna **yapay aydınlatma** artificial lighting **yapay deri** artificial leather, imitation leather **yapay dil** artificial language **yapay elyaf** artificial fibres **yapay göl** artificial lake **yapay grafit** Acheson graphite **yapay gübre** synthetic manure **yapay hat** artificial line **yapay havalandırma** artificial ventilation **yapay ışık** artificial light **yapay ipek** artificial silk **yapay komut** dummy instruction **yapay kulak** artificial ear **yapay lif** man-made fibre **yapay mıknatıs** artificial magnet **yapay radyoaktivite** artificial radioactivity **yapay reçine** artificial resin **yapay seleksiyon** artificial selection **yapay süet** artificial suede **yapay tohumlama** artificial insemination **yapay tozlaşma** artificial pollination **yapay ufuk** artificial horizon **yapay us** artificial intelligence **yapay uydu** artificial satellite **yapay**

yaşlanma artificial ageing *yapay zekâ* artificial intelligence

yapayalnız *s, be.* all alone

yapaylaşmak *e.* to become artificial

yapaylık *a.* artificiality

yapı *a.* building, construction, edifice * bina; structure * strüktür; fabric; configuration, conformation; (beden) build; temperament, disposition *yapı ahşabı* structural timber *yapı araştırması* building research *yapı bileşeni* building component *yapı bloğu* building block *yapı bölgesi* building zone *yapı çeliği* structural steel *yapı endüstrisi* construction industry *yapı formülü* structural formula *yapı gereci* building material *yapı iskelesi* scaffold(ing) *yapı kerestesi* structural timber *yapı kooperatifi* building society *yapı sanayii* building trade *yapı tasarımı* building scheme *yapı ustası* master builder *yapı uzmanı* building expert *yapı yoğunluğu* building density *yapı yüksekleği* building height

yapıbilgisi *a.* morphology

yapıbilim *a.* morphology * morfoloji

yapıbilimsel *s.* morphologic(al)

yapıcı *s.* creative, constructive; positive ¤ *a.* maker; builder, constructor

yapıcılık *a.* being a builder; constructiveness

yapık *a.* horse blanket

yapılabilir *s.* feasible

yapılabilirlik *a.* feasibility

yapılı *s.* made; done; built, constructed; well-built, having a strong body

yapılış *a.* state/way of being made; structure, construction

yapım *a.* construction, building; manufacture, production * imal; *sin.* production * prodüksiyon *yapım alanı* building site *yapım derzi* construction joint

yapımcı *a.* manufacturer, producer * imalatçı; *sin, tiy.* producer * prodüktör; producer * programcı

yapımcılık *a.* manufacturing, production

yapımevi *a.* factory, plant; *sin.* production company

yapımsal *s. hek.* anabolic

yapımsal *s.* anabolic

yapın *a.* artifact, artefact

yapıncak *a.* type of white grape

yapındırmak *e. arg.* to have one or two drinks

yapınmak *e.* to try to, to prepare oneself to

yapıntı *a, fel.* fiction

yapıntıcılık *a, fel.* fictionalism

yapıntılı *s.* fictitious

yapırgan *a. bitk.* petal

yapısal *s.* structural; constitutional *yapısal çözümleyici* structure analyzer *yapısal diyagram* constitutional diagram *yapısal koruma* architectural protection *yapısal mantık* formal logic *yapısal programlama* structural programming

yapısalcı *a, s.* structuralist

yapısalcılık *a.* structuralism

yapısız *s.* structureless

yapış *a.* doing: making; manufacturing; building; repairing

yapış yapış *s.* sticky

yapışık *s.* adhesive; stuck on, attached

yapışıklık *a.* adhesion

yapışım *a.* adhesion *yapışım deneyi* adhesion test

yapışkan *s.* sticky, adhesive, viscid, gluey, glutinous, tacky; *kon.* clinging, pertinacious, importunate *yapışkan bant* adhesive tape *yapışkan etiket* adhesive label *yapışkan filtre* viscous filter *yapışkan vernik* adhesive varnish

yapışkanbalığı *a. hayb.* remora

yapışkanlık *a.* stickiness; pertinacity

yapışkanotu *a.* pellitory

yapışma *a.* sticking, cohesion, adherence, adhesion *yapışma gücü* adhesive force *yapışma önleyici* antiadhesive

yapışmak *e.* to stick, to adhere, to cling; to stick to; to cling; to hang on to; to grab, to grib

yapışmaz *s.* nonstick

yapıştırıcı *s.* adhesive ¤ *a.* glue, binder *yapıştırıcı bağ* adhesive bond

yapıştırıcılık *a.* adhesiveness

yapıştırma *a.* sticking on *yapıştırma makinesi* splicing machine

yapıştırmak *e.* to stick on, to fasten, to attach; (pul) to affix; to bond; to plaster; to deliver, to land, to clout *kon.*; to retort

yapıt *a.* work, work of art, production * eser

yapıtaşı *a.* building stone

yapma *a.* doing; making; building, erection

¤ *s.* false, artificial, bogus; affected, mannered

yapmacık *a.* affectation ¤ *s.* artificial, affected, mannered, simulated, pretended, feigned, mock, strained, phoney *hkr.*, phony *hkr.* **yapmacık davranış** affectation

yapmacıklı *s.* mannered, affected

yapmacıksız *s.* unaffected, simple, natural, sincere

yapmak *e.* to do, to make; to perform, to fulfil, to carry sth out; to mend, to repair, to fix * onarmak, tamir etmek; to build, to construct, to erect, to found * inşa etmek; to produce, to manufacture, to bring sth out * üretmek; to cause * yol açmak; to marry (a girl) to * evlendirmek; to cost; to do with; to have, to possess; (yemek) to cook; (banyo) to have; (resim) to draw; (konuşma) to deliver, to make **Yapma** a) Don't!, Don't do it/that! b) You don't say (so)!, Really?

yaprak *a.* leaf; *tek.* plate; sheet; foil **yaprak altın** gold leaf **yaprak aşısı** budding **yaprak böcekleri** leaf beetles **yaprak damarı** rib, trachea **yaprak dolması** stuffed vine leaves **yaprak göbek** laminated core **yaprak mika** sheet mica **yaprak sapı** leaf stalk, petiole **yaprak süsü** foliage, foliation **yaprak vermek** to leaf **yaprak virili** flat spin **yaprak yay** leaf spring

yaprakarısı *a, hayb.* sawfly

yaprakbiti *a, hayb.* aphid * fidanbiti

yaprakböcek *a. hayb.* leaf insect

yaprakçık *a.* pinna, stipule

yaprakçıklı *s.* stipulated

yaprakçıksız *s.* exstipulate

yaprakçıl *s. hayb.* leaf-eating

yaprakkayaç *a.* schist

yaprakkurdu *a.* leaf miner

yapraklanma *a.* foliation

yapraklanmak *e.* to laminate

yapraklı *s.* leafy, leafed, foliate; laminated, foliate **yapraklı kiriş** laminated beam **yapraklı kontakt** laminated contact

yapraksı *s.* lamellar **yapraksı akış** laminar flow

yapraksız *s.* apetalous

yapraktaş *a.* schist

yapraktaşı *a.* schist

yapsat *a.* constructing buildings for sale

yapsatçı *s.* property developer

yapsatçılık *a.* constructing buildings for sale

yaptırım *a.* sanction * müeyyide

yapyalnız *s.* all alone

yâr *a.* lover; friend **yâr olmak** to assist, to help

yar *a.* precipice, cliff

yara *a.* wound, sore, cut, injury, lesion, gash **yara bandı** band-aid **yara izi** scar **yara kabuğu** scab **yara lapası** poultice **Yarası olan gocunur** If the cap fits wear it **yarasına tuz biber etmek** to rub salt in sb's wound

Yaradan *a.* the Creator, the Maker, God * Tanrı

Yaradancı *a.* deist

Yaradancılık *a, fel.* deism

yaradılış *a.* nature, make-up, temperament, disposition; creation **yaradılıştan** by nature

yarak *a, kab.* prick *kab.*, cock *arg./kab.*, dick *kon./kab.*, pecker *Aİ./arg.*, peter *Aİ./arg.*

yaralamak *e.* to wound, to injure, to cut sb up

yaralanmak *e.* to be wounded, to be injured

yaralaşma *a.* ulceration

yaralaştırmak *e.* to ulcerate

yaralı *s.* wounded, injured

yaramak *e.* to be serviceable, to be of use, to be useful; to do good, to benefit; to be suitable; to work

yaramaz *s.* unserviceable, useless, good-for-nothing; naughty, mischievous ¤ *a.* scamp, rascal, scallywag, scalawag *Aİ.*

yaramazlaşmak *e.* to get naughty/mischievous

yaramazlık *a.* uselessness, unsuitability; naughtiness; misbehaviour **yaramazlık etmek** a) to misbehave, to play up, to act up b) to be naughty

yarân *a. esk.* friends

yaranmak *e.* to ingratiate oneself (with sb), to make up to

yarar *s.* useful, serviceable ¤ *a.* use, service; advantage, benefit, profit, interest **yararı dokunmak** to benefit **yararı olmak** a) to benefit b) to work **yararına olmak** to be for the benefit of

yararcı *a. s.* utilitarian

yararcılık *a, fel.* pragmatism; utilitarianism

* faydacılık

yararlanmak *e.* to make use of, to utilize, to benefit (from/by), to take advantage of, to cash in (on sth), to capitalize on sth, to avail oneself of, to draw on/upon sth, to utilize *res.*

yararlı *s.* useful, beneficial, advantageous, profitable * faydalı **yararlı en** working width **yararlı olmak** to help, to benefit **yararlı uzunluk** useful length

yararlık *a.* service, usefulness

yararlılık *a.* usefulness; capability

yararsız *s.* useless, unprofitable, pointless * faydasız, nafile

yararsızlık *a.* uselessness

yarasa *a, hayb.* bat

yaraşıklı *s.* suitable, becoming

yaraşıklık *a.* suitability, becomingness

yaraşıksız *s.* unsuitable, unbecoming

yaraşmak *e.* to suit, to become

yaratı *a.* creation, work (of art)

yaratıcı *s.* creative, constructive, imaginative, original, inventive, productive ¤ *a.* creator, designer

yaratıcılık *a.* creativity, originality

yaratık *a.* creature, being

yaratım *a.* creation

yaratımcı *a.* creationist

yaratımcılık *a.* creationism

yaratısal *s.* creational, creationary

yaratmak *e.* to create

yarbay *a, ask.* lieutenant colonel

yarbaylık *a. ask.* lieutenant colonelcy

yarda *a.* yard

yardakçı *a.* accomplice, abettor, accessor, accessary

yardakçılık *a.* complicity **yardakçılık etmek** to abet

yardım *a.* help, aid, assistance, succour, succor *Aİ.* * muavenet; contribution; donation * bağış, iane **yardım elini uzatmak** to give sb a helping hand **yardım etmek** a) to help, to assist, to aid, to succour, to succor *Aİ.* b) (suça) to abet **yardım programı** help program **yardımı dokunmak** to be of service to **yardımına koşmak** to come to sb's rescue, to succour, to succor

yardımcı *a.* helper, assistant, aid; associate; deputy ¤ *s.* auxiliary; ancillary, subsidiary **yardımcı akım** auxiliary current **yardımcı akü** booster battery **yardımcı amplifikatör** booster amplifier

yardımcı anot auxiliary anode **yardımcı anten** auxiliary antenna **yardımcı ateşleme** auxiliary ignition **yardımcı aygıt** accessory apparatus **yardımcı başkan** vice chairman **yardımcı bellek** auxiliary memory **yardımcı bobin** auxiliary coil **yardımcı değerlik** auxiliary valency **yardımcı denklem** auxiliary equation **yardımcı devre** auxiliary circuit **yardımcı dingil** auxiliary axle **yardımcı direnç** auxiliary resistance **yardımcı donanım** auxiliary equipment **yardımcı donatı** ancillary equipment **yardımcı ekipman** ancillary equipment **yardımcı elektrot** auxiliary electrode **yardımcı eylem** auxiliary verb **yardımcı fiil** auxiliary verb **yardımcı filtre** auxiliary filter **yardımcı fren** auxiliary brake **yardımcı ızgara** auxiliary grid **yardımcı işlem** auxiliary operation **yardımcı işlemci** auxiliary processor **yardımcı jikle** auxiliary jet **yardımcı kanat** auxiliary wing **yardımcı kazan** donkey boiler **yardımcı kondansatör** auxiliary condenser **yardımcı lonjeron** auxiliary spar **yardımcı madde** auxiliary product **yardımcı makine** additional machine **yardımcı mil** auxiliary shaft **yardımcı motor** donkey engine **yardımcı oküler** auxiliary eyepiece **yardımcı paraşüt** auxiliary parachute **yardımcı personel** auxiliary staff **yardımcı piston** dummy piston **yardımcı pompa** auxiliary pump **yardımcı program** utility program **yardımcı rotor** auxiliary rotor **yardımcı röle** auxiliary relay **yardımcı sargı** auxiliary winding **yardımcı şaft** auxiliary shaft **yardımcı şasi** auxiliary frame **yardımcı transmisyon** auxiliary transmission **yardımcı vantilatör** booster fan **yardımcı yordam** auxiliary routine

yardımcısız *s.* unassisted

yardımlaşmak *e.* to help each other

yardımsamak *e.* to ask (sb) for help

yardımsever *s.* benevolent, beneficent, charitable, accommodating

yardımseverlik *a.* benevolence, charity

yardımsız *s.* unaided, without help

yaren *a.* friend

yarenlik *a.* friendly chat **yarenlik etmek** to have a chat

yargı *a.* judgement, judgment * hüküm;

decision, verdict * kaza **yargıya varmak** to pass judgment on
yargıcı *a.* arbitrator; referee
yargıç *a, huk.* judge **yargıç kürsüsü** bench
yargıçlık *a.* judgeship, magistracy
yargıevi *a.* courthouse
yargılamak *e.* to hear, to try; to judge; to decree
Yargıtay *a.* Supreme Court
yarı *a, s, be.* half **yarı ahşap** half-timbered **yarı çelik** semisteel **yarı çevrim** half-cycle **yarı final** *sp.* semifinal **yarı finalist** *sp.* semifinalist **yarı geçirgen** *bkz.* yarıgeçirgen **yarı genişlik** half-width **yarı güç** half power **yarı ışın** half ray **yarı ikili** half-duplex **yarı iletken** *bkz.* yarıiletken **yarı ipek** half-silk **yarı kalınlık** half-thickness **yarı kapalı** semiclosed **yarı kaynatma** partial boiling **yarı kaynatmak** to half-boil **yarı kesiksiz** semicontinuous **yarı keten** half linen **yarı mamul** semi-finished **yarı müstakil** semi-detached **yarı nemli** subhumid **yarı otomatik** semiautomatic **yarı perdövites** semi-stall **yarı rafine** semirefined **yarı reaksiyon** half reaction **yarı resmi** semiofficial **yarı römork** semitrailer **yarı sözcük** half-word **yarı ton** halftone **yarı toplayıcı** half-adder **yarı uzun** semilong **yarı yarıya** fifty-fifty; half and half **yarı yaşam** half-life **yarı yolda bırakmak** to leave in the lurch **yarı yolda** halfway **yarı yük** half load **yarı yün** half wool **yarıda bırakmak** to interrupt, to discontinue **yarıda kalmak** to be left half finished **yarıda kesmek** to interrupt, to abort **yarıya bölmek** to halve
yarıbaşkalaşma *a. hayb.* hemimetabolism
yarıcı *a.* sharecropper; splitter
yarıcılık *a.* woodchopping
yarıçalı *a.* undershrub
yarıçap *a.* radius ¤ *sg.* radial
yarıdoğru *a.* half line
yarıdüzlem *a.* half plane
yarıfinal *a. sp.* semifinal
yarıgeçirgen *s.* semipermeable
yarıgeçirgenlik *a.* semipermeability
yarıgöçebe *a.* seminomad ¤ *s.* seminomadic
yarıgöçebelik *a.* seminomadism
yarıgölge *a.* half-shadow, penumbra

yarıgölge analizörü half-shadow analyzer **yarıgölge aygıtı** half-shadow analyzer
yarıiletken *a.* semiconductor **yarıiletken bellek** *biliş.* semiconductor memory, semiconductor storage **yarıiletken detektör** semiconductor detector **yarıiletken disk** semiconductor disk **yarıiletken diyot** semiconductor diode **yarıiletken jonksiyonu** semiconductor junction **yarıiletken kapanı** semiconductor trap **yarıiletken kavşağı** semiconductor junction
yarık *s.* split, cleft ¤ *a.* crack, split, cut, rift, fissure, incision, chink, cleavage, slot, rent, gap **yarık anten** slot antenna **yarık bilezik** split ring **yarık eleron** slotted aileron **yarık flap** split flap **yarık halka** split ring **yarık kanat** slotted wing **yarık perçin** split rivet **yarık püskürmesi** fissure eruption **yarık somun** split nut **yarık yatak** split bearing
yarıkalımlı *s.* metastable
yarıkararlı *s.* metastable
yarıkatı *a, s.* semisolid
yarıklı *s.* slotted **yarıklı flap** slotted flap
yarıküre *a.* hemisphere
yarılabilir *s.* fissile, fissionable, scissile
yarılamak *e.* to be halfway through; to half finish
yarılanım *a.* cytokinesis
yarılım *a.* cleavage
yarılma *a.* cleavage, fission
yarılmak *e.* to be split, to split, to crack
yarım *s.* half; unfinished, half-done **yarım ağızla** half-heartedly **yarım çember** semicircle **yarım çıkarıcı** one-digit subtracter **yarım daire** hemicycle, semicircle **yarım dalga** half-wave **yarım düzine** half a dozen **yarım kabartma** bas-relief **yarım kesit** half section **yarım kiriş** tail piece **yarım koni** half cone **yarım pansiyon** half-board **yarım pençe** half sole **yarım pençe vurmak** to half-sole **yarım porsiyon** half portion **yarım saat** half an hour **yarım sütun** half column, semicolumn **yarım toplayıcı** one-digit adder **yarım tuğla** half header **yarım yamalak** a) perfunctory, slipshod b) incompletely, inadequately **yarım yatış** half-roll **yarım yol** half track **yarım yuvarlak** half round

yarımada a. peninsula

yarımay a. half moon, crescent * dördün **yarımay kapakçık** semilunar valve **yarımay kemik** semilunar bone

yarımca a. hek. hemiplegia

yarımgün s, be. part-time **yarımgün çalışmak** to work part-time, to do part-time work

yarımkanatlı s. hayb. hemipteral, hemipterous

yarımküre a. hemisphere

yarımlamak e. to halve; to be halfway through

yarımlık a. halfness; kon. being physically disabled

yarımses a. müz. half step, halftone

yarımşar be. a half each

yarımton a. halftone

yarımyuvar a. hemisphere

yarın a, be. tomorrow **yarın akşam** tomorrow night **yarın sabah** tomorrow morning

yarınki s. of tomorrow, tomorrow's

yarısaydam s. translucent, semitransparent

yarısaydamlık a. translucency, translucence

yarıson a. sp. semifinal

yarış a. race; competition **yarış arabası** racing car **yarış atı** racehorse **yarış etmek** to race **yarış pisti** racecoure İl., racetrack Al.

yarışçı a. competitor; runner

yarışlık a. racecourse, racetrack

yarışma a. contest, competition

yarışmacı a. competitor, contestant, contender, entrant

yarışmak e. to race; to compete, to contend

yarıştırmak e. to cause to race, to race

yarıtanrı a. demigod

yarıtepkime a. half reaction

yarıuzay a. half space

yarıyıl a. semester * sömestr

yarka a. one-year-old hen

yarkurul a. committee, commission * komite, komisyon, encümen

yarlıgamak e. (God) to forgive, to pardon

yarlığ a. decree, edict, command

yarma a. splitting; ask. breakthrough ¤ s. split **yarma şeftali** freestone peach

yarmak e. to split, to rend, to cleave, to hew, to chop

yarmalamak e. to split (sth) lengthwise

yarpuz a, bitk. pennyroyal

yas a. mourning * matem **yas giysisi** mourning **yas tutmak** to mourn, to lament

yasa a. law, act * kanun **yasa tasarısı** bill **yasa yapmak** to legislate (for/against sth)

yasadışı s. illegal, unlawful, illicit

yasadışılık a. illegality

yasak a. prohibition, ban; taboo ¤ s. prohibited, forbidden, illicit; taboo **yasak bant** forbidden band **yasak bölge** prohibited area **yasak etmek** to prohibit, to forbid **yasak geçiş** forbidden transition **yasak karakter** forbidden character **yasak kuşak** forbidden band

yasakçı a. prohibitor, prohibiter

yasaklama a. prohibiting, crackdown

yasaklamak e. to prohibit, to forbid, to ban, to inhibit, to proscribe res.

yasaklayıcı s. prohibitive, prohibitory, inhibitory

yasal s. legal, lawful, legitimate, rightful * kanuni, legal

yasalaşmak e. to become law * kanunlaşmak

yasalaştırmak e. to make lawful * kanunlaştırmak

yasalı s. lawful, legitimate, licit

yasalılık a. lawfulness, legitimacy

yasallaşmak e. to become legal

yasallaştırmak e. to legalize

yasallaştırmak e. to legalize

yasallık a. legality, lawfulness, legitimacy

yasama a. legislation ¤ sg. legislative **yasama dokunulmazlığı** legislative immunity **yasama gücü** legislative power

yasamak e. to legislate

yasamalı s. legislative

yasasız s. unlawful, illegitimate, illicit

yasemin a, bitk. jasmine

Yasin a. din. the thirty-sixth sura of the Koran

yaslamak e. to lean, to prop, to rest, to recline (against); to support

yaslanmak e. to lean against; to rely on

yaslı s. in mourning

yasmak e. yörs. to flatten

yasmık a. lentil

yassı s. flat **yassı başlı** flat head, flat topped **yassı bobin** flat coil, pancake

coil *yassı eğe* flat file *yassı halat* flat rope *yassı kemer* flat arch *yassı keski* cape chisel *yassı taş* flag *yassı tuğla* flat tile *yassı yay* plate spring
yassıbalık *a.* spadefish, ribbonfish
yassıburunlumaymun *a.* platyrrhine
yassıkurt *a.* platyhelminth, trematode
yassılaşmak *e.* to flatten
yassılaştırmak *e.* to flatten
yassılık *a.* flatness
yassılmak *e.* to become flat, to flatten
yassıltmak *e.* to flatten, to flatten (sth) out
yassısolungaçlı *s.* lamellibranchiate, pelecypod
yastağaç *a. hayb.* bream
yastık *a.* pillow; cushion; seedbed; bed, bearing *yastık bellek* buffer memory *yastık kılıfı* pillowcase, pillowslip *yastık lavı* pillow lava *yastık sapması* pincushion distortion *yastık yüzü* pillowcase, pillowslip *yastıkla besleme* cushioning
yastıkçık *a.* pulvillus
yaş[1] *a.* age *yaş günü* birthday *yaş haddi* age limit *yaş halkası* annual ring *yaş sınıfı* age class *yaşı küçük olmak* to be under age *yaşına başına bakmadan* regardless of his age *... yaşında* aged *yaşını başını almak* to be old *yaşını başını almış* elderly *ört. yaşını göstermek* to look one's age
yaş[2] *s.* wet, damp; fresh; *arg.* bad, difficult *yaş analiz* wet analysis *yaş ayırma* wet separation *yaş basım* wet printing *yaş buhar* wet steam *yaş çekme* wet drawing *yaş çözümleme* wet analysis *yaş fiksaj* wet setting, crabbing *yaş galvanizleme* wet galvanizing *yaş gömlek* wet liner *yaş hazırlama* wet dressing *yaş işlem* wet treatment *yaş kaşeleme* wet lamination *yaş kırma* wet crushing *yaş kondense* wet return *yaş küspe* wet pulp *yaş mazı* oak apple *yaş öğütme* wet grinding *yaş pil* wet cell *yaş sıcaklık* wet-bulb temperature *yaş tahtaya basmak* to be cheated *yaş terbiye* wet finishing *yaş termometre* wet-bulb thermometer *yaş tiraj* wet printing
yaş[3] *a.* tear *yaş dökmek* to shed tears
yaşa *ünl.* Hurray!, Hooray!
yaşam *a.* life; living *yaşam biçimi* way of life *yaşam dolu* lively, alive, bouncy

yaşam düzeyi standard of living *yaşam sigortası* assurance *yaşam standardı* standard of living *yaşam süresi* lifetime
yaşama *a.* living; survival *yaşama yüzdesi* survival percent
yaşamaca *be.* for life, lifelong
yaşamak *e.* to live; to exist; to inhabit, to dwell, to live; to experience, to live through; to lead a life of luxury, to lead a carefre life *Yaşasın* a) Hurray!, Hooray!, Yippee! b) Long live ... ! c) Up with ... !
yaşambilim *a.* biology
yaşambilimci *a.* biologist
yaşambilimsel *s.* biologic, biological
yaşamcılık *a.* vitalism
yaşamöyküsel *s.* biographical
yaşamöyküsü *a.* biography * biyografi, tercümei hal
yaşamsal *s.* vital * dirimsel, hayati
yaşamsallık *a.* vitalness
yaşantı *a.* experience; life
yaşarlık *a.* being alive
yaşarmak *e.* to become wet; to fill with tears
yaşatmak *e.* to keep (sb/sth) alive; to secure a comfortable life
yaşayabilir *s.* viable
yaşayamaz *a.* nonviable
yaşayış *a.* way of living
yaşdönümü *a.* menopause * menopoz; andropause * andropoz
yaşıt *s.* of the same age * akran
yaşlandırma *a.* ageing *yaşlandırma aygıtı* ageing apparatus
yaşlandırmak *e.* to age
yaşlanma *a.* ageing *yaşlanma sertleşmesi* age-hardening
yaşlanmak[1] *e.* to grow old, to age
yaşlanmak[2] *e.* to tear
yaşlanmaz *s.* ageless, non-ageing
yaşlı[1] *s.* old, aged ¤ *a.* old man, old woman * ihtiyar
yaşlı[2] *s.* suffused with tears *yaşlı gözlerle* with tearful eyes
yaşlıca *s.* elderly *ört.*
yaşlık *a.* wetness, dampness
yaşlılık *a.* old age
yaşlılıkbilim *a.* gerontology
yaşmak *a.* veil
yat *a.* yacht *yat limanı* marina
yatağan *a.* yataghan, ataghan

yatak *a.* bed, couch; *hayb.* lair, den; *den.* anchorage, berth; riverbed; stratum, ore bed, deposit; *tek.* bearing; (hırsız, vb.) den *hkr.* **yatağa düşmek** to take to one's bed, to be laid up (with) **yatağa düşürmek** to lay sb up **yatağına yatırmak** to put to bed **yatağını ıslatmak** to wet one's bed **yatak alaşımı** bearing alloy **yatak arkadaşı** screw **yatak basıncı** bearing pressure **yatak burcu** bearing bushing **yatak çarşafı** sheet **yatak göbeği** bearing cone **yatak hamili** bearing carrier **yatak kabuğu** bearing shell **yatak kafesi** bearing cage **yatak kapağı** bearing cap **yatak keçesi** bearing felt **yatak kepi** bearing cap **yatak kovanı** bearing cage **yatak mahfazası** bearing box **yatak manşonu** bearing sleeve **yatak mesnedi** bearing bracket **yatak metali** bearing metal **yatak mili** bearing spindle **yatak odası** bedroom **yatak örtüsü** bedspread, coverlet, counterpane **yatak pimi** bearing pin **yatak pirinci** bearing brass **yatak plakası** bearing plate **yatak rondelası** bearing washer **yatak salmastrası** bearing packing **yatak sürtünmesi** bearing friction **yatak şaftı** bearing shaft **yatak takımı** set of bedding, bedclothes, bedding **yatak tornası** bearing boring machine **yatak tuncu** bearing bronze **yatak ucu** bearing end **yatak yağı** bearing oil **yatak yağlanması** bearing lubrication **yatak yapmak** to make a bed **yatak yorgan** bed and bedding **yatak yüzeyi** bearing surface **yataktan kalkmak** to get up

yatakhane *a.* dormitory, dorm *kon.* **yatakhane şehir** dormitory town

yataklı *s.* with a bed, having ... beds **yataklı vagon** sleeping car

yataklık *a.* bedstead; harbouring, harboring *Aİ.* **yataklık etmek** to harbour, to harbor *Aİ.*

yatalak *s.* bedridden, confined to bed

yatalaklık *a.* confinement to bed

yatay *s.* horizontal * ufki **yatay atım** heave **yatay bileşen** horizontal component **yatay çizgi** horizontal line **yatay derz** bed joint **yatay düzlem** horizontal plane **yatay galeri** gate road **yatay ilerletme** horizontal feed **yatay izdüşüm** horizontal projection **yatay kontrolü** horizontal hold control **yatay koordinatlar** horizontal coordinates **yatay matkap** horizontal boring machine **yatay mihver** horizontal axis **yatay polarizasyon** horizontal polarization **yatay saptırma** horizontal deflection **yatay silme** horizontal blanking **yatay stabilizer** horizontal stabilizer **yatay süpürme** horizontal sweep **yatay tarama** horizontal scanning **yatay uzunluk** horizontal size

yataylık *a.* horizontality

yatçı *a.* person who rents out yachts

yatçılık *a.* yachting

yatı *a.* overnight stay **yatıya kalmak** to stay overnight

yatık *s.* leaning to one side, sloping, oblique **yatık açı** oblique angle **yatık çizgi** solidus **yatık kıvrım** recumbent fold **yatık koni** oblique cone **yatık koordinatlar** oblique coordinates **yatık motor** horizontal engine **yatık üçgen** oblique triangle

yatıkent *a.* dormitory town

yatıklık *a.* resupination

yatılı *s.* boarding (school, student) ¤ *a.* boarder, boarding student **yatılı okul** boarding school **yatılı öğrenci** boarder

yatım *a. den.* cant (of a ship's masts)

yatır *a.* entombed saint

yatırım *a.* investment * plasman, envestisman **yatırım yapmak** to invest in

yatırımcı *a.* investor

yatırmak *e.* to put to bed, to put to sleep; to lay (sth) down; to tilt, to tip, to slant; (bankaya) to deposit; (para) to invest, to place

yatısız *s.* day (school/student)

yatış *a, hav.* bank, banking **yatış açısı** angle of bank **yatış ekseni** roll axis **yatış göstergesi** banking indicator

yatışmak *e.* to die down, to subside, to still; to calm down, to simmer down, to cool down

yatıştırıcı *a, hek.* sedative, tranquillizer ¤ *s.* sedative; calming, soothing, placatory

yatıştırmak *e.* to calm, to quieten, to tranquillize, to sedate, to mollify, to allay, to relieve, to appease, to ease, to alleviate, to soothe, to assuage, to placate, to pacify

yatkı *a.* crease, fold

yatkın *s.* leaning to one side; deteriorated, stale; apt (to do sth), inclined, capable

yatkınlık *a.* aptness, inclination, predisposition

yatmak *e.* to go to bed, to turn in *kon.*; to be in bed; to lie; to lie down, to recline; *den.* to lie at anchor; to be imprisoned; to stay in prison; to become flat; *kon.* to go by the board; to lie on; to have sex, to bed (with), to sleep together *ört.*, to sleep with sb *ört.*; to be buried **yatacak yer** accommodation **yatmaya gitmek** to go to bed, to retire *res./şak.*

yatsı *a.* a time about two hours after sunset

yavan *s.* with too little oil; plain, dry; tasteless, insipid *hkr.*; uninteresting, prosaic, monotonous, humdrum

yavanlaşmak *e.* to go flat, to become dull/insipid

yavanlık *a.* tastelessness; insipidity

yavaş *s.* slow; gentle, mild; quiet, soft ¤ *be.* slowly, slow **yavaş dalga** slow wave **yavaş hareket** slow motion **yavaş ilerlemek** (trafik) to crawl **yavaş nötron** slow neutron **yavaş pişirme** slow boiling **yavaş yavaş** slowly, gradually, little by little, step by step, bit by bit *kon.*

yavaşa *a.* farrier's barnacles

yavaşça *be.* quite slowly; gently

yavaşlama *a.* deceleration, slowing down **yavaşlama alanı** slowing-down area **yavaşlama yoğunluğu** slowing-down density **yavaşlama zamanı** deceleration time

yavaşlamak *e.* to slow down

yavaşlatıcı *s.* retarding, slowing down ¤ *a.* inhibitor **yavaşlatıcı elektrot** decelerating electrode

yavaşlatım *a.* inhibition

yavaşlatma *a.* relaxation, retardation

yavaşlatmak *e.* to slow down, to retard

yavaşlık *a.* slowness; mildness, gentleness

yave *a.* nonsense, idle talk

yaver *a. esk.* helper, assistant * yardımcı; *ask.* adjutant, aide, aide-de-camp

yaverlik *a.* rank/duties of an aide

yavru *a.* young, young animal; child; *arg.* chick *esk./arg.*, crumpet *İİ.*, bird *İİ./arg.*, cracker *İİ./kon./övg.*, baby *Aİ.*, babe *Aİ.* **yavru hücre** *biy.* daughter cell

yavruağzı *s.* light pink

yavrucak *a.* poor little thing

yavrucuk *a.* sweet little thing

yavrukurt *a.* Cub Scout, Cub, Brownie

yavrulamak *e.* to bring forth young, to produce young, to breed

yavsı *a. hayb.* tick

yavşak *a.* young louse ¤ *s, arg.* slimy *hkr.*

yavşanotu *a.* speedwell

yavuklamak *e.* to betroth (a peasant girl)

yavuklanmak *e. yörs.* to be betrothed

yavuklu *a. yörs.* fiancé; fiancée

yavuz *s.* stern, ferocious, grim, cruel; resolute, inflexible

yavuzluk *a.* boldness; sternness, toughness

yay *a.* bow; arch; spring; arc **yay ağırlığı** spring weight **yay amortisörü** spring shock absorber **yay basıncı** spring pressure **Yay burcu** Sagittarius **yay çatalı** spring fork **yay çeliği** spring steel **yay kirişi** bowstring **yay kontağı** spring contact **yay kovanı** spring box **yay kutusu** spring box **yay levhası** spring plate **yay mesnedi** spring bracket **yay oturağı** spring seat **yay parmağı** spring finger **yay vidası** spring screw **yay yaprağı** spring leaf **yay yatağı** spring seat

yaya *a.* pedestrian, walker ¤ *be.* on foot **yaya bölgesi** pedestrian zone **yaya fazı** pedestrian phase **yaya geçidi** pedestrian crossing *İİ.*, crosswalk *Aİ.* **yaya kaldırımı** pavement, sidewalk *Aİ.* **yaya kalmak** to be stranded **yaya köprüsü** foot bridge

yayan *s.* walking, afoot ¤ *be.* on foot **yayan gitmek** to go on foot

yayçizer *a.* compasses, pair of compasses * pergel

yaygara *a.* fuss, hullabaloo, shout, outcry, clamour, clamor *Aİ.* **yaygara koparmak** to fuss, to clamour **yaygarayı basmak** to make a great ado about nothing

yaygaracı *s.* noisy, clamorous, brawling, fussy *hkr.* ¤ *a.* fusspot *kon.*

yaygı *a.* ground cloth

yaygın *s.* widespread, prevalent; common

yaygınlaşmak *e.* to become widespread

yaygınlık *a.* prevalence

yayıcı *a.* diffuser, emitter, spreader

yayık *a.* churn

yayık s. spread out **yayık ayranı** buttermilk **yayık taban** spread foundation **yayık yaymak** to churn

yayılı s. spread out

yayılım a. propagation

yayılımcı a. imperialist ¤ s. imperialistic

yayılımcılık a. imperialism

yayılma a. expansion; diffusion; circulation

yayılmacı a. diffusionist

yayılmacılık a. diffusionism

yayılmak e. to be spread, to spread; to diffuse; (haber, söylenti) to get about, to get around, to get round; (ısı) to radiate; (koku) to pervade

yayım a. publication, edition; broadcasting **yayım kodu** emission code **yayım verimi** emission efficiency

yayımcı a. publisher, editor

yayımcılık a. publishing, editing

yayımlamak e. to publish, to get sth out; to broadcast, to beam

yayımlanmak e. to be published, to come out; to be broadcast

yayın a. publication; broadcast, transmission **yayın alanı** coverage, service area **yayın alıcısı** broadcast receiver **yayın aracı** mobile control room **yayın bandı** broadcast band **yayın bölgesi** coverage **yayın istasyonu** broadcast station **yayın kanalı** broadcast channel **yayın vericisi** broadcast transmitter **yayın yapmak** to broadcast **yayına hazırlamak** to edit

yayınbalığı a, hayb. catfish

yayındırıcı a. diffuser ¤ s. diffusive

yayındırmak e. fiz. to diffuse

yayınevi a. publishing house, publisher

yayınık s, fiz. diffuse, diffused

yayınım a. diffusion

yayınım, yayınma a, fiz. diffusion

yayınımölçer a. diffusiometer

yayla a. plateau; (nomad's) summer camping ground **yayla bazaltı** plateau basalt

yaylacı a, s. transhumant

yaylacılık a. transhumance

yaylak a. summer pasture

yaylamak e. yörs. to spend the summer in the mountains

yaylandırmak e. to make (sth) springy, to let swing

yaylanmak e. to rock as tough on a spring; arg. to go away, to take a powder

yaylı s. springy, with springs; stringed **yaylı bilezik** spring ring **yaylı çekiç** spring hammer **yaylı halka** spring ring **yaylı iğne** spring needle **yaylı kavrama** spring coupling **yaylı kilit** spring lock **yaylı mandal** spring clip **yaylı pergel** spring callipers **yaylı pim** spring pin **yaylı raptiye** snap fastener **yaylı rondela** spring washer **yaylı saz** müz. stringed instrument **yaylı süspansiyon** spring suspension **yaylı terazi** spring balance **yaylı yatak** spring bearing; spring mattress

yaylım a. spreading; summer pasture **yaylım ateşi** volley, broadside, running fire

yayma a. spreading; dealer's stall

yaymacı a. sidewalk peddler

yaymak e. to spread; to diffuse; to emit; to radiate; to give sth off; to scatter, to strew; to disseminate, to spread about

yayvan s. flat, broad and shallow

yaz a. summer, summertime **yaz gündönümü** summer solstice **yaz kış** in summer and winter **yaz merası** summer range **yaz mevsimi** summertime **yaz saati** summer time **yaz sezonu** summer season **yaz tatili** summer holiday

yazanak a. written report

yazar a. writer, author

yazarkasa a. cash register

yazarlık a. authorship **yazarlık yapmak** to write

yazçizci a. bureaucrat

yazdırma a. dictation

yazdırmak e. to dictate, to cause to write

yazgı a. fate, destiny, predestination, lot * alınyazısı, kader, mukadderat

yazgıcı a. fatalism ¤ s. fatalistic * kaderci, fatalist

yazgıcılık a, fel. fatalism * kadercilik, cebriye, fatalizm

yazgısal s. fatalistic

yazı a. writing; article * makale; destiny, fate * kader, yazgı, alınyazısı; (parada) tail **yazı dili** literary language **yazı görüntüleme** teletext **yazı işleri** editorial office **yazı kâğıdı** writing paper **yazı makinesi** typewriter **yazı masası** desk, bureau il. **Yazı mı tura mı?** Heads or tails? **yazı tura** toss-up, toss **yazı tura**

atmak to toss up
yazıbilgisi *a.* graphology * grafoloji
yazıbilim *a.* graphology
yazıbilimci *a.* graphologist
yazıbilimsel *s.* graphological
yazıcı *a.* soldier who does the typing; *sin.* screenwriter, scriptwriter; *biliş.* printer ¤ *s.* recording **vuruşlu yazıcı** impact printer **vuruşsuz yazıcı** nonimpact printer **yazıcı altimetre** altitude recorder **yazıcı aygıt** recorder, titler **yazıcı çıktısı** printout
yazıhane *a.* office, bureau *İl.*; desk, writing table
yazık *a.* pity, shame ¤ *ünl.* What a pity!, What a shame!, Alas! **yazık etmek** to ruin, to spoil **Yazıklar olsun sana** Shame on you!
yazıklanmak *e.* to regret, to deplore
yazılı *a.* written examination/exam ¤ *s.* written, inscribed; registered; nominal; destined, fated **yazılı olarak** in black and white **yazılı sınav** written examination
yazılım *a, biliş.* software **paket yazılım** *biliş.* packaged software **sistem yazılımı** *biliş.* system software **tümleşik yazılım** *biliş.* integrated software, integrated computer package **uygulama yazılımı** *biliş.* application software **yazılım bakımı** software maintenance **yazılım belgeleri** software documents **yazılım esnekliği** software flexibility **yazılım evi** software house **yazılım fabrikası** software factory **yazılım güvenilirliği** software reliability **yazılım kilidi** software lockout **yazılım kitaplığı** software library **yazılım korsanlığı** software piracy **yazılım koruma** software protection **yazılım monitörü** software monitor **yazılım mühendisliği** software engineering **yazılım paketi** software package **yazılım sistemi** software system **yazılım taşınırlığı** software portability **yazılım uyumlu** software compatible **yazılım uyumu** software compatibility
yazılmak *e.* to be written; to be enrolled, to enrol, to enroll
yazım *a.* spelling, orthography *res.*
yazın[1] *a.* literature * edebiyat
yazın[2] *be.* in summer, in the summertime
yazıncı *a.* literary man, man of letters

yazınsal *s.* literary * edebi
yazısız *s.* blank
yazışma *a.* correspondence * muhabere
yazışmak *e.* to correspond, to write to each other
yazıt *a.* inscription * kitabe
yazlamak *e.* to summer, to spend the summer (in)
yazlı kışlı *be.* summer and winter, all the year round
yazlık *a.* summer villa, summer cottage, summer residence; summer clothes, summer dress, summer suit ¤ *s.* summery, summer, used in summer
yazma *a.* writing; manuscript; hand-painted kerchief ¤ *s.* handwritten; hand-painted **yazma engelli** write-protected **yazma fıçısı** print barrel **yazma halkası** write ring **yazma hızı** write rate **yazma kafası** writing head **yazma konumu** print position **yazma organı** print member **yazma tekerleği** print wheel **yazma zamanı** write time
yazmaç *a, biliş.* register **genel yazmaç** *biliş.* general register **ikili yazmaç** *biliş.* paired register **temel yazmaç** *biliş.* base register **yazmaç bilgisayar** register machine **yazmaç dökümü** soft dump **yazmaç kapasitesi** register capacity **yazmaç komutu** register instruction **yazmaç makine** register machine **yazmaç sığası** register capacity **yazmaç uzunluğu** register length **yazmaçtan belleğe komut** *biliş.* register-to-memory instruction **yazmaçtan yazmaca komut** *biliş.* register-to-register instruction
yazmak *e.* to write; to write sth down, to put sth down, to get sth down, to take sth down; to enrol, to enroll, to register **yazmayı engellemek** *biliş.* to write-protect
yazman *a.* secretary, clerk
yazmanlık *a.* secretaryship
yedek *a.* standby; halter; towrope; led animal; *ask.* reserve; *sp.* substitute, reserve, sub *kon.*; *biliş.* backup ¤ *s.* spare, extra; auxiliary, emergency **yedeğe almak** to take in tow **yedek akça** reserves **yedek halatı** drag rope, guest rope **yedek kablo** emergency cable **yedek lastik** spare tyre, spare tire **yedek oyuncu** substitute, substi-

tute player, reserve *yedek parça* spare part *yedek subay* reserve officer *yedek tekerlek* spare wheel *yedek yazmaç* standby register *yedek(te) çekmek* to tow

yedekçeker *a.* tugboat, towboat

yedekleme *a, biliş.* backup *yedekleme belleği* backup storage *yedekleme diski biliş.* backup disk *yedekleme dosyası* backup file *yedekleme kütüğü* backup file

yedeklemek *e, biliş.* to back up

yedi *a, s.* seven *yedi iklim dört bucak* everywhere *yedi mahalle* everybody; everywhere

yediemin *a.* trustee

yedigen *a.* heptagon

yedinci *s.* seventh

yedirmek *e.* to make (sb) eat; to feed; to let absorb

yedişer *be.* seven each

yediveren *a.* perpetual

yedmek *e.* to lead (a horse); to tow (a boat)

yegâne *s.* sole, single, only, unique

yeğ *s.* better, preferable *yeğ tutmak* to prefer

yeğen *a.* nephew, niece

yeğin *s.* violent, severe, intense; dominant

yeğinleşmek *e.* to become severe/violent, to intensify

yeğinlik *a.* intensity, strength * şiddet

yeğleme *a.* preference

yeğlemek *e.* to prefer, to choose, to opt for sth

yeğlik *a.* superiority

yeğni *s.* light *yeğni baz* weak base *yeğni etkileşim* weak interaction

yeğnilik *a.* lightness; frivolousness

yeğnilmek *e.* to become light, to lighten

yeğniltmek *e.* to make (sth) lighter, to lighten

yeğnisemek *e.* to take (sb/sth) lightly

yeğrek *s.* preferable * müreccah

yeis *a.* despair, gloom

yek *s.* one

yekdiğeri *be.* each other, one another

yeke *a. den.* tiller (of a rudder)

yeknesak *s.* monotonous, drab * tekdüze, monoton

yeknesaklık *a.* monotony

yekpare *s, be.* in a single piece, one-piece, massive *yekpare dingil* solid

axle *yekpare kanat* continuous wing *yekpare profil* solid rib *yekpare silindir* solid head *yekpare sinir* solid rib

yeksan *s. esk.* level with, one with

yekta *s. esk.* unique, matchless

yekten *be.* suddenly, all at once

yekûn *a.* total, sum * toplam

yel *a.* wind; wind, gas, flatus *yel bayrağı* wind vane *yel değirmeni* windmill *yel gibi* fast, quickly, like a bat out of hell *yel yeperek (yelken kürek)* hell for leather, in a great hurry, like a bat out of hell

yeldirmek *e. yörs.* to cause (sb/an animal) to run

yele *a, hayb.* mane

yelek *a.* waistcoat, jerkin, vest *Aİ.*

yeleken *s.* high and windy

yeleklemek *e.* to feather (an arrow)

yeleli *s.* maned (animal)

yelelikoyun *a. hayb.* aoudad, maned sheep

yelelikurt *a. hayb.* hyena

yelelisırtlan *a. hayb.* aardwolf

yeleme *s.* frivolous, fmlippant, unserious

yelken *a, den.* sail *yelken açmak* a) to hoist sails b) to set sail *yelken bezi* canvas, sailcloth *yelken ipi* brail, halliard *yelken yakası* leech *yelkenleri indirmek* to lower sails *yelkenleri suya indirmek* to knuckle under, to sing small

yelkenci *a.* sailmaker

yelkenlemek *e.* to set sail

yelkenli *a.* sailing boat *yelkenli gemi* sailing ship *yelkenli kayık* sailing boat

yelkenlibalok *a. hayb.* sailfish

yelkesen *a.* windbreak

yelkovan *a.* (saat) minute hand; weathercock

yelkovankuşu *a. hayb.* shearwater

yelkovar *a.* anemoscope

yellemek *e.* to fan

yellenmek *e.* to be fanned; *kon.* to break wind *ört.*, to fart

yelli *s.* windy

yellim yelalim *be.* at the double, on the double *Aİ./kon.*

yelloz *s. arg.* loose (woman)

yelmek *e.* to run in a fluster

yelölçer *a.* anemometer

yelpaze *a.* fan *yelpaze anten* fan antenna

yelpaze kıvrım fan fold **yelpaze tonoz** fan vaulting
yelpazelemek *e.* to fan
yelpazeli *s.* flabellate
yelpik *a. hek.* asthma
yelpikli *s. hek.* asthmatic
yeltek *a. yörs.* capricious, fickle
yeltenmek *e.* to try, to attempt, to strive, to dare
yelve *a. hayb.* greenfinch
yelyazar *a.* anemograph
yem *a.* food; fodder, feed, provender; bait, decoy, lure **yem birimi** feed unit **yem bitkisi** feed crop **yem dağıtıcı** feed distributor **yem pancarı** fodder beet **yem torbası** nosebag, feedbag *Aİ.* **yem tüketimi** feed consumption
yemek[1] *a.* food, grub *kon.*, eats *kon.*; meal, repast; course, dish **yemek artığı** leftovers **yemek borusu** a) *anat.* oesophagus, esophagus *Aİ.* b) *ask.* bugle call for food **yemek kitabı** cook book **yemek listesi** bill of fare **yemek odası** dining room **yemek salonu** dining hall **yemek seçmek** to be choosy in eating **yemek tarifesi** recipe **yemek vakti** dinner time **yemek yemek** to eat
yemek[2] *e.* to eat; to feed; to consume; to spend; to eat sth away, to eat away at sth, to corrode, to erode, to abrade; (ceza) to be sent down *İİ.*, to get; *arg.* to believe, to swallow *kon.* **yiyecekmiş gibi bakmak** to glower at **yiyip bitirmek** to eat sb up **yiyip içmek** to eat and drink
yemekhane *a.* dining hall, refectory, mess
yemeklemek *e.* to give (sb) a meal
yemekli *s.* with food; with a meal **yemekli vagon** dining car
yemeklik *s.* serving as food; edible
yemeksiz *s.* without food/meal
Yemen *a.* the Yemen **Yemen kahvesi** mocha
yemeni *a.* coloured cotton kerchief
yemenici *a.* maker/seller of coloured cotton kerchiefs
Yemenli *a, s.* Yemeni
yemin *a.* oath * ant **yemin etmek** to swear, to take an oath * ant içmek **yeminini bozmak** to break one's oath
yeminli *s.* under oath
yemiş *a.* fruit

yemişçi *a.* producer/seller of nuts and dried fruit
yemişçil *s. hayb.* fruit-eating, carpophagous
yemişli *s.* fruit-bearing
yemişlik *a.* fruit grove; fruit loft
yemlemek *e.* to feed; to bait
yemlik *a.* manger, trough; *mec.* bribe *: rüşvet, arpalık
yemyeşil *s.* very green
yen[1] *a.* sleeve; *bitk.* spathe
yen[2] *a.* (para) yen
yenge *a.* sister-in-law; brother's wife; aunt-in-law; friend's wife
yengeç *a, hayb.* crab **Yengeç burcu** Cancer **Yengeç Dönencesi** the Tropic of Cancer
yengeçgiller *a.* Malacostraca
yengi *a.* victory * utku, zafer, galibiyet
Yeni Gine *a.* New Guinea
Yeni Gineli *a. s.* New Guinean
Yeni Kaledonya *a.* New Caledonia
yeni *s.* new, recent, latest, fresh; incoming, new ¤ *be.* newly, recently, just **Yeni Ahit** the New Testament **yeni başlayan** beginner **yeni baştan** over again, afresh **yeni bir sayfa açmak** to turn over a new leaf **Yeni Dünya** the New World **yeni evli** newlywed **Yeni Gine** New Guinea; New Guinean **Yeni Gineli** New Guinean **yeni sözcük** coinage **Yeni Zelanda** New Zealand **Yeni Zelandalı** New Zealand; New Zeelander **yeni zengin** upstart *hkr.*
Yeni Zelanda *a.* New Zealand
Yeni Zelandalı *a.* New Zealander ¤ *s.* New Zealand
yeniay *a.* new moon, crescent * ayça, hilal
yenibahar *a, bitk.* allspice, pimento
yenice *s.* fairly new
yeniçağ *a.* modern times
yeniçeri *a.* janissary, janizary
yeniçerilik *a. trh.* being a Janissary
yeniden *be.* again, anew, afresh * tekrar **yeniden başlamak** to begin afresh, to make a new start, to resume **yeniden birleşim** recombination **yeniden boyamak** to redye **yeniden denetlemek** to recheck **yeniden derlemek** to recompile **yeniden diş açmak** to rethread **yeniden doldurmak** to recharge, to refill **yeniden düşününce** on second

thoughts, after thinking the matter over **yeniden düzenlemek** to rearrange **yeniden elde etmek** to regain **yeniden eritmek** to remelt **yeniden formatlama** reformating **yeniden girilebilir** reenterable **yeniden giriş** re-entrant **yeniden girme** reentry **yeniden gözde olmak** to come back **yeniden ısıtmak** to reheat **yeniden ışıma** reradiation **yeniden işleme sokmak** to recycle **yeniden kaplamak** to resurface **yeniden kaydetmek** to rerecord **yeniden kazanmak** to regain, to regenerate **yeniden kristallenme** recrystallization **yeniden kristallenmek** to recrystallize **yeniden kurmak** to reconstitute, to reconstruct **yeniden menevişleme** retempering **yeniden oluşturmak** to reconstitute, to regenerate **yeniden örgütleme** reorganization **yeniden örgütlemek** to reorganize **yeniden örgütlenme** reorganization **yeniden şarj etmek** to recharge **yeniden taşlamak** to regrind **yeniden üretimli** regenerative **yeniden yapmak** to rebuild · **yeniden yaratmak** to recreate **yeniden yayımlamak** to rebroadcast **yeniden yazmak** to rewrite **yeniden yerleştirme** biliş. relocation **yeniden yerleştirmek** biliş. to relocate **yeniden yüklemek** to reload

yenidendoğuş a. renaissance, rebirth, revival

Yenidendoğuş a. the Renaissance

yenidünya a, bitk. loquat, Japanese plum

Yenidünya a. the New World, the Western Hemisphere

yenidünyaaslanı a. panther

yenigümüş a. nickel silver, German silver

yenik[1] s. defeated **yenik düşmek** to be defeated

yenik[2] s. nibbled, gnawed; corroded ¤ a. (böcek, vb.) bite

yenilebilir s. edible

yenileme a. renewal; replacement

yenilemek e. to renew; to replace; to renovate; to repeat

yenilemeli s, biliş. regenerative **yenilemeli bellek** biliş. regenerative memory **yenilemeli izler** biliş. regenerative tracks **yenilemeli okuma** biliş. regenerative reading

yenileşmek e. to become new, to become modern

yenileştirmek e. to renovate, to renew; to modernize

yenileyici s. regenerative

yenilgi a. defeat, checkmate **yenilgiye uğramak** to sustain a defeat **yenilgiye uğratmak** to checkmate

yenilik a. newness; reform; innovation; renewal, innovation; rawness, inexperience **yenilik çıkarmak** to innovate

yenilikçi s. go-ahead ¤ a. reformist

yenilmek[1] e. to be eaten

yenilmek[2] e. to be defeated, to be beaten, to lose, to bite the dust kon., to succumb (to sth) res.

yenilmez s. invincible

yenim a, metl. corrosion

yenimaden a. nickel silver, German silver

yenimönleme a. corrosion prevention

yenimönler s. anticorrosive

yenir s. edible, eatable

yenirce a. gangrene; osteoporosis

yenişememek e. to be unable to defeat each other, to be equal; sp. to tie, to score equally

yeniyetme a. teenager

yeniyetmelik a. adolescence * ergenlik

yenli s. cuffed; sleeved

yenmek[1] e. to defeat, to conquer, to prevail, to bear down sb/sth; to beat, to thrash, to outdo, to clobber kon.; to overcome, to surmount

yenmek[2] e. to be eaten; to become worn; to become eroded

yenmez s. inedible

yepelek s. fragile, dainty

yepyeni s. brand-new, crisp

yer a. place; location, spot, point; ground; floor; seat; space, room; situation, employment, duty; mark, scar, trace; earth **yer açmak** to make room for **yer almak** to take part **yer ayırtma** booking **yer ayırtmak** to book **yer bilimleri** earth sciences **yer bulma** position finding **yer dalgası** ground wave **yer değeri** local value **yer detektörü** ground detector **yer ekosu** ground clutter **yer etkisi** ground effect **yer etmek** a) to leave a mark b) to make an impression **yer fotoğrafı** ground photograph **yer geçidi** level crossing **yer hatası** site error **yer hızı** ground speed **yer istasyonu** earth station **yer kaplaması**

floor covering **yer kapmak** to nab a seat **yer karosu** floor tile **yer kayması** soil creep **yer mantarı** truffle **yer personeli** ground personnel **yer sayacı** location counter **yer sisi** ground fog **yer teknesi** geosyncline **yer teleskopu** terrestrial telescope **yer tutmak** a) to reserve a place b) to occupy a place **yer vermek** to give place to **yer yangını** ground fire **yer yer** in patches **yerden göğe kadar** very much **yerden havaya füze** surface-to-air missile **yerden yere füze** surface-to-surface missile **yerden yere vurmak** to slam **yerden yükseklik** ground clearance **yere inmek** to land, to touch down **yere serilmek** to lick the dust **yere sermek** to down, to lay sb out, to lay sb/sth flat **yeri doldurulamaz** irreplaceable **yeri gelmişken** by the way **yerin gölgesi** earth's shadow **yerin dibine geçirmek** to mortify **yerin dibine geçmek** to feel like 30 cents **Yerin kulağı var** Walls have ears **yerini -e bırakmak** to give way to sth **yerini almak** to replace, to substitute, to supersede **yerini belirlemek** to localize, to position **yerini tutmak** to substitute for **yerle bir etmek** to level, to raze sth to the ground **yerlere kapanmak** to prostrate oneself

yeraltı s. underground, subterranean ¤ a. subsurface **yeraltı dreni** buried drain **yeraltı dünyası** the underworld **yeraltı fırını** soaking pit furnace **yeraltı geçidi** underground passage, underpass, subway //. **yeraltı kablosu** underground cable **yeraltı madenciliği** underground mining **yeraltı otoparkı** underground car park **yeraltı ölçümü** underground survey **yeraltı sığınağı** ask. dugout, bunker **yeraltı su düzeyi** groundwater level **yeraltı su tablası** groundwater table **yeraltı suyu** underground water

yerberi a. perigee
yerbetim a. topography
yerbetimsel s. topographic(al)
yerbiçimbilim a. geomorphology
yerbiçimbilimsel s. geomorphologic(al)
yerbilim a. geology * jeoloji
yerbilimci a. geologist * jeolog
yerbilimsel s. geological

yerçamı a. bitk. ground pine
yerçekimi a. gravity, gravitation * arz cazibesi **yerçekimi alanı** gravitational field **yerçekimi dalgaları** gravity waves **yerçekimi gücü** gravitation **yerçekimi ivmesi** gravitational acceleration **yerçekimi kuvveti** gravitational force **yerçekimi potansiyeli** gravitational potential **yerçekimi sulaması** gravity irrigation
yerçekimli s. geotactic
yerçekimölçer a. gravity meter
yerçekirdeği a. yerb. core of the earth
yerdeğişim a. displacement
yerdeğişir s. relocatable **yerdeğişir kod** relocatable code **yerdeğişir program** relocatable program **yerdeğişir yordam** relocatable routine **yerdeğişir yükleyici** relocatable loader
yerdeğişirlik a. relocatability
yerdeğiştirme a. relocation, transposition **yerdeğiştirme hareketi** translatory motion **yerdeğiştirme sözlüğü** relocation dictionary
yerdeş a. isotope
yerdeşlik a. isotopy
yerdeşsel s. isotopic
yerdomuzu a. hayb. aardvark, earth pig
yerdüzler a. grader
yerekseni a. axis of the earth
yerel s. local * mahalli, mevzii, lokal **yerel bellek** local memory **yerel grup** local group **yerel öbek** local group **yerel rüzgârlar** local winds **yerel seçim** local election **yerel trafik** local traffic **yerel yönetim** local government **yerel zaman** local time
yerelleşmek e. to become localized
yerelleştirmek e. to localize
yerellik a. localness
yerelması a, bitk. Jerusalem artichoke
yereşeği a. pinchbug
yerey a. land, terrain; yerb. rock
yereyönelim a. bitk. geotropism
yerfesleğeni a. bitk. mercury
yerfıstığı a. groundnut, peanut
yerfıstığıyağı a. peanut oil
yerfiziği a. geophysics
yergazı a. natural gas
yergi a. satire * hicviye, hiciv, satir
yergici a. satirist * taşlamacı, heccav
yergin s. despised, despicable
yerginlik a. vice, abomination

yerısıl s. geothermal

yerici s. critical, faultfinding

yerinde s. congruous, congruent, appropriate, opportune, apt, timely, suitable, becoming **yerinde duramamak** to be full of life, to be full of beans, to fidget **yerinde duramayan** full of beans, full of life **yerinde olsam** if I were you **yerinde saymak** a) to mark time b) to make no progress **yerinde yeller esmek** to be gone for ever **yerinden çıkarmak** a) to displace b) to dislodge c) (kemik) to dislocáte **yerinden yönetim** decentralization

yerindelik a. fittingness, appropriateness

yerine be. instead of, in place of, in sb's/sth's stead, in lie (of sth); instead; for **yerine geçme** substitution, displacement **yerine geçmek** a) to replace, to supersede, to supplant b) to substitute sb c) to displace d) to go on **yerine getirme** fulfilment **yerine getirmek** a) to fulfil, to fulfill AĬ., to perform, to carry out, to carry through, to implement b) to meet **yerine koymak** a) to put sth away, to put sth back b) to take sb for c) to substitute **yerine oturmak** to sit down

yerineç a. yerb. geosyncline

yerinmek e. to be sorry (for), to feel sad about, to feel regret (for), to repent

yerkabuğu a, yerb. earth's crust

yerkatı a. ground floor

yerkimyasal s. geochemical

yerkimyası a. geochemistry

yerküre a. earth

yerlahanası a. bitk. rutabaga, swede

yerlahanası a. kohlrabi

yerleşik s. settled; established; permanent; resident **yerleşik alan** built-up area **yerleşik hastalık** hek. endemic **yerleşik program** resident program **yerleşik uygulayıcı** resident executive **yerleşik yordam** resident routine

yerleşiklik a. settledness; establishedness

yerleşim a. settlement, settling, inhabiting; housing **yerleşim bölgesi** residential district **yerleşim merkezi** centre of population

yerleşke a. campus * kampus

yerleşmek e. to settle down; to become established; to get into a job/office; to settle, to live (in); to establish oneself at

yerleştirmek e. to place, to position, to bed, to lay; to land, to deal; to retort

yerli s. native, indigenous; domestic ¤ a. native **yerli kayaç** bedrock **yerli malı** home product, domestic good **yerli yerinde** in its proper place **yerli yersiz** in season and out of season

yermantan a. bitk. truffle

yermantarı a. truffle * domalan

yermeci a. satirist

yermek e. to criticize, to disparage, to run down, to decry; to satirize

yermeli s. pejorative

yermerkezli s. geocentric

yermeşesi a, bitk. germander * kurtluca

yermumu a. earth wax

yerölçüm a. geodesy

yerörümceği a. bird spider

yeröte a, gökb. apogee

yerözekçil s. geocentric

yerpalamudu a, bitk. germander * kurtluca

yerpırasası a. bitk. motherwort

yersakızı a, yerb. bitumen * bitüm

yersarmaşığı a. dichondra

yersarsıntısı a. earthquake * deprem

yersel s. terrestrial, of the earth

yersıçanı a, hayb. mole * köstebek

yersiz s. homeless; out of place, untimely, improper, inopportune, inept, ill-timed, out of turn, uncalled-for, gratuitous; unfounded, groundless

yersizlik a. homelessness; impropriety, ineptitude; groundlessness

yersolucanı a. hayb. earthworm

yerüstü s. aboveground, overground **yerüstü boru hattı** aboveground pipeline

yeryağı a. crude oil, petroleum * petrol

yeryuvarlağı a. the earth

yeryüzü a. earth's surface **yeryüzü atmosferi** earth atmosphere **yeryüzünden silinmek** to be wiped off the face of the earth

yestehlemek e. arg. to shit, to soil, to dung

yeşermek e. to produce leaves; to become green, to turn green

yeşerti a. green place

yeşertmek e. to to make green

yeşil a, s. green **yeşil alan** green belt **yeşil biber** green pepper **yeşil gübre**

green manure **yeşil havuzlama** green retting **yeşil ışık yakmak** to give sb the come-on **yeşil ışık** a) green light b) *mec, kon.* come-on **yeşil kuşak** green belt **yeşil nadas** green fallow **yeşil silaj** green silage **yeşil şurup** green syrup **yeşil vitriyol** iron vitriol, green vitriol **yeşil yem** green fodder **Yeşiller Partisi** the Green Party

yeşilağaçkakan *a. hayb.* green woodpecker

Yeşilay *a.* The Green Crescent

yeşilaycı *a.* total abstainer, teetotaller, teetotaler *Aİ.* ¤ *s.* teetotal

yeşilbağa *a, hayb.* tree toad

yeşilbaş *a, hayb.* mallard

yeşilbiber *a. bitk.* green pepper

yeşilimsi *s.* greenish

yeşilimsi, yeşilimtırak *s.* greenish

yeşilispinoz *a. hayb.* greenfinch

yeşillenmek *e.* to be freshened; to become/turn green; to get fresh with, to molest

yeşilli *s.* dressed in green

yeşillik *a.* greenness; greens, green vegetables; meadow, green; foliage **yeşillik ambarlanması** ensilage

yeşilsazan *a. hayb.* tench

yeşilsoğan *a. bitk.* green onion, scallion

yeşiltaş *a.* omphacite

yeşim *a.* jade

yeşimotu *a.* jade plant

yeşimtaşı *a.* jade, jasper, nephrite

yetenek *a.* capacity, capability, ability, aptitude, talent, power, gift, competence, acumen, flair, knack, bent * kabiliyet, kapasite **yetenek testi** aptitude test

yetenekli *s.* able, capable, competent, talented, apt (at), crack, gifted, adept (at/in) * kabiliyetli

yeteneklilik *a.* ability, capableness

yeteneksiz *s.* incapable, incompetent, untalented, inept * kabiliyetsiz

yeteneksizlik *a.* inability, incompetence, incapacity * kabiliyetsizlik

yeter *s.* sufficient, enough * kâfi **yeter de artar** enough and more than enough **yeter ki** as long as **yeteri kadar** a) sufficiently b) enough

yeterince *be.* adequately, sufficiently, enough

yeterli *s.* sufficient, adequate, enough;

competent, qualified

yeterlik *a.* capacity, competence; efficiency, proficiency; qualification

yeterlilik *a.* sufficiency

yetersayı *a.* quorum * nisap

yetersiz *s.* insufficient, inadequate, skimpy; incapable, inefficient, incompetent

yetersizlik *a.* insufficiency, inadequacy, deficiency; incapacity, incompetence, inability

yeti *a.* faculty, power * meleke

yetiklik *a.* capacity, ability

yetim *a.* orphan, fatherless child

yetimhane *a.* orphanage

yetimlik *a.* orphanhood

yetingen *s.* contented, not greedy

yetingenlik *a.* being contented, lack of greed

yetinmek *e.* to be contented with, to content oneself with

yetirmek *e. yörs.* to make (sth) suffice; to raise (a child)

yetişkin *s.* mature; adult; skilled; (kız) marriageable, nubile ¤ *a.* grown-up, adult

yetişmek *e.* to reach, to attain; to catch; to catch sb up, to catch up (with sb); to keep up (with sb/sth); to suffice; to grow; to grow up, to be brought up; to come to the help of **Yetişin** Help!

yetişmiş *s.* grown-up; experienced; trained; mature, ripe

yetiştirici *a.* producer, raiser, grower

yetiştirim *a.* raising; training

yetiştirme *a.* bringing up; breeding; cultivation

yetiştirmek *e.* to bring sb up, to nurture; to breed; to train; to coach; to bring sb on; to grow, to raise, to cultivate; to send (information); to make do, to manage; to throw up

yetke *a.* authority, power * otorite, sulta

yetkeli *s.* authoritative * otoriter

yetki *a.* authority, power **yetki vermek** to authorize, to empower *res.*

yetkilendirmek *e.* to authorize

yetkili *s.* authorized, authoritative; qualified ¤ *a.* authority **yetkili kitaplık** authorized library **yetkili program** authorized program

yetkin *s.* perfect * mükemmel **yetkin küme** perfect set **yetkin sayı** perfect

number
yetkinleşmek *e.* to become perfect
yetkinlik *a.* perfection * mükemmeliyet
yetkisiz *s.* unauthorized
yetkisizlik *a.* lack of authorization
yetmek *e.* to be enough, to do, to suffice *res.*; to reach, to attain
yetmezlik *a.* insufficiency, inadequacy
yetmiş *a, s.* seventy
yetmişer *be.* seventy each
yetmişinci *s.* seventieth
yetmişlik *s, a.* septuagenarian
yevmi *s. esk.* daily, diurnal
yevmiye *a.* daily wage **yevmiye defteri** journal, daybook
yevmiyeci *a.* worker on daily payment basis
Yezidi *a. s.* Yezidi
yezit *a.* scamp, devil
yezitlik *a. hkr.* devilment, malice
yığıcı *a.* stacker
yığılı *s.* heaped, piled up
yığılmak *e.* to be heaped up, to accumulate, to bank up; (kar, kum, vb.) to drift; to crowd together; to fall in a faint, to collapse, to slump, to flake out *kon.*
yığımlamak *e.* to accumulate a supply of
yığın *a.* heap, pile; crowd; mass, masses; stack; (ağaç, bitki, çalılık) clump; bank; batch, set **yığın bellek** mass storage **yığın boyama** dope dyeing **yığın buzla** pack ice **yığın işlem** batch processing **yığın terminal** batch terminal **yığın toplam** batch total **yığın veri** mass data **yığın yoğunluğu** bulk density
yığınak *a.* heap, pile, mass; *ask.* concentration; *bitk.* colony
yığınbulut *a.* stratocumulus
yığınla *be.* in heaps; heaps of, plenty of
yığınlamak *e.* to stack
yığınsal *s.* mass, wholesale
yığıntı *a.* enthalpy
yığışık *s.* massed; conglomerate
yığışım *a, yerb.* conglomerate
yığışma *a.* agglomeration
yığışmak *e.* to crowd together, to accumulate
yığıt *a.* stack **yığıt makinesi** stack machine
yığma *a.* accumulation **yığma bağ** close timbering **yığma kargo** bulk freight **yığma tahkimat** close timbering
yığmak *e.* to heap up, to pile up, to stack;

to accumulate, to hoard; to amass
yıkama *a.* washing **yıkama banyosu** washing bath **yıkama borusu** wash pipe **yıkama deposu** flush tank **yıkama eğrisi** washability curve **yıkama gücü** detergent power **yıkama haslığı** fastness to washing **yıkama maddesi** washing agent **yıkama makinesi** washing machine **yıkama suyu** washwater **yıkama şişesi** washing bottle **yıkama şurubu** wash syrup **yıkama tamburu** washing trommel **yıkama tavası** pan **yıkama teknesi** wash box
yıkamaç *a.* developer
yıkamak *e.* to wash; (film) to develop; (yara, vb.) to bathe
yıkanabilir *s.* washable
yıkanabilirlik *a.* washability
yıkanmak *e.* to be washed; to wash oneself; to have a bath; to bathe; (film) to be developed
yıkayıcı *a.* (film) developer; washer
yıkı *a.* ruins * ören, harabe
yıkıcı *s.* destructive, devastating; subversive ¤ *a.* knacker * yıkmacı
yıkıcılık *a.* destructiveness
yıkık *s.* demolished; broken down, ruined; devastated **yıkık dökük** tumbledown
yıkılış *a.* collapse, decay, decadence
yıkılma *a.* collapse, downfall
yıkılmak *e.* to be demolished, to be wrecked; to be destroyed; to be ruined; to fall down; to collapse, to come down, to give way; to crumble; to clear out
yıkım *a.* demolition; destruction; ruin; havoc
yıkımcı *a.* wrecker, housebreaker
yıkımlık *a.* damage
yıkıntı *a.* ruins, debris, wreckage
yıkışmak *e.* to wrestle
yıkkın *s.* on the verge of collapse
yıkma *a.* destruction, demolition
yıkmacı *a.* knacker
yıkmak *e.* to demolish, to wreck, to level; to destroy, to ruin; to break sth down; to pull sth down, to knock sth down; to put (the blame) on (sb); to overthrow; to floor
yıl *a.* year * sene **yıl halkası** annual ring **yıllar yılı** for many a long year, for donkey's years **yıllarca** for years
yılan *a, hayb.* snake, serpent *esk.* **yılan sokmak** to get snakebit **yılan sokması**

snakebite
yılanağzı *a.* snakemouth
yılanakbabası *a. hayb.* secretary bird, serpent eater
yılanbalığı *a, hayb.* eel
yılancık *a.* erysipelas
yılancıl *a. hayb.* sacred ibis
yılankavi *s.* serpentine, sinuous, tortuous, winding, twisting
yılankuşu *a.* snakebird
yılanotu *a.* gentian, snakeroot
yılansı *s.* ophidian, snakelike
yılantaşı *a.* serpentine
yılanyastığı *a, bitk.* dragon arum
yılanyıldızı *a. hayb.* serpent star
yılanyıldızları *a.* serpentstars
yılbaşı *a.* the New Year, New Year's Day
Yıldırak *a. gökb.* Canopus
yıldırak *s.* glittering, sparkling ¤ *a.* lightning
yıldıramak *e. yörs.* to glitter, to shine
yıldırı *a.* intimidation, cowing
yıldırım *a.* thunderbolt, lightning **yıldırım buharlama** flash ageing **yıldırım çarpmış** struck by lightning **yıldırım çarpmışa dönmek** to be thunderstruck **yıldırım gibi** like a shot **yıldırım hızıyla** in a flash **yıldırım jeneratörü** lightning generator **yıldırım telgraf** urgent telegram, express telegram **yıldırımla vurulmuşa dönmek** to be thunderstruck
yıldırımlık, yıldırımkıran, yıldırımsavar *a.* lightning rod * paratoner
yıldırımsavar *a.* lightning rod
yıldırmak *e.* to daunt, to discourage, to intimidate, to cow
yıldız *a.* star; asterisk; ace ¤ *sg.* astral, sidereal, stellar **duran yıldız** fixed star **yıldız anahtarı** ring spanner *İİ.*, box end wrench *Aİ.* **yıldız ayı** sidereal month **yıldız bağlantı** star connection **yıldız boyama makinesi** star dyeing machine **yıldız boyama** star dyeing **yıldız buharlayıcı** star ager **yıldız eğrisi** astroid **yıldız falcılığı** astrology **yıldız falcısı** astrologer **yıldız falı** horoscope **yıldız günü** sidereal day **yıldız imi** asterisk **yıldız işareti** asterisk **yıldız kataloğu** star catalogue **yıldız kümesi** star cluster **yıldız motor** radial engine **yıldız paralaksı** stellar parallax **yıldız şebeke** star network **yıldız tonoz**

stellar vault **yıldız uç** star bit **yıldız yılı** sidereal year **yıldız zamanı** sidereal time **yıldızı parlamak** to be lucky, to boom **yıldızı sönmek** to be washed up **yıldızları barışmak** to get along well with each other
yıldızbilim *a.* astrology
yıldızbilimci *a.* astrologist
yıldızbilimsel *s.* astrological, astrologic
yıldızböceği *a.* lightning bug
yıldızçiçeği *a, bitk.* dahlia * dalya
yıldızdoğum *a.* stellar cosmogony
yıldızgöze *a.* astrocyte
yıldızkarayel *a.* north-northwest; north-northwest wind
yıldızlamak *e.* (wind) to begin to blow from the north
yıldızlanma *a.* asterism
yıldızlararası *s.* interstellar
yıldızlı *s.* starry, starlit
yıldızlıanason *a. bitk.* star anise
yıldızlık *a.* stardom
yıldızpoyraz *a.* north-northeast; north-northeast wind
yıldıztaşı *a.* aventurine
yıldızyağmuru *a.* meteoric shower
yıldızyeli *a.* north wind
yıldönümü *a.* anniversary
yılgı *a.* phobia * fobi
yılgıcı *a.* terrorist
yılgıcılık *a.* terrorism
yılgın *s.* terrified; daunted
yılgınlık *a.* intimidation, fright
yılhalkası *a. bitk.* annual ring, growth ring
yılık *s.* crooked, bent
yılışık *s.* importunate, saucy
yılışıklık *a.* unctuousness, smarminess
yılışmak *e.* to grin unpleasantly, to behave impudently
yılkı *a.* herd of horses/donkeys
yıllamak *e. yörs.* to stay long (in a place)
yıllandırmak *e.* to age
yıllanmak *e.* to age
yıllanmış *s.* (içki) aged, mellow; old
yıllatmak *e.* to age (sth)
yıllığına *be.* for a year; for (...) years
yıllık *a.* yearbook, annual, almanac, almanack; yearly salary; annual rent ¤ *s.* ... years old; yearly, annual **yıllık aberasyon** annual aberration **yıllık akım** annual runoff **yıllık sapınç** annual aberration **yıllık yağış** yearly precipitation

yılmadan *be.* fearlessly
yılmak *e.* to dread, to quail; to be sick of
yılmaz *s.* dauntless, indomitable *res./övg.*
yıprak *s.* worn-out
yıpranma *a.* wearing out, abrasion
yıpranmak *e.* to wear out; to grow old; to fray
yıpratıcı *s.* (iş) backbreaking
yıpratmak *e.* to wear out; to wear (sb/sth) down
yır *a.* song
yırlamak *e.* to sing
yırtıcı *s.* predatory, ferocious, savage; cruel, bloodthirsty **yırtıcı hayvan** beast of prey, predator **yırtıcı kuş** bird of prey
yırtıcılık *a.* predacity, predatoriness
yırtık *s.* torn, ripped; *kon.* shameless, brazen-faced, forward ¤ *a.* rip, rent **yırtık pırtık** in rags, ragged, threadbare, tattered, out at (the) elbows
yırtılmak *e.* to be torn, to be rent, to rip; to become insolent/shameless
yırtınmak *e.* to shout at the top of one's voice; to strain every nerve, to wear oneself out
yırtmaç *a.* slit, slash
yırtmaçlı *s. teks.* slitted, vented
yırtmak *e.* to tear, to rend, to rip; to tear to pieces; to claw; to scratch; *arg.* to get off (a duty), to dodge *kon.*, to beat the rap *Aİ./arg.*
yısa *ünl. den.* hoist away!, heave!
yiğit *s.* brave, courageous, plucky, manly *övg.*, gallant *res.* ¤ *a.* young man; manly youngster, brave man
yiğitçe *be.* bravely
yiğitlendirmek *e.* to encourage to be brave
yiğitlenmek *e.* to become inspired with courage
yiğitleşmek *e.* to become brave
yiğitlik *a.* bravery, courage, pluck *kon.*, gallantry **yiğitliğe leke sürmemek** to save one's face
yihhu *ünl.* Yippee!
yiikseltgeyici *s. kim.* oxidative
yilbik *a.* epilepsy
yine *be.* again, once again; nevertheless, still **yine de** all the same, after all, still, however, but then (again), yet, anyway, anyhow, nevertheless, even now, to, then, notwithstanding *res.*
yinelem *a.* repeat

yineleme *a.* repetition **yineleme frekansı** repetition rate **yineleme komutu** repetition instruction **yineleme yordamı** iteration routine **yineleme yöntemi** iterative method
yinelemek *e.* to repeat, to reiterate *res.*
yinelemeli *s.* iterative, recursive **yinelemeli altyordam** recursive subroutine **yinelemeli işlem** repetitive operation **yinelemeli yordam** *biliş.* iterative routine
yinelenme *a.* recurrence
yinelenmek *e.* to be repeated, to recur
yirmi *a, s.* twenty **yirmi beşinci yıldönümü** silver jubilee **yirmi bir** pontoon *İl.*, twenty one *İl.*, ving-et-un *İl.*, blackjack *Aİ.* **yirmi yaş dişi** wisdom tooth
yirmilik *a.* twenty-lira note; coin worth twenty paras; person in his/her twenties
yirminci *s.* twentieth
yirmişer *be.* twenty each
yirmiyüzlü *a.* icosahedron
yitik *s.* lost, missing
yitiklik *a.* absence
yitim *a.* loss, drop-out
yitirmek *e.* to lose
yitmek *e.* to be lost; to be wasted; to disappear; to vanish
yiv *a.* groove; chamfer; rifling; stripe **yiv açma** screw cutting, grooving **yiv açmak** to chamfer, to flute, to rabbet
yivaçar *a.* diestock **yivaçar kolu** diestock **yivaçar lokması** die
yivli *s.* grooved, chamfered, fluted **yivli kalender** riffle calender **yivli mil** splined shaft **yivli silindir** fluted roller **yivli süs** fluting **yivli tüfek** rifle
yiyecek *a.* food, grub *kon.*, eats *kon.*, provender *kon./şak.*, diet, nourishment, nutrition
yiygen *s, tek.* corrosive
yiyici *s.* bent, corrupt; *tek.* corrosive
yiyicilik *a.* corruption
yiyim *a.* eating
yiyimli *s.* tasty, delicious
yiyinti *a.* something to eat, food
yiyişmek *e, arg.* to neck *kon.*
yo *ünl.* No!
yobaz *a.* bigot, fanatic ¤ *s.* fanatic, fanatical, bigoted
yobazlaşmak *e.* to become fanatical/bigoted

yobazlık *a.* bigotry, fanaticism
yoga *a.* yoga
yogi *a.* yogi
yogin *a.* yogin
yoğalmak *e.* to disappear, to perish
yoğaltım *a.* consumption, use * tüketim, istihlak
yoğaltmak *e.* to consume, to use up * tüketmek, istihlak etmek
yoğrulmak *e.* to be kneaded
yoğrum *a.* kneading; upbringing, training; formation
yoğun *s.* dense, thick; concentrated; intense, intensive, crash **yoğun bakım** intensive care **yoğun küme** dense set **yoğun otlatma** intensive grazing **yoğun tarım** intensive cultivation
yoğunlaç *a.* condenser
yoğunlaşabilir *s.* condensable
yoğunlaşma *a.* condensation **yoğunlaşma bulutu** condensation cloud **yoğunlaşma çekirdeği** condensation nucleus **yoğunlaşma katsayısı** condensation coefficient **yoğunlaşma noktası** dew point
yoğunlaşmak *e.* to become dense, to condense, to thicken; to become intense, to intensify
yoğunlaşmaz *s.* incondensable
yoğunlaştırma *a.* condensation **yoğunlaştırma ekranı** intensifying screen **yoğunlaştırma yordamı** condensing routine
yoğunlaştırmak *e.* to condense, to thicken, to concentrate; to intensify
yoğunluk *a.* density, thickness; intensity **yoğunluk düzeyi** intensity level **yoğunluk fonksiyonu** density function **yoğunluk işlevi** density function **yoğunluk modülasyonu** density modulation **yoğunluk süzgeci** neutral density filter **yoğunluk şişesi** density bottle, pycnometer, pyknometer * piknometre **yoğunluk yüksekliği** density altitude
yoğunlukölçer *a.* densimeter, densitymeter
yoğunlukölçüm *a.* densimetry, nephelometry, pycnometry
yoğunlukölçümsel *s.* nephelometric
yoğurma *a.* kneading **yoğurma makinesi** kneader
yoğurmak *e.* to knead

yoğurt *a.* yoghurt, yogurt, yoghourt
yoğurtçu *a.* maker/seller of yogurt
yoğurtçuluk *a.* making/selling of yogurt
yoğurtlu *s.* prepared/served with yogurt
yoğurtotu *a. bitk.* bedstraw
yoğuşku *a, tek.* condensate, condensation water * kondensat
yoğuşmak *e.* to densen, to thicken; to intensify
yoğuşmaz *s.* incondensable
yoğuşturucu *a.* condensing ¤ *a.* condenser
yohimbin *a.* yohimbine
yok *s.* nonexistent, absent, lacking ¤ *a.* nonexistence, nothing ¤ *be.* no; there is not, there are not **Yok canım** You don't say!, All my eye! *kon.*, My eye! *kon.* **Yok devenin başı** Impossible!, Incredible!, Bullshit! **Yok devenin nalı** Get along with you!, Bullshit! **yok edici** devastating **yok etme** destruction **yok etmek** to annihilate, to destroy, to exterminate, to eradicate, to demolish, to devour, to dispel, to wipe sth out, to dissolve sth (away), to dissipate, to deaden, cut sb up, to consume, to root sth out, to obliterate **yok olma** disappear **yok olmak** to be annihilated, to disappear, to vanish, to perish, to dissipate, to evaporate **yok pahasına** dirt cheap **yok satmak** to have nothing for sale **Yok ya** My foot!, You don't say! *kon.*, Big deal! *kon.* **yok yere** without reason, for no reason **yoktan var etmek** to make sth out of nothing
yokçu *a, fel.* nihilist ¤ *s.* nihilistic * hiççi, nihilist
yokçuluk *a, fel.* nihilism * hiççilik, nihilizm
yoklama *a.* quiz, examination; inspection; roll call **yoklama deliği** borehole **yoklama yapmak** *okl.* a) to call the roll b) to give quiz
yoklamak *e.* to examine; to inspect, to look over; to try, to test; to search; to visit (sb)
yokluk *a.* nonexistence; absence; lack, shortage, dearth; poverty, privation
yoksa *bağ.* if not; otherwise, or else; or; if there is not; but not; I wonder if ... **yoksa kuralı** *biliş.* else-rule
yoksamak *e.* to deny
yoksayıcı *a. s. fel.* nihilist
yoksayıcılık *a. fel.* nihilism

yoksul s. poor, needy, destitute * fakir ¤ a. poor person * fakir **yoksullar** the poor

yoksullaşmak e. to become poor, to become impoverished

yoksullaştırmak e. to impoverish, to beggar

yoksulluk a. poverty, destitution, impoverishment * sefalet, fakirlik

yoksun s. deprived (of), bereft (of), devoid (of sth), wanting (in sth), destitute (of sth) **yoksun bırakmak** to deprive sb/sth (of sth), to bereave, to debar sb (from sth) **yoksun kalmak** to be deprived of **yoksun olmak** to be lacking in sth, to lack

yoksunluk a. deprivation * mahrumiyet

yoksunmak e. to be deprived of

yokumsamak e. to deny, to reject

yokuş a. rise, ascent, slope, climb, inclination, incline **yokuş aşağı** downhill **yokuş yukarı** uphill **yokuşa sürmek** to make difficulties

yol a. way; road; street; path; method, manner, way; means, way; stripe; expedient **yol açmak** a) to open a road b) to make way for c) to bring about, to give rise to, to cause, to lead to, to create, to produce **yol ağı** road system **yol almak** a) to advance, to proceed b) to travel, to make **yol bakımı** road maintenance **yol balastı** demy. metal **yol boyu** roadside **yol dönemeci** hairpin bend **yol gösteren levha** signpost **yol göstermek** to show the way, to guide, to lead the way **yol greyderi** road grader **yol halısı** runner **yol inşaatı** road building **yol katetmek** to cover ground **yol katranı** road tar **yol kavşağı** road junction **yol kenarı** roadside, wayside **yol kesmek** to waylay **yol kıvrıntısı** hairpin bend **yol köprüsü** road bridge **yol parası** fare **yol silindiri** road roller (birine) **yol sormak** to ask sb the way **yol şebekesi** road system **yol tabanı** road bed **yol vermek** a) to make way for b) to dismiss, to discharge, to turn sb out **yol yağı** road oil **yol yapımı** road building, road making **yol yol** striped, stripy **yol yordam bilmemek** not to know any better **yol yükü** road load **yola çıkmak** to set out, to set off, to get off, to start (out) **yola gelmek** a) to come to reason b) to

come round **yola getirmek** to bring to reason, to bring sb to his knees, to chasten **yola koyulmak** to start (out), to set off **yolu ile** by way of **yoluna** for the sake of, for **yoluna girmek** to come right **yoluna koymak** to put right **yolunda** all right, well **yolunda gitmek** to go like clockwork **yolunu bulmak** a) to find a way (out) b) to make an illicit profit, to line one's pockets **yolunu kaybetmek** to lose one's way **yolunu kesmek** to waylay **yolunu şaşırmak** to go astray, to lose one's bearings **yolunu tutmak** to make one's way **yolunu yordamını bilmek** to know the ropes

yolak a. path

yolcu a. traveller, passenger; mec. goner **yolcu etmek** to see sb off **yolcu kabini** passenger cabin **yolcu kompartımanı** passenger compartment **yolcu otobüsü** coach **yolcu salonu** passenger lounge **yolcu treni** passenger train **yolcu uçağı** airliner, passenger plane

yolculuk a. journey, trip, voyage, expedition **yolculuğa çıkmak** to set out on a journey **yolculuk etmek** to travel, to journey * yolculuk yapmak **yolculuk yapmak** bkz. yolculuk etmek

yoldaş a. fellow traveller; companion, friend; comrade

yoldemiri a. rail * ray

yoldüzer a. bulldozer * buldozer

yolgeçen a. thoroughfare

yollama a. sending, dispatch, forwarding

yollamak e. to send, to dispatch, to forward

yollanmak e. to be sent; to set off, to advance, to head

yollu s. having roads; striped, stripy; (kadın) loose ¤ a. slut hkr., slag İİ./arg./hkr.

yolluk a. provisions for a journey; travelling allowance, travelling expenses; travelling rug, hall rug

yolma a. plucking **yolma yün** plucked wool

yolmak e. to pluck; to tear out; to strip bare; kon. to milk, to bleed; kon. to fleece kon., to rib sb off arg.

yolölçer a. mileometer, milometer

yolölçüm a. hodometry

yolsuz s. roadless, trackless; stripeless,

unstriped; illegal, illegitimate, unlawful; *arg.* broke, penniless

yolsuzluk *a.* lack of roads; illegality, malpractice; *arg.* pennilessness, being broke

yoluk *s.* plucked

yoluntu *a.* clippings (of hair); pluckings (of a fowl)

yoluyla *be.* via, by way of; by means of, through; properly, duly

yom *a.* good luck

yoma *a, den.* hawser, hawser laid **yoma bağı** *den.* hawser bend

yomsuz *s.* unlucky, inauspicious

yonca *a.* clover, trefoil **yonca kemer** trefoil arch **yonca yaprağı** a) cloverleaf b) (yolda) clover leaf junction

yoncalık *a.* field of clover

yoncayaprağı *a.* cloverleaf

yonda *a.* down, bird's smallest feathers

yonga *a.* chip, chipping, paring, splinter **yonga bıçağı** chip breaker

yongacık *a. biliş.* microchip

yont *a.* broodmare

yontkuşu *a.* water wagtail, wry neck

yontma *a.* chipping, cutting ¤ *s.* chipped, cut **yontma çekici** hack hammer **yontma taş** dressed stone, cut stone, hewn stone, ashlar **yontma taş devri** Palaeolithic

yontmak *e.* to chip, to cut; (kalem) to sharpen; (taş) to dress; *mec.* to squeeze (money) out of

yontmataş *a.* paleolith

yontu *a.* sculpture, statute * heykel

yontucu *a.* sculptor * heykeltıraş

yontuculuk *a.* sculpture, statuary

yontuk *s.* chiseld, hewn, chipped, cut

yontukdüz *a.* peneplain

yontulmak *e.* to be chipped; to be sharpened; to be dressed; to become refined

yontulmamış *s, arg.* boorish, rough, coarse

yordam *a.* method, way; *biliş.* routine **girdi yordamı** *biliş.* input routine, input reader **izleme yordamı** *biliş.* tracing routine **kitaplık yordamı** *biliş.* library routine **özyineli yordam** *biliş.* recursive procedure

yorga *a.* easy jog trot

yorgalamak *e.* (horse) to go at an easy jog

yorgan *a.* quilt, duvet **yorgan iğnesi** quilt-ing needle

yorgancı *a.* maker/seller of quilts

yorgancılık *a.* quilting

yorgun *s.* tired, weary, beat *kon.*, all in, jaded *hkr./şak.* **yorgun argın** dead tired

yorgunluk *a.* tiredness, exhaustion, weariness, fatigue **yorgunluktan canı çıkmak** to be exhausted, to be tired out, to be worn-out **yorgunluktan ölmek** to be exhausted, to be shattered *İl./kon.*

yormak[1] *e.* to tire, to weary, to fatigue

yormak[2] *e.* to ascribe (to), to attribute, to interpret

yortmak *e.* to run; to wander around idly

yortu *a.* Christian feast, fiesta, festival

yorucu *s.* tiresome, tiring, weary, wearing, wearisome, strenuous, backbreaking, laborious

yorulma *a.* getting tired; fatigue **yorulma deneyi** fatigue test **yorulma sınırı** fatigue limit

yorulmak *e.* to get tired **yorulmak nedir bilmemek** to be untiring

yorum *a.* interpretation; comment **yorum yapmak** to comment **Yorum yok** No comment

yorumbilim *a.* hermeneutics

yorumcu *a.* commentator, interpreter

yorumlamak *e.* to comment on; to interpret, to construe

yorumlamalı *s.* interpretive **yorumlamalı dil** interpretive language **yorumlamalı program** interpreter **yorumlamalı programlama** interpretive programming **yorumlamalı yordam** interpretive routine

yorumlayıcı *a.* interpreter

yosma *s.* pretty, graceful, coquettish ¤ *a.* scarlet woman

yosun *a.* moss

yosunbilim *a.* algology, bryolgy, muscology, phycology

yosunbilimci *a.* bryolgist

yosunbilimsel *s.* bryolgical

yosunkömürü *a.* boghead coal

yosunlanma *a.* mossiness

yosunlanmak *e.* to get mossy; to get seaweedy

yosunlaşma *a.* mossiness

yosunlu *s.* mossy

yosunotu *a.* selaginella

yosunumsu *s.* mossy

yoyo *a.* yoyo
yoz *s.* degenerate; fallow, unworked, virgin
yozlaşma *a.* degeneracy, degeneration
yozlaşmak *e.* to degenerate
yozlaştırmak *e.* to corrupt
yön *a.* direction; side; aspect; way, respect, regard **yön bulma** direction finding **yön bulucu** direction finder **yön gösterici** direction indicator **yön vermek** to direct **yönünü saptamak** to take one's bearings
yöndeş *s, mat.* corresponding
yöndeşlik *a. mat.* correspondence
yönelik *s.* directed, aimed at; devoted to
yönelim *a, biy.* tropism * doğrulum, tropizm; intention; tendency, orientation
yönelme *a.* going towards; tending, inclining **yönelme durumu** *dilb.* dative
yönelmek *e.* to head towards, to go towards, to turn one's steps towards; to turn towards, to tend, to incline
yönelteç *a.* handlebar
yönelti *a.* direction
yöneltici *a, elek.* director
yöneltme *a.* orientation
yöneltmek *e.* to direct, to point, to turn, to level sth (at); to channel, to orientate
yöneltmeli *s.* directional **yöneltmeli anten** directional antenna
yöneltmesiz *s.* omnidirectional **yöneltmesiz anten** nondirectional antenna **yöneltmesiz mikrofon** nondirectional microphone
yönerge *a.* directive, instruction * talimat, direktif
yöneşmek *e.* to go in the same direction
yönetici *a.* director, administrator, manager, superintendent, ruler **yönetici istasyon** master station **yönetici program** executive program **yönetici sistem** executive system **yönetici yordam** executive routine
yöneticilik *a.* administration; management
yönetim *a.* administration, management, direction, control * idare **yönetim kurulu** board of directors, management * idare heyeti, umumi heyet **yönetim masası** video mixing desk **yönetim odası** control room
yönetimsel *s.* managerial, administrative * idari **yönetimsel programlama** business programming

yönetmek *e.* to administer, to direct; to manage, to run; to rule, to govern; to preside, to chair; (orkestra, koro) to conduct; to command
yönetmelik *a.* regulations, bylaw
yönetmen *a.* director
yönetmenlik *a.* direction; management; directorship; managership
yönetsel *s.* administrative, managerial **yönetsel bilgi işlem** administrative data processing
yöney *a, mat, fiz.* vector * vektör **yöney uzayı** vector space
yöneylem araştırması *a.* operational research
yöneysel *s.* vectorial
yönlendirici *a.* collimator
yönlendirme *a.* collimation **yönlendirme göstergesi** routing indicator
yönlendirmek *e.* to guide; to orientate; to channel
yönlü *s, tek.* directional **yönlü alıcı** directional receiver **yönlü demet** directional beam **yönlü doğru** *mat.* directed line **yönlü hoparlör** *elek.* directional loudspeaker **yönlü kazanç** directional gain **yönlü kuplör** directional coupler **yönlü mikrofon** *elek.* directional microphone **yönlü radyo** directional radio **yönlü süzgeç** directional filter **yönlü verici** directional transmitter
yönseme *a, ruhb.* tendency
yönsemezlik *a.* isotropism
yönser *s.* aeolotropic, anisotropic
yönserlik *a.* aeolotropy, anisotropy
yönsüz *s.* omnidirectional; scalar **yönsüz anten** omnidirectional aerial
yöntem *a.* method, process * metot
yöntembilim *a.* methodology * metodoloji
yöntembilimsel *s.* methodological
yöntemli *s.* with a method, with a system, systematic * metotlu
yöntemlilik *a.* methodicalness, systematicness
yöntemsel *s.* methodical, procedural
yöntemsiz *s.* unmethodical, methodless
yöntemsizlik *a.* lack of method
yöre *a.* region; environs; neighbourhood, district
yörekent *a.* suburb
yöresel *s.* local
yöresellik *a.* localness
yörünge *a, gökb.* orbit; *mat.* trajectory

yörünge eğikliği inclination of the orbit
yörünge öğeleri orbital elements
yörüngesel *s.* orbital
yudum *a.* sip, sup, gulp, draught, pull
yudumlamak *e.* to sip
yufka *a.* thin sheet of dough **yufka yürekli** softhearted, tenderhearted, clement
yufkacı *a.* maker/seller of phyllo
yufkacılık *a.* making/selling phyllo
Yugoslav *a, s.* Yugoslav, Yugoslavian
Yugoslavya *a.* Yugoslavia
Yugoslavyalı *a, s.* Yugoslav, Yugoslavian
yuh *ünl.* Boo!
yuha *a.* boo, hoot **yuha çekmek** to boo, to hoot **yuhaya tutmak** to boo, to hoot
yuhalamak *e.* to boo, to hoot, to jeer
yukaç *a.* anticline
yukarda *be.* on high; above; upstairs **yukarda geçen** above, aforesaid
yukardan *be.* from above; from upstairs
yukarı *be.* up, upwards, above; upstairs ¤ *s.* high, upper, top ¤ *a.* upper part, top; upstairs **yukarı çekmek** to heave **yukarı çıkarmak** to hoist **yukarı kaldırmak** to hoist
yukarıda *be.* on high; above; upstairs **yukarıda geçen** above, aforesaid
yukarıdaki *s.* above; foregoing, above mentioned
yukarıdan *be.* from above; from upstairs **yukarıdan bakmak** to look down on
yukarıya *be.* up, upwards; upstairs
yulaf *a.* oats **yulaf ezmesi** oatmeal, rolled oats **yulaf unu** oat flour
yular *a.* bridle, halter **yular takmak** to bridle **yuları elinde olmak** to lead sb by the nose
yuma *a. den.* hawser
yumak *a.* ball **yumak sarma** ball winding **yumak sarma makinesi** ball winding machine, balling machine **yumak yapmak** to wind sth into a ball
yumakbulut *a.* cirrocumulus
yumaklamak *e.* to wind (sth) into a ball
yumaklaşma *a.* flocculation
yumaklaştırıcı *s.* flocculating
yummak *e.* (göz) to close; (yumruk) to clench
yumru *s.* round, globular ¤ *a.* lump, bump, nodule, knob **yumru grafit** nodular graphite **yumru karbon** temper carbon **yumru kök** tuber
yumrucuk *a.* nodule, tubercle

yumruk *a.* fist, buffet, punch, sock *kon.* **yumruk atmak** to punch, to sock **yumruk indirmek** to belt, to thump **yumruk savurmak** to swing at
yumruklamak *e.* to punch, to batter, to pummel, to pommel, to thump, to buffet
yumruklaşmak *e.* to come to blows
yumrukoyuncusu *a. sp.* boxer
yumrukoyunu *a. sp.* boxing
yumruktopu *a. sp.* punching bag
yumrulama *a.* nodulizing
yumrulanmak *e.* to become round and swollen
yumrulaşmak *e.* to knot
yumrulu *a.* knobby
yumruluk *a.* tuberosity; nodosity
yumuk *s.* shut, closed (eyes)
yumuklaşmak *e. kon.* to get pudgy
yumulmak *e.* to tuck into sth, to pitch into sth, to dig in *kon.*
yumulu *s.* shut, closed (eyes)
yumurcak *a.* naughty child, brat *hkr.*, urchin *esk.*, monkey *kon.*; *hek.* bubo
yumurmak *e. yörs.* to make lumpy
yumurta *a.* egg; spawn **yumurta akı** the white of an egg, white, albumen **yumurta kabı** eggcup **yumurta kabuğu** eggshell **yumurta sarısı** yolk **yumurtadan çıkmak** to hatch
yumurtacı *a.* seller of eggs
yumurtacık *a.* ovule
yumurtalı *s.* with eggs
yumurtalık *a. anat., biy.* ovary; eggcup
yumurtamsı *a.* eggstone, roestone
yumurtapatlıcanı *a. bitk.* white eggplant
yumurtlama *a.* ovulation
yumurtlamak *e.* to lay eggs; to spawn; *kon.* to blurt sth out, to blab out, to invent
yumurtlayıcı *s. hayb.* oviparous
yumuşacık *s.* very soft
yumuşak *s.* soft; tender; gentle; flexible; yielding; mellifluous, mellifluent; (hava) genial, balmy; (iklim) benign, mild **yumuşak başlı** docile, meek, tractable, bland, mild, amenable, compliant **yumuşak iniş** soft landing **yumuşak kalpli** softhearted **yumuşak kırılma** ductile fracture **yumuşak kopya** soft copy **yumuşak lehim** soft solder **yumuşak metal** soft metal **yumuşak nokta** soft spot **yumuşak odak** soft focus **yumuşak sektörlü** soft-sectored

yumuşak su soft water **yumuşak şeker** soft sugar **yumuşak tavlama** soft annealing **yumuşak tuğla** soft brick **yumuşak zemin** soft ground

yumuşakça a, hayb. mollusc, mollusk Aİ.

yumuşakçalar a, hayb. molluscs

yumuşakçalarbilim a. malacology

yumuşakçalarbilimi a. malacology

yumuşaklık a. softness; mildness; flexibility; gentleness

yumuşama a. softening; pol. deténte * detant **yumuşama noktası** softening point

yumuşamak e. to become soft, to soften; mec. to relent, to soften

yumuşatıcı s. softening ¤ a. softener

yumuşatma a. softening **yumuşatma çekmesi** temper rolling **yumuşatma maddesi** softening agent **yumuşatma teknesi** steeping bowl

yumuşatmak e. to soften; to mollify, to disarm

yumuşatmalık a. shock absorber, shock damper

yuna a. saddle blanket

yunak a. washery

Yunan a, s. Greek

Yunanca s. Greek; in Greek ¤ a. Greek (language)

Yunanistan a. Greece

Yunanistanlı a. citizen of Greece

Yunanlı a, s. Greek

yunmak e. to bathe oneself, to wash oneself

yunus a. dolphin

yunusbalığı a, hayb. dolphin

yunuslama a, hav. pitching **yunuslama açısı** angle of pitch **yunuslama momenti** pitching moment

yunuslamak e, hav. to pitch

yurdu a. needle eye

yurt a. native country; fatherland; home; habitation; biy. habitat; hostel, dormitory **yurt çapında** nationwide

yurtdışına be. abroad **yurtdışına gitmek** to go abroad **yurtdışına sürmek** to deport

yurtdışında be. abroad

yurtiçi s. domestic **yurtiçi posta** inland mail **yurtiçi uçuş** domestic flight

yurtlandırmak e. to settle

yurtlanmak e. to find a hole/homeland

yurtluk a. country estate

yurtsal s. pertaining to home/country

yurtsamak e. to be homesick

yurtsever a. patriot * vatanperver ¤ s. patriotic * vatanperver

yurtseverlik a. patriotism * vatanperverlik

yurtsuz s. stateless

yurttaş a. citizen, compatriot, national, countryman, fellow countryman * vatandaş **yurttaşlığa kabul etmek** to naturalize

yurttaşlık a. citizenship ¤ sg. civic **yurttaşlık bilgisi** civics

yusufçuk a, hayb. turtledove; dragonfly

yusyumru s. very round and swollen

yusyuvarlak s. very round

yutak a, anat. pharynx **yutak yangısı** pharyngitis * faranjit

yutargöze a, biy. phagocyte

yutarhücre a. phagocyte

yutarhücresel s. phagocytic

yutkunmak e. to swallow one's spittle

yutmak e. to swallow; to gulp down; fiz. to absorb; kon. to believe, to swallow kon., to buy kon.; kon. to learn by heart

yutturmaca a. jive

yutturmak e. to cause to swallow; to make sb believe, to sell, to lead sb on kon., to put sth across sb kon.; to fob off on, to foist on

yutuvermek e. to gulp

yuva a. nest; lair, den, hotbed; socket; home; nursery school, playschool; crèche **yuva bozmak** to break up a home **yuva kurmak** a) to build a nest b) to set up a home **yuva yapmak** to nest **yuvasını yapmak** to teach sb a lesson, to give sb what for **yuvasını yıkmak** to break up sb's marriage

yuvak a. cylinder * silindir

yuvaksal s. cylindrical * silindrik

yuvaksı a, mat. cylindroid

yuvalama a, biliş. nesting **yuvalama altyordamları** nesting subroutines **yuvalama belleği** nesting store

yuvalamak e. to nest

yuvalanmak e. to make its nest; mec. to get a home and a family

yuvar a. corpuscle; gökb. spheroid

yuvarcık a. globule

yuvarımsı s. coccoid

yuvarlak s. round, circular, spherical, globular ¤ a. globe, sphere; ball **yuvarlak eğe** round file **yuvarlak**

hesap even account *yuvarlak hesap ile* in round figures, in round numbers *yuvarlak hesap yapmak* to round sth up *yuvarlak masa* round-table *yuvarlak masa konferansı* round-table conference *yuvarlak masa toplantısı* round table conference *yuvarlak pencere* roundel *yuvarlak rende* circular plane *yuvarlak sayı* round number *yuvarlak somun* ball nut, round nut *yuvarlak tonoz* wagon vault

yuvarlaklaşmak *e.* to become round, to round

yuvarlaklaştırmak *e.* to make round, to round

yuvarlaklık *a.* roundness

yuvarlama *a.* rolling, trundling; rounding up *yuvarlama hatası* rounding error

yuvarlamak *e.* to rotate, to roll; to roll up; (hesap, sayı) to round sth up; (içecek) to toss off, to down

yuvarlanma *a.* rolling *yuvarlanma sürtünmesi* rolling friction

yuvarlanmak *e.* to rotate, to revolve; to turn around; to topple over *Yuvarlanan taş yosun tutmaz* A rolling stone gathers no moss *yuvarlanıp gitmek* to rub along

yuvgu *a.* roller

yuvgulamak *e.* to go over with a roller

yüce *s.* high, exalted, sublime, grand, lofty, noble, august, supreme *yüce gönüllü* magnanimous, high-minded *yüce gönüllülük* magnanimity

yücelik *a.* height, loftiness

yücelim *a. gökb.* culmination

yücelmek *e.* to become lofty, to be exalted

yüceltmek *e.* to exalt; *ruhb.* to sublimate

yük *a.* load; burden; cargo, freight, goods *İİ.*; the onus, responsibility; *elek.* charge *yük akımı* load current *yük alışverişi* charge exchange *yük ambarı* cargo hold *yük arabası* trolley *yük asansörü* freight lift, hoist *yük beygiri* packhorse *yük çizgisi* load line *yük dağılımı* load distribution *yük direnci* load resistance *yük gabarisi* loading gauge *yük gemisi* cargo boat *yük hayvanı* beast of burden, pack animal *yük kapasitesi* load capacity *yük katarı* freight *yük katsayısı* charge coefficient *yük kaybı* head loss, loss of head *yük olmak* to

be a burden (to) *yük paraşütü* cargo parachute *yük sıcaklığı* charge temperature *yük sığası* load capacity *yük su çekimi* load displacement *yük taşıtı* commercial vehicle *yük taşıyıcı* charge carrier *yük treni* freight train *yük uçağı* freighter *yük vagonu* wagon, waggon *İİ.*, freight car *Aİ.*, truck *İİ. yük verimi* load efficiency *yük vurmak* to load (an animal) *yükünü boşaltmak* to unload, to unship *yükünü tutmak* to feather one's nest

yükçü *a.* porter * hamal

yükgözler *a.* electroscope

yüklem *a, dilb.* predicate

yüklemcil *s, dilb.* predicative

yükleme *a.* loading; charging *yükleme bobini* loading coil *yükleme deneyi* load test *yükleme gerilimi* charging voltage *yükleme hunisi* loading hopper *yükleme kepçesi* clamshell bucket *yükleme köprüsü* loading bridge *yükleme noktası* load point *yükleme peronu* demy. loading platform *yükleme programı* loading programme *yükleme rampası* loading ramp *yükleme sığası* loading capacity *yükleme yeri* loading point *yükleme yordamı* loading routine

yüklemek *e.* to load, to weight sb down; to burden; to place a load on; to throw the blame on; to impute, to attribute

yüklenici *a.* contractor * müteahhit

yüklenmek *e.* to be loaded; to take upon oneself, to shoulder; to lean against, to press against

yükleyici *a.* loader; longshoreman, stevedore *yükleyici yordam* loader routine

yüklü *s.* loaded, laden; *elek.* charged; pregnant * gebe, hamile; *arg.* rich, loaded *arg.*; *arg.* blind drunk *kon. yüklü empedans* loaded impedance *yüklü parçacık* charged particle *yüklü su kesimi* load waterline

yüklük *a.* large cupboard/closet for bedding

yüksek *s.* high; (yapı) high-rise; precipitous *res.*; loud; exalted, lofty; advanced ¤ *a.* high altitude *yüksek atlama* the high jump *yüksek basınç alanı* high pressure area, anticyclone *yüksek basınç merkezi* centre of high pressure *yüksek basınç* high pressure *yüksek cephe* upper front *yüksek devirli motor* high-speed engine *yüksek dirençli* high-resistance *yüksek düzeyli* high-level *yüksek fırın* blast furnace *yüksek fiyat* high price *yüksek frekans* high frequency *yüksek frekanslı* high-frequency *yüksek gerilim* high voltage, high tension *yüksek irtifa* high altitude *yüksek kalite* high quality *yüksek kaliteli* high-quality *yüksek kontrast* high contrast *yüksek mahkeme* High Court, High Court of Justice *yüksek netlik* high definition *yüksek nitelikli* high-quality *yüksek öğrenim* higher education *yüksek sadakat* high fidelity *yüksek saflık* high purity *yüksek seçiklik* high definition *yüksek sesle okumak* to read aloud *yüksek sesle* aloud *yüksek sıcaklık* high temperature *yüksek su* high water *yüksek vakum* high vacuum *yüksek vites* high gear *yüksek yaka* turtleneck *yüksek yoğunluk biliş.* high density *yüksekten atmak* to boast, to bluster, to talk big *yüksekten bakmak* to look down upon

yüksekbaskı *a.* letterpress, typography

yüksekısıölçer *a.* pyrometer

yüksekısıölçüm *a.* pyrometry

yükseklik *a.* height; altitude; elevation *yükseklik ayarı* adjustment of height *yükseklik dairesi* almucantar *yükseklik kontrolü* altitude control *yükseklik merkezi* orthocenter *yükseklik motoru* altitude engine *yükseklik paraleli* almucantar *yükseklik radarı* height finder *yükseklik saati* height indicator

yükseklikölçer *a.* altimeter * altimetre

yüksekokul *a.* high school, college, academy

yükseköğrenim *a.* higher education

yükseköğretim *a.* higher education

yükselim *a.* right ascension

yükseliş *a.* rise, ascent, increase *yükseliş açısı* angle of elevation

yükselme *a.* rising; boost; advancement

yükselmek *e.* to rise, to ascend, to go up, to mount; to rise, to go up, to increase, to mount; to rise, to advance; (güneş) to come up, to climb

yükselteç *a, elek.* amplifier * amplifikatör

yükseltgeme *a.* oxidation

yükseltgemek *e.* to oxidize

yükseltgemeli *s.* oxidimetric

yükseltgen *s.* oxidizing ¤ *a.* oxidizing agent *yükseltgen madde* oxidizing agent

yükseltgenebilme *a.* oxidizability

yükseltgenir *s.* oxidable, oxidizable

yükseltgenme *a, kim.* oxidation

yükseltgenmek *e.* to oxidize

yükselti *a.* altitude * rakım, irtifa; *gökb.* elevation *yükselti yazıcı* altitude recorder

yükseltiölçer *a.* altimeter

yükseltiyazar *a.* barograph

yükseltme *a.* raising, lifting; increasing

yükseltmek *e.* to raise, to lift up, to hoist; to boost, to increase, to bump sth up *kon.*; to elevate, to exalt; to promote, to advance; *elek.* to amplify

yüksük *a.* thimble; *bitk.* calyptra, coif

yüksükotu *a.* foxglove

yüksünmek *e.* to regard as burdensome

yüksüz *s.* unloaded, no-load *yüksüz hız* no-load speed

yüküm *a.* obligation, liability * mecburiyet, mükellefiyet

yükümlenmek *e.* to undertake

yükümlü *s.* obliged, liable, responsible

yükümlülük *a.* obligation, liability, commitment * mükellefiyet

yükünmek *e.* to prostrate oneself to pay homage (to)

yülgü *a.* straight razor, razor

yülük *s.* shaven, shaved

yülümek *e.* to shave (with a razor)

yün *a.* wool ¤ *s.* woolen *yün çilesi* hasp *yün ipliği* wool thread *yün iplik* worst yarn, worsted *yün lifi* wool fiber, wool hair *yün sınıflandırması* wool classification *yün temizleme* wool scouring *yün teri* suint *yün yağı* wool fat, wool grease *yün yağıltısı* yolk *yün yıkama* wool scouring *yün yıkama makinesi* wool scouring machine *yüne benzetmek* to animalize

yünlenmek *e.* (animal) to grow a new fleece

yünlü *s.* woollen, wooly ¤ *a.* woolens, wooly *yünlü giysi* woolly, wooly *yünlüler* woollens, woolens *Aİ. yünü klorlama* wool chlorination

yüpürmek *e.* to run hither and thither in confusion

yürek *a.* heart, ticker *kon.* * kalp; courage, guts * cesaret; stomach * mide, karın, iç **yüreği ağzına gelmek** to have one's heart in one's mouth **yüreği bayılmak** to be famished *kon.* **yüreği geniş** easygoing **yüreği kabarmak** to feel nauseated **yüreğine inmek** to be struck with great fear **yüreğine su serpmek** to set sb's mind at rest **yüreğini parçalamak** *mec.* to harrow **yürek eğrisi** cardioid **yürek istemek** to take a lot of nerve * cesaret işi olmak **yürek kası** myocardium * miyokart **yürek parçalayıcı** heartrending, harrowing **yürekler acısı** heart breaking

yüreklendirmek *e.* to hearten, to encourage

yüreklenmek *e.* to take courage

yürekli *s.* brave, courageous, plucky, bold, audacious

yüreklilik *a.* courage, audacity, gallantry

yüreksiz *s.* cowardly, spineless, chicken-hearted

yüreksizlik *a.* cowardliness, timidity

yürekten *s.* sincere, hearty, cordial, heartfelt ¤ *be.* sincerely, cordially

yürük *s.* fleet, fleet-footed

yürümek *e.* to walk; to march; to advance, to make progress **yürüyerek** on foot

yürürlük *a.* validity * meriyet **yürürlüğe girmek** to come into force, to become valid **yürürlüğe girmek** to take effect **yürürlüğe koymak** to bring into force **yürürlükte olmak** to be in force **yürürlükte** in force **yürürlükten kaldırma** abolition, abrogation, repeal **yürürlükten kaldırmak** to abolish, to abrogate, to annul, to rescind, to repeal

yürüteç *a.* baby walker

yürütme *a.* making sb walk; execution, carrying out ¤ *sg.* executive **yürütme gücü** executive power **yürütme kurulu** executive council **yürütmeyi durdurma emri** supersedeas

yürütmek *e.* to make (sb) walk; to execute, to carry sth out; *huk.* to bring into force, to put into force, to enforce; *arg.* to pilfer, to pinch, to bag, to filch *kon.*, to walk away/off with sth *kon.*, to lift *kon.*, to swipe *kon./şak.*, to rip sth off *arg.*, to nick *İl./arg.* **yürütücü yordam** *biliş.* executive routine

yürütüm *a.* execution, carrying out

yürüyen *s.* walking **yürüyen dalga** travelling wave **yürüyen merdiven** escalator, moving staircase

yürüyüş *a.* walk; ramble; gait; march **yürüyüş yapmak** to take a walk **yürüyüşe çıkmak** to go for a walk

yüz[1] *a.* face, mug *arg.*; (bina) façade; (para, madalya, vb.) obverse; surface; impudence, cheek ¤ *sg.* facial **yüz akı** honour, good name **yüz bakımı** facial **yüz bulmak** to be spoilt by **Yüz bulunca astar ister** If you give him an inch, he will take a mile **yüz çevirmek** to turn away from **yüz göz olmak** to be too familiar **yüz ifadesi** expression, countenance, look **yüz karası** *bkz.* yüzkarası **yüz kızarması** blush **yüz kızartıcı** shameful, discreditable, dishonourable **yüz masajı** facial **yüz maskesi** face-pack **yüz tornası** face lathe, facing lathe **yüz tuğlası** face brick, antefix **yüz tutmak** to tend, to begin **yüz vermek** to spoil, to countenance, to indulge **yüz vermemek** to keep sb at arm's length, to keep sb at a distance, to give sb the cold shoulder **yüz yüze gelmek** to come face to face, to meet **yüz yüze** eyeball to eyeball, face to face **yüze çekmek** to adsorb **yüze çıkmak** a) to come to the surface b) to show up, to manifest itself **yüze gülmek** to feign friendship **yüze tutan** adsorbent **yüze tutma** adsorption **yüze tutunan** adsorbate **yüze tutunmak** to adsorb **yüzü gülmek** to be happy **yüzü kızarmak** to blush, to flush, to colour **yüzü olmak** to have the face (to do sth) **yüzü olmamak** not to dare, not to have the face to **yüzü suyu hürmetine** out of respect to, for the sake of **yüzü tutmak** to have the face (to do sth) **yüzü tutmamak** to feel ashamed to **yüzünden düşen bin parça olmak** to pull a long face **yüzüne gözüne bulaştırmak** to make a bungle of, to make a mess of, to bungle, to goof *kon.*, to make a hash of it *kon.*, to louse sth up *kon.* **yüzüne gülmek** to feign friendship **yüzüne karşı** to his face, to sb's face **yüzünü buruşturmak** to make a sour face, to grimace **yüzünü ekşitmek** to grimace **Yüzünü gören cennetlik** You're a sight for sore eyes *yüzünü gözünü buruşturmak* to make a face *yüzünü güldürmek* to make happy

yüz² *a, s.* hundred *yüzde yüz* a) a hundred per cent b) *kon.* definitely *yüzlerce* hundreds of

yüzakı *a.* honour, good name

yüzbaşı *a, ask.* captain

yüzbaşılık *a. ask.* captaincy; captainship

yüzbeyüz *be.* face to face

yüzde *a.* percentage, commission ¤ *s.* per cent *yüzde hataları* percentage error *yüzde oranı* percentage

yüzdelik *a.* percentage, commission * yüzde

yüzdürme *a.* flotation *yüzdürme oluğu* flume

yüzdürmek *e.* to float; to let swim; to have flayed; (tomruk) to flume

yüzer *s.* floating *yüzer ada* floating island *yüzer bölge* floating zone *yüzer buz* drift ice *yüzer çapa* floating anchor *yüzer havuz* floating dock *yüzer köprü* floating bridge *yüzer piston* floating piston *yüzer vinç* floating crane

yüzergezer *s.* amphibious * amfibi *yüzergezer araç* amphibian

yüzerme *a.* adsorption

yüzermek *e.* to adsorb

yüzertop *a.* float (of a ball cock)

yüzey *a.* surface, plane * satıh *yüzey aktif madde* surface-active agent, surfactant, tenside *yüzey aktif* surface-active *yüzey alanı* surface area *yüzey basıncı* surface pressure *yüzey bitirme* surface finishing *yüzey bulaşımı* surface contamination *yüzey bulaşkanı* surface contaminant *yüzey çatlağı* surface crack *yüzey dalgası* surface wave *yüzey direnci* surface resistance *yüzey dokusu* surface texture *yüzey drenajı* surface drainage *yüzey dreni* surface drain *yüzey durumu* condition of surface *yüzey enerjisi* surface energy *yüzey erkesi* surface energy *yüzey erozyonu* surface erosion *yüzey gerilimi* surface tension *yüzey gürültüsü* surface noise *yüzey ısıdenetiri* surface thermostat *yüzey iletkenliği* surface conductivity *yüzey integrali* surface integral *yüzey işlemi* surface treatment *yüzey kaçağı* surface leakage *yüzey karbonu* surface carbon *yüzey kirletici* surface contaminant *yüzey kirliliği* surface contamination *yüzey koruma* surface protection *yüzey kusuru* surface defect *yüzey merkezli* face-centred *yüzey oksidasyonu* surface oxidation *yüzey oluğu* surface duct *yüzey potansiyeli* surface potential *yüzey pürüzleme* surface roughening *yüzey rüzgârı* surface wind *yüzey sertleştirme* surface hardening *yüzey sertliği* surface hardness *yüzey sıcaklığı* surface temperature *yüzey sızıntısı* surface leakage *yüzey soğutma* surface cooling *yüzey sterilizasyonu* surface sterilization *yüzey suyu* surface water *yüzey sürtünmesi* skin friction *yüzey termostatı* surface thermostat *yüzey tesviyesi* surface finish *yüzey toprağı* surface soil *yüzey yalıtımı* surface insulation *yüzey yoğunluğu* surface density *yüzey yükseltgenmesi* surface oxidation

yüzeyetkin *s.* surface-active *yüzeyetkin özdek* surface active agent

yüzeyölçer *a.* planimeter

yüzeysel *s.* surface, superficial, skin-deep

yüzeysellik *a.* superficiality

yüzeytaş *a. yerb.* volcanic rock

yüzgeç *a, hayb.* fin

yüzgeçli *s.* finned

yüzkarası *a.* black sheep, shame, a discredit to sb/sth

yüzlemece *be.* face-to-face, directly

yüzlemek *e.* to accuse openly, to put on the spot

yüzlenmek *e.* to get impudent/saucy

yüzleşmece *be.* face to face, in each other's presence

yüzleşmek *e.* to meet face to face, to confront one another

yüzleştirmek *e.* to confront

yüzlü *s.* -faced, -visaged

yüzlük *a.* centenarian; note worth one hundred liras

yüzme *a.* swim, swimming; floating *yüzme çizgisi* floating line *yüzme havuzu* swimming pool, swimming bath *İİ. yüzme merkezi* metacenter *yüzme yeteneği* buoyancy

yüzmek¹ *e.* to swim, to bathe *İİ.*; to float; *mec.* to wallow *yüzmeye gitmek* to go swimming, to go bathing, to for a bathe, to go for a swim

yüzmek[2] *e.* to skin, to flay

yüznumara *a, kon.* toilet, lavatory, lav *kon.*, water closet, WC, loo *İİ./kon.*, john *Al./arg.*

yüzölçümü *a.* area, square measure, surface area

yüzsüz *s.* impudent, cheeky, barefaced, audacious, brazen *hkr.*, shameless *hkr.*

yüzsüzce *be.* impudent, cheeky ¤ *be.* cheekily

yüzsüzlük *a.* impudence, cheekiness, audacity, effrontery, brass *kon.*, sauce *kon.* **yüzsüzlüğe vurmak** to brazen it out

yüzücü *a.* swimmer

yüzük *a.* ring; *tek.* collet **yüzüğü geriye çevirmek** to break off an engagement

yüzükoyun *be.* prone, face downwards **yüzükoyun kapaklanmak** to fall prostrate **yüzükoyun yatmak** to lie face downwards

yüzükparmağı *a.* ring finger

yüzüncü *s.* hundredth **yüzüncü yıldönümü** centenary

yüzünden *be.* because of, on account of, due to, owing to

yüzüstü *be.* face downwards **yüzüstü bırakmak** a) to let sb down, to desert, to walk out on sb *kon.*, to leave sb in the lurch *kon.* b) to leave sth unfinished **yüzüstü düşmek** to fall prostrate

yüzyıl *a.* century * asır

yüzyıllık *s.* century-long/old, centennial

Z

Z, z *a.* the twenty-ninth and last letter of the Turkish alphabet **Z ekseni** Z-axis

zaaf *a.* weakness, failing, foible **zaafı olmak** to have a soft spot for **zaafından faydalanmak** to take advantage of

zabıt *a.* minutes * tutanak; conquest * zapt **zabıt tutmak** to take minutes, to write down a report

zabıta *a.* police

zabıtname *a. esk.* minutes (of a meeting); court record; police report

zabit *a. esk.* officer

zabitan *a. esk.* officers

zabitlik *a. esk.* officership, being an officer

zaç *a.* copperas

zaçyağı *a.* sulfric acid

zadegân *a. esk.* the elite, aristocrats

zafer *a.* victory, triumph **zafer abidesi** triumphal column **zafer alayı** triumphal procession **zafer kazanmak** to win a victory, to gain a victory **zafer takı** triumphal arch

zafiyet *a.* weakness, infirmity, debility

zağ *a.* burr, rough edge

zağar *a.* pointer

zağlamak *e. yörs.* to burr, to whet

zağlı *s.* whetted, sharp, keen

zahir *s.* clear, evident ¤ *a.* outer appearance ¤ *be.* apparently

zahire *a.* store of grain, cereals; store of provisions **zahire ambarı** granary, grain bin

zahiren *be. esk.* outwardly; apparently

zahiri *s.* apparent; artificial, pretended **zahiri çap** apparent diameter **zahiri görüntü** virtual image **zahiri yükseklik** apparent altitude

zahit *a. s.* ascetic

zahmet *a.* trouble, pains, bother **zahmet çekmek** to suffer trouble **zahmet etmek** to take pains, to bother, to trouble **zahmet vermek** to trouble, to inconvenience **zahmete değmek** to be well worth the trouble **zahmete girmek** to bother, to put oneself out **zahmete sokmak** to put sb to trouble

zahmetli *s.* hard, troublesome, difficult, arduous, bothersome, laborious

zahmetsiz *s.* easy

zahmetsizce *be.* easily, without trouble

zail *s.* transient; evanescent

Zaire *a.* Zaire ¤ *s.* Zairean

Zaireli *a, s.* Zairean

zait *s. esk.* unnecessary ¤ *a. mat.* plus

zakkum *a, bitk.* oleander

zalim *s.* cruel, ruthless, unfeeling, heartless, atrocious, fiendish, brutal, oppressive, savage, barbaric, barbarous *hkr.*, bestial *hkr.* ¤ *a.* tyrant

zalimane *be.* cruelly, heartlessly, tyrannically

zalimlik *a.* cruelty, inhumanity, bestiality

zam *a.* addition; salary rise, rise, raise *Al.*; increase **zam almak** to get a rise *İİ.* **zam istemek** to ask for a rise **zam yapmak** a) (fiyata) to mark sth up b) (maaşa) to increase sb's salary, to raise sb's salary

zaman *a.* time; age, era, epoch, period; *dilb.* tense; *trh.* reign **zaman aralığı** time interval **zaman bölüşümü** time sharing **zaman denklemi** equation of time **zaman dilimi** time slice **zaman dilimleme** time slicing **zaman etüdü** time study **zaman kazanmak** to gain time, to buy time *kon.* **zaman öldürmek** to kill time **zaman paylaşımı** time sharing **zaman sabitesi** time constant **zaman tutmak** *sp.* to keep time **zaman zaman** from time to time, occasionally **zamana ayak uydurmak** to keep up with the times, to move with the times, to march with the times **zamana uymak** to keep up with the times **zamanını almak** to occupy one's time

zamanaşımı *a.* prescription * süreaşımı, müruruzaman

zamandaş *s.* contemporaneous; synchronous

zamandaşlık *a.* contemporaneity; synchronism

zamandizin *a.* chronology * kronoloji

zamandizinsel *s.* chronological * kronolojik

zamane *a.* today, the present time

zamanında *be.* at the right time, duly

zamanla *be.* in the course of time

zamanlama *a.* timing **zamanlama hatası** timing error

zamanlamak *e.* to time

zamanlı *s.* timely, well-timed

zamansız *s.* untimely, ill-timed, inopportune

zamanuyumsuz *s.* asynchronous **zamanuyumsuz bilgisayar** asynchronous computer **zamanuyumsuz gönderim** asynchronous transmission **zamanuyumsuz iletişim** asynchronous communication **zamanuyumsuz işletim** asynchronous operation **zamanuyumsuz makine** asynchronous machine

zamazingo *a. kon.* gadget, thingummy, thingumajig, thingumabob, thingy * zımbırtı; *arg.* mistress, kept woman * dost, metres

zambak *a, bitk.* lily

zambakgiller *a.* liliaceae

Zambiya *a.* Zambia ¤ *s.* Zambian

Zambiyalı *a, s.* Zambian

zamir *a, dilb.* pronoun * adıl

zamk *a.* gum, glue, adhesive **zamk gidermek** *teks.* to degum, to boil off

zamkinos *a.* thingamajig, thingamabob; mistress, paramour

zamklamak *e.* to gum

zamklı *s.* gummiferous, viscid

zammetmek *e. esk.* to add

zampara *a.* womanizer, lecher, woman chaser, rake *esk.*

zamparalık *a.* womanizing, lechery **zamparalık etmek** to run after women, to womanize *hkr.*

zan *a.* supposition, surmise, assumption, guess; doubt, suspicion **zan altında bulunmak** to be under suspicion

zanaat *a.* craft, trade

zanaatçı *a.* craftsman, artisan

zanaatçılık *a.* craftsmanship

zanaatkâr *a.* artisan

zangır zangır *be.* rattling **zangır zangır titremek** to tremble like an aspen leaf, to be all of a tremble *kon.*

zangırdamak *e.* to tremble, to clank, to rattle

zangırdatmak *e.* to rattle

zangırtı *a.* rattling noise

zangoç *a.* verger, sexton **zangoç gibi başına dikilmek** *arg.* to stand over sb

zangoçluk *a.* sextonship

zanka *a.* two-horse sleigh, troika

zanlı *s.* suspect, accused

zannetmek *e.* to suppose, to believe, to guess, to surmise *res.*

zaparta *a.* broadside, lambasting

zaping *a.* zapping **zaping yapmak** to zap

zaplamak *e.* to zap

zapping *a.* zapping

zapt *a.* restraining; seizure; conquest **zapt etmek** a) to hold sth back, to choke sth back, to restrain, to dam, to suppress, to subdue b) to seize c) to conquer, to capture

zaptiye *a. trh.* zaptieh, nationwide police force

zapturapt *a.* law and order

zar zor *be.* hardly, barely, scarcely, narrowly **zar zor geçinmek** to scrape a living

zar[1] *a.* membrane, film

zar[2] *a.* dice **zar atmak** to throw dice

zarafet *a.* elegance, grace, delicacy, refinement

zarar *a.* damage, harm, injury, detriment; loss *zarar etmek* a) to lose money b) to make a loss *zarar görmek* to be damaged, to sustain an injury *zarar vermek* to damage, to harm, to injure, to impair *Zararı yok* It's all right, Never mind! *kon.* *zararına satış* sacrifice sale *zararına satmak* to sell at loss *zararını ödemek* to indemnify, to recompense

zararına *be.* at a loss .

zararlı *s.* harmful, injurious, pernicious, detrimental, noxious *res.* *zararlı çıkmak* to end up a loser *zararlı haşarat* insect pests *zararlı ot* weed

zararsız *s.* harmless, innocent, inoffensive, innocuous

zaratit *a.* zaratite

zarf *a.* envelope; case, cover, jacket; *dilb.* adverb * belirteç *zarf atmak* to fly a kite *zarf gecikmesi* envelope delay

zarfında *ilg.* during, within

zarflamak *e.* to envelope

zarflı *s.* glumaceous

zargana *a, hayb.* garfish, garpike

zarımsı *s.* membranaceous, pericarpial, pericarpic, velamentous

zari zari *be.* wailingly; bitterly

zarif *s.* elegant, graceful, refined, smart; delicate; witty, clever

zariflik *a.* elegance; grace, gracefulness

zarkanatlı *s.* hymenopterous

zarlı *s.* membranaceous, membranal, membranous, webbed, velate, volvate

zarp *a.* severity, violence, force

zarplı *s. yörs.* powerful, effective

zarsı *s.* membranous, membraneous

zart zurt *a, arg.* bluster *zart zurt etmek arg.* to bluster

zarta *a, arg.* fart *zartayı çekmek arg.* to kick the bucket *arg.*

zartçı *a. arg.* big talker, windbag

zaruret *a.* necessity, need, want; distress, poverty

zaruri *s.* necessary, requisite

zat *a.* person, individual * kimse, kişi

zaten *be.* already; besides, moreover; as a matter of fact; anyway, anyhow

zati *s.* original; personal *zati yük* own weight

zatülcenp *a, hek.* pleurisy * satlıcan

zatülcenpli *s.* pleuritic

zatürree *a, hek.* pneumonia * batar

zatürreeli *s.* pneumonic

zavallı *s.* poor, miserable

zavallılık *a.* misery, wretchedness

zaviye *a, esk.* corner * köşe; angle * açı

zayıf *s.* weak, feeble; flimsy; thin, bony; poor; faint, slight *zayıf akım* weak current *zayıf düşürmek* to pull sb down *zayıf etkileşim* weak interaction *zayıf kömür* lean coal *zayıf kuplaj* weak coupling *zayıf radyasyon* soft radiation *zayıf sinyal* weak signal *zayıf yakınsaklık* weak convergence

zayıflama *a.* weakening; *tek.* attenuation *zayıflama düzeltimi* attenuation compensation *zayıflama katsayısı* attenuation coefficient *zayıflama sabiti* attenuation constant

zayıflamak *e.* to become thin, to slim, to weaken, to reduce *Aİ./kon.*; to decline, to flag

zayıflatıcı *s.* weakening ¤ *a.* attenuator

zayıflatmak *e.* to pull sb down, to prejudice, to weaken, to debilitate, to impair

zayıflık *a.* weakness, debility; emaciation, thinness

zayi *s.* lost *zayi etmek* to lose *zayi olmak* to be lost

zayiat *a.* losses, casualties *zayiat vermek* to suffer losses, to suffer casualties

zayiçe *a.* horoscope *zayiçesine bakmak* to cast a horoscope

zeaksantin *a.* zeaxanthin

zeamet *a.* fief

zebani *a.* demon of hell; cruel monster

zebanzet *s. esk.* commonly used

zebella *a.* huge man, strapper

zebercet *a.* chrysolite * krizolit

zebra *a.* zebra

zebu *a, hayb.* zebu

zebun *s. esk.* weak, helpless

zebunküş *s.* who meanly attacks the weak and the helpless

zebunlaşmak *e.* to become weak/helpless

Zebur *a.* the Book of Psalms (in the Bible)

zecir *a. esk.* forcing, compulsion; suppression

zecren *be. esk.* by force; by suppression

zecri *s. esk.* coercive, forcible

zedelemek *e.* to bruise; to damage, to harm

zedelenebilir *s.* vulnerable

zefir *a, teks.* zephyr

zehap *a.* supposition, fancy

zehir *a.* poison * ağı **zehir etmek** to put a damper on sth *kon.*
zehirbilim *a.* toxicology
zehirbilimsel *s.* toxicological
zehirleme *a.* toxication, venenation
zehirlemek *e.* to poison * ağılamak
zehirlenme *a.* poisoning, toxication
zehirlenmek *e.* to be poisoned * ağılanmak
zehirleyici *s.* endotoxic, poisonous, toxicant
zehirli *s.* poisonous, toxic, venomous * ağılı **zehirli gaz** poisonous gas **zehirli mantar** toadstool **zehirli yılan** poisonous snake
zehirlilik *a.* toxicity
zehirsiz *s.* nonpoisonous * ağısız
zehirsizleştirme *a.* detoxication
zehirsizleştirmek *e.* to detoxicate
zehretmek *e.* to make (sth pleasant) very distasteful, to spoil al lthe fun, to embitter
zehrolmak *e.* to become very distasteful (to sb)
zein *a.* zein
zekâ *a.* intelligence, intellect, brain, acumen **zekâ bölümü** intelligence quotient **zekâ geriliği** mental deficiency **zekâ testi** intelligence test **zekâ yaşı** *ruhb.* mental age
zekât *a, din.* obligatory alms
zekâvet *a.* sagacity, acumen
zeker *a. anat.* penis
zekeriya *a. arg.* penis, tool
zeki *s.* intelligent, clever, brainy *kon.*, bright, smart, swrewd, sharp, apt, discerning
zekice *be.* cleverly
zelil *s. esk.* despicable, contemptible
zelve *a.* lock piece of a yoke
zelzele *a.* earthquake * deprem
zem *a. esk.* disparagement, blame
zemberek *a.* spring, winder, driving spring **zembereği boşanmak** to dissolve in laughter
zemberekli *s.* furnished with a spring, spring-driven
zembil *a.* woven basket
zembilotu *a. bitk.* quaking grass
zemheri *a.* coldest time in winter
zemin *a.* soil, ground; floor; ground, background **zemin basıncı** soil pressure **zemin baskı** bottom printing **zemin boyama** ground dyeing **zemin gürültüsü** ground noise **zemin hizası** ground level **zemin karakteri** soil conditions **zemin katı** ground floor, basement, first floor *Aİ.* **zemin nemi** ground humidity **zemin özelliği** ground conditions **zemin rengi** base colour, ground colour **zemin rutubeti** ground humidity **zemin stabilizasyonu** soil stabilization **zemin şartları** ground conditions **zemin yapısı** soil structure
zeminleme *a.* bottoming **zeminleme banyosu** bottoming bath
zeminlik *a.* underground shelter
zemmetmek *e. esk.* to disparage, to blame
zemzem *a.* holly well in the Cubical House at Mecca
zencefil *a, bitk.* ginger
zenci *a.* negro, black, nigger *arg./kab.*, coon *arg./hkr.*
zendost *s. esk.* very fond of women
zengâr *a.* verdigris
Zengibar *a.* Zanzibar ¤ *s.* Zanzibari
Zengibarlı *a, s.* Zanzibari
zengin *s.* rich, wealthy, well-off, well-to-do, affluent, well-heeled *kon.*, opulent *res.*; rich, productive, fertile; showy ¤ *a.* rich person
zenginerki *a.* plutocracy * plutokrasi
zenginlemek, zenginleşmek *e.* to get rich
zenginleştirme *a.* enrichment **zenginleştirme katsayısı** enrichment factor
zenginleştirmek *e.* to enrich
zenginlik *a.* richness, wealth, affluence, opulence
zenit *a.* zenith **zenit teleskopu** zenith telescope **zenit uzaklığı** zenith distance
zenne *a.* woman
zenneci *a.* seller of clothing/shoes for women
zeolit *a.* zeolite
zeplin *a.* zeppelin
zerdali *a.* (wild) apricot
zerdeçal *a.* turmeric
zerdeva *a, hayb.* pine marten
Zerdüşt *a.* Zarathustra, Zoroaster
Zerdüştçülük *a.* Zoroastrianism
Zerdüşti *a, s.* Zoroastrian
Zerdüştlük *a.* Zoroastrianism
zerk *a.* injection * içitim **zerk etmek** to

inject * içitmek
zerre *a.* particle, atom, bit, speck; trace, grain ***zerre kadar*** in the slightest degree, ounce of sth
zerrece *be.* in the least, at all
zerrin *s.* golden ¤ *a, bitk.* jonquil * fulya
zerzevat *a.* vegetables * göveri, göverti, sebze
zerzevatçı *a.* vegetable seller * sebzeci
zerzevatçılık *a.* selling vegetables
zevahir *a.* outer appearance
zeval *a. esk.* decline, wane; disappearance
zevali *s. esk.* meridian, meridional
zevalsiz *s. esk.* everlasting, permanent, immortal
zevat *a. esk.* persons
zevce *a. esk.* wife
zevcelik *a. esk.* wifehood
zevç *a. esk.* husband
zeveban *a. esk.* melting
zevk *a.* enjoyment, pleasure, delight, fun, indulgence, kick *kon.*; taste, flavour; appreciation, good taste ***zevk almak*** to enjoy, to find pleasure in, to derive pleasure (from), to relish ***zevk için*** for fun ***zevk ve sefa sürmek*** to lead a life of pleasure ***zevk vermek*** to give pleasure, to delight ***zevkini çıkarmak*** to glory in sth *övg./hkr.* ***zevkten dört köşe olmak*** to be as happy as lark, to be as happy as Larry
zevklenmek *e.* to amuse oneself
zevkli *s.* enjoyable, pleasant, amusing; with good taste
zevksiz *s.* tasteless; unpleasant, dull
zevksizlik *a.* bad taste, tastelessness
zevzek *s.* silly, talkative
zevzeklenmek *e. kon.* to chatter boringly, to blab
zevzeklik *a.* boring chatter, silly behaviour
zeybek *a.* swashbuckling village lad of southwestern Anatolian
zeyil *a.* addition, supplement; postscript; *huk.* rider ***zeyil olarak*** as an appendix
zeyrek *a.* intellgent, quick-witted
zeyreklik *a.* intelligence, quick-wittedness
zeytin *a, bitk.* olive; olive tree
zeytinci *a.* grower/seller of olives
zeytincilik *a.* raising/selling olives
zeytinlik *a.* olive grove
zeytinsi *s. bitk.* drupaceous
zeytinyağı *a.* olive oil

zeytinyağlı *s.* containing olive oil
zeytuni *s.* olive green
zıbarmak *e, arg.* to croak, to peg out, to pop off, to kick the bucket; to go to sleep
zıbın *a.* jacket for a baby
zıddiyet *a.* oppositeness, contrariety
zıh *a, teks.* welt; moulding; border
zıhlamak *e.* to welt
zıkkım *a.* poison; *mec, kon.* the demon drink *şak.*; *mec, kon.* unpleasant food, poison *hkr.*
zıkkımlanmak *e, hkr.* to stuff oneself with, to eat
zılgıt *a, kon.* scolding, dressing down ***zılgıt yemek*** *kon.* to be told off, to get a rocket, to get a rap on/over the knuckles, to be hauled over the coals *kon.*
zımba *a.* punch; stapler ***zımba teli*** staple
zımbalamak *e.* to punch; *arg.* to stab, to kill
zımbalı *s.* punched; stapled
zımbırdatmak *e.* to strum
zımbırtı *a.* screech, noise; thingummy, thingumajig, thingamabob, thingy, gadget, doohickey, jigger *Aİ.*
zımnen *be.* indirectly, by implication
zımni *s, esk.* implicit
zımpara *a.* emery ***zımpara bezi*** emerycloth ***zımpara çarkı*** emery-wheel ***zımpara kâğıdı*** sandpaper, emery paper ***zımpara makinesi*** sander, sanding machine ***zımpara taşı*** emery stone ***zımpara tozu*** emery powder
zımparalamak *e.* to sandpaper, to sand, to emery
zındık *s.* unbelieving, atheistic ¤ *a.* atheist
zındıklık *a.* atheism
zıngadak *be.* suddenly and with a jolt
zıngırdamak *e.* to rattle, to clatter
zıngırtı *a.* rattling noise, rattle
zınk diye *be.* suddenly, with a jolt ***zınk diye durmak*** to come to an abrupt stop
zıp diye *be.* suddenly
zıpçıktı *a.* upstart, parvenu
zıpır *s.* cracked, loony, wild
zıpırlık *a. kon.* wildness, recklessness
zıpkın *a.* harpoon, fish spear
zıpkıncı *a.* harpooner, harpooneer
zıpkınlamak *e.* to harpoon
zıplama *a.* bound, bounce
zıplamak *e.* to bounce, to bound, to hop, to skip, to jump, to gambol, to caper

(about)

zıplatmak *e.* to bounce, to dandle

zıppadak *be.* suddenly

zıpzıp *a.* marble * bilye

zır zır *be.* incessantly

zırdeli *s.* stark raving mad, stark mad, stark crazy, staring mad, as mad as a hatter, as mad as a March hare, bonkers *İİ./arg.*

zırdelilik *a.* stark madness

zırh *a.* armour, armor *Aİ.*; armour plate, armor plate *Aİ.* **zırh delici** *ask.* armour piercing **zırh levha** armour plate

zırhlanmak *e.* to put on one's armour

zırhlı *s.* armoured, armored *Aİ.*, armour-plated, armor-plated *Aİ.* **zırhlı araba** armoured car **zırhlı boru** armoured pipe

zırıl zırıl *be.* clatteringly, noisily

zırıldamak *e.* to whine *hkr.*; to blubber *hkr.*

zırıltı *a.* continuous chatter/clatter; squabble, wrangle

zırlak *s.* weepy

zırlamak *e.* to bawl, to weep, to blubber *hkr.*

zırnık *a.* yellow arsenic, orpiment * arsenik; the smallest bit **zırnık bile koklatmamak** not to give (even) a smallest bit

zırt pırt *be.* frequently, at any time whatsoever

zırtapoz *s.* crazy

zırtapozluk *a.* craziness, frivolity

zırva *a.* nonsense, bunkum *kon.*, bunk *kon.*, garbage *kon.*, boloney *kon.*, baloney *kon.*, tripe *arg.*, bilge *arg.*, cock *arg.*, rubbish *hkr.*, gas *hkr.*, bullshit *arg./kab.*, shit *arg./kab.*

zırvalamak *e.* to talk nonsense, to talk through one's hat, to yap *arg.*, to bullshit *arg./kab.* **zırvalamayı bırakmak** to cut the cackle *kon.*

zıt *s.* contrary, opposite, converse * karşıt ¤ *a.* the opposite, the converse, the contrary **zıt anlamlı sözcük** antonym **zıt gitmek** to get on sb's nerves on purpose

zıtlaşma *a.* opposition

zıtlaşmak *e.* to oppose each other; to be opposite

zıtlık *a.* opposition, conflict

zıvana *a.* small pipe; inner tube; tenon; mouthpiece (for cigarette, narghile)

zıvana açmak to gouge, to mortise **zıvana kalemi** mortise chisel **zıvana makinesi** mortising machine **zıvana matkabı** tenon auger, tap borer **zıvana ölçüsü** mortise gauge **zıvana testeresi** tenon saw, foxtail saw **zıvanadan çıkarmak** *kon.* to enrage sb **zıvanadan çıkmak** *kon.* to be in a rage, to infuriate, to lose one's head/temper

zıvanalı *s.* with a tube; with a tenon **zıvanalı boru** socket pipe **zıvanalı geçme** mortise and tenon joint **zıvanalı somun** sleeve nut

zıvanasız *s.* crazy, screwy

zıvıtmak *e.* to go crazy, to go bonkers

zıypak *s.* slick, slippery

zibidi *s.* oddly dressed; eccentric, crazy

zifaf *a.* entering the nuptial chamber **zifaf gecesi** wedding night

zifir *a.* nicotine-tar deposit

zifiri *s.* pitch-black **zifiri karanlık** pitch-black, pitch-dark

zifos *a.* mud splash

zift *a.* pitch, tar, bitumen, asphalt

ziftlemek *e.* to pitch

ziftli *s.* bituminous

ziggurat *a.* ziggurat

zigospor *s. bitk.* zygospore

zigot *a, biy.* zygote

zigoten *a. biy.* zygotene

zihayat *s. esk.* alive, living

zihin *a.* mind; intelligence; memory **zihin açmak** to stimulate the mind **zihin bulanıklığı** mental confusion **zihin hesabı** mental calculus **zihin yormak** to rack one's brains **zihni bulanmak** to get confused, to get muddled up **zihni dağılmak** (one's mind) to wander **zihni durmak** to be unable to think clearly, to be mentally fatigued **zihinde tutmak** to bear in mind

zihinsel *s.* mental, intellectual

zihnen *be.* mentally

zihni *s.* mental, intellectual **zihni bulanmak/karışmak** to be confused **zihnini bulandırmak** to make one suspicious **zihnini karıştırmak** to confuse **zihnini kurcalamak** to strain one's mind, to worry **zihnini meşgul etmek** to preoccupy

zihniyet *a.* mentality

zikir *a.* mention, mentioning

zikıymet *s. esk.* valuable

zikretmek e. to mention * anmak

zikzak a. zigzag **zikzak perçinleme** zigzag riveting **zikzak yapmak** to zigzag

zikzaklı s. zigzagging

zil a. bell; gong; *müz.* cymbal **zil gibi** as pissed as a newt **ziller takınmak** to make merry **zil transformatörü** bell transformer

zillet a. despicableness

zilli s. having a bell; with cymbals/bells; *kon.* quarrelsome, shrewish

zillimaşa a. fork tongs with cymbals

zilsiz s. without a bell

zilyet a. possessor, owner, proprietor

zilyetlik a. possession, ownership, proprietorship

zilzurna s. dead, blind, very **zilzurna sarhoş** blind drunk *kon.*, stoned *arg.* **zilzurna sarhoş olmak** to feel no pain

zimamdar a. *esk.* leader, administrator, manager

zimaz a. zymase

Zimbabve a. Zimbabwe ¤ s. Zimbabwean

Zimbabveli a, s. Zimbabwean

zimbalum a. *müz.* cimbalom, cymbalom

zimmet a. debt **zimmetine geçirmek** to embezzle, to peculate

zina a. adultery **zina yapan kimse** adulterer; (kadın) adulteress **zina yapmak** to fornicate *res./hkr.*

zincifre a. cinnabar

zincifreli s. cinnabaric

zincir a. chain; fetters, irons; series, succession **zincir baklası** chain link **zincir çarkı** chain wheel **zincir dikişi** chain stitch **zincir dişlisi** chain wheel **zincir dolabı** chain locker **zincir eğrisi** catenary **zincir gomina** chain cable **zincir halkası** link **zincir ızgara** chain grate **zincir kasnağı** chain drum **zincir kodu** chain code **zincir korkuluğu** chain guard **zincir kuralı** chain rule **zincir mahfazası** chain guard **zincir palangası** chain block **zincir tahrikli** chain driven **zincir testere** chain saw **zincir yazıcı** chain printer **zincir zırhı** chain armour **zincire vurmak** to chain, to fetter, to clap sb in irons

zincirleme s. continuous, successive, chain ¤ a. chaining; lap dissolve **zincirleme arama** chaining search **zincirleme kaza** pileup **zincirleme reaksiyon** chain reaction **zincirleme**

tasım sorites **zincirleme tepkime** chain reaction

zincirlemek e. to chain

zincirli s. chained **zincirli kavrama** chain coupling **zincirli konveyör** chain conveyor **zincirli kova** chain bucket **zincirli pompa** chain pump **zincirli taşıyıcı** chain conveyor **zincirli tezgâh** chain loom **zincirli tırmık** chain harrow **zincirli vinç** chain hoist

zincirlik a. *den.* chain locker

zindan a. dungeon; dark place

zindandelen a. *hayb.* large bonito

zinde s. fit, active, alive, energetic

zindelik a. tonicity

zinhar *ünl.* never!, by no means!, not on your life!

zinkat a. zincate

zinkenit a. zinckenite, zinkenite

zira *bağ.* for, because * çünkü

ziraat a. agriculture * tarım **ziraat makineleri** farm machinery **ziraat mühendisi** agricultural engineer **ziraat mühendisliği** agricultural engineering **ziraat traktörü** agricultural tractor

ziraatçı a. agriculturist * tarımcı

ziraatçılık a. agriculture, farming

zirai s. agricultural * tarımsal

zirkon a. zircon

zirkonat a. zirconate

zirkonya a. zirconia

zirkonyum a. zirconium

zirkonyumlu s. zirconic

zirve a. summit, peak, acme, apex * doruk **zirve toplantısı** summit, summit talk, summit meeting

zirzop s. crazy nutty, screwy

zirzoplaşmak e. to become brash

zirzopluk a. *kon.* recklessness, brashness

ziya a, *esk.* light * ışık, aydınlık

ziyadar s. shining, bright

ziyade s. more, much, too much; excessive **Ziyade olsun!** Thank you!

ziyadesiyle *be.* largely, excessively

ziyafet a. feast, banquet * şölen, toy **ziyafet vermek** to give a feast

ziyan a. loss, damage, harm, injury **ziyan etmek** a) to waste, to fritter sth away (on sth) b) to suffer loss **ziyan olmak** to go for nothing, to come to naught, to go down the drain *kon.* **Ziyanı yok** Never mind!, It doesn't matter!, It's all right., That's all right.

ziyankâr s. harmful, hurting; injurious

ziyankârlık a. destructiveness

ziyansız s. harmless

ziyaret a. visit, call **ziyaret etmek** to visit, to pay a visit, to pop in, to stop by, to stop round *Aİ.* **ziyaret saatleri** visiting hours

ziyaretçi a. visitor; caller

ziyaretgâh a. place of pilgrimage

ziynet a. ornament, decoration * süs, bezek

ziynetli s. ornamented, decorated; bejeweled, jeweled

ziynetsiz s. unadorned, plain

zloti a. *eko.* zloty

zodyak a. zodiac

zoisit a. zoisite

zoka a. artificial bait, spinner **zokayı yutturmak** to chisel sb (out of sth) *arg.*

zom s, *arg.* mature * olgun; stoned *arg.*, paralytic *İİ./kon.* **zom olmak** to be as pissed as a newt, to get paralytic *İİ./kon.*

zomlamak e. *arg.* to get dead drunk

zona a, *hek.* shingles, herpes zoster

zonklamak e. to throb

zonta a, *arg.* hick; lout; yahoo

zoofili a. zoophilia, zoophilism

zoofobi a. zoophobia

zoofor a. zophorus

zoografi a. zoography

zooit a. zooid

zoolog a. zoologist * hayvanbilimci

zooloji a. zoology * hayvanbilim

zoolojik s. zoological

zoonosiz a. *hek.* zoonosis

zooplankton a. zooplankton

zoospor a. swarm cell, zoospore

zoosporlu s. zoosporic, zoosporous

zootekni a. zootechnics

zooteknisyen a. zootechnician

zooterapi a. zootherapy

zootoksin a. zootoxin

zor s. difficult, hard, troublesome, tough, stiff ¤ a. difficulty; obligation, compulsion, constraint; force, strength ¤ *be.* barely, hardly **zor beğenir** fastidious **zor gelmek** to be difficult for **zor kullanmak** to use force **zora başvurmak** to resort to force **zora gelememek** to be unable to withstand hardship **zora koşmak** to raise difficulties **zoru zoruna** with great difficulty

Zorun ne? What's the matter with you?, What do you want? **zorunda bırakmak** to oblige, to compel **zorunda kalmak** to be obliged to, to have to **zorunda olmak** to have (got) to

zoraki s. forced, strained, constrained ¤ *be.* reluctantly

zoralım a, *huk.* confiscation, seizure * müsadere

zorba s. despotic, high-handed ¤ a. despot, bully **zorba hükümdar** tyrant

zorbalık a. bullying, despotism, tyranny **zorbalık etmek** to bully

zorbalıkla *be.* high-handedly

zorbela *be.* with great difficulty

zorgu a. compulsion

zorgulu s. *ruhb.* compulsive

zorgululuk a. compulsiveness

zorilla a. *hayb.* zoril, zorille, zorilla

zorla *be.* by force **zorla almak** to usurp *res.* **zorla girme** break-in **zorla girmek** to break in, to break into **Zorla güzellik olmaz** No good can be achieved by force **zorla yaptırmak** to enforce

zorlama a. compulsion, constraint, coercion; *hek.* rupture ¤ s. forced, compulsory **zorlama gerilimi** proof stress **zorlama testi** stress test

zorlamak e. to force; to coerce, to compel, to oblige; to strain

zorlanmak e. to be forced; to find it hard/difficult

zorlaşmak e. to get difficult, to get hard

zorlaştırmak e. to make difficult, to complicate

zorlayıcı s. coercive

zorlu s. strong, violent; insuperable; powerful, influential; hard, keen

zorluk a. difficulty, hardship, arduousness, hassle *kon.* **zorluk çekmek** to have difficulty (in doing sth) **zorluk çıkarmak** to hamper, to make difficulties **zorluklarla karşılaşmak** to meet with difficulties

zorlukla *be.* with difficulty

zorunlu s. obligatory, necessary; compulsory, mandatory; indispensable, inevitable **zorunlu askerlik** compulsory military service, draught, draft **zorunlu eğitim** compulsory education **zorunlu iniş yapmak** to crash-land **zorunlu iniş** forced landing **zorunlu kılmak** to necessitate **zorunlu sigorta** compulsory insurance

zorunluk, zorunluluk *a.* necessity, obligation * mecburiyet, zaruret

zorunsuz *s.* unnecessary, dispensable; avoidable, evitable

zorunsuzluk *a.* unnecessariness, dispensability; optionality

zuhur *a, esk.* appearance

zuhurat *a. esk.* events, hazards, contingencies

zula *a, arg.* secret store, cache

zulmet *a. esk.* darkness; gloom

zulmetmek *e.* to tyrannize, to persecute, to torture, to keep down

zulüm *a.* oppression, persecution, tyranny, atrocity, cruelty

zum *a.* zooming **zum merceği** zoom lens **zum yapmak** to zoom

zurna *a, müz.* shrill pipe **zurna gibi** *arg.* as pissed as a newt **zurnanın zırt dediği yere gelmek** to come to the nitty-gritty

zurnabalığı *a. hayb.* saury, skipper

zurnapa *a. hayb.* giraffe

zübde *a. esk.* summary, abstract

zücaciye *a.* glassware

zücaciyeci *a.* seller of glassware

züğürt *s.* penniless, broke *kon.*, skint *İl./arg.*, impecunious *res.* **züğürt olmak** to be broke, to be hard up **züğürt tesellisi** cold comfort

züğürtlemek *e.* to become penniless

züğürtleşmek *e, arg.* to go broke

züğürtlük *a.* pennilessness

Zühal *a.* Saturn

Zühre *a.* Venus

zührevi *s.* venereal **zührevi hastalık** venereal disease, clap *arg.*, the clap *arg.*

züht *a.* piety, asceticism

zühul *a. esk.* inadvertence, oversight, slip

zülfaris *a. bitk.* snailflower

zülüf *a.* side lock of hair

zülüflü *s.* having sidelocks

zümre *a.* party, body, group, class

zümrüdi *s.* emerald-green

Zümrüdüanka *a.* phoenix

zümrüt *a.* emerald **zümrüt yeşili** emerald,emerald green

zümrütlenmek *e.* to turn emerald green

züppe *a.* dandy, snob *hkr.*, coxcomb ¤ *s.* snobbish, snobby

züppeleşmek *e.* to become snobbish

züppelik *a.* snobbery *hkr.*, foppishness **züppelik etmek** to behave snobbishly

zürafa *a, hayb.* giraffe **zürafa gibi** very tall

Zürih *a.* Zurich

zürra *a. esk.* farmers

zürriyet *a.* offspring, descendants

züyuf *a. esk.* debased/counterfeit coins

DÜZENSİZ FİİLLER (Irregular Verbs)

Infinitive	Past Tense	Past Participle
abide	abided (abode)	abided (abode)
arise	arose	arisen
awake	awoke	awoken
backbite	backbitten	backbitten
backslide	backslid	backslid
be	was/were	been
bear	bore	borne
beat	beat	beaten
become	became	become
befall	befell	befallen
beget	begot	begotten
begin	began	begun
behold	beheld	beheld
bend	bent	bent
beseech	besought, beseeched	besought, beseeched
beset	beset	beset
bespeak	bespoke	bespoke, bespoken
bestride	bestrode	bestridden
bet	bet, betted	bet, betted
bid	bade (bid)	bidden (bid)
bind	bound	bound
bite	bit	bitten
bleed	bled	bled
bless	blessed	blessed, blest
blow	blew	blown (blowed)
break	broke	broken
breed	bred	bred
bring	brought	brought
broadcast	broadcast	broadcast
browbeat	browbeat	browbeaten
build	built	built
burn	burnt, burned	burnt, burned
bust	bust, busted	bust, busted
buy	bought	bought
cast	cast	cast
catch	caught	caught
chide	chided, chid	chided, chid, chidden
choose	chose	chosen
cleave	cleaved, cleft, clove	cleaved, cleft, cloven
cling	clung	clung
come	came	come
cost	cost	cost
countersink	countersank	countersunk
creep	crept	crept
crow	crowed	crowed
cut	cut	cut
deal	dealt	dealt
dig	dug	dug

dive	dived (Aİ. dove)	dived
do	did	done
draw	drew	drawn
dream	dreamt, dreamed	dreamt, dreamed
drink	drank	drunk
drive	drove	driven
dwell	dwelt	dwelt
eat	ate	eaten
fall	fell	fallen
feed	fed	fed
feel	felt	felt
fight	fought	fought
find	found	found
flee	fled	fled
fling	flung	flung
floodlight	floodlighted, floodlit	floodlighted, floodlit
fly	flew	flown
forbear	forbore	forborne
forbid	forbade, forbad	forbidden
forecast	forecast, forecasted	forecast, forecasted
foresee	foresaw	foreseen
foretell	foretold	foretold
forget	forgot	forgotten
forgive	forgave	forgiven
forsake	forsook	forsaken
forswear	forswore	forsworn
freeze	froze	frozen
gainsay	gainsaid	gainsaid
get	got	got (Aİ. gotten)
gild	gilded	gilded
gird	girded, girt	girded, girt
give	gave	given
go	went	gone
grind	ground	ground
grow	grew	grown
hamstring	hamstringed, hamstrung	hamstringed, hamstrung
hang	hung (hanged)	hung (hanged)
have	had	had
hear	heard	heard
heave	heaved, hove	heaved, hove
hew	hewed	hewed, hove
hide	hid	hidden
hit	hit	hit
hold	held	held
hurt	hurt	hurt
inlay	inlaid	inlaid
input	input, inputted	input, inputted
inset	inset	inset
interweave	interwove	interwoven
keep	kept	kept
ken	kenned, kent	kenned
kneel	knelt (Aİ. kneeled)	knelt (Aİ. kneeled)

knit	knitted (knit)	knitted (knit)
know	knew	known
lay	laid	laid
lead	led	led
lean	leant, leaned	leant, leaned
leap	leapt, leaped	leapt, leaped
learn	learnt, learned	learnt, learned
leave	left	left
lend	lent	lent
let	let	let
lie	lay	lain
light	lighted, lit	lighted, lit
lose	lost	lost
make	made	made
mean	meant	meant
meet	met	met
miscast	miscast	miscast
misdeal	misdealt	misdealt
mishear	misheard	misheard
mishit	mishit	mishit
mislay	mislaid	mislaid
mislead	misled	misled
misread	misread	misread
misspell	misspelt, misspelled	misspelt, misspelled
misspend	misspent	misspent
mistake	mistook	mistaken
misunderstand	misunderstood	misunderstood
mow	mowed	mown, mowed
outbid	outbid	outbid
outdo	outdid	outdone
outfight	outfought	outfought
outgrow	outgrew	outgrown
output	output, outputted	output, outputted
outrun	outran	outrun
outsell	outsold	outsold
outshine	outshone	outshone
overbid	overbid	overbid
overcome	overcame	overcome
overdo	overdid	overdone
overdraw	overdrew	overdrawn
overeat	overate	overeaten
overfly	overflew	overflown
overhang	overhung	overhung
overhear	overheard	overheard
overlay	overlaid	overlaid
overpay	overpaid	overpaid
override	overrode	overridden
overrun	overran	overrun
oversee	oversaw	overseen
overshoot	oversoht	overshot
oversleep	overslept	overslept
overtake	overtook	overtaken

overthrow	overthrew	overthrown
partake	partook	partaken
pay	paid	paid
plead	pleaded (Aİ. pled)	pleaded (Aİ. pled)
prepay	prepaid	prepaid
prove	proved	proved (Aİ. proven)
put	put	put
quit	quit, quitted	quit, quitted
read	read	read
rebind	rebound	rebound
rebuild	rebuilt	rebuilt
recast	recast	recast
redo	redid	redone
rehear	reheard	reheard
remake	remade	remade
rend	rent	rent
repay	repaid	repaid
rerun	reran	rerun
resell	resold	resold
reset	reset	reset
resit	resat	resat
retake	retook	retaken
retell	retold	retold
rewrite	rewrote	rewritten
rid	rid	rid
ride	rode	ridden
ring	rang	rung
rise	rose	risen
run	ran	run
saw	sawed	sawn (Aİ. sawed)
say	said	said
see	saw	seen
seek	sought	sought
sell	sold	sold
send	sent	sent
set	set	set
sew	sewed	sewn, sewed
shake	shook	shaken
shear	sheared	shorn, sheared
shed	shed	shed
shine	shone (shined)	shone shined
shit	shitted, shat	shitted, shat
shoe	shod	shod
shoot	shot	shot
show	showed	shown, showed
shrink	shrank, shrunk	shrunk
shrive	shrived, shrove	shrived, shriven
shut	shut	shut
sing	sang	sung
sink	sank	sunk
sit	sat	sat
slay	slew	slain

sleep	slept	slept
slide	slid	slid
sling	slung	slung
slink	slunk	slunk
slit	slit	slit
smell	smelt, smelled	smelt, smelled
smite	smote	smitten
sow	sowed	sown, sowed
speak	spoke	spoken
speed	sped (speeded)	sped (speeded)
spell	spelt, spelled	spelt, spelled
spend	spent	spent
spill	spilt, spilled	spilt, spilled
spin	spun	spun
spit	spat (Aİ. spit)	spat (Aİ. spit)
split	split	split
spoil	spoilt, spoiled	spoilt, spoiled
spread	spread	spread
spring	sprang	sprung
stand	stood	stood
stave	staved (stove)	staved (stove)
steal	stole	stolen
stick	stuck	stuck
sting	stung	stung
stink	stank, stunk	stunk
strew	strewed	strewed, strewn
stride	strode	stridden
strike	struck	struck
string	strung	strung
strive	strove	striven
sublet	sublet	sublet
swear	swore	sworn
sweep	swept	swept
swell	swelled	swollen, swelled
swim	swam	swum
swing	swung	swung
take	took	taken
teach	taught	taught
tear	tore	torn
tell	told	told
think	thought	thought
thrive	thrived, throve	thrived
throw	threw	thrown
thrust	thrust	thrust
tread	trod	trodden, trod
unbend	unbent	unbent
underbid	underbid	underbid
undercut	undercut	undercut
undergo	underwent	undergone
underlie	underlay	underlain
underpay	underpaid	underpaid
undersell	undersold	undersold

understand	understood	understood
undertake	undertook	undertaken
underwrite	underwrote	underwritten
undo	undid	undone
unfreeze	unfroze	unfrozen
unsay	unsaid	unsaid
unwind	unwound	unwound
uphold	upheld	upheld
upset	upset	upset
wake	woke	woken
waylay	waylaid	waylaid
wear	wore	worn
weave	wove (weaved)	woven (weaved)
wed	wedded, wed	wedded, wed
weep	wept	wept
wet	wet, wetted	wet, wetted
win	won	won
wind	wound	wound
withdraw	withdrew	withdrawn
withhold	withheld	withheld
withstand	withstood	withstood
work	worked (wrought)	worked (wrought)
wring	wrung	wrung
write	wrote	written

ÜLKELER

Ülke	Uyruk (Dil)
Afghanistan /efgeni'sta:n/ Afganistan	**Afghan** /'efgen/ Afganlı
Albania /el'beyniı/ Arnavutluk	**Albanian** /el'beyniın/ Arnavut (Arnavutça)
Algeria /el'ciıriı/ Cezayir	**Algerian** /el'ciıriın/ Cezayirli
Argentina /a:cın'ti:nı/ Arjantin	**Argentinian** /a:cın'tiniın/ Arjantinli
Australia /ostreyliı/ Avustralya	**Austrlian** /ostreyliın/ Avustralyalı
Belgium /'belcım/ Belçika	**Belgian** /'belcın/ Belçikalı
Bermuda /bı'myu:dı/ Bermuda	**Bermudan** /bı'myu:dın/ Bermudalı
Bolivia /bı'liviı/ Bolivya	**Bolivian** /bı'liviın/ Bolivyalı
Brazil /brı'zil/ Brezilya	**Brazilian** /brı'ziliın/ Brezilyalı
Bulgaria /bal'geıriı/ Bulgaristan	**Bulgarian** /bal'geıriın/ Bulgar (Bulgarca)
Canada /'kenıdı/ Kanada	**Canadian** /kı'neydiın/ Kanadalı
Chad /çed/ Çad **Chile** /'çili/ Şili	**Chadian** /'çediın/ Çadlı **Chilean** /'çiliın/ Şilili
China /'çaynı/ Çin	**Chinese** /çay'ni:z/ Çinli
Cuba /'kyu:bı/ Küba	**Cuban** /'kyu:bın/ Kübalı
Cyprus /'sayprıs/ Kıbrıs	**Cypriot** /'sipriıt/ Kıbrıslı
Czechoslovakia /çekouslı'vekiı/ Çekoslovakya	**Czech(oslovak)** /çekou'slouvek/ Çek(oslovakyalı)

Denmark /'denma:k/
Danimarka

Danish /'deyniş/
Danimarkalı (Danca)

Egypt /'i:cipt/
Mısır

Egyptian /i'cipşın/
Mısırlı

England /'inglınd/
İngiltere

English /'ingliş/
İngiliz (İngilizce)

Ethiopia /i:ti'oupiɪ/
Etyopya

Ethiopian /i:ti'oupiın/
Etyopyalı

Finland /'finlınd/
Finlandiya

Finn /fin/, **Finnish** /'finiş/
Finli (Fince)

France /fra:ns/
Fransa

French /frenç/
Fransız (Fransızca)

Germany /'ö:mıni/
Almanya

German /'cö:mın/
Alman (Almanca)

Ghana /'ga:nı/
Gana

Ghanaian /ga:'neyın/
Ganalı

Greece /gri:s/
Yunanistan

Greek /gri:k/
Yunan (Yunanca)

Guatemala /gwa:tı'ma:lı/
Guatemala

Guatemalan /gwa:tı'ma:lın/
Guatemalalı

Holland /'holınd/
Hollanda

Dutch /daç/
Hollandalı (Flemenkçe)

Hungary /'hangıri/
Macaristan

Hungarian /han'geıriın/
Macar (Macarca)

India /'indiɪ/
Hindistan

Indian /'indiın/
Hintli

Indonesia /indı'ni:ziɪ/
Endonezya

Indonesian /indı'ni:ziın/
Endonezyalı

Iran /i'ra:n/
İran

Iranian /i'reyniın/
İranlı

Irak /i'ra:k/
Irak

Iraqi /i'ra:ki/
Iraklı

Ireland /'ayılınd/
İrlanda

Irish /'ayıriş/
İrlandalı

Israel /'izreyl/
İsrail

Israeli /iz'reyli/
İsrailli

Italy /'itıli/
İtalya

Italian /i'teliın/
İtalyan

Japan /cı'pen/
Japonya

Japanese /cepı'ni:z/
Japon (Japonca)

Jordan /'co:dın/
Ürdün

Jordanian /co:'deyniın/
Ürdünlü

Kenya /'kenyı/
Kenya

Kenyan /'kenyın/
Kenyalı

Korea /kı'riı/
Kore

Korean /kı'riın/
Koreli

Kuwait /ku'weyt/
Kuveyt

Kuwaiti /ku'weyti/
Kuveytli

Lebanon /'lebının/
Lübnan

Lebanese /lebı'ni:z/
Lübnanlı

Libya /'libyı/
Libya

Libyan /'libyın/
Libyalı

Luxemburg /'laksımbö:g/
Lüksemburg

Luxemburger /'laksımbö:gı/
Lüksemburglu

Malaysia /mı'leyziı/
Malezya

Malaysian /mı'leyziın/
Malezyalı

Mexico /'meksikou/
Meksika

Mexican /'meksikın/
Meksikalı

Netherlands /'nedılındz/
Hollanda

Dutch /daç/
Hollandalı (Felemenkçe)

New Zealand /nyu: 'zi:lınd/
Yeni Zelenda

New Zealander /nyu: 'zi:lındı/
Yeni Zelendalı

Nicaragua /nikı'regyuı/
Nikaragua

Nicaraguan /nikı'regyuın/
Nikaragualı

Nigeria /nay'ciıriı/
Nijerya

Nigerian /nay'ciıriın/
Nijeryalı

Norway /'no:wey/
Norveç

Norwegian /no:'wi:cın/
Norveçli (Norveççe)

Pakistan /pa:ki'sta:n/
Pakistan

Pakistani /pa:ki'sta:ni/
Pakistanlı

Palestine /'pelıstayn/
Filistin

Palestinian /pelı'stiniın/
Filistinli

Panama /'penıma:/
Panama

Panamanian /penı'meyniın/
Panamalı

Paraguay /'perıgway/
Paraguay

Paraguayan /perı'gwayın/
Paraguaylı

Peru /pı'ru:/
Peru

Peruvian /pı'ru:viın/
Perulu

Philippines /'filipi:nz/
Filipinler

Philippino /fili'pi:nou/
Filipinli

Poland /'poulınd/
Polonya

Polish /'pouliş/
Leh (Lehçe)

Portugal /'po:çugıl/
Portekiz

Portuguese /po:çu'gi:z/
Portekizli (Portekizce)

Romania /ru:'meyniı/
Romanya

Romanian /ru:'meyniın/
Rumen (Rumence)

Russia /'raşı/
Rusya

Russian /'raşın/
Rus (Rusça)

Saudi Arabia /saudi ı'reybiı/
Suudi Arabistan

Saudi /'saudi/
Suudi Arabistanlı

Scotland /'skotlınd/
İskoçya

Scottish /'skotiş/
İskoç

Senegal /seni'go:l/
Senegal

Senegalese /senigı'li:z/
Senegalli

Singapore /singı'po:/
Singapur

Singaporean /singı'po:riın/
Singapurlu

Somalia /sı'ma:liı/
Somali

Somali /sı'ma:li/
Somalili (Somalice)

South Africa /saut 'efrikı/
Güney Afrika

South African /saut 'efrikın/
Güney Afrikalı

Spain /speyn/
İspanya

Spanish /'speniş/
İspanyol (İspanyolca)

Sri Lanka /sri:'lenkı/
Sri Lanka

Sri Lankan /sri:'lenkın/
Sri Lankalı

Sudan /su:'dan/
Sudan

Sudanese /su:dı'ni:z/
Sudanlı

Sweden /'swi:dın/
İsveç

Swedish /'swi:diş/
İsveçli (İsveççe)

Switzerland /'switsılınd/
İsviçre

Swiss /swis/
İsviçreli

Syria /'siriı/
Suriye

Syrian /'siriın/
Suriyeli

Taiwan /tay'wa:n/
Tayvan

Taiwanese /tayvı'ni:z/
Tayvanlı

Thailand /'taylend/
Tayland

Thai /tay/
Taylandlı

Tunisia /tyu:'nizii/
Tunus

Tunisian /tyu:'niziın/
Tunuslu

Turkey /'tö:ki/
Türkiye

Turkish /'tö:kiş/
Türk (Türkçe)

Uganda /yu:'gendı/
Uganda

Ugandan /yu:'gendın/
Ugandalı

United States of America
/yu:naytid steyts ıv ı'merikı/
Amerika Birleşik Devletleri

American
/ı'merikın/
Amerikalı

Uruguay /'yuırıgway/
Uruguay

Uruguayan /yuırı'gwayın/
Uruguaylı

Venezuela /veni'zweylı/
Venezuela

Venezuelen /veni'zweylın/
Venezuelalı

Vietnam /vyet'nem/
Vietnam

Vietnamese /vyetnı'mi:z/
Vietnamlı (Vietnamca)

Wales /weylz/
Galler

Welsh /welş/
Galli

Yemen /'yemın/
Yemen

Yemeni /'yemıni/
Yemenli

Yugoslavia /yu:gou'sla:viı/
Yugoslavya

Yugoslavian /yu:gou'sla:viın/
Yugoslav

Zambia /'zembiı/
Zambiya

Zambian /'zembiın/
Zambiyalı

EN YAYGIN İNGİLİZ KADIN ADLARI

Abigail /'ebigeyl/
Ada /'eydı/
Agatha /'egıtı/
Aggie /'egi/
Agnes /'egnis/, Aggie /'egi/
Alexandra /elig'za:ndrı/,
    Alex /'eliks/
Alexis /ı'leksis/
Alice /'elis/
Alison /'elisın/
Amanda /ı'mendı/, Mandy /'mendi/
Amy /'eymi/
Angela /'encılı/, Angie /'enci/
Anita /ı'nitı/
Ann, Anne /en/, Annie /'eni/
Anna /'enı/
Annabel, Annabelle /'enıbel/
Annette /e'net/
Anthea /'entiı/
Antonia /en'touniı/
Audrey /'o:dri/
Ava /'eyvı/
Barbara, Barbra /'ba:brı/,
    Babs /bebz/
Beatrice /'biıtris/
Belinda /bı'lindı/
Berndette /bö:nı'det/
Beryl /'benl/
Brenda /'brendı/
Bridget, Bridgit, Bridgid /'bricit/,
    Bid /bid/
Candice /'kendis/
Carla /'ka:lı/
Carol, Carole /'kenl/
Caroline /'kenlayn/,
    Carolyn /'kenlin/, Carrie /'keri/
Cecilia /si'si:lıı/
Cecily /'sesıli/, Cicely /sisıli/
Celia /'si:lıı/
Charlene /'şa:li:n/
Charlotte /'şa:lıt/
Cheryl /'çenl/
Chloe /'kloui/
Christina /kri'sti:nı/, Tina /'ti:nı/
Christine /'kristi:n/, Chris /kris/,
    Chrissie /'krisi/
Clare, Claire /kleı/
Claudia /'klo:diı/
Cleo, Clio /'kliou/

Constance /'konstıns/, Connie /'koni/
Cynthia /'sintiı/, Cindy /'sindi/
Daisy /'deyzi/
Daphne /'defni/
Dawn /do:n/
Deborah /'debırı/, Debbie,
    Debby /'debi/, Deb /deb/
Deirdre /'diıdri/
Delia /'di:lıı/
Della /'delı/
Denise /dı'ni:z/
Diana /day'enı/, Diane /day'en/,
    Di /day/
Dolly /'doli/
Dora /'do:rı/
Doreen, Dorene /'do:ri:n/
Doris /'doris/
Dorothy /'dorıti/, Dot /dot/,
    Dottie /'doti/
Edith /'i:dit /
Edna /'ednı/
Eileen /'ayli:n/, Aileen /'eyli:n/
Elaine /i'leyn/
Eleanor /'elinı/, Eleanora /eli'no:rı/,
    Ellie /'eli/
Eliza /i'layzı/, Liza /'layzı/,
    Lisa /'li:sı/
Elizabeth, Elisabeth /i'lizıbıt/,
    Liz /liz/, Lizzie, Lizzy /'lizi/
Ella /'elı/
Ellen /'elın/
Elsie /'elsi/
Emily /'emıli/
Emma /'emı/
Erica /'erikı/
Ethel /'etl/
Eunice /'yu:nis/
Eve /i:v/, Eva /'i:vı/
Evelyn /'i:vlin/
Fay /fey/
Felicity /fı'lisıti/
Fiona /fi'ounı/
Flora /'flo:rı/
Florence /'florıns/, Flo /flou/,
    Florrie /'flori/
Frances /'fra:nsis/, Fran /fren/,
    Frankie /'frenki/
Freda /'fri:dı/
Georgia /'co:ciı/, Georgie /'co:ci/,
    Georgina /co:'ci:nı/
Geraldine /'cerıldi:n/
Germaine /cö:'meyn/
Gertrude /'gö:tru:d/, Gertie /'gö:ti/
Gillian /'ciliın/, Jill, Gill /cil/

Glenda /'glendɪ/
Gloria /'glo:rɪɪ/
Grace /greys/, **Gracie** /'greysi/
Gwendoline /'gwendɪlin/, **Gwen** /gwen/
Hannah /'henɪ/
Harriet /'herɪt/
Hazel /'heyzɪl/
Heather /'hedɪ/
Helen /'helɪn/
Henrietta /henri'etɪ/
Hilary /'hilɪri/
Hilda /'hildɪ/
Ida /'aydɪ/
Ingrid /'ingrid/
Irene /ay'ri:ni/
Iris /'ayɪris/
Isabel /'izɪbel/
Isabella /izɪ'belɪ/
Ivy /'ayvi/
Jane /ceyn/, **Janey** /'ceyni/
Janet /'cenit/, **Janette** /cɪ'net/,
  Jan /cen/
Janice, Janis /'cenis/, **Jan** /cen/
Jacqueline /'cekɪlin/, **Jackie** /'ceki/
Jean /ci:n/, **Jeanie** /'ci:ni/
Jennifer /'cenifɪ/, **Jenny,**
  Jennie /'ceni/
Jessica /'cesikɪ/, **Jess** /ces/,
  Jessie /'cesi/
Joan /coun/
Joanna /cou'enɪ/, **Joanne** /cou'en/,
  Jo /cou/
Jocelyn /'coslin/
Josephine /'couzɪfi:n/, **Jo** /cou/,
  Josie /'cousi/
Jody /'coudi/
Joyce /coys/
Judith /'cu:dit /, **Judy** /'cu:di/
Julia /'cu:lɪɪ/, **Julie** /'cu:li/
Juliet /'cu:lɪɪt/
June /cu:n/
Karen, Karin /'kerɪn/
Katherine, Catherine /'ketrin/,
  Kathy, Cathy /'keti/, **Kate**
  /keyt/
Kim /kim/
Kirsten /'kö:stin/
Laura /'lo:rɪ/
Lauretta, Loretta /lɪ'retɪ/
Lesly /'lezli/
Lilian, Lillian /'liliɪn/
Lily /'lili/
Linda /'lindɪ/
Livia /'livɪɪ/

Lois /'louis/
Lorna /'lo:nɪ/
Louise /lu:'i:z/, **Louisa** /lu:'i:zɪ/
Lucia /'lu:sɪɪ/
Lucinda /'lu:sindɪ/, **Cindy** /'sindi/
Lucy /'lu:si/
Lydia /'lidɪɪ/
Lyn /lin/
Mabel /'meybɪl/
Madeleine /'medɪlin/
Maisie /'meyzi/
Marcia /'ma:sɪɪ/, **Marcie** /'ma:si/
Margaret /'ma:grit/, **Madge** /mec/,
  Maggie /'megi/
Margery, Marjorie /'ma:cɪri/,
  Margie /'ma:ci/
Marlene /'ma:li:n/
Maria /mɪ'rɪɪ/
Marian, Marion /'merɪɪn/
Marie /mɪ'ri:/
Marilyn /'merɪlin/
Martha /'ma:tɪ/
Mary /'meɪri/
Maud /mo:d/
Maureen /'mo:ri:n/
Mavis /'meyvis/
Melanie /'melɪni/
Melinda /mɪ'lindɪ/
Michelle /mi'şel/
Mildred /'mildrid/
Miranda /mi'rendɪ/
Miriam /'mirɪɪm/
Molly /'moli/
Monica /'monikɪ/
Muriel /'myuɪrɪɪl/
Nadia /'na:dɪɪ/
Nancy /'nensi/, **Nan** /nen/
Natalie /'netɪli/
Natasha /nɪ'teşɪ/
Nell /nel/, **Nelly, Nellie** /'neli/
Nicola /'nikɪlɪ/, **Nicky** /'niki/
Nora /'no:rɪ/
Norma /'no:mɪ/
Olive /'oliv/
Olivia /ɪ'livɪɪ/
Pamela /'pemɪlɪ/, **Pam** /pem/
Patience /'peyşɪns/
Patricia /pɪ'trişɪ/, **Pat** /pet/
Paula /'po:lɪ/
Pauline /'po:li:n/
Penelope /pɪ'nelɪpi/, **Penny** /'peni/
Philippa /'filipɪ/
Phoebe /'fi:bi/
Phyllis /'filis/

Polly /'poli/, Poll /pol/
Priscilla /pri'silı/, Cilla /'silı/
Prudence /'pru:dıns/, Pru /pru:/
Rachel /'reyşıl/
Rebecca /ri'bekı/, Becky /'beki/
Rita /'ri:tı/
Roberta /rı'bö:tı/
Robin /'robin/
Rosalie /'rouzıli/
Rosalind /'rozılind/,
            Rosalyn /'rozılin/
Rose /rouz/, Rosie /'rouzi/
Rosemary /'rouzmıri/, Rosie /'rouzi/
Ruth /ru:t/
Sally /'seli/, Sal /sel/
Samantha /sı'mentı/, Sam /sem/
Sandra /'sa:ndrı/, Sandy /'sendi/
Sarah, Sara /'seırı/, Sadie /'seydi/
Sharon /'şerın/
Sheila /'şi:lı/
Shirley /'şö:li/
Silvia, Sylvia /'silviı/,
            Sylvie /'silvi/
Sonia /'sonyı/
Sophia /sı'fayı/
Sophie, Sophy /'soufi/
Stella /'stelı/
Stephanie /'stefıni/
Susan /'su:zın/, Sue /su:/,
            Susie, Suzy /'su:zi/
Susanna, Susannah /su:'zenı/,
            Suzanne /su:'zen/
Sybil, Sibyl /'sibıl/
Teresa, theresa /tı'ri:zı/,
            Tess /tes/, Tessa /'tesı/
Thelma /'telmı/
Tracy, tracey /'treysi/
Trudy, trudie /'tru:di/
Ursula /'ö:syulı/
Valerie /'velıri/, Val /vel/
Vanessa /vı'nesı/
Vera /'viırı/
Veronica /vı'ronikı/
Victoria /vik'to:riı/,
            Vicky, Vickie /'viki/
Viola /'vayılı/
Violet /'vayılıt/
Virginia /vı'ciniı/, Ginny /'cini/
Vivien, Vivienne /'viviın/,
            Viv /viv/
Wendy /'wendi/
Winifred /'winifrid/,
            Winnie /'wini/
Yvonne /i'von/

Zoe /'zoui/

EN YAYGIN İNGİLİZ ERKEK ADLARI

Abraham /'eybrıhem/, Abe /eyb/
Adam /'edım/
Adrian /'eydriın/
Alan, Allan, Allen /'elın/,
            Al /el/
Albert /'elbıt/, Al /el/
Alexander /elig'za:ndı/, Alec /'elik/,
            Alex /'eliks/
Alfred /'elfrid/, Alf /elf/
Andrew /'endru:/, Andy /'endi/
Alvin /'elvin/
Anthony, Antony /'entıni/,
            Tony /'touni/
Archibald /'a:çibo:ld/,
            Archie, Archy /'a:çi/
Arnold /'a:nıld/
Arthur /'a:tı/
Auberon /'o:bıron/
Aubrey /'o:bri/
Barnaby /'ba:nıbi/
Barry /'beri/
Bartholomew /ba:'tolımyu:/
Basil /'bezıl/
Benjamin /'bencımin/, Ben /ben/
Bernard /'bö:nıd/, Bernie /'bö:ni/
Boris /'boris/
Bradford /'bredfıd/, Brad /bred/
Brian, Bryan /'brayın/
Bruce /bru:s/
Bud /bad/
Carl /ka:l/
Cecil /'sesıl/
Cedric /'sedrik/
Charles /ça:lz/, Charlie /'ça:li/
Christopher /'kristıfı/, Chris /kris/
Clarence /'klerıns/
Clark /kla:k/
Claude, Claud /klo:d/
Clement /'klemınt/
Clifford /'klifıd/, Cliff /klif/
Clint /klint/
Clive /klayv/
Clyde /klayd/
Colin /'kolin/
Craig /kreyg/

Curt /kö:rt/
Cyril /'sırıl/
Dale /deyl/
Daniel /'deniıl/, Dan /den/
Darrell /'derıl/
Darren /'derın/
David /'deyvid/, Dave /deyv/
Dean /di:n/
Dennis, Denis /'denis/
Derek /'derik/
Desmond /'dezmınd/, Des /dez/
Dirk /dö:k/
Dominic /'dominik/
Donald /'donıld/, Don /don/
Douglas /'daglıs/, Doug /dag/
Dudley /'dadli/, Dud /dad/
Duncan /'dankın/
Dustin /'dastin/
Dwight /dwayt/
Edgar /'edgı/
Edmund, Edmond /'edmınd/
Edward /'edwıd/, Ed /ed/,
      Eddie, Eddy /'edi/, Ted /ted/
Edwin /'edwin/
Elmer /'elmı/
Elroy /'elroy/
Enoch /'i:nok/
Eric /'erik/
Ernest /'ö:nist/
Errol /'erıl/
Eugene /yu:'ci:n/, Gene /ci:n/
Felix /'fi:liks/
Ferdinand /'fö:dinend/
Floyd /floyd/
Francis /'fra:nsisi/, Frank /frenk/
Frank /frenk/, Frankie /'frenki/
Frederick /'fredrik/, Fred /fred/
Gabriel /'geybriıl/
Gary /'geri/
Gavin /'gevin/
Geoffrey, Jeffrey /'cefri/,
      Geoff, Jeff /cef/
George /co:c/
Gerald /'cerıld/, Gerry, Jerry /'ceri/
Gerard /'cera:d/
Gilbert /'gilbıt/, Bert /bö:t/
Giles /caylz/
Glen /glen/
Godfrey /'godfri/
Gordon /'go:dın/
Graham, Grahame /'greyım/
Gregory /'gregıri/, Greg /greg/
Guy /gay/
Harold /'herıld/

Henry /'henri/, Harry /'heri/
Herbert /'hö:bıt/, Bert /bö:t/
Horace /'horis/
Howard /'hauıd/
Hubert /'hyu:bıt/, Bert /bö:t/
Hugh /hyu:/
Hugo /'hyu:gou/
Humphrey /'hamfri/
Ian /'i:ın/
Isaac /'ayzık/
Ivan /'ayvın/
Ivor /'ayvı/
Jacob /'ceykıb/, Jake /ceyk/
James /ceymz/, Jim /cim/,
      Jimmy /'cimi/
Jason /'ceysın/
Jasper /'cespı/
Jed /ced/
Jeremy /'cerımi/, Jerry /'ceri/
Jerome /cı'roum/
John /con/, Johnny /'coni/,
      Jack /cek/
Jonathan /'conıtın/, Jon /con/
Joseph /'couzif/, Joe /cou/
Julian /'cu:liın/
Justin /'castin/
Keith /ki:t/
Kenneth /'kenit/, Ken /ken/
Kevin /'kevin/, Kev /kev/
Kirk /kö:k/
Lance /la:ns/
Laurence, Lawrence /'lorıns/,
      Larry /'leri/
Leo /'li:ou/
Leonard /'lenıd/, Len /len/
Leslie /'lezli/, Les /lez/
Lester /'lestı/
Lewis /'lu:is/, Lew /lu:/
Lionel /'laymıl/
Louis /'lu:i/, Lou /lu:/
Luke /lu:k/
Malcolm /'melkım/
Mark /ma:k/
Martin /'ma:tin/, Marty /'ma:ti/
Matthew /'metyu:/, Matt /met/
Maurice, Morris /'moris/
Max /meks/
Mervyn /'mö:vin/
Michael /'maykıl/, Mike /mayk/,
      Mick /mik/
Miles, Myles /maylz/
Mitchell /'miçıl/, Mitch /miç/
Mort /mo:t/
Nathan /'neytın/, Nat /net/

Nathaniel /nɪ'tenɪɪl/, **Nat** /net/
Neil, Neal /ni:l/
Nicholas, Nicolas /'nikɪlɪs/,
      Nick /nik/
Nigel /'naycɪl/
Noel /'noʊl/
Norman /'no:mɪn, Norm** /no:m/
Oliver /'olivɪ/, **Ollie** /'oli/
Oscar /'oskɪ/
Oswald /'ozwɪld/, **Oz** /oz/
Patrick /'petrik/, **Pat** /pet/
Paul /po:l/
Percy /'pö:si/
Peter /'pi:tɪ/, **Pete** /pi:t/
Philip /'filip/, **Phil** /fil/
Quentin /'kwentin/, **Quintin** /'kwintin/
Ralph /relf/
Randolph, Randolf /'rendolf/
Rapheal /'refeyl/
Raymond /'reymɪnd/, **Ray** /rey/
Reginald /'recinɪld/, **Reg** /rec/
Rex /reks/
Richard /'riçɪd/, **Dick** /dik/,
      Rick /rik/
Robert /'robɪt/, **Rob** /rob/, **Bob** /bob/
Robin /'robin/
Roderick /'rodrik/, **Rod** /rod/
Rodney /'rodni/, **Rod** /rod/
Roger /'rocɪ/, **Rodge** /roc/
Ronald /'ronɪld/, **Ron** /ron/
Roy /roy/

Rudolph, Rudolf /'ru:dolf/
Rufus /'ru:fɪs/
Rupert /'ru:pɪt/
Russel /'rasɪl/, **Russ** /ras/
Samuel /'semyuɪl/, **Sam** /sem/
Scott /skot/
Sebastian /si'bestɪın/, **Seb** /seb/
Sidney, Sydney /'sidni/, **Sid** /sid/
Simon /'saymɪn/
Stanley /'stenli/, **Stan** /sten/
Stephen, Steven /'sti:vɪn/
      Steve /sti:v/
Stewart, Stuart /'styu:ɪt/
Terence /'terɪns/, **Terry** /'teri/
Theodore /'ti:ɪdo:/, **Theo** /'ti:ou/
Thomas /'tomɪs/, **Tom** /tom/
Timothy /'timɪti/, **Tim** /tim/
Toby /tobi/
Trevor /'trevɪ/
Troy /troy/
Victor /'viktɪ/, **Vic** /vik/
Vincent /'vinsɪnt/, **Vince** /vins/
Vivian /'vivɪın/, **Viv** /viv/
Walter /'wo:ltɪ/, **Wally** /'woli/
Warren /'worɪn/
Wayne /weyn/
Wilbur /'wilbɪ/
Wilfrid, Wilfred /'wilfrid/
William /'wilyɪm/, **Bill** /bil/,
Will /wil/